WISSEN FÜR DIE PRAXIS

WALHALLA

Walhalla Fachredaktion

Das gesamte Sozialgesetzbuch SGB I bis SGB XIV

Mit Durchführungsverordnungen und Sozialgerichtsgesetz (SGG)

35. Auflage, 2023/I

Bibliografische Information der Deutschen Nationalbibliothek
Die Deutsche Nationalbibliothek verzeichnet diese Publikation in der Deutschen Nationalbibliografie; detaillierte bibliografische Daten sind im Internet über www.dnb.de abrufbar.

Zitiervorschlag:
Das gesamte Sozialgesetzbuch SGB I bis SGB XIV, Ausgabe 2023/I
in der Reihe WALHALLA-Textausgaben
Walhalla Fachverlag, Regensburg 2023

Rechtsstand: 1. Januar 2023

Produktion Walhalla Fachverlag, 93042 Regensburg
Umschlaggestaltung: grubergrafik, Augsburg
Printed in Germany
ISBN 978-3-8029-5323-1

3WP-CPI-0323-7712-0

Die Rechtsgrundlagen für die Ausbildung und Praxis der Sozialberatung und Sozialarbeit

Im „Sozialgesetzbuch" (SGB) mit seinen einzelnen Büchern ist das Recht der Sozialversicherungen und der staatlichen Fürsorgeleistungen zusammengefasst. Um den praktischen Anforderungen gerecht zu werden, enthält die vorliegende Ausgabe nicht nur den vollständigen Gesetzestext jedes Sozialgesetzbuches, sondern darüber hinaus auch die relevanten Verordnungen bzw. Nebenbestimmungen, ohne deren Beachtung eine rechtssichere Fallbearbeitung nicht möglich ist.

Die Leitziffernsystematik am oberen Seitenrand funktioniert ganz einfach:

Die erste Zahl entspricht der Abschnittsnummer.

Die zweite Zahl stellt die Ordnungsnummer innerhalb des Abschnitts dar.

II.13 **Bürgergeld-V**

Diese Ausgabe ist geprägt vom Inkrafttreten des Zwölften Gesetzes zur Änderung des Zweiten Buches Sozialgesetzbuch und anderer Gesetze – Einführung eines Bürgergeldes (Bürgergeld-Gesetz), das nach heftigen politischen Auseinandersetzungen Mitte Dezember 2022 verkündet wurde. Die Änderungen im SGB II treten stufenweise zum 1. Januar 2023 bzw. 1. Juli 2023 in Kraft. Wir stellen den Gesetzestext mit den Änderungen zu beiden Inkrafttretenszeitpunkten zur Verfügung.

Ihr Walhalla Fachverlag

Schnellübersicht

SGB I: Allgemeiner Teil 13 — I

SGB II: Grundsicherung für Arbeitsuchende 33 — II

SGB III: Arbeitsförderung 113 — III

SGB IV: Gemeinsame Vorschriften für die Sozialversicherung 243 — IV

SGB V: Gesetzliche Krankenversicherung 331 — V

SGB VI: Gesetzliche Rentenversicherung 799 — VI

SGB VII: Gesetzliche Unfallversicherung 983 — VII

SGB VIII: Kinder- und Jugendhilfe 1079 — VIII

SGB IX: Rehabilitation und Teilhabe von Menschen mit Behinderungen 1145 — IX

SGB X: Sozialverwaltungsverfahren und Sozialdatenschutz 1267 — X

SGB XI: Soziale Pflegeversicherung 1319 — XI

SGB XII: Sozialhilfe 1467 — XII

XIV SGB XIV: Soziale Entschädigung 1549

XV SGG: Sozialgerichtsgesetz 1555

Findex Stichwortverzeichnis 1605

I SGB I: Allgemeiner Teil

I Sozialgesetzbuch (SGB) Erstes Buch (I) – Allgemeiner Teil – (SGB I) 14

II SGB II: Grundsicherung für Arbeitsuchende

II Sozialgesetzbuch (SGB) Zweites Buch (II) – Bürgergeld, Grundsicherung für Arbeitsuchende – (SGB II) 34

II.6a Verordnung zur Zulassung von kommunalen Trägern als Träger der Grundsicherung für Arbeitsuchende (Kommunalträger-Zulassungsverordnung – KomtrZV) 96

II.6a.2 Verordnung über das Verfahren zur Feststellung der Eignung als zugelassener kommunaler Träger der Grundsicherung für Arbeitsuchende (Kommunalträger-Eignungsfeststellungsverordnung – KtEfV) 99

II.13 Verordnung zur Berechnung von Einkommen sowie zur Nichtberücksichtigung von Einkommen und Vermögen beim Bürgergeld (Bürgergeld-Verordnung – Bürgergeld-V) 101

II.16b Verordnung zur Bemessung von Einstiegsgeld (Einstiegsgeld-Verordnung – ESGV) 106

II.18 Verordnung über die Mindestanforderungen an die Vereinbarungen über Leistungen der Eingliederung nach dem Zweiten Buch Sozialgesetzbuch (Mindestanforderungs-Verordnung) 108

II.52 Verordnung über den automatisierten Datenabgleich bei Leistungen der Grundsicherung für Arbeitsuchende (Grundsicherungs-Datenabgleichsverordnung – GrSiDAV) 110

III SGB III: Arbeitsförderung

III Sozialgesetzbuch (SGB) Drittes Buch (III) – Arbeitsförderung – (SGB III) 114

III.150 Anordnung des Verwaltungsrats der Bundesanstalt für Arbeit zur Pflicht des Arbeitslosen, Vorschlägen des Arbeitsamtes zur beruflichen Eingliederung zeit- und ortsnah Folge leisten zu können (Erreichbarkeits-Anordnung – EAO) 234

III.151 Verordnung über die ehrenamtliche Betätigung von Arbeitslosen 236

III.176 Verordnung über die Voraussetzungen und das Verfahren zur Akkreditierung von fachkundigen Stellen und zur Zulassung von Trägern und Maßnahmen der Arbeitsförderung nach dem Dritten Buch Sozialgesetzbuch (Akkreditierungs- und Zulassungsverordnung Arbeitsförderung – AZAV) 237

IV SGB IV: Gemeinsame Vorschriften für die Sozialversicherung

IV Viertes Buch Sozialgesetzbuch – Gemeinsame Vorschriften für die Sozialversicherung – (SGB IV) 244

IV.17.1 Verordnung über die sozialversicherungsrechtliche Beurteilung von Zuwendungen des Arbeitgebers als Arbeitsentgelt (Sozialversicherungsentgeltverordnung – SvEV) 328

V SGB V: Gesetzliche Krankenversicherung

V Sozialgesetzbuch (SGB) Fünftes Buch (V) – Gesetzliche Krankenversicherung – (SGB V) 332

V.150g Verordnung zur Beteiligung von Patientinnen und Patienten in der Gesetzlichen Krankenversicherung (Patientenbeteiligungsverordnung – PatBeteiligungsV) 796

VI SGB VI: Gesetzliche Rentenversicherung

VI Sozialgesetzbuch (SGB) Sechstes Buch (VI) – Gesetzliche Rentenversicherung – (SGB VI) 800

VII SGB VII: Gesetzliche Unfallversicherung

VII Sozialgesetzbuch (SGB) Siebtes Buch (VII) – Gesetzliche Unfallversicherung – (SGB VII) 984

VII.9 Berufskrankheiten-Verordnung (BKV) 1068

VIII SGB VIII: Kinder- und Jugendhilfe

VIII Sozialgesetzbuch (SGB) Achtes Buch (VIII) – Kinder- und Jugendhilfe – (SGB VIII) 1080

VIII.94 Verordnung zur Festsetzung der Kostenbeiträge für Leistungen und vorläufige Maßnahmen in der Kinder- und Jugendhilfe (Kostenbeitragsverordnung – KostenbeitragsV) 1140

IX SGB IX: Rehabilitation und Teilhabe von Menschen mit Behinderungen

IX Sozialgesetzbuch Neuntes Buch – Rehabilitation und Teilhabe von Menschen mit Behinderungen – (SGB IX) 1146

IX.48 Verordnung zur Früherkennung und Frühförderung behinderter und von Behinderung bedrohter Kinder (Frühförderungsverordnung – FrühV) 1243

IX.49 Verordnung über Kraftfahrzeughilfe zur beruflichen Rehabilitation (Kraftfahrzeughilfe-Verordnung – KfzHV) 1247

IX.162 Schwerbehinderten-Ausgleichsabgabeverordnung (SchwbAV) 1250

IX.227 Werkstättenverordnung (WVO) 1261

X SGB X: Sozialverwaltungsverfahren und Sozialdatenschutz

X Zehntes Buch Sozialgesetzbuch – Sozialverwaltungsverfahren und Sozialdatenschutz – (SGB X) 1268

XI SGB XI: Soziale Pflegeversicherung

XI Sozialgesetzbuch (SGB) Elftes Buch (XI) – Soziale Pflegeversicherung – (SGB XI) 1320

XII SGB XII: Sozialhilfe

XII Sozialgesetzbuch (SGB) Zwölftes Buch (XII) – Sozialhilfe – (SGB XII) 1468

XII.69 Verordnung zur Durchführung der Hilfe zur Überwindung besonderer sozialer Schwierigkeiten 1540

XII.82 Verordnung zur Durchführung des § 82 des Zwölften Buches Sozialgesetzbuch 1543

XII.90 Verordnung zur Durchführung des § 90 Abs. 2 Nr. 9 des Zwölften Buches Sozialgesetzbuch 1547

XIV SGB XIV: Soziale Entschädigung

XIV Sozialgesetzbuch Vierzehntes Buch – Soziale Entschädigung – (SGB XIV) .. 1550

XV SGG: Sozialgerichtsgesetz

XV Sozialgerichtsgesetz (SGG) 1556

Z = ziele

I SGB I: Allgemeiner Teil

I Sozialgesetzbuch (SGB) Erstes Buch (I) – Allgemeiner Teil – (SGB I) 14

Sozialgesetzbuch (SGB) Erstes Buch (I) – Allgemeiner Teil – (SGB I)

Vom 11. Dezember 1975 (BGBl. I S. 3015)

Zuletzt geändert durch
Digitale-Versorgung-und-Pflege-Modernisierungs-Gesetz
vom 3. Juni 2021 (BGBl. I S. 1309)[1])

Inhaltsübersicht

Artikel I
Allgemeiner Teil

Erster Abschnitt
Aufgaben des Sozialgesetzbuchs und soziale Rechte

§ 1 Aufgaben des Sozialgesetzbuchs
§ 2 Soziale Rechte
§ 3 Bildungs- und Arbeitsförderung
§ 4 Sozialversicherung
§ 5 Soziale Entschädigung bei Gesundheitsschäden
§ 6 Minderung des Familienaufwands
§ 7 Zuschuß für eine angemessene Wohnung
§ 8 Kinder- und Jugendhilfe
§ 9 Sozialhilfe
§ 10 Teilhabe behinderter Menschen

Zweiter Abschnitt
Einweisungsvorschriften

Erster Titel
Allgemeines über Sozialleistungen und Leistungsträger

§ 11 Leistungsarten
§ 12 Leistungsträger
§ 13 Aufklärung
§ 14 Beratung
§ 15 Auskunft
§ 16 Antragstellung
§ 17 Ausführung der Sozialleistungen

Zweiter Titel
Einzelne Sozialleistungen und zuständige Leistungsträger

§ 18 Leistungen der Ausbildungsförderung
§ 19 Leistungen der Arbeitsförderung
§ 19a Leistungen der Grundsicherung für Arbeitsuchende
§ 19b Leistungen bei gleitendem Übergang älterer Arbeitnehmer in den Ruhestand
§ 20 (weggefallen)
§ 21 Leistungen der gesetzlichen Krankenversicherung
§ 21a Leistungen der sozialen Pflegeversicherung
§ 21b Leistungen bei Schwangerschaftsabbrüchen
§ 22 Leistungen der gesetzlichen Unfallversicherung
§ 23 Leistungen der gesetzlichen Rentenversicherung einschließlich der Alterssicherung der Landwirte
§ 24 Versorgungsleistungen bei Gesundheitsschäden
§ 25 Kindergeld, Kinderzuschlag, Elterngeld und Leistungen für Bildung und Teilhabe
§ 26 Wohngeld
§ 27 Leistungen der Kinder- und Jugendhilfe
§ 28 Leistungen der Sozialhilfe
§ 28a Leistungen der Eingliederungshilfe
§ 29 Leistungen zur Rehabilitation und Teilhabe behinderter Menschen

[1]) Die am 1. Januar 2023 in Kraft getretenen Änderungen durch das Gesetz zur Reform des Vormundschafts- und Betreuungsrechts vom 4. Mai 2021 (BGBl. I S. 882) sind eingearbeitet.

Dritter Abschnitt
Gemeinsame Vorschriften für alle Sozialleistungsbereiche dieses Gesetzbuchs

Erster Titel
Allgemeine Grundsätze

§ 30 Geltungsbereich 23 – 24
§ 31 Vorbehalt des Gesetzes
§ 32 Verbot nachteiliger Vereinbarungen
§ 33 Ausgestaltung von Rechten und Pflichten
§ 33a Altersabhängige Rechte und Pflichten
§ 33b Lebenspartnerschaften
§ 33c Benachteiligungsverbot
§ 34 Begrenzung von Rechten und Pflichten
§ 35 Sozialgeheimnis
§ 36 Handlungsfähigkeit
§ 36a Elektronische Kommunikation
§ 37 Vorbehalt abweichender Regelungen

Zweiter Titel
Grundsätze des Leistungsrechts

§ 38 Rechtsanspruch
§ 39 Ermessensleistungen 26
§ 40 Entstehen der Ansprüche
§ 41 Fälligkeit
§ 42 Vorschüsse
§ 43 Vorläufige Leistungen
§ 44 Verzinsung 26
§ 45 Verjährung 27
§ 46 Verzicht
§ 47 Auszahlung von Geldleistungen
§ 48 Auszahlung bei Verletzung der Unterhaltspflicht
§ 49 Auszahlung bei Unterbringung
§ 50 Überleitung bei Unterbringung
§ 51 Aufrechnung
§ 52 Verrechnung
§ 53 Übertragung und Verpfändung
§ 54 Pfändung
§ 55 (weggefallen)
§ 56 Sonderrechtsnachfolge
§ 57 Verzicht und Haftung des Sonderrechtsnachfolgers
§ 58 Vererbung
§ 59 Ausschluß der Rechtsnachfolge

Dritter Titel
Mitwirkung des Leistungsberechtigten

§ 60 Angabe von Tatsachen
§ 61 Persönliches Erscheinen
§ 62 Untersuchungen
§ 63 Heilbehandlung
§ 64 Leistungen zur Teilhabe am Arbeitsleben
§ 65 Grenzen der Mitwirkung
§ 65a Aufwendungsersatz
§ 66 Folgen fehlender Mitwirkung
§ 67 Nachholung der Mitwirkung

Vierter Abschnitt
Übergangs- und Schlussvorschriften

§ 68 Besondere Teile dieses Gesetzbuches
§ 69 Stadtstaaten-Klausel
§ 70 Überleitungsvorschrift zum Verjährungsrecht
§ 71 Überleitungsvorschrift zur Übertragung, Verpfändung und Pfändung

I

Artikel I
Allgemeiner Teil

Erster Abschnitt
Aufgaben des Sozialgesetzbuchs und soziale Rechte

§ 1 Aufgaben des Sozialgesetzbuchs

(1) [1]Das Recht des Sozialgesetzbuchs soll zur Verwirklichung sozialer Gerechtigkeit und sozialer Sicherheit Sozialleistungen einschließlich sozialer und erzieherischer Hilfen gestalten. [2]Es soll dazu beitragen,

– ein menschenwürdiges Dasein zu sichern,
– gleiche Voraussetzungen für die freie Entfaltung der Persönlichkeit, insbesondere auch für junge Menschen zu schaffen,
– die Familie zu schützen und zu fördern,
– den Erwerb des Lebensunterhalts durch eine frei gewählte Tätigkeit zu ermöglichen und
– besondere Belastungen des Lebens, auch durch Hilfe zur Selbsthilfe, abzuwenden oder auszugleichen.

(2) Das Recht des Sozialgesetzbuchs soll auch dazu beitragen, daß die zur Erfüllung der in Absatz 1 genannten Aufgaben erforderlichen sozialen Dienste und Einrichtungen rechtzeitig und ausreichend zur Verfügung stehen.

§ 2 Soziale Rechte

(1) [1]Der Erfüllung der in § 1 genannten Aufgaben dienen die nachfolgenden sozialen Rechte. [2]Aus ihnen können Ansprüche nur insoweit geltend gemacht oder hergeleitet werden, als deren Voraussetzungen und Inhalt durch die Vorschriften der besonderen Teile dieses Gesetzbuchs im einzelnen bestimmt sind.

(2) Die nachfolgenden sozialen Rechte sind bei der Auslegung der Vorschriften dieses Gesetzbuchs und bei der Ausübung von Ermessen zu beachten; dabei ist sicherzustellen, daß die sozialen Rechte möglichst weitgehend verwirklicht werden.

§ 3 Bildungs- und Arbeitsförderung

(1) Wer an einer Ausbildung teilnimmt, die seiner Neigung, Eignung und Leistung entspricht, hat ein Recht auf individuelle Förderung seiner Ausbildung, wenn ihm die hierfür erforderlichen Mittel nicht anderweitig zur Verfügung stehen.

(2) Wer am Arbeitsleben teilnimmt oder teilnehmen will, hat ein Recht auf

1. Beratung bei der Wahl des Bildungswegs und des Berufs,
2. individuelle Förderung seiner beruflichen Weiterbildung,
3. Hilfe zur Erlangung und Erhaltung eines angemessenen Arbeitsplatzes und
4. wirtschaftliche Sicherung bei Arbeitslosigkeit und bei Zahlungsunfähigkeit des Arbeitgebers.

§ 4 Sozialversicherung

(1) Jeder hat im Rahmen dieses Gesetzbuchs ein Recht auf Zugang zur Sozialversicherung.

(2) [1]Wer in der Sozialversicherung versichert ist, hat im Rahmen der gesetzlichen Kranken-, Pflege-, Unfall- und Rentenversicherung einschließlich der Alterssicherung der Landwirte ein Recht auf

1. die notwendigen Maßnahmen zum Schutz, zur Erhaltung, zur Besserung und zur Wiederherstellung der Gesundheit und der Leistungsfähigkeit und
2. wirtschaftliche Sicherung bei Krankheit, Mutterschaft, Minderung der Erwerbsfähigkeit und Alter.

[2]Ein Recht auf wirtschaftliche Sicherung haben auch die Hinterbliebenen eines Versicherten.

§ 5 Soziale Entschädigung bei Gesundheitsschäden

[1]Wer einen Gesundheitsschaden erleidet, für dessen Folgen die staatliche Gemeinschaft in Abgeltung eines besonderen Opfers oder aus anderen Gründen nach versorgungsrechtlichen Grundsätzen einsteht, hat ein Recht auf

1. die notwendigen Maßnahmen zur Erhaltung, zur Besserung und zur Wiederherstellung der Gesundheit und der Leistungsfähigkeit und
2. angemessene wirtschaftliche Versorgung.

[2]Ein Recht auf angemessene wirtschaftliche Versorgung haben auch die Hinterbliebenen eines Beschädigten.

§ 6 Minderung des Familienaufwands

Wer Kindern Unterhalt zu leisten hat oder leistet, hat ein Recht auf Minderung der dadurch entstehenden wirtschaftlichen Belastungen.

§ 7 Zuschuß für eine angemessene Wohnung

Wer für eine angemessene Wohnung Aufwendungen erbringen muß, die ihm nicht zugemutet werden können, hat ein Recht auf Zuschuß zur Miete oder zu vergleichbaren Aufwendungen.

§ 8 Kinder- und Jugendhilfe

1Junge Menschen und Personensorgeberechtigte haben im Rahmen dieses Gesetzbuchs ein Recht, Leistungen der öffentlichen Jugendhilfe in Anspruch zu nehmen. 2Sie sollen die Entwicklung junger Menschen fördern und die Erziehung in der Familie unterstützen und ergänzen.

§ 9 Sozialhilfe

1Wer nicht in der Lage ist, aus eigenen Kräften seinen Lebensunterhalt zu bestreiten oder in besonderen Lebenslagen sich selbst zu helfen, und auch von anderer Seite keine ausreichende Hilfe erhält, hat ein Recht auf persönliche und wirtschaftliche Hilfe, die seinem besonderen Bedarf entspricht, ihn zur Selbsthilfe befähigt, die Teilnahme am Leben in der Gemeinschaft ermöglicht und die Führung eines menschenwürdigen Lebens sichert. 2Hierbei müssen Leistungsberechtigte nach ihren Kräften mitwirken.

§ 10 Teilhabe behinderter Menschen

Menschen, die körperlich, geistig oder seelisch behindert sind oder denen eine solche Behinderung droht, haben unabhängig von der Ursache der Behinderung zur Förderung ihrer Selbstbestimmung und gleichberechtigten Teilhabe ein Recht auf Hilfe, die notwendig ist, um

1. die Behinderung abzuwenden, zu beseitigen, zu mindern, ihre Verschlimmerung zu verhüten oder ihre Folgen zu mildern,
2. Einschränkungen der Erwerbsfähigkeit oder Pflegebedürftigkeit zu vermeiden, zu überwinden, zu mindern oder eine Verschlimmerung zu verhüten sowie den vorzeitigen Bezug von Sozialleistungen zu vermeiden oder laufende Sozialleistungen zu mindern,
3. ihnen einen ihren Neigungen und Fähigkeiten entsprechenden Platz im Arbeitsleben zu sichern,
4. ihre Entwicklung zu fördern und ihre Teilhabe am Leben in der Gesellschaft und eine möglichst selbständige und selbstbestimmte Lebensführung zu ermöglichen oder zu erleichtern sowie
5. Benachteiligungen auf Grund der Behinderung entgegenzuwirken.

Zweiter Abschnitt
Einweisungsvorschriften

Erster Titel
Allgemeines über Sozialleistungen und Leistungsträger

§ 11 Leistungsarten

1Gegenstand der sozialen Rechte sind die in diesem Gesetzbuch vorgesehenen Dienst-, Sach- und Geldleistungen (Sozialleistungen). 2Die persönliche und erzieherische Hilfe gehört zu den Dienstleistungen.

§ 12 Leistungsträger

1Zuständig für die Sozialleistungen sind die in den §§ 18 bis 29 genannten Körperschaften, Anstalten und Behörden (Leistungsträger). 2Die Abgrenzung ihrer Zuständigkeit ergibt sich aus den besonderen Teilen dieses Gesetzbuchs.

§ 13 Aufklärung

Die Leistungsträger, ihre Verbände und die sonstigen in diesem Gesetzbuch genannten öffentlich-rechtlichen Vereinigungen sind verpflichtet, im Rahmen ihrer Zuständigkeit die Bevölkerung über die Rechte und Pflichten nach diesem Gesetzbuch aufzuklären.

§ 14 Beratung

1Jeder hat Anspruch auf Beratung über seine Rechte und Pflichten nach diesem Gesetzbuch. 2Zuständig für die Beratung sind die Leistungsträger, denen gegenüber die Rechte geltend zu machen oder die Pflichten zu erfüllen sind.

§ 15 Auskunft

(1) Die nach Landesrecht zuständigen Stellen, die Träger der gesetzlichen Krankenversicherung und der sozialen Pflegeversicherung sind verpflichtet, über alle sozialen Angelegenheiten nach diesem Gesetzbuch Auskünfte zu erteilen.

(2) Die Auskunftspflicht erstreckt sich auf die Benennung der für die Sozialleistungen zuständigen

I

Leistungsträger sowie auf alle Sach- und Rechtsfragen, die für die Auskunftsuchenden von Bedeutung sein können und zu deren Beantwortung die Auskunftsstelle imstande ist.

(3) Die Auskunftsstellen sind verpflichtet, untereinander und mit den anderen Leistungsträgern mit dem Ziel zusammenzuarbeiten, eine möglichst umfassende Auskunftserteilung durch eine Stelle sicherzustellen.

(4) Die Träger der gesetzlichen Rentenversicherung sollen über Möglichkeiten zum Aufbau einer staatlich geförderten zusätzlichen Altersvorsorge produkt- und anbieterneutral Auskünfte erteilen.

§ 16 Antragstellung

(1) 1Anträge auf Sozialleistungen sind beim zuständigen Leistungsträger zu stellen. 2Sie werden auch von allen anderen Leistungsträgern, von allen Gemeinden und bei Personen, die sich im Ausland aufhalten, auch von den amtlichen Vertretungen der Bundesrepublik Deutschland im Ausland entgegengenommen.

(2) 1Anträge, die bei einem unzuständigen Leistungsträger, bei einer für die Sozialleistung nicht zuständigen Gemeinde oder bei einer amtlichen Vertretung der Bundesrepublik Deutschland im Ausland gestellt werden, sind unverzüglich an den zuständigen Leistungsträger weiterzuleiten. 2Ist die Sozialleistung von einem Antrag abhängig, gilt der Antrag als zu dem Zeitpunkt gestellt, in dem er bei einer der in Satz 1 genannten Stellen eingegangen ist.

(3) Die Leistungsträger sind verpflichtet, darauf hinzuwirken, daß unverzüglich klare und sachdienliche Anträge gestellt und unvollständige Angaben ergänzt werden.

§ 17 Ausführung der Sozialleistungen

(1) Die Leistungsträger sind verpflichtet, darauf hinzuwirken, daß

1. jeder Berechtigte die ihm zustehenden Sozialleistungen in zeitgemäßer Weise, umfassend und zügig erhält,
2. die zur Ausführung von Sozialleistungen erforderlichen sozialen Dienste und Einrichtungen rechtzeitig und ausreichend zur Verfügung stehen,
3. der Zugang zu den Sozialleistungen möglichst einfach gestaltet wird, insbesondere durch Verwendung allgemein verständlicher Antragsvordrucke und
4. ihre Verwaltungs- und Dienstgebäude frei von Zugangs- und Kommunikationsbarrieren sind und Sozialleistungen in barrierefreien Räumen und Anlagen ausgeführt werden.

(2) 1Menschen mit Hörbehinderungen und Menschen mit Sprachbehinderungen haben das Recht, bei der Ausführung von Sozialleistungen, insbesondere auch bei ärztlichen Untersuchungen und Behandlungen, in Deutscher Gebärdensprache, mit lautsprachbegleitenden Gebärden oder über andere geeignete Kommunikationshilfen zu kommunizieren. 2Die für die Sozialleistung zuständigen Leistungsträger sind verpflichtet, die durch die Verwendung der Kommunikationshilfen entstehenden Kosten zu tragen. 3§ 5 der Kommunikationshilfenverordnung in der jeweils geltenden Fassung gilt entsprechend.

(2a) § 11 des Behindertengleichstellungsgesetzes gilt in seiner jeweils geltenden Fassung bei der Ausführung von Sozialleistungen entsprechend.

(3) 1In der Zusammenarbeit mit gemeinnützigen und freien Einrichtungen und Organisationen wirken die Leistungsträger darauf hin, daß sich ihre Tätigkeit und die der genannten Einrichtungen und Organisationen zum Wohl der Leistungsempfänger wirksam ergänzen. 2Sie haben dabei deren Selbständigkeit in Zielsetzung und Durchführung ihrer Aufgaben zu achten. 3Die Nachprüfung zweckentsprechender Verwendung bei der Inanspruchnahme öffentlicher Mittel bleibt unberührt. 4Im übrigen ergibt sich ihr Verhältnis zueinander aus den besonderen Teilen dieses Gesetzbuchs; § 97 Abs. 1 Satz 1 bis 4 und Abs. 2 des Zehnten Buches findet keine Anwendung.

(4) 1Die Leistungsträger arbeiten mit den Betreuungsbehörden bei der Erfüllung ihrer Aufgaben zur Vermittlung geeigneter Hilfen zur Betreuungsvermeidung zusammen. 2Soziale Rechte dürfen nicht deshalb abgelehnt, versagt oder eingeschränkt werden, weil ein rechtlicher Betreuer nach § 1814 Absatz 1 des Bürgerlichen Gesetzbuchs bestellt worden ist oder bestellt werden könnte.

Zweiter Titel
Einzelne Sozialleistungen und zuständige Leistungsträger

§ 18 Leistungen der Ausbildungsförderung

(1) Nach dem Recht der Ausbildungsförderung können Zuschüsse und Darlehen für den Lebensunterhalt und die Ausbildung in Anspruch genommen werden.

(2) Zuständig sind die Ämter und die Landesämter für Ausbildungsförderung nach Maßgabe der §§ 39, 40, 40a und 45 des Bundesausbildungsförderungsgesetzes.

§ 19 Leistungen der Arbeitsförderung

(1) Nach dem Recht der Arbeitsförderung können in Anspruch genommen werden:

1. Berufsberatung und Arbeitsmarktberatung,
2. Ausbildungsvermittlung und Arbeitsvermittlung,
3. Leistungen
   a) zur Aktivierung und beruflichen Eingliederung,
   b) zur Berufswahl und Berufsausbildung,
   c) zur beruflichen Weiterbildung,
   d) zur Aufnahme einer Erwerbstätigkeit,
   e) zum Verbleib in Beschäftigung,
   f) der Teilhabe behinderter Menschen am Arbeitsleben,
4. Arbeitslosengeld, Teilarbeitslosengeld, Arbeitslosengeld bei Weiterbildung und Insolvenzgeld.

(2) Zuständig sind die Agenturen für Arbeit und die sonstigen Dienststellen der Bundesagentur für Arbeit.

§ 19a Leistungen der Grundsicherung für Arbeitsuchende

(1) Nach dem Recht der Grundsicherung für Arbeitsuchende können in Anspruch genommen werden

1. Leistungen zur Eingliederung in Arbeit,
2. Leistungen zur Sicherung des Lebensunterhalts.

(2) 1Zuständig sind die Agenturen für Arbeit und die sonstigen Dienststellen der Bundesagentur für Arbeit, sowie die kreisfreien Städte und Kreise, soweit durch Landesrecht nicht andere Träger bestimmt sind. 2In den Fällen des § 6a des Zweiten Buches ist abweichend von Satz 1 der zugelassene kommunale Träger zuständig.

§ 19b Leistungen bei gleitendem Übergang älterer Arbeitnehmer in den Ruhestand

(1) Nach dem Recht der Förderung eines gleitenden Übergangs älterer Arbeitnehmer in den Ruhestand können in Anspruch genommen werden:

1. Erstattung der Beiträge zur Höherversicherung in der gesetzlichen Rentenversicherung und der nicht auf das Arbeitsentgelt entfallenden Beiträge zur gesetzlichen Rentenversicherung für ältere Arbeitnehmer, die ihre Arbeitszeit verkürzt haben.
2. Erstattung der Aufstockungsbeträge zum Arbeitsentgelt für die Altersteilzeitarbeit.

(2) Zuständig sind die Agenturen für Arbeit und die sonstigen Dienststellen der Bundesagentur für Arbeit.

§ 20 (weggefallen)

§ 21 Leistungen der gesetzlichen Krankenversicherung

(1) Nach dem Recht der gesetzlichen Krankenversicherung können in Anspruch genommen werden:

1. Leistungen zur Förderung der Gesundheit, zur Verhütung und zur Früherkennung von Krankheiten,
2. bei Krankheit Krankenbehandlung, insbesondere
   a) ärztliche und zahnärztliche Behandlung,
   b) Versorgung mit Arznei-, Verband-, Heil- und Hilfsmitteln,
   c) häusliche Krankenpflege und Haushaltshilfe,
   d) Krankenhausbehandlung,
   e) medizinische und ergänzende Leistungen zur Rehabilitation,
   f) Betriebshilfe für Landwirte,
   g) Krankengeld,
3. bei Schwangerschaft und Mutterschaft ärztliche Betreuung, Hebammenhilfe, stationäre Entbindung, häusliche Pflege, Haushaltshilfe, Betriebshilfe für Landwirte, Mutterschaftsgeld,
4. Hilfe zur Familienplanung und Leistungen bei durch Krankheit erforderlicher Sterilisation und

bei nicht rechtswidrigem Schwangerschaftsabbruch.

(2) Zuständig sind die Orts-, Betriebs- und Innungskrankenkassen, die Sozialversicherung für Landwirtschaft, Forsten und Gartenbau als landwirtschaftliche Krankenkasse, die Deutsche Rentenversicherung Knappschaft-Bahn-See und die Ersatzkassen.

§ 21a Leistungen der sozialen Pflegeversicherung

(1) Nach dem Recht der sozialen Pflegeversicherung können in Anspruch genommen werden:

1. Leistungen bei häuslicher Pflege:
   a) Pflegesachleistung,
   b) Pflegegeld für selbst beschaffte Pflegehilfen,
   c) häusliche Pflege bei Verhinderung der Pflegeperson,
   d) Pflegehilfsmittel und technische Hilfen,
2. teilstationäre Pflege und Kurzzeitpflege,
3. Leistungen für Pflegepersonen, insbesondere
   a) soziale Sicherung und
   b) Pflegekurse,
4. vollstationäre Pflege.

(2) Zuständig sind die bei den Krankenkassen errichteten Pflegekassen.

§ 21b Leistungen bei Schwangerschaftsabbrüchen

(1) Nach dem Fünften Abschnitt des Schwangerschaftskonfliktgesetzes können bei einem nicht rechtswidrigen oder unter den Voraussetzungen des § 218a Abs. 1 des Strafgesetzbuches vorgenommenen Abbruch einer Schwangerschaft Leistungen in Anspruch genommen werden.

(2) Zuständig sind die Orts-, Betriebs- und Innungskrankenkassen, die Sozialversicherung für Landwirtschaft, Forsten und Gartenbau als landwirtschaftliche Krankenkasse, die Deutsche Rentenversicherung Knappschaft-Bahn-See und die Ersatzkassen.

§ 22 Leistungen der gesetzlichen Unfallversicherung

(1) Nach dem Recht der gesetzlichen Unfallversicherung können in Anspruch genommen werden:

1. Maßnahmen zur Verhütung von Arbeitsunfällen, Berufskrankheiten und arbeitsbedingten Gesundheitsgefahren und zur Ersten Hilfe sowie Maßnahmen zur Früherkennung von Berufskrankheiten und arbeitsbedingten Gesundheitsgefahren,
2. Heilbehandlung, Leistungen zur Teilhabe am Arbeitsleben und andere Leistungen zur Erhaltung, Besserung und Wiederherstellung der Erwerbsfähigkeit sowie zur Erleichterung der Verletzungsfolgen einschließlich wirtschaftlicher Hilfen,
3. Renten wegen Minderung der Erwerbsfähigkeit,
4. Renten an Hinterbliebene, Sterbegeld und Beihilfen,
5. Rentenabfindungen,
6. Haushaltshilfe,
7. Betriebshilfe für Landwirte.

(2) Zuständig sind die gewerblichen Berufsgenossenschaften, die Sozialversicherung für Landwirtschaft, Forsten und Gartenbau als landwirtschaftliche Berufsgenossenschaft, die Gemeindeunfallversicherungsverbände, die Feuerwehr-Unfallkassen, die Unfallkassen der Länder und Gemeinden, die gemeinsamen Unfallkassen für den Landes- und kommunalen Bereich und die Unfallversicherung Bund und Bahn.

§ 23 Leistungen der gesetzlichen Rentenversicherung einschließlich der Alterssicherung der Landwirte

(1) Nach dem Recht der gesetzlichen Rentenversicherung einschließlich der Alterssicherung der Landwirte können in Anspruch genommen werden:

1. in der gesetzlichen Rentenversicherung:
   a) Leistungen zur Prävention, Leistungen zur medizinischen Rehabilitation, Leistungen zur Teilhabe am Arbeitsleben, Leistungen zur Nachsorge sowie sonstige Leistungen zur Teilhabe einschließlich wirtschaftlicher Hilfen,
   b) Renten wegen Alters, Renten wegen verminderter Erwerbsfähigkeit und Knappschaftsausgleichsleistung,
   c) Renten wegen Todes,
   d) Witwen- und Witwerrentenabfindungen sowie Beitragserstattungen,

e) Zuschüsse zu den Aufwendungen für die Krankenversicherung,

f) Leistungen für Kindererziehung.

2. in der Alterssicherung der Landwirte:

a) Leistungen zur Prävention, Leistungen zur medizinischen Rehabilitation, Leistungen zur Nachsorge sowie ergänzende und sonstige Leistungen zur Teilhabe einschließlich Betriebs- oder Haushaltshilfe,

b) Renten wegen Erwerbsminderung und Alters,

c) Renten wegen Todes,

d) Beitragszuschüsse,

e) Betriebs- und Haushaltshilfe oder sonstige Leistungen zur Aufrechterhaltung des Unternehmens der Landwirtschaft.

(2) Zuständig sind

1. in der allgemeinen Rentenversicherung die Regionalträger, die Deutsche Rentenversicherung Bund und die Deutsche Rentenversicherung Knappschaft-Bahn-See,
2. in der knappschaftlichen Rentenversicherung die Deutsche Rentenversicherung Knappschaft-Bahn-See,
3. in der Alterssicherung der Landwirte die Sozialversicherung für Landwirtschaft, Forsten und Gartenbau als landwirtschaftliche Alterskasse.

§ 24 Versorgungsleistungen bei Gesundheitsschäden

(1) Nach dem Recht der sozialen Entschädigung bei Gesundheitsschäden können in Anspruch genommen werden:

1. Heil- und Krankenbehandlung sowie andere Leistungen zur Erhaltung, Besserung und Wiederherstellung der Leistungsfähigkeit einschließlich wirtschaftlicher Hilfen,
2. besondere Hilfen im Einzelfall einschließlich Leistungen zur Teilhabe am Arbeitsleben,
3. Renten wegen anerkannten Schädigungsfolgen,
4. Renten an Hinterbliebene, Bestattungsgeld und Sterbegeld,
5. Kapitalabfindung, insbesondere zur Wohnraumbeschaffung.

(2) 1Zuständig sind die Versorgungsämter, die Landesversorgungsämter und die orthopädischen Versorgungsstellen. 2Für die besonderen Hilfen im Einzelfall sind die Kreise und kreisfreien Städte sowie die Hauptfürsorgestellen zuständig. 3Bei der Durchführung der Heil- und Krankenbehandlung wirken die Träger der gesetzlichen Krankenversicherung mit. 4Für die Leistungen nach den §§ 80, 81a bis 83a des Soldatenversorgungsgesetzes ist die Bundeswehrverwaltung zuständig.

§ 25 Kindergeld, Kinderzuschlag, Elterngeld und Leistungen für Bildung und Teilhabe

(1) 1Nach dem Bundeskindergeldgesetz kann nur dann Kindergeld in Anspruch genommen werden, wenn nicht der Familienleistungsausgleich nach § 31 des Einkommensteuergesetzes zur Anwendung kommt. 2Nach dem Bundeskindergeldgesetz können auch der Kinderzuschlag und Leistungen für Bildung und Teilhabe in Anspruch genommen werden.

(2) Nach dem Recht des Bundeselterngeld- und Elternzeitgesetzes kann Elterngeld in Anspruch genommen werden.

(3) Für die Ausführung des Absatzes 1 sind die nach § 7 des Bundeskindergeldgesetzes bestimmten Stellen und für die Ausführung des Absatzes 2 die nach § 12 des Bundeselterngeld- und Elternzeitgesetzes bestimmten Stellen zuständig.

§ 26 Wohngeld

(1) Nach dem Wohngeldrecht kann als Zuschuß zur Miete oder als Zuschuß zu den Aufwendungen für den eigengenutzten Wohnraum Wohngeld in Anspruch genommen werden.

(2) Zuständig sind die durch Landesrecht bestimmten Behörden.

§ 27 Leistungen der Kinder- und Jugendhilfe

(1) Nach dem Recht der Kinder- und Jugendhilfe können in Anspruch genommen werden:

1. Angebote der Jugendarbeit, der Jugendsozialarbeit und des erzieherischen Jugendschutzes,
2. Angebote zur Förderung der Erziehung in der Familie,
3. Angebote zur Förderung von Kindern in Tageseinrichtungen und in Tagespflege,
4. Hilfe zur Erziehung, Eingliederungshilfe für seelisch behinderte Kinder und Jugendliche sowie Hilfe für junge Volljährige.

I

(2) Zuständig sind die Kreise und die kreisfreien Städte, nach Maßgabe des Landesrechts auch kreisangehörige Gemeinden; sie arbeiten mit der freien Jugendhilfe zusammen.

§ 28 Leistungen der Sozialhilfe

(1) Nach dem Recht der Sozialhilfe können in Anspruch genommen werden:

1. Hilfe zum Lebensunterhalt,

1a. Grundsicherung im Alter und bei Erwerbsminderung,

2. Hilfen zur Gesundheit,

3. (weggefallen),

4. Hilfe zur Pflege,

5. Hilfe zur Überwindung besonderer sozialer Schwierigkeiten,

6. Hilfe in anderen Lebenslagen

sowie die jeweils gebotene Beratung und Unterstützung.

(2) Zuständig sind die Kreise und kreisfreien Städte, die überörtlichen Träger der Sozialhilfe und für besondere Aufgaben die Gesundheitsämter; sie arbeiten mit den Trägern der freien Wohlfahrtspflege zusammen.

§ 28a Leistungen der Eingliederungshilfe

(1) Nach dem Recht der Eingliederungshilfe können in Anspruch genommen werden:

1. Leistungen zur medizinischen Rehabilitation,

2. Leistungen zur Teilhabe am Arbeitsleben,

3. Leistungen zur Teilhabe an Bildung,

4. Leistungen zur Sozialen Teilhabe.

(2) Zuständig sind die durch Landesrecht bestimmten Behörden.

§ 29 Leistungen zur Rehabilitation und Teilhabe behinderter Menschen

(1) Nach dem Recht der Rehabilitation und Teilhabe behinderter Menschen können in Anspruch genommen werden

1. Leistungen zur medizinischen Rehabilitation, insbesondere
   a) Frühförderung behinderter und von Behinderung bedrohter Kinder,
   b) ärztliche und zahnärztliche Behandlung,
   c) Arznei- und Verbandmittel sowie Heilmittel einschließlich physikalischer, Sprach- und Beschäftigungstherapie,
   d) Körperersatzstücke, orthopädische und andere Hilfsmittel,
   e) Belastungserprobung und Arbeitstherapie,

2. Leistungen zur Teilhabe am Arbeitsleben, insbesondere
   a) Hilfen zum Erhalten oder Erlangen eines Arbeitsplatzes,
   b) Berufsvorbereitung, berufliche Anpassung, Ausbildung und Weiterbildung,
   c) sonstige Hilfen zur Förderung der Teilhabe am Arbeitsleben,

2a. Leistungen zur Teilhabe an Bildung, insbesondere
   a) Hilfen zur Schulbildung, insbesondere im Rahmen der allgemeinen Schulpflicht und zum Besuch weiterführender Schulen einschließlich der Vorbereitung hierzu,
   b) Hilfen zur schulischen Berufsausbildung,
   c) Hilfen zur Hochschulbildung,
   d) Hilfen zur schulischen beruflichen Weiterbildung,

3. Leistungen zur Sozialen Teilhabe, insbesondere
   a) Leistungen für Wohnraum,
   b) Assistenzleistungen,
   c) heilpädagogische Leistungen,
   d) Leistungen zur Betreuung in einer Pflegefamilie,
   e) Leistungen zum Erwerb und Erhalt praktischer Kenntnisse und Fähigkeiten,
   f) Leistungen zur Förderung der Verständigung,
   g) Leistungen zur Mobilität,
   h) Hilfsmittel,

4. unterhaltssichernde und andere ergänzende Leistungen, insbesondere
   a) Krankengeld, Versorgungskrankengeld, Verletztengeld, Übergangsgeld, Ausbildungsgeld oder Unterhaltsbeihilfe,
   b) Beiträge zur gesetzlichen Kranken-, Unfall-, Renten- und Pflegeversicherung sowie zur Bundesagentur für Arbeit,

c) Reisekosten,
d) Haushalts- oder Betriebshilfe und Kinderbetreuungskosten,
e) Rehabilitationssport und Funktionstraining,

5. besondere Leistungen und sonstige Hilfen zur Teilhabe schwerbehinderter Menschen am Leben in der Gesellschaft, insbesondere am Arbeitsleben.

(2) Zuständig sind die in den §§ 19 bis 24, 27 und 28 genannten Leistungsträger und die Integrationsämter.

Dritter Abschnitt
Gemeinsame Vorschriften für alle Sozialleistungsbereiche dieses Gesetzbuchs

Erster Titel
Allgemeine Grundsätze

§ 30 Geltungsbereich

(1) Die Vorschriften dieses Gesetzbuchs gelten für alle Personen, die ihren Wohnsitz oder gewöhnlichen Aufenthalt in seinem Geltungsbereich haben.

(2) Regelungen des über- und zwischenstaatlichen Rechts bleiben unberührt.

(3) 1Einen Wohnsitz hat jemand dort, wo er eine Wohnung unter Umständen innehat, die darauf schließen lassen, daß er die Wohnung beibehalten und benutzen wird. 2Den gewöhnlichen Aufenthalt hat jemand dort, wo er sich unter Umständen aufhält, die erkennen lassen, daß er an diesem Ort oder in diesem Gebiet nicht nur vorübergehend verweilt.

§ 31 Vorbehalt des Gesetzes

Rechte und Pflichten in den Sozialleistungsbereichen dieses Gesetzbuchs dürfen nur begründet, festgestellt, geändert oder aufgehoben werden, soweit ein Gesetz es vorschreibt oder zuläßt.

§ 32 Verbot nachteiliger Vereinbarungen

Privatrechtliche Vereinbarungen, die zum Nachteil des Sozialleistungsberechtigten von Vorschriften dieses Gesetzbuchs abweichen, sind nichtig.

§ 33 Ausgestaltung von Rechten und Pflichten

1Ist der Inhalt von Rechten und Pflichten nach Art oder Umfang nicht im einzelnen bestimmt, sind bei ihrer Ausgestaltung die persönlichen Verhältnisse des Berechtigten oder Verpflichteten, sein Bedarf und seine Leistungsfähigkeit sowie die örtlichen Verhältnisse zu berücksichtigen, soweit Rechtsvorschriften nicht entgegenstehen. 2Dabei soll den Wünschen des Berechtigten oder Verpflichteten entsprochen werden, soweit sie angemessen sind.

§ 33a Altersabhängige Rechte und Pflichten

(1) Sind Rechte oder Pflichten davon abhängig, daß eine bestimmte Altersgrenze erreicht oder nicht überschritten ist, ist das Geburtsdatum maßgebend, das sich aus der ersten Angabe des Berechtigten oder Verpflichteten oder seiner Angehörigen gegenüber einem Sozialleistungsträger oder, soweit es sich um eine Angabe im Rahmen des Dritten oder Sechsten Abschnitts des Vierten Buches handelt, gegenüber dem Arbeitgeber ergibt.

(2) Von einem nach Absatz 1 maßgebenden Geburtsdatum darf nur abgewichen werden, wenn der zuständige Leistungsträger feststellt, daß

1. ein Schreibfehler vorliegt oder
2. sich aus einer Urkunde, deren Original vor dem Zeitpunkt der Angabe nach Absatz 1 ausgestellt worden ist, ein anderes Geburtsdatum ergibt.

(3) Die Absätze 1 und 2 gelten für Geburtsdaten, die Bestandteil der Versicherungsnummer oder eines anderen in den Sozialleistungsbereichen dieses Gesetzbuchs verwendeten Kennzeichens sind, entsprechend.

§ 33b Lebenspartnerschaften

Lebenspartnerschaften im Sinne dieses Gesetzbuches sind Lebenspartnerschaften nach dem Lebenspartnerschaftsgesetz.

§ 33c Benachteiligungsverbot

1Bei der Inanspruchnahme sozialer Rechte darf niemand aus Gründen der Rasse, wegen der ethnischen Herkunft oder einer Behinderung benachteiligt werden. 2Ansprüche können nur insoweit geltend gemacht oder hergeleitet werden, als deren Voraussetzungen und Inhalt durch die Vorschriften der besonderen Teile dieses Gesetzbuchs im Einzelnen bestimmt sind.

§ 34 Begrenzung von Rechten und Pflichten

(1) Soweit Rechte und Pflichten nach diesem Gesetzbuch ein familienrechtliches Rechtsverhältnis

I

voraussetzen, reicht ein Rechtsverhältnis, das gemäß Internationalem Privatrecht dem Recht eines anderen Staates unterliegt und nach diesem Recht besteht, nur aus, wenn es dem Rechtsverhältnis im Geltungsbereich dieses Gesetzbuchs entspricht.

(2) Ansprüche mehrerer Ehegatten auf Witwenrente oder Witwerrente werden anteilig und endgültig aufgeteilt.

§ 35 Sozialgeheimnis

(1) 1Jeder hat Anspruch darauf, dass die ihn betreffenden Sozialdaten (§ 67 Absatz 2 Zehntes Buch) von den Leistungsträgern nicht unbefugt verarbeitet werden (Sozialgeheimnis). 2Die Wahrung des Sozialgeheimnisses umfasst die Verpflichtung, auch innerhalb des Leistungsträgers sicherzustellen, dass die Sozialdaten nur Befugten zugänglich sind oder nur an diese weitergegeben werden. 3Sozialdaten der Beschäftigten und ihrer Angehörigen dürfen Personen, die Personalentscheidungen treffen oder daran mitwirken können, weder zugänglich sein noch von Zugriffsberechtigten weitergegeben werden. 4Der Anspruch richtet sich auch gegen die Verbände der Leistungsträger, die Arbeitsgemeinschaften der Leistungsträger und ihrer Verbände, die Datenstelle der Rentenversicherung, die in diesem Gesetzbuch genannten öffentlich-rechtlichen Vereinigungen, Integrationsfachdienste, die Künstlersozialkasse, die Deutsche Post AG, soweit sie mit der Berechnung oder Auszahlung von Sozialleistungen betraut ist, die Behörden der Zollverwaltung, soweit sie Aufgaben nach § 2 des Schwarzarbeitsbekämpfungsgesetzes und § 66 des Zehnten Buches durchführen, die Versicherungsämter und Gemeindebehörden sowie die anerkannten Adoptionsvermittlungsstellen (§ 2 Absatz 3 des Adoptionsvermittlungsgesetzes), soweit sie Aufgaben nach diesem Gesetzbuch wahrnehmen, und die Stellen, die Aufgaben nach § 67c Absatz 3 des Zehnten Buches wahrnehmen. 5Die Beschäftigten haben auch nach Beendigung ihrer Tätigkeit bei den genannten Stellen das Sozialgeheimnis zu wahren.

(2) 1Die Vorschriften des Zweiten Kapitels des Zehnten Buches und der übrigen Bücher des Sozialgesetzbuches regeln die Verarbeitung von Sozialdaten abschließend, soweit nicht die Verordnung (EU) 2016/679 des Europäischen Parlaments und des Rates vom 27. April 2016 zum Schutz natürlicher Personen bei der Verarbeitung personenbezogener Daten, zum freien Datenverkehr und zur Aufhebung der Richtlinie 95/46/EG (Datenschutz-Grundverordnung) (ABl. L 119 vom 4. 5. 2016, S. 1; L 314 vom 22. 11. 2016, S. 72; L 127 vom 23. 5. 2018, S. 2) in der jeweils geltenden Fassung unmittelbar gilt. 2Für die Verarbeitungen von Sozialdaten im Rahmen von nicht in den Anwendungsbereich der Verordnung (EU) 2016/679 fallenden Tätigkeiten finden die Verordnung (EU) 2016/679 und dieses Gesetz entsprechende Anwendung, soweit nicht in diesem oder einem anderen Gesetz Abweichendes geregelt ist.

(2a) Die Verpflichtung zur Wahrung gesetzlicher Geheimhaltungspflichten oder von Berufs- oder besonderen Amtsgeheimnissen, die nicht auf gesetzlichen Vorschriften beruhen, bleibt unberührt.

(3) Soweit eine Übermittlung von Sozialdaten nicht zulässig ist, besteht keine Auskunftspflicht, keine Zeugnispflicht und keine Pflicht zur Vorlegung oder Auslieferung von Schriftstücken, nicht automatisierten Dateisystemen und automatisiert verarbeiteten Sozialdaten.

(4) Betriebs- und Geschäftsgeheimnisse stehen Sozialdaten gleich.

(5) 1Sozialdaten Verstorbener dürfen nach Maßgabe des Zweiten Kapitels des Zehnten Buches verarbeitet werden. 2Sie dürfen außerdem verarbeitet werden, wenn schutzwürdige Interessen des Verstorbenen oder seiner Angehörigen dadurch nicht beeinträchtigt werden können.

(6) 1Die Absätze 1 bis 5 finden neben den in Absatz 1 genannten Stellen auch Anwendung auf solche Verantwortliche oder deren Auftragsverarbeiter,

1. die Sozialdaten im Inland verarbeiten, sofern die Verarbeitung nicht im Rahmen einer Niederlassung in einem anderen Mitgliedstaat der Europäischen Union oder in einem anderen Vertragsstaat des Abkommens über den Europäischen Wirtschaftsraum erfolgt, oder
2. die Sozialdaten im Rahmen der Tätigkeiten einer inländischen Niederlassung verarbeiten.

2Sofern die Absätze 1 bis 5 nicht gemäß Satz 1 anzuwenden sind, gelten für den Verantwortlichen oder dessen Auftragsverarbeiter nur die §§ 81 bis 81c des Zehnten Buches.

(7) $_{1}$Bei der Verarbeitung zu Zwecken gemäß Artikel 2 der Verordnung (EU) 2016/679 stehen die Vertragsstaaten des Abkommens über den Europäischen Wirtschaftsraum und die Schweiz den Mitgliedstaaten der Europäischen Union gleich. $_{2}$Andere Staaten gelten insoweit als Drittstaaten.

§ 36 Handlungsfähigkeit

(1) $_{1}$Wer das fünfzehnte Lebensjahr vollendet hat, kann Anträge auf Sozialleistungen stellen und verfolgen sowie Sozialleistungen entgegennehmen. $_{2}$Der Leistungsträger soll den gesetzlichen Vertreter über die Antragstellung und die erbrachten Sozialleistungen unterrichten.

(2) $_{1}$Die Handlungsfähigkeit nach Absatz 1 Satz 1 kann vom gesetzlichen Vertreter durch schriftliche Erklärung gegenüber dem Leistungsträger eingeschränkt werden. $_{2}$Die Rücknahme von Anträgen, der Verzicht auf Sozialleistungen und die Entgegennahme von Darlehen bedürfen der Zustimmung des gesetzlichen Vertreters.

§ 36a Elektronische Kommunikation

(1) Die Übermittlung elektronischer Dokumente ist zulässig, soweit der Empfänger hierfür einen Zugang eröffnet.

(2) $_{1}$Eine durch Rechtsvorschrift angeordnete Schriftform kann, soweit nicht durch Rechtsvorschrift etwas anderes bestimmt ist, durch die elektronische Form ersetzt werden. $_{2}$Der elektronischen Form genügt ein elektronisches Dokument, das mit einer qualifizierten elektronischen Signatur versehen ist. $_{3}$Die Signierung mit einem Pseudonym, das die Identifizierung der Person des Signaturschlüsselinhabers nicht unmittelbar durch die Behörde ermöglicht, ist nicht zulässig. $_{4}$Die Schriftform kann auch ersetzt werden

1. durch unmittelbare Abgabe der Erklärung in einem elektronischen Formular, das von der Behörde in einem Eingabegerät oder über öffentlich zugängliche Netze zur Verfügung gestellt wird;
2. bei Anträgen und Anzeigen durch Versendung eines elektronischen Dokuments an die Behörde mit der Versandart nach § 5 Absatz 5 des De-Mail-Gesetzes;
3. bei elektronischen Verwaltungsakten oder sonstigen elektronischen Dokumenten der Behörden durch Versendung einer De-Mail-Nachricht nach § 5 Absatz 5 des De-Mail-Gesetzes, bei der die Bestätigung des akkreditierten Diensteanbieters die erlassende Behörde als Nutzer des De-Mail-Kontos erkennen lässt;
4. durch sonstige sichere Verfahren, die durch Rechtsverordnung der Bundesregierung mit Zustimmung des Bundesrates festgelegt werden, welche den Datenübermittler (Absender der Daten) authentifizieren und die Integrität des elektronisch übermittelten Datensatzes sowie die Barrierefreiheit gewährleisten; der IT-Planungsrat gibt Empfehlungen zu geeigneten Verfahren ab.

$_{5}$In den Fällen des Satzes 4 Nummer 1 muss bei einer Eingabe über öffentlich zugängliche Netze ein elektronischer Identitätsnachweis nach § 18 des Personalausweisgesetzes, nach § 12 des eID-Karte-Gesetzes oder nach § 78 Absatz 5 des Aufenthaltsgesetzes erfolgen; in der Kommunikation zwischen dem Versicherten und seiner Krankenkasse kann die Identität auch mit der elektronischen Gesundheitskarte nach § 291a des Fünften Buches oder mit der digitalen Identität nach § 291 Absatz 8 des Fünften Buches elektronisch nachgewiesen werden.

(2a) $_{1}$Ist durch Rechtsvorschrift die Verwendung eines bestimmten Formulars vorgeschrieben, das ein Unterschriftsfeld vorsieht, wird allein dadurch nicht die Anordnung der Schriftform bewirkt. $_{2}$Bei einer für die elektronische Versendung an die Behörde bestimmten Fassung des Formulars entfällt das Unterschriftsfeld.

(3) $_{1}$Ist ein der Behörde übermitteltes elektronisches Dokument für sie zur Bearbeitung nicht geeignet, teilt sie dies dem Absender unter Angabe der für sie geltenden technischen Rahmenbedingungen unverzüglich mit. $_{2}$Macht ein Empfänger geltend, er könne das von der Behörde übermittelte elektronische Dokument nicht bearbeiten, übermittelt sie es ihm erneut in einem geeigneten elektronischen Format oder als Schriftstück.

(4) $_{1}$Die Träger der Sozialversicherung einschließlich der Bundesagentur für Arbeit, ihre Verbände und Arbeitsgemeinschaften verwenden unter Beachtung der Grundsätze der Wirtschaftlichkeit und Sparsamkeit im jeweiligen Sozialleistungsbereich Vertrauensdienste, die eine gemeinsame und bundeseinheitliche Kommunikation und Übermittlung der Daten und die Überprüfbarkeit der qualifizier-

ten elektronischen Signatur auf Dauer sicherstellen. $_{2}$Diese Träger sollen über ihren jeweiligen Bereich hinaus Vertrauensdienste im Sinne des Satzes 1 verwenden. $_{3}$Die Sätze 1 und 2 gelten entsprechend für die Leistungserbringer nach dem Fünften und dem Elften Buch und die von ihnen gebildeten Organisationen.

§ 37 Vorbehalt abweichender Regelungen

$_{1}$Das Erste und Zehnte Buch gelten für alle Sozialleistungsbereiche dieses Gesetzbuchs, soweit sich aus den übrigen Büchern nichts Abweichendes ergibt; § 68 bleibt unberührt. $_{2}$Der Vorbehalt gilt nicht für die §§ 1 bis 17 und 31 bis 36. $_{3}$Das Zweite Kapitel des Zehnten Buches geht dessen Erstem Kapitel vor, soweit sich die Ermittlung des Sachverhaltes auf Sozialdaten erstreckt.

Zweiter Titel
Grundsätze des Leistungsrechts

§ 38 Rechtsanspruch

Auf Sozialleistungen besteht ein Anspruch, soweit nicht nach den besonderen Teilen dieses Gesetzbuchs die Leistungsträger ermächtigt sind, bei der Entscheidung über die Leistung nach ihrem Ermessen zu handeln.

§ 39 Ermessensleistungen

(1) $_{1}$Sind die Leistungsträger ermächtigt, bei der Entscheidung über Sozialleistungen nach ihrem Ermessen zu handeln, haben sie ihr Ermessen entsprechend dem Zweck der Ermächtigung auszuüben und die gesetzlichen Grenzen des Ermessens einzuhalten. $_{2}$Auf pflichtgemäße Ausübung des Ermessens besteht ein Anspruch.

(2) Für Ermessensleistungen gelten die Vorschriften über Sozialleistungen, auf die ein Anspruch besteht, entsprechend, soweit sich aus den Vorschriften dieses Gesetzbuchs nichts Abweichendes ergibt.

§ 40 Entstehen der Ansprüche

(1) Ansprüche auf Sozialleistungen entstehen, sobald ihre im Gesetz oder auf Grund eines Gesetzes bestimmten Voraussetzungen vorliegen.

(2) Bei Ermessensleistungen ist der Zeitpunkt maßgebend, in dem die Entscheidung über die Leistung bekanntgegeben wird, es sei denn, daß in der Entscheidung ein anderer Zeitpunkt bestimmt ist.

§ 41 Fälligkeit

Soweit die besonderen Teile dieses Gesetzbuchs keine Regelung enthalten, werden Ansprüche auf Sozialleistungen mit ihrem Entstehen fällig.

§ 42 Vorschüsse

(1) $_{1}$Besteht ein Anspruch auf Geldleistungen dem Grund nach und ist zur Feststellung seiner Höhe voraussichtlich längere Zeit erforderlich, kann der zuständige Leistungsträger Vorschüsse zahlen, deren Höhe er nach pflichtgemäßem Ermessen bestimmt. $_{2}$Er hat Vorschüsse nach Satz 1 zu zahlen, wenn der Berechtigte es beantragt; die Vorschußzahlung beginnt spätestens nach Ablauf eines Kalendermonats nach Eingang des Antrags.

(2) $_{1}$Die Vorschüsse sind auf die zustehende Leistung anzurechnen. $_{2}$Soweit sie diese übersteigen, sind sie vom Empfänger zu erstatten. $_{3}$§ 50 Abs. 4 des Zehnten Buches gilt entsprechend.

(3) Für die Stundung, Niederschlagung und den Erlaß des Erstattungsanspruchs gilt § 76 Abs. 2 des Vierten Buches entsprechend.

§ 43 Vorläufige Leistungen

(1) $_{1}$Besteht ein Anspruch auf Sozialleistungen und ist zwischen mehreren Leistungsträgern streitig, wer zur Leistung verpflichtet ist, kann der unter ihnen zuerst angegangene Leistungsträger vorläufig Leistungen erbringen, deren Umfang er nach pflichtgemäßen Ermessen bestimmt. $_{2}$Er hat Leistungen nach Satz 1 zu erbringen, wenn der Berechtigte es beantragt; die vorläufigen Leistungen beginnen spätestens nach Ablauf eines Kalendermonats nach Eingang des Antrags.

(2) $_{1}$Für die Leistungen nach Absatz 1 gilt § 42 Abs. 2 und 3 entsprechend. $_{2}$Ein Erstattungsanspruch gegen den Empfänger steht nur dem zur Leistung verpflichteten Leistungsträger zu.

§ 44 Verzinsung

(1) Ansprüche auf Geldleistungen sind nach Ablauf eines Kalendermonats nach dem Eintritt ihrer Fälligkeit bis zum Ablauf des Kalendermonats vor der Zahlung mit vier vom Hundert zu verzinsen.

(2) Die Verzinsung beginnt frühestens nach Ablauf von sechs Kalendermonaten nach Eingang des vollständigen Leistungsantrags beim zuständigen Leistungsträger, beim Fehlen eines Antrags nach Ablauf eines Kalendermonats nach der Bekanntgabe der Entscheidung über die Leistung.

(3) $_1$Verzinst werden volle Euro-Beträge. $_2$Dabei ist der Kalendermonat mit dreißig Tagen zugrunde zu legen.

§ 45 Verjährung

(1) Ansprüche auf Sozialleistungen verjähren in vier Jahren nach Ablauf des Kalenderjahrs, in dem sie entstanden sind.

(2) Für die Hemmung, die Ablaufhemmung, den Neubeginn und die Wirkung der Verjährung gelten die Vorschriften des Bürgerlichen Gesetzbuchs sinngemäß.

(3) $_1$Die Verjährung wird auch durch schriftlichen Antrag auf die Sozialleistung oder durch Erhebung eines Widerspruchs gehemmt. $_2$Die Hemmung endet sechs Monate nach Bekanntgabe der Entscheidung über den Antrag oder den Widerspruch.

§ 46 Verzicht

(1) Auf Ansprüche auf Sozialleistungen kann durch schriftliche Erklärung gegenüber dem Leistungsträger verzichtet werden; der Verzicht kann jederzeit mit Wirkung für die Zukunft widerrufen werden.

(2) Der Verzicht ist unwirksam soweit durch ihn andere Personen oder Leistungsträger belastet oder Rechtsvorschriften umgangen werden.

§ 47 Auszahlung von Geldleistungen

(1) $_1$Soweit die besonderen Teile dieses Gesetzbuchs keine Regelung enthalten, werden Geldleistungen kostenfrei auf das angegebene Konto bei einem Geldinstitut, für das die Verordnung (EU) Nr. 260/2012 des Europäischen Parlaments und des Rates vom 14. März 2012 zur Festlegung der technischen Vorschriften und der Geschäftsanforderungen für Überweisungen und Lastschriften in Euro und zur Änderung der Verordnung (EG) Nr. 924/2009 (ABl. L 94 vom 30. 3. 2012, S. 22) gilt, überwiesen oder, wenn der Empfänger es verlangt, an seinen Wohnsitz oder gewöhnlichen Aufenthalt innerhalb des Geltungsbereiches dieser Verordnung übermittelt. $_2$Werden Geldleistungen an den Wohnsitz oder an den gewöhnlichen Aufenthalt des Empfängers übermittelt, sind die dadurch veranlassten Kosten von den Geldleistungen abzuziehen. $_3$Dies gilt nicht, wenn der Empfänger nachweist, dass ihm die Einrichtung eines Kontos bei einem Geldinstitut ohne eigenes Verschulden nicht möglich ist.

(2) Bei Zahlungen außerhalb des Geltungsbereiches der in Absatz 1 genannten Verordnung trägt der Leistungsträger die Kosten bis zu dem von ihm mit der Zahlung beauftragten Geldinstitut.

§ 48 Auszahlung bei Verletzung der Unterhaltspflicht

(1) $_1$Laufende Geldleistungen, die der Sicherung des Lebensunterhalts zu dienen bestimmt sind, können in angemessener Höhe an den Ehegatten, den Lebenspartner oder die Kinder des Leistungsberechtigten ausgezahlt werden, wenn er ihnen gegenüber seiner gesetzlichen Unterhaltspflicht nicht nachkommt. $_2$Kindergeld, Kinderzuschläge und vergleichbare Rentenbestandteile (Geldleistungen für Kinder) können an Kinder, die bei der Festsetzung der Geldleistungen berücksichtigt werden, bis zur Höhe des Betrages, der sich bei entsprechender Anwendung des § 54 Abs. 5 Satz 2 ergibt, ausgezahlt werden. $_3$Für das Kindergeld gilt dies auch dann, wenn der Kindergeldberechtigte mangels Leistungsfähigkeit nicht unterhaltspflichtig ist oder nur Unterhalt in Höhe eines Betrages zu leisten braucht, der geringer ist als das für die Auszahlung in Betracht kommende Kindergeld. $_4$Die Auszahlung kann auch an die Person oder Stelle erfolgen, die dem Ehegatten, dem Lebenspartner oder den Kindern Unterhalt gewährt.

(2) Absatz 1 Satz 1, 2 und 4 gilt entsprechend, wenn unter Berücksichtigung von Kindern, denen gegenüber der Leistungsberechtigte nicht kraft Gesetzes unterhaltspflichtig ist, Geldleistungen erbracht werden und der Leistungsberechtigte diese Kinder nicht unterhält.

§ 49 Auszahlung bei Unterbringung

(1) Ist ein Leistungsberechtigter auf Grund richterlicher Anordnung länger als einen Kalendermonat in einer Anstalt oder Einrichtung untergebracht, sind laufende Geldleistungen, die der Sicherung des Lebensunterhalts zu dienen bestimmt sind, an die Unterhaltsberechtigten auszuzahlen, soweit der Leistungsberechtigte kraft Gesetzes unterhaltspflichtig ist und er oder die Unterhaltsberechtigten es beantragen.

(2) Absatz 1 gilt entsprechend, wenn für Kinder, denen gegenüber der Leistungsberechtigte nicht

kraft Gesetzes unterhaltspflichtig ist, Geldleistungen erbracht werden.

(3) § 48 Abs. 1 Satz 4 bleibt unberührt.

§ 50 Überleitung bei Unterbringung

(1) Ist der Leistungsberechtigte untergebracht (§ 49 Abs. 1), kann die Stelle, der die Kosten der Unterbringung zur Last fallen, seine Ansprüche auf laufende Geldleistungen, die der Sicherung des Lebensunterhalts zu dienen bestimmt sind, durch schriftliche Anzeige an den zuständigen Leistungsträger auf sich überleiten.

(2) Die Anzeige bewirkt den Anspruchsübergang nur insoweit, als die Leistung nicht an Unterhaltsberechtigte oder die in § 49 Abs. 2 genannten Kinder zu zahlen ist, der Leistungsberechtigte die Kosten der Unterbringung zu erstatten hat und die Leistung auf den für die Erstattung maßgebenden Zeitraum entfällt.

(3) Die Absätze 1 und 2 gelten entsprechend, wenn für ein Kind (§ 56 Abs. 1 Satz 1 Nr. 2, Abs. 2), das untergebracht ist (§ 49 Abs. 1), ein Anspruch auf eine laufende Geldleistung besteht.

§ 51 Aufrechnung

(1) Gegen Ansprüche auf Geldleistungen kann der zuständige Leistungsträger mit Ansprüchen gegen den Berechtigten aufrechnen, soweit die Ansprüche auf Geldleistungen nach § 54 Abs. 2 und 4 pfändbar sind.

(2) Mit Ansprüchen auf Erstattung zu Unrecht erbrachter Sozialleistungen und mit Beitragsansprüchen nach diesem Gesetzbuch kann der zuständige Leistungsträger gegen Ansprüche auf laufende Geldleistungen bis zu deren Hälfte aufrechnen, wenn der Leistungsberechtigte nicht nachweist, dass er dadurch hilfebedürftig im Sinne der Vorschriften des Zwölften Buches über die Hilfe zum Lebensunterhalt oder der Grundsicherung für Arbeitsuchende nach dem Zweiten Buch wird.

§ 52 Verrechnung

Der für eine Geldleistung zuständige Leistungsträger kann mit Ermächtigung eines anderen Leistungsträgers dessen Ansprüche gegen den Berechtigten mit der ihm obliegenden Geldleistung verrechnen, soweit nach § 51 die Aufrechnung zulässig ist.

§ 53 Übertragung und Verpfändung

(1) Ansprüche auf Dienst- und Sachleistungen können weder übertragen noch verpfändet werden.

(2) Ansprüche auf Geldleistungen können übertragen und verpfändet werden

1. zur Erfüllung oder zur Sicherung von Ansprüchen auf Rückzahlung von Darlehen und auf Erstattung von Aufwendungen, die im Vorgriff auf fällig gewordene Sozialleistungen zu einer angemessenen Lebensführung gegeben oder gemacht worden sind oder,
2. wenn der zuständige Leistungsträger feststellt, daß die Übertragung oder Verpfändung im wohlverstandenen Interesse des Berechtigten liegt.

(3) Ansprüche auf laufende Geldleistungen, die der Sicherung des Lebensunterhalts zu dienen bestimmt sind, können in anderen Fällen übertragen und verpfändet werden, soweit sie den für Arbeitseinkommen geltenden unpfändbaren Betrag übersteigen.

(4) Der Leistungsträger ist zur Auszahlung an den neuen Gläubiger nicht vor Ablauf des Monats verpflichtet, der dem Monat folgt, in dem er von der Übertragung oder Verpfändung Kenntnis erlangt hat.

(5) Eine Übertragung oder Verpfändung von Ansprüchen auf Geldleistungen steht einer Aufrechnung oder Verrechnung auch dann nicht entgegen, wenn der Leistungsträger beim Erwerb des Anspruchs von der Übertragung oder Verpfändung Kenntnis hatte.

(6) $_1$Soweit bei einer Übertragung oder Verpfändung Geldleistungen zu Unrecht erbracht worden sind, sind sowohl der Leistungsberechtigte als auch der neue Gläubiger als Gesamtschuldner dem Leistungsträger zur Erstattung des entsprechenden Betrages verpflichtet. $_2$Der Leistungsträger hat den Erstattungsanspruch durch Verwaltungsakt geltend zu machen.

§ 54 Pfändung

(1) Ansprüche auf Dienst- und Sachleistungen können nicht gepfändet werden.

(2) Ansprüche auf einmalige Geldleistungen können nur gepfändet werden, soweit nach den Umständen des Falles, insbesondere nach den Ein-

kommens- und Vermögensverhältnissen des Leistungsberechtigten, der Art des beizutreibenden Anspruchs sowie der Höhe und der Zweckbestimmung der Geldleistung, die Pfändung der Billigkeit entspricht.

(3) Unpfändbar sind Ansprüche auf

1. Elterngeld bis zur Höhe der nach § 10 des Bundeselterngeld- und Elternzeitgesetzes anrechnungsfreien Beträge sowie dem Erziehungsgeld vergleichbare Leistungen der Länder,
2. Mutterschaftsgeld nach § 19 Absatz 1 des Mutterschutzgesetzes, soweit das Mutterschaftsgeld nicht aus einer Teilzeitbeschäftigung während der Elternzeit herrührt, bis zur Höhe des Elterngeldes nach § 2 des Bundeselterngeld- und Elternzeitgesetzes, soweit es die anrechnungsfreien Beträge nach § 10 des Bundeselterngeld- und Elternzeitgesetzes nicht übersteigt,

2a. Wohngeld, soweit nicht die Pfändung wegen Ansprüchen erfolgt, die Gegenstand der §§ 9 und 10 des Wohngeldgesetzes sind,

3. Geldleistungen, die dafür bestimmt sind, den durch einen Körper- oder Gesundheitsschaden bedingten Mehraufwand auszugleichen.

(4) Im übrigen können Ansprüche auf laufende Geldleistungen wie Arbeitseinkommen gepfändet werden.

(5) [1]Ein Anspruch des Leistungsberechtigten auf Geldleistungen für Kinder (§ 48 Abs. 1 Satz 2) kann nur wegen gesetzlicher Unterhaltsansprüche eines Kindes, das bei der Festsetzung der Geldleistungen berücksichtigt wird, gepfändet werden. [2]Für die Höhe des pfändbaren Betrages bei Kindergeld gilt:

1. Gehört das unterhaltsberechtigte Kind zum Kreis der Kinder, für die dem Leistungsberechtigten Kindergeld gezahlt wird, so ist eine Pfändung bis zu dem Betrag möglich, der bei gleichmäßiger Verteilung des Kindergeldes auf jedes dieser Kinder entfällt. Ist das Kindergeld durch die Berücksichtigung eines weiteren Kindes erhöht, für das einer dritten Person Kindergeld oder dieser oder dem Leistungsberechtigten eine andere Geldleistung für Kinder zusteht, so bleibt der Erhöhungsbetrag bei der Bestimmung des pfändbaren Betrages des Kindergeldes nach Satz 1 außer Betracht.
2. Der Erhöhungsbetrag (Nummer 1 Satz 2) ist zugunsten jedes bei der Festsetzung des Kindergeldes berücksichtigten unterhaltsberechtigten Kindes zu dem Anteil pfändbar, der sich bei gleichmäßiger Verteilung auf alle Kinder, die bei der Festsetzung des Kindergeldes zugunsten des Leistungsberechtigten berücksichtigt werden, ergibt.

(6) In den Fällen der Absätze 2, 4 und 5 gilt § 53 Abs. 6 entsprechend.

§ 55 (weggefallen)

§ 56 Sonderrechtsnachfolge

(1) [1]Fällige Ansprüche auf laufende Geldleistungen stehen beim Tode des Berechtigten nacheinander

1. dem Ehegatten,

1a. dem Lebenspartner,

2. den Kindern,
3. den Eltern,
4. dem Haushaltsführer

zu, wenn diese mit dem Berechtigten zur Zeit seines Todes in einem gemeinsamen Haushalt gelebt haben oder von ihm wesentlich unterhalten worden sind. [2]Mehreren Personen einer Gruppe stehen die Ansprüche zu gleichen Teilen zu.

(2) Als Kinder im Sinne des Absatzes 1 Satz 1 Nr. 2 gelten auch

1. Stiefkinder und Enkel, die in den Haushalt des Berechtigten aufgenommen sind,
2. Pflegekinder (Personen, die mit dem Berechtigten durch ein auf längere Dauer angelegtes Pflegeverhältnis mit häuslicher Gemeinschaft wie Kinder mit Eltern verbunden sind),
3. Geschwister des Berechtigten, die in seinen Haushalt aufgenommen worden sind.

(3) Als Eltern im Sinne des Absatzes 1 Satz 1 Nr. 3 gelten auch

1. sonstige Verwandte der geraden aufsteigenden Linie,
2. Stiefeltern,
3. Pflegeeltern (Personen, die den Berechtigten als Pflegekind aufgenommen haben).

(4) Haushaltsführer im Sinne des Absatzes 1 Satz 1 Nr. 4 ist derjenige Verwandte oder Verschwägerte, der an Stelle des verstorbenen oder geschiedenen oder an der Führung des Haushalts aus gesund-

heitlichen Gründen dauernd gehinderten Ehegatten oder Lebenspartners den Haushalt des Berechtigten mindestens ein Jahr lang vor dessen Tod geführt hat und von diesem überwiegend unterhalten worden ist.

§ 57 Verzicht und Haftung des Sonderrechtsnachfolgers

(1) $_1$Der nach § 56 Berechtigte kann auf die Sonderrechtsnachfolge innerhalb von sechs Wochen nach ihrer Kenntnis durch schriftliche Erklärung gegenüber dem Leistungsträger verzichten. $_2$Verzichtet er innerhalb dieser Frist, gelten die Ansprüche als auf ihn nicht übergegangen. $_3$Sie stehen den Personen zu, die ohne den Verzichtenden nach § 56 berechtigt wären.

(2) $_1$Soweit Ansprüche auf den Sonderrechtsnachfolger übergegangen sind, haftet er für die nach diesem Gesetzbuch bestehenden Verbindlichkeiten des Verstorbenen gegenüber dem für die Ansprüche zuständigen Leistungsträger. $_2$Insoweit entfällt eine Haftung des Erben. $_3$Eine Aufrechnung und Verrechnung nach den §§ 51 und 52 ist ohne die dort genannten Beschränkungen der Höhe zulässig.

§ 58 Vererbung

$_1$Soweit fällige Ansprüche auf Geldleistungen nicht nach den §§ 56 und 57 einem Sonderrechtsnachfolger zustehen, werden sie nach den Vorschriften des Bürgerlichen Gesetzbuchs vererbt. $_2$Der Fiskus als gesetzlicher Erbe kann die Ansprüche nicht geltend machen.

§ 59 Ausschluß der Rechtsnachfolge

$_1$Ansprüche auf Dienst- und Sachleistungen erlöschen mit dem Tode des Berechtigten. $_2$Ansprüche auf Geldleistungen erlöschen nur, wenn sie im Zeitpunkt des Todes des Berechtigten weder festgestellt sind noch ein Verwaltungsverfahren über sie anhängig ist.

Dritter Titel
Mitwirkung des Leistungsberechtigten

§ 60 Angabe von Tatsachen

(1) $_1$Wer Sozialleistungen beantragt oder erhält, hat

1. alle Tatsachen anzugeben, die für die Leistung erheblich sind, und auf Verlangen des zuständigen Leistungsträgers der Erteilung der erforderlichen Auskünfte durch Dritte zuzustimmen,
2. Änderungen in den Verhältnissen, die für die Leistung erheblich sind oder über die im Zusammenhang mit der Leistung Erklärungen abgegeben worden sind, unverzüglich mitzuteilen,
3. Beweismittel zu bezeichnen und auf Verlangen des zuständigen Leistungsträgers Beweisurkunden vorzulegen oder ihrer Vorlage zuzustimmen.

$_2$Satz 1 gilt entsprechend für denjenigen, der Leistungen zu erstatten hat.

(2) Soweit für die in Absatz 1 Satz 1 Nr. 1 und 2 genannten Angaben Vordrucke vorgesehen sind, sollen diese benutzt werden.

§ 61 Persönliches Erscheinen

Wer Sozialleistungen beantragt oder erhält, soll auf Verlangen des zuständigen Leistungsträgers zur mündlichen Erörterung des Antrags oder zur Vornahme anderer für die Entscheidung über die Leistung notwendiger Maßnahmen persönlich erscheinen.

§ 62 Untersuchungen

Wer Sozialleistungen beantragt oder erhält, soll sich auf Verlangen des zuständigen Leistungsträgers ärztlichen und psychologischen Untersuchungsmaßnahmen unterziehen, soweit diese für die Entscheidung über die Leistung erforderlich sind.

§ 63 Heilbehandlung

Wer wegen Krankheit oder Behinderung Sozialleistungen beantragt oder erhält, soll sich auf Verlangen des zuständigen Leistungsträgers einer Heilbehandlung unterziehen, wenn zu erwarten ist, daß sie eine Besserung seines Gesundheitszustands herbeiführen oder eine Verschlechterung verhindern wird.

§ 64 Leistungen zur Teilhabe am Arbeitsleben

Wer wegen Minderung der Erwerbsfähigkeit, anerkannten Schädigungsfolgen oder wegen Arbeitslosigkeit Sozialleistungen beantragt oder erhält, soll auf Verlangen des zuständigen Leistungsträgers an Leistungen zur Teilhabe am Arbeitsleben teilnehmen, wenn bei angemessener Berücksichtigung seiner beruflichen Neigung und seiner Leistungsfähigkeit zu erwarten ist, daß sie seine Erwerbs- oder Vermittlungsfähigkeit auf Dauer fördern oder erhalten werden.

§ 65 Grenzen der Mitwirkung

(1) Die Mitwirkungspflichten nach den §§ 60 bis 64 bestehen nicht, soweit

1. ihre Erfüllung nicht in einem angemessenen Verhältnis zu der in Anspruch genommenen Sozialleistung oder ihrer Erstattung steht oder
2. ihre Erfüllung dem Betroffenen aus einem wichtigen Grund nicht zugemutet werden kann oder
3. der Leistungsträger sich durch einen geringeren Aufwand als der Antragsteller oder Leistungsberechtigte die erforderlichen Kenntnisse selbst beschaffen kann.

(2) Behandlungen und Untersuchungen,

1. bei denen im Einzelfall ein Schaden für Leben oder Gesundheit nicht mit hoher Wahrscheinlichkeit ausgeschlossen werden kann,
2. die mit erheblichen Schmerzen verbunden sind oder
3. die einen erheblichen Eingriff in die körperliche Unversehrtheit bedeuten,

können abgelehnt werden.

(3) Angaben, die dem Antragsteller, dem Leistungsberechtigten oder ihnen nahestehenden Personen (§ 383 Abs. 1 Nr. 1 bis 3 der Zivilprozeßordnung) die Gefahr zuziehen würde, wegen einer Straftat oder einer Ordnungswidrigkeit verfolgt zu werden, können verweigert werden.

§ 65a Aufwendungsersatz

(1) $_1$Wer einem Verlangen des zuständigen Leistungsträgers nach den §§ 61 oder 62 nachkommt, kann auf Antrag Ersatz seiner notwendigen Auslagen und seines Verdienstausfalles in angemessenem Umfang erhalten. $_2$Bei einem Verlangen des zuständigen Leistungsträgers nach § 61 sollen Aufwendungen nur in Härtefällen ersetzt werden.

(2) Absatz 1 gilt auch, wenn der zuständige Leistungsträger ein persönliches Erscheinen oder eine Untersuchung nachträglich als notwendig anerkennt.

§ 66 Folgen fehlender Mitwirkung

(1) $_1$Kommt derjenige, der eine Sozialleistung beantragt oder erhält, seinen Mitwirkungspflichten nach den §§ 60 bis 62, 65 nicht nach und wird hierdurch die Aufklärung des Sachverhalts erheblich erschwert, kann der Leistungsträger ohne weitere Ermittlungen die Leistung bis zur Nachholung der Mitwirkung ganz oder teilweise versagen oder entziehen, soweit die Voraussetzungen der Leistung nicht nachgewiesen sind. $_2$Dies gilt entsprechend, wenn der Antragsteller oder Leistungsberechtigte in anderer Weise absichtlich die Aufklärung des Sachverhalts erheblich erschwert.

(2) Kommt derjenige, der eine Sozialleistung wegen Pflegebedürftigkeit, wegen Arbeitsunfähigkeit, wegen Gefährdung oder Minderung der Erwerbsfähigkeit, anerkannten Schädigungsfolgen oder wegen Arbeitslosigkeit beantragt oder erhält, seinen Mitwirkungspflichten nach den §§ 62 bis 65 nicht nach und ist unter Würdigung aller Umstände mit Wahrscheinlichkeit anzunehmen, daß deshalb die Fähigkeit zur selbständigen Lebensführung, die Arbeits-, Erwerbs- oder Vermittlungsfähigkeit beeinträchtigt oder nicht verbessert wird, kann der Leistungsträger die Leistung bis zur Nachholung der Mitwirkung ganz oder teilweise versagen oder entziehen.

(3) Sozialleistungen dürfen wegen fehlender Mitwirkung nur versagt oder entzogen werden, nachdem der Leistungsberechtigte auf diese Folge schriftlich hingewiesen worden ist und seiner Mitwirkungspflicht nicht innerhalb einer ihm gesetzten angemessenen Frist nachgekommen ist.

§ 67 Nachholung der Mitwirkung

Wird die Mitwirkung nachgeholt und liegen die Leistungsvoraussetzungen vor, kann der Leistungsträger Sozialleistungen, die er nach § 66 versagt oder entzogen hat, nachträglich ganz oder teilweise erbringen.

Vierter Abschnitt
Übergangs- und Schlussvorschriften

§ 68 Besondere Teile dieses Gesetzbuches

Bis zu ihrer Einordnung in dieses Gesetzbuch gelten die nachfolgenden Gesetze mit den zu ihrer Ergänzung und Änderung erlassenen Gesetzen als dessen besondere Teile:

1. das Bundesausbildungsförderungsgesetz,
2. (weggefallen)
3. die Reichsversicherungsordnung,
4. das Gesetz über die Alterssicherung der Landwirte,
5. (weggefallen)
6. das Zweite Gesetz über die Krankenversicherung der Landwirte,
7. das Bundesversorgungsgesetz, auch soweit andere Gesetze, insbesondere
   a) §§ 80 bis 83a des Soldatenversorgungsgesetzes,
   b) § 59 Abs. 1 des Bundesgrenzschutzgesetzes,
   c) § 47 des Zivildienstgesetzes,
   d) § 60 des Infektionsschutzgesetzes,
   e) §§ 4 und 5 des Häftlingshilfegesetzes,
   f) § 1 des Opferentschädigungsgesetzes,
   g) §§ 21 und 22 des Strafrechtlichen Rehabilitierungsgesetzes,
   h) §§ 3 und 4 des Verwaltungsrechtlichen Rehabilitierungsgesetzes,

   die entsprechende Anwendung der Leistungsvorschriften des Bundesversorgungsgesetzes vorsehen,
8. das Gesetz über das Verwaltungsverfahren der Kriegsopferversorgung,
9. das Bundeskindergeldgesetz,
10. das Wohngeldgesetz,
11. (weggefallen)
12. das Adoptionsvermittlungsgesetz,
13. (weggefallen)
14. das Unterhaltsvorschussgesetz,
15. der Erste und Zweite Abschnitt des Bundeselterngeld- und Elternzeitgesetzes,
16. das Altersteilzeitgesetz,
17. der Fünfte Abschnitt des Schwangerschaftskonfliktgesetzes.

§ 69 Stadtstaaten-Klausel

Die Senate der Länder Berlin, Bremen und Hamburg werden ermächtigt, die Vorschriften dieses Buches über die Zuständigkeit von Behörden dem besonderen Verwaltungsaufbau ihrer Länder anzupassen.

§ 70 Überleitungsvorschrift zum Verjährungsrecht

Artikel 229 § 6 Abs. 1 und 2 des Einführungsgesetzes zum Bürgerlichen Gesetzbuche gilt entsprechend bei der Anwendung des § 45 Abs. 2 und 3 in der seit dem 1. Januar 2002 geltenden Fassung.

§ 71 Überleitungsvorschrift zur Übertragung, Verpfändung und Pfändung

§ 53 Abs. 6 und § 54 Abs. 6 sind nur auf Geldleistungen anzuwenden, soweit diese nach dem 30. März 2005 ganz oder teilweise zu Unrecht erbracht werden.

II SGB II: Grundsicherung für Arbeitsuchende

II	Sozialgesetzbuch (SGB) Zweites Buch (II) – Bürgergeld, Grundsicherung für Arbeitsuchende – (SGB II)	34
II.6a	Verordnung zur Zulassung von kommunalen Trägern als Träger der Grundsicherung für Arbeitsuchende (Kommunalträger-Zulassungsverordnung – KomtrZV)	96
II.6a.2	Verordnung über das Verfahren zur Feststellung der Eignung als zugelassener kommunaler Träger der Grundsicherung für Arbeitsuchende (Kommunalträger-Eignungsfeststellungsverordnung – KtEfV)	99
II.13	Verordnung zur Berechnung von Einkommen sowie zur Nichtberücksichtigung von Einkommen und Vermögen beim Bürgergeld (Bürgergeld-Verordnung – Bürgergeld-V)	101
II.16b	Verordnung zur Bemessung von Einstiegsgeld (Einstiegsgeld-Verordnung – ESGV)	106
II.18	Verordnung über die Mindestanforderungen an die Vereinbarungen über Leistungen der Eingliederung nach dem Zweiten Buch Sozialgesetzbuch (Mindestanforderungs-Verordnung)	108
II.52	Verordnung über den automatisierten Datenabgleich bei Leistungen der Grundsicherung für Arbeitsuchende (Grundsicherungs-Datenabgleichsverordnung – GrSiDAV)	110

II

Sozialgesetzbuch (SGB) Zweites Buch (II) – Bürgergeld, Grundsicherung für Arbeitsuchende – (SGB II)

in der Fassung der Bekanntmachung vom 13. Mai 2011 (BGBl. I S. 850, S. 2094) ALG2

Zuletzt geändert durch
Zwölftes Gesetz zur Änderung des Zweiten Buches Sozialgesetzbuch und anderer Gesetze – Einführung eines Bürgergeldes (Bürgergeld-Gesetz)
vom 16. Dezember 2022 (BGBl. I S. 2328)[1])

Inhaltsübersicht

Kapitel 1
Fördern und Fordern

§ 1 Aufgabe und Ziel der Grundsicherung für Arbeitsuchende
§ 2 Grundsatz des Forderns
§ 3 Leistungsgrundsätze 37
§ 4 Leistungsformen
§ 5 Verhältnis zu anderen Leistungen
§ 6 Träger der Grundsicherung für Arbeitsuchende
§ 6a Zugelassene kommunale Träger
§ 6b Rechtsstellung der zugelassenen kommunalen Träger
§ 6c Personalübergang bei Zulassung weiterer kommunaler Träger und bei Beendigung der Trägerschaft
§ 6d Jobcenter

Kapitel 2
Anspruchsvoraussetzungen

§ 7 Leistungsberechtigte 42
§ 7a Altersgrenze
§ 7b [ab 01.07.23] Erreichbarkeit
§ 8 Erwerbsfähigkeit
§ 9 Hilfebedürftigkeit 44
§ 10 Zumutbarkeit
§ 11 Zu berücksichtigendes Einkommen
§ 11a Nicht zu berücksichtigendes Einkommen
§ 11b Absetzbeträge
§ 12 Zu berücksichtigendes Vermögen
§ 12a Vorrangige Leistungen
§ 13 Verordnungsermächtigung

Kapitel 3
Leistungen

Abschnitt 1
Leistungen zur Eingliederung in Arbeit

§ 14 Grundsatz des Förderns
§ 15 [bis 30.06.23] Eingliederungsvereinbarung
§ 15 [ab 01.07.23] Potenzialanalyse und Kooperationsplan
§ 15a [ab 01.07.23] Schlichtungsverfahren
§ 16 Leistungen zur Eingliederung 53
§ 16a Kommunale Eingliederungsleistungen
§ 16b Einstiegsgeld
§ 16c Leistungen zur Eingliederung von Selbständigen
§ 16d Arbeitsgelegenheiten
§ 16e Eingliederung von Langzeitarbeitslosen
§ 16f Freie Förderung
§ 16g Förderung bei Wegfall der Hilfebedürftigkeit
§ 16h Förderung schwer zu erreichender junger Menschen
§ 16i Teilhabe am Arbeitsmarkt
§ 16j [ab 01.07.23] Bürgergeldbonus
§ 16k [ab 01.07.23] Ganzheitliche Betreuung
§ 17 Einrichtungen und Dienste für Leistungen zur Eingliederung
§ 18 Örtliche Zusammenarbeit
§ 18a Zusammenarbeit mit den für die Arbeitsförderung zuständigen Stellen
§ 18b Kooperationsausschuss
§ 18c Bund-Länder-Ausschuss
§ 18d Örtlicher Beirat
§ 18e Beauftragte für Chancengleichheit am Arbeitsmarkt

---

[1]) In diese Fassung eingearbeitet sind die Änderungen, die zum 1. Januar 2023 und 1. Juli 2023 in Kraft treten (vgl. §§ 2, 5, 7, 7b neu, 11, 11a, 11b, 13, 14, 15, 15a neu, 16, 16g, 16j neu, 16k neu, 25, 31, 42a, 56).

Abschnitt 2
Leistungen zur Sicherung des Lebensunterhalts

Unterabschnitt 1
Leistungsanspruch

§ 19 Bürgergeld und Leistungen für Bildung und Teilhabe

Unterabschnitt 2
Bürgergeld

§ 20 Regelbedarf zur Sicherung des Lebensunterhalts
§ 21 Mehrbedarfe
§ 22 Bedarfe für Unterkunft und Heizung
§ 22a Satzungsermächtigung
§ 22b Inhalt der Satzung
§ 22c Datenerhebung, -auswertung und -überprüfung
§ 23 Besonderheiten beim Bürgergeld für nicht erwerbsfähige Leistungsberechtigte

Unterabschnitt 3
Abweichende Leistungserbringung und weitere Leistungen

§ 24 Abweichende Erbringung von Leistungen
§ 25 Leistungen bei medizinischer Rehabilitation der Rentenversicherung und bei Anspruch auf Verletztengeld aus der Unfallversicherung
§ 26 Zuschüsse zu Beiträgen zur Krankenversicherung und Pflegeversicherung
§ 27 Leistungen für Auszubildende

Unterabschnitt 4
Leistungen für Bildung und Teilhabe

§ 28 Bedarfe für Bildung und Teilhabe
§ 29 Erbringung der Leistungen für Bildung und Teilhabe
§ 30 Berechtigte Selbsthilfe

Unterabschnitt 5
Leistungsminderungen

§ 31 Pflichtverletzungen
§ 31a Rechtsfolgen bei Pflichtverletzungen
§ 31b Beginn und Dauer der Minderung
§ 32 Meldeversäumnisse

Unterabschnitt 6
Verpflichtungen Anderer

§ 33 Übergang von Ansprüchen
§ 34 Ersatzansprüche bei sozialwidrigem Verhalten
§ 34a Ersatzansprüche für rechtswidrig erbrachte Leistungen
§ 34b Erstattungsanspruch bei Doppelleistungen
§ 34c Ersatzansprüche nach sonstigen Vorschriften
§ 35 (weggefallen)

Kapitel 4
Gemeinsame Vorschriften für Leistungen

Abschnitt 1
Zuständigkeit und Verfahren

§ 36 Örtliche Zuständigkeit
§ 36a Kostenerstattung bei Aufenthalt im Frauenhaus
§ 37 Antragserfordernis
§ 38 Vertretung der Bedarfsgemeinschaft
§ 39 Sofortige Vollziehbarkeit
§ 40 Anwendung von Verfahrensvorschriften
§ 40a Erstattungsanspruch
§ 41 Berechnung der Leistungen und Bewilligungszeitraum
§ 41a Vorläufige Entscheidung
§ 42 Fälligkeit, Auszahlung und Unpfändbarkeit der Leistungen
§ 42a Darlehen
§ 43 Aufrechnung
§ 43a Verteilung von Teilzahlungen
§ 44 Veränderung von Ansprüchen

Abschnitt 2
Einheitliche Entscheidung

§ 44a Feststellung von Erwerbsfähigkeit und Hilfebedürftigkeit
§ 44b Gemeinsame Einrichtung
§ 44c Trägerversammlung
§ 44d Geschäftsführerin, Geschäftsführer
§ 44e Verfahren bei Meinungsverschiedenheit über die Weisungszuständigkeit
§ 44f Bewirtschaftung von Bundesmitteln
§ 44g Zuweisung von Tätigkeiten bei der gemeinsamen Einrichtung
§ 44h Personalvertretung
§ 44i Schwerbehindertenvertretung; Jugend- und Auszubildendenvertretung
§ 44j Gleichstellungsbeauftragte
§ 44k Stellenbewirtschaftung
§ 45 (weggefallen)

Kapitel 5
Finanzierung und Aufsicht

§ 46 Finanzierung aus Bundesmitteln

§ 47 Aufsicht
§ 48 Aufsicht über die zugelassenen kommunalen Träger
§ 48a Vergleich der Leistungsfähigkeit
§ 48b Zielvereinbarungen
§ 49 Innenrevision

Kapitel 6
Datenverarbeitung und datenschutzrechtliche Verantwortung

§ 50 Datenübermittlung
§ 50a Speicherung, Veränderung, Nutzung, Übermittlung, Einschränkung der Verarbeitung oder Löschung von Daten für die Ausbildungsvermittlung
§ 51 Verarbeitung von Sozialdaten durch nichtöffentliche Stellen
§ 51a Kundennummer
§ 51b Verarbeitung von Daten durch die Träger der Grundsicherung für Arbeitsuchende
§ 52 Automatisierter Datenabgleich
§ 52a Überprüfung von Daten

Kapitel 7
Statistik und Forschung

§ 53 Statistik und Übermittlung statistischer Daten
§ 53a Arbeitslose
§ 54 (weggefallen)
§ 55 Wirkungsforschung

Kapitel 8
Mitwirkungspflichten

§ 56 Anzeige- und Bescheinigungspflicht bei Arbeitsunfähigkeit
§ 57 Auskunftspflicht von Arbeitgebern
§ 58 Einkommensbescheinigung
§ 59 Meldepflicht
§ 60 Auskunftspflicht und Mitwirkungspflicht Dritter
§ 61 Auskunftspflichten bei Leistungen zur Eingliederung in Arbeit
§ 62 Schadenersatz

Kapitel 9
Straf- und Bußgeldvorschriften

§ 63 Bußgeldvorschriften

Kapitel 10
Bekämpfung von Leistungsmissbrauch

§ 64 Zuständigkeit und Zusammenarbeit mit anderen Behörden

Kapitel 11
Übergangs- und Schlussvorschriften

§ 65 Übergangsregelungen aus Anlass des Zwölften Gesetzes zur Änderung des Zweiten Buches Sozialgesetzbuch und anderer Gesetze – Einführung eines Bürgergeldes
§§ 65a bis 65c (weggefallen)
§ 65d Übermittlung von Daten
§ 65e Übergangsregelung zur Aufrechnung
§ 66 Rechtsänderungen bei Leistungen zur Eingliederung in Arbeit
§ 67 Vereinfachtes Verfahren für den Zugang zu sozialer Sicherung aus Anlass der COVID-19-Pandemie; Verordnungsermächtigung
§ 68 (weggefallen)
§ 69 Übergangsregelung zum Freibetrag für Grundrentenzeiten und vergleichbare Zeiten
§ 70 Einmalzahlung aus Anlass der COVID-19-Pandemie
§ 71 Kinderfreizeitbonus und weitere Regelung aus Anlass der COVID-19-Pandemie
§ 72 Sofortzuschlag
§ 73 Einmalzahlung für den Monat Juli 2022
§ 74 Ansprüche von Ausländerinnen und Ausländern mit einer Fiktionsbescheinigung
§ 75 (weggefallen)
§ 76 Gesetz zur Weiterentwicklung der Organisation der Grundsicherung für Arbeitsuchende
§ 77 (weggefallen)
§ 78 (weggefallen)
§ 79 Achtes Gesetz zur Änderung des Zweiten Buches Sozialgesetzbuch – Ergänzung personalrechtlicher Bestimmungen
§ 80 (weggefallen)
§ 81 (weggefallen)
§ 82 Gesetz zur Förderung der beruflichen Weiterbildung im Strukturwandel und zur Weiterentwicklung der Ausbildungsförderung
§ 83 Übergangsregelung aus Anlass des Gesetzes zur Ermittlung der Regelbedarfe und zur Änderung des Zwölften Buches Sozialgesetzbuch sowie weiterer Gesetze
§ 84 (weggefallen)
§ 85 Übergangsregelung aus Anlass des Wohngeld-Plus-Gesetzes

Kapitel 1
Fördern und Fordern

§ 1 Aufgabe und Ziel der Grundsicherung für Arbeitsuchende

(1) Die Grundsicherung für Arbeitsuchende soll es Leistungsberechtigten ermöglichen, ein Leben zu führen, das der Würde des Menschen entspricht.

(2) $_{1}$Die Grundsicherung für Arbeitsuchende soll die Eigenverantwortung von erwerbsfähigen Leistungsberechtigten und Personen, die mit ihnen in einer Bedarfsgemeinschaft leben, stärken und dazu beitragen, dass sie ihren Lebensunterhalt unabhängig von der Grundsicherung aus eigenen Mitteln und Kräften bestreiten können. $_{2}$Sie soll erwerbsfähige Leistungsberechtigte bei der Aufnahme oder Beibehaltung einer Erwerbstätigkeit unterstützen und den Lebensunterhalt sichern, soweit sie ihn nicht auf andere Weise bestreiten können. $_{3}$Die Gleichstellung von Männern und Frauen ist als durchgängiges Prinzip zu verfolgen. $_{4}$Die Leistungen der Grundsicherung sind insbesondere darauf auszurichten, dass

1. durch eine Erwerbstätigkeit Hilfebedürftigkeit vermieden oder beseitigt, die Dauer der Hilfebedürftigkeit verkürzt oder der Umfang der Hilfebedürftigkeit verringert wird,
2. die Erwerbsfähigkeit einer leistungsberechtigten Person erhalten, verbessert oder wieder hergestellt wird,
3. Nachteile, die erwerbsfähigen Leistungsberechtigten aus einem der in § 1 des Allgemeinen Gleichbehandlungsgesetzes genannten Gründe entstehen können, überwunden werden,
4. die familienspezifischen Lebensverhältnisse von erwerbsfähigen Leistungsberechtigten, die Kinder erziehen oder pflegebedürftige Angehörige betreuen, berücksichtigt werden,
5. Anreize zur Aufnahme und Ausübung einer Erwerbstätigkeit geschaffen und aufrechterhalten werden.

(3) Die Grundsicherung für Arbeitsuchende umfasst Leistungen zur

1. Beratung,
2. Beendigung oder Verringerung der Hilfebedürftigkeit insbesondere durch Eingliederung in Ausbildung oder Arbeit und
3. Sicherung des Lebensunterhalts.

§ 2 Grundsatz des Forderns

[bis 30.06.2023]

(1) $_{1}$Erwerbsfähige Leistungsberechtigte und die mit ihnen in einer Bedarfsgemeinschaft lebenden Personen müssen alle Möglichkeiten zur Beendigung oder Verringerung ihrer Hilfebedürftigkeit ausschöpfen. $_{2}$Eine erwerbsfähige leistungsberechtigte Person muss aktiv an allen Maßnahmen zu ihrer Eingliederung in Arbeit mitwirken, insbesondere eine Eingliederungsvereinbarung abschließen. $_{3}$Wenn eine Erwerbstätigkeit auf dem allgemeinen Arbeitsmarkt in absehbarer Zeit nicht möglich ist, hat die erwerbsfähige leistungsberechtigte Person eine ihr angebotene zumutbare Arbeitsgelegenheit zu übernehmen.

[ab 01.07.2023]

(1) $_{1}$Erwerbsfähige Leistungsberechtigte und die mit ihnen in einer Bedarfsgemeinschaft lebenden Personen müssen alle Möglichkeiten zur Beendigung oder Verringerung ihrer Hilfebedürftigkeit ausschöpfen. $_{2}$Eine erwerbsfähige leistungsberechtigte Person muss aktiv an allen Maßnahmen zu ihrer Eingliederung in Arbeit mitwirken, insbesondere einen Kooperationsplan abschließen. $_{3}$Im Rahmen der vorrangigen Selbsthilfe und Eigenverantwortung sollen erwerbsfähige leistungsberechtigte Personen eigene Potenziale nutzen und Leistungen anderer Träger in Anspruch nehmen.

(2) $_{1}$Erwerbsfähige Leistungsberechtigte und die mit ihnen in einer Bedarfsgemeinschaft lebenden Personen haben in eigener Verantwortung alle Möglichkeiten zu nutzen, ihren Lebensunterhalt aus eigenen Mitteln und Kräften zu bestreiten. $_{2}$Erwerbsfähige Leistungsberechtigte müssen ihre Arbeitskraft zur Beschaffung des Lebensunterhalts für sich und die mit ihnen in einer Bedarfsgemeinschaft lebenden Personen einsetzen.

§ 3 Leistungsgrundsätze

(1) $_{1}$Leistungen zur Eingliederung in Arbeit können erbracht werden, soweit sie zur Vermeidung oder Beseitigung, Verkürzung oder Verminderung der Hilfebedürftigkeit für die Eingliederung erforderlich sind. $_{2}$Bei den Leistungen zur Eingliederung in Arbeit sind zu berücksichtigen

1. die Eignung der erwerbsfähigen Leistungsberechtigten,
2. die individuelle Lebenssituation der erwerbsfähigen Leistungsberechtigten, insbesondere ihre familiäre Situation,
3. die voraussichtliche Dauer der Hilfebedürftigkeit der erwerbsfähigen Leistungsberechtigten und

4. die Dauerhaftigkeit der Eingliederung der erwerbsfähigen Leistungsberechtigten.

$_{3}$Vorrangig sollen Leistungen erbracht werden, die die unmittelbare Aufnahme einer Ausbildung oder Erwerbstätigkeit ermöglichen, es sei denn, eine andere Leistung ist für die dauerhafte Eingliederung erforderlich. $_{4}$Von der Erforderlichkeit für die dauerhafte Eingliederung ist insbesondere auszugehen, wenn leistungsberechtigte Personen ohne Berufsabschluss Leistungen zur Unterstützung der Aufnahme einer Ausbildung nach diesem Buch, dem Dritten Buch oder auf anderer rechtlicher Grundlage erhalten oder an einer nach § 16 Absatz 1 Satz 2 Nummer 4 in Verbindung mit § 81 des Dritten Buches zu fördernden beruflichen Weiterbildung teilnehmen oder voraussichtlich teilnehmen werden. $_{5}$Die Verpflichtung zur vorrangigen Aufnahme einer Ausbildung oder Erwerbstätigkeit gilt nicht im Verhältnis zur Förderung von Existenzgründungen mit einem Einstiegsgeld für eine selbständige Erwerbstätigkeit nach § 16b.

(2) Bei der Beantragung von Leistungen nach diesem Buch sollen unverzüglich Leistungen zur Eingliederung in Arbeit nach dem Ersten Abschnitt des Dritten Kapitels erbracht werden.

(3) Bei der Erbringung von Leistungen nach dem Ersten Abschnitt des Dritten Kapitels sind die Grundsätze von Wirtschaftlichkeit und Sparsamkeit zu beachten.

(4) $_{1}$Die Agentur für Arbeit hat darauf hinzuwirken, dass erwerbsfähige teilnahmeberechtigte Leistungsberechtigte, die

1. nicht über ausreichende deutsche Sprachkenntnisse verfügen, vorrangig an einem Integrationskurs nach § 43 des Aufenthaltsgesetzes teilnehmen, oder
2. darüber hinaus notwendige berufsbezogene Sprachkenntnisse benötigen, vorrangig an der berufsbezogenen Deutschsprachförderung nach § 45a Absatz 1 des Aufenthaltsgesetzes teilnehmen.

$_{2}$Absatz 1 Satz 3 gilt entsprechend. $_{3}$In den Fällen des Satzes 1 ist die Teilnahme am Integrationskurs nach § 43 des Aufenthaltsgesetzes oder an der berufsbezogenen Deutschsprachförderung nach § 45a des Aufenthaltsgesetzes in der Regel für eine dauerhafte Eingliederung erforderlich. $_{4}$Für die Teilnahmeberechtigung, die Verpflichtung zur Teilnahme und die Zugangsvoraussetzungen gelten die §§ 44, 44a und 45a des Aufenthaltsgesetzes sowie des § 9 Absatz 1 Satz 1 des Bundesvertriebenengesetzes in Verbindung mit der Verordnung über die Durchführung von Integrationskursen für Ausländer und Spätaussiedler und der Verordnung über die berufsbezogene Deutschsprachförderung.

(5) $_{1}$Leistungen zur Sicherung des Lebensunterhalts dürfen nur erbracht werden, soweit die Hilfebedürftigkeit nicht anderweitig beseitigt werden kann. $_{2}$Die nach diesem Buch vorgesehenen Leistungen decken den Bedarf der erwerbsfähigen Leistungsberechtigten und der mit ihnen in einer Bedarfsgemeinschaft lebenden Personen.

§ 4 Leistungsformen

(1) Die Leistungen der Grundsicherung für Arbeitsuchende werden erbracht in Form von

1. Dienstleistungen,
2. Geldleistungen und
3. Sachleistungen.

(2) $_{1}$Die nach § 6 zuständigen Träger wirken darauf hin, dass erwerbsfähige Leistungsberechtigte und die mit ihnen in einer Bedarfsgemeinschaft lebenden Personen die erforderliche Beratung und Hilfe anderer Träger, insbesondere der Kranken- und Rentenversicherung, erhalten. $_{2}$Die nach § 6 zuständigen Träger wirken auch darauf hin, dass Kinder und Jugendliche Zugang zu geeigneten vorhandenen Angeboten der gesellschaftlichen Teilhabe erhalten. $_{3}$Sie arbeiten zu diesem Zweck mit Schulen und Kindertageseinrichtungen, den Trägern der Jugendhilfe, den Gemeinden und Gemeindeverbänden, freien Trägern, Vereinen und Verbänden und sonstigen handelnden Personen vor Ort zusammen. $_{4}$Sie sollen die Eltern unterstützen und in geeigneter Weise dazu beitragen, dass Kinder und Jugendliche Leistungen für Bildung und Teilhabe möglichst in Anspruch nehmen.

§ 5 Verhältnis zu anderen Leistungen

(1) $_{1}$Auf Rechtsvorschriften beruhende Leistungen Anderer, insbesondere der Träger anderer Sozialleistungen, werden durch dieses Buch nicht berührt. $_{2}$Ermessensleistungen dürfen nicht deshalb versagt werden, weil dieses Buch entsprechende Leistungen vorsieht.

(2) $_{1}$Der Anspruch auf Leistungen zur Sicherung des Lebensunterhalts nach diesem Buch schließt Leistungen nach dem Dritten Kapitel des Zwölften Buches aus. $_{2}$Leistungen nach dem Vierten Kapitel des Zwölften Buches sind gegenüber dem Bürgergeld nach § 19 Absatz 1 Satz 2 vorrangig.

(3) $_{1}$Stellen Leistungsberechtigte trotz Aufforderung einen erforderlichen Antrag auf Leistungen eines anderen Trägers nicht, können die Leistungsträger nach diesem Buch den Antrag stellen sowie Rechtsbehelfe und Rechtsmittel einlegen. $_{2}$Der Ablauf von Fristen, die

ohne Verschulden der Leistungsträger nach diesem Buch verstrichen sind, wirkt nicht gegen die Leistungsträger nach diesem Buch; dies gilt nicht für Verfahrensfristen, soweit die Leistungsträger nach diesem Buch das Verfahren selbst betreiben. 3Wird eine Leistung aufgrund eines Antrages nach Satz 1 von einem anderen Träger nach § 66 des Ersten Buches bestandskräftig entzogen oder versagt, sind die Leistungen zur Sicherung des Lebensunterhalts nach diesem Buch ganz oder teilweise so lange zu entziehen oder zu versagen, bis die leistungsberechtigte Person ihrer Verpflichtung nach den §§ 60 bis 64 des Ersten Buches gegenüber dem anderen Träger nachgekommen ist. 4Eine Entziehung oder Versagung nach Satz 3 ist nur möglich, wenn die leistungsberechtigte Person vom zuständigen Leistungsträger nach diesem Buch zuvor schriftlich auf diese Folgen hingewiesen wurde. 5Wird die Mitwirkung gegenüber dem anderen Träger nachgeholt, ist die Versagung oder Entziehung rückwirkend aufzuheben.

(4) Leistungen zur Eingliederung in Arbeit nach dem Ersten Abschnitt des Dritten Kapitels werden nicht an oder für erwerbsfähige Leistungsberechtigte erbracht, die einen Anspruch auf Arbeitslosengeld oder Teilarbeitslosengeld haben.

(5) Leistungen nach den §§ 16a, 16b, 16d sowie 16f bis 16i [ab 01.07.2023: 16f bis 16k] können auch an erwerbsfähige Leistungsberechtigte erbracht werden, sofern ein Rehabilitationsträger im Sinne des Neunten Buches zuständig ist; § 22 Absatz 2 Satz 1 und 2 des Dritten Buches ist entsprechend anzuwenden.

§ 6 Träger der Grundsicherung für Arbeitsuchende

(1) 1Träger der Leistungen nach diesem Buch sind:

1. die Bundesagentur für Arbeit (Bundesagentur), soweit Nummer 2 nichts anderes bestimmt,
2. die kreisfreien Städte und Kreise für die Leistungen nach § 16a, für das Bürgergeld nach § 19 Absatz 1 Satz 1 und 2 und die Leistungen nach § 27 Absatz 3, soweit diese Leistungen für den Bedarf für Unterkunft und Heizung geleistet werden, für die Leistungen nach § 24 Absatz 3 Satz 1 Nummer 1 und 2 sowie für die Leistungen nach § 28, soweit durch Landesrecht nicht andere Träger bestimmt sind (kommunale Träger).

2Zu ihrer Unterstützung können sie Dritte mit der Wahrnehmung von Aufgaben beauftragen; sie sollen einen Außendienst zur Bekämpfung von Leistungsmissbrauch einrichten.

(2) 1Die Länder können bestimmen, dass und inwieweit die Kreise ihnen zugehörige Gemeinden oder Gemeindeverbände zur Durchführung der in Absatz 1 Satz 1 Nummer 2 genannten Aufgaben nach diesem Gesetz heranziehen und ihnen dabei Weisungen erteilen können; in diesen Fällen erlassen die Kreise den Widerspruchsbescheid nach dem Sozialgerichtsgesetz. 2§ 44b Absatz 1 Satz 3 bleibt unberührt. 3Die Sätze 1 und 2 gelten auch in den Fällen des § 6a mit der Maßgabe, dass eine Heranziehung auch für die Aufgaben nach § 6b Absatz 1 Satz 1 erfolgen kann.

(3) Die Länder Berlin, Bremen und Hamburg werden ermächtigt, die Vorschriften dieses Gesetzes über die Zuständigkeit von Behörden für die Grundsicherung für Arbeitsuchende dem besonderen Verwaltungsaufbau ihrer Länder anzupassen.

§ 6a Zugelassene kommunale Träger

(1) Die Zulassungen der aufgrund der Kommunalträger-Zulassungsverordnung vom 24. September 2004 (BGBl. I S. 2349) anstelle der Bundesagentur als Träger der Leistungen nach § 6 Absatz 1 Satz 1 Nummer 1 zugelassenen kommunalen Träger werden vom Bundesministerium für Arbeit und Soziales durch Rechtsverordnung über den 31. Dezember 2010 hinaus unbefristet verlängert, wenn die zugelassenen kommunalen Träger gegenüber der zuständigen obersten Landesbehörde die Verpflichtungen nach Absatz 2 Satz 1 Nummer 4 und 5 bis zum 30. September 2010 anerkennen.

(2) 1Auf Antrag wird eine begrenzte Zahl weiterer kommunaler Träger vom Bundesministerium für Arbeit und Soziales als Träger im Sinne des § 6 Absatz 1 Satz 1 Nummer 1 durch Rechtsverordnung ohne Zustimmung des Bundesrates zugelassen, wenn sie

1. geeignet sind, die Aufgaben zu erfüllen,
2. sich verpflichten, eine besondere Einrichtung nach Absatz 5 zu schaffen,
3. sich verpflichten, mindestens 90 Prozent der Beamtinnen und Beamten, Arbeitnehmerinnen und Arbeitnehmer der Bundesagentur, die zum Zeitpunkt der Zulassung mindestens seit 24 Monaten in der im Gebiet des kommunalen Trägers gelegenen Arbeitsgemeinschaft oder Agentur für Arbeit in getrennter Aufgabenwahrnehmung im Aufgabenbereich nach § 6 Absatz 1 Satz 1 tätig waren, vom Zeitpunkt der Zulassung an, dauerhaft zu beschäftigen,
4. sich verpflichten, mit der zuständigen Landesbehörde eine Zielvereinbarung über die Leistungen nach diesem Buch abzuschließen, und

5. sich verpflichten, die in der Rechtsverordnung nach § 51b Absatz 1 Satz 2 festgelegten Daten zu erheben und gemäß den Regelungen nach § 51b Absatz 4 an die Bundesagentur zu übermitteln, um bundeseinheitliche Datenerfassung, Ergebnisberichterstattung, Wirkungsforschung und Leistungsvergleiche zu ermöglichen.

2Für die Antragsberechtigung gilt § 6 Absatz 3 entsprechend. 3Der Antrag bedarf in den dafür zuständigen Vertretungskörperschaften der kommunalen Träger einer Mehrheit von zwei Dritteln der Mitglieder sowie der Zustimmung der zuständigen obersten Landesbehörde. 4Die Anzahl der nach den Absätzen 1 und 2 zugelassenen kommunalen Träger beträgt höchstens 25 Prozent der zum 31. Dezember 2010 bestehenden Arbeitsgemeinschaften nach § 44b in der bis zum 31. Dezember 2010 geltenden Fassung, zugelassenen kommunalen Trägern sowie der Kreise und kreisfreien Städte, in denen keine Arbeitsgemeinschaft nach § 44b in der bis zum 31. Dezember 2010 geltenden Fassung errichtet wurde (Aufgabenträger).

(3) Das Bundesministerium für Arbeit und Soziales wird ermächtigt, Voraussetzungen der Eignung nach Absatz 2 Nummer 1 und deren Feststellung sowie die Verteilung der Zulassungen nach den Absätzen 2 und 4 auf die Länder durch Rechtsverordnung mit Zustimmung des Bundesrates zu regeln.

(4) 1Der Antrag nach Absatz 2 kann bis zum 31. Dezember 2010 mit Wirkung zum 1. Januar 2012 gestellt werden. 2Darüber hinaus kann vom 30. Juni 2015 bis zum 31. Dezember 2015 mit Wirkung zum 1. Januar 2017 ein Antrag auf Zulassung gestellt werden, soweit die Anzahl der nach den Absätzen 1 und 2 zugelassenen kommunalen Träger 25 Prozent der zum 1. Januar 2015 bestehenden Aufgabenträger nach Absatz 2 Satz 4 unterschreitet. 3Die Zulassungen werden unbefristet erteilt.

(5) Zur Wahrnehmung der Aufgaben anstelle der Bundesagentur errichten und unterhalten die zugelassenen kommunalen Träger besondere Einrichtungen für die Erfüllung der Aufgaben nach diesem Buch.

(6) 1Das Bundesministerium für Arbeit und Soziales kann mit Zustimmung der zuständigen obersten Landesbehörde durch Rechtsverordnung ohne Zustimmung des Bundesrates die Zulassung widerrufen. 2Auf Antrag des zugelassenen kommunalen Trägers, der der Zustimmung der zuständigen obersten Landesbehörde bedarf, widerruft das Bundesministerium für Arbeit und Soziales die Zulassung durch Rechtsverordnung ohne Zustimmung des Bundesrates. 3Die Trägerschaft endet mit Ablauf des auf die Antragstellung folgenden Kalenderjahres.

(7) 1Auf Antrag des kommunalen Trägers, der der Zustimmung der obersten Landesbehörde bedarf, widerruft, beschränkt oder erweitert das Bundesministerium für Arbeit und Soziales die Zulassung nach Absatz 1 oder 2 durch Rechtsverordnung ohne Zustimmung des Bundesrates, wenn und soweit die Zulassung aufgrund einer kommunalen Neugliederung nicht mehr dem Gebiet des kommunalen Trägers entspricht. 2Absatz 2 Satz 1 Nummer 2 bis 5 gilt bei Erweiterung der Zulassung entsprechend. 3Der Antrag nach Satz 1 kann bis zum 1. Juli eines Kalenderjahres mit Wirkung zum 1. Januar des folgenden Kalenderjahres gestellt werden.

§ 6b Rechtsstellung der zugelassenen kommunalen Träger

(1) 1Die zugelassenen kommunalen Träger sind anstelle der Bundesagentur im Rahmen ihrer örtlichen Zuständigkeit Träger der Aufgaben nach § 6 Absatz 1 Satz 1 Nummer 1 mit Ausnahme der sich aus den §§ 44b, 48b, 50, 51a, 51b, 53, 55, 56 Absatz 2, §§ 64 und 65d ergebenden Aufgaben. 2Sie haben insoweit die Rechte und Pflichten der Agentur für Arbeit.

(2) 1Der Bund trägt die Aufwendungen der Grundsicherung für Arbeitsuchende einschließlich der Verwaltungskosten mit Ausnahme der Aufwendungen für Aufgaben nach § 6 Absatz 1 Satz 1 Nummer 2. 2§ 46 Absatz 1 Satz 4, Absatz 2 und 3 Satz 1 gilt entsprechend. 3§ 46 Absatz 5 bis 11 bleibt unberührt.

(2a) Für die Bewirtschaftung von Haushaltsmitteln des Bundes durch die zugelassenen kommunalen Träger gelten die haushaltsrechtlichen Bestimmungen des Bundes, soweit in Rechtsvorschriften des Bundes oder Vereinbarungen des Bundes mit den zugelassenen kommunalen Trägern nicht etwas anderes bestimmt ist.

(3) Der Bundesrechnungshof ist berechtigt, die Leistungsgewährung zu prüfen.

(4) 1Das Bundesministerium für Arbeit und Soziales prüft, ob Einnahmen und Ausgaben in der besonderen Einrichtung nach § 6a Absatz 5 begründet und belegt sind und den Grundsätzen der Wirtschaftlichkeit und Sparsamkeit entsprechen. 2Die Prüfung kann in einem vereinfachten Verfahren erfolgen, wenn der zugelassene kommunale Träger ein Verwaltungs- und Kontrollsystem errichtet hat, das die Ordnungsmäßigkeit der Berechnung und Zahlung gewährleistet und er dem Bundesministerium für Arbeit und Soziales eine Beurteilung ermöglicht, ob Aufwendungen nach

Grund und Höhe vom Bund zu tragen sind. $_{3}$Das Bundesministerium für Arbeit und Soziales kündigt örtliche Prüfungen bei einem zugelassenen kommunalen Träger gegenüber der nach § 48 Absatz 1 zuständigen Landesbehörde an und unterrichtet sie über das Ergebnis der Prüfung.

(5) $_{1}$Das Bundesministerium für Arbeit und Soziales kann von dem zugelassenen kommunalen Träger die Erstattung von Mitteln verlangen, die er zu Lasten des Bundes ohne Rechtsgrund erlangt hat. $_{2}$Der zu erstattende Betrag ist während des Verzugs zu verzinsen. $_{3}$Der Verzugszinssatz beträgt für das Jahr 3 Prozentpunkte über dem Basiszinssatz.

§ 6c Personalübergang bei Zulassung weiterer kommunaler Träger und bei Beendigung der Trägerschaft

(1) $_{1}$Die Beamtinnen und Beamten, Arbeitnehmerinnen und Arbeitnehmer der Bundesagentur, die am Tag vor der Zulassung eines weiteren kommunalen Trägers nach § 6a Absatz 2 und mindestens seit 24 Monaten Aufgaben der Bundesagentur als Träger nach § 6 Absatz 1 Satz 1 Nummer 1 in dem Gebiet des kommunalen Trägers wahrgenommen haben, treten zum Zeitpunkt der Neuzulassung kraft Gesetzes in den Dienst des kommunalen Trägers über. $_{2}$Für die Auszubildenden bei der Bundesagentur gilt Satz 1 entsprechend. $_{3}$Die Versetzung von nach Satz 1 übergetretenen Beamtinnen und Beamten vom kommunalen Träger zur Bundesagentur bedarf nicht der Zustimmung der Bundesagentur, bis sie 10 Prozent der nach Satz 1 übergetretenen Beamtinnen und Beamten, Arbeitnehmerinnen und Arbeitnehmer wieder aufgenommen hat. $_{4}$Bis zum Erreichen des in Satz 3 genannten Anteils ist die Bundesagentur zur Wiedereinstellung von nach Satz 1 übergetretenen Arbeitnehmerinnen und Arbeitnehmern verpflichtet, die auf Vorschlag des kommunalen Trägers dazu bereit sind. $_{5}$Die Versetzung und Wiedereinstellung im Sinne der Sätze 3 und 4 ist innerhalb von drei Monaten nach dem Zeitpunkt der Neuzulassung abzuschließen. $_{6}$Die Sätze 1 bis 5 gelten entsprechend für Zulassungen nach § 6a Absatz 4 Satz 2 sowie Erweiterungen der Zulassung nach § 6a Absatz 7.

(2) $_{1}$Endet die Trägerschaft eines kommunalen Trägers nach § 6a, treten die Beamtinnen und Beamten, Arbeitnehmerinnen und Arbeitnehmer des kommunalen Trägers, die am Tag vor der Beendigung der Trägerschaft Aufgaben anstelle der Bundesagentur als Träger nach § 6 Absatz 1 Nummer 1 durchgeführt haben, zum Zeitpunkt der Beendigung der Trägerschaft kraft Gesetzes in den Dienst der Bundesagentur über. $_{2}$Für die Auszubildenden bei dem kommunalen Träger gilt Satz 1 entsprechend.

(3) $_{1}$Treten Beamtinnen und Beamte aufgrund des Absatzes 1 oder 2 kraft Gesetzes in den Dienst eines anderen Trägers über, wird das Beamtenverhältnis mit dem anderen Träger fortgesetzt. $_{2}$Treten Arbeitnehmerinnen und Arbeitnehmer aufgrund des Absatzes 1 oder 2 kraft Gesetzes in den Dienst eines anderen Trägers über, tritt der neue Träger unbeschadet des Satzes 3 in die Rechte und Pflichten aus den Arbeitsverhältnissen ein, die im Zeitpunkt des Übertritts bestehen. $_{3}$Vom Zeitpunkt des Übertritts an sind die für Arbeitnehmerinnen und Arbeitnehmer des neuen Trägers jeweils geltenden Tarifverträge ausschließlich anzuwenden. $_{4}$Den Beamtinnen und Beamten, Arbeitnehmerinnen oder Arbeitnehmern ist die Fortsetzung des Beamten- oder Arbeitsverhältnisses von dem aufnehmenden Träger schriftlich zu bestätigen. $_{5}$Für die Verteilung der Versorgungslasten hinsichtlich der aufgrund des Absatzes 1 oder 2 übertretenden Beamtinnen und Beamten gilt § 107b des Beamtenversorgungsgesetzes entsprechend. $_{6}$Mit Inkrafttreten des Versorgungslastenteilungs-Staatsvertrags sind für die jeweils beteiligten Dienstherrn die im Versorgungslastenteilungs-Staatsvertrag bestimmten Regelungen entsprechend anzuwenden.

(4) $_{1}$Beamtinnen und Beamten, die nach Absatz 1 oder 2 kraft Gesetzes in den Dienst eines anderen Trägers übertreten, soll ein gleich zu bewertendes Amt übertragen werden, das ihrem bisherigen Amt nach Bedeutung und Inhalt ohne Berücksichtigung von Dienststellung und Dienstalter entspricht. $_{2}$Wenn eine dem bisherigen Amt entsprechende Verwendung im Ausnahmefall nicht möglich ist, kann ihnen auch ein anderes Amt mit geringerem Grundgehalt übertragen werden. $_{3}$Verringert sich nach Satz 1 oder 2 der Gesamtbetrag von Grundgehalt, allgemeiner Stellenzulage oder entsprechender Besoldungsbestandteile und anteiliger Sonderzahlung (auszugleichende Dienstbezüge), hat der aufnehmende Träger eine Ausgleichszulage zu gewähren. $_{4}$Die Ausgleichszulage bemisst sich nach der Differenz zwischen den auszugleichenden Dienstbezügen beim abgebenden Träger und beim aufnehmenden Träger zum Zeitpunkt des Übertritts. $_{5}$Auf die Ausgleichszulage werden alle Erhöhungen der auszugleichenden Dienstbezüge beim aufnehmenden Träger angerechnet. $_{6}$Die Ausgleichszulage ist ruhegehaltfähig. $_{7}$Als Bestandteil der Versorgungsbezüge vermindert sich die Ausgleichszulage bei jeder auf das Grundgehalt bezogenen Erhöhung der Versorgungsbezüge um diesen Erhöhungsbetrag. $_{8}$Im Fall des Satzes 2 dürfen die Beamtinnen und Be-

amten neben der neuen Amtsbezeichnung die des früheren Amtes mit dem Zusatz „außer Dienst" („a. D.") führen.

(5) 1Arbeitnehmerinnen und Arbeitnehmern, die nach Absatz 1 oder 2 kraft Gesetzes in den Dienst eines anderen Trägers übertreten, soll grundsätzlich eine tarifrechtlich gleichwertige Tätigkeit übertragen werden. 2Wenn eine derartige Verwendung im Ausnahmefall nicht möglich ist, kann ihnen eine niedriger bewertete Tätigkeit übertragen werden. 3Verringert sich das Arbeitsentgelt nach den Sätzen 1 und 2, ist eine Ausgleichszahlung in Höhe des Unterschiedsbetrages zwischen dem Arbeitsentgelt bei dem abgebenden Träger zum Zeitpunkt des Übertritts und dem jeweiligen Arbeitsentgelt bei dem aufnehmenden Träger zu zahlen.

§ 6d Jobcenter

Die gemeinsamen Einrichtungen nach § 44b und die zugelassenen kommunalen Träger nach § 6a führen die Bezeichnung Jobcenter.

Kapitel 2
Anspruchsvoraussetzungen

§ 7 Leistungsberechtigte

(1) 1Leistungen nach diesem Buch erhalten Personen, die

1. das 15. Lebensjahr vollendet und die Altersgrenze nach § 7a noch nicht erreicht haben,
2. erwerbsfähig sind,
3. hilfebedürftig sind und
4. ihren gewöhnlichen Aufenthalt in der Bundesrepublik Deutschland haben (erwerbsfähige Leistungsberechtigte).

2Ausgenommen sind

1. Ausländerinnen und Ausländer, die weder in der Bundesrepublik Deutschland Arbeitnehmerinnen, Arbeitnehmer oder Selbständige noch aufgrund des § 2 Absatz 3 des Freizügigkeitsgesetzes/EU freizügigkeitsberechtigt sind, und ihre Familienangehörigen für die ersten drei Monate ihres Aufenthalts,
2. Ausländerinnen und Ausländer,
   a) die kein Aufenthaltsrecht haben oder
   b) deren Aufenthaltsrecht sich allein aus dem Zweck der Arbeitsuche ergibt,

   und ihre Familienangehörigen,
3. Leistungsberechtigte nach § 1 des Asylbewerberleistungsgesetzes.

3Satz 2 Nummer 1 gilt nicht für Ausländerinnen und Ausländer, die sich mit einem Aufenthaltstitel nach Kapitel 2 Abschnitt 5 des Aufenthaltsgesetzes in der Bundesrepublik Deutschland aufhalten. 4Abweichend von Satz 2 Nummer 2 erhalten Ausländerinnen und Ausländer und ihre Familienangehörigen Leistungen nach diesem Buch, wenn sie seit mindestens fünf Jahren ihren gewöhnlichen Aufenthalt im Bundesgebiet haben; dies gilt nicht, wenn der Verlust des Rechts nach § 2 Absatz 1 des Freizügigkeitsgesetzes/EU festgestellt wurde. 5Die Frist nach Satz 4 beginnt mit der Anmeldung bei der zuständigen Meldebehörde. 6Zeiten des nicht rechtmäßigen Aufenthalts, in denen eine Ausreisepflicht besteht, werden auf Zeiten des gewöhnlichen Aufenthalts nicht angerechnet. 7Aufenthaltsrechtliche Bestimmungen bleiben unberührt.

(2) 1Leistungen erhalten auch Personen, die mit erwerbsfähigen Leistungsberechtigten in einer Bedarfsgemeinschaft leben. 2Dienstleistungen und Sachleistungen werden ihnen nur erbracht, wenn dadurch Hemmnisse bei der Eingliederung der erwerbsfähigen Leistungsberechtigten beseitigt oder vermindert werden. 3Zur Deckung der Bedarfe nach § 28 erhalten die dort genannten Personen auch dann Leistungen für Bildung und Teilhabe, wenn sie mit Personen in einem Haushalt zusammenleben, mit denen sie nur deshalb keine Bedarfsgemeinschaft bilden, weil diese aufgrund des zu berücksichtigenden Einkommens oder Vermögens selbst nicht leistungsberechtigt sind.

(3) Zur Bedarfsgemeinschaft gehören

1. die erwerbsfähigen Leistungsberechtigten,
2. die im Haushalt lebenden Eltern oder der im Haushalt lebende Elternteil eines unverheirateten erwerbsfähigen Kindes, welches das 25. Lebensjahr noch nicht vollendet hat, und die im Haushalt lebende Partnerin oder der im Haushalt lebende Partner dieses Elternteils,
3. als Partnerin oder Partner der erwerbsfähigen Leistungsberechtigten
   a) die nicht dauernd getrennt lebende Ehegattin oder der nicht dauernd getrennt lebende Ehegatte,
   b) die nicht dauernd getrennt lebende Lebenspartnerin oder der nicht dauernd getrennt lebende Lebenspartner,
   c) eine Person, die mit der erwerbsfähigen leistungsberechtigten Person in einem gemeinsamen Haushalt so zusammenlebt, dass nach

verständiger Würdigung der wechselseitige Wille anzunehmen ist, Verantwortung füreinander zu tragen und füreinander einzustehen,

4. die dem Haushalt angehörenden unverheirateten Kinder der in den Nummern 1 bis 3 genannten Personen, wenn sie das 25. Lebensjahr noch nicht vollendet haben, soweit sie die Leistungen zur Sicherung ihres Lebensunterhalts nicht aus eigenem Einkommen oder Vermögen beschaffen können.

(3a) Ein wechselseitiger Wille, Verantwortung füreinander zu tragen und füreinander einzustehen, wird vermutet, wenn Partner

1. länger als ein Jahr zusammenleben,
2. mit einem gemeinsamen Kind zusammenleben,
3. Kinder oder Angehörige im Haushalt versorgen oder
4. befugt sind, über Einkommen oder Vermögen des anderen zu verfügen.

[bis 30.06.2023; Absatz 4 entfällt ab 01.07.2023, siehe dann § 7b]

(4) 1Leistungen nach diesem Buch erhält nicht, wer in einer stationären Einrichtung untergebracht ist, Rente wegen Alters oder Knappschaftsausgleichsleistung oder ähnliche Leistungen öffentlich-rechtlicher Art bezieht. 2Dem Aufenthalt in einer stationären Einrichtung ist der Aufenthalt in einer Einrichtung zum Vollzug richterlich angeordneter Freiheitsentziehung gleichgestellt. 3Abweichend von Satz 1 erhält Leistungen nach diesem Buch,

1. wer voraussichtlich für weniger als sechs Monate in einem Krankenhaus (§ 107 des Fünften Buches) untergebracht ist oder
2. wer in einer stationären Einrichtung nach Satz 1 untergebracht und unter den üblichen Bedingungen des allgemeinen Arbeitsmarktes mindestens 15 Stunden wöchentlich erwerbstätig ist.

4Die Sätze 1 und 3 Nummer 2 gelten für Bewohner von Räumlichkeiten im Sinne des § 42a Absatz 2 Satz 1 Nummer 2 und Satz 3 des Zwölften Buches entsprechend.

(4a) 1Erwerbsfähige Leistungsberechtigte erhalten keine Leistungen, wenn sie sich ohne Zustimmung des zuständigen Trägers nach diesem Buch außerhalb des zeit- und ortsnahen Bereichs aufhalten und deshalb nicht für die Eingliederung in Arbeit zur Verfügung stehen. 2Die Zustimmung ist zu erteilen, wenn für den Aufenthalt außerhalb des zeit- und ortsnahen Bereichs ein wichtiger Grund vorliegt und die Eingliederung in Arbeit nicht beeinträchtigt wird. 3Ein wichtiger Grund liegt insbesondere vor bei

1. Teilnahme an einer ärztlich verordneten Maßnahme der medizinischen Vorsorge oder Rehabilitation,
2. Teilnahme an einer Veranstaltung, die staatspolitischen, kirchlichen oder gewerkschaftlichen Zwecken dient oder sonst im öffentlichen Interesse liegt, oder
3. Ausübung einer ehrenamtlichen Tätigkeit.

4Die Zustimmung kann auch erteilt werden, wenn für den Aufenthalt außerhalb des zeit- und ortsnahen Bereichs kein wichtiger Grund vorliegt und die Eingliederung in Arbeit nicht beeinträchtigt wird. 5Die Dauer der Abwesenheiten nach Satz 4 soll in der Regel insgesamt drei Wochen im Kalenderjahr nicht überschreiten.

(5) 1Auszubildende, deren Ausbildung im Rahmen des Bundesausbildungsförderungsgesetzes dem Grunde nach förderungsfähig ist, haben über die Leistungen nach § 27 hinaus keinen Anspruch auf Leistungen zur Sicherung des Lebensunterhalts. 2Satz 1 gilt auch für Auszubildende, deren Bedarf sich nach § 61 Absatz 2, § 62 Absatz 3, § 123 Nummer 2 sowie § 124 Nummer 2 des Dritten Buches bemisst.

(6) Absatz 5 Satz 1 ist nicht anzuwenden auf Auszubildende,

1. die aufgrund von § 2 Absatz 1a des Bundesausbildungsförderungsgesetzes keinen Anspruch auf Ausbildungsförderung haben,
2. deren Bedarf sich nach den §§ 12, 13 Absatz 1 in Verbindung mit Absatz 2 Nummer 1 oder nach § 13 Absatz 1 Nummer 1 in Verbindung mit Absatz 2 Nummer 2 des Bundesausbildungsförderungsgesetzes bemisst und die Leistungen nach dem Bundesausbildungsförderungsgesetz
   a) erhalten oder nur wegen der Vorschriften zur Berücksichtigung von Einkommen und Vermögen nicht erhalten oder
   b) beantragt haben und über deren Antrag das zuständige Amt für Ausbildungsförderung noch nicht entschieden hat; lehnt das zuständige Amt für Ausbildungsförderung die Leistungen ab, findet Absatz 5 mit Beginn des folgenden Monats Anwendung, oder
3. die eine Abendhauptschule, eine Abendrealschule oder ein Abendgymnasium besuchen, sofern sie aufgrund des § 10 Absatz 3 des Bundesausbildungsförderungsgesetzes keinen Anspruch auf Ausbildungsförderung haben.

II

§ 7a Altersgrenze

1Personen, die vor dem 1. Januar 1947 geboren sind, erreichen die Altersgrenze mit Ablauf des Monats, in dem sie das 65. Lebensjahr vollenden. 2Für Personen, die nach dem 31. Dezember 1946 geboren sind, wird die Altersgrenze wie folgt angehoben:

für den Geburtsjahrgang	erfolgt eine Anhebung um Monate	auf den Ablauf des Monats, in dem ein Lebensalter vollendet wird von
1947	1	65 Jahren und 1 Monat
1948	2	65 Jahren und 2 Monaten
1949	3	65 Jahren und 3 Monaten
1950	4	65 Jahren und 4 Monaten
1951	5	65 Jahren und 5 Monaten
1952	6	65 Jahren und 6 Monaten
1953	7	65 Jahren und 7 Monaten
1954	8	65 Jahren und 8 Monaten
1955	9	65 Jahren und 9 Monaten
1956	10	65 Jahren und 10 Monaten
1957	11	65 Jahren und 11 Monaten
1958	12	66 Jahren
1959	14	66 Jahren und 2 Monaten
1960	16	66 Jahren und 4 Monaten
1961	18	66 Jahren und 6 Monaten
1962	20	66 Jahren und 8 Monaten
1963	22	66 Jahren und 10 Monaten
ab 1964	24	67 Jahren.

[ab 01.07.2023] § 7b Erreichbarkeit

(1) 1Erwerbsfähige Leistungsberechtigte erhalten Leistungen, wenn sie erreichbar sind. 2Erreichbar sind erwerbsfähige Leistungsberechtigte, wenn sie sich im näheren Bereich des zuständigen Jobcenters aufhalten und werktäglich dessen Mitteilungen und Aufforderungen zur Kenntnis nehmen können. 3Ein Aufenthalt im näheren Bereich liegt vor, wenn es den erwerbsfähigen Leistungsberechtigten möglich ist, eine Dienststelle des zuständigen Jobcenters, einen möglichen Arbeitgeber oder den Durchführungsort einer Integrationsmaßnahme im örtlichen Zuständigkeitsbereich des Jobcenters in einer für den Vermittlungsprozess angemessenen Zeitspanne und ohne unzumutbaren oder die Eigenleistungsfähigkeit übersteigenden Aufwand aufzusuchen. 4Der nähere Bereich schließt auch einen Bereich im grenznahen Ausland ein.

(2) 1Erwerbsfähige Leistungsberechtigte, die nicht erreichbar sind, erhalten nur dann Leistungen, wenn für den Aufenthalt außerhalb des näheren Bereichs ein wichtiger Grund vorliegt und das Jobcenter dem Aufenthalt außerhalb des näheren Bereichs zugestimmt hat. 2Ein wichtiger Grund liegt insbesondere vor bei

1. Teilnahme an einer ärztlich verordneten Maßnahme der medizinischen Vorsorge oder Rehabilitation,
2. Teilnahme an einer Veranstaltung, die kirchlichen oder gewerkschaftlichen Zwecken dient oder im öffentlichen Interesse liegt,
3. Aufenthalten außerhalb des näheren Bereichs, die überwiegend der Eingliederung in Ausbildung oder Arbeit dienen, oder
4. Ausübung einer ehrenamtlichen Tätigkeit, wenn die Eingliederung in Ausbildung oder Arbeit nicht wesentlich beeinträchtigt wird.

3Für Abwesenheiten außerhalb des näheren Bereichs aufgrund der Ausübung einer Erwerbstätigkeit ist abweichend von Satz 1 keine Zustimmung des Jobcenters erforderlich.

(3) 1Erwerbsfähige Leistungsberechtigte, die ohne wichtigen Grund nicht erreichbar sind, erhalten Leistungen, wenn das Jobcenter dem Aufenthalt außerhalb des näheren Bereichs zugestimmt hat und die Eingliederung in Ausbildung oder Arbeit nicht wesentlich beeinträchtigt wird. 2Die Zustimmung zu Abwesenheiten ohne wichtigen Grund soll in der Regel für insgesamt längstens drei Wochen im Kalenderjahr erteilt werden. 3Bei erwerbsfähigen Leistungsberechtigten, die weder arbeitslos noch erwerbstätig sind, ist die Zustimmung nach Satz 1 zu erteilen.

§ 8 Erwerbsfähigkeit

(1) Erwerbsfähig ist, wer nicht wegen Krankheit oder Behinderung auf absehbare Zeit außerstande ist, unter den üblichen Bedingungen des allgemeinen Arbeitsmarktes mindestens drei Stunden täglich erwerbstätig zu sein.

(2) 1Im Sinne von Absatz 1 können Ausländerinnen und Ausländer nur erwerbstätig sein, wenn ihnen die Aufnahme einer Beschäftigung erlaubt ist oder erlaubt werden könnte. 2Die rechtliche Möglichkeit, eine Beschäftigung vorbehaltlich einer Zustimmung nach § 39 des Aufenthaltsgesetzes aufzunehmen, ist ausreichend.

§ 9 Hilfebedürftigkeit

(1) Hilfebedürftig ist, wer seinen Lebensunterhalt nicht oder nicht ausreichend aus dem zu berücksichtigenden Einkommen oder Vermögen sichern kann und die erforderliche Hilfe nicht von anderen, insbesondere

von Angehörigen oder von Trägern anderer Sozialleistungen, erhält.

(2) 1Bei Personen, die in einer Bedarfsgemeinschaft leben, sind das Einkommen und Vermögen des Partners zu berücksichtigen. 2Bei unverheirateten Kindern, die mit ihren Eltern oder einem Elternteil in einer Bedarfsgemeinschaft leben und die ihren Lebensunterhalt nicht aus eigenem Einkommen oder Vermögen sichern können, sind auch das Einkommen und Vermögen der Eltern oder des Elternteils und dessen in Bedarfsgemeinschaft lebender Partnerin oder lebenden Partners zu berücksichtigen. 3Ist in einer Bedarfsgemeinschaft nicht der gesamte Bedarf aus eigenen Kräften und Mitteln gedeckt, gilt jede Person der Bedarfsgemeinschaft im Verhältnis des eigenen Bedarfs zum Gesamtbedarf als hilfebedürftig, dabei bleiben die Bedarfe nach § 28 außer Betracht. 4In den Fällen des § 7 Absatz 2 Satz 3 ist Einkommen und Vermögen, soweit es die nach Satz 3 zu berücksichtigenden Bedarfe übersteigt, im Verhältnis mehrerer Leistungsberechtigter zueinander zu gleichen Teilen zu berücksichtigen.

(3) Absatz 2 Satz 2 findet keine Anwendung auf ein Kind, das schwanger ist oder sein Kind bis zur Vollendung des sechsten Lebensjahres betreut.

(4) Hilfebedürftig ist auch derjenige, dem der sofortige Verbrauch oder die sofortige Verwertung von zu berücksichtigendem Vermögen nicht möglich ist oder für den dies eine besondere Härte bedeuten würde.

(5) Leben Hilfebedürftige in Haushaltsgemeinschaft mit Verwandten oder Verschwägerten, so wird vermutet, dass sie von ihnen Leistungen erhalten, soweit dies nach deren Einkommen und Vermögen erwartet werden kann.

§ 10 Zumutbarkeit

(1) Einer erwerbsfähigen leistungsberechtigten Person ist jede Arbeit zumutbar, es sei denn, dass

1. sie zu der bestimmten Arbeit körperlich, geistig oder seelisch nicht in der Lage ist,
2. die Ausübung der Arbeit die künftige Ausübung der bisherigen überwiegenden Arbeit wesentlich erschweren würde, weil die bisherige Tätigkeit besondere körperliche Anforderungen stellt,
3. die Ausübung der Arbeit die Erziehung ihres Kindes oder des Kindes ihrer Partnerin oder ihres Partners gefährden würde; die Erziehung eines Kindes, das das dritte Lebensjahr vollendet hat, ist in der Regel nicht gefährdet, soweit die Betreuung in einer Tageseinrichtung oder in Tagespflege im Sinne der Vorschriften des Achten Buches oder auf sonstige Weise sichergestellt ist; die zuständigen kommunalen Träger sollen darauf hinwirken, dass erwerbsfähigen Erziehenden vorrangig ein Platz zur Tagesbetreuung des Kindes angeboten wird,
4. die Ausübung der Arbeit mit der Pflege einer oder eines Angehörigen nicht vereinbar wäre und die Pflege nicht auf andere Weise sichergestellt werden kann,
5. der Ausübung der Arbeit ein sonstiger wichtiger Grund entgegensteht.

(2) Eine Arbeit ist nicht allein deshalb unzumutbar, weil

1. sie nicht einer früheren beruflichen Tätigkeit entspricht, für die die erwerbsfähige leistungsberechtigte Person ausgebildet ist oder die früher ausgeübt wurde,
2. sie im Hinblick auf die Ausbildung der erwerbsfähigen leistungsberechtigten Person als geringerwertig anzusehen ist,
3. der Beschäftigungsort vom Wohnort der erwerbsfähigen leistungsberechtigten Person weiter entfernt ist als ein früherer Beschäftigungs- oder Ausbildungsort,
4. die Arbeitsbedingungen ungünstiger sind als bei den bisherigen Beschäftigungen der erwerbsfähigen leistungsberechtigten Person,
5. sie mit der Beendigung einer Erwerbstätigkeit verbunden ist, es sei denn, es liegen begründete Anhaltspunkte vor, dass durch die bisherige Tätigkeit künftig die Hilfebedürftigkeit beendet werden kann.

(3) Die Absätze 1 und 2 gelten für die Teilnahme an Maßnahmen zur Eingliederung in Arbeit entsprechend.

[bis 30.06.2023] § 11 Zu berücksichtigendes Einkommen

(1) 1Als Einkommen zu berücksichtigen sind Einnahmen in Geld abzüglich der nach § 11b abzusetzenden Beträge mit Ausnahme der in § 11a genannten Einnahmen. 2Dies gilt auch für Einnahmen in Geldeswert, die im Rahmen einer Erwerbstätigkeit, des Bundesfreiwilligendienstes oder eines Jugendfreiwilligendienstes zufließen. 3Als Einkommen zu berücksichtigen sind auch Zuflüsse aus darlehensweise gewährten Sozialleistungen, soweit sie dem Lebensunterhalt dienen. 4Der Kinderzuschlag nach § 6a des Bundeskindergeldgesetzes ist als Einkommen dem jeweiligen Kind zuzurechnen. 5Dies gilt auch für das Kindergeld für zur Bedarfsgemeinschaft gehörende Kinder, soweit es bei dem jeweiligen Kind zur Sicherung des Lebens-

unterhalts, mit Ausnahme der Bedarfe nach § 28, benötigt wird.

(2) $_1$Laufende Einnahmen sind für den Monat zu berücksichtigen, in dem sie zufließen. $_2$Zu den laufenden Einnahmen zählen auch Einnahmen, die an einzelnen Tagen eines Monats aufgrund von kurzzeitigen Beschäftigungsverhältnissen erzielt werden. $_3$Für laufende Einnahmen, die in größeren als monatlichen Zeitabständen zufließen, gilt Absatz 3 entsprechend.

(3) $_1$Einmalige Einnahmen sind in dem Monat, in dem sie zufließen, zu berücksichtigen. $_2$Zu den einmaligen Einnahmen gehören auch als Nachzahlung zufließende Einnahmen, die nicht für den Monat des Zuflusses erbracht werden. $_3$Sofern für den Monat des Zuflusses bereits Leistungen ohne Berücksichtigung der einmaligen Einnahme erbracht worden sind, werden sie im Folgemonat berücksichtigt. $_4$Entfiele der Leistungsanspruch durch die Berücksichtigung in einem Monat, ist die einmalige Einnahme auf einen Zeitraum von sechs Monaten gleichmäßig aufzuteilen und monatlich mit einem entsprechenden Teilbetrag zu berücksichtigen.

[ab 01.07.2023] § 11 Zu berücksichtigendes Einkommen

(1) $_1$Als Einkommen zu berücksichtigen sind Einnahmen in Geld abzüglich der nach § 11b abzusetzenden Beträge mit Ausnahme der in § 11a genannten Einnahmen sowie Einnahmen, die nach anderen Vorschriften des Bundesrechts nicht als Einkommen im Sinne dieses Buches zu berücksichtigen sind. $_2$Dies gilt auch für Einnahmen in Geldeswert, die im Rahmen einer Erwerbstätigkeit, des Bundesfreiwilligendienstes oder eines Jugendfreiwilligendienstes zufließen. $_3$Als Einkommen zu berücksichtigen sind auch Zuflüsse aus darlehensweise gewährten Sozialleistungen, soweit sie dem Lebensunterhalt dienen. $_4$Der Kinderzuschlag nach § 6a des Bundeskindergeldgesetzes ist als Einkommen dem jeweiligen Kind zuzurechnen. $_5$Dies gilt auch für das Kindergeld für zur Bedarfsgemeinschaft gehörende Kinder, soweit es bei dem jeweiligen Kind zur Sicherung des Lebensunterhalts, mit Ausnahme der Bedarfe nach § 28, benötigt wird.

(2) $_1$Einnahmen sind für den Monat zu berücksichtigen, in dem sie zufließen. $_2$Dies gilt auch für Einnahmen, die an einzelnen Tagen eines Monats aufgrund von kurzzeitigen Beschäftigungsverhältnissen erzielt werden.

(3) Würde der Leistungsanspruch durch die Berücksichtigung einer als Nachzahlung zufließenden Einnahme, die nicht für den Monat des Zuflusses erbracht wird, in diesem Monat entfallen, so ist diese Einnahme auf einen Zeitraum von sechs Monaten gleichmäßig aufzuteilen und monatlich ab dem Monat des Zuflusses mit einem entsprechenden monatlichen Teilbetrag zu berücksichtigen.

§ 11a Nicht zu berücksichtigendes Einkommen

[bis 30.06.2023]

(1) Nicht als Einkommen zu berücksichtigen sind

1. Leistungen nach diesem Buch,
2. die Grundrente nach dem Bundesversorgungsgesetz und nach den Gesetzen, die eine entsprechende Anwendung des Bundesversorgungsgesetzes vorsehen,
3. die Renten oder Beihilfen, die nach dem Bundesentschädigungsgesetz für Schaden an Leben sowie an Körper oder Gesundheit erbracht werden, bis zur Höhe der vergleichbaren Grundrente nach dem Bundesversorgungsgesetz,
4. Aufwandsentschädigungen nach § 1835a des Bürgerlichen Gesetzbuchs kalenderjährlich bis zu dem in § 3 Nummer 26 Satz 1 des Einkommensteuergesetzes genannten Betrag.

[ab 01.07.2023]

(1) Nicht als Einkommen zu berücksichtigen sind

1. Leistungen nach diesem Buch,
2. die Grundrente nach dem Bundesversorgungsgesetz und nach den Gesetzen, die eine entsprechende Anwendung des Bundesversorgungsgesetzes vorsehen,
3. die Renten oder Beihilfen, die nach dem Bundesentschädigungsgesetz für Schaden an Leben sowie an Körper oder Gesundheit erbracht werden, bis zur Höhe der vergleichbaren Grundrente nach dem Bundesversorgungsgesetz,
4. Aufwandspauschalen nach § 1878 des Bürgerlichen Gesetzbuchs kalenderjährlich bis zu dem in § 3 Nummer 26 Satz 1 des Einkommensteuergesetzes genannten Betrag,
5. Aufwandsentschädigungen oder Einnahmen aus nebenberuflichen Tätigkeiten, die nach § 3 Nummer 12, Nummer 26 oder Nummer 26a des Einkommensteuergesetzes steuerfrei sind, soweit diese Einnahmen einen Betrag in Höhe von 3000 Euro im Kalenderjahr nicht überschreiten,
6. Mutterschaftsgeld nach § 19 des Mutterschutzgesetzes
7. Erbschaften.

(2) Entschädigungen, die wegen eines Schadens, der kein Vermögensschaden ist, nach § 253 Absatz 2 des Bürgerlichen Gesetzbuchs geleistet werden, sind nicht als Einkommen zu berücksichtigen.

(3) $_{1}$Leistungen, die aufgrund öffentlich-rechtlicher Vorschriften zu einem ausdrücklich genannten Zweck erbracht werden, sind nur so weit als Einkommen zu berücksichtigen, als die Leistungen nach diesem Buch im Einzelfall demselben Zweck dienen. $_{2}$Abweichend von Satz 1 sind als Einkommen zu berücksichtigen

1. die Leistungen nach § 39 des Achten Buches, die für den erzieherischen Einsatz erbracht werden,
   a) für das dritte Pflegekind zu 75 Prozent,
   b) für das vierte und jedes weitere Pflegekind vollständig,
2. die Leistungen nach § 23 des Achten Buches,
3. die Leistungen der Ausbildungsförderung nach dem Bundesausbildungsförderungsgesetz sowie vergleichbare Leistungen der Begabtenförderungswerke; § 14b Absatz 2 Satz 1 des Bundesausbildungsförderungsgesetzes bleibt unberührt,
4. die Berufsausbildungsbeihilfe nach dem Dritten Buch mit Ausnahme der Bedarfe nach § 64 Absatz 3 Satz 1 des Dritten Buches sowie
5. Reisekosten zur Teilhabe am Arbeitsleben nach § 127 Absatz 1 Satz 1 des Dritten Buches in Verbindung mit § 73 des Neunten Buches.

(4) Zuwendungen der freien Wohlfahrtspflege sind nicht als Einkommen zu berücksichtigen, soweit sie die Lage der Empfängerinnen und Empfänger nicht so günstig beeinflussen, dass daneben Leistungen nach diesem Buch nicht gerechtfertigt wären.

(5) Zuwendungen, die ein anderer erbringt, ohne hierzu eine rechtliche oder sittliche Pflicht zu haben, sind nicht als Einkommen zu berücksichtigen, soweit

1. ihre Berücksichtigung für die Leistungsberechtigten grob unbillig wäre oder
2. sie die Lage der Leistungsberechtigten nicht so günstig beeinflussen, dass daneben Leistungen nach diesem Buch nicht gerechtfertigt wären.

(6) Überbrückungsgeld nach § 51 des Strafvollzugsgesetzes oder vergleichbare Leistungen nach landesrechtlichen Regelungen sind nicht als Einkommen zu berücksichtigen.

[ab 01.07.2023]

(7) $_{1}$Nicht als Einkommen zu berücksichtigen sind Einnahmen von Schülerinnen und Schülern allgemein- oder berufsbildender Schulen, die das 25. Lebensjahr noch nicht vollendet haben, aus Erwerbstätigkeiten, die in den Schulferien ausgeübt werden. $_{2}$Satz 1 gilt nicht für eine Ausbildungsvergütung, auf die eine Schülerin oder ein Schüler einen Anspruch hat.

[bis 30.06.2023] § 11b Absetzbeträge

(1) $_{1}$Vom Einkommen abzusetzen sind

1. auf das Einkommen entrichtete Steuern,
2. Pflichtbeiträge zur Sozialversicherung einschließlich der Beiträge zur Arbeitsförderung,
3. Beiträge zu öffentlichen oder privaten Versicherungen oder ähnlichen Einrichtungen, soweit diese Beiträge gesetzlich vorgeschrieben oder nach Grund und Höhe angemessen sind; hierzu gehören Beiträge
   a) zur Vorsorge für den Fall der Krankheit und der Pflegebedürftigkeit für Personen, die in der gesetzlichen Krankenversicherung nicht versicherungspflichtig sind,
   b) zur Altersvorsorge von Personen, die von der Versicherungspflicht in der gesetzlichen Rentenversicherung befreit sind,

   soweit die Beiträge nicht nach § 26 bezuschusst werden,
4. geförderte Altersvorsorgebeiträge nach § 82 des Einkommensteuergesetzes, soweit sie den Mindesteigenbeitrag nach § 86 des Einkommensteuergesetzes nicht überschreiten,
5. die mit der Erzielung des Einkommens verbundenen notwendigen Ausgaben,
6. für Erwerbstätige ferner ein Betrag nach Absatz 3,
7. Aufwendungen zur Erfüllung gesetzlicher Unterhaltsverpflichtungen bis zu dem in einem Unterhaltstitel oder in einer notariell beurkundeten Unterhaltsvereinbarung festgelegten Betrag,
8. bei erwerbsfähigen Leistungsberechtigten, deren Einkommen nach dem Vierten Abschnitt des Bundesausbildungsförderungsgesetzes oder nach § 67 oder § 126 des Dritten Buches bei der Berechnung der Leistungen der Ausbildungsförderung für mindestens ein Kind berücksichtigt wird, der nach den Vorschriften der Ausbildungsförderung berücksichtigte Betrag.

$_{2}$Bei der Verteilung einer einmaligen Einnahme nach § 11 Absatz 3 Satz 4 sind die auf die einmalige Einnahme im Zuflussmonat entfallenden Beträge nach den Nummern 1, 2, 5 und 6 vorweg abzusetzen.

(2) $_{1}$Bei erwerbsfähigen Leistungsberechtigten, die erwerbstätig sind, ist anstelle der Beträge nach Absatz 1 Satz 1 Nummer 3 bis 5 ein Betrag von insgesamt 100 Euro monatlich von dem Einkommen aus Erwerbstätigkeit abzusetzen. $_{2}$Beträgt das monatliche Einkommen aus Erwerbstätigkeit mehr als 400 Euro, gilt Satz 1 nicht, wenn die oder der erwerbsfähige Leistungsberechtigte nachweist, dass die Summe der

Beträge nach Absatz 1 Satz 1 Nummer 3 bis 5 den Betrag von 100 Euro übersteigt. 3Erhält eine leistungsberechtigte Person mindestens aus einer Tätigkeit Bezüge oder Einnahmen, die nach § 3 Nummer 12, 26 oder 26a des Einkommensteuergesetzes steuerfrei sind, gelten die Sätze 1 und 2 mit den Maßgaben, dass jeweils an die Stelle des Betrages von

1. 100 Euro monatlich der Betrag von 250 Euro monatlich, höchstens jedoch der Betrag, der sich aus der Summe von 100 Euro und dem Betrag der steuerfreien Bezüge oder Einnahmen ergibt, und
2. 400 Euro der Betrag, der sich nach Nummer 1 ergibt,

tritt. 4§ 11a Absatz 3 bleibt unberührt. 5Von den in § 11a Absatz 3 Satz 2 Nummer 3 bis 5 genannten Leistungen, von dem Ausbildungsgeld nach dem Dritten Buch sowie von dem erhaltenen Unterhaltsbeitrag nach § 10 Absatz 2 des Aufstiegsfortbildungsförderungsgesetzes sind für die Absetzbeträge nach § 11b Absatz 1 Satz 1 Nummer 3 bis 5 mindestens 100 Euro abzusetzen, wenn die Absetzung nicht bereits nach den Sätzen 1 bis 3 erfolgt. 6Von dem Taschengeld nach § 2 Nummer 4 des Bundesfreiwilligendienstgesetzes oder § 2 Absatz 1 Nummer 4 des Jugendfreiwilligendienstegesetzes ist anstelle der Beträge nach § 11b Absatz 1 Satz 1 Nummer 3 bis 5 ein Betrag von insgesamt 250 Euro monatlich abzusetzen, soweit die Absetzung nicht bereits nach den Sätzen 1 bis 3 erfolgt.

(2a) § 82a des Zwölften Buches gilt entsprechend.

(3) 1Bei erwerbsfähigen Leistungsberechtigten, die erwerbstätig sind, ist von dem monatlichen Einkommen aus Erwerbstätigkeit ein weiterer Betrag abzusetzen. 2Dieser beläuft sich

1. für den Teil des monatlichen Einkommens, der 100 Euro übersteigt und nicht mehr als 1000 Euro beträgt, auf 20 Prozent und
2. für den Teil des monatlichen Einkommens, der 1000 Euro übersteigt und nicht mehr als 1200 Euro beträgt, auf 10 Prozent.

3Anstelle des Betrages von 1200 Euro tritt für erwerbsfähige Leistungsberechtigte, die entweder mit mindestens einem minderjährigen Kind in Bedarfsgemeinschaft leben oder die mindestens ein minderjähriges Kind haben, ein Betrag von 1500 Euro.

[ab 01.07.2023] § 11b Absetzbeträge

(1) 1Vom Einkommen abzusetzen sind

1. auf das Einkommen entrichtete Steuern,
2. Pflichtbeiträge zur Sozialversicherung einschließlich der Beiträge zur Arbeitsförderung,
3. Beiträge zu öffentlichen oder privaten Versicherungen oder ähnlichen Einrichtungen, soweit diese Beiträge gesetzlich vorgeschrieben oder nach Grund und Höhe angemessen sind; hierzu gehören Beiträge
   a) zur Vorsorge für den Fall der Krankheit und der Pflegebedürftigkeit für Personen, die in der gesetzlichen Krankenversicherung nicht versicherungspflichtig sind,
   b) zur Altersvorsorge von Personen, die von der Versicherungspflicht in der gesetzlichen Rentenversicherung befreit sind,

   soweit die Beiträge nicht nach § 26 bezuschusst werden,
4. geförderte Altersvorsorgebeiträge nach § 82 des Einkommensteuergesetzes, soweit sie den Mindesteigenbeitrag nach § 86 des Einkommensteuergesetzes nicht überschreiten,
5. die mit der Erzielung des Einkommens verbundenen notwendigen Ausgaben,
6. für Erwerbstätige ferner ein Betrag nach Absatz 3,
7. Aufwendungen zur Erfüllung gesetzlicher Unterhaltsverpflichtungen bis zu dem in einem Unterhaltstitel oder in einer notariell beurkundeten Unterhaltsvereinbarung festgelegten Betrag,
8. bei erwerbsfähigen Leistungsberechtigten, deren Einkommen nach dem Vierten Abschnitt des Bundesausbildungsförderungsgesetzes oder nach § 67 oder § 126 des Dritten Buches bei der Berechnung der Leistungen der Ausbildungsförderung für mindestens ein Kind berücksichtigt wird, der nach den Vorschriften der Ausbildungsförderung berücksichtigte Betrag.

2Bei der Verteilung einer einmaligen Einnahme nach § 11 Absatz 3 Satz 4 sind die auf die einmalige Einnahme im Zuflussmonat entfallenden Beträge nach den Nummern 1, 2, 5 und 6 vorweg abzusetzen.

(2) 1Bei erwerbsfähigen Leistungsberechtigten, die erwerbstätig sind, ist anstelle der Beträge nach Absatz 1 Satz 1 Nummer 3 bis 5 ein Betrag von insgesamt 100 Euro monatlich von dem Einkommen aus Erwerbstätigkeit abzusetzen. 2Beträgt das monatliche Einkommen aus Erwerbstätigkeit mehr als 400 Euro, gilt Satz 1 nicht, wenn die oder der erwerbsfähige Leistungsberechtigte nachweist, dass die Summe der Beträge nach Absatz 1 Satz 1 Nummer 3 bis 5 den Betrag von 100 Euro übersteigt. [Satz 3 bis 6 ab 01.07.2023 entfallen]

(2a) § 82a des Zwölften Buches gilt entsprechend.

(2b) 1Abweichend von Absatz 2 Satz 1 ist anstelle der Beträge nach Absatz 1 Satz 1 Nummer 3 bis 5 der Betrag nach § 8 Absatz 1a des Vierten Buches von dem Einkommen aus Erwerbstätigkeit abzusetzen bei erwerbsfähigen Leistungsberechtigten, die das 25. Lebensjahr noch nicht vollendet haben und die

1. eine nach dem Bundesausbildungsförderungsgesetz dem Grunde nach förderungsfähige Ausbildung durchführen,
2. eine nach § 57 Absatz 1 des Dritten Buches dem Grunde nach förderungsfähige Ausbildung, eine nach § 51 des Dritten Buches dem Grunde nach förderungsfähige berufsvorbereitende Bildungsmaßnahme oder eine nach § 54a des Dritten Buches geförderte Einstiegsqualifizierung durchführen,
3. einem Freiwilligendienst nach dem Bundesfreiwilligendienstgesetz oder dem Jugendfreiwilligendienstegesetz nachgehen oder
4. als Schülerinnen und Schüler allgemein- oder berufsbildender Schulen außerhalb der in § 11a Absatz 7 genannten Zeiten erwerbstätig sind; dies gilt nach dem Besuch allgemeinbildender Schulen auch bis zum Ablauf des dritten auf das Ende der Schulausbildung folgenden Monats.

2Sofern die unter Satz 1 Nummer 1 bis 4 genannten Personen die in § 11a Absatz 3 Satz 2 Nummer 3 bis 5 genannten Leistungen, Ausbildungsgeld nach dem Dritten Buch oder einen Unterhaltsbeitrag nach § 10 Absatz 2 des Aufstiegsfortbildungsförderungsgesetzes erhalten, ist von diesen Leistungen für die Absetzbeträge nach Absatz 1 Satz 1 Nummer 3 bis 5 ein Betrag in Höhe von mindestens 100 Euro abzusetzen, wenn die Absetzung nicht bereits nach Satz 1 oder nach Absatz 2 Satz 1 erfolgt ist. 3Satz 2 gilt auch für Leistungsberechtigte, die das 25. Lebensjahr vollendet haben.

(3) 1Bei erwerbsfähigen Leistungsberechtigten, die erwerbstätig sind, ist von dem monatlichen Einkommen aus Erwerbstätigkeit ein weiterer Betrag abzusetzen. 2Dieser beläuft sich

1. für den Teil des monatlichen Erwerbseinkommens, der 100 Euro übersteigt und nicht mehr als 520 Euro beträgt, auf 20 Prozent,
2. für den Teil des monatlichen Erwerbseinkommens, der 520 Euro übersteigt und nicht mehr als 1000 Euro beträgt, auf 30 Prozent und
3. für den Teil des monatlichen Erwerbseinkommens, der 1000 Euro übersteigt und nicht mehr als 1200 Euro beträgt, auf 10 Prozent.

3Anstelle des Betrages von 1200 Euro tritt für erwerbsfähige Leistungsberechtigte, die entweder mit mindestens einem minderjährigen Kind in Bedarfsgemeinschaft leben oder die mindestens ein minderjähriges Kind haben, ein Betrag von 1500 Euro. 4In den Fällen des Absatzes 2b ist Satz 2 Nummer 1 nicht anzuwenden.

§ 12 Zu berücksichtigendes Vermögen

(1) 1Alle verwertbaren Vermögensgegenstände sind vorbehaltlich des Satzes 2 als Vermögen zu berücksichtigen. 2Nicht zu berücksichtigen sind

1. angemessener Hausrat; für die Beurteilung der Angemessenheit sind die Lebensumstände während des Bezugs von Bürgergeld maßgebend,
2. ein angemessenes Kraftfahrzeug für jede in der Bedarfsgemeinschaft lebende erwerbsfähige Person; die Angemessenheit wird vermutet, wenn die Antragstellerin oder der Antragsteller dies im Antrag erklärt,
3. für die Altersvorsorge bestimmte Versicherungsverträge; zudem andere Formen der Altersvorsorge, wenn sie nach Bundesrecht ausdrücklich als Altersvorsorge gefördert werden,
4. weitere Vermögensgegenstände, die unabhängig von der Anlageform als für die Altersvorsorge bestimmt bezeichnet werden; hierbei ist für jedes angefangene Jahr einer hauptberuflich selbständigen Tätigkeit, in dem keine Beiträge an die gesetzliche Rentenversicherung, an eine öffentlich-rechtliche Versicherungseinrichtung oder an eine Versorgungseinrichtung einer Berufsgruppe entrichtet wurden, höchstens der Betrag nicht zu berücksichtigen, der sich ergibt, wenn der zum Zeitpunkt der Antragstellung geltende Beitragssatz zur allgemeinen Rentenversicherung nach § 158 des Sechsten Buches mit dem zuletzt festgestellten endgültigen Durchschnittsentgelt gemäß Anlage 1 des Sechsten Buches multipliziert und anschließend auf den nächsten durch 500 teilbaren Betrag aufgerundet wird,
5. ein selbst genutztes Hausgrundstück mit einer Wohnfläche von bis zu 140 Quadratmetern oder eine selbst genutzte Eigentumswohnung von bis zu 130 Quadratmetern; bewohnen mehr als vier Personen das Hausgrundstück beziehungsweise die Eigentumswohnung, erhöht sich die maßgebende Wohnfläche um jeweils 20 Quadratmeter für jede weitere Person; höhere Wohnflächen sind anzuerkennen, sofern die Berücksichtigung als Vermögen eine besondere Härte bedeuten würde,

6. Vermögen, solange es nachweislich zur baldigen Beschaffung oder Erhaltung eines Hausgrundstücks oder einer Eigentumswohnung von angemessener Größe bestimmt ist, und das Hausgrundstück oder die Eigentumswohnung Menschen mit Behinderungen oder pflegebedürftigen Menschen zu Wohnzwecken dient oder dienen soll und dieser Zweck durch den Einsatz oder die Verwertung des Vermögens gefährdet würde sowie
7. Sachen und Rechte, soweit ihre Verwertung für die betroffene Person eine besondere Härte bedeuten würde.

(2) 1Von dem zu berücksichtigenden Vermögen ist für jede Person in der Bedarfsgemeinschaft ein Betrag in Höhe von 15 000 Euro abzusetzen. 2Übersteigt das Vermögen einer Person in der Bedarfsgemeinschaft den Betrag nach Satz 1, sind nicht ausgeschöpfte Freibeträge der anderen Personen in der Bedarfsgemeinschaft auf diese Person zu übertragen.

(3) 1Für die Berücksichtigung von Vermögen gilt eine Karenzzeit von einem Jahr ab Beginn des Monats, für den erstmals Leistungen nach diesem Buch bezogen werden. 2Innerhalb dieser Karenzzeit wird Vermögen nur berücksichtigt, wenn es erheblich ist. 3Wird der Leistungsbezug in der Karenzzeit für mindestens einen Monat unterbrochen, verlängert sich die Karenzzeit um volle Monate ohne Leistungsbezug. 4Eine neue Karenzzeit beginnt, wenn zuvor mindestens drei Jahre keine Leistungen nach diesem oder dem Zwölften Buch bezogen worden sind.

(4) 1Vermögen ist im Sinne von Absatz 3 Satz 2 erheblich, wenn es in der Summe 40 000 Euro für die leistungsberechtigte Person sowie 15 000 Euro für jede weitere mit dieser in Bedarfsgemeinschaft lebende Person übersteigt; Absatz 2 Satz 2 gilt entsprechend. 2Bei der Berechnung des erheblichen Vermögens ist ein selbst genutztes Hausgrundstück oder eine selbst genutzte Eigentumswohnung abweichend von Absatz 1 Satz 2 Nummer 5 nicht zu berücksichtigen. 3Es wird vermutet, dass kein erhebliches Vermögen vorhanden ist, wenn die Antragstellerin oder der Antragsteller dies im Antrag erklärt. 4Liegt erhebliches Vermögen vor, sind während der Karenzzeit Beträge nach Satz 1 an Stelle der Freibeträge nach Absatz 2 abzusetzen. 5Der Erklärung ist eine Selbstauskunft beizufügen; Nachweise zum vorhandenen Vermögen sind nur auf Aufforderung des Jobcenters vorzulegen.

(5) 1Das Vermögen ist mit seinem Verkehrswert zu berücksichtigen. 2Für die Bewertung ist der Zeitpunkt maßgebend, in dem der Antrag auf Bewilligung oder erneute Bewilligung der Leistungen der Grundsicherung für Arbeitsuchende gestellt wird, bei späterem Erwerb von Vermögen der Zeitpunkt des Erwerbs.

(6) 1Ist Bürgergeld unter Berücksichtigung des Einkommens nur für einen Monat zu erbringen, gilt keine Karenzzeit. 2Es wird vermutet, dass kein zu berücksichtigendes Vermögen vorhanden ist, wenn die Antragstellerin oder der Antragsteller dies im Antrag erklärt. 3Absatz 4 Satz 4 gilt entsprechend.

§ 12a Vorrangige Leistungen

1Leistungsberechtigte sind verpflichtet, Sozialleistungen anderer Träger in Anspruch zu nehmen und die dafür erforderlichen Anträge zu stellen, sofern dies zur Vermeidung, Beseitigung, Verkürzung oder Verminderung der Hilfebedürftigkeit erforderlich ist. 2Abweichend von Satz 1 sind Leistungsberechtigte nicht verpflichtet,

1. bis zur Vollendung des 63. Lebensjahres eine Rente wegen Alters vorzeitig in Anspruch zu nehmen oder
2. Wohngeld nach dem Wohngeldgesetz oder Kinderzuschlag nach dem Bundeskindergeldgesetz in Anspruch zu nehmen, wenn dadurch nicht die Hilfebedürftigkeit aller Mitglieder der Bedarfsgemeinschaft für einen zusammenhängenden Zeitraum von mindestens drei Monaten beseitigt würde.

3Für die Zeit vom 1. Januar 2023 bis zum Ablauf des 31. Dezember 2026 findet Satz 2 Nummer 1 mit der Maßgabe Anwendung, dass Leistungsberechtigte nicht verpflichtet sind, eine Rente wegen Alters vorzeitig in Anspruch zu nehmen.

§ 13 Verordnungsermächtigung

(1) Das Bundesministerium für Arbeit und Soziales wird ermächtigt, im Einvernehmen mit dem Bundesministerium der Finanzen ohne Zustimmung des Bundesrates durch Rechtsverordnung zu bestimmen,

1. welche weiteren Einnahmen nicht als Einkommen zu berücksichtigen sind und wie das Einkommen im Einzelnen zu berechnen ist,
2. welche weiteren Vermögensgegenstände nicht als Vermögen zu berücksichtigen sind und wie der Wert des Vermögens zu ermitteln ist,
3. welche Pauschbeträge für die von dem Einkommen abzusetzenden Beträge zu berücksichtigen sind,
4. welche durchschnittlichen monatlichen Beträge für einzelne Bedarfe nach § 28 für die Prüfung der Hilfebedürftigkeit zu berücksichtigen sind und welcher Eigenanteil des maßgebenden Regelbedarfs bei der Bemessung des Bedarfs nach § 28 Absatz 6 zugrunde zu legen ist.

(2) Das Bundesministerium für Arbeit und Soziales wird ermächtigt, ohne Zustimmung des Bundesrates durch Rechtsverordnung zu bestimmen, unter welchen Voraussetzungen und für welche Dauer Leistungsberechtigte nach Vollendung des 63. Lebensjahres ausnahmsweise zur Vermeidung von Unbilligkeiten nicht verpflichtet sind, eine Rente wegen Alters vorzeitig in Anspruch zu nehmen.

[bis 30.06.2023]
(3) Das Bundesministerium für Arbeit und Soziales wird ermächtigt, durch Rechtsverordnung ohne Zustimmung des Bundesrates nähere Bestimmungen zum zeit- und ortsnahen Bereich (§ 7 Absatz 4a) sowie dazu zu treffen, wie lange und unter welchen Voraussetzungen sich erwerbsfähige Leistungsberechtigte außerhalb des zeit- und ortsnahen Bereichs aufhalten dürfen, ohne Ansprüche auf Leistungen nach diesem Buch zu verlieren.

[ab 01.07.2023]
(3) Das Bundesministerium für Arbeit und Soziales wird ermächtigt, durch Rechtsverordnung, die nicht der Zustimmung des Bundesrates bedarf, nähere Bestimmungen zum näheren Bereich im Sinne des § 7b Absatz 1 Satz 2 zu treffen sowie dazu, für welchen Zeitraum und unter welchen Voraussetzungen erwerbsfähige Leistungsberechtigte bei einem Aufenthalt außerhalb des näheren Bereichs einen Leistungsanspruch haben können, ohne erreichbar zu sein.

Kapitel 3
Leistungen

Abschnitt 1
Leistungen zur Eingliederung in Arbeit

[bis 30.06.2023] § 14 Grundsatz des Förderns

(1) Die Träger der Leistungen nach diesem Buch unterstützen erwerbsfähige Leistungsberechtigte umfassend mit dem Ziel der Eingliederung in Arbeit.

(2) $_{1}$Leistungsberechtigte Personen erhalten Beratung. $_{2}$Aufgabe der Beratung ist insbesondere die Erteilung von Auskunft und Rat zu Selbsthilfeobliegenheiten und Mitwirkungspflichten, zur Berechnung der Leistungen zur Sicherung des Lebensunterhalts und zur Auswahl der Leistungen im Rahmen des Eingliederungsprozesses. $_{3}$Art und Umfang der Beratung richten sich nach dem Beratungsbedarf der leistungsberechtigten Person. $_{4}$Beratungsleistungen, die Leistungsberechtigte nach den §§ 29 bis 33 des Dritten Buches von den für die Arbeitsförderung zuständigen Dienststellen der Bundesagentur für Arbeit erhalten, sollen dabei Berücksichtigung finden. $_{5}$Hierbei arbeiten die Träger der Leistungen nach diesem Buch mit den in Satz 4 genannten Dienststellen eng zusammen.

(3) Die Agentur für Arbeit soll eine persönliche Ansprechpartnerin oder einen persönlichen Ansprechpartner für jede erwerbsfähige leistungsberechtigte Person und die mit dieser in einer Bedarfsgemeinschaft lebenden Person benennen.

(4) Die Träger der Leistungen nach diesem Buch erbringen unter Berücksichtigung der Grundsätze von Wirtschaftlichkeit und Sparsamkeit alle im Einzelfall für die Eingliederung in Arbeit erforderlichen Leistungen.

[ab 01.07.2023] § 14 Grundsatz des Förderns

(1) $_{1}$Die Träger der Leistungen nach diesem Buch unterstützen erwerbsfähige Leistungsberechtigte umfassend und nachhaltig mit dem Ziel der Eingliederung in Arbeit und Überwindung der Hilfebedürftigkeit. $_{2}$Dies gilt sowohl für arbeitslose als auch für nicht arbeitslose erwerbsfähige Leistungsberechtigte.

(2) $_{1}$Leistungsberechtigte Personen erhalten Beratung. $_{2}$Im Rahmen der Beratung wird gemeinsam eine individuelle Strategie zur Erreichung der in Absatz 1 genannten Ziele erarbeitet und deren schrittweise Umsetzung begleitet. $_{3}$Aufgabe der Beratung ist darüber hinaus die Erteilung von Auskunft und Rat, insbesondere zur Berechnung der Leistungen zur Sicherung des Lebensunterhalts, zum Eingliederungsprozess und zu den Mitwirkungspflichten und Selbsthilfeobliegenheiten sowie dem Schlichtungsverfahren, zu den Leistungen der Eingliederung nach diesem Abschnitt sowie zur Möglichkeit der Inanspruchnahme von Leistungen anderer Träger. $_{4}$Art und Umfang der Beratung richten sich nach dem Beratungsbedarf der leistungsberechtigten Person. $_{5}$Beratungsleistungen, die Leistungsberechtigte nach den §§ 29 bis 33 des Dritten Buches von den für die Arbeitsförderung zuständigen Dienststellen der Bundesagentur für Arbeit erhalten, sollen dabei Berücksichtigung finden. $_{6}$Hierbei arbeiten die Träger der Leistungen nach diesem Buch mit den in Satz 4 genannten Dienststellen eng zusammen.

(3) $_{1}$Die Agentur für Arbeit soll eine persönliche Ansprechpartnerin oder einen persönlichen Ansprechpartner für jede erwerbsfähige leistungsberechtigte Person und die mit dieser in einer Bedarfsgemeinschaft lebenden Personen benennen. $_{2}$Die Beratung kann aufsuchend und sozialraumorientiert erfolgen.

(4) Die Träger der Leistungen nach diesem Buch erbringen unter Beachtung der Grundsätze von Wirtschaftlichkeit und Sparsamkeit alle im Einzelfall für die Eingliederung in Arbeit erforderlichen Leistungen.

II

[bis 30.06.2023] § 15 Eingliederungsvereinbarung

(1) 1Die Agentur für Arbeit soll unverzüglich zusammen mit jeder erwerbsfähigen leistungsberechtigten Person die für die Eingliederung erforderlichen persönlichen Merkmale, berufliche Fähigkeiten und die Eignung feststellen (Potenzialanalyse). 2Die Feststellungen erstrecken sich auch darauf, ob und durch welche Umstände die berufliche Eingliederung voraussichtlich erschwert sein wird. 3Tatsachen, über die die Agentur für Arbeit nach § 9a Satz 2 Nummer 2 des Dritten Buches unterrichtet wird, müssen von ihr nicht erneut festgestellt werden, es sei denn, es liegen Anhaltspunkte dafür vor, dass sich eingliederungsrelevante Veränderungen ergeben haben.

(2) 1Die Agentur für Arbeit soll im Einvernehmen mit dem kommunalen Träger mit jeder erwerbsfähigen leistungsberechtigten Person unter Berücksichtigung der Feststellungen nach Absatz 1 die für ihre Eingliederung erforderlichen Leistungen vereinbaren (Eingliederungsvereinbarung). 2In der Eingliederungsvereinbarung soll bestimmt werden,

1. welche Leistungen zur Eingliederung in Ausbildung oder Arbeit nach diesem Abschnitt die leistungsberechtigte Person erhält,
2. welche Bemühungen erwerbsfähige Leistungsberechtigte in welcher Häufigkeit zur Eingliederung in Arbeit mindestens unternehmen sollen und in welcher Form diese Bemühungen nachzuweisen sind,
3. wie Leistungen anderer Leistungsträger in den Eingliederungsprozess einbezogen werden.

3Die Eingliederungsvereinbarung kann insbesondere bestimmen, in welche Tätigkeiten oder Tätigkeitsbereiche die leistungsberechtigte Person vermittelt werden soll.

(3) 1Die Eingliederungsvereinbarung soll regelmäßig, spätestens jedoch nach Ablauf von sechs Monaten, gemeinsam überprüft und fortgeschrieben werden. 2Bei jeder folgenden Eingliederungsvereinbarung sind die bisher gewonnenen Erfahrungen zu berücksichtigen. 3Soweit eine Vereinbarung nach Absatz 2 nicht zustande kommt, sollen die Regelungen durch Verwaltungsakt getroffen werden.

(4) 1In der Eingliederungsvereinbarung kann auch vereinbart werden, welche Leistungen die Personen erhalten, die mit der oder dem erwerbsfähigen Leistungsberechtigten in einer Bedarfsgemeinschaft leben. 2Diese Personen sind hierbei zu beteiligen.

[ab 01.07.2023] § 15 Potenzialanalyse und Kooperationsplan

(1) 1Die Agentur für Arbeit soll unverzüglich zusammen mit jeder erwerbsfähigen leistungsberechtigten Person die für die Eingliederung in Ausbildung oder Arbeit erforderlichen persönlichen Merkmale, die beruflichen Fähigkeiten und die Eignung feststellen; diese Feststellungen erstrecken sich auch auf die individuellen Stärken sowie darauf, ob und durch welche Umstände die berufliche Eingliederung voraussichtlich erschwert sein wird (Potenzialanalyse). 2Tatsachen, über die die Agentur für Arbeit nach § 9a Satz 2 Nummer 2 des Dritten Buches unterrichtet wird, müssen nicht erneut festgestellt werden, es sei denn, es liegen Anhaltspunkte dafür vor, dass sich Umstände, die für die Eingliederung maßgebend sind, verändert haben.

(2) 1Die Agentur für Arbeit soll im Einvernehmen mit dem kommunalen Träger unverzüglich nach der Potenzialanalyse mit jeder erwerbsfähigen leistungsberechtigten Person unter Berücksichtigung der Feststellungen nach Absatz 1 gemeinsam einen Plan zur Verbesserung der Teilhabe (Kooperationsplan) erstellen. 2In diesem werden das Eingliederungsziel und die wesentlichen Schritte zur Eingliederung festgehalten, insbesondere soll festgelegt werden,

1. welche Leistungen zur Eingliederung in Ausbildung oder Arbeit nach diesem Abschnitt in Betracht kommen,
2. welche für eine erfolgreiche Überwindung von Hilfebedürftigkeit, vor allem durch Eingliederung in Ausbildung oder Arbeit, erforderlichen Eigenbemühungen erwerbsfähige Leistungsberechtigte mindestens unternehmen und nachweisen,
3. eine vorgesehene Teilnahme an einem Integrationskurs nach § 43 des Aufenthaltsgesetzes oder an einer Maßnahme der berufsbezogenen Deutschsprachförderung nach § 45a des Aufenthaltsgesetzes,
4. wie Leistungen anderer Leistungsträger in den Eingliederungsprozess einbezogen werden,
5. in welche Ausbildung, Tätigkeiten oder Tätigkeitsbereiche die erwerbsfähige leistungsberechtigte Person vermittelt werden soll und
6. ob ein möglicher Bedarf für Leistungen zur beruflichen oder medizinischen Rehabilitation mit dem Ziel einer entsprechenden Antragstellung in Betracht kommt.

3Im Kooperationsplan kann auch festgehalten werden,

1. welche Maßnahmen und Leistungen der aktiven Arbeitsförderung im Hinblick auf mögliche gesundheitliche Beeinträchtigungen, die einer Integration in den Arbeitsmarkt entgegenstehen, in Betracht kommen und welche anderen Leistungsträger im Hinblick auf diese Beeinträchtigungen voraussichtlich zu beteiligen sind und
2. welche Leistungen nach diesem Abschnitt für Personen in Betracht kommen, die mit der oder dem erwerbsfähigen Leistungsberechtigten in einer Bedarfsgemeinschaft leben, um Hemmnisse der erwerbsfähigen leistungsberechtigten Person zu beseitigen oder zu verringern; diese Personen sind hierbei zu beteiligen.

(3) [1]Die erwerbsfähige leistungsberechtigte Person erhält den Kooperationsplan in Textform. [2]Der Kooperationsplan soll spätestens nach Ablauf von jeweils sechs Monaten gemeinsam aktualisiert und fortgeschrieben werden.

(4) Die erste Einladung zum Gespräch zur Erstellung der Potenzialanalyse und des Kooperationsplans erfolgt ohne Belehrung über die Rechtsfolgen bei Nichtteilnahme.

(5) [1]Die Agentur für Arbeit überprüft regelmäßig, ob die erwerbsfähige leistungsberechtigte Person die im Kooperationsplan festgehaltenen Absprachen einhält. [2]Aufforderungen hierzu erfolgen grundsätzlich mit Rechtsfolgenbelehrung, insbesondere bei Maßnahmen gemäß §§ 16, 16d ist eine Rechtsfolgenbelehrung vorzusehen.

(6) Wenn ein Kooperationsplan nicht zustande kommt oder nicht fortgeschrieben werden kann, erfolgen Aufforderungen zu erforderlichen Mitwirkungshandlungen mit Rechtsfolgenbelehrung.

[ab 01.07.2023] § 15a Schlichtungsverfahren

(1) [1]Ist die Erstellung oder die Fortschreibung eines Kooperationsplans aufgrund von Meinungsverschiedenheiten zwischen Agentur für Arbeit oder kommunalem Träger und leistungsberechtigter Person nicht möglich, so soll auf Verlangen einer oder beider Seiten ein Schlichtungsverfahren eingeleitet werden. [2]Die Agentur für Arbeit schafft im Einvernehmen mit dem kommunalen Träger die Voraussetzungen für einen Schlichtungsmechanismus unter Hinzuziehung einer bisher unbeteiligten und insofern nicht weisungsgebundenen Person innerhalb oder außerhalb der Dienststelle. [3]Das nähere Verfahren entsprechend § 44c Absatz 2 Satz 2 Nummer 2 legt die Trägerversammlung fest.

(2) [1]In dem Schlichtungsverfahren soll ein gemeinsamer Lösungsvorschlag entwickelt werden. [2]Diesen gemeinsamen Lösungsvorschlag haben die Agentur für Arbeit und der kommunale Träger zu berücksichtigen.

(3) Während des Schlichtungsverfahrens führt die Verletzung von Pflichten nach § 31 nicht zu Leistungsverminderungen nach § 31a.

(4) Das Schlichtungsverfahren endet durch eine Einigung oder spätestens mit Ablauf von vier Wochen ab Beginn.

§ 16 Leistungen zur Eingliederung

(1) [1]Zur Eingliederung in Arbeit erbringt die Agentur für Arbeit Leistungen nach § 35 des Dritten Buches. [2]Sie kann folgende Leistungen des Dritten Kapitels des Dritten Buches erbringen:

1. die übrigen Leistungen der Beratung und Vermittlung nach dem Ersten Abschnitt mit Ausnahme der Leistung nach § 31a,
2. Leistungen zur Aktivierung und beruflichen Eingliederung nach dem Zweiten Abschnitt,
3. Leistungen zur Berufsausbildung nach dem Vierten Unterabschnitt des Dritten Abschnitts und Leistungen nach den § 54a Absatz 1 bis 5,
4. Leistungen zur beruflichen Weiterbildung nach dem Vierten Abschnitt, mit Ausnahme von Leistungen nach § 82 Absatz 6, und Leistungen nach den §§ 131a und 131b,
5. Leistungen zur Aufnahme einer sozialversicherungspflichtigen Beschäftigung nach dem Ersten Unterabschnitt des Fünften Abschnitts.

[3]Für Eingliederungsleistungen an erwerbsfähige Leistungsberechtigte mit Behinderungen nach diesem Buch gelten entsprechend

1. die §§ 112 bis 114, 115 Nummer 1 bis 3 mit Ausnahme berufsvorbereitender Bildungsmaßnahmen und der Berufsausbildungsbeihilfe sowie § 116 Absatz 1, 2, 5 und 6 des Dritten Buches,
2. § 117 Absatz 1 und § 118 Nummer 3 des Dritten Buches für die besonderen Leistungen zur Förderung der beruflichen Weiterbildung,
3. die §§ 127 und 128 des Dritten Buches für die besonderen Leistungen zur Förderung der beruflichen Weiterbildung.

[4]§ 1 Absatz 2 Nummer 4 sowie § 36 und § 81 Absatz 2 und 3 des Dritten Buches sind entsprechend anzuwenden.

(2) [1]Soweit dieses Buch nichts Abweichendes regelt, gelten für die Leistungen nach Absatz 1 die Regelun-

gen des Dritten Buches mit Ausnahme der Verordnungsermächtigung nach § 47 des Dritten Buches sowie der Anordnungsermächtigungen für die Bundesagentur und mit der Maßgabe, dass an die Stelle des Arbeitslosengeldes das Bürgergeld nach § 19 Absatz 1 Satz 1 tritt. 2§ 44 Absatz 3 Satz 3 des Dritten Buches gilt mit der Maßgabe, dass die Förderung aus dem Vermittlungsbudget auch die anderen Leistungen nach dem Zweiten Buch nicht aufstocken, ersetzen oder umgehen darf. 3Für die Teilnahme erwerbsfähiger Leistungsberechtigter an einer Maßnahme zur beruflichen Weiterbildung im Rahmen eines bestehenden Arbeitsverhältnisses werden Leistungen nach Absatz 1 Satz 2 Nummer 4 in Verbindung mit § 82 des Dritten Buches nicht gewährt, wenn die betreffende Maßnahme auf ein nach § 2 Absatz 1 des Aufstiegsfortbildungsförderungsgesetzes förderfähiges Fortbildungsziel vorbereitet.

(3) Abweichend von § 44 Absatz 1 Satz 1 des Dritten Buches können Leistungen auch für die Anbahnung und Aufnahme einer schulischen Berufsausbildung erbracht werden.

(3a) 1Abweichend von § 81 Absatz 4 des Dritten Buches kann die Agentur für Arbeit unter Anwendung des Vergaberechts Träger mit der Durchführung von Maßnahmen der beruflichen Weiterbildung beauftragen, wenn die Maßnahme den Anforderungen des § 180 des Dritten Buches entspricht und

1. eine dem Bildungsziel entsprechende Maßnahme örtlich nicht verfügbar ist oder
2. die Eignung und persönlichen Verhältnisse der erwerbsfähigen Leistungsberechtigten dies erfordern.

2§ 176 Absatz 2 des Dritten Buches findet keine Anwendung.

[ab 01.07.2023] (3b) Abweichend von § 87a Absatz 2 des Dritten Buches erhalten erwerbsfähige Leistungsberechtigte auch im Rahmen eines bestehenden Arbeitsverhältnisses ein Weiterbildungsgeld, sofern sie die sonstigen Voraussetzungen nach § 87a Absatz 1 des Dritten Buches erfüllen.

(4) 1Die Agentur für Arbeit als Träger der Grundsicherung für Arbeitsuchende kann die Ausbildungsvermittlung durch die für die Arbeitsförderung zuständigen Stellen der Bundesagentur wahrnehmen lassen. 2Das Bundesministerium für Arbeit und Soziales wird ermächtigt, durch Rechtsverordnung ohne Zustimmung des Bundesrates das Nähere über die Höhe, Möglichkeiten der Pauschalierung und den Zeitpunkt der Fälligkeit der Erstattung von Aufwendungen bei der Ausführung des Auftrags nach Satz 1 festzulegen.

§ 16a Kommunale Eingliederungsleistungen

Zur Verwirklichung einer ganzheitlichen und umfassenden Betreuung und Unterstützung bei der Eingliederung in Arbeit können die folgenden Leistungen, die für die Eingliederung der oder des erwerbsfähigen Leistungsberechtigten in das Erwerbsleben erforderlich sind, erbracht werden:

1. die Betreuung minderjähriger Kinder oder von Kindern mit Behinderungen oder die häusliche Pflege von Angehörigen,
2. die Schuldnerberatung,
3. die psychosoziale Betreuung,
4. die Suchtberatung.

§ 16b Einstiegsgeld

(1) 1Zur Überwindung von Hilfebedürftigkeit kann erwerbsfähigen Leistungsberechtigten bei Aufnahme einer sozialversicherungspflichtigen oder selbständigen Erwerbstätigkeit ein Einstiegsgeld erbracht werden, wenn dies zur Eingliederung in den allgemeinen Arbeitsmarkt erforderlich ist. 2Das Einstiegsgeld kann auch erbracht werden, wenn die Hilfebedürftigkeit durch oder nach Aufnahme der Erwerbstätigkeit entfällt.

(2) 1Das Einstiegsgeld wird, soweit für diesen Zeitraum eine Erwerbstätigkeit besteht, für höchstens 24 Monate erbracht. 2Bei der Bemessung der Höhe des Einstiegsgeldes sollen die vorherige Dauer der Arbeitslosigkeit sowie die Größe der Bedarfsgemeinschaft berücksichtigt werden, in der die oder der erwerbsfähige Leistungsberechtigte lebt.

(3) 1Das Bundesministerium für Arbeit und Soziales wird ermächtigt, im Einvernehmen mit dem Bundesministerium der Finanzen ohne Zustimmung des Bundesrates durch Rechtsverordnung zu bestimmen, wie das Einstiegsgeld zu bemessen ist. 2Bei der Bemessung ist neben der Berücksichtigung der in Absatz 2 Satz 2 genannten Kriterien auch ein Bezug zu dem für die oder den erwerbsfähigen Leistungsberechtigten jeweils maßgebenden Regelbedarf herzustellen.

§ 16c Leistungen zur Eingliederung von Selbständigen

(1) 1Erwerbsfähige Leistungsberechtigte, die eine selbständige, hauptberufliche Tätigkeit aufnehmen oder ausüben, können Darlehen und Zuschüsse für die Beschaffung von Sachgütern erhalten, die für die Ausübung der selbständigen Tätigkeit notwendig und angemessen sind. 2Zuschüsse dürfen einen Betrag von 5000 Euro nicht übersteigen.

(2) $_1$Erwerbsfähige Leistungsberechtigte, die eine selbständige, hauptberufliche Tätigkeit ausüben, können durch geeignete Dritte durch Beratung oder Vermittlung von Kenntnissen und Fertigkeiten gefördert werden, wenn dies für die weitere Ausübung der selbständigen Tätigkeit erforderlich ist. $_2$Die Vermittlung von beruflichen Kenntnissen ist ausgeschlossen.

(3) $_1$Leistungen zur Eingliederung von erwerbsfähigen Leistungsberechtigten, die eine selbständige, hauptberufliche Tätigkeit aufnehmen oder ausüben, können nur gewährt werden, wenn zu erwarten ist, dass die selbständige Tätigkeit wirtschaftlich tragfähig ist und die Hilfebedürftigkeit durch die selbständige Tätigkeit innerhalb eines angemessenen Zeitraums dauerhaft überwunden oder verringert wird. $_2$Zur Beurteilung der Tragfähigkeit der selbständigen Tätigkeit soll die Agentur für Arbeit die Stellungnahme einer fachkundigen Stelle verlangen.

§ 16d Arbeitsgelegenheiten

(1) $_1$Erwerbsfähige Leistungsberechtigte können zur Erhaltung oder Wiedererlangung ihrer Beschäftigungsfähigkeit, die für eine Eingliederung in Arbeit erforderlich ist, in Arbeitsgelegenheiten zugewiesen werden, wenn die darin verrichteten Arbeiten zusätzlich sind, im öffentlichen Interesse liegen und wettbewerbsneutral sind. $_2$§ 18d Satz 2 findet Anwendung.

(2) $_1$Arbeiten sind zusätzlich, wenn sie ohne die Förderung nicht, nicht in diesem Umfang oder erst zu einem späteren Zeitpunkt durchgeführt würden. $_2$Arbeiten, die auf Grund einer rechtlichen Verpflichtung durchzuführen sind oder die üblicherweise von juristischen Personen des öffentlichen Rechts durchgeführt werden, sind nur förderungsfähig, wenn sie ohne die Förderung voraussichtlich erst nach zwei Jahren durchgeführt würden. $_3$Ausgenommen sind Arbeiten zur Bewältigung von Naturkatastrophen und sonstigen außergewöhnlichen Ereignissen.

(3) $_1$Arbeiten liegen im öffentlichen Interesse, wenn das Arbeitsergebnis der Allgemeinheit dient. $_2$Arbeiten, deren Ergebnis überwiegend erwerbswirtschaftlichen Interessen oder den Interessen eines begrenzten Personenkreises dient, liegen nicht im öffentlichen Interesse. $_3$Das Vorliegen des öffentlichen Interesses wird nicht allein dadurch ausgeschlossen, dass das Arbeitsergebnis auch den in der Maßnahme beschäftigten Leistungsberechtigten zugute kommt, wenn sichergestellt ist, dass die Arbeiten nicht zu einer Bereicherung Einzelner führen.

(4) Arbeiten sind wettbewerbsneutral, wenn durch sie eine Beeinträchtigung der Wirtschaft infolge der Förderung nicht zu befürchten ist und Erwerbstätigkeit auf dem allgemeinen Arbeitsmarkt weder verdrängt noch in ihrer Entstehung verhindert wird.

(5) Leistungen zur Eingliederung in Arbeit nach diesem Buch, mit denen die Aufnahme einer Erwerbstätigkeit auf dem allgemeinen Arbeitsmarkt unmittelbar unterstützt werden kann, haben Vorrang gegenüber der Zuweisung in Arbeitsgelegenheiten.

(6) $_1$Erwerbsfähige Leistungsberechtigte dürfen innerhalb eines Zeitraums von fünf Jahren nicht länger als insgesamt 24 Monate in Arbeitsgelegenheiten zugewiesen werden. $_2$Der Zeitraum beginnt mit Eintritt in die erste Arbeitsgelegenheit. $_3$Abweichend von Satz 1 können erwerbsfähige Leistungsberechtigte nach Ablauf der 24 Monate bis zu zwölf weitere Monate in Arbeitsgelegenheiten zugewiesen werden, wenn die Voraussetzungen der Absätze 1 und 5 weiterhin vorliegen.

(7) $_1$Den erwerbsfähigen Leistungsberechtigten ist während einer Arbeitsgelegenheit zuzüglich zum Bürgergeld nach § 19 Absatz 1 Satz 1 von der Agentur für Arbeit eine angemessene Entschädigung für Mehraufwendungen zu zahlen. $_2$Die Arbeiten begründen kein Arbeitsverhältnis im Sinne des Arbeitsrechts und auch kein Beschäftigungsverhältnis im Sinne des Vierten Buches; die Vorschriften über den Arbeitsschutz und das Bundesurlaubsgesetz mit Ausnahme der Regelungen über das Urlaubsentgelt sind entsprechend anzuwenden. $_3$Für Schäden bei der Ausübung ihrer Tätigkeit haften die erwerbsfähigen Leistungsberechtigten wie Arbeitnehmerinnen und Arbeitnehmer.

(8) $_1$Auf Antrag werden die unmittelbar im Zusammenhang mit der Verrichtung von Arbeiten nach Absatz 1 erforderlichen Kosten erstattet. $_2$Hierzu können auch Personalkosten gehören, die entstehen, wenn eine besondere Anleitung, eine tätigkeitsbezogene Unterweisung oder eine sozialpädagogische Betreuung notwendig ist.

§ 16e Eingliederung von Langzeitarbeitslosen

(1) $_1$Arbeitgeber können für die nicht nur geringfügige Beschäftigung von erwerbsfähigen Leistungsberechtigten, die trotz vermittlerischer Unterstützung nach § 16 Absatz 1 Satz 1 unter Einbeziehung der übrigen Eingliederungsleistungen nach diesem Buch seit mindestens zwei Jahren arbeitslos sind, durch Zuschüsse zum Arbeitsentgelt gefördert werden, wenn sie mit einer erwerbsfähigen leistungsberechtigten Person ein Arbeitsverhältnis für die Dauer von mindestens zwei Jahren begründen. $_2$Für die Berechnung der Dauer der Arbeitslosigkeit nach Satz 1 findet § 18 des Dritten Buches entsprechende Anwendung.

(2) 1Der Zuschuss nach Absatz 1 wird in den ersten beiden Jahren des Bestehens des Arbeitsverhältnisses geleistet. 2Er beträgt im ersten Jahr des Arbeitsverhältnisses 75 Prozent des zu berücksichtigenden Arbeitsentgelts und im zweiten Jahr des Arbeitsverhältnisses 50 Prozent des zu berücksichtigenden Arbeitsentgelts. 3Für das zu berücksichtigende Arbeitsentgelt findet § 91 Absatz 1 des Dritten Buches mit der Maßgabe entsprechende Anwendung, dass nur der pauschalierte Anteil des Arbeitgebers am Gesamtsozialversicherungsbeitrag abzüglich des Beitrags zur Arbeitsförderung zu berücksichtigen ist. 4§ 22 Absatz 4 Satz 1 des Mindestlohngesetzes gilt nicht für Arbeitsverhältnisse, für die der Arbeitgeber einen Zuschuss nach Absatz 1 erhält.

(3) 1§ 92 Absatz 1 des Dritten Buches findet entsprechende Anwendung. 2§ 92 Absatz 2 Satz 1 erste Alternative, Satz 2 und 3 des Dritten Buches ist mit der Maßgabe entsprechend anzuwenden, dass abweichend von § 92 Absatz 2 Satz 3 zweiter Halbsatz des Dritten Buches der für die letzten sechs Monate bewilligte Förderbetrag zurückzuzahlen ist.

(4) 1Während einer Beschäftigung in einem Arbeitsverhältnis nach Absatz 1 soll eine erforderliche ganzheitliche beschäftigungsbegleitende Betreuung durch die Agentur für Arbeit oder einen durch diese beauftragten Dritten erbracht werden. 2In den ersten sechs Monaten der Beschäftigung in einem Arbeitsverhältnis nach Absatz 1 hat der Arbeitgeber die Arbeitnehmerin oder den Arbeitnehmer in angemessenem Umfang für eine ganzheitliche beschäftigungsbegleitende Betreuung nach Satz 1 unter Fortzahlung des Arbeitsentgelts freizustellen.

§ 16f Freie Förderung

(1) 1Die Agentur für Arbeit kann die Möglichkeiten der gesetzlich geregelten Eingliederungsleistungen durch freie Leistungen zur Eingliederung in Arbeit erweitern. 2Die freien Leistungen müssen den Zielen und Grundsätzen dieses Buches entsprechen.

(2) 1Die Ziele der Leistungen sind vor Förderbeginn zu beschreiben. 2Eine Kombination oder Modularisierung von Inhalten ist zulässig. 3Die Leistungen der Freien Förderung dürfen gesetzliche Leistungen nicht umgehen oder aufstocken. 4Ausgenommen hiervon sind Leistungen für

1. Langzeitarbeitslose und
2. erwerbsfähige Leistungsberechtigte, die das 25. Lebensjahr noch nicht vollendet haben und deren berufliche Eingliederung auf Grund von schwerwiegenden Vermittlungshemmnissen besonders erschwert ist,

bei denen in angemessener Zeit von in der Regel sechs Monaten nicht mit Aussicht auf Erfolg auf einzelne Gesetzesgrundlagen dieses Buches oder des Dritten Buches zurückgegriffen werden kann. 5Bei Leistungen an Arbeitgeber ist darauf zu achten, Wettbewerbsverfälschungen zu vermeiden. 6Projektförderungen im Sinne von Zuwendungen sind nach Maßgabe der §§ 23 und 44 der Bundeshaushaltsordnung zulässig. 7Bei längerfristig angelegten Förderungen ist der Erfolg regelmäßig zu überprüfen und zu dokumentieren.

§ 16g Förderung bei Wegfall der Hilfebedürftigkeit

(1) Entfällt die Hilfebedürftigkeit der oder des Erwerbsfähigen während einer Maßnahme zur Eingliederung, kann sie weiter gefördert werden, wenn dies wirtschaftlich erscheint und die oder der Erwerbsfähige die Maßnahme voraussichtlich erfolgreich abschließen wird.

(2) 1Zur nachhaltigen Eingliederung in Arbeit können Leistungen nach dem Ersten Abschnitt des Dritten Kapitels, nach § 44 oder § 45 Absatz 1 Satz 1 Nummer 5 des Dritten Buches oder nach § 16a oder § 16f [ab 01.07.2023: 16a, 16f oder 16k] bis zu sechs Monate nach Beschäftigungsaufnahme auch erbracht werden, wenn die Hilfebedürftigkeit der oder des Erwerbsfähigen aufgrund des zu berücksichtigenden Einkommens entfallen ist. 2Während der Förderdauer nach Satz 1 gilt § 15 entsprechend.

(3) Leistungen zur ganzheitlichen beschäftigungsbegleitenden Betreuung nach § 16e Absatz 4 und § 16i Absatz 4 dieses Buches können während der gesamten Dauer der jeweiligen Förderung auch erbracht werden, wenn die Hilfebedürftigkeit entfällt.

§ 16h Förderung schwer zu erreichender junger Menschen

(1) 1Für Leistungsberechtigte, die das 25. Lebensjahr noch nicht vollendet haben, kann die Agentur für Arbeit Leistungen erbringen mit dem Ziel, die aufgrund der individuellen Situation der Leistungsberechtigten bestehenden Schwierigkeiten zu überwinden,

1. eine schulische, ausbildungsbezogene oder berufliche Qualifikation abzuschließen oder anders ins Arbeitsleben einzumünden und
2. Sozialleistungen zu beantragen oder anzunehmen.

2Die Förderung umfasst zusätzliche Betreuungs- und Unterstützungsleistungen mit dem Ziel, dass Leistungen der Grundsicherung für Arbeitsuchende in Anspruch genommen werden, erforderliche therapeutische Behandlungen eingeleitet werden und an Regelangebote dieses Buches zur Aktivierung und Stabilisierung und eine frühzeitige intensive berufsorientierte Förderung herangeführt wird.

(2) 1Leistungen nach Absatz 1 können erbracht werden, wenn die Voraussetzungen der Leistungsberechtigung mit hinreichender Wahrscheinlichkeit vorliegen oder zu erwarten sind oder eine Leistungsberechtigung dem Grunde nach besteht. 2Einer Leistung nach Absatz 1 steht eine fehlende Antragstellung der leistungsberechtigten Person nicht entgegen.

(3) Über die Leistungserbringung stimmen sich die Agentur für Arbeit und der örtlich zuständige Träger der öffentlichen Jugendhilfe ab.

(4) Träger bedürfen einer Zulassung nach dem Fünften Kapitel des Dritten Buches, um Maßnahmen nach Absatz 1 durchzuführen.

(5) Zuwendungen sind nach Maßgabe der §§ 23 und 44 der Bundeshaushaltsordnung zulässig.

§ 16i Teilhabe am Arbeitsmarkt

(1) Zur Förderung von Teilhabe am Arbeitsmarkt können Arbeitgeber für die Beschäftigung von zugewiesenen erwerbsfähigen Leistungsberechtigten Zuschüsse zum Arbeitsentgelt erhalten, wenn sie mit einer erwerbsfähigen leistungsberechtigten Person ein sozialversicherungspflichtiges Arbeitsverhältnis begründen.

(2) 1Der Zuschuss nach Absatz 1 beträgt

1. in den ersten beiden Jahren des Arbeitsverhältnisses 100 Prozent,
2. im dritten Jahr des Arbeitsverhältnisses 90 Prozent,
3. im vierten Jahr des Arbeitsverhältnisses 80 Prozent,
4. im fünften Jahr des Arbeitsverhältnisses 70 Prozent

der Höhe des Mindestlohns nach § 1 Absatz 2 Satz 1 des Mindestlohngesetzes in Verbindung mit der auf der Grundlage des § 11 Absatz 1 Satz 1 des Mindestlohngesetzes jeweils erlassenen Verordnung zuzüglich des auf dieser Basis berechneten pauschalierten Anteils des Arbeitgebers am Gesamtsozialversicherungsbeitrag abzüglich des Beitrags zur Arbeitsförderung. 2Ist der Arbeitgeber durch oder aufgrund eines Tarifvertrages oder nach kirchlichen Arbeitsrechtsregelungen zur Zahlung eines höheren Arbeitsentgelts verpflichtet, bemisst sich der Zuschuss nach Satz 1 auf Grundlage des zu zahlenden Arbeitsentgelts. 3§ 91 Absatz 1 des Dritten Buches findet mit der Maßgabe entsprechende Anwendung, dass nur der pauschalierte Anteil des Arbeitgebers am Gesamtsozialversicherungsbeitrag abzüglich des Beitrags zur Arbeitsförderung zu berücksichtigen ist. 4Der Zuschuss bemisst sich nach der im Arbeitsvertrag vereinbarten Arbeitszeit. 5§ 22 Absatz 4 Satz 1 des Mindestlohngesetzes gilt nicht für Arbeitsverhältnisse, für die der Arbeitgeber einen Zuschuss nach Absatz 1 erhält.

(3) 1Eine erwerbsfähige leistungsberechtigte Person kann einem Arbeitgeber zugewiesen werden, wenn

1. sie das 25. Lebensjahr vollendet hat,
2. sie für insgesamt mindestens sechs Jahre innerhalb der letzten sieben Jahre Leistungen zur Sicherung des Lebensunterhalts nach diesem Buch erhalten hat,
3. sie in dieser Zeit nicht oder nur kurzzeitig sozialversicherungspflichtig oder geringfügig beschäftigt oder selbständig tätig war und
4. für sie Zuschüsse an Arbeitgeber nach Absatz 1 noch nicht für eine Dauer von fünf Jahren erbracht worden sind.

2In der Regel soll die erwerbsfähige leistungsberechtigte Person bereits für einen Zeitraum von mindestens zwei Monaten eine ganzheitliche Unterstützung erhalten haben. 3Abweichend von Satz 1 Nummer 2 kann eine erwerbsfähige leistungsberechtigte Person, die in den letzten fünf Jahren Leistungen zur Sicherung des Lebensunterhalts nach diesem Buch erhalten hat, einem Arbeitgeber zugewiesen werden, wenn sie in einer Bedarfsgemeinschaft mit mindestens einem minderjährigen Kind lebt oder schwerbehindert im Sinne des § 2 Absatz 2 und 3 des Neunten Buches ist.

(4) 1Während einer Förderung nach Absatz 1 soll eine erforderliche ganzheitliche beschäftigungsbegleitende Betreuung durch die Agentur für Arbeit oder einen durch diese beauftragten Dritten erbracht werden. 2Im ersten Jahr der Beschäftigung in einem Arbeitsverhältnis nach Absatz 1 hat der Arbeitgeber die Arbeitnehmerin oder den Arbeitnehmer in angemessenem Umfang für eine ganzheitliche beschäftigungsbegleitende Betreuung nach Satz 1 unter Fortzahlung des Arbeitsentgelts freizustellen. 3Begründet die Arbeitnehmerin oder der Arbeitnehmer im Anschluss an eine nach Absatz 1 geförderte Beschäftigung ein sozialversicherungspflichtiges Arbeitsverhältnis bei einem anderen Arbeitgeber, so können Leistungen nach Satz 1 bis zu sechs Monate nach Aufnahme der Anschlussbeschäftigung erbracht werden, auch wenn die Hilfebedürftigkeit während der Förderung nach Absatz 1 entfallen ist, sofern sie ohne die Aufnahme der Anschlussbeschäftigung erneut eintreten würde; § 16g Absatz 2 bleibt im Übrigen unberührt.

(5) 1Angemessene Zeiten einer erforderlichen Weiterbildung oder eines betrieblichen Praktikums bei einem

anderen Arbeitgeber, für die der Arbeitgeber die Arbeitnehmerin oder den Arbeitnehmer unter Fortzahlung des Arbeitsentgelts freistellt, sind förderfähig. 2Für Weiterbildung nach Satz 1 kann der Arbeitgeber je Förderfall Zuschüsse zu den Weiterbildungskosten von insgesamt bis zu 3000 Euro erhalten.

(6) 1Die Agentur für Arbeit soll die Arbeitnehmerin oder den Arbeitnehmer umgehend abberufen, wenn sie diese Person in eine zumutbare Arbeit oder Ausbildung vermitteln kann oder die Förderung aus anderen Gründen beendet wird. 2Die Arbeitnehmerin oder der Arbeitnehmer kann das Arbeitsverhältnis ohne Einhaltung einer Frist kündigen, wenn sie oder er eine Arbeit oder Ausbildung aufnehmen kann, an einer Maßnahme der Berufsausbildung oder beruflichen Weiterbildung zum Erwerb eines Berufsabschlusses teilnehmen kann oder nach Satz 1 abberufen wird. 3Der Arbeitgeber kann das Arbeitsverhältnis ohne Einhaltung einer Frist kündigen, wenn die Arbeitnehmerin oder der Arbeitnehmer nach Satz 1 abberufen wird.

(7) Die Zahlung eines Zuschusses nach Absatz 1 ist ausgeschlossen, wenn zu vermuten ist, dass der Arbeitgeber

1. die Beendigung eines anderen Arbeitsverhältnisses veranlasst hat, um einen Zuschuss nach Absatz 1 zu erhalten, oder
2. eine bisher für das Arbeitsverhältnis erbrachte Förderung ohne besonderen Grund nicht mehr in Anspruch nimmt.

(8) 1Die Befristung eines Arbeitsvertrages mit einer zugewiesenen erwerbsfähigen leistungsberechtigten Person im Sinne von Absatz 3 ist bis zu einer Dauer von fünf Jahren zulässig, wenn dem Arbeitgeber zur Förderung der Teilhabe am Arbeitsmarkt ein Zuschuss zum Arbeitsentgelt nach Absatz 1 gewährt wird. 2Bis zu der Gesamtdauer von fünf Jahren ist auch die höchstens einmalige Verlängerung des Arbeitsvertrages zulässig.

(9) 1Zu den Einsatzfeldern der nach Absatz 1 geförderten Arbeitsverhältnisse hat die Agentur für Arbeit jährlich eine Stellungnahme der Vertreterinnen und Vertreter der Sozialpartner im Örtlichen Beirat, insbesondere zu möglichen Wettbewerbsverzerrungen sowie Verdrängungseffekten, einzuholen. 2Die Stellungnahme muss einvernehmlich erfolgen. 3Eine von der Stellungnahme abweichende Festlegung der Einsatzfelder hat die Agentur für Arbeit schriftlich zu begründen. 4§ 18d Satz 2 gilt entsprechend.

(10) 1Abweichend von Absatz 3 Nummer 2 und 3 kann eine erwerbsfähige leistungsberechtigte Person auch dann einem Arbeitgeber zugewiesen werden, wenn sie seit dem 1. Januar 2015 für mehr als sechs Monate in einem Arbeitsverhältnis beschäftigt war, das durch einen Zuschuss nach § 16e in der bis zum 31. Dezember 2018 geltenden Fassung oder im Rahmen des Bundesprogramms „Soziale Teilhabe am Arbeitsmarkt" gefördert wurde, und sie dieses Arbeitsverhältnis nicht selbst gekündigt hat. 2Zeiten eines nach § 16e in der bis zum 31. Dezember 2018 geltenden Fassung oder nach dem Bundesprogramm „Soziale Teilhabe am Arbeitsmarkt" geförderten Arbeitsverhältnisses werden bei der Ermittlung der Förderdauer und Förderhöhe nach Absatz 2 Satz 1 berücksichtigt und auf die Förderdauer nach Absatz 3 Nummer 4 angerechnet.

[ab 01.07.2023] § 16j Bürgergeldbonus

Erwerbsfähige Leistungsberechtigte erhalten einen Bonus in Höhe von 75 Euro für jeden Monat der Teilnahme an einer der folgenden Maßnahmen:

1. Maßnahmen der beruflichen Weiterbildung nach den §§ 81 und 82 des Dritten Buches sowie nach § 49 Absatz 3 Nummer 4 des Neunten Buches mit einer Mindestdauer von acht Wochen, für die kein Weiterbildungsgeld nach § 87a Absatz 2 des Dritten Buches gezahlt wird,
2. berufsvorbereitende Bildungsmaßnahmen nach § 51 des Dritten Buches sowie nach § 49 Absatz 3 Nummer 2 des Neunten Buches, Maßnahmen in der Vorphase der Assistierten Ausbildung nach § 75a des Dritten Buches in Verbindung mit § 16 Absatz 1 Satz 2 Nummer 3,
3. Maßnahmen zur Förderung schwer zu erreichender junger Menschen nach § 16h Absatz 1.

[ab 01.07.2023] § 16k Ganzheitliche Betreuung

(1) 1Zum Aufbau der Beschäftigungsfähigkeit von erwerbsfähigen Leistungsberechtigten kann die Agentur für Arbeit oder ein durch diese beauftragter Dritter eine erforderliche ganzheitliche und gegebenenfalls aufsuchende Betreuung erbringen. 2Die Agentur für Arbeit kann auch Rahmenverträge nutzen und einen Gutschein ausgeben. 3§ 45 Absatz 1 Satz 4, Absatz 2 Satz 1, Absatz 4 Satz 1, 2, 3 Nummer 1, Absatz 5 und 6 Satz 1 und 2 des Dritten Buches gilt entsprechend.

(2) 1Eine ganzheitliche Betreuung kann für junge Menschen auch zur Heranführung an eine oder zur Begleitung während einer Ausbildung erfolgen. 2Sofern keine an die Ausbildung unmittelbar anschließende Beschäftigungsaufnahme erfolgt, kann die ganzheitliche Betreuung bis zu zwölf Monate nach Ende der Ausbildung fortgeführt werden.

(3) § 16g gilt mit der Maßgabe, dass der Zeitraum des Absatzes 2 Satz 1 um weitere drei Monate überschritten werden kann, soweit und solange dies im Einzelfall erforderlich ist.

(4) § 31 Absatz 1 Satz 1 Nummer 3 findet keine Anwendung.

§ 17 Einrichtungen und Dienste für Leistungen zur Eingliederung

(1) 1Zur Erbringung von Leistungen zur Eingliederung in Arbeit sollen die zuständigen Träger der Leistungen nach diesem Buch eigene Einrichtungen und Dienste nicht neu schaffen, soweit geeignete Einrichtungen und Dienste Dritter vorhanden sind, ausgebaut oder in Kürze geschaffen werden können. 2Die zuständigen Träger der Leistungen nach diesem Buch sollen Träger der freien Wohlfahrtspflege in ihrer Tätigkeit auf dem Gebiet der Grundsicherung für Arbeitsuchende angemessen unterstützen.

(2) 1Wird die Leistung von einem Dritten erbracht und sind im Dritten Buch keine Anforderungen geregelt, denen die Leistung entsprechen muss, sind die Träger der Leistungen nach diesem Buch zur Vergütung für die Leistung nur verpflichtet, wenn mit dem Dritten oder seinem Verband eine Vereinbarung insbesondere über

1. Inhalt, Umfang und Qualität der Leistungen,
2. die Vergütung, die sich aus Pauschalen und Beträgen für einzelne Leistungsbereiche zusammensetzen kann, und
3. die Prüfung der Wirtschaftlichkeit und Qualität der Leistungen

besteht. 2Die Vereinbarungen müssen den Grundsätzen der Wirtschaftlichkeit, Sparsamkeit und Leistungsfähigkeit entsprechen.

§ 18 Örtliche Zusammenarbeit

(1) Die zuständigen Träger der Leistungen arbeiten im Rahmen ihrer Aufgaben und Befugnisse mit den Gemeinden, Kreisen und Bezirken sowie den weiteren Beteiligten des örtlichen Ausbildungs- und Arbeitsmarktes zusammen, insbesondere mit den

1. Leistungsträgern im Sinne des § 12 des Ersten Buches sowie Trägern von Leistungen nach dem Bundesversorgungsgesetz und dem Asylbewerberleistungsgesetz,
2. Vertreterinnen und Vertretern der Arbeitgeber sowie der Arbeitnehmerinnen und Arbeitnehmer,
3. Kammern und berufsständischen Organisationen,
4. Ausländerbehörden und dem Bundesamt für Migration und Flüchtlinge,
5. allgemein- und berufsbildenden Schulen und Stellen der Schulverwaltung sowie Hochschulen,
6. Einrichtungen und Stellen des öffentlichen Gesundheitsdienstes und sonstigen Einrichtungen und Diensten des Gesundheitswesens sowie
7. Trägern der freien Wohlfahrtspflege und Dritten, die Leistungen nach diesem Buch erbringen.

(2) 1Die Zusammenarbeit mit den Stellen nach Absatz 1 erfolgt auf der Grundlage der Gegenseitigkeit insbesondere, um

1. eine gleichmäßige oder gemeinsame Durchführung von Maßnahmen zu beraten oder zu sichern und
2. Leistungsmissbrauch zu verhindern oder aufzudecken.

2Dies gilt insbesondere, wenn

1. Hemmnisse bei der Eingliederung der erwerbsfähigen leistungsberechtigten Person in Ausbildung und Arbeit nur unter Einbeziehung der gesamten Bedarfsgemeinschaft beseitigt werden können und für die Mitglieder der Bedarfsgemeinschaft die Erbringung weiterer Leistungen erforderlich ist, oder
2. zur Eingliederung insbesondere sozial benachteiligter und individuell beeinträchtigter junger Menschen zwischen den nach Absatz 1 beteiligten Stellen und Einrichtungen abgestimmte, den individuellen Bedarf deckende Leistungen erforderlich sind.

(3) Die Leistungen nach diesem Buch sind in das regionale Arbeitsmarktmonitoring der Agenturen für Arbeit nach § 9 Absatz 2 des Dritten Buches einzubeziehen.

(4) 1Die Agenturen für Arbeit sollen mit Gemeinden, Kreisen und Bezirken auf deren Verlangen Vereinbarungen über das Erbringen von Leistungen zur Eingliederung nach diesem Gesetz mit Ausnahme der Leistungen nach § 16 Absatz 1 schließen, wenn sie den durch eine Rechtsverordnung festgelegten Mindestanforderungen entsprechen. 2Satz 1 gilt nicht für die zugelassenen kommunalen Träger.

(5) Das Bundesministerium für Arbeit und Soziales wird ermächtigt, ohne Zustimmung des Bundesrates durch Rechtsverordnung zu bestimmen, welchen Anforderungen eine Vereinbarung nach Absatz 3 mindestens genügen muss.

§ 18a Zusammenarbeit mit den für die Arbeitsförderung zuständigen Stellen

1Beziehen erwerbsfähige Leistungsberechtigte auch Leistungen der Arbeitsförderung, so sind die Agenturen für Arbeit, die zugelassenen kommunalen Träger und die gemeinsamen Einrichtungen verpflichtet, bei der Wahrnehmung der Aufgaben nach diesem Buch mit den für die Arbeitsförderung zuständigen Dienststellen der Bundesagentur eng zusammenzuarbeiten. $_{2}$Sie unterrichten diese unverzüglich über die ihnen insoweit bekannten, für die Wahrnehmung der Aufgaben der Arbeitsförderung erforderlichen Tatsachen, insbesondere über

1. die für erwerbsfähige Leistungsberechtigte, die auch Leistungen der Arbeitsförderung beziehen, vorgesehenen und erbrachten Leistungen zur Eingliederung in Arbeit,
2. den Wegfall der Hilfebedürftigkeit bei diesen Personen.

§ 18b Kooperationsausschuss

(1) $_{1}$Die zuständige oberste Landesbehörde und das Bundesministerium für Arbeit und Soziales bilden einen Kooperationsausschuss. $_{2}$Der Kooperationsausschuss koordiniert die Umsetzung der Grundsicherung für Arbeitsuchende auf Landesebene. $_{3}$Im Kooperationsausschuss vereinbaren das Land und der Bund jährlich die Ziele und Schwerpunkte der Arbeitsmarkt- und Integrationspolitik in der Grundsicherung für Arbeitsuchende auf Landesebene. $_{4}$§ 48b bleibt unberührt. $_{5}$Die Verfahren zum Abschluss der Vereinbarungen zwischen Bund und Ländern werden mit den Verfahren zum Abschluss der Zielvereinbarungen zwischen dem Bundesministerium für Arbeit und Soziales und der Bundesagentur sowie deren Konkretisierung in den Zielvereinbarungen der Bundesagentur und den gemeinsamen Einrichtungen abgestimmt. $_{6}$Der Kooperationsausschuss kann sich über die Angelegenheiten der gemeinsamen Einrichtungen unterrichten lassen. $_{7}$Der Kooperationsausschuss entscheidet darüber hinaus bei einer Meinungsverschiedenheit über die Weisungszuständigkeit im Verfahren nach § 44e, berät die Trägerversammlung bei der Bestellung und Abberufung eines Geschäftsführers nach § 44c Absatz 2 Nummer 1 und gibt in den Fällen einer Weisung in grundsätzlichen Angelegenheiten nach § 44b Absatz 3 Satz 4 eine Empfehlung ab.

(2) $_{1}$Der Kooperationsausschuss besteht aus sechs Mitgliedern, von denen drei Mitglieder von der zuständigen obersten Landesbehörde und drei Mitglieder vom Bundesministerium für Arbeit und Soziales entsandt werden. $_{2}$Die Mitglieder des Kooperationsausschusses können sich vertreten lassen. $_{3}$An den Sitzungen soll in der Regel jeweils mindestens eine Mitarbeiterin oder ein Mitarbeiter der zuständigen obersten Landesbehörde und des Bundesministeriums für Arbeit und Soziales teilnehmen.

(3) $_{1}$Die Mitglieder wählen eine Vorsitzende oder einen Vorsitzenden. $_{2}$Kann im Kooperationsausschuss keine Einigung über die Person der oder des Vorsitzenden erzielt werden, wird die oder der Vorsitzende von den Vertreterinnen und Vertretern des Bundesministeriums für Arbeit und Soziales oder den Vertreterinnen und Vertretern der zuständigen obersten Landesbehörde abwechselnd jeweils für zwei Jahre bestimmt; die erstmalige Bestimmung erfolgt durch die Vertreterinnen und Vertreter des Bundesministeriums für Arbeit und Soziales. $_{3}$Der Kooperationsausschuss gibt sich eine Geschäftsordnung.

§ 18c Bund-Länder-Ausschuss

(1) $_{1}$Beim Bundesministerium für Arbeit und Soziales wird ein Ausschuss für die Grundsicherung für Arbeitsuchende gebildet. $_{2}$Er beobachtet und berät die zentralen Fragen der Umsetzung der Grundsicherung für Arbeitsuchende und Fragen der Aufsicht nach den §§ 47 und 48, Fragen des Kennzahlenvergleichs nach § 48a Absatz 2 sowie Fragen der zu erhebenden Daten nach § 51b Absatz 1 Satz 2 und erörtert die Zielvereinbarungen nach § 48b Absatz 1.

(2) $_{1}$Bei der Beobachtung und Beratung zentraler Fragen der Umsetzung der Grundsicherung für Arbeitsuchende sowie Fragen des Kennzahlenvergleichs nach § 48a Absatz 2 und Fragen der zu erhebenden Daten nach § 51b Absatz 1 Satz 2 ist der Ausschuss besetzt mit Vertreterinnen und Vertretern der Bundesregierung, der Länder, der kommunalen Spitzenverbände und der Bundesagentur. $_{2}$Der Ausschuss kann sich von den Trägern berichten lassen.

(3) $_{1}$Bei der Beratung von Fragen der Aufsicht nach den §§ 47 und 48 ist der Ausschuss besetzt mit Vertreterinnen und Vertretern der Bundesregierung und der Aufsichtsbehörden der Länder. $_{2}$Bund und Länder können dazu einvernehmlich Vertreterinnen und Vertreter der kommunalen Spitzenverbände und der Bundesagentur einladen, sofern dies sachdienlich ist.

§ 18d Örtlicher Beirat

$_{1}$Bei jeder gemeinsamen Einrichtung nach § 44b wird ein Beirat gebildet. $_{2}$Der Beirat berät die Einrichtung bei der Auswahl und Gestaltung der Eingliederungsinstrumente und -maßnahmen; Stellungnahmen des Beirats, insbesondere diejenigen der Vertreter der Arbeitgeber und Arbeitnehmer, hat die gemeinsame Einrichtung zu berücksichtigen. $_{3}$Die Trägerversammlung beruft die Mitglieder des Beirats auf Vorschlag der Beteiligten des örtlichen Arbeitsmarktes, insbesondere den Trägern der freien Wohlfahrtspflege, den Vertreterinnen und Vertretern der Arbeitgeber und

Arbeitnehmer sowie den Kammern und berufsständischen Organisationen. ₄Vertreterinnen und Vertreter von Beteiligten des örtlichen Arbeitsmarktes, die Eingliederungsleistungen nach diesem Buch anbieten, dürfen nicht Mitglied des Beirats sein. ₅Der Beirat gibt sich eine Geschäftsordnung. ₆Die Sätze 1 bis 5 gelten entsprechend für die zugelassenen kommunalen Träger mit der Maßgabe, dass die Berufung der Mitglieder des Beirats durch den zugelassenen kommunalen Träger erfolgt.

§ 18e Beauftragte für Chancengleichheit am Arbeitsmarkt

(1) ₁Die Trägerversammlungen bei den gemeinsamen Einrichtungen bestellen Beauftragte für Chancengleichheit am Arbeitsmarkt aus dem Kreis der Beamtinnen und Beamten, Arbeitnehmerinnen und Arbeitnehmer, denen in den gemeinsamen Einrichtungen Tätigkeiten zugewiesen worden sind. ₂Sie sind unmittelbar der jeweiligen Geschäftsführerin oder dem jeweiligen Geschäftsführer zugeordnet.

(2) ₁Die Beauftragten unterstützen und beraten die gemeinsamen Einrichtungen in Fragen der Gleichstellung von Frauen und Männern in der Grundsicherung für Arbeitsuchende, der Frauenförderung sowie der Vereinbarkeit von Familie und Beruf bei beiden Geschlechtern. ₂Hierzu zählen insbesondere Fragen der Beratung, der Eingliederung in Arbeit und Ausbildung sowie des beruflichen Wiedereinstiegs von Frauen und Männern nach einer Familienphase.

(3) ₁Die Beauftragten sind bei der Erarbeitung des örtlichen Arbeitsmarkt- und Integrationsprogramms der Grundsicherung für Arbeitsuchende sowie bei der geschlechter- und familiengerechten fachlichen Aufgabenerledigung der gemeinsamen Einrichtung zu beteiligen. ₂Sie haben ein Informations-, Beratungs- und Vorschlagsrecht in Fragen, die Auswirkungen auf die Chancengleichheit von Frauen und Männern haben.

(4) ₁Die Beauftragten unterstützen und beraten erwerbsfähige Leistungsberechtigte und die mit diesen in einer Bedarfsgemeinschaft lebenden Personen, Arbeitgeber sowie Arbeitnehmer- und Arbeitgeberorganisationen in übergeordneten Fragen der Gleichstellung von Frauen und Männern in der Grundsicherung für Arbeitsuchende, der Frauenförderung sowie der Vereinbarkeit von Familie und Beruf bei beiden Geschlechtern. ₂Zur Sicherung der gleichberechtigten Teilhabe von Frauen und Männern am Arbeitsmarkt arbeiten die Beauftragten mit den in Fragen der Gleichstellung im Erwerbsleben tätigen Stellen im Zuständigkeitsbereich der gemeinsamen Einrichtung zusammen.

(5) Die gemeinsamen Einrichtungen werden in den Sitzungen kommunaler Gremien zu Themen, die den Aufgabenbereich der Beauftragten betreffen, von den Beauftragten vertreten.

(6) Die Absätze 1 bis 5 gelten entsprechend für die zugelassenen kommunalen Träger.

Abschnitt 2
Leistungen zur Sicherung des Lebensunterhalts

Unterabschnitt 1
Leistungsanspruch

§ 19 Bürgergeld und Leistungen für Bildung und Teilhabe

(1) ₁Erwerbsfähige Leistungsberechtigte erhalten Bürgergeld. ₂Nichterwerbsfähige Leistungsberechtigte, die mit erwerbsfähigen Leistungsberechtigten in einer Bedarfsgemeinschaft leben, erhalten Bürgergeld, soweit sie keinen Anspruch auf Leistungen nach dem Vierten Kapitel des Zwölften Buches haben. ₃Die Leistungen umfassen den Regelbedarf, Mehrbedarfe und den Bedarf für Unterkunft und Heizung.

(2) ₁Leistungsberechtigte haben unter den Voraussetzungen des § 28 Anspruch auf Leistungen für Bildung und Teilhabe, soweit sie keinen Anspruch auf Leistungen nach dem Vierten Kapitel des Zwölften Buches haben. ₂Soweit für Kinder Leistungen zur Deckung von Bedarfen für Bildung und Teilhabe nach § 6b des Bundeskindergeldgesetzes gewährt werden, haben sie keinen Anspruch auf entsprechende Leistungen zur Deckung von Bedarfen nach § 28.

(3) ₁Die Leistungen zur Sicherung des Lebensunterhalts werden in Höhe der Bedarfe nach den Absätzen 1 und 2 erbracht, soweit diese nicht durch das zu berücksichtigende Einkommen und Vermögen gedeckt sind. ₂Zu berücksichtigendes Einkommen und Vermögen deckt zunächst die Bedarfe nach den §§ 20, 21 und 23, darüber hinaus die Bedarfe nach § 22. ₃Sind nur noch Leistungen für Bildung und Teilhabe zu leisten, deckt weiteres zu berücksichtigendes Einkommen und Vermögen die Bedarfe in der Reihenfolge der Absätze 2 bis 7 nach § 28.

Unterabschnitt 2
Bürgergeld

§ 20 Regelbedarf zur Sicherung des Lebensunterhalts

(1) ₁Der Regelbedarf zur Sicherung des Lebensunterhalts umfasst insbesondere Ernährung, Kleidung, Kör-

perpflege, Hausrat, Haushaltsenergie ohne die auf die Heizung und Erzeugung von Warmwasser entfallenden Anteile sowie persönliche Bedürfnisse des täglichen Lebens. 2Zu den persönlichen Bedürfnissen des täglichen Lebens gehört in vertretbarem Umfang eine Teilhabe am sozialen und kulturellen Leben in der Gemeinschaft. 3Der Regelbedarf wird als monatlicher Pauschalbetrag berücksichtigt. 4Über die Verwendung der zur Deckung des Regelbedarfs erbrachten Leistungen entscheiden die Leistungsberechtigten eigenverantwortlich; dabei haben sie das Eintreten unregelmäßig anfallender Bedarfe zu berücksichtigen.

(1a) 1Der Regelbedarf wird in Höhe der jeweiligen Regelbedarfsstufe entsprechend § 28 des Zwölften Buches in Verbindung mit dem Regelbedarfs-Ermittlungsgesetz und den §§ 28a und 40 des Zwölften Buches in Verbindung mit der für das jeweilige Jahr geltenden Regelbedarfsstufen-Fortschreibungsverordnung anerkannt. 2Soweit in diesem Buch auf einen Regelbedarf oder eine Regelbedarfsstufe verwiesen wird, ist auf den Betrag der für den jeweiligen Zeitraum geltenden Neuermittlung entsprechend § 28 des Zwölften Buches in Verbindung mit dem Regelbedarfs-Ermittlungsgesetz abzustellen. 3In Jahren, in denen keine Neuermittlung nach § 28 des Zwölften Buches erfolgt, ist auf den Betrag abzustellen, der sich für den jeweiligen Zeitraum entsprechend der Regelbedarfsstufen-Fortschreibungsverordnung nach den §§ 28a und 40 des Zwölften Buches ergibt.

(2) 1Als Regelbedarf wird bei Personen, die alleinstehend oder alleinerziehend sind oder deren Partnerin oder Partner minderjährig ist, monatlich ein Betrag in Höhe der Regelbedarfsstufe 1 anerkannt. 2Für sonstige erwerbsfähige Angehörige der Bedarfsgemeinschaft wird als Regelbedarf anerkannt:

1. monatlich ein Betrag in Höhe der Regelbedarfsstufe 4, sofern sie das 18. Lebensjahr noch nicht vollendet haben,
2. monatlich ein Betrag in Höhe der Regelbedarfsstufe 3 in den übrigen Fällen.

(3) Abweichend von Absatz 2 Satz 1 ist bei Personen, die das 25. Lebensjahr noch nicht vollendet haben und ohne Zusicherung des zuständigen kommunalen Trägers nach § 22 Absatz 5 umziehen, bis zur Vollendung des 25. Lebensjahres der in Absatz 2 Satz 2 Nummer 2 genannte Betrag als Regelbedarf anzuerkennen.

(4) Haben zwei Partner der Bedarfsgemeinschaft das 18. Lebensjahr vollendet, ist als Regelbedarf für jede dieser Personen monatlich ein Betrag in Höhe der Regelbedarfsstufe 2 anzuerkennen.

Regelbedarfsstufen ab 1. Januar 2023

Regelbedarfsstufe 1: 502 Euro
Regelbedarfsstufe 2: 451 Euro
Regelbedarfsstufe 3: 402 Euro
Regelbedarfsstufe 4: 420 Euro
Regelbedarfsstufe 5: 348 Euro
Regelbedarfsstufe 6: 318 Euro

Kinder, Jugendliche und junge Erwachsene, die Anspruch auf Bürgergeld haben, dem ein Regelbedarf nach denRegelbedarfsstufen 3, 4,5oder 6 zugrunde liegt, haben zusätzlich Anspruch auf einen monatlichen Sofortzuschlag in Höhe von 20 Euro (siehe § 72 SGB II).

§ 21 Mehrbedarfe

(1) Mehrbedarfe umfassen Bedarfe nach den Absätzen 2 bis 7, die nicht durch den Regelbedarf abgedeckt sind.

(2) Bei werdenden Müttern wird nach der zwölften Schwangerschaftswoche bis zum Ende des Monats, in welchen die Entbindung fällt, ein Mehrbedarf von 17 Prozent des nach § 20 maßgebenden Regelbedarfs anerkannt.

(3) Bei Personen, die mit einem oder mehreren minderjährigen Kindern zusammenleben und allein für deren Pflege und Erziehung sorgen, ist ein Mehrbedarf anzuerkennen

1. in Höhe von 36 Prozent des nach § 20 Absatz 2 maßgebenden Bedarfs, wenn sie mit einem Kind unter sieben Jahren oder mit zwei oder drei Kindern unter sechzehn Jahren zusammenleben, oder
2. in Höhe von 12 Prozent der nach § 20 Absatz 2 maßgebenden Bedarfs für jedes Kind, wenn sich dadurch ein höherer Prozentsatz als nach der Nummer 1 ergibt, höchstens jedoch in Höhe von 60 Prozent des nach § 20 Absatz 2 maßgebenden Regelbedarfs.

(4) 1Bei erwerbsfähigen Leistungsberechtigten mit Behinderungen, denen Leistungen zur Teilhabe am Arbeitsleben nach § 49 des Neunten Buches mit Ausnahme der Leistungen nach § 49 Absatz 3 Nummer 2 und 5 des Neunten Buches sowie sonstige Hilfen zur Erlangung eines geeigneten Platzes im Arbeitsleben oder Eingliederungshilfen nach § 112 des Neunten Buches erbracht werden, wird ein Mehrbedarf von 35 Prozent des nach § 20 maßgebenden Regelbedarfs anerkannt. 2Satz 1 kann auch nach Beendigung der dort genannten Maßnahmen während einer angemessenen Übergangszeit, vor allem einer Einarbeitungszeit, angewendet werden.

(5) Bei Leistungsberechtigten, die aus medizinischen Gründen einer kostenaufwändigen Ernährung bedür-

fen, wird ein Mehrbedarf in angemessener Höhe anerkannt.

(6) 1Bei Leistungsberechtigten wird ein Mehrbedarf anerkannt, soweit im Einzelfall ein unabweisbarer, besonderer Bedarf besteht; bei einmaligen Bedarfen ist weitere Voraussetzung, dass ein Darlehen nach § 24 Absatz 1 ausnahmsweise nicht zumutbar oder wegen der Art des Bedarfs nicht möglich ist. 2Der Mehrbedarf ist unabweisbar, wenn er insbesondere nicht durch die Zuwendungen Dritter sowie unter Berücksichtigung von Einsparmöglichkeiten der Leistungsberechtigten gedeckt ist und seiner Höhe nach erheblich von einem durchschnittlichen Bedarf abweicht.

(6a) Soweit eine Schülerin oder ein Schüler aufgrund der jeweiligen schulrechtlichen Bestimmungen oder schulischen Vorgaben Aufwendungen zur Anschaffung oder Ausleihe von Schulbüchern oder gleichstehenden Arbeitsheften hat, sind sie als Mehrbedarf anzuerkennen.

(7) 1Bei Leistungsberechtigten wird ein Mehrbedarf anerkannt, soweit Warmwasser durch in der Unterkunft installierte Vorrichtungen erzeugt wird (dezentrale Warmwassererzeugung) und deshalb keine Bedarfe für zentral bereitgestelltes Warmwasser nach § 22 anerkannt werden. 2Der Mehrbedarf beträgt für jede im Haushalt lebende leistungsberechtigte Person jeweils

1. 2,3 Prozent des für sie geltenden Regelbedarfs nach § 20 Absatz 2 Satz 1 oder Satz 2 Nummer 2, Absatz 3 oder 4,
2. 1,4 Prozent des für sie geltenden Regelbedarfs nach § 20 Absatz 2 Satz 2 Nummer 1 oder § 23 Nummer 1 bei Leistungsberechtigten im 15. Lebensjahr,
3. 1,2 Prozent des Regelbedarfs nach § 23 Nummer 1 bei Leistungsberechtigten vom Beginn des siebten bis zur Vollendung des 14. Lebensjahres oder
4. 0,8 Prozent des Regelbedarfs nach § 23 Nummer 1 bei Leistungsberechtigten bis zur Vollendung des sechsten Lebensjahres.

3Höhere Aufwendungen sind abweichend von Satz 2 nur zu berücksichtigen, soweit sie durch eine separate Messeinrichtung nachgewiesen werden.

(8) Die Summe des insgesamt anerkannten Mehrbedarfs nach den Absätzen 2 bis 5 darf die Höhe des für erwerbsfähige Leistungsberechtigte maßgebenden Regelbedarfs nicht übersteigen.

§ 22 Bedarfe für Unterkunft und Heizung

(1) 1Bedarfe für Unterkunft und Heizung werden in Höhe der tatsächlichen Aufwendungen anerkannt, soweit diese angemessen sind. 2Für die Anerkennung der Bedarfe für Unterkunft gilt eine Karenzzeit von einem Jahr ab Beginn des Monats, für den erstmals Leistungen nach diesem Buch bezogen werden. 3Innerhalb dieser Karenzzeit werden die Bedarfe für Unterkunft in Höhe der tatsächlichen Aufwendungen anerkannt; Satz 6 bleibt unberührt. 4Wird der Leistungsbezug in der Karenzzeit für mindestens einen Monat unterbrochen, verlängert sich die Karenzzeit um volle Monate ohne Leistungsbezug. 5Eine neue Karenzzeit beginnt, wenn zuvor mindestens drei Jahre keine Leistungen nach diesem oder dem Zwölften Buch bezogen worden sind. 6Erhöhen sich nach einem nicht erforderlichen Umzug die Aufwendungen für Unterkunft und Heizung, wird nur der bisherige Bedarf anerkannt. 7Soweit die Aufwendungen für die Unterkunft und Heizung den der Besonderheit des Einzelfalles angemessenen Umfang übersteigen, sind sie nach Ablauf der Karenzzeit als Bedarf so lange anzuerkennen, wie es der oder dem alleinstehenden Leistungsberechtigten oder der Bedarfsgemeinschaft nicht möglich oder nicht zuzumuten ist, durch einen Wohnungswechsel, durch Vermieten oder auf andere Weise die Aufwendungen zu senken, in der Regel jedoch längstens für sechs Monate. 8Nach Ablauf der Karenzzeit ist Satz 7 mit der Maßgabe anzuwenden, dass der Zeitraum der Karenzzeit nicht auf die in Satz 7 genannte Frist anzurechnen ist. 9Verstirbt ein Mitglied der Bedarfs- oder Haushaltsgemeinschaft und waren die Aufwendungen für die Unterkunft und Heizung davor angemessen, ist die Senkung der Aufwendungen für die weiterhin bewohnte Unterkunft für die Dauer von mindestens zwölf Monaten nach dem Sterbemonat nicht zumutbar. 10Eine Absenkung der nach Satz 1 unangemessenen Aufwendungen muss nicht gefordert werden, wenn diese unter Berücksichtigung der bei einem Wohnungswechsel zu erbringenden Leistungen unwirtschaftlich wäre.

(2) 1Als Bedarf für die Unterkunft werden auch unabweisbare Aufwendungen für Instandhaltung und Reparatur bei selbst bewohntem Wohneigentum im Sinne des § 12 Absatz 1 Satz 2 Nummer 5 anerkannt, soweit diese unter Berücksichtigung der im laufenden sowie den darauffolgenden elf Kalendermonaten anfallenden Aufwendungen insgesamt angemessen sind. 2Übersteigen unabweisbare Aufwendungen für Instandhaltung und Reparatur den Bedarf für die Unterkunft nach Satz 1, kann der kommunale Träger zur Deckung dieses Teils der Aufwendungen ein Darlehen

erbringen, das dinglich gesichert werden soll. ₃Für die Bedarfe nach Satz 1 gilt Absatz 1 Satz 2 bis 4 nicht.

(3) Rückzahlungen und Guthaben, die dem Bedarf für Unterkunft und Heizung zuzuordnen sind, mindern die Aufwendungen für Unterkunft und Heizung nach dem Monat der Rückzahlung oder der Gutschrift; Rückzahlungen, die sich auf die Kosten für Haushaltsenergie oder nicht anerkannte Aufwendungen für Unterkunft und Heizung beziehen, bleiben außer Betracht.

(4) ₁Vor Abschluss eines Vertrages über eine neue Unterkunft soll die leistungsberechtigte Person die Zusicherung des für die neue Unterkunft örtlich zuständigen kommunalen Trägers zur Berücksichtigung der Aufwendungen für die neue Unterkunft einholen. ₂Innerhalb der Karenzzeit nach Absatz 1 Satz 2 bis 5 werden nach einem Umzug höhere als angemessene Aufwendungen nur dann als Bedarf anerkannt, wenn der nach Satz 1 zuständige Träger die Anerkennung vorab zugesichert hat. ₃Der kommunale Träger ist zur Zusicherung verpflichtet, wenn die Aufwendungen für die neue Unterkunft angemessen sind.

(5) ₁Sofern Personen, die das 25. Lebensjahr noch nicht vollendet haben, umziehen, werden Bedarfe für Unterkunft und Heizung für die Zeit nach einem Umzug bis zur Vollendung des 25. Lebensjahres nur anerkannt, wenn der kommunale Träger dies vor Abschluss des Vertrages über die Unterkunft zugesichert hat. ₂Der kommunale Träger ist zur Zusicherung verpflichtet, wenn

1. die oder der Betroffene aus schwerwiegenden sozialen Gründen nicht auf die Wohnung der Eltern oder eines Elternteils verwiesen werden kann,
2. der Bezug der Unterkunft zur Eingliederung in den Arbeitsmarkt erforderlich ist oder
3. ein sonstiger, ähnlich schwerwiegender Grund vorliegt.

₃Unter den Voraussetzungen des Satzes 2 kann vom Erfordernis der Zusicherung abgesehen werden, wenn es der oder dem Betroffenen aus wichtigem Grund nicht zumutbar war, die Zusicherung einzuholen. ₄Bedarfe für Unterkunft und Heizung werden bei Personen, die das 25. Lebensjahr noch nicht vollendet haben, nicht anerkannt, wenn diese vor der Beantragung von Leistungen in eine Unterkunft in der Absicht umziehen, die Voraussetzungen für die Gewährung der Leistungen herbeizuführen.

(6) ₁Wohnungsbeschaffungskosten und Umzugskosten können bei vorheriger Zusicherung durch den bis zum Umzug örtlich zuständigen kommunalen Träger als Bedarf anerkannt werden; Aufwendungen für eine Mietkaution und für den Erwerb von Genossenschaftsanteilen können bei vorheriger Zusicherung durch den am Ort der neuen Unterkunft zuständigen kommunalen Träger als Bedarf anerkannt werden. ₂Die Zusicherung soll erteilt werden, wenn der Umzug durch den kommunalen Träger veranlasst oder aus anderen Gründen notwendig ist und wenn ohne die Zusicherung eine Unterkunft in einem angemessenen Zeitraum nicht gefunden werden kann. ₃Aufwendungen für eine Mietkaution und für Genossenschaftsanteile sollen als Darlehen erbracht werden.

(7) ₁Soweit Bürgergeld für den Bedarf für Unterkunft und Heizung geleistet wird, ist es auf Antrag der leistungsberechtigten Person an den Vermieter oder andere Empfangsberechtigte zu zahlen. ₂Es soll an den Vermieter oder andere Empfangsberechtigte gezahlt werden, wenn die zweckentsprechende Verwendung durch die leistungsberechtigte Person nicht sichergestellt ist. ₃Das ist insbesondere der Fall, wenn

1. Mietrückstände bestehen, die zu einer außerordentlichen Kündigung des Mietverhältnisses berechtigen,
2. Energiekostenrückstände bestehen, die zu einer Unterbrechung der Energieversorgung berechtigen,
3. konkrete Anhaltspunkte für ein krankheits- oder suchtbedingtes Unvermögen der leistungsberechtigten Person bestehen, die Mittel zweckentsprechend zu verwenden, oder
4. konkrete Anhaltspunkte dafür bestehen, dass die im Schuldnerverzeichnis eingetragene leistungsberechtigte Person die Mittel nicht zweckentsprechend verwendet.

₄Der kommunale Träger hat die leistungsberechtigte Person über eine Zahlung der Leistungen für die Unterkunft und Heizung an den Vermieter oder andere Empfangsberechtigte schriftlich zu unterrichten.

(8) ₁Sofern Bürgergeld für den Bedarf für Unterkunft und Heizung erbracht wird, können auch Schulden übernommen werden, soweit dies zur Sicherung der Unterkunft oder zur Behebung einer vergleichbaren Notlage gerechtfertigt ist. ₂Sie sollen übernommen werden, wenn dies gerechtfertigt und notwendig ist und sonst Wohnungslosigkeit einzutreten droht. ₃Vermögen nach § 12 Absatz 2 Satz 1 und Absatz 4 Satz 1 ist vorrangig einzusetzen. ₄Geldleistungen sollen als Darlehen erbracht werden.

(9) ₁Geht bei einem Gericht eine Klage auf Räumung von Wohnraum im Falle der Kündigung des Mietverhältnisses nach § 543 Absatz 1, 2 Satz 1 Nummer 3 in Verbindung mit § 569 Absatz 3 des Bürgerlichen Gesetzbuchs ein, teilt das Gericht dem örtlich zuständi-

gen Träger nach diesem Buch oder der von diesem beauftragten Stelle zur Wahrnehmung der in Absatz 8 bestimmten Aufgaben unverzüglich Folgendes mit:

1. den Tag des Eingangs der Klage,
2. die Namen und die Anschriften der Parteien,
3. die Höhe der monatlich zu entrichtenden Miete,
4. die Höhe des geltend gemachten Mietrückstandes und der geltend gemachten Entschädigung und
5. den Termin zur mündlichen Verhandlung, sofern dieser bereits bestimmt ist.

$_{2}$Außerdem kann der Tag der Rechtshängigkeit mitgeteilt werden. $_{3}$Die Übermittlung unterbleibt, wenn die Nichtzahlung der Miete nach dem Inhalt der Klageschrift offensichtlich nicht auf Zahlungsunfähigkeit der Mieterin oder des Mieters beruht.

(10) $_{1}$Zur Beurteilung der Angemessenheit der Aufwendungen für Unterkunft und Heizung nach Absatz 1 Satz 1 ist die Bildung einer Gesamtangemessenheitsgrenze zulässig. $_{2}$Dabei kann für die Aufwendungen für Heizung der Wert berücksichtigt werden, der bei einer gesonderten Beurteilung der Angemessenheit der Aufwendungen für Unterkunft und der Aufwendungen für Heizung ohne Prüfung der Angemessenheit im Einzelfall höchstens anzuerkennen wäre. $_{3}$Absatz 1 Satz 2 bis 4 gilt entsprechend.

(11) $_{1}$Die für die Erstellung von Mietspiegeln nach § 558c Absatz 1 des Bürgerlichen Gesetzbuchs nach Landesrecht zuständigen Behörden sind befugt, die in Artikel 238 § 2 Absatz 2 Nummer 1 Buchstabe a, d und e des Einführungsgesetzes zum Bürgerlichen Gesetzbuche genannten Daten zu verarbeiten, soweit dies für die Erstellung von Übersichten über die Angemessenheit von Aufwendungen für eine Unterkunft nach Absatz 1 Satz 1 erforderlich ist. $_{2}$Erstellen die nach Landesrecht zuständigen Behörden solche Übersichten nicht, so sind sie befugt, die Daten nach Satz 1 auf Ersuchen an die kommunalen Träger der Grundsicherung für Arbeitsuchende für ihren örtlichen Zuständigkeitsbereich zu übermitteln, soweit dies für die Erstellung von Übersichten über die Angemessenheit von Aufwendungen für die Unterkunft erforderlich ist. $_{3}$Werden den kommunalen Trägern der Grundsicherung für Arbeitsuchende die Übersichten nicht zur Verfügung gestellt, so sind sie befugt, die Daten nach Satz 1 für ihren örtlichen Zuständigkeitsbereich bei den nach Landesrecht für die Erstellung von Mietspiegeln zuständigen Behörden zu erheben und in sonstiger Weise zu verarbeiten, soweit dies für die Erstellung von Übersichten über und die Bestimmung der Angemessenheit von Aufwendungen für die Unterkunft nach Absatz 1 Satz 1 erforderlich ist.

(12) Die Daten nach Absatz 11 Satz 1 und 3 sind zu löschen, wenn sie für die dort genannten Zwecke nicht mehr erforderlich sind.

§ 22a Satzungsermächtigung

(1) $_{1}$Die Länder können die Kreise und kreisfreien Städte durch Gesetz ermächtigen oder verpflichten, durch Satzung zu bestimmen, in welcher Höhe Aufwendungen für Unterkunft und Heizung in ihrem Gebiet angemessen sind. $_{2}$Eine solche Satzung bedarf der vorherigen Zustimmung der obersten Landesbehörde oder einer von ihr bestimmten Stelle, wenn dies durch Landesgesetz vorgesehen ist. $_{3}$Die Länder Berlin und Hamburg bestimmen, welche Form der Rechtsetzung an die Stelle einer nach Satz 1 vorgesehenen Satzung tritt. $_{4}$Das Land Bremen kann eine Bestimmung nach Satz 3 treffen.

(2) $_{1}$Die Länder können die Kreise und kreisfreien Städte auch ermächtigen, abweichend von § 22 Absatz 1 Satz 1 die Bedarfe für Unterkunft und Heizung in ihrem Gebiet durch eine monatliche Pauschale zu berücksichtigen, wenn auf dem örtlichen Wohnungsmarkt ausreichend freier Wohnraum verfügbar ist und dies dem Grundsatz der Wirtschaftlichkeit entspricht. $_{2}$In der Satzung sind Regelungen für den Fall vorzusehen, dass die Pauschalierung im Einzelfall zu unzumutbaren Ergebnissen führt. $_{3}$Absatz 1 Satz 2 bis 4 gilt entsprechend.

(3) $_{1}$Die Bestimmung der angemessenen Aufwendungen für Unterkunft und Heizung soll die Verhältnisse des einfachen Standards auf dem örtlichen Wohnungsmarkt abbilden. $_{2}$Sie soll die Auswirkungen auf den örtlichen Wohnungsmarkt berücksichtigen hinsichtlich:

1. der Vermeidung von Mietpreis erhöhenden Wirkungen,
2. der Verfügbarkeit von Wohnraum des einfachen Standards,
3. aller verschiedenen Anbietergruppen und
4. der Schaffung und Erhaltung sozial ausgeglichener Bewohnerstrukturen.

§ 22b Inhalt der Satzung

(1) $_{1}$In der Satzung ist zu bestimmen,

1. welche Wohnfläche entsprechend der Struktur des örtlichen Wohnungsmarktes als angemessen anerkannt wird und
2. in welcher Höhe Aufwendungen für die Unterkunft als angemessen anerkannt werden.

$_{2}$In der Satzung kann auch die Höhe des als angemessen anerkannten Verbrauchswertes oder der als angemessen anerkannten Aufwendungen für die Heizung bestimmt werden. $_{3}$Bei einer Bestimmung nach Satz 2 kann sowohl eine Quadratmeterhöchstmiete als auch eine Gesamtangemessenheitsgrenze unter Berücksichtigung der in den Sätzen 1 und 2 genannten Werte gebildet werden. $_{4}$Um die Verhältnisse des einfachen Standards auf dem örtlichen Wohnungsmarkt realitätsgerecht abzubilden, können die Kreise und kreisfreien Städte ihr Gebiet in mehrere Vergleichsräume unterteilen, für die sie jeweils eigene Angemessenheitswerte bestimmen.

(2) $_{1}$Der Satzung ist eine Begründung beizufügen. $_{2}$Darin ist darzulegen, wie die Angemessenheit der Aufwendungen für Unterkunft und Heizung ermittelt wird. $_{3}$Die Satzung ist mit ihrer Begründung ortsüblich bekannt zu machen.

(3) $_{1}$In der Satzung soll für Personen mit einem besonderen Bedarf für Unterkunft und Heizung eine Sonderregelung getroffen werden. $_{2}$Dies gilt insbesondere für Personen, die einen erhöhten Raumbedarf haben wegen

1. einer Behinderung oder
2. der Ausübung ihres Umgangsrechts.

§ 22c Datenerhebung, -auswertung und -überprüfung

(1) $_{1}$Zur Bestimmung der angemessenen Aufwendungen für Unterkunft und Heizung sollen die Kreise und kreisfreien Städte insbesondere

1. Mietspiegel, qualifizierte Mietspiegel und Mietdatenbanken und
2. geeignete eigene statistische Datenerhebungen und -auswertungen oder Erhebungen Dritter

einzeln oder kombiniert berücksichtigen. $_{2}$Hilfsweise können auch die monatlichen Höchstbeträge nach § 12 Absatz 1 des Wohngeldgesetzes berücksichtigt werden. $_{3}$In die Auswertung sollen sowohl Neuvertrags- als auch Bestandsmieten einfließen. $_{4}$Die Methodik der Datenerhebung und -auswertung ist in der Begründung der Satzung darzulegen.

(2) Die Kreise und kreisfreien Städte müssen die durch Satzung bestimmten Werte für die Unterkunft mindestens alle zwei Jahre und die durch Satzung bestimmten Werte für die Heizung mindestens jährlich überprüfen und gegebenenfalls neu festsetzen.

§ 23 Besonderheiten beim Bürgergeld für nicht erwerbsfähige Leistungsberechtigte

Beim Bürgergeld nach § 19 Absatz 1 Satz 2 gelten ergänzend folgende Maßgaben:

1. Als Regelbedarf wird bis zur Vollendung des sechsten Lebensjahres ein Betrag in Höhe der Regelbedarfsstufe 6, vom Beginn des siebten bis zur Vollendung des 14. Lebensjahres ein Betrag in Höhe der Regelbedarfsstufe 5 und im 15. Lebensjahr ein Betrag in Höhe der Regelbedarfsstufe 4 anerkannt;
2. Mehrbedarfe nach § 21 Absatz 4 werden auch bei Menschen mit Behinderungen, die das 15. Lebensjahr vollendet haben, anerkannt, wenn Leistungen der Eingliederungshilfe nach § 112 des Neunten Buches erbracht werden;
3. § 21 Absatz 4 Satz 2 gilt auch nach Beendigung der in § 112 des Neunten Buches genannten Maßnahmen;
4. bei nicht erwerbsfähigen Personen, die voll erwerbsgemindert nach dem Sechsten Buch sind, wird ein Mehrbedarf von 17 Prozent der nach § 20 maßgebenden Regelbedarfe anerkannt, wenn sie Inhaberin oder Inhaber eines Ausweises nach § 152 Absatz 5 des Neunten Buches mit dem Merkzeichen G sind; dies gilt nicht, wenn bereits ein Anspruch auf einen Mehrbedarf wegen Behinderung nach § 21 Absatz 4 oder nach der vorstehenden Nummer 2 oder 3 besteht.

Unterabschnitt 3 Abweichende Leistungserbringung und weitere Leistungen

§ 24 Abweichende Erbringung von Leistungen

(1) $_{1}$Kann im Einzelfall ein vom Regelbedarf zur Sicherung des Lebensunterhalts umfasster und nach den Umständen unabweisbarer Bedarf nicht gedeckt werden, erbringt die Agentur für Arbeit bei entsprechendem Nachweis den Bedarf als Sachleistung oder als Geldleistung und gewährt der oder dem Leistungsberechtigten ein entsprechendes Darlehen. $_{2}$Bei Sachleistungen wird das Darlehen in Höhe des für die Agentur für Arbeit entstandenen Anschaffungswertes gewährt. $_{3}$Weiter gehende Leistungen sind ausgeschlossen.

(2) Solange sich Leistungsberechtigte, insbesondere bei Drogen- oder Alkoholabhängigkeit sowie im Falle unwirtschaftlichen Verhaltens, als ungeeignet erweisen, mit den Leistungen für den Regelbedarf nach § 20 ihren Bedarf zu decken, kann das Bürgergeld bis zur Höhe des Regelbedarfs für den Lebensunterhalt in voller Höhe oder anteilig in Form von Sachleistungen erbracht werden.

(3) 1Nicht vom Regelbedarf nach § 20 umfasst sind Bedarfe für

1. Erstausstattungen für die Wohnung einschließlich Haushaltsgeräten,
2. Erstausstattungen für Bekleidung und Erstausstattungen bei Schwangerschaft und Geburt sowie
3. Anschaffung und Reparaturen von orthopädischen Schuhen, Reparaturen von therapeutischen Geräten und Ausrüstungen sowie die Miete von therapeutischen Geräten.

2Leistungen für diese Bedarfe werden gesondert erbracht. 3Leistungen nach Satz 2 werden auch erbracht, wenn Leistungsberechtigte keine Leistungen zur Sicherung des Lebensunterhalts einschließlich der angemessenen Kosten für Unterkunft und Heizung benötigen, den Bedarf nach Satz 1 jedoch aus eigenen Kräften und Mitteln nicht voll decken können. 4In diesem Fall kann das Einkommen berücksichtigt werden, das Leistungsberechtigte innerhalb eines Zeitraumes von bis zu sechs Monaten nach Ablauf des Monats erwerben, in dem über die Leistung entschieden wird. 5Die Leistungen für Bedarfe nach Satz 1 Nummer 1 und 2 können als Sachleistung oder Geldleistung, auch in Form von Pauschalbeträgen, erbracht werden. 6Bei der Bemessung der Pauschalbeträge sind geeignete Angaben über die erforderlichen Aufwendungen und nachvollziehbare Erfahrungswerte zu berücksichtigen.

(4) 1Leistungen zur Sicherung des Lebensunterhalts können als Darlehen erbracht werden, soweit in dem Monat, für den die Leistungen erbracht werden, voraussichtlich Einnahmen anfallen. 2Satz 1 gilt auch, soweit Leistungsberechtigte einmalige Einnahmen nach § 11 Absatz 3 Satz 4 vorzeitig verbraucht haben.

(5) 1Soweit Leistungsberechtigten der sofortige Verbrauch oder die sofortige Verwertung von zu berücksichtigendem Vermögen nicht möglich ist oder für sie eine besondere Härte bedeuten würde, sind Leistungen als Darlehen zu erbringen. 2Die Leistungen können davon abhängig gemacht werden, dass der Anspruch auf Rückzahlung dinglich oder in anderer Weise gesichert wird.

(6) In Fällen des § 22 Absatz 5 werden Leistungen für Erstausstattungen für die Wohnung nur erbracht, wenn der kommunale Träger die Übernahme der Leistungen für Unterkunft und Heizung zugesichert hat oder vom Erfordernis der Zusicherung abgesehen werden konnte.

[bis 30.06.2023] § 25 Leistungen bei medizinischer Rehabilitation der Rentenversicherung und bei Anspruch auf Verletztengeld aus der Unfallversicherung

1Haben Leistungsberechtigte dem Grunde nach Anspruch auf Übergangsgeld bei medizinischen Leistungen der gesetzlichen Rentenversicherung in Höhe des Betrages des Bürgergeldes nach § 19 Absatz 1 Satz 1, erbringen die Träger der Leistungen nach diesem Buch die bisherigen Leistungen als Vorschuss auf die Leistungen der Rentenversicherung weiter; dies gilt entsprechend bei einem Anspruch auf Verletztengeld aus der gesetzlichen Unfallversicherung. 2Werden Vorschüsse länger als einen Monat geleistet, erhalten die Träger der Leistungen nach diesem Buch von den zur Leistung verpflichteten Trägern monatliche Abschlagszahlungen in Höhe der Vorschüsse des jeweils abgelaufenen Monats. 3§ 102 des Zehnten Buches gilt entsprechend.

[ab 01.07.2023] § 25 Leistungen bei medizinischer Rehabilitation der Rentenversicherung und bei Anspruch auf Verletztengeld aus der Unfallversicherung

1Haben Leistungsberechtigte dem Grunde nach Anspruch auf Verletztengeld der gesetzlichen Unfallversicherung, erbringen die Träger der Leistungen nach diesem Buch die bisherigen Leistungen als Vorschuss auf die Leistungen der gesetzlichen Unfallversicherung weiter. 2Werden Vorschüsse länger als einen Monat geleistet, erhalten die Träger der Leistungen nach diesem Buch von den zur Leistung verpflichteten Trägern monatliche Abschlagszahlungen in Höhe der Vorschüsse des jeweils abgelaufenen Monats. 3§ 102 des Zehnten Buches gilt entsprechend.

§ 26 Zuschüsse zu Beiträgen zur Krankenversicherung und Pflegeversicherung

(1) 1Für Bezieherinnen und Bezieher von Bürgergeld, die gegen das Risiko Krankheit bei einem privaten Krankenversicherungsunternehmen im Rahmen von Versicherungsverträgen, die der Versicherungspflicht nach § 193 Absatz 3 des Versicherungsvertragsgesetzes genügen, versichert sind, wird für die Dauer des Leistungsbezugs ein Zuschuss zum Beitrag geleistet; der Zuschuss ist begrenzt auf die Höhe des nach § 152

Absatz 4 des Versicherungsaufsichtsgesetzes halbierten Beitrags für den Basistarif in der privaten Krankenversicherung, den Hilfebedürftige zu leisten haben. 2Für Bezieherinnen und Bezieher von Bürgergeld nach § 19 Absatz 1 Satz 2, die in der gesetzlichen Krankenversicherung versicherungspflichtig oder freiwillig versichert sind, wird für die Dauer des Leistungsbezugs ein Zuschuss in Höhe des Beitrags geleistet, soweit dieser nicht nach § 11b Absatz 1 Satz 1 Nummer 2 abgesetzt wird; Gleiches gilt für Bezieherinnen und Bezieher von Bürgergeld nach § 19 Absatz 1 Satz 1, die nicht nach § 5 Absatz 1 Nummer 2a des Fünften Buches versicherungspflichtig sind.

(2) 1Für Personen, die

1. in der gesetzlichen Krankenversicherung versicherungspflichtig oder freiwillig versichert sind oder
2. unter den Voraussetzungen des Absatzes 1 Satz 1 erster Halbsatz privat krankenversichert sind und die

allein durch die Zahlung des Beitrags hilfebedürftig würden, wird ein Zuschuss zum Beitrag in Höhe des Betrages geleistet, der notwendig ist, um die Hilfebedürftigkeit zu vermeiden. 2In den Fällen des Satzes 1 Nummer 2 gilt die Begrenzung des Zuschusses nach Absatz 1 Satz 1 zweiter Halbsatz entsprechend.

(3) 1Für Bezieherinnen und Bezieher von Bürgergeld, die gegen das Risiko Pflegebedürftigkeit bei einem privaten Versicherungsunternehmen in Erfüllung ihrer Versicherungspflicht nach § 23 des Elften Buches versichert sind, wird für die Dauer des Leistungsbezugs ein Zuschuss zum Beitrag geleistet; der Zuschuss ist begrenzt auf die Hälfte des Höchstbeitrags in der sozialen Pflegeversicherung. 2Für Bezieherinnen und Bezieher von Bürgergeld nach § 19 Absatz 1 Satz 2, die in der sozialen Pflegeversicherung versicherungspflichtig sind, wird für die Dauer des Leistungsbezugs ein Zuschuss in Höhe des Beitrags geleistet, soweit dieser nicht nach § 11b Absatz 1 Satz 1 Nummer 2 abgesetzt wird; Gleiches gilt für Bezieherinnen und Bezieher von Bürgergeld nach § 19 Absatz 1 Satz 1, die nicht nach § 20 Absatz 1 Satz 2 Nummer 2a des Elften Buches versicherungspflichtig sind.

(4) 1Für Personen, die

1. in der sozialen Pflegeversicherung versicherungspflichtig sind oder
2. unter den Voraussetzungen des Absatzes 3 Satz 1 erster Halbsatz privat pflegeversichert sind und die

allein durch die Zahlung des Beitrags hilfebedürftig würden, wird ein Zuschuss zum Beitrag in Höhe des Betrages geleistet, der notwendig ist, um die Hilfebedürftigkeit zu vermeiden. 2In den Fällen des Satzes 1 Nummer 2 gilt die Begrenzung des Zuschusses nach Absatz 3 Satz 1 zweiter Halbsatz entsprechend.

(5) 1Der Zuschuss nach Absatz 1 Satz 1, nach Absatz 2 Satz 1 Nummer 2, nach Absatz 3 Satz 1 und nach Absatz 4 Satz 1 Nummer 2 ist an das private Versicherungsunternehmen zu zahlen, bei dem die leistungsberechtigte Person versichert ist. 2Der Zuschuss nach Absatz 1 Satz 2 und Absatz 3 Satz 2 ist an die Krankenkasse zu zahlen, bei der die leistungsberechtigte Person versichert ist.

§ 27 Leistungen für Auszubildende

(1) 1Auszubildende im Sinne des § 7 Absatz 5 erhalten Leistungen zur Sicherung des Lebensunterhalts nach Maßgabe der folgenden Absätze. 2Die Leistungen für Auszubildende im Sinne des § 7 Absatz 5 gelten nicht als Bürgergeld nach § 19 Absatz 1 Satz 1.

(2) Leistungen werden in Höhe der Mehrbedarfe nach § 21 Absatz 2, 3, 5 und 6 und in Höhe der Leistungen nach § 24 Absatz 3 Nummer 2 erbracht, soweit die Mehrbedarfe nicht durch zu berücksichtigendes Einkommen oder Vermögen gedeckt sind.

(3) 1Leistungen können für Regelbedarfe, den Mehrbedarf nach § 21 Absatz 7, Bedarfe für Unterkunft und Heizung, Bedarfe für Bildung und Teilhabe und notwendige Beiträge zur Kranken- und Pflegeversicherung als Darlehen erbracht werden, sofern der Leistungsausschluss nach § 7 Absatz 5 eine besondere Härte bedeutet. 2Eine besondere Härte ist auch anzunehmen, wenn Auszubildenden, deren Bedarf sich nach §§ 12 oder 13 Absatz 1 Nummer 1 des Bundesausbildungsförderungsgesetzes bemisst, aufgrund von § 10 Absatz 3 des Bundesausbildungsförderungsgesetzes keine Leistungen zustehen, diese Ausbildung im Einzelfall für die Eingliederung der oder des Auszubildenden in das Erwerbsleben zwingend erforderlich ist und ohne die Erbringung von Leistungen zum Lebensunterhalt der Abbruch der Ausbildung droht; in diesem Fall sind Leistungen als Zuschuss zu erbringen. 3Für den Monat der Aufnahme einer Ausbildung können Leistungen entsprechend § 24 Absatz 4 Satz 1 erbracht werden. Leistungen nach Satz 1 sind gegenüber den Leistungen nach Absatz 2 nachrangig.

Unterabschnitt 4
Leistungen für Bildung und Teilhabe

§ 28 Bedarfe für Bildung und Teilhabe

(1) 1Bedarfe für Bildung und Teilhabe am sozialen und kulturellen Leben in der Gemeinschaft werden bei Kindern, Jugendlichen und jungen Erwachsenen ne-

ben dem Regelbedarf nach Maßgabe der Absätze 2 bis 7 gesondert berücksichtigt. 2Bedarfe für Bildung werden nur bei Personen berücksichtigt, die das 25. Lebensjahr noch nicht vollendet haben, eine allgemein- oder berufsbildende Schule besuchen und keine Ausbildungsvergütung erhalten (Schülerinnen und Schüler).

(2) 1Bei Schülerinnen und Schülern werden die tatsächlichen Aufwendungen anerkannt für

1. Schulausflüge und
2. mehrtägige Klassenfahrten im Rahmen der schulrechtlichen Bestimmungen.

2Für Kinder, die eine Tageseinrichtung besuchen oder für die Kindertagespflege geleistet wird, gilt Satz 1 entsprechend.

(3) Für die Ausstattung von Schülerinnen und Schülern mit persönlichem Schulbedarf ist § 34 Absatz 3 und 3a des Zwölften Buches mit der Maßgabe entsprechend anzuwenden, dass der nach § 34 Absatz 3 Satz 1 und Absatz 3a des Zwölften Buches anzuerkennende Bedarf für das erste Schulhalbjahr regelmäßig zum 1. August und für das zweite Schulhalbjahr regelmäßig zum 1. Februar zu berücksichtigen ist.

(4) 1Bei Schülerinnen und Schülern, die für den Besuch der nächstgelegenen Schule des gewählten Bildungsgangs auf Schülerbeförderung angewiesen sind, werden die dafür erforderlichen tatsächlichen Aufwendungen berücksichtigt, soweit sie nicht von Dritten übernommen werden. 2Als nächstgelegene Schule des gewählten Bildungsgangs gilt auch eine Schule, die aufgrund ihres Profils gewählt wurde, soweit aus diesem Profil eine besondere inhaltliche oder organisatorische Ausgestaltung des Unterrichts folgt; dies sind insbesondere Schulen mit naturwissenschaftlichem, musischem, sportlichem oder sprachlichem Profil sowie bilinguale Schulen, und Schulen mit ganztägiger Ausrichtung.

(5) 1Bei Schülerinnen und Schülern wird eine schulische Angebote ergänzende angemessene Lernförderung berücksichtigt, soweit diese geeignet und zusätzlich erforderlich ist, um die nach den schulrechtlichen Bestimmungen festgelegten wesentlichen Lernziele zu erreichen. 2Auf eine bestehende Versetzungsgefährdung kommt es dabei nicht an.

(6) 1Bei Teilnahme an einer gemeinschaftlichen Mittagsverpflegung werden die entstehenden Aufwendungen berücksichtigt für

1. Schülerinnen und Schüler und
2. Kinder, die eine Tageseinrichtung besuchen oder für die Kindertagespflege geleistet wird.

2Für Schülerinnen und Schüler gilt dies unter der Voraussetzung, dass die Mittagsverpflegung in schulischer Verantwortung angeboten wird oder durch einen Kooperationsvertrag zwischen Schule und Tageseinrichtung vereinbart ist. 3In den Fällen des Satzes 2 ist für die Ermittlung des monatlichen Bedarfs die Anzahl der Schultage in dem Land zugrunde zu legen, in dem der Schulbesuch stattfindet.

(7) 1Für die Teilhabe am sozialen und kulturellen Leben in der Gemeinschaft werden pauschal 15 Euro monatlich berücksichtigt, sofern bei Leistungsberechtigten, die das 18. Lebensjahr noch nicht vollendet haben, tatsächliche Aufwendungen entstehen im Zusammenhang mit der Teilnahme an

1. Aktivitäten in den Bereichen Sport, Spiel, Kultur und Geselligkeit,
2. Unterricht in künstlerischen Fächern (zum Beispiel Musikunterricht) und vergleichbare angeleitete Aktivitäten der kulturellen Bildung und
3. Freizeiten.

2Neben der Berücksichtigung von Bedarfen nach Satz 1 können auch weitere tatsächliche Aufwendungen berücksichtigt werden, wenn sie im Zusammenhang mit der Teilnahme an Aktivitäten nach Satz 1 Nummer 1 bis 3 entstehen und es den Leistungsberechtigten im Einzelfall nicht zugemutet werden kann, diese aus den Leistungen nach Satz 1 und aus dem Regelbedarf zu bestreiten.

§ 29 Erbringung der Leistungen für Bildung und Teilhabe

(1) 1Leistungen zur Deckung der Bedarfe nach § 28 Absatz 2 und 5 bis 7 werden erbracht durch

1. Sach- und Dienstleistungen, insbesondere in Form von personalisierten Gutscheinen,
2. Direktzahlungen an Anbieter von Leistungen zur Deckung dieser Bedarfe (Anbieter) oder
3. Geldleistungen.

2Die kommunalen Träger bestimmen, in welcher Form sie die Leistungen erbringen. 3Die Leistungen zur Deckung der Bedarfe nach § 28 Absatz 3 und 4 werden jeweils durch Geldleistungen erbracht. 4Die kommunalen Träger können mit Anbietern pauschal abrechnen.

(2) 1Werden die Bedarfe durch Gutscheine gedeckt, gelten die Leistungen mit Ausgabe des jeweiligen Gutscheins als erbracht. 2Die kommunalen Träger gewährleisten, dass Gutscheine bei geeigneten vorhandenen Anbietern oder zur Wahrnehmung ihrer eigenen Angebote eingelöst werden können. 3Gutscheine können für den gesamten Bewilligungszeitraum im

Voraus ausgegeben werden. 4Die Gültigkeit von Gutscheinen ist angemessen zu befristen. 5Im Fall des Verlustes soll ein Gutschein erneut in dem Umfang ausgestellt werden, in dem er noch nicht in Anspruch genommen wurde.

(3) 1Werden die Bedarfe durch Direktzahlungen an Anbieter gedeckt, gelten die Leistungen mit der Zahlung als erbracht. 2Eine Direktzahlung ist für den gesamten Bewilligungszeitraum im Voraus möglich.

(4) Werden die Leistungen für Bedarfe nach § 28 Absatz 2 und 5 bis 7 durch Geldleistungen erbracht, erfolgt dies

1. monatlich in Höhe der im Bewilligungszeitraum bestehenden Bedarfe oder
2. nachträglich durch Erstattung verauslagter Beträge.

(5) 1Im Einzelfall kann ein Nachweis über eine zweckentsprechende Verwendung der Leistung verlangt werden. 2Soweit der Nachweis nicht geführt wird, soll die Bewilligungsentscheidung widerrufen werden.

(6) 1Abweichend von den Absätzen 1 bis 4 können Leistungen nach § 28 Absatz 2 Satz 1 Nummer 1 gesammelt für Schülerinnen und Schüler an eine Schule ausgezahlt werden, wenn die Schule

1. dies bei dem örtlich zuständigen kommunalen Träger (§ 36 Absatz 3) beantragt,
2. die Leistungen für die leistungsberechtigten Schülerinnen und Schüler verauslagt und
3. sich die Leistungsberechtigung von den Leistungsberechtigten nachweisen lässt.

2Der kommunale Träger kann mit der Schule vereinbaren, dass monatliche oder schulhalbjährliche Abschlagszahlungen geleistet werden.

§ 30 Berechtigte Selbsthilfe

1Geht die leistungsberechtigte Person durch Zahlung an Anbieter in Vorleistung, ist der kommunale Träger zur Übernahme der berücksichtigungsfähigen Aufwendungen verpflichtet, soweit

1. unbeschadet des Satzes 2 die Voraussetzungen einer Leistungsgewährung zur Deckung der Bedarfe im Zeitpunkt der Selbsthilfe nach § 28 Absatz 2 und 5 bis 7 vorlagen und
2. zum Zeitpunkt der Selbsthilfe der Zweck der Leistung durch Erbringung als Sach- oder Dienstleistung ohne eigenes Verschulden nicht oder nicht rechtzeitig zu erreichen war.

2War es dem Leistungsberechtigten nicht möglich, rechtzeitig einen Antrag zu stellen, gilt dieser als zum Zeitpunkt der Selbstvornahme gestellt.

Unterabschnitt 5
Leistungsminderungen

§ 31 Pflichtverletzungen

(1) 1Erwerbsfähige Leistungsberechtigte verletzen ihre Pflichten, wenn sie trotz schriftlicher Belehrung über die Rechtsfolgen oder deren Kenntnis

1. [bis 30.06.2023] sich weigern, in der Eingliederungsvereinbarung oder in dem diese ersetzenden Verwaltungsakt nach § 15 Absatz 3 Satz 3 festgelegte Pflichten zu erfüllen, insbesondere in ausreichendem Umfang Eigenbemühungen nachzuweisen,
1. [ab 01.07.2023] sich weigern, einer Aufforderung gemäß § 15 Absatz 5 oder Absatz 6 nachzukommen,
2. sich weigern, eine zumutbare Arbeit, Ausbildung oder ein nach § 16e gefördertes Arbeitsverhältnis aufzunehmen, fortzuführen oder deren Anbahnung durch ihr Verhalten verhindern,
3. eine zumutbare Maßnahme zur Eingliederung in Arbeit nicht antreten, abbrechen oder Anlass für den Abbruch gegeben haben.

2Dies gilt nicht, wenn erwerbsfähige Leistungsberechtigte einen wichtigen Grund für ihr Verhalten darlegen und nachweisen.

(2) Eine Pflichtverletzung von erwerbsfähigen Leistungsberechtigten ist auch anzunehmen, wenn

1. sie nach Vollendung des 18. Lebensjahres ihr Einkommen oder Vermögen in der Absicht vermindert haben, die Voraussetzungen für die Gewährung oder Erhöhung des Bürgergeldes nach § 19 Absatz 1 Satz 1 herbeizuführen,
2. sie trotz Belehrung über die Rechtsfolgen oder deren Kenntnis ihr unwirtschaftliches Verhalten fortsetzen,
3. ihr Anspruch auf Arbeitslosengeld ruht oder erloschen ist, weil die Agentur für Arbeit das Eintreten einer Sperrzeit oder das Erlöschen des Anspruchs nach den Vorschriften des Dritten Buches festgestellt hat, oder
4. sie die im Dritten Buch genannten Voraussetzungen für das Eintreten einer Sperrzeit erfüllen, die das Ruhen oder Erlöschen eines Anspruchs auf Arbeitslosengeld begründen.

§ 31a Rechtsfolgen bei Pflichtverletzungen

(1) $_{1}$Bei einer Pflichtverletzung nach § 31 mindert sich das Bürgergeld um 10 Prozent des nach § 20 jeweils maßgebenden Regelbedarfs. $_{2}$Bei einer weiteren Pflichtverletzung nach § 31 mindert sich das Bürgergeld um 20 Prozent des nach § 20 jeweils maßgebenden Regelbedarfs. $_{3}$Bei jeder weiteren Pflichtverletzung nach § 31 mindert sich das Bürgergeld um 30 Prozent des nach § 20 jeweils maßgeblichen Regelbedarfs. $_{4}$Eine weitere Pflichtverletzung liegt nur vor, wenn bereits zuvor eine Minderung festgestellt wurde. $_{5}$Sie liegt nicht vor, wenn der Beginn des vorangegangenen Minderungszeitraums länger als ein Jahr zurückliegt. $_{6}$Minderungen nach den Sätzen 1 bis 3 sind aufzuheben, sobald erwerbsfähige Leistungsberechtigte diese Pflichten erfüllen oder sich nachträglich ernsthaft und nachhaltig dazu bereit erklären, diesen künftig nachzukommen. $_{7}$Abweichend von den Sätzen 1 bis 3 gelten bei Pflichtverletzungen nach § 31 Absatz 2 Nummer 3 in Fällen einer Sperrzeit bei Meldeversäumnis nach § 159 Absatz 1 Satz 2 Nummer 8 des Dritten Buches die Rechtsfolgen des § 32.

(2) $_{1}$Vor der Feststellung der Minderung nach Absatz 1 soll auf Verlangen der erwerbsfähigen Leistungsberechtigten die Anhörung nach § 24 des Zehnten Buches persönlich erfolgen. $_{2}$Verletzen die erwerbsfähigen Leistungsberechtigten wiederholt ihre Pflichten oder versäumen wiederholt Meldetermine nach § 32, soll die Anhörung persönlich erfolgen.

(3) Eine Leistungsminderung erfolgt nicht, wenn sie im Einzelfall eine außergewöhnliche Härte bedeuten würde.

(4) $_{1}$Leistungsminderungen bei wiederholten Pflichtverletzungen oder wiederholten Meldeversäumnissen nach § 32 sind auf insgesamt 30 Prozent des nach § 20 maßgebenden Regelbedarfs begrenzt. $_{2}$Die sich rechnerisch ergebenden Zahlbeträge für die Kosten der Unterkunft und Heizung dürfen durch eine Leistungsminderung nicht verringert werden.

(5) Für nicht erwerbsfähige Leistungsberechtigte gelten die Absätze 1 bis 4 bei Pflichtverletzungen nach § 31 Absatz 2 Nummer 1 und 2 entsprechend.

(6) Erwerbsfähige Leistungsberechtigte, die das 25. Lebensjahr noch nicht vollendet haben, sollen innerhalb von vier Wochen nach Feststellung einer Leistungsminderung ein Beratungsangebot erhalten, in dem die Inhalte des Kooperationsplans überprüft und bei Bedarf fortgeschrieben werden.

§ 31b Beginn und Dauer der Minderung

(1) $_{1}$Der Auszahlungsanspruch mindert sich mit Beginn des Kalendermonats, der auf das Wirksamwerden des Verwaltungsaktes folgt, der die Pflichtverletzung und den Umfang der Minderung der Leistung feststellt. $_{2}$In den Fällen des § 31 Absatz 2 Nummer 3 tritt die Minderung mit Beginn der Sperrzeit oder mit dem Erlöschen des Anspruchs nach dem Dritten Buch ein. $_{3}$Die Feststellung der Minderung ist nur innerhalb von sechs Monaten ab dem Zeitpunkt der Pflichtverletzung zulässig.

(2) $_{1}$Der Minderungszeitraum beträgt

1. in den Fällen des § 31a Absatz 1 Satz 1 einen Monat,
2. in den Fällen des § 31a Absatz 1 Satz 2 zwei Monate und
3. in den Fällen des § 31a Absatz 1 Satz 3 jeweils drei Monate.

$_{2}$In den Fällen des § 31a Absatz 1 Satz 6 ist die Minderung ab dem Zeitpunkt der Pflichterfüllung oder der Erklärung der Bereitschaft zur Pflichterfüllung aufzuheben, soweit der Minderungszeitraum mindestens einen Monat betragen hat, andernfalls nach Ablauf dieses Monats.

(3) Während der Minderung des Auszahlungsanspruchs besteht kein Anspruch auf ergänzende Hilfe zum Lebensunterhalt nach den Vorschriften des Zwölften Buches.

§ 32 Meldeversäumnisse

(1) $_{1}$Kommen Leistungsberechtigte trotz schriftlicher Belehrung über die Rechtsfolgen oder deren Kenntnis einer Aufforderung des zuständigen Trägers, sich bei ihm zu melden oder bei einem ärztlichen oder psychologischen Untersuchungstermin zu erscheinen, nicht nach, mindert sich das Bürgergeld jeweils um 10 Prozent des für sie nach § 20 maßgebenden Regelbedarfs. $_{2}$Dies gilt nicht, wenn Leistungsberechtigte einen wichtigen Grund für ihr Verhalten darlegen und nachweisen.

(2) $_{1}$§ 31a Absatz 2 bis 5 und § 31b Absatz 1 und 3 gelten entsprechend. $_{2}$Der Minderungszeitraum beträgt einen Monat.

Unterabschnitt 6
Verpflichtungen Anderer

§ 33 Übergang von Ansprüchen

(1) $_{1}$Haben Personen, die Leistungen zur Sicherung des Lebensunterhalts beziehen, für die Zeit, für die Leistungen erbracht werden, einen Anspruch gegen einen Anderen, der nicht Leistungsträger ist, geht der An-

spruch bis zur Höhe der geleisteten Aufwendungen auf die Träger der Leistungen nach diesem Buch über, wenn bei rechtzeitiger Leistung des Anderen Leistungen zur Sicherung des Lebensunterhalts nicht erbracht worden wären. 2Satz 1 gilt auch, soweit Kinder unter Berücksichtigung von Kindergeld nach § 11 Absatz 1 Satz 4 keine Leistungen empfangen haben und bei rechtzeitiger Leistung des Anderen keine oder geringere Leistungen an die Mitglieder der Haushaltsgemeinschaft erbracht worden wären. 3Der Übergang wird nicht dadurch ausgeschlossen, dass der Anspruch nicht übertragen, verpfändet oder gepfändet werden kann. 4Unterhaltsansprüche nach bürgerlichem Recht gehen zusammen mit dem unterhaltsrechtlichen Auskunftsanspruch auf die Träger der Leistungen nach diesem Buch über.

(2) 1Ein Unterhaltsanspruch nach bürgerlichem Recht geht nicht über, wenn die unterhaltsberechtigte Person

1. mit der oder dem Verpflichteten in einer Bedarfsgemeinschaft lebt,
2. mit der oder dem Verpflichteten verwandt ist und den Unterhaltsanspruch nicht geltend macht; dies gilt nicht für Unterhaltsansprüche
   a) minderjähriger Leistungsberechtigter,
   b) Leistungsberechtigter, die das 25. Lebensjahr noch nicht vollendet und die Erstausbildung noch nicht abgeschlossen haben,

   gegen ihre Eltern,
3. in einem Kindschaftsverhältnis zur oder zum Verpflichteten steht und
   a) schwanger ist oder
   b) ihr leibliches Kind bis zur Vollendung seines sechsten Lebensjahres betreut.

2Der Übergang ist auch ausgeschlossen, soweit der Unterhaltsanspruch durch laufende Zahlung erfüllt wird. 3Der Anspruch geht nur über, soweit das Einkommen und Vermögen der unterhaltsverpflichteten Person das nach den §§ 11 bis 12 zu berücksichtigende Einkommen und Vermögen übersteigt.

(3) 1Für die Vergangenheit können die Träger der Leistungen nach diesem Buch außer unter den Voraussetzungen des bürgerlichen Rechts nur von der Zeit an den Anspruch geltend machen, zu welcher sie der oder dem Verpflichteten die Erbringung der Leistung schriftlich mitgeteilt haben. 2Wenn die Leistung voraussichtlich auf längere Zeit erbracht werden muss, können die Träger der Leistungen nach diesem Buch bis zur Höhe der bisherigen monatlichen Aufwendungen auch auf künftige Leistungen klagen.

(4) 1Die Träger der Leistungen nach diesem Buch können den auf sie übergegangenen Anspruch im Einvernehmen mit der Empfängerin oder dem Empfänger der Leistungen auf diese oder diesen zur gerichtlichen Geltendmachung rückübertragen und sich den geltend gemachten Anspruch abtreten lassen. 2Kosten, mit denen die Leistungsempfängerin oder der Leistungsempfänger dadurch selbst belastet wird, sind zu übernehmen. 3Über die Ansprüche nach Absatz 1 Satz 4 ist im Zivilrechtsweg zu entscheiden.

(5) Die §§ 115 und 116 des Zehnten Buches gehen der Regelung des Absatzes 1 vor.

§ 34 Ersatzansprüche bei sozialwidrigem Verhalten

(1) 1Wer nach Vollendung des 18. Lebensjahres vorsätzlich oder grob fahrlässig die Voraussetzungen für die Gewährung von Leistungen nach diesem Buch an sich oder an Personen, die mit ihr oder ihm in einer Bedarfsgemeinschaft leben, ohne wichtigen Grund herbeigeführt hat, ist zum Ersatz der deswegen erbrachten Geld- und Sachleistungen verpflichtet. 2Als Herbeiführung im Sinne des Satzes 1 gilt auch, wenn die Hilfebedürftigkeit erhöht, aufrechterhalten oder nicht verringert wurde. 3Sachleistungen sind, auch wenn sie in Form eines Gutscheins erbracht wurden, in Geld zu ersetzen. 4§ 40 Absatz 6 Satz 2 gilt entsprechend. 5Der Ersatzanspruch umfasst auch die geleisteten Beiträge zur Sozialversicherung. 6Von der Geltendmachung eines Ersatzanspruchs ist abzusehen, soweit sie eine Härte bedeuten würde.

(2) 1Eine nach Absatz 1 eingetretene Verpflichtung zum Ersatz der Leistungen geht auf den Erben über. 2Sie ist auf den Nachlasswert zum Zeitpunkt des Erbfalls begrenzt.

(3) 1Der Ersatzanspruch erlischt drei Jahre nach Ablauf des Jahres, für das die Leistung erbracht worden ist. 2Die Bestimmungen des Bürgerlichen Gesetzbuchs über die Hemmung, die Ablaufhemmung, den Neubeginn und die Wirkung der Verjährung gelten sinngemäß; der Erhebung der Klage steht der Erlass eines Leistungsbescheides gleich.

§ 34a Ersatzansprüche für rechtswidrig erbrachte Leistungen

(1) 1Zum Ersatz rechtswidrig erbrachter Geld- und Sachleistungen nach diesem Buch ist verpflichtet, wer diese durch vorsätzliches oder grob fahrlässiges Verhalten an Dritte herbeigeführt hat. 2Sachleistungen sind, auch wenn sie in Form eines Gutscheins erbracht wurden, in Geld zu ersetzen. 3§ 40 Absatz 6 Satz 2 gilt entsprechend. 4Der Ersatzanspruch umfasst auch die

geleisteten Beiträge zur Sozialversicherung entsprechend § 40 Absatz 2 Nummer 5.

(2) 1Der Ersatzanspruch verjährt in vier Jahren nach Ablauf des Kalenderjahres, in dem der Verwaltungsakt, mit dem die Erstattung nach § 50 des Zehnten Buches festgesetzt worden ist, unanfechtbar geworden ist. 2Soweit gegenüber einer rechtswidrig begünstigten Person ein Verwaltungsakt nicht aufgehoben werden kann, beginnt die Frist nach Satz 1 mit dem Zeitpunkt, ab dem die Behörde Kenntnis von der Rechtswidrigkeit der Leistungserbringung hat. 3§ 34 Absatz 3 Satz 2 gilt entsprechend.

(3) 1§ 34 Absatz 2 gilt entsprechend. 2Der Ersatzanspruch erlischt drei Jahre nach dem Tod der Person, die gemäß Absatz 1 zum Ersatz verpflichtet war; § 34 Absatz 3 Satz 2 gilt entsprechend.

(4) Zum Ersatz nach Absatz 1 und zur Erstattung nach § 50 des Zehnten Buches Verpflichtete haften als Gesamtschuldner.

§ 34b Erstattungsanspruch bei Doppelleistungen

(1) 1Hat ein vorrangig verpflichteter Leistungsträger in Unkenntnis der Leistung durch Träger nach diesem Buch an eine leistungsberechtigte Person geleistet, ist diese zur Erstattung der Leistung des vorrangigen Trägers an die Träger nach diesem Buch verpflichtet. 2Der Erstattungsanspruch besteht in der Höhe, in der ein Erstattungsanspruch nach dem Zweiten Abschnitt des Dritten Kapitels des Zehnten Buches bestanden hätte. 3§ 34c ist entsprechend anwendbar.

(2) Ein Erstattungsanspruch besteht nicht, soweit der geleistete Betrag als Einkommen nach den Vorschriften dieses Buches berücksichtigt werden kann.

(3) Der Erstattungsanspruch verjährt vier Jahre nach Ablauf des Kalenderjahres, in dem der vorrangig verpflichtete Leistungsträger die Leistung erbracht hat.

§ 34c Ersatzansprüche nach sonstigen Vorschriften

Bestimmt sich das Recht des Trägers nach diesem Buch, Ersatz seiner Aufwendungen von einem anderen zu verlangen, gegen den die Leistungsberechtigten einen Anspruch haben, nach sonstigen gesetzlichen Vorschriften, die dem § 33 vorgehen, gelten als Aufwendungen auch solche Leistungen zur Sicherung des Lebensunterhalts, die an die mit der leistungsberechtigten Person in einer Bedarfsgemeinschaft lebenden Personen erbracht wurden.

§ 35 (weggefallen)

Kapitel 4
Gemeinsame Vorschriften für Leistungen

Abschnitt 1
Zuständigkeit und Verfahren

§ 36 Örtliche Zuständigkeit

(1) 1Für die Leistungen nach § 6 Absatz 1 Satz 1 Nummer 1 ist die Agentur für Arbeit zuständig, in deren Bezirk die erwerbsfähige leistungsberechtigte Person ihren gewöhnlichen Aufenthalt hat. 2Für die Leistungen nach § 6 Absatz 1 Satz 1 Nummer 2 ist der kommunale Träger zuständig, in dessen Gebiet die erwerbsfähige leistungsberechtigte Person ihren gewöhnlichen Aufenthalt hat. 3Für Leistungen nach den Sätzen 1 und 2 an Minderjährige, die Leistungen für die Zeit der Ausübung des Umgangsrechts nur für einen kurzen Zeitraum beanspruchen, ist der jeweilige Träger an dem Ort zuständig, an dem die umgangsberechtigte Person ihren gewöhnlichen Aufenthalt hat. 4Kann ein gewöhnlicher Aufenthaltsort nicht festgestellt werden, so ist der Träger nach diesem Buch örtlich zuständig, in dessen Bereich sich die oder der erwerbsfähige Leistungsberechtigte tatsächlich aufhält. 5Für nicht erwerbsfähige Personen, deren Leistungsberechtigung sich aus § 7 Absatz 2 Satz 3 ergibt, gelten die Sätze 1 bis 4 entsprechend.

(2) 1Abweichend von Absatz 1 ist für die jeweiligen Leistungen nach diesem Buch der Träger zuständig, in dessen Gebiet die leistungsberechtigte Person nach § 12a Absatz 1 bis 3 des Aufenthaltsgesetzes ihren Wohnsitz zu nehmen hat. 2Ist die leistungsberechtigte Person nach § 12a Absatz 4 des Aufenthaltsgesetzes verpflichtet, ihren Wohnsitz an einem bestimmten Ort nicht zu nehmen, kann eine Zuständigkeit der Träger in diesem Gebiet für die jeweiligen Leistungen nach diesem Buch nicht begründet werden; im Übrigen gelten die Regelungen des Absatzes 1.

(3) 1Abweichend von den Absätzen 1 und 2 ist im Fall der Auszahlung der Leistungen nach § 28 Absatz 2 Satz 1 Nummer 1 nach § 29 Absatz 6 der kommunale Träger zuständig, in dessen Gebiet die Schule liegt. 2Die Zuständigkeit nach Satz 1 umfasst auch Leistungen an Schülerinnen und Schüler, für die im Übrigen ein anderer kommunaler Träger nach den Absätzen 1 oder 2 zuständig ist oder wäre.

§ 36a Kostenerstattung bei Aufenthalt im Frauenhaus

Sucht eine Person in einem Frauenhaus Zuflucht, ist der kommunale Träger am bisherigen gewöhnlichen Aufenthaltsort verpflichtet, dem durch die Aufnahme im Frauenhaus zuständigen kommunalen Träger am Ort des Frauenhauses die Kosten für die Zeit des Aufenthaltes im Frauenhaus zu erstatten.

§ 37 Antragserfordernis

(1) 1Leistungen nach diesem Buch werden auf Antrag erbracht. 2Leistungen nach § 24 Absatz 1 und 3 und Leistungen für die Bedarfe nach § 28 Absatz 5 sind gesondert zu beantragen.

(2) 1Leistungen nach diesem Buch werden nicht für Zeiten vor der Antragstellung erbracht. 2Der Antrag auf Leistungen zur Sicherung des Lebensunterhalts wirkt auf den Ersten des Monats zurück. 3Wird ein Antrag auf Leistungen zur Sicherung des Lebensunterhalts für einen einzelnen Monat gestellt, in dem aus Jahresabrechnungen von Heizenergiekosten oder aus der angemessenen Bevorratung mit Heizmitteln resultierende Aufwendungen für die Heizung fällig sind, wirkt dieser Antrag, wenn er bis zum Ablauf des dritten Monats nach dem Fälligkeitsmonat gestellt wird, auf den Ersten des Fälligkeitsmonats zurück. 4Satz 3 gilt nur für Anträge, die bis zum 31. Dezember 2023 gestellt werden.

§ 38 Vertretung der Bedarfsgemeinschaft

(1) 1Soweit Anhaltspunkte dem nicht entgegenstehen, wird vermutet, dass die oder der erwerbsfähige Leistungsberechtigte bevollmächtigt ist, Leistungen nach diesem Buch auch für die mit ihm in einer Bedarfsgemeinschaft lebenden Personen zu beantragen und entgegenzunehmen. 2Leben mehrere erwerbsfähige Leistungsberechtigte in einer Bedarfsgemeinschaft, gilt diese Vermutung zugunsten der Antrag stellenden Person.

(2) Für Leistungen an Kinder im Rahmen der Ausübung des Umgangsrechts hat die umgangsberechtigte Person die Befugnis, Leistungen nach diesem Buch zu beantragen und entgegenzunehmen, soweit das Kind dem Haushalt angehört.

§ 39 Sofortige Vollziehbarkeit

Keine aufschiebende Wirkung haben Widerspruch und Anfechtungsklage gegen einen Verwaltungsakt,

1. der Leistungen der Grundsicherung für Arbeitsuchende aufhebt, zurücknimmt, widerruft, entzieht, die Pflichtverletzung und die Minderung des Auszahlungsanspruchs feststellt oder Leistungen zur Eingliederung in Arbeit oder Pflichten erwerbsfähiger Leistungsberechtigter bei der Eingliederung in Arbeit regelt,
2. mit dem zur Beantragung einer vorrangigen Leistung aufgefordert wird oder
3. mit dem nach § 59 in Verbindung mit § 309 des Dritten Buches zur persönlichen Meldung bei der Agentur für Arbeit aufgefordert wird.

§ 40 Anwendung von Verfahrensvorschriften

(1) 1Für das Verfahren nach diesem Buch gilt das Zehnte Buch. 2Abweichend von Satz 1 gilt § 44 des Zehnten Buches mit der Maßgabe, dass

1. rechtswidrige nicht begünstigende Verwaltungsakte nach den Absätzen 1 und 2 nicht später als vier Jahre nach Ablauf des Jahres, in dem der Verwaltungsakt bekanntgegeben wurde, zurückzunehmen sind; ausreichend ist, wenn die Rücknahme innerhalb dieses Zeitraums beantragt wird,
2. anstelle des Zeitraums von vier Jahren nach Absatz 4 Satz 1 ein Zeitraum von einem Jahr tritt.

3Abweichend von Satz 1 gelten die §§ 45, 47 und 48 des Zehnten Buches mit der Maßgabe, dass ein Verwaltungsakt mit Wirkung für die Vergangenheit nicht aufzuheben ist, wenn sich ausschließlich Erstattungsforderungen nach § 50 Absatz 1 des Zehnten Buches von insgesamt weniger als 50 Euro für die Gesamtheit der Mitglieder der Bedarfsgemeinschaft ergäben. 4Bei der Prüfung der Aufhebung nach Satz 3 sind Umstände, die bereits Gegenstand einer vorherigen Prüfung nach Satz 3 waren, nicht zu berücksichtigen. 5Die Sätze 3 und 4 gelten in den Fällen des § 50 Absatz 2 des Zehnten Buches entsprechend.

(2) Entsprechend anwendbar sind die Vorschriften des Dritten Buches über

1. und 2. (weggefallen)

3. die Aufhebung von Verwaltungsakten (§ 330 Absatz 2, 3 Satz 1 und 4);
4. die vorläufige Zahlungseinstellung nach § 331 mit der Maßgabe, dass die Träger auch zur teilweisen Zahlungseinstellung berechtigt sind, wenn sie von Tatsachen Kenntnis erhalten, die zu einem geringeren Leistungsanspruch führen;
5. die Erstattung von Beiträgen zur Kranken-, Renten- und Pflegeversicherung (§ 335 Absatz 1, 2 und 5); § 335 Absatz 1 Satz 1 und Absatz 5 in Verbindung mit Absatz 1 Satz 1 ist nicht anwendbar, wenn in einem Kalendermonat für mindestens einen Tag rechtmäßig Bürgergeld nach § 19 Absatz 1 Satz 1 gewährt wurde; in den Fällen des § 335 Absatz 1 Satz 2 und Absatz 5 in Verbindung mit Absatz 1 Satz 2 besteht kein Beitragserstattungsanspruch.

(3) 1Liegen die in § 44 Absatz 1 Satz 1 des Zehnten Buches genannten Voraussetzungen für die Rücknahme eines rechtswidrigen nicht begünstigenden Ver-

waltungsaktes vor, weil dieser auf einer Rechtsnorm beruht, die nach Erlass des Verwaltungsaktes

1. durch eine Entscheidung des Bundesverfassungsgerichts für nichtig oder für unvereinbar mit dem Grundgesetz erklärt worden ist oder
2. in ständiger Rechtsprechung anders als durch den für die jeweilige Leistungsart zuständigen Träger der Grundsicherung für Arbeitsuchende ausgelegt worden ist,

so ist der Verwaltungsakt, wenn er unanfechtbar geworden ist, nur mit Wirkung für die Zeit nach der Entscheidung des Bundesverfassungsgerichts oder ab dem Bestehen der ständigen Rechtsprechung zurückzunehmen. 2Bei der Unwirksamkeit einer Satzung oder einer anderen im Rang unter einem Landesgesetz stehenden Rechtsvorschrift, die nach § 22a Absatz 1 und dem dazu ergangenen Landesgesetz erlassen worden ist, ist abweichend von Satz 1 auf die Zeit nach der Entscheidung durch das Landessozialgericht abzustellen.

(4) Der Verwaltungsakt, mit dem über die Gewährung von Leistungen nach diesem Buch abschließend entschieden wurde, ist mit Wirkung für die Zukunft ganz aufzuheben, wenn in den tatsächlichen Verhältnissen der leistungsberechtigten Person Änderungen eintreten, aufgrund derer nach Maßgabe des § 41a vorläufig zu entscheiden wäre.

(5) 1Verstirbt eine leistungsberechtigte Person oder eine Person, die mit der leistungsberechtigten Person in häuslicher Gemeinschaft lebt, bleiben im Sterbemonat allein die dadurch eintretenden Änderungen in den bereits bewilligten Leistungsansprüchen der leistungsberechtigten Person und der mit ihr in Bedarfsgemeinschaft lebenden Personen unberücksichtigt; die §§ 48 und 50 Absatz 2 des Zehnten Buches sind insoweit nicht anzuwenden. 2§ 118 Absatz 3 bis 4a des Sechsten Buches findet mit der Maßgabe entsprechend Anwendung, dass Geldleistungen, die für die Zeit nach dem Monat des Todes der leistungsberechtigten Person überwiesen wurden, als unter Vorbehalt erbracht gelten.

(6) 1§ 50 Absatz 1 des Zehnten Buches ist mit der Maßgabe anzuwenden, dass Gutscheine in Geld zu erstatten sind. 2Die leistungsberechtigte Person kann die Erstattungsforderung auch durch Rückgabe des Gutscheins erfüllen, soweit dieser nicht in Anspruch genommen wurde. 3Eine Erstattung der Leistungen nach § 28 erfolgt nicht, soweit eine Aufhebungsentscheidung allein wegen dieser Leistungen zu treffen wäre. 4Satz 3 gilt nicht im Fall des Widerrufs einer Bewilligungsentscheidung nach § 29 Absatz 5 Satz 2.

(7) § 28 des Zehnten Buches gilt mit der Maßgabe, dass der Antrag unverzüglich nach Ablauf des Monats, in dem die Ablehnung oder Erstattung der anderen Leistung bindend geworden ist, nachzuholen ist.

(8) Für die Vollstreckung von Ansprüchen der in gemeinsamen Einrichtungen zusammenwirkenden Träger nach diesem Buch gilt das Verwaltungs-Vollstreckungsgesetz des Bundes; im Übrigen gilt § 66 des Zehnten Buches.

(9) § 1629a des Bürgerlichen Gesetzbuchs gilt mit der Maßgabe, dass sich die Haftung eines Kindes auf das Vermögen beschränkt, das bei Eintritt der Volljährigkeit den Betrag von 15 000 Euro übersteigt.

(10) 1Erstattungsansprüche nach § 50 des Zehnten Buches, die auf die Aufnahme einer bedarfsdeckenden sozialversicherungspflichtigen Beschäftigung zurückzuführen sind, sind in monatlichen Raten in Höhe von 10 Prozent des maßgebenden Regelbedarfs zu tilgen. 2Dies gilt nicht, wenn vor Tilgung der gesamten Summe erneute Hilfebedürftigkeit eintritt.

§ 40a Erstattungsanspruch

1Wird einer leistungsberechtigten Person für denselben Zeitraum, für den ein Träger der Grundsicherung für Arbeitsuchende Leistungen nach diesem Buch erbracht hat, eine andere Sozialleistung bewilligt, so steht dem Träger der Grundsicherung für Arbeitsuchende unter den Voraussetzungen des § 104 des Zehnten Buches ein Erstattungsanspruch gegen den anderen Sozialleistungsträger zu. 2Der Erstattungsanspruch besteht auch, soweit die Erbringung des Arbeitslosengeldes II allein auf Grund einer nachträglich festgestellten vollen Erwerbsminderung rechtswidrig war oder rückwirkend eine Rente wegen Alters oder eine Knappschaftsausgleichsleistung zuerkannt wird. 3Die §§ 106 bis 114 des Zehnten Buches gelten entsprechend. 4§ 44a Absatz 3 bleibt unberührt.

§ 41 Berechnung der Leistungen und Bewilligungszeitraum

(1) 1Anspruch auf Leistungen zur Sicherung des Lebensunterhalts besteht für jeden Kalendertag. 2Der Monat wird mit 30 Tagen berechnet. 3Stehen die Leistungen nicht für einen vollen Monat zu, wird die Leistung anteilig erbracht.

(2) 1Berechnungen werden auf zwei Dezimalstellen durchgeführt, wenn nichts Abweichendes bestimmt ist. 2Bei einer auf Dezimalstellen durchgeführten Berechnung wird die letzte Dezimalstelle um eins erhöht, wenn sich in der folgenden Dezimalstelle eine der Ziffern 5 bis 9 ergeben würde.

(3) $_{1}$Über den Anspruch auf Leistungen zur Sicherung des Lebensunterhalts ist in der Regel für ein Jahr zu entscheiden (Bewilligungszeitraum). $_{2}$Der Bewilligungszeitraum soll insbesondere in den Fällen regelmäßig auf sechs Monate verkürzt werden, in denen

1. über den Leistungsanspruch vorläufig entschieden wird (§ 41a) oder
2. die Aufwendungen für die Unterkunft und Heizung unangemessen sind.

$_{3}$Die Festlegung des Bewilligungszeitraums erfolgt einheitlich für die Entscheidung über die Leistungsansprüche aller Mitglieder einer Bedarfsgemeinschaft. $_{4}$Wird mit dem Bescheid über Leistungen zur Sicherung des Lebensunterhalts nicht auch über die Leistungen zur Deckung der Bedarfe nach § 28 Absatz 2, 4, 6 und 7 entschieden, ist die oder der Leistungsberechtigte in dem Bescheid über Leistungen zur Sicherung des Lebensunterhalts darauf hinzuweisen, dass die Entscheidung über Leistungen zur Deckung der Bedarfe nach § 28 Absatz 2, 4, 6 und 7 gesondert erfolgt.

§ 41a Vorläufige Entscheidung

(1) $_{1}$Über die Erbringung von Geld- und Sachleistungen ist vorläufig zu entscheiden, wenn

1. zur Feststellung der Voraussetzungen des Anspruchs auf Geld- und Sachleistungen voraussichtlich längere Zeit erforderlich ist und die Voraussetzungen für den Anspruch mit hinreichender Wahrscheinlichkeit vorliegen oder
2. ein Anspruch auf Geld- und Sachleistungen dem Grunde nach besteht und zur Feststellung seiner Höhe voraussichtlich längere Zeit erforderlich ist.

$_{2}$Besteht eine Bedarfsgemeinschaft aus mehreren Personen, ist unter den Voraussetzungen des Satzes 1 über den Leistungsanspruch aller Mitglieder der Bedarfsgemeinschaft vorläufig zu entscheiden. $_{3}$Eine vorläufige Entscheidung ergeht nicht, wenn Leistungsberechtigte die Umstände, die einer sofortigen abschließenden Entscheidung entgegenstehen, zu vertreten haben.

(2) $_{1}$Der Grund der Vorläufigkeit ist anzugeben. $_{2}$Die vorläufige Leistung ist so zu bemessen, dass der monatliche Bedarf der Leistungsberechtigten zur Sicherung des Lebensunterhalts gedeckt ist; davon ist auszugehen, wenn das vorläufig berücksichtigte Einkommen voraussichtlich höchstens in Höhe des Absetzbetrages nach § 11b Absatz 1 Satz 1 Nummer 6 von dem nach Satz 3 zugrunde zu legenden Einkommen abweicht. $_{3}$Hierbei sind die im Zeitpunkt der Entscheidung bekannten und prognostizierten Verhältnisse zugrunde zu legen. $_{4}$Soweit die vorläufige Entscheidung nach Absatz 1 rechtswidrig ist, ist sie für die Zukunft zurückzunehmen. $_{5}$§ 45 Absatz 2 des Zehnten Buches findet keine Anwendung.

(3) $_{1}$Die Träger der Grundsicherung für Arbeitsuchende entscheiden abschließend über den monatlichen Leistungsanspruch, sofern die vorläufig bewilligte Leistung nicht der abschließend festzustellenden entspricht oder die leistungsberechtigte Person eine abschließende Entscheidung beantragt. $_{2}$Die leistungsberechtigte Person und die mit ihr in Bedarfsgemeinschaft lebenden Personen sind nach Ablauf des Bewilligungszeitraums verpflichtet, die von den Trägern der Grundsicherung für Arbeitsuchende zum Erlass einer abschließenden Entscheidung geforderten leistungserheblichen Tatsachen nachzuweisen; die §§ 60, 61, 65 und 65a des Ersten Buches gelten entsprechend. $_{3}$Kommen die leistungsberechtigte Person oder die mit ihr in Bedarfsgemeinschaft lebenden Personen ihrer Nachweis- oder Auskunftspflicht bis zur abschließenden Entscheidung nicht, nicht vollständig oder trotz angemessener Fristsetzung und schriftlicher Belehrung über die Rechtsfolgen nicht fristgemäß nach, setzen die Träger der Grundsicherung für Arbeitsuchende den Leistungsanspruch für diejenigen Kalendermonate nur in der Höhe abschließend fest, in welcher seine Voraussetzungen ganz oder teilweise nachgewiesen wurden. $_{4}$Für die übrigen Kalendermonate wird festgestellt, dass ein Leistungsanspruch nicht bestand.

(4) Die abschließende Entscheidung nach Absatz 3 soll nach Ablauf des Bewilligungszeitraums erfolgen.

(5) $_{1}$Ergeht innerhalb eines Jahres nach Ablauf des Bewilligungszeitraums keine abschließende Entscheidung nach Absatz 3, gelten die vorläufig bewilligten Leistungen als abschließend festgesetzt. $_{2}$Dies gilt nicht, wenn

1. die leistungsberechtigte Person innerhalb der Frist nach Satz 1 eine abschließende Entscheidung beantragt oder
2. der Leistungsanspruch aus einem anderen als dem nach Absatz 2 Satz 1 anzugebenden Grund nicht oder nur in geringerer Höhe als die vorläufigen Leistungen besteht und der Träger der Grundsicherung für Arbeitsuchende über den Leistungsanspruch innerhalb eines Jahres seit Kenntnis von diesen Tatsachen, spätestens aber nach Ablauf von zehn Jahren nach der Bekanntgabe der vorläufigen Entscheidung, abschließend entscheidet.

(6) $_{1}$Die aufgrund der vorläufigen Entscheidung erbrachten Leistungen sind auf die abschließend fest-

gestellten Leistungen anzurechnen. 2Soweit im Bewilligungszeitraum in einzelnen Kalendermonaten vorläufig zu hohe Leistungen erbracht wurden, sind die sich daraus ergebenden Überzahlungen auf die abschließend bewilligten Leistungen anzurechnen, die für andere Kalendermonate dieses Bewilligungszeitraums nachzuzahlen wären. 3Überzahlungen, die nach der Anrechnung fortbestehen, sind zu erstatten, sofern sie insgesamt mindestens 50 Euro für die Gesamtheit der Mitglieder der Bedarfsgemeinschaft betragen. 4Das gilt auch im Fall des Absatzes 3 Satz 3 und 4.

(7) 1Über die Erbringung von Geld- und Sachleistungen kann vorläufig entschieden werden, wenn

1. die Vereinbarkeit einer Vorschrift dieses Buches, von der die Entscheidung über den Antrag abhängt, mit höherrangigem Recht Gegenstand eines Verfahrens bei dem Bundesverfassungsgericht oder dem Gerichtshof der Europäischen Union ist oder
2. eine entscheidungserhebliche Rechtsfrage von grundsätzlicher Bedeutung Gegenstand eines Verfahrens beim Bundessozialgericht ist.

2Absatz 2 Satz 1, Absatz 3 Satz 2 bis 4 sowie Absatz 6 gelten entsprechend.

§ 42 Fälligkeit, Auszahlung und Unpfändbarkeit der Leistungen

(1) Leistungen sollen monatlich im Voraus erbracht werden.

(2) 1Auf Antrag der leistungsberechtigten Person können durch Bewilligungsbescheid festgesetzte, zum nächsten Zahlungszeitpunkt fällige Leistungsansprüche vorzeitig erbracht werden. 2Die Höhe der vorzeitigen Leistung ist auf 100 Euro begrenzt. 3Der Auszahlungsanspruch im Folgemonat verringert sich entsprechend. 4Soweit eine Verringerung des Auszahlungsanspruchs im Folgemonat nicht möglich ist, verringert sich der Auszahlungsanspruch für den zweiten auf die Bewilligung der vorzeitigen Leistung folgenden Monat. 5Die vorzeitige Leistung ist ausgeschlossen,

1. wenn im laufenden Monat oder im Monat der Verringerung des Leistungsanspruches eine Aufrechnung zu erwarten ist,
2. wenn der Leistungsanspruch im Folgemonat durch eine Sanktion gemindert ist oder
3. wenn sie bereits in einem der vorangegangenen zwei Kalendermonate in Anspruch genommen wurde.

(3) (weggefallen)

(4) 1Der Anspruch auf Leistungen zur Sicherung des Lebensunterhaltes kann nicht abgetreten, übertragen, verpfändet oder gepfändet werden. 2Die Abtretung und Übertragung nach § 53 Absatz 2 des Ersten Buches bleibt unberührt.

§ 42a Darlehen

(1) 1Darlehen werden nur erbracht, wenn ein Bedarf weder durch Vermögen nach § 12 Absatz 2 und 4 Satz 1 noch auf andere Weise gedeckt werden kann. 2Darlehen können an einzelne Mitglieder von Bedarfsgemeinschaften oder an mehrere gemeinsam vergeben werden. 3Die Rückzahlungsverpflichtung trifft die Darlehensnehmer.

(2) 1Solange Darlehensnehmer Leistungen zur Sicherung des Lebensunterhalts beziehen, werden Rückzahlungsansprüche aus Darlehen ab dem Monat, der auf die Auszahlung folgt, durch monatliche Aufrechnung in Höhe von 10 Prozent [ab 01.07.2023: 5 Prozent] des maßgebenden Regelbedarfs getilgt. 2§ 43 Absatz 3 gilt entsprechend. 3Die Aufrechnung ist gegenüber den Darlehensnehmern schriftlich durch Verwaltungsakt zu erklären. 4Satz 1 gilt nicht, soweit Leistungen zur Sicherung des Lebensunterhalts als Darlehen erbracht werden oder soweit bereits gemäß § 43 in Höhe von mehr als 20 Prozent des für die Darlehensnehmer maßgebenden Regelbedarfs gegen deren Ansprüche auf Geldleistungen zur Sicherung des Lebensunterhalts aufgerechnet wird.

(3) 1Rückzahlungsansprüche aus Darlehen nach § 24 Absatz 5 sind nach erfolgter Verwertung sofort in voller Höhe und Rückzahlungsansprüche aus Darlehen nach § 22 Absatz 6 bei Rückzahlung durch den Vermieter sofort in Höhe des noch nicht getilgten Darlehensbetrages fällig. 2Deckt der erlangte Betrag den noch nicht getilgten Darlehensbetrag nicht, soll eine Vereinbarung über die Rückzahlung des ausstehenden Betrags unter Berücksichtigung der wirtschaftlichen Verhältnisse der Darlehensnehmer getroffen werden.

(4) 1Nach Beendigung des Leistungsbezuges ist der noch nicht getilgte Darlehensbetrag sofort fällig. 2Über die Rückzahlung des ausstehenden Betrags soll eine Vereinbarung unter Berücksichtigung der wirtschaftlichen Verhältnisse der Darlehensnehmer getroffen werden.

(5) 1Rückzahlungsansprüche aus Darlehen nach § 27 Absatz 3 sind abweichend von Absatz 4 Satz 1 erst nach Abschluss der Ausbildung fällig. 2Absatz 4 Satz 2 gilt entsprechend.

(6) Sofern keine abweichende Tilgungsbestimmung getroffen wird, werden Zahlungen, die zur Tilgung der

gesamten fälligen Schuld nicht ausreichen, zunächst auf das zuerst erbrachte Darlehen angerechnet.

§ 43 Aufrechnung

(1) Die Jobcenter können gegen Ansprüche von leistungsberechtigten Personen auf Geldleistungen zur Sicherung des Lebensunterhalts aufrechnen mit

1. Erstattungsansprüchen nach § 50 des Zehnten Buches,
2. Ersatzansprüchen nach den §§ 34 und 34a,
3. Erstattungsansprüchen nach § 34b oder
4. Erstattungsansprüchen nach § 41a Absatz 6 Satz 3.

(2) 1Die Höhe der Aufrechnung beträgt bei Erstattungsansprüchen, die auf § 41a oder auf § 48 Absatz 1 Satz 2 Nummer 3 in Verbindung mit § 50 des Zehnten Buches beruhen, 10 Prozent des für die leistungsberechtigte Person maßgebenden Regelbedarfs, in den übrigen Fällen 30 Prozent. 2Die Aufrechnung, die zusammen mit bereits laufenden Aufrechnungen nach Absatz 1 und nach § 42a Absatz 2 insgesamt 30 Prozent des maßgebenden Regelbedarfs übersteigen würde, ist unzulässig.

(3) 1Eine Aufrechnung ist nicht zulässig für Zeiträume, in denen der Auszahlungsanspruch nach § 31b Absatz 1 Satz 1 um mindestens 30 Prozent des maßgebenden Regelbedarfs gemindert ist. 2Ist die Minderung des Auszahlungsanspruchs geringer, ist die Höhe der Aufrechnung auf die Differenz zwischen dem Minderungsbetrag und 30 Prozent des maßgebenden Regelbedarfs begrenzt.

(4) 1Die Aufrechnung ist gegenüber der leistungsberechtigten Person schriftlich durch Verwaltungsakt zu erklären. 2Sie endet spätestens drei Jahre nach dem Monat, der auf die Bestandskraft der in Absatz 1 genannten Entscheidungen folgt. 3Zeiten, in denen die Aufrechnung nicht vollziehbar ist, verlängern den Aufrechnungszeitraum entsprechend.

§ 43a Verteilung von Teilzahlungen

Teilzahlungen auf Ersatz- und Erstattungsansprüche der Träger nach diesem Buch gegen Leistungsberechtigte oder Dritte mindern die Aufwendungen der Träger der Aufwendungen im Verhältnis des jeweiligen Anteils an der Forderung zueinander.

§ 44 Veränderung von Ansprüchen

Die Träger von Leistungen nach diesem Buch dürfen Ansprüche erlassen, wenn deren Einziehung nach Lage des einzelnen Falles unbillig wäre.

Abschnitt 2
Einheitliche Entscheidung

§ 44a Feststellung von Erwerbsfähigkeit und Hilfebedürftigkeit

(1) 1Die Agentur für Arbeit stellt fest, ob die oder der Arbeitsuchende erwerbsfähig ist. 2Der Entscheidung können widersprechen:

1. der kommunale Träger,
2. ein anderer Träger, der bei voller Erwerbsminderung zuständig wäre, oder
3. die Krankenkasse, die bei Erwerbsfähigkeit Leistungen der Krankenversicherung zu erbringen hätte.

3Der Widerspruch ist zu begründen. 4Im Widerspruchsfall entscheidet die Agentur für Arbeit, nachdem sie eine gutachterliche Stellungnahme eingeholt hat. 5Die gutachterliche Stellungnahme erstellt der nach § 109a Absatz 4 des Sechsten Buches zuständige Träger der Rentenversicherung. 6Die Agentur für Arbeit ist bei der Entscheidung über den Widerspruch an die gutachterliche Stellungnahme nach Satz 5 gebunden. 7Bis zu der Entscheidung über den Widerspruch erbringen die Agentur für Arbeit und der kommunale Träger bei Vorliegen der übrigen Voraussetzungen Leistungen der Grundsicherung für Arbeitsuchende.

(1a) 1Der Einholung einer gutachterlichen Stellungnahme nach Absatz 1 Satz 4 bedarf es nicht, wenn der zuständige Träger der Rentenversicherung bereits nach § 109a Absatz 2 Satz 2 des Sechsten Buches eine gutachterliche Stellungnahme abgegeben hat. 2Die Agentur für Arbeit ist an die gutachterliche Stellungnahme gebunden.

(2) Die gutachterliche Stellungnahme des Rentenversicherungsträgers zur Erwerbsfähigkeit ist für alle gesetzlichen Leistungsträger nach dem Zweiten, Dritten, Fünften, Sechsten und Zwölften Buch bindend; § 48 des Zehnten Buches bleibt unberührt.

(3) 1Entscheidet die Agentur für Arbeit, dass ein Anspruch auf Leistungen der Grundsicherung für Arbeitsuchende nicht besteht, stehen ihr und dem kommunalen Träger Erstattungsansprüche nach § 103 des Zehnten Buches zu, wenn der oder dem Leistungsberechtigten eine andere Sozialleistung zuerkannt wird. 2§ 103 Absatz 3 des Zehnten Buches gilt mit der Maßgabe, dass Zeitpunkt der Kenntnisnahme der Leistungsverpflichtung des Trägers der Sozialhilfe, der Kriegsopferfürsorge und der Jugendhilfe der Tag des Widerspruchs gegen die Feststellung der Agentur für Arbeit ist.

(4) 1Die Agentur für Arbeit stellt fest, ob und in welchem Umfang die erwerbsfähige Person und die dem Haushalt angehörenden Personen hilfebedürftig sind. 2Sie ist dabei und bei den weiteren Entscheidungen nach diesem Buch an die Feststellung der Angemessenheit der Kosten für Unterkunft und Heizung durch den kommunalen Träger gebunden. 3Die Agentur für Arbeit stellt fest, ob die oder der erwerbsfähige Leistungsberechtigte oder die dem Haushalt angehörenden Personen vom Bezug von Leistungen nach diesem Buch ausgeschlossen sind.

(5) 1Der kommunale Träger stellt die Höhe der in seiner Zuständigkeit zu erbringenden Leistungen fest. 2Er ist dabei und bei den weiteren Entscheidungen nach diesem Buch an die Feststellungen der Agentur für Arbeit nach Absatz 4 gebunden. 3Satz 2 gilt nicht, sofern der kommunale Träger zur vorläufigen Zahlungseinstellung berechtigt ist und dies der Agentur für Arbeit vor dieser Entscheidung mitteilt.

(6) 1Der kommunale Träger kann einer Feststellung der Agentur für Arbeit nach Absatz 4 Satz 1 oder 3 innerhalb eines Monats schriftlich widersprechen, wenn er aufgrund der Feststellung höhere Leistungen zu erbringen hat. 2Der Widerspruch ist zu begründen; er befreit nicht von der Verpflichtung, die Leistungen entsprechend der Feststellung der Agentur für Arbeit zu gewähren. 3Die Agentur für Arbeit überprüft ihre Feststellung und teilt dem kommunalen Träger innerhalb von zwei Wochen ihre endgültige Feststellung mit. 4Hält der kommunale Träger seinen Widerspruch aufrecht, sind die Träger bis zu einer anderen Entscheidung der Agentur für Arbeit oder einer gerichtlichen Entscheidung an die Feststellung der Agentur für Arbeit gebunden.

§ 44b Gemeinsame Einrichtung

(1) 1Zur einheitlichen Durchführung der Grundsicherung für Arbeitsuchende bilden die Träger im Gebiet jedes kommunalen Trägers nach § 6 Absatz 1 Satz 1 Nummer 2 eine gemeinsame Einrichtung. 2Die gemeinsame Einrichtung nimmt die Aufgaben der Träger nach diesem Buch wahr; die Trägerschaft nach § 6 sowie nach den §§ 6a und 6b bleibt unberührt. 3Die gemeinsame Einrichtung ist befugt, Verwaltungsakte und Widerspruchsbescheide zu erlassen. 4Die Aufgaben werden von Beamtinnen und Beamten sowie Arbeitnehmerinnen und Arbeitnehmern wahrgenommen, denen entsprechende Tätigkeiten zugewiesen worden sind.

(2) 1Die Träger bestimmen den Standort sowie die nähere Ausgestaltung und Organisation der gemeinsamen Einrichtung durch Vereinbarung. 2Die Ausgestaltung und Organisation der gemeinsamen Einrichtung sollen die Besonderheiten der beteiligten Träger, des regionalen Arbeitsmarktes und der regionalen Wirtschaftsstruktur berücksichtigen. 3Die Träger können die Zusammenlegung mehrerer gemeinsamer Einrichtungen zu einer gemeinsamen Einrichtung vereinbaren.

(3) 1Den Trägern obliegt die Verantwortung für die rechtmäßige und zweckmäßige Erbringung ihrer Leistungen. 2Sie haben in ihrem Aufgabenbereich nach § 6 Absatz 1 Nummer 1 oder 2 gegenüber der gemeinsamen Einrichtung ein Weisungsrecht; dies gilt nicht im Zuständigkeitsbereich der Trägerversammlung nach § 44c. 3Die Träger sind berechtigt, von der gemeinsamen Einrichtung die Erteilung von Auskunft und Rechenschaftslegung über die Leistungserbringung zu fordern, die Wahrnehmung der Aufgaben in der gemeinsamen Einrichtung zu prüfen und die gemeinsame Einrichtung an ihre Auffassung zu binden. 4Vor Ausübung ihres Weisungsrechts in Angelegenheiten grundsätzlicher Bedeutung befassen die Träger den Kooperationsausschuss nach § 18b. 5Der Kooperationsausschuss kann innerhalb von zwei Wochen nach Anrufung eine Empfehlung abgeben.

(4) 1Die gemeinsame Einrichtung kann einzelne Aufgaben auch durch die Träger wahrnehmen lassen. 2Im Übrigen gelten die §§ 88 bis 92 des Zehnten Buches für die gemeinsamen Einrichtungen im Aufgabenbereich dieses Buches entsprechend.

(5) Die Bundesagentur stellt der gemeinsamen Einrichtung Angebote an Dienstleistungen zur Verfügung.

(6) Die Träger teilen der gemeinsamen Einrichtung alle Tatsachen und Feststellungen mit, von denen sie Kenntnis erhalten und die für die Leistungen erforderlich sind.

§ 44c Trägerversammlung

(1) 1Die gemeinsame Einrichtung hat eine Trägerversammlung. 2In der Trägerversammlung sind Vertreterinnen und Vertreter der Agentur für Arbeit und des kommunalen Trägers je zur Hälfte vertreten. 3In der Regel entsenden die Träger je drei Vertreterinnen oder Vertreter. 4Jede Vertreterin und jeder Vertreter hat eine Stimme. 5Die Vertreterinnen und Vertreter wählen eine Vorsitzende oder einen Vorsitzenden für eine Amtszeit von bis zu fünf Jahren. 6Kann in der Trägerversammlung keine Einigung über die Person der oder des Vorsitzenden erzielt werden, wird die oder der Vorsitzende von den Vertreterinnen und Vertretern der Agentur für Arbeit und des kommunalen Trägers abwechselnd jeweils für zwei Jahre bestimmt; die erstmalige Bestimmung erfolgt durch die Vertreterinnen

und Vertreter der Agentur für Arbeit. $_{7}$Die Trägerversammlung entscheidet durch Beschluss mit Stimmenmehrheit. $_{8}$Bei Stimmengleichheit entscheidet die Stimme der oder des Vorsitzenden; dies gilt nicht für Entscheidungen nach Absatz 2 Satz 2 Nummer 1, 4 und 8. $_{9}$Die Beschlüsse sind von der oder dem Vorsitzenden schriftlich oder elektronisch niederzulegen. $_{10}$Die Trägerversammlung gibt sich eine Geschäftsordnung.

(2) $_{1}$Die Trägerversammlung entscheidet über organisatorische, personalwirtschaftliche, personalrechtliche und personalvertretungsrechtliche Angelegenheiten der gemeinsamen Einrichtung. $_{2}$Dies sind insbesondere

1. die Bestellung und Abberufung der Geschäftsführerin oder des Geschäftsführers,
2. der Verwaltungsablauf und die Organisation,
3. die Änderung des Standorts der gemeinsamen Einrichtung,
4. die Entscheidungen nach § 6 Absatz 1 Satz 2 und § 44b Absatz 4, ob einzelne Aufgaben durch die Träger oder durch Dritte wahrgenommen werden,
5. die Regelung der Ordnung in der Dienststelle und des Verhaltens der Beschäftigten,
6. die Arbeitsplatzgestaltung,
7. die Genehmigung von Dienstvereinbarungen mit der Personalvertretung,
8. die Aufstellung des Stellenplans und der Richtlinien zur Stellenbewirtschaftung,
9. die grundsätzlichen Regelungen der innerdienstlichen, sozialen und persönlichen Angelegenheiten der Beschäftigten.

(3) Die Trägerversammlung nimmt in Streitfragen zwischen Personalvertretung und Geschäftsführerin oder Geschäftsführer die Aufgaben einer übergeordneten Dienststelle und obersten Dienstbehörde nach den §§ 71 bis 75, 77 und 82 des Bundespersonalvertretungsgesetzes wahr.

(4) $_{1}$Die Trägerversammlung berät zu gemeinsamen Betreuungsschlüsseln. $_{2}$Sie hat dabei die zur Verfügung stehenden Haushaltsmittel zu berücksichtigen. $_{3}$Bei der Personalbedarfsermittlung sind im Regelfall folgende Anteilsverhältnisse zwischen eingesetztem Personal und Leistungsberechtigten nach diesem Buch zu berücksichtigen:

1. 1 : 75 bei der Gewährung der Leistungen zur Eingliederung in Arbeit von erwerbsfähigen Leistungsberechtigten bis zur Vollendung des 25. Lebensjahres,
2. 1 : 150 bei der Gewährung der Leistungen zur Eingliederung in Arbeit von erwerbsfähigen Leistungsberechtigten, die das 25. Lebensjahr vollendet und die Altersgrenze nach § 7a noch nicht erreicht haben.

(5) $_{1}$Die Trägerversammlung stellt einheitliche Grundsätze der Qualifizierungsplanung und Personalentwicklung auf, die insbesondere der individuellen Entwicklung der Mitarbeiterinnen und Mitarbeiter dienen und ihnen unter Beachtung ihrer persönlichen Interessen und Fähigkeiten die zur Wahrnehmung ihrer Aufgaben erforderliche Qualifikation vermitteln sollen. $_{2}$Die Trägerversammlung stimmt die Grundsätze der Personalentwicklung mit den Personalentwicklungskonzepten der Träger ab. $_{3}$Die Geschäftsführerin oder der Geschäftsführer berichtet der Trägerversammlung regelmäßig über den Stand der Umsetzung.

(6) In der Trägerversammlung wird das örtliche Arbeitsmarkt- und Integrationsprogramm der Grundsicherung für Arbeitsuchende unter Beachtung von Zielvorgaben der Träger abgestimmt.

§ 44d Geschäftsführerin, Geschäftsführer

(1) $_{1}$Die Geschäftsführerin oder der Geschäftsführer führt hauptamtlich die Geschäfte der gemeinsamen Einrichtung, soweit durch Gesetz nichts Abweichendes bestimmt ist. $_{2}$Sie oder er vertritt die gemeinsame Einrichtung gerichtlich und außergerichtlich. $_{3}$Sie oder er hat die von der Trägerversammlung in deren Aufgabenbereich beschlossenen Maßnahmen auszuführen und nimmt an deren Sitzungen beratend teil.

(2) $_{1}$Die Geschäftsführerin oder der Geschäftsführer wird für fünf Jahre bestellt. $_{2}$Für die Ausschreibung der zu besetzenden Stelle findet § 4 der Bundeslaufbahnverordnung entsprechende Anwendung. $_{3}$Kann in der Trägerversammlung keine Einigung über die Person der Geschäftsführerin oder des Geschäftsführers erzielt werden, unterrichtet die oder der Vorsitzende der Trägerversammlung den Kooperationsausschuss. $_{4}$Der Kooperationsausschuss hört die Träger der gemeinsamen Einrichtung an und unterbreitet einen Vorschlag. $_{5}$Können sich die Mitglieder des Kooperationsausschusses nicht auf einen Vorschlag verständigen oder kann in der Trägerversammlung trotz Vorschlags keine Einigung erzielt werden, wird die Geschäftsführerin oder der Geschäftsführer von der Agentur für Arbeit und dem kommunalen Träger abwechselnd jeweils für zweieinhalb Jahre bestimmt. $_{6}$Die erstmalige Bestimmung erfolgt durch die Agentur für Arbeit; abweichend davon erfolgt die erstmalige Bestimmung durch den kommunalen Träger, wenn die Agentur für Arbeit erstmalig die Vorsitzende oder den Vorsitzenden der

Trägerversammlung bestimmt hat. 7Die Geschäftsführerin oder der Geschäftsführer kann auf Beschluss der Trägerversammlung vorzeitig abberufen werden. 8Bis zur Bestellung einer neuen Geschäftsführerin oder eines neuen Geschäftsführers führt sie oder er die Geschäfte der gemeinsamen Einrichtung kommissarisch.

(3) 1Die Geschäftsführerin oder der Geschäftsführer ist Beamtin, Beamter, Arbeitnehmerin oder Arbeitnehmer eines Trägers und untersteht dessen Dienstaufsicht. 2Soweit sie oder er Beamtin, Beamter, Arbeitnehmerin oder Arbeitnehmer einer nach § 6 Absatz 2 Satz 1 herangezogenen Gemeinde ist, untersteht sie oder er der Dienstaufsicht ihres oder seines Dienstherrn oder Arbeitgebers.

(4) Die Geschäftsführerin oder der Geschäftsführer übt über die Beamtinnen und Beamten sowie die Arbeitnehmerinnen und Arbeitnehmer, denen in der gemeinsamen Einrichtung Tätigkeiten zugewiesen worden sind, die dienst-, personal- und arbeitsrechtlichen Befugnisse der Bundesagentur und des kommunalen Trägers und die Dienstvorgesetzten- und Vorgesetztenfunktion, mit Ausnahme der Befugnisse zur Begründung und Beendigung der mit den Beamtinnen und Beamten sowie Arbeitnehmerinnen und Arbeitnehmern bestehenden Rechtsverhältnisse, aus.

(5) Die Geschäftsführerin ist Leiterin, der Geschäftsführer ist Leiter der Dienststelle im personalvertretungsrechtlichen Sinn und Arbeitgeber im Sinne des Arbeitsschutzgesetzes.

(6) Bei personalrechtlichen Entscheidungen, die in der Zuständigkeit der Träger liegen, hat die Geschäftsführerin oder der Geschäftsführer ein Anhörungs- und Vorschlagsrecht.

(7) 1Bei der besoldungsrechtlichen Einstufung der Dienstposten der Geschäftsführerinnen und der Geschäftsführer sind Höchstgrenzen einzuhalten. 2Die Besoldungsgruppe A 16 der Bundesbesoldungsordnung A, in Ausnahmefällen die Besoldungsgruppe B 3 der Bundesbesoldungsordnung B, oder die entsprechende landesrechtliche Besoldungsgruppe darf nicht überschritten werden. 3Das Entgelt für Arbeitnehmerinnen und Arbeitnehmer darf die für Beamtinnen und Beamte geltende Besoldung nicht übersteigen.

§ 44e Verfahren bei Meinungsverschiedenheit über die Weisungszuständigkeit

(1) 1Zur Beilegung einer Meinungsverschiedenheit über die Zuständigkeit nach § 44b Absatz 3 und § 44c Absatz 2 können die Träger oder die Trägerversammlung den Kooperationsausschuss anrufen. 2Stellt die Geschäftsführerin oder der Geschäftsführer fest, dass sich Weisungen der Träger untereinander oder mit einer Weisung der Trägerversammlung widersprechen, unterrichtet sie oder er unverzüglich die Träger, um diesen Gelegenheit zur Überprüfung der Zuständigkeit zum Erlass der Weisungen zu geben. 3Besteht die Meinungsverschiedenheit danach fort, kann die Geschäftsführerin oder der Geschäftsführer den Kooperationsausschuss anrufen.

(2) 1Der Kooperationsausschuss entscheidet nach Anhörung der Träger und der Geschäftsführerin oder des Geschäftsführers durch Beschluss mit Stimmenmehrheit. 2Bei Stimmengleichheit entscheidet die Stimme der oder des Vorsitzenden. 3Die Beschlüsse des Ausschusses sind von der Vorsitzenden oder von dem Vorsitzenden schriftlich oder elektronisch niederzulegen. 4Die oder der Vorsitzende teilt den Trägern, der Trägerversammlung sowie der Geschäftsführerin oder dem Geschäftsführer die Beschlüsse mit.

(3) 1Die Entscheidung des Kooperationsausschusses bindet die Träger. 2Soweit nach anderen Vorschriften der Rechtsweg gegeben ist, wird er durch die Anrufung des Kooperationsausschusses nicht ausgeschlossen.

§ 44f Bewirtschaftung von Bundesmitteln

(1) 1Die Bundesagentur überträgt der gemeinsamen Einrichtung die Bewirtschaftung von Haushaltsmitteln des Bundes, die sie im Rahmen von § 46 bewirtschaftet. 2Für die Übertragung und die Bewirtschaftung gelten die haushaltsrechtlichen Bestimmungen des Bundes.

(2) 1Zur Bewirtschaftung der Haushaltsmittel des Bundes bestellt die Geschäftsführerin oder der Geschäftsführer eine Beauftragte oder einen Beauftragten für den Haushalt. 2Die Geschäftsführerin oder der Geschäftsführer und die Trägerversammlung haben die Beauftragte oder den Beauftragten für den Haushalt an allen Maßnahmen von finanzieller Bedeutung zu beteiligen.

(3) Die Bundesagentur hat die Übertragung der Bewirtschaftung zu widerrufen, wenn die gemeinsame Einrichtung bei der Bewirtschaftung wiederholt oder erheblich gegen Rechts- oder Verwaltungsvorschriften verstoßen hat und durch die Bestellung einer oder eines anderen Beauftragten für den Haushalt keine Abhilfe zu erwarten ist.

(4) 1Näheres zur Übertragung und Durchführung der Bewirtschaftung von Haushaltsmitteln des Bundes kann zwischen der Bundesagentur und der gemeinsamen Einrichtung vereinbart werden. 2Der kommunale Träger kann die gemeinsame Einrichtung auch mit der

Bewirtschaftung von kommunalen Haushaltsmitteln beauftragen.

(5) Auf Beschluss der Trägerversammlung kann die Befugnis nach Absatz 1 auf die Bundesagentur zurückübertragen werden.

§ 44g Zuweisung von Tätigkeiten bei der gemeinsamen Einrichtung

(1) $_1$Beamtinnen und Beamten sowie Arbeitnehmerinnen und Arbeitnehmern der Träger und der nach § 6 Absatz 2 Satz 1 herangezogenen Gemeinden und Gemeindeverbände können mit Zustimmung der Geschäftsführerin oder des Geschäftsführers der gemeinsamen Einrichtung nach den beamten- und tarifrechtlichen Regelungen Tätigkeiten bei den gemeinsamen Einrichtungen zugewiesen werden; diese Zuweisung kann auch auf Dauer erfolgen. $_2$Die Zuweisung ist auch ohne Zustimmung der Beamtinnen und Beamten sowie Arbeitnehmerinnen und Arbeitnehmer zulässig, wenn dringende dienstliche Interessen es erfordern.

(2) (weggefallen)

(3) $_1$Die Rechtsstellung der Beamtinnen und Beamten bleibt unberührt. $_2$Ihnen ist eine ihrem Amt entsprechende Tätigkeit zu übertragen.

(4) $_1$Die mit der Bundesagentur, dem kommunalen Träger oder einer nach § 6 Absatz 2 Satz 1 herangezogenen Gemeinde oder einem Gemeindeverband bestehenden Arbeitsverhältnisse bleiben unberührt. $_2$Werden einer Arbeitnehmerin oder einem Arbeitnehmer aufgrund der Zuweisung Tätigkeiten übertragen, die einer niedrigeren Entgeltgruppe oder Tätigkeitsebene zuzuordnen sind, bestimmt sich die Eingruppierung nach der vorherigen Tätigkeit.

(5) $_1$Die Zuweisung kann

1. aus dienstlichen Gründen mit einer Frist von drei Monaten,
2. auf Verlangen der Beamtin, des Beamten, der Arbeitnehmerin oder des Arbeitnehmers aus wichtigem Grund jederzeit

beendet werden. $_2$Die Geschäftsführerin oder der Geschäftsführer kann der Beendigung nach Nummer 2 aus zwingendem dienstlichem Grund widersprechen.

§ 44h Personalvertretung

(1) $_1$In den gemeinsamen Einrichtungen wird eine Personalvertretung gebildet. $_2$Die Regelungen des Bundespersonalvertretungsgesetzes gelten entsprechend.

(2) Die Beamtinnen und Beamten sowie Arbeitnehmerinnen und Arbeitnehmer in der gemeinsamen Einrichtung besitzen für den Zeitraum, für den ihnen Tätigkeiten in der gemeinsamen Einrichtung zugewiesen worden sind, ein aktives und passives Wahlrecht zu der Personalvertretung.

(3) Der Personalvertretung der gemeinsamen Einrichtung stehen alle Rechte entsprechend den Regelungen des Bundespersonalvertretungsgesetzes zu, soweit der Trägerversammlung oder der Geschäftsführerin oder dem Geschäftsführer Entscheidungsbefugnisse in personalrechtlichen, personalwirtschaftlichen, sozialen oder die Ordnung der Dienststelle betreffenden Angelegenheiten zustehen.

(4) $_1$Zur Erörterung und Abstimmung gemeinsamer personalvertretungsrechtlich relevanter Angelegenheiten wird eine Arbeitsgruppe der Vorsitzenden der Personalvertretungen der gemeinsamen Einrichtungen eingerichtet. $_2$Die Arbeitsgruppe hält bis zu zwei Sitzungen im Jahr ab. $_3$Sie beschließt mit der Mehrheit der Stimmen ihrer Mitglieder eine Geschäftsordnung, die Regelungen über den Vorsitz, das Verfahren zur internen Willensbildung und zur Beschlussfassung enthalten muss. $_4$Die Arbeitsgruppe kann Stellungnahmen zu Maßnahmen der Träger, die Einfluss auf die Arbeitsbedingungen aller Arbeitnehmerinnen und Arbeitnehmer sowie Beamtinnen und Beamten in den gemeinsamen Einrichtungen haben können, an die zuständigen Träger abgeben.

(5) Die Rechte der Personalvertretungen der abgebenden Dienstherren und Arbeitgeber bleiben unberührt, soweit die Entscheidungsbefugnisse bei den Trägern verbleiben.

§ 44i Schwerbehindertenvertretung; Jugend- und Auszubildendenvertretung

Auf die Schwerbehindertenvertretung und Jugend- und Auszubildendenvertretung ist § 44h entsprechend anzuwenden.

§ 44j Gleichstellungsbeauftragte

$_1$In der gemeinsamen Einrichtung wird eine Gleichstellungsbeauftragte bestellt. $_2$Das Bundesgleichstellungsgesetz gilt entsprechend. $_3$Der Gleichstellungsbeauftragten stehen die Rechte entsprechend den Regelungen des Bundesgleichstellungsgesetzes zu, soweit die Trägerversammlung und die Geschäftsführer entscheidungsbefugt sind.

§ 44k Stellenbewirtschaftung

(1) Mit der Zuweisung von Tätigkeiten nach § 44g Absatz 1 übertragen die Träger der gemeinsamen Einrichtung die entsprechenden Planstellen und Stellen sowie Ermächtigungen für die Beschäftigung von

Arbeitnehmerinnen und Arbeitnehmern mit befristeten Arbeitsverträgen zur Bewirtschaftung.

(2) $_{1}$Der von der Trägerversammlung aufzustellende Stellenplan bedarf der Genehmigung der Träger. $_{2}$Bei Aufstellung und Bewirtschaftung des Stellenplanes unterliegt die gemeinsame Einrichtung den Weisungen der Träger.

§ 45 (weggefallen)

Kapitel 5
Finanzierung und Aufsicht

§ 46 Finanzierung aus Bundesmitteln

(1) $_{1}$Der Bund trägt die Aufwendungen der Grundsicherung für Arbeitsuchende einschließlich der Verwaltungskosten, soweit die Leistungen von der Bundesagentur erbracht werden. $_{2}$Der Bundesrechnungshof prüft die Leistungsgewährung. $_{3}$Dies gilt auch, soweit die Aufgaben von gemeinsamen Einrichtungen nach § 44b wahrgenommen werden. $_{4}$Eine Pauschalierung von Eingliederungsleistungen und Verwaltungskosten ist zulässig. $_{5}$Die Mittel für die Erbringung von Eingliederungsleistungen und Verwaltungskosten werden in einem Gesamtbudget veranschlagt.

(2) $_{1}$Der Bund kann festlegen, nach welchen Maßstäben die Mittel nach Absatz 1 Satz 4 auf die Agenturen für Arbeit zu verteilen sind. $_{2}$Bei der Zuweisung wird die Zahl der erwerbsfähigen Leistungsberechtigten nach diesem Buch zugrunde gelegt. $_{3}$Das Bundesministerium für Arbeit und Soziales kann im Einvernehmen mit dem Bundesministerium der Finanzen durch Rechtsverordnung ohne Zustimmung des Bundesrates andere oder ergänzende Maßstäbe für die Verteilung der Mittel nach Absatz 1 Satz 4 festlegen.

(3) $_{1}$Der Anteil des Bundes an den Gesamtverwaltungskosten der gemeinsamen Einrichtungen beträgt 84,8 Prozent. $_{2}$Durch Rechtsverordnung mit Zustimmung des Bundesrates kann das Bundesministerium für Arbeit und Soziales im Einvernehmen mit dem Bundesministerium der Finanzen festlegen, nach welchen Maßstäben

1. kommunale Träger die Aufwendungen der Grundsicherung für Arbeitsuchende bei der Bundesagentur abrechnen, soweit sie Aufgaben nach § 6 Absatz 1 Satz 1 Nummer 1 wahrnehmen,
2. die Gesamtverwaltungskosten, die der Berechnung des Finanzierungsanteils nach Satz 1 zugrunde liegen, zu bestimmen sind.

(4) (weggefallen)

(5) $_{1}$Der Bund beteiligt sich zweckgebunden an den Ausgaben für die Leistungen für Unterkunft und Heizung nach § 22 Absatz 1. $_{2}$Der Bund beteiligt sich höchstens mit 74 Prozent an den bundesweiten Ausgaben für die Leistungen nach § 22 Absatz 1. $_{3}$Es gelten landesspezifische Beteiligungsquoten, deren Höhe sich nach den Absätzen 6 bis 10 bestimmt.

(6) Der Bund beteiligt sich an den Ausgaben für die Leistungen nach § 22 Absatz 1 ab dem Jahr 2016

1. im Land Baden-Württemberg mit 31,6 Prozent,
2. im Land Rheinland-Pfalz mit 37,6 Prozent sowie
3. in den übrigen Ländern mit 27,6 Prozent.

(7) $_{1}$Die in Absatz 6 genannten Prozentsätze erhöhen sich jeweils

1. im Jahr 2018 um 7,9 Prozentpunkte,
2. im Jahr 2019 um 3,3 Prozentpunkte,
3. im Jahr 2020 um 27,7 Prozentpunkte,
4. im Jahr 2021 um 26,2 Prozentpunkte sowie
5. ab dem Jahr 2022 um 35,2 Prozentpunkte.

$_{2}$Darüber hinaus erhöhen sich die in Absatz 6 genannten Prozentsätze im Jahr 2017 jeweils um weitere 3,7 Prozentpunkte.

(8) $_{1}$Die in Absatz 6 genannten Prozentsätze erhöhen sich jeweils um einen landesspezifischen Wert in Prozentpunkten. $_{2}$Dieser entspricht den Gesamtausgaben des jeweiligen Landes für die Leistungen nach § 28 dieses Gesetzes sowie nach § 6b des Bundeskindergeldgesetzes des abgeschlossenen Vorjahres geteilt durch die Gesamtausgaben des jeweiligen Landes für die Leistungen nach § 22 Absatz 1 des abgeschlossenen Vorjahres multipliziert mit 100.

(9) Die in Absatz 6 genannten Prozentsätze erhöhen sich in den Jahren 2016 bis 2021 jeweils um einen weiteren landesspezifischen Wert in Prozentpunkten.

(10) $_{1}$Das Bundesministerium für Arbeit und Soziales wird ermächtigt, durch Rechtsverordnung mit Zustimmung des Bundesrates

1. die landesspezifischen Werte nach Absatz 8 Satz 1 jährlich für das Folgejahr festzulegen und für das laufende Jahr rückwirkend anzupassen,
2. die weiteren landesspezifischen Werte nach Absatz 9
   a) im Jahr 2019 für das Jahr 2020 festzulegen sowie für das laufende Jahr 2019 und das Vorjahr 2018 rückwirkend anzupassen,
   b) im Jahr 2020 für das Jahr 2021 festzulegen sowie für das laufende Jahr 2020 und das Vorjahr 2019 rückwirkend anzupassen,

c) im Jahr 2021 für das laufende Jahr 2021 und das Vorjahr 2020 rückwirkend anzupassen,
d) im Jahr 2022 für das Vorjahr 2021 rückwirkend anzupassen sowie

3. die landesspezifischen Beteiligungsquoten jährlich für das Folgejahr festzulegen und für das laufende Jahr rückwirkend anzupassen sowie in den Jahren 2019 bis 2022 für das jeweilige Vorjahr rückwirkend anzupassen.

2Die Festlegung und Anpassung der Werte nach Satz 1 Nummer 1 erfolgen in Höhe des jeweiligen Wertes nach Absatz 8 Satz 2 des abgeschlossenen Vorjahres. 3Für die Festlegung und Anpassung der Werte nach Satz 1 Nummer 2 werden auf der Grundlage statistischer Daten die Vorjahresausgaben eines Landes für Leistungen nach § 22 Absatz 1 für solche Bedarfsgemeinschaften ermittelt, in denen mindestens eine erwerbsfähige leistungsberechtigte Person, die nicht vor Oktober 2015 erstmals leistungsberechtigt war, über eine Aufenthaltsgestattung, eine Duldung oder eine Aufenthaltserlaubnis aus völkerrechtlichen, humanitären oder politischen Gründen nach den §§ 22 bis 26 des Aufenthaltsgesetzes verfügt. 4Bei der Ermittlung der Vorjahresausgaben nach Satz 3 ist nur der Teil zu berücksichtigen, der nicht vom Bund auf Basis der geltenden landesspezifischen Werte nach Absatz 6 erstattet wurde. 5Die Festlegung und Anpassung der Werte nach Satz 1 Nummer 2 erfolgen in Höhe des prozentualen Verhältnisses der nach den Sätzen 3 und 4 abgegrenzten Ausgaben zu den entsprechenden Vorjahresausgaben eines Landes für die Leistungen nach § 22 Absatz 1 für alle Bedarfsgemeinschaften. 6Soweit die Festlegung und Anpassung nach Satz 1 Nummer 1 und 2 zu landesspezifischen Beteiligungsquoten führen, auf Grund derer sich der Bund mit mehr als 74 Prozent an den bundesweiten Gesamtausgaben für die Leistungen nach § 22 Absatz 1 beteiligt, sind die Werte nach Absatz 7 proportional in dem Umfang zu mindern, dass die Beteiligung an den bundesweiten Gesamtausgaben für die Leistungen nach § 22 Absatz 1 nicht mehr als 74 Prozent beträgt. 7Soweit eine vollständige Minderung nach Satz 6 nicht ausreichend ist, sind anschließend die Werte nach Absatz 9 proportional in dem Umfang zu mindern, dass die Beteiligung an den bundesweiten Gesamtausgaben für die Leistungen nach § 22 Absatz 1 nicht mehr als 74 Prozent beträgt.

(11) 1Die Anteile des Bundes an den Leistungen nach § 22 Absatz 1 werden den Ländern erstattet. 2Der Abruf der Erstattungen ist höchstens zweimal monatlich zulässig. 3Soweit eine Bundesbeteiligung für Zahlungen geltend gemacht wird, die wegen des fristgerechten Eingangs beim Empfänger bereits am Ende eines Haushaltsjahres geleistet wurden, aber erst im folgenden Haushaltsjahr fällig werden, ist die für das folgende Haushaltsjahr geltende Bundesbeteiligung maßgeblich. 4Im Rahmen der rückwirkenden Anpassung nach Absatz 10 Satz 1 wird die Differenz, die sich aus der Anwendung der bis zur Anpassung geltenden landesspezifischen Beteiligungsquoten und der durch die Verordnung rückwirkend geltenden landesspezifischen Beteiligungsquoten ergibt, zeitnah im Erstattungsverfahren ausgeglichen. 5Die Gesamtausgaben für die Leistungen nach § 28 sowie nach § 6b des Bundeskindergeldgesetzes sowie die Gesamtausgaben für Leistungen nach § 22 Absatz 1 sind durch die Länder bis zum 31. März des Folgejahres zu ermitteln und dem Bundesministerium für Arbeit und Soziales mitzuteilen. 6Bei der Ermittlung ist maßgebend, dass diese Ausgaben im entsprechenden Jahr vom kommunalen Träger tatsächlich geleistet wurden; davon abweichend sind geleistete Ausgaben in Fällen des Satzes 3 den Gesamtausgaben des Jahres zuzurechnen, in dem sie fällig geworden sind. 7Die Ausgaben nach Satz 6 sind um entsprechende Einnahmen für die jeweiligen Leistungen im entsprechenden Jahr zu mindern. 8Die Länder gewährleisten, dass geprüft wird, dass die Ausgaben der kommunalen Träger nach Satz 5 begründet und belegt sind und den Grundsätzen der Wirtschaftlichkeit und Sparsamkeit entsprechen.

§ 47 Aufsicht

(1) 1Das Bundesministerium für Arbeit und Soziales führt die Rechts- und Fachaufsicht über die Bundesagentur, soweit dieser nach § 44b Absatz 3 ein Weisungsrecht gegenüber den gemeinsamen Einrichtungen zusteht. 2Das Bundesministerium für Arbeit und Soziales kann der Bundesagentur Weisungen erteilen und sie an seine Auffassung binden; es kann organisatorische Maßnahmen zur Wahrung der Interessen des Bundes an der Umsetzung der Grundsicherung für Arbeitsuchende treffen.

(2) 1Die zuständigen Landesbehörden führen die Aufsicht über die kommunalen Träger, soweit diesen nach § 44b Absatz 3 ein Weisungsrecht gegenüber den gemeinsamen Einrichtungen zusteht. 2Im Übrigen bleiben landesrechtliche Regelungen unberührt.

(3) 1Im Aufgabenbereich der Trägerversammlung führt das Bundesministerium für Arbeit und Soziales die Rechtsaufsicht über die gemeinsamen Einrichtungen im Einvernehmen mit der zuständigen obersten Landesbehörde. 2Kann ein Einvernehmen nicht hergestellt

werden, gibt der Kooperationsausschuss eine Empfehlung ab. ₃Von der Empfehlung kann das Bundesministerium für Arbeit und Soziales nur aus wichtigem Grund abweichen. ₄Im Übrigen ist der Kooperationsausschuss bei Aufsichtsmaßnahmen zu unterrichten.

(4) Das Bundesministerium für Arbeit und Soziales kann durch Rechtsverordnung ohne Zustimmung des Bundesrates die Wahrnehmung seiner Aufgaben nach den Absätzen 1 und 3 auf eine Bundesoberbehörde übertragen.

(5) Die aufsichtführenden Stellen sind berechtigt, die Wahrnehmung der Aufgaben bei den gemeinsamen Einrichtungen zu prüfen.

§ 48 Aufsicht über die zugelassenen kommunalen Träger

(1) Die Aufsicht über die zugelassenen kommunalen Träger obliegt den zuständigen Landesbehörden.

(2) ₁Die Rechtsaufsicht über die obersten Landesbehörden übt die Bundesregierung aus, soweit die zugelassenen kommunalen Träger Aufgaben anstelle der Bundesagentur erfüllen. ₂Zu diesem Zweck kann die Bundesregierung mit Zustimmung des Bundesrates allgemeine Verwaltungsvorschriften zu grundsätzlichen Rechtsfragen der Leistungserbringung erlassen. ₃Die Bundesregierung kann die Ausübung der Rechtsaufsicht auf das Bundesministerium für Arbeit und Soziales übertragen.

(3) Das Bundesministerium für Arbeit und Soziales kann mit Zustimmung des Bundesrates allgemeine Verwaltungsvorschriften für die Abrechnung der Aufwendungen der Grundsicherung für Arbeitsuchende erlassen.

§ 48a Vergleich der Leistungsfähigkeit

(1) Zur Feststellung und Förderung der Leistungsfähigkeit der örtlichen Aufgabenwahrnehmung der Träger der Grundsicherung für Arbeitsuchende erstellt das Bundesministerium für Arbeit und Soziales auf der Grundlage der Kennzahlen nach § 51b Absatz 3 Nummer 3 Kennzahlenvergleiche und veröffentlicht die Ergebnisse vierteljährlich.

(2) Das Bundesministerium für Arbeit und Soziales wird ermächtigt, durch Rechtsverordnung mit Zustimmung des Bundesrates die für die Vergleiche erforderlichen Kennzahlen sowie das Verfahren zu deren Weiterentwicklung und die Form der Veröffentlichung der Ergebnisse festzulegen.

§ 48b Zielvereinbarungen

(1) ₁Zur Erreichung der Ziele nach diesem Buch schließen

1. das Bundesministerium für Arbeit und Soziales im Einvernehmen mit dem Bundesministerium der Finanzen mit der Bundesagentur,
2. die Bundesagentur und die kommunalen Träger mit den Geschäftsführerinnen und Geschäftsführern der gemeinsamen Einrichtungen,
3. das Bundesministerium für Arbeit und Soziales mit der zuständigen Landesbehörde sowie
4. die zuständige Landesbehörde mit den zugelassenen kommunalen Trägern

Vereinbarungen ab. ₂Die Vereinbarungen nach Satz 1 Nummer 2 bis 4 umfassen alle Leistungen dieses Buches. ₃Die Beratungen über die Vereinbarung nach Satz 1 Nummer 3 führen die Kooperationsausschüsse nach § 18b. ₄Im Bund-Länder-Ausschuss nach § 18c wird für die Vereinbarungen nach diesem Absatz über einheitliche Grundlagen beraten.

(2) Die Vereinbarungen werden nach Beschlussfassung des Bundestages über das jährliche Haushaltsgesetz abgeschlossen.

(3) ₁Die Vereinbarungen umfassen insbesondere die Ziele der Verringerung der Hilfebedürftigkeit, Verbesserung der Integration in Erwerbstätigkeit und Vermeidung von langfristigem Leistungsbezug. ₂Die Vereinbarungen nach Absatz 1 Satz 1 Nummer 2 bis 4 umfassen zusätzlich das Ziel der Verbesserung der sozialen Teilhabe.

(4) Die Vereinbarungen nach Absatz 1 Satz 1 Nummer 4 sollen sich an den Vereinbarungen nach Absatz 1 Satz 1 Nummer 3 orientieren.

(5) Für den Abschluss der Vereinbarungen und die Nachhaltung der Zielerreichung sind die Daten nach § 51b und die Kennzahlen nach § 48a Absatz 2 maßgeblich.

(6) Die Vereinbarungen nach Absatz 1 Satz 1 Nummer 1 können

1. erforderliche Genehmigungen oder Zustimmungen des Bundesministeriums für Arbeit und Soziales ersetzen,
2. die Selbstbewirtschaftung von Haushaltsmitteln für Leistungen zur Eingliederung in Arbeit sowie für Verwaltungskosten zulassen.

§ 49 Innenrevision

(1) ₁Die Bundesagentur stellt durch organisatorische Maßnahmen sicher, dass in allen Dienststellen und gemeinsamen Einrichtungen durch eigenes, nicht der Dienststelle angehörendes Personal geprüft wird, ob von ihr Leistungen nach diesem Buch unter Beachtung der gesetzlichen Bestimmungen nicht hätten erbracht

werden dürfen oder zweckmäßiger oder wirtschaftlicher hätten eingesetzt werden können. 2Mit der Durchführung der Prüfungen können Dritte beauftragt werden.

(2) Das Prüfpersonal der Bundesagentur ist für die Zeit seiner Prüftätigkeit fachlich unmittelbar der Leitung der Dienststelle unterstellt, in der es beschäftigt ist.

(3) Der Vorstand legt die Berichte nach Absatz 1 unverzüglich dem Bundesministerium für Arbeit und Soziales vor.

Kapitel 6 Datenverarbeitung und datenschutzrechtliche Verantwortung

§ 50 Datenübermittlung

(1) 1Die Bundesagentur, die kommunalen Träger, die zugelassenen kommunalen Träger, gemeinsame Einrichtungen, die für die Bekämpfung von Leistungsmissbrauch und illegaler Beschäftigung zuständigen Stellen und mit der Wahrnehmung von Aufgaben beauftragte Dritte sollen sich gegenseitig Sozialdaten übermitteln, soweit dies zur Erfüllung ihrer Aufgaben nach diesem Buch oder dem Dritten Buch erforderlich ist. 2Hat die Agentur für Arbeit oder ein zugelassener kommunaler Träger eine externe Gutachterin oder einen externen Gutachter beauftragt, eine ärztliche oder psychologische Untersuchung oder Begutachtung durchzuführen, ist die Übermittlung von Daten an die Agentur für Arbeit oder den zugelassenen kommunalen Träger durch die externe Gutachterin oder den externen Gutachter zulässig, soweit dies zur Erfüllung des Auftrages erforderlich ist.

(2) Die gemeinsame Einrichtung ist Verantwortliche für die Verarbeitung von Sozialdaten nach § 67 Absatz 4 des Zehnten Buches sowie Stelle im Sinne des § 35 Absatz 1 des Ersten Buches.

(3) 1Die gemeinsame Einrichtung nutzt zur Erfüllung ihrer Aufgaben durch die Bundesagentur zentral verwaltete Verfahren der Informationstechnik. 2Sie ist verpflichtet, auf einen auf dieser Grundlage erstellten gemeinsamen zentralen Datenbestand zuzugreifen. 3Verantwortliche für die zentral verwalteten Verfahren der Informationstechnik nach § 67 Absatz 4 des Zehnten Buches ist die Bundesagentur.

(4) 1 Eine Verarbeitung von Sozialdaten durch die gemeinsame Einrichtung ist nur unter den Voraussetzungen der Verordnung (EU) 2016/679 des Europäischen Parlaments und des Rates vom 27. April 2016 zum Schutz natürlicher Personen bei der Verarbeitung personenbezogener Daten, zum freien Datenverkehr und zur Aufhebung der Richtlinie 95/46/EG (Datenschutz-Grundverordnung) (ABl. L 119 vom 4. 5. 2016, S. 1; L 314 vom 22. 11. 2016, S. 72; L 127 vom 23. 5. 2018, S. 2) in der jeweils geltenden Fassung sowie des Zweiten Kapitels des Zehnten Buches und der übrigen Bücher des Sozialgesetzbuches zulässig. 2Der Anspruch auf Zugang zu amtlichen Informationen gegenüber der gemeinsamen Einrichtung richtet sich nach dem Informationsfreiheitsgesetz des Bundes. 3Die Datenschutzkontrolle und die Kontrolle der Einhaltung der Vorschriften über die Informationsfreiheit bei der gemeinsamen Einrichtung sowie für die zentralen Verfahren der Informationstechnik obliegen nach § 9 Absatz 1 Satz 1 des Bundesdatenschutzgesetzes der oder dem Bundesbeauftragten für den Datenschutz und die Informationsfreiheit.

§ 50a Speicherung, Veränderung, Nutzung, Übermittlung, Einschränkung der Verarbeitung oder Löschung von Daten für die Ausbildungsvermittlung

1Gemeinsame Einrichtungen und zugelassene kommunale Träger dürfen die ihnen nach § 282b Absatz 4 des Dritten Buches von der Bundesagentur übermittelten Daten über eintragungsfähige oder eingetragene Ausbildungsverhältnisse ausschließlich speichern, verändern, nutzen, übermitteln oder in der Verarbeitung einschränken zur Verbesserung der

1. Ausbildungsvermittlung,
2. Zuverlässigkeit und Aktualität der Ausbildungsvermittlungsstatistik oder
3. Feststellung von Angebot und Nachfrage auf dem Ausbildungsmarkt.

2Die zu diesen Zwecken übermittelten Daten sind spätestens zum Ende des Kalenderjahres zu löschen.

§ 51 Verarbeitung von Sozialdaten durch nichtöffentliche Stellen

Die Träger der Leistungen nach diesem Buch dürfen abweichend von § 80 Absatz 3 des Zehnten Buches zur Erfüllung ihrer Aufgaben nach diesem Buch einschließlich der Erbringung von Leistungen zur Eingliederung in Arbeit und Bekämpfung von Leistungsmissbrauch nicht-öffentliche Stellen mit der Verarbeitung von Sozialdaten beauftragen.

§ 51a Kundennummer

1Jeder Person, die Leistungen nach diesem Gesetz bezieht, wird einmalig eine eindeutige, von der Bundesagentur oder im Auftrag der Bundesagentur von den zugelassenen kommunalen Trägern vergebene Kundennummer zugeteilt. $_{2}$Die Kundennummer ist vom Träger der Grundsicherung für Arbeitsuchende als Identifikationsmerkmal zu nutzen und dient ausschließlich diesem Zweck sowie den Zwecken nach § 51b Absatz 3. $_{3}$Soweit vorhanden, ist die schon beim Vorbezug von Leistungen nach dem Dritten Buch vergebene Kundennummer der Bundesagentur zu verwenden. $_{4}$Die Kundennummer bleibt der jeweiligen Person auch zugeordnet, wenn sie den Träger wechselt. $_{5}$Bei erneuter Leistung nach längerer Zeit ohne Inanspruchnahme von Leistungen nach diesem Buch oder nach dem Dritten Buch wird eine neue Kundennummer vergeben. $_{6}$Diese Regelungen gelten entsprechend auch für Bedarfsgemeinschaften. $_{7}$Als Bedarfsgemeinschaft im Sinne dieser Vorschrift gelten auch ein oder mehrere Kinder eines Haushalts, die nach § 7 Absatz 2 Satz 3 Leistungen erhalten. $_{8}$Bei der Übermittlung der Daten verwenden die Träger eine eindeutige, von der Bundesagentur vergebene Trägernummer.

§ 51b Verarbeitung von Daten durch die Träger der Grundsicherung für Arbeitsuchende

(1) $_{1}$Die zuständigen Träger der Grundsicherung für Arbeitsuchende erheben laufend die für die Durchführung der Grundsicherung für Arbeitsuchende erforderlichen Daten. $_{2}$Das Bundesministerium für Arbeit und Soziales wird ermächtigt, durch Rechtsverordnung mit Zustimmung des Bundesrates die nach Satz 1 zu erhebenden Daten, die zur Nutzung für die in Absatz 3 genannten Zwecke erforderlich sind, einschließlich des Verfahrens zu deren Weiterentwicklung festzulegen.

(2) Die kommunalen Träger und die zugelassenen kommunalen Träger übermitteln der Bundesagentur die Daten nach Absatz 1 unter Angabe eines eindeutigen Identifikationsmerkmals, personenbezogene Datensätze unter Angabe der Kundennummer sowie der Nummer der Bedarfsgemeinschaft nach § 51a.

(3) Die nach den Absätzen 1 und 2 erhobenen und an die Bundesagentur übermittelten Daten dürfen nur – unbeschadet auf sonstiger gesetzlicher Grundlagen bestehender Mitteilungspflichten – für folgende Zwecke gespeichert, verändert, genutzt, übermittelt, in der Verarbeitung eingeschränkt oder gelöscht werden:

1. die zukünftige Gewährung von Leistungen nach diesem und dem Dritten Buch an die von den Erhebungen betroffenen Personen,
2. Überprüfungen der Träger der Grundsicherung für Arbeitsuchende auf korrekte und wirtschaftliche Leistungserbringung,
3. die Erstellung von Statistiken, Kennzahlen für die Zwecke nach § 48a Absatz 2 und § 48b Absatz 5 und Controllingberichten durch die Bundesagentur, der laufenden Berichterstattung und der Wirkungsforschung nach den §§ 53 bis 55,
4. die Durchführung des automatisierten Datenabgleichs nach § 52,
5. die Bekämpfung von Leistungsmissbrauch.

(4) $_{1}$Die Bundesagentur regelt im Benehmen mit den kommunalen Spitzenverbänden auf Bundesebene den genauen Umfang der nach den Absätzen 1 bis 2 zu übermittelnden Informationen, einschließlich einer Inventurmeldung, sowie die Fristen für deren Übermittlung. $_{2}$Sie regelt ebenso die zu verwendenden Systematiken, die Art der Übermittlung der Datensätze einschließlich der Datenformate, sowie Aufbau, Vergabe, Verwendung und Löschungsfristen von Kunden- und Bedarfsgemeinschaftsnummern nach § 51a.

§ 52 Automatisierter Datenabgleich

(1) $_{1}$Die Bundesagentur und die zugelassenen kommunalen Träger überprüfen Personen, die Leistungen nach diesem Buch beziehen, zum 1. Januar, 1. April, 1. Juli und 1. Oktober im Wege des automatisierten Datenabgleichs daraufhin,

1. ob und in welcher Höhe und für welche Zeiträume von ihnen Leistungen der Träger der gesetzlichen Unfall- oder Rentenversicherung bezogen werden oder wurden,
2. ob und in welchem Umfang Zeiten des Leistungsbezuges nach diesem Buch mit Zeiten einer Versicherungspflicht oder Zeiten einer geringfügigen Beschäftigung zusammentreffen,
3. ob und welche Daten nach § 45d Absatz 1 und § 45e des Einkommensteuergesetzes an das Bundeszentralamt für Steuern übermittelt worden sind,
4. ob und in welcher Höhe ein Kapital nach § 12 Absatz 2 Satz 1 Nummer 2 nicht mehr dem Zweck einer geförderten zusätzlichen Altersvorsorge im Sinne des § 10a oder des Abschnitts XI des Einkommensteuergesetzes dient,
5. ob und in welcher Höhe und für welche Zeiträume von ihnen Leistungen der Bundesagentur als Träger der Arbeitsförderung nach dem Dritten Buch bezogen werden oder wurden,
6. ob und in welcher Höhe und für welche Zeiträume von ihnen Leistungen anderer Träger der Grundsicherung für Arbeitsuchende bezogen werden oder wurden.

$_{2}$Satz 1 gilt entsprechend für nicht leistungsberechtigte Personen, die mit Personen, die Leistungen nach diesem Buch beziehen, in einer Bedarfsgemeinschaft leben. 3Abweichend von Satz 1 können die dort genannten Träger die Überprüfung nach Satz 1 Nummer 2 zum ersten jedes Kalendermonats durchführen.

(2) Zur Durchführung des automatisierten Datenabgleichs dürfen die Träger der Leistungen nach diesem Buch die folgenden Daten einer Person, die Leistungen nach diesem Buch bezieht, an die in Absatz 1 genannten Stellen übermitteln:

1. Name und Vorname,
2. Geburtsdatum und -ort,
3. Anschrift,
4. Versicherungsnummer.

(2a) 1Die Datenstelle der Rentenversicherung darf als Vermittlungsstelle die nach den Absätzen 1 und 2 übermittelten Daten speichern und nutzen, soweit dies für die Datenabgleiche nach den Absätzen 1 und 2 erforderlich ist. 2Sie darf die Daten der Stammsatzdatei (§ 150 des Sechsten Buches) und des bei ihr für die Prüfung bei den Arbeitgebern geführten Dateisystems (§ 28p Absatz 8 Satz 2 des Vierten Buches) nutzen, soweit die Daten für die Datenabgleiche erforderlich sind. 3Die nach Satz 1 bei der Datenstelle der Rentenversicherung gespeicherten Daten sind unverzüglich nach Abschluss des Datenabgleichs zu löschen.

(3) 1Die den in Absatz 1 genannten Stellen überlassenen Daten und Datenträger sind nach Durchführung des Abgleichs unverzüglich zurückzugeben, zu löschen oder zu vernichten. 2Die Träger der Leistungen nach diesem Buch dürfen die ihnen übermittelten Daten nur zur Überprüfung nach Absatz 1 nutzen. 3Die übermittelten Daten der Personen, bei denen die Überprüfung zu keinen abweichenden Feststellungen führt, sind unverzüglich zu löschen.

(4) Das Bundesministerium für Arbeit und Soziales wird ermächtigt, durch Rechtsverordnung das Nähere über das Verfahren des automatisierten Datenabgleichs und die Kosten des Verfahrens zu regeln; dabei ist vorzusehen, dass die Übermittlung an die Auskunftsstellen durch eine zentrale Vermittlungsstelle (Kopfstelle) zu erfolgen hat, deren Zuständigkeitsbereich zumindest das Gebiet eines Bundeslandes umfasst.

§ 52a Überprüfung von Daten

(1) Die Agentur für Arbeit darf bei Personen, die Leistungen nach diesem Buch beantragt haben, beziehen oder bezogen haben, Auskunft einholen

1. über die in § 39 Absatz 1 Nummer 5 und 11 des Straßenverkehrsgesetzes angeführten Daten über ein Fahrzeug, für das die Person als Halter eingetragen ist, bei dem Zentralen Fahrzeugregister;
2. aus dem Melderegister nach den §§ 34 und 38 bis 41 des Bundesmeldegesetzes und dem Ausländerzentralregister,

soweit dies zur Bekämpfung von Leistungsmissbrauch erforderlich ist.

(2) 1Die Agentur für Arbeit darf Daten von Personen, die Leistungen nach diesem Buch beantragt haben, beziehen oder bezogen haben und die Wohngeld beantragt haben, beziehen oder bezogen haben, an die nach dem Wohngeldgesetz zuständige Behörde übermitteln, soweit dies zur Feststellung der Voraussetzungen des Ausschlusses vom Wohngeld (§§ 7 und 8 Absatz 1 des Wohngeldgesetzes) erforderlich ist. 2Die Übermittlung der in § 52 Absatz 2 Nummer 1 bis 3 genannten Daten ist zulässig. 3Die in Absatz 1 genannten Behörden führen die Überprüfung durch und teilen das Ergebnis der Überprüfungen der Agentur für Arbeit unverzüglich mit. 4Die in Absatz 1 und Satz 1 genannten Behörden haben die ihnen übermittelten Daten nach Abschluss der Überprüfung unverzüglich zu löschen.

Kapitel 7 Statistik und Forschung

§ 53 Statistik und Übermittlung statistischer Daten

(1) 1Die Bundesagentur erstellt aus den bei der Durchführung der Grundsicherung für Arbeitsuchende von ihr nach § 51b erhaltenen und den ihr von den kommunalen Trägern und den zugelassenen kommunalen Trägern nach § 51b übermittelten Daten Statistiken. 2Sie übernimmt die laufende Berichterstattung und bezieht die Leistungen nach diesem Buch in die Arbeitsmarkt- und Berufsforschung ein.

(2) Das Bundesministerium für Arbeit und Soziales kann Art und Umfang sowie Tatbestände und Merkmale der Statistiken und der Berichterstattung näher bestimmen.

(3) 1Die Bundesagentur legt die Statistiken nach Absatz 1 dem Bundesministerium für Arbeit und Soziales vor und veröffentlicht sie in geeigneter Form. 2Sie gewährleistet, dass auch kurzfristigem Informationsbedarf des Bundesministeriums für Arbeit und Soziales entsprochen werden kann.

(4) Die Bundesagentur stellt den statistischen Stellen der Kreise und kreisfreien Städte die für Zwecke der Planungsunterstützung und für die Sozialberichter-

stattung erforderlichen Daten und Tabellen der Arbeitsmarkt- und Grundsicherungsstatistik zur Verfügung.

(5) $_{1}$Die Bundesagentur kann dem Statistischen Bundesamt und den statistischen Ämtern der Länder für Zwecke der Planungsunterstützung und für die Sozialberichterstattung für ihren Zuständigkeitsbereich Daten und Tabellen der Arbeitsmarkt- und Grundsicherungsstatistik zur Verfügung stellen. $_{2}$Sie ist berechtigt, dem Statistischen Bundesamt und den statistischen Ämtern der Länder für ergänzende Auswertungen anonymisierte und pseudonymisierte Einzeldaten zu übermitteln. $_{3}$Bei der Übermittlung von pseudonymisierten Einzeldaten sind die Namen durch jeweils neu zu generierende Pseudonyme zu ersetzen. $_{4}$Nicht pseudonymisierte Anschriften dürfen nur zum Zwecke der Zuordnung zu statistischen Blöcken übermittelt werden.

(6) $_{1}$Die Bundesagentur ist berechtigt, für ausschließlich statistische Zwecke den zur Durchführung statistischer Aufgaben zuständigen Stellen der Gemeinden und Gemeindeverbände für ihren Zuständigkeitsbereich Daten und Tabellen der Arbeitsmarkt- und Grundsicherungsstatistik sowie anonymisierte und pseudonymisierte Einzeldaten zu übermitteln, soweit die Voraussetzungen nach § 16 Absatz 5 Satz 2 des Bundesstatistikgesetzes gegeben sind. $_{2}$Bei der Übermittlung von pseudonymisierten Einzeldaten sind die Namen durch jeweils neu zu generierende Pseudonyme zu ersetzen. $_{3}$Dabei dürfen nur Angaben zu kleinräumigen Gebietseinheiten, nicht aber die genauen Anschriften übermittelt werden.

(7) $_{1}$Die §§ 280 und 281 des Dritten Buches gelten entsprechend. $_{2}$§ 282a des Dritten Buches gilt mit der Maßgabe, dass Daten und Tabellen der Arbeitsmarkt- und Grundsicherungsstatistik auch den zur Durchführung statistischer Aufgaben zuständigen Stellen der Kreise und kreisfreien Städte sowie der Gemeinden und Gemeindeverbänden übermittelt werden dürfen, soweit die Voraussetzungen nach § 16 Absatz 5 Satz 2 des Bundesstatistikgesetzes gegeben sind.

§ 53a Arbeitslose

(1) Arbeitslose im Sinne dieses Gesetzes sind erwerbsfähige Leistungsberechtigte, die die Voraussetzungen des § 16 des Dritten Buches in sinngemäßer Anwendung erfüllen.

(2) (weggefallen)

§ 54 (weggefallen)

§ 55 Wirkungsforschung

(1) $_{1}$Die Wirkungen der Leistungen zur Eingliederung und der Leistungen zur Sicherung des Lebensunterhalts sind regelmäßig und zeitnah zu untersuchen und in die Arbeitsmarkt- und Berufsforschung nach § 282 des Dritten Buches einzubeziehen. $_{2}$Das Bundesministerium für Arbeit und Soziales und die Bundesagentur können in Vereinbarungen Einzelheiten der Wirkungsforschung festlegen. $_{3}$Soweit zweckmäßig, können Dritte mit der Wirkungsforschung beauftragt werden.

(2) Das Bundesministerium für Arbeit und Soziales untersucht vergleichend die Wirkung der örtlichen Aufgabenwahrnehmung durch die Träger der Leistungen nach diesem Buch.

Kapitel 8
Mitwirkungspflichten

§ 56 Anzeige- und Bescheinigungspflicht bei Arbeitsunfähigkeit

[bis 30.06.2023]

(1) $_{1}$Die Agentur für Arbeit soll erwerbsfähige Leistungsberechtigte, die Leistungen zur Sicherung des Lebensunterhalts beantragt haben oder beziehen, in der Eingliederungsvereinbarung oder in dem diese ersetzenden Verwaltungsakt nach § 15 Absatz 3 Satz 3 verpflichten,

[ab 01.07.2023]

(1) $_{1}$Erwerbsfähige Leistungsberechtigte, die Leistungen zur Sicherung des Lebensunterhalts beantragt haben oder beziehen, sind verpflichtet,

1. eine eingetretene Arbeitsunfähigkeit und deren voraussichtliche Dauer unverzüglich anzuzeigen und
2. spätestens vor Ablauf des dritten Kalendertages nach Eintritt der Arbeitsunfähigkeit eine ärztliche Bescheinigung über die Arbeitsunfähigkeit und deren voraussichtliche Dauer vorzulegen.

$_{2}$§ 31 Absatz 1 findet keine Anwendung. $_{3}$Die Agentur für Arbeit ist berechtigt, die Vorlage der ärztlichen Bescheinigung früher zu verlangen. $_{4}$Dauert die Arbeitsunfähigkeit länger als in der Bescheinigung angegeben, so ist der Agentur für Arbeit eine neue ärztliche Bescheinigung vorzulegen. $_{5}$Die Bescheinigungen müssen einen Vermerk des behandelnden Arztes darüber enthalten, dass dem Träger der Krankenversicherung unverzüglich eine Bescheinigung über die Arbeitsunfähigkeit mit Angaben über den Befund und die voraussichtliche Dauer der Arbeitsunfähigkeit übersandt wird. $_{6}$Zweifelt die Agentur für Arbeit an der

Arbeitsunfähigkeit der oder des erwerbsfähigen Leistungsberechtigten, so gilt § 275 Absatz 1 Nummer 3b und Absatz 1a des Fünften Buches entsprechend.

(2) $_{1}$Absatz 1 Satz 1 gilt nicht für erwerbsfähige Leistungsberechtigte, die einen Anspruch auf Arbeitslosengeld oder Teilarbeitslosengeld haben. $_{2}$Die Agentur für Arbeit kann erwerbsfähige Leistungsberechtigte im Einzelfall von der Verpflichtung nach Absatz 1 Satz 1 befreien. $_{3}$Sie soll erwerbsfähige Leistungsberechtigte befreien, sofern die Eingliederung in Arbeit oder Ausbildung hierdurch nicht gefährdet wird.

(3) $_{1}$Die Bundesagentur erstattet den Krankenkassen die Kosten für die Begutachtung durch den Medizinischen Dienst nach Absatz 1 Satz 6. $_{2}$Die Bundesagentur und der Spitzenverband Bund der Krankenkassen vereinbaren das Nähere über das Verfahren und die Höhe der Kostenerstattung; der Medizinische Dienst Bund ist zu beteiligen. $_{3}$In der Vereinbarung kann auch eine pauschale Abgeltung der Kosten geregelt werden.

§ 57 Auskunftspflicht von Arbeitgebern

$_{1}$Arbeitgeber haben der Agentur für Arbeit auf deren Verlangen Auskunft über solche Tatsachen zu geben, die für die Entscheidung über einen Anspruch auf Leistungen nach diesem Buch erheblich sein können; die Agentur für Arbeit kann hierfür die Benutzung eines Vordrucks verlangen. $_{2}$Die Auskunftspflicht erstreckt sich auch auf Angaben über das Ende und den Grund für die Beendigung des Beschäftigungsverhältnisses.

§ 58 Einkommensbescheinigung

(1) $_{1}$Wer jemanden, der laufende Geldleistungen nach diesem Buch beantragt hat oder bezieht, gegen Arbeitsentgelt beschäftigt, ist verpflichtet, diesem unverzüglich Art und Dauer dieser Erwerbstätigkeit sowie die Höhe des Arbeitsentgelts oder der Vergütung für die Zeiten zu bescheinigen, für die diese Leistung beantragt worden ist oder bezogen wird. $_{2}$Dabei ist der von der Agentur für Arbeit vorgesehene Vordruck zu benutzen. $_{3}$Die Bescheinigung ist der- oder demjenigen, die oder der die Leistung beantragt hat oder bezieht, unverzüglich auszuhändigen.

(2) Wer eine laufende Geldleistung nach diesem Buch beantragt hat oder bezieht und gegen Arbeitsentgelt beschäftigt wird, ist verpflichtet, dem Arbeitgeber den für die Bescheinigung des Arbeitsentgelts vorgeschriebenen Vordruck unverzüglich vorzulegen.

§ 59 Meldepflicht

Die Vorschriften über die allgemeine Meldepflicht, § 309 des Dritten Buches, und über die Meldepflicht bei Wechsel der Zuständigkeit, § 310 des Dritten Buches, sind entsprechend anzuwenden.

§ 60 Auskunftspflicht und Mitwirkungspflicht Dritter

(1) Wer jemandem, der Leistungen nach diesem Buch beantragt hat oder bezieht, Leistungen erbringt, die geeignet sind, diese Leistungen nach diesem Buch auszuschließen oder zu mindern, hat der Agentur für Arbeit auf Verlangen hierüber Auskunft zu erteilen, soweit es zur Durchführung der Aufgaben nach diesem Buch erforderlich ist.

(2) $_{1}$Wer jemandem, der eine Leistung nach diesem Buch beantragt hat oder bezieht, zu Leistungen verpflichtet ist, die geeignet sind, Leistungen nach diesem Buch auszuschließen oder zu mindern, oder wer für ihn Guthaben führt oder Vermögensgegenstände verwahrt, hat der Agentur für Arbeit auf Verlangen hierüber sowie über damit im Zusammenhang stehendes Einkommen oder Vermögen Auskunft zu erteilen, soweit es zur Durchführung der Aufgaben nach diesem Buch erforderlich ist. $_{2}$§ 21 Absatz 3 Satz 4 des Zehnten Buches gilt entsprechend. $_{3}$Für die Feststellung einer Unterhaltsverpflichtung ist § 1605 Absatz 1 des Bürgerlichen Gesetzbuchs anzuwenden.

(3) Wer jemanden, der

1. Leistungen nach diesem Buch beantragt hat oder bezieht oder dessen Partnerin oder Partner oder
2. nach Absatz 2 zur Auskunft verpflichtet ist,

beschäftigt, hat der Agentur für Arbeit auf Verlangen über die Beschäftigung, insbesondere über das Arbeitsentgelt, Auskunft zu erteilen, soweit es zur Durchführung der Aufgaben nach diesem Buch erforderlich ist.

(4) $_{1}$Sind Einkommen oder Vermögen der Partnerin oder des Partners zu berücksichtigen, haben

1. diese Partnerin oder dieser Partner,
2. Dritte, die für diese Partnerin oder diesen Partner Guthaben führen oder Vermögensgegenstände verwahren,

der Agentur für Arbeit auf Verlangen hierüber Auskunft zu erteilen, soweit es zur Durchführung der Aufgaben nach diesem Buch erforderlich ist. $_{2}$§ 21 Absatz 3 Satz 4 des Zehnten Buches gilt entsprechend.

(5) Wer jemanden, der Leistungen nach diesem Buch beantragt hat, bezieht oder bezogen hat, beschäftigt, hat der Agentur für Arbeit auf Verlangen Einsicht in Geschäftsbücher, Geschäftsunterlagen und Belege sowie in Listen, Entgeltverzeichnisse und Entgeltbelege für Heimarbeiterinnen oder Heimarbeiter zu gewäh-

ren, soweit es zur Durchführung der Aufgaben nach diesem Buch erforderlich ist.

§ 61 Auskunftspflichten bei Leistungen zur Eingliederung in Arbeit

(1) 1Träger, die eine Leistung zur Eingliederung in Arbeit erbracht haben oder erbringen, haben der Agentur für Arbeit unverzüglich Auskünfte über Tatsachen zu erteilen, die Aufschluss darüber geben, ob und inwieweit Leistungen zu Recht erbracht worden sind oder werden. 2Sie haben Änderungen, die für die Leistungen erheblich sind, unverzüglich der Agentur für Arbeit mitzuteilen.

(2) 1Die Teilnehmerinnen und Teilnehmer an Maßnahmen zur Eingliederung sind verpflichtet,

1. der Agentur für Arbeit auf Verlangen Auskunft über den Eingliederungserfolg der Maßnahme sowie alle weiteren Auskünfte zu erteilen, die zur Qualitätsprüfung benötigt werden, und
2. eine Beurteilung ihrer Leistung und ihres Verhaltens durch den Maßnahmeträger zuzulassen.

2Die Maßnahmeträger sind verpflichtet,

1. ihre Beurteilung der oder des Teilnehmenden unverzüglich der Agentur für Arbeit zu übermitteln,
2. der für die einzelne Teilnehmerin oder den einzelnen Teilnehmer zuständigen Agentur für Arbeit kalendermonatlich die Fehltage der Teilnehmerin oder des Teilnehmers sowie die Gründe für die Fehltage mitzuteilen.

3Dabei haben sie jeweils die von der Agentur für Arbeit vorgegebenen Verfahren und Formate zu nutzen.

§ 62 Schadenersatz

Wer vorsätzlich oder fahrlässig

1. eine Einkommensbescheinigung nicht, nicht richtig oder nicht vollständig ausfüllt,
2. eine Auskunft nach § 57 oder § 60 nicht, nicht richtig oder nicht vollständig erteilt,

ist zum Ersatz des daraus entstehenden Schadens verpflichtet.

Kapitel 9
Straf- und Bußgeldvorschriften

§ 63 Bußgeldvorschriften

(1) Ordnungswidrig handelt, wer vorsätzlich oder fahrlässig

1. entgegen § 57 Satz 1 eine Auskunft nicht, nicht richtig, nicht vollständig oder nicht rechtzeitig erteilt,
2. entgegen § 58 Absatz 1 Satz 1 oder 3 Art oder Dauer der Erwerbstätigkeit oder die Höhe des Arbeitsentgelts oder der Vergütung nicht, nicht richtig, nicht vollständig oder nicht rechtzeitig bescheinigt oder eine Bescheinigung nicht oder nicht rechtzeitig aushändigt,
3. entgegen § 58 Absatz 2 einen Vordruck nicht oder nicht rechtzeitig vorlegt,
4. entgegen § 60 Absatz 1, 2 Satz 1, Absatz 3 oder 4 Satz 1 oder als privater Träger entgegen § 61 Absatz 1 Satz 1 eine Auskunft nicht, nicht richtig, nicht vollständig oder nicht rechtzeitig erteilt,
5. entgegen § 60 Absatz 5 Einsicht nicht oder nicht rechtzeitig gewährt,
6. entgegen § 60 Absatz 1 Satz 1 Nummer 1 des Ersten Buches eine Angabe nicht, nicht richtig, nicht vollständig oder nicht rechtzeitig macht oder
7. entgegen § 60 Absatz 1 Satz 1 Nummer 2 des Ersten Buches eine Änderung in den Verhältnissen, die für einen Anspruch auf eine laufende Leistung erheblich ist, nicht, nicht richtig, nicht vollständig oder nicht rechtzeitig mitteilt.

(1a) Die Bestimmungen des Absatzes 1 Nummer 1, 4, 5, 6 und 7 gelten auch in Verbindung mit § 6b Absatz 1 Satz 2 oder § 44b Absatz 1 Satz 2 erster Halbsatz.

(2) Die Ordnungswidrigkeit kann in den Fällen des Absatzes 1 Nummer 6 und 7 mit einer Geldbuße bis zu fünftausend Euro, in den übrigen Fällen mit einer Geldbuße bis zu zweitausend Euro geahndet werden.

Kapitel 10
Bekämpfung von Leistungsmissbrauch

§ 64 Zuständigkeit und Zusammenarbeit mit anderen Behörden

(1) Für die Bekämpfung von Leistungsmissbrauch gilt § 319 des Dritten Buches entsprechend.

(2) Verwaltungsbehörden im Sinne des § 36 Absatz 1 Nummer 1 des Gesetzes über Ordnungswidrigkeiten sind in den Fällen

1. des § 63 Absatz 1 Nummer 1 bis 5 die gemeinsame Einrichtung oder der nach § 6a zugelassene kommunale Träger,
2. des § 63 Absatz 1 Nummer 6 und 7
   a) die gemeinsame Einrichtung oder der nach § 6a zugelassene kommunale Träger sowie
   b) die Behörden der Zollverwaltung

jeweils für ihren Geschäftsbereich.

(3) Bei der Verfolgung und Ahndung der Ordnungswidrigkeiten nach § 63 Absatz 1 Nummer 6 und 7 arbeiten die Behörden nach Absatz 2 Nummer 2 mit

den in § 2 Absatz 4 des Schwarzarbeitsbekämpfungsgesetzes genannten Behörden zusammen.

(4) $_1$Soweit die gemeinsame Einrichtung Verwaltungsbehörde nach Absatz 2 ist, fließen die Geldbußen in die Bundeskasse. $_2$§ 66 des Zehnten Buches gilt entsprechend. $_3$Die Bundeskasse trägt abweichend von § 105 Absatz 2 des Gesetzes über Ordnungswidrigkeiten die notwendigen Auslagen. $_4$Sie ist auch ersatzpflichtig im Sinne des § 110 Absatz 4 des Gesetzes über Ordnungswidrigkeiten.

Kapitel 11
Übergangs- und Schlussvorschriften

§ 65 Übergangsregelungen aus Anlass des Zwölften Gesetzes zur Änderung des Zweiten Buches Sozialgesetzbuch und anderer Gesetze – Einführung eines Bürgergeldes

(1) § 3 Absatz 2a in der bis zum 31. Dezember 2022 geltenden Fassung findet bis zur erstmaligen Erstellung eines Kooperationsplans nach § 15, spätestens bis zum Ablauf des 31. Dezember 2023, weiter Anwendung.

(2) Sofern die Träger der Grundsicherung für Arbeitsuchende vor dem 1. Januar 2023 nach § 5 Absatz 3 Satz 1 Leistungsberechtigte aufgefordert haben, eine Rente wegen Alters vorzeitig in Anspruch zu nehmen, ist die Stellung eines entsprechenden Antrages durch die Träger nach diesem Buch nach dem 31. Dezember 2022 unzulässig.

(3) Zeiten eines Leistungsbezugs bis zum 31. Dezember 2022 bleiben bei den Karenzzeiten nach § 12 Absatz 3 Satz 1 und § 22 Absatz 1 Satz 2 unberücksichtigt.

(4) § 15 ist in der bis zum Ablauf des 30. Juni 2023 geltenden Fassung für bis zu diesem Zeitpunkt abgeschlossene Eingliederungsvereinbarungen bis zur erstmaligen Erstellung eines Kooperationsplans nach § 15, spätestens bis zum Ablauf des 31. Dezember 2023, weiter anzuwenden.

(5) Abweichend von § 20 Absatz 1a Satz 3 SGB II ist für das Jahr 2023 auf den Betrag abzustellen, der sich aus der Tabelle in der Anlage zu § 28 SGB XII in Verbindung mit § 134 Absatz 2 SGB XII ergibt.

(6) § 22 Absatz 1 Satz 2 gilt nicht in den Fällen, in denen in einem der vorangegangenen Bewilligungszeiträume für die aktuell bewohnte Unterkunft die angemessenen und nicht die tatsächlichen Aufwendungen als Bedarf anerkannt wurden.

(6a) In den Fällen des Absatz 4 ist § 31 Absatz 1 Nummer 1 in der bis zum Ablauf des 30. Juni 2022 geltenden Fassung weiter anzuwenden.

(7) $_1$§ 40 Absatz 1 Satz 3 bis 5 ist bei Prüfungen ab dem 1. Januar 2023 anzuwenden. $_2$§ 41a Absatz 6 Satz 3 in der ab dem 1. Januar 2023 geltenden Fassung ist bei abschließenden Entscheidungen anzuwenden, die ab dem 1. Januar 2023 getroffen werden.

(8) $_1$Erwerbsfähige Leistungsberechtigte, die am 31. Dezember 2022 aufgrund von § 53a Absatz 2 in der bis zum 31. Dezember 2022 geltenden Fassung nicht als arbeitslos galten, gelten auch weiterhin nicht als arbeitslos, sofern die Voraussetzungen des § 53a Absatz 2 in der bis zum 31. Dezember 2022 geltenden Fassung weiter vorliegen. $_2$Die Vorschrift hat keine Auswirkungen auf die Erbringung von Eingliederungsleistungen.

(9) Bis zum Ablauf des 30. Juni 2023 kann von den zuständigen Behörden für den Begriff Bürgergeld auch der Begriff „Arbeitslosengeld II" oder „Sozialgeld" verwendet werden.

§§ 65a bis 65c (weggefallen)

§ 65d Übermittlung von Daten

(1) Der Träger der Sozialhilfe und die Agentur für Arbeit machen dem zuständigen Leistungsträger auf Verlangen die bei ihnen vorhandenen Unterlagen über die Gewährung von Leistungen für Personen, die Leistungen der Grundsicherung für Arbeitsuchende beantragt haben oder beziehen, zugänglich, soweit deren Kenntnis im Einzelfall für die Erfüllung der Aufgaben nach diesem Buch erforderlich ist.

(2) Die Bundesagentur erstattet den Trägern der Sozialhilfe die Sachkosten, die ihnen durch das Zugänglichmachen von Unterlagen entstehen; eine Pauschalierung ist zulässig.

§ 65e Übergangsregelung zur Aufrechnung

$_1$Der zuständige Träger der Leistungen nach diesem Buch kann mit Zustimmung des Trägers der Sozialhilfe dessen Ansprüche gegen den Leistungsberechtigten mit Geldleistungen zur Sicherung des Lebensunterhalts nach den Voraussetzungen des § 43 Absatz 2, 3 und 4 Satz 1 aufrechnen. $_2$Die Aufrechnung wegen eines Anspruchs nach Satz 1 ist auf die ersten zwei Jahre der Leistungserbringung nach diesem Buch beschränkt.

§ 66 Rechtsänderungen bei Leistungen zur Eingliederung in Arbeit

(1) Wird dieses Gesetzbuch geändert, so sind, soweit nichts Abweichendes bestimmt ist, auf Leistungen zur

Eingliederung in Arbeit bis zum Ende der Leistungen oder der Maßnahme die Vorschriften in der vor dem Tag des Inkrafttretens der Änderung geltenden Fassung weiter anzuwenden, wenn vor diesem Tag

1. der Anspruch entstanden ist,
2. die Leistung zuerkannt worden ist oder
3. die Maßnahme begonnen hat, wenn die Leistung bis zum Beginn der Maßnahme beantragt worden ist.

(2) Ist eine Leistung nur für einen begrenzten Zeitraum zuerkannt worden, richtet sich eine Verlängerung nach den zum Zeitpunkt der Entscheidung über die Verlängerung geltenden Vorschriften.

§ 67 Vereinfachtes Verfahren für den Zugang zu sozialer Sicherung aus Anlass der COVID-19-Pandemie; Verordnungsermächtigung

(1) Leistungen für Bewilligungszeiträume, die in der Zeit vom 1. März 2020 bis zum 31. März 2022 beginnen, werden nach Maßgabe der Absätze 2 bis 4 erbracht.

(2) $_1$Abweichend von den §§ 9, 12 und 19 Absatz 3 wird Vermögen für die Dauer von sechs Monaten nicht berücksichtigt. $_2$Satz 1 gilt nicht, wenn das Vermögen erheblich ist; es wird vermutet, dass kein erhebliches Vermögen vorhanden ist, wenn die Antragstellerin oder der Antragsteller dies im Antrag erklärt.

(3) $_1$§ 22 Absatz 1 ist mit der Maßgabe anzuwenden, dass die tatsächlichen Aufwendungen für Unterkunft und Heizung für die Dauer von sechs Monaten als angemessen gelten. $_2$Nach Ablauf des Zeitraums nach Satz 1 ist § 22 Absatz 1 Satz 3 mit der Maßgabe anzuwenden, dass der Zeitraum nach Satz 1 nicht auf die in § 22 Absatz 1 Satz 3 genannte Frist anzurechnen ist. $_3$Satz 1 gilt nicht in den Fällen, in denen im vorangegangenen Bewilligungszeitraum die angemessenen und nicht die tatsächlichen Aufwendungen als Bedarf anerkannt wurden.

(4) $_1$Sofern über die Leistungen nach § 41a Absatz 1 Satz 1 vorläufig zu entscheiden ist, ist über den Anspruch auf Leistungen zur Sicherung des Lebensunterhalts abweichend von § 41 Absatz 3 Satz 1 und 2 für sechs Monate zu entscheiden. $_2$In den Fällen des Satzes 1 entscheiden die Träger der Grundsicherung für Arbeitsuchende für Bewilligungszeiträume, die bis zum 31. März 2021 begonnen haben, abweichend von § 41a Absatz 3 nur auf Antrag abschließend über den monatlichen Leistungsanspruch.

(5) Die Bundesregierung wird ermächtigt, den in Absatz 1 genannten Zeitraum durch Rechtsverordnung ohne Zustimmung des Bundesrates längstens bis zum 31. Dezember 2022 zu verlängern.

Der in § 67 Absatz 1 genannte Zeitraum wurde bis zum 31. Dezember 2022 verlängert (Verordnung vom 10. März 2022, BGBl. I S. 426).

§ 68 (weggefallen)

§ 69 Übergangsregelung zum Freibetrag für Grundrentenzeiten und vergleichbare Zeiten

Über die Erbringung der Leistungen zur Sicherung des Lebensunterhalts ist ohne Berücksichtigung eines möglichen Freibetrages nach § 11b Absatz 2a in Verbindung mit § 82a des Zwölften Buches zu entscheiden, solange nicht durch eine Mitteilung des Rentenversicherungsträgers oder einer berufsständischen Versicherungs- oder Versorgungseinrichtung nachgewiesen ist, dass die Voraussetzungen für die Einräumung des Freibetrages vorliegen.

§ 70 Einmalzahlung aus Anlass der COVID-19-Pandemie

$_1$Leistungsberechtigte, die für den Monat Mai 2021 Anspruch auf Arbeitslosengeld II oder Sozialgeld haben und deren Bedarf sich nach Regelbedarfsstufe 1 oder 2 richtet, erhalten für den Zeitraum vom 1. Januar 2021 bis zum 30. Juni 2021 zum Ausgleich der mit der COVID-19-Pandemie in Zusammenhang stehenden Mehraufwendungen eine Einmalzahlung in Höhe von 150 Euro. $_2$Satz 1 gilt auch für Leistungsberechtigte, deren Bedarf sich nach Regelbedarfsstufe 3 richtet, sofern bei ihnen kein Kindergeld als Einkommen berücksichtigt wird.

§ 71 Kinderfreizeitbonus und weitere Regelung aus Anlass der COVID-19-Pandemie

(1) $_1$Abweichend von § 37 Absatz 1 Satz 2 gilt der Antrag auf Leistungen nach § 28 Absatz 5 in der Zeit vom 1. Juli 2021 bis zum Ablauf des 31. Dezember 2023 als von dem Antrag auf Leistungen zur Sicherung des Lebensunterhalts mit umfasst. $_2$Dies gilt für ab dem 1. Juli 2021 entstehende Lernförderungsbedarfe auch dann, wenn die jeweiligen Bewilligungszeiträume nur teilweise in den in Satz 1 genannten Zeitraum fallen, weil sie entweder bereits vor dem 1. Juli 2021 begonnen haben oder erst nach dem 31. Dezember 2023 enden.

(2) $_1$Leistungsberechtigte, die für den Monat August 2021 Anspruch auf Arbeitslosengeld II oder Sozialgeld und das 18. Lebensjahr noch nicht vollendet haben, erhalten eine Einmalzahlung in Höhe von 100 Euro.

$_{2}$Satz 1 gilt nicht für Leistungsberechtigte, für die im Monat August 2021 Kinderzuschlag nach § 6a des Bundeskindergeldgesetzes gezahlt wird. $_{3}$Eines gesonderten Antrags bedarf es nicht. $_{4}$Erhält die leistungsberechtigte Person Arbeitslosengeld II oder Sozialgeld in zwei Bedarfsgemeinschaften, wird die Leistung nach Satz 1 in der Bedarfsgemeinschaft erbracht, in der das Kindergeld für die leistungsberechtigte Person berücksichtigt wird.

§ 72 Sofortzuschlag

(1) $_{1}$Kinder, Jugendliche und junge Erwachsene, die Anspruch auf Bürgergeld haben, dem ein Regelbedarf nach den Regelbedarfsstufen 3, 4, 5 oder 6 zu Grunde liegt, haben zusätzlich Anspruch auf einen monatlichen Sofortzuschlag in Höhe von 20 Euro. $_{2}$Satz 1 gilt auch für Kinder, Jugendliche und junge Erwachsene, die

1. nur einen Anspruch auf eine Bildungs- und Teilhabeleistung haben oder
2. nur deshalb keinen Anspruch auf Bürgergeld haben, weil im Rahmen der Prüfung der Hilfebedürftigkeit Kindergeld berücksichtigt wurde (§ 11 Absatz 1 Satz 5).

$_{3}$Der Sofortzuschlag wird erstmalig für den Monat Juli 2022 erbracht.

(2) $_{1}$Wird die Entscheidung über die Bewilligung von Bürgergeld oder der Bildungs- und Teilhabeleistung rückwirkend geändert oder fällt sie rückwirkend weg, erfolgt keine rückwirkende Aufhebung der Bewilligung und keine Rückforderung des Sofortzuschlages. $_{2}$Dies gilt auch, wenn sich aufgrund einer abschließenden Entscheidung nach § 41a Absatz 3 kein Anspruch auf Bürgergeld oder eine Bildungs- und Teilhabeleistung ergibt.

(3) § 42 Absatz 4 gilt auch für den Anspruch auf den Sofortzuschlag.

§ 73 Einmalzahlung für den Monat Juli 2022

Leistungsberechtigte, die für den Monat Juli 2022 Anspruch auf Arbeitslosengeld II oder Sozialgeld haben und deren Bedarf sich nach der Regelbedarfsstufe 1 oder 2 richtet, erhalten für diesen Monat zum Ausgleich der mit der COVID-19-Pandemie in Zusammenhang stehenden Mehraufwendungen eine Einmalzahlung in Höhe von 200 Euro.

§ 74 Ansprüche von Ausländerinnen und Ausländern mit einer Fiktionsbescheinigung

(1) $_{1}$Abweichend von § 7 Absatz 1 Satz 2 Nummer 1 und 2 erhalten Leistungen nach diesem Buch auch Personen, die gemäß § 49 des Aufenthaltsgesetzes erkennungsdienstlich behandelt worden sind, eine Aufenthaltserlaubnis nach § 24 Absatz 1 des Aufenthaltsgesetzes beantragt haben und denen eine entsprechende Fiktionsbescheinigung nach § 81 Absatz 5 in Verbindung mit Absatz 3 des Aufenthaltsgesetzes ausgestellt worden ist. $_{2}$§ 7 Absatz 1 Satz 1 Nummer 4 und § 8 Absatz 2 sind nicht anzuwenden. $_{3}$Der Bewilligungszeitraum ist abweichend von § 41 Absatz 3 Satz 1 auf längstens sechs Monate zu verkürzen.

(2) Absatz 1 gilt auch für Personen, die gemäß § 49 des Aufenthaltsgesetzes erkennungsdienstlich behandelt worden sind, eine Aufenthaltserlaubnis nach § 24 Absatz 1 des Aufenthaltsgesetzes beantragt haben und denen daher eine entsprechende Fiktionsbescheinigung nach § 81 Absatz 5 in Verbindung mit Absatz 4 des Aufenthaltsgesetzes ausgestellt worden ist.

(3) $_{1}$Die Absätze 1 und 2 sind bei Personen, denen nach dem 24. Februar 2022 und vor dem 1. Juni 2022 auf Grund eines Antrages auf eine Aufenthaltserlaubnis nach § 24 Absatz 1 des Aufenthaltsgesetzes eine entsprechende Fiktionsbescheinigung nach § 81 Absatz 5 in Verbindung mit Absatz 3 oder Absatz 4 des Aufenthaltsgesetzes ausgestellt worden ist, mit der Maßgabe anzuwenden, dass anstelle der erkennungsdienstlichen Behandlung die Speicherung der Daten nach § 3 Absatz 1 des AZR-Gesetzes erfolgt ist. $_{2}$Eine nicht durchgeführte erkennungsdienstliche Behandlung nach § 49 des Aufenthaltsgesetzes oder nach § 16 des Asylgesetzes ist in diesen Fällen durch die zuständige Behörde bis zum Ablauf des 31. Oktober 2022 nachzuholen.

(4) Das Erfordernis des Nachholens einer erkennungsdienstlichen Behandlung in Absatz 3 gilt nicht, soweit eine erkennungsdienstliche Behandlung nach § 49 des Aufenthaltsgesetzes nicht vorgesehen ist.

(5) $_{1}$In der Zeit vom 1. Juni 2022 bis einschließlich 31. August 2022 gilt der Antrag auf Leistungen zur Sicherung des Lebensunterhalts nach diesem Buch für Leistungsberechtigte nach § 18 des Asylbewerberleistungsgesetzes als gestellt. $_{2}$Die Leistungen nach diesem Buch sind gegenüber den Leistungen nach § 18 des Asylbewerberleistungsgesetzes vorrangig. $_{3}$Wenn die Träger der Grundsicherung für Arbeitsuchende Leistungsberechtigten nach § 18 des Asylbewerberleistungsgesetzes laufende Leistungen zur Sicherung des Lebensunterhalts bewilligt haben, haben sie den Zeitpunkt der Aufnahme der laufenden Leistungsgewährung den für die Durchführung des Asylbewerberleistungsgesetzes zuständigen Behörden unver-

züglich anzuzeigen. ₄Der für die Durchführung des Asylbewerberleistungsgesetzes zuständigen Behörde stehen Erstattungsansprüche nach Maßgabe des § 104 des Zehnten Buches zu.

§ 75 (weggefallen)

§ 76 Gesetz zur Weiterentwicklung der Organisation der Grundsicherung für Arbeitsuchende

(1) Nimmt im Gebiet eines kommunalen Trägers nach § 6 Absatz 1 Satz 1 Nummer 2 mehr als eine Arbeitsgemeinschaft nach § 44b in der bis zum 31. Dezember 2010 geltenden Fassung die Aufgaben nach diesem Buch wahr, kann insoweit abweichend von § 44b Absatz 1 Satz 1 mehr als eine gemeinsame Einrichtung gebildet werden.

(2) ₁Bei Wechsel der Trägerschaft oder der Organisationsform tritt der zuständige Träger oder die zuständige Organisationsform an die Stelle des bisherigen Trägers oder der bisherigen Organisationsform; dies gilt auch für laufende Verwaltungs- und Gerichtsverfahren. ₂Die Träger teilen sich alle Tatsachen mit, die zur Vorbereitung eines Wechsels der Organisationsform erforderlich sind. ₃Sie sollen sich auch die zu diesem Zweck erforderlichen Sozialdaten in automatisierter und standardisierter Form übermitteln.

§ 77 (weggefallen)

§ 78 (weggefallen)

§ 79 Achtes Gesetz zur Änderung des Zweiten Buches Sozialgesetzbuch – Ergänzung personalrechtlicher Bestimmungen

(1) Hat ein nach § 40a zur Erstattung verpflichteter Sozialleistungsträger in der Zeit vom 31. Oktober 2012 bis zum 5. Juni 2014 in Unkenntnis des Bestehens der Erstattungspflicht bereits an die leistungsberechtigte Person geleistet, entfällt der Erstattungsanspruch.

(2) Eine spätere Zuweisung von Tätigkeiten in den gemeinsamen Einrichtungen, die nach § 44g Absatz 2 in der bis zum 31. Dezember 2014 geltenden Fassung erfolgt ist, gilt fort.

§ 80 (weggefallen)

§ 81 (weggefallen)

§ 82 Gesetz zur Förderung der beruflichen Weiterbildung im Strukturwandel und zur Weiterentwicklung der Ausbildungsförderung

Für Maßnahmen der ausbildungsbegleitenden Hilfen, die bis zum 28. Februar 2021 beginnen und bis zum 30. September 2021, im Fall des § 75 Absatz 2 Satz 2 des Dritten Buches in der bis zum 28. Mai 2020 geltenden Fassung bis zum 31. März 2022, enden, und für Maßnahmen der Assistierten Ausbildung, die bis zum 30. September 2020 beginnen, gelten § 16 Absatz 1 Satz 2 Nummer 3 in der bis zum 28. Mai 2020 geltenden Fassung in Verbindung mit § 450 Absatz 2 Satz 1 und Absatz 3 Satz 1 des Dritten Buches.

§ 83 Übergangsregelung aus Anlass des Gesetzes zur Ermittlung der Regelbedarfe und zur Änderung des Zwölften Buches Sozialgesetzbuch sowie weiterer Gesetze

(1) ₁§ 21 Absatz 4 Satz 1 in der bis zum 31. Dezember 2019 geltenden Fassung ist für erwerbsfähige Leistungsberechtigte mit Behinderungen, bei denen bereits bis zu diesem Zeitpunkt Eingliederungshilfe nach § 54 Absatz 1 Satz 1 Nummer 1 bis 3 des Zwölften Buches erbracht wurde und deswegen ein Mehrbedarf anzuerkennen war, ab dem 1. Januar 2020 für die Dauer der Maßnahme weiter anzuwenden, sofern der zugrundeliegende Maßnahmenbescheid noch wirksam ist. ₂Der Mehrbedarf kann auch nach Beendigung der Maßnahme während einer angemessenen Übergangszeit, vor allem einer Einarbeitungszeit, anerkannt werden.

(2) ₁§ 23 Nummer 2 in der bis zum 31. Dezember 2019 geltenden Fassung ist für nichterwerbsfähige Leistungsberechtigte mit Behinderungen, bei denen bereits bis zu diesem Zeitpunkt Eingliederungshilfe nach § 54 Absatz 1 Satz 1 Nummer 1 und 2 des Zwölften Buches erbracht wurde und deswegen ein Mehrbedarf anzuerkennen war, ab dem 1. Januar 2020 für die Dauer der Maßnahme weiter anzuwenden, sofern der zugrundeliegende Maßnahmenbescheid noch wirksam ist. ₂Der Mehrbedarf kann auch nach Beendigung der Maßnahme während einer angemessenen Übergangszeit, vor allem einer Einarbeitungszeit, anerkannt werden.

§ 84 (weggefallen)

§ 85 Übergangsregelung aus Anlass des Wohngeld-Plus-Gesetzes

Abweichend von § 12a Satz 1 sind Leistungsberechtigte für am 31. Dezember 2022 laufende Bewilligungszeiträume oder Bewilligungszeiträume, die in der Zeit vom 1. Januar 2023 bis 30. Juni 2023 beginnen, nicht verpflichtet, Wohngeld nach dem Wohngeldgesetz in Anspruch zu nehmen.

II

Verordnung zur Zulassung von kommunalen Trägern als Träger der Grundsicherung für Arbeitsuchende (Kommunalträger-Zulassungsverordnung – KomtrZV)

Vom 24. September 2004 (BGBl. I S. 2349)

Zuletzt geändert durch
Sechste Verordnung zur Änderung der Kommunalträger-Zulassungsverordnung
vom 29. Mai 2017 (BGBl. I S. 1349)

Auf Grund des § 6a Abs. 2 des Zweiten Buches Sozialgesetzbuch – Grundsicherung für Arbeitsuchende – (Artikel 1 des Gesetzes vom 24. Dezember 2003, BGBl. I S. 2954, 2955), der durch Artikel 1 Nr. 5 des Gesetzes vom 30. Juli 2004 (BGBl. I S. 2014) eingefügt worden ist, verordnet das Bundesministerium für Wirtschaft und Arbeit:

§ 1 Zugelassene kommunale Träger

$_1$Die in der Anlage bezeichneten kommunalen Träger werden als Träger der Leistung nach § 6 Absatz 1 Satz 1 Nummer 1 des Zweiten Buches Sozialgesetzbuch zugelassen. $_2$Sie treten insoweit an die Stelle der für ihr Gebiet jeweils zuständigen Agentur für Arbeit.

§ 2 Inkrafttreten

Diese Verordnung tritt am Tag nach der Verkündung in Kraft.

Anlage
(zu § 1)

Baden-Württemberg:
1. Landkreis Biberach,
2. Bodenseekreis,
3. Enzkreis,
4. Landkreis Ludwigsburg,
5. Ortenaukreis,
6. Ostalbkreis,
7. Stadt Pforzheim,
8. Landkreis Ravensburg,
9. Landeshauptstadt Stuttgart,
10. Landkreis Tuttlingen,
11. Landkreis Waldshut;

Bayern:
1. Landkreis Ansbach,
2. Stadt Erlangen,
3. Landkreis Günzburg,
4. Stadt Ingolstadt,
5. Stadt Kaufbeuren,
6. Landkreis Miesbach,
7. Landkreis München,
8. Landkreis Oberallgäu,
9. Stadt Schweinfurt,
10. Landkreis Würzburg;

Brandenburg:
1. Landkreis Havelland,
2. Landkreis Oberhavel,
3. Landkreis Oder-Spree,
4. Landkreis Ostprignitz-Ruppin,
5. Landkreis Potsdam-Mittelmark,
6. Landkreis Spree-Neiße,
7. Landkreis Uckermark;

Hessen:
1. Kreis Bergstraße,
2. Landkreis Darmstadt-Dieburg,
3. Landkreis Fulda,
4. Kreis Groß-Gerau,
5. Landkreis Hersfeld-Rotenburg,
6. Hochtaunuskreis,
7. Lahn-Dill-Kreis,
8. Main-Kinzig-Kreis,
9. Main-Taunus-Kreis,
10. Landkreis Marburg-Biedenkopf,
11. Odenwaldkreis,
12. Kreis Offenbach,
13. Stadt Offenbach am Main,
14. Rheingau-Taunus-Kreis,
15. Vogelsbergkreis,
16. Landeshauptstadt Wiesbaden;

Mecklenburg-Vorpommern:
Landkreis Vorpommern-Rügen;

Niedersachsen:
1. Landkreis Ammerland,
2. Landkreis Aurich,
3. Landkreis Emsland,
4. Landkreis Friesland,
5. Landkreis Göttingen,
6. Landkreis Grafschaft Bentheim,
7. Landkreis Leer,
8. Landkreis Oldenburg,
9. Landkreis Osnabrück,
10. Landkreis Osterholz,
11. Landkreis Peine,
12. Landkreis Rotenburg (Wümme),
13. Landkreis Schaumburg,
14. Landkreis Heidekreis,
15. Landkreis Verden,
16. Landkreis Wittmund.

Nordrhein-Westfalen:
1. Kreis Borken,
2. Kreis Coesfeld,
3. Kreis Düren,
4. Ennepe-Ruhr-Kreis,
5. Stadt Essen,
6. Kreis Gütersloh,
7. Stadt Hamm,
8. Hochsauerlandkreis,
9. Kreis Kleve,
10. Kreis Lippe,
11. Kreis Minden-Lübbecke,
12. Stadt Mülheim a. d. Ruhr,
13. Stadt Münster,

14. Kreis Recklinghausen,
15. Kreis Steinfurt,
16. Stadt Solingen,
17. Kreis Warendorf,
18. Stadt Wuppertal;

Rheinland-Pfalz:
1. Landkreis Kusel,
2. Landkreis Mainz-Bingen,
3. Landkreis Mayen-Koblenz,
4. Landkreis Südwestpfalz,
5. Landkreis Vulkaneifel;

Saarland:
1. Landkreis Saarlouis,
2. Saarpfalz-Kreis,
3. Landkreis St. Wendel;

Sachsen:
1. Landkreis Bautzen,
2. Erzgebirgskreis,
3. Landkreis Görlitz,
4. Landkreis Leipzig,
5. Landkreis Meißen;

Sachsen-Anhalt:
1. Altmarkkreis Salzwedel,
2. Landkreis Anhalt-Bitterfeld,
3. Burgenlandkreis,
4. Landkreis Harz,
5. Saalekreis,
6. Salzlandkreis;

Schleswig-Holstein:
1. Kreis Nordfriesland,
2. Kreis Schleswig-Flensburg;

Thüringen:
1. Landkreis Greiz,
2. Landkreis Eichsfeld,
3. Stadt Jena,
4. Landkreis Schmalkalden-Meiningen

Verordnung über das Verfahren zur Feststellung der Eignung als zugelassener kommunaler Träger der Grundsicherung für Arbeitsuchende (Kommunalträger-Eignungsfeststellungsverordnung – KtEfV)

Vom 12. August 2010 (BGBl. I S. 1155)

Auf Grund des § 6a Absatz 3 des Zweiten Buches Sozialgesetzbuch – Grundsicherung für Arbeitsuchende –, der durch Artikel 1 Nummer 3 des Gesetzes vom 3. August 2010 (BGBl. I S. 1112) neu gefasst worden ist, verordnet das Bundesministerium für Arbeit und Soziales:

§ 1 Zulassungsverfahren

(1) 1Kommunale Träger können gemäß § 6a des Zweiten Buches Sozialgesetzbuch als Träger der Leistungen nach § 6 Absatz 1 Satz 1 Nummer 1 des Zweiten Buches Sozialgesetzbuch zugelassen werden, wenn sie die in § 6a Absatz 2 des Zweiten Buches Sozialgesetzbuch genannten Voraussetzungen erfüllen und die dort benannte Höchstgrenze nicht überschritten ist. 2Die kommunalen Träger treten insoweit an die Stelle der für ihr Gebiet jeweils zuständigen Agentur für Arbeit.

(2) Die zuständigen obersten Landesbehörden legen unter Berücksichtigung der Höchstgrenze des § 6a Absatz 2 Satz 4 des Zweiten Buches Sozialgesetzbuch einvernehmlich fest, wie viele kommunale Träger in einem Land jeweils zugelassen werden können.

(3) 1Stellen in einem Land mehr kommunale Träger einen Antrag auf Zulassung, als auf dieses auf Grund des Verteilungsschlüssels nach Absatz 2 entfallen, schlägt die oberste Landesbehörde dem Bundesministerium für Arbeit und Soziales bis zum 31. März 2011 vor, in welcher Reihenfolge die antragstellenden kommunalen Träger aus dem jeweiligen Land zugelassen werden. 2Die jeweils am höchsten gereihten kommunalen Träger werden entsprechend dem Verteilungsschlüssel nach Absatz 2 durch Rechtsverordnung des Bundesministeriums für Arbeit und Soziales ohne Zustimmung des Bundesrates bis zur Höchstgrenze des § 6a Absatz 2 Satz 4 des Zweiten Buches Sozialgesetzbuch zugelassen.

(4) Die Absätze 1 bis 3 sind entsprechend anzuwenden, soweit nach § 6a Absatz 4 des Zweiten Buches Sozialgesetzbuch zum 1. Januar 2017 erneut kommunale Träger zur Aufgabenwahrnehmung anstelle der Agentur für Arbeit zugelassen werden.

§ 2 Voraussetzungen der Eignungsfeststellung

(1) Zur Feststellung der Eignung und Bestimmung der Reihenfolge haben die antragstellenden kommunalen Träger mit dem Antrag bei der zuständigen obersten Landesbehörde Konzepte zu ihrer Eignung zur alleinigen Aufgabenwahrnehmung nach § 3 einzureichen und die Verpflichtungserklärungen nach § 6a Absatz 2 Satz 1 Nummer 2 bis 5 des Zweiten Buches Sozialgesetzbuch abzugeben.

(2) 1Zur Bewertung der eingereichten Konzepte erstellen die zuständigen obersten Landesbehörden eine Bewertungsmatrix, anhand derer die zuständigen obersten Landesbehörden eine Punktzahl vergeben. 2Der kommunale Träger muss bei jedem Kriterium eine von der zuständigen obersten Landesbehörde festzulegende Mindestpunktzahl erzielen. 3Die summierten Einzelwerte müssen ihrerseits eine von der zuständigen obersten Landesbehörde zu bestimmende Mindestpunktzahl ergeben. 4Die erreichte Punktzahl ist auch maßgeblich für die Platzierung in der für das jeweilige Land von der zuständigen obersten Landesbehörde zu erstellenden Reihenfolge.

§ 3 Eignungskriterien

(1) 1Der kommunale Träger stellt in dem Konzept nach § 2 Absatz 1 die organisatorische

Leistungsfähigkeit seiner Verwaltung dar. ₂Dieses muss zu folgenden Bereichen Angaben enthalten:

1. infrastrukturelle Voraussetzungen,
2. Personalqualifizierung,
3. Aktenführung und Rechnungslegung und
4. bestehende und geplante Verwaltungskooperationen sowie Kooperationen mit Dritten.

(2) Der kommunale Träger stellt zum Nachweis seiner Fähigkeit zur Erfüllung der Aufgaben und Ziele nach § 1 des Zweiten Buches Sozialgesetzbuch dar,

1. mit welchem Konzept und mit welchem Erfolg er sich seit 2003 arbeitsmarktpolitisch engagiert hat und wie dieses Engagement künftig ausgestaltet werden soll,
2. nach welchen Grundsätzen und in welchem Umfang er seit 2005 kommunale Eingliederungsleistungen erbracht hat und wie die Erbringung kommunaler Eingliederungsleistungen künftig ausgestaltet werden soll,
3. wie die kommunalen Eingliederungsleistungen bisher mit Leistungen der Agenturen für Arbeit verknüpft wurden und zukünftig verknüpft werden sollen,
4. nach welchen Zweckmäßigkeitserwägungen die arbeitsmarktpolitischen Leistungen erbracht werden sollen und
5. wie das Eingliederungsbudget verwendet und eine bürgerfreundliche und wirksame Arbeitsvermittlung aufgebaut werden sollen.

(3) Der kommunale Träger legt ein Konzept für eine überregionale Arbeitsvermittlung vor.

(4) Der kommunale Träger legt ein Konzept für ein transparentes internes System zur Kontrolle der recht- und zweckmäßigen Leistungserbringung und Mittelverwendung vor.

(5) ₁Der kommunale Träger legt ein Konzept für den Übergang der in seinem Gebiet bestehenden Aufgabenwahrnehmung in die zugelassene kommunale Trägerschaft vor. ₂Das Konzept umfasst einen Arbeits- und Zeitplan zur Vorbereitung der Trägerschaft, zur rechtlichen und tatsächlichen Abwicklung der bestehenden Trägerform sowie zur Überführung des Daten- und Aktenbestandes und des Eigentums in die zugelassene kommunale Trägerschaft.

§ 4 Inkrafttreten

Diese Verordnung tritt am 23. August 2010 in Kraft.

Verordnung zur Berechnung von Einkommen sowie zur Nichtberücksichtigung von Einkommen und Vermögen beim Bürgergeld (Bürgergeld-Verordnung – Bürgergeld-V)[1]

Vom 17. Dezember 2007 (BGBl. I S. 2942)

Zuletzt geändert durch
Zwölftes Gesetz zur Änderung des Zweiten Buches Sozialgesetzbuch und anderer Gesetze – Einführung eines Bürgergeldes (Bürgergeld-Gesetz)
vom 16. Dezember 2022 (BGBl. I S. 2328)

Inhaltsübersicht

§ 1 Nicht als Einkommen zu berücksichtigende Einnahmen
§ 2 Berechnung des Einkommens aus nichtselbständiger Arbeit
§ 3 Berechnung des Einkommens aus selbständiger Arbeit, Gewerbebetrieb oder Land- und Forstwirtschaft
§ 4 Berechnung des Einkommens in sonstigen Fällen
§ 5 Begrenzung abzugsfähiger Ausgaben
§ 5a Beträge für die Prüfung der Hilfebedürftigkeit
§ 6 Pauschbeträge für vom Einkommen abzusetzende Beträge
§ 7 Nicht zu berücksichtigendes Vermögen
§ 8 Wert des Vermögens
§ 9 Übergangsvorschrift
§ 10 Inkrafttreten, Außerkrafttreten

[1]) Titeländerung ab 1. Januar 2023. Vor Einführung des Bürgergeldes lautete der Kurztitel der Vorschrift: Arbeitslosengeld II/Sozialgeld-Verordnung – Alg II-V

II

Auf Grund des § 13 des Zweiten Buches Sozialgesetzbuch – Grundsicherung für Arbeitsuchende – (Artikel 1 des Gesetzes vom 24. Dezember 2003, BGBl. I S. 2954, 2955), der durch Artikel 1 Nr. 11 des Gesetzes vom 20. Juli 2006 (BGBl. I S. 1706) geändert worden ist, verordnet das Bundesministerium für Arbeit und Soziales im Einvernehmen mit dem Bundesministerium der Finanzen:

§ 1 Nicht als Einkommen zu berücksichtigende Einnahmen

(1) Außer den in § 11a des Zweiten Buches Sozialgesetzbuch genannten Einnahmen sind nicht als Einkommen zu berücksichtigen:

1. Einnahmen, wenn sie innerhalb eines Kalendermonats 10 Euro nicht übersteigen,
2. (weggefallen)
3. Einnahmen aus Kapitalvermögen, soweit sie 100 Euro kalenderjährlich nicht übersteigen,
4. nicht steuerpflichtige Einnahmen einer Pflegeperson für Leistungen der Grundpflege und der hauswirtschaftlichen Versorgung,
5. bei Soldaten der Auslandsverwendungszuschlag,
6. die aus Mitteln des Bundes gezahlte Überbrückungsbeihilfe nach Artikel IX Abs. 4 des Abkommens zwischen den Parteien des Nordatlantikvertrages über die Rechtsstellung ihrer Truppen (NATO-Truppenstatut) vom 19. Juni 1951 (BGBl. 1961 II S. 1190) an ehemalige Arbeitnehmer bei den Stationierungsstreitkräften und nach Artikel 5 des Gesetzes zu den Notenwechseln vom 25. September 1990 und 23. September 1991 über die Rechtsstellung der in Deutschland stationierten verbündeten Streitkräfte und zu den Übereinkommen vom 25. September 1990 zur Regelung bestimmter Fragen in Bezug auf Berlin vom 3. Januar 1994 (BGBl. 1994 II S. 26) an ehemalige Arbeitnehmer bei den alliierten Streitkräften in Berlin,
7. nach § 3 Nummer 11c des Einkommensteuergesetzes steuerfrei gewährte Leistungen zur Abmilderung der gestiegenen Verbrauchspreise,
8. Kindergeld für Kinder des Hilfebedürftigen, soweit es nachweislich an das nicht im Haushalt des Hilfebedürftigen lebende Kind weitergeleitet wird,
9. bei Beziehenden von Bürgergeld nach § 19 Absatz 1 Satz 2 des Zweiten Buches Sozialgesetzbuch, die das 15. Lebensjahr noch nicht vollendet haben, Einnahmen aus Erwerbstätigkeit, soweit sie einen Betrag von 100 Euro monatlich nicht übersteigen,
10. nach § 3 Nummer 11a oder 11b des Einkommensteuergesetzes steuerfrei gewährte Leistungen aufgrund der COVID-19-Pandemie sowie den Leistungen nach § 3 Nummer 11a des Einkommensteuergesetzes entsprechende Zahlungen aus den Haushalten des Bundes und der Länder,
11. Verpflegung, die außerhalb der in den §§ 2, 3 und 4 Nummer 4 genannten Einkommensarten bereitgestellt wird,
12. Geldgeschenke an Minderjährige anlässlich der Firmung, Kommunion, Konfirmation oder vergleichbarer religiöser Feste sowie anlässlich der Jugendweihe, soweit sie den in § 12 Absatz 2 Satz 1 Nummer 1a des Zweiten Buches Sozialgesetzbuch genannten Betrag nicht überschreiten,
13. die auf Grund eines Bundesprogramms gezahlten Außerordentlichen Wirtschaftshilfen zur Abfederung von Einnahmeausfällen, die ab dem 2. November 2020 infolge der vorübergehenden Schließung von Betrieben und Einrichtungen entstanden sind (Novemberhilfe und Dezemberhilfe),
14. die pauschalierten Betriebskostenzuschüsse, die auf Grund des Förderelements „Neustarthilfe" des Bundesprogramms Überbrückungshilfe III gezahlt werden,
15. Hilfen zur Beschaffung von Hygiene- oder Gesundheitsartikeln, die auf Grund einer epidemischen Lage von nationaler Tragweite, die vom Deutschen Bundestag gemäß § 5 Absatz 1 Satz 1 des Infektionsschutzgesetzes festgestellt worden ist, aus Mitteln des Bundes oder der Länder gezahlt werden.

(2) 1Bei der § 9 Abs. 5 des Zweiten Buches Sozialgesetzbuch zugrunde liegenden Vermutung, dass Verwandte und Verschwägerte an mit ihnen in Haushaltsgemeinschaft lebende Hilfebedürftige Leistungen erbringen, sind die um die Absetzbeträge nach § 11b des Zweiten Buches Sozialgesetzbuch bereinigten Einnahmen in der Regel nicht als Einkommen zu berücksichtigen, soweit sie einen Freibetrag in Höhe des doppelten Betrags des nach § 20 Absatz 2 Satz 1 maßgebenden Regelbedarfs zuzüglich der anteiligen Aufwendungen für Unterkunft und Heizung sowie darüber hinausgehend 50 Prozent der diesen Freibetrag übersteigenden bereinigten Einnahmen nicht überschreiten. 2§ 11a des Zweiten Buches Sozialgesetzbuch gilt entsprechend.

(3) 1Die Verletztenrente nach dem Siebten Buch Sozialgesetzbuch ist teilweise nicht als Einkommen zu berücksichtigen, wenn sie auf Grund eines in Ausübung der Wehrpflicht bei der Nationalen Volksarmee der ehemaligen Deutschen Demokratischen Republik erlittenen Gesundheitsschadens erbracht wird. 2Dabei bestimmt sich die Höhe des nicht zu berücksichtigenden Betrages nach der Höhe der Grundrente nach § 31 des Bundesversorgungsgesetzes, die für den Grad der Schädigungsfolgen zu zahlen ist, der der jeweiligen Minderung der Erwerbsfähigkeit entspricht. 3Bei einer Minderung der Erwerbsfähigkeit um 20 Prozent beträgt der nicht zu berücksichtigende Betrag zwei Drittel, bei einer Minderung der Erwerbsfähigkeit um 10 Prozent ein Drittel der Mindestgrundrente nach dem Bundesversorgungsgesetz.

§ 2 Berechnung des Einkommens aus nichtselbständiger Arbeit

(1) Bei der Berechnung des Einkommens aus nichtselbständiger Arbeit (§ 14 des Vierten Buches Sozialgesetzbuch) ist von den Bruttoeinnahmen auszugehen.

(2) bis (4) (weggefallen)

(5) 1Bei der Berechnung des Einkommens ist der Wert der vom Arbeitgeber bereitgestellten Vollverpflegung mit täglich 1 Prozent des nach § 20 des Zweiten Buches Sozialgesetzbuch maßgebenden monatlichen Regelbedarfs anzusetzen. 2Wird Teilverpflegung bereitgestellt, entfallen auf das Frühstück ein Anteil von 20 Prozent und auf das Mittag- und Abendessen Anteile von je 40 Prozent des sich nach Satz 1 ergebenden Betrages.

(6) Sonstige Einnahmen in Geldeswert sind mit ihrem Verkehrswert als Einkommen anzusetzen.

(7) Das Einkommen kann nach Anhörung geschätzt werden, wenn

1. Leistungen der Grundsicherung für Arbeitsuchende einmalig oder für kurze Zeit zu erbringen sind oder Einkommen nur für kurze Zeit zu berücksichtigen ist oder
2. die Entscheidung über die Erbringung von Leistungen der Grundsicherung für Arbeitsuchende im Einzelfall keinen Aufschub duldet.

§ 3 Berechnung des Einkommens aus selbständiger Arbeit, Gewerbebetrieb oder Land- und Forstwirtschaft

(1) 1Bei der Berechnung des Einkommens aus selbständiger Arbeit, Gewerbebetrieb oder Land- und Forstwirtschaft ist von den Betriebseinnahmen auszugehen. 2Betriebseinnahmen sind alle aus selbständiger Arbeit, Gewerbebetrieb oder Land- und Forstwirtschaft erzielten Einnahmen, die im Bewilligungszeitraum nach § 41 Absatz 3 des Zweiten Buches Sozialgesetzbuch tatsächlich zufließen. 3Wird eine Erwerbstätigkeit nach Satz 1 nur während eines Teils des Bewilligungszeitraums ausgeübt, ist das Einkommen nur für diesen Zeitraum zu berechnen.

(1a) Nicht zu den Betriebseinnahmen zählen abweichend von Absatz 1 Satz 2 die pauschalierten Betriebskostenzuschüsse, die auf Grund des Förderelements „Neustarthilfe" des Bundesprogramms Überbrückungshilfe III gezahlt werden.

(2) Zur Berechnung des Einkommens sind von den Betriebseinnahmen die im Bewilligungszeitraum tatsächlich geleisteten notwendigen Ausgaben mit Ausnahme der nach § 11b des Zweiten Buches Sozialgesetzbuch abzusetzenden Beträge ohne Rücksicht auf steuerrechtliche Vorschriften abzusetzen.

(3) 1Tatsächliche Ausgaben sollen nicht abgesetzt werden, soweit diese ganz oder teilweise vermeidbar sind oder offensichtlich nicht den Lebensumständen während des Bezuges der Leistungen zur Grundsicherung für Arbeitsuchende entsprechen. 2Nachgewiesene Einnahmen können bei der Berechnung angemessen erhöht werden, wenn anzunehmen ist, dass die nachgewiesene Höhe der Einnahmen offensichtlich nicht den tatsächlichen Einnahmen entspricht. 3Ausgaben können bei der Berechnung nicht abgesetzt werden, soweit das Verhältnis der Ausgaben zu den jeweiligen Erträgen in einem auffälligen Missverhältnis steht. 4Ausgaben sind ferner nicht abzusetzen, soweit für sie Darlehen oder Zuschüsse nach dem Zweiten Buch Sozialgesetzbuch erbracht oder betriebliche Darlehen aufgenommen worden sind. 5Dies gilt auch für Ausgaben, soweit zu deren Finanzierung andere Darlehen verwandt werden.

(4) 1Für jeden Monat ist der Teil des Einkommens zu berücksichtigen, der sich bei der Teilung des Gesamteinkommens im Bewilligungszeitraum durch die Anzahl der Monate im Bewilligungszeitraum ergibt. 2Im Fall des Absatzes 1 Satz 3 gilt als monatliches Einkommen derjenige Teil des Einkommens, der der Anzahl der in den in Absatz 1 Satz 3 genannten Zeitraum fallenden Monate entspricht. 3Von dem Einkommen sind die Beträge nach § 11b des Zweiten Buches Sozialgesetzbuch abzusetzen.

(5) (weggefallen)

(6) (weggefallen)

(7) 1Wird ein Kraftfahrzeug überwiegend betrieblich genutzt, sind die tatsächlich geleisteten notwendigen Ausgaben für dieses Kraftfahrzeug als betriebliche Ausgabe abzusetzen. 2Für private Fahrten sind die Ausgaben um 0,10 Euro für jeden gefahrenen Kilometer zu vermindern. 3Ein Kraftfahrzeug gilt als überwiegend betrieblich genutzt, wenn es zu mindestens 50 Prozent betrieblich genutzt wird. 4Wird ein Kraftfahrzeug überwiegend privat genutzt, sind die tatsächlichen Ausgaben keine Betriebsausgaben. 5Für betriebliche Fahrten können 0,10 Euro für jeden mit dem privaten Kraftfahrzeug gefahrenen Kilometer abgesetzt werden, soweit der oder die erwerbsfähige Leistungsberechtigte nicht höhere notwendige Ausgaben für Kraftstoff nachweist.

§ 4 Berechnung des Einkommens in sonstigen Fällen

1Für die Berechnung des Einkommens aus Einnahmen, die nicht unter die §§ 2 und 3 fallen, ist § 2 entsprechend anzuwenden. 2Hierzu gehören insbesondere Einnahmen aus

1. Sozialleistungen,
2. Vermietung und Verpachtung,
3. Kapitalvermögen sowie
4. Wehr-, Ersatz- und Freiwilligendienstverhältnissen.

§ 5 Begrenzung abzugsfähiger Ausgaben

1Ausgaben sind höchstens bis zur Höhe der Einnahmen aus derselben Einkunftsart abzuziehen. 2Einkommen darf nicht um Ausgaben einer anderen Einkommensart vermindert werden.

§ 5a Beträge für die Prüfung der Hilfebedürftigkeit

Bei der Prüfung der Hilfebedürftigkeit ist zugrunde zu legen

1. für die Schulausflüge (§ 28 Absatz 2 Satz 1 Nummer 1 des Zweiten Buches Sozialgesetzbuch) ein Betrag von drei Euro monatlich,
2. für die mehrtägigen Klassenfahrten (§ 28 Absatz 2 Satz 1 Nummer 2 des Zweiten Buches Sozialgesetzbuch) monatlich der Betrag, der sich bei der Teilung der Aufwendungen, die für die mehrtägige Klassenfahrt entstehen, auf einen Zeitraum von sechs Monaten ab Beginn des auf den Antrag folgenden Monats ergibt.

§ 6 Pauschbeträge für vom Einkommen abzusetzende Beträge

(1) Als Pauschbeträge sind abzusetzen

1. von dem Einkommen volljähriger Leistungsberechtigter ein Betrag in Höhe von 30 Euro monatlich für die Beiträge zu privaten Versicherungen nach § 11b Absatz 1

Satz 1 Nummer 3 des Zweiten Buches Sozialgesetzbuch, die nach Grund und Höhe angemessen sind,

2. von dem Einkommen Minderjähriger ein Betrag in Höhe von 30 Euro monatlich für die Beiträge zu privaten Versicherungen nach § 11b Absatz 1 Satz 1 Nummer 3 des Zweiten Buches Sozialgesetzbuch, die nach Grund und Höhe angemessen sind, wenn der oder die Minderjährige eine entsprechende Versicherung abgeschlossen hat,
3. von dem Einkommen Leistungsberechtigter monatlich ein Betrag in Höhe eines Zwölftels der zum Zeitpunkt der Entscheidung über den Leistungsanspruch nachgewiesenen Jahresbeiträge zu den gesetzlich vorgeschriebenen Versicherungen nach § 11b Absatz 1 Satz 1 Nummer 3 des Zweiten Buches Sozialgesetzbuch,
4. von dem Einkommen Leistungsberechtigter ein Betrag in Höhe von 3 Prozent des Einkommens, mindestens 5 Euro, für die zu einem geförderten Altersvorsorgevertrag entrichteten Beiträge nach § 11b Absatz 1 Satz 1 Nummer 4 des Zweiten Buches Sozialgesetzbuch; der Prozentwert mindert sich um 1,5 Prozentpunkte je zulageberechtigtes Kind im Haushalt der oder des Leistungsberechtigten,
5. von dem Einkommen Erwerbstätiger für die Beträge nach § 11b Absatz 1 Satz 1 Nummer 5 des Zweiten Buches Sozialgesetzbuch bei Benutzung eines Kraftfahrzeuges für die Fahrt zwischen Wohnung und Arbeitsstätte für Wegstrecken zur Ausübung der Erwerbstätigkeit 0,20 Euro für jeden Entfernungskilometer der kürzesten Straßenverbindung, soweit der oder die erwerbsfähige Leistungsberechtigte nicht höhere notwendige Ausgaben nachweist.

(2) Sofern die Berücksichtigung des Pauschbetrags nach Absatz 1 Nummer 5 im Vergleich zu den bei Benutzung eines zumutbaren öffentlichen Verkehrsmittels anfallenden Fahrtkosten unangemessen hoch ist, sind nur diese als Pauschbetrag abzusetzen.

(3) Für Mehraufwendungen für Verpflegung ist, wenn die erwerbsfähige leistungsberechtigte Person vorübergehend von seiner Wohnung und dem Mittelpunkt seiner dauerhaft angelegten Erwerbstätigkeit entfernt erwerbstätig ist, für jeden Kalendertag, an dem die erwerbsfähige leistungsberechtigte Person wegen dieser vorübergehenden Tätigkeit von seiner Wohnung und dem Tätigkeitsmittelpunkt mindestens zwölf Stunden abwesend ist, ein Pauschbetrag in Höhe von 6 Euro abzusetzen.

§ 7 Nicht zu berücksichtigendes Vermögen

(1) Außer dem in § 12 Abs. 3 des Zweiten Buches Sozialgesetzbuch genannten Vermögen sind Vermögensgegenstände nicht als Vermögen zu berücksichtigen, die zur Aufnahme oder Fortsetzung der Berufsausbildung oder der Erwerbstätigkeit unentbehrlich sind.

(2) Bei der § 9 Abs. 5 des Zweiten Buches Sozialgesetzbuch zu Grunde liegenden Vermutung, dass Verwandte und Verschwägerte an mit ihnen in Haushaltsgemeinschaft lebende Leistungsberechtigte Leistungen erbringen, ist Vermögen nicht zu berücksichtigen, das nach § 12 Abs. 2 des Zweiten Buches Sozialgesetzbuch abzusetzen oder nach § 12 Abs. 3 des Zweiten Buches Sozialgesetzbuch nicht zu berücksichtigen ist.

§ 8 Wert des Vermögens

Das Vermögen ist ohne Rücksicht auf steuerrechtliche Vorschriften mit seinem Verkehrswert zu berücksichtigen.

§ 9 Übergangsvorschrift

§ 6 Absatz 1 Nummer 3 und 4 in der ab dem 1. August 2016 geltenden Fassung ist erstmals anzuwenden für Bewilligungszeiträume, die nach dem 31. Juli 2016 begonnen haben.

§ 10 Inkrafttreten, Außerkrafttreten

$_1$Diese Verordnung tritt am 1. Januar 2008 in Kraft. $_2$Gleichzeitig tritt die Arbeitslosengeld II/Sozialgeld-Verordnung vom 20. Oktober 2004 (BGBl. I S. 2622), zuletzt geändert durch Artikel 3 Abs. 3 der Verordnung vom 21. Dezember 2006 (BGBl. I S. 3385), außer Kraft.

Verordnung zur Bemessung von Einstiegsgeld (Einstiegsgeld-Verordnung – ESGV)

Vom 29. Juli 2009 (BGBl. I S. 2342)

Zuletzt geändert durch
Gesetz zur Ermittlung von Regelbedarfen und zur Änderung des Zweiten und und Zwölften Buches Sozialgesetzbuch
vom 24. März 2011 (BGBl. I S. 453)

Auf Grund des § 16b Absatz 3 des Zweiten Buches Sozialgesetzbuch – Grundsicherung für Arbeitsuchende – (Artikel 1 des Gesetzes vom 24. Dezember 2003, BGBl. I S. 2954, 2955), der durch Artikel 2 Nummer 6 des Gesetzes vom 21. Dezember 2008 (BGBl. I S. 2917) eingefügt worden ist, verordnet das Bundesministerium für Arbeit und Soziales im Einvernehmen mit dem Bundesministerium der Finanzen:

§ 1 Einzelfallbezogene Bemessung des Einstiegsgeldes

(1) $_1$Bei der einzelfallbezogenen Bemessung des Einstiegsgeldes ist ein monatlicher Grundbetrag zu bestimmen, dem Ergänzungsbeträge hinzugefügt werden sollen. $_2$Der monatliche Grundbetrag berücksichtigt den für erwerbsfähige Leistungsberechtigte jeweils maßgebenden Regelbedarf. $_3$Die Ergänzungsbeträge berücksichtigen die vorherige Dauer der Arbeitslosigkeit und die Größe der Bedarfsgemeinschaft, in der die oder der erwerbsfähige Leistungsberechtigte lebt.

(2) $_1$Der Grundbetrag des Einstiegsgeldes darf höchstens 50 vom Hundert des für erwerbsfähige Leistungsberechtigte maßgebenden Regelbedarfs nach § 20 des Zweiten Buches Sozialgesetzbuch betragen. $_2$Bei der Bemessung kann festgelegt werden, dass sich die Höhe des Grundbetrages innerhalb des Förderzeitraums in Abhängigkeit von der Förderdauer verändert.

(3) $_1$Bei erwerbsfähigen Leistungsberechtigten, die vor Aufnahme der mit Einstiegsgeld geförderten sozialversicherungspflichtigen oder selbständigen Erwerbstätigkeit bereits zwei Jahre oder länger arbeitslos waren, soll ein Ergänzungsbetrag gezahlt werden. $_2$Der Ergänzungsbetrag entspricht 20 vom Hundert des Regelbedarfs zur Sicherung des Lebensunterhalts nach § 20 Absatz 2 Satz 1 des Zweiten Buches Sozialgesetzbuch. $_3$Bei Personen, deren Eingliederung in Arbeit wegen in ihrer Person liegender Umstände erschwert ist, soll der Ergänzungsbetrag nach Satz 2 bereits nach einer vorherigen Dauer der Arbeitslosigkeit von mindestens sechs Monaten gezahlt werden. $_4$§ 18 Absatz 2 des Dritten Buches Sozialgesetzbuch gilt für Satz 1 und Satz 3 entsprechend.

(4) $_1$Bei erwerbsfähigen Leistungsberechtigten, die mit weiteren Personen in einer Bedarfsgemeinschaft leben, soll je weiterer leistungsberechtigter Person ein Ergänzungsbetrag gezahlt werden. $_2$Der Ergänzungsbetrag entspricht 10 vom Hundert des Regelbedarfs zur Sicherung des Lebensunterhalts nach § 20 Absatz 2 Satz 1 des Zweiten Buches Sozialgesetzbuch.

(5) $_1$Das Einstiegsgeld für erwerbsfähige Leistungsberechtigte darf bei der einzelfallbezogenen Bemessung monatlich einen Gesamtbetrag nicht überschreiten, der des Regelbedarfs zur Sicherung des Lebensunterhalts nach § 20 Absatz 2 Satz 1 des Zweiten Buches Sozialgesetzbuch entspricht.

§ 2 Pauschale Bemessung des Einstiegsgeldes bei besonders zu fördernden Personengruppen

(1) $_1$Das Einstiegsgeld kann abweichend von § 1 pauschal bemessen werden, wenn dies zur Eingliederung von besonders zu fördernden Personengruppen in den allgemeinen Arbeitsmarkt erforderlich ist. $_2$Bei der Bemessung kann festgelegt werden, dass sich die Höhe des Einstiegsgeldes innerhalb des Förderzeitraums in Abhängigkeit von der Förderdauer verändert.

(2) Das Einstiegsgeld für den erwerbsfähigen Hilfebedürftigen darf in den Fällen des Absat-

zes 1 monatlich einen Betrag nicht überschreiten, der 75 vom Hundert der Regelleistung zur Sicherung des Lebensunterhalts nach § 20 Absatz 2 Satz 1 des Zweiten Buches Sozialgesetzbuch entspricht.

§ 3 Inkrafttreten

Diese Verordnung tritt am ersten Tag des auf die Verkündung folgenden Kalendermonats in Kraft.

Verordnung über die Mindestanforderungen an die Vereinbarungen über Leistungen der Eingliederung nach dem Zweiten Buch Sozialgesetzbuch (Mindestanforderungs-Verordnung)

Vom 4. November 2004 (BGBl. I S. 2768)

Auf Grund des § 18 Abs. 4 in Verbindung mit § 18 Abs. 3 des Zweiten Buches Sozialgesetzbuch – Grundsicherung für Arbeitsuchende – (Artikel 1 des Gesetzes vom 24. Dezember 2003, BGBl. I S. 2954, 2955), von denen § 18 Abs. 3 durch Artikel 1 des Gesetzes vom 30. Juli 2004 (BGBl. I S. 2014) geändert worden ist, verordnet das Bundesministerium für Wirtschaft und Arbeit:

§ 1 Grundsatz

Die Agenturen für Arbeit sollen mit Gemeinden, Kreisen und Bezirken ohne Vergabeverfahren auf deren Verlangen zur Durchführung der Grundsicherung für Arbeitsuchende Vereinbarungen über das Erbringen von Leistungen zur Eingliederung in Arbeit mit Ausnahme der Leistungen nach § 16 Abs. 1 des Zweiten Buches Sozialgesetzbuch schließen, wenn die Vereinbarungen den Mindestanforderungen des § 2 entsprechen.

§ 2 Mindestanforderungen

Eine Vereinbarung über das Erbringen von Eingliederungsleistungen muss mindestens

1. eine Beschreibung von Inhalt, Umfang und Qualität der Leistungen (Leistungsvereinbarung),
2. eine verbindliche Regelung über die Vergütung, die sich aus Pauschalen und Beträgen für einzelne Leistungsbereiche zusammensetzt (Vergütungsvereinbarung),
3. überprüfbare Anforderungen an die Überprüfung von Wirtschaftlichkeit und Qualität der Leistungen (Prüfungsvereinbarung)

sowie Regelungen über Mitteilungspflicht, Befristung und Kündigung beinhalten.

§ 3 Leistungsvereinbarung

1Die Leistungsvereinbarung muss die wesentlichen Leistungsmerkmale festlegen. 2Dies sind mindestens

1. die Beschreibung der zu erbringenden Leistung,
2. Ziel und Qualität der Leistung,
3. die Qualifikation des Personals,
4. die erforderliche räumliche, sächliche und personelle Ausstattung und
5. die Verpflichtung, im Rahmen des Leistungsangebotes Leistungsberechtigte aufzunehmen.

§ 4 Vergütungsvereinbarung

1Die Vergütungsvereinbarung muss den Grundsätzen der Wirtschaftlichkeit und Sparsamkeit entsprechen. 2Die Gemeinde, der Kreis oder der Bezirk haben jeweils nach längstens sechs Monaten die Kosten für die erbrachten Leistungen abzurechnen.

§ 5 Prüfungsvereinbarung

Die Prüfungsvereinbarung muss mindestens das Recht der Agentur für Arbeit beinhalten, die Wirtschaftlichkeit und Qualität der Leistung zu prüfen und mit Leistungen zu vergleichen, die von Dritten zur Erreichung des mit der Leistung verfolgten Ziels angeboten oder durchgeführt werden; sie muss insbesondere das Recht auf

1. das Betreten von Grundstücken und Geschäftsräumen während der üblichen Öffnungszeit,
2. Einsicht in maßnahmebetreffende Unterlagen und Aufzeichnungen und
3. Befragung der Maßnahmeteilnehmer

zur Prüfung der Leistungen umfassen.

§ 6 Mitteilungspflicht

Eine Vereinbarung über das Erbringen von Eingliederungsleistungen muss mindestens die Verpflichtung der Gemeinde, des Kreises oder des Bezirkes enthalten, der Agentur für Arbeit alle Tatsachen mitzuteilen, von denen sie oder er Kenntnis erhält und die für die in § 31 des Zweiten Buches Sozialgesetzbuch vorgesehenen Rechtsfolgen erheblich sind.

§ 7 Befristung

[1]Die Befristung darf fünf Jahre nicht übersteigen. [2]Eine neue Vereinbarung darf nur abgeschlossen werden, wenn

1. die Prüfung nach § 5 ergeben hat, dass die Anforderungen an Wirtschaftlichkeit und Qualität erfüllt worden sind und
2. das mit der Leistung angestrebte Ziel auf dem Arbeitsmarkt, die Beschäftigung und die individuelle Beschäftigungsfähigkeit erreicht wurde; dies wird vermutet, wenn die erbrachten Eingliederungsleistungen in einem Leistungsvergleich unter Berücksichtigung regionaler Besonderheiten wenigstens durchschnittliche Ergebnisse erzielt haben.

§ 8 Kündigung

Eine Vereinbarung über das Erbringen von Eingliederungsleistungen muss vorsehen, dass die Vereinbarung

1. bei einer wesentlichen und voraussichtlich nachhaltigen Änderung der Verhältnisse, die im Zeitpunkt der Vereinbarung vorgelegen haben, mit einer Frist von höchstens einem Jahr und
2. aus wichtigem Grund ohne Frist

gekündigt werden kann.

§ 9 Inkrafttreten

Diese Verordnung tritt am Tag nach der Verkündung in Kraft.

II

Verordnung über den automatisierten Datenabgleich bei Leistungen der Grundsicherung für Arbeitsuchende (Grundsicherungs-Datenabgleichsverordnung – GrSiDAV)

Vom 27. Juli 2005 (BGBl. I S. 2273)

Zuletzt geändert durch
Dritte Verordnung zur Änderung der Grundsicherungs-Datenabgleichsverordnung
vom 30. November 2017 (BGBl. I S. 3826)

§ 1 Verfahren bei der Bundesagentur für Arbeit

(1) 1Die Bundesagentur für Arbeit bezieht in den Datenabgleich alle Personen ein, die innerhalb des dem Abgleich vorangehenden Kalendervierteljahres oder in den Fällen des § 52 Absatz 1 Satz 3 des Zweiten Buches Sozialgesetzbuch innerhalb des dem Abgleich vorangehenden Kalendermonats (Abgleichszeitraum) von einem Träger der Grundsicherung für Arbeitsuchende mit Ausnahme der zugelassenen kommunalen Träger Leistungen bezogen haben oder mit Personen, die Leistungen nach dem Zweiten Buch Sozialgesetzbuch bezogen haben, in einer Bedarfsgemeinschaft gelebt haben (Abgleichsfälle). 2Abweichend von Satz 1 werden in den Abgleich nach § 2 Absatz 4 zum dritten Kalendervierteljahr alle Personen einbezogen, die innerhalb des dem Abgleich vorangegangenen Jahres Leistungen bezogen haben oder mit Personen, die Leistungen nach dem Zweiten Buch Sozialgesetzbuch bezogen haben, in einer Bedarfsgemeinschaft gelebt haben.

(2) Die Bundesagentur für Arbeit übermittelt der Datenstelle der Rentenversicherung als zentraler Vermittlungsstelle (Kopfstelle) zwischen dem ersten und dem 15. des ersten Monats, der auf den jeweiligen Abgleichszeitraum folgt, für jeden Abgleichsfall einen Anfragedatensatz mit der Kundennummer, der Bedarfsgemeinschaftsnummer, dem Leistungszeitraum und den in § 52 Abs. 2 Nr. 1 bis 4 des Zweiten Buches Sozialgesetzbuch genannten Daten.

(3) 1Die Bundesagentur für Arbeit unterrichtet innerhalb von zwei Wochen die Stellen, die die Leistungen bewilligt haben, über die Ereignisse des Datenabgleichs nach § 2. 2Die Unterrichtung kann unterbleiben, wenn die aktuellen Ergebnisse von gespeicherten Ergebnissen des vorangegangenen Abgleichs nicht oder nur unwesentlich abweichen.

§ 1a Verfahren bei den zugelassenen kommunalen Trägern

1Die zugelassenen kommunalen Träger beziehen in den Datenabgleich alle Personen ein, die im Abgleichszeitraum von ihnen Leistungen der Grundsicherung für Arbeitssuchende erhalten haben oder mit Personen, die Leistungen nach dem Zweiten Buch Sozialgesetzbuch bezogen haben, in einer Bedarfsgemeinschaft gelebt haben. 2§ 1 Absatz 1 Satz 2 und Absatz 2 gilt entsprechend.

§ 1b Verfahren bei der Kopfstelle

(1) 1Die Kopfstelle

1. übermittelt der Bundesagentur für Arbeit (als Träger der Arbeitsförderung), der Deutschen Rentenversicherung Knappschaft-Bahn-See, der Deutschen Post AG (für die übrigen Träger der Rentenversicherung und der Unfallversicherung), dem Bundeszentralamt für Steuern und der Zentralen Zulagenstelle für Altersvermögen (Auskunftsstellen) bis zum Ende des ersten Monats, der auf den Abgleichszeitraum folgt, die Anfragedatensätze; sie übermittelt dem Bundeszentralamt für Steuern einen um die Daten „Versicherungsnummer" und „Geburtsort" verminderten Anfragedatensatz,
2. veranlasst den Datenabgleich bei der Datenstelle der Rentenversicherung nach § 2 Absatz 6.

2Kann eine Versicherungsnummer nicht ermittelt werden, erfolgt die Übermittlung nur, wenn ein Datenabgleich ohne Versicherungsnummer möglich ist.

(2) Die Kopfstelle übermittelt der Bundesagentur für Arbeit und den zugelassenen kommunalen Trägern zu von ihnen übermittelten Anfragedatensätzen die Antwortdatensätze in den Fällen

1. des § 52 Absatz 1 Satz 1 des Zweiten Buches Sozialgesetzbuch bis zum Ende des zweiten Monats und
2. des § 52 Absatz 1 Satz 3 des Zweiten Buches Sozialgesetzbuch bis zum Ende des Monats,

der auf den Abgleichszeitraum folgt.

§ 2 Verfahren bei den Auskunftsstellen und der Datenstelle der Rentenversicherung

(1) 1Die Auskunftsstellen und die Datenstelle der Rentenversicherung führen den Datenabgleich nach den Absätzen 2 bis 7 durch und übermitteln die Antwortdatensätze bis zum 15. des zweiten Monats, der auf den Abgleichszeitraum folgt, an die Kopfstelle. 2In den Fällen des § 52 Absatz 1 Satz 3 des Zweiten Buches Sozialgesetzbuch wird ausschließlich der Abgleich nach Absatz 6 mit Ausnahme des Abgleichs mit Leistungen der Grundsicherung für Arbeitsuchende durchgeführt. 3Die Datenstelle der Rentenversicherung stellt in den Fällen des § 52 Absatz 1 Satz 3 des Zweiten Buches Sozialgesetzbuch der Kopfstelle die Antwortdatensätze bis zum 25. des Monats, der auf den Abgleichszeitraum folgt, bereit. 4Die Übermittlung der Antwortdatensätze beim Abgleich nach Absatz 4 unterbleibt in Fällen, in denen dem Bundeszentralamt für Steuern Kapitalerträge und Zinserträge von insgesamt weniger als 10 Euro übermittelt worden sind.

(2) Die Deutsche Rentenversicherung Knappschaft-Bahn-See gleicht die ihr übermittelten Daten mit den bei ihr gespeicherten Daten ab zur Feststellung der Dauer des Bezugs und der monatlichen Höhe von laufenden Leistungen und von Einmalzahlungen der gesetzlichen Rentenversicherung im Abgleichszeitraum.

(3) Die Deutsche Post AG gleicht die ihr übermittelten Daten mit den bei ihr gespeicherten Daten ab zur Feststellung der Dauer des Bezugs und der monatlichen Höhe von laufenden Leistungen und von Einmalzahlungen der gesetzlichen Rentenversicherung und der Unfallversicherung im Abgleichszeitraum.

(4) Das Bundeszentralamt für Steuern gleicht die ihm übermittelten Daten mit den bei ihm gespeicherten Daten ab zur Feststellung

1. von Kapitalerträgen, für die ein Freistellungsauftrag erteilt worden ist, und von Namen und Anschrift des Empfängers des Freistellungsauftrags,
2. von Zinserträgen, die auf Grund der Richtlinie 2003/48/EG des Rates vom 3. Juni 2003 im Bereich der Besteuerung von Zinserträgen (ABl. EU Nr. L 157 S. 38) mitgeteilt wurden.

(5) Die Zentrale Zulagenstelle für Altersvermögen gleicht die ihr übermittelten Daten mit den bei ihr gespeicherten Daten ab zur Feststellung, ob und in welcher Höhe ein Kapital nach § 12 Absatz 2 Satz 1 Nummer 2 des Zweiten Buches Sozialgesetzbuch nicht mehr dem Zweck einer geförderten zusätzlichen Altersvorsorge im Sinne des § 10a oder des Abschnitts XI des Einkommensteuergesetzes dient.

(6) Die Datenstelle der Rentenversicherung gleicht die ihr übermittelten Daten mit den bei ihr gespeicherten Daten ab zur Feststellung von Zeiten einer geringfügigen Beschäftigung und einer versicherungspflichtigen Beschäftigung, zur Feststellung der Betriebsnummer, des Namens und der Anschrift des Arbeitgebers sowie zur Feststellung des Bezugs von Leistungen der Grundsicherung für Arbeitsuchende im Abgleichszeitraum.

(7) Die Bundesagentur für Arbeit gleicht die ihr übermittelten Daten nach § 1b Abs. 1 mit den bei ihr gespeicherten Daten ab zur Feststellung der Dauer des Bezugs und der monatlichen Höhe von laufenden Leistungen und von Einmalzahlungen der Bundesagentur für Arbeit als Träger der Arbeitsförderung im Abgleichszeitraum.

II

§ 3 Anforderungen an die Datenübermittlung

(1) 1Das für die Datenübermittlung verwendete Übermittlungsmedium und das Übermittlungsverfahren müssen dem Stand der Technik entsprechend den Datenschutz und die Datensicherheit gewährleisten, insbesondere die Vertraulichkeit, die Unversehrtheit und die Zurechenbarkeit der Daten sowie die Authentizität von Absender und Empfänger der Daten. 2Werden Mängel festgestellt, die eine ordnungsgemäße Übernahme der Daten beeinträchtigen, kann die Übernahme der Daten ganz oder teilweise abgelehnt werden. 3Der Absender ist über die festgestellten Mängel unter Beachtung der Verfahrensgrundsätze (§ 4) zu unterrichten. 4Er kann die zurückgewiesenen Datensätze unverzüglich berichtigen und innerhalb des Zeitraumes des § 1 Abs. 2 erneut übermitteln.

(2) 1Die Auskunftsstellen und die Datenstelle der Rentenversicherung haben den Eingang der ihnen von der Kopfstelle zu übermittelnden Datensätze zu überwachen und die eingegangenen Datensätze auf Vollständigkeit zu überprüfen. 2Sie haben den Eingang und das Ergebnis der Prüfung auf Vollständigkeit der Kopfstelle unverzüglich mitzuteilen. 3Satz 1 gilt entsprechend

1. für die Kopfstelle hinsichtlich der ihr von den Auskunftsstellen und der Datenstelle der Rentenversicherung übermittelten Antwortdatensätze,
2. für die Bundesagentur für Arbeit und die zugelassenen kommunalen Träger hinsichtlich der ihnen von der Kopfstelle übermittelten Datensätze nach § 1b Abs. 2.

(3) Die Auskunftsstellen, die Datenstelle der Rentenversicherung und die Kopfstelle haben die ihnen übermittelten Daten unverzüglich nach Abschluss des Abgleichs zu löschen.

§ 4 Einzelheiten des Datenabgleichverfahrens

1Die Einzelheiten des Datenabgleichverfahrens, insbesondere des Aufbaus der Datensätze, der Übermittlung, der Prüfung und Berichtigung von Datensätzen legt die Kopfstelle in Verfahrensgrundsätzen fest. 2Die Kopfstelle hat die Bundesagentur für Arbeit, die zugelassenen kommunalen Träger und die Auskunftsstellen an der Erarbeitung der Verfahrensgrundsätze mit dem Ziel zu beteiligen, einvernehmliche Festlegungen zu erreichen.

§ 5 Kosten der Kopfstelle

(1) Die Bundesagentur für Arbeit erstattet der Kopfstelle den Aufwand für die Vermittlung des Datenabgleichs nach § 52 des Zweiten Buches Sozialgesetzbuch.

(2) 1Für das Jahr 2017 wird der Kopfstelle für die Vermittlung des Datenabgleichs ein Betrag in Höhe von 218 300 Euro abzüglich des Betrages erstattet, der der Kopfstelle bereits am 1. April 2017 erstattet wurde. 2Für die Kosten der Entwicklung des monatlichen Datenabgleichs nach § 52 Absatz 1 Satz 3 des Zweiten Buches Sozialgesetzbuch wird der Kopfstelle einmalig ein Betrag in Höhe von 5500 Euro erstattet.

(3) 1Für das Jahr 2018 setzt sich der Erstattungsbetrag zusammen aus dem Betrag von 267 000 Euro und dem Betrag, der der Lohn- und Gehaltsentwicklung des Jahres 2016 im öffentlichen Dienst des Bundes entspricht. 2Der Erstattungsbetrag wird auf volle hundert Euro abgerundet.

(4) 1Für die Jahre ab 2019 setzt sich der Erstattungsbetrag zusammen aus dem im Vorjahr erstatteten Betrag und dem Betrag, der der Lohn- und Gehaltsentwicklung des Vorvorjahres im öffentlichen Dienst des Bundes entspricht. 2Der Erstattungsbetrag wird auf volle hundert Euro abgerundet.

(5) Die Kopfstelle teilt der Bundesagentur für Arbeit und dem Bundesministerium für Arbeit und Soziales bis zum 30. September den Erstattungsbetrag für das Folgejahr mit.

(6) 1Der Erstattungsbetrag wird zum 1. April des Jahres fällig, für das der Betrag erstattet wird. 2Die nach Absatz 2 zu erstattenden Beträge werden zum 1. April 2018 fällig.

III SGB III: Arbeitsförderung

III Sozialgesetzbuch (SGB) Drittes Buch (III) – Arbeitsförderung – (SGB III) 114

III.150 Anordnung des Verwaltungsrats der Bundesanstalt für Arbeit zur Pflicht des Arbeitslosen, Vorschlägen des Arbeitsamtes zur beruflichen Eingliederung zeit- und ortsnah Folge leisten zu können (Erreichbarkeits-Anordnung – EAO) 234

III.151 Verordnung über die ehrenamtliche Betätigung von Arbeitslosen 236

III.176 Verordnung über die Voraussetzungen und das Verfahren zur Akkreditierung von fachkundigen Stellen und zur Zulassung von Trägern und Maßnahmen der Arbeitsförderung nach dem Dritten Buch Sozialgesetzbuch (Akkreditierungs- und Zulassungsverordnung Arbeitsförderung – AZAV) 237

III

Sozialgesetzbuch (SGB) Drittes Buch (III) – Arbeitsförderung – (SGB III)

Vom 24. März 1997 (BGBl. I S. 594) ALG 1

Zuletzt geändert durch
8. SGB IV-Änderungsgesetz
vom 20. Dezember 2022 (BGBl. I S. 2759)[1])

III

Inhaltsübersicht

Erstes Kapitel
Allgemeine Vorschriften

Erster Abschnitt
Grundsätze

§ 1 Ziele der Arbeitsförderung 123
§ 2 Zusammenwirken mit den Agenturen für Arbeit
§ 3 Leistungen der Arbeitsförderung 124
§ 4 Vorrang der Vermittlung
§ 5 Vorrang der aktiven Arbeitsförderung
§ 6 (weggefallen)
§ 7 Auswahl von Leistungen der aktiven Arbeitsförderung
§ 8 Vereinbarkeit von Familie und Beruf
§ 9 Ortsnahe Leistungserbringung
§ 9a Zusammenarbeit mit den für die Wahrnehmung der Aufgaben der Grundsicherung für Arbeitsuchende zuständigen gemeinsamen Einrichtungen und zugelassenen kommunalen Trägern
§ 10 (weggefallen)
§ 11 (weggefallen)

Zweiter Abschnitt
Berechtigte

§ 12 Geltung der Begriffsbestimmungen
§ 13 Heimarbeiterinnen und Heimarbeiter
§ 14 Auszubildende
§ 15 Ausbildung- und Arbeitsuchende
§ 16 Arbeitslose
§ 17 Drohende Arbeitslosigkeit
§ 18 Langzeitarbeitslose
§ 19 Menschen mit Behinderungen
§ 20 Berufsrückkehrende
§ 21 Träger

Dritter Abschnitt
Verhältnis der Leistungen aktiver Arbeitsförderung zu anderen Leistungen

§ 22 Verhältnis zu anderen Leistungen
§ 23 Vorleistungspflicht der Arbeitsförderung

Zweites Kapitel
Versicherungspflicht

Erster Abschnitt
Beschäftigte, Sonstige Versicherungspflichtige

§ 24 Versicherungspflichtverhältnis
§ 25 Beschäftigte
§ 26 Sonstige Versicherungspflichtige
§ 27 Versicherungsfreie Beschäftigte
§ 28 Sonstige versicherungsfreie Personen

Zweiter Abschnitt
Versicherungspflichtverhältnis auf Antrag

§ 28a Versicherungspflichtverhältnis auf Antrag

Drittes Kapitel
Aktive Arbeitsförderung

Erster Abschnitt
Beratung und Vermittlung

Erster Unterabschnitt
Beratung

§ 29 Beratungsangebot
§ 30 Berufsberatung
§ 31 Grundsätze der Berufsberatung

---

[1]) Die am 1. Januar 2023 und am 1. Juli 2023 in Kraft tretenden Änderungen durch das Zwölfte Gesetz zur Änderung des Zweiten Buches Sozialgesetzbuch und anderer Gesetze – Einführung eines Bürgergeldes (Bürgergeld-Gesetz) vom 16. Dezember 2022 (BGBl. I S. 2328) sind berücksichtigt (vgl. §§ 81, 87a neu, 131, 148, 180, 456 neu)

§ 31a Informationen an junge Menschen ohne Anschlussperspektive; erforderliche Datenerhebung und Datenübermittlung
§ 32 Eignungsfeststellung
§ 33 Berufsorientierung
§ 34 Arbeitsmarktberatung

Zweiter Unterabschnitt
Vermittlung

§ 35 Vermittlungsangebot
§ 36 Grundsätze der Vermittlung
§ 37 Potenzialanalyse und Eingliederungsvereinbarung
§ 38 Rechte und Pflichten der Ausbildung- und Arbeitsuchenden
§ 39 Rechte und Pflichten der Arbeitgeber
§ 39a Frühzeitige Förderung von Ausländerinnen und Ausländern mit Aufenthaltsgestattung

Dritter Unterabschnitt
Gemeinsame Vorschriften

§ 40 Allgemeine Unterrichtung
§ 41 Einschränkung des Fragerechts
§ 42 Grundsatz der Unentgeltlichkeit
§ 43 Anordnungsermächtigung

Zweiter Abschnitt
Aktivierung und berufliche Eingliederung

§ 44 Förderung aus dem Vermittlungsbudget
§ 45 Maßnahmen zur Aktivierung und beruflichen Eingliederung
§ 46 Probebeschäftigung und Arbeitshilfe für Menschen mit Behinderungen
§ 47 Verordnungsermächtigung

Dritter Abschnitt
Berufswahl und Berufsausbildung

Erster Unterabschnitt
Übergang von der Schule in die Berufsausbildung

§ 48 Berufsorientierungsmaßnahmen
§ 49 Berufseinstiegsbegleitung
§ 50 Anordnungsermächtigung

Zweiter Unterabschnitt
Berufsvorbereitung

§ 51 Berufsvorbereitende Bildungsmaßnahmen
§ 52 Förderungsberechtigte junge Menschen
§ 53 Vorbereitung auf einen Hauptschulabschluss im Rahmen einer berufsvorbereitenden Bildungsmaßnahme
§ 54 Maßnahmekosten
§ 54a Einstiegsqualifizierung
§ 55 Anordnungsermächtigung

Dritter Unterabschnitt
Berufsausbildungsbeihilfe

§ 56 Berufsausbildungsbeihilfe
§ 57 Förderungsfähige Berufsausbildung
§ 58 Förderung im Ausland
§ 59 (weggefallen)
§ 60 Förderungsberechtigter Personenkreis bei Berufsausbildung
§ 61 Bedarf für den Lebensunterhalt bei Berufsausbildung
§ 62 Bedarf für den Lebensunterhalt bei berufsvorbereitenden Bildungsmaßnahmen
§ 63 Fahrkosten
§ 64 Sonstige Aufwendungen
§ 65 Besonderheiten beim Besuch des Berufsschulunterrichts in Blockform
§ 66 Anpassung der Bedarfssätze
§ 67 Einkommensanrechnung
§ 68 Vorausleistung von Berufsausbildungsbeihilfe
§ 69 Dauer der Förderung
§ 70 Berufsausbildungsbeihilfe für Arbeitslose
§ 71 Auszahlung
§ 72 Anordnungsermächtigung

Vierter Unterabschnitt
Berufsausbildung

§ 73 Zuschüsse zur Ausbildungsvergütung für Menschen mit Behinderungen und schwerbehinderte Menschen
§ 74 Assistierte Ausbildung
§ 75 Begleitende Phase der Assistierten Ausbildung
§ 75a Vorphase der Assistierten Ausbildung
§ 76 Außerbetriebliche Berufsausbildung
§§ 77 bis 79 (weggefallen)
§ 80 Anordnungsermächtigung

Fünfter Unterabschnitt
Jugendwohnheime

§ 80a Förderung von Jugendwohnheimen
§ 80b Anordnungsermächtigung

Vierter Abschnitt
Berufliche Weiterbildung

§ 81 Grundsatz
§ 82 Förderung beschäftigter Arbeitnehmerinnen und Arbeitnehmer
§ 83 Weiterbildungskosten
§ 84 Lehrgangskosten

III

§ 85 Fahrkosten
§ 86 Kosten für auswärtige Unterbringung und für Verpflegung
§ 87 Kinderbetreuungskosten
§ 87a [ab 01.07.2023] Weiterbildungsprämie und Weiterbildungsgeld

Fünfter Abschnitt
Aufnahme einer Erwerbstätigkeit

Erster Unterabschnitt
Sozialversicherungspflichtige Beschäftigung

§ 88 Eingliederungszuschuss
§ 89 Höhe und Dauer der Förderung
§ 90 Eingliederungszuschuss für Menschen mit Behinderungen und schwerbehinderte Menschen
§ 91 Zu berücksichtigendes Arbeitsentgelt und Auszahlung des Zuschusses
§ 92 Förderungsausschluss und Rückzahlung

Zweiter Unterabschnitt
Selbständige Tätigkeit

§ 93 Gründungszuschuss
§ 94 Dauer und Höhe der Förderung

Sechster Abschnitt
Verbleib in Beschäftigung

Erster Unterabschnitt
Kurzarbeitergeld

Erster Titel
Regelvoraussetzungen

§ 95 Anspruch
§ 96 Erheblicher Arbeitsausfall
§ 97 Betriebliche Voraussetzungen
§ 98 Persönliche Voraussetzungen
§ 99 Anzeige des Arbeitsausfalls
§ 100 Kurzarbeitergeld bei Arbeitskämpfen

Zweiter Titel
Sonderformen des Kurzarbeitergeldes

§ 101 Saison-Kurzarbeitergeld
§ 102 Ergänzende Leistungen
§ 103 Kurzarbeitergeld für Heimarbeiterinnen und Heimarbeiter

Dritter Titel
Leistungsumfang

§ 104 Dauer
§ 105 Höhe
§ 106 Nettoentgeltdifferenz
§ 106a Erstattungen bei beruflicher Weiterbildung während Kurzarbeit

Vierter Titel
Anwendung anderer Vorschriften

§ 107 Anwendung anderer Vorschriften

Fünfter Titel
Verfügung über das Kurzarbeitergeld

§ 108 Verfügung über das Kurzarbeitergeld

Sechster Titel
Verordnungsermächtigung

§ 109 Verordnungsermächtigung

Zweiter Unterabschnitt
Transferleistungen

§ 110 Transfermaßnahmen
§ 111 Transferkurzarbeitergeld
§ 111a Förderung der beruflichen Weiterbildung bei Transferkurzarbeitergeld

Siebter Abschnitt
Teilhabe von Menschen mit Behinderungen am Arbeitsleben

Erster Unterabschnitt
Grundsätze

§ 112 Teilhabe am Arbeitsleben
§ 113 Leistungen zur Teilhabe
§ 114 Leistungsrahmen

Zweiter Unterabschnitt
Allgemeine Leistungen

§ 115 Leistungen
§ 116 Besonderheiten

Dritter Unterabschnitt
Besondere Leistungen

Erster Titel
Allgemeines

§ 117 Grundsatz
§ 118 Leistungen

Zweiter Titel
Übergangsgeld und Ausbildungsgeld

§ 119 Übergangsgeld
§ 120 Vorbeschäftigungszeit für das Übergangsgeld
§ 121 Übergangsgeld ohne Vorbeschäftigungszeit
§ 122 Ausbildungsgeld
§ 123 Ausbildungsgeld bei Berufsausbildung und Unterstützter Beschäftigung
§ 124 Ausbildungsgeld bei berufsvorbereitenden Bildungsmaßnahmen und bei Grundausbildung

§ 125 Ausbildungsgeld bei Maßnahmen in anerkannten Werkstätten für behinderte Menschen und bei Maßnahmen anderer Leistungsanbieter nach § 60 des Neunten Buches
§ 126 Einkommensanrechnung

Dritter Titel
Teilnahmekosten für Maßnahmen

§ 127 Teilnahmekosten für Maßnahmen
§ 128 Kosten für Unterkunft und Verpflegung bei anderweitiger auswärtiger Unterbringung

Vierter Titel
Anordnungsermächtigung

§ 129 Anordnungsermächtigung

Achter Abschnitt
Befristete Leistungen und innovative Ansätze

§§ 130 und 131 (weggefallen)
§ 131a Sonderregelungen zur beruflichen Weiterbildung
§ 131b Weiterbildungsförderung in der Altenpflege
§ 132 (weggefallen)
§ 133 Saison-Kurzarbeitergeld und ergänzende Leistungen im Gerüstbauerhandwerk
§ 134 (weggefallen)
§ 135 Erprobung innovativer Ansätze

Viertes Kapitel
Arbeitslosengeld und Insolvenzgeld

Erster Abschnitt
Arbeitslosengeld

Erster Unterabschnitt
Regelvoraussetzungen

§ 136 Anspruch auf Arbeitslosengeld
§ 137 Anspruchsvoraussetzungen bei Arbeitslosigkeit
§ 138 Arbeitslosigkeit
§ 139 Sonderfälle der Verfügbarkeit
§ 140 Zumutbare Beschäftigungen
§ 141 Arbeitslosmeldung
§ 142 Anwartschaftszeit
§ 143 Rahmenfrist
§ 144 Anspruchsvoraussetzungen bei beruflicher Weiterbildung

Zweiter Unterabschnitt
Sonderformen des Arbeitslosengeldes

§ 145 Minderung der Leistungsfähigkeit
§ 146 Leistungsfortzahlung bei Arbeitsunfähigkeit

Dritter Unterabschnitt
Anspruchsdauer

§ 147 Grundsatz
§ 148 [bis 30.06.2023] Minderung der Anspruchsdauer
§ 148 [ab 01.07.2023] Minderung und Verlängerung der Anspruchsdauer

Vierter Unterabschnitt
Höhe des Arbeitslosengeldes

§ 149 Grundsatz
§ 150 Bemessungszeitraum und Bemessungsrahmen
§ 151 Bemessungsentgelt
§ 152 Fiktive Bemessung
§ 153 Leistungsentgelt
§ 154 Berechnung und Leistung

Fünfter Unterabschnitt
Minderung des Arbeitslosengeldes, Zusammentreffen des Anspruchs mit sonstigem Einkommen und Ruhen des Anspruchs

§ 155 Anrechnung von Nebeneinkommen
§ 156 Ruhen des Anspruchs bei anderen Sozialleistungen
§ 157 Ruhen des Anspruchs bei Arbeitsentgelt und Urlaubsabgeltung
§ 158 Ruhen des Anspruchs bei Entlassungsentschädigung
§ 159 Ruhen bei Sperrzeit
§ 160 Ruhen bei Arbeitskämpfen

Sechster Unterabschnitt
Erlöschen des Anspruchs

§ 161 Erlöschen des Anspruchs

Siebter Unterabschnitt
Teilarbeitslosengeld

§ 162 Teilarbeitslosengeld

Achter Unterabschnitt
Verordnungsermächtigung und Anordnungsermächtigung

§ 163 Verordnungsermächtigung
§ 164 Anordnungsermächtigung

Zweiter Abschnitt
Insolvenzgeld

§ 165 Anspruch
§ 166 Anspruchsausschluss
§ 167 Höhe
§ 168 Vorschuss
§ 169 Anspruchsübergang

§ 170 Verfügungen über das Arbeitsentgelt
§ 171 Verfügungen über das Insolvenzgeld
§ 172 Datenaustausch und Datenübermittlung

Dritter Abschnitt
Ergänzende Regelungen zur Sozialversicherung

§ 173 Übernahme und Erstattung von Beiträgen bei Befreiung von der Versicherungspflicht in der Rentenversicherung
§ 174 Übernahme von Beiträgen bei Befreiung von der Versicherungspflicht in der Kranken- und Pflegeversicherung
§ 175 Zahlung von Pflichtbeiträgen bei Insolvenzereignis

Fünftes Kapitel
Zulassung von Trägern und Maßnahmen

§ 176 Grundsatz
§ 177 Fachkundige Stelle
§ 178 Trägerzulassung
§ 179 Maßnahmezulassung
§ 180 Ergänzende Anforderungen an Maßnahmen der beruflichen Weiterbildung
§ 181 Zulassungsverfahren
§ 182 Beirat
§ 183 Qualitätsprüfung
§ 184 Verordnungsermächtigung

Sechstes Kapitel
Ergänzende vergabespezifische Regelungen

§ 185 Vergabespezifisches Mindestentgelt für Aus- und Weiterbildungsdienstleistungen
§§ 186 bis 279 (weggefallen)

Siebtes Kapitel
Weitere Aufgaben der Bundesagentur

Erster Abschnitt
Statistiken, Arbeitsmarkt- und Berufsforschung, Berichterstattung

§ 280 Aufgaben
§ 281 Arbeitsmarktstatistiken, Verordnungsermächtigung
§ 282 Arbeitsmarkt- und Berufsforschung
§ 282a Übermittlung von Daten
§ 282b Speicherung, Veränderung, Nutzung, Übermittlung, Einschränkung der Verarbeitung oder Löschung von Daten für die Ausbildungsvermittlung durch die Bundesagentur
§ 283 Arbeitsmarktberichterstattung, Weisungsrecht

Zweiter Abschnitt
Erteilung von Genehmigungen und Erlaubnissen

Erster Unterabschnitt
Beschäftigung von Ausländerinnen und Ausländern

§ 284 Arbeitsgenehmigung-EU für Staatsangehörige der neuen EU-Mitgliedstaaten
§§ 285 und 286 (weggefallen)
§ 287 Gebühren für die Durchführung der Vereinbarungen über Werkvertragsarbeitnehmerinnen und Werkvertragsarbeitnehmer
§ 288 Verordnungsermächtigung und Weisungsrecht

Zweiter Unterabschnitt
Beratung und Vermittlung durch Dritte

Erster Titel
Berufsberatung

§ 288a Untersagung der Berufsberatung
§ 289 Offenbarungspflicht
§ 290 Vergütungen

Zweiter Titel
Ausbildungsvermittlung und Arbeitsvermittlung

§ 291 (weggefallen)
§ 292 Auslandsvermittlung, Anwerbung aus dem Ausland
§§ 293 bis 295 (weggefallen)
§ 296 Vermittlungsvertrag zwischen Vermittlern und Arbeitsuchenden
§ 296a Vergütungen bei Ausbildungsvermittlung
§ 297 Unwirksamkeit von Vereinbarungen
§ 298 Behandlung von Daten
§ 299 Informationspflicht bei grenzüberschreitender Vermittlung
§ 300 (weggefallen)

Dritter Titel
Verordnungsermächtigung

§ 301 Verordnungsermächtigung
§§ 302 und 303 (weggefallen)

Dritter Abschnitt

§§ 304 bis 308 (weggefallen)

Achtes Kapitel
Pflichten

Erster Abschnitt
Pflichten im Leistungsverfahren

Erster Unterabschnitt
Meldepflichten

§ 309 Allgemeine Meldepflicht
§ 310 Meldepflicht bei Wechsel der Zuständigkeit

Zweiter Unterabschnitt
Anzeige- und Bescheinigungspflichten

§ 311 Anzeige- und Bescheinigungspflicht bei Arbeitsunfähigkeit
§ 312 Arbeitsbescheinigung
§ 312a Arbeitsbescheinigung für Zwecke des über- und zwischenstaatlichen Rechts
§ 313 Nebeneinkommensbescheinigung
§ 313a Bescheinigungsverfahren
§ 314 Insolvenzgeldbescheinigung

Dritter Unterabschnitt
Auskunfts-, Mitwirkungs- und Duldungspflichten

§ 315 Allgemeine Auskunftspflicht Dritter
§ 316 Auskunftspflicht bei Leistung von Insolvenzgeld
§ 317 Auskunftspflicht bei Kurzarbeitergeld und Wintergeld
§ 318 Auskunftspflicht bei Maßnahmen der beruflichen Aus- oder Weiterbildung, Leistungen zur Teilhabe am Arbeitsleben, zur Aktivierung und beruflichen Eingliederung
§ 319 Mitwirkungs- und Duldungspflichten

Vierter Unterabschnitt
Sonstige Pflichten

§ 320 Berechnungs-, Auszahlungs-, Aufzeichnungs- und Anzeigepflichten

Zweiter Abschnitt
Schadensersatz bei Pflichtverletzungen

§ 321 Schadensersatz

Dritter Abschnitt
Verordnungsermächtigung und Anordnungsermächtigung

§ 321a Verordnungsermächtigung
§ 322 Anordnungsermächtigung

Neuntes Kapitel
Gemeinsame Vorschriften für Leistungen

Erster Abschnitt
Antrag und Fristen

§ 323 Antragserfordernis
§ 324 Antrag vor Leistung
§ 325 Wirkung des Antrages
§ 326 Ausschlußfrist für Gesamtabrechnung

Zweiter Abschnitt
Zuständigkeit

§ 327 Grundsatz

Dritter Abschnitt
Leistungsverfahren in Sonderfällen

§ 328 Vorläufige Entscheidung
§ 329 Einkommensberechnung in besonderen Fällen
§ 330 Sonderregelungen für die Aufhebung von Verwaltungsakten
§ 331 Vorläufige Zahlungseinstellung
§ 332 Übergang von Ansprüchen
§ 333 Aufrechnung
§ 334 Pfändung von Leistungen
§ 335 Erstattung von Beiträgen zur Kranken-, Renten- und Pflegeversicherung
§ 336 (weggefallen)
§ 336a Wirkung von Widerspruch und Klage

Vierter Abschnitt
Auszahlung von Geldleistungen

§ 337 Auszahlung im Regelfall

Fünfter Abschnitt
Berechnungsgrundsätze

§ 338 Allgemeine Berechnungsgrundsätze
§ 339 Berechnung von Zeiten

Zehntes Kapitel
Finanzierung

Erster Abschnitt
Finanzierungsgrundsatz

§ 340 Aufbringung der Mittel

Zweiter Abschnitt
Beiträge und Verfahren

Erster Unterabschnitt
Beiträge

§ 341 Beitragssatz und Beitragsbemessung
§ 342 Beitragspflichtige Einnahmen Beschäftigter
§ 343 (weggefallen)

§ 344 Sonderregelungen für beitragspflichtige Einnahmen Beschäftigter
§ 345 Beitragspflichtige Einnahmen sonstiger Versicherungspflichtiger
§ 345a Pauschalierung der Beiträge
§ 345b Beitragspflichtige Einnahmen bei einem Versicherungspflichtverhältnis auf Antrag

Zweiter Unterabschnitt
Verfahren

§ 346 Beitragstragung bei Beschäftigten
§ 347 Beitragstragung bei sonstigen Versicherten
§ 348 Beitragszahlung für Beschäftigte
§ 349 Beitragszahlung für sonstige Versicherungspflichtige
§ 349a Beitragstragung und Beitragszahlung bei einem Versicherungspflichtverhältnis auf Antrag
§ 350 Meldungen der Sozialversicherungsträger
§ 351 Beitragserstattung

Dritter Unterabschnitt
Verordnungsermächtigung, Anordnungsermächtigung und Ermächtigung zum Erlass von Verwaltungsvorschriften

§ 352 Verordnungsermächtigung
§ 352a Anordnungsermächtigung
§ 353 Ermächtigung zum Erlaß von Verwaltungsvorschriften

Dritter Abschnitt
Umlagen

Erster Unterabschnitt
Winterbeschäftigungs-Umlage

§ 354 Grundsatz
§ 355 Höhe der Umlage
§ 356 Umlageabführung
§ 357 Verordnungsermächtigung

Zweiter Unterabschnitt
Umlage für das Insolvenzgeld

§ 358 Aufbringung der Mittel
§ 359 Einzug und Weiterleitung der Umlage
§ 360 Umlagesatz
§ 361 Verordnungsermächtigung
§ 362 (weggefallen)

Vierter Abschnitt
Beteiligung des Bundes

§ 363 Finanzierung aus Bundesmitteln
§ 364 Liquiditätshilfen
§ 365 Stundung von Darlehen

Fünfter Abschnitt
Rücklage und Versorgungsfonds

§ 366 Bildung und Anlage der Rücklage
§ 366a Versorgungsfonds

Elftes Kapitel
Organisation und Datenschutz

Erster Abschnitt
Bundesagentur für Arbeit

§ 367 Bundesagentur für Arbeit
§ 368 Aufgaben der Bundesagentur
§ 369 Besonderheiten zum Gerichtsstand
§ 370 Beteiligung an Gesellschaften

Zweiter Abschnitt
Selbstverwaltung

Erster Unterabschnitt
Verfassung

§ 371 Selbstverwaltungsorgane
§ 372 Satzung und Anordnungen
§ 373 Verwaltungsrat
§ 374 Verwaltungsausschüsse
§ 375 Amtsdauer
§ 376 Entschädigung der ehrenamtlich Tätigen

Zweiter Unterabschnitt
Berufung und Abberufung

§ 377 Berufung und Abberufung der Mitglieder
§ 378 Berufungsfähigkeit
§ 379 Vorschlagsberechtigte Stellen

Dritter Unterabschnitt
Neutralitätsausschuss

§ 380 Neutralitätsausschuss

Dritter Abschnitt
Vorstand und Verwaltung

§ 381 Vorstand der Bundesagentur
§ 382 Rechtsstellung der Vorstandsmitglieder
§ 383 Geschäftsführung der Agenturen für Arbeit
§ 384 Geschäftsführung der Regionaldirektionen
§ 385 Beauftragte für Chancengleichheit am Arbeitsmarkt
§ 386 Innenrevision
§ 387 Personal der Bundesagentur
§ 388 Ernennung der Beamtinnen und Beamten
§ 389 Anstellungsverhältnisse oberster Führungskräfte
§ 390 Außertarifliche Arbeitsbedingungen und Vergütungen
§ 391 (weggefallen)
§ 392 Obergrenzen für Beförderungsämter

Vierter Abschnitt
Aufsicht

§ 393 Aufsicht

Fünfter Abschnitt
Datenschutz

§ 394 Verarbeitung von Sozialdaten durch die Bundesagentur
§ 395 Datenübermittlung an Dritte; Verarbeitung von Sozialdaten durch nicht-öffentliche Stellen
§ 396 Kennzeichnungs- und Maßregelungsverbot
§ 397 Automatisierter Datenabgleich
§ 398 Datenübermittlung durch beauftragte Dritte
§§ 399 bis 403 (weggefallen)

Zwölftes Kapitel
Bußgeldvorschriften

Erster Abschnitt
Bußgeldvorschriften

§ 404 Bußgeldvorschriften
§ 405 Zuständigkeit, Vollstreckung und Unterrichtung

Zweiter Abschnitt

§§ 406 und 407 (weggefallen)

Dreizehntes Kapitel
Sonderregelungen

Erster Abschnitt
Sonderregelungen im Zusammenhang mit der Herstellung der Einheit Deutschlands

§ 408 Besondere Bezugsgröße und Beitragsbemessungsgrenze
§§ 409 bis 416a (weggefallen)

Zweiter Abschnitt
Ergänzungen für übergangsweise mögliche Leistungen und zeitweilige Aufgaben

§ 417 Sonderregelung zum Bundesprogramm „Ausbildungsplätze sichern"
§ 418 Tragung der Beiträge zur Arbeitsförderung bei Beschäftigung älterer Arbeitnehmerinnen und Arbeitnehmer
§ 419 (weggefallen)
§ 420 Versicherungsfreiheit von Teilnehmerinnen und Teilnehmern des Programms Soziale Teilhabe am Arbeitsmarkt
§ 421 Förderung der Teilnahme an Sprachkursen
§ 421a Arbeiten in Maßnahmen des Arbeitsmarktprogramms Flüchtlingsintegrationsmaßnahmen
§ 421b Erprobung einer zentralen Servicestelle für anerkennungssuchende Fachkräfte im Ausland
§ 421c Vorübergehende Sonderregelung im Zusammenhang mit Kurzarbeit
§ 421d Vorübergehende Sonderregelungen zum Arbeitslosengeld
§ 421e Vorübergehende Sonderregelungen im Zusammenhang mit dem Austritt des Vereinigten Königreichs Großbritannien und Nordirland aus der Europäischen Union
§ 421f Übermittlung von Daten zum Bezug von Kurzarbeitergeld

Dritter Abschnitt
Grundsätze bei Rechtsänderungen

§ 422 Leistungen der aktiven Arbeitsförderung
§§ 423 und 424 (weggefallen)

Vierter Abschnitt
Sonderregelungen im Zusammenhang mit der Einordnung des Arbeitsförderungsrechts in das Sozialgesetzbuch

§ 425 Übergang von der Beitrags- zur Versicherungspflicht
§§ 426 und 427 (weggefallen)
§ 427a Gleichstellung von Mutterschaftszeiten
§§ 428 und 429 (weggefallen)
§ 430 Sonstige Entgeltersatzleistungen
§§ 431 bis 433 (weggefallen)

Fünfter Abschnitt
Übergangsregelungen auf Grund von Änderungsgesetzen

§ 434 Gesetz zur Reform der Renten wegen verminderter Erwerbsfähigkeit
§ 434a bis 434x (weggefallen)
§ 435 Gesetz zur Vereinfachung der Wahl der Arbeitnehmervertreter in den Aufsichtsrat
§ 436 Zweites Gesetz für moderne Dienstleistungen am Arbeitsmarkt
§ 437 Drittes Gesetz für moderne Dienstleistungen am Arbeitsmarkt
§ 438 (weggefallen)
§ 439 Siebtes Gesetz zur Änderung des Dritten Buches Sozialgesetzbuch und anderer Gesetze
§ 440 Gesetz zur Neuausrichtung der arbeitsmarktpolitischen Instrumente

§ 441 Bürgerentlastungsgesetz Krankenversicherung
§ 442 Beschäftigungschancengesetz
§ 443 Gesetz zur Verbesserung der Eingliederungschancen am Arbeitsmarkt
§ 444 Gesetz zu Änderungen im Bereich der geringfügigen Beschäftigung
§ 444a Gesetz zur Stärkung der beruflichen Weiterbildung und des Versicherungsschutzes in der Arbeitslosenversicherung
§ 445 Fünfundzwanzigstes Gesetz zur Änderung des Bundesausbildungsförderungsgesetzes
§ 445a Gesetz zur Anpassung der Berufsausbildungsbeihilfe und des Ausbildungsgeldes
§ 446 Zweites Gesetz zur Stärkung der pflegerischen Versorgung und zur Änderung weiterer Vorschriften
§ 447 Gesetz zur Stärkung der Chancen für Qualifizierung und für mehr Schutz in der Arbeitslosenversicherung
§ 448 Gesetz zur Förderung der Ausbildung und Beschäftigung von Ausländerinnen und Ausländern
§ 449 Gesetz zur Modernisierung und Stärkung der beruflichen Bildung
§ 450 Gesetz zur Förderung der beruflichen Weiterbildung im Strukturwandel und zur Weiterentwicklung der Ausbildungsförderung
§ 451 Siebtes Gesetz zur Änderung des Vierten Buches Sozialgesetzbuch und anderer Gesetze
§ 452 (unbesetzt)
§ 453 Gesetz zur Umsetzung der Richtlinie (EU) 2019/882 des Europäischen Parlaments und des Rates über die Barrierefreiheitsanforderungen für Produkte und Dienstleistungen und zur Änderung anderer Gesetze
§ 454 Gesetz zur Erhöhung des Schutzes durch den gesetzlichen Mindestlohn und zu Änderungen im Bereich der geringfügigen Beschäftigung
§ 455 Siebenundzwanzigstes Gesetz zur Änderung des Bundesausbildungsförderungsgesetzes
§ 456 [ab 01.07.2023] Zwölftes Gesetz zur Änderung des Zweiten Buches Sozialgesetzbuch und anderer Gesetze – Einführung eines Bürgergeldes

Erstes Kapitel
Allgemeine Vorschriften

Erster Abschnitt
Grundsätze

§ 1 Ziele der Arbeitsförderung

(1) $_{1}$Die Arbeitsförderung soll dem Entstehen von Arbeitslosigkeit entgegenwirken, die Dauer der Arbeitslosigkeit verkürzen und den Ausgleich von Angebot und Nachfrage auf dem Ausbildungs- und Arbeitsmarkt unterstützen. $_{2}$Dabei ist insbesondere durch die Verbesserung der individuellen Beschäftigungsfähigkeit Langzeitarbeitslosigkeit zu vermeiden. $_{3}$Die Gleichstellung von Frauen und Männern ist als durchgängiges Prinzip der Arbeitsförderung zu verfolgen. $_{4}$Die Arbeitsförderung soll dazu beitragen, dass ein hoher Beschäftigungsstand erreicht und die Beschäftigungsstruktur ständig verbessert wird. $_{5}$Sie ist so auszurichten, dass sie der beschäftigungspolitischen Zielsetzung der Sozial-, Wirtschafts- und Finanzpolitik der Bundesregierung entspricht.

(2) Die Leistungen der Arbeitsförderung sollen insbesondere

1. die Transparenz auf dem Ausbildungs- und Arbeitsmarkt erhöhen, die berufliche und regionale Mobilität unterstützen und die zügige Besetzung offener Stellen ermöglichen,
2. die individuelle Beschäftigungsfähigkeit durch Erhalt und Ausbau von Fertigkeiten, Kenntnissen und Fähigkeiten fördern,
3. unterwertiger Beschäftigung entgegenwirken und
4. die berufliche Situation von Frauen verbessern, indem sie auf die Beseitigung bestehender Nachteile sowie auf die Überwindung eines geschlechtsspezifisch geprägten Ausbildungs- und Arbeitsmarktes hinwirken und Frauen mindestens entsprechend ihrem Anteil an den Arbeitslosen und ihrer relativen Betroffenheit von Arbeitslosigkeit gefördert werden.

(3) $_{1}$Die Bundesregierung soll mit der Bundesagentur zur Durchführung der Arbeitsförderung Rahmenziele vereinbaren. $_{2}$Diese dienen der Umsetzung der Grundsätze dieses Buches. $_{3}$Die Rahmenziele werden spätestens zu Beginn einer Legislaturperiode überprüft.

§ 2 Zusammenwirken mit den Agenturen für Arbeit

(1) Die Agenturen für Arbeit erbringen insbesondere Dienstleistungen für Arbeitgeber, Arbeitnehmerinnen und Arbeitnehmer, indem sie

1. Arbeitgeber regelmäßig über Ausbildungs- und Arbeitsmarktentwicklungen, Ausbildungsuchende, Fachkräfteangebot und berufliche Bildungsmaßnahmen informieren sowie auf den Betrieb zugeschnittene Arbeitsmarktberatung und Vermittlung anbieten und
2. Arbeitnehmerinnen und Arbeitnehmer zur Vorbereitung der Berufswahl und zur Erschließung ihrer beruflichen Entwicklungsmöglichkeiten beraten, Vermittlungsangebote zur Ausbildungs- oder Arbeitsaufnahme entsprechend ihren Fähigkeiten unterbreiten sowie sonstige Leistungen der Arbeitsförderung erbringen.

(2) $_{1}$Die Arbeitgeber haben bei ihren Entscheidungen verantwortungsvoll deren Auswirkungen auf die Beschäftigung der Arbeitnehmerinnen und Arbeitnehmer und von Arbeitslosen und damit die Inanspruchnahme von Leistungen der Arbeitsförderung einzubeziehen. $_{2}$Sie sollen dabei insbesondere

1. im Rahmen ihrer Mitverantwortung für die Entwicklung der beruflichen Leistungsfähigkeit der Arbeitnehmerinnen und Arbeitnehmer zur Anpassung an sich ändernde Anforderungen sorgen,
2. vorrangig durch betriebliche Maßnahmen die Inanspruchnahme von Leistungen der Arbeitsförderung sowie Entlassungen von Arbeitnehmerinnen und Arbeitnehmern vermeiden,
3. Arbeitnehmer vor der Beendigung des Arbeitsverhältnisses frühzeitig über die Notwendigkeit eigener Aktivitäten bei der Suche nach einer anderen Beschäftigung sowie über die Verpflichtung zur Meldung nach § 38 Abs. 1 bei der Agentur für Arbeit informieren, sie hierzu freistellen und die Teilnahme an erforderlichen Maßnahmen der beruflichen Weiterbildung ermöglichen.

(3) $_{1}$Die Arbeitgeber sollen die Agenturen für Arbeit frühzeitig über betriebliche Veränderungen, die Auswirkungen auf die Beschäftigung haben können, unterrichten. $_{2}$Dazu gehören insbesondere Mitteilungen über

1. zu besetzende Ausbildungs- und Arbeitsstellen,
2. geplante Betriebserweiterungen und den damit verbundenen Arbeitskräftebedarf,
3. die Qualifikationsanforderungen an die einzustellenden Arbeitnehmerinnen und Arbeitnehmer,
4. geplante Betriebseinschränkungen oder Betriebsverlagerungen sowie die damit verbundenen Auswirkungen und
5. Planungen, wie Entlassungen von Arbeitnehmerinnen und Arbeitnehmern vermieden oder Übergän-

ge in andere Beschäftigungsverhältnisse organisiert werden können.

(4) 1Die Arbeitnehmerinnen und Arbeitnehmer haben bei ihren Entscheidungen verantwortungsvoll deren Auswirkungen auf ihre beruflichen Möglichkeiten einzubeziehen. 2Sie sollen insbesondere ihre berufliche Leistungsfähigkeit den sich ändernden Anforderungen anpassen.

(5) Die Arbeitnehmerinnen und Arbeitnehmer haben zur Vermeidung oder zur Beendigung von Arbeitslosigkeit insbesondere

1. ein zumutbares Beschäftigungsverhältnis fortzusetzen,
2. eigenverantwortlich nach Beschäftigung zu suchen, bei bestehendem Beschäftigungsverhältnis frühzeitig vor dessen Beendigung,
3. eine zumutbare Beschäftigung aufzunehmen und
4. an einer beruflichen Eingliederungsmaßnahme teilzunehmen.

§ 3 Leistungen der Arbeitsförderung

(1) Leistungen der Arbeitsförderung sind Leistungen nach Maßgabe des Dritten und Vierten Kapitels dieses Buches.

(2) Leistungen der aktiven Arbeitsförderung sind Leistungen nach Maßgabe des Dritten Kapitels dieses Buches und Arbeitslosengeld bei beruflicher Weiterbildung.

(3) Leistungen der aktiven Arbeitsförderung sind Ermessensleistungen mit Ausnahme

1. des Aktivierungs- und Vermittlungsgutscheins nach § 45 Absatz 7,
2. der Berufsausbildungsbeihilfe während der ersten Berufsausbildung oder einer berufsvorbereitenden Bildungsmaßnahme,
3. der Leistung zur Vorbereitung auf den nachträglichen Erwerb des Hauptschulabschlusses oder eines gleichwertigen Schulabschlusses im Rahmen einer berufsvorbereitenden Bildungsmaßnahme,
4. der Weiterbildungskosten zum nachträglichen Erwerb eines Berufsabschlusses, des Hauptschulabschlusses oder eines gleichwertigen Schulabschlusses,
5. des Kurzarbeitergeldes bei Arbeitsausfall,
6. des Wintergeldes,
7. der Leistungen zur Förderung der Teilnahme an Transfermaßnahmen,
8. der besonderen Leistungen zur Teilhabe am Arbeitsleben und
9. des Arbeitslosengeldes bei beruflicher Weiterbildung.

(4) Entgeltersatzleistungen sind

1. Arbeitslosengeld bei Arbeitslosigkeit und bei beruflicher Weiterbildung,
2. Teilarbeitslosengeld bei Teilarbeitslosigkeit,
3. Übergangsgeld bei Teilnahme an Maßnahmen zur Teilhabe am Arbeitsleben,
4. Kurzarbeitergeld bei Arbeitsausfall,
5. Insolvenzgeld bei Zahlungsunfähigkeit des Arbeitgebers.

§ 4 Vorrang der Vermittlung

(1) Die Vermittlung in Ausbildung und Arbeit hat Vorrang vor den Leistungen zum Ersatz des Arbeitsentgelts bei Arbeitslosigkeit.

(2) 1Der Vermittlungsvorrang gilt auch im Verhältnis zu den sonstigen Leistungen der aktiven Arbeitsförderung, es sei denn, die Leistung ist für eine dauerhafte Eingliederung erforderlich. 2Von der Erforderlichkeit für die dauerhafte Eingliederung ist insbesondere auszugehen, wenn Arbeitnehmerinnen und Arbeitnehmer mit fehlendem Berufsabschluss an einer nach § 81 geförderten beruflichen Weiterbildung teilnehmen oder voraussichtlich teilnehmen werden. 3Der Vermittlungsvorrang gilt nicht im Verhältnis zur Förderung von Existenzgründungen mit einem Gründungszuschuss nach § 93.

§ 5 Vorrang der aktiven Arbeitsförderung

Die Leistungen der aktiven Arbeitsförderung sind entsprechend ihrer jeweiligen Zielbestimmung und den Ergebnissen der Beratungs- und Vermittlungsgespräche einzusetzen, um sonst erforderliche Leistungen zum Ersatz des Arbeitsentgelts bei Arbeitslosigkeit nicht nur vorübergehend zu vermeiden und dem Entstehen von Langzeitarbeitslosigkeit vorzubeugen.

§ 6 (weggefallen)

§ 7 Auswahl von Leistungen der aktiven Arbeitsförderung

1Bei der Auswahl von Ermessensleistungen der aktiven Arbeitsförderung hat die Agentur für Arbeit unter Beachtung des Grundsatzes der Wirtschaftlichkeit und Sparsamkeit die für den Einzelfall am besten geeignete Leistung oder Kombination von Leistungen zu wählen. 2Dabei ist grundsätzlich auf

1. die Fähigkeiten der zu fördernden Personen,
2. die Aufnahmefähigkeit des Arbeitsmarktes und

3. den anhand der Ergebnisse der Beratungs- und Vermittlungsgespräche ermittelten arbeitsmarktpolitischen Handlungsbedarf

abzustellen.

§ 8 Vereinbarkeit von Familie und Beruf

(1) Die Leistungen der aktiven Arbeitsförderung sollen in ihrer zeitlichen, inhaltlichen und organisatorischen Ausgestaltung die Lebensverhältnisse von Frauen und Männern berücksichtigen, die aufsichtsbedürftige Kinder betreuen und erziehen oder pflegebedürftige Personen betreuen oder nach diesen Zeiten wieder in die Erwerbstätigkeit zurückkehren wollen.

(2) $_{1}$Berufsrückkehrende sollen die zu ihrer Rückkehr in die Erwerbstätigkeit notwendigen Leistungen der aktiven Arbeitsförderung unter den Voraussetzungen dieses Buches erhalten. $_{2}$Hierzu gehören insbesondere Beratung und Vermittlung sowie die Förderung der beruflichen Weiterbildung durch Übernahme der Weiterbildungskosten.

§ 9 Ortsnahe Leistungserbringung

(1) $_{1}$Die Leistungen der Arbeitsförderung sollen vorrangig durch die örtlichen Agenturen für Arbeit erbracht werden. $_{2}$Dabei haben die Agenturen für Arbeit die Gegebenheiten des örtlichen und überörtlichen Arbeitsmarktes zu berücksichtigen.

(2) $_{1}$Die Agenturen für Arbeit sollen die Vorgänge am Arbeitsmarkt besser durchschaubar machen. $_{2}$Sie haben zum Ausgleich von Angebot und Nachfrage auf dem örtlichen und überörtlichen Arbeitsmarkt beizutragen. $_{3}$Der Einsatz der aktiven Arbeitsmarktpolitik ist zur Verbesserung der Wirksamkeit und Steuerung regelmäßig durch die Agenturen für Arbeit zu überprüfen. $_{4}$Dazu ist ein regionales Arbeitsmarktmonitoring einzurichten. $_{5}$Arbeitsmarktmonitoring ist ein System wiederholter Beobachtungen, Bilanzierungen, Trendbeschreibungen und Bewertungen der Vorgänge auf dem Arbeitsmarkt einschließlich der den Arbeitsmarktausgleich unterstützenden Maßnahmen.

(3) $_{1}$Die Agenturen für Arbeit arbeiten zur Erfüllung ihrer Aufgaben mit den Gemeinden, Kreisen und Bezirken sowie den weiteren Beteiligten des örtlichen Ausbildungs- und Arbeitsmarktes zusammen, insbesondere mit den

1. Leistungsträgern im Sinne des § 12 des Ersten Buches sowie Trägern von Leistungen nach dem Bundesversorgungsgesetz und dem Asylbewerberleistungsgesetz,
2. Vertreterinnen und Vertretern der Arbeitgeber sowie der Arbeitnehmerinnen und Arbeitnehmer,
3. Kammern und berufsständischen Organisationen,
4. Ausländerbehörden und dem Bundesamt für Migration und Flüchtlinge,
5. allgemein- und berufsbildenden Schulen und Stellen der Schulverwaltung sowie Hochschulen,
6. Einrichtungen und Stellen des öffentlichen Gesundheitsdienstes und sonstigen Einrichtungen und Diensten des Gesundheitswesens sowie
7. Trägern der freien Wohlfahrtspflege und Dritten, die Leistungen nach diesem Buch erbringen.

$_{2}$Die Zusammenarbeit mit den Stellen nach Satz 1 erfolgt auf der Grundlage der Gegenseitigkeit insbesondere, um

1. eine gleichmäßige oder gemeinsame Durchführung von Maßnahmen zu beraten oder zu sichern und
2. Leistungsmissbrauch zu verhindern oder aufzudecken.

$_{3}$Die Agenturen für Arbeit sollen ihre Planungen rechtzeitig mit Trägern von Maßnahmen der Arbeitsförderung erörtern.

§ 9a Zusammenarbeit mit den für die Wahrnehmung der Aufgaben der Grundsicherung für Arbeitsuchende zuständigen gemeinsamen Einrichtungen und zugelassenen kommunalen Trägern

$_{1}$Beziehen erwerbsfähige Leistungsberechtigte nach dem Zweiten Buch auch Leistungen der Arbeitsförderung, so sind die Agenturen für Arbeit verpflichtet, eng mit den für die Wahrnehmung der Aufgaben der Grundsicherung für Arbeitsuchende zuständigen gemeinsamen Einrichtungen und zugelassenen kommunalen Trägern zusammenzuarbeiten. $_{2}$Sie unterrichten diese unverzüglich über die ihnen insoweit bekannten, für die Wahrnehmung der Aufgaben der Grundsicherung für Arbeitsuchende erforderlichen Tatsachen, insbesondere über

1. die für erwerbsfähige Leistungsberechtigte im Sinne des Zweiten Buches vorgesehenen und erbrachten Leistungen der aktiven Arbeitsförderung,
2. Feststellungen zu diesen Personen, die entsprechend § 37 Absatz 1 bei einer Berufsberatung nach § 31 Satz 2 getroffen werden, sowie
3. die bei diesen Personen eintretenden Sperrzeiten.

§ 10 (weggefallen)

§ 11 (weggefallen)

Zweiter Abschnitt
Berechtigte

§ 12 Geltung der Begriffsbestimmungen

Die in diesem Abschnitt enthaltenen Begriffsbestimmungen sind nur für dieses Buch maßgeblich.

§ 13 Heimarbeiterinnen und Heimarbeiter

Arbeitnehmerinnen und Arbeitnehmer im Sinne dieses Buches sind auch Heimarbeiterinnen und Heimarbeiter (§ 12 Abs. 2 des Vierten Buches).

§ 14 Auszubildende

Auszubildende sind die zur Berufsausbildung Beschäftigten und Teilnehmende an nach diesem Buch förderungsfähigen berufsvorbereitenden Bildungsmaßnahmen sowie Teilnehmer an einer Einstiegsqualifizierung.

§ 15 Ausbildung- und Arbeitsuchende

1Ausbildungsuchende sind Personen, die eine Berufsausbildung suchen. 2Arbeitsuchende sind Personen, die eine Beschäftigung als Arbeitnehmerin oder Arbeitnehmer suchen. 3Dies gilt auch, wenn sie bereits eine Beschäftigung oder eine selbständige Tätigkeit ausüben.

§ 16 Arbeitslose

(1) Arbeitslose sind Personen, die wie beim Anspruch auf Arbeitslosengeld

1. vorübergehend nicht in einem Beschäftigungsverhältnis stehen,
2. eine versicherungspflichtige Beschäftigung suchen und dabei den Vermittlungsbemühungen der Agentur für Arbeit zur Verfügung stehen und
3. sich bei der Agentur für Arbeit arbeitslos gemeldet haben.

(2) An Maßnahmen der aktiven Arbeitsmarktpolitik Teilnehmende gelten als nicht arbeitslos.

§ 17 Drohende Arbeitslosigkeit

Von Arbeitslosigkeit bedroht sind Personen, die

1. versicherungspflichtig beschäftigt sind,
2. alsbald mit der Beendigung der Beschäftigung rechnen müssen und
3. voraussichtlich nach Beendigung der Beschäftigung arbeitslos werden.

§ 18 Langzeitarbeitslose

(1) 1Langzeitarbeitslose sind Arbeitslose, die ein Jahr und länger arbeitslos sind. 2Die Teilnahme an einer Maßnahme nach § 45 sowie Zeiten einer Erkrankung oder sonstiger Nicht-Erwerbstätigkeit bis zu sechs Wochen unterbrechen die Dauer der Arbeitslosigkeit nicht.

(2) Für Leistungen, die Langzeitarbeitslosigkeit voraussetzen, bleiben folgende Unterbrechungen der Arbeitslosigkeit innerhalb eines Zeitraums von fünf Jahren unberücksichtigt:

1. Zeiten einer Maßnahme der aktiven Arbeitsförderung oder zur Eingliederung in Arbeit nach dem Zweiten Buch,
2. Zeiten einer Krankheit, einer Pflegebedürftigkeit oder eines Beschäftigungsverbots nach dem Mutterschutzgesetz,
3. Zeiten der Betreuung und Erziehung aufsichtsbedürftiger Kinder oder der Betreuung pflegebedürftiger Personen,
4. Zeiten eines Integrationskurses nach § 43 des Aufenthaltsgesetzes oder einer berufsbezogenen Deutschsprachförderung nach § 45a des Aufenthaltsgesetzes sowie Zeiten einer Maßnahme, die für die Feststellung der Gleichwertigkeit der im Ausland erworbenen Berufsqualifikation mit einer inländischen Berufsqualifikation, für die Erteilung der Befugnis zur Berufsausübung oder für die Erteilung der Erlaubnis zum Führen der Berufsbezeichnung erforderlich ist,
5. Beschäftigungen oder selbständige Tätigkeiten bis zu einer Dauer von insgesamt sechs Monaten,
6. Zeiten, in denen eine Beschäftigung rechtlich nicht möglich war, und
7. kurze Unterbrechungen der Arbeitslosigkeit ohne Nachweis.

(3) Ergibt sich der Sachverhalt einer unschädlichen Unterbrechung üblicherweise nicht aus den Unterlagen der Arbeitsvermittlung, so reicht Glaubhaftmachung aus.

§ 19 Menschen mit Behinderungen

(1) Menschen mit Behinderungen im Sinne dieses Buches sind Menschen, deren Aussichten, am Arbeitsleben teilzuhaben oder weiter teilzuhaben, wegen Art oder Schwere ihrer Behinderung im Sinne von § 2 Abs. 1 des Neunten Buches nicht nur vorübergehend wesentlich gemindert sind und die deshalb Hilfen zur Teilhabe am Arbeitsleben benötigen, einschließlich Menschen mit Lernbehinderungen.

(2) Menschen mit Behinderungen stehen Menschen gleich, denen eine Behinderung mit den in Absatz 1 genannten Folgen droht.

§ 20 Berufsrückkehrende

Berufsrückkehrende sind Frauen und Männer, die

1. ihre Erwerbstätigkeit oder Arbeitslosigkeit oder eine betriebliche Berufsausbildung wegen der Betreuung und Erziehung von aufsichtsbedürftigen Kindern oder der Betreuung pflegebedürftiger Personen unterbrochen haben und
2. in angemessener Zeit danach in die Erwerbstätigkeit zurückkehren wollen.

§ 21 Träger

Träger sind natürliche oder juristische Personen oder Personengesellschaften, die Maßnahmen der Arbeitsförderung selbst durchführen oder durch Dritte durchführen lassen.

Dritter Abschnitt
Verhältnis der Leistungen aktiver Arbeitsförderung zu anderen Leistungen

§ 22 Verhältnis zu anderen Leistungen

(1) Leistungen der aktiven Arbeitsförderung dürfen nur erbracht werden, wenn nicht andere Leistungsträger oder andere öffentlich-rechtliche Stellen zur Erbringung gleichartiger Leistungen gesetzlich verpflichtet sind.

(1a) Leistungen nach § 82 dürfen nur erbracht werden, wenn die berufliche Weiterbildung nicht auf ein nach § 2 Absatz 1 des Aufstiegsfortbildungsförderungsgesetzes förderfähiges Fortbildungsziel vorbereitet.

(2) $_1$Allgemeine und besondere Leistungen zur Teilhabe am Arbeitsleben dürfen nur erbracht werden, sofern nicht ein anderer Rehabilitationsträger im Sinne des Neunten Buches zuständig ist. $_2$Dies gilt nicht für Leistungen nach den §§ 44 und 45, sofern nicht bereits der nach Satz 1 zuständige Rehabilitationsträger nach dem jeweiligen für ihn geltenden Leistungsgesetz gleichartige Leistungen erbringt. $_3$Der Eingliederungszuschuss für besonders betroffene schwerbehinderte Menschen nach § 90 Absatz 2 bis 4 und Zuschüsse zur Ausbildungsvergütung für schwerbehinderte Menschen nach § 73 dürfen auch dann erbracht werden, wenn ein anderer Leistungsträger zur Erbringung gleichartiger Leistungen gesetzlich verpflichtet ist oder, ohne gesetzlich verpflichtet zu sein, Leistungen erbringt. $_4$In diesem Fall werden die Leistungen des anderen Leistungsträgers angerechnet.

(3) $_1$Soweit Leistungen zur Förderung der Berufsausbildung und zur Förderung der beruflichen Weiterbildung der Sicherung des Lebensunterhaltes dienen, gehen sie der Ausbildungsbeihilfe nach § 44 des Strafvollzugsgesetzes vor. $_2$Die Leistungen für Gefangene dürfen die Höhe der Ausbildungsbeihilfe nach § 44 des Strafvollzugsgesetzes nicht übersteigen. $_3$Sie werden den Gefangenen nach einer Förderzusage der Agentur für Arbeit in Vorleistung von den Ländern erbracht und von der Bundesagentur erstattet.

(4) $_1$Folgende Leistungen des Dritten Kapitels werden nicht an oder für erwerbsfähige Leistungsberechtigte im Sinne des Zweiten Buches erbracht:

1. Leistungen nach § 35,
2. Leistungen zur Aktivierung und beruflichen Eingliederung nach dem Zweiten Abschnitt,
3. Leistungen zur Berufsausbildung nach dem Vierten Unterabschnitt des Dritten Abschnitts und Leistungen nach § 54a,
4. Leistungen zur beruflichen Weiterbildung nach dem Vierten Abschnitt, mit Ausnahme von Leistungen nach § 82 Absatz 6, und Leistungen nach den §§ 131a und 131b,
5. Leistungen zur Aufnahme einer sozialversicherungspflichtigen Beschäftigung nach dem Ersten Unterabschnitt des Fünften Abschnitts,
6. Leistungen zur Teilhabe von Menschen mit Behinderungen am Arbeitsleben nach
   a) den §§ 112 bis 114, 115 Nummer 1 bis 3 mit Ausnahme berufsvorbereitender Bildungsmaßnahmen und der Berufsausbildungsbeihilfe sowie § 116 Absatz 1, 2 und 6,
   b) § 117 Absatz 1 und § 118 Nummer 1 und 3 für die besonderen Leistungen zur Förderung der beruflichen Weiterbildung,
   c) den §§ 119 bis 121,
   d) den §§ 127 und 128 für die besonderen Leistungen zur Förderung der beruflichen Weiterbildung.

$_2$Sofern die Bundesagentur für die Erbringung von Leistungen nach § 35 besondere Dienststellen nach § 367 Abs. 2 Satz 2 eingerichtet oder zusätzliche Vermittlungsdienstleistungen agenturübergreifend organisiert hat, erbringt sie die dort angebotenen Vermittlungsleistungen abweichend von Satz 1 auch an oder für erwerbsfähige Leistungsberechtigte im Sinne des Zweiten Buches. $_3$Eine Leistungserbringung an oder für erwerbsfähige Leistungsberechtigte im Sinne des Zweiten Buches nach den Grundsätzen der §§ 88 bis 92 des Zehnten Buches bleibt ebenfalls unberührt. $_4$Die Agenturen für Arbeit dürfen Aufträge nach Satz 3 zur Ausbildungsvermittlung nur aus wichtigem Grund ablehnen. $_5$Satz 1 gilt nicht für erwerbsfähige Leistungsberechtigte im Sinne des Zweiten Buches, die einen Anspruch auf Arbeitslosengeld oder Teilarbeitslosengeld haben; die Sätze 2 bis 4 finden insoweit keine Anwendung.

§ 23 Vorleistungspflicht der Arbeitsförderung

(1) Solange und soweit eine vorrangige Stelle Leistungen nicht gewährt, sind Leistungen der aktiven Arbeitsförderung so zu erbringen, als wenn die Verpflichtung dieser Stelle nicht bestünde.

(2) $_1$Hat die Agentur für Arbeit für eine andere öffentlich-rechtliche Stelle vorgeleistet, ist die zur Leistung verpflichtete öffentlich-rechtliche Stelle der Bundesagentur erstattungspflichtig. $_2$Für diese Erstattungsansprüche gelten die Vorschriften des Zehnten Buches über die Erstattungsansprüche der Sozialleistungsträger untereinander entsprechend.

Zweites Kapitel
Versicherungspflicht

Erster Abschnitt
Beschäftigte, Sonstige Versicherungspflichtige

§ 24 Versicherungspflichtverhältnis

(1) In einem Versicherungspflichtverhältnis stehen Personen, die als Beschäftigte oder aus sonstigen Gründen versicherungspflichtig sind.

(2) Das Versicherungspflichtverhältnis beginnt für Beschäftigte mit dem Tag des Eintritts in das Beschäftigungsverhältnis oder mit dem Tag nach dem Erlöschen der Versicherungsfreiheit, für die sonstigen Versicherungspflichtigen mit dem Tag, an dem erstmals die Voraussetzungen für die Versicherungspflicht erfüllt sind.

(3) Das Versicherungspflichtverhältnis für Beschäftigte besteht während eines Arbeitsausfalls mit Entgeltausfall im Sinne der Vorschriften über das Kurzarbeitergeld fort.

(4) Das Versicherungspflichtverhältnis endet für Beschäftigte mit dem Tag des Ausscheidens aus dem Beschäftigungsverhältnis oder mit dem Tag vor Eintritt der Versicherungsfreiheit, für die sonstigen Versicherungspflichtigen mit dem Tag, an dem die Voraussetzungen für die Versicherungspflicht letztmals erfüllt waren.

§ 25 Beschäftigte

(1) $_1$Versicherungspflichtig sind Personen, die gegen Arbeitsentgelt oder zu ihrer Berufsausbildung beschäftigt (versicherungspflichtige Beschäftigung) sind. $_2$Die folgenden Personen stehen Beschäftigten zur Berufsausbildung im Sinne des Satzes 1 gleich:

1. Auszubildende, die im Rahmen eines Berufsausbildungsvertrages nach dem Berufsbildungsgesetz in einer außerbetrieblichen Einrichtung ausgebildet werden,
2. Teilnehmerinnen und Teilnehmer an dualen Studiengängen und
3. Teilnehmerinnen und Teilnehmer an Ausbildungen mit Abschnitten des schulischen Unterrichts und der praktischen Ausbildung, für die ein Ausbildungsvertrag und Anspruch auf Ausbildungsvergütung besteht (praxisintegrierte Ausbildungen).

(2) $_1$Bei Wehrdienstleistenden und Zivildienstleistenden, denen nach gesetzlichen Vorschriften für die Zeit ihres Dienstes Arbeitsentgelt weiterzugewähren ist, gilt das Beschäftigungsverhältnis durch den Wehrdienst oder Zivildienst als nicht unterbrochen. $_2$Personen, die nach dem Vierten Abschnitt des Soldatengesetzes Wehrdienst leisten, sind in dieser Beschäftigung nicht nach Absatz 1 versicherungspflichtig; sie gelten als Wehrdienst Leistende im Sinne des § 26 Abs. 1 Nr. 2. $_3$Die Sätze 1 und 2 gelten auch für Personen in einem Wehrdienstverhältnis besonderer Art nach § 6 des Einsatz-Weiterverwendungsgesetzes, wenn sie den Einsatzunfall in einem Versicherungspflichtverhältnis erlitten haben.

§ 26 Sonstige Versicherungspflichtige

(1) Versicherungspflichtig sind

1. Jugendliche, die in Einrichtungen der beruflichen Rehabilitation nach § 51 des Neunten Buches Leistungen zur Teilhabe am Arbeitsleben erhalten, die ihnen eine Erwerbstätigkeit auf dem allgemeinen Arbeitsmarkt ermöglichen sollen, sowie Personen, die in Einrichtungen der Jugendhilfe für eine Erwerbstätigkeit befähigt werden sollen,
2. Personen, die nach Maßgabe des Wehrpflichtgesetzes, des § 58b des Soldatengesetzes oder des Zivildienstgesetzes Wehrdienst oder Zivildienst leisten und während dieser Zeit nicht als Beschäftigte versicherungspflichtig sind,
3. (weggefallen)
4. Gefangene, die Arbeitsentgelt, Ausbildungsbeihilfe oder Ausfallentschädigung (§§ 43 bis 45, 176 und 177 des Strafvollzugsgesetzes) erhalten oder Ausbildungsbeihilfe nur wegen des Vorrangs von Leistungen zur Förderung der Berufsausbildung nach diesem Buch nicht erhalten; das Versicherungspflichtverhältnis gilt während arbeitsfreier Sonnabende, Sonntage und gesetzlicher Feiertage als fortbestehend, wenn diese Tage innerhalb eines zusammenhängenden Arbeits- oder Ausbildungs-

abschnittes liegen. Gefangene im Sinne dieses Buches sind Personen, die im Vollzug von Untersuchungshaft, Freiheitsstrafen und freiheitsentziehenden Maßregeln der Besserung und Sicherung oder einstweilig nach § 126a Abs. 1 der Strafprozeßordnung untergebracht sind,

5. Personen, die als nicht satzungsmäßige Mitglieder geistlicher Genossenschaften oder ähnlicher religiöser Gemeinschaften für den Dienst in einer solchen Genossenschaft oder ähnlichen religiösen Gemeinschaft außerschulisch ausgebildet werden.

(2) Versicherungspflichtig sind Personen in der Zeit, für die sie

1. von einem Leistungsträger Mutterschaftsgeld, Krankengeld, Versorgungskrankengeld, Verletztengeld oder von einem Träger der medizinischen Rehabilitation Übergangsgeld beziehen,
2. von einem privaten Krankenversicherungsunternehmen Krankentagegeld beziehen,

2a. von einem privaten Krankenversicherungsunternehmen, von einem Beihilfeträger des Bundes, von einem sonstigen öffentlich-rechtlichen Träger von Kosten in Krankheitsfällen auf Bundesebene, von dem Träger der Heilfürsorge im Bereich des Bundes, von dem Träger der truppenärztlichen Versorgung oder von einem öffentlich-rechtlichen Träger von Kosten in Krankheitsfällen auf Landesebene, soweit Landesrecht dies vorsieht, Leistungen für den Ausfall von Arbeitseinkünften im Zusammenhang mit einer nach den §§ 8 und 8a des Transplantationsgesetzes erfolgenden Spende von Organen oder Geweben oder im Zusammenhang mit einer im Sinne von § 9 des Transfusionsgesetzes erfolgenden Spende von Blut zur Separation von Blutstammzellen oder anderen Blutbestandteilen beziehen,

2b. von einer Pflegekasse, einem privaten Versicherungsunternehmen, der Festsetzungsstelle für die Beihilfe oder dem Dienstherrn Pflegeunterstützungsgeld beziehen oder

3. von einem Träger der gesetzlichen Rentenversicherung eine Rente wegen voller Erwerbsminderung beziehen,

wenn sie unmittelbar vor Beginn der Leistung versicherungspflichtig waren oder Anspruch auf eine laufende Entgeltersatzleistung nach diesem Buch hatten.

(2a) 1Versicherungspflichtig sind Personen in der Zeit, in der sie ein Kind, das das dritte Lebensjahr noch nicht vollendet hat, erziehen, wenn sie

1. unmittelbar vor der Kindererziehung versicherungspflichtig waren oder Anspruch auf eine laufende Entgeltersatzleistung nach diesem Buch hatten und
2. sich mit dem Kind im Inland gewöhnlich aufhalten oder bei Aufenthalt im Ausland Anspruch auf Kindergeld nach dem Einkommensteuergesetz oder Bundeskindergeldgesetz haben oder ohne die Anwendung des § 64 oder § 65 des Einkommensteuergesetzes oder des § 3 oder § 4 des Bundeskindergeldgesetzes haben würden.

2Satz 1 gilt nur für Kinder

1. der oder des Erziehenden,
2. seiner nicht dauernd getrennt lebenden Ehegattin oder ihres nicht dauernd getrennt lebenden Ehegatten oder
3. ihrer nicht dauernd getrennt lebenden Lebenspartnerin oder seines nicht dauernd getrennt lebenden Lebenspartners.

3Haben mehrere Personen ein Kind gemeinsam erzogen, besteht Versicherungspflicht nur für die Person, der nach den Regelungen des Rechts der gesetzlichen Rentenversicherung die Erziehungszeit zuzuordnen ist (§ 56 Abs. 2 des Sechsten Buches).

(2b) 1Versicherungspflichtig sind Personen in der Zeit, in der sie als Pflegeperson einen Pflegebedürftigen mit mindestens Pflegegrad 2 im Sinne des Elften Buches, der Leistungen aus der Pflegeversicherung nach dem Elften Buch oder Hilfe zur Pflege nach dem Zwölften Buch oder gleichartige Leistungen nach anderen Vorschriften bezieht, nicht erwerbsmäßig wenigstens zehn Stunden wöchentlich, verteilt auf regelmäßig mindestens zwei Tage in der Woche, in seiner häuslichen Umgebung pflegen, wenn sie unmittelbar vor Beginn der Pflegetätigkeit versicherungspflichtig waren oder Anspruch auf eine laufende Entgeltersatzleistung nach diesem Buch hatten. 2Versicherungspflicht besteht auch, wenn die Voraussetzungen durch die Pflege mehrerer Pflegebedürftiger erfüllt werden.

(3) 1Nach Absatz 1 Nr. 1 ist nicht versicherungspflichtig, wer nach § 25 Abs. 1 versicherungspflichtig ist. 2Nach Absatz 1 Nr. 4 ist nicht versicherungspflichtig, wer nach anderen Vorschriften dieses Buches versicherungspflichtig ist. 3Versicherungspflichtig wegen des Bezuges von Mutterschaftsgeld nach Absatz 2 Nr. 1 ist nicht, wer nach Absatz 2a versicherungspflichtig ist. 4Nach Absatz 2 Nr. 2 ist nicht versicherungspflichtig, wer nach Absatz 2 Nr. 1 versicherungspflichtig ist oder während des Bezugs von Krankentagegeld Anspruch auf Entgeltersatzleistungen nach diesem Buch hat. 5Nach Absatz 2a und 2b ist

nicht versicherungspflichtig, wer nach anderen Vorschriften dieses Buches versicherungspflichtig ist oder während der Zeit der Erziehung oder Pflege Anspruch auf Entgeltersatzleistungen nach diesem Buch hat; Satz 3 bleibt unberührt. [6]Trifft eine Versicherungspflicht nach Absatz 2a mit einer Versicherungspflicht nach Absatz 2b zusammen, geht die Versicherungspflicht nach Absatz 2a vor.

§ 27 Versicherungsfreie Beschäftigte

(1) Versicherungsfrei sind Personen in einer Beschäftigung als

1. Beamtin, Beamter, Richterin, Richter, Soldatin auf Zeit, Soldat auf Zeit, Berufssoldatin oder Berufssoldat der Bundeswehr sowie als sonstige Beschäftigte oder sonstiger Beschäftigter des Bundes, eines Landes, eines Gemeindeverbandes, einer Gemeinde, einer öffentlich-rechtlichen Körperschaft, Anstalt, Stiftung oder eines Verbandes öffentlich-rechtlicher Körperschaften oder deren Spitzenverbänden, wenn sie nach beamtenrechtlichen Vorschriften oder Grundsätzen bei Krankheit Anspruch auf Fortzahlung der Bezüge und auf Beihilfe oder Heilfürsorge haben,
2. Geistliche der als öffentlich-rechtliche Körperschaften anerkannten Religionsgesellschaften, wenn sie nach beamtenrechtlichen Vorschriften oder Grundsätzen bei Krankheit Anspruch auf Fortzahlung der Bezüge und auf Beihilfe haben,
3. Lehrerin oder Lehrer an privaten genehmigten Ersatzschulen, wenn sie hauptamtlich beschäftigt sind und nach beamtenrechtlichen Vorschriften oder Grundsätzen bei Krankheit Anspruch auf Fortzahlung der Bezüge und auf Beihilfe haben,
4. satzungsmäßige Mitglieder von geistlichen Genossenschaften, Diakonissen und ähnliche Personen, wenn sie sich aus überwiegend religiösen oder sittlichen Beweggründen mit Krankenpflege, Unterricht oder anderen gemeinnützigen Tätigkeiten beschäftigen und nicht mehr als freien Unterhalt oder ein geringes Entgelt beziehen, das nur zur Beschaffung der unmittelbaren Lebensbedürfnisse an Wohnung, Verpflegung, Kleidung und dergleichen ausreicht,
5. Mitglieder des Vorstandes einer Aktiengesellschaft für das Unternehmen, dessen Vorstand sie angehören. Konzernunternehmen im Sinne des § 18 des Aktiengesetzes gelten als ein Unternehmen.

(2) [1]Versicherungsfrei sind Personen in einer geringfügigen Beschäftigung; abweichend von § 8 Abs. 2 Satz 1 des Vierten Buches werden geringfügige Beschäftigungen und nicht geringfügige Beschäftigungen nicht zusammengerechnet. [2]Versicherungsfreiheit besteht nicht für Personen, die

1. im Rahmen betrieblicher Berufsbildung, nach dem Jugendfreiwilligendienstegesetz, nach dem Bundesfreiwilligendienstgesetz,
2. wegen eines Arbeitsausfalls mit Entgeltausfall im Sinne der Vorschriften über das Kurzarbeitergeld oder
3. wegen stufenweiser Wiedereingliederung in das Erwerbsleben (§ 74 Fünftes Buch, § 44 Neuntes Buch) oder aus einem sonstigen der in § 146 Absatz 1 genannten Gründe

nur geringfügig beschäftigt sind.

(3) Versicherungsfrei sind Personen in einer

1. unständigen Beschäftigung, die sie berufsmäßig ausüben. Unständig ist eine Beschäftigung, die auf weniger als eine Woche der Natur der Sache nach beschränkt zu sein pflegt oder im voraus durch Arbeitsvertrag beschränkt ist,
2. Beschäftigung als Heimarbeiterin oder Heimarbeiter, die gleichzeitig mit einer Tätigkeit als Zwischenmeisterin oder Zwischenmeister (§ 12 Abs. 4 Viertes Buch) ausgeübt wird, wenn der überwiegende Teil des Verdienstes aus der Tätigkeit als Zwischenmeisterin oder Zwischenmeister bezogen wird,
3. Beschäftigung als ausländische Arbeitnehmerin oder ausländischer Arbeitnehmer zur beruflichen Aus- oder Fortbildung, wenn
   a) die berufliche Aus- oder Fortbildung aus Mitteln des Bundes, eines Landes, einer Gemeinde oder eines Gemeindeverbandes oder aus Mitteln einer Einrichtung oder einer Organisation, die sich der Aus- oder Fortbildung von Ausländerinnen oder Ausländern widmet, gefördert wird,
   b) sie verpflichtet sind, nach Beendigung der geförderten Aus- oder Fortbildung das Inland zu verlassen, und
   c) die im Inland zurückgelegten Versicherungszeiten weder nach dem Recht der Europäischen Gemeinschaft noch nach zwischenstaatlichen Abkommen oder dem Recht des Wohnlandes der Arbeitnehmerin oder des Arbeitnehmers einen Anspruch auf Leistungen für den Fall der Arbeitslosigkeit in dem Wohnland der oder des Betreffenden begründen können,
4. Beschäftigung als Bürgermeisterin, Bürgermeister, Beigeordnete oder Beigeordneter, wenn diese Beschäftigung ehrenamtlich ausgeübt wird,

5. Beschäftigung, die nach den §§ 16e und 16i des Zweiten Buches gefördert wird.

(4) 1Versicherungsfrei sind Personen, die während der Dauer

1. ihrer Ausbildung an einer allgemeinbildenden Schule oder
2. ihres Studiums als ordentlich Studierende einer Hochschule oder einer der fachlichen Ausbildung dienenden Schule

eine Beschäftigung ausüben. 2Satz 1 Nr. 1 gilt nicht, wenn die oder der Beschäftigte schulische Einrichtungen besucht, die der Fortbildung außerhalb der üblichen Arbeitszeit dienen.

(5) 1Versicherungsfrei sind Personen, die während einer Zeit, in der ein Anspruch auf Arbeitslosengeld besteht, eine Beschäftigung ausüben. 2Satz 1 gilt nicht für Beschäftigungen, die während der Zeit, in der ein Anspruch auf Teilarbeitslosengeld besteht, ausgeübt werden.

§ 28 Sonstige versicherungsfreie Personen

(1) Versicherungsfrei sind Personen,

1. die das Lebensjahr für den Anspruch auf Regelaltersrente im Sinne des Sechsten Buches vollenden, mit Ablauf des Monats, in dem sie das maßgebliche Lebensjahr vollenden,
2. die wegen einer Minderung ihrer Leistungsfähigkeit dauernd nicht mehr verfügbar sind, von dem Zeitpunkt an, an dem die Agentur für Arbeit diese Minderung der Leistungsfähigkeit und der zuständige Träger der gesetzlichen Rentenversicherung volle Erwerbsminderung im Sinne der gesetzlichen Rentenversicherung festgestellt haben,
3. während der Zeit, für die ihnen eine dem Anspruch auf Rente wegen voller Erwerbsminderung vergleichbare Leistung eines ausländischen Leistungsträgers zuerkannt ist.

(2) Versicherungsfrei sind Personen in einer Beschäftigung oder auf Grund des Bezuges einer Sozialleistung (§ 26 Abs. 2 Nr. 1 und 2), soweit ihnen während dieser Zeit ein Anspruch auf Rente wegen voller Erwerbsminderung aus der gesetzlichen Rentenversicherung zuerkannt ist.

(3) Versicherungsfrei sind nicht-deutsche Besatzungsmitglieder deutscher Seeschiffe, die ihren Wohnsitz oder gewöhnlichen Aufenthalt nicht in einem Mitgliedstaat der Europäischen Union, einem Vertragsstaat des Abkommens über den Europäischen Wirtschaftsraum oder der Schweiz haben.

Zweiter Abschnitt
Versicherungspflichtverhältnis auf Antrag

§ 28a Versicherungspflichtverhältnis auf Antrag

(1) 1Ein Versicherungspflichtverhältnis auf Antrag können Personen begründen, die

1. (weggefallen)
2. eine selbständige Tätigkeit mit einem Umfang von mindestens 15 Stunden wöchentlich aufnehmen und ausüben,
3. eine Beschäftigung mit einem Umfang von mindestens 15 Stunden wöchentlich in einem Staat außerhalb eines Mitgliedstaates der Europäischen Union, eines Vertragsstaates des Europäischen Wirtschaftsraums oder der Schweiz aufnehmen und ausüben,
4. eine Elternzeit nach § 15 des Bundeselterngeld- und Elternzeitgesetzes in Anspruch nehmen oder
5. sich beruflich weiterbilden, wenn dadurch ein beruflicher Aufstieg ermöglicht, ein beruflicher Abschluss vermittelt oder zu einer anderen beruflichen Tätigkeit befähigt wird; ausgeschlossen sind Weiterbildungen im Sinne des § 180 Absatz 3 Satz 1 Nummer 1, es sei denn, die berufliche Weiterbildung findet in einem berufsqualifizierenden Studiengang an einer Hochschule oder einer ähnlichen Bildungsstätte unter Anrechnung beruflicher Qualifikationen statt.

2Gelegentliche Abweichungen von der in den Satz 1 Nummer 2 und 3 genannten wöchentlichen Mindeststundenzahl bleiben unberücksichtigt, wenn sie von geringer Dauer sind.

(2) 1Voraussetzung für die Versicherungspflicht ist, dass die antragstellende Person

1. innerhalb der letzten 30 Monate vor der Aufnahme der Tätigkeit oder Beschäftigung oder dem Beginn der Elternzeit oder beruflichen Weiterbildung mindestens zwölf Monate in einem Versicherungspflichtverhältnis gestanden hat oder
2. unmittelbar vor der Aufnahme der Tätigkeit oder der Beschäftigung oder dem Beginn der Elternzeit oder der beruflichen Weiterbildung Anspruch auf eine Entgeltersatzleistung nach diesem Buch hatte

und weder versicherungspflichtig (§§ 25, 26) noch versicherungsfrei (§§ 27, 28) ist; eine geringfügige Beschäftigung (§ 27 Absatz 2) schließt die Versicherungspflicht nicht aus. 2Die Begründung eines Versicherungspflichtverhältnisses auf Antrag nach Absatz 1 Satz 1 Nummer 2 ist ausgeschlossen, wenn die antragstellende Person bereits versicherungspflichtig nach Absatz 1 Satz 1 Nummer 2 war, die zu dieser Versicherungspflicht führende Tätigkeit zweimal unterbrochen hat und in den Unterbrechungszeiten einen Anspruch auf Arbeitslosengeld geltend gemacht hat. $_3$Die Begründung eines Versicherungspflichtverhältnisses auf Antrag nach Absatz 1 Satz 1 Nummer 4 ist ausgeschlossen, soweit für dasselbe Kind bereits eine andere Person nach § 26 Absatz 2a versicherungspflichtig ist.

(3) $_1$Der Antrag muss spätestens innerhalb von drei Monaten nach Aufnahme der Tätigkeit oder Beschäftigung oder dem Beginn der Elternzeit oder beruflichen Weiterbildung, die zur Begründung eines Versicherungspflichtverhältnisses auf Antrag berechtigt, gestellt werden. $_2$Das Versicherungspflichtverhältnis beginnt mit dem Tag, an dem erstmals die Voraussetzungen nach den Absätzen 1 und 2 erfüllt sind. $_3$Kann ein Versicherungspflichtverhältnis auf Antrag allein deshalb nicht begründet werden, weil dies wegen einer vorrangigen Versicherungspflicht (§§ 25, 26) oder Versicherungsfreiheit (§§ 27, 28) ausgeschlossen ist, muss der Antrag abweichend von Satz 1 spätestens innerhalb von drei Monaten nach dem Wegfall des Ausschlusstatbestandes gestellt werden.

(4) $_1$Die Versicherungspflicht nach Absatz 1 ruht, wenn während der Versicherungspflicht nach Absatz 1 eine weitere Versicherungspflicht (§§ 25, 26) oder Versicherungsfreiheit nach § 27 eintritt. $_2$Eine geringfügige Beschäftigung (§ 27 Absatz 2) führt nicht zum Ruhen der Versicherungspflicht nach Absatz 1.

(5) Das Versicherungspflichtverhältnis endet,

1. wenn die oder der Versicherte eine Entgeltersatzleistung nach § 3 Absatz 4 Nummer 1 bis 3 bezieht,
2. mit Ablauf des Tages, an dem die Voraussetzungen nach Absatz 1 letztmals erfüllt waren,
3. wenn die oder der Versicherte mit der Beitragszahlung länger als drei Monate in Verzug ist, mit Ablauf des Tages, für den letztmals Beiträge gezahlt wurden,
4. in den Fällen des § 28,
5. durch Kündigung der oder des Versicherten; die Kündigung ist erstmals nach Ablauf von fünf Jahren zulässig; die Kündigungsfrist beträgt drei Monate zum Ende eines Kalendermonats.

Drittes Kapitel
Aktive Arbeitsförderung

Erster Abschnitt
Beratung und Vermittlung

Erster Unterabschnitt
Beratung

§ 29 Beratungsangebot

(1) Die Agentur für Arbeit hat jungen Menschen und Erwachsenen, die am Arbeitsleben teilnehmen oder teilnehmen wollen, Berufsberatung, einschließlich einer Weiterbildungsberatung, und Arbeitgebern Arbeitsmarktberatung, einschließlich einer Qualifizierungsberatung, anzubieten.

(2) $_1$Art und Umfang der Beratung richten sich nach dem Beratungsbedarf der oder des Ratsuchenden. $_2$Die Agentur für Arbeit berät geschlechtersensibel. $_3$Insbesondere wirkt sie darauf hin, das Berufswahlspektrum von Frauen und Männern zu erweitern.

(3) Die Agentur für Arbeit hat Auszubildenden, Arbeitnehmerinnen und Arbeitnehmern Beratung auch zur Festigung des Ausbildungs- oder Arbeitsverhältnisses nach Beginn einer Berufsausbildung oder nach der Aufnahme einer Arbeit anzubieten.

(4) Die Agentur für Arbeit soll bei der Beratung die Kenntnisse über den Arbeitsmarkt des europäischen Wirtschaftsraumes und die Erfahrungen aus der Zusammenarbeit mit den Arbeitsverwaltungen anderer Staaten nutzen.

§ 30 Berufsberatung

Die Berufsberatung umfasst die Erteilung von Auskunft und Rat

1. zur Berufswahl, zur beruflichen Entwicklung, zum Berufswechsel sowie zu Möglichkeiten der Anerkennung ausländischer Berufsabschlüsse,
2. zur Lage und Entwicklung des Arbeitsmarktes und der Berufe,
3. zu den Möglichkeiten der beruflichen Bildung sowie zur Verbesserung der individuellen Beschäftigungsfähigkeit und zur Entwicklung individueller beruflicher Perspektiven,
4. zur Ausbildungs- und Arbeitsstellensuche,
5. zu Leistungen der Arbeitsförderung,
6. zu Fragen der Ausbildungsförderung und der schulischen Bildung, soweit sie für die Berufswahl und die berufliche Bildung von Bedeutung sind.

§ 31 Grundsätze der Berufsberatung

$_1$Bei der Berufsberatung sind Neigung, Eignung, berufliche Fähigkeiten und Leistungsfähigkeit der Ratsuchenden sowie aktuelle und zu erwartende Beschäftigungsmöglichkeiten zu berücksichtigen. $_2$Die Durchführung einer Potenzialanalyse entsprechend § 37 Absatz 1 kann angeboten werden.

§ 31a Informationen an junge Menschen ohne Anschlussperspektive; erforderliche Datenerhebung und Datenübermittlung

(1) $_1$Die Agentur für Arbeit hat junge Menschen, die nach ihrer Kenntnis bei Beendigung der Schule oder einer vergleichbaren Ersatzmaßnahme keine konkrete berufliche Anschlussperspektive haben, zu kontaktieren und über Angebote der Berufsberatung und Berufsorientierung zu informieren, soweit diese noch nicht genutzt werden. $_2$Zu diesem Zweck erhebt die Agentur für Arbeit folgende Daten, soweit sie ihr von den Ländern übermittelt werden:

1. Name,
2. Vorname,
3. Geburtsdatum,
4. Geschlecht,
5. Wohnanschrift,
6. voraussichtlich beendete Schulform oder Ersatzmaßnahme,
7. erreichter Abschluss.

(2) $_1$Nimmt der junge Mensch nach einer Kontaktaufnahme nach Absatz 1 das Angebot der Agentur für Arbeit nicht in Anspruch, hat die Agentur für Arbeit den nach Landesrecht bestimmten Stellen des Landes, in dem der junge Mensch seinen Wohnsitz hat, die Sozialdaten zu übermitteln, die erforderlich sind, damit das Land dem jungen Menschen weitere Angebote unterbreiten kann. $_2$Erforderlich sind folgende Daten:

1. Name,
2. Vorname,
3. Geburtsdatum,
4. Wohnanschrift, falls sich diese gegenüber der vom Land übermittelten Anschrift geändert hat.

$_3$Eine Datenübermittlung darf nur erfolgen, wenn die jeweiligen landesrechtlichen Regelungen die Erhebung der Daten erlauben. $_4$Die Daten werden nicht an die jeweiligen Stellen der Länder übermittelt, wenn der junge Mensch der Übermittlung widerspricht. $_5$Auf sein Widerspruchsrecht ist er hinzuweisen.

(3) Die Agentur für Arbeit hat die personenbezogenen Daten zu löschen, sobald sie für die Kontaktaufnahme nach Absatz 1 und die Übermittlung nach Absatz 2 nicht mehr erforderlich sind, spätestens jedoch sechs Monate nach Erhebung.

§ 32 Eignungsfeststellung

Die Agentur für Arbeit soll Ratsuchende mit deren Einverständnis ärztlich und psychologisch untersuchen und begutachten, soweit dies für die Feststellung der Berufseignung oder Vermittlungsfähigkeit erforderlich ist.

§ 33 Berufsorientierung

$_1$Die Agentur für Arbeit hat Berufsorientierung durchzuführen

1. zur Vorbereitung von jungen Menschen und Erwachsenen auf die Berufswahl und
2. zur Unterrichtung der Ausbildungsuchenden, Arbeitsuchenden, Arbeitnehmerinnen und Arbeitnehmer und Arbeitgeber.

$_2$Dabei soll sie umfassend Auskunft und Rat geben zu Fragen der Berufswahl, über die Berufe und ihre Anforderungen und Aussichten, über die Wege und die Förderung der beruflichen Bildung sowie über beruflich bedeutsame Entwicklungen in den Betrieben, Verwaltungen und auf dem Arbeitsmarkt.

§ 34 Arbeitsmarktberatung

(1) $_1$Die Arbeitsmarktberatung der Agentur für Arbeit soll die Arbeitgeber bei der Besetzung von Ausbildungs- und Arbeitsstellen sowie bei Qualifizierungsbedarfen ihrer Beschäftigten unterstützen. $_2$Sie umfasst die Erteilung von Auskunft und Rat

1. zur Lage und Entwicklung des Arbeitsmarktes und der Berufe,
2. zur Besetzung von Ausbildungs- und Arbeitsstellen auch einschließlich der Beschäftigungsmöglichkeiten von Arbeitnehmerinnen und Arbeitnehmern aus dem Ausland,
3. zur Gestaltung von Arbeitsplätzen, Arbeitsbedingungen und der Arbeitszeit von Auszubildenden sowie Arbeitnehmerinnen und Arbeitnehmern,
4. zur betrieblichen Aus- und Weiterbildung,
5. zur Eingliederung von förderungsbedürftigen Auszubildenden und von förderungsbedürftigen Arbeitnehmerinnen und Arbeitnehmern,
6. zu Leistungen der Arbeitsförderung.

(2) $_1$Die Agentur für Arbeit soll die Beratung nutzen, um Ausbildungs- und Arbeitsstellen für die Vermittlung zu gewinnen. $_2$Sie soll auch von sich aus Kontakt zu den Arbeitgebern aufnehmen und unterhalten.

III

Zweiter Unterabschnitt
Vermittlung

§ 35 Vermittlungsangebot

(1) 1Die Agentur für Arbeit hat Ausbildungsuchenden, Arbeitsuchenden und Arbeitgebern Ausbildungsvermittlung und Arbeitsvermittlung (Vermittlung) anzubieten. 2Die Vermittlung umfasst alle Tätigkeiten, die darauf gerichtet sind, Ausbildungsuchende mit Arbeitgebern zur Begründung eines Ausbildungsverhältnisses und Arbeitsuchende mit Arbeitgebern zur Begründung eines Beschäftigungsverhältnisses zusammenzuführen. 3Die Agentur für Arbeit stellt sicher, dass Ausbildungsuchende und Arbeitslose, deren berufliche Eingliederung voraussichtlich erschwert sein wird, eine verstärkte vermittlerische Unterstützung erhalten.

(2) 1Die Agentur für Arbeit hat durch Vermittlung darauf hinzuwirken, dass Ausbildungsuchende eine Ausbildungsstelle, Arbeitsuchende eine Arbeitsstelle und Arbeitgeber geeignete Auszubildende sowie geeignete Arbeitnehmerinnen und Arbeitnehmer erhalten. 2Sie hat dabei die Neigung, Eignung und Leistungsfähigkeit der Ausbildungsuchenden und Arbeitsuchenden sowie die Anforderungen der angebotenen Stellen zu berücksichtigen.

(3) 1Die Agentur für Arbeit hat Vermittlung auch über die Selbstinformationseinrichtungen nach § 40 Absatz 2 im Internet durchzuführen. 2Soweit es für diesen Zweck erforderlich ist, darf sie die Daten aus den Selbstinformationseinrichtungen nutzen und übermitteln.

§ 36 Grundsätze der Vermittlung

(1) Die Agentur für Arbeit darf nicht vermitteln, wenn ein Ausbildungs- oder Arbeitsverhältnis begründet werden soll, das gegen ein Gesetz oder die guten Sitten verstößt.

(2) 1Die Agentur für Arbeit darf Einschränkungen, die der Arbeitgeber für eine Vermittlung hinsichtlich Geschlecht, Alter, Gesundheitszustand, Staatsangehörigkeit oder ähnlicher Merkmale der Ausbildungsuchenden und Arbeitsuchenden vornimmt, die regelmäßig nicht die berufliche Qualifikation betreffen, nur berücksichtigen, wenn diese Einschränkungen nach Art der auszuübenden Tätigkeit unerlässlich sind. 2Die Agentur für Arbeit darf Einschränkungen, die der Arbeitgeber für eine Vermittlung aus Gründen der Rasse oder wegen der ethnischen Herkunft, der Religion oder Weltanschauung, einer Behinderung oder der sexuellen Identität der Ausbildungsuchenden und der Arbeitsuchenden vornimmt, nur berücksichtigen, soweit sie nach dem Allgemeinen Gleichbehandlungsgesetz zulässig sind. 3Im Übrigen darf eine Einschränkung hinsichtlich der Zugehörigkeit zu einer Gewerkschaft, Partei oder vergleichbaren Vereinigung nur berücksichtigt werden, wenn

1. es sich um eine Ausbildungs- oder Arbeitsstelle in einem Tendenzunternehmen oder -betrieb im Sinne des § 118 Absatz 1 Satz 1 des Betriebsverfassungsgesetzes handelt und
2. die Art der auszuübenden Tätigkeit diese Einschränkung rechtfertigt.

(3) Die Agentur für Arbeit darf in einen durch einen Arbeitskampf unmittelbar betroffenen Bereich nur dann vermitteln, wenn die oder der Arbeitsuchende und der Arbeitgeber dies trotz eines Hinweises auf den Arbeitskampf verlangen.

(4) 1Die Agentur für Arbeit ist bei der Vermittlung nicht verpflichtet zu prüfen, ob der vorgesehene Vertrag ein Arbeitsvertrag ist. 2Wenn ein Arbeitsverhältnis erkennbar nicht begründet werden soll, kann die Agentur für Arbeit auf Angebote zur Aufnahme einer selbständigen Tätigkeit hinweisen; Absatz 1 gilt entsprechend.

§ 37 Potenzialanalyse und Eingliederungsvereinbarung

(1) 1Die Agentur für Arbeit hat unverzüglich nach der Ausbildungsuchendmeldung oder Arbeitsuchendmeldung zusammen mit der oder dem Ausbildungsuchenden oder der oder dem Arbeitsuchenden die für die Vermittlung erforderlichen beruflichen und persönlichen Merkmale, beruflichen Fähigkeiten und die Eignung festzustellen (Potenzialanalyse). 2Die Potenzialanalyse erstreckt sich auch auf die Feststellung, ob und durch welche Umstände die berufliche Eingliederung voraussichtlich erschwert sein wird.

(2) 1In einer Eingliederungsvereinbarung, die die Agentur für Arbeit zusammen mit der oder dem Ausbildungsuchenden oder der oder dem Arbeitsuchenden trifft, werden für einen zu bestimmenden Zeitraum festgelegt

1. das Eingliederungsziel,
2. die Vermittlungsbemühungen der Agentur für Arbeit,
3. welche Eigenbemühungen zur beruflichen Eingliederung die oder der Ausbildungsuchende oder die oder der Arbeitsuchende in welcher Häufigkeit mindestens unternehmen muss und in welcher Form diese nachzuweisen sind,
4. die vorgesehenen Leistungen der aktiven Arbeitsförderung.

2Die besonderen Bedürfnisse behinderter und schwerbehinderter Menschen sollen angemessen berücksichtigt werden.

(3) 1Der oder dem Ausbildungsuchenden oder der oder dem Arbeitsuchenden ist eine Ausfertigung der Eingliederungsvereinbarung auszuhändigen. 2Die Eingliederungsvereinbarung ist sich ändernden Verhältnissen anzupassen; sie ist fortzuschreiben, wenn in dem Zeitraum, für den sie zunächst galt, die Ausbildungssuche oder Arbeitsuche nicht beendet wurde. 3Sie ist spätestens nach sechsmonatiger Arbeitslosigkeit, bei arbeitslosen und ausbildungsuchenden jungen Menschen spätestens nach drei Monaten, zu überprüfen. 4Kommt eine Eingliederungsvereinbarung nicht zustande, sollen die nach Absatz 2 Satz 1 Nummer 3 erforderlichen Eigenbemühungen durch Verwaltungsakt festgesetzt werden.

§ 38 Rechte und Pflichten der Ausbildung- und Arbeitsuchenden

(1) 1Personen, deren Ausbildungs- oder Arbeitsverhältnis endet, sind verpflichtet, sich spätestens drei Monate vor dessen Beendigung bei der Agentur für Arbeit unter Angabe der persönlichen Daten und des Beendigungszeitpunktes des Ausbildungs- oder Arbeitsverhältnisses arbeitsuchend zu melden. 2Liegen zwischen der Kenntnis des Beendigungszeitpunktes und der Beendigung des Ausbildungs- oder Arbeitsverhältnisses weniger als drei Monate, haben sie sich innerhalb von drei Tagen nach Kenntnis des Beendigungszeitpunktes zu melden. 3Die Pflicht zur Meldung besteht unabhängig davon, ob der Fortbestand des Ausbildungs- oder Arbeitsverhältnisses gerichtlich geltend gemacht oder vom Arbeitgeber in Aussicht gestellt wird. 4Die Pflicht zur Meldung gilt nicht bei einem betrieblichen Ausbildungsverhältnis. 5Im Übrigen gelten für Ausbildung- und Arbeitsuchende die Meldepflichten im Leistungsverfahren nach den §§ 309 und 310 entsprechend.

(1a) Die zuständige Agentur für Arbeit soll mit der nach Absatz 1 arbeitsuchend gemeldeten Person unverzüglich nach der Arbeitsuchendmeldung ein erstes Beratungs- und Vermittlungsgespräch führen, das persönlich oder bei Einvernehmen zwischen Agentur für Arbeit und der arbeitsuchenden Person auch per Videotelefonie erfolgen kann.

(2) Die Agentur für Arbeit hat unverzüglich nach der Meldung nach Absatz 1 auch Berufsberatung durchzuführen.

(3) 1Ausbildung- und Arbeitsuchende, die Dienstleistungen der Bundesagentur in Anspruch nehmen, haben dieser die für eine Vermittlung erforderlichen Auskünfte zu erteilen, Unterlagen vorzulegen und den Abschluss eines Ausbildungs- oder Arbeitsverhältnisses unter Benennung des Arbeitgebers und seines Sitzes unverzüglich mitzuteilen. 2Sie können die Weitergabe ihrer Unterlagen von deren Rückgabe an die Agentur für Arbeit abhängig machen oder ihre Weitergabe an namentlich benannte Arbeitgeber ausschließen. 3Die Anzeige- und Bescheinigungspflichten im Leistungsverfahren bei Arbeitsunfähigkeit nach § 311 gelten entsprechend.

(4) 1Die Arbeitsvermittlung ist durchzuführen,

1. solange die oder der Arbeitsuchende Leistungen zum Ersatz des Arbeitsentgelts bei Arbeitslosigkeit oder Transferkurzarbeitergeld beansprucht oder
2. bis bei Meldepflichtigen nach Absatz 1 der angegebene Beendigungszeitpunkt des Ausbildungs- oder Arbeitsverhältnisses erreicht ist.

2Im Übrigen kann die Agentur für Arbeit die Arbeitsvermittlung einstellen, wenn die oder der Arbeitsuchende die ihr oder ihm nach Absatz 3 oder der Eingliederungsvereinbarung oder dem Verwaltungsakt nach § 37 Absatz 3 Satz 4 obliegenden Pflichten nicht erfüllt, ohne dafür einen wichtigen Grund zu haben. 3Die oder der Arbeitsuchende kann die Arbeitsvermittlung erneut nach Ablauf von zwölf Wochen in Anspruch nehmen.

(5) 1Die Ausbildungsvermittlung ist durchzuführen,

1. bis die oder der Ausbildungsuchende in Ausbildung, schulische Bildung oder Arbeit einmündet oder sich die Vermittlung anderweitig erledigt oder
2. solange die oder der Ausbildungsuchende dies verlangt.

2Absatz 4 Satz 2 gilt entsprechend.

§ 39 Rechte und Pflichten der Arbeitgeber

(1) 1Arbeitgeber, die Dienstleistungen der Bundesagentur in Anspruch nehmen, haben die für eine Vermittlung erforderlichen Auskünfte zu erteilen und Unterlagen vorzulegen. 2Sie können deren Überlassung an namentlich benannte Ausbildung- und Arbeitsuchende ausschließen oder die Vermittlung darauf begrenzen, dass ihnen Daten von geeigneten Ausbildung- und Arbeitsuchenden überlassen werden.

(2) 1Die Agentur für Arbeit soll dem Arbeitgeber eine Arbeitsmarktberatung anbieten, wenn sie erkennt, dass eine gemeldete freie Ausbildungs- oder Arbeitsstelle durch ihre Vermittlung nicht in angemessener Zeit besetzt werden kann. 2Sie soll diese Beratung spätestens nach drei Monaten anbieten.

(3) 1Die Agentur für Arbeit kann die Vermittlung zur Besetzung einer Ausbildungs- oder Arbeitsstelle einstellen, wenn

1. sie erfolglos bleibt, weil die Arbeitsbedingungen der angebotenen Stelle gegenüber denen vergleichbarer Ausbildungs- oder Arbeitsstellen so ungünstig sind, dass sie den Ausbildung- oder Arbeitsuchenden nicht zumutbar sind, und die Agentur für Arbeit den Arbeitgeber darauf hingewiesen hat,
2. der Arbeitgeber keine oder unzutreffende Mitteilungen über das Nichtzustandekommen eines Ausbildungs- oder Arbeitsvertrags mit einer oder einem vorgeschlagenen Ausbildungsuchenden oder einer oder einem vorgeschlagenen Arbeitsuchenden macht und die Vermittlung dadurch erschwert wird,
3. die Stelle auch nach erfolgter Arbeitsmarktberatung nicht besetzt werden kann, jedoch frühestens nach Ablauf von sechs Monaten, die Ausbildungsvermittlung jedoch frühestens drei Monate nach Beginn eines Ausbildungsjahres.

$_2$Der Arbeitgeber kann die Vermittlung erneut in Anspruch nehmen.

§ 39a Frühzeitige Förderung von Ausländerinnen und Ausländern mit Aufenthaltsgestattung

$_1$Für Ausländerinnen und Ausländer, die eine Aufenthaltsgestattung nach dem Asylgesetz besitzen und auf Grund des § 61 des Asylgesetzes keine Erwerbstätigkeit ausüben dürfen, können Leistungen nach diesem Unterabschnitt erbracht werden, wenn bei ihnen ein rechtmäßiger und dauerhafter Aufenthalt zu erwarten ist. $_2$Stammen sie aus einem sicheren Herkunftsstaat nach § 29a des Asylgesetzes, so wird vermutet, dass ein rechtmäßiger und dauerhafter Aufenthalt nicht zu erwarten ist.

Dritter Unterabschnitt
Gemeinsame Vorschriften

§ 40 Allgemeine Unterrichtung

(1) Die Agentur für Arbeit soll Ausbildung- und Arbeitsuchenden sowie Arbeitgebern in geeigneter Weise Gelegenheit geben, sich über freie Ausbildungs- und Arbeitsstellen sowie über Ausbildung- und Arbeitsuchende zu unterrichten.

(2) $_1$Bei der Beratung, Vermittlung und Berufsorientierung sind Selbstinformationseinrichtungen einzusetzen. $_2$Diese sind an die technischen Entwicklungen anzupassen.

(3) $_1$Die Agentur für Arbeit darf in die Selbstinformationseinrichtungen Daten über Ausbildungsuchende, Arbeitsuchende und Arbeitgeber nur aufnehmen, soweit sie für die Vermittlung erforderlich sind und von Dritten keiner bestimmten oder bestimmbaren Person zugeordnet werden können. $_2$Daten, die von Dritten einer bestimmten oder bestimmbaren Person zugeordnet werden können, dürfen nur mit Einwilligung der betroffenen Person aufgenommen werden. $_3$Der betroffenen Person ist auf Verlangen ein Ausdruck der aufgenommenen Daten zuzusenden. $_4$Die Agentur für Arbeit kann von der Aufnahme von Daten über Ausbildungs- und Arbeitsstellen in die Selbstinformationseinrichtungen absehen, wenn diese dafür nicht geeignet sind.

(4) Die Absätze 1 bis 3 gelten entsprechend für die in § 39a genannten Personen.

§ 41 Einschränkung des Fragerechts

(1) $_1$Die Agentur für Arbeit darf von Ausbildung- und Arbeitsuchenden keine Daten erheben, die ein Arbeitgeber vor Begründung eines Ausbildungs- oder Arbeitsverhältnisses nicht erfragen darf. $_2$Daten über die Zugehörigkeit zu einer Gewerkschaft, Partei, Religionsgemeinschaft oder vergleichbaren Vereinigung dürfen nur bei der oder dem Ausbildungsuchenden und der oder dem Arbeitsuchenden erhoben werden. $_3$Die Agentur für Arbeit darf diese Daten nur erheben, speichern und nutzen, wenn

1. eine Vermittlung auf eine Ausbildungs- oder Arbeitsstelle
   a) in einem Tendenzunternehmen oder -betrieb im Sinne des § 118 Absatz 1 Satz 1 des Betriebsverfassungsgesetzes oder
   b) bei einer Religionsgemeinschaft oder in einer zu ihr gehörenden karitativen oder erzieherischen Einrichtung

   vorgesehen ist,
2. die oder der Ausbildungsuchende oder die oder der Arbeitsuchende bereit ist, auf eine solche Ausbildungs- oder Arbeitsstelle vermittelt zu werden, und
3. bei einer Vermittlung nach Nummer 1 Buchstabe a die Art der auszuübenden Tätigkeit diese Beschränkung rechtfertigt.

(2) Absatz 1 gilt entsprechend für die in § 39a genannten Personen.

§ 42 Grundsatz der Unentgeltlichkeit

(1) Die Agentur für Arbeit übt die Beratung und Vermittlung unentgeltlich aus.

(2) Die Agentur für Arbeit kann vom Arbeitgeber die Erstattung besonderer, bei einer Arbeitsvermittlung

entstehender Aufwendungen (Aufwendungsersatz) verlangen, wenn

1. die Aufwendungen den gewöhnlichen Umfang erheblich übersteigen und
2. sie den Arbeitgeber bei Beginn der Arbeitsvermittlung über die Erstattungspflicht unterrichtet hat.

(3) $_{1}$Die Agentur für Arbeit kann von einem Arbeitgeber, der die Auslandsvermittlung auf Grund zwischenstaatlicher Vereinbarungen oder Vermittlungsabsprachen der Bundesagentur mit ausländischen Arbeitsverwaltungen in Anspruch nimmt, eine Gebühr (Vermittlungsgebühr) erheben. $_{2}$Die Vorschriften des Verwaltungskostengesetzes vom 23. Juni 1970 (BGBl. I S. 821) in der am 14. August 2013 geltenden Fassung sind anzuwenden.

(4) Der Arbeitgeber darf sich den Aufwendungsersatz oder die Vermittlungsgebühr weder ganz noch teilweise von der vermittelten Arbeitnehmerin oder dem vermittelten Arbeitnehmer oder einem Dritten erstatten lassen.

§ 43 Anordnungsermächtigung

$_{1}$Die Bundesagentur wird ermächtigt, durch Anordnung die gebührenpflichtigen Tatbestände für die Vermittlungsgebühr zu bestimmen und dabei feste Sätze vorzusehen. $_{2}$Für die Bestimmung der Gebührenhöhe können auch Aufwendungen für Maßnahmen, die geeignet sind, die Eingliederung ausländischer Arbeitnehmerinnen und Arbeitnehmer in die Wirtschaft und in die Gesellschaft zu erleichtern oder die der Überwachung der Einhaltung der zwischenstaatlichen Vereinbarungen oder Absprachen über die Vermittlung dienen, berücksichtigt werden.

Zweiter Abschnitt
Aktivierung und berufliche Eingliederung

§ 44 Förderung aus dem Vermittlungsbudget

(1) $_{1}$Ausbildungsuchende, von Arbeitslosigkeit bedrohte Arbeitsuchende und Arbeitslose können aus dem Vermittlungsbudget der Agentur für Arbeit bei der Anbahnung oder Aufnahme einer versicherungspflichtigen Beschäftigung gefördert werden, wenn dies für die berufliche Eingliederung notwendig ist. $_{2}$Sie sollen insbesondere bei der Erreichung der in der Eingliederungsvereinbarung festgelegten Eingliederungsziele unterstützt werden. $_{3}$Die Förderung umfasst die Übernahme der angemessenen Kosten, soweit der Arbeitgeber gleichartige Leistungen nicht oder voraussichtlich nicht erbringen wird.

(2) Nach Absatz 1 kann auch die Anbahnung oder die Aufnahme einer versicherungspflichtigen Beschäftigung mit einer Arbeitszeit von mindestens 15 Stunden wöchentlich in einem anderen Mitgliedstaat der Europäischen Union, einem anderen Vertragsstaat des Abkommens über den Europäischen Wirtschaftsraum oder in der Schweiz gefördert werden.

(3) $_{1}$Die Agentur für Arbeit entscheidet über den Umfang der zu erbringenden Leistungen; sie kann Pauschalen festlegen. $_{2}$Leistungen zur Sicherung des Lebensunterhalts sind ausgeschlossen. $_{3}$Die Förderung aus dem Vermittlungsbudget darf die anderen Leistungen nach diesem Buch nicht aufstocken, ersetzen oder umgehen.

(4) Die Absätze 1 bis 3 gelten entsprechend für die in § 39a genannten Personen.

§ 45 Maßnahmen zur Aktivierung und beruflichen Eingliederung

(1) $_{1}$Ausbildungsuchende, von Arbeitslosigkeit bedrohte Arbeitsuchende und Arbeitslose können bei Teilnahme an Maßnahmen gefördert werden, die ihre berufliche Eingliederung durch

1. Heranführung an den Ausbildungs- und Arbeitsmarkt sowie Feststellung, Verringerung oder Beseitigung von Vermittlungshemmnissen,
2. (weggefallen)
3. Vermittlung in eine versicherungspflichtige Beschäftigung,
4. Heranführung an eine selbständige Tätigkeit oder
5. Stabilisierung einer Beschäftigungsaufnahme

unterstützen (Maßnahmen zur Aktivierung und beruflichen Eingliederung). $_{2}$Für die Aktivierung von Arbeitslosen, deren berufliche Eingliederung auf Grund von schwerwiegenden Vermittlungshemmnissen, insbesondere auf Grund der Dauer ihrer Arbeitslosigkeit, besonders erschwert ist, sollen Maßnahmen gefördert werden, die nach inhaltlicher Ausgestaltung und Dauer den erhöhten Stabilisierungs- und Unterstützungsbedarf der Arbeitslosen berücksichtigen. $_{3}$Versicherungspflichtige Beschäftigungen mit einer Arbeitszeit von mindestens 15 Stunden wöchentlich in einem anderen Mitgliedstaat der Europäischen Union oder einem anderen Vertragsstaat des Abkommens über den Europäischen Wirtschaftsraum sind den versicherungspflichtigen Beschäftigungen nach Satz 1 Nummer 3 gleichgestellt. $_{4}$Die Förderung umfasst die Übernahme der angemessenen Kosten für die Teilnahme, soweit dies für die berufliche Eingliederung notwendig ist. $_{5}$Die Förderung kann auf die Weiterleistung von Arbeitslosengeld beschränkt werden.

(2) 1Die Dauer der Einzel- oder Gruppenmaßnahmen muss deren Zweck und Inhalt entsprechen. 2Soweit Maßnahmen oder Teile von Maßnahmen nach Absatz 1 bei oder von einem Arbeitgeber durchgeführt werden, dürfen diese jeweils die Dauer von sechs Wochen nicht überschreiten. 3Die Vermittlung von beruflichen Kenntnissen in Maßnahmen zur Aktivierung und beruflichen Eingliederung darf die Dauer von acht Wochen nicht überschreiten. 4Maßnahmen des Dritten Abschnitts sind ausgeschlossen.

(3) Die Agentur für Arbeit kann unter Anwendung des Vergaberechts Träger mit der Durchführung von Maßnahmen nach Absatz 1 beauftragen.

(4) 1Die Agentur für Arbeit kann der oder dem Berechtigten das Vorliegen der Voraussetzungen für eine Förderung nach Absatz 1 bescheinigen und Maßnahmeziel und -inhalt festlegen (Aktivierungs- und Vermittlungsgutschein). 2Der Aktivierungs- und Vermittlungsgutschein kann zeitlich befristet sowie regional beschränkt werden. 3Der Aktivierungs- und Vermittlungsgutschein berechtigt zur Auswahl

1. eines Trägers, der eine dem Maßnahmeziel und -inhalt entsprechende und nach § 179 zugelassene Maßnahme anbietet,
2. eines Trägers, der eine ausschließlich erfolgsbezogen vergütete Arbeitsvermittlung in versicherungspflichtige Beschäftigung anbietet, oder
3. eines Arbeitgebers, der eine dem Maßnahmeziel und -inhalt entsprechende betriebliche Maßnahme von einer Dauer bis zu sechs Wochen anbietet.

4Der ausgewählte Träger nach Satz 3 Nummer 1 und der ausgewählte Arbeitgeber nach Satz 3 Nummer 3 haben der Agentur für Arbeit den Aktivierungs- und Vermittlungsgutschein vor Beginn der Maßnahme vorzulegen. 5Der ausgewählte Träger nach Satz 3 Nummer 2 hat der Agentur für Arbeit den Aktivierungs- und Vermittlungsgutschein nach erstmaligem Vorliegen der Auszahlungsvoraussetzungen vorzulegen.

(5) Die Agentur für Arbeit soll die Entscheidung über die Ausgabe eines Aktivierungs- und Vermittlungsgutscheins nach Absatz 4 von der Eignung und den persönlichen Verhältnissen der Förderberechtigten oder der örtlichen Verfügbarkeit von Arbeitsmarktdienstleistungen abhängig machen.

(6) 1Die Vergütung richtet sich nach Art und Umfang der Maßnahme und kann aufwands- oder erfolgsbezogen gestaltet sein; eine Pauschalierung ist zulässig. 2§ 83 Absatz 2 gilt entsprechend. 3Bei einer erfolgreichen Arbeitsvermittlung in versicherungspflichtige Beschäftigung durch einen Träger nach Absatz 4 Satz 3 Nummer 2 beträgt die Vergütung 2500 Euro. 4Bei Langzeitarbeitslosen und Menschen mit Behinderungen nach § 2 Absatz 1 des Neunten Buches kann die Vergütung auf eine Höhe von bis zu 3000 Euro festgelegt werden. 5Die Vergütung nach den Sätzen 3 und 4 wird in Höhe von 1250 Euro nach einer sechswöchigen und der Restbetrag nach einer sechsmonatigen Dauer des Beschäftigungsverhältnisses gezahlt. 6Eine erfolgsbezogene Vergütung für die Arbeitsvermittlung in versicherungspflichtige Beschäftigung ist ausgeschlossen, wenn das Beschäftigungsverhältnis

1. von vornherein auf eine Dauer von weniger als drei Monaten begrenzt ist oder
2. bei einem früheren Arbeitgeber begründet wird, bei dem die Arbeitnehmerin oder der Arbeitnehmer während der letzten vier Jahre vor Aufnahme der Beschäftigung mehr als drei Monate lang versicherungspflichtig beschäftigt war; dies gilt nicht, wenn es sich um die befristete Beschäftigung besonders betroffener schwerbehinderter Menschen handelt.

(7) 1Arbeitslose, die Anspruch auf Arbeitslosengeld haben, dessen Dauer nicht allein auf § 147 Absatz 3 beruht, und nach einer Arbeitslosigkeit von sechs Wochen innerhalb einer Frist von drei Monaten noch nicht vermittelt sind, haben Anspruch auf einen Aktivierungs- und Vermittlungsgutschein nach Absatz 4 Satz 3 Nummer 2. 2In die Frist werden Zeiten nicht eingerechnet, in denen die oder der Arbeitslose an Maßnahmen zur Aktivierung und beruflichen Eingliederung sowie an Maßnahmen der beruflichen Weiterbildung teilgenommen hat.

(8) Abweichend von Absatz 2 Satz 2 und Absatz 4 Satz 3 Nummer 3 darf bei Langzeitarbeitslosen oder Arbeitslosen, deren berufliche Eingliederung auf Grund von schwerwiegenden Vermittlungshemmnissen besonders erschwert ist, die Teilnahme an Maßnahmen oder Teilen von Maßnahmen, die bei oder von einem Arbeitgeber durchgeführt werden, jeweils die Dauer von zwölf Wochen nicht überschreiten.

(9) Die Absätze 1 bis 8 gelten entsprechend für die in § 39a genannten Personen.

§ 46 Probebeschäftigung und Arbeitshilfe für Menschen mit Behinderungen

(1) Arbeitgebern können die Kosten für eine befristete Probebeschäftigung von Menschen mit Behinderungen sowie schwerbehinderter und ihnen gleichgestellter Menschen im Sinne des § 2 des Neunten Buches bis zu einer Dauer von drei Monaten erstattet werden, wenn dadurch die Möglichkeit einer Teilhabe

am Arbeitsleben verbessert wird oder eine vollständige und dauerhafte Teilhabe am Arbeitsleben zu erreichen ist.

(2) Arbeitgeber können Zuschüsse für eine behinderungsgerechte Ausgestaltung von Ausbildungs- oder Arbeitsplätzen erhalten, soweit dies erforderlich ist, um die dauerhafte Teilhabe am Arbeitsleben zu erreichen oder zu sichern und eine entsprechende Verpflichtung des Arbeitgebers nach dem Teil 3 des Neunten Buches nicht besteht.

§ 47 Verordnungsermächtigung

Das Bundesministerium für Arbeit und Soziales wird ermächtigt, durch Rechtsverordnung, die nicht der Zustimmung des Bundesrates bedarf, das Nähere über Voraussetzungen, Grenzen, Pauschalierung und Verfahren der Förderung nach den §§ 44 und 45 zu bestimmen.

Dritter Abschnitt
Berufswahl und Berufsausbildung

Erster Unterabschnitt
Übergang von der Schule in die Berufsausbildung

§ 48 Berufsorientierungsmaßnahmen

(1) 1Die Agentur für Arbeit kann Schülerinnen und Schüler allgemeinbildender Schulen durch vertiefte Berufsorientierung und Berufswahlvorbereitung fördern (Berufsorientierungsmaßnahmen), wenn sich Dritte mit mindestens 50 Prozent an der Förderung beteiligen. 2Die Agentur für Arbeit kann sich auch mit bis zu 50 Prozent an der Förderung von Maßnahmen beteiligen, die von Dritten eingerichtet werden.

(2) Die besonderen Bedürfnisse von Schülerinnen und Schülern mit sonderpädagogischem Förderbedarf und von schwerbehinderten Schülerinnen und Schülern sollen bei der Ausgestaltung der Maßnahmen berücksichtigt werden.

§ 49 Berufseinstiegsbegleitung

(1) Die Agentur für Arbeit kann förderungsbedürftige junge Menschen durch Maßnahmen der Berufseinstiegsbegleitung fördern, um sie beim Übergang von der allgemeinbildenden Schule in eine Berufsausbildung zu unterstützen, wenn sich Dritte mit mindestens 50 Prozent an der Förderung beteiligen.

(2) 1Förderungsfähig sind Maßnahmen zur individuellen Begleitung und Unterstützung förderungsbedürftiger junger Menschen durch Berufseinstiegsbegleiterinnen und Berufseinstiegsbegleiter, um die Eingliederung der jungen Menschen in eine Berufsausbildung zu erreichen (Berufseinstiegsbegleitung). 2Unterstützt werden sollen insbesondere das Erreichen des Abschlusses einer allgemeinbildenden Schule, die Berufsorientierung und -wahl, die Suche nach einer Ausbildungsstelle und die Stabilisierung des Berufsausbildungsverhältnisses. 3Hierzu sollen die Berufseinstiegsbegleiterinnen und Berufseinstiegsbegleiter insbesondere mit Verantwortlichen in der allgemeinbildenden Schule, mit Dritten, die junge Menschen in der Region mit ähnlichen Inhalten unterstützen, und mit den Arbeitgebern in der Region eng zusammenarbeiten.

(3) 1Die Berufseinstiegsbegleitung beginnt in der Regel mit dem Besuch der Vorabgangsklasse der allgemeinbildenden Schule und endet in der Regel ein halbes Jahr nach Beginn einer Berufsausbildung. 2Die Berufseinstiegsbegleitung endet spätestens 24 Monate nach Beendigung der allgemeinbildenden Schule.

(4) Förderungsbedürftig sind junge Menschen, die voraussichtlich Schwierigkeiten haben werden, den Abschluss der allgemeinbildenden Schule zu erreichen oder den Übergang in eine Berufsausbildung zu bewältigen.

(5) Als Maßnahmekosten werden dem Träger die angemessenen Aufwendungen für die Durchführung der Maßnahme einschließlich der erforderlichen Kosten für die Berufseinstiegsbegleiterinnen und Berufseinstiegsbegleiter erstattet.

§ 50 Anordnungsermächtigung

Die Bundesagentur wird ermächtigt, durch Anordnung das Nähere über Voraussetzungen, Art, Umfang und Verfahren der Förderung zu bestimmen.

Zweiter Unterabschnitt
Berufsvorbereitung

§ 51 Berufsvorbereitende Bildungsmaßnahmen

(1) Die Agentur für Arbeit kann förderungsberechtigte junge Menschen durch berufsvorbereitende Bildungsmaßnahmen fördern, um sie auf die Aufnahme einer Berufsausbildung vorzubereiten oder, wenn die Aufnahme einer Berufsausbildung wegen in ihrer Person liegender Gründe nicht möglich ist, ihnen die berufliche Eingliederung zu erleichtern.

(2) 1Eine berufsvorbereitende Bildungsmaßnahme ist förderungsfähig, wenn sie

1. nicht den Schulgesetzen der Länder unterliegt und
2. nach Aus- und Fortbildung sowie Berufserfahrung der Leitung und der Lehr- und Fachkräfte, nach

Gestaltung des Lehrplans, nach Unterrichtsmethode und Güte der zum Einsatz vorgesehenen Lehr- und Lernmittel eine erfolgreiche berufliche Bildung erwarten lässt.

2Eine berufsvorbereitende Bildungsmaßnahme, die teilweise im Ausland durchgeführt wird, ist auch für den im Ausland durchgeführten Teil förderungsfähig, wenn dieser Teil im Verhältnis zur Gesamtdauer der berufsvorbereitenden Bildungsmaßnahme angemessen ist und die Hälfte der vorgesehenen Förderdauer nicht übersteigt.

(3) Eine berufsvorbereitende Bildungsmaßnahme kann zur Erleichterung der beruflichen Eingliederung auch allgemeinbildende Fächer enthalten und auf den nachträglichen Erwerb des Hauptschulabschlusses oder eines gleichwertigen Schulabschlusses vorbereiten.

(4) Betriebliche Praktika können abgestimmt auf den individuellen Förderbedarf in angemessenem Umfang vorgesehen werden.

§ 52 Förderungsberechtigte junge Menschen

(1) Förderungsberechtigt sind junge Menschen,

1. bei denen die berufsvorbereitende Bildungsmaßnahme zur Vorbereitung auf eine Berufsausbildung oder, wenn die Aufnahme einer Berufsausbildung wegen in ihrer Person liegender Gründe nicht möglich ist, zur beruflichen Eingliederung erforderlich ist,
2. die die Vollzeitschulpflicht nach den Gesetzen der Länder erfüllt haben und
3. deren Fähigkeiten erwarten lassen, dass sie das Ziel der Maßnahme erreichen.

(2) 1Ausländerinnen und Ausländer sind förderungsberechtigt, wenn die Voraussetzungen nach Absatz 1 vorliegen und sie eine Erwerbstätigkeit ausüben dürfen oder ihnen eine Erwerbstätigkeit erlaubt werden kann. 2Zudem müssen Ausländerinnen und Ausländer, die zum Zeitpunkt der Entscheidung über die Förderberechtigung eine Aufenthaltsgestattung nach dem Asylgesetz besitzen,

1. sich seit mindestens 15 Monaten erlaubt, gestattet oder geduldet im Bundesgebiet aufhalten und
2. schulische Kenntnisse und Kenntnisse der deutschen Sprache besitzen, die einen erfolgreichen Übergang in eine Berufsausbildung erwarten lassen.

3Gestattete Ausländerinnen oder Ausländer, die vor dem 1. August 2019 in das Bundesgebiet eingereist sind, müssen sich abweichend von Satz 2 Nummer 1 seit mindestens drei Monaten erlaubt, gestattet oder geduldet dort aufhalten. 4Für Ausländerinnen und Ausländer, die zum Zeitpunkt der Entscheidung über die Förderberechtigung eine Duldung besitzen, gilt Satz 2 mit der Maßgabe, dass abweichend von Nummer 1 ihre Abschiebung seit mindestens neun Monaten ausgesetzt ist. 5Für geduldete Ausländerinnen oder Ausländer, die vor dem 1. August 2019 in das Bundesgebiet eingereist sind, muss abweichend von Satz 4 ihre Abschiebung seit mindestens drei Monaten ausgesetzt sein.

§ 53 Vorbereitung auf einen Hauptschulabschluss im Rahmen einer berufsvorbereitenden Bildungsmaßnahme

1Förderungsberechtigte junge Menschen ohne Schulabschluss haben einen Anspruch, im Rahmen einer berufsvorbereitenden Bildungsmaßnahme auf den nachträglichen Erwerb des Hauptschulabschlusses oder eines gleichwertigen Schulabschlusses vorbereitet zu werden. 2Die Leistung wird nur erbracht, soweit sie nicht für den gleichen Zweck durch Dritte erbracht wird. 3Die Agentur für Arbeit hat darauf hinzuwirken, dass sich die für die allgemeine Schulbildung zuständigen Länder an den Kosten der Maßnahme beteiligen. 4Leistungen Dritter zur Aufstockung der Leistung bleiben anrechnungsfrei.

§ 54 Maßnahmekosten

Bei einer berufsvorbereitenden Bildungsmaßnahme werden dem Träger als Maßnahmekosten erstattet:

1. die angemessenen Aufwendungen für das zur Durchführung der Maßnahme eingesetzte erforderliche Ausbildungs- und Betreuungspersonal, einschließlich dessen regelmäßiger fachlicher Weiterbildung, sowie für das erforderliche Leitungs- und Verwaltungspersonal,
2. die angemessenen Sachkosten, einschließlich der Kosten für Lernmittel und Arbeitskleidung, und die angemessenen Verwaltungskosten sowie
3. erfolgsbezogene Pauschalen bei Vermittlung von Teilnehmenden in eine betriebliche Berufsausbildung im Sinne des § 57 Absatz 1.

§ 54a Einstiegsqualifizierung

(1) 1Arbeitgeber, die eine betriebliche Einstiegsqualifizierung durchführen, können durch Zuschüsse in Höhe der von ihnen mit der oder dem Auszubildenden vereinbarten Vergütung zuzüglich des pauschalierten Anteils am durchschnittlichen Gesamtsozialversicherungsbeitrag gefördert werden. 2Der Zuschuss zur Vergütung ist auf 262 Euro monatlich begrenzt. 3Die betriebliche Einstiegsqualifizierung dient der Vermitt-

lung und Vertiefung von Grundlagen für den Erwerb beruflicher Handlungsfähigkeit. $_{4}$Soweit die betriebliche Einstiegsqualifizierung als Berufsausbildungsvorbereitung nach dem Berufsbildungsgesetz durchgeführt wird, gelten die §§ 68 bis 70 des Berufsbildungsgesetzes.

(2) Eine Einstiegsqualifizierung kann für die Dauer von sechs bis längstens zwölf Monaten gefördert werden, wenn sie

1. auf der Grundlage eines Vertrags im Sinne des § 26 des Berufsbildungsgesetzes mit der oder dem Auszubildenden durchgeführt wird,
2. auf einen anerkannten Ausbildungsberuf im Sinne des § 4 Absatz 1 des Berufsbildungsgesetzes, § 25 Absatz 1 Satz 1 der Handwerksordnung, des Seearbeitsgesetzes, nach Teil 2 des Pflegeberufegesetzes oder des Altenpflegegesetzes vorbereitet und
3. in Vollzeit oder wegen der Erziehung eigener Kinder oder der Pflege von Familienangehörigen in Teilzeit von mindestens 20 Wochenstunden durchgeführt wird.

(3) $_{1}$Der Abschluss des Vertrags ist der nach dem Berufsbildungsgesetz, im Fall der Vorbereitung auf einen nach Teil 2 des Pflegeberufegesetzes oder nach dem Altenpflegegesetz anerkannten Ausbildungsberuf der nach Landesrecht zuständigen Stelle anzuzeigen. $_{2}$Die vermittelten Fertigkeiten, Kenntnisse und Fähigkeiten sind vom Betrieb zu bescheinigen. $_{3}$Die zuständige Stelle stellt über die erfolgreich durchgeführte betriebliche Einstiegsqualifizierung ein Zertifikat aus.

(4) Förderungsfähig sind

1. bei der Agentur für Arbeit gemeldete Ausbildungsbewerberinnen und -bewerber mit aus individuellen Gründen eingeschränkten Vermittlungsperspektiven, die auch nach den bundesweiten Nachvermittlungsaktionen keine Ausbildungsstelle haben,
2. Ausbildungsuchende, die noch nicht in vollem Maße über die erforderliche Ausbildungsreife verfügen, und
3. lernbeeinträchtigte und sozial benachteiligte Ausbildungsuchende.

(5) $_{1}$Die Förderung einer oder eines Auszubildenden, die oder der bereits eine betriebliche Einstiegsqualifizierung bei dem Antrag stellenden Betrieb oder in einem anderen Betrieb des Unternehmens durchlaufen hat, oder in einem Betrieb des Unternehmens oder eines verbundenen Unternehmens in den letzten drei Jahren vor Beginn der Einstiegsqualifizierung versicherungspflichtig beschäftigt war, ist ausgeschlossen. $_{2}$Gleiches gilt, wenn die Einstiegsqualifizierung im Betrieb der Ehegatten, Lebenspartnerinnen oder Lebenspartner oder Eltern durchgeführt wird.

(6) $_{1}$Teilnehmende an einer Einstiegsqualifizierung können durch Übernahme der Fahrkosten gefördert werden. $_{2}$Für die Übernahme und die Höhe der Fahrkosten gilt § 63 Absatz 1 Satz 1 Nummer 1 und Absatz 3 entsprechend.

§ 55 Anordnungsermächtigung

Die Bundesagentur wird ermächtigt, durch Anordnung das Nähere zu bestimmen

1. über Art und Inhalt der berufsvorbereitenden Bildungsmaßnahmen und die hieran gestellten Anforderungen,
2. zu den Voraussetzungen für die Erstattung von Pauschalen, zum Verfahren der Erstattung von Pauschalen sowie zur Höhe von Pauschalen nach § 54 Nummer 3 sowie
3. über Voraussetzungen, Art, Umfang und Verfahren der Einstiegsqualifizierung.

Dritter Unterabschnitt
Berufsausbildungsbeihilfe

§ 56 Berufsausbildungsbeihilfe

(1) Auszubildende haben Anspruch auf Berufsausbildungsbeihilfe während einer Berufsausbildung, wenn

1. die Berufsausbildung förderungsfähig ist,
2. sie zum förderungsberechtigten Personenkreis gehören und
3. ihnen die erforderlichen Mittel zur Deckung des Bedarfs für den Lebensunterhalt, die Fahrkosten und die sonstigen Aufwendungen (Gesamtbedarf) nicht anderweitig zur Verfügung stehen.

(2) $_{1}$Auszubildende haben Anspruch auf Berufsausbildungsbeihilfe während einer berufsvorbereitenden Bildungsmaßnahme nach § 51. $_{2}$Teilnehmende an einer Vorphase nach § 74 Absatz 1 Satz 2 haben Anspruch auf Berufsausbildungsbeihilfe wie Auszubildende in einer berufsvorbereitenden Bildungsmaßnahme. $_{3}$Ausländerinnen und Ausländer, die eine Aufenthaltsgestattung nach dem Asylgesetz besitzen, sind in den Fällen der Sätze 1 und 2 nicht zum Bezug von Berufsausbildungsbeihilfe berechtigt.

§ 57 Förderungsfähige Berufsausbildung

(1) Eine Berufsausbildung ist förderungsfähig, wenn sie in einem nach dem Berufsbildungsgesetz, der Handwerksordnung oder dem Seearbeitsgesetz staat-

lich anerkannten Ausbildungsberuf betrieblich oder außerbetrieblich oder nach Teil 2, auch in Verbindung mit Teil 5, des Pflegeberufegesetzes oder dem Altenpflegegesetz betrieblich durchgeführt wird und der dafür vorgeschriebene Berufsausbildungsvertrag abgeschlossen worden ist.

(2) $_1$Förderungsfähig ist die erste Berufsausbildung. $_2$Eine zweite Berufsausbildung kann gefördert werden, wenn zu erwarten ist, dass eine berufliche Eingliederung dauerhaft auf andere Weise nicht erreicht werden kann und durch die zweite Berufsausbildung die berufliche Eingliederung erreicht wird.

(3) Nach der vorzeitigen Lösung eines Berufsausbildungsverhältnisses darf erneut gefördert werden, wenn für die Lösung ein berechtigter Grund bestand.

§ 58 Förderung im Ausland

(1) Eine Berufsausbildung, die teilweise im Ausland durchgeführt wird, ist auch für den im Ausland durchgeführten Teil förderungsfähig, wenn dieser Teil im Verhältnis zur Gesamtdauer der Berufsausbildung angemessen ist und die Dauer von einem Jahr nicht übersteigt.

(2) Eine betriebliche Berufsausbildung, die vollständig im angrenzenden Ausland oder in den übrigen Mitgliedstaaten der Europäischen Union durchgeführt wird, ist förderungsfähig, wenn

1. eine nach Bundes- oder Landesrecht zuständige Stelle bestätigt, dass die Berufsausbildung einer entsprechenden betrieblichen Berufsausbildung gleichwertig ist und
2. die Berufsausbildung im Ausland dem Erreichen des Bildungsziels und der Beschäftigungsfähigkeit besonders dienlich ist.

§ 59 (weggefallen)

§ 60 Förderungsberechtigter Personenkreis bei Berufsausbildung

(1) Die oder der Auszubildende ist bei einer Berufsausbildung förderungsberechtigt, wenn sie oder er

1. außerhalb des Haushalts der Eltern oder eines Elternteils wohnt und
2. die Ausbildungsstätte von der Wohnung der Eltern oder eines Elternteils aus nicht in angemessener Zeit erreichen kann.

(2) Absatz 1 Nummer 2 gilt nicht, wenn die oder der Auszubildende

1. 18 Jahre oder älter ist,
2. verheiratet oder in einer Lebenspartnerschaft verbunden ist oder war,
3. mit mindestens einem Kind zusammenlebt oder
4. aus schwerwiegenden sozialen Gründen nicht auf die Wohnung der Eltern oder eines Elternteils verwiesen werden kann.

(3) $_1$Ausländerinnen und Ausländer, die eine Aufenthaltsgestattung nach dem Asylgesetz besitzen, sind während einer Berufsausbildung nicht zum Bezug von Berufsausbildungsbeihilfe berechtigt. $_2$Geduldete Ausländerinnen und Ausländer sind während einer Berufsausbildung zum Bezug von Berufsausbildungsbeihilfe berechtigt, wenn die Voraussetzungen nach Absatz 1 in Verbindung mit Absatz 2 vorliegen und sie sich seit mindestens 15 Monaten ununterbrochen erlaubt, gestattet oder geduldet im Bundesgebiet aufhalten.

§ 61 Bedarf für den Lebensunterhalt bei Berufsausbildung

(1) Ist die oder der Auszubildende während der Berufsausbildung außerhalb des Haushalts der Eltern oder eines Elternteils untergebracht, wird der jeweils geltende Bedarf nach § 13 Absatz 1 Nummer 1 und Absatz 2 Nummer 2 des Bundesausbildungsförderungsgesetzes zugrunde gelegt.

(2) $_1$Ist die oder der Auszubildende mit voller Verpflegung in einem Wohnheim, einem Internat oder in einer anderen sozialpädagogisch begleiteten Wohnform im Sinne des Achten Buches untergebracht, werden abweichend von Absatz 1 als Bedarf für den Lebensunterhalt die im Rahmen der §§ 78a bis 78g des Achten Buches vereinbarten Entgelte für Verpflegung und Unterbringung ohne sozialpädagogische Begleitung zuzüglich 109 Euro monatlich für sonstige Bedürfnisse zugrunde gelegt. $_2$Als Bedarf für den Lebensunterhalt von Auszubildenden unter 27 Jahren werden zusätzlich die Entgelte für die sozialpädagogische Begleitung zugrunde gelegt, soweit diese nicht von Dritten erstattet werden. $_3$Ist die oder der Auszubildende bereits in einer anderen sozialpädagogisch begleiteten Wohnform untergebracht, werden Leistungen für junge Menschen, die die Voraussetzungen des § 13 Absatz 1 des Achten Buchs erfüllen, vorrangig nach § 13 Absatz 3 des Achten Buches erbracht.

§ 62 Bedarf für den Lebensunterhalt bei berufsvorbereitenden Bildungsmaßnahmen

(1) Ist die oder der Auszubildende während einer berufsvorbereitenden Bildungsmaßnahme im Haushalt der Eltern oder eines Elternteils untergebracht, wird der jeweils geltende Bedarf nach § 12 Absatz 1 Num-

mer 1 des Bundesausbildungsförderungsgesetzes zugrunde gelegt.

(2) Ist die oder der Auszubildende außerhalb des Haushalts der Eltern oder eines Elternteils untergebracht, wird als Bedarf für den Lebensunterhalt der jeweils geltende Bedarf nach § 12 Absatz 2 Nummer 1 des Bundesausbildungsförderungsgesetzes zugrunde gelegt.

(3) 1Ist die oder der Auszubildende mit voller Verpflegung in einem Wohnheim oder einem Internat untergebracht, werden abweichend von Absatz 2 als Bedarf für den Lebensunterhalt die im Rahmen der §§ 78a bis 78g des Achten Buches vereinbarten Entgelte für Verpflegung und Unterbringung ohne sozialpädagogische Begleitung zuzüglich 109 Euro monatlich für sonstige Bedürfnisse zugrunde gelegt. 2Als Bedarf für den Lebensunterhalt von Auszubildenden unter 18 Jahren werden zusätzlich die Entgelte für die sozialpädagogische Begleitung zugrunde gelegt, soweit diese nicht von Dritten erstattet werden.

§ 63 Fahrkosten

(1) 1Als Bedarf für Fahrkosten werden folgende Kosten der oder des Auszubildenden zugrunde gelegt:

1. Kosten für Fahrten zwischen Unterkunft, Ausbildungsstätte und Berufsschule (Pendelfahrten),
2. bei einer erforderlichen auswärtigen Unterbringung Kosten für die An- und Abreise und für eine monatliche Familienheimfahrt oder anstelle der Familienheimfahrt für eine monatliche Fahrt einer oder eines Angehörigen zum Aufenthaltsort der oder des Auszubildenden.

2Eine auswärtige Unterbringung ist erforderlich, wenn die Ausbildungsstätte vom Familienwohnort aus nicht in angemessener Zeit erreicht werden kann.

(2) 1Abweichend von Absatz 1 Nummer 2 werden bei einer Förderung im Ausland folgende Kosten der oder des Auszubildenden zugrunde gelegt:

1. bei einem Ausbildungsort innerhalb Europas die Kosten für eine Hin- und Rückreise je Ausbildungshalbjahr,
2. bei einem Ausbildungsort außerhalb Europas die Kosten für eine Hin- und Rückreise je Ausbildungsjahr.

2In besonderen Härtefällen können die notwendigen Aufwendungen für eine weitere Hin- und Rückreise zugrunde gelegt werden.

(3) 1Die Fahrkosten werden in Höhe des Betrags zugrunde gelegt, der bei Benutzung des zweckmäßigsten regelmäßig verkehrenden öffentlichen Verkehrsmittels in der niedrigsten Klasse zu zahlen ist; bei Benutzung sonstiger Verkehrsmittel wird für Fahrkosten die Höhe der Wegstreckenentschädigung nach § 5 Absatz 1 des Bundesreisekostengesetzes zugrunde gelegt. 2Bei nicht geringfügigen Fahrpreiserhöhungen hat auf Antrag eine Anpassung zu erfolgen, wenn der Bewilligungszeitraum noch mindestens zwei weitere Monate andauert. 3Kosten für Pendelfahrten werden nur bis zur Höhe des Betrags zugrunde gelegt, der nach § 86 insgesamt erbracht werden kann.

§ 64 Sonstige Aufwendungen

(1) Bei einer Berufsausbildung wird als Bedarf für sonstige Aufwendungen eine Pauschale für Kosten der Arbeitskleidung in Höhe von 15 Euro monatlich zugrunde gelegt.

(2) Bei einer berufsvorbereitenden Bildungsmaßnahme werden als Bedarf für sonstige Aufwendungen bei Auszubildenden, deren Schutz im Krankheits- oder Pflegefall nicht anderweitig sichergestellt ist, die Beiträge für eine freiwillige Krankenversicherung ohne Anspruch auf Krankengeld und die Beiträge zur Pflegepflichtversicherung bei einem Träger der gesetzlichen Kranken- und Pflegeversicherung oder, wenn dort im Einzelfall ein Schutz nicht gewährleistet ist, bei einem privaten Krankenversicherungsunternehmen zugrunde gelegt.

(3) 1Bei einer Berufsausbildung und einer berufsvorbereitenden Bildungsmaßnahme werden als Bedarf für sonstige Aufwendungen die Kosten für die Betreuung der aufsichtsbedürftigen Kinder der oder des Auszubildenden in Höhe von 160 Euro monatlich je Kind zugrunde gelegt. 2Darüber hinaus können sonstige Kosten anerkannt werden,

1. soweit sie durch die Berufsausbildung oder die Teilnahme an der berufsvorbereitenden Bildungsmaßnahme unvermeidbar entstehen,
2. soweit die Berufsausbildung oder die Teilnahme an der berufsvorbereitenden Bildungsmaßnahme andernfalls gefährdet ist und
3. wenn die Aufwendungen von der oder dem Auszubildenden oder ihren oder seinen Erziehungsberechtigten zu tragen sind.

§ 65 Besonderheiten beim Besuch des Berufsschulunterrichts in Blockform

(1) Für die Zeit des Berufsschulunterrichts in Blockform wird ein Bedarf zugrunde gelegt, der für Zeiten ohne Berufsschulunterricht zugrunde zu legen wäre.

(2) Eine Förderung allein für die Zeit des Berufsschulunterrichts in Blockform ist ausgeschlossen.

§ 66 Anpassung der Bedarfssätze

Für die Anpassung der Bedarfssätze gilt § 35 Satz 1 und 2 des Bundesausbildungsförderungsgesetzes entsprechend.

§ 67 Einkommensanrechnung

(1) Auf den Gesamtbedarf sind die Einkommen der folgenden Personen in der Reihenfolge ihrer Nennung anzurechnen:

1. der oder des Auszubildenden,
2. der Person, mit der die oder der Auszubildende verheiratet oder in einer Lebenspartnerschaft verbunden ist und von der sie oder er nicht dauernd getrennt lebt, und
3. der Eltern der oder des Auszubildenden.

(2) $_1$Für die Ermittlung des Einkommens und dessen Anrechnung sowie die Berücksichtigung von Freibeträgen gelten § 11 Absatz 4 sowie die Vorschriften des Vierten Abschnitts des Bundesausbildungsförderungsgesetzes mit den hierzu ergangenen Rechtsverordnungen entsprechend. $_2$Abweichend von

1. § 21 Absatz 1 des Bundesausbildungsförderungsgesetzes werden Werbungskosten der oder des Auszubildenden auf Grund der Berufsausbildung nicht berücksichtigt;
2. § 22 Absatz 1 des Bundesausbildungsförderungsgesetzes ist das Einkommen der oder des Auszubildenden maßgebend, das zum Zeitpunkt der Antragstellung absehbar ist; Änderungen bis zum Zeitpunkt der Entscheidung sind zu berücksichtigen;
3. § 23 Absatz 3 des Bundesausbildungsförderungsgesetzes bleiben 80 Euro der Ausbildungsvergütung und abweichend von § 25 Absatz 1 des Bundesausbildungsförderungsgesetzes zusätzlich 856 Euro anrechnungsfrei, wenn die Ausbildungsstätte von der Wohnung der Eltern oder eines Elternteils aus nicht in angemessener Zeit erreicht werden kann;
4. § 23 Absatz 4 Nummer 2 des Bundesausbildungsförderungsgesetzes werden Leistungen Dritter, die zur Aufstockung der Berufsausbildungsbeihilfe erbracht werden, nicht angerechnet.

(3) Bei einer Berufsausbildung im Betrieb der Eltern, der Ehefrau oder des Ehemanns oder der Lebenspartnerin oder des Lebenspartners ist für die Feststellung des Einkommens der oder des Auszubildenden mindestens die tarifliche Bruttoausbildungsvergütung als vereinbart zugrunde zu legen oder, soweit eine tarifliche Regelung nicht besteht, die ortsübliche Bruttoausbildungsvergütung, die in diesem Ausbildungsberuf bei einer Berufsausbildung in einem fremden Betrieb geleistet wird.

(4) $_1$Für an berufsvorbereitenden Bildungsmaßnahmen Teilnehmende wird von einer Anrechnung des Einkommens abgesehen. $_2$Satz 1 gilt nicht für Einkommen der Teilnehmenden aus einer nach diesem Buch oder vergleichbaren öffentlichen Programmen geförderten Maßnahme.

(5) $_1$Das Einkommen der Eltern bleibt außer Betracht, wenn ihr Aufenthaltsort nicht bekannt ist oder sie rechtlich oder tatsächlich gehindert sind, im Inland Unterhalt zu leisten. $_2$Das Einkommen ist ferner nicht anzurechnen, soweit ein Unterhaltsanspruch nicht besteht oder dieser verwirkt ist.

§ 68 Vorausleistung von Berufsausbildungsbeihilfe

(1) $_1$Macht die oder der Auszubildende glaubhaft, dass ihre oder seine Eltern den nach den Vorschriften dieses Buches angerechneten Unterhaltsbetrag nicht leisten, oder kann das Einkommen der Eltern nicht berechnet werden, weil diese die erforderlichen Auskünfte nicht erteilen oder Urkunden nicht vorlegen, und ist die Berufsausbildung, auch unter Berücksichtigung des Einkommens der Ehefrau oder des Ehemanns oder der Lebenspartnerin oder des Lebenspartners im Bewilligungszeitraum, gefährdet, so wird nach Anhörung der Eltern ohne Anrechnung dieses Betrags Berufsausbildungsbeihilfe geleistet. $_2$Von der Anhörung der Eltern kann aus wichtigem Grund abgesehen werden.

(2) $_1$Ein Anspruch der oder des Auszubildenden auf Unterhaltsleistungen gegen ihre oder seine Eltern geht bis zur Höhe des anzurechnenden Unterhaltsanspruchs zusammen mit dem unterhaltsrechtlichen Auskunftsanspruch mit der Zahlung der Berufsausbildungsbeihilfe auf die Agentur für Arbeit über. $_2$Die Agentur für Arbeit hat den Eltern die Förderung anzuzeigen. $_3$Der Übergang wird nicht dadurch ausgeschlossen, dass der Anspruch nicht übertragen, nicht verpfändet oder nicht gepfändet werden kann. $_4$Ist die Unterhaltsleistung trotz des Rechtsübergangs mit befreiender Wirkung an die Auszubildende oder den Auszubildenden gezahlt worden, hat die oder der Auszubildende diese insoweit zu erstatten.

(3) Für die Vergangenheit können die Eltern der oder des Auszubildenden nur von dem Zeitpunkt an in Anspruch genommen werden, ab dem

1. die Voraussetzungen des bürgerlichen Rechts vorgelegen haben oder
2. sie bei dem Antrag auf Ausbildungsförderung mitgewirkt haben oder von ihm Kenntnis erhalten ha-

ben und darüber belehrt worden sind, unter welchen Voraussetzungen dieses Buch eine Inanspruchnahme von Eltern ermöglicht.

(4) Berufsausbildungsbeihilfe wird nicht vorausgeleistet, soweit die Eltern bereit sind, Unterhalt entsprechend einer nach § 1612 Absatz 2 des Bürgerlichen Gesetzbuchs getroffenen Bestimmung zu leisten.

(5) $_{1}$Die Agentur für Arbeit kann den auf sie übergegangenen Unterhaltsanspruch im Einvernehmen mit der oder dem Unterhaltsberechtigten auf diese oder diesen zur gerichtlichen Geltendmachung rückübertragen und sich den geltend gemachten Unterhaltsanspruch abtreten lassen. $_{2}$Kosten, mit denen die oder der Unterhaltsberechtigte dadurch selbst belastet wird, sind zu übernehmen.

§ 69 Dauer der Förderung

(1) $_{1}$Anspruch auf Berufsausbildungsbeihilfe besteht für die Dauer der Berufsausbildung oder die Dauer der berufsvorbereitenden Bildungsmaßnahme. $_{2}$Über den Anspruch wird bei Berufsausbildung in der Regel für 18 Monate, im Übrigen in der Regel für ein Jahr (Bewilligungszeitraum) entschieden.

(2) Für Fehlzeiten besteht in folgenden Fällen Anspruch auf Berufsausbildungsbeihilfe:

1. bei Krankheit längstens bis zum Ende des dritten auf den Eintritt der Krankheit folgenden Kalendermonats, im Fall einer Berufsausbildung jedoch nur, solange das Berufsausbildungsverhältnis fortbesteht,
2. für Zeiten einer Schwangerschaft oder nach der Entbindung, wenn
   a) bei einer Berufsausbildung die Fehlzeit durch ein Beschäftigungsverbot oder eine Schutzfrist aufgrund der Schwangerschaft oder der Geburt entsteht oder
   b) bei einer berufsvorbereitenden Bildungsmaßnahme die Maßnahme nicht länger als 14 Wochen, im Fall von Früh- oder Mehrlingsgeburten oder, wenn vor Ablauf von acht Wochen nach der Entbindung bei dem Kind eine Behinderung im Sinne von § 2 Absatz 1 des Neunten Buches Sozialgesetzbuch ärztlich festgestellt wird, nicht länger als 18 Wochen (§ 3 des Mutterschutzgesetzes) unterbrochen wird,
3. wenn bei einer Berufsausbildung die oder der Auszubildende aus einem sonstigen Grund der Berufsausbildung fernbleibt und die Ausbildungsvergütung weitergezahlt oder an deren Stelle eine Ersatzleistung erbracht wird oder
4. wenn bei einer berufsvorbereitenden Bildungsmaßnahme ein sonstiger wichtiger Grund für das Fernbleiben der oder des Auszubildenden vorliegt.

§ 70 Berufsausbildungsbeihilfe für Arbeitslose

$_{1}$Arbeitslose, die zu Beginn der berufsvorbereitenden Bildungsmaßnahme anderenfalls Anspruch auf Arbeitslosengeld gehabt hätten, der höher ist als der zugrunde zu legende Bedarf für den Lebensunterhalt, haben Anspruch auf Berufsausbildungsbeihilfe in Höhe des Arbeitslosengeldes. $_{2}$In diesem Fall wird Einkommen, das die oder der Arbeitslose aus einer neben der berufsvorbereitenden Bildungsmaßnahme ausgeübten Beschäftigung oder selbständigen Tätigkeit erzielt, in gleicher Weise angerechnet wie bei der Leistung von Arbeitslosengeld.

§ 71 Auszahlung

$_{1}$Monatliche Förderungsbeträge der Berufsausbildungsbeihilfe, die nicht volle Euro ergeben, sind bei Restbeträgen unter 0,50 Euro abzurunden und im Übrigen aufzurunden. $_{2}$Nicht geleistet werden monatliche Förderungsbeträge unter 10 Euro.

§ 72 Anordnungsermächtigung

Die Bundesagentur wird ermächtigt, durch Anordnung das Nähere über Voraussetzungen, Umfang und Verfahren der Förderung zu bestimmen.

Vierter Unterabschnitt
Berufsausbildung

§ 73 Zuschüsse zur Ausbildungsvergütung für Menschen mit Behinderungen und schwerbehinderte Menschen

(1) Arbeitgeber können für die betriebliche Aus- oder Weiterbildung von Menschen mit Behinderungen und schwerbehinderten Menschen im Sinne des § 187 Absatz 1 Nummer 3 Buchstabe e des Neunten Buches durch Zuschüsse zur Ausbildungsvergütung oder zu einer vergleichbaren Vergütung gefördert werden, wenn die Aus- oder Weiterbildung sonst nicht zu erreichen ist.

(2) $_{1}$Die monatlichen Zuschüsse sollen regelmäßig 60 Prozent, bei schwerbehinderten Menschen 80 Prozent der monatlichen Ausbildungsvergütung für das letzte Ausbildungsjahr oder der vergleichbaren Vergütung einschließlich des darauf entfallenden pauschalierten Arbeitgeberanteils am Gesamtsozialversicherungsbeitrag nicht übersteigen. $_{2}$In begründeten Ausnahmefällen können Zuschüsse jeweils bis zur Höhe

der Ausbildungsvergütung für das letzte Ausbildungsjahr erbracht werden.

(3) Bei Übernahme schwerbehinderter Menschen in ein Arbeitsverhältnis durch den ausbildenden oder einen anderen Arbeitgeber im Anschluss an eine abgeschlossene Aus- oder Weiterbildung kann ein Eingliederungszuschuss in Höhe von bis zu 70 Prozent des zu berücksichtigenden Arbeitsentgelts (§ 91) für die Dauer von einem Jahr erbracht werden, sofern während der Aus- oder Weiterbildung Zuschüsse erbracht wurden.

III

§ 74 Assistierte Ausbildung

(1) 1Die Agentur für Arbeit kann förderungsberechtigte junge Menschen und deren Ausbildungsbetriebe während einer betrieblichen Berufsausbildung oder einer Einstiegsqualifizierung (begleitende Phase) durch Maßnahmen der Assistierten Ausbildung fördern. 2Die Maßnahme kann auch eine vorgeschaltete Phase enthalten, die die Aufnahme einer betrieblichen Berufsausbildung unterstützt (Vorphase).

(2) 1Ziele der Assistierten Ausbildung sind

1. die Aufnahme einer Berufsausbildung und
2. die Hinführung auf den Abschluss der betrieblichen Berufsausbildung.

2Das Ziel der Assistierten Ausbildung ist auch erreicht, wenn der junge Mensch seine betriebliche Berufsausbildung ohne die Unterstützung fortsetzen und abschließen kann.

(3) 1Förderungsberechtigt sind junge Menschen, die ohne Unterstützung

1. eine Berufsausbildung nicht aufnehmen oder fortsetzen können oder voraussichtlich Schwierigkeiten haben werden, die Berufsausbildung abzuschließen, oder
2. wegen in ihrer Person liegender Gründe
   a) nach der vorzeitigen Lösung eines betrieblichen Berufsausbildungsverhältnisses eine weitere Berufsausbildung nicht aufnehmen oder
   b) nach Abschluss einer mit Assistierter Ausbildung unterstützten Berufsausbildung ein Arbeitsverhältnis nicht begründen oder festigen können.

2Förderungsberechtigt sind auch junge Menschen, die wegen in ihrer Person liegender Gründe während einer Einstiegsqualifizierung zusätzlicher Unterstützung bedürfen. 3Die Förderungsberechtigung endet im Fall des Satzes 1 Nummer 2 Buchstabe b spätestens sechs Monate nach Begründung eines Arbeitsverhältnisses oder spätestens ein Jahr nach Ende der Berufsausbildung.

(4) 1Der junge Mensch wird, auch im Betrieb, individuell und kontinuierlich unterstützt und sozialpädagogisch begleitet. 2Ihm steht beim Träger der Assistierten Ausbildung über die gesamte Laufzeit der Förderung insbesondere eine feste Ausbildungsbegleiterin oder ein fester Ausbildungsbegleiter zur Verfügung.

(5) § 57 Absatz 1 gilt entsprechend.

(6) Mit der Durchführung von Maßnahmen der Assistierten Ausbildung beauftragt die Agentur für Arbeit Träger unter Anwendung des Vergaberechts.

(7) 1Die Bundesagentur soll bei der Umsetzung der Assistierten Ausbildung mit den Ländern zusammenarbeiten. 2Durch die Zusammenarbeit sollen unter Berücksichtigung regionaler Besonderheiten Möglichkeiten einer Koordination der Akteure eröffnet und dadurch eine hohe Wirksamkeit der Maßnahme im Ausbildungsmarkt erreicht werden. 3Die Bundesagentur kann ergänzende Leistungen der Länder berücksichtigen. 4Das gilt insbesondere für Leistungen der Länder zur Förderung nicht nach Absatz 5 förderungsfähiger Berufsausbildungen.

§ 75 Begleitende Phase der Assistierten Ausbildung

(1) In der begleitenden Phase sind auch junge Menschen förderungsberechtigt, die zusätzlich zu der in § 74 Absatz 3 Satz 1 Nummer 1 genannten Voraussetzung abweichend von § 30 Absatz 1 des Ersten Buches ihren Wohnsitz und ihren gewöhnlichen Aufenthalt außerhalb von Deutschland haben, deren Ausbildungsbetrieb aber in Deutschland liegt.

(2) Die begleitende Phase umfasst

1. sozialpädagogische Begleitung,
2. Maßnahmen zur Stabilisierung des Berufsausbildungsverhältnisses oder der Einstiegsqualifizierung,
3. Angebote zum Abbau von Bildungs- und Sprachdefiziten und
4. Angebote zur Vermittlung fachtheoretischer Fertigkeiten, Kenntnissen und Fähigkeiten.

(3) 1Die Agentur für Arbeit legt die erforderlichen Unterstützungselemente nach Beratung des förderungsberechtigten jungen Menschen in Abstimmung mit dem Träger der Maßnahme im Einzelfall fest. 2Sie überprüft die Erforderlichkeit regelmäßig in Abstimmung mit dem Träger.

(4) Die individuelle Unterstützung des jungen Menschen ist durch den Träger der Maßnahme mit dem Ausbildungsbetrieb abzustimmen.

(5) In den Fällen des § 74 Absatz 3 Satz 1 Nummer 2 in Verbindung mit Satz 3 kann der junge Mensch in der begleitenden Phase gefördert werden, ohne dass ein betriebliches Berufsausbildungsverhältnis besteht oder eine Einstiegsqualifizierung durchgeführt wird.

(6) Aufgaben des Ausbildungsbetriebes bei der und Verantwortung desselben für die Durchführung der Berufsausbildung oder der Einstiegsqualifizierung bleiben unberührt.

(7) Betriebe, die einen mit Assistierter Ausbildung geförderten jungen Menschen ausbilden, können bei der Durchführung der Berufsausbildung oder der Einstiegsqualifizierung

1. administrativ und organisatorisch sowie
2. zur Stabilisierung des Berufsausbildungsverhältnisses oder der Einstiegsqualifizierung

unterstützt werden.

§ 75a Vorphase der Assistierten Ausbildung

(1) 1In der Vorphase sind junge Menschen förderungsberechtigt, wenn sie zusätzlich zu der in § 74 Absatz 3 Satz 1 Nummer 1 genannten Voraussetzung die Vollzeitschulpflicht nach den Gesetzen der Länder erfüllt haben. 2Ausländerinnen und Ausländer sind förderungsberechtigt, wenn die Voraussetzungen nach Satz 1 vorliegen und sie eine Erwerbstätigkeit ausüben dürfen oder ihnen eine Erwerbstätigkeit erlaubt werden kann. 3Für eine Unterstützung in dieser Phase müssen Ausländerinnen und Ausländer, die eine Aufenthaltsgestattung nach dem Asylgesetz oder eine Duldung besitzen, zudem

1. sich seit mindestens 15 Monaten erlaubt, gestattet oder geduldet im Bundesgebiet aufhalten und
2. schulische Kenntnisse und Kenntnisse der deutschen Sprache besitzen, die einen erfolgreichen Übergang in eine Berufsausbildung erwarten lassen.

4Gestattete oder geduldete Ausländerinnen oder Ausländer, die vor dem 1. August 2019 in das Bundesgebiet eingereist sind, müssen sich abweichend von Satz 3 Nummer 1 seit mindestens drei Monaten erlaubt, gestattet oder geduldet dort aufhalten.

(2) 1In der Vorphase wird der junge Mensch bei der Suche nach und Aufnahme einer betrieblichen Berufsausbildung unterstützt. 2Abgestimmt auf den individuellen Förderbedarf sind in angemessenem Umfang betriebliche Praktika vorzusehen.

(3) 1Die Vorphase darf eine Dauer von bis zu sechs Monaten umfassen. 2Konnte der junge Mensch in dieser Zeit nicht in eine betriebliche Berufsausbildung vermittelt werden, kann die ausbildungsvorbereitende Phase bis zu zwei weitere Monate fortgesetzt werden.

(4) Die Vorphase darf nicht den Schulgesetzen der Länder unterliegen.

(5) Betriebe, die das Ziel verfolgen, einen förderungsberechtigten jungen Menschen auszubilden, können bei der Vorbereitung zur Aufnahme der Berufsausbildung durch den jungen Menschen durch die Vorphase im Sinne von § 75 Absatz 7 unterstützt werden.

§ 76 Außerbetriebliche Berufsausbildung

(1) 1Die Agentur für Arbeit kann förderungsberechtigte junge Menschen durch eine nach § 57 Absatz 1 förderungsfähige Berufsausbildung in einer außerbetrieblichen Einrichtung (außerbetriebliche Berufsausbildung) fördern. 2Der Anteil betrieblicher Ausbildungsphasen je Ausbildungsjahr muss angemessen sein.

(2) 1Während der Durchführung einer außerbetrieblichen Berufsausbildung sind alle Möglichkeiten wahrzunehmen, um den Übergang der oder des Auszubildenden in ein betriebliches Berufsausbildungsverhältnis zu unterstützen. 2Die Agentur für Arbeit zahlt dem Träger, der die außerbetriebliche Berufsausbildung durchführt, für jede vorzeitige und nachhaltige Vermittlung aus einer außerbetrieblichen Berufsausbildung in eine betriebliche Berufsausbildung eine Pauschale in Höhe von 2000 Euro. 3Die Vermittlung gilt als vorzeitig, wenn die oder der Auszubildende spätestens zwölf Monate vor dem vertraglichen Ende der außerbetrieblichen Berufsausbildung vermittelt worden ist. 4Die Vermittlung gilt als nachhaltig, wenn das Berufsausbildungsverhältnis länger als vier Monate fortbesteht. 5Die Pauschale wird für jede Auszubildende und jeden Auszubildenden nur einmal gezahlt.

(2a) Die Gestaltung des Lehrplans, die Unterrichtsmethode und die Güte der zum Einsatz vorgesehenen Lehr- und Lernmittel müssen eine erfolgreiche Berufsausbildung erwarten lassen.

(3) Ist ein betriebliches oder außerbetriebliches Berufsausbildungsverhältnis vorzeitig gelöst worden, kann die Agentur für Arbeit die Auszubildende oder den Auszubildenden auch durch Fortsetzung der Berufsausbildung in einer außerbetrieblichen Einrichtung fördern.

(4) Wird ein außerbetriebliches Berufsausbildungsverhältnis vorzeitig gelöst, hat der Träger der Maßnahme

eine Bescheinigung über bereits erfolgreich absolvierte Teile der Berufsausbildung auszustellen.

(5) Förderungsberechtigt sind junge Menschen,

1. die lernbeeinträchtigt oder sozial benachteiligt sind und wegen in ihrer Person liegender Gründe auch mit ausbildungsfördernden Leistungen nach diesem Buch eine Berufsausbildung in einem Betrieb nicht aufnehmen können oder
2. deren betriebliches oder außerbetriebliches Berufsausbildungsverhältnis vorzeitig gelöst worden ist und deren Eingliederung in betriebliche Berufsausbildung auch mit ausbildungsfördernden Leistungen nach diesem Buch aussichtslos ist, sofern zu erwarten ist, dass sie die Berufsausbildung erfolgreich abschließen können.

(6) 1Nicht förderungsberechtigt sind

1. Ausländerinnen und Ausländer, die weder in der Bundesrepublik Deutschland Arbeitnehmerinnen, Arbeitnehmer oder Selbständige noch auf Grund des § 2 Absatz 3 des Freizügigkeitsgesetzes/EU freizügigkeitsberechtigt sind, und ihre Familienangehörigen für die ersten drei Monate ihres Aufenthalts,
2. Ausländerinnen und Ausländer,
   a) die kein Aufenthaltsrecht haben oder
   b) deren Aufenthaltsrecht sich allein aus dem Zweck der Arbeitsuche, der Suche nach einem Ausbildungs- oder Studienplatz, der Ausbildung oder des Studiums ergibt,

   und ihre Familienangehörigen,
3. Leistungsberechtigte nach § 1 des Asylbewerberleistungsgesetzes.

2Satz 1 Nummer 1 gilt nicht für Ausländerinnen und Ausländer, die sich mit einem Aufenthaltstitel nach Kapitel 2 Abschnitt 5 des Aufenthaltsgesetzes in der Bundesrepublik Deutschland aufhalten. 3Abweichend von Satz 1 Nummer 2 können Ausländerinnen und Ausländer und ihre Familienangehörigen gefördert werden, wenn sie seit mindestens fünf Jahren ihren gewöhnlichen Aufenthalt im Bundesgebiet haben; dies gilt nicht, wenn der Verlust des Rechts nach § 2 Absatz 1 des Freizügigkeitsgesetzes/EU festgestellt wurde. 4Die Frist nach Satz 3 beginnt mit der Anmeldung bei der zuständigen Meldebehörde. 5Zeiten des nicht rechtmäßigen Aufenthalts, in denen eine Ausreisepflicht besteht, werden auf Zeiten des gewöhnlichen Aufenthalts nicht angerechnet.

(7) 1Die Agentur für Arbeit erstattet dem Träger, der die außerbetriebliche Berufsausbildung durchführt, die von diesem an die Auszubildende oder den Auszubildenden zu zahlende Ausbildungsvergütung, jedoch höchstens den Betrag nach § 17 Absatz 2 des Berufsbildungsgesetzes. 2Wird die Berufsausbildung in Teilzeit durchgeführt, bemisst sich dieser Betrag unter entsprechender Berücksichtigung des § 17 Absatz 5 Satz 3 des Berufsbildungsgesetzes. 3Der Betrag erhöht sich um den vom Träger zu tragenden Anteil am Gesamtsozialversicherungsbeitrag.

(8) Mit der Durchführung von Maßnahmen der außerbetrieblichen Berufsausbildung beauftragt die Agentur für Arbeit Träger unter Anwendung des Vergaberechts.

§§ 77 bis 79 (weggefallen)

§ 80 Anordnungsermächtigung

Die Bundesagentur wird ermächtigt, durch Anordnung das Nähere über Voraussetzungen, Art, Umfang und Verfahren der Förderung zu bestimmen.

Fünfter Unterabschnitt Jugendwohnheime

§ 80a Förderung von Jugendwohnheimen

1Träger von Jugendwohnheimen können durch Darlehen und Zuschüsse gefördert werden, wenn dies zum Ausgleich auf dem Ausbildungsmarkt und zur Förderung der Berufsausbildung erforderlich ist und die Träger oder Dritte sich in angemessenem Umfang an den Kosten beteiligen. 2Leistungen können erbracht werden für den Aufbau, die Erweiterung, den Umbau und die Ausstattung von Jugendwohnheimen.

§ 80b Anordnungsermächtigung

Die Bundesagentur wird ermächtigt, durch Anordnung das Nähere über Voraussetzungen, Art, Umfang und Verfahren der Förderung zu bestimmen.

Vierter Abschnitt Berufliche Weiterbildung

§ 81 Grundsatz

(1) 1Arbeitnehmerinnen und Arbeitnehmer können bei beruflicher Weiterbildung durch Übernahme der Weiterbildungskosten gefördert werden, wenn

1. die Weiterbildung notwendig ist, um sie bei Arbeitslosigkeit beruflich einzugliedern oder eine ihnen drohende Arbeitslosigkeit abzuwenden,
2. die Agentur für Arbeit sie vor Beginn der Teilnahme beraten hat und
3. die Maßnahme und der Träger der Maßnahme für die Förderung zugelassen sind.

$_{2}$Als Weiterbildung gilt die Zeit vom ersten Tag bis zum letzten Tag der Maßnahme mit Unterrichtsveranstaltungen, es sei denn, die Maßnahme ist vorzeitig beendet worden.

(1a) Anerkannt wird die Notwendigkeit der Weiterbildung bei arbeitslosen Arbeitnehmerinnen und Arbeitnehmern auch, wenn durch den Erwerb erweiterter beruflicher Kompetenzen die individuelle Beschäftigungsfähigkeit verbessert wird und sie nach Lage und Entwicklung des Arbeitsmarktes zweckmäßig ist.

(2) $_{1}$Der nachträgliche Erwerb eines Berufsabschlusses durch Arbeitnehmerinnen und Arbeitnehmer wird durch Übernahme der Weiterbildungskosten gefördert, wenn die Arbeitnehmerinnen und Arbeitnehmer

1. nicht über einen Berufsabschluss verfügen, für den nach bundes- oder landesrechtlichen Vorschriften eine Ausbildungsdauer von mindestens zwei Jahren festgelegt ist, oder aufgrund einer mehr als vier Jahre ausgeübten Beschäftigung in an- oder ungelernter Tätigkeit eine ihrem Berufsabschluss entsprechende Beschäftigung voraussichtlich nicht mehr ausüben können,
2. für den angestrebten Beruf geeignet sind,
3. voraussichtlich erfolgreich an der Maßnahme teilnehmen werden und
4. mit dem angestrebten Beruf ihre Beschäftigungschancen verbessern.

$_{2}$Arbeitnehmerinnen und Arbeitnehmer ohne Berufsabschluss, die noch nicht drei Jahre beruflich tätig gewesen sind, werden nur gefördert, wenn eine Berufsausbildung oder eine berufsvorbereitende Bildungsmaßnahme aus in ihrer Person liegenden Gründen nicht möglich oder nicht zumutbar ist oder die Weiterbildung in einem Engpassberuf angestrebt wird. $_{3}$Zeiten der Arbeitslosigkeit, der Kindererziehung und der Pflege pflegebedürftiger Personen mit mindestens Pflegegrad 2 stehen Zeiten einer Beschäftigung nach Satz 1 Nummer 1 gleich. $_{4}$Absatz 1 Satz 1 Nummer 2 und 3 und Satz 2 gelten entsprechend.

(3) $_{1}$Arbeitnehmerinnen und Arbeitnehmer werden durch Übernahme der Weiterbildungskosten zum nachträglichen Erwerb des Hauptschulabschlusses oder eines gleichwertigen Schulabschlusses gefördert, wenn

1. sie die Voraussetzungen für die Förderung der beruflichen Weiterbildung nach Absatz 1 erfüllen und
2. zu erwarten ist, dass sie an der Maßnahme erfolgreich teilnehmen werden.

$_{2}$Absatz 2 Satz 2 gilt entsprechend. $_{3}$Die Leistung wird nur erbracht, soweit sie nicht für den gleichen Zweck durch Dritte erbracht wird. $_{4}$Die Agentur für Arbeit hat darauf hinzuwirken, dass sich die für die allgemeine Schulbildung zuständigen Länder an den Kosten der Maßnahme beteiligen. $_{5}$Leistungen Dritter zur Aufstockung der Leistung bleiben anrechnungsfrei.

[bis 30.06.2023]

(3a) Arbeitnehmerinnen und Arbeitnehmer können zum Erwerb von Grundkompetenzen durch Übernahme der Weiterbildungskosten gefördert werden, wenn

1. die in Absatz 1 genannten Voraussetzungen für die Förderung der beruflichen Weiterbildung erfüllt sind,
2. die Arbeitnehmerinnen und Arbeitnehmer nicht über ausreichende Grundkompetenzen verfügen, um erfolgreich an einer beruflichen Weiterbildung teilzunehmen, die zu einem Abschluss in einem Ausbildungsberuf führt, für den nach bundes- oder landesrechtlichen Vorschriften eine Ausbildungsdauer von mindestens zwei Jahren festgelegt ist, und
3. nach einer Teilnahme an der Maßnahme zum Erwerb von Grundkompetenzen der erfolgreiche Abschluss einer beruflichen Weiterbildung nach Nummer 2 erwartet werden kann.

[ab 01.07.2023]

(3a) Arbeitnehmerinnen und Arbeitnehmer können zum Erwerb von Grundkompetenzen durch die Übernahme der Weiterbildungskosten gefördert werden, wenn

1. die in Absatz 1 genannten Voraussetzungen für die Förderung der beruflichen Weiterbildung erfüllt sind und
2. der Erwerb der Grundkompetenzen die Grundlage schafft für eine erfolgreiche berufliche Weiterbildung oder allgemein die Beschäftigungsfähigkeit verbessert.

(4) $_{1}$Der Arbeitnehmerin oder dem Arbeitnehmer wird das Vorliegen der Voraussetzungen für eine Förderung bescheinigt (Bildungsgutschein). $_{2}$Der Bildungsgutschein kann zeitlich befristet sowie regional und auf bestimmte Bildungsziele beschränkt werden. $_{3}$Der von der Arbeitnehmerin oder vom Arbeitnehmer ausgewählte Träger hat der Agentur für Arbeit den Bildungsgutschein vor Beginn der Maßnahme vorzulegen. $_{4}$Die Agentur für Arbeit kann auf die Ausstellung eines Bildungsgutscheins bei beschäftigten Arbeitnehmerinnen und Arbeitnehmern verzichten, wenn

1. der Arbeitgeber und die Arbeitnehmerin oder der Arbeitnehmer damit einverstanden sind oder

2. die Arbeitnehmerin oder der Arbeitnehmer oder die Betriebsvertretung das Einverständnis zu der Qualifizierung nach § 82 Absatz 6 Satz 1 Nummer 2 erklärt haben.

§ 82 Förderung beschäftigter Arbeitnehmerinnen und Arbeitnehmer

(1) $_1$Arbeitnehmerinnen und Arbeitnehmer können abweichend von § 81 bei beruflicher Weiterbildung im Rahmen eines bestehenden Arbeitsverhältnisses durch volle oder teilweise Übernahme der Weiterbildungskosten gefördert werden, wenn

1. Fertigkeiten, Kenntnisse und Fähigkeiten vermittelt werden, die über ausschließlich arbeitsplatzbezogene kurzfristige Anpassungsfortbildungen hinausgehen,
2. der Erwerb des Berufsabschlusses, für den nach bundes- oder landesrechtlichen Vorschriften eine Ausbildungsdauer von mindestens zwei Jahren festgelegt ist, in der Regel mindestens vier Jahre zurückliegt,
3. die Arbeitnehmerin oder der Arbeitnehmer in den letzten vier Jahren vor Antragsstellung nicht an einer nach dieser Vorschrift geförderten beruflichen Weiterbildung teilgenommen hat,
4. die Maßnahme außerhalb des Betriebes oder von einem zugelassenen Träger im Betrieb, dem sie angehören, durchgeführt wird und mehr als 120 Stunden dauert und
5. die Maßnahme und der Träger der Maßnahme für die Förderung zugelassen sind.

$_2$Die Förderung soll darauf gerichtet sein, Arbeitnehmerinnen und Arbeitnehmern, die berufliche Tätigkeiten ausüben, die durch Technologien ersetzt werden können oder in sonstiger Weise vom Strukturwandel betroffen sind, eine Anpassung und Fortentwicklung ihrer beruflichen Kompetenzen zu ermöglichen, um den genannten Herausforderungen besser begegnen zu können. $_3$Gleiches gilt für Arbeitnehmerinnen und Arbeitnehmer, die eine Weiterbildung in einem Engpassberuf anstreben. $_4$Die Sätze 2 und 3 gelten nicht, wenn die Arbeitnehmerinnen und Arbeitnehmer einem Betrieb mit weniger als 250 Beschäftigten angehören und soweit sie nach dem 31. Dezember 2020 mit der Teilnahme beginnen, das 45. Lebensjahr vollendet haben oder schwerbehindert im Sinne des § 2 Absatz 2 des Neunten Buches sind. $_5$Ausgeschlossen von der Förderung ist die Teilnahme an Maßnahmen, zu deren Durchführung der Arbeitgeber auf Grund bundes- oder landesrechtlicher Regelungen verpflichtet ist.

(2) $_1$Nach Absatz 1 soll nur gefördert werden, wenn sich der Arbeitgeber in angemessenem Umfang an den Lehrgangskosten beteiligt. $_2$Angemessen ist die Beteiligung, wenn der Betrieb, dem die Arbeitnehmerin oder der Arbeitnehmer angehört,

1. mindestens zehn und weniger als 250 Beschäftigte hat und der Arbeitgeber mindestens 50 Prozent,
2. 250 Beschäftigte und weniger als 2500 Beschäftigte hat und der Arbeitgeber mindestens 75 Prozent,
3. 2500 Beschäftigte oder mehr hat und der Arbeitgeber mindestens 85 Prozent

der Lehrgangskosten trägt. $_3$Abweichend von Satz 1 soll in Betrieben mit weniger als zehn Beschäftigten von einer Kostenbeteiligung des Arbeitgebers abgesehen werden. $_4$Bei Betrieben mit weniger als 250 Beschäftigten kann von einer Kostenbeteiligung des Arbeitgebers abgesehen werden, wenn die Arbeitnehmerin oder der Arbeitnehmer

1. bei Beginn der Teilnahme das 45. Lebensjahr vollendet hat oder
2. schwerbehindert im Sinne des § 2 Absatz 2 des Neunten Buches ist.

(3) $_1$Für die berufliche Weiterbildung von Arbeitnehmerinnen und Arbeitnehmern können Arbeitgeber durch Zuschüsse zum Arbeitsentgelt gefördert werden, soweit die Weiterbildung im Rahmen eines bestehenden Arbeitsverhältnisses durchgeführt wird. $_2$Die Zuschüsse können für Arbeitnehmerinnen und Arbeitnehmer, bei denen die Voraussetzungen für eine Weiterbildungsförderung wegen eines fehlenden Berufsabschlusses nach § 81 Absatz 2 erfüllt sind, bis zur Höhe des Betrags erbracht werden, der sich als anteiliges Arbeitsentgelt für weiterbildungsbedingte Zeiten ohne Arbeitsleistung errechnet. $_3$Dieses umfasst auch den darauf entfallenden pauschalen Arbeitgeberanteil am Gesamtsozialversicherungsbeitrag. $_4$Im Übrigen können bei Vorliegen der Voraussetzungen nach Absatz 1 Zuschüsse für Arbeitnehmerinnen und Arbeitnehmer in Betrieben mit

1. weniger als zehn Beschäftigten in Höhe von bis zu 75 Prozent,
2. mindestens zehn und weniger als 250 Beschäftigten in Höhe von bis zu 50 Prozent,
3. 250 Beschäftigten oder mehr in Höhe von bis zu 25 Prozent

des berücksichtigungsfähigen Arbeitsentgelts nach den Sätzen 2 und 3 erbracht werden.

(4) $_1$Bei Vorliegen einer Betriebsvereinbarung über die berufliche Weiterbildung oder eines Tarifvertrages, der betriebsbezogen berufliche Weiterbildung vorsieht,

verringert sich die Mindestbeteiligung des Arbeitgebers an den Lehrgangskosten nach Absatz 2 unabhängig von der Betriebsgröße um fünf Prozentpunkte. $_2$Die Zuschüsse zum Arbeitsentgelt nach Absatz 3 Satz 4 können bei Vorliegen der Voraussetzungen nach Satz 1 um fünf Prozentpunkte erhöht werden.

(5) $_1$Die Beteiligung des Arbeitgebers an den Lehrgangskosten nach Absatz 2 verringert sich um jeweils 10 Prozentpunkte, wenn die beruflichen Kompetenzen von mindestens 20 Prozent, im Fall des Absatzes 2 Satz 2 Nummer 1 10 Prozent, der Beschäftigten eines Betriebes den betrieblichen Anforderungen voraussichtlich nicht oder teilweise nicht mehr entsprechen. $_2$Die Zuschüsse zum Arbeitsentgelt nach Absatz 3 Satz 4 können bei Vorliegen der Voraussetzungen nach Satz 1 um 10 Prozentpunkte erhöht werden.

(6) $_1$Der Antrag auf Förderung nach Absatz 1 kann auch vom Arbeitgeber gestellt und die Förderleistungen an diesen erbracht werden, wenn

1. der Antrag mehrere Arbeitnehmerinnen oder Arbeitnehmer betrifft, bei denen Vergleichbarkeit hinsichtlich Qualifikation, Bildungsziel oder Weiterbildungsbedarf besteht, und
2. diese Arbeitnehmerinnen oder Arbeitnehmer oder die Betriebsvertretung ihr Einverständnis hierzu erklärt haben.

$_2$Bei der Ermessensentscheidung über die Höhe der Förderleistungen nach den Absätzen 1 bis 5 kann die Agentur für Arbeit die individuellen und betrieblichen Belange pauschalierend für alle betroffenen Arbeitnehmerinnen und Arbeitnehmer einheitlich und maßnahmebezogen berücksichtigen und die Leistungen als Gesamtleistung bewilligen. $_3$Der Arbeitgeber hat der Agentur für Arbeit die Weiterleitung der Leistungen für Kosten, die den Arbeitnehmerinnen und Arbeitnehmern sowie dem Träger der Maßnahme unmittelbar entstehen, spätestens drei Monate nach Ende der Maßnahme nachzuweisen. $_4$§ 83 Absatz 2 bleibt unberührt.

(7) $_1$§ 81 Absatz 4 findet Anwendung. $_2$Der Bildungsgutschein kann in Förderhöhe und Förderumfang beschränkt werden. $_3$Bei der Feststellung der Zahl der Beschäftigten sind zu berücksichtigen,

1. Teilzeitbeschäftigte mit einer regelmäßigen wöchentlichen Arbeitszeit von
   a) nicht mehr als zehn Stunden mit 0,25,
   b) nicht mehr als 20 Stunden mit 0,50 und
   c) nicht mehr als 30 Stunden mit 0,75 und
2. im Rahmen der Bestimmung der Betriebsgröße nach den Absätzen 1 bis 3 sämtliche Beschäftigte des Unternehmens, dem der Betrieb angehört, und, falls das Unternehmen einem Konzern angehört, die Zahl der Beschäftigten des Konzerns.

(8) Bei der Ausübung des Ermessens hat die Agentur für Arbeit die unterschiedlichen Betriebsgrößen angemessen zu berücksichtigen.

(9) Die Förderung von Arbeitnehmerinnen und Arbeitnehmern in Maßnahmen, die während des Bezugs von Kurzarbeitergeld beginnen, ist bis zum 31. Juli 2023 ausgeschlossen.

§ 83 Weiterbildungskosten

(1) Weiterbildungskosten sind die durch die Weiterbildung unmittelbar entstehenden

1. Lehrgangskosten und Kosten für die Eignungsfeststellung,
2. Fahrkosten,
3. Kosten für auswärtige Unterbringung und Verpflegung,
4. Kosten für die Betreuung von Kindern.

(2) $_1$Leistungen können unmittelbar an den Träger der Maßnahme ausgezahlt werden, soweit Kosten bei dem Träger unmittelbar entstehen. $_2$Soweit ein Bescheid über die Bewilligung von unmittelbar an den Träger erbrachten Leistungen aufgehoben worden ist, sind diese Leistungen ausschließlich von dem Träger zu erstatten.

§ 84 Lehrgangskosten

(1) Lehrgangskosten sind Lehrgangsgebühren einschließlich

1. der Kosten für erforderliche Lernmittel, notwendige sozialpädagogische Begleitung, Arbeitskleidung und Prüfungsstücke,
2. der Prüfungsgebühren für gesetzlich geregelte oder allgemein anerkannte Zwischen- und Abschlussprüfungen sowie
3. der Kosten für eine notwendige Eignungsfeststellung.

(2) Lehrgangskosten können auch für die Zeit vom Ausscheiden einer Teilnehmerin oder eines Teilnehmers bis zum planmäßigen Ende der Maßnahme übernommen werden, wenn

1. die Teilnehmerin oder der Teilnehmer wegen Arbeitsaufnahme vorzeitig ausgeschieden ist,
2. das Arbeitsverhältnis durch Vermittlung des Trägers der Maßnahme zustande gekommen ist und
3. eine Nachbesetzung des frei gewordenen Platzes in der Maßnahme nicht möglich ist.

§ 85 Fahrkosten

Für Übernahme und Höhe der Fahrkosten gilt § 63 Absatz 1 und 3 entsprechend.

§ 86 Kosten für auswärtige Unterbringung und für Verpflegung

Ist eine auswärtige Unterbringung erforderlich, so kann

1. für die Unterbringung je Tag ein Betrag in Höhe von 60 Euro gezahlt werden, je Kalendermonat jedoch höchstens 420 Euro, und
2. für die Verpflegung je Tag ein Betrag in Höhe von 24 Euro gezahlt werden, je Kalendermonat jedoch höchstens 168 Euro.

§ 87 Kinderbetreuungskosten

Kosten für die Betreuung der aufsichtsbedürftigen Kinder der Arbeitnehmerin oder des Arbeitnehmers können pauschal in Höhe von 160 Euro monatlich je Kind übernommen werden.

[ab 01.07.2023] § 87a Weiterbildungsprämie und Weiterbildungsgeld

(1) Arbeitnehmerinnen und Arbeitnehmer erhalten folgende Prämien, wenn sie an einer nach § 81 geförderten beruflichen Weiterbildung teilnehmen, die zu einem Abschluss in einem Ausbildungsberuf führt, für den nach bundes- oder landesrechtlichen Vorschriften eine Ausbildungsdauer von mindestens zwei Jahren festgelegt ist:

1. nach Bestehen einer in den genannten Vorschriften geregelten Zwischenprüfung oder des ersten Teils einer gestreckten Abschlussprüfung eine Prämie von 1000 Euro und
2. nach Bestehen einer in den genannten Vorschriften geregelten Abschlussprüfung eine Prämie von 1500 Euro.

(2) Arbeitslose Arbeitnehmerinnen und Arbeitnehmer erhalten bei Teilnahme an einer Weiterbildung nach Absatz 1 zusätzlich einen monatlichen Zuschuss in Höhe von 150 Euro (Weiterbildungsgeld).

Fünfter Abschnitt
Aufnahme einer Erwerbstätigkeit

Erster Unterabschnitt
Sozialversicherungspflichtige Beschäftigung

§ 88 Eingliederungszuschuss

Arbeitgeber können zur Eingliederung von Arbeitnehmerinnen und Arbeitnehmern, deren Vermittlung wegen in ihrer Person liegender Gründe erschwert ist, einen Zuschuss zum Arbeitsentgelt zum Ausgleich einer Minderleistung erhalten (Eingliederungszuschuss).

§ 89 Höhe und Dauer der Förderung

[1]Die Förderhöhe und die Förderdauer richten sich nach dem Umfang der Einschränkung der Arbeitsleistung der Arbeitnehmerin oder des Arbeitnehmers und nach den Anforderungen des jeweiligen Arbeitsplatzes (Minderleistung). [2]Der Eingliederungszuschuss kann bis zu 50 Prozent des zu berücksichtigenden Arbeitsentgelts und die Förderdauer bis zu zwölf Monate betragen. [3]Bei Arbeitnehmerinnen und Arbeitnehmern, die das 50. Lebensjahr vollendet haben, kann die Förderdauer bis zu 36 Monate betragen, wenn die Förderung bis zum 31. Dezember 2023 begonnen hat.

§ 90 Eingliederungszuschuss für Menschen mit Behinderungen und schwerbehinderte Menschen

(1) Für Menschen mit Behinderungen und schwerbehinderte Menschen kann der Eingliederungszuschuss bis zu 70 Prozent des zu berücksichtigenden Arbeitsentgelts und die Förderdauer bis zu 24 Monate betragen.

(2) [1]Für schwerbehinderte Menschen im Sinne des § 187 Absatz 1 Nummer 3 Buchstabe a bis d des Neunten Buches und ihnen nach § 2 Absatz 3 des Neunten Buches von den Agenturen für Arbeit gleichgestellte behinderte Menschen, deren Vermittlung wegen in ihrer Person liegender Gründe erschwert ist (besonders betroffene schwerbehinderte Menschen), kann der Eingliederungszuschuss bis zu 70 Prozent des zu berücksichtigenden Arbeitsentgelts und die Förderdauer bis zu 60 Monate betragen. [2]Die Förderdauer kann bei besonders betroffenen schwerbehinderten Menschen, die das 55. Lebensjahr vollendet haben, bis zu 96 Monate betragen.

(3) Bei der Entscheidung über Höhe und Dauer der Förderung von schwerbehinderten und besonders betroffenen schwerbehinderten Menschen ist zu berücksichtigen, ob der schwerbehinderte Mensch ohne gesetzliche Verpflichtung oder über die Beschäftigungspflicht nach dem Teil 3 des Neunten Buches hinaus eingestellt und beschäftigt wird.

(4) [1]Nach Ablauf von zwölf Monaten ist die Höhe des Eingliederungszuschusses um zehn Prozentpunkte jährlich zu vermindern. [2]Sie darf 30 Prozent des zu berücksichtigenden Arbeitsentgelts nicht unterschreiten. [3]Der Eingliederungszuschuss für besonders be-

troffene schwerbehinderte Menschen ist erst nach Ablauf von 24 Monaten zu vermindern.

§ 91 Zu berücksichtigendes Arbeitsentgelt und Auszahlung des Zuschusses

(1) 1Für den Eingliederungszuschuss ist zu berücksichtigen

1. das vom Arbeitgeber regelmäßig gezahlte Arbeitsentgelt, soweit es das tarifliche Arbeitsentgelt oder, wenn eine tarifliche Regelung nicht besteht, das für vergleichbare Tätigkeiten ortsübliche Arbeitsentgelt nicht übersteigt und soweit es die Beitragsbemessungsgrenze in der Arbeitsförderung nicht überschreitet, sowie
2. der pauschalierte Anteil des Arbeitgebers am Gesamtsozialversicherungsbeitrag.

2Einmalig gezahltes Arbeitsentgelt ist nicht zu berücksichtigen.

(2) 1Der Eingliederungszuschuss wird zu Beginn der Maßnahme in monatlichen Festbeträgen für die Förderdauer festgelegt. 2Die monatlichen Festbeträge werden vermindert, wenn sich das zu berücksichtigende Arbeitsentgelt verringert.

§ 92 Förderungsausschluss und Rückzahlung

(1) Eine Förderung ist ausgeschlossen, wenn

1. zu vermuten ist, dass der Arbeitgeber die Beendigung eines Beschäftigungsverhältnisses veranlasst hat, um einen Eingliederungszuschuss zu erhalten, oder
2. die Arbeitnehmerin oder der Arbeitnehmer bei einem früheren Arbeitgeber eingestellt wird, bei dem sie oder er während der letzten vier Jahre vor Förderungsbeginn mehr als drei Monate versicherungspflichtig beschäftigt war; dies gilt nicht, wenn es sich um die befristete Beschäftigung besonders betroffener schwerbehinderter Menschen handelt.

(2) 1Der Eingliederungszuschuss ist teilweise zurückzuzahlen, wenn das Beschäftigungsverhältnis während des Förderungszeitraums oder einer Nachbeschäftigungszeit beendet wird. 2Dies gilt nicht, wenn

1. der Arbeitgeber berechtigt war, das Arbeitsverhältnis aus Gründen, die in der Person oder dem Verhalten der Arbeitnehmerin oder des Arbeitnehmers liegen, zu kündigen,
2. eine Kündigung aus dringenden betrieblichen Erfordernissen, die einer Weiterbeschäftigung im Betrieb entgegenstehen, berechtigt war,
3. das Arbeitsverhältnis auf das Bestreben der Arbeitnehmerin oder des Arbeitnehmers hin beendet wird, ohne dass der Arbeitgeber den Grund hierfür zu vertreten hat,
4. die Arbeitnehmerin oder der Arbeitnehmer das Mindestalter für den Bezug der gesetzlichen Altersrente erreicht hat, oder
5. der Eingliederungszuschuss für die Einstellung eines besonders betroffenen schwerbehinderten Menschen geleistet wird.

3Die Rückzahlung ist auf die Hälfte des geleisteten Förderbetrags begrenzt und darf den in den letzten zwölf Monaten vor Beendigung des Beschäftigungsverhältnisses geleisteten Förderbetrag nicht überschreiten. 4Ungeförderte Nachbeschäftigungszeiten sind anteilig zu berücksichtigen. 5Die Nachbeschäftigungszeit entspricht der Förderdauer; sie beträgt längstens zwölf Monate.

Zweiter Unterabschnitt
Selbständige Tätigkeit

§ 93 Gründungszuschuss

(1) Arbeitnehmerinnen und Arbeitnehmer, die durch Aufnahme einer selbständigen, hauptberuflichen Tätigkeit die Arbeitslosigkeit beenden, können zur Sicherung des Lebensunterhalts und zur sozialen Sicherung in der Zeit nach der Existenzgründung einen Gründungszuschuss erhalten.

(2) 1Ein Gründungszuschuss kann geleistet werden, wenn die Arbeitnehmerin oder der Arbeitnehmer

1. bis zur Aufnahme der selbständigen Tätigkeit einen Anspruch auf Arbeitslosengeld hat, dessen Dauer bei Aufnahme der selbständigen Tätigkeit noch mindestens 150 Tage beträgt und nicht allein auf § 147 Absatz 3 beruht,
2. der Agentur für Arbeit die Tragfähigkeit der Existenzgründung nachweist und
3. ihre oder seine Kenntnisse und Fähigkeiten zur Ausübung der selbständigen Tätigkeit darlegt.

2Zum Nachweis der Tragfähigkeit der Existenzgründung ist der Agentur für Arbeit die Stellungnahme einer fachkundigen Stelle vorzulegen; fachkundige Stellen sind insbesondere die Industrie- und Handelskammern, Handwerkskammern, berufsständische Kammern, Fachverbände und Kreditinstitute.

(3) Der Gründungszuschuss wird nicht geleistet, solange Ruhenstatbestände nach den §§ 156 bis 159 vorliegen oder vorgelegen hätten.

(4) Die Förderung ist ausgeschlossen, wenn nach Beendigung einer Förderung der Aufnahme einer selbständigen Tätigkeit nach diesem Buch noch nicht 24 Monate

vergangen sind; von dieser Frist kann wegen besonderer in der Person der Arbeitnehmerin oder des Arbeitnehmers liegender Gründe abgesehen werden.

(5) Geförderte Personen, die das für die Regelaltersrente im Sinne des Sechsten Buches erforderliche Lebensjahr vollendet haben, können vom Beginn des folgenden Monats an keinen Gründungszuschuss erhalten.

§ 94 Dauer und Höhe der Förderung

(1) Als Gründungszuschuss wird für die Dauer von sechs Monaten der Betrag geleistet, den die Arbeitnehmerin oder der Arbeitnehmer als Arbeitslosengeld zuletzt bezogen hat, zuzüglich monatlich 300 Euro.

(2) $_{1}$Der Gründungszuschuss kann für weitere neun Monate in Höhe von monatlich 300 Euro geleistet werden, wenn die geförderte Person ihre Geschäftstätigkeit anhand geeigneter Unterlagen darlegt. $_{2}$Bestehen begründete Zweifel an der Geschäftstätigkeit, kann die Agentur für Arbeit verlangen, dass ihr erneut eine Stellungnahme einer fachkundigen Stelle vorgelegt wird.

Sechster Abschnitt
Verbleib in Beschäftigung

Erster Unterabschnitt
Kurzarbeitergeld

Erster Titel
Regelvoraussetzungen

§ 95 Anspruch

$_{1}$Arbeitnehmerinnen und Arbeitnehmer haben Anspruch auf Kurzarbeitergeld, wenn

1. ein erheblicher Arbeitsausfall mit Entgeltausfall vorliegt,
2. die betrieblichen Voraussetzungen erfüllt sind,
3. die persönlichen Voraussetzungen erfüllt sind und
4. der Arbeitsausfall der Agentur für Arbeit angezeigt worden ist.

$_{2}$Arbeitnehmerinnen und Arbeitnehmer in Betrieben nach § 101 Absatz 1 Nummer 1 haben in der Schlechtwetterzeit Anspruch auf Kurzarbeitergeld in Form des Saison-Kurzarbeitergeldes.

§ 96 Erheblicher Arbeitsausfall

(1) $_{1}$Ein Arbeitsausfall ist erheblich, wenn

1. er auf wirtschaftlichen Gründen oder einem unabwendbaren Ereignis beruht,
2. er vorübergehend ist,
3. er nicht vermeidbar ist und
4. im jeweiligen Kalendermonat (Anspruchszeitraum) mindestens ein Drittel der in dem Betrieb beschäftigten Arbeitnehmerinnen und Arbeitnehmer von einem Entgeltausfall von jeweils mehr als 10 Prozent ihres monatlichen Bruttoentgelts betroffen ist; der Entgeltausfall kann auch jeweils 100 Prozent des monatlichen Bruttoentgelts betragen.

$_{2}$Bei den Berechnungen nach Satz 1 Nummer 4 sind Auszubildende nicht mitzuzählen.

(2) Ein Arbeitsausfall beruht auch auf wirtschaftlichen Gründen, wenn er durch eine Veränderung der betrieblichen Strukturen verursacht wird, die durch die allgemeine wirtschaftliche Entwicklung bedingt ist.

(3) $_{1}$Ein unabwendbares Ereignis liegt insbesondere vor, wenn ein Arbeitsausfall auf ungewöhnlichen, von dem üblichen Witterungsverlauf abweichenden Witterungsverhältnissen beruht. $_{2}$Ein unabwendbares Ereignis liegt auch vor, wenn ein Arbeitsausfall durch behördliche oder behördlich anerkannte Maßnahmen verursacht ist, die vom Arbeitgeber nicht zu vertreten sind.

(4) $_{1}$Ein Arbeitsausfall ist nicht vermeidbar, wenn in einem Betrieb alle zumutbaren Vorkehrungen getroffen wurden, um den Eintritt des Arbeitsausfalls zu verhindern. $_{2}$Als vermeidbar gilt insbesondere ein Arbeitsausfall, der

1. überwiegend branchenüblich, betriebsüblich oder saisonbedingt ist oder ausschließlich auf betriebsorganisatorischen Gründen beruht,
2. durch die Gewährung von bezahltem Erholungsurlaub ganz oder teilweise verhindert werden kann, soweit vorrangige Urlaubswünsche der Arbeitnehmerinnen und Arbeitnehmer der Urlaubsgewährung nicht entgegenstehen, oder
3. durch die Nutzung von im Betrieb zulässigen Arbeitszeitschwankungen ganz oder teilweise vermieden werden kann.

$_{3}$Die Auflösung eines Arbeitszeitguthabens kann von der Arbeitnehmerin oder dem Arbeitnehmer nicht verlangt werden, soweit es

1. vertraglich ausschließlich zur Überbrückung von Arbeitsausfällen außerhalb der Schlechtwetterzeit (§ 101 Absatz 1) bestimmt ist und den Umfang von 50 Stunden nicht übersteigt,
2. ausschließlich für die in § 7c Absatz 1 des Vierten Buches genannten Zwecke bestimmt ist,
3. zur Vermeidung der Inanspruchnahme von Saison-Kurzarbeitergeld angespart worden ist und den Umfang von 150 Stunden nicht übersteigt,
4. den Umfang von 10 Prozent der ohne Mehrarbeit geschuldeten Jahresarbeitszeit einer Arbeitnehmerin oder eines Arbeitnehmers übersteigt oder
5. länger als ein Jahr unverändert bestanden hat.

$_{4}$In einem Betrieb, in dem eine Vereinbarung über Arbeitszeitschwankungen gilt, nach der mindestens 10 Prozent der ohne Mehrarbeit geschuldeten Jahresarbeitszeit je nach Arbeitsanfall eingesetzt werden, gilt ein Arbeitsausfall, der im Rahmen dieser Arbeitszeitschwankungen nicht mehr ausgeglichen werden kann, als nicht vermeidbar.

§ 97 Betriebliche Voraussetzungen

$_{1}$Die betrieblichen Voraussetzungen sind erfüllt, wenn in dem Betrieb mindestens eine Arbeitnehmerin oder ein Arbeitnehmer beschäftigt ist. $_{2}$Betrieb im Sinne der Vorschriften über das Kurzarbeitergeld ist auch eine Betriebsabteilung.

§ 98 Persönliche Voraussetzungen

(1) Die persönlichen Voraussetzungen sind erfüllt, wenn

1. die Arbeitnehmerin oder der Arbeitnehmer nach Beginn des Arbeitsausfalls eine versicherungspflichtige Beschäftigung
   a) fortsetzt,
   b) aus zwingenden Gründen aufnimmt oder
   c) im Anschluss an die Beendigung eines Berufsausbildungsverhältnisses aufnimmt,
2. das Arbeitsverhältnis nicht gekündigt oder durch Aufhebungsvertrag aufgelöst ist und
3. die Arbeitnehmerin oder der Arbeitnehmer nicht vom Kurzarbeitergeldbezug ausgeschlossen ist.

(2) Die persönlichen Voraussetzungen sind auch erfüllt, wenn die Arbeitnehmerin oder der Arbeitnehmer während des Bezugs von Kurzarbeitergeld arbeitsunfähig wird, solange Anspruch auf Fortzahlung des Arbeitsentgelts im Krankheitsfall besteht oder ohne den Arbeitsausfall bestehen würde.

(3) Die persönlichen Voraussetzungen sind nicht erfüllt bei Arbeitnehmerinnen und Arbeitnehmern

1. während der Teilnahme an einer beruflichen Weiterbildungsmaßnahme mit Bezug von Arbeitslosengeld oder Übergangsgeld, wenn diese Leistung nicht für eine neben der Beschäftigung durchgeführte Teilzeitmaßnahme gezahlt wird,
2. während des Bezugs von Krankengeld sowie
3. während der Zeit, in der sie von einem privaten Krankenversicherungsunternehmen, von einem Beihilfeträger des Bundes, von einem sonstigen öffentlich-rechtlichen Träger von Kosten in Krankheitsfällen auf Bundesebene, von dem Träger der Heilfürsorge im Bereich des Bundes, von dem Träger der truppenärztlichen Versorgung oder von einem öffentlich-rechtlichen Träger von Kosten in Krankheitsfällen auf Landesebene, soweit Landesrecht dies vorsieht, Leistungen für den Ausfall von Arbeitseinkünften im Zusammenhang mit einer nach den §§ 8 und 8a des Transplantationsgesetzes erfolgenden Spende von Organen oder Geweben oder im Zusammenhang mit einer im Sinne von § 9 des Transfusionsgesetzes erfolgenden Spende von Blut zur Separation von Blutstammzellen oder anderen Blutbestandteilen beziehen.

(4) $_{1}$Die persönlichen Voraussetzungen sind auch nicht erfüllt, wenn und solange Arbeitnehmerinnen und Arbeitnehmer bei einer Vermittlung nicht in der von der Agentur für Arbeit verlangten und gebotenen Weise mitwirken. $_{2}$Arbeitnehmerinnen und Arbeitnehmer, die von einem erheblichen Arbeitsausfall mit Entgeltausfall betroffen sind, sind in die Vermittlungsbemühungen der Agentur für Arbeit einzubeziehen. $_{3}$Hat die Arbeitnehmerin oder der Arbeitnehmer trotz Belehrung über die Rechtsfolgen eine von der Agentur für Arbeit angebotene zumutbare Beschäftigung nicht angenommen oder nicht angetreten, ohne für dieses Verhalten einen wichtigen Grund zu haben, sind die Vorschriften über die Sperrzeit beim Arbeitslosengeld entsprechend anzuwenden.

§ 99 Anzeige des Arbeitsausfalls

(1) $_{1}$Der Arbeitsausfall ist bei der Agentur für Arbeit, in deren Bezirk der Betrieb seinen Sitz hat, schriftlich oder elektronisch anzuzeigen. $_{2}$Die Anzeige kann nur vom Arbeitgeber oder der Betriebsvertretung erstattet werden. $_{3}$Der Anzeige des Arbeitgebers ist eine Stellungnahme der Betriebsvertretung beizufügen. $_{4}$Mit der Anzeige ist glaubhaft zu machen, dass ein erheblicher Arbeitsausfall besteht und die betrieblichen Voraussetzungen für das Kurzarbeitergeld erfüllt sind.

(2) $_{1}$Kurzarbeitergeld wird frühestens von dem Kalendermonat an geleistet, in dem die Anzeige über den Arbeitsausfall bei der Agentur für Arbeit eingegangen ist. $_{2}$Beruht der Arbeitsausfall auf einem unabwendbaren Ereignis, gilt die Anzeige für den entsprechenden Kalendermonat als erstattet, wenn sie unverzüglich erstattet worden ist.

(3) Die Agentur für Arbeit hat der oder dem Anzeigenden unverzüglich einen schriftlichen Bescheid darüber zu erteilen, ob auf Grund der vorgetragenen und glaubhaft gemachten Tatsachen ein erheblicher Arbeitsausfall vorliegt und die betrieblichen Voraussetzungen erfüllt sind.

§ 100 Kurzarbeitergeld bei Arbeitskämpfen

(1) § 160 über das Ruhen des Anspruchs auf Arbeitslosengeld bei Arbeitskämpfen gilt entsprechend für

den Anspruch auf Kurzarbeitergeld bei Arbeitnehmerinnen und Arbeitnehmern, deren Arbeitsausfall Folge eines inländischen Arbeitskampfes ist, an dem sie nicht beteiligt sind.

(2) $_{1}$Macht der Arbeitgeber geltend, der Arbeitsausfall sei die Folge eines Arbeitskampfes, so hat er dies darzulegen und glaubhaft zu machen. $_{2}$Der Erklärung ist eine Stellungnahme der Betriebsvertretung beizufügen. $_{3}$Der Arbeitgeber hat der Betriebsvertretung die für die Stellungnahme erforderlichen Angaben zu machen. $_{4}$Bei der Feststellung des Sachverhalts kann die Agentur für Arbeit insbesondere auch Feststellungen im Betrieb treffen.

(3) $_{1}$Stellt die Agentur für Arbeit fest, dass ein Arbeitsausfall entgegen der Erklärung des Arbeitgebers nicht Folge eines Arbeitskampfes ist, und liegen die Voraussetzungen für einen Anspruch auf Kurzarbeitergeld allein deshalb nicht vor, weil der Arbeitsausfall vermeidbar ist, wird das Kurzarbeitergeld insoweit geleistet, als die Arbeitnehmerin oder der Arbeitnehmer Arbeitsentgelt (Arbeitsentgelt im Sinne des § 115 des Zehnten Buches) tatsächlich nicht erhält. $_{2}$Bei der Feststellung nach Satz 1 hat die Agentur für Arbeit auch die wirtschaftliche Vertretbarkeit einer Fortführung der Arbeit zu berücksichtigen. $_{3}$Hat der Arbeitgeber das Arbeitsentgelt trotz des Rechtsübergangs mit befreiender Wirkung an die Arbeitnehmerin oder den Arbeitnehmer oder an einen Dritten gezahlt, hat die Empfängerin oder der Empfänger des Kurzarbeitergeldes dieses insoweit zu erstatten.

Zweiter Titel
Sonderformen des Kurzarbeitergeldes

§ 101 Saison-Kurzarbeitergeld

(1) Arbeitnehmerinnen und Arbeitnehmer haben in der Zeit vom 1. Dezember bis zum 31. März (Schlechtwetterzeit) Anspruch auf Saison-Kurzarbeitergeld, wenn

1. sie in einem Betrieb beschäftigt sind, der dem Baugewerbe oder einem Wirtschaftszweig angehört, der von saisonbedingtem Arbeitsausfall betroffen ist,
2. der Arbeitsausfall nach Absatz 5 erheblich ist und
3. die betrieblichen Voraussetzungen des § 97 sowie die persönlichen Voraussetzungen des § 98 erfüllt sind.

(2) $_{1}$Ein Betrieb des Baugewerbes ist ein Betrieb, der gewerblich überwiegend Bauleistungen auf dem Baumarkt erbringt. $_{2}$Bauleistungen sind alle Leistungen, die der Herstellung, Instandsetzung, Instandhaltung, Änderung oder Beseitigung von Bauwerken dienen. $_{3}$Ein Betrieb, der überwiegend Bauvorrichtungen, Baumaschinen, Baugeräte oder sonstige Baubetriebsmittel ohne Personal Betrieben des Baugewerbes gewerblich zur Verfügung stellt oder überwiegend Baustoffe oder Bauteile für den Markt herstellt, sowie ein Betrieb, der Betonentladegeräte gewerblich zur Verfügung stellt, ist kein Betrieb des Baugewerbes.

(3) $_{1}$Erbringt ein Betrieb Bauleistungen auf dem Baumarkt, wird vermutet, dass er ein Betrieb des Baugewerbes im Sinne des Absatzes 2 Satz 1 ist. $_{2}$Satz 1 gilt nicht, wenn gegenüber der Bundesagentur nachgewiesen wird, dass Bauleistungen arbeitszeitlich nicht überwiegen.

(4) Ein Wirtschaftszweig ist von saisonbedingtem Arbeitsausfall betroffen, wenn der Arbeitsausfall regelmäßig in der Schlechtwetterzeit auf witterungsbedingten oder wirtschaftlichen Gründen beruht.

(5) $_{1}$Ein Arbeitsausfall ist erheblich, wenn er auf witterungsbedingten oder wirtschaftlichen Gründen oder einem unabwendbaren Ereignis beruht, vorübergehend und nicht vermeidbar ist. $_{2}$Als nicht vermeidbar gilt auch ein Arbeitsausfall, der überwiegend branchenüblich, betriebsüblich oder saisonbedingt ist. $_{3}$Wurden seit der letzten Schlechtwetterzeit Arbeitszeitguthaben, die nicht mindestens ein Jahr bestanden haben, zu anderen Zwecken als zum Ausgleich für einen verstetigten Monatslohn, bei witterungsbedingtem Arbeitsausfall oder der Freistellung zum Zwecke der Qualifizierung aufgelöst, gelten im Umfang der aufgelösten Arbeitszeitguthaben Arbeitsausfälle als vermeidbar.

(6) $_{1}$Ein Arbeitsausfall ist witterungsbedingt, wenn

1. er ausschließlich durch zwingende Witterungsgründe verursacht ist und
2. an einem Arbeitstag mindestens eine Stunde der regelmäßigen betrieblichen Arbeitszeit ausfällt (Ausfalltag).

$_{2}$Zwingende Witterungsgründe liegen nur vor, wenn es auf Grund von atmosphärischen Einwirkungen (insbesondere Regen, Schnee, Frost) oder deren Folgewirkungen technisch unmöglich, wirtschaftlich unvertretbar oder für die Arbeitnehmerinnen und Arbeitnehmer unzumutbar ist, die Arbeiten fortzuführen. $_{3}$Der Arbeitsausfall ist nicht ausschließlich durch zwingende Witterungsgründe verursacht, wenn er durch Beachtung der besonderen arbeitsschutzrechtlichen Anforderungen an witterungsabhängige Arbeitsplätze vermieden werden kann.

(7) Die weiteren Vorschriften über das Kurzarbeitergeld sind mit Ausnahme der Anzeige des Arbeitsausfalls nach § 99 anzuwenden.

§ 102 Ergänzende Leistungen

(1) Arbeitnehmerinnen und Arbeitnehmer haben Anspruch auf Wintergeld als Zuschuss-Wintergeld und Mehraufwands-Wintergeld und Arbeitgeber haben Anspruch auf Erstattung der von ihnen zu tragenden Beiträge zur Sozialversicherung, soweit für diese Zwecke Mittel durch eine Umlage aufgebracht werden.

(2) Zuschuss-Wintergeld wird in Höhe von bis zu 2,50 Euro je ausgefallener Arbeitsstunde gezahlt, wenn zu deren Ausgleich Arbeitszeitguthaben aufgelöst und die Inanspruchnahme des Saison-Kurzarbeitergeldes vermieden wird.

(3) $_1$Mehraufwands-Wintergeld wird in Höhe von 1,00 Euro für jede in der Zeit vom 15. Dezember bis zum letzten Kalendertag des Monats Februar geleistete berücksichtigungsfähige Arbeitsstunde an Arbeitnehmerinnen und Arbeitnehmer gezahlt, die auf einem witterungsabhängigen Arbeitsplatz beschäftigt sind. $_2$Berücksichtigungsfähig sind im Dezember bis zu 90 Arbeitsstunden, im Januar und Februar jeweils bis zu 180 Arbeitsstunden.

(4) Die von den Arbeitgebern allein zu tragenden Beiträge zur Sozialversicherung für Bezieherinnen und Bezieher von Saison-Kurzarbeitergeld werden auf Antrag erstattet.

(5) Die Absätze 1 bis 4 gelten im Baugewerbe ausschließlich für solche Arbeitnehmerinnen und Arbeitnehmer, deren Arbeitsverhältnis in der Schlechtwetterzeit nicht aus witterungsbedingten Gründen gekündigt werden kann.

§ 103 Kurzarbeitergeld für Heimarbeiterinnen und Heimarbeiter

(1) Anspruch auf Kurzarbeitergeld haben auch Heimarbeiterinnen und Heimarbeiter, wenn sie ihren Lebensunterhalt ausschließlich oder weitaus überwiegend aus dem Beschäftigungsverhältnis als Heimarbeiterin oder Heimarbeiter beziehen und soweit nicht nachfolgend Abweichendes bestimmt ist.

(2) $_1$An die Stelle der im Betrieb beschäftigten Arbeitnehmerinnen und Arbeitnehmer treten die für den Auftraggeber beschäftigten Heimarbeiterinnen und Heimarbeiter. $_2$Im Übrigen tritt an die Stelle des erheblichen Arbeitsausfalls mit Entgeltausfall der erhebliche Entgeltausfall und an die Stelle des Betriebs und des Arbeitgebers der Auftraggeber; Auftraggeber kann eine Gewerbetreibende oder ein Gewerbetreibender oder eine Zwischenmeisterin oder ein Zwischenmeister sein. $_3$Ein Entgeltausfall ist erheblich, wenn das Entgelt der Heimarbeiterin oder des Heimarbeiters im Anspruchszeitraum um mehr als 20 Prozent gegenüber dem durchschnittlichen monatlichen Bruttoentgelt der letzten sechs Kalendermonate vermindert ist.

(3) Eine versicherungspflichtige Beschäftigung als Heimarbeiterin oder Heimarbeiter gilt während des Entgeltausfalls als fortbestehend, solange

1. der Auftraggeber bereit ist, der Heimarbeiterin oder dem Heimarbeiter so bald wie möglich Aufträge in dem vor Eintritt der Kurzarbeit üblichen Umfang zu erteilen, und
2. die Heimarbeiterin oder der Heimarbeiter bereit ist, Aufträge im Sinne der Nummer 1 zu übernehmen.

Dritter Titel
Leistungsumfang

§ 104 Dauer

(1) $_1$Kurzarbeitergeld wird für den Arbeitsausfall für eine Dauer von längstens zwölf Monaten von der Agentur für Arbeit geleistet. $_2$Die Bezugsdauer gilt einheitlich für alle in einem Betrieb beschäftigten Arbeitnehmerinnen und Arbeitnehmer. $_3$Sie beginnt mit dem ersten Kalendermonat, für den in einem Betrieb Kurzarbeitergeld vom Arbeitgeber gezahlt wird.

(2) Wird innerhalb der Bezugsdauer für einen zusammenhängenden Zeitraum von mindestens einem Monat kein Kurzarbeitergeld gezahlt, verlängert sich die Bezugsdauer um diesen Zeitraum.

(3) Sind seit dem letzten Kalendermonat, für den Kurzarbeitergeld gezahlt worden ist, drei Monate vergangen und liegen die Voraussetzungen für einen Anspruch auf Kurzarbeitergeld erneut vor, beginnt eine neue Bezugsdauer.

(4) $_1$Saison-Kurzarbeitergeld wird abweichend von den Absätzen 1 bis 3 für die Dauer des Arbeitsausfalls während der Schlechtwetterzeit von der Agentur für Arbeit geleistet. $_2$Zeiten des Bezugs von Saison-Kurzarbeitergeld werden nicht auf die Bezugsdauer für das Kurzarbeitergeld angerechnet. $_3$Sie gelten nicht als Zeiten der Unterbrechung im Sinne des Absatzes 3.

§ 105 Höhe

Das Kurzarbeitergeld beträgt

1. für Arbeitnehmerinnen und Arbeitnehmer, die beim Arbeitslosengeld die Voraussetzungen für den erhöhten Leistungssatz erfüllen würden, 67 Prozent,
2. für die übrigen Arbeitnehmerinnen und Arbeitnehmer 60 Prozent

der Nettoentgeltdifferenz im Anspruchszeitraum.

§ 106 Nettoentgeltdifferenz

(1) $_1$Die Nettoentgeltdifferenz entspricht der Differenz zwischen

1. dem pauschalierten Nettoentgelt aus dem Soll-Entgelt und
2. dem pauschalierten Nettoentgelt aus dem Ist-Entgelt.

$_{2}$Soll-Entgelt ist das Bruttoarbeitsentgelt, das die Arbeitnehmerin oder der Arbeitnehmer ohne den Arbeitsausfall in dem Anspruchszeitraum erzielt hätte, vermindert um Entgelt für Mehrarbeit. $_{3}$Ist-Entgelt ist das Bruttoarbeitsentgelt, das die Arbeitnehmerin oder der Arbeitnehmer in dem Anspruchszeitraum tatsächlich erzielt hat, zuzüglich aller zustehenden Entgeltanteile. $_{4}$Arbeitsentgelt, das einmalig gezahlt wird, bleibt bei der Berechnung von Soll-Entgelt und Ist-Entgelt außer Betracht. $_{5}$Soll-Entgelt und Ist-Entgelt sind auf den nächsten durch 20 teilbaren Euro-Betrag zu runden. $_{6}$§ 153 über die Berechnung des Leistungsentgelts beim Arbeitslosengeld gilt mit Ausnahme der Regelungen über den Zeitpunkt der Zuordnung der Lohnsteuerklassen und den Steuerklassenwechsel für die Berechnung der pauschalierten Nettoentgelte beim Kurzarbeitergeld entsprechend. $_{7}$Das Bundesministerium für Arbeit und Soziales wird ermächtigt, einen Programmablauf zur Berechnung der pauschalierten Nettoentgelte für das Kurzarbeitergeld im Bundesanzeiger bekannt zu machen.

(2) $_{1}$Erzielt die Arbeitnehmerin oder der Arbeitnehmer aus anderen als wirtschaftlichen Gründen kein Arbeitsentgelt, ist das Ist-Entgelt um den Betrag zu erhöhen, um den das Arbeitsentgelt aus diesen Gründen gemindert ist. $_{2}$Arbeitsentgelt, das unter Anrechnung des Kurzarbeitergeldes gezahlt wird, bleibt bei der Berechnung des Ist-Entgelts außer Betracht. $_{3}$Bei der Berechnung der Nettoentgeltdifferenz nach Absatz 1 bleiben auf Grund von kollektivrechtlichen Beschäftigungssicherungsvereinbarungen durchgeführte vorübergehende Änderungen der vertraglich vereinbarten Arbeitszeit außer Betracht; die Sätze 1 und 2 sind insoweit nicht anzuwenden.

(3) Erzielt die Arbeitnehmerin oder der Arbeitnehmer für Zeiten des Arbeitsausfalls ein Entgelt aus einer anderen während des Bezugs von Kurzarbeitergeld aufgenommenen Beschäftigung, selbständigen Tätigkeit oder Tätigkeit als mithelfende Familienangehörige oder mithelfender Familienangehöriger, ist das Ist-Entgelt um dieses Entgelt zu erhöhen.

(4) $_{1}$Lässt sich das Soll-Entgelt einer Arbeitnehmerin oder eines Arbeitnehmers in dem Anspruchszeitraum nicht hinreichend bestimmt feststellen, ist als Soll-Entgelt das Arbeitsentgelt maßgebend, das die Arbeitnehmerin oder der Arbeitnehmer in den letzten drei abgerechneten Kalendermonaten vor Beginn des Arbeitsausfalls in dem Betrieb durchschnittlich erzielt hat, vermindert um Entgelt für Mehrarbeit. $_{2}$Ist eine Berechnung nach Satz 1 nicht möglich, ist das durchschnittliche Soll-Entgelt einer vergleichbaren Arbeitnehmerin oder eines vergleichbaren Arbeitnehmers zugrunde zu legen. $_{3}$Änderungen der Grundlage für die Berechnung des Arbeitsentgelts sind zu berücksichtigen, wenn und solange sie auch während des Arbeitsausfalls wirksam sind.

(5) $_{1}$Die Absätze 1 bis 4 gelten für Heimarbeiterinnen und Heimarbeiter mit der Maßgabe, dass als Soll-Entgelt das durchschnittliche Bruttoarbeitsentgelt der letzten sechs abgerechneten Kalendermonate vor Beginn des Entgeltausfalls zugrunde zu legen ist. $_{2}$War die Heimarbeiterin oder der Heimarbeiter noch nicht sechs Kalendermonate für den Auftraggeber tätig, so ist das in der kürzeren Zeit erzielte Arbeitsentgelt maßgebend.

§ 106a Erstattungen bei beruflicher Weiterbildung während Kurzarbeit

(1) $_{1}$Dem Arbeitgeber werden von der Agentur für Arbeit auf Antrag für den jeweiligen Kalendermonat 50 Prozent der von ihm allein zu tragenden Beiträge zur Sozialversicherung in pauschalierter Form für Arbeitnehmerinnen und Arbeitnehmer erstattet, wenn diese

1. vor dem 31. Juli 2023 Kurzarbeitergeld beziehen und
2. an einer während der Kurzarbeit begonnenen beruflichen Weiterbildungsmaßnahme teilnehmen, die
   a) insgesamt mehr als 120 Stunden dauert und die Maßnahme und der Träger nach den Vorschriften des Fünften Kapitels zugelassen sind oder
   b) auf ein nach § 2 Absatz 1 des Aufstiegsfortbildungsförderungsgesetzes förderfähiges Fortbildungsziel vorbereitet und von einem für die Durchführung dieser Maßnahme nach § 2a des Aufstiegsfortbildungsförderungsgesetzes geeigneten Träger durchgeführt wird.

$_{2}$Die Erstattung erfolgt für die Zeit, in der die Arbeitnehmerin oder der Arbeitnehmer jeweils vom vorübergehenden Arbeitsausfall betroffen ist. $_{3}$Für die Pauschalierung wird die Sozialversicherungspauschale nach § 153 Absatz 1 Satz 2 Nummer 1 abzüglich des Beitrages zur Arbeitsförderung zu Grunde gelegt.

(2) $_{1}$Dem Arbeitgeber werden bis zum 31. Juli 2023 von der Agentur für Arbeit auf Antrag die Lehrgangskosten für Weiterbildungsmaßnahmen nach Absatz 1 Satz 1 Nummer 2 Buchstabe a für Betriebe mit weni-

ger als zehn Beschäftigten zu 100 Prozent, mit zehn bis 249 Beschäftigten zu 50 Prozent, mit 250 und weniger als 2500 Beschäftigten zu 25 Prozent und für Betriebe mit 2500 oder mehr Beschäftigten zu 15 Prozent pauschal für die Zeit der Teilnahme der Arbeitnehmerin oder des Arbeitnehmers an dieser Maßnahme erstattet. 2Die Anwendung des § 82 ist ausgeschlossen.

(3) Ausgeschlossen von der Erstattung der Sozialversicherungsbeiträge nach Absatz 1 und der Erstattung der Lehrgangskosten nach Absatz 2 ist die Teilnahme an Maßnahmen, zu deren Durchführung der Arbeitgeber auf Grund bundes- oder landesrechtlicher Regelungen verpflichtet ist.

Vierter Titel
Anwendung anderer Vorschriften

§ 107 Anwendung anderer Vorschriften

(1) § 159 Absatz 1 Satz 2 Nummer 8 über das Ruhen des Anspruchs auf Arbeitslosengeld wegen Sperrzeiten bei Meldeversäumnis gilt für den Anspruch auf Kurzarbeitergeld entsprechend.

(2) § 156 über das Ruhen des Anspruchs auf Arbeitslosengeld bei Zusammentreffen mit anderen Sozialleistungen gilt für den Anspruch auf Kurzarbeitergeld entsprechend für die Fälle, in denen eine Altersrente als Vollrente zuerkannt ist.

Fünfter Titel
Verfügung über das Kurzarbeitergeld

§ 108 Verfügung über das Kurzarbeitergeld

(1) § 48 des Ersten Buches zur Auszahlung von Leistungen bei Verletzung der Unterhaltspflicht ist nicht anzuwenden.

(2) 1Für die Zwangsvollstreckung in den Anspruch auf Kurzarbeitergeld gilt der Arbeitgeber als Drittschuldner. 2Die Abtretung oder Verpfändung des Anspruchs ist nur wirksam, wenn der Gläubiger sie dem Arbeitgeber anzeigt.

(3) 1Hat ein Arbeitgeber oder eine von ihm bestellte Person durch eine der in § 45 Absatz 2 Satz 3 des Zehnten Buches bezeichneten Handlungen bewirkt, dass Kurzarbeitergeld zu Unrecht geleistet worden ist, so ist der zu Unrecht geleistete Betrag vom Arbeitgeber zu ersetzen. 2Sind die zu Unrecht geleisteten Beträge sowohl vom Arbeitgeber zu ersetzen als auch von der Bezieherin oder dem Bezieher der Leistung zu erstatten, so haften beide als Gesamtschuldner.

(4) Wird über das Vermögen eines Arbeitgebers, der von der Agentur für Arbeit Beträge zur Auszahlung an die Arbeitnehmerinnen und Arbeitnehmer erhalten hat, diese aber noch nicht ausgezahlt hat, das Insolvenzverfahren eröffnet, so kann die Agentur für Arbeit diese Beträge als Insolvenzgläubigerin zurückverlangen.

Sechster Titel
Verordnungsermächtigung

§ 109 Verordnungsermächtigung

(1) 1Das Bundesministerium für Arbeit und Soziales wird ermächtigt, durch Rechtsverordnung, die nicht der Zustimmung des Bundesrates bedarf, die Wirtschaftszweige nach § 101 Absatz 1 Nummer 1 festzulegen. 2In der Regel sollen hierbei der fachliche Geltungsbereich tarifvertraglicher Regelungen berücksichtigt und die Tarifvertragsparteien vorher angehört werden.

(2) Das Bundesministerium für Arbeit und Soziales wird ermächtigt, auf Grundlage von Vereinbarungen der Tarifvertragsparteien durch Rechtsverordnung, die nicht der Zustimmung des Bundesrates bedarf, festzulegen, ob, in welcher Höhe und für welche Arbeitnehmerinnen und Arbeitnehmer die ergänzenden Leistungen nach § 102 Absatz 2 bis 4 in den Zweigen des Baugewerbes und den einzelnen Wirtschaftszweigen erbracht werden.

(3) Bei den Festlegungen nach den Absätzen 1 und 2 ist zu berücksichtigen, ob diese voraussichtlich in besonderem Maße dazu beitragen, die wirtschaftliche Tätigkeit in der Schlechtwetterzeit zu beleben oder die Beschäftigungsverhältnisse der von saisonbedingten Arbeitsausfällen betroffenen Arbeitnehmerinnen und Arbeitnehmer zu stabilisieren.

(4) 1Die Bundesregierung wird ermächtigt, für den Fall außergewöhnlicher Verhältnisse auf dem Arbeitsmarkt durch Rechtsverordnung, die nicht der Zustimmung des Bundesrates bedarf, die Bezugsdauer für das Kurzarbeitergeld über die gesetzliche Bezugsdauer hinaus bis zur Dauer von 24 Monaten zu verlängern. 2Die Rechtsverordnung ist zeitlich zu befristen.

(5) 1Die Bundesregierung wird ermächtigt, für den Fall außergewöhnlicher Verhältnisse auf dem Arbeitsmarkt durch Rechtsverordnung, die nicht der Zustimmung des Bundesrates bedarf,

1. abweichend von § 96 Absatz 1 Satz 1 Nummer 4 den Anteil der in dem Betrieb beschäftigten Arbeitnehmerinnen und Arbeitnehmer, die von einem Entgeltausfall von jeweils mehr als 10 Prozent ihres monatlichen Bruttoentgelts betroffen sein müssen, auf bis zu 10 Prozent herabzusetzen,

2. abweichend von § 96 Absatz 4 Satz 2 Nummer 2 die Vermeidbarkeit eines Arbeitsausfalls zu regeln, indem auf den vollständigen oder teilweisen Einsatz von Erholungsurlaub verzichtet wird,
3. abweichend von § 96 Absatz 4 Satz 2 Nummer 3 die Vermeidbarkeit eines Arbeitsausfalls zu regeln, indem auf den Einsatz von Arbeitszeitguthaben und negativen Arbeitszeitsalden vollständig oder teilweise verzichtet wird.

$_{2}$Die Rechtsverordnung ist zeitlich zu befristen. $_{3}$Die Ermächtigungen nach Satz 1 treten mit Ablauf des 30. Juni 2023 außer Kraft.

(6) $_{1}$Die Bundesregierung wird ermächtigt, für den Fall außergewöhnlicher Verhältnisse auf dem Arbeitsmarkt durch Rechtsverordnung, die nicht der Zustimmung des Bundesrates bedarf, eine vollständige oder teilweise Erstattung der von den Arbeitgebern allein zu tragenden Beiträge zur Sozialversicherung für Arbeitnehmerinnen und Arbeitnehmer, die Kurzarbeitergeld beziehen, einzuführen. $_{2}$Die Rechtsverordnung ist zeitlich zu befristen. $_{3}$Die Ermächtigung nach Satz 1 tritt mit Ablauf des 30. Juni 2023 außer Kraft.

(7) $_{1}$Die Bundesregierung wird ermächtigt, für den Fall außergewöhnlicher Verhältnisse auf dem Arbeitsmarkt durch Rechtsverordnung, die nicht der Zustimmung des Bundesrates bedarf, abweichend von § 99 Absatz 2 Satz 1 zu bestimmen, dass die Anzeige über den Arbeitsausfall auch dann als rechtzeitig erstattet gilt, wenn die Anzeige im Folgemonat erstattet wird. $_{2}$Die Rechtsverordnung ist zeitlich zu befristen. $_{3}$Die Ermächtigung nach Satz 1 tritt mit Ablauf des 30. Juni 2023 außer Kraft.

(8) $_{1}$Die Bundesregierung wird ermächtigt, für den Fall außergewöhnlicher Verhältnisse auf dem Arbeitsmarkt durch Rechtsverordnung, die nicht der Zustimmung des Bundesrates bedarf, festzulegen, dass Entgelt aus einer geringfügigen Beschäftigung nach § 8 Absatz 1 Nummer 1 des Vierten Buches, die während des Bezuges von Kurzarbeitergeld aufgenommen worden ist, abweichend von § 106 Absatz 3 dem Ist-Entgelt nicht hinzugerechnet wird. $_{2}$Die Rechtsverordnung ist zeitlich zu befristen. $_{3}$Die Ermächtigung nach Satz 1 tritt mit Ablauf des 30. Juni 2023 außer Kraft.

Zweiter Unterabschnitt
Transferleistungen

§ 110 Transfermaßnahmen

(1) $_{1}$Nehmen Arbeitnehmerinnen und Arbeitnehmer, die auf Grund einer Betriebsänderung oder im Anschluss an die Beendigung eines Berufsausbildungsverhältnisses von Arbeitslosigkeit bedroht sind, an Transfermaßnahmen teil, wird diese Teilnahme gefördert, wenn

1. sich die Betriebsparteien im Vorfeld der Entscheidung über die Einführung von Transfermaßnahmen, insbesondere im Rahmen ihrer Verhandlungen über einen die Integration der Arbeitnehmerinnen und Arbeitnehmer fördernden Interessenausgleich oder Sozialplan nach § 112 des Betriebsverfassungsgesetzes, von der Agentur für Arbeit beraten lassen haben,
2. die Maßnahme von einem Dritten durchgeführt wird,
3. die Maßnahme der Eingliederung der Arbeitnehmerinnen und Arbeitnehmer in den Arbeitsmarkt dienen soll und
4. die Durchführung der Maßnahme gesichert ist.

$_{2}$Transfermaßnahmen sind alle Maßnahmen zur Eingliederung von Arbeitnehmerinnen und Arbeitnehmern in den Arbeitsmarkt, an deren Finanzierung sich Arbeitgeber angemessen beteiligen. $_{3}$Als Betriebsänderung gilt eine Betriebsänderung im Sinne des § 111 des Betriebsverfassungsgesetzes, unabhängig von der Unternehmensgröße und unabhängig davon, ob im jeweiligen Betrieb das Betriebsverfassungsgesetz anzuwenden ist.

(2) $_{1}$Die Förderung wird als Zuschuss geleistet. $_{2}$Der Zuschuss beträgt 50 Prozent der erforderlichen und angemessenen Maßnahmekosten, jedoch höchstens 2500 Euro je geförderter Arbeitnehmerin oder gefördertem Arbeitnehmer.

(3) $_{1}$Eine Förderung ist ausgeschlossen, wenn die Maßnahme dazu dient, die Arbeitnehmerin oder den Arbeitnehmer auf eine Anschlussbeschäftigung im selben Betrieb oder in einem anderen Betrieb des selben Unternehmens vorzubereiten oder, falls das Unternehmen einem Konzern angehört, auf eine Anschlussbeschäftigung in einem Betrieb eines anderen Konzernunternehmens des Konzerns vorzubereiten. $_{2}$Durch die Förderung darf der Arbeitgeber nicht von bestehenden Verpflichtungen entlastet werden. $_{3}$Von der Förderung ausgeschlossen sind Arbeitnehmerinnen und Arbeitnehmer des öffentlichen Dienstes mit Ausnahme der Beschäftigten von Unternehmen, die in selbständiger Rechtsform erwerbswirtschaftlich betrieben werden.

(4) Während der Teilnahme an Transfermaßnahmen sind andere Leistungen der aktiven Arbeitsförderung mit gleichartiger Zielsetzung ausgeschlossen.

§ 111 Transferkurzarbeitergeld

(1) $_{1}$Um Entlassungen von Arbeitnehmerinnen und Arbeitnehmern zu vermeiden und ihre Vermittlungs-

aussichten zu verbessern, haben diese Anspruch auf Kurzarbeitergeld zur Förderung der Eingliederung bei betrieblichen Restrukturierungen (Transferkurzarbeitergeld), wenn

1. und solange sie von einem dauerhaften nicht vermeidbaren Arbeitsausfall mit Entgeltausfall betroffen sind,
2. die betrieblichen Voraussetzungen erfüllt sind,
3. die persönlichen Voraussetzungen erfüllt sind,
4. sich die Betriebsparteien im Vorfeld der Entscheidung über die Inanspruchnahme von Transferkurzarbeitergeld, insbesondere im Rahmen ihrer Verhandlungen über einen die Integration der Arbeitnehmerinnen und Arbeitnehmer fördernden Interessenausgleich oder Sozialplan nach § 112 des Betriebsverfassungsgesetzes, von der Agentur für Arbeit beraten lassen haben und
5. der dauerhafte Arbeitsausfall der Agentur für Arbeit angezeigt worden ist.

2Die Agentur für Arbeit leistet Transferkurzarbeitergeld für längstens zwölf Monate.

(2) 1Ein dauerhafter Arbeitsausfall liegt vor, wenn auf Grund einer Betriebsänderung im Sinne des § 110 Absatz 1 Satz 3 die Beschäftigungsmöglichkeiten für die Arbeitnehmerinnen und Arbeitnehmer nicht nur vorübergehend entfallen. 2Der Entgeltausfall kann auch jeweils 100 Prozent des monatlichen Bruttoentgelts betragen.

(3) 1Die betrieblichen Voraussetzungen für die Gewährung von Transferkurzarbeitergeld sind erfüllt, wenn

1. in einem Betrieb Personalanpassungsmaßnahmen auf Grund einer Betriebsänderung durchgeführt werden,
2. die von Arbeitsausfall betroffenen Arbeitnehmerinnen und Arbeitnehmer in einer betriebsorganisatorisch eigenständigen Einheit zusammengefasst werden, um Entlassungen zu vermeiden und ihre Eingliederungschancen zu verbessern,
3. die Organisation und Mittelausstattung der betriebsorganisatorisch eigenständigen Einheit den angestrebten Integrationserfolg erwarten lassen und
4. ein System zur Sicherung der Qualität angewendet wird.

2Wird die betriebsorganisatorisch eigenständige Einheit von einem Dritten durchgeführt, tritt an die Stelle der Voraussetzung nach Satz 1 Nummer 4 die Trägerzulassung nach § 178.

(4) 1Die persönlichen Voraussetzungen sind erfüllt, wenn die Arbeitnehmerin oder der Arbeitnehmer

1. von Arbeitslosigkeit bedroht ist,
2. nach Beginn des Arbeitsausfalls eine versicherungspflichtige Beschäftigung fortsetzt oder im Anschluss an die Beendigung eines Berufsausbildungsverhältnisses aufnimmt,
3. nicht vom Kurzarbeitergeldbezug ausgeschlossen ist und
4. vor der Überleitung in die betriebsorganisatorisch eigenständige Einheit aus Anlass der Betriebsänderung
   a) sich bei der Agentur für Arbeit arbeitsuchend meldet und
   b) an einer arbeitsmarktlich zweckmäßigen Maßnahme zur Feststellung der Eingliederungsaussichten teilgenommen hat; können in berechtigten Ausnahmefällen trotz Mithilfe der Agentur für Arbeit die notwendigen Feststellungsmaßnahmen nicht rechtzeitig durchgeführt werden, sind diese im unmittelbaren Anschluss an die Überleitung innerhalb eines Monats nachzuholen.

2§ 98 Absatz 2 bis 4 gilt entsprechend.

(5) Arbeitnehmerinnen und Arbeitnehmer des Steinkohlenbergbaus, denen Anpassungsgeld nach § 5 des Steinkohlefinanzierungsgesetzes gezahlt werden kann, haben vor der Inanspruchnahme des Anpassungsgeldes Anspruch auf Transferkurzarbeitergeld.

(6) 1Für die Anzeige des Arbeitsausfalls gilt § 99 Absatz 1, 2 Satz 1 und Absatz 3 entsprechend. 2Der Arbeitsausfall ist bei der Agentur für Arbeit anzuzeigen, in deren Bezirk der personalabgebende Betrieb seinen Sitz hat.

(7) 1Während des Bezugs von Transferkurzarbeitergeld hat der Arbeitgeber den geförderten Arbeitnehmerinnen und Arbeitnehmern Vermittlungsvorschläge zu unterbreiten. 2Stellt der Arbeitgeber oder die Agentur für Arbeit fest, dass Arbeitnehmerinnen oder Arbeitnehmer Qualifizierungsdefizite aufweisen, soll der Arbeitgeber geeignete Maßnahmen zur Verbesserung der Eingliederungsaussichten anbieten. 3Als geeignet gelten insbesondere

1. Maßnahmen der beruflichen Weiterbildung, für die und für deren Träger eine Zulassung nach dem Fünften Kapitel vorliegt, oder
2. eine zeitlich begrenzte, längstens sechs Monate dauernde Beschäftigung zum Zwecke der Qualifizierung bei einem anderen Arbeitgeber.

$_{4}$Bei der Festlegung von Maßnahmen nach Satz 3 ist die Agentur für Arbeit zu beteiligen. $_{5}$Nimmt die Arbeitnehmerin oder der Arbeitnehmer während der Beschäftigung in einer betriebsorganisatorisch eigenständigen Einheit an einer Qualifizierungsmaßnahme teil, deren Ziel die anschließende Beschäftigung bei einem anderen Arbeitgeber ist, und wurde das Ziel der Maßnahme nicht erreicht, steht die Rückkehr der Arbeitnehmerin oder des Arbeitnehmers in den bisherigen Betrieb dem Anspruch auf Transferkurzarbeitergeld nicht entgegen.

(8) $_{1}$Der Anspruch ist ausgeschlossen, wenn Arbeitnehmerinnen und Arbeitnehmer nur vorübergehend in der betriebsorganisatorisch eigenständigen Einheit zusammengefasst werden, um anschließend einen anderen Arbeitsplatz in dem gleichen oder einem anderen Betrieb des Unternehmens zu besetzen, oder, falls das Unternehmen einem Konzern angehört, einen Arbeitsplatz in einem Betrieb eines anderen Konzernunternehmens des Konzerns zu besetzen. $_{2}$§ 110 Absatz 3 Satz 3 gilt entsprechend.

(9) Soweit nichts Abweichendes geregelt ist, sind die für das Kurzarbeitergeld geltenden Vorschriften des Ersten Unterabschnitts anzuwenden, mit Ausnahme der ersten beiden Titel und des § 109.

§ 111a Förderung der beruflichen Weiterbildung bei Transferkurzarbeitergeld

(1) $_{1}$Arbeitnehmerinnen und Arbeitnehmer, die einen Anspruch auf Transferkurzarbeitergeld nach § 111 haben, können bei Teilnahme an Maßnahmen der beruflichen Weiterbildung, die während des Bezugs von Transferkurzarbeitergeld enden, durch Übernahme der Weiterbildungskosten gefördert werden, wenn

1. die Agentur für Arbeit sie vor Beginn der Teilnahme beraten hat,
2. der Träger der Maßnahme und die Maßnahme für die Förderung zugelassen sind und
3. der Arbeitgeber mindestens 50 Prozent der Lehrgangskosten trägt.

$_{2}$Die Grundsätze für die berufliche Weiterbildung nach § 81 Absatz 1 Satz 2 und Absatz 4 und § 83 gelten entsprechend.

(2) $_{1}$Bei Teilnahme an einer Maßnahme der beruflichen Weiterbildung, die erst nach dem Bezug des Transferkurzarbeitergeldes endet, können Arbeitnehmerinnen und Arbeitnehmer nach § 81 gefördert werden, wenn

1. die Maßnahme spätestens drei Monate oder bei länger als ein Jahr dauernden Maßnahmen spätestens sechs Monate vor der Ausschöpfung des Anspruchs auf Transferkurzarbeitergeld beginnt und
2. der Arbeitgeber während des Bezugs des Transferkurzarbeitergeldes mindestens 50 Prozent der Lehrgangskosten trägt.

$_{2}$Ein Anspruch auf Arbeitslosengeld bei beruflicher Weiterbildung nach § 144 ruht während der Zeit, für die ein Anspruch auf Transferkurzarbeitergeld zuerkannt ist.

(3) $_{1}$In Betrieben mit weniger als 250 Beschäftigten verringert sich der von dem Arbeitgeber während des Bezugs des Transferkurzarbeitergeldes zu tragende Mindestanteil an den Lehrgangskosten abweichend von Absatz 1 Satz 1 Nummer 3 und Absatz 2 Satz 1 Nummer 2 auf 25 Prozent. $_{2}$Wenn ein Insolvenzereignis im Sinne des § 165 Absatz 1 Satz 2 vorliegt, kann die Agentur für Arbeit abweichend von Satz 1, von Absatz 1 Satz 1 Nummer 3 und von Absatz 2 Satz 1 Nummer 2 eine niedrigere Beteiligung des Arbeitgebers an den Lehrgangskosten festlegen.

Siebter Abschnitt
Teilhabe von Menschen mit Behinderungen am Arbeitsleben

Erster Unterabschnitt
Grundsätze

§ 112 Teilhabe am Arbeitsleben

(1) Für Menschen mit Behinderungen können Leistungen zur Förderung der Teilhabe am Arbeitsleben erbracht werden, um ihre Erwerbsfähigkeit zu erhalten, zu verbessern, herzustellen oder wiederherzustellen und ihre Teilhabe am Arbeitsleben zu sichern, soweit Art oder Schwere der Behinderung dies erfordern.

(2) $_{1}$Bei der Auswahl der Leistungen sind Eignung, Neigung, bisherige Tätigkeit sowie Lage und Entwicklung des Arbeitsmarktes angemessen zu berücksichtigen. $_{2}$Soweit erforderlich, ist auch die berufliche Eignung abzuklären oder eine Arbeitserprobung durchzuführen.

§ 113 Leistungen zur Teilhabe

(1) Für Menschen mit Behinderungen können erbracht werden

1. allgemeine Leistungen sowie
2. besondere Leistungen zur Teilhabe am Arbeitsleben und diese ergänzende Leistungen.

(2) Besondere Leistungen zur Teilhabe am Arbeitsleben werden nur erbracht, soweit nicht bereits durch die allgemeinen Leistungen eine Teilhabe am Arbeitsleben erreicht werden kann.

§ 114 Leistungsrahmen

(1) Die allgemeinen und besonderen Leistungen richten sich nach den Vorschriften des Zweiten bis Fünften Abschnitts, soweit nachfolgend nichts Abweichendes bestimmt ist.

(2) Die allgemeinen und besonderen Leistungen zur Teilhabe am Arbeitsleben werden auf Antrag durch ein Persönliches Budget erbracht; § 29 des Neunten Buches gilt entsprechend.

Zweiter Unterabschnitt
Allgemeine Leistungen

§ 115 Leistungen

Die allgemeinen Leistungen umfassen

1. Leistungen zur Aktivierung und beruflichen Eingliederung,
2. Leistungen zur Förderung der Berufsvorbereitung und Berufsausbildung einschließlich der Berufsausbildungsbeihilfe und der Assistierten Ausbildung,
3. Leistungen zur Förderung der beruflichen Weiterbildung,
4. Leistungen zur Förderung der Aufnahme einer selbständigen Tätigkeit.

§ 116 Besonderheiten

(1) Leistungen zur Aktivierung und beruflichen Eingliederung können auch erbracht werden, wenn Menschen mit Behinderungen nicht arbeitslos sind und durch diese Leistungen eine dauerhafte Teilhabe am Arbeitsleben erreicht werden kann.

(2) Förderungsfähig sind auch berufliche Aus- und Weiterbildungen, die im Rahmen des Berufsbildungsgesetzes oder der Handwerksordnung abweichend von den Ausbildungsordnungen für staatlich anerkannte Ausbildungsberufe oder in Sonderformen für Menschen mit Behinderungen durchgeführt werden.

(3) $_{1}$Ein Anspruch auf Berufsausbildungsbeihilfe besteht auch, wenn der Mensch mit Behinderungen während der Berufsausbildung im Haushalt der Eltern oder eines Elternteils wohnt. $_{2}$In diesem Fall wird der jeweils geltende Bedarf nach § 13 Absatz 1 Nummer 1 des Bundesausbildungsförderungsgesetzes zugrunde gelegt. $_{3}$Für die Unterkunft wird der jeweils geltende Bedarf nach § 13 Absatz 2 Nummer 1 des Bundesausbildungsförderungsgesetzes zugrunde gelegt.

(4) $_{1}$Ein Anspruch auf Berufsausbildungsbeihilfe besteht auch, wenn der Mensch mit Behinderungen, der das 18. Lebensjahr noch nicht vollendet hat, außerhalb des Haushalts der Eltern oder eines Elternteils wohnt, auch wenn die Ausbildungsstätte von der Wohnung der Eltern oder eines Elternteils aus in angemessener Zeit zu erreichen ist. $_{2}$In diesem Fall wird der Bedarf nach Absatz 3 Satz 2 und 3 zugrunde gelegt.

(5) Eine Verlängerung der Ausbildung über das vorgesehene Ausbildungsende hinaus, eine Wiederholung der Ausbildung ganz oder in Teilen oder eine erneute Berufsausbildung wird gefördert, wenn Art oder Schwere der Behinderung es erfordern und ohne die Förderung eine dauerhafte Teilhabe am Arbeitsleben nicht erreicht werden kann.

(6) $_{1}$Berufliche Weiterbildung kann auch gefördert werden, wenn Menschen mit Behinderungen

1. nicht arbeitslos sind,
2. als Arbeitnehmerinnen oder Arbeitnehmer ohne Berufsabschluss noch nicht drei Jahre beruflich tätig gewesen sind oder
3. einer längeren Förderung als Menschen ohne Behinderungen oder einer erneuten Förderung bedürfen, um am Arbeitsleben teilzuhaben oder weiter teilzuhaben.

$_{2}$Förderungsfähig sind auch schulische Ausbildungen, deren Abschluss für die Weiterbildung erforderlich ist.

(7) Ein Gründungszuschuss kann auch geleistet werden, wenn der Mensch mit Behinderungen einen Anspruch von weniger als 150 Tagen oder keinen Anspruch auf Arbeitslosengeld hat.

Dritter Unterabschnitt
Besondere Leistungen

Erster Titel
Allgemeines

§ 117 Grundsatz

(1) $_{1}$Die besonderen Leistungen sind anstelle der allgemeinen Leistungen insbesondere zur Förderung der beruflichen Aus- und Weiterbildung, einschließlich Berufsvorbereitung, sowie der wegen der Behinderung erforderlichen Grundausbildung zu erbringen, wenn

1. Art oder Schwere der Behinderung oder die Sicherung der Teilhabe am Arbeitsleben die Teilnahme an
   a) einer Maßnahme in einer besonderen Einrichtung für Menschen mit Behinderungen oder
   b) einer sonstigen, auf die besonderen Bedürfnisse von Menschen mit Behinderungen ausgerichteten Maßnahme

   unerlässlich machen oder

2. die allgemeinen Leistungen die wegen Art oder Schwere der Behinderung erforderlichen Leistungen nicht oder nicht im erforderlichen Umfang vorsehen.

$_{2}$In besonderen Einrichtungen für Menschen mit Behinderungen können auch Aus- und Weiterbildungen außerhalb des Berufsbildungsgesetzes und der Handwerksordnung gefördert werden.

(2) Leistungen im Eingangsverfahren und Berufsbildungsbereich werden von anerkannten Werkstätten für behinderte Menschen oder anderen Leistungsanbietern nach den §§ 57, 60, 61a und 62 des Neunten Buches erbracht.

§ 118 Leistungen

Die besonderen Leistungen umfassen

1. das Übergangsgeld,
2. das Ausbildungsgeld, wenn ein Übergangsgeld nicht gezahlt werden kann,
3. die Übernahme der Teilnahmekosten für eine Maßnahme.

Zweiter Titel
Übergangsgeld und Ausbildungsgeld

§ 119 Übergangsgeld

$_{1}$Menschen mit Behinderungen haben Anspruch auf Übergangsgeld, wenn

1. die Voraussetzung der Vorbeschäftigungszeit für das Übergangsgeld erfüllt ist und
2. sie an einer Maßnahme der Berufsausbildung, der Berufsvorbereitung einschließlich einer wegen der Behinderung erforderlichen Grundausbildung, der individuellen betrieblichen Qualifizierung im Rahmen der Unterstützten Beschäftigung nach § 55 des Neunten Buches, einer Maßnahme im Eingangsverfahren oder Berufsbildungsbereich einer Werkstatt für behinderte Menschen oder bei einem anderen Leistungsanbieter nach § 60 des Neunten Buches oder an einer Maßnahme der beruflichen Weiterbildung teilnehmen, für die die besonderen Leistungen erbracht werden.

$_{2}$Im Übrigen gelten die Vorschriften des Kapitels 11 des Teils 1 des Neunten Buches, soweit in diesem Buch nichts Abweichendes bestimmt ist. $_{3}$Besteht bei Teilnahme an einer Maßnahme, für die die allgemeinen Leistungen erbracht werden, kein Anspruch auf Arbeitslosengeld bei beruflicher Weiterbildung, erhalten die Menschen mit Behinderungen Übergangsgeld in Höhe des Arbeitslosengeldes, wenn sie bei Teilnahme an einer Maßnahme, für die die besonderen Leistungen erbracht werden, Übergangsgeld erhalten würden.

§ 120 Vorbeschäftigungszeit für das Übergangsgeld

(1) Die Voraussetzung der Vorbeschäftigungszeit für das Übergangsgeld ist erfüllt, wenn der Mensch mit Behinderungen innerhalb der letzten drei Jahre vor Beginn der Teilnahme

1. mindestens zwölf Monate in einem Versicherungspflichtverhältnis gestanden hat oder
2. die Voraussetzungen für einen Anspruch auf Arbeitslosengeld erfüllt und Leistungen beantragt hat.

(2) $_{1}$Der Zeitraum von drei Jahren gilt nicht für Berufsrückkehrende mit Behinderungen. $_{2}$Er verlängert sich um die Dauer einer Beschäftigung als Arbeitnehmerin oder Arbeitnehmer im Ausland, die für die weitere Ausübung des Berufes oder für den beruflichen Aufstieg nützlich und üblich ist, längstens jedoch um zwei Jahre.

§ 121 Übergangsgeld ohne Vorbeschäftigungszeit

$_{1}$Ein Mensch mit Behinderungen kann auch dann Übergangsgeld erhalten, wenn die Voraussetzung der Vorbeschäftigungszeit nicht erfüllt ist, jedoch innerhalb des letzten Jahres vor Beginn der Teilnahme

1. durch den Menschen mit Behinderungen ein Berufsausbildungsabschluss auf Grund einer Zulassung zur Prüfung nach § 43 Absatz 2 des Berufsbildungsgesetzes oder § 36 Absatz 2 der Handwerksordnung erworben worden ist oder
2. sein Prüfungszeugnis auf Grund einer Rechtsverordnung nach § 50 Absatz 1 des Berufsbildungsgesetzes oder § 40 Absatz 1 der Handwerksordnung dem Zeugnis über das Bestehen der Abschlussprüfung in einem nach dem Berufsbildungsgesetz oder der Handwerksordnung anerkannten Ausbildungsberuf gleichgestellt worden ist.

$_{2}$Der Zeitraum von einem Jahr verlängert sich um Zeiten, in denen der Mensch mit Behinderungen nach dem Erwerb des Prüfungszeugnisses bei der Agentur für Arbeit arbeitslos gemeldet war.

§ 122 Ausbildungsgeld

(1) Menschen mit Behinderungen haben Anspruch auf Ausbildungsgeld während

1. einer Berufsausbildung oder berufsvorbereitenden Bildungsmaßnahme einschließlich einer Grundausbildung,

2. einer individuellen betrieblichen Qualifizierung im Rahmen der Unterstützten Beschäftigung nach § 55 des Neunten Buches und
3. einer Maßnahme im Eingangsverfahren oder Berufsbildungsbereich einer Werkstatt für behinderte Menschen oder bei einem anderen Leistungsanbieter nach § 60 des Neunten Buches,

wenn Übergangsgeld nicht gezahlt werden kann.

(2) Für das Ausbildungsgeld gelten die Vorschriften über die Berufsausbildungsbeihilfe entsprechend, soweit nachfolgend nichts Abweichendes bestimmt ist.

§ 123 Ausbildungsgeld bei Berufsausbildung und Unterstützter Beschäftigung

1Bei einer Berufsausbildung und bei einer individuellen betrieblichen Qualifizierung im Rahmen der Unterstützten Beschäftigung wird folgender Bedarf zugrunde gelegt:

1. bei Unterbringung im Haushalt der Eltern oder eines Elternteils der jeweils geltende Bedarf nach § 13 Absatz 1 Nummer 1 des Bundesausbildungsförderungsgesetzes zuzüglich des jeweils geltenden Bedarfs für die Unterkunft nach § 13 Absatz 2 Nummer 1 des Bundesausbildungsförderungsgesetzes,
2. bei Unterbringung in einem Wohnheim, einem Internat oder einer besonderen Einrichtung für Menschen mit Behinderungen 126 Euro monatlich, wenn die Kosten für Unterbringung und Verpflegung von der Agentur für Arbeit oder einem anderen Leistungsträger übernommen werden,
3. bei anderweitiger Unterbringung der jeweils geltende Bedarf nach § 13 Absatz 1 Nummer 1 des Bundesausbildungsförderungsgesetzes zuzüglich des jeweils geltenden Bedarfs für die Unterkunft nach § 13 Absatz 2 Nummer 2 des Bundesausbildungsförderungsgesetzes; § 128 ist mit Ausnahme der Erstattung behinderungsbedingter Mehraufwendungen nicht anzuwenden.

2Bei einer Berufsausbildung ist in den Fällen der Nummern 1 und 3 mindestens ein Betrag zugrunde zu legen, der der Ausbildungsvergütung nach § 17 Absatz 2 des Berufsbildungsgesetzes nach Abzug der Steuern und einer Sozialversicherungspauschale nach § 153 Absatz 1 entspricht. 3Übersteigt in den Fällen der Nummer 2 die Ausbildungsvergütung nach § 17 Absatz 2 des Berufsbildungsgesetzes nach Abzug der Steuern und einer Sozialversicherungspauschale nach § 153 Absatz 1 den Bedarf zuzüglich der Beträge nach § 2 Absatz 1 und 3 Nummer 2 der Sozialversicherungsentgeltverordnung, so wird die Differenz als Ausgleichsbetrag gezahlt.

§ 124 Ausbildungsgeld bei berufsvorbereitenden Bildungsmaßnahmen und bei Grundausbildung

Bei berufsvorbereitenden Bildungsmaßnahmen und bei Grundausbildung wird folgender Bedarf zugrunde gelegt:

1. bei Unterbringung im Haushalt der Eltern oder eines Elternteils der jeweils geltende Bedarf nach § 12 Absatz 1 Nummer 1 des Bundesausbildungsförderungsgesetzes,
2. bei Unterbringung in einem Wohnheim, einem Internat oder einer besonderen Einrichtung für Menschen mit Behinderungen 126 Euro monatlich, wenn die Kosten für Unterbringung und Verpflegung von der Agentur für Arbeit oder einem anderen Leistungsträger übernommen werden,
3. bei anderweitiger Unterbringung der jeweils geltende Bedarf nach § 12 Absatz 2 Nummer 1 des Bundesausbildungsförderungsgesetzes; § 128 ist mit Ausnahme der Erstattung behinderungsbedingter Mehraufwendungen nicht anzuwenden.

§ 125 Ausbildungsgeld bei Maßnahmen in anerkannten Werkstätten für behinderte Menschen und bei Maßnahmen anderer Leistungsanbieter nach § 60 des Neunten Buches

Bei Maßnahmen im Eingangsverfahren und Berufsbildungsbereich anerkannter Werkstätten für behinderte Menschen und bei vergleichbaren Maßnahmen anderer Leistungsanbieter nach § 60 des Neunten Buches wird ein Ausbildungsgeld in Höhe von 126 Euro monatlich gezahlt.

§ 126 Einkommensanrechnung

(1) Das Einkommen, das ein Mensch mit Behinderungen während einer Maßnahme in einer anerkannten Werkstatt für behinderte Menschen oder bei einem anderen Leistungsanbieter nach § 60 des Neunten Buches erzielt, wird nicht auf den Bedarf angerechnet.

(2) Anrechnungsfrei bei der Einkommensanrechnung bleibt im Übrigen das Einkommen

1. des Menschen mit Behinderungen aus Waisenrenten, Waisengeld oder aus Unterhaltsleistungen bis zu 334 Euro monatlich,
2. der Eltern bis zu 4392 Euro monatlich, des verwitweten Elternteils oder, bei getrennt lebenden Eltern, das Einkommen des Elternteils, bei dem der Mensch mit Behinderungen lebt, ohne Anrechnung

des Einkommens des anderen Elternteils, bis zu 2736 Euro monatlich und

3. der Ehegattin oder des Ehegatten oder der Lebenspartnerin oder des Lebenspartners bis zu 2736 Euro monatlich.

Dritter Titel
Teilnahmekosten für Maßnahmen

§ 127 Teilnahmekosten für Maßnahmen

(1) 1Teilnahmekosten bestimmen sich nach den §§ 49, 64, 73 und 74 des Neunten Buches. 2Sie beinhalten auch weitere Aufwendungen, die wegen Art und Schwere der Behinderung unvermeidbar entstehen, sowie Kosten für Unterkunft und Verpflegung bei anderweitiger auswärtiger Unterbringung.

(2) Die Teilnahmekosten nach Absatz 1 können Aufwendungen für erforderliche eingliederungsbegleitende Dienste während der und im Anschluss an die Maßnahme einschließen.

§ 128 Kosten für Unterkunft und Verpflegung bei anderweitiger auswärtiger Unterbringung

Sind Menschen mit Behinderungen auswärtig untergebracht, aber nicht in einem Wohnheim, einem Internat oder einer besonderen Einrichtung für Menschen mit Behinderungen mit voller Verpflegung, so wird ein Betrag nach § 86 zuzüglich der behinderungsbedingten Mehraufwendungen erbracht.

Vierter Titel
Anordnungsermächtigung

§ 129 Anordnungsermächtigung

Die Bundesagentur wird ermächtigt, durch Anordnung das Nähere über Voraussetzungen, Art, Umfang und Ausführung der Leistungen in Übereinstimmung mit den für die anderen Träger der Leistungen zur Teilhabe am Arbeitsleben geltenden Regelungen zu bestimmen.

Achter Abschnitt
Befristete Leistungen und innovative Ansätze

§§ 130 und 131 (weggefallen)

§ 131a Sonderregelungen zur beruflichen Weiterbildung

(1) (weggefallen)

(2) 1Abweichend von § 81 Absatz 4 kann die Agentur für Arbeit unter Anwendung des Vergaberechts Träger mit der Durchführung von folgenden Maßnahmen beauftragen, wenn die Maßnahmen vor Ablauf des 31. Dezember 2023 [ab 01.07.2023: vor Ablauf des 31. Dezember 2026] beginnen:

1. Maßnahmen, die zum Erwerb von Grundkompetenzen nach § 81 Absatz 3a führen,
2. Maßnahmen, die zum Erwerb von Grundkompetenzen nach § 81 Absatz 3a und zum Erwerb eines Abschlusses in einem Ausbildungsberuf führen, für den nach bundes- oder landesrechtlichen Vorschriften eine Ausbildungsdauer von mindestens zwei Jahren festgelegt ist, oder
3. Maßnahmen, die eine Weiterbildung in einem Betrieb, die auf den Erwerb eines Berufsabschlusses im Sinne des § 81 Absatz 2 Nummer 1 gerichtet ist, begleitend unterstützen.

2Für Maßnahmen nach Nummer 2 gilt § 180 Absatz 4 entsprechend. 3§ 176 Absatz 2 Satz 2 findet keine Anwendung.

[bis 30.06.2023; ab 01.07.2023 entfällt Absatz 3]

(3) Arbeitnehmerinnen und Arbeitnehmer, die an einer nach § 81 geförderten beruflichen Weiterbildung teilnehmen, die zu einem Abschluss in einem Ausbildungsberuf führt, für den nach bundes- oder landesrechtlichen Vorschriften eine Ausbildungsdauer von mindestens zwei Jahren festgelegt ist, erhalten folgende Prämien, wenn die Maßnahme vor Ablauf des 31. Dezember 2023 beginnt:

1. nach Bestehen einer in diesen Vorschriften geregelten Zwischenprüfung eine Prämie von 1000 Euro und
2. nach Bestehen der Abschlussprüfung eine Prämie von 1500 Euro.

§ 131b Weiterbildungsförderung in der Altenpflege

1Abweichend von § 180 Absatz 4 Satz 1 ist die Dauer einer Vollzeitmaßnahme der beruflichen Weiterbildung in der Altenpflege, die in der Zeit vom 1. April 2013 bis zum 31. Dezember 2019 beginnt, auch dann angemessen, wenn sie nach dem Altenpflegegesetz nicht um mindestens ein Drittel verkürzt werden kann. 2Insoweit ist § 180 Absatz 4 Satz 2 nicht anzuwenden.

§ 132 (weggefallen)

§ 133 Saison-Kurzarbeitergeld und ergänzende Leistungen im Gerüstbauerhandwerk

(1) In Betrieben des Gerüstbauerhandwerks (§ 1 Absatz 3 Nummer 1 der Baubetriebe-Verordnung) werden bis zum 31. März 2021 Leistungen nach den

§§ 101 und 102 nach Maßgabe der folgenden Regelungen erbracht.

(2) Die Schlechtwetterzeit beginnt am 1. November und endet am 31. März.

(3) $_{1}$Ergänzende Leistungen nach § 102 Absatz 2 und 4 werden ausschließlich zur Vermeidung oder Überbrückung witterungsbedingter Arbeitsausfälle erbracht. $_{2}$Zuschuss-Wintergeld wird in Höhe von 1,03 Euro je Ausfallstunde gezahlt.

(4) $_{1}$Anspruch auf Zuschuss-Wintergeld nach § 102 Absatz 2 haben auch Arbeitnehmerinnen und Arbeitnehmer, die zur Vermeidung witterungsbedingter Arbeitsausfälle eine Vorausleistung erbringen, die das Arbeitsentgelt bei witterungsbedingtem Arbeitsausfall in der Schlechtwetterzeit für mindestens 120 Stunden ersetzt, in angemessener Höhe im Verhältnis zum Saison-Kurzarbeitergeld steht und durch Tarifvertrag, Betriebsvereinbarung oder Arbeitsvertrag geregelt ist. $_{2}$Der Anspruch auf Zuschuss-Wintergeld besteht für Zeiten des Bezugs der Vorausleistung, wenn diese niedriger ist als das ohne den witterungsbedingten Arbeitsausfall erzielte Arbeitsentgelt.

§ 134 (weggefallen)

§ 135 Erprobung innovativer Ansätze

(1) $_{1}$Die Zentrale der Bundesagentur kann bis zu einem Prozent der im Eingliederungstitel enthaltenen Mittel einsetzen, um innovative Ansätze der aktiven Arbeitsförderung zu erproben. $_{2}$Die einzelnen Projekte dürfen den Höchstbetrag von 2 Millionen Euro jährlich und eine Dauer von 24 Monaten nicht übersteigen.

(2) $_{1}$Die Umsetzung und die Wirkung der Projekte sind zu beobachten und auszuwerten. $_{2}$Über die Ergebnisse der Projekte ist dem Verwaltungsrat nach deren Beendigung ein Bericht vorzulegen. $_{3}$Zu Beginn jedes Jahres übermittelt die Bundesagentur dem Verwaltungsrat eine Übersicht über die laufenden Projekte.

Viertes Kapitel
Arbeitslosengeld und Insolvenzgeld

Erster Abschnitt
Arbeitslosengeld

Erster Unterabschnitt
Regelvoraussetzungen

§ 136 Anspruch auf Arbeitslosengeld

(1) Arbeitnehmerinnen und Arbeitnehmer haben Anspruch auf Arbeitslosengeld

1. bei Arbeitslosigkeit oder
2. bei beruflicher Weiterbildung.

(2) Wer das für die Regelaltersrente im Sinne des Sechsten Buches erforderliche Lebensjahr vollendet hat, hat vom Beginn des folgenden Monats an keinen Anspruch auf Arbeitslosengeld.

§ 137 Anspruchsvoraussetzungen bei Arbeitslosigkeit

(1) Anspruch auf Arbeitslosengeld bei Arbeitslosigkeit hat, wer

1. arbeitslos ist,
2. sich bei der Agentur für Arbeit arbeitslos gemeldet und
3. die Anwartschaftszeit erfüllt hat.

(2) Bis zur Entscheidung über den Anspruch kann die antragstellende Person bestimmen, dass der Anspruch nicht oder zu einem späteren Zeitpunkt entstehen soll.

§ 138 Arbeitslosigkeit

(1) Arbeitslos ist, wer Arbeitnehmerin oder Arbeitnehmer ist und

1. nicht in einem Beschäftigungsverhältnis steht (Beschäftigungslosigkeit),
2. sich bemüht, die eigene Beschäftigungslosigkeit zu beenden (Eigenbemühungen), und
3. den Vermittlungsbemühungen der Agentur für Arbeit zur Verfügung steht (Verfügbarkeit).

(2) Eine ehrenamtliche Betätigung schließt Arbeitslosigkeit nicht aus, wenn dadurch die berufliche Eingliederung der oder des Arbeitslosen nicht beeinträchtigt wird.

(3) $_{1}$Die Ausübung einer Beschäftigung, selbständigen Tätigkeit, Tätigkeit als mithelfende Familienangehörige oder mithelfender Familienangehöriger (Erwerbstätigkeit) schließt die Beschäftigungslosigkeit nicht aus, wenn die Arbeits- oder Tätigkeitszeit (Arbeitszeit) weniger als 15 Stunden wöchentlich umfasst; gelegentliche Abweichungen von geringer Dauer bleiben unberücksichtigt. $_{2}$Die Arbeitszeiten mehrerer Erwerbstätigkeiten werden zusammengerechnet.

(4) $_{1}$Im Rahmen der Eigenbemühungen hat die oder der Arbeitslose alle Möglichkeiten zur beruflichen Eingliederung zu nutzen. $_{2}$Hierzu gehören insbesondere

1. die Wahrnehmung der Verpflichtungen aus der Eingliederungsvereinbarung,
2. die Mitwirkung bei der Vermittlung durch Dritte und

3. die Inanspruchnahme der Selbstinformationseinrichtungen der Agentur für Arbeit.

(5) Den Vermittlungsbemühungen der Agentur für Arbeit steht zur Verfügung, wer

1. eine versicherungspflichtige, mindestens 15 Stunden wöchentlich umfassende zumutbare Beschäftigung unter den üblichen Bedingungen des für sie oder ihn in Betracht kommenden Arbeitsmarktes ausüben kann und darf,
2. Vorschlägen der Agentur für Arbeit zur beruflichen Eingliederung zeit- und ortsnah Folge leisten kann,
3. bereit ist, jede Beschäftigung im Sinne der Nummer 1 anzunehmen und auszuüben, und
4. bereit ist, an Maßnahmen zur beruflichen Eingliederung in das Erwerbsleben teilzunehmen.

§ 139 Sonderfälle der Verfügbarkeit

(1) 1Nimmt eine leistungsberechtigte Person an einer Maßnahme nach § 45 oder an einer Berufsfindung oder Arbeitserprobung im Sinne des Rechts der beruflichen Rehabilitation teil, leistet sie vorübergehend zur Verhütung oder Beseitigung öffentlicher Notstände Dienste, die nicht auf einem Arbeitsverhältnis beruhen, übt sie eine freie Arbeit im Sinne des Artikels 293 Absatz 1 des Einführungsgesetzes zum Strafgesetzbuch oder auf Grund einer Anordnung im Gnadenwege aus oder erbringt sie gemeinnützige Leistungen oder Arbeitsleistungen nach den in Artikel 293 Absatz 3 des Einführungsgesetzes zum Strafgesetzbuch genannten Vorschriften oder auf Grund deren entsprechender Anwendung, so schließt dies die Verfügbarkeit nicht aus. 2Nimmt eine leistungsberechtigte Person an einem Integrationskurs nach § 43 des Aufenthaltsgesetzes oder an einem Kurs der berufsbezogenen Deutschsprachförderung nach § 45a des Aufenthaltsgesetzes teil, der jeweils für die dauerhafte berufliche Eingliederung notwendig ist, so schließt dies die Verfügbarkeit nicht aus.

(2) 1Bei Schülerinnen, Schülern, Studentinnen oder Studenten einer Schule, Hochschule oder sonstigen Ausbildungsstätte wird vermutet, dass sie nur versicherungsfreie Beschäftigungen ausüben können. 2Die Vermutung ist widerlegt, wenn die Schülerin, der Schüler, die Studentin oder der Student darlegt und nachweist, dass der Ausbildungsgang die Ausübung einer versicherungspflichtigen, mindestens 15 Stunden wöchentlich umfassenden Beschäftigung bei ordnungsgemäßer Erfüllung der in den Ausbildungs- und Prüfungsbestimmungen vorgeschriebenen Anforderungen zulässt.

(3) Nimmt eine leistungsberechtigte Person an einer Maßnahme der beruflichen Weiterbildung teil, für die die Voraussetzungen nach § 81 nicht erfüllt sind, schließt dies die Verfügbarkeit nicht aus, wenn

1. die Agentur für Arbeit der Teilnahme zustimmt und
2. die leistungsberechtigte Person ihre Bereitschaft erklärt, die Maßnahme abzubrechen, sobald eine berufliche Eingliederung in Betracht kommt, und zu diesem Zweck die Möglichkeit zum Abbruch mit dem Träger der Maßnahme vereinbart hat.

(4) 1Ist die leistungsberechtigte Person nur bereit, Teilzeitbeschäftigungen auszuüben, so schließt dies Verfügbarkeit nicht aus, wenn sich die Arbeitsbereitschaft auf Teilzeitbeschäftigungen erstreckt, die versicherungspflichtig sind, mindestens 15 Stunden wöchentlich umfassen und den üblichen Bedingungen des für sie in Betracht kommenden Arbeitsmarktes entsprechen. 2Eine Einschränkung auf Teilzeitbeschäftigungen aus Anlass eines konkreten Arbeits- oder Maßnahmeangebotes ist nicht zulässig. 3Die Einschränkung auf Heimarbeit schließt die Verfügbarkeit nicht aus, wenn die Anwartschaftszeit durch eine Beschäftigung als Heimarbeiterin oder Heimarbeiter erfüllt worden ist und die leistungsberechtigte Person bereit und in der Lage ist, Heimarbeit unter den üblichen Bedingungen auf dem für sie in Betracht kommenden Arbeitsmarkt auszuüben.

§ 140 Zumutbare Beschäftigungen

(1) Einer arbeitslosen Person sind alle ihrer Arbeitsfähigkeit entsprechenden Beschäftigungen zumutbar, soweit allgemeine oder personenbezogene Gründe der Zumutbarkeit einer Beschäftigung nicht entgegenstehen.

(2) Aus allgemeinen Gründen ist eine Beschäftigung einer arbeitslosen Person insbesondere nicht zumutbar, wenn die Beschäftigung gegen gesetzliche, tarifliche oder in Betriebsvereinbarungen festgelegte Bestimmungen über Arbeitsbedingungen oder gegen Bestimmungen des Arbeitsschutzes verstößt.

(3) 1Aus personenbezogenen Gründen ist eine Beschäftigung einer arbeitslosen Person insbesondere nicht zumutbar, wenn das daraus erzielbare Arbeitsentgelt erheblich niedriger ist als das der Bemessung des Arbeitslosengeldes zugrunde liegende Arbeitsentgelt. 2In den ersten drei Monaten der Arbeitslosigkeit ist eine Minderung um mehr als 20 Prozent und in den folgenden drei Monaten um mehr als 30 Prozent dieses Arbeitsentgelts nicht zumutbar. 3Vom siebten Monat der Arbeitslosigkeit an ist einer arbeitslosen Person eine Beschäftigung nur dann nicht zumutbar,

wenn das daraus erzielbare Nettoeinkommen unter Berücksichtigung der mit der Beschäftigung zusammenhängenden Aufwendungen niedriger ist als das Arbeitslosengeld.

(4) 1Aus personenbezogenen Gründen ist einer arbeitslosen Person eine Beschäftigung auch nicht zumutbar, wenn die täglichen Pendelzeiten zwischen ihrer Wohnung und der Arbeitsstätte im Vergleich zur Arbeitszeit unverhältnismäßig lang sind. 2Als unverhältnismäßig lang sind im Regelfall Pendelzeiten von insgesamt mehr als zweieinhalb Stunden bei einer Arbeitszeit von mehr als sechs Stunden und Pendelzeiten von mehr als zwei Stunden bei einer Arbeitszeit von sechs Stunden und weniger anzusehen. 3Sind in einer Region unter vergleichbaren Beschäftigten längere Pendelzeiten üblich, bilden diese den Maßstab. 4Ein Umzug zur Aufnahme einer Beschäftigung außerhalb des zumutbaren Pendelbereichs ist einer arbeitslosen Person zumutbar, wenn nicht zu erwarten ist, dass sie innerhalb der ersten drei Monate der Arbeitslosigkeit eine Beschäftigung innerhalb des zumutbaren Pendelbereichs aufnehmen wird. 5Vom vierten Monat der Arbeitslosigkeit an ist einer arbeitslosen Person ein Umzug zur Aufnahme einer Beschäftigung außerhalb des zumutbaren Pendelbereichs in der Regel zumutbar. 6Die Sätze 4 und 5 sind nicht anzuwenden, wenn dem Umzug ein wichtiger Grund entgegensteht. 7Ein wichtiger Grund kann sich insbesondere aus familiären Bindungen ergeben.

(5) Eine Beschäftigung ist nicht schon deshalb unzumutbar, weil sie befristet ist, vorübergehend eine getrennte Haushaltsführung erfordert oder nicht zum Kreis der Beschäftigungen gehört, für die die Arbeitnehmerin oder der Arbeitnehmer ausgebildet ist oder die sie oder er bisher ausgeübt hat.

§ 141 Arbeitslosmeldung

(1) 1Die oder der Arbeitslose hat sich elektronisch im Fachportal der Bundesagentur oder persönlich bei der zuständigen Agentur für Arbeit arbeitslos zu melden. 2Das in Satz 1 genannte elektronische Verfahren muss die Voraussetzungen des § 36a Absatz 2 Satz 4 Nummer 1 in Verbindung mit Satz 5 erster Halbsatz des Ersten Buches erfüllen. 3Eine Meldung ist auch zulässig, wenn die Arbeitslosigkeit noch nicht eingetreten, der Eintritt der Arbeitslosigkeit aber innerhalb der nächsten drei Monate zu erwarten ist.

(2) Ist die zuständige Agentur für Arbeit am ersten Tag der Beschäftigungslosigkeit der oder des Arbeitslosen nicht dienstbereit, so wirkt eine Meldung an dem nächsten Tag, an dem die Agentur für Arbeit dienstbereit ist, auf den Tag zurück, an dem die Agentur für Arbeit nicht dienstbereit war.

(3) Die Wirkung der Meldung erlischt

1. bei einer mehr als sechswöchigen Unterbrechung der Arbeitslosigkeit,
2. mit der Aufnahme der Beschäftigung, selbständigen Tätigkeit, Tätigkeit als mithelfende Familienangehörige oder als mithelfender Familienangehöriger, wenn die oder der Arbeitslose diese der Agentur für Arbeit nicht unverzüglich mitgeteilt hat.

(4) 1Die zuständige Agentur für Arbeit soll mit der oder dem Arbeitslosen unverzüglich nach Eintritt der Arbeitslosigkeit ein persönliches Beratungs- und Vermittlungsgespräch führen. 2Dies ist entbehrlich, wenn das persönliche Beratungs- und Vermittlungsgespräch bereits in zeitlicher Nähe vor Eintritt der Arbeitslosigkeit, in der Regel innerhalb von vier Wochen, vor Eintritt der Arbeitslosigkeit geführt worden ist.

§ 142 Anwartschaftszeit

(1) 1Die Anwartschaftszeit hat erfüllt, wer in der Rahmenfrist (§ 143) mindestens zwölf Monate in einem Versicherungspflichtverhältnis gestanden hat. 2Zeiten, die vor dem Tag liegen, an dem der Anspruch auf Arbeitslosengeld wegen des Eintritts einer Sperrzeit erloschen ist, dienen nicht zur Erfüllung der Anwartschaftszeit.

(2) 1Für Arbeitslose, die die Anwartschaftszeit nach Absatz 1 nicht erfüllen sowie darlegen und nachweisen, dass

1. sich die in der Rahmenfrist zurückgelegten Beschäftigungstage überwiegend aus versicherungspflichtigen Beschäftigungen ergeben, die auf nicht mehr als 14 Wochen im Voraus durch Arbeitsvertrag zeit- oder zweckbefristet sind, und
2. das in den letzten zwölf Monaten vor der Beschäftigungslosigkeit erzielte Arbeitsentgelt das 1,5fache der zum Zeitpunkt der Anspruchsentstehung maßgeblichen Bezugsgröße nach § 18 Absatz 1 des Vierten Buches nicht übersteigt,

beträgt die Anwartschaftszeit sechs Monate. 2§ 27 Absatz 3 Nummer 1 bleibt unberührt.

§ 143 Rahmenfrist

(1) Die Rahmenfrist beträgt 30 Monate und beginnt mit dem Tag vor der Erfüllung aller sonstigen Voraussetzungen für den Anspruch auf Arbeitslosengeld.

(2) Die Rahmenfrist reicht nicht in eine vorangegangene Rahmenfrist hinein, in der die oder der Arbeitslose eine Anwartschaftszeit erfüllt hatte.

(3) 1In die Rahmenfrist werden Zeiten nicht eingerechnet, in denen die oder der Arbeitslose von einem Rehabilitationsträger Übergangsgeld wegen einer berufsfördernden Maßnahme bezogen hat. 2In diesem Fall endet die Rahmenfrist spätestens fünf Jahre nach ihrem Beginn.

§ 144 Anspruchsvoraussetzungen bei beruflicher Weiterbildung

(1) Anspruch auf Arbeitslosengeld hat auch, wer die Voraussetzungen für einen Anspruch auf Arbeitslosengeld bei Arbeitslosigkeit allein wegen einer nach § 81 geförderten beruflichen Weiterbildung nicht erfüllt.

(2) Bei einer Arbeitnehmerin oder einem Arbeitnehmer, die oder der vor Eintritt in die Maßnahme nicht arbeitslos war, gelten die Voraussetzungen eines Anspruchs auf Arbeitslosengeld bei Arbeitslosigkeit als erfüllt, wenn sie oder er

1. bei Eintritt in die Maßnahme einen Anspruch auf Arbeitslosengeld bei Arbeitslosigkeit hätte, der weder ausgeschöpft noch erloschen ist, oder
2. die Anwartschaftszeit im Fall von Arbeitslosigkeit am Tag des Eintritts in die Maßnahme der beruflichen Weiterbildung erfüllt hätte; insoweit gilt der Tag des Eintritts in die Maßnahme als Tag der Arbeitslosmeldung.

Zweiter Unterabschnitt Sonderformen des Arbeitslosengeldes

§ 145 Minderung der Leistungsfähigkeit

(1) 1Anspruch auf Arbeitslosengeld hat auch eine Person, die allein deshalb nicht arbeitslos ist, weil sie wegen einer mehr als sechsmonatigen Minderung ihrer Leistungsfähigkeit versicherungspflichtige, mindestens 15 Stunden wöchentlich umfassende Beschäftigungen nicht unter den Bedingungen ausüben kann, die auf dem für sie in Betracht kommenden Arbeitsmarkt ohne Berücksichtigung der Minderung der Leistungsfähigkeit üblich sind, wenn eine verminderte Erwerbsfähigkeit im Sinne der gesetzlichen Rentenversicherung nicht festgestellt worden ist. 2Die Feststellung, ob eine verminderte Erwerbsfähigkeit vorliegt, trifft der zuständige Träger der gesetzlichen Rentenversicherung. 3Kann sich die leistungsgeminderte Person wegen gesundheitlicher Einschränkungen nicht persönlich arbeitslos melden, so kann die Meldung durch eine Vertreterin oder einen Vertreter erfolgen. 4Die leistungsgeminderte Person hat sich unverzüglich persönlich bei der Agentur für Arbeit zu melden, sobald der Grund für die Verhinderung entfallen ist.

(2) 1Die Agentur für Arbeit hat die leistungsgeminderte Person unverzüglich aufzufordern, innerhalb eines Monats einen Antrag auf Leistungen zur medizinischen Rehabilitation oder zur Teilhabe am Arbeitsleben zu stellen. 2Stellt sie diesen Antrag fristgemäß, so gilt er im Zeitpunkt des Antrags auf Arbeitslosengeld als gestellt. 3Stellt die leistungsgeminderte Person den Antrag nicht, ruht der Anspruch auf Arbeitslosengeld vom Tag nach Ablauf der Frist an bis zum Tag, an dem sie einen Antrag auf Leistungen zur medizinischen Rehabilitation oder zur Teilhabe am Arbeitsleben oder einen Antrag auf Rente wegen Erwerbsminderung stellt. 4Kommt die leistungsgeminderte Person ihren Mitwirkungspflichten gegenüber dem Träger der medizinischen Rehabilitation oder der Teilhabe am Arbeitsleben nicht nach, so ruht der Anspruch auf Arbeitslosengeld von dem Tag nach Unterlassen der Mitwirkung bis zu dem Tag, an dem die Mitwirkung nachgeholt wird. 5Satz 4 gilt entsprechend, wenn die leistungsgeminderte Person durch ihr Verhalten die Feststellung der Erwerbsminderung verhindert.

(3) 1Wird der leistungsgeminderten Person von einem Träger der gesetzlichen Rentenversicherung wegen einer Maßnahme zur Rehabilitation Übergangsgeld oder eine Rente wegen Erwerbsminderung zuerkannt, steht der Bundesagentur ein Erstattungsanspruch entsprechend § 103 des Zehnten Buches zu. 2Hat der Träger der gesetzlichen Rentenversicherung Leistungen nach Satz 1 mit befreiender Wirkung an die leistungsgeminderte Person oder einen Dritten gezahlt, hat die Empfängerin oder der Empfänger des Arbeitslosengeldes dieses insoweit zu erstatten.

§ 146 Leistungsfortzahlung bei Arbeitsunfähigkeit

(1) 1Wer während des Bezugs von Arbeitslosengeld infolge Krankheit unverschuldet arbeitsunfähig oder während des Bezugs von Arbeitslosengeld auf Kosten der Krankenkasse stationär behandelt wird, verliert dadurch nicht den Anspruch auf Arbeitslosengeld für die Zeit der Arbeitsunfähigkeit oder stationären Behandlung mit einer Dauer von bis zu sechs Wochen (Leistungsfortzahlung). 2Als unverschuldet im Sinne des Satzes 1 gilt auch eine Arbeitsunfähigkeit, die infolge einer durch Krankheit erforderlichen Sterilisation durch eine Ärztin oder einen Arzt oder infolge eines nicht rechtswidrigen Abbruchs der Schwangerschaft eintritt. 3Dasselbe gilt für einen Abbruch der Schwangerschaft, wenn die Schwangerschaft innerhalb von zwölf Wochen nach der Empfängnis durch eine Ärztin oder einen Arzt abgebrochen wird, die Schwangere den Abbruch verlangt und der Ärztin oder dem Arzt

durch eine Bescheinigung nachgewiesen hat, dass sie sich mindestens drei Tage vor dem Eingriff von einer anerkannten Beratungsstelle beraten lassen hat.

(2) 1Eine Leistungsfortzahlung erfolgt auch im Fall einer nach ärztlichem Zeugnis erforderlichen Beaufsichtigung, Betreuung oder Pflege eines erkrankten Kindes der oder des Arbeitslosen mit einer Dauer von bis zu zehn Tagen, bei alleinerziehenden Arbeitslosen mit einer Dauer von bis zu 20 Tagen für jedes Kind in jedem Kalenderjahr, wenn eine andere im Haushalt der oder des Arbeitslosen lebende Person diese Aufgabe nicht übernehmen kann und das Kind das zwölfte Lebensjahr noch nicht vollendet hat oder behindert und auf Hilfe angewiesen ist. 2Arbeitslosengeld wird jedoch für nicht mehr als 25 Tage, für alleinerziehende Arbeitslose für nicht mehr als 50 Tage in jedem Kalenderjahr fortgezahlt.

(3) Die Vorschriften des Fünften Buches, die bei Fortzahlung des Arbeitsentgelts durch den Arbeitgeber im Krankheitsfall sowie bei Zahlung von Krankengeld im Fall der Erkrankung eines Kindes anzuwenden sind, gelten entsprechend.

Dritter Unterabschnitt Anspruchsdauer

§ 147 Grundsatz

(1) 1Die Dauer des Anspruchs auf Arbeitslosengeld richtet sich nach

1. der Dauer der Versicherungspflichtverhältnisse innerhalb der um 30 Monate erweiterten Rahmenfrist und
2. dem Lebensalter, das die oder der Arbeitslose bei der Entstehung des Anspruchs vollendet hat.

2Die Vorschriften des Ersten Unterabschnitts zum Ausschluss von Zeiten bei der Erfüllung der Anwartschaftszeit und zur Begrenzung der Rahmenfrist durch eine vorangegangene Rahmenfrist gelten entsprechend.

(2) Die Dauer des Anspruchs auf Arbeitslosengeld beträgt

nach Versicherungspflichtverhältnissen mit einer Dauer von insgesamt mindestens . . . Monaten	und nach Vollendung des . . . Lebensjahres	. . . Monate
12		6
16		8
20		10
24		12
30	50.	15
36	55.	18
48	58.	24

(3) 1Bei Erfüllung der Anwartschaftszeit nach § 142 Absatz 2 beträgt die Dauer des Anspruchs auf Arbeitslosengeld unabhängig vom Lebensalter

nach Versicherungspflichtverhältnissen mit einer Dauer von insgesamt mindestens . . . Monaten	. . . Monate
6	3
8	4
10	5

2Abweichend von Absatz 1 sind nur die Versicherungspflichtverhältnisse innerhalb der Rahmenfrist des § 143 zu berücksichtigen.

(4) Die Dauer des Anspruchs verlängert sich um die Restdauer des wegen Entstehung eines neuen Anspruchs erloschenen Anspruchs, wenn nach der Entstehung des erloschenen Anspruchs noch nicht fünf Jahre verstrichen sind; sie verlängert sich längstens bis zu der dem Lebensalter der oder des Arbeitslosen zugeordneten Höchstdauer.

[bis 30.06.2023] § 148 Minderung der Anspruchsdauer

(1) Die Dauer des Anspruchs auf Arbeitslosengeld mindert sich um

1. die Anzahl von Tagen, für die der Anspruch auf Arbeitslosengeld bei Arbeitslosigkeit erfüllt worden ist,
2. jeweils einen Tag für jeweils zwei Tage, für die ein Anspruch auf Teilarbeitslosengeld innerhalb der letzten zwei Jahre vor der Entstehung des Anspruchs erfüllt worden ist,
3. die Anzahl von Tagen einer Sperrzeit wegen Arbeitsablehnung, unzureichender Eigenbemühungen, Ablehnung oder Abbruch einer beruflichen Eingliederungsmaßnahme, Ablehnung oder Abbruch eines Integrationskurses oder einer berufsbezogenen Deutschsprachförderung, Meldeversäumnis oder verspäteter Arbeitsuchendmeldung,
4. die Anzahl von Tagen einer Sperrzeit wegen Arbeitsaufgabe; in Fällen einer Sperrzeit von zwölf Wochen mindestens jedoch um ein Viertel der Anspruchsdauer, die der oder dem Arbeitslosen bei erstmaliger Erfüllung der Voraussetzungen für den Anspruch auf Arbeitslosengeld nach dem Ereignis, das die Sperrzeit begründet, zusteht,
5. die Anzahl von Tagen, für die der oder dem Arbeitslosen das Arbeitslosengeld wegen fehlender Mitwirkung (§ 66 des Ersten Buches) versagt oder entzogen worden ist,
6. die Anzahl von Tagen der Beschäftigungslosigkeit nach der Erfüllung der Voraussetzungen für den

Anspruch auf Arbeitslosengeld, an denen die oder der Arbeitslose nicht arbeitsbereit ist, ohne für sein Verhalten einen wichtigen Grund zu haben,

7. jeweils einen Tag für jeweils zwei Tage, für die ein Anspruch auf Arbeitslosengeld bei beruflicher Weiterbildung nach diesem Buch erfüllt worden ist,
8. die Anzahl von Tagen, für die ein Gründungszuschuss in der Höhe des zuletzt bezogenen Arbeitslosengeldes geleistet worden ist.

(2) [1]In den Fällen des Absatzes 1 Nummer 5 und 6 mindert sich die Dauer des Anspruchs auf Arbeitslosengeld höchstens um vier Wochen. [2]In den Fällen des Absatzes 1 Nummer 3 und 4 entfällt die Minderung für Sperrzeiten bei Abbruch einer beruflichen Eingliederungsmaßnahme oder Arbeitsaufgabe, wenn das Ereignis, das die Sperrzeit begründet, bei Erfüllung der Voraussetzungen für den Anspruch auf Arbeitslosengeld länger als ein Jahr zurückliegt. [3]In den Fällen des Absatzes 1 Nummer 7 unterbleibt eine Minderung, soweit sich dadurch eine Anspruchsdauer von weniger als einem Monat ergibt. [4]Ist ein neuer Anspruch entstanden, erstreckt sich die Minderung nur auf die Restdauer des erloschenen Anspruchs (§ 147 Absatz 4).

(3) In den Fällen des Absatzes 1 Nummer 1, 2 und 7 entfällt die Minderung für Tage, für die der Bundesagentur das nach den §§ 145, 157 Absatz 3 oder nach § 158 Absatz 4 geleistete Arbeitslosengeld einschließlich der darauf entfallenden Beiträge zur Kranken-, Renten- und Pflegeversicherung erstattet oder ersetzt wurde; Bruchteile von Tagen sind auf volle Tage aufzurunden.

[ab 01.07.2023] § 148 Minderung und Verlängerung der Anspruchsdauer

(1) Die Dauer des Anspruchs auf Arbeitslosengeld mindert sich um

1. die Anzahl von Tagen, für die der Anspruch auf Arbeitslosengeld bei Arbeitslosigkeit erfüllt worden ist,
2. jeweils einen Tag für jeweils zwei Tage, für die ein Anspruch auf Teilarbeitslosengeld innerhalb der letzten zwei Jahre vor der Entstehung des Anspruchs erfüllt worden ist,
3. die Anzahl von Tagen einer Sperrzeit wegen Arbeitsablehnung, unzureichender Eigenbemühungen, Ablehnung oder Abbruch einer beruflichen Eingliederungsmaßnahme, Ablehnung oder Abbruch eines Integrationskurses oder einer berufsbezogenen Deutschsprachförderung, Meldeversäumnis oder verspäteter Arbeitsuchendmeldung,
4. die Anzahl von Tagen einer Sperrzeit wegen Arbeitsaufgabe; in Fällen einer Sperrzeit von zwölf Wochen mindestens jedoch um ein Viertel der Anspruchsdauer, die der oder dem Arbeitslosen bei erstmaliger Erfüllung der Voraussetzungen für den Anspruch auf Arbeitslosengeld nach dem Ereignis, das die Sperrzeit begründet, zusteht,
5. die Anzahl von Tagen, für die der oder dem Arbeitslosen das Arbeitslosengeld wegen fehlender Mitwirkung (§ 66 des Ersten Buches) versagt oder entzogen worden ist,
6. die Anzahl von Tagen der Beschäftigungslosigkeit nach der Erfüllung der Voraussetzungen für den Anspruch auf Arbeitslosengeld, an denen die oder der Arbeitslose nicht arbeitsbereit ist, ohne für sein Verhalten einen wichtigen Grund zu haben,
7. jeweils einen Tag für jeweils zwei Tage, für die ein Anspruch auf Arbeitslosengeld bei beruflicher Weiterbildung nach diesem Buch erfüllt worden ist,
8. die Anzahl von Tagen, für die ein Gründungszuschuss in der Höhe des zuletzt bezogenen Arbeitslosengeldes geleistet worden ist.

(2) [1]In den Fällen des Absatzes 1 Nummer 5 und 6 mindert sich die Dauer des Anspruchs auf Arbeitslosengeld höchstens um vier Wochen. [2]In den Fällen des Absatzes 1 Nummer 3 und 4 entfällt die Minderung für Sperrzeiten bei Abbruch einer beruflichen Eingliederungsmaßnahme Eingliederungsmaßnahme, bei Abbruch eines Integrationskurses oder einer berufsbezogenen Deutschsprachförderung oder bei Arbeitsaufgabe, wenn das Ereignis, das die Sperrzeit begründet, bei Erfüllung der Voraussetzungen für den Anspruch auf Arbeitslosengeld länger als ein Jahr zurückliegt. [3]In den Fällen des Absatzes 1 Nummer 7 unterbleibt eine Minderung, soweit sich dadurch eine Anspruchsdauer von weniger als drei Monaten ergibt. [4]Ist ein neuer Anspruch entstanden, erstreckt sich die Minderung nur auf die Restdauer des erloschenen Anspruchs (§ 147 Absatz 4).

(3) Ist in den Fällen des Absatzes 1 Nummer 7 die oder der Arbeitslose wegen einer beruflichen Weiterbildung für eine Dauer von mindestens sechs Monaten gefördert worden und beträgt die Restdauer ihres oder seines Anspruchs weniger als drei Monate, erfolgt einmalig für den Anspruch auf Arbeitslosengeld eine Verlängerung der Anspruchsdauer auf drei Monate.

(4) In den Fällen des Absatzes 1 Nummer 1, 2 und 7 entfällt die Minderung für Tage, für die der Bundesagentur das nach den §§ 145, 157 Absatz 3 oder nach

§ 158 Absatz 4 geleistete Arbeitslosengeld einschließlich der darauf entfallenden Beiträge zur Kranken-, Renten- und Pflegeversicherung erstattet oder ersetzt wurde; Bruchteile von Tagen sind auf volle Tage aufzurunden.

Vierter Unterabschnitt Höhe des Arbeitslosengeldes

§ 149 Grundsatz

Das Arbeitslosengeld beträgt

1. für Arbeitslose, die mindestens ein Kind im Sinne des § 32 Absatz 1, 3 bis 5 des Einkommensteuergesetzes haben, sowie für Arbeitslose, deren Ehegattin, Ehegatte, Lebenspartnerin oder Lebenspartner mindestens ein Kind im Sinne des § 32 Absatz 1, 3 bis 5 des Einkommensteuergesetzes hat, wenn beide Ehegatten oder Lebenspartner unbeschränkt einkommensteuerpflichtig sind und nicht dauernd getrennt leben, 67 Prozent (erhöhter Leistungssatz),
2. für die übrigen Arbeitslosen 60 Prozent (allgemeiner Leistungssatz)

des pauschalierten Nettoentgelts (Leistungsentgelt), das sich aus dem Bruttoentgelt ergibt, das die oder der Arbeitslose im Bemessungszeitraum erzielt hat (Bemessungsentgelt).

§ 150 Bemessungszeitraum und Bemessungsrahmen

(1) ₁Der Bemessungszeitraum umfasst die beim Ausscheiden aus dem jeweiligen Beschäftigungsverhältnis abgerechneten Entgeltabrechnungszeiträume der versicherungspflichtigen Beschäftigungen im Bemessungsrahmen. ₂Der Bemessungsrahmen umfasst ein Jahr; er endet mit dem letzten Tag des letzten Versicherungspflichtverhältnisses vor der Entstehung des Anspruchs.

(2) ₁Bei der Ermittlung des Bemessungszeitraums bleiben außer Betracht

1. Zeiten einer Beschäftigung, neben der Übergangsgeld wegen einer Leistung zur Teilhabe am Arbeitsleben, Teilübergangsgeld oder Teilarbeitslosengeld geleistet worden ist,
2. Zeiten einer Beschäftigung als Freiwillige oder Freiwilliger im Sinne des Jugendfreiwilligendienstegesetzes oder des Bundesfreiwilligendienstgesetzes, wenn sich die beitragspflichtige Einnahme nach § 344 Absatz 2 bestimmt,
3. Zeiten, in denen Arbeitslose Elterngeld oder Erziehungsgeld bezogen oder nur wegen der Berücksichtigung von Einkommen nicht bezogen haben oder ein Kind unter drei Jahren betreut und erzogen haben, wenn wegen der Betreuung und Erziehung des Kindes das Arbeitsentgelt oder die durchschnittliche wöchentliche Arbeitszeit gemindert war,
4. Zeiten, in denen Arbeitslose eine Pflegezeit nach § 3 Absatz 1 Satz 1 des Pflegezeitgesetzes in Anspruch genommen haben sowie Zeiten einer Familienpflegezeit oder Nachpflegephase nach dem Familienpflegezeitgesetz, wenn wegen der Pflege das Arbeitsentgelt oder die durchschnittliche wöchentliche Arbeitszeit gemindert war; insoweit gilt § 151 Absatz 3 Nummer 2 nicht,
5. Zeiten, in denen die durchschnittliche regelmäßige wöchentliche Arbeitszeit auf Grund einer Teilzeitvereinbarung nicht nur vorübergehend auf weniger als 80 Prozent der durchschnittlichen regelmäßigen Arbeitszeit einer vergleichbaren Vollzeitbeschäftigung, mindestens um fünf Stunden wöchentlich, vermindert war, wenn die oder der Arbeitslose Beschäftigungen mit einer höheren Arbeitszeit innerhalb der letzten dreieinhalb Jahre vor der Entstehung des Anspruchs während eines sechs Monate umfassenden zusammenhängenden Zeitraums ausgeübt hat.

₂Satz 1 Nummer 5 gilt nicht in Fällen einer Teilzeitvereinbarung nach dem Altersteilzeitgesetz, es sei denn, das Beschäftigungsverhältnis ist wegen Zahlungsunfähigkeit des Arbeitgebers beendet worden.

(3) ₁Der Bemessungsrahmen wird auf zwei Jahre erweitert, wenn

1. der Bemessungszeitraum weniger als 150 Tage mit Anspruch auf Arbeitsentgelt enthält,
2. in den Fällen des § 142 Absatz 2 der Bemessungszeitraum weniger als 90 Tage mit Anspruch auf Arbeitsentgelt enthält oder
3. es mit Rücksicht auf das Bemessungsentgelt im erweiterten Bemessungsrahmen unbillig hart wäre, von dem Bemessungsentgelt im Bemessungszeitraum auszugehen.

₂Satz 1 Nummer 3 ist nur anzuwenden, wenn die oder der Arbeitslose dies verlangt und die zur Bemessung erforderlichen Unterlagen vorlegt.

§ 151 Bemessungsentgelt

(1) ₁Bemessungsentgelt ist das durchschnittlich auf den Tag entfallende beitragspflichtige Arbeitsentgelt, das die oder der Arbeitslose im Bemessungszeitraum erzielt hat; Besonderheiten des Übergangsbereichs nach § 20 Absatz 2 des Vierten Buches sind nicht zu

berücksichtigen. ₂Arbeitsentgelte, auf die die oder der Arbeitslose beim Ausscheiden aus dem Beschäftigungsverhältnis Anspruch hatte, gelten als erzielt, wenn sie zugeflossen oder nur wegen Zahlungsunfähigkeit des Arbeitgebers nicht zugeflossen sind.

(2) Außer Betracht bleiben Arbeitsentgelte,

1. die Arbeitslose wegen der Beendigung des Arbeitsverhältnisses erhalten oder die im Hinblick auf die Arbeitslosigkeit vereinbart worden sind,
2. die als Wertguthaben einer Vereinbarung nach § 7b des Vierten Buches nicht nach dieser Vereinbarung verwendet werden.

(3) Als Arbeitsentgelt ist zugrunde zu legen

1. für Zeiten, in denen Arbeitslose Kurzarbeitergeld oder eine vertraglich vereinbarte Leistung zur Vermeidung der Inanspruchnahme von Saison-Kurzarbeitergeld bezogen haben, das Arbeitsentgelt, das Arbeitslose ohne den Arbeitsausfall und ohne Mehrarbeit erzielt hätten; dies gilt auch, wenn die Entscheidung über den Anspruch auf Kurzarbeitergeld rückwirkend aufgehoben wird oder die Leistung zurückgefordert oder zurückgezahlt worden ist,
2. für Zeiten einer Vereinbarung nach § 7b des Vierten Buches das Arbeitsentgelt, das Arbeitslose für die geleistete Arbeitszeit ohne eine Vereinbarung nach § 7b des Vierten Buches erzielt hätten; für Zeiten einer Freistellung das erzielte Arbeitsentgelt,
3. für Zeiten einer Berufsausbildung, die im Rahmen eines Berufsausbildungsvertrages nach dem Berufsbildungsgesetz in einer außerbetrieblichen Einrichtung durchgeführt wurde (§ 25 Absatz 1 Satz 2 Nummer 1), die erzielte Ausbildungsvergütung; wurde keine Ausbildungsvergütung erzielt, der nach § 17 Absatz 2 des Berufsbildungsgesetzes als Mindestvergütung maßgebliche Betrag.

(4) Haben Arbeitslose innerhalb der letzten zwei Jahre vor der Entstehung des Anspruchs Arbeitslosengeld bezogen, ist Bemessungsentgelt mindestens das Entgelt, nach dem das Arbeitslosengeld zuletzt bemessen worden ist; dies gilt auch, wenn sie das Arbeitslosengeld nur deshalb nicht bezogen haben, weil der Anspruch geruht hat.

(5) ₁Ist die oder der Arbeitslose nicht mehr bereit oder in der Lage, die im Bemessungszeitraum durchschnittlich auf die Woche entfallende Zahl von Arbeitsstunden zu leisten, vermindert sich das Bemessungsentgelt für die Zeit der Einschränkung entsprechend dem Verhältnis der Zahl der durchschnittlichen regelmäßigen wöchentlichen Arbeitsstunden, die die oder der Arbeitslose künftig leisten will oder kann, zu der Zahl der durchschnittlich auf die Woche entfallenden Arbeitsstunden im Bemessungszeitraum. ₂Einschränkungen des Leistungsvermögens bleiben unberücksichtigt, wenn Arbeitslosengeld nach § 145 geleistet wird. ₃Bestimmt sich das Bemessungsentgelt nach § 152, ist insoweit die tarifliche regelmäßige wöchentliche Arbeitszeit maßgebend, die bei Entstehung des Anspruchs für Angestellte im öffentlichen Dienst des Bundes gilt.

§ 152 Fiktive Bemessung

(1) ₁Kann ein Bemessungszeitraum von mindestens 150 Tagen mit Anspruch auf Arbeitsentgelt innerhalb des auf zwei Jahre erweiterten Bemessungsrahmens nicht festgestellt werden, ist als Bemessungsentgelt ein fiktives Arbeitsentgelt zugrunde zu legen. ₂In den Fällen des § 142 Absatz 2 gilt Satz 1 mit der Maßgabe, dass ein Bemessungszeitraum von mindestens 90 Tagen nicht festgestellt werden kann.

(2) ₁Für die Festsetzung des fiktiven Arbeitsentgelts ist die oder der Arbeitslose der Qualifikationsgruppe zuzuordnen, die der beruflichen Qualifikation entspricht, die für die Beschäftigung erforderlich ist, auf die die Agentur für Arbeit die Vermittlungsbemühungen für die Arbeitslose oder den Arbeitslosen in erster Linie zu erstrecken hat. ₂Dabei ist zugrunde zu legen für Beschäftigungen, die

1. eine Hochschul- oder Fachhochschulausbildung erfordern (Qualifikationsgruppe 1), ein Arbeitsentgelt in Höhe von einem Dreihundertstel der Bezugsgröße,
2. einen Fachschulabschluss, den Nachweis über eine abgeschlossene Qualifikation als Meisterin oder Meister oder einen Abschluss in einer vergleichbaren Einrichtung erfordern (Qualifikationsgruppe 2), ein Arbeitsentgelt in Höhe von einem Dreihundertsechzigstel der Bezugsgröße,
3. eine abgeschlossene Ausbildung in einem Ausbildungsberuf erfordern (Qualifikationsgruppe 3), ein Arbeitsentgelt in Höhe von einem Vierhundertfünfzigstel der Bezugsgröße,
4. keine Ausbildung erfordern (Qualifikationsgruppe 4), ein Arbeitsentgelt in Höhe von einem Sechshundertstel der Bezugsgröße, mindestens jedoch ein Arbeitsentgelt in Höhe des Betrages, der sich ergibt, wenn der Mindestlohn je Zeitstunde nach § 1 Absatz 2 Satz 1 des Mindestlohngesetzes in Verbindung mit der auf der Grundlage des § 11 Absatz 1 Satz 1 des Mindestlohngesetzes jeweils erlassenen Verordnung mit einem Siebtel der tarif-

lichen regelmäßigen wöchentlichen Arbeitszeit, die für Tarifbeschäftigte im öffentlichen Dienst des Bundes gilt, vervielfacht wird.

§ 153 Leistungsentgelt

(1) $_{1}$Leistungsentgelt ist das um pauschalierte Abzüge verminderte Bemessungsentgelt. $_{2}$Abzüge sind

1. eine Sozialversicherungspauschale in Höhe von 20 Prozent des Bemessungsentgelts,
2. die Lohnsteuer, die sich nach dem vom Bundesministerium der Finanzen auf Grund des § 51 Absatz 4 Nummer 1a des Einkommensteuergesetzes bekannt gegebenen Programmablaufplan bei Berücksichtigung der Vorsorgepauschale nach § 39b Absatz 2 Satz 5 Nummer 3 Buchstabe a bis c des Einkommensteuergesetzes zu Beginn des Jahres, in dem der Anspruch entstanden ist, ergibt und
3. der Solidaritätszuschlag.

$_{3}$Bei der Berechnung der Abzüge nach Satz 2 Nummer 2 und 3 sind

1. Freibeträge und Pauschalen, die nicht jeder Arbeitnehmerin oder jedem Arbeitnehmer zustehen, nicht zu berücksichtigen und
2. der als Lohnsteuerabzugsmerkmal gebildete Faktor nach § 39f des Einkommensteuergesetzes zu berücksichtigen.

$_{4}$Für die Feststellung der Lohnsteuer wird die Vorsorgepauschale mit folgenden Maßgaben berücksichtigt:

1. für Beiträge zur Rentenversicherung als Beitragsbemessungsgrenze die für das Bundesgebiet West maßgebliche Beitragsbemessungsgrenze,
2. für Beiträge zur Krankenversicherung der ermäßigte Beitragssatz nach § 243 des Fünften Buches zuzüglich des durchschnittlichen Zusatzbeitragssatzes nach § 242a des Fünften Buches,
3. für Beiträge zur Pflegeversicherung der Beitragssatz des § 55 Absatz 1 Satz 1 des Elften Buches.

(2) $_{1}$Die Feststellung der Lohnsteuer richtet sich nach der Lohnsteuerklasse, die zu Beginn des Jahres, in dem der Anspruch entstanden ist, als Lohnsteuerabzugsmerkmal gebildet war. $_{2}$Spätere Änderungen der als Lohnsteuerabzugsmerkmal gebildeten Lohnsteuerklasse werden mit Wirkung des Tages berücksichtigt, an dem erstmals die Voraussetzungen für die Änderung vorlagen.

(3) $_{1}$Haben Ehegatten oder Lebenspartner die Lohnsteuerklassen gewechselt, so werden die als Lohnsteuerabzugsmerkmal neu gebildeten Lohnsteuerklassen von dem Tag an berücksichtigt, an dem sie wirksam werden, wenn

1. die neuen Lohnsteuerklassen dem Verhältnis der monatlichen Arbeitsentgelte beider Ehegatten oder Lebenspartner entsprechen oder
2. sich auf Grund der neuen Lohnsteuerklassen ein Arbeitslosengeld ergibt, das geringer ist als das Arbeitslosengeld, das sich ohne den Wechsel der Lohnsteuerklassen ergäbe.

$_{2}$Bei der Prüfung nach Satz 1 ist der Faktor nach § 39f des Einkommensteuergesetzes zu berücksichtigen; ein Ausfall des Arbeitsentgelts, der den Anspruch auf eine lohnsteuerfreie Entgeltersatzleistung begründet, bleibt bei der Beurteilung des Verhältnisses der monatlichen Arbeitsentgelte außer Betracht.

(4) $_{1}$Abzüge nach Absatz 1 Satz 2 Nummer 2 und 3 sind nicht zu berücksichtigen bei Personen, deren Ansässigkeitsstaat nach einem Abkommen zur Vermeidung der Doppelbesteuerung das Besteuerungsrecht für das Arbeitslosengeld zusteht und wenn das aus Deutschland gezahlte Arbeitslosengeld nach den maßgebenden Vorschriften des Ansässigkeitsstaats der Steuer unterliegt. $_{2}$Unterliegt das Arbeitslosengeld im Ansässigkeitsstaat nach dessen maßgebenden Vorschriften nicht der Steuer, sind die Abzüge nach Absatz 1 Satz 2 entsprechend zu berücksichtigen.

§ 154 Berechnung und Leistung

$_{1}$Das Arbeitslosengeld wird für Kalendertage berechnet und geleistet. $_{2}$Ist es für einen vollen Kalendermonat zu zahlen, ist dieser mit 30 Tagen anzusetzen.

Fünfter Unterabschnitt
Minderung des Arbeitslosengeldes, Zusammentreffen des Anspruchs mit sonstigem Einkommen und Ruhen des Anspruchs

§ 155 Anrechnung von Nebeneinkommen

(1) $_{1}$Übt die oder der Arbeitslose während einer Zeit, für die ihr oder ihm Arbeitslosengeld zusteht, eine Erwerbstätigkeit im Sinne des § 138 Absatz 3 aus, ist das daraus erzielte Einkommen nach Abzug der Steuern, der Sozialversicherungsbeiträge und der Werbungskosten sowie eines Freibetrags in Höhe von 165 Euro in dem Kalendermonat der Ausübung anzurechnen. $_{2}$Handelt es sich um eine selbständige Tätigkeit, eine Tätigkeit als mithelfende Familienangehörige oder mithelfender Familienangehöriger, sind pauschal 30 Prozent der Betriebseinnahmen als Betriebsausgaben abzusetzen, es sei denn, die oder der Arbeitslose weist höhere Betriebsausgaben nach.

(2) Hat die oder der Arbeitslose in den letzten 18 Monaten vor der Entstehung des Anspruchs neben einem

Versicherungspflichtverhältnis eine Erwerbstätigkeit (§ 138 Absatz 3) mindestens zwölf Monate lang ausgeübt, so bleibt das Einkommen bis zu dem Betrag anrechnungsfrei, der in den letzten zwölf Monaten vor der Entstehung des Anspruchs aus einer Erwerbstätigkeit (§ 138 Absatz 3) durchschnittlich auf den Monat entfällt, mindestens jedoch ein Betrag in Höhe des Freibetrags, der sich nach Absatz 1 ergeben würde.

(3) Leistungen, die eine Bezieherin oder ein Bezieher von Arbeitslosengeld bei beruflicher Weiterbildung

1. vom Arbeitgeber oder dem Träger der Weiterbildung wegen der Teilnahme oder
2. auf Grund eines früheren oder bestehenden Arbeitsverhältnisses ohne Ausübung einer Beschäftigung für die Zeit der Teilnahme

erhält, werden nach Abzug der Steuern, des auf die Arbeitnehmerin oder den Arbeitnehmer entfallenden Anteils der Sozialversicherungsbeiträge und eines Freibetrags von 400 Euro monatlich auf das Arbeitslosengeld angerechnet.

§ 156 Ruhen des Anspruchs bei anderen Sozialleistungen

(1) 1Der Anspruch auf Arbeitslosengeld ruht während der Zeit, für die ein Anspruch auf eine der folgenden Leistungen zuerkannt ist:

1. Berufsausbildungsbeihilfe für Arbeitslose,
2. Krankengeld, Versorgungskrankengeld, Verletztengeld, Mutterschaftsgeld oder Übergangsgeld nach diesem oder einem anderen Gesetz, dem eine Leistung zur Teilhabe zugrunde liegt, wegen der keine ganztägige Erwerbstätigkeit ausgeübt wird,
3. Rente wegen voller Erwerbsminderung aus der gesetzlichen Rentenversicherung oder
4. Altersrente aus der gesetzlichen Rentenversicherung oder Knappschaftsausgleichsleistung oder ähnliche Leistungen öffentlich-rechtlicher Art.

2Ist der oder dem Arbeitslosen eine Rente wegen teilweiser Erwerbsminderung zuerkannt, kann sie ihr oder er sein Restleistungsvermögen jedoch unter den üblichen Bedingungen des allgemeinen Arbeitsmarktes nicht mehr verwerten, hat die Agentur für Arbeit die Arbeitslose oder den Arbeitslosen unverzüglich aufzufordern, innerhalb eines Monats einen Antrag auf Rente wegen voller Erwerbsminderung zu stellen. 3Wird der Antrag nicht gestellt, ruht der Anspruch auf Arbeitslosengeld vom Tag nach Ablauf der Frist an bis zu dem Tag, an dem der Antrag gestellt wird.

(2) 1Abweichend von Absatz 1 ruht der Anspruch

1. im Fall der Nummer 2 nicht, wenn für denselben Zeitraum Anspruch auf Verletztengeld und Arbeitslosengeld nach § 146 besteht,
2. im Fall der Nummer 3 vom Beginn der laufenden Zahlung der Rente an und
3. im Fall der Nummer 4
   a) mit Ablauf des dritten Kalendermonats nach Erfüllung der Voraussetzungen für den Anspruch auf Arbeitslosengeld, wenn der oder dem Arbeitslosen für die letzten sechs Monate einer versicherungspflichtigen Beschäftigung eine Teilrente oder eine ähnliche Leistung öffentlich-rechtlicher Art zuerkannt ist,
   b) nur bis zur Höhe der zuerkannten Leistung, wenn die Leistung auch während einer Beschäftigung und ohne Rücksicht auf die Höhe des Arbeitsentgelts gewährt wird; dies gilt nicht für Altersrenten aus der gesetzlichen Rentenversicherung.

2Im Fall des Satzes 1 Nummer 2 gilt § 145 Absatz 3 entsprechend.

(3) Die Absätze 1 und 2 gelten auch für einen vergleichbaren Anspruch auf eine andere Sozialleistung, den ein ausländischer Träger zuerkannt hat.

(4) Der Anspruch auf Arbeitslosengeld ruht auch während der Zeit, für die die oder der Arbeitslose wegen ihres oder seines Ausscheidens aus dem Erwerbsleben Vorruhestandsgeld oder eine vergleichbare Leistung des Arbeitgebers mindestens in Höhe von 65 Prozent des Bemessungsentgelts bezieht.

§ 157 Ruhen des Anspruchs bei Arbeitsentgelt und Urlaubsabgeltung

(1) Der Anspruch auf Arbeitslosengeld ruht während der Zeit, für die die oder der Arbeitslose Arbeitsentgelt erhält oder zu beanspruchen hat.

(2) 1Hat die oder der Arbeitslose wegen Beendigung des Arbeitsverhältnisses eine Urlaubsabgeltung erhalten oder zu beanspruchen, so ruht der Anspruch auf Arbeitslosengeld für die Zeit des abgegoltenen Urlaubs. 2Der Ruhenszeitraum beginnt mit dem Ende des die Urlaubsabgeltung begründenden Arbeitsverhältnisses.

(3) 1Soweit die oder der Arbeitslose die in den Absätzen 1 und 2 genannten Leistungen (Arbeitsentgelt im Sinne des § 115 des Zehnten Buches) tatsächlich nicht erhält, wird das Arbeitslosengeld auch für die Zeit geleistet, in der der Anspruch auf Arbeitslosengeld ruht. 2Hat der Arbeitgeber die in den Absätzen 1 und 2 genannten Leistungen trotz des Rechtsübergangs mit befreiender Wirkung an die Arbeitslose, den Arbeits-

losen oder an eine dritte Person gezahlt, hat die Bezieherin oder der Bezieher des Arbeitslosengeldes dieses insoweit zu erstatten.

§ 158 Ruhen des Anspruchs bei Entlassungsentschädigung

(1) $_{1}$Hat die oder der Arbeitslose wegen der Beendigung des Arbeitsverhältnisses eine Abfindung, Entschädigung oder ähnliche Leistung (Entlassungsentschädigung) erhalten oder zu beanspruchen und ist das Arbeitsverhältnis ohne Einhaltung einer der ordentlichen Kündigungsfrist des Arbeitgebers entsprechenden Frist beendet worden, so ruht der Anspruch auf Arbeitslosengeld von dem Ende des Arbeitsverhältnisses an bis zu dem Tag, an dem das Arbeitsverhältnis bei Einhaltung dieser Frist geendet hätte. $_{2}$Diese Frist beginnt mit der Kündigung, die der Beendigung des Arbeitsverhältnisses vorausgegangen ist, bei Fehlen einer solchen Kündigung mit dem Tag der Vereinbarung über die Beendigung des Arbeitsverhältnisses. $_{3}$Ist die ordentliche Kündigung des Arbeitsverhältnisses durch den Arbeitgeber ausgeschlossen, so gilt bei

1. zeitlich unbegrenztem Ausschluss eine Kündigungsfrist von 18 Monaten,
2. zeitlich begrenztem Ausschluss oder Vorliegen der Voraussetzungen für eine fristgebundene Kündigung aus wichtigem Grund die Kündigungsfrist, die ohne den Ausschluss der ordentlichen Kündigung maßgebend gewesen wäre.

$_{4}$Kann der Arbeitnehmerin oder dem Arbeitnehmer nur bei Zahlung einer Entlassungsentschädigung ordentlich gekündigt werden, so gilt eine Kündigungsfrist von einem Jahr. $_{5}$Hat die oder der Arbeitslose auch eine Urlaubsabgeltung (§ 157 Absatz 2) erhalten oder zu beanspruchen, verlängert sich der Ruhenszeitraum nach Satz 1 um die Zeit des abgegoltenen Urlaubs. $_{6}$Leistungen, die der Arbeitgeber für eine arbeitslose Person, deren Arbeitsverhältnis frühestens mit Vollendung des 50. Lebensjahres beendet wird, unmittelbar für deren Rentenversicherung nach § 187a Absatz 1 des Sechsten Buches aufwendet, bleiben unberücksichtigt. $_{7}$Satz 6 gilt entsprechend für Beiträge des Arbeitgebers zu einer berufsständischen Versorgungseinrichtung.

(2) $_{1}$Der Anspruch auf Arbeitslosengeld ruht nach Absatz 1 längstens ein Jahr. $_{2}$Er ruht nicht über den Tag hinaus,

1. bis zu dem die oder der Arbeitslose bei Weiterzahlung des während der letzten Beschäftigungszeit kalendertäglich verdienten Arbeitsentgelts einen Betrag in Höhe von 60 Prozent der nach Absatz 1 zu berücksichtigenden Entlassungsentschädigung als Arbeitsentgelt verdient hätte,
2. an dem das Arbeitsverhältnis infolge einer Befristung, die unabhängig von der Vereinbarung über die Beendigung des Arbeitsverhältnisses bestanden hat, geendet hätte, oder
3. an dem der Arbeitgeber das Arbeitsverhältnis aus wichtigem Grund ohne Einhaltung einer Kündigungsfrist hätte kündigen können.

$_{3}$Der nach Satz 2 Nummer 1 zu berücksichtigende Anteil der Entlassungsentschädigung vermindert sich sowohl für je fünf Jahre des Arbeitsverhältnisses in demselben Betrieb oder Unternehmen als auch für je fünf Lebensjahre nach Vollendung des 35. Lebensjahres um je 5 Prozent; er beträgt nicht weniger als 25 Prozent der nach Absatz 1 zu berücksichtigenden Entlassungsentschädigung. $_{4}$Letzte Beschäftigungszeit sind die am Tag des Ausscheidens aus dem Beschäftigungsverhältnis abgerechneten Entgeltabrechnungszeiträume der letzten zwölf Monate; § 150 Absatz 2 Satz 1 Nummer 3 und Absatz 3 gilt entsprechend. $_{5}$Arbeitsentgeltkürzungen infolge von Krankheit, Kurzarbeit, Arbeitsausfall oder Arbeitsversäumnis bleiben außer Betracht.

(3) Hat die oder der Arbeitslose wegen Beendigung des Beschäftigungsverhältnisses unter Aufrechterhaltung des Arbeitsverhältnisses eine Entlassungsentschädigung erhalten oder zu beanspruchen, gelten die Absätze 1 und 2 entsprechend.

(4) $_{1}$Soweit die oder der Arbeitslose die Entlassungsentschädigung (Arbeitsentgelt im Sinne des § 115 des Zehnten Buches) tatsächlich nicht erhält, wird das Arbeitslosengeld auch für die Zeit geleistet, in der der Anspruch auf Arbeitslosengeld ruht. $_{2}$Hat der Verpflichtete die Entlassungsentschädigung trotz des Rechtsübergangs mit befreiender Wirkung an die Arbeitslose, den Arbeitslosen oder an eine dritte Person gezahlt, hat die Bezieherin oder der Bezieher des Arbeitslosengeldes dieses insoweit zu erstatten.

§ 159 Ruhen bei Sperrzeit

(1) $_{1}$Hat die Arbeitnehmerin oder der Arbeitnehmer sich versicherungswidrig verhalten, ohne dafür einen wichtigen Grund zu haben, ruht der Anspruch für die Dauer einer Sperrzeit. $_{2}$Versicherungswidriges Verhalten liegt vor, wenn

1. die oder der Arbeitslose das Beschäftigungsverhältnis gelöst oder durch ein arbeitsvertragswidriges Verhalten Anlass für die Lösung des Beschäftigungsverhältnisses gegeben und dadurch vorsätz-

lich oder grob fahrlässig die Arbeitslosigkeit herbeigeführt hat (Sperrzeit bei Arbeitsaufgabe),

2. die bei der Agentur für Arbeit als arbeitsuchend gemeldete (§ 38 Absatz 1) oder die arbeitslose Person trotz Belehrung über die Rechtsfolgen eine von der Agentur für Arbeit unter Benennung des Arbeitgebers und der Art der Tätigkeit angebotene Beschäftigung nicht annimmt oder nicht antritt oder die Anbahnung eines solchen Beschäftigungsverhältnisses, insbesondere das Zustandekommen eines Vorstellungsgespräches, durch ihr Verhalten verhindert (Sperrzeit bei Arbeitsablehnung),
3. die oder der Arbeitslose trotz Belehrung über die Rechtsfolgen die von der Agentur für Arbeit geforderten Eigenbemühungen nicht nachweist (Sperrzeit bei unzureichenden Eigenbemühungen),
4. die oder der Arbeitslose sich weigert, trotz Belehrung über die Rechtsfolgen an einer Maßnahme zur Aktivierung und beruflichen Eingliederung (§ 45) oder einer Maßnahme zur beruflichen Ausbildung oder Weiterbildung oder einer Maßnahme zur Teilhabe am Arbeitsleben teilzunehmen (Sperrzeit bei Ablehnung einer beruflichen Eingliederungsmaßnahme),
5. die oder der Arbeitslose die Teilnahme an einer in Nummer 4 genannten Maßnahme abbricht oder durch maßnahmewidriges Verhalten Anlass für den Ausschluss aus einer dieser Maßnahmen gibt (Sperrzeit bei Abbruch einer beruflichen Eingliederungsmaßnahme),
6. die oder der Arbeitslose sich nach einer Aufforderung der Agentur für Arbeit weigert, trotz Belehrung über die Rechtsfolgen an einem Integrationskurs nach § 43 des Aufenthaltsgesetzes oder an einem Kurs der berufsbezogenen Deutschsprachförderung nach § 45a des Aufenthaltsgesetzes teilzunehmen, der jeweils für die dauerhafte berufliche Eingliederung notwendig ist (Sperrzeit bei Ablehnung eines Integrationskurses oder einer berufsbezogenen Deutschsprachförderung),
7. die oder der Arbeitslose die Teilnahme an einem in Nummer 6 genannten Kurs abbricht oder durch maßnahmewidriges Verhalten Anlass für den Ausschluss aus einem dieser Kurse gibt (Sperrzeit bei Abbruch eines Integrationskurses oder einer berufsbezogenen Deutschsprachförderung),
8. die oder der Arbeitslose einer Aufforderung der Agentur für Arbeit, sich zu melden oder zu einem ärztlichen oder psychologischen Untersuchungstermin zu erscheinen (§ 309), trotz Belehrung über die Rechtsfolgen nicht nachkommt oder nicht nachgekommen ist (Sperrzeit bei Meldeversäumnis),
9. die oder der Arbeitslose der Meldepflicht nach § 38 Absatz 1 nicht nachgekommen ist (Sperrzeit bei verspäteter Arbeitsuchendmeldung).

3Die Person, die sich versicherungswidrig verhalten hat, hat die für die Beurteilung eines wichtigen Grundes maßgebenden Tatsachen darzulegen und nachzuweisen, wenn diese Tatsachen in ihrer Sphäre oder in ihrem Verantwortungsbereich liegen.

(2) 1Die Sperrzeit beginnt mit dem Tag nach dem Ereignis, das die Sperrzeit begründet, oder, wenn dieser Tag in eine Sperrzeit fällt, mit dem Ende dieser Sperrzeit. 2Werden mehrere Sperrzeiten durch dasselbe Ereignis begründet, folgen sie in der Reihenfolge des Absatzes 1 Satz 2 Nummer 1 bis 9 einander nach.

(3) 1Die Dauer der Sperrzeit bei Arbeitsaufgabe beträgt zwölf Wochen. 2Sie verkürzt sich

1. auf drei Wochen, wenn das Arbeitsverhältnis innerhalb von sechs Wochen nach dem Ereignis, das die Sperrzeit begründet, ohne eine Sperrzeit geendet hätte,
2. auf sechs Wochen, wenn
   a) das Arbeitsverhältnis innerhalb von zwölf Wochen nach dem Ereignis, das die Sperrzeit begründet, ohne eine Sperrzeit geendet hätte oder
   b) eine Sperrzeit von zwölf Wochen für die arbeitslose Person nach den für den Eintritt der Sperrzeit maßgebenden Tatsachen eine besondere Härte bedeuten würde.

(4) 1Die Dauer der Sperrzeit bei Arbeitsablehnung, bei Ablehnung einer beruflichen Eingliederungsmaßnahme, bei Abbruch einer beruflichen Eingliederungsmaßnahme, bei Ablehnung eines Integrationskurses oder einer berufsbezogenen Deutschsprachförderung oder bei Abbruch eines Integrationskurses oder einer berufsbezogenen Deutschsprachförderung beträgt

1. im Fall des erstmaligen versicherungswidrigen Verhaltens dieser Art drei Wochen,
2. im Fall des zweiten versicherungswidrigen Verhaltens dieser Art sechs Wochen,
3. in den übrigen Fällen zwölf Wochen.

2Im Fall der Arbeitsablehnung oder der Ablehnung einer beruflichen Eingliederungsmaßnahme nach der Meldung zur frühzeitigen Arbeitsuche (§ 38 Absatz 1) im Zusammenhang mit der Entstehung des Anspruchs gilt Satz 1 entsprechend.

(5) Die Dauer einer Sperrzeit bei unzureichenden Eigenbemühungen beträgt zwei Wochen.

(6) Die Dauer einer Sperrzeit bei Meldeversäumnis oder bei verspäteter Arbeitsuchendmeldung beträgt eine Woche.

§ 160 Ruhen bei Arbeitskämpfen

(1) $_1$Durch die Leistung von Arbeitslosengeld darf nicht in Arbeitskämpfe eingegriffen werden. $_2$Ein Eingriff in den Arbeitskampf liegt nicht vor, wenn Arbeitslosengeld Arbeitslosen geleistet wird, die zuletzt in einem Betrieb beschäftigt waren, der nicht dem fachlichen Geltungsbereich des umkämpften Tarifvertrags zuzuordnen ist.

(2) Ist die Arbeitnehmerin oder der Arbeitnehmer durch Beteiligung an einem inländischen Arbeitskampf arbeitslos geworden, so ruht der Anspruch auf Arbeitslosengeld bis zur Beendigung des Arbeitskampfes.

(3) $_1$Ist die Arbeitnehmerin oder der Arbeitnehmer durch einen inländischen Arbeitskampf arbeitslos geworden, ohne an dem Arbeitskampf beteiligt gewesen zu sein, so ruht der Anspruch auf Arbeitslosengeld bis zur Beendigung des Arbeitskampfes nur, wenn der Betrieb, in dem die oder der Arbeitslose zuletzt beschäftigt war,

1. dem räumlichen und fachlichen Geltungsbereich des umkämpften Tarifvertrags zuzuordnen ist oder
2. nicht dem räumlichen, aber dem fachlichen Geltungsbereich des umkämpften Tarifvertrags zuzuordnen ist und im räumlichen Geltungsbereich des Tarifvertrags, dem der Betrieb zuzuordnen ist,
   a) eine Forderung erhoben worden ist, die einer Hauptforderung des Arbeitskampfes nach Art und Umfang gleich ist, ohne mit ihr übereinstimmen zu müssen, und
   b) das Arbeitskampfergebnis aller Voraussicht nach in dem räumlichen Geltungsbereich des nicht umkämpften Tarifvertrags im Wesentlichen übernommen wird.

$_2$Eine Forderung ist erhoben, wenn sie von der zur Entscheidung berufenen Stelle beschlossen worden ist oder auf Grund des Verhaltens der Tarifvertragspartei im Zusammenhang mit dem angestrebten Abschluss des Tarifvertrags als beschlossen anzusehen ist. $_3$Der Anspruch auf Arbeitslosengeld ruht nach Satz 1 nur, wenn die umkämpften oder geforderten Arbeitsbedingungen nach Abschluss eines entsprechenden Tarifvertrags für die Arbeitnehmerin oder den Arbeitnehmer gelten oder auf sie oder ihn angewendet würden.

(4) Ist bei einem Arbeitskampf das Ruhen des Anspruchs nach Absatz 3 für eine bestimmte Gruppe von Arbeitslosen ausnahmsweise nicht gerechtfertigt, so kann der Verwaltungsrat bestimmen, dass ihnen Arbeitslosengeld zu leisten ist.

(5) $_1$Die Feststellung, ob die Voraussetzungen nach Absatz 3 Satz 1 Nummer 2 Buchstabe a und b erfüllt sind, trifft der Neutralitätsausschuss (§ 380). $_2$Er hat vor seiner Entscheidung den Fachspitzenverbänden der am Arbeitskampf beteiligten Tarifvertragsparteien Gelegenheit zur Stellungnahme zu geben.

(6) $_1$Die Fachspitzenverbände der am Arbeitskampf beteiligten Tarifvertragsparteien können durch Klage die Aufhebung der Entscheidung des Neutralitätsausschusses nach Absatz 5 und eine andere Feststellung begehren. $_2$Die Klage ist gegen die Bundesagentur zu richten. $_3$Ein Vorverfahren findet nicht statt. $_4$Über die Klage entscheidet das Bundessozialgericht im ersten und letzten Rechtszug. $_5$Das Verfahren ist vorrangig zu erledigen. $_6$Auf Antrag eines Fachspitzenverbandes kann das Bundessozialgericht eine einstweilige Anordnung erlassen.

Sechster Unterabschnitt
Erlöschen des Anspruchs

§ 161 Erlöschen des Anspruchs

(1) Der Anspruch auf Arbeitslosengeld erlischt

1. mit der Entstehung eines neuen Anspruchs,
2. wenn die oder der Arbeitslose Anlass für den Eintritt von Sperrzeiten mit einer Dauer von insgesamt mindestens 21 Wochen gegeben hat, über den Eintritt der Sperrzeiten schriftliche Bescheide erhalten hat und auf die Rechtsfolgen des Eintritts von Sperrzeiten mit einer Dauer von insgesamt mindestens 21 Wochen hingewiesen worden ist; dabei werden auch Sperrzeiten berücksichtigt, die in einem Zeitraum von zwölf Monaten vor der Entstehung des Anspruchs eingetreten sind und nicht bereits zum Erlöschen eines Anspruchs geführt haben.

(2) Der Anspruch auf Arbeitslosengeld kann nicht mehr geltend gemacht werden, wenn nach seiner Entstehung vier Jahre verstrichen sind.

Siebter Unterabschnitt
Teilarbeitslosengeld

§ 162 Teilarbeitslosengeld

(1) Anspruch auf Teilarbeitslosengeld hat, wer als Arbeitnehmerin oder Arbeitnehmer

1. teilarbeitslos ist,
2. sich teilarbeitslos gemeldet und

3. die Anwartschaftszeit für Teilarbeitslosengeld erfüllt hat.

(2) 1Für das Teilarbeitslosengeld gelten die Vorschriften über das Arbeitslosengeld bei Arbeitslosigkeit sowie für Empfängerinnen und Empfänger dieser Leistung entsprechend, soweit sich aus den Besonderheiten des Teilarbeitslosengeldes nichts anderes ergibt, mit folgenden Maßgaben:

1. Teilarbeitslos ist, wer eine versicherungspflichtige Beschäftigung verloren hat, die er neben einer weiteren versicherungspflichtigen Beschäftigung ausgeübt hat, und eine versicherungspflichtige Beschäftigung sucht.
2. Die Anwartschaftszeit für das Teilarbeitslosengeld hat erfüllt, wer in der Teilarbeitslosengeld-Rahmenfrist von zwei Jahren neben der weiterhin ausgeübten versicherungspflichtigen Beschäftigung mindestens zwölf Monate eine weitere versicherungspflichtige Beschäftigung ausgeübt hat. 2Für die Teilarbeitslosengeld-Rahmenfrist gelten die Regelungen zum Arbeitslosengeld über die Rahmenfrist entsprechend.
3. Die Dauer des Anspruchs auf Teilarbeitslosengeld beträgt sechs Monate.
4. Bei der Feststellung der Lohnsteuer (§ 153 Absatz 2) ist die Lohnsteuerklasse maßgeblich, die für das Beschäftigungsverhältnis zuletzt galt, das den Anspruch auf Teilarbeitslosengeld begründet.
5. Der Anspruch auf Teilarbeitslosengeld erlischt,
   a) wenn die Arbeitnehmerin oder der Arbeitnehmer nach der Entstehung des Anspruchs eine Erwerbstätigkeit für mehr als zwei Wochen oder mit einer Arbeitszeit von mehr als fünf Stunden wöchentlich aufnimmt,
   b) wenn die Voraussetzungen für einen Anspruch auf Arbeitslosengeld erfüllt sind oder
   c) spätestens nach Ablauf eines Jahres seit Entstehung des Anspruchs.

Achter Unterabschnitt Verordnungsermächtigung und Anordnungsermächtigung

§ 163 Verordnungsermächtigung

Das Bundesministerium für Arbeit und Soziales wird ermächtigt, durch Rechtsverordnung, die nicht der Zustimmung des Bundesrates bedarf,

1. Versorgungen im Sinne des § 9 Absatz 1 des Anspruchs- und Anwartschaftsüberführungsgesetzes der Altersrente oder der Rente wegen voller Erwerbsminderung gleichzustellen, soweit dies zur Vermeidung von Doppelleistungen erforderlich ist; es hat dabei zu bestimmen, ob das Arbeitslosengeld voll oder nur bis zur Höhe der Versorgungsleistung ruht, und
2. das Nähere zur Abgrenzung der ehrenamtlichen Betätigung im Sinne des § 138 Absatz 2 und zu den dabei maßgebenden Erfordernissen der beruflichen Eingliederung zu bestimmen.

§ 164 Anordnungsermächtigung

Die Bundesagentur wird ermächtigt, durch Anordnung Näheres zu bestimmen

1. zu den Eigenbemühungen von Arbeitslosen (§ 138 Absatz 1 Nummer 2, Absatz 4),
2. zu den Pflichten von Arbeitslosen, Vorschlägen der Agentur für Arbeit zur beruflichen Eingliederung Folge leisten zu können (§ 138 Absatz 5 Nummer 2), und
3. zu den Voraussetzungen einer Zustimmung zur Teilnahme an Bildungsmaßnahmen nach § 139 Absatz 3.

Zweiter Abschnitt Insolvenzgeld

§ 165 Anspruch

(1) 1Arbeitnehmerinnen und Arbeitnehmer haben Anspruch auf Insolvenzgeld, wenn sie im Inland beschäftigt waren und bei einem Insolvenzereignis für die vorausgegangenen drei Monate des Arbeitsverhältnisses noch Ansprüche auf Arbeitsentgelt haben. 2Als Insolvenzereignis gilt

1. die Eröffnung des Insolvenzverfahrens über das Vermögen des Arbeitgebers,
2. die Abweisung des Antrags auf Eröffnung des Insolvenzverfahrens mangels Masse oder
3. die vollständige Beendigung der Betriebstätigkeit im Inland, wenn ein Antrag auf Eröffnung des Insolvenzverfahrens nicht gestellt worden ist und ein Insolvenzverfahren offensichtlich mangels Masse nicht in Betracht kommt.

3Auch bei einem ausländischen Insolvenzereignis haben im Inland beschäftigte Arbeitnehmerinnen und Arbeitnehmer einen Anspruch auf Insolvenzgeld.

(2) 1Zu den Ansprüchen auf Arbeitsentgelt gehören alle Ansprüche auf Bezüge aus dem Arbeitsverhältnis. 2Als Arbeitsentgelt für Zeiten, in denen auch während der Freistellung eine Beschäftigung gegen Arbeitsentgelt besteht (§ 7 Absatz 1a des Vierten Buches), gilt

der Betrag, der auf Grund der schriftlichen Vereinbarung zur Bestreitung des Lebensunterhalts im jeweiligen Zeitraum bestimmt war. 3Hat die Arbeitnehmerin oder der Arbeitnehmer einen Teil ihres oder seines Arbeitsentgelts nach § 1 Absatz 2 Nummer 3 des Betriebsrentengesetzes umgewandelt und wird dieser Entgeltteil in einem Pensionsfonds, in einer Pensionskasse oder in einer Direktversicherung angelegt, gilt die Entgeltumwandlung für die Berechnung des Insolvenzgeldes als nicht vereinbart, soweit der Arbeitgeber keine Beiträge an den Versorgungsträger abgeführt hat.

(3) Hat eine Arbeitnehmerin oder ein Arbeitnehmer in Unkenntnis eines Insolvenzereignisses weitergearbeitet oder die Arbeit aufgenommen, besteht der Anspruch auf Insolvenzgeld für die dem Tag der Kenntnisnahme vorausgegangenen drei Monate des Arbeitsverhältnisses.

(4) Anspruch auf Insolvenzgeld hat auch der Erbe der Arbeitnehmerin oder des Arbeitnehmers.

(5) Der Arbeitgeber ist verpflichtet, einen Beschluss des Insolvenzgerichts über die Abweisung des Antrags auf Insolvenzeröffnung mangels Masse dem Betriebsrat oder, wenn kein Betriebsrat besteht, den Arbeitnehmerinnen und Arbeitnehmern unverzüglich bekannt zu geben.

§ 166 Anspruchsausschluss

(1) Arbeitnehmerinnen und Arbeitnehmer haben keinen Anspruch auf Insolvenzgeld für Ansprüche auf Arbeitsentgelt, die

1. sie wegen der Beendigung des Arbeitsverhältnisses oder für die Zeit nach der Beendigung des Arbeitsverhältnisses haben,
2. sie durch eine nach der Insolvenzordnung angefochtene Rechtshandlung oder eine Rechtshandlung, die im Fall der Eröffnung des Insolvenzverfahrens anfechtbar wäre, erworben haben oder
3. die Insolvenzverwalterin oder der Insolvenzverwalter wegen eines Rechts zur Leistungsverweigerung nicht erfüllt.

(2) Soweit Insolvenzgeld gezahlt worden ist, obwohl dies nach Absatz 1 ausgeschlossen ist, ist es zu erstatten.

§ 167 Höhe

(1) Insolvenzgeld wird in Höhe des Nettoarbeitsentgelts gezahlt, das sich ergibt, wenn das auf die monatliche Beitragsbemessungsgrenze (§ 341 Absatz 4) begrenzte Bruttoarbeitsentgelt um die gesetzlichen Abzüge vermindert wird.

(2) Ist die Arbeitnehmerin oder der Arbeitnehmer

1. im Inland einkommensteuerpflichtig, ohne dass Steuern durch Abzug vom Arbeitsentgelt erhoben werden, oder
2. im Inland nicht einkommensteuerpflichtig und unterliegt das Insolvenzgeld nach den für sie oder ihn maßgebenden Vorschriften nicht der Steuer,

sind vom Arbeitsentgelt die Steuern abzuziehen, die bei einer Einkommensteuerpflicht im Inland durch Abzug vom Arbeitsentgelt erhoben würden.

§ 168 Vorschuss

1Die Agentur für Arbeit kann einen Vorschuss auf das Insolvenzgeld leisten, wenn

1. die Eröffnung des Insolvenzverfahrens über das Vermögen des Arbeitgebers beantragt ist,
2. das Arbeitsverhältnis beendet ist und
3. die Voraussetzungen für den Anspruch auf Insolvenzgeld mit hinreichender Wahrscheinlichkeit erfüllt werden.

2Die Agentur für Arbeit bestimmt die Höhe des Vorschusses nach pflichtgemäßem Ermessen. 3Der Vorschuss ist auf das Insolvenzgeld anzurechnen. 4Er ist zu erstatten,

1. wenn ein Anspruch auf Insolvenzgeld nicht zuerkannt wird oder
2. soweit ein Anspruch auf Insolvenzgeld nur in geringerer Höhe zuerkannt wird.

§ 169 Anspruchsübergang

1Ansprüche auf Arbeitsentgelt, die einen Anspruch auf Insolvenzgeld begründen, gehen mit dem Antrag auf Insolvenzgeld auf die Bundesagentur über. 2§ 165 Absatz 2 Satz 3 gilt entsprechend. 3Die gegen die Arbeitnehmerin oder den Arbeitnehmer begründete Anfechtung nach der Insolvenzordnung findet gegen die Bundesagentur statt.

§ 170 Verfügungen über das Arbeitsentgelt

(1) Soweit die Arbeitnehmerin oder der Arbeitnehmer vor Antragstellung auf Insolvenzgeld Ansprüche auf Arbeitsentgelt einem Dritten übertragen hat, steht der Anspruch auf Insolvenzgeld diesem zu.

(2) Von einer vor dem Antrag auf Insolvenzgeld vorgenommenen Pfändung oder Verpfändung des Anspruchs auf Arbeitsentgelt wird auch der Anspruch auf Insolvenzgeld erfasst.

(3) Die an den Ansprüchen auf Arbeitsentgelt bestehenden Pfandrechte erlöschen, wenn die Ansprüche auf die Bundesagentur übergegangen sind und diese Insolvenzgeld an die berechtigte Person erbracht hat.

III

(4) $_{1}$Der neue Gläubiger oder Pfandgläubiger hat keinen Anspruch auf Insolvenzgeld für Ansprüche auf Arbeitsentgelt, die ihm vor dem Insolvenzereignis ohne Zustimmung der Agentur für Arbeit zur Vorfinanzierung der Arbeitsentgelte übertragen oder verpfändet wurden. $_{2}$Die Agentur für Arbeit darf der Übertragung oder Verpfändung nur zustimmen, wenn Tatsachen die Annahme rechtfertigen, dass durch die Vorfinanzierung der Arbeitsentgelte ein erheblicher Teil der Arbeitsstellen erhalten bleibt.

§ 171 Verfügungen über das Insolvenzgeld

$_{1}$Nachdem das Insolvenzgeld beantragt worden ist, kann der Anspruch auf Insolvenzgeld wie Arbeitseinkommen gepfändet, verpfändet oder übertragen werden. $_{2}$Eine Pfändung des Anspruchs vor diesem Zeitpunkt wird erst mit dem Antrag wirksam.

§ 172 Datenaustausch und Datenübermittlung

(1) $_{1}$Ist der insolvente Arbeitgeber auch in einem anderen Mitgliedstaat der Europäischen Union tätig, teilt die Bundesagentur dem zuständigen ausländischen Träger von Leistungen bei Zahlungsunfähigkeit des Arbeitgebers das Insolvenzereignis und die im Zusammenhang mit der Erbringung von Insolvenzgeld getroffenen Entscheidungen mit, soweit dies für die Aufgabenwahrnehmung dieses ausländischen Trägers erforderlich ist. $_{2}$Übermittelt ein ausländischer Träger der Bundesagentur entsprechende Daten, darf sie diese Daten zwecks Zahlung von Insolvenzgeld nutzen.

(2) Die Bundesagentur ist berechtigt, Daten über gezahltes Insolvenzgeld für jede Empfängerin und jeden Empfänger durch Datenfernübertragung an die in § 32b Absatz 3 des Einkommensteuergesetzes bezeichnete Übermittlungsstelle der Finanzverwaltung zu übermitteln.

Dritter Abschnitt
Ergänzende Regelungen zur Sozialversicherung

§ 173 Übernahme und Erstattung von Beiträgen bei Befreiung von der Versicherungspflicht in der Rentenversicherung

(1) $_{1}$Wer Arbeitslosengeld oder Übergangsgeld bezieht und von der Versicherungspflicht in der gesetzlichen Rentenversicherung befreit ist (§ 6 Absatz 1 Satz 1 Nummer 1, § 231 Absatz 1 und 2 des Sechsten Buches), hat Anspruch auf

1. Übernahme der Beiträge, die für die Dauer des Leistungsbezugs an eine öffentlich-rechtliche Versicherungs- oder Versorgungseinrichtung einer Berufsgruppe oder an ein Versicherungsunternehmen zu zahlen sind, und
2. Erstattung der von der Leistungsbezieherin oder vom Leistungsbezieher für die Dauer des Leistungsbezugs freiwillig an die gesetzliche Rentenversicherung gezahlten Beiträge.

$_{2}$Freiwillig an die gesetzliche Rentenversicherung gezahlte Beiträge werden nur bei Nachweis auf Antrag der Leistungsbezieherin oder des Leistungsbeziehers erstattet.

(2) $_{1}$Die Bundesagentur übernimmt höchstens die von der Leistungsbezieherin oder dem Leistungsbezieher nach der Satzung der Versicherungs- oder Versorgungseinrichtung geschuldeten oder im Lebensversicherungsvertrag spätestens sechs Monate vor Beginn des Leistungsbezugs vereinbarten Beiträge. $_{2}$Sie erstattet höchstens die von der Leistungsbezieherin oder dem Leistungsbezieher freiwillig an die gesetzliche Rentenversicherung gezahlten Beiträge.

(3) $_{1}$Die von der Bundesagentur zu übernehmenden und zu erstattenden Beiträge sind auf die Höhe der Beiträge begrenzt, die die Bundesagentur ohne die Befreiung von der Versicherungspflicht in der gesetzlichen Rentenversicherung für die Dauer des Leistungsbezugs zu tragen hätte. $_{2}$Die Leistungsbezieherin oder der Leistungsbezieher kann bestimmen, ob vorrangig Beiträge übernommen oder erstattet werden sollen. $_{3}$Trifft die Leistungsbezieherin oder der Leistungsbezieher keine Bestimmung, sind die Beiträge in dem Verhältnis zu übernehmen und zu erstatten, in dem die von der Leistungsbezieherin oder dem Leistungsbezieher zu zahlenden oder freiwillig gezahlten Beiträge stehen.

(4) Die Leistungsbezieherin oder der Leistungsbezieher wird insoweit von der Verpflichtung befreit, Beiträge an die Versicherungs- oder Versorgungseinrichtung oder an das Versicherungsunternehmen zu zahlen, als die Bundesagentur die Beitragszahlung für sie oder ihn übernommen hat.

§ 174 Übernahme von Beiträgen bei Befreiung von der Versicherungspflicht in der Kranken- und Pflegeversicherung

(1) Bezieherinnen und Bezieher von Arbeitslosengeld, die

1. nach § 6 Absatz 3a des Fünften Buches in der gesetzlichen Krankenversicherung versicherungsfrei oder nach § 8 Absatz 1 Nummer 1a des Fünften Buches von der Versicherungspflicht befreit sind,
2. nach § 22 Absatz 1 des Elften Buches oder nach Artikel 42 des Pflege-Versicherungsgesetzes von

der Versicherungspflicht in der sozialen Pflegeversicherung befreit oder nach § 23 Absatz 1 des Elften Buches bei einem privaten Krankenversicherungsunternehmen gegen das Risiko der Pflegebedürftigkeit versichert sind,

haben Anspruch auf Übernahme der Beiträge, die für die Dauer des Leistungsbezugs für eine Versicherung gegen Krankheit oder Pflegebedürftigkeit an ein privates Krankenversicherungsunternehmen zu zahlen sind.

(2) 1Die Bundesagentur übernimmt die von der Leistungsbezieherin oder dem Leistungsbezieher an das private Krankenversicherungsunternehmen zu zahlenden Beiträge, höchstens jedoch die Beiträge, die sie ohne die Befreiung von der Versicherungspflicht in der gesetzlichen Krankenversicherung oder in der sozialen Pflegeversicherung zu tragen hätte. 2Hierbei sind zugrunde zu legen

1. für die Beiträge zur gesetzlichen Krankenversicherung der allgemeine Beitragssatz der gesetzlichen Krankenversicherung zuzüglich des durchschnittlichen Zusatzbeitragssatzes (§§ 241, 242a des Fünften Buches),
2. für die Beiträge zur sozialen Pflegeversicherung der Beitragssatz nach § 55 Absatz 1 Satz 1 des Elften Buches.

(3) Die Leistungsbezieherin oder der Leistungsbezieher wird insoweit von der Verpflichtung befreit, Beiträge an das private Krankenversicherungsunternehmen zu zahlen, als die Bundesagentur die Beitragszahlung für sie oder ihn übernommen hat.

§ 175 Zahlung von Pflichtbeiträgen bei Insolvenzereignis

(1) 1Den Gesamtsozialversicherungsbeitrag nach § 28d des Vierten Buches, der auf Arbeitsentgelte für die letzten dem Insolvenzereignis vorausgegangenen drei Monate des Arbeitsverhältnisses entfällt und bei Eintritt des Insolvenzereignisses noch nicht gezahlt worden ist, zahlt die Agentur für Arbeit auf Antrag der zuständigen Einzugsstelle; davon ausgenommen sind Säumniszuschläge, die infolge von Pflichtverletzungen des Arbeitgebers zu zahlen sind, sowie die Zinsen für dem Arbeitgeber gestundete Beiträge. 2Die Einzugsstelle hat der Agentur für Arbeit die Beiträge nachzuweisen und dafür zu sorgen, dass die Beschäftigungszeit und das beitragspflichtige Bruttoarbeitsentgelt einschließlich des Arbeitsentgelts, für das Beiträge nach Satz 1 gezahlt werden, dem zuständigen Rentenversicherungsträger mitgeteilt werden. 3Die §§ 166, 314, 323 Absatz 1 Satz 1 und § 327 Absatz 3 gelten entsprechend.

(2) 1Die Ansprüche auf die in Absatz 1 Satz 1 genannten Beiträge bleiben gegenüber dem Arbeitgeber bestehen. 2Soweit Zahlungen geleistet werden, hat die Einzugsstelle der Agentur für Arbeit die nach Absatz 1 Satz 1 gezahlten Beiträge zu erstatten.

Fünftes Kapitel
Zulassung von Trägern und Maßnahmen

§ 176 Grundsatz

(1) 1Träger bedürfen der Zulassung durch eine fachkundige Stelle, um Maßnahmen der Arbeitsförderung selbst durchzuführen oder durchführen zu lassen. 2Arbeitgeber, die ausschließlich betriebliche Maßnahmen oder betriebliche Teile von Maßnahmen durchführen, bedürfen keiner Zulassung.

(2) 1Maßnahmen nach § 45 Absatz 4 Satz 3 Nummer 1 bedürfen der Zulassung nach § 179 durch eine fachkundige Stelle. 2Maßnahmen der beruflichen Weiterbildung nach den §§ 81 und 82 bedürfen der Zulassung nach den §§ 179 und 180.

§ 177 Fachkundige Stelle

(1) 1Fachkundige Stellen im Sinne des § 176 sind die von der Akkreditierungsstelle für die Zulassung nach dem Recht der Arbeitsförderung akkreditierten Zertifizierungsstellen. 2Mit der Akkreditierung als fachkundige Stelle ist keine Beleihung verbunden. 3Die Bundesagentur übt im Anwendungsbereich dieses Gesetzes die Fachaufsicht über die Akkreditierungsstelle aus.

(2) 1Eine Zertifizierungsstelle ist von der Akkreditierungsstelle als fachkundige Stelle zu akkreditieren, wenn

1. sie über die für die Zulassung notwendigen Organisationsstrukturen sowie personellen und finanziellen Mittel verfügt,
2. die bei ihr mit den entsprechenden Aufgaben beauftragten Personen auf Grund ihrer Ausbildung, beruflichen Bildung und beruflichen Praxis befähigt sind, die Leistungsfähigkeit und Qualität von Trägern und Maßnahmen der aktiven Arbeitsförderung einschließlich der Prüfung und Bewertung eines Systems zur Sicherung der Qualität zu beurteilen; dies schließt besondere Kenntnisse der jeweiligen Aufgabengebiete der Träger sowie der Inhalte und rechtlichen Ausgestaltung der zuzulassenden Maßnahmen ein,

3. sie über die erforderliche Unabhängigkeit verfügt und damit gewährleistet, dass sie über die Zulassung von Trägern und Maßnahmen nur entscheidet, wenn sie weder mit diesen wirtschaftlich, personell oder organisatorisch verflochten ist noch zu diesen ein Beratungsverhältnis besteht oder bestanden hat; zur Überprüfbarkeit der Unabhängigkeit sind bei der Antragstellung personelle, wirtschaftliche und organisatorische Verflechtungen oder Beratungsverhältnisse mit Trägern offenzulegen,
4. die bei ihr mit den entsprechenden Aufgaben beauftragten Personen über die erforderliche Zuverlässigkeit verfügen, um die Zulassung ordnungsgemäß durchzuführen,
5. sie gewährleistet, dass die Empfehlungen des Beirats nach § 182 bei der Prüfung angewendet werden,
6. sie die ihr bei der Zulassung bekannt gewordenen Betriebs- und Geschäftsgeheimnisse schützt,
7. sie ein Qualitätsmanagementsystem anwendet,
8. sie ein Verfahren zur Prüfung von Beschwerden und zum Entziehen der Zulassung bei erheblichen Verstößen eingerichtet hat und
9. sie über ein transparentes und dokumentiertes Verfahren zur Ermittlung und Abrechnung des Aufwands der Prüfung von Trägern und Maßnahmen verfügt.

2Das Gesetz über die Akkreditierungsstelle bleibt unberührt.

(3) 1Die Akkreditierung ist bei der Akkreditierungsstelle unter Beifügung der erforderlichen Unterlagen zu beantragen. 2Die Akkreditierung ist auf längstens fünf Jahre zu befristen. 3Die wirksame Anwendung des Qualitätsmanagementsystems ist von der Akkreditierungsstelle in jährlichen Abständen zu überprüfen.

(4) Der Akkreditierungsstelle sind Änderungen, die Auswirkungen auf die Akkreditierung haben können, unverzüglich anzuzeigen.

(5) 1Liegt ein besonderes arbeitsmarktpolitisches Interesse vor, kann die innerhalb der Bundesagentur zuständige Stelle im Einzelfall die Aufgaben einer fachkundigen Stelle für die Zulassung von Trägern und Maßnahmen der beruflichen Weiterbildung wahrnehmen. 2Ein besonderes arbeitsmarktpolitisches Interesse liegt insbesondere dann vor, wenn die Teilnahme an individuell ausgerichteten Weiterbildungsmaßnahmen im Einzelfall gefördert werden soll.

§ 178 Trägerzulassung

Ein Träger ist von einer fachkundigen Stelle zuzulassen, wenn

1. er die erforderliche Leistungsfähigkeit und Zuverlässigkeit besitzt,
2. er in der Lage ist, durch eigene Bemühungen die berufliche Eingliederung von Teilnehmenden in den Arbeitsmarkt zu unterstützen,
3. Leitung, Lehr- und Fachkräfte über Aus- und Fortbildung sowie Berufserfahrung verfügen, die eine erfolgreiche Durchführung einer Maßnahme erwarten lassen,
4. er ein System zur Sicherung der Qualität anwendet und
5. seine vertraglichen Vereinbarungen mit den Teilnehmenden angemessene Bedingungen insbesondere über Rücktritts- und Kündigungsrechte enthalten.

§ 179 Maßnahmezulassung

(1) Eine Maßnahme ist von der fachkundigen Stelle zuzulassen, wenn sie

1. nach Gestaltung der Inhalte, der Methoden und Materialien ihrer Vermittlung sowie der Lehrorganisation eine erfolgreiche Teilnahme erwarten lässt und nach Lage und Entwicklung des Arbeitsmarktes zweckmäßig ist,
2. angemessene Teilnahmebedingungen bietet und die räumliche, personelle und technische Ausstattung die Durchführung der Maßnahme gewährleisten und
3. nach den Grundsätzen der Wirtschaftlichkeit und Sparsamkeit geplant und durchgeführt wird, insbesondere die Kosten und die Dauer angemessen sind; die Dauer ist angemessen, wenn sie sich auf den Umfang beschränkt, der notwendig ist, um das Maßnahmeziel zu erreichen.

(2) 1Die Kosten einer Maßnahme nach § 45 Absatz 4 Satz 3 Nummer 1 und nach den §§ 81 und 82 sind angemessen, wenn sie sachgerecht ermittelt worden sind und die von der Bundesagentur für das jeweilige Maßnahme- oder Bildungsziel zweijährlich ermittelten durchschnittlichen Kostensätze nicht überschreiten oder die Überschreitung der durchschnittlichen Kostensätze auf notwendige besondere Aufwendungen zurückzuführen ist. 2Überschreiten die kalkulierten Maßnahmekosten aufgrund dieser Aufwendungen die durchschnittlichen Kostensätze um mehr als 25 Prozent, bedarf die Zulassung dieser Maßnahmen der Zustimmung der Bundesagentur.

(3) Eine Maßnahme, die im Ausland durchgeführt wird, kann nur zugelassen werden, wenn die Durchführung im Ausland für das Erreichen des Maßnahmeziels besonders dienlich ist.

§ 180 Ergänzende Anforderungen an Maßnahmen der beruflichen Weiterbildung

(1) Für eine Maßnahme der beruflichen Weiterbildung nach den §§ 81 und 82 gelten für die Zulassung durch die fachkundige Stelle ergänzend die Anforderungen der nachfolgenden Absätze.

(2) $_1$Eine Maßnahme ist zuzulassen, wenn

1. durch sie berufliche Fertigkeiten, Kenntnisse und Fähigkeiten erhalten, erweitert, der technischen Entwicklung angepasst werden oder ein beruflicher Aufstieg ermöglicht wird,
2. sie einen beruflichen Abschluss vermittelt oder die Weiterbildung in einem Betrieb, die zu einem solchen Abschluss führt, unterstützend begleitet oder
3. sie zu einer anderen beruflichen Tätigkeit befähigt

und mit einem Zeugnis, das Auskunft über den Inhalt des vermittelten Lehrstoffs gibt, abschließt. $_2$Sofern es dem Wiedereingliederungserfolg förderlich ist, soll die Maßnahme im erforderlichen Umfang Grundkompetenzen vermitteln und betriebliche Lernphasen vorsehen.

(3) $_1$Ausgeschlossen von der Zulassung ist eine Maßnahme, wenn

1. überwiegend Wissen vermittelt wird, das dem von allgemeinbildenden Schulen angestrebten Bildungsziel entspricht, oder die Maßnahme auf den Erwerb eines Studienabschlusses an Hochschulen oder ähnlichen Bildungsstätten gerichtet ist oder
2. überwiegend nicht berufsbezogene Inhalte vermittelt werden.

[bis 30.06.2023]

$_2$Satz 1 gilt nicht für Maßnahmen, die

1. auf den nachträglichen Erwerb des Hauptschulabschlusses vorbereiten,
2. Grundkompetenzen vermitteln, die für den Erwerb eines Abschlusses in einem anerkannten Ausbildungsberuf erforderlich sind, oder
3. die Weiterbildung in einem Betrieb, die zum Erwerb eines solchen Abschlusses führt, unterstützend begleiten.

[ab 01.07.2023]

$_2$Satz 1 gilt nicht für Maßnahmen, die

1. auf den nachträglichen Erwerb des Hauptschulabschlusses vorbereiten oder
2. Grundkompetenzen vermitteln, deren Erwerb die Grundlage für eine erfolgreiche berufliche Weiterbildung schafft oder allgemein die Beschäftigungsfähigkeit verbessert.

[bis 30.06.2023]

(4) $_1$Die Dauer einer Vollzeitmaßnahme, die zu einem Abschluss in einem allgemein anerkannten Ausbildungsberuf führt, ist angemessen im Sinne des § 179 Absatz 1 Nummer 3, wenn sie gegenüber einer entsprechenden Berufsausbildung um mindestens ein Drittel der Ausbildungszeit verkürzt ist. $_2$Ist eine Verkürzung um mindestens ein Drittel der Ausbildungszeit auf Grund bundes- oder landesgesetzlicher Regelungen ausgeschlossen, so ist ein Maßnahmeteil von bis zu zwei Dritteln nur förderungsfähig, wenn bereits zu Beginn der Maßnahme die Finanzierung für die gesamte Dauer der Maßnahme auf Grund bundes- oder landesrechtlicher Regelungen gesichert ist. $_3$Abweichend von Satz 1 ist die Dauer einer Vollzeitmaßnahme der beruflichen Weiterbildung auch dann angemessen, wenn sie nach dem Pflegeberufegesetz nicht um mindestens ein Drittel verkürzt werden kann; insoweit ist Satz 2 nicht anzuwenden.

[ab 01.07.2023]

(4) $_1$Die Dauer einer Vollzeitmaßnahme, die zu einem Abschluss in einem allgemein anerkannten Ausbildungsberuf führt, ist angemessen im Sinne des § 179 Absatz 1 Nummer 3, wenn sie gegenüber einer entsprechenden Berufsausbildung um mindestens ein Drittel der Ausbildungszeit verkürzt ist, es sei denn, die Maßnahme ist auf Arbeitnehmerinnen und Arbeitnehmer ausgerichtet, bei denen aufgrund ihrer Eignung oder ihrer persönlichen Verhältnisse eine erfolgreiche Teilnahme nur bei einer nicht verkürzten Dauer erwartet werden kann. $_2$Abweichend von Satz 1 ist die Dauer einer Vollzeitmaßnahme der beruflichen Weiterbildung auch dann angemessen, wenn sie auf Grund bundes- oder landesrechtlichen Regelungen nicht um mindestens ein Drittel verkürzt werden kann.

(5) Zeiten einer der beruflichen Weiterbildung folgenden Beschäftigung, die der Erlangung der staatlichen Anerkennung oder der staatlichen Erlaubnis zur Ausübung des Berufes dienen, sind nicht berufliche Weiterbildung im Sinne dieses Buches.

§ 181 Zulassungsverfahren

(1) $_1$Die Zulassung ist unter Beifügung der erforderlichen Unterlagen bei einer fachkundigen Stelle zu beantragen. $_2$Der Antrag muss alle Angaben und Nachweise enthalten, die erforderlich sind, um das Vorliegen der Voraussetzungen festzustellen.

(2) 1Soweit bereits eine Zulassung bei einer anderen fachkundigen Stelle beantragt worden ist, ist dies und die Entscheidung dieser fachkundigen Stelle mitzuteilen. 2Beantragt der Träger die Zulassung von Maßnahmen nicht bei der fachkundigen Stelle, bei der er seine Zulassung als Träger beantragt hat, so hat er der fachkundigen Stelle, bei der er die Zulassung von Maßnahmen beantragt, alle Unterlagen für seine Zulassung und eine gegebenenfalls bereits erteilte Zulassung zur Verfügung zu stellen.

III

(3) 1Der Träger kann beantragen, dass die fachkundige Stelle eine durch sie bestimmte Referenzauswahl von Maßnahmen prüft, die in einem angemessenen Verhältnis zur Zahl der Maßnahmen des Trägers stehen, für die er die Zulassung beantragt. 2Die Zulassung aller Maßnahmen setzt voraus, dass die gesetzlichen Voraussetzungen für die geprüften Maßnahmen erfüllt sind. 3Für nach der Zulassung angebotene weitere Maßnahmen des Trägers ist das Zulassungsverfahren in entsprechender Anwendung der Sätze 1 und 2 wieder zu eröffnen.

(4) 1Die fachkundige Stelle entscheidet über den Antrag auf Zulassung des Trägers einschließlich seiner Zweigstellen sowie der Maßnahmen nach Prüfung der eingereichten Antragsunterlagen und örtlichen Prüfungen. 2Sie soll dabei Zertifikate oder Anerkennungen unabhängiger Stellen, die in einem dem Zulassungsverfahren entsprechenden Verfahren erteilt worden sind, ganz oder teilweise berücksichtigen. 3Sie kann das Zulassungsverfahren einmalig zur Nachbesserung nicht erfüllter Kriterien für längstens drei Monate aussetzen oder die Zulassung endgültig ablehnen. 4Die Entscheidung bedarf der Schriftform. 5An der Entscheidung dürfen Personen, die im Rahmen des Zulassungsverfahrens gutachterliche oder beratende Funktionen ausgeübt haben, nicht beteiligt sein.

(5) 1Die fachkundige Stelle kann die Zulassung maßnahmebezogen und örtlich einschränken, wenn dies unter Berücksichtigung aller Umstände sowie von Lage und voraussichtlicher Entwicklung des Arbeitsmarktes gerechtfertigt ist oder dies beantragt wird. 2§ 177 Absatz 3 Satz 2 und 3 und Absatz 4 gilt entsprechend.

(6) 1Mit der Zulassung wird ein Zertifikat vergeben. 2Die Zertifikate für die Zulassung des Trägers und für die Zulassung von Maßnahmen nach § 45 Absatz 4 Satz 3 Nummer 1 und den §§ 81 und 82 werden wie folgt bezeichnet:

1. „Zugelassener Träger nach dem Recht der Arbeitsförderung. Zugelassen durch (Name der fachkundigen Stelle) – von (Name der Akkreditierungsstelle) akkreditierte Zertifizierungsstelle“,
2. „Zugelassene Maßnahme zur Aktivierung und beruflichen Eingliederung nach dem Recht der Arbeitsförderung. Zugelassen durch (Name der fachkundigen Stelle) – von (Name der Akkreditierungsstelle) akkreditierte Zertifizierungsstelle“ oder
3. „Zugelassene Weiterbildungsmaßnahme für die Förderung der beruflichen Weiterbildung nach dem Recht der Arbeitsförderung. Zugelassen durch (Name der fachkundigen Stelle) – von (Name der Akkreditierungsstelle) akkreditierte Zertifizierungsstelle“.

(7) Die fachkundige Stelle ist verpflichtet, die Zulassung zu entziehen, wenn der Träger die rechtlichen Anforderungen auch nach Ablauf einer von ihr gesetzten, drei Monate nicht überschreitenden Frist nicht erfüllt.

(8) Die fachkundige Stelle hat die Kostensätze der zugelassenen Maßnahmen zu erfassen und der Bundesagentur vorzulegen.

(9) 1Die fachkundige Stelle hat der Akkreditierungsstelle jährlich in einer von der Akkreditierungsstelle vorgegebenen Form jeweils bis 31. März die Zahl

1. der im vorangegangenen Kalenderjahr neu erteilten Zulassungen von Trägern und Maßnahmen und
2. der am 31. Dezember des vorangegangenen Kalenderjahres gültigen Zulassungen von Trägern und Maßnahmen

für die jeweiligen Fachbereiche nach § 5 Absatz 1 Satz 3 der Akkreditierungs- und Zulassungsverordnung Arbeitsförderung zu übermitteln. 2Die Akkreditierungsstelle hat die ihr übermittelten Zahlen der Zulassungen von Trägern und Maßnahmen nach der in Satz 1 genannten Untergliederung zu veröffentlichen.

§ 182 Beirat

(1) Bei der Bundesagentur wird ein Beirat eingerichtet, der Empfehlungen für die Zulassung von Trägern und Maßnahmen aussprechen kann.

(2) 1Dem Beirat gehören elf Mitglieder an. 2Er setzt sich zusammen aus

1. je einer Vertreterin oder einem Vertreter
   a) der Länder,
   b) der kommunalen Spitzenverbände,
   c) der Arbeitnehmerinnen und Arbeitnehmer,
   d) der Arbeitgeber,
   e) der Bildungsverbände,
   f) der Verbände privater Arbeitsvermittler,

g) des Bundesministeriums für Arbeit und Soziales,
h) des Bundesministeriums für Bildung und Forschung,
i) der Akkreditierungsstelle sowie

2. zwei unabhängigen Expertinnen oder Experten.

3Die Mitglieder des Beirats werden durch die Bundesagentur im Einvernehmen mit dem Bundesministerium für Arbeit und Soziales und dem Bundesministerium für Bildung und Forschung berufen.

(3) 1Vorschlagsberechtigt für die Vertreterin oder den Vertreter

1. der Länder ist der Bundesrat,
2. der kommunalen Spitzenverbände ist die Bundesvereinigung der kommunalen Spitzenverbände,
3. der Arbeitnehmerinnen und Arbeitnehmer ist der Deutsche Gewerkschaftsbund,
4. der Arbeitgeber ist die Bundesvereinigung der Deutschen Arbeitgeberverbände,
5. der Bildungsverbände sind die Bildungsverbände, die sich auf einen Vorschlag einigen,
6. der Verbände privater Arbeitsvermittler sind die Verbände privater Arbeitsvermittler, die sich auf einen Vorschlag einigen.

2§ 377 Absatz 3 gilt entsprechend.

(4) 1Der Beirat gibt sich eine Geschäftsordnung. 2Die Bundesagentur übernimmt für die Mitglieder des Beirats die Reisekostenvergütung nach § 376.

§ 183 Qualitätsprüfung

(1) 1Die Agentur für Arbeit kann die Durchführung einer Maßnahme nach § 176 Absatz 2 prüfen und deren Erfolg beobachten. 2Sie kann insbesondere

1. von dem Träger der Maßnahme sowie den Teilnehmenden Auskunft über den Verlauf der Maßnahme und den Eingliederungserfolg verlangen und
2. die Einhaltung der Voraussetzungen für die Zulassung des Trägers und der Maßnahme prüfen, indem sie Einsicht in alle die Maßnahme betreffenden Unterlagen des Trägers nimmt.

(2) 1Die Agentur für Arbeit ist berechtigt, zum Zweck nach Absatz 1 Grundstücke, Geschäfts- und Unterrichtsräume des Trägers während der Geschäfts- oder Unterrichtszeit zu betreten. 2Wird die Maßnahme bei einem Dritten durchgeführt, ist die Agentur für Arbeit berechtigt, die Grundstücke, Geschäfts- und Unterrichtsräume des Dritten während dieser Zeit zu betreten. 3Stellt die Agentur für Arbeit bei der Prüfung der Maßnahme hinreichende Anhaltspunkte für Verstöße gegen datenschutzrechtliche Vorschriften fest, soll sie die zuständige Kontrollbehörde für den Datenschutz hiervon unterrichten.

(3) 1Die Agentur für Arbeit kann vom Träger die Beseitigung festgestellter Mängel innerhalb einer angemessenen Frist verlangen. 2Die Agentur für Arbeit kann die Geltung des Aktivierungs- und Vermittlungsgutscheins oder des Bildungsgutscheins für einen Träger ausschließen und die Entscheidung über die Förderung aufheben, wenn

1. der Träger dem Verlangen nach Satz 1 nicht nachkommt,
2. die Agentur für Arbeit schwerwiegende und kurzfristig nicht zu behebende Mängel festgestellt hat,
3. die in Absatz 1 genannten Auskünfte nicht, nicht rechtzeitig oder nicht vollständig erteilt werden oder
4. die Prüfungen oder das Betreten der Grundstücke, Geschäfts- und Unterrichtsräume durch die Agentur für Arbeit nicht geduldet werden.

(4) Die Agentur für Arbeit teilt der fachkundigen Stelle und der Akkreditierungsstelle die nach den Absätzen 1 bis 3 gewonnenen Erkenntnisse mit.

§ 184 Verordnungsermächtigung

Das Bundesministerium für Arbeit und Soziales wird ermächtigt, durch Rechtsverordnung, die nicht der Zustimmung des Bundesrates bedarf, die Voraussetzungen für die Akkreditierung als fachkundige Stelle und für die Zulassung von Trägern und Maßnahmen einschließlich der jeweiligen Verfahren zu regeln.

Sechstes Kapitel Ergänzende vergabespezifische Regelungen

§ 185 Vergabespezifisches Mindestentgelt für Aus- und Weiterbildungsdienstleistungen

(1) Träger haben bei der Ausführung eines öffentlichen Auftrags über Aus- und Weiterbildungsdienstleistungen nach diesem Buch im Gebiet der Bundesrepublik Deutschland ihren Arbeitnehmerinnen und Arbeitnehmern das Mindestentgelt zu zahlen, das durch eine Rechtsverordnung des Bundesministeriums für Arbeit und Soziales nach Absatz 2 verbindlich vorgegeben wird. Setzt der Träger Leiharbeitnehmerinnen oder Leiharbeitnehmer ein, so hat der Verleiher zumindest das Mindestentgelt nach Satz 1 zu zahlen. Die Verpflichtung zur Zahlung des Mindestentgelts nach der

jeweils geltenden Verordnung nach § 7 Absatz 1 des Arbeitnehmer-Entsendegesetzes über zwingende Arbeitsbedingungen für Aus- und Weiterbildungsdienstleistungen nach dem Zweiten oder diesem Buch bleibt unberührt.

(2) Das Bundesministerium für Arbeit und Soziales wird ermächtigt, durch Rechtsverordnung, die nicht der Zustimmung des Bundesrates bedarf, festzulegen:

1. das Nähere zum sachlichen, persönlichen und zeitlichen Geltungsbereich des vergabespezifischen Mindestentgelts sowie
2. die Höhe des vergabespezifischen Mindestentgelts und dessen Fälligkeit.

Hierbei übernimmt die Rechtsverordnung die Vorgaben aus der jeweils geltenden Verordnung nach § 7 Absatz 1 des Arbeitnehmer-Entsendegesetzes in der Branche der Aus- und Weiterbildungsdienstleistungen nach dem Zweiten oder diesem Buch nach § 4 Absatz 1 Nummer 8 des Arbeitnehmer-Entsendegesetzes.

(3) Die Vorschriften des Gesetzes gegen Wettbewerbsbeschränkungen und der Vergabeverordnung sind anzuwenden.

§§ 186 bis 279 (weggefallen)

Siebtes Kapitel
Weitere Aufgaben der Bundesagentur

Erster Abschnitt
Statistiken, Arbeitsmarkt- und Berufsforschung, Berichterstattung

§ 280 Aufgaben

Die Bundesagentur hat Lage und Entwicklung der Beschäftigung und des Arbeitsmarktes im allgemeinen und nach Berufen, Wirtschaftszweigen und Regionen sowie die Wirkungen der aktiven Arbeitsförderung zu beobachten, zu untersuchen und auszuwerten, indem sie

1. Statistiken erstellt,
2. Arbeitsmarkt- und Berufsforschung betreibt und
3. Bericht erstattet.

§ 281 Arbeitsmarktstatistiken, Verordnungsermächtigung

(1) [1]Die Bundesagentur erstellt amtliche Statistiken über

1. Arbeitslosigkeit und Arbeitsuche von Arbeitnehmerinnen und Arbeitnehmern sowie deren Eingliederung in den Arbeitsmarkt,
2. Entgeltersatzleistungen nach diesem Buch und Leistungen zur Sicherung des Lebensunterhaltes nach dem Zweiten Buch,
3. Leistungen der aktiven Arbeitsförderung nach diesem Buch und Leistungen zur Eingliederung in Arbeit nach dem Zweiten Buch,
4. sozialversicherungspflichtige und geringfügige Beschäftigung,
5. Angebot und Nachfrage auf dem Ausbildungs- und Arbeitsmarkt sowie
6. weitere, in ihrem Geschäftsbereich anfallende Aufgaben.

[2]Die Bundesagentur hat die einheitliche und termingerechte Erstellung von Statistiken sicherzustellen, die Ergebnisse der Statistik in angemessener Gliederung zu veröffentlichen sowie die Daten zu analysieren. [3]Für Ausländerinnen und Ausländer, die keine Unionsbürgerinnen oder Unionsbürger sind und sich nicht nur vorübergehend im Geltungsbereich des Gesetzes über das Ausländerzentralregister aufhalten, wird die Statistik der sozialversicherungspflichtig und geringfügig Beschäftigten zusätzlich nach dem Aufenthaltsstatus auf der Grundlage der nach § 23a des AZR-Gesetzes übermittelten Daten gegliedert.

(2) Die Bundesagentur verarbeitet für die in Absatz 1 genannten Zwecke

1. Daten, die im Rahmen der Erfüllung ihrer Aufgaben nach diesem Buch erhoben oder übermittelt werden,
2. Daten, die von den zuständigen Trägern der Grundsicherung für Arbeitsuchende nach § 51b des Zweiten Buches erhoben und übermittelt werden,
3. Daten aus den Meldungen nach § 28a des Vierten Buches,
4. Daten aus dem Anzeigeverfahren zur Beschäftigung schwerbehinderter Menschen nach § 163 Absatz 2 des Neunten Buches,
5. Daten, die ihr auf Grundlage von § 23a des AZR-Gesetzes übermittelt werden,
6. Daten, die ihr zur Verarbeitung für statistische Zwecke auf Grund anderer einzelgesetzlicher Vorschriften übermittelt werden oder wurden.

(3) [1]Für die Statistiken der Bundesagentur gelten die Grundsätze der Neutralität und Objektivität. [2]Die Vorschriften der Geheimhaltung nach § 16 des Bundesstatistikgesetzes gelten entsprechend. [3]Das Statistikgeheimnis ist durch technische und organisatorische Maßnahmen der Trennung zwischen statistischen und nichtstatistischen Aufgaben einzuhalten.

(4) $_{1}$Die Bundesagentur hat zusätzlich den Migrationshintergrund in ihren Statistiken zu berücksichtigen und die hierfür erforderlichen Merkmale zu erheben. $_{2}$Die erhobenen Merkmale dürfen ausschließlich für statistische Zwecke verarbeitet werden. $_{3}$Sie sind in einem durch technische und organisatorische Maßnahmen von sonstiger Datenverarbeitung getrennten Bereich zu verarbeiten. $_{4}$Das Bundesministerium für Arbeit und Soziales bestimmt durch Rechtsverordnung ohne Zustimmung des Bundesrates das Nähere über die zu erhebenden Merkmale und die Durchführung des Verfahrens, insbesondere über Erhebung, Übermittlung und Speicherung der erhobenen Daten.

§ 282 Arbeitsmarkt- und Berufsforschung

(1) $_{1}$Die Bundesagentur hat bei der Festlegung von Inhalt, Art und Umfang der Arbeitsmarkt- und Berufsforschung ihren eigenen Informationsbedarf sowie den des Bundesministeriums für Arbeit und Soziales zu berücksichtigen. $_{2}$Die Bundesagentur hat den Forschungsbedarf mindestens in jährlichen Zeitabständen mit dem Bundesministerium für Arbeit und Soziales abzustimmen.

(2) $_{1}$Die Untersuchung der Wirkungen der Arbeitsförderung ist ein Schwerpunkt der Arbeitsmarktforschung. $_{2}$Sie soll zeitnah erfolgen und ist ständige Aufgabe des Instituts für Arbeitsmarkt- und Berufsforschung.

(3) Die Wirkungsforschung soll unter Berücksichtigung der unterschiedlichen Zielsetzungen dieses Buches insbesondere

1. untersuchen, in welchem Ausmaß die Teilnahme an einer Maßnahme die Vermittlungsaussichten der Teilnehmenden verbessert und ihre Beschäftigungsfähigkeit erhöht,
2. vergleichend die Kosten von Maßnahmen im Verhältnis zu ihrem Nutzen ermitteln,
3. volkswirtschaftliche Nettoeffekte beim Einsatz von Leistungen der aktiven Arbeitsförderung messen und
4. Auswirkungen auf Erwerbsverläufe analysieren.

(4) Arbeitsmarktforschung soll auch die Wirkungen der Arbeitsförderung auf regionaler Ebene untersuchen.

(5) $_{1}$Innerhalb der Bundesagentur dürfen die Daten aus ihrem Geschäftsbereich und der Migrationshintergrund nach § 281 Absatz 4 Satz 1 dem Institut für Arbeitsmarkt- und Berufsforschung zur Verfügung gestellt und dort für dessen Zwecke gespeichert, verändert, genutzt, übermittelt oder in der Verarbeitung eingeschränkt werden. $_{2}$Das Institut für Arbeitsmarkt- und Berufsforschung darf ergänzend Erhebungen ohne Auskunftspflicht der zu Befragenden durchführen, wenn sich die Informationen nicht bereits aus den im Geschäftsbereich der Bundesagentur vorhandenen Daten oder aus anderen statistischen Quellen gewinnen lassen. $_{3}$Das Institut, das räumlich, organisatorisch und personell vom Verwaltungsbereich der Bundesagentur zu trennen ist, hat die Daten vor unbefugter Kenntnisnahme durch Dritte zu schützen. $_{4}$Die Daten dürfen nur für den Zweck der wissenschaftlichen Forschung genutzt werden. $_{5}$Die personenbezogenen Daten sind zu anonymisieren, sobald dies nach dem Forschungszweck möglich ist. $_{6}$Bis dahin sind die Merkmale gesondert zu speichern, mit denen Einzelangaben über persönliche oder sachliche Verhältnisse einer bestimmten oder bestimmbaren Person zugeordnet werden können. $_{7}$Das Statistische Bundesamt und die statistischen Ämter der Länder dürfen dem Institut für Arbeitsmarkt- und Berufsforschung Daten entsprechend § 16 Abs. 6 des Bundesstatistikgesetzes übermitteln.

(6) $_{1}$Das Institut hat die nach § 28a des Vierten Buches gemeldeten und der Bundesagentur weiter übermittelten Daten der in der Bundesrepublik Deutschland Beschäftigten ohne Vor- und Zunamen nach der Versicherungsnummer langfristig in einem besonders geschützten Dateisystem zu speichern. $_{2}$Die in diesem Dateisystem gespeicherten Daten dürfen nur für Zwecke der wissenschaftlichen Forschung, der Arbeitsmarktstatistik und der nicht einzelfallbezogenen Planung gespeichert, verändert, genutzt, übermittelt oder in der Verarbeitung eingeschränkt werden. $_{3}$Sie sind zu anonymisieren, sobald dies mit dem genannten Zweck vereinbar ist.

(7) $_{1}$Die Bundesagentur übermittelt wissenschaftlichen Einrichtungen auf Antrag oder Ersuchen anonymisierte Daten, die für Zwecke der Arbeitsmarkt- und Berufsforschung erforderlich sind. $_{2}$§ 282a Absatz 5 gilt entsprechend. $_{3}$Für Sozialdaten gilt § 75 des Zehnten Buches.

§ 282a Übermittlung von Daten

(1) $_{1}$Die Bundesagentur ist berechtigt, dem Statistischen Bundesamt und den statistischen Ämtern der Länder Tabellen mit statistischen Ergebnissen zu übermitteln, soweit dies für Zwecke eines Zensus erforderlich ist. $_{2}$Diese Ergebnisse können auch Einzelfälle ausweisen.

(2) $_{1}$Die Bundesagentur ist berechtigt, dem Statistischen Bundesamt und den statistischen Ämtern der Länder anonymisierte Einzeldaten zu sozialversicherungspflichtig Beschäftigten zu übermitteln, soweit diese Daten dort für die Erstellung der Erwerbstäti-

genstatistiken erforderlich sind. ₂Die in Satz 1 genannten Daten dürfen den Statistischen Ämtern des Bundes und der Länder auch übermittelt werden, wenn sie für Zwecke des Verdienststatistikgesetzes oder für Statistiken über die Gesundheitsversorgung nach dem Anhang II der Verordnung (EG) Nr. 1338/2008 des Europäischen Parlaments und des Rates vom 16. Dezember 2008 zu Gemeinschaftsstatistiken über öffentliche Gesundheit und über Gesundheitsschutz und Sicherheit am Arbeitsplatz (ABl. L 354 vom 31. 12. 2008, S. 70) erforderlich sind.

(2a) ₁Die Bundesagentur ist berechtigt, dem Statistischen Bundesamt die in § 3 des Verwaltungsdatenverwendungsgesetzes bezeichneten Daten für die in § 1 desselben Gesetzes genannten Zwecke zu übermitteln. ₂Satz 1 gilt auch für Daten, die nach Maßgabe einer Rechtsverordnung im Sinne des § 5 des Verwaltungsdatenverwendungsgesetzes zu übermitteln sind.

(2b) ₁Die Bundesagentur darf dem Statistischen Bundesamt und den statistischen Ämtern der Länder nach Gemeinden Tabellen mit statistischen Ergebnissen über die Zahl der sozialversicherungspflichtig Beschäftigten und die sozialversicherungspflichtigen Entgelte – jeweils ohne Beschäftigte von Gebietskörperschaften und Sozialversicherungen sowie deren Einrichtungen – übermitteln, soweit diese zur Festsetzung des Verteilungsschlüssels für den Gemeindeanteil am Aufkommen der Umsatzsteuer nach § 5a des Gemeindefinanzreformgesetzes erforderlich sind. ₂Diese Ergebnisse können auch Einzelfälle ausweisen. ₃Das Statistische Bundesamt und die statistischen Ämter der Länder dürfen die in Satz 1 genannten Angaben dem Bundesministerium der Finanzen sowie den zuständigen obersten Landesbehörden übermitteln, soweit die Daten für die Festsetzung des Verteilungsschlüssels nach § 5a des Gemeindefinanzreformgesetzes erforderlich sind. ₄Die Angaben dürfen nur auf Ersuchen übermittelt und nur für die in den Sätzen 1 und 2 genannten Zwecke gespeichert, verändert, genutzt, übermittelt oder in der Verarbeitung eingeschränkt werden. ₅Sie sind vier Jahre nach Festsetzung des Verteilungsschlüssels zu löschen. ₆Werden innerhalb dieser Frist Einwendungen gegen die Berechnung des Verteilungsschlüssels erhoben, dürfen die Angaben bis zur abschließenden Klärung der Einwendungen aufbewahrt werden, soweit sie für die Klärung erforderlich sind.

(3) ₁Das Statistische Bundesamt und die statistischen Ämter der Länder sind berechtigt, der zur Durchführung ausschließlich statistischer Aufgaben zuständigen Stelle der Bundesagentur nach Gemeinden Tabellen mit statistischen Ergebnissen über Selbständige, mithelfende Familienangehörige, Beamtinnen und Beamte sowie geringfügig Beschäftigte zu übermitteln, soweit sie für die Berechnung von Arbeitslosenquoten im Rahmen der Arbeitsmarktstatistik erforderlich sind. ₂Diese Ergebnisse können auch Einzelfälle ausweisen. ₃Diese übermittelten Angaben dürfen ausschließlich für statistische Zwecke verarbeitet werden.

(4) Für die Speicherung und für die Nutzung gegenüber den gesetzgebenden Körperschaften und für Zwecke der Planung, jedoch nicht für die Regelung von Einzelfällen, dürfen den obersten Bundes- oder Landesbehörden von der Bundesagentur Tabellen mit statistischen Ergebnissen übermittelt werden, auch soweit Tabellenfelder nur einen einzigen Fall ausweisen.

(5) Bedarf die Übermittlung einer Datenaufbereitung in erheblichem Umfang, ist über die Daten- oder Tabellenübermittlung eine schriftliche Vereinbarung zu schließen, die eine Regelung zur Erstattung der durch die Aufbereitung entstehenden Kosten vorsehen kann.

§ 282b Speicherung, Veränderung, Nutzung, Übermittlung, Einschränkung der Verarbeitung oder Löschung von Daten für die Ausbildungsvermittlung durch die Bundesagentur

(1) Die Bundesagentur darf die ihr von den Auskunftsstellen übermittelten Daten über eintragungsfähige oder eingetragene Ausbildungsverhältnisse vorbehaltlich des Absatzes 4 ausschließlich speichern, verändern, nutzen, übermitteln oder in der Verarbeitung einschränken zur Verbesserung der

1. Ausbildungsvermittlung,
2. Zuverlässigkeit und Aktualität der Ausbildungsvermittlungsstatistik oder
3. Feststellung von Angebot und Nachfrage auf dem Ausbildungsmarkt.

(2) Auskunftsstellen sind die nach dem Berufsbildungsgesetz zuständigen Stellen.

(3) Die Bundesagentur hat die ihr zu den Zwecken des Absatzes 1 übermittelten Daten und Datenträger spätestens zum Ende des Kalenderjahres zu löschen.

(4) Die Bundesagentur übermittelt die ihr von den Auskunftsstellen übermittelten Daten zu den in Absatz 1 genannten Zwecken an die für den Wohnort der oder des Auszubildenden zuständige gemeinsame Einrichtung nach § 44b des Zweiten Buches oder an den für den Wohnort der oder des Auszubildenden zuständigen zugelassenen kommunalen Träger nach § 6a des Zweiten Buches.

§ 283 Arbeitsmarktberichterstattung, Weisungsrecht

(1) $_{1}$Die Bundesagentur hat die Arbeitsmarktstatistiken und die Ergebnisse der Arbeitsmarkt- und Berufsforschung dem Bundesministerium für Arbeit und Soziales vorzulegen und in geeigneter Form zu veröffentlichen. $_{2}$Die Bundesagentur hat zu gewährleisten, dass bei der Wahrnehmung der Aufgaben dieses Abschnitts neben einem eigenen kurzfristigen arbeitsmarktpolitischen Informationsbedarf auch dem des Bundesministeriums für Arbeit und Soziales entsprochen werden kann.

(2) Das Bundesministerium für Arbeit und Soziales kann Art und Umfang sowie Tatbestände und Merkmale der Statistiken und der Arbeitsmarktberichterstattung näher bestimmen und der Bundesagentur entsprechende fachliche Weisungen erteilen.

Zweiter Abschnitt
Erteilung von Genehmigungen und Erlaubnissen

Erster Unterabschnitt
Beschäftigung von Ausländerinnen und Ausländern

§ 284 Arbeitsgenehmigung-EU für Staatsangehörige der neuen EU-Mitgliedstaaten

(1) Soweit nach Maßgabe des Beitrittsvertrages eines Mitgliedstaates zur Europäischen Union abweichende Regelungen als Übergangsregelungen von der Arbeitnehmerfreizügigkeit anzuwenden sind, dürfen Staatsangehörige dieses Mitgliedstaates und ihre freizügigkeitsberechtigten Familienangehörigen eine Beschäftigung nur mit Genehmigung der Bundesagentur ausüben sowie von Arbeitgebern nur beschäftigt werden, wenn sie eine solche Genehmigung besitzen.

(2) $_{1}$Die Genehmigung wird befristet als Arbeitserlaubnis-EU erteilt, wenn nicht Anspruch auf eine unbefristete Erteilung als Arbeitsberechtigung-EU besteht. $_{2}$Die Genehmigung ist vor Aufnahme der Beschäftigung einzuholen.

(3) Die Arbeitserlaubnis-EU kann nach Maßgabe des § 39 Abs. 2 bis 4 des Aufenthaltsgesetzes erteilt werden.

(4) $_{1}$Unionsbürgerinnen und Unionsbürger nach Absatz 1 und ihre freizügigkeitsberechtigten Familienangehörigen, die ihren Wohnsitz oder gewöhnlichen Aufenthalt im Ausland haben und eine Beschäftigung im Bundesgebiet aufnehmen wollen, darf eine Arbeitserlaubnis-EU nur erteilt werden, wenn dies durch zwischenstaatliche Vereinbarung bestimmt oder aufgrund einer Rechtsverordnung zulässig ist. $_{2}$Für die Beschäftigungen, die durch Rechtsverordnung zugelassen werden, ist Staatsangehörigen aus den Mitgliedstaaten der Europäischen Union nach Absatz 1 gegenüber Staatsangehörigen aus Drittstaaten vorrangig eine Arbeitserlaubnis-EU zu erteilen, soweit dies der EU-Beitrittsvertrag vorsieht.

(5) Die Erteilung der Arbeitsberechtigung-EU bestimmt sich nach der aufgrund des § 288 erlassenen Rechtsverordnung.

(6) $_{1}$Das Aufenthaltsgesetz und die aufgrund des § 42 des Aufenthaltsgesetzes erlassenen Rechtsverordnungen gelten entsprechend, soweit nicht eine aufgrund des § 288 erlassene Rechtsverordnung günstigere Regelungen enthält. $_{2}$Bei Anwendung der Vorschriften steht die Arbeitsgenehmigung-EU der Zustimmung zu einem Aufenthaltstitel nach § 4 Abs. 3 des Aufenthaltsgesetzes gleich.

(7) $_{1}$Ein Aufenthaltstitel zur Ausübung einer Beschäftigung, der vor dem Tag, an dem der Beitrittsvertrag eines Mitgliedstaates zur Europäischen Union, der Übergangsregelungen hinsichtlich der Arbeitnehmerfreizügigkeit vorsieht, für die Bundesrepublik Deutschland in Kraft getreten ist, erteilt wurde, gilt als Arbeitserlaubnis-EU fort. $_{2}$Beschränkungen des Aufenthaltstitels hinsichtlich der Ausübung der Beschäftigung bleiben als Beschränkungen der Arbeitserlaubnis-EU bestehen. $_{3}$Ein vor diesem Zeitpunkt erteilter Aufenthaltstitel, der zur unbeschränkten Ausübung einer Beschäftigung berechtigt, gilt als Arbeitsberechtigung-EU fort.

§§ 285 und 286 (weggefallen)

§ 287 Gebühren für die Durchführung der Vereinbarungen über Werkvertragsarbeitnehmerinnen und Werkvertragsarbeitnehmer

(1) Für die Aufwendungen, die der Bundesagentur und den Behörden der Zollverwaltung bei der Durchführung der zwischenstaatlichen Vereinbarungen über die Beschäftigung von Arbeitnehmerinnen und Arbeitnehmern auf der Grundlage von Werkverträgen entstehen, kann vom Arbeitgeber der ausländischen Arbeitnehmerinnen und Arbeitnehmer eine Gebühr erhoben werden.

(2) $_{1}$Die Gebühr wird für die Aufwendungen der Bundesagentur und der Behörden der Zollverwaltung erhoben, die im Zusammenhang mit dem Antragsverfahren und der Überwachung der Einhaltung der Vereinbarungen stehen, insbesondere für die

1. Prüfung der werkvertraglichen Grundlagen,
2. Prüfung der Voraussetzungen für die Beschäftigung der ausländischen Arbeitnehmerinnen und Arbeitnehmer,
3. Zusicherung, Erteilung und Aufhebung der Zustimmung zur Erteilung einer Aufenthaltserlaubnis zum Zwecke der Beschäftigung oder der Arbeitserlaubnis-EU,
4. Überwachung der Einhaltung der für die Ausführung eines Werkvertrages festgesetzten Zahl der Arbeitnehmerinnen und Arbeitnehmer,
5. Überwachung der Einhaltung der für die Arbeitgeber nach den Vereinbarungen bei der Beschäftigung ihrer Arbeitnehmerinnen und Arbeitnehmer bestehenden Pflichten einschließlich der Durchführung der dafür erforderlichen Prüfungen nach § 2 Abs. 1 Nr. 4 des Schwarzarbeitsbekämpfungsgesetzes durch die Behörden der Zollverwaltung sowie
6. Durchführung von Ausschlussverfahren nach den Vereinbarungen.

₂Die Bundesagentur wird ermächtigt, durch Anordnung die gebührenpflichtigen Tatbestände zu bestimmen, für die Gebühr feste Sätze vorzusehen und den auf die Behörden der Zollverwaltung entfallenden Teil der Gebühren festzulegen und zu erheben.

(3) Der Arbeitgeber darf sich die Gebühr nach den Absätzen 1 und 2 weder ganz noch teilweise erstatten lassen.

(4) Im Übrigen sind die Vorschriften des Verwaltungskostengesetzes vom 23. Juni 1970 (BGBl. I S. 821) in der am 14. August 2013 geltenden Fassung anzuwenden.

§ 288 Verordnungsermächtigung und Weisungsrecht

(1) Das Bundesministerium für Arbeit und Soziales kann durch Rechtsverordnung

1. Ausnahmen für die Erteilung einer Arbeitserlaubnis an Ausländerinnen und Ausländer, die keine Aufenthaltsgenehmigung besitzen,
2. Ausnahmen für die Erteilung einer Arbeitserlaubnis unabhängig von der Arbeitsmarktlage,
3. Ausnahmen für die Erteilung einer Arbeitserlaubnis an Ausländerinnen und Ausländer mit Wohnsitz oder gewöhnlichem Aufenthalt im Ausland,
4. die Voraussetzungen für die Erteilung einer Arbeitserlaubnis sowie das Erfordernis einer ärztlichen Untersuchung von Ausländerinnen und Ausländern mit Wohnsitz oder gewöhnlichem Aufenthalt im Ausland mit deren Einwilligung für eine erstmalige Beschäftigung,
5. das Nähere über Umfang und Geltungsdauer der Arbeitserlaubnis,
6. weitere Personengruppen, denen eine Arbeitsberechtigung erteilt wird, sowie die zeitliche, betriebliche, berufliche und regionale Beschränkung der Arbeitsberechtigung,
7. weitere Ausnahmen von der Genehmigungspflicht sowie
8. die Voraussetzungen für das Verfahren und die Aufhebung einer Genehmigung

näher bestimmen.

(2) Das Bundesministerium für Arbeit und Soziales kann der Bundesagentur zur Durchführung der Bestimmungen dieses Unterabschnittes und der hierzu erlassenen Rechtsverordnungen sowie der von den Organen der Europäischen Gemeinschaften erlassenen Bestimmungen über den Zugang zum Arbeitsmarkt und der zwischenstaatlichen Vereinbarungen über die Beschäftigung von Arbeitnehmerinnen und Arbeitnehmern Weisungen erteilen.

Zweiter Unterabschnitt
Beratung und Vermittlung durch Dritte

Erster Titel
Berufsberatung

§ 288a Untersagung der Berufsberatung

(1) ₁Die Agentur für Arbeit hat einer natürlichen oder juristischen Person oder Personengesellschaft, die Berufsberatung betreibt (Berufsberatende), die Ausübung dieser Tätigkeit ganz oder teilweise zu untersagen, sofern dies zum Schutz der Ratsuchenden erforderlich ist. ₂Bei einer juristischen Person oder Personengesellschaft kann auch einer von ihr für die Leitung des Betriebes bestellten Person die Ausübung der Tätigkeit ganz oder teilweise untersagt werden, sofern dies zum Schutz der Ratsuchenden erforderlich ist.

(2) ₁Im Untersagungsverfahren hat die betreffende Person auf Verlangen der Agentur für Arbeit

1. die Auskünfte zu erteilen, die zur Durchführung des Verfahrens erforderlich sind, und
2. die geschäftlichen Unterlagen vorzulegen, aus denen sich die Richtigkeit ihrer Angaben ergibt.

₂Sie kann die Auskunft auf solche Fragen verweigern, deren Beantwortung sie selbst oder einen in § 383 Abs. 1 Nr. 1 bis 3 der Zivilprozeßordnung bezeichneten Angehörigen der Gefahr strafrechtlicher Verfolgung oder eines Verfahrens nach dem Gesetz über Ordnungswidrigkeiten aussetzen würde.

(3) 1Soweit es zur Durchführung der Überprüfung erforderlich ist, sind die von der Agentur für Arbeit beauftragten Personen befugt, Geschäftsräume der betreffenden Person während der üblichen Geschäftszeiten zu betreten. 2Die Person hat Maßnahmen nach Satz 1 zu dulden.

(4) Untersagt die Agentur für Arbeit die Ausübung der Berufsberatung, so hat es die weitere Ausübung dieser Tätigkeit nach den Vorschriften des Verwaltungs-Vollstreckungsgesetzes zu verhindern.

§ 289 Offenbarungspflicht

1Berufsberatende, die die Interessen eines Arbeitgebers oder einer Einrichtung wahrnehmen, sind verpflichtet, Ratsuchenden die Identität des Trägers oder der Einrichtung mitzuteilen; sie haben darauf hinzuweisen, dass sich die Interessenwahrnehmung auf die Beratungstätigkeit auswirken kann. 2Die Offenbarungspflicht besteht auch, wenn Berufsberatende zu einer Einrichtung Verbindungen unterhalten, deren Kenntnis für die Ratsuchenden zur Beurteilung einer Beratung von Bedeutung sein kann.

§ 290 Vergütungen

1Für eine Berufsberatung dürfen Vergütungen von Ratsuchenden nur dann verlangt oder entgegengenommen werden, wenn die oder der Berufsberatende nicht zugleich eine Vermittlung von Ausbildungs- oder Arbeitsplätzen betreibt oder eine entsprechende Vermittlung in damit zusammenhängenden Geschäftsräumen betrieben wird. 2Entgegen Satz 1 geschlossene Vereinbarungen sind unwirksam.

Zweiter Titel
Ausbildungsvermittlung und Arbeitsvermittlung

§ 291 (weggefallen)

§ 292 Auslandsvermittlung, Anwerbung aus dem Ausland

Das Bundesministerium für Arbeit und Soziales kann durch Rechtsverordnung bestimmen, dass die Vermittlung für eine Beschäftigung im Ausland außerhalb der Europäischen Gemeinschaft oder eines anderen Vertragsstaates des Abkommens über den Europäischen Wirtschaftsraum sowie die Vermittlung und die Anwerbung aus diesem Ausland für eine Beschäftigung im Inland (Auslandsvermittlung) für bestimmte Berufe und Tätigkeiten nur von der Bundesagentur durchgeführt werden dürfen.

§§ 293 bis 295 (weggefallen)

§ 296 Vermittlungsvertrag zwischen Vermittlern und Arbeitsuchenden

(1) 1Ein Vertrag, nach dem sich ein Vermittler verpflichtet, einer oder einem Arbeitsuchenden eine Arbeitsstelle zu vermitteln, bedarf der schriftlichen Form. 2In dem Vertrag ist insbesondere die Vergütung des Vermittlers anzugeben. 3Zu den Leistungen der Vermittlung gehören auch alle Leistungen, die zur Vorbereitung und Durchführung der Vermittlung erforderlich sind, insbesondere die Feststellung der Kenntnisse der oder des Arbeitsuchenden sowie die mit der Vermittlung verbundene Berufsberatung. 4Der Vermittler hat der oder dem Arbeitsuchenden den Vertragsinhalt in Textform mitzuteilen.

(2) 1Die oder der Arbeitsuchende ist zur Zahlung der Vergütung nach Absatz 3 nur verpflichtet, wenn infolge der Vermittlung des Vermittlers der Arbeitsvertrag zustande gekommen ist und der Vermittler die Arbeitsuchende oder den Arbeitsuchenden bei grenzüberschreitenden Vermittlungen entsprechend der Regelung des § 299 informiert hat. 2Der Vermittler darf keine Vorschüsse auf die Vergütungen verlangen oder entgegennehmen.

(3) 1Die Vergütung einschließlich der darauf entfallenden gesetzlichen Umsatzsteuer darf 2000 Euro nicht übersteigen, soweit nicht ein gültiger Aktivierungs- und Vermittlungsgutschein in einer abweichenden Höhe nach § 45 Absatz 6 Satz 3 und Satz 4 vorgelegt wird oder durch eine Rechtsverordnung nach § 301 für bestimmte Berufe oder Personengruppen etwas anderes bestimmt ist. 2Für die Vermittlung einer geringfügigen Beschäftigung nach § 8 des Vierten Buches darf der Vermittler eine Vergütung weder verlangen noch entgegennehmen. 3Bei der Vermittlung von Personen in Au-pair-Verhältnisse darf die Vergütung 150 Euro nicht übersteigen.

(4) 1Arbeitsuchende, die dem Vermittler einen Aktivierungs- und Vermittlungsgutschein vorlegen, können die Vergütung abweichend von § 266 des Bürgerlichen Gesetzbuchs in Teilbeträgen zahlen. 2Die Vergütung ist nach Vorlage des Aktivierungs- und Vermittlungsgutscheins bis zu dem Zeitpunkt gestundet, in dem die Agentur für Arbeit nach Maßgabe von § 45 Absatz 6 gezahlt hat.

§ 296a Vergütungen bei Ausbildungsvermittlung

1Für die Leistungen zur Ausbildungsvermittlung dürfen nur vom Arbeitgeber Vergütungen verlangt oder entgegengenommen werden. 2Zu den Leistungen zur Ausbildungsvermittlung gehören auch alle Leistungen, die zur Vorbereitung und Durchführung der Vermittlung erforderlich sind, insbesondere die Feststellung der Kenntnisse der oder des Ausbildungsuchenden sowie die mit der Ausbildungsvermittlung verbundene Berufsberatung.

§ 297 Unwirksamkeit von Vereinbarungen

Unwirksam sind

1. Vereinbarungen zwischen einem Vermittler und einer oder einem Arbeitsuchenden über die Zahlung der Vergütung, wenn deren Höhe die nach § 296 Abs. 3 zulässige Höchstgrenze überschreitet, wenn Vergütungen für Leistungen verlangt oder entgegengenommen werden, die nach § 296 Abs. 1 Satz 3 zu den Leistungen der Vermittlung gehören oder wenn die erforderliche Schriftform nicht eingehalten wird, und

1a. Vereinbarungen zwischen einem Vermittler und einer oder einem Arbeitsuchenden über die Zahlung einer Vergütung, wenn eine geringfügige Beschäftigung nach § 8 des Vierten Buches vermittelt werden soll oder vermittelt wurde,

2. Vereinbarungen zwischen einem Vermittler und einer oder einem Ausbildungsuchenden über die Zahlung einer Vergütung,

3. Vereinbarungen zwischen einem Vermittler und einem Arbeitgeber, wenn der Vermittler eine Vergütung mit einer oder einem Ausbildungsuchenden vereinbart oder von dieser oder diesem entgegennimmt, obwohl dies nicht zulässig ist, und

4. Vereinbarungen, die sicherstellen sollen, dass ein Arbeitgeber oder eine Person, die eine Ausbildung oder Arbeit sucht, sich ausschließlich eines bestimmten Vermittlers bedient.

§ 298 Behandlung von Daten

(1) 1Vermittler dürfen Daten über zu besetzende Ausbildungs- und Arbeitsplätze und über Ausbildungsuchende sowie Arbeitnehmerinnen und Arbeitnehmer nur verarbeiten, soweit dies für die Verrichtung ihrer Vermittlungstätigkeit erforderlich ist. 2Sind diese Daten personenbezogen oder Geschäfts- oder Betriebsgeheimnisse, dürfen sie nur verarbeitet werden, soweit die betroffene Person im Einzelfall eingewilligt hat; § 67b Absatz 2 und 3 des Zehnten Buches gilt entsprechend. 3Übermittelt der Vermittler diese Daten im Rahmen seiner Vermittlungstätigkeit einer weiteren Person oder Einrichtung, darf diese sie nur zu dem Zweck speichern, verändern, nutzen, übermitteln oder in der Verarbeitung einschränken, zu dem sie ihr befugt übermittelt worden sind.

(2) 1Von betroffenen Personen zur Verfügung gestellte Unterlagen sind unmittelbar nach Abschluss der Vermittlungstätigkeit zurückzugeben. 2Die übrigen Geschäftsunterlagen des Vermittlers sind nach Abschluss der Vermittlungstätigkeit drei Jahre aufzubewahren. 3Die Verwendung der Geschäftsunterlagen ist zur Kontrolle des Vermittlers durch die zuständigen Behörden sowie zur Wahrnehmung berechtigter Interessen des Vermittlers zulässig. 4Personenbezogene Daten sind nach Ablauf der Aufbewahrungspflicht zu löschen. 5Personen können nach Abschluss der Vermittlungstätigkeit Abweichungen von den Sätzen 1, 3 und 4 gestatten; die Gestattung bedarf der Schriftform.

§ 299 Informationspflicht bei grenzüberschreitender Vermittlung

Bei einer grenzüberschreitenden Vermittlung hat der Vermittler die Arbeitsuchende oder den Arbeitsuchenden vor Abschluss des Arbeitsvertrages in schriftlicher Form und auf seine Kosten in der eigenen Sprache der oder des Arbeitsuchenden oder in einer Sprache, die die oder der Arbeitsuchende versteht, zu informieren über:

1. den Namen und die Anschrift des Arbeitgebers,
2. den vorgesehenen Zeitpunkt des Beginns und die vorgesehene Dauer des Arbeitsverhältnisses,
3. den Arbeitsort oder, falls die Arbeitnehmerin oder der Arbeitnehmer nicht nur an einem bestimmten Arbeitsort tätig sein soll, einen Hinweis, dass die Arbeitnehmerin oder der Arbeitnehmer an verschiedenen Orten beschäftigt werden kann,
4. die zu leistende Tätigkeit,
5. die vertragliche Arbeitszeit,
6. das vertragliche Arbeitsentgelt, einschließlich vorgesehener Abzüge,
7. die Dauer des vertraglichen Erholungsurlaubs,
8. die Fristen für die Kündigung des Arbeitsverhältnisses,
9. einen in allgemeiner Form gehaltenen Hinweis auf die Tarifverträge, Betriebs- oder Dienstvereinbarungen, die auf das Arbeitsverhältnis anzuwenden sind und
10. die Möglichkeit, die Beratungsdienste der Sozialpartner und staatlicher Stellen in Anspruch zu nehmen; hierbei sind mindestens beispielhaft die Beratungsstellen nach § 23a des Arbeitnehmer-Entsendegesetzes zu nennen und die jeweils aktuellen Kontaktdaten der erwähnten Beratungsdienste anzugeben.

§ 300 (weggefallen)

Dritter Titel
Verordnungsermächtigung

§ 301 Verordnungsermächtigung

Das Bundesministerium für Arbeit und Soziales wird ermächtigt, durch Rechtsverordnung zu bestimmen, dass für bestimmte Berufe oder Personengruppen Vergütungen vereinbart werden dürfen, die sich nach dem der Arbeitnehmerin oder dem Arbeitnehmer zustehenden Arbeitsentgelt bemessen.

§§ 302 und 303 (weggefallen)

Dritter Abschnitt

§§ 304 bis 308 (weggefallen)

Achtes Kapitel
Pflichten

Erster Abschnitt
Pflichten im Leistungsverfahren

Erster Unterabschnitt
Meldepflichten

§ 309 Allgemeine Meldepflicht

(1) 1Arbeitslose haben sich während der Zeit, für die sie einen Anspruch auf Arbeitslosengeld erheben, bei der Agentur für Arbeit oder einer sonstigen Dienststelle der Bundesagentur persönlich zu melden oder zu einem ärztlichen oder psychologischen Untersuchungstermin zu erscheinen, wenn die Agentur für Arbeit sie dazu auffordert (allgemeine Meldepflicht). 2Die Meldung muss bei der in der Aufforderung zur Meldung bezeichneten Stelle erfolgen. 3Die allgemeine Meldepflicht besteht auch in Zeiten, in denen der Anspruch auf Arbeitslosengeld ruht.

(2) Die Aufforderung zur Meldung kann zum Zwecke der

1. Berufsberatung,
2. Vermittlung in Ausbildung oder Arbeit,
3. Vorbereitung aktiver Arbeitsförderungsleistungen,
4. Vorbereitung von Entscheidungen im Leistungsverfahren und
5. Prüfung des Vorliegens der Voraussetzungen für den Leistungsanspruch

erfolgen.

(3) 1Die meldepflichtige Person hat sich zu der von der Agentur für Arbeit bestimmten Zeit zu melden. 2Ist der Meldetermin nach Tag und Tageszeit bestimmt, so ist die meldepflichtige Person der allgemeinen Meldepflicht auch dann nachgekommen, wenn sie sich zu einer anderen Zeit am selben Tag meldet und der Zweck der Meldung erreicht wird. 3Ist die meldepflichtige Person am Meldetermin arbeitsunfähig, so wirkt die Meldeaufforderung auf den ersten Tag der Arbeitsfähigkeit fort, wenn die Agentur für Arbeit dies in der Meldeaufforderung bestimmt.

(4) Die notwendigen Reisekosten, die der meldepflichtigen Person und einer erforderlichen Begleitperson aus Anlaß der Meldung entstehen, können auf Antrag übernommen werden, soweit sie nicht bereits nach anderen Vorschriften oder auf Grund anderer Vorschriften dieses Buches übernommen werden können.

§ 310 Meldepflicht bei Wechsel der Zuständigkeit

Wird für die Arbeitslose oder den Arbeitslosen nach der Arbeitslosmeldung eine andere Agentur für Arbeit zuständig, hat sie oder er sich bei der nunmehr zuständigen Agentur für Arbeit unverzüglich zu melden.

Zweiter Unterabschnitt
Anzeige- und Bescheinigungspflichten

§ 311 Anzeige- und Bescheinigungspflicht bei Arbeitsunfähigkeit

1Wer Arbeitslosengeld oder Übergangsgeld beantragt hat oder bezieht, ist verpflichtet, der Agentur für Arbeit

1. eine eingetretene Arbeitsunfähigkeit und deren voraussichtliche Dauer unverzüglich anzuzeigen und
2. spätestens vor Ablauf des dritten Kalendertages nach Eintritt der Arbeitsunfähigkeit eine ärztliche Bescheinigung über die Arbeitsunfähigkeit und deren voraussichtliche Dauer vorzulegen.

2Die Agentur für Arbeit ist berechtigt, die Vorlage der ärztlichen Bescheinigung früher zu verlangen. 3Dauert die Arbeitsunfähigkeit länger als in der Bescheinigung angegeben, so ist der Agentur für Arbeit eine neue ärztliche Bescheinigung vorzulegen. 4Die Bescheinigungen müssen einen Vermerk der behandelnden Ärztin oder des behandelnden Arztes darüber enthalten, daß dem Träger der Krankenversicherung unverzüglich eine Bescheinigung über die Arbeitsunfähigkeit mit Angaben über den Befund und die voraussichtliche Dauer der Arbeitsunfähigkeit übersandt wird.

§ 312 Arbeitsbescheinigung

(1) 1Der Arbeitgeber hat auf Verlangen der Arbeitnehmerin oder des Arbeitnehmers oder auf Verlangen der Bundesagentur alle Tatsachen zu bescheinigen, die für die Entscheidung über den Anspruch auf Arbeitslosengeld erheblich sein können (Arbeitsbescheinigung), insbesondere

1. die Art der Tätigkeit der Arbeitnehmerin oder des Arbeitnehmers,
2. Beginn, Ende, Unterbrechung und Grund für die Beendigung des Beschäftigungsverhältnisses und
3. das Arbeitsentgelt und die sonstigen Geldleistungen, die die Arbeitnehmerin oder der Arbeitnehmer erhalten oder zu beanspruchen hat;

es gilt das Bescheinigungsverfahren nach § 313a Absatz 1. 2Für Zwischenmeisterinnen, Zwischenmeister und andere Auftraggeber von Heimarbeiterinnen und Heimarbeitern gilt Satz 1 entsprechend.

(2) 1Macht der Bescheinigungspflichtige nach Absatz 1 geltend, die Arbeitslosigkeit sei die Folge eines Arbeitskampfes, so hat er dies darzulegen, glaubhaft zu machen und eine Stellungnahme der Betriebsvertretung beizufügen. 2Der Bescheinigungspflichtige nach Absatz 1 hat der Betriebsvertretung die für die Stellungnahme erforderlichen Angaben zu machen.

(3) Sozialversicherungsträger haben auf Verlangen der Bundesagentur, die übrigen Leistungsträger, Unternehmen und sonstige Stellen auf Verlangen der betroffenen Person oder der Bundesagentur alle Tatsachen zu bescheinigen, die für die Feststellung der Versicherungspflicht nach § 26 erheblich sein können; es gilt das Bescheinigungsverfahren nach § 313a Absatz 2.

§ 312a Arbeitsbescheinigung für Zwecke des über- und zwischenstaatlichen Rechts

(1) 1Der Bescheinigungspflichtige nach § 312 Absatz 1 hat auf Verlangen der Bundesagentur alle Tatsachen zu bescheinigen, deren Kenntnis für die Entscheidung über einen Anspruch auf Leistungen bei Arbeitslosigkeit eines von der Verordnung erfassten Staates notwendig ist und zu deren Bescheinigung die Bundesagentur nach Artikel 54 der Verordnung (EG) Nr. 987/2009 des Europäischen Parlaments und des Rates vom 16. September 2009 zur Festlegung der Modalitäten für die Durchführung der Verordnung (EG) Nr. 883/2004 über die Koordinierung der Systeme der sozialen Sicherheit (ABl. L 284 vom 30. 10. 2009, S. 1) verpflichtet ist; es gilt das Bescheinigungsverfahren nach § 313a Absatz 1. 2Satz 1 gilt entsprechend für Bescheinigungspflichten der Bundesagentur gegenüber einem ausländischen Träger nach anderen Regelungen des über- oder zwischenstaatlichen Rechts. 3Die Bescheinigungspflichten umfassen nur Daten, zu deren Aufbewahrung der Arbeitgeber nach deutschen Rechtsvorschriften verpflichtet ist.

(2) Die Bescheinigungspflicht gilt auch in den Fällen des § 312 Absatz 3.

§ 313 Nebeneinkommensbescheinigung

(1) Wer eine Person, die Berufsausbildungsbeihilfe, Ausbildungsgeld, Arbeitslosengeld oder Übergangsgeld (laufende Geldleistungen) beantragt hat oder bezieht, gegen Arbeitsentgelt beschäftigt oder dieser Person gegen Vergütung eine selbständige Tätigkeit überträgt, hat auf Verlangen dieser Person oder auf Verlangen der Bundesagentur unverzüglich Art und Dauer der Beschäftigung oder der selbständigen Tätigkeit sowie die Höhe des Arbeitsentgelts oder der Vergütung für die Zeiten zu bescheinigen (Nebeneinkommensbescheinigung), für die diese Person die Leistung beantragt hat oder bezieht; es gilt das Bescheinigungsverfahren nach § 313a Absatz 1.

(2) Wer eine laufende Geldleistung beantragt hat oder bezieht, ist verpflichtet, die Bescheinigung nach Absatz 1 unverzüglich nach Aufnahme der Beschäftigung oder der selbständigen Tätigkeit zu verlangen.

(3) Die Absätze 1 und 2 gelten für Personen, die Kurzarbeitergeld beziehen oder für die Kurzarbeitergeld beantragt worden ist, entsprechend.

§ 313a Bescheinigungsverfahren

(1) 1Die Bescheinigungen nach § 312 Absatz 1, § 312a Absatz 1 und § 313 sind von dem Bescheinigungspflichtigen der Bundesagentur elektronisch unter den Voraussetzungen des § 108 Absatz 1 Satz 1 des Vierten Buches zu übermitteln; die Bundesagentur hat der Person, für die die Bescheinigung übermittelt worden ist, unverzüglich einen Nachweis über die übermittelten Daten zuzuleiten. 2Ist eine Bescheinigung nach § 313 für eine Beschäftigung oder selbständige Tätigkeit im privaten Haushalt zu erstellen, kann abweichend von Satz 1 erster Halbsatz das Formular genutzt werden, das im Fachportal der Bundesagentur zur Verfügung gestellt ist; hat der Bescheinigungspflichtige die Bescheinigung unmittelbar an die Bundesagentur übermittelt, hat er der Person, für die er die Bescheinigung erstellt hat, unverzüglich einen Nachweis über die übermittelten Daten zuzuleiten.

(2) 1Sozialversicherungsträger haben die Bescheinigungen nach § 312 Absatz 3 elektronisch zu übermitteln; die Bundesagentur hat die Person, für die die Bescheinigung übermittelt worden ist, spätestens bei

Erlass des Verwaltungsaktes über die übermittelten Daten zu informieren. 2Die übrigen Leistungsträger, Unternehmen und sonstigen Stellen haben für Bescheinigungen nach § 312 Absatz 3 das Formular zu nutzen, das im Fachportal der Bundesagentur zur Verfügung gestellt ist. 3Das Formular ist unverzüglich demjenigen zu übermitteln, der die Ausstellung verlangt hat.

§ 314 Insolvenzgeldbescheinigung

(1) 1Die Insolvenzverwalterin oder der Insolvenzverwalter hat auf Verlangen der Agentur für Arbeit für jede Arbeitnehmerin und jeden Arbeitnehmer, für die oder den ein Anspruch auf Insolvenzgeld in Betracht kommt, Folgendes zu bescheinigen:

1. die Höhe des Arbeitsentgelts für die letzten drei Monate des Arbeitsverhältnisses, die der Eröffnung des Insolvenzverfahrens vorausgegangen sind, sowie
2. die Höhe der gesetzlichen Abzüge und derjenigen Leistungen, die zur Erfüllung der Ansprüche auf Arbeitsentgelt erbracht worden sind.

2Das Gleiche gilt hinsichtlich der Höhe von Entgeltteilen, die gemäß § 1 Abs. 2 Nr. 3 des Betriebsrentengesetzes umgewandelt und vom Arbeitgeber nicht an den Versorgungsträger abgeführt worden sind. 3Dabei ist anzugeben, ob der Entgeltteil in einem Pensionsfonds, in einer Pensionskasse oder in einer Direktversicherung angelegt und welcher Versorgungsträger für die betriebliche Altersversorgung gewählt worden ist. 4Es ist auch zu bescheinigen, inwieweit die Ansprüche auf Arbeitsentgelt gepfändet, verpfändet oder abgetreten sind. 5Dabei soll das Formular genutzt werden, das im Fachportal der Bundesagentur zur Verfügung gestellt ist. 6Wird die Insolvenzgeldbescheinigung durch die Insolvenzverwalterin oder den Insolvenzverwalter nach § 36a des Ersten Buches übermittelt, sind zusätzlich die Anschrift und die Daten des Überweisungsweges mitzuteilen.

(2) 1In den Fällen, in denen ein Insolvenzverfahren nicht eröffnet wird oder nach § 207 der Insolvenzordnung eingestellt worden ist, sind die Pflichten der Insolvenzverwalterin oder des Insolvenzverwalters vom Arbeitgeber zu erfüllen. 2Satz 1 gilt entsprechend in den Fällen, in denen eine Eigenverwaltung nach § 270 Absatz 1 Satz 1 der Insolvenzordnung angeordnet worden ist.

Dritter Unterabschnitt
Auskunfts-, Mitwirkungs- und Duldungspflichten

§ 315 Allgemeine Auskunftspflicht Dritter

(1) Wer einer Person, die eine laufende Geldleistung beantragt hat oder bezieht, Leistungen erbringt, die geeignet sind, die laufende Geldleistung auszuschließen oder zu mindern, hat der Agentur für Arbeit auf Verlangen hierüber Auskunft zu erteilen, soweit es zur Durchführung der Aufgaben nach diesem Buch erforderlich ist.

(2) 1Wer einer Person, die eine laufende Geldleistung beantragt hat oder bezieht, zu Leistungen verpflichtet ist, die geeignet sind, die laufende Geldleistung auszuschließen oder zu mindern, oder für diese Person Guthaben führt oder Vermögensgegenstände verwahrt, hat der Agentur für Arbeit auf Verlangen hierüber sowie über das Einkommen oder Vermögen dieser Person Auskunft zu erteilen, soweit es zur Durchführung der Aufgaben nach diesem Buch erforderlich ist. 2§ 21 Abs. 3 Satz 4 des Zehnten Buches gilt entsprechend. 3Für die Feststellung einer Unterhaltsverpflichtung ist § 1605 Abs. 1 des Bürgerlichen Gesetzbuchs anzuwenden.

(3) Wer eine Person beschäftigt, die

1. selbst oder deren Ehegattin, Ehegatte, Lebenspartnerin oder Lebenspartner eine laufende Geldleistung beantragt hat oder bezieht oder
2. nach Absatz 2 zur Auskunft verpflichtet ist,

hat der Agentur für Arbeit auf Verlangen über die Beschäftigung, insbesondere über das Arbeitsentgelt, Auskunft zu erteilen, soweit es zur Durchführung der Aufgaben nach diesem Buch erforderlich ist.

(4) Die Absätze 1 bis 3 gelten entsprechend, wenn jemand anstelle einer laufenden Geldleistung Kurzarbeitergeld bezieht oder für ihn Kurzarbeitergeld beantragt worden ist.

(5) 1Sind bei einer Bedürftigkeitsprüfung Einkommen oder Vermögen der Ehegattin oder des Ehegatten, der Lebenspartnerin oder des Lebenspartners oder der Partnerin oder des Partners einer eheähnlichen Gemeinschaft zu berücksichtigen, hat diese oder dieser der Agentur für Arbeit auf Verlangen hierüber Auskunft zu erteilen, soweit es zur Durchführung der Vorschriften dieses Buches erforderlich ist. 2Haben die Ehegattin oder der Ehegatte, die Lebenspartnerin oder der Lebenspartner oder die Partnerin oder der Partner einer eheähnlichen Gemeinschaft Dritte beauftragt, für diese oder diesen das Guthaben zu führen oder Vermögensgegenstände zu verwahren, haben sie entsprechend Auskunft zu erteilen. 3§ 21 Absatz 3 Satz 4 des Zehnten Buches gilt entsprechend.

§ 316 Auskunftspflicht bei Leistung von Insolvenzgeld

(1) Der Arbeitgeber, die Insolvenzverwalterin oder der Insolvenzverwalter, die Arbeitnehmerinnen oder Arbeit-

nehmer sowie sonstige Personen, die Einblick in die Arbeitsentgeltunterlagen hatten, sind verpflichtet, der Agentur für Arbeit auf Verlangen alle Auskünfte zu erteilen, die für die Durchführung der §§ 165 bis 171, 175, 320 Absatz 2, des § 327 Absatz 3 erforderlich sind.

(2) Der Arbeitgeber, die Arbeitnehmerinnen und Arbeitnehmer sowie sonstige Personen, die Einblick in die Arbeitsunterlagen hatten, sind verpflichtet, der Insolvenzverwalterin oder dem Insolvenzverwalter auf Verlangen alle Auskünfte zu erteilen, die diese oder dieser für die Insolvenzgeldbescheinigung nach § 314 benötigt.

§ 317 Auskunftspflicht bei Kurzarbeitergeld und Wintergeld

Wer Kurzarbeitergeld oder Wintergeld bezieht oder für wen diese Leistungen beantragt worden sind, hat dem zur Errechnung und Auszahlung der Leistungen Verpflichteten auf Verlangen die erforderlichen Auskünfte zu erteilen.

§ 318 Auskunftspflicht bei Maßnahmen der beruflichen Aus- oder Weiterbildung, Leistungen zur Teilhabe am Arbeitsleben, zur Aktivierung und beruflichen Eingliederung

(1) 1Arbeitgeber und Träger, bei denen eine Maßnahme der beruflichen Aus- und Weiterbildung, eine Leistung zur Teilhabe am Arbeitsleben oder eine Maßnahme nach § 45 durchgeführt wurde oder wird, haben der Agentur für Arbeit unverzüglich Auskünfte über Tatsachen zu erteilen, die Aufschluss darüber geben, ob und inwieweit Leistungen zu Recht erbracht worden sind oder werden. 2Sie haben Änderungen, die für die Leistungen erheblich sind, unverzüglich der Agentur für Arbeit mitzuteilen.

(2) 1Personen, die bei Teilnahme an Maßnahmen der beruflichen Aus- oder Weiterbildung, der Teilhabe am Arbeitsleben oder einer Maßnahme nach § 45 gefördert werden oder gefördert worden sind, sind verpflichtet,

1. der Agentur für Arbeit oder dem Träger der Maßnahme auf Verlangen Auskunft über den Eingliederungserfolg der Maßnahme sowie alle weiteren Auskünfte zu erteilen, die zur Qualitätsprüfung nach § 183 benötigt werden, und
2. eine Beurteilung ihrer Leistung und ihres Verhaltens durch den Träger zuzulassen.

2Träger sind verpflichtet,

1. ihre Beurteilungen der Teilnehmerin oder des Teilnehmers unverzüglich der Agentur für Arbeit zu übermitteln,
2. der für die einzelne Teilnehmerin oder den einzelnen Teilnehmer zuständigen Agentur für Arbeit kalendermonatlich die Fehltage der Teilnehmerin oder des Teilnehmers sowie die Gründe für die Fehltage mitzuteilen; dabei haben sie die Formulare zu nutzen, die im Fachportal der Bundesagentur zur Verfügung gestellt sind, soweit die Bundesagentur nicht eine anderweitige Art der Datenübertragung vorschreibt.

§ 319 Mitwirkungs- und Duldungspflichten

(1) 1Wer eine Leistung der Arbeitsförderung beantragt, bezogen hat oder bezieht oder wer jemanden, bei dem dies der Fall ist oder für den eine Leistung beantragt wurde, beschäftigt oder mit Arbeiten beauftragt, hat der Bundesagentur, soweit dies zur Durchführung der Aufgaben nach diesem Buch erforderlich ist, Einsicht in Lohn-, Meldeunterlagen, Bücher und andere Geschäftsunterlagen und Aufzeichnungen und während der Geschäftszeit Zutritt zu seinen Grundstücken und Geschäftsräumen zu gewähren. 2Werden die Unterlagen nach Satz 1 bei einem Dritten verwahrt, ist die Bundesagentur zur Durchführung der Aufgaben nach diesem Buch berechtigt, auch dessen Grundstücke und Geschäftsräume während der Geschäftszeit zu betreten und Einsicht in diese Unterlagen zu nehmen.

(2) 1In automatisierten Dateisystemen gespeicherte Daten hat der Arbeitgeber auf Verlangen und auf Kosten der Agenturen für Arbeit auszusondern und auf maschinenverwertbaren Datenträgern oder in Listen zur Verfügung zu stellen. 2Der Arbeitgeber darf maschinenverwertbare Datenträger oder Datenlisten, die die erforderlichen Daten enthalten, ungesondert zur Verfügung stellen, wenn die Aussonderung mit einem unverhältnismäßigen Aufwand verbunden wäre und überwiegende schutzwürdige Interessen der Betroffenen nicht entgegenstehen. 3In diesem Fall haben die Agenturen für Arbeit die erforderlichen Daten auszusondern. 4Die übrigen Daten dürfen darüber hinaus nicht verarbeitet werden. 5Sind die zur Verfügung gestellten Datenträger oder Datenlisten zur Durchführung der Aufgaben nach diesem Buch nicht mehr erforderlich, sind sie unverzüglich zu vernichten oder auf Verlangen des Arbeitgebers zurückzugeben.

Vierter Unterabschnitt
Sonstige Pflichten

§ 320 Berechnungs-, Auszahlungs-, Aufzeichnungs- und Anzeigepflichten

(1) 1Der Arbeitgeber hat der Agentur für Arbeit auf Verlangen die Voraussetzungen für die Erbringung von

Kurzarbeitergeld und Wintergeld nachzuweisen. $_{2}$Er hat diese Leistungen kostenlos zu errechnen und auszuzahlen. $_{3}$Dabei hat er beim Kurzarbeitergeld von den Lohnsteuerabzugsmerkmalen in dem maßgeblichen Antragszeitraum auszugehen; auf Grund einer Bescheinigung der für die Arbeitnehmerin oder den Arbeitnehmer zuständigen Agentur für Arbeit hat er den erhöhten Leistungssatz auch anzuwenden, wenn für ein Kind ein Kinderfreibetrag nicht als Lohnsteuerabzugsmerkmal gebildet ist.

(2) $_{1}$Die Insolvenzverwalterin oder der Insolvenzverwalter hat auf Verlangen der Agentur für Arbeit das Insolvenzgeld zu errechnen und auszuzahlen, wenn ihr oder ihm dafür geeignete Arbeitnehmerinnen oder Arbeitnehmer des Betriebs zur Verfügung stehen und die Agentur für Arbeit die Mittel für die Auszahlung des Insolvenzgeldes bereitstellt. $_{2}$Kosten werden nicht erstattet.

(3) $_{1}$Arbeitgeber, in deren Betrieben Wintergeld geleistet wird, haben für jeden Arbeitstag während der Dauer der beantragten Förderung Aufzeichnungen über die im Betrieb oder auf der Baustelle geleisteten sowie die ausgefallenen Arbeitsstunden zu führen. $_{2}$Arbeitgeber, in deren Betrieben Saison-Kurzarbeitergeld geleistet wird, haben diese Aufzeichnungen für jeden Arbeitstag während der Schlechtwetterzeit zu führen. $_{3}$Die Aufzeichnungen nach Satz 1 und 2 sind vier Jahre aufzubewahren.

(4) (weggefallen)

(4a) $_{1}$Der Arbeitgeber hat der Agentur für Arbeit die Voraussetzungen für die Erbringung von Leistungen zur Förderung der Teilnahme an Transfermaßnahmen nachzuweisen. $_{2}$Auf Anforderung der Agentur für Arbeit hat der Arbeitgeber das Ergebnis von Maßnahmen zur Feststellung der Eingliederungsaussichten mitzuteilen.

(5) $_{1}$Arbeitgeber, in deren Betrieben ein Arbeitskampf stattfindet, haben bei dessen Ausbruch und Beendigung der Agentur für Arbeit unverzüglich Anzeige zu erstatten. $_{2}$Die Anzeige bei Ausbruch des Arbeitskampfes muß Name und Anschrift des Betriebes, Datum des Beginns der Arbeitseinstellung und Zahl der betroffenen Arbeitnehmerinnen und Arbeitnehmer enthalten. $_{3}$Die Anzeige bei Beendigung des Arbeitskampfes muß außer Name und Anschrift des Betriebes das Datum der Beendigung der Arbeitseinstellung, die Zahl der an den einzelnen Tagen betroffenen Arbeitnehmerinnen und Arbeitnehmer sowie die Zahl der durch Arbeitseinstellung ausgefallenen Arbeitstage enthalten.

Zweiter Abschnitt
Schadensersatz bei Pflichtverletzungen

§ 321 Schadensersatz

Wer vorsätzlich oder fahrlässig

1. eine Arbeitsbescheinigung nach § 312, eine Nebeneinkommensbescheinigung nach § 313 oder eine Insolvenzgeldbescheinigung nach § 314 nicht, nicht richtig oder nicht vollständig ausfüllt,
2. eine Auskunft auf Grund der allgemeinen Auskunftspflicht Dritter nach § 315, der Auskunftspflicht bei beruflicher Aus- und Weiterbildung und bei einer Leistung zur Teilhabe am Arbeitsleben nach § 318 oder der Auskunftspflicht bei Leistung von Insolvenzgeld nach § 316 nicht, nicht richtig oder nicht vollständig erteilt,
3. als Arbeitgeber seine Berechnungs-, Auszahlungs-, Aufzeichnungs- und Mitteilungspflichten bei Kurzarbeitergeld, Wintergeld und Leistungen zur Förderung von Transfermaßnahmen nach § 320 Abs. 1 Satz 2 und 3, Abs. 3 und 4a nicht erfüllt,

3a. als Arbeitgeber Leistungen zur Förderung nach § 82 Absatz 6 Satz 3 nicht, nicht richtig, nicht vollständig oder nicht rechtzeitig an die Arbeitnehmerinnen und Arbeitnehmer und den Träger der Maßnahme weiterleitet,

4. als Insolvenzverwalterin oder Insolvenzverwalter die Verpflichtung zur Errechnung und Auszahlung des Insolvenzgeldes nach § 320 Abs. 2 Satz 1 nicht erfüllt,

ist der Bundesagentur zum Ersatz des daraus entstandenen Schadens verpflichtet.

Dritter Abschnitt
Verordnungsermächtigung und Anordnungsermächtigung

§ 321a Verordnungsermächtigung

Das Bundesministerium für Arbeit und Soziales wird ermächtigt, durch Rechtsverordnung mit Zustimmung des Bundesrates das Nähere über Art und Umfang der Pflichten nach dem Zweiten bis Vierten Unterabschnitt des Ersten Abschnitts sowie dem Zweiten Abschnitt dieses Kapitels einschließlich des zu beachtenden Verfahrens und der einzuhaltenden Fristen zu bestimmen.

§ 322 Anordnungsermächtigung

$_{1}$Die Bundesagentur wird ermächtigt, durch Anordnung Näheres über die Meldepflicht der Arbeitslosen zu bestimmen. $_{2}$Sie kann auch bestimmen, inwieweit Einrichtungen außerhalb der Bundesagentur auf ihren Antrag zur Entgegennahme der Meldung zuzulassen sind.

Neuntes Kapitel
Gemeinsame Vorschriften für Leistungen

Erster Abschnitt
Antrag und Fristen

§ 323 Antragserfordernis

(1) $_{1}$Leistungen der Arbeitsförderung werden auf Antrag erbracht. $_{2}$Arbeitslosengeld gilt mit der Arbeitslosmeldung als beantragt, wenn die oder der Arbeitslose keine andere Erklärung abgibt. $_{3}$Leistungen der aktiven Arbeitsförderung können auch von Amts wegen erbracht werden, wenn die Berechtigten zustimmen. $_{4}$Die Zustimmung gilt insoweit als Antrag.

(2) $_{1}$Kurzarbeitergeld, Leistungen zur Förderung der Teilnahme an Transfermaßnahmen und ergänzende Leistungen nach § 102 sind vom Arbeitgeber schriftlich oder elektronisch unter Beifügung einer Stellungnahme der Betriebsvertretung zu beantragen. $_{2}$Der Antrag kann auch von der Betriebsvertretung gestellt werden. $_{3}$Für den Antrag des Arbeitgebers auf Erstattung der Sozialversicherungsbeiträge und Lehrgangskosten für die Bezieherinnen und Bezieher von Kurzarbeitergeld gilt Satz 1 entsprechend mit der Maßgabe, dass die Erstattung ohne Stellungnahme des Betriebsrates beantragt werden kann. $_{4}$Mit einem Antrag auf Saison-Kurzarbeitergeld oder ergänzende Leistungen nach § 102 sind die Namen, Anschriften und Sozialversicherungsnummern der Arbeitnehmerinnen und Arbeitnehmer mitzuteilen, für die die Leistung beantragt wird. $_{5}$Saison-Kurzarbeitergeld oder ergänzende Leistungen nach § 102 sollen bis zum 15. des Monats beantragt werden, der dem Monat folgt, in dem die Tage liegen, für die die Leistungen beantragt werden. $_{6}$In den Fällen, in denen ein Antrag auf Kurzarbeitergeld, Saison-Kurzarbeitergeld, Erstattung der Sozialversicherungsbeiträge für die Bezieherinnen und Bezieher von Kurzarbeitergeld oder ergänzende Leistungen nach § 102 elektronisch gestellt wird, kann das Verfahren nach § 108 Absatz 1 des Vierten Buches genutzt werden.

§ 324 Antrag vor Leistung

(1) $_{1}$Leistungen der Arbeitsförderung werden nur erbracht, wenn sie vor Eintritt des leistungsbegründenden Ereignisses beantragt worden sind. $_{2}$Zur Vermeidung unbilliger Härten kann die Agentur für Arbeit eine verspätete Antragstellung zulassen.

(2) $_{1}$Berufsausbildungsbeihilfe, Ausbildungsgeld und Arbeitslosengeld können auch nachträglich beantragt werden. $_{2}$Kurzarbeitergeld, die Erstattung der Sozialversicherungsbeiträge und Lehrgangskosten für die Bezieherinnen und Bezieher von Kurzarbeitergeld und ergänzende Leistungen nach § 102 sind nachträglich zu beantragen.

(3) $_{1}$Insolvenzgeld ist abweichend von Absatz 1 Satz 1 innerhalb einer Ausschlußfrist von zwei Monaten nach dem Insolvenzereignis zu beantragen. $_{2}$Wurde die Frist aus nicht selbst zu vertretenden Gründen versäumt, wird Insolvenzgeld geleistet, wenn der Antrag innerhalb von zwei Monaten nach Wegfall des Hinderungsgrundes gestellt worden ist. $_{3}$Ein selbst zu vertretender Grund liegt vor, wenn sich Arbeitnehmerinnen und Arbeitnehmer nicht mit der erforderlichen Sorgfalt um die Durchsetzung ihrer Ansprüche bemüht haben.

§ 325 Wirkung des Antrages

(1) Berufsausbildungsbeihilfe und Ausbildungsgeld werden rückwirkend längstens vom Beginn des Monats an geleistet, in dem die Leistungen beantragt worden sind.

(2) $_{1}$Arbeitslosengeld wird nicht rückwirkend geleistet. $_{2}$Ist die zuständige Agentur für Arbeit an einem Tag, an dem die oder der Arbeitslose Arbeitslosengeld beantragen will, nicht dienstbereit, so wirkt ein Antrag auf Arbeitslosengeld in gleicher Weise wie eine Arbeitslosmeldung zurück.

(3) Kurzarbeitergeld, die Erstattung von Sozialversicherungsbeiträgen und Lehrgangskosten für Bezieherinnen und Bezieher von Kurzarbeitergeld und ergänzende Leistungen nach § 102 sind für den jeweiligen Kalendermonat innerhalb einer Ausschlussfrist von drei Kalendermonaten zu beantragen; die Frist beginnt mit Ablauf des Monats, in dem die Tage liegen, für die die Leistungen beantragt werden.

(4) (weggefallen)

(5) Leistungen zur Förderung der Teilnahme an Transfermaßnahmen sind innerhalb einer Ausschlussfrist von drei Monaten nach Ende der Maßnahme zu beantragen.

§ 326 Ausschlußfrist für Gesamtabrechnung

(1) $_{1}$Für Leistungen an Träger hat der Träger der Maßnahme der Agentur für Arbeit innerhalb einer Ausschlußfrist von sechs Monaten die Unterlagen vorzulegen, die für eine abschließende Entscheidung über den Umfang der zu erbringenden Leistungen erfor-

derlich sind (Gesamtabrechnung). 2Die Frist beginnt mit Ablauf des Kalendermonats, in dem die Maßnahme beendet worden ist.

(2) Erfolgt die Gesamtabrechnung nicht rechtzeitig, sind die erbrachten Leistungen von dem Träger in dem Umfang zu erstatten, in dem die Voraussetzungen für die Leistungen nicht nachgewiesen worden sind.

Zweiter Abschnitt
Zuständigkeit

§ 327 Grundsatz

(1) 1Für Leistungen an Arbeitnehmerinnen und Arbeitnehmer, mit Ausnahme des Kurzarbeitergeldes, des Wintergeldes, des Insolvenzgeldes und der Leistungen zur Förderung der Teilnahme an Transfermaßnahmen, ist die Agentur für Arbeit zuständig, in deren Bezirk die Arbeitnehmerin oder der Arbeitnehmer bei Eintritt der leistungsbegründenden Tatbestände ihren oder seinen Wohnsitz hat. 2Solange die Arbeitnehmerin oder der Arbeitnehmer sich nicht an ihrem oder seinem Wohnsitz aufhält, ist die Agentur für Arbeit zuständig, in deren Bezirk die Arbeitnehmerin oder der Arbeitnehmer bei Eintritt der leistungsbegründenden Tatbestände ihren oder seinen gewöhnlichen Aufenthalt hat.

(2) Auf Antrag der oder des Arbeitslosen hat die Agentur für Arbeit eine andere Agentur für Arbeit für zuständig zu erklären, wenn nach der Arbeitsmarktlage keine Bedenken entgegenstehen oder die Ablehnung für die Arbeitslose oder den Arbeitslosen eine unbillige Härte bedeuten würde.

(3) 1Für Kurzarbeitergeld, die Erstattung der Sozialversicherungsbeiträge und Lehrgangskosten für die Bezieherinnen und Bezieher von Kurzarbeitergeld, ergänzende Leistungen nach § 102 und Insolvenzgeld ist die Agentur für Arbeit zuständig, in deren Bezirk die für den Arbeitgeber zuständige Lohnabrechnungsstelle liegt. 2Für Insolvenzgeld ist, wenn der Arbeitgeber im Inland keine Lohnabrechnungsstelle hat, die Agentur für Arbeit zuständig, in deren Bezirk das Insolvenzgericht seinen Sitz hat. 3Für Leistungen zur Förderung der Teilnahme an Transfermaßnahmen ist die Agentur für Arbeit zuständig, in deren Bezirk der Betrieb des Arbeitgebers liegt.

(4) Für Leistungen an Arbeitgeber, mit Ausnahme der Erstattung von Beiträgen zur Sozialversicherung für Personen, die Saison-Kurzarbeitergeld beziehen, ist die Agentur für Arbeit zuständig, in deren Bezirk der Betrieb des Arbeitgebers liegt.

(5) Für Leistungen an Träger ist die Agentur für Arbeit zuständig, in deren Bezirk das Projekt oder die Maßnahme durchgeführt wird.

(6) Die Bundesagentur kann die Zuständigkeit abweichend von den Absätzen 1 bis 5 auf andere Dienststellen übertragen.

Dritter Abschnitt
Leistungsverfahren in Sonderfällen

§ 328 Vorläufige Entscheidung

(1) 1Über die Erbringung von Geldleistungen kann vorläufig entschieden werden, wenn

1. die Vereinbarkeit einer Vorschrift dieses Buches, von der die Entscheidung über den Antrag abhängt, mit höherrangigem Recht Gegenstand eines Verfahrens bei dem Bundesverfassungsgericht oder dem Gerichtshof der Europäischen Gemeinschaften ist,
2. eine entscheidungserhebliche Rechtsfrage von grundsätzlicher Bedeutung Gegenstand eines Verfahrens beim Bundessozialgericht ist oder
3. zur Feststellung der Voraussetzungen des Anspruchs einer Arbeitnehmerin oder eines Arbeitnehmers auf Geldleistungen voraussichtlich längere Zeit erforderlich ist, die Voraussetzungen für den Anspruch mit hinreichender Wahrscheinlichkeit vorliegen und die Arbeitnehmerin oder der Arbeitnehmer die Umstände, die einer sofortigen abschließenden Entscheidung entgegenstehen, nicht zu vertreten hat.

2Umfang und Grund der Vorläufigkeit sind anzugeben. 3In den Fällen des Satzes 1 Nr. 3 ist auf Antrag vorläufig zu entscheiden.

(2) Eine vorläufige Entscheidung ist nur auf Antrag der berechtigten Person für endgültig zu erklären, wenn sie nicht aufzuheben oder zu ändern ist.

(3) 1Auf Grund der vorläufigen Entscheidung erbrachte Leistungen sind auf die zustehende Leistung anzurechnen. 2Soweit mit der abschließenden Entscheidung ein Leistungsanspruch nicht oder nur in geringerer Höhe zuerkannt wird, sind auf Grund der vorläufigen Entscheidung erbrachte Leistungen zu erstatten; auf Grund einer vorläufigen Entscheidung erbrachtes Kurzarbeitergeld und Wintergeld ist vom Arbeitgeber zurückzuzahlen.

(4) Absatz 1 Satz 1 Nr. 3 und Satz 2 und 3, Absatz 2 sowie Absatz 3 Satz 1 und 2 sind für die Erstattung von Arbeitgeberbeiträgen zur Sozialversicherung entsprechend anwendbar.

§ 329 Einkommensberechnung in besonderen Fällen

Die Agentur für Arbeit kann das zu berücksichtigende Einkommen nach Anhörung der oder des Leistungsberechtigten schätzen, soweit Einkommen nur für kurze Zeit zu berücksichtigen ist.

§ 330 Sonderregelungen für die Aufhebung von Verwaltungsakten

(1) Liegen die in § 44 Abs. 1 Satz 1 des Zehnten Buches genannten Voraussetzungen für die Rücknahme eines rechtswidrigen nicht begünstigenden Verwaltungsaktes vor, weil er auf einer Rechtsnorm beruht, die nach Erlaß des Verwaltungsaktes für nichtig oder für unvereinbar mit dem Grundgesetz erklärt oder in ständiger Rechtsprechung anders als durch die Agentur für Arbeit ausgelegt worden ist, so ist der Verwaltungsakt, wenn er unanfechtbar geworden ist, nur mit Wirkung für die Zeit nach der Entscheidung des Bundesverfassungsgerichts oder ab dem Bestehen der ständigen Rechtsprechung zurückzunehmen.

(2) Liegen die in § 45 Abs. 2 Satz 3 des Zehnten Buches genannten Voraussetzungen für die Rücknahme eines rechtswidrigen begünstigenden Verwaltungsaktes vor, ist dieser auch mit Wirkung für die Vergangenheit zurückzunehmen.

(3) $_{1}$Liegen die in § 48 Abs. 1 Satz 2 des Zehnten Buches genannten Voraussetzungen für die Aufhebung eines Verwaltungsaktes mit Dauerwirkung vor, ist dieser mit Wirkung vom Zeitpunkt der Änderung der Verhältnisse aufzuheben. $_{2}$Abweichend von § 48 Abs. 1 Satz 1 des Zehnten Buches ist mit Wirkung vom Zeitpunkt der Änderung der Verhältnisse an ein Verwaltungsakt auch aufzuheben, soweit sich das Bemessungsentgelt auf Grund einer Absenkung nach § 200 Abs. 3 zu Ungunsten der Betroffenen oder des Betroffenen ändert.

(4) Liegen die Voraussetzungen für die Rücknahme eines Verwaltungsaktes vor, mit dem ein Anspruch auf Erstattung des Arbeitslosengeldes durch Arbeitgeber geltend gemacht wird, ist dieser mit Wirkung für die Vergangenheit zurückzunehmen.

§ 331 Vorläufige Zahlungseinstellung

(1) $_{1}$Die Agentur für Arbeit kann die Zahlung einer laufenden Leistung ohne Erteilung eines Bescheides vorläufig einstellen, wenn sie Kenntnis von Tatsachen erhält, die kraft Gesetzes zum Ruhen oder zum Wegfall des Anspruchs führen und wenn der Bescheid, aus dem sich der Anspruch ergibt, deshalb mit Wirkung für die Vergangenheit aufzuheben ist. $_{2}$Soweit die Kenntnis nicht auf Angaben der Person beruht, die die laufende Leistung erhält, sind ihr unverzüglich die vorläufige Einstellung der Leistung sowie die dafür maßgeblichen Gründe mitzuteilen, und es ist ihr Gelegenheit zu geben, sich zu äußern.

(2) Die Agentur für Arbeit hat eine vorläufig eingestellte laufende Leistung unverzüglich nachzuzahlen, soweit der Bescheid, aus dem sich der Anspruch ergibt, zwei Monate nach der vorläufigen Einstellung der Zahlung nicht mit Wirkung für die Vergangenheit aufgehoben ist.

§ 332 Übergang von Ansprüchen

(1) $_{1}$Die Agentur für Arbeit kann durch schriftliche Anzeige an die leistungspflichtige Person bewirken, daß Ansprüche einer erstattungspflichtigen Person auf Leistungen zur Deckung des Lebensunterhalts, insbesondere auf

1. Renten der Sozialversicherung,
2. Renten nach dem Bundesversorgungsgesetz sowie Renten, die nach anderen Gesetzen in entsprechender Anwendung des Bundesversorgungsgesetzes gewährt werden,
3. Renten nach dem Gesetz zur Regelung der Rechtsverhältnisse der unter Artikel 131 des Grundgesetzes fallenden Personen,
4. Unterhaltsbeihilfe nach dem Gesetz über die Unterhaltsbeihilfe für Angehörige von Kriegsgefangenen,
5. Unterhaltsbeihilfe nach dem Lastenausgleichsgesetz,
6. Mutterschaftsgeld oder auf Sonderunterstützung nach dem Mutterschutzgesetz,
7. Arbeitsentgelt aus einem Arbeitsverhältnis, das während des Bezugs der zurückzuzahlenden Leistung bestanden hat,

in Höhe der zurückzuzahlenden Leistung auf die Bundesagentur übergehen, es sei denn, die Bundesagentur hat insoweit aus dem gleichen Grund einen Erstattungsanspruch nach den §§ 102 bis 105 des Zehnten Buches. $_{2}$Der Übergang beschränkt sich auf Ansprüche, die der rückzahlungspflichtigen Person für den Zeitraum in der Vergangenheit zustehen, für den die zurückzuzahlenden Leistungen gewährt worden sind. $_{3}$Hat die rückzahlungspflichtige Person den unrechtmäßigen Bezug der Leistung vorsätzlich oder grob fahrlässig herbeigeführt, so geht in den Fällen nach Satz 1 Nr. 1 bis 5 auch der Anspruch auf die Hälfte der laufenden Bezüge auf die Agentur für Arbeit insoweit über, als die rückzahlungspflichtige Person dieses Teils der Bezüge zur Deckung ihres Lebensunterhalts und des Lebensunterhalts ihrer unterhaltsberechtigten Angehörigen nicht bedarf.

(2) Die leistungspflichtige Person hat ihre Leistungen in Höhe des nach Absatz 1 übergegangenen Anspruchs an die Bundesagentur abzuführen.

(3) $_1$Wer nach Absatz 1 Satz 1 Nummer 1 bis 5 leistungspflichtig ist, hat den Eingang eines Antrags auf Rente, Unterhaltsbeihilfe oder Unterhaltshilfe der Agentur für Arbeit mitzuteilen, von der die Antragstellerin oder der Antragsteller zuletzt Leistungen nach diesem Buch bezogen hat. $_2$Die Mitteilungspflicht entfällt, wenn der Bezug dieser Leistungen im Zeitpunkt der Antragstellung länger als drei Jahre zurückliegt. $_3$Bezüge für eine zurückliegende Zeit dürfen an die Antragstellerin oder den Antragsteller frühestens zwei Wochen nach Abgang der Mitteilung an die Bundesagentur ausgezahlt werden, falls bis zur Auszahlung eine Anzeige der Agentur für Arbeit nach Absatz 1 nicht vorliegt.

(4) Der Rechtsübergang wird nicht dadurch ausgeschlossen, daß der Anspruch nicht übertragen, verpfändet oder gepfändet werden kann.

§ 333 Aufrechnung

(1) Wurde eine Entgeltersatzleistung zu Unrecht bezogen, weil der Anspruch wegen der Anrechnung von Nebeneinkommen gemindert war oder wegen einer Sperrzeit ruhte, so kann die Agentur für Arbeit mit dem Anspruch auf Erstattung gegen einen Anspruch auf die genannten Leistungen abweichend von § 51 Abs. 2 des Ersten Buches in voller Höhe aufrechnen.

(2) Der Anspruch auf Rückzahlung von Leistungen kann gegen einen Anspruch auf Rückzahlung zu Unrecht entrichteter Beiträge zur Arbeitsförderung aufgerechnet werden.

(3) Die Bundesagentur kann mit Ansprüchen auf

1. Rückzahlung von erstatteten Sozialversicherungsbeiträgen und Lehrgangskosten für Bezieherinnen und Bezieher von Kurzarbeitergeld, von Kurzarbeitergeld und von ergänzenden Leistungen nach § 102, die vorläufig erbracht wurden, und
2. Winterbeschäftigungs-Umlage

gegen Ansprüche auf Kurzarbeitergeld und Wintergeld, die vom Arbeitgeber verauslagt sind, aufrechnen; insoweit gilt der Arbeitgeber als anspruchsberechtigt.

§ 334 Pfändung von Leistungen

Bei Pfändung eines Geldleistungs- oder Erstattungsanspruchs gilt die Agentur für Arbeit, die über den Anspruch entschieden oder zu entscheiden hat, als Drittschuldner im Sinne der §§ 829 und 845 der Zivilprozeßordnung.

§ 335 Erstattung von Beiträgen zur Kranken-, Renten- und Pflegeversicherung

(1) $_1$Wurden von der Bundesagentur für eine Bezieherin oder für einen Bezieher von Arbeitslosengeld Beiträge zur gesetzlichen Krankenversicherung gezahlt, so hat die Bezieherin oder der Bezieher dieser Leistungen der Bundesagentur die Beiträge zu ersetzen, soweit die Entscheidung über die Leistung rückwirkend aufgehoben und die Leistung zurückgefordert worden ist. $_2$Hat für den Zeitraum, für den die Leistung zurückgefordert worden ist, ein weiteres Krankenversicherungsverhältnis bestanden, so erstattet diejenige Stelle, an die die Beiträge aufgrund der Versicherungspflicht nach § 5 Absatz 1 Nummer 2 des Fünften Buches gezahlt wurden, der Bundesagentur die für diesen Zeitraum entrichteten Beiträge; die Bezieherin oder der Bezieher wird insoweit von der Ersatzpflicht nach Satz 1 befreit; § 5 Absatz 1 Nummer 2 zweiter Halbsatz des Fünften Buches gilt nicht. $_3$Werden die beiden Versicherungsverhältnisse bei verschiedenen Krankenkassen durchgeführt und wurden in dem Zeitraum, in dem die Versicherungsverhältnisse nebeneinander bestanden, Leistungen von der Krankenkasse erbracht, bei der die Bezieherin oder der Bezieher nach § 5 Absatz 1 Nummer 2 des Fünften Buches versicherungspflichtig war, so besteht kein Beitragserstattungsanspruch nach Satz 2. $_4$Die Bundesagentur, der Spitzenverband Bund der Krankenkassen (§ 217a des Fünften Buches) und das Bundesamt für Soziale Sicherung in seiner Funktion als Verwalter des Gesundheitsfonds können das Nähere über die Erstattung der Beiträge nach den Sätzen 2 und 3 durch Vereinbarung regeln. $_5$Satz 1 gilt entsprechend, soweit die Bundesagentur Beiträge, die für die Dauer des Leistungsbezuges an ein privates Versicherungsunternehmen zu zahlen sind, übernommen hat.

(2) $_1$Beiträge für Versicherungspflichtige nach § 5 Absatz 1 Nummer 2 des Fünften Buches, denen eine Rente aus der gesetzlichen Rentenversicherung oder Übergangsgeld von einem nach § 251 Absatz 1 des Fünften Buches beitragspflichtigen Rehabilitationsträger gewährt worden ist, sind der Bundesagentur vom Träger der Rentenversicherung oder vom Rehabilitationsträger zu ersetzen, wenn und soweit wegen der Gewährung von Arbeitslosengeld ein Erstattungsanspruch der Bundesagentur gegen den Träger der Rentenversicherung oder den Rehabilitationsträger besteht. $_2$Satz 1 ist entsprechend anzuwenden in den Fällen, in denen der oder dem Arbeitslosen von einem

Träger der gesetzlichen Rentenversicherung wegen einer Leistung zur medizinischen Rehabilitation oder zur Teilhabe am Arbeitsleben Übergangsgeld oder eine Rente wegen verminderter Erwerbsfähigkeit zuerkannt wurde (§ 145 Absatz 3). 3Zu ersetzen sind

1. vom Rentenversicherungsträger die Beitragsanteile der versicherten Rentnerin oder des versicherten Rentners und des Trägers der Rentenversicherung, die diese ohne die Regelung dieses Absatzes für dieselbe Zeit aus der Rente zu entrichten gehabt hätten,
2. vom Rehabilitationsträger der Betrag, den er als Krankenversicherungsbeitrag hätte leisten müssen, wenn die versicherte Person nicht nach § 5 Absatz 1 Nummer 2 des Fünften Buches versichert gewesen wäre.

4Der Träger der Rentenversicherung und der Rehabilitationsträger sind nicht verpflichtet, für dieselbe Zeit Beiträge zur Krankenversicherung zu entrichten. 5Die versicherte Person ist abgesehen von Satz 3 Nummer 1 nicht verpflichtet, für dieselbe Zeit Beiträge aus der Rente zur Krankenversicherung zu entrichten.

(3) 1Der Arbeitgeber hat der Bundesagentur die im Falle des § 157 Absatz 3 geleisteten Beiträge zur Kranken- und Rentenversicherung zu ersetzen, soweit er für dieselbe Zeit Beiträge zur Kranken- und Rentenversicherung der Arbeitnehmerin oder des Arbeitnehmers zu entrichten hat. 2Er wird insoweit von seiner Verpflichtung befreit, Beiträge an die Kranken- und Rentenversicherung zu entrichten. 3Die Sätze 1 und 2 gelten entsprechend für den Zuschuss nach § 257 des Fünften Buches.

(4) Hat auf Grund des Bezuges von Arbeitslosengeld nach § 157 Absatz 3 eine andere Krankenkasse die Krankenversicherung durchgeführt als diejenige Kasse, die für das Beschäftigungsverhältnis zuständig ist, aus dem die Leistungsempfängerin oder der Leistungsempfänger Arbeitsentgelt bezieht oder zu beanspruchen hat, so erstatten die Krankenkassen einander Beiträge und Leistungen wechselseitig.

(5) Für die Beiträge der Bundesagentur zur sozialen Pflegeversicherung für Versicherungspflichtige nach § 20 Absatz 1 Satz 2 Nummer 2 des Elften Buches sind die Absätze 1 bis 3 entsprechend anzuwenden.

§ 336 (weggefallen)

§ 336a Wirkung von Widerspruch und Klage

1Die aufschiebende Wirkung von Widerspruch und Klage entfällt

1. bei Entscheidungen, die Arbeitsgenehmigungen-EU aufheben oder ändern,
2. bei Entscheidungen, die die Berufsberatung nach § 288a untersagen,
3. bei Aufforderungen nach § 309, sich bei der Agentur für Arbeit oder einer sonstigen Dienststelle der Bundesagentur persönlich zu melden.

2Bei Entscheidungen über die Herabsetzung oder Entziehung laufender Leistungen gelten die Vorschriften des Sozialgerichtsgesetzes (§ 86a Abs. 2 Nr. 2).

Vierter Abschnitt
Auszahlung von Geldleistungen

§ 337 Auszahlung im Regelfall

(1) (weggefallen)

(2) Laufende Geldleistungen werden regelmäßig monatlich nachträglich ausgezahlt.

(3) 1Andere als laufende Geldleistungen werden mit der Entscheidung über den Antrag auf Leistung oder, soweit der oder dem Berechtigten Kosten erst danach entstehen, zum entsprechenden Zeitpunkt ausgezahlt. 2Insolvenzgeld wird nachträglich für den Zeitraum ausgezahlt, für den es beantragt worden ist. 3Weiterbildungskosten und Teilnahmekosten werden, soweit sie nicht unmittelbar an den Träger der Maßnahme erbracht werden, monatlich im voraus ausgezahlt.

(4) Zur Vermeidung unbilliger Härten können angemessene Abschlagszahlungen geleistet werden.

Fünfter Abschnitt
Berechnungsgrundsätze

§ 338 Allgemeine Berechnungsgrundsätze

(1) Berechnungen werden auf zwei Dezimalstellen durchgeführt, wenn nichts Abweichendes bestimmt ist.

(2) Bei einer auf Dezimalstellen durchgeführten Berechnung wird die letzte Dezimalstelle um 1 erhöht, wenn sich in der folgenden Dezimalstelle eine der Zahlen 5 bis 9 ergeben würde.

(3) (weggefallen)

(4) Bei einer Berechnung wird eine Multiplikation vor einer Divison durchgeführt.

§ 339 Berechnung von Zeiten

1Für die Berechnung von Leistungen wird ein Monat mit 30 Tagen und eine Woche mit sieben Tagen berechnet. 2Bei der Anwendung der Vorschriften über die Erfüllung der für einen Anspruch auf Arbeitslosengeld erforderlichen Anwartschaftszeit sowie der Vorschriften über die Dauer eines Anspruchs auf Arbeitslosengeld nach dem

Ersten Abschnitt des Vierten Kapitels dieses Buches entspricht ein Monat 30 Kalendertagen. 3Satz 2 gilt entsprechend bei der Anwendung der Vorschriften über die Erfüllung der erforderlichen Vorbeschäftigungszeiten sowie der Vorschrift über die Dauer des Anspruchs auf Übergangsgeld im Anschluß an eine abgeschlossene Leistung zur Teilhabe am Arbeitsleben.

Zehntes Kapitel Finanzierung

Erster Abschnitt Finanzierungsgrundsatz

§ 340 Aufbringung der Mittel

Die Leistungen der Arbeitsförderung und die sonstigen Ausgaben der Bundesagentur werden durch Beiträge der Versicherungspflichtigen, der Arbeitgeber und Dritter (Beitrag zur Arbeitsförderung), Umlagen, Mittel des Bundes und sonstige Einnahmen finanziert.

Zweiter Abschnitt Beiträge und Verfahren

Erster Unterabschnitt Beiträge

§ 341 Beitragssatz und Beitragsbemessung

(1) Die Beiträge werden nach einem Prozentsatz (Beitragssatz) von der Beitragsbemessungsgrundlage erhoben.

(2) Der Beitragssatz beträgt 2,6 Prozent.

(3) 1Beitragsbemessungsgrundlage sind die beitragspflichtigen Einnahmen, die bis zur Beitragsbemessungsgrenze berücksichtigt werden. 2Für die Berechnung der Beiträge ist die Woche zu sieben, der Monat zu dreißig und das Jahr zu dreihundertsechzig Tagen anzusetzen, soweit dieses Buch nichts anderes bestimmt. 3Beitragspflichtige Einnahmen sind bis zu einem Betrag von einem Dreihundertsechzigstel der Beitragsbemessungsgrenze für den Kalendertag zu berücksichtigen. 4Einnahmen, die diesen Betrag übersteigen, bleiben außer Ansatz, soweit dieses Buch nichts Abweichendes bestimmt.

(4) Beitragsbemessungsgrenze ist die Beitragsbemessungsgrenze der allgemeinen Rentenversicherung.

§ 342 Beitragspflichtige Einnahmen Beschäftigter

Beitragspflichtige Einnahme ist bei Personen, die beschäftigt sind, das Arbeitsentgelt, bei Personen, die zur Berufsausbildung beschäftigt sind, jedoch mindestens ein Arbeitsentgelt in Höhe von einem Prozent der Bezugsgröße.

§ 343 (weggefallen)

§ 344 Sonderregelungen für beitragspflichtige Einnahmen Beschäftigter

(1) Für Seeleute gilt als beitragspflichtige Einnahme der Betrag, der nach dem Recht der gesetzlichen Unfallversicherung für die Beitragsberechnung maßgebend ist.

(2) 1Für Personen, die unmittelbar nach einem Versicherungspflichtverhältnis einen Freiwilligendienst im Sinne des Jugendfreiwilligendienstegesetzes oder des Bundesfreiwilligendienstgesetzes leisten, gilt als beitragspflichtige Einnahme ein Arbeitsentgelt in Höhe der monatlichen Bezugsgröße. 2Dies gilt auch, wenn der Jugendfreiwilligendienst oder der Bundesfreiwilligendienst nach einer Unterbrechung, die sechs Monate nicht überschreitet, fortgesetzt wird.

(3) Für Menschen mit Behinderungen, die in einer anerkannten Werkstatt für behinderte Menschen oder Blindenwerkstätte beschäftigt sind, ist als beitragspflichtige Einnahme das tatsächlich erzielte Arbeitsentgelt, mindestens jedoch ein Betrag in Höhe von 20 Prozent der monatlichen Bezugsgröße zugrunde zu legen.

(4) Bei Arbeitnehmerinnen und Arbeitnehmern, die gegen ein monatliches Arbeitsentgelt bis zum oberen Grenzbetrag des Übergangsbereichs (§ 20 Absatz 2 des Vierten Buches) mehr als geringfügig beschäftigt sind, gilt der Betrag der beitragspflichtigen Einnahme nach § 20 Absatz 2a Satz 1 des Vierten Buches entsprechend.

§ 345 Beitragspflichtige Einnahmen sonstiger Versicherungspflichtiger

Als beitragspflichtige Einnahme gilt bei Personen,

1. die in Einrichtungen der beruflichen Rehabilitation Leistungen erhalten, die ihnen eine Erwerbstätigkeit ermöglichen sollen, oder die in Einrichtungen der Jugendhilfe für eine Erwerbstätigkeit befähigt werden sollen, ein Arbeitsentgelt in Höhe von einem Fünftel der monatlichen Bezugsgröße,
2. die als Wehrdienstleistende oder als Zivildienstleistende versicherungspflichtig sind (§ 25 Abs. 2 Satz 2, § 26 Abs. 1 Nr. 2), ein Betrag in Höhe von 40 Prozent der monatlichen Bezugsgröße,
3. die als Gefangene versicherungspflichtig sind, ein Arbeitsentgelt in Höhe von 90 Prozent der Bezugsgröße,

4. die als nicht satzungsmäßige Mitglieder geistlicher Genossenschaften oder ähnlicher religiöser Gemeinschaften für den Dienst in einer solchen Genossenschaft oder ähnlichen religiösen Gemeinschaft außerschulisch ausgebildet werden, ein Entgelt in Höhe der gewährten Geld- und Sachbezüge,
5. die als Bezieherinnen oder Bezieher von Krankengeld, Versorgungskrankengeld, Verletztengeld oder Übergangsgeld versicherungspflichtig sind, 80 Prozent des der Leistung zugrunde liegenden Arbeitsentgelts oder Arbeitseinkommens, wobei 80 Prozent des beitragspflichtigen Arbeitsentgelts aus einem versicherungspflichtigen Beschäftigungsverhältnis abzuziehen sind; bei gleichzeitigem Bezug von Krankengeld neben einer anderen Leistung ist das dem Krankengeld zugrunde liegende Einkommen nicht zu berücksichtigen,

5a. die Krankengeld nach § 44a des Fünften Buches beziehen, das der Leistung zugrunde liegende Arbeitsentgelt oder Arbeitseinkommen; wird Krankengeld in Höhe der Entgeltersatzleistungen nach diesem Buch gezahlt, gilt Nummer 5,

5b. die Krankengeld nach § 45 Absatz 1 des Fünften Buches oder Verletztengeld nach § 45 Absatz 4 des Siebten Buches in Verbindung mit § 45 Absatz 1 des Fünften Buches beziehen, 80 Prozent des während der Freistellung ausgefallenen, laufenden Arbeitsentgelts oder des der Leistung zugrunde liegenden Arbeitseinkommens,

6. die als Bezieherinnen oder Bezieher von Krankentagegeld versicherungspflichtig sind, ein Arbeitsentgelt in Höhe von 70 Prozent der für die Erhebung der Beiträge zur gesetzlichen Krankenversicherung maßgeblichen Beitragsbemessungsgrenze (§ 223 Abs. 3 Satz 1 des Fünften Buches). Für den Kalendermonat ist ein Zwölftel und für den Kalendertag ein Dreihundertsechzigstel des Arbeitsentgelts zugrunde zu legen,

6a. die von einem privaten Krankenversicherungsunternehmen, von einem Beihilfeträger des Bundes, von einem sonstigen öffentlich-rechtlichen Träger von Kosten in Krankheitsfällen auf Bundesebene, von dem Träger der Heilfürsorge im Bereich des Bundes, von dem Träger der truppenärztlichen Versorgung oder von öffentlich-rechtlichen Trägern von Kosten in Krankheitsfällen auf Landesebene, soweit Landesrecht dies vorsieht, Leistungen für den Ausfall von Arbeitseinkünften im Zusammenhang mit einer nach den §§ 8 und 8a des Transplantationsgesetzes erfolgenden Spende von Organen oder Geweben oder im Zusammenhang mit einer im Sinne von § 9 des Transfusionsgesetzes erfolgenden Spende von Blut zur Separation von Blutstammzellen oder anderen Blutbestandteilen beziehen, das diesen Leistungen zugrunde liegende Arbeitsentgelt oder Arbeitseinkommen,

6b. die als Bezieherinnen oder Bezieher von Pflegeunterstützungsgeld versicherungspflichtig sind, 80 Prozent des während der Freistellung ausgefallenen, laufenden Arbeitsentgelts,

7. die als Bezieherinnen von Mutterschaftsgeld versicherungspflichtig sind, ein Arbeitsentgelt in Höhe des Mutterschaftsgeldes,

8. die als Pflegepersonen versicherungspflichtig sind (§ 26 Abs. 2b), ein Arbeitsentgelt in Höhe von 50 Prozent der monatlichen Bezugsgröße; dabei ist die Bezugsgröße für das Beitrittsgebiet maßgebend, wenn der Tätigkeitsort im Beitrittsgebiet liegt.

§ 345a Pauschalierung der Beiträge

1Für die Personen, die als Bezieherinnen oder Bezieher einer Rente wegen voller Erwerbsminderung versicherungspflichtig sind (§ 26 Abs. 2 Nr. 3) wird für jedes Kalenderjahr ein Gesamtbeitrag festgesetzt. 2Der Gesamtbeitrag beträgt

1. für das Jahr 2003: 5 Millionen Euro,
2. für das Jahr 2004: 18 Millionen Euro,
3. für das Jahr 2005: 36 Millionen Euro,
4. für das Jahr 2006: 19 Millionen Euro und
5. für das Jahr 2007: 26 Millionen Euro.

3Der jährliche Gesamtbeitrag verändert sich im jeweils folgenden Kalenderjahr in dem Verhältnis, in dem

1. die Bezugsgröße der Sozialversicherung,
2. die Zahl der Zugänge an Arbeitslosengeldbezieherinnen und Arbeitslosengeldbeziehern aus dem Bezug einer Rente wegen voller Erwerbsminderung und
3. die durchschnittlich durch Zeiten des Bezugs einer Rente wegen voller Erwerbsminderung erworbene Anspruchsdauer

des vergangenen Kalenderjahres zu den entsprechenden Werten des vorvergangenen Kalenderjahres stehen. 4Das Bundesministerium für Arbeit und Soziales macht den Gesamtbeitrag eines Kalenderjahres bis zum 1. Juli desselben Jahres im Bundesanzeiger bekannt.

§ 345b Beitragspflichtige Einnahmen bei einem Versicherungspflichtverhältnis auf Antrag

$_{1}$Für Personen, die ein Versicherungspflichtverhältnis auf Antrag begründen, gilt als beitragspflichtige Einnahme

1. (weggefallen)
2. in Fällen des § 28a Absatz 1 Nummer 2 und 3 ein Arbeitsentgelt in Höhe der monatlichen Bezugsgröße,
3. in Fällen des § 28a Absatz 1 Nummer 4 und 5 ein Arbeitsentgelt in Höhe von 50 Prozent der monatlichen Bezugsgröße.

$_{2}$Abweichend von Satz 1 Nummer 2 gilt in Fällen des § 28a Absatz 1 Nummer 2 bis zum Ablauf von einem Kalenderjahr nach dem Jahr der Aufnahme der selbständigen Tätigkeit als beitragspflichtige Einnahme ein Arbeitsentgelt in Höhe von 50 Prozent der monatlichen Bezugsgröße. $_{3}$Dabei ist die Bezugsgröße für das Beitrittsgebiet maßgebend, wenn der Tätigkeitsort im Beitrittsgebiet liegt.

Zweiter Unterabschnitt
Verfahren

§ 346 Beitragstragung bei Beschäftigten

(1) $_{1}$Die Beiträge werden von den versicherungspflichtig Beschäftigten und den Arbeitgebern je zur Hälfte getragen. $_{2}$Arbeitgeber im Sinne der Vorschriften dieses Titels sind auch die Auftraggeber von Heimarbeiterinnen und Heimarbeitern sowie Träger außerbetrieblicher Ausbildung.

(1a) Bei versicherungspflichtig Beschäftigten, deren beitragspflichtige Einnahme sich nach § 344 Absatz 4 bestimmt, werden die Beiträge abweichend von Absatz 1 Satz 1 getragen

1. von den versicherungspflichtig Beschäftigten in Höhe der Hälfte des Betrages, der sich ergibt, wenn der Beitragssatz auf die nach Maßgabe von § 20 Absatz 2a Satz 6 des Vierten Buches ermittelte beitragspflichtige Einnahme angewendet wird,
2. im Übrigen von den Arbeitgebern.

(2) Der Arbeitgeber trägt die Beiträge allein für Menschen mit Behinderungen, die in einer anerkannten Werkstatt für behinderte Menschen, bei einem anderen Leistungsanbieter nach § 60 des Neunten Buches oder in einer Blindenwerkstätte im Sinne des § 226 des Neunten Buches beschäftigt sind und deren monatliches Bruttoarbeitsentgelt ein Fünftel der monatlichen Bezugsgröße nicht übersteigt.

(3) $_{1}$Für Beschäftigte, die wegen Vollendung des für die Regelaltersrente im Sinne des Sechsten Buches erforderlichen Lebensjahres versicherungsfrei sind, tragen die Arbeitgeber die Hälfte des Beitrages, der zu zahlen wäre, wenn die Beschäftigten versicherungspflichtig wären. $_{2}$Für den Beitragsanteil gelten die Vorschriften des Dritten Abschnitts des Vierten Buches und die Bußgeldvorschriften des § 111 Abs. 1 Nr. 2 bis 4, 8 und Abs. 4 des Vierten Buches entsprechend. $_{3}$Die Sätze 1 und 2 sind bis zum 31. Dezember 2021 nicht anzuwenden.

§ 347 Beitragstragung bei sonstigen Versicherten

Die Beiträge werden getragen

1. für Personen, die in Einrichtungen der beruflichen Rehabilitation Leistungen erhalten, die eine Erwerbstätigkeit ermöglichen sollen, oder die in Einrichtungen der Jugendhilfe für eine Erwerbstätigkeit befähigt werden sollen, vom Träger der Einrichtung,
2. für Wehrdienstleistende oder für Zivildienstleistende nach der Hälfte des Beitragssatzes vom Bund,
3. für Gefangene von dem für die Vollzugsanstalt zuständigen Land,
4. für nicht satzungsmäßige Mitglieder geistlicher Genossenschaften oder ähnlicher religiöser Gemeinschaften während der Zeit der außerschulischen Ausbildung für den Dienst in einer solchen Genossenschaft oder ähnlichen religiösen Gemeinschaft von der geistlichen Genossenschaft oder ähnlichen religiösen Gemeinschaft,
5. für Personen, die Krankengeld oder Verletztengeld beziehen, von diesen und den Leistungsträgern je zur Hälfte, soweit sie auf die Leistung entfallen, im übrigen von den Leistungsträgern; die Leistungsträger tragen die Beiträge auch allein, soweit sie folgende Leistungen zahlen:
   a) Versorgungskrankengeld oder Übergangsgeld,
   b) Krankengeld oder Verletztengeld in Höhe der Entgeltersatzleistungen nach diesem Buch oder
   c) eine Leistung, die nach einem monatlichen Arbeitsentgelt bemessen wird, das die Geringfügigkeitsgrenze nicht übersteigt,

5a. für Personen, die Krankengeld nach § 44a des Fünften Buches beziehen, vom Leistungsträger,

6. für Personen, die Krankentagegeld beziehen, von privaten Krankenversicherungsunternehmen,

6a. für Personen, die Leistungen für den Ausfall von Arbeitseinkünften im Zusammenhang mit einer nach den §§ 8 und 8a des Transplantationsgesetzes erfolgenden Spende von Organen oder Geweben oder im Zusammenhang mit einer im Sinne von § 9 des Transfusionsgesetzes erfolgenden Spende von Blut zur Separation von Blutstammzellen oder anderen Blutbestandteilen beziehen, von der Stelle, die die Leistung erbringt; wird die Leistung von mehreren Stellen erbracht, sind die Beiträge entsprechend anteilig zu tragen,

6b. für Personen, die Pflegeunterstützungsgeld beziehen, von den Bezieherinnen oder Beziehern der Leistung zur Hälfte, soweit sie auf die Leistung entfallen, im Übrigen
   a) von der Pflegekasse, wenn die oder der Pflegebedürftige in der sozialen Pflegeversicherung versichert ist,
   b) vom privaten Versicherungsunternehmen, wenn die oder der Pflegebedürftige in der privaten Pflege-Pflichtversicherung versichert ist,
   c) von der Festsetzungsstelle für die Beihilfe oder dem Dienstherrn und der Pflegekasse oder dem privaten Versicherungsunternehmen anteilig, wenn die oder der Pflegebedürftige Anspruch auf Beihilfe oder Heilfürsorge hat und in der sozialen Pflegeversicherung oder bei einem privaten Versicherungsunternehmen versichert ist;

   die Beiträge werden von den Stellen, die die Leistung zu erbringen haben, allein getragen, wenn das der Leistung zugrunde liegende Arbeitsentgelt auf den Monat bezogen die Geringfügigkeitsgrenze nicht übersteigt,

7. für Personen, die als Bezieherinnen oder Bezieher einer Rente wegen voller Erwerbsminderung versicherungspflichtig sind, von den Leistungsträgern,

8. für Personen, die als Bezieherinnen von Mutterschaftsgeld versicherungspflichtig sind, von den Leistungsträgern,

9. (weggefallen)

10. für Personen, die als Pflegepersonen versicherungspflichtig sind (§ 26 Absatz 2b) und eine
   a) in der sozialen Pflegeversicherung versicherte pflegebedürftige Person pflegen, von der Pflegekasse,
   b) in der privaten Pflege-Pflichtversicherung versicherte pflegebedürftige Person pflegen, von dem privaten Versicherungsunternehmen,
   c) pflegebedürftige Person pflegen, die wegen Pflegebedürftigkeit Beihilfeleistungen oder Leistungen der Heilfürsorge und Leistungen einer Pflegekasse oder eines privaten Versicherungsunternehmens erhält, von der Festsetzungsstelle für die Beihilfe oder vom Dienstherrn und der Pflegekasse oder dem privaten Versicherungsunternehmen anteilig.

§ 348 Beitragszahlung für Beschäftigte

(1) Die Beiträge sind, soweit nichts Abweichendes bestimmt ist, von der- oder demjenigen zu zahlen, die oder der sie zu tragen hat.

(2) Für die Zahlung der Beiträge aus Arbeitsentgelt bei einer versicherungspflichtigen Beschäftigung gelten die Vorschriften des Vierten Buches über den Gesamtsozialversicherungsbeitrag.

§ 349 Beitragszahlung für sonstige Versicherungspflichtige

(1) Für die Zahlung der Beiträge für Personen, die in Einrichtungen der beruflichen Rehabilitation Leistungen erhalten, die ihnen eine Erwerbstätigkeit ermöglichen soll, oder die in Einrichtungen der Jugendhilfe für eine Erwerbstätigkeit befähigt werden sollen, gelten die Vorschriften über die Beitragszahlung aus Arbeitsentgelt entsprechend.

(2) Die Beiträge für Wehrdienstleistende, für Zivildienstleistende und für Gefangene sind an die Bundesagentur zu zahlen.

(3) $_1$Die Beiträge für Personen, die Sozialleistungen beziehen, sind von den Leistungsträgern an die Bundesagentur zu zahlen. $_2$Die Bundesagentur und die Leistungsträger regeln das Nähere über Zahlung und Abrechnung der Beiträge durch Vereinbarung.

(4) $_1$Die Beiträge für Personen, die Krankentagegeld beziehen, sind von den privaten Krankenversicherungsunternehmen an die Bundesagentur zu zahlen. $_2$Die Beiträge können durch eine Einrichtung dieses Wirtschaftszweiges gezahlt werden. $_3$Mit dieser Einrichtung kann die Bundesagentur Näheres über Zahlung, Einziehung und Abrechnung vereinbaren; sie kann auch vereinbaren, daß der Beitragsabrechnung statistische Durchschnittswerte über die Zahl der Arbeitnehmerinnen und Arbeitnehmer, für die Beiträge zu zahlen sind, und über Zeiten der Arbeitsunfähigkeit zugrunde gelegt werden. $_4$Der Bundesagentur sind Verwaltungskosten für den Einzug der Beiträge in Höhe von zehn Prozent der Beiträge pauschal zu erstatten, wenn die Beiträge nicht nach Satz 2 gezahlt werden.

(4a) $_1$Die Beiträge für Personen, die als Pflegepersonen versicherungspflichtig sind (§ 26 Abs. 2b), sind von den Stellen, die die Beiträge zu tragen haben, an die Bundesagentur zu zahlen. $_2$Die Beiträge für Bezieherinnen und Bezieher von Pflegeunterstützungsgeld sind von den Stellen, die die Leistung zu erbringen haben, an die Bundesagentur zu zahlen. $_3$Das Nähere über das Verfahren der Beitragszahlung und Abrechnung der Beiträge können der Spitzenverband Bund der Pflegekassen, der Verband der privaten Krankenversicherung e. V., die Festsetzungsstellen für die Beihilfe, das Bundesamt für Soziale Sicherung und die Bundesagentur durch Vereinbarung regeln.

(4b) $_1$Die Beiträge für Personen, die Leistungen für den Ausfall von Arbeitseinkünften im Zusammenhang mit einer nach den §§ 8 und 8a des Transplantationsgesetzes erfolgenden Spende von Organen oder Geweben oder im Zusammenhang mit einer im Sinne von § 9 des Transfusionsgesetzes erfolgenden Spende von Blut zur Separation von Blutstammzellen oder anderen Blutbestandteilen beziehen, sind von den Stellen, die die Beiträge zu tragen haben, an die Bundesagentur zu zahlen. $_2$Absatz 4a Satz 2 gilt entsprechend.

(5) $_1$Für die Zahlung der Beiträge nach den Absätzen 3 bis 4b sowie für die Zahlung der Beiträge für Gefangene gelten die Vorschriften für den Einzug der Beiträge, die an die Einzugsstelle zu zahlen sind, entsprechend, soweit die Besonderheiten der Beiträge nicht entgegenstehen; die Bundesagentur ist zur Prüfung der Beitragszahlung berechtigt. $_2$Die Zahlung der Beiträge nach Absatz 4a erfolgt in Form eines Gesamtbeitrags für das Kalenderjahr, in dem die Pflegetätigkeit geleistet oder das Pflegeunterstützungsgeld in Anspruch genommen wurde (Beitragsjahr). $_3$Abweichend von § 23 Abs. 1 Satz 4 des Vierten Buches ist der Gesamtbeitrag spätestens im März des Jahres fällig, das dem Beitragsjahr folgt.

§ 349a Beitragstragung und Beitragszahlung bei einem Versicherungspflichtverhältnis auf Antrag

$_1$Personen, die ein Versicherungspflichtverhältnis auf Antrag begründen, tragen die Beiträge allein. $_2$Die Beiträge sind an die Bundesagentur zu zahlen. $_3$§ 24 des Vierten Buches findet keine Anwendung.

§ 350 Meldungen der Sozialversicherungsträger

(1) $_1$Die Einzugsstellen (§ 28i Viertes Buch) haben monatlich der Bundesagentur die Zahl der nach diesem Buch versicherungspflichtigen Personen mitzuteilen. $_2$Die Bundesagentur kann in die Geschäftsunterlagen und Statistiken der Einzugsstellen Einsicht nehmen, soweit dies zur Erfüllung ihrer Aufgaben erforderlich ist.

(2) Die Träger der Sozialversicherung haben der Bundesagentur auf Verlangen bei ihnen vorhandene Geschäftsunterlagen und Statistiken vorzulegen, soweit dies zur Erfüllung der Aufgaben der Bundesagentur erforderlich ist.

§ 351 Beitragserstattung

(1) $_1$Für die Erstattung zu Unrecht gezahlter Beiträge gilt abweichend von § 26 Abs. 2 des Vierten Buches, daß sich der zu erstattende Betrag um den Betrag der Leistung mindert, der in irrtümlicher Annahme der Versicherungspflicht gezahlt worden ist. $_2$§ 27 Abs. 2 Satz 2 des Vierten Buches gilt nicht.

(2) Die Beiträge werden erstattet durch

1. die Agentur für Arbeit, in deren Bezirk die Stelle ihren Sitz hat, an welche die Beiträge entrichtet worden sind,
2. die zuständige Einzugsstelle oder den Leistungsträger, soweit die Bundesagentur dies mit den Einzugsstellen oder den Leistungsträgern vereinbart hat.

Dritter Unterabschnitt
Verordnungsermächtigung, Anordnungsermächtigung und Ermächtigung zum Erlass von Verwaltungsvorschriften

§ 352 Verordnungsermächtigung

(1) Die Bundesregierung wird ermächtigt, durch Rechtsverordnung nach Maßgabe der Finanzlage der Bundesagentur sowie unter Berücksichtigung der Beschäftigungs- und Wirtschaftslage sowie deren voraussichtlicher Entwicklung zu bestimmen, daß die Beiträge zeitweise nach einem niedrigeren Beitragssatz erhoben werden.

(2) Das Bundesministerium für Arbeit und Soziales wird ermächtigt, durch Rechtsverordnung

1. im Einvernehmen mit dem Bundesministerium der Finanzen, dem Bundesministerium der Verteidigung und dem Bundesministerium für Familie, Senioren, Frauen und Jugend eine Pauschalberechnung sowie die Fälligkeit, Zahlung und Abrechnung für einen Gesamtbeitrag der Wehrdienstleistenden und für einen Gesamtbeitrag der Zivildienstleistenden vorzuschreiben; es kann dabei eine geschätzte Durchschnittszahl der beitragspflichtigen Dienstleistenden zugrunde legen sowie die Besonderhei-

ten berücksichtigen, die sich aus der Zusammensetzung dieses Personenkreises hinsichtlich der Bemessungsgrundlage und der Regelungen zur Anwartschaftszeit für das Arbeitslosengeld ergeben,

2. das Nähere über die Zahlung, Einziehung und Abrechnung der Beiträge, die von privaten Krankenversicherungsunternehmen zu zahlen sind, zu regeln.

(3) Das Bundesministerium für Arbeit und Soziales wird ermächtigt, durch Rechtsverordnung mit Zustimmung des Bundesrates eine Pauschalberechnung für die Beiträge der Gefangenen und der für die Vollzugsanstalten zuständigen Länder vorzuschreiben und die Zahlungsweise zu regeln.

III

§ 352a Anordnungsermächtigung

Die Bundesagentur wird ermächtigt, durch Anordnung das Nähere zum Antragsverfahren, zur Kündigung, zur Fälligkeit, Zahlung und Abrechnung der Beiträge bei einem Versicherungspflichtverhältnis auf Antrag (§ 28a) zu bestimmen.

§ 353 Ermächtigung zum Erlaß von Verwaltungsvorschriften

Das Bundesministerium für Arbeit und Soziales kann mit Zustimmung des Bundesrates zur Durchführung der Meldungen der Sozialversicherungsträger Verwaltungsvorschriften erlassen.

Dritter Abschnitt Umlagen

Erster Unterabschnitt Winterbeschäftigungs-Umlage

§ 354 Grundsatz

1Die Mittel für die ergänzenden Leistungen nach § 102 werden einschließlich der Verwaltungskosten und der sonstigen Kosten, die mit der Gewährung dieser Leistungen zusammenhängen, in den durch Verordnung nach § 109 Absatz 2 bestimmten Wirtschaftszweigen durch Umlage aufgebracht. 2Die Umlage wird unter Berücksichtigung von Vereinbarungen der Tarifvertragsparteien der Wirtschaftszweige von Arbeitgebern oder gemeinsam von Arbeitgebern sowie Arbeitnehmerinnen und Arbeitnehmern aufgebracht und getrennt nach Zweigen des Baugewerbes und weiteren Wirtschaftszweigen abgerechnet.

§ 355 Höhe der Umlage

1Die Umlage ist in den einzelnen Zweigen des Baugewerbes und in weiteren Wirtschaftszweigen, die von saisonbedingtem Arbeitsausfall betroffen sind, monatlich nach einem Prozentsatz der Bruttoarbeitsentgelte der dort beschäftigten Arbeitnehmerinnen und Arbeitnehmer, die ergänzende Leistungen nach § 102 erhalten können, zu erheben. 2Die Verwaltungskosten und die sonstigen Kosten können pauschaliert und für die einzelnen Wirtschaftszweige im Verhältnis der Anteile an den Ausgaben berücksichtigt werden.

§ 356 Umlageabführung

(1) 1Die Arbeitgeber führen die Umlagebeträge über die gemeinsame Einrichtung ihres Wirtschaftszweiges oder über eine Ausgleichskasse ab. 2Dies gilt auch, wenn die Umlage gemeinsam von Arbeitgebern sowie Arbeitnehmerinnen und Arbeitnehmern aufgebracht wird; in diesen Fällen gelten § 28e Abs. 1 Satz 1 und § 28g des Vierten Buches entsprechend. 3Kosten werden der gemeinsamen Einrichtung oder der Ausgleichskasse nicht erstattet. 4Die Bundesagentur kann mit der gemeinsamen Einrichtung oder der Ausgleichskasse ein vereinfachtes Abrechnungsverfahren vereinbaren und dabei auf Einzelnachweise verzichten.

(2) 1Umlagepflichtige Arbeitgeber, auf die die Tarifverträge über die gemeinsamen Einrichtungen oder Ausgleichskassen keine Anwendung finden, führen die Umlagebeträge unmittelbar an die Bundesagentur ab. 2Sie haben der Bundesagentur die Mehraufwendungen für die Einziehung pauschal zu erstatten.

§ 357 Verordnungsermächtigung

(1) Das Bundesministerium für Arbeit und Soziales wird ermächtigt, durch Rechtsverordnung

1. die Höhe der pauschalierten Verwaltungskosten, die von der Umlage in einzelnen Wirtschaftszweigen aufzubringen sind,
2. den jeweiligen Prozentsatz zur Berechnung der Umlage, eine gemeinsame Tragung der Umlage durch Arbeitgeber sowie Arbeitnehmerinnen und Arbeitnehmer und, bei gemeinsamer Tragung, die jeweiligen Anteile,
3. zur Berechnung der Umlage die umlagepflichtigen Bestandteile der Bruttoarbeitsentgelte in den einzelnen Zweigen des Baugewerbes und weiteren Wirtschaftszweigen, die von saisonbedingtem Arbeitsausfall betroffen sind,
4. die Höhe der Pauschale für die Mehraufwendungen in Fällen, in denen die Arbeitgeber ihre Umlagebeträge nicht über eine gemeinsame Einrichtung oder Ausgleichskasse abführen,
5. die Voraussetzungen zur Entrichtung der Umlagebeträge in längeren Abrechnungsintervallen und

6. das Nähere über die Zahlung und Einziehung der Umlage

festzulegen.

(2) 1Bei der Festsetzung des jeweiligen Prozentsatzes ist zu berücksichtigen, welche ergänzenden Leistungen nach § 102 in Anspruch genommen werden können. 2Der jeweilige Prozentsatz ist so festzusetzen, dass das Aufkommen aus der Umlage unter Berücksichtigung von eventuell bestehenden Fehlbeträgen oder Überschüssen für die einzelnen Wirtschaftszweige ausreicht, um den voraussichtlichen Bedarf der Bundesagentur für die Aufwendungen nach § 354 Satz 1 zu decken.

Zweiter Unterabschnitt
Umlage für das Insolvenzgeld

§ 358 Aufbringung der Mittel

(1) 1Die Mittel für die Zahlung des Insolvenzgeldes werden durch eine monatliche Umlage von den Arbeitgebern aufgebracht. 2Der Bund, die Länder, die Gemeinden sowie Körperschaften, Stiftungen und Anstalten des öffentlichen Rechts, über deren Vermögen ein Insolvenzverfahren nicht zulässig ist, und solche juristischen Personen des öffentlichen Rechts, bei denen der Bund, ein Land oder eine Gemeinde kraft Gesetzes die Zahlungsfähigkeit sichert, und private Haushalte werden nicht in die Umlage einbezogen.

(2) 1Die Umlage ist nach einem Prozentsatz des Arbeitsentgelts (Umlagesatz) zu erheben. 2Maßgebend ist das Arbeitsentgelt, nach dem die Beiträge zur gesetzlichen Rentenversicherung für die im Betrieb beschäftigten Arbeitnehmerinnen, Arbeitnehmer und Auszubildenden bemessen werden oder im Fall einer Versicherungspflicht in der gesetzlichen Rentenversicherung zu bemessen wären. 3Für die Zeit des Bezugs von Kurzarbeitergeld, Saisonkurzarbeitergeld oder Transferkurzarbeitergeld bemessen sich die Umlagebeträge nach dem tatsächlich erzielten Arbeitsentgelt bis zur Beitragsbemessungsgrenze der gesetzlichen Rentenversicherung.

(3) 1Zu den durch die Umlage zu deckenden Aufwendungen gehören

1. das Insolvenzgeld einschließlich des von der Bundesagentur gezahlten Gesamtsozialversicherungsbeitrages,
2. die Verwaltungskosten und
3. die Kosten für den Einzug der Umlage und der Prüfung der Arbeitgeber.

2Die Kosten für den Einzug der Umlage und der Prüfung der Arbeitgeber werden pauschaliert.

§ 359 Einzug und Weiterleitung der Umlage

(1) 1Die Umlage ist zusammen mit dem Gesamtsozialversicherungsbeitrag an die Einzugsstelle zu zahlen. 2Die für den Gesamtsozialversicherungsbeitrag geltenden Vorschriften des Vierten Buches finden entsprechende Anwendung, soweit dieses Gesetz nichts anderes bestimmt.

(2) Die Einzugsstelle leitet die Umlage einschließlich der Zinsen und Säumniszuschläge arbeitstäglich an die Bundesagentur weiter.

§ 360 Umlagesatz

Der Umlagesatz beträgt 0,15 Prozent.

§ 361 Verordnungsermächtigung

Das Bundesministerium für Arbeit und Soziales wird ermächtigt, durch Rechtsverordnung mit Zustimmung des Bundesrates

1. im Einvernehmen mit dem Bundesministerium der Finanzen und dem Bundesministerium für Wirtschaft und Energie zum Ausgleich von Überschüssen oder Fehlbeständen unter Berücksichtigung der Beschäftigungs- und Wirtschaftslage zu bestimmen, dass die Umlage jeweils für ein Kalenderjahr nach einem von § 360 abweichenden Umlagesatz erhoben wird; dabei soll ein niedrigerer Umlagesatz angesetzt werden, wenn die Rücklage die durchschnittlichen jährlichen Aufwendungen der vorhergehenden fünf Kalenderjahre übersteigt, und ein höherer, wenn der Fehlbestand mehr als die durchschnittlichen jährlichen Aufwendungen der vorhergehenden fünf Kalenderjahre beträgt;
2. die Höhe der Pauschale für die Kosten des Einzugs der Umlage und der Prüfung der Arbeitgeber nach Anhörung der Bundesagentur, der Deutschen Rentenversicherung Bund, des Spitzenverbandes Bund der Krankenkassen und der Sozialversicherung für Landwirtschaft, Forsten und Gartenbau sowie der Deutschen Rentenversicherung Knappschaft-Bahn-See festzusetzen.

§ 362 (weggefallen)

Vierter Abschnitt
Beteiligung des Bundes

§ 363 Finanzierung aus Bundesmitteln

(1) 1Der Bund trägt die Ausgaben für die Aufgaben, deren Durchführung die Bundesregierung auf Grund dieses Buches der Bundesagentur übertragen hat.

$_{2}$Verwaltungskosten der Bundesagentur werden nicht erstattet.

(2) $_{1}$Der Bund trägt die Ausgaben für die weiteren Aufgaben, die er der Bundesagentur durch Gesetz übertragen hat. $_{2}$Hierfür werden der Bundesagentur die Verwaltungskosten erstattet, soweit in dem jeweiligen Gesetz nichts Abweichendes bestimmt ist.

§ 364 Liquiditätshilfen

(1) Der Bund leistet die zur Aufrechterhaltung einer ordnungsgemäßen Kassenwirtschaft notwendigen Liquiditätshilfen als zinslose Darlehen, wenn die Mittel der Bundesagentur zur Erfüllung der Zahlungsverpflichtungen nicht ausreichen.

(2) Die Darlehen sind zurückzuzahlen, sobald und soweit am Ende eines Tages die Einnahmen die Ausgaben übersteigen.

§ 365 Stundung von Darlehen

Kann die Bundesagentur als Liquiditätshilfen geleistete Darlehen des Bundes bis zum Schluss des Haushaltsjahres nicht zurückzahlen, gilt die Rückzahlung als bis zum Schluss des folgenden Haushaltsjahres gestundet.

Fünfter Abschnitt
Rücklage und Versorgungsfonds

§ 366 Bildung und Anlage der Rücklage

(1) Die Bundesagentur hat aus den Überschüssen der Einnahmen über die Ausgaben eine Rücklage zu bilden.

(2) Soweit in einem Haushaltsjahr die Einnahmen aus einer Umlage die aus dieser zu zahlenden Ausgaben übersteigen, sind die Überschüsse der Einnahmen über die Ausgaben jeweils einer gesonderten Rücklage zuzuführen.

(3) $_{1}$Die Rücklage ist nach wirtschaftlichen Grundsätzen so anzulegen, daß bis zur vollen Höhe der Rücklage die jederzeitige Zahlungsfähigkeit der Bundesagentur gewährleistet ist. $_{2}$Die Bundesagentur kann mit Zustimmung des Bundesministeriums für Arbeit und Soziales sowie des Bundesministeriums der Finanzen Verwaltungsvorschriften über die Anlage der Rücklage erlassen.

§ 366a Versorgungsfonds

(1) $_{1}$Zur Finanzierung der Versorgungsausgaben (Versorgungsaufwendungen und Beihilfen) für

1. Versorgungsempfängerinnen und Versorgungsempfänger,
2. Beamtinnen und Beamte und
3. Beschäftigte, denen eine Anwartschaft auf Versorgung nach beamtenrechtlichen Vorschriften oder Grundsätzen gewährleistet wird,

wird ein Sondervermögen der Bundesagentur unter dem Namen „Versorgungsfonds der Bundesagentur für Arbeit" errichtet. $_{2}$Dies gilt nicht für Personen im Beamtenverhältnis auf Widerruf.

(2) Das Sondervermögen „Versorgungsfonds der Bundesagentur für Arbeit" wird finanziert aus

1. regelmäßigen sowie ergänzenden Zuweisungen der Bundesagentur,
2. den sich nach § 14a Absatz 2 und 3 des Bundesbesoldungsgesetzes ergebenden Beträgen und
3. den Erträgen des Versorgungsfonds.

(3) $_{1}$Die ergänzenden Zuweisungen werden dem Versorgungsfonds aus der Rücklage der Bundesagentur nach § 366 Absatz 1 zugeführt. $_{2}$Sie können sowohl zum Ausgleich einer festgestellten Unterfinanzierung als auch anstelle zukünftiger regelmäßiger Zuweisungen nach Absatz 2 Nummer 1 vorgenommen werden. $_{3}$Über Zeitpunkt und Höhe der ergänzenden Zuweisungen entscheidet die Bundesagentur mit Zustimmung des Bundesministeriums für Arbeit und Soziales und des Bundesministeriums der Finanzen.

(4) $_{1}$Die regelmäßigen Zuweisungen nach Absatz 2 Nummer 1 dienen dazu, die Versorgungsanwartschaften des in Absatz 1 Nr. 2 und 3 genannten Personenkreises der Bundesagentur abzudecken. $_{2}$Die Höhe der monatlich für jede Person abzuführenden Zuweisung bestimmt sich nach Prozentsätzen der jeweiligen ruhegehaltfähigen Dienstbezüge oder Entgeltzahlungen auf der Grundlage versicherungsmathematischer Berechnungen und ist regelmäßig zu überprüfen. $_{3}$Die Höhe und das Verfahren der Zuweisungen sowie das Verfahren der Überprüfung legt das Bundesministerium für Arbeit und Soziales unter Beachtung der Liquidität des Sondervermögens durch Rechtsverordnung im Einvernehmen mit dem Bundesministerium der Finanzen fest. $_{4}$Unter Berücksichtigung der Abflüsse ist die Zahlungsfähigkeit des Sondervermögens jederzeit sicherzustellen. $_{5}$Das Bundesministerium für Arbeit und Soziales kann die Befugnis nach Satz 3 im Einvernehmen mit dem Bundesministerium der Finanzen durch Rechtsverordnung auf den Vorstand der Bundesagentur übertragen. $_{6}$Für Beamtinnen und Beamte, die nach § 387 Abs. 3 bis 6 beurlaubt sind oder denen die Zeit ihrer Beurlaubung als ruhegehaltfähig anerkannt worden ist, sind regelmäßige Zuweisungen auf der Grundlage der ihnen ohne die Beurlaubung jeweils zustehenden ruhegehaltfähigen Dienstbezüge zu leisten.

(5) $_{1}$Der Versorgungsfonds ist ein nicht rechtsfähiges Sondervermögen der Bundesagentur. $_{2}$Die Bundesagentur hat den Versorgungsfonds getrennt von ihrem sonstigen Vermögen zu verwalten. $_{3}$Sie hat einen jährlichen Wirtschaftsplan zu erstellen, der der Genehmigung durch die Bundesregierung bedarf. $_{4}$Für jedes Rechnungsjahr ist auf der Grundlage des Wirtschaftsplanes eine Jahresrechnung aufzustellen, in der der Bestand des Versorgungsfonds, die Einnahmen und Ausgaben sowie die Forderungen und Verbindlichkeiten nachzuweisen sind. $_{5}$Die Jahresrechnung ist dem Bundesministerium für Arbeit und Soziales zum Ende des zweiten Monats eines Haushaltsjahres vorzulegen.

(6) $_{1}$Die Verwaltung der Mittel des Versorgungsfonds der Bundesagentur wird der Deutschen Bundesbank übertragen. $_{2}$Die Mittel des Versorgungsfonds sind einschließlich der Erträge entsprechend der für den Versorgungsfonds des Bundes nach dem Versorgungsrücklagegesetz geltenden Grundsätze und Richtlinien auf der Grundlage einer von der Bundesagentur jährlich aufzustellenden langfristigen Planung der Nettozuweisungen und Abflüsse zu verwalten und anzulegen. $_{3}$Über die Terminierung der Anlage der einmaligen Zuweisung nach Absatz 2 Nr. 1 schließen die Bundesagentur und die Deutsche Bundesbank eine Vereinbarung.

(7) Mit Errichtung des Versorgungsfonds werden alle Versorgungsausgaben der Bundesagentur aus diesem geleistet.

Elftes Kapitel
Organisation und Datenschutz

Erster Abschnitt
Bundesagentur für Arbeit

§ 367 Bundesagentur für Arbeit

(1) Die Bundesagentur für Arbeit (Bundesagentur) ist eine rechtsfähige bundesunmittelbare Körperschaft des öffentlichen Rechts mit Selbstverwaltung.

(2) $_{1}$Die Bundesagentur gliedert sich in eine Zentrale auf der oberen Verwaltungsebene, Regionaldirektionen auf der mittleren Verwaltungsebene und Agenturen für Arbeit auf der örtlichen Verwaltungsebene. $_{2}$Die Bundesagentur kann besondere Dienststellen errichten.

(3) $_{1}$Die Regionaldirektionen tragen Verantwortung für den Erfolg der regionalen Arbeitsmarktpolitik. $_{2}$Zur Abstimmung der Leistungen der Arbeitsförderung mit der Arbeitsmarkt-, Struktur- und Wirtschaftspolitik der Länder arbeiten sie mit den Landesregierungen zusammen.

(4) Die Bundesagentur hat ihren Sitz in Nürnberg.

§ 368 Aufgaben der Bundesagentur

(1) $_{1}$Die Bundesagentur ist der für die Durchführung der Aufgaben nach diesem Buch zuständige Verwaltungsträger. $_{2}$Sie darf ihre Mittel nur für die gesetzlich vorgeschriebenen oder zugelassenen Zwecke verwenden.

(1a) $_{1}$Die Bundesagentur für Arbeit nimmt auf der Grundlage des über- und zwischenstaatlichen Rechts die Funktion der Verbindungsstelle für die Aufgaben nach diesem Buch oder nach dem Zweiten Buch wahr. $_{2}$Hierzu gehören insbesondere

1. die Koordinierung der Verwaltungshilfe und des Datenaustauschs bei grenzüberschreitenden Sachverhalten für den Bereich der Leistungen bei Arbeitslosigkeit,
2. Aufklärung, Beratung und Information.

(2) $_{1}$Die Bundesagentur darf für Bundesbehörden Dienstleistungen im Rahmen der Festlegungen des Rates der IT-Beauftragten in den Bereichen Internet-Webhosting, Dienstausweis mit elektronischer Signatur, Druck- und Kuvertierleistungen sowie Archivierung von elektronischen Informationsobjekten erbringen, soweit dies ihre durch dieses Gesetz oder andere Bundesgesetze oder auf Grund dieser Gesetze zugewiesenen Aufgaben nicht beeinträchtigt. $_{2}$Dadurch entstehende Kosten sind ihr zu erstatten. $_{3}$Das Nähere ist jeweils in Verwaltungsvereinbarungen zu regeln.

(2a) Um die örtliche rechtskreisübergreifende Zusammenarbeit zur Integration junger Menschen in den Ausbildungs- und Arbeitsmarkt zu unterstützen, entwickelt und betreibt die Bundesagentur ein IT-System, welches den im jeweiligen Einzelfall beteiligten Leistungsträgern zur Verfügung gestellt werden kann, soweit dies für die Zusammenarbeit erforderlich ist.

(2b) $_{1}$Um die Transparenz auf dem Arbeitsmarkt zu erhöhen und die Weiterbildungsbeteiligung von Arbeitnehmerinnen und Arbeitnehmern zu steigern, prüft die Bundesagentur den Aufbau und Betrieb eines Weiterbildungsportals. $_{2}$Abhängig von den Ergebnissen der Prüfung kann sie ein Weiterbildungsportal probeweise entwickeln und betreiben. $_{3}$Der Bund kann sich an den Kosten der Entwicklung des Weiterbildungsportals einschließlich der Prüfung nach Satz 1 beteiligen.

(3) $_{1}$Die Bundesregierung kann der Bundesagentur durch Rechtsverordnung mit Zustimmung des Bundesrates weitere Aufgaben übertragen, die im Zu-

sammenhang mit deren Aufgaben nach diesem Buch stehen. 2Die Durchführung befristeter Arbeitsmarktprogramme kann sie der Bundesagentur durch Verwaltungsvereinbarung übertragen.

(4) Die Regionaldirektionen können mit Zustimmung der Zentrale durch Verwaltungsvereinbarung die Durchführung befristeter Arbeitsmarktprogramme der Länder übernehmen.

(5) Die Agenturen für Arbeit können die Zusammenarbeit mit Kreisen und Gemeinden in Verwaltungsvereinbarungen regeln.

§ 369 Besonderheiten zum Gerichtsstand

Hat eine Klage gegen die Bundesagentur Bezug auf den Aufgabenbereich einer Regionaldirektion oder einer Agentur für Arbeit, und ist der Sitz der Bundesagentur maßgebend für die örtliche Zuständigkeit des Gerichts, so kann die Klage auch bei dem Gericht erhoben werden, in dessen Bezirk die Regionaldirektion oder die Agentur für Arbeit ihren Sitz hat.

§ 370 Beteiligung an Gesellschaften

Die Bundesagentur kann die Mitgliedschaft in Vereinen erwerben und mit Zustimmung des Bundesministeriums für Arbeit und Soziales sowie des Bundesministeriums der Finanzen Gesellschaften gründen oder sich an Gesellschaften beteiligen, wenn dies zur Erfüllung ihrer Aufgaben nach diesem Buch zweckmäßig ist.

Zweiter Abschnitt
Selbstverwaltung

Erster Unterabschnitt
Verfassung

§ 371 Selbstverwaltungsorgane

(1) Als Selbstverwaltungsorgane der Bundesagentur werden der Verwaltungsrat und die Verwaltungsausschüsse bei den Agenturen für Arbeit gebildet.

(2) 1Die Selbstverwaltungsorgane haben die Verwaltung zu überwachen und in allen aktuellen Fragen des Arbeitsmarktes zu beraten. 2Sie erhalten die für die Wahrnehmung ihrer Aufgaben erforderlichen Informationen.

(3) 1Jedes Selbstverwaltungsorgan gibt sich eine Geschäftsordnung. 2Die Geschäftsordnung ist von mindestens drei Vierteln der Mitglieder zu beschließen.

(4) Die Bundesagentur wird ohne Selbstverwaltung tätig, soweit sie der Fachaufsicht unterliegt.

(5) 1Die Selbstverwaltungsorgane setzen sich zu gleichen Teilen aus Mitgliedern zusammen, die Arbeitnehmerinnen und Arbeitnehmer, Arbeitgeber und öffentliche Körperschaften vertreten. 2Eine Stellvertretung ist nur bei Abwesenheit des Mitglieds zulässig. 3Ein Mitglied, das die öffentlichen Körperschaften vertritt, kann einem Selbstverwaltungsorgan nicht vorsitzen.

(6) 1Die Mitglieder der Selbstverwaltungsorgane üben ihre Tätigkeit ehrenamtlich aus. 2Sie dürfen in der Übernahme oder Ausübung des Ehrenamtes nicht behindert oder wegen der Übernahme oder Ausübung eines solchen Amtes nicht benachteiligt werden.

(7) Stellvertretende Mitglieder haben für die Zeit, in der sie Mitglieder vertreten, die Rechte und Pflichten eines Mitglieds.

(8) § 42 des Vierten Buches gilt entsprechend.

§ 372 Satzung und Anordnungen

(1) Die Bundesagentur gibt sich eine Satzung.

(2) Die Satzung und die Anordnungen des Verwaltungsrats bedürfen der Genehmigung des Bundesministeriums für Arbeit und Soziales.

(3) 1Die Satzung und die Anordnungen sind öffentlich bekannt zu machen. 2Sie treten, wenn ein anderer Zeitpunkt nicht bestimmt ist, am Tag nach ihrer Bekanntmachung in Kraft. 3Die Art der Bekanntmachung wird durch die Satzung geregelt.

(4) Das Bundesministerium für Arbeit und Soziales kann anstelle der nach diesem Gesetz vorgesehenen Anordnungen Rechtsverordnungen erlassen, wenn die Bundesagentur nicht innerhalb von vier Monaten, nachdem das Bundesministerium für Arbeit und Soziales sie dazu aufgefordert hat, eine Anordnung erlässt oder veränderten Verhältnissen anpasst.

§ 373 Verwaltungsrat

(1) 1Der Verwaltungsrat überwacht den Vorstand und die Verwaltung. 2Er kann vom Vorstand die Durchführung von Prüfungen durch die Innenrevision verlangen und Sachverständige mit einzelnen Aufgaben der Überwachung beauftragen.

(2) 1Der Verwaltungsrat kann jederzeit vom Vorstand Auskunft über die Geschäftsführung verlangen. 2Auch ein einzelnes Mitglied des Verwaltungsrats kann einen Bericht, jedoch nur an den Verwaltungsrat, verlangen; lehnt der Vorstand die Berichterstattung ab, so kann der Bericht nur verlangt werden, wenn die Mehrheit der Gruppe, der das Antrag stellende Mitglied angehört, das Verlangen unterstützt.

(3) $_{1}$Die Satzung kann bestimmen, dass bestimmte Arten von Geschäften nur mit Zustimmung des Verwaltungsrats vorgenommen werden dürfen. $_{2}$Verweigert der Verwaltungsrat die Zustimmung, so kann der Vorstand verlangen, dass das Bundesministerium für Arbeit und Soziales entscheidet.

(4) Ist der Verwaltungsrat der Auffassung, dass der Vorstand seine Pflichten verletzt hat, kann er die Angelegenheit dem Bundesministerium für Arbeit und Soziales vortragen.

(5) Der Verwaltungsrat beschließt die Satzung und erlässt die Anordnungen nach diesem Gesetz.

(6) $_{1}$Der Verwaltungsrat besteht aus 21 Mitgliedern. $_{2}$Jede Gruppe kann bis zu fünf stellvertretende Mitglieder benennen. $_{3}$Für die Gruppe der öffentlichen Körperschaften können die Mitglieder des Verwaltungsrates, die auf Vorschlag der Bundesregierung, und die Mitglieder des Verwaltungsrates, die auf Vorschlag des Bundesrates in den Verwaltungsrat berufen worden sind, jeweils zwei stellvertretende Mitglieder und das Mitglied, das auf Vorschlag der kommunalen Spitzenverbände in den Verwaltungsrat berufen worden ist, ein stellvertretendes Mitglied benennen.

§ 374 Verwaltungsausschüsse

(1) Bei jeder Agentur für Arbeit besteht ein Verwaltungsausschuss.

(2) $_{1}$Der Verwaltungsausschuss überwacht und berät die Agentur für Arbeit bei der Erfüllung ihrer Aufgaben. $_{2}$§ 373 Abs. 2 gilt entsprechend.

(3) Ist der Verwaltungsausschuss der Auffassung, dass die Geschäftsführung ihre Pflichten verletzt hat, kann er die Angelegenheit dem Verwaltungsrat vortragen.

(4) $_{1}$Die Zahl der Mitglieder der Verwaltungsausschüsse setzt der Verwaltungsrat fest; die Mitgliederzahl darf höchstens 15 betragen. $_{2}$Jede Gruppe kann bis zu zwei stellvertretende Mitglieder benennen.

§ 375 Amtsdauer

(1) Die Amtsdauer der Mitglieder der Selbstverwaltungsorgane beträgt sechs Jahre.

(2) Die Mitglieder der Selbstverwaltungsorgane bleiben nach Ablauf ihrer Amtsdauer im Amt, bis ihre Nachfolger berufen sind.

(3) Scheidet ein Mitglied vor Ablauf der Amtsdauer aus, so ist für den Rest der Amtsdauer ein neues Mitglied zu berufen.

(4) Die Amtsdauer der stellvertretenden Mitglieder endet mit der Amtsdauer der Mitglieder der Selbstverwaltungsorgane.

§ 376 Entschädigung der ehrenamtlich Tätigen

$_{1}$Die Bundesagentur erstattet den Mitgliedern und den stellvertretenden Mitgliedern der Selbstverwaltungsorgane ihre baren Auslagen und gewährt eine Entschädigung. $_{2}$Der Verwaltungsrat kann feste Sätze beschließen.

Zweiter Unterabschnitt
Berufung und Abberufung

§ 377 Berufung und Abberufung der Mitglieder

(1) Die Mitglieder und die stellvertretenden Mitglieder der Selbstverwaltung werden berufen.

(2) $_{1}$Die Berufung erfolgt bei Mitgliedern des Verwaltungsrats durch das Bundesministerium für Arbeit und Soziales und bei Mitgliedern der Verwaltungsausschüsse durch den Verwaltungsrat. $_{2}$Die berufende Stelle hat Frauen und Männer mit dem Ziel ihrer gleichberechtigten Teilhabe in den Gruppen zu berücksichtigen. $_{3}$Liegen Vorschläge mehrerer Vorschlagsberechtigter vor, so sind die Sitze anteilsmäßig unter billiger Berücksichtigung der Minderheiten zu verteilen.

(3) $_{1}$Ein Mitglied ist abzuberufen, wenn

1. eine Voraussetzung für seine Berufung entfällt oder sich nachträglich herausstellt, dass sie nicht vorgelegen hat,
2. das Mitglied seine Amtspflicht grob verletzt,
3. die vorschlagende Stelle es beantragt oder
4. das Mitglied es beantragt.

$_{2}$Eine Abberufung auf Antrag der vorschlagsberechtigten Gruppe hat bei den Gruppen der Arbeitnehmerinnen und Arbeitnehmer oder der Arbeitgeber nur zu erfolgen, wenn die Mitglieder aus ihren Organisationen ausgeschlossen worden oder ausgetreten sind oder die Vorschlagsberechtigung der Stelle, die das Mitglied vorgeschlagen hat, entfallen ist.

(4) $_{1}$Für die Berufung der stellvertretenden Mitglieder gelten Absatz 2 Satz 1, Absatz 3 Satz 1 Nr. 1, 2 und 4 sowie § 378 entsprechend. $_{2}$Ein stellvertretendes Mitglied ist abzuberufen, wenn die benennende Gruppe dies beantragt.

§ 378 Berufungsfähigkeit

(1) Als Mitglieder der Selbstverwaltungsorgane können nur Deutsche, die das passive Wahlrecht zum Deutschen Bundestag besitzen, sowie Ausländerinnen und Ausländer, die ihren gewöhnlichen Aufenthalt rechtmäßig im Bundesgebiet haben und die die Voraussetzungen des § 15 des Bundeswahlgesetzes mit

Ausnahme der von der Staatsangehörigkeit abhängigen Voraussetzungen erfüllen, berufen werden.

(2) Arbeitnehmerinnen und Arbeitnehmer sowie Beamtinnen und Beamte der Bundesagentur können nicht Mitglieder von Selbstverwaltungsorganen der Bundesagentur sein.

§ 379 Vorschlagsberechtigte Stellen

(1) $_{1}$Vorschlagsberechtigt sind für die Mitglieder der Gruppen

1. der Arbeitnehmerinnen und Arbeitnehmer die Gewerkschaften, die Tarifverträge abgeschlossen haben, sowie ihre Verbände,
2. der Arbeitgeber die Arbeitgeberverbände, die Tarifverträge abgeschlossen haben, sowie ihre Vereinigungen,

die für die Vertretung von Arbeitnehmer- oder Arbeitgeberinteressen wesentliche Bedeutung haben. $_{2}$Für die Verwaltungsausschüsse der Agenturen für Arbeit sind nur die für den Bezirk zuständigen Gewerkschaften und ihre Verbände sowie die Arbeitgeberverbände und ihre Vereinigungen vorschlagsberechtigt.

(2) Vorschlagsberechtigt für die Mitglieder der Gruppe der öffentlichen Körperschaften im Verwaltungsrat sind

1. die Bundesregierung für drei Mitglieder,
2. der Bundesrat für drei Mitglieder und
3. die Spitzenvereinigungen der kommunalen Selbstverwaltungskörperschaften für ein Mitglied.

(3) $_{1}$Vorschlagsberechtigt für die Mitglieder der Gruppe der öffentlichen Körperschaften in den Verwaltungsausschüssen sind die gemeinsamen Rechtsaufsichtsbehörden der zum Bezirk der Agentur für Arbeit gehörenden Gemeinden und Gemeindeverbände oder, soweit es sich um oberste Landesbehörden handelt, die von ihnen bestimmten Behörden. $_{2}$Die zum Bezirk der Agentur für Arbeit gehörenden Gemeinden und Gemeindeverbände sind berechtigt, der zuständigen Behörde Personen vorzuschlagen. $_{3}$Einigen sie sich auf einen Vorschlag, ist die zuständige Behörde an diesen gebunden; im anderen Fall schlägt sie von sich aus Personen vor, die für die beteiligten Gemeinden oder Gemeindeverbände oder für sie tätig sein müssen. $_{4}$Ist eine gemeinsame Gemeindeaufsichtsbehörde nicht vorhanden und einigen sich die beteiligten Gemeindeaufsichtsbehörden nicht, so steht das Vorschlagsrecht der obersten Landesbehörde oder der von ihr bezeichneten Stelle zu. $_{5}$Mitglieder der öffentlichen Körperschaften können nur Vertreterinnen oder Vertreter der Gemeinden, der Gemeindeverbände oder der gemeinsamen Gemeindeaufsichtsbehörde sein, in deren Gebiet sich der Bezirk der Agentur für Arbeit befindet, und die bei diesen hauptamtlich oder ehrenamtlich tätig sind.

Dritter Unterabschnitt
Neutralitätsausschuss

§ 380 Neutralitätsausschuss

(1) $_{1}$Der Neutralitätsausschuss, der Feststellungen über bestimmte Voraussetzungen über das Ruhen des Arbeitslosengeldes bei Arbeitskämpfen trifft, besteht aus

1. drei Mitgliedern, die der Gruppe der Arbeitnehmerinnen und Arbeitnehmer im Verwaltungsrat angehören,
2. drei Mitgliedern, die der Gruppe der Arbeitgeber im Verwaltungsrat angehören, sowie
3. der oder dem Vorsitzenden des Vorstands.

$_{2}$Die Gruppe der Arbeitnehmerinnen und Arbeitnehmer sowie die Gruppe der Arbeitgeber bestimmen die sie jeweils vertretenden Personen mit einfacher Mehrheit. $_{3}$Vorsitzende oder Vorsitzender ist die oder der Vorsitzende des Vorstands. $_{4}$Sie oder er vertritt den Neutralitätsausschuss vor dem Bundessozialgericht.

(2) Die Vorschriften, die die Organe der Bundesagentur betreffen, gelten entsprechend, soweit Besonderheiten des Neutralitätsausschusses nicht entgegenstehen.

Dritter Abschnitt
Vorstand und Verwaltung

§ 381 Vorstand der Bundesagentur

(1) $_{1}$Der Vorstand leitet die Bundesagentur und führt deren Geschäfte. $_{2}$Er vertritt die Bundesagentur gerichtlich und außergerichtlich.

(2) $_{1}$Der Vorstand besteht aus einer oder einem Vorsitzenden und zwei weiteren Mitgliedern. $_{2}$Durch Satzung kann der Vorstand um ein weiteres Mitglied erweitert werden. $_{3}$Der Vorstand muss mit mindestens einer Frau und mindestens einem Mann besetzt sein. $_{4}$Die oder der Vorsitzende führt die Amtsbezeichnung „Vorsitzende des Vorstands der Bundesagentur für Arbeit" oder „Vorsitzender des Vorstands der Bundesagentur für Arbeit", die übrigen Mitglieder führen die Amtsbezeichnung „Mitglied des Vorstands der Bundesagentur für Arbeit".

(3) $_{1}$Die oder der Vorsitzende des Vorstands bestimmt die Richtlinien der Geschäftsführung und ist bei der Benennung der übrigen Vorstandsmitglieder zu hören.

2Innerhalb dieser Richtlinien nimmt jedes Vorstandsmitglied die Aufgaben seines Geschäftsbereiches selbständig wahr.

(4) 1Der Vorstand gibt sich eine Geschäftsordnung, die der Zustimmung des Verwaltungsrats bedarf. 2Die Geschäftsordnung hat insbesondere die Geschäftsverteilung im Vorstand festzulegen sowie die Stellvertretung und die Voraussetzungen für die Beschlussfassung zu regeln.

(5) 1Die Vorstandsmitglieder dürfen dem Verwaltungsrat nicht angehören. 2Sie sind berechtigt, an den Sitzungen des Verwaltungsrats teilzunehmen. 3Sie können jederzeit das Wort ergreifen.

(6) Der Vorstand hat dem Verwaltungsrat regelmäßig und aus wichtigem Anlass zu berichten und ihm auf Verlangen jederzeit Auskunft über die Geschäftsführung der Bundesagentur zu erteilen.

§ 382 Rechtsstellung der Vorstandsmitglieder

(1) 1Die oder der Vorsitzende und die übrigen Mitglieder des Vorstands werden auf Vorschlag des Verwaltungsrats von der Bundesregierung benannt. 2Erfolgt trotz Aufforderung durch die Bundesregierung innerhalb von vier Wochen kein Vorschlag des Verwaltungsrats, erlischt das Vorschlagsrecht. 3Findet der Vorschlag des Verwaltungsrats nicht die Zustimmung der Bundesregierung, kann der Verwaltungsrat innerhalb von vier Wochen einen neuen Vorschlag unterbreiten. 4Das Letztentscheidungsrecht der Bundesregierung bleibt von diesem Verfahren unberührt.

(2) 1Die oder der Vorsitzende und die übrigen Mitglieder des Vorstands stehen in einem öffentlich-rechtlichen Amtsverhältnis. 2Sie werden von der Bundespräsidentin oder dem Bundespräsidenten ernannt. 3Die Amtszeit der Mitglieder des Vorstands soll fünf Jahre betragen. 4Mehrere Amtszeiten sind zulässig.

(3) 1Das Amtsverhältnis der Vorstandsmitglieder beginnt mit der Aushändigung der Ernennungsurkunde, wenn nicht in der Urkunde ein späterer Tag bestimmt ist. 2Es endet mit Ablauf der Amtszeit, Erreichen der Altersgrenze nach § 51 Abs. 1 und 2 des Bundesbeamtengesetzes oder Entlassung. 3Die Bundespräsidentin oder der Bundespräsident entlässt ein Vorstandsmitglied auf dessen Verlangen. 4Eine Entlassung erfolgt auch auf Beschluss der Bundesregierung oder des Verwaltungsrats mit Zustimmung der Bundesregierung, wenn das Vertrauensverhältnis gestört ist oder ein wichtiger Grund vorliegt. 5Im Falle der Beendigung des Amtsverhältnisses erhält das Vorstandsmitglied eine von der Bundespräsidentin oder dem Bundespräsidenten vollzogene Urkunde. 6Eine Entlassung wird mit der Aushändigung der Urkunde wirksam. 7Auf Verlangen des Verwaltungsrats mit Zustimmung des Bundesministeriums für Arbeit und Soziales ist ein Vorstandsmitglied verpflichtet, die Geschäfte bis zur Ernennung einer Nachfolgerin oder eines Nachfolgers weiterzuführen.

(4) 1Die Mitglieder des Vorstands haben, auch nach Beendigung ihres Amtsverhältnisses, über die ihnen amtlich bekannt gewordenen Angelegenheiten Verschwiegenheit zu bewahren. 2Dies gilt nicht für Mitteilungen im dienstlichen Verkehr oder über Tatsachen, die offenkundig sind oder ihrer Bedeutung nach keiner Geheimhaltung bedürfen.

(5) 1Die Vorstandsmitglieder dürfen neben ihrem Amt kein anderes besoldetes Amt, kein Gewerbe und keinen Beruf ausüben und weder der Leitung eines auf Erwerb gerichteten Unternehmens noch einer Regierung oder einer gesetzgebenden Körperschaft des Bundes oder eines Landes angehören. 2Sie dürfen nicht gegen Entgelt außergerichtliche Gutachten abgeben. 3Für die Zugehörigkeit zu einem Aufsichtsrat, Verwaltungsrat, Beirat oder einem anderen Gremium eines öffentlichen oder privaten Unternehmens oder einer sonstigen Einrichtung ist die Einwilligung des Bundesministeriums für Arbeit und Soziales erforderlich; dieses entscheidet, inwieweit eine Vergütung abzuführen ist.

(6) 1Im Übrigen werden die Rechtsverhältnisse der Vorstandsmitglieder, insbesondere die Gehalts- und Versorgungsansprüche und die Haftung, durch Verträge geregelt, die das Bundesministerium für Arbeit und Soziales mit den Mitgliedern des Vorstands schließt. 2Die Verträge bedürfen der Zustimmung der Bundesregierung. 3Der Vollzug der vertraglichen Regelung obliegt der Bundesagentur.

(7) 1Wird eine Bundesbeamtin oder ein Bundesbeamter zum Mitglied des Vorstands ernannt, ruhen für die Dauer des Amtsverhältnisses die in dem Beamtenverhältnis begründeten Rechte und Pflichten mit Ausnahme der Pflicht zur Amtsverschwiegenheit und des Verbots der Annahme von Belohnungen oder Geschenken. 2Satz 1 gilt längstens bis zum Eintritt oder bis zur Versetzung in den Ruhestand.

(8) Endet das Amtsverhältnis nach Absatz 2 und wird die oder der Betroffene nicht anschließend in ein anderes öffentlich-rechtliches Amtsverhältnis zum Bund berufen, treten Beamtinnen und Beamte, wenn ihnen nicht innerhalb von drei Monaten unter den Voraussetzungen des § 28 Abs. 2 des Bundesbeamtengesetzes oder vergleichbarer landesrechtlicher Regelungen ein anderes Amt übertragen wird, mit Ablauf dieser

Frist aus ihrem Dienstverhältnis als Beamtinnen oder Beamte in den einstweiligen Ruhestand, sofern sie zu diesem Zeitpunkt noch nicht die gesetzliche Altersgrenze erreicht haben.

§ 383 Geschäftsführung der Agenturen für Arbeit

(1) $_{1}$Die Agenturen für Arbeit werden von einer Geschäftsführerin, einem Geschäftsführer oder einer Geschäftsführung geleitet. $_{2}$Eine Geschäftsführung besteht aus einer oder einem Vorsitzenden und bis zu zwei weiteren Mitgliedern.

(2) $_{1}$Die Geschäftsführerin, der Geschäftsführer oder die Mitglieder der Geschäftsführung werden vom Vorstand bestellt. $_{2}$Der Vorstand hört die Verwaltungsausschüsse zu den von ihm ausgewählten Bewerberinnen und Bewerbern.

(3) $_{1}$Die Geschäftsführerin, der Geschäftsführer oder die Mitglieder der Geschäftsführung sind berechtigt, an den Sitzungen des Verwaltungsausschusses teilzunehmen. $_{2}$Sie können jederzeit das Wort ergreifen.

(4) Die Geschäftsführerin, der Geschäftsführer oder die Geschäftsführung haben dem Verwaltungsausschuss regelmäßig und aus wichtigem Anlass zu berichten und ihm auf Verlangen jederzeit Auskunft über die Geschäfte der Agentur für Arbeit zu erteilen.

§ 384 Geschäftsführung der Regionaldirektionen

(1) $_{1}$Die Regionaldirektionen werden von einer Geschäftsführung geleitet. $_{2}$Die Geschäftsführung besteht aus einer oder einem Vorsitzenden und zwei weiteren Mitgliedern.

(2) Die Mitglieder werden vom Vorstand bestellt; vor der Bestellung der vorsitzenden Mitglieder der Geschäftsführung hat der Vorstand den Verwaltungsrat und die beteiligten Landesregierungen anzuhören.

§ 385 Beauftragte für Chancengleichheit am Arbeitsmarkt

(1) $_{1}$Bei den Agenturen für Arbeit, bei den Regionaldirektionen und bei der Zentrale sind hauptamtliche Beauftragte für Chancengleichheit am Arbeitsmarkt zu bestellen. $_{2}$Sie sind unmittelbar der jeweiligen Dienststellenleitung zugeordnet.

(2) $_{1}$Die Beauftragten für Chancengleichheit am Arbeitsmarkt unterstützen und beraten Arbeitgeber, Arbeitnehmerinnen und Arbeitnehmer sowie deren Organisationen in übergeordneten Fragen der Frauenförderung, der Gleichstellung von Frauen und Männern am Arbeitsmarkt sowie der Vereinbarkeit von Familie und Beruf bei beiden Geschlechtern. $_{2}$Hierzu zählen insbesondere Fragen der beruflichen Ausbildung, des beruflichen Einstiegs und Fortkommens von Frauen und Männern nach einer Familienphase sowie hinsichtlich einer flexiblen Arbeitszeitgestaltung. $_{3}$Zur Sicherung der gleichberechtigten Teilhabe von Frauen am Arbeitsmarkt arbeiten sie mit den in Fragen der Frauenerwerbsarbeit tätigen Stellen ihres Bezirks zusammen.

(3) $_{1}$Die Beauftragten für Chancengleichheit am Arbeitsmarkt sind bei der frauen- und familiengerechten fachlichen Aufgabenerledigung ihrer Dienststellen zu beteiligen. $_{2}$Sie haben ein Informations-, Beratungs- und Vorschlagsrecht in Fragen, die Auswirkungen auf die Chancengleichheit von Frauen und Männern am Arbeitsmarkt haben.

(4) $_{1}$Die Beauftragten für Chancengleichheit am Arbeitsmarkt bei den Agenturen für Arbeit können mit weiteren Aufgaben beauftragt werden, soweit die Aufgabenerledigung als Beauftragte für Chancengleichheit am Arbeitsmarkt dies zulässt. $_{2}$In Konfliktfällen entscheidet der Verwaltungsausschuss.

§ 386 Innenrevision

(1) $_{1}$Die Bundesagentur stellt durch organisatorische Maßnahmen sicher, dass in allen Dienststellen durch eigenes nicht der Dienststelle angehörendes Personal geprüft wird, ob Leistungen unter Beachtung der gesetzlichen Bestimmungen nicht hätten erbracht werden dürfen oder zweckmäßiger oder wirtschaftlicher hätten eingesetzt werden können. $_{2}$Mit der Durchführung der Prüfungen können Dritte beauftragt werden.

(2) Das Prüfpersonal der Bundesagentur ist für die Zeit seiner Prüftätigkeit fachlich unmittelbar der Leitung der Dienststelle unterstellt, in der es beschäftigt ist.

(3) $_{1}$Der Vorstand legt die Berichte der Innenrevision unverzüglich dem Verwaltungsrat vor. $_{2}$Vertreterinnen oder Vertreter der Innenrevision sind berechtigt, an den Sitzungen des Verwaltungsrats teilzunehmen, wenn ihre Berichte Gegenstand der Beratung sind. $_{3}$Sie können jederzeit das Wort ergreifen.

§ 387 Personal der Bundesagentur

(1) $_{1}$Das Personal der Bundesagentur besteht vorrangig aus Arbeitnehmerinnen und Arbeitnehmern. $_{2}$Die Beamtinnen und Beamten der Bundesagentur sind Bundesbeamte.

(2) $_{1}$Oberste Dienstbehörde für die Beamtinnen und Beamten der Bundesagentur ist der Vorstand. $_{2}$Soweit beamtenrechtliche Vorschriften die Übertragung der Befugnisse von obersten Dienstbehörden auf nachgeordnete Behörden zulassen, kann der Vorstand seine Befugnisse im Rahmen dieser Vorschriften auf die

Geschäftsführerinnen, Geschäftsführer oder Vorsitzenden der Geschäftsführungen der Agenturen für Arbeit, auf die Vorsitzenden der Geschäftsführungen der Regionaldirektionen und die Leitungen der besonderen Dienststellen übertragen. ₃§ 144 Abs. 1 des Bundesbeamtengesetzes und § 83 Abs. 1 des Bundesdisziplinargesetzes bleiben unberührt.

(3) ₁Beamtinnen und Beamte der Bundesagentur können auf Antrag zur Wahrnehmung einer hauptberuflichen Tätigkeit in einem befristeten Arbeits- oder Anstellungsverhältnis bei der Bundesagentur unter Wegfall der Besoldung beurlaubt werden, soweit das Beamtenverhältnis mindestens drei Jahre besteht und dienstliche Gründe nicht entgegenstehen. ₂Eine Beurlaubung ist nur zulässig, wenn der Beamtin oder dem Beamten in dem Arbeits- oder Anstellungsverhältnis eine Funktion übertragen wird, die höher als die bisher übertragene Funktion bewertet ist. ₃Die Bewilligung der Beurlaubung dient dienstlichen Interessen und ist auf längstens zehn Jahre zu befristen. ₄Verlängerungen sind zulässig. ₅Bei Abschluss eines Anstellungsvertrags nach § 389 Absatz 1 verlängert sich die Beurlaubung um die Zeit, die im Anstellungsverhältnis zu erbringen ist. ₆Die Bewilligung der Beurlaubung kann aus zwingenden dienstlichen Gründen widerrufen werden. ₇Bei Beendigung oder Ruhen des Arbeitsverhältnisses ist die Bewilligung der Beurlaubung grundsätzlich zu widerrufen. ₈Sie kann auf Antrag der beurlaubten Beamtin oder des beurlaubten Beamten auch widerrufen werden, wenn ihr oder ihm eine Fortsetzung der Beurlaubung nicht zumutbar ist und dienstliche Belange nicht entgegenstehen.

(4) Die beurlaubten Beamtinnen und Beamten sind im Rahmen ihrer hauptberuflichen Tätigkeit nach Absatz 3 Satz 1 nicht versicherungspflichtig im Anwendungsbereich dieses Buches, in der gesetzlichen Kranken- und Rentenversicherung sowie in der sozialen Pflegeversicherung.

(5) ₁Die Zeit der hauptberuflichen Tätigkeit der nach Absatz 3 Satz 1 beurlaubten Beamtinnen und Beamten ist ruhegehaltfähig. ₂Die Voraussetzungen des § 28 Abs. 1 Satz 1 des Bundesbesoldungsgesetzes gelten für die Zeit der Beurlaubung als erfüllt. ₃Ein Versorgungszuschlag wird nicht erhoben. ₄Die Anwartschaft der beurlaubten Beamtinnen und Beamten auf Versorgung bei verminderter Erwerbsfähigkeit und im Alter sowie auf Hinterbliebenenversorgung nach beamtenrechtlichen Vorschriften und Grundsätzen ist gewährleistet.

(6) ₁Während der hauptberuflichen Tätigkeit nach Absatz 3 Satz 1 besteht im Krankheitsfall ein zeitlich unbegrenzter Anspruch auf Entgeltfortzahlung in Höhe der Besoldung, die der beurlaubten Beamtin oder dem beurlaubten Beamten vor der Beurlaubung zugestanden hat, mindestens jedoch in Höhe des Krankengeldes, das der beurlaubten Beamtin oder dem beurlaubten Beamten nach den §§ 44 ff. des Fünften Buches zustehen würde. ₂Entgeltansprüche, die der beurlaubten Beamtin oder dem beurlaubten Beamten im Krankheitsfall nach dem Entgeltfortzahlungsgesetz, einem Tarifvertrag oder dem Arbeits- oder Anstellungsvertrag zustehen, bleiben unberührt und werden auf den Entgeltfortzahlungsanspruch nach Satz 1 angerechnet. ₃Darüber hinaus besteht bei Krankheit und Pflegebedürftigkeit ein Anspruch auf Beihilfe in entsprechender Anwendung der Beihilferegelungen für Beamtinnen und Beamte mit Dienstbezügen.

(7) ₁Werden einer Beamtin oder einem Beamten der Bundesagentur mit Bestellung zur Geschäftsführerin oder zum Geschäftsführer einer gemeinsamen Einrichtung nach § 44d Absatz 2 Satz 1 des Zweiten Buches Aufgaben eines höherwertigen Amtes übertragen, erhält sie oder er ab dem siebten Monat der ununterbrochenen Wahrnehmung dieser Aufgaben im Beamtenverhältnis eine Zulage, wenn in diesem Zeitpunkt die haushaltsrechtlichen Voraussetzungen für die Übertragung dieses Amtes vorliegen. ₂Die Zulage wird in Höhe des Unterschiedsbetrages zwischen dem Grundgehalt ihrer oder seiner Besoldungsgruppe und dem Grundgehalt der Besoldungsgruppe gezahlt, der das höherwertige Amt zugeordnet ist, höchstens jedoch der dritten folgenden Besoldungsgruppe.

§ 388 Ernennung der Beamtinnen und Beamten

(1) Der Vorstand ernennt die Beamtinnen und Beamten.

(2) ₁Der Vorstand kann seine Befugnisse auf Bedienstete der Bundesagentur übertragen. ₂Er bestimmt im Einzelnen, auf wen die Ernennungsbefugnisse übertragen werden.

§ 389 Anstellungsverhältnisse oberster Führungskräfte

(1) ₁Folgende Funktionen werden vorrangig in einem befristeten außertariflichen Arbeitsverhältnis oberster Führungskräfte (Anstellungsverhältnis) übertragen:

1. die Funktion einer Geschäftsführerin oder eines Geschäftsführers bei der Zentrale der Bundesagentur,
2. die Funktion einer Bereichsleiterin oder eines Bereichsleiters mit herausgehobenen Aufgaben bei der Zentrale der Bundesagentur,

3. die Funktionen der oder des Vorsitzenden der Geschäftsführung einer Regionaldirektion und der ständigen Vertreterin oder des ständigen Vertreters der oder des Vorsitzenden der Geschäftsführung einer Regionaldirektion,
4. die Funktion der Leiterin oder des Leiters der Familienkasse sowie
5. die Funktionen der Leiterin oder des Leiters und der stellvertretenden Leiterin oder des stellvertretenden Leiters des Instituts für Arbeitsmarkt- und Berufsforschung.

2Ein Anstellungsverhältnis darf jeweils die Dauer von fünf Jahren nicht überschreiten. 3Es kann wiederholt begründet werden. 4Wenn Beschäftigte zum Zeitpunkt der Übertragung in einem Arbeitsverhältnis zur Bundesagentur stehen, wird die Funktion ausschließlich im Anstellungsverhältnis übertragen. 5Vor Begründung eines Anstellungsverhältnisses ist der Verwaltungsrat der Bundesagentur zu beteiligen. 6Bei Übertragung im Beamtenverhältnis gilt § 24 Absatz 1 bis 4 und 6 des Bundesbeamtengesetzes.

(2) 1Beamtinnen und Beamte, die ein Anstellungsverhältnis begründen, kehren nach Beendigung ihres Anstellungsverhältnisses in das ihnen vor der Beurlaubung nach § 387 Absatz 3 zuletzt übertragene Amt zurück, es sei denn, sie haben zu diesem Zeitpunkt die für sie geltende Altersgrenze erreicht. 2Sie erhalten die Besoldung aus dem vor der Beurlaubung nach § 387 Absatz 3 zuletzt wahrgenommenen Amt.

(3) Für die Dauer eines Anstellungsverhältnisses ruhen die Rechte und Pflichten aus einem mit der Bundesagentur bereits bestehenden Arbeitsverhältnis.

§ 390 Außertarifliche Arbeitsbedingungen und Vergütungen

(1) 1Der Vorstand regelt mit Zustimmung des Verwaltungsrats und im Benehmen mit dem Bundesministerium für Arbeit und Soziales und dem Bundesministerium der Finanzen die Bedingungen, unter denen die Bundesagentur Anstellungsverträge mit obersten Führungskräften und Arbeitsverträge mit den sonstigen Beschäftigten schließt, für die kein Tarifvertrag der Bundesagentur gilt (obere Führungskräfte und herausgehobene Fachkräfte). 2Die Funktionen der Beschäftigten nach Satz 1 sind jeweils einer von mehreren Tätigkeitsebenen zuzuordnen. 3Im Haushaltsplan der Bundesagentur ist für die Vergütung der in Satz 1 genannten Beschäftigten ein gesonderter Titel auszubringen. 4Dabei ist in einer verbindlichen Erläuterung zum Titel und im verbindlichen Stellenplan die Anzahl der Beschäftigten nach Satz 1 nach Tätigkeitsebenen gegliedert festzulegen. 5Für die Tätigkeitsebenen ist jeweils die Spannbreite der jährlichen Gesamtvergütungen sowie die dieser entsprechende Spannbreite der Besoldungsgruppen nach dem Bundesbesoldungsgesetz auszuweisen.

(2) 1Die nach Absatz 1 Satz 1 zu regelnde Vergütung besteht aus einem Festgehalt, zu dem Zulagen gezahlt werden können. 2Zusätzlich können ein individueller leistungsbezogener Bestandteil sowie eine am Grad der Zielerreichung der Bundesagentur oder ihrer Dienststellen ausgerichtete geschäftspolitische Ergebniskomponente geleistet werden.

(3) 1Die Vergütung nach Absatz 2 Satz 1 hat sich an den Grundgehältern der Bundesbesoldungsordnungen A und B auszurichten. 2Für die Zuordnung von Festgehalt und Zulagen sind die mit der übertragenen Funktion verbundene Aufgaben- und Personalverantwortung, die Schwierigkeit der Aufgabe und die Bedeutung der Funktion oder der Grad der Anforderungen und Belastungen maßgeblich. 3Die Summe aus Festgehalt und Zulagen darf für oberste Führungskräfte die Grundgehälter der Bundesbesoldungsordnung B, für obere Führungskräfte und herausgehobene Fachkräfte die Endgrundgehälter der Bundesbesoldungsordnung A, jeweils zuzüglich des Familienzuschlags der Stufe 2, der Bundesbeamtinnen und Bundesbeamten in vergleichbaren Funktionen nicht übersteigen. 4Dabei darf für oberste Führungskräfte das Grundgehalt der Besoldungsgruppe B 7 der Bundesbesoldungsordnung B zuzüglich des Familienzuschlags der Stufe 2 nicht überschritten werden. 5§ 44d Absatz 7 des Zweiten Buches bleibt unberührt.

(4) 1Der leistungsbezogene Bestandteil nach Absatz 2 Satz 2 hat sich an der individuellen Leistung der oder des Beschäftigten zu bemessen. 2Er darf nicht mehr als 20 Prozent des Festgehalts betragen. 3Die geschäftspolitische Ergebniskomponente ist auf jährlich höchstens 10 Prozent des nach Absatz 2 Satz 1 vorgesehenen niedrigsten Jahresfestgehalts zu begrenzen. 4Der Vorstand der Bundesagentur stellt unter vorheriger Beteiligung des Verwaltungsrats fest, zu welchem leistungsorientierten Grad die Ziele erreicht wurden, die für die geschäftspolitische Ergebniskomponente maßgeblich sind. 5Grundlage dafür ist ein mit dem Verwaltungsrat abgestimmtes geeignetes Ziele-, Kennzahlen- und Messgrößensystem.

(5) 1Die Vergütung nach Absatz 2 Satz 1 nimmt an den Änderungen des höchsten Festgehalts für tariflich Beschäftigte der Bundesagentur teil. 2Die Regelung nach Absatz 3 Satz 3 und 4 bleibt davon unberührt.

(6) 1Der Vorstand kann mit Zustimmung des Verwaltungsrats im Einzelfall Beschäftigten nach Absatz 1 Satz 1 eine weitere Zulage zahlen, wenn ein Dienstposten auf Grund besonderer Anforderungen nicht zu den Bedingungen der Absätze 3 und 4 besetzt werden oder besetzt bleiben kann. 2§ 44d Absatz 7 des Zweiten Buches bleibt unberührt. 3Für solche Einzelfälle sind folgende Angaben auszuweisen:

1. ein entsprechender Betrag in dem Titel nach Absatz 1 Satz 3 und
2. die Anzahl der Beschäftigten, die eine Zulage nach Satz 1 erhalten können, in einer verbindlichen Erläuterung zum Titel nach Absatz 1 Satz 3 und im verbindlichen Stellenplan.

§ 391 (weggefallen)

§ 392 Obergrenzen für Beförderungsämter

Bei der Bundesagentur können die nach § 17a Absatz 1 der Bundeshaushaltsordnung zulässigen Obergrenzen für Beförderungsämter nach Maßgabe sachgerechter Bewertung überschritten werden, soweit dies zur Vermeidung von Verschlechterungen der Beförderungsverhältnisse infolge einer Verminderung von Planstellen erforderlich ist.

Vierter Abschnitt Aufsicht

§ 393 Aufsicht

(1) 1Die Aufsicht über die Bundesagentur führt das Bundesministerium für Arbeit und Soziales. 2Sie erstreckt sich darauf, dass Gesetze und sonstiges Recht beachtet werden.

(2) Dem Bundesministerium für Arbeit und Soziales ist jährlich ein Geschäftsbericht vorzulegen, der vom Vorstand zu erstatten und vom Verwaltungsrat zu genehmigen ist.

Fünfter Abschnitt Datenschutz

§ 394 Verarbeitung von Sozialdaten durch die Bundesagentur

(1) 1Die Bundesagentur darf Sozialdaten nur verarbeiten, soweit dies zur Erfüllung ihrer gesetzlich vorgeschriebenen oder zugelassenen Aufgaben erforderlich ist. 2Ihre Aufgaben nach diesem Buch sind

1. die Feststellung eines Versicherungspflichtverhältnisses einschließlich einer Versicherungsfreiheit,
2. die Erbringung von Leistungen der Arbeitsförderung,
3. die Erstellung von Statistiken, Arbeitsmarkt- und Berufsforschung, Berichterstattung,
4. die Überwachung der Beratung und Vermittlung durch Dritte,
5. die Zustimmung zur Zulassung der Beschäftigung nach dem Aufenthaltsgesetz, die Zustimmung zur Anwerbung aus dem Ausland sowie die Erteilung einer Arbeitsgenehmigung-EU,
6. die Bekämpfung von Leistungsmissbrauch und illegaler Beschäftigung,
7. die Unterrichtung der zuständigen Behörden über Anhaltspunkte von Schwarzarbeit, Nichtentrichtung von Sozialversicherungsbeiträgen oder Steuern und Verstößen gegen das Aufenthaltsgesetz,
8. die Überwachung der Melde-, Anzeige-, Bescheinigungs- und sonstiger Pflichten nach dem Achten Kapitel sowie die Erteilung von Auskünften,
9. der Nachweis von Beiträgen sowie die Erhebung von Umlagen für die ergänzenden Leistungen nach § 102 und das Insolvenzgeld,
10. die Durchführung von Erstattungs- und Ersatzansprüchen.

(2) Eine Verarbeitung für andere als die in Absatz 1 genannten Zwecke ist nur zulässig, soweit dies durch Rechtsvorschriften des Sozialgesetzbuches angeordnet oder erlaubt ist.

§ 395 Datenübermittlung an Dritte; Verarbeitung von Sozialdaten durch nicht-öffentliche Stellen

(1) Die Bundesagentur darf Dritten, die mit der Erfüllung von Aufgaben nach diesem Buch beauftragt sind, Sozialdaten übermitteln, soweit dies zur Erfüllung dieser Aufgaben erforderlich ist.

(2) Die Bundesagentur darf abweichend von § 80 Absatz 3 des Zehnten Buches zur Erfüllung ihrer Aufgaben nach diesem Buch nicht-öffentliche Stellen mit der Verarbeitung von Sozialdaten beauftragen.

§ 396 Kennzeichnungs- und Maßregelungsverbot

1Die Bundesagentur und von ihr beauftragte Dritte dürfen Berechtigte und Arbeitgeber bei der Speicherung oder Übermittlung von Daten nicht in einer aus dem Wortlaut nicht verständlichen oder in einer Weise kennzeichnen, die nicht zur Erfüllung ihrer Aufgaben erforderlich ist. 2Die Bundesagentur darf an einer Maßregelung von Berechtigten oder an entsprechenden Maßnahmen gegen Arbeitgeber nicht mitwirken.

III

§ 397 Automatisierter Datenabgleich

(1) 1Soweit für die Erbringung oder die Erstattung von Leistungen nach diesem Buch erforderlich, darf die Bundesagentur Angaben zu Personen, die Leistungen nach diesem Buch beantragt haben oder für die Leistungen beantragt worden sind, die Leistungen, beziehen oder innerhalb der letzten vierzehn Monate bezogen haben, regelmäßig automatisiert mit den folgenden nach § 36 Absatz 3 der Datenerfassungs- und Übermittlungsverordnung von der Datenstelle der Rentenversicherung übermittelten Daten abgleichen:

1. Versicherungsnummer (§ 28a Absatz 3 Satz 1 Nummer 1 des Vierten Buches),
2. Familienname und Vornamen (§ 28a Absatz 3 Satz 1 Nummer 2 des Vierten Buches),
3. Geburtsdatum (§ 28a Absatz 3 Satz 1 Nummer 3 des Vierten Buches),
4. Anschrift (§ 28a Absatz 3 Satz 2 Nummer 1 Buchstabe a des Vierten Buches),
5. Betriebsnummer des Arbeitgebers (§ 28a Absatz 3 Satz 1 Nummer 6 des Vierten Buches),
6. zuständige Einzugsstelle (§ 28a Absatz 3 Satz 1 Nummer 8 des Vierten Buches),
7. Beschäftigungsbeginn (§ 28a Absatz 3 Satz 2 Nummer 1 Buchstabe b des Vierten Buches),
8. Beschäftigungszeitraum (§ 28a Absatz 3 Satz 2 Nummer 2 Buchstabe d des Vierten Buches),
9. Personengruppenschlüssel, Beitragsgruppenschlüssel und Abgabegründe für die Meldungen (§ 28b Absatz 1 Satz 1 Nummer 1 des Vierten Buches),
10. Stornokennzeichen (§ 14 Absatz 1 der Datenerfassungs- und Übermittlungsverordnung),
11. beitragspflichtiges Arbeitsentgelt in Euro (§ 28a Absatz 3 Satz 2 Nummer 2 Buchstabe b des Vierten Buches),
12. Zeitraum, in dem das Arbeitsentgelt erzielt wurde (§ 28a Absatz 3 Satz 2 Nummer 2 Buchstabe d des Vierten Buches),
13. Entgeltersatzleistungen (§ 107 Absatz 1 des Vierten Buches).

2Satz 1 gilt auch für geringfügig Beschäftigte. 3Bei Beschäftigten, für die Meldungen im Rahmen des Haushaltsscheckverfahrens (§ 28a Absatz 7 des Vierten Buches) erstattet werden, dürfen die nach § 28a Absatz 8 Nummer 1, 2 und 4 Buchstabe a und d des Vierten Buches übermittelten Daten abgeglichen werden. 4Die abzugleichenden Daten dürfen von der Bundesagentur, bezogen auf einzelne Beschäftigungsverhältnisse, zusammengeführt werden. 5Dabei können die nach § 36 Absatz 3 der Datenerfassungs- und -übermittlungsverordnung übermittelten Daten, insbesondere auch das nach Satz 1 Nummer 11 genannte Arbeitsentgelt genutzt werden.

(2) Die Bundesagentur darf anhand der in Absatz 1 Satz 1 Nummer 5 genannten Betriebsnummer die Anzahl der Beschäftigten und Auszubildenden in einem Betrieb ermitteln und diese Angaben mit den von dem Arbeitgeber in den Selbstinformationseinrichtungen angegebenen Daten vergleichen, sofern dies zur Verhinderung von Datenmissbrauch bei der Vermittlung über Selbstinformationseinrichtungen erforderlich ist.

(3) Die in Absatz 1 und 2 aufgeführten Daten dürfen nur für die dort jeweils genannten Zwecke und für die Verfolgung von Straftaten und Ordnungswidrigkeiten, die im Zusammenhang mit der Beantragung oder dem Bezug von Leistungen stehen, verarbeitet werden.

§ 398 Datenübermittlung durch beauftragte Dritte

Hat die Bundesagentur eine externe Gutachterin oder einen externen Gutachter beauftragt, eine ärztliche oder psychologische Untersuchung oder Begutachtung durchzuführen, ist die Übermittlung von Daten an die Bundesagentur durch die externe Gutachterin oder den externen Gutachter zulässig, soweit dies zur Erfüllung des Auftrages erforderlich ist.

§§ 399 bis 403 (weggefallen)

Zwölftes Kapitel Bußgeldvorschriften

Erster Abschnitt Bußgeldvorschriften

§ 404 Bußgeldvorschriften

(1) Ordnungswidrig handelt, wer als Unternehmerin oder Unternehmer Dienst- oder Werkleistungen in erheblichem Umfang ausführen lässt, indem sie oder er eine andere Unternehmerin oder einen anderen Unternehmer beauftragt, von dem sie oder er weiß oder fahrlässig nicht weiß, dass diese oder dieser zur Erfüllung dieses Auftrags

1. entgegen § 284 Absatz 1 oder § 4a Absatz 5 Satz 1 des Aufenthaltsgesetzes eine Ausländerin oder einen Ausländer beschäftigt oder
2. eine Nachunternehmerin oder einen Nachunternehmer einsetzt oder es zulässt, dass eine Nachunternehmerin oder ein Nachunternehmer tätig

wird, die oder der entgegen § 284 Absatz 1 oder § 4a Absatz 5 Satz 1 des Aufenthaltsgesetzes eine Ausländerin oder einen Ausländer beschäftigt.

(2) Ordnungswidrig handelt, wer vorsätzlich oder fahrlässig

1. entgegen § 42 Absatz 4 oder § 287 Abs. 3 sich die dort genannte Gebühr oder den genannten Aufwendungsersatz erstatten lässt,
1a. entgegen § 82 Absatz 6 Satz 3 einen Nachweis nicht, nicht richtig, nicht vollständig oder nicht rechtzeitig erbringt,
2. entgegen § 165 Absatz 5 einen dort genannten Beschluß nicht oder nicht rechtzeitig bekanntgibt,
3. entgegen § 284 Abs. 1 oder § 4a Absatz 5 Satz 1 oder 2 des Aufenthaltsgesetzes eine Ausländerin oder einen Ausländer beschäftigt,
4. entgegen § 284 Absatz 1 oder entgegen § 4a Absatz 3 Satz 4 oder Absatz 4, § 6 Absatz 2a, § 7 Absatz 1 Satz 4 erster Halbsatz, § 16a Absatz 3 Satz 1, § 16b Absatz 3, auch in Verbindung mit Absatz 7 Satz 3, § 16b Absatz 5 Satz 3 zweiter Halbsatz, § 16c Absatz 2 Satz 3, § 16d Absatz 1 Satz 4, Absatz 3 Satz 2 oder Absatz 4 Satz 3, § 16f Absatz 3 Satz 4, § 17 Absatz 3 Satz 1, § 20 Absatz 1 Satz 4, auch in Verbindung mit Absatz 2 Satz 2, § 23 Absatz 1 Satz 4 erster Halbsatz, § 24 Absatz 6 Satz 2 erster Halbsatz oder § 25 Absatz 4 Satz 3 erster Halbsatz, Absatz 4a Satz 4 erster Halbsatz oder Absatz 4b Satz 4 erster Halbsatz des Aufenthaltsgesetzes eine Beschäftigung ausübt,
5. entgegen § 39 Absatz 4 Satz 2 des Aufenthaltsgesetzes eine Auskunft nicht, nicht richtig oder nicht rechtzeitig erteilt,
6. einer vollziehbaren Anordnung nach § 288a Abs. 1 zuwiderhandelt,
7. entgegen § 288a Abs. 2 Satz 1 eine Auskunft nicht, nicht richtig, nicht vollständig oder nicht rechtzeitig erteilt oder eine Unterlage nicht, nicht richtig, nicht vollständig oder nicht rechtzeitig vorlegt,
8. entgegen § 288a Abs. 3 Satz 2 eine Maßnahme nicht duldet,
9. einer Rechtsverordnung nach § 292 zuwiderhandelt, soweit sie für einen bestimmten Tatbestand auf diese Bußgeldvorschrift verweist,
10. (weggefallen)
11. entgegen § 296 Abs. 2 oder § 296a eine Vergütung oder einen Vorschuss entgegennimmt,
12. (weggefallen)
13. entgegen § 298 Abs. 2 Satz 1 eine Unterlage nicht, nicht richtig, nicht vollständig oder nicht rechtzeitig zurückgibt,
14. (weggefallen)
15. (weggefallen)
16. einer Rechtsverordnung nach § 352 Abs. 2 Nr. 2 oder § 357 Satz 1 zuwiderhandelt, soweit sie für einen bestimmten Tatbestand auf diese Bußgeldvorschrift verweist,
17. und 18. (weggefallen)
19. entgegen
    a) § 312 Absatz 1 Satz 1, auch in Verbindung mit Satz 2, oder Absatz 3 oder § 313 Absatz 1, auch in Verbindung mit Absatz 3,
    b) § 312a Absatz 1 Satz 1, auch in Verbindung mit Satz 2, oder § 314 Absatz 1, auch in Verbindung mit Absatz 2,

    eine dort genannte Tatsache nicht, nicht richtig, nicht vollständig, nicht in der vorgeschriebenen Weise oder nicht rechtzeitig bescheinigt oder eine Bescheinigung nicht, nicht richtig, nicht vollständig, nicht in der vorgeschriebenen Weise oder nicht rechtzeitig übermittelt,
20. entgegen § 313 Absatz 2, auch in Verbindung mit Absatz 3, eine Nebeneinkommensbescheinigung nicht oder nicht rechtzeitig verlangt,
21. entgegen § 313a Absatz 1 Satz 2 zweiter Halbsatz einen Nachweis nicht oder nicht rechtzeitig zuleitet,
22. (weggefallen)
23. entgegen § 315 Abs. 1, 2 Satz 1 oder Abs. 3, jeweils auch in Verbindung mit Absatz 4, § 315 Absatz 5 Satz 1, auch in Verbindung mit Satz 2, § 316, § 317 oder als privater Arbeitgeber oder Träger entgegen § 318 Abs. 1 Satz 1 eine Auskunft nicht, nicht richtig, nicht vollständig oder nicht rechtzeitig erteilt oder entgegen § 318 Abs. 2 Satz 2 Nr. 2 eine Mitteilung an die Agentur für Arbeit nicht oder nicht rechtzeitig erteilt,
24. entgegen § 319 Abs. 1 Satz 1 Einsicht oder Zutritt nicht gewährt,
25. entgegen § 320 Abs. 1 Satz 1, Abs. 3 Satz 1 oder 2 oder Abs. 5 einen Nachweis nicht, nicht richtig oder nicht vollständig oder nicht rechtzeitig erbringt, eine Aufzeichnung nicht, nicht richtig oder nicht vollständig führt oder eine Anzeige nicht, nicht richtig, nicht vollständig oder nicht rechtzeitig erstattet,

26. entgegen § 60 Absatz 1 Satz 1 Nummer 1 des Ersten Buches eine Angabe nicht, nicht richtig, nicht vollständig oder nicht rechtzeitig macht oder
27. entgegen § 60 Abs. 1 Satz 1 Nr. 2 des Ersten Buches eine Änderung in den Verhältnissen, die für einen Anspruch auf eine laufende Leistung erheblich ist, nicht, nicht richtig, nicht vollständig oder nicht rechtzeitig mitteilt.

(3) Die Ordnungswidrigkeit kann in den Fällen der Absätze 1 und 2 Nr. 3 mit einer Geldbuße bis zu fünfhunderttausend Euro, in den Fällen des Absatzes 2 Nr. 1, 5 bis 9 und 11 bis 13 mit einer Geldbuße bis zu dreißigtausend Euro, in den Fällen des Absatzes 2 Nr. 2, 4, 16, 26 und 27 mit einer Geldbuße bis zu fünftausend Euro, in den übrigen Fällen mit einer Geldbuße bis zu zweitausend Euro geahndet werden.

§ 405 Zuständigkeit, Vollstreckung und Unterrichtung

(1) Verwaltungsbehörden im Sinne des § 36 Abs. 1 Nr. 1 des Gesetzes über Ordnungswidrigkeiten sind in den Fällen

1. des § 404 Abs. 1 sowie des § 404 Abs. 2 Nr. 3 und 4 die Behörden der Zollverwaltung,
2. des § 404 Abs. 2 Nr. 1, 1a, 2, 5 bis 16 und 19 bis 25 die Bundesagentur,
3. des § 404 Abs. 2 Nr. 26 und 27 die Behörden der Zollverwaltung und die Bundesagentur jeweils für ihren Geschäftsbereich.

(2) 1Die Geldbußen fließen in die Kasse der Verwaltungsbehörde, die den Bußgeldbescheid erlassen hat. 2§ 66 des Zehnten Buches gilt entsprechend.

(3) 1Die nach Absatz 2 Satz 1 zuständige Kasse trägt abweichend von § 105 Abs. 2 des Gesetzes über Ordnungswidrigkeiten die notwendigen Auslagen. 2Sie ist auch ersatzpflichtig im Sinne des § 110 Abs. 4 des Gesetzes über Ordnungswidrigkeiten.

(4) Bei der Verfolgung und Ahndung der Beschäftigung oder Tätigkeit von Ausländerinnen und Ausländern ohne Genehmigung nach § 284 Abs. 1, ohne Aufenthaltstitel nach § 4a Absatz 5 Satz 1 des Aufenthaltsgesetzes oder ohne Erlaubnis oder Berechtigung nach § 4a Absatz 5 Satz 2 in Verbindung mit Absatz 4 des Aufenthaltsgesetzes sowie der Verstöße gegen die Mitwirkungspflicht gegenüber der Bundesagentur nach § 60 Absatz 1 Satz 1 Nummer 1 und 2 des Ersten Buches arbeiten die Behörden nach Absatz 1 mit den in § 2 Absatz 4 des Schwarzarbeitsbekämpfungsgesetzes genannten Behörden zusammen.

(5) 1Die Bundesagentur unterrichtet das Gewerbezentralregister über rechtskräftige Bußgeldbescheide nach § 404 Abs. 2 Nr. 1, 5 bis 16 und 19 Buchstabe a. 2Die Behörden der Zollverwaltung unterrichten das Gewerbezentralregister über rechtskräftige Bußgeldbescheide nach § 404 Abs. 1 und 2 Nr. 3. 3Dies gilt nur, sofern die Geldbuße mehr als 200 Euro beträgt.

(6) 1Gerichte, Strafverfolgungs- oder Strafvollstreckungsbehörden sollen den Behörden der Zollverwaltung Erkenntnisse aus sonstigen Verfahren, die aus ihrer Sicht zur Verfolgung von Ordnungswidrigkeiten nach § 404 Abs. 1 oder 2 Nr. 3 erforderlich sind, übermitteln, soweit nicht für die übermittelnde Stelle erkennbar ist, dass schutzwürdige Interessen der oder des Betroffenen oder anderer Verfahrensbeteiligter an dem Ausschluss der Übermittlung überwiegen. 2Dabei ist zu berücksichtigen, wie gesichert die zu übermittelnden Erkenntnisse sind.

Zweiter Abschnitt

§§ 406 und 407 (weggefallen)

Dreizehntes Kapitel
Sonderregelungen

Erster Abschnitt
Sonderregelungen im Zusammenhang mit der Herstellung der Einheit Deutschlands

§ 408 Besondere Bezugsgröße und Beitragsbemessungsgrenze

Soweit Vorschriften dieses Buches bei Entgelten oder Beitragsbemessungsgrundlagen

1. an die Bezugsgröße anknüpfen, ist die Bezugsgröße für das in Artikel 3 des Einigungsvertrages genannte Gebiet (Beitrittsgebiet),
2. an die Beitragsbemessungsgrenze anknüpfen, ist die Beitragsbemessungsgrenze für das Beitrittsgebiet

maßgebend, wenn der Beschäftigungsort im Beitrittsgebiet liegt.

§§ 409 bis 416a (weggefallen)

Zweiter Abschnitt
Ergänzungen für übergangsweise mögliche Leistungen und zeitweilige Aufgaben

§ 417 Sonderregelung zum Bundesprogramm „Ausbildungsplätze sichern"

Soweit die Bundesregierung die Umsetzung des Bundesprogramms „Ausbildungsplätze sichern" der Bundesagentur überträgt, erstattet der Bund der Bundesagentur abweichend von § 363 Absatz 1 Satz 2 die durch die Umsetzung entstehenden Verwaltungskosten.

§ 418 Tragung der Beiträge zur Arbeitsförderung bei Beschäftigung älterer Arbeitnehmerinnen und Arbeitnehmer

(1) 1Arbeitgeber, die ein Beschäftigungsverhältnis mit einer zuvor arbeitslosen Person, die das 55. Lebensjahr vollendet hat, erstmalig begründen, werden von der Beitragstragung befreit. 2Die versicherungspflichtig beschäftigte Person trägt die Hälfte des Beitrages, der ohne die Regelung des Satzes 1 zu zahlen wäre.

(2) Vom 1. Januar 2008 an ist Absatz 1 nur noch für Beschäftigungsverhältnisse anzuwenden, die vor dem 1. Januar 2008 begründet worden sind.

§ 419 (weggefallen)

§ 420 Versicherungsfreiheit von Teilnehmerinnen und Teilnehmern des Programms Soziale Teilhabe am Arbeitsmarkt

Versicherungsfrei sind Personen in einer Beschäftigung, die im Rahmen des Bundesprogramms „Soziale Teilhabe am Arbeitsmarkt“ durch Zuwendungen des Bundes gefördert wird.

§ 421 Förderung der Teilnahme an Sprachkursen

(1) 1Die Agentur für Arbeit kann die Teilnahme von Ausländerinnen und Ausländern, die eine Aufenthaltsgestattung besitzen und bei denen ein rechtmäßiger und dauerhafter Aufenthalt zu erwarten ist, an Maßnahmen zur Erlangung erster Kenntnisse der deutschen Sprache fördern, wenn dies zu ihrer Eingliederung notwendig ist und der Maßnahmeeintritt bis zum 31. Dezember 2015 erfolgt. 2Dies gilt auch für Ausländerinnen und Ausländer nach Satz 1, die auf Grund des § 61 des Asylgesetzes eine Erwerbstätigkeit nicht ausüben dürfen. 3Bei einem Asylbewerber, der aus einem sicheren Herkunftsstaat nach § 29a des Asylgesetzes stammt, wird vermutet, dass ein rechtmäßiger und dauerhafter Aufenthalt nicht zu erwarten ist.

(2) 1Die Dauer der Teilnahme an der Maßnahme beträgt bis zu acht Wochen. 2Die Teilnahme kann durch Übernahme der Maßnahmekosten gefördert werden, wenn die Träger die erforderliche Leistungsfähigkeit und Zuverlässigkeit besitzen.

(3) Dem Träger werden als Maßnahmekosten erstattet:

1. die angemessenen Aufwendungen für das zur Durchführung der Maßnahme eingesetzte erforderliche Personal sowie für das erforderliche Leitungs- und Verwaltungspersonal,
2. die angemessenen Sachkosten einschließlich der Kosten für Lehr- und Lernmittel und
3. die erforderlichen Fahrkosten der Teilnehmenden.

(4) Die Berechtigung der Ausländerin oder des Ausländers zur Teilnahme an einem Integrationskurs schließt eine Förderung nach Absatz 1 nicht aus.

(5) Die Leistungen nach dieser Vorschrift sind Leistungen der aktiven Arbeitsförderung im Sinne des § 3 Absatz 1 und 2.

§ 421a Arbeiten in Maßnahmen des Arbeitsmarktprogramms Flüchtlingsintegrationsmaßnahmen

1Arbeiten in Maßnahmen, die durch das Arbeitsmarktprogramm Flüchtlingsintegrationsmaßnahmen bereitgestellt werden, begründen kein Arbeitsverhältnis im Sinne des Arbeitsrechts und kein Beschäftigungsverhältnis im Sinne des Vierten Buches; die Vorschriften über den Arbeitsschutz und das Bundesurlaubsgesetz mit Ausnahme der Regelungen über das Urlaubsentgelt sind entsprechend anzuwenden. 2Für Schäden bei der Ausübung ihrer Tätigkeit haften die Teilnehmerinnen und Teilnehmer an den Maßnahmen wie Arbeitnehmerinnen und Arbeitnehmer.

§ 421b Erprobung einer zentralen Servicestelle für anerkennungssuchende Fachkräfte im Ausland

Die Bundesagentur berät im Rahmen eines Modellvorhabens Personen, die sich nicht nur vorübergehend im Ausland aufhalten, zu den Möglichkeiten der Anerkennung ausländischer Berufsabschlüsse und damit im Zusammenhang stehenden aufenthaltsrechtlichen Fragen und begleitet sie bei der Durchführung der entsprechenden Verfahren. Das Modellvorhaben ist bis zum 31. Dezember 2023 befristet. § 363 Absatz 1 Satz 2 findet keine Anwendung.

§ 421c Vorübergehende Sonderregelung im Zusammenhang mit Kurzarbeit

1Vorläufige Entscheidungen nach § 328 Absatz 1 Nummer 3 über die Zahlung von Kurzarbeitergeld für die Monate März 2020 bis Juni 2022 können auch ohne eine abschließende Prüfung der Voraussetzungen und des Umfangs des Anspruchs auf Kurzarbeitergeld (Abschlussprüfung) durch eine endgültige Entscheidung abgeschlossen werden, wenn der Gesamtauszahlungsbetrag des Kurzarbeitergeldes und der dem Arbeitgeber erstatteten Sozialversicherungsbeiträge für den jeweiligen Arbeitsausfall 10 000 Euro nicht überschreitet. $_{2}$Anlassbezogene Prüfungen erfolgen in den Fällen des Satzes 1, wenn Hinweise auf einen Missbrauch von Leistungen vorliegen oder der Arbeitgeber oder die Betriebsvertretung die Durchführung der Abschlussprüfungen verlangen.

§ 421d Vorübergehende Sonderregelungen zum Arbeitslosengeld

(1) Für Personen, deren Anspruch auf Arbeitslosengeld sich in der Zeit vom 1. Mai 2020 bis zum 31. Dezember 2020 auf einen Tag gemindert hat, verlängert sich die Anspruchsdauer einmalig um drei Monate.

(2) $_{1}$Für Zeiten, in denen die durchschnittliche regelmäßige wöchentliche Arbeitszeit der oder des Arbeitslosen auf Grund einer kollektivrechtlichen Beschäftigungssicherungsvereinbarung, die ab dem 1. März 2020 geschlossen oder wirksam geworden ist, vorübergehend vermindert war, gilt ergänzend zu § 151 Absatz 3, dass als Arbeitsentgelt das Arbeitsentgelt zu Grunde zu legen ist, das die oder der Arbeitslose ohne diese Vereinbarung und ohne Mehrarbeit erzielt hätte; insoweit gilt § 150 Absatz 2 Satz 1 Nummer 5 nicht. $_{2}$Satz 1 gilt nur für Zeiten mit Anspruch auf Arbeitsentgelt im Zeitraum vom 1. März 2020 bis zum 31. Dezember 2022. $_{3}$Sind Ansprüche auf Arbeitslosengeld vor dem 10. Dezember 2020 entstanden, so sind die Sätze 1 und 2 anzuwenden, wenn die oder der Arbeitslose dies verlangt und die zur Ermittlung des Bemessungsentgelts erforderlichen Tatsachen nachweist.

(3) $_{1}$Abweichend von § 146 Absatz 2 besteht für das Kalenderjahr 2020 der Anspruch auf Leistungsfortzahlung für jedes Kind längstens für 15 Tage, bei alleinerziehenden Arbeitslosen längstens für 30 Tage; Arbeitslosengeld wird insgesamt für nicht mehr als 35 Tage, für alleinerziehende Arbeitslose für nicht mehr als 70 Tage fortgezahlt; für das Kalenderjahr 2021 besteht der Anspruch auf Leistungsfortzahlung für jedes Kind längstens für 30 Tage, bei alleinerziehenden Arbeitslosen längstens für 60 Tage; Arbeitslosengeld wird insgesamt für nicht mehr als 65 Tage, für alleinerziehende Arbeitslose für nicht mehr als 130 Tage fortgezahlt; für das Kalenderjahr 2022 besteht der Anspruch auf Leistungsfortzahlung für jedes Kind längstens für 30 Tage, bei alleinerziehenden Arbeitslosen längstens für 60 Tage; Arbeitslosengeld wird insgesamt für nicht mehr als 65 Tage, für alleinerziehende Arbeitslose für nicht mehr als 130 Tage fortgezahlt; für das Kalenderjahr 2023 besteht der Anspruch auf Leistungsfortzahlung für jedes Kind längstens für 30 Tage, bei alleinerziehenden Arbeitslosen längstens für 60 Tage; Arbeitslosengeld wird insgesamt für nicht mehr als 65 Tage, für alleinerziehende Arbeitslose für nicht mehr als 130 Tage fortgezahlt. $_{2}$Satz 1 ist nur anzuwenden, wenn die oder der Arbeitslose dies verlangt und die übrigen Voraussetzungen vorliegen.

(4) $_{1}$Personen, die im Monat Juli 2022 für mindestens einen Tag Anspruch auf Arbeitslosengeld haben, erhalten eine Einmalzahlung in Höhe von 100 Euro. $_{2}$Satz 1 findet keine Anwendung auf Leistungsberechtigte nach § 73 des Zweiten Buches. $_{3}$Der Bund trägt die Aufwendungen einschließlich der Verwaltungskosten für die Einmalzahlung.

§ 421e Vorübergehende Sonderregelungen im Zusammenhang mit dem Austritt des Vereinigten Königreichs Großbritannien und Nordirland aus der Europäischen Union

(1) Die Mitteilungspflicht der Bundesagentur für Arbeit nach § 172 Absatz 1 ist entsprechend für insolvente Arbeitgeber anzuwenden, die auch im Vereinigten Königreich Großbritannien und Nordirland tätig sind, wenn das Insolvenzereignis vor dem Tag nach dem Ende des Übergangszeitraums gemäß Teil Vier des Abkommens über den Austritt des Vereinigten Königreichs Großbritannien und Nordirland aus der Europäischen Union und der Europäischen Atomgemeinschaft vom 24. Januar 2020 (ABl. L 29 vom 31. 1. 2020, S. 7) liegt.

(2) Leistungsberechtigten Personen, die

1. laufende Geldleistungen nach diesem Buch bereits vor dem Tag nach dem Ende des Übergangszeitraums gemäß Teil Vier des Abkommens über den Austritt des Vereinigten Königreichs Großbritannien und Nordirland aus der Europäischen Union und der Europäischen Atomgemeinschaft bezogen haben und
2. ihr Konto bei einem Geldinstitut im Vereinigten Königreich Großbritannien und Nordirland bereits vor dem Tag nach dem Ende des Übergangszeitraums gemäß dem Vierten Teil des Abkommens über den Austritt des Vereinigten Königreichs Großbritannien und Nordirland aus der Europäischen Union und der Europäischen Atomgemeinschaft hatten,

werden Geldleistungen abweichend von § 337 Absatz 1 Satz 1 ohne Abzug der dadurch veranlassten Kosten ausgezahlt, solange die leistungsberechtigten Personen die laufende Geldleistung beziehen und weiterhin ihr

Konto bei einem Geldinstitut im Vereinigten Königreich Großbritannien und Nordirland haben.

§ 421f Übermittlung von Daten zum Bezug von Kurzarbeitergeld

(1) Die Bundesagentur für Arbeit ist bis zum 31. Dezember 2025 berechtigt, Daten über die Höhe des dem Arbeitgeber für seine Beschäftigten ausgezahlten Kurzarbeitergeldes für die Monate November und Dezember 2020 sowie über die Höhe der dem Arbeitgeber für den gleichen Zeitraum erstatteten Sozialversicherungsbeiträge an die Bewilligungsstellen der Länder für die November- und Dezemberhilfen zur Verhinderung von Leistungsmissbrauch durch Verdachtsprüfungen und Stichprobenkontrollen zu übermitteln, indem sie diese Daten zum automatisierten Abruf aus ihrem Datenbestand bereitstellt.

(2) § 79 Absatz 2 bis 4 des Zehnten Buches gilt entsprechend.

Dritter Abschnitt
Grundsätze bei Rechtsänderungen

§ 422 Leistungen der aktiven Arbeitsförderung

(1) Wird dieses Gesetzbuch geändert, so sind, soweit nichts Abweichendes bestimmt ist, auf Leistungen der aktiven Arbeitsförderung bis zum Ende der Leistungen oder der Maßnahme die Vorschriften in der vor dem Tag des Inkrafttretens der Änderung geltenden Fassung weiter anzuwenden, wenn vor diesem Tag

1. der Anspruch entstanden ist,
2. die Leistung zuerkannt worden ist oder
3. die Maßnahme begonnen hat, wenn die Leistung bis zum Beginn der Maßnahme beantragt worden ist.

(2) Ist eine Leistung nur für einen begrenzten Zeitraum zuerkannt worden, richtet sich eine Verlängerung nach den zum Zeitpunkt der Entscheidung über die Verlängerung geltenden Vorschriften.

§§ 423 und 424 (weggefallen)

Vierter Abschnitt
Sonderregelungen im Zusammenhang mit der Einordnung des Arbeitsförderungsrechts in das Sozialgesetzbuch

§ 425 Übergang von der Beitrags- zur Versicherungspflicht

Zeiten einer die Beitragspflicht begründenden Beschäftigung sowie sonstige Zeiten der Beitragspflicht nach dem Arbeitsförderungsgesetz in der zuletzt geltenden Fassung gelten als Zeiten eines Versicherungspflichtverhältnisses.

§§ 426 und 427 (weggefallen)

§ 427a Gleichstellung von Mutterschaftszeiten

(1) Für Personen, die in der Zeit vom 1. Januar 1998 bis zum 31. Dezember 2002 Sonderunterstützung nach dem Mutterschutzgesetz oder Mutterschaftsgeld bezogen haben, gilt für die Erfüllung der für einen Anspruch auf Arbeitslosengeld erforderlichen Anwartschaftszeit und für die Dauer des Anspruchs § 107 Satz 1 Nr. 5 Buchstabe b des Arbeitsförderungsgesetzes in der bis zum 31. Dezember 1997 geltenden Fassung entsprechend.

(2) Die Agentur für Arbeit entscheidet

1. von Amts wegen
   a) über Ansprüche auf Arbeitslosengeld neu, die allein deshalb abgelehnt worden sind, weil Zeiten nach § 107 Satz 1 Nr. 5 Buchstabe b des Arbeitsförderungsgesetzes in der bis zum 31. Dezember 1997 geltenden Fassung nicht berücksichtigt worden sind, wenn die Entscheidung am 28. März 2006 noch nicht unanfechtbar war,
   b) über Ansprüche auf Arbeitslosengeld, über die wegen des Bezugs einer der in Absatz 1 genannten Mutterschaftsleistungen bisher nicht oder nur vorläufig entschieden worden ist;
2. im Übrigen auf Antrag.

§§ 428 und 429 (weggefallen)

§ 430 Sonstige Entgeltersatzleistungen

(1) Bei der Anwendung der Regelungen über die für Leistungen zur Förderung der beruflichen Weiterbildung und für Leistungen zur Teilhabe am Arbeitsleben erforderliche Vorbeschäftigungszeit stehen Zeiten, die nach dem Arbeitsförderungsgesetz in der zuletzt geltenden Fassung den Zeiten einer die Beitragspflicht begründenden Beschäftigung ohne Beitragsleistung gleichstanden, den Zeiten eines Versicherungspflichtsverhältnisses gleich.

(2) $_1$Ist ein Anspruch auf Unterhaltsgeld vor dem 1. Januar 1998 entstanden, sind das Bemessungsentgelt und der Leistungssatz nicht neu festzusetzen. $_2$Satz 1 gilt für die Zuordnung zu einer Leistungsgruppe entsprechend.

(3) $_1$Die Dauer eines Anspruchs auf Eingliederungshilfe für Spätaussiedler nach § 62a Abs. 1 und 2 des Arbeitsförderungsgesetzes, der vor dem 1. Januar 1998

entstanden und am 1. Januar 1998 noch nicht erloschen ist, erhöht sich um jeweils einen Tag für jeweils sechs Tage. 2Bruchteile von Tagen sind auf volle Tage aufzurunden.

(4) Die Vorschriften des Arbeitsförderungsgesetzes über das Konkursausfallgeld in der bis zum 31. Dezember 1998 geltenden Fassung sind weiterhin anzuwenden, wenn das Insolvenzereignis vor dem 1. Januar 1999 eingetreten ist.

(5) Ist ein Anspruch auf Kurzarbeitergeld von Arbeitnehmern, die zur Vermeidung von anzeigepflichtigen Entlassungen im Sinne des § 17 Abs. 1 des Kündigungsschutzgesetzes in einer betriebsorganisatorisch eigenständigen Einheit zusammengefaßt sind, vor dem 1. Januar 1998 entstanden, sind bei der Anwendung der Regelungen über die Dauer eines Anspruchs auf Kurzarbeitergeld in einer betriebsorganisatorisch eigenständigen Einheit Bezugseinheiten, die nach einer auf Grundlage des § 67 Abs. 2 Nr. 3 des Arbeitsförderungsgesetzes erlassenen Rechtsverordnung bis zum 1. Januar 1998 nicht ausgeschöpft sind, verbleibende Bezugszeiten eines Anspruchs auf Kurzarbeitergeld in einer betriebsorganisatorisch eigenständigen Einheit.

§§ 431 bis 433 (weggefallen)

Fünfter Abschnitt Übergangsregelungen auf Grund von Änderungsgesetzen

§ 434 Gesetz zur Reform der Renten wegen verminderter Erwerbsfähigkeit

(1) Bei der Anwendung des § 26 Abs. 2 Nr. 3 und des § 345a gilt die Rente wegen Erwerbsunfähigkeit, deren Beginn vor dem 1. Januar 2001 liegt, als Rente wegen voller Erwerbsminderung; dies gilt auch dann, wenn die Rente wegen Erwerbsunfähigkeit wegen eines mehr als geringfügigen Hinzuverdienstes als Rente wegen Berufsunfähigkeit gezahlt wird.

(1a) Bei Anwendung des § 28 gilt

1. eine Rente wegen Erwerbsunfähigkeit, deren Beginn vor dem 1. Januar 2001 liegt, als eine Rente wegen voller Erwerbsminderung,
2. eine mit der Rente wegen Erwerbsunfähigkeit vergleichbare Leistung eines ausländischen Leistungsträgers, deren Beginn vor dem 1. Januar 2001 liegt, als eine mit der Rente wegen voller Erwerbsminderung vergleichbare Leistung eines ausländischen Leistungsträgers.

(2) Bei der Anwendung des § 28 Nr. 3 gilt die Feststellung der Berufsunfähigkeit oder Erwerbsunfähigkeit als Feststellung voller Erwerbsminderung.

(3) Bei der Anwendung des § 145 gilt die Feststellung der verminderten Berufsfähigkeit im Bergbau nach § 45 des Sechsten Buches als Feststellung der Erwerbsminderung.

(4) Bei der Anwendung des § 156 Absatz 1 Nummer 3 gilt die Rente wegen Erwerbsunfähigkeit, deren Beginn vor dem 1. Januar 2001 liegt, als Rente wegen voller Erwerbsminderung.

(5) § 142 Abs. 4 in der vor dem 1. Januar 2001 geltenden Fassung ist weiterhin auf Invalidenrenten, Bergmannsinvalidenrenten oder Invalidenrenten für Behinderte nach Artikel 2 des Renten-Überleitungsgesetzes, deren Beginn vor dem 1. Januar 1997 liegt, mit der Maßgabe anzuwenden, dass

1. diese dem Anspruch auf Rente wegen voller Erwerbsminderung gleichstehen und
2. an die Stelle der Feststellung der Erwerbsunfähigkeit oder Berufsunfähigkeit die Feststellung der Erwerbsminderung tritt.

§ 434a bis 434x (weggefallen)

§ 435 Gesetz zur Vereinfachung der Wahl der Arbeitnehmervertreter in den Aufsichtsrat

1Zum 27. März 2002 treten der Präsident der Bundesanstalt für Arbeit und der Vizepräsident der Bundesanstalt für Arbeit in den Ruhestand. 2Für die in Satz 1 genannten Beamten sind § 4 des Bundesbesoldungsgesetzes sowie die Vorschriften des § 7 Nr. 2 und des § 14 Abs. 6 des Beamtenversorgungsgesetzes in der bis zum 31. Dezember 1998 geltenden Fassung entsprechend anzuwenden mit der Maßgabe, dass dem einstweiligen Ruhestand die Zeit von dem Eintritt in den Ruhestand bis zu dem in § 399 Abs. 4 Satz 2 in der bis zum 26. März 2002 geltenden Fassung genannten Zeitpunkt gleichsteht.

§ 436 Zweites Gesetz für moderne Dienstleistungen am Arbeitsmarkt

1Personen, die am 31. März 2003 in einer mehr als geringfügigen Beschäftigung versicherungspflichtig waren, die die Merkmale einer geringfügigen Beschäftigung in der ab 1. April 2003 geltenden Fassung von § 8 des Vierten Buches erfüllt, bleiben in dieser Beschäftigung versicherungspflichtig. 2Sie werden auf ihren Antrag von der Versicherungspflicht befreit. 3Die Befreiung wirkt vom 1. April 2003 an. 4Sie ist auf diese Beschäftigung beschränkt.

§ 437 Drittes Gesetz für moderne Dienstleistungen am Arbeitsmarkt

(1) 1Die Beamtinnen und Beamten der Bundesanstalt, die vor dem 2. Juli 2003 ganz oder überwiegend Aufgaben der Arbeitsmarktinspektion wahrgenommen haben und diese am 31. Dezember 2003 noch wahrnehmen, sind mit Wirkung vom 1. Januar 2004 Bundesbeamtinnen und Bundesbeamte im Dienst der Zollverwaltung. 2§ 130 Abs. 1 des Beamtenrechtsrahmengesetzes in der Fassung der Bekanntmachung vom 31. März 1999 (BGBl. I S. 654) findet entsprechend Anwendung. 3Von der Überleitung nach Satz 1 ausgenommen sind Beamtinnen und Beamte, die am 2. Juli 2003 die Antragsaltersgrenze des § 52 des Bundesbeamtengesetzes erreicht haben oder sich zu diesem Zeitpunkt in Altersteilzeit befanden.

(2) 1Die Angestellten der Bundesanstalt, die vor dem 2. Juli 2003 ganz oder überwiegend Aufgaben der Arbeitsmarktinspektion wahrgenommen haben und diese am 31. Dezember 2003 noch wahrnehmen, sind mit Wirkung vom 1. Januar 2004 Angestellte des Bundes und in den Dienst der Zollverwaltung übergeleitet. 2Die Bundesrepublik Deutschland tritt unbeschadet der nachfolgenden Absätze in die arbeitsvertraglichen Rechte und Pflichten der im Zeitpunkt der Überleitung bestehenden Arbeitsverhältnisse ein. 3Von der Überleitung nach den Sätzen 1 und 2 ausgenommen sind Angestellte, die am 2. Juli 2003 die Anspruchsvoraussetzungen für eine gesetzliche Rente wegen Alters erfüllt haben oder sich zu diesem Zeitpunkt in einem Altersteilzeitarbeitsverhältnis befanden.

(3) 1Vom Zeitpunkt der Überleitung an gelten die für Angestellte des Bundes bei der Zollverwaltung jeweils geltenden Tarifverträge und sonstigen Bestimmungen, soweit sich aus den Sätzen 2 bis 4 nicht etwas anderes ergibt. 2Die Eingruppierung in die im Zeitpunkt der Überleitung erreichte Vergütungsgruppe besteht fort, solange überwiegend Aufgaben der Arbeitsmarktinspektion wahrgenommen und keine neuen Aufgaben, die nach dem Tarifrecht des Bundes zu einer Eingruppierung in eine höhere Vergütungsgruppe führen, übertragen werden. 3Soweit in den Fällen einer fortbestehenden Eingruppierung nach Satz 2 in der bisherigen Tätigkeit ein Bewährungsaufstieg oder sonstiger Aufstieg vorgesehen war, sind Angestellte nach Ablauf der bei Überleitung geltenden Aufstiegsfrist in diejenige Vergütungsgruppe eingruppiert, die sich nach dem bei Inkrafttreten dieses Gesetzes geltenden Tarifrecht der Bundesanstalt ergeben hätte. 4Eine Eingruppierung nach den Sätzen 2 und 3 entfällt mit dem Ende des Kalendermonats, in dem sich Angestellte schriftlich für eine Eingruppierung nach dem Tarifrecht des Bundes entscheiden.

(4) 1Die bei der Bundesanstalt anerkannten Beschäftigungszeiten werden auf die Beschäftigungszeit im Sinne des Tarifrechts des Bundes angerechnet; Entsprechendes gilt für Zeiten in der Zusatzversorgung. 2Nehmen die übergeleiteten Angestellten Vollzugsaufgaben wahr, die ansonsten Beamten obliegen, wird eine Zulage nach Vorbemerkung Nummer 9 zu den Besoldungsordnungen A und B des Bundesbesoldungsgesetzes nach Maßgabe der für vergleichbare Beamtinnen und Beamte der Zollverwaltung jeweils geltenden Vorschriften gewährt. 3Soweit es darüber hinaus im Zusammenhang mit dem überleitungsbedingten Wechsel des Arbeitgebers angemessen ist, kann das Bundesministerium der Finanzen im Einvernehmen mit dem Bundesministerium des Innern, für Bau und Heimat außer- und übertariflich ergänzende Regelungen treffen.

(5) Die Absätze 3 und 4 gelten entsprechend für Angestellte, die im Zusammenhang mit der Übertragung von Aufgaben der Arbeitsmarktinspektion von der Bundesagentur in sonstiger Weise als Angestellte des Bundes in den Dienst der Zollverwaltung wechseln.

(6) 1Die Bundesagentur trägt die Versorgungsbezüge der gemäß Absatz 1 in den Dienst des Bundes übernommenen Beamtinnen und Beamten für die bis zur Übernahme zurückgelegten Dienstzeiten. 2Der Bund trägt die Versorgungsbezüge für die seit der Übernahme in den Dienst des Bundes zurückgelegten Dienstzeiten der in Absatz 1 genannten Beamtinnen und Beamten. 3Im Übrigen gilt § 107b des Beamtenversorgungsgesetzes entsprechend.

(7) § 15 Absatz 1 Satz 2 des Bundespersonalvertretungsgesetzes gilt für die nach den Absätzen 1 und 2 übergeleiteten Beamtinnen und Beamten sowie Angestellten entsprechend.

§ 438 (weggefallen)

§ 439 Siebtes Gesetz zur Änderung des Dritten Buches Sozialgesetzbuch und anderer Gesetze

Ist ein Anspruch auf Arbeitslosengeld mit einer dem Lebensalter der oder des Arbeitslosen entsprechenden Höchstanspruchsdauer nach § 127 Abs. 2 in der bis zum 31. Dezember 2007 geltenden Fassung am 31. Dezember 2007 noch nicht erschöpft, erhöht sich die Anspruchsdauer bei Arbeitslosen, die vor dem 1. Januar 2008 das 50. Lebensjahr vollendet haben, auf 15 Monate, das 58. Lebensjahr vollendet haben, auf 24 Monate.

III

§ 440 Gesetz zur Neuausrichtung der arbeitsmarktpolitischen Instrumente

(1) Arbeitnehmerinnen und Arbeitnehmer, die am 31. Dezember 2008 in einer Arbeitsgelegenheit in der Entgeltvariante versicherungspflichtig beschäftigt waren, bleiben in dieser Beschäftigung versicherungspflichtig.

(2) 1§ 38 Abs. 4 in der bis zum 31. Dezember 2008 geltenden Fassung ist weiterhin anzuwenden für den von § 237 Abs. 5 des Sechsten Buches erfassten Personenkreis. 2In diesen Fällen ist § 38 Abs. 3 in der vom 1. Januar 2009 an geltenden Fassung nicht anzuwenden.

(3) Soweit Zeiten der Teilnahme an einer Maßnahme nach § 46 bei der Berechnung von Fristen oder als Fördertatbestand berücksichtigt werden, sind ihnen Zeiten der Teilnahme an einer Maßnahme nach den §§ 37, 37c, 48 und 421i in der bis zum 31. Dezember 2008 geltenden Fassung und einer Maßnahme nach § 241 Abs. 3a in der bis zum 31. Juli 2009 geltenden Fassung gleichgestellt.

(4) 1§ 144 Abs. 4 in der bis zum 31. Dezember 2008 geltenden Fassung ist weiterhin anzuwenden auf Ansprüche auf Arbeitslosengeld, die vor dem 1. Januar 2009 entstanden sind. 2In diesen Fällen ist § 144 Abs. 4 in der vom 1. Januar 2009 an geltenden Fassung nicht anzuwenden.

(5) Die §§ 248 und 249 in der bis zum 31. Dezember 2008 geltenden Fassung sind weiterhin anzuwenden für Träger von Einrichtungen der beruflichen Rehabilitation.

§ 441 Bürgerentlastungsgesetz Krankenversicherung

Ist der Anspruch auf Arbeitslosengeld vor dem 1. Januar 2010 entstanden, ist § 133 Absatz 1 in der bis zum 31. Dezember 2009 geltenden Fassung anzuwenden.

§ 442 Beschäftigungschancengesetz

(1) 1Personen, die als Selbständige oder Auslandsbeschäftigte vor dem 1. Januar 2011 ein Versicherungspflichtverhältnis auf Antrag nach § 28a in der bis zum 31. Dezember 2010 geltenden Fassung begründet haben, bleiben in dieser Tätigkeit oder Beschäftigung über den 31. Dezember 2010 versicherungspflichtig nach § 28a in der ab dem 1. Januar 2011 an geltenden Fassung. 2Sie können die Versicherungspflicht auf Antrag bis zum 31. März 2011 durch schriftliche Erklärung gegenüber der Bundesagentur rückwirkend zum 31. Dezember 2010 beenden.

(2) 1Abweichend von § 345b Satz 1 Nummer 2 und Satz 2 gilt als beitragspflichtige Einnahme für alle Selbständigen und Auslandsbeschäftigten, die in einem Versicherungspflichtverhältnis auf Antrag stehen, vom 1. Januar 2011 bis zum 31. Dezember 2011 ein Arbeitsentgelt in Höhe von 50 Prozent der monatlichen Bezugsgröße. 2§ 345b Satz 1 Nummer 2 und Satz 2 in der vom 1. Januar 2011 geltenden Fassung ist insoweit nicht anzuwenden.

§ 443 Gesetz zur Verbesserung der Eingliederungschancen am Arbeitsmarkt

(1) Für Arbeitsbeschaffungsmaßnahmen nach § 260 und Arbeitsgelegenheiten nach § 16d des Zweiten Buches in der vor dem 1. April 2012 geltenden Fassung gilt § 27 Absatz 3 Satz 1 Nummer 5 in der vor dem 1. April 2012 geltenden Fassung entsprechend, wenn und solange die Arbeitsbeschaffungsmaßnahmen und Arbeitsgelegenheiten nach dem vor diesem Tag geltenden Recht durchgeführt werden.

(2) Beschäftigungen im Sinne des § 159 Absatz 1 Satz 2 Nummer 1 und 2 sind auch Arbeitsbeschaffungsmaßnahmen, wenn und solange diese Arbeitsbeschaffungsmaßnahmen nach dem bis zum 31. März 2012 geltenden Recht gefördert werden.

(3) 1Für Träger ist eine Zulassung nach § 176 bis einschließlich 31. Dezember 2012 nicht erforderlich. 2Dies gilt weder für Träger, die Maßnahmen zur Aktivierung und beruflichen Eingliederung nach § 45 Absatz 4 Satz 3 Nummer 1 durchführen, noch für Träger, die Maßnahmen der beruflichen Weiterbildung nach den §§ 81 und 82 durchführen. 3Zulassungen von Trägern und Maßnahmen der beruflichen Weiterbildung, die nach den §§ 84 und 85 in der bis zum 31. März 2012 geltenden Fassung erteilt wurden, sind den Zulassungen nach den §§ 176 und 178 sowie § 179 in Verbindung mit § 180 gleichgestellt. 4Ein Anspruch auf Vergütung für die Arbeitsvermittlung in eine versicherungspflichtige Beschäftigung nach § 45 Absatz 4 Satz 3 Nummer 2 besteht für bis einschließlich 31. Dezember 2012 erfolgte Vermittlungen nur, wenn der Träger zum Zeitpunkt der Vermittlung die Arbeitsvermittlung als Gegenstand seines Gewerbes angezeigt hat.

(4) 1Anerkennungen nach den §§ 2 und 3 der Anerkennungs- und Zulassungsverordnung – Weiterbildung, die bis zum 31. März 2012 erteilt wurden, behalten ihre Gültigkeit bis längstens 31. März 2015. 2Die jährliche Überprüfung anerkannter Stellen wird ab 1. April 2012 von der Akkreditierungsstelle wahrgenommen.

(5) 1Beamtinnen und Beamten, denen am 27. Dezember 2011 ein Amt im Beamtenverhältnis auf Zeit im Sinne der §§ 389 und 390 in der bis zum 27. Dezember 2011 geltenden Fassung übertragen ist, verbleiben bis zum Ablauf der jeweiligen Amtszeit in diesem Amt. 2Zeiten einer Beurlaubung nach § 387 Absatz 3 Satz 1 werden nicht als Amtszeit berücksichtigt. 3Wird nach Ablauf der Amtszeit festgestellt, dass sich die Beamtin oder der Beamte in dem übertragenen Amt bewährt hat, wird das Amt im Beamtenverhältnis auf Lebenszeit übertragen. 4Hat sich die Beamtin oder der Beamte in dem übertragenen Amt nicht bewährt, wird die Beamtin oder der Beamte aus dem Beamtenverhältnis auf Zeit entlassen. 5In diesem Fall enden der Anspruch auf Besoldung und, soweit gesetzlich nichts anderes bestimmt ist, alle sonstigen Ansprüche aus dem im Beamtenverhältnis auf Zeit übertragenen Amt. 6Tritt eine Beamtin auf Zeit oder ein Beamter auf Zeit nach der Entlassung wieder in ihr oder sein vorheriges Amt im Beamtenverhältnis ein oder tritt sie oder er wegen Erreichens der gesetzlichen Altersgrenze in den Ruhestand, ist § 15a des Beamtenversorgungsgesetzes entsprechend anzuwenden. 7§ 15a Absatz 4 des Beamtenversorgungsgesetzes gilt entsprechend, wenn eine Beamtin auf Zeit oder ein Beamter auf Zeit wegen Dienstunfähigkeit in den Ruhestand versetzt wird.

(6) 1§ 389 ist anzuwenden, sofern nach dem 27. Dezember 2011 eine Funktion im Sinne dieser Vorschrift übertragen wird. 2Satz 1 gilt auch, wenn eine vor dem 28. Dezember 2011 übertragene Funktion ab dem 28. Dezember 2011 auf veränderter vertraglicher Grundlage fortgesetzt werden soll. 3§ 387 Absatz 3 Satz 2 bleibt unberührt.

(7) § 421s in der am 31. März 2012 geltenden Fassung ist weiterhin anzuwenden auf Maßnahmen, über die die Bundesagentur vor dem 31. März 2012 Verträge mit Trägern geschlossen hat, bis zum Ende der Vertragslaufzeit; § 422 Absatz 1 Nummer 3 gilt insoweit nicht.

§ 444 Gesetz zu Änderungen im Bereich der geringfügigen Beschäftigung

(1) 1Personen, die am 31. Dezember 2012 in einer mehr als geringfügigen Beschäftigung nach § 8 Absatz 1 Nummer 1 oder § 8a in Verbindung mit § 8 Absatz 1 Nummer 1 des Vierten Buches versicherungspflichtig waren, die die Merkmale einer geringfügigen Beschäftigung nach diesen Vorschriften in der ab dem 1. Januar 2013 geltenden Fassung erfüllt, bleiben in dieser Beschäftigung längstens bis zum 31. Dezember 2014 versicherungspflichtig, solange das Arbeitsentgelt 400 Euro monatlich übersteigt. 2Sie werden auf Antrag von der Versicherungspflicht befreit. 3Der Antrag ist bei der Agentur für Arbeit zu stellen. 4Die Befreiung wirkt vom 1. Januar 2013 an, wenn sie bis zum 31. März 2013 beantragt wird, im Übrigen von dem Beginn des Kalendermonats an, der auf den Monat folgt, in dem der Antrag gestellt worden ist. 5Die Befreiung ist auf diese Beschäftigung beschränkt.

(2) Bei Anwendung des Absatzes 1 gilt § 276b Absatz 1 des Sechsten Buches und bei Anwendung des § 344 Absatz 4 gilt § 276b Absatz 2 des Sechsten Buches entsprechend.

§ 444a Gesetz zur Stärkung der beruflichen Weiterbildung und des Versicherungsschutzes in der Arbeitslosenversicherung

(1) § 28a Absatz 1 Satz 1 Nummer 4 und 5 in der Fassung vom 1. August 2016 gilt mit der Maßgabe, dass ein Antrag unberührt von § 28a Absatz 3 innerhalb von drei Monaten nach dem 31. Juli 2016 gestellt werden kann.

(2) Der Anspruch auf Zahlung einer Weiterbildungsprämie nach § 131a Absatz 3 gilt für Arbeitnehmerinnen und Arbeitnehmer, die an einer nach § 81 geförderten beruflichen Weiterbildung teilnehmen, die nach dem 31. Juli 2016 beginnt.

(3) § 151 Absatz 3 Nummer 3 in der Fassung vom 1. August 2016 ist nur für Ansprüche auf Arbeitslosengeld anzuwenden, die nach dem 31. Juli 2016 entstanden sind.

§ 445 Fünfundzwanzigstes Gesetz zur Änderung des Bundesausbildungsförderungsgesetzes

Abweichend von § 422 sind die §§ 54a, 61, 62, 64, 67, 116 und 123 bis 126 ab dem 1. August 2016 anzuwenden.

§ 445a Gesetz zur Anpassung der Berufsausbildungsbeihilfe und des Ausbildungsgeldes

Abweichend von § 422 sind

1. die §§ 54a, 61, 62, 64, 67, 79, 116 und 123 bis 126 ab dem 1. August 2019 nach Artikel 7 Absatz 1 des Gesetzes zur Anpassung der Berufsausbildungsbeihilfe und des Ausbildungsgeldes,
2. die §§ 54a, 61, 62, 64, 67 und 123 bis 126 ab dem 1. August 2020 nach Artikel 7 Absatz 2 des Gesetzes zur Anpassung der Berufsausbildungsbeihilfe und des Ausbildungsgeldes und

3. die §§ 67 und 126 ab dem 1. August 2021 nach Artikel 7 Absatz 3

anzuwenden.

§ 446 Zweites Gesetz zur Stärkung der pflegerischen Versorgung und zur Änderung weiterer Vorschriften

(1) 1Für Personen, die am 31. Dezember 2016 nach § 26 Absatz 2b in der am 31. Dezember 2016 geltenden Fassung versicherungspflichtig waren, besteht die Versicherungspflicht für die Dauer der Pflegezeit fort. 2Für diese Zeit sind § 345 Nummer 8, § 347 Nummer 10, § 349 Absatz 4a Satz 1 und Absatz 5 Satz 2 in der am 31. Dezember 2016 geltenden Fassung anzuwenden.

(2) 1Für Pflegepersonen, die am 31. Dezember 2016 nach § 28a Absatz 1 Satz 1 Nummer 1 in der am 31. Dezember 2016 geltenden Fassung versicherungspflichtig waren, wird ab dem 1. Januar 2017 das Versicherungspflichtverhältnis nach § 26 Absatz 2b fortgesetzt. 2§ 26 Absatz 3 Satz 5 und 6 bleibt unberührt.

§ 447 Gesetz zur Stärkung der Chancen für Qualifizierung und für mehr Schutz in der Arbeitslosenversicherung

(1) Für Personen, die nach dem 31. Dezember 2019 nicht in einem Versicherungspflichtverhältnis gestanden haben, finden die §§ 142, 143 und 147 in der bis zum 31. Dezember 2019 geltenden Fassung Anwendung.

(2) Abweichend von § 422 ist § 153 Absatz 1 Satz 2 Nummer 1 in der ab dem 1. Januar 2019 geltenden Fassung anzuwenden auf Ansprüche auf Arbeitslosengeld bei beruflicher Weiterbildung (§ 144) und für die Berechnung von Ansprüchen auf Berufsausbildungsbeihilfe für Arbeitslose (§ 70).

(3) Die Bundesregierung berichtet dem Deutschen Bundestag in jeder Legislaturperiode, beginnend mit dem Jahr 2020, über die Förderung der beruflichen Weiterbildung im Rahmen der aktiven Arbeitsförderung und die entsprechenden Ausgaben.

§ 448 Gesetz zur Förderung der Ausbildung und Beschäftigung von Ausländerinnen und Ausländern

1Für Fälle des § 132 Absatz 1 Satz 1 Nummer 2 in der bis zum 31. Juli 2019 geltenden Fassung sind abweichend von § 60 Absatz 3 und abweichend von § 132 Absatz 4 Nummer 2 in der bis zum 31. Juli 2019 geltenden Fassung § 132 in Verbindung mit § 59 in der jeweils bis zum 31. Juli 2019 geltenden Fassung anwendbar, wenn vor dem 31. Dezember 2019 die laufende Ausbildung begonnen und der erste Antrag auf Berufsausbildungsbeihilfe oder Ausbildungsgeld gestellt wird und die weiteren Anspruchsvoraussetzungen zu diesem Zeitpunkt vorliegen. 2Für die Voraussetzung, dass bei der Ausländerin oder dem Ausländer ein rechtmäßiger und dauerhafter Aufenthalt zu erwarten ist, ist auf den Zeitpunkt der ersten Antragstellung abzustellen.

§ 449 Gesetz zur Modernisierung und Stärkung der beruflichen Bildung

§ 346 Absatz 1b in der bis zum 31. Dezember 2019 geltenden Fassung ist weiterhin anzuwenden, wenn die Berufsausbildung in einer außerbetrieblichen Einrichtung vor dem 1. Januar 2020 begonnen wurde.

§ 450 Gesetz zur Förderung der beruflichen Weiterbildung im Strukturwandel und zur Weiterentwicklung der Ausbildungsförderung

(1) 1Für die Teilnahme an Maßnahmen zur Aktivierung und beruflichen Eingliederung, die vor dem 1. Januar 2021 nach § 45 Absatz 1 Satz 1 Nummer 2 zugelassen wurden, können auch nach dem 31. Dezember 2020 Aktivierungs- und Vermittlungsgutscheine eingelöst werden, die entweder vor dem 1. Januar 2021 nach § 45 Absatz 1 Satz 1 Nummer 2 oder nach dem 31. Dezember 2020 nach § 45 Absatz 1 Satz 1 Nummer 1 ausgestellt wurden. 2Aktivierungs- und Vermittlungsgutscheine, die vor dem 1. Januar 2021 nach § 45 Absatz 1 Satz 1 Nummer 2 ausgestellt wurden, können auch für die Teilnahme an Maßnahmen zur Aktivierung und beruflichen Eingliederung eingelöst werden, die nach dem 31. Dezember 2020 nach § 45 Absatz 1 Satz 1 Nummer 1 zugelassen wurden.

(2) 1Für Maßnahmen der ausbildungsbegleitenden Hilfen, die bis zum 28. Februar 2021 beginnen und bis zum 30. September 2021, im Fall des § 75 Absatz 2 Satz 2 in der bis zum 28. Mai 2020 geltenden Fassung bis zum 31. März 2022, enden, gelten die §§ 74, 75, 77 und 79 in der bis zum 28. Mai 2020 geltenden Fassung. 2Förderungsberechtigt sind auch junge Menschen, die im Fall einer Berufsausbildung zusätzlich zu den in § 75 Absatz 3 Nummer 1 in der bis zum 28. Mai 2020 geltenden Fassung genannten Voraussetzungen abweichend von § 30 Absatz 1 des Ersten Buches ihren Wohnsitz und ihren gewöhnlichen Aufenthalt außerhalb von Deutschland haben, deren Ausbildungsbetrieb aber in Deutschland liegt.

(3) 1Für Maßnahmen der Assistierten Ausbildung, die bis zum 30. September 2020 beginnen, gelten § 130 und die §§ 77 und 79 in der bis zum 28. Mai 2020

geltenden Fassung. 2Förderungsberechtigt in der ausbildungsbegleitenden Phase sind auch junge Menschen, die im Fall einer Berufsausbildung zusätzlich zu den in § 130 Absatz 2 Satz 1 in der bis zum 28. Mai 2020 geltenden Fassung genannten Voraussetzungen abweichend von § 30 Absatz 1 des Ersten Buches ihren Wohnsitz und ihren gewöhnlichen Aufenthalt außerhalb von Deutschland haben, deren Ausbildungsbetrieb aber in Deutschland liegt.

§ 451 Siebtes Gesetz zur Änderung des Vierten Buches Sozialgesetzbuch und anderer Gesetze

(1) 1§ 25 Absatz 1 Satz 2 Nummer 3 findet grundsätzlich nur Anwendung auf Ausbildungen, die nach dem 30. Juni 2020 begonnen werden. 2Wurde die Ausbildung vor diesem Zeitpunkt begonnen und wurden

1. Beiträge gezahlt, gilt § 25 Absatz 1 Satz 2 Nummer 3 ab Beginn der Beitragszahlung,
2. keine Beiträge gezahlt, gilt § 25 Absatz 1 Satz 2 Nummer 3 ab dem Zeitpunkt, zu dem der Arbeitgeber mit Zustimmung der Teilnehmerin oder des Teilnehmers Beiträge zahlt.

(2) Die §§ 312, 312a, 313, 313a und 404 Absatz 2 Nummer 19 bis 21 in der bis zum 31. Dezember 2022 geltenden Fassung sind weiterhin anzuwenden, wenn das Versicherungsverhältnis oder die Nebenerwerbstätigkeit vor dem 1. Januar 2023 geendet hat.

§ 452 (unbesetzt)

§ 453 Gesetz zur Umsetzung der Richtlinie (EU) 2019/882 des Europäischen Parlaments und des Rates über die Barrierefreiheitsanforderungen für Produkte und Dienstleistungen und zur Änderung anderer Gesetze

§ 336 in der bis zum 31. März 2022 geltenden Fassung ist weiter anzuwenden, wenn die Deutsche Rentenversicherung Bund im Verfahren nach § 7a Absatz 1 des Vierten Buches in der bis zum 31. März 2022 geltenden Fassung die Versicherungspflicht nach diesem Buch durch Verwaltungsakt festgestellt hat.

§ 454 Gesetz zur Erhöhung des Schutzes durch den gesetzlichen Mindestlohn und zu Änderungen im Bereich der geringfügigen Beschäftigung

(1) § 76 Absatz 7 Satz 2 in der ab dem 1. Juli 2022 geltenden Fassung findet bei vor diesem Tag vereinbarten Ausbildungsvergütungen keine Anwendung.

(2) 1Personen, die am 30. September 2022 in einer mehr als geringfügigen Beschäftigung nach § 8 Absatz 1 Nummer 1 oder § 8a des Vierten Buches in Verbindung mit § 8 Absatz 1 Nummer 1 des Vierten Buches versicherungspflichtig waren, welche die Merkmale einer geringfügigen Beschäftigung nach diesen Vorschriften in der ab dem 1. Oktober 2022 geltenden Fassung erfüllt, bleiben in dieser Beschäftigung längstens bis zum 31. Dezember 2023 versicherungspflichtig, solange das Arbeitsentgelt 450 Euro monatlich übersteigt. 2Sie werden auf Antrag von der Versicherungspflicht befreit. 3Der Antrag ist bei der Agentur für Arbeit zu stellen. 4Die Befreiung wirkt vom 1. Oktober 2022 an, wenn sie bis zum 31. Dezember 2022 beantragt wird, im Übrigen von dem Beginn des Kalendermonats an, der auf den Kalendermonat folgt, in dem der Antrag gestellt worden ist. 5Die Befreiung gilt nur für die in Satz 1 genannte Beschäftigung.

(3) Bei Anwendung des Absatzes 2 gelten § 134 des Vierten Buches und § 346 Absatz 1a in der bis zum 30. September 2022 geltenden Fassung.

§ 455 Siebenundzwanzigstes Gesetz zur Änderung des Bundesausbildungsförderungsgesetzes

Abweichend von § 422 sind die §§ 54a, 61, 62, 64, 67 und 123 bis 126 ab dem 1. August 2022 anzuwenden.

[ab 01.07.2023] § 456 Zwölftes Gesetz zur Änderung des Zweiten Buches Sozialgesetzbuch und anderer Gesetze – Einführung eines Bürgergeldes

(1) § 87a Absatz 2 ist auch anzuwenden, wenn die berufliche Weiterbildung vor dem 1. Juli 2023 begonnen und nach dem 30. Juni 2023 beendet worden ist.

(2) § 131a Absatz 3 ist in der bis zum 30. Juni 2023 geltenden Fassung weiterhin anzuwenden, wenn die berufliche Weiterbildung vor dem 1. Juli 2023 begonnen worden ist.

(3) § 148 Absatz 2 Satz 3 und Absatz 3 in der ab dem 1. Juli 2023 geltenden Fassung ist auch anzuwenden, wenn die berufliche Weiterbildung vor dem 1. Juli 2023 begonnen und nach dem 30. Juni 2023 beendet worden ist.

Anordnung des Verwaltungsrats der Bundesanstalt für Arbeit zur Pflicht des Arbeitslosen, Vorschlägen des Arbeitsamtes zur beruflichen Eingliederung zeit- und ortsnah Folge leisten zu können (Erreichbarkeits-Anordnung – EAO)

Vom 23. Oktober 1997 (Amtliche Nachrichten der Bundesanstalt für Arbeit S. 1685)

Zuletzt geändert durch
2. Änderungsanordnung zur EAO
vom 26. September 2008 (ANBA S. 5)

III

Aufgrund der §§ 152 Nr. 2, 376 Abs. 1 Satz 1 des Dritten Buches Sozialgesetzbuch erläßt der Verwaltungsrat der Bundesanstalt für Arbeit mit Genehmigung des Bundesministeriums für Arbeit und Sozialordnung folgende Anordnung:

§ 1 Grundsatz

(1) 1Vorschlägen des Arbeitsamtes zur beruflichen Eingliederung kann zeit- und ortsnah Folge leisten, wer in der Lage ist, unverzüglich

1. Mitteilungen des Arbeitsamtes persönlich zur Kenntnis zu nehmen,
2. das Arbeitsamt aufzusuchen,
3. mit einem möglichen Arbeitgeber oder Träger einer beruflichen Eingliederungsmaßnahme in Verbindung zu treten und bei Bedarf persönlich mit diesem zusammenzutreffen und
4. eine vorgeschlagene Arbeit anzunehmen oder an einer beruflichen Eingliederungsmaßnahme teilzunehmen.

2Der Arbeitslose hat deshalb sicherzustellen, daß das Arbeitsamt ihn persönlich an jedem Werktag an seinem Wohnsitz oder gewöhnlichen Aufenthalt unter der von ihm benannten Anschrift (Wohnung) durch Briefpost erreichen kann. 3Diese Voraussetzung ist auch erfüllt, wenn der Arbeitslose die an einem Samstag oder an einem Tag vor einem gesetzlichen Feiertag eingehende Post erst am folgenden Sonn- bzw. Feiertag zur Kenntnis nehmen kann.

(2) 1Über Ausnahmen von diesem Grundsatz entscheidet das Arbeitsamt im Rahmen der nachfolgenden Vorschriften. 2Es läßt sich von dem Ziel leiten, den Arbeitslosen beruflich einzugliedern und Leistungsmißbrauch zu vermeiden.

(3) Kann der Arbeitslose Vorschlägen des Arbeitsamtes zur beruflichen Eingliederung wegen der nachgewiesenen Wahrnehmung eines Vorstellungs-, Beratungs- oder sonstigen Termins aus Anlaß der Arbeitssuche nicht zeit- oder ortsnah Folge leisten, steht dies der Verfügbarkeit nicht entgegen.

§ 2 Aufenthalt innerhalb des zeit- und ortsnahen Bereichs

1Der Arbeitslose kann sich vorübergehend auch von seinem Wohnsitz oder gewöhnlichen Aufenthalt entfernen, wenn

1. er dem Arbeitsamt rechtzeitig seine Anschrift für die Dauer der Abwesenheit mitgeteilt hat,
2. er auch an seinem vorübergehenden Aufenthaltsort die Voraussetzungen des § 1 Abs. 1 erfüllen kann und
3. er sich im Nahbereich des Arbeitsamtes aufhält. 2Zum Nahbereich gehören alle Orte in der Umgebung des Arbeitsamtes, von denen aus der Arbeitslose erforderlichenfalls in der Lage wäre, das Arbeitsamt täglich ohne unzumutbaren Aufwand zu erreichen.

§ 3 Aufenthalt außerhalb des zeit- und ortsnahen Bereichs

(1) 1Erfüllt der Arbeitslose nicht die Voraussetzungen des § 2 Nrn. 1 bis 3, steht dies der Verfügbarkeit bis zu drei Wochen im Kalen-

derjahr nicht entgegen, wenn das Arbeitsamt vorher seine Zustimmung erteilt hat. 2Die Zustimmung darf jeweils nur erteilt werden, wenn durch die Zeit der Abwesenheit die berufliche Eingliederung nicht beeinträchtigt wird.

(2) Abs. 1 ist entsprechend anzuwenden

1. bei Teilnahme des Arbeitslosen an einer ärztlich verordneten Maßnahme der medizinischen Vorsorge oder Rehabilitation,
2. bei Teilnahme des Arbeitslosen an einer Veranstaltung, die staatspolitischen, kirchlichen oder gewerkschaftlichen Zwecken dient oder sonst im öffentlichen Interesse liegt. Der Arbeitslose muß sicherstellen, daß er während der Teilnahme werktäglich persönlich unter der dem Arbeitsamt benannten Anschrift durch Briefpost erreichbar ist; er muß die Teilnahme jederzeit abbrechen können und sich vor der Teilnahme für den Fall der beruflichen Eingliederung glaubhaft zum jederzeitigen Abbruch bereit erklärt haben,
3. bei Ausübung einer ehrenamtlichen Tätigkeit.

(3) In Fällen außergewöhnlicher Härten, die aufgrund unvorhersehbarer und für den Arbeitslosen unvermeidbarer Ereignisse entstehen, kann die Drei-Wochenfrist nach Abs. 1 und 2 vom Arbeitsamt tageweise, höchstens um drei Tage verlängert werden.

(4) Abs. 1 und 2 finden keine Anwendung, wenn sich der Arbeitslose zusammenhängend länger als sechs Wochen außerhalb des zeit- und ortsnahen Bereiches aufhalten will.

§ 4 Sonderfälle

1In Fällen des § 428 und 429 des Dritten Buches Sozialgesetzbuch beträgt die Frist nach § 3 Abs. 1 siebzehn Wochen. 2In besonderen Fällen kann der Zeitraum nach Satz 1 mit Zustimmung des Arbeitsamtes im notwendigen Umfang überschritten werden. 3Das Arbeitsamt kann den Arbeitslosen aus gegebenem Anlaß in der Verlängerungszeit vorladen. 4Der Vorladung ist innerhalb eines Zeitraums von vier Wochen Folge zu leisten.

§ 5 Inkrafttreten

Diese Anordnung tritt am 1. 1. 1998 in Kraft.

Verordnung über die ehrenamtliche Betätigung von Arbeitslosen

Vom 24. Mai 2002 (BGBl. I S. 1783)

Zuletzt geändert durch
Jahressteuergesetz 2020
vom 21. Dezember 2020 (BGBl. I S. 3096)

III

Auf Grund des § 151 Abs. 2 Nr. 4 des Dritten Buches Sozialgesetzbuch – Arbeitsförderung – (Artikel 1 des Gesetzes vom 24. März 1997, BGBl. I S. 594, 595), der durch Artikel 1 Nr. 47 des Gesetzes vom 10. Dezember 2001 (BGBl. I S. 3443) eingefügt worden ist, verordnet das Bundesministerium für Arbeit und Sozialordnung:

§ 1 Ehrenamtliche Betätigung

(1) Ehrenamtlich im Sinne des § 138 Absatz 2 des Dritten Buches Sozialgesetzbuch ist eine Betätigung, die

1. unentgeltlich ausgeübt wird,
2. dem Gemeinwohl dient und
3. bei einer Organisation erfolgt, die ohne Gewinnerzielungsabsicht Aufgaben ausführt, welche im öffentlichen Interesse liegen oder gemeinnützige, mildtätige oder kirchliche Zwecke fördern.

(2) $_1$Der Ersatz von Auslagen, die dem ehrenamtlich Tätigen durch Ausübung der ehrenamtlichen Tätigkeit entstehen, berührt die Unentgeltlichkeit nicht. $_2$Dies gilt auch, wenn der Auslagenersatz in pauschalierter Form erfolgt und die Pauschale 250 Euro im Monat nicht übersteigt. $_3$Neben einer nicht steuerpflichtigen Aufwandsentschädigung, die der ehrenamtlich Tätige erhält, ist eine Pauschalierung des Auslagenersatzes nur möglich, soweit die Auslagenpauschale zusammen mit der nicht steuerpflichtigen Aufwandsentschädigung 250 Euro im Monat nicht übersteigt.

§ 2 Berufliche Eingliederung

$_1$Die berufliche Eingliederung des Arbeitslosen hat Vorrang vor der Ausübung einer ehrenamtlichen Betätigung. $_2$Der Arbeitslose hat der Agentur für Arbeit die Ausübung einer mindestens 15 Stunden wöchentlich umfassenden ehrenamtlichen Betätigung unverzüglich anzuzeigen. $_3$Er hat darüber hinaus sicherzustellen, dass er

1. durch die Ausübung der ehrenamtlichen Betätigung nicht in seinen Eigenbemühungen zur Beendigung der Beschäftigungslosigkeit gehindert ist und
2. in der Lage ist, Vorschlägen der Agentur für Arbeit zur beruflichen Eingliederung unverzüglich Folge zu leisten.

§ 3 Inkrafttreten

Diese Verordnung tritt mit Wirkung vom 1. Januar 2002 in Kraft.

Verordnung über die Voraussetzungen und das Verfahren zur Akkreditierung von fachkundigen Stellen und zur Zulassung von Trägern und Maßnahmen der Arbeitsförderung nach dem Dritten Buch Sozialgesetzbuch (Akkreditierungs- und Zulassungsverordnung Arbeitsförderung – AZAV)

Vom 2. April 2012 (BGBl. I S. 504)

Zuletzt geändert durch
Gesetz zur Förderung der beruflichen Weiterbildung im Strukturwandel und zur Weiterentwicklung der Ausbildungsförderung
vom 20. Mai 2020 (BGBl. I S. 1044)

Auf Grund des § 184 des Dritten Buches Sozialgesetzbuch – Arbeitsförderung –, der durch Artikel 2 Nummer 18 des Gesetzes vom 20. Dezember 2011 (BGBl. I S. 2854) geändert worden ist, verordnet das Bundesministerium für Arbeit und Soziales:

§ 1 Akkreditierungsverfahren

Bei der Prüfung nach § 177 Absatz 2 Satz 1 Nummer 2 des Dritten Buches Sozialgesetzbuch berücksichtigt die Akkreditierungsstelle insbesondere, ob die bei der Zertifizierungsstelle mit der Zulassung von Trägern und Maßnahmen beauftragten Personen umfassende Kenntnisse der Fachbereiche nach § 5 Absatz 1 Satz 3 sowie hinsichtlich Inhalt und Durchführung von Maßnahmen nach den §§ 45 sowie 81 und 82 des Dritten Buches Sozialgesetzbuch haben.

§ 2 Trägerzulassung

(1) 1Ein Träger ist nach § 178 Nummer 1 des Dritten Buches Sozialgesetzbuch leistungsfähig und zuverlässig, wenn insbesondere seine finanzielle und fachliche Leistungsfähigkeit gewährleistet ist und keine Tatsachen vorliegen, die seine Unzuverlässigkeit oder die der für die Führung der Geschäfte bestellten Personen darlegen. 2Damit die fachkundige Stelle die Leistungsfähigkeit des Trägers beurteilen kann, erhält sie von dem Träger grundsätzlich folgende Angaben und Nachweise:

1. eine Erklärung, ob über sein Vermögen ein Insolvenzverfahren eröffnet, beantragt oder die Eröffnung mangels Masse abgelehnt wurde,
2. eine Darstellung seiner Organisations- und Personalstruktur sowie der Eignung dieser Strukturen für die Durchführung von Maßnahmen der Arbeitsförderung,
3. eine Darstellung der Eignung seiner von den Teilnehmenden zu nutzenden Räumlichkeiten und
4. eine Übersicht über sein aktuelles Angebot an Maßnahmen.

3Damit die fachkundige Stelle die Zuverlässigkeit des Trägers beurteilen kann, erhält sie von dem Träger grundsätzlich folgende Angaben und Nachweise:

1. bei natürlichen Personen Name, Geburtsdatum, Geburtsort, zustellungsfähige Anschrift, Anschrift des Geschäftssitzes und der Zweigstellen, von denen aus die Maßnahmen der Arbeitsförderung angeboten werden sollen, sowie bei juristischen Personen und Personengesellschaften Name, Geburtsdatum und Geburtsort der Vertreterinnen oder der Vertreter nach Gesetz, Satzung oder Gesellschaftsvertrag, Anschrift des Geschäftssitzes und der Zweigstellen, von denen die Maßnahmen der Arbeitsförderung angeboten werden sollen und soweit der Träger in das Vereins- oder Handelsregister eingetragen ist, einen entsprechenden Auszug,
2. eine Erklärung des Trägers, der gesetzlichen Vertreterin oder des gesetzlichen Vertreters oder bei juristischen Personen

oder nicht rechtsfähigen Personenvereinigungen der nach Gesetz, Satzung oder Gesellschaftsvertrag zur Vertretung oder Geschäftsführung Berechtigten über Vorstrafen, anhängige Strafverfahren, staatsanwaltschaftliche Ermittlungsverfahren und Gewerbeuntersagungen innerhalb der letzten fünf Jahre.

III

(2) $_1$Die Fähigkeit des Trägers, die Eingliederung der Teilnehmenden nach § 178 Nummer 2 des Dritten Buches Sozialgesetzbuch zu unterstützen, setzt insbesondere voraus, dass er bei der Durchführung von Maßnahmen Lage und Entwicklung des Ausbildungs- und Arbeitsmarktes berücksichtigt. $_2$Damit die fachkundige Stelle diese Fähigkeit des Trägers beurteilen kann, erhält sie von dem Träger grundsätzlich folgende Angaben und Nachweise:

1. eine Darstellung von Art und Umfang der Zusammenarbeit mit Akteuren des Ausbildungs- und Arbeitsmarktes vor Ort,
2. eine Darstellung der Methoden, mit denen der Träger aktuelle arbeitsmarktrelevante Entwicklungen berücksichtigt,
3. eine Übersicht der im jeweiligen Fachbereich nach § 5 Absatz 1 Satz 3 bereits durchgeführten Maßnahmen und deren arbeitsmarktliche Ergebnisse und
4. Bewertungen des Trägers durch Teilnehmende und Betriebe.

(3) Damit die fachkundige Stelle beurteilen kann, ob die Aus- und Fortbildung sowie Berufserfahrung der Leitung sowie der Lehr- und Fachkräfte nach § 178 Nummer 3 des Dritten Buches Sozialgesetzbuch eine erfolgreiche Durchführung einer Maßnahme erwarten lassen, erhält sie von dem Träger grundsätzlich folgende Angaben und Nachweise:

1. zur Person sowie zur Aus- und Weiterbildung der Leitung sowie der Lehr- und Fachkräfte, einschließlich ihres beruflichen Werdegangs und ihrer praktischen Berufserfahrung im Fachbereich,
2. zur pädagogischen Eignung der Lehr- und Fachkräfte, einschließlich ihrer methodisch-didaktischen Kompetenz, und
3. Bewertungen der Lehr- und Fachkräfte durch Teilnehmende.

(4) $_1$Ein System zur Sicherung der Qualität nach § 178 Nummer 4 des Dritten Buches Sozialgesetzbuch liegt vor, wenn durch zielgerichtete und systematische Verfahren und Maßnahmen die Qualität der Leistungen gewährleistet und kontinuierlich verbessert wird. $_2$Damit die fachkundige Stelle das Vorliegen der Voraussetzungen beurteilen kann, erhält sie von dem Träger eine Dokumentation grundsätzlich

1. zu einem kundenorientierten und auf Eingliederung in den Ausbildungs- und Arbeitsmarkt gerichteten Leitbild,
2. zur Unternehmensorganisation und -führung, einschließlich der Festlegung von Unternehmenszielen und der Durchführung eigener Prüfungen zur Funktionsweise des Unternehmens,
3. zu einem zielorientierten Konzept zur Qualifizierung und Fortbildung der Leitung und der Lehr- und Fachkräfte,
4. zu Zielvereinbarungen, einschließlich der Messung der Zielerreichung und der Steuerung fortlaufender Optimierungsprozesse auf Grundlage erhobener Kennzahlen und Indikatoren,
5. zur Berücksichtigung arbeitsmarktlicher Entwicklungen bei Konzeption und Durchführung von Maßnahmen der Arbeitsförderung,
6. zu den Methoden zur Förderung der individuellen Entwicklungs-, Eingliederungs- und Lernprozesse der Teilnehmenden,
7. zu den Methoden der Bewertung der durchgeführten Maßnahmen sowie ihrer arbeitsmarktlichen Ergebnisse,
8. zur Art und Weise der kontinuierlichen Zusammenarbeit mit Dritten und der ständigen Weiterentwicklung dieser Zusammenarbeit und
9. zu einem systematischen Beschwerdemanagement, einschließlich der Berücksichtigung regelmäßiger Befragungen der Teilnehmenden.

(5) Die vertraglichen Vereinbarungen nach § 178 Nummer 5 des Dritten Buches Sozial-

gesetzbuch sollen vorsehen, dass den Teilnehmenden nach Abschluss der Maßnahme eine Teilnahmebescheinigung mit Angaben zum Inhalt, zeitlichen Umfang und Ziel der Maßnahme ausgehändigt wird.

(6) Die Prüfung, ob die Voraussetzungen für die Zulassung für den Fachbereich nach § 5 Absatz 1 Satz 3 Nummer 6 vorliegen, beschränkt sich auf die in § 178 des Dritten Buches Sozialgesetzbuch und in dieser Verordnung festgelegten Anforderungen an Träger.

(7) Sofern der Träger im Einzelfall keine Angaben aus seiner bisherigen Tätigkeit machen kann, hat er gegenüber der fachkundigen Stelle in geeigneter Weise darzulegen, wie die jeweilige Anforderung erfüllt werden wird.

§ 3 Maßnahmezulassung

(1) Eine Maßnahme lässt nach § 179 Absatz 1 Nummer 1 des Dritten Buches Sozialgesetzbuch eine erfolgreiche Teilnahme erwarten, wenn

1. Ziele, Dauer und Inhalte der Maßnahme jeweils auf die Voraussetzungen der Zielgruppe und das Maßnahmeziel hin konzipiert sind und
2. sie aktuelle Entwicklungen des Ausbildungs- und Arbeitsmarktes berücksichtigt.

(2) 1Die Bundesagentur für Arbeit veröffentlicht zweijährlich, erstmals im Jahr 2022, die durchschnittlichen Kostensätze nach § 179 Absatz 2 des Dritten Buches Sozialgesetzbuch. 2Grundlage sind die der Bundesagentur für Arbeit gemeldeten Kostensätze der zugelassenen Maßnahmen der vorangegangenen zwei Kalenderjahre.

(3) 1Bei der Prüfung nach § 179 Absatz 1 Nummer 3 des Dritten Buches Sozialgesetzbuch, ob die Kosten einer Maßnahme angemessen sind, berücksichtigt die fachkundige Stelle insbesondere die Maßnahmekonzeption einschließlich ihrer Kalkulation. 2Der Kostenkalkulation für eine Gruppenmaßnahme ist grundsätzlich eine Gruppengröße von zwölf Teilnehmenden zu Grunde zu legen.

(4) 1Als besondere Aufwendungen im Sinne des § 179 Absatz 2 Satz 1 des Dritten Buches Sozialgesetzbuch können insbesondere solche Aufwendungen anerkannt werden, die begründet sind durch

1. einen notwendigen überdurchschnittlichen Einsatz von Personal,
2. eine besondere räumliche Ausstattung,
3. eine besondere technische Ausstattung oder
4. eine besondere inhaltliche Ausgestaltung.

2Als besondere Aufwendungen können auch Kosten anerkannt werden, die auf eine barrierefreie Ausgestaltung der Maßnahme oder auf eine begründete geringere Teilnehmerzahl zurückzuführen sind.

(5) Die Bundesagentur für Arbeit kann bei der Ermittlung der durchschnittlichen Kostensätze neben den ihr nach § 181 Absatz 8 des Dritten Buches Sozialgesetzbuch vorliegenden Daten auch die allgemeine Preisentwicklung oder die Lohnentwicklung im Bereich der beruflichen Erwachsenenbildung berücksichtigen, sofern der Anstieg bei den durchschnittlichen Kostensätzen die allgemeine Preis- und Lohnentwicklung nicht übersteigt.

(6) Auf der Grundlage der Prüfung der fachkundigen Stelle soll die Bundesagentur für Arbeit ihre Zustimmung nach § 179 Absatz 2 Satz 2 des Dritten Buches Sozialgesetzbuch von einem besonderen arbeitsmarktpolitischen Interesse an der Maßnahme und dem Nachweis notwendiger überdurchschnittlicher technischer, organisatorischer oder personeller Aufwendungen für die Durchführung der Maßnahme abhängig machen.

(7) Soweit eine Maßnahme zugelassen werden soll, für deren Durchführung eine Berechtigung erforderlich ist, ist diese der fachkundigen Stelle vorzulegen.

(8) 1Die fachkundige Stelle kann Maßnahmebausteine zulassen. 2Die Zulassung gilt auch für eine aus zugelassenen Maßnahmebausteinen bestehende Maßnahme, wenn der Träger gewährleistet, dass diese Maßnahme individuell auf die Bedürfnisse der Teilnehmenden und des Ausbildungs- und Arbeitsmarktes abgestimmt ist, und sie die Voraus-

setzungen des § 45 oder der §§ 81 und 82 des Dritten Buches Sozialgesetzbuch erfüllt.

§ 4 Ergänzende Anforderungen an Maßnahmen der beruflichen Weiterbildung

Soweit Maßnahmen der beruflichen Weiterbildung nach den §§ 81 und 82 des Dritten Buches Sozialgesetzbuch zugelassen werden sollen, die auf Berufsabschlüsse in anerkannten Ausbildungsberufen oder bundes- oder landesrechtlich geregelten Berufen vorbereiten, ist der fachkundigen Stelle eine Bestätigung der zuständigen Stelle oder der zuständigen Aufsichtsbehörde über die Eignung des Trägers als Ausbildungsstätte vorzulegen.

§ 5 Zulassungsverfahren

(1) 1Im Rahmen der Trägerzulassung prüft die fachkundige Stelle das Vorliegen der Anforderungen des § 2 Absatz 1 bis 6 ortsbezogen und bezogen auf den jeweiligen Fachbereich. 2Die ortsbezogene Prüfung bezieht die Standorte des Trägers mit ein. 3Die jeweiligen Fachbereiche sind:

1. Maßnahmen zur Aktivierung und beruflichen Eingliederung nach § 45 Absatz 1 Satz 1 Nummer 1 bis 5 des Dritten Buches Sozialgesetzbuch,
2. ausschließlich erfolgsbezogen vergütete Arbeitsvermittlung in versicherungspflichtige Beschäftigung nach § 45 Absatz 4 Satz 3 Nummer 2 des Dritten Buches Sozialgesetzbuch,
3. Maßnahmen der Berufswahl und Berufsausbildung nach dem Dritten Abschnitt des Dritten Kapitels des Dritten Buches Sozialgesetzbuch,
4. Maßnahmen der beruflichen Weiterbildung nach dem Vierten Abschnitt des Dritten Kapitels des Dritten Buches Sozialgesetzbuch,
5. Transferleistungen nach den §§ 110 und 111 des Dritten Buches Sozialgesetzbuch,
6. Maßnahmen zur Teilhabe behinderter Menschen am Arbeitsleben nach dem Siebten Abschnitt des Dritten Kapitels des Dritten Buches Sozialgesetzbuch.

(2) 1Im Rahmen der Maßnahmezulassung prüft die fachkundige Stelle das Vorliegen der Anforderungen der §§ 3 und 4 ortsbezogen. 2Absatz 1 Satz 2 gilt entsprechend.

(3) 1Die Referenzauswahl nach § 181 Absatz 3 des Dritten Buches Sozialgesetzbuch beruht auf einer unabhängigen, repräsentativen Stichprobenauswahl der fachkundigen Stelle. 2Die Referenzauswahl kann durchgeführt werden für die Prüfung von Maßnahmen, deren Kosten die Durchschnittskostensätze nach § 179 Absatz 2 des Dritten Buches Sozialgesetzbuch nicht übersteigen.

(4) 1Die Dauer der Zulassung von Maßnahmen richtet sich nach den voraussichtlichen Entwicklungen am Ausbildungs- und Arbeitsmarkt. 2Sie soll auf längstens drei Jahre befristet werden. 3Sie kann auf längstens fünf Jahre befristet werden, sofern die Entwicklung auf dem Ausbildungs- und Arbeitsmarkt voraussichtlich keine wesentlichen Auswirkungen auf die Maßnahme hat.

(5) Änderungen, die der Träger der fachkundigen Stelle nach § 181 Absatz 5 Satz 2 in Verbindung mit § 177 Absatz 4 des Dritten Buches Sozialgesetzbuch mitzuteilen hat, sind insbesondere solche, die die Standorte des Trägers, seine Fachbereiche und die Durchführung der Maßnahme betreffen.

(6) 1Dem Zertifikat nach § 181 Absatz 6 Satz 2 Nummer 1 des Dritten Buches Sozialgesetzbuch zur Zulassung des Trägers ist eine Anlage beizufügen, in der die Standorte mit den jeweiligen Fachbereichen aufgeführt sind und die fortlaufend aktualisiert wird. 2Satz 1 gilt entsprechend für die Zertifikate nach § 181 Absatz 6 Satz 2 Nummer 2 und 3 des Dritten Buches Sozialgesetzbuch.

(7) 1§ 181 Absatz 7 des Dritten Buches Sozialgesetzbuch gilt für eine aus zugelassenen Maßnahmebausteinen bestehende Maßnahme entsprechend. 2Die von der fachkundigen Stelle nach § 181 Absatz 7 des Dritten Buches Sozialgesetzbuch zu setzende Frist ist so zu wählen, wie es erforderlich ist, um die rechtlichen Anforderungen schnellstmöglich zu er-

füllen und die erneute Durchführung nicht rechtmäßiger Maßnahmen zu verhindern.

(8) 1Die Prüfung der Durchführung von Maßnahmen und die Beobachtung des Erfolgs dieser Maßnahmen obliegen nach § 183 des Dritten Buches Sozialgesetzbuch allein der Agentur für Arbeit. 2Die fachkundige Stelle prüft im Rahmen des § 181 Absatz 7 des Dritten Buches Sozialgesetzbuch, ob die ihr gemäß § 183 Absatz 4 des Dritten Buches Sozialgesetzbuch mitgeteilten Erkenntnisse Auswirkungen auf die Zulassung haben.

§ 6 Zusammenarbeit

(1) Die Akkreditierungsstelle, die fachkundigen Stellen und die Bundesagentur für Arbeit arbeiten in allen Fragen der Zulassung von Trägern und Maßnahmen vertrauensvoll zusammen.

(2) 1Die Bundesagentur für Arbeit kann den fachkundigen Stellen Umsetzungshinweise zur Verfügung stellen, die diese bei der Prüfung berücksichtigen. 2Sie hat dabei die Empfehlungen des Beirats nach § 182 des Dritten Buches Sozialgesetzbuch zu beachten.

§ 7 Sonderregelung

1Für das Jahr 2020 werden die durchschnittlichen Kostensätze für Maßnahmen nach § 45 Absatz 4 Satz 3 Nummer 1 und nach den §§ 81 und 82 des Dritten Buches Sozialgesetzbuch auf der Basis der im Jahr 2019 von den fachkundigen Stellen vorgelegten Kostensätze ermittelt. 2Zum 1. Juli 2020 werden die durchschnittlichen Kostensätze für Maßnahmen der beruflichen Weiterbildung nach den §§ 81 und 82 um 20 Prozent angehoben.

§ 8 Inkrafttreten, Außerkrafttreten

1Diese Verordnung tritt am Tag nach der Verkündung in Kraft. 2Gleichzeitig tritt die Anerkennungs- und Zulassungsverordnung – Weiterbildung vom 16. Juni 2004 (BGBl. I S. 1100), die durch Artikel 453 der Verordnung vom 31. Oktober 2006 (BGBl. I S. 2407) geändert worden ist, außer Kraft.

IV SGB IV: Gemeinsame Vorschriften für die Sozialversicherung

IV Viertes Buch Sozialgesetzbuch – Gemeinsame Vorschriften für die Sozialversicherung – (SGB IV) 244

IV.17.1 Verordnung über die sozialversicherungsrechtliche Beurteilung von Zuwendungen des Arbeitgebers als Arbeitsentgelt (Sozialversicherungsentgeltverordnung – SvEV) 328

Viertes Buch Sozialgesetzbuch – Gemeinsame Vorschriften für die Sozialversicherung – (SGB IV)

in der Fassung der Bekanntmachung vom 12. November 2009 (BGBl. I S. 3710, S. 3973, 2011 S. 363)

Zuletzt geändert durch
8. SGB IV-Änderungsgesetz
vom 20. Dezember 2022 (BGBl. I S. 2759)

Inhaltsübersicht

Erster Abschnitt
Grundsätze und Begriffsbestimmungen

Erster Titel
Geltungsbereich und Umfang der Versicherung

§ 1 Sachlicher Geltungsbereich
§ 2 Versicherter Personenkreis
§ 3 Persönlicher und räumlicher Geltungsbereich
§ 4 Ausstrahlung
§ 5 Einstrahlung
§ 6 Vorbehalt abweichender Regelungen

Zweiter Titel
Beschäftigung und selbständige Tätigkeit

§ 7 Beschäftigung
§ 7a Feststellung des Erwerbsstatus
§ 7b Wertguthabenvereinbarungen
§ 7c Verwendung von Wertguthaben
§ 7d Führung und Verwaltung von Wertguthaben
§ 7e Insolvenzschutz
§ 7f Übertragung von Wertguthaben
§ 8 Geringfügige Beschäftigung und geringfügige selbständige Tätigkeit; Geringfügigkeitsgrenze
§ 8a Geringfügige Beschäftigung in Privathaushalten
§ 9 Beschäftigungsort
§ 10 Beschäftigungsort für besondere Personengruppen
§ 11 Tätigkeitsort
§ 12 Hausgewerbetreibende, Heimarbeiter und Zwischenmeister
§ 13 Reeder, Seeleute und Deutsche Seeschiffe

Dritter Titel
Arbeitsentgelt und sonstiges Einkommen

§ 14 Arbeitsentgelt
§ 15 Arbeitseinkommen
§ 16 Gesamteinkommen
§ 17 Verordnungsermächtigung
§ 17a Umrechnung von ausländischem Einkommen
§ 18 Bezugsgröße

Vierter Titel
Einkommen beim Zusammentreffen mit Renten wegen Todes

§ 18a Art des zu berücksichtigenden Einkommens
§ 18b Höhe des zu berücksichtigenden Einkommens
§ 18c Erstmalige Ermittlung des Einkommens
§ 18d Einkommensänderungen
§ 18e Ermittlung von Einkommensänderungen

Fünfter Titel
Verarbeitung der Versicherungsnummer

§ 18f Zulässigkeit der Verarbeitung
§ 18g Angabe der Versicherungsnummer

Sechster Titel
(weggefallen)

§ 18h (weggefallen)

Siebter Titel
Betriebsnummer

§ 18i Betriebsnummer für Beschäftigungsbetriebe der Arbeitgeber
§ 18k Betriebsnummer für Beschäftigungsbetriebe weiterer Meldepflichtiger
§ 18l Identifikation weiterer Verfahrensbeteiligter in elektronischen Meldeverfahren
§ 18m Verarbeitung der Betriebsnummer

§ 18n Absendernummer
§ 18o Verarbeitung der Unternehmernummer

Zweiter Abschnitt
Leistungen und Beiträge

Erster Titel
Leistungen

§ 19 Leistungen auf Antrag oder von Amts wegen
§ 19a Benachteiligungsverbot

Zweiter Titel
Beiträge

§ 20 Aufbringung der Mittel, Übergangsbereich
§ 21 Bemessung der Beiträge
§ 22 Entstehen der Beitragsansprüche, Zusammentreffen mehrerer Versicherungsverhältnisse
§ 23 Fälligkeit
§ 23a Einmalig gezahltes Arbeitsentgelt als beitragspflichtige Einnahmen
§ 23b Beitragspflichtige Einnahmen bei flexiblen Arbeitszeitregelungen
§ 23c Sonstige nicht beitragspflichtige Einnahmen
§ 23d Abgeltung von abgeleiteten Entgeltguthaben bei Beendigung oder Ruhen des Beschäftigungsverhältnisses
§ 24 Säumniszuschlag
§ 25 Verjährung
§ 26 Beanstandung und Erstattung zu Unrecht entrichteter Beiträge
§ 27 Verzinsung und Verjährung des Erstattungsanspruchs
§ 28 Verrechnung und Aufrechnung des Erstattungsanspruchs

Dritter Abschnitt
Meldepflichten des Arbeitgebers, Gesamtsozialversicherungsbeitrag

Erster Titel
Meldungen des Arbeitgebers und ihre Weiterleitung

§ 28a Meldepflicht
§ 28b Inhalte und Verfahren für die Gemeinsamen Grundsätze und die Datenfeldbeschreibung
§ 28c Verordnungsermächtigung

Zweiter Titel
Verfahren und Haftung bei der Beitragszahlung

§ 28d Gesamtsozialversicherungsbeitrag
§ 28e Zahlungspflicht, Vorschuss
§ 28f Aufzeichnungspflicht, Nachweise der Beitragsabrechnung und der Beitragszahlung
§ 28g Beitragsabzug
§ 28h Einzugsstellen
§ 28i Zuständige Einzugsstelle
§ 28k Weiterleitung von Beiträgen
§ 28l Vergütung
§ 28m Sonderregelungen für bestimmte Personengruppen
§ 28n Verordnungsermächtigung

Dritter Titel
Auskunfts- und Vorlagepflicht, Prüfung, Schadensersatzpflicht und Verzinsung

§ 28o Auskunfts- und Vorlagepflicht des Beschäftigten
§ 28p Prüfung bei den Arbeitgebern
§ 28q Prüfung bei den Einzugsstellen und den Trägern der Rentenversicherung
§ 28r Schadensersatzpflicht, Verzinsung

Vierter Abschnitt
Träger der Sozialversicherung

Erster Titel
Verfassung

§ 29 Rechtsstellung
§ 30 Eigene und übertragene Aufgaben
§ 31 Organe
§ 32 (weggefallen)
§ 33 Vertreterversammlung, Verwaltungsrat
§ 34 Satzung
§ 35 Vorstand
§ 35a Vorstand bei Orts-, Betriebs- und Innungskrankenkassen sowie Ersatzkassen
§ 36 Geschäftsführer
§ 36a Besondere Ausschüsse
§ 37 Verhinderung von Organen
§ 38 Beanstandung von Rechtsverstößen
§ 39 Versichertenälteste und Vertrauenspersonen
§ 40 Ehrenämter
§ 41 Entschädigung der ehrenamtlich Tätigen
§ 42 Haftung

Zweiter Titel
Zusammensetzung, Wahl und Verfahren der Selbstverwaltungsorgane, Versichertenältesten und Vertrauenspersonen

§ 43 Mitglieder der Selbstverwaltungsorgane
§ 44 Zusammensetzung der Selbstverwaltungsorgane
§ 45 Sozialversicherungswahlen
§ 46 Wahl der Vertreterversammlung
§ 47 Gruppenzugehörigkeit
§ 48 Vorschlagslisten
§ 48a Vorschlagsrecht der Arbeitnehmervereinigungen
§ 48b Feststellungsverfahren
§ 48c Feststellung der allgemeinen Vorschlagsberechtigung
§ 49 Stimmenzahl
§ 50 Wahlrecht
§ 51 Wählbarkeit
§ 52 Wahl des Vorstandes
§ 53 Wahlorgane
§ 54 Durchführung der Wahl
§ 55 Wahlunterlagen und Mitwirkung der Arbeitgeber
§ 56 Wahlordnung
§ 57 Rechtsbehelfe im Wahlverfahren
§ 58 Amtsdauer
§ 59 Verlust der Mitgliedschaft
§ 60 Ergänzung der Selbstverwaltungsorgane
§ 61 Wahl der Versichertenältesten und der Vertrauenspersonen
§ 62 Vorsitzende der Selbstverwaltungsorgane
§ 63 Beratung
§ 64 Beschlussfassung
§ 65 Getrennte Abstimmung
§ 66 Erledigungsausschüsse

Dritter Titel
Haushalts- und Rechnungswesen

§ 67 Aufstellung des Haushaltsplans
§ 68 Bedeutung und Wirkung des Haushaltsplans
§ 69 Ausgleich, Wirtschaftlichkeit und Sparsamkeit, Kosten- und Leistungsrechnung, Personalbedarfsermittlung
§ 70 Haushaltsplan
§ 71 Haushaltsplan der Deutschen Rentenversicherung Knappschaft-Bahn-See
§ 71a Haushaltsplan der Bundesagentur für Arbeit
§ 71b Veranschlagung der Arbeitsmarktmittel der Bundesagentur für Arbeit
§ 71c Eingliederungsrücklage der Bundesagentur für Arbeit
§ 71d Haushaltsplan und Kostenverteilungsverfahren der Sozialversicherung für Landwirtschaft, Forsten und Gartenbau
§ 71e Ausweisung der Schiffssicherheitsabteilung im Haushaltsplan
§ 71f Haushaltsplan der Unfallversicherung Bund und Bahn
§ 72 Vorläufige Haushaltsführung
§ 73 Überplanmäßige und außerplanmäßige Ausgaben
§ 74 Nachtragshaushalt
§ 75 Verpflichtungsermächtigungen
§ 76 Erhebung der Einnahmen
§ 77 Rechnungsabschluss, Jahresrechnung und Entlastung
§ 77a Geltung von Haushaltsvorschriften des Bundes für die Bundesagentur für Arbeit
§ 78 Verordnungsermächtigung
§ 79 Geschäftsübersichten und Statistiken der Sozialversicherung

Vierter Titel
Vermögen

§ 80 Verwaltung der Mittel, Anlagegrundsätze
§ 81 Betriebsmittel
§ 82 Rücklage
§ 82a Verwaltungsvermögen
§ 83 Anlegung der Mittel
§ 84 Beleihung von Grundstücken
§ 85 Genehmigungs- und anzeigepflichtige Vermögensanlagen
§ 86 Ausnahmegenehmigung

Fünfter Titel
Aufsicht

§ 87 Umfang der Aufsicht
§ 88 Prüfung und Unterrichtung
§ 89 Aufsichtsmittel
§ 90 Aufsichtsbehörden
§ 90a Zuständigkeitsbereich

Fünfter Abschnitt
Versicherungsbehörden

§ 91 Arten
§ 92 Versicherungsämter
§ 93 Aufgaben der Versicherungsämter
§ 94 Bundesamt für Soziale Sicherung

Sechster Abschnitt
Verarbeitung von elektronischen Daten in der Sozialversicherung

Erster Titel
Übermittelung von Daten zur und innerhalb der Sozialversicherung

§ 95 Gemeinsame Grundsätze Technik
§ 95a Ausfüllhilfe zum elektronischen Datenaustausch mit Sozialversicherungsträgern
§ 95b Systemprüfung
§ 95c Datenaustausch zwischen den Sozialversicherungsträgern

Zweiter Titel
Verarbeitung der Daten der Arbeitgeber durch die Sozialversicherungsträger

§ 96 Kommunikationsserver
§ 97 Annahmestellen
§ 98 Weiterleitung der Daten durch die Einzugsstellen

Dritter Titel
Übermittlung von Daten im Lohnnachweisverfahren der Unfallversicherung

§ 99 Übermittlung von Daten durch den Unternehmer im Lohnnachweisverfahren
§ 100 Inhalt des elektronischen Lohnnachweises
§ 101 Stammdatendatei
§ 102 Annahme, Prüfung und Weiterleitung der Daten zum Lohnnachweisverfahren
§ 103 Gemeinsame Grundsätze zur Datenübermittlung an die Unfallversicherung

Siebter Abschnitt
Informationsangebote in den Meldeverfahren der sozialen Sicherung

§ 104 Informations- und Beratungsanspruch
§ 105 Informationsportal

Achter Abschnitt
Elektronisches Antrags- und Bescheinigungsverfahren

§ 106 Elektronischer Antrag auf Ausstellung einer Bescheinigung über die anzuwendenden Rechtsvorschriften bei Beschäftigung nach Artikel 11 Absatz 3 Buchstabe b, Absatz 4, 5, Artikel 12 Absatz 1, Artikel 13 Absatz 1 Buchstabe a oder Buchstabe b, Ziffer i und Artikel 16 der Verordnung (EG) Nr. 883/2004
§ 106a Elektronischer Antrag auf Ausstellung einer Bescheinigung über die anzuwendenden Rechtsvorschriften bei selbständiger Erwerbstätigkeit nach Artikel 11 Absatz 4 und Artikel 12 Absatz 2 der Verordnung (EG) Nr. 883/2004
§ 107 Elektronische Übermittlung von Bescheinigungen für Entgeltersatzleistungen
§ 108 Elektronische Übermittlung von Anträgen und sonstigen Bescheinigungen an die Sozialversicherungsträger
§ 108a Verfahren zur elektronischen Abfrage und Übermittlung von Entgeltbescheinigungsdaten für Elterngeld
§ 109 Meldung der Arbeitsunfähigkeits- und Vorerkrankungszeiten an den Arbeitgeber
§ 110 (weggefallen)

Neunter Abschnitt
Aufbewahrung von Unterlagen

§ 110a Aufbewahrungspflicht
§ 110b Rückgabe, Vernichtung und Archivierung von Unterlagen
§ 110c Verwaltungsvereinbarungen, Verordnungsermächtigung

Zehnter Abschnitt
Bußgeldvorschriften

§ 111 Bußgeldvorschriften
§ 112 Allgemeines über Bußgeldvorschriften
§ 113 Zusammenarbeit mit anderen Behörden

Elfter Abschnitt
Übergangsvorschriften

§ 114 Einkommen beim Zusammentreffen mit Renten wegen Todes
§ 115 (weggefallen)
§ 116 Übergangsregelungen für bestehende Wertguthaben
§ 117 Verwaltungsausgaben der knappschaftlichen Krankenversicherung der Rentner
§ 118 Übergangsregelung für Tätigkeiten als Notärztin oder Notarzt im Rettungsdienst
§ 119 (weggefallen)
§ 120 (weggefallen)
§ 121 Übergangsregelung zur Vergütung der Vorstandsmitglieder der gesetzlichen Krankenkassen
§ 122 (unbesetzt)
§ 123 Übergangsregelung

§ 124 (weggefallen)
§ 125 (weggefallen)
§ 126 Verzicht auf die elektronisch unterstützte Prüfung bei den Arbeitgebern
§ 127 (weggefallen)
§ 128 Außerordentliche Hemmung der Verjährung
§ 129 Übergangsregelung für die Zulassung der Arbeitnehmervereinigungen für die Sozialversicherungswahlen im Jahr 2023
§ 130 Sonstige nicht beitragspflichtige Einnahmen aus ärztlichen Tätigkeiten in Corona-Impfzentren
§ 131 Sonstige nicht beitragspflichtige Einnahmen aus ärztlichen Tätigkeiten in Corona-Testzentren
§ 132 (weggefallen)
§ 133 Übergangsvorschrift zur Besetzung der hauptamtlichen Vorstände und Geschäftsführungen der Versicherungsträger
§ 134 Übergangsregelung zum Übergangsbereich
§ 135 Bericht zur Einführung eines Betriebsstättenverzeichnisses

IV

Erster Abschnitt
Grundsätze und Begriffsbestimmungen

Erster Titel
Geltungsbereich und Umfang der Versicherung

§ 1 Sachlicher Geltungsbereich

(1) 1Die Vorschriften dieses Buches gelten für die gesetzliche Kranken-, Unfall- und Rentenversicherung einschließlich der Alterssicherung der Landwirte sowie die soziale Pflegeversicherung (Versicherungszweige). 2Die Vorschriften dieses Buches gelten mit Ausnahme des Ersten und Zweiten Titels des Vierten Abschnitts und des Fünften Abschnitts auch für die Arbeitsförderung. 3Die Bundesagentur für Arbeit gilt im Sinne dieses Buches als Versicherungsträger.

(2) Die §§ 18f, 18g und 19a gelten auch für die Grundsicherung für Arbeitsuchende.

(3) Regelungen in den Sozialleistungsbereichen dieses Gesetzbuches, die in den Absätzen 1 und 2 genannt sind, bleiben unberührt, soweit sie von den Vorschriften dieses Buches abweichen.

§ 2 Versicherter Personenkreis

(1) Die Sozialversicherung umfasst Personen, die kraft Gesetzes oder Satzung (Versicherungspflicht) oder auf Grund freiwilligen Beitritts oder freiwilliger Fortsetzung der Versicherung (Versicherungsberechtigung) versichert sind.

(1a) Deutsche im Sinne der Vorschriften über die Sozialversicherung und die Arbeitsförderung sind Deutsche im Sinne des Artikels 116 des Grundgesetzes.

(2) In allen Zweigen der Sozialversicherung sind nach Maßgabe der besonderen Vorschriften für die einzelnen Versicherungszweige versichert

1. Personen, die gegen Arbeitsentgelt oder zu ihrer Berufsausbildung beschäftigt sind,
2. behinderte Menschen, die in geschützten Einrichtungen beschäftigt werden,
3. Landwirte.

(3) 1Deutsche Seeleute, die auf einem Seeschiff beschäftigt sind, das nicht berechtigt ist, die Bundesflagge zu führen, werden auf Antrag des Reeders

1. in der gesetzlichen Kranken-, Renten- und Pflegeversicherung versichert und in die Versicherungspflicht nach dem Dritten Buch einbezogen,
2. in der gesetzlichen Unfallversicherung versichert, wenn der Reeder das Seeschiff der Unfallverhütung und Schiffssicherheitsüberwachung durch die Berufsgenossenschaft Verkehrswirtschaft Post-Logistik Telekommunikation unterstellt hat und der Staat, dessen Flagge das Seeschiff führt, dem nicht widerspricht.

2Für deutsche Seeleute, die ihren Wohnsitz oder gewöhnlichen Aufenthalt im Inland haben, und auf einem Seeschiff beschäftigt sind, das im überwiegenden wirtschaftlichen Eigentum eines deutschen Reeders mit Sitz im Inland steht, ist der Reeder verpflichtet, einen Antrag nach Satz 1 Nummer 1 und unter den Voraussetzungen des Satzes 1 Nummer 2 einen Antrag nach Satz 1 Nummer 2 zu stellen. 3Der Reeder hat auf Grund der Antragstellung gegenüber den Versicherungsträgern die Pflichten eines Arbeitgebers. 4Ein Reeder mit Sitz im Ausland hat für die Erfüllung seiner Verbindlichkeiten gegenüber den Versicherungsträgern einen Bevollmächtigten im Inland zu bestellen. 5Der Reeder und der Bevollmächtigte haften gegenüber den Versicherungsträgern als Gesamtschuldner; sie haben auf Verlangen entsprechende Sicherheit zu leisten.

(4) Die Versicherung weiterer Personengruppen in einzelnen Versicherungszweigen ergibt sich aus den für sie geltenden besonderen Vorschriften.

§ 3 Persönlicher und räumlicher Geltungsbereich

Die Vorschriften über die Versicherungspflicht und die Versicherungsberechtigung gelten,

1. soweit sie eine Beschäftigung oder eine selbständige Tätigkeit voraussetzen, für alle Personen, die im Geltungsbereich dieses Gesetzbuchs beschäftigt oder selbständig tätig sind,
2. soweit sie eine Beschäftigung oder eine selbständige Tätigkeit nicht voraussetzen, für alle Personen, die ihren Wohnsitz oder gewöhnlichen Aufenthalt im Geltungsbereich dieses Gesetzbuchs haben.

§ 4 Ausstrahlung

(1) Soweit die Vorschriften über die Versicherungspflicht und die Versicherungsberechtigung eine Beschäftigung voraussetzen, gelten sie auch für Personen, die im Rahmen eines im Geltungsbereich dieses Gesetzbuchs bestehenden Beschäftigungsverhältnisses in ein Gebiet außerhalb dieses Geltungsbereichs entsandt werden, wenn die Entsendung infolge der Eigenart der Beschäftigung oder vertraglich im Voraus zeitlich begrenzt ist.

(2) Für Personen, die eine selbständige Tätigkeit ausüben, gilt Absatz 1 entsprechend.

§ 5 Einstrahlung

(1) Soweit die Vorschriften über die Versicherungspflicht und die Versicherungsberechtigung eine Be-

IV

schäftigung voraussetzen, gelten sie nicht für Personen, die im Rahmen eines außerhalb des Geltungsbereichs dieses Gesetzbuchs bestehenden Beschäftigungsverhältnisses in diesen Geltungsbereich entsandt werden, wenn die Entsendung infolge der Eigenart der Beschäftigung oder vertraglich im Voraus zeitlich begrenzt ist.

(2) Für Personen, die eine selbständige Tätigkeit ausüben, gilt Absatz 1 entsprechend.

§ 6 Vorbehalt abweichender Regelungen

Regelungen des über- und zwischenstaatlichen Rechts bleiben unberührt.

Zweiter Titel
Beschäftigung und selbständige Tätigkeit

§ 7 Beschäftigung

(1) $_{1}$Beschäftigung ist die nichtselbständige Arbeit, insbesondere in einem Arbeitsverhältnis. $_{2}$Anhaltspunkte für eine Beschäftigung sind eine Tätigkeit nach Weisungen und eine Eingliederung in die Arbeitsorganisation des Weisungsgebers.

(1a) $_{1}$Eine Beschäftigung besteht auch in Zeiten der Freistellung von der Arbeitsleistung von mehr als einem Monat, wenn

1. während der Freistellung Arbeitsentgelt aus einem Wertguthaben nach § 7b fällig ist und
2. das monatlich fällige Arbeitsentgelt in der Zeit der Freistellung nicht unangemessen von dem für die vorausgegangenen zwölf Kalendermonate abweicht, in denen Arbeitsentgelt bezogen wurde.

$_{2}$Satz 1 gilt entsprechend, wenn während einer bis zu dreimonatigen Freistellung Arbeitsentgelt aus einer Vereinbarung zur flexiblen Gestaltung der werktäglichen oder wöchentlichen Arbeitszeit oder dem Ausgleich betrieblicher Produktions- und Arbeitszeitzyklen fällig ist. $_{3}$Beginnt ein Beschäftigungsverhältnis mit einer Zeit der Freistellung, gilt Satz 1 Nummer 2 mit der Maßgabe, dass das monatlich fällige Arbeitsentgelt in der Zeit der Freistellung nicht unangemessen von dem für die Zeit der Arbeitsleistung abweichen darf, mit der das Arbeitsentgelt später erzielt werden soll. $_{4}$Eine Beschäftigung gegen Arbeitsentgelt besteht während der Zeit der Freistellung auch, wenn die Arbeitsleistung, mit der das Arbeitsentgelt später erzielt werden soll, wegen einer im Zeitpunkt der Vereinbarung nicht vorhersehbaren vorzeitigen Beendigung des Beschäftigungsverhältnisses nicht mehr erbracht werden kann. $_{5}$Die Vertragsparteien können beim Abschluss der Vereinbarung nur für den Fall, dass Wertguthaben wegen der Beendigung der Beschäftigung auf Grund verminderter Erwerbsfähigkeit, des Erreichens einer Altersgrenze, zu der eine Rente wegen Alters beansprucht werden kann, oder des Todes des Beschäftigten nicht mehr für Zeiten einer Freistellung von der Arbeitsleistung verwendet werden können, einen anderen Verwendungszweck vereinbaren. $_{6}$Die Sätze 1 bis 4 gelten nicht für Beschäftigte, auf die Wertguthaben übertragen werden. $_{7}$Bis zum 31. Dezember 2024 werden Wertguthaben, die durch Arbeitsleistung im Beitrittsgebiet erzielt werden, getrennt erfasst; sind für die Beitrags- oder Leistungsberechnung im Beitrittsgebiet und im übrigen Bundesgebiet unterschiedliche Werte vorgeschrieben, sind die Werte maßgebend, die für den Teil des Inlandes gelten, in dem das Wertguthaben erzielt worden ist.

(1b) Die Möglichkeit eines Arbeitnehmers zur Vereinbarung flexibler Arbeitszeiten gilt nicht als eine die Kündigung des Arbeitsverhältnisses durch den Arbeitgeber begründende Tatsache im Sinne des § 1 Absatz 2 Satz 1 des Kündigungsschutzgesetzes.

(2) Als Beschäftigung gilt auch der Erwerb beruflicher Kenntnisse, Fertigkeiten oder Erfahrungen im Rahmen betrieblicher Berufsbildung.

(3) $_{1}$Eine Beschäftigung gegen Arbeitsentgelt gilt als fortbestehend, solange das Beschäftigungsverhältnis ohne Anspruch auf Arbeitsentgelt fortdauert, jedoch nicht länger als einen Monat. $_{2}$Eine Beschäftigung gilt auch als fortbestehend, wenn Arbeitsentgelt aus einem der Deutschen Rentenversicherung Bund übertragenen Wertguthaben bezogen wird. $_{3}$Satz 1 gilt nicht, wenn Krankengeld, Krankentagegeld, Verletztengeld, Versorgungskrankengeld, Übergangsgeld, Pflegeunterstützungsgeld oder Mutterschaftsgeld oder nach gesetzlichen Vorschriften Erziehungsgeld oder Elterngeld bezogen oder Elternzeit in Anspruch genommen oder Wehrdienst oder Zivildienst geleistet wird. $_{4}$Satz 1 gilt auch nicht für die Freistellung nach § 3 des Pflegezeitgesetzes.

(4) Beschäftigt ein Arbeitgeber einen Ausländer ohne die nach § 284 Absatz 1 des Dritten Buches erforderliche Genehmigung oder ohne die nach § 4a Absatz 5 des Aufenthaltsgesetzes erforderliche Berechtigung zur Erwerbstätigkeit, wird vermutet, dass ein Beschäftigungsverhältnis gegen Arbeitsentgelt für den Zeitraum von drei Monaten bestanden hat.

§ 7a Feststellung des Erwerbsstatus

(1) $_{1}$Die Beteiligten können bei der Deutschen Rentenversicherung Bund schriftlich oder elektronisch eine Entscheidung beantragen, ob bei einem Auf-

tragsverhältnis eine Beschäftigung oder eine selbständige Tätigkeit vorliegt, es sei denn, die Einzugsstelle oder ein anderer Versicherungsträger hatte im Zeitpunkt der Antragstellung bereits ein Verfahren zur Feststellung von Versicherungspflicht auf Grund einer Beschäftigung eingeleitet. $_{2}$Die Einzugsstelle hat einen Antrag nach Satz 1 zu stellen, wenn sich aus der Meldung des Arbeitgebers (§ 28a) ergibt, dass der Beschäftigte Ehegatte, Lebenspartner oder Abkömmling des Arbeitgebers oder geschäftsführender Gesellschafter einer Gesellschaft mit beschränkter Haftung ist.

(2) $_{1}$Die Deutsche Rentenversicherung Bund entscheidet auf Grund einer Gesamtwürdigung aller Umstände des Einzelfalles, ob eine Beschäftigung oder eine selbständige Tätigkeit vorliegt. $_{2}$Wird die vereinbarte Tätigkeit für einen Dritten erbracht und liegen Anhaltspunkte dafür vor, dass der Auftragnehmer in dessen Arbeitsorganisation eingegliedert ist und dessen Weisungen unterliegt, stellt sie bei Vorliegen einer Beschäftigung auch fest, ob das Beschäftigungsverhältnis zu dem Dritten besteht. $_{3}$Der Dritte kann bei Vorliegen von Anhaltspunkten im Sinne des Satzes 2 ebenfalls eine Entscheidung nach Absatz 1 Satz 1 beantragen. $_{4}$Bei der Beurteilung von Versicherungspflicht auf Grund des Auftragsverhältnisses sind andere Versicherungsträger an die Entscheidungen der Deutschen Rentenversicherung Bund gebunden.

(3) $_{1}$Die Deutsche Rentenversicherung Bund teilt den Beteiligten schriftlich oder elektronisch mit, welche Angaben und Unterlagen sie für ihre Entscheidung benötigt. $_{2}$Sie setzt den Beteiligten eine angemessene Frist, innerhalb der diese die Angaben zu machen und die Unterlagen vorzulegen haben.

(4) $_{1}$Die Deutsche Rentenversicherung Bund teilt den Beteiligten mit, welche Entscheidung sie zu treffen beabsichtigt, bezeichnet die Tatsachen, auf die sie ihre Entscheidung stützen will, und gibt den Beteiligten Gelegenheit, sich zu der beabsichtigten Entscheidung zu äußern. $_{2}$Satz 1 gilt nicht, wenn die Deutsche Rentenversicherung Bund einem übereinstimmenden Antrag der Beteiligten entspricht.

(4a) $_{1}$Auf Antrag der Beteiligten entscheidet die Deutsche Rentenversicherung Bund bereits vor Aufnahme der Tätigkeit nach Absatz 2. $_{2}$Neben den schriftlichen Vereinbarungen sind die beabsichtigten Umstände der Vertragsdurchführung zu Grunde zu legen. $_{3}$Ändern sich die schriftlichen Vereinbarungen oder die Umstände der Vertragsdurchführung bis zu einem Monat nach der Aufnahme der Tätigkeit, haben die Beteiligten dies unverzüglich mitzuteilen. $_{4}$Ergibt sich eine wesentliche Änderung, hebt die Deutsche Rentenversicherung Bund die Entscheidung nach Maßgabe des § 48 des Zehnten Buches auf. $_{5}$Die Aufnahme der Tätigkeit gilt als Zeitpunkt der Änderung der Verhältnisse.

(4b) $_{1}$Entscheidet die Deutsche Rentenversicherung Bund in einem Einzelfall über den Erwerbsstatus, äußert sie sich auf Antrag des Auftraggebers gutachterlich zu dem Erwerbsstatus von Auftragnehmern in gleichen Auftragsverhältnissen. $_{2}$Auftragsverhältnisse sind gleich, wenn die vereinbarten Tätigkeiten ihrer Art und den Umständen der Ausübung nach übereinstimmen und ihnen einheitliche vertragliche Vereinbarungen zu Grunde liegen. $_{3}$In der gutachterlichen Äußerung sind die Art der Tätigkeit, die zu Grunde gelegten vertraglichen Vereinbarungen und die Umstände der Ausübung sowie ihre Rechtswirkungen anzugeben. $_{4}$Bei Abschluss eines gleichen Auftragsverhältnisses hat der Auftraggeber dem Auftragnehmer eine Kopie der gutachterlichen Äußerung auszuhändigen. $_{5}$Der Auftragnehmer kann für gleiche Auftragsverhältnisse mit demselben Auftraggeber ebenfalls eine gutachterliche Äußerung beantragen.

(4c) $_{1}$Hat die Deutsche Rentenversicherung Bund in einer gutachterlichen Äußerung nach Absatz 4b das Vorliegen einer selbständigen Tätigkeit angenommen und stellt sie in einem Verfahren nach Absatz 1 oder ein anderer Versicherungsträger in einem Verfahren auf Feststellung von Versicherungspflicht für ein gleiches Auftragsverhältnis eine Beschäftigung fest, so tritt eine Versicherungspflicht auf Grund dieser Beschäftigung erst mit dem Tag der Bekanntgabe dieser Entscheidung ein, wenn die Voraussetzungen des Absatzes 5 Satz 1 Nummer 2 erfüllt sind. $_{2}$Im Übrigen findet Absatz 5 Satz 1 keine Anwendung. $_{3}$Satz 1 gilt nur für Auftragsverhältnisse, die innerhalb von zwei Jahren seit Zugang der gutachterlichen Äußerung geschlossen werden. $_{4}$Stellt die Deutsche Rentenversicherung Bund die Beschäftigung in einem Verfahren nach Absatz 1 fest, so entscheidet sie auch darüber, ob die Voraussetzungen des Absatzes 5 Satz 1 Nummer 2 erfüllt sind.

(5) $_{1}$Wird der Antrag auf Feststellung des Erwerbsstatus innerhalb eines Monats nach Aufnahme der Tätigkeit gestellt und stellt die Deutsche Rentenversicherung Bund eine Beschäftigung fest, gilt der Tag der Bekanntgabe der Entscheidung als Tag des Eintritts in das Beschäftigungsverhältnis, wenn der Beschäftigte

1. zustimmt und
2. er für den Zeitraum zwischen Aufnahme der Beschäftigung und der Entscheidung Absicherung

gegen das finanzielle Risiko von Krankheit und zur Altersvorsorge vorgenommen hat, die der Art nach den Leistungen der gesetzlichen Krankenversicherung und der gesetzlichen Rentenversicherung entspricht.

2Die Deutsche Rentenversicherung Bund stellt den Zeitpunkt fest, der als Tag des Eintritts in das Beschäftigungsverhältnis gilt. 3Der Gesamtsozialversicherungsbeitrag wird erst zu dem Zeitpunkt fällig, zu dem die Entscheidung, dass eine Beschäftigung vorliegt, unanfechtbar geworden ist.

(6) 1Widerspruch und Klage gegen Entscheidungen nach den Absätzen 2 und 4a haben aufschiebende Wirkung. 2Im Widerspruchsverfahren können die Beteiligten nach Begründung des Widerspruchs eine mündliche Anhörung beantragen, die gemeinsam mit den anderen Beteiligten erfolgen soll. 3Eine Klage auf Erlass der Entscheidung ist abweichend von § 88 Absatz 1 des Sozialgerichtsgesetzes nach Ablauf von drei Monaten zulässig.

(7) 1Absatz 2 Satz 2 und 3, Absätze 4a bis 4c und Absatz 6 Satz 2 treten mit Ablauf des 30. Juni 2027 außer Kraft. 2Die Deutsche Rentenversicherung Bund legt dem Bundesministerium für Arbeit und Soziales bis zum 31. Dezember 2025 einen Bericht über die Erfahrungen bei der Anwendung des Absatzes 2 Satz 2 und 3, der Absätze 4a bis 4c und des Absatzes 6 Satz 2 vor.

§ 7b Wertguthabenvereinbarungen

Eine Wertguthabenvereinbarung liegt vor, wenn

1. der Aufbau des Wertguthabens auf Grund einer schriftlichen Vereinbarung erfolgt,
2. diese Vereinbarung nicht das Ziel der flexiblen Gestaltung der werktäglichen oder wöchentlichen Arbeitszeit oder den Ausgleich betrieblicher Produktions- und Arbeitszeitzyklen verfolgt,
3. Arbeitsentgelt in das Wertguthaben eingebracht wird, um es für Zeiten der Freistellung von der Arbeitsleistung oder der Verringerung der vertraglich vereinbarten Arbeitszeit zu entnehmen,
4. das aus dem Wertguthaben fällige Arbeitsentgelt mit einer vor oder nach der Freistellung von der Arbeitsleistung oder der Verringerung der vertraglich vereinbarten Arbeitszeit erbrachten Arbeitsleistung erzielt wird und
5. das fällige Arbeitsentgelt insgesamt die Geringfügigkeitsgrenze übersteigt, es sei denn, die Beschäftigung wurde vor der Freistellung als geringfügige Beschäftigung ausgeübt.

§ 7c Verwendung von Wertguthaben

(1) Das Wertguthaben auf Grund einer Vereinbarung nach § 7b kann in Anspruch genommen werden

1. für gesetzlich geregelte vollständige oder teilweise Freistellungen von der Arbeitsleistung oder gesetzlich geregelte Verringerungen der Arbeitszeit, insbesondere für Zeiten,
   a) in denen der Beschäftigte eine Freistellung nach § 3 des Pflegezeitgesetzes oder nach § 2 des Familienpflegezeitgesetzes verlangen kann,
   b) in denen der Beschäftigte nach § 15 des Bundeselterngeld- und Elternzeitgesetzes ein Kind selbst betreut und erzieht,
   c) für die der Beschäftigte eine Verringerung seiner vertraglich vereinbarten Arbeitszeit nach § 8 oder § 9a des Teilzeit- und Befristungsgesetzes verlangen kann; § 8 des Teilzeit- und Befristungsgesetzes gilt mit der Maßgabe, dass die Verringerung der Arbeitszeit auf die Dauer der Entnahme aus dem Wertguthaben befristet werden kann,
2. für vertraglich vereinbarte vollständige oder teilweise Freistellungen von der Arbeitsleistung oder vertraglich vereinbarte Verringerungen der Arbeitszeit, insbesondere für Zeiten,
   a) die unmittelbar vor dem Zeitpunkt liegen, zu dem der Beschäftigte eine Rente wegen Alters nach dem Sechsten Buch bezieht oder beziehen könnte oder
   b) in denen der Beschäftigte an beruflichen Qualifizierungsmaßnahmen teilnimmt.

(2) Die Vertragsparteien können die Zwecke, für die das Wertguthaben in Anspruch genommen werden kann, in der Vereinbarung nach § 7b abweichend von Absatz 1 auf bestimmte Zwecke beschränken.

§ 7d Führung und Verwaltung von Wertguthaben

(1) 1Wertguthaben sind als Arbeitsentgeltguthaben einschließlich des darauf entfallenden Arbeitgeberanteils am Gesamtsozialversicherungsbeitrag zu führen. 2Die Arbeitszeitguthaben sind in Arbeitsentgelt umzurechnen.

(2) Arbeitgeber haben Beschäftigte mindestens einmal jährlich in Textform über die Höhe ihres im Wertguthaben enthaltenen Arbeitsentgeltguthabens zu unterrichten.

(3) 1Für die Anlage von Wertguthaben gelten die Vorschriften über die Anlage der Mittel von Versicherungsträgern nach dem Vierten Titel des Vierten Ab-

schnitts entsprechend, mit der Maßgabe, dass eine Anlage in Aktien oder Aktienfonds bis zu einer Höhe von 20 Prozent zulässig und ein Rückfluss zum Zeitpunkt der Inanspruchnahme des Wertguthabens mindestens in der Höhe des angelegten Betrages gewährleistet ist. $_{2}$Ein höherer Anlageanteil in Aktien oder Aktienfonds ist zulässig, wenn

1. dies in einem Tarifvertrag oder auf Grund eines Tarifvertrages in einer Betriebsvereinbarung vereinbart ist oder
2. das Wertguthaben nach der Wertguthabenvereinbarung ausschließlich für Freistellungen nach § 7c Absatz 1 Nummer 2 Buchstabe a in Anspruch genommen werden kann.

§ 7e Insolvenzschutz

(1) $_{1}$Die Vertragsparteien treffen im Rahmen ihrer Vereinbarung nach § 7b durch den Arbeitgeber zu erfüllende Vorkehrungen, um das Wertguthaben einschließlich des darin enthaltenen Gesamtsozialversicherungsbeitrages gegen das Risiko der Insolvenz des Arbeitgebers vollständig abzusichern, soweit

1. ein Anspruch auf Insolvenzgeld nicht besteht und wenn
2. das Wertguthaben des Beschäftigten einschließlich des darin enthaltenen Gesamtsozialversicherungsbeitrages einen Betrag in Höhe der monatlichen Bezugsgröße übersteigt.

$_{2}$In einem Tarifvertrag oder auf Grund eines Tarifvertrages in einer Betriebsvereinbarung kann ein von Satz 1 Nummer 2 abweichender Betrag vereinbart werden.

(2) $_{1}$Zur Erfüllung der Verpflichtung nach Absatz 1 sind Wertguthaben unter Ausschluss der Rückführung durch einen Dritten zu führen, der im Fall der Insolvenz des Arbeitgebers für die Erfüllung der Ansprüche aus dem Wertguthaben für den Arbeitgeber einsteht, insbesondere in einem Treuhandverhältnis, das die unmittelbare Übertragung des Wertguthabens in das Vermögen des Dritten und die Anlage des Wertguthabens auf einem offenen Treuhandkonto oder in anderer geeigneter Weise sicherstellt. $_{2}$Die Vertragsparteien können in der Vereinbarung nach § 7b ein anderes, einem Treuhandverhältnis im Sinne des Satzes 1 gleichwertiges Sicherungsmittel vereinbaren, insbesondere ein Versicherungsmodell oder ein schuldrechtliches Verpfändungs- oder Bürgschaftsmodell mit ausreichender Sicherung gegen Kündigung.

(3) Keine geeigneten Vorkehrungen sind bilanzielle Rückstellungen sowie zwischen Konzernunternehmen (§ 18 des Aktiengesetzes) begründete Einstandspflichten, insbesondere Bürgschaften, Patronatserklärungen oder Schuldbeitritte.

(4) Der Arbeitgeber hat den Beschäftigten unverzüglich über die Vorkehrungen zum Insolvenzschutz in geeigneter Weise schriftlich zu unterrichten, wenn das Wertguthaben die in Absatz 1 Satz 1 Nummer 2 genannten Voraussetzungen erfüllt.

(5) Hat der Beschäftigte den Arbeitgeber schriftlich aufgefordert, seinen Verpflichtungen nach den Absätzen 1 bis 3 nachzukommen und weist der Arbeitgeber dem Beschäftigten nicht innerhalb von zwei Monaten nach der Aufforderung die Erfüllung seiner Verpflichtung zur Insolvenzsicherung des Wertguthabens nach, kann der Beschäftigte die Vereinbarung nach § 7b mit sofortiger Wirkung kündigen; das Wertguthaben ist nach Maßgabe des § 23b Absatz 2 aufzulösen.

(6) $_{1}$Stellt der Träger der Rentenversicherung bei der Prüfung des Arbeitgebers nach § 28p fest, dass

1. für ein Wertguthaben keine Insolvenzschutzregelung getroffen worden ist,
2. die gewählten Sicherungsmittel nicht geeignet sind im Sinne des Absatzes 3,
3. die Sicherungsmittel in ihrem Umfang das Wertguthaben um mehr als 30 Prozent unterschreiten oder
4. die Sicherungsmittel den im Wertguthaben enthaltenen Gesamtsozialversicherungsbeitrag nicht umfassen,

weist er in dem Verwaltungsakt nach § 28p Absatz 1 Satz 5 den in dem Wertguthaben enthaltenen und vom Arbeitgeber zu zahlenden Gesamtsozialversicherungsbeitrag aus. $_{2}$Weist der Arbeitgeber dem Träger der Rentenversicherung innerhalb von zwei Monaten nach der Feststellung nach Satz 1 nach, dass er seiner Verpflichtung nach Absatz 1 nachgekommen ist, entfällt die Verpflichtung zur sofortigen Zahlung des Gesamtsozialversicherungsbeitrages. $_{3}$Hat der Arbeitgeber den Nachweis nach Satz 2 nicht innerhalb der dort vorgesehenen Frist erbracht, ist die Vereinbarung nach § 7b als von Anfang an unwirksam anzusehen; das Wertguthaben ist aufzulösen.

(7) $_{1}$Kommt es wegen eines nicht geeigneten oder nicht ausreichenden Insolvenzschutzes zu einer Verringerung oder einem Verlust des Wertguthabens, haftet der Arbeitgeber für den entstandenen Schaden. $_{2}$Ist der Arbeitgeber eine juristische Person oder eine Gesellschaft ohne Rechtspersönlichkeit haften auch die organschaftlichen Vertreter gesamtschuldnerisch für den Schaden. $_{3}$Der Arbeitgeber oder ein organ-

schaftlicher Vertreter haften nicht, wenn sie den Schaden nicht zu vertreten haben.

(8) Eine Beendigung, Auflösung oder Kündigung der Vorkehrungen zum Insolvenzschutz vor der bestimmungsgemäßen Auflösung des Wertguthabens ist unzulässig, es sei denn, die Vorkehrungen werden mit Zustimmung des Beschäftigten durch einen mindestens gleichwertigen Insolvenzschutz abgelöst.

(9) Die Absätze 1 bis 8 finden keine Anwendung gegenüber dem Bund, den Ländern, Gemeinden, Körperschaften, Stiftungen und Anstalten des öffentlichen Rechts, über deren Vermögen die Eröffnung des Insolvenzverfahrens nicht zulässig ist, sowie solchen juristischen Personen des öffentlichen Rechts, bei denen der Bund, ein Land oder eine Gemeinde kraft Gesetzes die Zahlungsfähigkeit sichert.

§ 7f Übertragung von Wertguthaben

(1) 1Bei Beendigung der Beschäftigung kann der Beschäftigte durch schriftliche Erklärung gegenüber dem bisherigen Arbeitgeber verlangen, dass das Wertguthaben nach § 7b

1. auf den neuen Arbeitgeber übertragen wird, wenn dieser mit dem Beschäftigten eine Wertguthabenvereinbarung nach § 7b abgeschlossen und der Übertragung zugestimmt hat,
2. auf die Deutsche Rentenversicherung Bund übertragen wird, wenn das Wertguthaben einschließlich des Gesamtsozialversicherungsbeitrages einen Betrag in Höhe des Sechsfachen der monatlichen Bezugsgröße übersteigt; die Rückübertragung ist ausgeschlossen.

2Nach der Übertragung sind die mit dem Wertguthaben verbundenen Arbeitgeberpflichten vom neuen Arbeitgeber oder von der Deutschen Rentenversicherung Bund zu erfüllen.

(2) 1Im Fall der Übertragung auf die Deutsche Rentenversicherung Bund kann der Beschäftigte das Wertguthaben für Zeiten der Freistellung von der Arbeitsleistung und Zeiten der Verringerung der vertraglich vereinbarten Arbeitszeit nach § 7c Absatz 1 sowie auch außerhalb eines Arbeitsverhältnisses für die in § 7c Absatz 1 Nummer 2 Buchstabe a genannten Zeiten in Anspruch nehmen. 2Der Antrag ist spätestens einen Monat vor der begehrten Freistellung schriftlich bei der Deutschen Rentenversicherung Bund zu stellen; in dem Antrag ist auch anzugeben, in welcher Höhe Arbeitsentgelt aus dem Wertguthaben entnommen werden soll; dabei ist § 7 Absatz 1a Satz 1 Nummer 2 zu berücksichtigen.

(3) 1Die Deutsche Rentenversicherung Bund verwaltet die ihr übertragenen Wertguthaben einschließlich des darin enthaltenen Gesamtsozialversicherungsbeitrages als ihr übertragene Aufgabe bis zu deren endgültiger Auflösung getrennt von ihrem sonstigen Vermögen treuhänderisch. 2Die Wertguthaben sind nach den Vorschriften über die Anlage der Mittel von Versicherungsträgern nach dem Vierten Titel des Vierten Abschnitts anzulegen. 3Die der Deutschen Rentenversicherung Bund durch die Übertragung, Verwaltung und Verwendung von Wertguthaben entstehenden Kosten sind vollständig vom Wertguthaben in Abzug zu bringen und in der Mitteilung an den Beschäftigten nach § 7d Absatz 2 gesondert auszuweisen.

§ 8 Geringfügige Beschäftigung und geringfügige selbständige Tätigkeit; Geringfügigkeitsgrenze

(1) Eine geringfügige Beschäftigung liegt vor, wenn

1. das Arbeitsentgelt aus dieser Beschäftigung regelmäßig die Geringfügigkeitsgrenze nicht übersteigt,
2. die Beschäftigung innerhalb eines Kalenderjahres auf längstens drei Monate oder 70 Arbeitstage nach ihrer Eigenart begrenzt zu sein pflegt oder im Voraus vertraglich begrenzt ist, es sei denn, dass die Beschäftigung berufsmäßig ausgeübt wird und die Geringfügigkeitsgrenze übersteigt.

(1a) 1Die Geringfügigkeitsgrenze im Sinne des Sozialgesetzbuchs bezeichnet das monatliche Arbeitsentgelt, das bei einer Arbeitszeit von zehn Wochenstunden zum Mindestlohn nach § 1 Absatz 2 Satz 1 des Mindestlohngesetzes in Verbindung mit der auf der Grundlage des § 11 Absatz 1 Satz 1 des Mindestlohngesetzes jeweils erlassenen Verordnung erzielt wird. 2Sie wird berechnet, indem der Mindestlohn mit 130 vervielfacht, durch drei geteilt und auf volle Euro aufgerundet wird. 3Die Geringfügigkeitsgrenze wird jeweils vom Bundesministerium für Arbeit und Soziales im Bundesanzeiger bekannt gegeben.

(1b) Ein unvorhersehbares Überschreiten der Geringfügigkeitsgrenze steht dem Fortbestand einer geringfügigen Beschäftigung nach Absatz 1 Nummer 1 nicht entgegen, wenn die Geringfügigkeitsgrenze innerhalb des für den jeweiligen Entgeltabrechnungszeitraum zu bildenden Zeitjahres in nicht mehr als zwei Kalendermonaten um jeweils einen Betrag bis zur Höhe der Geringfügigkeitsgrenze überschritten wird.

(2) 1Bei der Anwendung des Absatzes 1 sind mehrere geringfügige Beschäftigungen nach Nummer 1 oder Nummer 2 sowie geringfügige Beschäftigungen nach Nummer 1 mit Ausnahme einer geringfügigen Be-

schäftigung nach Nummer 1 und nicht geringfügige Beschäftigungen zusammenzurechnen. 2Eine geringfügige Beschäftigung liegt nicht mehr vor, sobald die Voraussetzungen des Absatzes 1 entfallen. 3Wird beim Zusammenrechnen nach Satz 1 festgestellt, dass die Voraussetzungen einer geringfügigen Beschäftigung nicht mehr vorliegen, tritt die Versicherungspflicht erst mit dem Tag ein, an dem die Entscheidung über die Versicherungspflicht nach § 37 des Zehnten Buches durch die Einzugsstelle nach § 28i Satz 5 oder einen anderen Träger der Rentenversicherung bekannt gegeben wird. 4Dies gilt nicht, wenn der Arbeitgeber vorsätzlich oder grob fahrlässig versäumt hat, den Sachverhalt für die versicherungsrechtliche Beurteilung der Beschäftigung aufzuklären.

(3) 1Die Absätze 1, 1a und 2 gelten entsprechend, soweit anstelle einer Beschäftigung eine selbständige Tätigkeit ausgeübt wird. 2Dies gilt nicht für das Recht der Arbeitsförderung.

§ 8a Geringfügige Beschäftigung in Privathaushalten

1Werden geringfügige Beschäftigungen ausschließlich in Privathaushalten ausgeübt, gilt § 8. 2Eine geringfügige Beschäftigung im Privathaushalt liegt vor, wenn diese durch einen privaten Haushalt begründet ist und die Tätigkeit sonst gewöhnlich durch Mitglieder des privaten Haushalts erledigt wird.

§ 9 Beschäftigungsort

(1) Beschäftigungsort ist der Ort, an dem die Beschäftigung tatsächlich ausgeübt wird.

(2) Als Beschäftigungsort gilt der Ort, an dem eine feste Arbeitsstätte errichtet ist, wenn Personen

1. von ihr aus mit einzelnen Arbeiten außerhalb der festen Arbeitsstätte beschäftigt werden oder
2. außerhalb der festen Arbeitsstätte beschäftigt werden und diese Arbeitsstätte sowie der Ort, an dem die Beschäftigung tatsächlich ausgeübt wird, im Bezirk desselben Versicherungsamts liegen.

(3) Sind Personen bei einem Arbeitgeber an mehreren festen Arbeitsstätten beschäftigt, gilt als Beschäftigungsort die Arbeitsstätte, in der sie überwiegend beschäftigt sind.

(4) Erstreckt sich eine feste Arbeitsstätte über den Bezirk mehrerer Gemeinden, gilt als Beschäftigungsort der Ort, an dem die Arbeitsstätte ihren wirtschaftlichen Schwerpunkt hat.

(5) 1Ist eine feste Arbeitsstätte nicht vorhanden und wird die Beschäftigung an verschiedenen Orten ausgeübt, gilt als Beschäftigungsort der Ort, an dem der Betrieb seinen Sitz hat. 2Leitet eine Außenstelle des Betriebs die Arbeiten unmittelbar, ist der Sitz der Außenstelle maßgebend. 3Ist nach den Sätzen 1 und 2 ein Beschäftigungsort im Geltungsbereich dieses Gesetzbuchs nicht vorhanden, gilt als Beschäftigungsort der Ort, an dem die Beschäftigung erstmals im Geltungsbereich dieses Gesetzbuchs ausgeübt wird.

(6) 1In den Fällen der Ausstrahlung gilt der bisherige Beschäftigungsort als fortbestehend. 2Ist ein solcher nicht vorhanden, gilt als Beschäftigungsort der Ort, an dem der Betrieb, von dem der Beschäftigte entsandt wird, seinen Sitz hat.

(7) 1Gelten für einen Arbeitnehmer auf Grund über- oder zwischenstaatlichen Rechts die deutschen Rechtsvorschriften über soziale Sicherheit und übt der Arbeitnehmer die Beschäftigung nicht im Geltungsbereich dieses Buches aus, gilt Absatz 6 entsprechend. 2Ist auch danach kein Beschäftigungsort im Geltungsbereich dieses Buches gegeben, gilt der Arbeitnehmer als in Berlin (Ost) beschäftigt.

§ 10 Beschäftigungsort für besondere Personengruppen

(1) Für Personen, die ein freiwilliges soziales Jahr oder ein freiwilliges ökologisches Jahr im Sinne des Jugendfreiwilligendienstegesetzes leisten, gilt als Beschäftigungsort der Ort, an dem der Träger des freiwilligen sozialen Jahres oder des freiwilligen ökologischen Jahres seinen Sitz hat.

(2) 1Für Entwicklungshelfer gilt als Beschäftigungsort der Sitz des Trägers des Entwicklungsdienstes. 2Für auf Antrag im Ausland versicherte Personen gilt als Beschäftigungsort der Sitz der antragstellenden Stelle.

(3) 1Für Seeleute gilt als Beschäftigungsort der Heimathafen des Seeschiffs. 2Ist ein Heimathafen im Geltungsbereich dieses Gesetzbuchs nicht vorhanden, gilt als Beschäftigungsort Hamburg.

§ 11 Tätigkeitsort

(1) Die Vorschriften über den Beschäftigungsort gelten für selbständige Tätigkeiten entsprechend, soweit sich nicht aus Absatz 2 Abweichendes ergibt.

(2) Ist eine feste Arbeitsstätte nicht vorhanden und wird die selbständige Tätigkeit an verschiedenen Orten ausgeübt, gilt als Tätigkeitsort der Ort des Wohnsitzes oder des gewöhnlichen Aufenthalts.

§ 12 Hausgewerbetreibende, Heimarbeiter und Zwischenmeister

(1) Hausgewerbetreibende sind selbständig Tätige, die in eigener Arbeitsstätte im Auftrag und für Rechnung von Gewerbetreibenden, gemeinnützigen Unterneh-

IV

men oder öffentlich-rechtlichen Körperschaften gewerblich arbeiten, auch wenn sie Roh- oder Hilfsstoffe selbst beschaffen oder vorübergehend für eigene Rechnung tätig sind.

(2) Heimarbeiter sind sonstige Personen, die in eigener Arbeitsstätte im Auftrag und für Rechnung von Gewerbetreibenden, gemeinnützigen Unternehmen oder öffentlich-rechtlichen Körperschaften erwerbsmäßig arbeiten, auch wenn sie Roh- oder Hilfsstoffe selbst beschaffen; sie gelten als Beschäftigte.

(3) Als Arbeitgeber der Hausgewerbetreibenden oder Heimarbeiter gilt, wer die Arbeit unmittelbar an sie vergibt, als Auftraggeber der, in dessen Auftrag und für dessen Rechnung sie arbeiten.

(4) Zwischenmeister ist, wer ohne Arbeitnehmer zu sein, die ihm übertragene Arbeit an Hausgewerbetreibende oder Heimarbeiter weitergibt.

(5) 1Als Hausgewerbetreibende, Heimarbeiter oder Zwischenmeister gelten auch die nach § 1 Absatz 2 Satz 1 Buchstaben a, c und d des Heimarbeitsgesetzes gleichgestellten Personen. 2Dies gilt nicht für das Recht der Arbeitsförderung.

§ 13 Reeder, Seeleute und Deutsche Seeschiffe

(1) 1Reeder sind die Eigentümer von Seeschiffen. 2Seeleute sind alle abhängig beschäftigten Besatzungsmitglieder an Bord von Seeschiffen; Kanalsteurer auf dem Nord-Ostsee-Kanal stehen den Seeleuten gleich.

(2) Als deutsche Seeschiffe gelten alle zur Seefahrt bestimmten Schiffe, die berechtigt sind, die Bundesflagge zu führen.

Dritter Titel
Arbeitsentgelt und sonstiges Einkommen

§ 14 Arbeitsentgelt

(1) 1Arbeitsentgelt sind alle laufenden oder einmaligen Einnahmen aus einer Beschäftigung, gleichgültig, ob ein Rechtsanspruch auf die Einnahmen besteht, unter welcher Bezeichnung oder in welcher Form sie geleistet werden und ob sie unmittelbar aus der Beschäftigung oder im Zusammenhang mit ihr erzielt werden. 2Arbeitsentgelt sind auch Entgeltteile, die durch Entgeltumwandlung nach § 1 Absatz 2 Nummer 3 des Betriebsrentengesetzes für betriebliche Altersversorgung in den Durchführungswegen Direktzusage oder Unterstützungskasse verwendet werden, soweit sie 4 vom Hundert der jährlichen Beitragsbemessungsgrenze der allgemeinen Rentenversicherung übersteigen.

(2) 1Ist ein Nettoarbeitsentgelt vereinbart, gelten als Arbeitsentgelt die Einnahmen des Beschäftigten einschließlich der darauf entfallenden Steuern und der seinem gesetzlichen Anteil entsprechenden Beiträge zur Sozialversicherung und zur Arbeitsförderung. 2Sind bei illegalen Beschäftigungsverhältnissen Steuern und Beiträge zur Sozialversicherung und zur Arbeitsförderung nicht gezahlt worden, gilt ein Nettoarbeitsentgelt als vereinbart.

(3) Wird ein Haushaltsscheck (§ 28a Absatz 7) verwendet, bleiben Zuwendungen unberücksichtigt, die nicht in Geld gewährt worden sind.

§ 15 Arbeitseinkommen

(1) 1Arbeitseinkommen ist der nach den allgemeinen Gewinnermittlungsvorschriften des Einkommensteuerrechts ermittelte Gewinn aus einer selbständigen Tätigkeit. 2Einkommen ist als Arbeitseinkommen zu werten, wenn es als solches nach dem Einkommensteuerrecht zu bewerten ist.

(2) Bei Landwirten, deren Gewinn aus Land- und Forstwirtschaft nach § 13a des Einkommensteuergesetzes ermittelt wird, ist als Arbeitseinkommen der sich aus § 32 Absatz 6 des Gesetzes über die Alterssicherung der Landwirte ergebende Wert anzusetzen.

§ 16 Gesamteinkommen

Gesamteinkommen ist die Summe der Einkünfte im Sinne des Einkommensteuerrechts; es umfasst insbesondere das Arbeitsentgelt und das Arbeitseinkommen.

§ 17 Verordnungsermächtigung

(1) 1Das Bundesministerium für Arbeit und Soziales wird ermächtigt, durch Rechtsverordnung mit Zustimmung des Bundesrates zur Wahrung der Belange der Sozialversicherung und der Arbeitsförderung, zur Förderung der betrieblichen Altersversorgung oder zur Vereinfachung des Beitragseinzugs zu bestimmen,

1. dass einmalige Einnahmen oder laufende Zulagen, Zuschläge, Zuschüsse oder ähnliche Einnahmen, die zusätzlich zu Löhnen oder Gehältern gewährt werden, und steuerfreie Einnahmen ganz oder teilweise nicht als Arbeitsentgelt gelten,
2. dass Beiträge an Direktversicherungen und Zuwendungen an Pensionskassen oder Pensionsfonds ganz oder teilweise nicht als Arbeitsentgelt gelten,
3. wie das Arbeitsentgelt, das Arbeitseinkommen und das Gesamteinkommen zu ermitteln und zeitlich zuzurechnen sind,

4. den Wert der Sachbezüge nach dem tatsächlichen Verkehrswert im Voraus für jedes Kalenderjahr.

2Dabei ist eine möglichst weitgehende Übereinstimmung mit den Regelungen des Steuerrechts sicherzustellen.

(2) 1Das Bundesministerium für Arbeit und Soziales bestimmt im Voraus für jedes Kalenderjahr durch Rechtsverordnung mit Zustimmung des Bundesrates die Bezugsgröße (§ 18). 2Das Bundesministerium für Arbeit und Soziales wird ermächtigt, durch Rechtsverordnung mit Zustimmung des Bundesrates auch sonstige aus der Bezugsgröße abzuleitende Beträge zu bestimmen.

§ 17a Umrechnung von ausländischem Einkommen

(1) 1Ist Einkommen zu berücksichtigen, das in fremder Währung erzielt wird, wird es in Euro nach dem Referenzkurs umgerechnet, den die Europäische Zentralbank öffentlich bekannt gibt. 2Wird für die fremde Währung von der Europäischen Zentralbank ein Referenzkurs nicht veröffentlicht, wird das Einkommen nach dem von der Deutschen Bundesbank ermittelten Mittelkurs für die Währung des betreffenden Landes umgerechnet; für Länder mit differenziertem Kurssystem ist der Kurs für den nichtkommerziellen Bereich zugrunde zu legen.

(2) 1Bei Berücksichtigung von Einkommen ist in den Fällen, in denen der Beginn der Leistung oder der neu berechneten Leistung in der Vergangenheit liegt, der Umrechnungskurs für den Kalendermonat maßgebend, in dem die Anrechnung des Einkommens beginnt. 2Bei Berücksichtigung von Einkommen ist in den Fällen, in denen der Beginn der Leistung oder der neu berechneten Leistung nicht in der Vergangenheit liegt, der Umrechnungskurs für den ersten Monat des Kalendervierteljahres maßgebend, das dem Beginn der Berücksichtigung von Einkommen vorausgeht. 3Überstaatliches Recht bleibt unberührt.

(3) 1Der angewandte Umrechnungskurs bleibt so lange maßgebend, bis

1. die Sozialleistung zu ändern ist,
2. sich das zu berücksichtigende Einkommen ändert oder
3. eine Kursveränderung von mehr als 10 vom Hundert gegenüber der letzten Umrechnung eintritt, jedoch nicht vor Ablauf von drei Kalendermonaten.

2Die Kursveränderung nach Nummer 3 sowie der neue Umrechnungskurs werden in entsprechender Anwendung von Absatz 2 ermittelt.

(4) 1Die Absätze 1 bis 3 finden entsprechende Anwendung auf

1. Unterhaltsleistungen,
2. Prämien für eine Krankenversicherung.

2Sie finden keine Anwendung bei der Ermittlung von Bemessungsgrundlagen von Sozialleistungen.

(5) Die Absätze 1 bis 4 sind auch anzuwenden, wenn der Versicherungsfall vor dem 1. Juli 1985 eingetreten ist.

§ 18 Bezugsgröße

(1) Bezugsgröße im Sinne der Vorschriften für die Sozialversicherung ist, soweit in den besonderen Vorschriften für die einzelnen Versicherungszweige nichts Abweichendes bestimmt ist, das Durchschnittsentgelt der gesetzlichen Rentenversicherung im vorvergangenen Kalenderjahr, aufgerundet auf den nächsthöheren, durch 420 teilbaren Betrag.

(2) 1Die Bezugsgröße für das Beitrittsgebiet (Bezugsgröße [Ost]) verändert sich zum 1. Januar eines jeden Kalenderjahres auf den Wert, der sich ergibt, wenn der für das vorvergangene Kalenderjahr geltende Wert der Anlage 1 zum Sechsten Buch durch den für das Kalenderjahr der Veränderung bestimmten Wert der Anlage 10 zum Sechsten Buch geteilt wird, aufgerundet auf den nächsthöheren, durch 420 teilbaren Betrag. 2Für die Zeit ab 1. Januar 2025 ist eine Bezugsgröße (Ost) nicht mehr zu bestimmen.

(3) Beitrittsgebiet ist das in Artikel 3 des Einigungsvertrages genannte Gebiet.

Vierter Titel
Einkommen beim Zusammentreffen mit Renten wegen Todes

§ 18a Art des zu berücksichtigenden Einkommens

(1) 1Bei Renten wegen Todes sind als Einkommen zu berücksichtigen

1. Erwerbseinkommen,
2. Leistungen, die erbracht werden, um Erwerbseinkommen zu ersetzen (Erwerbsersatzeinkommen),
3. Vermögenseinkommen,
4. Elterngeld und
5. Aufstockungsbeträge und Zuschläge nach § 3 Nummer 28 des Einkommensteuergesetzes.

2Nicht zu berücksichtigen sind

1. Arbeitsentgelt, das eine Pflegeperson von dem Pflegebedürftigen erhält, wenn das Entgelt das dem Umfang der Pflegetätigkeit entsprechende

Pflegegeld nach § 37 des Elften Buches nicht übersteigt,
2. Einnahmen aus Altersversorgungsverträgen, soweit sie nach § 10a oder Abschnitt XI des Einkommensteuergesetzes gefördert worden sind,
3. Renten nach § 3 Nummer 8a des Einkommensteuergesetzes und
4. Arbeitsentgelt, das ein behinderter Mensch von einem Träger einer in § 1 Satz 1 Nummer 2 des Sechsten Buches genannten Einrichtung erhält.

[3]Die Sätze 1 und 2 gelten auch für vergleichbare ausländische Einkommen.

(2) Erwerbseinkommen im Sinne des Absatzes 1 Satz 1 Nummer 1 sind Arbeitsentgelt, Arbeitseinkommen und vergleichbares Einkommen.

IV

(2a) Arbeitseinkommen im Sinne des Absatzes 2 Satz 1 ist die positive Summe der Gewinne oder Verluste aus folgenden Arbeitseinkommensarten:
1. Gewinne aus Land- und Forstwirtschaft im Sinne der §§ 13, 13a und 14 des Einkommensteuergesetzes in Verbindung mit § 15 Absatz 2,
2. Gewinne aus Gewerbebetrieb im Sinne der §§ 15, 16 und 17 des Einkommensteuergesetzes und
3. Gewinne aus selbständiger Arbeit im Sinne des § 18 des Einkommensteuergesetzes.

(3) [1]Erwerbsersatzeinkommen im Sinne des Absatzes 1 Satz 1 Nummer 2 sind
1. das Krankengeld, das Verletztengeld, das Versorgungskrankengeld, das Mutterschaftsgeld, das Übergangsgeld, das Pflegeunterstützungsgeld, das Kurzarbeitergeld, das Arbeitslosengeld, das Insolvenzgeld, das Krankentagegeld und vergleichbare Leistungen,
2. Renten der Rentenversicherung wegen Alters oder verminderter Erwerbsfähigkeit, die Erziehungsrente, die Knappschaftsausgleichsleistung, das Anpassungsgeld für entlassene Arbeitnehmer des Bergbaus, das Anpassungsgeld an Arbeitnehmerinnen und Arbeitnehmer des Braunkohlentagebaus und der Stein- und Braunkohleanlagen und Leistungen nach den §§ 27 und 28 des Sozialversicherungs-Angleichungsgesetzes Saar,
3. Altersrenten und Renten wegen Erwerbsminderung der Alterssicherung der Landwirte, die an ehemalige Landwirte oder mitarbeitende Familienangehörige gezahlt werden,
4. die Verletztenrente der Unfallversicherung, soweit sie die Beträge nach § 93 Absatz 2 Nummer 2 Buchstabe a in Verbindung mit Absatz 2a und 2b des Sechsten Buches übersteigt; eine Kürzung oder ein Wegfall der Verletztenrente wegen Anstaltspflege oder Aufnahme in ein Alters- oder Pflegeheim bleibt unberücksichtigt,
5. das Ruhegehalt und vergleichbare Bezüge aus einem öffentlich-rechtlichen Dienst- oder Amtsverhältnis oder aus einem versicherungsfreien Arbeitsverhältnis mit Anspruch auf Versorgung nach beamtenrechtlichen Vorschriften oder Grundsätzen, Altersgeld oder vergleichbare Alterssicherungsleistungen sowie vergleichbare Bezüge aus der Versorgung der Abgeordneten, Leistungen nach dem Bundesversorgungsteilungsgesetz und vergleichbare Leistungen nach entsprechenden länderrechtlichen Regelungen,
6. das Unfallruhegehalt und vergleichbare Bezüge aus einem öffentlich-rechtlichen Dienst- oder Amtsverhältnis oder aus einem versicherungsfreien Arbeitsverhältnis mit Anspruch auf Versorgung nach beamtenrechtlichen Vorschriften oder Grundsätzen sowie vergleichbare Bezüge aus der Versorgung der Abgeordneten; wird daneben kein Unfallausgleich gezahlt, gilt Nummer 4 letzter Teilsatz entsprechend,
7. Renten der öffentlich-rechtlichen Versicherungs- oder Versorgungseinrichtungen bestimmter Berufsgruppen wegen Minderung der Erwerbsfähigkeit oder Alters,
8. der Berufsschadensausgleich nach § 30 Absatz 3 bis 11 des Bundesversorgungsgesetzes und anderen Gesetzen, die die entsprechende Anwendung der Leistungsvorschriften des Bundesversorgungsgesetzes vorsehen,
9. Renten wegen Alters oder verminderter Erwerbsfähigkeit, die aus Anlass eines Arbeitsverhältnisses zugesagt worden sind sowie Leistungen aus der Versorgungsausgleichskasse,
10. Renten wegen Alters oder verminderter Erwerbsfähigkeit aus privaten Lebens- und Rentenversicherungen, allgemeinen Unfallversicherungen sowie sonstige private Versorgungsrenten.

[2]Kinderzuschuss, Kinderzulage und vergleichbare kindbezogene Leistungen bleiben außer Betracht. [3]Wird eine Kapitalleistung oder anstelle einer wiederkehrenden Leistung eine Abfindung gezahlt, ist der Betrag als Einkommen zu berücksichtigen, der bei einer Verrentung der Kapitalleistung oder als Rente ohne die Abfindung zu zahlen wäre.

(4) Vermögenseinkommen im Sinne des Absatzes 1 Satz 1 Nummer 3 ist die positive Summe der positiven oder negativen Überschüsse, Gewinne oder Verluste aus folgenden Vermögenseinkommensarten:

1. a) Einnahmen aus Kapitalvermögen im Sinne des § 20 des Einkommensteuergesetzes; Einnahmen im Sinne des § 20 Absatz 1 Nummer 6 des Einkommensteuergesetzes in der ab dem 1. Januar 2005 geltenden Fassung sind auch bei einer nur teilweisen Steuerpflicht jeweils die vollen Unterschiedsbeträge zwischen den Versicherungsleistungen einerseits und den auf sie entrichteten Beiträgen oder den Anschaffungskosten bei entgeltlichem Erwerb des Anspruchs auf die Versicherungsleistung andererseits,
   b) Einnahmen aus Versicherungen auf den Erlebens- oder Todesfall im Sinne des § 10 Absatz 1 Nummer 2 Buchstabe b Doppelbuchstabe cc und dd des Einkommensteuergesetzes in der am 1. Januar 2004 geltenden Fassung, wenn die Laufzeit dieser Versicherungen vor dem 1. Januar 2005 begonnen hat und ein Versicherungsbeitrag bis zum 31. Dezember 2004 entrichtet wurde, es sei denn, sie werden wegen Todes geleistet; zu den Einnahmen gehören außerrechnungsmäßige und rechnungsmäßige Zinsen aus den Sparanteilen, die in den Beiträgen zu diesen Versicherungen enthalten sind, im Sinne des § 20 Absatz 1 Nummer 6 des Einkommensteuergesetzes in der am 21. September 2002 geltenden Fassung.

   Bei der Ermittlung der Einnahmen ist als Werbungskostenpauschale der Sparer-Pauschbetrag abzuziehen,
2. Einnahmen aus Vermietung und Verpachtung im Sinne des § 21 des Einkommensteuergesetzes nach Abzug der Werbungskosten und
3. Gewinne aus privaten Veräußerungsgeschäften im Sinne des § 23 des Einkommensteuergesetzes, soweit sie mindestens 600 Euro im Kalenderjahr betragen.

§ 18b Höhe des zu berücksichtigenden Einkommens

(1) 1Maßgebend ist das für denselben Zeitraum erzielte monatliche Einkommen. 2Mehrere zu berücksichtigende Einkommen sind zusammenzurechnen. 3Wird die Rente nur für einen Teil des Monats gezahlt, ist das entsprechend gekürzte monatliche Einkommen maßgebend. 4Einmalig gezahltes Vermögenseinkommen gilt als für die dem Monat der Zahlung folgenden zwölf Kalendermonate als erzielt. 5Einmalig gezahltes Vermögenseinkommen ist Einkommen, das einem bestimmten Zeitraum nicht zugeordnet werden kann oder in einem Betrag für mehr als zwölf Monate gezahlt wird.

(2) 1Bei Erwerbseinkommen und Erwerbsersatzeinkommen nach § 18a Absatz 3 Satz 1 Nummer 1 gilt als monatliches Einkommen im Sinne von Absatz 1 Satz 1 das im letzten Kalenderjahr aus diesen Einkommensarten erzielte Einkommen, geteilt durch die Zahl der Kalendermonate, in denen es erzielt wurde. 2Wurde Erwerbseinkommen neben Erwerbsersatzeinkommen nach § 18a Absatz 3 Satz 1 Nummer 1 erzielt, sind diese Einkommen zusammenzurechnen; wurden diese Einkommen zeitlich aufeinander folgend erzielt, ist das Erwerbseinkommen maßgebend. 3Die für einmalig gezahltes Arbeitsentgelt in § 23a getroffene zeitliche Zuordnung gilt entsprechend. 4Für die Zeiten des Bezugs von Kurzarbeitergeld ist das dem Versicherungsträger gemeldete Arbeitsentgelt maßgebend. 5Bei Vermögenseinkommen gilt als monatliches Einkommen im Sinne von Absatz 1 Satz 1 ein Zwölftel dieses im letzten Kalenderjahr erzielten Einkommens; bei einmalig gezahltem Vermögenseinkommen gilt ein Zwölftel des gezahlten Betrages als monatliches Einkommen nach Absatz 1 Satz 1. 6Steht das zu berücksichtigende Einkommen des vorigen Kalenderjahres noch nicht fest, so wird das voraussichtlich erzielte Einkommen zugrunde gelegt.

(3) 1Ist im letzten Kalenderjahr Einkommen nach Absatz 2 nicht oder nur Erwerbsersatzeinkommen nach § 18a Absatz 3 Satz 1 Nummer 1 erzielt worden, gilt als monatliches Einkommen im Sinne von Absatz 1 Satz 1 das laufende Einkommen. 2Satz 1 gilt auch bei der erstmaligen Feststellung der Rente, wenn das laufende Einkommen um wenigstens zehn vom Hundert geringer ist als das nach Absatz 2 maßgebende Einkommen; bei Arbeits- und Vermögenseinkommen gilt das im Durchschnitt voraussichtliche Einkommen. 3Einmalig gezahltes Arbeitsentgelt des Vorjahres ist beim laufenden Arbeitsentgelt mit einem Zwölftel zu berücksichtigen. 4Umfasst das laufende Einkommen Erwerbsersatzeinkommen im Sinne von § 18a Absatz 3 Satz 1 Nummer 1, ist dieses nur zu berücksichtigen, solange diese Leistung gezahlt wird.

(4) Bei Erwerbsersatzeinkommen nach § 18a Absatz 3 Satz 1 Nummer 2 bis 10 gilt als monatliches Einkommen im Sinne von Absatz 1 Satz 1 das laufende Einkommen; jährliche Sonderzuwendungen sind beim laufenden Einkommen mit einem Zwölftel zu berücksichtigen.

(5) 1Das monatliche Einkommen ist zu kürzen

1. bei Arbeitsentgelt um 40 vom Hundert, jedoch bei
   a) Bezügen aus einem öffentlich-rechtlichen Dienst- oder Amtsverhältnis oder aus einem versicherungsfreien Arbeitsverhältnis mit An-

wartschaft auf Versorgung nach beamtenrechtlichen Vorschriften oder Grundsätzen und bei Einkommen, das solchen Bezügen vergleichbar ist, um 27,5 vom Hundert,

b) Beschäftigten, die die Voraussetzungen des § 172 Absatz 1 des Sechsten Buches erfüllen, um 30,5 vom Hundert;

das Arbeitsentgelt von Beschäftigten, die die Voraussetzungen des § 172 Absatz 3 oder § 276a des Sechsten Buches erfüllen, und Aufstockungsbeträge nach § 3 Absatz 1 Satz 1 Nummer 1 Buchstabe a des Altersteilzeitgesetzes werden nicht gekürzt, Zuschläge nach § 6 Absatz 2 des Bundesbesoldungsgesetzes werden um 7,65 vom Hundert gekürzt,

2. bei Arbeitseinkommen um 39,8 vom Hundert, bei steuerfreien Einnahmen im Rahmen des Halbeinkünfteverfahrens oder des Teileinkünfteverfahrens um 24,8 vom Hundert,
3. bei Leistungen nach § 18a Absatz 3 Satz 1 Nummer 7 um 27,5 vom Hundert bei Leistungsbeginn vor dem Jahre 2011 und um 29,6 vom Hundert bei Leistungsbeginn nach dem Jahre 2010,
4. bei Leistungen nach § 18a Absatz 3 Satz 1 Nummer 5 und 6 um 23,7 vom Hundert, bei Leistungsbeginn vor dem Jahre 2011 und um 25 vom Hundert bei Leistungsbeginn nach dem Jahre 2010,
5. bei Leistungen nach § 18a Absatz 3 Satz 1 Nummer 9 um 17,5 vom Hundert; sofern es sich dabei um Leistungen handelt, die der nachgelagerten Besteuerung unterliegen, ist das monatliche Einkommen um 21,2 vom Hundert bei Leistungsbeginn vor dem Jahre 2011 und um 23 vom Hundert bei Leistungsbeginn nach dem Jahre 2010 zu kürzen,
6. bei Leistungen nach § 18a Absatz 3 Satz 1 Nummer 10 um 12,7 vom Hundert,
7. bei Vermögenseinkommen um 25 vom Hundert; bei steuerfreien Einnahmen nach dem Halbeinkünfteverfahren um 5 vom Hundert; bei Besteuerung nach dem gesonderten Steuertarif für Einkünfte aus Kapitalvermögen um 30 vom Hundert; Einnahmen aus Versicherungen nach § 18a Absatz 4 Nummer 1 werden nur gekürzt, soweit es sich um steuerpflichtige Kapitalerträge handelt,
8. bei Leistungen nach § 18a Absatz 3 Satz 1 Nummer 2 und 3 um 13 vom Hundert bei Leistungsbeginn vor dem Jahre 2011 und um 14 vom Hundert bei Leistungsbeginn nach dem Jahre 2010.

2Die Leistungen nach § 18a Absatz 3 Satz 1 Nummer 1 und 4 sind um den Anteil der vom Berechtigten zu tragenden Beiträge zur Bundesagentur für Arbeit und, soweit Beiträge zur sonstigen Sozialversicherung oder zu einem Krankenversicherungsunternehmen gezahlt werden, zusätzlich um 10 vom Hundert zu kürzen.

(5a) Elterngeld wird um den anrechnungsfreien Betrag nach § 10 des Bundeselterngeld- und Elternzeitgesetzes gekürzt.

(6) Soweit ein Versicherungsträger über die Höhe des zu berücksichtigenden Einkommens entschieden hat, ist diese Entscheidung auch für einen anderen Versicherungsträger bindend.

§ 18c Erstmalige Ermittlung des Einkommens

(1) Der Berechtigte hat das zu berücksichtigende Einkommen nachzuweisen.

(2) 1Bezieher von Arbeitsentgelt und diesem vergleichbaren Einkommen können verlangen, dass ihnen der Arbeitgeber eine Bescheinigung über das von ihnen für das letzte Kalenderjahr erzielte Arbeitsentgelt oder vergleichbare Einkommen und den Zeitraum, für den es gezahlt wurde, ausstellt. 2Der Arbeitgeber ist zur Ausstellung der Bescheinigung nicht verpflichtet, wenn er der Sozialversicherung das Arbeitsentgelt gemäß den Vorschriften über die Erfassung von Daten und Datenübermittlung bereits gemeldet hat. 3Satz 2 gilt nicht, wenn das tatsächliche Entgelt die Beitragsbemessungsgrenze übersteigt oder die abgegebene Meldung nicht für die Rentenversicherung bestimmt war.

(3) Bezieher von Erwerbsersatzeinkommen können verlangen, dass ihnen die Zahlstelle eine Bescheinigung über das von ihr im maßgebenden Zeitraum gezahlte Erwerbsersatzeinkommen und den Zeitraum, für den es gezahlt wurde, ausstellt.

(4) Bezieher von Vermögenseinkommen können verlangen, dass ihnen die Kapitalerträge nach § 20 des Einkommensteuergesetzes auszahlende Stelle eine Bescheinigung über die von ihr im letzten Kalenderjahr gezahlten Erträge ausstellt.

§ 18d Einkommensänderungen

(1) 1Einkommensänderungen sind erst vom nächstfolgenden 1. Juli an zu berücksichtigen; einmalig gezahltes Vermögenseinkommen ist vom Beginn des Kalendermonats an zu berücksichtigen, für den es als erzielt gilt. 2Eine Änderung des Einkommens ist auch die Änderung des zu berücksichtigenden voraussichtlichen Einkommens oder die Feststellung des tatsächlichen Einkommens nach der Berücksichtigung voraussichtlichen Einkommens.

(2) $_1$Minderungen des berücksichtigten Einkommens können vom Zeitpunkt ihres Eintritts an berücksichtigt werden, wenn das laufende Einkommen um wenigstens zehn vom Hundert geringer ist als das berücksichtigte Einkommen; bei Arbeits- und Vermögenseinkommen gilt das im Durchschnitt voraussichtliche Einkommen. $_2$Erwerbsersatzeinkommen im Sinne von § 18a Absatz 3 Satz 1 Nummer 1 ist zu berücksichtigen, solange das Erwerbsersatzeinkommen gezahlt wird. $_3$Einmalig gezahltes Arbeitsentgelt des Vorjahres ist beim laufenden Arbeitsentgelt mit einem Zwölftel zu berücksichtigen; § 18b Absatz 4 zweiter Halbsatz bleibt unberührt.

§ 18e Ermittlung von Einkommensänderungen

(1) $_1$Für Bezieher von Arbeitsentgelt und diesem vergleichbaren Einkommen hat der Arbeitgeber auf Verlangen des Versicherungsträgers das von ihnen für das letzte Kalenderjahr erzielte Arbeitsentgelt und vergleichbare Einkommen und den Zeitraum, für den es gezahlt wurde, mitzuteilen. $_2$Der Arbeitgeber ist zur Mitteilung nicht verpflichtet, wenn er der Sozialversicherung das Arbeitsentgelt gemäß den Vorschriften über die Erfassung von Daten und Datenübermittlung bereits gemeldet hat. $_3$Satz 2 gilt nicht, wenn das tatsächliche Entgelt die Beitragsbemessungsgrenze übersteigt.

(2) Bezieher von Arbeitseinkommen haben auf Verlangen des Versicherungsträgers ihr im letzten Kalenderjahr erzieltes Arbeitseinkommen und den Zeitraum, in dem es erzielt wurde, bis zum 31. März des Folgejahres mitzuteilen.

(3) Für Bezieher von Erwerbsersatzeinkommen haben die Zahlstellen auf Verlangen des Versicherungsträgers das von ihnen im maßgebenden Zeitraum gezahlte Erwerbsersatzeinkommen und den Zeitraum, für den es gezahlt wurde, mitzuteilen.

(3a) $_1$Bezieher von Vermögenseinkommen haben auf Verlangen des Versicherungsträgers ihr im letzten Kalenderjahr erzieltes Einkommen mitzuteilen. $_2$Für Bezieher von Kapitalerträgen nach § 20 des Einkommensteuergesetzes haben die auszahlenden Stellen eine Bescheinigung über die von ihr gezahlten Erträge auszustellen.

(4) (weggefallen)

(5) Im Fall des § 18d Absatz 2 findet § 18c für den erforderlichen Nachweis der Einkommensminderung entsprechende Anwendung.

(6) Bei der Berücksichtigung von Einkommensänderungen bedarf es nicht der vorherigen Anhörung des Berechtigten.

(7) Wird eine Rente wegen Todes wegen der Höhe des zu berücksichtigenden Einkommens nach dem 1. Juli eines jeden Jahres weiterhin in vollem Umfang nicht gezahlt, ist der Erlass eines erneuten Verwaltungsaktes nicht erforderlich.

Fünfter Titel
Verarbeitung der Versicherungsnummer

§ 18f Zulässigkeit der Verarbeitung

(1) $_1$Die Sozialversicherungsträger, ihre Verbände, ihre Arbeitsgemeinschaften, die Bundesagentur für Arbeit, die Deutsche Post AG, soweit sie mit der Berechnung oder Auszahlung von Sozialleistungen betraut ist, die Versorgungsträger nach § 8 Absatz 4 des Gesetzes zur Überführung der Ansprüche und Anwartschaften aus Zusatz- und Sonderversorgungssystemen des Beitrittsgebiets und die Künstlersozialkasse dürfen die Versicherungsnummer nur verarbeiten, soweit dies zur personenbezogenen Zuordnung der Daten für die Erfüllung einer gesetzlichen Aufgabe nach diesem Gesetzbuch erforderlich ist; die Deutsche Rentenversicherung Bund darf die Versicherungsnummer auch zur Erfüllung ihrer Aufgaben im Rahmen der Förderung der zusätzlichen kapitalgedeckten Altersvorsorge nach § 91 des Einkommensteuergesetzes verarbeiten. $_2$Aufgaben nach diesem Gesetzbuch sind auch diejenigen auf Grund von über- und zwischenstaatlichem Recht im Bereich der sozialen Sicherheit. $_3$Bei Untersuchungen für Zwecke der Prävention, der Rehabilitation und der Forschung, die dem Ziel dienen, gesundheitlichen Schäden bei Versicherten vorzubeugen oder diese zu beheben, und für entsprechende Dateisysteme darf die Versicherungsnummer nur verarbeitet werden, soweit ein einheitliches Ordnungsmerkmal zur personenbezogenen Zuordnung der Daten bei langfristigen Beobachtungen erforderlich ist und der Aufbau eines besonderen Ordnungsmerkmals mit erheblichem organisatorischem Aufwand verbunden wäre oder mehrere der in Satz 1 genannten Stellen beteiligt sind, die nicht über ein einheitliches Ordnungsmerkmal verfügen. $_4$Die Versicherungsnummer darf nach Maßgabe von Satz 3 von überbetrieblichen arbeitsmedizinischen Diensten nach § 24 des Siebten Buches, auch soweit sie das Arbeitssicherheitsgesetz anwenden, verarbeitet werden.

(2) $_1$Die anderen in § 35 des Ersten Buches genannten Stellen dürfen die Versicherungsnummer nur verarbeiten, soweit im Einzelfall oder in festgelegten Verfahren eine Übermittlung von Daten gegenüber den in Absatz 1 genannten Stellen oder ihren Aufsichtsbehörden, auch unter Einschaltung von Vermittlungs-

stellen, für die Erfüllung einer gesetzlichen Aufgabe nach diesem Gesetzbuch erforderlich ist. $_{2}$Satz 1 gilt für die in § 69 Absatz 2 des Zehnten Buches genannten Stellen für die Erfüllung ihrer dort genannten Aufgaben entsprechend.

(2a) Die Statistischen Ämter des Bundes und der Länder dürfen die Versicherungsnummer nur verarbeiten, soweit dies im Einzelfall für die Erfüllung einer gesetzlichen Aufgabe zur Erhebung statistischer Daten erforderlich ist.

(2b) Das Bundesamt für Strahlenschutz darf die Versicherungsnummer verarbeiten, soweit dies erforderlich ist, um für Zwecke des Strahlenschutzregisters eine persönliche Kennnummer zu erzeugen, die es ermöglicht, Daten zur Exposition durch ionisierende Strahlung dauerhaft und eindeutig Personen zuzuordnen.

(2c) Die Landwirtschaftliche Alterskasse, die Deutsche Rentenversicherung Knappschaft-Bahn-See und die Deutsche Post AG dürfen die Versicherungsnummer verarbeiten, soweit dies zur Erfüllung ihrer Aufgaben nach den §§ 3 und 5 des Rentenbeziehende-Energiepreispauschalengesetzes erforderlich ist.

(3) $_{1}$Andere Behörden, Gerichte, Arbeitgeber oder Dritte dürfen die Versicherungsnummer nur verarbeiten, soweit dies für die Erfüllung einer gesetzlichen Aufgabe der in Absatz 1 genannten Stellen erforderlich ist

1. bei Mitteilungen, für die die Verarbeitung von Versicherungsnummern in Rechtsvorschriften vorgeschrieben ist,
2. im Rahmen der Beitragszahlung oder
3. bei der Leistungserbringung einschließlich Abrechnung und Erstattung.

$_{2}$Ist anderen Behörden, Gerichten, Arbeitgebern oder Dritten die Versicherungsnummer vom Versicherten oder seinen Hinterbliebenen oder nach dem Zweiten Kapitel des Zehnten Buches befugt übermittelt worden, darf die Versicherungsnummer, soweit die Übermittlung von Daten gegenüber den in Absatz 1 und den in § 69 Absatz 2 des Zehnten Buches genannten Stellen erforderlich ist, gespeichert, verändert, genutzt, übermittelt oder in der Verarbeitung eingeschränkt werden.

(4) Die Versicherungsnummer darf auch bei der Verarbeitung von Sozialdaten im Auftrag gemäß § 80 des Zehnten Buches genutzt werden.

(5) Die in Absatz 2 bis 3 genannten Stellen dürfen die Versicherungsnummer nicht verarbeiten, um ihre Dateisysteme danach zu ordnen oder für den Zugriff zu erschließen.

§ 18g Angabe der Versicherungsnummer

$_{1}$Vertragsbestimmungen, durch die der einzelne zur Angabe der Versicherungsnummer für eine nicht nach § 18f zugelassene Verarbeitung verpflichtet werden soll, sind unwirksam. $_{2}$Eine befugte Übermittlung der Versicherungsnummer begründet kein Recht, die Versicherungsnummer in anderen als den in § 18f genannten Fällen zu speichern.

Sechster Titel
(weggefallen)

§ 18h (weggefallen)

Siebter Titel
Betriebsnummer

§ 18i Betriebsnummer für Beschäftigungsbetriebe der Arbeitgeber

(1) Der Arbeitgeber hat zur Teilnahme an den Meldeverfahren zur Sozialversicherung bei der Bundesagentur für Arbeit eine Betriebsnummer für jeden seiner Beschäftigungsbetriebe elektronisch zu beantragen.

(2) Der Arbeitgeber hat zur Vergabe der Betriebsnummer der Bundesagentur für Arbeit die dazu notwendigen Angaben, insbesondere den Namen und die Anschrift des Beschäftigungsbetriebes, den Beschäftigungsort, die wirtschaftliche Tätigkeit des Beschäftigungsbetriebes und die Rechtsform des Betriebes elektronisch zu übermitteln.

(3) $_{1}$Der Beschäftigungsbetrieb ist eine nach der Gemeindegrenze und der wirtschaftlichen Betätigung abgegrenzte Einheit, in der Beschäftigte für einen Arbeitgeber tätig sind. $_{2}$Für einen Arbeitgeber kann es mehrere Beschäftigungsbetriebe in einer Gemeinde geben, sofern diese Beschäftigungsbetriebe eine jeweils eigene, wirtschaftliche Einheit bilden. $_{3}$Für Beschäftigungsbetriebe desselben Arbeitgebers mit unterschiedlicher wirtschaftlicher Betätigung oder in verschiedenen Gemeinden sind jeweils eigene Betriebsnummern zu vergeben.

(4) Änderungen zu den Angaben nach Absatz 2 sowie eine Meldung im Fall der vollständigen Beendigung der Betriebstätigkeit sind vom Arbeitgeber, nach Eröffnung des Insolvenzverfahrens vom Insolvenzverwalter, unverzüglich der Bundesagentur für Arbeit durch gesicherte und verschlüsselte Datenübertra-

gung aus systemgeprüften Programmen oder mittels maschinell erstellter Ausfüllhilfen zu übermitteln.

(5) Das Nähere zum Verfahren und zum Inhalt der zu übermittelnden Angaben, insbesondere der Datensätze, regeln die Gemeinsamen Grundsätze nach § 28b Absatz 1 Satz 1 Nummer 1 bis 3.

(6) Die Betriebsnummern und alle Angaben nach den Absätzen 2 und 4 werden bei der Bundesagentur für Arbeit in einem elektronischen Dateisystem der Beschäftigungsbetriebe gespeichert.

§ 18k Betriebsnummer für Beschäftigungsbetriebe weiterer Meldepflichtiger

(1) 1Arbeitgeber haben für knappschaftliche Beschäftigungsbetriebe und für Beschäftigungsbetriebe der Seefahrt abweichend von § 18i Absatz 1 die Betriebsnummer bei der Deutschen Rentenversicherung Knappschaft-Bahn-See zu beantragen. 2Die Deutsche Rentenversicherung Knappschaft-Bahn-See vergibt die Betriebsnummer im Auftrag der Bundesagentur für Arbeit. 3Die für die Seefahrt zuständige Berufsgenossenschaft und die Deutsche Rentenversicherung Knappschaft-Bahn-See haben zu diesem Zweck die zur Erfüllung ihrer Aufgaben erforderlichen Daten über die Beschäftigungsbetriebe der Seefahrt zu übermitteln. 4Näheres hierzu regelt eine Verwaltungsvereinbarung.

(2) Für Arbeitgeber von Beschäftigten in privaten Haushalten, die eine Meldung nach § 28a Absatz 7 abzugeben haben, vergibt die Deutsche Rentenversicherung Knappschaft-Bahn-See im Auftrag der Bundesagentur für Arbeit eine Betriebsnummer bei Eingang der ersten Meldung.

(3) Die Deutsche Rentenversicherung Knappschaft-Bahn-See übermittelt die vergebenen Betriebsnummern mit den nach § 18i Absatz 2 erforderlichen Angaben unverzüglich nach Vergabe oder Änderung an die Bundesagentur für Arbeit, die diese im Dateisystem der Beschäftigungsbetriebe speichert; § 18i Absatz 6 gilt entsprechend.

§ 18l Identifikation weiterer Verfahrensbeteiligter in elektronischen Meldeverfahren

(1) 1Beauftragt der Arbeitgeber einen Dritten mit der Durchführung der Meldeverfahren nach diesem Gesetzbuch, hat diese Stelle unverzüglich eine Betriebsnummer nach § 18i Absatz 1 zu beantragen, soweit sie nicht schon über eine eigene Betriebsnummer verfügt. 2§ 18i Absatz 2 bis 6 gilt entsprechend.

(2) 1Sonstige Verfahrensbeteiligte haben vor Teilnahme an den Meldeverfahren nach diesem Gesetzbuch eine Betriebsnummer nach § 18i Absatz 1 zu beantragen, soweit sie nicht schon über eine eigene Betriebsnummer verfügen. 2Diese Betriebsnummer gilt in den elektronischen Übertragungsverfahren als Kennzeichnung des Verfahrensbeteiligten. 3§ 18i Absatz 2 bis 6 gilt entsprechend.

§ 18m Verarbeitung der Betriebsnummer

(1) Die Bundesagentur für Arbeit übermittelt die Betriebsnummern und die Angaben nach § 18i Absatz 2 und 4 aus dem Dateisystem der Beschäftigungsbetriebe den Leistungsträgern nach den §§ 12 und 18 bis 29 des Ersten Buches, der Künstlersozialkasse, der Datenstelle der Rentenversicherung, den berufsständischen Versorgungseinrichtungen und deren Datenannahmestelle und der Deutschen Gesetzlichen Unfallversicherung e. V. zur weiteren Verarbeitung, soweit dies für die Erfüllung ihrer Aufgaben nach diesem Gesetzbuch erforderlich ist.

(2) 1Die Sozialversicherungsträger, ihre Verbände und ihre Arbeitsgemeinschaften, die Künstlersozialkasse, die Behörden der Zollverwaltung, soweit sie Aufgaben nach § 2 des Schwarzarbeitsbekämpfungsgesetzes oder nach § 66 des Zehnten Buches wahrnehmen, sowie die zuständigen Aufsichtsbehörden und die Arbeitgeber dürfen die Betriebsnummern speichern, verändern, nutzen, übermitteln und in der Verarbeitung einschränken, soweit dies für die Erfüllung einer Aufgabe nach diesem Gesetzbuch oder dem Künstlersozialversicherungsgesetz erforderlich ist. 2Andere Behörden, Gerichte oder Dritte dürfen die Betriebsnummern speichern, verändern, nutzen, übermitteln oder in der Verarbeitung einschränken, soweit dies für die Erfüllung einer gesetzlichen Aufgabe einer der in Satz 1 genannten Stellen erforderlich ist.

§ 18n Absendernummer

(1) Eine meldende Stelle erhält auf elektronischen Antrag bei der Vergabe eines Zertifikates zur Sicherung der Datenübertragung von der das Zertifikat ausstellenden Stelle eine Absendernummer, die der Betriebsnummer der meldenden Stelle entspricht.

(2) 1In den Fällen, in denen eine meldende Stelle für einen Beschäftigungsbetrieb für mehr als einen Abrechnungskreis Meldungen erstatten will, erhält sie auf elektronischen Antrag bei der Vergabe eines weiteren Zertifikates zur Sicherung der Datenübertragung von der das Zertifikat ausstellenden Stelle eine gesonderte Absendernummer. 2Für diese gesonderte achtstellige Absendernummer ist ein festgelegter alphanumerischer Nummernkreis zu nutzen. 3Das Nähere zum Aufbau der Nummer, zu den übermittelnden

IV

Angaben und zum Verfahren regeln die Gemeinsamen Grundsätze nach § 28b Absatz 1 Satz 1 Nummer 4.

§ 18o Verarbeitung der Unternehmernummer

Die Sozialversicherungsträger, ihre Verbände, ihre Arbeitsgemeinschaften, die Bundesagentur für Arbeit, die Künstlersozialkasse, die berufsständischen Versorgungseinrichtungen und deren Datenannahmestellen dürfen die Unternehmernummer nach § 136a Absatz 1 und 2 sowie die Angaben nach Absatz 3 des Siebten Buches verarbeiten, soweit dies für die Erfüllung einer Aufgabe nach diesem Gesetzbuch und dem Künstlersozialversicherungsgesetz erforderlich ist.

Zweiter Abschnitt
Leistungen und Beiträge

Erster Titel
Leistungen

§ 19 Leistungen auf Antrag oder von Amts wegen

1Leistungen in der gesetzlichen Kranken- und Rentenversicherung, nach dem Recht der Arbeitsförderung sowie in der sozialen Pflegeversicherung werden auf Antrag erbracht, soweit sich aus den Vorschriften für die einzelnen Versicherungszweige nichts Abweichendes ergibt. 2Leistungen in der gesetzlichen Unfallversicherung werden von Amts wegen erbracht, soweit sich aus den Vorschriften für die gesetzliche Unfallversicherung nichts Abweichendes ergibt.

§ 19a Benachteiligungsverbot

1Bei der Inanspruchnahme von Leistungen, die den Zugang zu allen Formen und allen Ebenen der Berufsberatung, der Berufsbildung, der beruflichen Weiterbildung, der Umschulung einschließlich der praktischen Berufserfahrung betreffen, darf niemand aus Gründen der Rasse oder wegen der ethnischen Herkunft, des Geschlechts, der Religion oder Weltanschauung, einer Behinderung, des Alters oder der sexuellen Identität benachteiligt werden. 2Ansprüche können nur insoweit geltend gemacht werden oder hergeleitet werden, als deren Voraussetzungen und Inhalt durch die Vorschriften der besonderen Teile dieses Gesetzbuchs im Einzelnen bestimmt sind.

Zweiter Titel
Beiträge

§ 20 Aufbringung der Mittel, Übergangsbereich

(1) Die Mittel der Sozialversicherung einschließlich der Arbeitsförderung werden nach Maßgabe der besonderen Vorschriften für die einzelnen Versicherungszweige durch Beiträge der Versicherten, der Arbeitgeber und Dritter, durch staatliche Zuschüsse und durch sonstige Einnahmen aufgebracht.

(2) Der Übergangsbereich im Sinne dieses Gesetzbuches umfasst Arbeitsentgelte aus mehr als geringfügigen Beschäftigungen nach § 8 Absatz 1 Nummer 1, die regelmäßig 2000 Euro im Monat nicht übersteigen; bei mehreren Beschäftigungsverhältnissen ist das insgesamt erzielte Arbeitsentgelt maßgebend.

(2a) 1Bei Beschäftigten, deren monatliches Arbeitsentgelt aus einer mehr als geringfügigen Beschäftigung den oberen Grenzbetrag des Übergangsbereichs nach Absatz 2 nicht übersteigt, ist die beitragspflichtige Einnahme BE der Betrag in Euro, der sich nach folgender Formel berechnet:

$$BE = F \times G + \left(\frac{2\,000}{2\,000 - G} - \frac{G}{2\,000 - G} \times F\right) \times (AE - G).$$

2Dabei ist AE das Arbeitsentgelt in Euro, G die Geringfügigkeitsgrenze und F der Faktor, der sich berechnet, indem der Wert 28 Prozent geteilt wird durch den Gesamtsozialversicherungsbeitragssatz des Kalenderjahres, in dem der Anspruch auf das Arbeitsentgelt entstanden ist. 3Der Gesamtsozialversicherungsbeitragssatz eines Kalenderjahres ist die Summe der zum 1. Januar desselben Kalenderjahres geltenden Beitragssätze in der allgemeinen Rentenversicherung, in der sozialen Pflegeversicherung sowie zur Arbeitsförderung und des um den durchschnittlichen Zusatzbeitragssatz erhöhten allgemeinen Beitragssatzes in der gesetzlichen Krankenversicherung. 4Für die Zeit vom 1. Oktober 2022 bis zum 31. Dezember 2022 beträgt der Faktor F 0,7009. 5Der Gesamtsozialversicherungsbeitragssatz und der Faktor F sind vom Bundesministerium für Arbeit und Soziales bis zum 31. Dezember eines Jahres für das folgende Kalenderjahr im Bundesanzeiger bekannt zu geben. 6Zur Bestimmung des vom Arbeitnehmer zu tragenden Anteils am Sozialversicherungsbeitrag wird als beitragspflichtige Einnahme der Betrag zu Grunde gelegt, der sich nach folgender Formel berechnet:

$$BE = \left(\frac{2\,000}{2\,000 - G}\right) \times (AE - G).$$

(3) 1Der Arbeitgeber trägt abweichend von den besonderen Vorschriften für Beschäftigte für die einzelnen Versicherungszweige den Gesamtsozialversicherungsbeitrag allein, wenn

1. Versicherte, die zu ihrer Berufsausbildung beschäftigt sind, ein Arbeitsentgelt erzielen, das auf den Monat bezogen 325 Euro nicht übersteigt, oder
2. Versicherte ein freiwilliges soziales Jahr oder ein freiwilliges ökologisches Jahr im Sinne des Jugendfreiwilligendienstegesetzes oder einen Bundesfreiwilligendienst nach dem Bundesfreiwilligendienstgesetz leisten.

2Wird infolge einmalig gezahlten Arbeitsentgelts die in Satz 1 genannte Grenze überschritten, tragen die Versicherten und die Arbeitgeber den Gesamtsozialversicherungsbeitrag von dem diese Grenze übersteigenden Teil des Arbeitsentgelts jeweils zur Hälfte; in der gesetzlichen Krankenversicherung gilt dies nur für den um den Beitragsanteil, der allein vom Arbeitnehmer zu tragen ist, reduzierten Beitrag.

§ 21 Bemessung der Beiträge

Die Versicherungsträger haben die Beiträge, soweit diese von ihnen festzusetzen sind, so zu bemessen, dass die Beiträge zusammen mit den anderen Einnahmen

1. die gesetzlich vorgeschriebenen und zugelassenen Ausgaben des Versicherungsträgers decken und
2. sicherstellen, dass die gesetzlich vorgeschriebenen oder zugelassenen Betriebsmittel und Rücklagen bereitgehalten werden können.

§ 22 Entstehen der Beitragsansprüche, Zusammentreffen mehrerer Versicherungsverhältnisse

(1) 1Die Beitragsansprüche der Versicherungsträger entstehen, sobald ihre im Gesetz oder auf Grund eines Gesetzes bestimmten Voraussetzungen vorliegen. 2Bei einmalig gezahltem Arbeitsentgelt sowie bei Arbeitsentgelt, das aus dem aus Arbeitszeitguthaben abgeleiteten Entgeltguthaben errechnet wird, entstehen die Beitragsansprüche, sobald dieses ausgezahlt worden ist. 3Satz 2 gilt nicht, soweit das einmalig gezahlte Arbeitsentgelt nur wegen eines Insolvenzereignisses im Sinne des § 165 Absatz 1 des Dritten Buches vom Arbeitgeber nicht ausgezahlt worden ist oder die Beiträge für aus Arbeitszeitguthaben abgeleiteten Entgeltguthaben schon aus laufendem Arbeitsentgelt gezahlt wurden.

(2) 1Treffen beitragspflichtige Einnahmen aus mehreren Versicherungsverhältnissen zusammen und übersteigen sie die für das jeweilige Versicherungsverhältnis maßgebliche Beitragsbemessungsgrenze, so vermindern sie sich zum Zwecke der Beitragsberechnung nach dem Verhältnis ihrer Höhe so zueinander, dass sie zusammen höchstens die Beitragsbemessungsgrenze erreichen. 2Die beitragspflichtigen Einnahmen aus dem jeweiligen Versicherungsverhältnis sind vor der Verhältnisrechnung nach Satz 1 auf die maßgebliche Beitragsbemessungsgrenze zu reduzieren. 3Für die knappschaftliche Rentenversicherung und die allgemeine Rentenversicherung sind die Berechnungen nach Satz 1 getrennt durchzuführen. 4Die Sätze 1 bis 3 gelten nicht für Personen, die als ehemalige Soldaten auf Zeit Übergangsgebührnisse beziehen (§ 166 Absatz 1 Nummer 1c des Sechsten Buches).

§ 23 Fälligkeit

(1) 1Laufende Beiträge, die geschuldet werden, werden entsprechend den Regelungen der Satzung der Krankenkasse und den Entscheidungen des Spitzenverbandes Bund der Krankenkassen fällig. 2Beiträge, die nach dem Arbeitsentgelt oder dem Arbeitseinkommen zu bemessen sind, sind in voraussichtlicher Höhe der Beitragsschuld spätestens am drittletzten Bankarbeitstag des Monats fällig, in dem die Beschäftigung oder Tätigkeit, mit der das Arbeitsentgelt oder Arbeitseinkommen erzielt wird, ausgeübt worden ist oder als ausgeübt gilt; ein verbleibender Restbeitrag wird zum drittletzten Bankarbeitstag des Folgemonats fällig. 3Der Arbeitgeber kann abweichend von Satz 2 den Betrag in Höhe der Beiträge des Vormonats zahlen; für einen verbleibenden Restbetrag bleibt es bei der Fälligkeit zum drittletzten Bankarbeitstag des Folgemonats. 4In den Fällen des Satzes 3 sind Beiträge, die auf eine Einmalzahlung im Vormonat entfallen, nicht zu berücksichtigen. 5Sonstige Beiträge werden spätestens am Fünfzehnten des Monats fällig, der auf den Monat folgt, für den sie zu entrichten sind. 6Die erstmalige Fälligkeit der Beiträge für die nach § 3 Satz 1 Nummer 1a des Sechsten Buches versicherten Pflegepersonen ist abhängig von dem Zeitpunkt, zu dem die Pflegekasse, das private Versicherungsunternehmen, die Festsetzungsstelle für die Beihilfe oder der Dienstherr bei Heilfürsorgeberechtigten die Versicherungspflicht der Pflegeperson festgestellt hat oder ohne Verschulden hätte feststellen können. 7Wird die Feststellung in der Zeit vom Ersten bis zum Fünfzehnten eines Monats getroffen, werden die Beiträge erstmals spätestens am Fünfzehnten des folgenden Monats fällig; wird die Feststellung in der Zeit vom Sechzehnten bis zum Ende eines Monats getroffen, werden die Beiträge erstmals am Fünfzehnten des zweiten darauffolgenden Monats fällig;

IV

das Nähere vereinbaren die Spitzenverbände der beteiligten Träger der Sozialversicherung, der Verband der privaten Krankenversicherung e. V. und die Festsetzungsstellen für die Beihilfe.

(2) 1Die Beiträge für eine Sozialleistung im Sinne des § 3 Satz 1 Nummer 3 des Sechsten Buches einschließlich Sozialleistungen, auf die die Vorschriften des Fünften und des Sechsten Buches über die Kranken- und Rentenversicherung der Bezieher von Arbeitslosengeld oder die Krankenversicherung der Bezieher von Bürgergeld nach § 19 Absatz 1 Satz 1 des Zweiten Buches entsprechend anzuwenden sind, werden am Achten des auf die Zahlung der Sozialleistung folgenden Monats fällig. 2Die Träger der Rentenversicherung und die Bundesagentur für Arbeit können unbeschadet des Satzes 1 vereinbaren, dass die Beiträge zur Rentenversicherung aus Sozialleistungen der Bundesagentur für Arbeit zu den vom Bundesamt für Soziale Sicherung festgelegten Fälligkeitsterminen für die Rentenzahlungen im Inland gezahlt werden. 3Die Träger der Rentenversicherung mit Ausnahme der Deutschen Rentenversicherung Knappschaft-Bahn-See als Träger der knappschaftlichen Rentenversicherung, die Bundesagentur für Arbeit und die Behörden des sozialen Entschädigungsrechts können unbeschadet des Satzes 1 vereinbaren, dass die Beiträge zur Rentenversicherung und nach dem Recht der Arbeitsförderung aus Sozialleistungen nach dem sozialen Entschädigungsrecht in voraussichtlicher Höhe der Beitragsschuld spätestens zum 30. Juni des laufenden Jahres und ein verbleibender Restbetrag zum nächsten Fälligkeitstermin gezahlt werden.

(2a) Bei Verwendung eines Haushaltsschecks (§ 28a Absatz 7) sind die Beiträge für das in den Monaten Januar bis Juni erzielte Arbeitsentgelt am 31. Juli des laufenden Jahres und für das in den Monaten Juli bis Dezember erzielte Arbeitsentgelt am 31. Januar des folgenden Jahres fällig.

(3) 1Geschuldete Beiträge der Unfallversicherung werden am Fünfzehnten des Monats fällig, der dem Monat folgt, in dem der Beitragsbescheid dem Zahlungspflichtigen bekannt gegeben worden ist; Entsprechendes gilt für Beitragsvorschüsse, wenn der Bescheid hierüber keinen anderen Fälligkeitstermin bestimmt. 2Die landwirtschaftliche Berufsgenossenschaft kann in ihrer Satzung von Satz 1 abweichende Fälligkeitstermine bestimmen. 3Für den Tag der Zahlung und die zulässigen Zahlungsmittel gelten die für den Gesamtsozialversicherungsbeitrag geltenden Bestimmungen entsprechend. 4Die Fälligkeit von Beiträgen für geringfügig Beschäftigte in Privathaushalten, die nach § 28a Absatz 7 der Einzugsstelle gemeldet worden sind, richtet sich abweichend von Satz 1 nach Absatz 2a.

(4) Besondere Vorschriften für einzelne Versicherungszweige, die von den Absätzen 1 bis 3 abweichen oder abweichende Bestimmungen zulassen, bleiben unberührt.

§ 23a Einmalig gezahltes Arbeitsentgelt als beitragspflichtige Einnahmen

(1) 1Einmalig gezahltes Arbeitsentgelt sind Zuwendungen, die dem Arbeitsentgelt zuzurechnen sind und nicht für die Arbeit in einem einzelnen Entgeltabrechnungszeitraum gezahlt werden. 2Als einmalig gezahltes Arbeitsentgelt gelten nicht Zuwendungen nach Satz 1, wenn sie

1. üblicherweise zur Abgeltung bestimmter Aufwendungen des Beschäftigten, die auch im Zusammenhang mit der Beschäftigung stehen,
2. als Waren oder Dienstleistungen, die vom Arbeitgeber nicht überwiegend für den Bedarf seiner Beschäftigten hergestellt, vertrieben oder erbracht werden und monatlich in Anspruch genommen werden können,
3. als sonstige Sachbezüge, die monatlich gewährt werden, oder
4. als vermögenswirksame Leistungen

vom Arbeitgeber erbracht werden. 3Einmalig gezahltes Arbeitsentgelt ist dem Entgeltabrechnungszeitraum zuzuordnen, in dem es gezahlt wird, soweit die Absätze 2 und 4 nichts Abweichendes bestimmen.

(2) Einmalig gezahltes Arbeitsentgelt, das nach Beendigung oder bei Ruhen des Beschäftigungsverhältnisses gezahlt wird, ist dem letzten Entgeltabrechnungszeitraum des laufenden Kalenderjahres zuzuordnen, auch wenn dieser nicht mit Arbeitsentgelt belegt ist.

(3) 1Das einmalig gezahlte Arbeitsentgelt ist bei der Feststellung des beitragspflichtigen Arbeitsentgelts für Beschäftigte zu berücksichtigen, soweit das bisher gezahlte beitragspflichtige Arbeitsentgelt die anteilige Beitragsbemessungsgrenze nicht erreicht. 2Die anteilige Beitragsbemessungsgrenze ist der Teil der Beitragsbemessungsgrenze, der der Dauer aller Beschäftigungsverhältnisse bei demselben Arbeitgeber im laufenden Kalenderjahr bis zum Ablauf des Entgeltabrechnungszeitraumes entspricht, dem einmalig gezahltes Arbeitsentgelt zuzuordnen ist; auszunehmen sind Zeiten, die nicht mit Beiträgen aus laufendem Arbeitsentgelt belegt sind.

(4) 1In der Zeit vom 1. Januar bis zum 31. März einmalig gezahltes Arbeitsentgelt ist dem letzten Ent-

geltabrechnungszeitraum des vergangenen Kalenderjahres zuzuordnen, wenn es vom Arbeitgeber dieses Entgeltabrechnungszeitraumes gezahlt wird und zusammen mit dem sonstigen für das laufende Kalenderjahr festgestellten beitragspflichtigen Arbeitsentgelt die anteilige Beitragsbemessungsgrenze nach Absatz 3 Satz 2 übersteigt. $_{2}$Satz 1 gilt nicht für nach dem 31. März einmalig gezahltes Arbeitsentgelt, das nach Absatz 2 einem in der Zeit vom 1. Januar bis zum 31. März liegenden Entgeltabrechnungszeitraum zuzuordnen ist.

(5) Ist der Beschäftigte in der gesetzlichen Krankenversicherung pflichtversichert, ist für die Zuordnung des einmalig gezahlten Arbeitsentgelts nach Absatz 4 Satz 1 allein die Beitragsbemessungsgrenze der gesetzlichen Krankenversicherung maßgebend.

§ 23b Beitragspflichtige Einnahmen bei flexiblen Arbeitszeitregelungen

(1) $_{1}$Bei Vereinbarungen nach § 7b ist für Zeiten der tatsächlichen Arbeitsleistung und für Zeiten der Inanspruchnahme des Wertguthabens nach § 7c das in dem jeweiligen Zeitraum fällige Arbeitsentgelt als Arbeitsentgelt im Sinne des § 23 Absatz 1 maßgebend. $_{2}$Im Falle des § 23a Absatz 3 und 4 gilt das in dem jeweils maßgebenden Zeitraum erzielte Arbeitsentgelt bis zu einem Betrag in Höhe der Beitragsbemessungsgrenze als bisher gezahltes beitragspflichtiges Arbeitsentgelt; in Zeiten einer Freistellung von der Arbeitsleistung tritt an die Stelle des erzielten Arbeitsentgelts das fällige Arbeitsentgelt.

(2) $_{1}$Soweit das Wertguthaben nicht gemäß § 7c verwendet wird, insbesondere

1. nicht laufend für eine Zeit der Freistellung von der Arbeitsleistung oder der Verringerung der vertraglich vereinbarten Arbeitszeit in Anspruch genommen wird oder
2. nicht mehr für solche Zeiten gezahlt werden kann, da das Beschäftigungsverhältnis vorzeitig beendet wurde,

ist als Arbeitsentgelt im Sinne des § 23 Absatz 1 ohne Berücksichtigung einer Beitragsbemessungsgrenze die Summe der Arbeitsentgelte maßgebend, die zum Zeitpunkt der tatsächlichen Arbeitsleistung ohne Berücksichtigung der Vereinbarung nach § 7b beitragspflichtig gewesen wäre. $_{2}$Maßgebend ist jedoch höchstens der Betrag des Wertguthabens aus diesen Arbeitsentgelten zum Zeitpunkt der nicht zweckentsprechenden Verwendung des Arbeitsentgelts. $_{3}$Zugrunde zu legen ist der Zeitraum ab dem Abrechnungsmonat der ersten Gutschrift auf einem Wertguthaben bis zum Zeitpunkt der nicht zweckentsprechenden Verwendung des Arbeitsentgelts. $_{4}$Bei einem nach § 7f Absatz 1 Satz 1 Nummer 2 übertragenen Wertguthaben gelten die Sätze 1 bis 3 entsprechend, soweit das Wertguthaben wegen der Inanspruchnahme einer Rente wegen verminderter Erwerbsfähigkeit, einer Rente wegen Alters oder wegen des Todes des Versicherten nicht mehr in Anspruch genommen werden kann. $_{5}$Wird das Wertguthaben vereinbarungsgemäß an einen bestimmten Wertmaßstab gebunden, ist der im Zeitpunkt der nicht zweckentsprechenden Verwendung des Arbeitsentgelts maßgebende angepasste Betrag als Höchstbetrag der Berechnung zugrunde zu legen. $_{6}$Im Falle der Insolvenz des Arbeitgebers gilt auch als beitragspflichtiges Arbeitsentgelt höchstens der Betrag, der als Arbeitsentgelt den gezahlten Beiträgen zugrunde liegt. $_{7}$Für die Berechnung der Beiträge sind der für den Entgeltabrechnungszeitraum nach den Sätzen 8 und 9 für den einzelnen Versicherungszweig geltende Beitragssatz und die für diesen Zeitraum für den Einzug des Gesamtsozialversicherungsbeitrags zuständige Einzugsstelle maßgebend; für Beschäftigte, die bei keiner Krankenkasse versichert sind, gilt § 28i Satz 2 entsprechend. $_{8}$Die Beiträge sind mit den Beiträgen der Entgeltabrechnung für den Kalendermonat fällig, der dem Kalendermonat folgt, in dem

1. im Fall der Insolvenz die Mittel für die Beitragszahlung verfügbar sind,
2. das Arbeitsentgelt nicht zweckentsprechend verwendet wird.

$_{9}$Wird durch einen Bescheid eines Trägers der Rentenversicherung der Eintritt von verminderter Erwerbsfähigkeit festgestellt, gilt der Zeitpunkt des Eintritts der verminderten Erwerbsfähigkeit als Zeitpunkt der nicht zweckentsprechenden Verwendung des bis dahin erzielten Wertguthabens; in diesem Fall sind die Beiträge mit den Beiträgen der auf das Ende des Beschäftigungsverhältnisses folgenden Entgeltabrechnung fällig. $_{10}$Wird eine Rente wegen verminderter Erwerbsfähigkeit in Anspruch genommen und besteht ein nach § 7f Absatz 1 Satz 1 Nummer 2 übertragenes Wertguthaben, kann der Versicherte der Auflösung dieses Wertguthabens widersprechen. $_{11}$Ist für den Fall der Insolvenz des Arbeitgebers ein Dritter Schuldner des Arbeitsentgelts, erfüllt dieser insoweit die Pflichten des Arbeitgebers.

(2a) $_{1}$Als Arbeitsentgelt im Sinne des § 23 Absatz 1 gilt im Falle des Absatzes 2 auch der positive Betrag, der sich ergibt, wenn die Summe der ab dem Abrechnungsmonat der ersten Gutschrift auf einem Wertguthaben für die Zeit der Arbeitsleistung maßgebenden Beträge der jeweiligen Beitragsbemessungsgrenze um die Summe der in dieser Zeit der Arbeitsleistung abgerechneten beitragspflichtigen Arbeitsentgelte gemindert wird, höchstens der Betrag des Wertguthabens im Zeitpunkt der nicht zweckentsprechenden Verwendung des Arbeitsentgelts. ₂Absatz 2 Satz 5 bis 11 findet Anwendung, Absatz 1 Satz 2 findet keine Anwendung.

(3) Kann das Wertguthaben wegen Beendigung des Beschäftigungsverhältnisses nicht mehr nach § 7c oder § 7f Absatz 2 Satz 1 verwendet werden und ist der Versicherte unmittelbar anschließend wegen Arbeitslosigkeit bei einer deutschen Agentur für Arbeit als Arbeitsuchender gemeldet und bezieht eine öffentlich-rechtliche Leistung oder nur wegen des zu berücksichtigenden Einkommens oder Vermögens nicht, sind die Beiträge spätestens sieben Kalendermonate nach dem Kalendermonat, in dem das Arbeitsentgelt nicht zweckentsprechend verwendet worden ist, oder bei Aufnahme einer Beschäftigung in diesem Zeitraum zum Zeitpunkt des Beschäftigungsbeginns fällig, es sei denn, eine zweckentsprechende Verwendung wird vereinbart; beginnt in diesem Zeitraum eine Rente wegen Alters oder Todes oder tritt verminderte Erwerbsfähigkeit ein, gelten diese Zeitpunkte als Zeitpunkt der nicht zweckentsprechenden Verwendung.

(3a) ₁Sieht die Vereinbarung nach § 7b bereits bei ihrem Abschluss für den Fall, dass Wertguthaben wegen der Beendigung der Beschäftigung auf Grund verminderter Erwerbsfähigkeit, des Erreichens einer Altersgrenze, zu der eine Rente wegen Alters beansprucht werden kann, oder des Todes des Beschäftigten nicht mehr für Zeiten einer Freistellung von der Arbeitsleistung oder der Verringerung der vertraglich vereinbarten Arbeitszeit verwendet werden können, deren Verwendung für Zwecke der betrieblichen Altersversorgung vor, gilt das bei Eintritt dieser Fälle für Zwecke der betrieblichen Altersversorgung verwendete Wertguthaben nicht als beitragspflichtiges Arbeitsentgelt; dies gilt nicht,

1. wenn die Vereinbarung über die betriebliche Altersversorgung eine Abfindung vorsieht oder zulässt oder Leistungen im Fall des Todes, der Invalidität und des Erreichens einer Altersgrenze, zu der eine Rente wegen Alters beansprucht werden kann, nicht gewährleistet sind oder
2. soweit bereits im Zeitpunkt der Ansammlung des Wertguthabens vorhersehbar ist, dass es nicht für Zwecke nach § 7c oder § 7f Absatz 2 Satz 1 verwendet werden kann.

₂Die Bestimmungen dieses Absatzes finden keine Anwendung auf Vereinbarungen, die nach dem 13. November 2008 geschlossen worden sind.

(4) Werden Wertguthaben auf Dritte übertragen, gelten die Absätze 2 bis 3a nur für den Übertragenden, der die Arbeitsleistung tatsächlich erbringt.

§ 23c Sonstige nicht beitragspflichtige Einnahmen

(1) ₁Zuschüsse des Arbeitgebers zum Krankengeld, Verletztengeld, Übergangsgeld, Pflegeunterstützungsgeld oder Krankentagegeld und sonstige Einnahmen aus einer Beschäftigung, die für die Zeit des Bezuges von Krankengeld, Krankentagegeld, Versorgungskrankengeld, Verletztengeld, Übergangsgeld, Pflegeunterstützungsgeld, Mutterschaftsgeld, Erziehungsgeld oder Elterngeld weiter erzielt werden, gelten nicht als beitragspflichtiges Arbeitsentgelt, wenn die Einnahmen zusammen mit den genannten Sozialleistungen das Nettoarbeitsentgelt im Sinne des § 47 des Fünften Buches nicht um mehr als 50 Euro im Monat übersteigen. ₂Zur Berechnung des Nettoarbeitsentgelts bei freiwilligen Mitgliedern der gesetzlichen Krankenversicherung ist der um den Beitragszuschuss für Beschäftigte verminderte Beitrag des Versicherten zur Kranken- und Pflegeversicherung abzuziehen; dies gilt entsprechend für Personen und für ihre nicht selbstversicherten Angehörigen, die bei einem privaten Krankenversicherungsunternehmen versichert sind einschließlich der Versicherung für das Krankentagegeld. ₃Für Beschäftigte, die nach § 6 Absatz 1 Satz 1 Nummer 1 des Sechsten Buches von der Versicherungspflicht befreit sind und Pflichtbeiträge an eine berufsständische Versorgungseinrichtung entrichten, sind bei der Ermittlung des Nettoentgeltes die um den Arbeitgeberzuschuss nach § 172a des Sechsten Buches verminderten Pflichtbeiträge des Beschäftigten entsprechend abzuziehen.

(2) ₁Einnahmen aus Tätigkeiten als Notärztin oder Notarzt im Rettungsdienst sind nicht beitragspflichtig, wenn diese Tätigkeiten neben

1. einer Beschäftigung mit einem Umfang von regelmäßig mindestens 15 Stunden wöchentlich außerhalb des Rettungsdienstes oder
2. einer Tätigkeit als zugelassener Vertragsarzt oder als Arzt in privater Niederlassung

ausgeübt werden. ₂Für Tätigkeiten, bei denen die Einnahmen nach Satz 1 nicht beitragspflichtig sind, bestehen keine Meldepflichten nach diesem Buch.

§ 23d Abgeltung von abgeleiteten Entgeltguthaben bei Beendigung oder Ruhen des Beschäftigungsverhältnisses

Für die Abgeltung von Entgeltguthaben, die aus Arbeitszeitguthaben abgeleitet sind, findet § 23a mit der Maßgabe Anwendung, dass nach Beendigung oder bei Ruhen des Beschäftigungsverhältnisses ausgezahlte Entgeltguthaben auch dann dem letzten Entgeltabrechnungszeitraum zuzuordnen sind, wenn dieser nicht im laufenden Kalenderjahr liegt.

§ 24 Säumniszuschlag

(1) $_1$Für Beiträge und Beitragsvorschüsse, die der Zahlungspflichtige nicht bis zum Ablauf des Fälligkeitstages gezahlt hat, ist für jeden angefangenen Monat der Säumnis ein Säumniszuschlag von 1 Prozent des rückständigen, auf 50 Euro nach unten abgerundeten Betrages zu zahlen. $_2$Eine jeweils gesonderte Abrundung rückständiger Beiträge und Beitragsvorschüsse unterschiedlicher Fälligkeit ohne vorherige Addition ist zulässig. $_3$Bei einem rückständigen Betrag unter 150 Euro ist der Säumniszuschlag nicht zu erheben, wenn dieser gesondert anzufordern wäre. $_4$Für die Erhebung von Säumniszuschlägen in der gesetzlichen Unfallversicherung gilt § 169 des Siebten Buches.

(2) Wird eine Beitragsforderung durch Bescheid mit Wirkung für die Vergangenheit festgestellt, ist ein darauf entfallender Säumniszuschlag nicht zu erheben, soweit der Beitragsschuldner glaubhaft macht, dass er unverschuldet keine Kenntnis von der Zahlungspflicht hatte.

(3) $_1$Hat der Zahlungspflichtige ein Lastschriftmandat zum Einzug der Beiträge erteilt, so sind Säumniszuschläge zu erheben, wenn der Beitragseinzug aus Gründen, die vom Zahlungspflichtigen zu vertreten sind, nicht ausgeführt werden kann oder zurückgerufen wird. $_2$Zusätzlich zum Säumniszuschlag soll der Gläubiger vom Zahlungspflichtigen den Ersatz der von einem Geldinstitut erhobenen Entgelte für Rücklastschriften verlangen; dieser Kostenersatz ist wie die Gebühren, die im Zusammenhang mit der Durchsetzung von Beitragsansprüchen erhoben werden, zu behandeln.

§ 25 Verjährung

(1) $_1$Ansprüche auf Beiträge verjähren in vier Jahren nach Ablauf des Kalenderjahrs, in dem sie fällig geworden sind. $_2$Ansprüche auf vorsätzlich vorenthaltene Beiträge verjähren in dreißig Jahren nach Ablauf des Kalenderjahrs, in dem sie fällig geworden sind.

(2) $_1$Für die Hemmung, die Ablaufhemmung, den Neubeginn und die Wirkung der Verjährung gelten die Vorschriften des Bürgerlichen Gesetzbuchs sinngemäß. $_2$Die Verjährung ist für die Dauer einer Prüfung beim Arbeitgeber gehemmt; diese Hemmung der Verjährung bei einer Prüfung gilt auch gegenüber den auf Grund eines Werkvertrages für den Arbeitgeber tätigen Nachunternehmern und deren weiteren Nachunternehmern. $_3$Satz 2 gilt nicht, wenn die Prüfung unmittelbar nach ihrem Beginn für die Dauer von mehr als sechs Monaten aus Gründen unterbrochen wird, die die prüfende Stelle zu vertreten hat. $_4$Die Hemmung beginnt mit dem Tag des Beginns der Prüfung beim Arbeitgeber oder bei der vom Arbeitgeber mit der Lohn- und Gehaltsabrechnung beauftragten Stelle und endet mit der Bekanntgabe des Beitragsbescheides, spätestens nach Ablauf von sechs Kalendermonaten nach Abschluss der Prüfung. $_5$Kommt es aus Gründen, die die prüfende Stelle nicht zu vertreten hat, zu einem späteren Beginn der Prüfung, beginnt die Hemmung mit dem in der Prüfungsankündigung ursprünglich bestimmten Tag. $_6$Die Sätze 2 bis 5 gelten für Prüfungen der Beitragszahlung bei sonstigen Versicherten, in Fällen der Nachversicherung und bei versicherungspflichtigen Selbständigen entsprechend. $_7$Die Sätze 1 bis 5 gelten auch für Prüfungen nach § 28q Absatz 1 und 1a sowie nach § 251 Absatz 5 und § 252 Absatz 5 des Fünften Buches.

§ 26 Beanstandung und Erstattung zu Unrecht entrichteter Beiträge

(1) $_1$Sind Pflichtbeiträge in der Rentenversicherung für Zeiten nach dem 31. Dezember 1972 trotz Fehlens der Versicherungspflicht nicht spätestens bei der nächsten Prüfung beim Arbeitgeber beanstandet worden, gilt § 45 Absatz 2 des Zehnten Buches entsprechend. $_2$Beiträge, die nicht mehr beanstandet werden dürfen, gelten als zu Recht entrichtete Pflichtbeiträge. $_3$Gleiches gilt für zu Unrecht entrichtete Beiträge nach Ablauf der in § 27 Absatz 2 Satz 1 bestimmten Frist.

(2) Zu Unrecht entrichtete Beiträge sind zu erstatten, es sei denn, dass der Versicherungsträger bis zur Geltendmachung des Erstattungsanspruchs auf Grund dieser Beiträge oder für den Zeitraum, für den die Beiträge zu Unrecht entrichtet worden sind, Leistungen erbracht oder zu erbringen hat; Beiträge, die für Zeiten entrichtet worden sind, die während des Bezugs von Leistungen beitragsfrei sind, sind jedoch zu erstatten.

(3) $_1$Der Erstattungsanspruch steht dem zu, der die Beiträge getragen hat. $_2$Soweit dem Arbeitgeber Bei-

träge, die er getragen hat, von einem Dritten ersetzt worden sind, entfällt sein Erstattungsanspruch.

(4) 1In den Fällen, in denen eine Mehrfachbeschäftigung vorliegt und nicht auszuschließen ist, dass die Voraussetzungen des § 22 Absatz 2 vorliegen, hat die Einzugsstelle nach Eingang der Entgeltmeldungen von Amts wegen die Ermittlung einzuleiten, ob Beiträge zu Unrecht entrichtet wurden. 2Die Einzugsstelle kann weitere Angaben zur Ermittlung der zugrunde zu legenden Entgelte von den Meldepflichtigen anfordern. 3Die elektronische Anforderung hat durch gesicherte und verschlüsselte Datenübertragung zu erfolgen. 4Dies gilt auch für die Rückübermittlung der ermittelten Gesamtentgelte an die Meldepflichtigen. 5Die Einzugsstelle hat das Verfahren innerhalb von zwei Monaten nach Vorliegen aller insoweit erforderlichen Meldungen abzuschließen. 6Das Verfahren gilt für Abrechnungszeiträume ab dem 1. Januar 2015. 7Das Nähere zum Verfahren, zu den zu übermittelnden Daten sowie den Datensätzen regeln die Gemeinsamen Grundsätze nach § 28b Absatz 1.

IV

§ 27 Verzinsung und Verjährung des Erstattungsanspruchs

(1) 1Der Erstattungsanspruch ist nach Ablauf eines Kalendermonats nach Eingang des vollständigen Erstattungsantrags, beim Fehlen eines Antrags nach der Bekanntgabe der Entscheidung über die Erstattung bis zum Ablauf des Kalendermonats vor der Zahlung mit vier vom Hundert zu verzinsen. 2Verzinst werden volle Euro-Beträge. 3Dabei ist der Kalendermonat mit dreißig Tagen zugrunde zu legen.

(2) 1Der Erstattungsanspruch verjährt in vier Jahren nach Ablauf des Kalenderjahrs, in dem die Beiträge entrichtet worden sind. 2Beanstandet der Versicherungsträger die Rechtswirksamkeit von Beiträgen, beginnt die Verjährung mit dem Ablauf des Kalenderjahrs der Beanstandung.

(3) 1Für die Hemmung, die Ablaufhemmung, den Neubeginn und die Wirkung der Verjährung gelten die Vorschriften des Bürgerlichen Gesetzbuchs sinngemäß. 2Die Verjährung wird auch durch Antrag auf Erstattung oder durch Erhebung eines Widerspruchs gehemmt. 3Die Hemmung endet sechs Monate nach Bekanntgabe der Entscheidung über den Antrag oder den Widerspruch.

§ 28 Verrechnung und Aufrechnung des Erstattungsanspruchs

Der für die Erstattung zuständige Leistungsträger kann

1. mit Ermächtigung eines anderen Leistungsträgers dessen Ansprüche gegen den Berechtigten mit dem ihm obliegenden Erstattungsbetrag verrechnen,
2. mit Zustimmung des Berechtigten die zu Unrecht entrichteten Beiträge mit künftigen Beitragsansprüchen aufrechnen.

Dritter Abschnitt
Meldepflichten des Arbeitgebers, Gesamtsozialversicherungsbeitrag

Erster Titel
Meldungen des Arbeitgebers und ihre Weiterleitung

§ 28a Meldepflicht

(1) 1Der Arbeitgeber oder ein anderer Meldepflichtiger hat der Einzugsstelle für jeden in der Kranken-, Pflege-, Rentenversicherung oder nach dem Recht der Arbeitsförderung kraft Gesetzes Versicherten

1. bei Beginn der versicherungspflichtigen Beschäftigung,
2. bei Ende der versicherungspflichtigen Beschäftigung,
3. bei Eintritt eines Insolvenzereignisses,
4. (weggefallen)
5. bei Änderungen in der Beitragspflicht,
6. bei Wechsel der Einzugsstelle,
7. bei Anträgen auf Altersrenten oder Auskunftsersuchen des Familiengerichts in Versorgungsausgleichsverfahren,
8. bei Unterbrechung der Entgeltzahlung,
9. bei Auflösung des Arbeitsverhältnisses,
10. auf Anforderung der Einzugsstelle nach § 26 Absatz 4 Satz 2,
11. bei Antrag des geringfügig Beschäftigten nach § 6 Absatz 1b des Sechsten Buches auf Befreiung von der Versicherungspflicht,
12. bei einmalig gezahltem Arbeitsentgelt,
13. bei Beginn der Berufsausbildung,
14. bei Ende der Berufsausbildung,
15. bei Wechsel im Zeitraum bis zum 31. Dezember 2024 von einem Beschäftigungsbetrieb im Beitrittsgebiet zu einem Beschäftigungsbetrieb im übrigen Bundesgebiet oder umgekehrt,
16. bei Beginn der Altersteilzeitarbeit,
17. bei Ende der Altersteilzeitarbeit,

18. bei Änderung des Arbeitsentgelts, wenn die Geringfügigkeitsgrenze über- oder unterschritten wird,
19. bei nach § 23b Absatz 2 bis 3 gezahltem Arbeitsentgelt oder
20. bei Wechsel im Zeitraum bis zum 31. Dezember 2024 von einem Wertguthaben, das im Beitrittsgebiet und einem Wertguthaben, das im übrigen Bundesgebiet erzielt wurde,

eine Meldung zu erstatten. 2Jede Meldung sowie die darin enthaltenen Datensätze sind mit einem eindeutigen Kennzeichen zur Identifizierung zu versehen.

(2) Der Arbeitgeber hat jeden am 31. Dezember des Vorjahres Beschäftigten nach Absatz 1 zu melden (Jahresmeldung).

(2a) 1Der Arbeitgeber hat für jeden in einem Kalenderjahr Beschäftigten, der in der Unfallversicherung versichert ist, zum 16. Februar des Folgejahres eine besondere Jahresmeldung zur Unfallversicherung zu erstatten. 2Diese Meldung enthält über die Angaben nach Absatz 3 Satz 1 Nummer 1 bis 3, 6 und 9 hinaus folgende Angaben:

1. die Unternehmernummer nach § 136a des Siebten Buches;
2. die Betriebsnummer des zuständigen Unfallversicherungsträgers;
3. das in der Unfallversicherung beitragspflichtige Arbeitsentgelt in Euro und seine Zuordnung zur jeweilig anzuwendenden Gefahrtarifstelle.

3Arbeitgeber, die Mitglied der landwirtschaftlichen Berufsgenossenschaft sind und für deren Beitragsberechnung der Arbeitswert keine Anwendung findet, haben Meldungen nach Satz 2 Nummer 1 bis 3 nicht zu erstatten. 4Abweichend von Satz 1 ist die Meldung bei Eintritt eines Insolvenzereignisses, bei einer endgültigen Einstellung des Unternehmens oder bei der Beendigung aller Beschäftigungsverhältnisse mit der nächsten Entgeltabrechnung, spätestens innerhalb von sechs Wochen, abzugeben.

(3) 1Die Meldungen enthalten für jeden Versicherten insbesondere

1. seine Versicherungsnummer, soweit bekannt,
2. seinen Familien- und Vornamen,
3. sein Geburtsdatum,
4. seine Staatsangehörigkeit,
5. Angaben über seine Tätigkeit nach dem Schlüsselverzeichnis der Bundesagentur für Arbeit,
6. die Betriebsnummer seines Beschäftigungsbetriebes,
7. die Beitragsgruppen,
8. die zuständige Einzugsstelle und
9. den Arbeitgeber.

2Zusätzlich sind anzugeben

1. bei der Anmeldung
   a) die Anschrift,
   b) der Beginn der Beschäftigung,
   c) sonstige für die Vergabe der Versicherungsnummer erforderliche Angaben,
   d) nach Absatz 1 Satz 1 Nummer 1 die Angabe, ob zum Arbeitgeber eine Beziehung als Ehegatte, Lebenspartner oder Abkömmling besteht,
   e) nach Absatz 1 Satz 1 Nummer 1 die Angabe, ob es sich um eine Tätigkeit als geschäftsführender Gesellschafter einer Gesellschaft mit beschränkter Haftung handelt,
   f) die Angabe der Staatsangehörigkeit,
2. bei allen Entgeltmeldungen
   a) eine Namens-, Anschriften- oder Staatsangehörigkeitsänderung, soweit diese Änderung nicht schon anderweitig gemeldet ist,
   b) das in der Rentenversicherung oder nach dem Recht der Arbeitsförderung beitragspflichtige Arbeitsentgelt in Euro, in den Fällen, in denen kein beitragspflichtiges Arbeitsentgelt in der Rentenversicherung oder nach dem Recht der Arbeitsförderung vorliegt, das beitragspflichtige Arbeitsentgelt in der Krankenversicherung,
   c) in Fällen, in denen die beitragspflichtige Einnahme in der gesetzlichen Rentenversicherung nach § 20 Absatz 2a oder § 134 bemessen wird, das Arbeitsentgelt, das ohne Anwendung dieser Regelung zu berücksichtigen wäre,
   d) der Zeitraum, in dem das angegebene Arbeitsentgelt erzielt wurde,
   e) Wertguthaben, die auf die Zeit nach Eintritt der Erwerbsminderung entfallen,
   f) für geringfügig Beschäftigte zusätzlich die Steuernummer des Arbeitgebers, die Identifikationsnummer nach § 139b der Abgabenordnung des Beschäftigten und die Art der Besteuerung.
3. (weggefallen)
4. bei der Meldung nach Absatz 1 Satz 1 Nummer 19
   a) das Arbeitsentgelt in Euro, für das Beiträge gezahlt worden sind,
   b) im Falle des § 23b Absatz 2 der Kalendermonat und das Jahr der nicht zweckentsprechenden

IV

Verwendung des Arbeitsentgelts, im Falle der Zahlungsunfähigkeit des Arbeitgebers jedoch der Kalendermonat und das Jahr der Beitragszahlung.

(3a) 1Der Arbeitgeber oder eine Zahlstelle nach § 202 Absatz 2 des Fünften Buches hat in den Fällen, in denen für eine Meldung keine Versicherungsnummer des Beschäftigten oder Versorgungsempfängers vorliegt, im Verfahren nach Absatz 1 eine Meldung zur Abfrage der Versicherungsnummer an die Datenstelle der Rentenversicherung zu übermitteln; die weiteren Meldepflichten bleiben davon unberührt. 2Die Datenstelle der Rentenversicherung übermittelt dem Arbeitgeber oder der Zahlstelle unverzüglich durch Datenübertragung die Versicherungsnummer oder den Hinweis, dass die Vergabe der Versicherungsnummer mit der Anmeldung erfolgt.

IV

(3b) 1Der Arbeitgeber hat auf elektronische Anforderung der Einzugsstelle mit der nächsten Entgeltabrechnung die notwendigen Angaben zur Einrichtung eines Arbeitgeberkontos elektronisch zu übermitteln. 2Das Nähere über die Angaben, die Datensätze und das Verfahren regeln die Gemeinsamen Grundsätze nach § 28b Absatz 1.

(4) 1Arbeitgeber haben den Tag des Beginns eines Beschäftigungsverhältnisses spätestens bei dessen Aufnahme an die Datenstelle der Rentenversicherung nach Satz 2 zu melden, sofern sie Personen in folgenden Wirtschaftsbereichen oder Wirtschaftszweigen beschäftigen:

1. im Baugewerbe,
2. im Gaststätten- und Beherbergungsgewerbe,
3. im Personenbeförderungsgewerbe,
4. im Speditions-, Transport- und damit verbundenen Logistikgewerbe,
5. im Schaustellergewerbe,
6. bei Unternehmen der Forstwirtschaft,
7. im Gebäudereinigungsgewerbe,
8. bei Unternehmen, die sich am Auf- und Abbau von Messen und Ausstellungen beteiligen,
9. in der Fleischwirtschaft,
10. im Prostitutionsgewerbe,
11. im Wach- und Sicherheitsgewerbe.

2Die Meldung enthält folgende Angaben über den Beschäftigten:

1. den Familien- und die Vornamen,
2. die Versicherungsnummer, soweit bekannt, ansonsten die zur Vergabe einer Versicherungsnummer notwendigen Angaben (Tag und Ort der Geburt, Anschrift),
3. die Betriebsnummer des Arbeitgebers und
4. den Tag der Beschäftigungsaufnahme.

3Die Meldung wird in der Stammsatzdatei nach § 150 Absatz 1 und 2 des Sechsten Buches gespeichert. 4Die Meldung gilt nicht als Meldung nach Absatz 1 Satz 1 Nummer 1.

(4a) 1Der Meldepflichtige erstattet die Meldungen nach Absatz 1 Satz 1 Nummer 10 an die zuständige Einzugsstelle. 2In der Meldung sind insbesondere anzugeben:

1. die Versicherungsnummer des Beschäftigten,
2. die Betriebsnummer des Beschäftigungsbetriebes,
3. das monatliche laufende und einmalig gezahlte Arbeitsentgelt, von dem Beiträge zur Renten-, Arbeitslosen-, Kranken- und Pflegeversicherung für das der Ermittlung nach § 26 Absatz 4 zugrunde liegende Kalenderjahr berechnet wurden.

(5) Der Meldepflichtige hat der zu meldenden Person den Inhalt der Meldung in Textform mitzuteilen; dies gilt nicht, wenn die Meldung ausschließlich auf Grund einer Veränderung der Daten für die gesetzliche Unfallversicherung erfolgt.

(6) Soweit der Arbeitgeber eines Hausgewerbetreibenden Arbeitgeberpflichten erfüllt, gilt der Hausgewerbetreibende als Beschäftigter.

(6a) Beschäftigt ein Arbeitgeber, der

1. im privaten Bereich nichtgewerbliche Zwecke oder
2. mildtätige, kirchliche, religiöse, wissenschaftliche oder gemeinnützige Zwecke im Sinne des § 10b des Einkommensteuergesetzes

verfolgt, Personen geringfügig nach § 8, kann er auf Antrag abweichend von Absatz 1 Meldungen auf Vordrucken erstatten, wenn er glaubhaft macht, dass ihm eine Meldung auf maschinell verwertbaren Datenträgern oder durch Datenübertragung nicht möglich ist.

(7) 1Der Arbeitgeber hat der Einzugsstelle für einen im privaten Haushalt Beschäftigten anstelle einer Meldung nach Absatz 1 unverzüglich eine vereinfachte Meldung (Haushaltsscheck) mit den Angaben nach Absatz 8 Satz 1 zu erstatten, wenn das Arbeitsentgelt nach § 14 Absatz 3 aus dieser Beschäftigung regelmäßig die Geringfügigkeitsgrenze nicht übersteigt. 2Der Arbeitgeber kann die Meldung nach Satz 1 auch durch Datenübertragung aus systemgeprüften Programmen oder mit maschinell erstellten Ausfüllhilfen übermitteln. 3Der Arbeitgeber hat der Einzugsstelle gesondert ein Lastschriftmandat zum Einzug des Ge-

samtsozialversicherungsbeitrags zu erteilen. ₄Die Absätze 2 bis 5 gelten nicht.

(8) ₁Der Haushaltsscheck enthält

1. den Familiennamen, Vornamen, die Anschrift und die Betriebsnummer des Arbeitgebers,
2. den Familiennamen, Vornamen, die Anschrift und die Versicherungsnummer des Beschäftigten; kann die Versicherungsnummer nicht angegeben werden, ist das Geburtsdatum des Beschäftigten einzutragen,
3. die Angabe, ob der Beschäftigte im Zeitraum der Beschäftigung bei mehreren Arbeitgebern beschäftigt ist und,
4. a) bei einer Meldung bei jeder Lohn- oder Gehaltszahlung den Zeitraum der Beschäftigung, das Arbeitsentgelt nach § 14 Absatz 3 für diesen Zeitraum sowie am Ende der Beschäftigung den Zeitpunkt der Beendigung,
   b) bei einer Meldung zu Beginn der Beschäftigung deren Beginn und das monatliche Arbeitsentgelt nach § 14 Absatz 3, die Steuernummer des Arbeitgebers, die Identifikationsnummer nach § 139b der Abgabenordnung des Beschäftigten und die Art der Besteuerung,
   c) bei einer Meldung wegen Änderung des Arbeitsentgelts nach § 14 Absatz 3 den neuen Betrag und den Zeitpunkt der Änderung,
   d) bei einer Meldung am Ende der Beschäftigung den Zeitpunkt der Beendigung,
   e) bei Erklärung des Verzichts auf Versicherungsfreiheit nach § 230 Absatz 8 Satz 2 des Sechsten Buches den Zeitpunkt des Verzichts,
   f) bei Antrag auf Befreiung von der Versicherungspflicht nach § 6 Absatz 1b des Sechsten Buches den Tag des Zugangs des Antrags beim Arbeitgeber.

₂Bei sich anschließenden Meldungen kann von der Angabe der Anschrift des Arbeitgebers und des Beschäftigten abgesehen werden.

(9) ₁Soweit nicht anders geregelt, gelten für versicherungsfrei oder von der Versicherungspflicht befreite geringfügig Beschäftigte die Absätze 1 bis 6 entsprechend. ₂Eine Jahresmeldung nach Absatz 2 ist für geringfügig Beschäftigte nach § 8 Absatz 1 Nummer 2 nicht zu erstatten.

(9a) ₁Für geringfügig Beschäftigte nach § 8 Absatz 1 Nummer 2 hat der Arbeitgeber bei der Meldung nach Absatz 1 Satz 1 Nummer 1 zusätzlich anzugeben, wie diese für die Dauer der Beschäftigung krankenversichert sind. ₂Die Evaluierung der Regelung erfolgt im Rahmen eines Berichts der Bundesregierung über die Wirkung der Maßnahme bis Ende des Jahres 2026.

(10) ₁Der Arbeitgeber hat für Beschäftigte, die nach § 6 Absatz 1 Satz 1 Nummer 1 des Sechsten Buches von der Versicherungspflicht befreit und Mitglied einer berufsständischen Versorgungseinrichtung sind, die Meldungen nach den Absätzen 1, 2 und 9 zusätzlich an die Annahmestelle der berufsständischen Versorgungseinrichtungen zu erstatten; dies gilt nicht für Meldungen nach Absatz 1 Satz 1 Nummer 10. ₂Die Datenübermittlung hat durch gesicherte und verschlüsselte Datenübertragung aus systemgeprüften Programmen oder mittels systemgeprüfter maschinell erstellter Ausfüllhilfen zu erfolgen. ₃Zusätzlich zu den Angaben nach Absatz 3 enthalten die Meldungen die Mitgliedsnummer des Beschäftigten bei der Versorgungseinrichtung. ₄Die Absätze 5 bis 6a gelten entsprechend.

(11) ₁Der Arbeitgeber hat für Beschäftigte, die nach § 6 Absatz 1 Satz 1 Nummer 1 des Sechsten Buches von der Versicherungspflicht befreit und Mitglied einer berufsständischen Versorgungseinrichtung sind, der Annahmestelle der berufsständischen Versorgungseinrichtungen monatliche Meldungen zur Beitragserhebung zu erstatten. ₂Absatz 10 Satz 2 gilt entsprechend. ₃Diese Meldungen enthalten für den Beschäftigten

1. die Mitgliedsnummer bei der Versorgungseinrichtung oder, wenn die Mitgliedsnummer nicht bekannt ist, die Personalnummer beim Arbeitgeber, den Familien- und Vornamen, das Geschlecht und das Geburtsdatum,
2. den Zeitraum, für den das Arbeitsentgelt gezahlt wird,
3. das beitragspflichtige ungekürzte laufende Arbeitsentgelt für den Zahlungszeitraum,
4. das beitragspflichtige ungekürzte einmalig gezahlte Arbeitsentgelt im Monat der Abrechnung,
5. die Anzahl der Sozialversicherungstage im Zahlungszeitraum,
6. den Beitrag, der bei Firmenzahlern für das Arbeitsentgelt nach Nummer 3 und 4 anfällt,
7. die Betriebsnummer der Versorgungseinrichtung,
8. die Betriebsnummer des Beschäftigungsbetriebes,
9. den Arbeitgeber,
10. den Ort des Beschäftigungsbetriebes,
11. den Monat der Abrechnung.

₄Soweit nicht aus der Entgeltbescheinigung des Beschäftigten zu entnehmen ist, dass die Meldung erfolgt ist und welchen Inhalt sie hatte, gilt Absatz 5.

(12) Der Arbeitgeber hat auch für ausschließlich nach § 2 Absatz 1 Nummer 1 des Siebten Buches versicherte Beschäftigte mit beitragspflichtigem Entgelt Meldungen nach den Absätzen 1 und 3 Satz 2 Nummer 2 abzugeben.

§ 28b Inhalte und Verfahren für die Gemeinsamen Grundsätze und die Datenfeldbeschreibung

(1) $_{1}$Der Spitzenverband Bund der Krankenkassen, die Deutsche Rentenversicherung Bund, die Deutsche Rentenversicherung Knappschaft-Bahn-See, die Bundesagentur für Arbeit und die Deutsche Gesetzliche Unfallversicherung e. V. bestimmen in Gemeinsamen Grundsätzen bundeseinheitlich:

1. die Schlüsselzahlen für Personengruppen, Beitragsgruppen und für Abgabegründe der Meldungen,
2. den Aufbau, den Inhalt und die Identifizierung der einzelnen Datensätze für die Übermittlung von Meldungen und Beitragsnachweisen durch den Arbeitgeber an die Sozialversicherungsträger, soweit nichts Abweichendes in diesem Buch geregelt ist,
3. den Aufbau und den Inhalt der einzelnen Datensätze für die Übermittlung von Eingangs- und Weiterleitungsbestätigungen, Fehlermeldungen und sonstigen Meldungen der Sozialversicherungsträger und anderer am Meldeverfahren beteiligter Stellen an die Arbeitgeber in den Verfahren nach Nummer 2,
4. gesondert den Aufbau und den Inhalt der Datensätze für die Kommunikationsdaten, die einheitlich am Beginn und am Ende jedes Dateisystems in den Verfahren nach Nummer 2 bei jeder Datenübertragung vom Arbeitgeber an die Sozialversicherung und bei Meldungen an den Arbeitgeber zu übermitteln sind.

$_{2}$Satz 1 Nummer 3 und 4 gilt auch für das Zahlstellenmeldeverfahren nach § 202 des Fünften Buches und für das Antragsverfahren nach § 2 Absatz 3 des Aufwendungsausgleichsgesetzes. $_{3}$Die Gemeinsamen Grundsätze bedürfen der Genehmigung des Bundesministeriums für Arbeit und Soziales, das vorher die Bundesvereinigung der Deutschen Arbeitgeberverbände anzuhören hat.

(2) $_{1}$Der Spitzenverband Bund der Krankenkassen, die Deutsche Rentenversicherung Bund, die Deutsche Rentenversicherung Knappschaft-Bahn-See und die Deutsche Gesetzliche Unfallversicherung e. V. bestimmen bundeseinheitlich die Gestaltung des Haushaltsschecks nach § 28a Absatz 7 und das der Einzugsstelle in diesem Verfahren zu erteilende Lastschriftmandat durch Gemeinsame Grundsätze. $_{2}$Die Grundsätze bedürfen der Genehmigung des Bundesministeriums für Arbeit und Soziales, das vorher in Bezug auf die steuerrechtlichen Angaben das Bundesministerium der Finanzen anzuhören hat.

(3) Soweit Meldungen nach § 28a Absatz 10 oder 11 betroffen sind, gilt Absatz 1 entsprechend mit der Maßgabe, dass die Arbeitsgemeinschaft berufsständischer Versorgungseinrichtungen e. V. zu beteiligen ist.

§ 28c Verordnungsermächtigung

Das Bundesministerium für Arbeit und Soziales wird ermächtigt, durch Rechtsverordnung mit Zustimmung des Bundesrates das Nähere über die Melde- und Beitragsverfahren zu bestimmen, insbesondere

1. die Frist der Meldungen und Beitragsnachweise,
2. die Voraussetzungen für die Zulassung sowie die Gründe für eine Verweigerung, Rücknahme oder den Verlust einer Zulassung eines Programms oder einer maschinell erstellten Ausfüllhilfe im Rahmen einer Systemprüfung,
3. welche zusätzlichen, für die Verarbeitung der Meldungen und Beitragsnachweise oder die Durchführung der Versicherung erforderlichen Angaben zu machen sind,
4. das Verfahren über die Prüfung, Sicherung und Weiterleitung der Daten,
5. unter welchen Voraussetzungen Meldungen und Beitragsnachweise durch Datenübertragung zu erstatten sind,
6. in welchen Fällen auf einzelne Meldungen oder Angaben verzichtet wird,
7. in welcher Form und Frist der Arbeitgeber die Beschäftigten über die Meldungen zu unterrichten hat.

Zweiter Titel
Verfahren und Haftung bei der Beitragszahlung

§ 28d Gesamtsozialversicherungsbeitrag

$_{1}$Die Beiträge in der Kranken- oder Rentenversicherung für einen kraft Gesetzes versicherten Beschäftigten oder Hausgewerbetreibenden sowie der Beitrag aus Arbeitsentgelt aus einer versicherungspflichtigen Beschäftigung nach dem Recht der Arbeitsförderung werden als Gesamtsozialversicherungsbeitrag gezahlt. $_{2}$Satz 1 gilt auch für den Beitrag zur Pflegeversicherung für einen in der Krankenversicherung kraft Gesetzes versicherten Beschäftigten. $_{3}$Die nicht nach dem Arbeitsentgelt zu bemessenden Beiträge in der landwirtschaftlichen Krankenversicherung für einen kraft Gesetzes versicherten Beschäftigten gelten zusammen mit den Beiträgen zur Rentenversicherung und Arbeitsförderung im Sinne des Satzes 1 ebenfalls als Gesamtsozialversicherungsbeitrag.

§ 28e Zahlungspflicht, Vorschuss

(1) 1Den Gesamtsozialversicherungsbeitrag hat der Arbeitgeber und in den Fällen der nach § 7f Absatz 1 Satz 1 Nummer 2 auf die Deutsche Rentenversicherung Bund übertragenen Wertguthaben die Deutsche Rentenversicherung Bund zu zahlen. 2Die Zahlung des vom Beschäftigten zu tragenden Teils des Gesamtsozialversicherungsbeitrags gilt als aus dem Vermögen des Beschäftigten erbracht. 3Ist ein Träger der Kranken- oder Rentenversicherung oder die Bundesagentur für Arbeit der Arbeitgeber, gilt der jeweils für diesen Leistungsträger oder, wenn eine Krankenkasse der Arbeitgeber ist, auch der für die Pflegekasse bestimmte Anteil am Gesamtsozialversicherungsbeitrag als gezahlt; dies gilt für die Beiträge zur Rentenversicherung auch im Verhältnis der Träger der Rentenversicherung untereinander.

(2) 1Für die Erfüllung der Zahlungspflicht des Arbeitgebers haftet bei einem wirksamen Vertrag der Entleiher wie ein selbstschuldnerischer Bürge, soweit ihm Arbeitnehmer gegen Vergütung zur Arbeitsleistung überlassen worden sind. 2Er kann die Zahlung verweigern, solange die Einzugsstelle den Arbeitgeber nicht gemahnt hat und die Mahnfrist nicht abgelaufen ist. 3Zahlt der Verleiher das vereinbarte Arbeitsentgelt oder Teile des Arbeitsentgelts an den Leiharbeitnehmer, obwohl der Vertrag nach § 9 Absatz 1 Nummer 1 bis 1b des Arbeitnehmerüberlassungsgesetzes unwirksam ist, so hat er auch den hierauf entfallenden Gesamtsozialversicherungsbeitrag an die Einzugsstelle zu zahlen. 4Hinsichtlich der Zahlungspflicht nach Satz 3 gilt der Verleiher neben dem Entleiher als Arbeitgeber; beide haften insoweit als Gesamtschuldner.

(2a) 1Für die Erfüllung der Zahlungspflicht, die sich für den Arbeitgeber knappschaftlicher Arbeiten im Sinne von § 134 Absatz 4 des Sechsten Buches ergibt, haftet der Arbeitgeber des Bergwerksbetriebes, mit dem die Arbeiten räumlich und betrieblich zusammenhängen, wie ein selbstschuldnerischer Bürge. 2Absatz 2 Satz 2 gilt entsprechend.

(3) Für die Erfüllung der Zahlungspflicht des Arbeitgebers von Seeleuten nach § 13 Absatz 1 Satz 2 haften Arbeitgeber und Reeder als Gesamtschuldner.

(3a) 1Ein Unternehmer des Baugewerbes, der einen anderen Unternehmer mit der Erbringung von Bauleistungen im Sinne des § 101 Absatz 2 des Dritten Buches beauftragt, haftet für die Erfüllung der Zahlungspflicht dieses Unternehmers oder eines von diesem Unternehmer beauftragten Verleihers wie ein selbstschuldnerischer Bürge. 2Satz 1 gilt entsprechend für die vom Nachunternehmer gegenüber ausländischen Sozialversicherungsträgern abzuführenden Beiträge. 3Absatz 2 Satz 2 gilt entsprechend.

(3b) 1Die Haftung nach Absatz 3a entfällt, wenn der Unternehmer nachweist, dass er ohne eigenes Verschulden davon ausgehen konnte, dass der Nachunternehmer oder ein von ihm beauftragter Verleiher seine Zahlungspflicht erfüllt. 2Ein Verschulden des Unternehmers ist ausgeschlossen, soweit und solange er Fachkunde, Zuverlässigkeit und Leistungsfähigkeit des Nachunternehmers oder des von diesem beauftragten Verleihers durch eine Präqualifikation nachweist, die die Eignungsvoraussetzungen nach § 6a der Vergabe- und Vertragsordnung für Bauleistungen Teil A in der Fassung der Bekanntmachung vom 31. Januar 2019 (BAnz. AT 19. 02. 2019 B2) erfüllt.

(3c) 1Ein Unternehmer, der Bauleistungen im Auftrag eines anderen Unternehmers erbringt, ist verpflichtet, auf Verlangen der Einzugsstelle Firma und Anschrift dieses Unternehmers mitzuteilen. 2Kann der Auskunftsanspruch nach Satz 1 nicht durchgesetzt werden, hat ein Unternehmer, der einen Gesamtauftrag für die Erbringung von Bauleistungen für ein Bauwerk erhält, der Einzugsstelle auf Verlangen Firma und Anschrift aller Unternehmer, die von ihm mit der Erbringung von Bauleistungen beauftragt wurden, zu benennen.

(3d) Absatz 3a gilt ab einem geschätzten Gesamtwert aller für ein Bauwerk in Auftrag gegebenen Bauleistungen von 275 000 Euro, wobei für Schätzungen die Vergabeverordnung vom 12. April 2016 (BGBl. I S. 624) in der jeweils geltenden Fassung gilt.

(3e) 1Die Haftung des Unternehmers nach Absatz 3a erstreckt sich in Abweichung von der dort getroffenen Regelung auf das von dem Nachunternehmer beauftragte nächste Unternehmen, wenn die Beauftragung des unmittelbaren Nachunternehmers bei verständiger Würdigung der Gesamtumstände als ein Rechtsgeschäft anzusehen ist, dessen Ziel vor allem die Auflösung der Haftung nach Absatz 3a ist. 2Maßgeblich für die Würdigung ist die Verkehrsanschauung im Baubereich. 3Ein Rechtsgeschäft im Sinne dieser Vorschrift, das als Umgehungstatbestand anzusehen ist, ist in der Regel anzunehmen,

a) wenn der unmittelbare Nachunternehmer weder selbst eigene Bauleistungen noch planerische oder kaufmännische Leistungen erbringt oder
b) wenn der unmittelbare Nachunternehmer weder technisches noch planerisches oder kaufmännisches Fachpersonal in nennenswertem Umfang beschäftigt oder
c) wenn der unmittelbare Nachunternehmer in einem gesellschaftsrechtlichen Abhängigkeitsverhältnis zum Hauptunternehmer steht.

4Besonderer Prüfung bedürfen die Umstände des Einzelfalles vor allem in den Fällen, in denen der unmittelbare Nachunternehmer seinen handelsrechtlichen Sitz außerhalb des Europäischen Wirtschaftsraums hat.

IV

(3f) 1Der Unternehmer kann den Nachweis nach Absatz 3b Satz 2 anstelle der Präqualifikation auch für den Zeitraum des Auftragsverhältnisses durch Vorlage von lückenlosen Unbedenklichkeitsbescheinigungen der zuständigen Einzugsstellen für den Nachunternehmer oder den von diesem beauftragten Verleiher erbringen. 2Die Unbedenklichkeitsbescheinigung enthält Angaben über die ordnungsgemäße Zahlung der Sozialversicherungsbeiträge und die Zahl der gemeldeten Beschäftigten.

(3g) 1Für einen Unternehmer im Speditions-, Transport- und damit verbundenen Logistikgewerbe, der im Bereich der Kurier-, Express- und Paketdienste tätig ist und der einen anderen Unternehmer mit der Beförderung von Paketen beauftragt, gelten die Absätze 3a, 3b Satz 1, 3e und 3f entsprechend. 2Absatz 3b Satz 2 gilt entsprechend mit der Maßgabe, dass die Präqualifikation die Voraussetzung erfüllt, dass der Nachunternehmer in einem amtlichen Verzeichnis eingetragen ist oder über eine Zertifizierung verfügt, die jeweils den Anforderungen des Artikels 64 der Richtlinie 2014/24/EU des Europäischen Parlaments und des Rates vom 26. Februar 2014 über die öffentliche Auftragsvergabe und zur Aufhebung der Richtlinie 2004/18/EG (ABl. L 94 vom 28. 3. 2014, S. 65), die zuletzt durch die Delegierte Verordnung (EU) 2017/2365 (ABl. L 337 vom 19. 12. 2017, S. 19) geändert worden ist, entsprechen. 3Für einen Unternehmer, der im Auftrag eines anderen Unternehmers Pakete befördert, gilt Absatz 3c entsprechend. 4Beförderung von Paketen im Sinne dieses Buches ist

a) die Beförderung adressierter Pakete mit einem Einzelgewicht von bis zu 32 Kilogramm, soweit diese mit Kraftfahrzeugen mit einem zulässigen Gesamtgewicht von bis zu 3,5 Tonnen erfolgt,
b) die stationäre Bearbeitung von adressierten Paketen bis zu 32 Kilogramm mit Ausnahme der Bearbeitung im Filialbereich.

(3h) Die Bundesregierung berichtet unter Beteiligung des Normenkontrollrates zum 31. Dezember 2023 über die Wirksamkeit und Reichweite der Haftung für Sozialversicherungsbeiträge für die Unternehmer im Speditions-, Transport- und damit verbundenen Logistikgewerbe, die im Bereich der Kurier-, Express- und Paketdienste tätig sind und einen anderen Unternehmer mit der Beförderung von Paketen beauftragen, insbesondere über die Haftungsfreistellung nach Absatz 3b und Absatz 3f Satz 1.

(4) Die Haftung umfasst die Beiträge und Säumniszuschläge, die infolge der Pflichtverletzung zu zahlen sind, sowie die Zinsen für gestundete Beiträge (Beitragsansprüche).

(5) Die Satzung der Einzugsstelle kann bestimmen, unter welchen Voraussetzungen vom Arbeitgeber Vorschüsse auf den Gesamtsozialversicherungsbeitrag verlangt werden können.

§ 28f Aufzeichnungspflicht, Nachweise der Beitragsabrechnung und der Beitragszahlung

(1) 1Der Arbeitgeber hat für jeden Beschäftigten, getrennt nach Kalenderjahren, Entgeltunterlagen im Geltungsbereich dieses Gesetzes in deutscher Sprache zu führen und bis zum Ablauf des auf die letzte Prüfung (§ 28p) folgenden Kalenderjahres geordnet aufzubewahren. 2Satz 1 gilt nicht hinsichtlich der Beschäftigten in privaten Haushalten. 3Die landwirtschaftliche Krankenkasse kann wegen der mitarbeitenden Familienangehörigen Ausnahmen zulassen. 4Für die Aufbewahrung der Beitragsabrechnungen und der Beitragsnachweise gilt Satz 1.

(1a) 1Bei der Ausführung eines Dienst- oder Werkvertrages im Baugewerbe oder durch Unternehmer im Speditions-, Transport- und damit verbundenen Logistikgewerbe, die im Bereich der Kurier-, Express- und Paketdienste tätig sind und im Auftrag eines anderen Unternehmers Pakete befördern, hat der Unternehmer die Entgeltunterlagen und die Beitragsabrechnung so zu gestalten, dass eine Zuordnung der Arbeitnehmer, des Arbeitsentgelts und des darauf entfallenden Gesamtsozialversicherungsbeitrags zu dem jeweiligen Dienst- oder Werkvertrag möglich ist. 2Die Pflicht nach Satz 1 ruht für einen Unternehmer im Speditions-, Transport- und damit verbundenen Logistikgewerbe, der im Bereich der Kurier-, Express- und Paketdienste tätig ist, solange er eine Präqualifikation oder eine Unbedenklichkeitsbescheinigung im Sinne von § 28e

Absatz 3f Satz 1 und 2 oder eine Unbedenklichkeitsbescheinigung nach § 150 Absatz 3 Satz 2 des Siebten Buches vorlegen kann.

(1b) $_{1}$Hat ein Arbeitgeber keinen Sitz im Inland, hat er zur Erfüllung der Pflichten nach Absatz 1 Satz 1 einen Bevollmächtigten mit Sitz im Inland zu bestellen. $_{2}$Als Sitz des Arbeitgebers gilt der Beschäftigungsbetrieb des Bevollmächtigten im Inland, in Ermangelung eines solchen der Wohnsitz oder gewöhnliche Aufenthalt des Bevollmächtigten. $_{3}$Im Fall von Satz 2 zweiter Halbsatz findet § 98 Absatz 1 Satz 4 des Zehnten Buches keine Anwendung.

(2) $_{1}$Hat ein Arbeitgeber die Aufzeichnungspflicht nicht ordnungsgemäß erfüllt und können dadurch die Versicherungs- oder Beitragspflicht oder die Beitragshöhe nicht festgestellt werden, kann der prüfende Träger der Rentenversicherung den Beitrag in der Kranken-, Pflege- und Rentenversicherung und zur Arbeitsförderung von der Summe der vom Arbeitgeber gezahlten Arbeitsentgelte geltend machen. $_{2}$Satz 1 gilt nicht, soweit ohne unverhältnismäßig großen Verwaltungsaufwand festgestellt werden kann, dass Beiträge nicht zu zahlen waren oder Arbeitsentgelt einem bestimmten Beschäftigten zugeordnet werden kann. $_{3}$Soweit der prüfende Träger der Rentenversicherung die Höhe der Arbeitsentgelte nicht oder nicht ohne unverhältnismäßig großen Verwaltungsaufwand ermitteln kann, hat er diese zu schätzen. $_{4}$Dabei ist für das monatliche Arbeitsentgelt eines Beschäftigten das am Beschäftigungsort ortsübliche Arbeitsentgelt mitzuberücksichtigen. $_{5}$Der prüfende Träger der Rentenversicherung hat einen auf Grund der Sätze 1, 3 und 4 ergangenen Bescheid insoweit zu widerrufen, als nachträglich Versicherungs- oder Beitragspflicht oder Versicherungsfreiheit festgestellt und die Höhe des Arbeitsentgelts nachgewiesen werden. $_{6}$Die von dem Arbeitgeber auf Grund dieses Bescheides geleisteten Zahlungen sind insoweit mit der Beitragsforderung zu verrechnen.

(3) $_{1}$Der Arbeitgeber hat der Einzugsstelle einen Beitragsnachweis zwei Arbeitstage vor Fälligkeit der Beiträge durch Datenübertragung zu übermitteln; dies gilt nicht hinsichtlich der Beschäftigten in privaten Haushalten bei Verwendung von Haushaltsschecks. $_{2}$Übermittelt der Arbeitgeber den Beitragsnachweis nicht zwei Arbeitstage vor Fälligkeit der Beiträge, so kann die Einzugsstelle das für die Beitragsberechnung maßgebende Arbeitsentgelt schätzen, bis der Nachweis ordnungsgemäß übermittelt wird. $_{3}$Der Beitragsnachweis gilt für die Vollstreckung als Leistungsbescheid der Einzugsstelle und im Insolvenzverfahren als Dokument zur Glaubhaftmachung der Forderungen der Einzugsstelle. $_{4}$Im Beitragsnachweis ist auch die Steuernummer des Arbeitgebers anzugeben, wenn der Beitragsnachweis die Pauschsteuer für geringfügig Beschäftigte enthält.

§ 28g Beitragsabzug

$_{1}$Der Arbeitgeber und in den Fällen der nach § 7f Absatz 1 Satz 1 Nummer 2 auf die Deutsche Rentenversicherung Bund übertragenen Wertguthaben die Deutsche Rentenversicherung Bund hat gegen den Beschäftigten einen Anspruch auf den vom Beschäftigten zu tragenden Teil des Gesamtsozialversicherungsbeitrags. $_{2}$Dieser Anspruch kann nur durch Abzug vom Arbeitsentgelt geltend gemacht werden. $_{3}$Ein unterbliebener Abzug darf nur bei den drei nächsten Lohn- oder Gehaltszahlungen nachgeholt werden, danach nur dann, wenn der Abzug ohne Verschulden des Arbeitgebers unterblieben ist. $_{4}$Die Sätze 2 und 3 gelten nicht, wenn der Beschäftigte seinen Pflichten nach § 28o Absatz 1 vorsätzlich oder grob fahrlässig nicht nachkommt oder er den Gesamtsozialversicherungsbeitrag allein trägt oder solange der Beschäftigte nur Sachbezüge erhält.

§ 28h Einzugsstellen

(1) $_{1}$Der Gesamtsozialversicherungsbeitrag ist an die Krankenkassen (Einzugsstellen) zu zahlen. $_{2}$Die Einzugsstelle überwacht die Einreichung des Beitragsnachweises und die Zahlung des Gesamtsozialversicherungsbeitrags. $_{3}$Beitragsansprüche, die nicht rechtzeitig erfüllt worden sind, hat die Einzugsstelle geltend zu machen.

(2) $_{1}$Die Einzugsstelle entscheidet über die Versicherungspflicht und Beitragshöhe in der Kranken-, Pflege- und Rentenversicherung sowie nach dem Recht der Arbeitsförderung auf Verlangen des Arbeitgebers durch einen schriftlichen oder elektronischen Bescheid; sie erlässt auch den Widerspruchsbescheid. $_{2}$Soweit die Einzugsstelle die Höhe des Arbeitsentgelts nicht oder nicht ohne unverhältnismäßig großen Verwaltungsaufwand ermitteln kann, hat sie dieses zu schätzen. $_{3}$Dabei ist für das monatliche Arbeitsentgelt des Beschäftigten das am Beschäftigungsort ortsübliche Arbeitsentgelt mit zu berücksichtigen. $_{4}$Die nach § 28i Satz 5 zuständige Einzugsstelle prüft die Einhaltung der Arbeitsentgeltgrenze bei geringfügiger Beschäftigung nach den §§ 8 und 8a und entscheidet bei deren Überschreiten über die Versicherungspflicht in der Kranken-, Pflege- und Rentenversicherung sowie nach dem Recht der Arbeitsförderung; sie erlässt auch den Widerspruchsbescheid.

IV

(3) $_{1}$Bei Verwendung eines Haushaltsschecks vergibt die Einzugsstelle im Auftrag der Bundesagentur für Arbeit die Betriebsnummer des Arbeitgebers, berechnet den Gesamtsozialversicherungsbeitrag und die Umlagen nach dem Aufwendungsausgleichsgesetz und zieht diese vom Arbeitgeber im Wege des Lastschriftverfahrens ein. $_{2}$Die Einzugsstelle meldet bei Beginn und Ende der Beschäftigung und zum Jahresende der Datenstelle der Rentenversicherung die für die Rentenversicherung und die Bundesagentur für Arbeit erforderlichen Daten eines jeden Beschäftigten. $_{3}$Die Einzugsstelle teilt dem Beschäftigten den Inhalt der abgegebenen Meldung schriftlich oder durch gesicherte Datenübertragung mit.

(4) Bei Verwendung eines Haushaltsschecks bescheinigt die Einzugsstelle dem Arbeitgeber zum Jahresende

1. den Zeitraum, für den Beiträge zur Rentenversicherung gezahlt wurden, und
2. die Höhe des Arbeitsentgelts (§ 14 Absatz 3), des von ihm getragenen Gesamtsozialversicherungsbeitrags und der Umlagen.

§ 28i Zuständige Einzugsstelle

$_{1}$Zuständige Einzugsstelle für den Gesamtsozialversicherungsbeitrag ist die Krankenkasse, von der die Krankenversicherung durchgeführt wird. $_{2}$Für Beschäftigte, die bei keiner Krankenkasse versichert sind, werden Beiträge zur Rentenversicherung und zur Arbeitsförderung an die Einzugsstelle gezahlt, die der Arbeitgeber in entsprechender Anwendung des § 175 Absatz 3 Satz 2 des Fünften Buches gewählt hat. $_{3}$Zuständige Einzugsstelle ist in den Fällen des § 28f Absatz 2 die nach § 175 Absatz 3 Satz 4 des Fünften Buches bestimmte Krankenkasse. $_{4}$Zuständige Einzugsstelle ist in den Fällen des § 2 Absatz 3 die Deutsche Rentenversicherung Knappschaft-Bahn-See. $_{5}$Bei geringfügigen Beschäftigungen ist zuständige Einzugsstelle die Deutsche Rentenversicherung Knappschaft-Bahn-See als Träger der Rentenversicherung.

§ 28k Weiterleitung von Beiträgen

(1) $_{1}$Die Einzugsstelle leitet dem zuständigen Träger der Pflegeversicherung, der Rentenversicherung und der Bundesagentur für Arbeit die für diese gezahlten Beiträge einschließlich der Zinsen auf Beiträge und Säumniszuschläge arbeitstäglich weiter; dies gilt entsprechend für die Weiterleitung der Beiträge zur gesetzlichen Krankenversicherung an den Gesundheitsfonds. $_{2}$Die Deutsche Rentenversicherung Bund teilt den Einzugsstellen die zuständigen Träger der Rentenversicherung und deren Beitragsanteil spätestens bis zum 31. Oktober eines jeden Jahres für das folgende Kalenderjahr mit. $_{3}$Die Deutsche Rentenversicherung Bund legt den Verteilungsschlüssel für die Aufteilung der Beitragseinnahmen der allgemeinen Rentenversicherung auf die einzelnen Träger unter Berücksichtigung der folgenden Parameter fest:

1. Für die Aufteilung zwischen Deutsche Rentenversicherung Bund und Regionalträgern:
   a) Für 2005 die prozentuale Aufteilung der gezahlten Pflichtbeiträge zur Rentenversicherung der Arbeiter und der Rentenversicherung der Angestellten im Jahr 2003,
   b) Fortschreibung dieser Anteile in den folgenden Jahren unter Berücksichtigung der Veränderung des Anteils der bei den Regionalträgern Pflichtversicherten gegenüber dem jeweiligen vorvergangenen Kalenderjahr.
2. Für die Aufteilung der Beiträge unter den Regionalträgern: Das Verhältnis der Pflichtversicherten dieser Träger untereinander.
3. Für die Aufteilung zwischen Deutsche Rentenversicherung Bund und Deutsche Rentenversicherung Knappschaft-Bahn-See: Das Verhältnis der in der allgemeinen Rentenversicherung Pflichtversicherten dieser Träger untereinander.

(2) $_{1}$Bei geringfügigen Beschäftigungen werden die Beiträge zur Krankenversicherung an den Gesundheitsfonds, bei Versicherten in der landwirtschaftlichen Krankenversicherung an die Sozialversicherung für Landwirtschaft, Forsten und Gartenbau weitergeleitet. $_{2}$Das Nähere zur Bestimmung des Anteils der Sozialversicherung für Landwirtschaft, Forsten und Gartenbau, insbesondere über eine pauschale Berechnung und Aufteilung, vereinbaren die Sozialversicherung für Landwirtschaft, Forsten und Gartenbau und die Spitzenverbände der beteiligten Träger der Sozialversicherung.

§ 28l Vergütung

(1) $_{1}$Die Einzugsstellen, die Träger der Rentenversicherung und die Bundesagentur für Arbeit erhalten für

1. die Geltendmachung der Beitragsansprüche,
2. den Einzug, die Verwaltung, die Weiterleitung, die Abrechnung und die Abstimmung der Beiträge,
3. die Prüfung bei den Arbeitgebern,
4. die Durchführung der Meldeverfahren,
5. die Ausstellung der Versicherungsnummernachweise,
6. die Durchführung des Haushaltsscheckverfahrens, soweit es über die Verfahren nach den Nummern 1 bis 5 hinausgeht und Aufgaben der Sozialversicherung betrifft,

eine pauschale Vergütung, mit der alle dadurch entstehenden Kosten abgegolten werden, dies gilt entsprechend für die Künstlersozialkasse. 2Die Höhe und die Verteilung der Vergütung werden durch Vereinbarung zwischen dem Spitzenverband Bund der Krankenkassen, der Deutschen Rentenversicherung Bund, der Deutschen Rentenversicherung Knappschaft-Bahn-See, der Bundesagentur für Arbeit und der Künstlersozialkasse geregelt; vor dem Abschluss und vor Änderungen der Vereinbarung ist die Sozialversicherung für Landwirtschaft, Forsten und Gartenbau anzuhören. 3In der Vereinbarung ist auch für den Fall, dass eine Einzugsstelle ihre Pflichten nicht ordnungsgemäß erfüllt und dadurch erhebliche Beitragsrückstände entstehen, festzulegen, dass sich die Vergütung für diesen Zeitraum angemessen mindert. 4Die Deutsche Rentenversicherung Knappschaft-Bahn-See wird ermächtigt, die ihr von den Krankenkassen nach Satz 1 zustehende Vergütung mit den nach § 28k Absatz 2 Satz 1 an den Gesundheitsfonds weiterzuleitenden Beiträgen zur Krankenversicherung für geringfügige Beschäftigungen aufzurechnen.

(2) Soweit die Einzugsstellen bei der Verwaltung von Fremdbeiträgen Gewinne erzielen, wird deren Aufteilung durch Vereinbarungen zwischen den Krankenkassen oder ihren Verbänden und der Deutschen Rentenversicherung Bund sowie der Bundesagentur für Arbeit geregelt.

§ 28m Sonderregelungen für bestimmte Personengruppen

(1) Der Beschäftigte hat den Gesamtsozialversicherungsbeitrag zu zahlen, wenn sein Arbeitgeber ein ausländischer Staat, eine über- oder zwischenstaatliche Organisation oder eine Person ist, die nicht der inländischen Gerichtsbarkeit untersteht und die Zahlungspflicht nach § 28e Absatz 1 Satz 1 nicht erfüllt.

(2) 1Heimarbeiter und Hausgewerbetreibende können, falls der Arbeitgeber seiner Verpflichtung nach § 28e bis zum Fälligkeitstage nicht nachkommt, den Gesamtsozialversicherungsbeitrag selbst zahlen. 2Soweit sie den Gesamtsozialversicherungsbeitrag selbst zahlen, entfallen die Pflichten des Arbeitgebers; § 28f Absatz 1 bleibt unberührt.

(3) Zahlt der Beschäftigte oder der Hausgewerbetreibende den Gesamtsozialversicherungsbeitrag, hat er auch die Meldungen nach § 28a abzugeben; bei den Meldungen hat die Einzugsstelle mitzuwirken.

(4) Der Beschäftigte oder der Hausgewerbetreibende, der den Gesamtsozialversicherungsbeitrag gezahlt hat, hat gegen den Arbeitgeber einen Anspruch auf den vom Arbeitgeber zu tragenden Teil des Gesamtsozialversicherungsbeitrags.

§ 28n Verordnungsermächtigung

Das Bundesministerium für Arbeit und Soziales wird ermächtigt, durch Rechtsverordnung mit Zustimmung des Bundesrates zu bestimmen,

1. die Berechnung des Gesamtsozialversicherungsbeitrags und der Beitragsbemessungsgrenzen für kürzere Zeiträume als ein Kalenderjahr,
2. zu welchem Zeitpunkt die Beiträge als eingezahlt gelten, in welcher Reihenfolge eine Schuld getilgt wird und welche Zahlungsmittel verwendet werden dürfen,
3. Näheres über die Weiterleitung und Abrechnung der Beiträge einschließlich Zinsen auf Beiträge und der Säumniszuschläge durch die Einzugsstellen an die Träger der Pflegeversicherung, der Rentenversicherung, den Gesundheitsfonds und die Bundesagentur für Arbeit, wobei von der arbeitstäglichen Weiterleitung bei Beträgen unter 2500 Euro abgesehen werden kann,
4. Näheres über die Führung von Entgeltunterlagen und zur Beitragsabrechnung sowie zur Verwendung des Beitragsnachweises.

Dritter Titel
Auskunfts- und Vorlagepflicht, Prüfung, Schadensersatzpflicht und Verzinsung

§ 28o Auskunfts- und Vorlagepflicht des Beschäftigten

(1) Der Beschäftigte hat dem Arbeitgeber die zur Durchführung des Meldeverfahrens und der Beitragszahlung erforderlichen Angaben zu machen und, soweit erforderlich, Unterlagen vorzulegen; dies gilt bei mehreren Beschäftigungen sowie bei Bezug weiterer in der gesetzlichen Krankenversicherung beitragspflichtiger Einnahmen gegenüber allen beteiligten Arbeitgebern.

(2) 1Der Beschäftigte hat auf Verlangen den zuständigen Versicherungsträgern unverzüglich Auskunft über die Art und Dauer seiner Beschäftigungen, die hierbei erzielten Arbeitsentgelte, seine Arbeitgeber und die für die Erhebung von Beiträgen notwendigen Tatsachen zu erteilen und alle für die Prüfung der Meldungen und der Beitragszahlung erforderlichen Unterlagen vorzulegen. 2Satz 1 gilt für den Hausgewerbetreibenden, soweit er den Gesamtsozialversicherungsbeitrag zahlt, entsprechend.

§ 28p Prüfung bei den Arbeitgebern

(1) 1Die Träger der Rentenversicherung prüfen bei den Arbeitgebern, ob diese ihre Meldepflichten und ihre sonstigen Pflichten nach diesem Gesetzbuch, die im Zusammenhang mit dem Gesamtsozialversicherungsbeitrag stehen, ordnungsgemäß erfüllen; sie prüfen insbesondere die Richtigkeit der Beitragszahlungen und der Meldungen (§ 28a) mindestens alle vier Jahre. 2Die Prüfung soll in kürzeren Zeitabständen erfolgen, wenn der Arbeitgeber dies verlangt. 3Die Einzugsstelle unterrichtet den für den Arbeitgeber zuständigen Träger der Rentenversicherung, wenn sie eine alsbaldige Prüfung bei dem Arbeitgeber für erforderlich hält. 4Die Prüfung umfasst auch die Entgeltunterlagen der Beschäftigten, für die Beiträge nicht gezahlt wurden. 5Die Träger der Rentenversicherung erlassen im Rahmen der Prüfung Verwaltungsakte zur Versicherungspflicht und Beitragshöhe in der Kranken-, Pflege- und Rentenversicherung sowie nach dem Recht der Arbeitsförderung einschließlich der Widerspruchsbescheide gegenüber den Arbeitgebern; insoweit gelten § 28h Absatz 2 sowie § 93 in Verbindung mit § 89 Absatz 5 des Zehnten Buches nicht. 6Die landwirtschaftliche Krankenkasse nimmt abweichend von Satz 1 die Prüfung für die bei ihr versicherten mitarbeitenden Familienangehörigen vor.

(1a) 1Die Prüfung nach Absatz 1 umfasst die ordnungsgemäße Erfüllung der Meldepflichten nach dem Künstlersozialversicherungsgesetz und die rechtzeitige und vollständige Entrichtung der Künstlersozialabgabe durch die Arbeitgeber. 2Die Prüfung erfolgt

1. mindestens alle vier Jahre bei den Arbeitgebern, die als abgabepflichtige Unternehmer nach § 24 des Künstlersozialversicherungsgesetzes bei der Künstlersozialkasse erfasst wurden,
2. mindestens alle vier Jahre bei den Arbeitgebern mit mehr als 19 Beschäftigten und
3. bei mindestens 40 Prozent der im jeweiligen Kalenderjahr zur Prüfung nach Absatz 1 anstehenden Arbeitgeber mit weniger als 20 Beschäftigten.

3Hat ein Arbeitgeber mehrere Beschäftigungsbetriebe, wird er insgesamt geprüft. 4Das Prüfverfahren kann mit der Aufforderung zur Meldung eingeleitet werden. 5Die Träger der Deutschen Rentenversicherung erlassen die erforderlichen Verwaltungsakte zur Künstlersozialabgabepflicht, zur Höhe der Künstlersozialabgabe und zur Höhe der Vorauszahlungen nach dem Künstlersozialversicherungsgesetz einschließlich der Widerspruchsbescheide. 6Die Träger der Rentenversicherung unterrichten die Künstlersozialkasse über Sachverhalte, welche die Melde- und Abgabepflichten der Arbeitgeber nach dem Künstlersozialversicherungsgesetz betreffen. 7Für die Prüfung der Arbeitgeber durch die Künstlersozialkasse gilt § 35 des Künstlersozialversicherungsgesetzes.

(1b) 1Die Träger der Rentenversicherung legen im Benehmen mit der Künstlersozialkasse die Kriterien zur Auswahl der nach Absatz 1a Satz 2 Nummer 3 zu prüfenden Arbeitgeber fest. 2Die Auswahl dient dem Ziel, alle abgabepflichtigen Arbeitgeber zu erfassen. 3Arbeitgeber mit weniger als 20 Beschäftigten, die nicht nach Absatz 1a Satz 2 Nummer 3 zu prüfen sind, werden durch die Träger der Rentenversicherung im Rahmen der Prüfung nach Absatz 1 im Hinblick auf die Künstlersozialabgabe beraten. 4Dazu erhalten sie mit der Prüfankündigung Hinweise zur Künstlersozialabgabe. 5Im Rahmen der Prüfung nach Absatz 1 lässt sich der zuständige Träger der Rentenversicherung durch den Arbeitgeber schriftlich oder elektronisch bestätigen, dass der Arbeitgeber über die Künstlersozialabgabe unterrichtet wurde und abgabepflichtige Sachverhalte melden wird. 6Bestätigt der Arbeitgeber dies nicht, wird die Prüfung nach Absatz 1a Satz 1 unverzüglich durchgeführt. 7Erlangt ein Träger der Rentenversicherung im Rahmen einer Prüfung nach Absatz 1 bei Arbeitgebern mit weniger als 20 Beschäftigten, die nicht nach Absatz 1a Satz 2 Nummer 3 geprüft werden, Hinweise auf einen künstlersozialabgabepflichtigen Sachverhalt, muss er diesen nachgehen.

(1c) 1Die Träger der Rentenversicherung teilen den Trägern der Unfallversicherung die Feststellungen aus der Prüfung bei den Arbeitgebern nach § 166 Absatz 2 des Siebten Buches mit. 2Die Träger der Unfallversicherung erlassen die erforderlichen Bescheide.

(2) 1Im Bereich der Regionalträger richtet sich die örtliche Zuständigkeit nach dem Sitz der Lohn- und Gehaltsabrechnungsstelle des Arbeitgebers. 2Die Träger der Rentenversicherung stimmen sich darüber ab, welche Arbeitgeber sie prüfen; ein Arbeitgeber ist jeweils nur von einem Träger der Rentenversicherung zu prüfen.

(3) Die Träger der Rentenversicherung unterrichten die Einzugsstellen über Sachverhalte, soweit sie die Zahlungspflicht oder die Meldepflicht des Arbeitgebers betreffen.

(4) 1Die Deutsche Rentenversicherung Bund führt ein Dateisystem, in dem die Träger der Rentenversicherung ihre elektronischen Akten führen, die im Zusammenhang mit der Durchführung der Prüfungen nach den Absätzen 1, 1a und 1c stehen. 2Die in diesem Dateisystem gespeicherten Daten dürfen nur für die Prüfung bei den Arbeitgebern durch die jeweils zuständigen Träger der Rentenversicherung verarbeitet werden.

(5) 1Die Arbeitgeber sind verpflichtet, angemessene Prüfhilfen zu leisten. 2Abrechnungsverfahren, die mit Hilfe automatischer Einrichtungen durchgeführt werden, sind in die Prüfung einzubeziehen.

(6) 1Zu prüfen sind auch steuerberatende Stellen, Rechenzentren und vergleichbare Einrichtungen, die im Auftrag des Arbeitgebers oder einer von ihm beauftragten Person Löhne und Gehälter abrechnen oder Meldungen erstatten. 2Die örtliche Zuständigkeit richtet sich im Bereich der Regionalträger nach dem Sitz dieser Stellen. 3Absatz 5 gilt entsprechend.

(6a) 1Für die Prüfung nach Absatz 1 sind dem zuständigen Rentenversicherungsträger die notwendigen Daten elektronisch aus einem systemgeprüften Entgeltabrechnungsprogramm zu übermitteln; für Daten aus der Finanzbuchhaltung kann dies nur im Einvernehmen mit dem Arbeitgeber erfolgen. 2Die Deutsche Rentenversicherung Bund bestimmt in Grundsätzen bundeseinheitlich das Nähere zum Verfahren der Datenübermittlung und der dafür erforderlichen Datensätze und Datenbausteine. 3Die Grundsätze bedürfen der Genehmigung des Bundesministeriums für Arbeit und Soziales, das vorher die Bundesvereinigung der Deutschen Arbeitgeberverbände anzuhören hat.

(7) 1Die Träger der Rentenversicherung haben eine Übersicht über die Ergebnisse ihrer Prüfungen zu führen und bis zum 31. März eines jeden Jahres für das abgelaufene Kalenderjahr den Aufsichtsbehörden vorzulegen. 2Das Nähere über Inhalt und Form der Übersicht bestimmen einvernehmlich die Aufsichtsbehörden der Träger der Rentenversicherung mit Wirkung für diese.

(8) 1Die Deutsche Rentenversicherung Bund führt ein Dateisystem, in dem der Name, die Anschrift, die Betriebsnummer, der für den Arbeitgeber zuständige Unfallversicherungsträger und weitere Identifikationsmerkmale eines jeden Arbeitgebers sowie die für die Planung der Prüfungen bei den Arbeitgebern und die für die Übersichten nach Absatz 7 erforderlichen Daten gespeichert sind; die Deutsche Rentenversicherung Bund darf die in diesem Dateisystem gespeicherten Daten nur für die Prüfung bei den Arbeitgebern und zur Ermittlung der nach dem Künstlersozialversicherungsgesetz abgabepflichtigen Unternehmer verarbeiten. 2In das Dateisystem ist eine Kennzeichnung aufzunehmen, wenn nach § 166 Absatz 2 Satz 2 des Siebten Buches die Prüfung der Arbeitgeber für die Unfallversicherung nicht von den Trägern der Rentenversicherung durchzuführen ist; die Träger der Unfallversicherung haben die erforderlichen Angaben zu übermitteln. 3Die Datenstelle der Rentenversicherung führt für die Prüfung bei den Arbeitgebern ein Dateisystem, in dem neben der Betriebsnummer eines jeden Arbeitgebers, die Betriebsnummer des für den Arbeitgeber zuständigen Unfallversicherungsträgers, die Unternehmernummer nach § 136a des Siebten Buches des Arbeitgebers, das in der Unfallversicherung beitragspflichtige Entgelt der bei ihm Beschäftigten in Euro, die anzuwendenden Gefahrtarifstellen der bei ihm Beschäftigten, die Versicherungsnummern der bei ihm Beschäftigten einschließlich des Beginns und des Endes von deren Beschäftigung, die Bezeichnung der für jeden Beschäftigten zuständigen Einzugsstelle sowie eine Kennzeichnung des Vorliegens einer geringfügigen Beschäftigung gespeichert sind. 4Sie darf die Daten der Stammsatzdatei nach § 150 Absatz 1 und 2 des Sechsten Buches sowie die Daten des Dateisystems nach § 150 Absatz 3 des Sechsten Buches und der Stammdatendatei nach § 101 für die Prüfung bei den Arbeitgebern speichern, verändern, nutzen, übermitteln oder in der Verarbeitung einschränken; dies gilt für die Daten der Stammsatzdatei auch für Prüfungen nach § 212a des Sechsten Buches. 5Sie ist verpflichtet, auf Anforderung des prüfenden Trägers der Rentenversicherung

1. die in den Dateisystemen nach den Sätzen 1 und 3 gespeicherten Daten,
2. die in den Versicherungskonten der Träger der Rentenversicherung gespeicherten, auf den Prüfungszeitraum entfallenden Daten der bei dem zu prüfenden Arbeitgeber Beschäftigten,
3. die bei den für den Arbeitgeber zuständigen Einzugsstellen gespeicherten Daten aus den Beitragsnachweisen (§ 28f Absatz 3) für die Zeit nach dem Zeitpunkt, bis zu dem der Arbeitgeber zuletzt geprüft wurde,
4. die bei der Künstlersozialkasse über den Arbeitgeber gespeicherten Daten zur Melde- und Abgabepflicht für den Zeitraum seit der letzten Prüfung sowie
5. die bei den Trägern der Unfallversicherung gespeicherten Daten zur Melde- und Beitragspflicht sowie zur Gefahrtarifstelle für den Zeitraum seit der letzten Prüfung,

zu verarbeiten, soweit dies für die Prüfung, ob die Arbeitgeber ihre Meldepflichten und ihre sonstigen Pflichten nach diesem Gesetzbuch, die im Zusammenhang mit dem Gesamtsozialversicherungsbeitrag stehen, sowie ihre Pflichten als zur Abgabe Verpflichtete nach dem Künstlersozialversicherungsgesetz und ihre Pflichten nach dem Siebten Buch zur Meldung und Beitragszahlung ordnungsgemäß erfüllen, erforderlich

IV

ist. $_{6}$Die dem prüfenden Träger der Rentenversicherung übermittelten Daten sind unverzüglich nach Abschluss der Prüfung bei der Datenstelle und beim prüfenden Träger der Rentenversicherung zu löschen. $_{7}$Die Träger der Rentenversicherung, die Einzugsstellen, die Künstlersozialkasse und die Bundesagentur für Arbeit sind verpflichtet, der Deutschen Rentenversicherung Bund und der Datenstelle die für die Prüfung bei den Arbeitgebern erforderlichen Daten zu übermitteln. $_{8}$Sind für die Prüfung bei den Arbeitgebern Daten zu übermitteln, so dürfen sie auch durch Abruf im automatisierten Verfahren übermittelt werden, ohne dass es einer Genehmigung nach § 79 Absatz 1 des Zehnten Buches bedarf. $_{9}$Soweit es für die Erfüllung der Aufgaben der gemeinsamen Einrichtung als Einzugsstelle nach § 356 des Dritten Buches erforderlich ist, wertet die Datenstelle der Rentenversicherung aus den Daten nach Satz 5 das Identifikationsmerkmal zur wirtschaftlichen Tätigkeit des geprüften Arbeitgebers sowie die Angaben über die Tätigkeit nach dem Schlüsselverzeichnis der Bundesagentur für Arbeit der Beschäftigten des geprüften Arbeitgebers aus und übermittelt das Ergebnis der gemeinsamen Einrichtung. $_{10}$Die übermittelten Daten dürfen von der gemeinsamen Einrichtung auch zum Zweck der Erfüllung der Aufgaben nach § 5 des Tarifvertragsgesetzes genutzt werden. $_{11}$Die Kosten der Auswertung und der Übermittlung der Daten nach Satz 9 hat die gemeinsame Einrichtung der Deutschen Rentenversicherung Bund zu erstatten. $_{12}$Die gemeinsame Einrichtung berichtet dem Bundesministerium für Arbeit und Soziales bis zum 1. Januar 2025 über die Wirksamkeit des Verfahrens nach Satz 9.

(9) Das Bundesministerium für Arbeit und Soziales bestimmt im Einvernehmen mit dem Bundesministerium für Gesundheit durch Rechtsverordnung mit Zustimmung des Bundesrates das Nähere über

1. den Umfang der Pflichten des Arbeitgebers, der Beschäftigten und der in Absatz 6 genannten Stellen bei Abrechnungsverfahren, die mit Hilfe automatischer Einrichtungen durchgeführt werden,
2. die Durchführung der Prüfung sowie die Behebung von Mängeln, die bei der Prüfung festgestellt worden sind und
3. den Inhalt des Dateisystems nach Absatz 8 Satz 1 hinsichtlich der für die Planung der Prüfungen bei Arbeitgebern und der für die Prüfung bei Einzugsstellen erforderlichen Daten, über den Aufbau und die Aktualisierung dieses Dateisystems sowie über den Umfang der Daten aus diesem Dateisystem, die von den Einzugsstellen und der Bundesagentur für Arbeit nach § 28q Absatz 5 abgerufen werden können.

(10) Arbeitgeber werden wegen der Beschäftigten in privaten Haushalten nicht geprüft.

(11) $_{1}$Sind beim Übergang der Prüfung der Arbeitgeber von Krankenkassen auf die Träger der Rentenversicherung Angestellte übernommen worden, die am 1. Januar 1995 ganz oder überwiegend mit der Prüfung der Arbeitgeber beschäftigt waren, sind die bis zum Zeitpunkt der Übernahme gültigen Tarifverträge oder sonstigen kollektiven Vereinbarungen für die übernommenen Arbeitnehmer bis zum Inkrafttreten neuer Tarifverträge oder sonstiger kollektiver Vereinbarungen maßgebend. $_{2}$Soweit es sich bei einem gemäß Satz 1 übernommenen Beschäftigten um einen Dienstordnungs-Angestellten handelt, tragen der aufnehmende Träger der Rentenversicherung und die abgebende Krankenkasse bei Eintritt des Versorgungsfalles die Versorgungsbezüge anteilig, sofern der Angestellte im Zeitpunkt der Übernahme das 45. Lebensjahr bereits vollendet hatte. $_{3}$§ 107b Absatz 2 bis 5 des Beamtenversorgungsgesetzes gilt sinngemäß.

§ 28q Prüfung bei den Einzugsstellen und den Trägern der Rentenversicherung

(1) $_{1}$Die Träger der Rentenversicherung und die Bundesagentur für Arbeit prüfen bei den Einzugsstellen die Durchführung der Aufgaben, für die die Einzugsstellen eine Vergütung nach § 28l Absatz 1 erhalten, mindestens alle vier Jahre. $_{2}$Satz 1 gilt auch im Verhältnis der Deutschen Rentenversicherung Bund zur Künstlersozialkasse. $_{3}$Die Deutsche Rentenversicherung Bund speichert in dem in § 28p Absatz 8 Satz 1 genannten Dateisystem Daten aus dem Bescheid des Trägers der Rentenversicherung nach § 28p Absatz 1 Satz 5, soweit dies für die Prüfung bei den Einzugsstellen nach Satz 1 erforderlich ist. $_{4}$Sie darf diese Daten nur für die Prüfung bei den Einzugsstellen speichern, verändern, nutzen, übermitteln oder in der Verarbeitung einschränken. $_{5}$Die Datenstelle der Rentenversicherung hat auf Anforderung des prüfenden Trägers der Rentenversicherung die in dem Dateisystem nach § 28p Absatz 8 Satz 3 gespeicherten Daten diesem zu übermitteln, soweit dies für die Prüfung nach Satz 1 erforderlich ist. $_{6}$Die Übermittlung darf auch durch Abruf im automatisierten Verfahren erfolgen, ohne dass es einer Genehmigung nach § 79 Absatz 1 des Zehnten Buches bedarf.

(1a) $_{1}$Die Träger der Rentenversicherung und die Bundesagentur für Arbeit prüfen bei den Einzugsstellen für das Bundesamt für Soziale Sicherung als Verwalter des Gesundheitsfonds im Hinblick auf die Krankenversicherungsbeiträge im Sinne des § 28d Absatz 1 Satz 1 die Geltendmachung der Beitragsansprüche, den Einzug, die Verwaltung, die Weiterleitung und die Abrechnung der Beiträge entsprechend § 28l Absatz 1 Satz 1 Nummer 1 und 2. $_2$Absatz 1 Satz 3 und 4 gilt entsprechend. $_3$Die mit der Prüfung nach Satz 1 befassten Stellen übermitteln dem Bundesamt für Soziale Sicherung als Verwalter des Gesundheitsfonds die zur Geltendmachung der in § 28r Absatz 1 und 2 bezeichneten Rechte erforderlichen Prüfungsergebnisse. $_4$Die durch die Aufgabenübertragung und -wahrnehmung entstehenden Kosten sind den Trägern der Rentenversicherung und der Bundesagentur für Arbeit aus den Einnahmen des Gesundheitsfonds zu erstatten. $_5$Die Einzelheiten des Verfahrens und der Vergütung vereinbaren die Träger der Rentenversicherung und die Bundesagentur für Arbeit mit dem Bundesamt für Soziale Sicherung als Verwalter des Gesundheitsfonds.

(2) Die Einzugsstellen haben die für die Prüfung erforderlichen Unterlagen bis zur nächsten Einzugsstellenprüfung aufzubewahren und bei der Prüfung bereitzuhalten.

(3) $_1$Die Einzugsstellen sind verpflichtet, bei der Darlegung der Kassen- und Rechnungsführung aufklärend mitzuwirken und bei Verfahren, die mit Hilfe automatischer Einrichtungen durchgeführt werden, angemessene Prüfhilfen zu leisten. $_2$Der Spitzenverband Bund der Krankenkassen, die Deutsche Rentenversicherung Bund und die Bundesagentur für Arbeit treffen entsprechende Vereinbarungen. $_3$Die Deutsche Rentenversicherung Knappschaft-Bahn-See und die landwirtschaftliche Krankenkasse können dabei ausgenommen werden.

(4) $_1$Die Prüfung erstreckt sich auf alle Stellen, die Aufgaben der in Absatz 1 genannten Art für die Einzugsstelle wahrnehmen. $_2$Die Absätze 2 und 3 gelten insoweit für diese Stellen entsprechend.

(5) $_1$Die Einzugsstellen und die Bundesagentur für Arbeit prüfen gemeinsam bei den Trägern der Rentenversicherung deren Aufgaben nach § 28p mindestens alle vier Jahre. $_2$Die Prüfung kann durch Abruf der Arbeitgeberdateisysteme (§ 28p Absatz 8) im automatisierten Verfahren durchgeführt werden. $_3$Bei geringfügigen Beschäftigungen gelten die Sätze 1 und 2 nicht für die Deutsche Rentenversicherung Knappschaft-Bahn-See als Einzugsstelle.

(6) $_1$Die Deutsche Rentenversicherung Bund führt ein Dateisystem, in dem die Träger der Rentenversicherung ihre elektronischen Akten führen, die im Zusammenhang mit der Durchführung der Prüfungen nach den Absätzen 1 und 1a stehen. $_2$Die in diesem Dateisystem gespeicherten Daten dürfen nur für die Prüfungen nach den Absätzen 1 und 1a durch die jeweils zuständigen Träger der Rentenversicherung verarbeitet werden.

§ 28r Schadensersatzpflicht, Verzinsung

(1) $_1$Verletzt ein Organ oder ein Bediensteter der Einzugsstelle schuldhaft eine diesem nach diesem Abschnitt auferlegte Pflicht, haftet die Einzugsstelle dem Träger der Pflegeversicherung, der Rentenversicherung und der Bundesagentur für Arbeit sowie dem Gesundheitsfonds für einen diesen zugefügten Schaden. $_2$Die Schadensersatzpflicht wegen entgangener Zinsen beschränkt sich auf den sich aus Absatz 2 ergebenden Umfang.

(2) Werden Beiträge, Zinsen auf Beiträge oder Säumniszuschläge schuldhaft nicht rechtzeitig weitergeleitet, hat die Einzugsstelle Zinsen in Höhe von zwei vom Hundert über dem jeweiligen Basiszinssatz nach § 247 des Bürgerlichen Gesetzbuchs zu zahlen.

(3) $_1$Verletzt ein Organ oder ein Bediensteter des Trägers der Rentenversicherung schuldhaft eine diesem nach § 28p auferlegte Pflicht, haftet der Träger der Rentenversicherung dem Gesundheitsfonds, der Krankenkasse, der Pflegekasse und der Bundesagentur für Arbeit für einen diesen zugefügten Schaden; dies gilt entsprechend gegenüber den Trägern der Unfallversicherung für die Prüfung nach § 166 Absatz 2 des Siebten Buches. $_2$Für entgangene Beiträge sind Zinsen in Höhe von zwei vom Hundert über dem jeweiligen Basiszinssatz nach § 247 des Bürgerlichen Gesetzbuchs zu zahlen.

Vierter Abschnitt
Träger der Sozialversicherung

Erster Titel
Verfassung

§ 29 Rechtsstellung

(1) Die Träger der Sozialversicherung (Versicherungsträger) sind rechtsfähige Körperschaften des öffentlichen Rechts mit Selbstverwaltung.

(2) Die Selbstverwaltung wird, soweit § 44 nichts Abweichendes bestimmt, durch die Versicherten und die Arbeitgeber ausgeübt.

(3) Die Versicherungsträger erfüllen im Rahmen des Gesetzes und des sonstigen für sie maßgebenden Rechts ihre Aufgaben in eigener Verantwortung.

§ 30 Eigene und übertragene Aufgaben

(1) Die Versicherungsträger dürfen nur Geschäfte zur Erfüllung ihrer gesetzlich vorgeschriebenen oder zugelassenen Aufgaben führen und ihre Mittel nur für diese Aufgaben sowie die Verwaltungskosten verwenden.

(2) $_{1}$Den Versicherungsträgern dürfen Aufgaben anderer Versicherungsträger und Träger öffentlicher Verwaltung nur auf Grund eines Gesetzes übertragen werden; dadurch entstehende Kosten sind ihnen zu erstatten. $_{2}$Verwaltungsvereinbarungen der Versicherungsträger zur Durchführung ihrer Aufgaben bleiben unberührt.

(3) $_{1}$Versicherungsträger können die für sie zuständigen obersten Bundes- und Landesbehörden insbesondere in Fragen der Rechtsetzung kurzzeitig personell unterstützen. $_{2}$Dadurch entstehende Kosten sind ihnen grundsätzlich zu erstatten; Ausnahmen werden in den jeweiligen Gesetzen zur Feststellung der Haushalte von Bund und Ländern festgelegt.

§ 31 Organe

(1) $_{1}$Bei jedem Versicherungsträger werden als Selbstverwaltungsorgane eine Vertreterversammlung und ein Vorstand gebildet. $_{2}$Jeder Versicherungsträger hat einen Geschäftsführer, der dem Vorstand mit beratender Stimme angehört. $_{3}$Die Aufgaben des Geschäftsführers werden bei der Deutschen Rentenversicherung Bund durch das Direktorium wahrgenommen.

(2) Die Vertreterversammlung, der Vorstand und der Geschäftsführer nehmen im Rahmen ihrer Zuständigkeit die Aufgaben des Versicherungsträgers wahr.

(3) $_{1}$Die vertretungsberechtigten Organe des Versicherungsträgers haben die Eigenschaft einer Behörde. $_{2}$Sie führen das Dienstsiegel des Versicherungsträgers.

(3a) $_{1}$Bei den in § 35a Absatz 1 genannten Krankenkassen wird abweichend von Absatz 1 ein Verwaltungsrat als Selbstverwaltungsorgan sowie ein hauptamtlicher Vorstand gebildet. $_{2}$§ 31 Absatz 1 Satz 2 gilt für diese Krankenkassen nicht.

(3b) $_{1}$Bei der Deutschen Rentenversicherung Bund werden eine Bundesvertreterversammlung und ein Bundesvorstand gebildet. $_{2}$Diese Organe entscheiden anstelle der Vertreterversammlung und des Vorstandes, soweit § 64 Absatz 4 gilt.

(4) $_{1}$Die Sektionen, die Bezirksverwaltungen und die Landesgeschäftsstellen der Versicherungsträger können Selbstverwaltungsorgane bilden. $_{2}$Die Satzung grenzt die Aufgaben und die Befugnisse dieser Organe gegenüber den Aufgaben und Befugnissen der Organe der Hauptverwaltung ab.

§ 32 (weggefallen)

§ 33 Vertreterversammlung, Verwaltungsrat

(1) $_{1}$Die Vertreterversammlung beschließt die Satzung und sonstiges autonomes Recht des Versicherungsträgers sowie in den übrigen durch Gesetz oder sonstiges für den Versicherungsträger maßgebendes Recht vorgesehenen Fällen. $_{2}$Bei der Deutschen Rentenversicherung Bund wird der Beschluss über die Satzung von der Bundesvertreterversammlung nach § 31 Absatz 3b gefasst; der Beschluss wird gemäß § 64 Absatz 4 gefasst, soweit die Satzung Regelungen zu Grundsatz- und Querschnittsaufgaben der Deutschen Rentenversicherung oder zu gemeinsamen Angelegenheiten der Träger der Rentenversicherung trifft. $_{3}$Im Übrigen entscheidet die Mehrheit der abgegebenen Stimmen der durch Wahl der Versicherten und Arbeitgeber der Deutschen Rentenversicherung Bund bestimmten Mitglieder.

(2) $_{1}$Die Vertreterversammlung vertritt den Versicherungsträger gegenüber dem Vorstand und dessen Mitgliedern. $_{2}$Sie kann in der Satzung oder im Einzelfall bestimmen, dass das Vertretungsrecht gemeinsam durch die Vorsitzenden der Vertreterversammlung ausgeübt wird.

(3) $_{1}$Die Absätze 1 und 2 gelten entsprechend für den Verwaltungsrat nach § 31 Absatz 3a. $_{2}$Soweit das Sozialgesetzbuch Bestimmungen über die Vertreterversammlung oder deren Vorsitzenden trifft, gelten diese für den Verwaltungsrat oder dessen Vorsitzenden. $_{3}$Dem Verwaltungsrat oder dessen Vorsitzenden obliegen auch die Aufgaben des Vorstandes oder dessen Vorsitzenden nach § 37 Absatz 2, § 38 und nach dem Zweiten Titel.

(4) $_{1}$Soweit das Sozialgesetzbuch Bestimmungen über die Vertreterversammlung oder deren Vorsitzenden trifft, gelten diese für die Bundesvertreterversammlung oder deren Vorsitzenden entsprechend. $_{2}$Für den Beschluss über die Satzung gilt Absatz 1 Satz 2 und 3.

§ 34 Satzung

(1) $_{1}$Jeder Versicherungsträger gibt sich eine Satzung. $_{2}$Sie bedarf der Genehmigung der nach den besonderen Vorschriften für die einzelnen Versicherungszweige zuständigen Behörde.

(2) $_{1}$Die Satzung und sonstiges autonomes Recht sind öffentlich bekannt zu machen. $_{2}$Sie treten, wenn kein anderer Zeitpunkt bestimmt ist, am Tag nach ihrer

Bekanntmachung in Kraft. $_{3}$Die Art der Bekanntmachung wird durch die Satzung geregelt.

§ 35 Vorstand

(1) $_{1}$Der Vorstand verwaltet den Versicherungsträger und vertritt ihn gerichtlich und außergerichtlich, soweit Gesetz oder sonstiges für den Versicherungsträger maßgebendes Recht nichts Abweichendes bestimmen. $_{2}$In der Satzung oder im Einzelfall durch den Vorstand kann bestimmt werden, dass auch einzelne Mitglieder des Vorstands den Versicherungsträger vertreten können.

(2) Der Vorstand erlässt Richtlinien für die Führung der Verwaltungsgeschäfte, soweit diese dem Geschäftsführer obliegen.

(3) $_{1}$Bei der Deutschen Rentenversicherung Bund obliegen die Aufgaben nach den Absätzen 1 und 2 dem Bundesvorstand nach § 31 Absatz 3b, soweit Grundsatz- und Querschnittsaufgaben oder gemeinsame Angelegenheiten der Träger der Rentenversicherung betroffen sind und soweit Gesetz oder sonstiges für die Deutsche Rentenversicherung Bund maßgebendes Recht nichts Abweichendes bestimmen. $_{2}$Soweit das Sozialgesetzbuch Bestimmungen über den Vorstand oder dessen Vorsitzenden trifft, gelten diese für den Bundesvorstand oder dessen Vorsitzenden entsprechend.

§ 35a Vorstand bei Orts-, Betriebs- und Innungskrankenkassen sowie Ersatzkassen

(1) $_{1}$Bei den Orts-, Betriebs- und Innungskrankenkassen sowie den Ersatzkassen verwaltet der Vorstand die Krankenkasse und vertritt die Krankenkasse gerichtlich und außergerichtlich, soweit Gesetz und sonstiges für die Krankenkasse maßgebendes Recht nichts Abweichendes bestimmen. $_{2}$In der Satzung oder im Einzelfall durch den Vorstand kann bestimmt werden, dass auch einzelne Mitglieder des Vorstandes die Krankenkasse vertreten können. $_{3}$Innerhalb der vom Vorstand erlassenen Richtlinien verwaltet jedes Mitglied des Vorstands seinen Geschäftsbereich eigenverantwortlich. $_{4}$Bei Meinungsverschiedenheiten entscheidet der Vorstand; bei Stimmengleichheit entscheidet der Vorsitzende.

(2) $_{1}$Der Vorstand hat dem Verwaltungsrat zu berichten über

1. die Umsetzung von Entscheidungen von grundsätzlicher Bedeutung,
2. die finanzielle Situation und die voraussichtliche Entwicklung.

$_{2}$Außerdem ist dem Vorsitzenden des Verwaltungsrates aus sonstigen wichtigen Anlässen zu berichten.

(3) $_{1}$Die Mitglieder des Vorstandes üben ihre Tätigkeit hauptamtlich aus. $_{2}$Die Amtszeit beträgt bis zu sechs Jahre; die Wiederwahl ist möglich.

(4) $_{1}$Der Vorstand besteht bei Krankenkassen mit bis zu 500 000 Mitgliedern aus höchstens zwei Personen, bei mehr als 500 000 Mitgliedern aus höchstens drei Personen. $_{2}$Ein mehrköpfiger Vorstand muss mit mindestens einer Frau und mit mindestens einem Mann besetzt sein. $_{3}$Die Mitglieder des Vorstandes vertreten sich gegenseitig. $_{4}$§ 37 Absatz 2 gilt entsprechend. $_{5}$Besteht der Vorstand nur aus einer Person, hat der Verwaltungsrat einen leitenden Beschäftigten der Krankenkasse mit dessen Stellvertretung zu beauftragen.

(5) $_{1}$Der Vorstand sowie aus seiner Mitte der Vorstandsvorsitzende und dessen Stellvertreter werden von dem Verwaltungsrat gewählt. $_{2}$Bei Betriebskrankenkassen bleibt § 149 Absatz 2 des Fünften Buches unberührt; bestellt der Arbeitgeber auf seine Kosten die für die Führung der Geschäfte erforderlichen Personen, so bedarf die Bestellung der Mitglieder des Vorstandes der Zustimmung der Mehrheit der Versichertenvertreter im Verwaltungsrat. $_{3}$Stimmt der Verwaltungsrat nicht zu und bestellt der Arbeitgeber keine anderen Mitglieder des Vorstandes, die die Zustimmung finden, werden die Aufgaben der Vorstandsmitglieder auf Kosten der Betriebskrankenkasse durch die Aufsichtsbehörde oder durch Beauftragte der Aufsichtsbehörde einstweilen wahrgenommen.

(6) $_{1}$Der Verwaltungsrat hat bei seiner Wahl darauf zu achten, dass die Mitglieder des Vorstands die erforderliche fachliche Eignung zur Führung der Verwaltungsgeschäfte besitzen auf Grund einer Fort- oder Weiterbildung im Krankenkassendienst oder einer Fachhochschul- oder Hochschulausbildung sowie in beiden Fällen zusätzlich auf Grund mehrjähriger Berufserfahrung in herausgehobenen Führungsfunktionen. $_{2}$Die Höhe der jährlichen Vergütungen der einzelnen Vorstandsmitglieder einschließlich aller Nebenleistungen sowie sämtliche Versorgungsregelungen sind betragsmäßig in einer Übersicht jährlich am 1. März im Bundesanzeiger und gleichzeitig, begrenzt auf die jeweilige Krankenkasse und ihre Verbände, in der Mitgliederzeitschrift sowie auf der Internetseite der jeweiligen Krankenkasse zu veröffentlichen. $_{3}$Die Art und die Höhe finanzieller Zuwendungen, die den Vorstandsmitgliedern in Zusammenhang mit ihrer Vorstandstätigkeit von Dritten gewährt werden, sind

dem Vorsitzenden und dem stellvertretenden Vorsitzenden des Verwaltungsrates mitzuteilen.

(6a) $_{1}$Der Abschluss, die Verlängerung oder die Änderung eines Vorstandsdienstvertrags bedürfen zu ihrer Wirksamkeit der vorherigen Zustimmung der Aufsichtsbehörde. $_{2}$Die Vergütung der Mitglieder des Vorstandes einschließlich aller Nebenleistungen und Versorgungsregelungen hat in angemessenem Verhältnis zur Bedeutung der Körperschaft zu stehen, die sich nach der Zahl der Versicherten bemisst. $_{3}$Darüber hinaus ist die Größe des Vorstandes zu berücksichtigen. $_{4}$Finanzielle Zuwendungen nach Absatz 6 Satz 3 sind auf die Vergütung der Vorstandsmitglieder anzurechnen oder an die Körperschaft abzuführen. $_{5}$Vereinbarungen der Körperschaft für die Zukunftssicherung der Vorstandsmitglieder sind nur auf Grundlage von beitragsorientierten Zusagen zulässig.

(7) $_{1}$Für eine Amtsenthebung und eine Amtsentbindung eines Mitglieds des Vorstands durch den Verwaltungsrat gilt § 59 Absatz 2 und 3 entsprechend. $_{2}$Gründe für eine Amtsenthebung oder eine Amtsentbindung sind auch Unfähigkeit zur ordnungsgemäßen Geschäftsführung oder Vertrauensentzug durch den Verwaltungsrat, es sei denn, dass das Vertrauen aus offenbar unsachlichen Gründen entzogen worden ist. $_{3}$Verstößt ein Mitglied des Vorstandes in grober Weise gegen seine Amtspflichten und kommt ein Beschluss des Verwaltungsrates nach § 59 Absatz 3 Satz 1 nicht innerhalb einer angemessenen Frist zustande, hat die Aufsichtsbehörde dieses Mitglied seines Amtes zu entheben; Rechtsbehelfe gegen die Amtsenthebung haben keine aufschiebende Wirkung.

§ 36 Geschäftsführer

(1) Der Geschäftsführer führt hauptamtlich die laufenden Verwaltungsgeschäfte, soweit Gesetz oder sonstiges für den Versicherungsträger maßgebendes Recht nichts Abweichendes bestimmen, und vertritt den Versicherungsträger insoweit gerichtlich und außergerichtlich.

(2) Der Geschäftsführer und sein Stellvertreter werden auf Vorschlag des Vorstands von der Vertreterversammlung gewählt; § 59 Absatz 2 bis 4 gilt entsprechend.

(2a) $_{1}$Der Geschäftsführer und sein Stellvertreter werden bei der Unfallversicherung Bund und Bahn vom Bundesministerium für Arbeit und Soziales bestellt; die Bestellung bedarf der Zustimmung des Vorstandes. $_{2}$Vor der Bestellung des Geschäftsführers der Unfallversicherung Bund und Bahn ist der Beirat bei der Künstlersozialkasse zu hören.

(3) $_{1}$Bei den Feuerwehr-Unfallkassen bestimmt die zuständige oberste Verwaltungsbehörde das Nähere über die Führung der Geschäfte. $_{2}$Die Bestellung des Geschäftsführers bedarf der Zustimmung des Vorstands.

(3a) $_{1}$Das Direktorium der Deutschen Rentenversicherung Bund besteht aus einem Präsidenten als Vorsitzenden und zwei Geschäftsführern. $_{2}$Die Grundsatz- und Querschnittsaufgaben und die Außendarstellung der Deutschen Rentenversicherung Bund werden grundsätzlich vom Präsidenten wahrgenommen. $_{3}$Im Übrigen werden die Aufgabenbereiche der Mitglieder des Direktoriums durch die Satzung bestimmt. $_{4}$Die Vorschriften über den Geschäftsführer und § 36 Absatz 4 Satz 2, 5 und 6 gelten für das Direktorium entsprechend.

(3b) $_{1}$Das Direktorium der Deutschen Rentenversicherung Bund wird auf Vorschlag des Bundesvorstandes von der Bundesvertreterversammlung gemäß § 64 Absatz 4 gewählt. $_{2}$Über den Vorschlag entscheidet der Bundesvorstand der Deutschen Rentenversicherung Bund gemäß § 64 Absatz 4. $_{3}$Die Amtsdauer der Mitglieder beträgt sechs Jahre.

(4) $_{1}$Bei Versicherungsträgern mit mehr als eineinhalb Millionen Versicherten kann die Satzung bestimmen, dass die Vertreterversammlung auf Vorschlag des Vorstands eine aus drei Personen bestehende Geschäftsführung und aus deren Mitte einen Vorsitzenden wählt. $_{2}$Die Geschäftsführung muss mit mindestens einer Frau und mit mindestens einem Mann besetzt sein. $_{3}$Die Sätze 1 und 2 gelten auch bei Versicherungsträgern, die für mehrere Versicherungszweige zuständig sind. $_{4}$Die Vorschriften über den Geschäftsführer gelten für die Geschäftsführung entsprechend. $_{5}$Die Mitglieder der Geschäftsführung vertreten sich gegenseitig. $_{6}$Die Satzung kann bestimmen, dass auch einzelne Mitglieder der Geschäftsführung den Versicherungsträger vertreten können.

(5) $_{1}$Für den Geschäftsführer, seinen Stellvertreter und die Mitglieder der Geschäftsführung gelten die dienstrechtlichen Vorschriften der Sozialversicherungsgesetze und die hiernach anzuwendenden anderen dienstrechtlichen Vorschriften. $_{2}$Die in ihnen vorgeschriebenen Voraussetzungen dienstrechtlicher Art müssen bei der Wahl erfüllt sein.

(6) $_{1}$Soweit nach den für eine dienstordnungsmäßige Anstellung geltenden Vorschriften nur die Anstellung von Personen zulässig ist, die einen bestimmten Ausbildungsgang oder eine Probezeit zurückgelegt oder bestimmte Prüfungen abgelegt haben, gilt das nicht für Bewerber für das Amt eines Geschäftsführers oder

eines Mitglieds der Geschäftsführung, die die erforderliche Befähigung durch Lebens- und Berufserfahrung erworben haben. $_2$Die Feststellung, ob ein Bewerber die erforderliche Befähigung durch Lebens- und Berufserfahrung erworben hat, trifft die für die Sozialversicherung zuständige oberste Verwaltungsbehörde. $_3$Sie hat innerhalb von vier Monaten nach Vorlage der erforderlichen Unterlagen über die Befähigung des Bewerbers zu entscheiden. $_4$Die Sätze 2 und 3 gelten auch, wenn eine Dienstordnung die Anstellung eines Bewerbers für das Amt eines Stellvertreters des Geschäftsführers zulässt, der die Befähigung hierfür durch Lebens- und Berufserfahrung erworben hat.

§ 36a Besondere Ausschüsse

(1) $_1$Durch Satzung können

1. der Erlass von Widerspruchsbescheiden und
2. in der Unfallversicherung ferner
   a) die erstmalige Entscheidung über Renten, Entscheidungen über Rentenerhöhungen, Rentenherabsetzungen und Rentenentziehungen wegen Änderung der gesundheitlichen Verhältnisse,
   b) Entscheidungen über Abfindungen mit Gesamtvergütungen, Renten als vorläufige Entschädigungen, laufende Beihilfen und Leistungen bei Pflegebedürftigkeit

besonderen Ausschüssen übertragen werden. $_2$§ 35 Absatz 2 gilt entsprechend. $_3$Die Sozialversicherung für Landwirtschaft, Forsten und Gartenbau richtet insbesondere für die in der landwirtschaftlichen Sozialversicherung vertretenen Sparten (Landwirtschaft, Forsten und Gartenbau) fachbezogene besondere Ausschüsse ein, die Vorschlagsrechte haben; das Nähere wird durch die Satzung bestimmt.

(2) $_1$Die Satzung regelt das Nähere, insbesondere die Zusammensetzung der besonderen Ausschüsse und die Bestellung ihrer Mitglieder. $_2$Zu Mitgliedern der besonderen Ausschüsse können nur Personen bestellt werden, die die Voraussetzungen der Wählbarkeit als Organmitglied erfüllen und, wenn die Satzung deren Mitwirkung vorsieht, Bedienstete des Versicherungsträgers. $_3$In Angelegenheiten der Künstlersozialversicherung können auf Vorschlag der Künstlersozialkasse zu Mitgliedern der besonderen Ausschüsse Personen aus den Kreisen der nach dem Künstlersozialversicherungsgesetz Versicherten und der zur Künstlersozialabgabe Verpflichteten und Bedienstete der Deutschen Rentenversicherung Bund, der Deutschen Rentenversicherung Knappschaft-Bahn-See und der Regionalträger der gesetzlichen Rentenversicherung bestellt werden.

(3) Die §§ 40 bis 42 sowie § 63 Absatz 3a und 4 gelten für die ehrenamtlichen Mitglieder der besonderen Ausschüsse entsprechend.

§ 37 Verhinderung von Organen

(1) $_1$Solange und soweit die Wahl zu Selbstverwaltungsorganen nicht zustande kommt oder Selbstverwaltungsorgane sich weigern, ihre Geschäfte zu führen, werden sie auf Kosten des Versicherungsträgers durch die Aufsichtsbehörde selbst oder durch Beauftragte geführt. $_2$Die Verpflichtung der Aufsichtsbehörde, die Mitglieder der Selbstverwaltungsorgane zu berufen, wenn eine Wahl nicht zustande kommt, bleibt unberührt.

(2) $_1$Sind der Geschäftsführer und sein Stellvertreter oder ein Mitglied der Geschäftsführung für längere Zeit an der Ausübung ihres Amtes verhindert oder ist ihr Amt längere Zeit unbesetzt, kann der Vorstand einen leitenden Beschäftigten des Versicherungsträgers mit der vorübergehenden Wahrnehmung dieses Amtes beauftragen; bei einer Geschäftsführung erstreckt sich die Wahrnehmung des Amtes nicht auf den Vorsitz. $_2$Die Beauftragung ist der Aufsichtsbehörde unverzüglich anzuzeigen.

§ 38 Beanstandung von Rechtsverstößen

(1) $_1$Verstößt der Beschluss eines Selbstverwaltungsorgans gegen Gesetz oder sonstiges für den Versicherungsträger maßgebendes Recht, hat der Vorsitzende des Vorstands den Beschluss schriftlich und mit Begründung zu beanstanden und dabei eine angemessene Frist zur erneuten Beschlussfassung zu setzen. $_2$Die Beanstandung hat aufschiebende Wirkung.

(2) $_1$Verbleibt das Selbstverwaltungsorgan bei seinem Beschluss, hat der Vorsitzende des Vorstands die Aufsichtsbehörde zu unterrichten. $_2$Die aufschiebende Wirkung bleibt bis zu einer Entscheidung der Aufsichtsbehörde, längstens bis zum Ablauf von zwei Monaten nach ihrer Unterrichtung, bestehen.

§ 39 Versichertenälteste und Vertrauenspersonen

(1) Bei den Trägern der Rentenversicherung wählt die Vertreterversammlung Versichertenälteste.

(2) Die Satzung kann bestimmen, dass

1. bei den Trägern der Rentenversicherung die Wahl von Versichertenältesten unterbleibt,
2. auch bei anderen Versicherungsträgern die Vertreterversammlung Versichertenälteste wählt,

3. die Vertreterversammlung Vertrauenspersonen der Arbeitgeber und bei der Sozialversicherung für Landwirtschaft, Forsten und Gartenbau, Vertrauenspersonen der Selbständigen ohne fremde Arbeitskräfte wählt.

(3) 1Die Versichertenältesten haben insbesondere die Aufgabe, eine ortsnahe Verbindung des Versicherungsträgers mit den Versicherten und den Leistungsberechtigten herzustellen und diese zu beraten und zu betreuen. 2Die Satzung bestimmt das Nähere.

§ 40 Ehrenämter

(1) 1Die Mitglieder der Selbstverwaltungsorgane sowie die Versichertenältesten und die Vertrauenspersonen üben ihre Tätigkeit ehrenamtlich aus. 2Stellvertreter haben für die Zeit, in der sie die Mitglieder vertreten oder andere ihnen übertragene Aufgaben wahrnehmen, die Rechte und Pflichten eines Mitglieds. 3Satz 2 gilt für Stellvertreter von Versichertenältesten und Vertrauenspersonen entsprechend.

(2) 1Niemand darf in der Übernahme oder Ausübung eines Ehrenamtes behindert oder wegen der Übernahme oder Ausübung eines solchen Amtes benachteiligt werden. 2Mitglieder der Selbstverwaltungsorgane sowie Versichertenälteste und Vertrauenspersonen sind für die Zeiten der Ausübung ihres Ehrenamtes von ihrer Arbeit oder dienstlichen Tätigkeit freizustellen, es sei denn, dem stehen dringende betriebliche oder dienstliche Belange entgegen. 3Der Arbeitgeber oder Dienstherr soll frühzeitig informiert werden.

(3) 1Zur Teilnahme an Fortbildungsmaßnahmen, die Kenntnisse vermitteln, die für eine ordnungsgemäße Ausübung des Ehrenamts förderlich sind, haben Mitglieder der Selbstverwaltungsorgane sowie Versichertenälteste und Vertrauenspersonen Anspruch auf Urlaub an bis zu fünf Arbeitstagen pro Kalenderjahr. 2Der Anspruch nach Satz 1 ist gegenüber dem Arbeitgeber oder Dienstherrn spätestens vier Wochen vor Beginn der Fortbildungsmaßnahme schriftlich oder elektronisch geltend zu machen. 3Der Urlaub darf mit der Freistellung, die aufgrund von Bildungsurlaubsgesetzen der Länder in einem Kalenderjahr gewährt wird, insgesamt acht Arbeitstage pro Kalenderjahr nicht überschreiten. 4Für die Zeit des Urlaubs besteht nach diesem Gesetz kein Anspruch auf Lohn oder Gehalt. 5Der Verdienstausfall ist nach Maßgabe des § 41 Absatz 2 zu ersetzen. 6Der Arbeitgeber oder Dienstherr darf den Urlaub nach Satz 1 zu dem von dem Beschäftigten mitgeteilten Zeitpunkt ablehnen, wenn dringende betriebliche oder dienstliche Belange oder Urlaubsanträge anderer Beschäftigter entgegenstehen. 7Die Vertreterversammlung beschließt auf Vorschlag des Vorstands, welche Inhalte die Fortbildungsmaßnahmen nach Satz 1 haben können; bei den in § 35a Absatz 1 genannten Krankenkassen entfällt der Vorschlag des Vorstands.

§ 41 Entschädigung der ehrenamtlich Tätigen

(1) 1Der Versicherungsträger erstattet den Mitgliedern der Selbstverwaltungsorgane sowie den Versichertenältesten und den Vertrauenspersonen ihre baren Auslagen; er kann hierfür feste Sätze vorsehen. 2Die Auslagen des Vorsitzenden und der stellvertretenden Vorsitzenden eines Selbstverwaltungsorgans für ihre Tätigkeit außerhalb der Sitzung können mit einem Pauschbetrag abgegolten werden.

(2) 1Der Versicherungsträger ersetzt den Mitgliedern der Selbstverwaltungsorgane sowie den Versichertenältesten und den Vertrauenspersonen den tatsächlich entgangenen regelmäßigen Bruttoverdienst und erstattet ihnen die den Arbeitnehmeranteil übersteigenden Beiträge, die sie als ehrenamtlich tätige Arbeitnehmer nach der Vorschrift des Sechsten Buches über die Beitragstragung selbst zu tragen haben. 2Die Entschädigung beträgt für jede Stunde der versäumten regelmäßigen Arbeitszeit höchstens ein Fünfundsiebzigstel der monatlichen Bezugsgröße (§ 18). 3Wird durch schriftliche Erklärung des Berechtigten glaubhaft gemacht, dass ein Verdienstausfall entstanden ist, lässt sich dessen Höhe jedoch nicht nachweisen, ist für jede Stunde der versäumten regelmäßigen Arbeitszeit ein Drittel des in Satz 2 genannten Höchstbetrags zu ersetzen. 4Der Verdienstausfall wird je Kalendertag für höchstens zehn Stunden geleistet; die letzte angefangene Stunde ist voll zu rechnen.

(3) 1Den Mitgliedern der Selbstverwaltungsorgane kann für jeden Kalendertag einer Sitzung ein Pauschbetrag für Zeitaufwand geleistet werden; die Höhe des Pauschbetrags soll unter Beachtung des § 40 Absatz 1 Satz 1 in einem angemessenen Verhältnis zu dem regelmäßig außerhalb der Arbeitszeit erforderlichen Zeitaufwand, insbesondere für die Vorbereitung der Sitzungen, stehen. 2Ein Pauschbetrag für Zeitaufwand kann für die Tätigkeit außerhalb von Sitzungen den Vorsitzenden und den stellvertretenden Vorsitzenden der Selbstverwaltungsorgane sowie den Versichertenältesten und den Vertrauenspersonen, bei außergewöhnlicher Inanspruchnahme auch anderen Mitgliedern der Selbstverwaltungsorgane geleistet werden.

(4) 1Die Vertreterversammlung beschließt auf Vorschlag des Vorstands die festen Sätze und die Pauschbeträge nach den Absätzen 1 und 3. 2Bei den in § 35a Absatz 1 genannten Krankenkassen entfällt der

Vorschlag des Vorstandes. $_{3}$Die Beschlüsse bedürfen der Genehmigung der Aufsichtsbehörde.

§ 42 Haftung

(1) Die Haftung der Mitglieder der Selbstverwaltungsorgane richtet sich bei Verletzung einer ihnen einem Dritten gegenüber obliegenden Amtspflicht nach § 839 des Bürgerlichen Gesetzbuchs und Artikel 34 des Grundgesetzes.

(2) Die Mitglieder der Selbstverwaltungsorgane haften für den Schaden, der dem Versicherungsträger aus einer vorsätzlichen oder grob fahrlässigen Verletzung der ihnen obliegenden Pflichten entsteht.

(3) Auf Ersatz des Schadens aus einer Pflichtverletzung kann der Versicherungsträger nicht im Voraus, auf einen entstandenen Schadensersatzanspruch nur mit Genehmigung der Aufsichtsbehörde verzichten.

(4) Für Versichertenälteste und Vertrauenspersonen gelten die Absätze 1 bis 3 entsprechend.

Zweiter Titel
Zusammensetzung, Wahl und Verfahren der Selbstverwaltungsorgane, Versichertenältesten und Vertrauenspersonen

§ 43 Mitglieder der Selbstverwaltungsorgane

(1) $_{1}$Die Zahl der Mitglieder der Selbstverwaltungsorgane wird durch die Satzung entsprechend der Größe des Versicherungsträgers bestimmt und kann nur für die folgende Wahlperiode geändert werden. $_{2}$Die Vertreterversammlung hat höchstens sechzig Mitglieder; der Verwaltungsrat der in § 35a Absatz 1 genannten Krankenkassen hat höchstens dreißig Mitglieder. $_{3}$Die Vertreterversammlungen der Träger der gesetzlichen Rentenversicherung haben jeweils höchstens dreißig Mitglieder; bis zum Ablauf der am 1. Oktober 2005 laufenden Wahlperiode gilt Satz 2. $_{4}$Für die Bundesvertreterversammlung der Deutschen Rentenversicherung Bund gilt § 44 Absatz 5.

(2) $_{1}$Ein Mitglied, das verhindert ist, wird durch einen Stellvertreter vertreten. $_{2}$Stellvertreter sind die als solche in der Vorschlagsliste benannten und verfügbaren Personen in der Reihenfolge ihrer Aufstellung bis zu einer Zahl, die die der Mitglieder um vier übersteigt; Mitglieder, die eine persönliche Stellvertretung nach Satz 5 haben, bleiben hierbei unberücksichtigt. $_{3}$Bei dem Bundesvorstand der Deutschen Rentenversicherung Bund sind Stellvertreter die als solche gewählten Personen. $_{4}$Bei der Bundesvertreterversammlung der Deutschen Rentenversicherung Bund gilt Entsprechendes für die von den Regionalträgern und der Deutschen Rentenversicherung Knappschaft-Bahn-See gewählten Mitglieder. $_{5}$Anstelle einer Stellvertretung nach Satz 2 können für einzelne oder alle Mitglieder des Vorstandes sowie für einzelne oder alle Mitglieder des Verwaltungsrates der in § 35a Absatz 1 genannten Krankenkassen in der Vorschlagsliste ein erster und ein zweiter persönlicher Stellvertreter benannt werden.

(3) $_{1}$Mitglieder der Vertreterversammlung und ihre Stellvertreter können nicht gleichzeitig bei demselben Versicherungsträger Mitglieder des Vorstandes oder deren Stellvertreter sein. $_{2}$Eine Mitgliedschaft in den Selbstverwaltungsorganen mehrerer Krankenkassen ist ausgeschlossen.

§ 44 Zusammensetzung der Selbstverwaltungsorgane

(1) Die Selbstverwaltungsorgane setzen sich zusammen

1. je zur Hälfte aus Vertretern der Versicherten und der Arbeitgeber, soweit in den Nummern 2 und 3 nichts Abweichendes bestimmt ist,
2. bei der Sozialversicherung für Landwirtschaft, Forsten und Gartenbau je zu einem Drittel aus Vertretern der versicherten Arbeitnehmer (Versicherten), der Selbständigen ohne fremde Arbeitskräfte und der Arbeitgeber,
3. bei den Ersatzkassen aus Vertretern der Versicherten; dies gilt nicht nach Fusionen mit einer Krankenkasse einer anderen Kassenart oder bei der Gründung neuer Institutionen.

(2) $_{1}$Bei Betriebskrankenkassen, die für einen Betrieb oder mehrere Betriebe desselben Arbeitgebers bestehen, gehören den Selbstverwaltungsorganen außer den Vertretern der Versicherten der Arbeitgeber oder sein Vertreter an. $_{2}$Er hat dieselbe Zahl der Stimmen wie die Vertreter der Versicherten; bei einer Abstimmung kann er jedoch nicht mehr Stimmen abgeben, als den anwesenden Versichertenvertretern zustehen. $_{3}$Bei Betriebskrankenkassen, die für Betriebe mehrerer Arbeitgeber bestehen, gehören dem Verwaltungsrat jeder Arbeitgeber oder sein Vertreter an, sofern die Satzung nichts anderes bestimmt. $_{4}$Die Zahl der dem Verwaltungsrat angehörenden Arbeitgeber oder ihrer Vertreter darf die Zahl der Versichertenvertreter nicht übersteigen; Satz 2 gilt entsprechend. $_{5}$Die Satzung legt das Verfahren zur Bestimmung der Arbeitgebervertreter des Verwaltungsrates sowie die Verteilung der Stimmen und die Stellvertretung fest. $_{6}$Die Sätze 1 bis 5 gelten nicht für Betriebskrankenkassen, deren

Satzung eine Regelung nach § 173 Absatz 2 Satz 1 Nummer 4 des Fünften Buches enthält.

(2a) 1Bei den Unfallkassen der Länder und Gemeinden und den gemeinsamen Unfallkassen für den Landes- und kommunalen Bereich gehören den Selbstverwaltungsorganen außer den Vertretern der Versicherten eine gleiche Anzahl von Arbeitgebervertretern oder ein Arbeitgebervertreter an. 2Die Arbeitgebervertreter werden bestimmt

1. bei den Unfallkassen der Länder von der nach Landesrecht zuständigen Stelle,
2. bei den Unfallkassen der Gemeinden von der nach der Ortssatzung zuständigen Stelle,
3. bei den gemeinsamen Unfallkassen für den Landes- und kommunalen Bereich
   a) für den Landesbereich von der nach Landesrecht zuständigen Stelle,
   b) für den kommunalen Bereich, wenn in den Unfallkassen nur eine Gemeinde einbezogen ist, von der nach der Ortssatzung zuständigen Stelle.

3Gehört dem Selbstverwaltungsorgan nur ein Arbeitgebervertreter an, hat er die gleiche Zahl der Stimmen wie die Vertreter der Versicherten; bei einer Abstimmung kann er jedoch nicht mehr Stimmen abgeben, als den anwesenden Vertretern der Versicherten zustehen. 4Das Verhältnis der Zahl der Stimmen der Vertreter aus dem Landesbereich zu der Zahl der Stimmen der Vertreter aus dem kommunalen Bereich bei den Unfallkassen im Sinne der Nummer 3 entspricht dem Verhältnis der auf diese beiden Bereiche entfallenden nach § 2 Absatz 1 Nummer 1, 2 und 8 des Siebten Buches versicherten Personen im vorletzten Kalenderjahr vor der Wahl; das Nähere bestimmt die Satzung.

(3) 1In den Selbstverwaltungsorganen der Sozialversicherung für Landwirtschaft, Forsten und Gartenbau wirken in Angelegenheiten der Krankenversicherung der Landwirte und der Alterssicherung der Landwirte die Vertreter der Selbständigen, die in der betreffenden Versicherung nicht versichert sind und die nicht zu den in § 51 Absatz 4 genannten Beauftragten gehören, sowie die Vertreter der Arbeitnehmer nicht mit. 2An die Stelle der nicht mitwirkenden Vertreter der Selbständigen treten die Stellvertreter, die in der betreffenden Versicherung versichert sind; sind solche Stellvertreter nicht in genügender Zahl vorhanden, ist die Liste der Stellvertreter nach § 60 zu ergänzen.

(3a) Das Bundesministerium für Arbeit und Soziales und das Bundesministerium für Ernährung und Landwirtschaft gehören den Selbstverwaltungsorganen der Sozialversicherung für Landwirtschaft, Forsten und Gartenbau mit beratender Stimme an; für das Bundesministerium für Arbeit und Soziales gilt dies nicht, soweit Fragen der landwirtschaftlichen Krankenversicherung berührt werden.

(4) 1Krankenkassen nach § 35a können die Zusammensetzung des Verwaltungsrates, insbesondere die Zahl der dem Verwaltungsrat angehörenden Arbeitgeber- und Versichertenvertreter sowie die Zahl und die Verteilung der Stimmen, in ihrer Satzung mit einer Mehrheit von mehr als drei Vierteln der stimmberechtigten Mitglieder von der folgenden Wahlperiode an abweichend von den Absätzen 1 und 2 regeln. 2Der Verwaltungsrat muss mindestens zur Hälfte aus Vertretern der Versicherten bestehen. 3Im Fall der Vereinigung von Krankenkassen können die Verwaltungsräte der beteiligten Krankenkassen die Zusammensetzung des Verwaltungsrates der neuen Krankenkasse nach den Sätzen 1 und 2 mit der in Satz 1 genannten Mehrheit auch für die laufende Wahlperiode regeln.

(5) 1Die Vertreterversammlungen der Regionalträger der gesetzlichen Rentenversicherung und der Deutschen Rentenversicherung Knappschaft-Bahn-See wählen aus ihrer Selbstverwaltung jeweils zwei Mitglieder in die Bundesvertreterversammlung der Deutschen Rentenversicherung Bund. 2Die Gewählten müssen je zur Hälfte der Gruppe der Versicherten und der Gruppe der Arbeitgeber angehören. 3Die weiteren Mitglieder der Bundesvertreterversammlung der Deutschen Rentenversicherung Bund werden von den Versicherten und Arbeitgebern der Deutschen Rentenversicherung Bund gewählt; ihre Anzahl wird durch die Satzung festgelegt und darf die Zahl 30 nicht überschreiten. 4Der Vertreterversammlung der Deutschen Rentenversicherung Bund gehören die durch Wahl der Versicherten und Arbeitgeber der Deutschen Rentenversicherung Bund bestimmten Mitglieder an.

(6) 1Der Bundesvorstand der Deutschen Rentenversicherung Bund besteht aus 22 Mitgliedern. 2Zwölf Mitglieder werden auf Vorschlag der Vertreter der Regionalträger, acht Mitglieder auf Vorschlag der nach Absatz 5 Satz 3 gewählten Vertreter der Deutschen Rentenversicherung Bund und zwei Mitglieder auf Vorschlag der Vertreter der Deutschen Rentenversicherung Knappschaft-Bahn-See gewählt. 3Die Gewählten müssen je zur Hälfte der Gruppe der Versicherten und der Gruppe der Arbeitgeber angehören. 4Dem Vorstand der Deutschen Rentenversicherung Bund gehören die Mitglieder des Bundesvorstandes der Deutschen Rentenversicherung Bund an, die auf Vorschlag der nach Absatz 5 Satz 3 gewählten Ver-

treter der Deutschen Rentenversicherung Bund bestimmt wurden.

(7) $_{1}$Bei der Unfallversicherung Bund und Bahn gehören den Selbstverwaltungsorganen Arbeitgebervertreter mit insgesamt der gleichen Stimmenzahl wie die Vertreter der Versicherten an. $_{2}$Die Arbeitgebervertreter werden vom Bundesministerium für Arbeit und Soziales auf Vorschlag des Bundesministeriums für Verkehr und digitale Infrastruktur, des Bundesministeriums des Innern, für Bau und Heimat, des Bundesministeriums der Finanzen, des Bundesministeriums der Verteidigung, des Bundesministeriums für Arbeit und Soziales und der Bundesagentur für Arbeit bestellt. $_{3}$Die auf Vorschlag des Bundesministeriums für Verkehr und digitale Infrastruktur bestellten Arbeitgebervertreter haben in den Selbstverwaltungsorganen einen Stimmenanteil von 40 Prozent der Stimmenzahl der Arbeitgebervertreter. $_{4}$Das Nähere regelt die Satzung.

§ 45 Sozialversicherungswahlen

(1) $_{1}$Die Wahlen sind entweder allgemeine Wahlen oder Wahlen in besonderen Fällen. $_{2}$Allgemeine Wahlen sind die im gesamten Wahlgebiet regelmäßig und einheitlich stattfindenden Wahlen. $_{3}$Wahlen in besonderen Fällen sind Wahlen zu den Organen neu errichteter Versicherungsträger und Wahlen, die erforderlich werden, weil eine Wahl für ungültig erklärt worden ist (Wiederholungswahlen).

(2) $_{1}$Die Wahlen sind frei, geheim und öffentlich; es gelten die Grundsätze der Verhältniswahl. $_{2}$Das Wahlergebnis wird nach dem Höchstzahlverfahren d'Hondt ermittelt. $_{3}$Dabei werden nur die Vorschlagslisten berücksichtigt, die mindestens fünf vom Hundert der abgegebenen gültigen Stimmen erhalten haben.

§ 46 Wahl der Vertreterversammlung

(1) Die Versicherten und die Arbeitgeber wählen die Vertreter ihrer Gruppen in die Vertreterversammlung getrennt auf Grund von Vorschlagslisten; das Gleiche gilt bei der Sozialversicherung für Landwirtschaft, Forsten und Gartenbau für die Selbständigen ohne fremde Arbeitskräfte.

(2) Wird aus einer Gruppe nur eine Vorschlagsliste zugelassen oder werden auf mehreren Vorschlagslisten insgesamt nicht mehr Bewerber benannt, als Mitglieder zu wählen sind, gelten die Vorgeschlagenen als gewählt.

(3) $_{1}$Ist eine Wahl zur Vertreterversammlung nicht zustande gekommen oder ist nicht die vorgeschriebene Zahl von Mitgliedern gewählt oder kein Stellvertreter benannt worden, zeigt der Vorstand dies der Aufsichtsbehörde unverzüglich an. $_{2}$Diese beruft die Mitglieder und die Stellvertreter aus der Zahl der Wählbaren. $_{3}$Bei neu errichteten Versicherungsträgern trifft die Anzeigepflicht den Wahlausschuss.

§ 47 Gruppenzugehörigkeit

(1) Zur Gruppe der Versicherten gehören

1. bei den Krankenkassen deren Mitglieder sowie die Mitglieder der jeweils zugehörigen Pflegekasse,
2. bei den Trägern der Unfallversicherung die versicherten Personen, die regelmäßig mindestens zwanzig Stunden im Monat eine die Versicherung begründende Tätigkeit ausüben, und die Rentenbezieher, die der Gruppe der Versicherten unmittelbar vor dem Ausscheiden aus der versicherten Tätigkeit angehört haben,
3. bei den Trägern der Rentenversicherung diejenigen versicherten Personen, die eine Versicherungsnummer erhalten oder beantragt haben, und die Rentenbezieher.

(2) Zur Gruppe der Arbeitgeber gehören

1. die Personen, die regelmäßig mindestens einen beim Versicherungsträger versicherungspflichtigen Arbeitnehmer beschäftigen; dies gilt nicht für Personen, die bei demselben Versicherungsträger zur Gruppe der Versicherten gehören und nur einen Arbeitnehmer im Haushalt beschäftigen,
2. bei den Trägern der Unfallversicherung auch die versicherten Selbständigen und ihre versicherten Ehegatten oder Lebenspartner, soweit Absatz 3 nichts Abweichendes bestimmt, und die Rentenbezieher, die der Gruppe der Arbeitgeber unmittelbar vor dem Ausscheiden aus der versicherten Tätigkeit angehört haben,
3. bei den Feuerwehr-Unfallkassen auch die Gemeinden und die Gemeindeverbände.

(3) Zur Gruppe der Selbständigen ohne fremde Arbeitskräfte gehören bei der Sozialversicherung für Landwirtschaft, Forsten und Gartenbau

1. die versicherten Selbständigen ohne fremde Arbeitskräfte und ihre versicherten Ehegatten oder Lebenspartner; dies gilt nicht für Personen, die in den letzten zwölf Monaten sechsundzwanzig Wochen als Arbeitnehmer in der Land- oder Forstwirtschaft unfallversichert waren,
2. die Rentenbezieher, die der Gruppe der Selbständigen ohne fremde Arbeitskräfte unmittelbar vor dem Ausscheiden aus der versicherten Tätigkeit angehört haben.

(4) Wer gleichzeitig die Voraussetzungen der Zugehörigkeit zu den Gruppen der Versicherten und der Arbeitgeber oder der Selbständigen ohne fremde Arbeitskräfte desselben Versicherungsträgers erfüllt, gilt nur als zur Gruppe der Arbeitgeber oder der Gruppe der Selbständigen ohne fremde Arbeitskräfte gehörig.

(5) Rentenbezieher im Sinne der Vorschriften über die Selbstverwaltung ist, wer eine Rente aus eigener Versicherung von dem jeweiligen Versicherungsträger bezieht.

§48 Vorschlagslisten

(1) 1Das Recht, Vorschlagslisten einzureichen, haben

1. Gewerkschaften sowie andere selbständige Arbeitnehmervereinigungen mit sozial- oder berufspolitischer Zwecksetzung (sonstige Arbeitnehmervereinigungen) sowie deren Verbände,
2. Vereinigungen von Arbeitgebern sowie deren Verbände,
3. für die Gruppe der Selbständigen ohne fremde Arbeitskräfte berufsständische Vereinigungen der Landwirtschaft sowie deren Verbände und für die Gruppe der bei den Trägern der gesetzlichen Unfallversicherung versicherten Angehörigen der freiwilligen Feuerwehren die Landesfeuerwehrverbände,
4. Versicherte, Selbständige ohne fremde Arbeitskräfte und Arbeitgeber (freie Listen).

2Verbände der vorschlagsberechtigten Organisationen haben nur dann das Recht, Vorschlagslisten einzureichen, wenn alle oder mindestens drei ihrer vorschlagsberechtigten Mitgliedsorganisationen darauf verzichten, eine Vorschlagsliste einzureichen.

(2) 1Vorschlagslisten der Versicherten und der Selbständigen ohne fremde Arbeitskräfte müssen bei einem Versicherungsträger mit

bis zu 10 000 Versicherten von 10 Personen,

10 001 bis 50 000 Versicherten von 25 Personen,

50 001 bis 100 000 Versicherten von 50 Personen,

100 001 bis 500 000 Versicherten von 100 Personen,

500 001 bis 3 000 000 Versicherten von 300 Personen,

mehr als 3 000 000 Versicherten von 1 000 Personen

unterzeichnet sein. 2Für die in Satz 1 genannte Anzahl von Versicherten ist der 31. Dezember des zweiten Kalenderjahres vor dem Kalenderjahr der Wahlausschreibung maßgebend.

(3) 1Berechtigt zur Unterzeichnung einer Vorschlagsliste nach Absatz 2 sind Personen, die am Tag der Wahlausschreibung die Voraussetzungen des Wahlrechts nach § 50 oder der Wählbarkeit nach § 51 Absatz 1 Satz 2 erfüllen. 2Von der nach Absatz 2 Satz 1 erforderlichen Anzahl der Unterzeichner dürfen höchstens fünfundzwanzig vom Hundert dem Personenkreis angehören, der nach § 51 Absatz 6 Nummer 5 und 6 nicht wählbar ist.

(4) 1Die Absätze 2 und 3 gelten für Vorschlagslisten der in Absatz 1 Satz 1 Nummer 1 genannten Arbeitnehmervereinigungen sowie deren Verbände entsprechend. 2Das gilt nicht, wenn diese

1. seit der vorangegangenen Wahl mit mindestens einem Vertreter ununterbrochen in der Vertreterversammlung vertreten sind oder
2. bei der vorangegangenen Wahl einer Gemeinschaftsliste angehörten und mindestens ein Vertreter dieser Gemeinschaftsliste seitdem ununterbrochen der Vertreterversammlung angehört oder
3. bei der vorangegangenen Wahl eine Vorschlagsliste eingereicht oder einer Gemeinschaftsliste angehört hatten und nur deshalb nicht mit mindestens einem Vertreter ununterbrochen der Vertreterversammlung angehören, weil der oder die Vertreter nach einer Vereinigung nicht als Mitglied berufen worden waren.

3Schließen sich zwei oder mehrere Arbeitnehmervereinigungen zu einer neuen Arbeitnehmervereinigung zusammen, gelten die Absätze 2 und 3 nicht, wenn seit der letzten Wahl auch nur eine der bisherigen Arbeitnehmervereinigungen ununterbrochen in der Vertreterversammlung vertreten war.

(5) 1Für Vorschlagslisten der Arbeitgeber gelten die Absätze 2 und 3, für Vorschlagslisten von Arbeitgebervereinigungen sowie deren Verbände Absatz 4 entsprechend. 2Die Unterzeichner einer Vorschlagsliste müssen zusammen über die den Mindestzahlen entsprechende Stimmenzahl (§ 49 Absatz 2) verfügen.

(6) 1Die Vorschlagslisten dürfen als Mitglieder der Selbstverwaltungsorgane und deren Stellvertreter von jeweils drei Personen nur einen Beauftragten (§ 51 Absatz 4 Satz 1) enthalten. 2Die Reihenfolge der Stellvertreter ist so festzulegen, dass erst jeder dritte Stellvertreter zu den Beauftragten gehört.

(7) 1Eine Zusammenlegung mehrerer Vorschlagslisten zu einer Vorschlagsliste ist nur bis zum Ende der Einreichungsfrist beim Wahlausschuss zulässig. 2Eine Verbindung mehrerer Vorschlagslisten ist zulässig. 3Verbundene Listen gelten bei der Ermittlung des Wahlergebnisses im Verhältnis zu den übrigen Listen als eine Liste.

(8) 1Die Vorschlagsberechtigten nach Absatz 1 Satz 1 Nummer 1 bis 4 stellen die Bewerber einer Vorschlagsliste in der jeweiligen Gruppe auf. 2Über die

Bewerberaufstellung ist eine Niederschrift anzufertigen. 3Die Niederschrift ist mit der Vorschlagsliste beim Wahlausschuss einzureichen.

(9) Bei den Krankenkassen nach § 35a hat jede Vorschlagsliste mindestens 40 Prozent weibliche und 40 Prozent männliche Bewerber zu enthalten.

(10) 1Vorschlagslisten für die Wahlen zu den Vertreterversammlungen der Renten- und Unfallversicherungsträger sollen jeweils für Mitglieder und stellvertretende Mitglieder mindestens 40 Prozent weibliche und 40 Prozent männliche Bewerber enthalten. 2Die Vorschlagslisten sollen in der Weise aufgestellt werden, dass von jeweils drei aufeinander folgenden Listenplätzen mindestens ein Listenplatz mit einer Frau zu besetzen ist. 3Wird die Quote nach Satz 1 oder die Verteilung nach Satz 2 nicht eingehalten, ist dies jeweils schriftlich zu begründen. 4Die Begründung ist in die Niederschrift nach Absatz 8 Satz 2 aufzunehmen; Absatz 8 Satz 3 gilt entsprechend.

§ 48a Vorschlagsrecht der Arbeitnehmervereinigungen

(1) 1Arbeitnehmervereinigungen haben nur dann das Recht, Vorschlagslisten einzureichen, wenn sie die arbeitsrechtlichen Voraussetzungen für die Gewerkschaftseigenschaft erfüllen oder wenn sie nach dem Gesamtbild der tatsächlichen Verhältnisse, insbesondere nach Umfang und Festigkeit ihrer Organisation, der Zahl ihrer beitragszahlenden Mitglieder, ihrer Tätigkeit und ihrem Hervortreten in der Öffentlichkeit eine ausreichende Gewähr für die Ernsthaftigkeit und Dauerhaftigkeit ihrer sozial- oder berufspolitischen Zwecksetzung und die Unterstützung der auf ihren Vorschlag hin gewählten Organmitglieder und Versichertenältesten bieten. 2Die sozial- oder berufspolitische Tätigkeit darf sich nicht nur auf die Einreichung von Vorschlagslisten zu den Sozialversicherungswahlen beschränken, sondern muss auch als eigenständige Aufgabe der Arbeitnehmervereinigung die Verwirklichung sozialer und beruflicher Ziele für die versicherten Arbeitnehmer oder einzelne Gruppen der versicherten Arbeitnehmer umfassen.

(2) 1Der Name und die Kurzbezeichnung einer Arbeitnehmervereinigung dürfen nicht geeignet sein, einen Irrtum über Art, Umfang und Zwecksetzung der Vereinigung herbeizuführen. 2In der Arbeitnehmervereinigung dürfen nur Arbeitnehmer und, wenn im Namen der Arbeitnehmervereinigung eine bestimmte Personengruppe genannt ist, nur dieser Personengruppe angehörende Arbeitnehmer maßgebenden Einfluss haben.

(3) Eine Arbeitnehmervereinigung, der zu mehr als fünfundzwanzig vom Hundert Bedienstete des Versicherungsträgers angehören, in deren Vorstand Bedienstete einen Stimmanteil von mehr als fünfundzwanzig vom Hundert haben oder in der ihnen auf andere Weise ein nicht unerheblicher Einfluss eingeräumt ist, ist nicht vorschlagsberechtigt.

(4) 1Die Arbeitnehmervereinigung muss von Beginn des Kalenderjahres vor dem Kalenderjahr der Wahlausschreibung an ständig eine Anzahl beitragszahlender Mitglieder haben, die mindestens der nach § 48 Absatz 2 geforderten Unterschriftenzahl entspricht. 2Das tatsächliche Beitragsaufkommen muss die Arbeitnehmervereinigung in die Lage versetzen, ihre Vereinstätigkeit nachhaltig auszuüben und den Vereinszweck zu verfolgen.

(5) Die Satzung der Arbeitnehmervereinigung muss Bestimmungen enthalten über

1. Name, Sitz und Zweck der Vereinigung,
2. Eintritt und Austritt der Mitglieder,
3. Rechte und Pflichten der Mitglieder,
4. Zusammensetzung und Befugnisse des Vorstandes und der übrigen Organe,
5. Voraussetzung, Form und Frist der Einberufung der Mitgliederversammlung, Tätigkeitsbericht und Rechnungslegung durch den Vorstand sowie Zustandekommen und Beurkundung der Beschlüsse.

§ 48b Feststellungsverfahren

(1) 1Ob eine Vereinigung als Arbeitnehmervereinigung vorschlagsberechtigt ist, wird bei Vereinigungen, bei denen nicht eine ununterbrochene Vertretung nach § 48 Absatz 4 vorliegt, vorab festgestellt. 2Der Antrag auf Feststellung ist bis zum 28. Februar des dem Wahljahr vorhergehenden Jahres beim Wahlausschuss des Versicherungsträgers einzureichen.

(2) 1Der Wahlausschuss kann dem Antragsteller eine Frist zur Ergänzung seines Antrags mit ausschließender Wirkung setzen. 2Die Entscheidung soll innerhalb von drei Monaten nach Ablauf der Antragsfrist getroffen werden.

(3) 1Gegen die Entscheidung des Wahlausschusses können der Antragsteller und die nach § 57 Absatz 2 anfechtungsberechtigten Personen und Vereinigungen innerhalb von zwei Wochen Beschwerde einlegen. 2Für das Beschwerdeverfahren gilt Absatz 2 entsprechend.

§ 48c Feststellung der allgemeinen Vorschlagsberechtigung

(1) 1Arbeitnehmervereinigungen, die bei allen Versicherungsträgern die Voraussetzungen der Vorschlagsberechtigung erfüllen und glaubhaft machen, dass sie

bei mindestens fünf Versicherungsträgern Vorschlagslisten einreichen werden, können die Feststellung ihrer allgemeinen Vorschlagsberechtigung beim Bundeswahlbeauftragten beantragen. $_{2}$Die Feststellung der allgemeinen Vorschlagsberechtigung hat die Wirkung einer Feststellung nach § 48b Absatz 1 Satz 1.

(2) $_{1}$Der Antrag auf Feststellung ist bis zum 2. Januar des dem Wahljahr vorhergehenden Jahres zu stellen. $_{2}$Der Bundeswahlbeauftragte darf die allgemeine Vorschlagsberechtigung nur feststellen, wenn dies ohne zeitaufwendige Ermittlungen möglich ist. $_{3}$Die Entscheidung ist spätestens bis zum 31. Januar zu treffen und dem Antragsteller unverzüglich bekannt zu geben. $_{4}$Der Bundeswahlbeauftragte hat die Namen der Arbeitnehmervereinigungen, deren allgemeine Vorschlagsberechtigung festgestellt wurde, nach Ablauf der Entscheidungsfrist im Bundesanzeiger zu veröffentlichen.

(3) $_{1}$Gegen die Feststellung der allgemeinen Vorschlagsberechtigung können die nach § 57 Absatz 2 anfechtungsberechtigten Personen und Vereinigungen spätestens zwei Wochen nach ihrer Bekanntmachung im Bundesanzeiger Beschwerde einlegen. $_{2}$Für das Beschwerdeverfahren gilt § 48b Absatz 2 entsprechend. $_{3}$Wird die Entscheidung des Bundeswahlbeauftragten im Beschwerdeverfahren aufgehoben, gilt § 48b mit der Maßgabe, dass der Antrag auf Feststellung innerhalb eines Monats nach Bekanntgabe der Beschwerdeentscheidung zu stellen ist. $_{4}$Die Ablehnung der Feststellung der allgemeinen Vorschlagsberechtigung ist unanfechtbar.

§ 49 Stimmenzahl

(1) Jeder Versicherte hat eine Stimme.

(2) $_{1}$Das Stimmrecht eines Wahlberechtigten, der zur Gruppe der Arbeitgeber gehört, bemisst sich nach der Zahl der am Stichtag für das Wahlrecht (§ 50 Absatz 1) bei ihm beschäftigten, beim Versicherungsträger versicherungspflichtigen und wahlberechtigten Personen. $_{2}$Er hat bei

0 bis 20 Versicherten eine Stimme,

21 bis 50 Versicherten zwei Stimmen,

51 bis 100 Versicherten drei Stimmen und

je weiteren 1 bis 100 Versicherten eine weitere Stimme bis zur Höchstzahl von zwanzig Stimmen. $_{3}$Für das Stimmrecht des Arbeitgebers bei einem Regionalträger der gesetzlichen Rentenversicherung ist unerheblich, bei welchem Regionalträger der gesetzlichen Rentenversicherung die Versicherten wahlberechtigt sind.

(3) $_{1}$Bei den Gemeindeunfallversicherungsverbänden, den gemeinsamen Unfallkassen und den Feuerwehr-Unfallkassen haben Gemeinden eine Stimme je angefangene 1000 Einwohner, Landkreise eine Stimme je angefangene 10 000 Einwohner, Bezirksverbände und Landschaftsverbände eine Stimme je angefangene 100 000 Einwohner. $_{2}$Hierbei ist die letzte vor dem Stichtag für das Wahlrecht (§ 50 Absatz 1) von der für die Statistik zuständigen Landesbehörde veröffentlichte und fortgeschriebene Einwohnerzahl zugrunde zu legen.

(4) Die Satzung kann für Abstufung und Höchstzahl der Stimmen von den Absätzen 2 und 3 Abweichendes bestimmen.

§ 50 Wahlrecht

(1) $_{1}$Wahlberechtigt ist, wer an dem in der Wahlausschreibung bestimmten Tag (Stichtag für das Wahlrecht)

1. bei dem Versicherungsträger zu einer der Gruppen gehört, aus deren Vertretern sich die Selbstverwaltungsorgane des Versicherungsträgers zusammensetzen,
2. das sechzehnte Lebensjahr vollendet hat,
3. eine Wohnung in einem Mitgliedstaat der Europäischen Union, einem Vertragsstaat des Abkommens über den Europäischen Wirtschaftsraum oder der Schweiz innehat oder sich gewöhnlich dort aufhält oder regelmäßig dort beschäftigt oder tätig ist.

$_{2}$Wahlberechtigte, die ihren Wohnsitz oder gewöhnlichen Aufenthalt außerhalb des Geltungsbereichs dieses Gesetzbuchs haben, können in der Renten- und Unfallversicherung an der Wahl nur teilnehmen, wenn sie in der Zeit zwischen dem 107. und dem 37. Tag vor dem Wahltag bei dem Versicherungsträger einen Antrag auf Teilnahme an der Wahl stellen. $_{3}$In der Rentenversicherung ist ein Versicherter bei dem Träger wahlberechtigt, der sein Versicherungskonto führt, ein Rentenbezieher bei dem Träger, der die Rente leistet.

(2) Wahlberechtigt ist nicht, wer aus den in § 13 des Bundeswahlgesetzes genannten Gründen vom Wahlrecht ausgeschlossen ist.

(3) Die Satzung kann bestimmen, dass nicht wahlberechtigt ist, wer am Stichtag für das Wahlrecht fällige Beiträge nicht bezahlt hat.

(4) Anstelle eines nach den Absätzen 1 und 2 nicht wahlberechtigten Arbeitgebers kann sein gesetzlicher Vertreter oder, wenn ein solcher nicht vorhanden ist, ein Geschäftsführer oder bevollmächtigter Betriebs-

leiter das Wahlrecht ausüben; die Absätze 1 und 2 gelten entsprechend.

§ 51 Wählbarkeit

(1) 1Wählbar ist, wer am Tag der Wahlausschreibung (Stichtag für die Wählbarkeit)

1. bei dem Versicherungsträger zu einer der Gruppen gehört, aus deren Vertretern sich die Selbstverwaltungsorgane des Versicherungsträgers zusammensetzen,
2. das Alter erreicht hat, mit dem nach § 2 des Bürgerlichen Gesetzbuchs die Volljährigkeit eintritt,
3. das Wahlrecht zum Deutschen Bundestag besitzt oder im Gebiet der Bundesrepublik Deutschland seit mindestens sechs Jahren eine Wohnung innehat, sich sonst gewöhnlich aufhält oder regelmäßig beschäftigt oder tätig ist,
4. eine Wohnung in dem Bezirk des Versicherungsträgers oder in einem nicht weiter als einhundert Kilometer von dessen Grenze entfernten Ort im Geltungsbereich dieses Gesetzbuchs innehat oder sich gewöhnlich dort aufhält oder in dem Bezirk des Versicherungsträgers regelmäßig beschäftigt oder tätig ist.

2In der Rentenversicherung gilt § 50 Absatz 1 Satz 3 entsprechend; wer bei einem hiernach zuständigen Regionalträger der gesetzlichen Rentenversicherung nach Satz 1 Nummer 4 nicht wählbar ist, ist wählbar bei dem Regionalträger der gesetzlichen Rentenversicherung, in dessen Zuständigkeitsbereich er seine Wohnung oder seinen gewöhnlichen Aufenthalt hat. 3Satz 1 Nummer 2 und 4 gilt auch in den Fällen der Absätze 2 bis 5, Satz 1 Nummer 3 auch in den Fällen der Absätze 2, 4 und 5.

(2) Wählbar als Vertreter der Arbeitgeber ist auch ein gesetzlicher Vertreter, Geschäftsführer oder bevollmächtigter Betriebsleiter eines Arbeitgebers.

(3) Wählbar als Versichertenältester ist, wer versichert oder Rentenbezieher ist und seine Wohnung oder seinen gewöhnlichen Aufenthalt in dem Versichertenältestenbezirk hat.

(4) 1Wählbar sind auch andere Personen, wenn sie als Vertreter der Versicherten von den Gewerkschaften oder den sonstigen Arbeitnehmervereinigungen oder deren Verbänden, als Vertreter der Arbeitgeber von den Vereinigungen von Arbeitgebern oder deren Verbänden, als Vertreter der Selbständigen ohne fremde Arbeitskräfte von den berufsständischen Vereinigungen der Landwirtschaft oder deren Verbänden vorgeschlagen werden (Beauftragte). 2Von der Gesamtzahl der Mitglieder einer Gruppe in einem Selbstverwaltungsorgan darf nicht mehr als ein Drittel zu den Beauftragten gehören; jedem Selbstverwaltungsorgan kann jedoch ein Beauftragter je Gruppe angehören. 3Eine Abweichung von Satz 2, die sich infolge der Vertretung eines Organmitglieds ergibt, ist zulässig.

(5) Bei der Berufsgenossenschaft Verkehrswirtschaft Post-Logistik Telekommunikation sind als Vertreter der Versicherten auch Personen wählbar, die mindestens fünf Jahre lang als Seeleute bei der Berufsgenossenschaft Verkehrswirtschaft Post-Logistik Telekommuniaktion versichert waren, noch in näherer Beziehung zur Seefahrt stehen und nicht Unternehmer sind.

(5a) Wer nach dem Stichtag für die Wählbarkeit seine Gruppenzugehörigkeit wegen Arbeitslosigkeit verliert, verliert nicht deshalb seine Wählbarkeit bis zum Ende der Amtsperiode.

(6) Wählbar ist nicht, wer

1. aus den in § 13 des Bundeswahlgesetzes genannten Gründen vom Wahlrecht ausgeschlossen ist,
2. auf Grund Richterspruchs nicht die Fähigkeit besitzt, öffentliche Ämter zu bekleiden und Rechte aus öffentlichen Wahlen zu erlangen,
3. in Vermögensverfall geraten ist,
4. seit den letzten Wahlen wegen grober Verletzung seiner Pflichten nach § 59 Absatz 3 seines Amtes enthoben worden ist,
5. a) als Beamter, Angestellter oder Arbeiter bei dem Versicherungsträger oder dessen Verbänden,
   b) als leitender Beamter oder Angestellter bei einer Behörde, die Aufsichtsrechte gegenüber dem Versicherungsträger hat, oder
   c) als anderer Beamter oder Angestellter bei einer solchen Behörde im Fachgebiet Sozialversicherung

   beschäftigt ist oder innerhalb von zwölf Monaten vor dem Wahltag beschäftigt war,
6. a) regelmäßig für den Versicherungsträger oder im Rahmen eines mit ihm abgeschlossenen Vertrags freiberuflich oder
   b) in Geschäftsstellen der Deutschen Rentenversicherung Knappschaft-Bahn-See in knappschaftlich versicherten Betrieben

   tätig ist.

(7) Die Satzung kann bestimmen, dass nicht wählbar ist, wer am Tag der Wahlausschreibung fällige Beiträge nicht bezahlt hat.

(8) Als Versichertenältester ist nicht wählbar, wer zur geschäftsmäßigen Besorgung fremder Rechtsangelegenheiten zugelassen ist.

IV

IV

§ 52 Wahl des Vorstandes

(1) Die Vertreter der Versicherten und der Arbeitgeber in der Vertreterversammlung wählen auf Grund von Vorschlagslisten getrennt die Vertreter ihrer Gruppe in den Vorstand; das Gleiche gilt bei der Sozialversicherung für Landwirtschaft, Forsten und Gartenbau für die Selbständigen ohne fremde Arbeitskräfte.

(1a) 1Vorschlagslisten sollen jeweils für Mitglieder und stellvertretende Mitglieder mindestens 40 Prozent weibliche und 40 Prozent männliche Bewerber enthalten. 2Die Vorschlagslisten sollen in der Weise aufgestellt werden, dass von jeweils drei aufeinander folgenden Listenplätzen mindestens ein Listenplatz mit einer Frau zu besetzen ist. 3Wird die Quote nach Satz 1 oder die Verteilung nach Satz 2 nicht eingehalten, ist dies jeweils schriftlich zu begründen. 4Die Begründung ist mit der Vorschlagsliste einzureichen.

(2) Die Vorschlagslisten müssen von zwei Mitgliedern der Gruppe der Vertreterversammlung, für die sie gelten sollen, unterzeichnet sein.

(3) § 45 Absatz 2, § 46 Absatz 2 und 3 Satz 1 und 2, § 48 Absatz 7 und § 51 gelten entsprechend.

(4) Die Mitglieder des Bundesvorstandes der Deutschen Rentenversicherung Bund werden gemäß § 64 Absatz 4 gewählt.

§ 53 Wahlorgane

(1) 1Zur Durchführung der Wahlen werden als Wahlorgane Wahlbeauftragte, Wahlausschüsse und Wahlleitungen bestellt. 2Die Mitglieder der Wahlorgane und die Personen, die bei der Ermittlung des Wahlergebnisses zugezogen werden (Wahlhelfer), sind zur unparteiischen Wahrnehmung ihres Amtes und zur Verschwiegenheit über die ihnen bei ihrer amtlichen Tätigkeit bekanntgewordenen Angelegenheiten verpflichtet; sie üben ihre Tätigkeit ehrenamtlich aus.

(2) 1Der Bundeswahlbeauftragte und sein Stellvertreter werden vom Bundesministerium für Arbeit und Soziales, die Landeswahlbeauftragten und ihre Stellvertreter von den für die Sozialversicherung zuständigen obersten Verwaltungsbehörden der Länder bestellt. 2Dem Bundeswahlbeauftragten obliegen die allgemeinen Aufgaben und die Durchführung der Wahlen zu den Selbstverwaltungsorganen der bundesunmittelbaren Versicherungsträger. 3Der Bundeswahlbeauftragte soll die Wahlberechtigten regelmäßig über den Zweck der Sozialversicherungswahlen informieren. 4Den Landeswahlbeauftragten obliegt die Durchführung der Wahlen zu den Selbstverwaltungsorganen der landesunmittelbaren Versicherungsträger.

(3) Der Bundeswahlbeauftragte kann für einzelne Zweige der Versicherung Richtlinien erlassen, um sicherzustellen, dass die Wahlen einheitlich durchgeführt werden.

(4) Die Wahlbeauftragten und ihre Stellvertreter sind berechtigt, sich an Ort und Stelle davon zu überzeugen, dass die Wahlräume den Vorschriften der Wahlordnung entsprechend eingerichtet sind und dass bei der Wahlhandlung und bei der Ermittlung des Wahlergebnisses den Vorschriften dieses Gesetzes und der Wahlordnung entsprechend verfahren wird.

§ 54 Durchführung der Wahl

(1) Die Wahlberechtigten wählen durch briefliche Stimmabgabe.

(2) 1Soweit Wahlunterlagen nicht übersandt, sondern ausgehändigt werden, hat der Arbeitgeber oder der sonst für die Aushändigung der Wahlunterlagen Zuständige Vorkehrungen zu treffen, dass die Wahlberechtigten ihre Stimmzettel unbeobachtet kennzeichnen und in den Umschlägen verschließen können. 2Sind mehr als 300 Wahlunterlagen an einem Ort auszuhändigen, sollen hierfür besondere Räume eingerichtet werden, in denen auch die Abgabe der Wahlbriefe zu ermöglichen ist. 3Der Arbeitgeber oder der sonst für die Ausgabe der Wahlunterlagen Zuständige hat dafür Sorge zu tragen, dass in den Räumen zur Stimmabgabe und im Bereich der nach Satz 1 zur Wahrung des Wahlgeheimnisses vorzusehenden Einrichtungen jede Beeinflussung der Wahlberechtigten durch Wort, Ton, Schrift oder Bild unterbleibt.

(3) Der Tag, bis zu dem die Wahlbriefe bei den Versicherungsträgern eingegangen sein müssen (Wahltag), ist vom Bundeswahlbeauftragten für alle Versicherungsträger einheitlich zu bestimmen, soweit nicht Abweichungen geboten sind.

(4) Wahlbriefe können von den Absendern bei einem vor der Wahl amtlich bekannt gemachten Postunternehmen als Briefsendungen ohne besondere Versendungsform unentgeltlich eingeliefert werden, wenn sie sich in amtlichen Wahlbriefumschlägen befinden.

§ 55 Wahlunterlagen und Mitwirkung der Arbeitgeber

(1) Die Wahlberechtigten wählen mit den ihnen ausgehändigten Wahlunterlagen.

(2) Verpflichtet, Wahlunterlagen auszustellen und sie den Wahlberechtigten auszuhändigen, sind

die Versicherungsträger,

die Arbeitgeber im Einvernehmen mit dem Betriebsrat,

die Gemeindeverwaltungen,

die Dienststellen des Bundes und der Länder sowie die Bundesagentur für Arbeit.

(3) Ist in der Verordnung nach § 56 vorgesehen, dass anstelle der Arbeitgeber die Unfallversicherungsträger die Wahlausweise ausstellen, haben die Arbeitgeber den Unfallversicherungsträgern die hierfür notwendigen Angaben zu machen.

§ 56 Wahlordnung

1Das Bundesministerium für Arbeit und Soziales erlässt durch Rechtsverordnung mit Zustimmung des Bundesrates die zur Durchführung der Wahlen erforderliche Wahlordnung. 2Es trifft darin insbesondere Vorschriften über

1. die Bestellung der Wahlbeauftragten, die Bildung der Wahlausschüsse und der Wahlleitungen sowie über die Befugnisse, die Beschlussfähigkeit und das Verfahren der Wahlorgane,
2. die Entschädigung der Wahlbeauftragten, der Mitglieder der Wahlausschüsse, der Mitglieder der Wahlleitungen und der Wahlhelfer,
3. die Vorbereitung der Wahlen einschließlich der Unterrichtung der Wahlberechtigten über den Zweck und den Ablauf des Wahlverfahrens sowie über die zur Wahl zugelassenen Vorschlagslisten,
4. den Zeitpunkt für die Wahlen,
5. die Feststellung der Vorschlagsberechtigung, die Angaben und Unterlagen, die zur Feststellung der Vorschlagsberechtigung zu machen oder vorzulegen sind, die Einreichung, den Inhalt und die Form der Vorschlagslisten sowie der dazugehörigen Unterlagen, über ihre Prüfung, die Beseitigung von Mängeln sowie über ihre Zulassung und Bekanntgabe und über Rechtsbehelfe gegen die Entscheidungen der Wahlorgane,
6. die Listenzusammenlegung, die Listenverbindung und die Zurücknahme von Vorschlagslisten,
7. die Wahlbezirke sowie die Wahlräume und ihre Einrichtung,
8. die Ausstellung und Aushändigung von Wahlunterlagen,
9. die Form und den Inhalt der Wahlunterlagen,
10. die Stimmabgabe,
11. die Briefwahl,
12. die Ermittlung und Feststellung der Wahlergebnisse und ihre Bekanntgabe sowie die Benachrichtigung der Gewählten,

12a. die Bekanntmachung von Nachbesetzungen von Selbstverwaltungsorganen,

13. die Wahlen in besonderen Fällen,
14. die Kosten der Wahlen und einen Kostenausgleich.

§ 57 Rechtsbehelfe im Wahlverfahren

(1) Gegen Entscheidungen und Maßnahmen, die sich unmittelbar auf das Wahlverfahren beziehen, sind nur die in dieser Vorschrift, in § 48b Absatz 3, § 48c Absatz 3 Satz 1 und in der Wahlordnung vorgesehenen Rechtsbehelfe zulässig.

(2) Die in § 48 Absatz 1 genannten Personen und Vereinigungen, der Bundeswahlbeauftragte und der zuständige Landeswahlbeauftragte können die Wahl durch Klage gegen den Versicherungsträger anfechten.

(3) 1Die Klage kann erhoben werden, sobald öffentlich bekannt gemacht ist, dass eine Wahlhandlung unterbleibt, oder sobald ein Wahlergebnis öffentlich bekannt gemacht worden ist. 2Die Klage ist spätestens einen Monat nach dem Tage der öffentlichen Bekanntmachung des endgültigen Wahlergebnisses bei dem für den Sitz des Versicherungsträgers zuständigen Sozialgericht zu erheben. 3Ein Vorverfahren findet nicht statt.

(4) Die Klage ist unzulässig, soweit von dem Recht, gegen eine Entscheidung des Wahlausschusses den hierfür vorgesehenen Rechtsbehelf einzulegen, kein Gebrauch gemacht worden ist.

(5) Während des Wahlverfahrens kann das Gericht auf Antrag eine einstweilige Anordnung treffen, wenn ein Wahlverstoß vorliegt, der dazu führen würde, dass im Wahlanfechtungsverfahren die Wahl für ungültig erklärt wird.

(6) Hat das Gericht eine Entscheidung nach § 131 Absatz 4 des Sozialgerichtsgesetzes getroffen, kann es auf Antrag eine einstweilige Anordnung hinsichtlich der personellen Besetzung der Selbstverwaltungsorgane erlassen.

(7) Beschlüsse, die ein Selbstverwaltungsorgan bis zu dem Zeitpunkt einer Entscheidung nach § 131 Absatz 4 des Sozialgerichtsgesetzes getroffen hat, bleiben wirksam.

§ 58 Amtsdauer

(1) 1Die gewählten Bewerber werden Mitglieder des Selbstverwaltungsorgans an dem Tage, an dem die erste Sitzung des Organs stattfindet. 2Die neu gewählte Vertreterversammlung tritt spätestens fünf Monate nach dem Wahltag zusammen.

(2) $_{1}$Die Amtsdauer der Mitglieder der Selbstverwaltungsorgane beträgt sechs Jahre; sie endet jedoch unabhängig vom Zeitpunkt der Wahl mit dem Zusammentritt der in den nächsten allgemeinen Wahlen neu gewählten Selbstverwaltungsorgane. $_{2}$Wiederwahl ist zulässig.

§ 59 Verlust der Mitgliedschaft

(1) Die Mitgliedschaft in einem Selbstverwaltungsorgan endet vorzeitig

1. durch Tod,
2. durch Erwerb der Mitgliedschaft für ein anderes Selbstverwaltungsorgan, wenn die gleichzeitige Zugehörigkeit zu beiden Selbstverwaltungsorganen ausgeschlossen ist,
3. mit Eintritt der Unanfechtbarkeit eines Beschlusses nach Absatz 2 oder 3.

(2) $_{1}$Der Vorstand hat ein Mitglied eines Selbstverwaltungsorgans durch Beschluss von seinem Amt zu entbinden, wenn ein wichtiger Grund vorliegt oder wenn die Voraussetzungen der Wählbarkeit nicht vorgelegen haben oder nachträglich weggefallen sind. $_{2}$Jedes Mitglied hat dem Vorsitzenden des Vorstands unverzüglich Veränderungen anzuzeigen, die seine Wählbarkeit berühren.

(3) $_{1}$Verstößt ein Mitglied eines Selbstverwaltungsorgans in grober Weise gegen seine Amtspflichten, hat der Vorstand das Mitglied durch Beschluss seines Amtes zu entheben. $_{2}$Der Vorstand kann die sofortige Vollziehung des Beschlusses anordnen; die Anordnung hat die Wirkung, dass das Mitglied sein Amt nicht ausüben kann. $_{3}$Für ein Mitglied des Verwaltungsrates der in § 35a Absatz 1 genannten Krankenkassen finden die Sätze 1 und 2 auch dann Anwendung, wenn in seiner Person ein Wahlausschlussgrund nach § 51 Absatz 6 vorliegt.

(4) $_{1}$Betrifft ein Beschluss nach Absatz 2 oder 3 ein Mitglied der Vertreterversammlung, bedarf er der Zustimmung des Vorsitzenden der Vertreterversammlung. $_{2}$Stimmt der Vorsitzende nicht zu oder betrifft der Beschluss ihn selbst, entscheidet die Vertreterversammlung.

(5) Für stellvertretende Mitglieder der Selbstverwaltungsorgane gelten die Absätze 1 bis 4 entsprechend.

(6) Endet die Mitgliedschaft in einem Selbstverwaltungsorgan, tritt bis zur Ergänzung des Organs an die Stelle des ausgeschiedenen Mitglieds ein Stellvertreter.

§ 60 Ergänzung der Selbstverwaltungsorgane

(1) $_{1}$Scheiden Mitglieder oder stellvertretende Mitglieder eines Selbstverwaltungsorgans vorzeitig aus, fordert der Vorsitzende des Vorstands die Stelle, die die Vorschlagsliste der Ausgeschiedenen eingereicht hat (Listenträger), unverzüglich auf, innerhalb zweier Monate Nachfolger vorzuschlagen. $_{2}$Sind die Ausgeschiedenen weiblich, sollen auch die nachfolgenden Mitglieder oder stellvertretenden Mitglieder weiblich sein. $_{3}$Wird von Satz 2 abgewichen, ist dies vom Listenträger schriftlich zu begründen. $_{4}$Sind in einer Liste Stellvertreter in ausreichender Zahl vorhanden und hält der Listenträger weitere Stellvertreter nicht für erforderlich, kann der Vorstand zulassen, dass von einer Ergänzung abgesehen wird, wenn die in § 48 Absatz 6 Satz 2 vorgeschriebene Reihenfolge gewahrt ist.

(1a) $_{1}$Scheiden von den Regionalträgern oder der Deutschen Rentenversicherung Knappschaft-Bahn-See gewählte Mitglieder oder stellvertretende Mitglieder der Bundesvertreterversammlung der Deutschen Rentenversicherung Bund aus, fordert der Vorsitzende des Bundesvorstandes den jeweiligen Regionalträger oder die Deutsche Rentenversicherung Knappschaft-Bahn-See auf, unverzüglich Nachfolger zu wählen. $_{2}$Scheiden von den Regionalträgern oder der Deutschen Rentenversicherung Knappschaft-Bahn-See vorgeschlagene Mitglieder oder stellvertretende Mitglieder des Bundesvorstandes der Deutschen Rentenversicherung Bund aus, fordert der Vorsitzende des Bundesvorstandes die Vorschlagsberechtigten auf, unverzüglich Nachfolger zur Wahl vorzuschlagen. $_{3}$Das Nähere regelt die Satzung. $_{4}$Absatz 2, Absatz 3 Satz 2, Absatz 4 und 5 gelten entsprechend.

(2) Liegen bei einem als Nachfolger Vorgeschlagenen die Voraussetzungen der Wählbarkeit nicht vor, fordert der Vorsitzende des Vorstands den Listenträger auf, innerhalb eines Monats einen anderen Nachfolger vorzuschlagen.

(3) $_{1}$Erfüllt ein fristgerecht als Nachfolger für die Vertreterversammlung Vorgeschlagener die Voraussetzungen der Wählbarkeit, stellt der Vorstand nach Anhörung des Vorsitzenden der Vertreterversammlung durch Beschluss fest, dass der Vorgeschlagene als gewählt gilt, und benachrichtigt hiervon das neue Mitglied, den Vorsitzenden der Vertreterversammlung, den Listenträger, die Aufsichtsbehörde und den Wahlbeauftragten. $_{2}$Wird dem Vorstand innerhalb der Frist nach den Absätzen 1 und 2 kein Nachfolger vorgeschlagen, der die Voraussetzungen der Wählbarkeit erfüllt, beruft die Aufsichtsbehörde den Nachfolger aus der Zahl der Wählbaren.

(4) $_{1}$Erfüllt ein fristgerecht als Nachfolger für den Vorstand Vorgeschlagener die Voraussetzungen der Wählbarkeit, teilt der Vorsitzende des Vorstands dies

nach Anhörung des Vorsitzenden der Vertreterversammlung allen Mitgliedern der Gruppe in der Vertreterversammlung mit, die den Ausgeschiedenen gewählt hat, und weist darauf hin, dass der Vorgeschlagene als gewählt gilt, wenn innerhalb eines Monats kein anderer Vorschlag beim Vorstand eingeht. 2Nach Ablauf eines Monats gilt Absatz 3 Satz 1 entsprechend. 3Wird dem Vorstand innerhalb der Frist nach den Absätzen 1 und 2 kein Nachfolger vorgeschlagen, der die Voraussetzungen der Wählbarkeit erfüllt, oder wird ihm innerhalb der in Satz 1 genannten Frist noch ein anderer Vorschlag eingereicht, sind sämtliche Mitglieder in der betreffenden Gruppe des Vorstands und ihre Stellvertreter nach § 52 neu zu wählen.

(5) 1§ 46 Absatz 3 Satz 1 sowie die §§ 51 und 57 gelten entsprechend. 2An die Stelle des Zeitpunkts der Wahlausschreibung in § 51 Absatz 1 tritt der Zeitpunkt der Aufforderung nach Absatz 1 Satz 1.

§ 61 Wahl der Versichertenältesten und der Vertrauenspersonen

(1) 1Für die Wahl der Versichertenältesten und der Vertrauenspersonen gelten die §§ 52, 56 bis 60 und 62 Absatz 4 entsprechend, soweit die Satzung nichts Abweichendes bestimmt. 2Den Vorschlagslisten sind Vorschläge der Organisationen und Wählergruppen zugrunde zu legen, die zur Einreichung von Vorschlagslisten für die Wahl der Mitglieder der Vertreterversammlung berechtigt sind.

(2) 1Die Stellvertretung der Versichertenältesten und der Vertrauenspersonen wird durch die Satzung geregelt. 2Die Satzung kann die Nachfolge vorzeitig ausscheidender Versichertenältesten und Vertrauenspersonen abweichend von § 60 regeln.

§ 62 Vorsitzende der Selbstverwaltungsorgane

(1) 1Die Selbstverwaltungsorgane wählen aus ihrer Mitte einen Vorsitzenden und einen stellvertretenden Vorsitzenden, bei der Sozialversicherung für Landwirtschaft, Forsten und Gartenbau einen ersten und einen zweiten stellvertretenden Vorsitzenden. 2Der Vorsitzende und die stellvertretenden Vorsitzenden müssen, mit Ausnahme bei den Ersatzkassen, verschiedenen Gruppen angehören.

(2) 1Erhält in zwei Wahlgängen kein Mitglied die Mehrheit der satzungsmäßigen Mitgliederzahl, ist gewählt, wer im dritten Wahlgang die meisten Stimmen auf sich vereinigt. 2Bei gleicher Stimmenzahl gelten die Mitglieder, die diese Stimmenzahl erreichen, mit der Maßgabe als gewählt, dass sie den Vorsitz unter gegenseitiger Stellvertretung abwechselnd je für ein Jahr zu führen haben. 3Gilt hiernach mehr als die vorgeschriebene Zahl von Personen als gewählt, entscheidet das Los; das Gleiche gilt für die Reihenfolge. 4Bei der Wahl des Vorsitzenden und des stellvertretenden Vorsitzenden der Bundesvertreterversammlung und des Bundesvorstandes der Deutschen Rentenversicherung Bund ist abweichend von Satz 1 in den ersten beiden Wahlgängen jeweils eine Mehrheit nach § 64 Absatz 4 erforderlich.

(3) 1Die Satzung kann bestimmen, dass die Vertreter der einzelnen Gruppen abwechselnd mindestens für ein Jahr den Vorsitz führen. 2Bei der Sozialversicherung für Landwirtschaft, Forsten und Gartenbau haben die Vertreter der einzelnen Gruppen während ihrer Amtsdauer abwechselnd je für mindestens ein Jahr den Vorsitz zu führen; Entsprechendes gilt für die Stellvertretung. 3Die Vertreter von zwei Gruppen können vereinbaren, dass für die Dauer der auf ihre Vertreter entfallenden Vorsitzendentätigkeit einer der Vertreter den Vorsitz führt. 4Die Satzung bestimmt das Nähere.

(4) Zu Vorsitzenden oder zu stellvertretenden Vorsitzenden gewählte Mitglieder der Selbstverwaltungsorgane erwerben ihr Amt mit der Erklärung, dass sie die Wahl annehmen.

(5) 1Schließen Tatsachen das Vertrauen der Mitglieder eines Selbstverwaltungsorgans zu der Amtsführung eines Vorsitzenden oder stellvertretenden Vorsitzenden aus, kann ihn das Organ mit einer Mehrheit von zwei Dritteln seiner satzungsmäßigen Mitgliederzahl abberufen. 2Beim Ausscheiden eines Vorsitzenden oder stellvertretenden Vorsitzenden auf eigenen Wunsch endet die Amtsdauer mit der Neuwahl.

(6) 1Für einen nach Absatz 5 ausscheidenden Vorsitzenden oder stellvertretenden Vorsitzenden wird ein Nachfolger gewählt. 2Für einen nach § 59 ausscheidenden Vorsitzenden oder stellvertretenden Vorsitzenden wird ein Nachfolger nach Ergänzung des Selbstverwaltungsorgans gewählt.

§ 63 Beratung

(1) Jedes Selbstverwaltungsorgan gibt sich eine Geschäftsordnung.

(2) 1Die Selbstverwaltungsorgane werden von ihren Vorsitzenden nach Bedarf einberufen. 2Sie müssen einberufen werden, wenn ein Drittel der Mitglieder es verlangt.

(3) 1Die Sitzungen des Vorstands sind nicht öffentlich. 2Die Sitzungen der Vertreterversammlung sind öffentlich, soweit sie sich nicht mit personellen Angelegenheiten des Versicherungsträgers, Grundstücksgeschäften oder geheimhaltungsbedürftigen Tatsachen (§ 35

des Ersten Buches) befassen. 3Für weitere Beratungspunkte kann in nichtöffentlicher Sitzung die Öffentlichkeit ausgeschlossen werden; der Beschluss ist in öffentlicher Sitzung bekannt zu geben.

(3a) 1Ein Mitglied eines Selbstverwaltungsorgans darf bei der Beratung und Abstimmung nicht anwesend sein, wenn hierbei personenbezogene Daten eines Arbeitnehmers offengelegt werden, der ihm im Rahmen eines Dienst- oder Arbeitsverhältnisses untergeordnet ist, oder wenn das Mitglied des Selbstverwaltungsorgans Angehöriger der Personalverwaltung des Betriebes ist, dem der Arbeitnehmer angehört. 2Diesen Personen darf insbesondere auch bei der Vorbereitung einer Beratung keine Kenntnis von solchen Daten gegeben werden. 3Personenbezogene Daten im Sinne der Sätze 1 und 2 sind

1. die in § 76 Absatz 1 des Zehnten Buches bezeichneten Daten und
2. andere Daten, soweit Grund zur Annahme besteht, dass durch die Kenntnisnahme der genannten Personen schutzwürdige Belange des Arbeitnehmers beeinträchtigt werden.

(4) 1Ein Mitglied eines Selbstverwaltungsorgans darf bei der Beratung und Abstimmung nicht anwesend sein, wenn ein Beschluss ihm selbst, einer ihm nahestehenden Person (§ 383 Absatz 1 Nummer 1 bis 3 der Zivilprozessordnung) oder einer von ihm vertretenen Person einen unmittelbaren Vorteil oder Nachteil bringen kann. 2Satz 1 gilt nicht, wenn das Mitglied nur als Angehöriger einer Personengruppe beteiligt ist, deren gemeinsame Interessen durch die Angelegenheit berührt werden.

(5) Der Vorstand kann zu Tagesordnungspunkten, bei denen wesentliche Fragen der Gesundheit berührt werden, einen auf den jeweiligen Gebieten der Sozialmedizin und der Sozialversicherung fachlich einschlägig erfahrenen Arzt mit beratender Stimme hinzuziehen.

§ 64 Beschlussfassung

(1) 1Soweit Gesetz oder sonstiges für den Versicherungsträger maßgebendes Recht nichts Abweichendes bestimmt, sind die Selbstverwaltungsorgane beschlussfähig, wenn sämtliche Mitglieder ordnungsgemäß geladen sind und die Mehrheit der Mitglieder anwesend und stimmberechtigt ist. 2Ist ein Selbstverwaltungsorgan nicht beschlussfähig, kann der Vorsitzende anordnen, dass in der nächsten Sitzung über den Gegenstand der Abstimmung auch dann beschlossen werden kann, wenn die in Satz 1 bestimmte Mehrheit nicht vorliegt; hierauf ist in der Ladung zur nächsten Sitzung hinzuweisen.

(2) 1Die Beschlüsse werden, soweit Gesetz oder sonstiges Recht nichts Abweichendes bestimmt, mit der Mehrheit der abgegebenen Stimmen gefasst. 2Bei Stimmengleichheit wird die Abstimmung nach erneuter Beratung wiederholt; bei erneuter Stimmengleichheit gilt der Antrag als abgelehnt.

(3) 1Der Vorstand kann in eiligen Fällen ohne Sitzung schriftlich abstimmen. 2Die Vertreterversammlung und die besonderen Ausschüsse nach § 36a können schriftlich abstimmen, soweit die Satzung es zulässt. 3Wenn ein Fünftel der Mitglieder des Selbstverwaltungsorgans oder mindestens ein Mitglied eines besonderen Ausschusses nach § 36a der schriftlichen Abstimmung widerspricht, ist über die Angelegenheit in der nächsten Sitzung zu beraten und abzustimmen.

(3a) Abweichend von Absatz 3 können die Selbstverwaltungsorgane und besonderen Ausschüsse nach § 36a aus wichtigen Gründen ohne Sitzung schriftlich abstimmen.

(4) 1Beschlüsse der Bundesvertreterversammlung und des Bundesvorstandes der Deutschen Rentenversicherung Bund in Grundsatz- und Querschnittsaufgaben und in gemeinsamen Angelegenheiten der Träger der Rentenversicherung werden mit der Mehrheit von mindestens zwei Dritteln aller gewichteten Stimmen der satzungsmäßigen Mitgliederzahl getroffen. 2Bei Beschlüssen der Bundesvertreterversammlung und des Bundesvorstandes werden die Stimmen der Regionalträger mit insgesamt 55 vom Hundert und die der Bundesträger mit insgesamt 45 vom Hundert gewichtet. 3In der Bundesvertreterversammlung orientiert sich die Gewichtung innerhalb der Regionalträger und innerhalb der Bundesträger jeweils an der Anzahl der Versicherten der einzelnen Träger. 4Im Bundesvorstand gilt Entsprechendes innerhalb der Bundesträger. 5Das Nähere zur Stimmengewichtung nach Satz 1 bis 4 regelt die Satzung.

§ 65 Getrennte Abstimmung

(1) In den Selbstverwaltungsorganen der Sozialversicherung für Landwirtschaft, Forsten und Gartenbau ist zur Beschlussfassung eine Mehrheit in den Gruppen der Versicherten, der Selbständigen ohne fremde Arbeitskräfte und der Arbeitgeber erforderlich für

1. die Wahl des Geschäftsführers und seines Stellvertreters,
2. die Anstellung, die Beförderung, die Kündigung und die Entlassung der der Dienstordnung unterstehenden Angestellten in einer besoldungsrecht-

lichen Stellung, die einem Amt der Besoldungsgruppe A 12 der Bundesbesoldungsordnung oder einer höheren Besoldungsgruppe vergleichbar ist,
3. die Einstellung, die Höhergruppierung und die Kündigung von Beschäftigten der Entgeltgruppe 12 oder einer höheren Entgeltgruppe,
4. den Beschluss über den Haushalt,
5. die personelle Besetzung von Ausschüssen,
6. den Beschluss über die Unfallverhütungsvorschriften.

(2) Über einen abgelehnten Antrag ist auf Verlangen der Antragsteller innerhalb von drei Wochen nochmals abzustimmen.

§ 66 Erledigungsausschüsse

(1) 1Die Selbstverwaltungsorgane können die Erledigung einzelner Aufgaben, mit Ausnahme der Rechtsetzung, Ausschüssen übertragen. 2Zu Mitgliedern können bis zur Hälfte der Mitglieder einer jeden Gruppe auch Stellvertreter von Mitgliedern des Organs bestellt werden. 3Die Organe können die Stellvertretung für die Ausschussmitglieder abweichend von § 43 Absatz 2 regeln.

(2) Für die Beratung und Abstimmung gelten die §§ 63 und 64 entsprechend.

Dritter Titel
Haushalts- und Rechnungswesen

§ 67 Aufstellung des Haushaltsplans

(1) Die Versicherungsträger stellen für jedes Kalenderjahr (Haushaltsjahr) einen Haushaltsplan auf, der alle im Haushaltsjahr voraussichtlich zu leistenden Ausgaben und voraussichtlich benötigten Verpflichtungsermächtigungen sowie alle im Haushaltsjahr zu erwartenden Einnahmen enthält.

(2) Im Haushaltsplan sind die Stellen für die Beamten und die dienstordnungsmäßig Angestellten der Versicherungsträger nach Besoldungsgruppen auszubringen; für die übrigen Beschäftigten der Versicherungsträger sind die Haushaltsansätze nach Vergütungs- und Lohngruppen zu erläutern.

§ 68 Bedeutung und Wirkung des Haushaltsplans

(1) 1Der Haushaltsplan dient der Feststellung der Mittel, die zur Erfüllung der Aufgaben des Versicherungsträgers im Haushaltsjahr voraussichtlich erforderlich sind. 2Er ist die Grundlage für die Haushalts- und Wirtschaftsführung und stellt sicher, dass insbesondere die gesetzlich vorgeschriebenen Ausgaben rechtzeitig geleistet werden können.

(2) Durch den Haushaltsplan werden Ansprüche oder Verbindlichkeiten weder begründet noch aufgehoben.

§ 69 Ausgleich, Wirtschaftlichkeit und Sparsamkeit, Kosten- und Leistungsrechnung, Personalbedarfsermittlung

(1) Der Haushalt ist in Einnahme und Ausgabe auszugleichen.

(2) Bei der Aufstellung und Ausführung des Haushaltsplans hat der Versicherungsträger sicherzustellen, dass er die ihm obliegenden Aufgaben unter Berücksichtigung der Grundsätze der Wirtschaftlichkeit und Sparsamkeit erfüllen kann.

(3) Für alle finanzwirksamen Maßnahmen sind angemessene Wirtschaftlichkeitsuntersuchungen durchzuführen.

(4) In geeigneten Bereichen ist eine Kosten- und Leistungsrechnung einzuführen.

(5) Die Träger der Kranken- und Rentenversicherung, die gewerblichen Berufsgenossenschaften, die Unfallversicherungsträger der öffentlichen Hand sowie die Sozialversicherung für Landwirtschaft, Forsten und Gartenbau führen in geeigneten Bereichen ein Benchmarking durch.

(6) 1Die Sozialversicherungsträger dürfen Planstellen und Stellen nur ausbringen, soweit sie unter Anwendung angemessener und anerkannter Methoden der Personalbedarfsermittlung begründet sind. 2Die Erforderlichkeit der im Haushaltsplan ausgebrachten Planstellen und Stellen ist bei gegebenem Anlass, im Übrigen regelmäßig zu überprüfen.

§ 70 Haushaltsplan

(1) 1Der Haushaltsplan wird vom Vorstand aufgestellt. 2Die Vertreterversammlung stellt ihn fest.

(2) Der Haushaltsplan der Träger der Unfallversicherung ist vor Beginn des Kalenderjahrs, für das er gelten soll, der Aufsichtsbehörde vorzulegen, wenn diese es verlangt.

(3) 1Die Regionalträger der gesetzlichen Rentenversicherung haben den vom Vorstand aufgestellten Haushaltsplan spätestens am 1. Oktober vor Beginn des Kalenderjahrs, für das er gelten soll, der Aufsichtsbehörde von Amts wegen vorzulegen. 2Die Aufsichtsbehörde kann den Haushaltsplan oder einzelne Ansätze innerhalb von sechs Wochen nach Vorlage beanstanden, soweit gegen Gesetz oder sonstiges für den Versicherungsträger maßgebendes Recht verstoßen oder die Leistungsfähigkeit des Versicherungsträgers zur Erfüllung seiner Verpflichtungen gefährdet wird. 3Die Aufsichtsbehörde kann ebenfalls beanstan-

IV

den, wenn bei landesunmittelbaren Versicherungsträgern die Bewertungs- oder Bewirtschaftungsmaßstäbe des aufsichtführenden Landes und bei bundesunmittelbaren Versicherungsträgern die Bewertungs- und Bewirtschaftungsmaßstäbe des Bundes nicht beachtet sind; die Besonderheiten der Versicherungsträger sind hierbei zu berücksichtigen. $_{4}$Berücksichtigt die Vertreterversammlung bei der Feststellung des Haushaltsplans die Beanstandung nicht, kann die Aufsichtsbehörde insoweit den Feststellungsbeschluss aufheben und den Haushaltsplan selbst feststellen.

(4) $_{1}$Für die Deutsche Rentenversicherung Bund gilt Absatz 3 mit der Maßgabe, dass

1. anstelle der Aufsichtsbehörde die Bundesregierung zuständig ist;
2. der Haushaltsplan spätestens am 1. September vorzulegen ist und innerhalb von zwei Monaten beanstandet werden kann.

$_{2}$Im Haushaltsplan der Deutschen Rentenversicherung Bund werden die Einnahmen und Ausgaben für Grundsatz- und Querschnittsaufgaben und für gemeinsame Angelegenheiten der Träger der Rentenversicherung in einer gesonderten Anlage zum Haushalt ausgewiesen. $_{3}$Die Anlage wird vom Bundesvorstand gemäß § 64 Absatz 4 aufgestellt und von der Bundesvertreterversammlung der Deutschen Rentenversicherung Bund gemäß § 64 Absatz 4 festgestellt.

(5) $_{1}$Die Träger der Krankenversicherung und die Träger der Pflegeversicherung haben den vom Vorstand aufgestellten Haushaltsplan spätestens am 1. November vor Beginn des Kalenderjahrs, für das er gelten soll, der Aufsichtsbehörde vorzulegen, wenn diese es verlangt. $_{2}$Auf Verlangen der Aufsichtsbehörde ist der Haushaltsplan zusätzlich in einer maschinell auswertbaren Form zu übermitteln. $_{3}$Näheres hierzu, insbesondere zur Form und Struktur der Datenmeldung, wird von den Aufsichtsbehörden mit dem Spitzenverband Bund der Krankenkassen vereinbart. $_{4}$Die Aufsichtsbehörde kann den Haushaltsplan oder einzelne Ansätze innerhalb von einem Monat nach Vorlage beanstanden, soweit gegen Gesetz oder sonstiges für den Träger maßgebendes Recht verstoßen wird, insbesondere soweit dadurch die wirtschaftliche Leistungsfähigkeit des Versicherungsträgers zur Erfüllung seiner Verpflichtungen gefährdet wird.

§ 71 Haushaltsplan der Deutschen Rentenversicherung Knappschaft-Bahn-See

(1) $_{1}$Der Haushaltsplan der Deutschen Rentenversicherung Knappschaft-Bahn-See ist getrennt nach knappschaftlicher Krankenversicherung, knappschaftlicher Pflegeversicherung, knappschaftlicher Rentenversicherung und allgemeiner Rentenversicherung aufzustellen. $_{2}$Hierbei gelten Verwaltungsausgaben der knappschaftlichen Krankenversicherung und der allgemeinen Rentenversicherung als Verwaltungsausgaben der knappschaftlichen Rentenversicherung. $_{3}$Die Abstimmung nach § 220 Absatz 3 des Sechsten Buches bleibt unberührt.

(2) Die knappschaftliche Krankenversicherung und die allgemeine Rentenversicherung haben der knappschaftlichen Rentenversicherung die Verwaltungsausgaben ihrer Eigeneinrichtungen sowie die nach einem von der Aufsichtsbehörde zu genehmigenden Schlüssel auf sie entfallenden Verwaltungsausgaben zu erstatten.

(3) $_{1}$Der Haushaltsplan bedarf der Genehmigung durch die Bundesregierung. $_{2}$Er soll so rechtzeitig festgestellt werden, dass er bis zum 1. November vor Beginn des Kalenderjahrs, für das er gelten soll, der Bundesregierung vorgelegt werden kann. $_{3}$Diese kann die Genehmigung auch für einzelne Ansätze versagen, wenn der Haushaltsplan gegen Gesetz oder sonstiges für den Versicherungsträger maßgebendes Recht verstößt oder die Leistungsfähigkeit der Deutschen Rentenversicherung Knappschaft-Bahn-See zur Erfüllung ihrer Verpflichtungen gefährdet oder wenn bei Ansätzen für die knappschaftliche oder allgemeine Rentenversicherung die Bewertungs- oder Bewirtschaftungsmaßstäbe des Bundes nicht beachtet sind.

§ 71a Haushaltsplan der Bundesagentur für Arbeit

(1) $_{1}$Der Haushaltsplan der Bundesagentur für Arbeit wird vom Vorstand aufgestellt. $_{2}$Der Verwaltungsrat stellt den Haushaltsplan fest.

(2) Der Haushaltsplan bedarf der Genehmigung durch die Bundesregierung.

(3) Die Genehmigung kann auch für einzelne Ansätze versagt oder unter Bedingungen und mit Auflagen erteilt werden, wenn der Haushaltsplan gegen Gesetz oder sonstiges für die Bundesagentur maßgebendes Recht verstößt oder die Bewertungs- und Bewirtschaftungsmaßstäbe des Bundes oder die Grundsätze der Sozial-, Wirtschafts- und Finanzpolitik der Bundesregierung nicht berücksichtigt werden.

(4) $_{1}$Enthält die Genehmigung Bedingungen oder Auflagen, stellt der Verwaltungsrat erneut den Haushaltsplan fest. $_{2}$Werden Bedingungen oder Auflagen nicht berücksichtigt, hat der Verwaltungsrat der Bundesregierung einen geänderten Haushaltsplan zur Genehmigung vorzulegen; einen nur mit Liquiditäts-

hilfen ausgeglichenen Haushaltsplan kann das Bundesministerium für Arbeit und Soziales in der durch die Bundesregierung genehmigten Fassung selbst feststellen.

§ 71b Veranschlagung der Arbeitsmarktmittel der Bundesagentur für Arbeit

(1) Die für Ermessensleistungen der aktiven Arbeitsförderung veranschlagten Mittel mit Ausnahme der Mittel für

1. die Erstattung von Maßnahmekosten nach § 54 des Dritten Buches,
2. die Berufsausbildungsbeihilfe nach § 57 Absatz 2 Satz 2 des Dritten Buches,
3. die allgemeinen Leistungen zur Teilhabe am Arbeitsleben nach § 113 Absatz 1 Nummer 1 des Dritten Buches,
4. den Zuschuss zur Ausbildungsvergütung für schwerbehinderte Menschen nach § 73 des Dritten Buches und den Eingliederungszuschuss nach § 90 Absatz 2 bis 4 des Dritten Buches und
5. Leistungen der Trägerförderung nach § 440 Absatz 5 des Dritten Buches

sind im Haushalt der Bundesagentur für Arbeit in einen Eingliederungstitel einzustellen.

(2) 1Die in dem Eingliederungstitel veranschlagten Mittel sind den Agenturen für Arbeit zur Bewirtschaftung zuzuweisen, soweit nicht andere Dienststellen die Aufgaben wahrnehmen. 2Bei der Zuweisung der Mittel sind insbesondere die regionale Entwicklung der Beschäftigung, die Nachfrage nach Arbeitskräften, Art und Umfang der Arbeitslosigkeit sowie die jeweilige Ausgabenentwicklung im abgelaufenen Haushaltsjahr zu berücksichtigen. 3Agenturen für Arbeit, die im Vergleich zu anderen Agenturen für Arbeit schneller und wirtschaftlicher Arbeitslose eingliedern, sind bei der Mittelzuweisung nicht ungünstiger zu stellen.

(3) 1Die Agenturen für Arbeit stellen für jede Art dieser Ermessensleistungen der Arbeitsförderung Mittel unter Berücksichtigung der Besonderheiten der Lage und Entwicklung des regionalen Arbeitsmarktes bereit. 2Dabei ist ein angemessener Anteil für die Förderung der Anbahnung und Aufnahme einer nach dem Dritten Buch versicherungspflichtigen Beschäftigung sicherzustellen (Vermittlungsbudget).

(4) Die zugewiesenen Mittel sind so zu bewirtschaften, dass eine Bewilligung und Erbringung der einzelnen Leistungen im gesamten Haushaltsjahr gewährleistet ist.

(5) 1Die Ausgabemittel des Eingliederungstitels sind nur in das nächste Haushaltsjahr übertragbar. 2Die jeweiligen nicht verausgabten Mittel der Agenturen für Arbeit werden diesen im nächsten Haushaltsjahr zusätzlich zu den auf sie entfallenden Mitteln zugewiesen. 3Verpflichtungsermächtigungen für folgende Jahre sind im gleichen Verhältnis anzuheben.

§ 71c Eingliederungsrücklage der Bundesagentur für Arbeit

1Die bis zum Ende des Haushaltsjahres nicht verausgabten Mittel des Eingliederungstitels der Bundesagentur für Arbeit werden einer Eingliederungsrücklage zugeführt. 2Soweit Liquiditätshilfen nach § 364 des Dritten Buches geleistet werden, erfolgt eine Zuführung zur Eingliederungsrücklage nicht. 3Die Eingliederungsrücklage ist bis zum Schluss des nächsten Haushaltsjahres aufzulösen und dient zur Deckung der nach § 71b Absatz 5 gebildeten Ausgabereste.

§ 71d Haushaltsplan und Kostenverteilungsverfahren der Sozialversicherung für Landwirtschaft, Forsten und Gartenbau

(1) 1Der Haushaltsplan der Sozialversicherung für Landwirtschaft, Forsten und Gartenbau ist getrennt für die Versicherungszweige landwirtschaftliche Unfallversicherung, Alterssicherung der Landwirte, landwirtschaftliche Krankenversicherung und landwirtschaftliche Pflegeversicherung aufzustellen. 2Der Haushaltsplan soll so rechtzeitig festgestellt werden, dass er bis zum 15. November vor Beginn des Kalenderjahres, für das er gelten soll, der Aufsichtsbehörde vorgelegt werden kann.

(2) Die Sozialversicherung für Landwirtschaft, Forsten und Gartenbau hat sicherzustellen, dass die Kosten, die für die Erfüllung von Aufgaben mehrerer oder aller Versicherungszweige entstehen, durch geeignete Verfahren sachgerecht auf die Versicherungszweige landwirtschaftliche Unfallversicherung, landwirtschaftliche Krankenversicherung und Alterssicherung der Landwirte verteilt werden (Kostenverteilungsschlüssel).

(3) 1Der Haushaltsplan und der Kostenverteilungsschlüssel bedürfen der Genehmigung durch die Aufsichtsbehörde. 2Die Genehmigung wird im Einvernehmen mit dem Bundesministerium für Ernährung und Landwirtschaft erteilt. 3Die Aufsichtsbehörde kann die Genehmigung des Haushaltsplans auch für einzelne Ansätze versagen, soweit gegen Gesetz oder sonstiges für den Versicherungsträger maßgebendes Recht verstoßen wird, die Leistungsfähigkeit des Versicherungsträgers zur Erfüllung seiner Verpflichtungen ge-

IV

fährdet wird oder die Bewertungs- oder Bewirtschaftungsmaßstäbe des Bundes nicht beachtet sind; die Besonderheiten des Versicherungsträgers sind hierbei zu berücksichtigen.

§ 71e Ausweisung der Schiffssicherheitsabteilung im Haushaltsplan

$_1$Im Haushaltsplan der gewerblichen Berufsgenossenschaft, der die Durchführung von Aufgaben nach § 6 des Seeaufgabengesetzes übertragen worden ist, sind die für die Durchführung anzusetzenden Einnahmen und Ausgaben, insbesondere die Personalkosten, in einer gesonderten Aufstellung auszuweisen. $_2$Der Haushaltsplan bedarf insoweit der Genehmigung des Bundesamtes für Soziale Sicherung im Einvernehmen mit dem Bundesministerium für Arbeit und Soziales und dem Bundesministerium für Verkehr und digitale Infrastruktur.

§ 71f Haushaltsplan der Unfallversicherung Bund und Bahn

(1) $_1$Der Haushaltsplan der Unfallversicherung Bund und Bahn wird in Teilhaushalten aufgestellt, in denen die im Zuständigkeitsbereich nach § 125 Absatz 1 des Siebten Buches und im Zuständigkeitsbereich nach § 125 Absatz 2 des Siebten Buches anfallenden Einnahmen und Ausgaben getrennt veranschlagt werden. $_2$Der Haushaltsplan bedarf der Genehmigung des Bundesamtes für Soziale Sicherung. $_3$Die Genehmigung des Teilhaushaltes für den Zuständigkeitsbereich nach § 125 Absatz 1 des Siebten Buches erfolgt im Einvernehmen mit dem Bundesministerium für Arbeit und Soziales und dem Bundesministerium der Finanzen. $_4$Die Genehmigung des Teilhaushaltes für den Zuständigkeitsbereich nach § 125 Absatz 2 des Siebten Buches erfolgt im Einvernehmen mit dem Bundesministerium für Verkehr und digitale Infrastruktur. $_5$Der Haushaltsplan soll so rechtzeitig festgestellt werden, dass er spätestens am 1. Dezember vor Beginn des Kalenderjahres, für das er gelten soll, der genehmigenden Stelle vorgelegt werden kann. $_6$Die genehmigende Stelle kann die Genehmigung auch für einzelne Ansätze versagen, wenn der Haushaltsplan gegen Gesetz oder sonstiges für den Versicherungsträger maßgebendes Recht verstößt oder die Leistungsfähigkeit des Versicherungsträgers zur Erfüllung seiner Verpflichtungen gefährdet oder wenn die Bewertungs- oder Bewirtschaftungsmaßstäbe des Bundes nicht beachtet sind.

(2) $_1$Die dem Zuständigkeitsbereich nach § 125 Absatz 1 des Siebten Buches und die dem Zuständigkeitsbereich nach § 125 Absatz 2 des Siebten Buches unmittelbar zuzurechnenden Verwaltungsausgaben werden in dem entsprechenden Teilhaushalt veranschlagt. $_2$Die den Zuständigkeitsbereichen nicht unmittelbar zurechenbaren Verwaltungsausgaben werden im Rahmen einer Kosten-Leistungs-Rechnung ermittelt, die den jeweils aktuellen Grundsätzen und Prinzipien der standardisierten Kosten- und Leistungsrechnung des Bundes entspricht. $_3$Die Verwaltungsausgaben, die den Zuständigkeitsbereichen nicht unmittelbar zugeordnet werden können, werden im Teilhaushalt für die Aufgaben nach § 125 Absatz 1 des Siebten Buches veranschlagt. $_4$Der nach der Kosten- und Leistungsrechnung auf den Zuständigkeitsbereich nach § 125 Absatz 2 des Siebten Buches entfallende Anteil der nicht unmittelbar zurechenbaren Verwaltungsausgaben wird dem Bund monatlich nach Genehmigung des Bundesamtes für Soziale Sicherung aus dem Teilhaushalt für den Zuständigkeitsbereich nach § 125 Absatz 2 des Siebten Buches erstattet. $_5$Die Ausgaben für die Vertreterversammlung und den Vorstand werden nach einem Schlüssel in den Teilhaushalten veranschlagt, der nach objektiven und gewichteten Kriterien gebildet wird. $_6$Das Nähere regelt die Satzung der Unfallversicherung Bund und Bahn.

(3) Einsparungen für überplanmäßige und außerplanmäßige Ausgaben nach § 73 Absatz 2 Satz 3 und 4 an anderer Stelle des Haushaltsplans erfolgen in dem Teilhaushalt, in dem diese Ausgaben geleistet werden.

§ 72 Vorläufige Haushaltsführung

(1) Soweit der Haushaltsplan zu Beginn des Haushaltsjahrs noch nicht in Kraft getreten ist, ist der Vorstand ermächtigt zuzulassen, dass der Versicherungsträger die Ausgaben leistet, die unvermeidbar sind,

1. um seine rechtlich begründeten Verpflichtungen und Aufgaben zu erfüllen,
2. um Bauten und Beschaffungen fortzusetzen, sofern durch den Haushalt eines Vorjahrs bereits Beträge bewilligt worden sind.

(2) $_1$Der Vorstand hat seinen Beschluss unverzüglich der Aufsichtsbehörde anzuzeigen; der Beschluss des Vorstandes der Deutschen Rentenversicherung Bund ist dem Bundesministerium für Arbeit und Soziales anzuzeigen. $_2$Bei der Deutschen Rentenversicherung Knappschaft-Bahn-See und der Bundesagentur für Arbeit bedarf der Beschluss der Genehmigung des Bundesministeriums für Arbeit und Soziales, die jeweils im Einvernehmen mit dem Bundesministerium der Finanzen erfolgt. $_3$Bei der Sozialversicherung für Landwirtschaft, Forsten und Gartenbau bedarf der Beschluss der Genehmigung der Aufsichtsbehörde, die

im Einvernehmen mit dem Bundesministerium für Ernährung und Landwirtschaft erfolgt.

§ 73 Überplanmäßige und außerplanmäßige Ausgaben

(1) 1Überplanmäßige und außerplanmäßige Ausgaben sowie Maßnahmen, durch die Verpflichtungen entstehen können, für die Ausgaben im Haushaltsplan nicht veranschlagt sind, bedürfen der Einwilligung des Vorstands, bei der Bundesagentur für Arbeit des Verwaltungsrats. 2Sie darf nur erteilt werden, wenn

1. ein unvorhergesehenes und unabweisbares Bedürfnis vorliegt und
2. durch sie der Haushaltsplan nicht in wesentlichen Punkten verändert wird oder es sich um außerplanmäßige Ausgaben handelt, die nicht von erheblicher finanzieller Bedeutung sind.

(2) 1Die Einwilligung ist unverzüglich der Aufsichtsbehörde, die Einwilligung des Vorstandes der Deutschen Rentenversicherung Bund dem Bundesministerium für Arbeit und Soziales anzuzeigen, das das Bundesministerium der Finanzen unterrichtet. 2Bei der Deutschen Rentenversicherung Knappschaft-Bahn-See und der Bundesagentur für Arbeit ist die Genehmigung des Bundesministeriums für Arbeit und Soziales erforderlich, die jeweils im Einvernehmen mit dem Bundesministerium der Finanzen erfolgt. 3Bei der Unfallversicherung Bund und Bahn ist für überplanmäßige und außerplanmäßige Ausgaben im Teilhaushalt für den Zuständigkeitsbereich nach § 125 Absatz 1 des Siebten Buches die Genehmigung des Bundesamtes für Soziale Sicherung erforderlich, die im Einvernehmen mit dem Bundesministerium für Arbeit und Soziales und dem Bundesministerium der Finanzen erfolgt. 4Für überplanmäßige und außerplanmäßige Ausgaben im Teilhaushalt für den Zuständigkeitsbereich nach § 125 Absatz 2 des Siebten Buches erfolgt die Genehmigung des Bundesamtes für Soziale Sicherung im Einvernehmen mit dem Bundesministerium für Verkehr und digitale Infrastruktur. 5Bei der Sozialversicherung für Landwirtschaft, Forsten und Gartenbau ist die Genehmigung der Aufsichtsbehörde erforderlich, die im Einvernehmen mit dem Bundesministerium für Ernährung und Landwirtschaft erfolgt; Ausgaben bis zu einem Betrag von 50 000 Euro bedürfen nicht der Genehmigung.

(3) Kann die Einwilligung des Vorstands, bei der Bundesagentur für Arbeit des Verwaltungsrats, oder die Genehmigung des Bundesministeriums für Arbeit und Soziales ausnahmsweise und im Einzelfall nicht vor der Leistung von Ausgaben eingeholt werden, weil diese unaufschiebbar sind, sind sie unverzüglich nachzuholen.

§ 74 Nachtragshaushalt

1Willigt der Vorstand, bei der Bundesagentur für Arbeit der Verwaltungsrat, in überplanmäßige oder außerplanmäßige Ausgaben nach § 73 Absatz 1 nicht ein, ist für Nachträge ein Nachtragshaushaltsplan festzustellen. 2Auf ihn finden die Vorschriften für den Haushaltsplan und die vorläufige Haushaltsführung entsprechende Anwendung.

§ 75 Verpflichtungsermächtigungen

(1) 1Maßnahmen, die den Versicherungsträger zur Leistung von Ausgaben in künftigen Haushaltsjahren verpflichten können (Verpflichtungsermächtigungen), sind nur zulässig, wenn der Haushaltsplan dazu ermächtigt. 2Ausnahmen bedürfen der Einwilligung des Vorstands. 3§ 73 Absatz 1 Satz 2 Nummer 1 sowie Absatz 2 und 3 gelten entsprechend.

(2) 1Verpflichtungen für laufende Geschäfte dürfen eingegangen werden, ohne dass die Voraussetzungen des Absatzes 1 vorliegen. 2Einer Verpflichtungsermächtigung bedarf es auch dann nicht, wenn zu Lasten übertragbarer Ausgaben Verpflichtungen eingegangen werden, die im folgenden Haushaltsjahr zu Ausgaben führen.

§ 76 Erhebung der Einnahmen

(1) Einnahmen sind rechtzeitig und vollständig zu erheben.

(2) 1Der Versicherungsträger darf Ansprüche nur

1. stunden, wenn die sofortige Einziehung mit erheblichen Härten für die Anspruchsgegner verbunden wäre und der Anspruch durch die Stundung nicht gefährdet wird,
2. niederschlagen, wenn feststeht, dass die Einziehung keinen Erfolg haben wird, oder wenn die Kosten der Einziehung außer Verhältnis zur Höhe des Anspruchs stehen,
3. erlassen, wenn deren Einziehung nach Lage des einzelnen Falles unbillig wäre; unter den gleichen Voraussetzungen können bereits entrichtete Beiträge erstattet oder angerechnet werden.

2Die Stundung soll gegen angemessene Verzinsung und in der Regel nur gegen Sicherheitsleistung gewährt werden. 3Im Falle des Satzes 1 Nummer 2 dürfen Beitragsansprüche auch niedergeschlagen werden, wenn der Arbeitgeber mehr als sechs Monate meldepflichtige Beschäftigte nicht mehr gemeldet hat und die Ansprüche die von den Spitzenverbänden der Sozialversicherung und der Bundesagentur für Arbeit

IV

gemeinsam und einheitlich festgelegten Beträge nicht überschreiten; die Grenzbeträge sollen auch an eine vorherige Vollstreckungsmaßnahme gebunden werden, wenn die Kosten der Maßnahme in einem wirtschaftlich vertretbaren Verhältnis zur Höhe der Forderung stehen. 4Die Vereinbarung nach Satz 3 bedarf der Genehmigung des Bundesministeriums für Arbeit und Soziales. 5Kommt eine Vereinbarung nach Satz 3 nicht innerhalb einer vom Bundesministerium für Arbeit und Soziales festgesetzten Frist zustande, bestimmt dieses nach Anhörung der Beteiligten die Beträge durch Rechtsverordnung mit Zustimmung des Bundesrates.

(3) 1Für Ansprüche auf den Gesamtsozialversicherungsbeitrag trifft die Entscheidung nach Absatz 2 die zuständige Einzugsstelle. 2Hat die Einzugsstelle einem Schuldner für länger als zwei Monate Beitragsansprüche gestundet, deren Höhe die Bezugsgröße übersteigt, ist sie verpflichtet, bei der nächsten Monatsabrechnung die zuständigen Träger der Rentenversicherung und die Bundesagentur für Arbeit über die Höhe der auf sie entfallenden Beitragsansprüche und über den Zeitraum, für den die Beitragsansprüche gestundet sind, zu unterrichten. 3Die Einzugsstelle darf

1. eine weitere Stundung der Beitragsansprüche sowie
2. die Niederschlagung von Beitragsansprüchen, deren Höhe insgesamt die Bezugsgröße übersteigt, und
3. den Erlass von Beitragsansprüchen, deren Höhe insgesamt den Betrag von einem Sechstel der Bezugsgröße übersteigt,

nur im Einvernehmen mit den beteiligten Trägern der Rentenversicherung und der Bundesagentur für Arbeit vornehmen.

(4) 1Die Einzugsstelle kann einen Vergleich über rückständige Beitragsansprüche schließen, wenn dies für die Einzugsstelle, die beteiligten Träger der Rentenversicherung und die Bundesagentur für Arbeit wirtschaftlich und zweckmäßig ist. 2Die Einzugsstelle darf den Vergleich über rückständige Beitragsansprüche, deren Höhe die Bezugsgröße insgesamt übersteigt, nur im Einvernehmen mit den beteiligten Trägern der Rentenversicherung und der Bundesagentur für Arbeit schließen. 3Der Träger der Unfallversicherung kann einen Vergleich über rückständige Beitragsansprüche schließen, wenn dies wirtschaftlich und zweckmäßig ist. 4Für die Träger der Rentenversicherung gilt Satz 3, soweit es sich nicht um Ansprüche aus dem Gesamtsozialversicherungsbeitrag handelt.

(5) Die Bundesagentur für Arbeit kann einen Vergleich abschließen, wenn dies wirtschaftlich und zweckmäßig ist.

§ 77 Rechnungsabschluss, Jahresrechnung und Entlastung

(1) 1Die Versicherungsträger schließen für jedes Kalenderjahr zur Rechnungslegung die Rechnungsbücher ab und stellen auf der Grundlage der Rechnungslegung eine Jahresrechnung auf. 2Über die Entlastung des Vorstands und des Geschäftsführers wegen der Jahresrechnung beschließt die Vertreterversammlung. 3Über die Entlastung des Bundesvorstandes und des Geschäftsführers wegen der Rechnungsergebnisse für die Grundsatz- und Querschnittsaufgaben bei der Deutschen Rentenversicherung Bund beschließt die Bundesvertreterversammlung mit der Mehrheit von mindestens zwei Dritteln der gewichteten Stimmen der satzungsmäßigen Mitgliederzahl. 4Über die Entlastung des Vorstands der Bundesagentur für Arbeit beschließt der Verwaltungsrat.

(1a) 1Die Jahresrechnung einer Krankenkasse einschließlich der Deutschen Rentenversicherung Knappschaft-Bahn-See, soweit sie die Krankenversicherung nach dem Fünften Buch durchführt, hat ein den tatsächlichen Verhältnissen entsprechendes Bild der Vermögens-, Finanz- und Ertragslage der Krankenkasse zu vermitteln. 2Die gesetzlichen Vertreter der Krankenkasse haben bei der Unterzeichnung der Jahresrechnung nach bestem Wissen schriftlich zu versichern, dass die Jahresrechnung ein den tatsächlichen Verhältnissen entsprechendes Bild im Sinne des Satzes 1 vermittelt. 3Dabei sind bei der Bewertung der in der Jahresrechnung oder den ihr zu Grunde liegenden Büchern und Aufzeichnungen ausgewiesenen Vermögensgegenstände und Verbindlichkeiten insbesondere folgende Grundsätze zu beachten:

1. Die Saldenvorträge zu Beginn des Rechnungsjahres müssen mit den entsprechenden Schlusssalden der Jahresrechnungen des vorhergehenden Rechnungsjahres übereinstimmen.
2. Die Jahresrechnung muss klar und übersichtlich sein: Insbesondere dürfen keine Veränderungen vorgenommen werden, die
   a) dazu führen, dass der ursprüngliche Inhalt einer Eintragung oder Aufzeichnung nicht mehr feststellbar ist, oder
   b) es ungewiss lassen, ob sie ursprünglich oder erst später gemacht worden sind.
3. Die Vermögensgegenstände und Verbindlichkeiten müssen zum Abschlussstichtag einzeln bewertet sein.
4. Es ist vorsichtig zu bewerten, namentlich sind alle vorhersehbaren Risiken und Verluste, die bis zum Abschlussstichtag entstanden sind, zu berücksich-

tigen, selbst wenn diese erst zwischen dem Abschlussstichtag und dem Tag der Aufstellung der Jahresrechnung bekannt geworden sind; Gewinne sind nur zu berücksichtigen, wenn sie am Abschlussstichtag realisiert sind.

5. Aufwendungen und Erträge des Rechnungsjahres sind unabhängig von den Zeitpunkten der entsprechenden Zahlungen in der Jahresrechnung zu berücksichtigen.
6. Die auf die vorhergehende Jahresrechnung angewandten Bewertungsmethoden sollen beibehalten werden.

4Ausführungsbestimmungen über die Grundsätze nach Satz 3 können daneben in die Rechtsverordnung nach § 78 Satz 1 aufgenommen werden, soweit dies erforderlich ist, um eine nach einheitlichen Kriterien und Strukturen gestaltete Jahresrechnung zu schaffen und um eine einheitliche Bewertung der von den Krankenkassen aufgestellten Unterlagen zu ihrer Finanzlage zu erhalten. 5Die Jahresrechnung ist von einem Wirtschaftsprüfer oder einem vereidigten Buchprüfer zu prüfen und zu testieren. 6Ein Wirtschaftsprüfer oder ein vereidigter Buchprüfer ist von der Prüfung ausgeschlossen, wenn er in den letzten fünf aufeinanderfolgenden Jahren ohne Unterbrechung die Prüfung durchgeführt hat.

(2) Bei der Deutschen Rentenversicherung Knappschaft-Bahn-See sind die Buchführung, die Rechnungslegung und die Rechnungsprüfung für die knappschaftliche Krankenversicherung, knappschaftliche Pflegeversicherung und die allgemeine sowie die knappschaftliche Rentenversicherung getrennt durchzuführen.

(3) Bei der Deutschen Rentenversicherung Bund sind die Rechnungsergebnisse für die Grundsatz- und Querschnittsaufgaben gesondert nachzuweisen.

§ 77a Geltung von Haushaltsvorschriften des Bundes für die Bundesagentur für Arbeit

1Für die Aufstellung und Ausführung des Haushaltsplans sowie für die sonstige Haushaltswirtschaft der Bundesagentur für Arbeit gelten die Vorschriften der Bundeshaushaltsordnung sinngemäß. 2Die allgemeinen Grundsätze der Haushaltswirtschaft des Bundes sind zu beachten. 3Abweichungen von Satz 1 können nach § 1 Absatz 3 des Dritten Buches vereinbart werden.

§ 78 Verordnungsermächtigung

1Die Bundesregierung wird ermächtigt, durch Rechtsverordnung mit Zustimmung des Bundesrates für die Sozialversicherungsträger mit Ausnahme der Bundesagentur für Arbeit Grundsätze über die Aufstellung des Haushaltsplans, seine Ausführung, die Rechnungsprüfung und die Entlastung sowie die Zahlung, die Buchführung und die Rechnungslegung zu regeln. 2Die Regelung ist nach den Grundsätzen des für den Bund und die Länder geltenden Haushaltsrechts vorzunehmen; sie hat die Besonderheiten der Sozialversicherung und der einzelnen Versicherungszweige zu berücksichtigen.

§ 79 Geschäftsübersichten und Statistiken der Sozialversicherung

(1) 1Die Versicherungsträger haben Übersichten über ihre Geschäfts- und Rechnungsergebnisse sowie sonstiges statistisches Material aus ihrem Geschäftsbereich zu erstellen und dem Bundesministerium für Arbeit und Soziales, landesunmittelbare Versicherungsträger auch den für die Sozialversicherung zuständigen obersten Verwaltungsbehörden der Länder oder den von diesen bestimmten Stellen vorzulegen. 2Die Unterlagen für das Bundesministerium für Arbeit und Soziales sind dem im jeweiligen Versicherungszweig im gesamten Geltungsbereich dieses Buches zuständigen Verband maschinell verwertbar und geprüft zuzuleiten. 3Nach Aufbereitung leitet dieser die Unterlagen in maschinell verwertbarer Form an das Bundesministerium für Arbeit und Soziales sowie an die zuständigen obersten Verwaltungsbehörden der Länder oder an die von ihnen bestimmten Stellen weiter. 4Der Verband hat die aufbereiteten Unterlagen der landesunmittelbaren Versicherungsträger den für die Sozialversicherung zuständigen obersten Verwaltungsbehörden der Länder oder den von diesen bestimmten Stellen auf Verlangen zuzuleiten; dies gilt entsprechend für Unterlagen der bundesunmittelbaren Versicherungsträger, die Versicherte oder Mitglieder in dem betreffenden Land haben. 5Soweit ein Versicherungsträger einem Verband nicht angehört, kann er die Unterlagen dem Bundesministerium für Arbeit und Soziales unmittelbar oder über einen in seinem Versicherungszweig zuständigen Verband vorlegen; bei unmittelbarer Vorlage werden die Unterlagen nach Satz 3 vom Bundesministerium für Arbeit und Soziales zugeleitet. 6Das Bundesministerium für Arbeit und Soziales kann zulassen, dass ihm abweichend von Satz 2 die Unterlagen der Träger der allgemeinen Rentenversicherung und der knappschaftlichen Rentenversicherung unmittelbar vorgelegt werden. 7Die Sozialversicherung für Landwirtschaft, Forsten und Gartenbau legt dem Bundesministerium für Arbeit und Soziales die Unterlagen eines Kalenderjah-

IV

res bis spätestens 30. Juni des folgenden Kalenderjahres unmittelbar vor.

(2) 1Das Nähere zu Absatz 1, insbesondere zu Inhalt, Art und Form der Unterlagen, wird durch allgemeine Verwaltungsvorschriften bestimmt. 2Soweit sich die allgemeinen Verwaltungsvorschriften nur an bundesunmittelbare Versicherungsträger richten, werden sie vom Bundesministerium für Arbeit und Soziales erlassen.

(3) Das Bundesministerium für Arbeit und Soziales erstellt alljährlich eine Übersicht über die gesamten Geschäfts- und Rechnungsergebnisse des abgeschlossenen Geschäftsjahrs.

IV

(3a) 1Im Bereich der gesetzlichen Krankenversicherung und der sozialen Pflegeversicherung sind die Absätze 1 bis 3 mit den Maßgaben anzuwenden, dass an die Stelle des Bundesministeriums für Arbeit und Soziales das Bundesministerium für Gesundheit tritt und beim Erlass der allgemeinen Verwaltungsvorschriften nach Absatz 2 Satz 2 auch das Einvernehmen mit dem Bundesministerium für Arbeit und Soziales herzustellen ist. 2Soweit Bedarf für besondere Nachweise im Bereich der landwirtschaftlichen Krankenversicherung besteht, sind die Absätze 1 bis 3 mit den Maßgaben anzuwenden, dass an die Stelle des Bundesministeriums für Arbeit und Soziales das Bundesministerium für Ernährung und Landwirtschaft tritt und beim Erlass der allgemeinen Verwaltungsvorschriften nach Absatz 2 Satz 2 auch das Einvernehmen mit dem Bundesministerium für Arbeit und Soziales und dem Bundesministerium für Gesundheit herzustellen ist.

(3b) Soweit Versichertenstatistiken und Statistiken der Sozialgerichtsbarkeit der gesetzlichen Krankenversicherung und der sozialen Pflegeversicherung vom Bundesministerium für Arbeit und Soziales genutzt werden, sind die Daten auch dem Bundesministerium für Arbeit und Soziales vorzulegen.

(4) Diese Vorschrift findet auf die Bundesagentur für Arbeit keine Anwendung.

Vierter Titel
Vermögen

§ 80 Verwaltung der Mittel, Anlagegrundsätze

(1) 1Die Mittel der Versicherungsträger umfassen die Betriebsmittel, die Rücklage und das Verwaltungsvermögen. 2Sie sind so anzulegen und zu verwalten, dass ein Verlust ausgeschlossen erscheint, ein angemessener Ertrag erzielt wird und eine ausreichende Liquidität gewährleistet ist.

(2) Die Mittel der Versicherungsträger sind getrennt von den Mitteln Dritter zu verwalten.

(3) 1Die Einhaltung der Grundsätze nach Absatz 1 Satz 2 ist durch ein qualifiziertes Anlage- und Risikomanagement sicherzustellen. 2Ausfall- und Liquiditätsrisiken sind durch eine Mischung und Streuung der Anlagen zu begrenzen. 3Die Versicherungsträger erlassen hierzu im Verhältnis zu Art und Umfang ihrer Anlagen angemessene Anlagerichtlinien.

§ 81 Betriebsmittel

Die Versicherungsträger haben nach Maßgabe der besonderen Vorschriften für die einzelnen Versicherungszweige kurzfristig verfügbare Mittel zur Bestreitung ihrer laufenden Ausgaben sowie zum Ausgleich von Einnahme- und Ausgabeschwankungen (Betriebsmittel) bereitzuhalten.

§ 82 Rücklage

Die Versicherungsträger haben nach Maßgabe der besonderen Vorschriften für die einzelnen Versicherungszweige zur Sicherstellung ihrer Leistungsfähigkeit, insbesondere für den Fall, dass Einnahme- und Ausgabeschwankungen durch Einsatz der Betriebsmittel nicht mehr ausgeglichen werden können, eine Rücklage bereitzuhalten.

§ 82a Verwaltungsvermögen

1Das Verwaltungsvermögen umfasst alle Vermögensgegenstände der Versicherungsträger nach Maßgabe der besonderen Vorschriften für die einzelnen Versicherungszweige, soweit sie für die Erfüllung ihrer Aufgaben erforderlich sind oder auf Grund rechtlicher Verpflichtung oder Ermächtigung angelegt werden und nicht den Betriebsmitteln oder der Rücklage zuzuordnen sind. 2Es umfasst insbesondere

1. alle Vermögensanlagen, die der Verwaltung des Versicherungsträgers zu dienen bestimmt sind, einschließlich der Mittel, die zur Anschaffung und Erneuerung dieser Vermögensteile bereitgehalten werden,
2. Einrichtungen, Beteiligungen an Einrichtungen, Regie- und Eigenbetriebe sowie Darlehensgewährungen und
3. die Mittel, die für künftig zu zahlende Versorgungsbezüge und Beihilfen der Bediensteten und ihrer Hinterbliebenen bereitgehalten werden.

§ 83 Anlegung der Mittel

(1) Die Mittel können, soweit in den besonderen Vorschriften für die einzelnen Versicherungszweige nichts Abweichendes bestimmt ist, die Anlage den dort ge-

regelten Liquiditätserfordernissen entspricht und kein Nachrang im Insolvenzverfahren vereinbart wird, nur angelegt werden in

1. Schuldverschreibungen von Ausstellern mit Sitz in einem Mitgliedstaat der Europäischen Union, die an einem organisierten Markt in der Europäischen Union zum Handel zugelassen sind oder in diesen einbezogen sind; Schuldverschreibungen von Ausstellern mit Sitz in einem Mitgliedstaat der Europäischen Union, deren Zulassung zum Handel an einem organisierten Markt in der Europäischen Union oder deren Einbeziehung in diesen nach den Ausgabebedingungen zu beantragen ist, dürfen ebenfalls erworben werden, sofern die Zulassung oder Einbeziehung innerhalb eines Jahres nach ihrer Ausgabe erfolgt,
2. Schuldverschreibungen und sonstige Gläubigerrechte verbriefenden Wertpapieren von Ausstellern mit Sitz in einem Mitgliedstaat der Europäischen Union,
   a) wenn für die Forderungen eine öffentlich-rechtliche Einrichtung die Gewährleistung für Rückzahlung und Verzinsung übernimmt oder kraft Gesetzes eine besondere Deckungsmasse besteht,
   b) bei Kreditinstituten, die einer für die Anlage ausreichenden Sicherungseinrichtung der Kreditwirtschaft angehören oder
   c) soweit der Schutzumfang der Sicherungseinrichtung der Kreditwirtschaft nach der Höhe, der Laufzeit oder der Anlageart begrenzt ist, auch bei Kreditinstituten, die die geltenden Vorschriften über das Eigenkapital und die Liquidität einhalten; der Versicherungsträger hat die Einhaltung der Vorschriften über das Eigenkapital und die Liquidität regelmäßig, mindestens jährlich, zu überprüfen; sofern der Schutzumfang der Sicherungseinrichtung der Kreditwirtschaft nur der Höhe nach begrenzt ist, muss der Schutz zumindest bis zu der jeweiligen Sicherungsgrenze gewährleistet sein,
3. Schuldbuchforderungen gegen öffentlich-rechtliche Stellen aus dem Gebiet der Europäischen Union,
4. Forderungen aus Darlehen und Einlagen gegen
   a) öffentlich-rechtliche Gebiets- oder Personenkörperschaften oder Sondervermögen aus dem Gebiet der Europäischen Union,
   b) Personen und Gesellschaften des privaten Rechts aus dem Gebiet der Europäischen Union, wenn für die Forderungen eine öffentlich-rechtliche Einrichtung die Gewährleistung für Rückzahlung und Verzinsung übernimmt oder
   c) Kreditinstitute unter den Voraussetzungen der Nummer 2 Buchstabe b und c,
5. Anteilen an Sondervermögen nach dem Kapitalanlagegesetzbuch, wenn sichergestellt ist, dass für das Sondervermögen nur Vermögensgegenstände gemäß den Nummern 1 bis 4 und 6 dieser Vorschrift erworben werden dürfen; soweit danach eine Sicherungseinrichtung der Kreditwirtschaft vorausgesetzt ist, ist dies für die Vermögensgegenstände des Sondervermögens nicht erforderlich; das Sondervermögen muss von einer Kapitalverwaltungsgesellschaft verwaltet werden, die über eine Erlaubnis nach dem Kapitalanlagegesetzbuch verfügt, oder von einer Kapitalverwaltungsgesellschaft mit Sitz in einem Mitgliedstaat der Europäischen Union, die zum Schutz der Anleger einer öffentlichen Aufsicht unterliegt und über eine vergleichbare Erlaubnis verfügt; eine damit verbundene Aufnahme von kurzfristigen Krediten durch die Kapitalverwaltungsgesellschaft für Rechnung des Sondervermögens ist bis zur Höhe von 10 Prozent des Wertes des Sondervermögens zulässig,
6. Forderungen, für die eine sichere Hypothek, Grund- oder Rentenschuld an einem Grundstück, Wohnungseigentum oder Erbbaurecht im Bereich der Europäischen Union besteht.

(1a) Das Verwaltungsvermögen kann mit Ausnahme der Mittel zur Finanzierung des Deckungskapitals für Altersrückstellungen, soweit in den besonderen Vorschriften für die einzelnen Versicherungszweige nichts Abweichendes bestimmt ist, auch angelegt werden in

1. Beteiligungen an Einrichtungen in Form eines privatrechtlichen Unternehmens mit Sitz in einem Mitgliedstaat der Europäischen Union,
2. Darlehensgewährungen, die unmittelbar der Aufgabenerfüllung des Versicherungsträgers dienen, an Darlehensnehmer aus dem Gebiet der Europäischen Union, insbesondere an Einrichtungen, an denen er beteiligt ist, und
3. Grundstücken und grundstücksgleichen Rechten im Gebiet der Europäischen Union.

(1b) Die Mittel zur Finanzierung des Deckungskapitals für Altersrückstellungen können, soweit in den besonderen Vorschriften für die einzelnen Versicherungszweige nichts Abweichendes bestimmt ist, außer in Anlagen nach Absatz 1 auch angelegt werden in

1. Anteilen an Immobilien-Sondervermögen nach dem Kapitalanlagegesetzbuch aus dem Gebiet der Europäischen Union, das von einer Kapitalverwaltungsgesellschaft verwaltet wird, die über eine Erlaubnis nach dem Kapitalanlagegesetzbuch verfügt, oder von einer Kapitalverwaltungsgesellschaft mit Sitz in einem Mitgliedstaat der Europäischen Union, die zum Schutz der Anleger einer öffentlichen Aufsicht unterliegt und über eine vergleichbare Erlaubnis verfügt; Vermögensgegenstände, die sich in Staaten außerhalb der Europäischen Union befinden, dürfen für das Immobilien-Sondervermögen nicht erworben werden; Absatz 1 Nummer 5 letzter Halbsatz gilt entsprechend; unbeschadet dessen ist eine mit der Anlage verbundene Aufnahme von Krediten durch die Kapitalverwaltungsgesellschaft für Rechnung des Sondervermögens bis zur Höhe von 30 Prozent des Verkehrswertes der Immobilien, die zum Sondervermögen gehören, zulässig und
2. Euro-denominierten Aktien, auch im Rahmen eines Sondervermögens gemäß Absatz 1 Nummer 5, innerhalb eines passiven, indexorientierten Managements; die Anlageentscheidungen sind jeweils so zu treffen, dass der Anteil an Aktien maximal 30 Prozent des Deckungskapitals beträgt; Änderungen des Aktienkurses können vorübergehend zu einem höheren Anteil an Aktien am Deckungskapital führen.

(2) $_1$Die Anlegung der Mittel soll grundsätzlich in der im Inland geltenden Währung erfolgen. $_2$Der Erwerb von auf die Währung eines anderen Mitgliedstaates der Europäischen Union lautenden Forderungen ist nur in Verbindung mit einem Kurssicherungsgeschäft zulässig. $_3$Darüber hinaus ist die Verwendung derivativer Finanzinstrumente nur zulässig, soweit sie der Absicherung gegen Ausfall-, Kurs- oder Zinsänderungsrisiken bei vorhandenen Vermögenswerten oder dem späteren Erwerb von Wertpapieren dienen. $_4$Arbitragegeschäfte und Leerverkäufe sind unzulässig.

(3) Die Versicherungsträger achten auf die Möglichkeit zur Anlage nach ökologischen, sozialen und Governance-Kriterien.

(4) $_1$Den Staaten der Europäischen Union stehen bei der Anwendung der Absätze 1 und 2 die Staaten des Abkommens über den Europäischen Wirtschaftsraum und die Schweiz gleich. $_2$Das gilt entsprechend auch für die weiteren Mitgliedstaaten der Organisation für wirtschaftliche Zusammenarbeit und Entwicklung unter der Maßgabe, dass nur der Erwerb von Anlagen nach Absatz 1 Satz 1 Nummer 1, 2 Buchstabe a und Nummer 4 Buchstabe a und b auch von Ausstellern mit Sitz in einem dieser Staaten zulässig ist.

§ 84 Beleihung von Grundstücken

Eine Hypothek, Grundschuld oder Rentenschuld ist als sicher anzusehen, wenn die Beleihung die ersten zwei Drittel des Wertes des Grundstücks, Wohnungseigentums oder Erbbaurechts nicht übersteigt.

§ 85 Genehmigungs- und anzeigepflichtige Vermögensanlagen

(1) Der Genehmigung der Aufsichtsbehörde bedürfen

1. Darlehensgewährungen nach § 83 Absatz 1a Nummer 2,
2. der Erwerb und das Leasen von Grundstücken und grundstücksgleichen Rechten,
3. die Belastung eines Grundstücks mit Erbbaurechten und
4. die Errichtung, die Erweiterung und der Umbau von Gebäuden.

(2) $_1$Der Erwerb und das Leasen von Grundstücken und grundstücksgleichen Rechten sowie die Errichtung, die Erweiterung und der Umbau von Gebäuden bedürfen keiner Genehmigung, wenn die veranschlagten Kosten für ein Vorhaben 1 Million Euro (Stand Haushaltsjahr 2023) nicht übersteigen. $_2$Bei dem Leasen von Grundstücken ist von dem fiktiven Kaufpreis auszugehen.

(3) Der Betrag nach Absatz 2 verändert sich in demselben Verhältnis wie der Baukostenindex, den das Bundesministerium für Arbeit und Soziales alljährlich bekannt gibt.

(3a) $_1$Mietverträge von Krankenkassen und ihren Verbänden sind der Aufsichtsbehörde vor ihrem Abschluss vorzulegen, wenn die anzumietende Fläche 7500 Quadratmeter überschreitet und eine Mietdauer von mehr als zehn Jahren fest vereinbart werden soll. $_2$Absatz 3b Satz 2 und 3 gilt entsprechend.

(3b) $_1$Der Versicherungsträger hat der Aufsichtsbehörde die Absicht anzuzeigen,

1. Datenverarbeitungsanlagen und -systeme anzukaufen, zu leasen oder anzumieten oder sich an solchen zu beteiligen, soweit dadurch das Systemkonzept der Datenverarbeitung grundlegend verändert wird; dies gilt für die Beschaffung und bei den Rentenversicherungsträgern auch für die Eigenentwicklung von Datenverarbeitungsprogrammen entsprechend,
2. eine Einrichtung zu gründen oder zu erwerben, sich an einer Einrichtung zu beteiligen oder eine Beteiligung an einer Einrichtung zu erhöhen,

3. eine Einrichtung zu veräußern oder aufzulösen oder eine Beteiligung an einer Einrichtung ganz oder teilweise zu veräußern oder zu übertragen.

$_{2}$Jede Anzeige hat so umfassend und rechtzeitig zu erfolgen, dass vor Abschluss verbindlicher Vereinbarungen ausreichend Zeit zur Prüfung und Beratung des Versicherungsträgers bleibt. $_{3}$Die Aufsichtsbehörde kann auf eine Anzeige verzichten.

(3c) $_{1}$Eine Einrichtung kann sich zur Aufgabenerfüllung an einer weiteren Einrichtung beteiligen, die sich ihrerseits an einer Einrichtung beteiligen kann. $_{2}$Weitere Beteiligungsebenen sind unzulässig.

(4) Diese Vorschrift findet auf die Bundesagentur für Arbeit keine Anwendung.

(5) Der Versicherungsträger zeigt der Aufsichtsbehörde rechtzeitig Maßnahmen einer Einrichtung an, an der er beteiligt ist, und die nach den Absätzen 1 bis 3b genehmigungs- oder anzeigepflichtig wären.

§ 86 Ausnahmegenehmigung

$_{1}$Die Versicherungsträger können mit Genehmigung der Aufsichtsbehörde ihre Mittel abweichend von § 83 anlegen, wenn wichtige Gründe eine im Interesse des Versicherungsträgers liegende andere Anlage rechtfertigen. $_{2}$In der Genehmigung müssen die Anlageform und der innerhalb einer bestimmten Frist höchstens anzulegende Gesamtbetrag bestimmt sein.

Fünfter Titel
Aufsicht

§ 87 Umfang der Aufsicht

(1) $_{1}$Die Versicherungsträger unterliegen staatlicher Aufsicht. $_{2}$Sie erstreckt sich auf die Beachtung von Gesetz und sonstigem Recht, das für die Versicherungsträger maßgebend ist.

(2) Auf den Gebieten der Prävention in der gesetzlichen Unfallversicherung erstreckt sich die Aufsicht auch auf den Umfang und die Zweckmäßigkeit der Maßnahmen.

(3) $_{1}$Soweit die Deutsche Gesetzliche Unfallversicherung e. V. Aufgaben nach § 14 Absatz 4, § 15 Absatz 1, § 20 Absatz 2 Satz 2, § 31 Absatz 2 Satz 2, § 32 Absatz 4, § 34 Absatz 3 Satz 1, § 40 Absatz 5, § 41 Absatz 4 und § 43 Absatz 5 des Siebten Buches wahrnimmt, untersteht sie der Rechtsaufsicht des Bundesministeriums für Arbeit und Soziales. $_{2}$Das Bundesministerium für Arbeit und Soziales kann die Aufsicht mit Ausnahme der Aufsicht im Bereich der Prävention ganz oder teilweise dem Bundesamt für Soziale Sicherung übertragen.

§ 88 Prüfung und Unterrichtung

(1) Die Aufsichtsbehörde kann die Geschäfts- und Rechnungsführung des Versicherungsträgers prüfen.

(2) $_{1}$Die Versicherungsträger haben der Aufsichtsbehörde oder ihren Beauftragten auf Verlangen alle Unterlagen vorzulegen und alle Auskünfte zu erteilen, die zur Ausübung des Aufsichtsrechts auf Grund pflichtgemäßer Prüfung der Aufsichtsbehörde gefordert werden. $_{2}$Die Vorlage- und Auskunftspflicht umfasst auch elektronisch gespeicherte Daten sowie deren automatisierten Abruf durch die Aufsichtsbehörde.

§ 89 Aufsichtsmittel

(1) $_{1}$Wird durch das Handeln oder Unterlassen eines Versicherungsträgers das Recht verletzt, soll die Aufsichtsbehörde zunächst beratend darauf hinwirken, dass der Versicherungsträger die Rechtsverletzung behebt. $_{2}$Kommt der Versicherungsträger dem innerhalb angemessener Frist nicht nach, kann die Aufsichtsbehörde den Versicherungsträger verpflichten, die Rechtsverletzung zu beheben. $_{3}$Die Verpflichtung kann mit den Mitteln des Verwaltungsvollstreckungsrechts durchgesetzt werden, wenn ihre sofortige Vollziehung angeordnet worden oder sie unanfechtbar geworden ist. $_{4}$Die Aufsicht kann die Zwangsmittel für jeden Fall der Nichtbefolgung androhen. $_{5}$§ 13 Absatz 6 Satz 2 des Verwaltungs-Vollstreckungsgesetzes ist nicht anwendbar.

(2) Absatz 1 gilt für die Aufsicht nach § 87 Absatz 2 entsprechend.

(3) $_{1}$Die Aufsichtsbehörde kann verlangen, dass die Selbstverwaltungsorgane zu Sitzungen einberufen werden. $_{2}$Wird ihrem Verlangen nicht entsprochen, kann sie die Sitzungen selbst anberaumen und die Verhandlungen leiten.

§ 90 Aufsichtsbehörden

(1) $_{1}$Die Aufsicht über die Versicherungsträger, deren Zuständigkeitsbereich sich über das Gebiet eines Landes hinaus erstreckt (bundesunmittelbare Versicherungsträger), führt das Bundesamt für Soziale Sicherung, auf den Gebieten der Prävention in der gesetzlichen Unfallversicherung das Bundesministerium für Arbeit und Soziales. $_{2}$Die Aufsicht über die Unfallversicherung Bund und Bahn auf dem Gebiet der Prävention führt das Bundesministerium des Innern, für Bau und Heimat.

(2) Die Aufsicht über die Versicherungsträger, deren Zuständigkeitsbereich sich nicht über das Gebiet eines Landes hinaus erstreckt (landesunmittelbare Versicherungsträger), führen die für die Sozialversicherung zuständigen obersten Verwaltungsbehörden der Länder

oder die von den Landesregierungen durch Rechtsverordnung bestimmten Behörden; die Landesregierungen können diese Ermächtigung auf die obersten Landesbehörden weiter übertragen.

(2a) 1Die Aufsicht über die Deutsche Rentenversicherung Bund führt das Bundesamt für Soziale Sicherung. 2Soweit die Deutsche Rentenversicherung Bund Grundsatz- und Querschnittsaufgaben wahrnimmt, führt das Bundesministerium für Arbeit und Soziales die Aufsicht; es kann die Aufsicht teilweise dem Bundesamt für Soziale Sicherung übertragen.

(3) Abweichend von Absatz 1 führen die Verwaltungsbehörden nach Absatz 2 die Aufsicht über Versicherungsträger, deren Zuständigkeitsbereich sich über das Gebiet eines Landes, aber nicht über mehr als drei Länder hinaus erstreckt und für die das aufsichtführende Land durch die beteiligten Länder bestimmt ist.

(4) 1Die Aufsichtsbehörden treffen sich mindestens zweimal jährlich zu einem Erfahrungs- und Meinungsaustausch. 2Die Aufsichtsbehörden unterrichten sich dabei regelmäßig über aufsichtsrechtliche Maßnahmen und Gerichtsentscheidungen in ihrem Zuständigkeitsbereich sowie über die von ihnen genehmigten leistungsbezogenen Satzungsregelungen der Krankenkassen. 3Soweit dieser Erfahrungs- und Meinungsaustausch Angelegenheiten der Sozialversicherung für Landwirtschaft, Forsten und Gartenbau betrifft, nehmen auch das Bundesministerium für Arbeit und Soziales und das Bundesministerium für Ernährung und Landwirtschaft teil.

(5) 1Beschlüsse der Aufsichtsbehördentagung nach Absatz 4 ergehen einstimmig. 2Zu einem Beschluss in Angelegenheiten, die ausschließlich die gesetzliche Krankenversicherung oder die soziale Pflegeversicherung betreffen, ist eine Mehrheit von drei Vierteln der abgegebenen Stimmen erforderlich. 3Jedes Land hat mindestens drei Stimmen, Länder mit mehr als zwei Millionen Einwohnern haben vier, Länder mit mehr als sechs Millionen Einwohnern fünf, Länder mit mehr als sieben Millionen Einwohnern sechs Stimmen. 4Das Bundesamt für Soziale Sicherung hat 20 und das Bundesministerium für Gesundheit hat sechs Stimmen. 5Abweichend von Satz 2 kommt ein Beschluss nicht zustande, wenn mindestens drei Länder mit jeweils mehr als sieben Millionen Einwohnern gegen den Beschluss gestimmt haben. 6Weicht eine Aufsichtsbehörde in ihrer Aufsichtspraxis von einem Beschluss ab, unterrichtet sie die anderen Aufsichtsbehörden.

§ 90a Zuständigkeitsbereich

(1) Der Zuständigkeitsbereich im Sinne des § 90 wird bestimmt:

1. bei Ortskrankenkassen durch die Region, für die sie bestehen (§ 143 des Fünften Buches),
2. bei Betriebskrankenkassen durch die Betriebe, für die sie ihrer Satzung nach zuständig sind; unselbständige Betriebsteile mit weniger als zehn Mitgliedern in einem Land bleiben unberücksichtigt,
3. bei Innungskrankenkassen durch die Bezirke der Handwerksinnungen, für die sie ihrer Satzung nach bestehen,
4. bei Ersatzkassen durch die in der Satzung festgelegten Bezirke.

(2) Enthält die Satzung einer Betriebs- oder Innungskrankenkasse eine Regelung nach § 144 Absatz 2 Satz 1 des Fünften Buches oder § 173 Absatz 2 Satz 1 Nummer 4 in der bis zum 31. März 2020 geltenden Fassung des Fünften Buches, wird der Zuständigkeitsbereich bestimmt durch die Region nach § 144 Absatz 3 des Fünften Buches, für die sie ihrer Satzung nach zuständig ist.

Fünfter Abschnitt
Versicherungsbehörden

§ 91 Arten

(1) 1Versicherungsbehörden sind die Versicherungsämter und das Bundesamt für Soziale Sicherung. 2Durch Landesrecht können weitere Versicherungsbehörden errichtet werden.

(2) Die Landesregierungen können einzelne Aufgaben, die dieses Gesetzbuch den obersten Landesbehörden zuweist, auf Versicherungsbehörden und andere Behörden ihres Landes durch Rechtsverordnung übertragen; die Landesregierungen können diese Ermächtigung auf die obersten Landesbehörden weiter übertragen.

§ 92 Versicherungsämter

1Versicherungsamt ist die untere Verwaltungsbehörde. 2Die Landesregierungen werden ermächtigt, durch Rechtsverordnung zu bestimmen, welche Behörde zuständige Behörde im Sinne von Satz 1 ist. 3Sie können diese Ermächtigung auf die obersten Verwaltungsbehörden der Länder übertragen. 4Die Landesregierungen oder die von ihnen bestimmten Stellen können durch Rechtsverordnung bestimmen, dass ein gemeinsames Versicherungsamt für die Bezirke mehrerer unterer Verwaltungsbehörden bei einer dieser Behörden errichtet wird. $_{5}$Durch Vereinbarung der beteiligten Landesregierungen oder der von ihnen bestimmten Stellen kann ein gemeinsames Versicherungsamt bei einer unteren Verwaltungsbehörde auch für Gebietsteile mehrerer Länder errichtet werden.

§ 93 Aufgaben der Versicherungsämter

(1) $_{1}$Die Versicherungsämter haben in allen Angelegenheiten der Sozialversicherung Auskunft zu erteilen und die sonstigen ihnen durch Gesetz oder sonstiges Recht übertragenen Aufgaben wahrzunehmen. $_{2}$Die Landesregierungen können einzelne Aufgaben der Versicherungsämter den Gemeindebehörden durch Rechtsverordnung übertragen; die Landesregierungen können diese Ermächtigung auf die obersten Landesbehörden weiter übertragen.

(2) $_{1}$Die Versicherungsämter haben Anträge auf Leistungen aus der Sozialversicherung entgegenzunehmen. $_{2}$Auf Verlangen des Versicherungsträgers haben sie den Sachverhalt aufzuklären, Beweismittel beizufügen, sich, soweit erforderlich, zu den entscheidungserheblichen Tatsachen zu äußern und Unterlagen unverzüglich an den Versicherungsträger weiterzuleiten.

(3) $_{1}$Zuständig ist das Versicherungsamt, in dessen Bezirk der Leistungsberechtigte zur Zeit des Antrags seinen Wohnsitz oder gewöhnlichen Aufenthalt oder seinen Beschäftigungsort oder Tätigkeitsort hat. $_{2}$Ist ein solcher Ort im Geltungsbereich dieses Gesetzbuchs nicht vorhanden, richtet sich die Zuständigkeit nach dem Ort, in dem zuletzt die Voraussetzungen des Satzes 1 erfüllt waren.

§ 94 Bundesamt für Soziale Sicherung

(1) $_{1}$Das Bundesamt für Soziale Sicherung ist eine selbständige Bundesoberbehörde. $_{2}$Es hat seinen Sitz in Bonn.

(2) $_{1}$Das Bundesamt für Soziale Sicherung hat die ihm durch Gesetz oder sonstiges Recht übertragenen Aufgaben wahrzunehmen. $_{2}$Es untersteht dem Bundesministerium für Arbeit und Soziales, für den Bereich der gesetzlichen Krankenversicherung und sozialen Pflegeversicherung dem Bundesministerium für Gesundheit. $_{3}$Es ist, soweit es die Aufsicht nach diesem Gesetz ausübt, nur an allgemeine Weisungen des zuständigen Bundesministeriums gebunden.

(3) $_{1}$Das Bundesamt für Soziale Sicherung begleitet in Abstimmung mit dem Bundesministerium für Arbeit und Soziales und dem Bundesministerium für Ernährung und Landwirtschaft die Sozialversicherung für Landwirtschaft, Forsten und Gartenbau bei der Weiterentwicklung der Informationstechnik. $_{2}$Die Kosten des Bundesamtes für Soziale Sicherung werden von der Sozialversicherung für Landwirtschaft, Forsten und Gartenbau erstattet. $_{3}$Die Kosten werden nach dem tatsächlich entstandenen Personal- und Sachaufwand berechnet.

Sechster Abschnitt
Verarbeitung von elektronischen Daten in der Sozialversicherung

Erster Titel
Übermittelung von Daten zur und innerhalb der Sozialversicherung

§ 95 Gemeinsame Grundsätze Technik

(1) $_{1}$Meldungen nach diesem Buch erfolgen, soweit nichts Abweichendes geregelt ist, durch elektronische Datenübermittlung (Datenübertragung). $_{2}$Bei der Datenübertragung sind Datenschutz und Datensicherheit nach dem jeweiligen Stand der Technik sicherzustellen und bei Nutzung allgemein zugänglicher Netze sind Verschlüsselungs- und Authentifizierungsverfahren zu verwenden. $_{3}$Beauftragt ein Meldepflichtiger einen Dritten mit der Entgeltabrechnung und der Wahrnehmung der Meldepflichten, haftet der Meldepflichtige weiterhin in vollem Umfang für die Erfüllung der Pflichten nach diesem Buch gegenüber dem jeweils zuständigen Träger der Sozialversicherung oder der berufsständischen Versorgungseinrichtung.

(2) $_{1}$Der Spitzenverband Bund der Krankenkassen, die Deutsche Rentenversicherung Bund, die Deutsche Rentenversicherung Knappschaft-Bahn-See, die Bundesagentur für Arbeit und die Deutsche Gesetzliche Unfallversicherung e. V. vereinbaren in Gemeinsamen Grundsätzen den Standard für die elektronische Datenübermittlung mit der oder innerhalb der Sozialversicherung; insbesondere zur Verschlüsselung der Daten, zu den Übertragungstechniken, zur Kennzeichnung bei Weiterleitung von Meldungen durch ein Referenzdatum und zu den jeweiligen Schnittstellen sowie dem Zeitpunkt der Umstellung der einzelnen Fachverfahren auf ein XML-gestütztes Verfahren. $_{2}$Kommen hierbei Verfahren für die Verschlüsselung oder Signatur zum Einsatz, sind diese nach dem Stand der Technik umzusetzen. $_{3}$Der Stand der Technik ist den Technischen Richtlinien des Bundesamtes für Sicherheit in der Informationstechnik zu entnehmen. $_{4}$Soweit Standards vereinbart werden, von denen die landwirtschaftliche Sozialversicherung oder die berufsständische Versorgung betroffen ist, ist die Sozialversicherung für Landwirtschaft, Forsten und Gar-

tenbau oder die Arbeitsgemeinschaft der berufsständischen Versorgungseinrichtungen zu beteiligen. 5Die Gemeinsamen Grundsätze bedürfen der Genehmigung des Bundesministeriums für Arbeit und Soziales, das vorher das Bundesministerium für Gesundheit und, soweit die Meldeverfahren der Arbeitgeber betroffen sind, die Bundesvereinigung der Deutschen Arbeitgeberverbände anzuhören hat.

(3) 1Alle Datenfelder sind eindeutig zu beschreiben. 2Sie sind in allen Verfahren, für die die Grundsätze oder die Gemeinsamen Grundsätze nach diesem Buch und für die das Aufwendungsausgleichsgesetz gelten, verbindlich in der jeweils aktuellen Beschreibung zu verwenden. 3Zur Sicherung der einheitlichen Verwendung hält der Spitzenverband Bund der Krankenkassen eine Datenbankanwendung vor, in der alle Datenfelder beschrieben sowie ihre Verwendung in Datensätzen und Datenbausteinen oder Datenschemata sowohl in historisierter als auch in aktueller Form gespeichert sind und von den an den Meldeverfahren nach diesem Buch Beteiligten automatisiert abgerufen werden können. 4Das Nähere zur Darstellung, zur Aktualisierung und zum Abrufverfahren der Daten regeln die in Absatz 2 Satz 1 genannten Organisationen der Sozialversicherung in Gemeinsamen Grundsätzen; § 28b Absatz 3 gilt entsprechend. 5Die Grundsätze bedürfen der Genehmigung des Bundesministeriums für Arbeit und Soziales.

§ 95a Ausfüllhilfe zum elektronischen Datenaustausch mit Sozialversicherungsträgern

(1) Zum elektronischen Datenaustausch nach diesem Buch und zu dem Aufwendungsausgleichsgesetz, insbesondere für Meldungen, Beitragsnachweise, Bescheinigungen und Anträge, stellen die Sozialversicherungsträger den Arbeitgebern, Selbständigen und Beschäftigten eine allgemein zugängliche elektronisch gestützte systemgeprüfte Ausfüllhilfe zur Verfügung.

(2) Arbeitgeber und deren Beauftragte müssen sich vor der Nutzung der Ausfüllhilfe unter Nachweis ihrer Betriebs- oder Absendernummer bei der Stelle nach Absatz 6 Satz 1 registrieren.

(3) 1Für die Wiederverwendung erfasster Daten können registrierte Arbeitgeber und Selbständige Unternehmens-, Personal- und Meldedaten in einem Online-Datenspeicher abspeichern. 2Der Online-Datenspeicher hält die Daten für die Betriebsprüfung nach § 28p für einen Zeitraum von maximal fünf Jahren vor. 3Der Zugriff auf diese Daten ist durch Authentifizierungsprogramme abzusichern. 4Die Ausfüllhilfe unterstützt in Verbindung mit dem Online-Datenspeicher Verfahren der Sozialversicherung, in denen auf Grund einer Ermächtigung nach diesem Gesetzbuch Daten in elektronischer Form angefordert werden.

(4) 1Die Sozialversicherungsträger sind jeweils für die Erarbeitung und die inhaltlich richtige Darstellung und Verarbeitung der von ihnen zu verantwortenden Fachverfahren durch die Ausfüllhilfe und des Online-Datenspeichers zuständig. 2Weitere Verfahrensbeteiligte und andere Verwerter können für gesetzliche Zwecke die Ausfüllhilfe und den Online-Datenspeicher nutzen; dies ist jeweils durch eine Vereinbarung mit der Stelle nach Absatz 6 Satz 1 zu regeln, die insbesondere die anteilige Kostentragung festlegt.

(5) Das Nähere über den Aufbau, die Nutzung und die unterstützten Fachverfahren sowie die Identifizierung von Selbständigen in den Verfahren regeln die Verfahrensbeteiligten in Gemeinsamen Grundsätzen, die vom Bundesministerium für Arbeit und Soziales im Einvernehmen mit dem Bundesministerium für Gesundheit zu genehmigen sind.

(6) 1Zur Durchführung der Aufgaben nach den Absätzen 1 bis 4 wird der Spitzenverband Bund der Krankenkassen eine elektronische Ausfüllhilfe anbieten. 2Er kann die Durchführung dieser Aufgabe an eine geeignete Arbeitsgemeinschaft der gesetzlichen Krankenkassen nach § 94 Absatz 1a Satz 1 des Zehnten Buches oder nach § 219 des Fünften Buches übertragen. 3Die Nutzer der Ausfüllhilfe können in angemessenem Umfang an den Kosten der Datenübermittlung beteiligt werden.

(7) 1Die Sozialversicherungsträger tragen die Investitionskosten der Ausfüllhilfe und des Online-Datenspeichers gemeinsam. 2Von diesen Kosten übernehmen

1. 60 Prozent der Spitzenverband Bund der Krankenkassen, der auch für die Pflegekassen handelt,
2. 30 Prozent die Deutsche Rentenversicherung und
3. 10 Prozent die Deutsche Gesetzliche Unfallversicherung e. V.

3Die Aufteilung der Kosten innerhalb der gesetzlichen Krankenversicherung und der sozialen Pflegeversicherung, der gesetzlichen Rentenversicherung und der gesetzlichen Unfallversicherung regeln die Träger in ihrem jeweiligen Bereich im Rahmen ihrer Selbstverwaltung.

§ 95b Systemprüfung

(1) 1Meldepflichtige haben Meldungen und Beitragsnachweise durch Datenübertragung aus systemgeprüften Programmen oder systemgeprüften elektronischen Ausfüllhilfen zu erstatten. 2Dies gilt auch für

Anträge und Bescheinigungen, soweit dies nach diesem Gesetzbuch oder dem Aufwendungsausgleichsgesetz geregelt ist.

(2) 1Eine Systemprüfung ist für Programme und elektronische Ausfüllhilfen, die für den Datenaustausch zwischen Meldepflichtigen und den Sozialversicherungsträgern und weiteren annehmenden Stellen nach Absatz 1 eingesetzt werden, durchzuführen. 2Die Systemprüfung umfasst die Beratung sowie die fachliche und technische Prüfung der Anwendungssoftware für die Erfassung, Prüfung, Verwaltung, Berechnung und Verarbeitung sowie Übermittlung, Annahme oder den Abruf der erforderlichen Daten. 3Entgeltabrechnungsprogramme haben die Berechnungen und die Erzeugung von Daten sowie deren Prüfung maschinell durchzuführen; Ausfüllhilfen unterstützen die manuellen Berechnungen durch die elektronische Übermittlung und Speicherung der Daten. 4Ist die Anwendungssoftware auf unterschiedliche informationstechnische Systeme verteilt, ist sicherzustellen, dass sie als geschlossene Software-Anwendung anhand einer eindeutig identifizierbaren Version in der jeweils gültigen Fassung gekennzeichnet ist.

(3) Kein Bestandteil der Systemprüfung sind die zur informationstechnischen Infrastruktur eines Meldepflichtigen gehörende Hardware, die Betriebssysteme sowie die interne Kommunikationssoftware.

(4) Die Systemprüfung wird durch den Spitzenverband Bund der Krankenkassen mit Beteiligung der Träger der Rentenversicherung, der Träger der Unfallversicherung und der Bundesagentur für Arbeit im Auftrag aller Spitzenorganisationen der Sozialversicherungsträger und der Arbeitsgemeinschaft berufsständischer Versorgungseinrichtungen e. V. durchgeführt.

§ 95c Datenaustausch zwischen den Sozialversicherungsträgern

(1) Haben Sozialversicherungsträger zur Erfüllung einer gesetzlichen Aufgabe nach diesem Gesetzbuch Daten an einen Sozialversicherungsträger, das Bundesamt für Soziale Sicherung als Träger des Gesundheitsfonds oder eine Aufsichtsbehörde zu übermitteln, soll dies durch Datenübertragung geschehen; § 95 gilt.

(2) Abweichend von Absatz 1 hat die Übermittlung durch Datenübertragung zu erfolgen, wenn

1. dies in einer anderen Vorschrift dieses Gesetzbuches vorgeschrieben ist,
2. die Künstlersozialkasse für die nach dem Künstlersozialversicherungsgesetz krankenversicherungspflichtigen Mitglieder monatlich die für den Nachweis der Beitragspflicht notwendigen Angaben, insbesondere die Versicherungsnummer, den Namen und Vornamen, den beitragspflichtigen Zeitraum, die Höhe des der Beitragspflicht zu Grunde liegenden Arbeitseinkommens, ein Kennzeichen über die Ruhensanordnung gemäß § 16 Absatz 2 des Künstlersozialversicherungsgesetzes und den Verweis auf die Versicherungspflicht in der Rentenversicherung des Versicherten, an die zuständige Krankenkasse meldet oder die Krankenkassen der Künstlersozialkasse die zur Feststellung der Versicherungspflicht nach dem Künstlersozialversicherungsgesetz notwendigen Angaben, insbesondere über eine bestehende Arbeitsunfähigkeit, eine bestehende Vorrangversicherung, die Gewährung einer Rente, das Ende der Mitgliedschaft und den Bezug einer Entgeltersatzleistung, durch Datenübertragung mitteilen; die Einzelheiten des Verfahrens wie den Aufbau des Datensatzes regeln die Künstlersozialkasse und der Spitzenverband Bund der Krankenkassen in Gemeinsamen Grundsätzen entsprechend § 28b Absatz 1, oder
3. Sozialversicherungsträger Daten an einen anderen Sozialversicherungsträger oder an das Bundesamt für Soziale Sicherung als Träger des Gesundheitsfonds zur Erfüllung von Aufgaben nach diesem Buch weiterleiten.

Zweiter Titel
Verarbeitung der Daten der Arbeitgeber durch die Sozialversicherungsträger

§ 96 Kommunikationsserver

(1) 1Zur Bündelung der Datenübermittlung vom Arbeitgeber an die Sozialversicherungsträger und andere öffentliche Stellen nach diesem Gesetzbuch und dem Aufwendungsausgleichsgesetz sowie des zugehörigen Rückmeldeverfahrens betreiben die gesetzliche Krankenversicherung und die Datenstelle der Rentenversicherung jeweils einen Kommunikationsserver. 2Eingehende Meldungen der Arbeitgeber sind unverzüglich an die zuständige Annahmestelle weiterzuleiten. 3Der technische Eingang der Meldung ist zu quittieren.

(2) 1Der Meldepflichtige hat Meldungen der Sozialversicherungsträger oder anderer öffentlicher Stellen nach diesem Gesetzbuch mindestens einmal wöchentlich von den Kommunikationsservern elektronisch abzurufen, zu speichern und zu nutzen. 2Der verwertbare Empfang ist durch den Meldepflichtigen

zu quittieren. $_{3}$Mit der Annahme der Quittung durch den Kommunikationsserver gelten die Meldungen als dem Meldepflichtigen zugegangen. $_{4}$30 Tage nach Eingang der Quittung sind diese Meldungen durch den Sozialversicherungsträger oder die andere öffentliche Stelle zu löschen. $_{5}$Erfolgt keine Quittierung, werden Meldungen 30 Tage nach der Bereitstellung zum Abruf gelöscht. $_{6}$Satz 1 gilt nicht für Arbeitgeber, die Meldungen nach § 28a Absatz 6a und 7 abgeben. $_{7}$Diese erhalten die Meldungen von den Sozialversicherungsträgern in schriftlicher Form übermittelt. $_{8}$Das Nähere zum Abrufverfahren wird in Gemeinsamen Grundsätzen entsprechend § 28b Absatz 1 Satz 1 Nummer 3 geregelt.

§ 97 Annahmestellen

(1) $_{1}$Zur Annahme der Daten vom oder zur Meldung zum Arbeitgeber, zu ihrer technischen Prüfung und zur Weiterleitung innerhalb eines Sozialversicherungszweiges oder an andere Sozialversicherungsträger oder öffentliche Stellen werden Annahmestellen errichtet. $_{2}$Die Krankenkassen errichten jeweils eine Annahmestelle je Kassenart nach § 4 Absatz 2 des Fünften Buches. $_{3}$Annahmestellen, die am 1. Januar 2023 bestehen, bleiben bis zu einer anderweitigen Entscheidung des jeweiligen Trägers erhalten. $_{4}$Eine Annahmestelle errichten darüber hinaus:

1. die Sozialversicherung für Landwirtschaft, Forsten und Gartenbau,
2. die Träger der Rentenversicherung bei der Datenstelle der Rentenversicherung,
3. die Deutsche Rentenversicherung Knappschaft-Bahn-See,
4. die Bundesagentur für Arbeit,
5. die Unfallversicherungsträger bei der Deutschen Gesetzlichen Unfallversicherung e. V.,
6. die berufsständischen Versorgungseinrichtungen bei der Arbeitsgemeinschaft berufsständischer Versorgungseinrichtungen e. V.

(2) Abweichend von Absatz 1 kann ein Sozialversicherungsträger oder eine gemeinsame Einrichtung im Sinne des § 4 Absatz 2 des Tarifvertragsgesetzes durch schriftliche Vereinbarung einen anderen Sozialversicherungsträger oder eine gemeinsame Einrichtung im Sinne des § 4 Absatz 2 des Tarifvertragsgesetzes mit dem Betrieb der Annahmestelle beauftragen.

(3) $_{1}$Die erstannehmende Annahmestelle hat nach der Entschlüsselung der Daten und der technischen Prüfung die technisch fehlerfreien Daten innerhalb eines Arbeitstages an den Adressaten der Datenübermittlung weiterzuleiten. $_{2}$Die meldende Stelle erhält mit der Weiterleitung eine Weiterleitungsbestätigung; die Meldungen gelten damit als dem Adressaten zugegangen.

(4) $_{1}$Technisch fehlerhafte Meldungen sind innerhalb eines Arbeitstages mit einer Fehlermeldung durch Datenübertragung zurückzuweisen. $_{2}$Zur Verbesserung der Qualität der Meldungen richten die Krankenkassen ein Qualitätsmanagement ein, das zur Beseitigung festgestellter technischer Mängel in der Software der meldenden Krankenkasse oder der Annahmestelle in einer Frist von 30 Tagen verpflichtet. $_{3}$Rückweisungen seitens der Meldepflichtigen sind nur durch die jeweils aktuell gültigen Kernprüfprogramme zulässig, die in der Abrechnungssoftware installiert sind. $_{4}$Das Nähere zum Verfahren regeln Grundsätze des Spitzenverbandes Bund der Krankenkassen. $_{5}$Die Grundsätze bedürfen der Genehmigung des Bundesministeriums für Arbeit und Soziales im Einvernehmen mit dem Bundesministerium für Gesundheit; die Bundesvereinigung der Deutschen Arbeitgeberverbände ist vorher anzuhören.

(5) $_{1}$Die Annahmestelle darf die Meldungen unter Beachtung der Datensicherheit und Datenvollständigkeit in ein anderes technisches Format umwandeln, wenn dies für die weitere Verarbeitung der Meldungen beim Adressaten der Daten notwendig oder wirtschaftlicher ist. $_{2}$Die Meldungen sind ohne inhaltliche Veränderungen in verschlüsselter Form oder über eine gesicherte Leitung an den Adressaten weiterzuleiten. $_{3}$Der Adressat der Meldungen hat diese elektronisch anzunehmen und zu verarbeiten.

(6) Durch die Annahmestelle werden die Meldepflichtigen elektronisch über das Vorliegen einer an sie adressierten Meldung informiert.

§ 98 Weiterleitung der Daten durch die Einzugsstellen

$_{1}$Die Einzugsstellen nehmen, soweit durch dieses Gesetzbuch nichts anderes bestimmt ist, die für die gesetzliche Kranken-, Pflege- und Rentenversicherung sowie nach dem Recht der Arbeitsförderung zu übermittelnden Daten von der erstannehmenden Annahmestelle entgegen. $_{2}$Dies gilt auch für die Daten nach § 196 Absatz 2 Satz 3 des Sechsten Buches. $_{3}$Die Einzugsstellen haben dafür zu sorgen, dass die Meldungen rechtzeitig erstattet werden, die erforderlichen Daten vollständig und richtig enthalten sind und innerhalb von drei Arbeitstagen an die Adressaten der Meldeinhalte weitergeleitet werden. $_{4}$Die Einzugsstellen können die Weiterleitung der Daten an andere Sozialversicherungsträger oder andere öffentliche Stellen an eine Annahmestelle übertragen.

Dritter Titel
Übermittlung von Daten im Lohnnachweisverfahren der Unfallversicherung

§ 99 Übermittlung von Daten durch den Unternehmer im Lohnnachweisverfahren

(1) ₁Hat ein Unternehmer nach § 165 Absatz 1 Satz 1 des Siebten Buches für das Kalenderjahr, in dem Beitragspflicht bestand, einen Lohnnachweis zu erstellen, hat er diesen bis zum 16. Februar des Folgejahres durch elektronische Datenübertragung an den zuständigen Unfallversicherungsträger zu übermitteln. ₂Die Übermittlung hat aus einem systemgeprüften Entgeltabrechnungsprogramm oder einer systemgeprüften Ausfüllhilfe nach § 95b Absatz 1 Satz 1 zu erfolgen. ₃Die Sätze 1 und 2 gelten nicht für Unternehmer, deren Beiträge für ihre Beschäftigten auf der Basis von Einwohnerzahlen nach § 185 Absatz 4 Satz 1 des Siebten Buches erhoben werden, sowie für private Haushalte nach § 129 Absatz 1 Nummer 2 des Siebten Buches.

(2) ₁Der Unternehmer übermittelt die Meldungen nach Absatz 1 an die Annahmestelle der Unfallversicherungsträger. ₂Übermittelt ein Unternehmer Meldungen für mehrere meldende Stellen oder gesondert für verschiedene Gruppen von Versicherten, hat er diese Meldungen jeweils gesondert als Teillohnnachweis zu erstatten.

(3) ₁Sind Korrekturen der gemeldeten Daten notwendig, hat der Unternehmer die fehlerhafte Meldung unverzüglich zu stornieren und die Meldung erneut zu erstatten. ₂Werden fehlerhafte Meldungen zurückgewiesen, sind unverzüglich berichtigte Meldungen erneut zu erstatten.

(4) ₁Abweichend von Absatz 3 ist eine Meldung nach Absatz 1 bei Insolvenz, Einstellung oder Überweisung des Unternehmens, bei Unternehmerwechsel, bei der Beendigung aller Beschäftigungsverhältnisse oder anderen Sachverhalten, die zu einem Wegfall der die Abrechnung durchführenden Stelle führen, mit der nächsten Entgeltabrechnung, spätestens innerhalb von sechs Wochen, abzugeben. ₂Das Nähere regeln die Gemeinsamen Grundsätze nach § 103.

§ 100 Inhalt des elektronischen Lohnnachweises

(1) Die Meldung des elektronischen Lohnnachweises enthält insbesondere folgende Angaben:

1. die Unternehmernummer nach § 136a des Siebten Buches;
2. die Betriebsnummer der die Abrechnung durchführenden Stelle;
3. die Betriebsnummer des zuständigen Unfallversicherungsträgers;
4. das in der Unfallversicherung beitragspflichtige Arbeitsentgelt, die geleisteten Arbeitsstunden und die Anzahl der zu meldenden Versicherten, bezogen auf die anzuwendenden Gefahrtarifstellen.

(2) Absatz 1 gilt für die Erstellung von Teillohnnachweisen nach § 99 Absatz 2 entsprechend.

(3) Das Nähere zum Verfahren, zu den Datensätzen und zu weiteren zu übermittelnden Angaben, insbesondere der zu verwendenden Schlüsselzahlen, regeln die Gemeinsamen Grundsätze nach § 103.

§ 101 Stammdatendatei

(1) Die Deutsche Gesetzliche Unfallversicherung e. V. errichtet eine Stammdatendatei, in der der zuständige Unfallversicherungsträger, die Unternehmernummer nach § 136a des Siebten Buches, die anzuwendenden Gefahrtarifstellen, die dazugehörigen Betriebsnummern der die Abrechnung durchführenden Stellen und gegebenenfalls weitere erforderliche Identifikationsmerkmale gespeichert sind.

(2) ₁Die Unfallversicherungsträger melden alle notwendigen Daten zur Errichtung einer Stammdatendatei an die Deutsche Gesetzliche Unfallversicherung e. V., Änderungen der Daten sind unverzüglich zu melden. ₂Die Unfallversicherungsträger dürfen die zur Erledigung ihrer gesetzlichen Aufgaben notwendigen Daten aus der Stammdatendatei abrufen, speichern, verändern und nutzen.

(3) Die Deutsche Rentenversicherung Bund, die Datenstelle der Rentenversicherung und die Deutsche Rentenversicherung Knappschaft-Bahn-See dürfen zur Erfüllung der gesetzlichen Aufgaben nach diesem Buch die Daten der Stammdatendatei abrufen, speichern, verändern und nutzen.

(4) Die Unternehmer haben zur Durchführung der Meldungen nach § 28a Absatz 2a und § 99 einen automatisierten Abgleich mit den Daten der Stammdatendatei durchzuführen.

(5) Das Nähere zum Aufbau und zum Abrufverfahren, insbesondere zu den Datensätzen, wird in den Gemeinsamen Grundsätzen nach § 103 geregelt.

§ 102 Annahme, Prüfung und Weiterleitung der Daten zum Lohnnachweisverfahren

(1) ₁Für die Annahme, Prüfung und Weiterleitung der Meldung nach § 99 gilt für die Annahmestelle der Unfallversicherungsträger § 97 Absatz 3 bis 5 entsprechend. ₂Die Deutsche Gesetzliche Unfallversicherung e. V. erstellt Kernprüfprogramme zur Sicherung der Qualität der Meldungen im elektronischen Lohnnachweisverfahren der gesetzlichen Unfallversicherung; die Erfüllung der Aufgaben der Kernprüfpro-

gramme ist Bestandteil der Systemprüfung von Entgeltprogrammen für Arbeitgeber.

(2) 1Die Annahmestelle leitet die Meldung nach § 99 an die Deutsche Gesetzliche Unfallversicherung e. V. innerhalb eines Arbeitstages weiter. 2Die Deutsche Gesetzliche Unfallversicherung e. V. prüft diese Meldungen gegen ihre Informationen im Stammdatendienst und leitet fehlerfreie Meldungen an den zuständigen Unfallversicherungsträger innerhalb eines Arbeitstages weiter. 3§ 97 Absatz 3 gilt entsprechend.

(3) Das Nähere zum Verfahren regeln die Gemeinsamen Grundsätze nach § 103.

§ 103 Gemeinsame Grundsätze zur Datenübermittlung an die Unfallversicherung

1Die Deutsche Rentenversicherung Bund, die Deutsche Gesetzliche Unfallversicherung e. V. und der Spitzenverband Bund der Krankenkassen bestimmen in Gemeinsamen Grundsätzen bundeseinheitlich das Nähere zu den Verfahren nach den §§ 99, 100, 101 und 102. 2Die Grundsätze bedürfen der Genehmigung des Bundesministeriums für Arbeit und Soziales, das vorher die Bundesvereinigung der Deutschen Arbeitgeberverbände anzuhören hat.

Siebter Abschnitt Informationsangebote in den Meldeverfahren der sozialen Sicherung

§ 104 Informations- und Beratungsanspruch

1Arbeitgeber und Beschäftigte haben einen Anspruch, von den an den Meldeverfahren nach diesem Buch beteiligten Sozialversicherungsträgern über ihre Rechte und Pflichten nach diesem Gesetzbuch und nach dem Aufwendungsausgleichsgesetz beraten zu werden. 2In Einzelfällen sind die Sozialversicherungsträger verpflichtet, die Arbeitgeber bei der Aufklärung von Sachverhalten zu unterstützen, damit diese ihren Pflichten ordnungsgemäß nachkommen können. 3Darüber hinaus stellen die nach diesem Buch beteiligten Sozialversicherungsträger in allgemein zugänglicher Form allen Verfahrensbeteiligten allgemeine Informationen zu ihren versicherungsrechtlichen, melderechtlichen und beitragsrechtlichen Rechten und Pflichten zur Verfügung, um ihrer Auskunftspflicht nachzukommen.

§ 105 Informationsportal

(1) Zur Erfüllung der Auskunftspflicht der Sozialversicherungsträger nach § 104 Satz 3 wird beim Spitzenverband Bund der Krankenkassen ein allgemein zugängliches elektronisch gestütztes Informationsportal errichtet; er kann diese Aufgabe an eine geeignete Arbeitsgemeinschaft der gesetzlichen Krankenkassen nach § 94 Absatz 1a Satz 1 des Zehnten Buches oder nach § 219 des Fünften Buches übertragen.

(2) 1Die Sozialversicherungsträger sind jeweils für die Erarbeitung und die inhaltlich richtige Darstellung der von ihnen zu verantwortenden Fachverfahren im Informationsportal zuständig. 2Weitere Verfahrensbeteiligte sollen sich am Informationsportal im Rahmen von Vereinbarungen beteiligen, insbesondere über eine anteilige Kostentragung.

(3) Das Nähere über den Aufbau, die Nutzung und die Inhalte des Informationsportals regeln die Verfahrensbeteiligten in Gemeinsamen Grundsätzen, die vom Bundesministerium für Arbeit und Soziales im Einvernehmen mit dem Bundesministerium für Gesundheit zu genehmigen sind.

(4) 1Die Sozialversicherungsträger tragen die nachgewiesenen Investitions- und laufenden Betriebskosten des Informationsportals gemeinsam. 2Von diesen Kosten übernehmen:

1. 50 Prozent der Spitzenverband Bund der Krankenkassen, der auch für die Pflegekassen handelt,
2. 30 Prozent die Deutsche Rentenversicherung Bund,
3. 10 Prozent die Bundesagentur für Arbeit und
4. 10 Prozent die Deutsche Gesetzliche Unfallversicherung e. V.

3Die Aufteilung der Kosten innerhalb der gesetzlichen Krankenversicherung und der sozialen Pflegeversicherung, der gesetzlichen Rentenversicherung und der gesetzlichen Unfallversicherung regeln die Träger in ihrem jeweiligen Bereich im Rahmen ihrer Selbstverwaltung.

(5) Der Spitzenverband Bund der Krankenkassen hat bis zum 31. Dezember 2018 dem Bundesministerium für Arbeit und Soziales einen Bericht über die Nutzung, Kostenverteilung und mögliche Perspektiven des Informationsportals vorzulegen.

Achter Abschnitt Elektronisches Antrags- und Bescheinigungsverfahren

§ 106 Elektronischer Antrag auf Ausstellung einer Bescheinigung über die anzuwendenden Rechtsvorschriften bei Beschäftigung nach Artikel 11 Absatz 3 Buchstabe b, Absatz 4, 5, Artikel 12 Absatz 1, Artikel 13 Absatz 1 Buchstabe a oder Buchstabe b, Ziffer i und Artikel 16 der Verordnung (EG) Nr. 883/2004

(1) 1Gelten für vorübergehend in einem anderen Mitgliedstaat der Europäischen Union, in einem Ver-

tragsstaat des Abkommens über den Europäischen Wirtschaftsraum oder in der Schweiz Beschäftigte die deutschen Rechtsvorschriften über soziale Sicherheit nach Artikel 12 Absatz 1 der Verordnung (EG) Nr. 883/2004 des Europäischen Parlaments und des Rates vom 29. April 2004 zur Koordinierung der Systeme der sozialen Sicherheit (ABl. L 166 vom 30. 4. 2004, S. 1, L 200 vom 7. 6. 2004, S. 1), die zuletzt durch die Verordnung (EU) Nr. 465/2012 (ABl. L 149 vom 8. 6. 2012, S. 4) geändert worden ist, so hat der Arbeitgeber einen Antrag auf Ausstellung einer entsprechenden Bescheinigung über die Fortgeltung der deutschen Rechtsvorschriften (A1-Bescheinigung) für diesen Beschäftigten an die zuständige Stelle durch Datenübertragung aus einem systemgeprüften Programm oder mittels einer elektronisch gestützten, systemgeprüften Ausfüllhilfe zu übermitteln. $_2$Die zuständige Stelle hat den Antrag elektronisch anzunehmen, zu speichern und zu nutzen. $_3$Ist festgestellt, dass die deutschen Rechtsvorschriften über soziale Sicherheit gelten, erfolgt die Übermittlung der Daten der A1-Bescheinigung innerhalb von drei Arbeitstagen an den Arbeitgeber, der diese Bescheinigung der beschäftigten Person unverzüglich zugänglich macht.

(2) In den Fällen, in denen die deutschen Rechtsvorschriften über soziale Sicherheit

1. für Beamte und Beschäftigte des öffentlichen Dienstes nach Artikel 11 Absatz 3 Buchstabe b der Verordnung (EG) Nr. 883/2004 gelten,
2. für beschäftigte Mitglieder von Flug- oder Kabinenbesatzungen nach Artikel 11 Absatz 5 der Verordnung (EG) Nr. 883/2004 gelten oder
3. auf Grund einer Vereinbarung nach Artikel 16 der Verordnung (EG) Nr. 883/2004 gelten sollen,

gilt Absatz 1 entsprechend.

(3) In den Fällen, in denen die deutschen Rechtsvorschriften über soziale Sicherheit für in der Seefahrt beschäftigte Personen nach Artikel 11 Absatz 4 der Verordnung (EG) Nr. 883/2004 über soziale Sicherheit gelten, gilt für das Verfahren Absatz 1 entsprechend.

(4) In den Fällen, in denen für in Deutschland wohnende Personen, die ausschließlich bei einem in Deutschland ansässigen Arbeitgeber beschäftigt sind und ihre Beschäftigung gewöhnlich in mehreren Mitgliedstaaten ausüben, nach Artikel 13 Absatz 1 Buchstabe a oder Buchstabe b Ziffer i der Verordnung (EG) Nr. 883/2004 die deutschen Rechtsvorschriften über soziale Sicherheit gelten, gilt Absatz 1 entsprechend, wenn der Arbeitgeber die Feststellung der anzuwendenden Rechtsvorschriften für eine bei ihm beschäftigte Person beantragt.

(5) Das Nähere zum Verfahren und zu den Inhalten des Antrages und der zu übermittelnden Datensätze nach den Absätzen 1 bis 4 regeln der Spitzenverband Bund der Krankenkassen, die Deutsche Rentenversicherung Bund, die Deutsche Gesetzliche Unfallversicherung e. V. und die Arbeitsgemeinschaft berufsständischer Versorgungseinrichtungen e. V. in Gemeinsamen Grundsätzen, die vom Bundesministerium für Arbeit und Soziales zu genehmigen sind; die Bundesvereinigung der Deutschen Arbeitgeberverbände ist vorher anzuhören.

§ 106a Elektronischer Antrag auf Ausstellung einer Bescheinigung über die anzuwendenden Rechtsvorschriften bei selbständiger Erwerbstätigkeit nach Artikel 11 Absatz 4 und Artikel 12 Absatz 2 der Verordnung (EG) Nr. 883/2004

(1) $_1$Gelten für vorübergehend in einem anderen Mitgliedstaat der Europäischen Union, in einem Vertragsstaat des Abkommens über den Europäischen Wirtschaftsraum oder in der Schweiz selbständig Erwerbstätige die deutschen Rechtsvorschriften über soziale Sicherheit nach Artikel 12 Absatz 2 der Verordnung (EG) Nr. 883/2004, hat die selbständig erwerbstätige Person die Ausstellung einer A1-Bescheinigung bei der zuständigen Stelle elektronisch durch eine Ausfüllhilfe nach § 95a Absatz 1 zu beantragen. $_2$Ist festgestellt, dass die deutschen Rechtsvorschriften über soziale Sicherheit gelten, ist die A1-Bescheinigung innerhalb von drei Arbeitstagen der selbständig erwerbstätigen Person elektronisch zugänglich zu machen.

(2) In den Fällen, in denen die deutschen Rechtsvorschriften über soziale Sicherheit für in der Seefahrt selbständig tätige Personen nach Artikel 11 Absatz 4 der Verordnung (EG) Nr. 883/2004 gelten, gilt für das Verfahren Absatz 1 entsprechend.

(3) Das Nähere zu den Inhalten des Antrages nach den Absätzen 1 und 2 regeln der Spitzenverband Bund der Krankenkassen, die Deutsche Rentenversicherung Bund, die Deutsche Gesetzliche Unfallversicherung e. V. und die Arbeitsgemeinschaft berufsständischer Versorgungseinrichtungen e. V. in Gemeinsamen Grundsätzen, die vom Bundesministerium für Arbeit und Soziales zu genehmigen sind; die Bundesvereinigung der Deutschen Arbeitgeberverbände ist vorher anzuhören.

§ 107 Elektronische Übermittlung von Bescheinigungen für Entgeltersatzleistungen

(1) $_1$Sind zur Gewährung von Krankengeld, Verletztengeld, Übergangsgeld, Pflegeunterstützungsgeld

oder Mutterschaftsgeld Angaben über das Beschäftigungsverhältnis notwendig und sind diese dem Leistungsträger aus anderem Grund nicht bekannt, sind sie durch eine Bescheinigung des Arbeitgebers nachzuweisen. $_{2}$Diese Bescheinigung kann der Leistungsträger im Einzelfall vom Arbeitgeber elektronisch durch Datenübertragung anfordern. $_{3}$Der Arbeitgeber hat dem Leistungsträger diese Bescheinigung im Einzelfall durch gesicherte und verschlüsselte Datenübertragung aus systemgeprüften Programmen oder mittels maschinell erstellter Ausfüllhilfen zu übermitteln. $_{4}$Der Leistungsträger hat diese Daten elektronisch anzunehmen, zu speichern und zu nutzen. $_{5}$Die Sätze 3 und 4 gelten nicht für Einzelfälle, in denen ein elektronisches Meldeverfahren nicht wirtschaftlich durchzuführen ist. $_{6}$Den Aufbau der Datensätze, notwendige Schlüsselzahlen und Angaben sowie die Ausnahmen nach Satz 5 bestimmen der Spitzenverband Bund der Krankenkassen, die Deutsche Rentenversicherung Bund, die Bundesagentur für Arbeit und die Deutsche Gesetzliche Unfallversicherung e. V. sowie die Sozialversicherung für Landwirtschaft, Forsten und Gartenbau in Gemeinsamen Grundsätzen. $_{7}$Die Gemeinsamen Grundsätze bedürfen der Genehmigung des Bundesministeriums für Arbeit und Soziales im Einvernehmen mit dem Bundesministerium für Gesundheit und dem Bundesministerium für Ernährung und Landwirtschaft; die Bundesvereinigung der Deutschen Arbeitgeberverbände ist vorher anzuhören. $_{8}$Die Sätze 2 bis 7 gelten nicht für die Gewährung von Krankengeld bei einer Spende von Organen, Geweben oder Blut zur Separation von Blutstammzellen oder anderen Blutbestandteilen nach § 44a des Fünften Buches und von Pflegeunterstützungsgeld nach § 44a Absatz 3 des Elften Buches.

(2) $_{1}$Der Leistungsträger hat dem Arbeitgeber die Dauer des Entgeltersatzleistungsbezugs sowie alle notwendigen Angaben zur Berechnung des beitragspflichtigen Arbeitsentgeltes nach § 23c, insbesondere die Höhe der gezahlten Leistung, sowie mögliche Rückmeldungen an den Arbeitgeber durch Datenübertragung zu übermitteln. $_{2}$Die Leistungsträger haben auf Antrag des Arbeitgebers Mitteilungen über die Anrechenbarkeit von vorliegenden Arbeitsunfähigkeitsdaten auf den Anspruch des Beschäftigten auf Entgeltfortzahlung, die Versicherungsnummer für Anträge auf Leistungen nach Absatz 1 Satz 1 und die im Zusammenhang mit der Entgeltersatzleistung für die Erstellung einer Meldung nach § 28a notwendigen Informationen durch Datenübertragung zu übermitteln; die Mitteilungsverpflichtung über die Anrechenbarkeit von vorliegenden Arbeitsunfähigkeitszeiten für die Prüfung des gesetzlichen Entgeltfortzahlungsanspruchs im Krankheitsfall gilt nicht für geringfügig Beschäftigte. $_{3}$Der Antrag des Arbeitgebers nach Satz 2 ist durch Datenübertragung zu übermitteln. $_{4}$Das Nähere zu den Angaben und zum Verfahren nach den Sätzen 1 bis 3 und zu den Ausnahmeregelungen regeln die in Absatz 1 Satz 6 genannten Sozialversicherungsträger in Gemeinsamen Grundsätzen; Absatz 1 Satz 7 gilt entsprechend. $_{5}$Private Krankenversicherungsunternehmen können im Fall der Zahlung von Krankentagegeld Meldungen an den Arbeitgeber nach den Sätzen 1 und 2 übermitteln.

§ 108 Elektronische Übermittlung von Anträgen und sonstigen Bescheinigungen an die Sozialversicherungsträger

(1) $_{1}$Arbeitgeber, die Bescheinigungen nach den §§ 312, 312a und 313 des Dritten Buches elektronisch nach § 313a des Dritten Buches übermitteln oder die Anträge nach § 323 Absatz 2 Satz 1 und 3 des Dritten Buches auf Kurzarbeitergeld, Saison-Kurzarbeitergeld, Erstattung der Sozialversicherungsbeiträge für die Bezieherinnen und Bezieher von Kurzarbeitergeld oder ergänzende Leistungen nach § 102 des Dritten Buches elektronisch stellen, haben diese Meldungen durch gesicherte und verschlüsselte Datenübertragung aus systemgeprüften Programmen oder mittels maschinell erstellter Ausfüllhilfen zu erstatten. $_{2}$In diesen Fällen hat die Bundesagentur für Arbeit alle Rückmeldungen an die Arbeitgeber ebenfalls durch Datenübertragung zu erstatten. $_{3}$Die Bundesagentur für Arbeit bestimmt das Nähere zu den Datensätzen, den notwendigen Schlüsselzahlen und zu den Angaben für die Meldungen und Rückmeldungen sowie zum Verfahren bundeseinheitlich in Grundsätzen. $_{4}$Die Grundsätze bedürfen der Genehmigung des Bundesministeriums für Arbeit und Soziales; die Bundesvereinigung der Deutschen Arbeitgeberverbände ist vorher anzuhören.

(2) $_{1}$Fordert der Träger der Rentenversicherung für Zwecke der gesetzlichen Rentenversicherung Bescheinigungen im Sinne der §§ 18c und 18e und im Sinne von § 98 des Zehnten Buches von dem Bescheinigungspflichtigen durch gesicherte und verschlüsselte Datenübertragung an, hat dieser die notwendigen Daten für diese Bescheinigungen durch gesicherte und verschlüsselte Datenübertragung an die Datenstelle der Rentenversicherung zu übermitteln. $_{2}$Die Datenstelle der Rentenversicherung hat Anfragen sowie Rückmeldungen an die Bescheinigungspflichtigen durch gesicherte und verschlüsselte Datenübertragung zu übermitteln. $_{3}$Für geringfügige Beschäfti-

gungen nach § 8a bescheinigt die Einzugsstelle nach § 28i Satz 5 auf Anfrage des Trägers der Rentenversicherung die Daten im Sinne von Satz 1. 4Die Sätze 1 und 3 gelten entsprechend für die landwirtschaftliche Alterskasse. 5Die Datenstelle der Rentenversicherung nimmt die hierfür erforderlichen Übermittlungen auch für die landwirtschaftliche Alterskasse vor. 6Die Deutsche Rentenversicherung Bund bestimmt das Nähere zu den Datensätzen, den notwendigen Schlüsselzahlen und zu den Angaben für die Meldungen und Rückmeldungen sowie zum Verfahren und zu Ausnahmeregelungen bundeseinheitlich in Grundsätzen. 7Die Grundsätze bedürfen der Genehmigung des Bundesministeriums für Arbeit und Soziales; die Bundesvereinigung der Deutschen Arbeitgeberverbände ist vorher anzuhören.

(3) 1Arbeitgeber, die nach § 98 des Zehnten Buches Auskünfte für Leistungen nach dem Dritten Kapitel des Siebten Buches erteilen müssen, können dieser Pflicht durch gesicherte und verschlüsselte Datenübertragung aus systemgeprüften Programmen oder mittels maschinell erstellter Ausfüllhilfen nachkommen. 2In diesen Fällen hat der Träger der Unfallversicherung alle Rückmeldungen an die Arbeitgeber ebenfalls durch Datenübertragung zu erstatten. 3Die Deutsche Gesetzliche Unfallversicherung e. V. bestimmt das Nähere zu den Datensätzen, den notwendigen Schlüsselzahlen und zu den Angaben für die Meldungen und Rückmeldungen sowie zum Verfahren in Grundsätzen. 4Die Grundsätze bedürfen der Genehmigung des Bundesministeriums für Arbeit und Soziales; die Bundesvereinigung der Deutschen Arbeitgeberverbände ist vorher anzuhören.

§ 108a Verfahren zur elektronischen Abfrage und Übermittlung von Entgeltbescheinigungsdaten für Elterngeld

(1) 1Die Datenstelle der Rentenversicherung fragt im Auftrag der nach § 12 Absatz 1 des Bundeselterngeld- und Elternzeitgesetzes zuständigen Behörde bei den nach § 9 Absatz 2 Satz 3 des Bundeselterngeld- und Elternzeitgesetzes auskunftspflichtigen Arbeitgebern die für die Antragsbearbeitung erforderlichen Entgeltbescheinigungsdaten im Sinne der Rechtsverordnung nach § 108 Absatz 3 Satz 1 der Gewerbeordnung durch gesicherte und verschlüsselte Datenübertragung ab und übermittelt die erhobenen Daten an die beauftragende Behörde durch gesicherte und verschlüsselte Datenübertragung. 2Die von der Datenstelle der Rentenversicherung abgefragten Daten hat der Arbeitgeber unverzüglich, spätestens aber mit der nächsten Entgeltabrechnung durch gesicherte und verschlüsselte Datenübertragung aus systemgeprüften Programmen an die Datenstelle der Rentenversicherung zu übermitteln.

(2) 1Das Nähere zum Verfahren, den Datensätzen und den Übertragungswegen im Verfahren zwischen den Arbeitgebern und der Datenstelle der Rentenversicherung bestimmt die Deutsche Rentenversicherung Bund bundeseinheitlich in Grundsätzen. 2Die Grundsätze bedürfen der Genehmigung des Bundesministeriums für Arbeit und Soziales im Einvernehmen mit dem Bundesministerium für Familie, Senioren, Frauen und Jugend; die Bundesvereinigung der Deutschen Arbeitgeberverbände ist vorher anzuhören.

(3) Die für das Verfahren nach Absatz 1 entstehenden Kosten sind der Deutschen Rentenversicherung Bund von den nach § 12 Absatz 1 Bundeselterngeld- und Elternzeitgesetz zuständigen Behörden oder den für die Durchführung des Bundeselterngeld- und Elternzeitgesetzes zuständigen Landesregierungen zu erstatten.

(4) Das Nähere zur Auftragserteilung, zum Verfahren der Kostenerstattung sowie zu den Übertragungswegen zwischen der Datenstelle der Rentenversicherung und den nach § 12 Absatz 1 des Bundeselterngeld- und Elternzeitgesetzes zuständigen Behörden regeln die für die Durchführung des Bundeselterngeld- und Elternzeitgesetzes zuständigen Landesregierungen und die Deutsche Rentenversicherung Bund im Einvernehmen mit dem Bundesministerium für Familie, Senioren, Frauen und Jugend und dem Bundesministerium für Arbeit und Soziales in einer Rahmenvereinbarung, die ein bundeseinheitliches Verfahren sicherstellt.

§ 109 Meldung der Arbeitsunfähigkeits- und Vorerkrankungszeiten an den Arbeitgeber

(1) 1Die Krankenkasse hat nach Eingang der Arbeitsunfähigkeitsdaten nach § 295 Absatz 1 Satz 1 Nummer 1 des Fünften Buches eine Meldung zum Abruf für den Arbeitgeber zu erstellen, die insbesondere die folgenden Daten enthält:

1. den Namen des Beschäftigten,
2. den Beginn und das Ende der Arbeitsunfähigkeit
3. das Datum der ärztlichen Feststellung der Arbeitsunfähigkeit,
4. die Kennzeichnung als Erst- oder Folgemeldung und
5. die Angabe, ob Anhaltspunkte dafür vorliegen, dass die Arbeitsunfähigkeit auf einem Arbeitsunfall

oder sonstigen Unfall oder auf den Folgen eines Arbeitsunfalls oder sonstigen Unfalls beruht.

$_{2}$In den Fällen, in denen die Krankenkasse die Arbeitsunfähigkeitsdaten nach § 295 Absatz 1 Satz 1 Nummer 1 des Fünften Buches für einen geringfügig beschäftigten Versicherten erhält, hat sie die Daten nach Satz 1 für die nach § 2 Absatz 1 Satz 2 des Gesetzes über den Ausgleich der Arbeitgeberzuwendungen für Entgeltfortzahlung zuständige Deutsche Rentenversicherung Knappschaft-Bahn-See ausschließlich für die Zwecke des Erstattungsverfahrens nach dem Aufwendungsausgleichsgesetz zum Abruf bereitzustellen. $_{3}$Arbeitgeber haben die Daten nach Satz 1 in den nach Satz 2 genannten Fällen bei der zuständigen Krankenkasse durch ein nach § 95b systemgeprüftes Programm oder eine Ausfüllhilfe abzurufen. $_{4}$Beauftragt der Arbeitgeber einen Dritten mit dem Abruf, darf dieser die Daten verarbeiten. $_{5}$Unberührt bleibt die Verpflichtung des behandelnden Arztes, dem Versicherten eine ärztliche Bescheinigung über das Bestehen der Arbeitsunfähigkeit nach § 73 Absatz 2 Satz 1 Nummer 9 des Fünften Buches in Verbindung mit § 5 Absatz 1a Satz 2 des Entgeltfortzahlungsgesetzes auszuhändigen.

(2) $_{1}$Stellt die Krankenkasse auf Grundlage der Angaben zur Diagnose in den Arbeitsunfähigkeitsdaten nach § 295 Absatz 1 Satz 1 Nummer 1 des Fünften Buches und auf Grundlage von weiteren ihr vorliegenden Daten fest, dass die Entgeltfortzahlung im Krankheitsfall wegen anrechenbarer Vorerkrankungszeiten für einen Arbeitgeber ausläuft, so übermittelt sie dem betroffenen Arbeitgeber eine Meldung mit den Angaben über die für ihn relevanten Vorerkrankungszeiten. $_{2}$Satz 1 gilt nicht für geringfügig Beschäftigte.

(3) Die Absätze 1 und 2 gelten nicht für Beschäftigte nach den §§ 8a und 12.

(3a) $_{1}$Die Absätze 1 bis 3 gelten entsprechend bei Eingang der Daten nach § 301 Absatz 1 Satz 1 Nummer 3 und 7 des Fünften Buches mit der Maßgabe, dass die Meldung abweichend von Absatz 1 Satz 1 nur die Daten nach Absatz 1 Satz 1 Nummer 1 und den Beginn, die voraussichtliche Dauer und das Ende des stationären Krankenhausaufenthaltes zu enthalten hat. $_{2}$Für die Übermittlung der Arbeitsunfähigkeitsdaten von den Krankenhäusern an die Krankenkassen werden die Dienste der Telematikinfrastruktur nach dem Fünften Buch genutzt, sobald diese zur Verfügung stehen.

(3b) Die Absätze 1 bis 3 und 3a Satz 2 gelten entsprechend bei Eingang von Arbeitsunfähigkeitsdaten, wenn sie nach § 201 Absatz 2 des Siebten Buches an die Krankenkassen übermittelt werden.

(4) $_{1}$Das Nähere zu den Datensätzen und zum Verfahren regelt der Spitzenverband Bund der Krankenkassen in Grundsätzen. $_{2}$Die Grundsätze bedürfen der Genehmigung durch das Bundesministerium für Arbeit und Soziales im Einvernehmen mit dem Bundesministerium für Gesundheit und dem Bundesministerium für Ernährung und Landwirtschaft; die Bundesvereinigung der Deutschen Arbeitgeberverbände ist vor der Genehmigung anzuhören.

§ 110 (weggefallen)

Neunter Abschnitt
Aufbewahrung von Unterlagen

§ 110a Aufbewahrungspflicht

(1) Die Behörde bewahrt Unterlagen, die für ihre öffentlich-rechtliche Verwaltungstätigkeit, insbesondere für die Durchführung eines Verwaltungsverfahrens oder für die Feststellung einer Leistung, erforderlich sind, nach den Grundsätzen ordnungsmäßiger Aufbewahrung auf.

(2) $_{1}$Die Behörde kann an Stelle der schriftlichen Unterlagen diese als Wiedergabe auf einem Bildträger oder auf anderen dauerhaften Datenträgern aufbewahren, soweit dies unter Beachtung der Grundsätze der Wirtschaftlichkeit und Sparsamkeit den Grundsätzen ordnungsmäßiger Aufbewahrung entspricht. $_{2}$Nach den Grundsätzen ordnungsmäßiger Aufbewahrung von auf Datenträgern aufbewahrten Unterlagen ist insbesondere sicherzustellen, dass

1. die Wiedergabe auf einem Bildträger oder die Daten auf einem anderen dauerhaften Datenträger
   a) mit der diesen zugrunde gelegten schriftlichen Unterlage bildlich und inhaltlich vollständig übereinstimmen, wenn sie lesbar gemacht werden,
   b) während der Dauer der Aufbewahrungsfrist jederzeit verfügbar sind und unverzüglich bildlich und inhaltlich unverändert lesbar gemacht werden können,
2. die Ausdrucke oder sonstigen Reproduktionen mit der schriftlichen Unterlage bildlich und inhaltlich übereinstimmen und
3. als Unterlage für die Herstellung der Wiedergabe nur dann der Abdruck einer Unterlage verwendet werden darf, wenn die dem Abdruck zugrunde liegende Unterlage bei der Behörde nicht mehr vorhanden ist.

3Die Sätze 1 und 2 gelten auch für die Aufbewahrung von Unterlagen, die nur mit Hilfe einer Datenverarbeitungsanlage erstellt worden sind, mit der Maßgabe, dass eine bildliche Übereinstimmung der Wiedergabe auf dem dauerhaften Datenträger mit der erstmals erstellten Unterlage nicht sichergestellt sein muss.

(3) 1Können aufzubewahrende Unterlagen nur in der Form einer Wiedergabe auf einem Bildträger oder als Daten auf anderen dauerhaften Datenträgern vorgelegt werden, sind, soweit die Akteneinsicht zu gestatten ist, bei der Behörde auf ihre Kosten diejenigen Hilfsmittel zur Verfügung zu stellen, die erforderlich sind, die Unterlagen lesbar zu machen. 2Soweit erforderlich, ist die Behörde verpflichtet, die Unterlagen ganz oder teilweise auszudrucken oder ohne Hilfsmittel lesbare Reproduktionen beizubringen; die Behörde kann Ersatz ihrer Aufwendungen in angemessenem Umfang verlangen.

(4) Absatz 2 gilt nicht für Unterlagen, die als Wiedergabe auf einem Bildträger aufbewahrt werden, wenn diese Wiedergabe vor dem 1. Februar 2003 durchgeführt wird.

§ 110b Rückgabe, Vernichtung und Archivierung von Unterlagen

(1) 1Unterlagen, die für eine öffentlich-rechtliche Verwaltungstätigkeit einer Behörde nicht mehr erforderlich sind, können nach den Absätzen 2 und 3 zurückgegeben oder vernichtet werden. 2Die Anbietungs- und Übergabepflichten nach den Vorschriften des Bundesarchivgesetzes und der entsprechenden gesetzlichen Vorschriften der Länder bleiben unberührt. 3Satz 1 gilt insbesondere für

1. Unterlagen, deren Aufbewahrungsfristen abgelaufen sind,
2. Unterlagen, die nach Maßgabe des § 110a Absatz 2 als Wiedergabe auf einem maschinell verwertbaren dauerhaften Datenträger aufbewahrt werden und
3. der Behörde vom Betroffenen oder von Dritten zur Verfügung gestellte Unterlagen.

(2) Unterlagen, die einem Träger der gesetzlichen Rentenversicherung von Versicherten, Antragstellern oder von anderen Stellen zur Verfügung gestellt worden sind, sind diesen zurückzugeben, soweit sie nicht als Ablichtung oder Abschrift dem Träger auf Anforderung von den genannten Stellen zur Verfügung gestellt worden sind; werden die Unterlagen anderen Stellen zur Verfügung gestellt, sind sie von diesen Stellen auf Anforderung zurückzugeben.

(3) Die übrigen Unterlagen im Sinne von Absatz 1 werden vernichtet, soweit kein Grund zu der Annahme besteht, dass durch die Vernichtung schutzwürdige Interessen des Betroffenen beeinträchtigt werden.

§ 110c Verwaltungsvereinbarungen, Verordnungsermächtigung

(1) 1Die Spitzenverbände der Träger der Sozialversicherung und die Bundesagentur für Arbeit vereinbaren gemeinsam unter besonderer Berücksichtigung der schutzwürdigen Interessen der Betroffenen das Nähere zu den Grundsätzen ordnungsmäßiger Aufbewahrung im Sinne des § 110a, den Voraussetzungen der Rückgabe und Vernichtung von Unterlagen sowie die Aufbewahrungsfristen für Unterlagen. 2Dies gilt entsprechend für die ergänzenden Vorschriften des E-Government-Gesetzes. 3Die Vereinbarung kann auf bestimmte Sozialleistungsbereiche beschränkt werden; sie ist von den beteiligten Spitzenverbänden abzuschließen. 4Die Vereinbarungen bedürfen der Genehmigung der beteiligten Bundesministerien.

(2) Soweit Vereinbarungen nicht getroffen sind, wird die Bundesregierung ermächtigt, durch Rechtsverordnung mit Zustimmung des Bundesrates unter besonderer Berücksichtigung der schutzwürdigen Interessen der Betroffenen

1. das Nähere zu bestimmen über
   a) die Grundsätze ordnungsmäßiger Aufbewahrung im Sinne des § 110a,
   b) die Rückgabe und Vernichtung von Unterlagen,
2. für bestimmte Unterlagen allgemeine Aufbewahrungsfristen festzulegen.

Zehnter Abschnitt
Bußgeldvorschriften

§ 111 Bußgeldvorschriften

(1) 1Ordnungswidrig handelt, wer vorsätzlich oder leichtfertig

1. (weggefallen)

1a. entgegen § 18i Absatz 4 eine Änderung oder Meldung nicht, nicht richtig, nicht vollständig, nicht in der vorgeschriebenen Weise oder nicht rechtzeitig übermittelt,

2. entgegen
   a) § 28a Absatz 1 bis 3 oder 9, oder
   b) § 28a Absatz 4 Satz 1,

   jeweils in Verbindung mit einer Rechtsverordnung nach § 28c Nummer 1, eine Meldung nicht, nicht

richtig, nicht vollständig, nicht in der vorgeschriebenen Weise oder nicht rechtzeitig erstattet,

2a. entgegen § 28a Absatz 7 Satz 1 oder 2 eine Meldung nicht, nicht richtig, nicht vollständig oder nicht rechtzeitig erstattet,

2b. entgegen § 28a Absatz 10 Satz 1 oder Absatz 11 Satz 1, jeweils in Verbindung mit einer Rechtsverordnung nach § 28c Nummer 1, eine Meldung nicht, nicht richtig, nicht vollständig oder nicht rechtzeitig erstattet,

2c. entgegen § 28a Absatz 12 in Verbindung mit einer Rechtsverordnung nach § 28c Nummer 1 eine Meldung nicht, nicht richtig, nicht vollständig oder nicht rechtzeitig abgibt,

IV

2d. entgegen § 28e Absatz 3c eine Auskunft nicht, nicht richtig oder nicht vollständig erteilt,

3. entgegen § 28f Absatz 1 Satz 1 eine Entgeltunterlage nicht führt oder nicht aufbewahrt,

3a. entgegen § 28f Absatz 1a eine Entgeltunterlage oder eine Beitragsabrechnung nicht oder nicht richtig gestaltet,

4. entgegen § 28o
   a) eine Auskunft nicht, nicht richtig, nicht vollständig oder nicht rechtzeitig erteilt oder
   b) die erforderlichen Unterlagen nicht, nicht vollständig oder nicht rechtzeitig vorlegt,

5. entgegen § 99 Absatz 1 Satz 1 einen Lohnnachweis nicht, nicht richtig, nicht vollständig, nicht in der vorgeschriebenen Weise oder nicht rechtzeitig übermittelt,

6. entgegen § 99 Absatz 3, auch in Verbindung mit Absatz 4 Satz 1, eine Meldung nicht, nicht richtig, nicht vollständig oder nicht rechtzeitig erstattet oder

7. (weggefallen)

8. einer Rechtsverordnung nach § 28c Nummer 3 bis 5 oder 7, § 28n Nummer 4 oder § 28p Absatz 9 oder einer vollziehbaren Anordnung auf Grund einer solchen Rechtsverordnung zuwiderhandelt, soweit die Rechtsverordnung für einen bestimmten Tatbestand auf diese Bußgeldvorschrift verweist.

2In den Fällen der Nummer 2a findet § 266a Absatz 2 des Strafgesetzbuches keine Anwendung.

(2) Ordnungswidrig handelt, wer als Arbeitgeber einem Beschäftigten oder Hausgewerbetreibenden einen höheren Betrag von dessen Arbeitsentgelt abzieht, als den Teil, den der Beschäftigte oder Hausgewerbetreibende vom Gesamtsozialversicherungsbeitrag zu tragen hat.

(3) Ordnungswidrig handelt, wer

1. entgegen § 40 Absatz 2 einen anderen behindert oder benachteiligt oder
2. entgegen § 77 Absatz 1a Satz 2 eine Versicherung nicht, nicht richtig oder nicht in der vorgeschriebenen Weise abgibt.

(3a) Ordnungswidrig handelt, wer

1. entgegen § 55 Absatz 2 in Verbindung mit einer Rechtsverordnung nach § 56 als Arbeitgeber eine Wahlunterlage nicht, nicht richtig, nicht vollständig oder nicht rechtzeitig ausstellt oder
2. entgegen § 55 Absatz 3 in Verbindung mit einer Rechtsverordnung nach § 56 eine Angabe nicht, nicht richtig, nicht vollständig oder nicht rechtzeitig macht.

(4) Die Ordnungswidrigkeit kann in den Fällen des Absatzes 1 Nummer 2d und 3 und des Absatzes 3 Nummer 2 mit einer Geldbuße bis zu fünfzigtausend Euro, in den Fällen des Absatzes 1 Nummer 2, 2b, 2c und 5 mit einer Geldbuße bis zu fünfundzwanzigtausend Euro, in den übrigen Fällen mit einer Geldbuße bis zu fünftausend Euro geahndet werden.

§ 112 Allgemeines über Bußgeldvorschriften

(1) Verwaltungsbehörden im Sinne des § 36 Absatz 1 Nummer 1 des Gesetzes über Ordnungswidrigkeiten sind

1. der Versicherungsträger, soweit das Gesetz nichts anderes bestimmt,
2. (weggefallen)
3. die Behörden der Zollverwaltung bei Ordnungswidrigkeiten
   a) nach § 111 Absatz 1 Satz 1 Nummer 2 Buchstabe a, soweit sie einen Verstoß im Rahmen der ihnen zugewiesenen Tätigkeiten feststellen,
   b) nach § 111 Absatz 1 Satz 1 Nummer 2 Buchstabe b, soweit sie einen Verstoß im Rahmen ihrer Prüfungstätigkeit nach § 2 des Schwarzarbeitsbekämpfungsgesetzes feststellen,
4. die Einzugsstelle bei Ordnungswidrigkeiten nach § 111 Absatz 1 Satz 1 Nummer 2 Buchstabe a und b, soweit nicht die Zuständigkeit der Behörden der Zollverwaltung nach Nummer 3 gegeben ist, sowie bei Ordnungswidrigkeiten nach § 111 Absatz 1 Satz 1 Nummer 2a, 4, 8 und Absatz 2,

4a. der Träger der Rentenversicherung bei Ordnungswidrigkeiten nach § 111 Absatz 1 Nummer 3 bis 3b sowie bei Ordnungswidrigkeiten nach

§ 111 Absatz 1 Satz 1 Nummer 2, 4, 8 und Absatz 2, wenn die Prüfung nach § 28p vom Träger der Rentenversicherung durchgeführt oder eine Meldung direkt an sie erstattet wird,

4b. die landwirtschaftliche Krankenkasse bei Ordnungswidrigkeiten nach § 111 Absatz 1 Nummer 3 bis 3b im Falle der Prüfung von mitarbeitenden Familienangehörigen nach § 28p Absatz 1 Satz 6,

5. die Aufsichtsbehörde des Versicherungsträgers bei Ordnungswidrigkeiten nach § 111 Absatz 3.

(2) Wird in den Fällen des Absatzes 1 Nummer 1 und 4 gegen den Bußgeldbescheid ein zulässiger Einspruch eingelegt, nimmt die von der Vertreterversammlung bestimmte Stelle die weiteren Aufgaben der Verwaltungsbehörde (§ 69 Absatz 2, 3 und 5 des Gesetzes über Ordnungswidrigkeiten) wahr.

(3) 1Die Geldbußen fließen in den Fällen des Absatzes 1 Nummer 1, 3 und 4 in die Kasse der Verwaltungsbehörde, die den Bußgeldbescheid erlassen hat; § 66 des Zehnten Buches gilt entsprechend. 2Diese Kasse trägt abweichend von § 105 Absatz 2 des Gesetzes über Ordnungswidrigkeiten die notwendigen Auslagen; sie ist auch ersatzpflichtig im Sinne des § 110 Absatz 4 des Gesetzes über Ordnungswidrigkeiten.

§ 113 Zusammenarbeit mit anderen Behörden

1Zur Verfolgung und Ahndung der Ordnungswidrigkeiten nach § 111 arbeiten die Behörden der Zollverwaltung, die Einzugsstellen und die Träger der Rentenversicherung zusammen, wenn sich im Einzelfall konkrete Anhaltspunkte für Verstöße gegen die in § 2 Absatz 1 des Schwarzarbeitsbekämpfungsgesetzes genannten Vorschriften ergeben. 2Sie unterrichten sich gegenseitig über die für die Verfolgung und Ahndung der Ordnungswidrigkeiten notwendigen Tatsachen. 3Ergeben sich Anhaltspunkte für Verstöße gegen die Mitwirkungspflicht nach § 60 Absatz 1 Satz 1 Nummer 2 des Ersten Buches gegenüber einem Träger der Sozialhilfe oder die Meldepflicht nach § 8a des Asylbewerberleistungsgesetzes, unterrichten sie die Träger der Sozialhilfe oder die für die Durchführung des Asylbewerberleistungsgesetzes zuständigen Behörden.

Elfter Abschnitt
Übergangsvorschriften

§ 114 Einkommen beim Zusammentreffen mit Renten wegen Todes

(1) Wenn der versicherte Ehegatte vor dem 1. Januar 2002 verstorben ist oder die Ehe vor diesem Tag geschlossen wurde und mindestens ein Ehegatte vor dem 2. Januar 1962 geboren ist, sind bei Renten wegen Todes als Einkommen zu berücksichtigen:

1. Erwerbseinkommen,
2. Leistungen, die auf Grund oder in entsprechender Anwendung öffentlich-rechtlicher Vorschriften erbracht werden, um Erwerbseinkommen zu ersetzen (Erwerbsersatzeinkommen), mit Ausnahme von Zusatzleistungen.

(2) Absatz 1 gilt auch für Erziehungsrenten, wenn der geschiedene Ehegatte vor dem 1. Januar 2002 verstorben ist oder die geschiedene Ehe vor diesem Tag geschlossen wurde und mindestens einer der geschiedenen Ehegatten vor dem 2. Januar 1962 geboren ist.

(3) 1Erwerbsersatzeinkommen im Sinne des Absatzes 1 Nummer 2 sind Leistungen nach § 18a Absatz 3 Satz 1 Nummer 1 bis 8. 2Als Zusatzleistungen im Sinne des Absatzes 1 Nummer 2 gelten Leistungen der öffentlich-rechtlichen Zusatzversorgungen sowie bei Leistungen nach § 18a Absatz 3 Satz 1 Nummer 2 der Teil, der auf einer Höherversicherung beruht.

(4) 1Wenn der versicherte Ehegatte vor dem 1. Januar 2002 verstorben ist oder die Ehe vor diesem Tag geschlossen wurde und mindestens ein Ehegatte vor dem 2. Januar 1962 geboren ist, ist das monatliche Einkommen zu kürzen

1. bei Leistungen nach § 18a Absatz 3 Satz 1 Nummer 2, die nach den besonderen Vorschriften für die knappschaftliche Rentenversicherung berechnet sind, um 25 vom Hundert,
2. bei Leistungen nach § 18a Absatz 3 Satz 1 Nummer 5 und 6 um 42,7 vom Hundert bei Leistungsbeginn vor dem Jahre 2011 und um 43,6 vom Hundert bei Leistungsbeginn nach dem Jahre 2010 und
3. bei Leistungen nach § 18a Absatz 3 Satz 1 Nummer 7 um 29 vom Hundert bei Leistungsbeginn vor dem Jahre 2011 und um 31 vom Hundert bei Leistungsbeginn nach dem Jahre 2010.

2Dies gilt auch für Erziehungsrenten, wenn der geschiedene Ehegatte vor dem 1. Januar 2002 verstorben ist oder die geschiedene Ehe vor diesem Tag geschlossen wurde und mindestens einer der geschiedenen Ehegatten vor dem 2. Januar 1962 geboren ist.

(5) Bestand am 31. Dezember 2001 Anspruch auf eine Rente wegen Todes, ist das monatliche Einkommen bis zum 30. Juni 2002 zu kürzen

1. bei Arbeitsentgelt um 35 vom Hundert, bei Arbeitseinkommen um 30 vom Hundert, bei Bezügen

aus einem öffentlich-rechtlichen Dienst- oder Amtsverhältnis oder aus einem versicherungsfreien Arbeitsverhältnis mit Anwartschaften auf Versorgung nach beamtenrechtlichen Vorschriften oder Grundsätzen und bei Einkommen, das solchen Bezügen vergleichbar ist, jedoch nur um 27,5 vom Hundert,

2. bei Leistungen nach § 18a Absatz 3 Satz 1 Nummer 2, die nach den besonderen Vorschriften für die knappschaftliche Rentenversicherung berechnet sind, um 25 vom Hundert und bei Leistungen nach § 18a Absatz 3 Satz 1 Nummer 7 um 27,5 vom Hundert,
3. bei Leistungen nach § 18a Absatz 3 Satz 1 Nummer 5 und 6 um 37,5 vom Hundert.

§ 115 (weggefallen)

§ 116 Übergangsregelungen für bestehende Wertguthaben

(1) Wertguthaben für Beschäftigte, die am 1. Januar 2009 abweichend von § 7d Absatz 1 als Zeitguthaben geführt werden, können als Zeitguthaben oder als Entgeltguthaben geführt werden; dies gilt auch für neu vereinbarte Wertguthabenvereinbarungen auf der Grundlage früherer Vereinbarungen.

(2) § 7c Absatz 1 findet nur auf Wertguthabenvereinbarungen Anwendung, die nach dem 1. Januar 2009 geschlossen worden sind.

(3) Für Wertguthabenvereinbarungen nach § 7b, die vor dem 31. Dezember 2008 geschlossen worden sind und in denen entgegen § 7e Absatz 1 und 2 keine Vorkehrungen für den Fall der Insolvenz des Arbeitgebers vereinbart sind, gilt § 7e Absatz 5 und 6 mit Wirkung ab dem 1. Juni 2009.

§ 117 Verwaltungsausgaben der knappschaftlichen Krankenversicherung der Rentner

Soweit die Ausgaben der knappschaftlichen Krankenversicherung der Rentner für Versorgungsleistungen der Knappschaftsärzte und Knappschaftszahnärzte die entsprechenden Einnahmen übersteigen, sind sie abweichend von § 71 Absatz 2 der knappschaftlichen Rentenversicherung nicht zu erstatten.

§ 118 Übergangsregelung für Tätigkeiten als Notärztin oder Notarzt im Rettungsdienst

§ 23c Absatz 2 gilt nicht für Einnahmen aus einer vor dem 11. April 2017 vereinbarten Tätigkeit als Notärztin oder Notarzt im Rettungsdienst.

§ 119 (weggefallen)

§ 120 (weggefallen)

§ 121 Übergangsregelung zur Vergütung der Vorstandsmitglieder der gesetzlichen Krankenkassen

1 § 35a Absatz 6a Satz 4 und 5 gilt nicht für die Verträge, denen die Aufsichtsbehörde bereits bis zum 10. Mai 2019 zugestimmt hat. 2 Die zur Zukunftssicherung eines Vorstandsmitgliedes vertraglich vereinbarten nicht beitragsorientierten Zusagen, denen die Aufsichtsbehörde bereits bis zum 10. Mai 2019 zugestimmt hat, dürfen auch bei Abschluss eines neuen Vertrages mit diesem Vorstandsmitglied in dem im vorhergehenden Vertrag vereinbarten Durchführungsweg und Umfang fortgeführt werden.

§ 122 (unbesetzt)

§ 123 Übergangsregelung

(1) § 85 Absatz 3c Satz 2 findet nur Anwendung, soweit Versicherungsträger nach dem 30. Juni 2020 eine Einrichtung gründen oder erwerben, sich an einer Einrichtung beteiligen oder eine Beteiligung an einer Einrichtung erhöhen; die am 30. Juni 2020 bereits bestehenden Einrichtungen dürfen weitergeführt werden.

(2) 1 Vermögensgegenstände, die der Versicherungsträger vor dem 1. Januar 2023 nach den §§ 80 bis 86 in der bis dahin geltenden Fassung zulässigerweise erworben hat, dürfen zur Vermeidung von Verlusten längstens bis zu ihrer Fälligkeit im Vermögen gehalten werden oder, soweit keine Fälligkeit besteht, längstens bis zum 31. Dezember 2024, wenn die Anlage in diese Vermögensgegenstände in der ab dem 1. Januar 2023 geltenden Fassung nicht mehr zulässig ist. 2 Grundstücke und grundstücksgleiche Rechte, die bis zum 31. Dezember 2022 in das Deckungskapital für Altersrückstellungen überführt wurden, dürfen längstens bis zum 31. Dezember 2042 gehalten werden.

(3) Vermögensgenstände, die dem Verwaltungsvermögen zuzuordnen sind und die der Versicherungsträger am 31. August 2022 der Rücklage zugeordnet hat, müssen spätestens bis zum 31. Dezember 2025 dem Verwaltungsvermögen zugewiesen werden.

§ 124 (weggefallen)

§ 125 (weggefallen)

§ 126 Verzicht auf die elektronisch unterstützte Prüfung bei den Arbeitgebern

Auf Antrag des Arbeitgebers bei dem für die Prüfung nach § 28p Absatz 1 Satz 1 zuständigen Rentenversicherungsträger kann für Zeiträume bis zum 31. Dezember 2026 auf eine elektronische Übermittlung der gespeicherten Daten nach § 28p Absatz 6a verzichtet werden.

§ 127 (weggefallen)

§ 128 Außerordentliche Hemmung der Verjährung

In den Fällen, in denen eine Prüfung nach § 28p bei einem Arbeitgeber in der Zeit vom 1. Januar 2020 bis zum Ablauf des 31. Dezember 2021 durchzuführen ist, die Prüfung aber auf Grund der Folgen der Ausbreitung des SARS-CoV-2-Virus (COVID-19-Pandemie) nicht durchgeführt werden konnte, ist die Verjährung von Beitragsansprüchen, die in der Zeit vom 1. Januar 2016 bis zum Ablauf des 31. Dezember 2016 fällig geworden sind, bis zum Ablauf des 31. Dezember 2021 und von Beitragsansprüchen, die in der Zeit vom 1. Januar 2017 bis zum Ablauf des 31. Dezember 2017 fällig geworden sind, bis zum Ablauf des 31. Dezember 2022 gehemmt.

§ 129 Übergangsregelung für die Zulassung der Arbeitnehmervereinigungen für die Sozialversicherungswahlen im Jahr 2023

Für die Sozialversicherungswahlen im Jahr 2023 gilt § 48a Absatz 4 in Verbindung mit § 48 Absatz 2 jeweils in der bis zum Ablauf des 17. Februar 2021 geltenden Fassung.

§ 130 Sonstige nicht beitragspflichtige Einnahmen aus ärztlichen Tätigkeiten in Corona-Impfzentren

$_1$Einnahmen aus Tätigkeiten als Ärztin oder Arzt, Zahnärztin oder Zahnarzt, Tierärztin oder Tierarzt oder Apothekerin oder Apotheker in einem Impfzentrum im Sinne der Coronavirus-Impfverordnung oder einem dort angegliederten mobilen Impfteam sind nicht beitragspflichtig. $_2$Für Tätigkeiten, bei denen die Einnahmen nach Satz 1 nicht beitragspflichtig sind, bestehen keine Meldepflichten nach diesem Buch.

§ 131 Sonstige nicht beitragspflichtige Einnahmen aus ärztlichen Tätigkeiten in Corona-Testzentren

$_1$Einnahmen aus Tätigkeiten als Ärztin oder Arzt in einem Testzentrum im Sinne der Coronavirus-Testverordnung oder einem dort angegliederten mobilen Testteam sind in der Zeit vom 4. März 2021 bis zum 31. Dezember 2021 nicht beitragspflichtig. $_2$Für Tätigkeiten, bei denen die Einnahmen nach Satz 1 nicht beitragspflichtig sind, bestehen keine Meldepflichten nach diesem Buch. $_3$Satz 1 gilt nicht für Einnahmen aus einer vor dem 4. März 2021 vereinbarten Tätigkeit.

§ 132 (weggefallen)

§ 133 Übergangsvorschrift zur Besetzung der hauptamtlichen Vorstände und Geschäftsführungen der Versicherungsträger

$_1$Ämter, die am 11. August 2021 bestehen, können entgegen § 35a Absatz 4 Satz 2 und entgegen § 36 Absatz 4 Satz 2 bis zu ihrem vorgesehenen Ende wahrgenommen werden. $_2$Bei Krankenkassen mit bis zu 500 000 Mitgliedern, deren Vorstand am 11. August 2021 aus zwei Mitgliedern besteht, ist einmalig die Wiederbestellung dieser Vorstandsmitglieder entgegen § 35a Absatz 4 Satz 2 zulässig.

§ 134 Übergangsregelung zum Übergangsbereich

$_1$Bei Beschäftigten, die am 30. September 2022 in einer mehr als geringfügigen Beschäftigung nach § 8 Absatz 1 Nummer 1 oder nach § 8a in Verbindung mit § 8 Absatz 1 Nummer 1 versicherungspflichtig waren, welche die Merkmale einer geringfügigen Beschäftigung nach diesen Vorschriften in der ab dem 1. Oktober 2022 geltenden Fassung erfüllt, ist bis zum 31. Dezember 2023 beitragspflichtige Einnahme BE in dieser Beschäftigung der Betrag, der sich nach folgender Formel berechnet:

$$BE = FÜ \times 450 + \left(\frac{1\,300}{1\,300 - 450} - \frac{450}{1\,300 - 450} \times FÜ\right) \times (AE - 450).$$

§ 135 Bericht zur Einführung eines Betriebsstättenverzeichnisses

$_1$Die Deutsche Gesetzliche Unfallversicherung e. V. hat dem Bundesministerium für Arbeit und Soziales bis zum 31. Dezember 2023 einen Bericht zur möglichen Konzeption eines Verzeichnisses zur bundeseinheitlichen Erfassung von Betriebsstätten für Zwecke der Prävention und der Kontrolle durch den Arbeitsschutz vorzulegen. $_2$Die Arbeitsschutzbehörden der Länder, die Bundesagentur für Arbeit und die Bundesvereinigung der Deutschen Arbeitgeberverbände sind an der Erarbeitung des Berichtes in geeigneter Weise zu beteiligen.

Verordnung über die sozialversicherungsrechtliche Beurteilung von Zuwendungen des Arbeitgebers als Arbeitsentgelt (Sozialversicherungsentgeltverordnung – SvEV)

Vom 21. Dezember 2006 (BGBl. I S. 3385)

Zuletzt geändert durch
Dreizehnte Verordnung zur Änderung der Sozialversicherungsentgeltverordnung
vom 16. Dezember 2022 (BGBl. I S. 2431)

IV

§1 Dem sozialversicherungspflichtigen Arbeitsentgelt nicht zuzurechnende Zuwendungen

(1) 1Dem Arbeitsentgelt sind nicht zuzurechnen:

1. einmalige Einnahmen, laufende Zulagen, Zuschläge, Zuschüsse sowie ähnliche Einnahmen, die zusätzlich zu Löhnen oder Gehältern gewährt werden, soweit sie lohnsteuerfrei sind; dies gilt nicht für Sonntags-, Feiertags- und Nachtarbeitszuschläge, soweit das Entgelt, auf dem sie berechnet werden, mehr als 25 Euro für jede Stunde beträgt, und nicht für Vermögensbeteiligungen nach § 19a Absatz 1 Satz 1 des Einkommensteuergesetzes,
2. sonstige Bezüge nach § 40 Abs. 1 Satz 1 Nr. 1 des Einkommensteuergesetzes, die nicht einmalig gezahltes Arbeitsentgelt nach § 23a des Vierten Buches Sozialgesetzbuch sind,
3. Einnahmen nach § 40 Abs. 2 des Einkommensteuergesetzes,
4. Beiträge nach § 40b des Einkommensteuergesetzes in der am 31. Dezember 2004 geltenden Fassung, die zusätzlich zu Löhnen und Gehältern gewährt werden; dies gilt auch für darin enthaltene Beiträge, die aus einer Entgeltumwandlung (§ 1 Abs. 2 Nr. 3 des Betriebsrentengesetzes) stammen,

4a. Zuwendungen nach § 3 Nr. 56 und § 40b des Einkommensteuergesetzes, die zusätzlich zu Löhnen und Gehältern gewährt werden und für die Satz 3 und 4 nichts Abweichendes bestimmen,

5. Beträge nach § 10 des Entgeltfortzahlungsgesetzes,
6. Zuschüsse zum Mutterschaftsgeld nach § 20 des Mutterschutzgesetzes,
7. in den Fällen des § 3 Abs. 3 der vom Arbeitgeber insoweit übernommene Teil des Gesamtsozialversicherungsbeitrags,
8. Zuschüsse des Arbeitgebers zum Kurzarbeitergeld und Saison-Kurzarbeitergeld, soweit sie zusammen mit dem Kurzarbeitergeld 80 Prozent des Unterschiedsbetrages zwischen dem Sollentgelt und dem Ist-Entgelt nach § 106 des Dritten Buches Sozialgesetzbuch nicht übersteigen,
9. steuerfreie Zuwendungen an Pensionskassen, Pensionsfonds oder Direktversicherungen nach § 3 Nr. 63 Satz 1 und 2 sowie § 100 Absatz 6 Satz 1 des Einkommensteuergesetzes im Kalenderjahr bis zur Höhe von insgesamt 4 Prozent der Beitragsbemessungsgrenze in der allgemeinen Rentenversicherung; dies gilt auch für darin enthaltene Beträge, die aus einer Entgeltumwandlung (§ 1 Abs. 2 Nr. 3 des Betriebsrentengesetzes) stammen,
10. Leistungen eines Arbeitgebers oder einer Unterstützungskasse an einen Pensionsfonds zur Übernahme bestehender Versorgungsverpflichtungen oder Versorgungsanwartschaften durch den Pensionsfonds, soweit diese nach § 3 Nr. 66 des Einkommensteuergesetzes steuerfrei sind,
11. steuerlich nicht belastete Zuwendungen des Beschäftigten zugunsten von durch Naturkatastrophen im Inland Geschädigten aus Arbeitsentgelt einschließlich Wertguthaben,
12. Sonderzahlungen nach § 19 Absatz 1 Satz 1 Nummer 3 Satz 2 bis 4 des Einkommensteuergesetzes der Arbeitgeber zur Deckung eines finanziellen Fehlbetrages an die Einrichtungen, für die Satz 3 gilt,
13. Sachprämien nach § 37a des Einkommensteuergesetzes,

14. Zuwendungen nach § 37b Abs. 1 des Einkommensteuergesetzes, soweit die Zuwendungen an Arbeitnehmer eines Dritten erbracht werden und diese Arbeitnehmer nicht Arbeitnehmer eines mit dem Zuwendenden verbundenen Unternehmens sind,
15. vom Arbeitgeber getragene oder übernommene Studiengebühren für ein Studium des Beschäftigten, soweit sie steuerrechtlich kein Arbeitslohn sind,
16. steuerfreie Aufwandsentschädigungen und die in § 3 Nummer 26 und 26a des Einkommensteuergesetzes genannten steuerfreien Einnahmen.

$_2$Dem Arbeitsentgelt sind die in Satz 1 Nummer 1 bis 4a, 9 bis 11, 13, 15 und 16 genannten Einnahmen, Zuwendungen und Leistungen nur dann nicht zuzurechnen, soweit diese vom Arbeitgeber oder von einem Dritten mit der Entgeltabrechnung für den jeweiligen Abrechnungszeitraum lohnsteuerfrei belassen oder pauschal besteuert werden. $_3$Die Summe der in Satz 1 Nr. 4a genannten Zuwendungen nach § 3 Nr. 56 und § 40b des Einkommensteuergesetzes, die vom Arbeitgeber oder von einem Dritten mit der Entgeltabrechnung für den jeweiligen Abrechnungszeitraum lohnsteuerfrei belassen oder pauschal besteuert werden, höchstens jedoch monatlich 100 Euro, sind bis zur Höhe von 2,5 Prozent des für ihre Bemessung maßgebenden Entgelts dem Arbeitsentgelt zuzurechnen, wenn die Versorgungsregelung mindestens bis zum 31. Dezember 2000 vor der Anwendung etwaiger Nettobegrenzungsregelungen eine allgemein erreichbare Gesamtversorgung von mindestens 75 Prozent des gesamtversorgungsfähigen Entgelts und nach dem Eintritt des Versorgungsfalles eine Anpassung nach Maßgabe der Entwicklung der Arbeitsentgelte im Bereich der entsprechenden Versorgungsregelung oder gesetzlicher Versorgungsbezüge vorsieht; die dem Arbeitsentgelt zuzurechnenden Beiträge und Zuwendungen vermindern sich um monatlich 13,30 Euro. $_4$Satz 3 gilt mit der Maßgabe, dass die Zuwendungen nach § 3 Nr. 56 und § 40b des Einkommensteuergesetzes dem Arbeitsentgelt insoweit zugerechnet werden, als sie in der Summe monatlich 100 Euro übersteigen.

(2) In der gesetzlichen Unfallversicherung und in der Seefahrt sind auch lohnsteuerfreie Zuschläge für Sonntags-, Feiertags- und Nachtarbeit dem Arbeitsentgelt zuzurechnen; dies gilt in der Unfallversicherung nicht für Erwerbseinkommen, das bei einer Hinterbliebenenrente zu berücksichtigen ist.

§ 2 Verpflegung, Unterkunft und Wohnung als Sachbezug

(1) $_1$Der Wert der als Sachbezug zur Verfügung gestellten Verpflegung wird auf monatlich 288 Euro festgesetzt. $_2$Dieser Wert setzt sich zusammen aus dem Wert für

1. Frühstück von 60 Euro,
2. Mittagessen von 114 Euro und
3. Abendessen von 114 Euro.

(2) $_1$Für Verpflegung, die nicht nur dem Beschäftigten, sondern auch seinen nicht bei demselben Arbeitgeber beschäftigten Familienangehörigen zur Verfügung gestellt wird, erhöhen sich die nach Absatz 1 anzusetzenden Werte je Familienangehörigen,

1. der das 18. Lebensjahr vollendet hat, um 100 Prozent,
2. der das 14., aber noch nicht das 18. Lebensjahr vollendet hat, um 80 Prozent,
3. der das 7., aber noch nicht das 14. Lebensjahr vollendet hat, um 40 Prozent und
4. der das 7. Lebensjahr noch nicht vollendet hat, um 30 Prozent.

$_2$Bei der Berechnung des Wertes ist das Lebensalter des Familienangehörigen im ersten Entgeltabrechnungszeitraum des Kalenderjahres maßgebend. $_3$Sind Ehegatten bei demselben Arbeitgeber beschäftigt, sind die Erhöhungswerte nach Satz 1 für Verpflegung der Kinder beiden Ehegatten je zur Hälfte zuzurechnen.

(3) $_1$Der Wert einer als Sachbezug zur Verfügung gestellten Unterkunft wird auf monatlich 265 Euro festgesetzt. $_2$Der Wert der Unterkunft nach Satz 1 vermindert sich

1. bei Aufnahme des Beschäftigten in den Haushalt des Arbeitgebers oder bei Unterbringung in einer Gemeinschaftsunterkunft um 15 Prozent,
2. für Jugendliche bis zur Vollendung des 18. Lebensjahres und Auszubildende um 15 Prozent und
3. bei der Belegung
   a) mit zwei Beschäftigten um 40 Prozent,

IV

b) mit drei Beschäftigten um 50 Prozent und
c) mit mehr als drei Beschäftigten um 60 Prozent.

3Ist es nach Lage des einzelnen Falles unbillig, den Wert einer Unterkunft nach Satz 1 zu bestimmen, kann die Unterkunft mit dem ortsüblichen Mietpreis bewertet werden; Absatz 4 Satz 2 gilt entsprechend.

(4) 1Für eine als Sachbezug zur Verfügung gestellte Wohnung ist als Wert der ortsübliche Mietpreis unter Berücksichtigung der sich aus der Lage der Wohnung zum Betrieb ergebenden Beeinträchtigungen sowie unter entsprechender Anwendung des § 8 Absatz 2 Satz 12 des Einkommensteuergesetzes anzusetzen. 2Ist im Einzelfall die Feststellung des ortsüblichen Mietpreises mit außergewöhnlichen Schwierigkeiten verbunden, kann die Wohnung mit 4,66 Euro je Quadratmeter monatlich, bei einfacher Ausstattung (ohne Sammelheizung oder ohne Bad oder Dusche) mit 3,81 Euro je Quadratmeter monatlich bewertet werden. 3Bestehen gesetzliche Mietpreisbeschränkungen, sind die durch diese Beschränkungen festgelegten Mietpreise als Werte anzusetzen. 4Dies gilt auch für die vertraglichen Mietpreisbeschränkungen im sozialen Wohnungsbau, die nach den jeweiligen Förderrichtlinien des Landes für den betreffenden Förderjahrgang sowie für die mit Wohnungsfürsorgemitteln aus öffentlichen Haushalten geförderten Wohnungen vorgesehen sind. 5Für Energie, Wasser und sonstige Nebenkosten ist der übliche Preis am Abgabeort anzusetzen.

(5) Werden Verpflegung, Unterkunft oder Wohnung verbilligt als Sachbezug zur Verfügung gestellt, ist der Unterschiedsbetrag zwischen dem vereinbarten Preis und dem Wert, der sich bei freiem Bezug nach den Absätzen 1 bis 4 ergeben würde, dem Arbeitsentgelt zuzurechnen.

(6) 1Bei der Berechnung des Wertes für kürzere Zeiträume als einen Monat ist für jeden Tag ein Dreißigstel der Werte nach den Absätzen 1 bis 5 zugrunde zu legen. 2Die Prozentsätze der Absätze 2 und 3 sind auf den Tageswert nach Satz 1 anzuwenden. 3Die Berechnungen werden jeweils auf 2 Dezimalstellen durchgeführt; die zweite Dezimalstelle wird um 1 erhöht, wenn sich in der dritten Dezimalstelle eine der Zahlen 5 bis 9 ergibt.

§ 3 Sonstige Sachbezüge

(1) 1Werden Sachbezüge, die nicht von § 2 erfasst werden, unentgeltlich zur Verfügung gestellt, ist als Wert für diese Sachbezüge der um übliche Preisnachlässe geminderte übliche Endpreis am Abgabeort anzusetzen. 2Sind auf Grund des § 8 Absatz 2 Satz 10 des Einkommensteuergesetzes Durchschnittswerte festgesetzt worden, sind diese Werte maßgebend. 3Findet § 8 Abs. 2 Satz 2, 3, 4 oder 5 Abs. 3 Satz 1 des Einkommensteuergesetzes Anwendung, sind die dort genannten Werte maßgebend. 4§ 8 Absatz 2 Satz 11 des Einkommensteuergesetzes gilt entsprechend.

(2) Werden Sachbezüge, die nicht von § 2 erfasst werden, verbilligt zur Verfügung gestellt, ist als Wert für diese Sachbezüge der Unterschiedsbetrag zwischen dem vereinbarten Preis und dem Wert, der sich bei freiem Bezug nach Absatz 1 ergeben würde, dem Arbeitsentgelt zuzurechnen.

(3) 1Waren und Dienstleistungen, die vom Arbeitgeber nicht überwiegend für den Bedarf seiner Arbeitnehmer hergestellt, vertrieben oder erbracht werden und die nach § 40 Abs. 1 Satz 1 Nr. 1 des Einkommensteuergesetzes pauschal versteuert werden, können mit dem Durchschnittsbetrag der pauschal versteuerten Waren und Dienstleistungen angesetzt werden; dabei kann der Durchschnittsbetrag des Vorjahres angesetzt werden. 2Besteht das Beschäftigungsverhältnis nur während eines Teils des Kalenderjahres, ist für jeden Tag des Beschäftigungsverhältnisses der dreihundertsechzigste Teil des Durchschnittswertes nach Satz 1 anzusetzen. 3Satz 1 gilt nur, wenn der Arbeitgeber den von dem Beschäftigten zu tragenden Teil des Gesamtsozialversicherungsbeitrags übernimmt. 4Die Sätze 1 bis 3 gelten entsprechend für Sachzuwendungen im Wert von nicht mehr als 80 Euro, die der Arbeitnehmer für Verbesserungsvorschläge sowie für Leistungen in der Unfallverhütung und im Arbeitsschutz erhält. 5Die mit einem Durchschnittswert angesetzten Sachbezüge, die in einem Kalenderjahr gewährt werden, sind insgesamt dem letzten Entgeltabrechnungszeitraum in diesem Kalenderjahr zuzuordnen.

V SGB V: Gesetzliche Krankenversicherung

V Sozialgesetzbuch (SGB) Fünftes Buch (V) – Gesetzliche Krankenversicherung – (SGB V) 332

V.150g Verordnung zur Beteiligung von Patientinnen und Patienten in der Gesetzlichen Krankenversicherung (Patientenbeteiligungsverordnung – PatBeteiligungsV) 796

V

Sozialgesetzbuch (SGB) Fünftes Buch (V) – Gesetzliche Krankenversicherung – (SGB V)

Vom 20. Dezember 1988 (BGBl. I S. 2477)

Zuletzt geändert durch
Krankenhauspflegeentlastungsgesetz
vom 20. Dezember 2022 (BGBl. I S. 2793)

Inhaltsübersicht

Erstes Kapitel
Allgemeine Vorschriften

§ 1 Solidarität und Eigenverantwortung
§ 2 Leistungen
§ 2a Leistungen an behinderte und chronisch kranke Menschen
§ 2b Geschlechts- und altersspezifische Besonderheiten
§ 3 Solidarische Finanzierung
§ 4 Krankenkassen
§ 4a Wettbewerb der Krankenkassen, Verordnungsermächtigung
§ 4b Sonderregelungen zum Verwaltungsverfahren

Zweites Kapitel
Versicherter Personenkreis

Erster Abschnitt
Versicherung kraft Gesetzes

§ 5 Versicherungspflicht
§ 6 Versicherungsfreiheit
§ 7 Versicherungsfreiheit bei geringfügiger Beschäftigung
§ 8 Befreiung von der Versicherungspflicht

Zweiter Abschnitt
Versicherungsberechtigung

§ 9 Freiwillige Versicherung

Dritter Abschnitt
Versicherung der Familienangehörigen

§ 10 Familienversicherung

Drittes Kapitel
Leistungen der Krankenversicherung

Erster Abschnitt
Übersicht über die Leistungen

§ 11 Leistungsarten

Zweiter Abschnitt
Gemeinsame Vorschriften

§ 12 Wirtschaftlichkeitsgebot
§ 13 Kostenerstattung
§ 14 Teilkostenerstattung
§ 15 Ärztliche Behandlung, elektronische Gesundheitskarte
§ 16 Ruhen des Anspruchs
§ 17 Leistungen bei Beschäftigung im Ausland
§ 18 Kostenübernahme bei Behandlung außerhalb des Geltungsbereichs des Vertrages zur Gründung der Europäischen Gemeinschaft und des Abkommens über den Europäischen Wirtschaftsraum
§ 19 Erlöschen des Leistungsanspruchs

Dritter Abschnitt
Leistungen zur Verhütung von Krankheiten, betriebliche Gesundheitsförderung und Prävention arbeitsbedingter Gesundheitsgefahren, Förderung der Selbsthilfe sowie Leistungen bei Schwangerschaft und Mutterschaft

§ 20 Primäre Prävention und Gesundheitsförderung
§ 20a Leistungen zur Gesundheitsförderung und Prävention in Lebenswelten
§ 20b Betriebliche Gesundheitsförderung
§ 20c Prävention arbeitsbedingter Gesundheitsgefahren
§ 20d Nationale Präventionsstrategie
§ 20e Nationale Präventionskonferenz
§ 20f Landesrahmenvereinbarungen zur Umsetzung der nationalen Präventionsstrategie
§ 20g Modellvorhaben
§ 20h Förderung der Selbsthilfe
§ 20i Leistungen zur Verhütung übertragbarer Krankheiten, Verordnungsermächtigung
§ 20j Präexpositionsprophylaxe
§ 20k Förderung der digitalen Gesundheitskompetenz
§ 21 Verhütung von Zahnerkrankungen (Gruppenprophylaxe)
§ 22 Verhütung von Zahnerkrankungen (Individualprophylaxe)

§ 22a Verhütung von Zahnerkrankungen bei Pflegebedürftigen und Menschen mit Behinderungen
§ 23 Medizinische Vorsorgeleistungen
§ 24 Medizinische Vorsorge für Mütter und Väter
§ 24a Empfängnisverhütung
§ 24b Schwangerschaftsabbruch und Sterilisation
§ 24c Leistungen bei Schwangerschaft und Mutterschaft
§ 24d Ärztliche Betreuung und Hebammenhilfe
§ 24e Versorgung mit Arznei-, Verband-, Heil- und Hilfsmitteln
§ 24f Entbindung
§ 24g Häusliche Pflege
§ 24h Haushaltshilfe
§ 24i Mutterschaftsgeld

Vierter Abschnitt
Leistungen zur Erfassung von gesundheitlichen Risiken und Früherkennung von Krankheiten

§ 25 Gesundheitsuntersuchungen
§ 25a Organisierte Früherkennungsprogramme
§ 26 Gesundheitsuntersuchungen für Kinder und Jugendliche

Fünfter Abschnitt
Leistungen bei Krankheit

Erster Titel
Krankenbehandlung

§ 27 Krankenbehandlung
§ 27a Künstliche Befruchtung
§ 27b Zweitmeinung
§ 28 Ärztliche und zahnärztliche Behandlung
§ 29 Kieferorthopädische Behandlung
§ 30 (weggefallen)
§ 31 Arznei- und Verbandmittel, Verordnungsermächtigung
§ 31a Medikationsplan
§ 31b Referenzdatenbank für Fertigarzneimittel
§ 31c Beleihung mit der Aufgabe der Referenzdatenbank für Fertigarzneimittel; Rechts- und Fachaufsicht über die Beliehene
§ 32 Heilmittel
§ 33 Hilfsmittel
§ 33a Digitale Gesundheitsanwendungen
§ 34 Ausgeschlossene Arznei-, Heil- und Hilfsmittel
§ 35 Festbeträge für Arznei- und Verbandmittel
§ 35a Bewertung des Nutzens von Arzneimitteln mit neuen Wirkstoffen, Verordnungsermächtigung
§ 35b Kosten-Nutzen-Bewertung von Arzneimitteln
§ 35c Zulassungsüberschreitende Anwendung von Arzneimitteln
§ 36 Festbeträge für Hilfsmittel
§ 37 Häusliche Krankenpflege
§ 37a Soziotherapie
§ 37b Spezialisierte ambulante Palliativversorgung
§ 37c Außerklinische Intensivpflege
§ 38 Haushaltshilfe
§ 39 Krankenhausbehandlung
§ 39a Stationäre und ambulante Hospizleistungen
§ 39b Hospiz- und Palliativberatung durch die Krankenkassen
§ 39c Kurzzeitpflege bei fehlender Pflegebedürftigkeit
§ 39d Förderung der Koordination in Hospiz- und Palliativnetzwerken durch einen Netzwerkkoordinator
§ 39e Übergangspflege im Krankenhaus
§ 40 Leistungen zur medizinischen Rehabilitation
§ 41 Medizinische Rehabilitation für Mütter und Väter
§ 42 Belastungserprobung und Arbeitstherapie
§ 43 Ergänzende Leistungen zur Rehabilitation
§ 43a Nichtärztliche sozialpädiatrische Leistungen
§ 43b Nichtärztliche Leistungen für Erwachsene mit geistiger Behinderung oder schweren Mehrfachbehinderungen
§ 43c Zahlungsweg

Zweiter Titel
Krankengeld

§ 44 Krankengeld
§ 44a Krankengeld bei Spende von Organen, Geweben oder Blut zur Separation von Blutstammzellen oder anderen Blutbestandteilen
§ 44b Krankengeld für eine bei stationärer Behandlung mitaufgenommene Begleitperson aus dem engsten persönlichen Umfeld
§ 45 Krankengeld bei Erkrankung des Kindes
§ 46 Entstehen des Anspruchs auf Krankengeld
§ 47 Höhe und Berechnung des Krankengeldes
§ 47a Beitragszahlungen der Krankenkassen an berufsständische Versorgungseinrichtungen
§ 47b Höhe und Berechnung des Krankengeldes bei Beziehern von Arbeitslosengeld, Unterhaltsgeld oder Kurzarbeitergeld
§ 48 Dauer des Krankengeldes
§ 49 Ruhen des Krankengeldes
§ 50 Ausschluß und Kürzung des Krankengeldes

§ 51 Wegfall des Krankengeldes, Antrag auf Leistungen zur Teilhabe

Dritter Titel
Leistungsbeschränkungen

§ 52 Leistungsbeschränkung bei Selbstverschulden
§ 52a Leistungsausschluss

Sechster Abschnitt
Selbstbehalt, Beitragsrückzahlung

§ 53 Wahltarife
§ 54 (weggefallen)

Siebter Abschnitt
Zahnersatz

§ 55 Leistungsanspruch
§ 56 Festsetzung der Regelversorgungen
§ 57 Beziehungen zu Zahnärzten und Zahntechnikern
§ 58 (weggefallen)
§ 59 (weggefallen)

Achter Abschnitt
Fahrkosten

§ 60 Fahrkosten

Neunter Abschnitt
Zuzahlungen, Belastungsgrenze

§ 61 Zuzahlungen
§ 62 Belastungsgrenze

Zehnter Abschnitt
Weiterentwicklung der Versorgung

§ 63 Grundsätze
§ 64 Vereinbarungen mit Leistungserbringern
§ 64a Modellvorhaben zur Arzneimittelversorgung
§ 64b Modellvorhaben zur Versorgung psychisch kranker Menschen
§ 64c Modellvorhaben zum Screening auf 4MRGN
§ 64d Verpflichtende Durchführung von Modellvorhaben zur Übertragung ärztlicher Tätigkeiten
§ 64e Modellvorhaben zur umfassenden Diagnostik und Therapiefindung mittels Genomsequenzierung bei seltenen und bei onkologischen Erkrankungen, Verordnungsermächtigung
§ 65 Auswertung der Modellvorhaben
§ 65a Bonus für gesundheitsbewusstes Verhalten
§ 65b Förderung von Einrichtungen zur Verbraucher- und Patientenberatung
§ 65c Klinische Krebsregister
§ 65d Förderung besonderer Therapieeinrichtungen
§ 65e Ambulante Krebsberatungsstellen
§ 65f Vereinbarung zur Suche und Auswahl nichtverwandter Spender von Blutstammzellen aus dem Knochenmark oder aus dem peripheren Blut
§ 66 Unterstützung der Versicherten bei Behandlungsfehlern
§ 67 Elektronische Kommunikation
§ 68 (weggefallen)
§ 68a Förderung der Entwicklung digitaler Innovationen durch Krankenkassen
§ 68b Förderung von Versorgungsinnovationen
§ 68c Förderung digitaler Innovationen durch die Kassenärztlichen Vereinigungen und die Kassenärztlichen Bundesvereinigungen

Viertes Kapitel
Beziehungen der Krankenkassen zu den Leistungserbringern

Erster Abschnitt
Allgemeine Grundsätze

§ 69 Anwendungsbereich
§ 70 Qualität, Humanität und Wirtschaftlichkeit
§ 71 Beitragssatzstabilität, besondere Aufsichtsmittel

Zweiter Abschnitt
Beziehungen zu Ärzten, Zahnärzten und Psychotherapeuten

Erster Titel
Sicherstellung der vertragsärztlichen und kassenzahnärztlichen Versorgung

§ 72 Sicherstellung der vertragsärztlichen und vertragszahnärztlichen Versorgung
§ 72a Übergang des Sicherstellungsauftrags auf die Krankenkassen
§ 73 Kassenärztliche Versorgung, Verordnungsermächtigung
§ 73a (weggefallen)
§ 73b Hausarztzentrierte Versorgung
§ 73c Kooperationsvereinbarungen zum Kinder- und Jugendschutz
§ 74 Stufenweise Wiedereingliederung
§ 75 Inhalt und Umfang der Sicherstellung
§ 75a Förderung der Weiterbildung
§ 75b Richtlinie zur IT-Sicherheit in der vertragsärztlichen und vertragszahnärztlichen Versorgung
§ 75c IT-Sicherheit in Krankenhäusern
§ 76 Freie Arztwahl

Zweiter Titel
Kassenärztliche und Kassenzahnärztliche Vereinigungen

§ 77 Kassenärztliche Vereinigungen und Bundesvereinigungen
§ 77a Dienstleistungsgesellschaften
§ 77b Besondere Regelungen zu Einrichtungen und Arbeitsgemeinschaften der Kassenärztlichen Bundesvereinigungen
§ 78 Aufsicht, Haushalts- und Rechnungswesen, Vermögen, Statistiken
§ 78a Aufsichtsmittel in besonderen Fällen bei den Kassenärztlichen Bundesvereinigungen
§ 78b Entsandte Person für besondere Angelegenheiten bei den Kassenärztlichen Bundesvereinigungen
§ 78c Berichtspflicht des Bundesministeriums für Gesundheit
§ 79 Organe
§ 79a Verhinderung von Organen; Bestellung eines Beauftragten
§ 79b Beratender Fachausschuß für Psychotherapie
§ 79c Beratender Fachausschuss für hausärztliche Versorgung; weitere beratende Fachausschüsse
§ 80 Wahl und Abberufung
§ 81 Satzung
§ 81a Stellen zur Bekämpfung von Fehlverhalten im Gesundheitswesen

Dritter Titel
Verträge auf Bundes- und Landesebene

§ 82 Grundsätze
§ 83 Gesamtverträge
§ 84 Arznei- und Heilmittelvereinbarung
§ 85 Gesamtvergütung
§ 85a Sonderregelungen für Vertragszahnärztinnen und Vertragszahnärzte aus Anlass der COVID-19-Pandemie
§ 85b (weggefallen)
§ 86 Verwendung von Verordnungen und Empfehlungen in elektronischer Form
§ 86a Verwendung von Überweisungen in elektronischer Form
§ 87 Bundesmantelvertrag, einheitlicher Bewertungsmaßstab, bundeseinheitliche Orientierungswerte
§ 87a Regionale Euro-Gebührenordnung, Morbiditätsbedingte Gesamtvergütung, Behandlungsbedarf der Versicherten
§ 87b Vergütung der Ärzte (Honorarverteilung)
§ 87c Transparenz der Vergütung vertragsärztlicher Leistungen
§ 87d (weggefallen)
§ 87e Zahlungsanspruch bei Mehrkosten

Vierter Titel
Zahntechnische Leistungen

§ 88 Bundesleistungsverzeichnis, Datenaustausch, Vergütungen

Fünfter Titel
Schiedswesen

§ 89 Schiedsamt, Verordnungsermächtigungen
§ 89a Sektorenübergreifendes Schiedsgremium, Verordnungsermächtigungen

Sechster Titel
Landesausschüsse und Gemeinsamer Bundesausschuss

§ 90 Landesausschüsse
§ 90a Gemeinsames Landesgremium
§ 91 Gemeinsamer Bundesausschuss
§ 91a Aufsicht über den Gemeinsamen Bundesausschuss, Haushalts- und Rechnungswesen, Vermögen
§ 91b Verordnungsermächtigung zur Regelung der Verfahrensgrundsätze der Bewertung von Untersuchungs- und Behandlungsmethoden in der vertragsärztlichen Versorgung und im Krankenhaus
§ 92 Richtlinien des Gemeinsamen Bundesausschusses
§ 92a Innovationsfonds, Grundlagen der Förderung von neuen Versorgungsformen zur Weiterentwicklung der Versorgung und von Versorgungsforschung durch den Gemeinsamen Bundesausschuss
§ 92b Durchführung der Förderung von neuen Versorgungsformen zur Weiterentwicklung der Versorgung und von Versorgungsforschung durch den Gemeinsamen Bundesausschuss
§ 93 Übersicht über ausgeschlossene Arzneimittel
§ 94 Wirksamwerden der Richtlinien

Siebter Titel
Voraussetzungen und Formen der Teilnahme von Ärzten und Zahnärzten an der Versorgung

§ 95 Teilnahme an der vertragsärztlichen Versorgung
§ 95a Voraussetzung für die Eintragung in das Arztregister für Vertragsärzte
§ 95b Kollektiver Verzicht auf die Zulassung

§ 95c Voraussetzung für die Eintragung von Psychotherapeuten in das Arztregister
§ 95d Pflicht zur fachlichen Fortbildung
§ 95e Berufshaftpflichtversicherung
§ 96 Zulassungsausschüsse
§ 97 Berufungsausschüsse
§ 98 Zulassungsverordnungen

Achter Titel
Bedarfsplanung, Unterversorgung, Überversorgung

§ 99 Bedarfsplan
§ 100 Unterversorgung
§ 101 Überversorgung
§ 102 (weggefallen)
§ 103 Zulassungsbeschränkungen
§ 104 Verfahren bei Zulassungsbeschränkungen
§ 105 Förderung der vertragsärztlichen Versorgung

Neunter Titel
Wirtschaftlichkeits- und Abrechnungsprüfung

§ 106 Wirtschaftlichkeitsprüfung
§ 106a Wirtschaftlichkeitsprüfung ärztlicher Leistungen
§ 106b Wirtschaftlichkeitsprüfung ärztlich verordneter Leistungen
§ 106c Prüfungsstelle und Beschwerdeausschuss bei Wirtschaftlichkeitsprüfungen
§ 106d Abrechnungsprüfung in der vertragsärztlichen Versorgung

Dritter Abschnitt
Beziehungen zu Krankenhäusern und anderen Einrichtungen

§ 107 Krankenhäuser, Vorsorge- oder Rehabilitationseinrichtungen
§ 108 Zugelassene Krankenhäuser
§ 108a Krankenhausgesellschaften
§ 109 Abschluß von Versorgungsverträgen mit Krankenhäusern
§ 110 Kündigung von Versorgungsverträgen mit Krankenhäusern
§ 110a Qualitätsverträge
§ 111 Versorgungsverträge mit Vorsorge- oder Rehabilitationseinrichtungen
§ 111a Versorgungsverträge mit Einrichtungen des Müttergenesungswerks oder gleichartigen Einrichtungen
§ 111b Landesschiedsstelle für Versorgungs- und Vergütungsvereinbarungen zwischen Krankenkassen und Trägern von Vorsorge- oder Rehabilitationseinrichtungen und Bundesschiedsstelle für Rahmenempfehlungen, Verordnungsermächtigung
§ 111c Versorgungsverträge mit Rehabilitationseinrichtungen
§ 111d Ausgleichszahlungen an Vorsorge- und Rehabilitationseinrichtungen aufgrund von Einnahmeausfällen durch das neuartige Coronavirus SARS-CoV-2, Verordnungsermächtigung
§ 112 Zweiseitige Verträge und Rahmenempfehlungen über Krankenhausbehandlung
§ 113 Qualitäts- und Wirtschaftlichkeitsprüfung der Krankenhausbehandlung
§ 114 Landesschiedsstelle

Vierter Abschnitt
Beziehungen zu Krankenhäusern und Vertragsärzten

§ 115 Dreiseitige Verträge und Rahmenempfehlungen zwischen Krankenkassen, Krankenhäusern und Vertragsärzten
§ 115a Vor- und nachstationäre Behandlung im Krankenhaus
§ 115b Ambulantes Operieren im Krankenhaus
§ 115c Fortsetzung der Arzneimitteltherapie nach Krankenhausbehandlung
§ 115d Stationsäquivalente psychiatrische Behandlung
§ 115e Tagesstationäre Behandlung
§ 115f Spezielle sektorengleiche Vergütung; Verordnungsermächtigung
§ 116 Ambulante Behandlung durch Krankenhausärzte
§ 116a Ambulante Behandlung durch Krankenhäuser bei Unterversorgung
§ 116b Ambulante spezialfachärztliche Versorgung
§ 117 Hochschulambulanzen
§ 118 Psychiatrische Institutsambulanzen
§ 118a Geriatrische Institutsambulanzen
§ 119 Sozialpädiatrische Zentren
§ 119a Ambulante Behandlung in Einrichtungen der Behindertenhilfe
§ 119b Ambulante Behandlung in stationären Pflegeeinrichtungen
§ 119c Medizinische Behandlungszentren
§ 120 Vergütung ambulanter Krankenhausleistungen
§ 121 Belegärztliche Leistungen

§ 121a Genehmigung zur Durchführung künstlicher Befruchtungen
§ 122 Behandlung in Praxiskliniken
§ 123 (weggefallen)

Fünfter Abschnitt
Beziehungen zu Leistungserbringern von Heilmitteln

§ 124 Zulassung
§ 125 Verträge zur Heilmittelversorgung
§ 125a Heilmittelversorgung mit erweiterter Versorgungsverantwortung
§ 125b Verordnungsermächtigung

Sechster Abschnitt
Beziehungen zu Leistungserbringern von Hilfsmitteln

§ 126 Versorgung durch Vertragspartner
§ 127 Verträge
§ 128 Unzulässige Zusammenarbeit zwischen Leistungserbringern und Vertragsärzten

Siebter Abschnitt
Beziehungen zu Apotheken und pharmazeutischen Unternehmern

§ 129 Rahmenvertrag über die Arzneimittelversorgung, Verordnungsermächtigung
§ 129a Krankenhausapotheken
§ 130 Rabatt
§ 130a Rabatte der pharmazeutischen Unternehmer
§ 130b Vereinbarungen zwischen dem Spitzenverband Bund der Krankenkassen und pharmazeutischen Unternehmern über Erstattungsbeträge für Arzneimittel, Verordnungsermächtigung
§ 130c Verträge von Krankenkassen mit pharmazeutischen Unternehmern
§ 130d Preise für Arzneimittel zur Therapie von Gerinnungsstörungen bei Hämophilie
§ 130e Kombinationsabschlag
§ 131 Rahmenverträge mit pharmazeutischen Unternehmern
§ 131a Ersatzansprüche der Krankenkassen

Achter Abschnitt
Beziehungen zu sonstigen Leistungserbringern

§ 132 Versorgung mit Haushaltshilfe
§ 132a Versorgung mit häuslicher Krankenpflege
§ 132b Versorgung mit Soziotherapie
§ 132c Versorgung mit sozialmedizinischen Nachsorgemaßnahmen
§ 132d Spezialisierte ambulante Palliativversorgung
§ 132e Versorgung mit Schutzimpfungen
§ 132f Versorgung durch Betriebsärzte
§ 132g Gesundheitliche Versorgungsplanung für die letzte Lebensphase
§ 132h Versorgungsverträge mit Kurzzeitpflegeeinrichtungen
§ 132i Versorgungsverträge mit Hämophiliezentren
§ 132j Regionale Modellvorhaben zur Durchführung von Grippeschutzimpfungen in Apotheken
§ 132k Vertrauliche Spurensicherung
§ 132l Versorgung mit außerklinischer Intensivpflege, Verordnungsermächtigung
§ 132m Versorgung mit Leistungen der Übergangspflege im Krankenhaus
§ 133 Versorgung mit Krankentransportleistungen
§ 134 Vereinbarung zwischen dem Spitzenverband Bund der Krankenkassen und den Herstellern digitaler Gesundheitsanwendungen über Vergütungsbeträge; Verordnungsermächtigung
§ 134a Versorgung mit Hebammenhilfe

Neunter Abschnitt
Sicherung der Qualität der Leistungserbringung

§ 135 Bewertung von Untersuchungs- und Behandlungsmethoden
§ 135a Verpflichtung der Leistungserbringer zur Qualitätssicherung
§ 135b Förderung der Qualität durch die Kassenärztlichen Vereinigungen
§ 135c Förderung der Qualität durch die Deutsche Krankenhausgesellschaft
§ 136 Richtlinien des Gemeinsamen Bundesausschusses zur Qualitätssicherung
§ 136a Richtlinien des Gemeinsamen Bundesausschusses zur Qualitätssicherung in ausgewählten Bereichen
§ 136b Beschlüsse des Gemeinsamen Bundesausschusses zur Qualitätssicherung im Krankenhaus
§ 136c Beschlüsse des Gemeinsamen Bundesausschusses zu Qualitätssicherung und Krankenhausplanung
§ 136d Evaluation und Weiterentwicklung der Qualitätssicherung durch den Gemeinsamen Bundesausschuss
§ 137 Durchsetzung und Kontrolle der Qualitätsanforderungen des Gemeinsamen Bundesausschusses

V

§ 137a Institut für Qualitätssicherung und Transparenz im Gesundheitswesen
§ 137b Aufträge des Gemeinsamen Bundesausschusses an das Institut nach § 137a
§ 137c Bewertung von Untersuchungs- und Behandlungsmethoden im Krankenhaus
§ 137d Qualitätssicherung bei der ambulanten und stationären Vorsorge oder Rehabilitation
§ 137e Erprobung von Untersuchungs- und Behandlungsmethoden
§ 137f Strukturierte Behandlungsprogramme bei chronischen Krankheiten
§ 137g Zulassung strukturierter Behandlungsprogramme
§ 137h Bewertung neuer Untersuchungs- und Behandlungsmethoden mit Medizinprodukten hoher Risikoklasse
§ 137i Pflegepersonaluntergrenzen in pflegesensitiven Bereichen in Krankenhäusern; Verordnungsermächtigung
§ 137j Pflegepersonalquotienten, Verordnungsermächtigung
§ 137k Personalbemessung in der Pflege im Krankenhaus; Verordnungsermächtigung
§ 137l Wissenschaftliche Weiterentwicklung der Personalbemessung in der Pflege im Krankenhaus
§ 138 Neue Heilmittel
§ 139 Hilfsmittelverzeichnis, Qualitätssicherung bei Hilfsmitteln
§ 139a Institut für Qualität und Wirtschaftlichkeit im Gesundheitswesen
§ 139b Aufgabendurchführung
§ 139c Finanzierung
§ 139d Erprobung von Leistungen und Maßnahmen zur Krankenbehandlung
§ 139e Verzeichnis für digitale Gesundheitsanwendungen; Verordnungsermächtigung

Zehnter Abschnitt
Eigeneinrichtungen der Krankenkassen

§ 140 Eigeneinrichtungen

Elfter Abschnitt
Sonstige Beziehungen zu den Leistungserbringern

§ 140a Besondere Versorgung
§ 140b Verträge zu integrierten Versorgungsformen
§ 140c Vergütung
§ 140d Bereinigung

Zwölfter Abschnitt
Beziehungen zu Leistungserbringern europäischer Staaten

§ 140e Verträge mit Leistungserbringern europäischer Staaten

Dreizehnter Abschnitt
Beteiligung von Patientinnen und Patienten, Beauftragte oder Beauftragter der Bundesregierung für die Belange der Patientinnen und Patienten

§ 140f Beteiligung von Interessenvertretungen der Patientinnen und Patienten
§ 140g Verordnungsermächtigung
§ 140h Amt, Aufgabe und Befugnisse der oder des Beauftragten der Bundesregierung für die Belange der Patientinnen und Patienten

Fünftes Kapitel
Sachverständigenrat zur Begutachtung der Entwicklung im Gesundheitswesen

§ 141 (weggefallen)
§ 142 Sachverständigenrat Gesundheit und Pflege

Sechstes Kapitel
Organisation der Krankenkassen

Erster Abschnitt
Errichtung, Vereinigung und Beendigung von Krankenkassen

Erster Titel
Arten der Krankenkassen

§ 143 Ortskrankenkassen
§ 144 Betriebskrankenkassen
§ 145 Innungskrankenkassen
§ 146 Landwirtschaftliche Krankenkasse
§ 147 Deutsche Rentenversicherung Knappschaft-Bahn-See
§ 148 Ersatzkassen

Zweiter Titel
Besondere Vorschriften zur Errichtung, zur Ausdehnung und zur Auflösung von Betriebskrankenkassen sowie zum Ausscheiden von Betrieben aus Betriebskrankenkassen

§ 149 Errichtung von Betriebskrankenkassen
§ 150 Verfahren bei Errichtung
§ 151 Ausdehnung auf weitere Betriebe
§ 152 Ausscheiden von Betrieben
§ 153 Auflösung
§ 154 Betriebskrankenkassen öffentlicher Verwaltungen

V

Dritter Titel
Vereinigung, Schließung und Insolvenz von Krankenkassen

§ 155 Freiwillige Vereinigung
§ 156 Vereinigung auf Antrag
§ 157 Verfahren bei Vereinigung auf Antrag
§ 158 Zusammenschlusskontrolle bei Vereinigungen von Krankenkassen
§ 159 Schließung
§ 160 Insolvenz von Krankenkassen
§ 161 Aufhebung der Haftung nach § 12 Absatz 2 der Insolvenzordnung
§ 162 Insolvenzfähigkeit von Krankenkassenverbänden
§ 163 Vermeidung der Schließung oder Insolvenz von Krankenkassen
§ 164 Vorübergehende finanzielle Hilfen

Vierter Titel
Folgen der Auflösung, der Schließung und der Insolvenz

§ 165 Abwicklung der Geschäfte
§ 166 Haftung für Verpflichtungen bei Auflösung oder Schließung
§ 167 Verteilung der Haftungssumme auf die Krankenkassen
§ 168 Personal
§ 169 Haftung im Insolvenzfall
§ 170 Deckungskapital für Altersversorgungsverpflichtungen, Verordnungsermächtigung
§§ 171 und 172 (weggefallen)

Zweiter Abschnitt
Wahlrechte der Mitglieder

§ 173 Allgemeine Wahlrechte
§ 174 Besondere Wahlrechte
§ 175 Ausübung des Wahlrechts
§ 176 Bestandschutzregelung für Solidargemeinschaften
§§ 177 bis 185 (weggefallen)

Dritter Abschnitt
Mitgliedschaft und Verfassung

Erster Titel
Mitgliedschaft

§ 186 Beginn der Mitgliedschaft Versicherungspflichtiger
§ 187 Beginn der Mitgliedschaft bei einer neu errichteten Krankenkasse
§ 188 Beginn der freiwilligen Mitgliedschaft
§ 189 Mitgliedschaft von Rentenantragstellern
§ 190 Ende der Mitgliedschaft Versicherungspflichtiger
§ 191 Ende der freiwilligen Mitgliedschaft
§ 192 Fortbestehen der Mitgliedschaft Versicherungspflichtiger
§ 193 Fortbestehen der Mitgliedschaft bei Wehrdienst oder Zivildienst

Zweiter Titel
Satzung, Organe

§ 194 Satzung der Krankenkassen
§ 194a Modellprojekt zur Durchführung von Online-Wahlen bei den Krankenkassen
§ 194b Durchführung der Stimmabgabe per Online-Wahl
§ 194c Verordnungsermächtigung
§ 194d Evaluierung
§ 195 Genehmigung der Satzung
§ 196 Einsichtnahme in die Satzung
§ 197 Verwaltungsrat
§ 197a Stellen zur Bekämpfung von Fehlverhalten im Gesundheitswesen
§ 197b Aufgabenerledigung durch Dritte

Vierter Abschnitt
Meldungen

§ 198 Meldepflicht des Arbeitgebers für versicherungspflichtig Beschäftigte
§ 199 Meldepflichten bei unständiger Beschäftigung
§ 199a Informationspflichten bei krankenversicherten Studenten
§ 200 Meldepflichten bei sonstigen versicherungspflichtigen Personen
§ 201 Meldepflichten bei Rentenantragstellung und Rentenbezug
§ 202 Meldepflichten bei Versorgungsbezügen
§ 203 Meldepflichten bei Leistung von Mutterschaftsgeld, Elterngeld oder Erziehungsgeld
§ 203a Meldepflicht bei Bezug von Arbeitslosengeld, Bürgergeld oder Unterhaltsgeld
§ 204 Meldepflichten bei Einberufung zum Wehrdienst oder Zivildienst
§ 205 Meldepflichten bestimmter Versicherungspflichtiger
§ 206 Auskunfts- und Mitteilungspflichten der Versicherten

Siebtes Kapitel
Verbände der Krankenkassen

§ 207 Bildung und Vereinigung von Landesverbänden

§ 208 Aufsicht, Haushalts- und Rechnungswesen, Vermögen, Statistiken
§ 209 Verwaltungsrat der Landesverbände
§ 209a Vorstand bei den Landesverbänden
§ 210 Satzung der Landesverbände
§ 211 Aufgaben der Landesverbände
§ 211a Entscheidungen auf Landesebene
§ 212 Bundesverbände, Deutsche Rentenversicherung Knappschaft-Bahn-See, Verbände der Ersatzkassen
§ 213 Rechtsnachfolge, Vermögensübergang, Arbeitsverhältnisse
§ 214 Aufgaben
§ 215 (weggefallen)
§ 216 (weggefallen)
§ 217 (weggefallen)
§ 217a Errichtung des Spitzenverbandes Bund der Krankenkassen
§ 217b Organe
§ 217c Wahl des Verwaltungsrates und des Vorsitzenden der Mitgliederversammlung
§ 217d Aufsicht, Haushalts- und Rechnungswesen, Vermögen, Statistiken
§ 217e Satzung
§ 217f Aufgaben des Spitzenverbandes Bund der Krankenkassen
§ 217g Aufsichtsmittel in besonderen Fällen bei dem Spitzenverband Bund der Krankenkassen
§ 217h Entsandte Person für besondere Angelegenheiten bei dem Spitzenverband Bund der Krankenkassen
§ 217i Verhinderung von Organen, Bestellung eines Beauftragten
§ 217j Berichtspflicht des Bundesministeriums für Gesundheit
§ 218 Regionale Kassenverbände
§ 219 Besondere Regelungen zu Einrichtungen und Arbeitsgemeinschaften des Spitzenverbandes Bund der Krankenkassen
§ 219a Deutsche Verbindungsstelle Krankenversicherung – Ausland
§ 219b Datenaustausch im automatisierten Verfahren zwischen den Trägern der sozialen Sicherheit und der Deutschen Verbindungsstelle Krankenversicherung – Ausland
§ 219c (weggefallen)
§ 219d Nationale Kontaktstellen

Achtes Kapitel
Finanzierung

Erster Abschnitt
Beiträge

Erster Titel
Aufbringung der Mittel

§ 220 Grundsatz
§ 221 Beteiligung des Bundes an Aufwendungen
§ 221a Ergänzende Bundeszuschüsse an den Gesundheitsfonds, Verordnungsermächtigung
§ 221b (weggefallen)
§ 222 (weggefallen)
§ 223 Beitragspflicht, beitragspflichtige Einnahmen, Beitragsbemessungsgrenze
§ 224 Beitragsfreiheit bei Krankengeld, Mutterschaftsgeld oder Elterngeld
§ 225 Beitragsfreiheit bestimmter Rentenantragsteller

Zweiter Titel
Beitragspflichtige Einnahmen der Mitglieder

§ 226 Beitragspflichtige Einnahmen versicherungspflichtig Beschäftigter
§ 227 Beitragspflichtige Einnahmen versicherungspflichtiger Rückkehrer in die gesetzliche Krankenversicherung und bisher nicht Versicherter
§ 228 Rente als beitragspflichtige Einnahmen
§ 229 Versorgungsbezüge als beitragspflichtige Einnahmen
§ 230 Rangfolge der Einnahmearten versicherungspflichtig Beschäftigter
§ 231 Erstattung von Beiträgen
§ 232 Beitragspflichtige Einnahmen unständig Beschäftigter
§ 232a Beitragspflichtige Einnahmen der Bezieher von Arbeitslosengeld, Unterhaltsgeld oder Kurzarbeitergeld
§ 232b Beitragspflichtige Einnahmen der Bezieher von Pflegeunterstützungsgeld
§ 233 Beitragspflichtige Einnahmen der Seeleute
§ 234 Beitragspflichtige Einnahmen der Künstler und Publizisten
§ 235 Beitragspflichtige Einnahmen von Rehabilitanden, Jugendlichen und Menschen mit Behinderungen in Einrichtungen
§ 236 Beitragspflichtige Einnahmen der Studenten und Praktikanten
§ 237 Beitragspflichtige Einnahmen versicherungspflichtiger Rentner

§ 238 Rangfolge der Einnahmearten versicherungspflichtiger Rentner
§ 238a Rangfolge der Einnahmearten freiwillig versicherter Rentner
§ 239 Beitragsbemessung bei Rentenantragstellern
§ 240 Beitragspflichtige Einnahmen freiwilliger Mitglieder

Dritter Titel
Beitragssätze, Zusatzbeitrag

§ 241 Allgemeiner Beitragssatz
§ 242 Zusatzbeitrag
§ 242a Durchschnittlicher Zusatzbeitragssatz
§ 242b (weggefallen)
§ 243 Ermäßigter Beitragssatz
§ 244 Ermäßigter Beitrag für Wehrdienstleistende und Zivildienstleistende
§ 245 Beitragssatz für Studenten und Praktikanten
§ 246 Beitragssatz für Beziehende von Bürgergeld
§ 247 Beitragssatz aus der Rente
§ 248 Beitragssatz aus Versorgungsbezügen und Arbeitseinkommen

Vierter Titel
Tragung der Beiträge

§ 249 Tragung der Beiträge bei versicherungspflichtiger Beschäftigung
§ 249a Tragung der Beiträge bei Versicherungspflichtigen mit Rentenbezug
§ 249b Beitrag des Arbeitgebers bei geringfügiger Beschäftigung
§ 249c Tragung der Beiträge bei Bezug von Pflegeunterstützungsgeld
§ 250 Tragung der Beiträge durch das Mitglied
§ 251 Tragung der Beiträge durch Dritte

Fünfter Titel
Zahlung der Beiträge

§ 252 Beitragszahlung
§ 253 Beitragszahlung aus dem Arbeitsentgelt
§ 254 Beitragszahlung der Studenten
§ 255 Beitragszahlung aus der Rente
§ 256 Beitragszahlung aus Versorgungsbezügen
§ 256a Ermäßigung und Erlass von Beitragsschulden und Säumniszuschlägen

Zweiter Abschnitt
Beitragszuschüsse

§ 257 Beitragszuschüsse für Beschäftigte
§ 258 Beitragszuschüsse für andere Personen

Dritter Abschnitt
Verwendung und Verwaltung der Mittel

§ 259 (weggefallen)
§ 260 Betriebsmittel
§ 261 Rücklage
§ 262 Gesamtrücklage
§ 263 Verwaltungsvermögen
§ 263a Anlagen in Investmentvermögen zur Förderung der Entwicklung digitaler Innovationen
§ 264 Übernahme der Krankenbehandlung für nicht Versicherungspflichtige gegen Kostenerstattung

Vierter Abschnitt
Finanzausgleiche und Zuweisungen aus dem Gesundheitsfonds

§ 265 Finanzausgleich für aufwendige Leistungsfälle
§ 266 Zuweisungen aus dem Gesundheitsfonds (Risikostrukturausgleich), Verordnungsermächtigung
§ 267 Datenverarbeitung für die Durchführung und Weiterentwicklung des Risikostrukturausgleichs
§ 268 Risikopool
§ 269 Sonderregelungen für Krankengeld und Auslandsversicherte
§ 270 Zuweisungen aus dem Gesundheitsfonds für sonstige Ausgaben
§ 270a Einkommensausgleich
§ 271 Gesundheitsfonds
§ 271a Sicherstellung der Einnahmen des Gesundheitsfonds
§ 272 Sonderregelungen für den Gesundheitsfonds im Jahr 2021
§ 272a Sonderregelung für den Gesundheitsfonds im Jahr 2022
§ 272b Sonderregelungen für den Gesundheitsfonds im Jahr 2023, Aussetzung des Zusatzbeitragssatzanhebungsverbots für das Jahr 2023
§ 273 Sicherung der Datengrundlagen für den Risikostrukturausgleich

Fünfter Abschnitt
Prüfung der Krankenkassen und ihrer Verbände

§ 274 Prüfung der Geschäfts-, Rechnungs- und Betriebsführung

Neuntes Kapitel
Medizinischer Dienst

Erster Abschnitt
Aufgaben

§ 275 Begutachtung und Beratung
§ 275a Durchführung und Umfang von Qualitätskontrollen in Krankenhäusern durch den Medizinischen Dienst
§ 275b Durchführung und Umfang von Qualitäts- und Abrechnungsprüfungen bei Leistungen der häuslichen Krankenpflege und außerklinischen Intensivpflege durch den Medizinischen Dienst und Verordnungsermächtigung
§ 275c Durchführung und Umfang von Prüfungen bei Krankenhausbehandlung durch den Medizinischen Dienst
§ 275d Prüfung von Strukturmerkmalen
§ 276 Zusammenarbeit
§ 277 Mitteilungspflichten

Zweiter Abschnitt
Organisation

§ 278 Medizinischer Dienst
§ 279 Verwaltungsrat und Vorstand
§ 280 Finanzierung, Haushalt, Aufsicht
§ 281 Medizinischer Dienst Bund, Rechtsform, Finanzen, Aufsicht
§ 282 Medizinischer Dienst Bund, Verwaltungsrat und Vorstand
§ 283 Aufgaben des Medizinischen Dienstes Bund
§ 283a Aufgaben des Sozialmedizinischen Dienstes Deutsche Rentenversicherung Knappschaft-Bahn-See

Zehntes Kapitel
Versicherungs- und Leistungsdaten, Datenschutz, Datentransparenz

Erster Abschnitt
Informationsgrundlagen

Erster Titel
Grundsätze der Datenverarbeitung

§ 284 Sozialdaten bei den Krankenkassen
§ 285 Personenbezogene Daten bei den Kassenärztlichen Vereinigungen
§ 286 Datenübersicht
§ 287 Forschungsvorhaben
§ 287a Federführende Datenschutzaufsicht in der Versorgungs- und Gesundheitsforschung

Zweiter Titel
Informationsgrundlagen der Krankenkassen

§ 288 Versichertenverzeichnis
§ 289 Nachweispflicht bei Familienversicherung
§ 290 Krankenversichertennummer
§ 291 Elektronische Gesundheitskarte
§ 291a Elektronische Gesundheitskarte als Versicherungsnachweis und Mittel zur Abrechnung
§ 291b Verfahren zur Nutzung der elektronischen Gesundheitskarte als Versicherungsnachweis
§ 291c Einzug, Sperrung oder weitere Nutzung der elektronischen Gesundheitskarte nach Krankenkassenwechsel; Austausch der elektronischen Gesundheitskarte
§ 292 Angaben über Leistungsvoraussetzungen
§ 293 Kennzeichen für Leistungsträger und Leistungserbringer
§ 293a Transparenzstelle für Verträge über eine hausarztzentrierte Versorgung und über eine besondere Versorgung

Zweiter Abschnitt
Übermittlung und Aufbereitung von Leistungsdaten, Datentransparenz

Erster Titel
Übermittlung von Leistungsdaten

§ 294 Pflichten der Leistungserbringer
§ 294a Mitteilung von Krankheitsursachen und drittverursachten Gesundheitsschäden
§ 295 Übermittlungspflichten und Abrechnung bei ärztlichen Leistungen
§ 295a Abrechnung der im Rahmen von Verträgen nach § 73b, § 132e, § 132f und § 140a sowie vom Krankenhaus im Notfall erbrachten Leistungen
§ 296 Datenübermittlung für Wirtschaftlichkeitsprüfungen
§ 297 Weitere Regelungen zur Datenübermittlung für Wirtschaftlichkeitsprüfungen
§ 298 Übermittlung versichertenbezogener Daten
§ 299 Datenverarbeitung für Zwecke der Qualitätssicherung
§ 300 Abrechnung der Apotheken und weiterer Stellen
§ 301 Krankenhäuser und Rehabilitationseinrichtungen
§ 301a Abrechnung der Hebammen und der von ihnen geleiteten Einrichtungen

V

§ 302 Abrechnung der sonstigen Leistungserbringer
§ 303 Ergänzende Regelungen

Zweiter Titel
Datentransparenz

§ 303a Wahrnehmung der Aufgaben der Datentransparenz; Verordnungsermächtigung
§ 303b Datenzusammenführung und -übermittlung
§ 303c Vertrauensstelle
§ 303d Forschungsdatenzentrum
§ 303e Datenverarbeitung
§ 303f Gebührenregelung; Verordnungsermächtigung

Dritter Abschnitt
Datenlöschung, Auskunftspflicht

§ 304 Aufbewahrung von Daten bei Krankenkassen, Kassenärztlichen Vereinigungen und Geschäftsstellen der Prüfungsausschüsse
§ 305 Auskünfte an Versicherte
§ 305a Beratung der Vertragsärzte
§ 305b Veröffentlichung der Jahresrechnungsergebnisse

Elftes Kapitel
Telematikinfrastruktur

Erster Abschnitt
Anforderungen an die Telematikinfrastruktur

§ 306 Telematikinfrastruktur
§ 307 Datenschutzrechtliche Verantwortlichkeiten
§ 308 Vorrang von technischen Schutzmaßnahmen
§ 309 Protokollierung

Zweiter Abschnitt
Gesellschaft für Telematik

Erster Titel
Aufgaben, Verfassung und Finanzierung der Gesellschaft für Telematik

§ 310 Gesellschaft für Telematik
§ 311 Aufgaben der Gesellschaft für Telematik
§ 312 Aufträge an die Gesellschaft für Telematik
§ 313 Elektronischer Verzeichnisdienst der Telematikinfrastruktur
§ 314 Informationspflichten der Gesellschaft für Telematik
§ 315 Verbindlichkeit der Beschlüsse der Gesellschaft für Telematik
§ 316 Finanzierung der Gesellschaft für Telematik; Verordnungsermächtigung

Zweiter Titel
Beirat der Gesellschaft für Telematik

§ 317 Beirat der Gesellschaft für Telematik
§ 318 Aufgaben des Beirats

Dritter Titel
Schlichtungsstelle der Gesellschaft für Telematik

§ 319 Schlichtungsstelle der Gesellschaft für Telematik
§ 320 Zusammensetzung der Schlichtungsstelle; Finanzierung
§ 321 Beschlussfassung der Schlichtungsstelle
§ 322 Rechtsaufsicht des Bundesministeriums für Gesundheit über die Schlichtungsstelle

Dritter Abschnitt
Betrieb der Telematikinfrastruktur

§ 323 Betriebsleistungen
§ 324 Zulassung von Anbietern von Betriebsleistungen
§ 325 Zulassung von Komponenten und Diensten der Telematikinfrastruktur
§ 326 Verbot der Nutzung der Telematikinfrastruktur ohne Zulassung oder Bestätigung
§ 327 Weitere Anwendungen der Telematikinfrastruktur; Bestätigungsverfahren
§ 328 Gebühren und Auslagen; Verordnungsermächtigung

Vierter Abschnitt
Überwachung von Funktionsfähigkeit und Sicherheit

§ 329 Maßnahmen zur Abwehr von Gefahren für die Funktionsfähigkeit und Sicherheit der Telematikinfrastruktur
§ 330 Vermeidung von Störungen der informationstechnischen Systeme, Komponenten und Prozesse der Telematikinfrastruktur
§ 331 Maßnahmen zur Überwachung des Betriebs, zur Gewährleistung der Sicherheit, Verfügbarkeit und Nutzbarkeit der Telematikinfrastruktur
§ 332 Anforderungen an die Wartung von Diensten
§ 332a Unzulässige Beschränkungen durch Anbieter und Hersteller informationstechnischer Systeme für die vertragsärztliche Versorgung, die vertragszahnärztliche Versorgung, die pflegerische Versorgung, für Krankenhäuser und Apotheken sowie für Vorsorgeeinrichtungen und Rehabilitationseinrichtungen

V

§ 332b Rahmenvereinbarungen mit Anbietern und Herstellern informationstechnischer Systeme
§ 333 Überprüfung durch das Bundesamt für Sicherheit in der Informationstechnik

Fünfter Abschnitt
Anwendungen der Telematikinfrastruktur

Erster Titel
Allgemeine Vorschriften
§ 334 Anwendungen der Telematikinfrastruktur
§ 335 Diskriminierungsverbot
§ 336 Zugriffsrechte der Versicherten
§ 337 Recht der Versicherten auf Verarbeitung von Daten sowie auf Erteilung von Zugriffsberechtigungen auf Daten
§ 338 Komponenten zur Wahrnehmung der Versichertenrechte
§ 339 Voraussetzungen für den Zugriff von Leistungserbringern und anderen zugriffsberechtigten Personen
§ 340 Ausgabe von elektronischen Heilberufs- und Berufsausweisen sowie von Komponenten zur Authentifizierung von Leistungserbringerinstitutionen

Zweiter Titel
Elektronische Patientenakte
§ 341 Elektronische Patientenakte

Erster Untertitel
Angebot und Einrichtung der elektronischen Patientenakte
§ 342 Angebot und Nutzung der elektronischen Patientenakte
§ 343 Informationspflichten der Krankenkassen
§ 344 Einwilligung der Versicherten und Zulässigkeit der Datenverarbeitung durch die Krankenkassen und Anbieter der elektronischen Patientenakte
§ 345 Angebot und Nutzung zusätzlicher Inhalte und Anwendungen

Zweiter Untertitel
Nutzung der elektronischen Patientenakte durch den Versicherten
§ 346 Unterstützung bei der elektronischen Patientenakte
§ 347 Anspruch der Versicherten auf Übertragung von Behandlungsdaten in die elektronische Patientenakte durch Leistungserbringer
§ 348 Anspruch der Versicherten auf Übertragung von Behandlungsdaten in die elektronische Patientenakte durch Krankenhäuser
§ 349 Anspruch der Versicherten auf Übertragung von Daten aus Anwendungen der Telematikinfrastruktur nach § 334 und von elektronischen Arztbriefen in die elektronische Patientenakte
§ 350 Anspruch der Versicherten auf Übertragung von bei der Krankenkasse gespeicherten Daten in die elektronische Patientenakte
§ 351 Übertragung von Daten aus der elektronischen Gesundheitsakte und aus Anwendungen nach § 33a in die elektronische Patientenakte

Dritter Untertitel
Zugriff von Leistungserbringern auf Daten in der elektronischen Patientenakte
§ 352 Verarbeitung von Daten in der elektronischen Patientenakte durch Leistungserbringer und andere zugriffsberechtigte Personen
§ 353 Erteilung der Einwilligung

Vierter Untertitel
Festlegungen für technische Voraussetzungen und semantische und syntaktische Interoperabilität von Daten
§ 354 Festlegungen der Gesellschaft für Telematik für die elektronische Patientenakte
§ 355 Festlegungen für die semantische und syntaktische Interoperabilität von Daten in der elektronischen Patientenakte, des elektronischen Medikationsplans, der elektronischen Notfalldaten und der elektronischen Patientenkurzakte

Dritter Titel
Erklärungen des Versicherten zur Organ- und Gewebespende sowie Hinweise auf deren Vorhandensein und Aufbewahrungsort
§ 356 Zugriff auf Hinweise der Versicherten auf das Vorhandensein und den Aufbewahrungsort von Erklärungen zur Organ- und Gewebespende

Vierter Titel
Hinweis des Versicherten auf das Vorhandensein und den Aufbewahrungsort von Vorsorgevollmachten oder Patientenverfügungen

§ 357 Zugriff auf Hinweise der Versicherten auf das Vorhandensein und den Aufbewahrungsort von Vorsorgevollmachten oder Patientenverfügungen

Fünfter Titel
Elektronischer Medikationsplan und elektronische Notfalldaten

§ 358 Elektronische Notfalldaten, elektronische Patientenkurzakte und elektronischer Medikationsplan

§ 359 Zugriff auf den elektronischen Medikationsplan, die elektronischen Notfalldaten und die elektronische Patientenkurzakte

Sechster Titel
Übermittlung ärztlicher Verordnungen

§ 360 Elektronische Übermittlung und Verarbeitung vertragsärztlicher elektronischer Verordnungen

§ 361 Zugriff auf ärztliche Verordnungen in der Telematikinfrastruktur

§ 361a Einwilligungsbasierte Übermittlung von Daten aus vertragsärztlichen elektronischen Verordnungen; Verordnungsermächtigung

Siebter Titel
Nutzung der Telematikinfrastruktur durch weitere Kostenträger und durch das Zentrale Vorsorgeregister

§ 362 Nutzung von elektronischen Gesundheitskarten oder digitalen Identitäten für Versicherte von Unternehmen der privaten Krankenversicherung, der Postbeamtenkrankenkasse, der Krankenversorgung der Bundesbahnbeamten, für Polizeivollzugsbeamte der Bundespolizei oder für Soldaten der Bundeswehr

§ 362a Nutzung der elektronischen Gesundheitskarte bei Krankenbehandlung der Sozialen Entschädigung nach dem Vierzehnten Buch

§ 362b Nutzung der Telematikinfrastruktur durch das Zentrale Vorsorgeregister

Achter Titel
Verfügbarkeit von Daten aus Anwendungen der Telematikinfrastruktur für Forschungszwecke

§ 363 Verarbeitung von Daten der elektronischen Patientenakte zu Forschungszwecken

Sechster Abschnitt
Telemedizinische Verfahren

§ 364 Vereinbarung über technische Verfahren zur konsiliarischen Befundbeurteilung von Röntgenaufnahmen

§ 365 Vereinbarung über technische Verfahren zur Videosprechstunde in der vertragsärztlichen Versorgung

§ 366 Vereinbarung über technische Verfahren zur Videosprechstunde in der vertragszahnärztlichen Versorgung

§ 367 Vereinbarung über technische Verfahren zu telemedizinischen Konsilien

§ 367a Vereinbarung über technische Verfahren bei telemedizinischem Monitoring

§ 368 Vereinbarung über ein Authentifizierungsverfahren im Rahmen der Videosprechstunde

§ 369 Prüfung der Vereinbarungen durch das Bundesministerium für Gesundheit

§ 370 Entscheidung der Schlichtungsstelle

§ 370a Unterstützung der Kassenärztlichen Vereinigungen bei der Vermittlung telemedizinischer Angebote durch die Kassenärztliche Bundesvereinigung, Verordnungsermächtigung

Siebter Abschnitt
Anforderungen an Schnittstellen in informationstechnischen Systemen

§ 371 Integration offener und standardisierter Schnittstellen in informationstechnische Systeme

§ 372 Festlegungen zu den offenen und standardisierten Schnittstellen für informationstechnische Systeme in der vertragsärztlichen und vertragszahnärztlichen Versorgung

§ 373 Festlegungen zu den offenen und standardisierten Schnittstellen für informationstechnische Systeme in Krankenhäusern und in der pflegerischen Versorgung; Gebühren und Auslagen; Verordnungsermächtigung

§ 374 Abstimmung zur Festlegung sektorenübergreifender einheitlicher Vorgaben

V

§ 374a Integration offener und standardisierter Schnittstellen in Hilfsmitteln und Implantaten
§ 375 Verordnungsermächtigung

Achter Abschnitt
Finanzierung und Kostenerstattung

§ 376 Finanzierung
§ 377 Finanzierung der den Krankenhäusern entstehenden Ausstattungs- und Betriebskosten
§ 378 Finanzierung der den an der vertragsärztlichen Versorgung teilnehmenden Leistungserbringern entstehenden Ausstattungs- und Betriebskosten
§ 379 Finanzierung der den Apotheken entstehenden Ausstattungs- und Betriebskosten
§ 380 Finanzierung der den Hebammen, Physiotherapeuten und anderen Heilmittelerbringern, Hilfsmittelerbringern, zahntechnischen Laboren, Erbringern von Soziotherapie nach § 37a sowie weiteren Leistungserbringern entstehenden Ausstattungs- und Betriebskosten
§ 381 Finanzierung der den Vorsorgeeinrichtungen und Rehabilitationseinrichtungen entstehenden Ausstattungs- und Betriebskosten
§ 382 Erstattung der dem Öffentlichen Gesundheitsdienst entstehenden Ausstattungs- und Betriebskosten
§ 383 Erstattung der Kosten für die Übermittlung elektronischer Briefe in der vertragsärztlichen Versorgung

Zwölftes Kapitel
Förderung von offenen Standards und Schnittstellen; Nationales Gesundheitsportal

§ 384 Begriffsbestimmungen
§ 385 Interoperabilitätsverzeichnis
§ 386 Beratung durch Experten
§ 387 Aufnahme von Standards, Profilen und Leitfäden der Gesellschaft für Telematik
§ 388 Aufnahme von Standards, Profilen und Leitfäden für informationstechnische Systeme im Gesundheitswesen
§ 389 Empfehlung von Standards, Profilen und Leitfäden von informationstechnischen Systemen im Gesundheitswesen als Referenz
§ 390 Beachtung der Festlegungen und Empfehlungen bei Finanzierung aus Mitteln der gesetzlichen Krankenversicherung
§ 391 Beteiligung der Fachöffentlichkeit
§ 392 Informationsportal
§ 393 Geschäfts- und Verfahrensordnung für das Interoperabilitätsverzeichnis
§ 394 Bericht über das Interoperabilitätsverzeichnis
§ 394a Verordnungsermächtigung
§ 395 Nationales Gesundheitsportal

Dreizehntes Kapitel
Straf- und Bußgeldvorschriften

§ 396 Zusammenarbeit zur Verfolgung und Ahndung von Ordnungswidrigkeiten
§ 397 Bußgeldvorschriften
§ 398 Strafvorschriften
§ 399 Strafvorschriften

Vierzehntes Kapitel
Überleitungsregelungen aus Anlass der Herstellung der Einheit Deutschlands

§ 400 Versicherter Personenkreis
§ 401 Leistungen
§ 402 Beziehungen der Krankenkassen zu den Leistungserbringern

Fünfzehntes Kapitel
Weitere Übergangsvorschriften

§ 403 Beitragszuschüsse für Beschäftigte
§ 404 Standardtarif für Personen ohne Versicherungsschutz
§ 405 Übergangsregelung für die knappschaftliche Krankenversicherung
§ 406 Übergangsregelung zum Krankengeldwahltarif
§ 407 Übergangsregelung für die Anforderungen an die strukturierten Behandlungsprogramme nach § 137g Absatz 1
§ 408 Bestandsbereinigung bei der freiwilligen Versicherung
§ 409 Übergangsregelung zur Neuregelung der Verjährungsfrist für die Ansprüche von Krankenhäusern und Krankenkassen
§ 410 Übergangsregelung zur Vergütung der Vorstandsmitglieder der Kassenärztlichen Bundesvereinigungen, der unparteiischen Mitglieder des Beschlussgremiums des Gemeinsamen Bundesausschusses, der Vorstandsmitglieder des Spitzenverbandes Bund der Krankenkassen und des Geschäftsführers des Medizinischen Dienstes des Spitzenverbandes Bund der Krankenkassen sowie von dessen Stellvertreter

§ 411 Übergangsregelung für die Medizinischen Dienste der Krankenversicherung und den Medizinischen Dienst des Spitzenverbandes Bund der Krankenkassen
§ 412 Errichtung der Medizinischen Dienste und des Medizinischen Dienstes Bund
§ 413 Übergangsregelung zur Tragung der Beiträge durch Dritte für Auszubildende in einer außerbetrieblichen Einrichtung
§ 414 Übergangsregelung für am 1. April 2020 bereits geschlossene Krankenkassen
§ 415 Übergangsregelung zur Zahlungsfrist von Krankenhausrechnungen, Verordnungsermächtigung
§ 416 Übergangsregelung zur Versicherungspflicht bei praxisintegrierter Ausbildung
§ 417 Versicherung nach § 9 für Ausländerinnen und Ausländer mit Aufenthaltserlaubnis nach § 24 Absatz 1 des Aufenthaltsgesetzes oder mit entsprechender Fiktionsbescheinigung
§ 418 Übergangsregelung zum Antragsverfahren zur Ausnahme vom Preismoratorium
§ 419 Übergangsregelung zur Besetzung der Vorstände der Kassenärztlichen Vereinigungen und Kassenärztlichen Bundesvereinigungen
§ 420 Übergangsregelung zur Novellierung der vermögensrechtlichen Vorschriften
§ 421 Übergangsregelung zur Vergütung von pharmazeutischem Großhandel und von Apotheken für die Abgabe von COVID-19-Impfstoff
§ 422 Übergangsregelung zur Vergütung und Abrechnung von Leistungen im Zusammenhang mit der Abgabe von antiviralen Arzneimitteln zur Behandlung von COVID-19-Erkrankungen

Anlage
(zu § 307 Absatz 1 Satz 3 SGB V)

Erstes Kapitel
Allgemeine Vorschriften

§ 1 Solidarität und Eigenverantwortung

1Die Krankenversicherung als Solidargemeinschaft hat die Aufgabe, die Gesundheit der Versicherten zu erhalten, wiederherzustellen oder ihren Gesundheitszustand zu bessern. 2Das umfasst auch die Förderung der gesundheitlichen Eigenkompetenz und Eigenverantwortung der Versicherten. 3Die Versicherten sind für ihre Gesundheit mit verantwortlich; sie sollen durch eine gesundheitsbewußte Lebensführung, durch frühzeitige Beteiligung an gesundheitlichen Vorsorgemaßnahmen sowie durch aktive Mitwirkung an Krankenbehandlung und Rehabilitation dazu beitragen, den Eintritt von Krankheit und Behinderung zu vermeiden oder ihre Folgen zu überwinden. 4Die Krankenkassen haben den Versicherten dabei durch Aufklärung, Beratung und Leistungen zu helfen und unter Berücksichtigung von geschlechts-, alters- und behinderungsspezifischen Besonderheiten auf gesunde Lebensverhältnisse hinzuwirken.

§ 2 Leistungen

(1) 1Die Krankenkassen stellen den Versicherten die im Dritten Kapitel genannten Leistungen unter Beachtung des Wirtschaftlichkeitsgebots (§ 12) zur Verfügung, soweit diese Leistungen nicht der Eigenverantwortung der Versicherten zugerechnet werden. 2Behandlungsmethoden, Arznei- und Heilmittel der besonderen Therapierichtungen sind nicht ausgeschlossen. 3Qualität und Wirksamkeit der Leistungen haben dem allgemein anerkannten Stand der medizinischen Erkenntnisse zu entsprechen und den medizinischen Fortschritt zu berücksichtigen.

(1a) 1Versicherte mit einer lebensbedrohlichen oder regelmäßig tödlichen Erkrankung oder mit einer zumindest wertungsmäßig vergleichbaren Erkrankung, für die eine allgemein anerkannte, dem medizinischen Standard entsprechende Leistung nicht zur Verfügung steht, können auch eine von Absatz 1 Satz 3 abweichende Leistung beanspruchen, wenn eine nicht ganz entfernt liegende Aussicht auf Heilung oder auf eine spürbare positive Einwirkung auf den Krankheitsverlauf besteht. 2Die Krankenkasse erteilt für Leistungen nach Satz 1 vor Beginn der Behandlung eine Kostenübernahmeerklärung, wenn Versicherte oder behandelnde Leistungserbringer dies beantragen. 3Mit der Kostenübernahmeerklärung wird die Abrechnungsmöglichkeit der Leistung nach Satz 1 festgestellt.

(2) 1Die Versicherten erhalten die Leistungen als Sach- und Dienstleistungen, soweit dieses oder das Neunte Buch nichts Abweichendes vorsehen. 2Die Leistungen werden auf Antrag durch ein Persönliches Budget erbracht; § 29 des Neunten Buches gilt entsprechend. 3Über die Erbringung der Sach- und Dienstleistungen schließen die Krankenkassen nach den Vorschriften des Vierten Kapitels Verträge mit den Leistungserbringern.

(3) 1Bei der Auswahl der Leistungserbringer ist ihre Vielfalt zu beachten. 2Den religiösen Bedürfnissen der Versicherten ist Rechnung zu tragen.

(4) Krankenkassen, Leistungserbringer und Versicherte haben darauf zu achten, daß die Leistungen wirksam und wirtschaftlich erbracht und nur im notwendigen Umfang in Anspruch genommen werden.

§ 2a Leistungen an behinderte und chronisch kranke Menschen

Den besonderen Belangen behinderter und chronisch kranker Menschen ist Rechnung zu tragen.

§ 2b Geschlechts- und altersspezifische Besonderheiten

Bei den Leistungen der Krankenkassen ist geschlechts- und altersspezifischen Besonderheiten Rechnung zu tragen.

§ 3 Solidarische Finanzierung

1Die Leistungen und sonstigen Ausgaben der Krankenkassen werden durch Beiträge finanziert. 2Dazu entrichten die Mitglieder und die Arbeitgeber Beiträge, die sich in der Regel nach den beitragspflichtigen Einnahmen der Mitglieder richten. 3Für versicherte Familienangehörige werden Beiträge nicht erhoben.

§ 4 Krankenkassen

(1) Die Krankenkassen sind rechtsfähige Körperschaften des öffentlichen Rechts mit Selbstverwaltung.

(2) Die Krankenversicherung ist in folgende Kassenarten gegliedert:
- Allgemeine Ortskrankenkassen,
- Betriebskrankenkassen,
- Innungskrankenkassen,
- Sozialversicherung für Landwirtschaft, Forsten und Gartenbau als Träger der Krankenversicherung der Landwirte,
- die Deutsche Rentenversicherung Knappschaft-Bahn-See als Träger der Krankenversicherung (Deutsche Rentenversicherung Knappschaft-Bahn-See),
- Ersatzkassen.

(3) Im Interesse der Leistungsfähigkeit und Wirtschaftlichkeit der gesetzlichen Krankenversicherung arbeiten die Krankenkassen und ihre Verbände sowohl innerhalb einer Kassenart als auch kassenartenübergreifend mitei-

V

nander und mit allen anderen Einrichtungen des Gesundheitswesens eng zusammen.

(4) Die Krankenkassen haben bei der Durchführung ihrer Aufgaben und in ihren Verwaltungsangelegenheiten sparsam und wirtschaftlich zu verfahren und dabei ihre Ausgaben so auszurichten, dass Beitragserhöhungen ausgeschlossen werden, es sei denn, die notwendige medizinische Versorgung ist auch nach Ausschöpfung von Wirtschaftlichkeitsreserven nicht zu gewährleisten.

(5) 1Im Jahr 2023 dürfen sich die sächlichen Verwaltungsausgaben der einzelnen Krankenkasse nicht um mehr als 3 Prozent gegenüber dem Vorjahr erhöhen. 2Die Begrenzung nach Satz 1 gilt nicht für sächliche Verwaltungsausgaben, die wegen der Durchführung der Sozialversicherungswahlen einschließlich der Teilnahme am Modellprojekt zur Durchführung von Online-Wahlen und der Kostenumlage für dieses Modellprojekt nach § 194a Absatz 3 entstehen, sowie für Aufwendungen für Datentransparenz nach den §§ 303a bis 303e.

§ 4a Wettbewerb der Krankenkassen, Verordnungsermächtigung

(1) 1Der Wettbewerb der Krankenkassen dient dem Ziel, das Leistungsangebot und die Qualität der Leistungen zu verbessern sowie die Wirtschaftlichkeit der Versorgung zu erhöhen. 2Dieser Wettbewerb muss unter Berücksichtigung der Finanzierung der Krankenkassen durch Beiträge und des sozialen Auftrags der Krankenkassen angemessen sein. 3Maßnahmen, die der Risikoselektion dienen oder diese unmittelbar oder mittelbar fördern, sind unzulässig.

(2) Unlautere geschäftliche Handlungen der Krankenkassen sind unzulässig.

(3) 1Krankenkassen sind berechtigt, um Mitglieder und für ihre Leistungen zu werben. 2Bei Werbemaßnahmen der Krankenkassen muss die sachbezogene Information im Vordergrund stehen. 3Die Werbung hat in einer Form zu erfolgen, die mit der Eigenschaft der Krankenkassen als Körperschaften des öffentlichen Rechts unter Berücksichtigung ihrer Aufgaben vereinbar ist.

(4) 1Das Bundesministerium für Gesundheit wird ermächtigt, durch Rechtsverordnung mit Zustimmung des Bundesrates das Nähere über die Zulässigkeit von Werbemaßnahmen der Krankenkassen zu regeln im Hinblick auf

1. Inhalt und Art der Werbung,
2. Höchstgrenzen für Werbeausgaben einschließlich der Aufwandsentschädigungen für externe Dienstleister, die zu Werbezwecken beauftragt werden,
3. die Trennung der Werbung von der Erfüllung gesetzlicher Informationspflichten,
4. die Beauftragung und Vergütung von Mitarbeitern, Arbeitsgemeinschaften, Beteiligungsgesellschaften und Dritten zu Werbezwecken,
5. die Vermittlung privater Zusatzversicherungsverträge nach § 194 Absatz 1a.

2Das Bundesministerium für Gesundheit kann die Ermächtigung nach Satz 1 durch Rechtsverordnung mit Zustimmung des Bundesrates auf das Bundesamt für Soziale Sicherung übertragen.

(5) Beauftragen Krankenkassen Arbeitsgemeinschaften, Beteiligungsgesellschaften oder Dritte zu Zwecken des Wettbewerbs und insbesondere der Werbung, haben sie sicherzustellen, dass die Beauftragten die für entsprechende Maßnahmen der Krankenkassen geltenden Vorschriften einschließlich der Vorgaben der Absätze 1 bis 3 sowie der Rechtsverordnung nach Absatz 4 einhalten.

(6) In den Verwaltungsvorschriften nach § 78 Satz 1 des Vierten Buches und § 77 Absatz 1a des Vierten Buches ist sicherzustellen, dass Verwaltungsausgaben, die der Werbung neuer Mitglieder dienen, nach für alle Krankenkassen gleichen Grundsätzen gebucht werden.

(7) 1Krankenkassen können von anderen Krankenkassen die Beseitigung und Unterlassung unzulässiger Maßnahmen verlangen, die geeignet sind, ihre Interessen im Wettbewerb zu beeinträchtigen. 2Die zur Geltendmachung des Anspruchs berechtigte Krankenkasse soll die Schuldnerin vor der Einleitung eines gerichtlichen Verfahrens abmahnen und ihr Gelegenheit geben, den Streit durch Abgabe einer mit einer angemessenen Vertragsstrafe bewehrten Unterlassungsverpflichtung beizulegen. 3Soweit die Abmahnung berechtigt ist, kann die Abmahnende von der Abgemahnten Ersatz der erforderlichen Aufwendungen verlangen. 4Zur Sicherung der Ansprüche nach Satz 1 können einstweilige Anordnungen auch ohne die Darlegung und Glaubhaftmachung der in § 86b Absatz 2 Satz 1 und 2 des Sozialgerichtsgesetzes bezeichneten Voraussetzungen erlassen werden. 5Ist auf Grund von Satz 1 Klage auf Unterlassung erhoben worden, so kann das Gericht der obsiegenden Partei die Befugnis zusprechen, das Urteil auf Kosten der unterliegenden Partei öffentlich bekannt zu machen, wenn sie ein berechtigtes Interesse dartut. 6Art und Umfang der Bekanntmachung werden im Urteil bestimmt. 7Die Befugnis erlischt, wenn von ihr nicht innerhalb von drei Monaten nach Eintritt der Rechtskraft Gebrauch gemacht worden ist. 8Der Ausspruch nach Satz 5 ist nicht vorläufig vollstreckbar.

§ 4b Sonderregelungen zum Verwaltungsverfahren

Abweichungen von den Regelungen des Verwaltungsverfahrens gemäß den §§ 266, 267, 269 und 287a durch Landesrecht sind ausgeschlossen.

Zweites Kapitel
Versicherter Personenkreis

Erster Abschnitt
Versicherung kraft Gesetzes

§ 5 Versicherungspflicht

(1) Versicherungspflichtig sind

1. Arbeiter, Angestellte und zu ihrer Berufsausbildung Beschäftigte, die gegen Arbeitsentgelt beschäftigt sind,
2. Personen in der Zeit, für die sie Arbeitslosengeld nach dem Dritten Buch beziehen oder nur deshalb nicht beziehen, weil der Anspruch wegen einer Sperrzeit (§ 159 des Dritten Buches) oder wegen einer Urlaubsabgeltung (§ 157 Absatz 2 des Dritten Buches) ruht; dies gilt auch, wenn die Entscheidung, die zum Bezug der Leistung geführt hat, rückwirkend aufgehoben oder die Leistung zurückgefordert oder zurückgezahlt worden ist,

2a. Personen in der Zeit, für die sie Bürgergeld nach § 19 Absatz 1 Satz 1 des Zweiten Buches beziehen, es sei denn, dass diese Leistung nur darlehensweise gewährt wird oder nur Leistungen nach § 24 Absatz 3 Satz 1 des Zweiten Buches bezogen werden; dies gilt auch, wenn die Entscheidung, die zum Bezug der Leistung geführt hat, rückwirkend aufgehoben oder die Leistung zurückgefordert oder zurückgezahlt worden ist,

3. Landwirte, ihre mitarbeitenden Familienangehörigen und Altenteiler nach näherer Bestimmung des Zweiten Gesetzes über die Krankenversicherung der Landwirte,
4. Künstler und Publizisten nach näherer Bestimmung des Künstlersozialversicherungsgesetzes,
5. Personen, die in Einrichtungen der Jugendhilfe für eine Erwerbstätigkeit befähigt werden sollen,
6. Teilnehmer an Leistungen zur Teilhabe am Arbeitsleben sowie an Abklärungen der beruflichen Eignung oder Arbeitserprobung, es sei denn, die Maßnahmen werden nach den Vorschriften des Bundesversorgungsgesetzes erbracht,
7. behinderte Menschen, die in anerkannten Werkstätten für behinderte Menschen oder in Blindenwerkstätten im Sinne des § 226 des Neunten Buches oder für diese Einrichtungen in Heimarbeit oder bei einem anderen Leistungsanbieter nach § 60 des Neunten Buches tätig sind,
8. behinderte Menschen, die in Anstalten, Heimen oder gleichartigen Einrichtungen in gewisser Regelmäßigkeit eine Leistung erbringen, die einem Fünftel der Leistung eines voll erwerbsfähigen Beschäftigten in gleichartiger Beschäftigung entspricht; hierzu zählen auch Dienstleistungen für den Träger der Einrichtung,
9. Studenten, die an staatlichen oder staatlich anerkannten Hochschulen eingeschrieben sind, unabhängig davon, ob sie ihren Wohnsitz oder gewöhnlichen Aufenthalt im Inland haben, wenn für sie auf Grund über- oder zwischenstaatlichen Rechts kein Anspruch auf Sachleistungen besteht, längstens bis zur Vollendung des dreißigsten Lebensjahres; Studenten nach Vollendung des dreißigsten Lebensjahres sind nur versicherungspflichtig, wenn die Art der Ausbildung oder familiäre sowie persönliche Gründe, insbesondere der Erwerb der Zugangsvoraussetzungen in einer Ausbildungsstätte des Zweiten Bildungswegs, die Überschreitung der Altersgrenze rechtfertigen,
10. Personen, die eine in Studien- oder Prüfungsordnungen vorgeschriebene berufspraktische Tätigkeit ohne Arbeitsentgelt verrichten, längstens bis zur Vollendung des 30. Lebensjahres, sowie zu ihrer Berufsausbildung ohne Arbeitsentgelt Beschäftigte; Auszubildende des Zweiten Bildungswegs, die sich in einem förderungsfähigen Teil eines Ausbildungsabschnitts nach dem Bundesausbildungsförderungsgesetz befinden, sind Praktikanten gleichgestellt,
11. Personen, die die Voraussetzungen für den Anspruch auf eine Rente aus der gesetzlichen Rentenversicherung erfüllen und diese Rente beantragt haben, wenn sie seit der erstmaligen Aufnahme einer Erwerbstätigkeit bis zur Stellung des Rentenantrags mindestens neun Zehntel der zweiten Hälfte des Zeitraums Mitglied oder nach § 10 versichert waren,

11a. Personen, die eine selbständige künstlerische oder publizistische Tätigkeit vor dem 1. Januar 1983 aufgenommen haben, die Voraussetzungen für den Anspruch auf eine Rente aus der Rentenversicherung erfüllen und diese Rente beantragt haben, wenn sie mindestens neun Zehntel des Zeitraums zwischen dem 1. Januar 1985 und der Stellung des Rentenantrags nach dem Künstlersozialversicherungsgesetz in der gesetzlichen Krankenversicherung versichert waren; für Personen, die am 3. Oktober 1990 ihren Wohnsitz im Beitrittsgebiet hatten, ist anstelle des 1. Januar 1985 der 1. Januar 1992 maßgebend,

11b. Personen, die die Voraussetzungen für den Anspruch
   a) auf eine Waisenrente nach § 48 des Sechsten Buches oder
   b) auf eine entsprechende Leistung einer berufsständischen Versorgungseinrichtung, wenn der verstorbene Elternteil zuletzt als Beschäftigter von der Versicherungspflicht in der gesetzlichen Rentenversicherung wegen einer Pflichtmitgliedschaft in einer berufsständischen Versorgungseinrichtung nach § 6 Absatz 1 Satz 1 Nummer 1 des Sechsten Buches befreit war,

   erfüllen und diese beantragt haben; dies gilt nicht für Personen, die zuletzt vor der Stellung des Rentenantrags privat krankenversichert waren, es sei denn, sie erfüllen die Voraussetzungen für eine Familienversicherung mit Ausnahme des § 10 Absatz 1 Satz 1 Nummer 2 oder die Voraussetzungen der Nummer 11,

12. Personen, die die Voraussetzungen für den Anspruch auf eine Rente aus der gesetzlichen Rentenversicherung erfüllen und diese Rente beantragt haben, wenn sie zu den in § 1 oder § 17a des Fremdrentengesetzes oder zu den in § 20 des Gesetzes zur Wiedergutmachung nationalsozialistischen Unrechts in der Sozialversicherung genannten Personen gehören und ihren Wohnsitz innerhalb der letzten 10 Jahre vor der Stellung des Rentenantrags in das Inland verlegt haben,

13. Personen, die keinen anderweitigen Anspruch auf Absicherung im Krankheitsfall haben und
   a) zuletzt gesetzlich krankenversichert waren oder
   b) bisher nicht gesetzlich oder privat krankenversichert waren, es sei denn, dass sie zu den in Absatz 5 oder den in § 6 Abs. 1 oder 2 genannten Personen gehören oder bei Ausübung ihrer beruflichen Tätigkeit im Inland gehört hätten.

(2) [1]Der nach Absatz 1 Nr. 11 erforderlichen Mitgliedszeit steht bis zum 31. Dezember 1988 die Zeit der Ehe mit einem Mitglied gleich, wenn die mit dem Mitglied verheiratete Person nicht mehr als nur geringfügig beschäftigt oder geringfügig selbständig tätig war. [2]Bei Personen, die ihren Rentenanspruch aus der Versicherung einer anderen Person ableiten, gelten die Voraussetzungen des Absatzes 1 Nr. 11 oder 12 als erfüllt, wenn die andere Person diese Voraussetzungen erfüllt hatte. [3]Auf die nach Absatz 1 Nummer 11 erforderliche Mitgliedszeit wird für jedes Kind, Stiefkind oder Pflegekind (§ 56 Absatz 2 Nummer 2 des Ersten Buches) eine Zeit von drei Jahren angerechnet. [4]Eine Anrechnung erfolgt nicht für

1. ein Adoptivkind, wenn das Kind zum Zeitpunkt des Wirksamwerdens der Adoption bereits die in § 10 Absatz 2 vorgesehenen Altersgrenzen erreicht hat, oder
2. ein Stiefkind, wenn das Kind zum Zeitpunkt der Eheschließung mit dem Elternteil des Kindes bereits die in § 10 Absatz 2 vorgesehenen Altersgrenzen erreicht hat oder wenn das Kind vor Erreichen dieser Altersgrenzen nicht in den gemeinsamen Haushalt mit dem Mitglied aufgenommen wurde.

(3) Als gegen Arbeitsentgelt beschäftigte Arbeiter und Angestellte im Sinne des Absatzes 1 Nr. 1 gelten Bezieher von Vorruhestandsgeld, wenn sie unmittelbar vor Bezug des Vorruhestandsgeldes versicherungspflichtig waren und das Vorruhestandsgeld mindestens in Höhe von 65 vom Hundert des Bruttoarbeitsentgelts im Sinne des § 3 Abs. 2 des Vorruhestandsgesetzes gezahlt wird.

(4) Als Bezieher von Vorruhestandsgeld ist nicht versicherungspflichtig, wer im Ausland seinen Wohnsitz oder gewöhnlichen Aufenthalt in einem Staat hat, mit dem für Arbeitnehmer mit Wohnsitz oder gewöhnlichem Aufenthalt in diesem Staat keine über- oder zwischenstaatlichen Regelungen über Sachleistungen bei Krankheit bestehen.

(4a) [1]Die folgenden Personen stehen Beschäftigten zur Berufsausbildung im Sinne des Absatzes 1 Nummer 1 gleich:

1. Auszubildende, die im Rahmen eines Berufsausbildungsvertrages nach dem Berufsbildungsgesetz in einer außerbetrieblichen Einrichtung ausgebildet werden,
2. Teilnehmerinnen und Teilnehmer an dualen Studiengängen und
3. Teilnehmerinnen und Teilnehmer an Ausbildungen mit Abschnitten des schulischen Unterrichts und der praktischen Ausbildung, für die ein Ausbildungsvertrag und Anspruch auf Ausbildungsvergütung besteht (praxisintegrierte Ausbildungen).

[2]Als zu ihrer Berufsausbildung Beschäftigte im Sinne des Absatzes 1 Nr. 1 gelten Personen, die als nicht satzungsmäßige Mitglieder geistlicher Genossenschaften oder ähnlicher religiöser Gemeinschaften für den Dienst in einer solchen Genossenschaft oder ähnlichen religiösen Gemeinschaft außerschulisch ausgebildet werden.

V

(5) $_{1}$Nach Absatz 1 Nr. 1 oder 5 bis 12 ist nicht versicherungspflichtig, wer hauptberuflich selbständig erwerbstätig ist. $_{2}$Bei Personen, die im Zusammenhang mit ihrer selbständigen Erwerbstätigkeit regelmäßig mindestens einen Arbeitnehmer mehr als geringfügig beschäftigen, wird vermutet, dass sie hauptberuflich selbständig erwerbstätig sind; als Arbeitnehmer gelten für Gesellschafter auch die Arbeitnehmer der Gesellschaft.

(5a) $_{1}$Nach Absatz 1 Nr. 2a ist nicht versicherungspflichtig, wer zuletzt vor dem Bezug von Bürgergeld privat krankenversichert war oder weder gesetzlich noch privat krankenversichert war und zu den in Absatz 5 oder den in § 6 Abs. 1 oder 2 genannten Personen gehört oder bei Ausübung seiner beruflichen Tätigkeit im Inland gehört hätte. $_{2}$Satz 1 gilt nicht für Personen, die am 31. Dezember 2008 nach § 5 Abs. 1 Nr. 2a versicherungspflichtig waren, für die Dauer ihrer Hilfebedürftigkeit. $_{3}$Personen nach Satz 1 sind nicht nach § 10 versichert. $_{4}$Personen nach Satz 1, die am 31. Dezember 2015 die Voraussetzungen des § 10 erfüllt haben, sind ab dem 1. Januar 2016 versicherungspflichtig nach Absatz 1 Nummer 2a, solange sie diese Voraussetzungen erfüllen.

(6) $_{1}$Nach Absatz 1 Nr. 5 bis 7 oder 8 ist nicht versicherungspflichtig, wer nach Absatz 1 Nr. 1 versicherungspflichtig ist. $_{2}$Trifft eine Versicherungspflicht nach Absatz 1 Nr. 6 mit einer Versicherungspflicht nach Absatz 1 Nr. 7 oder 8 zusammen, geht die Versicherungspflicht vor, nach der die höheren Beiträge zu zahlen sind.

(7) $_{1}$Nach Absatz 1 Nr. 9 oder 10 ist nicht versicherungspflichtig, wer nach Absatz 1 Nr. 1 bis 8, 11 bis 12 versicherungspflichtig oder nach § 10 versichert ist, es sei denn, der Ehegatte, der Lebenspartner oder das Kind des Studenten oder Praktikanten ist nicht versichert oder die Versicherungspflicht nach Absatz 1 Nummer 11b besteht über die Altersgrenze des § 10 Absatz 2 Nummer 3 hinaus. $_{2}$Die Versicherungspflicht nach Absatz 1 Nr. 9 geht der Versicherungspflicht nach Absatz 1 Nr. 10 vor.

(8) $_{1}$Nach Absatz 1 Nr. 11 bis 12 ist nicht versicherungspflichtig, wer nach Absatz 1 Nr. 1 bis 7 oder 8 versicherungspflichtig ist. $_{2}$Satz 1 gilt für die in § 190 Abs. 11a genannten Personen entsprechend. $_{3}$Bei Beziehern einer Rente der gesetzlichen Rentenversicherung, die nach dem 31. März 2002 nach § 5 Abs. 1 Nr. 11 versicherungspflichtig geworden sind, deren Anspruch auf Rente schon an diesem Tag bestand und die bis zu diesem Zeitpunkt nach § 10 oder nach § 7 des Zweiten Gesetzes über die Krankenversicherung der Landwirte versichert waren, aber nicht die Vorversicherungszeit des § 5 Abs. 1 Nr. 11 in der seit dem 1. Januar 1993 geltenden Fassung erfüllt hatten und deren Versicherung nach § 10 oder nach § 7 des Zweiten Gesetzes über die Krankenversicherung der Landwirte nicht von einer der in § 9 Abs. 1 Nr. 6 genannten Personen abgeleitet worden ist, geht die Versicherung nach § 10 oder nach § 7 des Zweiten Gesetzes über die Krankenversicherung der Landwirte der Versicherung nach § 5 Abs. 1 Nr. 11 vor.

(8a) $_{1}$Nach Absatz 1 Nr. 13 ist nicht versicherungspflichtig, wer nach Absatz 1 Nr. 1 bis 12 versicherungspflichtig, freiwilliges Mitglied oder nach § 10 versichert ist. $_{2}$Satz 1 gilt entsprechend für Empfänger laufender Leistungen nach dem Dritten, Vierten und Siebten Kapitel des Zwölften Buches, dem Teil 2 des Neunten Buches und für Empfänger laufender Leistungen nach § 2 des Asylbewerberleistungsgesetzes. $_{3}$Satz 2 gilt auch, wenn der Anspruch auf diese Leistungen für weniger als einen Monat unterbrochen wird. $_{4}$Der Anspruch auf Leistungen nach § 19 Abs. 2 gilt nicht als Absicherung im Krankheitsfall im Sinne von Absatz 1 Nr. 13, sofern im Anschluss daran kein anderweitiger Anspruch auf Absicherung im Krankheitsfall besteht.

(9) $_{1}$Kommt eine Versicherung nach den §§ 5, 9 oder 10 nach Kündigung des Versicherungsvertrages nicht zu Stande oder endet eine Versicherung nach den §§ 5 oder 10 vor Erfüllung der Vorversicherungszeit nach § 9, ist das private Krankenversicherungsunternehmen zum erneuten Abschluss eines Versicherungsvertrages verpflichtet, wenn der vorherige Vertrag für mindestens fünf Jahre vor seiner Kündigung ununterbrochen bestanden hat. $_{2}$Der Abschluss erfolgt ohne Risikoprüfung zu gleichen Tarifbedingungen, die zum Zeitpunkt der Kündigung bestanden haben; die bis zum Ausscheiden erworbenen Alterungsrückstellungen sind dem Vertrag zuzuschreiben. $_{3}$Wird eine gesetzliche Krankenversicherung nach Satz 1 nicht begründet, tritt der neue Versicherungsvertrag am Tag nach der Beendigung des vorhergehenden Versicherungsvertrages in Kraft. $_{4}$Endet die gesetzliche Krankenversicherung nach Satz 1 vor Erfüllung der Vorversicherungszeit, tritt der neue Versicherungsvertrag am Tag nach Beendigung der gesetzlichen Krankenversicherung in Kraft. $_{5}$Die Verpflichtung nach Satz 1 endet drei Monate nach der Beendigung des Versicherungsvertrages, wenn eine Versicherung nach den §§ 5, 9 oder 10 nicht begründet wurde. $_{6}$Bei Beendigung der Versicherung nach den §§ 5 oder 10 vor Erfüllung der Vorversicherungszeiten nach § 9 endet die Verpflichtung nach Satz 1 längstens zwölf Monate nach der Beendigung des privaten Versicherungsvertrages. $_{7}$Die vorstehenden Regelungen zum Versicherungsvertrag sind auf eine Anwartschaftsversicherung in der privaten Krankenversicherung entsprechend anzuwenden.

(10) (unbesetzt)

(11) 1Ausländer, die nicht Angehörige eines Mitgliedstaates der Europäischen Union, Angehörige eines Vertragsstaates des Abkommens über den Europäischen Wirtschaftsraum oder Staatsangehörige der Schweiz sind, werden von der Versicherungspflicht nach Absatz 1 Nr. 13 erfasst, wenn sie eine Niederlassungserlaubnis oder eine Aufenthaltserlaubnis mit einer Befristung auf mehr als zwölf Monate nach dem Aufenthaltsgesetz besitzen und für die Erteilung dieser Aufenthaltstitel keine Verpflichtung zur Sicherung des Lebensunterhalts nach § 5 Abs. 1 Nr. 1 des Aufenthaltsgesetzes besteht. 2Angehörige eines anderen Mitgliedstaates der Europäischen Union, Angehörige eines anderen Vertragsstaates des Abkommens über den Europäischen Wirtschaftsraum oder Staatsangehörige der Schweiz werden von der Versicherungspflicht nach Absatz 1 Nr. 13 nicht erfasst, wenn die Voraussetzung für die Wohnortnahme in Deutschland die Existenz eines Krankenversicherungsschutzes nach § 4 des Freizügigkeitsgesetzes/EU ist. 3Bei Leistungsberechtigten nach dem Asylbewerberleistungsgesetz liegt eine Absicherung im Krankheitsfall bereits dann vor, wenn ein Anspruch auf Leistungen bei Krankheit, Schwangerschaft und Geburt nach § 4 des Asylbewerberleistungsgesetzes dem Grunde nach besteht.

§ 6 Versicherungsfreiheit

(1) Versicherungsfrei sind

1. Arbeiter und Angestellte, deren regelmäßiges Jahresarbeitsentgelt die Jahresarbeitsentgeltgrenze nach den Absätzen 6 oder 7 übersteigt; Zuschläge, die mit Rücksicht auf den Familienstand gezahlt werden, bleiben unberücksichtigt,

1a. nicht-deutsche Besatzungsmitglieder deutscher Seeschiffe, die ihren Wohnsitz oder gewöhnlichen Aufenthalt nicht in einem Mitgliedstaat der Europäischen Union, einem Vertragsstaat des Abkommens über den Europäischen Wirtschaftsraum oder der Schweiz haben,

2. Beamte, Richter, Soldaten auf Zeit sowie Berufssoldaten der Bundeswehr und sonstige Beschäftigte des Bundes, eines Landes, eines Gemeindeverbandes, einer Gemeinde, von öffentlich-rechtlichen Körperschaften, Anstalten, Stiftungen oder Verbänden öffentlich-rechtlicher Körperschaften oder deren Spitzenverbänden, wenn sie nach beamtenrechtlichen Vorschriften oder Grundsätzen bei Krankheit Anspruch auf Fortzahlung der Bezüge und auf Beihilfe oder Heilfürsorge haben,

3. Personen, die während der Dauer ihres Studiums als ordentliche Studierende einer Hochschule oder einer der fachlichen Ausbildung dienenden Schule gegen Arbeitsentgelt beschäftigt sind,

4. Geistliche der als öffentlich-rechtliche Körperschaften anerkannten Religionsgesellschaften, wenn sie nach beamtenrechtlichen Vorschriften oder Grundsätzen bei Krankheit Anspruch auf Fortzahlung der Bezüge und auf Beihilfe haben,

5. Lehrer, die an privaten genehmigten Ersatzschulen hauptamtlich beschäftigt sind, wenn sie nach beamtenrechtlichen Vorschriften oder Grundsätzen bei Krankheit Anspruch auf Fortzahlung der Bezüge und auf Beihilfe haben,

6. die in den Nummern 2, 4 und 5 genannten Personen, wenn ihnen ein Anspruch auf Ruhegehalt oder ähnliche Bezüge zuerkannt ist und sie Anspruch auf Beihilfe im Krankheitsfalle nach beamtenrechtlichen Vorschriften oder Grundsätzen haben,

7. satzungsmäßige Mitglieder geistlicher Genossenschaften, Diakonissen und ähnliche Personen, wenn sie sich aus überwiegend religiösen oder sittlichen Beweggründen mit Krankenpflege, Unterricht oder anderen gemeinnützigen Tätigkeiten beschäftigen und nicht mehr als freien Unterhalt oder ein geringes Entgelt beziehen, das nur zur Beschaffung der unmittelbaren Lebensbedürfnisse an Wohnung, Verpflegung, Kleidung und dergleichen ausreicht,

8. Personen, die nach dem Krankheitsfürsorgesystem der Europäischen Gemeinschaften bei Krankheit geschützt sind.

(2) Nach § 5 Abs. 1 Nr. 11 versicherungspflichtige Hinterbliebene der in Absatz 1 Nr. 2 und 4 bis 6 genannten Personen sind versicherungsfrei, wenn sie ihren Rentenanspruch nur aus der Versicherung dieser Personen ableiten und nach beamtenrechtlichen Vorschriften oder Grundsätzen bei Krankheit Anspruch auf Beihilfe haben.

(3) 1Die nach Absatz 1 oder anderen gesetzlichen Vorschriften mit Ausnahme von Absatz 2 und § 7 versicherungsfreien oder von der Versicherungspflicht befreiten Personen bleiben auch dann versicherungsfrei, wenn sie eine der in § 5 Abs. 1 Nr. 1 oder Nr. 5 bis 13 genannten Voraussetzungen erfüllen. 2Dies gilt nicht für die in Absatz 1 Nr. 3 genannten Personen, solange sie während ihrer Beschäftigung versicherungsfrei sind.

(3a) 1Personen, die nach Vollendung des 55. Lebensjahres versicherungspflichtig werden, sind versicherungsfrei, wenn sie in den letzten fünf Jahren vor Eintritt der Versicherungspflicht nicht gesetzlich versichert waren. 2Weitere Voraussetzung ist, dass diese Personen mindestens die Hälfte dieser Zeit versicherungsfrei, von der Versicherungspflicht befreit oder nach § 5 Abs. 5 nicht versiche-

V

rungspflichtig waren. $_{3}$Der Voraussetzung nach Satz 2 stehen die Ehe oder die Lebenspartnerschaft mit einer in Satz 2 genannten Person gleich. $_{4}$Satz 1 gilt nicht für Personen, die nach § 5 Abs. 1 Nr. 13 versicherungspflichtig sind.

(4) $_{1}$Wird die Jahresarbeitsentgeltgrenze überschritten, endet die Versicherungspflicht mit Ablauf des Kalenderjahres, in dem sie überschritten wird. $_{2}$Dies gilt nicht, wenn das Entgelt die vom Beginn des nächsten Kalenderjahres an geltende Jahresarbeitsentgeltgrenze nicht übersteigt. $_{3}$Rückwirkende Erhöhungen des Entgelts werden dem Kalenderjahr zugerechnet, in dem der Anspruch auf das erhöhte Entgelt entstanden ist.

(5) (weggefallen)

(6) $_{1}$Die Jahresarbeitsentgeltgrenze nach Absatz 1 Nr. 1 beträgt im Jahr 2003 45 900 Euro. $_{2}$Sie ändert sich zum 1. Januar eines jeden Jahres in dem Verhältnis, in dem die Bruttolöhne und -gehälter je Arbeitnehmer (§ 68 Abs. 2 Satz 1 des Sechsten Buches) im vergangenen Kalenderjahr zu den entsprechenden Bruttolöhnen und -gehältern im vorvergangenen Kalenderjahr stehen. $_{3}$Die veränderten Beträge werden nur für das Kalenderjahr, für das die Jahresarbeitsentgeltgrenze bestimmt wird, auf das nächsthöhere Vielfache von 450 aufgerundet. $_{4}$Die Bundesregierung setzt die Jahresarbeitsentgeltgrenze in der Rechtsverordnung nach § 160 des Sechsten Buches Sozialgesetzbuch fest.

(7) $_{1}$Abweichend von Absatz 6 Satz 1 beträgt die Jahresarbeitsentgeltgrenze für Arbeiter und Angestellte, die am 31. Dezember 2002 wegen Überschreitens der an diesem Tag geltenden Jahresarbeitsentgeltgrenze versicherungsfrei und bei einem privaten Krankenversicherungsunternehmen in einer substitutiven Krankenversicherung versichert waren, im Jahr 2003 41 400 Euro. $_{2}$Absatz 6 Satz 2 bis 4 gilt entsprechend.

§ 7 Versicherungsfreiheit bei geringfügiger Beschäftigung

(1) $_{1}$Wer eine geringfügige Beschäftigung nach §§ 8, 8a des Vierten Buches ausübt, ist in dieser Beschäftigung versicherungsfrei; dies gilt nicht für eine Beschäftigung

1. im Rahmen betrieblicher Berufsbildung,
2. nach dem Jugendfreiwilligendienstegesetz,
3. nach dem Bundesfreiwilligendienstgesetz.

$_{2}$§ 8 Abs. 2 des Vierten Buches ist mit der Maßgabe anzuwenden, daß eine Zusammenrechnung mit einer nicht geringfügigen Beschäftigung nur erfolgt, wenn diese Versicherungspflicht begründet.

(2) $_{1}$Personen, die am 30. September 2022 in einer mehr als geringfügigen Beschäftigung versicherungspflichtig waren, welche die Merkmale einer geringfügigen Beschäftigung nach § 8 oder § 8a des Vierten Buches in Verbindung mit § 8 Absatz 1 Nummer 1 des Vierten Buches in der ab dem 1. Oktober 2022 geltenden Fassung erfüllt, bleiben in dieser Beschäftigung längstens bis zum 31. Dezember 2023 versicherungspflichtig, sofern sie nicht die Voraussetzungen für eine Versicherung nach § 10 erfüllen und solange ihr Arbeitsentgelt 450 Euro monatlich übersteigt. $_{2}$Sie werden auf ihren Antrag von der Versicherungspflicht nach Satz 1 befreit. $_{3}$§ 8 Absatz 2 gilt entsprechend mit der Maßgabe, dass an die Stelle des Zeitpunkts des Beginns der Versicherungspflicht der 1. Oktober 2022 tritt.

§ 8 Befreiung von der Versicherungspflicht

(1) Auf Antrag wird von der Versicherungspflicht befreit, wer versicherungspflichtig wird

1. wegen Änderung der Jahresarbeitsentgeltgrenze nach § 6 Abs. 6 Satz 2 oder Abs. 7,

1a. durch den Bezug von Arbeitslosengeld oder Unterhaltsgeld (§ 5 Abs. 1 Nr. 2) und in den letzten fünf Jahren vor dem Leistungsbezug nicht gesetzlich krankenversichert war, wenn er bei einem Krankenversicherungsunternehmen versichert ist und Vertragsleistungen erhält, die der Art und dem Umfang nach den Leistungen dieses Buches entsprechen,

2. durch Aufnahme einer nicht vollen Erwerbstätigkeit nach § 2 des Bundeserziehungsgeldgesetzes oder nach § 1 Abs. 6 des Bundeselterngeld- und Elternzeitgesetzes während der Elternzeit; die Befreiung erstreckt sich nur auf die Elternzeit,

2a. durch Herabsetzung der regelmäßigen Wochenarbeitszeit während einer Freistellung nach § 3 des Pflegezeitgesetzes oder der Familienpflegezeit nach § 2 des Familienpflegezeitgesetzes; die Befreiung erstreckt sich nur auf die Dauer einer Freistellung oder die Dauer der Familienpflegezeit,

3. weil seine Arbeitszeit auf die Hälfte oder weniger als die Hälfte der regelmäßigen Wochenarbeitszeit vergleichbarer Vollbeschäftigter des Betriebes herabgesetzt wird; dies gilt auch für Beschäftigte, die im Anschluß an ihr bisheriges Beschäftigungsverhältnis bei einem anderen Arbeitgeber ein Beschäftigungsverhältnis aufnehmen, das die Voraussetzungen des vorstehenden Halbsatzes erfüllt, sowie für Beschäftigte, die im Anschluss an die Zeiten des Bezugs von Elterngeld oder der Inanspruchnahme von Elternzeit oder einer Freistellung nach § 3 des Pflegezeitgesetzes oder § 2 des Familienpflegezeitgesetzes ein Beschäftigungsverhältnis im Sinne des ersten Teilsatzes aufnehmen, das bei Vollbeschäftigung zur Versiche-

rungsfreiheit nach § 6 Absatz 1 Nummer 1 führen würde; Voraussetzung ist ferner, daß der Beschäftigte seit mindestens fünf Jahren wegen Überschreitens der Jahresarbeitsentgeltgrenze versicherungsfrei ist; Zeiten des Bezugs von Erziehungsgeld oder Elterngeld oder der Inanspruchnahme von Elternzeit oder einer Freistellung nach § 3 des Pflegezeitgesetzes oder § 2 des Familienpflegezeitgesetzes werden angerechnet,
4. durch den Antrag auf Rente oder den Bezug von Rente oder die Teilnahme an einer Leistung zur Teilhabe am Arbeitsleben (§ 5 Abs. 1 Nr. 6, 11 bis 12),
5. durch die Einschreibung als Student oder die berufspraktische Tätigkeit (§ 5 Abs. 1 Nr. 9 oder 10),
6. durch die Beschäftigung als Arzt im Praktikum,
7. durch die Tätigkeit in einer Einrichtung für behinderte Menschen (§ 5 Abs. 1 Nr. 7 oder 8).

Das Recht auf Befreiung setzt nicht voraus, dass der Antragsteller erstmals versicherungspflichtig wird.

(2) 1Der Antrag ist innerhalb von drei Monaten nach Beginn der Versicherungspflicht bei der Krankenkasse zu stellen. 2Die Befreiung wirkt vom Beginn der Versicherungspflicht an, wenn seit diesem Zeitpunkt noch keine Leistungen in Anspruch genommen wurden, sonst vom Beginn des Kalendermonats an, der auf die Antragstellung folgt. 3Die Befreiung kann nicht widerrufen werden. 4Die Befreiung wird nur wirksam, wenn das Mitglied das Bestehen eines anderweitigen Anspruchs auf Absicherung im Krankheitsfall nachweist.

(3) 1Personen, die am 31. Dezember 2014 von der Versicherungspflicht nach Absatz 1 Nummer 2a befreit waren, bleiben auch für die Dauer der Nachpflegephase nach § 3 Absatz 1 Nummer 1 Buchstabe c des Familienpflegezeitgesetzes in der am 31. Dezember 2014 geltenden Fassung befreit. 2Bei Anwendung des Absatzes 1 Nummer 3 steht der Freistellung nach § 2 des Familienpflegezeitgesetzes die Nachpflegephase nach § 3 Absatz 1 Nummer 1 Buchstabe c des Familienpflegezeitgesetzes in der am 31. Dezember 2014 geltenden Fassung gleich.

Zweiter Abschnitt
Versicherungsberechtigung

§ 9 Freiwillige Versicherung

(1) 1Der Versicherung können beitreten
1. Personen, die als Mitglieder aus der Versicherungspflicht ausgeschieden sind und in den letzten fünf Jahren vor dem Ausscheiden mindestens vierundzwanzig Monate oder unmittelbar vor dem Ausscheiden ununterbrochen mindestens zwölf Monate versichert waren; Zeiten der Mitgliedschaft nach § 189 und Zeiten, in denen eine Versicherung allein deshalb bestanden hat, weil Bürgergeld nach § 19 Absatz 1 Satz 1 des Zweiten Buches zu Unrecht bezogen wurde, werden nicht berücksichtigt,
2. Personen, deren Versicherung nach § 10 erlischt oder nur deswegen nicht besteht, weil die Voraussetzungen des § 10 Abs. 3 vorliegen, wenn sie oder der Elternteil, aus dessen Versicherung die Familienversicherung abgeleitet wurde, die in Nummer 1 genannte Vorversicherungszeit erfüllen,
3. Personen, die erstmals eine Beschäftigung im Inland aufnehmen und nach § 6 Absatz 1 Nummer 1 versicherungsfrei sind; Beschäftigungen vor oder während der beruflichen Ausbildung bleiben unberücksichtigt,
4. schwerbehinderte Menschen im Sinne des Neunten Buches, wenn sie, ein Elternteil, ihr Ehegatte oder ihr Lebenspartner in den letzten fünf Jahren vor dem Beitritt mindestens drei Jahre versichert waren, es sei denn, sie konnten wegen ihrer Behinderung diese Voraussetzung nicht erfüllen; die Satzung kann das Recht zum Beitritt von einer Altersgrenze abhängig machen,
5. Arbeitnehmer, deren Mitgliedschaft durch Beschäftigung im Ausland oder bei einer zwischenstaatlichen oder überstaatlichen Organisation endete, wenn sie innerhalb von zwei Monaten nach Rückkehr in das Inland oder nach Beendigung ihrer Tätigkeit bei der zwischenstaatlichen oder überstaatlichen Organisation wieder eine Beschäftigung aufnehmen,
6. (weggefallen)
7. innerhalb von sechs Monaten nach ständiger Aufenthaltnahme im Inland oder innerhalb von drei Monaten nach Ende des Bezugs von Bürgergeld nach § 19 Absatz 1 Satz 1 des Zweiten Buches Spätaussiedler sowie deren gemäß § 7 Abs. 2 Satz 1 des Bundesvertriebenengesetzes leistungsberechtigte Ehegatten und Abkömmlinge, die bis zum Verlassen ihres früheren Versicherungsbereichs bei einem dortigen Träger der gesetzlichen Krankenversicherung versichert waren,
8. Personen, die ab dem 31. Dezember 2018 als Soldatinnen oder Soldaten auf Zeit aus dem Dienst ausgeschieden sind.

2Für die Berechnung der Vorversicherungszeiten nach Satz 1 Nr. 1 gelten 360 Tage eines Bezugs von Leistungen, die nach § 339 des Dritten Buches berechnet werden, als zwölf Monate.

(2) Der Beitritt ist der Krankenkasse innerhalb von drei Monaten anzuzeigen
1. im Falle des Absatzes 1 Nr. 1 nach Beendigung der Mitgliedschaft,

2. im Falle des Absatzes 1 Nr. 2 nach Beendigung der Versicherung oder nach Geburt des Kindes,
3. im Falle des Absatzes 1 Satz 1 Nummer 3 nach Aufnahme der Beschäftigung,
4. im Falle des Absatzes 1 Nr. 4 nach Feststellung der Behinderung nach § 151 des Neunten Buches,
5. im Falle des Absatzes 1 Nummer 5 nach Rückkehr in das Inland oder nach Beendigung der Tätigkeit bei der zwischenstaatlichen oder überstaatlichen Organisation,
6. im Falle des Absatzes 1 Satz 1 Nummer 8 nach dem Ausscheiden aus dem Dienst als Soldatin oder Soldat auf Zeit.

(3) Kann zum Zeitpunkt des Beitritts zur gesetzlichen Krankenversicherung nach Absatz 1 Nr. 7 eine Bescheinigung nach § 15 Abs. 1 oder 2 des Bundesvertriebenengesetzes nicht vorgelegt werden, reicht als vorläufiger Nachweis der vom Bundesverwaltungsamt im Verteilungsverfahren nach § 8 Abs. 1 des Bundesvertriebenengesetzes ausgestellte Registrierschein und die Bestätigung der für die Ausstellung einer Bescheinigung nach § 15 Abs. 1 oder 2 des Bundesvertriebenengesetzes zuständigen Behörde, dass die Ausstellung dieser Bescheinigung beantragt wurde.

Dritter Abschnitt
Versicherung der Familienangehörigen

§10 Familienversicherung

(1) 1Versichert sind der Ehegatte, der Lebenspartner und die Kinder von Mitgliedern sowie die Kinder von familienversicherten Kindern, wenn diese Familienangehörigen

1. ihren Wohnsitz oder gewöhnlichen Aufenthalt im Inland haben,
2. nicht nach § 5 Abs. 1 Nr. 1, 2, 2a, 3 bis 8, 11 bis 12 oder nicht freiwillig versichert sind,
3. nicht versicherungsfrei oder nicht von der Versicherungspflicht befreit sind; dabei bleibt die Versicherungsfreiheit nach § 7 außer Betracht,
4. nicht hauptberuflich selbständig erwerbstätig sind und
5. kein Gesamteinkommen haben, das regelmäßig im Monat ein Siebtel der monatlichen Bezugsgröße nach § 18 des Vierten Buches überschreitet; bei Abfindungen, Entschädigungen oder ähnlichen Leistungen (Entlassungsentschädigungen), die wegen der Beendigung eines Arbeitsverhältnisses in Form nicht monatlich wiederkehrender Leistungen gezahlt werden, wird das zuletzt erzielte monatliche Arbeitsentgelt für die der Auszahlung der Entlassungsentschädigung folgenden Monate bis zu dem Monat berücksichtigt, in dem im Fall der Fortzahlung des Arbeitsentgelts die Höhe der gezahlten Entlassungsentschädigung erreicht worden wäre; bei Renten wird der Zahlbetrag ohne den auf Entgeltpunkte für Kindererziehungszeiten entfallenden Teil berücksichtigt; für Familienangehörige, die eine geringfügige Beschäftigung nach § 8 Absatz 1 Nummer 1 oder § 8a des Vierten Buches in Verbindung mit § 8 Absatz 1 Nummer 1 des Vierten Buches ausüben, ist ein regelmäßiges monatliches Gesamteinkommen bis zur Geringfügigkeitsgrenze zulässig.

2Eine hauptberufliche selbständige Tätigkeit im Sinne des Satzes 1 Nr. 4 ist nicht deshalb anzunehmen, weil eine Versicherung nach § 1 Abs. 3 des Gesetzes über die Alterssicherung der Landwirte vom 29. Juli 1994 (BGBl. I S. 1890, 1891) besteht. 3Ehegatten und Lebenspartner sind für die Dauer der Schutzfristen nach § 3 des Mutterschutzgesetzes sowie der Elternzeit nicht versichert, wenn sie zuletzt vor diesen Zeiträumen nicht gesetzlich krankenversichert waren.

(2) Kinder sind versichert

1. bis zur Vollendung des achtzehnten Lebensjahres,
2. bis zur Vollendung des dreiundzwanzigsten Lebensjahres, wenn sie nicht erwerbstätig sind,
3. bis zur Vollendung des fünfundzwanzigsten Lebensjahres, wenn sie sich in Schul- oder Berufsausbildung befinden oder ein freiwilliges soziales Jahr oder ein freiwilliges ökologisches Jahr im Sinne des Jugendfreiwilligendienstegesetzes leisten; wird die Schul- oder Berufsausbildung durch Erfüllung einer gesetzlichen Dienstpflicht des Kindes unterbrochen oder verzögert, besteht die Versicherung auch für einen der Dauer dieses Dienstes entsprechenden Zeitraum über das fünfundzwanzigste Lebensjahr hinaus; dies gilt auch bei einer Unterbrechung oder Verzögerung durch den freiwilligen Wehrdienst nach § 58b des Soldatengesetzes, einen Freiwilligendienst nach dem Bundesfreiwilligendienstgesetz, dem Jugendfreiwilligendienstegesetz oder einen vergleichbaren anerkannten Freiwilligendienst oder durch eine Tätigkeit als Entwicklungshelfer im Sinne des § 1 Absatz 1 des Entwicklungshelfer-Gesetzes für die Dauer von höchstens zwölf Monaten; wird als Berufsausbildung ein Studium an einer staatlichen oder staatlich anerkannten Hochschule abgeschlossen, besteht die Versicherung bis zum Ablauf des Semesters fort, längstens bis zur Vollendung des 25. Lebensjahres; § 186 Absatz 7 Satz 2 und 3 gilt entsprechend,

4. ohne Altersgrenze, wenn sie als Menschen mit Behinderungen (§ 2 Abs. 1 Satz 1 des Neunten Buches) außerstande sind, sich selbst zu unterhalten; Voraussetzung ist, daß die Behinderung zu einem Zeitpunkt vorlag, in dem das Kind innerhalb der Altersgrenzen nach den Nummern 1, 2 oder 3 familienversichert war oder die Familienversicherung nur wegen einer Vorrangversicherung nach Absatz 1 Satz 1 Nummer 2 ausgeschlossen war.

(3) Kinder sind nicht versichert, wenn der mit den Kindern verwandte Ehegatte oder Lebenspartner des Mitglieds nicht Mitglied einer Krankenkasse ist und sein Gesamteinkommen regelmäßig im Monat ein Zwölftel der Jahresarbeitsentgeltgrenze übersteigt und regelmäßig höher als das Gesamteinkommen des Mitglieds ist; bei Renten wird der Zahlbetrag berücksichtigt.

(4) $_{1}$Als Kinder im Sinne der Absätze 1 bis 3 gelten auch Stiefkinder und Enkel, die das Mitglied überwiegend unterhält oder in seinen Haushalt aufgenommen hat, sowie Pflegekinder (§ 56 Abs. 2 Nr. 2 des Ersten Buches). $_{2}$Kinder, die mit dem Ziel der Annahme als Kind in die Obhut des Annehmenden aufgenommen sind und für die die zur Annahme erforderliche Einwilligung der Eltern erteilt ist, gelten als Kinder des Annehmenden und nicht mehr als Kinder der leiblichen Eltern. $_{3}$Stiefkinder im Sinne des Satzes 1 sind auch die Kinder des Lebenspartners eines Mitglieds.

(5) Sind die Voraussetzungen der Absätze 1 bis 4 mehrfach erfüllt, wählt das Mitglied die Krankenkasse.

(6) $_{1}$Das Mitglied hat die nach den Absätzen 1 bis 4 Versicherten mit den für die Durchführung der Familienversicherung notwendigen Angaben sowie die Änderung dieser Angaben an die zuständige Krankenkasse zu melden. $_{2}$Der Spitzenverband Bund der Krankenkassen legt für die Meldung nach Satz 1 ein einheitliches Verfahren und einheitliche Meldevordrucke fest.

Drittes Kapitel
Leistungen der Krankenversicherung

Erster Abschnitt
Übersicht über die Leistungen

§ 11 Leistungsarten

(1) Versicherte haben nach den folgenden Vorschriften Anspruch auf Leistungen

1. bei Schwangerschaft und Mutterschaft (§§ 24c bis 24i),
2. zur Verhütung von Krankheiten und von deren Verschlimmerung sowie zur Empfängnisverhütung, bei Sterilisation und bei Schwangerschaftsabbruch (§§ 20 bis 24b),
3. zur Erfassung von gesundheitlichen Risiken und Früherkennung von Krankheiten (§§ 25 und 26),
4. zur Behandlung einer Krankheit (§§ 27 bis 52),
5. des Persönlichen Budgets nach § 29 des Neunten Buches.

(2) $_{1}$Versicherte haben auch Anspruch auf Leistungen zur medizinischen Rehabilitation sowie auf unterhaltssichernde und andere ergänzende Leistungen, die notwendig sind, um eine Behinderung oder Pflegebedürftigkeit abzuwenden, zu beseitigen, zu mindern, auszugleichen, ihre Verschlimmerung zu verhüten oder ihre Folgen zu mildern. $_{2}$Leistungen der aktivierenden Pflege nach Eintritt von Pflegebedürftigkeit werden von den Pflegekassen erbracht. $_{3}$Die Leistungen nach Satz 1 werden unter Beachtung des Neunten Buches erbracht, soweit in diesem Buch nichts anderes bestimmt ist.

(3) $_{1}$Bei stationärer Behandlung umfassen die Leistungen auch die aus medizinischen Gründen notwendige Mitaufnahme einer Begleitperson des Versicherten oder bei stationärer Behandlung in einem Krankenhaus nach § 108 oder einer Vorsorge- oder Rehabilitationseinrichtung nach § 107 Absatz 2 die Mitaufnahme einer Pflegekraft, soweit Versicherte ihre Pflege nach § 63b Absatz 6 Satz 1 des Zwölften Buches durch von ihnen beschäftigte besondere Pflegekräfte sicherstellen. $_{2}$Ist bei stationärer Behandlung die Anwesenheit einer Begleitperson aus medizinischen Gründen notwendig, eine Mitaufnahme in die stationäre Einrichtung jedoch nicht möglich, kann die Unterbringung der Begleitperson auch außerhalb des Krankenhauses oder der Vorsorge- oder Rehabilitationseinrichtung erfolgen. $_{3}$Die Krankenkasse bestimmt nach den medizinischen Erfordernissen des Einzelfalls Art und Dauer der Leistungen für eine Unterbringung nach Satz 2 nach pflichtgemäßem Ermessen; die Kosten dieser Leistungen dürfen nicht höher sein als die für eine Mitaufnahme der Begleitperson in die stationäre Einrichtung nach Satz 1 anfallenden Kosten.

(4) $_{1}$Versicherte haben Anspruch auf ein Versorgungsmanagement insbesondere zur Lösung von Problemen beim Übergang in die verschiedenen Versorgungsbereiche; dies umfasst auch die fachärztliche Anschlussversorgung. $_{2}$Die betroffenen Leistungserbringer sorgen für eine sachgerechte Anschlussversorgung des Versicherten und übermitteln sich gegenseitig die erforderlichen Informationen. $_{3}$Sie sind zur Erfüllung dieser Aufgabe von den Krankenkassen zu unterstützen. $_{4}$In das Versorgungsmanagement sind die Pflegeeinrichtungen einzubeziehen; dabei ist eine enge Zusammenarbeit mit Pflegeberatern

V

und Pflegeberaterinnen nach § 7a des Elften Buches zu gewährleisten. $_{5}$Das Versorgungsmanagement und eine dazu erforderliche Übermittlung von Daten darf nur mit Einwilligung und nach vorheriger Information des Versicherten erfolgen. $_{6}$Soweit in Verträgen nach § 140a nicht bereits entsprechende Regelungen vereinbart sind, ist das Nähere im Rahmen von Verträgen mit sonstigen Leistungserbringern der gesetzlichen Krankenversicherung und mit Leistungserbringern nach dem Elften Buch sowie mit den Pflegekassen zu regeln.

(5) $_{1}$Auf Leistungen besteht kein Anspruch, wenn sie als Folge eines Arbeitsunfalls oder einer Berufskrankheit im Sinne der gesetzlichen Unfallversicherung zu erbringen sind. $_{2}$Dies gilt auch in Fällen des § 12a des Siebten Buches.

(6) $_{1}$Die Krankenkasse kann in ihrer Satzung zusätzliche vom Gemeinsamen Bundesausschuss nicht ausgeschlossene Leistungen in der fachlich gebotenen Qualität im Bereich der medizinischen Vorsorge und Rehabilitation (§§ 23, 40), der Leistungen von Hebammen bei Schwangerschaft und Mutterschaft (§ 24d), der künstlichen Befruchtung (§ 27a), der zahnärztlichen Behandlung ohne die Versorgung mit Zahnersatz (§ 28 Absatz 2), bei der Versorgung mit nicht verschreibungspflichtigen apothekenpflichtigen Arzneimitteln (§ 34 Absatz 1 Satz 1), mit Heilmitteln (§ 32), mit Hilfsmitteln (§ 33) und mit digitalen Gesundheitsanwendungen (§ 33a), im Bereich der häuslichen Krankenpflege (§ 37) und der Haushaltshilfe (§ 38) sowie Leistungen von nicht zugelassenen Leistungserbringern vorsehen. $_{2}$Die Satzung muss insbesondere die Art, die Dauer und den Umfang der Leistung bestimmen; sie hat hinreichende Anforderungen an die Qualität der Leistungserbringung zu regeln. $_{3}$Die zusätzlichen Leistungen sind von den Krankenkassen in ihrer Rechnungslegung gesondert auszuweisen.

Zweiter Abschnitt
Gemeinsame Vorschriften

§ 12 Wirtschaftlichkeitsgebot

(1) $_{1}$Die Leistungen müssen ausreichend, zweckmäßig und wirtschaftlich sein; sie dürfen das Maß des Notwendigen nicht überschreiten. $_{2}$Leistungen, die nicht notwendig oder unwirtschaftlich sind, können Versicherte nicht beanspruchen, dürfen die Leistungserbringer nicht bewirken und die Krankenkassen nicht bewilligen.

(2) Ist für eine Leistung ein Festbetrag festgesetzt, erfüllt die Krankenkasse ihre Leistungspflicht mit dem Festbetrag.

(3) Hat die Krankenkasse Leistungen ohne Rechtsgrundlage oder entgegen geltendem Recht erbracht und hat ein Vorstandsmitglied hiervon gewußt oder hätte es hiervon wissen müssen, hat die zuständige Aufsichtsbehörde nach Anhörung des Vorstandsmitglieds den Verwaltungsrat zu veranlassen, den Geschäftsführer auf Ersatz des aus der Pflichtverletzung entstandenen Schadens in Anspruch zu nehmen, falls der Vorstand das Regreßverfahren nicht bereits von sich aus eingeleitet hat.

§ 13 Kostenerstattung

(1) Die Krankenkasse darf anstelle der Sach- oder Dienstleistung (§ 2 Abs. 2) Kosten nur erstatten, soweit es dieses oder das Neunte Buch vorsieht.

(2) $_{1}$Versicherte können anstelle der Sach- oder Dienstleistungen Kostenerstattung wählen. $_{2}$Hierüber haben sie ihre Krankenkasse vor Inanspruchnahme der Leistung in Kenntnis zu setzen. $_{3}$Der Leistungserbringer hat die Versicherten vor Inanspruchnahme der Leistung darüber zu informieren, dass Kosten, die nicht von der Krankenkasse übernommen werden, von dem Versicherten zu tragen sind. $_{4}$Eine Einschränkung der Wahl auf den Bereich der ärztlichen Versorgung, der zahnärztlichen Versorgung, den stationären Bereich oder auf veranlasste Leistungen ist möglich. $_{5}$Nicht im Vierten Kapitel genannte Leistungserbringer dürfen nur nach vorheriger Zustimmung der Krankenkasse in Anspruch genommen werden. $_{6}$Eine Zustimmung kann erteilt werden, wenn medizinische oder soziale Gründe eine Inanspruchnahme dieser Leistungserbringer rechtfertigen und eine zumindest gleichwertige Versorgung gewährleistet ist. $_{7}$Die Inanspruchnahme von Leistungserbringern nach § 95b Absatz 3 Satz 1 im Wege der Kostenerstattung ist ausgeschlossen. $_{8}$Anspruch auf Erstattung besteht höchstens in Höhe der Vergütung, die die Krankenkasse bei Erbringung als Sachleistung zu tragen hätte. $_{9}$Die Satzung hat das Verfahren der Kostenerstattung zu regeln. $_{10}$Sie kann dabei Abschläge vom Erstattungsbetrag für Verwaltungskosten in Höhe von höchstens 5 Prozent in Abzug bringen. $_{11}$Im Falle der Kostenerstattung nach § 129 Absatz 1 Satz 6 sind die der Krankenkasse entgangenen Rabatte nach § 130a Absatz 8 sowie die Mehrkosten im Vergleich zur Abgabe eines Arzneimittels nach § 129 Absatz 1 Satz 3 und 5 zu berücksichtigen; die Abschläge sollen pauschaliert werden. $_{12}$Die Versicherten sind an ihre Wahl der Kostenerstattung mindestens ein Kalendervierteljahr gebunden.

(3) $_{1}$Konnte die Krankenkasse eine unaufschiebbare Leistung nicht rechtzeitig erbringen oder hat sie eine Leistung zu Unrecht abgelehnt und sind dadurch Versicherten für die selbstbeschaffte Leistung Kosten entstanden, sind diese von der Krankenkasse in der entstandenen Höhe zu erstatten, soweit die Leistung notwendig war. $_{2}$Die Kosten für selbstbeschaffte Leistungen zur medizinischen Rehabilitation nach dem Neunten Buch werden nach § 18 des

Neunten Buches erstattet. $_{3}$Die Kosten für selbstbeschaffte Leistungen, die durch einen Psychotherapeuten erbracht werden, sind erstattungsfähig, sofern dieser die Voraussetzungen des § 95c erfüllt.

(3a) $_{1}$Die Krankenkasse hat über einen Antrag auf Leistungen zügig, spätestens bis zum Ablauf von drei Wochen nach Antragseingang oder in Fällen, in denen eine gutachtliche Stellungnahme, insbesondere des Medizinischen Dienstes, eingeholt wird, innerhalb von fünf Wochen nach Antragseingang zu entscheiden. $_{2}$Wenn die Krankenkasse eine gutachtliche Stellungnahme für erforderlich hält, hat sie diese unverzüglich einzuholen und die Leistungsberechtigten hierüber zu unterrichten. $_{3}$Der Medizinische Dienst nimmt innerhalb von drei Wochen gutachtlich Stellung. $_{4}$Wird ein im Bundesmantelvertrag für Zahnärzte vorgesehenes Gutachterverfahren gemäß § 87 Absatz 1c durchgeführt, hat die Krankenkasse ab Antragseingang innerhalb von sechs Wochen zu entscheiden; der Gutachter nimmt innerhalb von vier Wochen Stellung. $_{5}$Kann die Krankenkasse Fristen nach Satz 1 oder Satz 4 nicht einhalten, teilt sie dies den Leistungsberechtigten unter Darlegung der Gründe rechtzeitig schriftlich oder elektronisch mit; für die elektronische Mitteilung gilt § 37 Absatz 2b des Zehnten Buches entsprechend. $_{6}$Erfolgt keine Mitteilung eines hinreichenden Grundes, gilt die Leistung nach Ablauf der Frist als genehmigt. $_{7}$Beschaffen sich Leistungsberechtigte nach Ablauf der Frist eine erforderliche Leistung selbst, ist die Krankenkasse zur Erstattung der hierdurch entstandenen Kosten verpflichtet. $_{8}$Die Krankenkasse berichtet dem Spitzenverband Bund der Krankenkassen jährlich über die Anzahl der Fälle, in denen Fristen nicht eingehalten oder Kostenerstattungen vorgenommen wurden. $_{9}$Für Leistungen zur medizinischen Rehabilitation gelten die §§ 14 bis 24 des Neunten Buches zur Koordinierung der Leistungen und zur Erstattung selbst beschaffter Leistungen.

(4) $_{1}$Versicherte sind berechtigt, auch Leistungserbringer in einem anderen Mitgliedstaat der Europäischen Union, einem anderen Vertragsstaat des Abkommens über den Europäischen Wirtschaftsraum oder der Schweiz anstelle der Sach- oder Dienstleistung im Wege der Kostenerstattung in Anspruch zu nehmen, es sei denn, Behandlungen für diesen Personenkreis im anderen Staat sind auf der Grundlage eines Pauschbetrages zu erstatten oder unterliegen auf Grund eines vereinbarten Erstattungsverzichts nicht der Erstattung. $_{2}$Es dürfen nur solche Leistungserbringer in Anspruch genommen werden, bei denen die Bedingungen des Zugangs und der Ausübung des Berufes Gegenstand einer Richtlinie der Europäischen Gemeinschaft sind oder die im jeweiligen nationalen System der Krankenversicherung des Aufenthaltsstaates zur Versorgung der Versicherten berechtigt sind. $_{3}$Der Anspruch auf Erstattung besteht höchstens in Höhe der Vergütung, die die Krankenkasse bei Erbringung als Sachleistung im Inland zu tragen hätte. $_{4}$Die Satzung hat das Verfahren der Kostenerstattung zu regeln. $_{5}$Sie hat dabei ausreichende Abschläge vom Erstattungsbetrag für Verwaltungskosten in Höhe von höchstens 5 Prozent vorzusehen sowie vorgesehene Zuzahlungen in Abzug zu bringen. $_{6}$Ist eine dem allgemein anerkannten Stand der medizinischen Erkenntnisse entsprechende Behandlung einer Krankheit nur in einem anderen Mitgliedstaat der Europäischen Union oder einem anderen Vertragsstaat des Abkommens über den Europäischen Wirtschaftsraum möglich, kann die Krankenkasse die Kosten der erforderlichen Behandlung auch ganz übernehmen.

(5) $_{1}$Abweichend von Absatz 4 können in einem anderen Mitgliedstaat der Europäischen Union, einem anderen Vertragsstaat des Abkommens über den Europäischen Wirtschaftsraum oder der Schweiz Krankenhausleistungen nach § 39 nur nach vorheriger Zustimmung durch die Krankenkassen in Anspruch genommen werden. $_{2}$Die Zustimmung darf nur versagt werden, wenn die gleiche oder eine für den Versicherten ebenso wirksame, dem allgemein anerkannten Stand der medizinischen Erkenntnisse entsprechende Behandlung einer Krankheit rechtzeitig bei einem Vertragspartner der Krankenkasse im Inland erlangt werden kann.

(6) § 18 Abs. 1 Satz 2 und Abs. 2 gilt in den Fällen der Absätze 4 und 5 entsprechend.

§ 14 Teilkostenerstattung

(1) $_{1}$Die Satzung kann für Angestellte und Versorgungsempfänger der Krankenkassen und ihrer Verbände, für die eine Dienstordnung nach § 351 der Reichsversicherungsordnung gilt, und für Beamte, die in einer Betriebskrankenkasse oder in der knappschaftlichen Krankenversicherung tätig sind, bestimmen, daß an die Stelle der nach diesem Buch vorgesehenen Leistungen ein Anspruch auf Teilkostenerstattung tritt. $_{2}$Sie hat die Höhe des Erstattungsanspruchs in Vomhundertsätzen festzulegen und das Nähere über die Durchführung des Erstattungsverfahrens zu regeln.

(2) $_{1}$Die in Absatz 1 genannten Versicherten können sich jeweils im voraus für die Dauer von zwei Jahren für die Teilkostenerstattung nach Absatz 1 entscheiden. $_{2}$Die Entscheidung wirkt auch für ihre nach § 10 versicherten Angehörigen.

§ 15 Ärztliche Behandlung, elektronische Gesundheitskarte

(1) $_{1}$Ärztliche oder zahnärztliche Behandlung wird von Ärzten oder Zahnärzten erbracht, soweit nicht in Modell-

vorhaben nach § 63 Abs. 3c etwas anderes bestimmt ist. $_{2}$Sind Hilfeleistungen anderer Personen erforderlich, dürfen sie nur erbracht werden, wenn sie vom Arzt (Zahnarzt) angeordnet und von ihm verantwortet werden.

(2) $_{1}$Versicherte, die ärztliche, zahnärztliche oder psychotherapeutische Behandlung in Anspruch nehmen, haben dem Arzt, Zahnarzt oder Psychotherapeuten vor Beginn der Behandlung ihre elektronische Gesundheitskarte zum Nachweis der Berechtigung zur Inanspruchnahme von Leistungen auszuhändigen. $_{2}$Ab dem 1. Januar 2024 kann der Versicherte den Nachweis nach Satz 1 auch durch eine digitale Identität nach § 291 Absatz 8 erbringen.

(3) $_{1}$Für die Inanspruchnahme anderer Leistungen stellt die Krankenkasse den Versicherten Berechtigungsscheine aus, soweit es zweckmäßig ist. $_{2}$Der Berechtigungsschein ist vor der Inanspruchnahme der Leistung dem Leistungserbringer auszuhändigen.

(4) $_{1}$In den Berechtigungsscheinen sind die Angaben nach § 291a Absatz 2 Nummer 1 bis 9 und 11, bei befristeter Gültigkeit das Datum des Fristablaufs, aufzunehmen. $_{2}$Weitere Angaben dürfen nicht aufgenommen werden.

(5) In dringenden Fällen kann die elektronische Gesundheitskarte oder der Berechtigungsschein nachgereicht werden.

(6) $_{1}$Jeder Versicherte erhält die elektronische Gesundheitskarte bei der erstmaligen Ausgabe und bei Beginn der Versicherung bei einer Krankenkasse sowie bei jeder weiteren, nicht vom Versicherten verschuldeten erneuten Ausgabe gebührenfrei. $_{2}$Die Krankenkassen haben einem Missbrauch der Karten durch geeignete Maßnahmen entgegenzuwirken. $_{3}$Muß die Karte auf Grund von vom Versicherten verschuldeten Gründen neu ausgestellt werden, kann eine Gebühr von 5 Euro erhoben werden; diese Gebühr ist auch von den nach § 10 Versicherten zu zahlen. $_{4}$Satz 3 gilt entsprechend, wenn die Karte aus vom Versicherten verschuldeten Gründen nicht ausgestellt werden kann und von der Krankenkasse eine zur Überbrückung von Übergangszeiten befristete Ersatzbescheinigung zum Nachweis der Berechtigung zur Inanspruchnahme von Leistungen ausgestellt wird. $_{5}$Die wiederholte Ausstellung einer Bescheinigung nach Satz 4 kommt nur in Betracht, wenn der Versicherte bei der Ausstellung der elektronischen Gesundheitskarte mitwirkt; hierauf ist der Versicherte bei der erstmaligen Ausstellung einer Ersatzbescheinigung hinzuweisen. $_{6}$Die Krankenkasse kann die Aushändigung der elektronischen Gesundheitskarte vom Vorliegen der Meldung nach § 10 Abs. 6 abhängig machen.

§ 16 Ruhen des Anspruchs

(1) $_{1}$Der Anspruch auf Leistungen ruht, solange Versicherte

1. sich im Ausland aufhalten, und zwar auch dann, wenn sie dort während eines vorübergehenden Aufenthalts erkranken, soweit in diesem Gesetzbuch nichts Abweichendes bestimmt ist,
2. Dienst auf Grund einer gesetzlichen Dienstpflicht oder Dienstleistungen und Übungen nach dem Vierten Abschnitt des Soldatengesetzes leisten,

2a. in einem Wehrdienstverhältnis besonderer Art nach § 6 des Einsatz-Weiterverwendungsgesetzes stehen,

3. nach dienstrechtlichen Vorschriften Anspruch auf Heilfürsorge haben oder als Entwicklungshelfer Entwicklungsdienst leisten,
4. sich in Untersuchungshaft befinden, nach § 126a der Strafprozeßordnung einstweilen untergebracht sind oder gegen sie eine Freiheitsstrafe oder freiheitsentziehende Maßregel der Besserung und Sicherung vollzogen wird, soweit die Versicherten als Gefangene Anspruch auf Gesundheitsfürsorge nach dem Strafvollzugsgesetz haben oder sonstige Gesundheitsfürsorge erhalten.

$_{2}$Satz 1 gilt nicht für den Anspruch auf Mutterschaftsgeld.

(2) Der Anspruch auf Leistungen ruht, soweit Versicherte gleichartige Leistungen von einem Träger der Unfallversicherung im Ausland erhalten.

(3) $_{1}$Der Anspruch auf Leistungen ruht, soweit durch das Seearbeitsgesetz für den Fall der Erkrankung oder Verletzung Vorsorge getroffen ist. $_{2}$Er ruht insbesondere, solange sich das Besatzungsmitglied an Bord des Schiffes oder auf der Reise befindet, es sei denn, das Besatzungsmitglied hat nach § 100 Absatz 1 des Seearbeitsgesetzes die Leistungen der Krankenkasse gewählt oder der Reeder hat das Besatzungsmitglied nach § 100 Absatz 2 des Seearbeitsgesetzes an die Krankenkasse verwiesen.

(3a) $_{1}$Der Anspruch auf Leistungen für nach dem Künstlersozialversicherungsgesetz Versicherte, die mit einem Betrag in Höhe von Beitragsanteilen für zwei Monate im Rückstand sind und trotz Mahnung nicht zahlen, ruht nach näherer Bestimmung des § 16 Abs. 2 des Künstlersozialversicherungsgesetzes. $_{2}$Satz 1 gilt nicht für den Anspruch auf Untersuchungen zur Früherkennung von Krankheiten nach den §§ 25 und 26 und für den Anspruch auf Leistungen, die zur Behandlung akuter Erkrankungen und Schmerzzustände sowie bei Schwangerschaft und Mutterschaft erforderlich sind. $_{3}$Die Sätze 1 und 2 gelten entsprechend für Mitglieder nach den Vorschriften dieses Buches, die mit einem Betrag in Höhe von Beitragsanteilen für zwei Monate im Rückstand sind und trotz Mahnung nicht zahlen; das Ruhen endet, wenn alle rückständigen und die auf die Zeit des Ruhens entfallenden Beitragsanteile gezahlt sind. $_{4}$Ist eine wirksame Ratenzahlungsvereinbarung zu Stande gekommen, hat das Mitglied ab diesem Zeitpunkt wieder Anspruch auf Leistungen, solange die Raten vertragsgemäß entrichtet werden. $_5$Das Ruhen tritt nicht ein oder endet, wenn Versicherte hilfebedürftig im Sinne des Zweiten oder Zwölften Buches sind oder werden.

(3b) Sind Versicherte mit einem Betrag in Höhe von Beitragsanteilen für zwei Monate im Rückstand, hat die Krankenkasse sie schriftlich darauf hinzuweisen, dass sie im Fall der Hilfebedürftigkeit die Übernahme der Beiträge durch den zuständigen Sozialleistungsträger beantragen können.

(4) Der Anspruch auf Krankengeld ruht nicht, solange sich Versicherte nach Eintritt der Arbeitsunfähigkeit mit Zustimmung der Krankenkasse außerhalb des Geltungsbereichs dieses Gesetzbuchs aufhalten.

§ 17 Leistungen bei Beschäftigung im Ausland

(1) $_1$Mitglieder, die im Ausland beschäftigt sind und während dieser Beschäftigung erkranken oder bei denen Leistungen bei Schwangerschaft oder Mutterschaft erforderlich sind, erhalten die ihnen nach diesem Kapitel zustehenden Leistungen von ihrem Arbeitgeber. $_2$Satz 1 gilt entsprechend für

1. die nach § 10 versicherten Familienangehörigen und
2. Familienangehörige in Elternzeit, wenn sie wegen § 10 Absatz 1 Satz 1 Nummer 2 nicht familienversichert sind,

soweit die Familienangehörigen das Mitglied für die Zeit dieser Beschäftigung begleiten oder besuchen.

(2) Die Krankenkasse des Versicherten hat dem Arbeitgeber die ihm nach Absatz 1 entstandenen Kosten bis zu der Höhe zu erstatten, in der sie ihr im Inland entstanden wären.

(3) Die zuständige Krankenkasse hat dem Reeder die Aufwendungen zu erstatten, die ihm nach § 104 Absatz 2 des Seearbeitsgesetzes entstanden sind.

§ 18 Kostenübernahme bei Behandlung außerhalb des Geltungsbereichs des Vertrages zur Gründung der Europäischen Gemeinschaft und des Abkommens über den Europäischen Wirtschaftsraum

(1) $_1$Ist eine dem allgemein anerkannten Stand der medizinischen Erkenntnisse entsprechende Behandlung einer Krankheit nur außerhalb des Geltungsbereichs des Vertrages zur Gründung der Europäischen Gemeinschaft und des Abkommens über den Europäischen Wirtschaftsraum möglich, kann die Krankenkasse die Kosten der erforderlichen Behandlung ganz oder teilweise übernehmen. $_2$Der Anspruch auf Krankengeld ruht in diesem Fall nicht.

(2) In den Fällen des Absatzes 1 kann die Krankenkasse auch weitere Kosten für den Versicherten und für eine erforderliche Begleitperson ganz oder teilweise übernehmen.

(3) $_1$Ist während eines vorübergehenden Aufenthalts außerhalb des Geltungsbereichs des Vertrages zur Gründung der Europäischen Gemeinschaft und des Abkommens über den Europäischen Wirtschaftsraum eine Behandlung unverzüglich erforderlich, die auch im Inland möglich wäre, hat die Krankenkasse die Kosten der erforderlichen Behandlung insoweit zu übernehmen, als Versicherte sich hierfür wegen einer Vorerkrankung oder ihres Lebensalters nachweislich nicht versichern können und die Krankenkasse dies vor Beginn des Auslandsaufenthalts festgestellt hat. $_2$Die Kosten dürfen nur bis zu der Höhe, in der sie im Inland entstanden wären, und nur für längstens sechs Wochen im Kalenderjahr übernommen werden. $_3$Eine Kostenübernahme ist nicht zulässig, wenn Versicherte sich zur Behandlung ins Ausland begeben. $_4$Die Sätze 1 und 3 gelten entsprechend für Auslandsaufenthalte, die aus schulischen oder Studiengründen erforderlich sind; die Kosten dürfen nur bis zu der Höhe übernommen werden, in der sie im Inland entstanden wären.

§ 19 Erlöschen des Leistungsanspruchs

(1) Der Anspruch auf Leistungen erlischt mit dem Ende der Mitgliedschaft, soweit in diesem Gesetzbuch nichts Abweichendes bestimmt ist.

(1a) $_1$Endet die Mitgliedschaft durch die Schließung oder Insolvenz einer Krankenkasse, gelten die von dieser Krankenkasse getroffenen Leistungsentscheidungen mit Wirkung für die aufnehmende Krankenkasse fort. $_2$Hiervon ausgenommen sind Leistungen aufgrund von Satzungsregelungen. $_3$Beim Abschluss von Wahltarifen, die ein Mitglied zum Zeitpunkt der Schließung in vergleichbarer Form bei der bisherigen Krankenkasse abgeschlossen hatte, dürfen von der aufnehmenden Krankenkasse keine Wartezeiten geltend gemacht werden. $_4$Die Vorschriften des Zehnten Buches, insbesondere zur Rücknahme von Leistungsentscheidungen, bleiben hiervon unberührt.

(2) $_1$Endet die Mitgliedschaft Versicherungspflichtiger, besteht Anspruch auf Leistungen längstens für einen Monat nach dem Ende der Mitgliedschaft, solange keine Erwerbstätigkeit ausgeübt wird. $_2$Eine Versicherung nach § 10 hat Vorrang vor dem Leistungsanspruch nach Satz 1.

(3) Endet die Mitgliedschaft durch Tod, erhalten die nach § 10 versicherten Angehörigen Leistungen längstens für einen Monat nach dem Tode des Mitglieds.

Dritter Abschnitt
Leistungen zur Verhütung von Krankheiten, betriebliche Gesundheitsförderung und Prävention arbeitsbedingter Gesundheitsgefahren, Förderung der Selbsthilfe sowie Leistungen bei Schwangerschaft und Mutterschaft

§ 20 Primäre Prävention und Gesundheitsförderung

(1) 1Die Krankenkasse sieht in der Satzung Leistungen zur Verhinderung und Verminderung von Krankheitsrisiken (primäre Prävention) sowie zur Förderung des selbstbestimmten gesundheitsorientierten Handelns der Versicherten (Gesundheitsförderung) vor. 2Die Leistungen sollen insbesondere zur Verminderung sozial bedingter sowie geschlechtsbezogener Ungleichheit von Gesundheitschancen beitragen und kind- und jugendspezifische Belange berücksichtigen. 3Die Krankenkasse legt dabei die Handlungsfelder und Kriterien nach Absatz 2 zugrunde.

V

(2) 1Der Spitzenverband Bund der Krankenkassen legt unter Einbeziehung unabhängigen, insbesondere gesundheitswissenschaftlichen, ärztlichen, arbeitsmedizinischen, psychotherapeutischen, psychologischen, pflegerischen, ernährungs-, sport-, sucht-, erziehungs- und sozialwissenschaftlichen Sachverstandes sowie des Sachverstandes der Menschen mit Behinderung einheitliche Handlungsfelder und Kriterien für die Leistungen nach Absatz 1 fest, insbesondere hinsichtlich Bedarf, Zielgruppen, Zugangswegen, Inhalt, Methodik, Qualität, intersektoraler Zusammenarbeit, wissenschaftlicher Evaluation und der Messung der Erreichung der mit den Leistungen verfolgten Ziele. 2Er bestimmt außerdem die Anforderungen und ein einheitliches Verfahren für die Zertifizierung von Leistungsangeboten durch die Krankenkassen, um insbesondere die einheitliche Qualität von Leistungen nach Absatz 4 Nummer 1 und 3 sicherzustellen. 3Der Spitzenverband Bund der Krankenkassen stellt sicher, dass seine Festlegungen nach den Sätzen 1 und 2 sowie eine Übersicht der nach Satz 2 zertifizierten Leistungen der Krankenkassen auf seiner Internetseite veröffentlicht werden. 4Die Krankenkassen erteilen dem Spitzenverband Bund der Krankenkassen hierfür sowie für den nach § 20d Absatz 2 Nummer 2 zu erstellenden Bericht die erforderlichen Auskünfte und übermitteln ihm nicht versichertenbezogen die erforderlichen Daten.

(3) 1Bei der Aufgabenwahrnehmung nach Absatz 2 Satz 1 berücksichtigt der Spitzenverband Bund der Krankenkassen auch die folgenden Gesundheitsziele im Bereich der Gesundheitsförderung und Prävention:

1. Diabetes mellitus Typ 2: Erkrankungsrisiko senken, Erkrankte früh erkennen und behandeln,
2. Brustkrebs: Mortalität vermindern, Lebensqualität erhöhen,
3. Tabakkonsum reduzieren,
4. gesund aufwachsen: Lebenskompetenz, Bewegung, Ernährung,
5. gesundheitliche Kompetenz erhöhen, Souveränität der Patientinnen und Patienten stärken,
6. depressive Erkrankungen: verhindern, früh erkennen, nachhaltig behandeln,
7. gesund älter werden und
8. Alkoholkonsum reduzieren.

2Bei der Berücksichtigung des in Satz 1 Nummer 1 genannten Ziels werden auch die Ziele und Teilziele beachtet, die in der Bekanntmachung über die Gesundheitsziele und Teilziele im Bereich der Prävention und Gesundheitsförderung vom 21. März 2005 (BAnz. S. 5304) festgelegt sind. 3Bei der Berücksichtigung der in Satz 1 Nummer 2, 3 und 8 genannten Ziele werden auch die Ziele und Teilziele beachtet, die in der Bekanntmachung über die Gesundheitsziele und Teilziele im Bereich der Prävention und Gesundheitsförderung vom 27. April 2015 (BAnz. AT 19. 05. 2015 B3) festgelegt sind. 4Bei der Berücksichtigung der in Satz 1 Nummer 4 bis 7 genannten Ziele werden auch die Ziele und Teilziele beachtet, die in der Bekanntmachung über die Gesundheitsziele und Teilziele im Bereich der Prävention und Gesundheitsförderung vom 26. Februar 2013 (BAnz. AT 26. 03. 2013 B3) festgelegt sind. 5Der Spitzenverband Bund der Krankenkassen berücksichtigt auch die von der Nationalen Arbeitsschutzkonferenz im Rahmen der gemeinsamen deutschen Arbeitsschutzstrategie nach § 20a Absatz 2 Nummer 1 des Arbeitsschutzgesetzes entwickelten Arbeitsschutzziele.

(4) Leistungen nach Absatz 1 werden erbracht als

1. Leistungen zur verhaltensbezogenen Prävention nach Absatz 5,
2. Leistungen zur Gesundheitsförderung und Prävention in Lebenswelten für in der gesetzlichen Krankenversicherung Versicherte nach § 20a und
3. Leistungen zur Gesundheitsförderung in Betrieben (betriebliche Gesundheitsförderung) nach § 20b.

(5) 1Die Krankenkasse kann eine Leistung zur verhaltensbezogenen Prävention nach Absatz 4 Nummer 1 erbringen, wenn diese nach Absatz 2 Satz 2 von einer Krankenkasse oder von einem mit der Wahrnehmung dieser Aufgabe beauftragten Dritten in ihrem Namen zertifiziert ist. 2Bei ihrer Entscheidung über eine Leistung zur verhaltensbezogenen Prävention berücksichtigt die Kran-

kenkasse eine Präventionsempfehlung nach § 25 Absatz 1 Satz 2, nach § 26 Absatz 1 Satz 3 oder eine im Rahmen einer arbeitsmedizinischen Vorsorge oder einer sonstigen ärztlichen Untersuchung schriftlich abgegebene Empfehlung. 3Die Krankenkasse darf die sich aus der Präventionsempfehlung ergebenden personenbezogenen Daten nur mit schriftlicher oder elektronischer Einwilligung und nach vorheriger schriftlicher Information des Versicherten verarbeiten. 4Die Krankenkassen dürfen ihre Aufgaben nach dieser Vorschrift an andere Krankenkassen, deren Verbände oder Arbeitsgemeinschaften übertragen. 5Für Leistungen zur verhaltensbezogenen Prävention, die die Krankenkasse wegen besonderer beruflicher oder familiärer Umstände wohnortfern erbringt, gilt § 23 Absatz 2 Satz 2 entsprechend.

(6) 1Die Ausgaben der Krankenkassen für die Wahrnehmung ihrer Aufgaben nach dieser Vorschrift und nach den §§ 20a bis 20c sollen ab dem Jahr 2019 insgesamt für jeden ihrer Versicherten einen Betrag in Höhe von 7,52 Euro umfassen. 2Von diesem Betrag wenden die Krankenkassen für jeden ihrer Versicherten mindestens 2,15 Euro für Leistungen nach § 20a und mindestens 3,15 Euro für Leistungen nach § 20b auf. 3Von dem Betrag für Leistungen nach § 20b wenden die Krankenkassen für Leistungen nach § 20b, die in Einrichtungen nach § 107 Absatz 1 und in Einrichtungen nach § 71 Absatz 1 und 2 des Elften Buches erbracht werden, für jeden ihrer Versicherten mindestens 1 Euro auf. 4Unterschreiten die jährlichen Ausgaben einer Krankenkasse den Betrag nach Satz 2 für Leistungen nach § 20a, so stellt die Krankenkasse diese nicht ausgegebenen Mittel im Folgejahr zusätzlich für Leistungen nach § 20a zur Verfügung. 5Die Ausgaben nach den Sätzen 1 bis 3 sind in den Folgejahren entsprechend der prozentualen Veränderung der monatlichen Bezugsgröße nach § 18 Absatz 1 des Vierten Buches anzupassen. 6Unbeschadet der Verpflichtung nach Absatz 1 müssen die Ausgaben der Krankenkassen für die Wahrnehmung ihrer Aufgaben nach dieser Vorschrift und nach den §§ 20a bis 20c im Jahr 2020 nicht den in den Sätzen 1 bis 3 genannten Beträgen entsprechen. 7Im Jahr 2019 nicht ausgegebene Mittel für Leistungen nach § 20a hat die Krankenkasse nicht im Jahr 2020 für zusätzliche Leistungen nach § 20a zur Verfügung zu stellen.

§ 20a Leistungen zur Gesundheitsförderung und Prävention in Lebenswelten

(1) 1Lebenswelten im Sinne des § 20 Absatz 4 Nummer 2 sind für die Gesundheit bedeutsame, abgrenzbare soziale Systeme insbesondere des Wohnens, des Lernens, des Studierens, der medizinischen und pflegerischen Versorgung sowie der Freizeitgestaltung einschließlich des Sports. 2Die Krankenkassen fördern im Zusammenwirken mit dem öffentlichen Gesundheitsdienst unbeschadet der Aufgaben anderer auf der Grundlage von Rahmenvereinbarungen nach § 20f Absatz 1 mit Leistungen zur Gesundheitsförderung und Prävention in Lebenswelten insbesondere den Aufbau und die Stärkung gesundheitsförderlicher Strukturen. 3Hierzu erheben sie unter Beteiligung der Versicherten und der für die Lebenswelt Verantwortlichen die gesundheitliche Situation einschließlich ihrer Risiken und Potenziale und entwickeln Vorschläge zur Verbesserung der gesundheitlichen Situation sowie zur Stärkung der gesundheitlichen Ressourcen und Fähigkeiten und unterstützen deren Umsetzung. 4Bei der Wahrnehmung ihrer Aufgaben nach Satz 2 sollen die Krankenkassen zusammenarbeiten und kassenübergreifende Leistungen zur Gesundheitsförderung und Prävention in Lebenswelten erbringen. 5Bei der Erbringung von Leistungen für Personen, deren berufliche Eingliederung auf Grund gesundheitlicher Einschränkungen besonders erschwert ist, arbeiten die Krankenkassen mit der Bundesagentur für Arbeit und mit den kommunalen Trägern der Grundsicherung für Arbeitsuchende eng zusammen.

(2) Die Krankenkasse kann Leistungen zur Gesundheitsförderung und Prävention in Lebenswelten erbringen, wenn die Bereitschaft der für die Lebenswelt Verantwortlichen zur Umsetzung von Vorschlägen zur Verbesserung der gesundheitlichen Situation sowie zur Stärkung der gesundheitlichen Ressourcen und Fähigkeiten besteht und sie mit einer angemessenen Eigenleistung zur Umsetzung der Rahmenvereinbarungen nach § 20f beitragen.

(3) 1Zur Unterstützung der Krankenkassen bei der Wahrnehmung ihrer Aufgaben zur Gesundheitsförderung und Prävention in Lebenswelten für in der gesetzlichen Krankenversicherung Versicherte, insbesondere in Kindertageseinrichtungen, in sonstigen Einrichtungen der Kinder- und Jugendhilfe, in Schulen sowie in den Lebenswelten älterer Menschen und zur Sicherung und Weiterentwicklung der Qualität der Leistungen beauftragt der Spitzenverband Bund der Krankenkassen die Bundeszentrale für gesundheitliche Aufklärung ab dem Jahr 2016 insbesondere mit der Entwicklung der Art und der Qualität krankenkassenübergreifender Leistungen, deren Implementierung und deren wissenschaftlicher Evaluation. 2Der Spitzenverband Bund der Krankenkassen legt dem Auftrag die nach § 20 Absatz 2 Satz 1 festgelegten Handlungsfelder und Kriterien sowie die in den Rahmenvereinbarungen nach § 20f jeweils getroffenen Festlegungen zugrunde. 3Im Rahmen des Auftrags nach Satz 1 soll die Bundeszentrale für gesundheitliche Aufklärung geeignete Kooperationspartner heranziehen. 4Die Bundeszentrale für gesundheitliche Aufklärung erhält für die Ausführung

des Auftrags nach Satz 1 vom Spitzenverband Bund der Krankenkassen eine pauschale Vergütung in Höhe von mindestens 0,45 Euro aus dem Betrag, den die Krankenkassen nach § 20 Absatz 6 Satz 2 für Leistungen zur Gesundheitsförderung und Prävention in Lebenswelten aufzuwenden haben. $_{5}$Die Vergütung nach Satz 4 erfolgt quartalsweise und ist am ersten Tag des jeweiligen Quartals zu leisten. $_{6}$Sie ist nach Maßgabe von § 20 Absatz 6 Satz 5 jährlich anzupassen. $_{7}$Die Bundeszentrale für gesundheitliche Aufklärung stellt sicher, dass die vom Spitzenverband Bund der Krankenkassen geleistete Vergütung ausschließlich zur Durchführung des Auftrags nach diesem Absatz eingesetzt wird und dokumentiert dies nach Maßgabe des Spitzenverbandes Bund der Krankenkassen. $_{8}$Abweichend von Satz 4 erhält die Bundeszentrale für gesundheitliche Aufklärung im Jahr 2020 keine pauschale Vergütung für die Ausführung des Auftrags nach Satz 1.

(4) $_{1}$Das Nähere über die Beauftragung der Bundeszentrale für gesundheitliche Aufklärung nach Absatz 3, insbesondere zum Inhalt und Umfang, zur Qualität und zur Prüfung der Wirtschaftlichkeit sowie zu den für die Durchführung notwendigen Kosten, vereinbaren der Spitzenverband Bund der Krankenkassen und die Bundeszentrale für gesundheitliche Aufklärung erstmals bis zum 30. November 2015. $_{2}$Kommt die Vereinbarung nicht innerhalb der Frist nach Satz 1 zustande, erbringt die Bundeszentrale für gesundheitliche Aufklärung die Leistungen nach Absatz 3 Satz 1 unter Berücksichtigung der vom Spitzenverband Bund der Krankenkassen nach § 20 Absatz 2 Satz 1 festgelegten Handlungsfelder und Kriterien sowie unter Beachtung der in den Rahmenvereinbarungen nach § 20f getroffenen Festlegungen und des Wirtschaftlichkeitsgebots nach § 12. $_{3}$Der Spitzenverband Bund der Krankenkassen regelt in seiner Satzung das Verfahren zur Aufbringung der erforderlichen Mittel durch die Krankenkassen. $_{4}$§ 89 Absatz 3 bis 5 des Zehnten Buches gilt entsprechend.

§ 20b Betriebliche Gesundheitsförderung

(1) $_{1}$Die Krankenkassen fördern mit Leistungen zur Gesundheitsförderung in Betrieben (betriebliche Gesundheitsförderung) insbesondere den Aufbau und die Stärkung gesundheitsförderlicher Strukturen. $_{2}$Hierzu erheben sie unter Beteiligung der Versicherten und der Verantwortlichen für den Betrieb sowie der Betriebsärzte und der Fachkräfte für Arbeitssicherheit die gesundheitliche Situation einschließlich ihrer Risiken und Potenziale und entwickeln Vorschläge zur Verbesserung der gesundheitlichen Situation sowie zur Stärkung der gesundheitlichen Ressourcen und Fähigkeiten und unterstützen deren Umsetzung. $_{3}$Für im Rahmen der Gesundheitsförderung in Betrieben erbrachte Leistungen zur individuellen, verhaltensbezogenen Prävention gilt § 20 Absatz 5 Satz 1 entsprechend.

(2) $_{1}$Bei der Wahrnehmung von Aufgaben nach Absatz 1 arbeiten die Krankenkassen mit dem zuständigen Unfallversicherungsträger sowie mit den für den Arbeitsschutz zuständigen Landesbehörden zusammen. $_{2}$Sie können Aufgaben nach Absatz 1 durch andere Krankenkassen, durch ihre Verbände oder durch zu diesem Zweck gebildete Arbeitsgemeinschaften (Beauftragte) mit deren Zustimmung wahrnehmen lassen und sollen bei der Aufgabenwahrnehmung mit anderen Krankenkassen zusammenarbeiten. $_{3}$§ 88 Abs. 1 Satz 1 und Abs. 2 des Zehnten Buches und § 219 gelten entsprechend.

(3) $_{1}$Die Krankenkassen bieten Unternehmen, insbesondere Einrichtungen nach § 107 Absatz 1 und Einrichtungen nach § 71 Absatz 1 und 2 des Elften Buches, unter Nutzung bestehender Strukturen in gemeinsamen regionalen Koordinierungsstellen Beratung und Unterstützung an. $_{2}$Die Beratung und Unterstützung umfasst insbesondere die Information über Leistungen nach Absatz 1, die Förderung überbetrieblicher Netzwerke zur betrieblichen Gesundheitsförderung und die Klärung, welche Krankenkasse im Einzelfall Leistungen nach Absatz 1 im Betrieb erbringt. $_{3}$Örtliche Unternehmensorganisationen und die für die Wahrnehmung der Interessen der Einrichtungen nach § 107 Absatz 1 oder der Einrichtungen nach § 71 Absatz 1 oder 2 des Elften Buches auf Landesebene maßgeblichen Verbände sollen an der Beratung beteiligt werden. $_{4}$Die Landesverbände der Krankenkassen und die Ersatzkassen regeln einheitlich und gemeinsam das Nähere über die Aufgaben, die Arbeitsweise und die Finanzierung der Koordinierungsstellen sowie über die Beteiligung örtlicher Unternehmensorganisationen und der für die Wahrnehmung der Interessen der Einrichtungen nach § 107 Absatz 1 oder der Einrichtungen nach § 71 Absatz 1 oder 2 des Elften Buches auf Landesebene maßgeblichen Verbände durch Kooperationsvereinbarungen. $_{5}$Auf die zum Zwecke der Vorbereitung und Umsetzung der Kooperationsvereinbarungen gebildeten Arbeitsgemeinschaften findet § 94 Absatz 1a Satz 2 und 3 des Zehnten Buches keine Anwendung.

(4) $_{1}$Unterschreiten die jährlichen Ausgaben einer Krankenkasse den Betrag nach § 20 Absatz 6 Satz 2 für Leistungen nach Absatz 1, stellt die Krankenkasse die nicht verausgabten Mittel dem Spitzenverband Bund der Krankenkassen zur Verfügung. $_{2}$Dieser verteilt die Mittel nach einem von ihm festzulegenden Schlüssel auf die Landesverbände der Krankenkassen und die Ersatzkassen, die Kooperationsvereinbarungen mit örtlichen Unternehmensorganisationen nach Absatz 3 Satz 4 abgeschlossen

haben. 3Die Mittel dienen der Umsetzung der Förderung überbetrieblicher Netzwerke nach Absatz 3 Satz 2 und der Kooperationsvereinbarungen nach Absatz 3 Satz 4. 4Die Sätze 1 bis 3 sind bezogen auf Ausgaben einer Krankenkasse für Leistungen nach Absatz 1 im Jahr 2020 nicht anzuwenden.

§ 20c Prävention arbeitsbedingter Gesundheitsgefahren

(1) 1Die Krankenkassen unterstützen die Träger der gesetzlichen Unfallversicherung bei ihren Aufgaben zur Verhütung arbeitsbedingter Gesundheitsgefahren. 2Insbesondere erbringen sie in Abstimmung mit den Trägern der gesetzlichen Unfallversicherung auf spezifische arbeitsbedingte Gesundheitsrisiken ausgerichtete Maßnahmen zur betrieblichen Gesundheitsförderung nach § 20b und informieren diese über die Erkenntnisse, die sie über Zusammenhänge zwischen Erkrankungen und Arbeitsbedingungen gewonnen haben. 3Ist anzunehmen, dass bei einem Versicherten eine berufsbedingte gesundheitliche Gefährdung oder eine Berufskrankheit vorliegt, hat die Krankenkasse dies unverzüglich den für den Arbeitsschutz zuständigen Stellen und dem Unfallversicherungsträger mitzuteilen.

(2) 1Zur Wahrnehmung der Aufgaben nach Absatz 1 arbeiten die Krankenkassen eng mit den Trägern der gesetzlichen Unfallversicherung sowie mit den für den Arbeitsschutz zuständigen Landesbehörden zusammen. 2Dazu sollen sie und ihre Verbände insbesondere regionale Arbeitsgemeinschaften bilden. 3§ 88 Abs. 1 Satz 1 und Abs. 2 des Zehnten Buches und § 219 gelten entsprechend.

§ 20d Nationale Präventionsstrategie

(1) Die Krankenkassen entwickeln im Interesse einer wirksamen und zielgerichteten Gesundheitsförderung und Prävention mit den Trägern der gesetzlichen Rentenversicherung, der gesetzlichen Unfallversicherung und den Pflegekassen eine gemeinsame nationale Präventionsstrategie und gewährleisten ihre Umsetzung und Fortschreibung im Rahmen der Nationalen Präventionskonferenz nach § 20e.

(2) Die Nationale Präventionsstrategie umfasst insbesondere

1. die Vereinbarung bundeseinheitlicher, trägerübergreifender Rahmenempfehlungen zur Gesundheitsförderung und Prävention nach Absatz 3,
2. die Erstellung eines Berichts über die Entwicklung der Gesundheitsförderung und Prävention (Präventionsbericht) nach Absatz 4.

(3) 1Zur Sicherung und Weiterentwicklung der Qualität von Gesundheitsförderung und Prävention sowie der Zusammenarbeit der für die Erbringung von Leistungen zur Prävention in Lebenswelten und in Betrieben zuständigen Träger und Stellen vereinbaren die Träger nach Absatz 1 bundeseinheitliche, trägerübergreifende Rahmenempfehlungen, insbesondere durch Festlegung gemeinsamer Ziele, vorrangiger Handlungsfelder und Zielgruppen, der zu beteiligenden Organisationen und Einrichtungen sowie zu Dokumentations- und Berichtspflichten. 2Die Träger nach Absatz 1 vereinbaren auch gemeinsame Ziele zur Erhaltung und zur Förderung der Gesundheit und der Beschäftigungsfähigkeit der Beschäftigten in Einrichtungen nach § 107 Absatz 1 und Einrichtungen nach § 71 Absatz 1 und 2 des Elften Buches. 3Bei der Festlegung gemeinsamer Ziele werden auch die Ziele der gemeinsamen deutschen Arbeitsschutzstrategie sowie die von der Ständigen Impfkommission gemäß § 20 Absatz 2 des Infektionsschutzgesetzes empfohlenen Schutzimpfungen berücksichtigt. 4Die Rahmenempfehlungen werden im Benehmen mit dem Bundesministerium für Gesundheit, dem Bundesministerium für Arbeit und Soziales, dem Bundesministerium für Ernährung und Landwirtschaft, dem Bundesministerium für Familie, Senioren, Frauen und Jugend, dem Bundesministerium des Innern, für Bau und Heimat und den Ländern vereinbart. 5Das Bundesministerium für Gesundheit beteiligt weitere Bundesministerien, soweit die Rahmenempfehlungen ihre Zuständigkeit berühren. 6An der Vorbereitung der Rahmenempfehlungen werden die Bundesagentur für Arbeit, die kommunalen Träger der Grundsicherung für Arbeitsuchende über ihre Spitzenverbände auf Bundesebene, die für den Arbeitsschutz zuständigen obersten Landesbehörden sowie die Träger der öffentlichen Jugendhilfe über die obersten Landesjugendbehörden beteiligt.

(4) 1Die Nationale Präventionskonferenz erstellt den Präventionsbericht alle vier Jahre, erstmals zum 1. Juli 2019, und leitet ihn dem Bundesministerium für Gesundheit zu. 2Das Bundesministerium für Gesundheit legt den Bericht den gesetzgebenden Körperschaften des Bundes vor und fügt eine Stellungnahme der Bundesregierung bei. 3Der Bericht enthält insbesondere Angaben zu den Erfahrungen mit der Anwendung der §§ 20 bis 20g und zu den Ausgaben für die Leistungen der Träger nach Absatz 1 und im Fall des § 20e Absatz 1 Satz 3 bis 5 auch der Unternehmen der privaten Krankenversicherung und der Unternehmen, die die private Pflege-Pflichtversicherung durchführen, den Zugangswegen, den erreichten Personen, der Erreichung der gemeinsamen Ziele und der Zielgruppen, den Erfahrungen mit der Qualitätssicherung und der Zusammenarbeit bei der Durchführung von Leistun-

gen sowie zu möglichen Schlussfolgerungen. $_{4}$Der Bericht enthält auch Empfehlungen für die weitere Entwicklung des in § 20 Absatz 6 Satz 1 bestimmten Ausgabenrichtwerts für Leistungen der Krankenkassen nach den §§ 20 bis 20c und der in § 20 Absatz 6 Satz 2 bestimmten Mindestwerte für Leistungen der Krankenkassen nach den §§ 20a und 20b. $_{5}$Die Leistungsträger nach Satz 3 erteilen der Nationalen Präventionskonferenz die für die Erstellung des Präventionsberichts erforderlichen Auskünfte. $_{6}$Das Robert Koch-Institut liefert für den Präventionsbericht die im Rahmen des Gesundheitsmonitorings erhobenen relevanten Informationen. $_{7}$Die Länder können regionale Erkenntnisse aus ihrer Gesundheitsberichterstattung für den Präventionsbericht zur Verfügung stellen.

§ 20e Nationale Präventionskonferenz

(1) $_{1}$Die Aufgabe der Entwicklung und Fortschreibung der nationalen Präventionsstrategie wird von der Nationalen Präventionskonferenz als Arbeitsgemeinschaft der gesetzlichen Spitzenorganisationen der Leistungsträger nach § 20d Absatz 1 mit je zwei Sitzen wahrgenommen. $_{2}$Die Leistungsträger nach § 20d Absatz 1 setzen die Präventionsstrategie in engem Zusammenwirken um. $_{3}$Im Fall einer angemessenen finanziellen Beteiligung der Unternehmen der privaten Krankenversicherung und der Unternehmen, die die private Pflege-Pflichtversicherung durchführen, an Programmen und Projekten im Sinne der Rahmenempfehlungen nach § 20d Absatz 2 Nummer 1 erhält der Verband der privaten Krankenversicherungsunternehmen e. V. ebenfalls einen Sitz. $_{4}$Die Höhe der hierfür jährlich von den Unternehmen der privaten Krankenversicherung zur Verfügung zu stellenden Mittel bemisst sich mindestens nach dem Betrag, den die Krankenkassen nach § 20 Absatz 6 Satz 2 und 3 für Leistungen zur Gesundheitsförderung und Prävention nach § 20a aufzuwenden haben, multipliziert mit der Anzahl der in der privaten Krankenversicherung Vollversicherten. $_{5}$Die Höhe der hierfür jährlich von den Unternehmen, die die private Pflege-Pflichtversicherung durchführen, zur Verfügung zu stellenden Mittel bemisst sich nach dem Betrag, den die Pflegekassen nach § 5 Absatz 2 des Elften Buches für Leistungen zur Prävention in Lebenswelten aufzuwenden haben, multipliziert mit der Anzahl ihrer Versicherten. $_{6}$Bund und Länder erhalten jeweils vier Sitze mit beratender Stimme. $_{7}$Darüber hinaus entsenden die kommunalen Spitzenverbände auf Bundesebene, die Bundesagentur für Arbeit, die repräsentativen Spitzenorganisationen der Arbeitgeber und Arbeitnehmer sowie das Präventionsforum jeweils einen Vertreter in die Nationale Präventionskonferenz, die mit beratender Stimme an den Sitzungen teilnehmen. $_{8}$Die Nationale Präventionskonferenz gibt sich eine Geschäftsordnung; darin werden insbesondere die Arbeitsweise und das Beschlussverfahren festgelegt. $_{9}$Die Geschäftsordnung muss einstimmig angenommen werden. $_{10}$Die Geschäftsstelle, die die Mitglieder der Nationalen Präventionskonferenz bei der Wahrnehmung ihrer Aufgabe nach Satz 1 unterstützt, wird bei der Bundeszentrale für gesundheitliche Aufklärung angesiedelt.

(2) $_{1}$Die Nationale Präventionskonferenz wird durch ein Präventionsforum beraten, das in der Regel einmal jährlich stattfindet. $_{2}$Das Präventionsforum setzt sich aus Vertretern der für die Gesundheitsförderung und Prävention maßgeblichen Organisationen und Verbände sowie der stimmberechtigten und beratenden Mitglieder der Nationalen Präventionskonferenz nach Absatz 1 zusammen. $_{3}$Die Nationale Präventionskonferenz beauftragt die Bundesvereinigung für Prävention und Gesundheitsförderung e. V. mit der Durchführung des Präventionsforums und erstattet dieser die notwendigen Aufwendungen. $_{4}$Die Einzelheiten zur Durchführung des Präventionsforums einschließlich der für die Durchführung notwendigen Kosten werden in der Geschäftsordnung der Nationalen Präventionskonferenz geregelt.

§ 20f Landesrahmenvereinbarungen zur Umsetzung der nationalen Präventionsstrategie

(1) $_{1}$Zur Umsetzung der nationalen Präventionsstrategie schließen die Landesverbände der Krankenkassen und die Ersatzkassen, auch für die Pflegekassen, mit den Trägern der gesetzlichen Rentenversicherung, den Trägern der gesetzlichen Unfallversicherung und mit den in den Ländern zuständigen Stellen gemeinsame Rahmenvereinbarungen auf Landesebene. $_{2}$Die für die Rahmenvereinbarungen maßgeblichen Leistungen richten sich nach § 20 Absatz 4 Nummer 2 und 3, nach den §§ 20a bis 20c sowie nach den für die Pflegekassen, für die Träger der gesetzlichen Rentenversicherung und für die Träger der gesetzlichen Unfallversicherung jeweils geltenden Leistungsgesetzen.

(2) $_{1}$Die an den Rahmenvereinbarungen Beteiligten nach Absatz 1 treffen Festlegungen unter Berücksichtigung der bundeseinheitlichen, trägerübergreifenden Rahmenempfehlungen nach § 20d Absatz 2 Nummer 1 und der regionalen Erfordernisse insbesondere über

1. gemeinsam und einheitlich zu verfolgende Ziele und Handlungsfelder,
2. die Koordinierung von Leistungen zwischen den Beteiligten,
3. die einvernehmliche Klärung von Zuständigkeitsfragen,
4. Möglichkeiten der gegenseitigen Beauftragung der Leistungsträger nach dem Zehnten Buch,

5. die Zusammenarbeit mit dem öffentlichen Gesundheitsdienst und den Trägern der örtlichen öffentlichen Jugendhilfe sowie über deren Information über Leistungen der Krankenkassen nach § 20a Absatz 1 Satz 2 und
6. die Mitwirkung weiterer für die Gesundheitsförderung und Prävention relevanter Einrichtungen und Organisationen.

2An der Vorbereitung der Rahmenvereinbarungen werden die Bundesagentur für Arbeit, die für den Arbeitsschutz zuständigen obersten Landesbehörden und die kommunalen Spitzenverbände auf Landesebene beteiligt. 3Sie können den Rahmenvereinbarungen beitreten. 4Auf die zum Zwecke der Vorbereitung und Umsetzung der Rahmenvereinbarungen gebildeten Arbeitsgemeinschaften wird § 94 Absatz 1a Satz 2 und 3 des Zehnten Buches nicht angewendet.

§ 20g Modellvorhaben

(1) 1Die Leistungsträger nach § 20d Absatz 1 und ihre Verbände können zur Erreichung der in den Rahmenempfehlungen nach § 20d Absatz 2 Nummer 1 festgelegten gemeinsamen Ziele einzeln oder in Kooperation mit Dritten, insbesondere den in den Ländern zuständigen Stellen nach § 20f Absatz 1, Modellvorhaben durchführen. 2Anhand der Modellvorhaben soll die Qualität und Effizienz der Versorgung mit Leistungen zur Gesundheitsförderung und Prävention in Lebenswelten und mit Leistungen zur betrieblichen Gesundheitsförderung verbessert werden. 3Die Modellvorhaben können auch der wissenschaftlich fundierten Auswahl geeigneter Maßnahmen der Zusammenarbeit dienen. 4Die Aufwendungen der Krankenkassen für Modellvorhaben sind auf die Mittel nach § 20 Absatz 6 Satz 2 anzurechnen.

(2) Die Modellvorhaben sind im Regelfall auf fünf Jahre zu befristen und nach allgemein anerkannten wissenschaftlichen Standards wissenschaftlich zu begleiten und auszuwerten.

§ 20h Förderung der Selbsthilfe

(1) 1Die Krankenkassen und ihre Verbände fördern Selbsthilfegruppen und -organisationen, die sich die gesundheitliche Prävention oder die Rehabilitation von Versicherten bei einer der im Verzeichnis nach Satz 2 aufgeführten Krankheiten zum Ziel gesetzt haben, sowie Selbsthilfekontaktstellen im Rahmen der Festlegungen des Absatzes 4. 2Der Spitzenverband Bund der Krankenkassen beschließt ein Verzeichnis der Krankheitsbilder, bei deren gesundheitlicher Prävention oder Rehabilitation eine Förderung zulässig ist; sie haben die Kassenärztliche Bundesvereinigung und die Vertretungen der für die Wahrnehmung der Interessen der Selbsthilfe maßgeblichen Spitzenorganisationen zu beteiligen. 3Selbsthilfekontaktstellen müssen für eine Förderung ihrer gesundheitsbezogenen Arbeit themen-, bereichs- und indikationsgruppenübergreifend tätig sein.

(2) Die Krankenkassen und ihre Verbände berücksichtigen im Rahmen der Förderung nach Absatz 1 Satz 1 auch solche digitalen Anwendungen, die den Anforderungen an den Datenschutz entsprechen und die Datensicherheit nach dem Stand der Technik gewährleisten.

(3) 1Der Spitzenverband Bund der Krankenkassen beschließt Grundsätze zu den Inhalten der Förderung der Selbsthilfe und zur Verteilung der Fördermittel auf die verschiedenen Förderebenen und Förderbereiche. 2Die in Absatz 1 Satz 2 genannten Vertretungen der Selbsthilfe sind zu beteiligen. 3Die Förderung kann als Pauschal- und Projektförderung erfolgen.

(4) 1Die Ausgaben der Krankenkassen und ihrer Verbände für die Wahrnehmung der Aufgaben nach Absatz 1 Satz 1 und Absatz 2 sollen insgesamt im Jahr 2016 für jeden ihrer Versicherten einen Betrag von 1,05 Euro umfassen; sie sind in den Folgejahren entsprechend der prozentualen Veränderung der monatlichen Bezugsgröße nach § 18 Abs. 1 des Vierten Buches anzupassen. 2Für die Förderung auf der Landesebene und in den Regionen sind die Mittel entsprechend dem Wohnort der Versicherten aufzubringen. 3Mindestens 70 vom Hundert der in Satz 1 bestimmten Mittel sind für die kassenartübergreifende Pauschalförderung aufzubringen. 4Über die Vergabe der Fördermittel aus der Pauschalförderung beschließen die Krankenkassen oder ihre Verbände auf den jeweiligen Förderebenen gemeinsam nach Maßgabe der in Absatz 3 Satz 1 genannten Grundsätze und nach Beratung mit den zur Wahrnehmung der Interessen der Selbsthilfe jeweils maßgeblichen Vertretungen von Selbsthilfegruppen, -organisationen und -kontaktstellen. 5Erreicht eine Krankenkasse den in Satz 1 genannten Betrag der Förderung in einem Jahr nicht, hat sie die nicht verausgabten Fördermittel im Folgejahr zusätzlich für die Pauschalförderung zur Verfügung zu stellen.

§ 20i Leistungen zur Verhütung übertragbarer Krankheiten, Verordnungsermächtigung

(1) 1Versicherte haben Anspruch auf Leistungen für Schutzimpfungen im Sinne des § 2 Nr. 9 des Infektionsschutzgesetzes, dies gilt unabhängig davon, ob sie auch entsprechende Ansprüche gegen andere Kostenträger haben. 2Satz 1 gilt für Schutzimpfungen, die wegen eines erhöhten Gesundheitsrisikos durch einen Auslandsaufenthalt indiziert sind, nur dann, wenn der Auslandsaufenthalt beruflich oder durch eine Ausbildung bedingt ist oder wenn zum Schutz der öffentlichen Gesundheit ein

V

besonderes Interesse daran besteht, der Einschleppung einer übertragbaren Krankheit in die Bundesrepublik Deutschland vorzubeugen. 3Einzelheiten zu Voraussetzungen, Art und Umfang der Leistungen bestimmt der Gemeinsame Bundesausschuss in Richtlinien nach § 92 auf der Grundlage der Empfehlungen der Ständigen Impfkommission beim Robert Koch-Institut gemäß § 20 Abs. 2 des Infektionsschutzgesetzes unter besonderer Berücksichtigung der Bedeutung der Schutzimpfungen für die öffentliche Gesundheit; die Leistungen können auch Schutzimpfungen mit zugelassenen Arzneimitteln für Indikationen und Indikationsbereiche umfassen, für die die Arzneimittel nicht von der zuständigen Bundesoberbehörde oder der Europäischen Kommission zugelassen sind. 4Abweichungen von den Empfehlungen der Ständigen Impfkommission sind besonders zu begründen. 5Zu Änderungen der Empfehlungen der Ständigen Impfkommission hat der Gemeinsame Bundesausschuss innerhalb von zwei Monaten nach ihrer Veröffentlichung eine Entscheidung zu treffen. 6Kommt eine Entscheidung nicht fristgemäß zustande, dürfen insoweit die von der Ständigen Impfkommission empfohlenen Schutzimpfungen mit Ausnahme von Schutzimpfungen nach Satz 2 erbracht werden, bis die Richtlinie vorliegt.

(2) Die Krankenkasse kann in ihrer Satzung weitere Schutzimpfungen und andere Maßnahmen der spezifischen Prophylaxe vorsehen.

(3) 1Das Bundesministerium für Gesundheit wird ermächtigt, nach Anhörung der Ständigen Impfkommission und des Spitzenverbandes Bund der Krankenkassen durch Rechtsverordnung ohne Zustimmung des Bundesrates zu bestimmen, dass Versicherte Anspruch auf weitere bestimmte Schutzimpfungen oder auf bestimmte andere Maßnahmen der spezifischen Prophylaxe haben. 2Das Bundesministerium für Gesundheit wird ermächtigt, bis zum 7. April 2023 im Einvernehmen mit dem Bundesministerium der Finanzen durch Rechtsverordnung ohne Zustimmung des Bundesrates zu bestimmen, dass

1. Versicherte Anspruch auf
   a) bestimmte Schutzimpfungen oder auf bestimmte andere Maßnahmen der spezifischen Prophylaxe haben, im Fall einer Schutzimpfung gegen das Coronavirus SARS-CoV-2 insbesondere dann, wenn sie aufgrund ihres Alters oder Gesundheitszustandes ein signifikant erhöhtes Risiko für einen schweren oder tödlichen Krankheitsverlauf haben, wenn sie solche Personen behandeln, betreuen oder pflegen oder wenn sie zur Aufrechterhaltung zentraler staatlicher Funktionen, Kritischer Infrastrukturen oder zentraler Bereiche der Daseinsvorsorge eine Schlüsselstellung besitzen,
   b) bestimmte Testungen für den Nachweis des Vorliegens einer Infektion mit einem bestimmten Krankheitserreger oder auf das Vorhandensein von Antikörpern gegen diesen Krankheitserreger haben,
   c) bestimmte Schutzmasken haben, wenn sie zu einer in der Rechtsverordnung festzulegenden Risikogruppe mit einem signifikant erhöhten Risiko für einen schweren oder tödlichen Krankheitsverlauf nach einer Infektion mit dem Coronavirus SARS-CoV-2 gehören,
2. Personen, die nicht in der gesetzlichen Krankenversicherung versichert sind, Anspruch auf Leistungen nach Nummer 1 haben.

3Der Anspruch nach Satz 2 kann auf bestimmte Teilleistungen beschränkt werden; er umfasst auch die Ausstellung einer Impf- und Testdokumentation sowie von COVID-19-Zertifikaten nach den §§ 22 und 22a des Infektionsschutzgesetzes. 4Sofern in der Rechtsverordnung nach Satz 2 Nummer 1 Buchstabe a und Nummer 2 ein Anspruch auf Schutzimpfung gegen das Coronavirus SARS-CoV-2 festgelegt wird, kann zugleich im Fall beschränkter Verfügbarkeit von Impfstoffen eine Priorisierung der Anspruchsberechtigten nach Personengruppen festgelegt werden; die in § 20 Absatz 2a Satz 1 des Infektionsschutzgesetzes genannten Impfziele sind dabei zu berücksichtigen. 5Als Priorisierungskriterien kommen insbesondere das Alter der Anspruchsberechtigten, ihr Gesundheitszustand, ihr behinderungs-, tätigkeits- oder aufenthaltsbedingtes SARS-CoV-2-Expositionsrisiko sowie ihre Systemrelevanz in zentralen staatlichen Funktionen, Kritischen Infrastrukturen oder zentralen Bereichen der Daseinsvorsorge in Betracht. 6Ein Anspruch nach Satz 2 Nummer 1 Buchstabe b besteht nicht, wenn die betroffene Person bereits einen Anspruch auf die in Satz 2 Nummer 1 Buchstabe b genannten Leistungen hat oder einen Anspruch auf Erstattung der Aufwendungen für diese Leistungen hätte. 7Sofern in der Rechtsverordnung nach Satz 2 Nummer 1 Buchstabe c ein Anspruch auf Schutzmasken festgelegt wird, ist das Einvernehmen mit dem Bundesministerium der Finanzen herzustellen und kann eine Zuzahlung durch den berechtigten Personenkreis vorgesehen werden. 8Sofern in der Rechtsverordnung nach Satz 2 ein Anspruch auf eine Schutzimpfung gegen das Coronavirus SARS-CoV-2 auch für Personen, die nicht in der gesetzlichen Krankenversicherung versichert sind, festgelegt wird, beteiligen sich die privaten Krankenversicherungsunternehmen anteilig in Höhe von 7 Prozent an den Kosten, soweit diese nicht von Bund oder Ländern getragen werden. 9Die Rechtsverordnung nach Satz 2 ist nach Anhörung des Spitzenverbandes

Bund der Krankenkassen und der Kassenärztlichen Bundesvereinigung zu erlassen. 10Sofern in der Rechtsverordnung nach Satz 2 ein Anspruch auf Schutzimpfungen oder andere Maßnahmen der spezifischen Prophylaxe festgelegt wird, ist vor ihrem Erlass auch die Ständige Impfkommission beim Robert Koch-Institut anzuhören. 11Sofern in der Rechtsverordnung nach Satz 2 ein Anspruch auf Schutzmasken festgelegt wird, ist vor ihrem Erlass auch der Deutsche Apothekerverband anzuhören. 12Sofern die Rechtsverordnung nach Satz 2 Regelungen für Personen enthält, die privat krankenversichert sind, ist vor Erlass der Rechtsverordnung auch der Verband der Privaten Krankenversicherung anzuhören. 13In der Rechtsverordnung nach Satz 2 kann auch das Nähere geregelt werden

1. zu den Voraussetzungen, zur Art und zum Umfang der Leistungen nach Satz 2 Nummer 1,
2. zu den zur Erbringung der in Satz 2 genannten Leistungen berechtigten Leistungserbringern, einschließlich der für die Leistungserbringung eingerichteten Testzentren und Impfzentren, zur Vergütung und Abrechnung der Leistungen und Kosten sowie zum Zahlungsverfahren,
3. zur Organisation der Versorgung einschließlich der Mitwirkungspflichten der Kassenärztlichen Vereinigungen und der Kassenärztlichen Bundesvereinigung bei der Versorgung mit den in Satz 2 Nummer 1 Buchstabe a genannten Leistungen,
4. zur vollständigen oder anteiligen Finanzierung der Leistungen und Kosten aus der Liquiditätsreserve des Gesundheitsfonds,
5. zur anteiligen Kostentragung durch die privaten Krankenversicherungsunternehmen nach Satz 8, insbesondere zum Verfahren und zu den Zahlungsmodalitäten, und
6. zur Erfassung und Übermittlung von anonymisierten Daten insbesondere an das Robert Koch-Institut über die aufgrund der Rechtsverordnung durchgeführten Maßnahmen.

14Im Zeitraum vom 1. Januar 2021 bis zum 31. Dezember 2021 werden aufgrund von Rechtsverordnungen nach Satz 2 Nummer 1 Buchstabe a und b, auch in Verbindung mit Nummer 2, sowie Satz 13 Nummer 4 aus der Liquiditätsreserve des Gesundheitsfonds gezahlte Beträge aus Bundesmitteln erstattet, soweit die Erstattung nicht bereits gemäß § 12a des Haushaltsgesetzes 2021 erfolgt. 15Soweit Leistungen nach Satz 2 Nummer 1 Buchstabe c aus der Liquiditätsreserve des Gesundheitsfonds finanziert werden, sind diese aus Bundesmitteln zu erstatten; in den Rechtsverordnungen nach Satz 2 Nummer 1 Buchstabe a und b, auch in Verbindung mit Nummer 2, kann eine Erstattung aus Bundesmitteln für weitere Leistungen nach Satz 2 geregelt werden. 16Das Bundesministerium für Gesundheit wird ermächtigt, im Einvernehmen mit dem Bundesministerium der Finanzen, durch Rechtsverordnung ohne Zustimmung des Bundesrates ausschließlich zur Abwicklung einer aufgrund des Satzes 2 erlassenen Rechtsverordnung zu bestimmen, dass Regelungen dieser Rechtsverordnung, die die Abrechnung und die Prüfung bereits erbrachter Leistungen, die Zahlung aus der Liquiditätsreserve des Gesundheitsfonds sowie die Erstattung dieser Zahlungen aus Bundesmitteln betreffen, bis zum 31. Dezember 2024 fortgelten. 17Soweit und solange eine auf Grund des Satzes 1 oder des Satzes 2 erlassene Rechtsverordnung in Kraft ist, hat der Gemeinsame Bundesausschuss, soweit die Ständige Impfkommission Empfehlungen für Schutzimpfungen abgegeben hat, auf die ein Anspruch nach der jeweiligen Rechtsverordnung besteht, in Abweichung von Absatz 1 Satz 5 Einzelheiten zu Voraussetzungen, Art und Umfang von diesen Schutzimpfungen nach Absatz 1 Satz 3 für die Zeit nach dem Außerkrafttreten der jeweiligen Rechtsverordnung in Richtlinien nach § 92 zu bestimmen; die von der Ständigen Impfkommission empfohlenen Schutzimpfungen dürfen nach Außerkrafttreten der Rechtsverordnung so lange erbracht werden, bis die Richtlinie vorliegt.

(4) 1Soweit Versicherte Anspruch auf Leistungen für Maßnahmen nach den Absätzen 1 bis 3 haben, schließt dieser Anspruch die Bereitstellung einer Impfdokumentation nach § 22 des Infektionsschutzgesetzes ein. 2Die Krankenkassen können die Versicherten in geeigneter Form über fällige Schutzimpfungen und über andere Maßnahmen nach den Absätzen 2 und 3, auf die sie einen Anspruch auf Leistungen haben, versichertenbezogen informieren.

(5) 1Die von den privaten Krankenversicherungsunternehmen in dem Zeitraum vom 1. Januar 2021 bis zum 31. Dezember 2021 nach Absatz 3 Satz 8 und 13 Nummer 5 getragenen Kosten werden aus Bundesmitteln an den Verband der Privaten Krankenversicherung erstattet. 2Der Verband der Privaten Krankenversicherung teilt dem Bundesministerium für Gesundheit die nach Satz 1 zu erstattenden Beträge bis zum 30. November 2021 für den Zeitraum vom 1. Januar 2021 bis zum 30. November 2021 und bis zum 31. März 2022 für den Zeitraum vom 1. Dezember 2021 bis zum 31. Dezember 2021 mit. 3Die Beträge nach Satz 2 sind binnen der in Satz 2 genannten Fristen durch den Verband der Privaten Krankenversicherung durch Vorlage der von den Ländern an den Verband der Privaten Krankenversicherung gestellten Rechnungen und der Zahlungsbelege über die vom Verband der Priva-

V

ten Krankenversicherung an die Länder geleisteten Zahlungen nachzuweisen. [4]Das Bundesministerium für Gesundheit erstattet dem Verband der Privaten Krankenversicherung nach dem Zugang der Mitteilung nach Satz 2 und der Vorlage der Nachweise nach Satz 3 die mitgeteilten Beträge. [5]Der Verband der Privaten Krankenversicherung erstattet die vom Bundesministerium für Gesundheit erstatteten Beträge an die privaten Krankenversicherungsunternehmen.

§ 20j Präexpositionsprophylaxe

(1) Versicherte mit einem substantiellen HIV-Infektionsrisiko, die das 16. Lebensjahr vollendet haben, haben Anspruch auf

1. ärztliche Beratung über Fragen der medikamentösen Präexpositionsprophylaxe zur Verhütung einer Ansteckung mit HIV sowie
2. Untersuchungen, die bei Anwendung der für die medikamentöse Präexpositionsprophylaxe zugelassenen Arzneimittel erforderlich sind.

(2) Das Nähere zum Kreis der Anspruchsberechtigten und zu den Voraussetzungen für die Ausführung der Leistungen vereinbaren die Kassenärztliche Bundesvereinigung und der Spitzenverband Bund der Krankenkassen bis zum 31. Juli 2019 mit Wirkung zum 1. September 2019 als Bestandteil der Bundesmantelverträge.

(3) Auf Grundlage der Vereinbarung nach Absatz 2 hat der Bewertungsausschuss den einheitlichen Bewertungsmaßstab für ärztliche Leistungen zu überprüfen und spätestens innerhalb eines Monats nach Abschluss dieser Vereinbarung anzupassen.

(4) Versicherte nach Absatz 1 haben nach Beratung Anspruch auf Versorgung mit verschreibungspflichtigen Arzneimitteln zur Präexpositionsprophylaxe.

(5) Das Bundesministerium für Gesundheit evaluiert die Wirkungen der ärztlichen Verordnung der Präexpositionsprophylaxe auf das Infektionsgeschehen im Bereich sexuell übertragbarer Krankheiten bis Ende 2020 nach allgemein anerkannten wissenschaftlichen Standards.

§ 20k Förderung der digitalen Gesundheitskompetenz

(1) [1]Die Krankenkasse sieht in der Satzung Leistungen zur Förderung des selbstbestimmten gesundheitsorientierten Einsatzes digitaler oder telemedizinischer Anwendungen und Verfahren durch die Versicherten vor. [2]Die Leistungen sollen dazu dienen, die für die Nutzung digitaler oder telemedizinischer Anwendungen und Verfahren erforderlichen Kompetenzen zu vermitteln. [3]Die Krankenkasse legt dabei die Festlegungen des Spitzenverbands Bund der Krankenkassen nach Absatz 2 zugrunde.

(2) Der Spitzenverband Bund der Krankenkassen regelt unter Einbeziehung unabhängigen, ärztlichen, psychologischen, pflegerischen, informationstechnologischen und sozialwissenschaftlichen Sachverstands das Nähere zu bedarfsgerechten Zielstellungen, Zielgruppen sowie zu Inhalt, Methodik und Qualität der Leistungen nach Absatz 1.

(3) [1]Der Spitzenverband Bund der Krankenkassen berichtet dem Bundesministerium für Gesundheit alle zwei Jahre, erstmals bis zum 31. Dezember 2021, wie und in welchem Umfang seine Mitglieder den Versicherten Leistungen nach Absatz 1 gewähren. [2]Der Spitzenverband Bund der Krankenkassen bestimmt zu diesem Zweck die von seinen Mitgliedern zu übermittelnden statistischen Informationen über die erstatteten Leistungen sowie Art und Umfang der Übermittlung.

§ 21 Verhütung von Zahnerkrankungen (Gruppenprophylaxe)

(1) [1]Die Krankenkassen haben im Zusammenwirken mit den Zahnärzten und den für die Zahngesundheitspflege in den Ländern zuständigen Stellen unbeschadet der Aufgaben anderer gemeinsam und einheitlich Maßnahmen zur Erkennung und Verhütung von Zahnerkrankungen ihrer Versicherten, die das zwölfte Lebensjahr noch nicht vollendet haben, zu fördern und sich an den Kosten der Durchführung zu beteiligen. [2]Sie haben auf flächendeckende Maßnahmen hinzuwirken. [3]In Schulen und Behinderteneinrichtungen, in denen das durchschnittliche Kariesrisiko der Schüler überproportional hoch ist, werden die Maßnahmen bis zum 16. Lebensjahr durchgeführt. [4]Die Maßnahmen sollen vorrangig in Gruppen, insbesondere in Kindergärten und Schulen, durchgeführt werden; sie sollen sich insbesondere auf die Untersuchung der Mundhöhle, Erhebung des Zahnstatus, Zahnschmelzhärtung, Ernährungsberatung und Mundhygiene erstrecken. [5]Für Kinder mit besonders hohem Kariesrisiko sind spezifische Programme zu entwickeln.

(2) [1]Zur Durchführung der Maßnahmen nach Absatz 1 schließen die Landesverbände der Krankenkassen und die Ersatzkassen mit den zuständigen Stellen nach Absatz 1 Satz 1 gemeinsame Rahmenvereinbarungen. [2]Der Spitzenverband Bund der Krankenkassen hat bundeseinheitliche Rahmenempfehlungen insbesondere über Inhalt, Finanzierung, nicht versichertenbezogene Dokumentation und Kontrolle zu beschließen.

(3) Kommt eine gemeinsame Rahmenvereinbarung nach Absatz 2 Satz 1 nicht zustande, werden Inhalt, Finanzierung, nicht versichertenbezogene Dokumentation und Kontrolle unter Berücksichtigung der bundeseinheitlichen Rahmenempfehlungen des Spitzenverbandes Bund der

Krankenkassen durch Rechtsverordnung der Landesregierung bestimmt.

§ 22 Verhütung von Zahnerkrankungen (Individualprophylaxe)

(1) Versicherte, die das sechste, aber noch nicht das achtzehnte Lebensjahr vollendet haben, können sich zur Verhütung von Zahnerkrankungen einmal in jedem Kalenderhalbjahr zahnärztlich untersuchen lassen.

(2) Die Untersuchungen sollen sich auf den Befund des Zahnfleisches, die Aufklärung über Krankheitsursachen und ihre Vermeidung, das Erstellen von diagnostischen Vergleichen zur Mundhygiene, zum Zustand des Zahnfleisches und zur Anfälligkeit gegenüber Karieserkrankungen, auf die Motivation und Einweisung bei der Mundpflege sowie auf Maßnahmen zur Schmelzhärtung der Zähne erstrecken.

(3) Versicherte, die das sechste, aber noch nicht das achtzehnte Lebensjahr vollendet haben, haben Anspruch auf Fissurenversiegelung der Molaren.

(4) (weggefallen)

(5) Der Gemeinsame Bundesausschuss regelt das Nähere über Art, Umfang und Nachweis der individualprophylaktischen Leistungen in Richtlinien nach § 92.

§ 22a Verhütung von Zahnerkrankungen bei Pflegebedürftigen und Menschen mit Behinderungen

(1) 1Versicherte, die einem Pflegegrad nach § 15 des Elften Buches zugeordnet sind oder in der Eingliederungshilfe nach § 99 des Neunten Buches leistungsberechtigt sind, haben Anspruch auf Leistungen zur Verhütung von Zahnerkrankungen. 2Die Leistungen umfassen insbesondere die Erhebung eines Mundgesundheitsstatus, die Aufklärung über die Bedeutung der Mundhygiene und über Maßnahmen zu deren Erhaltung, die Erstellung eines Planes zur individuellen Mund- und Prothesenpflege sowie die Entfernung harter Zahnbeläge. 3Pflegepersonen des Versicherten sollen in die Aufklärung und Planerstellung nach Satz 2 einbezogen werden.

(2) Das Nähere über Art und Umfang der Leistungen regelt der Gemeinsame Bundesausschuss in Richtlinien nach § 92.

§ 23 Medizinische Vorsorgeleistungen

(1) Versicherte haben Anspruch auf ärztliche Behandlung und Versorgung mit Arznei-, Verband-, Heil- und Hilfsmitteln, wenn diese notwendig sind,

1. eine Schwächung der Gesundheit, die in absehbarer Zeit voraussichtlich zu einer Krankheit führen würde, zu beseitigen,
2. einer Gefährdung der gesundheitlichen Entwicklung eines Kindes entgegenzuwirken,
3. Krankheiten zu verhüten oder deren Verschlimmerung zu vermeiden oder
4. Pflegebedürftigkeit zu vermeiden.

(2) 1Reichen bei Versicherten die Leistungen nach Absatz 1 nicht aus oder können sie wegen besonderer beruflicher oder familiärer Umstände nicht durchgeführt werden, erbringt die Krankenkasse aus medizinischen Gründen erforderliche ambulante Vorsorgeleistungen in anerkannten Kurorten. 2Die Satzung der Krankenkasse kann zu den übrigen Kosten, die Versicherten im Zusammenhang mit dieser Leistung entstehen, einen Zuschuß von bis zu 16 Euro täglich vorsehen. 3Bei ambulanten Vorsorgeleistungen für versicherte chronisch kranke Kleinkinder kann der Zuschuss nach Satz 2 auf bis zu 25 Euro erhöht werden.

(3) In den Fällen der Absätze 1 und 2 sind die §§ 31 bis 34 anzuwenden.

(4) 1Reichen bei Versicherten die Leistungen nach Absatz 1 und 2 nicht aus, erbringt die Krankenkasse Behandlung mit Unterkunft und Verpflegung in einer Vorsorgeeinrichtung, mit der ein Vertrag nach § 111 besteht; für pflegende Angehörige kann die Krankenkasse unter denselben Voraussetzungen Behandlung mit Unterkunft und Verpflegung auch in einer Vorsorgeeinrichtung erbringen, mit der ein Vertrag nach § 111a besteht. 2Die Krankenkasse führt statistische Erhebungen über Anträge auf Leistungen nach Satz 1 und Absatz 2 sowie deren Erledigung durch.

(5) 1Die Krankenkasse bestimmt nach den medizinischen Erfordernissen des Einzelfalls unter entsprechender Anwendung des Wunsch- und Wahlrechts der Leistungsberechtigten nach § 8 des Neunten Buches Art, Dauer, Umfang, Beginn und Durchführung der Leistungen nach Absatz 4 sowie die Vorsorgeeinrichtung nach pflichtgemäßem Ermessen; die Krankenkasse berücksichtigt bei ihrer Entscheidung die besonderen Belange pflegender Angehöriger. 2Leistungen nach Absatz 4 sollen für längstens drei Wochen erbracht werden, es sei denn, eine Verlängerung der Leistung ist aus medizinischen Gründen dringend erforderlich. 3Satz 2 gilt nicht, soweit der Spitzenverband Bund der Krankenkassen nach Anhörung der für die Wahrnehmung der Interessen der ambulanten und stationären Vorsorgeeinrichtungen auf Bundesebene maßgeblichen Spitzenorganisationen in Leitlinien Indikationen festgelegt und diesen jeweils eine Regeldauer zugeordnet hat; von dieser Regeldauer kann nur abgewichen werden, wenn dies aus dringenden medizinischen Gründen im Einzelfall erforderlich ist. 4Leistungen nach

Absatz 2 können nicht vor Ablauf von drei, Leistungen nach Absatz 4 können nicht vor Ablauf von vier Jahren nach Durchführung solcher oder ähnlicher Leistungen erbracht werden, deren Kosten auf Grund öffentlich-rechtlicher Vorschriften getragen oder bezuschusst worden sind, es sei denn, eine vorzeitige Leistung ist aus medizinischen Gründen dringend erforderlich.

(6) $_{1}$Versicherte, die eine Leistung nach Absatz 4 in Anspruch nehmen und das achtzehnte Lebensjahr vollendet haben, zahlen je Kalendertag den sich nach § 61 Satz 2 ergebenden Betrag an die Einrichtung. $_{2}$Die Zahlung ist an die Krankenkasse weiterzuleiten.

(7) Medizinisch notwendige stationäre Vorsorgemaßnahmen für versicherte Kinder, die das 14. Lebensjahr noch nicht vollendet haben, sollen in der Regel für vier bis sechs Wochen erbracht werden.

§ 24 Medizinische Vorsorge für Mütter und Väter

(1) $_{1}$Versicherte haben unter den in § 23 Abs. 1 genannten Voraussetzungen Anspruch auf aus medizinischen Gründen erforderliche Vorsorgeleistungen in einer Einrichtung des Müttergenesungswerks oder einer gleichartigen Einrichtung; die Leistung kann in Form einer Mutter-Kind-Maßnahme erbracht werden. $_{2}$Satz 1 gilt auch für Vater-Kind-Maßnahmen in dafür geeigneten Einrichtungen. $_{3}$Vorsorgeleistungen nach den Sätzen 1 und 2 werden in Einrichtungen erbracht, mit denen ein Versorgungsvertrag nach § 111a besteht. $_{4}$§ 23 Abs. 4 Satz 1 gilt nicht; § 23 Abs. 4 Satz 2 gilt entsprechend.

(2) § 23 Abs. 5 gilt entsprechend.

(3) $_{1}$Versicherte, die das achtzehnte Lebensjahr vollendet haben und eine Leistung nach Absatz 1 in Anspruch nehmen, zahlen je Kalendertag den sich nach § 61 Satz 2 ergebenden Betrag an die Einrichtung. $_{2}$Die Zahlung ist an die Krankenkasse weiterzuleiten.

§ 24a Empfängnisverhütung

(1) $_{1}$Versicherte haben Anspruch auf ärztliche Beratung über Fragen der Empfängnisregelung. $_{2}$Zur ärztlichen Beratung gehören auch die erforderliche Untersuchung und die Verordnung von empfängnisregelnden Mitteln.

(2) $_{1}$Versicherte bis zum vollendeten 22. Lebensjahr haben Anspruch auf Versorgung mit verschreibungspflichtigen empfängnisverhütenden Mitteln; § 31 Abs. 2 bis 4 gilt entsprechend. $_{2}$Satz 1 gilt entsprechend für nicht verschreibungspflichtige Notfallkontrazeptiva, soweit sie ärztlich verordnet werden; § 129 Absatz 5a gilt entsprechend.

§ 24b Schwangerschaftsabbruch und Sterilisation

(1) $_{1}$Versicherte haben Anspruch auf Leistungen bei einer durch Krankheit erforderlichen Sterilisation und bei einem nicht rechtswidrigen Abbruch der Schwangerschaft durch einen Arzt. $_{2}$Der Anspruch auf Leistungen bei einem nicht rechtswidrigen Schwangerschaftsabbruch besteht nur, wenn dieser in einer Einrichtung im Sinne des § 13 Abs. 1 des Schwangerschaftskonfliktgesetzes vorgenommen wird.

(2) $_{1}$Es werden ärztliche Beratung über die Erhaltung und den Abbruch der Schwangerschaft, ärztliche Untersuchung und Begutachtung zur Feststellung der Voraussetzungen für eine durch Krankheit erforderliche Sterilisation oder für einen nicht rechtswidrigen Schwangerschaftsabbruch, ärztliche Behandlung, Versorgung mit Arznei-, Verbands- und Heilmitteln sowie Krankenhauspflege gewährt. $_{2}$Anspruch auf Krankengeld besteht, wenn Versicherte wegen einer durch Krankheit erforderlichen Sterilisation oder wegen eines nicht rechtswidrigen Abbruchs der Schwangerschaft durch einen Arzt arbeitsunfähig werden, es sei denn, es besteht ein Anspruch nach § 44 Abs. 1.

(3) Im Fall eines unter den Voraussetzungen des § 218a Abs. 1 des Strafgesetzbuches vorgenommenen Abbruchs der Schwangerschaft haben Versicherte Anspruch auf die ärztliche Beratung über die Erhaltung und den Abbruch der Schwangerschaft, die ärztliche Behandlung mit Ausnahme der Vornahme des Abbruchs und der Nachbehandlung bei komplikationslosem Verlauf, die Versorgung mit Arznei-, Verband- und Heilmitteln sowie auf Krankenhausbehandlung, falls und soweit die Maßnahmen dazu dienen,

1. die Gesundheit des Ungeborenen zu schützen, falls es nicht zum Abbruch kommt,
2. die Gesundheit der Kinder aus weiteren Schwangerschaften zu schützen oder
3. die Gesundheit der Mutter zu schützen, insbesondere zu erwartenden Komplikationen aus dem Abbruch der Schwangerschaft vorzubeugen oder eingetretene Komplikationen zu beseitigen.

(4) $_{1}$Die nach Absatz 3 vom Anspruch auf Leistungen ausgenommene ärztliche Vornahme des Abbruchs umfaßt

1. die Anästhesie,
2. den operativen Eingriff oder die Gabe einer den Schwangerschaftsabbruch herbeiführenden Medikation,
3. die vaginale Behandlung einschließlich der Einbringung von Arzneimitteln in die Gebärmutter,
4. die Injektion von Medikamenten,
5. die Gabe eines wehenauslösenden Medikamentes,
6. die Assistenz durch einen anderen Arzt,
7. die körperlichen Untersuchungen im Rahmen der unmittelbaren Operationsvorbereitung und der Überwachung im direkten Anschluß an die Operation.

$_{2}$Mit diesen ärztlichen Leistungen im Zusammenhang stehende Sachkosten, insbesondere für Narkosemittel, Verbandmittel, Abdecktücher, Desinfektionsmittel fallen ebenfalls nicht in die Leistungspflicht der Krankenkassen. $_{3}$Bei vollstationärer Vornahme des Abbruchs übernimmt die Krankenkasse nicht die mittleren Kosten der Leistungen nach den Sätzen 1 und 2 für den Tag, an dem der Abbruch vorgenommen wird. $_{4}$Das DRG-Institut ermittelt die Kosten nach Satz 3 gesondert und veröffentlicht das Ergebnis jährlich in Zusammenhang mit dem Entgeltsystem nach § 17b des Krankenhausfinanzierungsgesetzes.

§ 24c Leistungen bei Schwangerschaft und Mutterschaft

$_{1}$Die Leistungen bei Schwangerschaft und Mutterschaft umfassen

1. ärztliche Betreuung und Hebammenhilfe,
2. Versorgung mit Arznei-, Verband-, Heil- und Hilfsmitteln,
3. Entbindung,
4. häusliche Pflege,
5. Haushaltshilfe,
6. Mutterschaftsgeld.

$_{2}$Anspruch auf Leistungen nach Satz 1 hat bei Vorliegen der übrigen Voraussetzungen jede Person, die schwanger ist, ein Kind geboren hat oder stillt.

§ 24d Ärztliche Betreuung und Hebammenhilfe

$_{1}$Die Versicherte hat während der Schwangerschaft, bei und nach der Entbindung Anspruch auf ärztliche Betreuung sowie auf Hebammenhilfe einschließlich der Untersuchungen zur Feststellung der Schwangerschaft und zur Schwangerenvorsorge; ein Anspruch auf Hebammenhilfe im Hinblick auf die Wochenbettbetreuung besteht bis zum Ablauf von zwölf Wochen nach der Geburt, weitergehende Leistungen bedürfen der ärztlichen Anordnung. $_{2}$Sofern das Kind nach der Entbindung nicht von der Versicherten versorgt werden kann, hat das versicherte Kind Anspruch auf die Leistungen der Hebammenhilfe, die sich auf dieses beziehen. $_{3}$Die ärztliche Betreuung umfasst auch die Beratung der Schwangeren zur Bedeutung der Mundgesundheit für Mutter und Kind einschließlich des Zusammenhangs zwischen Ernährung und Krankheitsrisiko sowie die Einschätzung oder Bestimmung des Übertragungsrisikos von Karies. $_{4}$Die ärztliche Beratung der Versicherten umfasst bei Bedarf auch Hinweise auf regionale Unterstützungsangebote für Eltern und Kind.

§ 24e Versorgung mit Arznei-, Verband-, Heil- und Hilfsmitteln

$_{1}$Die Versicherte hat während der Schwangerschaft und im Zusammenhang mit der Entbindung Anspruch auf Versorgung mit Arznei-, Verband-, Heil- und Hilfsmitteln. $_{2}$Die für die Leistungen nach den §§ 31 bis 33 geltenden Vorschriften gelten entsprechend; bei Schwangerschaftsbeschwerden und im Zusammenhang mit der Entbindung finden § 31 Absatz 3, § 32 Absatz 2, § 33 Absatz 8 und § 127 Absatz 4 keine Anwendung.

§ 24f Entbindung

$_{1}$Die Versicherte hat Anspruch auf ambulante oder stationäre Entbindung. $_{2}$Die Versicherte kann ambulant in einem Krankenhaus, in einer von einer Hebamme oder einem Entbindungspfleger geleiteten Einrichtung, in einer ärztlich geleiteten Einrichtung, in einer Hebammenpraxis oder im Rahmen einer Hausgeburt entbinden. $_{3}$Wird die Versicherte zur stationären Entbindung in einem Krankenhaus oder in einer anderen stationären Einrichtung aufgenommen, hat sie für sich und das Neugeborene Anspruch auf Unterkunft, Pflege und Verpflegung. $_{4}$Für diese Zeit besteht kein Anspruch auf Krankenhausbehandlung. $_{5}$§ 39 Absatz 2 gilt entsprechend.

§ 24g Häusliche Pflege

$_{1}$Die Versicherte hat Anspruch auf häusliche Pflege, soweit diese wegen Schwangerschaft oder Entbindung erforderlich ist. $_{2}$§ 37 Absatz 3 und 4 gilt entsprechend.

§ 24h Haushaltshilfe

$_{1}$Die Versicherte erhält Haushaltshilfe, soweit ihr wegen Schwangerschaft oder Entbindung die Weiterführung des Haushalts nicht möglich ist und eine andere im Haushalt lebende Person den Haushalt nicht weiterführen kann. $_{2}$§ 38 Absatz 4 gilt entsprechend.

§ 24i Mutterschaftsgeld

(1) $_{1}$Weibliche Mitglieder, die bei Arbeitsunfähigkeit Anspruch auf Krankengeld haben oder denen wegen der Schutzfristen nach § 3 des Mutterschutzgesetzes kein Arbeitsentgelt gezahlt wird, erhalten Mutterschaftsgeld. $_{2}$Mutterschaftsgeld erhalten auch Frauen, deren Arbeitsverhältnis unmittelbar vor Beginn der Schutzfrist nach § 3 Absatz 1 des Mutterschutzgesetzes endet, wenn sie am letzten Tag des Arbeitsverhältnisses Mitglied einer Krankenkasse waren.

(2) $_{1}$Für Mitglieder, die bei Beginn der Schutzfrist vor der Entbindung nach § 3 Absatz 1 des Mutterschutzgesetzes in einem Arbeitsverhältnis stehen oder in Heimarbeit beschäftigt sind oder deren Arbeitsverhältnis nach Maßgabe von § 17 Absatz 2 des Mutterschutzgesetzes gekündigt worden ist, wird als Mutterschaftsgeld das um die gesetzlichen Abzüge verminderte durchschnittliche kalendertägliche Arbeitsentgelt der letzten drei abgerechneten Kalendermonate vor Beginn der Schutzfrist nach § 3 Absatz 1 des Mutterschutzgesetzes gezahlt. $_{2}$Es beträgt

höchstens 13 Euro für den Kalendertag. 3Für die Ermittlung des durchschnittlichen kalendertäglichen Arbeitsentgelts gilt § 21 des Mutterschutzgesetzes entsprechend. 4Übersteigt das durchschnittliche Arbeitsentgelt 13 Euro kalendertäglich, wird der übersteigende Betrag vom Arbeitgeber oder von der für die Zahlung des Mutterschaftsgeldes zuständigen Stelle nach den Vorschriften des Mutterschutzgesetzes gezahlt. 5Für Frauen nach Absatz 1 Satz 2 sowie für andere Mitglieder wird das Mutterschaftsgeld in Höhe des Krankengeldes gezahlt.

(3) 1Das Mutterschaftsgeld wird für die letzten sechs Wochen vor dem voraussichtlichen Tag der Entbindung, den Entbindungstag und für die ersten acht Wochen nach der Entbindung gezahlt. 2Bei Früh- und Mehrlingsgeburten sowie in Fällen, in denen vor Ablauf von acht Wochen nach der Entbindung bei dem Kind eine Behinderung im Sinne von § 2 Absatz 1 Satz 1 des Neunten Buches ärztlich festgestellt und ein Antrag nach § 3 Absatz 2 Satz 4 des Mutterschutzgesetzes gestellt wird, verlängert sich der Zeitraum der Zahlung des Mutterschaftsgeldes nach Satz 1 auf die ersten zwölf Wochen nach der Entbindung. 3Wird bei Frühgeburten und sonstigen vorzeitigen Entbindungen der Zeitraum von sechs Wochen vor dem voraussichtlichen Tag der Entbindung verkürzt, so verlängert sich die Bezugsdauer um den Zeitraum, der vor der Entbindung nicht in Anspruch genommen werden konnte. 4Für die Zahlung des Mutterschaftsgeldes vor der Entbindung ist das Zeugnis eines Arztes oder einer Hebamme maßgebend, in dem der voraussichtliche Tag der Entbindung angegeben ist. 5Bei Entbindungen nach dem voraussichtlichen Tag der Entbindung verlängert sich die Bezugsdauer bis zum Tag der Entbindung entsprechend. 6Für Mitglieder, deren Arbeitsverhältnis während der Schutzfristen nach § 3 des Mutterschutzgesetzes beginnt, wird das Mutterschaftsgeld von Beginn des Arbeitsverhältnisses an gezahlt.

(4) 1Der Anspruch auf Mutterschaftsgeld ruht, soweit und solange das Mitglied beitragspflichtiges Arbeitsentgelt, Arbeitseinkommen oder Urlaubsabgeltung erhält. 2Dies gilt nicht für einmalig gezahltes Arbeitsentgelt.

Vierter Abschnitt
Leistungen zur Erfassung von gesundheitlichen Risiken und Früherkennung von Krankheiten

§ 25 Gesundheitsuntersuchungen

(1) 1Versicherte, die das 18. Lebensjahr vollendet haben, haben Anspruch auf alters-, geschlechter- und zielgruppengerechte ärztliche Gesundheitsuntersuchungen zur Erfassung und Bewertung gesundheitlicher Risiken und Belastungen, zur Früherkennung von bevölkerungsmedizinisch bedeutsamen Krankheiten und eine darauf abgestimmte präventionsorientierte Beratung, einschließlich einer Überprüfung des Impfstatus im Hinblick auf die Empfehlungen der Ständigen Impfkommission nach § 20 Absatz 2 des Infektionsschutzgesetzes. 2Die Untersuchungen umfassen, sofern medizinisch angezeigt, eine Präventionsempfehlung für Leistungen zur verhaltensbezogenen Prävention nach § 20 Absatz 5. 3Die Präventionsempfehlung wird in Form einer ärztlichen Bescheinigung erteilt. 4Sie informiert über Möglichkeiten und Hilfen zur Veränderung gesundheitsbezogener Verhaltensweisen und kann auch auf andere Angebote zur verhaltensbezogenen Prävention hinweisen wie beispielsweise auf die vom Deutschen Olympischen Sportbund e. V. und der Bundesärztekammer empfohlenen Bewegungsangebote in Sportvereinen oder auf sonstige qualitätsgesicherte Bewegungsangebote in Sport- oder Fitnessstudios sowie auf Angebote zur Förderung einer ausgewogenen Ernährung.

(2) Versicherte, die das 18. Lebensjahr vollendet haben, haben Anspruch auf Untersuchungen zur Früherkennung von Krebserkrankungen.

(3) 1Voraussetzung für die Untersuchung nach den Absätzen 1 und 2 ist, dass es sich um Krankheiten handelt, die wirksam behandelt werden können oder um zu erfassende gesundheitliche Risiken und Belastungen, die durch geeignete Leistungen zur verhaltensbezogenen Prävention nach § 20 Absatz 5 vermieden, beseitigt oder vermindert werden können. 2Die im Rahmen der Untersuchungen erbrachten Maßnahmen zur Früherkennung setzen ferner voraus, dass

1. das Vor- und Frühstadium dieser Krankheiten durch diagnostische Maßnahmen erfassbar ist,
2. die Krankheitszeichen medizinisch-technisch genügend eindeutig zu erfassen sind,
3. genügend Ärzte und Einrichtungen vorhanden sind, um die aufgefundenen Verdachtsfälle eindeutig zu diagnostizieren und zu behandeln.

3Stellt der Gemeinsame Bundesausschuss bei seinen Beratungen über eine Gesundheitsuntersuchung nach Absatz 1 fest, dass notwendige Erkenntnisse fehlen, kann er eine Richtlinie zur Erprobung der geeigneten inhaltlichen und organisatorischen Ausgestaltung der Gesundheitsuntersuchung beschließen. 4§ 137e gilt entsprechend.

(4) 1Die Untersuchungen nach Absatz 1 und 2 sollen, soweit berufsrechtlich zulässig, zusammen angeboten werden. 2Der Gemeinsame Bundesausschuss bestimmt in den Richtlinien nach § 92 das Nähere über Inhalt, Art und Umfang der Untersuchungen sowie die Erfüllung der Voraussetzungen nach Absatz 3. 3Ferner bestimmt er für die

Untersuchungen die Zielgruppen, Altersgrenzen und die Häufigkeit der Untersuchungen. 4Der Gemeinsame Bundesausschuss regelt erstmals bis zum 31. Juli 2016 in Richtlinien nach § 92 das Nähere zur Ausgestaltung der Präventionsempfehlung nach Absatz 1 Satz 2. 5Im Übrigen beschließt der Gemeinsame Bundesausschuss erstmals bis zum 31. Juli 2018 in Richtlinien nach § 92 das Nähere über die Gesundheitsuntersuchungen nach Absatz 1 zur Erfassung und Bewertung gesundheitlicher Risiken und Belastungen sowie eine Anpassung der Richtlinie im Hinblick auf Gesundheitsuntersuchungen zur Früherkennung von bevölkerungsmedizinisch bedeutsamen Krankheiten. 6Die Frist nach Satz 5 verlängert sich in dem Fall einer Erprobung nach Absatz 3 Satz 3 um zwei Jahre.

(4a) 1Legt das Bundesministerium für Umwelt, Naturschutz und nukleare Sicherheit in einer Rechtsverordnung nach § 84 Absatz 2 des Strahlenschutzgesetzes die Zulässigkeit einer Früherkennungsuntersuchung fest, für die der Gemeinsame Bundesausschuss noch keine Richtlinie nach § 92 Absatz 1 Satz 2 Nummer 3 beschlossen hat, prüft der Gemeinsame Bundesausschuss innerhalb von 18 Monaten nach Inkrafttreten der Rechtsverordnung, ob die Früherkennungsuntersuchung nach Absatz 1 oder Absatz 2 zu Lasten der Krankenkassen zu erbringen ist und regelt gegebenenfalls das Nähere nach Absatz 3 Satz 2 und 3. 2Gelangt der Gemeinsame Bundesausschuss zu der Feststellung, dass der Nutzen der neuen Früherkennungsuntersuchung noch nicht hinreichend belegt ist, so hat er in der Regel eine Richtlinie nach § 137e zu beschließen.

(5) 1In den Richtlinien des Gemeinsamen Bundesausschusses ist ferner zu regeln, dass die Durchführung von Maßnahmen nach den Absätzen 1 und 2 von einer Genehmigung der Kassenärztlichen Vereinigung abhängig ist, wenn es zur Sicherung der Qualität der Untersuchungen geboten ist, dass Ärzte mehrerer Fachgebiete zusammenwirken oder die teilnehmenden Ärzte eine Mindestzahl von Untersuchungen durchführen oder besondere technische Einrichtungen vorgehalten werden oder dass besonders qualifiziertes nichtärztliches Personal mitwirkt. 2Ist es erforderlich, dass die teilnehmenden Ärzte eine hohe Mindestzahl von Untersuchungen durchführen oder dass bei der Leistungserbringung Ärzte mehrerer Fachgebiete zusammenwirken, legen die Richtlinien außerdem Kriterien für die Bemessung des Versorgungsbedarfs fest, so dass eine bedarfsgerechte räumliche Verteilung gewährleistet ist. 3Die Auswahl der Ärzte durch die Kassenärztliche Vereinigung erfolgt auf der Grundlage der Bewertung ihrer Qualifikation und der geeigneten räumlichen Zuordnung ihres Praxissitzes für die Versorgung im Rahmen eines in den Richtlinien geregelten Ausschreibungsverfahrens. 4Die Genehmigung zur Durchführung der Früherkennungsuntersuchungen kann befristet und mit für das Versorgungsziel notwendigen Auflagen erteilt werden.

§ 25a Organisierte Früherkennungsprogramme

(1) 1Untersuchungen zur Früherkennung von Krebserkrankungen gemäß § 25 Absatz 2, für die von der Europäischen Kommission veröffentlichte Europäische Leitlinien zur Qualitätssicherung von Krebsfrüherkennungsprogrammen vorliegen, sollen als organisierte Krebsfrüherkennungsprogramme angeboten werden. 2Diese Programme umfassen insbesondere

1. die regelmäßige Einladung der Versicherten in Textform zur Früherkennungsuntersuchung nach Satz 1,
2. die mit der Einladung erfolgende umfassende und verständliche Information der Versicherten über Nutzen und Risiken der jeweiligen Untersuchung, über die nach Absatz 4 vorgesehene Verarbeitung der personenbezogenen Daten, die zum Schutz dieser Daten getroffenen Maßnahmen, den Verantwortlichen und bestehende Widerspruchsrechte,
3. die inhaltliche Bestimmung der Zielgruppen, der Untersuchungsmethoden, der Abstände zwischen den Untersuchungen, der Altersgrenzen, des Vorgehens zur Abklärung auffälliger Befunde und der Maßnahmen zur Qualitätssicherung sowie
4. die systematische Erfassung, Überwachung und Verbesserung der Qualität der Krebsfrüherkennungsprogramme unter besonderer Berücksichtigung der Teilnahmeraten, des Auftretens von Intervallkarzinomen, falsch positiver Diagnosen und der Sterblichkeit an der betreffenden Krebserkrankung unter den Programmteilnehmern.

3Die Maßnahmen nach Satz 2 Nummer 4 beinhalten auch einen Abgleich der Daten, die nach § 299 zum Zwecke der Qualitätssicherung an eine vom Gemeinsamen Bundesausschuss bestimmte Stelle übermittelt werden, mit Daten der epidemiologischen oder der klinischen Krebsregister, soweit dies insbesondere für die Erfassung des Auftretens von Intervallkarzinomen und der Sterblichkeit an der betreffenden Krebserkrankung unter den Programmteilnehmern erforderlich ist. 4Die entstehenden Kosten für den Datenabgleich werden von den Krankenkassen getragen; der den Krebsregistern entstehende Aufwand wird im Rahmen der Festlegung der fallbezogenen Krebsregisterpauschale nach § 65c Absatz 2 Satz 1 in Verbindung mit Absatz 4 Satz 2, 3, 5, 6 und 9 berücksichtigt.

(2) 1Der Gemeinsame Bundesausschuss regelt bis zum 30. April 2016 in Richtlinien nach § 92 das Nähere über die Durchführung der organisierten Krebsfrüherken-

V

nungsprogramme für Früherkennungsuntersuchungen, für die bereits Europäische Leitlinien zur Qualitätssicherung nach Absatz 1 Satz 1 vorliegen. 2Für künftige Leitlinien erfolgt eine Regelung innerhalb von drei Jahren nach Veröffentlichung der Leitlinien. 3Handelt es sich um eine neue Früherkennungsuntersuchung, für die noch keine Richtlinien nach § 92 Absatz 1 Satz 2 Nummer 3 bestehen, prüft der Gemeinsame Bundesausschuss zunächst innerhalb von drei Jahren nach Veröffentlichung der Leitlinien, ob die Früherkennungsuntersuchung nach § 25 Absatz 2 zu Lasten der Krankenkassen zu erbringen ist, und regelt gegebenenfalls innerhalb von weiteren drei Jahren das Nähere über die Durchführung des organisierten Krebsfrüherkennungsprogramms. 4In den Richtlinien über die Durchführung der organisierten Krebsfrüherkennungsprogramme ist insbesondere das Nähere zum Einladungswesen, zur Qualitätssicherung und zum Datenabgleich mit den Krebsregistern festzulegen, und es sind die hierfür zuständigen Stellen zu bestimmen. 5Der Verband der Privaten Krankenversicherung ist bei den Richtlinien zu beteiligen.

V

(3) 1Stellt der Gemeinsame Bundesausschuss bei seinen Beratungen fest, dass notwendige Erkenntnisse fehlen, kann er eine Richtlinie zur Erprobung der geeigneten inhaltlichen und organisatorischen Ausgestaltung eines organisierten Krebsfrüherkennungsprogramms beschließen. 2§ 137e gilt entsprechend. 3Die Frist nach Absatz 2 Satz 1 bis 3 für die Regelung des Näheren über die Durchführung der organisierten Krebsfrüherkennungsprogramme verlängert sich in diesem Fall um den Zeitraum der Vorbereitung, Durchführung und Auswertung der Erprobung, längstens jedoch um fünf Jahre.

(4) 1Die nach Absatz 2 Satz 4 in den Richtlinien bestimmten Stellen sind befugt, die für die Wahrnehmung ihrer Aufgaben erforderlichen und in den Richtlinien aufgeführten Daten nach den dort genannten Vorgaben zu verarbeiten. 2Für die Einladungen nach Absatz 1 Satz 2 Nummer 1 dürfen die in § 291a Absatz 2 Nummer 1 bis 6 genannten Daten der Krankenkassen verarbeitet werden; sofern andere Stellen als die Krankenkassen die Aufgabe der Einladung wahrnehmen, darf die Krankenversichertennummer nur in pseudonymisierter Form verarbeitet werden. 3Die Versicherten können in Textform weiteren Einladungen widersprechen; sie sind in den Einladungen auf ihr Widerspruchsrecht hinzuweisen. 4Andere personenbezogene Daten der Krankenkassen, insbesondere Befunddaten und Daten über die Inanspruchnahme von Krebsfrüherkennungsuntersuchungen, dürfen für die Einladungen nur mit Einwilligung der Versicherten verarbeitet werden. 5Für die Datenverarbeitungen zum Zwecke der Qualitätssicherung nach Absatz 1 Satz 2 Nummer 4 gilt § 299, sofern der Versicherte nicht schriftlich oder elektronisch widersprochen hat. 6Ein Abgleich der Daten nach Satz 4 und der Daten, die nach § 299 zum Zwecke der Qualitätssicherung an eine vom Gemeinsamen Bundesausschuss bestimmte Stelle übermittelt werden, mit Daten der epidemiologischen oder klinischen Krebsregister ist unter Verwendung eines aus dem unveränderbaren Teil der Krankenversichertennummer des Versicherten abgeleiteten Pseudonyms zulässig, sofern der Versicherte nicht schriftlich oder elektronisch widersprochen hat. 7Der Gemeinsame Bundesausschuss legt in den Richtlinien fest, welche Daten für den Abgleich zwischen den von ihm bestimmten Stellen und den epidemiologischen oder klinischen Krebsregistern übermittelt werden sollen. 8Das Nähere zur technischen Umsetzung des Abgleichs nach Satz 6 vereinbaren der Gemeinsame Bundesausschuss und die von den Ländern zur Durchführung des Abgleichs bestimmten Krebsregister bis zum 31. Dezember 2021. 9Die epidemiologischen oder klinischen Krebsregister übermitteln erstmals bis Ende 2023 und anschließend regelmäßig ausschließlich zum Zweck des Abgleichs der Daten nach Satz 6 die vom Gemeinsamen Bundesausschuss festgelegten Daten zusammen mit dem Pseudonym nach Satz 6 an die Vertrauensstelle nach § 299 Absatz 2 Satz 5.

(5) 1Der Gemeinsame Bundesausschuss oder eine von ihm beauftragte Stelle veröffentlicht alle zwei Jahre einen Bericht über den Stand der Maßnahmen nach Absatz 1 Satz 2 Nummer 4. 2Der Gemeinsame Bundesausschuss oder eine von ihm beauftragte Stelle übermittelt auf Antrag, nach Prüfung des berechtigten Interesses des Antragstellers, anonymisierte Daten zum Zwecke der wissenschaftlichen Forschung. 3Die Entscheidung über den Antrag ist dem Antragsteller innerhalb von zwei Monaten nach Antragstellung mitzuteilen; eine Ablehnung ist zu begründen.

§ 26 Gesundheitsuntersuchungen für Kinder und Jugendliche

(1) 1Versicherte Kinder und Jugendliche haben bis zur Vollendung des 18. Lebensjahres Anspruch auf Untersuchungen zur Früherkennung von Krankheiten, die ihre körperliche, geistige oder psycho-soziale Entwicklung in nicht geringfügigem Maße gefährden. 2Die Untersuchungen beinhalten auch eine Erfassung und Bewertung gesundheitlicher Risiken einschließlich einer Überprüfung der Vollständigkeit des Impfstatus sowie eine darauf abgestimmte präventionsorientierte Beratung einschließlich Informationen zu regionalen Unterstützungsangeboten für Eltern und Kind. 3Die Untersuchungen umfassen, sofern medizinisch angezeigt, eine Präventionsempfehlung für Leistungen zur verhaltensbezogenen Prävention nach

§ 20 Absatz 5, die sich altersentsprechend an das Kind, den Jugendlichen oder die Eltern oder andere Sorgeberechtigte richten kann. 4Die Präventionsempfehlung wird in Form einer ärztlichen Bescheinigung erteilt. 5Zu den Früherkennungsuntersuchungen auf Zahn-, Mund- und Kieferkrankheiten gehören insbesondere die Inspektion der Mundhöhle, die Einschätzung oder Bestimmung des Kariesrisikos, die Ernährungs- und Mundhygieneberatung sowie Maßnahmen zur Schmelzhärtung der Zähne und zur Keimzahlsenkung. 6Die Leistungen nach Satz 5 werden bis zur Vollendung des sechsten Lebensjahres erbracht und können von Ärzten oder Zahnärzten erbracht werden.

(2) 1§ 25 Absatz 3 gilt entsprechend. 2Der Gemeinsame Bundesausschuss bestimmt in den Richtlinien nach § 92 das Nähere über Inhalt, Art und Umfang der Untersuchungen nach Absatz 1 sowie über die Erfüllung der Voraussetzungen nach § 25 Absatz 3. 3Ferner bestimmt er die Altersgrenzen und die Häufigkeit dieser Untersuchungen. 4In der ärztlichen Dokumentation über die Untersuchungen soll auf den Impfstatus in Bezug auf Masern und auf eine durchgeführte Impfberatung hingewiesen werden, um einen Nachweis im Sinne von § 20 Absatz 9 Satz 1 Nummer 1 und § 34 Absatz 10a Satz 1 des Infektionsschutzgesetzes zu ermöglichen. 5Der Gemeinsame Bundesausschuss regelt erstmals bis zum 31. Juli 2016 in Richtlinien nach § 92 das Nähere zur Ausgestaltung der Präventionsempfehlung nach Absatz 1 Satz 3. 6Er regelt insbesondere das Nähere zur Ausgestaltung der zahnärztlichen Früherkennungsuntersuchungen zur Vermeidung frühkindlicher Karies.

(3) 1Die Krankenkassen haben im Zusammenwirken mit den für die Kinder- und Gesundheitspflege durch Landesrecht bestimmten Stellen der Länder auf eine Inanspruchnahme der Leistungen nach Absatz 1 hinzuwirken. 2Zur Durchführung der Maßnahmen nach Satz 1 schließen die Landesverbände der Krankenkassen und die Ersatzkassen mit den Stellen der Länder nach Satz 1 gemeinsame Rahmenvereinbarungen.

Fünfter Abschnitt
Leistungen bei Krankheit

Erster Titel
Krankenbehandlung

§ 27 Krankenbehandlung

(1) 1Versicherte haben Anspruch auf Krankenbehandlung, wenn sie notwendig ist, um eine Krankheit zu erkennen, zu heilen, ihre Verschlimmerung zu verhüten oder Krankheitsbeschwerden zu lindern. 2Die Krankenbehandlung umfaßt

1. ärztliche Behandlung einschließlich Psychotherapie als ärztliche und psychotherapeutische Behandlung,
2. zahnärztliche Behandlung,

2a. Versorgung mit Zahnersatz einschließlich Zahnkronen und Suprakonstruktionen,

3. Versorgung mit Arznei-, Verband-, Heil- und Hilfsmitteln sowie mit digitalen Gesundheitsanwendungen,
4. häusliche Krankenpflege, außerklinische Intensivpflege und Haushaltshilfe,
5. Krankenhausbehandlung,
6. Leistungen zur medizinischen Rehabilitation und ergänzende Leistungen.

3Zur Krankenbehandlung gehört auch die palliative Versorgung der Versicherten. 4Bei der Krankenbehandlung ist den besonderen Bedürfnissen psychisch Kranker Rechnung zu tragen, insbesondere bei der Versorgung mit Heilmitteln und bei der medizinischen Rehabilitation. 5Zur Krankenbehandlung gehören auch Leistungen zur Herstellung der Zeugungs- und Empfängnisfähigkeit, wenn diese Fähigkeit nicht vorhanden war oder durch Krankheit oder wegen einer durch Krankheit erforderlichen Sterilisation verlorengegangen war. 6Zur Krankenbehandlung gehören auch Leistungen zur vertraulichen Spurensicherung am Körper, einschließlich der erforderlichen Dokumentation sowie Laboruntersuchungen und einer ordnungsgemäßen Aufbewahrung der sichergestellten Befunde, bei Hinweisen auf drittverursachte Gesundheitsschäden, die Folge einer Misshandlung, eines sexuellen Missbrauchs, eines sexuellen Übergriffs, einer sexuellen Nötigung oder einer Vergewaltigung sein können.

(1a) 1Spender von Organen oder Geweben oder von Blut zur Separation von Blutstammzellen oder anderen Blutbestandteilen (Spender) haben bei einer nach den §§ 8 und 8a des Transplantationsgesetzes erfolgenden Spende von Organen oder Geweben oder im Zusammenhang mit einer im Sinne von § 9 des Transfusionsgesetzes erfolgenden Spende zum Zwecke der Übertragung auf Versicherte (Entnahme bei lebenden Spendern) Anspruch auf Leistungen der Krankenbehandlung. 2Dazu gehören die ambulante und stationäre Behandlung der Spender, die medizinisch erforderliche Vor- und Nachbetreuung, Leistungen zur medizinischen Rehabilitation sowie die Erstattung des Ausfalls von Arbeitseinkünften als Krankengeld nach § 44a und erforderlicher Fahrkosten; dies gilt auch für Leistungen, die über die Leistungen nach dem Dritten Kapitel dieses Gesetzes, auf die ein Anspruch besteht, hinausgehen, soweit sie vom Versicherungsschutz des Spenders

V

umfasst sind. $_{3}$Zuzahlungen sind von den Spendern nicht zu leisten. $_{4}$Zuständig für Leistungen nach den Sätzen 1 und 2 ist die Krankenkasse der Empfänger von Organen, Geweben oder Blutstammzellen sowie anderen Blutbestandteilen (Empfänger). $_{5}$Im Zusammenhang mit der Spende von Knochenmark nach den §§ 8 und 8a des Transplantationsgesetzes, von Blutstammzellen oder anderen Blutbestandteilen nach § 9 des Transfusionsgesetzes können die Erstattung der erforderlichen Fahrkosten des Spenders und die Erstattung der Entgeltfortzahlung an den Arbeitgeber nach § 3a Absatz 2 Satz 1 des Entgeltfortzahlungsgesetzes einschließlich der Befugnis zum Erlass der hierzu erforderlichen Verwaltungsakte auf Dritte übertragen werden. $_{6}$Das Nähere kann der Spitzenverband Bund der Krankenkassen mit den für die nationale und internationale Suche nach nichtverwandten Spendern von Blutstammzellen aus Knochenmark oder peripherem Blut maßgeblichen Organisationen vereinbaren. $_{7}$Für die Behandlung von Folgeerkrankungen der Spender ist die Krankenkasse der Spender zuständig, sofern der Leistungsanspruch nicht nach § 11 Absatz 5 ausgeschlossen ist. $_{8}$Ansprüche nach diesem Absatz haben auch nicht gesetzlich krankenversicherte Personen. $_{9}$Die Krankenkasse der Spender ist befugt, die für die Leistungserbringung nach den Sätzen 1 und 2 erforderlichen personenbezogenen Daten an die Krankenkasse oder das private Krankenversicherungsunternehmen der Empfänger zu übermitteln; dies gilt auch für personenbezogene Daten von nach dem Künstlersozialversicherungsgesetz Krankenversicherungspflichtigen. $_{10}$Die nach Satz 9 übermittelten Daten dürfen nur für die Erbringung von Leistungen nach den Sätzen 1 und 2 verarbeitet werden. $_{11}$Die Datenverarbeitung nach den Sätzen 9 und 10 darf nur mit schriftlicher Einwilligung der Spender, der eine umfassende Information vorausgegangen ist, erfolgen.

(2) Versicherte, die sich nur vorübergehend im Inland aufhalten, Ausländer, denen eine Aufenthaltserlaubnis nach § 25 Abs. 4 bis 5 des Aufenthaltsgesetzes erteilt wurde, sowie

1. asylsuchende Ausländer, deren Asylverfahren noch nicht unanfechtbar abgeschlossen ist,
2. Vertriebene im Sinne des § 1 Abs. 2 Nr. 2 und 3 des Bundesvertriebenengesetzes sowie Spätaussiedler im Sinne des § 4 des Bundesvertriebenengesetzes, ihre Ehegatten, Lebenspartner und Abkömmlinge im Sinne des § 7 Abs. 2 des Bundesvertriebenengesetzes haben Anspruch auf Versorgung mit Zahnersatz, wenn sie unmittelbar vor Inanspruchnahme mindestens ein Jahr lang Mitglied einer Krankenkasse (§ 4) oder nach § 10 versichert waren oder wenn die Behandlung aus medizinischen Gründen ausnahmsweise unaufschiebbar ist.

§ 27a Künstliche Befruchtung

(1) Die Leistungen der Krankenbehandlung umfassen auch medizinische Maßnahmen zur Herbeiführung einer Schwangerschaft, wenn

1. diese Maßnahmen nach ärztlicher Feststellung erforderlich sind,
2. nach ärztlicher Feststellung hinreichende Aussicht besteht, daß durch die Maßnahmen eine Schwangerschaft herbeigeführt wird; eine hinreichende Aussicht besteht nicht mehr, wenn die Maßnahme drei Mal ohne Erfolg durchgeführt worden ist,
3. die Personen, die diese Maßnahmen in Anspruch nehmen wollen, miteinander verheiratet sind,
4. ausschließlich Ei- und Samenzellen der Ehegatten verwendet werden und
5. sich die Ehegatten vor Durchführung der Maßnahmen von einem Arzt, der die Behandlung nicht selbst durchführt, über eine solche Behandlung unter Berücksichtigung ihrer medizinischen und psychosozialen Gesichtspunkte haben unterrichten lassen und der Arzt sie an einen der Ärzte oder eine der Einrichtungen überwiesen hat, denen eine Genehmigung nach § 121a erteilt worden ist.

(2) $_{1}$Absatz 1 gilt auch für Inseminationen, die nach Stimulationsverfahren durchgeführt werden und bei denen dadurch ein erhöhtes Risiko von Schwangerschaften mit drei oder mehr Embryonen besteht. $_{2}$Bei anderen Inseminationen ist Absatz 1 Nr. 2 zweiter Halbsatz und Nr. 5 nicht anzuwenden.

(3) $_{1}$Anspruch auf Sachleistungen nach Absatz 1 besteht nur für Versicherte, die das 25. Lebensjahr vollendet haben; der Anspruch besteht nicht für weibliche Versicherte, die das 40. und für männliche Versicherte, die das 50. Lebensjahr vollendet haben. $_{2}$Vor Beginn der Behandlung ist der Krankenkasse ein Behandlungsplan zur Genehmigung vorzulegen. $_{3}$Die Krankenkasse übernimmt 50 vom Hundert der mit dem Behandlungsplan genehmigten Kosten der Maßnahmen, die bei ihrem Versicherten durchgeführt werden.

(4) $_{1}$Versicherte haben Anspruch auf Kryokonservierung von Ei- oder Samenzellen oder von Keimzellgewebe sowie auf die dazugehörigen medizinischen Maßnahmen, wenn die Kryokonservierung wegen einer Erkrankung und deren Behandlung mit einer keimzellschädigenden Therapie medizinisch notwendig erscheint, um spätere medizinische Maßnahmen zur Herbeiführung einer Schwangerschaft nach Absatz 1 vornehmen zu können. $_{2}$Absatz 3 Satz 1 zweiter Halbsatz gilt entsprechend.

(5) Der Gemeinsame Bundesausschuss bestimmt in den Richtlinien nach § 92 die medizinischen Einzelheiten zu

Voraussetzungen, Art und Umfang der Maßnahmen nach den Absätzen 1 und 4.

§ 27b Zweitmeinung

(1) $_{1}$Versicherte, bei denen die Indikation zu einem planbaren Eingriff gestellt wird, bei dem insbesondere im Hinblick auf die zahlenmäßige Entwicklung seiner Durchführung die Gefahr einer Indikationsausweitung nicht auszuschließen ist, haben Anspruch darauf, eine unabhängige ärztliche Zweitmeinung bei einem Arzt oder einer Einrichtung nach Absatz 3 einzuholen. $_{2}$Die Zweitmeinung kann nicht bei einem Arzt oder einer Einrichtung eingeholt werden, durch den oder durch die der Eingriff durchgeführt werden soll.

(2) $_{1}$Der Gemeinsame Bundesausschuss bestimmt in seinen Richtlinien nach § 92 Absatz 1 Satz 2 Nummer 13, für welche planbaren Eingriffe nach Absatz 1 Satz 1 der Anspruch auf Einholung der Zweitmeinung im Einzelnen besteht; ab dem 1. Januar 2022 soll der Gemeinsame Bundesausschuss jährlich mindestens zwei weitere Eingriffe bestimmen, für die Anspruch auf Einholung der Zweitmeinung im Einzelnen besteht. $_{2}$Er legt indikationsspezifische Anforderungen an die Abgabe der Zweitmeinung zum empfohlenen Eingriff und an die Erbringer einer Zweitmeinung fest, um eine besondere Expertise zur Zweitmeinungserbringung zu sichern. $_{3}$Kriterien für die besondere Expertise sind

1. eine langjährige fachärztliche Tätigkeit in einem Fachgebiet, das für die Indikation zum Eingriff maßgeblich ist,
2. Kenntnisse über den aktuellen Stand der wissenschaftlichen Forschung zur jeweiligen Diagnostik und Therapie einschließlich Kenntnissen über Therapiealternativen zum empfohlenen Eingriff.

$_{4}$Der Gemeinsame Bundesausschuss kann Anforderungen mit zusätzlichen Kriterien festlegen. $_{5}$Zusätzliche Kriterien sind insbesondere

1. Erfahrungen mit der Durchführung des jeweiligen Eingriffs,
2. regelmäßige gutachterliche Tätigkeit in einem für die Indikation maßgeblichen Fachgebiet oder
3. besondere Zusatzqualifikationen, die für die Beurteilung einer gegebenenfalls interdisziplinär abzustimmenden Indikationsstellung von Bedeutung sind.

$_{6}$Der Gemeinsame Bundesausschuss berücksichtigt bei den Festlegungen nach Satz 2 die Möglichkeiten einer telemedizinischen Erbringung der Zweitmeinung.

(3) Zur Erbringung einer Zweitmeinung sind berechtigt:

1. zugelassene Ärzte,
2. zugelassene medizinische Versorgungszentren,
3. ermächtigte Ärzte und Einrichtungen,
4. zugelassene Krankenhäuser sowie
5. nicht an der vertragsärztlichen Versorgung teilnehmende Ärzte, die nur zu diesem Zweck an der vertragsärztlichen Versorgung teilnehmen,

soweit sie die Anforderungen nach Absatz 2 Satz 2 erfüllen.

(4) Die Kassenärztlichen Vereinigungen und die Landeskrankenhausgesellschaften informieren inhaltlich abgestimmt über Leistungserbringer, die unter Berücksichtigung der vom Gemeinsamen Bundesausschuss nach Absatz 2 Satz 2 festgelegten Anforderungen zur Erbringung einer unabhängigen Zweitmeinung geeignet und bereit sind.

(5) $_{1}$Der Arzt, der die Indikation für einen Eingriff nach Absatz 1 Satz 1 in Verbindung mit Absatz 2 Satz 1 stellt, muss den Versicherten über das Recht, eine unabhängige ärztliche Zweitmeinung einholen zu können, aufklären und ihn auf die Informationsangebote über geeignete Leistungserbringer nach Absatz 4 hinweisen. $_{2}$Die Aufklärung muss mündlich erfolgen; ergänzend kann auf Unterlagen Bezug genommen werden, die der Versicherte in Textform erhält. $_{3}$Der Arzt hat dafür Sorge zu tragen, dass die Aufklärung in der Regel mindestens zehn Tage vor dem geplanten Eingriff erfolgt. $_{4}$In jedem Fall hat die Aufklärung so rechtzeitig zu erfolgen, dass der Versicherte seine Entscheidung über die Einholung einer Zweitmeinung wohlüberlegt treffen kann. $_{5}$Der Arzt hat den Versicherten auf sein Recht auf Überlassung von Abschriften der Befundunterlagen aus der Patientenakte gemäß § 630g Absatz 2 des Bürgerlichen Gesetzbuchs, die für die Einholung der Zweitmeinung erforderlich sind, hinzuweisen. $_{6}$Die Kosten, die dem Arzt durch die Zusammenstellung und Überlassung von Befundunterlagen für die Zweitmeinung entstehen, trägt die Krankenkasse.

(6) $_{1}$Die Krankenkasse kann in ihrer Satzung zusätzliche Leistungen zur Einholung einer unabhängigen ärztlichen Zweitmeinung vorsehen. $_{2}$Sofern diese zusätzlichen Leistungen die vom Gemeinsamen Bundesausschuss bestimmten Eingriffe nach Absatz 2 Satz 1 betreffen, müssen sie die Anforderungen nach Absatz 2 Satz 2 erfüllen, die der Gemeinsame Bundesausschuss festgelegt hat. $_{3}$Dies gilt auch, wenn die Krankenkasse ein Zweitmeinungsverfahren im Rahmen von Verträgen der besonderen Versorgung nach § 140a anbietet.

§ 28 Ärztliche und zahnärztliche Behandlung

(1) $_{1}$Die ärztliche Behandlung umfaßt die Tätigkeit des Arztes, die zur Verhütung, Früherkennung und Behandlung von Krankheiten nach den Regeln der ärztlichen Kunst ausreichend und zweckmäßig ist. $_{2}$Zur ärztlichen

Behandlung gehört auch die Hilfeleistung anderer Personen, die von dem Arzt angeordnet und von ihm zu verantworten ist. $_{3}$Die Partner der Bundesmantelverträge legen für die ambulante Versorgung beispielhaft fest, bei welchen Tätigkeiten Personen nach Satz 2 ärztliche Leistungen erbringen können und welche Anforderungen an die Erbringung zu stellen sind. $_{4}$Der Bundesärztekammer ist Gelegenheit zur Stellungnahme zu geben.

(2) $_{1}$Die zahnärztliche Behandlung umfaßt die Tätigkeit des Zahnarztes, die zur Verhütung, Früherkennung und Behandlung von Zahn-, Mund- und Kieferkrankheiten nach den Regeln der zahnärztlichen Kunst ausreichend und zweckmäßig ist; sie umfasst auch konservierend-chirurgische Leistungen und Röntgenleistungen, die im Zusammenhang mit Zahnersatz einschließlich Zahnkronen und Suprakonstruktionen erbracht werden. $_{2}$Wählen Versicherte bei Zahnfüllungen eine darüber hinausgehende Versorgung, haben sie die Mehrkosten selbst zu tragen. $_{3}$In diesen Fällen ist von den Kassen die vergleichbare preisgünstigste plastische Füllung als Sachleistung abzurechnen. $_{4}$In Fällen des Satzes 2 ist vor Beginn der Behandlung eine schriftliche Vereinbarung zwischen dem Zahnarzt und dem Versicherten zu treffen. $_{5}$Die Mehrkostenregelung gilt nicht für Fälle, in denen intakte plastische Füllungen ausgetauscht werden. $_{6}$Nicht zur zahnärztlichen Behandlung gehört die kieferorthopädische Behandlung von Versicherten, die zu Beginn der Behandlung das 18. Lebensjahr vollendet haben. $_{7}$Dies gilt nicht für Versicherte mit schweren Kieferanomalien, die ein Ausmaß haben, das kombinierte kieferchirurgische und kieferorthopädische Behandlungsmaßnahmen erfordert. $_{8}$Ebenso gehören funktionsanalytische und funktionstherapeutische Maßnahmen nicht zur zahnärztlichen Behandlung; sie dürfen von den Krankenkassen auch nicht bezuschußt werden. $_{9}$Das Gleiche gilt für implantologische Leistungen, es sei denn, es liegen seltene vom Gemeinsamen Bundesausschuss in Richtlinien nach § 92 Abs. 1 festzulegende Ausnahmeindikationen für besonders schwere Fälle vor, in denen die Krankenkasse diese Leistung einschließlich der Suprakonstruktion als Sachleistung im Rahmen einer medizinischen Gesamtbehandlung erbringt. $_{10}$Absatz 1 Satz 2 gilt entsprechend.

(3) $_{1}$Die psychotherapeutische Behandlung einer Krankheit wird durch Psychologische Psychotherapeuten und Kinder- und Jugendlichenpsychotherapeuten nach den §§ 26 und 27 des Psychotherapeutengesetzes und durch Psychotherapeuten nach § 1 Absatz 1 Satz 1 des Psychotherapeutengesetzes (Psychotherapeuten), soweit sie zur psychotherapeutischen Behandlung zugelassen sind, sowie durch Vertragsärzte entsprechend den Richtlinien nach § 92 durchgeführt. $_{2}$Absatz 1 Satz 2 gilt entsprechend. $_{3}$Spätestens nach den probatorischen Sitzungen gemäß § 92 Abs. 6a hat der Psychotherapeut vor Beginn der Behandlung den Konsiliarbericht eines Vertragsarztes zur Abklärung einer somatischen Erkrankung sowie, falls der somatisch abklärende Vertragsarzt dies für erforderlich hält, eines psychiatrisch tätigen Vertragsarztes einzuholen.

§ 29 Kieferorthopädische Behandlung

(1) Versicherte haben Anspruch auf kieferorthopädische Versorgung in medizinisch begründeten Indikationsgruppen, bei denen eine Kiefer- oder Zahnfehlstellung vorliegt, die das Kauen, Beißen, Sprechen oder Atmen erheblich beeinträchtigt oder zu beeinträchtigen droht.

(2) $_{1}$Versicherte leisten zu der kieferorthopädischen Behandlung nach Absatz 1 einen Anteil in Höhe von 20 vom Hundert der Kosten an den Vertragszahnarzt. $_{2}$Satz 1 gilt nicht für im Zusammenhang mit kieferorthopädischer Behandlung erbrachte konservierend-chirurgische und Röntgenleistungen. $_{3}$Befinden sich mindestens zwei versicherte Kinder, die bei Beginn der Behandlung das 18. Lebensjahr noch nicht vollendet haben und mit ihren Erziehungsberechtigten in einem gemeinsamen Haushalt leben, in kieferorthopädischer Behandlung, beträgt der Anteil nach Satz 1 für das zweite und jedes weitere Kind 10 vom Hundert.

(3) $_{1}$Der Vertragszahnarzt rechnet die kieferorthopädische Behandlung abzüglich des Versichertenanteils nach Absatz 2 Satz 1 und 3 mit der Kassenzahnärztlichen Vereinigung ab. $_{2}$Wenn die Behandlung in dem durch den Behandlungsplan bestimmten medizinisch erforderlichen Umfang abgeschlossen worden ist, zahlt die Kasse den von den Versicherten geleisteten Anteil nach Absatz 2 Satz 1 und 3 an die Versicherten zurück.

(4) $_{1}$Der Gemeinsame Bundesausschuss bestimmt in den Richtlinien nach § 92 Abs. 1 befundbezogen die objektiv überprüfbaren Indikationsgruppen, bei denen die in Absatz 1 genannten Voraussetzungen vorliegen. $_{2}$Dabei sind auch einzuhaltende Standards zur kieferorthopädischen Befunderhebung und Diagnostik vorzugeben.

(5) $_{1}$Wählen Versicherte im Fall von kieferorthopädischen Behandlungen Leistungen, die den im einheitlichen Bewertungsmaßstab für zahnärztliche Leistungen abgebildeten kieferorthopädischen Leistungen vergleichbar sind und sich lediglich in der Durchführungsart oder durch die eingesetzten Behandlungsmittel unterscheiden (Mehrleistungen), haben die Versicherten die Mehrkosten, die durch diese Mehrleistungen entstehen, selbst zu tragen. $_{2}$In diesem Fall ist von dem behandelnden Zahnarzt gegenüber der zuständigen Kassenzahnärztlichen Vereinigung die vergleichbare im einheitlichen Bewertungsmaß-

stab für zahnärztliche Leistungen abgebildete kieferorthopädische Leistung als Sachleistung abzurechnen. 3Die Absätze 2 und 3 gelten entsprechend.

(6) 1Der Bewertungsausschuss für die zahnärztlichen Leistungen beschließt bis spätestens zum 31. Dezember 2022 einen Katalog von Leistungen, die als Mehrleistungen vereinbart und abgerechnet werden können. 2Er kann solche nicht im Bewertungsmaßstab enthaltenen kieferorthopädischen Leistungen benennen, die nicht als Mehrleistungen anzusehen sind (Zusatzleistungen). 3Sofern es zur Abgrenzung zwischen Mehrleistungen und den im einheitlichen Bewertungsmaßstab enthaltenen kieferorthopädischen Leistungen erforderlich ist, konkretisiert der Bewertungsausschuss die im einheitlichen Bewertungsmaßstab abgebildete kieferorthopädische Leistung.

(7) 1Werden im Rahmen einer kieferorthopädischen Behandlung neben kieferorthopädischen Leistungen, die im einheitlichen Bewertungsmaßstab für zahnärztliche Leistungen abgebildet sind, Mehrleistungen oder Zusatzleistungen erbracht, ist der Versicherte vor Beginn der Behandlung vom behandelnden Zahnarzt über die in Betracht kommenden Behandlungsalternativen mündlich aufzuklären und ist eine schriftliche oder elektronische Vereinbarung zwischen dem Zahnarzt und dem Versicherten zu treffen, in der die von der Krankenkasse zu tragenden Kostenanteile und die vom Versicherten zu tragenden Kostenanteile aufgeschlüsselt nach Leistungen gegenübergestellt werden. 2Hiermit ist eine schriftliche oder elektronische Erklärung des Versicherten zu verknüpfen, dass er über die in Betracht kommenden Behandlungsalternativen einschließlich einer zuzahlungsfreien Behandlung auf der Grundlage des einheitlichen Bewertungsmaßstabs für zahnärztliche Leistungen aufgeklärt worden ist. 3Die Bundesmantelvertragspartner vereinbaren für die schriftliche Vereinbarung nach Satz 1 und für die Erklärung des Versicherten nach Satz 2 verbindliche Formularvordrucke und bestimmen den Zeitpunkt, ab dem diese verbindlich zu verwenden sind.

(8) 1Die Kassenzahnärztlichen Vereinigungen überprüfen anlassbezogen die Einhaltung der Informations- und Aufklärungspflichten aus Absatz 7 Satz 1. 2Der behandelnde Zahnarzt ist verpflichtet, der zuständigen Kassenzahnärztlichen Vereinigung auf Verlangen die Vereinbarung nach Absatz 7 Satz 1 und die Erklärung nach Absatz 7 Satz 2 vorzulegen. 3Soweit es zur Nachvollziehbarkeit der vereinbarten Mehr- und Zusatzkosten erforderlich ist, kann die zuständige Kassenzahnärztliche Vereinigung auch behandlungs- und rechnungsbegründende Unterlagen von dem behandelnden Zahnarzt anfordern. 4Der behandelnde Zahnarzt ist in diesem Fall zur Übermittlung der behandlungs- und rechnungsbegründenden Unterlagen verpflichtet, wenn der Versicherte ihm gegenüber in die Übermittlung schriftlich oder elektronisch eingewilligt hat. 5Die Kassenzahnärztlichen Vereinigungen dürfen die in der Vereinbarung nach Absatz 7 Satz 1 und der Erklärung nach Absatz 7 Satz 2 enthaltenen Daten sowie die Daten, die in den ihnen übermittelten behandlungs- und rechnungsbegründenden Unterlagen enthalten sind, nur verarbeiten, soweit dies für die Prüfung nach Satz 1 erforderlich ist.

§ 30 (weggefallen)

§ 31 Arznei- und Verbandmittel, Verordnungsermächtigung

(1) 1Versicherte haben Anspruch auf Versorgung mit apothekenpflichtigen Arzneimitteln, soweit die Arzneimittel nicht nach § 34 oder durch Richtlinien nach § 92 Abs. 1 Satz 2 Nr. 6 ausgeschlossen sind, und auf Versorgung mit Verbandmitteln, Harn- und Blutteststreifen. 2Der Gemeinsame Bundesausschuss hat in den Richtlinien nach § 92 Abs. 1 Satz 2 Nr. 6 festzulegen, in welchen medizinisch notwendigen Fällen Stoffe und Zubereitungen aus Stoffen, die als Medizinprodukte nach § 3 Nr. 1 oder Nr. 2 des Medizinproduktegesetzes in der bis einschließlich 25. Mai 2021 geltenden Fassung zur Anwendung am oder im menschlichen Körper bestimmt sind, ausnahmsweise in die Arzneimittelversorgung einbezogen werden; § 34 Abs. 1 Satz 5, 7 und 8 und Abs. 6 sowie die § 35 und die §§ 126 und 127 in der bis zum 10. Mai 2019 geltenden Fassung gelten entsprechend. 3Für verschreibungspflichtige und nicht verschreibungspflichtige Medizinprodukte nach Satz 2 gilt § 34 Abs. 1 Satz 6 entsprechend. 4Der Vertragsarzt kann Arzneimittel, die auf Grund der Richtlinien nach § 92 Abs. 1 Satz 2 Nr. 6 von der Versorgung ausgeschlossen sind, ausnahmsweise in medizinisch begründeten Einzelfällen mit Begründung verordnen. 5Für die Versorgung nach Satz 1 können die Versicherten unter den Apotheken, für die der Rahmenvertrag nach § 129 Abs. 2 Geltung hat, frei wählen. 6Vertragsärzte und Krankenkassen dürfen, soweit gesetzlich nicht etwas anderes bestimmt oder aus medizinischen Gründen im Einzelfall eine Empfehlung geboten ist, weder die Versicherten dahingehend beeinflussen, Verordnungen bei einer bestimmten Apotheke oder einem sonstigen Leistungserbringer einzulösen, noch unmittelbar oder mittelbar Verordnungen bestimmten Apotheken oder sonstigen Leistungserbringern zuweisen. 7Die Sätze 5 und 6 gelten auch bei der Einlösung von elektronischen Verordnungen.

(1a) 1Verbandmittel sind Gegenstände einschließlich Fixiermaterial, deren Hauptwirkung darin besteht, oberflächengeschädigte Körperteile zu bedecken, Körperflüssigkeiten von oberflächengeschädigten Körperteilen aufzusaugen oder beides zu erfüllen. $_{2}$Die Eigenschaft als Verbandmittel entfällt nicht, wenn ein Gegenstand ergänzend weitere Wirkungen entfaltet, die ohne pharmakologische, immunologische oder metabolische Wirkungsweise im menschlichen Körper der Wundheilung dienen, beispielsweise, indem er eine Wunde feucht hält, reinigt, geruchsbindend, antimikrobiell oder metallbeschichtet ist. $_{3}$Erfasst sind auch Gegenstände, die zur individuellen Erstellung von einmaligen Verbänden an Körperteilen, die nicht oberflächengeschädigt sind, gegebenenfalls mehrfach verwendet werden, um Körperteile zu stabilisieren, zu immobilisieren oder zu komprimieren. $_{4}$Das Nähere zur Abgrenzung von Verbandmitteln zu sonstigen Produkten zur Wundbehandlung regelt der Gemeinsame Bundesausschuss bis zum 31. August 2020 in den Richtlinien nach § 92 Absatz 1 Satz 2 Nummer 6; Absatz 1 Satz 2 gilt für diese sonstigen Produkte entsprechend. $_{5}$Bis 36 Monate nach dem Wirksamwerden der Regelungen nach Satz 4 sind solche Gegenstände weiterhin zu Lasten der Krankenkassen zu erbringen, die vor dem Wirksamwerden der Regelungen nach Satz 4 erbracht wurden.

(1b) $_{1}$Für Versicherte, die eine kontinuierliche Versorgung mit einem bestimmten Arzneimittel benötigen, können Vertragsärzte Verordnungen ausstellen, nach denen eine nach der Erstabgabe bis zu dreimal sich wiederholende Abgabe erlaubt ist. $_{2}$Die Verordnungen sind besonders zu kennzeichnen. $_{3}$Sie dürfen bis zu einem Jahr nach Ausstellungsdatum zu Lasten der gesetzlichen Krankenkasse durch Apotheken beliefert werden.

(2) $_{1}$Für ein Arznei- oder Verbandmittel, für das ein Festbetrag nach § 35 festgesetzt ist, trägt die Krankenkasse die Kosten bis zur Höhe dieses Betrages, für andere Arznei- oder Verbandmittel die vollen Kosten, jeweils abzüglich der vom Versicherten zu leistenden Zuzahlung und der Abschläge nach den §§ 130, 130a und dem Gesetz zur Einführung von Abschlägen der pharmazeutischen Großhändler. $_{2}$Hat die Krankenkasse mit einem pharmazeutischen Unternehmen, das ein Festbetragsarzneimittel anbietet, eine Vereinbarung nach § 130a Abs. 8 abgeschlossen, trägt die Krankenkasse abweichend von Satz 1 den Apothekenverkaufspreis dieses Mittels abzüglich der Zuzahlungen und Abschläge nach den §§ 130 und 130a Absatz 1, 1b, 3a und 3b. $_{3}$Diese Vereinbarung ist nur zulässig, wenn hierdurch die Mehrkosten der Überschreitung des Festbetrages ausgeglichen werden. $_{4}$Die Krankenkasse übermittelt die erforderlichen Angaben einschließlich des Arzneimittel- und des Institutionskennzeichens der Krankenkasse an die Vertragspartner nach § 129 Abs. 2; das Nähere ist in den Verträgen nach § 129 Abs. 2 und 5 zu vereinbaren. $_{5}$Versicherte und Apotheken sind nicht verpflichtet, Mehrkosten an die Krankenkasse zurückzuzahlen, wenn die von der Krankenkasse abgeschlossene Vereinbarung den gesetzlichen Anforderungen nicht entspricht.

(3) $_{1}$Versicherte, die das achtzehnte Lebensjahr vollendet haben, leisten an die abgebende Stelle zu jedem zu Lasten der gesetzlichen Krankenversicherung verordneten Arznei- und Verbandmittel als Zuzahlung den sich nach § 61 Satz 1 ergebenden Betrag, jedoch jeweils nicht mehr als die Kosten des Mittels. $_{2}$Satz 1 findet keine Anwendung bei Harn- und Blutteststreifen. $_{3}$Satz 1 gilt auch für Medizinprodukte, die nach Absatz 1 Satz 2 und 3 in die Versorgung mit Arzneimitteln einbezogen worden sind. $_{4}$Der Spitzenverband Bund der Krankenkassen kann Arzneimittel, deren Abgabepreis des pharmazeutischen Unternehmers ohne Mehrwertsteuer mindestens um 30 vom Hundert niedriger als der jeweils gültige Festbetrag ist, der diesem Preis zugrunde liegt, von der Zuzahlung freistellen, wenn hieraus Einsparungen zu erwarten sind. $_{5}$Für andere Arzneimittel, für die eine Vereinbarung nach § 130a Abs. 8 besteht, kann die Krankenkasse die Zuzahlung um die Hälfte ermäßigen oder aufheben, wenn hieraus Einsparungen zu erwarten sind. $_{6}$Absatz 2 Satz 4 gilt entsprechend. $_{7}$Muss für ein Arzneimittel auf Grund eines Arzneimittelrückrufs oder einer von der zuständigen Behörde bekannt gemachten Einschränkung der Verwendbarkeit erneut ein Arzneimittel verordnet werden, so ist die erneute Verordnung zuzahlungsfrei. $_{8}$Eine bereits geleistete Zuzahlung für die erneute Verordnung ist dem Versicherten auf Antrag von der Krankenkasse zu erstatten.

(4) $_{1}$Das Nähere zu therapiegerechten und wirtschaftlichen Packungsgrößen bestimmt das Bundesministerium für Gesundheit durch Rechtsverordnung ohne Zustimmung des Bundesrates. $_{2}$Ein Fertigarzneimittel, dessen Packungsgröße die größte der auf Grund der Verordnung nach Satz 1 bestimmte Packungsgröße übersteigt, ist nicht Gegenstand der Versorgung nach Absatz 1 und darf nicht zu Lasten der gesetzlichen Krankenversicherung abgegeben werden.

(5) $_{1}$Versicherte haben Anspruch auf bilanzierte Diäten zur enteralen Ernährung nach Maßgabe der Arzneimittel-Richtlinie des Gemeinsamen Bundesausschusses nach § 92 Absatz 1 Satz 2 Nummer 6 in der jeweils geltenden und gemäß § 94 Absatz 2 im Bundesanzeiger bekannt gemachten Fassung. $_{2}$Der Gemeinsame Bundesausschuss hat die Entwicklung der Leistungen, auf die Versicherte nach Satz 1 Anspruch haben, zu evaluieren und über das Ergebnis der Evaluation dem Bundesministerium für Gesundheit alle drei Jahre, erstmals zwei Jahre nach dem Inkrafttreten der Regelungen in der Verfahrensordnung

nach Satz 5, zu berichten. $_{3}$Stellt der Gemeinsame Bundesausschuss in dem Bericht nach Satz 2 fest, dass zur Gewährleistung einer ausreichenden, zweckmäßigen und wirtschaftlichen Versorgung der Versicherten mit bilanzierten Diäten zur enteralen Ernährung Anpassungen der Leistungen, auf die Versicherte nach Satz 1 Anspruch haben, erforderlich sind, regelt er diese Anpassungen spätestens zwei Jahre nach Übersendung des Berichts in den Richtlinien nach § 92 Absatz 1 Satz 2 Nummer 6. $_{4}$Der Gemeinsame Bundesausschuss berücksichtigt bei der Evaluation nach Satz 2 und bei der Regelung nach Satz 3 Angaben von Herstellern von Produkten zu bilanzierten Diäten zur enteralen Ernährung zur medizinischen Notwendigkeit und Zweckmäßigkeit ihrer Produkte sowie Angaben zur Versorgung mit Produkten zu bilanzierten Diäten zur enteralen Ernährung der wissenschaftlich-medizinischen Fachgesellschaften, des Spitzenverbandes Bund der Krankenkassen, der Kassenärztlichen Bundesvereinigung und der Deutschen Krankenhausgesellschaft. $_{5}$Das Nähere zum Verfahren der Evaluation nach Satz 2 und der Regelung nach Satz 3 regelt der Gemeinsame Bundesausschuss in seiner Verfahrensordnung. $_{6}$Für die Zuzahlung gilt Absatz 3 Satz 1 entsprechend. $_{7}$Für die Abgabe von bilanzierten Diäten zur enteralen Ernährung gelten die §§ 126 und 127 in der bis zum 10. Mai 2019 geltenden Fassung entsprechend. $_{8}$Bei Vereinbarungen nach § 84 Absatz 1 Satz 2 Nummer 1 sind Leistungen nach Satz 1 zu berücksichtigen.

(6) $_{1}$Versicherte mit einer schwerwiegenden Erkrankung haben Anspruch auf Versorgung mit Cannabis in Form von getrockneten Blüten oder Extrakten in standardisierter Qualität und auf Versorgung mit Arzneimitteln mit den Wirkstoffen Dronabinol oder Nabilon, wenn

1. eine allgemein anerkannte, dem medizinischen Standard entsprechende Leistung
   a) nicht zur Verfügung steht oder
   b) im Einzelfall nach der begründeten Einschätzung der behandelnden Vertragsärztin oder des behandelnden Vertragsarztes unter Abwägung der zu erwartenden Nebenwirkungen und unter Berücksichtigung des Krankheitszustandes der oder des Versicherten nicht zur Anwendung kommen kann,
2. eine nicht ganz entfernt liegende Aussicht auf eine spürbare positive Einwirkung auf den Krankheitsverlauf oder auf schwerwiegende Symptome besteht.

$_{2}$Die Leistung bedarf bei der ersten Verordnung für eine Versicherte oder einen Versicherten der nur in begründeten Ausnahmefällen abzulehnenden Genehmigung der Krankenkasse, die vor Beginn der Leistung zu erteilen ist. $_{3}$Verordnet die Vertragsärztin oder der Vertragsarzt die Leistung nach Satz 1 im Rahmen der Versorgung nach § 37b oder im unmittelbaren Anschluss an eine Behandlung mit einer Leistung nach Satz 1 im Rahmen eines stationären Krankenhausaufenthalts, ist über den Antrag auf Genehmigung nach Satz 2 abweichend von § 13 Absatz 3a Satz 1 innerhalb von drei Tagen nach Antragseingang zu entscheiden. $_{4}$Leistungen, die auf der Grundlage einer Verordnung einer Vertragsärztin oder eines Vertragsarztes zu erbringen sind, bei denen allein die Dosierung eines Arzneimittels nach Satz 1 angepasst wird oder die einen Wechsel zu anderen getrockneten Blüten oder zu anderen Extrakten in standardisierter Qualität anordnen, bedürfen keiner erneuten Genehmigung nach Satz 2. $_{5}$Das Bundesinstitut für Arzneimittel und Medizinprodukte wird mit einer bis zum 31. März 2022 laufenden nichtinterventionellen Begleiterhebung zum Einsatz der Leistungen nach Satz 1 beauftragt. $_{6}$Die Vertragsärztin oder der Vertragsarzt, die oder der die Leistung nach Satz 1 verordnet, übermittelt die für die Begleiterhebung erforderlichen Daten dem Bundesinstitut für Arzneimittel und Medizinprodukte in anonymisierter Form; über diese Übermittlung ist die oder der Versicherte vor Verordnung der Leistung von der Vertragsärztin oder dem Vertragsarzt zu informieren. $_{7}$Das Bundesinstitut für Arzneimittel und Medizinprodukte darf die nach Satz 6 übermittelten Daten nur in anonymisierter Form und nur zum Zweck der wissenschaftlichen Begleiterhebung verarbeiten. $_{8}$Das Bundesministerium für Gesundheit wird ermächtigt, durch Rechtsverordnung, die nicht der Zustimmung des Bundesrates bedarf, den Umfang der zu übermittelnden Daten, das Verfahren zur Durchführung der Begleiterhebung einschließlich der anonymisierten Datenübermittlung sowie das Format des Studienberichts nach Satz 9 zu regeln. $_{9}$Auf der Grundlage der Ergebnisse der Begleiterhebung nach Satz 5 regelt der Gemeinsame Bundesausschuss innerhalb von sechs Monaten nach der Übermittlung der Ergebnisse der Begleiterhebung in Form eines Studienberichts das Nähere zur Leistungsgewährung in den Richtlinien nach § 92 Absatz 1 Satz 2 Nummer 6. $_{10}$Der Studienbericht wird vom Bundesinstitut für Arzneimittel und Medizinprodukte auf seiner Internetseite veröffentlicht.

§ 31a Medikationsplan

(1) $_{1}$Versicherte, die gleichzeitig mindestens drei verordnete Arzneimittel anwenden, haben Anspruch auf Erstellung und Aushändigung eines Medikationsplans in Papierform sowie auf Erstellung eines elektronischen Medikationsplans nach § 334 Absatz 1 Satz 2 Nummer 4 durch einen an der vertragsärztlichen Versorgung teilnehmenden Arzt. $_{2}$Das Nähere zu den Voraussetzungen des Anspruchs nach Satz 1 vereinbaren die Kassenärztliche Bundesvereinigung und der Spitzenverband Bund der

Krankenkassen als Bestandteil der Bundesmantelverträge. 3Jeder an der vertragsärztlichen Versorgung teilnehmende Arzt ist verpflichtet, bei der Verordnung eines Arzneimittels den Versicherten, der einen Anspruch nach Satz 1 hat, über diesen Anspruch zu informieren.

(2) 1In dem Medikationsplan sind mit Anwendungshinweisen zu dokumentieren

1. alle Arzneimittel, die dem Versicherten verordnet worden sind,
2. Arzneimittel, die der Versicherte ohne Verschreibung anwendet, sowie
3. Hinweise auf Medizinprodukte, soweit sie für die Medikation nach den Nummern 1 und 2 relevant sind.

2Den besonderen Belangen der blinden und sehbehinderten Patienten ist bei der Erläuterung der Inhalte des Medikationsplans Rechnung zu tragen.

(3) 1Der Arzt nach Absatz 1 Satz 1 hat den Medikationsplan zu aktualisieren, sobald er die Medikation ändert oder er Kenntnis davon erlangt, dass eine anderweitige Änderung der Medikation eingetreten ist. 2Auf Wunsch des Versicherten hat die Apotheke bei Abgabe eines Arzneimittels eine insoweit erforderliche Aktualisierung des Medikationsplans vorzunehmen. 3Ab dem 1. Januar 2019 besteht der Anspruch auf Aktualisierung über den Anspruch nach Satz 1 hinaus gegenüber jedem an der vertragsärztlichen Versorgung teilnehmenden Arzt sowie nach Satz 2 gegenüber der abgebenden Apotheke, wenn der Versicherte gegenüber dem Arzt oder der abgebenden Apotheke den Zugriff auf den elektronischen Medikationsplan nach § 334 Absatz 1 Satz 2 Nummer 4 erlaubt. 4Hierzu haben Apotheken sich bis zum 30. September 2020 an die Telematikinfrastruktur nach § 291a Absatz 7 Satz 1 anzuschließen. 5Die Aktualisierungen nach Satz 3 sind im elektronischen Medikationsplan nach § 334 Absatz 1 Satz 2 Nummer 4 zu speichern, sofern der Versicherte dies wünscht.

(3a) 1Bei der Angabe von Fertigarzneimitteln sind im Medikationsplan neben der Arzneimittelbezeichnung insbesondere auch die Wirkstoffbezeichnung, die Darreichungsform und die Wirkstärke des Arzneimittels anzugeben. 2Hierfür sind einheitliche Bezeichnungen zu verwenden, die in der Referenzdatenbank nach § 31b zur Verfügung gestellt werden.

(4) 1Inhalt, Struktur und die näheren Vorgaben zur Erstellung und Aktualisierung des Medikationsplans sowie ein Verfahren zu seiner Fortschreibung vereinbaren die Kassenärztliche Bundesvereinigung, die Bundesärztekammer und die für die Wahrnehmung der wirtschaftlichen Interessen gebildete maßgebliche Spitzenorganisation der Apotheker auf Bundesebene im Benehmen mit dem Spitzenverband Bund der Krankenkassen und der Deutschen Krankenhausgesellschaft. 2Den auf Bundesebene für die Wahrnehmung der Interessen der Patienten und der Selbsthilfe chronisch kranker und behinderter Menschen maßgeblichen Organisationen ist Gelegenheit zur Stellungnahme zu geben.

(5) Von den Regelungen dieser Vorschrift bleiben regionale Modellvorhaben nach § 63 unberührt.

§ 31b Referenzdatenbank für Fertigarzneimittel

(1) 1Das Bundesministerium für Gesundheit stellt die Errichtung und das Betreiben einer Referenzdatenbank für Fertigarzneimittel sicher. 2Es kann die Errichtung und das Betreiben einer Referenzdatenbank für Fertigarzneimittel auf das Bundesinstitut für Arzneimittel und Medizinprodukte oder nach § 31c auf eine juristische Person des Privatrechts übertragen.

(2) In der Referenzdatenbank sind für jedes in den Verkehr gebrachte Fertigarzneimittel die Wirkstoffbezeichnung, die Darreichungsform und die Wirkstärke zu erfassen und in elektronischer Form allgemein zugänglich zu machen.

(3) 1Die Wirkstoffbezeichnung, die Darreichungsform und die Wirkstärke basieren auf den Angaben, die der Zulassung, der Registrierung oder der Genehmigung für das Inverkehrbringen des jeweiligen Arzneimittels zugrunde liegen. 2Die Wirkstoffbezeichnung, Darreichungsform und Wirkstärke sind im Benehmen mit der Kassenärztlichen Bundesvereinigung zu vereinheitlichen und patientenverständlich so zu gestalten, dass Verwechslungen ausgeschlossen sind. 3Vor der erstmaligen Bereitstellung der Daten ist das Benehmen mit der Kassenärztlichen Bundesvereinigung, der Bundesärztekammer, der für die Wahrnehmung der wirtschaftlichen Interessen gebildeten maßgeblichen Spitzenorganisation der Apotheker auf Bundesebene, dem Spitzenverband Bund der Krankenkassen, der Deutschen Krankenhausgesellschaft und den für die Wahrnehmung der wirtschaftlichen Interessen gebildeten maßgeblichen Spitzenorganisationen der pharmazeutischen Unternehmer herzustellen. 4§ 31a Absatz 4 Satz 2 gilt entsprechend. 5Die in der Referenzdatenbank verzeichneten Angaben sind regelmäßig, mindestens jedoch alle zwei Wochen, zu aktualisieren.

(4) Von Unternehmen oder Personen, die die Referenzdatenbank für die Zwecke ihrer gewerblichen oder beruflichen Tätigkeit nutzen, können kostendeckende Entgelte verlangt werden.

§ 31c Beleihung mit der Aufgabe der Referenzdatenbank für Fertigarzneimittel; Rechts- und Fachaufsicht über die Beliehene

(1) Das Bundesministerium für Gesundheit kann eine juristische Person des Privatrechts mit ihrem Einverständnis

mit der Aufgabe und den hierfür erforderlichen Befugnissen beleihen, die Referenzdatenbank nach § 31b zu errichten und zu betreiben, wenn diese Person die Gewähr für eine sachgerechte Erfüllung der ihr übertragenen Aufgabe bietet.

(2) Eine juristische Person des Privatrechts bietet die Gewähr für eine sachgerechte Erfüllung der ihr übertragenen Aufgabe, wenn

1. die natürlichen Personen, die nach dem Gesetz, dem Gesellschaftsvertrag oder der Satzung die Geschäftsführung und Vertretung ausüben, zuverlässig und fachlich geeignet sind und
2. sie die zur Erfüllung ihrer Aufgaben notwendige Organisation sowie technische und finanzielle Ausstattung hat.

(3) $_{1}$Die Beleihung ist zu befristen und soll fünf Jahre nicht unterschreiten. $_{2}$Sie kann verlängert werden. $_{3}$Bei Vorliegen eines wichtigen Grundes kann das Bundesministerium für Gesundheit die Beleihung vor Ablauf der Frist beenden. $_{4}$Das Bundesministerium für Gesundheit kann die Beleihung jederzeit beenden, wenn die Voraussetzungen der Beleihung

1. zum Zeitpunkt der Beleihung nicht vorgelegen haben oder
2. nach dem Zeitpunkt der Beleihung entfallen sind.

(4) $_{1}$Die Beliehene unterliegt bei der Wahrnehmung der ihr übertragenen Aufgaben der Rechts- und Fachaufsicht des Bundesministeriums für Gesundheit. $_{2}$Zur Wahrnehmung seiner Aufsichtstätigkeit kann das Bundesministerium für Gesundheit insbesondere

1. sich jederzeit über die Angelegenheiten der Beliehenen, insbesondere durch Einholung von Auskünften, Berichten und die Vorlage von Aufzeichnungen aller Art, informieren,
2. Maßnahmen beanstanden und entsprechende Abhilfe verlangen.

(5) $_{1}$Die Beliehene ist verpflichtet, den Weisungen des Bundesministeriums für Gesundheit nachzukommen. $_{2}$Im Falle der Amtshaftung wegen Ansprüchen Dritter kann der Bund gegenüber der Beliehenen bei Vorliegen von Vorsatz oder grober Fahrlässigkeit Rückgriff nehmen.

§ 32 Heilmittel

(1) $_{1}$Versicherte haben Anspruch auf Versorgung mit Heilmitteln, soweit sie nicht nach § 34 ausgeschlossen sind. $_{2}$Ein Anspruch besteht auch auf Versorgung mit Heilmitteln, die telemedizinisch erbracht werden. $_{3}$Für nicht nach Satz 1 ausgeschlossene Heilmittel bleibt § 92 unberührt.

(1a) $_{1}$Der Gemeinsame Bundesausschuss regelt in seiner Richtlinie nach § 92 Absatz 1 Satz 2 Nummer 6 das Nähere zur Heilmittelversorgung von Versicherten mit langfristigem Behandlungsbedarf. $_{2}$Er hat insbesondere zu bestimmen, wann ein langfristiger Heilmittelbedarf vorliegt, und festzulegen, ob und inwieweit ein Genehmigungsverfahren durchzuführen ist. $_{3}$Ist in der Richtlinie ein Genehmigungsverfahren vorgesehen, so ist über die Anträge innerhalb von vier Wochen zu entscheiden; ansonsten gilt die Genehmigung nach Ablauf der Frist als erteilt. $_{4}$Soweit zur Entscheidung ergänzende Informationen des Antragstellers erforderlich sind, ist der Lauf der Frist bis zum Eingang dieser Informationen unterbrochen.

(1b) Verordnungen, die über die in der Richtlinie des Gemeinsamen Bundesausschusses nach § 92 Absatz 1 Satz 2 Nummer 6 in Verbindung mit Absatz 6 Satz 1 Nummer 3 geregelte orientierende Behandlungsmenge hinausgehen, bedürfen keiner Genehmigung durch die Krankenkasse.

(2) $_{1}$Versicherte, die das achtzehnte Lebensjahr vollendet haben, haben zu den Kosten der Heilmittel als Zuzahlung den sich nach § 61 Satz 3 ergebenden Betrag an die abgebende Stelle zu leisten. $_{2}$Dies gilt auch, wenn Massagen, Bäder und Krankengymnastik als Bestandteil der ärztlichen Behandlung (§ 27 Absatz 1 Satz 2 Nr. 1) oder bei ambulanter Behandlung in Krankenhäusern, Rehabilitations- oder anderen Einrichtungen abgegeben werden. $_{3}$Die Zuzahlung für die in Satz 2 genannten Heilmittel, die als Bestandteil der ärztlichen Behandlung abgegeben werden, errechnet sich nach den Preisen, die nach § 125 vereinbart oder nach § 125b Absatz 2 festgesetzt worden sind.

§ 33 Hilfsmittel

(1) $_{1}$Versicherte haben Anspruch auf Versorgung mit Hörhilfen, Körperersatzstücken, orthopädischen und anderen Hilfsmitteln, die im Einzelfall erforderlich sind, um den Erfolg der Krankenbehandlung zu sichern, einer drohenden Behinderung vorzubeugen oder eine Behinderung auszugleichen, soweit die Hilfsmittel nicht als allgemeine Gebrauchsgegenstände des täglichen Lebens anzusehen oder nach § 34 Abs. 4 ausgeschlossen sind. $_{2}$Die Hilfsmittel müssen mindestens die im Hilfsmittelverzeichnis nach § 139 Absatz 2 festgelegten Anforderungen an die Qualität der Versorgung und der Produkte erfüllen, soweit sie im Hilfsmittelverzeichnis nach § 139 Absatz 1 gelistet oder von den dort genannten Produktgruppen erfasst sind. $_{3}$Der Anspruch auf Versorgung mit Hilfsmitteln zum Behinderungsausgleich hängt bei stationärer Pflege nicht davon ab, in welchem Umfang eine Teilhabe am Leben der Gemeinschaft noch möglich ist; die Pflicht der statio-

nären Pflegeeinrichtungen zur Vorhaltung von Hilfsmitteln und Pflegehilfsmitteln, die für den üblichen Pflegebetrieb jeweils notwendig sind, bleibt hiervon unberührt. $_{4}$Für nicht durch Satz 1 ausgeschlossene Hilfsmittel bleibt § 92 Abs. 1 unberührt. $_{5}$Der Anspruch umfasst auch zusätzlich zur Bereitstellung des Hilfsmittels zu erbringende, notwendige Leistungen wie die notwendige Änderung, Instandsetzung und Ersatzbeschaffung von Hilfsmitteln, die Ausbildung in ihrem Gebrauch und, soweit zum Schutz der Versicherten vor unvertretbaren gesundheitlichen Risiken erforderlich, die nach dem Stand der Technik zur Erhaltung der Funktionsfähigkeit und der technischen Sicherheit notwendigen Wartungen und technischen Kontrollen. $_{6}$Ein Anspruch besteht auch auf solche Hilfsmittel, die eine dritte Person durch einen Sicherheitsmechanismus vor Nadelstichverletzungen schützen, wenn der Versicherte selbst nicht zur Anwendung des Hilfsmittels in der Lage ist und es hierfür einer Tätigkeit der dritten Person bedarf, bei der durch mögliche Stichverletzungen eine Infektionsgefahr besteht oder angenommen werden kann. $_{7}$Zu diesen Tätigkeiten gehören insbesondere Blutentnahmen und Injektionen. $_{8}$Der Gemeinsame Bundesausschuss bestimmt in seiner Richtlinie nach § 92 Absatz 1 Satz 2 Nummer 6 bis zum 31. Januar 2020 die Tätigkeiten, bei denen eine erhöhte Infektionsgefährdung angenommen werden kann. $_{9}$Wählen Versicherte Hilfsmittel oder zusätzliche Leistungen, die über das Maß des Notwendigen hinausgehen, haben sie die Mehrkosten und dadurch bedingte höhere Folgekosten selbst zu tragen. $_{10}$§ 18 Absatz 6a des Elften Buches ist zu beachten.

(2) $_{1}$Versicherte haben bis zur Vollendung des 18. Lebensjahres Anspruch auf Versorgung mit Sehhilfen entsprechend den Voraussetzungen nach Absatz 1. $_{2}$Für Versicherte, die das 18. Lebensjahr vollendet haben, besteht der Anspruch auf Sehhilfen, wenn sie

1. nach ICD 10-GM 2017 auf Grund ihrer Sehbeeinträchtigung oder Blindheit bei bestmöglicher Brillenkorrektur auf beiden Augen eine schwere Sehbeeinträchtigung mindestens der Stufe 1 oder
2. einen verordneten Fern-Korrekturausgleich für einen Refraktionsfehler von mehr als 6 Dioptrien bei Myopie oder Hyperopie oder mehr als 4 Dioptrien bei Astigmatismus

aufweisen; Anspruch auf therapeutische Sehhilfen besteht, wenn diese der Behandlung von Augenverletzungen oder Augenerkrankungen dienen.

$_{3}$Der Gemeinsame Bundesausschuss bestimmt in Richtlinien nach § 92, bei welchen Indikationen therapeutische Sehhilfen verordnet werden. $_{4}$Der Anspruch auf Versorgung mit Sehhilfen umfaßt nicht die Kosten des Brillengestells.

(3) $_{1}$Anspruch auf Versorgung mit Kontaktlinsen besteht für anspruchsberechtigte Versicherte nach Absatz 2 nur in medizinisch zwingend erforderlichen Ausnahmefällen. $_{2}$Der Gemeinsame Bundesausschuss bestimmt in den Richtlinien nach § 92, bei welchen Indikationen Kontaktlinsen verordnet werden. $_{3}$Wählen Versicherte statt einer erforderlichen Brille Kontaktlinsen und liegen die Voraussetzungen des Satzes 1 nicht vor, zahlt die Krankenkasse als Zuschuß zu den Kosten von Kontaktlinsen höchstens den Betrag, den sie für eine erforderliche Brille aufzuwenden hätte. $_{4}$Die Kosten für Pflegemittel werden nicht übernommen.

(4) Ein erneuter Anspruch auf Versorgung mit Sehhilfen nach Absatz 2 besteht für Versicherte, die das vierzehnte Lebensjahr vollendet haben, nur bei einer Änderung der Sehfähigkeit um mindestens 0,5 Dioptrien; für medizinisch zwingend erforderliche Fälle kann der Gemeinsame Bundesausschuss in den Richtlinien nach § 92 Ausnahmen zulassen.

(5) $_{1}$Die Krankenkasse kann den Versicherten die erforderlichen Hilfsmittel auch leihweise überlassen. $_{2}$Sie kann die Bewilligung von Hilfsmitteln davon abhängig machen, daß die Versicherten sich das Hilfsmittel anpassen oder sich in seinem Gebrauch ausbilden lassen.

(5a) $_{1}$Eine vertragsärztliche Verordnung ist für die Beantragung von Leistungen nach den Absätzen 1 bis 4 nur erforderlich, soweit eine erstmalige oder erneute ärztliche Diagnose oder Therapieentscheidung medizinisch geboten ist. $_{2}$Abweichend von Satz 1 können die Krankenkassen eine vertragsärztliche Verordnung als Voraussetzung für die Kostenübernahme verlangen, soweit sie auf die Genehmigung der beantragten Hilfsmittelversorgung verzichtet haben. $_{3}$§ 18 Absatz 6a und § 40 Absatz 6 des Elften Buches sind zu beachten.

(5b) $_{1}$Sofern die Krankenkassen nicht auf die Genehmigung der beantragten Hilfsmittelversorgung verzichten, haben sie den Antrag auf Bewilligung eines Hilfsmittels mit eigenem weisungsgebundenem Personal zu prüfen. $_{2}$Sie können in geeigneten Fällen durch den Medizinischen Dienst vor Bewilligung eines Hilfsmittels nach § 275 Absatz 3 Nummer 1 prüfen lassen, ob das Hilfsmittel erforderlich ist. $_{3}$Eine Beauftragung Dritter ist nicht zulässig.

(6) $_{1}$Die Versicherten können alle Leistungserbringer in Anspruch nehmen, die Vertragspartner ihrer Krankenkasse sind. $_{2}$Vertragsärzte oder Krankenkassen dürfen, soweit gesetzlich nicht etwas anderes bestimmt ist oder aus medizinischen Gründen im Einzelfall eine Empfehlung geboten ist, weder Verordnungen bestimmten Leistungserbringern zuweisen, noch die Versicherten dahingehend beeinflussen, Verordnungen bei einem bestimmten Leis-

tungserbringer einzulösen. 3Die Sätze 1 und 2 gelten auch bei der Einlösung von elektronischen Verordnungen.

(7) Die Krankenkasse übernimmt die jeweils vertraglich vereinbarten Preise.

(8) 1Versicherte, die das 18. Lebensjahr vollendet haben, leisten zu jedem zu Lasten der gesetzlichen Krankenversicherung abgegebenen Hilfsmittel als Zuzahlung den sich nach § 61 Satz 1 ergebenden Betrag zu dem von der Krankenkasse zu übernehmenden Betrag an die abgebende Stelle. 2Der Vergütungsanspruch nach Absatz 7 verringert sich um die Zuzahlung; § 43c Abs. 1 Satz 2 findet keine Anwendung. 3Die Zuzahlung bei zum Verbrauch bestimmten Hilfsmitteln beträgt 10 vom Hundert des insgesamt von der Krankenkasse zu übernehmenden Betrags, jedoch höchstens 10 Euro für den gesamten Monatsbedarf.

(9) Absatz 1 Satz 9 gilt entsprechend für Intraokularlinsen beschränkt auf die Kosten der Linsen.

§ 33a Digitale Gesundheitsanwendungen

(1) 1Versicherte haben Anspruch auf Versorgung mit Medizinprodukten niedriger Risikoklasse, deren Hauptfunktion wesentlich auf digitalen Technologien beruht und die dazu bestimmt sind, bei den Versicherten oder in der Versorgung durch Leistungserbringer die Erkennung, Überwachung, Behandlung oder Linderung von Krankheiten oder die Erkennung, Behandlung, Linderung oder Kompensierung von Verletzungen oder Behinderungen zu unterstützen (digitale Gesundheitsanwendungen). 2Der Anspruch umfasst nur solche digitalen Gesundheitsanwendungen, die

1. vom Bundesinstitut für Arzneimittel und Medizinprodukte in das Verzeichnis für digitale Gesundheitsanwendungen nach § 139e aufgenommen wurden und
2. entweder nach Verordnung des behandelnden Arztes oder des behandelnden Psychotherapeuten oder mit Genehmigung der Krankenkasse angewendet werden.

3Für die Genehmigung nach Satz 2 Nummer 2 ist das Vorliegen der medizinischen Indikation nachzuweisen, für die die digitale Gesundheitsanwendung bestimmt ist. 4Wählen Versicherte Medizinprodukte, deren Funktionen oder Anwendungsbereiche über die in das Verzeichnis für digitale Gesundheitsanwendungen nach § 139e aufgenommenen digitalen Gesundheitsanwendungen hinausgehen oder deren Kosten die Vergütungsbeträge nach § 134 übersteigen, haben sie die Mehrkosten selbst zu tragen.

(2) Medizinprodukte mit niedriger Risikoklasse nach Absatz 1 Satz 1 sind solche, die der Risikoklasse I oder IIa nach § 13 Absatz 1 des Medizinproduktegesetzes in Verbindung mit Anhang IX der Richtlinie 93/42/EWG des Rates vom 14. Juni 1993 über Medizinprodukte (ABl. L 169 vom 12. 7. 1993, S. 1), die zuletzt durch die Verordnung (EU) 2020/561 des Europäischen Parlaments und des Rates vom 23. April 2020 zur Änderung der Verordnung (EU) 2017/745 über Medizinprodukte hinsichtlich des Geltungsbeginns einiger ihrer Bestimmungen (ABl. L 130 vom 24. 4. 2020, S. 18) geändert worden ist oder nach Artikel 51 in Verbindung mit Anhang VIII der Verordnung (EU) 2017/745 des Europäischen Parlaments und des Rates vom 5. April 2017 über Medizinprodukte, zur Änderung der Richtlinie 2001/83/EG, der Verordnung (EG) Nr. 178/2002 und der Verordnung (EG) Nr. 1223/2009 und zur Aufhebung der Richtlinien 90/385/EWG und 93/42/EWG des Rates (ABl. L 117 vom 5. 5. 2017, S. 1; L 117 vom 3. 5. 2019, S. 9) zugeordnet und als solche bereits in den Verkehr gebracht sind, als Medizinprodukt der Risikoklasse IIa auf Grund der Übergangsbestimmungen in Artikel 120 Absatz 3 oder Absatz 4 der Verordnung (EU) 2017/745 in Verkehr gebracht wurden oder als Medizinprodukt der Risikoklasse I auf Grund unionsrechtlicher Vorschriften zunächst verkehrsfähig bleiben und im Verkehr sind.

(3) 1Die Hersteller stellen den Versicherten digitale Gesundheitsanwendungen im Wege elektronischer Übertragung über öffentlich zugängliche Netze oder auf maschinell lesbaren Datenträgern zur Verfügung. 2Ist eine Übertragung oder Abgabe nach Satz 1 nicht möglich, können digitale Gesundheitsanwendungen auch über öffentlich zugängliche digitale Vertriebsplattformen zur Verfügung gestellt werden; in diesen Fällen erstattet die Krankenkasse dem Versicherten die tatsächlichen Kosten bis zur Höhe der Vergütungsbeträge nach § 134.

(4) 1Leistungsansprüche nach anderen Vorschriften dieses Buches bleiben unberührt. 2Der Leistungsanspruch nach Absatz 1 besteht unabhängig davon, ob es sich bei der digitalen Gesundheitsanwendung um eine neue Untersuchungs- oder Behandlungsmethode handelt; es bedarf keiner Richtlinie nach § 135 Absatz 1 Satz 1. 3Ein Leistungsanspruch nach Absatz 1 auf digitale Gesundheitsanwendungen, die Leistungen enthalten, die nach dem Dritten Kapitel ausgeschlossen sind oder über die der Gemeinsame Bundesausschuss bereits eine ablehnende Entscheidung nach den §§ 92, 135 oder 137c getroffen hat, besteht nicht.

(5) 1Vertragsärzte, Vertragszahnärzte und Vertragspsychotherapeuten dürfen Verordnungen von digitalen Gesundheitsanwendungen nicht bestimmten Leistungserbringern zuweisen. 2Vertragsärzte, Vertragszahnärzte und Vertragspsychotherapeuten dürfen mit Herstellern digitaler Gesundheitsanwendungen oder mit Personen,

die sich mit der Behandlung von Krankheiten befassen, keine Rechtsgeschäfte vornehmen oder Absprachen treffen, die eine Zuweisung oder eine Übermittlung von Verordnungen von digitalen Gesundheitsanwendungen zum Gegenstand haben. $_{3}$Die Sätze 1 und 2 gelten nicht, soweit gesetzlich etwas anderes bestimmt ist oder aus medizinischen Gründen im Einzelfall ein anderes Vorgehen geboten ist. $_{4}$Die Sätze 1 bis 3 gelten auch für elektronische Verordnungen von digitalen Gesundheitsanwendungen.

(6) $_{1}$Der Spitzenverband Bund der Krankenkassen legt über das Bundesministerium für Gesundheit dem Deutschen Bundestag jährlich, erstmals zum 31. Dezember 2021, einen Bericht vor, wie und in welchem Umfang den Versicherten Leistungen nach Absatz 1 zu Lasten seiner Mitglieder gewährt werden. $_{2}$Der Spitzenverband Bund der Krankenkassen bestimmt zu diesem Zweck die von seinen Mitgliedern zu übermittelnden statistischen Informationen über die erstatteten Leistungen sowie Art und Umfang der Übermittlung. $_{3}$Der Spitzenverband Bund der Krankenkassen veröffentlicht den Bericht barrierefrei im Internet. $_{4}$Das Bundesministerium für Gesundheit kann weitere Inhalte des Berichts in der Rechtsverordnung nach § 139e Absatz 9 festlegen.

§ 34 Ausgeschlossene Arznei-, Heil- und Hilfsmittel

(1) $_{1}$Nicht verschreibungspflichtige Arzneimittel sind von der Versorgung nach § 31 ausgeschlossen. $_{2}$Der Gemeinsame Bundesausschuss legt in den Richtlinien nach § 92 Abs. 1 Satz 2 Nr. 6 fest, welche nicht verschreibungspflichtigen Arzneimittel, die bei der Behandlung schwerwiegender Erkrankungen als Therapiestandard gelten, zur Anwendung bei diesen Erkrankungen mit Begründung vom Vertragsarzt ausnahmsweise verordnet werden können. $_{3}$Dabei ist der therapeutischen Vielfalt Rechnung zu tragen. $_{4}$Der Gemeinsame Bundesausschuss hat auf der Grundlage der Richtlinie nach Satz 2 dafür Sorge zu tragen, dass eine Zusammenstellung der verordnungsfähigen Fertigarzneimittel erstellt, regelmäßig aktualisiert wird und im Internet abruffähig sowie in elektronisch weiterverarbeitbarer Form zur Verfügung steht. $_{5}$Satz 1 gilt nicht für:

1. versicherte Kinder bis zum vollendeten 12. Lebensjahr,
2. versicherte Jugendliche bis zum vollendeten 18. Lebensjahr mit Entwicklungsstörungen.

$_{6}$Für Versicherte, die das achtzehnte Lebensjahr vollendet haben, sind von der Versorgung nach § 31 folgende verschreibungspflichtige Arzneimittel bei Verordnung in den genannten Anwendungsgebieten ausgeschlossen:

1. Arzneimittel zur Anwendung bei Erkältungskrankheiten und grippalen Infekten einschließlich der bei diesen Krankheiten anzuwendenden Schnupfenmittel, Schmerzmittel, hustendämpfenden und hustenlösenden Mittel,
2. Mund- und Rachentherapeutika, ausgenommen bei Pilzinfektionen,
3. Abführmittel,
4. Arzneimittel gegen Reisekrankheit.

$_{7}$Von der Versorgung sind außerdem Arzneimittel ausgeschlossen, bei deren Anwendung eine Erhöhung der Lebensqualität im Vordergrund steht. $_{8}$Ausgeschlossen sind insbesondere Arzneimittel, die überwiegend zur Behandlung der erektilen Dysfunktion, der Anreizung sowie Steigerung der sexuellen Potenz, zur Raucherentwöhnung, zur Abmagerung oder zur Zügelung des Appetits, zur Regulierung des Körpergewichts oder zur Verbesserung des Haarwuchses dienen. $_{9}$Das Nähere regeln die Richtlinien nach § 92 Abs. 1 Satz 2 Nr. 6.

(2) $_{1}$Abweichend von Absatz 1 haben Versicherte, bei denen eine bestehende schwere Tabakabhängigkeit festgestellt wurde, Anspruch auf eine einmalige Versorgung mit Arzneimitteln zur Tabakentwöhnung im Rahmen von evidenzbasierten Programmen zur Tabakentwöhnung. $_{2}$Eine erneute Versorgung nach Satz 1 ist frühestens drei Jahre nach Abschluss der Behandlung nach Satz 1 möglich. $_{3}$Der Gemeinsame Bundesausschuss legt in den Richtlinien nach § 92 Absatz 1 Satz 2 Nummer 6 fest, welche Arzneimittel und unter welchen Voraussetzungen Arzneimittel zur Tabakentwöhnung im Rahmen von evidenzbasierten Programmen zur Tabakentwöhnung verordnet werden können.

(3) $_{1}$Der Ausschluss der Arzneimittel, die in Anlage 2 Nummer 2 bis 6 der Verordnung über unwirtschaftliche Arzneimittel in der gesetzlichen Krankenversicherung vom 21. Februar 1990 (BGBl. I S. 301), die zuletzt durch die Verordnung vom 9. Dezember 2002 (BGBl. I S. 4554) geändert worden ist, aufgeführt sind, gilt als Verordnungsausschluss des Gemeinsamen Bundesausschusses und ist Teil der Richtlinien nach § 92 Absatz 1 Satz 2 Nummer 6. $_{2}$Bei der Beurteilung von Arzneimitteln der besonderen Therapierichtungen wie homöopathischen, phytotherapeutischen und anthroposophischen Arzneimitteln ist der besonderen Wirkungsweise dieser Arzneimittel Rechnung zu tragen.

(4) $_{1}$Das Bundesministerium für Gesundheit kann durch Rechtsverordnung mit Zustimmung des Bundesrates Hilfsmittel von geringem oder umstrittenem therapeutischen Nutzen oder geringem Abgabepreis bestimmen, deren Kosten die Krankenkasse nicht übernimmt. $_{2}$Die Rechtsverordnung kann auch bestimmen, inwieweit geringfügige Kosten der notwendigen Änderung, Instand-

setzung und Ersatzbeschaffung sowie der Ausbildung im Gebrauch der Hilfsmittel von der Krankenkasse nicht übernommen werden. 3Die Sätze 1 und 2 gelten nicht für die Instandsetzung von Hörgeräten und ihre Versorgung mit Batterien bei Versicherten, die das achtzehnte Lebensjahr noch nicht vollendet haben. 4Für nicht durch Rechtsverordnung nach Satz 1 ausgeschlossene Hilfsmittel bleibt § 92 unberührt.

(5) (weggefallen)

(6) 1Pharmazeutische Unternehmer können beim Gemeinsamen Bundesausschuss Anträge zur Aufnahme von Arzneimitteln in die Zusammenstellung nach Absatz 1 Satz 2 und 4 stellen. 2Die Anträge sind ausreichend zu begründen; die erforderlichen Nachweise sind dem Antrag beizufügen. 3Sind die Angaben zur Begründung des Antrags unzureichend, teilt der Gemeinsame Bundesausschuss dem Antragsteller unverzüglich mit, welche zusätzlichen Einzelangaben erforderlich sind. 4Der Gemeinsame Bundesausschuss hat über ausreichend begründete Anträge nach Satz 1 innerhalb von 90 Tagen zu bescheiden und den Antragsteller über Rechtsmittel und Rechtsmittelfristen zu belehren. 5Eine ablehnende Entscheidung muss eine auf objektiven und überprüfbaren Kriterien beruhende Begründung enthalten. 6Für das Antragsverfahren sind Gebühren zu erheben. 7Das Nähere insbesondere zur ausreichenden Begründung und zu den erforderlichen Nachweisen regelt der Gemeinsame Bundesausschuss.

§ 35 Festbeträge für Arznei- und Verbandmittel

(1) 1Der Gemeinsame Bundesausschuss bestimmt in den Richtlinien nach § 92 Abs. 1 Satz 2 Nr. 6, für welche Gruppen von Arzneimitteln Festbeträge festgesetzt werden können. 2In den Gruppen sollen Arzneimittel mit

1. denselben Wirkstoffen,
2. pharmakologisch-therapeutisch vergleichbaren Wirkstoffen, insbesondere mit chemisch verwandten Stoffen,
3. therapeutisch vergleichbarer Wirkung, insbesondere Arzneimittelkombinationen,

zusammengefaßt werden; unterschiedliche Bioverfügbarkeiten wirkstoffgleicher Arzneimittel sind zu berücksichtigen, sofern sie für die Therapie bedeutsam sind. 3Bei der Bildung von Gruppen nach Satz 1 soll bei Arzneimitteln mit Wirkstoffen zur Behandlung bakterieller Infektionskrankheiten (Antibiotika) die Resistenzsituation berücksichtigt werden. 4Arzneimittel, die als Reserveantibiotika für die Versorgung von Bedeutung sind, können von der Bildung von Gruppen nach Satz 1 ausgenommen werden. 5Die nach Satz 2 Nr. 2 und 3 gebildeten Gruppen müssen gewährleisten, daß Therapiemöglichkeiten nicht eingeschränkt werden und medizinisch notwendige Verordnungsalternativen zur Verfügung stehen; insbesondere können altersgerechte Darreichungsformen für Kinder berücksichtigt werden. 6Ausgenommen von den nach Satz 2 Nummer 2 und 3 gebildeten Gruppen sind Arzneimittel mit patentgeschützten Wirkstoffen, deren Wirkungsweise neuartig ist oder die eine therapeutische Verbesserung, auch wegen geringerer Nebenwirkungen, bedeuten. 7Als neuartig gilt ein Wirkstoff, solange derjenige Wirkstoff, der als erster dieser Gruppe in Verkehr gebracht worden ist, unter Patentschutz steht. 8Der Gemeinsame Bundesausschuss ermittelt auch die nach Absatz 3 notwendigen rechnerischen mittleren Tages- oder Einzeldosen oder anderen geeigneten Vergleichsgrößen. 9Für die Vorbereitung der Beschlüsse nach Satz 1 durch die Geschäftsstelle des Gemeinsamen Bundesausschusses gilt § 106 Absatz 3 Satz 1 entsprechend. 10Soweit der Gemeinsame Bundesausschuss Dritte beauftragt, hat er zu gewährleisten, dass diese ihre Bewertungsgrundsätze und die Begründung für ihre Bewertungen einschließlich der verwendeten Daten offen legen. 11Die Namen beauftragter Gutachter dürfen nicht genannt werden.

(1a) (weggefallen)

(1b) 1Eine therapeutische Verbesserung nach Absatz 1 Satz 6 liegt vor, wenn das Arzneimittel einen therapierelevanten höheren Nutzen als andere Arzneimittel dieser Wirkstoffgruppe hat und deshalb als zweckmäßige Therapie regelmäßig oder auch für relevante Patientengruppen oder Indikationsbereiche den anderen Arzneimitteln dieser Gruppe vorzuziehen ist. 2Bewertungen nach Satz 1 erfolgen für gemeinsame Anwendungsgebiete der Arzneimittel der Wirkstoffgruppe. 3Ein höherer Nutzen nach Satz 1 kann auch eine Verringerung der Häufigkeit oder des Schweregrads therapierelevanter Nebenwirkungen sein. 4Der Nachweis einer therapeutischen Verbesserung erfolgt aufgrund der Fachinformationen und durch Bewertung von klinischen Studien nach methodischen Grundsätzen der evidenzbasierten Medizin, soweit diese Studien allgemein verfügbar sind oder gemacht werden und ihre Methodik internationalen Standards entspricht. 5Vorrangig sind klinische Studien, insbesondere direkte Vergleichsstudien mit anderen Arzneimitteln dieser Wirkstoffgruppe mit patientenrelevanten Endpunkten, insbesondere Mortalität, Morbidität und Lebensqualität, zu berücksichtigen. 6Die Ergebnisse der Bewertung sind in der Begründung zu dem Beschluss nach Absatz 1 Satz 1 fachlich und methodisch aufzubereiten, sodass die tragenden Gründe des Beschlusses nachvollziehbar sind. 7Vor der Entscheidung sind die Sachverständigen nach Absatz 2 auch mündlich anzuhören. 8Vorbehaltlich einer abweichenden Entscheidung des Gemeinsamen Bundes-

V

ausschusses aus wichtigem Grund ist die Begründung des Beschlusses bekannt zu machen, sobald die Vorlage nach § 94 Abs. 1 erfolgt, spätestens jedoch mit Bekanntgabe des Beschlusses im Bundesanzeiger. 9Ein Arzneimittel, das von einer Festbetragsgruppe freigestellt ist, weil es einen therapierelevanten höheren Nutzen nur für einen Teil der Patienten oder Indikationsbereiche des gemeinsamen Anwendungsgebietes nach Satz 1 hat, ist nur für diese Anwendungen wirtschaftlich; das Nähere ist in den Richtlinien nach § 92 Abs. 1 Satz 2 Nr. 6 zu regeln.

(2) 1Sachverständigen der medizinischen und pharmazeutischen Wissenschaft und Praxis sowie der Arzneimittelhersteller und der Berufsvertretungen der Apotheker ist vor der Entscheidung des Gemeinsamen Bundesausschusses Gelegenheit zur Stellungnahme zu geben; bei der Beurteilung von Arzneimitteln der besonderen Therapierichtungen sind auch Stellungnahmen von Sachverständigen dieser Therapierichtungen einzuholen. 2Die Stellungnahmen sind in die Entscheidung einzubeziehen.

V

(3) 1Der Spitzenverband Bund der Krankenkassen setzt den jeweiligen Festbetrag auf der Grundlage von rechnerischen mittleren Tages- oder Einzeldosen oder anderen geeigneten Vergleichsgrößen fest. 2Der Spitzenverband Bund der Krankenkassen kann einheitliche Festbeträge für Verbandmittel festsetzen. 3Für die Stellungnahmen der Sachverständigen gilt Absatz 2 entsprechend.

(4) (weggefallen)

(5) 1Die Festbeträge sind so festzusetzen, daß sie im allgemeinen eine ausreichende, zweckmäßige und wirtschaftliche sowie in der Qualität gesicherte Versorgung gewährleisten. 2Sie haben Wirtschaftlichkeitsreserven auszuschöpfen, sollen einen wirksamen Preiswettbewerb auslösen und haben sich deshalb an möglichst preisgünstigen Versorgungsmöglichkeiten auszurichten; soweit wie möglich ist eine für die Therapie hinreichende Arzneimittelauswahl sicherzustellen. 3Die Festbeträge sind mindestens einmal im Jahr zu überprüfen; sie sind in geeigneten Zeitabständen an eine veränderte Marktlage anzupassen. 4Der Festbetrag für die Arzneimittel in einer Festbetragsgruppe nach Absatz 1 Satz 2 soll den höchsten Abgabepreis des unteren Drittels des Intervalls zwischen dem niedrigsten und dem höchsten Preis einer Standardpackung nicht übersteigen. 5Dabei müssen mindestens ein Fünftel aller Verordnungen und mindestens ein Fünftel aller Packungen zum Festbetrag verfügbar sein; zugleich darf die Summe der jeweiligen Vomhundertsätze der Verordnungen und Packungen, die nicht zum Festbetrag erhältlich sind, den Wert von 160 nicht überschreiten. 6Bei der Berechnung nach Satz 4 sind hochpreisige Packungen mit einem Anteil von weniger als 1 vom Hundert an den verordneten Packungen in der Festbetragsgruppe nicht zu berücksichtigen. 7Für die Zahl der Verordnungen sind die zum Zeitpunkt des Berechnungsstichtages zuletzt verfügbaren Jahresdaten nach § 84 Abs. 5 zu Grunde zu legen.

(6) 1Sofern zum Zeitpunkt der Anpassung des Festbetrags ein gültiger Beschluss nach § 31 Absatz 3 Satz 4 vorliegt und tatsächlich Arzneimittel auf Grund dieses Beschlusses von der Zuzahlung freigestellt sind, soll der Festbetrag so angepasst werden, dass auch nach der Anpassung eine hinreichende Versorgung mit Arzneimitteln ohne Zuzahlung gewährleistet werden kann. 2 In diesem Fall darf die Summe nach Absatz 5 Satz 5 den Wert von 100 nicht überschreiten, wenn zu erwarten ist, dass anderenfalls keine hinreichende Anzahl zuvor auf Grund von § 31 Absatz 3 Satz 4 von der Zuzahlung freigestellter Arzneimittel weiterhin freigestellt wird.

(7) 1Die Festbeträge sind im Bundesanzeiger bekanntzumachen. 2Klagen gegen die Festsetzung der Festbeträge haben keine aufschiebende Wirkung. 3Ein Vorverfahren findet nicht statt. 4Eine gesonderte Klage gegen die Gruppeneinteilung nach Absatz 1 Satz 1 bis 6, gegen die rechnerischen mittleren Tages- oder Einzeldosen oder anderen geeigneten Vergleichsgrößen nach Absatz 1 Satz 8 oder gegen sonstige Bestandteile der Festsetzung der Festbeträge ist unzulässig.

(8) 1Der Spitzenverband Bund der Krankenkassen erstellt und veröffentlicht Übersichten über sämtliche Festbeträge und die betroffenen Arzneimittel und übermittelt diese im Wege der Datenübertragung dem Bundesinstitut für Arzneimittel und Medizinprodukte zur abruffähigen Veröffentlichung im Internet. 2Die Übersichten sind vierteljährlich zu aktualisieren.

(9) 1Der Spitzenverband Bund der Krankenkassen rechnet die nach Absatz 7 Satz 1 bekannt gemachten Festbeträge für verschreibungspflichtige Arzneimittel entsprechend den Handelszuschlägen der Arzneimittelpreisverordnung in der ab dem 1. Januar 2012 geltenden Fassung um und macht die umgerechneten Festbeträge bis zum 30. Juni 2011 bekannt. 2Für die Umrechnung ist die Einholung von Stellungnahmen Sachverständiger nicht erforderlich. 3Die umgerechneten Festbeträge finden ab dem 1. Januar 2012 Anwendung.

§ 35a Bewertung des Nutzens von Arzneimitteln mit neuen Wirkstoffen, Verordnungsermächtigung

(1) 1Der Gemeinsame Bundesausschuss bewertet den Nutzen von erstattungsfähigen Arzneimitteln mit neuen Wirkstoffen. 2Hierzu gehört insbesondere die Bewertung des Zusatznutzens gegenüber der zweckmäßigen Vergleichstherapie, des Ausmaßes des Zusatznutzens und

seiner therapeutischen Bedeutung. $_{3}$Die Nutzenbewertung erfolgt auf Grund von Nachweisen des pharmazeutischen Unternehmers, die er einschließlich aller von ihm durchgeführten oder in Auftrag gegebenen klinischen Prüfungen spätestens zum Zeitpunkt des erstmaligen Inverkehrbringens sowie vier Wochen nach Zulassung neuer Anwendungsgebiete des Arzneimittels an den Gemeinsamen Bundesausschuss elektronisch zu übermitteln hat, und die insbesondere folgende Angaben enthalten müssen:

1. zugelassene Anwendungsgebiete,
2. medizinischer Nutzen,
3. medizinischer Zusatznutzen im Verhältnis zur zweckmäßigen Vergleichstherapie,
4. Anzahl der Patienten und Patientengruppen, für die ein therapeutisch bedeutsamer Zusatznutzen besteht,
5. Kosten der Therapie für die gesetzliche Krankenversicherung,
6. Anforderung an eine qualitätsgesicherte Anwendung.

$_{4}$Bei Arzneimitteln, die pharmakologisch-therapeutisch vergleichbar mit Festbetragsarzneimitteln sind, ist der medizinische Zusatznutzen nach Satz 3 Nummer 3 als therapeutische Verbesserung entsprechend § 35 Absatz 1b Satz 1 bis 5 nachzuweisen. $_{5}$Legt der pharmazeutische Unternehmer die erforderlichen Nachweise trotz Aufforderung durch den Gemeinsamen Bundesausschuss nicht rechtzeitig oder nicht vollständig vor, gilt ein Zusatznutzen als nicht belegt. $_{6}$Der Gemeinsame Bundesausschuss bestimmt in seiner Verfahrensordnung, wann die Voraussetzungen nach Satz 5 vorliegen. $_{7}$Das Bundesministerium für Gesundheit regelt durch Rechtsverordnung ohne Zustimmung des Bundesrats das Nähere zur Nutzenbewertung. $_{8}$Darin sind insbesondere festzulegen:

1. Anforderungen an die Übermittlung der Nachweise nach Satz 3,
2. Grundsätze für die Bestimmung der zweckmäßigen Vergleichstherapie und des Zusatznutzens, und dabei auch die Fälle, in denen zusätzliche Nachweise erforderlich sind, und die Voraussetzungen, unter denen Studien bestimmter Evidenzstufen zu verlangen sind; Grundlage sind die internationalen Standards der evidenzbasierten Medizin und der Gesundheitsökonomie,
3. Verfahrensgrundsätze,
4. Grundsätze der Beratung nach Absatz 7,
5. die Veröffentlichung der Nachweise, die der Nutzenbewertung zu Grunde liegen, sowie
6. Übergangsregelungen für Arzneimittel mit neuen Wirkstoffen, die bis zum 31. Juli 2011 erstmals in den Verkehr gebracht werden.

$_{9}$Der Gemeinsame Bundesausschuss regelt weitere Einzelheiten in seiner Verfahrensordnung. $_{10}$Zur Bestimmung der zweckmäßigen Vergleichstherapie kann er verlangen, dass der pharmazeutische Unternehmer Informationen zu den Anwendungsgebieten des Arzneimittels übermittelt, für die eine Zulassung beantragt wird. $_{11}$Für Arzneimittel, die zur Behandlung eines seltenen Leidens nach der Verordnung (EG) Nr. 141/2000 des Europäischen Parlaments und des Rates vom 16. Dezember 1999 über Arzneimittel für seltene Leiden (ABl. L 18 vom 22. 1. 2000, S. 1) zugelassen sind, gilt der medizinische Zusatznutzen durch die Zulassung als belegt; Nachweise nach Satz 3 Nummer 2 und 3 müssen vorbehaltlich eines Beschlusses nach Absatz 3b nicht vorgelegt werden. $_{12}$Übersteigt der Umsatz des Arzneimittels nach Satz 11 mit der gesetzlichen Krankenversicherung zu Apothekenverkaufspreisen sowie außerhalb der vertragsärztlichen Versorgung einschließlich Umsatzsteuer in den letzten zwölf Kalendermonaten einen Betrag von 30 Millionen Euro, so hat der pharmazeutische Unternehmer innerhalb von drei Monaten nach Aufforderung durch den Gemeinsamen Bundesausschuss Nachweise nach Satz 3 Nummer 2 und 3 zu übermitteln und darin den Zusatznutzen gegenüber der zweckmäßigen Vergleichstherapie abweichend von Satz 11 nachzuweisen. $_{13}$Für Arzneimittel nach Satz 11, die am 1. Dezember 2022 die Umsatzschwelle nach Satz 12 überschritten haben und noch nicht unter Vorlage der Nachweise nach Satz 3 Nummer 2 und 3 bewertet wurden, kann der Gemeinsame Bundesausschuss das Verfahren zeitlich befristet aussetzen; die Aussetzung lässt die an die Überschreitung der Umsatzschwelle anknüpfenden Rechtswirkungen unberührt. $_{14}$Der Umsatz nach Satz 12 ist auf Grund der Angaben nach § 84 Absatz 5 Satz 4 sowie durch geeignete Erhebungen zu ermitteln. $_{15}$Zu diesem Zweck teilt der pharmazeutische Unternehmer dem Gemeinsamen Bundesausschuss auf Verlangen die erzielten Umsätze des Arzneimittels mit der gesetzlichen Krankenversicherung außerhalb der vertragsärztlichen Versorgung mit. $_{16}$Abweichend von Satz 11 kann der pharmazeutische Unternehmer für Arzneimittel, die zur Behandlung eines seltenen Leidens nach der Verordnung (EG) Nr. 141/2000 zugelassen sind, dem Gemeinsamen Bundesausschuss unwiderruflich anzeigen, dass eine Nutzenbewertung nach Satz 2 unter Vorlage der Nachweise nach Satz 3 Nummer 2 und 3 durchgeführt werden soll.

(1a) $_{1}$Der Gemeinsame Bundesausschuss hat den pharmazeutischen Unternehmer von der Verpflichtung zur

Vorlage der Nachweise nach Absatz 1 und das Arzneimittel von der Nutzenbewertung nach Absatz 3 auf Antrag freizustellen, wenn zu erwarten ist, dass den gesetzlichen Krankenkassen nur geringfügige Ausgaben für das Arzneimittel entstehen werden. $_{2}$Der pharmazeutische Unternehmer hat seinen Antrag entsprechend zu begründen. $_{3}$Der Gemeinsame Bundesausschuss kann die Freistellung befristen. $_{4}$Ein Antrag auf Freistellung nach Satz 1 ist nur vor der erstmaligen Verpflichtung zur Vorlage der Nachweise nach Absatz 1 Satz 3 zulässig. $_{5}$Das Nähere regelt der Gemeinsame Bundesausschuss in seiner Verfahrensordnung.

(1b) $_{1}$Für zugelassene Arzneimittel für neuartige Therapien im Sinne von § 4 Absatz 9 des Arzneimittelgesetzes besteht die Verpflichtung zur Vorlage von Nachweisen nach Absatz 1 Satz 3; die ärztliche Behandlung mit einem solchen Arzneimittel unterliegt nicht der Bewertung von Untersuchungs- und Behandlungsmethoden nach den §§ 135, 137c oder 137h. $_{2}$Satz 1 gilt nicht für biotechnologisch bearbeitete Gewebeprodukte. $_{3}$Für folgende Arzneimittel besteht keine Verpflichtung zur Vorlage von Nachweisen nach Absatz 1 Satz 3:

1. für Arzneimittel, die nach § 34 Absatz 1 Satz 5 für versicherte Kinder und Jugendliche nicht von der Versorgung nach § 31 ausgeschlossen sind,
2. für verschreibungspflichtige Arzneimittel, die nach § 34 Absatz 1 Satz 6 von der Versorgung nach § 31 ausgeschlossen sind.

(1c) $_{1}$Der Gemeinsame Bundesausschuss hat den pharmazeutischen Unternehmer von der Verpflichtung zur Vorlage der Nachweise nach Absatz 1 Satz 3 Nummer 2 und 3 auf Antrag freizustellen, wenn es sich um ein Antibiotikum handelt, das gegen durch multiresistente bakterielle Krankheitserreger verursachte Infektionen, für die nur eingeschränkte alternative Therapiemöglichkeiten zur Verfügung stehen, wirksam ist und der Einsatz dieses Antibiotikums einer strengen Indikationsstellung unterliegt (Reserveantibiotikum). $_{2}$Der pharmazeutische Unternehmer hat seinen Antrag nach Satz 1 entsprechend zu begründen. $_{3}$Ein Antrag auf Freistellung nach Satz 1 ist nur vor der erstmaligen Verpflichtung zur Vorlage der Nachweise nach Absatz 1 Satz 3 zulässig. $_{4}$Das Nähere zur Ausgestaltung des Antragsverfahrens regelt der Gemeinsame Bundesausschuss in seiner Verfahrensordnung bis zum 31. Dezember 2020. $_{5}$Das Robert Koch-Institut bestimmt im Einvernehmen mit dem Bundesinstitut für Arzneimittel und Medizinprodukte dem jeweiligen Stand der medizinischen Wissenschaft entsprechende Kriterien zur Einordnung eines Antibiotikums als Reserveantibiotikum bis zum 31. Dezember 2020 und veröffentlicht diese Kriterien auf seiner Internetseite. $_{6}$Das Robert Koch-Institut hat zu diesen Kriterien im Einvernehmen mit dem Bundesinstitut für Arzneimittel und Medizinprodukte eine nicht abschließende Liste von multiresistenten bakteriellen Krankheitserregern nach Satz 1 zu veröffentlichen. $_{7}$Hat der Gemeinsame Bundesauschuss eine Freistellung für ein Reserveantibiotikum nach Satz 1 beschlossen, gilt der Zusatznutzen als belegt; das Ausmaß des Zusatznutzens und seine therapeutische Bedeutung sind vom Gemeinsamen Bundesausschuss nicht zu bewerten. $_{8}$Bei dem Beschluss nach Absatz 3 Satz 1 hat der Gemeinsame Bundesausschuss Anforderungen an eine qualitätsgesicherte Anwendung des Reserveantibiotikums unter Berücksichtigung der Auswirkungen auf die Resistenzsituation festzulegen. $_{9}$Dazu holt er eine Stellungnahme beim Robert Koch-Institut ein, die im Einvernehmen mit dem Bundesinstitut für Arzneimittel und Medizinprodukte zu erstellen ist.

(1d) $_{1}$Auf Antrag eines betroffenen pharmazeutischen Unternehmers oder mehrerer betroffener pharmazeutischer Unternehmer stellt der Gemeinsame Bundesausschuss fest, ob eine Kombination von Arzneimitteln mit neuen Wirkstoffen, die aufgrund der arzneimittelrechtlichen Zulassung in einer Kombinationstherapie in demselben Anwendungsgebiet eingesetzt werden können, einen mindestens beträchtlichen Zusatznutzen erwarten lässt. $_{2}$Die Feststellung erfolgt aufgrund von vergleichenden Studien in dem Anwendungsgebiet, die von dem pharmazeutischen Unternehmer oder von den pharmazeutischen Unternehmern mit dem Antrag elektronisch an den Gemeinsamen Bundesausschuss zu übermitteln sind. $_{3}$Die Rechtsverordnung nach Absatz 1 Satz 7 findet entsprechende Anwendung. $_{4}$Der Gemeinsame Bundesausschuss beauftragt das Institut für Qualität und Wirtschaftlichkeit im Gesundheitswesen mit einer Stellungnahme dazu, ob die vorgelegten Studien einen mindestens beträchtlichen Zusatznutzen der Kombination für die Patienten in dem Anwendungsgebiet erwarten lassen. $_{5}$Die Stellungnahme ist spätestens innerhalb von zwei Monaten nach Stellung des Antrags durch den Gemeinsamen Bundesausschuss im Internet zu veröffentlichen. $_{6}$§ 92 Absatz 3a ist mit der Maßgabe anzuwenden, dass lediglich Gelegenheit zur schriftlichen Stellungnahme zu geben ist. $_{7}$Der Gemeinsame Bundesausschuss beschließt über die Feststellung innerhalb von zwei Monaten nach Veröffentlichung der Stellungnahme. $_{8}$Absatz 3 Satz 4 bis 6 gilt entsprechend. $_{9}$Die Feststellung wird Bestandteil der Beschlüsse über die Nutzenbewertung aller Arzneimittel der Kombination, in denen bei Bedarf jeweils die Benennung nach Absatz 3 Satz 4 zu ändern ist. $_{10}$Eine erneute Feststellung kann entsprechend Absatz 5 Satz 1 bis 4 beantragt werden.

(2) $_{1}$Der Gemeinsame Bundesausschuss prüft die Nachweise nach Absatz 1 Satz 3 und entscheidet, ob er die Nutzenbewertung selbst durchführt oder hiermit das Institut für Qualität und Wirtschaftlichkeit im Gesundheitswesen oder Dritte beauftragt. $_{2}$Der Gemeinsame Bundesausschuss und das Institut für Qualität und Wirtschaftlichkeit im Gesundheitswesen erhalten auf Verlangen Einsicht in die Zulassungsunterlagen bei der zuständigen Bundesoberbehörde. $_{3}$Die Nutzenbewertung ist spätestens innerhalb von drei Monaten nach dem nach Absatz 1 Satz 3 maßgeblichen Zeitpunkt für die Einreichung der Nachweise abzuschließen und im Internet zu veröffentlichen.

(3) $_{1}$Der Gemeinsame Bundesausschuss beschließt über die Nutzenbewertung innerhalb von drei Monaten nach ihrer Veröffentlichung. $_{2}$§ 92 Absatz 3a gilt entsprechend mit der Maßgabe, dass Gelegenheit auch zur mündlichen Stellungnahme zu geben ist. $_{3}$Mit dem Beschluss wird insbesondere der Zusatznutzen des Arzneimittels festgestellt. $_{4}$In dem Beschluss benennt der Gemeinsame Bundesausschuss alle Arzneimittel mit neuen Wirkstoffen, die aufgrund der arzneimittelrechtlichen Zulassung in einer Kombinationstherapie mit dem bewerteten Arzneimittel für das zu bewertende Anwendungsgebiet eingesetzt werden können, es sei denn, der Gemeinsame Bundesausschuss hat nach Absatz 1d Satz 1 festgestellt, dass die Kombination einen mindestens beträchtlichen Zusatznutzen erwarten lässt; bis zum 12. November 2022 bereits gefasste Beschlüsse sind bis zum 1. Mai 2023 entsprechend zu ergänzen. $_{5}$Die Geltung des Beschlusses über die Nutzenbewertung kann befristet werden. $_{6}$Der Beschluss ist im Internet zu veröffentlichen. $_{7}$Der Beschluss ist Teil der Richtlinie nach § 92 Absatz 1 Satz 2 Nummer 6; § 94 Absatz 1 gilt nicht. $_{8}$Innerhalb eines Monats nach der Beschlussfassung veröffentlicht die Geschäftsstelle des Gemeinsamen Bundesausschusses zur Information der Öffentlichkeit zudem den Beschluss und die tragenden Gründe in englischer Sprache auf der Internetseite des Gemeinsamen Bundesausschusses.

(3a) $_{1}$Der Gemeinsame Bundesausschuss veröffentlicht innerhalb eines Monats nach dem Beschluss nach Absatz 3 eine maschinenlesbare Fassung zu dem Beschluss, die zur Abbildung in elektronischen Programmen nach § 73 Absatz 9 geeignet ist. $_{2}$Das Bundesministerium für Gesundheit wird ermächtigt, durch Rechtsverordnung ohne Zustimmung des Bundesrates weitere Vorgaben zur Veröffentlichung der Beschlüsse nach Satz 1 zu regeln. $_{3}$Das Nähere regelt der Gemeinsame Bundesausschuss erstmals innerhalb von drei Monaten nach Inkrafttreten der Rechtsverordnung nach Satz 2 in seiner Verfahrensordnung. $_{4}$Vor der erstmaligen Beschlussfassung nach Satz 3 findet § 92 Absatz 3a mit der Maßgabe entsprechende Anwendung, dass auch den für die Wahrnehmung der Interessen der Industrie maßgeblichen Bundesverbänden aus dem Bereich der Informationstechnologie im Gesundheitswesen Gelegenheit zur Stellungnahme zu geben ist. $_{5}$Zu den vor der erstmaligen Änderung der Verfahrensordnung nach Satz 3 gefassten Beschlüssen nach Absatz 3 veröffentlicht der Gemeinsame Bundesausschuss die maschinenlesbare Fassung nach Satz 1 innerhalb von sechs Monaten nach der erstmaligen Änderung der Verfahrensordnung nach Satz 3.

(3b) $_{1}$Der Gemeinsame Bundesausschuss kann frühestens mit Wirkung zum Zeitpunkt des erstmaligen Inverkehrbringens bei den folgenden Arzneimitteln vom pharmazeutischen Unternehmer innerhalb einer angemessenen Frist die Vorlage anwendungsbegleitender Datenerhebungen und Auswertungen zum Zweck der Nutzenbewertung fordern:

1. bei Arzneimitteln, deren Inverkehrbringen nach dem Verfahren des Artikels 14 Absatz 8 der Verordnung (EG) Nr. 726/2004 des Europäischen Parlaments und des Rates vom 31. März 2004 zur Festlegung der Verfahren der Union für die Genehmigung und Überwachung von Humanarzneimitteln und zur Errichtung einer Europäischen Arzneimittel-Agentur (ABl. L 136 vom 30. 4. 2004, S. 1), die zuletzt durch die Verordnung (EU) 2019/5 (ABl. L 4 vom 7. 1. 2019, S. 24) geändert worden ist, genehmigt wurde oder für die nach Artikel 14-a der Verordnung (EG) Nr. 726/2004 eine Zulassung erteilt wurde, sowie
2. bei Arzneimitteln, die zur Behandlung eines seltenen Leidens nach der Verordnung (EG) Nr. 141/2000 zugelassen sind.

$_{2}$Der Gemeinsame Bundesausschuss kann die Befugnis zur Versorgung der Versicherten mit einem solchen Arzneimittel zu Lasten der gesetzlichen Krankenversicherung auf solche Leistungserbringer beschränken, die an der geforderten anwendungsbegleitenden Datenerhebung mitwirken. $_{3}$Die näheren Vorgaben an die Dauer, die Art und den Umfang der Datenerhebung und Auswertung, einschließlich der zu verwendenden Formate, werden vom Gemeinsamen Bundesausschuss bestimmt. $_{4}$Er hat dabei insbesondere Vorgaben zur Methodik sowie zu patientenrelevanten Endpunkten und deren Erfassung zu bestimmen. $_{5}$Dabei soll er laufende und geplante Datenerhebungen zu dem Arzneimittel berücksichtigen, insbesondere solche, die sich aus Auflagen oder sonstigen Nebenbestimmungen der Zulassungs- oder Genehmigungsbehörden ergeben. $_{6}$Der Gemeinsame Bundesausschuss kann dabei auch indikationsbezogene Datenerhebungen ohne Randomisierung fordern. $_{7}$Das Bundesinstitut für

Arzneimittel und Medizinprodukte und das Paul-Ehrlich-Institut sind vor Erlass einer Maßnahme nach Satz 1 zu beteiligen. 8Unter Beachtung von Betriebs- und Geschäftsgeheimnissen sollen auch die wissenschaftlich-medizinischen Fachgesellschaften, die Arzneimittelkommission der deutschen Ärzteschaft und der betroffene pharmazeutische Unternehmer vor Erlass einer Maßnahme nach Satz 1 schriftlich beteiligt werden. 9Das Nähere zum Verfahren der Anforderung von anwendungsbegleitenden Datenerhebungen und Auswertungen, einschließlich der Beteiligung nach Satz 4, regelt der Gemeinsame Bundesausschuss in seiner Verfahrensordnung. 10Die gewonnenen Daten und die Verpflichtung zur Datenerhebung sind in regelmäßigen Abständen, mindestens jedoch alle achtzehn Monate, vom Gemeinsamen Bundesausschuss zu überprüfen. 11Für Beschlüsse nach den Sätzen 1 und 2 gilt Absatz 3 Satz 4 bis 6 entsprechend. 12Klagen gegen eine Maßnahme nach Satz 1 haben keine aufschiebende Wirkung; ein Vorverfahren findet nicht statt.

V

(4) 1Wurde für ein Arzneimittel nach Absatz 1 Satz 4 keine therapeutische Verbesserung festgestellt, ist es in dem Beschluss nach Absatz 3 in die Festbetragsgruppe nach § 35 Absatz 1 mit pharmakologisch-therapeutisch vergleichbaren Arzneimitteln einzuordnen. 2§ 35 Absatz 1b Satz 6 gilt entsprechend. 3§ 35 Absatz 1b Satz 7 und 8 sowie Absatz 2 gilt nicht.

(5) 1Für ein Arzneimittel, für das ein Beschluss nach Absatz 3 vorliegt, kann der pharmazeutische Unternehmer eine erneute Nutzenbewertung beantragen, wenn er die Erforderlichkeit wegen neuer wissenschaftlicher Erkenntnisse nachweist. 2Der Gemeinsame Bundesausschuss entscheidet über diesen Antrag innerhalb von acht Wochen. 3Der pharmazeutische Unternehmer übermittelt dem Gemeinsamen Bundesausschuss auf Anforderung die Nachweise nach Absatz 1 Satz 3 innerhalb von drei Monaten. 4Die erneute Nutzenbewertung beginnt frühestens ein Jahr nach Veröffentlichung des Beschlusses nach Absatz 3. 5Die Absätze 1 bis 4 und 5a bis 8 gelten entsprechend.

(5a) 1Stellt der Gemeinsame Bundesausschuss in seinem Beschluss nach Absatz 3 keinen Zusatznutzen oder nach Absatz 4 keine therapeutische Verbesserung fest, hat er auf Verlangen des pharmazeutischen Unternehmers eine Bewertung nach § 35b oder nach § 139a Absatz 3 Nummer 6 in Auftrag zu geben, wenn der pharmazeutische Unternehmer die Kosten hierfür trägt. 2Die Verpflichtung zur Festsetzung eines Festbetrags oder eines Erstattungsbetrags bleibt unberührt.

(5b) 1Der Gemeinsame Bundesausschuss kann den für die Vorlage der erforderlichen Nachweise maßgeblichen Zeitpunkt auf Antrag des pharmazeutischen Unternehmers abweichend von Absatz 1 Satz 3 bestimmen, wenn innerhalb eines Zeitraums von sechs Monaten ab dem nach Absatz 1 Satz 3 maßgeblichen Zeitpunkt die Zulassung von mindestens einem neuen Anwendungsgebiet zu erwarten ist. 2Der vom Gemeinsamen Bundesausschuss bestimmte maßgebliche Zeitpunkt darf nicht mehr als sechs Monate nach dem maßgeblichen Zeitpunkt nach Absatz 1 Satz 3 liegen. 3Der pharmazeutische Unternehmer hat den Antrag spätestens drei Monate vor dem maßgeblichen Zeitpunkt nach Absatz 1 Satz 3 zu stellen. 4Der Gemeinsame Bundesausschuss entscheidet über den Antrag innerhalb von acht Wochen. 5Er regelt das Nähere in seiner Verfahrensordnung. 6§ 130b Absatz 3a Satz 2 und 3 und Absatz 4 Satz 3 bleiben unberührt.

(6) 1Für ein Arzneimittel mit einem Wirkstoff, der kein neuer Wirkstoff im Sinne des Absatzes 1 Satz 1 ist, kann der Gemeinsame Bundesausschuss eine Nutzenbewertung nach Absatz 1 veranlassen, wenn für das Arzneimittel eine neue Zulassung mit neuem Unterlagenschutz erteilt wird. 2Satz 1 gilt auch für Arzneimittel mit einem neuen Wirkstoff im Sinne des Absatzes 1 Satz 1, wenn für das Arzneimittel eine neue Zulassung mit neuem Unterlagenschutz erteilt wird. 3Endet das Verfahren nach § 130a Absatz 3c ohne Einigung, veranlasst der Gemeinsame Bundesausschuss eine Nutzenbewertung nach Absatz 1. 4Das Nähere regelt der Gemeinsame Bundesausschuss in seiner Verfahrensordnung.

(7) 1Der Gemeinsame Bundesausschuss berät den pharmazeutischen Unternehmer insbesondere zu vorzulegenden Unterlagen und Studien sowie zur Vergleichstherapie; er kann hierzu auf seiner Internetseite generalisierte Informationen zur Verfügung stellen. 2Er kann hierüber Vereinbarungen mit dem pharmazeutischen Unternehmer treffen. 3Eine Beratung vor Beginn von Zulassungsstudien der Phase drei, zur Planung klinischer Prüfungen oder zu anwendungsbegleitenden Datenerhebungen soll unter Beteiligung des Bundesinstituts für Arzneimittel und Medizinprodukte oder des Paul-Ehrlich-Instituts stattfinden. 4Zu Fragen der Vergleichstherapie sollen unter Beachtung der Betriebs- und Geschäftsgeheimnisse des pharmazeutischen Unternehmers die wissenschaftlich-medizinischen Fachgesellschaften und die Arzneimittelkommission der deutschen Ärzteschaft schriftlich beteiligt werden. 5Der pharmazeutische Unternehmer erhält eine Niederschrift über das Beratungsgespräch. 6Für die pharmazeutischen Unternehmer ist die Beratung gebührenpflichtig. 7Der Gemeinsame Bundesausschuss hat dem Bundesinstitut für Arzneimittel und Medizinprodukte und dem Paul-Ehrlich-Institut die Kosten zu erstatten, die diesen im Rahmen der Beratung von pharmazeutischen Unternehmern nach

den Sätzen 1 und 3 entstehen, soweit diese Kosten vom pharmazeutischen Unternehmer getragen werden. 8Das Nähere einschließlich der Erstattung der für diese Beratung entstandenen Kosten ist in der Verfahrensordnung zu regeln.

(8) 1Eine gesonderte Klage gegen die Aufforderung zur Übermittlung der Nachweise nach Absatz 1, die Nutzenbewertung nach Absatz 2, den Beschluss nach Absatz 3 und die Einbeziehung eines Arzneimittels in eine Festbetragsgruppe nach Absatz 4 ist unzulässig. 2§ 35 Absatz 7 Satz 1 bis 3 gilt entsprechend.

§ 35b Kosten-Nutzen-Bewertung von Arzneimitteln

(1) 1Der Gemeinsame Bundesausschuss beauftragt auf Grund eines Antrags nach § 130b Absatz 8 das Institut für Qualität und Wirtschaftlichkeit im Gesundheitswesen mit einer Kosten-Nutzen-Bewertung. 2In dem Auftrag ist insbesondere festzulegen, für welche zweckmäßige Vergleichstherapie und Patientengruppen die Bewertung erfolgen soll sowie welcher Zeitraum, welche Art von Nutzen und Kosten und welches Maß für den Gesamtnutzen bei der Bewertung zu berücksichtigen sind; das Nähere regelt der Gemeinsame Bundesausschuss in seiner Verfahrensordnung; für die Auftragserteilung gilt § 92 Absatz 3a entsprechend mit der Maßgabe, dass der Gemeinsame Bundesausschuss auch eine mündliche Anhörung durchführt. 3Die Bewertung erfolgt durch Vergleich mit anderen Arzneimitteln und Behandlungsformen unter Berücksichtigung des therapeutischen Zusatznutzens für die Patienten im Verhältnis zu den Kosten; Basis für die Bewertung sind die Ergebnisse klinischer Studien sowie derjenigen Versorgungsstudien, die mit dem Gemeinsamen Bundesausschuss nach Absatz 2 vereinbart wurden oder die der Gemeinsame Bundesausschuss auf Antrag des pharmazeutischen Unternehmens anerkennt; § 35a Absatz 1 Satz 3 und Absatz 2 Satz 2 gilt entsprechend. 4Beim Patienten-Nutzen sollen insbesondere die Verbesserung des Gesundheitszustandes, eine Verkürzung der Krankheitsdauer, eine Verlängerung der Lebensdauer, eine Verringerung der Nebenwirkungen sowie eine Verbesserung der Lebensqualität, bei der wirtschaftlichen Bewertung auch die Angemessenheit und Zumutbarkeit einer Kostenübernahme durch die Versichertengemeinschaft, angemessen berücksichtigt werden. 5Das Institut bestimmt auftragsbezogen über die Methoden und Kriterien für die Erarbeitung von Bewertungen nach Satz 1 auf der Grundlage der in den jeweiligen Fachkreisen anerkannten internationalen Standards der evidenzbasierten Medizin und der Gesundheitsökonomie. 6Das Institut gewährleistet vor Abschluss von Bewertungen hohe Verfahrenstransparenz und eine angemessene Beteiligung der in § 35 Abs. 2 und § 139a Abs. 5 Genannten. 7Das Institut veröffentlicht die jeweiligen Methoden und Kriterien im Internet.

(2) 1Der Gemeinsame Bundesausschuss kann mit dem pharmazeutischen Unternehmer Versorgungsstudien und die darin zu behandelnden Schwerpunkte vereinbaren. 2Die Frist zur Vorlage dieser Studien bemisst sich nach der Indikation und dem nötigen Zeitraum zur Bereitstellung valider Daten; sie soll drei Jahre nicht überschreiten. 3Das Nähere regelt der Gemeinsame Bundesausschuss in seiner Verfahrensordnung. 4Die Studien sind auf Kosten des pharmazeutischen Unternehmers bevorzugt in Deutschland durchzuführen.

(3) 1Auf Grundlage der Kosten-Nutzen-Bewertung nach Absatz 1 beschließt der Gemeinsame Bundesausschuss über die Kosten-Nutzen-Bewertung und veröffentlicht den Beschluss im Internet. 2§ 92 Absatz 3a gilt entsprechend. 3Mit dem Beschluss werden insbesondere der Zusatznutzen sowie die Therapiekosten bei Anwendung des jeweiligen Arzneimittels festgestellt. 4Der Beschluss ist Teil der Richtlinie nach § 92 Absatz 1 Satz 2 Nummer 6; der Beschluss kann auch Therapiehinweise nach § 92 Absatz 2 enthalten. 5§ 94 Absatz 1 gilt nicht.

(4) 1Gesonderte Klagen gegen den Auftrag nach Absatz 1 Satz 1 oder die Bewertung nach Absatz 1 Satz 3 sind unzulässig. 2Klagen gegen eine Feststellung des Kosten-Nutzen-Verhältnisses nach Absatz 3 haben keine aufschiebende Wirkung.

§ 35c Zulassungsüberschreitende Anwendung von Arzneimitteln

(1) 1Für die Abgabe von Bewertungen zum Stand der wissenschaftlichen Erkenntnis über die Anwendung von zugelassenen Arzneimitteln für Indikationen und Indikationsbereiche, für die sie nach dem Arzneimittelgesetz nicht zugelassen sind, beruft das Bundesministerium für Gesundheit Expertengruppen beim Bundesinstitut für Arzneimittel und Medizinprodukte, davon mindestens eine ständige Expertengruppe, die fachgebietsbezogen ergänzt werden kann. 2Das Nähere zur Organisation und Arbeitsweise der Expertengruppen regelt eine Geschäftsordnung des Bundesinstituts für Arzneimittel und Medizinprodukte, die der Zustimmung des Bundesministeriums für Gesundheit bedarf. 3Zur Sicherstellung der fachlichen Unabhängigkeit der Experten gilt § 139b Absatz 3 Satz 2 entsprechend. 4Der Gemeinsame Bundesausschuss kann die Expertengruppen mit Bewertungen nach Satz 1 beauftragen; das Nähere regelt er in seiner Verfahrensordnung. 5Bewertungen nach Satz 1 kann auch das Bundesministerium für Gesundheit beauftragen. 6Die Bewertungen werden dem Gemeinsamen Bundesausschuss als

V

Empfehlung zur Beschlussfassung nach § 92 Absatz 1 Satz 2 Nummer 6 zugeleitet. $_{7}$Bewertungen sollen nur mit Zustimmung der betroffenen pharmazeutischen Unternehmer erstellt werden. $_{8}$Gesonderte Klagen gegen diese Bewertungen sind unzulässig.

(2) $_{1}$Außerhalb des Anwendungsbereichs des Absatzes 1 haben Versicherte Anspruch auf Versorgung mit zugelassenen Arzneimitteln in klinischen Studien, sofern hierdurch eine therapierelevante Verbesserung der Behandlung einer schwerwiegenden Erkrankung im Vergleich zu bestehenden Behandlungsmöglichkeiten zu erwarten ist, damit verbundene Mehrkosten in einem angemessenen Verhältnis zum erwarteten medizinischen Zusatznutzen stehen, die Behandlung durch einen Arzt erfolgt, der an der vertragsärztlichen Versorgung oder an der ambulanten Versorgung nach den §§ 116b und 117 teilnimmt, und der Gemeinsame Bundesausschuss der Arzneimittelverordnung nicht widerspricht. $_{2}$Eine Leistungspflicht der Krankenkasse ist ausgeschlossen, sofern das Arzneimittel auf Grund arzneimittelrechtlicher Vorschriften vom pharmazeutischen Unternehmer kostenlos bereitzustellen ist. $_{3}$Der Gemeinsame Bundesausschuss ist mindestens zehn Wochen vor dem Beginn der Arzneimittelverordnung zu informieren; er kann innerhalb von acht Wochen nach Eingang der Mitteilung widersprechen, sofern die Voraussetzungen nach Satz 1 nicht erfüllt sind. $_{4}$Das Nähere, auch zu den Nachweisen und Informationspflichten, regelt der Gemeinsame Bundesausschuss in den Richtlinien nach § 92 Abs. 1 Satz 2 Nr. 6. $_{5}$Leisten Studien nach Satz 1 für die Erweiterung einer Zulassung einen entscheidenden Beitrag, hat der pharmazeutische Unternehmer den Krankenkassen die Verordnungskosten zu erstatten. $_{6}$Dies gilt auch für eine Genehmigung für das Inverkehrbringen nach europäischem Recht.

§ 36 Festbeträge für Hilfsmittel

(1) $_{1}$Der Spitzenverband Bund der Krankenkassen bestimmt Hilfsmittel, für die Festbeträge festgesetzt werden. $_{2}$Dabei sollen unter Berücksichtigung des Hilfsmittelverzeichnisses nach § 139 in ihrer Funktion gleichartige und gleichwertige Mittel in Gruppen zusammengefasst und die Einzelheiten der Versorgung festgelegt werden. $_{3}$Den maßgeblichen Spitzenorganisationen der betroffenen Hersteller und Leistungserbringer auf Bundesebene ist unter Übermittlung der hierfür erforderlichen Informationen innerhalb einer angemessenen Frist vor der Entscheidung Gelegenheit zur Stellungnahme zu geben; die Stellungnahmen sind in die Entscheidung einzubeziehen.

(2) $_{1}$Der Spitzenverband Bund der Krankenkassen setzt für die Versorgung mit den nach Absatz 1 bestimmten Hilfsmitteln einheitliche Festbeträge fest. $_{2}$Absatz 1 Satz 3 gilt entsprechend. $_{3}$Die Hersteller und Leistungserbringer sind verpflichtet, dem Spitzenverband Bund der Krankenkassen auf Verlangen die zur Wahrnehmung der Aufgaben nach Satz 1 und nach Absatz 1 Satz 1 und 2 erforderlichen Informationen und Auskünfte, insbesondere auch zu den Abgabepreisen der Hilfsmittel, zu erteilen.

(3) § 35 Abs. 5 und 7 gilt entsprechend.

§ 37 Häusliche Krankenpflege

(1) $_{1}$Versicherte erhalten in ihrem Haushalt, ihrer Familie oder sonst an einem geeigneten Ort, insbesondere in betreuten Wohnformen, Schulen und Kindergärten, bei besonders hohem Pflegebedarf auch in Werkstätten für behinderte Menschen neben der ärztlichen Behandlung häusliche Krankenpflege durch geeignete Pflegekräfte, wenn Krankenhausbehandlung geboten, aber nicht ausführbar ist, oder wenn sie durch die häusliche Krankenpflege vermieden oder verkürzt wird. $_{2}$§ 10 der Werkstättenverordnung bleibt unberührt. $_{3}$Die häusliche Krankenpflege umfaßt die im Einzelfall erforderliche Grund- und Behandlungspflege sowie hauswirtschaftliche Versorgung. $_{4}$Der Anspruch besteht bis zu vier Wochen je Krankheitsfall. $_{5}$In begründeten Ausnahmefällen kann die Krankenkasse die häusliche Krankenpflege für einen längeren Zeitraum bewilligen, wenn der Medizinische Dienst (§ 275) festgestellt hat, daß dies aus den in Satz 1 genannten Gründen erforderlich ist.

(1a) $_{1}$Versicherte erhalten an geeigneten Orten im Sinne von Absatz 1 Satz 1 wegen schwerer Krankheit oder wegen akuter Verschlimmerung einer Krankheit, insbesondere nach einem Krankenhausaufenthalt, nach einer ambulanten Operation oder nach einer ambulanten Krankenhausbehandlung, soweit keine Pflegebedürftigkeit mit Pflegegrad 2, 3, 4 oder 5 im Sinne des Elften Buches vorliegt, die erforderliche Grundpflege und hauswirtschaftliche Versorgung. $_{2}$Absatz 1 Satz 4 und 5 gilt entsprechend.

(2) $_{1}$Versicherte erhalten in ihrem Haushalt, ihrer Familie oder sonst an einem geeigneten Ort, insbesondere in betreuten Wohnformen, Schulen und Kindergärten, bei besonders hohem Pflegebedarf auch in Werkstätten für behinderte Menschen als häusliche Krankenpflege Behandlungspflege, wenn diese zur Sicherung des Ziels der ärztlichen Behandlung erforderlich ist. $_{2}$§ 10 der Werkstättenverordnung bleibt unberührt. $_{3}$Der Anspruch nach Satz 1 besteht über die dort genannten Fälle hinaus ausnahmsweise auch für solche Versicherte in zugelassenen Pflegeeinrichtungen im Sinne des § 43 des Elften Buches, die auf Dauer, voraussichtlich für mindestens sechs Monate, einen besonders hohen Bedarf an medizinischer Behandlungspflege haben; § 37c Absatz 3 gilt entspre-

chend. 4Die Satzung kann bestimmen, dass die Krankenkasse zusätzlich zur Behandlungspflege nach Satz 1 als häusliche Krankenpflege auch Grundpflege und hauswirtschaftliche Versorgung erbringt. 5Die Satzung kann dabei Dauer und Umfang der Grundpflege und der hauswirtschaftlichen Versorgung nach Satz 4 bestimmen. 6Leistungen nach den Sätzen 4 und 5 sind nach Eintritt von Pflegebedürftigkeit mit mindestens Pflegegrad 2 im Sinne des Elften Buches nicht zulässig. 7Versicherte, die nicht auf Dauer in Einrichtungen nach § 71 Abs. 2 oder 4 des Elften Buches aufgenommen sind, erhalten Leistungen nach Satz 1 und den Sätzen 4 bis 6 auch dann, wenn ihr Haushalt nicht mehr besteht und ihnen nur zur Durchführung der Behandlungspflege vorübergehender Aufenthalt in einer Einrichtung oder in einer anderen geeigneten Unterkunft zur Verfügung gestellt wird. 8Versicherte erhalten in stationären Einrichtungen im Sinne des § 43a des Elften Buches Leistungen nach Satz 1, wenn der Bedarf an Behandlungspflege eine ständige Überwachung und Versorgung durch eine qualifizierte Pflegefachkraft erfordert.

(2a) 1Die gesetzliche Krankenversicherung beteiligt sich an den Kosten der medizinischen Behandlungspflege in vollstationären Pflegeeinrichtungen mit einem jährlichen Pauschalbetrag in Höhe von 640 Millionen Euro, der an den Ausgleichsfonds der sozialen Pflegeversicherung zu leisten ist. 2Die Zahlung erfolgt anteilig quartalsweise. 3Der Spitzenverband Bund der Krankenkassen erhebt hierzu von den Krankenkassen eine Umlage gemäß dem Anteil der Versicherten der Krankenkassen an der Gesamtzahl der Versicherten aller Krankenkassen. 4Das Nähere zum Umlageverfahren und zur Zahlung an die Pflegeversicherung bestimmt der Spitzenverband Bund der Krankenkassen.

(2b) 1Die häusliche Krankenpflege nach den Absätzen 1 und 2 umfasst auch die ambulante Palliativversorgung. 2Für Leistungen der ambulanten Palliativversorgung ist regelmäßig ein begründeter Ausnahmefall im Sinne von Absatz 1 Satz 5 anzunehmen. 3§ 37b Absatz 4 gilt für die häusliche Krankenpflege zur ambulanten Palliativversorgung entsprechend.

(3) Der Anspruch auf häusliche Krankenpflege besteht nur, soweit eine im Haushalt lebende Person den Kranken in dem erforderlichen Umfang nicht pflegen und versorgen kann.

(4) Kann die Krankenkasse keine Kraft für die häusliche Krankenpflege stellen oder besteht Grund, davon abzusehen, sind den Versicherten die Kosten für eine selbstbeschaffte Kraft in angemessener Höhe zu erstatten.

(5) Versicherte, die das 18. Lebensjahr vollendet haben, leisten als Zuzahlung den sich nach § 61 Satz 3 ergebenden Betrag, begrenzt auf die für die ersten 28 Kalendertage der Leistungsinanspruchnahme je Kalenderjahr anfallenden Kosten an die Krankenkasse.

(6) Der Gemeinsame Bundesausschuss legt in Richtlinien nach § 92 fest, an welchen Orten und in welchen Fällen Leistungen nach den Absätzen 1 und 2 auch außerhalb des Haushalts und der Familie des Versicherten erbracht werden können.

(7) 1Der Gemeinsame Bundesausschuss regelt in Richtlinien nach § 92 unter Berücksichtigung bestehender Therapieangebote das Nähere zur Versorgung von chronischen und schwer heilenden Wunden. 2Die Versorgung von chronischen und schwer heilenden Wunden kann auch in spezialisierten Einrichtungen an einem geeigneten Ort außerhalb der Häuslichkeit von Versicherten erfolgen.

(8) Der Gemeinsame Bundesausschuss regelt in der Richtlinie über die Verordnung häuslicher Krankenpflege nach § 92 Absatz 1 Satz 2 Nummer 6 bis zum 31. Juli 2022 Rahmenvorgaben zu einzelnen nach dem Leistungsverzeichnis der Richtlinie nach § 92 Absatz 1 Satz 2 Nummer 6 verordnungsfähigen Maßnahmen, bei denen Pflegefachkräfte, die die in den Rahmenempfehlungen nach § 132a Absatz 1 Satz 4 Nummer 7 geregelten Anforderungen erfüllen, innerhalb eines vertragsärztlich festgestellten Verordnungsrahmens selbst über die erforderliche Häufigkeit und Dauer bestimmen können, sowie Vorgaben zur Notwendigkeit eines erneuten Arztkontaktes und zur Information der Vertragsärztin oder des Vertragsarztes durch den Leistungserbringer über die erbrachten Maßnahmen.

(9) 1Zur Feststellung des tatsächlichen Ausgabenvolumens für die im Rahmen einer Versorgung nach Absatz 8 erbrachten Leistungen pseudonymisieren die Krankenkassen die Angaben zu den Ausgaben jeweils arztbezogen sowie versichertenbezogen. 2Sie übermitteln diese Angaben nach Durchführung der Abrechnungsprüfung dem Spitzenverband Bund der Krankenkassen, der diese Daten für den Zweck der nach Absatz 10 durchzuführenden Evaluierung kassenartenübergreifend zusammenführt und diese Daten dem nach Absatz 10 Satz 2 beauftragten unabhängigen Dritten übermittelt. 3Das Nähere zur Datenübermittlung und zum Verfahren der Pseudonymisierung regelt der Spitzenverband Bund der Krankenkassen. 4Der Spitzenverband Bund der Krankenkassen und der beauftragte unabhängige Dritte nach Absatz 10 Satz 2 haben die ihnen nach Satz 2 übermittelten pseudonymisierten Daten spätestens ein Jahr nach Abschluss der Evaluierung zu löschen.

(10) 1Drei Jahre nach Inkrafttreten der Regelungen nach Absatz 8 evaluieren der Spitzenverband Bund der Kran-

kenkassen, die Kassenärztliche Bundesvereinigung und die in § 132a Absatz 1 Satz 1 genannten Organisationen der Leistungserbringer unter Berücksichtigung der nach Absatz 9 Satz 2 übermittelten Daten insbesondere die mit der Versorgung nach Absatz 8 verbundenen Auswirkungen auf das Versorgungsgeschehen im Bereich der häuslichen Krankenpflege, die finanziellen Auswirkungen auf die Krankenkassen, die Wirtschaftlichkeit der Versorgung nach Absatz 8 sowie die Auswirkungen auf die Behandlungs- und Ergebnisqualität. $_{2}$Die Evaluierung hat durch einen durch den Spitzenverband Bund der Krankenkassen, die Kassenärztliche Bundesvereinigung und die in § 132a Absatz 1 Satz 1 genannten Organisationen der Leistungserbringer gemeinsam zu beauftragenden unabhängigen Dritten zu erfolgen.

§ 37a Soziotherapie

(1) $_{1}$Versicherte, die wegen schwerer psychischer Erkrankung nicht in der Lage sind, ärztliche oder ärztlich verordnete Leistungen selbständig in Anspruch zu nehmen, haben Anspruch auf Soziotherapie, wenn dadurch Krankenhausbehandlung vermieden oder verkürzt wird oder wenn diese geboten, aber nicht ausführbar ist. $_{2}$Die Soziotherapie umfasst im Rahmen des Absatzes 2 die im Einzelfall erforderliche Koordinierung der verordneten Leistungen sowie Anleitung und Motivation zu deren Inanspruchnahme. $_{3}$Der Anspruch besteht für höchstens 120 Stunden innerhalb von drei Jahren je Krankheitsfall.

(2) Der Gemeinsame Bundesausschuss bestimmt in den Richtlinien nach § 92 das Nähere über Voraussetzungen, Art und Umfang der Versorgung nach Absatz 1, insbesondere

1. die Krankheitsbilder, bei deren Behandlung im Regelfall Soziotherapie erforderlich ist,
2. die Ziele, den Inhalt, den Umfang, die Dauer und die Häufigkeit der Soziotherapie,
3. die Voraussetzungen, unter denen Ärzte zur Verordnung von Soziotherapie berechtigt sind,
4. die Anforderungen an die Therapiefähigkeit des Patienten,
5. Inhalt und Umfang der Zusammenarbeit des verordnenden Arztes mit dem Leistungserbringer.

(3) Versicherte, die das 18. Lebensjahr vollendet haben, leisten als Zuzahlung je Kalendertag der Leistungsinanspruchnahme den sich nach § 61 Satz 1 ergebenden Betrag an die Krankenkasse.

§ 37b Spezialisierte ambulante Palliativversorgung

(1) $_{1}$Versicherte mit einer nicht heilbaren, fortschreitenden und weit fortgeschrittenen Erkrankung bei einer zugleich begrenzten Lebenserwartung, die eine besonders aufwändige Versorgung benötigen, haben Anspruch auf spezialisierte ambulante Palliativversorgung. $_{2}$Die Leistung ist von einem Vertragsarzt oder Krankenhausarzt zu verordnen. $_{3}$Die spezialisierte ambulante Palliativversorgung umfasst ärztliche und pflegerische Leistungen einschließlich ihrer Koordination insbesondere zur Schmerztherapie und Symptomkontrolle und zielt darauf ab, die Betreuung der Versicherten nach Satz 1 in der vertrauten Umgebung des häuslichen oder familiären Bereichs zu ermöglichen; hierzu zählen beispielsweise Einrichtungen der Eingliederungshilfe für behinderte Menschen und der Kinder- und Jugendhilfe. $_{4}$Versicherte in stationären Hospizen haben einen Anspruch auf die Teilleistung der erforderlichen ärztlichen Versorgung im Rahmen der spezialisierten ambulanten Palliativversorgung. $_{5}$Dies gilt nur, wenn und soweit nicht andere Leistungsträger zur Leistung verpflichtet sind. $_{6}$Dabei sind die besonderen Belange von Kindern zu berücksichtigen.

(2) $_{1}$Versicherte in stationären Pflegeeinrichtungen im Sinne von § 72 Abs. 1 des Elften Buches haben in entsprechender Anwendung des Absatzes 1 einen Anspruch auf spezialisierte Palliativversorgung. $_{2}$Die Verträge nach § 132d Abs. 1 regeln, ob die Leistung nach Absatz 1 durch Vertragspartner der Krankenkassen in der Pflegeeinrichtung oder durch Personal der Pflegeeinrichtung erbracht wird; § 132d Abs. 2 gilt entsprechend.

(3) Der Gemeinsame Bundesausschuss bestimmt in den Richtlinien nach § 92 das Nähere über die Leistungen, insbesondere

1. die Anforderungen an die Erkrankungen nach Absatz 1 Satz 1 sowie an den besonderen Versorgungsbedarf der Versicherten,
2. Inhalt und Umfang der spezialisierten ambulanten Palliativversorgung einschließlich von deren Verhältnis zur ambulanten Versorgung und der Zusammenarbeit der Leistungserbringer mit den bestehenden ambulanten Hospizdiensten und stationären Hospizen (integrativer Ansatz); die gewachsenen Versorgungsstrukturen sind zu berücksichtigen,
3. Inhalt und Umfang der Zusammenarbeit des verordnenden Arztes mit dem Leistungserbringer.

(4) $_{1}$Der Spitzenverband Bund der Krankenkassen berichtet dem Bundesministerium für Gesundheit alle drei Jahre über die Entwicklung der spezialisierten ambulanten Palliativversorgung und die Umsetzung der dazu erlassenen Richtlinien des Gemeinsamen Bundesausschusses. $_{2}$Er bestimmt zu diesem Zweck die von seinen Mitgliedern zu übermittelnden statistischen Informationen über die ge-

schlossenen Verträge und die erbrachten Leistungen der spezialisierten ambulanten Palliativversorgung.

§ 37c Außerklinische Intensivpflege

(1) 1Versicherte mit einem besonders hohen Bedarf an medizinischer Behandlungspflege haben Anspruch auf außerklinische Intensivpflege. 2Ein besonders hoher Bedarf an medizinischer Behandlungspflege liegt vor, wenn die ständige Anwesenheit einer geeigneten Pflegefachkraft zur individuellen Kontrolle und Einsatzbereitschaft oder ein vergleichbar intensiver Einsatz einer Pflegefachkraft erforderlich ist. 3Der Anspruch auf außerklinische Intensivpflege umfasst die medizinische Behandlungspflege, die zur Sicherung des Ziels der ärztlichen Behandlung erforderlich ist, sowie eine Beratung durch die Krankenkasse, insbesondere zur Auswahl des geeigneten Leistungsorts nach Absatz 2. 4Die Leistung bedarf der Verordnung durch eine Vertragsärztin oder einen Vertragsarzt, die oder der für die Versorgung dieser Versicherten besonders qualifiziert ist. 5Die verordnende Vertragsärztin oder der verordnende Vertragsarzt hat das Therapieziel mit dem Versicherten zu erörtern und individuell festzustellen, bei Bedarf unter Einbeziehung palliativmedizinischer Fachkompetenz. 6Bei Versicherten, die beatmet werden oder tracheotomiert sind, sind mit jeder Verordnung einer außerklinischen Intensivpflege das Potenzial zur Reduzierung der Beatmungszeit bis hin zur vollständigen Beatmungsentwöhnung und Dekanülierung sowie die zu deren Umsetzung notwendigen Maßnahmen zu erheben, zu dokumentieren und auf deren Umsetzung hinzuwirken. 7Zur Erhebung und Dokumentation nach Satz 6 sind auch nicht an der vertragsärztlichen Versorgung teilnehmende Ärztinnen oder Ärzte oder nicht an der vertragsärztlichen Versorgung teilnehmende Krankenhäuser berechtigt; sie nehmen zu diesem Zweck an der vertragsärztlichen Versorgung teil. 8Der Gemeinsame Bundesausschuss bestimmt in den Richtlinien nach § 92 Absatz 1 Satz 2 Nummer 6 bis zum 31. Oktober 2021 jeweils für Kinder und Jugendliche bis zur Vollendung des 18. Lebensjahres, für junge Volljährige, bei denen ein Krankheitsbild des Kinder- und Jugendalters weiterbesteht oder ein typisches Krankheitsbild des Kinder- und Jugendalters neu auftritt oder ein dem Kindesalter entsprechender psychomotorischer Entwicklungsstand vorliegt, und für volljährige Versicherte getrennt das Nähere zu Inhalt und Umfang der Leistungen sowie die Anforderungen

1. an den besonders hohen Bedarf an medizinischer Behandlungspflege nach Satz 2,
2. an die Zusammenarbeit der an der medizinischen und pflegerischen Versorgung beteiligten ärztlichen und nichtärztlichen Leistungserbringer, insbesondere zur Sicherstellung der ärztlichen und pflegerischen Versorgungskontinuität und Versorgungskoordination,
3. an die Verordnung der Leistungen einschließlich des Verfahrens zur Feststellung des Therapieziels nach Satz 5 sowie des Verfahrens zur Erhebung und Dokumentation des Entwöhnungspotenzials bei Versicherten, die beatmet werden oder tracheotomiert sind und
4. an die besondere Qualifikation der Vertragsärztinnen oder Vertragsärzte, die die Leistung verordnen dürfen.

(2) 1Versicherte erhalten außerklinische Intensivpflege

1. in vollstationären Pflegeeinrichtungen, die Leistungen nach § 43 des Elften Buches erbringen,
2. in Einrichtungen im Sinne des § 43a Satz 1 in Verbindung mit § 71 Absatz 4 Nummer 1 des Elften Buches oder Räumlichkeiten im Sinne des § 43a Satz 3 in Verbindung mit § 71 Absatz 4 Nummer 3 des Elften Buches,
3. in einer Wohneinheit im Sinne des § 132l Absatz 5 Nummer 1 oder
4. in ihrem Haushalt oder in ihrer Familie oder sonst an einem geeigneten Ort, insbesondere in betreuten Wohnformen, in Schulen, Kindergärten und in Werkstätten für behinderte Menschen.

2Berechtigten Wünschen der Versicherten ist zu entsprechen. 3Hierbei ist zu prüfen, ob und wie die medizinische und pflegerische Versorgung am Ort der Leistung nach Satz 1 sichergestellt ist oder durch entsprechende Nachbesserungsmaßnahmen in angemessener Zeit sichergestellt werden kann; dabei sind die persönlichen, familiären und örtlichen Umstände zu berücksichtigen. 4Über die Nachbesserungsmaßnahmen nach Satz 3 schließt die Krankenkasse mit dem Versicherten eine Zielvereinbarung, an der sich nach Maßgabe des individuell festgestellten Bedarfs weitere Leistungsträger zu beteiligen haben. 5Zur Umsetzung der Zielvereinbarung schuldet die Krankenkasse nur Leistungen nach diesem Buch. 6Die Feststellung, ob die Voraussetzungen nach Absatz 1 und den Sätzen 1 bis 3 erfüllt sind, wird durch die Krankenkasse nach persönlicher Begutachtung des Versicherten am Leistungsort durch den Medizinischen Dienst getroffen. 7Die Krankenkasse hat ihre Feststellung jährlich zu überprüfen und hierzu eine persönliche Begutachtung des Medizinischen Dienstes zu veranlassen. 8Liegen der Krankenkasse Anhaltspunkte vor, dass die Voraussetzungen nach Absatz 1 und den Sätzen 1 bis 3 nicht mehr vorliegen, kann sie die Überprüfung nach Satz 7 zu einem früheren Zeitpunkt durchführen. 9Ist die Feststellung nach Satz 6 oder die Überprüfung nach den Sätzen 7 und 8 nicht möglich, weil der oder die Versicherte oder eine andere an den Wohnräumen berechtigte Person sein oder ihr Einverständnis zu der nach den Sätzen 6 bis 8 gebotenen Begutachtung durch den Medizinischen Dienst in den Wohnräumen nicht erteilt hat, so kann in den Fällen, in denen Leistungen der außerklinischen Intensivpflege an einem Leistungsort nach Satz 1 Nummer 3 oder Nummer 4 erbracht oder gewünscht werden, die Leistung an diesem Ort versagt und der oder die Versicherte auf Leistungen an einem Ort im Sinne des Satzes 1 Nummer 1 oder Nummer 2 verwiesen werden.

(3) 1Erfolgt die außerklinische Intensivpflege in einer vollstationären Pflegeeinrichtung, die Leistungen nach § 43 des Elften Buches erbringt, umfasst der Anspruch die pflegebedingten Aufwendungen einschließlich der Aufwendungen für die Betreuung und die Aufwendungen für Leistungen der medizinischen Behandlungspflege in der Einrichtung unter Anrechnung des Leistungsbetrags nach § 43 des Elften Buches, die betriebsnotwendigen Investitionskosten sowie die Entgelte für Unterkunft und Verpflegung nach § 87 des Elften Buches. 2Entfällt der Anspruch auf außerklinische Intensivpflege auf Grund einer Besserung des Gesundheitszustandes, sind die Leistungen nach Satz 1 für sechs Monate weiter zu gewähren, wenn eine Pflegebedürftigkeit des Pflegegrades 2, 3, 4 oder 5 im Sinne des § 15 Absatz 3 Satz 4 Nummer 2 bis 5 des Elften Buches festgestellt ist. 3Die Krankenkassen können in ihrer Satzung bestimmen, dass die Leistungen nach Satz 1 unter den in Satz 2 genannten Voraussetzungen auch über den in Satz 2 genannten Zeitraum hinaus weitergewährt werden.

(4) 1Kann die Krankenkasse keine qualifizierte Pflegefachkraft für die außerklinische Intensivpflege stellen, sind dem Versicherten die Kosten für eine selbstbeschaffte Pflegefachkraft in angemessener Höhe zu erstatten. 2Die Möglichkeit der Leistungserbringung im Rahmen eines persönlichen Budgets nach § 2 Absatz 2 Satz 2, § 11 Absatz 1 Nummer 5 des Fünften Buches in Verbindung mit § 29 des Neunten Buches bleibt davon unberührt.

(5) 1Versicherte, die das 18. Lebensjahr vollendet haben, leisten als Zuzahlung an die Krankenkasse den sich nach § 61 Satz 2 ergebenden Betrag, begrenzt auf die ersten 28 Kalendertage der Leistungsinanspruchnahme je Kalenderjahr. 2Versicherte, die außerklinische Intensivpflege an einem Leistungsort nach Absatz 2 Satz 1 Nummer 4 erhalten und die das 18. Lebensjahr vollendet haben, leisten als Zuzahlung an die Krankenkasse abweichend von Satz 1 den sich nach § 61 Satz 3 ergebenden Betrag, begrenzt auf die für die ersten 28 Kalendertage der Leistungsinanspruchnahme je Kalenderjahr anfallenden Kosten.

(6) 1Der Spitzenverband Bund der Krankenkassen legt über das Bundesministerium für Gesundheit dem Deutschen Bundestag bis Ende des Jahres 2026 einen Bericht über die Erfahrungen mit der Umsetzung des Anspruchs auf außerklinische Intensivpflege vor. 2Darin sind insbesondere aufzuführen:

1. die Entwicklung der Anzahl der Leistungsfälle,
2. Angaben zur Leistungsdauer,
3. Angaben zum Leistungsort einschließlich Angaben zur Berücksichtigung von Wünschen der Versicherten,
4. Angaben zu Widerspruchsverfahren in Bezug auf die Leistungsbewilligung und deren Ergebnis sowie
5. Angaben zu Satzungsleistungen der Krankenkassen nach Absatz 3 Satz 3.

§ 38 Haushaltshilfe

(1) 1Versicherte erhalten Haushaltshilfe, wenn ihnen wegen Krankenhausbehandlung oder wegen einer Leistung nach § 23 Abs. 2 oder 4, §§ 24, 37, 40 oder § 41 die Weiterführung des Haushalts nicht möglich ist. 2Voraussetzung ist ferner, daß im Haushalt ein Kind lebt, das bei Beginn der Haushaltshilfe das zwölfte Lebensjahr noch nicht vollendet hat oder das behindert und auf Hilfe angewiesen ist. 3Darüber hinaus erhalten Versicherte, soweit keine Pflegebedürftigkeit mit Pflegegrad 2, 3, 4 oder 5 im Sinne des Elften Buches vorliegt, auch dann Haushaltshilfe, wenn ihnen die Weiterführung des Haushalts wegen schwerer Krankheit oder wegen akuter Verschlimmerung einer Krankheit, insbesondere nach einem Krankenhausaufenthalt, nach einer ambulanten Operation oder nach einer ambulanten Krankenhausbehandlung, nicht möglich ist, längstens jedoch für die Dauer von vier Wochen. 4Wenn im Haushalt ein Kind lebt, das bei Beginn der Haushaltshilfe das zwölfte Lebensjahr noch nicht vollendet hat oder das behindert und auf Hilfe angewiesen ist, verlängert sich der Anspruch nach Satz 3 auf längstens 26 Wochen. 5Die Pflegebedürftigkeit von Versicherten schließt Haushaltshilfe nach den Sätzen 3 und 4 zur Versorgung des Kindes nicht aus.

(2) 1Die Satzung kann bestimmen, daß die Krankenkasse in anderen als den in Absatz 1 genannten Fällen Haushaltshilfe erbringt, wenn Versicherten wegen Krankheit die Weiterführung des Haushalts nicht möglich ist. 2Sie kann dabei von Absatz 1 Satz 2 bis 4 abweichen sowie Umfang und Dauer der Leistung bestimmen.

(3) Der Anspruch auf Haushaltshilfe besteht nur, soweit eine im Haushalt lebende Person den Haushalt nicht weiterführen kann.

(4) 1Kann die Krankenkasse keine Haushaltshilfe stellen oder besteht Grund, davon abzusehen, sind den Versi-

cherten die Kosten für eine selbstbeschaffte Haushaltshilfe in angemessener Höhe zu erstatten. 2Für Verwandte und Verschwägerte bis zum zweiten Grad werden keine Kosten erstattet; die Krankenkasse kann jedoch die erforderlichen Fahrkosten und den Verdienstausfall erstatten, wenn die Erstattung in einem angemessenen Verhältnis zu den sonst für eine Ersatzkraft entstehenden Kosten steht.

(5) Versicherte, die das 18. Lebensjahr vollendet haben, leisten als Zuzahlung je Kalendertag der Leistungsinanspruchnahme den sich nach § 61 Satz 1 ergebenden Betrag an die Krankenkasse.

§ 39 Krankenhausbehandlung

(1) 1Die Krankenhausbehandlung wird vollstationär, stationsäquivalent, tagesstationär, teilstationär, vor- und nachstationär sowie ambulant erbracht; sie umfasst auch Untersuchungs- und Behandlungsmethoden, zu denen der Gemeinsame Bundesausschuss bisher keine Entscheidung nach § 137c Absatz 1 getroffen hat und die das Potential einer erforderlichen Behandlungsalternative bieten. 2Versicherte haben Anspruch auf vollstationäre, stationsäquivalente oder tagesstationäre Behandlung durch ein nach § 108 zugelassenes Krankenhaus, wenn die Aufnahme oder die Behandlung im häuslichen Umfeld nach Prüfung durch das Krankenhaus erforderlich ist, weil das Behandlungsziel nicht durch teilstationäre, vor- und nachstationäre oder ambulante Behandlung einschließlich häuslicher Krankenpflege erreicht werden kann. 3Die Krankenhausbehandlung umfaßt im Rahmen des Versorgungsauftrags des Krankenhauses alle Leistungen, die im Einzelfall nach Art und Schwere der Krankheit für die medizinische Versorgung der Versicherten im Krankenhaus notwendig sind, insbesondere ärztliche Behandlung (§ 28 Abs. 1), Krankenpflege, Versorgung mit Arznei-, Heil- und Hilfsmitteln, Unterkunft und Verpflegung; die akutstationäre Behandlung umfasst auch die im Einzelfall erforderlichen und zum frühestmöglichen Zeitpunkt einsetzenden Leistungen zur Frührehabilitation. 4Die stationsäquivalente Behandlung umfasst eine psychiatrische Behandlung im häuslichen Umfeld durch mobile ärztlich geleitete multiprofessionelle Behandlungsteams; die tagesstationäre Behandlung umfasst einen täglich mindestens sechsstündigen Aufenthalt der Patientinnen und Patienten im Krankenhaus, währenddessen überwiegend ärztliche oder pflegerische Behandlung erbracht wird, ohne Übernachtung im Krankenhaus. 5Die stationsäquivalente Behandlung und die tagesstationäre Behandlung entsprechen hinsichtlich der Inhalte sowie der Flexibilität und Komplexität der Behandlung einer vollstationären Behandlung. 6Zur Krankenhausbehandlung gehört auch eine qualifizierte ärztliche Einschätzung des Beatmungsstatus im Laufe der Behandlung und vor der Verlegung oder Entlassung von Beatmungspatienten.

(1a) 1Die Krankenhausbehandlung umfasst ein Entlassmanagement zur Unterstützung einer sektorenübergreifenden Versorgung der Versicherten beim Übergang in die Versorgung nach Krankenhausbehandlung. 2§ 11 Absatz 4 Satz 4 gilt. 3Das Krankenhaus kann mit Leistungserbringern nach § 95 Absatz 1 Satz 1 vereinbaren, dass diese Aufgaben des Entlassmanagements wahrnehmen. 4§ 11 des Apothekengesetzes bleibt unberührt. 5Der Versicherte hat gegenüber der Krankenkasse einen Anspruch auf Unterstützung des Entlassmanagements nach Satz 1; soweit Hilfen durch die Pflegeversicherung in Betracht kommen, kooperieren Kranken- und Pflegekassen miteinander. 6Das Entlassmanagement umfasst alle Leistungen, die für die Versorgung nach Krankenhausbehandlung erforderlich sind, insbesondere die Leistungen nach den §§ 37b, 38, 39c sowie alle dafür erforderlichen Leistungen nach dem Elften Buch. 7Das Entlassmanagement umfasst auch die Verordnung einer erforderlichen Anschlussversorgung durch Krankenhausbehandlung in einem anderen Krankenhaus. 8Soweit dies für die Versorgung des Versicherten unmittelbar nach der Entlassung erforderlich ist, können die Krankenhäuser Leistungen nach § 33a und die in § 92 Absatz 1 Satz 2 Nummer 6 und 12 genannten Leistungen verordnen und die Arbeitsunfähigkeit feststellen; hierfür gelten die Bestimmungen über die vertragsärztliche Versorgung mit der Maßgabe, dass bis zur Verwendung der Arztnummer nach § 293 Absatz 7 Satz 3 Nummer 1 eine im Rahmenvertrag nach Satz 9 erster Halbsatz zu vereinbarende alternative Kennzeichnung zu verwenden ist. 9Bei der Verordnung von Arzneimitteln können Krankenhäuser eine Packung mit dem kleinsten Packungsgrößenkennzeichen gemäß der Packungsgrößenverordnung verordnen; im Übrigen können die in § 92 Absatz 1 Satz 2 Nummer 6 genannten Leistungen für die Versorgung in einem Zeitraum von bis zu sieben Tagen verordnet und die Arbeitsunfähigkeit festgestellt werden (§ 92 Absatz 1 Satz 2 Nummer 7). 10Der Gemeinsame Bundesausschuss bestimmt in den Richtlinien nach § 92 Absatz 1 Satz 2 Nummer 6, 7 und 12 die weitere Ausgestaltung des Verordnungsrechts nach Satz 7. 11Die weiteren Einzelheiten zu den Sätzen 1 bis 8, insbesondere zur Zusammenarbeit der Leistungserbringer mit den Krankenkassen, regeln der Spitzenverband Bund der Krankenkassen auch als Spitzenverband Bund der Pflegekassen, die Kassenärztliche Bundesvereinigung und die Deutsche Krankenhausgesellschaft unter Berücksichtigung der Richtlinien des Gemeinsamen Bundesausschusses in einem Rahmenvertrag. 12Wird der Rahmenvertrag ganz oder teilweise beendet und kommt bis zum

Ablauf des Vertrages kein neuer Rahmenvertrag zustande, entscheidet das sektorenübergreifende Schiedsgremium auf Bundesebene gemäß § 89a. $_{13}$Vor Abschluss des Rahmenvertrages ist der für die Wahrnehmung der wirtschaftlichen Interessen gebildeten maßgeblichen Spitzenorganisation der Apotheker sowie den Vereinigungen der Träger der Pflegeeinrichtungen auf Bundesebene Gelegenheit zur Stellungnahme zu geben. $_{14}$Das Entlassmanagement und eine dazu erforderliche Verarbeitung personenbezogener Daten dürfen nur mit Einwilligung und nach vorheriger Information des Versicherten erfolgen. $_{15}$Die Information sowie die Einwilligung müssen schriftlich oder elektronisch erfolgen.

(2) Wählen Versicherte ohne zwingenden Grund ein anderes als ein in der ärztlichen Einweisung genanntes Krankenhaus, können ihnen die Mehrkosten ganz oder teilweise auferlegt werden.

(3) $_{1}$Die Landesverbände der Krankenkassen, die Ersatzkassen und die Deutsche Rentenversicherung Knappschaft-Bahn-See gemeinsam erstellen unter Mitwirkung der Landeskrankenhausgesellschaft und der Kassenärztlichen Vereinigung ein Verzeichnis der Leistungen und Entgelte für die Krankenhausbehandlung in den zugelassenen Krankenhäusern im Land oder in einer Region und passen es der Entwicklung an (Verzeichnis stationärer Leistungen und Entgelte). $_{2}$Dabei sind die Entgelte so zusammenzustellen, daß sie miteinander verglichen werden können. $_{3}$Die Krankenkassen haben darauf hinzuwirken, daß Vertragsärzte und Versicherte das Verzeichnis bei der Verordnung und Inanspruchnahme von Krankenhausbehandlung beachten.

(4) $_{1}$Versicherte, die das achtzehnte Lebensjahr vollendet haben, zahlen vom Beginn der vollstationären Krankenhausbehandlung an innerhalb eines Kalenderjahres für längstens 28 Tage den sich nach § 61 Satz 2 ergebenden Betrag je Kalendertag an das Krankenhaus. $_{2}$Die innerhalb des Kalenderjahres bereits an einen Träger der gesetzlichen Rentenversicherung geleistete Zahlung nach § 32 Abs. 1 Satz 2 des Sechsten Buches sowie die nach § 40 Abs. 6 Satz 1 geleistete Zahlung sind auf die Zahlung nach Satz 1 anzurechnen.

§ 39a Stationäre und ambulante Hospizleistungen

(1) $_{1}$Versicherte, die keiner Krankenhausbehandlung bedürfen, haben im Rahmen der Verträge nach Satz 4 Anspruch auf einen Zuschuß zu stationärer oder teilstationärer Versorgung in Hospizen, in denen palliativ-medizinische Behandlung erbracht wird, wenn eine ambulante Versorgung im Haushalt oder der Familie des Versicherten nicht erbracht werden kann. $_{2}$Die Krankenkasse trägt die zuschussfähigen Kosten nach Satz 1 unter Anrechnung der Leistungen nach dem Elften Buch zu 95 Prozent. $_{3}$Der Zuschuss darf kalendertäglich 9 Prozent der monatlichen Bezugsgröße nach § 18 Abs. 1 des Vierten Buches nicht unterschreiten und unter Anrechnung der Leistungen anderer Sozialleistungsträger die tatsächlichen kalendertäglichen Kosten nach Satz 1 nicht überschreiten. $_{4}$Der Spitzenverband Bund der Krankenkassen vereinbart mit den für die Wahrnehmung der Interessen der stationären Hospize maßgeblichen Spitzenorganisationen das Nähere über Art und Umfang der Versorgung nach Satz 1. $_{5}$Dabei ist den besonderen Belangen der Versorgung in Kinderhospizen und in Erwachsenenhospizen durch jeweils gesonderte Vereinbarungen nach Satz 4 ausreichend Rechnung zu tragen. $_{6}$In den Vereinbarungen nach Satz 4 sind bundesweit geltende Standards zum Leistungsumfang und zur Qualität der zuschussfähigen Leistungen festzulegen. $_{7}$Der besondere Verwaltungsaufwand stationärer Hospize ist dabei zu berücksichtigen. $_{8}$Die Vereinbarungen nach Satz 4 sind mindestens alle vier Jahre zu überprüfen und an aktuelle Versorgungs- und Kostenentwicklungen anzupassen. $_{9}$In den Vereinbarungen ist auch zu regeln, in welchen Fällen Bewohner einer stationären Pflegeeinrichtung in ein stationäres Hospiz wechseln können; dabei sind die berechtigten Wünsche der Bewohner zu berücksichtigen. $_{10}$Der Kassenärztlichen Bundesvereinigung ist Gelegenheit zur Stellungnahme zu geben. $_{11}$In den über die Einzelheiten der Versorgung nach Satz 1 zwischen Krankenkassen und Hospizen abzuschließenden Verträgen ist zu regeln, dass im Falle von Nichteinigung eine von den Parteien zu bestimmende unabhängige Schiedsperson den Vertragsinhalt festlegt. $_{12}$Einigen sich die Vertragspartner nicht auf eine Schiedsperson, so wird diese von der für die vertragschließende Krankenkasse zuständigen Aufsichtsbehörde bestimmt. $_{13}$Die Kosten des Schiedsverfahrens tragen die Vertragspartner zu gleichen Teilen.

(2) $_{1}$Die Krankenkasse hat ambulante Hospizdienste zu fördern, die für Versicherte, die keiner Krankenhausbehandlung und keiner stationären oder teilstationären Versorgung in einem Hospiz bedürfen, qualifizierte ehrenamtliche Sterbebegleitung in deren Haushalt, in der Familie, in stationären Pflegeeinrichtungen, in Einrichtungen der Eingliederungshilfe für behinderte Menschen oder der Kinder- und Jugendhilfe erbringen. $_{2}$Satz 1 gilt entsprechend, wenn ambulante Hospizdienste für Versicherte in Krankenhäusern Sterbebegleitung im Auftrag des jeweiligen Krankenhausträgers erbringen. $_{3}$Voraussetzung der Förderung ist außerdem, dass der ambulante Hospizdienst

1. mit palliativ-medizinisch erfahrenen Pflegediensten und Ärzten zusammenarbeitet sowie

2. unter der fachlichen Verantwortung einer Krankenschwester, eines Krankenpflegers oder einer anderen fachlich qualifizierten Person steht, die über mehrjährige Erfahrung in der palliativ-medizinischen Pflege oder über eine entsprechende Weiterbildung verfügt und eine Weiterbildung als verantwortliche Pflegefachkraft oder in Leitungsfunktionen nachweisen kann.

4Der ambulante Hospizdienst erbringt palliativ-pflegerische Beratung durch entsprechend ausgebildete Fachkräfte und stellt die Gewinnung, Schulung, Koordination und Unterstützung der ehrenamtlich tätigen Personen, die für die Sterbebegleitung zur Verfügung stehen, sicher. 5Die Förderung nach Satz 1 erfolgt durch einen angemessenen Zuschuss zu den notwendigen Personal- und Sachkosten. 6Der Zuschuss bezieht sich auf Leistungseinheiten, die sich aus dem Verhältnis der Zahl der qualifizierten Ehrenamtlichen zu der Zahl der Sterbebegleitungen bestimmen. 7Die Ausgaben der Krankenkassen für die Förderung nach Satz 1 betragen je Leistungseinheit 13 vom Hundert der monatlichen Bezugsgröße nach § 18 Absatz 1 des Vierten Buches, sie dürfen die zuschussfähigen Personal- und Sachkosten des Hospizdienstes nicht überschreiten. 8Der Spitzenverband Bund der Krankenkassen vereinbart mit den für die Wahrnehmung der Interessen der ambulanten Hospizdienste maßgeblichen Spitzenorganisationen das Nähere zu den Voraussetzungen der Förderung sowie zu Inhalt, Qualität und Umfang der ambulanten Hospizarbeit. 9Dabei ist den besonderen Belangen der Versorgung von Kindern und Jugendlichen sowie der Versorgung von Erwachsenen durch ambulante Hospizdienste durch jeweils gesonderte Vereinbarungen nach Satz 8 Rechnung zu tragen. 10Zudem ist der ambulanten Hospizarbeit in Pflegeeinrichtungen nach § 72 des Elften Buches Rechnung zu tragen. 11Es ist sicherzustellen, dass ein bedarfsgerechtes Verhältnis von ehrenamtlichen und hauptamtlichen Mitarbeitern gewährleistet ist, und dass die Förderung zeitnah ab dem Zeitpunkt erfolgt, in dem der ambulante Hospizdienst zuschussfähige Sterbebegleitung leistet. 12Die Vereinbarung ist mindestens alle vier Jahre zu überprüfen und an aktuelle Versorgungs- und Kostenentwicklungen anzupassen. 13Pflegeeinrichtungen nach § 72 des Elften Buches sollen mit ambulanten Hospizdiensten zusammenarbeiten.

§ 39b Hospiz- und Palliativberatung durch die Krankenkassen

(1) 1Versicherte haben Anspruch auf individuelle Beratung und Hilfestellung durch die Krankenkasse zu den Leistungen der Hospiz- und Palliativversorgung. 2Der Anspruch umfasst auch die Erstellung einer Übersicht der Ansprechpartner der regional verfügbaren Beratungs- und Versorgungsangebote. 3Die Krankenkasse leistet bei Bedarf Hilfestellung bei der Kontaktaufnahme und Leistungsinanspruchnahme. 4Die Beratung soll mit der Pflegeberatung nach § 7a des Elften Buches und anderen bereits in Anspruch genommenen Beratungsangeboten abgestimmt werden. 5Auf Verlangen des Versicherten sind Angehörige und andere Vertrauenspersonen an der Beratung zu beteiligen. 6Im Auftrag des Versicherten informiert die Krankenkasse die Leistungserbringer und Einrichtungen, die an der Versorgung des Versicherten mitwirken, über die wesentlichen Beratungsinhalte und Hilfestellungen oder händigt dem Versicherten zu diesem Zweck ein entsprechendes Begleitschreiben aus. 7Maßnahmen nach dieser Vorschrift und die dazu erforderliche Verarbeitung personenbezogener Daten dürfen nur mit schriftlicher oder elektronischer Einwilligung und nach vorheriger schriftlicher oder elektronischer Information des Versicherten erfolgen. 8Die Krankenkassen dürfen ihre Aufgaben nach dieser Vorschrift an andere Krankenkassen, deren Verbände oder Arbeitsgemeinschaften übertragen.

(2) 1Die Krankenkasse informiert ihre Versicherten in allgemeiner Form über die Möglichkeiten persönlicher Vorsorge für die letzte Lebensphase, insbesondere zu Patientenverfügung, Vorsorgevollmacht und Betreuungsverfügung. 2Der Spitzenverband Bund der Krankenkassen regelt für seine Mitglieder das Nähere zu Form und Inhalt der Informationen und berücksichtigt dabei das Informationsmaterial und die Formulierungshilfen anderer öffentlicher Stellen.

§ 39c Kurzzeitpflege bei fehlender Pflegebedürftigkeit

1Reichen Leistungen der häuslichen Krankenpflege nach § 37 Absatz 1a bei schwerer Krankheit oder wegen akuter Verschlimmerung einer Krankheit, insbesondere nach einem Krankenhausaufenthalt, nach einer ambulanten Operation oder nach einer ambulanten Krankenhausbehandlung, nicht aus, erbringt die Krankenkasse die erforderliche Kurzzeitpflege entsprechend § 42 des Elften Buches für eine Übergangszeit, wenn keine Pflegebedürftigkeit mit Pflegegrad 2, 3, 4 oder 5 im Sinne des Elften Buches festgestellt ist. 2Im Hinblick auf die Leistungsdauer und die Leistungshöhe gilt § 42 Absatz 2 Satz 1 und 2 des Elften Buches entsprechend. 3Die Leistung kann in zugelassenen Einrichtungen nach dem Elften Buch oder in anderen geeigneten Einrichtungen erbracht werden.

§ 39d Förderung der Koordination in Hospiz- und Palliativnetzwerken durch einen Netzwerkkoordinator

(1) 1Die Landesverbände der Krankenkassen und die Ersatzkassen fördern gemeinsam und einheitlich in jedem Kreis und jeder kreisfreien Stadt die Koordination der Ak-

V

tivitäten in einem regionalen Hospiz- und Palliativnetzwerk durch einen Netzwerkkoordinator. ₂Bedarfsgerecht kann insbesondere in Ballungsräumen auf Grundlage von in den Förderrichtlinien nach Absatz 3 festzulegenden Kriterien die Koordination eines Netzwerkes durch einen Netzwerkkoordinator in mehreren regionalen Hospiz- und Palliativnetzwerken für verschiedene Teile des Kreises oder der kreisfreien Stadt gefördert werden. ₃Die Förderung setzt voraus, dass der Kreis oder die kreisfreie Stadt an der Finanzierung der Netzwerkkoordination in jeweils gleicher Höhe wie die Landesverbände der Krankenkassen und die Ersatzkassen beteiligt ist. ₄Die Fördersumme für die entsprechende Teilfinanzierung der Netzwerkkoordination nach Satz 1 beträgt maximal 15 000 Euro je Kalenderjahr und Netzwerk für Personal- und Sachkosten des Netzwerkkoordinators. ₅Die Fördermittel werden von den Landesverbänden der Krankenkassen und von den Ersatzkassen durch eine Umlage gemäß dem Anteil ihrer eigenen Mitglieder gemessen an der Gesamtzahl der Mitglieder aller Krankenkassen im jeweiligen Bundesland erhoben und im Benehmen mit den für Gesundheit und Pflege jeweils zuständigen obersten Landesbehörden verausgabt. ₆Im Fall einer finanziellen Beteiligung der privaten Krankenversicherungen an der Förderung erhöht sich das Fördervolumen um den Betrag der Beteiligung.

(2) Aufgaben des Netzwerkkoordinators sind übergreifende Koordinierungstätigkeiten, insbesondere

1. die Unterstützung der Kooperation der Mitglieder des regionalen Hospiz- und Palliativnetzwerkes und die Abstimmung und Koordination ihrer Aktivitäten im Bereich der Hospiz- und Palliativversorgung,
2. die Information der Öffentlichkeit über die Tätigkeiten und Versorgungsangebote der Mitglieder des regionalen Hospiz- und Palliativnetzwerkes in enger Abstimmung mit weiteren informierenden Stellen auf Kommunal- und Landesebene,
3. die Initiierung, Koordinierung und Vermittlung von interdisziplinären Fort- und Weiterbildungsangeboten zur Hospiz- und Palliativversorgung sowie die Organisation und Durchführung von Schulungen zur Netzwerktätigkeit,
4. die Organisation regelmäßiger Treffen der Mitglieder des regionalen Hospiz- und Palliativnetzwerkes zur stetigen bedarfsgerechten Weiterentwicklung der Netzwerkstrukturen und zur gezielten Weiterentwicklung der Versorgungsangebote entsprechend dem regionalen Bedarf,
5. die Unterstützung von Kooperationen der Mitglieder des regionalen Hospiz- und Palliativnetzwerkes mit anderen Beratungs- und Betreuungsangeboten wie Pflegestützpunkten, lokalen Demenznetzwerken, Einrichtungen der Altenhilfe sowie kommunalen Behörden und kirchlichen Einrichtungen,
6. die Ermöglichung eines regelmäßigen Erfahrungsaustausches mit anderen koordinierenden Personen und Einrichtungen auf Kommunal- und Landesebene.

(3) ₁Die Grundsätze der Förderung nach Absatz 1 regelt der Spitzenverband Bund der Krankenkassen in Förderrichtlinien erstmals bis zum 31. März 2022 einschließlich der Anforderungen an den Nachweis der zweckentsprechenden Mittelverwendung und an die Herstellung von Transparenz über die Finanzierungsquellen der geförderten Netzwerkkoordination. ₂Bei der Erstellung der Förderrichtlinien sind die maßgeblichen Spitzenorganisationen der Hospizarbeit und Palliativversorgung, die kommunalen Spitzenverbände und der Verband der privaten Krankenversicherung zu beteiligen. ₃Der Spitzenverband Bund der Krankenkassen berichtet dem Bundesministerium für Gesundheit bis zum 31. März 2025 über die Entwicklung der Netzwerkstrukturen und die geleistete Förderung. ₄Die Krankenkassen sowie deren Landesverbände sind verpflichtet, dem Spitzenverband Bund der Krankenkassen die für den Bericht erforderlichen Informationen insbesondere über die Struktur der Netzwerke sowie die aufgrund der Förderung erfolgten Koordinierungstätigkeiten und die Höhe der Fördermittel zu übermitteln.

§ 39e Übergangspflege im Krankenhaus

(1) ₁Können im unmittelbaren Anschluss an eine Krankenhausbehandlung erforderliche Leistungen der häuslichen Krankenpflege, der Kurzzeitpflege, Leistungen zur medizinischen Rehabilitation oder Pflegeleistungen nach dem Elften Buch nicht oder nur unter erheblichem Aufwand erbracht werden, erbringt die Krankenkasse Leistungen der Übergangspflege in dem Krankenhaus, in dem die Behandlung erfolgt ist. ₂Die Übergangspflege im Krankenhaus umfasst die Versorgung mit Arznei-, Heil- und Hilfsmitteln, die Aktivierung der Versicherten, die Grund- und Behandlungspflege, ein Entlassmanagement, Unterkunft und Verpflegung sowie die im Einzelfall erforderliche ärztliche Behandlung. ₃Ein Anspruch auf Übergangspflege im Krankenhaus besteht für längstens zehn Tage je Krankenhausbehandlung. ₄Das Vorliegen der Voraussetzungen einer Übergangspflege ist vom Krankenhaus im Einzelnen nachprüfbar zu dokumentieren. ₅Der Spitzenverband Bund der Krankenkassen, der Verband der privaten Krankenversicherung e. V. und die Deutsche Krankenhausgesellschaft vereinbaren bis zum 31. Oktober 2021 das Nähere zur Dokumentation nach Satz 4. ₆Kommt die Vereinbarung nach Satz 5 nicht fristgerecht zustande, legt die Schiedsstelle nach § 18a Absatz 6 des

Krankenhausfinanzierungsgesetzes ohne Antrag einer Vertragspartei innerhalb von sechs Wochen den Inhalt der Vereinbarung fest.

(2) 1Versicherte, die das 18. Lebensjahr vollendet haben, zahlen vom Beginn der Leistungen nach Absatz 1 an innerhalb eines Kalenderjahres für längstens 28 Tage den sich nach § 61 Satz 2 ergebenden Betrag je Kalendertag an das Krankenhaus. 2Zahlungen nach § 39 Absatz 4 sind anzurechnen.

§ 40 Leistungen zur medizinischen Rehabilitation

(1) 1Reicht bei Versicherten eine ambulante Krankenbehandlung nicht aus, um die in § 11 Abs. 2 beschriebenen Ziele zu erreichen, erbringt die Krankenkasse aus medizinischen Gründen erforderliche ambulante Rehabilitationsleistungen in Rehabilitationseinrichtungen, für die ein Versorgungsvertrag nach § 111c besteht; dies schließt mobile Rehabilitationsleistungen durch wohnortnahe Einrichtungen ein. 2Leistungen nach Satz 1 sind auch in stationären Pflegeeinrichtungen nach § 72 Abs. 1 des Elften Buches zu erbringen.

(2) 1Reicht die Leistung nach Absatz 1 nicht aus, so erbringt die Krankenkasse erforderliche stationäre Rehabilitation mit Unterkunft und Verpflegung in einer nach § 37 Absatz 3 des Neunten Buches zertifizierten Rehabilitationseinrichtung, mit der ein Vertrag nach § 111 besteht. 2Für pflegende Angehörige erbringt die Krankenkasse stationäre Rehabilitation unabhängig davon, ob die Leistung nach Absatz 1 ausreicht. 3Die Krankenkasse kann für pflegende Angehörige diese stationäre Rehabilitation mit Unterkunft und Verpflegung auch in einer nach § 37 Absatz 3 des Neunten Buches zertifizierten Rehabilitationseinrichtung erbringen, mit der ein Vertrag nach § 111a besteht. 4Wählt der Versicherte eine andere zertifizierte Einrichtung, so hat er die dadurch entstehenden Mehrkosten zur Hälfte zu tragen; dies gilt nicht für solche Mehrkosten, die im Hinblick auf die Beachtung des Wunsch- und Wahlrechts nach § 8 des Neunten Buches von der Krankenkasse zu übernehmen sind. 5Die Krankenkasse führt nach Geschlecht differenzierte statistische Erhebungen über Anträge auf Leistungen nach Satz 1 und Absatz 1 sowie deren Erledigung durch. 6§ 39 Absatz 1a gilt entsprechend mit der Maßgabe, dass bei dem Rahmenvertrag entsprechend § 39 Absatz 1a die für die Erbringung von Leistungen zur medizinischen Rehabilitation maßgeblichen Verbände auf Bundesebene zu beteiligen sind. 7Kommt der Rahmenvertrag ganz oder teilweise nicht zustande oder wird der Rahmenvertrag ganz oder teilweise beendet und kommt bis zum Ablauf des Vertrages kein neuer Rahmenvertrag zustande, entscheidet das sektorenübergreifende Schiedsgremium auf Bundesebene gemäß § 89a auf Antrag einer Vertragspartei. 8Abweichend von § 89a Absatz 5 Satz 1 und 4 besteht das sektorenübergreifende Schiedsgremium auf Bundesebene in diesem Fall aus je zwei Vertretern der Ärzte, der Krankenkassen und der zertifizierten Rehabilitationseinrichtungen sowie einem unparteiischen Vorsitzenden und einem weiteren unparteiischen Mitglied. 9Die Vertreter und Stellvertreter der zertifizierten Rehabilitationseinrichtungen werden durch die für die Erbringer von Leistungen zur medizinischen Rehabilitation maßgeblichen Verbände auf Bundesebene bestellt.

(3) 1Die Krankenkasse bestimmt nach den medizinischen Erfordernissen des Einzelfalls unter Beachtung des Wunsch- und Wahlrechts der Leistungsberechtigten nach § 8 des Neunten Buches Art, Dauer, Umfang, Beginn und Durchführung der Leistungen nach den Absätzen 1 und 2 sowie die Rehabilitationseinrichtung nach pflichtgemäßem Ermessen; die Krankenkasse berücksichtigt bei ihrer Entscheidung die besonderen Belange pflegender Angehöriger. 2Von der Krankenkasse wird bei einer vertragsärztlich verordneten geriatrischen Rehabilitation nicht überprüft, ob diese medizinisch erforderlich ist, sofern die geriatrische Indikation durch dafür geeignete Abschätzungsinstrumente vertragsärztlich überprüft wurde. 3Bei der Übermittlung der Verordnung an die Krankenkasse ist die Anwendung der geeigneten Abschätzungsinstrumente nachzuweisen und das Ergebnis der Abschätzung beizufügen. 4Von der vertragsärztlichen Verordnung anderer Leistungen nach den Absätzen 1 und 2 darf die Krankenkasse hinsichtlich der medizinischen Erforderlichkeit nur dann abweichen, wenn eine von der Verordnung abweichende gutachterliche Stellungnahme des Medizinischen Dienstes vorliegt. 5Die gutachterliche Stellungnahme des Medizinischen Dienstes ist den Versicherten und mit deren Einwilligung in Textform auch den verordnenden Ärztinnen und Ärzten zur Verfügung zu stellen. 6Die Krankenkasse teilt den Versicherten und den verordnenden Ärztinnen und Ärzten das Ergebnis ihrer Entscheidung in schriftlicher oder elektronischer Form mit und begründet die Abweichungen von der Verordnung. 7Mit Einwilligung der Versicherten in Textform übermittelt die Krankenkasse ihre Entscheidung schriftlich oder elektronisch den Angehörigen und Vertrauenspersonen der Versicherten sowie Pflege- und Betreuungseinrichtungen, die die Versicherten versorgen. 8Vor der Verordnung informieren die Ärztinnen und Ärzte die Versicherten über die Möglichkeit, eine Einwilligung nach Satz 5 zu erteilen, fragen die Versicherten, ob sie in eine Übermittlung der Krankenkassenentscheidung durch die Krankenkasse an die in Satz 7 genannten Personen oder Einrichtungen einwilligen und teilen der Krankenkasse anschließend den Inhalt einer

abgegebenen Einwilligung mit. 9Die Aufgaben der Krankenkasse als Rehabilitationsträger nach dem Neunten Buch bleiben von den Sätzen 1 bis 4 unberührt. 10Der Gemeinsame Bundesausschuss regelt in Richtlinien nach § 92 bis zum 31. Dezember 2021 das Nähere zu Auswahl und Einsatz geeigneter Abschätzungsinstrumente im Sinne des Satzes 2 und zum erforderlichen Nachweis von deren Anwendung nach Satz 3 und legt fest, in welchen Fällen Anschlussrehabilitationen nach Absatz 6 Satz 1 ohne vorherige Überprüfung der Krankenkasse erbracht werden können. 11Bei einer stationären Rehabilitation haben pflegende Angehörige auch Anspruch auf die Versorgung der Pflegebedürftigen, wenn diese in derselben Einrichtung aufgenommen werden. 12Sollen die Pflegebedürftigen in einer anderen als in der Einrichtung der pflegenden Angehörigen aufgenommen werden, koordiniert die Krankenkasse mit der Pflegekasse der Pflegebedürftigen deren Versorgung auf Wunsch der pflegenden Angehörigen und mit Einwilligung der Pflegebedürftigen. 13Leistungen nach Absatz 1 sollen für längstens 20 Behandlungstage, Leistungen nach Absatz 2 für längstens drei Wochen erbracht werden, mit Ausnahme von Leistungen der geriatrischen Rehabilitation, die als ambulante Leistungen nach Absatz 1 in der Regel für 20 Behandlungstage oder als stationäre Leistungen nach Absatz 2 in der Regel für drei Wochen erbracht werden sollen. 14Eine Verlängerung der Leistungen nach Satz 13 ist möglich, wenn dies aus medizinischen Gründen dringend erforderlich ist. 15Satz 13 gilt nicht, soweit der Spitzenverband Bund der Krankenkassen nach Anhörung der für die Wahrnehmung der Interessen der ambulanten und stationären Rehabilitationseinrichtungen auf Bundesebene maßgeblichen Spitzenorganisationen in Leitlinien Indikationen festgelegt und diesen jeweils eine Regeldauer zugeordnet hat; von dieser Regeldauer kann nur abgewichen werden, wenn dies aus dringenden medizinischen Gründen im Einzelfall erforderlich ist. 16Leistungen nach den Absätzen 1 und 2 können für Versicherte, die das 18. Lebensjahr vollendet haben, nicht vor Ablauf von vier Jahren nach Durchführung solcher oder ähnlicher Leistungen erbracht werden, deren Kosten auf Grund öffentlich-rechtlicher Vorschriften getragen oder bezuschusst worden sind, es sei denn, eine vorzeitige Leistung ist aus medizinischen Gründen dringend erforderlich. 17§ 23 Abs. 7 gilt entsprechend. 18Die Krankenkasse zahlt der Pflegekasse einen Betrag in Höhe von 3072 Euro für pflegebedürftige Versicherte, für die innerhalb von sechs Monaten nach Antragstellung keine notwendigen Leistungen zur medizinischen Rehabilitation erbracht worden sind. 19Satz 18 gilt nicht, wenn die Krankenkasse die fehlende Leistungserbringung nicht zu vertreten hat. 20Der Spitzenverband Bund der Krankenkassen legt über das Bundesministerium für Gesundheit dem Deutschen Bundestag für das Jahr 2021 bis zum 30. Juni 2022, für das Jahr 2022 bis zum 30. September 2023 und für das Jahr 2023 bis zum 30. September 2024 einen Bericht vor, in dem die Erfahrungen mit der vertragsärztlichen Verordnung von geriatrischen Rehabilitationen wiedergegeben werden.

(4) Leistungen nach den Absätzen 1 und 2 werden nur erbracht, wenn nach den für andere Träger der Sozialversicherung geltenden Vorschriften mit Ausnahme der §§ 14, 15a, 17 und 31 des Sechsten Buches solche Leistungen nicht erbracht werden können.

(5) 1Versicherte, die eine Leistung nach Absatz 1 oder 2 in Anspruch nehmen und das achtzehnte Lebensjahr vollendet haben, zahlen je Kalendertag den sich nach § 61 Satz 2 ergebenden Betrag an die Einrichtung. 2Die Zahlungen sind an die Krankenkasse weiterzuleiten.

(6) 1Versicherte, die das achtzehnte Lebensjahr vollendet haben und eine Leistung nach Absatz 1 oder 2 in Anspruch nehmen, deren unmittelbarer Anschluß an eine Krankenhausbehandlung medizinisch notwendig ist (Anschlußrehabilitation), zahlen den sich nach § 61 Satz 2 ergebenden Betrag für längstens 28 Tage je Kalenderjahr an die Einrichtung; als unmittelbar gilt der Anschluß auch, wenn die Maßnahme innerhalb von 14 Tagen beginnt, es sei denn, die Einhaltung dieser Frist ist aus zwingenden tatsächlichen oder medizinischen Gründen nicht möglich. 2Die innerhalb des Kalenderjahres bereits an einen Träger der gesetzlichen Rentenversicherung geleistete kalendertägliche Zahlung nach § 32 Abs. 1 Satz 2 des Sechsten Buches sowie die nach § 39 Abs. 4 geleistete Zahlung sind auf die Zahlung nach Satz 1 anzurechnen. 3Die Zahlungen sind an die Krankenkasse weiterzuleiten.

(7) 1Der Spitzenverband Bund der Krankenkassen legt unter Beteiligung der Arbeitsgemeinschaft nach § 282 (Medizinischer Dienst der Spitzenverbände der Krankenkassen) Indikationen fest, bei denen für eine medizinisch notwendige Leistung nach Absatz 2 die Zuzahlung nach Absatz 6 Satz 1 Anwendung findet, ohne daß es sich um Anschlußrehabilitation handelt. 2Vor der Festlegung der Indikationen ist den für die Wahrnehmung der Interessen der stationären Rehabilitation auf Bundesebene maßgebenden Organisationen Gelegenheit zur Stellungnahme zu geben; die Stellungnahmen sind in die Entscheidung einzubeziehen.

§ 41 Medizinische Rehabilitation für Mütter und Väter

(1) 1Versicherte haben unter den in § 27 Abs. 1 genannten Voraussetzungen Anspruch auf aus medizinischen Gründen erforderliche Rehabilitationsleistungen in einer Ein-

richtung des Müttergenesungswerks oder einer gleichartigen Einrichtung; die Leistung kann in Form einer Mutter-Kind-Maßnahme erbracht werden. 2Satz 1 gilt auch für Vater-Kind-Maßnahmen in dafür geeigneten Einrichtungen. 3Rehabilitationsleistungen nach den Sätzen 1 und 2 werden in Einrichtungen erbracht, mit denen ein Versorgungsvertrag nach § 111a besteht. 4§ 40 Absatz 2 Satz 1 und 4 gilt nicht; § 40 Absatz 2 Satz 5 und 6 gilt entsprechend.

(2) § 40 Abs. 3 und 4 gilt entsprechend.

(3) 1Versicherte, die das achtzehnte Lebensjahr vollendet haben und eine Leistung nach Absatz 1 in Anspruch nehmen, zahlen je Kalendertag den sich nach § 61 Satz 2 ergebenden Betrag an die Einrichtung. 2Die Zahlungen sind an die Krankenkasse weiterzuleiten.

§ 42 Belastungserprobung und Arbeitstherapie

Versicherte haben Anspruch auf Belastungserprobung und Arbeitstherapie, wenn nach den für andere Träger der Sozialversicherung geltenden Vorschriften solche Leistungen nicht erbracht werden können.

§ 43 Ergänzende Leistungen zur Rehabilitation

(1) Die Krankenkasse kann neben den Leistungen, die nach § 64 Abs. 1 Nr. 2 bis 6 sowie nach §§ 73 und 74 des Neunten Buches als ergänzende Leistungen zu erbringen sind,

1. solche Leistungen zur Rehabilitation ganz oder teilweise erbringen oder fördern, die unter Berücksichtigung von Art oder Schwere der Behinderung erforderlich sind, um das Ziel der Rehabilitation zu erreichen oder zu sichern, aber nicht zu den Leistungen zur Teilhabe am Arbeitsleben oder den Leistungen zur allgemeinen sozialen Eingliederung gehören,
2. wirksame und effiziente Patientenschulungsmaßnahmen für chronisch Kranke erbringen; Angehörige und ständige Betreuungspersonen sind einzubeziehen, wenn dies aus medizinischen Gründen erforderlich ist,

wenn zuletzt die Krankenkasse Krankenbehandlung geleistet hat oder leistet.

(2) 1Die Krankenkasse erbringt aus medizinischen Gründen in unmittelbarem Anschluss an eine Krankenhausbehandlung nach § 39 Abs. 1 oder stationäre Rehabilitation erforderliche sozialmedizinische Nachsorgemaßnahmen für chronisch kranke oder schwerstkranke Kinder und Jugendliche, die das 14. Lebensjahr, in besonders schwerwiegenden Fällen das 18. Lebensjahr, noch nicht vollendet haben, wenn die Nachsorge wegen der Art, Schwere und Dauer der Erkrankung notwendig ist, um den stationären Aufenthalt zu verkürzen oder die anschließende ambulante ärztliche Behandlung zu sichern. 2Die Nachsorgemaßnahmen umfassen die im Einzelfall erforderliche Koordinierung der verordneten Leistungen sowie Anleitung und Motivation zu deren Inanspruchnahme. 3Angehörige und ständige Betreuungspersonen sind einzubeziehen, wenn dies aus medizinischen Gründen erforderlich ist. 4Der Spitzenverband Bund der Krankenkassen bestimmt das Nähere zu den Voraussetzungen sowie zu Inhalt und Qualität der Nachsorgemaßnahmen.

§ 43a Nichtärztliche sozialpädiatrische Leistungen

(1) Versicherte Kinder haben Anspruch auf nichtärztliche sozialpädiatrische Leistungen, insbesondere auf psychologische, heilpädagogische und psychosoziale Leistungen, wenn sie unter ärztlicher Verantwortung erbracht werden und erforderlich sind, um eine Krankheit zum frühestmöglichen Zeitpunkt zu erkennen und einen Behandlungsplan aufzustellen; § 46 des Neunten Buches bleibt unberührt.

(2) Versicherte Kinder haben Anspruch auf nichtärztliche sozialpädiatrische Leistungen, die unter ärztlicher Verantwortung in der ambulanten psychiatrischen Behandlung erbracht werden.

§ 43b Nichtärztliche Leistungen für Erwachsene mit geistiger Behinderung oder schweren Mehrfachbehinderungen

1Versicherte Erwachsene mit geistiger Behinderung oder schweren Mehrfachbehinderungen haben Anspruch auf nichtärztliche Leistungen, insbesondere auf psychologische, therapeutische und psychosoziale Leistungen, wenn sie unter ärztlicher Verantwortung durch ein medizinisches Behandlungszentrum nach § 119c erbracht werden und erforderlich sind, um eine Krankheit zum frühestmöglichen Zeitpunkt zu erkennen und einen Behandlungsplan aufzustellen. 2Dies umfasst auch die im Einzelfall erforderliche Koordinierung von Leistungen.

§ 43c Zahlungsweg

(1) 1Leistungserbringer haben Zahlungen, die Versicherte zu entrichten haben, einzuziehen und mit ihrem Vergütungsanspruch gegenüber der Krankenkasse zu verrechnen. 2Zahlt der Versicherte trotz einer gesonderten schriftlichen Aufforderung durch den Leistungserbringer nicht, hat die Krankenkasse die Zahlung einzuziehen.

(2) (weggefallen)

(3) 1Zuzahlungen, die Versicherte nach § 39 Abs. 4 zu entrichten haben, hat das Krankenhaus einzubehalten; sein Vergütungsanspruch gegenüber der Krankenkasse verringert sich entsprechend. 2Absatz 1 Satz 2 gilt nicht. 3Zahlt der Versicherte trotz einer gesonderten schriftlichen Aufforderung durch das Krankenhaus nicht, hat dieses im Auftrag der Krankenkasse die Zuzahlung einzuziehen.

$_{4}$Die Krankenhäuser werden zur Durchführung des Verwaltungsverfahrens nach Satz 3 beliehen. $_{5}$Sie können hierzu Verwaltungsakte gegenüber den Versicherten erlassen; Klagen gegen diese Verwaltungsakte haben keine aufschiebende Wirkung; ein Vorverfahren findet nicht statt. $_{6}$Die zuständige Krankenkasse erstattet dem Krankenhaus je durchgeführtem Verwaltungsverfahren nach Satz 3 eine angemessene Kostenpauschale. $_{7}$Die dem Krankenhaus für Klagen von Versicherten gegen den Verwaltungsakt entstehenden Kosten werden von den Krankenkassen getragen. $_{8}$Das Vollstreckungsverfahren für Zuzahlungen nach § 39 Absatz 4 wird von der zuständigen Krankenkasse durchgeführt. $_{9}$Das Nähere zur Umsetzung der Kostenerstattung nach den Sätzen 6 und 7 vereinbaren der Spitzenverband Bund und die Deutsche Krankenhausgesellschaft. $_{10}$Soweit die Einziehung der Zuzahlung durch das Krankenhaus erfolglos bleibt, verringert sich abweichend von Satz 1 der Vergütungsanspruch des Krankenhauses gegenüber der Krankenkasse nicht. $_{11}$Zwischen dem Krankenhaus und der Krankenkasse können abweichende Regelungen zum Zahlungsweg vereinbart werden, soweit dies wirtschaftlich ist.

Zweiter Titel
Krankengeld

§ 44 Krankengeld

(1) Versicherte haben Anspruch auf Krankengeld, wenn die Krankheit sie arbeitsunfähig macht oder sie auf Kosten der Krankenkasse stationär in einem Krankenhaus, einer Vorsorge- oder Rehabilitationseinrichtung (§ 23 Abs. 4, §§ 24, 40 Abs. 2 und § 41) behandelt werden.

(2) $_{1}$Keinen Anspruch auf Krankengeld haben

1. die nach § 5 Abs. 1 Nr. 2a, 5, 6, 9, 10 oder 13 sowie die nach § 10 Versicherten; dies gilt nicht für die nach § 5 Abs. 1 Nr. 6 Versicherten, wenn sie Anspruch auf Übergangsgeld haben, und für Versicherte nach § 5 Abs. 1 Nr. 13, sofern sie abhängig beschäftigt und nicht nach den §§ 8 und 8a des Vierten Buches geringfügig beschäftigt sind oder sofern sie hauptberuflich selbständig erwerbstätig sind und eine Wahlerklärung nach Nummer 2 abgegeben haben,
2. hauptberuflich selbständig Erwerbstätige, es sei denn, das Mitglied erklärt gegenüber der Krankenkasse, dass die Mitgliedschaft den Anspruch auf Krankengeld umfassen soll (Wahlerklärung),
3. Versicherte nach § 5 Absatz 1 Nummer 1, die bei Arbeitsunfähigkeit nicht mindestens sechs Wochen Anspruch auf Fortzahlung des Arbeitsentgelts auf Grund des Entgeltfortzahlungsgesetzes, eines Tarifvertrags, einer Betriebsvereinbarung oder anderer vertraglicher Zusagen oder auf Zahlung einer die Versicherungspflicht begründenden Sozialleistung haben, es sei denn, das Mitglied gibt eine Wahlerklärung ab, dass die Mitgliedschaft den Anspruch auf Krankengeld umfassen soll. Dies gilt nicht für Versicherte, die nach § 10 des Entgeltfortzahlungsgesetzes Anspruch auf Zahlung eines Zuschlages zum Arbeitsentgelt haben,
4. Versicherte, die eine Rente aus einer öffentlich-rechtlichen Versicherungseinrichtung oder Versorgungseinrichtung ihrer Berufsgruppe oder von anderen vergleichbaren Stellen beziehen, die ihrer Art nach den in § 50 Abs. 1 genannten Leistungen entspricht. Für Versicherte nach Satz 1 Nr. 4 gilt § 50 Abs. 2 entsprechend, soweit sie eine Leistung beziehen, die ihrer Art nach den in dieser Vorschrift aufgeführten Leistungen entspricht.

$_{2}$Für die Wahlerklärung nach Satz 1 Nummer 2 und 3 gilt § 53 Absatz 8 Satz 1 entsprechend. $_{3}$Für die nach Nummer 2 und 3 aufgeführten Versicherten bleibt § 53 Abs. 6 unberührt. $_{4}$Geht der Krankenkasse die Wahlerklärung nach Satz 1 Nummer 2 und 3 zum Zeitpunkt einer bestehenden Arbeitsunfähigkeit zu, wirkt die Wahlerklärung erst zu dem Tag, der auf das Ende dieser Arbeitsunfähigkeit folgt.

(3) Der Anspruch auf Fortzahlung des Arbeitsentgelts bei Arbeitsunfähigkeit richtet sich nach arbeitsrechtlichen Vorschriften.

(4) $_{1}$Versicherte haben Anspruch auf individuelle Beratung und Hilfestellung durch die Krankenkasse, welche Leistungen und unterstützende Angebote zur Wiederherstellung der Arbeitsfähigkeit erforderlich sind. $_{2}$Maßnahmen nach Satz 1 und die dazu erforderliche Verarbeitung personenbezogener Daten dürfen nur mit schriftlicher oder elektronischer Einwilligung und nach vorheriger schriftlicher oder elektronischer Information des Versicherten erfolgen. $_{3}$Die Einwilligung kann jederzeit schriftlich oder elektronisch widerrufen werden. $_{4}$Die Krankenkassen dürfen ihre Aufgaben nach Satz 1 an die in § 35 des Ersten Buches genannten Stellen übertragen.

§ 44a Krankengeld bei Spende von Organen, Geweben oder Blut zur Separation von Blutstammzellen oder anderen Blutbestandteilen

$_{1}$Spender von Organen, Geweben oder Blut zur Separation von Blutstammzellen oder anderen Blutbestandteilen nach § 27 Absatz 1a Satz 1 haben Anspruch auf Krankengeld, wenn die Spende an Versicherte sie arbeitsunfähig macht. $_{2}$Das Krankengeld wird den Spendern von der Krankenkasse der Empfänger in Höhe des vor Beginn der Arbeitsunfähigkeit regelmäßig erzielten Nettoarbeitsentgelts oder Arbeitseinkommens bis zur Höhe des Betrages der kalendertäglichen Beitragsbemessungsgrenze geleistet. 3Für nach dem Künstlersozialversicherungsgesetz versicherungspflichtige Spender ist das ausgefallene Arbeitseinkommen im Sinne von Satz 2 aus demjenigen Arbeitseinkommen zu berechnen, das der Beitragsbemessung für die letzten zwölf Kalendermonate vor Beginn der Arbeitsunfähigkeit im Hinblick auf die Spende zugrunde gelegen hat. 4§ 44 Absatz 3, § 47 Absatz 2 bis 4, die §§ 47b, 49 und 50 gelten entsprechend; Ansprüche nach § 44 sind gegenüber Ansprüchen nach dieser Vorschrift ausgeschlossen. 5Ansprüche nach dieser Vorschrift haben auch nicht gesetzlich krankenversicherte Personen.

§ 44b Krankengeld für eine bei stationärer Behandlung mitaufgenommene Begleitperson aus dem engsten persönlichen Umfeld

(1) 1Ab dem 1. November 2022 haben Versicherte Anspruch auf Krankengeld, wenn sie

1. zur Begleitung eines Versicherten bei einer stationären Krankenhausbehandlung nach § 39 mitaufgenommen werden,
   a) der die Begleitung aus medizinischen Gründen benötigt,
   b) bei dem die Voraussetzungen des § 2 Absatz 1 des Neunten Buches vorliegen,
   c) der Leistungen nach Teil 2 des Neunten Buches, § 35a des Achten Buches oder § 27d Absatz 1 Nummer 3 des Bundesversorgungsgesetzes erhält und
   d) der keine Leistungen nach § 113 Absatz 6 des Neunten Buches in Anspruch nimmt,
2. im Verhältnis zu dem begleiteten Versicherten
   a) ein naher Angehöriger im Sinne von § 7 Absatz 3 des Pflegezeitgesetzes sind oder
   b) eine Person aus dem engsten persönlichen Umfeld sind,
3. gegenüber dem begleiteten Versicherten keine Leistungen der Eingliederungshilfe gegen Entgelt nach Teil 2 des Neunten Buches, § 35a des Achten Buches oder § 27d Absatz 1 Nummer 3 des Bundesversorgungsgesetzes erbringen und
4. ihnen durch die Begleitung ein Verdienstausfall entsteht.

2Der Anspruch besteht für die Dauer der Mitaufnahme. 3Der Mitaufnahme steht die ganztägige Begleitung gleich.

(2) 1Der Gemeinsame Bundesausschuss bestimmt in einer Richtlinie nach § 92 bis zum 1. August 2022 Kriterien zur Abgrenzung des Personenkreises, der die Begleitung aus medizinischen Gründen benötigt. 2Vor der Entscheidung ist den für die Wahrnehmung der Interessen von Menschen mit Behinderungen maßgeblichen Organisationen, der Bundesarbeitsgemeinschaft der überörtlichen Träger der Sozialhilfe und der Eingliederungshilfe sowie der Bundesarbeitsgemeinschaft der Landesjugendämter Gelegenheit zur Stellungnahme zu geben. 3Die Stellungnahmen sind in die Entscheidung einzubeziehen.

(3) Der Anspruch auf Krankengeld bei Erkrankung des Kindes nach § 45 bleibt unberührt.

(4) 1§ 45 Absatz 3 gilt entsprechend. 2Den Anspruch auf unbezahlte Freistellung von der Arbeitsleistung haben auch Arbeitnehmer, die nicht Versicherte mit Anspruch auf Krankengeld nach Absatz 1 sind.

§ 45 Krankengeld bei Erkrankung des Kindes

(1) 1Versicherte haben Anspruch auf Krankengeld, wenn es nach ärztlichem Zeugnis erforderlich ist, daß sie zur Beaufsichtigung, Betreuung oder Pflege ihres erkrankten und versicherten Kindes der Arbeit fernbleiben, eine andere in ihrem Haushalt lebende Person das Kind nicht beaufsichtigen, betreuen oder pflegen kann und das Kind das zwölfte Lebensjahr noch nicht vollendet hat oder behindert und auf Hilfe angewiesen ist. 2§ 10 Abs. 4 und § 44 Absatz 2 gelten.

(2) 1Anspruch auf Krankengeld nach Absatz 1 besteht in jedem Kalenderjahr für jedes Kind längstens für 10 Arbeitstage, für alleinerziehende Versicherte längstens für 20 Arbeitstage. 2Der Anspruch nach Satz 1 besteht für Versicherte für nicht mehr als 25 Arbeitstage, für alleinerziehende Versicherte für nicht mehr als 50 Arbeitstage je Kalenderjahr. 3Das Krankengeld nach Absatz 1 beträgt 90 Prozent des ausgefallenen Nettoarbeitsentgelts aus beitragspflichtigem Arbeitsentgelt der Versicherten, bei Bezug von beitragspflichtigem einmalig gezahltem Arbeitsentgelt (§ 23a des Vierten Buches) in den der Freistellung von Arbeitsleistung nach Absatz 3 vorangegangenen zwölf Kalendermonaten 100 Prozent des ausgefallenen Nettoarbeitsentgelts aus beitragspflichtigem Arbeitsentgelt; es darf 70 Prozent der Beitragsbemessungsgrenze nach § 223 Absatz 3 nicht überschreiten. 4Erfolgt die Berechnung des Krankengeldes nach Absatz 1 aus Arbeitseinkommen, beträgt dies 70 Prozent des erzielten regelmäßigen Arbeitseinkommens, soweit es der Beitragsberechnung unterliegt. 5§ 47 Absatz 1 Satz 6 bis 8 und Absatz 4 Satz 3 bis 5 gilt entsprechend.

(2a) 1Abweichend von Absatz 2 Satz 1 besteht der Anspruch auf Krankengeld nach Absatz 1 für das Jahr 2023 für jedes Kind längstens für 30 Arbeitstage, für alleinerziehende Versicherte längstens für 60 Arbeitstage. 2Der

Anspruch nach Satz 1 besteht für Versicherte für nicht mehr als 65 Arbeitstage, für alleinerziehende Versicherte für nicht mehr als 130 Arbeitstage. 3Der Anspruch nach Absatz 1 besteht bis zum Ablauf des 7. April 2023 auch dann, wenn Einrichtungen zur Betreuung von Kindern, Schulen oder Einrichtungen für Menschen mit Behinderung zur Verhinderung der Verbreitung von Infektionen oder übertragbaren Krankheiten aufgrund des Infektionsschutzgesetzes vorübergehend geschlossen werden oder deren Betreten, auch aufgrund einer Absonderung, untersagt wird, oder wenn von der zuständigen Behörde aus Gründen des Infektionsschutzes Schul- oder Betriebsferien angeordnet oder verlängert werden, die Präsenzpflicht in einer Schule aufgehoben oder der Zugang zum Kinderbetreuungsangebot eingeschränkt wird oder das Kind aufgrund einer behördlichen Empfehlung die Einrichtung nicht besucht. 4Die Schließung der Schule, der Einrichtung zur Betreuung von Kindern oder der Einrichtung für Menschen mit Behinderung, das Betretungsverbot, die Verlängerung der Schul- oder Betriebsferien, die Aussetzung der Präsenzpflicht in einer Schule, die Einschränkung des Zugangs zum Kinderbetreuungsangebot oder das Vorliegen einer behördlichen Empfehlung, vom Besuch der Einrichtung abzusehen, ist der Krankenkasse auf geeignete Weise nachzuweisen; die Krankenkasse kann die Vorlage einer Bescheinigung der Einrichtung oder der Schule verlangen.

(2b) Für die Zeit des Bezugs von Krankengeld nach Absatz 1 in Verbindung mit Absatz 2a Satz 3 ruht für beide Elternteile der Anspruch nach § 56 Absatz 1a des Infektionsschutzgesetzes.

(3) 1Versicherte mit Anspruch auf Krankengeld nach Absatz 1 haben für die Dauer dieses Anspruchs gegen ihren Arbeitgeber Anspruch auf unbezahlte Freistellung von der Arbeitsleistung, soweit nicht aus dem gleichen Grund Anspruch auf bezahlte Freistellung besteht. 2Wird der Freistellungsanspruch nach Satz 1 geltend gemacht, bevor die Krankenkasse ihre Leistungsverpflichtung nach Absatz 1 anerkannt hat, und sind die Voraussetzungen dafür nicht erfüllt, ist der Arbeitgeber berechtigt, die gewährte Freistellung von der Arbeitsleistung auf einen späteren Freistellungsanspruch zur Beaufsichtigung, Betreuung oder Pflege eines erkrankten Kindes anzurechnen. 3Der Freistellungsanspruch nach Satz 1 kann nicht durch Vertrag ausgeschlossen oder beschränkt werden.

(4) 1Versicherte haben ferner Anspruch auf Krankengeld, wenn sie zur Beaufsichtigung, Betreuung oder Pflege ihres erkrankten und versicherten Kindes der Arbeit fernbleiben, sofern das Kind das zwölfte Lebensjahr noch nicht vollendet hat oder behindert und auf Hilfe angewiesen ist und nach ärztlichem Zeugnis an einer Erkrankung leidet,

a) die progredient verläuft und bereits ein weit fortgeschrittenes Stadium erreicht hat,

b) bei der eine Heilung ausgeschlossen und eine palliativmedizinische Behandlung notwendig oder von einem Elternteil erwünscht ist und

c) die lediglich eine begrenzte Lebenserwartung von Wochen oder wenigen Monaten erwarten lässt.

2Der Anspruch besteht nur für ein Elternteil. 3Absatz 1 Satz 2, Absatz 3 und § 47 gelten entsprechend.

(5) Anspruch auf unbezahlte Freistellung nach den Absätzen 3 und 4 haben auch Arbeitnehmer, die nicht Versicherte mit Anspruch auf Krankengeld nach Absatz 1 sind.

§ 46 Entstehen des Anspruchs auf Krankengeld

1Der Anspruch auf Krankengeld entsteht

1. bei Krankenhausbehandlung oder Behandlung in einer Vorsorge- oder Rehabilitationseinrichtung (§ 23 Abs. 4, §§ 24, 40 Abs. 2 und § 41) von ihrem Beginn an,
2. im Übrigen von dem Tag der ärztlichen Feststellung der Arbeitsunfähigkeit an.

2Der Anspruch auf Krankengeld bleibt jeweils bis zu dem Tag bestehen, an dem die weitere Arbeitsunfähigkeit wegen derselben Krankheit ärztlich festgestellt wird, wenn diese ärztliche Feststellung spätestens am nächsten Werktag nach dem zuletzt bescheinigten Ende der Arbeitsunfähigkeit erfolgt; Samstage gelten insoweit nicht als Werktage. 3Für Versicherte, deren Mitgliedschaft nach § 192 Absatz 1 Nummer 2 vom Bestand des Anspruchs auf Krankengeld abhängig ist, bleibt der Anspruch auf Krankengeld auch dann bestehen, wenn die weitere Arbeitsunfähigkeit wegen derselben Krankheit nicht am nächsten Werktag im Sinne von Satz 2, aber spätestens innerhalb eines Monats nach dem zuletzt bescheinigten Ende der Arbeitsunfähigkeit ärztlich festgestellt wird. 4Für die nach dem Künstlersozialversicherungsgesetz Versicherten sowie für Versicherte, die eine Wahlerklärung nach § 44 Absatz 2 Satz 1 Nummer 2 abgegeben haben, entsteht der Anspruch von der siebten Woche der Arbeitsunfähigkeit an. 5Der Anspruch auf Krankengeld für die in Satz 3 genannten Versicherten nach dem Künstlersozialversicherungsgesetz entsteht bereits vor der siebten Woche der Arbeitsunfähigkeit zu dem von der Satzung bestimmten Zeitpunkt, spätestens jedoch mit Beginn der dritten Woche der Arbeitsunfähigkeit, wenn der Versicherte bei seiner Krankenkasse einen Tarif nach § 53 Abs. 6 gewählt hat.

§ 47 Höhe und Berechnung des Krankengeldes

(1) $_{1}$Das Krankengeld beträgt 70 vom Hundert des erzielten regelmäßigen Arbeitsentgelts und Arbeitseinkommens, soweit es der Beitragsberechnung unterliegt (Regelentgelt). $_{2}$Das aus dem Arbeitsentgelt berechnete Krankengeld darf 90 vom Hundert des bei entsprechender Anwendung des Absatzes 2 berechneten Nettoarbeitsentgelts nicht übersteigen. $_{3}$Für die Berechnung des Nettoarbeitsentgelts nach Satz 2 ist der sich aus dem kalendertäglichen Hinzurechnungsbetrag nach Absatz 2 Satz 6 ergebende Anteil am Nettoarbeitsentgelt mit dem Vomhundertsatz anzusetzen, der sich aus dem Verhältnis des kalendertäglichen Regelentgeltbetrages nach Absatz 2 Satz 1 bis 5 zu dem sich aus diesem Regelentgeltbetrag ergebenden Nettoarbeitsentgelt ergibt. $_{4}$Das nach Satz 1 bis 3 berechnete kalendertägliche Krankengeld darf das sich aus dem Arbeitsentgelt nach Absatz 2 Satz 1 bis 5 ergebende kalendertägliche Nettoarbeitsentgelt nicht übersteigen. $_{5}$Das Regelentgelt wird nach den Absätzen 2, 4 und 6 berechnet. $_{6}$Das Krankengeld wird für Kalendertage gezahlt. $_{7}$Ist es für einen ganzen Kalendermonat zu zahlen, ist dieser mit dreißig Tagen anzusetzen. $_{8}$Bei der Berechnung des Regelentgelts nach Satz 1 und des Nettoarbeitsentgelts nach den Sätzen 2 und 4 sind die für die jeweilige Beitragsbemessung und Beitragstragung geltenden Besonderheiten des Übergangsbereichs nach § 20 Abs. 2 des Vierten Buches nicht zu berücksichtigen.

(2) $_{1}$Für die Berechnung des Regelentgelts ist das von dem Versicherten im letzten vor Beginn der Arbeitsunfähigkeit abgerechneten Entgeltabrechnungszeitraum, mindestens das während der letzten abgerechneten vier Wochen (Bemessungszeitraum) erzielte und um einmalig gezahltes Arbeitsentgelt verminderte Arbeitsentgelt durch die Zahl der Stunden zu teilen, für die es gezahlt wurde. $_{2}$Das Ergebnis ist mit der Zahl der sich aus dem Inhalt des Arbeitsverhältnisses ergebenden regelmäßigen wöchentlichen Arbeitsstunden zu vervielfachen und durch sieben zu teilen. $_{3}$Ist das Arbeitsentgelt nach Monaten bemessen oder ist eine Berechnung des Regelentgelts nach den Sätzen 1 und 2 nicht möglich, gilt der dreißigste Teil des im letzten vor Beginn der Arbeitsunfähigkeit abgerechneten Kalendermonat erzielten und um einmalig gezahltes Arbeitsentgelt verminderten Arbeitsentgelts als Regelentgelt. $_{4}$Wenn mit einer Arbeitsleistung Arbeitsentgelt erzielt wird, das für Zeiten einer Freistellung vor oder nach dieser Arbeitsleistung fällig wird (Wertguthaben nach § 7b des Vierten Buches), ist für die Berechnung des Regelentgelts das im Bemessungszeitraum der Beitragsberechnung zugrundeliegende und um einmalig gezahltes Arbeitsentgelt verminderte Arbeitsentgelt maßgebend; Wertguthaben, die nicht gemäß einer Vereinbarung über flexible Arbeitszeitregelungen verwendet werden (§ 23b Abs. 2 des Vierten Buches), bleiben außer Betracht. $_{5}$Bei der Anwendung des Satzes 1 gilt als regelmäßige wöchentliche Arbeitszeit die Arbeitszeit, die dem gezahlten Arbeitsentgelt entspricht. $_{6}$Für die Berechnung des Regelentgelts ist der dreihundertsechzigste Teil des einmalig gezahlten Arbeitsentgelts, das in den letzten zwölf Kalendermonaten vor Beginn der Arbeitsunfähigkeit nach § 23a des Vierten Buches der Beitragsberechnung zugrunde gelegen hat, dem nach Satz 1 bis 5 berechneten Arbeitsentgelt hinzuzurechnen.

(3) Die Satzung kann bei nicht kontinuierlicher Arbeitsverrichtung und -vergütung abweichende Bestimmungen zur Zahlung und Berechnung des Krankengeldes vorsehen, die sicherstellen, daß das Krankengeld seine Entgeltersatzfunktion erfüllt.

(4) $_{1}$Für Seeleute gelten als Regelentgelt die beitragspflichtigen Einnahmen nach § 233 Abs. 1. $_{2}$Für Versicherte, die nicht Arbeitnehmer sind, gilt als Regelentgelt der kalendertägliche Betrag, der zuletzt vor Beginn der Arbeitsunfähigkeit für die Beitragsbemessung aus Arbeitseinkommen maßgebend war. $_{3}$Für nach dem Künstlersozialversicherungsgesetz Versicherte ist das Regelentgelt aus dem Arbeitseinkommen zu berechnen, das der Beitragsbemessung für die letzten zwölf Kalendermonate vor Beginn der Arbeitsunfähigkeit zugrunde gelegen hat; dabei ist für den Kalendertag der dreihundertsechzigste Teil dieses Betrages anzusetzen. $_{4}$Die Zahl dreihundertsechzig ist um die Zahl der Kalendertage zu vermindern, in denen eine Versicherungspflicht nach dem Künstlersozialversicherungsgesetz nicht bestand oder für die nach § 234 Absatz 1 Satz 2 Arbeitseinkommen nicht zugrunde zu legen ist. $_{5}$Die Beträge nach § 226 Abs. 1 Satz 1 Nr. 2 und 3 bleiben außer Betracht.

(5) (weggefallen)

(6) Das Regelentgelt wird bis zur Höhe des Betrages der kalendertäglichen Beitragsbemessungsgrenze berücksichtigt.

§ 47a Beitragszahlungen der Krankenkassen an berufsständische Versorgungseinrichtungen

(1) $_{1}$Für Bezieher von Krankengeld, die wegen einer Pflichtmitgliedschaft in einer berufsständischen Versorgungseinrichtung von der Versicherungspflicht in der gesetzlichen Rentenversicherung befreit sind, zahlen die Krankenkassen auf Antrag des Mitglieds diejenigen Beiträge an die zuständige berufsständische Versorgungseinrichtung, wie sie bei Eintritt von Versicherungspflicht nach § 3 Satz 1 Nummer 3 des Sechsten Buches an die gesetzliche Rentenversicherung zu entrichten wären. $_{2}$Die von der Krankenkasse zu zahlenden Beiträge sind auf die

V

Höhe der Beiträge begrenzt, die die Krankenkasse ohne die Befreiung von der Versicherungspflicht in der gesetzlichen Rentenversicherung für die Dauer des Leistungsbezugs zu tragen hätte; sie dürfen die Hälfte der in der Zeit des Leistungsbezugs vom Mitglied an die berufsständische Versorgungseinrichtung zu zahlenden Beiträge nicht übersteigen.

(2) $_1$Die Krankenkassen haben der zuständigen berufsständischen Versorgungseinrichtung den Beginn und das Ende der Beitragszahlung sowie die Höhe der der Beitragsberechnung zugrunde liegenden beitragspflichtigen Einnahmen und den zu zahlenden Beitrag für das Mitglied zu übermitteln; ab dem 1. Januar 2017 erfolgt die Übermittlung durch elektronischen Nachweis. $_2$Das Nähere zum Verfahren, zu notwendigen weiteren Angaben und den Datensatz regeln der Spitzenverband Bund der Krankenkassen und die Arbeitsgemeinschaft berufsständischer Versorgungseinrichtungen bis zum 31. Juli 2016 in gemeinsamen Grundsätzen, die vom Bundesministerium für Gesundheit zu genehmigen sind.

V

§ 47b Höhe und Berechnung des Krankengeldes bei Beziehern von Arbeitslosengeld, Unterhaltsgeld oder Kurzarbeitergeld

(1) Das Krankengeld für Versicherte nach § 5 Abs. 1 Nr. 2 wird in Höhe des Betrages des Arbeitslosengeldes oder des Unterhaltsgeldes gewährt, den der Versicherte zuletzt bezogen hat.

(2) $_1$Ändern sich während des Bezuges von Krankengeld die für den Anspruch auf Arbeitslosengeld oder Unterhaltsgeld maßgeblichen Verhältnisse des Versicherten, so ist auf Antrag des Versicherten als Krankengeld derjenige Betrag zu gewähren, den der Versicherte als Arbeitslosengeld oder Unterhaltsgeld erhalten würde, wenn er nicht erkrankt wäre. $_2$Änderungen, die zu einer Erhöhung des Krankengeldes um weniger als zehn vom Hundert führen würden, werden nicht berücksichtigt.

(3) Für Versicherte, die während des Bezuges von Kurzarbeitergeld arbeitsunfähig erkranken, wird das Krankengeld nach dem regelmäßigen Arbeitsentgelt, das zuletzt vor Eintritt des Arbeitsausfalls erzielt wurde (Regelentgelt), berechnet.

(4) $_1$Für Versicherte, die arbeitsunfähig erkranken, bevor in ihrem Betrieb die Voraussetzungen für den Bezug von Kurzarbeitergeld nach dem Dritten Buch erfüllt sind, wird, solange Anspruch auf Fortzahlung des Arbeitsentgelts im Krankheitsfalle besteht, neben dem Arbeitsentgelt als Krankengeld der Betrag des Kurzarbeitergeldes gewährt, den der Versicherte erhielte, wenn er nicht arbeitsunfähig wäre. $_2$Der Arbeitgeber hat das Krankengeld kostenlos zu errechnen und auszuzahlen. $_3$Der Arbeitnehmer hat die erforderlichen Angaben zu machen.

(5) Bei der Ermittlung der Bemessungsgrundlage für die Leistungen der gesetzlichen Krankenversicherung ist von dem Arbeitsentgelt auszugehen, das bei der Bemessung der Beiträge zur gesetzlichen Krankenversicherung zugrunde gelegt wurde.

(6) $_1$In den Fällen des § 232a Abs. 3 wird das Krankengeld abweichend von Absatz 3 nach dem Arbeitsentgelt unter Hinzurechnung des Winterausfallgeldes berechnet. $_2$Die Absätze 4 und 5 gelten entsprechend.

§ 48 Dauer des Krankengeldes

(1) $_1$Versicherte erhalten Krankengeld ohne zeitliche Begrenzung, für den Fall der Arbeitsunfähigkeit wegen derselben Krankheit jedoch für längstens achtundsiebzig Wochen innerhalb von je drei Jahren, gerechnet vom Tage des Beginns der Arbeitsunfähigkeit an. $_2$Tritt während der Arbeitsunfähigkeit eine weitere Krankheit hinzu, wird die Leistungsdauer nicht verlängert.

(2) Für Versicherte, die im letzten Dreijahreszeitraum wegen derselben Krankheit für achtundsiebzig Wochen Krankengeld bezogen haben, besteht nach Beginn eines neuen Dreijahreszeitraums ein neuer Anspruch auf Krankengeld wegen derselben Krankheit, wenn sie bei Eintritt der erneuten Arbeitsunfähigkeit mit Anspruch auf Krankengeld versichert sind und in der Zwischenzeit mindestens sechs Monate

1. nicht wegen dieser Krankheit arbeitsunfähig waren und
2. erwerbstätig waren oder der Arbeitsvermittlung zur Verfügung standen.

(3) $_1$Bei der Feststellung der Leistungsdauer des Krankengeldes werden Zeiten, in denen der Anspruch auf Krankengeld ruht oder für die das Krankengeld versagt wird, wie Zeiten des Bezugs von Krankengeld berücksichtigt. $_2$Zeiten, für die kein Anspruch auf Krankengeld besteht, bleiben unberücksichtigt. $_3$Satz 2 gilt nicht für Zeiten des Bezuges von Verletztengeld nach dem Siebten Buch.

§ 49 Ruhen des Krankengeldes

(1) Der Anspruch auf Krankengeld ruht,

1. soweit und solange Versicherte beitragspflichtiges Arbeitsentgelt oder Arbeitseinkommen erhalten; dies gilt nicht für einmalig gezahltes Arbeitsentgelt,
2. solange Versicherte Elternzeit nach dem Bundeselterngeld- und Elternzeitgesetz in Anspruch nehmen; dies gilt nicht, wenn die Arbeitsunfähigkeit vor Beginn der Elternzeit eingetreten ist oder das Krankengeld aus dem Arbeitsentgelt zu berechnen ist, das

aus einer versicherungspflichtigen Beschäftigung während der Elternzeit erzielt worden ist,

3. soweit und solange Versicherte Versorgungskrankengeld, Übergangsgeld, Unterhaltsgeld oder Kurzarbeitergeld beziehen,

3a. solange Versicherte Mutterschaftsgeld oder Arbeitslosengeld beziehen oder der Anspruch wegen einer Sperrzeit nach dem Dritten Buch ruht,

4. soweit und solange Versicherte Entgeltersatzleistungen, die ihrer Art nach den in Nummer 3 genannten Leistungen vergleichbar sind, von einem Träger der Sozialversicherung oder einer staatlichen Stelle im Ausland erhalten,

5. solange die Arbeitsunfähigkeit der Krankenkasse nicht gemeldet wird; dies gilt nicht, wenn die Meldung innerhalb einer Woche nach Beginn der Arbeitsunfähigkeit oder die Übermittlung der Arbeitsunfähigkeitsdaten im elektronischen Verfahren nach § 295 Absatz 1 Satz 10 erfolgt,

6. soweit und solange für Zeiten einer Freistellung von der Arbeitsleistung (§ 7 Abs. 1a des Vierten Buches) eine Arbeitsleistung nicht geschuldet wird,

7. während der ersten sechs Wochen der Arbeitsunfähigkeit für Versicherte, die eine Wahlerklärung nach § 44 Absatz 2 Satz 1 Nummer 3 abgegeben haben,

8. solange bis die weitere Arbeitsunfähigkeit wegen derselben Krankheit nach § 46 Satz 3 ärztlich festgestellt wurde.

(2) (weggefallen)

(3) Auf Grund gesetzlicher Bestimmungen gesenkte Entgelt- oder Entgeltersatzleistungen dürfen bei der Anwendung des Absatzes 1 nicht aufgestockt werden.

§ 50 Ausschluß und Kürzung des Krankengeldes

(1) 1Für Versicherte, die

1. Rente wegen voller Erwerbsminderung oder Vollrente wegen Alters aus der gesetzlichen Rentenversicherung,
2. Ruhegehalt, das nach beamtenrechtlichen Vorschriften oder Grundsätzen gezahlt wird,
3. Vorruhestandsgeld nach § 5 Abs. 3,
4. Leistungen, die ihrer Art nach den in den Nummern 1 und 2 genannten Leistungen vergleichbar sind, wenn sie von einem Träger der gesetzlichen Rentenversicherung oder einer staatlichen Stelle im Ausland gezahlt werden,
5. Leistungen, die ihrer Art nach den in den Nummern 1 und 2 genannten Leistungen vergleichbar sind, wenn sie nach den ausschließlich für das in Artikel 3 des Einigungsvertrages genannte Gebiet geltenden Bestimmungen gezahlt werden,

beziehen, endet ein Anspruch auf Krankengeld vom Beginn dieser Leistungen an; nach Beginn dieser Leistungen entsteht ein neuer Krankengeldanspruch nicht. 2Ist über den Beginn der in Satz 1 genannten Leistungen hinaus Krankengeld gezahlt worden und übersteigt dieses den Betrag der Leistungen, kann die Krankenkasse den überschießenden Betrag vom Versicherten nicht zurückfordern. 3In den Fällen der Nummer 4 gilt das überzahlte Krankengeld bis zur Höhe der dort genannten Leistungen als Vorschuß des Trägers oder der Stelle; es ist zurückzuzahlen. 4Wird eine der in Satz 1 genannten Leistungen nicht mehr gezahlt, entsteht ein Anspruch auf Krankengeld, wenn das Mitglied bei Eintritt einer erneuten Arbeitsunfähigkeit mit Anspruch auf Krankengeld versichert ist.

(2) Das Krankengeld wird um den Zahlbetrag

1. der Altersrente, der Rente wegen Erwerbsminderung oder der Landabgaberente aus der Alterssicherung der Landwirte,
2. der Rente wegen teilweiser Erwerbsminderung oder der Teilrente wegen Alters aus der gesetzlichen Rentenversicherung,
3. der Knappschaftsausgleichsleistung oder der Rente für Bergleute oder
4. einer vergleichbaren Leistung, die von einem Träger oder einer staatlichen Stelle im Ausland gezahlt wird,
5. von Leistungen, die ihrer Art nach den in den Nummern 1 bis 3 genannten Leistungen vergleichbar sind, wenn sie nach den ausschließlich für das in dem Artikel 3 des Einigungsvertrages genannten Gebiets geltenden Bestimmungen gezahlt werden,

gekürzt, wenn die Leistung von einem Zeitpunkt nach dem Beginn der Arbeitsunfähigkeit oder der stationären Behandlung an zuerkannt wird.

§ 51 Wegfall des Krankengeldes, Antrag auf Leistungen zur Teilhabe

(1) 1Versicherten, deren Erwerbsfähigkeit nach ärztlichem Gutachten erheblich gefährdet oder gemindert ist, kann die Krankenkasse eine Frist von zehn Wochen setzen, innerhalb der sie einen Antrag auf Leistungen zur medizinischen Rehabilitation und zur Teilhabe am Arbeitsleben zu stellen haben. 2Haben diese Versicherten ihren Wohnsitz oder gewöhnlichen Aufenthalt im Ausland, kann ihnen die Krankenkasse eine Frist von zehn Wochen setzen, innerhalb der sie entweder einen Antrag auf Leistungen zur medizinischen Rehabilitation und zur Teilhabe am Arbeitsleben bei einem Leistungsträger mit Sitz im Inland

oder einen Antrag auf Rente wegen voller Erwerbsminderung bei einem Träger der gesetzlichen Rentenversicherung mit Sitz im Inland zu stellen haben.

(2) Erfüllen Versicherte die Voraussetzungen für den Bezug der Regelaltersrente der gesetzlichen Rentenversicherung oder der Alterssicherung der Landwirte mit Erreichen der Regelaltersgrenze, kann ihnen die Krankenkasse eine Frist von zehn Wochen setzen, innerhalb der sie den Antrag auf diese Leistung zu stellen haben.

(3) $_{1}$Stellen Versicherte innerhalb der Frist den Antrag nicht, entfällt der Anspruch auf Krankengeld mit Ablauf der Frist. $_{2}$Wird der Antrag später gestellt, lebt der Anspruch auf Krankengeld mit dem Tag der Antragstellung wieder auf.

Dritter Titel
Leistungsbeschränkungen

§ 52 Leistungsbeschränkung bei Selbstverschulden

(1) Haben sich Versicherte eine Krankheit vorsätzlich oder bei einem von ihnen begangenen Verbrechen oder vorsätzlichen Vergehen zugezogen, kann die Krankenkasse sie an den Kosten der Leistungen in angemessener Höhe beteiligen und das Krankengeld ganz oder teilweise für die Dauer dieser Krankheit versagen und zurückfordern.

(2) Haben sich Versicherte eine Krankheit durch eine medizinisch nicht indizierte ästhetische Operation, eine Tätowierung oder ein Piercing zugezogen, hat die Krankenkasse die Versicherten in angemessener Höhe an den Kosten zu beteiligen und das Krankengeld für die Dauer dieser Behandlung ganz oder teilweise zu versagen oder zurückzufordern.

§ 52a Leistungsausschluss

$_{1}$Auf Leistungen besteht kein Anspruch, wenn sich Personen in den Geltungsbereich dieses Gesetzbuchs begeben, um in einer Versicherung nach § 5 Abs. 1 Nr. 13 oder auf Grund dieser Versicherung in einer Versicherung nach § 10 missbräuchlich Leistungen in Anspruch zu nehmen. $_{2}$Das Nähere zur Durchführung regelt die Krankenkasse in ihrer Satzung.

Sechster Abschnitt
Selbstbehalt, Beitragsrückzahlung

§ 53 Wahltarife

(1) $_{1}$Die Krankenkasse kann in ihrer Satzung vorsehen, dass Mitglieder jeweils für ein Kalenderjahr einen Teil der von der Krankenkasse zu tragenden Kosten übernehmen können (Selbstbehalt). $_{2}$Die Krankenkasse hat für diese Mitglieder Prämienzahlungen vorzusehen.

(2) $_{1}$Die Krankenkasse kann in ihrer Satzung für Mitglieder, die im Kalenderjahr länger als drei Monate versichert waren, eine Prämienzahlung vorsehen, wenn sie und ihre nach § 10 mitversicherten Angehörigen in diesem Kalenderjahr Leistungen zu Lasten der Krankenkasse nicht in Anspruch genommen haben. $_{2}$Die Prämienzahlung darf ein Zwölftel der jeweils im Kalenderjahr gezahlten Beiträge nicht überschreiten und wird innerhalb eines Jahres nach Ablauf des Kalenderjahres an das Mitglied gezahlt. $_{3}$Die im dritten und vierten Abschnitt genannten Leistungen mit Ausnahme der Leistungen nach § 23 Abs. 2 und den §§ 24 bis 24b sowie Leistungen für Versicherte, die das 18. Lebensjahr noch nicht vollendet haben, bleiben unberücksichtigt.

(3) $_{1}$Die Krankenkasse hat in ihrer Satzung zu regeln, dass für Versicherte, die an besonderen Versorgungsformen nach § 63, § 73b, § 137f oder § 140a teilnehmen, Tarife angeboten werden. $_{2}$Für diese Versicherten kann die Krankenkasse eine Prämienzahlung oder Zuzahlungsermäßigungen vorsehen. $_{3}$Für Versicherte, die an einer hausarztzentrierten Versorgung nach § 73b teilnehmen, hat die Krankenkasse Prämienzahlungen oder Zuzahlungsermäßigungen vorzusehen, wenn die zu erwartenden Einsparungen und Effizienzsteigerungen die zu erwartenden Aufwendungen für den Wahltarif übersteigen. $_{4}$Die Aufwendungen für Zuzahlungsermäßigungen und Prämienzahlungen müssen in diesem Fall mindestens die Hälfte des Differenzbetrags betragen, um den die Einsparungen und Effizienzsteigerungen die sonstigen Aufwendungen für den Wahltarif übersteigen. $_{5}$Die Berechnung der zu erwartenden Einsparungen, Effizienzsteigerungen und Aufwendungen nach Satz 3 hat die jeweilige Krankenkasse ihrer Aufsichtsbehörde vorzulegen. $_{6}$Werden keine Effizienzsteigerungen erwartet, die die Aufwendungen übersteigen, ist dies gesondert zu begründen.

(4) $_{1}$Die Krankenkasse kann in ihrer Satzung vorsehen, dass Mitglieder für sich und ihre nach § 10 mitversicherten Angehörigen Tarife für Kostenerstattung wählen. $_{2}$Sie kann die Höhe der Kostenerstattung variieren und hierfür spezielle Prämienzahlungen durch die Versicherten vorsehen. $_{3}$§ 13 Abs. 2 Satz 2 und 3 gilt nicht.

(5) (weggefallen)

(6) $_{1}$Die Krankenkasse hat in ihrer Satzung für die in § 44 Absatz 2 Nummer 2 und 3 genannten Versicherten gemeinsame Tarife sowie Tarife für die nach dem Künstlersozialversicherungsgesetz Versicherten anzubieten, die einen Anspruch auf Krankengeld entsprechend § 46 Satz 1 oder zu einem späteren Zeitpunkt entstehen lassen, für die Versicherten nach dem Künstlersozialversicherungsgesetz

jedoch spätestens mit Beginn der dritten Woche der Arbeitsunfähigkeit. $_{2}$Von § 47 kann abgewichen werden. $_{3}$Die Krankenkasse hat entsprechend der Leistungserweiterung Prämienzahlungen des Mitglieds vorzusehen. $_{4}$Die Höhe der Prämienzahlung ist unabhängig von Alter, Geschlecht oder Krankheitsrisiko des Mitglieds festzulegen. $_{5}$Die Krankenkasse kann durch Satzungsregelung die Durchführung von Wahltarifen nach Satz 1 auf eine andere Krankenkasse oder einen Landesverband übertragen. $_{6}$In diesen Fällen erfolgt die Prämienzahlung weiterhin an die übertragende Krankenkasse. $_{7}$Die Rechenschaftslegung erfolgt durch die durchführende Krankenkasse oder den durchführenden Landesverband.

(7) Die Krankenkasse kann in ihrer Satzung für bestimmte Mitgliedergruppen, für die sie den Umfang der Leistungen nach Vorschriften dieses Buches beschränkt, der Leistungsbeschränkung entsprechende Prämienzahlung vorsehen.

(8) $_{1}$Die Mindestbindungsfrist beträgt für die Wahltarife nach den Absätzen 2 und 4 ein Jahr und für die Wahltarife nach den Absätzen 1 und 6 drei Jahre; für die Wahltarife nach Absatz 3 gilt keine Mindestbindungsfrist. $_{2}$Die Mitgliedschaft kann frühestens zum Ablauf der Mindestbindungsfrist nach Satz 1, aber nicht vor Ablauf der Mindestbindungsfrist nach § 175 Absatz 4 Satz 1 gekündigt werden; § 175 Absatz 4 Satz 6 gilt mit Ausnahme für Mitglieder in Wahltarifen nach Absatz 6. $_{3}$Die Satzung hat für Tarife ein Sonderkündigungsrecht in besonderen Härtefällen vorzusehen. $_{4}$Die Prämienzahlung an Versicherte darf bis zu 20 vom Hundert, für einen oder mehrere Tarife 30 vom Hundert der vom Mitglied im Kalenderjahr getragenen Beiträge mit Ausnahme der Beitragszuschüsse nach § 106 des Sechsten Buches sowie § 257 Abs. 1 Satz 1, jedoch nicht mehr als 600 Euro, bei einem oder mehreren Tarifen 900 Euro jährlich betragen. $_{5}$Satz 4 gilt nicht für Versicherte, die Teilkostenerstattung nach § 14 gewählt haben. $_{6}$Mitglieder, deren Beiträge vollständig von Dritten getragen werden, können nur Tarife nach Absatz 3 wählen.

(9) $_{1}$Die Aufwendungen für jeden Wahltarif müssen jeweils aus Einnahmen, Einsparungen und Effizienzsteigerungen aus diesen Wahltarifen auf Dauer finanziert werden. $_{2}$Kalkulatorische Einnahmen, die allein durch das Halten oder die Neugewinnung von Mitgliedern erzielt werden, dürfen dabei nicht berücksichtigt werden; wurden solche Einnahmen bei der Kalkulation von Wahltarifen berücksichtigt, ist die Kalkulation unverzüglich, spätestens bis zum 31. Dezember 2013 entsprechend umzustellen. $_{3}$Die Krankenkassen haben über die Berechnung nach den Sätzen 1 und 2 der zuständigen Aufsichtsbehörde regelmäßig, mindestens alle drei Jahre, Rechenschaft abzulegen. $_{4}$Sie haben hierzu ein versicherungsmathematisches Gutachten vorzulegen über die wesentlichen versicherungsmathematischen Annahmen, die der Berechnung der Beiträge und der versicherungstechnischen Rückstellungen der Wahltarife zugrunde liegen.

§ 54 (weggefallen)

Siebter Abschnitt
Zahnersatz

§ 55 Leistungsanspruch

(1) $_{1}$Versicherte haben nach den Vorgaben in den Sätzen 2 bis 7 Anspruch auf befundbezogene Festzuschüsse bei einer medizinisch notwendigen Versorgung mit Zahnersatz einschließlich Zahnkronen und Suprakonstruktionen (zahnärztliche und zahntechnische Leistungen) in den Fällen, in denen eine zahnprothetische Versorgung notwendig ist und die geplante Versorgung einer Methode entspricht, die gemäß § 135 Abs. 1 anerkannt ist. $_{2}$Die Festzuschüsse umfassen 60 Prozent der nach § 57 Absatz 1 Satz 3 und Absatz 2 Satz 5 und 6 festgesetzten Beträge für die jeweilige Regelversorgung. $_{3}$Für eigene Bemühungen zur Gesunderhaltung der Zähne erhöhen sich die Festzuschüsse nach Satz 2 auf 70 Prozent. $_{4}$Die Erhöhung entfällt, wenn der Gebisszustand des Versicherten regelmäßige Zahnpflege nicht erkennen lässt und der Versicherte während der letzten fünf Jahre vor Beginn der Behandlung

1. die Untersuchungen nach § 22 Abs. 1 nicht in jedem Kalenderhalbjahr in Anspruch genommen hat und
2. sich nach Vollendung des 18. Lebensjahres nicht wenigstens einmal in jedem Kalenderjahr hat zahnärztlich untersuchen lassen.

$_{5}$Die Festzuschüsse nach Satz 2 erhöhen sich auf 75 Prozent, wenn der Versicherte seine Zähne regelmäßig gepflegt und in den letzten zehn Kalenderjahren vor Beginn der Behandlung die Untersuchungen nach Satz 4 Nr. 1 und 2 ohne Unterbrechung in Anspruch genommen hat. $_{6}$Abweichend von den Sätzen 4 und 5 entfällt die Erhöhung der Festzuschüsse nicht aufgrund einer Nichtinanspruchnahme der Untersuchungen nach Satz 4 im Kalenderjahr 2020. $_{7}$In begründeten Ausnahmefällen können die Krankenkassen abweichend von Satz 5 und unabhängig von Satz 6 die Festzuschüsse nach Satz 2 auf 75 Prozent erhöhen, wenn der Versicherte seine Zähne regelmäßig gepflegt und in den letzten zehn Jahren vor Beginn der Behandlungen die Untersuchungen nach Satz 4 Nummer 1 und 2 nur mit einer einmaligen Unterbrechung in Anspruch genommen hat. $_{8}$Dies gilt nicht in den Fällen des Absatzes 2. $_{9}$Bei allen vor dem 20. Juli 2021 bewilligten Festzuschüssen, die sich durch die Anwendung des Satzes 6 rückwirkend erhöhen, ist die Krankenkasse gegenüber dem Versicherten zur Erstattung des Betrages verpflichtet, um den sich der Festzuschuss nach Satz 6 erhöht; dies gilt auch in den Fällen, in denen die von der Krankenkasse genehmigte Versorgung mit zahnärztlichen und zahntechnischen Leistungen zwar begonnen, aber noch nicht beendet worden ist. $_{10}$Das Nähere zur Erstattung regeln die Bundesmantelvertragspartner.

(2) $_{1}$Versicherte haben bei der Versorgung mit Zahnersatz zusätzlich zu den Festzuschüssen nach Absatz 1 Satz 2 Anspruch auf einen Betrag in Höhe von 40 Prozent der nach § 57 Absatz 1 Satz 3 und Absatz 2 Satz 5 und 6 festgesetzten Beträge für die jeweilige Regelversorgung, angepasst an die Höhe der für die Regelversorgungsleistungen tatsächlich anfallenden Kosten, höchstens jedoch in Höhe der tatsächlich entstandenen Kosten, wenn sie ansonsten unzumutbar belastet würden; wählen Versicherte, die unzumutbar belastet würden, nach Absatz 4 oder 5 einen über die Regelversorgung hinausgehenden gleich- oder andersartigen Zahnersatz, leisten die Krankenkassen nur den Festzuschuss nach Absatz 1 Satz 2 und den Betrag in Höhe von 40 Prozent der nach § 57 Absatz 1 Satz 3 und Absatz 2 Satz 5 und 6 festgesetzten Beträge für die jeweilige Regelversorgung. $_{2}$Eine unzumutbare Belastung liegt vor, wenn

1. die monatlichen Bruttoeinnahmen zum Lebensunterhalt des Versicherten 40 vom Hundert der monatlichen Bezugsgröße nach § 18 des Vierten Buches nicht überschreiten,
2. der Versicherte Hilfe zum Lebensunterhalt nach dem Zwölften Buch oder im Rahmen der Kriegsopferfürsorge nach dem Bundesversorgungsgesetz, Leistungen nach dem Recht der bedarfsorientierten Grundsicherung, Leistungen zur Sicherung des Lebensunterhalts nach dem Zweiten Buch, Ausbildungsförderung nach dem Bundesausbildungsförderungsgesetz oder dem Dritten Buch erhält oder
3. die Kosten der Unterbringung in einem Heim oder einer ähnlichen Einrichtung von einem Träger der Sozialhilfe oder der Kriegsopferfürsorge getragen werden.

$_{3}$Als Einnahmen zum Lebensunterhalt der Versicherten gelten auch die Einnahmen anderer in dem gemeinsamen Haushalt lebender Angehöriger und Angehöriger des Lebenspartners. $_{4}$Zu den Einnahmen zum Lebensunterhalt gehören nicht Grundrenten, die Beschädigte nach dem Bundesversorgungsgesetz oder nach anderen Gesetzen in entsprechender Anwendung des Bundesversorgungsgesetzes erhalten, sowie Renten oder Beihilfen, die nach dem Bundesentschädigungsgesetz für Schäden an Körper und Gesundheit gezahlt werden, bis zur Höhe der vergleichbaren Grundrente nach dem Bundesversorgungsgesetz. $_{5}$Der in Satz 2 Nr. 1 genannte Vomhundertsatz erhöht sich für den ersten in dem gemeinsamen Haushalt lebenden Angehörigen des Versicherten um 15 vom Hundert und für jeden weiteren in dem gemeinsamen Haushalt lebenden Angehörigen des Versicherten und des Lebenspartners um 10 vom Hundert der monatlichen Bezugsgröße nach § 18 des Vierten Buches.

(3) $_{1}$Versicherte haben bei der Versorgung mit Zahnersatz zusätzlich zu den Festzuschüssen nach Absatz 1 Satz 2 Anspruch auf einen weiteren Betrag. $_{2}$Die Krankenkasse erstattet den Versicherten den Betrag, um den die Festzuschüsse nach Absatz 1 Satz 2 das Dreifache der Differenz zwischen den monatlichen Bruttoeinnahmen zum Lebensunterhalt und der zur Gewährung eines Gesamtbetrages aus dem Festzuschuss nach Absatz 1 Satz 2 und des zusätzlichen Betrages nach Absatz 2 Satz 1, maßgebenden Einnahmegrenze übersteigen. $_{3}$Die Beteiligung an den Kosten umfasst höchstens einen Betrag in Höhe eines Gesamtbetrages bestehend aus dem Festzuschuss nach Absatz 1 Satz 2 und des zusätzlichen Betrages nach Absatz 2 Satz 1 jedoch nicht mehr als die tatsächlich entstandenen Kosten.

(4) Wählen Versicherte einen über die Regelversorgung gemäß § 56 Abs. 2 hinausgehenden gleichartigen Zahnersatz, haben sie die Mehrkosten gegenüber den in § 56 Abs. 2 Satz 10 aufgelisteten Leistungen selbst zu tragen.

(5) Die Krankenkassen haben die bewilligten Festzuschüsse nach Absatz 1 Satz 2 bis 7, den Absätzen 2 und 3 in den Fällen zu erstatten, in denen eine von der Regelversorgung nach § 56 Abs. 2 abweichende, andersartige Versorgung durchgeführt wird.

§ 56 Festsetzung der Regelversorgungen

(1) Der Gemeinsame Bundesausschuss bestimmt in Richtlinien, erstmalig bis zum 30. Juni 2004, die Befunde, für die Festzuschüsse nach § 55 gewährt werden und ordnet diesen prothetische Regelversorgungen zu.

(2) $_{1}$Die Bestimmung der Befunde erfolgt auf der Grundlage einer international anerkannten Klassifikation des Lückengebisses. $_{2}$Dem jeweiligen Befund wird eine zahnprothetische Regelversorgung zugeordnet. $_{3}$Diese hat sich an zahnmedizinisch notwendigen zahnärztlichen und zahntechnischen Leistungen zu orientieren, die zu einer ausreichenden, zweckmäßigen und wirtschaftlichen Versorgung mit Zahnersatz einschließlich Zahnkronen und Suprakonstruktionen bei einem Befund im Sinne von Satz 1 nach dem allgemein anerkannten Stand der zahnmedizinischen Erkenntnisse gehören. $_{4}$Bei der Zuordnung der Regelversorgung zum Befund sind insbesondere die Funktionsdauer, die Stabilität und die Gegenbezahnung zu

berücksichtigen. 5Zumindest bei kleinen Lücken ist festsitzender Zahnersatz zu Grunde zu legen. 6Bei großen Brücken ist die Regelversorgung auf den Ersatz von bis zu vier fehlenden Zähnen je Kiefer und bis zu drei fehlenden Zähnen je Seitenzahngebiet begrenzt. 7Bei Kombinationsversorgungen ist die Regelversorgung auf zwei Verbindungselemente je Kiefer, bei Versicherten mit einem Restzahnbestand von höchstens drei Zähnen je Kiefer auf drei Verbindungselemente je Kiefer begrenzt. 8Regelversorgungen umfassen im Oberkiefer Verblendungen bis einschließlich Zahn fünf, im Unterkiefer bis einschließlich Zahn vier. 9In die Festlegung der Regelversorgung einzubeziehen sind die Befunderhebung, die Planung, die Vorbereitung des Restgebisses, die Beseitigung von groben Okklusionshindernissen und alle Maßnahmen zur Herstellung und Eingliederung des Zahnersatzes einschließlich der Nachbehandlung sowie die Unterweisung im Gebrauch des Zahnersatzes. 10Bei der Festlegung der Regelversorgung für zahnärztliche Leistungen und für zahntechnische Leistungen sind jeweils die einzelnen Leistungen nach § 87 Abs. 2 und § 88 Abs. 1 getrennt aufzulisten. 11Inhalt und Umfang der Regelversorgungen sind in geeigneten Zeitabständen zu überprüfen und an die zahnmedizinische Entwicklung anzupassen. 12Der Gemeinsame Bundesausschuss kann von den Vorgaben der Sätze 5 bis 8 abweichen und die Leistungsbeschreibung fortentwickeln.

(3) Vor der Entscheidung des Gemeinsamen Bundesausschusses nach Absatz 2 ist dem Verband Deutscher Zahntechniker-Innungen Gelegenheit zur Stellungnahme zu geben; die Stellungnahme ist in die Entscheidung über die Regelversorgung hinsichtlich der zahntechnischen Leistungen einzubeziehen.

(4) Der Gemeinsame Bundesausschuss hat jeweils bis zum 30. November eines Kalenderjahres die Befunde, die zugeordneten Regelversorgungen einschließlich der nach Absatz 2 Satz 10 aufgelisteten zahnärztlichen und zahntechnischen Leistungen sowie die Höhe der auf die Regelversorgung entfallenden Beträge nach § 57 Absatz 1 Satz 3 und Absatz 2 Satz 5 und 6 in den Abstaffelungen nach § 55 Abs. 1 Satz 2, 3 und 5 sowie Abs. 2 im Bundesanzeiger bekannt zu machen.

(5) 1§ 94 Abs. 1 Satz 2 gilt mit der Maßgabe, dass die Beanstandungsfrist einen Monat beträgt. 2Erlässt das Bundesministerium für Gesundheit die Richtlinie nach § 94 Abs. 1 Satz 5, gilt § 87 Abs. 6 Satz 4 zweiter Halbsatz und Satz 6 entsprechend.

§ 57 Beziehungen zu Zahnärzten und Zahntechnikern

(1) 1Der Spitzenverband Bund der Krankenkassen und die Kassenzahnärztliche Bundesvereinigung vereinbaren jeweils bis zum 30. September eines Kalenderjahres für das Folgejahr die Höhe der Vergütungen für die zahnärztlichen Leistungen bei den Regelversorgungen nach § 56 Abs. 2 Satz 2. 2Es gelten § 71 Abs. 1 bis 3 sowie § 85 Abs. 3. 3Die Beträge nach Satz 1 ergeben sich jeweils aus der Summe der Punktzahlen der nach § 56 Abs. 2 Satz 10 aufgelisteten zahnärztlichen Leistungen, multipliziert mit den jeweils vereinbarten Punktwerten. 4Die Vertragspartner nach Satz 1 informieren den Gemeinsamen Bundesausschuss über die Beträge nach Satz 3. 5Kommt eine Vereinbarung nicht zustande oder kündigt eine Vereinbarungspartei die Vereinbarung und kommt bis zum Ablauf der Vereinbarungszeit keine neue Vereinbarung zustande, setzt das Schiedsamt nach § 89 den Vertragsinhalt fest.

(2) 1Der Spitzenverband Bund der Krankenkassen und der Verband Deutscher Zahntechniker-Innungen vereinbaren jeweils zum 30. September eines Kalenderjahres die Veränderung der erstmalig für das Jahr 2005 ermittelten bundeseinheitlichen durchschnittlichen Preise. 2§ 71 Absatz 1 bis 3 gilt. 3Die Landesverbände der Krankenkassen und die Ersatzkassen gemeinsam und einheitlich vereinbaren mit den Innungsverbänden der Zahntechniker-Innungen die Höchstpreise für die zahntechnischen Leistungen bei den Regelversorgungen nach § 56 Absatz 2 Satz 2; sie dürfen die für das jeweilige Kalenderjahr nach Satz 1 festgesetzten bundeseinheitlichen Preise um bis zu 5 Prozent unter- oder überschreiten. 4Für die Vereinbarungen nach Satz 3 gilt § 71 nicht. 5Die für die Festlegung der Festzuschüsse nach § 55 Absatz 1 Satz 2 maßgeblichen Beträge für die zahntechnischen Leistungen bei den Regelversorgungen, die nicht von Zahnärzten erbracht werden, ergeben sich als Summe der bundeseinheitlichen Preise nach Satz 1 für die nach § 56 Absatz 2 Satz 10 aufgelisteten zahntechnischen Leistungen. 6Die Höchstpreise nach Satz 3 und die Beträge nach Satz 5 vermindern sich um 5 Prozent für zahntechnische Leistungen, die von Zahnärzten erbracht werden. 7Die Vertragspartner nach Satz 1 informieren den Gemeinsamen Bundesausschuss über die Beträge für die zahntechnischen Leistungen bei Regelversorgungen. 8Kommt eine Vereinbarung nach Satz 1 nicht zustande oder kündigt eine Vereinbarungspartei die Vereinbarung und kommt bis zum Ablauf der Vereinbarungszeit keine neue Vereinbarung zustande, setzt das Schiedsamt nach § 89 den Vertragsinhalt fest. 9Die Festsetzungsfristen nach § 89 Absatz 3, 4 und 9 für die Festsetzungen nach Satz 1 betragen einen Monat.

§ 58 (weggefallen)

§ 59 (weggefallen)

Achter Abschnitt
Fahrkosten

§ 60 Fahrkosten

(1) $_{1}$Die Krankenkasse übernimmt nach den Absätzen 2 und 3 die Kosten für Fahrten einschließlich der Transporte nach § 133 (Fahrkosten), wenn sie im Zusammenhang mit einer Leistung der Krankenkasse aus zwingenden medizinischen Gründen notwendig sind. $_{2}$Welches Fahrzeug benutzt werden kann, richtet sich nach der medizinischen Notwendigkeit im Einzelfall. $_{3}$Die Krankenkasse übernimmt Fahrkosten zu einer ambulanten Behandlung unter Abzug des sich nach § 61 Satz 1 ergebenden Betrages in besonderen Ausnahmefällen, die der Gemeinsame Bundesausschuss in den Richtlinien nach § 92 Abs. 1 Satz 2 Nr. 12 festgelegt hat. $_{4}$Die Übernahme von Fahrkosten nach Satz 3 und nach Absatz 2 Satz 1 Nummer 3 für Fahrten zur ambulanten Behandlung erfolgt nur nach vorheriger Genehmigung durch die Krankenkasse. $_{5}$Für Krankenfahrten zur ambulanten Behandlung gilt die Genehmigung nach Satz 4 als erteilt, wenn eine der folgenden Voraussetzungen vorliegt:

1. ein Schwerbehindertenausweis mit dem Merkzeichen „aG", „Bl" oder „H",
2. eine Einstufung gemäß § 15 des Elften Buches in den Pflegegrad 3, 4 oder 5, bei Einstufung in den Pflegegrad 3 zusätzlich eine dauerhafte Beeinträchtigung der Mobilität, oder
3. bis zum 31. Dezember 2016 eine Einstufung in die Pflegestufe 2 gemäß § 15 des Elften Buches in der am 31. Dezember 2016 geltenden Fassung und seit dem 1. Januar 2017 mindestens eine Einstufung in den Pflegegrad 3.

(2) $_{1}$Die Krankenkasse übernimmt die Fahrkosten in Höhe des sich nach § 61 Satz 1 ergebenden Betrages je Fahrt übersteigenden Betrages

1. bei Leistungen, die stationär erbracht werden; dies gilt bei einer Verlegung in ein anderes Krankenhaus nur, wenn die Verlegung aus zwingenden medizinischen Gründen erforderlich ist, oder bei einer mit Einwilligung der Krankenkasse erfolgten Verlegung in ein wohnortnahes Krankenhaus,
2. bei Rettungsfahrten zum Krankenhaus auch dann, wenn eine stationäre Behandlung nicht erforderlich ist,
3. bei anderen Fahrten von Versicherten, die während der Fahrt einer fachlichen Betreuung oder der besonderen Einrichtungen eines Krankenkraftwagens bedürfen oder bei denen dies auf Grund ihres Zustandes zu erwarten ist (Krankentransport),
4. bei Fahrten von Versicherten zu einer ambulanten Krankenbehandlung sowie zu einer Behandlung nach § 115a oder § 115b, wenn dadurch eine an sich gebotene vollstationäre oder teilstationäre Krankenhausbehandlung (§ 39) vermieden oder verkürzt wird oder diese nicht ausführbar ist, wie bei einer stationären Krankenhausbehandlung.

$_{2}$Soweit Fahrten nach Satz 1 von Rettungsdiensten durchgeführt werden, zieht die Krankenkasse die Zuzahlung in Höhe des sich nach § 61 Satz 1 ergebenden Betrages je Fahrt von dem Versicherten ein.

(3) Als Fahrkosten werden anerkannt

1. bei Benutzung eines öffentlichen Verkehrsmittels der Fahrpreis unter Ausschöpfen von Fahrpreisermäßigungen,
2. bei Benutzung eines Taxis oder Mietwagens, wenn ein öffentliches Verkehrsmittel nicht benutzt werden kann, der nach § 133 berechnungsfähige Betrag,
3. bei Benutzung eines Krankenkraftwagens oder Rettungsfahrzeugs, wenn ein öffentliches Verkehrsmittel, ein Taxi oder ein Mietwagen nicht benutzt werden kann, der nach § 133 berechnungsfähige Betrag,
4. bei Benutzung eines privaten Kraftfahrzeugs für jeden gefahrenen Kilometer den jeweils auf Grund des Bundesreisekostengesetzes festgesetzten Höchstbetrag für Wegstreckenentschädigung, höchstens jedoch die Kosten, die bei Inanspruchnahme des nach Nummer 1 bis 3 erforderlichen Transportmittels entstanden wären.

(4) $_{1}$Die Kosten des Rücktransports in das Inland werden nicht übernommen. $_{2}$§ 18 bleibt unberührt.

(5) $_{1}$Im Zusammenhang mit Leistungen zur medizinischen Rehabilitation werden Reisekosten nach § 73 Absatz 1 und 3 des Neunten Buches übernommen. $_{2}$Zu den Reisekosten nach Satz 1 gehören bei pflegenden Angehörigen auch die Reisekosten, die im Zusammenhang mit der Versorgung Pflegebedürftiger nach § 40 Absatz 3 Satz 2 und 3 entstehen. $_{3}$Die Reisekosten von Pflegebedürftigen, die gemäß § 40 Absatz 3 Satz 3 während einer stationären Rehabilitation ihres pflegenden Angehörigen eine Kurzzeitpflege nach § 42 des Elften Buches erhalten, hat die Pflegekasse des Pflegebedürftigen der Krankenkasse des pflegenden Angehörigen zu erstatten.

Neunter Abschnitt
Zuzahlungen, Belastungsgrenze

§ 61 Zuzahlungen

$_{1}$Zuzahlungen, die Versicherte zu leisten haben, betragen 10 vom Hundert des Abgabepreises, mindestens jedoch

5 Euro und höchstens 10 Euro; allerdings jeweils nicht mehr als die Kosten des Mittels. 2Als Zuzahlungen zu stationären Maßnahmen und zur außerklinischen Intensivpflege in vollstationären Pflegeeinrichtungen, in Einrichtungen oder Räumlichkeiten im Sinne des § 43a des Elften Buches in Verbindung mit § 71 Absatz 4 des Elften Buches sowie in Wohneinheiten nach § 132l Absatz 5 Nummer 1 werden je Kalendertag 10 Euro erhoben. 3Bei Heilmitteln, häuslicher Krankenpflege und außerklinischer Intensivpflege an den in § 37c Absatz 2 Satz 1 Nummer 4 genannten Orten beträgt die Zuzahlung 10 vom Hundert der Kosten sowie 10 Euro je Verordnung. 4Geleistete Zuzahlungen sind von dem zum Einzug Verpflichteten gegenüber dem Versicherten zu quittieren; ein Vergütungsanspruch hierfür besteht nicht.

§ 62 Belastungsgrenze

(1) 1Versicherte haben während jedes Kalenderjahres nur Zuzahlungen bis zur Belastungsgrenze zu leisten; wird die Belastungsgrenze bereits innerhalb eines Kalenderjahres erreicht, hat die Krankenkasse eine Bescheinigung darüber zu erteilen, dass für den Rest des Kalenderjahres keine Zuzahlungen mehr zu leisten sind. 2Die Belastungsgrenze beträgt 2 vom Hundert der jährlichen Bruttoeinnahmen zum Lebensunterhalt; für chronisch Kranke, die wegen derselben schwerwiegenden Krankheit in Dauerbehandlung sind, beträgt sie 1 vom Hundert der jährlichen Bruttoeinnahmen zum Lebensunterhalt. 3Abweichend von Satz 2 beträgt die Belastungsgrenze 2 vom Hundert der jährlichen Bruttoeinnahmen zum Lebensunterhalt für nach dem 1. April 1972 geborene chronisch kranke Versicherte, die ab dem 1. Januar 2008 die in § 25 Absatz 1 genannten Gesundheitsuntersuchungen vor der Erkrankung nicht regelmäßig in Anspruch genommen haben. 4Für Versicherte nach Satz 3, die an einem für ihre Erkrankung bestehenden strukturierten Behandlungsprogramm teilnehmen, beträgt die Belastungsgrenze 1 vom Hundert der jährlichen Bruttoeinnahmen zum Lebensunterhalt. 5Der Gemeinsame Bundesausschuss legt in seinen Richtlinien fest, in welchen Fällen Gesundheitsuntersuchungen ausnahmsweise nicht zwingend durchgeführt werden müssen. 6Die weitere Dauer der in Satz 2 genannten Behandlung ist der Krankenkasse jeweils spätestens nach Ablauf eines Kalenderjahres nachzuweisen und vom Medizinischen Dienst, soweit erforderlich, zu prüfen; die Krankenkasse kann auf den jährlichen Nachweis verzichten, wenn bereits die notwendigen Feststellungen getroffen worden sind und im Einzelfall keine Anhaltspunkte für einen Wegfall der chronischen Erkrankung vorliegen. 7Die Krankenkassen sind verpflichtet, ihre Versicherten zu Beginn eines Kalenderjahres auf die für sie in diesem Kalenderjahr maßgeblichen Untersuchungen nach § 25 Abs. 1 hinzuweisen. 8Das Nähere zur Definition einer schwerwiegenden chronischen Erkrankung bestimmt der Gemeinsame Bundesausschuss in den Richtlinien nach § 92.

(2) 1Bei der Ermittlung der Belastungsgrenzen nach Absatz 1 werden die Zuzahlungen und die Bruttoeinnahmen zum Lebensunterhalt des Versicherten, seines Ehegatten oder Lebenspartners, der minderjährigen oder nach § 10 versicherten Kinder des Versicherten, seines Ehegatten oder Lebenspartners sowie der Angehörigen im Sinne des § 8 Absatz 4 des Zweiten Gesetzes über die Krankenversicherung der Landwirte jeweils zusammengerechnet, soweit sie im gemeinsamen Haushalt leben. 2Hierbei sind die jährlichen Bruttoeinnahmen für den ersten in dem gemeinsamen Haushalt lebenden Angehörigen des Versicherten um 15 vom Hundert und für jeden weiteren in dem gemeinsamen Haushalt lebenden Angehörigen des Versicherten und des Lebenspartners um 10 vom Hundert der jährlichen Bezugsgröße nach § 18 des Vierten Buches zu vermindern. 3Für jedes Kind des Versicherten und des Lebenspartners sind die jährlichen Bruttoeinnahmen um den sich aus den Freibeträgen nach § 32 Abs. 6 Satz 1 und 2 des Einkommensteuergesetzes ergebenden Betrag zu vermindern; die nach Satz 2 bei der Ermittlung der Belastungsgrenze vorgesehene Berücksichtigung entfällt. 4Zu den Einnahmen zum Lebensunterhalt gehören nicht Grundrenten, die Beschädigte nach dem Bundesversorgungsgesetz oder nach anderen Gesetzen in entsprechender Anwendung des Bundesversorgungsgesetzes erhalten, sowie Renten oder Beihilfen, die nach dem Bundesentschädigungsgesetz für Schäden an Körper und Gesundheit gezahlt werden, bis zur Höhe der vergleichbaren Grundrente nach dem Bundesversorgungsgesetz. 5Abweichend von den Sätzen 1 bis 3 ist bei Versicherten,

1. die Hilfe zum Lebensunterhalt oder Grundsicherung im Alter und bei Erwerbsminderung nach dem Zwölften Buch oder die ergänzende Hilfe zum Lebensunterhalt nach dem Bundesversorgungsgesetz oder nach einem Gesetz, das dieses für anwendbar erklärt, erhalten,
2. bei denen die Kosten der Unterbringung in einem Heim oder einer ähnlichen Einrichtung von einem Träger der Sozialhilfe oder der Kriegsopferfürsorge getragen werden

sowie für den in § 264 genannten Personenkreis als Bruttoeinnahmen zum Lebensunterhalt für die gesamte Bedarfsgemeinschaft nur der Regelsatz für die Regelbedarfsstufe 1 nach der Anlage zu § 28 des Zwölften Buches maßgeblich. 6Bei Versicherten, die Leistungen zur Sicherung des Lebensunterhalts nach dem Zweiten Buch erhalten, ist abweichend von den Sätzen 1 bis 3 als Bruttoeinnahmen zum Lebensunterhalt für die gesamte Be-

V

darfsgemeinschaft nur der Regelbedarf nach § 20 Absatz 2 Satz 1 des Zweiten Buches maßgeblich. $_{7}$Bei Ehegatten und Lebenspartnern ist ein gemeinsamer Haushalt im Sinne des Satzes 1 auch dann anzunehmen, wenn ein Ehegatte oder Lebenspartner dauerhaft in eine vollstationäre Einrichtung aufgenommen wurde, in der Leistungen gemäß § 43 oder § 43a des Elften Buches erbracht werden.

(3) $_{1}$Die Krankenkasse stellt dem Versicherten eine Bescheinigung über die Befreiung nach Absatz 1 aus. $_{2}$Diese darf keine Angaben über das Einkommen des Versicherten oder anderer zu berücksichtigender Personen enthalten.

Zehnter Abschnitt
Weiterentwicklung der Versorgung

§ 63 Grundsätze

(1) Die Krankenkassen und ihre Verbände können im Rahmen ihrer gesetzlichen Aufgabenstellung zur Verbesserung der Qualität und der Wirtschaftlichkeit der Versorgung Modellvorhaben zur Weiterentwicklung der Verfahrens-, Organisations-, Finanzierungs- und Vergütungsformen der Leistungserbringung durchführen oder nach § 64 vereinbaren.

(2) Die Krankenkassen können Modellvorhaben zu Leistungen zur Verhütung und Früherkennung von Krankheiten, zur Krankenbehandlung sowie bei Schwangerschaft und Mutterschaft, die nach den Vorschriften dieses Buches oder auf Grund hiernach getroffener Regelungen keine Leistungen der Krankenversicherung sind, durchführen oder nach § 64 vereinbaren.

(3) $_{1}$Bei der Vereinbarung und Durchführung von Modellvorhaben nach Absatz 1 kann von den Vorschriften des Vierten und des Zehnten Kapitels dieses Buches, soweit es für die Modellvorhaben erforderlich ist, und des Krankenhausfinanzierungsgesetzes, des Krankenhausentgeltgesetzes sowie den nach diesen Vorschriften getroffenen Regelungen abgewichen werden; der Grundsatz der Beitragssatzstabilität gilt entsprechend. $_{2}$Gegen diesen Grundsatz wird insbesondere für den Fall nicht verstoßen, daß durch ein Modellvorhaben entstehende Mehraufwendungen durch nachzuweisende Einsparungen auf Grund der in dem Modellvorhaben vorgesehenen Maßnahmen ausgeglichen werden. $_{3}$Einsparungen nach Satz 2 können, soweit sie die Mehraufwendungen überschreiten, auch an die an einem Modellvorhaben teilnehmenden Versicherten weitergeleitet werden. $_{4}$Satz 1 gilt mit der Maßgabe, dass von § 284 Abs. 1 Satz 4 nicht abgewichen werden darf.

(3a) $_{1}$Gegenstand von Modellvorhaben nach Absatz 1, in denen von den Vorschriften des Zehnten Kapitels dieses Buches abgewichen wird, können insbesondere informationstechnische und organisatorische Verbesserungen der Datenverarbeitung, einschließlich der Erweiterungen der Befugnisse zur Verarbeitung von personenbezogenen Daten sein. $_{2}$Von den Vorschriften des Zehnten Kapitels dieses Buches zur Verarbeitung personenbezogener Daten darf nur mit schriftlicher oder elektronischer Einwilligung des Versicherten und nur in dem Umfang abgewichen werden, der erforderlich ist, um die Ziele des Modellvorhabens zu erreichen. $_{3}$Der Versicherte ist vor Erteilung der Einwilligung schriftlich oder elektronisch darüber zu unterrichten, inwieweit das Modellvorhaben von den Vorschriften des Zehnten Kapitels dieses Buches abweicht und aus welchen Gründen diese Abweichungen erforderlich sind. $_{4}$Die Einwilligung des Versicherten hat sich auf Zweck, Inhalt, Art, Umfang und Dauer der Verarbeitung seiner personenbezogenen Daten sowie die daran Beteiligten zu erstrecken.

(3b) Modellvorhaben nach Absatz 1 können vorsehen, dass Angehörige der im Pflegeberufegesetz, im Krankenpflegegesetz und im Altenpflegegesetz geregelten Berufe

1. die Verordnung von Verbandsmitteln und Pflegehilfsmitteln sowie
2. die inhaltliche Ausgestaltung der häuslichen Krankenpflege einschließlich deren Dauer

vornehmen, soweit diese auf Grund ihrer Ausbildung qualifiziert sind und es sich bei der Tätigkeit nicht um selbständige Ausübung von Heilkunde handelt.

(3c) $_{1}$Modellvorhaben nach Absatz 1 können eine Übertragung der ärztlichen Tätigkeiten, bei denen es sich um selbstständige Ausübung von Heilkunde handelt und für die die Angehörigen des im Pflegeberufegesetz geregelten Berufs auf Grundlage einer Ausbildung nach § 14 des Pflegeberufegesetzes qualifiziert sind, auf diese vorsehen. $_{2}$Die Krankenkassen und ihre Verbände sollen entsprechende Vorhaben spätestens bis zum Ablauf des 31. Dezember 2020 vereinbaren oder durchführen. $_{3}$Der Gemeinsame Bundesausschuss legt in Richtlinien fest, bei welchen Tätigkeiten eine Übertragung von Heilkunde auf die Angehörigen des in Satz 1 genannten Berufs im Rahmen von Modellvorhaben erfolgen kann. $_{4}$Vor der Entscheidung des Gemeinsamen Bundesausschusses ist der Bundesärztekammer sowie den maßgeblichen Verbänden der Pflegeberufe Gelegenheit zur Stellungnahme zu geben. $_{5}$Die Stellungnahmen sind in die Entscheidungen einzubeziehen. $_{6}$Durch den Gemeinsamen Bundesausschuss nach den Sätzen 2 bis 4 festgelegte Richtlinien gelten für die Angehörigen des in Satz 1 geregelten Berufs fort.

(3d) Die Anwendung von Heilmitteln, die nach der Richtlinie des Gemeinsamen Bundesausschusses gemäß § 92

Absatz 1 Satz 2 Nummer 6 zur Behandlung krankheitsbedingter Schädigungen nur verordnungsfähig sind, wenn die Schädigungen auf Grund bestimmter Grunderkrankungen eintreten, kann auch bei anderen ursächlichen Grunderkrankungen Gegenstand von Modellvorhaben nach Absatz 2 sein.

(4) $_{1}$Gegenstand von Modellvorhaben nach Absatz 2 können nur solche Leistungen sein, über deren Eignung als Leistung der Krankenversicherung der Gemeinsame Bundesausschuss nach § 91 im Rahmen der Beschlüsse nach § 92 Abs. 1 Satz 2 Nr. 5 oder im Rahmen der Beschlüsse nach § 137c Abs. 1 keine ablehnende Entscheidung getroffen hat. $_{2}$Fragen der biomedizinischen Forschung sowie Forschungen zur Entwicklung und Prüfung von Arzneimitteln und Medizinprodukten können nicht Gegenstand von Modellvorhaben sein.

(5) $_{1}$Die Modellvorhaben sind im Regelfall auf längstens acht Jahre zu befristen. $_{2}$Verträge nach § 64 Abs. 1 sind den für die Vertragsparteien zuständigen Aufsichtsbehörden vorzulegen. $_{3}$Modellvorhaben nach Absatz 1, in denen von den Vorschriften des Zehnten Kapitels dieses Buches abgewichen werden kann, sind auf längstens fünf Jahre zu befristen. $_{4}$Über Modellvorhaben nach Absatz 1, in denen von den Vorschriften des Zehnten Kapitels dieses Buches abgewichen wird, sind der Bundesbeauftragte für den Datenschutz oder die Landesbeauftragten für den Datenschutz, soweit diese zuständig sind, rechtzeitig vor Beginn des Modellvorhabens zu unterrichten.

(6) $_{1}$Modellvorhaben nach den Absätzen 1 und 2 können auch von den Kassenärztlichen Vereinigungen im Rahmen ihrer gesetzlichen Aufgabenstellung mit den Krankenkassen oder ihren Verbänden vereinbart werden. $_{2}$Die Vorschriften dieses Abschnitts gelten entsprechend.

§ 64 Vereinbarungen mit Leistungserbringern

(1) $_{1}$Die Krankenkassen und ihre Verbände können mit den in der gesetzlichen Krankenversicherung zugelassenen Leistungserbringern oder Gruppen von Leistungserbringern Vereinbarungen über die Durchführung von Modellvorhaben nach § 63 Abs. 1 oder 2 schließen. $_{2}$Soweit die ärztliche Behandlung im Rahmen der vertragsärztlichen Versorgung betroffen ist, können sie nur mit einzelnen Vertragsärzten, mit Gemeinschaften dieser Leistungserbringer oder mit Kassenärztlichen Vereinigungen Verträge über die Durchführung von Modellvorhaben nach § 63 Abs. 1 oder 2 schließen.

(2) (weggefallen)

(3) $_{1}$Werden in einem Modellvorhaben nach § 63 Abs. 1 oder § 64a Leistungen außerhalb der für diese Leistungen geltenden Vergütungen nach § 85 oder § 87a, der Ausgabenvolumen nach § 84 oder der Krankenhausbudgets vergütet, sind die Vergütungen oder der Behandlungsbedarf nach § 87a Absatz 3 Satz 2, die Ausgabenvolumen oder die Budgets, in denen die Ausgaben für diese Leistungen enthalten sind, entsprechend der Zahl und der Morbiditäts- oder Risikostruktur der am Modellversuch teilnehmenden Versicherten sowie dem in den Verträgen nach Absatz 1 jeweils vereinbarten Inhalt des Modellvorhabens zu bereinigen; die Budgets der teilnehmenden Krankenhäuser sind dem geringeren Leistungsumfang anzupassen. $_{2}$Kommt eine Einigung der zuständigen Vertragsparteien über die Bereinigung der Vergütungen, Ausgabenvolumen oder Budgets nach Satz 1 nicht zustande, können auch die Krankenkassen oder ihre Verbände, die Vertragspartner der Vereinbarung nach Absatz 1 sind, das Schiedsamt nach § 89 oder die Schiedsstelle nach § 18a Abs. 1 des Krankenhausfinanzierungsgesetzes anrufen. $_{3}$Vereinbaren alle gemäß § 18 Abs. 2 des Krankenhausfinanzierungsgesetzes an der Pflegesatzvereinbarung beteiligten Krankenkassen gemeinsam ein Modellvorhaben, das die gesamten nach der Bundespflegesatzverordnung oder dem Krankenhausentgeltgesetz vergüteten Leistungen eines Krankenhauses für Versicherte erfaßt, sind die vereinbarten Entgelte für alle Benutzer des Krankenhauses einheitlich zu berechnen. $_{4}$Bei der Ausgliederung nach Satz 1 sind nicht auf die einzelne Leistung bezogene, insbesondere periodenfremde, Finanzierungsverpflichtungen in Höhe der ausgegliederten Belegungsanteile dem Modellvorhaben zuzuordnen. $_{5}$Für die Bereinigung des Behandlungsbedarfs nach § 87a Absatz 3 Satz 2 gilt § 73b Absatz 7 entsprechend; falls eine Vorabeinschreibung der teilnehmenden Versicherten nicht möglich ist, kann eine rückwirkende Bereinigung vereinbart werden. $_{6}$Die Krankenkasse kann bei Verträgen nach Satz 1 auf die Bereinigung verzichten, wenn das voraussichtliche Bereinigungsvolumen einer Krankenkasse für ein Modellvorhaben geringer ist als der Aufwand für die Durchführung dieser Bereinigung. $_{7}$Der Bewertungsausschuss hat in seinen Vorgaben gemäß § 87a Absatz 5 Satz 7 zur Bereinigung und zur Ermittlung der kassenspezifischen Aufsatzwerte des Behandlungsbedarfs auch Vorgaben zur Höhe des Schwellenwertes für das voraussichtliche Bereinigungsvolumen, unterhalb dessen von einer basiswirksamen Bereinigung abgesehen werden kann, zu der pauschalen Ermittlung und Übermittlung des voraussichtlichen Bereinigungsvolumens an die Vertragspartner nach § 73b Absatz 7 Satz 1 sowie zu dessen Anrechnung beim Aufsatzwert der betroffenen Krankenkasse zu machen.

(4) $_{1}$Die Vertragspartner nach Absatz 1 Satz 1 können Modellvorhaben zur Vermeidung einer unkoordinierten Mehrfachinanspruchnahme von Vertragsärzten durch die

Versicherten durchführen. 2Sie können vorsehen, daß der Vertragsarzt, der vom Versicherten weder als erster Arzt in einem Behandlungsquartal noch mit Überweisung noch zur Einholung einer Zweitmeinung in Anspruch genommen wird, von diesem Versicherten verlangen kann, daß die bei ihm in Anspruch genommenen Leistungen im Wege der Kostenerstattung abgerechnet werden.

§ 64a Modellvorhaben zur Arzneimittelversorgung

(1) 1Die Kassenärztliche Vereinigung und die für die Wahrnehmung der wirtschaftlichen Interessen maßgebliche Organisation der Apotheker auf Landesebene gemeinsam können mit den für ihren Bezirk zuständigen Landesverbänden der Krankenkassen und den Ersatzkassen gemeinsam die Durchführung eines Modellvorhabens nach § 63 zur Verbesserung der Qualität und Wirtschaftlichkeit der Arzneimittelversorgung für eine Zeitdauer von bis zu drei Jahren vereinbaren. 2Werden Modellvorhaben in mehreren Bezirken der Kassenärztlichen Vereinigungen vereinbart, sollen sich die Kassenärztlichen Vereinigungen auf die Durchführung des Modellvorhabens in einem Bezirk einigen. 3Überschüsse aufgrund von Minderaufwendungen, die durch Maßnahmen des Modellvorhabens nach Satz 1 bei den Krankenkassen realisiert werden, sind in Teilen an die Leistungserbringer weiterzuleiten. 4Die durch das Modellvorhaben den Krankenkassen entstehenden Mehraufwendungen sind auszugleichen. 5Die Vereinbarung nach Satz 1 umfasst das Nähere zu dem Modellvorhaben, insbesondere

1. einen Katalog für eine wirtschaftliche Wirkstoffauswahl in allen versorgungsrelevanten Indikationen,
2. die im Modellprojekt zu erbringenden Leistungen und deren Dokumentation,
3. die Grundsätze zur Ermittlung von Überschüssen und deren teilweise Weiterleitung an die Leistungserbringer nach Satz 3 sowie zum Ausgleichsverfahren nach Satz 4.

6Im Übrigen gilt für die Vereinbarung nach Satz 1 § 63 Absatz 3 und 4 bis 6 entsprechend. 7§ 65 gilt entsprechend mit der Maßgabe, dass die Begleitung und Auswertung von den Vertragspartnern nach Satz 1 veranlasst wird. 8Für das Modellvorhaben ist eine Vereinbarung nach § 106b Absatz 1 Satz 1 zu treffen. 9Die Kassenärztliche Bundesvereinigung und die Vertragspartner nach § 129 Absatz 2 können gemeinsame Empfehlungen insbesondere zum Inhalt und zur Durchführung des Modellvorhabens vereinbaren, die in der Vereinbarung nach Satz 1 zu beachten sind.

(2) 1Sofern keine Einigung über die Durchführung eines Modellvorhabens erzielt wird, kann jede Vertragspartei das Schiedsgremium nach den Sätzen 2 und 3 zur Festsetzung des Inhalts einer Vereinbarung nach Absatz 1 anrufen. 2Das Schiedsgremium wird von den in Absatz 1 Satz 1 genannten Beteiligten gebildet. 3§ 89a Absatz 3 bis 10 sowie die Rechtsverordnung nach § 89a Absatz 11 gelten entsprechend. 4Die Festsetzung soll unterbleiben, wenn in dem Bezirk einer anderen Kassenärztlichen Vereinigung bereits ein Modellvorhaben vereinbart wurde.

§ 64b Modellvorhaben zur Versorgung psychisch kranker Menschen

(1) 1Gegenstand von Modellvorhaben nach § 63 Absatz 1 oder 2 kann auch die Weiterentwicklung der Versorgung psychisch kranker Menschen sein, die auf eine Verbesserung der Patientenversorgung oder der sektorenübergreifenden Leistungserbringung ausgerichtet ist, einschließlich der komplexen psychiatrischen Behandlung im häuslichen Umfeld. 2In jedem Land soll unter besonderer Berücksichtigung der Kinder- und Jugendpsychiatrie mindestens ein Modellvorhaben nach Satz 1 durchgeführt werden; dabei kann ein Modellvorhaben auf mehrere Länder erstreckt werden. 3Eine bestehende Verpflichtung der Leistungserbringer zur Versorgung bleibt unberührt. 4§ 63 Absatz 3 ist für Modellvorhaben nach Satz 1 mit der Maßgabe anzuwenden, dass von den Vorgaben der §§ 295, 300, 301 und 302 sowie des § 17d Absatz 9 des Krankenhausfinanzierungsgesetzes nicht abgewichen werden darf. 5§ 63 Absatz 5 Satz 1 gilt nicht. 6Die Meldung nach Absatz 3 Satz 2 hat vor der Vereinbarung zu erfolgen.

(2) 1Die Modellvorhaben nach Absatz 1 sind im Regelfall auf längstens 15 Jahre zu befristen. 2Unter Vorlage des Berichts nach § 65 können die Krankenkassen und die Vertragsparteien bei den zuständigen Aufsichtsbehörden eine Verlängerung beantragen.

(3) 1Dem DRG-Institut der Selbstverwaltungspartner nach § 17b Absatz 2 des Krankenhausfinanzierungsgesetzes sind neben den nach § 21 des Krankenhausentgeltgesetzes zu übermittelnden Daten von den Vertragsparteien des Modellvorhabens insbesondere auch Informationen zur vereinbarten Art und Anzahl der Patientinnen und Patienten, zu spezifischen Leistungsinhalten und den der verhandelten Vergütungen zugrunde gelegten Kosten sowie zu strukturellen Merkmalen des jeweiligen Modellvorhabens einschließlich der Auswertung nach § 65 mitzuteilen. 2Über Art und Umfang der zu meldenden Daten sowie zur Meldung von Modellvorhaben beim DRG-Institut schließen die Selbstverwaltungspartner nach § 17b Absatz 2 des Krankenhausfinanzierungsgesetzes bis zum 31. Dezember 2012 eine Vereinbarung. 3§ 21 Absatz 4, 5 Satz 1 und 2 sowie Absatz 6 des Krankenhausentgeltge-

setzes ist für die Vereinbarung und die Datenübermittlung entsprechend anzuwenden. $_{4}$Für die Finanzierung der Aufgaben des DRG-Instituts gilt § 17d Absatz 5 des Krankenhausfinanzierungsgesetzes entsprechend.

(4) Private Krankenversicherungen und der Verband der privaten Krankenversicherung können sich an Modellvorhaben nach Absatz 1 und deren Finanzierung beteiligen.

§ 64c Modellvorhaben zum Screening auf 4MRGN

(1) $_{1}$Die in § 115 Absatz 1 Satz 1 genannten Vertragspartner vereinbaren gemeinsam und einheitlich im Einvernehmen mit dem Robert Koch-Institut die Durchführung eines Modellvorhabens nach § 63, um Erkenntnisse zur Effektivität und zum Aufwand eines Screenings auf 4MRGN (Multiresistente gramnegative Stäbchen mit einer Resistenz gegen vier der vier Antibiotikagruppen) im Vorfeld eines planbaren Krankenhausaufenthaltes zu gewinnen. $_{2}$Das Modellvorhaben ist insbesondere auf die Risikopersonen nach Maßgabe der Empfehlungen der Kommission für Krankenhaushygiene und Infektionsprävention auszurichten. $_{3}$Die Kassenärztlichen Vereinigungen verständigen sich auf die Durchführung eines Modellvorhabens in mindestens einer Kassenärztlichen Vereinigung. $_{4}$Soweit eine überbezirkliche Versorgung besteht, soll das Modellvorhaben in den betroffenen Kassenärztlichen Vereinigungen gemeinsam durchgeführt werden. $_{5}$Das Modellvorhaben kann in mehreren Kassenärztlichen Vereinigungen durchgeführt werden, insbesondere um ausreichende Fallzahlen zu gewährleisten und um regionale Unterschiede in der Bevölkerungsstruktur zu berücksichtigen. $_{5}$§ 65 gilt mit der Maßgabe, dass die wissenschaftliche Begleitung und Auswertung des Modellvorhabens im Einvernehmen mit dem Robert Koch-Institut zu erfolgen hat.

(2) $_{1}$Sofern keine Einigung über die Durchführung eines Modellvorhabens nach Absatz 1 erzielt wird, kann jede Vertragspartei das zuständige sektorenübergreifende Schiedsgremium gemäß § 89a anrufen. $_{2}$Die Anrufung des Schiedsgremiums soll unterbleiben, wenn in einer anderen Kassenärztlichen Vereinigung bereits ein Modellvorhaben nach Absatz 1 vereinbart wurde, keine überbezirkliche Versorgung besteht oder eine Durchführung eines Modellvorhabens in mehreren Kassenärztlichen Vereinigungen aus wissenschaftlichen Gründen nicht erforderlich ist.

§ 64d Verpflichtende Durchführung von Modellvorhaben zur Übertragung ärztlicher Tätigkeiten

(1) $_{1}$Die Landesverbände der Krankenkassen und die Ersatzkassen führen gemeinsam in jedem Bundesland mindestens ein Modellvorhaben nach § 63 zur Übertragung von ärztlichen Tätigkeiten, bei denen es sich um selbstständige Ausübung von Heilkunde handelt, auf Pflegefachkräfte mit einer Zusatzqualifikation nach § 14 des Pflegeberufegesetzes im Wege der Vereinbarung nach Maßgabe des Rahmenvertrages nach Satz 4 durch. $_{2}$In den Modellvorhaben sind auch Standards für die interprofessionelle Zusammenarbeit zu entwickeln. $_{3}$Die Vorhaben beginnen spätestens am 1. Januar 2023. $_{4}$Die Spitzenorganisationen nach § 132a Absatz 1 Satz 1 und die Kassenärztliche Bundesvereinigung legen in einem Rahmenvertrag die Einzelheiten bis zum 31. März 2022 fest. $_{5}$Bis zum 31. Dezember 2022 sind in dem Rahmenvertrag nach Satz 4 unter vertraglicher Beteiligung der Vereinigungen der Träger von Pflegeheimen Regelungen für eine Durchführung von Modellvorhaben nach Satz 1 in Pflegeheimen im Sinne des § 71 Absatz 2 des Elften Buches zu treffen, die eine Teilnahme von Pflegeheimen an Modellvorhaben spätestens ab dem 1. April 2023 ermöglichen. $_{6}$Der Bundespflegekammer und den Verbänden der Pflegeberufe auf Bundesebene und der Bundesärztekammer ist vor Abschluss des Rahmenvertrages Gelegenheit zur Stellungnahme zu geben.

(2) $_{1}$In dem Rahmenvertrag nach Absatz 1 Satz 4 und 5 ist insbesondere folgendes festzulegen:

1. ein Katalog der ärztlichen Tätigkeiten, die von Pflegefachkräften nach Absatz 1 Satz 1 unter Berücksichtigung der von der Fachkommission nach § 53 des Pflegeberufegesetzes entwickelten, standardisierten Module nach § 14 Absatz 4 des Pflegeberufegesetzes selbständig durchgeführt werden können,
2. Vereinbarungen zur ausgewogenen Berücksichtigung aller Versorgungsbereiche bei der Durchführung von Modellvorhaben,
3. einheitliche Vorgaben zur Abrechnung und zu Maßnahmen zur Sicherstellung der Wirtschaftlichkeit,
4. Rahmenvorgaben für die interprofessionelle Zusammenarbeit.

$_{2}$Kommt der Rahmenvertrag nicht innerhalb der Frist nach Absatz 1 Satz 4 oder Satz 5 zustande, wird der Inhalt des Rahmenvertrages durch eine von den Vertragspartnern zu bestimmende unabhängige Schiedsperson innerhalb von drei Monaten auf Antrag einer der Vertragspartner oder des Bundesministeriums für Gesundheit festgelegt. $_{3}$Einigen sich die Vertragspartner nicht auf eine Schiedsperson, so wird diese vom Bundesamt für Soziale Sicherung bestimmt. $_{4}$Die Kosten des Schiedsverfahrens tragen die Vertragspartner zu gleichen Teilen.

(3) $_{1}$Die Modellvorhaben sind längstens auf vier Jahre zu befristen. $_{2}$§ 65 gilt mit der Maßgabe, dass der Evaluationsbericht einen Vorschlag zur Übernahme in die Regel-

versorgung enthalten muss. $_{3}$Nach Ablauf der Befristung und bis zur Vorlage des Evaluationsberichts können die Beteiligten nach Absatz 1 Satz 1 und 5 das Modellvorhaben auf Grundlage eines Vertrages über eine besondere Versorgung der Versicherten nach § 140a fortführen. $_{4}$Enthält der Evaluationsbericht einen Vorschlag, der die Übernahme in die Regelversorgung empfiehlt, können die Beteiligten nach Absatz 1 Satz 1 und 5 das Modellvorhaben im Rahmen eines Vertrages über eine besondere Versorgung der Versicherten nach § 140a fortführen.

§ 64e Modellvorhaben zur umfassenden Diagnostik und Therapiefindung mittels Genomsequenzierung bei seltenen und bei onkologischen Erkrankungen, Verordnungsermächtigung

(1) $_{1}$Der Spitzenverband Bund der Krankenkassen schließt bis zum 1. Januar 2024 mit den Leistungserbringern, deren Berechtigung zur Teilnahme am Modellvorhaben nach Absatz 4 Satz 2 festgestellt worden ist, mit bindender Wirkung für die Krankenkassen einen einheitlichen Vertrag zur Durchführung eines Modellvorhabens zur umfassenden Diagnostik und Therapiefindung mittels einer Genomsequenzierung bei seltenen und bei onkologischen Erkrankungen. $_{2}$Die Laufzeit des Modellvorhabens beträgt abweichend von § 63 Absatz 5 mindestens fünf Jahre. $_{3}$Vor Abschluss des Vertrages ist der Deutschen Krankenhausgesellschaft Gelegenheit zur Stellungnahme zu geben. $_{4}$Der Verband der Privaten Krankenversicherung kann dem Vertrag durch Mitteilung an den Spitzenverband Bund der Krankenkassen und an die Leistungserbringer nach Satz 1 beitreten. $_{5}$Eine Kündigung des Vertrages durch den Verband der Privaten Krankenversicherung muss gegenüber dem Spitzenverband Bund der Krankenkassen und den Leistungserbringern nach Satz 1 erklärt werden. $_{6}$Eine Kündigung des Vertrages durch einen Leistungserbringer muss gegenüber dem Spitzenverband Bund der Krankenkassen und dem Verband der Privaten Krankenversicherung, sofern dieser dem Vertrag beigetreten ist, erfolgen. $_{7}$Die Kündigung nach den Sätzen 5 oder 6 berührt die Wirksamkeit des Vertrages für die übrigen Vertragspartner nicht. $_{8}$Leistungserbringer, deren Berechtigung zur Teilnahme am Modellvorhaben nach Absatz 4 Satz 2 nach Abschluss des Vertrages nach Satz 1 festgestellt worden ist, können dem Vertrag beitreten, indem sie ihren Beitritt gegenüber dem Spitzenverband Bund der Krankenkassen erklären.

(2) $_{1}$Das Modellvorhaben umfasst eine einheitliche, qualitätsgesicherte und standardisierte und nach dem Stand von Wissenschaft und Technik zu erbringende Diagnostik und eine personalisierte Therapiefindung mittels einer Genomsequenzierung bei dem Versicherten, der nach Absatz 5 an dem Modellvorhaben teilnimmt, bei seltenen oder bei onkologischen Erkrankungen. $_{2}$Die Leistung ist unter Beachtung des Gendiagnostikgesetzes und datenschutzrechtlicher Vorgaben zu erbringen und umfasst insbesondere

1. die sachgerechte und soweit möglich an evidenzbasierten Leitlinien orientierte Prüfung der Indikationsstellung für die Genomsequenzierung und Erwägung anderer diagnostischer oder therapeutischer Möglichkeiten in multidisziplinären Fallkonferenzen, bei der alle für den jeweiligen Fall relevanten medizinischen Fachgebiete vertreten sind,
2. die standardisierte Phänotypisierung,
3. die Sequenzierung, die auch parallele Untersuchungen aller kodierenden Abschnitte umfassen kann,
4. die bioinformatische Auswertung,
5. die klinische Interpretation,
6. die Befundmitteilung nach Durchführung der Sequenzierung sowie
7. die Durchführung einheitlicher Reevaluationszyklen.

$_{3}$Zusätzlich zur Genomsequenzierung des Versicherten kann ein Teil der Diagnostik die Genomsequenzierung eines biologischen Elternteils oder beider biologischen Elternteile des Versicherten sein, wenn der biologische Elternteil oder beide biologische Elternteile darin einwilligen. $_{4}$Die Genomsequenzierung nach Satz 3 soll in einer multidisziplinären Fallkonferenz nach Satz 2 Nummer 1 beschlossen werden, wenn sie erforderlich ist, um die Diagnostik des Versicherten zu ermöglichen oder wesentlich zu verbessern. $_{5}$Die Genomsequenzierung nach Satz 3 umfasst die in Satz 2 Nummer 2 bis 5 genannten Maßnahmen sowie die Leistungen, die zur Gewinnung des notwendigen Probenmaterials erforderlich sind. $_{6}$Zuständig für die Maßnahmen und Leistungen nach Satz 5 ist die Krankenkasse des am Modellvorhaben teilnehmenden Versicherten. $_{7}$Die im Rahmen der Diagnostik und Therapiefindung erhobenen Daten sind von den Leistungserbringern innerhalb von drei Monaten in der Dateninfrastruktur nach Absatz 9 zu dokumentieren.

(3) $_{1}$Zur Teilnahme an dem Modellvorhaben berechtigte Leistungserbringer sind:

1. Krankenhäuser, insbesondere Hochschulkliniken, die über ein Zentrum für seltene oder onkologische Erkrankungen verfügen, das die Qualitätsanforderungen in Anlage 1 oder 2 des Beschlusses des Gemeinsamen Bundesausschusses über die Erstfassung der Regelungen zur Konkretisierung der besonderen Aufgaben von Zentren und Schwerpunkten gemäß § 136c Absatz 5 erfüllt oder

2. in Netzwerken organisierte onkologische Zentren, insbesondere das Deutsche Netzwerk für Personalisierte Medizin, das Nationale Netzwerk Genomische Medizin Lungenkrebs, das Deutsche Konsortium Familiärer Brust- und Eierstockkrebs, das Deutsche Konsortium für Translationale Krebsforschung und das Nationale Centrum für Tumorerkrankungen.

2Die Ausweisung und Festlegung als Zentrum oder eine gleichartige Festlegung durch die zuständige Landesbehörde im Einzelfall gegenüber dem Krankenhaus wird nicht vorausgesetzt. 3Maßgeblich für die Teilnahme am Modellprojekt ist eine therapie- oder maßnahmenbegleitende Datenerhebung, die eine Evaluation und gegebenenfalls Anpassung der empfohlenen Therapien und Maßnahmen ermöglicht. 4Die Leistungserbringer nach Satz 1 müssen über ein qualitätsgesichertes, interdisziplinäres und multiprofessionelles Versorgungsangebot verfügen sowie die Aufgaben zur Diagnostik und Therapiefindung nach Absatz 2 übernehmen. 5Eine Teilnahme des Leistungserbringers an multidisziplinären Fallkonferenzen im Bereich der Diagnostik von seltenen oder von onkologischen Erkrankungen ist nachzuweisen. 6Die Deutsche Krankenhausgesellschaft teilt dem Spitzenverband Bund der Krankenkassen Empfehlungen für die Konkretisierung der in den Sätzen 1 bis 5 genannten Anforderungen sowie für weitere geeignete Voraussetzungen für die Teilnahme der Leistungserbringer nach Satz 1 am Modellvorhaben mit, die bei der Prüfung nach Absatz 4 Satz 2 berücksichtigt werden sollen. 7Der Spitzenverband Bund der Krankenkassen hat die anzuwendenden Empfehlungen zu veröffentlichen und der Deutschen Krankenhausgesellschaft gegenüber zu begründen, wenn Empfehlungen nicht angewendet werden.

(4) 1Die Teilnahme der Leistungserbringer an dem Modellvorhaben kann bei dem Spitzenverband Bund der Krankenkassen unter Nachweis der Erfüllung der Voraussetzungen nach Absatz 3 beantragt werden. 2Der Spitzenverband Bund der Krankenkassen prüft das Vorliegen der Voraussetzungen nach Absatz 3 und entscheidet durch Verwaltungsakt über die Berechtigung des antragstellenden Leistungserbringers zur Teilnahme an dem Modellvorhaben. 3Wenn weitere Unterlagen erforderlich sind, um über den Antrag abschließend entscheiden zu können, fordert der Spitzenverband Bund der Krankenkassen diese Unterlagen von dem Leistungserbringer an. 4Der Spitzenverband Bund der Krankenkassen veröffentlicht die zur Teilnahme am Modellvorhaben berechtigten Leistungserbringer namentlich auf seiner Internetseite. 5Die Leistungserbringer haben mit dem Antrag auf Teilnahme der Veröffentlichung nach Satz 4 zuzustimmen.

(5) 1Versicherte können an dem Modellvorhaben teilnehmen, wenn

1. eine Diagnose einer seltenen oder einer onkologischen Erkrankung vorliegt oder abgeklärt werden soll, die einer nach Absatz 7 Satz 1 Nummer 1 vereinbarten Indikation entspricht,
2. auf Grund des bisherigen Behandlungsverlaufs die Teilnahme an dem Modellvorhaben empfohlen wird von
   a) dem Leistungserbringer, der den Versicherten behandelt, oder
   b) einem Leistungserbringer, dessen Berechtigung zur Teilnahme am Modellvorhaben nach Absatz 4 Satz 2 festgestellt worden ist.

2Die Teilnahme am Modellvorhaben ist dann zu empfehlen, wenn von einer Genomsequenzierung nach dem Stand der Wissenschaft und Technik wesentliche Erkenntnisse in Bezug auf die Diagnose oder ein klinisch relevanter Mehrwert für die Behandlung des Versicherten zu erwarten ist. 3Die Empfehlung zur Teilnahme nach Satz 1 Nummer 2 Ziffer b soll durch mindestens eine multidisziplinäre Fallkonferenz, die durch den Leistungserbringer nach Satz 1 Nummer 2 einberufen wird, bestätigt werden. 4Eine den Vorgaben nach Absatz 7 Satz 1 Nummer 2 entsprechende Information über den bisherigen Behandlungsverlauf durch den behandelnden Leistungserbringer an den am Modellvorhaben teilnehmenden Leistungserbringer sowie eine Information über die durch Diagnostik und Therapiefindung gewonnenen Erkenntnisse durch den am Modellvorhaben teilnehmenden Leistungserbringer an den behandelnden Leistungserbringer ist sicherzustellen.

(6) 1Die Leistungserbringer, die Vertragspartner nach Absatz 1 Satz 1 sind, dürfen die für die in den Absätzen 2 und 10 Satz 3 genannten Zwecke erforderlichen personenbezogenen Daten nur mit ausdrücklicher schriftlicher oder elektronischer Einwilligung und nach vorheriger ärztlicher Aufklärung und Beratung der Versicherten unter Beachtung europäischer und nationaler datenschutzrechtlicher Vorgaben, insbesondere der Rechte der betroffenen Person nach den Artikeln 12 bis 22 der Verordnung (EU) 2016/679 des Europäischen Parlaments und des Rates vom 27. April 2016 zum Schutz natürlicher Personen bei der Verarbeitung personenbezogener Daten, zum freien Datenverkehr und zur Aufhebung der Richtlinie 95/46/EG (Datenschutz-Grundverordnung) (ABl. L 119 vom 4. 5. 2016, S. 1; L 314 vom 22. 11. 2016, S. 72; L 127 vom 23. 5. 2018, S. 2; L 74 vom 4. 3. 2021, S. 35) in der jeweils geltenden Fassung, verarbeiten. 2Satz 1 gilt bei einer Genomsequenzierung nach Absatz 2 Satz 3 für ei-

V

nen biologischen Elternteil oder für beide biologischen Elternteile entsprechend.

(7) 1In dem Vertrag nach Absatz 1 Satz 1 haben die Vertragspartner insbesondere Vereinbarungen zu treffen über

1. die Indikationen in den Bereichen seltener und onkologischer Erkrankungen, bei denen klinische oder wissenschaftliche Hinweise zu einem Einfluss individueller und genetischer Informationen auf die Diagnose und die Therapieentscheidung vorliegen,
2. die Informationspflichten nach Absatz 5 Satz 4,
3. die Voraussetzungen zur Beendigung der umfassenden Diagnostik und der Therapiefindung im Modellvorhaben, der Rücküberweisung des Versicherten zur weiteren Behandlung im Rahmen der Regelversorgung in die ambulante oder stationäre Versorgung sowie über die Möglichkeit für die Versicherten, weiterhin kontinuierliche Reevaluation nach Absatz 2 Satz 2 Nummer 7 im Rahmen des Modellvorhabens in Anspruch zu nehmen, deren Ergebnisse bei der Behandlung in der Regelversorgung zu berücksichtigen sind,
4. zusätzliche Qualitätsanforderungen für die Leistungserbringer, die die Qualität der zu erbringenden Leistungen und die Sicherheit der Versicherten gewährleisten,
5. Anforderungen an die Koordination und Strukturierung der Abläufe bei den Leistungserbringern einschließlich Festlegungen zu Reevaluationszyklen sowie über die aktive Kooperation der Leistungserbringer in einem Netzwerk,
6. die datenschutzkonforme, barrierefreie einheitliche Ausgestaltung der Einwilligung der Versicherten nach Absatz 6; dies hat im Einvernehmen mit dem Bundesbeauftragten für den Datenschutz und die Informationsfreiheit sowie der Beauftragten der Bundesregierung für die Belange der Patientinnen und Patienten zu erfolgen,
7. Möglichkeiten zur Kooperation der am Modellvorhaben teilnehmenden Leistungserbringer im Hinblick auf die Erbringung von in Absatz 2 Satz 2 genannten Leistungen und Maßnahmen,
8. einheitliche Vorgaben für die Vergütung für die im Rahmen dieses Modellvorhabens zu erbringenden Leistungen,
9. Maßnahmen zur Sicherstellung der Wirtschaftlichkeit der im Rahmen dieses Modellvorhabens zu erbringenden Leistungen,
10. die Sicherstellung der Anbindung der Leistungserbringer an die Dateninfrastruktur nach den Absätzen 9 bis 12 und die Ausgestaltung und Unterzeichnung einer Vereinbarung über die Nutzung der Dateninfrastruktur durch die Leistungserbringer,
11. Maßnahmen zur Zusammenführung der im Rahmen der Diagnostik und Therapiefindung erhobenen Daten von allen an dem Modellvorhaben teilnehmenden Leistungserbringern in der Dateninfrastruktur nach den Absätzen 9 bis 12,
12. Maßnahmen, die sicherstellen, dass die in der Dateninfrastruktur nach den Absätzen 9 bis 12 enthaltenen Daten nur im Rahmen dieses Modellvorhabens genutzt werden und
13. die Folgen einer Kündigung eines Leistungserbringers insbesondere im Hinblick auf den Umgang mit den durch diesen Leistungserbringer bereits generierten Daten.

2Der Vertrag ist nach dem Stand von Wissenschaft und Technik zu schließen. 3Der Vertrag ist von den Vertragspartnern der Fortentwicklung des Standes von Wissenschaft und Technik anzupassen oder, wenn sich aus den Zwischenberichten nach Absatz 13 Satz 3 ein Anpassungsbedarf ergibt. 4Abweichend von Absatz 1 Satz 3 ist mit der Deutschen Krankenhausgesellschaft bezüglich der in Satz 1 Nummer 2 und 3 genannten Vertragsinhalte Einvernehmen herzustellen. 5Die nach der aufgrund des § 140g erlassenen Rechtsverordnung anerkannten Organisationen sind vor dem Abschluss des Vertrages nach Absatz 1 Satz 1 anzuhören. 6Die Organisationen benennen hierzu sachkundige Personen. 7§ 116b Absatz 6 Satz 13 bis 15 gilt entsprechend mit der Maßgabe, dass die morbiditätsbedingte Gesamtvergütung um die Leistungen zu bereinigen ist, die im Rahmen des Modellvorhabens nach Absatz 2 erbracht werden. 8Für die Vergütung der Leistungen, die durch die Leistungserbringer, deren Berechtigung zur Teilnahme am Modellvorhaben nach Absatz 4 Satz 2 festgestellt worden ist, im Rahmen des Modellvorhabens erbracht werden, gilt § 120 Absatz 2 Satz 1 entsprechend. 9§ 136c Absatz 5 Satz 3 und § 140a Absatz 2 Satz 7 gelten entsprechend.

(8) 1Kommt ein Vertrag nach Absatz 1 Satz 1 ganz oder teilweise nicht bis zum 1. Januar 2024 zu Stande, wird der Vertragsinhalt von einer von den Vertragsparteien gemeinsam zu benennenden unabhängigen Schiedsperson innerhalb von drei Monaten festgelegt. 2Kann das nach Absatz 7 Satz 4 erforderliche Einvernehmen nicht hergestellt werden, legt die Schiedsperson nach Anhörung der Deutschen Krankenhausgesellschaft die in Absatz 7 Satz 1 Nummer 2 und 3 genannten Vertragsinhalte fest. 3Die Kosten des Schiedsverfahrens tragen der Spitzenverband Bund der Krankenkassen und die Gesamtheit der Leistungserbringer, deren Berechtigung zur Teilnahme am

Modellvorhaben nach Absatz 4 Satz 2 festgestellt worden ist, je zur Hälfte. 4Klagen, die die Festlegung des Vertragsinhalts betreffen, sind gegen eine der beiden Vertragsparteien, nicht gegen die Schiedsperson, zu richten.

(9) 1Die Aufgaben der Datenverarbeitung im Rahmen des Modellvorhabens werden von der Vertrauensstelle und dem Träger der Dateninfrastruktur wahrgenommen. 2Die Aufgaben der Vertrauensstelle werden durch das Robert Koch-Institut, die Aufgaben des Trägers der Dateninfrastruktur durch das Bundesinstitut für Arzneimittel und Medizinprodukte wahrgenommen. 3Der Träger der Dateninfrastruktur und die Vertrauensstelle unterliegen dem Sozialgeheimnis nach § 35 des Ersten Buches und unterstehen der Rechtsaufsicht des Bundesministeriums für Gesundheit. 4Der Träger der Dateninfrastruktur und die Vertrauensstelle müssen durch die Qualifikation ihrer Mitarbeiterinnen und Mitarbeiter sowie durch ihre räumliche, sachliche und technische Ausstattung gewährleisten, dass sie die ihnen übertragenen Aufgaben erfüllen können. 5Die Leistungserbringer, die Vertragspartner nach Absatz 1 Satz 1 sind, übermitteln für die in Absatz 10 Satz 3 genannten Zwecke für jeden teilnehmenden Versicherten die folgenden verschlüsselten Daten jeweils in Verbindung mit einer Arbeitsnummer an den Träger der Dateninfrastruktur:

1. Angaben zu Alter, Geschlecht und Kreisschlüssel,
2. die Daten der Genomsequenzierung,
3. die Daten der Phänotypisierung und
4. Daten zum Behandlungsverlauf.

6Die Leistungserbringer, die Vertragspartner nach Absatz 1 Satz 1 sind, übermitteln die Arbeitsnummer und die Krankenversichertennummer im Sinne des § 290 an die Vertrauensstelle. 7Die Vertrauensstelle überführt die ihr nach Satz 6 übermittelten Krankenversichertennummern nach einem einheitlich anzuwendenden Verfahren in periodenübergreifende Pseudonyme. 8Die Vertrauensstelle hat im Einvernehmen mit dem Bundesamt für Sicherheit in der Informationstechnik ein schlüsselabhängiges Verfahren zur Pseudonymisierung festzulegen, das dem jeweiligen Stand der Wissenschaft und Technik entspricht. 9Das Verfahren zur Pseudonymisierung ist so zu gestalten, dass für die jeweilige Krankenversichertennummern eines jeden Versicherten periodenübergreifend immer das gleiche Pseudonym erstellt wird, aus dem Pseudonym aber nicht auf die Arbeitsnummer oder die Identität des Versicherten geschlossen werden kann. 10Die Vertrauensstelle übermittelt dem Träger der Dateninfrastruktur die periodenübergreifenden Pseudonyme mit den dazugehörigen Arbeitsnummern. 11Mit dem periodenübergreifenden Pseudonym und der bereits übersandten Arbeitsnummer verknüpft der Träger der Dateninfrastruktur die freigegebenen Daten mit den im Träger der Dateninfrastruktur vorliegenden Daten vorheriger Übermittlungen. 12Nach der Übermittlung hat sie die Arbeitsnummern, die Krankenversichertennummern sowie die periodenübergreifenden Pseudonyme zu löschen.

(10) 1Der Träger der Dateninfrastruktur nach Absatz 9 Satz 2 hat folgende Aufgaben:

1. die ihm von den Leistungserbringern übermittelten Daten für die Auswertung für Zwecke nach Satz 3 qualitätsgesichert aufzubereiten,
2. Qualitätssicherungen der Daten vorzunehmen,
3. Anträge auf Datennutzung zu prüfen,
4. das spezifische Reidentifikationsrisiko in Bezug auf die durch Nutzungsberechtigte nach Absatz 11 beantragten Daten zu bewerten und unter angemessener Wahrung des angestrebten wissenschaftlichen Nutzens durch geeignete Maßnahmen zu minimieren,
5. die beantragten Daten den Nutzungsberechtigten nach Absatz 11 Satz 1 zugänglich zu machen und
6. die wissenschaftliche Erschließung der Daten zu fördern.

2Der Träger der Dateninfrastruktur hat die versichertenbezogenen Einzeldatensätze spätestens nach 30 Jahren zu löschen. 3Der Träger der Dateninfrastruktur macht die ihm von den Leistungserbringern übermittelten Daten den Nutzungsberechtigten auf Antrag in anonymisierter und aggregierter Form zugänglich, soweit die beantragten Daten geeignet und erforderlich sind zur

1. Verbesserung der Versorgung im Zusammenhang mit personalisierten und standardisierten Therapien und Diagnostika mittels einer Genomsequenzierung
2. Qualitätssicherung oder
3. wissenschaftlichen Forschung.

4Der Träger der Dateninfrastruktur kann einem Nutzungsberechtigten entsprechend seinen Anforderungen auch pseudonymisierte Einzeldatensätze bereitstellen, wenn der antragstellende Nutzungsberechtigte nachvollziehbar darlegt, dass die Nutzung der pseudonymisierten Einzeldatensätze für einen nach Satz 3 zulässigen Nutzungszweck erforderlich ist. 5Der Träger der Dateninfrastruktur stellt einem Nutzungsberechtigten die pseudonymisierten Einzeldatensätze ohne Sichtbarmachung der Pseudonyme für die Verarbeitung unter Kontrolle des Trägers der Dateninfrastruktur bereit, soweit

1. gewährleistet ist, dass diese Daten nur solchen Personen bereitgestellt werden, die einer Geheimhaltungspflicht nach § 203 des Strafgesetzbuches unterliegen, und

2. durch geeignete technische und organisatorische Maßnahmen sichergestellt wird, dass die Verarbeitung durch den Nutzungsberechtigten auf das erforderliche Maß beschränkt und insbesondere ein Kopieren der Daten verhindert werden kann.

$_{6}$Personen, die nicht der Geheimhaltungspflicht nach § 203 des Strafgesetzbuches unterliegen, können pseudonymisierte Einzeldatensätze nach Satz 4 bereitgestellt werden, wenn sie vor dem Zugang zur Geheimhaltung verpflichtet wurden. $_{7}$§ 1 Absatz 2, 3 und 4 Nummer 2 des Verpflichtungsgesetzes gilt entsprechend.

(11) $_{1}$Nutzungsberechtigte sind die Leistungserbringer, die Vertragspartner nach Absatz 1 Satz 1 sind, Hochschulen, die nach landesrechtlichen Vorschriften anerkannten Hochschulkliniken, öffentlich geförderte außeruniversitäre Forschungseinrichtungen und sonstige öffentliche Einrichtungen mit der Aufgabe unabhängiger wissenschaftlicher Forschung, sofern die Daten wissenschaftlichen Vorhaben dienen. $_{2}$Die Nutzungsberechtigten dürfen die nach Absatz 10 Satz 3 und 4 zugänglich gemachten Daten

1. nur für die Zwecke nutzen, für die sie zugänglich gemacht werden und
2. nicht an Dritte weitergeben, es sei denn, der Träger der Dateninfrastruktur genehmigt auf Antrag eine Weitergabe an einen Dritten im Rahmen eines nach Absatz 10 Satz 3 zulässigen Nutzungszwecks.

$_{3}$Die Nutzungsberechtigten haben bei der Verarbeitung der nach Absatz 10 Satz 3 und 4 zugänglich gemachten Daten darauf zu achten, keinen Bezug zu Personen, Leistungserbringern oder Leistungsträgern herzustellen. $_{4}$Wird ein Bezug zu Personen, Leistungserbringern oder Leistungsträgern unbeabsichtigt hergestellt, so ist dies dem Träger der Dateninfrastruktur zu melden. $_{5}$Die Verarbeitung der bereitgestellten Daten zum Zwecke der Herstellung eines Personenbezugs, zum Zwecke der Identifizierung von Leistungserbringern oder Leistungsträgern sowie zum Zwecke der bewussten Verschaffung von Kenntnissen über fremde Betriebs- und Geschäftsgeheimnisse ist untersagt. $_{6}$Wenn die zuständige Datenschutzaufsichtsbehörde feststellt, dass Nutzungsberechtigte die vom Träger der Dateninfrastruktur nach Absatz 10 Satz 3 und 4 zugänglich gemachten Daten in einer Art und Weise verarbeitet haben, die nicht den geltenden datenschutzrechtlichen Vorschriften oder den Auflagen des Trägers der Dateninfrastruktur entspricht, und wegen eines solchen Verstoßes eine Maßnahme nach Artikel 58 Absatz 2 Buchstabe b bis j der Verordnung (EU) 2016/679 gegenüber dem Nutzungsberechtigten ergriffen hat, informiert sie den Träger der Dateninfrastruktur. $_{7}$In diesem Fall schließt der Träger der Dateninfrastruktur den Nutzungsberechtigten für einen Zeitraum von bis zu zwei Jahren vom Datenzugang aus.

(12) Das Bundesministerium für Gesundheit bestimmt durch Rechtsverordnung mit Zustimmung des Bundesrates das Nähere

1. zu näheren Bestimmungen zu Art und Umfang der nach den Absätzen 9 und 10 zu übermittelnden Daten und zu den Fristen der Datenübermittlung,
2. zur Datenverarbeitung durch die Leistungserbringer,
3. zum Verfahren der Pseudonymisierung der Versichertendaten durch die Leistungserbringer,
4. zur technischen Ausgestaltung der Datenübermittlung nach den Absätzen 9 und 10 und
5. zur Evaluation des Modellvorhabens.

(13) $_{1}$§ 65 gilt mit der Maßgabe, dass der Bericht über die Ergebnisse der Auswertungen einen Vorschlag zur Übernahme der Leistungen des Modellvorhabens in die Regelversorgung enthalten muss. $_{2}$Nach Ablauf der Laufzeit nach Absatz 1 Satz 2 und bis zur Vorlage des Berichts über die Ergebnisse der Auswertungen oder bis zu einer gesetzlichen Regelung zur Übernahme in die Regelversorgung können die Krankenkassen das Modellvorhaben auf Grundlage eines Vertrages nach § 140a fortführen. $_{3}$Darüber hinaus hat der Spitzenverband Bund der Krankenkassen dem Bundesministerium für Gesundheit während der Laufzeit des Modellvorhabens jährlich ein Zwischenbericht der Evaluierung, der insbesondere die wissenschaftliche Auswertung der bis dahin vorliegenden Ergebnisse enthält, vorzulegen.

(14) $_{1}$Der Spitzenverband Bund der Krankenkassen hat den Vertrag nach Absatz 1 Satz 1 dem Bundesministerium für Gesundheit zur Genehmigung vorzulegen. $_{2}$Die Genehmigung gilt als erteilt, wenn das Bundesministerium für Gesundheit sie nicht innerhalb von zwei Monaten nach Vorlage des Vertrages ganz oder teilweise versagt. $_{3}$Im Rahmen der Prüfung kann das Bundesministerium für Gesundheit vom Spitzenverband Bund der Krankenkassen zusätzliche Informationen, die dem Vertragsschluss zugrunde lagen, sowie ergänzende Stellungnahmen anfordern; bis zum Eingang der Auskünfte ist der Ablauf der Frist nach Satz 2 gehemmt. $_{4}$Bereits während der laufenden Vertragsverhandlungen ist das Bundesministerium für Gesundheit berechtigt, Auskunft über den Stand der Verhandlungen zu verlangen und sich hierzu relevante Unterlagen vorlegen zu lassen. $_{5}$Es ist berechtigt, an den Verhandlungen zwischen den Vertragsparteien nach Absatz 1 Satz 1 teilzunehmen. $_{6}$Über die jeweiligen Verhandlungstermine hat der Spitzenverband Bund der Krankenkassen das Bundesministerium für Gesundheit frühzeitig zu informieren.

(15) Die Vorschriften des Gendiagnostikgesetzes, insbesondere zur Aufklärung, Einwilligung und Mitteilung der Ergebnisse genetischer Untersuchungen und Analysen bleiben unberührt.

§ 65 Auswertung der Modellvorhaben

$_{1}$Die Krankenkassen oder ihre Verbände haben eine wissenschaftliche Begleitung und Auswertung der Modellvorhaben im Hinblick auf die Erreichung der Ziele der Modellvorhaben nach § 63 Abs. 1 oder Abs. 2 nach allgemein anerkannten wissenschaftlichen Standards zu veranlassen. $_{2}$Der von unabhängigen Sachverständigen zu erstellende Bericht über die Ergebnisse der Auswertung ist zu veröffentlichen.

§ 65a Bonus für gesundheitsbewusstes Verhalten

(1) $_{1}$Die Krankenkasse bestimmt in ihrer Satzung, unter welchen Voraussetzungen Versicherte, die Leistungen zur Erfassung von gesundheitlichen Risiken und Früherkennung von Krankheiten nach den §§ 25, 25a und 26 oder Leistungen für Schutzimpfungen nach § 20i in Anspruch nehmen, Anspruch auf einen Bonus haben, der zusätzlich zu der in § 62 Absatz 1 Satz 2 genannten abgesenkten Belastungsgrenze zu gewähren ist. $_{2}$Um den Nachweis über das Vorliegen der Anspruchsvoraussetzungen nach Satz 1 führen zu können, dürfen Krankenkassen die nach § 284 Absatz 1 von ihnen rechtmäßig erhobenen und gespeicherten versichertenbezogenen Daten mit schriftlicher oder elektronischer Einwilligung der betroffenen Versicherten im erforderlichen Umfang verarbeiten.

(1a) $_{1}$Die Krankenkasse soll in ihrer Satzung bestimmen, unter welchen Voraussetzungen Versicherte, die regelmäßig Leistungen der Krankenkassen zur verhaltensbezogenen Prävention nach § 20 Absatz 5 in Anspruch nehmen oder an vergleichbaren, qualitätsgesicherten Angeboten zur Förderung eines gesundheitsbewussten Verhaltens teilnehmen, Anspruch auf einen Bonus haben, der zusätzlich zu der in § 62 Absatz 1 Satz 2 genannten abgesenkten Belastungsgrenze zu gewähren ist. $_{2}$Absatz 1 Satz 2 gilt entsprechend.

(2) Die Krankenkasse soll in ihrer Satzung auch vorsehen, dass bei Maßnahmen zur betrieblichen Gesundheitsförderung durch Arbeitgeber sowohl der Arbeitgeber als auch die teilnehmenden Versicherten einen Bonus erhalten.

(3) $_{1}$Die Aufwendungen für Maßnahmen nach Absatz 1a müssen mittelfristig aus Einsparungen und Effizienzsteigerungen, die durch diese Maßnahmen erzielt werden, finanziert werden. $_{2}$Die Krankenkassen haben regelmäßig, mindestens alle drei Jahre, über diese Einsparungen gegenüber der zuständigen Aufsichtsbehörde Rechenschaft abzulegen. $_{3}$Werden keine Einsparungen erzielt, dürfen keine Boni für die entsprechenden Versorgungsformen gewährt werden.

§ 65b Förderung von Einrichtungen zur Verbraucher- und Patientenberatung

(1) $_{1}$Der Spitzenverband Bund der Krankenkassen fördert Einrichtungen, die Verbraucherinnen und Verbraucher sowie Patientinnen und Patienten in gesundheitlichen und gesundheitsrechtlichen Fragen qualitätsgesichert und kostenfrei informieren und beraten, mit dem Ziel, die Patientenorientierung im Gesundheitswesen zu stärken und Problemlagen im Gesundheitssystem aufzuzeigen. $_{2}$Der Spitzenverband Bund der Krankenkassen darf auf den Inhalt oder den Umfang der Beratungstätigkeit keinen Einfluss nehmen. $_{3}$Die Förderung einer Einrichtung zur Verbraucher- und Patientenberatung setzt deren Nachweis über ihre Neutralität und Unabhängigkeit voraus. $_{4}$Im Hinblick auf eine zukünftige institutionelle Neuausrichtung wird die Verbraucher- und Patientenberatung ab dem Jahr 2023 für zwölf Monate von der UPD Patientenberatung Deutschland gGmbH unter der Trägerschaft des Fördermittelnehmers der Jahre 2016 bis 2022 durchgeführt. $_{5}$Die oder der Beauftragte der Bundesregierung für die Belange der Patientinnen und Patienten und der Spitzenverband Bund der Krankenkassen werden während der Förderphase durch einen Beirat beraten. $_{6}$Der Beirat tagt unter der Leitung der oder des Beauftragten der Bundesregierung für die Belange der Patientinnen und Patienten mindestens zweimal jährlich; ihm gehören Vertreterinnen und Vertreter der Wissenschaften und Patientenorganisationen, zwei Vertreterinnen oder Vertreter des Bundesministeriums für Gesundheit und eine Vertreterin oder ein Vertreter des Bundesministeriums der Justiz und für Verbraucherschutz sowie im Fall einer angemessenen finanziellen Beteiligung der privaten Krankenversicherungen an der Förderung nach Satz 1 eine Vertreterin oder ein Vertreter des Verbandes der privaten Krankenversicherung an. $_{7}$Der Spitzenverband Bund der Krankenkassen hat den Beirat jährlich über Angelegenheiten betreffend die Förderung nach Satz 1 zu unterrichten. $_{8}$Der nach Satz 1 geförderten Beratungseinrichtung ist auf Antrag die Gelegenheit zu geben, sich gegenüber dem Beirat zu äußern.

(2) $_{1}$Die Fördersumme nach Absatz 1 Satz 1 beträgt im Jahr 2016 insgesamt 9 000 000 Euro und ist in den Folgejahren entsprechend der prozentualen Veränderung der monatlichen Bezugsgröße nach § 18 Absatz 1 des Vierten Buches anzupassen. $_{2}$Sie umfasst auch die für die Qualitätssicherung und die Berichterstattung notwendigen Aufwendungen. $_{3}$Die Fördermittel nach Satz 1 werden durch eine Umlage der Krankenkassen gemäß dem Anteil ihrer eigenen Mitglieder an der Gesamtzahl der Mitglieder

aller Krankenkassen erbracht. 4Die Zahl der Mitglieder der Krankenkassen ist nach dem Vordruck KM6 der Statistik über die Versicherten in der gesetzlichen Krankenversicherung jeweils zum 1. Juli eines Jahres zu bestimmen.

§ 65c Klinische Krebsregister

(1) 1Zur Verbesserung der Qualität der onkologischen Versorgung führen die Länder klinische Krebsregister. 2Die klinischen Krebsregister haben insbesondere folgende Aufgaben:

1. die personenbezogene Erfassung der Daten aller in einem regional festgelegten Einzugsgebiet stationär und ambulant versorgten Patientinnen und Patienten über das Auftreten, die Behandlung und den Verlauf von bösartigen Neubildungen einschließlich ihrer Frühstadien sowie von gutartigen Tumoren des zentralen Nervensystems nach Kapitel II der Internationalen statistischen Klassifikation der Krankheiten und verwandter Gesundheitsprobleme (ICD) mit Ausnahme der Daten von Erkrankungsfällen, die an das Deutsche Kinderkrebsregister zu melden sind,
2. die Auswertung der erfassten klinischen Daten und die Rückmeldung der Auswertungsergebnisse an die einzelnen Leistungserbringer sowie die Durchführung von Analysen zum Verlauf der Erkrankungen, zum Krebsgeschehen und zum Versorgungsgeschehen,
3. den Datenaustausch mit anderen regionalen klinischen Krebsregistern bei solchen Patientinnen und Patienten, bei denen Hauptwohnsitz und Behandlungsort in verschiedenen Einzugsgebieten liegen, sowie mit Auswertungsstellen der klinischen Krebsregistrierung auf Landesebene,
4. die Förderung der interdisziplinären, direkt patientenbezogenen Zusammenarbeit bei der Krebsbehandlung,
5. die Beteiligung an der einrichtungs- und sektorenübergreifenden Qualitätssicherung des Gemeinsamen Bundesausschusses nach § 136 Absatz 1 Satz 1 Nummer 1 in Verbindung mit § 135a Absatz 2 Nummer 1,
6. die Zusammenarbeit mit zertifizierten Zentren und weiteren Leistungserbringern in der Onkologie,
7. die Erfassung von Daten für die epidemiologischen Krebsregister,
8. die Übermittlung von Daten an das Zentrum für Krebsregisterdaten beim Robert Koch-Institut nach Maßgabe des Bundeskrebsregisterdatengesetzes,
9. die Mitwirkung an dem Datenabgleich nach § 25a Absatz 1 Satz 2 Nummer 4 in Verbindung mit Satz 3,
10. die Bereitstellung notwendiger Daten zur Herstellung von Versorgungstransparenz und zu Zwecken der Versorgungsforschung und der wissenschaftlichen Forschung,
11. die gemeinsame Erarbeitung und Vorlage eines Konzepts für Datenabgleiche zur Feststellung vergleichbarer Erkrankungsfälle auf Anfrage eines behandelnden Arztes und für die Rückmeldung an diesen; die gemeinsame Erarbeitung und Vorlage dieses Konzepts beim Bundesministerium für Gesundheit hat bis zum 31. Dezember 2023 unter Beteiligung der Arbeitsgemeinschaft Deutscher Tumorzentren, der Deutschen Krebsgesellschaft, der Kassenärztlichen Bundesvereinigung, der Deutschen Krankenhausgesellschaft sowie von Vertretern der Patientenorganisationen, die in der Verordnung nach § 140g genannt oder nach der Verordnung anerkannt sind, zu erfolgen,
12. die gemeinsame Erarbeitung und Vorlage eines Konzepts zur systematischen Erfassung von Spät- und Langzeitfolgen von Krebserkrankungen und zur Integration der Daten zu Spät- und Langzeitfolgen in die Krebsregistrierung; die gemeinsame Erarbeitung und Vorlage dieses Konzepts beim Bundesministerium für Gesundheit hat bis zum 31. Dezember 2024 unter Beteiligung der Arbeitsgemeinschaft Deutscher Tumorzentren, der Gesellschaft der epidemiologischen Krebsregister in Deutschland, der Gesellschaft für Telematik und von Vertretern der Patientenorganisationen, die in der Verordnung nach § 140g genannt oder nach der Verordnung anerkannt sind, zu erfolgen.

3Die klinische Krebsregistrierung erfolgt auf der Grundlage des einheitlichen onkologischen Basisdatensatzes der Arbeitsgemeinschaft Deutscher Tumorzentren und der Gesellschaft der epidemiologischen Krebsregister in Deutschland zur Basisdokumentation für Tumorkranke und aller ihn ergänzenden Module flächendeckend sowie möglichst vollzählig und vollständig. 4Die Daten sind jährlich landesbezogen auszuwerten. 5Eine flächendeckende klinische Krebsregistrierung kann auch länderübergreifend erfolgen. 6Die für die Einrichtung und den Betrieb der klinischen Krebsregister nach Satz 2 notwendigen Bestimmungen einschließlich datenschutzrechtlicher Regelungen bleiben, soweit nichts anderes bestimmt ist, dem Landesrecht vorbehalten.

(1a) 1Die Arbeitsgemeinschaft Deutscher Tumorzentren und die Gesellschaft der epidemiologischen Krebsregister in Deutschland stellen gemeinsam mit den Krebsregistern sicher, dass der einheitliche onkologische Basisdatensatz nach Absatz 1 Satz 3 im Benehmen mit den weiteren in

Absatz 3 Satz 1 genannten Organisationen, dem Spitzenverband Bund der Krankenkassen sowie den für die Wahrnehmung der Interessen der Industrie maßgeblichen Bundesverbänden aus dem Bereich der Informationstechnologie im Gesundheitswesen regelmäßig aktualisiert und um Angaben erweitert wird, die von den klinischen Krebsregistern erhoben werden können, um sie den Zentren der Onkologie für deren Zertifizierung zur Verfügung zu stellen. 2Auf der Grundlage des einheitlichen onkologischen Basisdatensatzes nach Absatz 1 Satz 3 treffen die Krebsregister erstmals zum 31. Dezember 2021 im Benehmen mit der Kassenärztlichen Bundesvereinigung, der Deutschen Krankenhausgesellschaft und den für die Wahrnehmung der Interessen der Industrie maßgeblichen Bundesverbänden aus dem Bereich der Informationstechnologie im Gesundheitswesen die notwendigen Festlegungen zur technischen, semantischen, syntaktischen und organisatorischen Interoperabilität dieses Basisdatensatzes. 3Der einheitliche onkologische Basisdatensatz und die Festlegungen nach Satz 2 haben grundsätzlich international anerkannten, offenen Standards zu entsprechen. 4Abweichungen von den international anerkannten, offenen Standards sind zu begründen und transparent und nachvollziehbar zu veröffentlichen. 5Die Festlegungen nach Satz 2 sind in das Interoperabilitätsverzeichnis nach § 384 aufzunehmen.

(2) 1Die Krankenkassen fördern den Betrieb klinischer Krebsregister nach Absatz 1 Satz 2, indem sie eine Pauschale nach Absatz 4 Satz 2, 3, 5, 6 und 9 zahlen. 2Der Spitzenverband Bund der Krankenkassen legt einheitliche Voraussetzungen für diese Förderung im Einvernehmen mit zwei von der Gesundheitsministerkonferenz der Länder zu bestimmenden Vertreterinnen oder Vertretern fest. 3Er hat in den Fördervoraussetzungen insbesondere Folgendes festzulegen:

1. die sachgerechte Organisation und Ausstattung der klinischen Krebsregister,
2. die Nutzung eines einheitlichen Datenformates und entsprechender Schnittstellen zur Annahme, Verarbeitung und Weiterleitung der Daten; ab dem Jahr 2024 die Nutzung des einheitlichen Datenformates und entsprechender Schnittstellen nach Maßgabe der Festlegungen nach Absatz 1a Satz 2,
3. die Mindestanforderungen an den Grad der Erfassung und an die Vollständigkeit der verschiedenen Datenkategorien nach Absatz 1 Satz 2 Nummer 1 sowie über notwendige Verfahren zur Datenvalidierung,
4. ein einheitliches Verfahren zur Rückmeldung der Auswertungsergebnisse an die Leistungserbringer,
5. die notwendigen Verfahren zur Qualitätsverbesserung der Krebsbehandlung,
6. die erforderlichen Instrumente zur Unterstützung der interdisziplinären Zusammenarbeit nach Absatz 1 Satz 2 Nummer 4,
7. die Kriterien, Inhalte und Indikatoren für eine landesbezogene Auswertung, die eine länderübergreifende Vergleichbarkeit garantieren,
8. die Modalitäten für die Abrechnung der klinischen Krebsregister mit den Krankenkassen.

4Soweit ein Einvernehmen über die Fördervoraussetzungen nach Satz 2 nicht erzielt werden kann, können die Länder gemeinsam ihren Vorschlag oder kann der Spitzenverband Bund der Krankenkassen seinen Vorschlag zu den Fördervoraussetzungen dem Bundesministerium für Gesundheit vorlegen, das in diesem Fall die entsprechenden Fördervoraussetzungen festlegen kann.

(3) 1Bei der Festlegung der Fördervoraussetzungen hat der Spitzenverband Bund der Krankenkassen folgende Organisationen und Personen zu beteiligen:

1. die Kassenärztlichen Bundesvereinigungen,
2. die Deutsche Krankenhausgesellschaft,
3. den Gemeinsamen Bundesausschuss,
4. die Deutsche Krebsgesellschaft,
5. die Deutsche Krebshilfe,
6. die Arbeitsgemeinschaft Deutscher Tumorzentren,
7. die Gesellschaft der epidemiologischen Krebsregister in Deutschland,
8. die Bundesärztekammer,
9. die Arbeitsgemeinschaft der Wissenschaftlichen Medizinischen Fachgesellschaften sowie
10. die für die Wahrnehmung der Interessen der Patientinnen und Patienten und der Selbsthilfe chronisch kranker und behinderter Menschen maßgeblichen Organisationen.

2Der Verband der Privaten Krankenversicherung ist an der Erarbeitung der Fördervoraussetzungen zu beteiligen, wenn die privaten Krankenversicherungsunternehmen den Betrieb der klinischen Krebsregister fördern, indem sie die Pauschale nach Absatz 4 Satz 2, 3, 5, 6 und 9 für Meldungen in Bezug auf privat krankenversicherte Personen zahlen. 3Gleiches gilt für die Träger der Kosten in Krankheits-, Pflege- und Geburtsfällen nach beamtenrechtlichen Vorschriften, wenn sie für Meldungen in Bezug auf die nach diesen Vorschriften berechtigten Personen einen Teil der fallbezogenen Krebsregisterpauschale nach Absatz 4 Satz 2, 3, 5, 6 und 9 zahlen.

(4) 1Auf Antrag eines klinischen Krebsregisters oder dessen Trägers stellen die Landesverbände der Krankenkas-

sen und die Ersatzkassen gemeinsam und einheitlich mit Wirkung für ihre Mitgliedkassen fest, dass

1. das klinische Krebsregister die Fördervoraussetzungen nach Absatz 2 Satz 2 und 3 erfüllt und
2. in dem Land, in dem das klinische Krebsregister seinen Sitz hat, eine flächendeckende klinische Krebsregistrierung und eine Zusammenarbeit mit den epidemiologischen Krebsregistern gewährleistet sind.

2Weist ein klinisches Krebsregister auf Grund der Feststellungen nach Satz 1 nach, dass die Fördervoraussetzungen erfüllt sind, so zahlt die Krankenkasse an dieses Register oder dessen Träger einmalig für jede erstmals in diesem Register verarbeitete Meldung zur Neuerkrankung an einem Tumor nach Absatz 1 Satz 2 Nummer 1 eine fallbezogene Krebsregisterpauschale im Jahr 2021 in Höhe von 141,73 Euro. 3Ab dem Jahr 2023 wird bei einer Meldung von nicht-melanotischen Hautkrebsarten und ihrer Frühstadien die Pauschale nach Satz 2 nur gezahlt, wenn es sich um eine Meldung von prognostisch ungünstigen nicht-melanotischen Hautkrebsarten und ihrer Frühstadien handelt und die vollständige Erfassung dieser Hautkrebsarten durch die Krebsregister nach Landesrecht vorgesehen ist. 4Die Festlegung, welche Fälle der nichtmelanotischen Hautkrebsarten und ihrer Frühstadien als prognostisch ungünstig einzustufen sind, trifft der Spitzenverband Bund der Krankenkassen im Einvernehmen mit zwei Vertretern der klinischen Krebsregister sowie mit der Deutschen Krebsgesellschaft. 5In jedem Folgejahr erhöht sich die fallbezogene Krebsregisterpauschale nach Satz 2 jährlich entsprechend der prozentualen Veränderung der monatlichen Bezugsgröße nach § 18 Absatz 1 des Vierten Buches. 6Auf Antrag der Landesverbände der Krankenkassen und Ersatzkassen oder des Landes haben die Landesverbände der Krankenkassen und die Ersatzkassen gemeinsam und einheitlich mit Wirkung für ihre Mitgliedskassen eine von Satz 5 oder Satz 9 abweichende Höhe der fallbezogenen Krebsregisterpauschale mit dem Land zu vereinbaren, wenn dies auf Grund regionaler Besonderheiten erforderlich ist, um eine Förderung der erforderlichen Betriebskosten in Höhe von 90 Prozent zu gewährleisten. 7Zum Zweck der Prüfung der Höhe der fallbezogenen Krebsregisterpauschale nach Satz 6 übermitteln die betroffenen Krebsregister auf Anforderung anonymisierte Angaben, die zur Ermittlung der Betriebskosten und der Fallzahlen erforderlich sind, an die Landesverbände der Krankenkassen und die Ersatzkassen sowie im Falle des Absatzes 3 Satz 2 an den jeweiligen Landesausschuss des Verbandes der Privaten Krankenversicherung. 8Im Falle des Absatzes 3 Satz 2 tritt der jeweilige Landesausschuss des Verbandes der Privaten Krankenversicherung bei der Vereinbarung nach Satz 6 an die Seite der Landesverbände der Krankenkassen und der Ersatzkassen. 9Der Spitzenverband Bund der Krankenkassen passt die Pauschale nach Satz 5 an, wenn die Anpassung erforderlich ist, um 90 Prozent der durchschnittlichen Betriebskosten der nach Absatz 2 Satz 1 geförderten klinischen Krebsregister abzudecken. 10Die Überprüfung der Pauschale nach Satz 9 erfolgt nach Ablauf des Jahres 2021 und danach alle fünf Jahre. 11Der Spitzenverband Bund der Krankenkassen legt die Höhe der Pauschale nach Satz 9 im Einvernehmen mit zwei von der Gesundheitsministerkonferenz der Länder zu bestimmenden Vertreterinnen oder Vertretern fest. 12Sofern ein Einvernehmen über die Höhe der Pauschale nach Satz 9 nicht erzielt wird, legt das Bundesministerium für Gesundheit auf Vorschlag des Spitzenverbandes Bund der Krankenkassen oder der Länder die Höhe der Pauschale fest. 13Zum Zweck der Überprüfung der Höhe der fallbezogenen Krebsregisterpauschale nach Satz 9 übermitteln die Krebsregister auf Anforderung bis spätestens zum 31. Juli des Folgejahres des jeweiligen Bezugsjahres der Prüfung anonymisierte Angaben, die zur Ermittlung der Betriebskosten und der Fallzahlen erforderlich sind, an den Spitzenverband Bund der Krankenkassen sowie im Falle des Absatzes 3 Satz 2 an den Verband der Privaten Krankenversicherung.

(5) 1Mit Ablauf des Jahres 2020 haben die klinischen Krebsregister die Fördervoraussetzungen nach Absatz 2 Satz 2 und 3 zu erfüllen. 2Nachdem die Landesverbände der Krankenkassen und die Ersatzkassen die Erfüllung der Fördervoraussetzungen nach Absatz 2 Satz 2 und 3 erstmals nach Absatz 4 Satz 1 Nummer 1 festgestellt haben, teilt das klinische Krebsregister den Landesverbänden der Krankenkassen und den Ersatzkassen jährlich jeweils zum 31. Dezember schriftlich oder elektronisch mit, ob es die Fördervoraussetzungen weiter erfüllt. 3Kann das klinische Krebsregister einzelne Fördervoraussetzungen vorübergehend nicht erfüllen, unterrichtet es die Landesverbände der Krankenkassen und Ersatzkassen unverzüglich und weist die Erfüllung dieser Fördervoraussetzungen innerhalb eines Jahres nach der Unterrichtung nach. 4Die Landesverbände der Krankenkassen und die Ersatzkassen können eine Prüfung durchführen, ob ein klinisches Krebsregister die Fördervoraussetzungen nach Absatz 2 Satz 2 und 3 erfüllt, insbesondere, wenn das klinische Krebsregister seinen Mitteilungspflichten nach den Sätzen 2 und 3 nicht nachkommt. 5Das klinische Krebsregister ist verpflichtet, sich durch Erbringung der erforderlichen Nachweise an dieser Prüfung zu beteiligen. 6Ergibt die Prüfung nach Satz 4, dass das klinische Krebsregister einzelne Fördervoraussetzungen vorübergehend nicht erfüllt, wird das klinische Krebsregister von den Landesver-

bänden der Krankenkassen und der Ersatzkassen hiervon unterrichtet. $_{7}$Das klinische Krebsregister hat die Erfüllung dieser Fördervoraussetzungen innerhalb eines Jahres nach der Unterrichtung nach Satz 6 nachzuweisen. $_{8}$Im Fall von Satz 2, Satz 3 oder den Sätzen 6 und 7 zahlt die Krankenkasse die Pauschale nach Absatz 4 Satz 2, 3, 5, 6 und 9 weiter. $_{9}$Im Fall des Absatzes 3 Satz 2 informieren die Landesverbände der Krankenkassen und Ersatzkassen den jeweiligen Landesausschuss des Verbands der Privaten Krankenversicherung über die klinischen Krebsregister, die nach Satz 3 oder Satz 6 einzelne Fördervoraussetzungen vorübergehend nicht erfüllen. $_{10}$Werden die Fördervoraussetzungen durch das jeweilige klinische Krebsregister auch ein Jahr nach der Unterrichtung nach Satz 3 oder Satz 6 nicht vollständig erfüllt, entfällt die Förderung.

(5a) $_{1}$Erfüllt ein Krebsregister mit Ablauf des Jahres 2020 die Fördervoraussetzungen nach Absatz 2 Satz 2 und 3 nicht, zahlt die Krankenkasse für die Jahre 2021, 2022 und 2023 an dieses Krebsregister folgenden Anteil der Pauschale nach Absatz 4 Satz 2, 3, 5, 6 und 9:

1. 85 Prozent der Pauschale, wenn nach Absatz 4 Satz 1 Nummer 1 festgestellt wird, dass das Krebsregister mindestens 95 Prozent der Fördervoraussetzungen nach Absatz 2 Satz 2 und 3 erfüllt und
2. 70 Prozent der Pauschale, wenn nach Absatz 4 Satz 1 Nummer 1 festgestellt wird, dass das Krebsregister mindestens 85 Prozent der Fördervoraussetzungen nach Absatz 2 Satz 2 und 3 erfüllt.

$_{2}$Abweichend von Absatz 5 Satz 10 gilt Satz 1 entsprechend, wenn ein Krebsregister ein Jahr nach einer Unterrichtung nach Absatz 5 Satz 3 oder Satz 6 in den Jahren 2022 und 2023 mindestens 95 Prozent oder 85 Prozent der Fördervoraussetzungen nach Absatz 2 Satz 2 und 3 erfüllt.

(6) $_{1}$Für jede landesrechtlich vorgesehene Meldung der zu übermittelnden klinischen Daten an ein klinisches Krebsregister nach Absatz 1, ist den Leistungserbringern vom jeweiligen klinischen Krebsregister eine Meldevergütung zu zahlen, wenn die zu übermittelnden Daten vollständig gemeldet wurden. $_{2}$Satz 1 gilt auch für Meldungen, die prognostisch ungünstige nicht-melanotische Hautkrebsarten und ihre Frühstadien betreffen. $_{3}$Die Krankenkasse des gemeldeten Versicherten hat dem klinischen Krebsregister die nach Satz 1 entstandenen Kosten zu erstatten. $_{4}$Die Höhe der einzelnen Meldevergütungen vereinbart der Spitzenverband Bund der Krankenkassen mit der Deutschen Krankenhausgesellschaft und den Kassenärztlichen Bundesvereinigungen. $_{5}$Die Vereinbarungspartner nach Satz 4 überprüfen in regelmäßigen Abständen die Angemessenheit der Höhe der einzelnen Meldevergütungen und passen diese an, wenn sie nicht mehr angemessen sind. $_{6}$Wenn die privaten Krankenversicherungsunternehmen den klinischen Krebsregistern die Kosten für Vergütungen von Meldungen von Daten privat krankenversicherter Personen erstatten, tritt der Verband der Privaten Krankenversicherung bei der Vereinbarung nach Satz 4 an die Seite des Spitzenverbandes Bund der Krankenkassen. $_{7}$Gleiches gilt für die Träger der Kosten in Krankheits-, Pflege- und Geburtsfällen nach beamtenrechtlichen Vorschriften, wenn sie den klinischen Krebsregistern einen Teil der Kosten für Vergütungen von Meldungen von Daten der nach diesen Vorschriften berechtigten Personen erstatten. $_{8}$Wird eine Vereinbarung nach Satz 4 ganz oder teilweise beendet und kommt bis zum Ablauf der Vereinbarungszeit keine neue Vereinbarung zustande, entscheidet das sektorenübergreifende Schiedsgremium auf Bundesebene gemäß § 89a.

(7) $_{1}$Klinische Krebsregister und Auswertungsstellen der klinischen Krebsregistrierung auf Landesebene arbeiten mit dem Gemeinsamen Bundesausschuss bei der Qualitätssicherung der onkologischen Versorgung zusammen. $_{2}$Der Gemeinsame Bundesausschuss lässt notwendige bundesweite Auswertungen der klinischen Krebsregisterdaten durchführen. $_{3}$Hierfür übermitteln die Auswertungsstellen der klinischen Krebsregistrierung auf Landesebene dem Gemeinsamen Bundesausschuss oder dem nach Satz 4 benannten Empfänger auf Anforderung die erforderlichen Daten in anonymisierter Form. $_{4}$Der Gemeinsame Bundesausschuss bestimmt durch Beschluss die von den Auswertungsstellen der klinischen Krebsregistrierung auf Landesebene zu übermittelnden Daten, den Empfänger dieser Daten sowie Inhalte und Kriterien für Auswertungen nach Satz 2; § 92 Absatz 7e gilt entsprechend. $_{5}$Bei der Erarbeitung und Festlegung von Kriterien und Inhalten der bundesweiten Auswertungen nach Satz 2 ist der Deutschen Krebsgesellschaft, der Deutschen Krebshilfe und der Arbeitsgemeinschaft Deutscher Tumorzentren Gelegenheit zum Einbringen von Vorschlägen zu geben.

(8) $_{1}$Bei Maßnahmen der einrichtungs- und sektorenübergreifenden Qualitätssicherung nach § 135a Absatz 2 Nummer 1 in Verbindung mit § 136 Absatz 1 Satz 1 Nummer 1 in der onkologischen Versorgung soll der Gemeinsame Bundesausschuss die klinischen Krebsregister unter Einhaltung der Vorgaben des § 299 bei der Aufgabenerfüllung einbeziehen. $_{2}$Soweit den klinischen Krebsregistern Aufgaben nach Satz 1 übertragen werden, sind sie an Richtlinien nach § 92 Absatz 1 Nummer 13 gebunden.

(9) $_{1}$Der Gemeinsame Bundesausschuss gleicht regelmäßig die Dokumentationsanforderungen, die für die Zulas-

sung von strukturierten Behandlungsprogrammen für Brustkrebs nach § 137f Absatz 2 Satz 2 Nummer 5 geregelt sind, an den einheitlichen onkologischen Basisdatensatz der Arbeitsgemeinschaft Deutscher Tumorzentren und der Gesellschaft der epidemiologischen Krebsregister in Deutschland zur Basisdokumentation für Tumorkranke und ihn ergänzende Module an. $_{2}$Leistungserbringer, die an einem nach § 137g Absatz 1 zugelassenen, strukturierten Behandlungsprogramm für Brustkrebs in koordinierender Funktion teilnehmen, können die in dem Programm für die Annahme der Dokumentationsdaten nach § 137f Absatz 2 Satz 2 Nummer 5 zuständige Stelle mit der Meldung der entsprechenden Daten an das klinische Krebsregister beauftragen, wenn die Versicherte nach umfassender Information hierin schriftlich oder elektronisch eingewilligt hat. $_{3}$Macht der Leistungserbringer von der Möglichkeit nach Satz 2 Gebrauch, erhält er insoweit keine Meldevergütungen nach Absatz 6.

(10) $_{1}$Der Spitzenverband Bund der Krankenkassen und die für die klinischen Krebsregister zuständigen obersten Landesbehörden veranlassen im Benehmen mit dem Bundesministerium für Gesundheit eine wissenschaftliche Evaluation zur Umsetzung der klinischen Krebsregistrierung. $_{2}$Im Rahmen der Evaluation sind insbesondere folgende Aspekte zu untersuchen:

1. der Beitrag der klinischen Krebsregister zur Sicherung der Qualität und Weiterentwicklung der onkologischen Versorgung, die Zusammenarbeit mit den zertifizierten Zentren und weiteren Leistungserbringern in der Onkologie sowie ihr Beitrag zur Verbesserung des Zusammenwirkens von Versorgung und Forschung,
2. der Stand der Vereinheitlichung der klinischen Krebsregistrierung und
3. die Eignung der nach Absatz 2 Satz 2 und 3 festgelegten Fördervoraussetzungen für die Feststellung der Funktionsfähigkeit der klinischen Krebsregister.

$_{3}$Ein Bericht über die Ergebnisse der Evaluation ist bis zum 30. Juni 2026 zu veröffentlichen. $_{4}$Die Kosten der wissenschaftlichen Evaluation tragen je zur Hälfte die Länder gemeinsam und der Spitzenverband Bund der Krankenkassen.

§ 65d Förderung besonderer Therapieeinrichtungen

(1) $_{1}$Der Spitzenverband Bund der Krankenkassen fördert ab 1. Januar 2017 bis zum 31. Dezember 2025 mit insgesamt fünf Millionen Euro je Kalenderjahr im Rahmen von Modellvorhaben Leistungserbringer, die Patienten mit pädophilen Sexualstörungen behandeln. $_{2}$Förderungsfähig sind an der vertragsärztlichen Versorgung teilnehmende Leistungserbringer, die ein freiwilliges Therapieangebot vorhalten und die vom Spitzenverband Bund der Krankenkassen als förderungsfähig anerkannt werden. $_{3}$Für die Verarbeitung personenbezogener Daten im Rahmen der Modellvorhaben gilt § 63 Absatz 3 Satz 1 und 4, Absatz 3a und 5 mit Ausnahme von Absatz 5 Satz 3 entsprechend mit der Maßgabe, dass die Anonymität der Patienten zu gewährleisten ist. $_{4}$Die Anonymität darf nur eingeschränkt werden, soweit die Patienten dazu ihre Einwilligung erteilen.

(2) $_{1}$Der Spitzenverband Bund der Krankenkassen hat eine wissenschaftliche Begleitung und Auswertung der Modellvorhaben im Hinblick auf die Erreichung der Ziele der Modellvorhaben nach allgemein anerkannten wissenschaftlichen Standards zu veranlassen. $_{2}$Ziel dieser wissenschaftlichen Begleitung und Auswertung ist die Erreichung möglichst hochwertiger Evidenz zur Wirksamkeit der Therapieangebote nach Absatz 1 unter Berücksichtigung der Besonderheiten der pädophilen Sexualstörungen.

(3) $_{1}$Der von unabhängigen Sachverständigen zu erstellende Bericht über die Ergebnisse der Auswertung nach Absatz 2 ist zu veröffentlichen. $_{2}$Die Sachverständigen dürfen nicht für Krankenkassen, Kassenärztliche Vereinigungen oder deren Verbände tätig oder als Leistungserbringer oder deren Angestellte am Modellvorhaben beteiligt sein.

(4) $_{1}$Die Finanzierung der Fördermittel nach Absatz 1 erfolgt durch eine Umlage der Krankenkassen gemäß dem Anteil ihrer Versicherten an der Gesamtzahl der in der gesetzlichen Krankenversicherung Versicherten. $_{2}$Das Nähere zur Umlage und zur Vergabe der Fördermittel bestimmt der Spitzenverband Bund der Krankenkassen. $_{3}$An Modellvorhaben nach Absatz 1 und ihrer Finanzierung können sich über die Fördersumme nach Absatz 1 Satz 1 hinaus weitere Einrichtungen beteiligen, insbesondere private Krankenversicherungen und der Verband der Privaten Krankenversicherung sowie öffentliche Stellen. $_{4}$Das Verfahren nach § 64 Absatz 3 ist nicht anzuwenden.

§ 65e Ambulante Krebsberatungsstellen

(1) $_{1}$Der Spitzenverband Bund der Krankenkassen fördert ab dem 1. Juli 2020 mit Wirkung vom 1. Januar 2020 ambulante Krebsberatungsstellen mit einem Gesamtbetrag von jährlich bis zu 21 Millionen Euro und ab dem 1. Juli 2021 mit Wirkung vom 1. Januar 2021 mit einem Gesamtbetrag von jährlich bis zu 42 Millionen Euro. $_{2}$Die privaten Krankenversicherungsunternehmen beteiligen sich ab dem 1. Juli 2020 mit Wirkung vom 1. Januar 2020 mit einem Anteil von 7 Prozent an der Förderung nach Satz 1. $_{3}$Der Spitzenverband Bund der Krankenkassen und der Verband der Privaten Krankenversicherung mit Wir-

kung für die privaten Krankenversicherungsunternehmen vereinbaren das Nähere zur gemeinsamen Förderung nach den Sätzen 1 und 2, insbesondere über Zahlung, Rückzahlung und Abrechnung des Finanzierungsanteils der privaten Krankenversicherungsunternehmen. $_{4}$Ab dem Jahr 2023 erhöht sich der Betrag nach Satz 1 jährlich entsprechend der prozentualen Veränderung der Bezugsgröße nach § 18 Absatz 1 des Vierten Buches.

(2) $_{1}$Gefördert werden ambulante Krebsberatungsstellen, soweit sie an Krebs erkrankten Personen und ihren Angehörigen psychosoziale Beratung und Unterstützung anbieten. $_{2}$Der Spitzenverband Bund der Krankenkassen bestimmt Grundsätze zu den Voraussetzungen und zum Verfahren der Förderung. $_{3}$Er setzt sich hierzu mit dem Verband der Privaten Krankenversicherung ins Benehmen. $_{4}$In den Grundsätzen sind insbesondere zu regeln:

1. Definition der förderfähigen ambulanten Krebsberatungsstellen sowie Kriterien zur Abgrenzung zu nicht förderfähigen Einrichtungen,
2. Anforderungen an ein bedarfsgerechtes und wirtschaftliches Leistungsangebot der ambulanten Krebsberatungsstellen,
3. sächliche und personelle Anforderungen an die Krebsberatungsstellen,
4. Maßnahmen zur Qualitätssicherung einschließlich Dokumentation, Qualitätsmanagement sowie Fortbildung,
5. das Nähere zu Verteilung und Auszahlung der Fördermittel sowie der Umgang mit nicht abgerufenen und zurückgezahlten Fördermitteln,
6. bis zum 1. September 2021 und unter Beteiligung der in den Ländern zuständigen Behörden das Nähere zur Berücksichtigung von Finanzierungsbeiträgen von Ländern und Kommunen und
7. das Nähere zur Erfassung und zentralen Veröffentlichung der geförderten ambulanten Krebsberatungsstellen.

$_{5}$Die für die Wahrnehmung der Interessen der ambulanten Krebsberatungsstellen auf Bundesebene maßgeblichen Organisationen sind zu beteiligen. $_{6}$Für bereits am 1. Januar 2020 bestehende Krebsberatungsstellen sind im Hinblick auf die Erfüllung der Fördervoraussetzungen nach Satz 1 Übergangsregelungen vorzusehen.

(3) $_{1}$Die Förderung erfolgt auf Antrag und wird jeweils für eine Dauer von drei Jahren vergeben. $_{2}$Die Förderung darf 80 Prozent der nach den Grundsätzen nach Absatz 2 Satz 2 zuwendungsfähigen Ausgaben je ambulante Krebsberatungsstelle nicht übersteigen. $_{3}$Mit Wirkung vom 1. Januar 2020 geförderte Krebsberatungsstellen können ab dem 1. Juli 2021 mit Wirkung vom 1. Januar 2021 eine Erhöhung ihres Förderbetrages nach Absatz 1 Satz 1 beantragen.

(4) $_{1}$Der Spitzenverband Bund der Krankenkassen erhebt zur Finanzierung der Fördermittel nach Absatz 1 Satz 1 von den Krankenkassen eine Umlage gemäß dem Anteil ihrer Versicherten an der Gesamtzahl der Versicherten aller Krankenkassen. $_{2}$Das Nähere zum Umlageverfahren bestimmt der Spitzenverband Bund der Krankenkassen.

(5) Der Spitzenverband Bund der Krankenkassen berichtet im Benehmen mit dem Verband der Privaten Krankenversicherung dem Bundesministerium für Gesundheit bis zum 31. Dezember 2022 über die Erfahrungen mit der Umsetzung der Förderung.

§ 65f Vereinbarung zur Suche und Auswahl nichtverwandter Spender von Blutstammzellen aus dem Knochenmark oder aus dem peripheren Blut

$_{1}$Der Spitzenverband Bund der Krankenkassen vereinbart mit den für die nationale und internationale Suche nach nichtverwandten Spendern von Blutstammzellen aus dem Knochenmark oder aus dem peripheren Blut maßgeblichen Organisationen die Grundlagen, Abläufe, Finanzierung und Weiterentwicklung der Suche und Auswahl nichtverwandter Spender für die Versorgung der Versicherten mit Blutstammzellen. $_{2}$Die Vereinbarung nach Satz 1 hat der Sicherung der Qualität und Transparenz des Auswahlverfahrens zur Bestimmung des am besten geeigneten Blutstammzelltransplantats angemessen Rechnung zu tragen. $_{3}$Die Vereinbarung nach Satz 1 hat folgende Bereiche näher zu regeln:

1. die Benennung einer zentralen Stelle zur Koordinierung der Spendersuche und Spenderauswahl einschließlich der Zusammenführung der bei den beteiligten maßgeblichen Organisationen vorhandenen Spenderdaten und Suchanfragen,
2. das Zusammenwirken dieser zentralen Stelle mit den beteiligten maßgeblichen Organisationen bei der Suche und Auswahl geeigneter Spender sowie
3. die Vergütung für Leistungen im Rahmen der Suche und Auswahl nichtverwandter Spender durch die Krankenkassen sowie ein Verfahren zur Abrechnung.

$_{4}$Die Vereinbarung nach Satz 1 kann zusätzlich insbesondere folgende Regelungen enthalten:

1. Vorgaben für Datensatzbeschreibungen und Übermittlungsverfahren zur Vereinheitlichung des Datenaustausches zwischen den in Satz 1 genannten Organisationen sowie zur Zusammenführung der vorhandenen Spenderdaten und Suchanfragen und

2. Vorgaben für die übergreifende Evaluation und Qualitätssicherung des Such- und Auswahlverfahrens.

5§ 27 Absatz 1a Satz 6 sowie die rechtlichen Vorgaben für die Entnahme, Untersuchung, Herstellung, das Inverkehrbringen und die Anwendung von Blutstammzelltransplantaten aus dem Knochenmark oder aus dem peripheren Blut bleiben unberührt.

§ 66 Unterstützung der Versicherten bei Behandlungsfehlern

1Die Krankenkassen sollen die Versicherten bei der Verfolgung von Schadensersatzansprüchen, die bei der Inanspruchnahme von Versicherungsleistungen aus Behandlungsfehlern entstanden sind und nicht nach § 116 des Zehnten Buches auf die Krankenkassen übergehen, unterstützen. 2Die Unterstützung der Krankenkassen nach Satz 1 kann insbesondere die Prüfung der von den Versicherten vorgelegten Unterlagen auf Vollständigkeit und Plausibilität, mit Einwilligung der Versicherten die Anforderung weiterer Unterlagen bei den Leistungserbringern, die Veranlassung einer sozialmedizinischen Begutachtung durch den Medizinischen Dienst nach § 275 Absatz 3 Nummer 4 sowie eine abschließende Gesamtbewertung aller vorliegenden Unterlagen umfassen. 3Die auf Grundlage der Einwilligung des Versicherten bei den Leistungserbringern erhobenen Daten dürfen ausschließlich zum Zwecke der Unterstützung des Versicherten bei Behandlungsfehlern verarbeitet werden.

§ 67 Elektronische Kommunikation

(1) Zur Verbesserung der Qualität und Wirtschaftlichkeit der Versorgung soll die Kommunikation sowie der Daten- und Informationsfluss unter den Leistungserbringern, zwischen den Krankenkassen und Leistungserbringern sowie im Verhältnis von Krankenkassen und Leistungserbringern zu den Versicherten durch vernetzte digitale Anwendungen und Dienste ausgebaut werden, insbesondere zur

1. elektronischen und maschinell verwertbaren Übermittlung von Befunden, Diagnosen, Therapieempfehlungen, Behandlungsberichten und Unterlagen in Genehmigungsverfahren,
2. Förderung der aktiven und informierten Mitwirkung der Versicherten am Behandlungsund Rehabilitationsprozess sowie
3. Unterstützung der Versicherten bei einer gesundheitsbewussten Lebensführung.

(2) Die Krankenkassen und Leistungserbringer sowie ihre Verbände sollen den Übergang zur elektronischen Kommunikation nach Absatz 1 finanziell unterstützen.

(3) 1Krankenkassen und ihre Verbände dürfen im Rahmen von Pilotprojekten für die Dauer von bis zu zwei Jahren, längstens bis zu dem in Satz 4 genannten Zeitpunkt, Verfahren zur elektronischen Übermittlung von Verordnungen und zur Abrechnung von Leistungen nach § 33a erproben, bei denen eine Übermittlung von Verordnungen in Textform erfolgt. 2Die Pilotvorhaben müssen den Anforderungen der Richtlinie nach § 217f Absatz 4b entsprechen. 3Im Rahmen der Verfahren nach Satz 1 darf nicht in die ärztliche Therapiefreiheit eingegriffen oder die Wahlfreiheit der Versicherten beschränkt werden. 4Für die elektronische Übermittlung von Verordnungen von Leistungen nach § 33a sind ausschließlich geeignete Dienste der Telematikinfrastruktur zu verwenden, sobald diese zur Verfügung stehen.

§ 68 (weggefallen)

§ 68a Förderung der Entwicklung digitaler Innovationen durch Krankenkassen

(1) 1Zur Verbesserung der Qualität und der Wirtschaftlichkeit der Versorgung können Krankenkassen die Entwicklung digitaler Innovationen fördern. 2Die Förderung muss möglichst bedarfsgerecht und zielgerichtet sein und soll insbesondere zur Verbesserung der Versorgungsqualität und Versorgungseffizienz, zur Behebung von Versorgungsdefiziten sowie zur verbesserten Patientenorientierung in der Versorgung beitragen.

(2) Digitale Innovationen im Sinne des Absatzes 1 sind insbesondere

1. digitale Medizinprodukte,
2. telemedizinische Verfahren oder
3. IT-gestützte Verfahren in der Versorgung.

(3) 1Krankenkassen können digitale Innovationen in Zusammenarbeit mit Dritten entwickeln oder von diesen entwickeln lassen. 2Dritte sind insbesondere

1. Hersteller von Medizinprodukten,
2. Unternehmen aus dem Bereich der Informationstechnologie,
3. Forschungseinrichtungen sowie
4. Leistungserbringer und Gemeinschaften von Leistungserbringern.

(4) Die Förderung erfolgt entweder durch eine fachlich-inhaltliche Kooperation mit Dritten nach Absatz 3 oder durch einen Erwerb von Anteilen an Investmentvermögen nach § 263a, soweit sie mit einer fachlich-inhaltlichen Kooperation zwischen Krankenkasse und Kapitalverwaltungsgesellschaft verbunden wird.

(5) 1Um den konkreten Versorgungsbedarf und den möglichen Einfluss digitaler Innovationen auf die Versorgung

zu ermitteln und um positive Versorgungseffekte digitaler Anwendungen zu evaluieren, können Krankenkassen die versichertenbezogenen Daten, die sie nach § 284 Absatz 1 rechtmäßig erhoben und gespeichert haben, im erforderlichen Umfang auswerten. 2Vor der Auswertung sind die Daten zu pseudonymisieren. 3Die Krankenkasse hat die pseudonymisierten Daten zu anonymisieren, wenn den Zwecken der Datenauswertung auch mit anonymisierten Daten entsprochen werden kann. 4Eine Übermittlung dieser Daten an Dritte nach den Absätzen 3 und 4 ist ausgeschlossen.

§ 68b Förderung von Versorgungsinnovationen

(1) 1Die Krankenkassen können Versorgungsinnovationen fördern. 2Diese sollen insbesondere ermöglichen,

1. die Versorgung der Versicherten anhand des Bedarfs, der aufgrund der Datenauswertung ermittelt worden ist, weiterzuentwickeln und
2. Verträge mit Leistungserbringern unter Berücksichtigung der Erkenntnisse nach Nummer 1 abzuschließen.

3Ein Eingreifen in die ärztliche Therapiefreiheit oder eine Beschränkung der Wahlfreiheit der Versicherten im Rahmen von Maßnahmen nach Satz 1 ist unzulässig. 4Für die Vorbereitung von Versorgungsinnovationen nach Satz 1 und für die Gewinnung von Versicherten für diese Versorgungsinnovationen können Krankenkassen die versichertenbezogenen Daten, die sie nach § 284 Absatz 1 rechtmäßig erhoben und gespeichert haben, im erforderlichen Umfang auswerten. 5Vor der Auswertung sind die Daten zu pseudonymisieren. 6Die Krankenkasse hat die pseudonymisierten Daten zu anonymisieren, wenn den Zwecken der Datenauswertung auch mit anonymisierten Daten entsprochen werden kann. 7Eine Übermittlung dieser Daten an Dritte ist ausgeschlossen.

(2) 1Die Krankenkassen können ihren Versicherten Informationen zu individuell geeigneten Versorgungsinnovationen und zu sonstigen individuell geeigneten Versorgungsleistungen zur Verfügung stellen und individuell geeignete Versorgungsinnovationen oder sonstige individuell geeignete Versorgungsleistungen anbieten. 2Ein Eingreifen in die ärztliche Therapiefreiheit oder eine Beschränkung der Wahlfreiheit der Versicherten im Rahmen von Maßnahmen nach Satz 1 ist unzulässig.

(3) 1Die Teilnahme an Maßnahmen nach Absatz 2 ist freiwillig. 2Die Versicherten können der gezielten Information oder der Unterbreitung von Angeboten nach Absatz 2 durch die Krankenkassen jederzeit schriftlich oder elektronisch widersprechen. 3Die Krankenkassen informieren die Versicherten bei der ersten Kontaktaufnahme zum Zwecke der Information oder des Unterbreitens von Angeboten nach Absatz 2 über die Möglichkeit des Widerspruchs.

(4) 1Der Spitzenverband Bund der Krankenkassen berichtet dem Bundesministerium für Gesundheit jährlich, erstmals bis zum 31. Dezember 2021, wie und in welchem Umfang seine Mitglieder Versorgungsinnovationen fördern und welche Auswirkungen die geförderten Versorgungsinnovationen auf die Versorgung haben. 2Der Spitzenverband Bund der Krankenkassen bestimmt zu diesem Zweck die von seinen Mitgliedern zu übermittelnden statistischen Informationen.

§ 68c Förderung digitaler Innovationen durch die Kassenärztlichen Vereinigungen und die Kassenärztlichen Bundesvereinigungen

(1) 1Zur Verbesserung der Qualität und Wirtschaftlichkeit der vertragsärztlichen und der vertragszahnärztlichen Versorgung können die Kassenärztlichen Vereinigungen und die Kassenärztlichen Bundesvereinigungen die Entwicklung digitaler Innovationen im Sinne des § 68a Absatz 1 und 2 fördern. 2Die Förderung muss möglichst bedarfsgerecht und zielgerichtet sein und soll insbesondere zur Verbesserung der Versorgungsqualität und Versorgungseffizienz, zur Behebung von Versorgungsdefiziten sowie zur verbesserten Patientenorientierung in der vertragsärztlichen und vertragszahnärztlichen Versorgung beitragen. 3Im Rahmen der Förderung können die Kassenärztlichen Vereinigungen und die Kassenärztlichen Bundesvereinigungen digitale Innovationen in Zusammenarbeit mit Dritten im Sinne des § 68a Absatz 3 Satz 2 entwickeln oder von diesen entwickeln lassen.

(2) 1Um den Bedarf für eine Förderung digitaler Innovationen in der vertragsärztlichen und der vertragszahnärztlichen Versorgung und den möglichen Einfluss digitaler Innovationen auf die vertragsärztliche und die vertragszahnärztliche Versorgung zu ermitteln sowie die Auswirkungen digitaler Innovationen auf die vertragsärztliche und die vertragszahnärztliche Versorgung zu evaluieren, dürfen die Kassenärztlichen Vereinigungen die versichertenbezogenen Daten, die sie nach § 285 Absatz 1 rechtmäßig erhoben und gespeichert haben, im erforderlichen Umfang auswerten. 2Vor der Auswertung sind die Daten zu pseudonymisieren. 3Die Kassenärztlichen Vereinigungen haben die pseudonymisierten Daten zu anonymisieren, wenn den Zwecken der Datenauswertung auch mit anonymisierten Daten entsprochen werden kann. 4Eine Übermittlung der Daten an Dritte im Sinne des Absatzes 1 ist ausgeschlossen.

(3) 1Um den Bedarf für eine Förderung digitaler Innovationen in der vertragsärztlichen und der vertragszahnärztlichen Versorgung und den möglichen Einfluss digita-

V

ler Innovationen auf die vertragsärztliche und die vertragszahnärztliche Versorgung zu ermitteln sowie die Auswirkungen digitaler Innovationen auf die vertragsärztliche und die vertragszahnärztliche Versorgung zu evaluieren, dürfen die Kassenärztlichen Bundesvereinigungen versichertenbezogene Daten im erforderlichen Umfang auswerten. $_{2}$Für die Bedarfsermittlung durch die Kassenärztlichen Bundesvereinigungen übermitteln die Kassenärztlichen Vereinigungen an die Kassenärztlichen Bundesvereinigungen die für diesen Zweck erforderlichen anonymisierten Daten. $_{3}$Absatz 2 Satz 4 gilt entsprechend.

Viertes Kapitel
Beziehungen der Krankenkassen zu den Leistungserbringern

Erster Abschnitt
Allgemeine Grundsätze

§ 69 Anwendungsbereich

(1) $_{1}$Dieses Kapitel sowie die §§ 63 und 64 regeln abschließend die Rechtsbeziehungen der Krankenkassen und ihrer Verbände zu Ärzten, Zahnärzten, Psychotherapeuten, Apotheken sowie sonstigen Leistungserbringern und ihren Verbänden, einschließlich der Beschlüsse des Gemeinsamen Bundesausschusses und der Landesausschüsse nach den §§ 90 bis 94. $_{2}$Die Rechtsbeziehungen der Krankenkassen und ihrer Verbände zu den Krankenhäusern und ihren Verbänden werden abschließend in diesem Kapitel, in den §§ 63, 64 und in dem Krankenhausfinanzierungsgesetz, dem Krankenhausentgeltgesetz sowie den hiernach erlassenen Rechtsverordnungen geregelt. $_{3}$Für die Rechtsbeziehungen nach den Sätzen 1 und 2 gelten im Übrigen die Vorschriften des Bürgerlichen Gesetzbuches entsprechend, soweit sie mit den Vorgaben des § 70 und den übrigen Aufgaben und Pflichten der Beteiligten nach diesem Kapitel vereinbar sind.

(2) $_{1}$Die §§ 1 bis 3 Absatz 1, die §§ 19 bis 21, 32 bis 34a, 48 bis 81 Absatz 2 Nummer 1, 2 Buchstabe a und Nummer 6 bis 11, Absatz 3 Nummer 1 und 2 sowie die §§ 81a bis 95 des Gesetzes gegen Wettbewerbsbeschränkungen gelten für die in Absatz 1 genannten Rechtsbeziehungen entsprechend. $_{2}$Satz 1 gilt nicht für Verträge und sonstige Vereinbarungen von Krankenkassen oder deren Verbänden mit Leistungserbringern oder deren Verbänden, zu deren Abschluss die Krankenkassen oder deren Verbände gesetzlich verpflichtet sind. $_{3}$Satz 1 gilt auch nicht für Beschlüsse, Empfehlungen, Richtlinien oder sonstige Entscheidungen der Krankenkassen oder deren Verbände, zu denen sie gesetzlich verpflichtet sind, sowie für Beschlüsse, Richtlinien und sonstige Entscheidungen des Gemeinsamen Bundesausschusses, zu denen er gesetzlich verpflichtet ist. $_{4}$Die Vorschriften des Teils 4 des Gesetzes gegen Wettbewerbsbeschränkungen sind anzuwenden.

(3) Auf öffentliche Aufträge nach diesem Buch sind die Vorschriften des Teils 4 des Gesetzes gegen Wettbewerbsbeschränkungen anzuwenden.

(4) $_{1}$Bei der Vergabe öffentlicher Dienstleistungsaufträge nach den §§ 63 und 140a über soziale und andere besondere Dienstleistungen im Sinne des Anhangs XIV der Richtlinie 2014/24/EU des Europäischen Parlaments und des Rates vom 26. Februar 2014, die im Rahmen einer heilberuflichen Tätigkeit erbracht werden, kann der öffentliche Auftraggeber abweichend von § 119 Absatz 1 und § 130 Absatz 1 Satz 1 des Gesetzes gegen Wettbewerbsbeschränkungen sowie von § 14 Absatz 1 bis 3 der Vergabeverordnung andere Verfahren vorsehen, die die Grundsätze der Transparenz und der Gleichbehandlung gewährleisten. $_{2}$Ein Verfahren ohne Teilnahmewettbewerb und ohne vorherige Veröffentlichung nach § 66 der Vergabeverordnung darf der öffentliche Auftraggeber nur in den Fällen des § 14 Absatz 4 und 6 der Vergabeverordnung vorsehen. $_{3}$Von den Vorgaben der §§ 15 bis 36 und 42 bis 65 der Vergabeverordnung, mit Ausnahme der §§ 53, 58, 60 und 63, kann abgewichen werden. $_{4}$Der Spitzenverband Bund der Krankenkassen berichtet dem Bundesministerium für Gesundheit bis zum 17. April 2019 über die Anwendung dieses Absatzes durch seine Mitglieder.

§ 70 Qualität, Humanität und Wirtschaftlichkeit

(1) $_{1}$Die Krankenkassen und die Leistungserbringer haben eine bedarfsgerechte und gleichmäßige, dem allgemein anerkannten Stand der medizinischen Erkenntnisse entsprechende Versorgung der Versicherten zu gewährleisten. $_{2}$Die Versorgung der Versicherten muß ausreichend und zweckmäßig sein, darf das Maß des Notwendigen nicht überschreiten und muß in der fachlich gebotenen Qualität sowie wirtschaftlich erbracht werden.

(2) Die Krankenkassen und die Leistungserbringer haben durch geeignete Maßnahmen auf eine humane Krankenbehandlung ihrer Versicherten hinzuwirken.

§ 71 Beitragssatzstabilität, besondere Aufsichtsmittel

(1) $_{1}$Die Vertragspartner auf Seiten der Krankenkassen und der Leistungserbringer haben die Vereinbarungen über die Vergütungen nach diesem Buch so zu gestalten, dass Beitragserhöhungen ausgeschlossen werden, es sei denn, die notwendige medizinische Versorgung ist auch

nach Ausschöpfung von Wirtschaftlichkeitsreserven nicht zu gewährleisten (Grundsatz der Beitragssatzstabilität). 2Ausgabensteigerungen auf Grund von gesetzlich vorgeschriebenen Vorsorge- und Früherkennungsmaßnahmen oder für zusätzliche Leistungen, die im Rahmen zugelassener strukturierter Behandlungsprogramme (§ 137g) auf Grund der Anforderungen der Richtlinien des Gemeinsamen Bundesausschusses nach § 137f oder der Rechtsverordnung nach § 266 Absatz 8 Satz 1 erbracht werden, verletzen nicht den Grundsatz der Beitragssatzstabilität.

(2) 1Um den Vorgaben nach Absatz 1 Satz 1 Halbsatz 1 zu entsprechen, darf die vereinbarte Veränderung der jeweiligen Vergütung die sich bei Anwendung der Veränderungsrate für das gesamte Bundesgebiet nach Absatz 3 ergebende Veränderung der Vergütung nicht überschreiten. 2Abweichend von Satz 1 ist eine Überschreitung zulässig, wenn die damit verbundenen Mehrausgaben durch vertraglich abgesicherte oder bereits erfolgte Einsparungen in anderen Leistungsbereichen ausgeglichen werden.

(3) 1Das Bundesministerium für Gesundheit stellt bis zum 15. September eines jeden Jahres für die Vereinbarungen der Vergütungen des jeweils folgenden Kalenderjahres die nach den Absätzen 1 und 2 anzuwendende durchschnittliche Veränderungsrate der beitragspflichtigen Einnahmen aller Mitglieder der Krankenkassen je Mitglied für den gesamten Zeitraum der zweiten Hälfte des Vorjahres und der ersten Hälfte des laufenden Jahres gegenüber dem entsprechenden Zeitraum der jeweiligen Vorjahre fest. 2Grundlage sind die monatlichen Erhebungen der Krankenkassen und die vierteljährlichen Rechnungsergebnisse des Gesundheitsfonds, die die beitragspflichtigen Einnahmen aller Mitglieder der Krankenkassen ausweisen. 3Die Feststellung wird durch Veröffentlichung im Bundesanzeiger bekannt gemacht. 4Bei der Ermittlung der durchschnittlichen Veränderungsrate nach Satz 1 werden für die Jahre 2017 und 2018 die Mitglieder nicht berücksichtigt, die nach § 5 Absatz 1 Nummer 2a in der am 31. Dezember 2015 geltenden Fassung vorrangig familienversichert gewesen wären.

(4) 1Die Vereinbarungen über die Vergütung der Leistungen nach § 57 Abs. 1 und 2, §§ 83 und 85 sind den für die Vertragsparteien zuständigen Aufsichtsbehörden vorzulegen. 2Die Aufsichtsbehörden können die Vereinbarungen bei einem Rechtsverstoß innerhalb von zwei Monaten nach Vorlage beanstanden. 3Klagen der Vertragspartner gegen die Beanstandung haben keine aufschiebende Wirkung.

(5) Die Vereinbarungen nach Absatz 4 Satz 1 und die Verträge nach den §§ 73b und 140a sind unabhängig von Absatz 4 auch den für die Sozialversicherung zuständigen obersten Verwaltungsbehörden der Länder, in denen sie wirksam werden, zu übermitteln, soweit diese nicht die Aufsicht über die vertragsschließende Krankenkasse führen.

(6) 1Wird durch einen der in den §§ 73b, 127 und 140a genannten Verträge das Recht erheblich verletzt, kann die Aufsichtsbehörde abweichend von § 89 Absatz 1 Satz 1 und 2 des Vierten Buches alle Anordnungen treffen, die für eine sofortige Behebung der Rechtsverletzung geeignet und erforderlich sind. 2Sie kann gegenüber der Krankenkasse oder der Arbeitsgemeinschaft der Krankenkassen insbesondere anordnen, den Vertrag dafür zu ändern oder aufzuheben. 3Die Krankenkasse oder Arbeitsgemeinschaft der Krankenkassen kann bei einer solchen Anordnung den Vertrag auch außerordentlich kündigen. 4Besteht die Gefahr eines schweren, nicht wieder gutzumachenden Schadens insbesondere für die Belange der Versicherten, kann die Aufsichtsbehörde einstweilige Maßnahmen anordnen. 5Ein Zwangsgeld kann bis zu einer Höhe von 10 Millionen Euro zugunsten des Gesundheitsfonds nach § 271 festgesetzt werden. 6Die Aufsichtsbehörde kann eine erhebliche Rechtsverletzung auch feststellen, nachdem diese beendet ist, sofern ein berechtigtes Interesse an der Feststellung besteht. 7Rechtsbehelfe gegen Anordnungen nach den Sätzen 1 bis 4 haben keine aufschiebende Wirkung. 8Die Sätze 1 bis 7 gelten auch für Verträge nach § 140a Absatz 1 Satz 3. 9Die Sätze 1 und 4 bis 7 gelten entsprechend bei Verstößen gegen die Pflicht nach § 127 Absatz 1 Satz 2 und Absatz 2 Satz 2, Vertragsverhandlungen zu ermöglichen. 10Verträge zwischen Krankenkassen und Leistungserbringern dürfen keine Vorschläge in elektronischer oder maschinell verwertbarer Form für die Vergabe und Dokumentation von Diagnosen für den Vertragspartner beinhalten. 11Die Krankenkassen haben auf Verlangen der zuständigen Aufsichtsbehörde bezüglich der Einhaltung Nachweise zu erbringen.

Zweiter Abschnitt
Beziehungen zu Ärzten, Zahnärzten und Psychotherapeuten

Erster Titel
Sicherstellung der vertragsärztlichen und kassenzahnärztlichen Versorgung

§ 72 Sicherstellung der vertragsärztlichen und vertragszahnärztlichen Versorgung

(1) 1Ärzte, Zahnärzte, Psychotherapeuten, medizinische Versorgungszentren und Krankenkassen wirken zur Sicherstellung der vertragsärztlichen Versorgung der Versi-

cherten zusammen. 2Soweit sich die Vorschriften dieses Kapitels auf Ärzte beziehen, gelten sie entsprechend für Zahnärzte, Psychotherapeuten und medizinische Versorgungszentren, sofern nichts Abweichendes bestimmt ist.

(2) Die vertragsärztliche Versorgung ist im Rahmen der gesetzlichen Vorschriften und der Richtlinien des Gemeinsamen Bundesausschusses durch schriftliche Verträge der Kassenärztlichen Vereinigungen mit den Verbänden der Krankenkassen so zu regeln, daß eine ausreichende, zweckmäßige und wirtschaftliche Versorgung der Versicherten unter Berücksichtigung des allgemein anerkannten Standes der medizinischen Erkenntnisse gewährleistet ist und die ärztlichen Leistungen angemessen vergütet werden.

(3) Für die knappschaftliche Krankenversicherung gelten die Absätze 1 und 2 entsprechend, soweit das Verhältnis zu den Ärzten nicht durch die Deutsche Rentenversicherung Knappschaft-Bahn-See nach den örtlichen Verhältnissen geregelt ist.

V

§ 72a Übergang des Sicherstellungsauftrags auf die Krankenkassen

(1) Haben mehr als 50 vom Hundert aller in einem Zulassungsbezirk oder einem regionalen Planungsbereich niedergelassenen Vertragsärzte auf ihre Zulassung nach § 95b Abs. 1 verzichtet oder die vertragsärztliche Versorgung verweigert und hat die Aufsichtsbehörde nach Anhörung der Landesverbände der Krankenkassen, der Ersatzkassen und der Kassenärztlichen Vereinigung festgestellt, daß dadurch die vertragsärztliche Versorgung nicht mehr sichergestellt ist, erfüllen insoweit die Krankenkassen und ihre Verbände den Sicherstellungsauftrag.

(2) An der Erfüllung des Sicherstellungsauftrags nach Absatz 1 wirkt die Kassenärztliche Vereinigung insoweit mit, als die vertragsärztliche Versorgung weiterhin durch zugelassene oder ermächtigte Ärzte sowie durch ermächtigte Einrichtungen durchgeführt wird.

(3) 1Erfüllen die Krankenkassen den Sicherstellungsauftrag, schließen die Krankenkassen oder die Landesverbände der Krankenkassen und die Ersatzkassen gemeinsam und einheitlich Einzel- oder Gruppenverträge mit Ärzten, Zahnärzten, Krankenhäusern oder sonstigen geeigneten Einrichtungen. 2Sie können auch Eigeneinrichtungen gemäß § 140 Abs. 2 errichten. 3Mit Ärzten oder Zahnärzten, die in einem mit anderen Vertragsärzten aufeinander abgestimmten Verfahren oder Verhalten auf ihre Zulassung als Vertragsarzt verzichteten (§ 95b Abs. 1), dürfen keine Verträge nach Satz 1 abgeschlossen werden.

(4) 1Die Verträge nach Absatz 3 dürfen mit unterschiedlichem Inhalt abgeschlossen werden. 2Die Höhe der vereinbarten Vergütung an Ärzte oder Zahnärzte soll sich an Inhalt, Umfang und Schwierigkeit der zugesagten Leistungen, an erweiterten Gewährleistungen oder eingeräumten Garantien oder vereinbarten Verfahren zur Qualitätssicherung orientieren. 3Ärzten, die unmittelbar nach der Feststellung der Aufsichtsbehörde nach Absatz 1 Verträge nach Absatz 3 abschließen, können höhere Vergütungsansprüche eingeräumt werden als Ärzten, mit denen erst später Verträge abgeschlossen werden.

(5) Soweit für die Sicherstellung der Versorgung Verträge nach Absatz 3 nicht ausreichen, können auch mit Ärzten und geeigneten Einrichtungen mit Sitz im Ausland Verträge zur Versorgung der Versicherten geschlossen werden.

(6) Ärzte oder Einrichtungen, mit denen nach Absatz 3 und 5 Verträge zur Versorgung der Versicherten geschlossen worden sind, sind verpflichtet und befugt, die für die Erfüllung der Aufgaben der Krankenkassen und die für die Abrechnung der vertraglichen Vergütung notwendigen Angaben, die aus der Erbringung, der Verordnung sowie der Abgabe von Versicherungsleistungen entstehen, aufzuzeichnen und den Krankenkassen mitzuteilen.

§ 73 Kassenärztliche Versorgung, Verordnungsermächtigung

(1) 1Die vertragsärztliche Versorgung gliedert sich in die hausärztliche und die fachärztliche Versorgung. 2Die hausärztliche Versorgung beinhaltet insbesondere

1. die allgemeine und fortgesetzte ärztliche Betreuung eines Patienten in Diagnostik und Therapie bei Kenntnis seines häuslichen und familiären Umfeldes; Behandlungsmethoden, Arznei- und Heilmittel der besonderen Therapierichtungen sind nicht ausgeschlossen,
2. die Koordination diagnostischer, therapeutischer und pflegerischer Maßnahmen einschließlich der Vermittlung eines aus medizinischen Gründen dringend erforderlichen Behandlungstermins bei einem an der fachärztlichen Versorgung teilnehmenden Leistungserbringer,
3. die Dokumentation, insbesondere Zusammenführung, Bewertung und Aufbewahrung der wesentlichen Behandlungsdaten, Befunde und Berichte aus der ambulanten und stationären Versorgung,
4. die Einleitung oder Durchführung präventiver und rehabilitativer Maßnahmen sowie die Integration nichtärztlicher Hilfen und flankierender Dienste in die Behandlungsmaßnahmen.

(1a) 1An der hausärztlichen Versorgung nehmen

1. Allgemeinärzte,
2. Kinder- und Jugendärzte,

3. Internisten ohne Schwerpunktbezeichnung, die die Teilnahme an der hausärztlichen Versorgung gewählt haben,
4. Ärzte, die nach § 95a Abs. 4 und 5 Satz 1 in das Arztregister eingetragen sind und
5. Ärzte, die am 31. Dezember 2000 an der hausärztlichen Versorgung teilgenommen haben,

teil (Hausärzte). 2Die übrigen Fachärzte nehmen an der fachärztlichen Versorgung teil. 3Der Zulassungsausschuss kann für Kinder- und Jugendärzte und Internisten ohne Schwerpunktbezeichnung eine von Satz 1 abweichende befristete Regelung treffen, wenn eine bedarfsgerechte Versorgung nicht gewährleistet ist. 4Hat der Landesausschuss der Ärzte und Krankenkassen für die Arztgruppe der Hausärzte, der Kinder- und Jugendärzte oder der Fachinternisten eine Feststellung nach § 100 Absatz 1 Satz 1 getroffen, fasst der Zulassungsausschuss innerhalb von sechs Monaten den Beschluss, ob eine Regelung nach Satz 3 getroffen wird. 5Kinder- und Jugendärzte mit Schwerpunktbezeichnung können auch an der fachärztlichen Versorgung teilnehmen. 6Der Zulassungsausschuss kann Allgemeinärzten und Ärzten ohne Gebietsbezeichnung, die im Wesentlichen spezielle Leistungen erbringen, auf deren Antrag die Genehmigung zur ausschließlichen Teilnahme an der fachärztlichen Versorgung erteilen.

(1b) 1Die einen Versicherten behandelnden Leistungserbringer sind verpflichtet, den Versicherten nach dem von ihm gewählten Hausarzt zu fragen; sie sind verpflichtet, die den Versicherten betreffenden Behandlungsdaten und Befunde mit dessen Zustimmung zum Zwecke der bei dem Hausarzt durchzuführenden Dokumentation und der weiteren Behandlung zu übermitteln. 2Der Hausarzt ist mit Zustimmung des Versicherten verpflichtet, die für die Behandlung erforderlichen Daten und Befunde an die den Versicherten behandelnden Leistungserbringer zu übermitteln. 3Bei einem Hausarztwechsel ist der bisherige Hausarzt mit Zustimmung des Versicherten verpflichtet, dem neuen Hausarzt die bei ihm über den Versicherten gespeicherten Unterlagen vollständig zu übermitteln.

(2) 1Die vertragsärztliche Versorgung umfaßt die

1. ärztliche Behandlung,
2. zahnärztliche Behandlung und kieferorthopädische Behandlung nach Maßgabe des § 28 Abs. 2,

2a. Versorgung mit Zahnersatz einschließlich Zahnkronen und Suprakonstruktionen, soweit sie § 56 Abs. 2 entspricht,

3. Maßnahmen zur Früherkennung von Krankheiten,
4. ärztliche Betreuung bei Schwangerschaft und Mutterschaft,
5. Verordnung von Leistungen zur medizinischen Rehabilitation,
6. Anordnung der Hilfeleistung anderer Personen,
7. Verordnung von Arznei-, Verband-, Heil- und Hilfsmitteln, Krankentransporten, sowie Krankenhausbehandlung oder Behandlung in Vorsorge- oder Rehabilitationseinrichtungen,

7a. Verordnung von digitalen Gesundheitsanwendungen,

8. Verordnung häuslicher Krankenpflege und außerklinischer Intensivpflege,
9. Ausstellung von Bescheinigungen und Erstellung von Berichten, die die Krankenkassen oder der Medizinische Dienst (§ 275) zur Durchführung ihrer gesetzlichen Aufgaben oder die die Versicherten für den Anspruch auf Fortzahlung des Arbeitsentgelts benötigen; die Bescheinigung über eine Arbeitsunfähigkeit ist auch auszustellen, wenn die Arbeitsunfähigkeitsdaten nach § 295 Absatz 1 Satz 1 Nummer 1 übermittelt werden,
10. medizinische Maßnahmen zur Herbeiführung einer Schwangerschaft nach § 27a Abs. 1,
11. ärztlichen Maßnahmen nach den §§ 24a und 24b,
12. Verordnung von Soziotherapie,
13. Zweitmeinung nach § 27b,
14. Verordnung von spezialisierter ambulanter Palliativversorgung nach § 37b.

2Satz 1 Nummer 2 bis 4, 6, 10, 11 und 14 gilt nicht für Psychotherapeuten; Satz 1 Nummer 9 gilt nicht für Psychotherapeuten, soweit sich diese Regelung auf die Feststellung und die Bescheinigung von Arbeitsunfähigkeit bezieht. 3Satz 1 Nummer 5 gilt für Psychotherapeuten in Bezug auf die Verordnung von Leistungen zur psychotherapeutischen Rehabilitation. 4Satz 1 Nummer 7 gilt für Psychotherapeuten in Bezug auf die Verordnung von Ergotherapie, Krankentransporten sowie Krankenhausbehandlung. 5Satz 1 Nummer 8 gilt für Psychotherapeuten in Bezug auf die Verordnung von Leistungen der psychiatrischen häuslichen Krankenpflege. 6Das Nähere zu den Verordnungen durch Psychotherapeuten bestimmt der Gemeinsame Bundesausschuss in seinen Richtlinien nach § 92 Absatz 1 Satz 2 Nummer 6, 8 und 12.

(3) In den Gesamtverträgen ist zu vereinbaren, inwieweit Maßnahmen zur Vorsorge und Rehabilitation, soweit sie nicht zur kassenärztlichen Versorgung nach Absatz 2 gehören, Gegenstand der kassenärztlichen Versorgung sind.

(4) 1Krankenhausbehandlung darf nur verordnet werden, wenn eine ambulante Versorgung der Versicherten zur Erzielung des Heil- oder Linderungserfolgs nicht ausreicht.

2Die Notwendigkeit der Krankenhausbehandlung ist bei der Verordnung zu begründen. 3In der Verordnung von Krankenhausbehandlung sind in den geeigneten Fällen auch die beiden nächsterreichbaren, für die vorgesehene Krankenhausbehandlung geeigneten Krankenhäuser anzugeben. 4Das Verzeichnis nach § 39 Abs. 3 ist zu berücksichtigen.

(5) 1Der an der kassenärztlichen Versorgung teilnehmende Arzt und die ermächtigte Einrichtung sollen bei der Verordnung von Arzneimitteln die Preisvergleichsliste nach § 92 Abs. 2 beachten. 2Sie können auf dem Verordnungsblatt oder in dem elektronischen Verordnungsdatensatz ausschließen, dass die Apotheken ein preisgünstigeres wirkstoffgleiches Arzneimittel anstelle des verordneten Mittels abgeben. 3Verordnet der Arzt ein Arzneimittel, dessen Preis den Festbetrag nach § 35 überschreitet, hat der Arzt den Versicherten über die sich aus seiner Verordnung ergebende Pflicht zur Übernahme der Mehrkosten hinzuweisen.

(6) Zur kassenärztlichen Versorgung gehören Maßnahmen zur Früherkennung von Krankheiten nicht, wenn sie im Rahmen der Krankenhausbehandlung oder der stationären Entbindung durchgeführt werden, es sei denn, die ärztlichen Leistungen werden von einem Belegarzt erbracht.

(7) 1Es ist Vertragsärzten nicht gestattet, für die Zuweisung von Versicherten oder für die Vergabe und Dokumentation von Diagnosen ein Entgelt oder sonstige wirtschaftliche Vorteile sich versprechen oder sich gewähren zu lassen oder selbst zu versprechen oder zu gewähren. 2§ 128 Absatz 2 Satz 3 gilt entsprechend.

(8) 1Zur Sicherung der wirtschaftlichen Verordnungsweise haben die Kassenärztlichen Vereinigungen und die Kassenärztlichen Bundesvereinigungen sowie die Krankenkassen und ihre Verbände die Vertragsärzte auch vergleichend über preisgünstige verordnungsfähige Leistungen und Bezugsquellen, einschließlich der jeweiligen Preise und Entgelte zu informieren sowie nach dem allgemeinen anerkannten Stand der medizinischen Erkenntnisse Hinweise zu Indikation und therapeutischen Nutzen zu geben. 2Die Informationen und Hinweise für die Verordnung von Arznei-, Verband- und Heilmitteln erfolgen insbesondere auf der Grundlage der Hinweise nach § 92 Abs. 2 Satz 3, der Rahmenvorgaben nach § 84 Abs. 7 Satz 1 und der getroffenen Arzneimittelvereinbarungen nach § 84 Abs. 1. 3In den Informationen und Hinweisen sind Handelsbezeichnung, Indikationen und Preise sowie weitere für die Verordnung von Arzneimitteln bedeutsame Angaben insbesondere auf Grund der Richtlinien nach § 92 Abs. 1 Satz 2 Nr. 6 in einer Weise anzugeben, die unmittelbar einen Vergleich ermöglichen; dafür können Arzneimittel ausgewählt werden, die einen maßgeblichen Anteil an der Versorgung der Versicherten im Indikationsgebiet haben. 4Die Kosten der Arzneimittel je Tagesdosis sind nach den Angaben der anatomisch-therapeutisch-chemischen Klassifikation anzugeben. 5Es gilt die vom Bundesinstitut für Arzneimittel und Medizinprodukte im Auftrage des Bundesministeriums für Gesundheit herausgegebene Klassifikation in der jeweils gültigen Fassung. 6Die Übersicht ist für einen Stichtag zu erstellen und in geeigneten Zeitabständen, im Regelfall jährlich, zu aktualisieren.

(9) 1Vertragsärzte dürfen für die Verordnung von Arzneimitteln, von Verbandmitteln, von digitalen Gesundheitsanwendungen und von Produkten, die gemäß den Richtlinien nach § 92 Absatz 1 Satz 2 Nummer 6 zu Lasten der gesetzlichen Krankenversicherung verordnet werden können, nur solche elektronischen Programme nutzen, die mindestens folgende Inhalte mit dem jeweils aktuellen Stand enthalten:

1. die Informationen nach Absatz 8 Satz 2 und 3,
2. die Informationen über das Vorliegen von Rabattverträgen nach § 130a Absatz 8,
3. die Informationen nach § 131 Absatz 4 Satz 2,
4. die zur Erstellung und Aktualisierung des Medikationsplans nach § 31a und des elektronischen Medikationsplans nach § 334 Absatz 1 Satz 2 Nummer 4 notwendigen Funktionen und Informationen,
5. die Informationen nach § 35a Absatz 3a Satz 1 und
6. ab dem 1. Juli 2023 das Schulungsmaterial nach § 34 Absatz 1f Satz 2 des Arzneimittelgesetzes und die Informationen nach § 34 Absatz 1h Satz 3 des Arzneimittelgesetzes, auch in Verbindung mit § 39 Absatz 2e des Arzneimittelgesetzes oder § 39d Absatz 6 des Arzneimittelgesetzes

und die von der Kassenärztlichen Bundesvereinigung für die vertragsärztliche Versorgung zugelassen sind. 2Das Bundesministerium für Gesundheit wird ermächtigt, durch Rechtsverordnung ohne Zustimmung des Bundesrates das Nähere insbesondere zu den Mindestanforderungen der Informationen nach Satz 1 Nummer 5 zu regeln. 3Es kann in der Rechtsverordnung auch das Nähere zu den weiteren Anforderungen nach Satz 1 regeln. 4Es kann dabei Vorgaben zur Abbildung der für die vertragsärztliche Versorgung geltenden Regelungen zur Zweckmäßigkeit und Wirtschaftlichkeit der Verordnung von Arzneimitteln im Vergleich zu anderen Therapiemöglichkeiten machen. 5Es kann auch Vorgaben zu semantischen und technischen Voraussetzungen zur Interoperabilität machen. 6Weitere Einzelheiten sind in den Verträgen nach § 82 Absatz 1 zu vereinbaren. 7Die Vereinbarungen in den

Verträgen nach § 82 Absatz 1 sind innerhalb von drei Monaten nach dem erstmaligen Inkrafttreten der Rechtsverordnung nach den Sätzen 2 bis 4 sowie nach dem jeweiligen Inkrafttreten einer Änderung der Rechtsverordnung anzupassen. 8Sie sind davon unabhängig in regelmäßigen Abständen zu überprüfen und bei Bedarf anzupassen. 9Auf die Verordnung von digitalen Gesundheitsanwendungen nach § 33a findet Satz 1 vor dem 1. Januar 2023 keine Anwendung.

(10) 1Für die Verordnung von Heilmitteln dürfen Vertragsärzte ab dem 1. Januar 2017 nur solche elektronischen Programme nutzen, die die Informationen der Richtlinien nach § 92 Absatz 1 Satz 2 Nummer 6 in Verbindung mit § 92 Absatz 6 und über besondere Verordnungsbedarfe nach § 106b Absatz 2 Satz 4 sowie die sich aus den Verträgen nach § 125a ergebenden Besonderheiten enthalten und die von der Kassenärztlichen Bundesvereinigung für die vertragsärztliche Versorgung zugelassen sind. 2Das Nähere ist in den Verträgen nach § 82 Absatz 1 zu vereinbaren.

(11) 1Stellt ein Vertragsarzt bei einem Versicherten eine Diagnose nach § 125a und die Indikation für ein Heilmittel, sind Auswahl und Dauer der Therapie sowie die Frequenz der Behandlungseinheiten vom Heilmittelerbringer festzulegen. 2In medizinisch begründeten Fällen kann der Vertragsarzt auch bei Vorliegen einer Diagnose nach § 125a selbst über die Auswahl und Dauer der Therapie sowie die Frequenz der Behandlungseinheiten entscheiden; in diesem Fall sind auf die Verordnung die Regelungen der Verträge nach § 125 Absatz 1 anzuwenden. 3Die Vertragsärzte sollen zum Beginn des auf den rechtskräftigen Abschluss des Vertrages nach § 125a folgenden Quartals, frühestens jedoch nach sechs Wochen, nach den Regelungen dieses Absatzes verordnen.

§ 73a (weggefallen)

§ 73b Hausarztzentrierte Versorgung

(1) Die Krankenkassen haben ihren Versicherten eine besondere hausärztliche Versorgung (hausarztzentrierte Versorgung) anzubieten.

(2) Dabei ist sicherzustellen, dass die hausarztzentrierte Versorgung insbesondere folgenden Anforderungen genügt, die über die vom Gemeinsamen Bundesausschuss sowie in den Bundesmantelverträgen geregelten Anforderungen an die hausärztliche Versorgung nach § 73 hinausgehen:

1. Teilnahme der Hausärzte an strukturierten Qualitätszirkeln zur Arzneimitteltherapie unter Leitung entsprechend geschulter Moderatoren,
2. Behandlung nach für die hausärztliche Versorgung entwickelten, evidenzbasierten, praxiserprobten Leitlinien,
3. Erfüllung der Fortbildungspflicht nach § 95d durch Teilnahme an Fortbildungen, die sich auf hausarzttypische Behandlungsprobleme konzentrieren, wie patientenzentrierte Gesprächsführung, psychosomatische Grundversorgung, Palliativmedizin, allgemeine Schmerztherapie, Geriatrie,
4. Einführung eines einrichtungsinternen, auf die besonderen Bedingungen einer Hausarztpraxis zugeschnittenen, indikatorengestützten und wissenschaftlich anerkannten Qualitätsmanagements.

(3) 1Die Teilnahme an der hausarztzentrierten Versorgung ist freiwillig. 2Die Teilnehmer verpflichten sich schriftlich oder elektronisch gegenüber ihrer Krankenkasse, nur einen von ihnen aus dem Kreis der Hausärzte nach Absatz 4 gewählten Hausarzt in Anspruch zu nehmen sowie ambulante fachärztliche Behandlung mit Ausnahme der Leistungen der Augenärzte und Frauenärzte nur auf dessen Überweisung; die direkte Inanspruchnahme eines Kinder- und Jugendarztes bleibt unberührt. 3Die Versicherten können die Teilnahmeerklärung innerhalb von zwei Wochen nach deren Abgabe schriftlich, elektronisch oder zur Niederschrift bei der Krankenkasse ohne Angabe von Gründen widerrufen. 4Zur Fristwahrung genügt die rechtzeitige Absendung der Widerrufserklärung an die Krankenkasse. 5Die Widerrufsfrist beginnt, wenn die Krankenkasse dem Versicherten eine Belehrung über sein Widerrufsrecht schriftlich oder elektronisch mitgeteilt hat, frühestens jedoch mit der Abgabe der Teilnahmeerklärung. 6Wird das Widerrufsrecht nicht ausgeübt, ist der Versicherte an seine Teilnahmeerklärung und an die Wahl seines Hausarztes mindestens ein Jahr gebunden; er darf den gewählten Hausarzt nur bei Vorliegen eines wichtigen Grundes wechseln. 7Das Nähere zur Durchführung der Teilnahme der Versicherten, insbesondere zur Bindung an den gewählten Hausarzt, zu weiteren Ausnahmen von dem Überweisungsgebot und zu den Folgen bei Pflichtverstößen der Versicherten, regeln die Krankenkassen in den Teilnahmeerklärungen. 8Die Satzung der Krankenkasse hat Regelungen zur Abgabe der Teilnahmeerklärung zu enthalten; die Regelungen sind auf der Grundlage der Richtlinie nach § 217f Absatz 4a zu treffen.

(4) 1Zur flächendeckenden Sicherstellung des Angebots nach Absatz 1 haben Krankenkassen allein oder in Kooperation mit anderen Krankenkassen spätestens bis zum 30. Juni 2009 Verträge mit Gemeinschaften zu schließen, die mindestens die Hälfte der an der hausärztlichen Versorgung teilnehmenden Allgemeinärzte des Bezirks der Kassenärztlichen Vereinigung vertreten. 2Können sich die

Vertragsparteien nicht einigen, kann die Gemeinschaft die Einleitung eines Schiedsverfahrens nach Absatz 4a beantragen. $_{3}$Ist ein Vertrag nach Satz 1 zustande gekommen oder soll ein Vertrag zur Versorgung von Kindern und Jugendlichen geschlossen werden, können Verträge auch abgeschlossen werden mit

1. vertragsärztlichen Leistungserbringern, die an der hausärztlichen Versorgung nach § 73 Abs. 1a teilnehmen,
2. Gemeinschaften dieser Leistungserbringer,
3. Trägern von Einrichtungen, die eine hausarztzentrierte Versorgung durch vertragsärztliche Leistungserbringer, die an der hausärztlichen Versorgung nach § 73 Abs. 1a teilnehmen, anbieten,
4. Kassenärztlichen Vereinigungen, soweit Gemeinschaften nach Nummer 2 sie hierzu ermächtigt haben.

$_{4}$Finden die Krankenkassen in dem Bezirk einer Kassenärztlichen Vereinigung keinen Vertragspartner, der die Voraussetzungen nach Satz 1 erfüllt, haben sie zur flächendeckenden Sicherstellung des Angebots nach Absatz 1 Verträge mit einem oder mehreren der in Satz 3 genannten Vertragspartner zu schließen. $_{5}$In den Fällen der Sätze 3 und 4 besteht kein Anspruch auf Vertragsabschluss; die Aufforderung zur Abgabe eines Angebots ist unter Bekanntgabe objektiver Auswahlkriterien auszuschreiben. $_{6}$Soweit die hausärztliche Versorgung der Versicherten durch Verträge nach diesem Absatz durchgeführt wird, ist der Sicherstellungsauftrag nach § 75 Abs. 1 eingeschränkt. $_{7}$Satz 6 gilt nicht für die Organisation der vertragsärztlichen Versorgung zu den sprechstundenfreien Zeiten.

(4a) $_{1}$Beantragt eine Gemeinschaft gemäß Absatz 4 Satz 2 die Einleitung eines Schiedsverfahrens, haben sich die Parteien auf eine unabhängige Schiedsperson zu verständigen, die den Inhalt des Vertrages nach Absatz 4 Satz 1 festlegt. $_{2}$Einigen sich die Parteien nicht auf eine Schiedsperson, so wird diese von der für die Krankenkasse zuständigen Aufsichtsbehörde bestimmt. $_{3}$Die Kosten des Schiedsverfahrens tragen die Vertragspartner zu gleichen Teilen. $_{4}$Klagen gegen die Bestimmung der Schiedsperson haben keine aufschiebende Wirkung. $_{5}$Klagen gegen die Festlegung des Vertragsinhalts richten sich gegen eine der beiden Vertragsparteien, nicht gegen die Schiedsperson.

(5) $_{1}$In den Verträgen nach Absatz 4 sind das Nähere über den Inhalt und die Durchführung der hausarztzentrierten Versorgung, insbesondere die Ausgestaltung der Anforderungen nach Absatz 2, sowie die Vergütung zu regeln; in Verträgen, die nach dem 31. März 2014 zustande kommen, sind zudem Wirtschaftlichkeitskriterien und Maßnahmen bei Nichteinhaltung der vereinbarten Wirtschaftlichkeitskriterien sowie Regelungen zur Qualitätssicherung zu vereinbaren. $_{2}$Eine Beteiligung der Kassenärztlichen Vereinigung bei der Ausgestaltung und Umsetzung der Anforderungen nach Absatz 2 ist möglich. $_{3}$Die Verträge können auch Abweichendes von den im Dritten Kapitel benannten Leistungen beinhalten, soweit sie die in § 11 Absatz 6 genannten Leistungen, Leistungen nach den §§ 20i, 25, 26, 37a und 37b sowie ärztliche Leistungen einschließlich neuer Untersuchungs- und Behandlungsmethoden betreffen, soweit der Gemeinsame Bundesausschuss nach § 91 im Rahmen der Beschlüsse nach § 92 Absatz 1 Satz 2 Nummer 5 keine ablehnende Entscheidung getroffen hat. $_{4}$Die Einzelverträge können Abweichendes von den Vorschriften dieses Kapitels sowie den nach diesen Vorschriften getroffenen Regelungen regeln. $_{5}$§ 106d Absatz 3 gilt hinsichtlich der arzt- und versichertenbezogenen Prüfung der Abrechnungen auf Rechtmäßigkeit entsprechend. $_{6}$Zugelassene strukturierte Behandlungsprogramme nach §§ 137f und 137g sind, soweit sie die hausärztliche Versorgung betreffen, Bestandteil der Verträge nach Absatz 4. $_{7}$Vereinbarungen über zusätzliche Vergütungen für Diagnosen können nicht Gegenstand der Verträge sein.

(5a) $_{1}$Kündigt die Krankenkasse einen Vertrag nach Absatz 4 und kommt bis zum Ablauf dieses Vertrages kein neuer Vertrag zustande, gelten die Bestimmungen des bisherigen Vertrages vorläufig bis zum Zustandekommen eines neuen Vertrages weiter. $_{2}$Dies gilt nicht bei einer außerordentlichen Kündigung nach § 71 Absatz 6 Satz 3.

(6) Die Krankenkassen haben ihre Versicherten in geeigneter Weise umfassend über Inhalt und Ziele der hausarztzentrierten Versorgung sowie über die jeweils wohnortnah teilnehmenden Hausärzte zu informieren.

(7) $_{1}$Die Vertragspartner der Gesamtverträge haben den Behandlungsbedarf nach § 87a Absatz 3 Satz 2 zu bereinigen. $_{2}$Die Bereinigung erfolgt rechtzeitig zu dem Kalendervierteljahr, für welches die Gesamtvergütung bereinigt werden soll, entsprechend der Zahl und der Morbiditätsstruktur der für dieses Kalendervierteljahr eingeschriebenen Versicherten sowie dem vertraglich vereinbarten Inhalt der hausarztzentrierten Versorgung nach Maßgabe der Vorgaben des Bewertungsausschusses nach § 87a Absatz 5 Satz 7. $_{3}$Dabei können die Bereinigungsbeträge unter Beachtung der Maßgaben nach Satz 2 auch pauschaliert ermittelt werden. $_{4}$Kommt eine rechtzeitige Einigung über die Bereinigung des Behandlungsbedarfs nicht zustande, können auch die Vertragspartner der Verträge über eine hausarztzentrierte Versorgung das Schiedsamt nach § 89 anrufen. $_{5}$Die für die Bereinigungsverfahren erforderlichen arzt- und versichertenbezogenen Daten

übermitteln die Krankenkassen den zuständigen Gesamtvertragspartnern bis spätestens drei Wochen vor dem Kalendervierteljahr, für welches die Gesamtvergütung für die in diesem Kalendervierteljahr eingeschriebenen Versicherten bereinigt werden soll. 6Die Krankenkasse kann, falls eine rechtzeitige Bereinigung nicht festgesetzt worden ist, den Behandlungsbedarf unter Beachtung der Maßgaben nach Satz 2 vorläufig bereinigen. 7Sie kann auch die Anerkennung und Umsetzung des geltenden Bereinigungsverfahrens für die Bereinigung der Gesamtvergütung für an der hausarztzentrierten Versorgung teilnehmende Versicherte mit Wohnort im Bezirk anderer Kassenärztlichen Vereinigungen von diesen Kassenärztlichen Vereinigungen verlangen. 8Für die Bereinigung des Behandlungsbedarfs nach Satz 7 sowie für den Fall der Rückführung von Bereinigungsbeträgen bei Beendigung der Teilnahme eines Versicherten sind die Verfahren gemäß § 87a Absatz 5 Satz 9 anzuwenden. 9Die Kassenärztlichen Vereinigungen haben die zur Bereinigung erforderlichen Vorgaben im Rahmen ihrer gesetzlichen Aufgaben umzusetzen.

(8) Die Vertragsparteien nach Absatz 4 können vereinbaren, dass Aufwendungen für Leistungen, die über die hausärztliche Versorgung nach § 73 hinausgehen und insoweit nicht unter die Bereinigungspflicht nach Absatz 7 fallen, aus Einsparungen und Effizienzsteigerungen, die aus den Maßnahmen von Verträgen nach Absatz 4 erzielt werden, finanziert werden.

(9) Die Einhaltung der nach Absatz 5 Satz 1 vereinbarten Wirtschaftlichkeitskriterien muss spätestens vier Jahre nach dem Wirksamwerden der zugrunde liegenden Verträge nachweisbar sein; § 88 Absatz 2 des Vierten Buches gilt entsprechend.

§ 73c Kooperationsvereinbarungen zum Kinder- und Jugendschutz

1Die Kassenärztlichen Vereinigungen sollen mit den kommunalen Spitzenverbänden auf Landesebene eine Vereinbarung über die Zusammenarbeit von Vertragsärzten mit den Jugendämtern schließen, um die vertragsärztliche Versorgung von Kindern und Jugendlichen zu verbessern, bei denen Vertragsärzte im Rahmen von Früherkennungsuntersuchungen nach § 26 oder im Rahmen ihrer oder der ärztlichen Behandlung ihrer Familienangehörigen nach § 28 Anhaltspunkte für eine Gefährdung ihres Wohls feststellen. 2Satz 1 gilt nicht für Kassenzahnärztliche Vereinigungen und Zahnärzte.

§ 74 Stufenweise Wiedereingliederung

1Können arbeitsunfähige Versicherte nach ärztlicher Feststellung ihre bisherige Tätigkeit teilweise verrichten und können sie durch eine stufenweise Wiederaufnahme ihrer Tätigkeit voraussichtlich besser wieder in das Erwerbsleben eingegliedert werden, soll der Arzt auf der Bescheinigung über die Arbeitsunfähigkeit Art und Umfang der möglichen Tätigkeiten angeben und dabei in geeigneten Fällen die Stellungnahme des Betriebsarztes oder mit Zustimmung der Krankenkasse die Stellungnahme des Medizinischen Dienstes (§ 275) einholen. 2Spätestens ab einer Dauer der Arbeitsunfähigkeit von sechs Wochen hat die ärztliche Feststellung nach Satz 1 regelmäßig mit der Bescheinigung über die Arbeitsunfähigkeit zu erfolgen. 3Der Gemeinsame Bundesausschuss legt in seinen Richtlinien nach § 92 bis zum 30. November 2019 das Verfahren zur regelmäßigen Feststellung über eine stufenweise Wiedereingliederung nach Satz 2 fest.

§ 75 Inhalt und Umfang der Sicherstellung

(1) 1Die Kassenärztlichen Vereinigungen und die Kassenärztlichen Bundesvereinigungen haben die vertragsärztliche Versorgung in dem in § 73 Abs. 2 bezeichneten Umfang sicherzustellen und den Krankenkassen und ihren Verbänden gegenüber die Gewähr dafür zu übernehmen, daß die vertragsärztliche Versorgung den gesetzlichen und vertraglichen Erfordernissen entspricht. 2Kommt die Kassenärztliche Vereinigung ihrem Sicherstellungsauftrag aus Gründen, die sie zu vertreten hat, nicht nach, können die Krankenkassen die in den Gesamtverträgen nach § 85 oder § 87a vereinbarten Vergütungen teilweise zurückbehalten. 3Die Einzelheiten regeln die Partner der Bundesmantelverträge.

(1a) 1Der Sicherstellungsauftrag nach Absatz 1 umfasst auch die angemessene und zeitnahe Zurverfügungstellung der vertragsärztlichen Versorgung. 2Hierzu informieren die Kassenärztlichen Vereinigungen die Versicherten im Internet in geeigneter Weise bundesweit einheitlich über die Sprechstundenzeiten der Vertragsärzte und über die Zugangsmöglichkeiten von Menschen mit Behinderungen zur Versorgung (Barrierefreiheit) und richten Terminservicestellen ein, die spätestens zum 1. Januar 2020 für 24 Stunden täglich an sieben Tagen in der Woche unter einer bundesweit einheitlichen Telefonnummer erreichbar sein müssen; die Terminservicestellen können in Kooperation mit den Landesverbänden der Krankenkassen und den Ersatzkassen betrieben werden und mit den Rettungsleitstellen der Länder kooperieren. 3Die Terminservicestelle hat

1. Versicherten innerhalb einer Woche einen Behandlungstermin bei einem Leistungserbringer nach § 95 Absatz 1 Satz 1 zu vermitteln,
2. Versicherte bei der Suche nach einem Hausarzt zu unterstützen, den sie nach § 76 Absatz 3 Satz 2 wählen möchten,

V

3. Versicherte bei der Suche nach einem Angebot zur Versorgung mit telemedizinischen Leistungen zu unterstützen und
4. Versicherten in Akutfällen auf der Grundlage eines bundesweit einheitlichen, standardisierten Ersteinschätzungsverfahrens eine unmittelbare ärztliche Versorgung in der medizinisch gebotenen Versorgungsebene, in geeigneten Fällen auch in Form einer telefonischen ärztlichen Konsultation, zu vermitteln.

4Für die Vermittlung von Behandlungsterminen bei einem Facharzt muss mit Ausnahme

1. von Behandlungsterminen bei einem Augenarzt oder einem Frauenarzt,
2. der Fälle, in denen bei einer zuvor erfolgten Inanspruchnahme eines Krankenhauses zur ambulanten Notfallbehandlung die Ersteinschätzung auf der Grundlage der nach § 120 Absatz 3b zu beschließenden Vorgaben einen ärztlichen Behandlungsbedarf, nicht jedoch eine sofortige Behandlungsnotwendigkeit ergeben hat, und
3. der Vermittlung in Akutfällen nach Satz 3 Nummer 4

eine Überweisung vorliegen; eine Überweisung muss auch in den Fällen des Satzes 11 Nummer 2 vorliegen. 5Die Wartezeit auf einen Behandlungstermin darf vier Wochen nicht überschreiten. 6Die Entfernung zwischen Wohnort des Versicherten und dem vermittelten Arzt muss zumutbar sein. 7Kann die Terminservicestelle keinen Behandlungstermin bei einem Leistungserbringer nach § 95 Absatz 1 Satz 1 innerhalb der Frist nach Satz 5 vermitteln, hat sie einen ambulanten Behandlungstermin in einem zugelassenen Krankenhaus anzubieten; Satz 3 Nummer 1 und die Sätze 4, 5 und 6 gelten entsprechend. 8Satz 7 gilt nicht bei verschiebbaren Routineuntersuchungen, sofern es sich nicht um termingebundene Gesundheitsuntersuchungen für Kinder handelt, und in Fällen von Bagatellerkrankungen sowie bei weiteren vergleichbaren Fällen. 9Für die ambulante Behandlung im Krankenhaus gelten die Bestimmungen über die vertragsärztliche Versorgung. 10In den Fällen von Satz 8 hat die Terminservicestelle einen Behandlungstermin bei einem Leistungserbringer nach § 95 Absatz 1 Satz 1 in einer angemessenen Frist zu vermitteln. 11Im Bundesmantelvertrag nach § 82 Absatz 1 sind insbesondere Regelungen zu treffen

1. zum Nachweis des Vorliegens einer Überweisung,
2. zu den Fällen, in denen es für die Vermittlung von einem Behandlungstermin bei einem Haus- oder einem Kinder- und Jugendarzt einer Überweisung bedarf,
3. zur zumutbaren Entfernung nach Satz 6, differenziert nach Arztgruppen,
4. über das Nähere zu den Fällen nach Satz 8,
5. zur Notwendigkeit weiterer Behandlungen nach § 76 Absatz 1a Satz 2.

12Im Bundesmantelvertrag können zudem ergänzende Regelungen insbesondere zu weiteren Ausnahmen von der Notwendigkeit des Vorliegens einer Überweisung getroffen werden. 13Die Sätze 2 bis 12 gelten nicht für Behandlungen nach § 28 Absatz 2 und § 29. 14Für Behandlungen nach § 28 Absatz 3 gelten die Sätze 2 und 3 Nummer 1 sowie die Sätze 5 bis 12 hinsichtlich der Vermittlung eines Termins für ein Erstgespräch im Rahmen der psychotherapeutischen Sprechstunden und hinsichtlich der sich aus der Abklärung ergebenden zeitnah erforderlichen Behandlungstermine sowie hinsichtlich der Vermittlung eines Termins im Rahmen der Versorgung nach § 92 Absatz 6b; einer Überweisung bedarf es nicht. 15Die Wartezeit auf eine psychotherapeutische Akutbehandlung darf zwei Wochen nicht überschreiten. 16Die Kassenärztliche Bundesvereinigung unterstützt die Kassenärztlichen Vereinigungen durch das Angebot einer Struktur für ein elektronisch gestütztes Wartezeitenmanagement und für ein elektronisch gestütztes Dispositionsmanagement bei der Terminvermittlung; sie hat ein elektronisches Programm zur Verfügung zu stellen, mit dem die Versicherten auf die Internetseite der zuständigen Kassenärztlichen Vereinigung geleitet werden, um sich über die Sprechstundenzeiten der Ärzte informieren zu können. 17Die Kassenärztlichen Vereinigungen können darüber hinaus zur Erfüllung ihrer Aufgaben nach Satz 3 auch eigene digitale Angebote bereitstellen 18Die Kassenärztliche Bundesvereinigung evaluiert die Auswirkungen der Tätigkeit der Terminservicestellen insbesondere im Hinblick auf die Erreichung der fristgemäßen Vermittlung von Arztterminen, auf die Häufigkeit der Inanspruchnahme und auf die Vermittlungsquote. 19Über die Ergebnisse hat die Kassenärztliche Bundesvereinigung dem Bundesministerium für Gesundheit jährlich, erstmals zum 30. Juni 2017, zu berichten. 20Die Vertragsärzte sind verpflichtet, der Terminservicestelle freie Termine zu melden. 21Soweit Vertragsärzte Leistungen in Form von Videosprechstunden anbieten, können die Vertragsärzte den Terminservicestellen freie Termine, zu denen Leistungen in Form der Videosprechstunde angeboten werden, freiwillig melden.

(1b) 1Der Sicherstellungsauftrag nach Absatz 1 umfasst auch die vertragsärztliche Versorgung zu den sprechstundenfreien Zeiten (Notdienst), nicht jedoch die notärztliche Versorgung im Rahmen des Rettungsdienstes, soweit Landesrecht nichts anderes bestimmt. 2Im Rahmen des

Notdienstes sollen die Kassenärztlichen Vereinigungen spätestens ab dem 31. März 2022 ergänzend auch telemedizinische Leistungen zur Verfügung stellen. 3Die Kassenärztlichen Vereinigungen sollen den Notdienst auch durch Kooperation und eine organisatorische Verknüpfung mit zugelassenen Krankenhäusern sicherstellen; hierzu sollen sie entweder Notdienstpraxen in oder an Krankenhäusern einrichten oder Notfallambulanzen der Krankenhäuser unmittelbar in den Notdienst einbinden. 4Im Rahmen einer Kooperation nach Satz 3 zwischen Kassenärztlichen Vereinigungen und Krankenhäusern kann auch die Nutzung der technischen Ausstattung der Krankenhäuser zur Erbringung telemedizinischer Leistungen durch Notdienstpraxen oder die Erbringung telemedizinischer Leistungen durch die Notfallambulanzen der Krankenhäuser vereinbart werden. 5Nicht an der vertragsärztlichen Versorgung teilnehmende zugelassene Krankenhäuser und Ärzte, die aufgrund einer Kooperationsvereinbarung mit der Kassenärztlichen Vereinigung in den Notdienst einbezogen sind, sind zur Leistungserbringung im Rahmen des Notdienstes berechtigt und nehmen zu diesem Zweck an der vertragsärztlichen Versorgung teil. 6Satz 5 gilt entsprechend für nicht an der vertragsärztlichen Versorgung teilnehmende Ärzte im Rahmen der notärztlichen Versorgung des Rettungsdienstes, soweit entsprechend Satz 1 durch Landesrecht bestimmt ist, dass auch diese Versorgung vom Sicherstellungsauftrag der Kassenärztlichen Vereinigung umfasst ist. 7Die Kassenärztlichen Vereinigungen sollen mit den Landesapothekerkammern in einen Informationsaustausch über die Organisation des Notdienstes treten, um die Versorgung der Versicherten im Notdienst zu verbessern; die Ergebnisse aus diesem Informationsaustausch sind in die Kooperationen nach Satz 3 einzubeziehen. 8Die Kassenärztlichen Vereinigungen sollen mit den Rettungsleitstellen der Länder kooperieren.

(2) 1Die Kassenärztlichen Vereinigungen und die Kassenärztlichen Bundesvereinigungen haben die Rechte der Vertragsärzte gegenüber den Krankenkassen wahrzunehmen. 2Sie haben die Erfüllung der den Vertragsärzten obliegenden Pflichten zu überwachen und die Vertragsärzte, soweit notwendig, unter Anwendung der in § 81 Abs. 5 vorgesehenen Maßnahmen zur Erfüllung dieser Pflichten anzuhalten.

(3) 1Die Kassenärztlichen Vereinigungen und die Kassenärztlichen Bundesvereinigungen haben auch die ärztliche Versorgung von Personen sicherzustellen, die auf Grund dienstrechtlicher Vorschriften über die Gewährung von Heilfürsorge einen Anspruch auf unentgeltliche ärztliche Versorgung haben, soweit die Erfüllung dieses Anspruchs nicht auf andere Weise gewährleistet ist. 2Die ärztlichen Leistungen sind so zu vergüten, wie die Ersatzkassen die vertragsärztlichen Leistungen vergüten. 3Die Sätze 1 und 2 gelten entsprechend für ärztliche Untersuchungen der Durchführung der allgemeinen Wehrpflicht sowie Untersuchungen zur Vorbereitung von Personalentscheidungen und betriebs- und fürsorgeärztliche Untersuchungen, die von öffentlich-rechtlichen Kostenträgern veranlaßt werden.

(3a) 1Die Kassenärztlichen Vereinigungen und die Kassenärztlichen Bundesvereinigungen haben auch die ärztliche Versorgung der in den brancheneinheitlichen Standardtarifen nach § 257 Abs. 2a in Verbindung mit § 403 und nach § 257 Abs. 2a in Verbindung mit § 404 sowie dem brancheneinheitlichen Basistarif nach § 152 Absatz 1 des Versicherungsaufsichtsgesetzes und dem Notlagentarif nach § 153 des Versicherungsaufsichtsgesetzes Versicherten mit den in diesen Tarifen versicherten ärztlichen Leistungen sicherzustellen. 2Solange und soweit nach Absatz 3b nichts Abweichendes vereinbart oder festgesetzt wird, sind die in Satz 1 genannten Leistungen einschließlich der belegärztlichen Leistungen nach § 121 nach der Gebührenordnung für Ärzte oder der Gebührenordnung für Zahnärzte mit der Maßgabe zu vergüten, dass Gebühren für die in Abschnitt M des Gebührenverzeichnisses der Gebührenordnung für Ärzte genannten Leistungen sowie für die Leistung nach Nummer 437 des Gebührenverzeichnisses der Gebührenordnung für Ärzte nur bis zum 1,16fachen des Gebührensatzes der Gebührenordnung für Ärzte, Gebühren für die in den Abschnitten A, E und O des Gebührenverzeichnisses der Gebührenordnung für Ärzte genannten Leistungen nur bis zum 1,38fachen des Gebührensatzes der Gebührenordnung für Ärzte, Gebühren für die übrigen Leistungen des Gebührenverzeichnisses der Gebührenordnung für Ärzte nur bis zum 1,8fachen des Gebührensatzes der Gebührenordnung für Ärzte und Gebühren für die Leistungen des Gebührenverzeichnisses der Gebührenordnung für Zahnärzte nur bis zum 2fachen des Gebührensatzes der Gebührenordnung für Zahnärzte berechnet werden dürfen. 3Für die Vergütung von in den §§ 115b und 116b bis 119 genannten Leistungen gilt Satz 2 entsprechend, wenn diese für die in Satz 1 genannten Versicherten im Rahmen der dort genannten Tarife erbracht werden.

(3b) 1Die Vergütung für die in Absatz 3a Satz 2 genannten Leistungen kann in Verträgen zwischen dem Verband der privaten Krankenversicherung einheitlich mit Wirkung für die Unternehmen der privaten Krankenversicherung und im Einvernehmen mit den Trägern der Kosten in Krankheits-, Pflege- und Geburtsfällen nach beamtenrechtlichen Vorschriften mit den Kassenärztlichen Vereinigungen oder den Kassenärztlichen Bundesvereinigungen ganz oder teilweise abweichend von den Vorgaben des Absatzes 3a Satz 2 geregelt werden. 2Für den Verband der privaten Krankenversicherung gilt § 158 Absatz 2 des Versicherungsaufsichtsgesetzes entsprechend. 3Wird zwischen den Beteiligten nach Satz 1 keine Einigung über eine von Absatz 3a Satz 2 abweichende Vergütungsregelung erzielt, kann der Beteiligte, der die Abweichung verlangt, die Schiedsstelle nach Absatz 3c anrufen. 4Diese hat innerhalb von drei Monaten über die Gegenstände, über die keine Einigung erzielt werden konnte, zu entscheiden und den Vertragsinhalt festzusetzen. 5Die Schiedsstelle hat ihre Entscheidung so zu treffen, dass der Vertragsinhalt

1. den Anforderungen an eine ausreichende, zweckmäßige, wirtschaftliche und in der Qualität gesicherte ärztliche Versorgung der in Absatz 3a Satz 1 genannten Versicherten entspricht,
2. die Vergütungsstrukturen vergleichbarer Leistungen aus dem vertragsärztlichen und privatärztlichen Bereich berücksichtigt und
3. die wirtschaftlichen Interessen der Vertragsärzte sowie die finanziellen Auswirkungen der Vergütungsregelungen auf die Entwicklung der Prämien für die Tarife der in Absatz 3a Satz 1 genannten Versicherten angemessen berücksichtigt.

6Wird nach Ablauf einer von den Vertragsparteien nach Satz 1 vereinbarten oder von der Schiedsstelle festgesetzten Vertragslaufzeit keine Einigung über die Vergütung erzielt, gilt der bisherige Vertrag bis zu der Entscheidung der Schiedsstelle weiter. 7Für die in Absatz 3a Satz 1 genannten Versicherten und Tarife kann die Vergütung für die in den §§ 115b und 116b bis 119 genannten Leistungen in Verträgen zwischen dem Verband der privaten Krankenversicherung einheitlich mit Wirkung für die Unternehmen der privaten Krankenversicherung und im Einvernehmen mit den Trägern der Kosten in Krankheits-, Pflege- und Geburtsfällen nach beamtenrechtlichen Vorschriften mit den entsprechenden Leistungserbringern oder den sie vertretenden Verbänden ganz oder teilweise abweichend von den Vorgaben des Absatzes 3a Satz 2 und 3 geregelt werden; Satz 2 gilt entsprechend. 8Wird nach Ablauf einer von den Vertragsparteien nach Satz 7 vereinbarten Vertragslaufzeit keine Einigung über die Vergütung erzielt, gilt der bisherige Vertrag weiter.

(3c) 1Die Kassenärztlichen Bundesvereinigungen bilden mit dem Verband der privaten Krankenversicherung je eine gemeinsame Schiedsstelle. 2Sie besteht aus Vertretern der Kassenärztlichen Bundesvereinigung oder der Kassenzahnärztlichen Bundesvereinigung einerseits und Vertretern des Verbandes der privaten Krankenversicherung und der Träger der Kosten in Krankheits-, Pflege- und Geburtsfällen nach beamtenrechtlichen Vorschriften andererseits in gleicher Zahl, einem unparteiischen Vorsitzenden und zwei weiteren unparteiischen Mitgliedern sowie je einem Vertreter des Bundesministeriums der Finanzen und des Bundesministeriums für Gesundheit. 3Die Amtsdauer beträgt vier Jahre. 4Über den Vorsitzenden und die weiteren unparteiischen Mitglieder sowie deren Stellvertreter sollen sich die Vertragsparteien einigen. 5Kommt eine Einigung nicht zu Stande, gilt § 134a Absatz 4 Satz 5 und 6 entsprechend. 6Im Übrigen gilt § 129 Abs. 9 entsprechend. 7Die Aufsicht über die Geschäftsführung der Schiedsstelle führt das Bundesministerium der Finanzen; § 129 Abs. 10 Satz 2 gilt entsprechend.

(4) 1Die Kassenärztlichen Vereinigungen und die Kassenärztlichen Bundesvereinigungen haben auch die ärztliche Behandlung von Gefangenen in Justizvollzugsanstalten in Notfällen außerhalb der Dienstzeiten der Anstaltsärzte und Anstaltszahnärzte sicherzustellen, soweit die Behandlung nicht auf andere Weise gewährleistet ist. 2Absatz 3 Satz 2 gilt entsprechend.

(5) Soweit die ärztliche Versorgung in der knappschaftlichen Krankenversicherung nicht durch Knappschaftsärzte sichergestellt wird, gelten die Absätze 1 und 2 entsprechend.

(6) Mit Zustimmung der Aufsichtsbehörden können die Kassenärztlichen Vereinigungen und Kassenärztlichen Bundesvereinigungen weitere Aufgaben der ärztlichen Versorgung insbesondere für andere Träger der Sozialversicherung übernehmen.

(7) 1Die Kassenärztlichen Bundesvereinigungen haben

1. die erforderlichen Richtlinien für die Durchführung der von ihnen im Rahmen ihrer Zuständigkeit geschlossenen Verträge aufzustellen,
2. in Richtlinien die überbezirkliche Durchführung der vertragsärztlichen Versorgung und den Zahlungsausgleich hierfür zwischen den Kassenärztlichen Vereinigungen zu regeln, soweit nicht in Bundesmantelverträgen besondere Vereinbarungen getroffen sind,
3. Richtlinien über die Betriebs-, Wirtschafts- und Rechnungsführung der Kassenärztlichen Vereinigungen aufzustellen,

3a. bis zum 31. Dezember 2021 Richtlinien zur Gewährleistung einer bundesweit einheitlichen und vollständigen Bereitstellung von Informationen nach Absatz 1a Satz 2 auf den Internetseiten der Kassenärztlichen Vereinigungen aufzustellen,

4. Richtlinien für die Umsetzung einer bundeseinheitlichen Telefonnummer nach Absatz 1a Satz 2 aufzustellen,

5. Richtlinien für ein digitales Angebot zur Vermittlung von Behandlungsterminen nach Absatz 1a Satz 3 Nummer 1 sowie zur Vermittlung einer unmittelbaren ärztlichen Versorgung in Akutfällen nach Absatz 1a Satz 3 Nummer 3 und für ein Angebot eines elektronisch gestützten Dispositionsmanagements aufzustellen und
6. Richtlinien für ein bundesweit einheitliches, standardisiertes Ersteinschätzungsverfahren aufzustellen, auf dessen Grundlage die Vermittlung in Akutfällen nach Absatz 1a Satz 3 Nummer 3 erfolgt.

$_{2}$Die Richtlinie nach Satz 1 Nr. 2 muss sicherstellen, dass die für die erbrachte Leistung zur Verfügung stehende Vergütung die Kassenärztliche Vereinigung erreicht, in deren Bezirk die Leistung erbracht wurde; eine Vergütung auf der Basis bundesdurchschnittlicher Verrechnungspunktwerte ist zulässig. $_{3}$Die Richtlinie nach Satz 1 Nr. 2 kann auch Regelungen über die Abrechnungs-, Wirtschaftlichkeits- und Qualitätsprüfung sowie über Verfahren bei Disziplinarangelegenheiten bei überörtlichen Berufsausübungsgemeinschaften, die Mitglieder in mehreren Kassenärztlichen Vereinigungen haben, treffen, soweit hierzu nicht in den Bundesmantelverträgen besondere Vereinbarungen getroffen sind. $_{4}$Bei der Erarbeitung der Richtlinien nach Satz 1 Nummer 3a sind die Bundesfachstelle Barrierefreiheit sowie die maßgeblichen Interessenvertretungen der Patientinnen und Patienten nach § 140f zu beteiligen. $_{5}$Die Richtlinien nach Satz 1 Nummer 4 und 5 müssen auch sicherstellen, dass die von Vertragsärzten in Umsetzung der Richtlinienvorgaben genutzten elektronischen Programme von der Kassenärztlichen Bundesvereinigung zugelassen sind.

(7a) $_{1}$Abweichend von Absatz 7 Satz 2 muss die für die ärztliche Versorgung geltende Richtlinie nach Absatz 7 Satz 1 Nr. 2 sicherstellen, dass die Kassenärztliche Vereinigung, in deren Bezirk die Leistungen erbracht wurden (Leistungserbringer-KV), von der Kassenärztlichen Vereinigung, in deren Bezirk der Versicherte seinen Wohnort hat (Wohnort-KV), für die erbrachten Leistungen jeweils die entsprechenden Vergütungen der in der Leistungserbringer-KV geltenden Euro-Gebührenordnung nach § 87a Abs. 2 erhält. $_{2}$Dabei ist das Benehmen mit dem Spitzenverband Bund der Krankenkassen herzustellen.

(8) Die Kassenärztlichen Vereinigungen und die Kassenärztlichen Bundesvereinigungen haben durch geeignete Maßnahmen darauf hinzuwirken, daß die zur Ableistung der Vorbereitungszeiten von Ärzten in den Praxen niedergelassener Vertragsärzte benötigten Plätze zur Verfügung stehen.

(9) Die Kassenärztlichen Vereinigungen sind verpflichtet, mit Einrichtungen nach § 13 des Schwangerschaftskonfliktgesetzes auf deren Verlangen Verträge über die ambulante Erbringung der in § 24b aufgeführten ärztlichen Leistungen zu schließen und die Leistungen außerhalb des Verteilungsmaßstabes nach den zwischen den Kassenärztlichen Vereinigungen und den Einrichtungen nach § 13 des Schwangerschaftskonfliktgesetzes oder deren Verbänden vereinbarten Sätzen zu vergüten.

§ 75a Förderung der Weiterbildung

(1) $_{1}$Die Kassenärztlichen Vereinigungen und die Krankenkassen sind zur Sicherung der hausärztlichen Versorgung verpflichtet, die allgemeinmedizinische Weiterbildung in den Praxen zugelassener Ärzte und zugelassener medizinischer Versorgungszentren zu fördern. $_{2}$Die Kassenärztlichen Vereinigungen und die Krankenkassen tragen die Kosten der Förderung für die Weiterbildung in der Allgemeinmedizin im ambulanten Bereich je zur Hälfte. $_{3}$Die Zuschüsse der Krankenkassen werden außerhalb der Gesamtvergütung für die vertragsärztliche Versorgung gewährt. $_{4}$Die Förderung ist von der Weiterbildungsstelle auf die im Krankenhaus übliche Vergütung anzuheben und an den Weiterzubildenden in voller Höhe auszuzahlen.

(2) $_{1}$Die Krankenkassen sind zur Sicherung der hausärztlichen Versorgung auch verpflichtet, die allgemeinmedizinische Weiterbildung in zugelassenen Krankenhäusern und in Vorsorge- und Rehabilitationseinrichtungen, für die ein Versorgungsvertrag nach § 111 besteht, zu fördern. $_{2}$Die Zuschüsse der Krankenkassen werden außerhalb der mit den Krankenhäusern vereinbarten Budgets gewährt.

(3) $_{1}$Die Anzahl der zu fördernden Stellen soll bundesweit insgesamt mindestens 7500 betragen. $_{2}$Die Kassenärztlichen Vereinigungen dürfen die Anzahl der zu fördernden Weiterbildungsstellen nicht begrenzen.

(4) $_{1}$Die Kassenärztliche Bundesvereinigung vereinbart mit dem Spitzenverband Bund der Krankenkassen und der Deutschen Krankenhausgesellschaft das Nähere über den Umfang und die Durchführung der finanziellen Förderung nach den Absätzen 1 bis 3. $_{2}$Sie haben insbesondere Vereinbarungen zu treffen über

1. die Höhe der finanziellen Förderung,
2. die Sicherstellung einer durchgängigen Förderung auch bei einem Wechsel in eine andere Weiterbildungsstelle in einem Bezirk einer anderen Kassenärztlichen Vereinigung,
3. die Verteilung der zu fördernden Stellen auf die Kassenärztlichen Vereinigungen,
4. ein finanzielles Ausgleichverfahren, wenn in einem Bezirk einer Kassenärztlichen Vereinigung mehr oder weniger Weiterbildungsstellen gefördert werden, als nach Nummer 3 vorgesehen sind, sowie

5. die zu fördernden Fachärzte aus dem Bereich der allgemeinen fachärztlichen Versorgung, die an der Grundversorgung teilnehmen (grundversorgende Fachärzte).

3Mit der Bundesärztekammer ist das Benehmen herzustellen. 4Wird eine Vereinbarung ganz oder teilweise beendet und kommt bis zum Ablauf der Vereinbarungszeit keine neue Vereinbarung zustande, entscheidet das sektorenübergreifende Schiedsgremium auf Bundesebene gemäß § 89a.

(5) 1Die Höhe der finanziellen Beteiligung der Krankenkassen an den Kosten der Förderung der allgemeinmedizinischen Weiterbildung vermindert sich um den von den privaten Krankenversicherungsunternehmen gezahlten Betrag. 2Über die Verträge nach Absatz 4 ist das Einvernehmen mit dem Verband der Privaten Krankenversicherung anzustreben.

(6) 1Die nach Absatz 4 Satz 2 Nummer 1 zu vereinbarende Höhe der finanziellen Förderung ist so zu bemessen, dass die Weiterzubildenden in allen Weiterbildungseinrichtungen nach den Absätzen 1 und 2 eine angemessene Vergütung erhalten. 2In Gebieten, für die der Landesausschuss der Ärzte und Krankenkassen für den Bereich der hausärztlichen Versorgung eine Feststellung nach § 100 Absatz 1 Satz 1 getroffen hat, soll eine höhere finanzielle Förderung vorgesehen werden. 3Die Vertragspartner haben die Angemessenheit der Förderung regelmäßig zu überprüfen und soweit erforderlich anzupassen.

(7) In den Verträgen nach Absatz 4 kann auch vereinbart werden, dass

1. die Fördermittel durch eine zentrale Stelle auf Landes- oder Bundesebene verwaltet werden,
2. eine finanzielle Beteiligung an regionalen Projekten zur Förderung der Allgemeinmedizin erfolgt,
3. bis zu 5 Prozent der vorgesehenen Fördermittel überregional für die Errichtung und Organisation von Einrichtungen, die die Qualität und Effizienz der Weiterbildung verbessern können, und für die Qualifizierung von Weiterbildern bereitgestellt werden,
4. in einem Förderungszeitraum nicht abgerufene Fördermittel in den darauffolgenden Förderzeitraum übertragen sowie überregional und unabhängig von der Art der Weiterbildungseinrichtung bereitgestellt werden.

(8) Die Kassenärztlichen Vereinigungen können zur Erfüllung der in Absatz 1 genannten Aufgaben kooperieren oder eine Kassenärztliche Vereinigung mit der Durchführung der Aufgaben nach Absatz 1 beauftragen.

(9) 1Die Absätze 1 und 4 bis 8 gelten für die Förderung der Weiterbildung in der ambulanten grundversorgenden fachärztlichen Versorgung nach Maßgabe der Vereinbarung nach Absatz 4 Satz 2 Nummer 5 entsprechend. 2Es sind bundesweit bis zu 2000 Weiterbildungsstellen, davon mindestens 250 Weiterbildungsstellen in der Kinder- und Jugendmedizin, zu fördern.

§ 75b Richtlinie zur IT-Sicherheit in der vertragsärztlichen und vertragszahnärztlichen Versorgung

(1) 1Die Kassenärztlichen Bundesvereinigungen legen bis zum 30. Juni 2020 in einer Richtlinie die Anforderungen zur Gewährleistung der IT-Sicherheit in der vertragsärztlichen und vertragszahnärztlichen Versorgung fest. 2Die Richtlinie umfasst auch Anforderungen an die sichere Installation und Wartung von Komponenten und Diensten der Telematikinfrastruktur, die in der vertragsärztlichen und vertragszahnärztlichen Versorgung genutzt werden.

(2) Die in der Richtlinie festzulegenden Anforderungen müssen geeignet sein, abgestuft im Verhältnis zum Gefährdungspotential und dem Schutzbedarf der verarbeiteten Informationen, Störungen der informationstechnischen Systeme, Komponenten oder Prozesse der vertragsärztlichen Leistungserbringer in Bezug auf Verfügbarkeit, Integrität und Vertraulichkeit sowie der weiteren Sicherheitsziele zu vermeiden.

(3) 1Die in der Richtlinie festzulegenden Anforderungen müssen dem Stand der Technik entsprechen und sind jährlich an den Stand der Technik und an das Gefährdungspotential anzupassen. 2Die in der Richtlinie festzulegenden Anforderungen sowie deren Anpassungen erfolgen im Einvernehmen mit dem Bundesamt für Sicherheit in der Informationstechnik sowie im Benehmen mit dem oder der Bundesbeauftragten für den Datenschutz und die Informationsfreiheit, der Bundesärztekammer, der Bundeszahnärztekammer, der Deutschen Krankenhausgesellschaft und den für die Wahrnehmung der Interessen der Industrie maßgeblichen Bundesverbänden aus dem Bereich der Informationstechnologie im Gesundheitswesen. 3Die Anforderungen nach Absatz 1 Satz 2 legen die Kassenärztlichen Bundesvereinigungen zusätzlich im Benehmen mit der Gesellschaft für Telematik fest.

(4) 1Die Richtlinie ist für die an der vertragsärztlichen und vertragszahnärztlichen Versorgung teilnehmenden Leistungserbringer verbindlich. 2Die Richtlinie ist nicht anzuwenden für die vertragsärztliche und vertragszahnärztliche Versorgung im Krankenhaus, soweit dort bereits angemessene Vorkehrungen getroffen werden. 3Angemessene Vorkehrungen im Sinne von Satz 2 gelten als getroffen, wenn die organisatorischen und technischen Vorkehrungen nach § 8a Absatz 1 des BSI-Gesetzes oder

entsprechende branchenspezifische Sicherheitsstandards umgesetzt wurden.

(5) 1Die Kassenärztlichen Bundesvereinigungen müssen ab dem 30. Juni 2020 die Mitarbeiterinnen und Mitarbeiter der Anbieter im Einvernehmen mit dem Bundesamt für Sicherheit in der Informationstechnik auf deren Antrag zertifizieren, wenn diese Personen über die notwendige Eignung verfügen, um die an der vertragsärztlichen und vertragszahnärztlichen Versorgung teilnehmenden Leistungserbringer bei der Umsetzung der Richtlinie sowie deren Anpassungen zu unterstützen. 2Die Vorgaben für die Zertifizierung werden von den Kassenärztlichen Bundesvereinigungen im Einvernehmen mit dem Bundesamt für Sicherheit in der Informationstechnik sowie im Benehmen mit den für die Wahrnehmung der Interessen der Industrie maßgeblichen Bundesverbänden aus dem Bereich der Informationstechnologie im Gesundheitswesen bis zum 31. März 2020 erstellt. 3In Bezug auf die Anforderungen nach Absatz 1 Satz 2 legen die Kassenärztlichen Bundesvereinigungen die Vorgaben für die Zertifizierung der Mitarbeiterinnen und Mitarbeiter der Anbieter nach Satz 1 im Benehmen mit der Gesellschaft für Telematik fest.

§ 75c IT-Sicherheit in Krankenhäusern

(1) 1Ab dem 1. Januar 2022 sind Krankenhäuser verpflichtet, nach dem Stand der Technik angemessene organisatorische und technische Vorkehrungen zur Vermeidung von Störungen der Verfügbarkeit, Integrität und Vertraulichkeit sowie der weiteren Sicherheitsziele ihrer informationstechnischen Systeme, Komponenten oder Prozesse zu treffen, die für die Funktionsfähigkeit des jeweiligen Krankenhauses und die Sicherheit der verarbeiteten Patienteninformationen maßgeblich sind. 2Organisatorische und technische Vorkehrungen sind angemessen, wenn der dafür erforderliche Aufwand nicht außer Verhältnis zu den Folgen eines Ausfalls oder einer Beeinträchtigung des Krankenhauses oder der Sicherheit der verarbeiteten Patienteninformationen steht. 3Die informationstechnischen Systeme sind spätestens alle zwei Jahre an den aktuellen Stand der Technik anzupassen.

(2) Die Krankenhäuser können die Verpflichtungen nach Absatz 1 insbesondere erfüllen, indem sie einen branchenspezifischen Sicherheitsstandard für die informationstechnische Sicherheit der Gesundheitsversorgung im Krankenhaus in der jeweils gültigen Fassung anwenden, dessen Eignung vom Bundesamt für Sicherheit in der Informationstechnik nach § 8a Absatz 2 des BSI-Gesetzes festgestellt wurde.

(3) Die Verpflichtung nach Absatz 1 gilt für alle Krankenhäuser, soweit sie nicht ohnehin als Betreiber Kritischer Infrastrukturen gemäß § 8a des BSI-Gesetzes angemessene technische Vorkehrungen zu treffen haben.

§ 76 Freie Arztwahl

(1) 1Die Versicherten können unter den zur vertragsärztlichen Versorgung zugelassenen Ärzten, den medizinischen Versorgungszentren, den ermächtigten Ärzten, den ermächtigten oder nach § 116b an der ambulanten Versorgung teilnehmenden Einrichtungen, den Zahnkliniken der Krankenkassen, den Eigeneinrichtungen der Krankenkassen nach § 140 Abs. 2 Satz 2, den nach § 72a Abs. 3 vertraglich zur ärztlichen Behandlung verpflichteten Ärzten und Zahnärzten, den zum ambulanten Operieren zugelassenen Krankenhäusern sowie den Einrichtungen nach § 75 Abs. 9 frei wählen. 2Andere Ärzte dürfen nur in Notfällen in Anspruch genommen werden. 3Die Inanspruchnahme der Eigeneinrichtungen der Krankenkassen nach § 140 Abs. 1 und 2 Satz 1 richtet sich nach den hierüber abgeschlossenen Verträgen. 4Die Zahl der Eigeneinrichtungen darf auf Grund vertraglicher Vereinbarung vermehrt werden, wenn die Voraussetzungen des § 140 Abs. 2 Satz 1 erfüllt sind.

(1a) 1In den Fällen des § 75 Absatz 1a Satz 7 können Versicherte auch zugelassene Krankenhäuser in Anspruch nehmen, die nicht an der vertragsärztlichen Versorgung teilnehmen; dies gilt auch, wenn die Terminservicestelle Versicherte in den Fällen des § 75 Absatz 1a Satz 3 Nummer 3 in eine Notfallambulanz vermittelt. 2Die Inanspruchnahme umfasst auch weitere auf den Termin folgende notwendige Behandlungen, die dazu dienen, den Behandlungserfolg zu sichern oder zu festigen.

(2) Wird ohne zwingenden Grund ein anderer als einer der nächsterreichbaren an der vertragsärztlichen Versorgung teilnehmenden Ärzte, Einrichtungen oder medizinische Versorgungszentren in Anspruch genommen, hat der Versicherte die Mehrkosten zu tragen.

(3) 1Die Versicherten sollen den an der vertragsärztlichen Versorgung teilnehmenden Arzt innerhalb eines Kalendervierteljahres nur bei Vorliegen eines wichtigen Grundes wechseln. 2Der Versicherte wählt einen Hausarzt. 3Der Arzt hat den Versicherten vorab über Inhalt und Umfang der hausärztlichen Versorgung (§ 73) zu unterrichten; eine Teilnahme an der hausärztlichen Versorgung hat er auf seinem Praxisschild anzugeben.

(3a) Die Partner der Verträge nach § 82 Abs. 1 haben geeignete Maßnahmen zu vereinbaren, die einer unkoordinierten Mehrfachinanspruchnahme von Vertragsärzten entgegenwirken und den Informationsaustausch zwischen vor- und nachbehandelnden Ärzten gewährleisten.

(4) Die Übernahme der Behandlung verpflichtet die in Absatz 1 genannten Personen oder Einrichtungen dem

Versicherten gegenüber zur Sorgfalt nach den Vorschriften des bürgerlichen Vertragsrechts.

(5) 1Die Versicherten der knappschaftlichen Krankenversicherung können unter den Knappschaftsärzten und den in Absatz 1 genannten Personen und Einrichtungen frei wählen. 2Die Absätze 2 bis 4 gelten entsprechend.

Zweiter Titel
Kassenärztliche und Kassenzahnärztliche Vereinigungen

§ 77 Kassenärztliche Vereinigungen und Bundesvereinigungen

(1) 1Zur Erfüllung der ihnen durch dieses Buch übertragenen Aufgaben der vertragsärztlichen Versorgung bilden die Vertragsärzte für den Bereich jedes Landes eine Kassenärztliche und eine Kassenzahnärztliche Vereinigung (Kassenärztliche Vereinigungen). 2Bestehen in einem Land mehrere Kassenärztliche Vereinigungen, können sich diese nach Absatz 2 vereinigen.

V

(2) 1Mit Zustimmung der für die Sozialversicherung zuständigen obersten Verwaltungsbehörden der Länder können sich Kassenärztliche Vereinigungen auf Beschluss ihrer Vertreterversammlungen auch für den Bereich mehrerer Länder vereinigen. 2Der Beschluss bedarf der Genehmigung der vor der Vereinigung zuständigen Aufsichtsbehörden. 3§ 155 Absatz 2, 5 und 6 gilt entsprechend. 4Die Bundesvereinigung nach Absatz 4 ist vor der Vereinigung zu hören. 5Die gemeinsame Kassenärztliche Vereinigung kann nach Bereichen der an der Vereinigung beteiligten Kassenärztlichen Vereinigungen getrennte Gesamtverträge längstens für bis zu vier Quartale anwenden. 6Darüber hinaus können die Vertragspartner der Gesamtverträge unterschiedliche Vergütungen im Einvernehmen mit der zuständigen Aufsichtsbehörde vereinbaren, soweit es zum Ausgleich unterschiedlicher landesrechtlicher Bestimmungen oder aus anderen besonderen Gründen erforderlich ist.

(3) 1Die zugelassenen Ärzte, die im Rahmen der vertragsärztlichen Versorgung in den zugelassenen medizinischen Versorgungszentren tätigen angestellten Ärzte, die bei Vertragsärzten nach § 95 Abs. 9 und 9a angestellten Ärzte, die in Eigeneinrichtungen nach § 105 Absatz 1a und Absatz 5 Satz 1 angestellten Ärzte und die an der vertragsärztlichen Versorgung teilnehmenden ermächtigten Krankenhausärzte sind Mitglieder der für ihren Arztsitz zuständigen Kassenärztlichen Vereinigung. 2Voraussetzung der Mitgliedschaft angestellter Ärzte in der für ihren Arztsitz zuständigen Kassenärztlichen Vereinigung ist, dass sie mindestens zehn Stunden pro Woche beschäftigt sind.

(4) 1Die Kassenärztlichen Vereinigungen bilden die Kassenärztliche Bundesvereinigung und die Kassenzahnärztliche Bundesvereinigung (Kassenärztliche Bundesvereinigungen). 2Die Kassenärztlichen Vereinigungen und Kassenärztlichen Bundesvereinigungen können die für sie zuständigen obersten Bundes- und Landesbehörden insbesondere in Fragen der Rechtsetzung kurzzeitig personell unterstützen. 3Dadurch entstehende Kosten sind ihnen grundsätzlich zu erstatten; Ausnahmen werden in den jeweiligen Gesetzen zur Feststellung der Haushalte von Bund und Ländern festgelegt.

(5) Die Kassenärztlichen Vereinigungen und die Kassenärztlichen Bundesvereinigungen sind Körperschaften des öffentlichen Rechts.

(6) 1§§ 88, 94 Abs. 1a bis 4 und § 97 Abs. 1 Satz 1 bis 4 des Zehnten Buches gelten entsprechend. 2Wenn eine Kassenärztliche Vereinigung eine andere Kassenärztliche Vereinigung nach Satz 1 in Verbindung mit § 88 des Zehnten Buches beauftragt, eine ihr obliegende Aufgabe wahrzunehmen und hiermit eine Verarbeitung von Sozialdaten durch die Beauftragte verbunden ist, wird die Beauftragte mit dem Empfang der ihr nach § 285 Absatz 3 Satz 7 übermittelten Sozialdaten Verantwortliche. 3§ 80 Absatz 1 Satz 1 Nummer 1 bis 3 und Satz 2 des Zehnten Buches gilt entsprechend, Satz 1 Nummer 1 jedoch mit der Maßgabe, dass nur der Auftragsverarbeiter anzuzeigen ist.

§ 77a Dienstleistungsgesellschaften

(1) Die Kassenärztlichen Vereinigungen und die Kassenärztlichen Bundesvereinigungen können zur Erfüllung der in Absatz 2 aufgeführten Aufgaben Gesellschaften gründen.

(2) Gesellschaften nach Absatz 1 können gegenüber vertragsärztlichen Leistungserbringern folgende Aufgaben erfüllen:

1. Beratung beim Abschluss von Verträgen, die die Versorgung von Versicherten mit Leistungen der gesetzlichen Krankenversicherung betreffen,
2. Beratung in Fragen der Datenverarbeitung, der Datensicherung und des Datenschutzes,
3. Beratung in allgemeinen wirtschaftlichen Fragen, die die Vertragsarzttätigkeit betreffen,
4. Vertragsabwicklung für Vertragspartner von Verträgen, die die Versorgung von Versicherten mit Leistungen der gesetzlichen Krankenversicherung betreffen,
5. Übernahme von Verwaltungsaufgaben für Praxisnetze.

(3) 1Gesellschaften nach Absatz 1 dürfen nur gegen Kostenersatz tätig werden. 2Eine Finanzierung aus Mitteln der

Kassenärztlichen Vereinigungen oder Kassenärztlichen Bundesvereinigungen ist ausgeschlossen.

§ 77b Besondere Regelungen zu Einrichtungen und Arbeitsgemeinschaften der Kassenärztlichen Bundesvereinigungen

(1) $_{1}$Vor der Entscheidung des Vorstandes der Kassenärztlichen Bundesvereinigungen über die Errichtung, Übernahme oder wesentliche Erweiterung von Einrichtungen im Sinne des § 85 Absatz 1 des Vierten Buches sowie über eine unmittelbare oder mittelbare Beteiligung an solchen Einrichtungen ist die Vertreterversammlung der Kassenärztlichen Bundesvereinigungen durch den Vorstand auf der Grundlage geeigneter Daten umfassend über die Chancen und Risiken der beabsichtigten Betätigung zu unterrichten. $_{2}$Die Entscheidung des Vorstandes nach Satz 1 bedarf der Zustimmung der Vertreterversammlung.

(2) $_{1}$Der Vorstand hat zur Information der Vertreterversammlung der Kassenärztlichen Bundesvereinigungen jährlich einen Bericht über die Einrichtungen zu erstellen, an denen die Kassenärztlichen Bundesvereinigungen beteiligt sind. $_{2}$Der Beteiligungsbericht muss zu jeder Einrichtung mindestens Angaben enthalten über

1. den Gegenstand der Einrichtung, die Beteiligungsverhältnisse, die Besetzung der Organe der Einrichtung und die Beteiligungen der Einrichtung an weiteren Einrichtungen,
2. den fortbestehenden Zusammenhang zwischen der Beteiligung an der Einrichtung und den gesetzlichen Aufgaben der Kassenärztlichen Bundesvereinigungen,
3. die Grundzüge des Geschäftsverlaufs der Einrichtung, die Ertragslage der Einrichtung, die Kapitalzuführungen an und die Kapitalentnahmen aus der Einrichtung durch die Kassenärztlichen Bundesvereinigungen, die Auswirkungen der Kapitalzuführungen und Kapitalentnahmen auf die Haushaltswirtschaft der Kassenärztlichen Bundesvereinigungen und die von den Kassenärztlichen Bundesvereinigungen der Einrichtung gewährten Sicherheiten,
4. die im Geschäftsjahr gewährten Gesamtbezüge der Mitglieder der Geschäftsführung, des Aufsichtsrates, des Beirates oder eines ähnlichen Gremiums der Einrichtung für jedes einzelne Gremium sowie die im Geschäftsjahr gewährten Bezüge eines jeden Mitglieds dieser Gremien unter Namensnennung.

$_{3}$Der Bericht über das abgelaufene Geschäftsjahr ist der Vertreterversammlung der Kassenärztlichen Bundesvereinigungen und der Aufsichtsbehörde spätestens am 1. Oktober des folgenden Jahres vorzulegen.

(3) Die Absätze 1 und 2 gelten entsprechend für Dienstleistungsgesellschaften nach § 77a, an denen die Kassenärztlichen Bundesvereinigungen beteiligt sind, und für Arbeitsgemeinschaften nach § 94 Absatz 1a des Zehnten Buches in Verbindung mit § 77 Absatz 6 Satz 1, an denen die Kassenärztlichen Bundesvereinigungen beteiligt sind.

§ 78 Aufsicht, Haushalts- und Rechnungswesen, Vermögen, Statistiken

(1) Die Aufsicht über die Kassenärztlichen Bundesvereinigungen führt das Bundesministerium für Gesundheit, die Aufsicht über die Kassenärztlichen Vereinigungen führen die für die Sozialversicherung zuständigen obersten Verwaltungsbehörden der Länder.

(2) $_{1}$Die Aufsicht über die für den Bereich mehrerer Länder gebildeten gemeinsamen Kassenärztlichen Vereinigungen führt die für die Sozialversicherung zuständige oberste Verwaltungsbehörde des Landes, in dem diese Vereinigungen ihren Sitz haben. $_{2}$Die Aufsicht ist im Benehmen mit den zuständigen obersten Verwaltungsbehörden der beteiligten Länder wahrzunehmen.

(3) $_{1}$Die Aufsicht erstreckt sich auf die Beachtung von Gesetz und sonstigem Recht. $_{2}$Die §§ 88 und 89 des Vierten Buches gelten entsprechend.

(4) Für die Vollstreckung von Aufsichtsverfügungen gegen die Kassenärztlichen Bundesvereinigungen kann die Aufsichtsbehörde ein Zwangsgeld bis zu einer Höhe von 10 000 000 Euro zugunsten des Gesundheitsfonds nach § 271 festsetzen.

(5) $_{1}$Die Kosten der Tätigkeit der Kassenärztlichen Bundesvereinigungen werden nach Maßgabe des Haushaltsplans durch die Beiträge der Kassenärztlichen Vereinigungen gemäß den Vorgaben der Satzungen der Kassenärztlichen Bundesvereinigungen aufgebracht, soweit sie nicht durch sonstige Einnahmen gedeckt werden. $_{2}$Für die Kassenärztlichen Bundesvereinigungen gelten für das Haushalts- und Rechnungswesen einschließlich der Statistiken die §§ 67 bis 70 Absatz 1 und 5, die §§ 72 bis 77 Absatz 1 und 1a und die §§ 78 und 79 Absatz 1 und 2 in Verbindung mit Absatz 3a, für das Vermögen die §§ 80 bis 86 des Vierten Buches sowie § 220 Absatz 1 Satz 2 und für die Verwendung der Mittel § 305b entsprechend. $_{3}$Die Jahresrechnung nach § 77 Absatz 1a des Vierten Buches ist für das abgelaufene Haushaltsjahr bis zum 1. Oktober des Folgejahres aufzustellen und der Aufsichtsbehörde vorzulegen. $_{4}$Betriebsmittel dürfen die Ausgaben nicht übersteigen, die nach dem Haushaltsplan der Kassenärztlichen Bundesvereinigungen auf eineinhalb Monate entfallen. $_{5}$Rücklagen sind zulässig, sofern sie angemessen sind und für einen den gesetzlichen Aufgaben dienenden Zweck bestimmt sind. $_{6}$Soweit Vermögen nicht

zur Rücklagenbildung erforderlich ist, ist es zur Senkung der Beiträge der Kassenärztlichen Vereinigungen zu verwenden oder an die Kassenärztlichen Vereinigungen zurückzuzahlen.

(6) Für die Kassenärztlichen Vereinigungen gelten für das Haushalts- und Rechnungswesen einschließlich der Statistiken die §§ 67 bis 70 Absatz 1 und 5, die §§ 72 bis 77 Absatz 1 und die §§ 78 und 79 Absatz 1 und 2 in Verbindung mit Absatz 3a, für das Vermögen die §§ 80 bis 86 des Vierten Buches sowie § 220 Absatz 1 Satz 2 und für die Verwendung der Mittel § 305b entsprechend.

§ 78a Aufsichtsmittel in besonderen Fällen bei den Kassenärztlichen Bundesvereinigungen

(1) 1Ergibt sich nachträglich, dass eine Satzung nicht hätte genehmigt werden dürfen, oder bedarf eine Satzung wegen nachträglich eingetretener rechtlicher oder tatsächlicher Umstände, die zur Rechtswidrigkeit der Satzung führen, einer Änderung, so kann die Aufsichtsbehörde anordnen, dass die Kassenärztlichen Bundesvereinigungen innerhalb einer bestimmten Frist die erforderlichen Änderungen vornehmen. 2Kommen die Kassenärztlichen Bundesvereinigungen der Anordnung innerhalb der Frist nicht nach, so kann die Aufsichtsbehörde die erforderlichen Änderungen selbst vornehmen.

(2) 1Ist zur Umsetzung von gesetzlichen Vorschriften oder aufsichtsrechtlichen Verfügungen ein Beschluss der Vertreterversammlung erforderlich, so kann die Aufsichtsbehörde anordnen, dass dieser Beschluss innerhalb einer bestimmten Frist gefasst wird. 2Wird der erforderliche Beschluss innerhalb der Frist nicht gefasst, so kann die Aufsichtsbehörde den Beschluss der Vertreterversammlung ersetzen.

(3) 1Verstößt ein Beschluss der Vertreterversammlung der Kassenärztlichen Bundesvereinigungen gegen ein Gesetz oder gegen sonstiges für die Kassenärztlichen Bundesvereinigungen maßgebendes Recht, so kann die Aufsichtsbehörde anordnen, den Beschluss innerhalb einer bestimmten Frist aufzuheben. 2Mit Zugang der Anordnung darf der Beschluss nicht vollzogen werden. 3Die Aufsichtsbehörde kann verlangen, dass Maßnahmen, die aufgrund des Beschlusses getroffen wurden, rückgängig gemacht werden. 4Kommen die Kassenärztlichen Bundesvereinigungen der Anordnung innerhalb der Frist nicht nach, so kann die Aufsichtsbehörde den Beschluss aufheben.

(4) 1Einer Anordnung mit Fristsetzung bedarf es nicht, wenn ein Beschluss nach Absatz 1 oder Absatz 2 auf Grund gesetzlicher Regelungen innerhalb einer bestimmten Frist zu fassen ist. 2Klagen gegen Anordnungen und Maßnahmen der Aufsichtsbehörde nach den Absätzen 1 bis 3 haben keine aufschiebende Wirkung.

§ 78b Entsandte Person für besondere Angelegenheiten bei den Kassenärztlichen Bundesvereinigungen

(1) 1Solange und soweit die ordnungsgemäße Verwaltung bei den Kassenärztlichen Bundesvereinigungen gefährdet ist, kann die Aufsichtsbehörde eine Person an die Kassenärztlichen Bundesvereinigungen entsenden, diese Person mit der Wahrnehmung von Aufgaben bei den Kassenärztlichen Bundesvereinigungen betrauen und ihr hierfür die erforderlichen Befugnisse übertragen. 2Die ordnungsgemäße Verwaltung ist insbesondere gefährdet, wenn

1. ein Mitglied des Vorstandes interne oder externe Maßnahmen ergreift, die nicht im Einklang mit den eigenen Verwaltungsvorschriften oder satzungsrechtlichen oder gesetzlichen Vorschriften stehen,
2. ein Mitglied des Vorstandes Handlungen vornimmt, die die interne Organisation der Verwaltung oder auch die Zusammenarbeit der Organe untereinander erheblich beeinträchtigen,
3. die Umsetzung von Aufsichtsverfügungen nicht gewährleistet ist oder
4. hinreichende Anhaltspunkte dafür vorliegen, dass eine Pflichtverletzung eines Organmitglieds oder eines ehemaligen Organmitglieds einen Schaden der Körperschaft verursacht hat.

3Die Aufsichtsbehörde kann die Person in diesen Fällen zur Beratung und Unterstützung des Vorstandes oder der Vertreterversammlung, zur Überwachung der Umsetzung von Aufsichtsverfügungen oder zur Prüfung von Schadensersatzansprüchen gegen Organmitglieder oder ehemalige Organmitglieder entsenden. 4Die Aufsichtsbehörde bestimmt, in welchem Umfang die entsandte Person im Innenverhältnis anstelle der Organe handeln darf. 5Die Befugnisse der Organe im Außenverhältnis bleiben unberührt. 6Die Entsendung erfolgt durch Verwaltungsakt gegenüber den Kassenärztlichen Bundesvereinigungen.

(2) 1Die nach Absatz 1 entsandte Person ist im Rahmen ihrer Aufgaben berechtigt, von den Mitgliedern der Organe und von den Beschäftigten der Kassenärztlichen Bundesvereinigungen Auskünfte und die Vorlage von Unterlagen zu verlangen. 2Sie kann an allen Sitzungen der Organe und sonstigen Gremien der Kassenärztlichen Bundesvereinigungen in beratender Funktion teilnehmen, die Geschäftsräume der Kassenärztlichen Bundesvereinigungen betreten und Nachforschungen zur Erfüllung ihrer Aufgaben anstellen. 3Die Organe und Organmitglieder haben die entsandte Person bei der Wahrnehmung von

deren Aufgaben zu unterstützen. $_4$Die entsandte Person ist verpflichtet, der Aufsichtsbehörde Auskunft über alle Erkenntnisse zu geben, die sie im Rahmen ihrer Tätigkeit gewonnen hat.

(3) $_1$Die Kassenärztlichen Bundesvereinigungen gewähren der nach Absatz 1 entsandten Person eine Vergütung und angemessene Auslagen. $_2$Die Höhe der Vergütung wird von der Aufsichtsbehörde durch Verwaltungsakt gegenüber den Kassenärztlichen Bundesvereinigungen festgesetzt. $_3$Die Kassenärztlichen Bundesvereinigungen tragen zudem die übrigen Kosten, die durch die Entsendung entstehen.

(4) $_1$Der Entsendung der Person hat eine Anordnung vorauszugehen, mit der die Aufsichtsbehörde den Kassenärztlichen Bundesvereinigungen aufgibt, innerhalb einer bestimmten Frist das Erforderliche zur Gewährleistung einer ordnungsgemäßen Verwaltung zu veranlassen. $_2$Klagen gegen die Anordnung nach Satz 1 oder gegen die Entsendung der Person haben keine aufschiebende Wirkung.

§ 78c Berichtspflicht des Bundesministeriums für Gesundheit

Sofern schutzwürdige Belange Dritter nicht entgegenstehen, hat das Bundesministerium für Gesundheit dem Ausschuss für Gesundheit des Deutschen Bundestages jährlich zum 1. März, erstmalig zum 1. März 2018, einen Bericht über aufsichtsrechtliche Maßnahmen nach § 78a Absatz 1 bis 3, § 78b Absatz 1 und 4 Satz 1 und § 79a Absatz 1a und 2 Satz 1, über den Erlass von Verpflichtungsbescheiden nach § 89 Absatz 1 Satz 2 des Vierten Buches in Verbindung mit § 78 Absatz 3 Satz 2 sowie über den Sachstand der Aufsichtsverfahren vorzulegen.

§ 79 Organe

(1) $_1$Bei den Kassenärztlichen Vereinigungen und den Kassenärztlichen Bundesvereinigungen werden eine Vertreterversammlung als Selbstverwaltungsorgan sowie ein hauptamtlicher Vorstand gebildet. $_2$Für die Mitglieder der Vertreterversammlung gilt § 40 des Vierten Buches entsprechend.

(2) $_1$Die Satzungen bestimmen die Zahl der Mitglieder der Vertreterversammlung der Kassenärztlichen Vereinigungen und Kassenärztlichen Bundesvereinigungen. $_2$Die Vertreterversammlung der Kassenärztlichen Vereinigungen hat bis zu 30 Mitglieder. $_3$Bei mehr als 5000 Mitgliedern der Kassenärztlichen Vereinigung oder mehr als 2000 Mitgliedern der Kassenzahnärztlichen Vereinigung kann die Zahl der Mitglieder auf bis zu 40, bei mehr als 10 000 Mitgliedern der Kassenärztlichen Vereinigung oder mehr als 5000 Mitgliedern der Kassenzahnärztlichen Vereinigung auf bis zu 50 erhöht werden. $_4$Die Vertreterversammlung der Kassenärztlichen Bundesvereinigungen hat bis zu 60 Mitglieder.

(3) $_1$Die Vertreterversammlung hat insbesondere

1. die Satzung und sonstiges autonomes Recht zu beschließen,
2. den Vorstand zu überwachen,
3. alle Entscheidungen zu treffen, die für die Körperschaft von grundsätzlicher Bedeutung sind,
4. den Haushaltsplan festzustellen,
5. über die Entlastung des Vorstandes wegen der Jahresrechnung zu beschließen,
6. die Körperschaft gegenüber dem Vorstand und dessen Mitgliedern zu vertreten,
7. über den Erwerb, die Veräußerung oder die Belastung von Grundstücken sowie über die Errichtung von Gebäuden zu beschließen.

$_2$Sie kann sämtliche Geschäfts- und Verwaltungsunterlagen einsehen und prüfen. $_3$Die Vertreterversammlung der Kassenärztlichen Bundesvereinigungen kann von dem Vorstand jederzeit einen Bericht über die Angelegenheiten der Körperschaft verlangen. $_4$Der Bericht ist rechtzeitig und in der Regel schriftlich zu erstatten. $_5$Die Vertreterversammlung der Kassenärztlichen Bundesvereinigungen kann die Rechte nach den Sätzen 2 und 3 auch mit einem Viertel der abgegebenen Stimmen ihrer Mitglieder geltend machen. $_6$Der Vorstand hat die Vertreterversammlung der Kassenärztlichen Bundesvereinigungen über die Nebentätigkeit in ärztlichen Organisationen zu informieren.

(3a) $_1$In der Vertreterversammlung der Kassenärztlichen Bundesvereinigung stimmen über die Belange, die ausschließlich die hausärztliche Versorgung betreffen, nur die Vertreter der Hausärzte, über die Belange, die ausschließlich die fachärztliche Versorgung betreffen, nur die Vertreter der Fachärzte ab. $_2$Bei gemeinsamen Abstimmungen einschließlich der Wahlen nach § 80 Absatz 2 sind die Stimmen so zu gewichten, dass insgesamt eine Parität der Stimmen zwischen Vertretern der Hausärzte und Vertretern der Fachärzte in der Vertreterversammlung besteht. $_3$Das Nähere zur Abgrenzung der Abstimmungsgegenstände nach Satz 1 und zur Stimmengewichtung nach Satz 2 regelt die Satzung bis spätestens zum 1. November 2015; der Satzungsbeschluss bedarf der Mehrheit von zwei Dritteln der Stimmen der Mitglieder der Vertreterversammlung.

(3b) $_1$Die Vertreterversammlung der Kassenärztlichen Bundesvereinigungen hat ihre Beschlüsse nachvollziehbar zu begründen. $_2$Sie hat ihre Sitzungen zu protokollieren. $_3$Die Vertreterversammlung der Kassenärztlichen Bundesvereinigungen kann ein Wortprotokoll verlangen.

$_{4}$Abstimmungen in der Vertreterversammlung der Kassenärztlichen Bundesvereinigungen erfolgen in der Regel nicht geheim. $_{5}$Eine geheime Abstimmung findet nur in besonderen Angelegenheiten statt. $_{6}$Eine namentliche Abstimmung erfolgt über die in der Satzung nach § 81 Absatz 1 festzulegenden haftungsrelevanten Abstimmungsgegenstände. $_{7}$Die Sitzungen der Vertreterversammlung sind in der Regel öffentlich. $_{8}$Die Öffentlichkeit kann nur in besonderen Fällen ausgeschlossen werden, insbesondere wenn berechtigte Interessen Einzelner einer öffentlichen Sitzung entgegenstehen.

(3c) $_{1}$Verpflichtet sich ein Mitglied der Vertreterversammlung der Kassenärztlichen Bundesvereinigungen außerhalb seiner Tätigkeit in der Vertreterversammlung durch einen Dienstvertrag, durch den ein Arbeitsverhältnis nicht begründet wird, oder durch einen Werkvertrag gegenüber den Kassenärztlichen Bundesvereinigungen zu einer Tätigkeit höherer Art, so hängt die Wirksamkeit des Vertrages von der Zustimmung der Vertreterversammlung ab. $_{2}$Gewähren die Kassenärztlichen Bundesvereinigungen aufgrund des Dienstvertrages oder des Werkvertrages dem Mitglied der Vertreterversammlung eine Vergütung, ohne dass die Vertreterversammlung diesem Vertrag zugestimmt hat, so hat das Mitglied der Vertreterversammlung die Vergütung zurückzugewähren, es sei denn, dass die Vertreterversammlung den Vertrag nachträglich genehmigt. $_{3}$Ein Anspruch des Mitglieds der Vertreterversammlung gegen die Kassenärztlichen Bundesvereinigungen auf Herausgabe der durch die geleistete Tätigkeit erlangten Bereicherung bleibt unberührt. $_{4}$Der Anspruch kann jedoch nicht gegen den Rückgewähranspruch aufgerechnet werden.

(3d) Die Höhe der jährlichen Entschädigungen der einzelnen Mitglieder der Vertreterversammlung einschließlich Nebenleistungen sind in einer Übersicht jährlich zum 1. März, erstmals zum 1. März 2017, von den Kassenärztlichen Bundesvereinigungen im Bundesanzeiger und gleichzeitig in den jeweiligen Mitteilungen der Kassenärztlichen Bundesvereinigungen zu veröffentlichen.

(3e) Die Vertreterversammlungen der Kassenärztlichen Vereinigungen und der Kassenärztlichen Bundesvereinigungen können aus wichtigen Gründen ohne Sitzung schriftlich abstimmen.

(4) $_{1}$Der Vorstand der Kassenärztlichen Vereinigungen und der Kassenzahnärztlichen Bundesvereinigung besteht aus bis zu drei Mitgliedern; besteht der Vorstand aus mehreren Mitgliedern, müssen ihm mindestens eine Frau und mindestens ein Mann angehören. $_{2}$Der Vorstand der Kassenärztlichen Bundesvereinigung besteht aus drei Mitgliedern; dem Vorstand müssen mindestens eine Frau und mindestens ein Mann angehören. $_{3}$Bei Meinungsverschiedenheiten im Vorstand der Kassenärztlichen Bundesvereinigung entscheidet der Vorstand mit der Mehrheit seiner Mitglieder. $_{4}$Bei Stimmengleichheit entscheidet der Vorsitzende. $_{5}$Die Mitglieder des Vorstandes vertreten sich gegenseitig. $_{6}$Sie üben ihre Tätigkeit hauptamtlich aus. $_{7}$Wird ein Arzt in den hauptamtlichen Vorstand gewählt, kann er eine ärztliche Tätigkeit als Nebentätigkeit in begrenztem Umfang weiterführen oder seine Zulassung ruhen lassen. $_{8}$Die Amtszeit beträgt sechs Jahre, es sei denn, ein Vorstandsmitglied wird während der laufenden Amtsdauer der Vertreterversammlung gewählt; die Wiederwahl ist möglich. $_{9}$Die Höhe der jährlichen Vergütungen der einzelnen Vorstandsmitglieder einschließlich aller Nebenleistungen sowie sämtliche Versorgungsregelungen sind betragsmäßig in einer Übersicht jährlich am 1. März im Bundesanzeiger und gleichzeitig getrennt nach den kassenärztlichen und kassenzahnärztlichen Organisationen in den jeweiligen ärztlichen Mitteilungen der Kassenärztlichen Bundesvereinigungen sowie auf der Internetseite der betreffenden Kassenärztlichen Vereinigung oder Kassenärztlichen Bundesvereinigung zu veröffentlichen. $_{10}$Die Art und die Höhe finanzieller Zuwendungen, die den Vorstandsmitgliedern im Zusammenhang mit ihrer Vorstandstätigkeit von Dritten gewährt werden, sind dem Vorsitzenden und den stellvertretenden Vorsitzenden der Vertreterversammlung mitzuteilen.

(5) $_{1}$Der Vorstand verwaltet die Körperschaft und vertritt sie gerichtlich und außergerichtlich, soweit Gesetz oder sonstiges Recht nichts Abweichendes bestimmen. $_{2}$In der Satzung oder im Einzelfall durch den Vorstand kann bestimmt werden, dass auch einzelne Mitglieder des Vorstandes die Körperschaft vertreten können.

(6) $_{1}$Für den Vorstand gilt § 35a Absatz 1 Satz 3 und 4, Absatz 2, 5 Satz 1, Absatz 6a und 7 des Vierten Buches entsprechend; für die Mitglieder der Vertreterversammlung gilt § 42 Absatz 1 bis 3 des Vierten Buches entsprechend. $_{2}$Die Vertreterversammlung hat bei ihrer Wahl darauf zu achten, dass die Mitglieder des Vorstandes die erforderliche fachliche Eignung für ihren jeweiligen Geschäftsbereich besitzen. $_{3}$Für die Kassenärztlichen Vereinigungen gilt § 35a Absatz 6a Satz 2 des Vierten Buches mit der Maßgabe, dass sich die Bedeutung der Körperschaft insbesondere nach der Zahl der Mitglieder bemisst. $_{4}$Die Aufsichtsbehörde kann vor ihrer Entscheidung nach § 35a Absatz 6a des Vierten Buches in Verbindung mit Satz 1 verlangen, dass ihr die Kassenärztlichen Bundesvereinigungen eine unabhängige rechtliche und wirtschaftliche Bewertung der Vorstandsdienstverträge vorlegen. $_{5}$Vergütungserhöhungen sind während der Dauer der Amtszeit der Vorstandsmitglieder der Kassenärztlichen

Bundesvereinigungen unzulässig. $_{6}$Zu Beginn einer neuen Amtszeit eines Vorstandsmitgliedes der Kassenärztlichen Bundesvereinigungen kann eine über die zuletzt nach § 35a Absatz 6a Satz 1 des Vierten Buches gebilligte Vergütung der letzten Amtsperiode oder des Vorgängers im Amt hinausgehende höhere Vergütung nur durch einen Zuschlag auf die Grundvergütung nach Maßgabe der Entwicklung des Verbraucherpreisindexes vereinbart werden. $_{7}$Die Aufsichtsbehörde kann zu Beginn einer neuen Amtszeit eines Vorstandsmitgliedes der Kassenärztlichen Bundesvereinigungen eine niedrigere Vergütung anordnen. $_{8}$Finanzielle Zuwendungen nach Absatz 4 Satz 10 sind auf die Vergütung der Vorstandsmitglieder der Kassenärztlichen Bundesvereinigungen anzurechnen oder an die jeweilige Kassenärztliche Bundesvereinigung abzuführen. $_{9}$Vereinbarungen der Kassenärztlichen Bundesvereinigungen für die Zukunftssicherung der Vorstandsmitglieder sind nur auf der Grundlage von beitragsorientierten Zusagen zulässig.

(7) $_{1}$Der Vorstand der Kassenärztlichen Bundesvereinigungen hat geeignete Maßnahmen zur Herstellung und Sicherung einer ordnungsgemäßen Verwaltungsorganisation zu ergreifen. $_{2}$In der Verwaltungsorganisation ist insbesondere ein angemessenes internes Kontrollverfahren mit einem internen Kontrollsystem und mit einer unabhängigen internen Revision einzurichten. $_{3}$Die interne Revision berichtet in regelmäßigen Abständen dem Vorstand sowie bei festgestellten Verstößen gegen gesetzliche Regelungen oder andere wesentliche Vorschriften auch der Aufsichtsbehörde. $_{4}$Beziehen sich die festgestellten Verstöße auf das Handeln von Vorstandsmitgliedern, so ist auch der Vertreterversammlung zu berichten.

§ 79a Verhinderung von Organen; Bestellung eines Beauftragten

(1) $_{1}$Solange und soweit die Wahl der Vertreterversammlung und des Vorstandes der Kassenärztlichen Vereinigungen nicht zustande kommt oder die Vertreterversammlung oder der Vorstand der Kassenärztlichen Vereinigungen sich weigert, ihre oder seine Geschäfte zu führen, nimmt auf Kosten der Kassenärztlichen Vereinigungen die Aufsichtsbehörde selbst oder ein von ihr bestellter Beauftragter die Aufgaben der Kassenärztlichen Vereinigungen wahr. $_{2}$Auf deren Kosten werden ihre Geschäfte durch die Aufsichtsbehörde selbst oder durch den von ihr bestellten Beauftragten auch dann geführt, wenn die Vertreterversammlung oder der Vorstand die Funktionsfähigkeit der Körperschaft gefährden, insbesondere wenn sie die Körperschaft nicht mehr im Einklang mit den Gesetzen und der Satzung verwalten, die Auflösung der Kassenärztlichen Vereinigung betreiben oder das Vermögen gefährdende Entscheidungen beabsichtigen oder treffen.

(1a) $_{1}$Solange und soweit die Wahl der Vertreterversammlung und des Vorstandes der Kassenärztlichen Bundesvereinigungen nicht zustande kommt oder die Vertreterversammlung oder der Vorstand der Kassenärztlichen Bundesvereinigungen sich weigert, ihre oder seine Geschäfte zu führen, kann die Aufsichtsbehörde die Geschäfte selbst führen oder einen Beauftragten bestellen und ihm ganz oder teilweise die Befugnisse eines oder mehrerer Organe der Kassenärztlichen Bundesvereinigungen übertragen. $_{2}$Dies gilt auch, wenn die Vertreterversammlung oder der Vorstand die Funktionsfähigkeit der Körperschaft gefährdet, insbesondere wenn sie oder er die Körperschaft nicht mehr im Einklang mit den Gesetzen oder mit der Satzung verwaltet, die Auflösung der Kassenärztlichen Bundesvereinigungen betreibt oder das Vermögen gefährdende Entscheidungen beabsichtigt oder trifft.

(1b) $_{1}$Die Bestellung eines Beauftragten nach Absatz 1a erfolgt durch Verwaltungsakt gegenüber den Kassenärztlichen Bundesvereinigungen. $_{2}$Die Befugnisse und Rechte des Organs, für das der Beauftragte bestellt wird, ruhen in dem Umfang und für die Dauer der Bestellung im Innen- und Außenverhältnis. $_{3}$Die Kassenärztlichen Bundesvereinigungen gewähren dem nach Absatz 1a bestellten Beauftragten eine Vergütung und angemessene Auslagen. $_{4}$Die Höhe der Vergütung wird von der Aufsichtsbehörde durch Verwaltungsakt gegenüber den Kassenärztlichen Bundesvereinigungen festgesetzt. $_{5}$Die Kassenärztlichen Bundesvereinigungen tragen zudem die übrigen Kosten, die durch die Bestellung des Beauftragten entstehen. $_{6}$Werden dem Beauftragten Befugnisse des Vorstandes übertragen, ist die Vergütung des Vorstandes entsprechend zu kürzen.

(2) $_{1}$Der Führung der Geschäfte durch die Aufsichtsbehörde oder der Bestellung eines Beauftragten hat eine Anordnung vorauszugehen, mit der die Aufsichtsbehörde den Kassenärztlichen Vereinigungen oder den Kassenärztlichen Bundesvereinigungen aufgibt, innerhalb einer bestimmten Frist das Erforderliche zu veranlassen. $_{2}$Klagen gegen die Anordnung nach Satz 1, gegen die Entscheidung über die Bestellung eines Beauftragten oder gegen die Wahrnehmung der Aufgaben der Kassenärztlichen Vereinigungen oder der Kassenärztlichen Bundesvereinigungen durch die Aufsichtsbehörde haben keine aufschiebende Wirkung. $_{3}$Die Aufsichtsbehörde oder die von ihr bestellten Beauftragten haben die Stellung des Organs der Kassenärztlichen Vereinigung, für das sie die Geschäfte führen.

§ 79b Beratender Fachausschuß für Psychotherapie

$_{1}$Bei den Kassenärztlichen Vereinigungen und der Kassenärztlichen Bundesvereinigung wird ein beratender Fachausschuß für Psychotherapie gebildet. $_{2}$Der Ausschuss besteht aus sechs Psychotherapeuten, von denen einer Kinder- und Jugendlichenpsychotherapeut oder Psychotherapeut mit einer Weiterbildung für die Behandlung von Kindern und Jugendlichen sein muss, sowie Vertretern der Ärzte in gleicher Zahl, die von der Vertreterversammlung aus dem Kreis der Mitglieder ihrer Kassenärztlichen Vereinigung in unmittelbarer und geheimer Wahl gewählt werden. $_{3}$Für die Wahl der Mitglieder des Fachausschusses bei der Kassenärztlichen Bundesvereinigung gilt Satz 2 mit der Maßgabe, daß die von den Psychotherapeuten gestellten Mitglieder des Fachausschusses zugelassene Psychotherapeuten sein müssen. $_{4}$Dem Ausschuß ist vor Entscheidungen der Kassenärztlichen Vereinigungen und der Kassenärztlichen Bundesvereinigung in den die Sicherstellung der psychotherapeutischen Versorgung berührenden wesentlichen Fragen rechtzeitig Gelegenheit zur Stellungnahme zu geben. $_{5}$Seine Stellungnahmen sind in die Entscheidungen einzubeziehen. $_{6}$Das Nähere regelt die Satzung. $_{7}$Die Befugnisse der Vertreterversammlungen der Kassenärztlichen Vereinigungen und der Kassenärztlichen Bundesvereinigung bleiben unberührt.

§ 79c Beratender Fachausschuss für hausärztliche Versorgung; weitere beratende Fachausschüsse

$_{1}$Bei den Kassenärztlichen Vereinigungen und der Kassenärztlichen Bundesvereinigung wird jeweils ein beratender Fachausschuss gebildet für

1. die hausärztliche Versorgung,
2. die fachärztliche Versorgung und
3. angestellte Ärztinnen und Ärzte.

$_{2}$Die Fachausschüsse nach Satz 1 Nummer 1 und 2 bestehen aus Mitgliedern, die an der jeweiligen Versorgung teilnehmen und nicht bereits Mitglied in einem Fachausschuss nach § 79b sind. $_{3}$Der Fachausschuss nach Satz 1 Nummer 3 besteht aus Mitgliedern, die angestellte Ärztinnen und Ärzte nach § 77 Absatz 3 Satz 2 sind. $_{4}$Weitere beratende Fachausschüsse können gebildet werden. $_{5}$Die Mitglieder der beratenden Fachausschüsse sind von der Vertreterversammlung aus dem Kreis der Mitglieder der Kassenärztlichen Vereinigungen in unmittelbarer und geheimer Wahl zu wählen. $_{6}$Das Nähere über die beratenden Fachausschüsse, insbesondere für rehabilitationsmedizinische Fragen, und ihre Zusammensetzung regelt die Satzung. $_{7}$§ 79b Satz 5 bis 8 gilt entsprechend.

§ 80 Wahl und Abberufung

(1) $_{1}$Die Mitglieder der Kassenärztlichen Vereinigungen wählen in unmittelbarer und geheimer Wahl die Mitglieder der Vertreterversammlung. $_{2}$Die Wahlen erfolgen nach den Grundsätzen der Verhältniswahl auf Grund von Listen- und Einzelwahlvorschlägen. $_{3}$Die Psychotherapeuten wählen ihre Mitglieder der Vertreterversammlung entsprechend den Sätzen 1 und 2 mit der Maßgabe, dass sie höchstens mit einem Zehntel der Mitglieder in der Vertreterversammlung vertreten sind. $_{4}$Das Nähere zur Wahl der Mitglieder der Vertreterversammlung, einschließlich des Anteils der übrigen Mitglieder der Kassenärztlichen Vereinigungen, bestimmt die Satzung.

(1a) $_{1}$Der Vorsitzende und jeweils ein Stellvertreter des Vorsitzenden der Kassenärztlichen Vereinigungen sind Mitglieder der Vertreterversammlung der Kassenärztlichen Bundesvereinigungen. $_{2}$Die Mitglieder der Vertreterversammlungen der Kassenärztlichen Vereinigungen wählen in unmittelbarer und geheimer Wahl aus ihren Reihen die weiteren Mitglieder der Vertreterversammlung der Kassenärztlichen Bundesvereinigungen. $_{3}$Absatz 1 gilt entsprechend mit der Maßgabe, dass die Kassenärztlichen Vereinigungen entsprechend ihrem jeweiligen Anteil ihrer Mitglieder an der Gesamtzahl der Mitglieder der Kassenärztlichen Vereinigungen berücksichtigt werden.

(2) $_{1}$Die Vertreterversammlung wählt in unmittelbarer und geheimer Wahl

1. aus ihrer Mitte einen Vorsitzenden und einen stellvertretenden Vorsitzenden,
2. die Mitglieder des Vorstandes,
3. den Vorsitzenden des Vorstandes und den stellvertretenden Vorsitzenden des Vorstandes.

$_{2}$Der Vorsitzende der Vertreterversammlung und sein Stellvertreter dürfen nicht zugleich Vorsitzender oder stellvertretender Vorsitzender des Vorstandes sein. $_{3}$Für jeweils ein Mitglied des Vorstandes der Kassenärztlichen Vereinigungen und der Kassenärztlichen Bundesvereinigung erfolgt die Wahl auf der Grundlage von getrennten Vorschlägen der Mitglieder der Vertreterversammlung, die an der hausärztlichen Versorgung teilnehmen, und der Mitglieder der Vertreterversammlung, die an der fachärztlichen Versorgung teilnehmen. $_{4}$Mindestens ein Mitglied des Vorstandes der Kassenärztlichen Bundesvereinigung darf weder an der hausärztlichen noch an der fachärztlichen Versorgung teilnehmen. $_{5}$Für die Wahl des Vorstandsvorsitzenden der Kassenärztlichen Bundesvereinigung ist eine Mehrheit von zwei Dritteln der Stimmen der Mitglieder der Vertreterversammlung erforderlich. $_{6}$Kommt eine solche Mehrheit nicht zustande, so genügt im dritten Wahlgang die einfache Mehrheit der Stimmen der Mitglieder der Vertreterversammlung.

(3) $_1$Die Mitglieder der Vertreterversammlung der Kassenärztlichen Vereinigungen und der Kassenärztlichen Bundesvereinigungen werden für sechs Jahre gewählt. $_2$Die Amtsdauer endet ohne Rücksicht auf den Zeitpunkt der Wahl jeweils mit dem Schluß des sechsten Kalenderjahres. $_3$Die Gewählten bleiben nach Ablauf dieser Zeit bis zur Amtsübernahme ihrer Nachfolger im Amt.

(4) $_1$Die Vertreterversammlung der Kassenärztlichen Bundesvereinigungen kann ihren Vorsitzenden oder dessen Stellvertreter abberufen, wenn bestimmte Tatsachen das Vertrauen der Mitglieder der Vertreterversammlung zu der Amtsführung des Vorsitzenden oder des stellvertretenden Vorsitzenden ausschließen, insbesondere wenn der Vorsitzende oder der stellvertretende Vorsitzende seine Pflicht als Willensvertreter der Vertreterversammlung verletzt hat oder seine Informationspflichten gegenüber der Vertreterversammlung verletzt hat. $_2$Für die Abberufung ist die einfache Mehrheit der abgegebenen Stimmen erforderlich. $_3$Mit dem Beschluss über die Abberufung muss die Vertreterversammlung gleichzeitig einen Nachfolger für den Vorsitzenden oder den stellvertretenden Vorsitzenden wählen. $_4$Die Amtszeit des abberufenen Vorsitzenden oder des abberufenen stellvertretenden Vorsitzenden endet mit der Abberufung.

§ 81 Satzung

(1) $_1$Die Satzung muss insbesondere Bestimmungen enthalten über

1. Namen, Bezirk und Sitz der Vereinigung,
2. Zusammensetzung, Wahl und Zahl der Mitglieder der Organe,
3. Öffentlichkeit und Art der Beschlussfassung der Vertreterversammlung,
4. Rechte und Pflichten der Organe und der Mitglieder,
5. Aufbringung und Verwaltung der Mittel,
6. jährliche Prüfung der Betriebs- und Rechnungsprüfung und Abnahme der Jahresrechnung,
7. Änderung der Satzung,
8. Entschädigungsregelungen für Organmitglieder einschließlich der Regelungen zur Art und Höhe der Entschädigungen,
9. Art der Bekanntmachungen,
10. die vertragsärztlichen Pflichten zur Ausfüllung des Sicherstellungsauftrags.

$_2$Die Satzung bedarf der Genehmigung der Aufsichtsbehörde.

(2) Sollen Verwaltungs- und Abrechnungsstellen errichtet werden, müssen die Satzungen der Kassenärztlichen Vereinigungen Bestimmungen über Errichtung und Aufgaben dieser Stellen enthalten.

(3) Die Satzungen der Kassenärztlichen Vereinigungen müssen Bestimmungen enthalten, nach denen

1. die von den Kassenärztlichen Bundesvereinigungen abzuschließenden Verträge und die dazu gefaßten Beschlüsse sowie die Bestimmungen über die überbezirkliche Durchführung der vertragsärztlichen Versorgung und den Zahlungsausgleich zwischen den Kassenärztlichen Vereinigungen für die Kassenärztlichen Vereinigungen und ihre Mitglieder verbindlich sind,
2. die Richtlinien nach § 75 Abs. 7, § 92, § 136 Absatz 1 und § 136a Absatz 4 für die Kassenärztlichen Vereinigungen und ihre Mitglieder verbindlich sind.

(4) Die Satzungen der Kassenärztlichen Vereinigungen müssen Bestimmungen enthalten über die Fortbildung der Ärzte auf dem Gebiet der vertragsärztlichen Tätigkeit, das Nähere über die Art und Weise der Fortbildung sowie die Teilnahmepflicht.

(5) $_1$Die Satzungen der Kassenärztlichen Vereinigungen müssen ferner die Voraussetzungen und das Verfahren zur Verhängung von Maßnahmen gegen Mitglieder bestimmen, die ihre vertragsärztlichen Pflichten nicht oder nicht ordnungsgemäß erfüllen. $_2$Maßnahmen nach Satz 1 sind je nach der Schwere der Verfehlung Verwarnung, Verweis, Geldbuße oder die Anordnung des Ruhens der Zulassung oder der vertragsärztlichen Beteiligung bis zu zwei Jahren. $_3$Das Höchstmaß der Geldbußen kann bis zu fünfzigtausend Euro betragen. $_4$Ein Vorverfahren (§ 78 des Sozialgerichtsgesetzes) findet nicht statt.

§ 81a Stellen zur Bekämpfung von Fehlverhalten im Gesundheitswesen

(1) $_1$Die Kassenärztlichen Vereinigungen und die Kassenärztlichen Bundesvereinigungen richten organisatorische Einheiten ein, die Fällen und Sachverhalten nachzugehen haben, die auf Unregelmäßigkeiten oder auf rechtswidrige oder zweckwidrige Nutzung von Finanzmitteln im Zusammenhang mit den Aufgaben der jeweiligen Kassenärztlichen Vereinigung oder Kassenärztlichen Bundesvereinigung hindeuten. $_2$Sie nehmen Kontrollbefugnisse nach § 67c Abs. 3 des Zehnten Buches wahr.

(2) $_1$Jede Person kann sich in den Angelegenheiten des Absatzes 1 an die Kassenärztlichen Vereinigungen und Kassenärztlichen Bundesvereinigungen wenden. $_2$Die Einrichtungen nach Absatz 1 gehen den Hinweisen nach, wenn sie auf Grund der einzelnen Angaben oder der Gesamtumstände glaubhaft erscheinen.

(3) 1Die Kassenärztlichen Vereinigungen und die Kassenärztlichen Bundesvereinigungen haben zur Erfüllung der Aufgaben nach Absatz 1 untereinander und mit den Krankenkassen und ihren Verbänden zusammenzuarbeiten. 2Die Kassenärztlichen Bundesvereinigungen organisieren für ihren Bereich einen regelmäßigen Erfahrungsaustausch mit Einrichtungen nach Absatz 1 Satz 1, an dem die Vertreter der Einrichtungen nach § 197a Absatz 1 Satz 1, der berufsständischen Kammern und der Staatsanwaltschaft in geeigneter Form zu beteiligen sind. 3Über die Ergebnisse des Erfahrungsaustausches sind die Aufsichtsbehörden zu informieren.

(3a) 1Die Einrichtungen nach Absatz 1 dürfen personenbezogene Daten, die von ihnen zur Erfüllung ihrer Aufgaben nach Absatz 1 erhoben oder an sie übermittelt wurden, untereinander und an Einrichtungen nach § 197a Absatz 1 übermitteln, soweit dies für die Feststellung und Bekämpfung von Fehlverhalten im Gesundheitswesen beim Empfänger erforderlich ist. 2Der Empfänger darf diese nur zu dem Zweck verarbeiten, zu dem sie ihm übermittelt worden sind.

V

(3b) 1Die Einrichtungen nach Absatz 1 dürfen personenbezogene Daten an die folgenden Stellen übermitteln, soweit dies für die Verhinderung oder Aufdeckung von Fehlverhalten im Gesundheitswesen im Zuständigkeitsbereich der jeweiligen Stelle erforderlich ist:

1. die Zulassungsausschüsse nach § 96,
2. die Stellen, die für die Abrechnungsprüfung nach § 106d zuständig sind,
3. die Stellen, die für die Überwachung der Erfüllung der den Vertragsärzten obliegenden Pflichten nach § 75 Absatz 2 Satz 2 zuständig sind, und
4. die Behörden und berufsständischen Kammern, die für Entscheidungen über die Erteilung, die Rücknahme, den Widerruf oder die Anordnung des Ruhens der Approbation, der Erlaubnis zur vorübergehenden oder der partiellen Berufsausübung oder für berufsrechtliche Verfahren zuständig sind.

2Die nach Satz 1 übermittelten Daten dürfen von dem jeweiligen Empfänger nur zu dem Zweck verarbeitet werden, zu dem sie ihm übermittelt worden sind.

(4) Die Kassenärztlichen Vereinigungen und die Kassenärztlichen Bundesvereinigungen sollen die Staatsanwaltschaft unverzüglich unterrichten, wenn die Prüfung ergibt, dass ein Anfangsverdacht auf strafbare Handlungen mit nicht nur geringfügiger Bedeutung für die gesetzliche Krankenversicherung bestehen könnte.

(5) 1Der Vorstand hat der Vertreterversammlung im Abstand von zwei Jahren über die Arbeit und Ergebnisse der organisatorischen Einheiten nach Absatz 1 zu berichten. 2In den Berichten sind zusammengefasst auch die Anzahl der Mitglieder der Kassenärztlichen Vereinigung, bei denen es im Berichtszeitraum Hinweise auf Pflichtverletzungen gegeben hat, die Anzahl der nachgewiesenen Pflichtverletzungen, die Art und Schwere der Pflichtverletzung und die dagegen getroffenen Maßnahmen, einschließlich der Maßnahmen nach § 81 Absatz 5, sowie der verhinderte und der entstandene Schaden zu nennen; wiederholt aufgetretene Fälle sowie sonstige geeignete Fälle sind als anonymisierte Fallbeispiele zu beschreiben. 3Die Berichte sind der zuständigen Aufsichtsbehörde zuzuleiten; die Berichte der Kassenärztlichen Vereinigungen sind auch den Kassenärztlichen Bundesvereinigungen zuzuleiten

(6) 1Die Kassenärztlichen Bundesvereinigungen treffen bis zum 1. Januar 2017 nähere Bestimmungen über

1. die einheitliche Organisation der Einrichtungen nach Absatz 1 Satz 1 bei ihren Mitgliedern,
2. die Ausübung der Kontrollen nach Absatz 1 Satz 2,
3. die Prüfung der Hinweise nach Absatz 2,
4. die Zusammenarbeit nach Absatz 3,
5. die Unterrichtung nach Absatz 4 und
6. die Berichte nach Absatz 5.

2Die Bestimmungen nach Satz 1 sind dem Bundesministerium für Gesundheit vorzulegen. 3Die Kassenärztlichen Bundesvereinigungen führen die Berichte nach Absatz 5, die ihnen von ihren Mitgliedern zuzuleiten sind, zusammen, gleichen die Ergebnisse mit dem Spitzenverband Bund der Krankenkassen ab und veröffentlichen ihre eigenen Berichte im Internet.

Dritter Titel
Verträge auf Bundes- und Landesebene

§ 82 Grundsätze

(1) 1Den allgemeinen Inhalt der Gesamtverträge vereinbaren die Kassenärztlichen Bundesvereinigungen mit dem Spitzenverband Bund der Krankenkassen in Bundesmantelverträgen. 2Der Inhalt der Bundesmantelverträge ist Bestandteil der Gesamtverträge.

(2) 1Die Vergütungen der an der vertragsärztlichen Versorgung teilnehmenden Ärzte und Einrichtungen werden von den Landesverbänden der Krankenkassen und den Ersatzkassen mit den Kassenärztlichen Vereinigungen durch Gesamtverträge geregelt. 2Die Verhandlungen können auch von allen Kassenarten gemeinsam geführt werden.

(3) Die Kassenärztlichen Bundesvereinigungen können mit nicht bundesunmittelbaren Ersatzkassen, der Deut-

schen Rentenversicherung Knappschaft-Bahn-See und der landwirtschaftlichen Krankenkasse von § 83 Satz 1 abweichende Verfahren zur Vereinbarung der Gesamtverträge, von § 85 Abs. 1 und § 87a Abs. 3 abweichende Verfahren zur Entrichtung der in den Gesamtverträgen vereinbarten Vergütungen sowie von § 291a Absatz 2 Nummer 1 abweichende Kennzeichen vereinbaren.

(4) In den Verträgen ist ebenfalls das Nähere zur erneuten Verordnung eines mangelfreien Arzneimittels für versicherte Personen im Fall des § 31 Absatz 3 Satz 7 zu vereinbaren, insbesondere zur Kennzeichnung entsprechender Ersatzverordnungen.

§ 83 Gesamtverträge

1Die Kassenärztlichen Vereinigungen schließen mit den für ihren Bezirk zuständigen Landesverbänden der Krankenkassen und den Ersatzkassen Gesamtverträge über die vertragsärztliche Versorgung der Mitglieder mit Wohnort in ihrem Bezirk einschließlich der mitversicherten Familienangehörigen; die Landesverbände der Krankenkassen schließen die Gesamtverträge mit Wirkung für die Krankenkassen der jeweiligen Kassenart. 2Für die Deutsche Rentenversicherung Knappschaft-Bahn-See gilt Satz 1 entsprechend, soweit die ärztliche Versorgung durch die Kassenärztliche Vereinigung sichergestellt wird. 3§ 82 Abs. 2 Satz 2 gilt entsprechend. 4Kassenindividuelle oder kassenartenspezifische Vereinbarungen über zusätzliche Vergütungen für Diagnosen können nicht Gegenstand der Gesamtverträge sein; § 71 Absatz 6 gilt entsprechend. 5Satz 4 gilt nicht für vertragszahnärztliche Leistungen.

§ 84 Arznei- und Heilmittelvereinbarung

(1) 1Die Landesverbände der Krankenkassen und die Ersatzkassen gemeinsam und einheitlich und die Kassenärztliche Vereinigung treffen zur Sicherstellung der vertragsärztlichen Versorgung mit Leistungen nach § 31 bis zum 30. November für das jeweils folgende Kalenderjahr eine Arzneimittelvereinbarung. 2Die Vereinbarung umfasst

1. ein Ausgabenvolumen für die insgesamt von den Vertragsärzten nach § 31 veranlassten Leistungen,
2. Versorgungs- und Wirtschaftlichkeitsziele und konkrete, auf die Umsetzung dieser Ziele ausgerichtete Maßnahmen, insbesondere Verordnungsanteile für Wirkstoffe und Wirkstoffgruppen im jeweiligen Anwendungsgebiet, Verordnungsanteile für Generika und im Wesentlichen gleiche biotechnologisch hergestellte biologische Arzneimittel im Sinne des Artikels 10 Absatz 4 der Richtlinie 2001/83/EG des Europäischen Parlaments und des Rates vom 6. November 2001 zur Schaffung eines Gemeinschaftskodexes für Humanarzneimittel (ABl. L 311 vom 28. 11. 2001, S. 67), die zuletzt durch die Verordnung (EU) 2019/5 (ABl. L 4 vom 7. 1. 2019, S. 24) geändert worden ist, auch zur Verordnung wirtschaftlicher Einzelmengen (Zielvereinbarungen), insbesondere zur Information und Beratung und
3. Kriterien für Sofortmaßnahmen zur Einhaltung des vereinbarten Ausgabenvolumens innerhalb des laufenden Kalenderjahres.

3Kommt eine Vereinbarung bis zum Ablauf der in Satz 1 genannten Frist nicht zustande, gilt die bisherige Vereinbarung bis zum Abschluss einer neuen Vereinbarung oder einer Entscheidung durch das Schiedsamt weiter. 4Die Landesverbände der Krankenkassen und die Ersatzkassen teilen das nach Satz 2 Nr. 1 vereinbarte oder schiedsamtlich festgelegte Ausgabenvolumen dem Spitzenverband Bund der Krankenkassen mit. 5Die Krankenkasse kann mit Ärzten abweichende oder über die Regelungen nach Satz 2 hinausgehende Vereinbarungen treffen.

(2) Bei der Anpassung des Ausgabenvolumens nach Absatz 1 Nr. 1 sind insbesondere zu berücksichtigen

1. Veränderungen der Zahl und Altersstruktur der Versicherten,
2. Veränderungen der Preise der Leistungen nach § 31,
3. Veränderungen der gesetzlichen Leistungspflicht der Krankenkassen,
4. Änderungen der Richtlinien des Gemeinsamen Bundesausschusses nach § 92 Abs. 1 Nr. 6,
5. der wirtschaftliche und qualitätsgesicherte Einsatz innovativer Arzneimittel,
6. Veränderungen der sonstigen indikationsbezogenen Notwendigkeit und Qualität bei der Arzneimittelverordnung auf Grund von getroffenen Zielvereinbarungen nach Absatz 1 Nr. 2,
7. Veränderungen des Verordnungsumfangs von Leistungen nach § 31 auf Grund von Verlagerungen zwischen den Leistungsbereichen und
8. Ausschöpfung von Wirtschaftlichkeitsreserven entsprechend den Zielvereinbarungen nach Absatz 1 Nr. 2.

(3) 1Überschreitet das tatsächliche, nach Absatz 5 Satz 1 bis 3 festgestellte Ausgabenvolumen für Leistungen nach § 31 das nach Absatz 1 Nr. 1 vereinbarte Ausgabenvolumen, ist diese Überschreitung Gegenstand der Gesamtverträge. 2Die Vertragsparteien haben dabei die Ursachen der Überschreitung, insbesondere auch die Erfüllung der Zielvereinbarungen nach Absatz 1 Nr. 2 zu berücksichtigen. 3Bei Unterschreitung des nach Absatz 1 Nr. 1 ver-

V

einbarten Ausgabenvolumens kann diese Unterschreitung Gegenstand der Gesamtverträge werden.

(4) Werden die Zielvereinbarungen nach Absatz 1 Nr. 2 erfüllt, entrichten die beteiligten Krankenkassen auf Grund einer Regelung der Parteien der Gesamtverträge auch unabhängig von der Einhaltung des vereinbarten Ausgabenvolumens nach Absatz 1 Nr. 1 einen vereinbarten Bonus an die Kassenärztliche Vereinigung.

(4a) Die Vorstände der Krankenkassenverbände sowie der Ersatzkassen, soweit sie Vertragspartei nach Absatz 1 sind, und der Kassenärztlichen Vereinigungen haften für eine ordnungsgemäße Umsetzung der vorgenannten Maßnahmen.

(5) ₁Zur Feststellung des tatsächlichen Ausgabenvolumens nach Absatz 3 erfassen die Krankenkassen die während der Geltungsdauer der Arzneimittelvereinbarung veranlassten Ausgaben arztbezogen, nicht versichertenbezogen. ₂Sie übermitteln diese Angaben nach Durchführung der Abrechnungsprüfung dem Spitzenverband Bund der Krankenkassen, der diese Daten kassenartenübergreifend zusammenführt und jeweils der Kassenärztlichen Vereinigung übermittelt, der die Ärzte, welche die Ausgaben veranlasst haben, angehören; zugleich übermittelt der Spitzenverband Bund der Krankenkassen diese Daten den Landesverbänden der Krankenkassen und den Ersatzkassen, die Vertragspartner der jeweiligen Kassenärztlichen Vereinigung nach Absatz 1 sind. ₃Ausgaben nach Satz 1 sind auch Ausgaben für Leistungen nach § 31, die durch Kostenerstattung vergütet worden sind. ₄Zudem erstellt der Spitzenverband Bund der Krankenkassen für jede Kassenärztliche Vereinigung monatliche Berichte über die Entwicklung der Ausgaben von Leistungen nach § 31 und übermitteln diese Berichte als Schnellinformationen den Vertragspartnern nach Absatz 1 insbesondere für Abschluss und Durchführung der Arzneimittelvereinbarung sowie für die Informationen nach § 73 Abs. 8. ₅Für diese Berichte gelten Satz 1 und 2 entsprechend; Satz 2 gilt mit der Maßgabe, dass die Angaben vor Durchführung der Abrechnungsprüfung zu übermitteln sind. ₆Die Kassenärztliche Bundesvereinigung erhält für die Vereinbarung der Rahmenvorgaben nach Absatz 7 und für die Informationen nach § 73 Abs. 8 eine Auswertung dieser Berichte. ₇Die Krankenkassen sowie der Spitzenverband Bund der Krankenkassen können eine Arbeitsgemeinschaft nach § 219 mit der Durchführung der vorgenannten Aufgaben beauftragen. ₈§ 304 Abs. 1 Satz 1 Nr. 2 gilt entsprechend.

(6) ₁Die Kassenärztliche Bundesvereinigung und der Spitzenverband Bund der Krankenkassen vereinbaren bis zum 30. September für das jeweils folgende Kalenderjahr Rahmenvorgaben für die Inhalte der Arzneimittelvereinbarungen nach Absatz 1 sowie für die Inhalte der Informationen und Hinweise nach § 73 Abs. 8. ₂Die Rahmenvorgaben haben die Arzneimittelverordnungen zwischen den Kassenärztlichen Vereinigungen zu vergleichen und zu bewerten; dabei ist auf Unterschiede in der Versorgungsqualität und Wirtschaftlichkeit hinzuweisen. ₃Von den Rahmenvorgaben dürfen die Vertragspartner der Arzneimittelvereinbarung nur abweichen, soweit dies durch die regionalen Versorgungsbedingungen begründet ist.

(7) ₁Die Absätze 1 bis 6 sind für Heilmittel unter Berücksichtigung der besonderen Versorgungs- und Abrechnungsbedingungen im Heilmittelbereich entsprechend anzuwenden. ₂Veranlasste Ausgaben im Sinne des Absatzes 5 Satz 1 betreffen die während der Geltungsdauer der Heilmittelvereinbarung mit den Krankenkassen abgerechneten Leistungen. ₃Die in Absatz 5 geregelte Datenübermittlung erfolgt für die Heilmittel in arztbezogener Form sowie versichertenbezogen in pseudonymisierter Form. ₄Das Nähere zur Datenübermittlung und zum Verfahren der Pseudonymisierung regelt der Spitzenverband Bund der Krankenkassen.

(8) Das Bundesministerium für Gesundheit kann bei Ereignissen mit erheblicher Folgewirkung für die medizinische Versorgung zur Gewährleistung der notwendigen Versorgung mit Leistungen nach § 31 die Ausgabenvolumen nach Absatz 1 Nr. 1 durch Rechtsverordnung mit Zustimmung des Bundesrates erhöhen.

§ 85 Gesamtvergütung

(1) Die Krankenkasse entrichtet nach Maßgabe der Gesamtverträge an die jeweilige Kassenärztliche Vereinigung mit befreiender Wirkung eine Gesamtvergütung für die gesamte vertragsärztliche Versorgung der Mitglieder mit Wohnort im Bezirk der Kassenärztlichen Vereinigung einschließlich der mitversicherten Familienangehörigen.

(2) ₁Die Höhe der Gesamtvergütung wird im Gesamtvertrag vereinbart; die Landesverbände der Krankenkassen treffen die Vereinbarung mit Wirkung für die Krankenkassen der jeweiligen Kassenart. ₂Die Gesamtvergütung ist das Ausgabenvolumen für die Gesamtheit der zu vergütenden vertragsärztlichen Leistungen; sie kann als Festbetrag oder auf der Grundlage des Bewertungsmaßstabes nach Einzelleistungen, nach einer Kopfpauschale, nach einer Fallpauschale oder nach einem System berechnet werden, das sich aus der Verbindung dieser oder weiterer Berechnungsarten ergibt. ₃Die Vereinbarung unterschiedlicher Vergütungen für die Versorgung verschiedener Gruppen von Versicherten ist nicht zulässig. ₄Die Vertragsparteien haben auch eine angemessene Vergütung für nichtärztliche Leistungen im Rahmen sozialpädi-

atrischer und psychiatrischer Tätigkeit und für eine besonders qualifizierte onkologische Versorgung zu vereinbaren; das Nähere ist jeweils im Bundesmantelvertrag zu vereinbaren. 5Die Vergütungen der Untersuchungen nach den §§ 22, 25 Abs. 1 und 2, § 26 werden als Pauschalen vereinbart. 6Beim Zahnersatz sind Vergütungen für die Aufstellung eines Heil- und Kostenplans nicht zulässig. 7Soweit die Gesamtvergütung auf der Grundlage von Einzelleistungen vereinbart wird, ist der Betrag des Ausgabenvolumens nach Satz 2 zu bestimmen. 8Ausgaben für Kostenerstattungsleistungen nach § 13 Abs. 2 und nach § 53 Abs. 4 mit Ausnahme der Kostenerstattungsleistungen nach § 13 Abs. 2 Satz 6 und Ausgaben auf Grund der Mehrkostenregelung nach § 28 Abs. 2 Satz 3 sind auf das Ausgabenvolumen nach Satz 2 anzurechnen.

(2a) und (2b) (weggefallen)

(2c) 1Die Vertragspartner nach § 82 Abs. 1 können vereinbaren, daß für die Gesamtvergütungen getrennte Vergütungsanteile für die an der vertragsärztlichen Versorgung beteiligten Arztgruppen zugrunde gelegt werden; sie können auch die Grundlagen für die Bemessung der Vergütungsanteile regeln. 2§ 89 Abs. 1 gilt nicht.

(2d) 1Die Punktwerte für zahnärztliche Leistungen ohne Zahnersatz dürfen im Jahr 2023 gegenüber dem Vorjahr höchstens um die um 0,75 Prozentpunkte verminderte durchschnittliche Veränderungsrate nach § 71 Absatz 3 angehoben werden. 2Die Punktwerte für zahnärztliche Leistungen ohne Zahnersatz dürfen im Jahr 2024 gegenüber dem Vorjahr höchstens um die um 1,5 Prozentpunkte verminderte durchschnittliche Veränderungsrate nach § 71 Absatz 3 angehoben werden. 3Die Sätze 1 und 2 gelten nicht für Leistungen nach den §§ 22, 22a, 26 Absatz 1 Satz 5, § 87 Absatz 2i und 2j sowie Leistungen zur Behandlung von Parodontitis für Versicherte, die einem Pflegegrad nach § 15 des Elften Buches zugeordnet sind oder in der Eingliederungshilfe nach § 99 des Neunten Buches leistungsberechtigt sind. 4Das Bundesministerium für Gesundheit evaluiert bis zum 30. September 2023 die Auswirkungen der Begrenzung der Anhebungen der Punktwerte nach Satz 1 auf den Umfang der Versorgung der Versicherten mit Leistungen zur Behandlung von Parodontitis.

(3) 1In der vertragszahnärztlichen Versorgung vereinbaren die Vertragsparteien des Gesamtvertrages die Veränderungen der Gesamtvergütungen unter Berücksichtigung der Zahl und Struktur der Versicherten, der Morbiditätsentwicklung, der Kosten- und Versorgungsstruktur, der für die vertragszahnärztliche Tätigkeit aufzuwendenden Arbeitszeit sowie der Art und des Umfangs der zahnärztlichen Leistungen, soweit sie auf einer Veränderung des gesetzlichen oder satzungsmäßigen Leistungsumfangs beruhen. 2Bei der Vereinbarung der Veränderungen der Gesamtvergütungen ist der Grundsatz der Beitragssatzstabilität (§ 71) in Bezug auf das Ausgabenvolumen für die Gesamtheit der zu vergütenden vertragszahnärztlichen Leistungen ohne Zahnersatz neben den Kriterien nach Satz 1 zu berücksichtigen. 3Absatz 2 Satz 2 bleibt unberührt. 4Die Krankenkassen haben den Kassenzahnärztlichen Vereinigungen die Zahl ihrer Versicherten vom 1. Juli eines Jahres, die ihren Wohnsitz im Bezirk der jeweiligen Kassenzahnärztlichen Vereinigung haben, gegliedert nach den Altersgruppen des Vordrucks KM 6 der Statistik über die Versicherten in der gesetzlichen Krankenversicherung bis zum 1. Oktober des Jahres mitzuteilen.

(3a) 1Die Gesamtvergütungen nach Absatz 3 dürfen im Jahr 2023 gegenüber dem Vorjahr höchstens um die um 0,75 Prozentpunkte verminderte durchschnittliche Veränderungsrate nach § 71 Absatz 3 angehoben werden. 2Im Jahr 2024 dürfen die Gesamtvergütungen für zahnärztliche Leistungen ohne Zahnersatz gegenüber dem Vorjahr höchstens um die um 1,5 Prozentpunkte verminderte durchschnittliche Veränderungsrate nach § 71 Absatz 3 angehoben werden. 3Die Sätze 1 und 2 gelten nicht für Leistungen nach den §§ 22, 22a, 26 Absatz 1 Satz 5, § 87 Absatz 2i und 2j sowie Leistungen zur Behandlung von Parodontitis für Versicherte, die einem Pflegegrad nach § 15 des Elften Buches zugeordnet sind oder in der Eingliederungshilfe nach § 99 des Neunten Buches leistungsberechtigt sind. 4Das Bundesministerium für Gesundheit evaluiert bis zum 30. September 2023 die Auswirkungen der Begrenzung der Anhebungen der Gesamtvergütungen nach Satz 1 auf den Umfang der Versorgung der Versicherten mit Leistungen zur Behandlung von Parodontitis.

(4) 1Die Kassenzahnärztliche Vereinigung verteilt die Gesamtvergütungen an die Vertragszahnärzte. 2Sie wendet dabei in der vertragszahnärztlichen Versorgung den im Benehmen mit den Landesverbänden der Krankenkassen und den Ersatzkassen festgesetzten Verteilungsmaßstab an. 3Bei der Verteilung der Gesamtvergütungen sind Art und Umfang der Leistungen der Vertragszahnärzte zugrunde zu legen; dabei ist jeweils für die von den Krankenkassen einer Kassenart gezahlten Vergütungsbeträge ein Punktwert in gleicher Höhe zugrunde zu legen. 4Der Verteilungsmaßstab hat sicherzustellen, dass die Gesamtvergütungen gleichmäßig auf das gesamte Jahr verteilt werden. 5Der Verteilungsmaßstab hat Regelungen zur Verhinderung einer übermäßigen Ausdehnung der Tätigkeit des Vertragszahnarztes entsprechend seinem Versorgungsauftrag nach § 95 Absatz 3 Satz 1 vorzusehen. 6Widerspruch und Klage gegen die Honorarfestset-

V

zung sowie ihre Änderung oder Aufhebung haben keine aufschiebende Wirkung.

§ 85a Sonderregelungen für Vertragszahnärztinnen und Vertragszahnärzte aus Anlass der COVID-19-Pandemie

(1) 1Um die finanziellen Auswirkungen zu überbrücken, die sich aus der infolge der COVID-19-Pandemie verminderten Inanspruchnahme zahnärztlicher Leistungen ergeben, wird die Gesamtvergütung vertragszahnärztlicher Leistungen abweichend von § 85 Absatz 2 Satz 1 für das Jahr 2020 und das Jahr 2021 jeweils auf 90 Prozent der gezahlten Gesamtvergütung der vertragszahnärztlichen Leistungen des Jahres 2019 als Abschlagszahlung festgesetzt. 2Satz 1 gilt für das Jahr 2020 nicht, wenn die jeweilige Kassenzahnärztliche Vereinigung gegenüber den Landesverbänden der Krankenkassen und den Ersatzkassen bis zum 2. Juni 2020 einer solchen Festsetzung schriftlich widersprochen hat. 3Satz 1 gilt für das Jahr 2021 nicht, wenn die jeweilige Kassenzahnärztliche Vereinigung gegenüber den Landesverbänden der Krankenkassen und den Ersatzkassen bis zum 1. Februar 2021 einer solchen Festsetzung schriftlich widerspricht.

(2) 1Übersteigt die von den Krankenkassen an eine Kassenzahnärztliche Vereinigung im Jahr 2020 gezahlte Gesamtvergütung nach Absatz 1 die im Jahr 2020 erbrachten vertragszahnärztlichen Leistungen, so hat die Kassenzahnärztliche Vereinigung die dadurch entstandene Überzahlung gegenüber den Krankenkassen in den Jahren 2021 bis 2023 vollständig auszugleichen. 2Übersteigt die von den Krankenkassen an eine Kassenzahnärztliche Vereinigung im Jahr 2021 gezahlte Gesamtvergütung nach Absatz 1 die im Jahr 2021 erbrachten vertragszahnärztlichen Leistungen, so hat die Kassenzahnärztliche Vereinigung die dadurch entstandene Überzahlung gegenüber den Krankenkassen in den Jahren 2022 und 2023 vollständig auszugleichen. 3Das Nähere zu dem Ausgleich vereinbaren die Partner der Gesamtverträge nach § 83.

(3) Die Kassenzahnärztlichen Vereinigungen können in den Jahren 2020 bis 2023 im Benehmen mit den Landesverbänden der Krankenkassen und den Ersatzkassen im Verteilungsmaßstab von § 85 Absatz 4 Satz 3 bis 5 abweichende Regelungen vorsehen, um die vertragszahnärztliche Versorgung unter Berücksichtigung der Auswirkungen der COVID-19-Pandemie auf die vertragszahnärztliche Tätigkeit sicherzustellen.

(4) 1Soweit die vertragszahnärztliche Versorgung mit den Abschlagszahlungen nach Absatz 1 nicht sichergestellt werden kann, können die Partner der Gesamtverträge nach § 83 für die Jahre 2020 und 2021 Abschlagszahlungen bezogen auf den in den Festzuschussbeträgen nach § 55 enthaltenen Anteil für zahnärztliche Leistungen vereinbaren. 2Übersteigt die von den Krankenkassen an eine Kassenzahnärztliche Vereinigung im Jahr 2020 geleistete Abschlagszahlung die im Jahr 2020 tatsächlich erbrachten zahnärztlichen Leistungen nach Satz 1, so hat die Kassenzahnärztliche Vereinigung die dadurch entstandene Überzahlung gegenüber den Krankenkassen im Jahr 2021 vollständig auszugleichen. 3Übersteigt die von den Krankenkassen an eine Kassenzahnärztliche Vereinigung im Jahr 2021 geleistete Abschlagszahlung die im Jahr 2021 tatsächlich erbrachten zahnärztlichen Leistungen nach Satz 1, so hat die Kassenzahnärztliche Vereinigung die dadurch entstandene Überzahlung gegenüber den Krankenkassen im Jahr 2022 vollständig auszugleichen. 4Das Nähere zum Ausgleich vereinbaren die Partner der Gesamtverträge nach § 83.

(5) Die Partner der Gesamtverträge haben in den Jahren 2021 und 2022 bei den nach § 85 Absatz 3 Satz 1 zu vereinbarenden Veränderungen der Gesamtvergütungen auch die infolge der COVID-19-Pandemie verminderte Inanspruchnahme vertragszahnärztlicher Leistungen angemessen zu berücksichtigen.

(6) Für die Vereinbarung der Gesamtvergütung in den Jahren 2021 und 2022 findet § 85 Absatz 2 Satz 7 keine Anwendung.

(7) Die Partner der Gesamtverträge haben die Vereinbarungen für den Fall einer im Zeitraum bis zum 7. April 2023 durch den Deutschen Bundestag festgestellten epidemischen Lage von nationaler Tragweite nach § 5 Absatz 1 des Infektionsschutzgesetzes an eine, aus dieser Sondersituation resultierende, verminderte Inanspruchnahme vertragszahnärztlicher Leistungen anzupassen, um die Leistungsfähigkeit der Zahnarztpraxen zu gewährleisten.

§ 85b (weggefallen)

§ 86 Verwendung von Verordnungen und Empfehlungen in elektronischer Form

(1) 1Die Kassenärztlichen Bundesvereinigungen vereinbaren mit dem Spitzenverband Bund der Krankenkassen als Bestandteil der Bundesmantelverträge

1. bis zum 31. März 2020 die notwendigen Regelungen für die Verwendung von Verordnungen der Leistungen nach § 31 in elektronischer Form und
2. bis zum 31. Dezember 2020 die notwendigen Regelungen für die Verwendung von Verordnungen der sonstigen in der vertragsärztlichen Versorgung verordnungsfähigen Leistungen auch in elektronischer Form.

2Die Regelungen nach Satz 1 Nummer 1 müssen mit den Festlegungen des Rahmenvertrags nach § 129 Absatz 4a vereinbar sein und die Regelungen nach Satz 1 Nummer 2 müssen, soweit sie die Verordnung von Heil- oder Hilfsmitteln betreffen, mit den Verträgen nach § 125 Absatz 1 und den Rahmenempfehlungen nach § 127 Absatz 9 vereinbar sein. 3In den Vereinbarungen nach Satz 1 ist festzulegen, dass die Dienste der Telematikinfrastruktur für die Übermittlung der elektronischen Verordnung nach § 334 Absatz 1 Satz 2 Nummer 6 genutzt werden, sobald diese zur Verfügung stehen.

(2) Der Gemeinsame Bundesausschuss passt die Richtlinien nach § 92 an, um die Verwendung von Verordnungen in elektronischer Form zu ermöglichen.

1(3) Die Kassenärztlichen Bundesvereinigungen vereinbaren mit dem Spitzenverband Bund der Krankenkassen als Bestandteil der Bundesmantelverträge bis zum 31. Juli 2021 die notwendigen Regelungen für die Verwendung von Empfehlungen von apothekenpflichtigen, nicht verschreibungspflichtigen Arzneimitteln in elektronischer Form. 2In den Vereinbarungen ist festzulegen, dass die Dienste der Telematikinfrastruktur für die Übermittlung der elektronischen Empfehlung zu verwenden sind, sobald diese zur Verfügung stehen.

§ 86a Verwendung von Überweisungen in elektronischer Form

1Die Kassenärztlichen Bundesvereinigungen vereinbaren mit dem Spitzenverband Bund der Krankenkassen als Bestandteil der Bundesmantelverträge bis zum 31. Juli 2021 die notwendigen Regelungen zur barrierefreien Verwendung von Überweisungen in elektronischer Form. 2In den Vereinbarungen ist festzulegen, dass die Dienste der Telematikinfrastruktur für die Übermittlung der elektronischen Überweisung zu verwenden sind, sobald diese zur Verfügung stehen.

§ 87 Bundesmantelvertrag, einheitlicher Bewertungsmaßstab, bundeseinheitliche Orientierungswerte

(1) 1Die Kassenärztlichen Bundesvereinigungen vereinbaren mit dem Spitzenverband Bund der Krankenkassen durch Bewertungsausschüsse als Bestandteil der Bundesmantelverträge einen einheitlichen Bewertungsmaßstab für die ärztlichen und einen einheitlichen Bewertungsmaßstab für die zahnärztlichen Leistungen, im ärztlichen Bereich einschließlich der Sachkosten. 2In den Bundesmantelverträgen sind auch die Regelungen, die zur Organisation der vertragsärztlichen Versorgung notwendig sind, insbesondere Vordrucke und Nachweise, zu vereinbaren. 3Bei der Gestaltung der Arzneiverordnungsblätter ist § 73 Abs. 5 zu beachten. 4Die Arzneiverordnungsblätter sind so zu gestalten, daß bis zu drei Verordnungen je Verordnungsblatt möglich sind. 5Dabei ist für jede Verordnung ein Feld für die Auftragung des Kennzeichens nach § 300 Abs. 1 Nr. 1 sowie ein weiteres Feld vorzusehen, in dem der Arzt seine Entscheidung nach § 73 Abs. 5 durch Ankreuzen kenntlich machen kann. 6Die für eine Verordnung nach § 37 Absatz 8 zu verwendenden Vordrucke und Nachweise sind so zu gestalten, dass sie von den übrigen Verordnungen nach § 37 zu unterscheiden sind. 7Die Kassenärztlichen Bundesvereinigungen und der Spitzenverband Bund der Krankenkassen prüfen, inwieweit bislang papiergebundene Verfahren zur Organisation der vertragsärztlichen Versorgung durch elektronische Kommunikationsverfahren ersetzt werden können. 8Die Kassenzahnärztliche Bundesvereinigung und der Spitzenverband Bund der Krankenkassen regeln in dem Bundesmantelvertrag für Zahnärzte bis zum 31. Dezember 2019 das Nähere zu einem elektronischen Beantragungs- und Genehmigungsverfahren für bewilligungspflichtige zahnärztliche Leistungen. 9Die Kassenzahnärztliche Bundesvereinigung und der Spitzenverband Bund der Krankenkassen können die an der vertragszahnärztlichen Versorgung teilnehmenden Leistungserbringer durch Regelungen im Bundesmantelvertrag für Zahnärzte dazu verpflichten, die für die Beantragung von bewilligungspflichtigen Leistungen notwendigen Angaben an die jeweilige Kassenzahnärztliche Vereinigung und an die jeweilige Krankenkasse im Wege elektronischer Datenübertragung zu übermitteln. 10Zur Durchführung der elektronischen Antrags- und Genehmigungsverfahren sind die an der vertragszahnärztlichen Versorgung teilnehmenden Leistungserbringer befugt, die hierfür erforderlichen versichertenbezogene Angaben an die jeweilige Kassenzahnärztliche Vereinigung und an die jeweilige Krankenkasse zu übermitteln. 11Die jeweilige Kassenärztliche Vereinigung ist befugt, die für die Durchführung der elektronischen Antrags- und Genehmigungsverfahren erforderlichen versicherungsbezogenen übermittelten Angaben zu verarbeiten. 12Für die Übermittlung digitaler Vordrucke und Nachweise sind die Dienste der Telematikinfrastruktur zu nutzen, sobald diese zur Verfügung stehen. 13Im einheitlichen Bewertungsmaßstab für zahnärztliche Leistungen ist mit Wirkung zum 1. Januar 2021 vorzusehen, dass Leistungen nach § 346 Absatz 1 Satz 1 und 3 zur Unterstützung der Versicherten bei der Verarbeitung medizinischer Daten in der elektronischen Patientenakte im aktuellen Behandlungskontext vergütet werden. 14Mit Wirkung zum 1. Januar 2022 ist im einheitlichen Bewertungsmaßstab für zahnärztliche Leistungen vorzusehen, dass Leistungen nach § 346 Absatz 3 zur Unterstützung der Versicherten bei der erstmaligen Befüllung der elektronischen Patientenakte im aktuellen

V

Behandlungskontext vergütet werden. 15Im einheitlichen Bewertungsmaßstab für zahnärztliche Leistungen ist vorzusehen, dass Leistungen im aktuellen Behandlungskontext zur Aktualisierung von Datensätzen nach § 334 Absatz 1 Satz 2 Nummer 4 sowie Leistungen zur Aktualisierung von Datensätzen nach § 334 Absatz 1 Satz 2 Nummer 5 und 7 zusätzlich vergütet werden.

(1a) 1In dem Bundesmantelvertrag haben die Kassenzahnärztliche Bundesvereinigung und der Spitzenverband Bund der Krankenkassen festzulegen, dass die Kosten für Zahnersatz einschließlich Zahnkronen und Suprakonstruktionen, soweit die gewählte Versorgung der Regelversorgung nach § 56 Abs. 2 entspricht, gegenüber den Versicherten nach Absatz 2 abzurechnen sind. 2Darüber hinaus sind im Bundesmantelvertrag folgende Regelungen zu treffen: Der Vertragszahnarzt hat vor Beginn der Behandlung einen kostenfreien Heil- und Kostenplan zu erstellen, der den Befund, die Regelversorgung und die tatsächlich geplante Versorgung auch in den Fällen des § 55 Abs. 4 und 5 nach Art, Umfang und Kosten beinhaltet. 3Im Heil- und Kostenplan sind Angaben zum Herstellungsort des Zahnersatzes zu machen. 4Der Heil- und Kostenplan ist von der Krankenkasse vor Beginn der Behandlung insgesamt zu prüfen. 5Die Krankenkasse kann den Befund, die Versorgungsnotwendigkeit und die geplante Versorgung begutachten lassen. 6Bei bestehender Versorgungsnotwendigkeit bewilligt die Krankenkasse die Festzuschüsse gemäß § 55 Abs. 1 oder 2 entsprechend dem im Heil- und Kostenplan ausgewiesenen Befund. 7Nach Abschluss der Behandlung rechnet der Vertragszahnarzt die von der Krankenkasse bewilligten Festzuschüsse mit Ausnahme der Fälle des § 55 Abs. 5 mit der Kassenzahnärztlichen Vereinigung ab. 8Der Vertragszahnarzt hat bei Rechnungslegung eine Durchschrift der Rechnung des gewerblichen oder des praxiseigenen Labors über zahntechnische Leistungen und die Erklärung nach Anhang XIII Abschnitt 1 der Verordnung (EU) 2017/745 in der jeweils geltenden Fassung beizufügen. 9Der Bundesmantelvertrag regelt auch das Nähere zur Ausgestaltung des Heil- und Kostenplans, insbesondere muss aus dem Heil- und Kostenplan erkennbar sein, ob die zahntechnischen Leistungen von Zahnärzten erbracht werden oder nicht.

(1b) 1Die Kassenärztliche Bundesvereinigung und der Spitzenverband Bund der Krankenkassen vereinbaren im Bundesmantelvertrag erstmals bis spätestens zum 30. Juni 2016 die Voraussetzungen für eine besonders qualifizierte und koordinierte palliativ-medizinische Versorgung. 2Im Bundesmantelvertrag sind insbesondere zu vereinbaren:

1. Inhalte und Ziele der qualifizierten und koordinierten palliativ-medizinischen Versorgung und deren Abgrenzung zu anderen Leistungen,
2. Anforderungen an die Qualifikation der ärztlichen Leistungserbringer,
3. Anforderungen an die Koordination und interprofessionelle Strukturierung der Versorgungsabläufe sowie die aktive Kooperation mit den weiteren an der Palliativversorgung beteiligten Leistungserbringern, Einrichtungen und betreuenden Angehörigen,
4. Maßnahmen zur Sicherung der Versorgungsqualität.

3Der Bundesärztekammer und der Bundespsychotherapeutenkammer sowie den in § 92 Absatz 7b genannten Organisationen ist vor Abschluss der Vereinbarung Gelegenheit zur Stellungnahme zu geben. 4Die Stellungnahmen sind in den Entscheidungsprozess einzubeziehen. 5Auf der Grundlage der Vereinbarung hat der Bewertungsausschuss den einheitlichen Bewertungsmaßstab für ärztliche Leistungen nach Absatz 2 Satz 2 zu überprüfen und innerhalb von sechs Monaten nach dem in Satz 1 genannten Zeitpunkt anzupassen. 6Der Bewertungsausschuss hat dem Bundesministerium für Gesundheit alle drei Jahre beginnend zum 31. Dezember 2023 über die Entwicklung der abgerechneten palliativ-medizinischen Leistungen auch in Kombination mit anderen vertragsärztlichen Leistungen, über die Zahl und Qualifikation der ärztlichen Leistungserbringer, über die Versorgungsqualität sowie über die Auswirkungen auf die Verordnung der spezialisierten ambulanten Palliativversorgung zu berichten. 7Das Bundesministerium für Gesundheit kann das Nähere zum Inhalt des Berichts und zu den dafür erforderlichen Auswertungen bestimmen.

(1c) 1Die Krankenkassen können in den in § 275 Absatz 1, 2 und 3 geregelten Fällen insbesondere

1. bei kieferorthopädischen Maßnahmen,
2. bei der Behandlung von Parodontopathien,
3. bei der Versorgung von Zahnersatz und Zahnkronen, einschließlich der Prüfung der Gewährleistung nach § 136a Absatz 4 Satz 3,
4. für implantologische Maßnahmen bei Ausnahmeindikationen gemäß § 28 Absatz 2 Satz 9

abweichend von § 275 Absatz 1, 2 und 3 statt einer gutachterlichen Stellungnahme des Medizinischen Dienstes eine gutachterliche Stellungnahme im Wege des nach Satz 2 im Bundesmantelvertrag für Zahnärzte vorgesehene Gutachterverfahrens einholen. 2Die Kassenzahnärztliche Bundesvereinigung und der Spitzenverband Bund der Krankenkassen vereinbaren im Bundesmantelvertrag das Nähere zu einem Gutachterverfahren für Zahnärzte insbesondere zur Bestellung der Gutachter, zur Einleitung des Gutachterverfahrens und zur Begutachtung sowie die Maßnahmen und Behandlungen die Gegenstand des Gutachtenverfahrens sein können. $_{3}$Die Kassenzahnärztliche Bundesvereinigung und der Spitzenverband Bund der Krankenkassen sowie für ihren regionalen Zuständigkeitsbereich die Partner der Gesamtverträge können vereinbaren, dass die Krankenkassen einheitlich für die im Bundesmantelvertrag näher bestimmten Maßnahmen und Behandlungen ausschließlich das nach Satz 2 vorgesehene Gutachterverfahren anwenden oder ausschließlich die Begutachtung durch den Medizinischen Dienst vornehmen lassen. $_{4}$Der behandelnde Vertragszahnarzt ist verpflichtet, dem von der Krankenkasse benannten vertragszahnärztlichen Gutachter die für die gutachterliche Stellungnahme erforderlichen Daten zu übermitteln. $_{5}$Der vertragszahnärztliche Gutachter darf die vom Vertragszahnarzt übermittelten Daten nur zur Erstellung der in Satz 1 genannten gutachterlichen Stellungnahme verarbeiten. $_{6}$Im Übrigen gelten § 275 Absatz 5, § 276 Absatz 1, 2 Satz 2 und Absatz 3 und § 277 Absatz 1 Satz 1 bis 3 für das im Bundesmantelvertrag für Zahnärzte vorgesehene Gutachterwesen entsprechend.

(2) $_{1}$Der einheitliche Bewertungsmaßstab bestimmt den Inhalt der abrechnungsfähigen Leistungen und ihr wertmäßiges, in Punkten ausgedrücktes Verhältnis zueinander; soweit möglich, sind die Leistungen mit Angaben für den zur Leistungserbringung erforderlichen Zeitaufwand des Vertragsarztes zu versehen; dies gilt nicht für vertragszahnärztliche Leistungen. $_{2}$Die Bewertungsmaßstäbe sind in bestimmten Zeitabständen auch daraufhin zu überprüfen, ob die Leistungsbeschreibungen und ihre Bewertungen noch dem Stand der medizinischen Wissenschaft und Technik sowie dem Erfordernis der Rationalisierung im Rahmen wirtschaftlicher Leistungserbringung entsprechen, wobei in die Überprüfung des einheitlichen Bewertungsmaßstabes für ärztliche Leistungen auch die Regelung nach § 33 Absatz 9 erstmalig bis spätestens zum 31. Oktober 2012 einzubeziehen ist; bei der Bewertung der Leistungen ist insbesondere der Aspekt der wirtschaftlichen Nutzung der bei der Erbringung von Leistungen eingesetzten medizinisch-technischen Geräte zu berücksichtigen. $_{3}$Im einheitlichen Bewertungsmaßstab für ärztliche Leistungen sind die Bewertung der Leistungen nach Satz 1 und die Überprüfung der wirtschaftlichen Aspekte nach Satz 2, insbesondere bei medizinisch-technischen Geräten, unter Berücksichtigung der Besonderheiten der betroffenen Arztgruppen auf in bestimmten Zeitabständen zu aktualisierender betriebswirtschaftlicher Basis durchzuführen. $_{4}$Grundlage der Aktualisierung des einheitlichen Bewertungsmaßstabes für ärztliche Leistungen bilden grundsätzlich die vom Statistischen Bundesamt nach dem Gesetz über die Kostenstrukturstatistik bei Arzt- und Zahnarztpraxen sowie bei Praxen von psychologischen Psychotherapeuten erhobenen Daten der Kostenstruktur; ergänzend können sachgerechte Stichproben bei vertragsärztlichen Leistungserbringern verwendet werden. $_{5}$Der Bewertungsausschuss hat die nächste Überprüfung gemäß Satz 3 und die anschließende Aktualisierung des einheitlichen Bewertungsmaßstabes für ärztliche Leistungen spätestens bis zum 29. Februar 2020 mit der Maßgabe durchzuführen, insbesondere die Angemessenheit der Bewertung von Leistungen zu aktualisieren, die einen hohen technischen Leistungsanteil aufweisen. $_{6}$Hierzu legt der Bewertungsausschuss dem Bundesministerium für Gesundheit spätestens bis zum 31. August 2019 ein Konzept vor, wie er die verschiedenen Leistungsbereiche im einheitlichen Bewertungsmaßstab für ärztliche Leistungen einschließlich der Sachkosten anpassen wird. $_{7}$Dabei soll die Bewertung der Leistungen mit einem hohen technischen Leistungsanteil, die in einem bestimmten Zeitraum erbracht werden, insgesamt so festgelegt werden, dass die Punkte, die im einheitlichen Bewertungsmaßstab für diese Leistungen vergeben werden, ab einem bestimmten Schwellenwert mit zunehmender Menge sinken. $_{8}$Die Bewertung der Sachkosten kann abweichend von Satz 1 in Eurobeträgen bestimmt werden.

(2a) $_{1}$Die im einheitlichen Bewertungsmaßstab für ärztliche Leistungen aufgeführten Leistungen sind entsprechend der in § 73 Abs. 1 festgelegten Gliederung der vertragsärztlichen Versorgung in Leistungen der hausärztlichen und Leistungen der fachärztlichen Versorgung zu gliedern mit der Maßgabe, dass unbeschadet gemeinsam abrechenbarer Leistungen Leistungen der hausärztlichen Versorgung nur von den an der hausärztlichen Versorgung teilnehmenden Ärzten und Leistungen der fachärztlichen Versorgung nur von den an der fachärztlichen Versorgung teilnehmenden Ärzten abgerechnet werden dürfen; die Leistungen der fachärztlichen Versorgung sind in der Weise zu gliedern, dass den einzelnen Facharztgruppen die von ihnen ausschließlich abrechenbaren Leistungen zugeordnet werden. $_{2}$Bei der Bestimmung der Arztgruppen nach Satz 1 ist der Versorgungsauftrag der jeweiligen Arztgruppe im Rahmen der vertragsärztlichen Versorgung zugrunde zu legen. $_{3}$Der einheitliche Bewertungsmaßstab für ärztliche Leistungen hat eine Regelung zu enthalten, nach der ärztliche Leistungen zur Diagnostik und ambulanten Eradikationstherapie einschließlich elektronischer Dokumentation von Trägern mit dem Methicillin-resistenten Staphylococcus aureus (MRSA) vergütet werden. $_{4}$Die Kassenärztliche Bundesvereinigung berichtet dem Bundesministerium für Gesundheit quartalsbezogen über Auswertungsergebnisse der Regelung nach Satz 3. [5]Das Bundesministerium für Gesundheit kann das Nähere zum Inhalt des Berichts nach Satz 4 sowie zur Auswertung der anonymisierten Dokumentationen zum Zwecke der Versorgungsforschung und zur Förderung der Qualität bestimmen; es kann auch den Bewertungsausschuss mit der Vorlage des Berichts beauftragen. [6]Im Übrigen gilt die Veröffentlichungspflicht gemäß § 135b Absatz 1 Satz 2. [7]Bei der Überprüfung nach Absatz 2 Satz 2 prüfen der Bewertungsausschuss nach Absatz 3 und der Bewertungsausschuss in der Zusammensetzung nach Absatz 5a jeweils, in welchem Umfang ambulante telemedizinische Leistungen erbracht werden können; auf dieser Grundlage beschließen der Bewertungsausschuss nach Absatz 3 und der Bewertungsausschuss in der Zusammensetzung nach Absatz 5a jeweils, inwieweit der einheitliche Bewertungsmaßstab für ärztliche Leistungen anzupassen ist. [8]In die Überprüfung nach Absatz 2 Satz 2 ist auch einzubeziehen, in welchem Umfang die Durchführung von insbesondere telemedizinischen Fallbesprechungen im Rahmen von Kooperationsvereinbarungen zum Kinder- und Jugendschutz nach § 73c angemessen vergütet werden kann; auf dieser Grundlage ist eine Anpassung des einheitlichen Bewertungsmaßstabes für ärztliche Leistungen zu beschließen. [9]In die Überprüfung nach Absatz 2 Satz 2 ist auch einzubeziehen, in welchem Umfang delegationsfähige Leistungen durch Personen nach § 28 Absatz 1 Satz 2 qualifiziert erbracht und angemessen vergütet werden können; auf dieser Grundlage ist eine Anpassung des einheitlichen Bewertungsmaßstabes für ärztliche Leistungen unter Berücksichtigung der unterschiedlichen Versorgungsstrukturen bis zum 23. Januar 2016 zu beschließen. [10]Nach Inkrafttreten der Bestimmungen nach § 27b Absatz 2 Satz 2 ist im einheitlichen Bewertungsmaßstab für ärztliche Leistungen durch den Bewertungsausschuss gemäß Absatz 5a eine Regelung zu treffen, nach der Leistungen und Kosten im Rahmen der Einholung der Zweitmeinungen nach § 27b abgerechnet werden können. [11]Sofern drei Monate nach Inkrafttreten der Bestimmungen des Gemeinsamen Bundesausschusses nach § 27b Absatz 2 keine Regelung im einheitlichen Bewertungsmaßstab für ärztliche Leistungen getroffen wurde, können Versicherte die Leistungen nach § 27b bei den dafür berechtigten Leistungserbringern im Wege der Kostenerstattung nach § 13 Absatz 1 in Anspruch nehmen. [12]Die Kosten sind von der Krankenkasse in der entstandenen Höhe zu erstatten. [13]Die Möglichkeit der Inanspruchnahme im Wege der Kostenerstattung nach § 13 Absatz 1 endet, sobald die Regelung nach Satz 9 in Kraft getreten ist. [14]Mit Wirkung zum 30. September 2020 ist durch den Bewertungsausschuss in der Zusammensetzung nach Absatz 5a im einheitlichen Bewertungsmaßstab für ärztliche Leistungen zu regeln, dass Konsilien in einem weiten Umfang in der vertragsärztlichen und in der sektorenübergreifenden Versorgung als telemedizinische Leistung abgerechnet werden können, wenn bei ihnen sichere elektronische Informations- und Kommunikationstechnologien eingesetzt werden. [15]Die Regelungen erfolgen auf der Grundlage der Vereinbarung nach § 367 Absatz 1. [16]Der Bewertungsausschuss nach Absatz 3 und der Bewertungsausschuss in der Zusammensetzung nach Absatz 5a legen dem Bundesministerium für Gesundheit im Abstand von zwei Jahren, erstmals zum 31. Oktober 2020, einen Bericht über die als telemedizinische Leistungen abrechenbaren Konsilien vor. [17]Der Bewertungsausschuss nach Absatz 3 und der Bewertungsausschuss in der Zusammensetzung nach Absatz 5a legen dem Bundesministerium für Gesundheit im Abstand von zwei Jahren, erstmals zum 31. Oktober 2022, einen gemeinsamen Bericht über den Stand der Beratungen und Beschlussfassungen nach Satz 7 sowie zur Erbringung von ambulanten telemedizinischen Leistungen und zu der Teilnahme der Leistungserbringer an der Erbringung von Leistungen im Rahmen der Videosprechstunde vor. [18]Mit Wirkung zum 1. April 2019 ist durch den Bewertungsausschuss eine Regelung im einheitlichen Bewertungsmaßstab für ärztliche Leistungen zu treffen, nach der Videosprechstunden in einem weiten Umfang ermöglicht werden. [19]In dem Beschluss nach Satz 7 sind durch den Bewertungsausschuss Regelungen im einheitlichen Bewertungsmaßstab für ärztliche Leistungen zu treffen, nach denen telemedizinische Leistungen, insbesondere Videosprechstunden, in einem weiten Umfang ermöglicht werden. [20]Bei den Regelungen nach Satz 18 sind die Besonderheiten in der Versorgung von Pflegebedürftigen durch Zuschläge und die Besonderheiten in der psychotherapeutischen Versorgung einschließlich der Versorgung mit gruppentherapeutischen Leistungen und Leistungen der psychotherapeutischen Akutbehandlung zu berücksichtigen. [21]Die Regelungen nach Satz 18 erfolgen auf der Grundlage der Vereinbarung nach § 365 Absatz 1 Satz 1. [22]Bis zum 30. Juni 2016 ist mit Wirkung zum 1. Oktober 2016 eine Regelung zu treffen, nach der ärztliche Leistungen nach § 31a vergütet werden. [23]Der einheitliche Bewertungsmaßstab für ärztliche Leistungen hat eine Regelung über die Vergütung von ärztlichen Leistungen zur Erstellung und Aktualisierung von Datensätzen nach § 334 Absatz 1 Satz 2 Nummer 5 und 7 zu enthalten; die Vergütung für die Erstellung von Datensätzen nach § 334 Absatz 1 Satz 2 Nummer 5 ist in dem Zeitraum vom 20. Oktober 2020 bis zum 20. Oktober 2021 auf das Zweifache der sich nach dem einheitlichen Bewertungsmaßstab ergebenden Vergütung zu erhöhen;

die Vergütungsregelung für die Erstellung von Datensätzen nach § 334 Absatz 1 Satz 2 Nummer 7 ist bis zum 1. Januar 2024 zu vereinbaren. 24Der Bewertungsausschuss in der Zusammensetzung nach Absatz 5a beschließt im einheitlichen Bewertungsmaßstab für ärztliche Leistungen die nach dem Schweregrad zu differenzierenden Regelungen für die Versorgung im Notfall und im Notdienst sowie bis zum 31. März 2022 Regelungen für die Versorgung im Notdienst mit telemedizinischen Leistungen. 25Zwei Jahre nach Inkrafttreten dieser Regelungen hat der Bewertungsausschuss nach Absatz 5a die Entwicklung der Leistungen zu evaluieren und hierüber dem Bundesministerium für Gesundheit zu berichten; Absatz 3a gilt entsprechend. 26Der Bewertungsausschuss überprüft, in welchem Umfang Diagnostika zur schnellen und zur qualitätsgesicherten Antibiotikatherapie eingesetzt werden können, und beschließt auf dieser Grundlage erstmals bis spätestens zum 1. Dezember 2017 entsprechende Anpassungen des einheitlichen Bewertungsmaßstabes für ärztliche Leistungen. 27Der einheitliche Bewertungsmaßstab für ärztliche Leistungen ist innerhalb von sechs Monaten nach Inkrafttreten der Richtlinie des Gemeinsamen Bundesausschusses nach § 92 Absatz 6b vom Bewertungsausschuss in der Zusammensetzung nach Absatz 5a anzupassen. 28Im einheitlichen Bewertungsmaßstab für ärztliche Leistungen ist mit Wirkung zum 1. Januar 2021 vorzusehen, dass Leistungen nach § 346 Absatz 1 Satz 1 und 3 zur Unterstützung der Versicherten bei der Verarbeitung medizinischer Daten in der elektronischen Patientenakte im aktuellen Behandlungskontext vergütet werden. 29Mit Wirkung zum 1. Januar 2022 ist im einheitlichen Bewertungsmaßstab für ärztliche Leistungen vorzusehen, dass ärztliche Leistungen nach § 346 Absatz 3 zur Unterstützung der Versicherten bei der erstmaligen Befüllung der elektronischen Patientenakte im aktuellen Behandlungskontext vergütet werden. 30Der Bewertungsausschuss hat im einheitlichen Bewertungsmaßstab für ärztliche Leistungen die Leistungen, die durch Videosprechstunde erbracht werden, auf 30 Prozent der jeweiligen Leistungen im Quartal des an der vertragsärztlichen Versorgung teilnehmenden Leistungserbringers zu begrenzen. 31Zudem hat der Bewertungsausschuss im einheitlichen Bewertungsmaßstab für ärztliche Leistungen die Anzahl der Behandlungsfälle im Quartal, in denen ausschließlich Leistungen im Rahmen einer Videosprechstunde erbracht werden, auf 30 Prozent aller Behandlungsfälle des an der vertragsärztlichen Versorgung teilnehmenden Leistungserbringers zu begrenzen. 32Von der Begrenzung auf 30 Prozent nach den Sätzen 30 und 31 kann der Bewertungsausschuss in besonderen Ausnahmesituationen, wie etwa nach Feststellung einer epidemischen Lage von nationaler Tragweite, für einen befristeten Zeitraum abweichen. 33Der Bewertungsausschuss legt bis zum 30. September 2021 fest, unter welchen Voraussetzungen und in welchem Umfang unter Berücksichtigung der Sätze 30 und 31 die psychotherapeutische Akutbehandlung im Rahmen der Videosprechstunde erbracht werden kann.

(2b) 1Die im einheitlichen Bewertungsmaßstab für ärztliche Leistungen aufgeführten Leistungen der hausärztlichen Versorgung sollen als Versichertenpauschalen abgebildet werden; für Leistungen, die besonders gefördert werden sollen oder nach Absatz 2a Satz 7 und 8 telemedizinisch oder im Wege der Delegation erbracht werden können, sind Einzelleistungen oder Leistungskomplexe vorzusehen. 2Mit den Pauschalen nach Satz 1 sollen die gesamten im Abrechnungszeitraum regelmäßig oder sehr selten und zugleich mit geringem Aufwand im Rahmen der hausärztlichen Versorgung eines Versicherten erbrachten Leistungen einschließlich der anfallenden Betreuungs-, Koordinations- und Dokumentationsleistungen vergütet werden. 3Mit Wirkung zum 1. Januar 2023 sind in den einheitlichen Bewertungsmaßstab für ärztliche Leistungen folgende Zuschläge auf die jeweilige Versichertenpauschale aufzunehmen:

1. ein Zuschlag in Höhe von bis zu 200 Prozent der jeweiligen Versichertenpauschale für Behandlungen im Akutfall nach § 75 Absatz 1a Satz 3 Nummer 4, wenn die Behandlung spätestens am Folgetag der Terminvermittlung durch die Terminservicestelle beginnt,
2. ein Zuschlag in Höhe von 100 Prozent der jeweiligen Versichertenpauschale für den Fall, dass eine Behandlung spätestens am vierten Tag nach der Terminvermittlung durch die Terminservicestelle nach § 75 Absatz 1a Satz 3 beginnt,
3. ein Zuschlag in Höhe von 80 Prozent der jeweiligen Versichertenpauschale für den Fall, dass eine Behandlung spätestens am 14. Tag nach der Terminvermittlung durch die Terminservicestelle nach § 75 Absatz 1a Satz 3 beginnt,
4. ein Zuschlag in Höhe von 40 Prozent der jeweiligen Versichertenpauschale für den Fall, dass eine Behandlung spätestens am 35. Tag nach der Terminvermittlung durch die Terminservicestelle nach § 75 Absatz 1a Satz 3 beginnt, sowie
5. ein Zuschlag in Höhe von mindestens 15 Euro für die erfolgreiche Vermittlung eines Behandlungstermins nach § 73 Absatz 1 Satz 2 Nummer 2.

4Zudem können Qualitätszuschläge vorgesehen werden, mit denen die in besonderen Behandlungsfällen erforderliche Qualität vergütet wird. 5Der Bewertungsausschuss beschließt spätestens bis zum 31. Dezember 2021 mit

Wirkung zum 1. März 2022 eine Anpassung der im einheitlichen Bewertungsmaßstab für ärztliche Leistungen aufgeführten Leistungen der hausärztlichen Versorgung zur Vergütung der regelmäßigen zeitgebundenen ärztlichen Beratung nach § 2 Absatz 1a des Transplantationsgesetzes in der ab dem 1. März 2022 geltenden Fassung über die Organ- und Gewebespende sowie über die Möglichkeit, eine Erklärung zur Organ- und Gewebespende im Register nach § 2a des Transplantationsgesetzes in der ab dem 1. März 2022 geltenden Fassung abgeben, ändern und widerrufen zu können. 6Der Vergütungsanspruch besteht je Patient alle zwei Jahre.

(2c) 1Die im einheitlichen Bewertungsmaßstab für ärztliche Leistungen aufgeführten Leistungen der fachärztlichen Versorgung sollen arztgruppenspezifisch und unter Berücksichtigung der Besonderheiten kooperativer Versorgungsformen als Grund- und Zusatzpauschalen abgebildet werden; Einzelleistungen sollen vorgesehen werden, soweit dies medizinisch oder auf Grund von Besonderheiten bei Veranlassung und Ausführung der Leistungserbringung, einschließlich der Möglichkeit telemedizinischer Erbringung gemäß Absatz 2a Satz 7 oder der Erbringung im Wege der Delegation nach Absatz 2a Satz 8, erforderlich ist. 2Mit den Grundpauschalen nach Satz 1 sollen die regelmäßig oder sehr selten und zugleich mit geringem Aufwand von der Arztgruppe in jedem Behandlungsfall erbrachten Leistungen vergütet werden. 3Mit Wirkung zum 1. Januar 2023 sind in den einheitlichen Bewertungsmaßstab für ärztliche Leistungen folgende Zuschläge auf die jeweilige Grundpauschale aufzunehmen:

1. ein Zuschlag in Höhe von bis zu 200 Prozent der jeweiligen Grundpauschale für Behandlungen im Akutfall nach § 75 Absatz 1a Satz 3 Nummer 4, wenn die Behandlung spätestens am Folgetag der Terminvermittlung durch die Terminservicestelle beginnt,
2. ein Zuschlag in Höhe von 100 Prozent der jeweiligen Grundpauschale für den Fall, dass eine Behandlung spätestens am vierten Tag nach der Terminvermittlung durch die Terminservicestelle nach § 75 Absatz 1a Satz 3 beginnt,
3. ein Zuschlag in Höhe von 80 Prozent der jeweiligen Grundpauschale für den Fall, dass eine Behandlung spätestens am 14. Tag nach der Terminvermittlung durch die Terminservicestelle nach § 75 Absatz 1a Satz 3 beginnt, sowie
4. ein Zuschlag in Höhe von 40 Prozent der jeweiligen Grundpauschale für den Fall, dass eine Behandlung spätestens am 35. Tag nach der Terminvermittlung durch die Terminservicestelle nach § 75 Absatz 1a Satz 3 beginnt.

4Die in Satz 3 Nummer 2 bis 4 genannten Zuschläge gelten bei der Behandlung aufgrund einer erfolgten Vermittlung nach § 73 Absatz 1 Satz 2 Nummer 2 entsprechend. 5Mit den Zusatzpauschalen nach Satz 1 wird der besondere Leistungsaufwand vergütet, der sich aus den Leistungs-, Struktur- und Qualitätsmerkmalen des Leistungserbringers und, soweit dazu Veranlassung besteht, in bestimmten Behandlungsfällen ergibt. 6Abweichend von den Sätzen 1 und 2 kann die Behandlung von Versichertengruppen, die mit einem erheblichen therapeutischen Leistungsaufwand und überproportionalen Kosten verbunden ist, mit arztgruppenspezifischen diagnosebezogenen Fallpauschalen vergütet werden. 7Für die Versorgung im Rahmen von kooperativen Versorgungsformen sind spezifische Fallpauschalen festzulegen, die dem fallbezogenen Zusammenwirken von Ärzten unterschiedlicher Fachrichtungen in diesen Versorgungsformen Rechnung tragen. 8Die Bewertungen für psychotherapeutische Leistungen haben eine angemessene Höhe der Vergütung je Zeiteinheit zu gewährleisten. 9Bis zum 29. Februar 2020 ist im einheitlichen Bewertungsmaßstab für ärztliche Leistungen ein Zuschlag in Höhe von 15 Prozent auf diejenigen psychotherapeutischen Leistungen vorzusehen, die im Rahmen des ersten Therapieblocks einer neuen Kurzzeittherapie erbracht werden. 10Der Zuschlag ist auf die ersten zehn Stunden dieser Leistungen zu begrenzen und für Psychotherapeuten vorzusehen, die für die in § 19a Absatz 1 der Zulassungsverordnung für Vertragsärzte festgelegten Mindestsprechstunden für gesetzlich Versicherte tatsächlich zur Verfügung stehen.

(2d) 1Im einheitlichen Bewertungsmaßstab für ärztliche Leistungen sind Regelungen einschließlich Prüfkriterien vorzusehen, die sicherstellen, dass der Leistungsinhalt der in den Absätzen 2a bis 2c genannten Leistungen und Pauschalen jeweils vollständig erbracht wird, die jeweiligen notwendigen Qualitätsstandards eingehalten, die abgerechneten Leistungen auf den medizinisch notwendigen Umfang begrenzt sowie bei Abrechnung der Fallpauschalen nach Absatz 2c die Mindestanforderungen zu der institutionellen Ausgestaltung der Kooperation der beteiligten Ärzte eingehalten werden; dazu kann die Abrechenbarkeit der Leistungen an die Einhaltung der vom Gemeinsamen Bundesausschuss und in den Bundesmantelverträgen beschlossenen Qualifikations- und Qualitätssicherungsanforderungen sowie an die Einhaltung der gegenüber der Kassenärztlichen Vereinigung zu erbringenden Dokumentationsverpflichtungen geknüpft werden. 2Zudem können Regelungen vorgesehen werden, die darauf abzielen, dass die Abrechnung der Versichertenpauschalen nach Absatz 2b Satz 1 sowie der Grundpauschalen nach Absatz 2c Satz 1 für einen Versicherten nur durch einen Arzt im Abrechnungszeitraum erfolgt, oder es können Regelungen zur Kürzung der Pauschalen für den Fall eines Arztwechsels des Versicherten innerhalb des Abrechnungszeitraums vorgesehen werden.

(2e) Im einheitlichen Bewertungsmaßstab für ärztliche Leistungen ist jährlich bis zum 31. August ein bundeseinheitlicher Punktwert als Orientierungswert in Euro zur Vergütung der vertragsärztlichen Leistungen festzulegen.

(2f) (weggefallen)

(2g) Bei der Anpassung des Orientierungswertes nach Absatz 2e sind insbesondere

1. die Entwicklung der für Arztpraxen relevanten Investitions- und Betriebskosten, soweit diese nicht bereits durch die Weiterentwicklung der Bewertungsrelationen nach Absatz 2 Satz 2 erfasst worden sind,
2. Möglichkeiten zur Ausschöpfung von Wirtschaftlichkeitsreserven, soweit diese nicht bereits durch die Weiterentwicklung der Bewertungsrelationen nach Absatz 2 Satz 2 erfasst worden sind, sowie
3. die allgemeine Kostendegression bei Fallzahlsteigerungen, soweit diese nicht durch eine Abstaffelungsregelung nach Absatz 2 Satz 3 berücksichtigt worden ist,

zu berücksichtigen.

(2h) $_{1}$Die im einheitlichen Bewertungsmaßstab für zahnärztliche Leistungen aufgeführten Leistungen können zu Leistungskomplexen zusammengefasst werden. $_{2}$Die Leistungen sind entsprechend einer ursachengerechten, zahnsubstanzschonenden und präventionsorientierten Versorgung insbesondere nach dem Kriterium der erforderlichen Arbeitszeit gleichgewichtig in und zwischen den Leistungsbereichen für Zahnerhaltung, Prävention, Zahnersatz und Kieferorthopädie zu bewerten. $_{3}$Bei der Festlegung der Bewertungsrelationen ist wissenschaftlicher Sachverstand einzubeziehen.

(2i) $_{1}$Im einheitlichen Bewertungsmaßstab für zahnärztliche Leistungen ist eine zusätzliche Leistung vorzusehen für das erforderliche Aufsuchen von Versicherten, die einem Pflegegrad nach § 15 des Elften Buches zugeordnet sind, in der Eingliederungshilfe nach § 99 des Neunten Buches leistungsberechtigt sind und die die Zahnarztpraxis aufgrund ihrer Pflegebedürftigkeit, Behinderung oder Einschränkung nicht oder nur mit hohem Aufwand aufsuchen können. $_{2}$§ 71 Absatz 1 Satz 2 gilt entsprechend.

(2j) $_{1}$Für Leistungen, die im Rahmen eines Vertrages nach § 119b Absatz 1 erbracht werden, ist im einheitlichen Bewertungsmaßstab für zahnärztliche Leistungen eine zusätzliche, in der Bewertung über Absatz 2i Satz 1 hinausgehende Leistung vorzusehen. $_{2}$Voraussetzung für die Abrechnung dieser zusätzlichen Leistung ist die Einhaltung der in der Vereinbarung nach § 119b Absatz 2 festgelegten Anforderungen. $_{3}$Die Leistung nach Absatz 2i Satz 1 ist in diesen Fällen nicht berechnungsfähig. $_{4}$§ 71 Absatz 1 Satz 2 gilt entsprechend.

(2k) $_{1}$Im einheitlichen Bewertungsmaßstab für zahnärztliche Leistungen sind Videosprechstundenleistungen vorzusehen für die Untersuchung und Behandlung von den in Absatz 2i genannten Versicherten und von Versicherten, an denen zahnärztliche Leistungen im Rahmen eines Vertrages nach § 119b Absatz 1 erbracht werden. $_{2}$Die Videosprechstundenleistungen nach Satz 1 können auch Fallkonferenzen mit dem Pflegepersonal zum Gegenstand haben. $_{3}$§ 71 Absatz 1 Satz 2 gilt entsprechend. $_{4}$Die Anpassung erfolgt auf Grundlage der Vereinbarung nach § 366 Absatz 1 Satz 1.

(2l) $_{1}$Mit Wirkung zum 30. September 2020 ist im einheitlichen Bewertungsmaßstab für zahnärztliche Leistungen zu regeln, dass Konsilien in einem weiten Umfang in der vertragszahnärztlichen und in der sektorenübergreifenden Versorgung als telemedizinische Leistungen abgerechnet werden können, wenn bei ihnen sichere elektronische Informations- und Kommunikationstechnologien eingesetzt werden. $_{2}$Die Regelungen erfolgen auf der Grundlage der Vereinbarung nach § 367 Absatz 1. $_{3}$Der Bewertungsausschuss legt dem Bundesministerium für Gesundheit im Abstand von zwei Jahren jeweils einen Bericht über die als telemedizinische Leistungen abrechenbaren Konsilien vor.

(2m) $_{1}$Der Bewertungsausschuss hat den einheitlichen Bewertungsmaßstab für ärztliche Leistungen einschließlich der Sachkosten daraufhin zu überprüfen, wie der Aufwand, der den verantwortlichen Gesundheitseinrichtungen im Sinne von § 2 Nummer 5 Buchstabe b und d des Implantateregistergesetzes in der vertragsärztlichen Versorgung auf Grund ihrer Verpflichtungen nach den §§ 16, 17 Absatz 1 sowie den §§ 18, 20, 24, 25 und 33 Absatz 1 Nummer 1 des Implantateregistergesetzes entsteht, angemessen abgebildet werden kann. $_{2}$Auf der Grundlage des Ergebnisses der Prüfung hat der Bewertungsausschuss eine Anpassung des einheitlichen Bewertungsmaßstabs für ärztliche Leistungen bis zum 30. September 2020 mit Wirkung zum 1. Januar 2021 zu beschließen.

(3) $_{1}$Der Bewertungsausschuß besteht aus drei von der Kassenärztlichen Bundesvereinigung bestellten Vertretern sowie drei vom Spitzenverband Bund der Krankenkassen bestellten Vertreter. $_{2}$Den Vorsitz führt abwechselnd ein Vertreter der Ärzte und ein Vertreter der Krankenkassen. $_{3}$Die Beratungen des Bewertungsausschusses einschließlich der Beratungsunterlagen und Niederschriften sind vertraulich. $_{4}$Die Vertraulichkeit gilt auch für die

zur Vorbereitung und Durchführung der Beratungen im Bewertungsausschuss dienenden Unterlagen der Trägerorganisationen und des Instituts des Bewertungsausschusses.

(3a) 1Der Bewertungsausschuss analysiert die Auswirkungen seiner Beschlüsse insbesondere auf die Versorgung der Versicherten mit vertragsärztlichen Leistungen, auf die vertragsärztlichen Honorare sowie auf die Ausgaben der Krankenkassen. 2Das Bundesministerium für Gesundheit kann das Nähere zum Inhalt der Analysen bestimmen. 3Absatz 6 gilt entsprechend.

(3b) 1Der Bewertungsausschuss wird bei der Wahrnehmung seiner Aufgaben von einem Institut unterstützt, das gemäß der vom Bewertungsausschuss nach Absatz 3e zu vereinbarenden Geschäftsordnung die Beschlüsse nach den §§ 87, 87a und 116b Absatz 6 sowie die Analysen nach Absatz 3a vorbereitet. 2Träger des Instituts sind die Kassenärztliche Bundesvereinigung und der Spitzenverband Bund der Krankenkassen. 3Erfüllt das Institut seine Aufgaben nicht im vorgesehenen Umfang oder nicht entsprechend den geltenden Vorgaben oder wird es aufgelöst, kann das Bundesministerium für Gesundheit eine oder mehrere der in Satz 2 genannten Organisationen oder einen Dritten mit den Aufgaben nach Satz 1 beauftragen. 4Absatz 6 gilt entsprechend.

(3c) 1Die Finanzierung des Instituts oder des beauftragten Dritten nach Absatz 3b erfolgt durch die Erhebung eines Zuschlags auf jeden ambulant-kurativen Behandlungsfall in der vertragsärztlichen Versorgung. 2Der Zuschlag ist von den Krankenkassen außerhalb der Gesamtvergütung nach § 85 oder der morbiditätsbedingten Gesamtvergütung nach § 87a zu finanzieren. 3Das Nähere bestimmt der Bewertungsausschuss in seinem Beschluss nach Absatz 3e Satz 1 Nr. 3.

(3d) 1Über die Ausstattung des Instituts nach Absatz 3b mit den für die Aufgabenwahrnehmung erforderlichen Sach- und Personalmittel und über die Nutzung der Daten gemäß Absatz 3f durch das Institut entscheidet der Bewertungsausschuss. 2Die innere Organisation des Instituts ist jeweils so zu gestalten, dass sie den besonderen Anforderungen des Datenschutzes nach den Artikeln 24, 25 und 32 der Verordnung (EU) 2016/679 des Europäischen Parlaments und des Rates vom 27. April 2016 zum Schutz natürlicher Personen bei der Verarbeitung personenbezogener Daten, zum freien Datenverkehr und zur Aufhebung der Richtlinie 95/46/EG (Datenschutz-Grundverordnung) (ABl. L 119 vom 4. 5. 2016, S. 1; L 314 vom 22. 11. 2016, S. 72; L 127 vom 23. 5. 2018, S. 2) in der jeweils geltenden Fassung gerecht wird. 3Absatz 6 gilt entsprechend. 4Über die Ausstattung des beauftragten Dritten nach Absatz 3b Satz 3 mit den für die Aufgabenwahrnehmung erforderlichen Sach- und Personalmitteln sowie über die Nutzung der Daten gemäß Absatz 3f entscheidet das Bundesministerium für Gesundheit.

(3e) 1Der Bewertungsausschuss beschließt

1. bis spätestens zum 31. August 2017 eine Verfahrensordnung, in der er insbesondere die Antragsberechtigten, methodische Anforderungen und Fristen in Bezug auf die Vorbereitung und Durchführung der Beratungen sowie die Beschlussfassung über die Aufnahme in den einheitlichen Bewertungsmaßstab insbesondere solcher neuer Laborleistungen und neuer humangenetischer Leistungen regelt, bei denen es sich jeweils nicht um eine neue Untersuchungs- oder Behandlungsmethode nach § 135 Absatz 1 Satz 1 handelt,
2. eine Geschäftsordnung, in der er Regelungen zur Arbeitsweise des Bewertungsausschusses und des Instituts gemäß Absatz 3b trifft, insbesondere zur Geschäftsführung und zur Art und Weise der Vorbereitung der in Absatz 3b Satz 1 genannten Beschlüsse, Analysen und Berichte, sowie
3. eine Finanzierungsregelung, in der er Näheres zur Erhebung des Zuschlags nach Absatz 3c bestimmt.

2Die Verfahrensordnung, die Geschäftsordnung und die Finanzierungsregelung bedürfen der Genehmigung des Bundesministeriums für Gesundheit. 3Die Verfahrensordnung und die Geschäftsordnung sind im Internet zu veröffentlichen. 4Der Bewertungsausschuss ist verpflichtet, im Einvernehmen mit dem Gemeinsamen Bundesausschuss hinsichtlich einer neuen Leistung auf Verlangen Auskunft zu erteilen, ob die Aufnahme der neuen Leistung in den einheitlichen Bewertungsmaßstab in eigener Zuständigkeit des Bewertungsausschusses beraten werden kann oder ob es sich dabei um eine neue Methode handelt, die nach § 135 Absatz 1 Satz 1 zunächst einer Bewertung durch den Gemeinsamen Bundesausschuss bedarf. 5Eine Auskunft können pharmazeutische Unternehmer, Hersteller von Medizinprodukten, Hersteller von Diagnostikleistungen und deren jeweilige Verbände, einschlägige Berufsverbände, medizinische Fachgesellschaften und die für die Wahrnehmung der Interessen der Patientinnen und Patienten und der Selbsthilfe chronisch kranker und behinderter Menschen auf Bundesebene maßgeblichen Organisationen nach § 140f verlangen. 6Das Nähere regeln der Bewertungsausschuss und der Gemeinsame Bundesausschuss im gegenseitigen Einvernehmen in ihrer jeweiligen Verfahrensordnung.

(3f) 1Die Kassenärztlichen Vereinigungen und die Krankenkassen erfassen jeweils nach Maßgabe der vom Bewertungsausschuss zu bestimmenden inhaltlichen und verfahrensmäßigen Vorgaben die für die Aufgaben des Bewertungsausschusses nach diesem Gesetz erforderlichen Daten, einschließlich der Daten nach § 73b Absatz 7 Satz 5 und § 140a Absatz 6, arzt- und versichertenbezogen in einheitlicher pseudonymisierter Form. 2Die Daten nach Satz 1 werden jeweils unentgeltlich von den Kassenärztlichen Vereinigungen an die Kassenärztliche Bundesvereinigung und von den Krankenkassen an den Spitzenverband Bund der Krankenkassen übermittelt, die diese Daten jeweils zusammenführen und sie unentgeltlich dem Institut oder dem beauftragten Dritten gemäß Absatz 3b übermitteln. 3Soweit erforderlich hat der Bewertungsausschuss darüber hinaus Erhebungen und Auswertungen nicht personenbezogener Daten durchzuführen oder in Auftrag zu geben oder Sachverständigengutachten einzuholen. 4Für die Verarbeitung der Daten nach den Sätzen 2 und 3 kann der Bewertungsausschuss eine Datenstelle errichten oder eine externe Datenstelle beauftragen; für die Finanzierung der Datenstelle gelten die Absätze 3c und 3e entsprechend. 5Das Verfahren der Pseudonymisierung nach Satz 1 ist vom Bewertungsausschuss im Einvernehmen mit dem Bundesamt für Sicherheit in der Informationstechnik zu bestimmen.

(3g) Die Regelungen der Absätze 3a bis 3f gelten nicht für den für zahnärztliche Leistungen zuständigen Bewertungsausschuss.

(4) 1Kommt im Bewertungsausschuß durch übereinstimmenden Beschluß aller Mitglieder eine Vereinbarung ganz oder teilweise nicht zustande, wird der Bewertungsausschuß auf Verlangen von mindestens zwei Mitgliedern um einen unparteiischen Vorsitzenden und zwei weitere unparteiische Mitglieder erweitert. 2Für die Benennung des unparteiischen Vorsitzenden gilt § 89 Absatz 6 entsprechend. 3Von den weiteren unparteiischen Mitgliedern wird ein Mitglied von der Kassenärztlichen Bundesvereinigung sowie ein Mitglied vom Spitzenverband Bund der Krankenkassen benannt.

(5) 1Der erweiterte Bewertungsausschuß setzt mit der Mehrheit seiner Mitglieder die Vereinbarung fest. 2Die Festsetzung hat die Rechtswirkung einer vertraglichen Vereinbarung im Sinne von § 82 Abs. 1. 3Zur Vorbereitung von Maßnahmen nach Satz 1 für den Bereich der ärztlichen Leistungen hat das Institut oder der beauftragte Dritte nach Absatz 3b dem zuständigen erweiterten Bewertungsausschuss unmittelbar und unverzüglich nach dessen Weisungen zuzuarbeiten. 4Absatz 3 Satz 3 und 4 gilt entsprechend; auch für die Unterlagen der unparteiischen Mitglieder gilt Vertraulichkeit.

(5a) 1Bei Beschlüssen zur Anpassung des einheitlichen Bewertungsmaßstabes zur Vergütung der Leistungen der spezialfachärztlichen Versorgung nach § 116b ist der Bewertungsausschuss für ärztliche Leistungen nach Absatz 3 um drei Vertreter der Deutschen Krankenhausgesellschaft zu ergänzen. 2Kommt durch übereinstimmenden Beschluss aller Mitglieder eine Vereinbarung des ergänzten Bewertungsausschusses nach Satz 1 ganz oder teilweise nicht zustande, wird der ergänzte Bewertungsausschuss auf Verlangen von mindestens zwei Mitgliedern um einen unparteiischen Vorsitzenden und ein weiteres unparteiisches Mitglied erweitert. 3Die Benennung der beiden unparteiischen Mitglieder durch die Kassenärztliche Bundesvereinigung, den Spitzenverband Bund der Krankenkassen und die Deutsche Krankenhausgesellschaft soll bis spätestens zum 30. Juni 2019 erfolgen; § 89a Absatz 6 gilt entsprechend. 4Im ergänzten erweiterten Bewertungsausschuss sind nur jeweils zwei Vertreter der Kassenärztlichen Bundesvereinigung, des Spitzenverbandes Bund der Krankenkassen und der Deutschen Krankenhausgesellschaft sowie die beiden unparteiischen Mitglieder stimmberechtigt. 5Der ergänzte erweiterte Bewertungsausschuss setzt den Beschluss mit einer Mehrheit von zwei Dritteln seiner stimmberechtigten Mitglieder innerhalb von drei Monaten fest. 6Wird eine Mehrheit von zwei Dritteln nicht erreicht, setzen die beiden unparteiischen Mitglieder den Beschluss fest. 7Bei Stimmengleichheit gibt die Stimme des Vorsitzenden den Ausschlag.

(5b) 1Der einheitliche Bewertungsmaßstab für ärztliche Leistungen ist innerhalb von sechs Monaten nach Inkrafttreten der Beschlüsse des Gemeinsamen Bundesausschusses über die Einführung neuer Untersuchungs- und Behandlungsmethoden nach § 92 Absatz 1 Satz 2 Nummer 5 in Verbindung mit § 135 Absatz 1 anzupassen. 2Satz 1 gilt entsprechend für weitere Richtlinienbeschlüsse des Gemeinsamen Bundesausschusses, die eine Anpassung des einheitlichen Bewertungsmaßstabes für ärztliche Leistungen erforderlich machen. 3In diesem Zusammenhang notwendige Vereinbarungen nach § 135 Absatz 2 sind zeitgleich zu treffen. 4Für Beschlüsse des Gemeinsamen Bundesausschusses, die vor dem 23. Juli 2015 in Kraft getreten sind, gelten die Sätze 1 bis 3 entsprechend mit der Maßgabe, dass die Frist nach Satz 1 mit dem 23. Juli 2015 beginnt. 5Der einheitliche Bewertungsmaßstab für ärztliche Leistungen ist zeitgleich mit dem Beschluss nach § 35a Absatz 3 Satz 1 anzupassen, sofern die Fachinformation des Arzneimittels zu seiner Anwendung eine zwingend erforderliche Leistung vorsieht, die eine Anpassung des einheitlichen Bewertungsmaßstabes für ärztliche Leistungen erforderlich macht. 6Das Nähere zu ihrer Zusammenarbeit regeln der Bewertungsausschuss und der Gemeinsame Bundesausschuss im gegenseitigen Einvernehmen in ihrer jeweiligen Verfahrensordnung. 7Für Beschlüsse nach § 35a Absatz 3 Satz 1, die vor dem 13. Mai 2017 getroffen worden sind, gilt Satz 5 entsprechend mit der Maßgabe, dass der Bewertungsausschuss spätestens bis 13. November 2017 den einheitlichen Bewertungsmaßstab für ärztliche Leistungen anzupassen hat.

(5c) 1Sind digitale Gesundheitsanwendungen nach § 139e Absatz 3 dauerhaft in das Verzeichnis für digitale Gesundheitsanwendungen nach § 139e aufgenommen worden, so sind entweder der einheitliche Bewertungsmaßstab für ärztliche Leistungen oder der einheitliche Bewertungsmaßstab für zahnärztliche Leistungen innerhalb von drei Monaten nach der Aufnahme anzupassen, soweit ärztliche Leistungen für die Versorgung mit der jeweiligen digitalen Gesundheitsanwendung erforderlich sind. 2Sind digitale Gesundheitsanwendungen nach § 139e Absatz 4 vorläufig in das Verzeichnis für digitale Gesundheitsanwendungen nach § 139e aufgenommen worden, so vereinbaren die Partner der Bundesmantelverträge innerhalb von drei Monaten nach der vorläufigen Aufnahme eine Vergütung für ärztliche Leistungen, die während der Erprobungszeit nach Festlegung des Bundesinstituts für Arzneimittel und Medizinprodukte nach § 139e Absatz 4 Satz 3 zur Versorgung mit und zur Erprobung der digitalen Gesundheitsanwendung erforderlich sind; die Vereinbarung berücksichtigt die Nachweispflichten für positive Versorgungseffekte, die vom Bundesinstitut für Arzneimittel und Medizinprodukte nach § 139e Absatz 4 Satz 3 festgelegt worden sind. 3Solange keine Entscheidung über eine Anpassung nach Satz 1 getroffen ist, hat der Leistungserbringer Anspruch auf die nach Satz 2 vereinbarte Vergütung. 4Soweit und solange keine Vereinbarung nach Satz 2 getroffen ist oder sofern eine Aufnahme in das Verzeichnis für digitale Gesundheitsanwendungen nach § 139e ohne Erprobung erfolgt und keine Entscheidung über eine Anpassung nach Satz 1 getroffen ist, können Versicherte die ärztlichen Leistungen, die für die Versorgung mit oder zur Erprobung der digitalen Gesundheitsanwendung erforderlich sind, im Wege der Kostenerstattung nach § 13 Absatz 1 bei Leistungserbringern in Anspruch nehmen; Absatz 2a Satz 12 gilt entsprechend. 5Die Möglichkeit der Inanspruchnahme im Wege der Kostenerstattung nach § 13 Absatz 1 endet, sobald eine Entscheidung über die Anpassung nach Satz 1 getroffen ist.

(6) 1Das Bundesministerium für Gesundheit kann an den Sitzungen der Bewertungsausschüsse, des Instituts oder des beauftragten Dritten nach Absatz 3b sowie der von diesen jeweils gebildeten Unterausschüssen und Arbeitsgruppen teilnehmen; ihm sind die Beschlüsse der Bewertungsausschüsse zusammen mit den den Beschlüssen zugrunde liegenden Beratungsunterlagen und den für die Beschlüsse jeweils entscheidungserheblichen Gründen vorzulegen. 2Das Bundesministerium für Gesundheit kann die Beschlüsse innerhalb von zwei Monaten beanstanden; es kann im Rahmen der Prüfung eines Beschlusses vom Bewertungsausschuss zusätzliche Informationen und ergänzende Stellungnahmen dazu anfordern; bis zum Eingang der Auskünfte ist der Lauf der Frist unterbrochen. 3Die Nichtbeanstandung eines Beschlusses kann vom Bundesministerium für Gesundheit mit Auflagen verbunden werden; das Bundesministerium für Gesundheit kann zur Erfüllung einer Auflage eine angemessene Frist setzen. 4Kommen Beschlüsse der Bewertungsausschüsse ganz oder teilweise nicht oder nicht innerhalb einer vom Bundesministerium für Gesundheit gesetzten Frist zustande oder werden die Beanstandungen des Bundesministeriums für Gesundheit nicht innerhalb einer von ihm gesetzten Frist behoben, kann das Bundesministerium für Gesundheit die Vereinbarungen festsetzen; es kann dazu Datenerhebungen in Auftrag geben oder Sachverständigengutachten einholen. 5Zur Vorbereitung von Maßnahmen nach Satz 4 für den Bereich der ärztlichen Leistungen hat das Institut oder der beauftragte Dritte oder die vom Bundesministerium für Gesundheit beauftragte Organisation gemäß Absatz 3b dem Bundesministerium für Gesundheit unmittelbar und unverzüglich nach dessen Weisungen zuzuarbeiten. 6Das Bundesministerium für Gesundheit kann zur Vorbereitung von Maßnahmen nach Satz 4 bereits vor Fristablauf das Institut nach Satz 5 beauftragen, Datenerhebungen in Auftrag geben oder Sachverständigengutachten einholen, sofern die Bewertungsausschüsse die Beratungen sowie die Beschlussfassungen nicht oder nicht in einem angemessenen Umfang vorbereiten oder durchführen. 7Die mit den Maßnahmen nach Satz 4 verbundenen Kosten sind von dem Spitzenverband Bund der Krankenkassen und der Kassenärztlichen Bundesvereinigung jeweils zur Hälfte zu tragen; das Nähere bestimmt das Bundesministerium für Gesundheit. 8Abweichend von Satz 4 kann das Bundesministerium für Gesundheit für den Fall, dass Beschlüsse der Bewertungsausschüsse nicht oder teilweise nicht oder nicht innerhalb einer vom Bundesministerium für Gesundheit gesetzten Frist zustande kommen, den erweiterten Bewertungsausschuss nach Absatz 4 mit Wirkung für die Vertragspartner anrufen. 9Der erweiterte Bewertungsausschuss setzt mit der Mehrheit seiner Mitglieder innerhalb einer vom Bundesministerium für Gesundheit gesetzten Frist die Vereinbarung fest; Satz 1 bis 7 gilt entsprechend. 10Die Beschlüsse und die entscheidungserheblichen Gründe sind im Deutschen Ärzteblatt oder im Internet bekannt zu machen; falls die Bekanntmachung im Internet erfolgt, muss im Deutschen Ärzteblatt ein Hinweis auf die Fundstelle veröffentlicht werden.

(7) Klagen gegen Maßnahmen des Bundesministeriums für Gesundheit nach Absatz 6 haben keine aufschiebende Wirkung.

§ 87a Regionale Euro-Gebührenordnung, Morbiditätsbedingte Gesamtvergütung, Behandlungsbedarf der Versicherten

(1) Abweichend von § 82 Abs. 2 Satz 2 und § 85 gelten für die Vergütung vertragsärztlicher Leistungen die in Absatz 2 bis 6 getroffenen Regelungen; dies gilt nicht für vertragszahnärztliche Leistungen.

(2) 1Die Kassenärztliche Vereinigung und die Landesverbände der Krankenkassen und die Ersatzkassen gemeinsam und einheitlich vereinbaren auf der Grundlage des Orientierungswertes gemäß § 87 Absatz 2e jeweils bis zum 31. Oktober eines jeden Jahres einen Punktwert, der zur Vergütung der vertragsärztlichen Leistungen im Folgejahr anzuwenden ist. 2Die Vertragspartner nach Satz 1 können dabei einen Zuschlag auf den oder einen Abschlag von dem Orientierungswert gemäß § 87 Absatz 2e vereinbaren, um insbesondere regionale Besonderheiten bei der Kosten- und Versorgungsstruktur zu berücksichtigen. 3Darüber hinaus können auf der Grundlage von durch den Bewertungsausschuss festzulegenden Kriterien zur Verbesserung der Versorgung der Versicherten, insbesondere in Planungsbereichen, für die Feststellungen nach § 100 Absatz 1 oder Absatz 3 getroffen wurden, Zuschläge auf den Orientierungswert nach § 87 Absatz 2e für besonders förderungswürdige Leistungen sowie für Leistungen von besonders zu fördernden Leistungserbringern vereinbart werden. 4Bei der Festlegung des Zu- oder Abschlags ist zu gewährleisten, dass die medizinisch notwendige Versorgung der Versicherten sichergestellt ist. 5Aus dem vereinbarten Punktwert nach diesem Absatz und dem einheitlichen Bewertungsmaßstab für ärztliche Leistungen gemäß § 87 Absatz 1 ist eine regionale Gebührenordnung mit Euro-Preisen (regionale Euro-Gebührenordnung) zu erstellen. 6Besonders förderungswürdige Leistungen nach Satz 3 können auch vertragsärztliche Leistungen sein, die telemedizinisch erbracht werden.

(3) 1Ebenfalls jährlich bis zum 31. Oktober vereinbaren die in Absatz 2 Satz 1 genannten Vertragsparteien gemeinsam und einheitlich für das Folgejahr mit Wirkung für die Krankenkassen die von den Krankenkassen mit befreiender Wirkung an die jeweilige Kassenärztliche Vereinigung zu zahlenden morbiditätsbedingten Gesamtvergütungen für die gesamte vertragsärztliche Versorgung der Versicherten mit Wohnort im Bezirk der Kassenärztlichen Vereinigung. 2Hierzu vereinbaren sie als Punktzahlvolumen auf der Grundlage des einheitlichen Bewertungsmaßstabes den mit der Zahl und der Morbiditätsstruktur der Versicherten verbundenen Behandlungsbedarf und bewerten diesen mit dem nach Absatz 2 Satz 1 vereinbarten Punktwert in Euro; der vereinbarte Behandlungsbedarf gilt als notwendige medizinische Versorgung gemäß § 71 Abs. 1 Satz 1. 3Die im Rahmen des Behandlungsbedarfs erbrachten Leistungen sind mit den Preisen der Euro-Gebührenordnung nach Absatz 2 Satz 5 zu vergüten. 4Darüber hinausgehende Leistungen, die sich aus einem bei der Vereinbarung der morbiditätsbedingten Gesamtvergütung nicht vorhersehbaren Anstieg des morbiditätsbedingten Behandlungsbedarfs ergeben, sind von den Krankenkassen zeitnah, spätestens im folgenden Abrechnungszeitraum unter Berücksichtigung der Empfehlungen nach Absatz 5 Satz 1 Nr. 1 ebenfalls mit den in der Euro-Gebührenordnung nach Absatz 2 Satz 5 enthaltenen Preisen zu vergüten. 5Von den Krankenkassen sind folgende Leistungen und Zuschläge außerhalb der nach Satz 1 vereinbarten Gesamtvergütungen mit den Preisen der regionalen Euro-Gebührenordnung nach Absatz 2 Satz 5 zu vergüten:

1. Leistungen im Rahmen der Substitutionsbehandlung der Drogenabhängigkeit gemäß den Richtlinien des Gemeinsamen Bundesausschusses,
2. Zuschläge nach § 87 Absatz 2b Satz 3 sowie Absatz 2c Satz 3 und 4,
3. Leistungen im Behandlungsfall, die aufgrund der Vermittlung durch die Terminservicestelle nach § 75 Absatz 1a Satz 3 Nummer 1 und 4 erbracht werden, sofern es sich nicht um Fälle nach § 75 Absatz 1a Satz 8 handelt,
4. Leistungen im Behandlungsfall bei Weiterbehandlung eines Patienten durch einen an der fachärztlichen Versorgung teilnehmenden Leistungserbringer nach Vermittlung durch einen an der hausärztlichen Versorgung teilnehmenden Leistungserbringer nach § 73 Absatz 1 Satz 2 Nummer 2,
5. bis zum 31. Dezember 2022 Leistungen im Behandlungsfall, die von Ärzten, die an der grundversorgenden oder unmittelbaren medizinischen Versorgung teilnehmen, gegenüber Patienten erbracht werden, die in der jeweiligen Arztpraxis erstmals untersucht und behandelt werden oder die mindestens zwei Jahre nicht in der jeweiligen Arztpraxis untersucht und behandelt wurden,
6. Leistungen im Behandlungsfall, die im Rahmen von bis zu fünf offenen Sprechstunden je Kalenderwoche ohne vorherige Terminvereinbarung gemäß § 19a Absatz 1 Satz 3 der Zulassungsverordnung für Vertragsärzte erbracht werden; bei einem reduzierten Versorgungsauftrag ist die Vergütung außerhalb der Gesamtver-

gütung auf die jeweils anteilige Zeit offener Sprechstunden je Kalenderwoche gemäß § 19a Absatz 1 Satz 4 der Zulassungsverordnung für Vertragsärzte begrenzt und

7. die regelmäßige Beratung nach § 2 Absatz 1a des Transplantationsgesetzes.

6Darüber hinaus können Leistungen außerhalb der nach Satz 1 vereinbarten Gesamtvergütungen mit den Preisen der regionalen Euro-Gebührenordnung nach Absatz 2 Satz 5 vergütet werden, wenn sie besonders gefördert werden sollen oder wenn dies medizinisch oder aufgrund von Besonderheiten bei Veranlassung und Ausführung der Leistungserbringung erforderlich ist. 7Die in Absatz 2 Satz 1 genannten Vertragspartner haben die morbiditätsbedingte Gesamtvergütung in den Vereinbarungen nach Absatz 3 Satz 1 um die in Satz 5 Nummer 3 bis 6 genannten Leistungen unter Berücksichtigung der arztgruppenspezifischen Auszahlungsquoten des jeweiligen Vorjahresquartals, die von den Kassenärztlichen Vereinigungen gegenüber den Krankenkassen nachzuweisen sind, begrenzt auf ein Jahr zu bereinigen. 8Zudem haben sie unter Berücksichtigung der vom Bewertungsausschuss zu beschließenden Vorgaben nach Satz 9 ab dem 1. Oktober 2021 bis zum 30. Juni 2022 vierteljährlich ein Verfahren zur Korrektur der Bereinigung nach Satz 7 durchzuführen. 9Der Bewertungsausschuss beschließt Vorgaben zum Korrekturverfahren einschließlich des Leistungsbedarfs, um den die morbiditätsbedingte Gesamtvergütung für jede Kassenärztliche Vereinigung zusätzlich zu bereinigen ist. 10Der Leistungsbedarf nach Satz 9 soll aus dem auf Grundlage der Abrechnungsdaten der Jahre 2016, 2017 sowie 2018 zu bestimmenden Verhältnis von erwartetem Leistungsbedarf der in Satz 5 Nummer 3 bis 6 genannten Leistungen zum Gesamtleistungsbedarf der jeweiligen Kassenärztlichen Vereinigung ermittelt werden. 11Das Korrekturverfahren erfolgt für vier Quartale beginnend mit Wirkung ab dem 1. Juli 2021; der Zeitraum wird verlängert, wenn die Feststellung der epidemischen Lage von nationaler Tragweite nicht bis zum 30. Juni 2021 gemäß § 5 Absatz 1 Satz 2 des Infektionsschutzgesetzes aufgehoben wird, und endet ein Jahr nach deren Aufhebung zum Ende des dann laufenden Quartals. 12Der Bewertungsausschuss beschließt nach Maßgabe der Sätze 11 und 12 Vorgaben zum Korrekturverfahren einschließlich der jeweiligen Korrekturbeträge der Leistungsmengen bei den in Satz 5 Nummer 5 und 6 genannten Leistungen, um die nach Satz 1 vereinbarte Gesamtvergütung basiswirksam zusätzlich zur Bereinigung nach Satz 7 zu bereinigen. 13Ab dem 1. Januar 2023 sind die in Satz 5 Nummer 3, 4 und 6 genannten Leistungen bei der Abrechnung zu kennzeichnen. 14Für die Ermittlung des Korrekturbetrags für die in Satz 5 Nummer 6 genannten Leistungen gilt Satz 11 entsprechend mit der Maßgabe, dass das zu erwartende Verhältnis aus einer empirisch zu bestimmenden Quote ermittelt wird, die sich am höchsten Anteil des Punktzahlvolumens für die in Satz 5 Nummer 6 genannten Leistungen an dem Punktzahlvolumen aller Leistungen innerhalb der nach Satz 1 vereinbarten Gesamtvergütung und der in Satz 5 Nummer 3 bis 6 genannten Leistungen im Bezirk einer Kassenärztlichen Vereinigung in einem Quartal im Bereinigungszeitraum nach Satz 7 bemisst. 15Ab dem 1. Juli 2021 sind die in Satz 5 Nummer 3 bis 6 genannten Leistungen bei der Abrechnung zu kennzeichnen. 16Das Bereinigungsvolumen nach den Sätzen 7 bis 12 für Leistungen nach Satz 5 Nummer 5 wird im Zeitraum 1. Januar 2023 bis 31. Dezember 2023 in die morbiditätsbedingte Gesamtvergütung rückgeführt, wobei vereinbarte Anpassungen des Punktwertes und des Behandlungsbedarfs seit der Bereinigung zu berücksichtigen sind; der Bewertungsausschuss beschließt bis zum 30. November 2022 entsprechende Vorgaben. 17Die in Absatz 2 Satz 1 genannten Vertragspartner haben ab dem Jahr 2023 in jedem Quartal die morbiditätsbedingte Gesamtvergütung in den Vereinbarungen nach Satz 1 unter Berücksichtigung der arztgruppenspezifischen Auszahlungsquoten des jeweiligen Vorjahresquartals zu bereinigen, wenn und soweit das arztgruppenspezifische Punktzahlvolumen der in Satz 5 Nummer 6 genannten Leistungen der einzelnen Arztgruppen das arztgruppenspezifische Punktzahlvolumen dieser Leistungen im Vorjahresquartal um 3 Prozent übersteigt. 18Die arztgruppenspezifischen Auszahlungsquoten sind von den Kassenärztlichen Vereinigungen gegenüber den Krankenkassen nachzuweisen. 19Der Bewertungsausschuss beschließt das Nähere zur Bereinigung nach Satz 15 bis spätestens zum 31. März 2023. 20Der Bewertungsausschuss evaluiert, ob und wieweit durch die Vergütung der Leistungen nach Satz 5 Nummer 6 außerhalb der nach Satz 1 vereinbarten Gesamtvergütung im Zeitraum vom 1. Juli 2019 bis zum 30. Juni 2024 gegenüber dem zum Vergleich herangezogenen Zeitraum eine Verbesserung des Zugangs zur fachärztlichen Versorgung eingetreten ist. 21Das Verfahren der Evaluierung bestimmt der Bewertungsausschuss im Einvernehmen mit dem Bundesministerium für Gesundheit. 22Der Bewertungsausschuss hat dem Bundesministerium für Gesundheit bis zum 31. Dezember 2024 über die Ergebnisse der Evaluierung zu berichten. 23Die Evaluierung umfasst auch die Evaluierung der Zuschläge nach § 87 Absatz 2b Satz 3 und Absatz 2c Satz 3 und 4. 24Abweichend von Satz 20 hat der Bewertungsausschuss dem Bundesministerium für Gesundheit halbjährlich, erstmals bis zum 30. September 2023, über die Ergebnisse der Evaluierung der Zuschläge nach § 87 Absatz 2b Satz 3 Nummer 1 und Absatz 2c Satz 3 Nummer 1 zu berichten.

(3a) $_{1}$Für den Fall der überbezirklichen Durchführung der vertragsärztlichen Versorgung sind die Leistungen abweichend von Absatz 3 Satz 3 und 4 von den Krankenkassen mit den Preisen zu vergüten, die in der Kassenärztlichen Vereinigung gelten, deren Mitglied der Leistungserbringer ist. $_{2}$Weichen die nach Absatz 2 Satz 5 vereinbarten Preise von den Preisen nach Satz 1 ab, so ist die Abweichung zeitnah, spätestens bei der jeweils folgenden Vereinbarung der Veränderung der morbiditätsbedingten Gesamtvergütung zu berücksichtigen. $_{3}$Die Zahl der Versicherten nach Absatz 3 Satz 2 ist entsprechend der Zahl der auf den zugrunde gelegten Zeitraum entfallenden Versichertentage zu ermitteln. $_{4}$Weicht die bei der Vereinbarung der morbiditätsbedingten Gesamtvergütung zu Grunde gelegte Zahl der Versicherten von der tatsächlichen Zahl der Versicherten im Vereinbarungszeitraum ab, ist die Abweichung zeitnah, spätestens bei der jeweils folgenden Vereinbarung der Veränderung der morbiditätsbedingten Gesamtvergütung zu berücksichtigen. $_{5}$Ausgaben für Kostenerstattungsleistungen nach § 13 Abs. 2 und nach § 53 Abs. 4 mit Ausnahme der Kostenerstattungsleistungen nach § 13 Abs. 2 Satz 5 sind auf die nach Absatz 3 Satz 1 zu zahlende Gesamtvergütung anzurechnen.

(4) $_{1}$Grundlage der Vereinbarung über die Anpassung des Behandlungsbedarfs jeweils aufsetzend auf dem insgesamt für alle Versicherten mit Wohnort im Bezirk einer Kassenärztlichen Vereinigung für das Vorjahr nach Absatz 3 Satz 2 vereinbarten und bereinigten Behandlungsbedarf sind insbesondere Veränderungen

1. der Zahl der Versicherten der Krankenkasse mit Wohnort im Bezirk der jeweiligen Kassenärztlichen Vereinigung,
2. der Morbiditätsstruktur der Versicherten aller Krankenkassen mit Wohnort im Bezirk der jeweiligen Kassenärztlichen Vereinigung,
3. von Art und Umfang der ärztlichen Leistungen, soweit sie auf einer Veränderung des gesetzlichen oder satzungsmäßigen Leistungsumfangs der Krankenkassen oder auf Beschlüssen des Gemeinsamen Bundesausschusses nach § 135 Absatz 1 beruhen,
4. des Umfangs der vertragsärztlichen Leistungen aufgrund von Verlagerungen von Leistungen zwischen dem stationären und dem ambulanten Sektor und
5. des Umfangs der vertragsärztlichen Leistungen aufgrund der Ausschöpfung von Wirtschaftlichkeitsreserven bei der vertragsärztlichen Leistungserbringung;

dabei sind die Empfehlungen und Vorgaben des Bewertungsausschusses gemäß Absatz 5 zu berücksichtigen. $_{2}$Bei der Ermittlung des Aufsatzwertes für den Behandlungsbedarf nach Satz 1 für eine Krankenkasse ist ihr jeweiliger Anteil an dem insgesamt für alle Versicherten mit Wohnort im Bezirk der Kassenärztlichen Vereinigung für das Vorjahr vereinbarten, bereinigten Behandlungsbedarf entsprechend ihres aktuellen Anteils an der Menge der für vier Quartale abgerechneten Leistungen jeweils nach sachlich-rechnerischer Richtigstellung anzupassen. $_{3}$Die jeweils jahresbezogene Veränderung der Morbiditätsstruktur im Bezirk einer Kassenärztlichen Vereinigung ist auf der Grundlage der vertragsärztlichen Behandlungsdiagnosen gemäß § 295 Absatz 1 Satz 2 einerseits sowie auf der Grundlage demografischer Kriterien (Alter und Geschlecht) andererseits durch eine gewichtete Zusammenfassung der vom Bewertungsausschuss als Empfehlungen nach Absatz 5 Satz 2 bis 4 mitgeteilten Raten zu vereinbaren. $_{4}$Falls erforderlich, können weitere für die ambulante Versorgung relevante Morbiditätskriterien herangezogen werden. $_{5}$Die jeweils jahresbezogene Veränderung der Morbiditätsstruktur im Bezirk einer Kassenärztlichen Vereinigung nach Satz 3 ist ab dem Jahr, in dem die nach Absatz 5 Satz 2 bis 4 mitgeteilte Veränderungsrate auf der Grundlage der Behandlungsdiagnosen der Jahre 2023 bis 2025 ermittelt wird, allein auf der Grundlage dieser Veränderungsrate zu vereinbaren.

(4a) $_{1}$Über eine mit Wirkung ab dem 1. Januar 2017 einmalige basiswirksame Erhöhung des nach Absatz 4 Satz 1 für das Jahr 2016 angepassten Aufsatzwertes ist in den Vereinbarungen nach Absatz 3 Satz 1 im Jahr 2016 zu verhandeln, wenn die jeweils für das Jahr 2014 und jeweils einschließlich der Bereinigungen zu berechnende durchschnittliche an die Kassenärztliche Vereinigung entrichtete morbiditätsbedingte Gesamtvergütung je Versicherten mit Wohnort im Bezirk der Kassenärztlichen Vereinigung die durchschnittliche an alle Kassenärztlichen Vereinigungen im Bundesgebiet entrichtete morbiditätsbedingte Gesamtvergütung je Versicherten unterschreitet. $_{2}$Die Berechnungen nach Satz 1 werden durch das Institut nach § 87 Absatz 3b Satz 1 durchgeführt. $_{3}$Es teilt den Vertragsparteien nach Absatz 2 Satz 1 und dem Bundesministerium für Gesundheit das Ergebnis bis spätestens zum 15. September 2016 mit. $_{4}$Eine einmalige basiswirksame Erhöhung des Aufsatzwertes ist nur dann zu vereinbaren, wenn in den Verhandlungen nach Satz 1 festgestellt wird, dass der Aufsatzwert im Jahr 2014 unbegründet zu niedrig war. $_{5}$Ob und in welchem Umfang der Aufsatzwert im Jahr 2014 unbegründet zu niedrig war, ist von der Kassenärztlichen Vereinigung auch unter Berücksichtigung der Inanspruchnahme des stationären

Sektors nachzuweisen. $_{6}$Der Aufsatzwert ist in dem Umfang zu erhöhen, wie der Aufsatzwert im Jahr 2014 unbegründet zu niedrig war. $_{7}$Die durch die vereinbarte Erhöhung des Aufsatzwertes einschließlich der Bereinigungen sich ergebende morbiditätsbedingte Gesamtvergütung je Versicherten mit Wohnort im Bezirk der betroffenen Kassenärztlichen Vereinigung im Jahr 2014 darf die für das Jahr 2014 berechnete durchschnittliche an alle Kassenärztlichen Vereinigungen im Bundesgebiet einschließlich der Bereinigung entrichtete morbiditätsbedingte Gesamtvergütung je Versicherten nicht übersteigen. $_{8}$Die Erhöhung erfolgt um einen im Bezirk der Kassenärztlichen Vereinigung für alle Krankenkassen einheitlichen Faktor. $_{9}$Die vereinbarte Erhöhung kann auch schrittweise über mehrere Jahre verteilt werden. $_{10}$Die zusätzlichen Mittel sind zur Verbesserung der Versorgungsstruktur einzusetzen. $_{11}$Umverteilungen zu Lasten anderer Kassenärztlicher Vereinigungen sind auszuschließen.

(5) $_{1}$Der Bewertungsausschuss beschließt Empfehlungen

1. zur Vereinbarung des Umfangs des nicht vorhersehbaren Anstiegs des morbiditätsbedingten Behandlungsbedarfs nach Absatz 3 Satz 4,
2. zur Vereinbarung von Veränderungen der Morbiditätsstruktur nach Absatz 4 Satz 1 Nummer 2 sowie
3. zur Bestimmung von Vergütungen nach Absatz 3 Satz 6.

$_{2}$Bei der Empfehlung teilt der Bewertungsausschuss den in Absatz 2 Satz 1 genannten Vertragspartnern die Ergebnisse der Berechnungen des Instituts des Bewertungsausschusses zu den Veränderungen der Morbiditätsstruktur nach Absatz 4 Satz 1 Nummer 2 mit. $_{3}$Das Institut des Bewertungsausschusses errechnet für jeden Bezirk einer Kassenärztlichen Vereinigung zwei einheitliche Veränderungsraten, wobei eine Rate insbesondere auf den Behandlungsdiagnosen gemäß § 295 Absatz 1 Satz 2 und die andere Rate auf demografischen Kriterien (Alter und Geschlecht) basiert. $_{4}$Die Veränderungsraten werden auf der Grundlage des Beschlusses des erweiterten Bewertungsausschusses vom 2. September 2009 Teil B Nummer 2.3 bestimmt mit der Maßgabe, die Datengrundlagen zu aktualisieren. $_{5}$Zur Ermittlung der diagnosenbezogenen Rate ist das geltende Modell des Klassifikationsverfahrens anzuwenden. $_{6}$Der Bewertungsausschuss kann das Modell in bestimmten Zeitabständen auf seine weitere Eignung für die Anwendung in der vertragsärztlichen Versorgung überprüfen und fortentwickeln. $_{7}$Der Bewertungsausschuss hat zudem Vorgaben für ein Verfahren zur Bereinigung des Behandlungsbedarfs in den durch dieses Gesetz vorgesehenen Fällen sowie zur Ermittlung der Aufsatzwerte nach Absatz 4 Satz 1 und der Anteile der einzelnen Krankenkassen nach Absatz 4 Satz 2 zu beschließen; er kann darüber hinaus insbesondere Empfehlungen zur Vereinbarung von Veränderungen nach Absatz 4 Satz 1 Nummer 3 bis 5 und Satz 3 und 4 sowie ein Verfahren zur Bereinigung der Relativgewichte des Klassifikationsverfahrens im Falle von Vergütungen nach Absatz 3 Satz 5 und 6 beschließen. $_{8}$Die Empfehlungen nach Satz 1 sowie die Vorgaben nach Satz 7 sind jährlich bis spätestens zum 31. August zu beschließen; die Mitteilungen nach Satz 2 erfolgen jährlich bis spätestens zum 15. September. $_{9}$Der Bewertungsausschuss beschließt geeignete pauschalierende Verfahren zur Bereinigung des Behandlungsbedarfs in den Fällen des § 73b Absatz 7 Satz 7 und 8. $_{10}$In den Vorgaben zur Ermittlung der Aufsatzwerte nach Absatz 4 Satz 1 sind auch Vorgaben zu beschließen, die die Aufsatzwerte einmalig und basiswirksam jeweils in dem Umfang erhöhen, der dem jeweiligen Betrag der Honorarerhöhung durch die Aufhebung des Investitionskostenabschlags nach § 120 Absatz 3 Satz 2 in der bis einschließlich 31. Dezember 2015 geltenden Fassung entspricht. $_{11}$Ab dem Jahr, in dem die Veränderungsraten auf der Grundlage der Behandlungsdiagnosen der Jahre 2020 bis 2022 durch das Institut des Bewertungsausschusses nach Satz 3 errechnet werden, sind Kodiereffekte, die insbesondere durch die Einführung und Aktualisierung der verbindlichen Regelungen nach § 295 Absatz 4 Satz 2 zur Vergabe und Übermittlung der Schlüssel nach § 295 Absatz 1 Satz 6 entstehen, in den Berechnungen zu bereinigen. $_{12}$Hierzu hat der Bewertungsausschuss ein entsprechendes Verfahren zu beschließen. $_{13}$Der Bewertungsausschuss hat bis zum 1. September 2019 Vorgaben zu beschließen, bei welchen Arztgruppen, die an der grundversorgenden oder unmittelbaren medizinischen Versorgung teilnehmen, eine Vergütung nach Absatz 3 Satz 5 Nummer 5 vorzusehen ist. $_{14}$Soweit erforderlich, beschließt der Bewertungsausschuss in der Zusammensetzung nach § 87 Absatz 5a für die von ihm beschlossenen Vergütungen für Leistungen die Empfehlungen zur Bestimmung von Vergütungen nach Absatz 3 Satz 6.

(5a) $_{1}$Der Bewertungsausschuss erstellt zum Zwecke der Erhöhung der Transparenz über die der Empfehlung nach Absatz 5 Satz 1 Nummer 2 zugrunde liegenden Datengrundlagen einen Bericht über die Veränderungen der Behandlungsdiagnosen und den Einfluss der jeweiligen Behandlungsdiagnose auf die Veränderungsrate für jeden Bezirk einer Kassenärztlichen Vereinigung. $_{2}$Der Bericht ist dem Bundesministerium für Gesundheit zusammen mit der Empfehlung und den der Empfehlung zugrunde liegenden weiteren Beratungsunterlagen vorzulegen. $_{3}$§ 87 Absatz 6 Satz 10 gilt entsprechend.

(6) Der Bewertungsausschuss beschließt erstmals bis zum 31. März 2012 Vorgaben zu Art, Umfang, Zeitpunkt und Verfahren der für die Vereinbarungen und Berechnungen nach den Absätzen 2 bis 4 erforderlichen Datenübermittlungen von den Kassenärztlichen Vereinigungen und Krankenkassen an das Institut des Bewertungsausschusses, welches den Vertragspartnern nach Absatz 2 Satz 1 die jeweils erforderlichen Datengrundlagen bis zum 30. Juni eines jeden Jahres zur Verfügung stellt; § 87 Absatz 3f Satz 2 gilt entsprechend.

§ 87b Vergütung der Ärzte (Honorarverteilung)

(1) $_{1}$Die Kassenärztliche Vereinigung verteilt die vereinbarten Gesamtvergütungen an die Ärzte, Psychotherapeuten, medizinischen Versorgungszentren sowie ermächtigten Einrichtungen, die an der vertragsärztlichen Versorgung teilnehmen, getrennt für die Bereiche der hausärztlichen und der fachärztlichen Versorgung; dabei sollen die von fachärztlich tätigen Ärzten erbrachten hausärztlichen Leistungen nicht den hausärztlichen Teil der Gesamtvergütungen und die von hausärztlich tätigen Ärzten erbrachten fachärztlichen Leistungen nicht den fachärztlichen Teil der Gesamtvergütungen mindern. $_{2}$Die Kassenärztliche Vereinigung wendet bei der Verteilung den Verteilungsmaßstab an, der im Benehmen mit den Landesverbänden der Krankenkassen und den Ersatzkassen festgesetzt worden ist. $_{3}$Die Vergütung der Leistungen im Notfall und im Notdienst erfolgt aus einem vor der Trennung für die Versorgungsbereiche gebildeten eigenen Honorarvolumen mit der Maßgabe, dass für diese Leistungen im Verteilungsmaßstab keine Maßnahmen zur Begrenzung oder Minderung des Honorars angewandt werden dürfen. $_{4}$Bisherige Bestimmungen, insbesondere zur Zuweisung von arzt- und praxisbezogenen Regelleistungsvolumen, gelten bis zur Entscheidung über einen Verteilungsmaßstab vorläufig fort.

(2) $_{1}$Der Verteilungsmaßstab hat Regelungen vorzusehen, die verhindern, dass die Tätigkeit des Leistungserbringers über seinen Versorgungsauftrag nach § 95 Absatz 3 oder seinen Ermächtigungsumfang hinaus übermäßig ausgedehnt wird; dabei soll dem Leistungserbringer eine Kalkulationssicherheit hinsichtlich der Höhe seines zu erwartenden Honorars ermöglicht werden. $_{2}$Der Verteilungsmaßstab hat der kooperativen Behandlung von Patienten in dafür gebildeten Versorgungsformen angemessen Rechnung zu tragen. $_{3}$Für Praxisnetze, die von den Kassenärztlichen Vereinigungen anerkannt sind, müssen gesonderte Vergütungsregelungen vorgesehen werden; für solche Praxisnetze können auch eigene Honorarvolumen als Teil der morbiditätsbedingten Gesamtvergütungen nach § 87a Absatz 3 gebildet werden. $_{4}$Im Verteilungsmaßstab sind Regelungen zur Vergütung psychotherapeutischer Leistungen der Psychotherapeuten, der Fachärzte für Kinder- und Jugendpsychiatrie und -psychotherapie, der Fachärzte für Psychiatrie und Psychotherapie, der Fachärzte für Nervenheilkunde, der Fachärzte für psychosomatische Medizin und Psychotherapie sowie der ausschließlich psychotherapeutisch tätigen Ärzte zu treffen, die eine angemessene Höhe der Vergütung je Zeiteinheit gewährleisten. $_{5}$Im Verteilungsmaßstab dürfen keine Maßnahmen zur Begrenzung oder Minderung des Honorars für anästhesiologische Leistungen angewandt werden, die im Zusammenhang mit vertragszahnärztlichen Behandlungen von Patienten mit mangelnder Kooperationsfähigkeit bei geistiger Behinderung oder schwerer Dyskinesie notwendig sind. $_{6}$Widerspruch und Klage gegen die Honorarfestsetzung sowie gegen deren Änderung oder Aufhebung haben keine aufschiebende Wirkung.

(2a) $_{1}$Mindert sich die Fallzahl in einem die Fortführung der Arztpraxis gefährdenden Umfang infolge einer Pandemie, Epidemie, Endemie, Naturkatastrophe oder eines anderen Großschadensereignisses, soll die Kassenärztliche Vereinigung im Benehmen mit den Landesverbänden der Krankenkassen und den Ersatzkassen im Verteilungsmaßstab geeignete Regelungen zur Fortführung der vertragsärztlichen Tätigkeit des Leistungserbringers vorsehen. $_{2}$Regelungen nach Satz 1 können auch bei einer Minderung von Fallzahlen von Leistungen vorgesehen werden, die nach § 87a Absatz 3 Satz 5 Nummer 1, 3, 4, 5 und 6 und Satz 6 vergütet werden. $_{3}$In der Vergangenheit gebildete und noch nicht aufgelöste Rückstellungen im Rahmen der Honorarverteilung sollen ebenfalls verwendet werden. $_{4}$Eine weitere Voraussetzung für die Zahlung von Kompensationszahlungen ist, dass der vertragsärztliche Leistungserbringer die in § 19a Absatz 1 der Zulassungsverordnung für Vertragsärzte festgelegten Mindestsprechstunden einhält. $_{5}$Bei einer Unterschreitung der in § 19a Absatz 1 der Zulassungsverordnung für Vertragsärzte festgelegten Mindestsprechstunden können Kompensationszahlungen nur vorgenommen werden, wenn der vertragsärztliche Leistungserbringer durch eine Pandemie, Epidemie, Endemie, Naturkatastrophe oder ein anderes Großschadensereignis verursachte rechtfertigende Gründe für die Unterschreitung nachweist.

(3) $_{1}$Hat der Landesausschuss der Ärzte und Krankenkassen einen Beschluss nach § 100 Absatz 1 oder 3 getroffen, dürfen für Ärzte der betroffenen Arztgruppe im Verteilungsmaßstab Maßnahmen zur Fallzahlbegrenzung oder -minderung nicht bei der Behandlung von Patienten des betreffenden Planungsbereiches angewendet werden. $_{2}$Darüber hinausgehend hat der Verteilungsmaßstab geeignete Regelungen vorzusehen, nach der die Kassen-

ärztliche Vereinigung im Einzelfall verpflichtet ist, zu prüfen, ob und in welchem Umfang diese Maßnahme ausreichend ist, die Sicherstellung der medizinischen Versorgung zu gewährleisten. 3Die Kassenärztliche Vereinigung veröffentlicht einmal jährlich in geeigneter Form Informationen über die Grundsätze und Versorgungsziele des Honorarverteilungsmaßstabs.

(4) 1Die Kassenärztliche Bundesvereinigung hat Vorgaben zur Festlegung und Anpassung des Vergütungsvolumens für die hausärztliche und fachärztliche Versorgung nach Absatz 1 Satz 1 sowie Kriterien und Qualitätsanforderungen für die Anerkennung besonders förderungswürdiger Praxisnetze nach Absatz 2 Satz 3 als Rahmenvorgabe für Richtlinien der Kassenärztlichen Vereinigungen, insbesondere zu Versorgungszielen, im Einvernehmen mit dem Spitzenverband Bund der Krankenkassen zu bestimmen. 2Darüber hinaus hat die Kassenärztliche Bundesvereinigung Vorgaben insbesondere zu den Regelungen des Absatzes 2 Satz 1 bis 4 und zur Durchführung geeigneter und neutraler Verfahren zur Honorarbereinigung zu bestimmen; dabei ist das Benehmen mit dem Spitzenverband Bund der Krankenkassen herzustellen. 3Die Vorgaben nach den Sätzen 1 und 2 sind von den Kassenärztlichen Vereinigungen zu beachten. 4Die Kassenärztlichen Vereinigungen haben bis spätestens zum 23. Oktober 2015 Richtlinien nach Satz 1 zu beschließen.

(5) Die Regelungen der Absätze 1 bis 4 gelten nicht für vertragszahnärztliche Leistungen.

§ 87c Transparenz der Vergütung vertragsärztlicher Leistungen

1Die Kassenärztliche Bundesvereinigung veröffentlicht für jedes Quartal zeitnah nach Abschluss des jeweiligen Abrechnungszeitraumes sowie für jede Kassenärztliche Vereinigung einen Bericht über die Ergebnisse der Honorarverteilung, über die Gesamtvergütungen, über die Bereinigungssummen und über das Honorar je Arzt und je Arztgruppe. 2Zusätzlich ist über Arztzahlen, Fallzahlen und Leistungsmengen zu informieren, um mögliche regionale Honorarunterschiede zu erklären. 3Die Kassenärztlichen Vereinigungen übermitteln der Kassenärztlichen Bundesvereinigung hierzu die erforderlichen Daten. 4Das Nähere bestimmt die Kassenärztliche Bundesvereinigung.

§ 87d (weggefallen)

§ 87e Zahlungsanspruch bei Mehrkosten

1Abrechnungsgrundlage für die Mehrkosten nach § 28 Abs. 2 Satz 2, § 29 Absatz 5 Satz 1 und § 55 Abs. 4 ist die Gebührenordnung für Zahnärzte. 2Der Zahlungsanspruch des Vertragszahnarztes gegenüber dem Versicherten ist bei den für diese Mehrkosten zu Grunde liegenden Leistungen auf das 2,3fache des Gebührensatzes der Gebührenordnung für Zahnärzte begrenzt. 3Bei Mehrkosten für lichthärtende Composite-Füllungen in Schicht- und Ätztechnik im Seitenzahnbereich nach § 28 Abs. 2 Satz 2 ist höchstens das 3,5fache des Gebührensatzes der Gebührenordnung für Zahnärzte berechnungsfähig. 4Die Begrenzung nach den Sätzen 2 und 3 entfällt, wenn der Gemeinsame Bundesausschuss seinen Auftrag gemäß § 92 Abs. 1a und der Bewertungsausschuss seinen Auftrag gemäß § 87 Abs. 2h Satz 2 erfüllt hat. 5Maßgebend ist der Tag des Inkrafttretens der Richtlinien und der Tag des Beschlusses des Bewertungsausschusses.

Vierter Titel
Zahntechnische Leistungen

§ 88 Bundesleistungsverzeichnis, Datenaustausch, Vergütungen

(1) 1Der Spitzenverband Bund der Krankenkassen vereinbart mit dem Verband Deutscher Zahntechniker-Innungen ein bundeseinheitliches Verzeichnis der abrechnungsfähigen zahntechnischen Leistungen. 2Die Vereinbarung nach Satz 1 umfasst auch Festlegungen zu Inhalt und Umfang der im Rahmen der Erbringung zahntechnischer Leistungen elektronisch auszutauschenden Daten sowie zu deren Übermittlung. 3Das bundeseinheitliche Verzeichnis ist im Benehmen mit der Kassenzahnärztlichen Bundesvereinigung zu vereinbaren.

(2) 1Die Landesverbände der Krankenkassen und die Ersatzkassen vereinbaren mit den Innungsverbänden der Zahntechniker die Vergütungen für die nach dem bundeseinheitlichen Verzeichnis abrechnungsfähigen zahntechnischen Leistungen, ohne die zahntechnischen Leistungen beim Zahnersatz einschließlich Zahnkronen und Suprakonstruktionen. 2Die vereinbarten Vergütungen sind Höchstpreise. 3Die Krankenkassen können die Versicherten sowie die Zahnärzte über preisgünstige Versorgungsmöglichkeiten informieren.

(3) 1Preise für zahntechnische Leistungen nach Absatz 1 ohne die zahntechnischen Leistungen beim Zahnersatz einschließlich Zahnkronen und Suprakonstruktionen, die von einem Zahnarzt erbracht werden, haben die Preise nach Absatz 2 Satz 1 und 2 um mindestens 5 vom Hundert zu unterschreiten. 2Hierzu können Verträge nach § 83 abgeschlossen werden.

Fünfter Titel
Schiedswesen

§ 89 Schiedsamt, Verordnungsermächtigungen

(1) Die Kassenärztlichen Vereinigungen, die Landesverbände der Krankenkassen sowie die Ersatzkassen bilden

je ein gemeinsames Schiedsamt für die vertragsärztliche Versorgung und ein gemeinsames Schiedsamt für die vertragszahnärztliche Versorgung (Landesschiedsämter).

(2) Die Kassenärztlichen Bundesvereinigungen und der Spitzenverband Bund der Krankenkassen bilden ein gemeinsames Schiedsamt für die vertragsärztliche Versorgung und ein gemeinsames Schiedsamt für die vertragszahnärztliche Versorgung (Bundesschiedsämter).

(3) 1Kommt ein Vertrag über die vertragsärztliche oder die vertragszahnärztliche Versorgung ganz oder teilweise nicht zustande, setzt das zuständige Schiedsamt mit der Mehrheit der Stimmen seiner Mitglieder innerhalb von drei Monaten den Vertragsinhalt fest. 2Wird ein für die Einleitung des Verfahrens erforderlicher Antrag nicht gestellt, können auch die für das jeweilige Schiedsamt oder die für die Vertragsparteien zuständigen Aufsichtsbehörden, nachdem sie den Organisationen, die das Schiedsamt bilden, eine Frist zur Antragstellung gesetzt haben und die Frist abgelaufen ist oder nach Ablauf einer für das Zustandekommen des Vertrages gesetzlich vorgeschriebenen Frist, das Schiedsamt mit Wirkung für die Vertragsparteien anrufen. 3Das Schiedsamtsverfahren beginnt mit dem bei dem Schiedsamt gestellten Antrag.

(4) 1Kündigt eine Vertragspartei einen Vertrag, hat sie die Kündigung dem zuständigen Schiedsamt schriftlich oder elektronisch mitzuteilen. 2Kommt bis zum Ablauf des Vertrages kein neuer Vertrag zustande, setzt das zuständige Schiedsamt mit der Mehrheit der Stimmen seiner Mitglieder innerhalb von drei Monaten den Inhalt des neuen Vertrages fest. 3In diesem Fall gelten die Bestimmungen des bisherigen Vertrages bis zur Festsetzung des Inhalts des neuen Vertrages durch das Schiedsamt weiter. 4Das Schiedsamtsverfahren beginnt mit dem auf den Ablauf der Kündigungsfrist folgenden Tag.

(5) 1Die Landesschiedsämter und die Bundesschiedsämter bestehen aus je vier Vertretern der Ärzte oder Zahnärzte und vier Vertretern der Krankenkassen sowie einem unparteiischen Vorsitzenden und zwei weiteren unparteiischen Mitgliedern. 2Bei der Festsetzung des Inhalts eines Vertrages, der nicht alle Kassenarten betrifft, wirken als Vertreter der Krankenkassen nur Vertreter der betroffenen Kassenarten im Schiedsamt mit. 3Die in Absatz 1 genannten Landesverbände der Krankenkassen und die Ersatzkassen können von Satz 2 abweichende Regelungen vereinbaren. 4Für jedes Mitglied gibt es zwei Stellvertreter. 5Die Amtsdauer der Mitglieder beträgt vier Jahre. 6Die Vertreter und Stellvertreter werden jeweils durch die Organisationen, die das jeweilige Schiedsamt bilden, bestellt. 7Kommt eine Bestellung durch die Organisationen nicht zustande, bestellt die für das jeweilige Schiedsamt zuständige Aufsichtsbehörde die Vertreter und Stellvertreter, nachdem sie den Organisationen eine Frist zur Bestellung gesetzt hat und diese Frist abgelaufen ist.

(6) 1Über den unparteiischen Vorsitzenden und die zwei weiteren unparteiischen Mitglieder sowie deren Stellvertreter sollen sich die Vertragsparteien einigen. 2§ 213 Absatz 2 in der bis zum 31. Dezember 2008 geltenden Fassung gilt für die Landesverbände der Krankenkassen und die Ersatzkassen entsprechend. 3Kommt eine Einigung nicht zustande, erfolgt eine Bestellung des unparteiischen Vorsitzenden, der weiteren unparteiischen Mitglieder und deren Stellvertreter durch die für das jeweilige Schiedsamt zuständige Aufsichtsbehörde, nachdem sie den Vertragsparteien eine Frist zur Einigung gesetzt hat und diese Frist abgelaufen ist. 4Die unparteiischen Mitglieder und deren Stellvertreter gelten als bestellt, sobald sie sich den beteiligten Vertragsparteien gegenüber zur Amtsübernahme bereit erklärt haben.

(7) 1Die Mitglieder des Schiedsamtes führen ihr Amt als Ehrenamt. 2Sie sind an Weisungen nicht gebunden. 3Die unparteiischen Mitglieder und ihre Stellvertreter können aus wichtigem Grund von der für das jeweilige Schiedsamt zuständigen Aufsichtsbehörde abberufen werden. 4Die Vertreter der Ärzte oder Zahnärzte und die Vertreter der Krankenkassen sowie ihre Stellvertreter können von den Organisationen, die sie bestellt haben, abberufen werden. 5Eine Amtsniederlegung ist gegenüber den Organisationen zu erklären, die das jeweilige Schiedsamt gebildet haben. 6Die Mitglieder sind verpflichtet, an den Sitzungen des Schiedsamtes teilzunehmen oder bei Verhinderung ihre Stellvertreter zu benachrichtigen. 7Eine Stimmenthaltung ist unzulässig. 8Jedes Mitglied hat eine Stimme.

(8) 1 Das Schiedsamt ist beschlussfähig, wenn alle Mitglieder oder deren Stellvertreter anwesend sind. 2Ist das Schiedsamt in einer Sitzung nicht beschlussfähig, ist innerhalb von 14 Kalendertagen nach dieser Sitzung eine erneute Sitzung einzuberufen. 3In dieser erneuten Sitzung ist die Beschlussfähigkeit gegeben, wenn die unparteiischen Mitglieder oder deren Stellvertreter und mehr als die Hälfte der weiteren Mitglieder des Schiedsamtes oder deren Stellvertreter anwesend sind. 4Ist auch in der erneuten Sitzung keine Beschlussfähigkeit nach Satz 3 gegeben, setzen die unparteiischen Mitglieder des Schiedsamtes den Vertragsinhalt fest. 5Auf diese Folgen ist in der Einladung zur erneuten Sitzung ausdrücklich hinzuweisen.

(9) 1Setzt das Schiedsamt innerhalb der Frist nach Absatz 3 Satz 1 oder Absatz 4 Satz 2 keinen Vertragsinhalt fest, setzt die für das jeweilige Schiedsamt zuständige Aufsichtsbehörde eine Frist zur Festsetzung des Vertragsinhalts. 2Nach Ablauf dieser Frist setzen die unpartei-

V

ischen Mitglieder des Schiedsamtes den Vertragsinhalt fest. 3Die unparteiischen Mitglieder können auf Kosten der Vertragsparteien Datenerhebungen, Auswertungen oder Sachverständigengutachten in Auftrag geben. 4Klagen gegen Entscheidungen des Schiedsamtes sowie Klagen gegen Entscheidungen der Aufsichtsbehörden nach diesem Paragraphen haben keine aufschiebende Wirkung. 5Ein Vorverfahren findet in den Fällen des Satzes 4 nicht statt.

(10) 1Die Aufsicht über die Landesschiedsämter führen die für die Sozialversicherung zuständigen obersten Verwaltungsbehörden der Länder. 2Die Landesregierungen können durch Rechtsverordnung eine andere Behörde als Aufsichtsbehörde bestimmen; die Landesregierungen können diese Ermächtigung auf die obersten Landesbehörden weiterübertragen. 3Die Aufsicht über die Bundesschiedsämter führt das Bundesministerium für Gesundheit. 4Die Aufsicht erstreckt sich auf die Beachtung von Gesetz und sonstigem Recht. 5Die Aufsicht umfasst auch das Recht zur Teilnahme an den Sitzungen der Schiedsämter; das Recht zur Teilnahme an den Sitzungen der Schiedsämter gilt auch für das Bundesversicherungsamt, sofern ihm die Entscheidungen der Schiedsämter gemäß Satz 6 vorzulegen sind. 6Die Entscheidungen der Schiedsämter über die Vergütung der Leistungen nach § 57 Absatz 1 und 2, den §§ 83, 85 und 87a sind der jeweiligen zuständigen Aufsichtsbehörde vorzulegen. 7Die Aufsichtsbehörden können die Entscheidungen bei einem Rechtsverstoß innerhalb von zwei Monaten nach Vorlage beanstanden. 8Für Klagen der Vertragspartner gegen die Beanstandung gilt Absatz 9 Satz 4 und 5 entsprechend.

(11) Das Bundesministerium für Gesundheit bestimmt durch Rechtsverordnung mit Zustimmung des Bundesrates das Nähere über die Bestellung, die Amtsdauer, die Amtsführung, die Erstattung der baren Auslagen und die Entschädigung für Zeitaufwand der Mitglieder der Schiedsämter, die Geschäftsführung, das Verfahren, die Erhebung und die Höhe der Gebühren sowie über die Verteilung der Kosten.

(12) 1Der Verband Deutscher Zahntechniker-Innungen und der Spitzenverband Bund der Krankenkassen bilden ein weiteres Schiedsamt auf Bundesebene. 2Das Schiedsamt besteht aus Vertretern des Verbandes Deutscher Zahntechniker-Innungen und des Spitzenverbandes Bund der Krankenkassen in gleicher Zahl sowie einem unparteiischen Vorsitzenden und zwei weiteren unparteiischen Mitgliedern. 3Im Übrigen gelten die Absätze 3, 4, 5 Satz 4 bis 7, die Absätze 6, 7, 8, 9 und 10 Satz 3, 4 und 5 sowie die aufgrund des Absatzes 11 erlassene Schiedsamtsverordnung entsprechend.

(13) 1Die Innungsverbände der Zahntechniker, die Landesverbände der Krankenkassen und die Ersatzkassen bilden ein weiteres Schiedsamt auf Landesebene. 2Das Schiedsamt besteht aus Vertretern der Innungsverbände der Zahntechniker und der Krankenkassen in gleicher Zahl sowie einem unparteiischen Vorsitzenden und zwei weiteren unparteiischen Mitgliedern. 3Im Übrigen gelten die Absätze 3, 4, 5 Satz 4 bis 7, die Absätze 6, 7, 8, 9 und 10 Satz 1, 2, 4 und 5 sowie die aufgrund des Absatzes 11 erlassene Verordnung entsprechend.

§ 89a Sektorenübergreifendes Schiedsgremium, Verordnungsermächtigungen

(1) Die Kassenärztlichen Vereinigungen, die Landesverbände der Krankenkassen und die Ersatzkassen sowie die Landeskrankenhausgesellschaften oder die Vereinigungen der Krankenhausträger im Land bilden je ein sektorenübergreifendes Schiedsgremium.

(2) Die Kassenärztliche Bundesvereinigung, der Spitzenverband Bund der Krankenkassen und die Deutsche Krankenhausgesellschaft bilden ein sektorenübergreifendes Schiedsgremium auf Bundesebene.

(3) 1Die sektorenübergreifenden Schiedsgremien nach den Absätzen 1 und 2 entscheiden in den ihnen durch Gesetz oder aufgrund eines Gesetzes zugewiesenen Aufgaben mit einer Mehrheit von zwei Dritteln der Stimmen ihrer Mitglieder innerhalb von drei Monaten. 2Wird ein für die Einleitung des Verfahrens erforderlicher Antrag nicht gestellt, können auch die für das jeweilige sektorenübergreifende Schiedsgremium oder die für die Vertragsparteien zuständigen Aufsichtsbehörden, nachdem sie den Organisationen, die das sektorenübergreifende Schiedsgremium bilden, eine Frist zur Antragstellung gesetzt haben und die Frist abgelaufen ist oder nach Ablauf einer für das Zustandekommen des sektorenübergreifenden Vertrages gesetzlich vorgeschrieben Frist, das sektorenübergreifende Schiedsgremium mit Wirkung für die Vertragsparteien anrufen. 3Das Schiedsverfahren beginnt mit dem bei dem sektorenübergreifenden Schiedsgremium gestellten Antrag.

(4) 1Kündigt eine Vertragspartei einen sektorenübergreifenden Vertrag, hat sie die Kündigung dem zuständigen sektorenübergreifenden Schiedsgremium schriftlich oder elektronisch mitzuteilen. 2Kommt bis zum Ablauf des Vertrages kein neuer Vertrag zustande, setzt das zuständige sektorenübergreifende Schiedsgremium mit einer Mehrheit von zwei Dritteln der Stimmen seiner Mitglieder innerhalb von drei Monaten den Inhalt des neuen Vertrages fest. 3In diesem Fall gelten die Bestimmungen des bisherigen Vertrages bis zur Festsetzung des Inhalts des neuen Vertrages durch das sektorenübergreifende

Schiedsgremium weiter. 4Das Schiedsverfahren beginnt mit dem auf den Ablauf der Kündigungsfrist folgenden Tag.

(5) 1Die sektorenübergreifenden Schiedsgremien nach den Absätzen 1 und 2 bestehen aus je zwei Vertretern der Ärzte, der Krankenkassen und der zugelassenen Krankenhäuser sowie einem unparteiischen Vorsitzenden und einem weiteren unparteiischen Mitglied. 2Für jedes Mitglied gibt es zwei Stellvertreter. 3Die Amtsdauer der Mitglieder beträgt vier Jahre. 4Die Vertreter und Stellvertreter werden jeweils durch die Organisationen, die das jeweilige sektorenübergreifende Schiedsgremium bilden, bestellt. 5Kommt eine Bestellung durch die Organisationen nicht zustande, bestellt die für das sektorenübergreifende Schiedsgremium zuständige Aufsichtsbehörde die Vertreter und Stellvertreter, nachdem sie den Organisationen eine Frist zur Bestellung gesetzt hat und diese Frist abgelaufen ist.

(6) 1Über den unparteiischen Vorsitzenden und das weitere unparteiische Mitglied sowie deren Stellvertreter sollen sich die Vertragsparteien einigen. 2Kommt eine Einigung nicht zustande, erfolgt eine Bestellung des unparteiischen Vorsitzenden, des weiteren unparteiischen Mitglieds und von deren Stellvertretern durch die für das sektorenübergreifende Schiedsgremium zuständige Aufsichtsbehörde, nachdem sie den Vertragsparteien eine Frist zur Einigung gesetzt hat und diese Frist abgelaufen ist. 3Die unparteiischen Mitglieder und deren Stellvertreter gelten als bestellt, sobald sie sich den beteiligten Vertragsparteien gegenüber zur Amtsübernahme bereit erklärt haben.

(7) 1Die Mitglieder des sektorenübergreifenden Schiedsgremiums führen ihr Amt als Ehrenamt. 2Sie sind an Weisungen nicht gebunden. 3Die unparteiischen Mitglieder und ihre Stellvertreter können aus wichtigem Grund von der für das jeweilige sektorenübergreifende Schiedsgremium zuständigen Aufsichtsbehörde abberufen werden. 4Die Vertreter der Ärzte, der Krankenkassen und der zugelassenen Krankenhäuser sowie deren Stellvertreter können von den Organisationen, die sie bestellt haben, abberufen werden. 5Eine Amtsniederlegung ist gegenüber den Organisationen zu erklären, die das jeweilige sektorenübergreifende Schiedsgremium gebildet haben. 6Die Mitglieder sind verpflichtet, an den Sitzungen des sektorenübergreifenden Schiedsgremiums teilzunehmen oder bei Verhinderung ihre Stellvertreter zu benachrichtigen. 7Eine Stimmenthaltung ist unzulässig. 8Jedes Mitglied hat eine Stimme.

(8) 1Das sektorenübergreifende Schiedsgremium ist beschlussfähig, wenn alle Mitglieder oder deren Stellvertreter anwesend sind. 2Ist das sektorenübergreifende Schiedsgremium in einer Sitzung nicht beschlussfähig, ist innerhalb von 14 Kalendertagen nach dieser Sitzung eine erneute Sitzung einzuberufen. 3In dieser erneuten Sitzung ist die Beschlussfähigkeit gegeben, wenn der unparteiische Vorsitzende und das weitere unparteiische Mitglied oder deren Stellvertreter und mehr als die Hälfte der weiteren Mitglieder des sektorenübergreifenden Schiedsgremiums oder deren Stellvertreter anwesend sind. 4Ist auch in der erneuten Sitzung keine Beschlussfähigkeit nach Satz 3 gegeben, setzen die beiden unparteiischen Mitglieder des sektorenübergreifenden Schiedsgremiums den Vertragsinhalt fest. 5Bei Stimmengleichheit gibt die Stimme des Vorsitzenden den Ausschlag. 6Auf diese Folgen ist in der Einladung zur erneuten Sitzung ausdrücklich hinzuweisen.

(9) 1Setzt das sektorenübergreifende Schiedsgremium innerhalb der Frist nach Absatz 3 Satz 1 oder Absatz 4 Satz 2 keinen Vertragsinhalt fest, setzt die für das jeweilige sektorenübergreifende Schiedsgremium zuständige Aufsichtsbehörde eine Frist zur Festsetzung des Vertragsinhalts. 2Nach Ablauf dieser Frist setzen die beiden unparteiischen Mitglieder des sektorenübergreifenden Schiedsgremiums den Vertragsinhalt fest. 3Bei Stimmengleichheit gibt die Stimme des Vorsitzenden den Ausschlag. 4Die unparteiischen Mitglieder können auf Kosten der Vertragsparteien Datenerhebungen, Auswertungen oder Sachverständigengutachten in Auftrag geben. 5Klagen gegen Entscheidungen des sektorenübergreifenden Schiedsgremiums sowie Klagen gegen Entscheidungen der Aufsichtsbehörde nach diesem Paragraphen haben keine aufschiebende Wirkung. 6Ein Vorverfahren findet in den Fällen des Satzes 4 nicht statt.

(10) 1Die Aufsicht über die sektorenübergreifenden Schiedsgremien nach Absatz 1 führen die für die Sozialversicherung zuständigen obersten Verwaltungsbehörden der Länder. 2Die Landesregierungen können durch Rechtsverordnung eine andere Behörde als Aufsichtsbehörde bestimmen; die Landesregierungen können diese Ermächtigung auf die obersten Landesbehörden weiterübertragen. 3Die Aufsicht über das sektorenübergreifende Schiedsgremium auf Bundesebene führt das Bundesministerium für Gesundheit. 4Die Aufsicht erstreckt sich auf die Beachtung von Gesetz und sonstigem Recht. 5Das Aufsichtsrecht umfasst auch das Recht zur Teilnahme an den Sitzungen; das Recht zur Teilnahme an den Sitzungen der Schiedsgremien gilt auch für das Bundesversicherungsamt, soweit ihm die Entscheidungen der Schiedsgremien gemäß Satz 6 vorzulegen sind. 6Die Entscheidungen der Schiedsgremien über die Vergütung der Leistungen nach § 116b Absatz 6 sind der jeweiligen zuständigen Aufsichtsbehörde vorzulegen. 7Die Aufsichtsbehör-

V

den können die Entscheidungen bei einem Rechtsverstoß innerhalb von zwei Monaten nach Vorlage beanstanden. 8Für Klagen der Vertragspartner gegen die Beanstandung gilt Absatz 9 Satz 5 und 6 entsprechend.

(11) Das Bundesministerium für Gesundheit bestimmt durch Rechtsverordnung mit Zustimmung des Bundesrates das Nähere über die Bestellung, die Amtsdauer, die Amtsführung, die Erstattung der baren Auslagen und die Entschädigungen für Zeitaufwand der Mitglieder der sektorenübergreifenden Schiedsgremien, die Geschäftsführung, das Verfahren, die Erhebung und die Höhe der Gebühren sowie über die Verteilung der Kosten.

(12) Die Regelungen der Absätze 1 bis 11 gelten nicht für die Kassenzahnärztlichen Vereinigungen und die Kassenzahnärztliche Bundesvereinigung.

Sechster Titel
Landesausschüsse und Gemeinsamer Bundesausschuss

§ 90 Landesausschüsse

(1) 1Die Kassenärztlichen Vereinigungen und die Landesverbände der Krankenkassen sowie die Ersatzkassen bilden für den Bereich jedes Landes einen Landesausschuß der Ärzte und Krankenkassen und einen Landesausschuß der Zahnärzte und Krankenkassen. 2Die Ersatzkassen können diese Aufgabe auf eine im Bezirk der Kassenärztlichen Vereinigung von den Ersatzkassen gebildete Arbeitsgemeinschaft oder eine Ersatzkasse übertragen.

(2) 1Die Landesausschüsse bestehen aus einem unparteiischen Vorsitzenden, zwei weiteren unparteiischen Mitgliedern, neun Vertretern der Ärzte, drei Vertretern der Ortskrankenkassen, drei Vertretern der Ersatzkassen, je einem Vertreter der Betriebskrankenkassen und der Innungskrankenkassen sowie einem gemeinsamen Vertreter der landwirtschaftlichen Krankenkasse und der Knappschaft-Bahn-See. 2Über den Vorsitzenden und die zwei weiteren unparteiischen Mitglieder sowie deren Stellvertreter sollen sich die Kassenärztlichen Vereinigungen und die Landesverbände sowie die Ersatzkassen einigen. 3Kommt eine Einigung nicht zustande, werden sie durch die für die Sozialversicherung zuständige oberste Verwaltungsbehörde des Landes im Benehmen mit den Kassenärztlichen Vereinigungen, den Landesverbänden der Krankenkassen sowie den Ersatzkassen berufen. 4Besteht in dem Bereich eines Landesausschusses ein Landesverband einer bestimmten Kassenart nicht und verringert sich dadurch die Zahl der Vertreter der Krankenkassen, verringert sich die Zahl der Ärzte entsprechend. 5Die Vertreter der Ärzte und ihre Stellvertreter werden von den Kassenärztlichen Vereinigungen, die Vertreter der Krankenkassen und ihre Stellvertreter werden von den Landesverbänden der Krankenkassen sowie den Ersatzkassen bestellt.

(3) 1Die Mitglieder der Landesausschüsse führen ihr Amt als Ehrenamt. 2Sie sind an Weisungen nicht gebunden. 3Die beteiligten Kassenärztlichen Vereinigungen einerseits und die Verbände der Krankenkassen sowie die Ersatzkassen andererseits tragen die Kosten der Landesausschüsse je zur Hälfte. 4Das Bundesministerium für Gesundheit bestimmt durch Rechtsverordnung mit Zustimmung des Bundesrates nach Anhörung der Kassenärztlichen Bundesvereinigungen und des Spitzenverbandes Bund der Krankenkassen das Nähere über die Amtsdauer, die Amtsführung, die Erstattung der baren Auslagen und die Entschädigung für Zeitaufwand der Ausschußmitglieder sowie über die Verteilung der Kosten.

(4) 1Die Aufgaben der Landesausschüsse bestimmen sich nach diesem Buch. 2In den Landesausschüssen sowie den erweiterten Landesausschüssen nach § 116b Absatz 3 wirken die für die Sozialversicherung zuständigen obersten Landesbehörden beratend mit. 3Das Mitberatungsrecht umfasst auch das Recht zur Anwesenheit bei der Beschlussfassung. 4In den Landesausschüssen umfasst das Mitberatungsrecht auch das Recht zur Antragstellung.

(5) 1Die Aufsicht über die Landesausschüsse führen die für die Sozialversicherung zuständigen obersten Verwaltungsbehörden der Länder. 2§ 87 Absatz 1 Satz 2 und die §§ 88 und 89 des Vierten Buches gelten entsprechend.

(6) 1Die von den Landesausschüssen getroffenen Entscheidungen nach § 99 Absatz 2, § 100 Absatz 1 Satz 1 und Absatz 3 sowie § 103 Absatz 1 Satz 1 und Absatz 3 sind den für die Sozialversicherung zuständigen obersten Landesbehörden vorzulegen. 2Diese können die Entscheidungen innerhalb von zwei Monaten beanstanden. 3§ 94 Absatz 1 Satz 3 bis 5 gilt entsprechend.

§ 90a Gemeinsames Landesgremium

(1) 1Nach Maßgabe der landesrechtlichen Bestimmungen kann für den Bereich des Landes ein gemeinsames Gremium aus Vertretern des Landes, der Kassenärztlichen Vereinigung, der Landesverbände der Krankenkassen sowie der Ersatzkassen und der Landeskrankenhausgesellschaft sowie weiteren Beteiligten gebildet werden. 2Das gemeinsame Landesgremium kann Empfehlungen zu sektorenübergreifenden Versorgungsfragen abgeben; hierzu gehören auch Empfehlungen zu einer sektorenübergreifenden Notfallversorgung.

(2) Soweit das Landesrecht es vorsieht, ist dem gemeinsamen Landesgremium Gelegenheit zu geben, zu der Aufstellung und der Anpassung der Bedarfspläne nach

§ 99 Absatz 1 und zu den von den Landesausschüssen zu treffenden Entscheidungen nach § 99 Absatz 2, § 100 Absatz 1 Satz 1 und Absatz 3 sowie § 103 Absatz 1 Satz 1 Stellung zu nehmen.

§ 91 Gemeinsamer Bundesausschuss

(1) $_{1}$Die Kassenärztlichen Bundesvereinigungen, die Deutsche Krankenhausgesellschaft und der Spitzenverband Bund der Krankenkassen bilden einen Gemeinsamen Bundesausschuss. $_{2}$Der Gemeinsame Bundesausschuss ist rechtsfähig. $_{3}$Er wird durch den Vorsitzenden des Beschlussgremiums gerichtlich und außergerichtlich vertreten.

(2) $_{1}$Das Beschlussgremium des Gemeinsamen Bundesausschusses besteht aus einem unparteiischen Vorsitzenden, zwei weiteren unparteiischen Mitgliedern, einem von der Kassenzahnärztlichen Bundesvereinigung, jeweils zwei von der Kassenärztlichen Bundesvereinigung und der Deutschen Krankenhausgesellschaft und fünf von dem Spitzenverband Bund der Krankenkassen benannten Mitgliedern. $_{2}$Für die Berufung des unparteiischen Vorsitzenden und der weiteren unparteiischen Mitglieder sowie jeweils zweier Stellvertreter einigen sich die Organisationen nach Absatz 1 Satz 1 jeweils auf einen Vorschlag und legen diese Vorschläge dem Bundesministerium für Gesundheit spätestens zwölf Monate vor Ablauf der Amtszeit vor. $_{3}$Als unparteiische Mitglieder und deren Stellvertreter können nur Personen benannt werden, die im vorangegangenen Jahr nicht bei den Organisationen nach Absatz 1 Satz 1, bei deren Mitgliedern, bei Verbänden von deren Mitgliedern oder in einem Krankenhaus beschäftigt oder selbst als Vertragsarzt, Vertragszahnarzt oder Vertragspsychotherapeut tätig waren. $_{4}$Das Bundesministerium für Gesundheit übermittelt die Vorschläge an den Ausschuss für Gesundheit des Deutschen Bundestages. $_{5}$Der Ausschuss für Gesundheit des Deutschen Bundestages kann einem Vorschlag nach nichtöffentlicher Anhörung der jeweils vorgeschlagenen Person innerhalb von sechs Wochen mit einer Mehrheit von zwei Dritteln seiner Mitglieder durch Beschluss widersprechen, sofern er die Unabhängigkeit oder die Unparteilichkeit der vorgeschlagenen Person als nicht gewährleistet ansieht. $_{6}$Die Organisationen nach Absatz 1 Satz 1 legen innerhalb von sechs Wochen, nachdem das Bundesministerium für Gesundheit den Gemeinsamen Bundesausschuss über einen erfolgten Widerspruch unterrichtet hat, einen neuen Vorschlag vor. $_{7}$Widerspricht der Ausschuss für Gesundheit des Deutschen Bundestages nach Satz 5 auch dem neuen Vorschlag innerhalb von sechs Wochen oder haben die Organisationen nach Absatz 1 Satz 1 keinen neuen Vorschlag vorgelegt, erfolgt die Berufung durch das Bundesministerium für Gesundheit. $_{8}$Die Unparteiischen üben ihre Tätigkeit in der Regel hauptamtlich aus; eine ehrenamtliche Ausübung ist zulässig, soweit die Unparteiischen von ihren Arbeitgebern in dem für die Tätigkeit erforderlichen Umfang freigestellt werden. $_{9}$Die Stellvertreter der Unparteiischen sind ehrenamtlich tätig. $_{10}$Hauptamtliche Unparteiische stehen während ihrer Amtszeit in einem Dienstverhältnis zum Gemeinsamen Bundesausschuss. $_{11}$Zusätzlich zu ihren Aufgaben im Beschlussgremium übernehmen die einzelnen Unparteiischen den Vorsitz der Unterausschüsse des Gemeinsamen Bundesausschusses. $_{12}$Der Vorsitzende nach Absatz 1 Satz 3 stellt übergreifend die Einhaltung aller dem Gemeinsamen Bundesausschuss auferlegten gesetzlichen Fristen sicher. $_{13}$Zur Erfüllung dieser Aufgabe nimmt er eine zeitliche Steuerungsverantwortung wahr und hat ein Antragsrecht an das Beschlussgremium nach Satz 1, er erstattet auch den nach Absatz 11 jährlich vorzulegenden Bericht. $_{14}$Die Organisationen nach Absatz 1 Satz 1 schließen die Dienstvereinbarungen mit den hauptamtlichen Unparteiischen; § 35a Absatz 6 Satz 2 und Absatz 6a Satz 1 und 2 des Vierten Buches gilt entsprechend. $_{15}$Vergütungserhöhungen sind während der Dauer der Amtszeit der Unparteiischen unzulässig. $_{16}$Zu Beginn einer neuen Amtszeit eines Unparteiischen kann eine über die zuletzt nach § 35a Absatz 6a Satz 1 des Vierten Buches gebilligte Vergütung der letzten Amtsperiode oder des Vorgängers im Amt hinausgehende höhere Vergütung nur durch einen Zuschlag auf die Grundvergütung nach Maßgabe der Entwicklung des Verbraucherpreisindexes vereinbart werden. $_{17}$Die Aufsichtsbehörde kann zu Beginn einer neuen Amtszeit eines Unparteiischen eine niedrigere Vergütung anordnen. $_{18}$Die Art und die Höhe finanzieller Zuwendungen, die den Unparteiischen im Zusammenhang mit ihrer Tätigkeit als Unparteiische von Dritten gewährt werden, sind den Organisationen nach Absatz 1 Satz 1 mitzuteilen und auf die Vergütung der Unparteiischen anzurechnen oder an den Gemeinsamen Bundesausschuss abzuführen. $_{19}$Vereinbarungen der Organisationen nach Absatz 1 Satz 1 für die Zukunftssicherung der Unparteiischen sind nur auf der Grundlage von beitragsorientierten Zusagen zulässig. $_{20}$Die von den Organisationen benannten sonstigen Mitglieder des Beschlussgremiums üben ihre Tätigkeit ehrenamtlich aus; sie sind bei den Entscheidungen im Beschlussgremium an Weisungen nicht gebunden. $_{21}$Die Organisationen nach Absatz 1 Satz 1 benennen für jedes von ihnen benannte Mitglied bis zu drei Stellvertreter. $_{22}$Die Amtszeit im Beschlussgremium beträgt ab der am 1. Juli 2012 beginnenden Amtszeit sechs Jahre.

(2a) $_{1}$Bei Beschlüssen, die allein einen der Leistungssektoren wesentlich betreffen, werden ab dem 1. Februar 2012 alle fünf Stimmen der Leistungserbringerseite anteilig auf diejenigen Mitglieder übertragen, die von der betroffenen Leistungserbringerorganisation nach Absatz 1 Satz 1 benannt worden sind. $_{2}$Bei Beschlüssen, die allein zwei der drei Leistungssektoren wesentlich betreffen, werden ab dem 1. Februar 2012 die Stimmen der von der nicht betroffenen Leistungserbringerorganisation benannten Mitglieder anteilig auf diejenigen Mitglieder übertragen, die von den betroffenen Leistungserbringerorganisationen benannt worden sind. $_{3}$Der Gemeinsame Bundesausschuss legt in seiner Geschäftsordnung erstmals bis zum 31. Januar 2012 fest, welche Richtlinien und Entscheidungen allein einen oder allein zwei der Leistungssektoren wesentlich betreffen. $_{4}$Bei Beschlüssen zur Bewertung ärztlicher Untersuchungs- und Behandlungsmethoden wird die Stimme des von der Kassenzahnärztlichen Bundesvereinigung benannten Mitglieds ab dem 1. Januar 2012 anteilig auf die von der Kassenärztlichen Bundesvereinigung und der Deutschen Krankenhausgesellschaft benannten Mitglieder übertragen.

(3) $_{1}$Für die Tragung der Kosten des Gemeinsamen Bundesausschusses mit Ausnahme der Kosten der von den Organisationen nach Absatz 1 Satz 1 benannten Mitglieder gilt § 139c entsprechend. $_{2}$Im Übrigen gilt § 90 Abs. 3 Satz 4 entsprechend mit der Maßgabe, dass vor Erlass der Rechtsverordnung außerdem die Deutsche Krankenhausgesellschaft anzuhören ist.

(3a) $_{1}$Verletzen Mitglieder oder deren Stellvertreter, die von den in Absatz 1 Satz 1 genannten Organisationen benannt oder berufen werden, in der ihnen insoweit übertragenen Amtsführung die ihnen einem Dritten gegenüber obliegende Amtspflicht, gilt § 42 Absatz 1 bis 3 des Vierten Buches mit der Maßgabe entsprechend, dass die Verantwortlichkeit den Gemeinsamen Bundesausschuss, nicht aber die in Absatz 1 Satz 1 genannten Organisationen, trifft. $_{2}$Dies gilt auch im Falle einer Berufung der unparteiischen Mitglieder und deren Stellvertreter durch das Bundesministerium für Gesundheit nach Absatz 2 Satz 7. $_{3}$Soweit von den in Absatz 1 Satz 1 genannten Organisationen für die Vorbereitung von Entscheidungen des Gemeinsamen Bundesausschusses Personen für die nach seiner Geschäftsordnung bestehenden Gremien benannt werden und diese Personen zur Wahrung der Vertraulichkeit der für den Gemeinsamen Bundesausschuss geheimhaltungspflichtigen, ihnen zugänglichen Unterlagen und Informationen verpflichtet werden, gilt Satz 1 entsprechend. $_{4}$Das Gleiche gilt für nach § 140f Absatz 2 Satz 1 zweiter Halbsatz benannte sachkundige Personen, denen zur Ausübung ihres Mitberatungsrechts für den Gemeinsamen Bundesausschuss geheimhaltungspflichtige Unterlagen und Informationen zugänglich gemacht werden, wenn sie durch den Gemeinsamen Bundesausschuss zur Wahrung der Vertraulichkeit dieser Unterlagen verpflichtet worden sind. $_{5}$Das Nähere regelt der Gemeinsame Bundesausschuss in seiner Geschäftsordnung.

(4) $_{1}$Der Gemeinsame Bundesausschuss beschließt

1. eine Verfahrensordnung, in der er insbesondere methodische Anforderungen an die wissenschaftliche sektorenübergreifende Bewertung des Nutzens, einschließlich Bewertungen nach den §§ 35a und 35b, der Notwendigkeit und der Wirtschaftlichkeit von Maßnahmen als Grundlage für Beschlüsse sowie die Anforderungen an den Nachweis der fachlichen Unabhängigkeit von Sachverständigen und das Verfahren der Anhörung zu den jeweiligen Richtlinien, insbesondere die Feststellung der anzuhörenden Stellen, die Art und Weise der Anhörung und deren Auswertung, regelt,
2. eine Geschäftsordnung, in der er Regelungen zur Arbeitsweise des Gemeinsamen Bundesausschusses insbesondere zur Geschäftsführung, zur Vorbereitung der Richtlinienbeschlüsse durch Einsetzung von in der Regel sektorenübergreifend gestalteten Unterausschüssen, zum Vorsitz der Unterausschüsse durch die Unparteiischen des Beschlussgremiums sowie zur Zusammenarbeit der Gremien und der Geschäftsstelle des Gemeinsamen Bundesausschusses trifft; in der Geschäftsordnung sind Regelungen zu treffen zur Gewährleistung des Mitberatungsrechts der von den Organisationen nach § 140f Abs. 2 entsandten sachkundigen Personen.

$_{2}$Die Verfahrensordnung und die Geschäftsordnung bedürfen der Genehmigung des Bundesministeriums für Gesundheit. $_{3}$Die Genehmigung gilt als erteilt, wenn das Bundesministerium für Gesundheit sie nicht innerhalb von drei Monaten nach Vorlage des Beschlusses und der tragenden Gründe ganz oder teilweise versagt. $_{4}$Das Bundesministerium für Gesundheit kann im Rahmen der Genehmigungsprüfung vom Gemeinsamen Bundesausschuss zusätzliche Informationen und ergänzende Stellungnahmen anfordern; bis zum Eingang der Auskünfte ist der Lauf der Frist nach Satz 3 unterbrochen. $_{5}$Wird die Genehmigung ganz oder teilweise versagt, so kann das Bundesministerium für Gesundheit insbesondere zur Sicherstellung einer sach- und funktionsgerechten Ausgestaltung der Arbeitsweise und des Bewertungsverfahrens des Gemeinsamen Bundesausschusses erforderliche Änderungen bestimmen und anordnen, dass der Gemeinsame Bundesausschuss innerhalb einer bestimmten Frist die erforderlichen Änderungen vornimmt. $_{6}$Kommt der Gemeinsame Bundesausschuss der Anordnung innerhalb der Frist nicht nach, so kann das Bundesministerium für

Gesundheit die erforderlichen Änderungen selbst vornehmen. 7Die Sätze 5 und 6 gelten entsprechend, wenn sich die Erforderlichkeit der Änderung einer bereits genehmigten Regelung der Verfahrensordnung oder der Geschäftsordnung erst nachträglich ergibt. 8Klagen gegen Anordnungen und Maßnahmen des Bundesministeriums für Gesundheit nach den Sätzen 3 bis 7 haben keine aufschiebende Wirkung.

(5) 1Bei Beschlüssen, deren Gegenstand die Berufsausübung der Ärzte, Psychotherapeuten oder Zahnärzte berührt, ist der jeweiligen Arbeitsgemeinschaft der Kammern dieser Berufe auf Bundesebene Gelegenheit zur Stellungnahme zu geben. 2§ 136 Absatz 3 und § 136b Absatz 1 Satz 3 bleiben unberührt.

(5a) Bei Beschlüssen des Gemeinsamen Bundesausschusses, die die Verarbeitung personenbezogener Daten regeln oder voraussetzen, ist dem Bundesbeauftragten für den Datenschutz und die Informationsfreiheit Gelegenheit zur Stellungnahme zu geben; die Stellungnahme ist in die Entscheidung einzubeziehen.

(6) Die Beschlüsse des Gemeinsamen Bundesausschusses mit Ausnahme der Beschlüsse zu Entscheidungen nach § 136d sind für die Träger nach Absatz 1 Satz 1, deren Mitglieder und Mitgliedskassen sowie für die Versicherten und die Leistungserbringer verbindlich.

(7) 1Das Beschlussgremium des Gemeinsamen Bundesausschusses nach Absatz 2 Satz 1 fasst seine Beschlüsse mit der Mehrheit seiner Mitglieder, sofern die Geschäftsordnung nichts anderes bestimmt. 2Beschlüsse zur Arzneimittelversorgung und zur Qualitätssicherung sind in der Regel sektorenübergreifend zu fassen. 3Beschlüsse, die nicht allein einen der Leistungssektoren wesentlich betreffen und die zur Folge haben, dass eine bisher zulasten der Krankenkassen erbringbare Leistung zukünftig nicht mehr zu deren Lasten erbracht werden darf, bedürfen einer Mehrheit von neun Stimmen. 4Der unparteiische Vorsitzende und die weiteren unparteiischen Mitglieder können dem Beschlussgremium gemeinsam einen eigenen Beschlussvorschlag zur Entscheidung vorlegen. 5Mit der Vorbereitung eines Beschlussvorschlags oder eines Antrags eines Unparteiischen nach § 135 Absatz 1 Satz 1 oder § 137c Absatz 1 Satz 1 können die Unparteiischen oder kann der Unparteiische die Geschäftsführung beauftragen. 6Die Sitzungen des Beschlussgremiums sind in der Regel öffentlich und werden zeitgleich als Live-Video-Übertragung im Internet angeboten sowie in einer Mediathek zum späteren Abruf verfügbar gehalten. 7Die nichtöffentlichen Beratungen des Gemeinsamen Bundesausschusses, insbesondere auch die Beratungen in den vorbereitenden Gremien, sind einschließlich der Beratungsunterlagen und Niederschriften vertraulich.

(8) (weggefallen)

(9) 1Jedem, der berechtigt ist, zu einem Beschluss des Gemeinsamen Bundesausschusses Stellung zu nehmen und eine schriftliche oder elektronische Stellungnahme abgegeben hat, ist in der Regel auch Gelegenheit zu einer mündlichen Stellungnahme zu geben. 2Der Gemeinsame Bundesausschuss hat in seiner Verfahrensordnung vorzusehen, dass die Teilnahme jeweils eines Vertreters einer zu einem Beschlussgegenstand stellungnahmeberechtigten Organisation an den Beratungen zu diesem Gegenstand in dem zuständigen Unterausschuss zugelassen werden kann.

(10) 1Der Gemeinsame Bundesausschuss ermittelt spätestens ab dem 1. September 2012 die infolge seiner Beschlüsse zu erwartenden Bürokratiekosten im Sinne des § 2 Absatz 2 des Gesetzes zur Einsetzung eines Nationalen Normenkontrollrates und stellt diese Kosten in der Begründung des jeweiligen Beschlusses nachvollziehbar dar. 2Bei der Ermittlung der Bürokratiekosten ist die Methodik nach § 2 Absatz 3 des Gesetzes zur Einsetzung eines Nationalen Normenkontrollrates anzuwenden. 3Das Nähere regelt der Gemeinsame Bundesausschuss bis zum 30. Juni 2012 in seiner Verfahrensordnung.

(11) 1Der Gemeinsame Bundesausschuss hat dem Ausschuss für Gesundheit des Deutschen Bundestages einmal jährlich zum 31. März über das Bundesministerium für Gesundheit einen Bericht über die Einhaltung der Fristen nach § 135 Absatz 1 Satz 4 und 5, § 136b Absatz 3 Satz 1, § 137c Absatz 1 Satz 5 und 6 sowie § 137h Absatz 4 Satz 9 vorzulegen, in dem im Falle von Überschreitungen der Fristen nach § 137c Absatz 1 Satz 5 und 6 sowie § 137h Absatz 4 Satz 9 auch die zur Straffung des Verfahrens unternommenen Maßnahmen und die besonderen Schwierigkeiten einer Bewertung, die zu einer Fristüberschreitung geführt haben können, im Einzelnen dargelegt werden müssen. 2Zudem sind in dem Bericht auch alle anderen Beratungsverfahren über Entscheidungen und Richtlinien des Gemeinsamen Bundesausschusses darzustellen, die seit förmlicher Einleitung des Beratungsverfahrens länger als drei Jahre andauern und in denen noch keine abschließende Beschlussfassung erfolgt ist.

§ 91a Aufsicht über den Gemeinsamen Bundesausschuss, Haushalts- und Rechnungswesen, Vermögen

(1) 1Die Aufsicht über den Gemeinsamen Bundesausschuss führt das Bundesministerium für Gesundheit. 2Die §§ 87 bis 89 des Vierten Buches gelten entsprechend. 3Für das Haushalts- und Rechnungswesen gelten die §§ 67 bis 69 Absatz 1 und 2, § 70 Absatz 1 und die §§ 76 bis 77

Absatz 1 und 1a des Vierten Buches entsprechend. 4Der Gemeinsame Bundesausschuss übermittelt seinen Haushaltsplan dem Bundesministerium für Gesundheit. 5Er teilt dem Bundesministerium für Gesundheit mit, wenn er eine vorläufige Haushaltsführung, die Genehmigung überplanmäßiger oder außerplanmäßiger Ausgaben oder einen Nachtragshaushalt beschließt. 6Für das Vermögen gelten die §§ 80 bis 84, 85 Absatz 1 bis 3a und Absatz 3c bis 5 und § 86 des Vierten Buches und für die Verwendung der Mittel § 305b entsprechend. 7Für das Verwaltungsvermögen gilt § 263 entsprechend. 8Die Betriebsmittel sollen im Durchschnitt des Haushaltsjahres das Eineinhalbfache des nach dem Haushaltsplan des Gemeinsamen Bundesausschusses auf einen Monat entfallenden Betrages der Ausgaben für die gesetzlich vorgesehenen Aufgaben sowie für die Verwaltungskosten nicht übersteigen. 9Soweit Vermögen nicht zur Rücklagenbildung erforderlich ist, ist es zur Senkung der nach § 91 Absatz 3 Satz 1 in Verbindung mit § 139c zu erhebenden Zuschläge zu verwenden.

V

(2) Für die Vollstreckung von Aufsichtsverfügungen gegen den Gemeinsamen Bundesausschuss kann die Aufsichtsbehörde ein Zwangsgeld bis zu einer Höhe von 10 000 000 Euro zugunsten des Gesundheitsfonds nach § 271 festsetzen.

(3) 1Der Gemeinsame Bundesausschuss hat geeignete Maßnahmen zur Herstellung und Sicherung einer ordnungsgemäßen Verwaltungsorganisation zu ergreifen. 2In der Verwaltungsorganisation ist insbesondere ein angemessenes internes Kontrollverfahren mit einem internen Kontrollsystem einzurichten. 3Die Ergebnisse des internen Kontrollsystems sind dem Beschlussgremium nach § 91 Absatz 2 Satz 1 und dem Innovationsausschuss nach § 92b Absatz 1 in regelmäßigen Abständen sowie bei festgestellten Verstößen gegen gesetzliche Regelungen oder andere wesentliche Vorschriften auch der Aufsichtsbehörde mitzuteilen.

(4) Die Vorschriften über die Errichtung, Übernahme oder wesentliche Erweiterung von Einrichtungen sowie über eine unmittelbare oder mittelbare Beteiligung an Einrichtungen nach § 219 Absatz 2 und 3 gelten entsprechend.

§ 91b Verordnungsermächtigung zur Regelung der Verfahrensgrundsätze der Bewertung von Untersuchungs- und Behandlungsmethoden in der vertragsärztlichen Versorgung und im Krankenhaus

1Das Bundesministerium für Gesundheit regelt durch Rechtsverordnung ohne Zustimmung des Bundesrates erstmals bis zum 30. Juni 2020 das Nähere zum Verfahren, das der Gemeinsame Bundesausschuss bei der Bewertung von Untersuchungs- und Behandlungsmethoden in der vertragsärztlichen und vertragszahnärztlichen Versorgung nach § 135 Absatz 1 und bei der Bewertung von Untersuchungs- und Behandlungsmethoden im Rahmen einer Krankenhausbehandlung nach § 137c Absatz 1 zu beachten hat. 2Es kann in der Rechtsverordnung Folgendes näher regeln:

1. den Ablauf des Verfahrens beim Gemeinsamen Bundesausschuss, insbesondere Fristen und Prozessschritte sowie die Ausgestaltung der Stellungnahmeverfahren und die Ausgestaltung von Beauftragungen des Instituts für Qualität und Wirtschaftlichkeit im Gesundheitswesen,
2. die Anforderungen an die Unterlagen und die Nachweise zur Bewertung von Untersuchungs- und Behandlungsmethoden,
3. die Anforderungen an die Ausgestaltung der tragenden Gründe der Beschlüsse des Gemeinsamen Bundesausschusses, insbesondere zur Darlegung der den Feststellungen und Bewertungen zugrunde liegenden Abwägungsentscheidungen, insbesondere im Hinblick auf fehlende oder unzureichende Behandlungsalternativen, Besonderheiten seltener Erkrankungen und Umstände, wonach Studien nicht oder nicht in angemessener Zeit durchführbar sind.

3Innerhalb eines Monats nach Inkrafttreten der Rechtsverordnung nach Satz 1 und jeweils nach Inkrafttreten von Änderungen der Rechtsverordnung hat der Gemeinsame Bundesausschuss seine Verfahrensordnung an die Vorgaben der Rechtsverordnung anzupassen.

§ 92 Richtlinien des Gemeinsamen Bundesausschusses

(1) 1Der Gemeinsame Bundesausschuss beschließt die zur Sicherung der ärztlichen Versorgung erforderlichen Richtlinien über die Gewähr für eine ausreichende, zweckmäßige und wirtschaftliche Versorgung der Versicherten; dabei ist den besonderen Erfordernissen der Versorgung von Kindern und Jugendlichen sowie behinderter oder von Behinderung bedrohter Menschen und psychisch Kranker Rechnung zu tragen, vor allem bei den Leistungen zur Belastungserprobung und Arbeitstherapie; er kann dabei die Erbringung und Verordnung von Leistungen oder Maßnahmen einschränken oder ausschließen, wenn nach allgemein anerkanntem Stand der medizinischen Erkenntnisse der diagnostische oder therapeutische Nutzen, die medizinische Notwendigkeit oder die Wirtschaftlichkeit nicht nachgewiesen sind; er kann die Verordnung von Arzneimitteln einschränken oder ausschließen, wenn die Unzweckmäßigkeit erwiesen oder eine andere, wirtschaftlichere Behandlungsmöglichkeit mit vergleichba-

rem diagnostischen oder therapeutischen Nutzen verfügbar ist. 2Er soll insbesondere Richtlinien beschließen über die

1. ärztliche Behandlung,
2. zahnärztliche Behandlung einschließlich der Versorgung mit Zahnersatz sowie kieferorthopädische Behandlung,
3. Maßnahmen zur Früherkennung von Krankheiten und zur Qualitätssicherung der Früherkennungsuntersuchungen sowie zur Durchführung organisierter Krebsfrüherkennungsprogramme nach § 25a einschließlich der systematischen Erfassung, Überwachung und Verbesserung der Qualität dieser Programme,
4. ärztliche Betreuung bei Schwangerschaft und Mutterschaft,
5. Einführung neuer Untersuchungs- und Behandlungsmethoden,
6. Verordnung von Arznei-, Verband-, Heil- und Hilfsmitteln, Krankenhausbehandlung, häuslicher Krankenpflege, Soziotherapie und außerklinischer Intensivpflege sowie zur Anwendung von Arzneimitteln für neuartige Therapien im Sinne von § 4 Absatz 9 des Arzneimittelgesetzes,
7. Beurteilung der Arbeitsunfähigkeit einschließlich der Arbeitsunfähigkeit nach § 44a Satz 1 sowie der nach § 5 Abs. 1 Nr. 2a versicherten erwerbsfähigen Hilfebedürftigen im Sinne des Zweiten Buches,
8. Verordnung von im Einzelfall gebotenen Leistungen zur medizinischen Rehabilitation und die Beratung über Leistungen zur medizinischen Rehabilitation, Leistungen zur Teilhabe am Arbeitsleben und ergänzende Leistungen zur Rehabilitation,
9. Bedarfsplanung,
10. medizinische Maßnahmen zur Herbeiführung einer Schwangerschaft nach § 27a Abs. 1 sowie die Kryokonservierung nach § 27a Absatz 4,
11. Maßnahmen nach den §§ 24a und 24b,
12. Verordnung von Krankentransporten,
13. Qualitätssicherung,
14. spezialisierte ambulante Palliativversorgung,
15. Schutzimpfungen.

(1a) 1Die Richtlinien nach Absatz 1 Satz 2 Nr. 2 sind auf eine ursachengerechte, zahnsubstanzschonende und präventionsorientierte zahnärztliche Behandlung einschließlich der Versorgung mit Zahnersatz sowie kieferorthopädischer Behandlung auszurichten. 2Der Gemeinsame Bundesausschuss hat die Richtlinien auf der Grundlage auch von externem, umfassendem zahnmedizinisch-wissenschaftlichem Sachverstand zu beschließen. 3Das Bundesministerium für Gesundheit kann dem Gemeinsamen Bundesausschuss vorgeben, einen Beschluss zu einzelnen dem Bundesausschuss durch Gesetz zugewiesenen Aufgaben zu fassen oder zu überprüfen und hierzu eine angemessene Frist setzen. 4Bei Nichteinhaltung der Frist fasst eine aus den Mitgliedern des Bundesausschusses zu bildende Schiedsstelle innerhalb von 30 Tagen den erforderlichen Beschluss. 5Die Schiedsstelle besteht aus dem unparteiischen Vorsitzenden, den zwei weiteren unparteiischen Mitgliedern des Bundesausschusses und je einem von der Kassenzahnärztlichen Bundesvereinigung und dem Spitzenverband Bund der Krankenkassen bestimmten Vertreter. 6Vor der Entscheidung des Bundesausschusses über die Richtlinien nach Absatz 1 Satz 2 Nr. 2 ist den für die Wahrnehmung der Interessen von Zahntechnikern maßgeblichen Spitzenorganisationen auf Bundesebene Gelegenheit zur Stellungnahme zu geben; die Stellungnahmen sind in die Entscheidung einzubeziehen.

(1b) Vor der Entscheidung des Gemeinsamen Bundesausschusses über die Richtlinien nach Absatz 1 Satz 2 Nr. 4 ist den in § 134a Absatz 1 genannten Organisationen der Leistungserbringer auf Bundesebene Gelegenheit zur Stellungnahme zu geben; die Stellungnahmen sind in die Entscheidung einzubeziehen.

(2) 1Die Richtlinien nach Absatz 1 Satz 2 Nr. 6 haben Arznei- und Heilmittel unter Berücksichtigung der Bewertungen nach den §§ 35a und 35b so zusammenzustellen, daß dem Arzt die wirtschaftliche und zweckmäßige Auswahl der Arzneimitteltherapie ermöglicht wird. 2Die Zusammenstellung der Arzneimittel ist nach Indikationsgebieten und Stoffgruppen zu gliedern. 3Um dem Arzt eine therapie- und preisgerechte Auswahl der Arzneimittel zu ermöglichen, sind zu den einzelnen Indikationsgebieten Hinweise aufzunehmen, aus denen sich für Arzneimittel mit pharmakologisch vergleichbaren Wirkstoffen oder therapeutisch vergleichbarer Wirkung eine Bewertung des therapeutischen Nutzens auch im Verhältnis zu den Therapiekosten und damit zur Wirtschaftlichkeit der Verordnung ergibt; § 73 Abs. 8 Satz 3 bis 6 gilt entsprechend. 4Um dem Arzt eine therapie- und preisgerechte Auswahl der Arzneimittel zu ermöglichen, können ferner für die einzelnen Indikationsgebiete die Arzneimittel in folgenden Gruppen zusammengefaßt werden:

1. Mittel, die allgemein zur Behandlung geeignet sind,
2. Mittel, die nur bei einem Teil der Patienten oder in besonderen Fällen zur Behandlung geeignet sind,
3. Mittel, bei deren Verordnung wegen bekannter Risiken oder zweifelhafter therapeutischer Zweckmäßigkeit besondere Aufmerksamkeit geboten ist.

$_{5}$Absatz 3a gilt entsprechend. $_{6}$In den Therapiehinweisen nach den Sätzen 1 und 7 können Anforderungen an die qualitätsgesicherte Anwendung von Arzneimitteln festgestellt werden, insbesondere bezogen auf die Qualifikation des Arztes oder auf die zu behandelnden Patientengruppen. $_{7}$In den Richtlinien nach Absatz 1 Satz 2 Nr. 6 können auch Therapiehinweise zu Arzneimitteln außerhalb von Zusammenstellungen gegeben werden; die Sätze 3 und 4 sowie Absatz 1 Satz 1 dritter Halbsatz gelten entsprechend. $_{8}$Die Therapiehinweise nach den Sätzen 1 und 7 können Empfehlungen zu den Anteilen einzelner Wirkstoffe an den Verordnungen im Indikationsgebiet vorsehen. $_{9}$Der Gemeinsame Bundesausschuss regelt die Grundsätze für die Therapiehinweise nach den Sätzen 1 und 7 in seiner Verfahrensordnung. $_{10}$Verordnungseinschränkungen oder Verordnungsausschlüsse nach Absatz 1 für Arzneimittel beschließt der Gemeinsame Bundesausschuss gesondert in Richtlinien außerhalb von Therapiehinweisen. $_{11}$Der Gemeinsame Bundesausschuss kann die Verordnung eines Arzneimittels nur einschränken oder ausschließen, wenn die Wirtschaftlichkeit nicht durch einen Festbetrag nach § 35 hergestellt werden kann. $_{12}$Verordnungseinschränkungen oder -ausschlüsse eines Arzneimittels wegen Unzweckmäßigkeit nach Absatz 1 Satz 1 dürfen den Feststellungen der Zulassungsbehörde über Qualität, Wirksamkeit und Unbedenklichkeit eines Arzneimittels nicht widersprechen.

(2a) $_{1}$Der Gemeinsame Bundesausschuss kann im Einzelfall mit Wirkung für die Zukunft vom pharmazeutischen Unternehmer im Benehmen mit der Arzneimittelkommission der deutschen Ärzteschaft und dem Bundesinstitut für Arzneimittel und Medizinprodukte oder dem Paul-Ehrlich-Institut innerhalb einer angemessenen Frist ergänzende versorgungsrelevante Studien zur Bewertung der Zweckmäßigkeit eines Arzneimittels fordern. $_{2}$Absatz 3a gilt für die Forderung nach Satz 1 entsprechend. $_{3}$Das Nähere zu den Voraussetzungen, zu der Forderung ergänzender Studien, zu Fristen sowie zu den Anforderungen an die Studien regelt der Gemeinsame Bundesausschuss in seiner Verfahrensordnung. $_{4}$Werden die Studien nach Satz 1 nicht oder nicht rechtzeitig vorgelegt, kann der Gemeinsame Bundesausschuss das Arzneimittel abweichend von Absatz 1 Satz 1 von der Verordnungsfähigkeit ausschließen. $_{5}$Eine gesonderte Klage gegen die Forderung ergänzender Studien ist ausgeschlossen.

(3) $_{1}$Für Klagen gegen die Zusammenstellung der Arzneimittel nach Absatz 2 gelten die Vorschriften über die Anfechtungsklage entsprechend. $_{2}$Die Klagen haben keine aufschiebende Wirkung. $_{3}$Ein Vorverfahren findet nicht statt. $_{4}$Eine gesonderte Klage gegen die Gliederung nach Indikationsgebieten oder Stoffgruppen nach Absatz 2 Satz 2, die Zusammenfassung der Arzneimittel in Gruppen nach Absatz 2 Satz 4 oder gegen sonstige Bestandteile der Zusammenstellung nach Absatz 2 ist unzulässig.

(3a) $_{1}$Vor der Entscheidung über die Richtlinien nach Absatz 1 Satz 2 Nummer 6 zur Verordnung von Arzneimitteln und zur Anwendung von Arzneimitteln für neuartige Therapien im Sinne von § 4 Absatz 9 des Arzneimittelgesetzes und Therapiehinweisen nach Absatz 2 Satz 7 ist den Sachverständigen der medizinischen und pharmazeutischen Wissenschaft und Praxis sowie den für die Wahrnehmung der wirtschaftlichen Interessen gebildeten maßgeblichen Spitzenorganisationen der pharmazeutischen Unternehmer, den betroffenen pharmazeutischen Unternehmern, den Berufsvertretungen der Apotheker und den maßgeblichen Dachverbänden der Ärztegesellschaften der besonderen Therapierichtungen auf Bundesebene Gelegenheit zur Stellungnahme zu geben. $_{2}$Die Stellungnahmen sind in die Entscheidung einzubeziehen. $_{3}$Der Gemeinsame Bundesausschuss hat unter Wahrung der Betriebs- und Geschäftsgeheimnisse Gutachten oder Empfehlungen von Sachverständigen, die er bei Richtlinien nach Absatz 1 Satz 2 Nummer 6 zur Verordnung von Arzneimitteln und zur Anwendung von Arzneimitteln für neuartige Therapien im Sinne von § 4 Absatz 9 des Arzneimittelgesetzes sowie bei Therapiehinweisen nach Absatz 2 Satz 7 zu Grunde legt, bei Einleitung des Stellungnahmeverfahrens zu benennen und zu veröffentlichen sowie in den tragenden Gründen der Beschlüsse zu benennen.

(4) In den Richtlinien nach Absatz 1 Satz 2 Nr. 3 sind insbesondere zu regeln

1. die Anwendung wirtschaftlicher Verfahren und die Voraussetzungen, unter denen mehrere Maßnahmen zur Früherkennung zusammenzufassen sind,
2. das Nähere über die Bescheinigungen und Aufzeichnungen bei Durchführung der Maßnahmen zur Früherkennung von Krankheiten,
3. Einzelheiten zum Verfahren und zur Durchführung von Auswertungen der Aufzeichnungen sowie der Evaluation der Maßnahmen zur Früherkennung von Krankheiten einschließlich der organisierten Krebsfrüherkennungsprogramme nach § 25a.

(4a) $_{1}$Der Gemeinsame Bundesausschuss beschließt bis zum 31. Dezember 2021 in den Richtlinien nach Absatz 1 Satz 2 Nummer 7 Regelungen zur Feststellung der Arbeitsunfähigkeit im Rahmen der ausschließlichen Fernbehandlung in geeigneten Fällen. $_{2}$Bei der Festlegung der Regelungen nach Satz 1 ist zu beachten, dass im Falle der erstmaligen Feststellung der Arbeitsunfähigkeit im Rahmen der ausschließlichen Fernbehandlung diese nicht über einen Zeitraum von bis zu drei Kalendertagen hinausgehen und ihr keine Feststellung des Fortbestehens der Arbeitsunfähigkeit folgen soll. $_{3}$Der Gemeinsame Bundesausschuss hat dem Ausschuss für Gesundheit des Deutschen Bundestages zwei Jahre nach dem Inkrafttreten der Regelungen nach Satz 1 über das Bundesministerium für Gesundheit einen Bericht über deren Umsetzung vorzulegen. $_{4}$Bei der Erstellung des Berichtes ist den Spitzenorganisationen der Arbeitgeber und der Arbeitnehmer Gelegenheit zur Stellungnahme zu geben.

(5) $_{1}$Vor der Entscheidung des Gemeinsamen Bundesausschusses über die Richtlinien nach Absatz 1 Satz 2 Nr. 8 ist den in § 111b Satz 1 genannten Organisationen der Leistungserbringer, den Rehabilitationsträgern (§ 6 Abs. 1 Nr. 2 bis 7 des Neunten Buches) sowie der Bundesarbeitsgemeinschaft für Rehabilitation Gelegenheit zur Stellungnahme zu geben; die Stellungnahmen sind in die Entscheidung einzubeziehen. $_{2}$In den Richtlinien ist zu regeln, bei welchen Behinderungen, unter welchen Voraussetzungen und nach welchen Verfahren die Vertragsärzte die Krankenkassen über die Behinderung von Versicherten zu unterrichten haben.

(6) $_{1}$In den Richtlinien nach Absatz 1 Satz 2 Nr. 6 ist insbesondere zu regeln

1. der Katalog verordnungsfähiger Heilmittel,
2. die Zuordnung der Heilmittel zu Indikationen,
3. die indikationsbezogenen orientierenden Behandlungsmengen und die Zahl der Behandlungseinheiten je Verordnung,
4. Inhalt und Umfang der Zusammenarbeit des verordnenden Vertragsarztes mit dem jeweiligen Heilmittelerbringer,
5. auf welche Angaben bei Verordnungen nach § 73 Absatz 11 Satz 1 verzichtet werden kann sowie
6. die Dauer der Gültigkeit einer Verordnung nach § 73 Absatz 11 Satz 1.

$_{2}$Vor der Entscheidung des Gemeinsamen Bundesausschusses über die Richtlinien zur Verordnung von Heilmitteln nach Absatz 1 Satz 2 Nr. 6 ist in § 125 Abs. 1 Satz 1 genannten Organisationen der Leistungserbringer Gelegenheit zur Stellungnahme zu geben; die Stellungnahmen sind in die Entscheidung einzubeziehen.

(6a) $_{1}$In den Richtlinien nach Absatz 1 Satz 2 Nr. 1 ist insbesondere das Nähere über die psychotherapeutisch behandlungsbedürftigen Krankheiten, die zur Krankenbehandlung geeigneten Verfahren, das Antrags- und Gutachterverfahren, die probatorischen Sitzungen sowie über Art, Umfang und Durchführung der Behandlung zu regeln; der Gemeinsame Bundesausschuss kann dabei Regelungen treffen, die leitliniengerecht den Behandlungsbedarf konkretisieren. $_{2}$Sofern sich nach einer Krankenhausbehandlung eine ambulante psychotherapeutische Behandlung anschließen soll, können erforderliche probatorische Sitzungen frühzeitig, bereits während der Krankenhausbehandlung sowohl in der vertragsärztlichen Praxis als auch in den Räumen des Krankenhauses durchgeführt werden; das Nähere regelt der Gemeinsame Bundesausschuss in den Richtlinien nach Satz 1 und nach Absatz 6b. $_{3}$Die Richtlinien nach Satz 1 haben darüber hinaus Regelungen zu treffen über die inhaltlichen Anforderungen an den Konsiliarbericht und an die fachlichen Anforderungen des den Konsiliarbericht (§ 28 Abs. 3) abgebenden Vertragsarztes. $_{4}$Der Gemeinsame Bundesausschuss beschließt in den Richtlinien nach Satz 1 Regelungen zur Flexibilisierung des Therapieangebotes, insbesondere zur Einrichtung von psychotherapeutischen Sprechstunden, zur Förderung der frühzeitigen diagnostischen Abklärung und der Akutversorgung, zur Förderung von Gruppentherapien und der Rezidivprophylaxe sowie zur Vereinfachung des Antrags- und Gutachterverfahrens. $_{5}$Der Gemeinsame Bundesausschuss beschließt bis spätestens zum 31. Dezember 2020 in einer Ergänzung der Richtlinien nach Satz 1 Regelungen zur weiteren Förderung der Gruppentherapie und der weiteren Vereinfachung des Gutachterverfahrens; für Gruppentherapien findet ab dem 23. November 2019 kein Gutachterverfahren mehr statt. $_{6}$Der Gemeinsame Bundesausschuss hat sämtliche Regelungen zum Antrags- und Gutachterverfahren aufzuheben, sobald er ein Verfahren zur Qualitätssicherung nach § 136a Absatz 2a eingeführt hat.

(6b) $_{1}$Der Gemeinsame Bundesausschuss beschließt bis spätestens zum 31. Dezember 2020 in einer Richtlinie nach Absatz 1 Satz 2 Nummer 1 Regelungen für eine berufsgruppenübergreifende, koordinierte und strukturierte Versorgung, insbesondere für schwer psychisch kranke Versicherte mit einem komplexen psychiatrischen oder psychotherapeutischen Behandlungsbedarf. $_{2}$Der Gemeinsame Bundesausschuss kann dabei Regelungen treffen, die diagnoseorientiert und leitliniengerecht den Behandlungsbedarf konkretisieren. $_{3}$In der Richtlinie sind auch Regelungen zur Erleichterung des Übergangs von der stationären in die ambulante Versorgung zu treffen.

(6c) $_{1}$Der Gemeinsame Bundesausschuss beschließt bis spätestens zum 31. Dezember 2023 in einer Richtlinie nach Absatz 1 Satz 2 Nummer 1 Regelungen für eine berufsgruppenübergreifende, koordinierte und strukturierte Versorgung für Versicherte mit Verdacht auf Long-COVID. $_{2}$Der Gemeinsame Bundesausschuss kann hierzu Regelungen treffen, die insbesondere eine interdisziplinäre und standardisierte Diagnostik und den zeitnahen Zugang zu einem multimodalen Therapieangebot sicherstellen. [3]Er kann den Anwendungsbereich seiner Richtlinie auf die Versorgung von Versicherten erstrecken, bei denen ein Verdacht auf eine andere Erkrankung besteht, die eine ähnliche Ursache oder eine ähnliche Krankheitsausprägung wie Long-COVID aufweist.

(7) [1]In den Richtlinien nach Absatz 1 Satz 2 Nr. 6 sind insbesondere zu regeln

1. die Verordnung der häuslichen Krankenpflege und deren ärztliche Zielsetzung,
2. Inhalt und Umfang der Zusammenarbeit des verordnenden Vertragsarztes mit dem jeweiligen Leistungserbringer und dem Krankenhaus,
3. die Voraussetzungen für die Verordnung häuslicher Krankenpflege und für die Mitgabe von Arzneimitteln im Krankenhaus im Anschluss an einen Krankenhausaufenthalt,
4. Näheres zur Verordnung häuslicher Krankenpflege zur Dekolonisation von Trägern mit dem Methicillin-resistenten Staphylococcus aureus (MRSA),
5. Näheres zur Verordnung häuslicher Krankenpflege zur ambulanten Palliativversorgung.

[2]Vor der Entscheidung des Gemeinsamen Bundesausschusses über die Richtlinien zur Verordnung von häuslicher Krankenpflege nach Absatz 1 Satz 2 Nr. 6 ist den in § 132a Abs. 1 Satz 1 genannten Leistungserbringern und zu den Regelungen gemäß Satz 1 Nummer 5 zusätzlich den maßgeblichen Spitzenorganisationen der Hospizarbeit und der Palliativversorgung auf Bundesebene Gelegenheit zur Stellungnahme zu geben; die Stellungnahmen sind in die Entscheidung einzubeziehen.

(7a) Vor der Entscheidung des Gemeinsamen Bundesausschusses über die Richtlinien zur Verordnung von Hilfsmitteln nach Absatz 1 Satz 2 Nr. 6 ist den in § 127 Absatz 9 Satz 1 genannten Organisationen der Leistungserbringer und den Spitzenorganisationen der betroffenen Hilfsmittelhersteller auf Bundesebene Gelegenheit zur Stellungnahme zu geben; die Stellungnahmen sind in die Entscheidung einzubeziehen.

(7b) [1]Vor der Entscheidung über die Richtlinien zur Verordnung von spezialisierter ambulanter Palliativversorgung nach Absatz 1 Satz 2 Nr. 14 ist den maßgeblichen Organisationen der Hospizarbeit und der Palliativversorgung sowie den in § 132a Abs. 1 Satz 1 genannten Organisationen Gelegenheit zur Stellungnahme zu geben. [2]Die Stellungnahmen sind in die Entscheidung einzubeziehen.

(7c) Vor der Entscheidung über die Richtlinien zur Verordnung von Soziotherapie nach Absatz 1 Satz 2 Nr. 6 ist den maßgeblichen Organisationen der Leistungserbringer der Soziotherapieversorgung Gelegenheit zur Stellungnahme zu geben; die Stellungnahmen sind in die Entscheidung einzubeziehen.

(7d) [1]Vor der Entscheidung über die Richtlinien nach den §§ 135, 137c und § 137e ist den jeweils einschlägigen wissenschaftlichen Fachgesellschaften Gelegenheit zur Stellungnahme zu geben; bei Methoden, deren technische Anwendung maßgeblich auf dem Einsatz eines Medizinprodukts beruht, ist auch den für die Wahrnehmung der wirtschaftlichen Interessen gebildeten maßgeblichen Spitzenorganisationen der Medizinproduktehersteller und den jeweils betroffenen Medizinprodukteherstellern Gelegenheit zur Stellungnahme zu geben. [2]Bei Methoden, bei denen radioaktive Stoffe oder ionisierende Strahlung am Menschen angewandt werden, ist auch der Strahlenschutzkommission Gelegenheit zur Stellungnahme zu geben. [3]Die Stellungnahmen sind in die Entscheidung einzubeziehen.

(7e) [1]Bei den Richtlinien nach Absatz 1 Satz 2 Nummer 9 erhalten die Länder ein Antrags- und Mitberatungsrecht. [2]Es wird durch zwei Vertreter der Länder ausgeübt, die von der Gesundheitsministerkonferenz der Länder benannt werden. [3]Die Mitberatung umfasst auch das Recht, Beratungsgegenstände auf die Tagesordnung setzen zu lassen und das Recht zur Anwesenheit bei der Beschlussfassung. [4]Der Gemeinsame Bundesausschuss hat über Anträge der Länder in der nächsten Sitzung des jeweiligen Gremiums zu beraten. [5]Wenn über einen Antrag nicht entschieden werden kann, soll in der Sitzung das Verfahren hinsichtlich der weiteren Beratung und Entscheidung festgelegt werden. [6]Entscheidungen über die Einrichtung einer Arbeitsgruppe und die Bestellung von Sachverständigen durch den zuständigen Unterausschuss sind nur im Einvernehmen mit den beiden Vertretern der Länder zu treffen. [7]Dabei haben diese ihr Votum einheitlich abzugeben.

(7f) [1]Bei den Richtlinien nach Absatz 1 Satz 2 Nummer 13 und den Beschlüssen nach den §§ 136b und 136c erhalten die Länder ein Antrags- und Mitberatungsrecht; Absatz 7e Satz 2 bis 7 gilt entsprechend. [2]Vor der Entscheidung über die Richtlinien nach § 136 Absatz 1 in Verbindung mit § 136a Absatz 1 Satz 1 bis 3 ist dem Robert Koch-Institut Gelegenheit zur Stellungnahme zu geben. [3]Das Robert Koch-Institut hat die Stellungnahme mit den wissenschaftlichen Kommissionen am Robert Koch-Institut nach § 23 des Infektionsschutzgesetzes abzustimmen. [4]Die Stellungnahme ist in die Entscheidung einzubeziehen.

(7g) Vor der Entscheidung über die Richtlinien zur Verordnung außerklinischer Intensivpflege nach Absatz 1 Satz 2 Nummer 6 ist den in § 132l Absatz 1 Satz 1 genannten Organisationen der Leistungserbringer sowie den für die Wahrnehmung der Interessen der betroffenen

Versicherten maßgeblichen Spitzenorganisationen auf Bundesebene Gelegenheit zur Stellungnahme zu geben; die Stellungnahmen sind in die Entscheidung einzubeziehen.

(8) Die Richtlinien des Gemeinsamen Bundesausschusses sind Bestandteil der Bundesmantelverträge.

§ 92a Innovationsfonds, Grundlagen der Förderung von neuen Versorgungsformen zur Weiterentwicklung der Versorgung und von Versorgungsforschung durch den Gemeinsamen Bundesausschuss

(1) $_{1}$Der Gemeinsame Bundesausschuss fördert neue Versorgungsformen, die über die bisherige Regelversorgung hinausgehen. $_{2}$Gefördert werden insbesondere Vorhaben, die eine Verbesserung der sektorenübergreifenden Versorgung zum Ziel haben und hinreichendes Potential aufweisen, dauerhaft in die Versorgung aufgenommen zu werden. $_{3}$Voraussetzung für eine Förderung ist, dass eine wissenschaftliche Begleitung und Auswertung der Vorhaben erfolgt. $_{4}$Förderkriterien sind insbesondere:

1. Verbesserung der Versorgungsqualität und Versorgungseffizienz,
2. Behebung von Versorgungsdefiziten,
3. Optimierung der Zusammenarbeit innerhalb und zwischen verschiedenen Versorgungsbereichen, Versorgungseinrichtungen und Berufsgruppen,
4. interdisziplinäre und fachübergreifende Versorgungsmodelle,
5. Übertragbarkeit der Erkenntnisse, insbesondere auf andere Regionen oder Indikationen,
6. Verhältnismäßigkeit von Implementierungskosten und Nutzen,
7. Evaluierbarkeit.

$_{5}$Förderfähig sind nur diejenigen Kosten, die dem Grunde nach nicht von den Vergütungssystemen der Regelversorgung umfasst sind. $_{6}$Bei der Antragstellung ist in der Regel eine Krankenkasse zu beteiligen. $_{7}$Die Förderung erfolgt in der Regel in einem zweistufigen Verfahren. $_{8}$In der ersten Stufe wird die Konzeptentwicklung von Vorhaben zur Ausarbeitung qualifizierter Anträge für bis zu sechs Monate gefördert. $_{9}$In der zweiten Stufe wird die Durchführung von in der Regel nicht mehr als 20 dieser Vorhaben mit der jährlich verfügbaren Fördersumme nach Absatz 3 gefördert. $_{10}$Ein Anspruch auf Förderung besteht nicht.

(2) $_{1}$Der Gemeinsame Bundesausschuss fördert Versorgungsforschung, die auf einen Erkenntnisgewinn zur Verbesserung der bestehenden Versorgung in der gesetzlichen Krankenversicherung ausgerichtet ist. $_{2}$Antragsteller für eine Förderung von Versorgungsforschung können insbesondere universitäre und nichtuniversitäre Forschungseinrichtungen sein. $_{3}$Ein Anspruch auf Förderung besteht nicht. $_{4}$Die für Versorgungsforschung zur Verfügung stehenden Mittel können auch für Forschungsvorhaben zur Weiterentwicklung und insbesondere Evaluation der Richtlinien des Gemeinsamen Bundesausschusses sowie zur Entwicklung oder Weiterentwicklung ausgewählter medizinischer Leitlinien, für die in der Versorgung besonderer Bedarf besteht, eingesetzt werden.

(3) $_{1}$Die Fördersumme für neue Versorgungsformen und Versorgungsforschung nach den Absätzen 1 und 2 beträgt in den Jahren 2016 bis 2019 jeweils 300 Millionen Euro und in den Jahren 2020 bis 2024 jeweils 200 Millionen Euro. $_{2}$Sie umfasst auch die für die Verwaltung der Mittel und die Durchführung der Förderung einschließlich der wissenschaftlichen Auswertung nach Absatz 5 notwendigen Aufwendungen. $_{3}$Von der Fördersumme sollen 80 Prozent für die Förderung nach Absatz 1 und 20 Prozent für die Förderung nach Absatz 2 verwendet werden, wobei jeweils höchstens 20 Prozent der jährlich verfügbaren Fördersumme für Vorhaben auf der Grundlage von themenoffenen Förderbekanntmachungen verwendet werden dürfen und mindestens 5 Millionen Euro jährlich für die Entwicklung oder Weiterentwicklung von Leitlinien nach Absatz 2 Satz 4 aufgewendet werden sollen. $_{4}$Mittel, die in den Haushaltsjahren 2016 bis 2019 nicht bewilligt wurden, sind entsprechend Absatz 4 Satz 1 anteilig an die Liquiditätsreserve des Gesundheitsfonds und die Krankenkassen zurückzuführen. $_{5}$Mittel, die in den Haushaltsjahren 2020 bis 2023 nicht bewilligt wurden, und bewilligte Mittel für in den Jahren 2020 bis 2023 beendete Vorhaben, die nicht zur Auszahlung gelangt sind, werden jeweils in das folgende Haushaltsjahr übertragen. $_{6}$Mittel, die im Haushaltsjahr 2024 nicht bewilligt wurden, sowie bewilligte Mittel, die ab dem Haushaltsjahr 2024 bis zur Beendigung eines Vorhabens nicht zur Auszahlung gelangt sind, sind entsprechend Absatz 4 Satz 1 anteilig an die Liquiditätsreserve des Gesundheitsfonds und die Krankenkassen zurückzuführen. $_{7}$Die Laufzeit eines Vorhabens nach den Absätzen 1 und 2 kann bis zu vier Jahre betragen, wobei die Konzeptentwicklung im Rahmen der ersten Stufe der Förderung nach Absatz 1 Satz 8 nicht zur Laufzeit des Vorhabens zählt.

(4) $_{1}$Die Mittel nach Absatz 3, verringert um den Finanzierungsanteil der landwirtschaftlichen Krankenkasse nach § 221 Absatz 3 Satz 1 Nummer 1, werden durch den Gesundheitsfonds (Liquiditätsreserve) und die nach § 266 am Risikostrukturausgleich teilnehmenden Krankenkas-

sen jeweils zur Hälfte getragen. $_{2}$Das Bundesamt für Soziale Sicherung erhebt und verwaltet die Mittel (Innovationsfonds) und zahlt die Fördermittel auf der Grundlage der Entscheidungen des Innovationsausschusses nach § 92b aus. $_{3}$Die dem Bundesamt für Soziale Sicherung im Zusammenhang mit dem Innovationsfonds entstehenden Ausgaben werden aus den Einnahmen des Innovationsfonds gedeckt. $_{4}$Das Nähere zur Erhebung der Mittel für den Innovationsfonds durch das Bundesamt für Soziale Sicherung bei den nach § 266 am Risikostrukturausgleich teilnehmenden Krankenkassen regelt die Rechtsverordnung nach § 266 Absatz 8 Satz 1; § 266 Absatz 7 Satz 7 gilt entsprechend. $_{5}$Das Nähere zur Weiterleitung der Mittel an den Innovationsfonds und zur Verwaltung der Mittel des Innovationsfonds bestimmt das Bundesamt für Soziale Sicherung im Benehmen mit dem Innovationsausschuss und dem Spitzenverband Bund der Krankenkassen.

(5) $_{1}$Das Bundesministerium für Gesundheit veranlasst eine wissenschaftliche Auswertung der Förderung nach dieser Vorschrift im Hinblick auf deren Eignung zur Weiterentwicklung der Versorgung. $_{2}$Die hierfür entstehenden Ausgaben werden aus den Einnahmen des Innovationsfonds gedeckt. $_{3}$Einen abschließenden Bericht über das Ergebnis der wissenschaftlichen Auswertung legt das Bundesministerium für Gesundheit dem Deutschen Bundestag zum 31. März 2022 vor.

§ 92b Durchführung der Förderung von neuen Versorgungsformen zur Weiterentwicklung der Versorgung und von Versorgungsforschung durch den Gemeinsamen Bundesausschuss

(1) $_{1}$Zur Durchführung der Förderung wird beim Gemeinsamen Bundesausschuss ein Innovationsausschuss eingerichtet. $_{2}$Dem Innovationsausschuss gehören drei vom Spitzenverband Bund der Krankenkassen benannte Mitglieder des Beschlussgremiums nach § 91 Absatz 2, jeweils ein von der Kassenärztlichen Bundesvereinigung, der Kassenzahnärztlichen Bundesvereinigung und der Deutschen Krankenhausgesellschaft benanntes Mitglied des Beschlussgremiums nach § 91 Absatz 2, der unparteiische Vorsitzende des Gemeinsamen Bundesausschusses sowie zwei Vertreter des Bundesministeriums für Gesundheit und ein Vertreter des Bundesministeriums für Bildung und Forschung an. $_{3}$Die für die Wahrnehmung der Interessen der Patientinnen und Patienten und der Selbsthilfe chronisch kranker und behinderter Menschen auf Bundesebene maßgeblichen Organisationen erhalten ein Mitberatungs- und Antragsrecht. $_{4}$§ 140f Absatz 2 Satz 2 bis 7, Absatz 5 sowie 6 gilt entsprechend.

(2) $_{1}$Der Innovationsausschuss legt nach einem Konsultationsverfahren unter Einbeziehung externer Expertise in Förderbekanntmachungen die Schwerpunkte und Kriterien für die Förderung nach § 92a Absatz 1 und 2 Satz 1 bis 4 erste Alternative fest. $_{2}$Soweit der Innovationsausschuss bis zum 15. Dezember 2019 keine Schwerpunkte und Kriterien für das Bewilligungsjahr 2020 festgelegt hat, werden diese abweichend von Satz 1 durch das Bundesministerium für Gesundheit bis zum 31. Januar 2020 festgelegt. $_{3}$Der Innovationsausschuss übernimmt die vom Bundesministerium für Gesundheit nach Satz 2 festgelegten Schwerpunkte und Kriterien unverzüglich in Förderbekanntmachungen. $_{4}$Für die Förderbekanntmachungen für das Bewilligungsjahr 2020 und die entsprechenden Förderverfahren finden § 92a Absatz 1 Satz 7 bis 9 sowie das Konsultationsverfahren nach Satz 1 keine Anwendung. $_{5}$Die Schwerpunkte für die Entwicklung und Weiterentwicklung von Leitlinien nach § 92a Absatz 2 Satz 4 zweite Alternative legt das Bundesministerium für Gesundheit fest. $_{6}$Dabei kann die Arbeitsgemeinschaft der Wissenschaftlichen Medizinischen Fachgesellschaften dem Bundesministerium für Gesundheit Schwerpunkte zur Entwicklung oder Weiterentwicklung von Leitlinien vorschlagen. $_{7}$Jedem Vorschlag ist eine Begründung des jeweiligen Förderbedarfs beizufügen. $_{8}$Der Innovationsausschuss übernimmt die vom Bundesministerium für Gesundheit festgelegten Schwerpunkte in Förderbekanntmachungen und legt in diesen die Kriterien für die Förderung nach § 92a Absatz 2 Satz 4 zweite Alternative fest. $_{9}$Der Innovationsausschuss führt auf der Grundlage der Förderbekanntmachungen nach den Sätzen 1 bis 8 Interessenbekundungsverfahren durch und entscheidet über die eingegangenen Anträge auf Förderung. $_{10}$Er beschließt nach Abschluss der geförderten Vorhaben Empfehlungen zur Überführung in die Regelversorgung nach Absatz 3. $_{11}$Der Innovationsausschuss entscheidet auch über die Verwendung der Mittel nach § 92a Absatz 2 Satz 4. $_{12}$Entscheidungen des Innovationsausschusses bedürfen einer Mehrheit von sieben Stimmen. $_{13}$Der Innovationsausschuss beschließt eine Geschäfts- und Verfahrensordnung, in der er insbesondere seine Arbeitsweise und die Zusammenarbeit mit der Geschäftsstelle nach Absatz 4, das zweistufige Förderverfahren nach § 92a Absatz 1 Satz 7 bis 9, das Konsultationsverfahren nach Satz 1, das Förderverfahren nach Satz 9, die Benennung und Beauftragung von Experten aus dem Expertenpool nach Absatz 6 sowie die Beteiligung der Arbeitsgemeinschaft der Wissenschaftlichen Medizinischen Fachgesellschaften nach Absatz 7 regelt. $_{14}$Die Geschäfts- und Verfahrensordnung bedarf der Genehmigung des Bundesministeriums für Gesundheit.

(3) $_{1}$Der Innovationsausschuss beschließt jeweils spätestens drei Monate nach Eingang des jeweiligen Berichts

zur wissenschaftlichen Begleitung und Auswertung nach § 92a Absatz 1 Satz 3 von geförderten Vorhaben zu neuen Versorgungsformen eine Empfehlung zur Überführung der neuen Versorgungsform oder wirksamer Teile aus einer neuen Versorgungsform in die Regelversorgung. 2Er berät innerhalb der in Satz 1 genannten Frist die jeweiligen Ergebnisberichte der geförderten Vorhaben zur Versorgungsforschung nach § 92a Absatz 2 Satz 1 und kann eine Empfehlung zur Überführung von Erkenntnissen in die Regelversorgung beschließen. 3In den Beschlüssen nach den Sätzen 1 und 2 muss konkretisiert sein, wie die Überführung in die Regelversorgung erfolgen soll, und festgestellt werden, welche Organisation der Selbstverwaltung oder welche andere Einrichtung für die Überführung zuständig ist. 4Wird empfohlen, eine neue Versorgungsform nicht in die Regelversorgung zu überführen, ist dies zu begründen. 5Die Beschlüsse nach den Sätzen 1 und 2 werden veröffentlicht. 6Stellt der Innovationsausschuss die Zuständigkeit des Gemeinsamen Bundesausschusses fest, hat dieser innerhalb von zwölf Monaten nach dem jeweiligen Beschluss der Empfehlung die Regelungen zur Aufnahme in die Versorgung zu beschließen.

(4) 1Zur Vorbereitung und Umsetzung der Entscheidungen des Innovationsausschusses wird eine Geschäftsstelle eingerichtet. 2Der personelle und sachliche Bedarf des Innovationsausschusses und seiner Geschäftsstelle wird vom Innovationsausschuss bestimmt und ist vom Gemeinsamen Bundesausschuss in seinen Haushalt einzustellen.

(5) 1Die Geschäftsstelle nach Absatz 4 untersteht der fachlichen Weisung des Innovationsausschusses und der dienstlichen Weisung des unparteiischen Vorsitzenden des Gemeinsamen Bundesausschusses und hat insbesondere folgende Aufgaben:

1. Erarbeitung von Entwürfen für Förderbekanntmachungen,
2. Möglichkeit zur Einholung eines Zweitgutachtens, insbesondere durch das Institut für Qualität und Wirtschaftlichkeit im Gesundheitswesen nach § 139a oder das Institut für Qualitätssicherung und Transparenz im Gesundheitswesen nach § 137a,
3. Erlass von Förderbescheiden,
4. administrative und fachliche Beratung von Förderinteressenten, Antragstellern und Zuwendungsempfängern,
5. Unterstützung bei der Ausarbeitung qualifizierter Anträge nach § 92a Absatz 1 Satz 8,
6. administrative Bearbeitung und fachliche Begleitung von Vorhaben, die mit Mitteln des Innovationsfonds gefördert werden oder gefördert werden sollen,
7. Veranlassung der Auszahlung der Fördermittel durch das Bundesamt für Soziale Sicherung,
8. kontinuierliche projektbegleitende Erfolgskontrolle geförderter Vorhaben,
9. Erarbeitung von Entwürfen für Empfehlungen des Innovationsausschusses nach Absatz 3,
10. Prüfung der ordnungsgemäßen Verwendung der Fördermittel und eventuelle Rückforderung der Fördermittel,
11. Veröffentlichung der aus dem Innovationsfonds geförderten Vorhaben sowie daraus gewonnener Erkenntnisse und Ergebnisse.

2Die Beratung und die Unterstützung der Förderinteressenten, Antragsteller und Zuwendungsempfänger nach Satz 1 Nummer 4 und 5 lösen keine weitergehenden Ansprüche aus.

(6) 1Zur Einbringung wissenschaftlichen und versorgungspraktischen Sachverstands in die Beratungsverfahren des Innovationsausschusses wird ein Expertenpool gebildet. 2Die Mitglieder des Expertenpools sind Vertreter aus Wissenschaft und Versorgungspraxis. 3Sie werden auf Basis eines Vorschlagsverfahrens vom Innovationsausschuss jeweils für einen Zeitraum von zwei Jahren benannt; eine Wiederbenennung ist möglich. 4Sie sind ehrenamtlich tätig. 5Die Geschäftsstelle nach Absatz 4 beauftragt die einzelnen Mitglieder des Expertenpools entsprechend ihrer jeweiligen wissenschaftlichen und versorgungspraktischen Expertise mit der Durchführung von Kurzbegutachtungen einzelner Anträge auf Förderung und mit der Abgabe von Empfehlungen zur Förderentscheidung. 6Für die Wahrnehmung der Aufgaben kann eine Aufwandsentschädigung gezahlt werden, deren Höhe in der Geschäftsordnung des Innovationsausschusses festgelegt wird. 7Die Empfehlungen der Mitglieder des Expertenpools sind vom Innovationsausschuss in seine Entscheidungen einzubeziehen. 8Abweichungen von den Empfehlungen der Mitglieder des Expertenpools sind vom Innovationsausschuss schriftlich zu begründen. 9Mitglieder des Expertenpools dürfen für den Zeitraum ihrer Benennung keine Anträge auf Förderung durch den Innovationsfonds stellen und auch nicht an einer Antragstellung beteiligt sein.

(7) Bei der Beratung der Anträge zur Entwicklung oder Weiterentwicklung ausgewählter medizinischer Leitlinien nach § 92a Absatz 2 Satz 4 ist die Arbeitsgemeinschaft der Wissenschaftlichen Medizinischen Fachgesellschaften durch den Innovationsausschuss zu beteiligen.

(8) 1Klagen bei Streitigkeiten nach dieser Vorschrift haben keine aufschiebende Wirkung. 2Ein Vorverfahren findet nicht statt.

§ 93 Übersicht über ausgeschlossene Arzneimittel

(1) 1Der Gemeinsame Bundesausschuss soll in regelmäßigen Zeitabständen die nach § 34 Abs. 1 oder durch Rechtsverordnung auf Grund des § 34 Abs. 2 und 3 ganz oder für bestimmte Indikationsgebiete von der Versorgung nach § 31 ausgeschlossenen Arzneimittel in einer Übersicht zusammenstellen. 2Die Übersicht ist im Bundesanzeiger bekanntzumachen.

(2) Kommt der Gemeinsame Bundesausschuß seiner Pflicht nach Absatz 1 nicht oder nicht in einer vom Bundesministerium für Gesundheit gesetzten Frist nach, kann das Bundesministerium für Gesundheit die Übersicht zusammenstellen und im Bundesanzeiger bekannt machen.

§ 94 Wirksamwerden der Richtlinien

(1) 1Die vom Gemeinsamen Bundesausschuss beschlossenen Richtlinien sind dem Bundesministerium für Gesundheit vorzulegen. 2Es kann sie innerhalb von zwei Monaten beanstanden; bei Beschlüssen nach § 20i Absatz 1 und bei Beschlüssen nach § 35 Absatz 1 innerhalb von vier Wochen. 3Das Bundesministerium für Gesundheit kann im Rahmen der Richtlinienprüfung vom Gemeinsamen Bundesausschuss zusätzliche Informationen und ergänzende Stellungnahmen anfordern; bis zum Eingang der Auskünfte ist der Lauf der Frist nach Satz 2 unterbrochen. 4Die Nichtbeanstandung einer Richtlinie kann vom Bundesministerium für Gesundheit mit Auflagen verbunden werden; das Bundesministerium für Gesundheit kann zur Erfüllung einer Auflage eine angemessene Frist setzen. 5Kommen die für die Sicherstellung der ärztlichen Versorgung erforderlichen Beschlüsse des Gemeinsamen Bundesausschusses nicht oder nicht innerhalb einer vom Bundesministerium für Gesundheit gesetzten Frist zustande oder werden die Beanstandungen des Bundesministeriums für Gesundheit nicht innerhalb der von ihm gesetzten Frist behoben, erläßt das Bundesministerium für Gesundheit die Richtlinien.

(2) 1Die Richtlinien sind im Bundesanzeiger und deren tragende Gründe im Internet bekanntzumachen. 2Die Bekanntmachung der Richtlinien muss auch einen Hinweis auf die Fundstelle der Veröffentlichung der tragenden Gründe im Internet enthalten.

(3) Klagen gegen Maßnahmen des Bundesministeriums für Gesundheit nach Absatz 1 haben keine aufschiebende Wirkung.

Siebter Titel
Voraussetzungen und Formen der Teilnahme von Ärzten und Zahnärzten an der Versorgung

§ 95 Teilnahme an der vertragsärztlichen Versorgung

(1) 1An der vertragsärztlichen Versorgung nehmen zugelassene Ärzte und zugelassene medizinische Versorgungszentren sowie ermächtigte Ärzte und ermächtigte Einrichtungen teil. 2Medizinische Versorgungszentren sind ärztlich geleitete Einrichtungen, in denen Ärzte, die in das Arztregister nach Absatz 2 Satz 3 eingetragen sind, als Angestellte oder Vertragsärzte tätig sind. 3Der ärztliche Leiter muss in dem medizinischen Versorgungszentrum selbst als angestellter Arzt oder als Vertragsarzt tätig sein; er ist in medizinischen Fragen weisungsfrei. 4Sind in einem medizinischen Versorgungszentrum Angehörige unterschiedlicher Berufsgruppen, die an der vertragsärztlichen Versorgung teilnehmen, tätig, ist auch eine kooperative Leitung möglich. 5Die Zulassung erfolgt für den Ort der Niederlassung als Arzt oder den Ort der Niederlassung als medizinisches Versorgungszentrum (Vertragsarztsitz).

(1a) 1Medizinische Versorgungszentren können von zugelassenen Ärzten, von zugelassenen Krankenhäusern, von Erbringern nichtärztlicher Dialyseleistungen nach § 126 Absatz 3, von anerkannten Praxisnetzen nach § 87b Absatz 2 Satz 3, von gemeinnützigen Trägern, die aufgrund von Zulassung oder Ermächtigung an der vertragsärztlichen Versorgung teilnehmen, oder von Kommunen gegründet werden. 2Erbringer nichtärztlicher Dialyseleistungen nach § 126 Absatz 3 sind jedoch nur zur Gründung fachbezogener medizinischer Versorgungszentren berechtigt; ein Fachbezug besteht auch für die mit Dialyseleistungen zusammenhängenden ärztlichen Leistungen im Rahmen einer umfassenden Versorgung der Dialysepatienten. 3Die Gründung eines medizinischen Versorgungszentrums ist nur in der Rechtsform der Personengesellschaft, der eingetragenen Genossenschaft oder der Gesellschaft mit beschränkter Haftung oder in einer öffentlich rechtlichen Rechtsform möglich. 4Die Zulassung von medizinischen Versorgungszentren, die am 1. Januar 2012 bereits zugelassen sind, gilt unabhängig von der Trägerschaft und der Rechtsform des medizinischen Versorgungszentrums unverändert fort; die Zulassung von medizinischen Versorgungszentren, die von Erbringern nichtärztlicher Dialyseleistungen nach § 126 Absatz 3 gegründet wurden und am 10. Mai 2019 bereits zugelassen sind, gilt unabhängig von ihrem Versorgungsangebot unverändert fort. 5Für die Gründung von medizinischen Versorgungszentren durch Kommunen findet § 105 Absatz 5 Satz 1 bis 4 keine Anwendung.

(1b) 1Ein zahnärztliches medizinisches Versorgungszentrum kann von einem Krankenhaus nur gegründet werden, soweit der Versorgungsanteil der vom Krankenhaus damit insgesamt gegründeten zahnärztlichen medizinischen Versorgungszentren an der vertragszahnärztlichen Versorgung in dem Planungsbereich der Kassenzahnärztlichen Vereinigung, in dem die Gründung des zahnärztlichen medizinischen Versorgungszentrums beabsichtigt ist, 10 Prozent nicht überschreitet. 2In Planungsbereichen, in denen der allgemeine bedarfsgerechte Versorgungsgrad um bis zu 50 Prozent unterschritten ist, umfasst die Gründungsbefugnis des Krankenhauses für zahnärztliche medizinische Versorgungszentren mindestens fünf Vertragszahnarztsitze oder Anstellungen. 3Abweichend von Satz 1 kann ein Krankenhaus ein zahnärztliches medizinisches Versorgungszentrum unter den folgenden Voraussetzungen gründen:

1. in einem Planungsbereich, in dem der allgemeine bedarfsgerechte Versorgungsgrad um mehr als 50 Prozent unterschritten ist, sofern der Versorgungsanteil der vom Krankenhaus damit insgesamt gegründeten zahnärztlichen medizinischen Versorgungszentren an der vertragszahnärztlichen Versorgung in diesem Planungsbereich 20 Prozent nicht überschreitet,
2. in einem Planungsbereich, in dem der allgemeine bedarfsgerechte Versorgungsgrad um mehr als 10 Prozent überschritten ist, sofern der Versorgungsanteil der vom Krankenhaus gegründeten zahnärztlichen medizinischen Versorgungszentren an der vertragszahnärztlichen Versorgung in diesem Planungsbereich 5 Prozent nicht überschreitet.

4Der Zulassungsausschuss ermittelt den jeweils geltenden Versorgungsanteil auf Grundlage des allgemeinen bedarfsgerechten Versorgungsgrades und des Standes der vertragszahnärztlichen Versorgung. 5Hierzu haben die Kassenzahnärztlichen Vereinigungen umfassende und vergleichbare Übersichten zum allgemeinen bedarfsgerechten Versorgungsgrad und zum Stand der vertragszahnärztlichen Versorgung am 31. Dezember eines jeden Jahres zu erstellen. 6Die Übersichten sind bis zum 30. Juni des jeweils folgenden Jahres zu erstellen und in geeigneter Weise in den amtlichen Mitteilungsblättern der Kassenzahnärztlichen Vereinigungen zu veröffentlichen. 7Die Sätze 1 bis 6 gelten auch für die Erweiterung bestehender zahnärztlicher medizinischer Versorgungszentren eines Krankenhauses.

(2) 1Um die Zulassung als Vertragsarzt kann sich jeder Arzt bewerben, der seine Eintragung in ein Arzt- oder Zahnarztregister (Arztregister) nachweist. 2Die Arztregister werden von den Kassenärztlichen Vereinigungen für jeden Zulassungsbezirk geführt. 3Die Eintragung in ein Arztregister erfolgt auf Antrag

1. nach Erfüllung der Voraussetzungen nach § 95a für Vertragsärzte und nach § 95c für Psychotherapeuten,
2. nach Ableistung einer zweijährigen Vorbereitungszeit für Vertragszahnärzte.

4Das Nähere regeln die Zulassungsverordnungen. 5Um die Zulassung kann sich ein medizinisches Versorgungszentrum bewerben, dessen Ärzte in das Arztregister nach Satz 3 eingetragen sind. 6Für die Zulassung eines medizinischen Versorgungszentrums in der Rechtsform einer Gesellschaft mit beschränkter Haftung ist außerdem Voraussetzung, dass die Gesellschafter entweder selbstschuldnerische Bürgschaftserklärungen oder andere Sicherheitsleistungen nach § 232 des Bürgerlichen Gesetzbuchs für Forderungen von Kassenärztlichen Vereinigungen und Krankenkassen gegen das medizinische Versorgungszentrum aus dessen vertragsärztlicher Tätigkeit abgeben; dies gilt auch für Forderungen, die erst nach Auflösung des medizinischen Versorgungszentrums fällig werden. 7Die Anstellung eines Arztes in einem zugelassenen medizinischen Versorgungszentrum bedarf der Genehmigung des Zulassungsausschusses. 8Die Genehmigung ist zu erteilen, wenn die Voraussetzungen des Satzes 5 erfüllt sind; Absatz 9b gilt entsprechend. 9Anträge auf Zulassung eines Arztes und auf Zulassung eines medizinischen Versorgungszentrums sowie auf Genehmigung der Anstellung eines Arztes in einem zugelassenen medizinischen Versorgungszentrum sind abzulehnen, wenn bei Antragstellung für die dort tätigen Ärzte Zulassungsbeschränkungen nach § 103 Abs. 1 Satz 2 angeordnet sind oder der Zulassung oder der Anstellungsgenehmigung Festlegungen nach § 101 Absatz 1 Satz 8 entgegenstehen. 10Abweichend von Satz 9 ist einem Antrag trotz einer nach § 103 Absatz 1 Satz 2 angeordneten Zulassungsbeschränkung stattzugeben, wenn mit der Zulassung oder Anstellungsgenehmigung Festlegungen nach § 101 Absatz 1 Satz 8 befolgt werden. 11Für die in den medizinischen Versorgungszentren angestellten Ärzte gilt § 135 entsprechend.

(3) 1Die Zulassung bewirkt, daß der Vertragsarzt Mitglied der für seinen Kassenarztsitz zuständigen Kassenärztlichen Vereinigung wird und zur Teilnahme an der vertragsärztlichen Versorgung im Umfang seines aus der Zulassung folgenden Versorgungsauftrages berechtigt und verpflichtet ist. 2Die Zulassung des medizinischen Versorgungszentrums bewirkt, dass die in dem Versorgungszentrum angestellten Ärzte Mitglieder der für den Vertragsarztsitz des Versorgungszentrums zuständigen Kassenärztlichen Vereinigung sind und dass das zugelassene medizinische Versorgungszentrum insoweit zur Teil-

V

nahme an der vertragsärztlichen Versorgung berechtigt und verpflichtet ist. 3Die vertraglichen Bestimmungen über die vertragsärztliche Versorgung sind verbindlich. 4Die Einhaltung der sich aus den Sätzen 1 und 2 ergebenden Versorgungsaufträge sind von der Kassenärztlichen Vereinigung bundeseinheitlich, insbesondere anhand der abgerechneten Fälle und anhand der Gebührenordnungspositionen mit den Angaben für den zur ärztlichen Leistungserbringung erforderlichen Zeitaufwand nach § 87 Absatz 2 Satz 1 zweiter Halbsatz, zu prüfen. 5Die Ergebnisse sowie eine Übersicht über die gegebenenfalls getroffenen Maßnahmen sind den Landes- und Zulassungsausschüssen sowie der für die jeweilige Kassenärztliche Vereinigung zuständigen Aufsichtsbehörde jeweils zum 30. Juni des Jahres zu übermitteln.

(4) 1Die Ermächtigung bewirkt, daß der ermächtigte Arzt oder die ermächtigte Einrichtung zur Teilnahme an der vertragsärztlichen Versorgung berechtigt und verpflichtet ist. 2Die vertraglichen Bestimmungen über die vertragsärztliche Versorgung sind für sie verbindlich. 3Die Absätze 5 bis 7, § 75 Abs. 2 und § 81 Abs. 5 gelten entsprechend.

(5) 1Die Zulassung ruht auf Beschluß des Zulassungsausschusses, wenn der Vertragsarzt seine Tätigkeit nicht aufnimmt oder nicht ausübt, ihre Aufnahme aber in angemessener Frist zu erwarten ist, oder auf Antrag eines Vertragsarztes, der in den hauptamtlichen Vorstand nach § 79 Abs. 1 gewählt worden ist. 2Unter den gleichen Voraussetzungen kann bei vollem Versorgungsauftrag das Ruhen der Hälfte oder eines Viertels der Zulassung beschlossen werden; bei einem drei Viertel Versorgungsauftrag kann das Ruhen eines Viertels der Zulassung beschlossen werden.

(6) 1Die Zulassung ist zu entziehen, wenn ihre Voraussetzungen nicht oder nicht mehr vorliegen, der Vertragsarzt die vertragsärztliche Tätigkeit nicht aufnimmt oder nicht mehr ausübt oder seine vertragsärztlichen Pflichten gröblich verletzt. 2Der Zulassungsausschuss kann in diesen Fällen statt einer vollständigen auch die Entziehung der Hälfte oder eines Viertels der Zulassung beschließen. 3Einem medizinischen Versorgungszentrum ist die Zulassung auch dann zu entziehen, wenn die Gründungsvoraussetzungen des Absatzes 1a Satz 1 bis 3 länger als sechs Monate nicht mehr vorliegen. 4Die Gründereigenschaft nach Absatz 1a Satz 1 bleibt auch für die angestellten Ärzte bestehen, die auf ihre Zulassung zugunsten der Anstellung in einem medizinischen Versorgungszentrum verzichtet haben, solange sie in dem medizinischen Versorgungszentrum tätig sind und Gesellschafter des medizinischen Versorgungszentrums sind. 5Die Gründungsvoraussetzung nach Absatz 1a Satz 1 liegt weiterhin vor, sofern angestellte Ärzte die Gesellschafteranteile der Ärzte nach Absatz 1a Satz 1 oder der Ärzte nach Satz 4 übernehmen und solange sie in dem medizinischen Versorgungszentrum tätig sind; die Übernahme von Gesellschafteranteilen durch angestellte Ärzte ist jederzeit möglich. 6Medizinischen Versorgungszentren, die unter den in Absatz 1a Satz 4 erster Halbsatz geregelten Bestandsschutz fallen, ist die Zulassung zu entziehen, wenn die Gründungsvoraussetzungen des Absatzes 1 Satz 6 zweiter Halbsatz in der bis zum 31. Dezember 2011 geltenden Fassung seit mehr als sechs Monaten nicht mehr vorliegen oder das medizinische Versorgungszentrum gegenüber dem Zulassungsausschuss nicht bis zum 30. Juni 2012 nachweist, dass die ärztliche Leitung den Voraussetzungen des Absatzes 1 Satz 3 entspricht.

(7) 1Die Zulassung endet, wenn die vertragsärztliche Tätigkeit in einem von Zulassungsbeschränkungen betroffenen Planungsbereich nicht innerhalb von drei Monaten nach Zustellung des Beschlusses über die Zulassung aufgenommen wird, mit dem Tod, mit dem Wirksamwerden eines Verzichts, mit dem Ablauf des Befristungszeitraumes oder mit dem Wegzug des Berechtigten aus dem Bezirk seines Kassenarztsitzes. 2Die Zulassung eines medizinischen Versorgungszentrums endet mit dem Wirksamwerden eines Verzichts, der Auflösung, dem Ablauf des Befristungszeitraumes oder mit dem Wegzug des zugelassenen medizinischen Versorgungszentrums aus dem Bezirk des Vertragsarztsitzes.

(8) (weggefallen)

(9) 1Der Vertragsarzt kann mit Genehmigung des Zulassungsausschusses Ärzte, die in das Arztregister eingetragen sind, anstellen, sofern für die Arztgruppe, der der anzustellende Arzt angehört, keine Zulassungsbeschränkungen angeordnet sind und der Anstellung keine Festlegungen nach § 101 Absatz 1 Satz 8 entgegenstehen; hiervon abweichend ist eine Anstellungsgenehmigung trotz einer angeordneten Zulassungsbeschränkung zu erteilen, wenn mit der Anstellung Festlegungen nach § 101 Absatz 1 Satz 8 befolgt werden. 2Sind Zulassungsbeschränkungen angeordnet, gilt Satz 1 mit der Maßgabe, dass die Voraussetzungen des § 101 Abs. 1 Satz 1 Nr. 5 erfüllt sein müssen. 3Das Nähere zu der Anstellung von Ärzten bei Vertragsärzten bestimmen die Zulassungsverordnungen. 4Absatz 5 gilt entsprechend.

(9a) 1Der an der hausärztlichen Versorgung teilnehmende Vertragsarzt kann mit Genehmigung des Zulassungsausschusses Ärzte, die von einer Hochschule mindestens halbtags als angestellte oder beamtete Hochschullehrer für Allgemeinmedizin oder als deren wissenschaftliche Mitarbeiter beschäftigt werden und in das Arztregister eingetragen sind, unabhängig von Zulassungsbeschränkungen anstellen. 2Bei der Ermittlung des Versorgungsgrades in einem Planungsbereich sind diese angestellten Ärzte nicht mitzurechnen.

(9b) Eine genehmigte Anstellung nach Absatz 9 Satz 1 ist auf Antrag des anstellenden Vertragsarztes vom Zulassungsausschuss in eine Zulassung umzuwandeln, sofern der Umfang der Tätigkeit des angestellten Arztes einem ganzen, einem halben oder einem drei Viertel Versorgungsauftrag entspricht; beantragt der anstellende Vertragsarzt nicht zugleich bei der Kassenärztlichen Vereinigung die Durchführung eines Nachbesetzungsverfahrens nach § 103 Absatz 3a, wird der bisher angestellte Arzt Inhaber der Zulassung.

(10) bis (12) (weggefallen)

(13) 1In Zulassungssachen der Psychotherapeuten und der überwiegend oder ausschließlich psychotherapeutisch tätigen Ärzte (§ 101 Abs. 4 Satz 1) treten abweichend von § 96 Abs. 2 Satz 1 und § 97 Abs. 2 Satz 1 an die Stelle der Vertreter der Ärzte Vertreter der Psychotherapeuten und der Ärzte in gleicher Zahl; unter den Vertretern der Psychotherapeuten muß mindestens ein Kinder- und Jugendlichenpsychotherapeut oder ein Psychotherapeut mit einer Weiterbildung für die Behandlung von Kindern und Jugendlichen sein. 2Für die erstmalige Besetzung der Zulassungsausschüsse und der Berufungsausschüsse nach Satz 1 werden die Vertreter der Psychotherapeuten von der zuständigen Aufsichtsbehörde auf Vorschlag der für die beruflichen Interessen maßgeblichen Organisationen der Psychotherapeuten auf Landesebene berufen.

§ 95a Voraussetzung für die Eintragung in das Arztregister für Vertragsärzte

(1) Bei Ärzten setzt die Eintragung in das Arztregister voraus:

1. die Approbation als Arzt,
2. den erfolgreichen Abschluß entweder einer allgemeinmedizinischen Weiterbildung oder einer Weiterbildung in einem anderen Fachgebiet mit der Befugnis zum Führen einer entsprechenden Gebietsbezeichnung oder den Nachweis einer Qualifikation, die gemäß den Absätzen 4 und 5 anerkannt ist.

(2) 1Eine allgemeinmedizinische Weiterbildung im Sinne des Absatzes 1 Nr. 2 ist nachgewiesen, wenn der Arzt nach landesrechtlichen Vorschriften zum Führen der Facharztbezeichnung für Allgemeinmedizin berechtigt ist und diese Berechtigung nach einer mindestens fünfjährigen erfolgreichen Weiterbildung in der Allgemeinmedizin bei zur Weiterbildung ermächtigten Ärzten und in dafür zugelassenen Einrichtungen erworben hat. 2Bis zum 31. Dezember 2008 ist eine dem Satz 1 entsprechende mindestens dreijährige Weiterbildung ausnahmsweise ausreichend, wenn nach den entsprechenden landesrechtlichen Vorschriften eine begonnene Weiterbildung in der Allgemeinmedizin, für die eine Dauer von mindestens drei Jahren vorgeschrieben war, wegen der Erziehung eines Kindes in den ersten drei Lebensjahren, für das dem Arzt die Personensorge zustand und mit dem er in einem Haushalt gelebt hat, die Weiterbildung unterbrochen worden ist und nach den landesrechtlichen Vorschriften als mindestens dreijährige Weiterbildung fortgesetzt werden darf. 3Satz 2 gilt entsprechend, wenn aus den dort genannten Gründen der Kindererziehung die Aufnahme einer vertragsärztlichen Tätigkeit in der Allgemeinmedizin vor dem 1. Januar 2006 nicht möglich war und ein entsprechender Antrag auf Eintragung in das Arztregister auf der Grundlage einer abgeschlossenen mindestens dreijährigen Weiterbildung bis zum 31. Dezember 2008 gestellt wird.

(3) 1Die allgemeinmedizinische Weiterbildung muß unbeschadet ihrer mindestens fünfjährigen Dauer inhaltlich mindestens den Anforderungen nach Artikel 28 der Richtlinie 2005/36/EG des Europäischen Parlaments und des Rates vom 7. September 2005 über die Anerkennung von Berufsqualifikationen (ABl. EU Nr. L 255 S. 22, 2007 Nr. L 271 S. 18) entsprechen und mit dem Erwerb der Facharztbezeichnung für Allgemeinmedizin abschließen. 2Sie hat insbesondere folgende Tätigkeiten einzuschließen:

1. mindestens sechs Monate in der Praxis eines zur Weiterbildung in der Allgemeinmedizin ermächtigten niedergelassenen Arztes,
2. mindestens sechs Monate in zugelassenen Krankenhäusern,
3. höchstens sechs Monate in anderen zugelassenen Einrichtungen oder Diensten des Gesundheitswesens, die sich mit Allgemeinmedizin befassen, soweit der Arzt mit einer patientenbezogenen Tätigkeit betraut ist.

(4) Die Voraussetzungen zur Eintragung sind auch erfüllt, wenn der Arzt auf Grund von landesrechtlichen Vorschriften zur Ausführung des Artikels 30 der Richtlinie 2005/36/EG des Europäischen Parlaments und des Rates vom 7. September 2005 über die Anerkennung von Berufsqualifikationen (ABl. EU Nr. L 255 S. 22, 2007 Nr. L 271 S. 18) bis zum 31. Dezember 1995 die Bezeichnung Praktischer Arzt erworben hat.

(5) 1Einzutragen sind auf ihren Antrag auch im Inland zur Berufsausübung zugelassene Ärzte, wenn sie Inhaber eines Ausbildungsnachweises über eine inhaltlich mindestens den Anforderungen nach Artikel 28 der Richtlinie

V

2005/36/EG des Europäischen Parlaments und des Rates vom 7. September 2005 über die Anerkennung von Berufsqualifikationen (ABl. EU Nr. L 255 S. 22, 2007 Nr. L 271 S. 18) entsprechende besondere Ausbildung in der Allgemeinmedizin sind und dieser Ausbildungsnachweis in einem Mitgliedstaat der Europäischen Union oder einem anderen Vertragsstaat des Abkommens über den Europäischen Wirtschaftsraum oder einem Vertragsstaat, dem Deutschland und die Europäische Gemeinschaft oder Deutschland und die Europäische Union vertraglich einen entsprechenden Rechtsanspruch eingeräumt haben, ausgestellt worden ist. ₂Einzutragen sind auch Inhaber von Bescheinigungen über besondere erworbene Rechte von praktischen Ärzten nach Artikel 30 der in Satz 1 genannten Richtlinie, Inhaber eines Ausbildungsnachweises über eine inhaltlich mindestens den Anforderungen nach Artikel 25 dieser Richtlinie entsprechende fachärztliche Weiterbildung oder Inhaber einer Bescheinigung über besondere erworbene Rechte von Fachärzten nach Artikel 27 dieser Richtlinie.

§ 95b Kollektiver Verzicht auf die Zulassung

(1) Mit den Pflichten eines Vertragsarztes ist es nicht vereinbar, in einem mit anderen Ärzten aufeinander abgestimmten Verfahren oder Verhalten auf die Zulassung als Vertragsarzt zu verzichten.

(2) Verzichten Vertragsärzte in einem mit anderen Vertragsärzten aufeinander abgestimmten Verfahren oder Verhalten auf ihre Zulassung als Vertragsarzt und kommt es aus diesem Grund zur Feststellung der Aufsichtsbehörde nach § 72a Abs. 1, kann eine erneute Zulassung frühestens nach Ablauf von sechs Jahren nach Abgabe der Verzichtserklärung erteilt werden.

(3) ₁Nimmt ein Versicherter einen Arzt oder Zahnarzt in Anspruch, der auf seine Zulassung nach Absatz 1 verzichtet hat, zahlt die Krankenkasse die Vergütung mit befreiender Wirkung an den Arzt oder Zahnarzt. ₂Der Vergütungsanspruch gegen die Krankenkasse ist auf das 1,0fache des Gebührensatzes der Gebührenordnung für Ärzte oder der Gebührenordnung für Zahnärzte beschränkt. ₃Ein Vergütungsanspruch des Arztes oder Zahnarztes gegen den Versicherten besteht nicht. ₄Abweichende Vereinbarungen sind nichtig.

§ 95c Voraussetzung für die Eintragung von Psychotherapeuten in das Arztregister

(1) ₁Bei Psychotherapeuten setzt die Eintragung in das Arztregister voraus:

1. die Approbation als Psychotherapeut nach § 2 des Psychotherapeutengesetzes und
2. den erfolgreichen Abschluss einer Weiterbildung
   a) für die Behandlung von Erwachsenen in einem durch den Gemeinsamen Bundesausschuss nach § 92 Absatz 6a anerkannten Behandlungsverfahren,
   b) für die Behandlung von Kindern und Jugendlichen in einem durch den Gemeinsamen Bundesausschuss nach § 92 Absatz 6a anerkannten Behandlungsverfahren oder
   c) in einem anderen Fachgebiet mit der Befugnis zum Führen einer entsprechenden Gebietsbezeichnung, sofern dem Fachgebiet Methoden oder Techniken zugrunde liegen, die vom Gemeinsamen Bundesausschuss anerkannt worden sind.

₂Ziel der Weiterbildung ist der Erwerb der in den Weiterbildungsordnungen festgelegten Kenntnisse, Erfahrungen und Fertigkeiten, um nach Abschluss der Berufsausbildung besondere psychotherapeutische Kompetenzen zu erlangen. ₃Die Weiterbildung dient, orientiert an einer von der Bundespsychotherapeutenkammer entwickelten Musterweiterbildungsordnung, der Sicherung der Qualität der psychotherapeutischen Berufsausübung. ₄Sie wird durch eine erfolgreich abgelegte Prüfung abgeschlossen.

(2) ₁Bei Psychotherapeuten, die ihre Approbation nach § 2 des Psychotherapeutengesetzes in der bis zum 31. August 2020 geltenden Fassung oder nach § 12 des Psychotherapeutengesetzes in der bis zum 31. August 2020 geltenden Fassung erworben haben, setzt die Eintragung in das Arztregister neben der Approbation nach § 2 des Psychotherapeutengesetzes in der bis zum 31. August 2020 geltenden Fassung oder nach § 12 des Psychotherapeutengesetzes in der bis zum 31. August 2020 geltenden Fassung den Fachkundenachweis voraus. ₂Der Fachkundenachweis setzt voraus:

1. für den nach § 2 Absatz 1 des Psychotherapeutengesetzes in der bis zum 31. August 2020 geltenden Fassung approbierten Psychotherapeuten, dass der Psychotherapeut die vertiefte Ausbildung gemäß § 8 Absatz 3 Nummer 1 des Psychotherapeutengesetzes in der bis zum 31. August 2020 geltenden Fassung in einem durch den Gemeinsamen Bundesausschuss nach § 92 Absatz 6a anerkannten Behandlungsverfahren erfolgreich abgeschlossen hat;

2. für den nach § 2 Absatz 2 und 3 des Psychotherapeutengesetzes in der bis zum 31. August 2020 geltenden Fassung approbierten Psychotherapeuten, dass die der Approbation zugrunde liegende Ausbildung und Prüfung in einem durch den Gemeinsamen Bundesausschuss nach § 92 Absatz 6a anerkannten Behandlungsverfahren abgeschlossen wurden;

3. für den nach § 12 des Psychotherapeutengesetzes in der bis zum 31. August 2020 geltenden Fassung approbierten Psychotherapeuten, dass er die für eine Approbation geforderte Qualifikation, Weiterbildung oder Behandlungsstunden, Behandlungsfälle und die theoretische Ausbildung in einem durch den Gemeinsamen Bundesausschuss nach § 92 Absatz 1 Satz 2 Nummer 1 anerkannten Behandlungsverfahren nachweist.

§ 95d Pflicht zur fachlichen Fortbildung

(1) $_1$Der Vertragsarzt ist verpflichtet, sich in dem Umfang fachlich fortzubilden, wie es zur Erhaltung und Fortentwicklung der zu seiner Berufsausübung in der vertragsärztlichen Versorgung erforderlichen Fachkenntnisse notwendig ist. $_2$Die Fortbildungsinhalte müssen dem aktuellen Stand der wissenschaftlichen Erkenntnisse auf dem Gebiet der Medizin, Zahnmedizin oder Psychotherapie entsprechen. $_3$Sie müssen frei von wirtschaftlichen Interessen sein.

(2) $_1$Der Nachweis über die Fortbildung kann durch Fortbildungszertifikate der Kammern der Ärzte, der Zahnärzte sowie der Psychotherapeuten erbracht werden. $_2$Andere Fortbildungszertifikate müssen den Kriterien entsprechen, die die jeweilige Arbeitsgemeinschaft der Kammern dieser Berufe auf Bundesebene aufgestellt hat. $_3$In Ausnahmefällen kann die Übereinstimmung der Fortbildung mit den Anforderungen nach Absatz 1 Satz 2 und 3 auch durch sonstige Nachweise erbracht werden; die Einzelheiten werden von den Kassenärztlichen Bundesvereinigungen nach Absatz 6 Satz 2 geregelt.

(3) $_1$Ein Vertragsarzt hat alle fünf Jahre gegenüber der Kassenärztlichen Vereinigung den Nachweis zu erbringen, dass er in dem zurückliegenden Fünfjahreszeitraum seiner Fortbildungspflicht nach Absatz 1 nachgekommen ist; für die Zeit des Ruhens der Zulassung ist die Frist unterbrochen. $_2$Endet die bisherige Zulassung infolge Wegzugs des Vertragsarztes aus dem Bezirk seines Vertragsarztsitzes, läuft die bisherige Frist weiter. $_3$Erbringt ein Vertragsarzt den Fortbildungsnachweis nicht oder nicht vollständig, ist die Kassenärztliche Vereinigung verpflichtet, das an ihn zu zahlende Honorar aus der Vergütung vertragsärztlicher Tätigkeit für die ersten vier Quartale, die auf den Fünfjahreszeitraum folgen, um 10 vom Hundert zu kürzen, ab dem darauf folgenden Quartal um 25 vom Hundert. $_4$Ein Vertragsarzt kann die für den Fünfjahreszeitraum festgelegte Fortbildung binnen zwei Jahren ganz oder teilweise nachholen; die nachgeholte Fortbildung wird auf den folgenden Fünfjahreszeitraum nicht angerechnet. $_5$Die Honorarkürzung endet nach Ablauf des Quartals, in dem der vollständige Fortbildungsnachweis erbracht wird. $_6$Erbringt ein Vertragsarzt den Fortbildungsnachweis nicht spätestens zwei Jahre nach Ablauf des Fünfjahreszeitraums, soll die Kassenärztliche Vereinigung unverzüglich gegenüber dem Zulassungsausschuss einen Antrag auf Entziehung der Zulassung stellen. $_7$Wird die Zulassungsentziehung abgelehnt, endet die Honorarkürzung nach Ablauf des Quartals, in dem der Vertragsarzt den vollständigen Fortbildungsnachweis des folgenden Fünfjahreszeitraums erbringt.

(4) Die Absätze 1 bis 3 gelten für ermächtigte Ärzte entsprechend.

(5) $_1$Die Absätze 1 und 2 gelten entsprechend für angestellte Ärzte eines medizinischen Versorgungszentrums, eines Vertragsarztes oder einer Einrichtung nach § 105 Absatz 1 Satz 2, Absatz 5 oder nach § 119b. $_2$Den Fortbildungsnachweis nach Absatz 3 für die von ihm angestellten Ärzte führt das medizinische Versorgungszentrum oder der Vertragsarzt; für die in einer Einrichtung nach § 105 Absatz 5 oder nach § 119b angestellten Ärzte wird der Fortbildungsnachweis nach Absatz 3 von der Einrichtung geführt. $_3$Übt ein angestellter Arzt die Beschäftigung länger als drei Monate nicht aus, hat die Kassenärztliche Vereinigung auf Antrag den Fünfjahreszeitraum um die Fehlzeiten zu verlängern. $_4$Absatz 3 Satz 2 bis 5 und 7 gilt entsprechend mit der Maßgabe, dass das Honorar des medizinischen Versorgungszentrums, des Vertragsarztes oder der Einrichtung nach § 105 Absatz 1 Satz 2, Absatz 5 oder nach § 119b gekürzt wird. $_5$Die Honorarkürzung endet auch dann, wenn der Kassenärztlichen Vereinigung die Beendigung des Beschäftigungsverhältnisses nachgewiesen wird, nach Ablauf des Quartals, in dem das Beschäftigungsverhältnis endet. $_6$Besteht das Beschäftigungsverhältnis fort und wird nicht spätestens zwei Jahre nach Ablauf des Fünfjahreszeitraums für einen angestellten Arzt der Fortbildungsnachweis gemäß Satz 2 erbracht, soll die Kassenärztliche Vereinigung unverzüglich gegenüber dem Zulassungsausschuss einen Antrag auf Widerruf der Genehmigung der Anstellung stellen.

(6) $_1$Die Kassenärztlichen Bundesvereinigungen regeln im Einvernehmen mit den zuständigen Arbeitsgemeinschaften der Kammern auf Bundesebene den angemessenen Umfang der im Fünfjahreszeitraum notwendigen Fortbildung. $_2$Die Kassenärztlichen Bundesvereinigungen regeln das Verfahren des Fortbildungsnachweises und der Honorarkürzung. $_3$Es ist insbesondere festzulegen, in welchen Fällen Vertragsärzte bereits vor Ablauf des Fünfjahreszeitraums Anspruch auf eine schriftliche oder elektronische Anerkennung abgeleisteter Fortbildung haben. $_4$Die Regelungen sind für die Kassenärztlichen Vereinigungen verbindlich.

§ 95e Berufshaftpflichtversicherung

(1) $_{1}$Der Vertragsarzt ist verpflichtet, sich ausreichend gegen die sich aus seiner Berufsausübung ergebenden Haftpflichtgefahren zu versichern. $_{2}$Ein Berufshaftpflichtversicherungsschutz ist ausreichend, wenn das individuelle Haftungsrisiko des Vertragsarztes versichert ist; die Mindestversicherungssumme nach Absatz 2 darf nicht unterschritten werden. $_{3}$Die Pflicht nach Satz 1 kann durch eine Versicherung erfüllt werden, die zur Erfüllung einer kraft Landesrechts oder kraft Standesrechts bestehenden Pflicht zur Versicherung abgeschlossen wurde, sofern der Versicherungsschutz den Anforderungen nach den Sätzen 1 und 2 und Absatz 2 entspricht.

(2) $_{1}$Die Mindestversicherungssumme beträgt drei Millionen Euro für Personen- und Sachschäden für jeden Versicherungsfall. $_{2}$Die Leistungen des Versicherers für alle innerhalb eines Jahres verursachten Schäden dürfen nicht weiter als auf den zweifachen Betrag der Mindestversicherungssumme begrenzt werden. $_{3}$Der Spitzenverband Bund der Krankenkassen kann jeweils mit der Bundesärztekammer, der Bundeszahnärztekammer, der Bundespsychotherapeutenkammer und der jeweiligen Kassenärztlichen Bundesvereinigung bis zum 20. Januar 2022 höhere Mindestversicherungssummen als die in Satz 1 genannte Mindestversicherungssumme vereinbaren.

(3) $_{1}$Der Vertragsarzt hat das Bestehen eines ausreichenden Berufshaftpflichtversicherungsschutzes durch eine Versicherungsbescheinigung nach § 113 Absatz 2 des Versicherungsvertragsgesetzes gegenüber dem Zulassungsausschuss nachzuweisen

1. bei Stellung des Antrags auf Zulassung, auf Ermächtigung und auf Genehmigung einer Anstellung sowie
2. auf Verlangen des Zulassungsausschusses.

$_{2}$Der Vertragsarzt ist verpflichtet, dem zuständigen Zulassungsausschuss Folgendes unverzüglich anzuzeigen:

1. das Nichtbestehen des Versicherungsverhältnisses,
2. die Beendigung des Versicherungsverhältnisses sowie
3. Änderungen des Versicherungsverhältnisses, die den vorgeschriebenen Versicherungsschutz im Verhältnis zu Dritten beeinträchtigen können.

$_{3}$Die Zulassungsausschüsse sind zuständige Stellen im Sinne des § 117 Absatz 2 des Versicherungsvertragsgesetzes.

(4) $_{1}$Erlangt der Zulassungsausschuss Kenntnis, dass kein oder kein ausreichender Berufshaftpflichtversicherungsschutz besteht oder dass dieser endet, fordert er den Vertragsarzt unverzüglich zur Vorlage einer Versicherungsbescheinigung nach § 113 Absatz 2 des Versicherungsvertragsgesetzes auf. $_{2}$Kommt der Vertragsarzt der Aufforderung nach Satz 1 nicht unverzüglich nach, hat der Zulassungsausschuss das Ruhen der Zulassung spätestens bis zum Ablauf der Nachhaftungsfrist des § 117 Absatz 2 des Versicherungsvertragsgesetzes mit sofortiger Wirkung zu beschließen. $_{3}$Satz 2 gilt im Fall der bevorstehenden Beendigung des Berufshaftpflichtversicherungsschutzes entsprechend, wenn der Vertragsarzt der Aufforderung nach Satz 1 nicht spätestens bis zum Ende des auslaufenden Versicherungsverhältnisses nachkommt. $_{4}$Der Vertragsarzt ist zuvor auf die Folge des Ruhens der Zulassung nach Satz 2 hinzuweisen. $_{5}$Das Ende des Ruhens der Zulassung wird durch Bescheid des Zulassungsausschusses festgestellt, wenn das Bestehen eines ausreichenden Versicherungsschutzes durch den Vertragsarzt nachgewiesen wurde. $_{6}$Das Ruhen der Zulassung endet mit dem Tag des Zugangs dieses Bescheides bei dem Vertragsarzt. $_{7}$Endet das Ruhen der Zulassung nicht innerhalb von zwei Jahren nach dem Beschluss nach Satz 2, hat der Zulassungsausschuss die Entziehung der Zulassung zu beschließen.

(5) $_{1}$Die Absätze 1 bis 4 gelten entsprechend für ermächtigte Ärzte, soweit für deren Tätigkeit im Rahmen der Ermächtigung kein anderweitiger Versicherungsschutz besteht; Absatz 4 gilt hierbei mit der Maßgabe, dass anstelle des Beschlusses des Ruhens der Zulassung die Ermächtigung zu widerrufen ist. $_{2}$Die Absätze 1, 3 und 4 gelten entsprechend für medizinische Versorgungszentren sowie für Vertragsärzte und Berufsausübungsgemeinschaften mit angestellten Ärzten mit der Maßgabe, dass ein den Anforderungen des Absatzes 1 entsprechender Haftpflichtversicherungsschutz für die gesamte von dem Leistungserbringer ausgehende ärztliche Tätigkeit bestehen muss. $_{3}$Absatz 2 gilt für sie mit der Maßgabe, dass die Mindestversicherungssumme fünf Millionen Euro für Personen- und Sachschäden für jeden Versicherungsfall beträgt; die Leistungen des Versicherers für alle innerhalb eines Jahres verursachten Schäden dürfen nicht weiter als auf den dreifachen Betrag der Mindestversicherungssumme begrenzt werden.

(6) $_{1}$Die Zulassungsausschüsse fordern die bei ihnen zugelassenen Vertragsärzte, medizinischen Versorgungszentren, Berufsausübungsgemeinschaften und ermächtigten Ärzte bis zum 20. Juli 2023 erstmals dazu auf, das Bestehen eines ausreichenden Berufshaftpflichtversicherungsschutzes durch eine Versicherungsbescheinigung nach § 113 Absatz 2 des Versicherungsvertragsgesetzes innerhalb einer Frist von drei Monaten nachzuweisen. $_{2}$Kommen die Leistungserbringer der Aufforderung nicht nach, gilt Absatz 4 Satz 2 bis 7 entsprechend.

(7) Die Zulassungsausschüsse melden der zuständigen Kammer Verstöße gegen die Pflicht nach Absatz 1.

§ 96 Zulassungsausschüsse

(1) Zur Beschlußfassung und Entscheidung in Zulassungssachen errichten die Kassenärztlichen Vereinigungen und die Landesverbände der Krankenkassen sowie die Ersatzkassen für den Bezirk jeder Kassenärztlichen Vereinigung oder für Teile dieses Bezirks (Zulassungsbezirk) einen Zulassungsausschuß für Ärzte und einen Zulassungsausschuß für Zahnärzte.

(2) $_{1}$Die Zulassungsausschüsse bestehen aus Vertretern der Ärzte und der Krankenkassen in gleicher Zahl. $_{2}$Die Vertreter der Ärzte und ihre Stellvertreter werden von den Kassenärztlichen Vereinigungen, die Vertreter der Krankenkassen und ihre Stellvertreter von den Landesverbänden der Krankenkassen und den Ersatzkassen bestellt. $_{3}$Die Mitglieder der Zulassungsausschüsse führen ihr Amt als Ehrenamt. $_{4}$Sie sind an Weisungen nicht gebunden. $_{5}$Den Vorsitz führt abwechselnd ein Vertreter der Ärzte und der Krankenkasse. $_{6}$Die Zulassungsausschüsse beschließen mit einfacher Stimmenmehrheit, bei Stimmengleichheit gilt ein Antrag als abgelehnt.

(2a) $_{1}$Die für die Sozialversicherung zuständigen obersten Landesbehörden haben in den Verfahren, in denen der Zulassungsausschuss für Ärzte eine der folgenden Entscheidungen trifft, ein Mitberatungsrecht:

1. ausnahmsweise Besetzung zusätzlicher Vertragsarztsitze nach § 101 Absatz 1 Satz 1 Nummer 3,
2. Durchführung eines Nachbesetzungsverfahrens nach § 103 Absatz 3a,
3. Besetzung zusätzlicher Vertragsarztsitze auf Grundlage der Entscheidungen der für die Sozialversicherung zuständigen obersten Landesbehörden nach § 103 Absatz 2 Satz 4,
4. Ablehnung einer Nachbesetzung nach § 103 Absatz 4 Satz 10,
5. Ermächtigung von Ärzten und Einrichtungen,
6. Befristung einer Zulassung nach § 19 Absatz 4 der Zulassungsverordnung für Vertragsärzte und
7. Verlegung eines Vertragsarztsitzes oder einer genehmigten Anstellung nach § 24 Absatz 7 der Zulassungsverordnung für Vertragsärzte.

$_{2}$Das Mitberatungsrecht umfasst auch das Recht auf frühzeitige Information über die Verfahrensgegenstände, das Recht zur Teilnahme an den Sitzungen einschließlich des Rechts zur Anwesenheit bei der Beschlussfassung sowie das Recht zur Stellung verfahrensleitender Anträge.

(3) $_{1}$Die Geschäfte der Zulassungsausschüsse werden bei den Kassenärztlichen Vereinigungen einerseits geführt. $_{2}$Die Kosten der Zulassungsausschüsse werden, soweit sie nicht durch Gebühren gedeckt sind, je zur Hälfte von den Kassenärztlichen Vereinigungen und den Landesverbänden der Krankenkassen und den Ersatzkassen andererseits getragen.

(4) $_{1}$Gegen die Entscheidungen der Zulassungsausschüsse können die am Verfahren beteiligten Ärzte und Einrichtungen, die Kassenärztlichen Vereinigungen und die Landesverbände der Krankenkassen sowie die Ersatzkassen den Berufungsausschuß anrufen. $_{2}$Die Anrufung hat aufschiebende Wirkung.

§ 97 Berufungsausschüsse

(1) $_{1}$Die Kassenärztlichen Vereinigungen und die Landesverbände der Krankenkassen sowie die Ersatzkassen errichten für den Bezirk jeder Kassenärztlichen Vereinigung einen Berufungsausschuß für Ärzte und einen Berufungsausschuß für Zahnärzte. $_{2}$Sie können nach Bedarf mehrere Berufungsausschüsse für den Bezirk einer Kassenärztlichen Vereinigung oder einen gemeinsamen Berufungsausschuß für die Bezirke mehrerer Kassenärztlicher Vereinigungen errichten.

(2) $_{1}$Die Berufungsausschüsse bestehen aus einem Vorsitzenden mit der Befähigung zum Richteramt und aus Vertretern der Ärzte einerseits und der Landesverbände der Krankenkassen sowie der Ersatzkassen andererseits in gleicher Zahl als Beisitzern. $_{2}$Über den Vorsitzenden sollen sich die Beisitzer einigen. $_{3}$Kommt eine Einigung nicht zustande, beruft ihn die für die Sozialversicherung zuständige oberste Verwaltungsbehörde im Benehmen mit den Kassenärztlichen Vereinigungen und den Landesverbänden der Krankenkassen sowie den Ersatzkassen. $_{4}$§ 96 Abs. 2 Satz 2 bis 5 und 7 Abs. 3 gilt entsprechend.

(3) $_{1}$Für das Verfahren sind § 84 Abs. 1 und § 85 Abs. 3 des Sozialgerichtsgesetzes anzuwenden. $_{2}$Das Verfahren vor dem Berufungsausschuß gilt als Vorverfahren (§ 78 des Sozialgerichtsgesetzes).

(4) Der Berufungsausschuß kann die sofortige Vollziehung seiner Entscheidung im öffentlichen Interesse anordnen.

(5) $_{1}$Die Aufsicht über die Geschäftsführung der Zulassungsausschüsse und der Berufungsausschüsse führen die für die Sozialversicherung zuständigen obersten Verwaltungsbehörden der Länder. $_{2}$Sie berufen die Vertreter der Ärzte und der Krankenkassen, wenn und solange die Kassenärztlichen Vereinigungen, die Landesverbände der Krankenkassen oder die Ersatzkassen diese nicht bestellen.

§ 98 Zulassungsverordnungen

(1) $_{1}$Die Zulassungsverordnungen regeln das Nähere über die Teilnahme an der vertragsärztlichen Versorgung sowie die zu ihrer Sicherstellung erforderliche Bedarfsplanung (§ 99) und die Beschränkung von Zulassungen. $_{2}$Sie wer-

den vom Bundesministerium für Gesundheit mit Zustimmung des Bundesrates als Rechtsverordnung erlassen.

(2) Die Zulassungsverordnungen müssen Vorschriften enthalten über

1. die Zahl, die Bestellung und die Abberufung der Mitglieder der Ausschüsse sowie ihrer Stellvertreter, ihre Amtsdauer, ihre Amtsführung und die ihnen zu gewährende Erstattung der baren Auslagen und Entschädigung für Zeitaufwand,
2. die Geschäftsführung der Ausschüsse,
3. das Verfahren der Ausschüsse entsprechend den Grundsätzen des Vorverfahrens in der Sozialgerichtsbarkeit einschließlich der Voraussetzungen und Rahmenbedingungen für die Durchführung von Sitzungen der Ausschüsse mittels Videotechnik,
4. die Verfahrensgebühren unter Berücksichtigung des Verwaltungsaufwandes und der Bedeutung der Angelegenheit für den Gebührenschuldner sowie über die Verteilung der Kosten der Ausschüsse auf die beteiligten Verbände,
5. die Führung der Arztregister durch die Kassenärztlichen Vereinigungen und die Führung von Bundesarztregistern durch die Kassenärztlichen Bundesvereinigungen sowie das Recht auf Einsicht in diese Register und die Registerakten, insbesondere durch die betroffenen Ärzte und Krankenkassen,
6. das Verfahren für die Eintragung in die Arztregister sowie über die Verfahrensgebühren unter Berücksichtigung des Verwaltungsaufwandes und der Bedeutung der Angelegenheit für den Gebührenschuldner,
7. die Bildung und Abgrenzung der Zulassungsbezirke,
8. die Aufstellung, Abstimmung, Fortentwicklung und Auswertung der für die mittel- und langfristige Sicherstellung der vertragsärztlichen Versorgung erforderlichen Bedarfspläne sowie die hierbei notwendige Zusammenarbeit mit anderen Stellen, deren Unterrichtung und die Beratung in den Landesausschüssen der Ärzte und Krankenkassen,
9. die Ausschreibung von Vertragsarztsitzen,
10. die Voraussetzungen für die Zulassung hinsichtlich der Vorbereitung und der Eignung zur Ausübung der vertragsärztlichen Tätigkeit sowie die nähere Bestimmung des zeitlichen Umfangs des Versorgungsauftrages aus der Zulassung,
11. die Voraussetzungen, unter denen Ärzte, insbesondere in Krankenhäusern und Einrichtungen der beruflichen Rehabilitation, oder in besonderen Fällen Einrichtungen durch die Zulassungsausschüsse zur Teilnahme an der vertragsärztlichen Versorgung ermächtigt werden können, die Rechte und Pflichten der ermächtigten Ärzte und ermächtigten Einrichtungen sowie die Zulässigkeit einer Vertretung von ermächtigten Krankenhausärzten durch Ärzte mit derselben Gebietsbezeichnung,
12. die Voraussetzungen für das Ruhen, die Entziehung und eine Befristung von Zulassungen,
13. die Voraussetzungen, unter denen nach den Grundsätzen der Ausübung eines freien Berufes die Vertragsärzte angestellte Ärzte, Assistenten und Vertreter in der vertragsärztlichen Versorgung beschäftigen dürfen oder die vertragsärztliche Tätigkeit an weiteren Orten ausüben können,

13a. die Voraussetzungen, unter denen die zur vertragsärztlichen Versorgung zugelassenen Leistungserbringer die vertragsärztliche Tätigkeit gemeinsam ausüben können,

14. die Teilnahme an der vertragsärztlichen Versorgung durch Ärzte, denen die zuständige deutsche Behörde eine Erlaubnis zur vorübergehenden Ausübung des ärztlichen Berufes erteilt hat, sowie durch Ärzte, die zur vorübergehenden Erbringung von Dienstleistungen im Sinne des Artikels 50 des Vertrages zur Gründung der Europäischen Gemeinschaft oder des Artikels 37 des Abkommens über den Europäischen Wirtschaftsraum im Inland tätig werden,
15. die zur Sicherstellung der vertragsärztlichen Versorgung notwendigen angemessenen Fristen für die Beendigung der vertragsärztlichen Tätigkeit bei Verzicht.

(3) Absatz 2 Nummer 12 gilt nicht für die Zulassungsverordnung für Vertragszahnärzte.

Achter Titel
Bedarfsplanung, Unterversorgung, Überversorgung

§ 99 Bedarfsplan

(1) 1Die Kassenärztlichen Vereinigungen haben im Einvernehmen mit den Landesverbänden der Krankenkassen und den Ersatzkassen nach Maßgabe der vom Gemeinsamen Bundesausschuss erlassenen Richtlinien auf Landesebene einen Bedarfsplan zur Sicherstellung der vertragsärztlichen Versorgung aufzustellen und jeweils der Entwicklung anzupassen. 2Die Ziele und Erfordernisse der Raumordnung und Landesplanung sowie der Krankenhausplanung sind zu beachten. 3Soweit es zur Berücksichtigung regionaler Besonderheiten, insbesondere der regionalen Demografie und Morbidität, für eine bedarfs-

gerechte Versorgung erforderlich ist, kann von den Richtlinien des Gemeinsamen Bundesausschusses abgewichen werden. $_{4}$Den zuständigen Landesbehörden und den auf Landesebene für die Wahrnehmung der Interessen der Patientinnen und Patienten und der Selbsthilfe chronisch kranker und behinderter Menschen maßgeblichen Organisationen ist Gelegenheit zur Stellungnahme zu geben. $_{5}$Der aufgestellte oder angepasste Bedarfsplan ist der für die Sozialversicherung zuständigen obersten Landesbehörde vorzulegen. $_{6}$Sie kann den Bedarfsplan innerhalb einer Frist von zwei Monaten beanstanden. $_{7}$Der Bedarfsplan ist in geeigneter Weise zu veröffentlichen.

(2) $_{1}$Kommt das Einvernehmen zwischen den Kassenärztlichen Vereinigungen, den Landesverbänden der Krankenkassen und den Ersatzkassen nicht zustande, kann jeder der Beteiligten den Landesausschuß der Ärzte und Krankenkassen anrufen. $_{2}$Dies gilt auch für den Fall, dass kein Einvernehmen darüber besteht, wie einer Beanstandung des Bedarfsplans abzuhelfen ist.

(3) Die Landesausschüsse beraten die Bedarfspläne nach Absatz 1 und entscheiden im Falle des Absatzes 2.

§ 100 Unterversorgung

(1) $_{1}$Den Landesausschüssen der Ärzte und Krankenkassen obliegt die Feststellung, daß in bestimmten Gebieten eines Zulassungsbezirks eine ärztliche Unterversorgung eingetreten ist oder in absehbarer Zeit droht; die durch Ermächtigung an der vertragsärztlichen Versorgung teilnehmenden Ärzte und die Ärzte, die in ermächtigten Einrichtungen tätig sind, sind bei der Feststellung einer Unterversorgung nicht zu berücksichtigen. $_{2}$Sie haben den für die betroffenen Gebiete zuständigen Kassenärztlichen Vereinigungen eine angemessene Frist zur Beseitigung oder Abwendung der Unterversorgung einzuräumen.

(2) Konnte durch Maßnahmen einer Kassenärztlichen Vereinigung oder durch andere geeignete Maßnahmen die Sicherstellung nicht gewährleistet werden und dauert die Unterversorgung auch nach Ablauf der Frist an, haben die Landesausschüsse mit verbindlicher Wirkung für die Zulassungsausschüsse nach deren Anhörung Zulassungsbeschränkungen in anderen Gebieten nach den Zulassungsverordnungen anzuordnen.

(3) Den Landesausschüssen der Ärzte und Krankenkassen obliegt nach Maßgabe der Richtlinien nach § 101 Abs. 1 Nr. 3a die Feststellung, dass in einem nicht unterversorgten Planungsbereich zusätzlicher lokaler Versorgungsbedarf besteht.

(4) Absatz 1 Satz 2 und Absatz 2 gelten nicht für Zahnärzte.

§ 101 Überversorgung

(1) $_{1}$Der Gemeinsame Bundesausschuss beschließt in Richtlinien Bestimmungen über

1. einheitliche Verhältniszahlen für den allgemeinen bedarfsgerechten Versorgungsgrad in der vertragsärztlichen Versorgung,
2. Maßstäbe für eine ausgewogene hausärztliche und fachärztliche Versorgungsstruktur,

2a. Regelungen, mit denen bei der Berechnung des Versorgungsgrades die von Ärzten erbrachten spezialfachärztlichen Leistungen nach § 116b berücksichtigt werden,

2b. Regelungen, mit denen bei der Berechnung des Versorgungsgrades die durch Ermächtigung an der vertragsärztlichen Versorgung teilnehmenden Ärzte und die Ärzte, die in ermächtigten Einrichtungen tätig sind, berücksichtigt werden, einschließlich Vorgaben zum Inhalt und zum Verfahren der Meldungen der ermächtigten Einrichtungen an die Kassenärztlichen Vereinigungen nach Satz 12,

3. Vorgaben für die ausnahmsweise Besetzung zusätzlicher Vertragsarztsitze, soweit diese zur Gewährleistung der vertragsärztlichen Versorgung in einem Versorgungsbereich unerläßlich sind, um einen zusätzlichen lokalen oder einen qualifikationsbezogenen Versorgungsbedarf insbesondere innerhalb einer Arztgruppe zu decken,

3a. allgemeine Voraussetzungen, nach denen die Landesausschüsse der Ärzte und Krankenkassen nach § 100 Abs. 3 einen zusätzlichen lokalen Versorgungsbedarf in nicht unterversorgten Planungsbereichen feststellen können,

4. Ausnahmeregelungen für die Zulassung eines Arztes in einem Planungsbereich, für den Zulassungsbeschränkungen angeordnet sind, sofern der Arzt die vertragsärztliche Tätigkeit gemeinsam mit einem dort bereits tätigen Vertragsarzt desselben Fachgebiets oder, sofern die Weiterbildungsordnungen Facharztbezeichnungen vorsehen, derselben Facharztbezeichnung ausüben will und sich die Partner der Berufsausübungsgemeinschaft gegenüber dem Zulassungsausschuß zu einer Leistungsbegrenzung verpflichten, die den bisherigen Praxisumfang nicht wesentlich überschreitet, dies gilt für die Anstellung eines Arztes in einer Einrichtung nach § 400 Abs. 2 Satz 1 und in einem medizinischen Versorgungszentrum entsprechend; bei der Ermittlung des Versorgungsgrades ist der Arzt nicht mitzurechnen,
5. Regelungen für die Anstellung von Ärzten bei einem Vertragsarzt desselben Fachgebiets oder, sofern die

Weiterbildungsordnungen Facharztbezeichnungen vorsehen, mit derselben Facharztbezeichnung in einem Planungsbereich, für den Zulassungsbeschränkungen angeordnet sind, sofern sich der Vertragsarzt gegenüber dem Zulassungsausschuß zu einer Leistungsbegrenzung verpflichtet, die den bisherigen Praxisumfang nicht wesentlich überschreitet, und Ausnahmen von der Leistungsbegrenzung, soweit und solange dies zur Deckung eines zusätzlichen lokalen Versorgungsbedarfs erforderlich ist; bei der Ermittlung des Versorgungsgrades sind die angestellten Ärzte nicht mitzurechnen,

6. Ausnahmeregelungen zur Leistungsbegrenzung nach den Nummern 4 und 5 im Fall eines unterdurchschnittlichen Praxisumfangs; für psychotherapeutische Praxen mit unterdurchschnittlichem Praxisumfang soll eine Vergrößerung des Praxisumfangs nicht auf den Fachgruppendurchschnitt begrenzt werden.

2Sofern die Weiterbildungsordnungen mehrere Facharztbezeichnungen innerhalb desselben Fachgebiets vorsehen, bestimmen die Richtlinien nach Nummer 4 und 5 auch, welche Facharztbezeichnungen bei der gemeinschaftlichen Berufsausübung nach Nummer 4 und bei der Anstellung nach Nummer 5 vereinbar sind. 3Überversorgung ist anzunehmen, wenn der allgemeine bedarfsgerechte Versorgungsgrad um 10 vom Hundert überschritten ist. 4Der allgemeine bedarfsgerechte Versorgungsgrad ist erstmals bundeseinheitlich zum Stand vom 31. Dezember 1990 zu ermitteln. 5Bei der Ermittlung des Versorgungsgrades ist die Entwicklung des Zugangs zur vertragsärztlichen Versorgung seit dem 31. Dezember 1980 arztgruppenspezifisch angemessen zu berücksichtigen. 6Die regionalen Planungsbereiche sind mit Wirkung zum 1. Januar 2013 so festzulegen, dass eine flächendeckende Versorgung sichergestellt wird. 7Der Gemeinsame Bundesausschuss trifft mit Wirkung zum 1. Juli 2019 die erforderlichen Anpassungen für eine bedarfsgerechte Versorgung nach Prüfung der Verhältniszahlen gemäß Absatz 2 Nummer 3 und unter Berücksichtigung der Möglichkeit zu einer kleinräumigen Planung, insbesondere für die Arztgruppe nach Absatz 4. 8Er kann innerhalb der einzelnen Arztgruppen nach Fachgebieten, Facharztkompetenzen oder Schwerpunktkompetenzen differenzierte Mindest- oder Höchstversorgungsanteile für Ärzte dieser Fachgebiete oder für Ärzte mit entsprechenden Facharztkompetenzen oder Schwerpunktkompetenzen festlegen; die Festlegung von Mindest- oder Höchstversorgungsanteilen hat keine Auswirkungen auf die für die betreffenden Arztgruppen festgesetzten Verhältniszahlen. 9Bei der Berechnung des Versorgungsgrades in einem Planungsbereich sind Vertragsärzte mit einem hälftigen Versorgungsauftrag mit dem Faktor 0,5 sowie die bei einem Vertragsarzt nach § 95 Abs. 9 Satz 1 angestellten Ärzte, die in einem medizinischen Versorgungszentrum angestellten Ärzte und die in einer Einrichtung nach § 105 Absatz 1 Satz 2 angestellten Ärzte entsprechend ihrer Arbeitszeit anteilig zu berücksichtigen. 10Erbringen die in Satz 9 genannten Ärzte spezialfachärztliche Leistungen nach § 116b, ist dies bei der Berechnung des Versorgungsgrades nach Maßgabe der Bestimmungen nach Satz 1 Nummer 2a zu berücksichtigen. 11Die Berücksichtigung ermächtigter Ärzte und der in ermächtigten Einrichtungen tätigen Ärzte erfolgt nach Maßgabe der Bestimmungen nach Satz 1 Nummer 2b. 12Die Anzahl der in ermächtigten Einrichtungen tätigen Ärzte sowie geeignete Angaben zur Ermittlung des auf den Versorgungsgrad anzurechnenden Leistungsumfangs werden von den ermächtigten Einrichtungen quartalsweise an die Kassenärztlichen Vereinigungen gemeldet und in den Bedarfsplänen gemäß § 99 erfasst. 13Der Gemeinsame Bundesausschuss kann im Rahmen einer befristeten Übergangsregelung zur Umsetzung des Auftrags nach Satz 7 bestimmen, dass die Landesausschüsse der Ärzte und Krankenkassen Zulassungsbeschränkungen für einzelne Arztgruppen und Planungsbereiche zur Sicherstellung einer gleichmäßigen Versorgung in verschiedenen Planungsbereichen auf gemeinsamen Antrag der Kassenärztlichen Vereinigungen, der Landesverbände der Krankenkassen sowie der Ersatzkassen auch bei einem Versorgungsgrad zwischen 100 Prozent und 110 Prozent anordnen können. 14Festlegungen nach Satz 8 sind bei der Ermittlung des Versorgungsgrades nur zu berücksichtigen, sofern die entsprechenden Sitze besetzt sind. 15Der Gemeinsame Bundesausschuss bestimmt, ob die nach Satz 8 festgelegten Mindestversorgungsanteile im Fall der Überversorgung auch durch Erteilung zusätzlicher Zulassungen und Anstellungsgenehmigungen aufzufüllen sind.

(2) Der Gemeinsame Bundesausschuss hat die auf der Grundlage des Absatzes 1 Satz 4 und 5 ermittelten Verhältniszahlen anzupassen oder neue Verhältniszahlen festzulegen, wenn dies erforderlich ist

1. wegen der Änderung der fachlichen Ordnung der Arztgruppen,
2. weil die Zahl der Ärzte einer Arztgruppe bundesweit die Zahl 1000 übersteigt oder
3. zur Sicherstellung der bedarfsgerechten Versorgung; dabei sind insbesondere die demografische Entwicklung sowie die Sozial- und Morbiditätsstruktur zu berücksichtigen.

(3) 1Im Falle des Absatzes 1 Satz 1 Nr. 4 erhält der Arzt eine auf die Dauer der gemeinsamen vertragsärztlichen

Tätigkeit beschränkte Zulassung. 2Die Beschränkung und die Leistungsbegrenzung nach Absatz 1 Satz 1 Nr. 4 enden bei Aufhebung der Zulassungsbeschränkungen nach § 103 Abs. 3, spätestens jedoch nach zehnjähriger gemeinsamer vertragsärztlicher Tätigkeit. 3Endet die Beschränkung, wird der Arzt bei der Ermittlung des Versorgungsgrades mitgerechnet. 4Im Falle der Praxisfortführung nach § 103 Abs. 4 ist bei der Auswahl der Bewerber die gemeinschaftliche Praxisausübung des in Absatz 1 Satz 1 Nr. 4 genannten Arztes erst nach mindestens fünfjähriger gemeinsamer vertragsärztlicher Tätigkeit zu berücksichtigen. 5Für die Einrichtungen nach § 400 Abs. 2 Satz 1 gelten die Sätze 2 und 3 entsprechend.

(3a) 1Die Leistungsbegrenzung nach Absatz 1 Satz 1 Nr. 5 endet bei Aufhebung der Zulassungsbeschränkungen. 2Endet die Leistungsbegrenzung, wird der angestellte Arzt bei der Ermittlung des Versorgungsgrades mitgerechnet.

(4) 1Überwiegend oder ausschließlich psychotherapeutisch tätige Ärzte und Psychotherapeuten bilden eine Arztgruppe im Sinne des Absatzes 2. 2Der allgemeine bedarfsgerechte Versorgungsgrad ist für diese Arztgruppe erstmals zum Stand vom 1. Januar 1999 zu ermitteln. 3Zu zählen sind die zugelassenen Ärzte sowie die Psychotherapeuten, die nach § 95 Abs. 10 in der bis zum 31. August 2020 geltenden Fassung zugelassen werden. 4Dabei sind überwiegend psychotherapeutisch tätige Ärzte mit dem Faktor 0,7 zu berücksichtigen. 5In den Richtlinien nach Absatz 1 ist für die Zeit bis zum 31. Dezember 2015 sicherzustellen, dass mindestens ein Versorgungsanteil in Höhe von 25 Prozent der regional maßgeblichen Verhältniszahl den überwiegend oder ausschließlich psychotherapeutisch tätigen Ärzten und mindestens ein Versorgungsanteil in Höhe von 20 Prozent der regional maßgeblichen Verhältniszahl den Leistungserbringern nach Satz 1, die ausschließlich Kinder und Jugendliche psychotherapeutisch betreuen, vorbehalten ist. 6Ab dem 1. Januar 2016 gelten die in Satz 5 vorgesehenen Mindestversorgungsanteile mit der Maßgabe fort, dass der Gemeinsame Bundesausschuss ihre Höhe aus Versorgungsgründen bedarfsgerecht anpassen kann; zudem können innerhalb des Mindestversorgungsanteils für überwiegend oder ausschließlich psychotherapeutisch tätige Ärzte weitere nach Fachgebieten differenzierte Mindestversorgungsanteile vorgesehen werden. 7Bei der Feststellung der Überversorgung nach § 103 Abs. 1 sind die ermächtigten Psychotherapeuten nach § 95 Abs. 11 in der bis zum 31. August 2020 geltenden Fassung mitzurechnen.

(5) 1Hausärzte (§ 73 Abs. 1a) bilden ab dem 1. Januar 2001 mit Ausnahme der Kinder- und Jugendärzte eine Arztgruppe im Sinne des Absatzes 2; Absatz 4 bleibt unberührt. 2Der allgemeine bedarfsgerechte Versorgungsgrad ist für diese Arztgruppe erstmals zum Stand vom 31. Dezember 1995 zu ermitteln. 3Die Verhältniszahlen für die an der fachärztlichen Versorgung teilnehmenden Internisten sind zum Stand vom 31. Dezember 1995 neu zu ermitteln. 4Der Gemeinsame Bundesausschuss hat die neuen Verhältniszahlen bis zum 31. März 2000 zu beschließen. 5Der Landesausschuss hat die Feststellungen nach § 103 Abs. 1 Satz 1 erstmals zum Stand vom 31. Dezember 2000 zu treffen. 6Ein Wechsel für Internisten ohne Schwerpunktbezeichnung in die hausärztliche oder fachärztliche Versorgung ist nur dann zulässig, wenn dafür keine Zulassungsbeschränkungen nach § 103 Abs. 1 angeordnet sind.

(6) Absatz 1 Satz 1 Nummern 2a, 2b, 3, 4, 5 und 6 und die Absätze 3 und 3a gelten nicht für Zahnärzte.

§ 102 (weggefallen)

§ 103 Zulassungsbeschränkungen

(1) 1Die Landesausschüsse der Ärzte und Krankenkassen stellen fest, ob eine Überversorgung vorliegt; die durch Ermächtigung an der vertragsärztlichen Versorgung teilnehmenden Ärzte und die Ärzte, die in ermächtigten Einrichtungen tätig sind, sind bei der Feststellung einer Überversorgung nicht zu berücksichtigen. 2Wenn dies der Fall ist, hat der Landesausschuß nach den Vorschriften der Zulassungsverordnungen und unter Berücksichtigung der Richtlinien des Gemeinsamen Bundesausschusses Zulassungsbeschränkungen anzuordnen. 3Darüber hinaus treffen die Landesausschüsse eine Feststellung, wenn der allgemeine bedarfsgerechte Versorgungsgrad um 40 Prozent überschritten ist.

(2) 1Die Zulassungsbeschränkungen sind räumlich zu begrenzen. 2Sie können einen oder mehrere Planungsbereiche einer Kassenärztlichen Vereinigung umfassen. 3Sie sind arztgruppenbezogen unter angemessener Berücksichtigung der Besonderheiten bei den Kassenarten anzuordnen. 4Die für die Sozialversicherung zuständigen obersten Landesbehörden können ländliche oder strukturschwache Teilgebiete eines Planungsbereichs bestimmen, die auf ihren Antrag für einzelne Arztgruppen oder Fachrichtungen von den Zulassungsbeschränkungen auszunehmen sind; in dem Antrag ist die Anzahl der zusätzlichen Zulassungsmöglichkeiten arztgruppenbezogen festzulegen. 5Die zusätzlichen Zulassungsmöglichkeiten sind an das nach Satz 4 bestimmte Teilgebiet gebunden. 6Für die Bestimmung der ländlichen und strukturschwachen Teilgebiete stellt der Landesausschuss im Einvernehmen mit der für die Sozialversicherung zuständigen obersten Landesbehörde allgemeingültige Kriterien auf, die den jeweiligen Entscheidungen zugrunde zu legen

sind. $_{7}$Der Landesausschuss hat sich dabei an den laufenden Raumbeobachtungen und Raumabgrenzungen des Bundesinstituts für Bau-, Stadt- und Raumforschung zu orientieren oder eine vergleichbare Abgrenzung ländlicher Gebiete durch die für die Landesplanung zuständigen Stellen zugrunde zu legen. $_{8}$Die zusätzlichen Arztsitze sind in den von den Kassenärztlichen Vereinigungen im Einvernehmen mit den Landesverbänden der Krankenkassen und den Ersatzkassen gemäß § 99 aufzustellenden Bedarfsplänen auszuweisen.

(3) Die Zulassungsbeschränkungen sind aufzuheben, wenn die Voraussetzungen für eine Überversorgung entfallen sind.

(3a) $_{1}$Wenn die Zulassung eines Vertragsarztes in einem Planungsbereich, für den Zulassungsbeschränkungen angeordnet sind, durch Tod, Verzicht oder Entziehung endet und die Praxis von einem Nachfolger weitergeführt werden soll, entscheidet der Zulassungsausschuss auf Antrag des Vertragsarztes oder seiner zur Verfügung über die Praxis berechtigten Erben, ob ein Nachbesetzungsverfahren nach Absatz 4 für den Vertragsarztsitz durchgeführt werden soll. $_{2}$Satz 1 gilt auch bei Verzicht auf die Hälfte oder eines Viertels der Zulassung oder bei Entziehung der Hälfte oder eines Viertels der Zulassung; Satz 1 gilt nicht, wenn ein Vertragsarzt, dessen Zulassung befristet ist, vor Ablauf der Frist auf seine Zulassung verzichtet. $_{3}$Der Zulassungsausschuss kann den Antrag ablehnen, wenn eine Nachbesetzung des Vertragsarztsitzes aus Versorgungsgründen nicht erforderlich ist; dies gilt nicht, sofern die Praxis von einem Nachfolger weitergeführt werden soll, der dem in Absatz 4 Satz 5 Nummer 4, 5 und 6 bezeichneten Personenkreis angehört oder der sich verpflichtet, die Praxis in ein anderes Gebiet des Planungsbereichs zu verlegen, in dem nach Mitteilung der Kassenärztlichen Vereinigung aufgrund einer zu geringen Ärztedichte ein Versorgungsbedarf besteht oder sofern mit der Nachbesetzung Festlegungen nach § 101 Absatz 1 Satz 8 befolgt werden. $_{4}$Für einen Nachfolger, der dem in Absatz 4 Satz 5 Nummer 4 bezeichneten Personenkreis angehört, gilt Satz 3 zweiter Halbsatz mit der Maßgabe, dass dieser Nachfolger die vertragsärztliche Tätigkeit in einem Gebiet, in dem der Landesausschuss nach § 100 Absatz 1 das Bestehen von Unterversorgung festgestellt hat, nach dem 23. Juli 2015 erstmals aufgenommen hat. $_{5}$Für einen Nachfolger, der dem in Absatz 4 Satz 5 Nummer 6 bezeichneten Personenkreis angehört, gilt Satz 3 zweiter Halbsatz mit der Maßgabe, dass das Anstellungsverhältnis oder der gemeinschaftliche Betrieb der Praxis mindestens drei Jahre lang angedauert haben muss. $_{6}$Satz 5 gilt nicht, wenn das Anstellungsverhältnis oder der gemeinschaftliche Praxisbetrieb vor dem 5. März 2015 begründet wurde. $_{7}$Hat der Landesausschuss eine Feststellung nach Absatz 1 Satz 3 getroffen, soll der Zulassungsausschuss den Antrag auf Durchführung eines Nachbesetzungsverfahrens ablehnen, wenn eine Nachbesetzung des Vertragsarztsitzes aus Versorgungsgründen nicht erforderlich ist. Im Fall des Satzes 7 gelten Satz 3 zweiter Halbsatz sowie die Sätze 4 bis 6 entsprechend; Absatz 4 Satz 9 gilt mit der Maßgabe, dass die Nachbesetzung abgelehnt werden soll. $_{8}$Der Zulassungsausschuss beschließt mit einfacher Stimmenmehrheit; bei Stimmengleichheit ist dem Antrag abweichend von § 96 Absatz 2 Satz 6 zu entsprechen. $_{9}$§ 96 Absatz 4 findet keine Anwendung. $_{10}$Ein Vorverfahren (§ 78 des Sozialgerichtsgesetzes) findet nicht statt. $_{11}$Klagen gegen einen Beschluss des Zulassungsausschusses, mit dem einem Antrag auf Durchführung eines Nachbesetzungsverfahrens entsprochen wird, haben keine aufschiebende Wirkung. $_{12}$Hat der Zulassungsausschuss den Antrag abgelehnt, hat die Kassenärztliche Vereinigung dem Vertragsarzt oder seinen zur Verfügung über die Praxis berechtigten Erben eine Entschädigung in der Höhe des Verkehrswertes der Arztpraxis zu zahlen. $_{13}$Bei der Ermittlung des Verkehrswertes ist auf den Verkehrswert abzustellen, der nach Absatz 4 Satz 8 bei Fortführung der Praxis maßgeblich wäre.

(4) $_{1}$Hat der Zulassungsausschuss in einem Planungsbereich, für den Zulassungsbeschränkungen angeordnet sind, nach Absatz 3a einem Antrag auf Durchführung eines Nachbesetzungsverfahrens entsprochen, hat die Kassenärztliche Vereinigung den Vertragsarztsitz in den für ihre amtlichen Bekanntmachungen vorgesehenen Blättern unverzüglich auszuschreiben und eine Liste der eingehenden Bewerbungen zu erstellen. $_{2}$Satz 1 gilt auch bei hälftigem Verzicht oder bei hälftiger Entziehung der Zulassung oder bei der Festlegung zusätzlicher Zulassungsmöglichkeiten nach Absatz 2 Satz 4. $_{3}$Dem Zulassungsausschuß sowie dem Vertragsarzt oder seinen Erben ist eine Liste der eingehenden Bewerbungen zur Verfügung zu stellen. $_{4}$Unter mehreren Bewerbern, die die ausgeschriebene Praxis als Nachfolger des bisherigen Vertragsarztes fortführen wollen, hat der Zulassungsausschuß den Nachfolger nach pflichtgemäßem Ermessen auszuwählen. $_{5}$Bei der Auswahl der Bewerber sind folgende Kriterien zu berücksichtigen:

1. die berufliche Eignung,
2. das Approbationsalter,
3. die Dauer der ärztlichen Tätigkeit,
4. eine mindestens fünf Jahre dauernde vertragsärztliche Tätigkeit in einem Gebiet, in dem der Landesausschuss nach § 100 Absatz 1 das Bestehen von Unterversorgung festgestellt hat,

5. ob der Bewerber Ehegatte, Lebenspartner oder ein Kind des bisherigen Vertragsarztes ist,
6. ob der Bewerber ein angestellter Arzt des bisherigen Vertragsarztes oder ein Vertragsarzt ist, mit dem die Praxis bisher gemeinschaftlich betrieben wurde,
7. ob der Bewerber bereit ist, besondere Versorgungsbedürfnisse, die in der Ausschreibung der Kassenärztlichen Vereinigung definiert worden sind, zu erfüllen,
8. Belange von Menschen mit Behinderung beim Zugang zur Versorgung,
9. bei medizinischen Versorgungszentren die Ergänzung des besonderen Versorgungsangebots; dies gilt entsprechend für Vertragsärzte und Berufsausübungsgemeinschaften mit einem besonderen Versorgungsangebot.

6Die Festlegungen nach § 101 Absatz 1 Satz 8 sind zu beachten. 7Ab dem 1. Januar 2006 sind für ausgeschriebene Hausarztsitze vorrangig Allgemeinärzte zu berücksichtigen. 8Die Dauer der ärztlichen Tätigkeit nach Satz 5 Nummer 3 wird verlängert um Zeiten, in denen die ärztliche Tätigkeit wegen der Erziehung von Kindern oder der Pflege pflegebedürftiger naher Angehöriger in häuslicher Umgebung unterbrochen worden ist. 9Die wirtschaftlichen Interessen des ausscheidenden Vertragsarztes oder seiner Erben sind nur insoweit zu berücksichtigen, als der Kaufpreis die Höhe des Verkehrswerts der Praxis nicht übersteigt. 10Kommt der Zulassungsausschuss in den Fällen des Absatzes 3a Satz 3 zweiter Halbsatz bei der Auswahlentscheidung nach Satz 4 zu dem Ergebnis, dass ein Bewerber auszuwählen ist, der nicht dem in Absatz 3a Satz 3 zweiter Halbsatz bezeichneten Personenkreis angehört, kann er die Nachbesetzung des Vertragsarztsitzes mit der Mehrheit seiner Stimmen ablehnen, wenn eine Nachbesetzung aus Versorgungsgründen nicht erforderlich ist; Absatz 3a Satz 10, 11, 13 und 14 gilt in diesem Fall entsprechend. 11Hat sich ein Bewerber nach Satz 5 Nummer 7 bereit erklärt, besondere Versorgungsbedürfnisse zu erfüllen, kann der Zulassungsausschuss die Zulassung unter der Voraussetzung erteilen, dass sich der Bewerber zur Erfüllung dieser Versorgungsbedürfnisse verpflichtet.

(4a) 1Verzichtet ein Vertragsarzt in einem Planungsbereich, für den Zulassungsbeschränkungen angeordnet sind, auf seine Zulassung, um in einem medizinischen Versorgungszentrum tätig zu werden, so hat der Zulassungsausschuss die Anstellung zu genehmigen, wenn Gründe der vertragsärztlichen Versorgung dem nicht entgegenstehen; eine Fortführung der Praxis nach Absatz 4 ist nicht möglich. 2Bei der Prüfung, ob der Anstellung Gründe der vertragsärztlichen Versorgung entgegenstehen, ist die Ergänzung des besonderen Versorgungsangebots des medizinischen Versorgungszentrums durch den Arzt zu berücksichtigen. 3Der Arzt kann in dem Planungsbereich, für den er zugelassen war, weiter tätig sein, auch wenn der Sitz des anstellenden medizinischen Versorgungszentrums in einem anderen Planungsbereich liegt. 4Nach einer Tätigkeit von mindestens fünf Jahren in einem medizinischen Versorgungszentrum, dessen Sitz in einem Planungsbereich liegt, für den Zulassungsbeschränkungen angeordnet sind, erhält ein Arzt unbeschadet der Zulassungsbeschränkungen auf Antrag eine Zulassung in diesem Planungsbereich; dies gilt nicht für Ärzte, die auf Grund einer Nachbesetzung nach Satz 5 oder erst seit dem 1. Januar 2007 in einem medizinischen Versorgungszentrum tätig sind. 5Medizinischen Versorgungszentren ist die Nachbesetzung einer Arztstelle möglich, auch wenn Zulassungsbeschränkungen angeordnet sind; dies gilt nicht, soweit der Nachbesetzung Festlegungen nach § 101 Absatz 1 Satz 8 entgegenstehen. 6§ 95 Absatz 9b gilt entsprechend.

(4b) 1Verzichtet ein Vertragsarzt in einem Planungsbereich, für den Zulassungsbeschränkungen angeordnet sind, auf seine Zulassung, um bei einem Vertragsarzt als nach § 95 Abs. 9 Satz 1 angestellter Arzt tätig zu werden, so hat der Zulassungsausschuss die Anstellung zu genehmigen, wenn Gründe der vertragsärztlichen Versorgung dem nicht entgegenstehen; eine Fortführung der Praxis nach Absatz 4 ist nicht möglich. 2Bei der Prüfung, ob der Anstellung Gründe der vertragsärztlichen Versorgung entgegenstehen, ist die Ergänzung des besonderen Versorgungsangebots des anstellenden Vertragsarztes durch den anzustellenden Arzt zu berücksichtigen. 3Im Fall des Satzes 1 kann der angestellte Arzt in dem Planungsbereich, für den er zugelassen war, weiter tätig sein, auch wenn der Sitz des anstellenden Vertragsarztes in einem anderen Planungsbereich liegt. 4Soll die vertragsärztliche Tätigkeit in den Fällen der Beendigung der Zulassung durch Tod, Verzicht oder Entziehung von einem Praxisnachfolger weitergeführt werden, kann die Praxis auch in der Form weitergeführt werden, dass ein Vertragsarzt den Vertragsarztsitz übernimmt und die vertragsärztliche Tätigkeit durch einen angestellten Arzt in seiner Praxis weiterführt, wenn Gründe der vertragsärztlichen Versorgung dem nicht entgegenstehen. 5Die Nachbesetzung der Stelle eines nach § 95 Abs. 9 Satz 1 angestellten Arztes ist möglich, auch wenn Zulassungsbeschränkungen angeordnet sind; dies gilt nicht, soweit der Nachbesetzung Festlegungen nach § 101 Absatz 1 Satz 8 entgegenstehen. 6§ 95 Absatz 9b gilt entsprechend.

(4c) 1Soll die vertragsärztliche Tätigkeit in den Fällen der Beendigung der Zulassung durch Tod, Verzicht oder Entziehung von einem Praxisnachfolger weitergeführt werden, kann die Praxis auch in der Form weitergeführt werden, dass ein medizinisches Versorgungszentrum den Vertragsarztsitz übernimmt und die vertragsärztliche Tätigkeit durch einen angestellten Arzt in der Einrichtung weiterführt, wenn Gründe der vertragsärztlichen Versorgung dem nicht entgegenstehen. 2Die Absätze 3a, 4 und 5 gelten entsprechend. 3Absatz 4 gilt mit der Maßgabe, dass bei der Auswahl des Praxisnachfolgers ein medizinisches Versorgungszentrum, bei dem die Mehrheit der Geschäftsanteile und der Stimmrechte nicht bei Ärzten liegt, die in dem medizinischen Versorgungszentrum als Vertragsärzte tätig sind, gegenüber den übrigen Bewerbern nachrangig zu berücksichtigen ist. 4Dieser Nachrang gilt nicht für ein medizinisches Versorgungszentrum, das am 31. Dezember 2011 zugelassen war und bei dem die Mehrheit der Geschäftsanteile und der Stimmrechte bereits zu diesem Zeitpunkt nicht bei den dort tätigen Vertragsärzten lag.

(5) 1Die Kassenärztlichen Vereinigungen (Registerstelle) führen für jeden Planungsbereich eine Warteliste. 2In die Warteliste werden auf Antrag die Ärzte, die sich um einen Vertragsarztsitz bewerben und in das Arztregister eingetragen sind, aufgenommen. 3Bei der Auswahl der Bewerber für die Übernahme einer Vertragsarztpraxis nach Absatz 4 ist die Dauer der Eintragung in die Warteliste zu berücksichtigen.

(6) 1Endet die Zulassung eines Vertragsarztes, der die Praxis bisher mit einem oder mehreren Vertragsärzten gemeinschaftlich ausgeübt hat, so gelten die Absätze 4 und 5 entsprechend. 2Die Interessen des oder der in der Praxis verbleibenden Vertragsärzte sind bei der Bewerberauswahl angemessen zu berücksichtigen.

(7) 1In einem Planungsbereich, für den Zulassungsbeschränkungen angeordnet sind, haben Krankenhausträger das Angebot zum Abschluß von Belegarztverträgen auszuschreiben. 2Kommt ein Belegarztvertrag mit einem im Planungsbereich niedergelassenen Vertragsarzt nicht zustande, kann der Krankenhausträger mit einem bisher im Planungsbereich nicht niedergelassenen geeigneten Arzt einen Belegarztvertrag schließen. 3Dieser erhält eine auf die Dauer der belegärztlichen Tätigkeit beschränkte Zulassung; die Beschränkung entfällt bei Aufhebung der Zulassungsbeschränkungen nach Absatz 3, spätestens nach Ablauf von zehn Jahren.

(8) Die Absätze 1 bis 7 gelten nicht für Zahnärzte.

§ 104 Verfahren bei Zulassungsbeschränkungen

(1) Die Zulassungsverordnungen bestimmen, unter welchen Voraussetzungen, in welchem Umfang und für welche Dauer zur Sicherstellung einer bedarfsgerechten ärztlichen Versorgung in solchen Gebieten eines Zulassungsbezirks, in denen eine vertragsärztliche Unterversorgung eingetreten ist oder in absehbarer Zeit droht, Beschränkungen der Zulassungen in hiervon nicht betroffenen Gebieten von Zulassungsbezirken nach vorheriger Ausschöpfung anderer geeigneter Maßnahmen vorzusehen und inwieweit hierbei die Zulassungsausschüsse an die Anordnung der Landesausschüsse gebunden sind und Härtefälle zu berücksichtigen haben.

(2) Die Zulassungsverordnungen bestimmen nach Maßgabe des § 101 auch das Nähere über das Verfahren bei der Anordnung von Zulassungsbeschränkungen bei vertragsärztlicher Überversorgung.

(3) Die Absätze 1 und 2 gelten nicht für Zahnärzte.

§ 105 Förderung der vertragsärztlichen Versorgung

(1) Die Kassenärztlichen Vereinigungen haben mit Unterstützung der Kassenärztlichen Bundesvereinigungen entsprechend den Bedarfsplänen alle geeigneten finanziellen und sonstigen Maßnahmen zu ergreifen, um die Sicherstellung der vertragsärztlichen Versorgung zu gewährleisten, zu verbessern oder zu fördern.

(1a) 1Die Kassenärztliche Vereinigung hat zur Finanzierung von Fördermaßnahmen zur Sicherstellung der vertragsärztlichen Versorgung einen Strukturfonds zu bilden, für den sie mindestens 0,1 Prozent und höchstens 0,2 Prozent der nach § 87a Absatz 3 Satz 1 vereinbarten morbiditätsbedingten Gesamtvergütungen zur Verfügung stellt. 2Die Landesverbände der Krankenkassen und die Ersatzkassen haben zusätzlich einen Betrag in gleicher Höhe in den Strukturfonds zu entrichten. 3Mittel des Strukturfonds sollen insbesondere für folgende Maßnahmen verwendet werden:

1. Zuschüsse zu den Investitionskosten bei der Neuniederlassung, bei Praxisübernahmen oder bei der Gründung von Zweigpraxen,
2. Zuschläge zur Vergütung und zur Ausbildung,
3. Vergabe von Stipendien,
4. Förderung von Eigeneinrichtungen nach Absatz 1c und von lokalen Gesundheitszentren für die medizinische Grundversorgung,
5. Förderung der Erteilung von Sonderbedarfszulassungen,
6. Förderung des freiwilligen Verzichts auf die Zulassung als Vertragsarzt, insbesondere bei Verzicht auf einen Nachbesetzungsantrag nach § 103 Absatz 3a Satz 1, und Entschädigungszahlungen nach § 103 Absatz 3a Satz 13,
7. Förderung des Betriebs der Terminservicestellen,

8. Förderung telemedizinischer Versorgungsformen und telemedizinischer Kooperationen der Leistungserbringer.

₄Es ist sicherzustellen, dass die für den Strukturfonds bereitgestellten Mittel vollständig zur Förderung der Sicherstellung der vertragsärztlichen Versorgung verwendet werden. ₅Die Kassenärztliche Vereinigung erstellt jährlich einen im Internet zu veröffentlichenden Bericht über die Verwendung der Mittel des Strukturfonds. ₆Auch die Kassenzahnärztliche Vereinigung kann zur Finanzierung von Fördermaßnahmen zur Sicherstellung der vertragszahnärztlichen Versorgung einen Strukturfonds bilden, für den sie bis zu 0,2 Prozent der nach § 85 vereinbarten Gesamtvergütungen zur Verfügung stellt. ₇Die Sätze 2, 3 Nummer 1 bis 4 und 8 sowie die Sätze 4 und 5 gelten in diesem Fall entsprechend. ₈Die Kassenzahnärztliche Vereinigung kann in den Jahren 2021 und 2022 aus Mitteln des Strukturfonds eine Förderung von in den Jahren 2019 bis 2021 neu niedergelassenen Praxen vorsehen.

(1b) Die Kassenärztlichen Vereinigungen, die Landesverbände der Krankenkassen und die Ersatzkassen gemeinsam und einheitlich können vereinbaren, über die Mittel nach Absatz 1a hinaus einen zusätzlichen Betrag zweckgebunden zur Förderung der Sicherstellung der Strukturen des Notdienstes bereitzustellen.

(1c) ₁Die Kassenärztlichen Vereinigungen können eigene Einrichtungen betreiben, die der unmittelbaren medizinischen Versorgung von Versicherten dienen, oder sich an solchen Einrichtungen beteiligen. ₂Die Kassenärztlichen Vereinigungen können die Einrichtungen auch durch Kooperationen untereinander und gemeinsam mit Krankenhäusern sowie in Form von mobilen oder telemedizinischen Versorgungsangebotsformen betreiben. ₃In Gebieten, in denen der Landesausschuss der Ärzte und Krankenkassen nach § 100 Absatz 1 Satz 1 eine ärztliche Unterversorgung festgestellt hat, sind die Kassenärztlichen Vereinigungen nach Ablauf der Frist nach § 100 Absatz 1 Satz 2, spätestens jedoch nach sechs Monaten, zum Betreiben von Einrichtungen verpflichtet. ₄Für die Vergütung der ärztlichen Leistungen, die in diesen Einrichtungen erbracht werden, sind die Regelungen der §§ 87 bis 87c anzuwenden. ₅Für die Vergütung der zahnärztlichen Leistungen, die in diesen Einrichtungen erbracht werden, sind die Regelungen der §§ 57, 87 und 87e anzuwenden.

(1d) Die Kassenärztlichen Vereinigungen wirken, sofern Landesrecht dies bestimmt, an der Umsetzung der von Studienplatzbewerbern im Zusammenhang mit der Vergabe des Studienplatzes eingegangenen Verpflichtungen mit.

(2) ₁Die Kassenärztlichen Vereinigungen haben darauf hinzuwirken, daß medizinisch-technische Leistungen, die der Arzt zur Unterstützung seiner Maßnahmen benötigt, wirtschaftlich erbracht werden. ₂Die Kassenärztlichen Vereinigungen sollen ermöglichen, solche Leistungen im Rahmen der vertragsärztlichen Versorgung von Gemeinschaftseinrichtungen der niedergelassenen Ärzte zu beziehen, wenn eine solche Erbringung medizinischen Erfordernissen genügt.

(3) ₁Die Krankenkassen haben der Kassenärztlichen Vereinigung die zusätzlichen Kosten für außerordentliche Maßnahmen, die zur Sicherstellung der medizinischen Versorgung während des Bestehens einer epidemischen Lage von nationaler Tragweite nach § 5 Absatz 1 des Infektionsschutzgesetzes und bis zum letzten Tag des vierten Monats nach deren Ende erforderlich sind, zu erstatten. ₂Die Erstattung ist ausgeschlossen, soweit die Finanzierung der betreffenden Maßnahme durch ein Gesetz oder auf Grund eines Gesetzes anderweitig vorgesehen ist. ₃Zum Zweck der Abrechnung der Erstattung nach Satz 1 übermittelt die Kassenärztliche Vereinigung den Krankenkassen rechnungsbegründende Unterlagen, aus denen sich die Art und die Höhe der zu erstattenden Kosten im Einzelnen ergeben.

(4) ₁Hat der Landesausschuss der Ärzte und Krankenkassen oder der Landesausschuss der Zahnärzte und Krankenkassen eine Feststellung nach § 100 Absatz 1 oder Absatz 3 getroffen, sind von der Kassenärztlichen Vereinigung oder der Kassenzahnärztlichen Vereinigung in diesen Gebieten Sicherstellungszuschläge an bestimmte dort tätige vertragsärztliche oder vertragszahnärztliche Leistungserbringer zu zahlen. ₂Über die Anforderungen, die an die berechtigen vertragsärztlichen oder vertragszahnärztlichen Leistungserbringer gestellt werden, und über die Höhe der Sicherstellungszuschläge je berechtigten vertragsärztlichen oder vertragszahnärztlichen Leistungserbringer entscheidet der Landesausschuss der Ärzte und Krankenkassen oder der Landesausschuss der Zahnärzte und Krankenkassen. ₃Die für den Vertragsarzt oder den Vertragszahnarzt zuständige Kassenärztliche Vereinigung oder die Kassenzahnärztliche Vereinigung und die Krankenkassen, die an diese Kassenärztliche Vereinigung oder die Kassenzahnärztliche Vereinigung eine Vergütung nach Maßgabe des Gesamtvertrages nach den §§ 83, 85 oder § 87a entrichten, tragen den sich aus Satz 1 ergebenden Zahlbetrag an den Vertragsarzt oder den Vertragszahnarzt jeweils zur Hälfte. ₄Über das Nähere zur Aufteilung des auf die Krankenkassen entfallenden Betrages nach Satz 2 auf die einzelnen Krankenkassen entscheidet der Landesausschuss der Ärzte und

V

Krankenkassen oder der Landesausschuss der Zahnärzte und Krankenkassen.

(5) 1Kommunen können mit Zustimmung der Kassenärztlichen Vereinigung in begründeten Ausnahmefällen eigene Einrichtungen zur unmittelbaren medizinischen Versorgung der Versicherten betreiben. 2Ein begründeter Ausnahmefall kann insbesondere dann vorliegen, wenn eine Versorgung auf andere Weise nicht sichergestellt werden kann. 3Sind die Voraussetzungen nach Satz 1 erfüllt, hat der Zulassungsausschuss die Einrichtung auf Antrag zur Teilnahme an der vertragsärztlichen Versorgung mit angestellten Ärzten, die in das Arztregister eingetragen sind, zu ermächtigen. 4§ 95 Absatz 2 Satz 7 bis 10 gilt entsprechend. 5In der kommunalen Eigeneinrichtung tätige Ärzte sind bei ihren ärztlichen Entscheidungen nicht an Weisungen von Nichtärzten gebunden.

Neunter Titel
Wirtschaftlichkeits- und Abrechnungsprüfung

§ 106 Wirtschaftlichkeitsprüfung

(1) 1Die Krankenkassen und die Kassenärztlichen Vereinigungen überwachen die Wirtschaftlichkeit der vertragsärztlichen Versorgung durch Beratungen und Prüfungen. 2Die Landesverbände der Krankenkassen und die Ersatzkassen gemeinsam und einheitlich und die Kassenärztlichen Vereinigungen vereinbaren Inhalt und Durchführung der Beratungen und Prüfungen nach Absatz 2 sowie die Voraussetzungen für Einzelfallprüfungen. 3Die Vertragspartner können die Prüfungsstelle mit der Prüfung ärztlich verordneter Leistungen in der ambulanten Versorgung außerhalb der vertragsärztlichen Versorgung beauftragen und tragen die Kosten. 4Die Krankenkassen übermitteln der Prüfungsstelle die Daten der in der ambulanten Versorgung außerhalb der vertragsärztlichen Versorgung verordneten Leistungen; dabei sind zusätzlich die Zahl der Behandlungsfälle und eine Zuordnung der verordneten Leistungen zum Datum der Behandlung zu übermitteln. 5Die §§ 296 und 297 gelten entsprechend.

(2) 1Die Wirtschaftlichkeit der Versorgung wird von der Prüfungsstelle nach § 106c geprüft durch

1. arztbezogene Prüfungen ärztlicher Leistungen nach § 106a,
2. arztbezogene Prüfungen ärztlich verordneter Leistungen nach § 106b.

2Die Prüfungen werden auf der Grundlage der Daten durchgeführt, die der Prüfungsstelle nach § 106c gemäß § 296 Absatz 1, 2 und 4 sowie § 297 Absatz 2 übermittelt werden. 3Hat die Prüfungsstelle Zweifel an der Richtigkeit der übermittelten Daten, ermittelt sie die Datengrundlagen für die Prüfung aus einer Stichprobe der abgerechneten Behandlungsfälle des Arztes und rechnet die so ermittelten Teildaten nach einem statistisch zulässigen Verfahren auf die Grundgesamtheit der Arztpraxis hoch.

(3) 1Die Prüfungsstelle nach § 106c bereitet die für die Prüfungen nach Absatz 2 erforderlichen Daten und sonstigen Unterlagen auf, trifft Feststellungen zu den für die Beurteilung der Wirtschaftlichkeit wesentlichen Sachverhalten und entscheidet unter Beachtung der Vereinbarungen nach den §§ 106a und 106b, ob der Vertragsarzt, der ermächtigte Arzt oder die ermächtigte Einrichtung gegen das Wirtschaftlichkeitsgebot verstoßen hat und welche Maßnahmen zu treffen sind. 2Eine Maßnahme kann insbesondere auch die Festsetzung einer Nachforderung oder einer Kürzung sein. 3Die Festsetzung einer Nachforderung oder einer Kürzung auf Grund einer Wirtschaftlichkeitsprüfung, die von Amts wegen durchzuführen ist, muss für ärztliche Leistungen innerhalb von zwei Jahren ab Erlass des Honorarbescheides und für ärztlich verordnete Leistungen innerhalb von zwei Jahren ab dem Schluss des Kalenderjahres, in dem die Leistungen verordnet worden sind, erfolgen; § 45 Absatz 2 des Ersten Buches gilt entsprechend. 4Für Wirtschaftlichkeitsprüfungen, die auf Grund eines Antrags erfolgen, ist der Antrag für die Prüfung ärztlicher Leistungen spätestens 18 Monate nach Erlass des Honorarbescheides und für die Prüfung ärztlich verordneter Leistungen spätestens 18 Monate nach Ablauf des Kalenderjahres, in dem die Leistungen verordnet worden sind, bei der Prüfungsstelle nach § 106c einzureichen. 5Die Festsetzung einer Nachforderung oder einer Kürzung muss innerhalb weiterer zwölf Monate nach Ablauf der in Satz 4 genannten Frist erfolgen; die Regelung des § 45 Absatz 2 des Ersten Buches findet keine entsprechende Anwendung. 6Gezielte Beratungen sollen weiteren Maßnahmen in der Regel vorangehen. 7Die Prüfungsstelle berät die Vertragsärzte auf der Grundlage von Übersichten über die von ihnen im Zeitraum eines Jahres oder in einem kürzeren Zeitraum erbrachten, verordneten oder veranlassten Leistungen über Fragen der Wirtschaftlichkeit und Qualität der Versorgung.

(4) 1Werden Wirtschaftlichkeitsprüfungen nicht in dem vorgesehenen Umfang oder nicht entsprechend den für ihre Durchführung geltenden Vorgaben durchgeführt, haften die zuständigen Vorstandsmitglieder der Krankenkassenverbände und Kassenärztlichen Vereinigungen für eine ordnungsgemäße Umsetzung. 2Können Wirtschaftlichkeitsprüfungen nicht in dem vorgesehenen Umfang oder nicht entsprechend den für ihre Durchführung geltenden Vorgaben durchgeführt werden, weil die erforderlichen Daten nach den §§ 296 und 297 nicht oder nicht

im vorgesehenen Umfang oder nicht fristgerecht übermittelt worden sind, haften die zuständigen Vorstandsmitglieder der Krankenkassen oder der Kassenärztlichen Vereinigungen. 3Die zuständige Aufsichtsbehörde hat nach Anhörung der Vorstandsmitglieder und der jeweils entsandten Vertreter im Ausschuss den Verwaltungsrat oder die Vertreterversammlung zu veranlassen, das Vorstandsmitglied auf Ersatz des aus der Pflichtverletzung entstandenen Schadens in Anspruch zu nehmen, falls der Verwaltungsrat oder die Vertreterversammlung das Regressverfahren nicht bereits von sich aus eingeleitet hat.

(5) Die Absätze 1 bis 4 gelten auch für die Prüfung der Wirtschaftlichkeit der im Krankenhaus erbrachten ambulanten ärztlichen und belegärztlichen Leistungen.

§ 106a Wirtschaftlichkeitsprüfung ärztlicher Leistungen

(1) 1Die Wirtschaftlichkeit der erbrachten ärztlichen Leistungen kann auf begründeten Antrag einer einzelnen Krankenkasse, mehrerer Krankenkassen gemeinsam oder der Kassenärztlichen Vereinigung arztbezogen durch die jeweilige Prüfungsstelle nach § 106c geprüft werden. 2Die Prüfung kann neben dem zur Abrechnung vorgelegten Leistungsvolumen auch Überweisungen sowie sonstige veranlasste ärztliche Leistungen, insbesondere aufwändige medizinisch-technische Leistungen umfassen; honorarwirksame Begrenzungsregelungen haben keinen Einfluss auf die Prüfungen.

(2) Veranlassung für die Prüfung der Wirtschaftlichkeit nach Absatz 1 besteht insbesondere

1. bei begründetem Verdacht auf fehlende medizinische Notwendigkeit der Leistungen (Fehlindikation),
2. bei begründetem Verdacht auf fehlende Eignung der Leistungen zur Erreichung des therapeutischen oder diagnostischen Ziels (Ineffektivität),
3. bei begründetem Verdacht auf mangelnde Übereinstimmung der Leistungen mit den anerkannten Kriterien für ihre fachgerechte Erbringung (Qualitätsmangel), insbesondere in Bezug auf die in den Richtlinien des Gemeinsamen Bundesausschusses enthaltenen Vorgaben,
4. bei begründetem Verdacht auf Unangemessenheit der durch die Leistungen verursachten Kosten im Hinblick auf das Behandlungsziel oder
5. bei begründetem Verdacht, dass Leistungen des Zahnersatzes und der Kieferorthopädie unvereinbar mit dem Heil- und Kostenplan sind.

(3) 1Die Kassenärztlichen Bundesvereinigungen und der Spitzenverband Bund der Krankenkassen vereinbaren bis zum 30. November 2019 das Nähere zu den Voraussetzungen nach Absatz 2 in Rahmenempfehlungen. 2Die Rahmenempfehlungen sind bei den Vereinbarungen nach § 106 Absatz 1 Satz 2 zu berücksichtigen.

(4) 1Die in § 106 Absatz 1 Satz 2 genannten Vertragspartner können über die Prüfung nach Absatz 1 hinaus Prüfungen ärztlicher Leistungen nach Durchschnittswerten oder andere arztbezogene Prüfungsarten vereinbaren. 2Hat der Landesausschuss der Ärzte und Krankenkassen eine Feststellung nach § 100 Absatz 1 oder Absatz 3 getroffen, dürfen bei Ärzten der betroffenen Arztgruppe keine Prüfungen nach Durchschnittswerten durchgeführt werden. 3In den Vereinbarungen nach § 106 Absatz 1 Satz 2 sind die Zahl der je Quartal höchstens zu prüfenden Ärzte in einer Kassenärztlichen Vereinigung sowie im Rahmen der Prüfungen nach Absatz 1 und der Prüfungen nach Satz 1 als Kriterien zur Unterscheidung Praxisbesonderheiten festzulegen, die sich aus besonderen Standort- und Strukturmerkmalen des Leistungserbringers oder bei besonderen Behandlungsfällen ergeben. 4Die Praxisbesonderheiten sind vor Durchführung der Prüfungen als besonderer Versorgungsbedarf durch die Prüfungsstellen anzuerkennen; dies gilt insbesondere auch bei der Beurteilung der Wirtschaftlichkeit von Besuchsleistungen.

§ 106b Wirtschaftlichkeitsprüfung ärztlich verordneter Leistungen

(1) 1Die Wirtschaftlichkeit der Versorgung mit ärztlich verordneten Leistungen wird ab dem 1. Januar 2017 anhand von Vereinbarungen geprüft, die von den Landesverbänden der Krankenkassen und den Ersatzkassen gemeinsam und einheitlich mit den Kassenärztlichen Vereinigungen zu treffen sind. 2Auf Grundlage dieser Vereinbarungen können Nachforderungen wegen unwirtschaftlicher Verordnungsweise nach § 106 Absatz 3 festgelegt werden. 3In den Vereinbarungen müssen Regelungen zu Wirtschaftlichkeitsprüfungen in allen Bereichen ärztlich verordneter Leistungen enthalten sein. 4Die Vereinbarungen nach Satz 1 gelten für Leistungen, die ab dem 1. Januar 2017 verordnet werden.

(1a) 1Bei Verordnungen saisonaler Grippeimpfstoffe gilt eine angemessene Überschreitung der Menge gegenüber den tatsächlich erbrachten Impfungen grundsätzlich nicht als unwirtschaftlich. 2Bei Verordnungen saisonaler Grippeimpfstoffe in den Impfsaisons 2020/2021 bis 2022/2023 gilt eine Überschreitung der Menge von bis zu 30 Prozent gegenüber den tatsächlich erbrachten Impfungen nicht als unwirtschaftlich. 3Das Nähere ist in den Vereinbarungen nach Absatz 1 Satz 1 zu regeln.

(1b) Muss für ein Arzneimittel auf Grund eines Arzneimittelrückrufs oder einer von der zuständigen Behörde bekannt gemachten Einschränkung der Verwendbarkeit erneut ein Arzneimittel verordnet werden, ist die erneute Verordnung des Arzneimittels oder eines vergleichbaren Arzneimittels bei der Wirtschaftlichkeitsprüfung nach § 106 als Praxisbesonderheit zu berücksichtigen.

(2) 1Die Kassenärztlichen Bundesvereinigungen und der Spitzenverband Bund der Krankenkassen vereinbaren einheitliche Rahmenvorgaben für die Prüfungen nach Absatz 1. 2Darin ist insbesondere festzulegen, in welchem Umfang Wirtschaftlichkeitsprüfungen mindestens durchgeführt werden sollen. 3Festzulegen ist auch ein Verfahren, das sicherstellt, dass individuelle Beratungen bei statistischen Prüfungen der Ärztinnen und Ärzte der Festsetzung einer Nachforderung bei erstmaliger Auffälligkeit vorgehen; dies gilt nicht für Einzelfallprüfungen. 4Die Vereinbarungspartner nach Satz 1 legen zudem besondere Verordnungsbedarfe für die Verordnung von Heilmitteln fest, die bei den Prüfungen nach Absatz 1 anzuerkennen sind. 5Die Vertragspartner nach Absatz 1 Satz 1 können darüber hinaus weitere anzuerkennende besondere Verordnungsbedarfe vereinbaren. 6Kommt eine Vereinbarung nach Satz 1 erstmalig bis zum 31. Oktober 2015 nicht zustande, entscheidet das zuständige Schiedsamt gemäß § 89.

(2a) 1Nachforderungen nach Absatz 1 Satz 2 sind auf die Differenz der Kosten zwischen der wirtschaftlichen und der tatsächlich ärztlich verordneten Leistung zu begrenzen. 2Etwaige Einsparungen begründen keinen Anspruch zugunsten des verordnenden Arztes. 3Das Nähere wird in den einheitlichen Rahmenvorgaben nach Absatz 2 vereinbart.

(3) 1Sofern Vereinbarungen nach Absatz 1 bis zum 31. Juli 2016 ganz oder teilweise nicht zustande kommen, wird der Vertragsinhalt durch das zuständige Schiedsamt gemäß § 89 festgesetzt. 2Bis zu einer Vereinbarung nach Absatz 1 gelten die Regelungen in den §§ 84, 106, 296 und 297 in der am 31. Dezember 2016 geltenden Fassung fort.

(4) Wirtschaftlichkeitsprüfungen unterliegen nicht:

1. Verordnungen von Heilmitteln für Versicherte mit langfristigem Behandlungsbedarf nach § 32 Absatz 1a;
2. Verordnungen von Arzneimitteln, für die der Arzt einem Vertrag nach § 130a Absatz 8 beigetreten ist; die Krankenkasse übermittelt der Prüfungsstelle die notwendigen Angaben, insbesondere die Arzneimittelkennzeichen, die teilnehmenden Ärzte und die Laufzeit der Verträge;
3. Verordnungen von Krankenhausbehandlung oder Behandlung in Vorsorge- oder Rehabilitationseinrichtungen nach § 73 Absatz 2 Satz 1 Nummer 7;
4. Verordnungen von Heilmitteln nach § 73 Absatz 11 Satz 1.

(5) § 130b Absatz 2 und § 130c Absatz 4 bleiben unberührt.

§ 106c Prüfungsstelle und Beschwerdeausschuss bei Wirtschaftlichkeitsprüfungen

(1) 1Die Landesverbände der Krankenkassen und die Ersatzkassen sowie die Kassenärztlichen Vereinigungen bilden jeweils eine gemeinsame Prüfungsstelle und einen gemeinsamen Beschwerdeausschuss. 2Der Beschwerdeausschuss besteht aus Vertretern der Kassenärztlichen Vereinigung und der Krankenkassen in gleicher Zahl sowie einem unparteiischen Vorsitzenden. 3Die Amtsdauer beträgt zwei Jahre. 4Bei Stimmengleichheit gibt die Stimme des Vorsitzenden den Ausschlag. 5Über den Vorsitzenden, dessen Stellvertreter sowie den Sitz des Beschwerdeausschusses sollen sich die Vertragspartner nach Satz 1 einigen. 6Kommt eine Einigung nicht zustande, beruft die Aufsichtsbehörde nach Absatz 5 im Benehmen mit den Vertragspartnern nach Satz 1 den Vorsitzenden und dessen Stellvertreter und entscheidet über den Sitz des Beschwerdeausschusses.

(2) 1Die Prüfungsstelle und der Beschwerdeausschuss nehmen ihre Aufgaben jeweils eigenverantwortlich wahr; der Beschwerdeausschuss wird bei der Erfüllung seiner laufenden Geschäfte von der Prüfungsstelle organisatorisch unterstützt. 2Die Prüfungsstelle wird bei der Kassenärztlichen Vereinigung, einem Landesverband der Krankenkassen oder bei einer bereits bestehenden Arbeitsgemeinschaft im Land errichtet. 3Über die Errichtung, den Sitz und den Leiter der Prüfungsstelle einigen sich die Vertragspartner nach Absatz 1 Satz 1; sie einigen sich auf Vorschlag des Leiters jährlich bis zum 30. November über die personelle, sachliche sowie finanzielle Ausstattung der Prüfungsstelle für das folgende Kalenderjahr. 4Der Leiter führt die laufenden Verwaltungsgeschäfte der Prüfungsstelle und gestaltet die innere Organisation so, dass sie den besonderen Anforderungen des Datenschutzes nach den Artikeln 24, 25 und 32 der Verordnung (EU) 2016/679 gerecht wird. 5Kommt eine Einigung nach den Sätzen 2 und 3 nicht zustande, entscheidet die Aufsichtsbehörde nach Absatz 5. 6Die Kosten der Prüfungsstelle und des Beschwerdeausschusses tragen die Kassenärztliche Vereinigung und die beteiligten Krankenkassen je zur Hälfte. 7Das Bundesministerium für Gesundheit bestimmt durch Rechtsverordnung mit Zustimmung des Bundesrates das Nähere zur Geschäftsführung der Prüfungsstellen und der Beschwerdeausschüsse einschließlich der Entschädigung der Vorsitzenden der Ausschüsse und zu den Pflichten der von den in Absatz 1 Satz 1 genannten Ver-

tragspartnern entsandten Vertreter. $_{8}$Die Rechtsverordnung kann auch die Voraussetzungen und das Verfahren zur Verhängung von Maßnahmen gegen Mitglieder der Ausschüsse bestimmen, die ihre Pflichten nach diesem Gesetzbuch nicht oder nicht ordnungsgemäß erfüllen.

(3) $_{1}$Gegen die Entscheidungen der Prüfungsstelle können die betroffenen Ärzte und ärztlich geleiteten Einrichtungen, die Krankenkassen, die betroffenen Landesverbände der Krankenkassen sowie die Kassenärztlichen Vereinigungen die Beschwerdeausschüsse anrufen. $_{2}$Die Anrufung hat aufschiebende Wirkung. $_{3}$Für das Verfahren sind § 84 Absatz 1 und § 85 Absatz 3 des Sozialgerichtsgesetzes anzuwenden. $_{4}$Das Verfahren vor dem Beschwerdeausschuss gilt als Vorverfahren im Sinne des § 78 des Sozialgerichtsgesetzes. $_{5}$Die Klage gegen eine vom Beschwerdeausschuss festgesetzte Maßnahme hat keine aufschiebende Wirkung. $_{6}$Abweichend von Satz 1 findet in Fällen der Festsetzung einer Ausgleichspflicht für den Mehraufwand bei Leistungen, die durch das Gesetz oder durch die Richtlinien nach § 92 ausgeschlossen sind, eine Anrufung des Beschwerdeausschusses nicht statt.

(4) $_{1}$Die Vertragspartner nach Absatz 1 Satz 1 können mit Zustimmung der für sie zuständigen Aufsichtsbehörde die gemeinsame Bildung einer Prüfungsstelle und eines Beschwerdeausschusses über den Bereich eines Landes oder einer anderen Kassenärztlichen Vereinigung hinaus vereinbaren. $_{2}$Die Aufsicht über eine für den Bereich mehrerer Länder tätige Prüfungsstelle und einen für den Bereich mehrerer Länder tätigen Beschwerdeausschuss führt die für die Sozialversicherung zuständige oberste Verwaltungsbehörde des Landes, in dem der Ausschuss oder die Stelle ihren Sitz hat. $_{3}$Die Aufsicht ist im Benehmen mit den zuständigen obersten Verwaltungsbehörden der beteiligten Länder wahrzunehmen.

(5) $_{1}$Die Aufsicht über die Prüfungsstellen und Beschwerdeausschüsse führen die für die Sozialversicherung zuständigen obersten Verwaltungsbehörden der Länder. $_{2}$Die Prüfungsstellen und die Beschwerdeausschüsse erstellen einmal jährlich eine Übersicht über die Zahl der durchgeführten Beratungen und Prüfungen sowie die von ihnen festgesetzten Maßnahmen. $_{3}$Die Übersicht ist der Aufsichtsbehörde vorzulegen.

§ 106d Abrechnungsprüfung in der vertragsärztlichen Versorgung

(1) Die Kassenärztlichen Vereinigungen und die Krankenkassen prüfen die Rechtmäßigkeit und Plausibilität der Abrechnungen in der vertragsärztlichen Versorgung.

(2) $_{1}$Die Kassenärztliche Vereinigung stellt die sachliche und rechnerische Richtigkeit der Abrechnungen der an der vertragsärztlichen Versorgung teilnehmenden Ärzte und Einrichtungen fest; dazu gehört auch die arztbezogene Prüfung der Abrechnungen auf Plausibilität, auf Einhaltung der Vorgaben nach § 295 Absatz 4 Satz 3 sowie die Prüfung der abgerechneten Sachkosten. $_{2}$Gegenstand der arztbezogenen Plausibilitätsprüfung ist insbesondere der Umfang der je Tag abgerechneten Leistungen im Hinblick auf den damit verbundenen Zeitaufwand des Arztes; Vertragsärzte und angestellte Ärzte sind entsprechend des jeweiligen Versorgungsauftrages gleich zu behandeln. $_{3}$Bei der Prüfung nach Satz 2 ist ein Zeitrahmen für das pro Tag höchstens abrechenbare Leistungsvolumen zu Grunde zu legen; zusätzlich können Zeitrahmen für die in längeren Zeitperioden höchstens abrechenbaren Leistungsvolumina zu Grunde gelegt werden. $_{4}$Soweit Angaben zum Zeitaufwand nach § 87 Abs. 2 Satz 1 zweiter Halbsatz bestimmt sind, sind diese bei den Prüfungen nach Satz 2 zu Grunde zu legen. $_{5}$Satz 2 bis 4 gilt nicht für die vertragszahnärztliche Versorgung. $_{6}$Bei den Prüfungen ist von dem jeweils angeforderten Punktzahlvolumen unabhängig von honorarwirksamen Begrenzungsregelungen auszugehen. $_{7}$Soweit es für den jeweiligen Prüfungsgegenstand erforderlich ist, sind die Abrechnungen vorangegangener Abrechnungszeiträume in die Prüfung einzubeziehen. $_{8}$Die Kassenärztliche Vereinigung unterrichtet die in Absatz 5 genannten Verbände der Krankenkassen sowie die Ersatzkassen unverzüglich über die Durchführung der Prüfungen und deren Ergebnisse. $_{9}$Satz 2 gilt auch für Verfahren, die am 31. Dezember 2014 noch nicht rechtskräftig abgeschlossen waren.

(3) $_{1}$Die Krankenkassen prüfen die Abrechnungen der an der vertragsärztlichen Versorgung teilnehmenden Ärzte und Einrichtungen insbesondere hinsichtlich

1. des Bestehens und des Umfangs ihrer Leistungspflicht,
2. der Plausibilität von Art und Umfang der für die Behandlung eines Versicherten abgerechneten Leistungen in Bezug auf die angegebene Diagnose, bei zahnärztlichen Leistungen in Bezug auf die angegebenen Befunde,
3. der Plausibilität der Zahl der vom Versicherten in Anspruch genommenen Ärzte, unter Berücksichtigung ihrer Fachgruppenzugehörigkeit.

$_{2}$Sie unterrichten die Kassenärztlichen Vereinigungen unverzüglich über die Durchführung der Prüfungen und deren Ergebnisse.

(4) $_{1}$Die Krankenkassen oder ihre Verbände können, sofern dazu Veranlassung besteht, gezielte Prüfungen durch die Kassenärztliche Vereinigung nach Absatz 2 beantragen. $_{2}$Die Kassenärztliche Vereinigung kann, sofern dazu Veranlassung besteht, Prüfungen durch die Krankenkassen nach Absatz 3 beantragen. $_{3}$Bei festgestellter Un-

plausibilität nach Absatz 3 Satz 1 Nr. 2 oder 3 kann die Krankenkasse oder ihr Verband eine Wirtschaftlichkeitsprüfung ärztlicher Leistungen beantragen; dies gilt für die Kassenärztliche Vereinigung bei festgestellter Unplausibilität nach Absatz 2 entsprechend. 4Wird ein Antrag nach Satz 1 von der Kassenärztlichen Vereinigung nicht innerhalb von sechs Monaten bearbeitet, kann die Krankenkasse einen Betrag in Höhe der sich unter Zugrundelegung des Antrags ergebenden Honorarberichtigung auf die zu zahlende Gesamtvergütung anrechnen.

(5) 1Die Kassenärztlichen Vereinigungen und die Landesverbände der Krankenkassen und die Ersatzkassen gemeinsam und einheitlich vereinbaren Inhalt und Durchführung der Prüfungen nach den Absätzen 2 bis 4. 2In den Vereinbarungen sind auch Maßnahmen für den Fall von Verstößen gegen Abrechnungsbestimmungen, einer Überschreitung der Zeitrahmen nach Absatz 2 Satz 3 sowie des Nichtbestehens einer Leistungspflicht der Krankenkassen, soweit dies dem Leistungserbringer bekannt sein musste, vorzusehen. 3Die Maßnahmen, die aus den Prüfungen nach den Absätzen 2 bis 4 folgen, müssen innerhalb von zwei Jahren ab Erlass des Honorarbescheides festgesetzt werden; § 45 Absatz 2 des Ersten Buches gilt entsprechend. 4Der Inhalt der Richtlinien nach Absatz 6 ist Bestandteil der Vereinbarungen.

(6) 1Die Kassenärztlichen Bundesvereinigungen und der Spitzenverband Bund der Krankenkassen vereinbaren Richtlinien zum Inhalt und zur Durchführung der Prüfungen nach den Absätzen 2 und 3 einschließlich der Voraussetzungen für die Einhaltung der Ausschlussfrist nach Absatz 5 Satz 3 und des Einsatzes eines elektronisch gestützten Regelwerks; die Richtlinien enthalten insbesondere Vorgaben zu den Kriterien nach Absatz 2 Satz 2 und 3. 2Die Richtlinien sind dem Bundesministerium für Gesundheit vorzulegen. 3Es kann sie innerhalb von zwei Monaten beanstanden. 4Kommen die Richtlinien nicht zu Stande oder werden die Beanstandungen des Bundesministeriums für Gesundheit nicht innerhalb einer von ihm gesetzten Frist behoben, kann das Bundesministerium für Gesundheit die Richtlinien erlassen.

(7) § 106 Absatz 4 gilt entsprechend.

Dritter Abschnitt
Beziehungen zu Krankenhäusern und anderen Einrichtungen

§ 107 Krankenhäuser, Vorsorge- oder Rehabilitationseinrichtungen

(1) Krankenhäuser im Sinne dieses Gesetzbuchs sind Einrichtungen, die

1. der Krankenhausbehandlung oder Geburtshilfe dienen,
2. fachlich-medizinisch unter ständiger ärztlicher Leitung stehen, über ausreichende, ihrem Versorgungsauftrag entsprechende diagnostische und therapeutische Möglichkeiten verfügen und nach wissenschaftlich anerkannten Methoden arbeiten,
3. mit Hilfe von jederzeit verfügbarem ärztlichem, Pflege-, Funktions- und medizinisch-technischem Personal darauf eingerichtet sind, vorwiegend durch ärztliche und pflegerische Hilfeleistung Krankheiten der Patienten zu erkennen, zu heilen, ihre Verschlimmerung zu verhüten, Krankheitsbeschwerden zu lindern oder Geburtshilfe zu leisten,

und in denen

4. die Patienten untergebracht und verpflegt werden können.

(2) Vorsorge- oder Rehabilitationseinrichtungen im Sinne dieses Gesetzbuchs sind Einrichtungen, die

1. der stationären Behandlung der Patienten dienen, um
   a) eine Schwächung der Gesundheit, die in absehbarer Zeit voraussichtlich zu einer Krankheit führen würde, zu beseitigen oder einer Gefährdung der gesundheitlichen Entwicklung eines Kindes entgegenzuwirken (Vorsorge) oder
   b) eine Krankheit zu heilen, ihre Verschlimmerung zu verhüten oder Krankheitsbeschwerden zu lindern oder im Anschluß an Krankenhausbehandlung den dabei erzielten Behandlungserfolg zu sichern oder zu festigen, auch mit dem Ziel, eine drohende Behinderung oder Pflegebedürftigkeit abzuwenden, zu beseitigen, zu mindern, auszugleichen, ihre Verschlimmerung zu verhüten oder ihre Folgen zu mildern (Rehabilitation), wobei Leistungen der aktivierenden Pflege nicht von den Krankenkassen übernommen werden dürfen,
2. fachlich-medizinisch unter ständiger ärztlicher Verantwortung und unter Mitwirkung von besonders geschultem Personal darauf eingerichtet sind, den Gesundheitszustand der Patienten nach einem ärztlichen Behandlungsplan vorwiegend durch Anwendung von Heilmitteln einschließlich Krankengymnastik, Bewegungstherapie, Sprachtherapie oder Arbeits- und Beschäftigungstherapie, ferner durch andere geeignete Hilfen, auch durch geistige und seelische Einwirkungen, zu verbessern und den Patienten bei der Entwicklung eigener Abwehr- und Heilungskräfte zu helfen,

und in denen

3. die Patienten untergebracht und verpflegt werden können.

§ 108 Zugelassene Krankenhäuser

Die Krankenkassen dürfen Krankenhausbehandlung nur durch folgende Krankenhäuser (zugelassene Krankenhäuser) erbringen lassen:

1. Krankenhäuser, die nach den landesrechtlichen Vorschriften als Hochschulklinik anerkannt sind,
2. Krankenhäuser, die in den Krankenhausplan eines Landes aufgenommen sind (Plankrankenhäuser), oder
3. Krankenhäuser, die einen Versorgungsvertrag mit den Landesverbänden der Krankenkassen und den Verbänden der Ersatzkassen abgeschlossen haben.

§ 108a Krankenhausgesellschaften

1Die Landeskrankenhausgesellschaft ist ein Zusammenschluß von Trägern zugelassener Krankenhäuser im Land. 2In der Deutschen Krankenhausgesellschaft sind die Landeskrankenhausgesellschaften zusammengeschlossen. 3Bundesverbände oder Landesverbände der Krankenhausträger können den Krankenhausgesellschaften angehören.

§ 109 Abschluß von Versorgungsverträgen mit Krankenhäusern

(1) 1Der Versorgungsvertrag nach § 108 Nr. 3 kommt durch Einigung zwischen den Landesverbänden der Krankenkassen und den Ersatzkassen gemeinsam und dem Krankenhausträger zustande; er bedarf der Schriftform. 2Bei den Hochschulkliniken gilt die Anerkennung nach den landesrechtlichen Vorschriften, bei den Plankrankenhäusern die Aufnahme in den Krankenhausbedarfsplan nach § 8 Abs. 1 Satz 2 des Krankenhausfinanzierungsgesetzes als Abschluss des Versorgungsvertrages. 3Dieser ist für alle Krankenkassen im Inland unmittelbar verbindlich. 4Die Vertragsparteien nach Satz 1 können im Einvernehmen mit der für die Krankenhausplanung zuständigen Landesbehörde eine gegenüber dem Krankenhausplan geringere Bettenzahl vereinbaren, soweit die Leistungsstruktur des Krankenhauses nicht verändert wird; die Vereinbarung kann befristet werden. 5Enthält der Krankenhausplan keine oder keine abschließende Festlegung der Bettenzahl oder der Leistungsstruktur des Krankenhauses, werden diese durch die Vertragsparteien nach Satz 1 im Benehmen mit der für die Krankenhausplanung zuständigen Landesbehörde ergänzend vereinbart.

(2) 1Ein Anspruch auf Abschluß eines Versorgungsvertrags nach § 108 Nr. 3 besteht nicht. 2Bei notwendiger Auswahl zwischen mehreren geeigneten Krankenhäusern, die sich um den Abschluß eines Versorgungsvertrags bewerben, entscheiden die Landesverbände der Krankenkassen und die Ersatzkassen gemeinsam unter Berücksichtigung der öffentlichen Interessen und der Vielfalt der Krankenhausträger nach pflichtgemäßem Ermessen, welches Krankenhaus den Erfordernissen einer qualitativ hochwertigen, patienten- und bedarfsgerechten sowie leistungsfähigen und wirtschaftlichen Krankenhausbehandlung am besten gerecht wird.

(3) 1Ein Versorgungsvertrag nach § 108 Nr. 3 darf nicht abgeschlossen werden, wenn das Krankenhaus

1. nicht die Gewähr für eine leistungsfähige und wirtschaftliche Krankenhausbehandlung bietet,
2. bei den maßgeblichen planungsrelevanten Qualitätsindikatoren nach § 6 Absatz 1a des Krankenhausfinanzierungsgesetzes auf der Grundlage der vom Gemeinsamen Bundesausschuss nach § 136c Absatz 2 übermittelten Maßstäbe und Bewertungskriterien nicht nur vorübergehend eine in einem erheblichen Maß unzureichende Qualität aufweist, die im jeweiligen Landesrecht vorgesehenen Qualitätsanforderungen nicht nur vorübergehend und in einem erheblichen Maß nicht erfüllt, höchstens drei Jahre in Folge Qualitätsabschlägen nach § 5 Absatz 3a des Krankenhausentgeltgesetzes unterliegt oder
3. für eine bedarfsgerechte Krankenhausbehandlung der Versicherten nicht erforderlich ist.

2Abschluß und Ablehnung des Versorgungsvertrags werden mit der Genehmigung durch die zuständigen Landesbehörden wirksam. 3Verträge, die vor dem 1. Januar 1989 nach § 371 Abs. 2 der Reichsversicherungsordnung abgeschlossen worden sind, gelten bis zu ihrer Kündigung nach § 110 weiter.

(4) 1Mit einem Versorgungsvertrag nach Absatz 1 wird das Krankenhaus für die Dauer des Vertrages zur Krankenhausbehandlung der Versicherten zugelassen. 2Das zugelassene Krankenhaus ist im Rahmen seines Versorgungsauftrags zur Krankenhausbehandlung (§ 39) der Versicherten verpflichtet. 3Die Krankenkassen sind verpflichtet, unter Beachtung der Vorschriften dieses Gesetzbuchs mit dem Krankenhausträger Pflegesatzverhandlungen nach Maßgabe des Krankenhausfinanzierungsgesetzes, des Krankenhausentgeltgesetzes und der Bundespflegesatzverordnung zu führen.

(5) 1Ansprüche der Krankenhäuser auf Vergütung erbrachter Leistungen und Ansprüche der Krankenkassen auf Rückzahlung von geleisteten Vergütungen verjähren in zwei Jahren nach Ablauf des Kalenderjahrs, in dem sie entstanden sind. 2Dies gilt auch für Ansprüche der Krankenkassen auf Rückzahlung von geleisteten Vergütungen, die vor dem 1. Januar 2019 entstanden sind. 3Satz 1 gilt nicht für Ansprüche der Krankenhäuser auf Vergütung erbrachter Leistungen, die vor dem 1. Januar 2019 ent-

standen sind. 4Für die Hemmung, die Ablaufhemmung, den Neubeginn und die Wirkung der Verjährung gelten die Vorschriften des Bürgerlichen Gesetzbuchs entsprechend.

(6) 1Gegen Forderungen von Krankenhäusern, die aufgrund der Versorgung von ab dem 1. Januar 2020 aufgenommenen Patientinnen und Patienten entstanden sind, können Krankenkassen nicht mit Ansprüchen auf Rückforderung geleisteter Vergütungen aufrechnen. 2Die Aufrechnung ist abweichend von Satz 1 möglich, wenn die Forderung der Krankenkasse vom Krankenhaus nicht bestritten wird oder rechtskräftig festgestellt wurde. 3In der Vereinbarung nach § 17c Absatz 2 Satz 1 des Krankenhausfinanzierungsgesetzes können abweichende Regelungen vorgesehen werden.

§ 110 Kündigung von Versorgungsverträgen mit Krankenhäusern

V

(1) 1Ein Versorgungsvertrag nach § 109 Abs. 1 kann von jeder Vertragspartei mit einer Frist von einem Jahr ganz oder teilweise gekündigt werden, von den Landesverbänden der Krankenkassen und den Ersatzkassen nur gemeinsam und nur aus den in § 109 Abs. 3 Satz 1 genannten Gründen. 2Die Kündigung hat zu erfolgen, wenn der in § 109 Absatz 3 Satz 1 Nummer 2 genannte Kündigungsgrund vorliegt. 3Eine Kündigung ist nur zulässig, wenn die Kündigungsgründe nicht nur vorübergehend bestehen. 4Bei Plankrankenhäusern ist die Kündigung mit einem Antrag an die zuständige Landesbehörde auf Aufhebung oder Änderung des Feststellungsbescheids nach § 8 Abs. 1 Satz 2 des Krankenhausfinanzierungsgesetzes zu verbinden, mit dem das Krankenhaus in den Krankenhausplan des Landes aufgenommen worden ist. 5Kommt ein Beschluss über die Kündigung eines Versorgungsvertrags durch die Landesverbände der Krankenkassen und der Ersatzkassen nicht zustande, entscheidet eine unabhängige Schiedsperson über die Kündigung, wenn dies von Kassenarten beantragt wird, die mindestens ein Drittel der landesweiten Anzahl der Versicherten auf sich vereinigen. 6Einigen sich die Landesverbände der Krankenkassen und die Ersatzkassen nicht auf eine Schiedsperson, wird diese von der für die Landesverbände der Krankenkassen zuständigen Aufsichtsbehörde bestimmt. 7Klagen gegen die Bestimmung der Schiedsperson haben keine aufschiebende Wirkung. 8Die Kosten des Schiedsverfahrens tragen die Landesverbände der Krankenkassen und die Ersatzkassen entsprechend der landesweiten Anzahl ihrer Versicherten. 9Klagen gegen die Entscheidung der Schiedsperson über die Kündigung richten sich gegen die Landesverbände der Krankenkassen und die Ersatzkassen, nicht gegen die Schiedsperson.

(2) 1Die Kündigung durch die in Absatz 1 Satz 1 genannten Verbände wird mit der Genehmigung durch die zuständige Landesbehörde wirksam. 2Diese hat ihre Entscheidung zu begründen. 3Bei Plankrankenhäusern kann die Genehmigung nur versagt werden, wenn und soweit das Krankenhaus für die Versorgung unverzichtbar ist und die zuständige Landesbehörde die Unabweisbarkeit des Bedarfs schriftlich oder elektronisch dargelegt hat. 4Die Genehmigung gilt als erteilt, wenn die zuständige Landesbehörde nicht innerhalb von drei Monaten nach Mitteilung der Kündigung widersprochen hat. 5Die Landesbehörde hat einen Widerspruch spätestens innerhalb von drei weiteren Monaten schriftlich oder elektronisch zu begründen. 6Mit Wirksamwerden der Kündigung gilt ein Plankrankenhaus insoweit nicht mehr als zugelassenes Krankenhaus.

§ 110a Qualitätsverträge

(1) 1Die Krankenkassen oder Zusammenschlüsse von Krankenkassen schließen zu den vom Gemeinsamen Bundesausschuss nach § 136b Absatz 1 Satz 1 Nummer 4 festgelegten Leistungen oder Leistungsbereichen mit dem Krankenhausträger Verträge zur Förderung einer qualitativ hochwertigen stationären Versorgung (Qualitätsverträge). 2Ziel der Qualitätsverträge ist die Erprobung, inwieweit sich eine weitere Verbesserung der Versorgung mit stationären Behandlungsleistungen, insbesondere durch die Vereinbarung von Anreizen sowie höherwertigen Qualitätsanforderungen erreichen lässt. 3Die Qualitätsverträge sind zu befristen; eine Verlängerung der Vertragslaufzeit ist zulässig, bis eine Empfehlung des Gemeinsamen Bundesausschusses nach § 136b Absatz 8 Satz 3 vorliegt, nach der für die jeweilige Leistung oder den jeweiligen Leistungsbereich künftig kein Qualitätsvertrag mehr zur Verfügung stehen sollte. 4In den Qualitätsverträgen darf nicht vereinbart werden, dass der Abschluss von Qualitätsverträgen mit anderen Krankenkassen oder Zusammenschlüssen von Krankenkassen unzulässig ist. 5Ein Anspruch auf Abschluss eines Qualitätsvertrags besteht nicht. 6Die Vertragsparteien nach Satz 1 sind befugt und verpflichtet, dem Institut nach § 137a die für die Untersuchung nach § 136b Absatz 8 Satz 1 und die Veröffentlichung nach § 136b Absatz 8 Satz 5 erforderlichen vertragsbezogenen Daten zu den Qualitätsverträgen zu übermitteln.

(2) 1Der Spitzenverband Bund der Krankenkassen und die Deutsche Krankenhausgesellschaft vereinbaren für die Qualitätsverträge nach Absatz 1 ab dem Jahr 2021 innerhalb von sechs Monaten nach dem Inkrafttreten eines Beschlusses des Gemeinsamen Bundesausschusses über die weiteren neuen Leistungen oder Leistungsbereiche nach § 136b Absatz 1 Satz 1 Nummer 4 die erforderlichen

Anpassungen der bis zu diesem Zeitpunkt vereinbarten verbindlichen Rahmenvorgaben für den Inhalt der Verträge. $_{2}$Die Rahmenvorgaben, insbesondere für die Qualitätsanforderungen, sind nur soweit zu vereinheitlichen, wie dies für eine aussagekräftige Evaluierung der Qualitätsverträge erforderlich ist. $_{3}$Kommt eine Vereinbarung nach Satz 1 ganz oder teilweise nicht zustande, setzt die Schiedsstelle nach § 18a Absatz 6 des Krankenhausfinanzierungsgesetzes auf Antrag einer Vertragspartei oder des Bundesministeriums für Gesundheit den Inhalt der Rahmenvorgaben fest.

(3) $_{1}$Die Ausgaben der Krankenkassen zur Durchführung der Qualitätsverträge sollen insgesamt im Jahr 2022 für jeden ihrer Versicherten einen Betrag in Höhe von 0,30 Euro umfassen; der Betrag ist in den Folgejahren von 2023 bis einschließlich 2028 entsprechend der prozentualen Veränderung der monatlichen Bezugsgröße nach § 18 Absatz 1 des Vierten Buches anzupassen. $_{2}$Unterschreiten die jährlichen Ausgaben den Betrag nach Satz 1, so hat die Krankenkasse erstmals für das Jahr 2023 die nicht verausgabten Mittel für die Durchführung von Qualitätsverträgen in der Regel im Folgejahr an die Liquiditätsreserve des Gesundheitsfonds zu zahlen. $_{3}$Bei der Berechnung des Ausgabevolumens einer Krankenkasse nach den Sätzen 1 und 2 sind pro Qualitätsvertrag eine angemessene Pauschale für die Vertragsvorbereitungen sowie sämtliche Ausgaben der Krankenkasse zur Durchführung der Qualitätsverträge nach Vertragsschluss zu berücksichtigen. $_{4}$Der Spitzenverband Bund der Krankenkassen prüft auf Grundlage der jährlichen Rechnungsergebnisse der Krankenkassen für jedes Jahr, erstmals für das Jahr 2023, ob die Ausgaben der Krankenkassen den Betrag nach Satz 1 erreichen. $_{5}$Unterschreiten die Ausgaben einer Krankenkasse den Betrag nach Satz 1, berechnet der Spitzenverband Bund der Krankenkassen die Höhe des nach Satz 2 zu zahlenden Betrages und macht diesen Betrag durch Bescheid geltend. $_{6}$Der Spitzenverband Bund der Krankenkassen kann abweichend von Satz 2 ausnahmsweise mit einer Krankenkasse, die einen oder mehrere Qualitätsverträge mit Vereinbarungen über erfolgsabhängige Zahlungen nachweist, einen längeren Abrechnungszeitraum von bis zu drei Jahren vereinbaren. $_{7}$Der Spitzenverband Bund der Krankenkassen bestimmt das Nähere zum Verfahren für eine solche Verlängerung des Abrechnungszeitraums und legt angemessene Pauschalen nach Satz 3 für die Vertragsvorbereitung fest, die den unterschiedlichen Aufwand der Krankenkassen insbesondere für Erarbeitung und Verhandlung der Vertragsinhalte berücksichtigen. $_{8}$Die Regelungen nach Satz 7 hat der Spitzenverband Bund der Krankenkassen bis zum 31. Oktober 2021 zu beschließen und dem Bundesministerium für Gesundheit zur Zustimmung vorzulegen. $_{9}$Der Spitzenverband Bund der Krankenkassen übermittelt dem Bundesamt für Soziale Sicherung jährlich zum 31. Dezember eine Aufstellung der in diesem Jahr rechtskräftig festgestellten Beträge.

§ 111 Versorgungsverträge mit Vorsorge- oder Rehabilitationseinrichtungen

(1) Die Krankenkassen dürfen medizinische Leistungen zur Vorsorge (§ 23 Abs. 4) oder Leistungen zur medizinischen Rehabilitation einschließlich der Anschlußheilbehandlung (§ 40), die eine stationäre Behandlung, aber keine Krankenhausbehandlung erfordern, nur in Vorsorge- oder Rehabilitationseinrichtungen erbringen lassen, mit denen ein Versorgungsvertrag nach Absatz 2 besteht; für pflegende Angehörige dürfen die Krankenkassen diese Leistungen auch in Vorsorge- und Rehabilitationseinrichtungen erbringen lassen, mit denen ein Vertrag nach § 111a besteht.

(2) $_{1}$Die Landesverbände der Krankenkassen und die Ersatzkassen gemeinsam schließen mit Wirkung für ihre Mitgliedskassen einheitliche Versorgungsverträge über die Durchführung der in Absatz 1 genannten Leistungen mit Vorsorge- oder Rehabilitationseinrichtungen, die

1. die Anforderungen des § 107 Abs. 2 erfüllen und
2. für eine bedarfsgerechte, leistungsfähige und wirtschaftliche Versorgung der Versicherten ihrer Mitgliedskassen mit stationären medizinischen Leistungen zur Vorsorge oder Leistungen zur medizinischen Rehabilitation einschließlich der Anschlußheilbehandlung notwendig sind.

$_{2}$§ 109 Abs. 1 Satz 1 gilt entsprechend. $_{3}$Die Landesverbände der Krankenkassen eines anderen Bundeslandes und die Ersatzkassen können einem nach Satz 1 geschlossenen Versorgungsvertrag beitreten, soweit für die Behandlung der Versicherten ihrer Mitgliedskassen in der Vorsorge- oder Rehabilitationseinrichtung ein Bedarf besteht. $_{4}$Absatz 5 Satz 7 und 8 gilt entsprechend.

(3) $_{1}$Bei Vorsorge- oder Rehabilitationseinrichtungen, die vor dem 1. Januar 1989 stationäre medizinische Leistungen für die Krankenkassen erbracht haben, gilt ein Versorgungsvertrag in dem Umfang der in den Jahren 1986 bis 1988 erbrachten Leistungen als abgeschlossen. $_{2}$Satz 1 gilt nicht, wenn die Einrichtung die Anforderungen nach Absatz 2 Satz 1 nicht erfüllt und die zuständigen Landesverbände der Krankenkassen und die Ersatzkassen gemeinsam dies bis zum 30. Juni 1989 gegenüber dem Träger der Einrichtung schriftlich geltend machen. $_{3}$Satz 1 gilt bis zum 31. Dezember 2025.

(4) $_{1}$Mit dem Versorgungsvertrag wird die Vorsorge- oder Rehabilitationseinrichtung für die Dauer des Vertrages zur

Versorgung der Versicherten mit stationären medizinischen Leistungen zur Vorsorge oder Rehabilitation zugelassen. ₂Der Versorgungsvertrag kann von den Landesverbänden der Krankenkassen und den Ersatzkassen gemeinsam mit einer Frist von einem Jahr gekündigt werden, wenn die Voraussetzungen für seinen Abschluß nach Absatz 2 Satz 1 nicht mehr gegeben sind. ₃Mit der für die Krankenhausplanung zuständigen Landesbehörde ist Einvernehmen über Abschluß und Kündigung des Versorgungsvertrages anzustreben.

(5) ₁Die Vergütungen für die in Absatz 1 genannten Leistungen werden zwischen den Krankenkassen und den Trägern der zugelassenen Vorsorge- oder Rehabilitationseinrichtungen vereinbart. ₂Für Vereinbarungen nach Satz 1 gilt § 71 nicht. ₃Die Bezahlung von Gehältern bis zur Höhe tarifvertraglicher Vergütungen sowie entsprechender Vergütungen nach kirchlichen Arbeitsrechtsregelungen kann nicht als unwirtschaftlich abgelehnt werden. ₄Auf Verlangen der Krankenkasse ist die Zahlung dieser Vergütungen nachzuweisen. ₅Sofern der Deutsche Bundestag nach § 5 Absatz 1 Satz 1 des Infektionsschutzgesetzes eine epidemische Lage von nationaler Tragweite festgestellt hat, haben die Vertragsparteien die Vereinbarungen für den Zeitraum, der am Tag der Feststellung durch den Deutschen Bundestag beginnt und am Tag der Aufhebung der Feststellung, spätestens jedoch mit Ablauf des 7. April 2023 endet, an diese Sondersituation anzupassen, um die Leistungsfähigkeit der Einrichtungen bei wirtschaftlicher Betriebsführung zu gewährleisten. ₆Kommt eine Vereinbarung innerhalb von zwei Monaten, nachdem eine Vertragspartei nach Satz 1 schriftlich zur Aufnahme von Verhandlungen aufgefordert hat, nicht oder teilweise nicht zustande, wird ihr Inhalt auf Antrag einer Vertragspartei durch die Landesschiedsstelle nach § 111b festgesetzt. ₇Die Landesschiedsstelle ist dabei an die für die Vertragsparteien geltenden Rechtsvorschriften gebunden.

(6) Soweit eine wirtschaftlich und organisatorisch selbständige, gebietsärztlich geleitete Vorsorge- oder Rehabilitationseinrichtung an einem zugelassenen Krankenhaus die Anforderungen des Absatzes 2 Satz 1 erfüllt, gelten im übrigen die Absätze 1 bis 5.

(7) ₁Der Spitzenverband Bund der Krankenkassen und die für die Erbringer von Leistungen zur medizinischen Rehabilitation maßgeblichen Verbände auf Bundesebene vereinbaren unter Berücksichtigung der Richtlinien nach § 92 Absatz 1 Satz 2 Nummer 8 in Rahmenempfehlungen

1. das Nähere zu Inhalt, Umfang und Qualität der Leistungen nach Absatz 1,
2. Grundsätze einer leistungsgerechten Vergütung und ihrer Strukturen sowie bis zum 31. Dezember 2022 Grundsätze für Vereinbarungen nach Absatz 5 Satz 5 und
3. die Anforderungen an das Nachweisverfahren nach Absatz 5 Satz 4.

₂Vereinbarungen nach § 137d Absatz 1 bleiben unberührt. ₃Die Inhalte der Rahmenempfehlungen sind den Versorgungsverträgen nach Absatz 2 und den Vergütungsverträgen nach Absatz 5 zugrunde zu legen. ₄Kommen Rahmenempfehlungen ganz oder teilweise nicht zustande, können die Rahmenempfehlungspartner die Schiedsstelle nach § 111b Absatz 6 anrufen. ₅Sie setzt innerhalb von drei Monaten den Rahmenempfehlungsinhalt fest.

§ 111a Versorgungsverträge mit Einrichtungen des Müttergenesungswerks oder gleichartigen Einrichtungen

(1) ₁Die Krankenkassen dürfen stationäre medizinische Leistungen zur Vorsorge für Mütter und Väter (§ 24) oder Rehabilitation für Mütter und Väter (§ 41) nur in Einrichtungen des Müttergenesungswerks oder gleichartigen Einrichtungen erbringen lassen, mit denen ein Versorgungsvertrag besteht. ₂§ 111 Absatz 2, 4 Satz 1 und 2, Absatz 5 und 7 sowie § 111b gelten entsprechend.

(2) ₁Bei Einrichtungen des Müttergenesungswerks oder gleichartigen Einrichtungen, die vor dem 1. August 2002 stationäre medizinische Leistungen für die Krankenkassen erbracht haben, gilt ein Versorgungsvertrag in dem Umfang der im Jahr 2001 erbrachten Leistungen als abgeschlossen. ₂Satz 1 gilt nicht, wenn die Einrichtung die Anforderungen nach § 111 Abs. 2 Satz 1 nicht erfüllt und die zuständigen Landesverbände der Krankenkassen und die Ersatzkassen gemeinsam dies bis zum 1. Januar 2004 gegenüber dem Träger der Einrichtung schriftlich geltend machen. ₃Satz 1 gilt bis zum 31. Dezember 2025.

§ 111b Landesschiedsstelle für Versorgungs- und Vergütungsvereinbarungen zwischen Krankenkassen und Trägern von Vorsorge- oder Rehabilitationseinrichtungen und Bundesschiedsstelle für Rahmenempfehlungen, Verordnungsermächtigung

(1) ₁Die Landesverbände der Krankenkassen und die Ersatzkassen gemeinsam und die für die Wahrnehmung der Interessen der Vorsorge- und Rehabilitationseinrichtungen auf Landesebene maßgeblichen Verbände bilden miteinander für jedes Land eine Schiedsstelle. ₂Diese entscheidet in den Angelegenheiten, die ihr nach diesem Buch zugewiesen sind.

(2) ₁Die Schiedsstelle besteht aus einem unparteiischen Vorsitzenden und zwei weiteren unparteiischen Mitgliedern sowie aus Vertretern der jeweiligen Vertragsparteien nach

§ 111 Absatz 5 Satz 1 oder im Falle ambulanter Rehabilitationseinrichtungen nach § 111c Absatz 3 Satz 1 in gleicher Zahl; für den Vorsitzenden und die unparteiischen Mitglieder können Stellvertreter bestellt werden. $_{2}$Der Vorsitzende und die unparteiischen Mitglieder werden von den beteiligten Verbänden nach Absatz 1 gemeinsam bestellt. $_{3}$Kommt eine Einigung nicht zustande, werden sie von den zuständigen Landesbehörden bestellt.

(3) $_{1}$Die Mitglieder der Schiedsstelle führen ihr Amt als Ehrenamt. $_{2}$Sie sind an Weisungen nicht gebunden. $_{3}$Jedes Mitglied hat eine Stimme. $_{4}$Die Entscheidungen werden von der Mehrheit der Mitglieder getroffen. $_{5}$Ergibt sich keine Mehrheit, gibt die Stimme des Vorsitzenden den Ausschlag.

(4) Die Rechtsaufsicht über die Schiedsstelle führt die zuständige Landesbehörde.

(5) $_{1}$Die Landesregierungen werden ermächtigt, durch Rechtsverordnung das Nähere über die Zahl, die Bestellung, die Amtsdauer und die Amtsführung, die Erstattung der baren Auslagen und die Entschädigung für Zeitaufwand der Mitglieder der Schiedsstelle, die Geschäftsführung, das Verfahren, die Erhebung und die Höhe der Gebühren sowie über die Verteilung der Kosten zu bestimmen. $_{2}$Sie können diese Ermächtigung durch Rechtsverordnung auf oberste Landesbehörden übertragen.

(6) $_{1}$Der Spitzenverband Bund der Krankenkassen und die für die Erbringer von Leistungen zur medizinischen Rehabilitation maßgeblichen Verbände auf Bundesebene bilden erstmals bis zum 1. Mai 2021 eine gemeinsame Schiedsstelle, die in Angelegenheiten nach § 111 Absatz 7, § 111a Absatz 1 Satz 2 in Verbindung mit § 111 Absatz 7 sowie nach § 111c Absatz 5 entscheidet. $_{2}$Die Schiedsstelle besteht aus einem unparteiischen Vorsitzenden und zwei weiteren unparteiischen Mitgliedern sowie aus Vertretern der jeweiligen Rahmenempfehlungspartner nach § 111 Absatz 7 Satz 1 oder § 111c Absatz 5 Satz 1 in gleicher Zahl; für den Vorsitzenden und die unparteiischen Mitglieder können Stellvertreter bestellt werden. $_{3}$Die Amtsdauer beträgt vier Jahre. $_{4}$Die jeweiligen Rahmenempfehlungspartner sollen sich über den Vorsitzenden und die zwei weiteren unparteiischen Mitglieder sowie deren Stellvertreter einigen. Kommt eine Einigung nicht zustande, erfolgt eine Bestellung des unparteiischen Vorsitzenden, der weiteren unparteiischen Mitglieder und von deren Stellvertretern durch das Bundesministerium für Gesundheit, nachdem es den Rahmenempfehlungspartnern eine Frist zur Einigung gesetzt hat und diese Frist abgelaufen ist. $_{5}$Das Bundesministerium für Gesundheit kann durch Rechtsverordnung mit Zustimmung des Bundesrates das Nähere über die Zahl und die Bestellung der Mitglieder, die Erstattung der baren Auslagen und die Entschädigung für den Zeitaufwand der Mitglieder, das Verfahren sowie über die Verteilung der Kosten regeln. $_{6}$§ 129 Absatz 9 und 10 Satz 1 gilt entsprechend.

§ 111c Versorgungsverträge mit Rehabilitationseinrichtungen

(1) $_{1}$Die Landesverbände der Krankenkassen und die Ersatzkassen gemeinsam schließen mit Wirkung für ihre Mitgliedskassen einheitliche Versorgungsverträge über die Durchführung der in § 40 Absatz 1 genannten ambulanten Leistungen zur medizinischen Rehabilitation mit Rehabilitationseinrichtungen,

1. für die ein Versorgungsvertrag nach § 111 Absatz 2 besteht und
2. die für eine bedarfsgerechte, leistungsfähige und wirtschaftliche Versorgung der Versicherten ihrer Mitgliedskassen mit ambulanten Leistungen zur medizinischen Rehabilitation einschließlich der Anschlussrehabilitation notwendig sind. $_{2}$Soweit es für die Erbringung wohnortnaher ambulanter Leistungen zur medizinischen Rehabilitation erforderlich ist, können Verträge nach Satz 1 auch mit Einrichtungen geschlossen werden, die die in Satz 1 genannten Voraussetzungen erfüllen, ohne dass für sie ein Versorgungsvertrag nach § 111 besteht.

$_{2}$Absatz 3 Satz 7 und 8 gilt entsprechend.

(2) $_{1}$§ 109 Absatz 1 Satz 1 gilt entsprechend. $_{2}$Die Landesverbände der Krankenkassen eines anderen Bundeslandes und die Ersatzkassen können einem nach Absatz 1 geschlossenen Versorgungsvertrag beitreten, soweit für die Behandlung der Versicherten ihrer Mitgliedskassen in der Rehabilitationseinrichtung ein Bedarf besteht. $_{3}$Mit dem Versorgungsvertrag wird die Rehabilitationseinrichtung für die Dauer des Vertrages zur Versorgung der Versicherten mit ambulanten medizinischen Leistungen zur Rehabilitation zugelassen. $_{4}$Der Versorgungsvertrag kann von den Landesverbänden der Krankenkassen und den Ersatzkassen gemeinsam mit einer Frist von einem Jahr gekündigt werden, wenn die Voraussetzungen für seinen Abschluss nach Absatz 1 nicht mehr gegeben sind. $_{5}$Mit der für die Krankenhausplanung zuständigen Landesbehörde ist Einvernehmen über Abschluss und Kündigung des Versorgungsvertrags anzustreben.

(3) $_{1}$Die Vergütungen für die in § 40 Absatz 1 genannten Leistungen werden zwischen den Krankenkassen und den Trägern der zugelassenen Rehabilitationseinrichtungen vereinbart. $_{2}$Für Vereinbarungen nach Satz 1 gilt § 71 nicht. $_{3}$Die Bezahlung von Gehältern bis zur Höhe tarifvertraglicher Vergütungen sowie entsprechender Vergütungen nach kirchlichen Arbeitsrechtsregelungen kann

nicht als unwirtschaftlich abgelehnt werden. 4Auf Verlangen der Krankenkasse ist die Zahlung dieser Vergütungen nachzuweisen. 5Sofern der Deutsche Bundestag nach § 5 Absatz 1 Satz 1 des Infektionsschutzgesetzes eine epidemische Lage von nationaler Tragweite festgestellt hat, haben die Vertragsparteien die Vereinbarungen für den Zeitraum, der am Tag der Feststellung durch den Deutschen Bundestag beginnt und am Tag der Aufhebung der Feststellung, spätestens jedoch mit Ablauf des 7. April 2023 endet, an diese Sondersituation anzupassen, um die Leistungsfähigkeit der Einrichtungen bei wirtschaftlicher Betriebsführung zu gewährleisten. 6Kommt eine Vereinbarung innerhalb von zwei Monaten, nachdem eine Vertragspartei nach Satz 1 schriftlich zur Aufnahme von Verhandlungen aufgefordert hat, nicht oder teilweise nicht zustande, wird ihr Inhalt auf Antrag einer Vertragspartei durch die Landesschiedsstelle nach § 111b festgesetzt. 7Diese ist dabei an die für die Vertragsparteien geltenden Rechtsvorschriften gebunden.

V

(4) 1Bei Einrichtungen, die vor dem 1. Januar 2012 ambulante Leistungen zur medizinischen Rehabilitation erbracht haben, gilt ein Versorgungsvertrag nach § 111c in dem Umfang der bis dahin erbrachten Leistungen als abgeschlossen. 2Satz 1 gilt nicht, wenn die Einrichtung die Anforderungen nach Absatz 1 nicht erfüllt und die zuständigen Landesverbände der Krankenkassen und die Ersatzkassen gemeinsam dies bis zum 31. Dezember 2012 gegenüber dem Träger der Einrichtung schriftlich geltend machen. 3Satz 1 gilt bis zum 31. Dezember 2025.

(5) 1Der Spitzenverband Bund der Krankenkassen und die für die Erbringer von Leistungen zur medizinischen Rehabilitation maßgeblichen Verbände auf Bundesebene vereinbaren unter Berücksichtigung der Richtlinien nach § 92 Absatz 1 Satz 2 Nummer 8 in Rahmenempfehlungen

1. das Nähere zu Inhalt, Umfang und Qualität der Leistungen nach § 40 Absatz 1,
2. Grundsätze einer leistungsgerechten Vergütung und ihrer Strukturen sowie bis zum 31. Dezember 2022 Grundsätze für Vereinbarungen nach Absatz 3 Satz 5 und
3. die Anforderungen an das Nachweisverfahren nach Absatz 3 Satz 4.

2Vereinbarungen nach § 137d Absatz 1 bleiben unberührt. 3Die Inhalte der Rahmenempfehlungen sind den Versorgungsverträgen nach Absatz 1 und den Vergütungsverträgen nach Absatz 3 zugrunde zu legen. 4Kommen Rahmenempfehlungen ganz oder teilweise nicht zustande, können die Rahmenempfehlungspartner die Schiedsstelle nach § 111b Absatz 6 anrufen. 5Sie setzt innerhalb von drei Monaten den Rahmenempfehlungsinhalt fest.

§ 111d Ausgleichszahlungen an Vorsorge- und Rehabilitationseinrichtungen aufgrund von Einnahmeausfällen durch das neuartige Coronavirus SARS-CoV-2, Verordnungsermächtigung

(1) Vorsorge- und Rehabilitationseinrichtungen mit einem Versorgungsvertrag nach § 111 Absatz 2 oder nach § 111a Absatz 1 erhalten für die Ausfälle der Einnahmen, die zwischen dem 16. März und dem 30. September 2020 sowie seit dem 18. November 2020 dadurch entstehen, dass Betten nicht so belegt werden können, wie es vor dem Auftreten der SARS-CoV-2-Pandemie geplant war, Ausgleichszahlungen aus der Liquiditätsreserve des Gesundheitsfonds.

(2) 1Die Vorsorge- und Rehabilitationseinrichtungen ermitteln die Höhe der Ausgleichszahlungen nach Absatz 1, indem sie täglich, erstmals für den 16. März 2020, von der Zahl der im Jahresdurchschnitt 2019 pro Tag stationär behandelten Patientinnen und Patienten der Krankenkassen (Referenzwert) die Zahl der am jeweiligen Tag stationär behandelten Patientinnen und Patienten der Krankenkassen sowie die Zahl der nach § 22 des Krankenhausfinanzierungsgesetzes behandelten oder nach § 149 des Elften Buches oder § 39c zur Kurzzeitpflege aufgenommenen Patienten abziehen. 2Sofern das Ergebnis größer als Null ist, ist dieses mit der tagesbezogenen Pauschale nach Absatz 3 zu multiplizieren. 3Die Vorsorge- und Rehabilitationseinrichtungen melden den sich für sie jeweils aus der Berechnung nach Satz 2 ergebenden Betrag differenziert nach Kalendertagen wöchentlich an die für die Krankenhausplanung zuständige Landesbehörde oder an eine von dieser Landesbehörde benannte Krankenkasse, die alle von den Vorsorge- und Rehabilitationseinrichtungen im Land gemeldeten Beträge summiert. 4Die Ermittlung nach Satz 1 ist letztmalig für den 31. Januar 2021 durchzuführen.

(3) 1Die tagesbezogene Pauschale beträgt 60 Prozent des mit Krankenkassen vereinbarten durchschnittlichen Vergütungssatzes der Einrichtung nach § 111 Absatz 5. 2Die tagesbezogene Pauschale für ab dem 18. November 2020 gemeldete Beträge beträgt 50 Prozent des mit Krankenkassen vereinbarten durchschnittlichen Vergütungssatzes der Einrichtung nach § 111 Absatz 5.

(4) 1Die Länder oder die benannten Krankenkassen übermitteln die für ihre Vorsorge- und Rehabilitationseinrichtungen aufsummierten Beträge nach Absatz 2 Satz 3 jeweils unverzüglich an das Bundesamt für Soziale Sicherung. 2Das Bundesamt für Soziale Sicherung zahlt auf Grundlage der nach Satz 1 angemeldeten Mittelbedarfe die Beträge an das jeweilige Land oder die benannte Krankenkasse zur Weiterleitung an die Vorsorge- und Re-

habilitationseinrichtungen aus der Liquiditätsreserve des Gesundheitsfonds. 3Um eine schnellstmögliche Zahlung zu gewährleisten, kann das Land oder die benannte Krankenkasse beim Bundesamt für Soziale Sicherung ab dem 28. März 2020 Abschlagszahlungen beantragen. 4Das Bundesamt für Soziale Sicherung bestimmt das Nähere zum Verfahren der Übermittlung der aufsummierten Beträge sowie der Zahlung aus der Liquiditätsreserve des Gesundheitsfonds einschließlich der Abschlagszahlungen.

(5) Der Spitzenverband Bund der Krankenkassen und die für die Erbringer von Leistungen zur medizinischen Rehabilitation maßgeblichen Verbände auf Bundesebene vereinbaren bis zum 10. April 2020 das Nähere zum Verfahren des Nachweises der Zahl der täglich stationär behandelten oder aufgenommenen Patientinnen und Patienten im Vergleich zum Referenzwert für die Ermittlung und Meldung nach Absatz 2 sowie der Ermittlung des mit Krankenkassen vereinbarten durchschnittlichen Vergütungssatzes nach Absatz 3.

(6) 1Die Vorsorge- und Rehabilitationseinrichtungen erstatten dem Land oder der benannten Krankenkasse die nach dieser Vorschrift erhaltenen Ausgleichszahlungen, soweit sie vorrangige Mittel aus Vergütungen oder Ausgleichszahlungen aus anderen Rechtsverhältnissen beanspruchen können. 2Das Land oder die benannte Krankenkasse leiten die Zahlungen an die Liquiditätsreserve des Gesundheitsfonds weiter.

(7) Nach Abschluss der Zahlungen nach Absatz 4 Satz 2 durch das Bundesamt für Soziale Sicherung übermitteln die Länder oder die benannten Krankenkassen dem Bundesministerium für Gesundheit bis zum Ende des darauffolgenden Kalendermonats eine einrichtungsbezogene Aufstellung der ausgezahlten und zurückerstatteten Finanzmittel.

(8) 1Das Bundesamt für Soziale Sicherung teilt dem Bundesministerium für Gesundheit unverzüglich die Höhe des jeweils nach Absatz 4 Satz 2 ab dem 18. November 2020 an die Länder oder die benannte Krankenkasse überwiesenen Betrags mit. 2Das Bundesministerium für Gesundheit übermittelt dem Bundesministerium der Finanzen wöchentlich die Mitteilungen des Bundesamtes für Soziale Sicherung nach Satz 1. 3Der Bund erstattet den Betrag an die Liquiditätsreserve des Gesundheitsfonds innerhalb von einer Woche nach der Mitteilung gemäß Satz 1.

(9) Das Bundesministerium für Gesundheit kann durch Rechtsverordnung ohne Zustimmung des Bundesrats die in Absatz 2 Satz 4 genannte Frist um bis zu neun Monate verlängern.

§ 112 Zweiseitige Verträge und Rahmenempfehlungen über Krankenhausbehandlung

(1) Die Landesverbände der Krankenkassen und die Ersatzkassen gemeinsam schließen mit der Landeskrankenhausgesellschaft oder mit den Vereinigungen der Krankenhausträger im Land gemeinsam Verträge, um sicherzustellen, daß Art und Umfang der Krankenhausbehandlung den Anforderungen dieses Gesetzbuchs entsprechen.

(2) 1Die Verträge regeln insbesondere

1. die allgemeinen Bedingungen der Krankenhausbehandlung einschließlich der
   a) Aufnahme und Entlassung der Versicherten,
   b) Kostenübernahme, Abrechnung der Entgelte, Berichte und Bescheinigungen, einschließlich eines Katalogs von Leistungen, die in der Regel teilstationär erbracht werden können,
2. die Überprüfung der Notwendigkeit und Dauer der Krankenhausbehandlung,
3. Verfahrens- und Prüfungsgrundsätze für Wirtschaftlichkeits- und Qualitätsprüfungen,
4. die soziale Betreuung und Beratung der Versicherten im Krankenhaus,
5. den nahtlosen Übergang von der Krankenhausbehandlung zur Rehabilitation oder Pflege,
6. das Nähere über Voraussetzungen, Art und Umfang der medizinischen Maßnahmen zur Herbeiführung einer Schwangerschaft nach § 27a Abs. 1.

2Sie sind für die Krankenkassen und die zugelassenen Krankenhäuser im Land unmittelbar verbindlich.

(3) Kommt ein Vertrag nach Absatz 1 bis zum 31. Dezember 1989 ganz oder teilweise nicht zustande, wird sein Inhalt auf Antrag einer Vertragspartei durch die Landesschiedsstelle nach § 114 festgesetzt.

(4) 1Die Verträge nach Absatz 1 können von jeder Vertragspartei mit einer Frist von einem Jahr ganz oder teilweise gekündigt werden. 2Satz 1 gilt entsprechend für die von der Landesschiedsstelle nach Absatz 3 getroffenen Regelungen. 3Diese können auch ohne Kündigung jederzeit durch einen Vertrag nach Absatz 1 ersetzt werden.

(5) Der Spitzenverband Bund der Krankenkassen und die Deutsche Krankenhausgesellschaft oder die Bundesverbände der Krankenhausträger gemeinsam sollen Rahmenempfehlungen zum Inhalt der Verträge nach Absatz 1 abgeben.

(6) Beim Abschluß der Verträge nach Absatz 1 und bei Abgabe der Empfehlungen nach Absatz 5 sind, soweit darin Regelungen nach Absatz 2 Nr. 5 getroffen werden,

V

die Spitzenorganisationen der Vorsorge- und Rehabilitationseinrichtungen zu beteiligen.

§ 113 Qualitäts- und Wirtschaftlichkeitsprüfung der Krankenhausbehandlung

(1) $_{1}$Die Landesverbände der Krankenkassen, die Ersatzkassen und der Landesausschuß des Verbandes der privaten Krankenversicherung können gemeinsam die Wirtschaftlichkeit, Leistungsfähigkeit und Qualität der Krankenhausbehandlung eines zugelassenen Krankenhauses durch einvernehmlich mit dem Krankenhausträger bestellte Prüfer untersuchen lassen. $_{2}$Kommt eine Einigung über den Prüfer nicht zustande, wird dieser auf Antrag innerhalb von zwei Monaten von der Landesschiedsstelle nach § 114 Abs. 1 bestimmt. $_{3}$Der Prüfer ist unabhängig und an Weisungen nicht gebunden.

(2) Die Krankenhäuser und ihre Mitarbeiter sind verpflichtet, dem Prüfer und seinen Beauftragten auf Verlangen die für die Wahrnehmung ihrer Aufgaben notwendigen Unterlagen vorzulegen und Auskünfte zu erteilen.

(3) $_{1}$Das Prüfungsergebnis ist, unabhängig von den sich daraus ergebenden Folgerungen für eine Kündigung des Versorgungsvertrags nach § 110, in der nächstmöglichen Pflegesatzvereinbarung mit Wirkung für die Zukunft zu berücksichtigen. $_{2}$Die Vorschriften über Wirtschaftlichkeitsprüfungen nach der Bundespflegesatzverordnung bleiben unberührt.

(4) $_{1}$Die Wirtschaftlichkeit und Qualität der Versorgung durch Hochschulambulanzen nach § 117, psychiatrische Institutsambulanzen nach § 118, sozialpädiatrische Zentren nach § 119 sowie medizinische Behandlungszentren nach § 119c werden von den Krankenkassen in entsprechender Anwendung der nach §§ 106 bis 106b und 106d und § 135b geltenden Regelungen geprüft. $_{2}$Die Wirtschaftlichkeit der ärztlich verordneten Leistungen im Rahmen des Entlassmanagements nach § 39 Absatz 1a Satz 5 und der Inanspruchnahme eines Krankenhauses nach § 76 Absatz 1a wird durch die Prüfungsstellen nach § 106c entsprechend §§ 106 bis 106b gegen Kostenersatz durchgeführt, soweit die Krankenkasse mit dem Krankenhaus nichts anderes vereinbart hat.

§ 114 Landesschiedsstelle

(1) $_{1}$Die Landesverbände der Krankenkassen und die Ersatzkassen gemeinsam und die Landeskrankenhausgesellschaften oder die Vereinigungen der Krankenhausträger im Land gemeinsam bilden für jedes Land eine Schiedsstelle. $_{2}$Diese entscheidet in den ihr nach diesem Buch zugewiesenen Aufgaben.

(2) $_{1}$Die Landesschiedsstelle besteht aus Vertretern der Krankenkassen und zugelassenen Krankenhäuser in gleicher Zahl sowie einem unparteiischen Vorsitzenden und zwei weiteren unparteiischen Mitgliedern. $_{2}$Die Vertreter der Krankenkassen und deren Stellvertreter werden von den Landesverbänden der Krankenkassen und den Ersatzkassen, die Vertreter der zugelassenen Krankenhäuser und deren Stellvertreter von der Landeskrankenhausgesellschaft bestellt. $_{3}$Der Vorsitzende und die weiteren unparteiischen Mitglieder werden von den beteiligten Organisationen gemeinsam bestellt. $_{4}$Kommt eine Einigung nicht zustande, werden sie in entsprechender Anwendung des Verfahrens nach § 89 Absatz 6 Satz 3 bestellt. $_{5}$Soweit beteiligte Organisationen keine Vertreter bestellen oder im Verfahren nach Satz 3 keine Kandidaten für das Amt des Vorsitzenden oder der weiteren unparteiischen Mitglieder benennen, bestellt die zuständige Landesbehörde auf Antrag einer beteiligten Organisation die Vertreter und benennt die Kandidaten; die Amtsdauer der Mitglieder der Schiedsstelle beträgt in diesem Fall ein Jahr.

(3) $_{1}$Die Mitglieder der Schiedsstelle führen ihr Amt als Ehrenamt. $_{2}$Sie sind an Weisungen nicht gebunden. $_{3}$Jedes Mitglied hat eine Stimme. $_{4}$Die Entscheidungen werden mit der Mehrheit der Mitglieder getroffen. $_{5}$Ergibt sich keine Mehrheit, gibt die Stimme des Vorsitzenden den Ausschlag.

(4) Die Aufsicht über die Geschäftsführung der Schiedsstelle führt die zuständige Landesbehörde.

(5) Die Landesregierungen werden ermächtigt, durch Rechtsverordnung das Nähere über die Zahl, die Bestellung, die Amtsdauer und die Amtsführung, die Erstattung der baren Auslagen und die Entschädigung für Zeitaufwand der Mitglieder der Schiedsstelle, die Geschäftsführung, das Verfahren, die Erhebung und die Höhe der Gebühren sowie über die Verteilung der Kosten zu bestimmen.

Vierter Abschnitt
Beziehungen zu Krankenhäusern und Vertragsärzten

§ 115 Dreiseitige Verträge und Rahmenempfehlungen zwischen Krankenkassen, Krankenhäusern und Vertragsärzten

(1) Die Landesverbände der Krankenkassen und die Ersatzkassen gemeinsam und die Kassenärztlichen Vereinigungen schließen mit der Landeskrankenhausgesellschaft oder mit den Vereinigungen der Krankenhausträger im Land gemeinsam Verträge mit dem Ziel, durch enge Zusammenarbeit zwischen Vertragsärzten und zugelasse-

nen Krankenhäusern eine nahtlose ambulante und stationäre Behandlung der Versicherten zu gewährleisten.

(2) ₁Die Verträge regeln insbesondere

1. die Förderung des Belegarztwesens und der Behandlung in Einrichtungen, in denen die Versicherten durch Zusammenarbeit mehrerer Vertragsärzte ambulant und stationär versorgt werden (Praxiskliniken),
2. die gegenseitige Unterrichtung über die Behandlung der Patienten sowie über die Überlassung und Verwendung von Krankenunterlagen,
3. die Zusammenarbeit bei der Gestaltung und Durchführung eines ständig einsatzbereiten Notdienstes; darüber hinaus können auf Grundlage des einheitlichen Bewertungsmaßstabs für ärztliche Leistungen ergänzende Regelungen zur Vergütung vereinbart werden,
4. die Durchführung einer vor- und nachstationären Behandlung im Krankenhaus nach § 115a einschließlich der Prüfung der Wirtschaftlichkeit und der Verhinderung von Mißbrauch; in den Verträgen können von § 115a Abs. 2 Satz 1 bis 3 abweichende Regelungen vereinbart werden,
5. die allgemeinen Bedingungen der ambulanten Behandlung im Krankenhaus,
6. ergänzende Vereinbarungen zu Voraussetzungen, Art und Umfang des Entlassmanagements nach § 39 Absatz 1a.

₂Sie sind für die Krankenkassen, die Vertragsärzte und die zugelassenen Krankenhäuser im Land unmittelbar verbindlich.

(3) Kommt ein Vertrag nach Absatz 1 ganz oder teilweise nicht zustande, entscheidet auf Antrag einer Vertragspartei das zuständige sektorenübergreifende Schiedsgremium gemäß § 89a.

(4) ₁Kommt eine Regelung nach Absatz 1 bis 3 bis zum 31. Dezember 1990 ganz oder teilweise nicht zustande, wird ihr Inhalt durch Rechtsverordnung der Landesregierung bestimmt. ₂Eine Regelung nach den Absätzen 1 bis 3 ist zulässig, solange und soweit die Landesregierung eine Rechtsverordnung nicht erlassen hat.

(5) Der Spitzenverband Bund der Krankenkassen, die Kassenärztlichen Bundesvereinigungen und die Deutsche Krankenhausgesellschaft oder die Bundesverbände der Krankenhausträger gemeinsam sollen Rahmenempfehlungen zum Inhalt der Verträge nach Absatz 1 abgeben.

§ 115a Vor- und nachstationäre Behandlung im Krankenhaus

(1) ₁Das Krankenhaus kann bei Verordnung von Krankenhausbehandlung Versicherte in medizinisch geeigneten Fällen ohne Unterkunft und Verpflegung behandeln, um

1. die Erforderlichkeit einer vollstationären Krankenhausbehandlung zu klären oder die vollstationäre Krankenhausbehandlung vorzubereiten (vorstationäre Behandlung) oder
2. im Anschluß an eine vollstationäre Krankenhausbehandlung den Behandlungserfolg zu sichern oder zu festigen (nachstationäre Behandlung).

₂Das Krankenhaus kann die Behandlung nach Satz 1 auch durch hierzu ausdrücklich beauftragte niedergelassene Vertragsärzte in den Räumen des Krankenhauses oder der Arztpraxis erbringen. ₃Absatz 2 Satz 5 findet insoweit keine Anwendung.

(2) ₁Die vorstationäre Behandlung ist auf längstens drei Behandlungstage innerhalb von fünf Tagen vor Beginn der stationären Behandlung begrenzt. ₂Die nachstationäre Behandlung darf sieben Behandlungstage innerhalb von 14 Tagen, bei Organübertragungen nach § 9 Absatz 2 des Transplantationsgesetzes drei Monate nach Beendigung der stationären Krankenhausbehandlung nicht überschreiten. ₃Die Frist von 14 Tagen oder drei Monaten kann in medizinisch begründeten Einzelfällen im Einvernehmen mit dem einweisenden Arzt verlängert werden. ₄Kontrolluntersuchungen bei Organübertragungen nach § 9 Absatz 2 des Transplantationsgesetzes dürfen vom Krankenhaus auch nach Beendigung der nachstationären Behandlung durchgeführt werden, um die weitere Krankenbehandlung oder Maßnahmen der Qualitätssicherung wissenschaftlich zu begleiten oder zu unterstützen. ₅Eine notwendige ärztliche Behandlung außerhalb des Krankenhauses während der vor- und nachstationären Behandlung wird im Rahmen des Sicherstellungsauftrags durch die an der vertragsärztlichen Versorgung teilnehmenden Ärzte gewährleistet. ₆Das Krankenhaus hat den einweisenden Arzt über die vor- oder nachstationäre Behandlung sowie diesen und die an der weiteren Krankenbehandlung jeweils beteiligten Ärzte über die Kontrolluntersuchungen und deren Ergebnis unverzüglich zu unterrichten. ₇Die Sätze 2 bis 6 gelten für die Nachbetreuung von Organspendern nach § 8 Abs. 3 Satz 1 des Transplantationsgesetzes entsprechend.

(3) ₁Die Landesverbände der Krankenkassen, die Ersatzkassen und der Landesausschuß des Verbandes der privaten Krankenversicherung gemeinsam vereinbaren mit der Landeskrankenhausgesellschaft oder mit den Vereinigungen der Krankenhausträger im Land gemeinsam und im Benehmen mit der Kassenärztlichen Vereinigung die Vergütung der Leistungen mit Wirkung für die Vertragsparteien nach § 18 Abs. 2 des Krankenhausfinanzierungsgesetzes. ₂Die Vergütung soll pauschaliert werden

V

und geeignet sein, eine Verminderung der stationären Kosten herbeizuführen. 3Der Spitzenverband Bund der Krankenkassen und die Deutsche Krankenhausgesellschaft oder die Bundesverbände der Krankenhausträger gemeinsam geben im Benehmen mit der Kassenärztlichen Bundesvereinigung Empfehlungen zur Vergütung ab. 4Diese gelten bis zum Inkrafttreten einer Vereinbarung nach Satz 1. 5Kommt eine Vereinbarung über die Vergütung innerhalb von drei Monaten nicht zustande, nachdem eine Vertragspartei schriftlich zur Aufnahme der Verhandlungen aufgefordert hat, setzt die Schiedsstelle nach § 18a Abs. 1 des Krankenhausfinanzierungsgesetzes auf Antrag einer Vertragspartei oder der zuständigen Landesbehörde die Vergütung fest.

§ 115b Ambulantes Operieren im Krankenhaus

(1) 1Der Spitzenverband Bund der Krankenkassen, die Deutsche Krankenhausgesellschaft und die Kassenärztlichen Bundesvereinigungen vereinbaren auf der Grundlage des Gutachtens nach Absatz 1a bis zum 31. Januar 2022

1. einen Katalog ambulant durchführbarer Operationen, sonstiger stationsersetzender Eingriffe und stationsersetzender Behandlungen,
2. einheitliche Vergütungen für Krankenhäuser und Vertragsärzte.

2Die Vereinbarung nach Satz 1 tritt mit ihrem Wirksamwerden an die Stelle der am 31. Dezember 2019 geltenden Vereinbarung. 3In die Vereinbarung nach Satz 1 Nummer 1 sind die in dem Gutachten nach Absatz 1a benannten ambulant durchführbaren Operationen und die stationsersetzenden Eingriffe und stationsersetzenden Behandlungen aufzunehmen, die in der Regel ambulant durchgeführt werden können, sowie allgemeine Tatbestände zu bestimmen, bei deren Vorliegen eine stationäre Durchführung erforderlich sein kann. 4Die Vergütung nach Satz 1 Nummer 2 ist nach dem Schweregrad der Fälle zu differenzieren und erfolgt auf betriebswirtschaftlicher Grundlage, ausgehend vom einheitlichen Bewertungsmaßstab für ärztliche Leistungen unter ergänzender Berücksichtigung der nichtärztlichen Leistungen, der Sachkosten sowie der spezifischen Investitionsbedingungen. 5In der Vereinbarung sind die Qualitätsvoraussetzungen nach § 135 Abs. 2 sowie die Richtlinien und Beschlüsse des Gemeinsamen Bundesausschusses nach § 92 Abs. 1 Satz 2 und den §§ 136 bis 136b zu berücksichtigen. 6In der Vereinbarung ist vorzusehen, dass die Leistungen nach Satz 1 auch auf der Grundlage einer vertraglichen Zusammenarbeit des Krankenhauses mit niedergelassenen Vertragsärzten ambulant im Krankenhaus erbracht werden können. 7Die Vereinbarung nach Satz 1 ist mindestens alle zwei Jahre, erstmals zum 31. Dezember 2023, durch Vereinbarung an den Stand der medizinischen Erkenntnisse anzupassen. 8Der Vereinbarungsteil nach Satz 1 Nummer 1 bedarf der Genehmigung des Bundesministeriums für Gesundheit.

(1a) 1Der Spitzenverband Bund der Krankenkassen, die Deutsche Krankenhausgesellschaft und die Kassenärztlichen Bundesvereinigungen leiten bis zum 30. Juni 2020 das Verfahren für die Vergabe eines gemeinsamen Gutachtens ein, in dem der Stand der medizinischen Erkenntnisse zu ambulant durchführbaren Operationen, stationsersetzenden Eingriffen und stationsersetzenden Behandlungen untersucht wird. 2Das Gutachten hat ambulant durchführbare Operationen, stationsersetzende Eingriffe und stationsersetzende Behandlungen konkret zu benennen und in Verbindung damit verschiedene Maßnahmen zur Differenzierung der Fälle nach dem Schweregrad zu analysieren. 3Im Gutachtensauftrag ist vorzusehen, dass das Gutachten spätestens innerhalb eines Jahres, nachdem das Gutachten in Auftrag gegeben worden ist, fertigzustellen ist.

(2) 1Die Krankenhäuser sind zur ambulanten Durchführung der in dem Katalog genannten Operationen, stationsersetzenden Eingriffe und stationsersetzenden Behandlungen zugelassen. 2Hierzu bedarf es einer Mitteilung des Krankenhauses an die Landesverbände der Krankenkassen und die Ersatzkassen, die Kassenärztliche Vereinigung und den Zulassungsausschuß (§ 96); die Kassenärztliche Vereinigung unterrichtet die Landeskrankenhausgesellschaft über den Versorgungsgrad in der vertragsärztlichen Versorgung. 3Das Krankenhaus ist zur Erhaltung des Vertrages nach Absatz 1 verpflichtet. 4Die Leistungen werden unmittelbar von den Krankenkassen vergütet. 5Die Prüfung der Wirtschaftlichkeit und Qualität erfolgt durch die Krankenkassen; die Krankenhäuser übermitteln den Krankenkassen die Daten nach § 301, soweit dies für die Erfüllung der Aufgaben der Krankenkassen erforderlich ist. 6Leistungen, die Krankenhäuser auf Grundlage des Katalogs nach Absatz 1 Satz 1 Nummer 1 ambulant erbringen, unterliegen nicht der Prüfung durch den Medizinischen Dienst nach § 275c Absatz 1 in Verbindung mit § 275 Absatz 1 Nummer 1.

(3) 1Kommt eine der Vereinbarungen nach Absatz 1 nicht fristgerecht zustande oder wird eine Vereinbarung nach Absatz 1 ganz oder teilweise beendet und kommt bis zum Ablauf der Vereinbarungszeit keine neue Vereinbarung zustande, entscheidet auf Antrag einer Vertragspartei das sektorenübergreifende Schiedsgremium auf Bundesebene gemäß § 89a. 2Absatz 1 Satz 7 gilt entsprechend für die Festsetzung nach Satz 1 durch das sektorenübergreifende Schiedsgremium auf Bundesebene gemäß § 89a.

(4) [1]In der Vereinbarung nach Absatz 1 können Regelungen über ein gemeinsames Budget zur Vergütung der ambulanten Operationsleistungen der Krankenhäuser und der Vertragsärzte getroffen werden. [2]Die Mittel sind aus der Gesamtvergütung und den Budgets der zum ambulanten Operieren zugelassenen Krankenhäuser aufzubringen.

§ 115c Fortsetzung der Arzneimitteltherapie nach Krankenhausbehandlung

(1) [1]Ist im Anschluss an eine Krankenhausbehandlung die Verordnung von Arzneimitteln erforderlich, hat das Krankenhaus dem weiterbehandelnden Vertragsarzt die Therapievorschläge unter Verwendung der Wirkstoffbezeichnungen mitzuteilen. [2]Falls preisgünstigere Arzneimittel mit pharmakologisch vergleichbaren Wirkstoffen oder therapeutisch vergleichbarer Wirkung verfügbar sind, ist mindestens ein preisgünstigerer Therapievorschlag anzugeben. [3]Abweichungen in den Fällen der Sätze 1 und 2 sind in medizinisch begründeten Ausnahmefällen zulässig.

(2) Ist im Anschluss an eine Krankenhausbehandlung die Fortsetzung der im Krankenhaus begonnenen Arzneimitteltherapie in der vertragsärztlichen Versorgung für einen längeren Zeitraum notwendig, soll das Krankenhaus bei der Entlassung Arzneimittel anwenden, die auch bei Verordnung in der vertragsärztlichen Versorgung zweckmäßig und wirtschaftlich sind, soweit dies ohne eine Beeinträchtigung der Behandlung im Einzelfall oder ohne eine Verlängerung der Verweildauer möglich ist.

§ 115d Stationsäquivalente psychiatrische Behandlung

(1) [1]Psychiatrische Krankenhäuser mit regionaler Versorgungsverpflichtung sowie Allgemeinkrankenhäuser mit selbständigen, fachärztlich geleiteten psychiatrischen Abteilungen mit regionaler Versorgungsverpflichtung können in medizinisch geeigneten Fällen, wenn eine Indikation für eine stationäre psychiatrische Behandlung vorliegt, anstelle einer vollstationären Behandlung eine stationsäquivalente psychiatrische Behandlung im häuslichen Umfeld erbringen. [2]Der Krankenhausträger stellt sicher, dass die erforderlichen Ärzte und nichtärztlichen Fachkräfte und die notwendigen Einrichtungen für eine stationsäquivalente Behandlung bei Bedarf zur Verfügung stehen. In geeigneten Fällen, insbesondere wenn dies der Behandlungskontinuität dient oder aus Gründen der Wohnortnähe sachgerecht ist, kann das Krankenhaus an der ambulanten psychiatrischen Versorgung teilnehmende Leistungserbringer oder ein anderes zur Erbringung der stationsäquivalenten Behandlung berechtigtes Krankenhaus mit der Durchführung von Teilen der Behandlung beauftragen.

(2) [1]Der Spitzenverband Bund der Krankenkassen, der Verband der Privaten Krankenversicherung und die Deutsche Krankenhausgesellschaft vereinbaren im Benehmen mit der Kassenärztlichen Bundesvereinigung bis zum 30. Juni 2017

1. die Anforderungen an die Dokumentation; dabei ist sicherzustellen, dass für die stationsäquivalente psychiatrische Behandlung die Krankenhausbehandlungsbedürftigkeit dokumentiert wird,
2. die Anforderungen an die Qualität der Leistungserbringung,
3. die Anforderungen an die Beauftragung von an der ambulanten psychiatrischen Behandlung teilnehmenden Leistungserbringern oder anderen, zur Erbringung der stationsäquivalenten Behandlung berechtigten Krankenhäusern.

[2]Kommt eine Vereinbarung nach Satz 1 ganz oder teilweise nicht fristgerecht zustande, entscheidet die Schiedsstelle nach § 18a Absatz 6 des Krankenhausfinanzierungsgesetzes ohne Antrag einer Vertragspartei innerhalb von sechs Wochen.

(3) Die Vertragsparteien nach Absatz 2 Satz 1 vereinbaren bis zum 28. Februar 2017 im Benehmen mit den maßgeblichen medizinischen Fachgesellschaften die Leistungsbeschreibung der stationsäquivalenten psychiatrischen Behandlung als Grundlage für die Verschlüsselung der Leistungen nach § 301 Absatz 2 Satz 2.

(4) [1]Der Spitzenverband Bund der Krankenkassen, der Verband der Privaten Krankenversicherung und die Deutsche Krankenhausgesellschaft legen dem Bundesministerium für Gesundheit bis zum 31. Dezember 2021 einen gemeinsamen Bericht über die Auswirkungen der stationsäquivalenten psychiatrischen Behandlung im häuslichen Umfeld auf die Versorgung der Patientinnen und Patienten einschließlich der finanziellen Auswirkungen vor. [2]Die für den Bericht erforderlichen Daten sind ihnen von den Krankenkassen, den Unternehmen der privaten Krankenversicherung und den Krankenhäusern in anonymisierter Form zu übermitteln.

§ 115e Tagesstationäre Behandlung

(1) [1]Zugelassene Krankenhäuser können in medizinisch geeigneten Fällen, wenn eine Indikation für eine stationäre somatische Behandlung vorliegt, mit Einwilligung der Patientin oder des Patienten anstelle einer vollstationären Behandlung eine tagesstationäre Behandlung ohne Übernachtung im Krankenhaus erbringen. [2]Voraussetzung ist, dass die Behandlung einen täglich mindestens sechsstündigen Aufenthalt der Patientinnen und Patien-

ten im Krankenhaus erfordert, währenddessen überwiegend ärztliche oder pflegerische Behandlung erbracht wird. $_{3}$Leistungen nach den §§ 115b, 115f und 121, Leistungen, die auf der Grundlage der §§ 116, 116a, 117, 118a, 119 oder sonstiger Ermächtigungen ambulant erbracht werden können, nach § 116b ambulant erbringbare Leistungen, eintägige Behandlungen ohne Einweisung und Behandlungen in der Notaufnahme eines Krankenhauses können nicht als tagesstationäre Behandlung erbracht werden. $_{4}$Bei Versicherten, die einen Anspruch auf Leistungen nach § 37 haben, kann eine tagesstationäre Behandlung nicht erbracht werden. $_{5}$Der Krankenhausträger stellt sicher, dass die notwendigen Leistungen nach § 39 Absatz 1 Satz 3 bei Bedarf jederzeit zur Verfügung stehen.

(2) $_{1}$Im Rahmen der tagesstationären Behandlung besteht ab dem Zeitpunkt der ersten Aufnahme im Krankenhaus kein Anspruch auf Fahrkosten nach § 60; ausgenommen sind Rettungsfahrten zum Krankenhaus nach § 60 Absatz 2 Satz 1 Nummer 2 und Krankenfahrten, die nach § 60 Absatz 1 Satz 3 in Verbindung mit den Richtlinien des Gemeinsamen Bundesausschusses nach § 92 Absatz 1 Satz 2 Nummer 12 auch zu ambulanten Behandlungen übernahmefähig wären. $_{2}$Das Krankenhaus ist verpflichtet, die Patientinnen und Patienten hierauf gesondert und in geeigneter Weise hinzuweisen.

(3) $_{1}$Die Abrechnung der tagesstationären Behandlung erfolgt mit den auf der Grundlage des Krankenhausentgeltgesetzes abrechenbaren Entgelten für vollstationäre Krankenhausleistungen, die für alle Benutzerinnen und Benutzer des Krankenhauses einheitlich zu berechnen sind. $_{2}$Sofern Patientinnen und Patienten zwischen ihrer Aufnahme in das Krankenhaus und ihrer Entlassung aus dem Krankenhaus für eine tagesstationäre Behandlung nicht über Nacht im Krankenhaus versorgt werden, ist für die nicht anfallenden Übernachtungskosten pauschal ein Abzug von den für den vollstationären Aufenthalt insgesamt berechneten Entgelten vorzunehmen, der 0,04 Bewertungsrelationen je betreffender Nacht entspricht, wobei der Abzug einen Anteil von 30 Prozent der Entgelte für den Aufenthalt insgesamt nicht überschreiten darf. $_{3}$Bei Erbringung einer tagesstationären Behandlung ist eine Prüfung der Notwendigkeit von Übernachtungen von Patientinnen und Patienten im Krankenhaus durch den Medizinischen Dienst nach § 275c während des Krankenhausaufenthalts nicht zulässig. $_{4}$Näheres oder Abweichendes zur Berechnung der Entgelte und der Prüfung der Notwendigkeit von Übernachtungen durch den Medizinischen Dienst vereinbaren die Vertragsparteien nach § 17b Absatz 2 Satz 1 des Krankenhausfinanzierungsgesetzes bis zum 27. Juni 2023. $_{5}$Kommt eine Vereinbarung nach Satz 4 ganz oder teilweise nicht fristgerecht zustande, entscheidet die Schiedsstelle nach § 18a Absatz 6 des Krankenhausfinanzierungsgesetzes ohne Antrag einer Vertragspartei innerhalb von sechs Wochen.

(4) $_{1}$Der Spitzenverband Bund der Krankenkassen, der Verband der Privaten Krankenversicherung und die Deutsche Krankenhausgesellschaft vereinbaren bis zum 28. Januar 2023 die Anforderungen an die Dokumentation; dabei ist sicherzustellen, dass die tägliche Behandlungsdauer dokumentiert wird. $_{2}$Kommt eine Vereinbarung nach Satz 1 ganz oder teilweise nicht fristgerecht zustande, entscheidet die Schiedsstelle nach § 18a Absatz 6 des Krankenhausfinanzierungsgesetzes ohne Antrag einer Vertragspartei innerhalb von sechs Wochen.

(5) $_{1}$Der Spitzenverband Bund der Krankenkassen, der Verband der Privaten Krankenversicherung und die Deutsche Krankenhausgesellschaft legen dem Bundesministerium für Gesundheit zum 30. Juli 2023 und zum 30. Juli 2024 jeweils einen gemeinsamen Bericht über das Ausmaß der tagesstationären Behandlung und ihre Auswirkungen auf die Versorgung der Patientinnen und Patienten einschließlich der finanziellen Auswirkungen vor. $_{2}$Die für den Bericht erforderlichen Daten sind ihnen von den Krankenkassen, den Unternehmen der privaten Krankenversicherung und den Krankenhäusern in anonymisierter Form zu übermitteln.

§ 115f Spezielle sektorengleiche Vergütung; Verordnungsermächtigung

(1) $_{1}$Die Vertragsparteien nach § 115b Absatz 1 Satz 1 vereinbaren bis zum 31. März 2023

1. eine spezielle sektorengleiche Vergütung, die unabhängig davon erfolgt, ob die vergütete Leistung ambulant oder stationär erbracht wird, und
2. für welche der in dem nach § 115b Absatz 1 Satz 1 Nummer 1 vereinbarten Katalog genannten Leistungen die Vergütung nach Nummer 1 erfolgt.

$_{2}$Die nach Satz 1 Nummer 1 vereinbarte Vergütung ist für jede nach Satz 1 Nummer 2 vereinbarte Leistung individuell als Fallpauschale zu kalkulieren. $_{3}$Unterschiede nach dem Schweregrad der Fälle sind dabei durch die Bildung von Stufen zu berücksichtigen. $_{4}$Bei der erstmaligen Kalkulation sind die für die jeweilige Leistung im stationären und ambulanten Bereich für das zum Zeitpunkt der Kalkulation letzte Abrechnungsjahr gezahlten Vergütungsvolumina sowie die Anzahl der erbrachten Fälle zu berücksichtigen. $_{5}$Berücksichtigt werden können auch die jeweiligen Anteile der ambulanten und stationären Fälle an der Gesamtzahl der Fälle und die Kosten der ausschließlich stationären Behandlung. $_{6}$Spätestens ab dem Jahr 2026 ist die Fallpauschale auf Grundlage geeigneter empirischer Kostendaten des ambulanten und stationären Bereichs zu kalkulieren und anzupassen.

(2) $_{1}$Als Kriterien bei der Auswahl von Leistungen nach Absatz 1 Satz 1 Nummer 2 sind insbesondere eine hohe Fallzahl im Krankenhaus, eine kurze Verweildauer und ein geringer klinischer Komplexitätsgrad zu berücksichtigen. $_{2}$Die Auswahl von Leistungen nach Absatz 1 Satz 1 Nummer 2 ist im Abstand von jeweils zwei Jahren zu überprüfen und, sofern erforderlich, anzupassen, erstmals spätestens bis zum 31. März 2025.

(3) $_{1}$Zur Erbringung der nach Absatz 1 Satz 1 Nummer 2 vereinbarten oder durch Rechtsverordnung nach Absatz 4 bestimmten Leistungen und zur Abrechnung der nach Absatz 1 Satz 2 kalkulierten Fallpauschale berechtigt sind die nach § 95 Absatz 1 Satz 1 sowie § 108 an der Versorgung teilnehmenden Leistungserbringer, die die in § 115b Absatz 1 Satz 5 genannten Qualitätsvoraussetzungen erfüllen. $_{2}$Die Leistungen werden unmittelbar von den Krankenkassen vergütet. $_{3}$Die in Satz 1 genannten Leistungserbringer können die jeweilige Kassenärztliche Vereinigung oder Dritte gegen Aufwandsersatz mit der Abrechnung von nach Absatz 1 Satz 1 Nummer 2 vereinbarten oder durch Rechtsverordnung nach Absatz 4 bestimmten Leistungen beauftragen. $_{4}$Die Prüfung der Abrechnung und der Wirtschaftlichkeit sowie der Qualität der Leistungserbringung erfolgt durch die Krankenkassen, die hiermit eine Arbeitsgemeinschaft oder den Medizinischen Dienst beauftragen können. $_{5}$§ 295 Absatz 1b Satz 1, § 295a und § 301 Absatz 1 und 2 gelten für die jeweiligen in Satz 1 genannten Leistungserbringer entsprechend.

(4) $_{1}$Das Bundesministerium für Gesundheit wird ermächtigt, durch Rechtsverordnung ohne Zustimmung des Bundesrates die spezielle sektorengleiche Vergütung und die nach Absatz 1 Satz 1 Nummer 2 zu vereinbarenden Leistungen zu bestimmen, soweit eine Vereinbarung der Vertragsparteien nach Absatz 1 Satz 1 oder eine Anpassung nach Absatz 2 Satz 2 ganz oder teilweise nicht oder nicht fristgerecht zustande gekommen ist. $_{2}$Zur Vorbereitung einer Regelung nach Satz 1 sind die einzelnen in Absatz 1 Satz 1 genannten Vertragsparteien, der Bewertungsausschuss für die in § 87 Absatz 1 Satz 1 genannten ärztlichen Leistungen, der nach § 87 Absatz 5a Satz 1 ergänzte Bewertungsausschuss, das in § 87 Absatz 3b Satz 1 genannte Institut und das Institut für das Entgeltsystem im Krankenhaus verpflichtet, dem Bundesministerium für Gesundheit unmittelbar und unverzüglich nach dessen Weisungen zuzuarbeiten.

(5) Die in Absatz 1 Satz 1 genannten Vertragsparteien evaluieren die Auswirkungen der speziellen sektorengleichen Vergütung auf die Versorgung der Versicherten, auf die Vergütungen der Leistungserbringer sowie auf die Ausgaben der Krankenkassen auf der Grundlage nicht personenbezogener Leistungsdaten in einem Abstand von jeweils 18 Monaten und legen dem Bundesministerium für Gesundheit, erstmals am 1. April 2024, einen Bericht über das Ergebnis der Evaluation vor.

§ 116 Ambulante Behandlung durch Krankenhausärzte

$_{1}$Ärzte, die in einem Krankenhaus, einer Vorsorge- oder Rehabilitationseinrichtung, mit der ein Versorgungsvertrag nach § 111 Absatz 2 besteht, oder nach § 119b Absatz 1 Satz 3 oder 4 in einer stationären Pflegeeinrichtung tätig sind, können, soweit sie über eine abgeschlossene Weiterbildung verfügen, mit Zustimmung des jeweiligen Trägers der Einrichtung, in der der Arzt tätig ist, vom Zulassungsausschuß (§ 96) zur Teilnahme an der vertragsärztlichen Versorgung der Versicherten ermächtigt werden. $_{2}$Die Ermächtigung ist zu erteilen, soweit und solange eine ausreichende ärztliche Versorgung der Versicherten ohne die besonderen Untersuchungs- und Behandlungsmethoden oder Kenntnisse von hierfür geeigneten Ärzten der in Satz 1 genannten Einrichtungen nicht sichergestellt wird.

§ 116a Ambulante Behandlung durch Krankenhäuser bei Unterversorgung

$_{1}$Der Zulassungsausschuss muss zugelassene Krankenhäuser für das entsprechende Fachgebiet in den Planungsbereichen, in denen der Landesausschuss der Ärzte und Krankenkassen eingetretene Unterversorgung nach § 100 Absatz 1 oder einen zusätzlichen lokalen Versorgungsbedarf nach § 100 Absatz 3 festgestellt hat, auf deren Antrag zur vertragsärztlichen Versorgung ermächtigen, soweit und solange dies zur Beseitigung der Unterversorgung oder zur Deckung des zusätzlichen lokalen Versorgungsbedarfs erforderlich ist. $_{2}$Der Ermächtigungsbeschluss ist nach zwei Jahren zu überprüfen.

§ 116b Ambulante spezialfachärztliche Versorgung

(1) $_{1}$Die ambulante spezialfachärztliche Versorgung umfasst die Diagnostik und Behandlung komplexer, schwer therapierbarer Krankheiten, die je nach Krankheit eine spezielle Qualifikation, eine interdisziplinäre Zusammenarbeit und besondere Ausstattungen erfordern. $_{2}$Hierzu gehören nach Maßgabe der Absätze 4 und 5 insbesondere folgende Erkrankungen mit besonderen Krankheitsverläufen, seltene Erkrankungen und Erkrankungszustände mit entsprechend geringen Fallzahlen sowie hochspezialisierte Leistungen:

1. Erkrankungen mit besonderen Krankheitsverläufen wie
   a) onkologische Erkrankungen,
   b) rheumatologische Erkrankungen,
   c) HIV/AIDS,
   d) Herzinsuffizienz (NYHA Stadium 3–4),
   e) Multiple Sklerose,
   f) zerebrale Anfallsleiden (Epilepsie),
   g) komplexe Erkrankungen im Rahmen der pädiatrischen Kardiologie,
   h) Folgeschäden bei Frühgeborenen oder
   i) Querschnittslähmung bei Komplikationen, die eine interdisziplinäre Versorgung erforderlich machen;

   bei Erkrankungen nach den Buchstaben c bis i umfasst die ambulante spezialfachärztliche Versorgung nur schwere Verlaufsformen der jeweiligen Erkrankungen mit besonderen Krankheitsverläufen;
2. seltene Erkrankungen und Erkrankungszustände mit entsprechend geringen Fallzahlen wie
   a) Tuberkulose,
   b) Mukoviszidose,
   c) Hämophilie,
   d) Fehlbildungen, angeborene Skelettsystemfehlbildungen und neuromuskuläre Erkrankungen,
   e) schwerwiegende immunologische Erkrankungen,
   f) biliäre Zirrhose,
   g) primär sklerosierende Cholangitis,
   h) Morbus Wilson,
   i) Transsexualismus,
   j) Versorgung von Kindern mit angeborenen Stoffwechselstörungen,
   k) Marfan-Syndrom,
   l) pulmonale Hypertonie,
   m) Kurzdarmsyndrom oder
   n) Versorgung von Patienten vor oder nach Organtransplantation und von lebenden Spendern sowie
3. hochspezialisierte Leistungen wie
   a) CT/MRT-gestützte interventionelle schmerztherapeutische Leistungen oder
   b) Brachytherapie.

[3]Untersuchungs- und Behandlungsmethoden können Gegenstand des Leistungsumfangs in der ambulanten spezialfachärztlichen Versorgung sein, soweit der Gemeinsame Bundesausschuss im Rahmen der Beschlüsse nach § 137c für die Krankenhausbehandlung keine ablehnende Entscheidung getroffen hat.

(2) [1]An der vertragsärztlichen Versorgung teilnehmende Leistungserbringer und nach § 108 zugelassene Krankenhäuser sind berechtigt, Leistungen der ambulanten spezialfachärztlichen Versorgung nach Absatz 1, deren Behandlungsumfang der Gemeinsame Bundesausschuss nach den Absätzen 4 und 5 bestimmt hat, zu erbringen, soweit sie die hierfür jeweils maßgeblichen Anforderungen und Voraussetzungen nach den Absätzen 4 und 5 erfüllen und dies gegenüber dem nach Maßgabe des Absatzes 3 Satz 1 erweiterten Landesausschuss der Ärzte und Krankenkassen nach § 90 Absatz 1 unter Beifügung entsprechender Belege anzeigen. [2]Soweit der Abschluss von Vereinbarungen nach Absatz 4 Satz 9 und 10 zwischen den in Satz 1 genannten Leistungserbringern erforderlich ist, sind diese im Rahmen des Anzeigeverfahrens nach Satz 1 ebenfalls vorzulegen. [3]Dies gilt nicht, wenn der Leistungserbringer glaubhaft versichert, dass ihm die Vorlage aus den in Absatz 4 Satz 11 zweiter Halbsatz genannten Gründen nicht möglich ist. [4]Der Leistungserbringer ist nach Ablauf einer Frist von zwei Monaten nach Eingang seiner Anzeige zur Teilnahme an der ambulanten spezialfachärztlichen Versorgung berechtigt, es sei denn, der Landesausschuss nach Satz 1 teilt ihm innerhalb dieser Frist mit, dass er die Anforderungen und Voraussetzungen hierfür nicht erfüllt. [5]Der Landesausschuss nach Satz 1 kann von dem anzeigenden Leistungserbringer zusätzlich erforderliche Informationen und ergänzende Stellungnahmen anfordern; bis zum Eingang der Auskünfte ist der Lauf der Frist nach Satz 4 unterbrochen. [6]Danach läuft die Frist weiter; der Zeitraum der Unterbrechung wird in die Frist nicht eingerechnet. [7]Nach Satz 4 berechtigte Leistungserbringer haben ihre Teilnahme an der ambulanten spezialfachärztlichen Versorgung den Landesverbänden der Krankenkassen und den Ersatzkassen, der Kassenärztlichen Vereinigung sowie der Landeskrankenhausgesellschaft zu melden und dabei den Erkrankungs- und Leistungsbereich anzugeben, auf den sich die Berechtigung erstreckt. [8]Erfüllt der Leistungserbringer die für ihn nach den Sätzen 1 und 2 maßgeblichen Voraussetzungen für die Berechtigung zur Teilnahme an der ambulanten spezialfachärztlichen Versorgung nicht mehr, hat er dies unverzüglich unter Angabe des Zeitpunkts ihres Wegfalls gegenüber dem Landesausschuss nach Satz 1 anzuzeigen sowie den in Satz 7 genannten Stellen zu melden. [9]Der Landesausschuss nach Satz 1 kann einen an der ambulanten spezialfachärztlichen Versorgung teilnehmenden Leistungserbringer aus gegebenem Anlass sowie unabhängig davon nach Ablauf von mindestens fünf Jahren seit seiner erstmaligen Teilnahmeanzeige oder der letzten späteren Überprüfung seiner Teilnahmeberechtigung auffordern, ihm gegenüber innerhalb einer Frist von zwei Monaten nachzuweisen, dass er

die Voraussetzungen für seine Teilnahme an der ambulanten spezialfachärztlichen Versorgung weiterhin erfüllt. $_{10}$Die Sätze 4, 5 und 8 gelten entsprechend.

(3) $_{1}$Für die Wahrnehmung der Aufgaben nach Absatz 2 wird der Landesausschuss der Ärzte und Krankenkassen nach § 90 Absatz 1 um Vertreter der Krankenhäuser in der gleichen Zahl erweitert, wie sie nach § 90 Absatz 2 jeweils für die Vertreter der Krankenkassen und die Vertreter der Ärzte vorgesehen ist (erweiterter Landesausschuss). $_{2}$Die Vertreter der Krankenhäuser werden von der Landeskrankenhausgesellschaft bestellt. $_{3}$Über den Vorsitzenden des erweiterten Landesausschusses und die zwei weiteren unparteiischen Mitglieder sowie deren Stellvertreter sollen sich die beteiligten Kassenärztlichen Vereinigungen, die Landesverbände der Krankenkassen und die Ersatzkassen sowie die Landeskrankenhausgesellschaft einigen. $_{4}$Kommt eine Einigung nicht zustande, werden sie durch die für die Sozialversicherung zuständige oberste Verwaltungsbehörde des Landes im Benehmen mit den beteiligten Kassenärztlichen Vereinigungen, den Landesverbänden der Krankenkassen und den Ersatzkassen sowie der Landeskrankenhausgesellschaft berufen. $_{5}$Die dem Landesausschuss durch die Wahrnehmung der Aufgaben nach Absatz 2 entstehenden Kosten werden zur Hälfte von den Verbänden der Krankenkassen und den Ersatzkassen sowie zu je einem Viertel von den beteiligten Kassenärztlichen Vereinigungen und der Landeskrankenhausgesellschaft getragen. $_{6}$Der erweiterte Landesausschuss beschließt mit einfacher Mehrheit; bei der Gewichtung der Stimmen zählen die Stimmen der Vertreter der Krankenkassen doppelt. $_{7}$Der erweiterte Landesausschuss kann für die Beschlussfassung über Entscheidungen im Rahmen des Anzeigeverfahrens nach Absatz 2 in seiner Geschäftsordnung abweichend von Satz 1 die Besetzung mit einer kleineren Zahl von Mitgliedern festlegen; die Mitberatungsrechte nach § 90 Absatz 4 Satz 2 sowie § 140f Absatz 3 bleiben unberührt. $_{8}$Er ist befugt, geeignete Dritte ganz oder teilweise mit der Durchführung von Aufgaben nach Absatz 2 zu beauftragen und kann hierfür nähere Vorgaben beschließen.

(4) $_{1}$Der Gemeinsame Bundesausschuss regelt in einer Richtlinie bis zum 31. Dezember 2012 das Nähere zur ambulanten spezialfachärztlichen Versorgung nach Absatz 1. $_{2}$Er konkretisiert die Erkrankungen nach Absatz 1 Satz 2 nach der Internationalen Klassifikation der Krankheiten in der jeweiligen vom Bundesinstitut für Arzneimittel und Medizinprodukte im Auftrag des Bundesministeriums für Gesundheit herausgegebenen deutschen Fassung oder nach weiteren von ihm festzulegenden Merkmalen und bestimmt den Behandlungsumfang. $_{3}$In Bezug auf Krankenhäuser, die an der ambulanten spezialfachärztlichen Versorgung teilnehmen, hat der Gemeinsame Bundesausschuss für Leistungen, die sowohl ambulant spezialfachärztlich als auch teilstationär oder stationär erbracht werden können, allgemeine Tatbestände zu bestimmen, bei deren Vorliegen eine ambulante spezialfachärztliche Leistungserbringung ausnahmsweise nicht ausreichend ist und eine teilstationäre oder stationäre Durchführung erforderlich sein kann. $_{4}$Er regelt die sächlichen und personellen Anforderungen an die ambulante spezialfachärztliche Leistungserbringung sowie sonstige Anforderungen an die Qualitätssicherung unter Berücksichtigung der Ergebnisse nach § 137a Absatz 3. $_{5}$Bei Erkrankungen mit besonderen Krankheitsverläufen setzt die ambulante spezialfachärztliche Versorgung die Überweisung durch einen Vertragsarzt voraus; das Nähere hierzu regelt der Gemeinsame Bundesausschuss in seiner Richtlinie nach Satz 1. $_{6}$Satz 5 gilt nicht bei Zuweisung von Versicherten aus dem stationären Bereich. $_{7}$Für seltene Erkrankungen und Erkrankungszustände mit entsprechend geringen Fallzahlen sowie hochspezialisierte Leistungen regelt der Gemeinsame Bundesausschuss, in welchen Fällen die ambulante spezialfachärztliche Leistungserbringung die Überweisung durch den behandelnden Arzt voraussetzt. $_{8}$Für die Behandlung von Erkrankungen mit besonderen Krankheitsverläufen nach Absatz 1 Satz 2 Nummer 1, bei denen es sich nicht zugleich um seltene Erkrankungen oder Erkrankungszustände mit entsprechend geringen Fallzahlen handelt, kann er Empfehlungen als Entscheidungshilfe für den behandelnden Arzt abgeben, in welchen medizinischen Fallkonstellationen bei der jeweiligen Krankheit von einem besonderen Krankheitsverlauf auszugehen ist. $_{9}$Zudem kann er für die Versorgung von Erkrankungen mit besonderen Krankheitsverläufen Regelungen zu Vereinbarungen treffen, die eine Kooperation zwischen den beteiligten Leistungserbringern nach Absatz 2 Satz 1 in diesem Versorgungsbereich fördern. $_{10}$Für die Versorgung von Patienten mit onkologischen Erkrankungen hat er Regelungen für solche Vereinbarungen zu treffen. $_{11}$Diese Vereinbarungen nach den Sätzen 9 und 10 sind Voraussetzung für die Teilnahme an der ambulanten spezialfachärztlichen Versorgung, es sei denn, dass ein Leistungserbringer eine Vereinbarung nach den Sätzen 9 oder 10 nicht abschließen kann, weil in seinem für die ambulante spezialfachärztliche Versorgung relevanten Einzugsbereich

a) kein geeigneter Kooperationspartner vorhanden ist oder

b) er dort trotz ernsthaften Bemühens innerhalb eines Zeitraums von mindestens zwei Monaten keinen zur

Kooperation mit ihm bereiten geeigneten Leistungserbringer finden konnte.

$_{12}$Der Gemeinsame Bundesausschuss hat spätestens jeweils zwei Jahre nach dem Inkrafttreten eines Richtlinienbeschlusses, der für eine Erkrankung nach Absatz 1 Satz 2 Nummer 1 Buchstabe a oder Buchstabe b getroffen wurde, die Auswirkungen dieses Beschlusses hinsichtlich Qualität, Inanspruchnahme und Wirtschaftlichkeit der ambulanten spezialfachärztlichen Versorgung sowie die Erforderlichkeit einer Anpassung dieses Beschlusses zu prüfen. $_{13}$Über das Ergebnis der Prüfung berichtet der Gemeinsame Bundesausschuss dem Bundesministerium für Gesundheit.

(5) $_{1}$Der Gemeinsame Bundesausschuss ergänzt den Katalog nach Absatz 1 Satz 2 auf Antrag eines Unparteiischen nach § 91 Absatz 2 Satz 1, einer Trägerorganisation des Gemeinsamen Bundesausschusses oder der für die Wahrnehmung der Interessen der Patientinnen und Patienten und der Selbsthilfe chronisch kranker und behinderter Menschen auf Bundesebene maßgeblichen Organisationen nach § 140f nach Maßgabe des Absatzes 1 Satz 1 um weitere Erkrankungen mit besonderen Krankheitsverläufen, seltene Erkrankungen und Erkrankungszustände mit entsprechend geringen Fallzahlen sowie hochspezialisierte Leistungen. $_{2}$Im Übrigen gilt Absatz 4 entsprechend.

(6) $_{1}$Die Leistungen der ambulanten spezialfachärztlichen Versorgung werden unmittelbar von der Krankenkasse vergütet; Leistungserbringer können die Kassenärztliche Vereinigung gegen Aufwendungsersatz mit der Abrechnung von Leistungen der ambulanten spezialfachärztlichen Versorgung beauftragen. $_{2}$Für die Vergütung der Leistungen der ambulanten spezialfachärztlichen Versorgung vereinbaren der Spitzenverband Bund der Krankenkassen, die Deutsche Krankenhausgesellschaft und die Kassenärztliche Bundesvereinigung gemeinsam und einheitlich die Kalkulationssystematik, diagnosebezogene Gebührenpositionen in Euro sowie deren jeweilige verbindliche Einführungszeitpunkte nach Inkrafttreten der entsprechenden Richtlinien gemäß den Absätzen 4 und 5. $_{3}$Die Kalkulation erfolgt auf betriebswirtschaftlicher Grundlage ausgehend vom einheitlichen Bewertungsmaßstab für ärztliche Leistungen unter ergänzender Berücksichtigung der nichtärztlichen Leistungen, der Sachkosten sowie der spezifischen Investitionsbedingungen. $_{4}$Bei den seltenen Erkrankungen und Erkrankungszuständen mit entsprechend geringen Fallzahlen sollen die Gebührenpositionen für die Diagnostik und die Behandlung getrennt kalkuliert werden. $_{5}$Die Vertragspartner können einen Dritten mit der Kalkulation beauftragen. $_{6}$Die Gebührenpositionen sind in regelmäßigen Zeitabständen daraufhin zu überprüfen, ob sie noch dem Stand der medizinischen Wissenschaft und Technik sowie dem Grundsatz der wirtschaftlichen Leistungserbringung entsprechen. $_{7}$Kommt eine Vereinbarung nach Satz 2 ganz oder teilweise nicht zustande, entscheidet auf Antrag einer Vertragspartei das sektorenübergreifende Schiedsgremium auf Bundesebene gemäß § 89a. $_{8}$Bis zum Inkrafttreten einer Vereinbarung nach Satz 2 erfolgt die Vergütung auf der Grundlage der vom Bewertungsausschuss gemäß § 87 Absatz 5a bestimmten abrechnungsfähigen ambulanten spezialfachärztlichen Leistungen des einheitlichen Bewertungsmaßstabs für ärztliche Leistungen mit dem Preis der jeweiligen regionalen Euro-Gebührenordnung. $_{9}$Der Bewertungsausschuss gemäß § 87 Absatz 5a hat den einheitlichen Bewertungsmaßstab für ärztliche Leistungen bis zum Inkrafttreten einer Vereinbarung nach Satz 2 und jeweils bis spätestens sechs Monate nach Inkrafttreten der Richtlinien gemäß den Absätzen 4 und 5 insbesondere so anzupassen, dass die Leistungen nach Absatz 1 unter Berücksichtigung der Vorgaben nach den Absätzen 4 und 5 angemessen bewertet sind und nur von den an der ambulanten spezialfachärztlichen Versorgung teilnehmenden Leistungserbringern abgerechnet werden können. $_{10}$Die Prüfung der Abrechnung und der Wirtschaftlichkeit sowie der Qualität, soweit der Gemeinsame Bundesausschuss hierzu in der Richtlinie nach Absatz 4 keine abweichende Regelung getroffen hat, erfolgt durch die Krankenkassen, die hiermit eine Arbeitsgemeinschaft oder den Medizinischen Dienst beauftragen können; ihnen sind die für die Prüfungen erforderlichen Belege und Berechtigungsdaten nach Absatz 2 auf Verlangen vorzulegen. $_{11}$Für die Abrechnung gilt § 295 Absatz 1b Satz 1 entsprechend. $_{12}$Das Nähere über Form und Inhalt des Abrechnungsverfahrens sowie über die erforderlichen Vordrucke wird von den Vertragsparteien nach Satz 2 vereinbart; Satz 7 gilt entsprechend. $_{13}$Die morbiditätsbedingte Gesamtvergütung ist nach Maßgabe der Vorgaben des Bewertungsausschusses nach § 87a Absatz 5 Satz 7 in den Vereinbarungen nach § 87a Absatz 3 um die Leistungen zu bereinigen, die Bestandteil der ambulanten spezialfachärztlichen Versorgung sind. $_{14}$Die Bereinigung darf nicht zulasten des hausärztlichen Vergütungsanteils und der fachärztlichen Grundversorgung gehen. $_{15}$In den Vereinbarungen zur Bereinigung ist auch über notwendige Korrekturverfahren zu entscheiden.

(7) $_{1}$Die ambulante spezialfachärztliche Versorgung nach Absatz 1 schließt die Verordnung von Leistungen nach § 73 Absatz 2 Nummer 5 bis 8 und 12 ein, soweit diese zur Erfüllung des Behandlungsauftrags nach Absatz 2 erforderlich sind; § 73 Absatz 2 Nummer 9 gilt entsprechend. $_{2}$Die Richtlinien nach § 92 Absatz 1 Satz 2 gelten ent-

sprechend. 3Die Vereinbarungen über Vordrucke und Nachweise nach § 87 Absatz 1 Satz 2 sowie die Richtlinien nach § 75 Absatz 7 gelten entsprechend, soweit sie Regelungen zur Verordnung von Leistungen nach Satz 1 betreffen. 4Verordnungen im Rahmen der Versorgung nach Absatz 1 sind auf den Vordrucken gesondert zu kennzeichnen. 5Leistungserbringer nach Absatz 2 erhalten ein Kennzeichen nach § 293 Absatz 1 und Absatz 4 Satz 2 Nummer 1, das eine eindeutige Zuordnung im Rahmen der Abrechnung nach den §§ 300 und 302 ermöglicht, und tragen dieses auf die Vordrucke auf. 6Das Nähere zu Form und Zuweisung der Kennzeichen nach den Sätzen 4 und 5, zur Bereitstellung der Vordrucke sowie zur Auftragung der Kennzeichen auf die Vordrucke ist in der Vereinbarung nach Absatz 6 Satz 12 zu regeln. 7Für die Prüfung der Wirtschaftlichkeit der Verordnungen nach Satz 1 gilt § 113 Absatz 4 entsprechend mit der Maßgabe, dass die Prüfung durch die Prüfungsstellen gegen Kostenersatz durchgeführt wird, soweit die Krankenkasse mit dem Leistungserbringer nach Absatz 2 nichts anderes vereinbart hat.

(8) 1Bestimmungen, die von einem Land nach § 116b Absatz 2 Satz 1 in der bis zum 31. Dezember 2011 geltenden Fassung getroffen wurden, gelten weiter. 2Bestimmungen nach Satz 1 für eine Erkrankung nach Absatz 1 Satz 2 Nummer 1 oder Nummer 2 oder eine hochspezialisierte Leistung nach Absatz 1 Satz 2 Nummer 3, für die der Gemeinsame Bundesausschuss das Nähere zur ambulanten spezialfachärztlichen Versorgung in der Richtlinie nach Absatz 4 Satz 1 geregelt hat, werden unwirksam, wenn das Krankenhaus zu dieser Erkrankung oder hochspezialisierten Leistung zur Teilnahme an der ambulanten spezialfachärztlichen Versorgung berechtigt ist, spätestens jedoch drei Jahre nach Inkrafttreten des entsprechenden Richtlinienbeschlusses des Gemeinsamen Bundesausschusses. 3Die von zugelassenen Krankenhäusern aufgrund von Bestimmungen nach Satz 1 erbrachten Leistungen werden nach § 116b Absatz 5 in der bis zum 31. Dezember 2011 geltenden Fassung vergütet.

(9) 1Die Auswirkungen der ambulanten spezialfachärztlichen Versorgung auf die Kostenträger, die Leistungserbringer sowie auf die Patientenversorgung sind fünf Jahre nach Inkrafttreten des Gesetzes zu bewerten. 2Gegenstand der Bewertung sind insbesondere der Stand der Versorgungsstruktur, der Qualität sowie der Abrechnung der Leistungen in der ambulanten spezialfachärztlichen Versorgung auch im Hinblick auf die Entwicklung in anderen Versorgungsbereichen. 3Die Ergebnisse der Bewertung sind dem Bundesministerium für Gesundheit zum 31. März 2017 zuzuleiten. 4Die Bewertung und die Berichtspflicht obliegen dem Spitzenverband Bund, der Kassenärztlichen Bundesvereinigung und der Deutschen Krankenhausgesellschaft gemeinsam.

§ 117 Hochschulambulanzen

(1) 1Ambulanzen, Institute und Abteilungen der Hochschulkliniken (Hochschulambulanzen) sind zur ambulanten ärztlichen Behandlung der Versicherten und der in § 75 Absatz 3 genannten Personen

1. in dem für Forschung und Lehre erforderlichen Umfang sowie
2. für solche Personen, die wegen Art, Schwere oder Komplexität ihrer Erkrankung einer Untersuchung oder Behandlung durch die Hochschulambulanz bedürfen,

ermächtigt. 2In den Fällen von Satz 1 Nummer 2 kann die ambulante ärztliche Behandlung nur auf Überweisung eines Facharztes in Anspruch genommen werden. 3Der Spitzenverband Bund der Krankenkassen, die Kassenärztliche Bundesvereinigung und die Deutsche Krankenhausgesellschaft vereinbaren die Gruppe derjenigen Patienten, die wegen Art, Schwere oder Komplexität der Erkrankung einer Versorgung durch die Hochschulambulanzen bedürfen. 4Sie können zudem Ausnahmen von dem fachärztlichen Überweisungsgebot in den Fällen von Satz 1 Nummer 2 vereinbaren. 5Wird eine Vereinbarung ganz oder teilweise beendet und kommt bis zum Ablauf der Vereinbarungszeit keine neue Vereinbarung zustande, entscheidet auf Antrag einer Vertragspartei das sektorenübergreifende Schiedsgremium auf Bundesebene gemäß § 89a. 6Ist ein Vertrag nach Satz 3 zustande gekommen, können Hochschulen oder Hochschulkliniken zur Berücksichtigung regionaler Besonderheiten mit den Kassenärztlichen Vereinigungen im Einvernehmen mit den Landesverbänden der Krankenkassen und der Ersatzkassen gemeinsam und einheitlich durch Vertrag Abweichendes von dem Vertrag nach Satz 3 regeln.

(2) 1Absatz 1 gilt entsprechend für die Ermächtigung der Hochschulambulanzen

1. an Psychologischen Universitätsinstituten und
2. an Universitätsinstituten, an denen das für die Erteilung einer Approbation als Psychotherapeut notwendige Studium absolviert werden kann,

im Rahmen des für Forschung und Lehre erforderlichen Umfangs sowie für solche Personen, die wegen Art, Schwere oder Komplexität ihrer Erkrankung einer Untersuchung oder Behandlung durch die Hochschulambulanzen bedürfen. 2Für die Vergütung gilt § 120 Abs. 2 bis 4 entsprechend.

(3) 1Ambulanzen an Ausbildungsstätten nach § 28 des Psychotherapeutengesetzes sind zur ambulanten psychotherapeutischen Behandlung der Versicherten und der in

V

§ 75 Absatz 3 genannten Personen in Behandlungsverfahren, die vom Gemeinsamen Bundesausschuss nach § 92 Absatz 6a anerkannt sind, ermächtigt, sofern die Krankenbehandlung unter der Verantwortung von Personen stattfindet, die die fachliche Qualifikation für die psychotherapeutische Behandlung im Rahmen der vertragsärztlichen Versorgung erfüllen.

(3a) $_{1}$Die folgenden Ambulanzen im Sinne des Absatzes 3 bedürfen abweichend von Absatz 3 einer Ermächtigung durch den Zulassungsausschuss:

1. Ambulanzen, die vor dem 26. September 2019 nach § 6 des Psychotherapeutengesetzes in der bis zum 31. August 2020 geltenden Fassung staatlich anerkannt wurden, aber noch keine Behandlungsleistungen zu Lasten der gesetzlichen Krankenversicherung erbracht haben, weil das von ihnen angewandte psychotherapeutische Behandlungsverfahren noch nicht vom Gemeinsamen Bundesausschuss nach § 92 Absatz 6a anerkannt war, oder
2. Ambulanzen, die nach dem 26. September 2019 nach § 6 des Psychotherapeutengesetzes in der bis zum 31. August 2020 geltenden Fassung staatlich anerkannt werden.

$_{2}$Eine Ermächtigung ist auf Antrag zu erteilen,

1. soweit sie notwendig ist, um eine ausreichende Versorgung der Versicherten, insbesondere in neuen vom Gemeinsamen Bundesausschuss nach § 92 Absatz 6a anerkannten Psychotherapieverfahren, sicherzustellen, und
2. sofern die Krankenbehandlung unter der Verantwortung von Personen stattfindet, die die fachliche Qualifikation für die psychotherapeutische Behandlung im Rahmen der vertragsärztlichen Versorgung erfüllen.

(3b) $_{1}$Ambulanzen an Einrichtungen, die nach Landesrecht für die Weiterbildung von Psychotherapeuten oder Ärzten in psychotherapeutischen Fachgebieten zugelassen sind, sind vom Zulassungsausschuss auf Antrag zur ambulanten psychotherapeutischen Behandlung der Versicherten und der in § 75 Absatz 3 genannten Personen in Behandlungsverfahren, die vom Gemeinsamen Bundesausschuss nach § 92 Absatz 6a anerkannt sind, zu ermächtigen,

1. soweit die Ermächtigung notwendig ist, um eine ausreichende psychotherapeutische Versorgung der Versicherten sicherzustellen, und
2. sofern die Krankenbehandlung unter der Verantwortung von Personen stattfindet, die die fachliche Qualifikation für die psychotherapeutische Behandlung im Rahmen der vertragsärztlichen Versorgung erfüllen.

$_{2}$Die Ermächtigung ist ohne Bedarfsprüfung zu erteilen, wenn die jeweilige Ambulanz bereits nach Absatz 3 oder Absatz 3a zur ambulanten psychotherapeutischen Behandlung ermächtigt war.

(3c) $_{1}$Für die Vergütung der in den Ambulanzen nach den Absätzen 3 bis 3b erbrachten Leistungen gilt § 120 Absatz 2 Satz 1 und 2 entsprechend mit der Maßgabe, dass dabei eine Abstimmung mit Entgelten für vergleichbare Leistungen erfolgen soll. $_{2}$§ 120 Absatz 3 Satz 2 und 3 und Absatz 4 Satz 1 gilt entsprechend. $_{3}$Die Ambulanzen sind verpflichtet, von der Vergütung, die sie von den Krankenkassen für die durch einen Aus- oder Weiterbildungsteilnehmenden erbrachte Leistung erhalten, jeweils einen Anteil in Höhe von mindestens 40 Prozent an den jeweiligen Aus- oder Weiterbildungsteilnehmenden auszuzahlen. $_{4}$Sie haben die Auszahlung des Vergütungsanteils den Krankenkassen nachzuweisen. $_{5}$Die Ambulanzen haben der Bundespsychotherapeutenkammer die jeweils aktuelle Höhe der von den Aus- oder Weiterbildungsteilnehmern zu zahlenden Ausbildungskosten sowie des auszuzahlenden Vergütungsanteils, erstmalig bis zum 31. Juli 2021, mitzuteilen. $_{6}$Die Bundespsychotherapeutenkammer hat eine bundesweite Übersicht der nach Satz 5 mitgeteilten Angaben zu veröffentlichen.

(4) $_{1}$Untersuchungs- und Behandlungsmethoden können Gegenstand des Leistungsumfangs der Hochschulambulanzen nach den Absätzen 1 und 2 sein, soweit der Gemeinsame Bundesausschuss im Rahmen der Beschlüsse nach § 137c für die Krankenhausbehandlung keine ablehnende Entscheidung getroffen hat. $_{2}$§ 137c Absatz 3 gilt entsprechend.

§ 118 Psychiatrische Institutsambulanzen

(1) $_{1}$Psychiatrische Krankenhäuser sind vom Zulassungsausschuss zur ambulanten psychiatrischen und psychotherapeutischen Versorgung der Versicherten zu ermächtigen. $_{2}$Die Behandlung ist auf diejenigen Versicherten auszurichten, die wegen Art, Schwere oder Dauer ihrer Erkrankung oder wegen zu großer Entfernung zu geeigneten Ärzten auf die Behandlung durch diese Krankenhäuser angewiesen sind. $_{3}$Der Krankenhausträger stellt sicher, dass die für die ambulante psychiatrische und psychotherapeutische Behandlung erforderlichen Ärzte und nichtärztlichen Fachkräfte sowie die notwendigen Einrichtungen bei Bedarf zur Verfügung stehen. $_{4}$Ermächtigungen nach Satz 1 sind vom Zulassungsausschuss auf Antrag zeitnah, spätestens innerhalb von sechs Monaten, zu überprüfen und dahingehend anzupassen, dass den Einrichtungen nach Satz 1 auch eine Teilnahme an der Versorgung nach § 92 Absatz 6b ermöglicht wird. $_{5}$Satz 4 gilt auch für Ermächtigungen nach Absatz 4.

(2) 1Allgemeinkrankenhäuser mit selbständigen, fachärztlich geleiteten psychiatrischen Abteilungen mit regionaler Versorgungsverpflichtung sind zur psychiatrischen und psychotherapeutischen Behandlung der im Vertrag nach Satz 2 vereinbarten Gruppe von Kranken ermächtigt. 2Der Spitzenverband Bund der Krankenkassen mit der Deutschen Krankenhausgesellschaft und der Kassenärztlichen Bundesvereinigung legen in einem Vertrag die Gruppe psychisch Kranker fest, die wegen ihrer Art, Schwere oder Dauer ihrer Erkrankung der ambulanten Behandlung durch die Einrichtungen nach Satz 1 bedürfen. 3Wird der Vertrag ganz oder teilweise beendet und kommt bis zum Ablauf des Vertrages kein neuer Vertrag zustande, entscheidet auf Antrag einer Vertragspartei das sektorenübergreifende Schiedsgremium auf Bundesebene gemäß § 89a. 4Absatz 1 Satz 3 gilt. 5Für die Qualifikation der Krankenhausärzte gilt § 135 Abs. 2 entsprechend. 6Der Vertrag nach Satz 2 ist spätestens innerhalb von sechs Monaten nach Inkrafttreten der Richtlinie des Gemeinsamen Bundesausschusses nach § 92 Absatz 6b zu überprüfen und an die Regelungen der Richtlinie dahingehend anzupassen, dass den Einrichtungen nach Satz 1 auch die Teilnahme an der Versorgung nach § 92 Absatz 6b ermöglicht wird.

(3) 1Absatz 2 gilt für psychosomatische Krankenhäuser sowie für psychiatrische Krankenhäuser und Allgemeinkrankenhäuser mit selbständigen, fachärztlich geleiteten psychosomatischen Abteilungen entsprechend. 2In dem Vertrag nach Absatz 2 Satz 2 regeln die Vertragsparteien auch,

1. unter welchen Voraussetzungen eine ambulante psychosomatische Versorgung durch die Einrichtungen nach Satz 1 als bedarfsgerecht anzusehen ist, insbesondere weil sie eine zentrale Versorgungsfunktion wahrnehmen,
2. besondere Anforderungen an eine qualitativ hochwertige Leistungserbringung sowie
3. das Verfahren, in dem nachzuweisen ist, ob diese vertraglichen Vorgaben erfüllt sind.

3Die ambulante ärztliche Behandlung in einer Einrichtung nach Satz 1 kann nur auf Überweisung in Anspruch genommen werden. 4Die Überweisung soll in der Regel durch einen Facharzt für psychosomatische Medizin und Psychotherapie oder durch Ärzte mit äquivalenter Weiterbildung oder Zusatzweiterbildung erfolgen.

(4) Die in den Absätzen 1 und 2 genannten Krankenhäuser sind vom Zulassungsausschuss auch dann zur ambulanten psychiatrischen und psychotherapeutischen Versorgung zu ermächtigen, wenn die Versorgung durch räumlich und organisatorisch nicht angebundene Einrichtungen der Krankenhäuser erfolgt, soweit und solange die Ermächtigung notwendig ist, um eine Versorgung nach Maßgabe der Absätze 1 und 2 sicherzustellen.

§ 118a Geriatrische Institutsambulanzen

(1) 1Geriatrische Fachkrankenhäuser, Allgemeinkrankenhäuser mit selbstständigen geriatrischen Abteilungen, geriatrische Rehabilitationskliniken und dort angestellte Ärzte sowie Krankenhausärzte können vom Zulassungsausschuss zu einer strukturierten und koordinierten ambulanten geriatrischen Versorgung der Versicherten ermächtigt werden. 2Die Ermächtigung ist zu erteilen, soweit und solange sie notwendig ist, um eine ausreichende ambulante geriatrische Versorgung nach Absatz 2 Satz 1 Nummer 1 sicherzustellen. 3Voraussetzung für die Erteilung einer Ermächtigung ist, dass die Einrichtung unter fachärztlich geriatrischer Leitung steht; die Ermächtigung eines in der geriatrischen Rehabilitationsklinik angestellten Arztes oder eines Krankenhausarztes setzt voraus, dass dieser über eine geriatrische Weiterbildung verfügt.

(2) 1Der Spitzenverband Bund der Krankenkassen und die Kassenärztliche Bundesvereinigung vereinbaren im Einvernehmen mit der Deutschen Krankenhausgesellschaft:

1. Inhalt und Umfang einer strukturierten und koordinierten Versorgung geriatrischer Patienten nach Nummer 2,
2. die Gruppe derjenigen geriatrischen Patienten, die wegen Art, Schwere und Komplexität ihrer Krankheitsverläufe einer Versorgung nach Nummer 1 bedürfen,
3. sächliche und personelle Voraussetzungen an die Leistungserbringung sowie sonstige Anforderungen an die Qualitätssicherung und
4. in welchen Fällen die ermächtigte Einrichtung oder der ermächtigte Krankenhausarzt unmittelbar oder auf Überweisung in Anspruch genommen werden kann.

2Wird eine Vereinbarung ganz oder teilweise beendet und kommt bis zum Ablauf der Vereinbarungszeit keine neue Vereinbarung zustande, entscheidet auf Antrag einer Vertragspartei das sektorenübergreifende Schiedsgremium auf Bundesebene gemäß § 89a.

§ 119 Sozialpädiatrische Zentren

(1) 1Sozialpädiatrische Zentren, die fachlich-medizinisch unter ständiger ärztlicher Leitung stehen und die Gewähr für eine leistungsfähige und wirtschaftliche sozialpädiatrische Behandlung bieten, können vom Zulassungsausschuß (§ 96) zur ambulanten sozialpädiatrischen Behandlung von Kindern ermächtigt werden. 2Die Ermächtigung ist zu erteilen, soweit und solange sie notwendig ist, um eine ausreichende sozialpädiatrische Behandlung sicherzustellen.

(2) $_{1}$Die Behandlung durch sozialpädiatrische Zentren ist auf diejenigen Kinder auszurichten, die wegen der Art, Schwere oder Dauer ihrer Krankheit oder einer drohenden Krankheit nicht von geeigneten Ärzten oder in geeigneten Frühförderstellen behandelt werden können. $_{2}$Die Zentren sollen mit den Ärzten und den Frühförderstellen eng zusammenarbeiten.

§ 119a Ambulante Behandlung in Einrichtungen der Behindertenhilfe

$_{1}$Einrichtungen der Behindertenhilfe, die über eine ärztlich geleitete Abteilung verfügen, sind vom Zulassungsausschuss zur ambulanten ärztlichen Behandlung von Versicherten mit geistiger Behinderung zu ermächtigen, soweit und solange eine ausreichende ärztliche Versorgung dieser Versicherten ohne die besonderen Untersuchungs- und Behandlungsmethoden oder Kenntnisse der Ärzte in den Einrichtungen durch niedergelassene Ärzte nicht sichergestellt ist. $_{2}$Die Behandlung ist auf diejenigen Versicherten auszurichten, die wegen der Art oder Schwere ihrer Behinderung auf die ambulante Behandlung in diesen Einrichtungen angewiesen sind. $_{3}$In dem Zulassungsbescheid ist zu regeln, ob und in welchen Fällen die Ärzte in den Einrichtungen unmittelbar oder auf Überweisung in Anspruch genommen werden können. $_{4}$Die ärztlich geleiteten Abteilungen sollen mit den übrigen Leistungserbringern eng zusammenarbeiten.

V

§ 119b Ambulante Behandlung in stationären Pflegeeinrichtungen

(1) $_{1}$Stationäre Pflegeeinrichtungen haben einzeln oder gemeinsam bei entsprechendem Bedarf unbeschadet des § 75 Abs. 1 Kooperationsverträge mit dafür geeigneten vertragsärztlichen Leistungserbringern zu schließen. $_{2}$Auf Antrag der Pflegeeinrichtung hat die Kassenärztliche Vereinigung zur Sicherstellung einer ausreichenden ärztlichen Versorgung von pflegebedürftigen Versicherten in der Pflegeeinrichtung Verträge nach Satz 1 innerhalb von drei Monaten zu vermitteln. $_{3}$Kommt ein Vertrag nach Satz 1 nicht innerhalb einer Frist von sechs Monaten nach Zugang des Antrags der Pflegeeinrichtung zustande, ist die Pflegeeinrichtung vom Zulassungsausschuss zur Teilnahme an der vertragsärztlichen Versorgung der pflegebedürftigen Versicherten in der Pflegeeinrichtung mit angestellten Ärzten, die in das Arztregister eingetragen sind und geriatrisch fortgebildet sein sollen, zu ermächtigen; die Anstellung bedarf der Genehmigung des Zulassungsausschusses. $_{4}$Soll die Versorgung der pflegebedürftigen Versicherten durch einen in mehreren Pflegeeinrichtungen angestellten Arzt erfolgen, ist der angestellte Arzt zur Teilnahme an der vertragsärztlichen Versorgung der pflegebedürftigen Versicherten in den Pflegeeinrichtungen zu ermächtigen. $_{5}$Das Recht auf freie Arztwahl der Versicherten in der Pflegeeinrichtung bleibt unberührt. $_{6}$Der in der Pflegeeinrichtung tätige Arzt ist bei seinen ärztlichen Entscheidungen nicht an Weisungen von Nichtärzten gebunden. $_{7}$Er soll mit den übrigen Leistungserbringern eng zusammenarbeiten. $_{8}$Stationäre Pflegeeinrichtungen benennen eine verantwortliche Pflegefachkraft für die Zusammenarbeit mit den vertragsärztlichen Leistungserbringern im Rahmen der Verträge nach Satz 1.

(2) Die Vertragsparteien der Verträge nach § 82 Absatz 1 und § 87 Absatz 1 vereinbaren im Benehmen mit den Vereinigungen der Träger der Pflegeeinrichtungen auf Bundesebene sowie den Verbänden der Pflegeberufe auf Bundesebene insbesondere zur Verbesserung der Qualität der Versorgung Anforderungen an eine kooperative und koordinierte ärztliche und pflegerische Versorgung von pflegebedürftigen Versicherten in stationären Pflegeeinrichtungen.

(2a) $_{1}$Die Vertragsparteien nach Absatz 2 haben erstmals bis zum 30. Juni 2019 im Benehmen mit den Vereinigungen der Träger der Pflegeeinrichtungen auf Bundesebene verbindliche Anforderungen für die Informations- und Kommunikationstechnik zum elektronischen Datenaustausch im Rahmen der Zusammenarbeit zwischen den stationären Pflegeeinrichtungen und geeigneten vertragsärztlichen Leistungserbringern nach Absatz 1 Satz 1 zu vereinbaren. $_{2}$In der Vereinbarung können auf Verlangen der für die Interessensvertretung maßgeblichen Verbände auf Bundesebene auch technische Anforderungen an den elektronischen Datenaustausch mit ambulanten Pflegeeinrichtungen, Krankenhäusern, Apotheken sowie mit Heil- und Hilfsmittelerbringern berücksichtigt werden. $_{3}$Sobald die Dienste der Anwendungen der Telematikinfrastruktur nach § 334 Absatz 1 Satz 2 für den Bereich der Altenpflege zur Verfügung stehen, sollen sie in der Vereinbarung berücksichtigt werden.

(2b) Telemedizinische Dienste, insbesondere Videosprechstunden sollen im Rahmen der Zusammenarbeit zwischen den stationären Pflegeeinrichtungen und geeigneten vertragsärztlichen Leistungserbringern nach Absatz 1 Satz 1 Verwendung finden.

(3) $_{1}$Der Bewertungsausschuss für ärztliche Leistungen evaluiert die mit der Vergütungsregelung nach § 87 Absatz 2a verbundenen Auswirkungen auf das Versorgungsgeschehen im Bereich der vertragsärztlichen Versorgung einschließlich der finanziellen Auswirkungen auf die Krankenkassen und berichtet der Bundesregierung bis zum 31. Dezember 2017 über die Ergebnisse. $_{2}$Die für die Durchführung der Evaluation erforderlichen Daten sind von den Kassenärztlichen Vereinigungen, den Krankenkassen und den Pflegekassen zu erfassen und jeweils

über die Kassenärztliche Bundesvereinigung und den Spitzenverband Bund der Krankenkassen an den Bewertungsausschuss nach Satz 1 zu übermitteln; § 87 Absatz 3f gilt entsprechend. 3Die Kassenzahnärztliche Bundesvereinigung und der Spitzenverband Bund der Krankenkassen evaluieren auf Grundlage einer von ihnen zu treffenden Vereinbarung die mit den Kooperationsverträgen nach Absatz 1 verbundenen Auswirkungen auf die vertragszahnärztliche Versorgung von Versicherten in stationären Pflegeeinrichtungen. 4Über die Ergebnisse berichten sie der Bundesregierung im Abstand von drei Jahren, erstmals bis zum 30. Juni 2019.

§ 119c Medizinische Behandlungszentren

(1) 1Medizinische Behandlungszentren für Erwachsene mit geistiger Behinderung oder schweren Mehrfachbehinderungen, die fachlich unter ständiger ärztlicher Leitung stehen und die Gewähr für eine leistungsfähige und wirtschaftliche Behandlung bieten, können vom Zulassungsausschuss zur ambulanten Behandlung von Erwachsenen mit geistiger Behinderung oder schweren Mehrfachbehinderungen ermächtigt werden. 2Die Ermächtigung ist zu erteilen, soweit und solange sie notwendig ist, um eine ausreichende Versorgung von Erwachsenen mit geistiger Behinderung oder schweren Mehrfachbehinderungen sicherzustellen.

(2) 1Die Behandlung durch medizinische Behandlungszentren ist auf diejenigen Erwachsenen auszurichten, die wegen der Art, Schwere oder Komplexität ihrer Behinderung auf die ambulante Behandlung in diesen Einrichtungen angewiesen sind. 2Die medizinischen Behandlungszentren sollen dabei mit anderen behandelnden Ärzten, den Einrichtungen und Diensten der Eingliederungshilfe und mit dem Öffentlichen Gesundheitsdienst eng zusammenarbeiten.

§ 120 Vergütung ambulanter Krankenhausleistungen

(1) 1Die im Krankenhaus erbrachten ambulanten ärztlichen Leistungen der ermächtigten Krankenhausärzte, die in stationären Pflegeeinrichtungen erbrachten ambulanten ärztlichen Leistungen von nach § 119b Absatz 1 Satz 4 ermächtigten Ärzten, ambulante ärztliche Leistungen, die in ermächtigten Einrichtungen erbracht werden, und Leistungen, die im Rahmen einer Inanspruchnahme nach § 27b Absatz 3 Nummer 4 oder nach § 75 Absatz 1b Satz 2, § 76 Absatz 1 Satz 2 oder Absatz 1a, § 115 Absatz 2 Satz 1 Nummer 3 sowie nach § 87 Absatz 2a Satz 14 erbracht werden, werden nach den für Vertragsärzte geltenden Grundsätzen aus der vertragsärztlichen Gesamtvergütung vergütet. 2Die mit diesen Leistungen verbundenen allgemeinen Praxiskosten, die durch die Anwendung von ärztlichen Geräten entstehenden Kosten sowie die sonstigen Sachkosten sind mit den Gebühren abgegolten, soweit in den einheitlichen Bewertungsmaßstäben nichts Abweichendes bestimmt ist. 3Die den ermächtigten Krankenhausärzten zustehende Vergütung wird für diese vom Krankenhausträger mit der Kassenärztlichen Vereinigung abgerechnet und nach Abzug der anteiligen Verwaltungskosten sowie der dem Krankenhaus nach Satz 2 entstehenden Kosten an die berechtigten Krankenhausärzte weitergeleitet. 4Die Vergütung der von nach § 119b Absatz 1 Satz 4 ermächtigten Ärzten erbrachten Leistungen wird von der stationären Pflegeeinrichtung mit der Kassenärztlichen Vereinigung abgerechnet. 5Die Vergütung der Leistungen, die im Rahmen einer Inanspruchnahme nach § 76 Absatz 1a erbracht werden, wird vom Krankenhausträger nach Maßgabe der regionalen Euro-Gebührenordnung mit der Kassenärztlichen Vereinigung abgerechnet.

(1a) 1Ergänzend zur Vergütung nach Absatz 1 sollen die Landesverbände der Krankenkassen und die Ersatzkassen gemeinsam und einheitlich für die in kinder- und jugendmedizinischen, kinderchirurgischen und kinderorthopädischen sowie insbesondere pädaudiologischen und kinderradiologischen Fachabteilungen von Krankenhäusern erbrachten ambulanten Leistungen mit dem Krankenhausträger fall- oder einrichtungsbezogene Pauschalen vereinbaren, wenn diese erforderlich sind, um die Behandlung von Kindern und Jugendlichen, die auf Überweisung erfolgt, angemessen zu vergüten. 2Die Pauschalen werden von der Krankenkasse unmittelbar vergütet. 3§ 295 Absatz 1b Satz 1 gilt entsprechend. 4Das Nähere über Form und Inhalt der Abrechnungsunterlagen und der erforderlichen Vordrucke wird in der Vereinbarung nach § 301 Absatz 3 geregelt. 5Soweit für ein Jahr für diese Leistungen erstmals Pauschalen nach Satz 1 vereinbart werden, sind bei besonderen Einrichtungen einmalig die Erlössumme nach § 6 Absatz 3 des Krankenhausentgeltgesetzes für dieses Jahr in Höhe der Summe der nach Satz 1 vereinbarten Pauschalen zu vermindern. 6Der jeweilige Minderungsbetrag ist bereits bei der Vereinbarung der Vergütung nach Satz 1 festzulegen. 7Bei der Vereinbarung des Landesbasisfallwerts nach § 10 des Krankenhausentgeltgesetzes ist die Summe der für das jeweilige Jahr erstmalig vereinbarten ambulanten Pauschalen ausgabenmindernd zu berücksichtigen.

(2) 1Die Leistungen der Hochschulambulanzen, der psychiatrischen Institutsambulanzen, der sozialpädiatrischen Zentren und der medizinischen Behandlungszentren werden unmittelbar von der Krankenkasse vergütet. 2Die Vergütung wird von den Landesverbänden der Krankenkassen und den Ersatzkassen gemeinsam und einheitlich mit den

Hochschulen oder Hochschulkliniken, den Krankenhäusern oder den sie vertretenden Vereinigungen im Land vereinbart; die Höhe der Vergütung für die Leistungen der jeweiligen Hochschulambulanz gilt auch für andere Krankenkassen im Inland, wenn deren Versicherte durch diese Hochschulambulanz behandelt werden. 3Sie muss die Leistungsfähigkeit der Hochschulambulanzen, der psychiatrischen Institutsambulanzen, der sozialpädiatrischen Zentren und der medizinischen Behandlungszentren bei wirtschaftlicher Betriebsführung gewährleisten. 4Bei der Vergütung der Leistungen der Hochschulambulanzen sind die Grundsätze nach Absatz 3 Satz 4 erstmals bis zum 1. Juli 2017 und danach jeweils innerhalb von sechs Monaten nach Inkrafttreten der Anpassung der Grundsätze nach Absatz 3 Satz 4 zu berücksichtigen. 5Bei den Vergütungsvereinbarungen für Hochschulambulanzen nach Satz 2 sind Vereinbarungen nach Absatz 1a Satz 1 zu berücksichtigen. 6Die Vereinbarungen nach Satz 2 über die Vergütung von Leistungen der sozialpädiatrischen Zentren und medizinischen Behandlungszentren sind, auf Grund der besonderen Situation dieser Einrichtungen durch die SARS-CoV-2-Pandemie, bis zum 20. Juni 2020 vorübergehend anzupassen. 7Abweichend von den Sätzen 2 und 3 hat die Vergütung der Leistungen, die die psychiatrischen Institutsambulanzen im Rahmen der Versorgung nach der Richtlinie des Gemeinsamen Bundesausschusses nach § 92 Absatz 6b erbringen, nach den entsprechenden Bestimmungen im einheitlichen Bewertungsmaßstab für ärztliche Leistungen mit dem Preis der jeweiligen regionalen Euro-Gebührenordnung zu erfolgen.

(3) 1Die Vergütung der Leistungen der Hochschulambulanzen, der psychiatrischen Institutsambulanzen, der sozialpädiatrischen Zentren, der medizinischen Behandlungszentren und sonstiger ermächtigter ärztlich geleiteter Einrichtungen kann pauschaliert werden. 2§ 295 Absatz 1b Satz 1 gilt entsprechend. 3Das Nähere über Form und Inhalt der Abrechnungsunterlagen und der erforderlichen Vordrucke wird für die Hochschulambulanzen, die psychiatrischen Institutsambulanzen, die sozial-pädiatrischen Zentren und die medizinischen Behandlungszentren von den Vertragsparteien nach § 301 Absatz 3, für die sonstigen ermächtigten ärztlich geleiteten Einrichtungen von den Vertragsparteien nach § 83 Satz 1 vereinbart. 4Die Vertragsparteien nach § 301 Absatz 3 vereinbaren bis zum 23. Januar 2016 bundeseinheitliche Grundsätze, die die Besonderheiten der Hochschulambulanzen angemessen abbilden, insbesondere zur Vergütungsstruktur und zur Leistungsdokumentation.

(3a) 1Die Vergütung der Leistungen, die im Rahmen einer Inanspruchnahme nach § 76 Absatz 1a erbracht werden, erfolgt mit den festen Preisen der regionalen Euro-Gebührenordnung zu Lasten des Anteils der morbiditätsbedingten Gesamtvergütungen, der für den Bereich der fachärztlichen Versorgung zu bilden ist, es sei denn, die Vertragsparteien nach § 87a Absatz 2 Satz 1 haben für diese Leistungen Vergütungen nach § 87a Absatz 2 Satz 3 oder § 87a Absatz 3 Satz 5 und 6 vereinbart. 2Eine Prüfung der Abrechnungen auf Plausibilität ist nicht vorzunehmen. 3Das Nähere über Form und Inhalt der Abrechnungsunterlagen und der erforderlichen Vordrucke bestimmt die Kassenärztliche Vereinigung im Einvernehmen mit der Landeskrankenhausgesellschaft und den Landesverbänden der Krankenkassen und den Ersatzkassen gemeinsam und einheitlich unter Berücksichtigung der Regelungen nach § 87 Absatz 1 Satz 2 bis zum 23. Januar 2016; § 115 Absatz 3 gilt entsprechend. 4Die in § 112 Absatz 1 genannten Vertragspartner treffen eine Vereinbarung über eine pauschale Vergütung und Abrechnung des Sprechstundenbedarfs mit den Krankenkassen im Rahmen der Inanspruchnahme nach § 76 Absatz 1a; § 112 Absatz 5 gilt entsprechend.

(3b) 1Der Gemeinsame Bundesausschuss beschließt bis zum 30. Juni 2023 eine Richtlinie, die Vorgaben zur Durchführung einer qualifizierten und standardisierten Ersteinschätzung des medizinischen Versorgungsbedarfs von Hilfesuchenden, die sich zur Behandlung eines Notfalls nach § 76 Absatz 1 Satz 2 an ein Krankenhaus wenden. 2Die nach § 136c Absatz 4 beschlossenen Festlegungen sind zu berücksichtigen, beinhaltet. 3Dabei ist auch das Nähere vorzugeben

1. zur Qualifikation des medizinischen Personals, das die Ersteinschätzung vornimmt,
2. zur Einbeziehung ärztlichen Personals bei der Feststellung des Nichtvorliegens eines sofortigen Behandlungsbedarfs,
3. zur Form und zum Inhalt des Nachweises der Durchführung der Ersteinschätzung,
4. zum Nachweis gegenüber der Terminservicestelle, dass ein Fall nach § 75 Absatz 1a Satz 4 Nummer 2 vorliegt,
5. zur Weiterleitung an Notdienstpraxen gemäß § 75 Absatz 1b Satz 3 oder an der vertragsärztlichen Versorgung teilnehmende Ärzte und medizinische Versorgungszentren gemäß § 95 Absatz 1 und
6. zu Übergangsfristen für die Umsetzung der Richtlinie, soweit diese für eine rechtzeitige Integration der Richtlinie in die organisatorischen Abläufe der Krankenhäuser erforderlich sind.

4Die Vergütung ambulanter Leistungen zur Behandlung von Notfällen nach § 76 Absatz 1 Satz 2 im Krankenhaus setzt ab dem Inkrafttreten der Richtlinie nach Satz 1 voraus, dass bei der Durchführung der Ersteinschätzung nach Satz 1 ein sofortiger Behandlungsbedarf festgestellt wurde. $_{5}$Der ergänzte Bewertungsausschuss in seiner Zusammensetzung nach § 87 Absatz 5a beschließt bis zum Beginn des übernächsten auf das Inkrafttreten der Richtlinie nach Satz 1 folgenden Quartals die sich aus der Richtlinie nach Satz 1 ergebenden notwendigen Anpassungen des einheitlichen Bewertungsmaßstabs für ärztliche Leistungen. $_{6}$Der Gemeinsame Bundesausschuss hat die Auswirkungen der Richtlinie nach Satz 1 hinsichtlich der Entwicklung der Inanspruchnahme der Notaufnahmen, der Auswirkungen auf die Patientenversorgung sowie die Erforderlichkeit einer Anpassung seiner Regelungen bis zum 31. Dezember 2026 zu prüfen. $_{7}$Der ergänzte Bewertungsausschuss in seiner Zusammensetzung nach § 87 Absatz 5a hat die Entwicklung der Leistungen in Notaufnahmen zu evaluieren und hierüber dem Bundesministerium für Gesundheit bis zum 31. Dezember 2026 zu berichten; § 87 Absatz 3a gilt entsprechend.

(4) $_{1}$Kommt eine Vereinbarung nach Absatz 1a Satz 1 oder nach Absatz 2 Satz 2 oder eine Berücksichtigung der Grundsätze nach Absatz 2 Satz 4 ganz oder teilweise nicht zustande, setzt die Schiedsstelle nach § 18a Abs. 1 des Krankenhausfinanzierungsgesetzes auf Antrag einer Vertragspartei die Vergütung fest; im Falle von Vereinbarungen nach Absatz 1a Satz 1 hat die Schiedsstelle zunächst festzustellen, ob die Vereinbarung erforderlich ist, um die Behandlung von Kindern und Jugendlichen, die auf Überweisung erfolgt, angemessen zu vergüten. $_{2}$Kommt die Vereinbarung nach Absatz 3 Satz 4 ganz oder teilweise nicht zustande, setzt die Schiedsstelle nach § 18a Absatz 6 des Krankenhausfinanzierungsgesetzes in der Besetzung ohne den Vertreter des Verbandes der privaten Krankenversicherung auf Antrag einer Vertragspartei den Inhalt innerhalb von sechs Wochen fest. $_{3}$Kommt die Vereinbarung nach Absatz 3a Satz 4 ganz oder teilweise nicht zustande, setzt die Schiedsstelle nach § 114 auf Antrag einer Vertragspartei den Inhalt innerhalb von sechs Wochen fest.

(5) Beamtenrechtliche Vorschriften über die Entrichtung eines Entgelts bei der Inanspruchnahme von Einrichtungen, Personal und Material des Dienstherrn oder vertragliche Regelungen über ein weitergehendes Nutzungsentgelt, das neben der Kostenerstattung auch einen Vorteilsausgleich umfaßt, und sonstige Abgaben der Ärzte werden durch die Absätze 1 bis 4 nicht berührt.

§ 121 Belegärztliche Leistungen

(1) $_{1}$Die Vertragsparteien nach § 115 Abs. 1 wirken gemeinsam mit Krankenkassen und zugelassenen Krankenhäusern auf eine leistungsfähige und wirtschaftliche belegärztliche Behandlung der Versicherten hin. $_{2}$Die Krankenhäuser sollen Belegärzten gleicher Fachrichtung die Möglichkeit geben, ihre Patienten gemeinsam zu behandeln (kooperatives Belegarztwesen).

(2) Belegärzte im Sinne dieses Gesetzbuchs sind nicht am Krankenhaus angestellte Vertragsärzte, die berechtigt sind, ihre Patienten (Belegpatienten) im Krankenhaus unter Inanspruchnahme der hierfür bereitgestellten Dienste, Einrichtungen und Mittel vollstationär oder teilstationär zu behandeln, ohne hierfür vom Krankenhaus eine Vergütung zu erhalten.

(3) $_{1}$Die belegärztlichen Leistungen werden aus der vertragsärztlichen Gesamtvergütung vergütet. $_{2}$Die Vergütung hat die Besonderheiten der belegärztlichen Tätigkeit zu berücksichtigen. $_{3}$Hierzu gehören auch leistungsgerechte Entgelte für

1. den ärztlichen Bereitschaftsdienst für Belegpatienten und
2. die vom Belegarzt veranlaßten Leistungen nachgeordneter Ärzte des Krankenhauses, die bei der Behandlung seiner Belegpatienten in demselben Fachgebiet wie der Belegarzt tätig werden.

(4) Der Bewertungsausschuss hat in einem Beschluss nach § 87 mit Wirkung zum 1. April 2007 im einheitlichen Bewertungsmaßstab für ärztliche Leistungen Regelungen zur angemessenen Bewertung der belegärztlichen Leistungen unter Berücksichtigung der Vorgaben nach Absatz 3 Satz 2 und 3 zu treffen.

(5) Abweichend von den Vergütungsregelungen in Absatz 2 bis 4 können Krankenhäuser mit Belegbetten zur Vergütung der belegärztlichen Leistungen mit Belegärzten Honorarverträge schließen.

(6) $_{1}$Für belegärztliche Leistungen gelten die Richtlinien und Beschlüsse des Gemeinsamen Bundesausschusses nach den §§ 136 bis 136b zur Qualitätssicherung im Krankenhaus bis zum Inkrafttreten vergleichbarer Regelungen für die vertragsärztliche oder sektorenübergreifende Qualitätssicherung. $_{2}$Die in der stationären Qualitätssicherung für belegärztliche Leistungen erhobenen Qualitätsdaten werden bei der Auswertung der planungsrelevanten Qualitätsindikatoren nach § 136c Absatz 1 und 2 sowie bei der qualitätsabhängigen Vergütung eines Krankenhauses nach § 5 Absatz 3a des Krankenhausentgeltgesetzes berücksichtigt. $_{3}$Die Folgen, die diese Berücksichtigung im Verhältnis zwischen dem Krankenhaus und dem Belegarzt haben soll, werden zwischen diesen vertraglich vereinbart.

§ 121a Genehmigung zur Durchführung künstlicher Befruchtungen

(1) $_{1}$Die Krankenkassen dürfen Maßnahmen zur Herbeiführung einer Schwangerschaft (§ 27a Abs. 1) nur erbringen lassen durch

1. Vertragsärzte,
2. zugelassene medizinische Versorgungszentren,
3. ermächtigte Ärzte,
4. ermächtigte ärztlich geleitete Einrichtungen oder
5. zugelassene Krankenhäuser,

denen die zuständige Behörde eine Genehmigung nach Absatz 2 zur Durchführung dieser Maßnahmen erteilt hat. ₂Satz 1 gilt bei Inseminationen nur dann, wenn sie nach Stimulationsverfahren durchgeführt werden, bei denen dadurch ein erhöhtes Risiko von Schwangerschaften mit drei oder mehr Embryonen besteht.

(2) Die Genehmigung darf den im Absatz 1 Satz 1 genannten Ärzten oder Einrichtungen nur erteilt werden, wenn sie

1. über die für die Durchführung der Maßnahmen zur Herbeiführung einer Schwangerschaft (§ 27a Abs. 1) notwendigen diagnostischen und therapeutischen Möglichkeiten verfügen und nach wissenschaftlich anerkannten Methoden arbeiten und
2. die Gewähr für eine bedarfsgerechte, leistungsfähige und wirtschaftliche Durchführung von Maßnahmen zur Herbeiführung einer Schwangerschaft (§ 27a Abs. 1) bieten.

(3) ₁Ein Anspruch auf Genehmigung besteht nicht. ₂Bei notwendiger Auswahl zwischen mehreren geeigneten Ärzten und Einrichtungen, die sich um die Genehmigung bewerben, entscheidet die zuständige Behörde unter Berücksichtigung der öffentlichen Interessen und der Vielfalt der Bewerber nach pflichtgemäßem Ermessen, welche Ärzte oder welche Einrichtungen den Erfordernissen einer bedarfsgerechten, leistungsfähigen und wirtschaftlichen Durchführung von Maßnahmen zur Herbeiführung einer Schwangerschaft (§ 27a Abs. 1) am besten gerecht werden.

(4) Die zur Erteilung der Genehmigung zuständigen Behörden bestimmt die nach Landesrecht zuständige Stelle, mangels einer solchen Bestimmung die Landesregierung; diese kann die Ermächtigung weiter übertragen.

§ 122 Behandlung in Praxiskliniken

₁Der Spitzenverband Bund der Krankenkassen und die für die Wahrnehmung der Interessen der in Praxiskliniken tätigen Vertragsärzte gebildete Spitzenorganisation vereinbaren in einem Rahmenvertrag

1. einen Katalog von in Praxiskliniken nach § 115 Absatz 2 Satz 1 Nr. 1 ambulant oder stationär durchführbaren stationsersetzenden Behandlungen,
2. Maßnahmen zur Sicherung der Qualität der Behandlung, der Versorgungsabläufe und der Behandlungsergebnisse.

₂Die Praxiskliniken nach § 115 Absatz 2 Satz 1 Nr. 1 sind zur Einhaltung des Vertrages nach Satz 1 verpflichtet.

§ 123 (weggefallen)

Fünfter Abschnitt
Beziehungen zu Leistungserbringern von Heilmitteln

§ 124 Zulassung

(1) Heilmittel, die als Dienstleistungen abgegeben werden, insbesondere Leistungen der Physiotherapie, der Stimm-, Sprech- und Sprachtherapie, der Ergotherapie, der Podologie oder der Ernährungstherapie, dürfen an Versicherte nur von zugelassenen Leistungserbringern abgegeben werden, die

1. die für die Leistungserbringung erforderliche Ausbildung sowie eine entsprechende zur Führung der Berufsbezeichnung berechtigende Erlaubnis oder einen vergleichbaren akademischen Abschluss besitzen,
2. über eine Praxisausstattung verfügen, die eine zweckmäßige und wirtschaftliche Leistungserbringung gewährleistet, und
3. die für die Versorgung mit Heilmitteln geltenden Verträge nach § 125 Absatz 1 anerkennen.

(2) ₁Die Landesverbände der Krankenkassen und die Ersatzkassen bilden gemeinsam und einheitlich bei einem der Landesverbände oder den Ersatzkassen eine Arbeitsgemeinschaft, die mit Wirkung für alle Krankenkassen die Entscheidungen über die Zulassungen trifft. ₂Die Arbeitsgemeinschaften sind berechtigt, zur Erfüllung dieser Aufgabe Verwaltungsakte zu erlassen, zu ändern oder aufzuheben. ₃Die Möglichkeit der Änderung oder Aufhebung gilt auch für Verwaltungsakte, die von den Landesverbänden der Krankenkassen oder den Ersatzkassen erteilt worden sind. ₄Die Arbeitsgemeinschaft kann sich dabei auch auf mehrere Bundesländer erstrecken. ₅Die Kosten tragen die Landesverbände und die Ersatzkassen anteilig nach Versicherten nach der Statistik KM 6. ₆Die Arbeitsgemeinschaft darf die für die Überprüfung der Anforderungen nach den Absätzen 1 und 2a erforderlichen Daten von Leistungserbringern erheben, verarbeiten und nutzen. ₇Die Arbeitsgemeinschaft darf die Daten von Leistungserbringern nach Absatz 5 erheben, verarbeiten und nutzen, zu denen in den Verträgen nach § 125 gemäß § 125 Absatz 2 Nummer 5a eine Anzeigepflicht besteht. ₈Sie hat die maßgeblichen Daten nach den Sätzen 6 und 7 an den Spitzenverband Bund der Krankenkassen zu übermitteln, der die Krankenkassen regelmäßig über die Leistungserbringer nach den Absätzen 1 und 5 informiert. ₉Das Nähere zur Datenübermittlung und zum Verfahren

regelt der Spitzenverband Bund der Krankenkassen. 10Die Arbeitsgemeinschaften sind bis zum 31. August 2019 zu bilden. 11Bis zu diesem Zeitpunkt gilt § 124 Absatz 5 in der bis zum 10. Mai 2019 geltenden Fassung. 12Der Spitzenverband Bund der Krankenkassen hat auf Grundlage der Daten nach Satz 8 eine Liste über die Leistungserbringer nach den Absätzen 1 und 5 mit den maßgeblichen Daten des jeweils jeweiligen Leistungserbringers nach den Absätzen 1 und 5 zu veröffentlichen; über den Umfang der zu veröffentlichenden Daten verständigen sich die Vertragspartner in den jeweiligen Verträgen nach § 125 Absatz 1.

(2a) 1Die Arbeitsgemeinschaften nach Absatz 2 prüfen zudem, ob Leistungserbringer die Voraussetzungen nach § 125 Absatz 2 Satz 1 Nummer 3 für die Durchführung von besonderen Maßnahmen der Physiotherapie unter Berücksichtigung der Richtlinien nach § 92 Absatz 1 Satz 2 Nummer 6 erfüllen. 2Bei Erfüllung der Anforderungen erteilt die Arbeitsgemeinschaft eine entsprechende Abrechnungserlaubnis. 3Absatz 2 Satz 2 und 3 gilt entsprechend.

(3) 1Die Arbeitsgemeinschaft nach Absatz 2 ist berechtigt, die zuzulassenden Leistungserbringer im Hinblick auf die vertraglich vereinbarten räumlichen, sachlichen und personellen Voraussetzungen zu überprüfen. 2Die Leistungserbringer haben hierzu den Zutritt zu ihrer Praxis zu den üblichen Praxiszeiten zu gewähren. 3Mehrfache Praxisprüfungen durch die Arbeitsgemeinschaft sind zu vermeiden.

(4) (weggefallen)

(5) 1Krankenhäuser, Rehabilitationseinrichtungen und ihnen vergleichbare Einrichtungen dürfen die in Absatz 1 genannten Heilmittel durch Personen abgeben, die die Voraussetzung nach Absatz 1 Nummer 1 erfüllen, wenn sie über eine Praxisausstattung im Sinne des Absatzes 1 Nummer 2 verfügen. 2Einer Zulassung bedarf es nicht. 3Für die in Satz 1 genannten Einrichtungen gelten die nach § 125 Absatz 1 abgeschlossenen Verträge entsprechend, ohne dass es einer Anerkennung dieser Verträge bedarf.

§ 125 Verträge zur Heilmittelversorgung

(1) 1Der Spitzenverband Bund der Krankenkassen schließt mit bindender Wirkung für die Krankenkassen mit den für die Wahrnehmung der Interessen der Heilmittelerbringer maßgeblichen Spitzenorganisationen auf Bundesebene für jeden Heilmittelbereich einen Vertrag über die Einzelheiten der Versorgung mit dem jeweiligen Heilmittel. 2Die für den jeweiligen Heilmittelbereich zuständigen maßgeblichen Spitzenorganisationen haben den Vertrag gemeinsam zu schließen. 3Die Verträge sind mit Wirkung ab dem 1. Januar 2021 zu schließen. 4Die Richtlinie des Gemeinsamen Bundesausschusses nach § 92 Absatz 1 Satz 2 Nummer 6 ist zu berücksichtigen. 5Der Spitzenverband Bund der Krankenkassen hat die Verträge sowie die jeweils geltenden Preislisten zu veröffentlichen.

(2) In den Verträgen nach Absatz 1 ist insbesondere Folgendes zu regeln:

1. die Preise der einzelnen Leistungspositionen sowie einheitliche Regelungen für deren Abrechnung,

1a. die notwendigen Regelungen für die Verwendung von Verordnungen von Leistungen nach § 32 in elektronischer Form, die
   a) festzulegen haben, dass für die Übermittlung der elektronischen Verordnung die Dienste der Anwendungen der Telematikinfrastruktur nach § 334 Absatz 1 Satz 2 genutzt werden, sobald diese zur Verfügung stehen, und
   b) mit den Festlegungen der Bundesmantelverträge nach § 86 vereinbar sein müssen,

2. die Verpflichtung der Leistungserbringer zur Fortbildung,

3. die erforderlichen Weiterbildungen der Leistungserbringer für besondere Maßnahmen der Physiotherapie,

4. der Inhalt der einzelnen Maßnahmen des jeweiligen Heilmittels einschließlich der Regelleistungszeit, die sich aus der Durchführung der einzelnen Maßnahme und der Vor- und Nachbereitung einschließlich der erforderlichen Dokumentation zusammensetzt,

5. Maßnahmen zur Sicherung der Qualität der Behandlung, der Versorgungsabläufe und der Behandlungsergebnisse,

5a. die den Arbeitsgemeinschaften nach § 124 Absatz 2 Satz 1 anzuzeigenden für Zwecke der Abrechnung und zur Sicherung der Qualität erforderlichen Daten der Leistungserbringer nach § 124 Absatz 5,

6. der Inhalt und Umfang der Zusammenarbeit der Leistungserbringer mit dem verordnenden Vertragsarzt,

7. die notwendigen Angaben auf der Heilmittelverordnung durch den Leistungserbringer,

8. Maßnahmen der Wirtschaftlichkeit der Leistungserbringung und deren Prüfung,

9. Vergütungsstrukturen für die Arbeitnehmer unter Berücksichtigung der tatsächlich gezahlten Arbeitsentgelte; zum Nachweis der tatsächlich gezahlten Arbeitsentgelte hat die Berufsgenossenschaft für Gesundheitsdienst und Wohlfahrtspflege dem Spitzenverband Bund der Krankenkassen auf dessen Anforderung eine Statistik über die im Rahmen von

§ 165 des Siebten Buches erfolgten Meldungen zu übersenden, die insbesondere die Anzahl der Arbeitnehmer, deren geleistete Arbeitsstunden sowie die geleisteten Entgelte enthalten soll,

10. personelle, räumliche und sachliche Voraussetzungen, die eine zweckmäßige und wirtschaftliche Leistungserbringung im Sinne des § 124 Absatz 1 Nummer 2 gewährleisten, wobei insbesondere im Hinblick auf die räumlichen Voraussetzungen Richtwerte vereinbart werden können, sowie
11. die Vergütung der vom Bundesinstitut für Arzneimittel und Medizinprodukte nach § 139e Absatz 3 Satz 2 bestimmten Leistungen von Heilmittelerbringern, die zur Versorgung mit digitalen Gesundheitsanwendungen erforderlich sind.

(2a) 1In den Verträgen nach Absatz 1 sind auch die Einzelheiten der Versorgung mit Heilmitteln, die telemedizinisch erbracht werden, zu regeln. 2Insbesondere ist bis zum 31. Dezember 2021 für die jeweiligen Heilmittelbereiche Folgendes zu regeln:

1. die Leistungen, die telemedizinisch erbracht werden können,
2. die technischen Voraussetzungen, die erforderlich sind, um die Leistungen nach Nummer 1 telemedizinisch zu erbringen.

3Die Vereinbarungen nach Satz 2 Nummer 2 sind im Benehmen mit dem Bundesamt für Sicherheit in der Informationstechnik, der oder dem Bundesbeauftragten für den Datenschutz und die Informationsfreiheit sowie der Gesellschaft für Telematik zu treffen. 4Kommt eine Vereinbarung nicht bis zum 31. Dezember 2021 zustande, setzt die Schiedsstelle nach Absatz 6 die Vertragsinhalte nach Satz 2 innerhalb von drei Monaten fest.

(3) 1Die Vertragspartner haben zu beachten, dass die auszuhandelnden Preise eine leistungsgerechte und wirtschaftliche Versorgung ermöglichen. 2Sie haben bei der Vereinbarung der Preise für die einzelnen Leistungspositionen unter Zugrundelegung eines wirtschaftlich zu führenden Praxisbetriebes insbesondere Folgendes zu berücksichtigen:

1. die Entwicklung der Personalkosten,
2. die Entwicklung der Sachkosten für die Leistungserbringung sowie
3. die durchschnittlichen laufenden Kosten für den Betrieb der Heilmittelpraxis.

3§ 71 findet keine Anwendung.

(4) Die Vertragspartner nach Absatz 1 sollen eine gemeinsame Empfehlung zur Ausgestaltung einer barrierefreien Praxis abgeben.

(5) 1Kommt ein Vertrag nach Absatz 1 ganz oder teilweise nicht bis zum 1. Januar 2021 oder bis zum Ablauf einer von den Vertragspartnern vereinbarten Vertragslaufzeit zustande oder können sich die Vertragspartner nicht bis zum Ablauf dieser Fristen auf die Preise für die einzelnen Leistungspositionen oder eine Anpassung dieser Preise einigen, werden der Inhalt des Vertrages oder die Preise innerhalb von drei Monaten durch die Schiedsstelle nach Absatz 6 festgesetzt. 2Das Schiedsverfahren beginnt vor den in Satz 1 genannten Zeitpunkten für den erstmaligen Abschluss der Verträge, wenn mindestens eine Vertragspartei die Verhandlungen ganz oder teilweise für gescheitert erklärt und die Schiedsstelle anruft. 3Trifft die Schiedsstelle erst nach Ablauf von drei Monaten ihre Entscheidung, sind neben der Festsetzung der Preise auch Zahlbeträge zu beschließen, durch die Vergütungsausfälle ausgeglichen werden, die bei den Leistungserbringern durch die verzögerte Entscheidung der Schiedsstelle entstanden sind. 4Der bisherige Vertrag und die bisherigen Preise gelten bis zur Entscheidung durch die Schiedsstelle fort.

(6) 1Der Spitzenverband Bund der Krankenkassen und die für die Wahrnehmung der Interessen der Heilmittelerbringer maßgeblichen Spitzenorganisationen auf Bundesebene bilden bis zum 15. November 2019 eine gemeinsame Schiedsstelle. 2Sie besteht aus Vertretern der Krankenkassen und der Heilmittelerbringer in gleicher Zahl sowie aus einem unparteiischen Vorsitzenden und zwei weiteren unparteiischen Mitgliedern. 3Auf Seiten der Heilmittelerbringer erfolgt die Besetzung der Schiedsstelle für jeden Leistungsbereich getrennt voneinander. 4Die Amtsdauer der Mitglieder beträgt vier Jahre. 5Für jedes Mitglied gibt es zwei Stellvertreter. 6Über den unparteiischen Vorsitzenden und die zwei weiteren unparteiischen Mitglieder sowie deren Stellvertreter sollen sich die Vertragspartner einigen. 7Kommt eine Einigung nicht zustande, gilt § 89 Absatz 6 Satz 3 entsprechend. 8Für eine Abberufung der unparteiischen Mitglieder aus wichtigem Grund gilt § 89 Absatz 7 Satz 3 entsprechend. 9Die Kosten der Schiedsstelle tragen die Vertragsparteien je zur Hälfte; die Kosten für die von ihnen bestellten Vertreter tragen die Vertragsparteien selbst. 10§ 129 Absatz 9 und 10 Satz 1 gilt entsprechend. 11Das Bundesministerium für Gesundheit kann durch Rechtsverordnung mit Zustimmung des Bundesrates das Nähere über die Zahl und die Bestellung der Mitglieder, die Erstattung der baren Auslagen und die Entschädigung für den Zeitaufwand der Mitglieder, das Verfahren sowie über die Verteilung der Kosten regeln. 12Klagen gegen Entscheidungen der Aufsichtsbehörde nach diesem Paragraphen haben keine aufschiebende Wirkung. 13Ein Vorverfahren findet bei Klagen gegen Ent-

scheidungen der Schiedsstelle und der Aufsichtsbehörde nicht statt.

(7) 1Die Landesverbände der Krankenkassen und die Ersatzkassen können mit den Leistungserbringern, deren Verbänden oder sonstigen Zusammenschlüssen Verträge über die Einzelheiten der Versorgung mit kurortspezifischen Heilmitteln schließen. 2Die Landesverbände der Krankenkassen und die Ersatzkassen können mit den Trägern von Schulen, Kindertagesstätten oder Angeboten der Eingliederungshilfe, deren Verbänden oder den für die Erbringung der Eingliederungshilfe nach Landesrecht zuständigen Behörden Verträge über die Einzelheiten der Versorgung von Menschen mit Behinderungen oder Menschen, die von Behinderung bedroht sind, mit Heilmitteln in Schulen, Kindertagesstätten oder Angeboten der Eingliederungshilfe schließen. 3Die Absätze 2 und 3 gelten jeweils entsprechend.

(8) Die Krankenkassen oder ihre Verbände können mit den für den jeweiligen Heilmittelbereich für die Wahrnehmung der Interessen der Heilmittelerbringer zuständigen maßgeblichen Spitzenorganisationen auf Landesebene Vereinbarungen zur Weiterentwicklung der Qualität und Struktur der Versorgung der Versicherten mit Heilmitteln schließen, soweit die Verträge nach Absatz 1 dem nicht entgegenstehen.

(9) Die Vertragspartner nach Absatz 1 Satz 1 schließen einen Vertrag über eine zentrale und bundeseinheitliche Prüfung und Listung der Weiterbildungsträger, der Weiterbildungsstätten sowie der Fachlehrer hinsichtlich der Erfüllung der Anforderungen an die Durchführung von besonderen Maßnahmen der Physiotherapie unter Berücksichtigung der Richtlinien nach § 92 Absatz 1 Satz 2 Nummer 6.

§ 125a Heilmittelversorgung mit erweiterter Versorgungsverantwortung

(1) 1Der Spitzenverband Bund der Krankenkassen schließt mit bindender Wirkung für die Krankenkassen mit den für die Wahrnehmung der Interessen der Heilmittelerbringer maßgeblichen Spitzenorganisationen auf Bundesebene für jeden Heilmittelbereich einen Vertrag über die Heilmittelversorgung mit erweiterter Versorgungsverantwortung, sofern sich die für den jeweiligen Heilmittelbereich zuständigen maßgeblichen Spitzenorganisationen für ihren Heilmittelbereich gemeinsam zum Abschluss eines solchen Vertrages entschließen. 2Die für den jeweiligen Heilmittelbereich zuständigen maßgeblichen Spitzenorganisationen haben den Vertrag gemeinsam zu schließen. 3Gegenstand der Verträge ist eine Versorgungsform, bei der die Heilmittelerbringer aufgrund einer durch einen Vertragsarzt festgestellten Diagnose und der Indikation für eine Heilmittelbehandlung selbst über die Auswahl und die Dauer der Therapie sowie die Frequenz der Behandlungseinheiten bestimmen können. 4Die Auswahl der Therapie darf dabei nur im Rahmen der in der Richtlinie des Gemeinsamen Bundesausschusses nach § 92 Absatz 1 Satz 2 Nummer 6 für die jeweilige Diagnosegruppe vorgegebenen verordnungsfähigen Heilmittel erfolgen. 5Im Übrigen sind Abweichungen von dieser Richtlinie nur in dem von den Vertragspartnern nach Absatz 2 Nummer 2 vereinbarten Umfang möglich. 6Vor Abschluss der Vereinbarung ist den Kassenärztlichen Bundesvereinigungen Gelegenheit zur Stellungnahme zu geben; die Stellungnahmen sind in die Verhandlung der Vereinbarungen einzubeziehen.

(2) In den Verträgen nach Absatz 1 ist insbesondere Folgendes zu regeln:

1. Indikationen der Richtlinien des Gemeinsamen Bundesausschusses nach § 92 Absatz 1 Satz 2 Nummer 6, die unter medizinisch-therapeutischen Gesichtspunkten für eine Heilmittelversorgung mit erweiterter Versorgungsverantwortung geeignet sind,
2. Möglichkeiten der Heilmittelerbringer, bei der Leistungserbringung von den Vorgaben der Richtlinien des Gemeinsamen Bundesausschusses nach § 92 Absatz 1 Satz 2 Nummer 6 abzuweichen,
3. einheitliche Regelungen zur Abrechnung, soweit diese von dem Vertrag nach § 125 Absatz 1 abweichen,
4. Möglichkeiten zur Bestimmung der Dauer der einzelnen Behandlungseinheiten durch den Leistungserbringer sowie Regelungen zu der daraus resultierenden Preisstruktur,
5. Richtwerte zur Versorgungsgestaltung durch die Heilmittelerbringer, die der Spitzenverband Bund der Krankenkassen quartalsweise im Rahmen von § 84 Absatz 7 in Verbindung mit § 84 Absatz 5 zu veröffentlichen hat,
6. Maßnahmen zur Vermeidung einer unverhältnismäßigen Mengenausweitung in der Anzahl der Behandlungseinheiten je Versicherten, insbesondere für solche Ausweitungen, die weder morbiditätsbedingt sind noch auf dem therapeutischen Fortschritt oder Veränderungen des gesetzlichen oder satzungsmäßigen Leistungsumfangs beruhen; diese Maßnahmen können auch Vergütungsabschläge vorsehen, sofern eine durchschnittliche Anzahl an Behandlungseinheiten deutlich überschritten ist, sowie
7. Vorgaben zur Information des Arztes durch den Heilmittelerbringer über die erfolgte Behandlung sowie zur Notwendigkeit eines erneuten Arztkontaktes.

V

(3) 1Kommt ein Vertrag nach Absatz 1 ganz oder teilweise nicht zustande und kann mindestens einer der Vertragspartner intensive Bemühungen zur Erreichung des Vertrages auf dem Verhandlungsweg nachweisen, wird der Inhalt des Vertrages oder werden die Preise innerhalb von drei Monaten durch die Schiedsstelle nach § 125 Absatz 6 festgesetzt. 2Das Schiedsverfahren beginnt, wenn mindestens eine Vertragspartei die Verhandlungen ganz oder teilweise für gescheitert erklärt und die Schiedsstelle anruft.

(4) Der Spitzenverband Bund der Krankenkassen hat die Verträge nach Absatz 1 zu veröffentlichen und dem Gemeinsamen Bundesausschuss zu übermitteln.

(5) Der Spitzenverband Bund der Krankenkassen hat aus den nach § 84 Absatz 7 in Verbindung mit § 84 Absatz 5 zu übermittelnden Daten auch entsprechende Schnellinformationen für die Versorgungsform der erweiterten Versorgungsverantwortung sowie die nach Absatz 2 vereinbarten Richtwerte zur Versorgungsgestaltung zu erstellen und zu veröffentlichen.

(6) 1Unter Berücksichtigung der nach § 84 Absatz 7 in Verbindung mit § 84 Absatz 5 erhobenen und der nach Absatz 5 veröffentlichten Daten übermitteln die Vertragspartner nach Absatz 1 dem Bundesministerium für Gesundheit vier Jahre nach Abschluss der Verträge nach Absatz 1 einen Bericht, in dem insbesondere die mit der Versorgungsform verbundenen Auswirkungen auf das Versorgungsgeschehen im Bereich der Heilmittel, die Mengenentwicklung, die finanziellen Auswirkungen auf die Krankenkassen sowie die Auswirkungen auf die Behandlungs- und Ergebnisqualität darzulegen sind. 2Die Vertragspartner nach Satz 1 übermitteln dem Bundesministerium für Gesundheit zwei Jahre nach Abschluss der Verträge einen Zwischenbericht.

§ 125b Verordnungsermächtigung

(1) und (2) (weggefallen)

(2a) 1Das Bundesministerium für Gesundheit wird ermächtigt, durch Rechtsverordnung ohne Zustimmung des Bundesrates zu bestimmen, dass nach § 124 Absatz 2 in Verbindung mit Absatz 1 zugelassene Leistungserbringer zur pauschalen Abgeltung der ihnen infolge der COVID-19-Pandemie entstehenden Kosten für erhöhte Hygienemaßnahmen für jede Heilmittelverordnung, die sie längstens bis zum Ablauf des 25. November 2022 abrechnen, einen zusätzlichen Betrag in Höhe von 1,50 Euro gegenüber den Krankenkassen geltend machen können. 2Die Vertragsparteien nach § 125 Absatz 1 Satz 1 haben Vereinbarungen zur pauschalen Abgeltung entstehender Kosten für erhöhte Hygienemaßnahmen für jede Heilmittelverordnung zu treffen, soweit diese Maßnahmen erforderlich sind, um nosokomiale Infektionen nach § 2 Nummer 8 des Infektionsschutzgesetzes zu verhüten und die Weiterverbreitung von Krankheitserregern, insbesondere solcher mit Resistenzen, zu vermeiden. 3Erforderlich sind diese Maßnahmen im Zeitraum der Feststellung einer epidemischen Lage von nationaler Tragweite nach § 5 Absatz 1 des Infektionsschutzgesetzes, längstens jedoch bis zum Ablauf des 7. April 2023.

(2b) Sofern der Deutsche Bundestag nach § 5 Absatz 1 Satz 1 des Infektionsschutzgesetzes eine epidemische Lage von nationaler Tragweite festgestellt hat, haben die Vertragsparteien nach § 125 Absatz 1 Satz 1 die Vereinbarungen für den Zeitraum, der am Tag der Feststellung durch den Deutschen Bundestag beginnt und am Tag der Aufhebung der Feststellung, spätestens jedoch mit Ablauf des 7. April 2023 endet, an eine aus dieser Sondersituation resultierende verminderte Inanspruchnahme von Heilmitteln anzupassen, um die Leistungsfähigkeit der Heilmittelerbringer zu gewährleisten.

Sechster Abschnitt
Beziehungen zu Leistungserbringern von Hilfsmitteln

§ 126 Versorgung durch Vertragspartner

(1) 1Hilfsmittel dürfen an Versicherte nur auf der Grundlage von Verträgen nach § 127 Absatz 1 und 3 abgegeben werden. 2Vertragspartner der Krankenkassen können nur Leistungserbringer sein, die die Voraussetzungen für eine ausreichende, zweckmäßige und funktionsgerechte Herstellung, Abgabe und Anpassung der Hilfsmittel erfüllen. 3Der Spitzenverband Bund der Krankenkassen gibt Empfehlungen für eine einheitliche Anwendung der Anforderungen nach Satz 2, einschließlich der Fortbildung der Leistungserbringer, ab.

(1a) 1Die Krankenkassen stellen sicher, dass die Voraussetzungen nach Absatz 1 Satz 2 erfüllt sind. 2Die Leistungserbringer führen den Nachweis der Erfüllung der Voraussetzungen nach Absatz 1 Satz 2 durch Vorlage eines Zertifikats einer geeigneten, unabhängigen Stelle (Präqualifizierungsstelle); bei Verträgen nach § 127 Absatz 3 kann der Nachweis im Einzelfall auch durch eine Feststellung der Krankenkasse erfolgen. 3Die Leistungserbringer haben einen Anspruch auf Erteilung des Zertifikats oder eine Feststellung der Krankenkasse nach Satz 2 zweiter Halbsatz, wenn sie die Voraussetzungen nach Absatz 1 Satz 2 erfüllen. 4Bei der Prüfung der Voraussetzungen nach Absatz 1 Satz 2 haben die Präqualifizierungsstelle im Rahmen ihrer Zertifizierungstätigkeit und die Krankenkasse bei ihrer Feststellung die Empfehlungen nach Absatz 1 Satz 3 zu beachten. 5Die Zertifikate sind auf höchstens fünf Jahre zu befristen. 6Erteilte Zertifikate sind einzuschränken, auszusetzen oder zurückzuziehen, wenn die erteilende Stelle oder die Stelle nach Absatz 2 Satz 6 auf Grund von Überwachungstätigkeiten im Sinne der DIN EN ISO/IEC 17065, Ausgabe Januar 2013, feststellt, dass die Voraussetzungen nach Absatz 1 Satz 2 nicht oder nicht mehr erfüllt sind, soweit der Leistungserbringer nicht innerhalb einer angemessenen Frist die Übereinstimmung herstellt. 7Die erteilenden Stellen dürfen die für den Nachweis der Erfüllung der Anforderungen nach Absatz 1 Satz 2 erforderlichen Daten von Leistungserbringern verarbeiten. 8Sie haben den Spitzenverband Bund der Krankenkassen entsprechend seiner Vorgaben über ausgestellte sowie über verweigerte, eingeschränkte, ausgesetzte und zurückgezogene Zertifikate einschließlich der für die Identifizierung der jeweiligen Leistungserbringer erforderlichen Daten zu unterrichten. 9Der Spitzenverband Bund der Krankenkassen ist befugt, die übermittelten Daten zu verarbeiten und den Krankenkassen sowie der nationalen Akkreditierungsstelle nach Absatz 2 Satz 1 bekannt zu geben.

(2) 1Als Präqualifizierungsstellen dürfen nur Zertifizierungsstellen für Produkte, Prozesse und Dienstleistungen gemäß DIN EN ISO/IEC 17065, Ausgabe Januar 2013, tätig werden, die die Vorgaben nach Absatz 1a Satz 4 bis 8 beachten und von einer nationalen Akkreditierungsstelle im Sinne der Verordnung (EG) Nr. 765/2008 des Europäischen Parlaments und des Rates vom 9. Juli 2008 über die Vorschriften für die Akkreditierung und Marktüberwachung im Zusammenhang mit der Vermarktung von Produkten und zur Aufhebung der Verordnung (EWG) Nr. 339/93 des Rates (ABl. L 218 vom 13. 8. 2008, S. 30) in der jeweils geltenden Fassung akkreditiert worden sind. 2Die Akkreditierung ist auf höchstens fünf Jahre zu befristen. 3Die Akkreditierung erlischt mit dem Ablauf der Frist, mit der Einstellung des Betriebes der Präqualifizierungsstelle oder durch Verzicht der Präqualifizierungsstelle. 4Die Einstellung und der Verzicht sind der nationalen Akkreditierungsstelle unverzüglich mitzuteilen. 5Die bisherige Präqualifizierungsstelle ist verpflichtet, die Leistungserbringer, denen sie Zertifikate erteilt hat, über das Erlöschen ihrer Akkreditierung zu informieren. 6Die Leistungserbringer haben umgehend mit einer anderen Präqualifizierungsstelle die Fortführung des Präqualifizierungsverfahrens zu vereinbaren, der die bisherige Präqualifizierungsstelle die ihr vorliegenden Antragsunterlagen in elektronischer Form zur Verfügung zu stellen hat. 7Das Bundesministerium für Gesundheit übt im Anwendungsbereich dieses Gesetzes die Fachaufsicht über die nationale Akkreditierungsstelle aus. 8Präqualifizierungsstellen, die seit dem 1. Juli 2010 Aufgaben nach Absatz 1a wahrnehmen, haben spätestens bis zum 31. Juli 2017 einen Antrag auf Akkreditierung nach Satz 1 zu stellen und spätestens bis zum 30. April 2019 den Nachweis über eine erfolgreiche Akkreditierung zu erbringen. 9Die nationale Akkreditierungsstelle überwacht die Einhaltung der sich aus der DIN EN ISO/IEC 17065 und den Vorgaben nach Absatz 1a Satz 4 bis 8 für die Präqualifizierungsstellen ergebenden Anforderungen und Verpflichtungen. 10Sie hat die Akkreditierung einzuschränken, auszusetzen oder zurückzunehmen, wenn die Präqualifizierungsstelle die Anforderungen für die Akkreditierung nicht oder nicht mehr erfüllt oder ihre Verpflichtungen erheblich verletzt; die Sätze 5 und 6 gelten entsprechend. 11Für die Prüfung, ob die Präqualifizierungsstellen ihren Verpflichtungen nachkommen, kann die nationale Akkreditierungsstelle nach Absatz 2 Satz 1 auf Informationen der Krankenkassen oder des Spitzenverbandes Bund der Krankenkassen, berufsständischer Organisationen und Aufsichtsbehörden zurückgreifen.

(3) Für nichtärztliche Dialyseleistungen, die nicht in der vertragsärztlichen Versorgung erbracht werden, gelten die Regelungen dieses Abschnitts entsprechend.

§ 127 Verträge

(1) 1Krankenkassen, ihre Landesverbände oder Arbeitsgemeinschaften schließen im Wege von Vertragsverhandlungen Verträge mit Leistungserbringern oder Verbänden oder sonstigen Zusammenschlüssen der Leistungserbringer über die Einzelheiten der Versorgung mit Hilfsmitteln, deren Wiedereinsatz, die Qualität der Hilfsmittel und zusätzlich zu erbringender Leistungen, die Anforderungen an die Fortbildung der Leistungserbringer, die Preise und die Abrechnung. 2Darüber hinaus können die Vertragsparteien in den Verträgen nach Satz 1 auch einen Ausgleich der Kosten für erhöhte Hygienemaßnahmen infolge der COVID-19-Pandemie vereinbaren. 3Dabei haben Krankenkassen, ihre Landesverbände oder Arbeitsgemeinschaften jedem Leistungserbringer oder Verband oder sonstigen Zusammenschlüssen der Leistungserbringer Vertragsverhandlungen zu ermöglichen. 4In den Verträgen nach Satz 1 sind eine hinreichende Anzahl an mehrkostenfreien Hilfsmitteln, die Qualität der Hilfsmittel, die notwendige Beratung der Versicherten und die sonstigen zusätzlichen Leistungen im Sinne des § 33 Absatz 1 Satz 5 sicherzustellen und ist für eine wohnortnahe Versorgung der Versicherten zu sorgen. 5Den Verträgen sind mindestens die im Hilfsmittelverzeichnis nach § 139 Absatz 2 festgelegten Anforderungen an die Qualität der Versorgung und Produkte zugrunde zu legen. 6Die Absicht, über die Versorgung mit bestimmten Hilfsmitteln Verträge zu schließen, ist auf einem geeigneten Portal der Europäischen Union oder mittels einem vergleichbaren

unionsweit publizierenden Medium unionsweit öffentlich bekannt zu machen. $_{7}$Der Spitzenverband Bund der Krankenkassen legt bis zum 30. September 2020 ein einheitliches, verbindliches Verfahren zur unionsweiten Bekanntmachung der Absicht, über die Versorgung mit bestimmten Hilfsmitteln Verträge zu schließen, fest. $_{8}$Über die Inhalte abgeschlossener Verträge einschließlich der Vertragspartner sind andere Leistungserbringer auf Nachfrage unverzüglich zu informieren. $_{9}$Werden nach Abschluss des Vertrages die Anforderungen an die Qualität der Versorgung und der Produkte nach § 139 Absatz 2 durch Fortschreibung des Hilfsmittelverzeichnisses verändert, liegt darin eine wesentliche Änderung der Verhältnisse, die die Vertragsparteien zur Vertragsanpassung oder Kündigung berechtigt.

(1a) $_{1}$Im Fall der Nichteinigung wird der streitige Inhalt der Verträge nach Absatz 1 auf Anruf einer der Verhandlungspartner durch eine von den jeweiligen Vertragspartnern zu bestimmende unabhängige Schiedsperson innerhalb von drei Monaten ab Bestimmung der Schiedsperson festgelegt. $_{2}$Eine Nichteinigung nach Satz 1 liegt vor, wenn mindestens einer der Vertragspartner intensive Bemühungen zur Erreichung eines Vertrages auf dem Verhandlungswege nachweisen kann. $_{3}$Einigen sich die Vertragspartner nicht auf eine Schiedsperson, so wird diese von der für die vertragschließende Krankenkasse zuständigen Aufsichtsbehörde innerhalb eines Monats nach Vorliegen der für die Bestimmung der Schiedsperson notwendigen Informationen bestimmt. $_{4}$Die Schiedsperson gilt als bestimmt, sobald sie sich gegenüber den Vertragspartnern zu ihrer Bestellung bereiterklärt hat. $_{5}$Der bisherige Vertrag und die bisherigen Preise gelten bis zur Entscheidung durch die Schiedsperson fort. $_{6}$Legt die Schiedsperson Preise fest, hat sie diese so festzusetzen, dass eine in der Qualität gesicherte, ausreichende, zweckmäßige sowie wirtschaftliche Versorgung gewährleistet ist. $_{7}$Zur Ermittlung hat die Schiedsperson insbesondere die Kalkulationsgrundlagen der jeweiligen Verhandlungspartner und die marktüblichen Preise zu berücksichtigen. $_{8}$Die Verhandlungspartner sind verpflichtet, der Schiedsperson auf Verlangen alle für die zu treffende Festlegung erforderlichen Unterlagen zur Verfügung zu stellen. $_{9}$Die Kosten des Schiedsverfahrens tragen die Vertragspartner zu gleichen Teilen. Widerspruch und Klage gegen die Bestimmung der Schiedsperson durch die Aufsichtsbehörde haben keine aufschiebende Wirkung. $_{10}$Klagen gegen die Festlegung des Vertragsinhalts sind gegen den Vertragspartner zu richten. $_{11}$Der von der Schiedsperson festgelegte Vertragsinhalt oder von der Schiedsperson festgelegte einzelne Bestimmungen des Vertrages gelten bis zur gerichtlichen Ersetzung oder gerichtlichen Feststellung der Unbilligkeit weiter.

(2) $_{1}$Den Verträgen nach Absatz 1 Satz 1 können Leistungserbringer zu den gleichen Bedingungen als Vertragspartner beitreten, soweit sie nicht auf Grund bestehender Verträge bereits zur Versorgung der Versicherten berechtigt sind. $_{2}$Hierbei sind entsprechend Absatz 1 Satz 1 Vertragsverhandlungen zu ermöglichen. $_{3}$Verträgen, die mit Verbänden oder sonstigen Zusammenschlüssen der Leistungserbringer abgeschlossen wurden, können auch Verbände und sonstige Zusammenschlüsse der Leistungserbringer beitreten. $_{4}$Die Sätze 1 und 2 gelten entsprechend für fortgeltende Verträge, die vor dem 1. April 2007 abgeschlossen wurden. $_{5}$§ 126 Abs. 1a und 2 bleibt unberührt.

(3) $_{1}$Soweit für ein erforderliches Hilfsmittel keine Verträge der Krankenkasse nach Absatz 1 mit Leistungserbringern bestehen oder durch Vertragspartner eine Versorgung der Versicherten in einer für sie zumutbaren Weise nicht möglich ist, trifft die Krankenkasse eine Vereinbarung im Einzelfall mit einem Leistungserbringer; Absatz 1 Satz 2, 4 und 5 gilt entsprechend. $_{2}$Sie kann vorher auch bei anderen Leistungserbringern in pseudonymisierter Form Preisangebote einholen. $_{3}$In den Fällen des § 33 Abs. 1 Satz 5 gilt Satz 1 entsprechend.

(4) Für Hilfsmittel, für die ein Festbetrag festgesetzt wurde, können in den Verträgen nach den Absätzen 1 und 3 Preise höchstens bis zur Höhe des Festbetrags vereinbart werden.

(5) $_{1}$Die Leistungserbringer haben die Versicherten vor Inanspruchnahme der Leistung zu beraten, welche Hilfsmittel und zusätzlichen Leistungen nach § 33 Absatz 1 Satz 1 und 5 für die konkrete Versorgungssituation im Einzelfall geeignet und notwendig sind. $_{2}$Die Leistungserbringer haben die Beratung nach Satz 1 schriftlich oder elektronisch zu dokumentieren und sich durch Unterschrift der Versicherten bestätigen zu lassen. $_{3}$Das Nähere ist in den Verträgen nach § 127 zu regeln. $_{4}$Im Falle des § 33 Absatz 1 Satz 9 sind die Versicherten vor der Wahl der Hilfsmittel oder zusätzlicher Leistungen auch über die von ihnen zu tragenden Mehrkosten zu informieren. $_{5}$Satz 2 gilt entsprechend.

(6) $_{1}$Die Krankenkassen haben ihre Versicherten über die zur Versorgung berechtigten Vertragspartner und über die wesentlichen Inhalte der Verträge zu informieren. $_{2}$Abweichend von Satz 1 informieren die Krankenkassen ihre Versicherten auf Nachfrage, wenn diese bereits einen Leistungserbringer gewählt oder die Krankenkassen auf die Genehmigung der beantragten Hilfsmittelversorgung verzichtet haben. $_{3}$Sie können auch den Vertragsärzten entsprechende Informationen zur Verfügung stellen. $_{4}$Die

Krankenkassen haben die wesentlichen Inhalte der Verträge nach Satz 1 für Versicherte anderer Krankenkassen im Internet zu veröffentlichen.

(7) 1Die Krankenkassen überwachen die Einhaltung der vertraglichen und gesetzlichen Pflichten der Leistungserbringer nach diesem Gesetz. 2Zur Sicherung der Qualität in der Hilfsmittelversorgung führen sie Auffälligkeits- und Stichprobenprüfungen durch. 3Die Leistungserbringer sind verpflichtet, den Krankenkassen auf Verlangen die für die Prüfungen nach Satz 1 erforderlichen einrichtungsbezogenen Informationen und Auskünfte zu erteilen und die von den Versicherten unterzeichnete Bestätigung über die Durchführung der Beratung nach Absatz 5 Satz 1 vorzulegen. 4Soweit es für Prüfungen nach Satz 1 erforderlich ist und der Versicherte schriftlich oder elektronisch eingewilligt hat, können die Krankenkassen von den Leistungserbringern auch die personenbezogene Dokumentation über den Verlauf der Versorgung einzelner Versicherter anfordern. 5Die Leistungserbringer sind insoweit zur Datenübermittlung verpflichtet. 6Die Krankenkassen stellen vertraglich sicher, dass Verstöße der Leistungserbringer gegen ihre vertraglichen und gesetzlichen Pflichten nach diesem Gesetz angemessen geahndet werden. 7Schwerwiegende Verstöße sind der Stelle, die das Zertifikat nach § 126 Absatz 1a Satz 2 erteilt hat, mitzuteilen.

(8) Der Spitzenverband Bund der Krankenkassen gibt bis zum 30. Juni 2017 Rahmenempfehlungen zur Sicherung der Qualität in der Hilfsmittelversorgung ab, in denen insbesondere Regelungen zum Umfang der Stichprobenprüfungen in den jeweiligen Produktbereichen, zu möglichen weiteren Überwachungsinstrumenten und darüber getroffen werden, wann Auffälligkeiten anzunehmen sind.

(9) 1Der Spitzenverband Bund der Krankenkassen und die für die Wahrnehmung der Interessen der Leistungserbringer maßgeblichen Spitzenorganisationen auf Bundesebene geben bis zum 31. Dezember 2017 gemeinsam Rahmenempfehlungen zur Vereinfachung und Vereinheitlichung der Durchführung und Abrechnung der Versorgung mit Hilfsmitteln ab. 2Kommt eine Einigung bis zum Ablauf der nach Satz 1 bestimmten Frist nicht zustande, wird der Empfehlungsinhalt durch eine von den Empfehlungspartnern nach Satz 1 gemeinsam zu benennende unabhängige Schiedsperson festgelegt. 3Einigen sich die Empfehlungspartner nicht auf eine Schiedsperson, so wird diese von der für den Spitzenverband Bund der Krankenkassen zuständigen Aufsichtsbehörde bestimmt. 4Die Kosten des Schiedsverfahrens tragen der Spitzenverband Bund der Krankenkassen und die für die Wahrnehmung der Interessen der Leistungserbringer maßgeblichen Spitzenorganisationen auf Bundesebene je zur Hälfte. 5In den Empfehlungen können auch Regelungen über die in § 302 Absatz 2 Satz 1 und Absatz 3 genannten Inhalte getroffen werden. 6§ 139 Absatz 2 bleibt unberührt. 7In den Empfehlungen sind auch die notwendigen Regelungen für die Verwendung von Verordnungen von Leistungen nach § 33 in elektronischer Form zu treffen. 8Es ist festzulegen, dass für die Übermittlung der elektronischen Verordnung die Dienste der Anwendungen der Telematikinfrastruktur nach § 334 Absatz 1 Satz 2 genutzt werden, sobald diese Dienste zur Verfügung stehen. 9Die Regelungen müssen vereinbar sein mit den Festlegungen der Bundesmantelverträge nach § 86. 10Die Empfehlungen nach Satz 1 sind den Verträgen nach den Absätzen 1 und 3 zugrunde zu legen.

§ 128 Unzulässige Zusammenarbeit zwischen Leistungserbringern und Vertragsärzten

(1) 1Die Abgabe von Hilfsmitteln an Versicherte über Depots bei Vertragsärzten ist unzulässig, soweit es sich nicht um Hilfsmittel handelt, die zur Versorgung in Notfällen benötigt werden. 2Satz 1 gilt entsprechend für die Abgabe von Hilfsmitteln in Krankenhäusern und anderen medizinischen Einrichtungen.

(2) 1Leistungserbringer dürfen Vertragsärzte sowie Ärzte in Krankenhäusern und anderen medizinischen Einrichtungen nicht gegen Entgelt oder Gewährung sonstiger wirtschaftlicher Vorteile an der Durchführung der Versorgung mit Hilfsmitteln beteiligen oder solche Zuwendungen im Zusammenhang mit der Verordnung von Hilfsmitteln gewähren. 2Unzulässig ist ferner die Zahlung einer Vergütung für zusätzliche privatärztliche Leistungen, die im Rahmen der Versorgung mit Hilfsmitteln von Vertragsärzten erbracht werden, durch Leistungserbringer. 3Unzulässige Zuwendungen im Sinne des Satzes 1 sind auch die unentgeltliche oder verbilligte Überlassung von Geräten und Materialien und Durchführung von Schulungsmaßnahmen, die Gestellung von Räumlichkeiten oder Personal oder die Beteiligung an den Kosten hierfür sowie Einkünfte aus Beteiligungen an Unternehmen von Leistungserbringern, die Vertragsärzte durch ihr Verordnungs- oder Zuweisungsverhalten selbst maßgeblich beeinflussen.

(3) 1Die Krankenkassen stellen vertraglich sicher, dass Verstöße gegen die Verbote nach den Absätzen 1 und 2 angemessen geahndet werden. 2Für den Fall schwerwiegender und wiederholter Verstöße ist vorzusehen, dass Leistungserbringer für die Dauer von bis zu zwei Jahren von der Versorgung der Versicherten ausgeschlossen werden können.

(4) $_{1}$Vertragsärzte dürfen nur auf der Grundlage vertraglicher Vereinbarungen mit Krankenkassen über die ihnen im Rahmen der vertragsärztlichen Versorgung obliegenden Aufgaben hinaus an der Durchführung der Versorgung mit Hilfsmitteln mitwirken. $_{2}$Die Absätze 1 bis 3 bleiben unberührt. $_{3}$Über eine Mitwirkung nach Satz 1 informieren die Krankenkassen die für die jeweiligen Vertragsärzte zuständige Ärztekammer.

(4a) $_{1}$Krankenkassen können mit Vertragsärzten Verträge nach Absatz 4 abschließen, wenn die Wirtschaftlichkeit und die Qualität der Versorgung dadurch nicht eingeschränkt werden. $_{2}$§ 126 Absatz 1 Satz 2 und 3 sowie Absatz 1a gilt entsprechend auch für die Vertragsärzte. $_{3}$In den Verträgen sind die von den Vertragsärzten zusätzlich zu erbringenden Leistungen und welche Vergütung sie dafür erhalten eindeutig festzulegen. $_{4}$Die zusätzlichen Leistungen sind unmittelbar von den Krankenkassen an die Vertragsärzte zu vergüten. $_{5}$Jede Mitwirkung der Leistungserbringer an der Abrechnung und der Abwicklung der Vergütung der von den Vertragsärzten erbrachten Leistungen ist unzulässig.

(4b) $_{1}$Vertragsärzte, die auf der Grundlage von Verträgen nach Absatz 4 an der Durchführung der Hilfsmittelversorgung mitwirken, haben die von ihnen ausgestellten Verordnungen der jeweils zuständigen Krankenkasse zur Genehmigung der Versorgung zu übersenden. $_{2}$Die Verordnungen sind den Versicherten von den Krankenkassen zusammen mit der Genehmigung zu übermitteln. $_{3}$Dabei haben die Krankenkassen die Versicherten in geeigneter Weise über die verschiedenen Versorgungswege zu beraten.

(5) $_{1}$Absatz 4 Satz 3 gilt entsprechend, wenn Krankenkassen Auffälligkeiten bei der Ausführung von Verordnungen von Vertragsärzten bekannt werden, die auf eine mögliche Zuweisung von Versicherten an bestimmte Leistungserbringer oder eine sonstige Form unzulässiger Zusammenarbeit hindeuten. $_{2}$In diesen Fällen ist auch die zuständige Kassenärztliche Vereinigung zu informieren. $_{3}$Gleiches gilt, wenn Krankenkassen Hinweise auf die Forderung oder Annahme unzulässiger Zuwendungen oder auf eine unzulässige Beeinflussung von Versicherten nach Absatz 5a vorliegen.

(5a) Vertragsärzte, die unzulässige Zuwendungen fordern oder annehmen oder Versicherte zur Inanspruchnahme einer privatärztlichen Versorgung anstelle der ihnen zustehenden Leistung der gesetzlichen Krankenversicherung beeinflussen, verstoßen gegen ihre vertragsärztlichen Pflichten.

(5b) Die Absätze 2, 3, 5 und 5a gelten für die Versorgung mit Heilmitteln entsprechend.

(6) $_{1}$Ist gesetzlich nichts anderes bestimmt, gelten bei der Erbringung von Leistungen nach den §§ 31 und 116b Absatz 7 die Absätze 1 bis 3 sowohl zwischen pharmazeutischen Unternehmern, Apotheken, pharmazeutischen Großhändlern und sonstigen Anbietern von Gesundheitsleistungen als auch jeweils gegenüber Vertragsärzten, Ärzten in Krankenhäusern und Krankenhausträgern entsprechend. $_{2}$Hiervon unberührt bleiben gesetzlich zulässige Vereinbarungen von Krankenkassen mit Leistungserbringern über finanzielle Anreize für die Mitwirkung an der Erschließung von Wirtschaftlichkeitsreserven und die Verbesserung der Qualität der Versorgung bei der Verordnung von Leistungen nach den §§ 31 und 116b Absatz 7. $_{3}$Die Sätze 1 und 2 gelten auch bei Leistungen zur Versorgung von chronischen und schwer heilenden Wunden nach § 37 Absatz 7 gegenüber den Leistungserbringern, die diese Leistungen erbringen.

Siebter Abschnitt
Beziehungen zu Apotheken und pharmazeutischen Unternehmern

§ 129 Rahmenvertrag über die Arzneimittelversorgung, Verordnungsermächtigung

(1) $_{1}$Die Apotheken sind bei der Abgabe verordneter Arzneimittel an Versicherte nach Maßgabe des Rahmenvertrages nach Absatz 2 verpflichtet zur

1. Abgabe eines preisgünstigen Arzneimittels in den Fällen, in denen der verordnende Arzt
   a) ein Arzneimittel nur unter seiner Wirkstoffbezeichnung verordnet oder
   b) die Ersetzung des Arzneimittels durch ein wirkstoffgleiches Arzneimittel nicht ausgeschlossen hat,
2. Abgabe von preisgünstigen importierten Arzneimitteln, wenn deren für den Versicherten maßgeblicher Abgabepreis unter Berücksichtigung der Abschläge nach § 130a Absatz 1, 1a, 1b, 2, 3a und 3b um den folgenden Prozentwert oder Betrag niedriger ist als der Abgabepreis des Bezugsarzneimittels:
   a) bei Bezugsarzneimitteln mit einem Abgabepreis bis einschließlich 100 Euro: mindestens 15 Prozent niedriger,
   b) bei Bezugsarzneimitteln mit einem Abgabepreis von über 100 Euro bis einschließlich 300 Euro: mindestens 15 Euro niedriger,
   c) bei Bezugsarzneimitteln mit einem Abgabepreis von über 300 Euro: mindestens 5 Prozent niedriger;

in dem Rahmenvertrag nach Absatz 2 können Regelungen vereinbart werden, die zusätzliche Wirtschaftlichkeitsreserven erschließen,

3. Abgabe von wirtschaftlichen Einzelmengen und
4. Angabe des Apothekenabgabepreises auf der Arzneimittelpackung.

$_{2}$Bei der Abgabe eines Arzneimittels nach Satz 1 Nummer 1 haben die Apotheken ein Arzneimittel abzugeben, das mit dem verordneten in Wirkstärke und Packungsgröße identisch ist, für ein gleiches Anwendungsgebiet zugelassen ist und die gleiche oder eine austauschbare Darreichungsform besitzt; als identisch gelten dabei Packungsgrößen mit dem gleichen Packungsgrößenkennzeichen nach der in § 31 Absatz 4 genannten Rechtsverordnung. $_{3}$Dabei ist die Ersetzung durch ein wirkstoffgleiches Arzneimittel vorzunehmen, für das eine Vereinbarung nach § 130a Abs. 8 mit Wirkung für die Krankenkasse besteht, soweit hierzu in Verträgen nach Absatz 5 nichts anderes vereinbart ist. $_{4}$Eine Ersetzung durch ein wirkstoffgleiches Arzneimittel ist auch bei Fertigarzneimitteln vorzunehmen, die für in Apotheken hergestellte parenterale Zubereitungen verwendet werden, wenn für das wirkstoffgleiche Arzneimittel eine Vereinbarung nach § 130a Absatz 8a mit Wirkung für die Krankenkasse besteht und sofern in Verträgen nach Absatz 5 nichts anderes vereinbart ist. $_{5}$Besteht keine entsprechende Vereinbarung nach § 130a Abs. 8, hat die Apotheke die Ersetzung durch ein preisgünstigeres Arzneimittel nach Maßgabe des Rahmenvertrages vorzunehmen. $_{6}$Abweichend von den Sätzen 3 und 5 können Versicherte gegen Kostenerstattung ein anderes Arzneimittel erhalten, wenn die Voraussetzungen nach Satz 2 erfüllt sind. $_{7}$§ 13 Absatz 2 Satz 2 und 12 findet keine Anwendung. $_{8}$Bei der Abgabe von importierten Arzneimitteln und ihren Bezugsarzneimitteln gelten die Sätze 3 und 5 entsprechend; dabei hat die Abgabe eines Arzneimittels, für das eine Vereinbarung nach § 130a Absatz 8 besteht, Vorrang vor der Abgabe nach Satz 1 Nummer 2. $_{9}$Satz 1 Nummer 2 gilt nicht für biotechnologisch hergestellte Arzneimittel und antineoplatische Arzneimittel zur parenteralen Anwendung. $_{10}$Der Spitzenverband Bund der Krankenkassen hat dem Bundesministerium für Gesundheit bis zum 31. Dezember 2021 einen Bericht über die Auswirkungen von Satz 1 Nummer 2 vorzulegen. $_{11}$Das Bundesministerium für Gesundheit leitet diesen Bericht an den Deutschen Bundestag weiter mit einer eigenen Bewertung zur Beschlussfassung, ob eine Regelung nach Satz 1 Nummer 2 unter Berücksichtigung des Berichts weiterhin notwendig ist. $_{12}$Die Regelungen für preisgünstige Arzneimittel nach Satz 1 Nummer 1 und den Sätzen 2 bis 7 gelten entsprechend für im Wesentlichen gleiche biotechnologisch hergestellte biologische Arzneimittel, für die der Gemeinsame Bundesausschuss in den Richtlinien nach § 92 Absatz 1 Satz 2 Nummer 6 eine Austauschbarkeit in Bezug auf ein biologisches Referenzarzneimittel festgestellt hat.

(1a) $_{1}$Der Gemeinsame Bundesausschuss gibt in den Richtlinien nach § 92 Abs. 1 Satz 2 Nr. 6 unverzüglich Hinweise zur Austauschbarkeit von Darreichungsformen unter Berücksichtigung ihrer therapeutischen Vergleichbarkeit. $_{2}$Der Gemeinsame Bundesausschuss bestimmt in den Richtlinien nach § 92 Absatz 1 Satz 2 Nummer 6 die Arzneimittel, bei denen die Ersetzung durch ein wirkstoffgleiches Arzneimittel abweichend von Absatz 1 Satz 1 Nummer 1 Buchstabe b ausgeschlossen ist; dabei sollen insbesondere Arzneimittel mit geringer therapeutischer Breite berücksichtigt werden. $_{3}$Der Gemeinsame Bundesausschuss gibt in den Richtlinien nach § 92 Absatz 1 Satz 2 Nummer 6 für die ärztliche Verordnung Hinweise zur Austauschbarkeit von biologischen Referenzarzneimitteln durch im Wesentlichen gleiche biotechnologisch hergestellte biologische Arzneimittel im Sinne des Artikels 10 Absatz 4 der Richtlinie 2001/83/EG unter Berücksichtigung ihrer therapeutischen Vergleichbarkeit. $_{4}$Die Hinweise sind erstmals bis zum 16. August 2020 zu bestimmen. $_{5}$Spätestens bis zum 16. August 2023 gibt der Gemeinsame Bundesausschuss in den Richtlinien nach § 92 Absatz 1 Satz 2 Nummer 6 ebenfalls Hinweise zur Austauschbarkeit von biologischen Referenzarzneimitteln durch Apotheken. $_{6}$Dabei soll der Gemeinsame Bundesausschuss zunächst Hinweise zur Austauschbarkeit von parenteralen Zubereitungen aus Fertigarzneimitteln zur unmittelbaren ärztlichen Anwendung bei Patientinnen und Patienten geben. $_{7}$Zur Umsetzung des Regelungsauftrags erhält der Gemeinsame Bundesausschuss auf Verlangen Einsicht in die Zulassungsunterlagen bei der zuständigen Bundesoberbehörde. $_{8}$Das Nähere regelt der Gemeinsame Bundesausschuss in seiner Verfahrensordnung.

(2) Der Spitzenverband Bund der Krankenkassen und die für die Wahrnehmung der wirtschaftlichen Interessen gebildete maßgebliche Spitzenorganisation der Apotheker regeln in einem gemeinsamen Rahmenvertrag das Nähere.

(3) $_{1}$Der Rahmenvertrag nach Absatz 2 hat Rechtswirkung für Apotheken, wenn sie

1. einem Mitgliedsverband der Spitzenorganisation angehören und die Satzung des Verbandes vorsieht, daß von der Spitzenorganisation abgeschlossene Verträge dieser Art Rechtswirkung für die dem Verband angehörenden Apotheken haben, oder
2. dem Rahmenvertrag beitreten.

$_{2}$Apotheken dürfen verordnete Arzneimittel an Versicherte als Sachleistungen nur abgeben und können unmittelbar mit den Krankenkassen nur abrechnen, wenn der Rahmenvertrag für sie Rechtswirkung hat. $_{3}$Bei der Abgabe verordneter Arzneimittel an Versicherte als Sachleistungen sind Apotheken, für die der Rahmenvertrag Rechtswirkungen hat, zur Einhaltung der in der nach § 78 des Arzneimittelgesetzes erlassenen Rechtsverordnung festgesetzten Preisspannen und Preise verpflichtet und dürfen Versicherten keine Zuwendungen gewähren.

(4) $_{1}$Im Rahmenvertrag nach Absatz 2 ist zu regeln, welche Maßnahmen die Vertragspartner auf Landesebene ergreifen können, wenn Apotheken gegen ihre Verpflichtungen nach Absatz 1, 2 oder 5 verstoßen. $_{2}$In dem Rahmenvertrag ist zu regeln, in welchen Fällen einer Beanstandung der Abrechnung durch Krankenkassen, insbesondere bei Formfehlern, eine Retaxation vollständig oder teilweise unterbleibt; kommt eine Regelung zustande, entscheidet die Schiedsstelle nach Absatz 8. $_{3}$Bei gröblichen und wiederholten Verstößen ist vorzusehen, daß Apotheken von der Versorgung der Versicherten bis zur Dauer von zwei Jahren ausgeschlossen werden können. $_{4}$Ferner ist vorzusehen, dass Apotheken bei einem gröblichen oder einem wiederholten Verstoß gegen Absatz 3 Satz 3 Vertragsstrafen von bis zu 50 000 Euro für jeden Verstoß erhalten, wobei die Gesamtvertragsstrafe für gleichgeartete und in unmittelbarem zeitlichem Zusammenhang begangene Verstöße 250 000 Euro nicht überschreiten darf. $_{5}$Wird eine Vertragsstrafe nach Satz 4 ausgesprochen, kann vorgesehen werden, dass die Berechtigung zur weiteren Versorgung bis zur vollständigen Begleichung der Vertragsstrafe ausgesetzt wird. $_{6}$Die Vertragspartner bestimmen im Rahmenvertrag die für die Ahndung von Verstößen gegen ihre Verpflichtungen nach Absatz 1, 2 oder 5 oder gegen Absatz 3 Satz 3 zuständige Stelle oder die zuständigen Stellen und regeln das Nähere zur Einleitung und Durchführung des Verfahrens, einschließlich der Verwendung der vereinnahmten Vertragsstrafen. $_{7}$Kommt eine Regelung nach Satz 4 oder Satz 6 nicht bis zum 30. Juni 2021 zustande, entscheidet die Schiedsstelle nach Absatz 8.

(4a) $_{1}$Im Rahmenvertrag nach Absatz 2 sind bis zum 31. März 2020 die notwendigen Regelungen für die Verwendung von Verschreibungen von Leistungen nach § 31 in elektronischer Form zu treffen. $_{2}$Es ist festzulegen, dass für die Übermittlung der elektronischen Verordnung die Dienste der Anwendungen der Telematikinfrastruktur nach § 334 Absatz 1 Satz 2 genutzt werden, sobald diese zur Verfügung stehen. $_{3}$Die Regelungen müssen vereinbar sein mit den Festlegungen der Bundesmantelverträge nach § 86.

(4b) Im Rahmenvertrag nach Absatz 2 ist ebenfalls das Nähere zur erneuten Abgabe und Abrechnung eines mangelfreien Arzneimittels für versicherte Personen im Fall des § 31 Absatz 3 Satz 7 zu vereinbaren, insbesondere zur Kennzeichnung entsprechender Ersatzverordnungen und zur Mitwirkungspflicht der Apotheken nach § 131a Absatz 1 Satz 3.

(4c) $_{1}$Eine bedarfsgerechte Versorgung der Versicherten mit rabattierten Arzneimitteln ist von den Vertragspartnern nach Absatz 2 sicherzustellen. $_{2}$Ist ein rabattiertes Arzneimittel bei Vorlage der ärztlichen Verordnung nicht verfügbar, ist die Apotheke unmittelbar zur Abgabe eines lieferbaren wirkstoffgleichen Arzneimittels nach Maßgabe des § 129 Absatz 1 Satz 2 berechtigt. $_{3}$Ist bei einer Abgabe nach Satz 2 kein Arzneimittel zum Festbetrag verfügbar, trägt die Krankenkasse abweichend von § 31 Absatz 2 Satz 1 die Mehrkosten. $_{4}$Das Nähere zur unmittelbaren Abgabe nach den Sätzen 2 und 3 und zur Abrechnung ist im Rahmenvertrag nach Absatz 2 festzulegen.

(5) $_{1}$Die Krankenkassen oder ihre Verbände können mit der für die Wahrnehmung der wirtschaftlichen Interessen maßgeblichen Organisation der Apotheker auf Landesebene ergänzende Verträge schließen. $_{2}$Absatz 3 gilt entsprechend. $_{3}$In dem Vertrag nach Satz 1 kann abweichend vom Rahmenvertrag nach Absatz 2 vereinbart werden, dass die Apotheke die Ersetzung wirkstoffgleicher Arzneimittel so vorzunehmen hat, dass der Krankenkasse Kosten nur in Höhe eines zu vereinbarenden durchschnittlichen Betrags je Arzneimittel entstehen. $_{4}$Verträge nach Satz 3 in der bis zum 12. Mai 2017 geltenden Fassung werden mit Ablauf des 31. August 2017 unwirksam.

(5a) Bei Abgabe eines nicht verschreibungspflichtigen Arzneimittels gilt bei Abrechnung nach § 300 ein für die Versicherten maßgeblicher Arzneimittelabgabepreis in Höhe des Abgabepreises des pharmazeutischen Unternehmens zuzüglich der Zuschläge nach den §§ 2 und 3 der Arzneimittelpreisverordnung in der am 31. Dezember 2003 gültigen Fassung.

(5b) $_{1}$Apotheken können an vertraglich vereinbarten Versorgungsformen beteiligt werden; die Angebote sind öffentlich auszuschreiben. $_{2}$In Verträgen nach Satz 1 sollen auch Maßnahmen zur qualitätsgesicherten Beratung des Versicherten durch die Apotheke vereinbart werden. $_{3}$In der besonderen Versorgung kann in Verträgen nach Satz 1 das Nähere über Qualität und Struktur der Arzneimittelversorgung für die an der besonderen Versorgung teilnehmenden Versicherten auch abweichend von Vorschriften dieses Buches vereinbart werden.

(5c) $_{1}$Für Zubereitungen aus Fertigarzneimitteln gelten die Preise, die zwischen der mit der Wahrnehmung der wirtschaftlichen Interessen gebildeten maßgeblichen Spitzenorganisation der Apotheker und dem Spitzenverband Bund der Krankenkassen auf Grund von Vorschriften nach dem Arzneimittelgesetz vereinbart sind. $_{2}$Für parenterale Zubereitungen aus Fertigarzneimitteln in der Onkologie haben die Vertragspartner nach Satz 1 die Höhe der Preise nach Satz 1 neu zu vereinbaren. $_{3}$Kommt eine Vereinbarung nach Satz 1 oder 2 ganz oder teilweise nicht zustande, entscheidet die Schiedsstelle nach Absatz 8. $_{4}$Die Vereinbarung nach Satz 2 ist bis zum 31. August 2017 zu treffen. $_{5}$Die Vereinbarung oder der Schiedsspruch gilt bis zum Wirksamwerden einer neuen Vereinbarung fort. $_{6}$Gelten für Fertigarzneimittel in parenteralen Zubereitungen keine Vereinbarungen über die zu berechnenden Einkaufspreise nach Satz 1, berechnet die Apotheke ihre tatsächlich vereinbarten Einkaufspreise, höchstens jedoch die Apothekeneinkaufspreise, die bei Abgabe an Verbraucher auf Grund der Preisvorschriften nach dem Arzneimittelgesetz, nach Absatz 3 Satz 3 oder auf Grund von Satz 1 gelten, jeweils abzüglich der Abschläge nach § 130a Absatz 1. $_{7}$Kostenvorteile durch die Verwendung von Teilmengen von Fertigarzneimitteln sind zu berücksichtigen. $_{8}$Der Spitzenverband Bund der Krankenkassen und die Krankenkasse können von der Apotheke Nachweise über Bezugsquellen und verarbeitete Mengen sowie die tatsächlich vereinbarten Einkaufspreise und vom pharmazeutischen Unternehmer über die Abnehmer, die abgegebenen Mengen und die vereinbarten Preise für Fertigarzneimittel in parenteralen Zubereitungen verlangen. $_{9}$Sofern eine Apotheke bei der parenteralen Zubereitung aus Fertigarzneimitteln in der Onkologie einen Betrieb, der nach § 21 Absatz 2 Nummer 1b Buchstabe a erste Alternative des Arzneimittelgesetzes tätig wird, beauftragt, können der Spitzenverband Bund der Krankenkassen und die Krankenkasse von der Apotheke auch einen Nachweis über den tatsächlichen Einkaufspreis dieses Betriebs verlangen. $_{10}$Der Anspruch nach Satz 8 umfasst jeweils auch die auf das Fertigarzneimittel und den Gesamtumsatz bezogenen Rabatte. $_{11}$Klagen über den Auskunftsanspruch haben keine aufschiebende Wirkung; ein Vorverfahren findet nicht statt. $_{12}$Die Krankenkasse kann ihren Landesverband mit der Prüfung beauftragen.

(5d) $_{1}$Für Leistungen nach § 31 Absatz 6 vereinbaren die für die Wahrnehmung der wirtschaftlichen Interessen gebildete maßgebliche Spitzenorganisation der Apotheker und der Spitzenverband Bund der Krankenkassen die Apothekenzuschläge für die Abgabe als Stoff und für Zubereitungen aus Stoffen gemäß der auf Grund des § 78 des Arzneimittelgesetzes erlassenen Rechtsverordnung. $_{2}$Die Vereinbarung nach Satz 1 ist bis zum 29. Februar 2020 zu treffen. $_{3}$Kommt eine Vereinbarung nach Satz 1 ganz oder teilweise nicht zustande, entscheidet die Schiedsstelle nach Absatz 8. $_{4}$Die Vereinbarung oder der Schiedsspruch gilt bis zum Wirksamwerden einer neuen Vereinbarung fort. $_{5}$Absatz 5c Satz 8 und 10 bis 12 gilt entsprechend. $_{6}$Der Spitzenverband Bund der Krankenkassen und die Krankenkassen können auch von Arzneimittelgroßhändlern und Arzneimittelimporteuren Nachweise über die Abnehmer, die abgegebenen Mengen und die vereinbarten Preise für Leistungen nach § 31 Absatz 6 verlangen.

(5e) $_{1}$Versicherte haben Anspruch auf pharmazeutische Dienstleistungen durch Apotheken, die über die Verpflichtung zur Information und Beratung gemäß § 20 der Apothekenbetriebsordnung hinausgehen und die die Versorgung der Versicherten verbessern. $_{2}$Diese pharmazeutischen Dienstleistungen umfassen insbesondere Maßnahmen der Apotheken zur Verbesserung der Sicherheit und Wirksamkeit einer Arzneimitteltherapie, insbesondere bei

1. der Anwendung bestimmter Wirkstoffe, die nur in besonderen Therapiesituationen verordnet werden,
2. der Behandlung chronischer schwerwiegender Erkrankungen,
3. der Behandlung von Patienten mit Mehrfacherkrankungen und Mehrfachmedikation und
4. der Behandlung bestimmter Patientengruppen, die besondere Aufmerksamkeit und fachliche Unterstützung bei der Arzneimitteltherapie benötigen.

$_{3}$Diese pharmazeutischen Dienstleistungen können auch Maßnahmen der Apotheken zur Vermeidung von Krankheiten und deren Verschlimmerung sein und sollen insbesondere die pharmazeutische Betreuung von Patientinnen und Patienten in Gebieten mit geringer Apothekendichte berücksichtigen. $_{4}$Die für die Wahrnehmung der wirtschaftlichen Interessen gebildete maßgebliche Spitzenorganisation der Apotheker vereinbart mit dem Spitzenverband Bund der Krankenkassen im Benehmen mit dem Verband der Privaten Krankenversicherung die pharmazeutischen Dienstleistungen nach den Sätzen 1 bis 3 sowie das Nähere zu den jeweiligen Anspruchsvoraussetzungen, zur Vergütung der erbrachten Dienstleistungen und zu deren Abrechnung. $_{5}$Die Vereinbarung nach Satz 4 ist bis zum 30. Juni 2021 zu treffen. $_{6}$Kommt eine Vereinbarung bis zu diesem Zeitpunkt ganz oder teilweise nicht zustande, entscheidet die Schiedsstelle nach Absatz 8. $_{7}$Die Vereinbarung oder der Schiedsspruch gilt bis zum Wirksamwerden einer neuen Vereinbarung fort.

(5f) Das Bundesministerium für Gesundheit evaluiert im Einvernehmen mit dem Bundesministerium für Wirtschaft und Energie bis zum 31. Dezember 2023 die Auswirkungen der Regelung des Absatzes 3 Satz 2 und 3 auf die Marktanteile von Apotheken und des Versandhandels mit verschreibungspflichtigen Arzneimitteln.

(5g) Apotheken können bei der Abgabe verschreibungspflichtiger Arzneimittel im Wege des Botendienstes je Lieferort und Tag einen zusätzlichen Zuschlag in Höhe von 2,50 Euro zuzüglich Umsatzsteuer erheben.

(6) 1Die für die Wahrnehmung der wirtschaftlichen Interessen gebildete maßgebliche Spitzenorganisation der Apotheker ist verpflichtet, die zur Wahrnehmung der Aufgaben nach Absatz 1 Satz 4 und Absatz 1a, die zur Herstellung einer pharmakologisch-therapeutischen und preislichen Transparenz im Rahmen der Richtlinien nach § 92 Abs. 1 Satz 2 Nr. 6 und die zur Festsetzung von Festbeträgen nach § 35 Abs. 1 und 2 oder zur Erfüllung der Aufgaben nach § 35a Abs. 1 Satz 2 und Abs. 5 erforderlichen Daten dem Gemeinsamen Bundesausschuss sowie dem Spitzenverband Bund der Krankenkassen zu übermitteln und auf Verlangen notwendige Auskünfte zu erteilen. 2Das Nähere regelt der Rahmenvertrag nach Absatz 2.

(7) Kommt der Rahmenvertrag nach Absatz 2 ganz oder teilweise nicht oder nicht innerhalb einer vom Bundesministerium für Gesundheit bestimmten Frist zustande, wird der Vertragsinhalt durch die Schiedsstelle nach Absatz 8 festgesetzt.

(8) 1Der Spitzenverband Bund der Krankenkassen und die für die Wahrnehmung der wirtschaftlichen Interessen gebildete maßgebliche Spitzenorganisation der Apotheker bilden eine gemeinsame Schiedsstelle. 2Sie besteht aus Vertretern der Krankenkassen und der Apotheker in gleicher Zahl sowie aus einem unparteiischen Vorsitzenden und zwei weiteren unparteiischen Mitgliedern. 3Über den Vorsitzenden und die zwei weiteren unparteiischen Mitglieder sowie deren Stellvertreter sollen sich die Vertragspartner einigen. 4Kommt eine Einigung nicht zustande, gilt § 89 Absatz 6 Satz 3 entsprechend.

(9) 1Die Schiedsstelle gibt sich eine Geschäftsordnung. 2Die Mitglieder der Schiedsstelle führen ihr Amt als Ehrenamt. 3Sie sind an Weisungen nicht gebunden. 4Jedes Mitglied hat eine Stimme. 5Die Entscheidungen werden mit der Mehrheit der Mitglieder getroffen. 6Ergibt sich keine Mehrheit, gibt die Stimme des Vorsitzenden den Ausschlag. 7Klagen gegen Festsetzungen der Schiedsstelle haben keine aufschiebende Wirkung.

(10) 1Die Aufsicht über die Geschäftsführung der Schiedsstelle führt das Bundesministerium für Gesundheit. 2Es kann durch Rechtsverordnung mit Zustimmung des Bundesrates das Nähere über die Zahl und die Bestellung der Mitglieder, die Erstattung der baren Auslagen und die Entschädigung für Zeitaufwand der Mitglieder, das Verfahren, sein Teilnahmerecht an den Sitzungen sowie über die Verteilung der Kosten regeln.

§ 129a Krankenhausapotheken

1Die Krankenkassen oder ihre Verbände vereinbaren mit dem Träger des zugelassenen Krankenhauses das Nähere über die Abgabe verordneter Arzneimittel durch die Krankenhausapotheke an Versicherte, insbesondere die Höhe des für den Versicherten maßgeblichen Abgabepreises. 2Die nach § 300 Abs. 3 getroffenen Regelungen sind Teil der Vereinbarungen nach Satz 1. 3Eine Krankenhausapotheke darf verordnete Arzneimittel zu Lasten von Krankenkassen nur abgeben, wenn für sie eine Vereinbarung nach Satz 1 besteht. 4Die Regelungen des § 129 Absatz 5c Satz 8 und 12 gelten für Vereinbarungen nach Satz 1 entsprechend.

§ 130 Rabatt

(1) Die Krankenkassen erhalten von den Apotheken für verschreibungspflichtige Fertigarzneimittel sowie für Zubereitungen nach § 5 Absatz 3 der Arzneimittelpreisverordnung, die nicht § 5 Absatz 6 der Arzneimittelpreisverordnung unterfallen, einen Abschlag von 1,77 Euro je Arzneimittel, für sonstige Arzneimittel einen Abschlag in Höhe von 5 vom Hundert auf den für den Versicherten maßgeblichen Arzneimittelabgabepreis.

(1a) Für verschreibungspflichtige Fertigarzneimittel sowie für Zubereitungen nach § 5 Absatz 3 der Arzneimittelpreisverordnung, die nicht § 5 Absatz 6 der Arzneimittelpreisverordnung unterfallen, erhalten die Krankenkassen von den Apotheken abweichend von Absatz 1 im Zeitraum vom 1. Februar 2023 bis zum 31. Januar 2025 einen Abschlag von 2 Euro je Arzneimittel.

(2) 1Ist für das Arzneimittel ein Festbetrag nach § 35 festgesetzt, bemißt sich der Abschlag nach dem Festbetrag. 2Liegt der maßgebliche Arzneimittelabgabepreis nach Absatz 1 unter dem Festbetrag, bemißt sich der Abschlag nach dem niedrigeren Abgabepreis.

(3) 1Die Gewährung des Abschlags setzt voraus, daß die Rechnung des Apothekers innerhalb von zehn Tagen nach Eingang bei der Krankenkasse beglichen wird. 2Das Nähere regelt der Rahmenvertrag nach § 129.

§ 130a Rabatte der pharmazeutischen Unternehmer

(1) 1Die Krankenkassen erhalten von Apotheken für zu ihren Lasten abgegebene Arzneimittel einen Abschlag in Höhe von 7 vom Hundert des Abgabepreises des pharmazeutischen Unternehmers ohne Mehrwertsteuer. 2Für Arzneimittel nach Absatz 3b Satz 1 beträgt der Abschlag

nach Satz 1 6 vom Hundert. $_{3}$Pharmazeutische Unternehmer sind verpflichtet, den Apotheken den Abschlag zu erstatten. $_{4}$Soweit pharmazeutische Großhändler nach Absatz 5 bestimmt sind, sind pharmazeutische Unternehmer verpflichtet, den Abschlag den pharmazeutischen Großhändlern zu erstatten. $_{5}$Der Abschlag ist den Apotheken und pharmazeutischen Großhändlern innerhalb von zehn Tagen nach Geltendmachung des Anspruches zu erstatten. $_{6}$Satz 1 gilt für Fertigarzneimittel, deren Apothekenabgabepreise aufgrund der Preisvorschriften nach dem Arzneimittelgesetz oder aufgrund des § 129 Absatz 3 Satz 3 oder Absatz 5a bestimmt sind, sowie für Arzneimittel, die nach § 129a abgegeben werden. $_{7}$Die Krankenkassen erhalten den Abschlag nach Satz 1 für Fertigarzneimittel in parenteralen Zubereitungen, für Fertigarzneimittel, aus denen Teilmengen entnommen und abgegeben werden, sowie für Arzneimittel, die nach § 129a abgegeben werden, auf den Abgabepreis des pharmazeutischen Unternehmers ohne Mehrwertsteuer, der bei Abgabe an Verbraucher auf Grund von Preisvorschriften nach dem Arzneimittelgesetz oder nach § 129 Absatz 3 Satz 3 gilt. $_{8}$Wird nur eine Teilmenge des Fertigarzneimittels abgerechnet, wird der Abschlag nur für diese Mengeneinheiten erhoben.

(1a) $_{1}$Vom 1. August 2010 bis zum 31. Dezember 2013 beträgt der Abschlag für verschreibungspflichtige Arzneimittel einschließlich Fertigarzneimittel in parenteralen Zubereitungen abweichend von Absatz 1 16 Prozent. $_{2}$Satz 1 gilt nicht für Arzneimittel nach Absatz 3b Satz 1. $_{3}$Die Differenz des Abschlags nach Satz 1 zu dem Abschlag nach Absatz 1 mindert die am 30. Juli 2010 bereits vertraglich vereinbarten Rabatte nach Absatz 8 entsprechend. $_{4}$Eine Absenkung des Abgabepreises des pharmazeutischen Unternehmers ohne Mehrwertsteuer gegenüber dem Preisstand am 1. August 2009, die ab dem 1. August 2010 vorgenommen wird, mindert den Abschlag nach Satz 1 in Höhe des Betrags der Preissenkung, höchstens in Höhe der Differenz des Abschlags nach Satz 1 zu dem Abschlag nach Absatz 1; § 130a Absatz 3b Satz 2 zweiter Halbsatz gilt entsprechend. $_{5}$Für Arzneimittel, die nach dem 1. August 2009 in den Markt eingeführt wurden, gilt Satz 4 mit der Maßgabe, dass der Preisstand der Markteinführung Anwendung findet. $_{6}$Hat ein pharmazeutischer Unternehmer für ein Arzneimittel, das im Jahr 2010 zu Lasten der gesetzlichen Krankenversicherung abgegeben wurde und das dem erhöhten Abschlag nach Satz 1 unterliegt, auf Grund einer Preissenkung ab dem 1. August 2010 nicht den Abschlag gezahlt, obwohl die Preissenkung nicht zu einer Unterschreitung des am 1. August 2009 geltenden Abgabepreises des pharmazeutischen Unternehmers um mindestens 10 Prozent geführt hat, gilt für die im Jahr 2011 abgegebenen Arzneimittel abweichend von Satz 1 ein Abschlag von 20,5 Prozent. $_{7}$Das gilt nicht, wenn der pharmazeutische Unternehmer den nach Satz 6 nicht gezahlten Abschlag spätestens bis zu dem Tag vollständig leistet, an dem der Abschlag für die im Dezember 2010 abgegebenen Arzneimittel zu zahlen ist. $_{8}$Der erhöhte Abschlag von 20,5 Prozent wird durch eine erneute Preissenkung gegenüber dem am 1. August 2009 geltenden Abgabepreis des pharmazeutischen Unternehmers gemindert; Satz 4 gilt entsprechend.

(1b) $_{1}$Abweichend von Absatz 1 Satz 1 erhalten die Krankenkassen von Apotheken für zu ihren Lasten abgegebene Arzneimittel vom 1. Januar 2023 bis zum 31. Dezember 2023 einen Abschlag in Höhe von 12 Prozent des Abgabepreises des pharmazeutischen Unternehmers ohne Mehrwertsteuer. $_{2}$Ist der Abschlag nach Absatz 1 Satz 1 in einer Erstattungsbetragsvereinbarung nach § 130b abgelöst worden, erhalten die Krankenkassen von Apotheken einen Abschlag in Höhe von 5 Prozent des Abgabepreises des pharmazeutischen Unternehmers ohne Mehrwertsteuer. $_{3}$Die Abschläge nach den Sätzen 1 und 2 können durch eine ab dem 12. November 2022 abgeschlossene Erstattungsbetragsvereinbarung nach § 130b abgelöst werden, sofern dies ausdrücklich vereinbart ist.

(2) $_{1}$Die Krankenkassen erhalten von den Apotheken für die zu ihren Lasten abgegebenen Impfstoffe für Schutzimpfungen nach § 20i einen Abschlag auf den Abgabepreis des pharmazeutischen Unternehmers ohne Mehrwertsteuer, mit dem der Unterschied zu einem geringeren durchschnittlichen Preis nach Satz 2 je Mengeneinheit ausgeglichen wird. $_{2}$Der durchschnittliche Preis je Mengeneinheit ergibt sich aus den tatsächlich gültigen Abgabepreisen des pharmazeutischen Unternehmers in den vier Mitgliedstaaten der Europäischen Union oder den anderen Vertragsstaaten des Abkommens über den Europäischen Wirtschaftsraum, in denen der wirkstoffidentische Impfstoff abgegeben wird, mit den am nächsten kommenden Bruttonationaleinkommen, gewichtet nach den jeweiligen Umsätzen und Kaufkraftparitäten. $_{3}$Absatz 1 Satz 3 bis 5, Absätze 6 und 7 sowie § 131 Absätze 4 und 5 gelten entsprechend. $_{4}$Der pharmazeutische Unternehmer ermittelt die Höhe des Abschlags nach Satz 1 und den durchschnittlichen Preis nach Satz 2 und übermittelt dem Spitzenverband Bund der Krankenkassen auf Anfrage die Angaben zu der Berechnung. $_{5}$Kann der Abschlag nach Satz 1 nicht ermittelt werden, gilt Absatz 1 Satz 1 entsprechend. $_{6}$Das Nähere regelt der Spitzenverband Bund der Krankenkassen. $_{7}$Bei Preisvereinbarungen für Impfstoffe, für die kein einheitlicher Apothekenabgabepreis nach den Preisvorschriften auf Grund des Arznei-

mittelgesetzes oder nach § 129 Absatz 3 Satz 3 gilt, darf höchstens ein Betrag vereinbart werden, der dem entsprechenden Apothekenabgabepreis abzüglich des Abschlags nach Satz 1 entspricht.

(3) Die Absätze 1, 1a, 1b und 2 gelten nicht für Arzneimittel, für die ein Festbetrag auf Grund des § 35 festgesetzt ist.

(3a) 1Erhöht sich der Abgabepreis des pharmazeutischen Unternehmers ohne Mehrwertsteuer gegenüber dem Preisstand am 1. August 2009, erhalten die Krankenkassen für die zu ihren Lasten abgegebenen Arzneimittel ab dem 1. August 2010 bis zum 31. Dezember 2026 einen Abschlag in Höhe des Betrages der Preiserhöhung; dies gilt nicht für Arzneimittel, für die ein Festbetrag auf Grund des § 35 festgesetzt ist. 2Zur Berechnung des Abschlags nach Satz 1 ist der Preisstand vom 1. August 2009 erstmalig am 1. Juli 2018 und jeweils am 1. Juli der Folgejahre um den Betrag anzuheben, der sich aus der Veränderung des vom Statistischen Bundesamt festgelegten Verbraucherpreisindex für Deutschland im Vergleich zum Vorjahr ergibt. 3Für Arzneimittel, die nach dem 1. August 2010 in den Markt eingeführt werden, gilt Satz 1 mit der Maßgabe, dass der Preisstand der Markteinführung Anwendung findet. 4Bei Neueinführungen eines Arzneimittels, für das der pharmazeutische Unternehmer bereits ein Arzneimittel mit gleichem Wirkstoff und vergleichbarer Darreichungsform in Verkehr gebracht hat, ist der Abschlag auf Grundlage des Preises je Mengeneinheit der Packung zu berechnen, die dem neuen Arzneimittel in Bezug auf die Packungsgröße unter Berücksichtigung der Wirkstärke am nächsten kommt; dies gilt nicht für die Neueinführung eines Immunglobulins menschlicher Herkunft, für das nach dem 31. Dezember 2018 eine Zulassung nach § 25 Absatz 1 des Arzneimittelgesetzes oder eine Genehmigung für das Inverkehrbringen nach Artikel 3 Absatz 1 oder Absatz 2 der Verordnung (EG) Nr. 726/2004 erteilt wurde, mit Ausnahme der Zulassung von anderen Stärken oder Ausbietungen. 5Satz 4 gilt entsprechend bei Änderungen zu den Angaben des pharmazeutischen Unternehmers oder zum Mitvertrieb durch einen anderen pharmazeutischen Unternehmer. 6Für importierte Arzneimittel, die nach § 129 Absatz 1 Satz 1 Nummer 2 abgegeben werden, gilt abweichend von Satz 1 ein Abrechnungsbetrag von höchstens dem Betrag, welcher entsprechend den Vorgaben des § 129 Absatz 1 Satz 1 Nummer 2 niedriger ist als der Arzneimittelabgabepreis des Bezugsarzneimittels einschließlich Mehrwertsteuer, unter Berücksichtigung von Abschlägen für das Bezugsarzneimittel aufgrund dieser Vorschrift. 7Abschläge nach den Absätzen 1, 1a, 1b und 3b werden zusätzlich zu dem Abschlag nach den nach den Sätzen 1 bis 5 erhoben. 8Rabattbeträge, die auf Preiserhöhungen nach den Absätzen 1, 1b und 3b zu gewähren sind, vermindern den Abschlag nach den Sätzen 1 bis 6 entsprechend. 9Für die Abrechnung des Abschlags nach den Sätzen 1 bis 6 gelten die Absätze 1, 5 bis 7 und 9 entsprechend. 10Absatz 4 findet Anwendung. 11Das Nähere regelt der Spitzenverband Bund der Krankenkassen ab dem 13. Mai 2017 im Benehmen mit den für die Wahrnehmung der wirtschaftlichen Interessen gebildeten maßgeblichen Spitzenorganisationen der pharmazeutischen Unternehmer auf Bundesebene. 12Der Abschlag nach Satz 1 gilt entsprechend für Arzneimittel, die nach § 129a abgegeben werden; Absatz 1 Satz 7 gilt entsprechend. 13Für Arzneimittel zur spezifischen Therapie von Gerinnungsstörungen bei Hämophilie gilt Satz 1 mit der Maßgabe, dass der Preisstand des 1. September 2020 Anwendung findet. 14Der Spitzenverband Bund der Krankenkassen hat dem Bundesministerium für Gesundheit bis zum 31. Dezember 2023 einen Bericht über die Auswirkungen von Satz 4 zweiter Halbsatz vorzulegen.

(3b) 1Für patentfreie, wirkstoffgleiche Arzneimittel erhalten die Krankenkassen ab dem 1. April 2006 einen Abschlag von 10 vom Hundert des Abgabepreises des pharmazeutischen Unternehmers ohne Mehrwertsteuer; für preisgünstige importierte Arzneimittel gilt Absatz 3a Satz 6 entsprechend. 2Eine Absenkung des Abgabepreises des pharmazeutischen Unternehmers ohne Mehrwertsteuer, die ab dem 1. Januar 2007 vorgenommen wird, vermindert den Abschlag nach Satz 1 in Höhe des Betrages der Preissenkung; wird der Preis innerhalb der folgenden 36 Monate erhöht, erhöht sich der Abschlag nach Satz 1 um den Betrag der Preiserhöhung ab der Wirksamkeit der Preiserhöhung bei der Abrechnung mit der Krankenkasse. 3Die Sätze 1 und 2 gelten nicht für Arzneimittel, deren Abgabepreis des pharmazeutischen Unternehmers ohne Mehrwertsteuer mindestens um 30 vom Hundert niedriger als der jeweils gültige Festbetrag ist, der diesem Preis zugrunde liegt. 4Satz 2 zweiter Halbsatz gilt nicht für Preiserhöhungen, die sich aus der Anhebung des Preisstands vom 1. August 2009 nach Absatz 3a Satz 2 ergeben. 5Absatz 3a Satz 8 bis 11 gilt entsprechend. 6Satz 2 gilt nicht für ein Arzneimittel, dessen Abgabepreis nach Satz 1 im Zeitraum von 36 Monaten vor der Preissenkung erhöht worden ist; Preiserhöhungen vor dem 1. Dezember 2006 sind nicht zu berücksichtigen. 7Für ein Arzneimittel, dessen Preis einmalig zwischen dem 1. Dezember 2006 und dem 1. April 2007 erhöht und anschließend gesenkt worden ist, kann der pharmazeutische Unternehmer den Abschlag nach Satz 1 durch eine ab 1. April 2007 neu vorgenommene Preissenkung von mindestens 10 vom Hundert des Abgabepreises des phar-

V

mazeutischen Unternehmers ohne Mehrwertsteuer ablösen, sofern er für die Dauer von zwölf Monaten ab der neu vorgenommenen Preissenkung einen weiteren Abschlag von 2 vom Hundert des Abgabepreises nach Satz 1 gewährt.

(3c) 1Wird ein Arzneimittel in den Markt eingeführt, für das nach Absatz 3a Satz 4 oder Satz 5 ein Abschlag nach Absatz 3a Satz 1 anfällt, kann der pharmazeutische Unternehmer beim Spitzenverband Bund der Krankenkassen eine Befreiung vom Abschlag nach Absatz 3a Satz 1 beantragen. 2Der Antrag ist zu begründen. 3Die Befreiung ist zu erteilen, wenn für das in den Markt eingeführte Arzneimittel eine neue arzneimittelrechtliche Genehmigung erteilt wurde, die im Vergleich zu bereits zugelassenen Arzneimitteln mit demselben Wirkstoff eine neue Patientengruppe oder ein neues Anwendungsgebiet erfasst und wenn eine Verbesserung der Versorgung zu erwarten ist. 4Der Spitzenverband Bund der Krankenkassen entscheidet über den Antrag innerhalb von acht Wochen nach Eingang. 5Die Entscheidung ist zusammen mit den tragenden Gründen und dem Antrag unverzüglich mit einer Frist von vier Wochen dem Bundesministerium für Gesundheit zur Prüfung zu übermitteln. 6Erteilt der Spitzenverband Bund der Krankenkassen die Befreiung oder wird die Entscheidung des Spitzenverbandes Bund der Krankenkassen durch die Entscheidung des Bundesministeriums für Gesundheit ersetzt, vereinbart der Spitzenverband Bund der Krankenkassen innerhalb von drei Monaten nach Bekanntgabe der Entscheidung gegenüber dem pharmazeutischen Unternehmer mit dem pharmazeutischen Unternehmer im Benehmen mit dem Verband der Privaten Krankenversicherung mit Wirkung für alle Krankenkassen einen Herstellerabgabepreis für das Arzneimittel. 7Die Krankenkassen erhalten den Abschlag nach Absatz 3a Satz 1 bis zum Zeitpunkt der Vereinbarung eines neuen Herstellerabgabepreises.

(4) 1Das Bundesministerium für Gesundheit hat nach einer Überprüfung der Erforderlichkeit der Abschläge nach den Absätzen 1, 1a, 1b und 3a nach Maßgabe des Artikels 4 der Richtlinie 89/105/EWG des Rates vom 21. Dezember 1988 betreffend die Transparenz von Maßnahmen zur Regelung der Preisfestsetzung bei Arzneimitteln für den menschlichen Gebrauch und ihre Einbeziehung in die staatlichen Krankenversicherungssysteme die Abschläge durch Rechtsverordnung mit Zustimmung des Bundesrates aufzuheben oder zu verringern, wenn und soweit diese nach der gesamtwirtschaftlichen Lage, einschließlich ihrer Auswirkung auf die gesetzliche Krankenversicherung, nicht mehr gerechtfertigt sind. 2Über Anträge pharmazeutischer Unternehmer nach Artikel 4 der in Satz 1 genannten Richtlinie auf Ausnahme von den nach den Absätzen 1, 1a, 1b und 3a vorgesehenen Abschlägen entscheidet das Bundesministerium für Gesundheit. 3Das Vorliegen eines Ausnahmefalls und der besonderen Gründe sind im Antrag hinreichend darzulegen. 4§ 34 Absatz 6 Satz 3 bis 5 und 7 gilt entsprechend. 5Das Bundesministerium für Gesundheit kann Sachverständige mit der Prüfung der Angaben des pharmazeutischen Unternehmers beauftragen. 6Dabei hat es die Wahrung der Betriebs- und Geschäftsgeheimnisse sicherzustellen. 7§ 137g Absatz 1 Satz 7 bis 9 und 13 gilt entsprechend mit der Maßgabe, dass die tatsächlich entstandenen Kosten auf der Grundlage pauschalierter Kostensätze berechnet werden können. 8Das Bundesministerium für Gesundheit kann die Aufgaben nach den Sätzen 2 bis 7 auf eine Bundesoberbehörde übertragen.

(5) Der pharmazeutische Unternehmer kann berechtigte Ansprüche auf Rückzahlung der Abschläge nach den Absätzen 1, 1a, 1b, 2, 3a und 3b gegenüber der begünstigten Krankenkasse geltend machen.

(6) 1Zum Nachweis des Abschlags übermitteln die Apotheken die Arzneimittelkennzeichen über die abgegebenen Arzneimittel sowie deren Abgabedatum auf der Grundlage der den Krankenkassen nach § 300 Abs. 1 übermittelten Angaben maschinenlesbar an die pharmazeutischen Unternehmer oder, bei einer Vereinbarung nach Absatz 5, an die pharmazeutischen Großhändler. 2Die pharmazeutischen Unternehmer sind verpflichtet, die erforderlichen Angaben zur Bestimmung des Abschlags an die für die Wahrnehmung der wirtschaftlichen Interessen maßgeblichen Organisationen der Apotheker sowie den Spitzenverband Bund der Krankenkassen zur Erfüllung ihrer gesetzlichen Aufgaben auf maschinell lesbaren Datenträgern zu übermitteln. 3Die für die Wahrnehmung der wirtschaftlichen Interessen gebildeten maßgeblichen Spitzenorganisationen der Apotheker, der pharmazeutischen Großhändler und der pharmazeutischen Unternehmer können in einem gemeinsamen Rahmenvertrag das Nähere regeln.

(7) 1Die Apotheke kann den Abschlag nach Ablauf der Frist nach Absatz 1 Satz 4 gegenüber pharmazeutischen Großhändlern verrechnen. 2Pharmazeutische Großhändler können den nach Satz 1 verrechneten Abschlag, auch in pauschalierter Form, gegenüber den pharmazeutischen Unternehmern verrechnen.

(8) 1Die Krankenkassen oder ihre Verbände können mit pharmazeutischen Unternehmern Rabatte für die zu ihren Lasten abgegebenen Arzneimittel vereinbaren. 2Dabei kann insbesondere eine mengenbezogene Staffelung des Preisnachlasses, ein jährliches Umsatzvolumen mit Ausgleich von Mehrerlösen oder eine Erstattung in Abhängigkeit von messbaren Therapieerfolgen vereinbart wer-

den. $_{3}$Verträge nach Satz 1 über patentfreie Arzneimittel sind so zu vereinbaren, dass die Pflicht des pharmazeutischen Unternehmers zur Gewährleistung der Lieferfähigkeit frühestens sechs Monate nach Versendung der Information nach § 134 Absatz 1 des Gesetzes gegen Wettbewerbsbeschränkungen und frühestens drei Monate nach Zuschlagserteilung beginnt. $_{4}$Der Bieter, dessen Angebot berücksichtigt werden soll, ist zeitgleich zur Information nach § 134 Absatz 1 des Gesetzes gegen Wettbewerbsbeschränkungen über die geplante Annahme des Angebots zu informieren. $_{5}$Rabatte nach Satz 1 sind von den pharmazeutischen Unternehmern an die Krankenkassen zu vergüten. $_{6}$Eine Vereinbarung nach Satz 1 berührt die Abschläge nach den Absätzen 3a und 3b nicht; Abschläge nach den Absätzen 1, 1a und 2 können abgelöst werden, sofern dies ausdrücklich vereinbart ist. $_{7}$Die Krankenkassen oder ihre Verbände können Leistungserbringer oder Dritte am Abschluss von Verträgen nach Satz 1 beteiligen oder diese mit dem Abschluss solcher Verträge beauftragen. $_{8}$Die Vereinbarung von Rabatten nach Satz 1 soll für eine Laufzeit von zwei Jahren erfolgen. $_{9}$In den Vereinbarungen nach Satz 1 sind die Vielfalt der Anbieter und die Sicherstellung einer bedarfsgerechten Versorgung der Versicherten zu berücksichtigen. $_{10}$Satz 1 gilt nicht für Impfstoffe für Schutzimpfungen nach § 20i.

(8a) $_{1}$Die Landesverbände der Krankenkassen und die Ersatzkassen können zur Versorgung ihrer Versicherten mit in Apotheken hergestellten parenteralen Zubereitungen aus Fertigarzneimitteln in der Onkologie zur unmittelbaren ärztlichen Anwendung bei Patienten mit pharmazeutischen Unternehmern Rabatte für die jeweils verwendeten Fertigarzneimittel vereinbaren. $_{2}$Vereinbarungen nach Satz 1 müssen von den Landesverbänden der Krankenkassen und den Ersatzkassen gemeinsam und einheitlich geschlossen werden. $_{3}$Absatz 8 Satz 2 bis 9 gilt entsprechend. $_{4}$In den Vereinbarungen nach Satz 1 ist die Sicherstellung einer bedarfsgerechten Versorgung der Versicherten zu berücksichtigen.

(9) $_{1}$Pharmazeutische Unternehmer können einen Antrag nach Absatz 4 Satz 2 auch für ein Arzneimittel stellen, das zur Behandlung eines seltenen Leidens nach der Verordnung (EG) Nr. 141/2000 des Europäischen Parlaments und des Rates vom 16. Dezember 1999 zugelassen ist. $_{2}$Dem Antrag ist stattzugeben, wenn der Antragsteller nachweist, dass durch einen Abschlag nach den Absätzen 1, 1a und 3a seine Aufwendungen insbesondere für Forschung und Entwicklung für das Arzneimittel nicht mehr finanziert werden.

§ 130b Vereinbarungen zwischen dem Spitzenverband Bund der Krankenkassen und pharmazeutischen Unternehmern über Erstattungsbeträge für Arzneimittel, Verordnungsermächtigung

(1) $_{1}$Der Spitzenverband Bund der Krankenkassen vereinbart mit pharmazeutischen Unternehmern im Benehmen mit dem Verband der privaten Krankenversicherung auf Grundlage des Beschlusses des Gemeinsamen Bundesausschusses über die Nutzenbewertung nach § 35a Absatz 3 mit Wirkung für alle Krankenkassen Erstattungsbeträge für Arzneimittel, die mit diesem Beschluss keiner Festbetragsgruppe zugeordnet wurden. $_{2}$Dabei soll jeweils ein Vertreter einer Krankenkasse an der Verhandlung teilnehmen; das Nähere regelt der Spitzenverband Bund der Krankenkassen in seiner Satzung. $_{3}$Für Arzneimittel nach § 129a kann mit dem pharmazeutischen Unternehmer höchstens der Erstattungsbetrag vereinbart werden. $_{4}$§ 130a Absatz 8 Satz 6 gilt entsprechend. $_{5}$Die Vereinbarung soll auch Anforderungen an die Zweckmäßigkeit, Qualität und Wirtschaftlichkeit einer Verordnung beinhalten. $_{6}$Der pharmazeutische Unternehmer soll dem Spitzenverband Bund der Krankenkassen die Angaben zur Höhe seines tatsächlichen Abgabepreises in anderen europäischen Ländern übermitteln. $_{8}$Die Verhandlungen und deren Vorbereitung einschließlich der Beratungsunterlagen und Niederschriften zur Vereinbarung des Erstattungsbetrages sind vertraulich.

(1a) $_{1}$Bei einer Vereinbarung nach Absatz 1 müssen mengenbezogene Aspekte, wie eine mengenbezogene Staffelung oder ein jährliches Gesamtvolumen, vereinbart werden. $_{2}$Eine Vereinbarung nach Absatz 1 muss das Gesamtausgabenvolumen des Arzneimittels unter Beachtung seines Stellenwerts in der Versorgung berücksichtigen. $_{3}$Dies kann eine Begrenzung des packungsbezogenen Erstattungsbetrags oder die Berücksichtigung mengenbezogener Aspekte erforderlich machen. $_{4}$Das Nähere zur Abwicklung solcher Vereinbarungen, insbesondere im Verhältnis zu den Krankenkassen und im Hinblick auf deren Mitwirkungspflichten, regelt der Spitzenverband Bund der Krankenkassen in seiner Satzung.

(1b) Stehen für ein Arzneimittel keine wirtschaftlichen Packungsgrößen für die in der Zulassung genannten Patientengruppen zur Verfügung, die eine therapiegerechte Dosierung ermöglichen, und ist daher bei einer oder mehreren Patientengruppen ein Verwurf von mehr als 20 Prozent des Inhalts der in Verkehr gebrachten Packungen zu erwarten, ist dieser Verwurf bei einer Vereinbarung nach Absatz 1 im Verhältnis zu der jeweiligen Patientengruppe preismindernd zu berücksichtigen.

(2) 1Für Arzneimittel, für die der Gemeinsame Bundesausschuss nach § 35a Absatz 3 Satz 1 einen Zusatznutzen festgestellt hat, soll eine Vereinbarung nach Absatz 1 vorsehen, dass Verordnungen des Arzneimittels von der Prüfungsstelle als bei den Wirtschaftlichkeitsprüfungen nach den §§ 106 bis 106c zu berücksichtigende Praxisbesonderheiten anerkannt werden, wenn der Arzt bei der Verordnung im Einzelfall die dafür vereinbarten Anforderungen an die Verordnung eingehalten hat. 2Diese Anforderungen sind in den Programmen zur Verordnung von Arzneimitteln nach § 73 Absatz 9 Satz 1 zu hinterlegen. 3Das Nähere ist in den Verträgen nach § 82 Absatz 1 zu vereinbaren.

(3) 1Der Erstattungsbetrag ist auf Grundlage des im Beschluss über die Nutzenbewertung nach § 35a Absatz 3 festgestellten Ausmaßes des Zusatznutzens und dessen Wahrscheinlichkeit nach Absatz 1 zu vereinbaren oder nach Absatz 4 festzusetzen. 2Ist für ein Arzneimittel, das nach dem Beschluss des Gemeinsamen Bundesausschusses nach § 35a Absatz 3 Satz 1 keinen Zusatznutzen hat und keiner Festbetragsgruppe zugeordnet werden kann, als zweckmäßige Vergleichstherapie durch den Gemeinsamen Bundesausschuss ein Arzneimittel mit einem Wirkstoff bestimmt, für den Patentschutz oder Unterlagenschutz besteht, ist ein Erstattungsbetrag zu vereinbaren, der zu Jahrestherapiekosten führt, die mindestens 10 Prozent unterhalb derjenigen der zweckmäßigen Vergleichstherapie liegen. 3Ist für ein Arzneimittel, das nach dem Beschluss des Gemeinsamen Bundesausschusses nach § 35a Absatz 3 Satz 1 keinen Zusatznutzen hat und keiner Festbetragsgruppe zugeordnet werden kann, als zweckmäßige Vergleichstherapie durch den Gemeinsamen Bundesausschuss ein Arzneimittel mit einem Wirkstoff bestimmt, zu dem Patentschutz und Unterlagenschutz weggefallen sind, soll ein Erstattungsbetrag vereinbart werden, der nicht zu höheren Jahrestherapiekosten führt als die zweckmäßige Vergleichstherapie. 4Für ein Arzneimittel, für das ein Zusatznutzen nach § 35a Absatz 1 Satz 5 als nicht belegt gilt, ist ein Erstattungsbetrag zu vereinbaren, der zu in angemessenem Umfang geringeren Jahrestherapiekosten führt als die durch den Gemeinsamen Bundesausschuss bestimmte zweckmäßige Vergleichstherapie; Satz 2 gilt entsprechend. 5Ist für ein Arzneimittel, das nach dem Beschluss des Gemeinsamen Bundesausschusses nach § 35a Absatz 3 Satz 1 einen nicht quantifizierbaren Zusatznutzen oder einen geringen Zusatznutzen hat, als zweckmäßige Vergleichstherapie durch den Gemeinsamen Bundesausschuss ein Arzneimittel mit einem Wirkstoff bestimmt, für den Patentschutz oder Unterlagenschutz besteht, ist ein Erstattungsbetrag zu vereinbaren, der nicht zu höheren Jahrestherapiekosten führt als die zweckmäßige Vergleichstherapie. 6Sind durch den Gemeinsamen Bundesausschuss mehrere Alternativen für die zweckmäßige Vergleichstherapie bestimmt, ist für die Anwendung der Sätze 2 bis 5 auf die zweckmäßige Vergleichstherapie abzustellen, die nach den Jahrestherapiekosten die wirtschaftlichste Alternative darstellt. 7Hat der Gemeinsame Bundesausschuss ein Arzneimittel mit einem patentgeschützten Wirkstoff, der nicht der Nutzenbewertung nach § 35a unterfällt, als zweckmäßige Vergleichstherapie bestimmt, oder findet ein solches Arzneimittel gemäß Absatz 9 Satz 3 als vergleichbares Arzneimittel Berücksichtigung, ist auf die zum Vergleich heranzuziehenden Jahrestherapiekosten des Arzneimittels ein Abschlag in Höhe von 15 Prozent in Ansatz zu bringen. 8Für Arzneimittel nach § 35a Absatz 3b Satz 1 wird der Erstattungsbetrag regelmäßig nach Ablauf der vom Gemeinsamen Bundesausschuss gesetzten Frist zur Durchführung einer anwendungsbegleitenden Datenerhebung und nach erneutem Beschluss über die Nutzenbewertung neu verhandelt. 9Sofern sich im Fall der Arzneimittel, die zur Behandlung eines seltenen Leidens nach der Verordnung (EG) Nr. 141/2000 zugelassen sind, anhand der gewonnenen Daten keine Quantifizierung des Zusatznutzens belegen lässt, ist ein Erstattungsbetrag zu vereinbaren, der in angemessenem Umfang zu geringeren Jahrestherapiekosten führt als der zuvor vereinbarte Erstattungsbetrag. 10Der Spitzenverband Bund der Krankenkassen kann auch vor Ablauf der vom Gemeinsamen Bundesausschuss gesetzten Frist eine Neuverhandlung des Erstattungsbetrags nach Maßgabe der Sätze 8 und 9 verlangen, wenn der Gemeinsame Bundesausschuss im Rahmen der Überprüfung nach § 35a Absatz 3b Satz 10 zu dem Ergebnis kommt, dass die Datenerhebung

1. nicht durchgeführt werden wird oder nicht durchgeführt werden kann oder
2. aus sonstigen Gründen keine hinreichenden Belege zur Neubewertung des Zusatznutzens erbringen wird.

(3a) 1Der nach Absatz 1 vereinbarte Erstattungsbetrag gilt einschließlich der Vereinbarungen für die Anerkennung von Praxisbesonderheiten nach Absatz 2 für alle Arzneimittel mit dem gleichen neuen Wirkstoff, die ab dem 1. Januar 2011 in Verkehr gebracht worden sind. 2Er gilt ab dem siebten Monat nach dem erstmaligen Inverkehrbringen eines Arzneimittels mit dem Wirkstoff. 3Wird aufgrund einer Nutzenbewertung nach Zulassung eines neuen Anwendungsgebiets ein neuer Erstattungsbetrag vereinbart, gilt dieser ab dem siebten Monat nach Zulassung des neuen Anwendungsgebiets. 4Wird aufgrund einer nach § 35a Absatz 1 Satz 12 eingeleiteten Nutzenbewertung ein neuer Erstattungsbetrag vereinbart, gilt dieser ab dem siebten Monat nach Überschreitung der Um-

V

satzschwelle. $_{5}$Wird aufgrund einer nach § 35a Absatz 5 eingeleiteten Nutzenbewertung ein neuer Erstattungsbetrag vereinbart, gilt dieser ab dem siebten Monat nach Anforderung der Nachweise durch den Gemeinsamen Bundesausschuss gemäß § 35a Absatz 5 Satz 3. $_{6}$In anderen Fällen, in denen aufgrund einer Nutzenbewertung nach § 35a ein Erstattungsbetrag vereinbart wird, gilt dieser ab dem siebten Monat nach dem die jeweilige Nutzenbewertung auslösenden Ereignis. $_{7}$In den Fällen, in denen die Geltung des für ein anderes Arzneimittel mit dem gleichen Wirkstoff vereinbarten Erstattungsbetrags im Hinblick auf die Versorgung nicht sachgerecht wäre oder eine unbillige Härte darstellen würde, vereinbart der Spitzenverband Bund der Krankenkassen mit dem pharmazeutischen Unternehmer abweichend von Satz 1 insbesondere einen eigenen Erstattungsbetrag. $_{8}$Dieser Erstattungsbetrag gilt ab dem siebten Monat nach dem erstmaligen Inverkehrbringen eines Arzneimittels mit dem Wirkstoff. $_{9}$In den Fällen des Satzes 2, 3, 4, 5, 6 oder des Satzes 8 ist die Differenz zwischen Erstattungsbetrag und dem bis zu dessen Vereinbarung tatsächlich gezahlten Abgabepreis auszugleichen. $_{10}$Das Nähere, insbesondere zur Abgrenzung der Fälle nach Satz 4, ist in der Vereinbarung nach Absatz 9 zu regeln.

(4) $_{1}$Kommt eine Vereinbarung nach Absatz 1 oder 3 nicht innerhalb von sechs Monaten nach Veröffentlichung des Beschlusses nach § 35a Absatz 3 oder nach § 35b Absatz 3 zustande, setzt die Schiedsstelle nach Absatz 5 den Vertragsinhalt innerhalb von drei Monaten fest. $_{2}$Die Schiedsstelle entscheidet unter freier Würdigung aller Umstände des Einzelfalls und berücksichtigt dabei die Besonderheiten des jeweiligen Therapiegebietes. $_{3}$Der im Schiedsspruch festgelegte Erstattungsbetrag gilt ab dem siebten Monat nach dem in Absatz 3a Satz 2, 3, 4, 5, 6 oder Satz 8 jeweils genannten Ereignis mit der Maßgabe, dass die Differenz zwischen dem von der Schiedsstelle festgelegten Erstattungsbetrag und dem tatsächlich gezahlten Abgabepreis bei der Festsetzung entsprechend Absatz 3a Satz 9 auszugleichen ist. $_{4}$Die Schiedsstelle gibt dem Verband der privaten Krankenversicherung vor ihrer Entscheidung Gelegenheit zur Stellungnahme. $_{5}$Klagen gegen Entscheidungen der Schiedsstelle haben keine aufschiebende Wirkung. $_{6}$Ein Vorverfahren findet nicht statt. $_{7}$Absatz 1 Satz 7 gilt entsprechend.

(5) $_{1}$Der Spitzenverband Bund der Krankenkassen und die für die Wahrnehmung der wirtschaftlichen Interessen gebildeten maßgeblichen Spitzenorganisationen der pharmazeutischen Unternehmer auf Bundesebene bilden eine gemeinsame Schiedsstelle. $_{2}$Sie besteht aus einem unparteiischen Vorsitzenden und zwei weiteren unparteiischen Mitgliedern sowie aus jeweils zwei Vertretern der Vertragsparteien nach Absatz 1. $_{3}$Das Bundesministerium für Gesundheit kann an der Beratung und Beschlussfassung der Schiedsstelle teilnehmen. $_{4}$Die Patientenorganisationen nach § 140f können beratend an den Sitzungen der Schiedsstelle teilnehmen. $_{5}$Über den Vorsitzenden und die zwei weiteren unparteiischen Mitglieder sowie deren Stellvertreter sollen sich die Verbände nach Satz 1 einigen. $_{6}$Kommt eine Einigung nicht zustande, gilt § 89 Absatz 6 Satz 3 entsprechend.

(6) $_{1}$Die Schiedsstelle gibt sich eine Geschäftsordnung. $_{2}$Über die Geschäftsordnung entscheiden die unparteiischen Mitglieder im Benehmen mit den Verbänden nach Absatz 5 Satz 1. $_{3}$Die Geschäftsordnung bedarf der Genehmigung des Bundesministeriums für Gesundheit. $_{4}$Im Übrigen gilt § 129 Absatz 9 und 10 Satz 1 entsprechend. $_{5}$In der Rechtsverordnung nach § 129 Absatz 10 Satz 2 kann das Nähere über die Zahl und die Bestellung der Mitglieder, die Erstattung der baren Auslagen und die Entschädigung für Zeitaufwand der Mitglieder, das Verfahren, das Teilnahmerecht des Bundesministeriums für Gesundheit an den Sitzungen sowie über die Verteilung der Kosten geregelt werden.

(7) $_{1}$Eine Vereinbarung nach Absatz 1 oder 3 oder ein Schiedsspruch nach Absatz 4 kann von einer Vertragspartei frühestens nach einem Jahr gekündigt werden. $_{2}$Die Vereinbarung oder der Schiedsspruch gilt bis zum Wirksamwerden einer neuen Vereinbarung fort. $_{3}$Bei Veröffentlichung eines neuen Beschlusses zur Nutzenbewertung nach § 35a Absatz 3 oder zur Kosten-Nutzen-Bewertung nach § 35b Absatz 3 für das Arzneimittel sowie bei Vorliegen der Voraussetzungen für die Bildung einer Festbetragsgruppe nach § 35 Absatz 1 ist eine Kündigung vor Ablauf eines Jahres möglich. $_{4}$Soweit nichts anderes vereinbart wird, kann der Spitzenverband Bund der Krankenkassen zur Festsetzung eines Festbetrags nach § 35 Absatz 3 die Vereinbarung abweichend von Satz 1 außerordentlich kündigen.

(7a) $_{1}$Für Arzneimittel, für die ein Erstattungsbetrag nach Absatz 1 oder Absatz 3 vereinbart oder nach Absatz 4 festgesetzt wurde, kann die Vereinbarung oder der Schiedsspruch von jeder Vertragspartei bis zum 1. Februar 2023 gekündigt werden, auch wenn sich das Arzneimittel im Geltungsbereich dieses Gesetzes nicht im Verkehr befindet. $_{2}$Im Fall einer Kündigung ist unverzüglich erneut ein Erstattungsbetrag zu vereinbaren. $_{3}$Die gekündigte Vereinbarung gilt bis zum Wirksamwerden einer neuen Vereinbarung fort.

(8) $_{1}$Nach einem Schiedsspruch nach Absatz 4 kann jede Vertragspartei beim Gemeinsamen Bundesausschuss eine Kosten-Nutzen-Bewertung nach § 35b beantragen. $_{2}$Die Geltung des Schiedsspruchs bleibt hiervon unberührt.

3Der Erstattungsbetrag ist auf Grund des Beschlusses über die Kosten-Nutzen-Bewertung nach § 35b Absatz 3 neu zu vereinbaren. 4Die Absätze 1 bis 7 gelten entsprechend.

(8a) 1Der nach Absatz 1 vereinbarte oder nach Absatz 4 festgesetzte Erstattungsbetrag gilt ungeachtet des Wegfalls des Unterlagenschutzes des erstmalig zugelassenen Arzneimittels für alle Arzneimittel mit dem gleichen Wirkstoff fort. 2Bei einem Arzneimittel, für das bereits ein anderes Arzneimittel mit dem gleichen Wirkstoff in Verkehr gebracht worden ist und für das der Erstattungsbetrag nach Satz 1 fortgilt, bestimmt der pharmazeutische Unternehmer den höchstens zulässigen Abgabepreis auf Grundlage des fortgeltenden Erstattungsbetrages und des diesem zugrunde liegenden Preisstrukturmodells; der pharmazeutische Unternehmer kann das Arzneimittel unterhalb dieses Preises abgeben. 3Abweichend von Satz 1 gelten die Absätze 1 bis 8 und 9 bis 10 ungeachtet des Wegfalls des Unterlagenschutzes des erstmalig zugelassenen Arzneimittels entsprechend, soweit und solange im Geltungsbereich dieses Gesetzes für den Wirkstoff noch Patentschutz besteht. 4Wird für Arzneimittel ein Festbetrag nach § 35 Absatz 3 festgesetzt, gelten die Sätze 1 und 3 für diese Arzneimittel nicht. 5Der Spitzenverband Bund der Krankenkassen kann von der nach § 77 des Arzneimittelgesetzes zuständigen Bundesoberbehörde Auskunft über das Datum des Wegfalls des Unterlagenschutzes des erstmalig zugelassenen Arzneimittels verlangen. 6Der pharmazeutische Unternehmer übermittelt dem Spitzenverband Bund der Krankenkassen auf Anfrage die Laufzeit des Patentschutzes nach Satz 3 unter Angaben des Tages der Patentanmeldung sowie der entsprechenden Patentnummer innerhalb von vier Wochen nach Zugang der Anfrage. 7Das Nähere zur Bestimmung des Abgabepreises nach Satz 2 regeln die Verbände nach Absatz 5 Satz 1 bis zum 31. Januar 2022 in der Rahmenvereinbarung nach Absatz 9. 8Zur Bestimmung des Abgabepreises nach Satz 2 durch den pharmazeutischen Unternehmer auf Grundlage der Regelungen nach Satz 7 veröffentlicht der Spitzenverband Bund der Krankenkasse unverzüglich nach Wegfall des Unterlagenschutzes und des Patentschutzes nach Satz 3 des erstmalig zugelassenen Arzneimittels auf seiner Internetseite das Preisstrukturmodell des fortgeltenden Erstattungsbetrages nach Satz 1.

(9) 1Die Verbände nach Absatz 5 Satz 1 treffen eine Rahmenvereinbarung über die Maßstäbe für Vereinbarungen nach Absatz 1. 2Darin legen sie insbesondere Kriterien fest, die neben dem Beschluss nach § 35a und den Vorgaben nach den Absätzen 1 und 3 zur Vereinbarung eines Erstattungsbetrags nach Absatz 1 heranzuziehen sind. 3Für Arzneimittel, für die der Gemeinsame Bundesausschuss nach § 35a Absatz 3 einen Zusatznutzen festgestellt hat, sollen die Jahrestherapiekosten vergleichbarer Arzneimittel sowie die tatsächlichen Abgabepreise in anderen europäischen Ländern gewichtet nach den jeweiligen Umsätzen und Kaufkraftparitäten berücksichtigt werden. 4In der Vereinbarung nach Satz 1 sind auch Maßstäbe für die Angemessenheit der Abschläge nach Absatz 3 Satz 4 und 9 zu vereinbaren. 5In der Vereinbarung nach Satz 1 ist auch das Nähere zu Inhalt, Form und Verfahren der jeweils erforderlichen Auswertung der Daten nach § 217f Absatz 7 und der Übermittlung der Auswertungsergebnisse an den pharmazeutischen Unternehmer sowie zur Aufteilung der entstehenden Kosten zu vereinbaren. 6Kommt eine Rahmenvereinbarung nicht zustande, setzen die unparteiischen Mitglieder der Schiedsstelle die Rahmenvereinbarung im Benehmen mit den Verbänden auf Antrag einer Vertragspartei nach Satz 1 fest. 7Kommt eine Rahmenvereinbarung nicht innerhalb einer vom Bundesministerium für Gesundheit gesetzten Frist zustande, gilt Satz 6 entsprechend. 8Eine Klage gegen Entscheidungen der Schiedsstelle hat keine aufschiebende Wirkung. 9Ein Vorverfahren findet nicht statt. 10Absatz 1 Satz 7 gilt entsprechend.

(10) Der Gemeinsame Bundesausschuss, der Spitzenverband Bund der Krankenkassen und das Institut für Qualität und Wirtschaftlichkeit im Gesundheitswesen schließen mit dem Verband der privaten Krankenversicherung eine Vereinbarung über die von den Unternehmen der privaten Krankenversicherung zu erstattenden Kosten für die Nutzen-Bewertung nach § 35a und für die Kosten-Nutzen-Bewertung nach § 35b sowie für die Festsetzung eines Erstattungsbetrags nach Absatz 4.

(11) 1Das Bundesministerium für Gesundheit evaluiert die Auswirkungen der Änderungen der §§ 35a und 130b und der Neuregelung des § 130e durch das GKV-Finanzstabilisierungsgesetz vom 7. November 2022 (BGBl. I S. 1990) auf die Versorgung mit Arzneimitteln. 2Im Rahmen der Evaluation bewertet es insbesondere die Auswirkungen

1. auf die Sicherheit der Versorgung mit innovativen und wirtschaftlichen Arzneimitteln insbesondere auch für Patientinnen und Patienten mit seltenen Erkrankungen sowie
2. auf Produktionsstandorte in der Bundesrepublik Deutschland und der Europäischen Union.

3Das Bundesministerium für Gesundheit berichtet dem Deutschen Bundestag bis zum 31. Dezember 2023 über die Ergebnisse der Evaluation; dabei stellt es zur Bewertung der Auswirkungen auf Produktionsstandorte Einvernehmen mit dem Bundesministerium für Wirtschaft und Klimaschutz her.

V

§ 130c Verträge von Krankenkassen mit pharmazeutischen Unternehmern

(1) 1Krankenkassen oder ihre Verbände können abweichend von bestehenden Vereinbarungen oder Schiedssprüchen nach § 130b mit pharmazeutischen Unternehmern Vereinbarungen über die Erstattung von Arzneimitteln sowie zur Versorgung ihrer Versicherten mit Arzneimitteln treffen. 2Dabei kann insbesondere eine mengenbezogene Staffelung des Preisnachlasses, ein jährliches Umsatzvolumen mit Ausgleich von Mehrerlösen oder eine Erstattung in Abhängigkeit von messbaren Therapieerfolgen vereinbart werden. 3Durch eine Vereinbarung nach Satz 1 kann eine Vereinbarung nach § 130b ergänzt oder ganz oder teilweise abgelöst werden; dabei können auch zusätzliche Rabatte auf den Erstattungsbetrag vereinbart werden. 4§ 78 Absatz 3a des Arzneimittelgesetzes bleibt unberührt. 5Die Ergebnisse der Bewertungen nach den §§ 35a und 35b, die Richtlinien nach § 92, die Vereinbarungen nach § 84 und die Informationen nach § 73 Absatz 8 Satz 1 sind zu berücksichtigen. 6§ 130a Absatz 8 gilt entsprechend.

(2) Die Krankenkassen informieren ihre Versicherten und die an der vertragsärztlichen Versorgung teilnehmenden Ärzte umfassend über die vereinbarten Versorgungsinhalte.

(3) Die Krankenkassen oder ihre Verbände können mit Ärzten, kassenärztlichen Vereinigungen oder Verbänden von Ärzten Regelungen zur bevorzugten Verordnung von Arzneimitteln nach Absatz 1 Satz 1 entsprechend § 84 Absatz 1 Satz 5 treffen.

(4) Arzneimittelverordnungen im Rahmen einer Vereinbarung nach Absatz 3 Satz 1 sind von der Prüfungsstelle als bei den Wirtschaftlichkeitsprüfungen nach den §§ 106 bis 106c zu berücksichtigende Praxisbesonderheiten anzuerkennen, soweit dies vereinbart wurde und die vereinbarten Voraussetzungen zur Gewährleistung von Zweckmäßigkeit, Qualität und Wirtschaftlichkeit der Versorgung eingehalten sind.

(5) 1Informationen über die Regelungen nach Absatz 3 sind in den Programmen zur Verordnung von Arzneimitteln nach § 73 Absatz 9 Satz 1 zu hinterlegen. 2Das Nähere ist in den Verträgen nach § 82 Absatz 1 zu vereinbaren.

§ 130d Preise für Arzneimittel zur Therapie von Gerinnungsstörungen bei Hämophilie

(1) 1Pharmazeutische Unternehmer haben dem Spitzenverband Bund der Krankenkassen für Arzneimittel zur spezifischen Therapie von Gerinnungsstörungen bei Hämophilie bis zum 30. November 2019 als Herstellerabgabepreis einen mengengewichteten arithmetischen Mittelwert unter Übermittlung der dem ermittelten Mittelwert zugrundeliegenden Preise, die für die Jahre 2017 und 2018 bei der Direktabgabe durch den pharmazeutischen Unternehmer nach § 47 Absatz 1 Nummer 2 Buchstabe a des Arzneimittelgesetzes tatsächlich vereinbart worden sind, sowie der zu diesen Preisen abgegebenen Mengen zu melden. 2Satz 1 gilt nicht für Arzneimittel, für die ein Erstattungsbetrag nach § 130b vereinbart oder festgesetzt worden ist. 3Die Übermittlung der Preise und Mengen erfolgt in maschinell verwertbarer Weise unter Angabe des jeweiligen Vertragspartners.

(2) Die Krankenkassen haben dem Spitzenverband Bund der Krankenkassen für Arzneimittel zur spezifischen Therapie von Gerinnungsstörungen bei Hämophilie bis zum 30. November 2019 für die Jahre 2017 und 2018 die Preise und die dazugehörigen Mengen in maschinell verwertbarer Weise unter Angabe der Betriebsstättennummer zu melden, die bisher im Direktbezug über den pharmazeutischen Unternehmer nach § 47 Absatz 1 Nummer 2 Buchstabe a des Arzneimittelgesetzes abgerechnet wurden.

(3) 1Der Spitzenverband Bund der Krankenkassen prüft den vom pharmazeutischen Unternehmer gemeldeten Herstellerabgabepreis nach Absatz 1 unter Berücksichtigung der von den Krankenkassen nach Absatz 2 gemeldeten Daten auf Plausibilität. 2Kann die Plausibilität des gemeldeten Herstellerabgabepreises nicht festgestellt werden oder kommt ein pharmazeutischer Unternehmer seiner Verpflichtung nach Absatz 1 nicht nach, setzt der Spitzenverband Bund der Krankenkassen den mengengewichteten arithmetischen Mittelwert unter Berücksichtigung der Daten nach Absatz 2 als Herstellerabgabepreis fest. 3Dem pharmazeutischen Unternehmer ist zuvor Gelegenheit zur Stellungnahme zu geben.

(4) Das Nähere, insbesondere zur Gewährleistung der einheitlichen Ermittlung des Herstellerabgabepreises durch die pharmazeutischen Unternehmer, zu Art und Umfang der Datenübermittlung von Preisen und Mengen nach den Absätzen 1 und 2 und zur Meldung des ermittelten Herstellerabgabepreises nach Absatz 1, regelt der Spitzenverband Bund der Krankenkassen im Benehmen mit den für die Wahrnehmung der wirtschaftlichen Interessen gebildeten maßgeblichen Spitzenorganisationen der pharmazeutischen Unternehmer auf Bundesebene.

(5) 1Der Herstellerabgabepreis nach Absatz 1 oder Absatz 3 gilt ab dem 1. September 2020. 2Klagen gegen die Festsetzung nach Absatz 3 haben keine aufschiebende Wirkung; ein Vorverfahren findet nicht statt.

§ 130e Kombinationsabschlag

(1) 1Für alle Arzneimittel mit neuen Wirkstoffen, die in einer vom Gemeinsamen Bundesausschuss zuvor nach § 35a Absatz 3 Satz 4 benannten Kombination eingesetzt

und ab dem 2. Mai 2023 zu Lasten der Krankenkassen abgegeben werden, erhalten die Krankenkassen vom jeweiligen pharmazeutischen Unternehmer einen Abschlag in Höhe von 20 Prozent des Abgabepreises des pharmazeutischen Unternehmers ohne Mehrwertsteuer. $_2$Der Abschlag entfällt mit Wirkung für die Zukunft, wenn der Gemeinsame Bundesausschuss nach § 35a Absatz 1d Satz 1 festgestellt hat, dass die Kombination von Arzneimitteln einen mindestens beträchtlichen Zusatznutzen erwarten lässt.

(2) $_1$Die Krankenkassen oder ihre Verbände treffen mit pharmazeutischen Unternehmern Vereinbarungen zur Abwicklung des Abschlages. $_2$Zu diesem Zweck dürfen die Krankenkassen die ihnen vorliegenden Arzneimittelabrechnungsdaten versichertenbezogen verarbeiten. $_3$Die Verbände nach § 130b Absatz 5 Satz 1 vereinbaren bis zum 1. Mai 2023 eine Mustervereinbarung für Vereinbarungen nach Satz 1.

§ 131 Rahmenverträge mit pharmazeutischen Unternehmern

(1) $_1$Der Spitzenverband Bund der Krankenkassen und die für die Wahrnehmung der wirtschaftlichen Interessen gebildeten maßgeblichen Spitzenorganisationen der pharmazeutischen Unternehmer auf Bundesebene schließen einen Rahmenvertrag über die Arzneimittelversorgung in der gesetzlichen Krankenversicherung. $_2$In dem Rahmenvertrag ist das Nähere zu regeln über die Verpflichtung der pharmazeutischen Unternehmer zur Umsetzung der Datenübermittlung nach Absatz 4 Sätze 1 bis 3, insbesondere über

1. die zur Herstellung einer pharmakologisch-therapeutischen und preislichen Transparenz erforderlichen Daten,
2. die für die Abrechnung nach § 300 erforderlichen Preis- und Produktinformationen sowie
3. das Datenformat.

$_3$In dem Rahmenvertrag kann geregelt werden, dass die Vertragspartner zur Erfüllung ihrer Verpflichtungen nach Absatz 4 Sätze 1 bis 3 Dritte beauftragen können. $_4$Der Rahmenvertrag wird im Hinblick auf die in die Arzneimittelversorgung nach § 31 Absatz 1 einbezogenen Produkte im Benehmen mit den für die Wahrnehmung der wirtschaftlichen Interessen gebildeten maßgeblichen Verbänden auf Bundesebene für diese Produkte vereinbart.

(2) Der Rahmenvertrag nach Absatz 1 kann sich erstrecken auf

1. die Ausstattung der Packungen,
2. Maßnahmen zur Erleichterung der Erfassung von Preis- und Produktinformationen und für die Auswertung von Arzneimittelpreisdaten, Arzneimittelverbrauchsdaten und Arzneimittelverordnungsdaten, insbesondere für die Ermittlung der Zusammenstellung der Arzneimittel nach § 92 Absatz 2 und die Festsetzung von Festbeträgen.

(3) $_1$Besteht bereits ein Rahmenvertrag nach Absatz 1, ist dieser von den Vertragsparteien bis zum 1. November 2021 an die geänderten Anforderungen nach den Absätzen 1 und 2 anzupassen. $_2$Kommt ein Rahmenvertrag ganz oder teilweise nicht zustande, wird der Vertragsinhalt insoweit auf Antrag einer Vertragspartei nach Absatz 1 Satz 1 durch die unparteiischen Mitglieder der Schiedsstelle nach Absatz 3a im Benehmen mit den Vertragsparteien innerhalb von drei Monaten festgesetzt. $_3$Die Schiedsstelle gibt den Verbänden nach Absatz 1 Satz 4 vor ihrer Entscheidung Gelegenheit zur Stellungnahme. $_4$Kommt der Rahmenvertrag nicht innerhalb einer vom Bundesministerium für Gesundheit gesetzten Frist zustande, gilt Satz 2 entsprechend. $_5$Eine Klage gegen eine Entscheidung der Schiedsstelle hat keine aufschiebende Wirkung. $_6$Ein Vorverfahren findet nicht statt.

(3a) $_1$Der Spitzenverband Bund der Krankenkassen und die für die Wahrnehmung der wirtschaftlichen Interessen gebildeten maßgeblichen Spitzenorganisationen der pharmazeutischen Unternehmer auf Bundesebene bilden eine gemeinsame Schiedsstelle. $_2$Sie besteht aus einem unparteiischen Vorsitzenden und zwei weiteren unparteiischen Mitgliedern sowie aus jeweils sechs Vertretern der Vertragsparteien nach Absatz 1. $_3$Über den Vorsitzenden und die zwei weiteren unparteiischen Mitglieder sowie deren Stellvertreter sollen sich die Verbände nach Satz 1 einigen. $_4$Kommt eine Einigung nicht zustande, gilt § 89 Absatz 6 Satz 3 entsprechend. $_5$Das Bundesministerium für Gesundheit kann an der Beratung und Beschlussfassung der Schiedsstelle teilnehmen.

(3b) $_1$Die Schiedsstelle gibt sich eine Geschäftsordnung. $_2$Über die Geschäftsordnung entscheiden die unparteiischen Mitglieder im Benehmen mit den Verbänden nach Absatz 3a Satz 1. $_3$Die Geschäftsordnung bedarf der Genehmigung des Bundesministeriums für Gesundheit. $_4$Im Übrigen gilt § 129 Absatz 9 und 10 Satz 1 entsprechend. $_5$In der Rechtsverordnung nach § 129 Absatz 10 Satz 2 kann das Nähere über die Zahl und die Bestellung der Mitglieder, die Erstattung der baren Auslagen und die Entschädigung für Zeitaufwand der Mitglieder, das Verfahren, das Teilnahmerecht des Bundesministeriums für Gesundheit an den Sitzungen sowie über die Verteilung der Kosten geregelt werden.

(3c) $_1$Der Rahmenvertrag nach Absatz 1 oder ein Schiedsspruch nach Absatz 3 kann von einer Vertragspartei frühestens nach einem Jahr gekündigt werden. $_2$Der

Rahmenvertrag oder der Schiedsspruch gilt bis zum Wirksamwerden eines neuen Rahmenvertrages oder eines Schiedsspruches fort.

(4) 1Die pharmazeutischen Unternehmer sind verpflichtet, dem Gemeinsamen Bundesausschuss sowie dem Spitzenverband Bund der Krankenkassen die Daten zu übermitteln, die erforderlich sind

1. zur Herstellung einer pharmakologisch-therapeutischen und preislichen Transparenz im Rahmen der Richtlinien nach § 92 Absatz 1 Satz 2 Nummer 6,
2. zur Festsetzung von Festbeträgen nach § 35 Absatz 1 und 2 oder zur Erfüllung der Aufgaben nach § 35a Absatz 1 Satz 2 und Absatz 5 und
3. zur Wahrnehmung der Aufgaben nach § 129 Absatz 1a.

2Die pharmazeutischen Unternehmer sind verpflichtet, dem Gemeinsamen Bundesausschuss sowie dem Spitzenverband Bund der Krankenkassen auf Verlangen notwendige Auskünfte zu den in Satz 1 genannten Daten zu erteilen. 3Für die Abrechnung von Fertigarzneimitteln, von Verbandmitteln und von Produkten, die gemäß den Richtlinien nach § 92 Absatz 1 Satz 2 Nummer 6 zu Lasten der gesetzlichen Krankenversicherung verordnet werden können, übermitteln die pharmazeutischen Unternehmer und sonstigen Hersteller an die in § 129 Absatz 2 genannten Verbände sowie an die Kassenärztliche Bundesvereinigung und den Gemeinsamen Bundesausschuss im Wege elektronischer Datenübertragung und maschinell verwertbar auf Datenträgern

1. die für die Abrechnung nach § 300 erforderlichen Preis- und Produktangaben einschließlich der Rabatte nach § 130a,
2. die nach § 130b vereinbarten Erstattungsbeträge einschließlich der Rabatte nach § 130a,
3. die nach § 130d ermittelten oder festgesetzten Herstellerabgabepreise einschließlich der Rabatte nach § 130a,
4. den für den Versicherten maßgeblichen Arzneimittelabgabepreis nach § 129 Absatz 5a sowie
5. für Produkte nach § 31 Absatz 1 Satz 2 und Absatz 1a Satz 1 und 4 ein Kennzeichen zur Verordnungsfähigkeit zu Lasten der gesetzlichen Krankenversicherung.

4Die pharmazeutischen Unternehmer und sonstigen Hersteller können Dritte mit der Erfüllung ihrer Verpflichtungen nach den Sätzen 1 bis 3 beauftragen. 5Das Nähere zur Übermittlung der in Satz 3 genannten Angaben an den Spitzenverband Bund der Krankenkassen vereinbaren die Vertragspartner nach Absatz 1; solche Vereinbarungen können auch die weiteren nach Satz 2 berechtigten Datenempfänger mit den für die Wahrnehmung der wirtschaftlichen Interessen gebildeten maßgeblichen Spitzenorganisationen der pharmazeutischen Unternehmer auf Bundesebene schließen. 6Die Verbände nach § 129 Absatz 2 können die Übermittlung der Angaben nach Satz 3 innerhalb angemessener Frist unmittelbar von dem pharmazeutischen Unternehmer und dem sonstigen Hersteller verlangen.

(5) 1Die Verbände nach § 129 Absatz 2 können fehlerhafte Angaben selbst korrigieren und die durch eine verspätete Übermittlung oder erforderliche Korrektur entstandenen Aufwendungen geltend machen; das Nähere ist im Vertrag nach § 129 Absatz 2 zu regeln. 2Die nach Absatz 4 Satz 3 übermittelten Angaben oder, im Fall einer Korrektur nach Satz 1, die korrigierten Angaben sind verbindlich. 3Die pharmazeutischen Unternehmer und sonstigen Hersteller sind verpflichtet, die in § 129 Absatz 2 genannten Verbände unverzüglich über Änderungen der der Korrektur zugrundeliegenden Sachverhalte zu informieren. 4Die Abrechnung der Apotheken gegenüber den Krankenkassen und die Erstattung der Abschläge nach § 130a Absatz 1, 1a, 1b, 2, 3a und 3b durch die pharmazeutischen Unternehmer an die Apotheken erfolgt auf Grundlage der Angaben nach Absatz 4 Satz 3. 5Die Korrektur fehlerhafter Angaben und die Geltendmachung der Ansprüche kann auf Dritte übertragen werden. 6Zur Sicherung der Ansprüche nach Absatz 4 Satz 6 können einstweilige Verfügungen auch ohne die Darlegung und Glaubhaftmachung der in den §§ 935 und 940 der Zivilprozessordnung bezeichneten Voraussetzungen erlassen werden. 7Entsprechendes gilt für einstweilige Anordnungen nach § 86b Absatz 2 Satz 1 und 2 des Sozialgerichtsgesetzes.

(6) 1Die pharmazeutischen Unternehmer sind verpflichtet, auf den äußeren Umhüllungen der Arzneimittel das Arzneimittelkennzeichen nach § 300 Abs. 1 Nr. 1 in einer für Apotheken maschinell erfaßbaren bundeseinheitlichen Form anzugeben. 2Das Nähere regelt der Spitzenverband Bund der Krankenkassen und die für die Wahrnehmung der wirtschaftlichen Interessen gebildeten maßgeblichen Spitzenorganisationen der pharmazeutischen Unternehmer auf Bundesebene in Verträgen.

§ 131a Ersatzansprüche der Krankenkassen

(1) 1Ist ein zu Lasten der gesetzlichen Krankenkasse abgegebenes Arzneimittel mangelhaft und erfolgt aus diesem Grund ein Arzneimittelrückruf oder eine von der zuständigen Behörde bekannt gemachte Einschränkung der Verwendbarkeit des Arzneimittels, gehen die in § 437 des Bürgerlichen Gesetzbuchs bezeichneten Rechte des Abgebenden gegen seinen Lieferanten auf die Krankenkasse über, soweit diese dem Abgebenden für die Abgabe des Arzneimittels eine Vergütung gezahlt hat. 2Für den Rück-

tritt, die Minderung oder den Schadensersatz bedarf es einer sonst nach § 323 Absatz 1 des Bürgerlichen Gesetzbuchs oder § 281 Absatz 1 Satz 1 des Bürgerlichen Gesetzbuchs erforderlichen Fristsetzung nicht. 3Der Abgebende hat seinen Ersatzanspruch oder ein zur Sicherung dieses Anspruchs dienendes Recht unter Beachtung der geltenden Form- und Fristvorschriften zu wahren und bei dessen Durchsetzung durch die Krankenkasse soweit erforderlich mitzuwirken.

(2) 1Der Spitzenverband Bund der Krankenkassen vereinbart mit den für die Wahrnehmung der wirtschaftlichen Interessen gebildeten maßgeblichen Spitzenorganisationen der pharmazeutischen Unternehmer auf Bundesebene und Vertretern des pharmazeutischen Großhandels die näheren Einzelheiten für die Geltendmachung und Abwicklung der Ersatzansprüche der Krankenkassen. 2In den Vereinbarungen können insbesondere Pauschbeträge und eine Abtretung von Regressansprüchen vereinbart werden.

Achter Abschnitt
Beziehungen zu sonstigen Leistungserbringern

§ 132 Versorgung mit Haushaltshilfe

(1) 1Über Inhalt, Umfang, Vergütung sowie Prüfung der Qualität und Wirtschaftlichkeit der Dienstleistungen zur Versorgung mit Haushaltshilfe schließen die Krankenkassen Verträge mit geeigneten Personen, Einrichtungen oder Unternehmen. 2Die Bezahlung von Gehältern bis zur Höhe tarifvertraglich vereinbarter Vergütungen sowie entsprechender Vergütungen nach kirchlichen Arbeitsrechtsregelungen kann dabei nicht als unwirtschaftlich abgelehnt werden; insoweit gilt § 71 nicht. 3Der Leistungserbringer ist verpflichtet, die entsprechende Bezahlung der Beschäftigten nach Satz 2 jederzeit einzuhalten und sie auf Verlangen einer Vertragspartei nachzuweisen. 4Im Fall der Nichteinigung wird der Vertragsinhalt durch eine von den Vertragspartnern zu bestimmende unabhängige Schiedsperson festgelegt. 5Einigen sich die Vertragspartner nicht auf eine Schiedsperson, so wird diese von der für die Vertrag schließende Krankenkasse zuständigen Aufsichtsbehörde bestimmt. 6Die Kosten des Schiedsverfahrens tragen die Vertragsparteien zu gleichen Teilen. 7Abweichend von Satz 1 kann die Krankenkasse zur Gewährung von Haushaltshilfe auch geeignete Personen anstellen.

(2) 1Die Krankenkasse hat darauf zu achten, daß die Leistungen wirtschaftlich und preisgünstig erbracht werden. 2Bei der Auswahl der Leistungserbringer ist ihrer Vielfalt, insbesondere der Bedeutung der freien Wohlfahrtspflege, Rechnung zu tragen.

§ 132a Versorgung mit häuslicher Krankenpflege

(1) 1Der Spitzenverband Bund der Krankenkassen und die für die Wahrnehmung der Interessen von Pflegediensten maßgeblichen Spitzenorganisationen auf Bundesebene haben unter Berücksichtigung der Richtlinien nach § 92 Abs. 1 Satz 2 Nr. 6 gemeinsam Rahmenempfehlungen über die einheitliche und flächendeckende Versorgung mit häuslicher Krankenpflege abzugeben; für Pflegedienste, die einer Kirche oder einer Religionsgemeinschaft des öffentlichen Rechts oder einem sonstigen freigemeinnützigen Träger zuzuordnen sind, können die Rahmenempfehlungen gemeinsam mit den übrigen Partnern der Rahmenempfehlungen auch von der Kirche oder der Religionsgemeinschaft oder von dem Wohlfahrtsverband abgeschlossen werden, dem die Einrichtung angehört. 2Vor Abschluß der Vereinbarung ist der Kassenärztlichen Bundesvereinigung und der Deutschen Krankenhausgesellschaft Gelegenheit zur Stellungnahme zu geben. 3Die Stellungnahmen sind in den Entscheidungsprozeß der Partner der Rahmenempfehlungen einzubeziehen. 4In den Rahmenempfehlungen sind insbesondere zu regeln:

1. Eignung der Leistungserbringer einschließlich Anforderungen an die Eignung zur Versorgung nach § 37 Absatz 7,
2. Maßnahmen zur Qualitätssicherung und Fortbildung,
3. Inhalt und Umfang der Zusammenarbeit des Leistungserbringers mit dem verordnenden Vertragsarzt und dem Krankenhaus,
4. Grundsätze der Wirtschaftlichkeit der Leistungserbringung einschließlich deren Prüfung,
5. Grundsätze der Vergütungen und ihrer Strukturen einschließlich der Transparenzvorgaben für die Vergütungsverhandlungen zum Nachweis der tatsächlich gezahlten Tariflöhne oder Arbeitsentgelte sowie erstmals bis zum 30. Juni 2019 Grundsätze für die Vergütung von längeren Wegezeiten, insbesondere in ländlichen Räumen, durch Zuschläge unter Einbezug der ambulanten Pflege nach dem Elften Buch,
6. Grundsätze zum Verfahren der Prüfung der Leistungspflicht der Krankenkassen sowie zum Abrechnungsverfahren einschließlich der für diese Zwecke jeweils zu übermittelnden Daten und
7. Anforderungen an die Eignung der Pflegefachkräfte, die Leistungen im Rahmen einer Versorgung nach § 37 Absatz 8 erbringen, sowie Maßnahmen zur Gewährleistung der Wirtschaftlichkeit der im Rahmen einer Versorgung nach § 37 Absatz 8 erbrachten Leistungen.

5Um den Besonderheiten der intensivpflegerischen Versorgung im Rahmen der häuslichen Krankenpflege Rechnung zu tragen, sind in den Rahmenempfehlungen auch

V

Regelungen über die behandlungspflegerische Versorgung von Versicherten, die auf Grund eines besonders hohen Bedarfs an diesen Leistungen oder einer Bedrohung ihrer Vitalfunktion einer ununterbrochenen Anwesenheit einer Pflegekraft bedürfen, vorzusehen. $_{6}$In den Rahmenempfehlungen nach Satz 4 Nummer 6 können auch Regelungen über die nach § 302 Absatz 2 Satz 1 und Absatz 3 in Richtlinien geregelten Inhalte getroffen werden; in diesem Fall gilt § 302 Absatz 4. $_{7}$Die Inhalte der Rahmenempfehlungen sind den Verträgen nach Absatz 4 zugrunde zu legen.

(2) $_{1}$Kommt eine Rahmenempfehlung nach Absatz 1 ganz oder teilweise nicht zu Stande, können die Rahmenempfehlungspartner die Schiedsstelle nach Absatz 3 anrufen. $_{2}$Die Schiedsstelle kann auch vom Bundesministerium für Gesundheit angerufen werden. $_{3}$Sie setzt innerhalb von drei Monaten den betreffenden Rahmenempfehlungsinhalt fest.

(3) $_{1}$Der Spitzenverband Bund der Krankenkassen und die für die Wahrnehmung der Interessen von Pflegediensten maßgeblichen Spitzenorganisationen auf Bundesebene bilden erstmals bis zum 1. Juli 2017 eine gemeinsame Schiedsstelle. $_{2}$Sie besteht aus Vertretern der Krankenkassen und der Pflegedienste in gleicher Zahl sowie aus einem unparteiischen Vorsitzenden und zwei weiteren unparteiischen Mitgliedern. $_{3}$Die Amtsdauer beträgt vier Jahre. $_{4}$Über den Vorsitzenden und die zwei weiteren unparteiischen Mitglieder sowie deren Stellvertreter sollen sich die Rahmenempfehlungspartner einigen. $_{5}$Kommt eine Einigung nicht zu Stande, gilt § 89 Absatz 6 Satz 3 entsprechend. $_{6}$Das Bundesministerium für Gesundheit kann durch Rechtsverordnung mit Zustimmung des Bundesrates das Nähere über die Zahl und die Bestellung der Mitglieder, die Erstattung der baren Auslagen und die Entschädigung für den Zeitaufwand der Mitglieder, das Verfahren sowie über die Verteilung der Kosten regeln. $_{7}$§ 129 Absatz 9 und 10 Satz 1 gilt entsprechend.

(4) $_{1}$Über die Einzelheiten der Versorgung mit häuslicher Krankenpflege, über die Preise und deren Abrechnung und die Verpflichtung der Leistungserbringer zur Fortbildung schließen die Krankenkassen Verträge mit den Leistungserbringern. $_{2}$Wird die Fortbildung nicht nachgewiesen, sind Vergütungsabschläge vorzusehen. $_{3}$Dem Leistungserbringer ist eine Frist zu setzen, innerhalb derer er die Fortbildung nachholen kann. $_{4}$Erbringt der Leistungserbringer in diesem Zeitraum die Fortbildung nicht, ist der Vertrag zu kündigen. $_{5}$Die Krankenkassen haben darauf zu achten, dass die Leistungen wirtschaftlich und preisgünstig erbracht werden. $_{6}$Verträge dürfen nur mit zuverlässigen Leistungserbringern abgeschlossen werden, die die Gewähr für eine leistungsgerechte und wirtschaftliche Versorgung bieten. $_{7}$Die Bezahlung von Gehältern bis zur Höhe tarifvertraglich vereinbarter Vergütungen sowie entsprechender Vergütungen nach kirchlichen Arbeitsrechtsregelungen kann dabei nicht als unwirtschaftlich abgelehnt werden; insoweit gilt § 71 nicht. $_{8}$Der Leistungserbringer ist verpflichtet, die entsprechende Bezahlung der Beschäftigten nach Satz 6 jederzeit einzuhalten und sie auf Verlangen einer Vertragspartei nachzuweisen. $_{9}$Im Fall der Nichteinigung wird der Vertragsinhalt durch eine von den Vertragspartnern zu bestimmende unabhängige Schiedsperson innerhalb von drei Monaten festgelegt. $_{10}$Einigen sich die Vertragspartner nicht auf eine Schiedsperson, so wird diese von der für die vertragschließende Krankenkasse zuständigen Aufsichtsbehörde innerhalb eines Monats nach Vorliegen der für die Bestimmung der Schiedsperson notwendigen Informationen bestimmt. $_{11}$Die Kosten des Schiedsverfahrens tragen die Vertragspartner zu gleichen Teilen. $_{12}$Bei der Auswahl der Leistungserbringer ist ihrer Vielfalt, insbesondere der Bedeutung der freien Wohlfahrtspflege, Rechnung zu tragen. $_{13}$Die Leistungserbringer sind verpflichtet, an Qualitäts- und Abrechnungsprüfungen nach § 275b teilzunehmen; § 114 Absatz 2 des Elften Buches bleibt unberührt. $_{14}$Soweit bei einer Prüfung nach § 275b Absatz 1 Satz 1 bis 3 Qualitätsmängel festgestellt werden, entscheiden die Landesverbände der Krankenkassen oder die Krankenkassen nach Anhörung des Leistungserbringers, welche Maßnahmen zu treffen sind, erteilen dem Leistungserbringer hierüber einen Bescheid und setzen ihm darin zugleich eine angemessene Frist zur Beseitigung der festgestellten Mängel. $_{15}$Der Leistungserbringer hat der Krankenkasse anzuzeigen, dass er behandlungspflegerische Leistungen im Sinne des Absatzes 1 Satz 5 erbringt, wenn er diese Leistungen für mindestens zwei Versicherte in einer durch den Leistungserbringer oder einen Dritten organisierten Wohneinheit erbringt. $_{16}$Abweichend von Satz 1 kann die Krankenkasse zur Gewährung von häuslicher Krankenpflege geeignete Personen anstellen.

§ 132b Versorgung mit Soziotherapie

(1) Die Krankenkassen oder die Landesverbände der Krankenkassen können unter Berücksichtigung der Richtlinien nach § 37a Abs. 2 mit geeigneten Personen oder Einrichtungen Verträge über die Versorgung mit Soziotherapie schließen, soweit dies für eine bedarfsgerechte Versorgung notwendig ist.

(2) $_{1}$Im Fall der Nichteinigung wird der Vertragsinhalt durch eine von den Vertragspartnern zu bestimmende unabhängige Schiedsperson festgelegt. $_{2}$Einigen sich die Vertragspartner nicht auf eine Schiedsperson, so wird diese von der für die vertragsschließende Krankenkasse zuständigen Aufsichtsbehörde innerhalb eines Monats

nach Vorliegen der für die Bestimmung der Schiedsperson notwendigen Informationen bestimmt. $_3$Die Kosten des Schiedsverfahrens tragen die Vertragspartner zu gleichen Teilen.

§ 132c Versorgung mit sozialmedizinischen Nachsorgemaßnahmen

(1) Die Krankenkassen oder die Landesverbände der Krankenkassen können mit geeigneten Personen oder Einrichtungen Verträge über die Erbringung sozialmedizinischer Nachsorgemaßnahmen schließen, soweit dies für eine bedarfsgerechte Versorgung notwendig ist.

(2) Der Spitzenverband Bund der Krankenkassen legt in Empfehlungen die Anforderungen an die Leistungserbringer der sozialmedizinischen Nachsorgemaßnahmen fest.

§ 132d Spezialisierte ambulante Palliativversorgung

(1) $_1$Der Spitzenverband Bund der Krankenkassen vereinbart mit den maßgeblichen Spitzenorganisationen der Hospizarbeit und Palliativversorgung auf Bundesebene unter Berücksichtigung der Richtlinien nach § 37b Absatz 3 erstmals bis zum 30. September 2019 einen einheitlichen Rahmenvertrag über die Durchführung der Leistungen nach § 37b. $_2$Den besonderen Belangen von Kindern ist durch einen gesonderten Rahmenvertrag Rechnung zu tragen. $_3$In den Rahmenverträgen sind die sächlichen und personellen Anforderungen an die Leistungserbringung, Maßnahmen zur Qualitätssicherung und die wesentlichen Elemente der Vergütung festzulegen. $_4$Der Deutschen Krankenhausgesellschaft, der Vereinigung der Pflegeeinrichtungen auf Bundesebene sowie der Kassenärztlichen Bundesvereinigung ist Gelegenheit zur Stellungnahme zu geben. $_5$Die Rahmenverträge sind in geeigneter Form öffentlich bekannt zu machen. $_6$Personen oder Einrichtungen, die die in den Rahmenverträgen festgelegten Voraussetzungen erfüllen, haben Anspruch auf Abschluss eines zur Versorgung berechtigenden Vertrages mit den Krankenkassen einzeln oder gemeinsam nach Maßgabe des Rahmenvertrages nach Satz 1 oder Satz 2 und unter Wahrung des Gleichbehandlungsgrundsatzes. $_7$In dem Vertrag nach Satz 6 werden die Einzelheiten der Versorgung festgelegt. $_8$Dabei sind die regionalen Besonderheiten angemessen zu berücksichtigen.

(2) $_1$Im Fall der Nichteinigung wird der Inhalt der Verträge nach Absatz 1 durch eine von den jeweiligen Vertragspartnern zu bestimmende unabhängige Schiedsperson festgelegt. $_2$Einigen sich die Vertragspartner nicht auf eine Schiedsperson, so wird diese im Fall der Rahmenverträge nach Absatz 1 Satz 1 oder Satz 2 vom Bundesversicherungsamt und im Fall der Verträge nach Absatz 1 Satz 6 von der für die vertragschließenden Krankenkassen zuständigen Aufsichtsbehörde bestimmt. $_3$Die Kosten des Schiedsverfahrens tragen die Vertragspartner zu gleichen Teilen. $_4$Widerspruch und Klage gegen die Bestimmung der Schiedsperson haben keine aufschiebende Wirkung.

(3) $_1$Krankenkassen können Verträge, die eine ambulante Palliativversorgung und die spezialisierte ambulante Palliativversorgung umfassen, auch auf Grundlage der §§ 73b oder 140a abschließen. $_2$Die Qualitätsanforderungen in den Rahmenverträgen nach Absatz 1 und in den Richtlinien nach § 37b Absatz 3 und § 92 Absatz 7 Satz 1 Nummer 5 gelten entsprechend.

§ 132e Versorgung mit Schutzimpfungen

(1) $_1$Die Krankenkassen oder ihre Verbände schließen mit Kassenärztlichen Vereinigungen, Ärzten, Einrichtungen mit ärztlichem Personal, deren Gemeinschaften, den obersten Landesgesundheitsbehörden oder den von ihnen bestimmten Stellen, Verträge über die Durchführung von Schutzimpfungen nach § 20i. $_2$Als Gemeinschaften im Sinne des Satzes 1 gelten auch Vereinigungen zur Unterstützung von Mitgliedern, die Schutzimpfungen nach § 20i durchführen. $_3$Es sind insbesondere Verträge abzuschließen mit

1. den an der vertragsärztlichen Versorgung teilnehmenden Ärzten oder deren Gemeinschaften,
2. den Fachärzten für Arbeitsmedizin und Ärzten mit der Zusatzbezeichnung „Betriebsmedizin", die nicht an der vertragsärztlichen Versorgung teilnehmen, oder deren Gemeinschaften und
3. den obersten Landesgesundheitsbehörden oder den von ihnen bestimmten Stellen.

$_4$In Verträgen mit den Fachärzten für Arbeitsmedizin, Ärzten mit der Zusatzbezeichnung „Betriebsmedizin" und sonstigen Ärzten, die nicht an der vertragsärztlichen Versorgung teilnehmen, oder deren Gemeinschaften sind insbesondere Regelungen zur vereinfachten Umsetzung der Durchführung von Schutzimpfungen, insbesondere durch die pauschale Bereitstellung von Impfstoffen, sowie Regelungen zur vereinfachten Abrechnung, insbesondere durch die Erstattung von Pauschalbeträgen oder anteilig nach den Versichertenzahlen (Umlageverfahren) vorzusehen. $_5$In Verträgen mit den obersten Landesgesundheitsbehörden oder den von ihnen bestimmten Stellen sind insbesondere folgende Regelungen vorzusehen:

1. Regelungen zur Förderung von Schutzimpfungen durch den öffentlichen Gesundheitsdienst,
2. Regelungen zur vereinfachten Umsetzung der Durchführung von Schutzimpfungen nach § 20 Absatz 5 Satz 1 und 2 des Infektionsschutzgesetzes, insbeson-

dere durch die pauschale Bereitstellung von Impfstoffen, soweit die Krankenkassen zur Tragung der Kosten nach § 20 Absatz 5 Satz 3 des Infektionsschutzgesetzes verpflichtet sind,

3. Regelungen zur vereinfachten Erstattung der Kosten nach § 69 Absatz 1 Satz 3 des Infektionsschutzgesetzes, soweit die Krankenkassen zur Tragung der Kosten nach § 20 Absatz 5 Satz 3 und 4 des Infektionsschutzgesetzes verpflichtet sind und die Länder die Kosten vorläufig aus öffentlichen Mitteln bestreiten, insbesondere durch die Erstattung von Pauschalbeträgen oder anteilig nach den Versichertenzahlen (Umlageverfahren) und
4. Regelungen zur Übernahme der für die Beschaffung von Impfstoffen anfallenden Kosten des öffentlichen Gesundheitsdienstes durch die Krankenkassen für Personen bis zum vollendeten 18. Lebensjahr aus Mitgliedstaaten der Europäischen Union, deren Versicherteneigenschaft in der gesetzlichen Krankenversicherung zum Zeitpunkt der Durchführung der Schutzimpfung noch nicht festgestellt ist und die nicht privat krankenversichert sind.

6Einigen sich die Vertragsparteien nach Satz 1 nicht innerhalb einer Frist von drei Monaten nach einer Entscheidung gemäß § 20i Absatz 1 Satz 3 oder nach Erlass oder Änderung der Rechtsverordnung nach § 20i Absatz 3 Satz 1, legt eine von den Vertragsparteien zu bestimmende unabhängige Schiedsperson den jeweiligen Vertragsinhalt fest. 7Einigen sich die Vertragsparteien nicht auf eine Schiedsperson, so wird diese von der für die vertragsschließende Krankenkasse oder für den vertragsschließenden Verband zuständigen Aufsichtsbehörde bestimmt. 8Die Kosten des Schiedsverfahrens tragen die Vertragspartner zu gleichen Teilen. 9Endet ein Vertrag nach Satz 1 oder endet eine Rahmenvereinbarung nach § 20i Absatz 3 Satz 3 in der bis zum 10. Mai 2019 geltenden Fassung, so gelten seine oder ihre Bestimmungen bis zum Abschluss eines neuen Vertrages oder bis zur Entscheidung der Schiedsperson vorläufig weiter. 10Sofern erstmalig Verträge über die Versorgung mit Schutzimpfungen abgeschlossen werden, hat sich die Vergütung für die Durchführung der Schutzimpfung an bereits bestehenden Verträgen für vergleichbare Schutzimpfungen zu orientieren.

(1a) 1Der Spitzenverband Bund der Krankenkassen hat mit der für die Wahrnehmung der wirtschaftlichen Interessen gebildeten maßgeblichen Spitzenorganisation der Apotheker im Benehmen mit dem Verband der Privaten Krankenversicherung einen Vertrag über die Durchführung von Grippeschutzimpfungen durch Apotheken bei Personen, die das 18. Lebensjahr vollendet haben, und von Schutzimpfungen gegen das Coronavirus SARS-CoV-2 durch Apotheken bei Personen, die das zwölfte Lebensjahr vollendet haben, abzuschließen, insbesondere über

1. die Vergütung der Impfleistung der Apotheken einschließlich der Vergütung der Impfdokumentation und
2. die Abrechnung der Vergütung.

2In dem Vertrag nach Satz 1 ist für die Beschaffung der Grippeimpfstoffe, die zur Anwendung durch die Apotheken vorgesehen sind, eine Vergütung der Apotheken von 1 Euro je Einzeldosis sowie die Umsatzsteuer vorzusehen. 3Einigen sich die Vertragsparteien nach Satz 1 nicht bis zum 1. April 2023, legt die Schiedsstelle nach § 129 Absatz 8 innerhalb von einem Monat den Inhalt des Vertrages fest. 4Ein bestehender Vertrag gilt bis zum Wirksamwerden eines neuen Vertrages fort; ein Schiedsspruch gilt bis zum Wirksamwerden des ersten Vertrages, der beide in Satz 1 genannten Schutzimpfungen umfasst, fort.

(2) 1Die Kassenärztliche Bundesvereinigung meldet bis zum 15. Januar eines Kalenderjahres den Bedarf an saisonalen Grippeimpfstoffen auf Grundlage der durch die Vertragsärztinnen und Vertragsärzte geplanten Bestellungen an das Paul-Ehrlich-Institut; die für die Wahrnehmung der wirtschaftlichen Interessen gebildete maßgebliche Spitzenorganisation der Apotheker meldet bis zum 15. Januar eines Kalenderjahres den Bedarf an saisonalen Grippeimpfstoffen, die zur Anwendung durch die Apotheken vorgesehen sind, auf Grundlage der durch die Apotheken geplanten Bestellungen an das Paul-Ehrlich-Institut. 2Das Paul-Ehrlich-Institut prüft den nach Satz 1 übermittelten Bedarf unter Berücksichtigung einer zusätzlichen Reserve von 10 Prozent, in den Jahren 2020 bis 2022 von 30 Prozent, durch Vergleich mit den nach § 29 Absatz 1d des Arzneimittelgesetzes mitgeteilten Daten von Inhabern der Zulassungen von saisonalen Grippeimpfstoffen bis zum 15. März eines Kalenderjahres. 3Die Prüfung nach Satz 2 erfolgt im Benehmen mit dem Robert Koch-Institut. 4Das Ergebnis der Prüfung teilt das Paul-Ehrlich-Institut unverzüglich der Kassenärztlichen Bundesvereinigung, der für die Wahrnehmung der wirtschaftlichen Interessen gebildeten maßgeblichen Spitzenorganisation der Apotheker und den Inhabern der Zulassungen von saisonalen Grippeimpfstoffen mit.

(3) Die Inhaber von Zulassungen von saisonalen Grippeimpfstoffen melden die voraussichtlichen Preise für Grippeimpfstoffe für die kommende Impfsaison bis spätestens zum 1. März eines Jahres an die Kassenärztliche Bundesvereinigung und an die für die Wahrnehmung der wirtschaftlichen Interessen gebildete maßgebliche Spitzenorganisation der Apotheker.

(4) In den Verträgen nach Absatz 1 ist eine Erhöhung der Impfquoten für die von der Ständigen Impfkommission

beim Robert Koch-Institut gemäß § 20 Absatz 2 des Infektionsschutzgesetzes empfohlenen Schutzimpfungen anzustreben.

§ 132f Versorgung durch Betriebsärzte

Die Krankenkassen oder ihre Verbände können in Ergänzung zur vertragsärztlichen Versorgung und unter Berücksichtigung der Richtlinien nach § 25 Absatz 4 Satz 2 mit geeigneten Fachärzten für Arbeitsmedizin oder den über die Zusatzbezeichnung „Betriebsmedizin" verfügenden Ärzten oder deren Gemeinschaften Verträge über die Durchführung von Gesundheitsuntersuchungen nach § 25 Absatz 1, über Maßnahmen zur betrieblichen Gesundheitsförderung, über Präventionsempfehlungen, Empfehlungen medizinischer Vorsorgeleistungen und über die Heilmittelversorgung schließen, soweit diese in Ergänzung zur arbeitsmedizinischen Vorsorge erbracht werden.

§ 132g Gesundheitliche Versorgungsplanung für die letzte Lebensphase

(1) 1Zugelassene Pflegeeinrichtungen im Sinne des § 43 des Elften Buches und Einrichtungen der Eingliederungshilfe für behinderte Menschen können den Versicherten in den Einrichtungen eine gesundheitliche Versorgungsplanung für die letzte Lebensphase anbieten. 2Versicherte sollen über die medizinisch-pflegerische Versorgung und Betreuung in der letzten Lebensphase beraten werden, und ihnen sollen Hilfen und Angebote der Sterbebegleitung aufgezeigt werden. 3Im Rahmen einer Fallbesprechung soll nach den individuellen Bedürfnissen des Versicherten insbesondere auf medizinische Abläufe in der letzten Lebensphase und während des Sterbeprozesses eingegangen, sollen mögliche Notfallsituationen besprochen und geeignete einzelne Maßnahmen der palliativmedizinischen, palliativ-pflegerischen und psychosozialen Versorgung dargestellt werden. 4Die Fallbesprechung kann bei wesentlicher Änderung des Versorgungs- oder Pflegebedarfs auch mehrfach angeboten werden.

(2) 1In die Fallbesprechung ist der den Versicherten behandelnde Hausarzt oder sonstige Leistungserbringer der vertragsärztlichen Versorgung nach § 95 Absatz 1 Satz 1 einzubeziehen. 2Auf Wunsch des Versicherten sind Angehörige und weitere Vertrauenspersonen zu beteiligen. 3Für mögliche Notfallsituationen soll die erforderliche Übergabe des Versicherten an relevante Rettungsdienste und Krankenhäuser vorbereitet werden. 4Auch andere regionale Betreuungs- und Versorgungsangebote sollen einbezogen werden, um die umfassende medizinische, pflegerische, hospizliche und seelsorgerische Begleitung nach Maßgabe der individuellen Versorgungsplanung für die letzte Lebensphase sicherzustellen. 5Die Einrichtungen nach Absatz 1 Satz 1 können das Beratungsangebot selbst oder in Kooperation mit anderen regionalen Beratungsstellen durchführen.

(3) 1Der Spitzenverband Bund der Krankenkassen vereinbart mit den Vereinigungen der Träger der in Absatz 1 Satz 1 genannten Einrichtungen auf Bundesebene erstmals bis zum 31. Dezember 2016 das Nähere über die Inhalte und Anforderungen der Versorgungsplanung nach den Absätzen 1 und 2. 2Den Kassenärztlichen Bundesvereinigungen, der Deutschen Krankenhausgesellschaft, den für die Wahrnehmung der Interessen der Hospizdienste und stationären Hospize maßgeblichen Spitzenorganisationen, den Verbänden der Pflegeberufe auf Bundesebene, den maßgeblichen Organisationen für die Wahrnehmung der Interessen und der Selbsthilfe der pflegebedürftigen und behinderten Menschen, dem Medizinischen Dienst Bund, dem Verband der Privaten Krankenversicherung e. V., der Bundesarbeitsgemeinschaft der überörtlichen Träger der Sozialhilfe sowie der Bundesvereinigung der kommunalen Spitzenverbände ist Gelegenheit zur Stellungnahme zu geben. 3§ 132d Absatz 1 Satz 3 bis 5 gilt entsprechend.

(4) 1Die Krankenkasse des Versicherten trägt die notwendigen Kosten für die nach Maßgabe der Vereinbarung nach Absatz 3 erbrachten Leistungen der Einrichtung nach Absatz 1 Satz 1. 2Die Kosten sind für Leistungseinheiten zu tragen, die die Zahl der benötigten qualifizierten Mitarbeiter und die Zahl der durchgeführten Beratungen berücksichtigen. 3Das Nähere zu den erstattungsfähigen Kosten und zu der Höhe der Kostentragung ist in der Vereinbarung nach Absatz 3 zu regeln. 4Der Spitzenverband Bund der Krankenkassen regelt für seine Mitglieder das Erstattungsverfahren. 5Die ärztlichen Leistungen nach den Absätzen 1 und 2 sind unter Berücksichtigung der Vereinbarung nach Absatz 3 aus der vertragsärztlichen Gesamtvergütung zu vergüten. 6Sofern diese ärztlichen Leistungen im Rahmen eines Vertrages nach § 132d Absatz 1 erbracht werden, ist deren Vergütung in diesen Verträgen zu vereinbaren.

(5) 1Der Spitzenverband Bund der Krankenkassen berichtet dem Bundesministerium für Gesundheit alle drei Jahre über die Entwicklung der gesundheitlichen Versorgungsplanung für die letzte Lebensphase und die Umsetzung der Vereinbarung nach Absatz 3. 2Er legt zu diesem Zweck die von seinen Mitgliedern zu übermittelnden statistischen Informationen über die erstatteten Leistungen fest.

§ 132h Versorgungsverträge mit Kurzzeitpflegeeinrichtungen

Die Krankenkassen oder die Landesverbände der Krankenkassen können mit geeigneten Einrichtungen Verträge über die Erbringung von Kurzzeitpflege nach § 39c schließen, soweit dies für eine bedarfsgerechte Versorgung notwendig ist.

§ 132i Versorgungsverträge mit Hämophiliezentren

1Die Krankenkassen oder ihre Landesverbände schließen mit ärztlichen Einrichtungen, die auf die qualitätsgesicherte Behandlung von Gerinnungsstörungen bei Hämophilie durch hämostaseologisch qualifizierte Ärztinnen oder Ärzte spezialisiert sind, oder mit deren Verbänden Verträge über die Behandlung von Versicherten mit Gerinnungsstörungen bei Hämophilie. 2In diesen Verträgen soll die Vergütung von zusätzlichen, besonderen ärztlichen Aufwendungen zur medizinischen Versorgung und Betreuung von Patientinnen und Patienten mit Gerinnungsstörungen bei Hämophilie, insbesondere für die Beratung über die Langzeitfolgen von Gerinnungsstörungen, die Begleitung und Kontrolle der Selbstbehandlung, die Dokumentation nach § 14 des Transfusionsgesetzes und die Meldung an das Deutsche Hämophilieregister nach § 21 Absatz 1a des Transfusionsgesetzes sowie für die Notfallvorsorge und -behandlung geregelt werden. 3Im Fall der Nichteinigung wird der Vertragsinhalt durch eine von den Vertragspartnern nach Satz 1 gemeinsam zu benennende unabhängige Schiedsperson innerhalb von drei Monaten festgelegt. 4Einigen sich die Vertragspartner nicht auf eine Schiedsperson, so wird diese von der für die vertragschließende Krankenkasse oder für den vertragsschließenden Verband zuständigen Aufsichtsbehörde innerhalb eines Monats nach Vorliegen der für die Bestimmung der Schiedsperson notwendigen Informationen bestimmt. 5Die Kosten des Schiedsverfahrens tragen die Vertragsparteien zu gleichen Teilen.

§ 132j Regionale Modellvorhaben zur Durchführung von Grippeschutzimpfungen in Apotheken

(1) 1Die Krankenkassen oder ihre Landesverbände haben mit Apotheken, Gruppen von Apotheken oder mit den für die Wahrnehmung der wirtschaftlichen Interessen maßgeblichen Organisationen der Apotheker auf Landesebene, wenn diese sie dazu auffordern, Verträge über die Durchführung von Modellvorhaben in ausgewählten Regionen zur Durchführung von Grippeschutzimpfungen bei Personen, die das 18. Lebensjahr vollendet haben, in Apotheken mit dem Ziel der Verbesserung der Impfquote abzuschließen. 2In den Verträgen ist zu den Grippeschutzimpfungen in Apotheken insbesondere Folgendes zu regeln:

1. die Voraussetzungen für deren Durchführung,
2. deren Durchführung,
3. deren Vergütung und
4. deren Abrechnung.

3§ 63 Absatz 3, 3a Satz 2 bis 4 und Absatz 5 Satz 3 und 4 ist entsprechend anzuwenden.

(2) Vor Abschluss eines Vertrages nach Absatz 1 sind zu den jeweiligen Vertragsinhalten Stellungnahmen des Robert Koch-Instituts und des Paul-Ehrlich-Instituts einzuholen; die Stellungnahmen sind zu berücksichtigen.

(3) Die Verträge nach Absatz 1 sind der für die Krankenkasse oder den Landesverband zuständigen Aufsichtsbehörde und der für die Überwachung der Apotheken zuständigen Behörde vor Beginn der Durchführung des Modellvorhabens vorzulegen.

(4) Im Rahmen der Modellvorhaben dürfen Apothekerinnen und Apotheker Grippeschutzimpfungen bei Personen durchführen, die das 18. Lebensjahr vollendet haben,

1. soweit Berufsrecht dem nicht entgegensteht und
2. wenn
   a) die Apothekerinnen und Apotheker hierfür ärztlich geschult sind und ihnen die erfolgreiche Teilnahme an der Schulung bestätigt wurde und
   b) in der jeweiligen Apotheke eine geeignete Räumlichkeit mit der Ausstattung vorhanden ist, die für die Durchführung einer Grippeschutzimpfung erforderlich ist.

(5) Die ärztliche Schulung, an der Apothekerinnen und Apotheker teilnehmen müssen, um Grippeschutzimpfungen durchführen zu dürfen, hat insbesondere die Vermittlung der folgenden Kenntnisse, Fähigkeiten und Fertigkeiten zu umfassen:

1. Kenntnisse, Fähigkeiten und Fertigkeiten zur Durchführung von Grippeschutzimpfungen einschließlich der Aufklärung und Einholung der Einwilligung der zu impfenden Person,
2. Kenntnis von Kontraindikationen sowie Fähigkeiten und Fertigkeiten zu deren Beachtung und
3. Kenntnis von Notfallmaßnahmen bei eventuellen akuten Impfreaktionen sowie Fähigkeiten und Fertigkeiten zur Durchführung dieser Notfallmaßnahmen.

(6) 1Über die Schulung schließen die Vertragspartner nach Absatz 1 Satz 1 gemeinsam Verträge mit Anbietern der Schulung. 2Vor Abschluss der Verträge sind zu den jeweiligen Vertragsinhalten Stellungnahmen des Robert Koch-Instituts und des Paul-Ehrlich-Instituts einzuholen; die Stellungnahmen sind zu berücksichtigen.

(7) 1Die Modellvorhaben sind im Regelfall auf längstens fünf Jahre zu befristen. 2Sie sind nach allgemein anerkannten wissenschaftlichen Standards zu begleiten und auszuwerten.

(8) Die Vertragspartner nach Absatz 1 haben die Modellvorhaben innerhalb von neun Monaten nach dem Abschluss eines Vertrages oder Vorliegen eines Schiedsspruchs nach § 132e Absatz 1a zu beenden.

§ 132k Vertrauliche Spurensicherung

$_{1}$Die Krankenkassen oder ihre Landesverbände schließen gemeinsam und einheitlich auf Antrag des jeweiligen Landes mit dem Land sowie mit einer hinreichenden Anzahl von geeigneten Einrichtungen oder Ärzten Verträge über die Erbringung von Leistungen nach § 27 Absatz 1 Satz 6. $_{2}$In den Verträgen sind insbesondere die Einzelheiten zu Art und Umfang der Leistungen, die Voraussetzungen für die Ausführung und Abrechnung sowie die Vergütung und Form und Inhalt des Abrechnungsverfahrens zu regeln. $_{3}$Die Leistungen werden unmittelbar mit den Krankenkassen abgerechnet, die Vergütung kann pauschaliert werden. $_{4}$Das Abrechnungsverfahren ist so zu gestalten, dass die Anonymität des Versicherten gewährleistet ist. $_{5}$Kommt ein Vertrag ganz oder teilweise nicht binnen sechs Monaten nach Antragstellung durch das Land zustande, gilt § 132i Satz 3 bis 5 entsprechend mit den Maßgaben, dass Widerspruch und Klage gegen die Bestimmung der Schiedsperson keine aufschiebende Wirkung haben.

§ 132l Versorgung mit außerklinischer Intensivpflege, Verordnungsermächtigung

(1) $_{1}$Der Spitzenverband Bund der Krankenkassen und die Vereinigungen der Träger von vollstationären Pflegeeinrichtungen auf Bundesebene, die Leistungen nach § 43 des Elften Buches erbringen, die für die Wahrnehmung der Interessen der Erbringer von Leistungen nach Absatz 5 Nummer 3 maßgeblichen Spitzenorganisationen auf Bundesebene und die für die Wahrnehmung der Interessen von Pflegediensten maßgeblichen Spitzenorganisationen auf Bundesebene haben unter Einbeziehung des Medizinischen Dienstes Bund und unter Berücksichtigung der Richtlinien nach § 92 Absatz 1 Satz 2 Nummer 6 bis zum 31. Oktober 2022 gemeinsame Rahmenempfehlungen über die einheitliche und flächendeckende Versorgung mit außerklinischer Intensivpflege zu vereinbaren. $_{2}$Vor Abschluss der Vereinbarung ist der Kassenärztlichen Bundesvereinigung und der Deutschen Krankenhausgesellschaft Gelegenheit zur Stellungnahme zu geben. $_{3}$Die Stellungnahmen sind in den Entscheidungsprozess der Partner der Rahmenempfehlungen einzubeziehen. $_{4}$Die Inhalte der Rahmenempfehlungen sind den Verträgen nach Absatz 5 zugrunde zu legen.

(2) In den Rahmenempfehlungen sind im Hinblick auf den jeweiligen Leistungsort nach § 37c Absatz 2 Satz 1 insbesondere zu regeln:

1. personelle Anforderungen an die pflegerische Versorgung einschließlich der Grundsätze zur Festlegung des Personalbedarfs,
2. strukturelle Anforderungen an Wohneinheiten nach Absatz 5 Nummer 1 einschließlich baulicher Qualitätsanforderungen,
3. Einzelheiten zu Inhalt und Umfang der Zusammenarbeit des Leistungserbringers mit der verordnenden Vertragsärztin oder dem verordnenden Vertragsarzt, dem Krankenhaus und mit weiteren nichtärztlichen Leistungserbringern,
4. Maßnahmen zur Qualitätssicherung einschließlich von Anforderungen an ein einrichtungsinternes Qualitätsmanagement und Maßnahmen zur Fortbildung,
5. Grundsätze der Wirtschaftlichkeit der Leistungserbringung einschließlich deren Prüfung,
6. Grundsätze zum Verfahren der Prüfung der Leistungspflicht der Krankenkassen sowie zum Abrechnungsverfahren einschließlich der für diese Zwecke nach § 302 jeweils zu übermittelnden Daten,
7. Grundsätze der Vergütungen und ihrer Strukturen einschließlich der Transparenzvorgaben für die Vergütungsverhandlungen zum Nachweis der tatsächlich gezahlten Tariflöhne oder Arbeitsentgelte und
8. Maßnahmen bei Vertragsverstößen.

(3) $_{1}$Kommt eine Rahmenempfehlung nach Absatz 2 ganz oder teilweise nicht zustande, können die Rahmenempfehlungspartner die Schiedsstelle nach Absatz 4 anrufen. $_{2}$Die Schiedsstelle kann auch vom Bundesministerium für Gesundheit angerufen werden. $_{3}$Sie setzt innerhalb von drei Monaten den betreffenden Rahmenempfehlungsinhalt fest.

(4) $_{1}$Der Spitzenverband Bund der Krankenkassen, die Vereinigungen der Träger von vollstationären Pflegeeinrichtungen auf Bundesebene, die Leistungen nach § 43 des Elften Buches erbringen, die für die Wahrnehmung der Interessen von Leistungserbringern nach Absatz 5 Nummer 3 maßgeblichen Spitzenorganisationen auf Bundesebene und die für die Wahrnehmung der Interessen von Pflegediensten maßgeblichen Spitzenorganisationen auf Bundesebene bilden eine gemeinsame Schiedsstelle. $_{2}$Sie besteht aus sechs Vertretern der Krankenkassen, je zwei Vertretern der vollstationären Pflegeeinrichtungen, der Leistungserbringer nach Absatz 5 Nummer 3 und der Pflegedienste sowie aus einem unparteiischen Vorsitzenden und einem weiteren unparteiischen Mitglied. $_{3}$Für jedes Mitglied werden zwei Stellvertreter bestellt. $_{4}$Die beiden unparteiischen Mitglieder haben je drei Stimmen. $_{5}$Jedes andere Mitglied hat eine Stimme. $_{6}$Eine Stimmenthaltung ist unzulässig. $_{7}$Die gemeinsame Schiedsstelle trifft ihre Entscheidung mit der

V

einfachen Mehrheit der Stimmen ihrer Mitglieder. 8Ergibt sich keine Mehrheit, geben die Stimmen des Vorsitzenden den Ausschlag. 9Die Amtsdauer der Mitglieder beträgt vier Jahre. 10Die Rahmenempfehlungspartner nach Absatz 1 Satz 1 sollen sich über den Vorsitzenden und das weitere unparteiische Mitglied sowie deren Stellvertreter einigen. 11Kommt eine Einigung nicht zustande, erfolgt eine Bestellung des unparteiischen Vorsitzenden, des weiteren unparteiischen Mitglieds und deren Stellvertreter durch das Bundesministerium für Gesundheit, nachdem es den Rahmenempfehlungspartnern eine Frist zur Einigung gesetzt hat und diese Frist abgelaufen ist. 12Das Bundesministerium für Gesundheit kann durch Rechtsverordnung mit Zustimmung des Bundesrates das Nähere über die Bestellung der Mitglieder, die Erstattung der baren Auslagen und die Entschädigung für den Zeitaufwand der Mitglieder, das Verfahren sowie über die Verteilung der Kosten regeln. 13§ 129 Absatz 9 Satz 1 bis 3 und 7 sowie Absatz 10 Satz 1 gilt entsprechend.

V

(5) 1Über die außerklinische Intensivpflege einschließlich deren Vergütung und Abrechnung schließen die Landesverbände der Krankenkassen und die Ersatzkassen gemeinsam und einheitlich Verträge mit zuverlässigen Leistungserbringern, die

1. eine Wohneinheit für mindestens zwei Versicherte betreiben, die Leistungen nach § 37c in Anspruch nehmen,
2. Leistungen nach § 43 des Elften Buches erbringen,
3. Leistungen nach § 103 Absatz 1 des Neunten Buches in Einrichtungen oder Räumlichkeiten im Sinne des § 43a des Elften Buches in Verbindung mit § 71 Absatz 4 des Elften Buches erbringen oder
4. außerklinische Intensivpflege an den in § 37c Absatz 2 Satz 1 Nummer 4 genannten Orten erbringen.

2Die Bezahlung von Gehältern bis zur Höhe tarifvertraglich vereinbarter Vergütungen sowie entsprechender Vergütungen nach kirchlichen Arbeitsrechtsregelungen kann dabei nicht als unwirtschaftlich abgelehnt werden. 3Auf Verlangen der Landesverbände der Krankenkassen und der Ersatzkassen oder einer Krankenkasse ist die Zahlung dieser Vergütungen nachzuweisen. 4Die Leistungserbringer sind verpflichtet, ein einrichtungsinternes Qualitätsmanagement durchzuführen, das den Anforderungen des Absatzes 2 Nummer 4 entspricht, und an Qualitäts- und Abrechnungsprüfungen nach § 275b teilzunehmen; § 114 Absatz 2 des Elften Buches bleibt unberührt. 5Soweit bei einer Prüfung nach § 275b Absatz 1 Satz 1 bis 3 Qualitätsmängel festgestellt werden, entscheiden die Landesverbände der Krankenkassen oder die Krankenkassen nach Anhörung des Leistungserbringers, welche Maßnahmen zu treffen sind, erteilen dem Leistungserbringer hierüber einen Bescheid und setzen ihm darin zugleich eine angemessene Frist zur Beseitigung der festgestellten Mängel. 6Verträge nach § 132a Absatz 4 gelten so lange fort, bis sie durch Verträge nach Satz 1 abgelöst werden, längstens jedoch für zwölf Monate nach Vereinbarung der Rahmenempfehlungen nach Absatz 1.

(6) 1Im Fall der Nichteinigung wird der Inhalt des Versorgungsvertrages nach Absatz 5 durch eine von den Vertragspartnern zu bestimmende unabhängige Schiedsperson innerhalb von drei Monaten festgelegt. 2Einigen sich die Vertragspartner nicht auf eine Schiedsperson, so wird diese vom Bundesamt für Soziale Sicherung innerhalb eines Monats bestimmt. 3Die Kosten des Schiedsverfahrens tragen die Vertragspartner zu gleichen Teilen.

(7) Die Krankenkassen informieren die für die infektionshygienische Überwachung nach § 23 Absatz 6 Satz 1 und Absatz 6a Satz 1 des Infektionsschutzgesetzes zuständigen Gesundheitsämter über jeden Leistungserbringer, der in ihrem Auftrag Leistungen der außerklinischen Intensivpflege erbringt.

(8) 1Die Landesverbände der Krankenkassen und die Ersatzkassen erstellen gemeinsam und einheitlich eine Liste der Leistungserbringer, mit denen Verträge nach Absatz 5 bestehen und veröffentlichen sie barrierefrei auf einer eigenen Internetseite. 2Die Liste ist einmal in jedem Quartal zu aktualisieren. 3Sie hat Angaben zu Art, Inhalt und Umfang der mit dem Leistungserbringer vertraglich vereinbarten Leistungen der außerklinischen Intensivpflege zu enthalten; sie kann personenbezogene Daten zum Zweck der Kontaktaufnahme mit dem Leistungserbringer enthalten. 4Die Liste darf keine versichertenbezogenen Angaben enthalten und leistungserbringerbezogene Angaben nur, soweit diese für die Kontaktaufnahme mit dem Leistungserbringer erforderlich sind. 5Versicherte, die Anspruch auf Leistungen der außerklinischen Intensivpflege nach § 37c haben, erhalten auf Anforderung von ihrer Krankenkasse einen barrierefreien Auszug aus der Liste nach Satz 1 für den Einzugsbereich, in dem die außerklinische Intensivpflege stattfinden soll.

§ 132m Versorgung mit Leistungen der Übergangspflege im Krankenhaus

1Die Landesverbände der Krankenkassen und die Ersatzkassen schließen mit der Landeskrankenhausgesellschaft oder mit den Vereinigungen der Krankenhausträger im Land Verträge über die Einzelheiten der Versorgung mit Leistungen der Übergangspflege nach § 39e sowie deren Vergütung. 2Im Fall der Nichteinigung wird der Vertragsinhalt durch die Schiedsstelle nach § 18a Absatz 1 des Krankenhausfinanzierungsgesetzes auf Antrag einer Vertragspartei innerhalb von drei Monaten festgelegt.

§ 133 Versorgung mit Krankentransportleistungen

(1) $_{1}$Soweit die Entgelte für die Inanspruchnahme von Leistungen des Rettungsdienstes und anderer Krankentransporte nicht durch landesrechtliche oder kommunalrechtliche Bestimmungen festgelegt werden, schließen die Krankenkassen oder ihre Landesverbände Verträge über die Vergütung dieser Leistungen unter Beachtung des § 71 Abs. 1 bis 3 mit dafür geeigneten Einrichtungen oder Unternehmen. $_{2}$Kommt eine Vereinbarung nach Satz 1 nicht zu Stande und sieht das Landesrecht für diesen Fall eine Festlegung der Vergütungen vor, ist auch bei dieser Festlegung § 71 Abs. 1 bis 3 zu beachten. $_{3}$Sie haben dabei die Sicherstellung der flächendeckenden rettungsdienstlichen Versorgung und die Empfehlungen der Konzertierten Aktion im Gesundheitswesen zu berücksichtigen. $_{4}$Die vereinbarten Preise sind Höchstpreise. $_{5}$Die Preisvereinbarungen haben sich an möglichst preisgünstigen Versorgungsmöglichkeiten auszurichten.

(2) Werden die Entgelte für die Inanspruchnahme von Leistungen des Rettungsdienstes durch landesrechtliche oder kommunalrechtliche Bestimmungen festgelegt, können die Krankenkassen ihre Leistungspflicht zur Übernahme der Kosten auf Festbeträge an die Versicherten in Höhe vergleichbarer wirtschaftlich erbrachter Leistungen beschränken, wenn

1. vor der Entgeltfestsetzung den Krankenkassen oder ihren Verbänden keine Gelegenheit zur Erörterung gegeben wurde,
2. bei der Entgeltbemessung Investitionskosten und Kosten der Reservevorhaltung berücksichtigt worden sind, die durch eine über die Sicherstellung der Leistungen des Rettungsdienstes hinausgehende öffentliche Aufgabe der Einrichtungen bedingt sind, oder
3. die Leistungserbringung gemessen an den rechtlich vorgegebenen Sicherstellungsverpflichtungen unwirtschaftlich ist.

(3) Absatz 1 gilt auch für Leistungen des Rettungsdienstes und andere Krankentransporte im Rahmen des Personenbeförderungsgesetzes.

(4) § 127 Absatz 9 gilt entsprechend.

§ 134 Vereinbarung zwischen dem Spitzenverband Bund der Krankenkassen und den Herstellern digitaler Gesundheitsanwendungen über Vergütungsbeträge; Verordnungsermächtigung

(1) $_{1}$Der Spitzenverband Bund der Krankenkassen vereinbart mit den Herstellern digitaler Gesundheitsanwendungen mit Wirkung für alle Krankenkassen Vergütungsbeträge für digitale Gesundheitsanwendungen. $_{2}$Die Vergütungsbeträge gelten nach dem ersten Jahr nach Aufnahme der jeweiligen digitalen Gesundheitsanwendung in das Verzeichnis für digitale Gesundheitsanwendungen nach § 139e unabhängig davon, ob die Aufnahme in das Verzeichnis für digitale Gesundheitsanwendungen nach § 139e Absatz 3 dauerhaft oder nach § 139e Absatz 4 zur Erprobung erfolgt. $_{3}$Gegenstand der Vereinbarungen sollen auch erfolgsabhängige Preisbestandteile sein. Die Hersteller übermitteln dem Spitzenverband Bund der Krankenkassen

1. die Nachweise nach § 139e Absatz 2 und die Ergebnisse einer Erprobung nach § 139e Absatz 4 sowie
2. die Angaben zur Höhe des tatsächlichen Vergütungsbetrags bei Abgabe an Selbstzahler und in anderen europäischen Ländern.

$_{4}$Die Verhandlungen und deren Vorbereitung einschließlich der Beratungsunterlagen und Niederschriften zur Vereinbarung des Vergütungsbetrags sind vertraulich. $_{5}$Eine Vereinbarung nach diesem Absatz kann von einer Vertragspartei frühestens nach einem Jahr gekündigt werden. $_{6}$Die bisherige Vereinbarung gilt bis zum Wirksamwerden einer neuen Vereinbarung fort.

(2) $_{1}$Kommt eine Vereinbarung nach Absatz 1 nicht innerhalb von neun Monaten nach Aufnahme der jeweiligen digitalen Gesundheitsanwendung in das Verzeichnis für digitale Gesundheitsanwendungen nach § 139e zustande, setzt die Schiedsstelle nach Absatz 3 innerhalb von drei Monaten die Vergütungsbeträge fest. $_{2}$Wenn durch eine Verzögerung des Schiedsverfahrens die Festlegung der Vergütungsbeträge durch die Schiedsstelle nicht innerhalb von drei Monaten erfolgt, ist von der Schiedsstelle ein Ausgleich der Differenz zwischen dem Abgabepreis nach Absatz 5 und dem festgesetzten Vergütungsbetrag für den Zeitraum nach Ablauf der drei Monate nach Satz 1 bis zur Festsetzung des Vergütungsbetrags vorzusehen. $_{3}$Die Schiedsstelle entscheidet unter freier Würdigung aller Umstände des Einzelfalls und berücksichtigt dabei die Besonderheiten des jeweiligen Anwendungsgebietes. $_{4}$Die Schiedsstelle gibt dem Verband der Privaten Krankenversicherung vor ihrer Entscheidung Gelegenheit zur Stellungnahme. $_{5}$Absatz 1 Satz 4 gilt entsprechend. $_{6}$Klagen gegen Entscheidungen der Schiedsstelle haben keine aufschiebende Wirkung. $_{7}$Ein Vorverfahren findet nicht statt. $_{8}$Frühestens ein Jahr nach Festsetzung der Vergütungsbeträge durch die Schiedsstelle können die Vertragsparteien eine neue Vereinbarung über die Vergütungsbeträge nach Absatz 1 schließen. $_{9}$Der Schiedsspruch gilt bis zum Wirksamwerden einer neuen Vereinbarung fort.

(2a) Wird eine digitale Gesundheitsanwendung nach Abschluss der Erprobung gemäß § 139e Absatz 4 Satz 6 in das Verzeichnis für digitale Gesundheitsanwendungen aufgenommen, erfolgt die Festsetzung des Vergütungsbetrags für die aufgenommene digitale Gesundheitsanwendung durch die Schiedsstelle abweichend von Absatz 2 Satz 1 innerhalb von drei Monaten nach Ablauf des dritten auf die Entscheidung des Bundesinstituts für Arzneimittel und Medizinprodukte nach § 139e Absatz 4 Satz 6 folgenden Monats, wenn eine Vereinbarung nach Absatz 1 in dieser Zeit nicht zustande gekommen ist.

(3) $_{1}$Der Spitzenverband Bund der Krankenkassen und die für die Wahrnehmung der wirtschaftlichen Interessen gebildeten maßgeblichen Spitzenorganisationen der Hersteller von digitalen Gesundheitsanwendungen auf Bundesebene bilden eine gemeinsame Schiedsstelle. $_{2}$Sie besteht aus einem unparteiischen Vorsitzenden und zwei weiteren unparteiischen Mitgliedern sowie aus jeweils zwei Vertretern der Krankenkassen und der Hersteller digitaler Gesundheitsanwendungen. $_{3}$Für die unparteiischen Mitglieder sind Stellvertreter zu benennen. $_{4}$Über den Vorsitzenden und die zwei weiteren unparteiischen Mitglieder sowie deren Stellvertreter sollen sich die Verbände nach Satz 1 einigen. $_{5}$Kommt eine Einigung nicht zustande, erfolgt eine Bestellung des unparteiischen Vorsitzenden, der weiteren unparteiischen Mitglieder und deren Stellvertreter durch das Bundesministerium für Gesundheit, nachdem es den Vertragsparteien eine Frist zur Einigung gesetzt hat und diese Frist abgelaufen ist. $_{6}$Die Mitglieder der Schiedsstelle führen ihr Amt als Ehrenamt. $_{7}$Sie sind an Weisungen nicht gebunden. $_{8}$Jedes Mitglied hat eine Stimme. $_{9}$Die Entscheidungen werden mit der Mehrheit der Stimmen der Mitglieder getroffen. $_{10}$Ergibt sich keine Mehrheit, gibt die Stimme des Vorsitzenden den Ausschlag. $_{11}$Das Bundesministerium für Gesundheit kann an der Beratung und Beschlussfassung der Schiedsstelle teilnehmen. $_{12}$Die Patientenorganisationen nach § 140f können beratend an den Sitzungen der Schiedsstelle teilnehmen. $_{13}$Die Schiedsstelle gibt sich eine Geschäftsordnung. $_{14}$Über die Geschäftsordnung entscheiden die unparteiischen Mitglieder im Benehmen mit den Verbänden nach Satz 1. $_{15}$Die Geschäftsordnung bedarf der Genehmigung des Bundesministeriums für Gesundheit. $_{16}$Die Aufsicht über die Geschäftsführung der Schiedsstelle führt das Bundesministerium für Gesundheit. $_{17}$Das Nähere regelt die Rechtsverordnung nach § 139e Absatz 9 Nummer 7.

(4) $_{1}$Die Verbände nach Absatz 3 Satz 1 treffen eine Rahmenvereinbarung über die Maßstäbe für die Vereinbarungen der Vergütungsbeträge. $_{2}$Bei der Rahmenvereinbarung über die Maßstäbe ist zu berücksichtigen, ob und inwieweit der Nachweis positiver Versorgungseffekte nach § 139e Absatz 2 Satz 2 Nummer 3 erbracht ist. $_{3}$Kommt eine Rahmenvereinbarung nicht zustande, setzen die unparteiischen Mitglieder der Schiedsstelle nach Absatz 3 die Rahmenvereinbarung im Benehmen mit den Verbänden auf Antrag einer Vertragspartei nach Absatz 3 Satz 1 fest. $_{4}$Kommt eine Rahmenvereinbarung nicht innerhalb einer vom Bundesministerium für Gesundheit gesetzten Frist zustande, gilt Satz 3 entsprechend. $_{5}$Absatz 2 Satz 4, 6, 7 und 9 gilt mit der Maßgabe, dass die unparteiischen Mitglieder Festsetzungen zu der Rahmenvereinbarung innerhalb von drei Monaten treffen, entsprechend.

(5) $_{1}$Bis zur Festlegung der Vergütungsbeträge nach Absatz 1 gelten die tatsächlichen Preise der Hersteller von digitalen Gesundheitsanwendungen. $_{2}$In der Rahmenvereinbarung nach Absatz 4 ist das Nähere zu der Ermittlung der tatsächlichen Preise der Hersteller zu regeln. $_{3}$In der Rahmenvereinbarung nach Absatz 4 kann auch Folgendes festgelegt werden:

1. Schwellenwerte für Vergütungsbeträge, unterhalb derer eine dauerhafte Vergütung ohne Vereinbarung nach Absatz 1 erfolgt, und
2. Höchstbeträge für die vorübergehende Vergütung nach Satz 1 für Gruppen vergleichbarer digitaler Gesundheitsanwendungen, auch in Abhängigkeit vom Umfang der Leistungsinanspruchnahme durch Versicherte.

$_{4}$Höchstbeträge nach Satz 3 Nummer 2 müssen für Gruppen vergleichbarer digitaler Gesundheitsanwendungen auch in Abhängigkeit davon festgelegt werden, ob und inwieweit der Nachweis positiver Versorgungseffekte nach § 139e Absatz 2 Satz 2 Nummer 3 bereits erbracht ist. $_{5}$Die nach Satz 3 Nummer 2 für den Fall der vorläufigen Aufnahme in das Verzeichnis für digitale Gesundheitsanwendungen zur Erprobung nach § 139e Absatz 4 zu vereinbarenden Höchstpreise müssen dabei geringer sein als bei einer unmittelbaren dauerhaften Aufnahme nach § 139e Absatz 2 und 3. $_{6}$Werden in der Rahmenvereinbarung nach Absatz 4 für eine Gruppe vergleichbarer digitaler Gesundheitsanwendungen keine Höchstbeträge nach Satz 3 Nummer 2 festgelegt, kann das Bundesministerium für Gesundheit den Verbänden nach Absatz 3 Satz 1 eine Frist von drei Monaten zur Festlegung von Höchstbeträgen nach Satz 3 Nummer 2 für diese Gruppe vergleichbarer digitaler Gesundheitsanwendungen setzen. $_{7}$Kommt eine Festlegung von Höchstbeträgen nach Satz 6 nicht in der vom Bundesministerium für Gesundheit gesetzten Frist zustande, gilt Absatz 4 Satz 3 entsprechend.

§ 134a Versorgung mit Hebammenhilfe

(1) $_{1}$Der Spitzenverband Bund der Krankenkassen schließt mit den für die Wahrnehmung der wirtschaftlichen Inte-

ressen gebildeten maßgeblichen Berufsverbänden der Hebammen und den Verbänden der von Hebammen geleiteten Einrichtungen auf Bundesebene mit bindender Wirkung für die Krankenkassen Verträge über die Versorgung mit Hebammenhilfe, die abrechnungsfähigen Leistungen unter Einschluss einer Betriebskostenpauschale bei ambulanten Entbindungen in von Hebammen geleiteten Einrichtungen, die Anforderungen an die Qualitätssicherung in diesen Einrichtungen, die Anforderungen an die Qualität der Hebammenhilfe einschließlich der Verpflichtung der Hebammen zur Teilnahme an Qualitätssicherungsmaßnahmen sowie über die Höhe der Vergütung und die Einzelheiten der Vergütungsabrechnung durch die Krankenkassen. 2Die Vertragspartner haben dabei den Bedarf der Versicherten an Hebammenhilfe unter Einbeziehung der in § 24f Satz 2 geregelten Wahlfreiheit der Versicherten und deren Qualität, den Grundsatz der Beitragssatzstabilität sowie die berechtigten wirtschaftlichen Interessen der freiberuflich tätigen Hebammen zu berücksichtigen. 3Bei der Berücksichtigung der wirtschaftlichen Interessen der freiberuflich tätigen Hebammen nach Satz 2 sind insbesondere Kostensteigerungen zu beachten, die die Berufsausübung betreffen.

(1a) 1Die Vereinbarungen nach Absatz 1 Satz 1 zu den Anforderungen an die Qualität der Hebammenhilfe sind bis zum 31. Dezember 2014 zu treffen. 2Sie sollen Mindestanforderungen an die Struktur-, Prozess- und Ergebnisqualität umfassen sowie geeignete verwaltungsunaufwendige Verfahren zum Nachweis der Erfüllung dieser Qualitätsanforderungen festlegen.

(1b) 1Hebammen, die Leistungen der Geburtshilfe erbringen und die Erfüllung der Qualitätsanforderungen nach Absatz 1a nachgewiesen haben, erhalten für Geburten ab dem 1. Juli 2015 einen Sicherstellungszuschlag nach Maßgabe der Vereinbarungen nach Satz 3, wenn ihre wirtschaftlichen Interessen wegen zu geringer Geburtenzahlen bei der Vereinbarung über die Höhe der Vergütung nach Absatz 1 nicht ausreichend berücksichtigt sind. 2Die Auszahlung des Sicherstellungszuschlags erfolgt nach Ende eines Abrechnungszeitraums auf Antrag der Hebamme durch den Spitzenverband Bund der Krankenkassen. 3In den Vereinbarungen, die nach Absatz 1 Satz 1 zur Höhe der Vergütung getroffen werden, sind bis zum 1. Juli 2015 die näheren Einzelheiten der Anspruchsvoraussetzungen und des Verfahrens nach Satz 1 zu regeln. 4Zu treffen sind insbesondere Regelungen über die Höhe des Sicherstellungszuschlags in Abhängigkeit von der Anzahl der betreuten Geburten, der Anzahl der haftpflichtversicherten Monate für Hebammen mit Geburtshilfe ohne Vorschäden und der Höhe der zu entrichtenden Haftpflichtprämie, die Anforderungen an die von der Hebamme zu erbringenden Nachweise sowie die Auszahlungsmodalitäten. 5Dabei muss die Hebamme gewährleisten, dass sie bei geringer Geburtenzahl unterjährige Wechselmöglichkeiten der Haftpflichtversicherungsform in Anspruch nimmt. 6Die erforderlichen Angaben nach den Sätzen 3 bis 5 hat die Hebamme im Rahmen ihres Antrags nach Satz 2 zu übermitteln. 7Für die Erfüllung der Aufgaben nach Satz 2 übermitteln die Krankenkassen dem Spitzenverband Bund der Krankenkassen leistungserbringer- und nicht versichertenbezogen die erforderlichen Daten nach § 301a Absatz 1 Satz 1 Nummer 2 bis 6.

(1c) Die Vertragspartner vereinbaren in den Verträgen nach Absatz 1 Satz 1 bis zum 30. September 2014 zusätzlich zu den nach Absatz 1 Satz 3 vorzunehmenden Vergütungsanpassungen einen Zuschlag auf die Abrechnungspositionen für Geburtshilfeleistungen bei Hausgeburten, außerklinischen Geburten in von Hebammen geleiteten Einrichtungen sowie Geburten durch Beleghebammen in einer Eins-zu-eins-Betreuung ohne Schichtdienst, der von den Krankenkassen für Geburten vom 1. Juli 2014 bis zum 30. Juni 2015 an die Hebammen zu zahlen ist.

(1d) 1Die Vertragsparteien vereinbaren in den Verträgen nach Absatz 1 Satz 1 Regelungen über

1. die Leistungen der Hebammenhilfe, die im Wege der Videobetreuung erbracht werden,
2. die technischen Voraussetzungen, die erforderlich sind, um die Leistungen der Hebammenhilfe nach Nummer 1 im Wege der Videobetreuung zu erbringen, und
3. die Leistungen der Hebammenhilfe, die im Zusammenhang mit dem Einsatz einer digitalen Gesundheitsanwendung erbracht werden.

2Die Vereinbarungen nach Satz 1 Nummer 2 sind im Einvernehmen mit dem Bundesamt für Sicherheit in der Informationstechnik und im Benehmen mit der oder dem Bundesbeauftragten für den Datenschutz und die Informationsfreiheit sowie der Gesellschaft für Telematik zu treffen. 3Die Vereinbarung nach Satz 1 Nummer 2 ist dem Bundesministerium für Gesundheit zur Prüfung vorzulegen. 4Für die Prüfung gilt § 369 Absatz 2 und 3 entsprechend. 5Die Vereinbarungen nach Satz 1 Nummer 3 sind auf Grundlage der vom Bundesinstitut für Arzneimittel und Medizinprodukte nach § 139e Absatz 3 Satz 2 bestimmten Leistungen der Hebammenhilfe, die zur Versorgung mit digitalen Gesundheitsanwendungen erforderlich sind, zu treffen.

(1e) 1Die Vertragspartner vereinbaren in den Verträgen nach Absatz 1 Satz 1 Pauschalen, die im Verfahren zur Finanzierung von Kosten für die Ausbildung von Hebammenstudierenden in ambulanten hebammengeleiteten Einrichtungen und bei freiberuflichen Hebammen Bestandteil des nach § 17a Absatz 3 des Krankenhausfinanzierungsgesetzes zu vereinbarenden Ausbildungsbudgets werden. 2Die Pauschalen nach Satz 1 sind erstmals bis zum 31. Dezember 2019 mit Wirkung für diejenigen Hebammen und hebammengeleiteten Einrichtungen, die sich zur berufspraktischen ambulanten Ausbildung von Hebammenstudierenden verpflichtet haben, zu vereinbaren. 3Für die Kosten der Weiterqualifizierung, die dazu dient, die Hebamme erstmals für die Praxisanleitung nach § 14 des Hebammengesetzes zu qualifizieren, ist eine eigene Pauschale zu bilden. 4Der Spitzenverband Bund der Krankenkassen veröffentlicht die Pauschalen auf seiner Internetseite; dies gilt auch für eine Festlegung durch die Schiedsstelle gemäß Absatz 3 Satz 3.

(2) 1Die Verträge nach Absatz 1 haben Rechtswirkung für freiberuflich tätige Hebammen, wenn sie

1. einem Verband nach Absatz 1 Satz 1 auf Bundes- oder Landesebene angehören und die Satzung des Verbandes vorsieht, dass die von dem Verband nach Absatz 1 abgeschlossenen Verträge Rechtswirkung für die dem Verband angehörenden Hebammen haben, oder
2. einem nach Absatz 1 geschlossenen Vertrag beitreten.

Hebammen, für die die Verträge nach Absatz 1 keine Rechtswirkung haben, sind nicht als Leistungserbringer zugelassen. 2Das Nähere über Form und Verfahren des Nachweises der Mitgliedschaft in einem Verband nach Satz 1 Nr. 1 sowie des Beitritts nach Satz 1 Nr. 2 regelt der Spitzenverband Bund der Krankenkassen.

(2a) 1Der Spitzenverband Bund der Krankenkassen führt eine Vertragspartnerliste, in der alle zur Leistungserbringung zugelassenen freiberuflichen Hebammen nach Absatz 2 geführt werden. 2Diese enthält folgende Angaben:

1. Bestehen einer Mitgliedschaft in einem Berufsverband und Name des Berufsverbandes oder
2. Beitritt nach Absatz 2 Nummer 2 und dessen Widerruf sowie
3. Unterbrechung und Beendigung der Tätigkeit,
4. Vorname und Name der Hebamme,
5. Anschrift der Hebamme beziehungsweise der Einrichtung,
6. Telefonnummer der Hebamme,
7. E-Mail-Adresse der Hebamme, soweit vorhanden,
8. Art der Tätigkeit,
9. Kennzeichen nach § 293.

3Die Hebammen sind verpflichtet, die Daten nach Satz 2 sowie Änderungen unverzüglich über den Berufsverband, in dem sie Mitglied sind, an den Spitzenverband Bund der Krankenkassen zu übermitteln. 4Hebammen, die nicht Mitglied in einem Berufsverband sind, haben die Daten sowie Änderungen unmittelbar an den Spitzenverband Bund der Krankenkassen zu übermitteln. 5Nähere Einzelheiten über die Vertragspartnerliste und die Datenübermittlungen vereinbaren die Vertragspartner im Vertrag nach Absatz 1. 6Sie können im Vertrag nach Absatz 1 die Übermittlung weiterer, über die Angaben nach Satz 2 hinausgehender Angaben vereinbaren, soweit dies für die Aufgabenerfüllung des Spitzenverbandes Bund der Krankenkassen erforderlich ist.

(2b) 1Der Spitzenverband Bund der Krankenkassen informiert über die zur Leistungserbringung zugelassenen Hebammen. 2Er stellt auf seiner Internetseite ein elektronisches Programm zur Verfügung, mit dem die Angaben nach Absatz 2a Satz 2 Nummer 4 und 6 bis 8 sowie gegebenenfalls weitere freiwillig gemeldete Angaben abgerufen werden können.

(2c) 1Der Spitzenverband Bund der Krankenkassen ist befugt, die Daten nach Absatz 2 zur Erfüllung seiner Aufgaben nach dieser Vorschrift zu verarbeiten. 2Er ist befugt und verpflichtet, die Daten nach Absatz 2a an die Krankenkassen zu übermitteln.

(3) 1Kommt ein Vertrag nach Absatz 1 ganz oder teilweise nicht zu Stande, wird der Vertragsinhalt durch die Schiedsstelle nach Absatz 4 festgesetzt. 2Der bisherige Vertrag gilt bis zur Entscheidung durch die Schiedsstelle vorläufig weiter. 3Kommt im Fall des Absatzes 1e bis zum 31. Dezember 2019 eine Vereinbarung nicht zustande, haben die Vertragspartner nach Absatz 1 die Schiedsstelle nach Absatz 4 hierüber unverzüglich zu informieren; diese hat von Amts wegen ein Schiedsverfahren einzuleiten und innerhalb von sechs Wochen die Pauschalen nach Absatz 1e festzulegen. 4Für die nach dem erstmaligen Zustandekommen einer Vereinbarung nach Absatz 1e oder einer Schiedsstellenentscheidung nach Satz 2 zu treffenden Folgeverträge gelten die Sätze 1 und 2.

(4) 1Der Spitzenverband Bund der Krankenkassen und die für die Wahrnehmung der wirtschaftlichen Interessen gebildeten maßgeblichen Berufsverbände der Hebammen sowie die Verbände der von Hebammen geleiteten Einrichtungen auf Bundesebene bilden eine gemeinsame Schiedsstelle. 2Sie besteht aus Vertretern der Krankenkassen und der Hebammen in gleicher Zahl sowie aus einem unparteiischen Vorsitzenden und zwei weiteren unparteiischen Mitgliedern. 3Die Amtsdauer beträgt vier Jahre. 4Über den Vorsitzenden und die zwei weiteren unparteiischen Mitglieder sowie deren Stellvertreter sollen sich die Vertragspartner einigen. 5Kommt es nicht zu einer Einigung über die unparteiischen Mitglieder oder deren Stellvertreter, entscheidet das Los, wer das Amt des un-

parteiischen Vorsitzenden, der weiteren unparteiischen Mitglieder und der Stellvertreter auszuüben hat; die Amtsdauer beträgt in diesem Fall ein Jahr. 6Im Übrigen gilt § 129 Abs. 9 und 10 entsprechend.

(5) 1Ein Ersatzanspruch nach § 116 Absatz 1 des Zehnten Buches wegen Schäden aufgrund von Behandlungsfehlern in der Geburtshilfe kann von Kranken- und Pflegekassen gegenüber freiberuflich tätigen Hebammen nur geltend gemacht werden, wenn der Schaden vorsätzlich oder grob fahrlässig verursacht wurde. 2Im Fall einer gesamtschuldnerischen Haftung können Kranken- und Pflegekassen einen nach § 116 Absatz 1 des Zehnten Buches übergegangenen Ersatzanspruch im Umfang des Verursachungs- und Verschuldensanteils der nach Satz 1 begünstigten Hebamme gegenüber den übrigen Gesamtschuldnern nicht geltend machen.

Neunter Abschnitt
Sicherung der Qualität der Leistungserbringung

§ 135 Bewertung von Untersuchungs- und Behandlungsmethoden

(1) 1Neue Untersuchungs- und Behandlungsmethoden dürfen in der vertragsärztlichen und vertragszahnärztlichen Versorgung zu Lasten der Krankenkassen nur erbracht werden, wenn der Gemeinsame Bundesausschuss auf Antrag eines Unparteiischen nach § 91 Abs. 2 Satz 1, einer Kassenärztlichen Bundesvereinigung, einer Kassenärztlichen Vereinigung oder des Spitzenverbandes Bund der Krankenkassen in Richtlinien nach § 92 Abs. 1 Satz 2 Nr. 5 Empfehlungen abgegeben hat über

1. die Anerkennung des diagnostischen und therapeutischen Nutzens der neuen Methode sowie deren medizinische Notwendigkeit und Wirtschaftlichkeit – auch im Vergleich zu bereits zu Lasten der Krankenkassen erbrachte Methoden – nach dem jeweiligen Stand der wissenschaftlichen Erkenntnisse in der jeweiligen Therapierichtung,
2. die notwendige Qualifikation der Ärzte, die apparativen Anforderungen sowie Anforderungen an Maßnahmen der Qualitätssicherung, um eine sachgerechte Anwendung der neuen Methode zu sichern, und
3. die erforderlichen Aufzeichnungen über die ärztliche Behandlung.

2Der Gemeinsame Bundesausschuss überprüft die zu Lasten der Krankenkassen erbrachten vertragsärztlichen und vertragszahnärztlichen Leistungen daraufhin, ob sie den Kriterien nach Satz 1 Nr. 1 entsprechen. 3Falls die Überprüfung ergibt, daß diese Kriterien nicht erfüllt werden, dürfen die Leistungen nicht mehr als vertragsärztliche oder vertragszahnärztliche Leistungen zu Lasten der Krankenkassen erbracht werden. 4Die Beschlussfassung über die Annahme eines Antrags nach Satz 1 muss spätestens drei Monate nach Antragseingang erfolgen. 5Das sich anschließende Methodenbewertungsverfahren ist innerhalb von zwei Jahren abzuschließen. 6Bestehen nach dem Beratungsverlauf im Gemeinsamen Bundesausschuss ein halbes Jahr vor Fristablauf konkrete Anhaltspunkte dafür, dass eine fristgerechte Beschlussfassung nicht zustande kommt, haben die unparteiischen Mitglieder gemeinsam einen eigenen Beschlussvorschlag für eine fristgerechte Entscheidung vorzulegen; die Geschäftsführung ist mit der Vorbereitung des Beschlussvorschlags zu beauftragen. 7Der Beschlussvorschlag der unparteiischen Mitglieder muss Regelungen zu den notwendigen Anforderungen nach Satz 1 Nummer 2 und 3 enthalten, wenn die unparteiischen Mitglieder vorschlagen, dass die Methode die Kriterien nach Satz 1 Nummer 1 erfüllt. 8Der Beschlussvorschlag der unparteiischen Mitglieder muss Vorgaben für einen Beschluss einer Richtlinie nach § 137e Absatz 1 und 2 enthalten, wenn die unparteiischen Mitglieder vorschlagen, dass die Methode das Potential einer erforderlichen Behandlungsalternative bietet, ihr Nutzen aber noch nicht hinreichend belegt ist. 9Der Gemeinsame Bundesausschuss hat innerhalb der in Satz 5 genannten Frist über den Vorschlag der unparteiischen Mitglieder zu entscheiden.

(1a) Für ein Methodenbewertungsverfahren, für das der Antrag nach Absatz 1 Satz 1 vor dem 31. Dezember 2018 angenommen wurde, gilt Absatz 1 mit der Maßgabe, dass das Methodenbewertungsverfahren abweichend von Absatz 1 Satz 5 erst bis zum 31. Dezember 2020 abzuschließen ist.

(2) 1Für ärztliche und zahnärztliche Leistungen, welche wegen der Anforderungen an ihre Ausführung oder wegen der Neuheit des Verfahrens besonderer Kenntnisse und Erfahrungen (Fachkundenachweis), einer besonderen Praxisausstattung oder anderer Anforderungen an die Versorgungsqualität bedürfen, können die Partner der Bundesmantelverträge einheitlich entsprechende Voraussetzungen für die Ausführung und Abrechnung dieser Leistungen vereinbaren. 2Soweit für die notwendigen Kenntnisse und Erfahrungen, welche als Qualifikation vorausgesetzt werden müssen, in landesrechtlichen Regelungen zur ärztlichen Berufsausübung, insbesondere solchen des Facharztrechts, bundesweit inhaltsgleich und hinsichtlich der Qualitätsvoraussetzungen nach Satz 1 gleichwertige Qualifikationen eingeführt sind, sind diese notwendige und ausreichende Voraussetzung. 3Wird die Erbringung ärztlicher Leistungen erstmalig von einer Qualifikation abhängig gemacht, so können die Vertrags-

partner für Ärzte, welche entsprechende Qualifikationen nicht während einer Weiterbildung erworben haben, übergangsweise Qualifikationen einführen, welche dem Kenntnis- und Erfahrungsstand der facharztrechtlichen Regelungen entsprechen müssen. 4Abweichend von Satz 2 können die Vertragspartner nach Satz 1 zur Sicherung der Qualität und der Wirtschaftlichkeit der Leistungserbringung Regelungen treffen, nach denen die Erbringung bestimmter medizinisch-technischer Leistungen den Fachärzten vorbehalten ist, für die diese Leistungen zum Kern ihres Fachgebietes gehören. 5Die nach der Rechtsverordnung nach § 140g anerkannten Organisationen sind vor dem Abschluss von Vereinbarungen nach Satz 1 in die Beratungen der Vertragspartner einzubeziehen; die Organisationen benennen hierzu sachkundige Personen. 6§ 140f Absatz 5 gilt entsprechend. 7Das Nähere zum Verfahren vereinbaren die Vertragspartner nach Satz 1. 8Für die Vereinbarungen nach diesem Absatz gilt § 87 Absatz 6 Satz 10 entsprechend.

§ 135a Verpflichtung der Leistungserbringer zur Qualitätssicherung

(1) 1Die Leistungserbringer sind zur Sicherung und Weiterentwicklung der Qualität der von ihnen erbrachten Leistungen verpflichtet. 2Die Leistungen müssen dem jeweiligen Stand der wissenschaftlichen Erkenntnisse entsprechen und in der fachlich gebotenen Qualität erbracht werden.

(2) Vertragsärzte, medizinische Versorgungszentren, zugelassene Krankenhäuser, Erbringer von Vorsorgeleistungen oder Rehabilitationsmaßnahmen und Einrichtungen, mit denen ein Versorgungsvertrag nach § 111a besteht, sind nach Maßgabe der §§ 136 bis 136b und 137d verpflichtet,

1. sich an einrichtungsübergreifenden Maßnahmen der Qualitätssicherung zu beteiligen, die insbesondere zum Ziel haben, die Ergebnisqualität zu verbessern und
2. einrichtungsintern ein Qualitätsmanagement einzuführen und weiterzuentwickeln, wozu in Krankenhäusern auch die Verpflichtung zur Durchführung eines patientenorientierten Beschwerdemanagements gehört.

(3) 1Meldungen und Daten aus einrichtungsinternen und einrichtungsübergreifenden Risikomanagement- und Fehlermeldesystemen nach Absatz 2 in Verbindung mit § 136a Absatz 3 dürfen im Rechtsverkehr nicht zum Nachteil des Meldenden verwendet werden. 2Dies gilt nicht, soweit die Verwendung zur Verfolgung einer Straftat, die im Höchstmaß mit mehr als fünf Jahren Freiheitsstrafe bedroht ist und auch im Einzelfall besonders schwer wiegt, erforderlich ist und die Erforschung des Sachverhalts oder die Ermittlung des Aufenthaltsorts des Beschuldigten auf andere Weise aussichtslos oder wesentlich erschwert wäre.

§ 135b Förderung der Qualität durch die Kassenärztlichen Vereinigungen

(1) 1Die Kassenärztlichen Vereinigungen haben Maßnahmen zur Förderung der Qualität der vertragsärztlichen Versorgung durchzuführen. 2Die Ziele und Ergebnisse dieser Qualitätssicherungsmaßnahmen sind von den Kassenärztlichen Vereinigungen zu dokumentieren und jährlich zu veröffentlichen.

(2) 1Die Kassenärztlichen Vereinigungen prüfen die Qualität der in der vertragsärztlichen Versorgung erbrachten Leistungen einschließlich der belegärztlichen Leistungen im Einzelfall durch Stichproben; in Ausnahmefällen sind auch Vollerhebungen zulässig. 2Der Gemeinsame Bundesausschuss entwickelt in Richtlinien nach § 92 Absatz 1 Satz 2 Nummer 13 Kriterien zur Qualitätsbeurteilung in der vertragsärztlichen Versorgung sowie nach Maßgabe des § 299 Absatz 1 und 2 Vorgaben zu Auswahl, Umfang und Verfahren der Qualitätsprüfungen nach Satz 1; dabei sind die Ergebnisse nach § 137a Absatz 3 zu berücksichtigen.

(3) Die Absätze 1 und 2 gelten auch für die im Krankenhaus erbrachten ambulanten ärztlichen Leistungen.

(4) 1Zur Förderung der Qualität der vertragsärztlichen Versorgung können die Kassenärztlichen Vereinigungen mit einzelnen Krankenkassen oder mit den für ihren Bezirk zuständigen Landesverbänden der Krankenkassen oder den Verbänden der Ersatzkassen unbeschadet der Regelungen des § 87a gesamtvertragliche Vereinbarungen schließen, in denen für bestimmte Leistungen einheitlich strukturierte und elektronisch dokumentierte besondere Leistungs-, Struktur- oder Qualitätsmerkmale festgelegt werden, bei deren Erfüllung die an dem jeweiligen Vertrag teilnehmenden Ärzte Zuschläge zu den Vergütungen erhalten. 2In den Verträgen nach Satz 1 ist ein Abschlag von dem nach § 87a Absatz 2 Satz 1 vereinbarten Punktwert für die an dem jeweiligen Vertrag beteiligten Krankenkassen und die von dem Vertrag erfassten Leistungen, die von den an dem Vertrag nicht teilnehmenden Ärzten der jeweiligen Facharztgruppe erbracht werden, zu vereinbaren, durch den die Mehrleistungen nach Satz 1 für die beteiligten Krankenkassen ausgeglichen werden.

§ 135c Förderung der Qualität durch die Deutsche Krankenhausgesellschaft

(1) 1Die Deutsche Krankenhausgesellschaft fördert im Rahmen ihrer Aufgaben die Qualität der Versorgung im Krankenhaus. 2Sie hat in ihren Beratungs- und Formulie-

rungshilfen für Verträge der Krankenhäuser mit leitenden Ärzten im Einvernehmen mit der Bundesärztekammer Empfehlungen abzugeben, die sicherstellen, dass Zielvereinbarungen ausgeschlossen sind, die auf finanzielle Anreize insbesondere für einzelne Leistungen, Leistungsmengen, Leistungskomplexe oder Messgrößen hierfür abstellen. 3Die Empfehlungen sollen insbesondere die Unabhängigkeit medizinischer Entscheidungen sichern.

(2) 1Der Qualitätsbericht des Krankenhauses nach § 136b Absatz 1 Satz 1 Nummer 3 hat eine Erklärung zu enthalten, die unbeschadet der Rechte Dritter Auskunft darüber gibt, ob sich das Krankenhaus bei Verträgen mit leitenden Ärzten an die Empfehlungen nach Absatz 1 Satz 2 hält. 2Hält sich das Krankenhaus nicht an die Empfehlungen, hat es unbeschadet der Rechte Dritter anzugeben, welche Leistungen oder Leistungsbereiche von solchen Zielvereinbarungen betroffen sind.

§ 136 Richtlinien des Gemeinsamen Bundesausschusses zur Qualitätssicherung

(1) 1Der Gemeinsame Bundesausschuss bestimmt für die vertragsärztliche Versorgung und für zugelassene Krankenhäuser grundsätzlich einheitlich für alle Patienten durch Richtlinien nach § 92 Absatz 1 Satz 2 Nummer 13 insbesondere

1. die verpflichtenden Maßnahmen der Qualitätssicherung nach § 135a Absatz 2, § 115b Absatz 1 Satz 3 und § 116b Absatz 4 Satz 4 unter Beachtung der Ergebnisse nach § 137a Absatz 3 sowie die grundsätzlichen Anforderungen an ein einrichtungsinternes Qualitätsmanagement und
2. Kriterien für die indikationsbezogene Notwendigkeit und Qualität der durchgeführten diagnostischen und therapeutischen Leistungen, insbesondere aufwändiger medizintechnischer Leistungen; dabei sind auch Mindestanforderungen an die Struktur-, Prozess- und Ergebnisqualität festzulegen.

2Soweit erforderlich erlässt der Gemeinsame Bundesausschuss die notwendigen Durchführungsbestimmungen. 3Er kann dabei die Finanzierung der notwendigen Strukturen zur Durchführung von Maßnahmen der einrichtungsübergreifenden Qualitätssicherung insbesondere über Qualitätssicherungszuschläge regeln.

(2) 1Die Richtlinien nach Absatz 1 sind sektorenübergreifend zu erlassen, es sei denn, die Qualität der Leistungserbringung kann nur durch sektorbezogene Regelungen angemessen gesichert werden. 2Die Regelungen nach § 136a Absatz 4 und § 136b bleiben unberührt.

(3) Der Verband der Privaten Krankenversicherung, die Bundesärztekammer sowie die Berufsorganisationen der Pflegeberufe sind bei den Richtlinien nach § 92 Absatz 1 Satz 2 Nummer 13 zu beteiligen; die Bundespsychotherapeutenkammer und die Bundeszahnärztekammer sind, soweit jeweils die Berufsausübung der Psychotherapeuten oder der Zahnärzte berührt ist, zu beteiligen.

§ 136a Richtlinien des Gemeinsamen Bundesausschusses zur Qualitätssicherung in ausgewählten Bereichen

(1) 1Der Gemeinsame Bundesausschuss legt in seinen Richtlinien nach § 136 Absatz 1 geeignete Maßnahmen zur Sicherung der Hygiene in der Versorgung fest und bestimmt insbesondere für die einrichtungsübergreifende Qualitätssicherung der Krankenhäuser Indikatoren zur Beurteilung der Hygienequalität. 2Er hat die Festlegungen nach Satz 1 erstmalig bis zum 31. Dezember 2016 zu beschließen. 3Der Gemeinsame Bundesausschuss berücksichtigt bei den Festlegungen etablierte Verfahren zur Erfassung, Auswertung und Rückkopplung von nosokomialen Infektionen, antimikrobiellen Resistenzen und zum Antibiotika-Verbrauch sowie die Empfehlungen der nach § 23 Absatz 1 und 2 des Infektionsschutzgesetzes beim Robert Koch-Institut eingerichteten Kommissionen. 4Die nach der Einführung mit den Indikatoren nach Satz 1 gemessenen und für eine Veröffentlichung geeigneten Ergebnisse sind in den Qualitätsberichten nach § 136b Absatz 1 Satz 1 Nummer 3 darzustellen. 5Der Gemeinsame Bundesausschuss soll ihm bereits zugängliche Erkenntnisse zum Stand der Hygiene in den Krankenhäusern unverzüglich in die Qualitätsberichte aufnehmen lassen sowie zusätzliche Anforderungen nach § 136b Absatz 6 zur Verbesserung der Informationen über die Hygiene stellen.

(2) 1Der Gemeinsame Bundesausschuss legt in seinen Richtlinien nach § 136 Absatz 1 geeignete Maßnahmen zur Sicherung der Qualität in der psychiatrischen und psychosomatischen Versorgung fest. 2Dazu bestimmt er insbesondere verbindliche Mindestvorgaben für die Ausstattung der stationären Einrichtungen mit dem für die Behandlung erforderlichen therapeutischen Personal sowie Indikatoren zur Beurteilung der Struktur-, Prozess- und Ergebnisqualität für die einrichtungs- und sektorenübergreifende Qualitätssicherung in der psychiatrischen und psychosomatischen Versorgung. 3Die Mindestvorgaben zur Personalausstattung nach Satz 2 sollen möglichst evidenzbasiert sein und zu einer leitliniengerechten Behandlung beitragen. 4Der Gemeinsame Bundesausschuss bestimmt zu den Mindestvorgaben zur Personalausstattung nach Satz 2 notwendige Ausnahmetatbestände und Übergangsregelungen. 5Den betroffenen medizinischen Fachgesellschaften ist Gelegenheit zur Stellungnahme zu geben. 6Die Stellungnahmen sind durch den Gemeinsamen Bundesauschuss in die Entscheidung einzubeziehen. 7Bei Festlegungen nach den Sätzen 1 und 2 für die kinder-

und jugendpsychiatrische Versorgung hat er die Besonderheiten zu berücksichtigen, die sich insbesondere aus den altersabhängigen Anforderungen an die Versorgung von Kindern und Jugendlichen ergeben. 8Der Gemeinsame Bundesausschuss hat die verbindlichen Mindestvorgaben und Indikatoren nach Satz 2 erstmals bis spätestens zum 30. September 2019 mit Wirkung zum 1. Januar 2020 zu beschließen. 9Der Gemeinsame Bundesausschuss hat als notwendige Anpassung der Mindestvorgaben erstmals bis zum 30. September 2021 mit Wirkung zum 1. Januar 2022 sicherzustellen, dass die Psychotherapie entsprechend ihrer Bedeutung in der Versorgung psychisch und psychosomatisch Erkrankter durch Mindestvorgaben für die Zahl der vorzuhaltenden Psychotherapeuten abgebildet wird. 10Informationen über die Umsetzung der verbindlichen Mindestvorgaben zur Ausstattung mit therapeutischem Personal und die nach der Einführung mit den Indikatoren nach Satz 2 gemessenen und für eine Veröffentlichung geeigneten Ergebnisse sind in den Qualitätsberichten nach § 136b Absatz 1 Satz 1 Nummer 3 darzustellen.

(2a) 1Der Gemeinsame Bundesausschuss beschließt bis spätestens zum 31. Dezember 2022 in einer Richtlinie nach Absatz 2 Satz 1 ein einrichtungsübergreifendes sektorspezifisches Qualitätssicherungsverfahren für die ambulante psychotherapeutische Versorgung. 2Er hat dabei insbesondere geeignete Indikatoren zur Beurteilung der Struktur-, Prozess- und Ergebnisqualität sowie Mindestvorgaben für eine einheitliche und standardisierte Dokumentation, die insbesondere eine Beurteilung des Therapieverlaufs ermöglicht, festzulegen. 3Der Gemeinsame Bundesausschuss beschließt bis zum 31. Dezember 2022 zusätzlich Regelungen, die eine interdisziplinäre Zusammenarbeit in der ambulanten psychotherapeutischen Versorgung unterstützen.

(3) 1Der Gemeinsame Bundesausschuss bestimmt in seinen Richtlinien über die grundsätzlichen Anforderungen an ein einrichtungsinternes Qualitätsmanagement nach § 136 Absatz 1 Satz 1 Nummer 1 wesentliche Maßnahmen zur Verbesserung der Patientensicherheit und legt insbesondere Mindeststandards für Risikomanagement- und Fehlermeldesysteme fest. 2Über die Umsetzung von Risikomanagement- und Fehlermeldesystemen in Krankenhäusern ist in den Qualitätsberichten nach § 136b Absatz 1 Satz 1 Nummer 3 zu informieren. 3Als Grundlage für die Vereinbarung von Vergütungszuschlägen nach § 17b Absatz 1a Nummer 4 des Krankenhausfinanzierungsgesetzes bestimmt der Gemeinsame Bundesausschuss Anforderungen an einrichtungsübergreifende Fehlermeldesysteme, die in besonderem Maße geeignet erscheinen, Risiken und Fehlerquellen in der stationären Versorgung zu erkennen, auszuwerten und zur Vermeidung unerwünschter Ereignisse beizutragen.

(4) 1Der Gemeinsame Bundesausschuss hat auch Qualitätskriterien für die Versorgung mit Füllungen und Zahnersatz zu beschließen. 2Bei der Festlegung von Qualitätskriterien für Zahnersatz ist der Verband Deutscher Zahntechniker-Innungen zu beteiligen; die Stellungnahmen sind in die Entscheidung einzubeziehen. 3Der Zahnarzt übernimmt für Füllungen und die Versorgung mit Zahnersatz eine zweijährige Gewähr. 4Identische und Teilwiederholungen von Füllungen sowie die Erneuerung und Wiederherstellung von Zahnersatz einschließlich Zahnkronen sind in diesem Zeitraum vom Zahnarzt kostenfrei vorzunehmen. 5Ausnahmen hiervon bestimmen die Kassenzahnärztliche Bundesvereinigung und der Spitzenverband Bund der Krankenkassen. 6§ 195 des Bürgerlichen Gesetzbuchs bleibt unberührt. 7Längere Gewährleistungsfristen können zwischen den Kassenzahnärztlichen Vereinigungen und den Landesverbänden der Krankenkassen und den Ersatzkassen sowie in Einzel- oder Gruppenverträgen zwischen Zahnärzten und Krankenkassen vereinbart werden. 8Die Krankenkassen können hierfür Vergütungszuschläge gewähren; der Eigenanteil der Versicherten bei Zahnersatz bleibt unberührt. 9Die Zahnärzte, die ihren Patienten eine längere Gewährleistungsfrist einräumen, können dies ihren Patienten bekannt machen.

(5) 1Der Gemeinsame Bundesausschuss kann im Benehmen mit dem Paul-Ehrlich-Institut in seinen Richtlinien nach § 92 Absatz 1 Satz 2 Nummer 6 für die vertragsärztliche Versorgung und für zugelassene Krankenhäuser Anforderungen an die Qualität der Anwendung von Arzneimitteln für neuartige Therapien im Sinne von § 4 Absatz 9 des Arzneimittelgesetzes festlegen. 2Er kann insbesondere Mindestanforderungen an die Struktur-, Prozess- und Ergebnisqualität regeln, die auch indikationsbezogen oder bezogen auf Arzneimittelgruppen festgelegt werden können. 3Zu den Anforderungen nach den Sätzen 1 und 2 gehören, um eine sachgerechte Anwendung der Arzneimittel für neuartige Therapien im Sinne von § 4 Absatz 9 des Arzneimittelgesetzes zu sichern, insbesondere

1. die notwendige Qualifikation der Leistungserbringer,
2. strukturelle Anforderungen und
3. Anforderungen an sonstige Maßnahmen der Qualitätssicherung.

4Soweit erforderlich erlässt der Gemeinsame Bundesausschuss die notwendigen Durchführungsbestimmungen. 5§ 136 Absatz 2 und 3 gilt entsprechend. 6Arzneimittel für neuartige Therapien im Sinne von § 4 Absatz 9 des Arzneimittelgesetzes dürfen ausschließlich von Leistungserbringern angewendet werden, die die vom Gemeinsamen Bundesausschuss beschlossenen Mindestanforderungen nach den Sätzen 1 bis 3 erfüllen.

(6) 1Der Gemeinsame Bundesausschuss legt in einer Richtlinie erstmals bis zum 31. Dezember 2022 einheitliche Anforderungen für die Information der Öffentlichkeit zum Zweck der Erhöhung der Transparenz und der Qualität der Versorgung durch einrichtungsbezogene risikoadjustierte Vergleiche der an der vertragsärztlichen Versorgung teilnehmenden Leistungserbringer und zugelassenen Krankenhäuser auf der Basis der einrichtungsbezogenen Auswertungen nach Maßgabe des § 299 (Qualitätsdaten) fest. 2Er trifft insbesondere Festlegungen zu Inhalt, Art, Umfang und Plausibilisierung der für diesen Zweck durch den Gemeinsamen Bundesausschuss oder einen von ihm beauftragten Dritten einrichtungsbezogen zu verarbeitenden Qualitätsdaten sowie zu Inhalt, Art, Umfang und Verfahren der Veröffentlichung der risikoadjustierten Vergleichsdaten in übersichtlicher Form und in allgemein verständlicher Sprache. 3Die Erforderlichkeit der Datenverarbeitung für die Information der Öffentlichkeit zum Zweck der Erhöhung der Transparenz und der Qualität der Versorgung durch einrichtungsbezogene risikoadjustierte Vergleiche ist in der Richtlinie darzulegen. 4Die Veröffentlichung der Vergleichsdaten hat einrichtungsbezogen und mindestens jährlich auf Basis aktueller Qualitätsdaten zu erfolgen. 5Die Ergebnisse der Beauftragung des Instituts für Qualitätssicherung und Transparenz im Gesundheitswesen gemäß § 137a Absatz 3 Satz 2 Nummer 5 und 6 sollen in der Richtlinie nach Satz 1 berücksichtigt werden. 6Der Gemeinsame Bundesausschuss evaluiert regelmäßig die in der Richtlinie bestimmten Qualitätsdaten und Vergleichsdaten im Hinblick auf ihre Eignung und Erforderlichkeit zur Erreichung des festgelegten Ziels. 7Über die Ergebnisse hat der Gemeinsame Bundesausschuss dem Bundesministerium für Gesundheit alle zwei Jahre, erstmals bis zum 31. Dezember 2024, zu berichten. 8Mit der Evaluation nach Satz 6 kann der Gemeinsame Bundesausschuss das Institut nach § 137a beauftragen.

§ 136b Beschlüsse des Gemeinsamen Bundesausschusses zur Qualitätssicherung im Krankenhaus

(1) 1Der Gemeinsame Bundesausschuss fasst für zugelassene Krankenhäuser grundsätzlich einheitlich für alle Patientinnen und Patienten auch Beschlüsse über

1. die im Abstand von fünf Jahren zu erbringenden Nachweise über die Erfüllung der Fortbildungspflichten der Fachärzte und der Psychotherapeuten,
2. einen Katalog planbarer Leistungen, bei denen die Qualität des Behandlungsergebnisses von der Menge der erbrachten Leistungen abhängig ist, sowie Mindestmengen für die jeweiligen Leistungen je Arzt oder Standort eines Krankenhauses oder je Arzt und Standort eines Krankenhauses,
3. Inhalt, Umfang und Datenformat eines jährlich zu veröffentlichenden strukturierten Qualitätsberichts der zugelassenen Krankenhäuser,
4. vier Leistungen oder Leistungsbereiche, zu denen Verträge nach § 110a mit Anreizen für die Einhaltung besonderer Qualitätsanforderungen erprobt werden sollen; bis zum 31. Dezember 2023 beschließt der Gemeinsame Bundesausschuss hierzu weitere vier Leistungen oder Leistungsbereiche.

2§ 136 Absatz 1 Satz 2 gilt entsprechend. 3Der Verband der Privaten Krankenversicherung, die Bundesärztekammer sowie die Berufsorganisationen der Pflegeberufe sind bei den Beschlüssen nach den Nummern 1 bis 5 zu beteiligen; bei den Beschlüssen nach den Nummern 1 und 3 ist zusätzlich die Bundespsychotherapeutenkammer zu beteiligen.

(2) 1Die Beschlüsse nach Absatz 1 Satz 1 sind für zugelassene Krankenhäuser unmittelbar verbindlich. 2Sie haben Vorrang vor Verträgen nach § 112 Absatz 1, soweit diese keine ergänzenden Regelungen zur Qualitätssicherung enthalten. 3Verträge zur Qualitätssicherung nach § 112 Absatz 1 gelten bis zum Inkrafttreten von Beschlüssen nach Absatz 1 und Richtlinien nach § 136 Absatz 1 fort. 4Ergänzende Qualitätsanforderungen im Rahmen der Krankenhausplanung der Länder sind zulässig.

(3) 1Der Gemeinsame Bundesausschuss prüft kontinuierlich die Evidenz zu bereits festgelegten Mindestmengen sowie die Evidenz für die Festlegung weiterer Mindestmengen und fasst innerhalb von zwei Jahren nach Aufnahme der Beratungen Beschlüsse über die Festlegung einer neuen oder zur Anpassung oder Bestätigung einer bereits bestehenden Mindestmenge. 2In den Beschlüssen kann der Gemeinsame Bundesausschuss insbesondere

1. vorsehen, dass Leistungen nur bewirkt werden dürfen, wenn gleichzeitig Mindestmengen weiterer Leistungen erfüllt sind, sowie
2. gleichzeitig mit der Mindestmenge Mindestanforderungen an die Struktur-, Prozess- und Ergebnisqualität nach § 136 Absatz 1 Satz 1 Nummer 2 festlegen.

3Der Gemeinsame Bundesausschuss soll bei den Mindestmengenfestlegungen nach Absatz 1 Satz 1 Nummer 2 Übergangsregelungen sowie Regelungen für die erstmalige und für die auf eine Unterbrechung folgende erneute Erbringung einer Leistung aus dem Katalog festgelegter

Mindestmengen vorsehen. 4Er soll insbesondere die Auswirkungen von neu festgelegten Mindestmengen möglichst zeitnah evaluieren und die Festlegungen auf der Grundlage des Ergebnisses anpassen. 5Das Bundesministerium für Gesundheit kann beantragen, dass der Gemeinsame Bundesausschuss die Festlegung einer Mindestmenge für bestimmte Leistungen prüft. 6Für die Beschlüsse nach Absatz 1 Satz 1 Nummer 2, zu denen das Beratungsverfahren vor dem 19. Juli 2022 begonnen hat, ist § 136b sowie die Verfahrensordnung des Gemeinsamen Bundesausschusses in der bis zum 19. Juli 2021 geltenden Fassung zugrunde zu legen.

(4) Der Gemeinsame Bundesausschuss regelt in seiner Verfahrensordnung mit Wirkung zum 19. Juli 2022 das Nähere insbesondere

1. zur Auswahl einer planbaren Leistung nach Absatz 1 Satz 1 Nummer 2 sowie zur Festlegung der Höhe einer Mindestmenge,
2. zur Festlegung der Operationalisierung einer Leistung,
3. zur Einbeziehung von Fachexperten und Fachgesellschaften,
4. zur Umsetzung des Prüfauftrags und zur Einhaltung der Fristvorgabe nach Absatz 3 Satz 1 sowie
5. zu den Voraussetzungen einer Festlegung von gleichzeitig mit der Mindestmenge zu erfüllenden Mindestanforderungen an Struktur-, Prozess- und Ergebnisqualität.

(5) 1Wenn die nach Absatz 1 Satz 1 Nummer 2 erforderliche Mindestmenge bei planbaren Leistungen voraussichtlich nicht erreicht wird, dürfen entsprechende Leistungen nicht bewirkt werden. 2Einem Krankenhaus, das die Leistungen dennoch bewirkt, steht kein Vergütungsanspruch zu. 3Für die Zulässigkeit der Leistungserbringung muss der Krankenhausträger gegenüber den Landesverbänden der Krankenkassen und den Ersatzkassen für Krankenhausstandorte in ihrer Zuständigkeit jährlich darlegen, dass die erforderliche Mindestmenge im jeweils nächsten Kalenderjahr auf Grund berechtigter mengenmäßiger Erwartungen voraussichtlich erreicht wird (Prognose). 4Eine berechtigte mengenmäßige Erwartung liegt in der Regel vor, wenn das Krankenhaus im vorausgegangenen Kalenderjahr die maßgebliche Mindestmenge je Arzt oder Standort eines Krankenhauses oder je Arzt und Standort eines Krankenhauses erreicht hat. 5Der Gemeinsame Bundesausschuss regelt im Beschluss nach Absatz 1 Satz 1 Nummer 2 das Nähere zur Darlegung der Prognose. 6Die Landesverbände der Krankenkassen und die Ersatzkassen müssen für Krankenhausstandorte in ihrer Zuständigkeit ab der Prognose für das Kalenderjahr 2023 bei begründeten erheblichen Zweifeln an der Richtigkeit die vom Krankenhausträger getroffene Prognose durch Bescheid widerlegen (Entscheidung); der Gemeinsame Bundesausschuss legt im Beschluss nach Absatz 1 Satz 1 Nummer 2 mit Wirkung zum 1. Januar 2022 Regelbeispiele für begründete erhebliche Zweifel fest. 7Die Landesverbände der Krankenkassen und die Ersatzkassen übermitteln dem Gemeinsamen Bundesausschuss einrichtungsbezogene Informationen der erfolgten Prognoseprüfungen, soweit dies für Zwecke der Qualitätssicherung und ihrer Weiterentwicklung erforderlich und in Beschlüssen nach Absatz 1 Satz 1 Nummer 2 vorgesehen ist. 8Der Gemeinsame Bundesausschuss informiert die für die Krankenhausplanung zuständigen Landesbehörden standortbezogen über das Prüfergebnis der abgegebenen Prognosen. 9Bei den Entscheidungen nach Satz 6 und den Übermittlungen nach Satz 7 und 8 handeln die Landesverbände der Krankenkassen und die Ersatzkassen gemeinsam und einheitlich. 10Gegen die Entscheidung nach Satz 6 ist der Rechtsweg vor den Gerichten der Sozialgerichtsbarkeit gegeben. 11Ein Vorverfahren findet nicht statt; Klagen gegen die Entscheidungen nach Satz 6 haben ab der Prognose für das Jahr 2023 keine aufschiebende Wirkung. 12Bis zur Prognose für das Jahr 2022 sind § 136b sowie die Beschlüsse nach Absatz 1 Satz 1 Nummer 2 und die Verfahrensordnung des Gemeinsamen Bundesausschusses in der bis zum 19. Juli 2021 geltenden Fassung zugrunde zu legen.

(5a) 1Die für die Krankenhausplanung zuständige Landesbehörde kann Leistungen aus dem Katalog nach Absatz 1 Satz 1 Nummer 2 bestimmen, bei denen die Anwendung des Absatzes 5 Satz 1 und 2 die Sicherstellung einer flächendeckenden Versorgung der Bevölkerung gefährden könnte. 2Die Landesbehörde entscheidet auf Antrag des Krankenhauses im Einvernehmen mit den Landesverbänden der Krankenkassen und den Ersatzkassen für diese Leistungen über die Nichtanwendung des Absatzes 5 Satz 1 und 2. 3Bei den Entscheidungen nach Satz 2 handeln die Landesverbände der Krankenkassen und die Ersatzkassen gemeinsam und einheitlich. 4Die Nichtanwendung des Absatzes 5 Satz 1 und 2 ist auf ein Kalenderjahr zu befristen, wiederholte Befristungen sind zulässig. 5Die Landesbehörde hat über die Bestimmung gemäß Satz 1 und über Entscheidungen zur Nichtanwendung gemäß Satz 2 den Gemeinsamen Bundesausschuss sowie das Bundesministerium für Gesundheit zu informieren und die Entscheidung zu begründen.

(6) 1In dem Bericht nach Absatz 1 Satz 1 Nummer 3 ist der Stand der Qualitätssicherung insbesondere unter Berücksichtigung der Anforderungen nach § 136 Absatz 1 und § 136a sowie der Umsetzung der Regelungen nach Absatz 1 Satz 1 Nummer 1 und 2 darzustellen. 2Der Bericht

hat auch Art und Anzahl der Leistungen des Krankenhauses auszuweisen sowie Informationen zu Nebendiagnosen, die mit wesentlichen Hauptdiagnosen häufig verbunden sind, zu enthalten. 3Ergebnisse von Patientenbefragungen, soweit diese vom Gemeinsamen Bundesausschuss veranlasst werden, sind in den Qualitätsbericht aufzunehmen. 4Der Bericht ist in einem für die Abbildung aller Kriterien geeigneten standardisierten Datensatzformat zu erstellen. 5In dem Bericht sind die besonders patientenrelevanten Informationen darzustellen. 6Besonders patientenrelevant sind insbesondere Informationen zur Patientensicherheit und hier speziell zur Umsetzung des Risiko- und Fehlermanagements, zu Maßnahmen der Arzneimitteltherapiesicherheit, zur Einhaltung von Hygienestandards sowie zu Maßzahlen der Personalausstattung in den Fachabteilungen des jeweiligen Krankenhauses.

(7) 1Die Qualitätsberichte nach Absatz 1 Satz 1 Nummer 3 sind über den in dem Beschluss festgelegten Empfängerkreis hinaus vom Gemeinsamen Bundesausschuss, von den Landesverbänden der Krankenkassen und den Ersatzkassen im Internet zu veröffentlichen. 2Zum Zwecke der Erhöhung von Transparenz und Qualität der stationären Versorgung können die Kassenärztlichen Vereinigungen sowie die Krankenkassen und ihre Verbände die Vertragsärzte und die Versicherten auf der Basis der Qualitätsberichte auch vergleichend über die Qualitätsmerkmale der Krankenhäuser informieren und Empfehlungen aussprechen. 3Das Krankenhaus hat den Qualitätsbericht auf der eigenen Internetseite leicht auffindbar zu veröffentlichen.

(8) 1Der Gemeinsame Bundesauschuss hat das Institut nach § 137a bei den nach Absatz 1 Satz 1 Nummer 4 ausgewählten Leistungen oder Leistungsbereichen mit einer Untersuchung zur Entwicklung der Versorgungsqualität während des Erprobungszeitraums zu beauftragen. 2Gegenstand der Untersuchung ist auch ein Vergleich der Versorgungsqualität von Krankenhäusern mit und ohne Vertrag nach § 110a. 3Auf der Grundlage der Untersuchungsergebnisse nach Satz 1, die bis zum 31. Dezember 2028 vorliegen, beschließt der Gemeinsame Bundesausschuss bis zum 31. Oktober 2029 Empfehlungen zum Nutzen der Qualitätsverträge zu den einzelnen Leistungen und Leistungsbereichen sowie Empfehlungen zu der Frage, ob und unter welchen Rahmenbedingungen Qualitätsverträge als Instrument der Qualitätsentwicklung weiter zur Verfügung stehen sollten. 4In dem Beschluss über die Empfehlungen nach Satz 3 hat der Gemeinsame Bundesausschuss darzustellen, inwieweit auf der Grundlage der Untersuchungsergebnisse erfolgreiche Maßnahmen aus den Qualitätsverträgen in Qualitätsanforderungen nach § 136 Absatz 1 Satz 1 überführt werden sollen. 5Ab dem Jahr 2021 veröffentlicht der Gemeinsame Bundesausschuss auf seiner Internetseite regelmäßig eine aktuelle Übersicht der Krankenkassen und der Zusammenschlüsse von Krankenkassen, die Qualitätsverträge nach § 110a geschlossen haben, einschließlich der Angaben, mit welchen Krankenhäusern und zu welchen Leistungen oder Leistungsbereichen sowie über welche Zeiträume die Qualitätsverträge geschlossen wurden. 6Das Institut nach § 137a übermittelt dem Gemeinsamen Bundesausschuss die hierfür erforderlichen Informationen.

§ 136c Beschlüsse des Gemeinsamen Bundesausschusses zu Qualitätssicherung und Krankenhausplanung

(1) 1Der Gemeinsame Bundesausschuss beschließt Qualitätsindikatoren zur Struktur-, Prozess- und Ergebnisqualität, die als Grundlage für qualitätsorientierte Entscheidungen der Krankenhausplanung geeignet sind und nach § 6 Absatz 1a des Krankenhausfinanzierungsgesetzes Bestandteil des Krankenhausplans werden. 2Der Gemeinsame Bundesausschuss übermittelt die Beschlüsse zu diesen planungsrelevanten Qualitätsindikatoren als Empfehlungen an die für die Krankenhausplanung zuständigen Landesbehörden; § 91 Absatz 6 bleibt unberührt.

(2) 1Der Gemeinsame Bundesausschuss übermittelt den für die Krankenhausplanung zuständigen Landesbehörden sowie den Landesverbänden der Krankenkassen und den Ersatzkassen regelmäßig einrichtungsbezogen Auswertungsergebnisse der einrichtungsübergreifenden Qualitätssicherung zu nach Absatz 1 Satz 1 beschlossenen planungsrelevanten Qualitätsindikatoren sowie Maßstäbe und Kriterien zur Bewertung der Qualitätsergebnisse von Krankenhäusern. 2 Die Maßstäbe und Kriterien müssen eine Bewertung der Qualitätsergebnisse von Krankenhäusern insbesondere im Hinblick darauf ermöglichen, ob eine in einem erheblichen Maß unzureichende Qualität im Sinne von § 8 Absatz 1a Satz 1 und Absatz 1b des Krankenhausfinanzierungsgesetzes und § 109 Absatz 3 Satz 1 Nummer 2 vorliegt. 3Hierfür hat der Gemeinsame Bundesausschuss sicherzustellen, dass die Krankenhäuser dem Institut nach § 137a zu den planungsrelevanten Qualitätsindikatoren quartalsweise Daten der einrichtungsübergreifenden Qualitätssicherung liefern. 4Er soll das Auswertungsverfahren einschließlich des strukturierten Dialogs für diese Indikatoren um sechs Monate verkürzen.

(3) 1Der Gemeinsame Bundesausschuss beschließt erstmals bis zum 31. Dezember 2016 bundeseinheitliche Vorgaben für die Vereinbarung von Sicherstellungszu-

schlägen nach § 17b Absatz 1a Nummer 6 des Krankenhausfinanzierungsgesetzes in Verbindung mit § 5 Absatz 2 des Krankenhausentgeltgesetzes. 2Der Gemeinsame Bundesausschuss hat insbesondere Vorgaben zu beschließen

1. zur Erreichbarkeit (Minutenwerte) für die Prüfung, ob die Leistungen durch ein anderes geeignetes Krankenhaus, das die Leistungsart erbringt, ohne Zuschlag erbracht werden können,
2. zur Frage, wann ein geringer Versorgungsbedarf besteht, und
3. zur Frage, für welche Leistungen die notwendige Vorhaltung für die Versorgung der Bevölkerung sicherzustellen ist.

3Bei dem Beschluss sind die planungsrelevanten Qualitätsindikatoren nach Absatz 1 Satz 1 zu berücksichtigen. 4Der Gemeinsame Bundesausschuss legt in dem Beschluss auch das Nähere über die Prüfung der Einhaltung der Vorgaben durch die zuständige Landesbehörde nach § 5 Absatz 2 Satz 5 des Krankenhausentgeltgesetzes fest. 5Den betroffenen medizinischen Fachgesellschaften ist Gelegenheit zur Stellungnahme zu geben. 6Die Stellungnahmen sind bei der Beschlussfassung zu berücksichtigen.

(4) 1Der Gemeinsame Bundesausschuss beschließt bis zum 31. Dezember 2017 ein gestuftes System von Notfallstrukturen in Krankenhäusern, einschließlich einer Stufe für die Nichtteilnahme an der Notfallversorgung. 2Hierbei sind für jede Stufe der Notfallversorgung insbesondere Mindestvorgaben zur Art und Anzahl von Fachabteilungen, zur Anzahl und Qualifikation des vorzuhaltenden Fachpersonals sowie zum zeitlichen Umfang der Bereitstellung von Notfallleistungen differenziert festzulegen. 3Der Gemeinsame Bundesausschuss berücksichtigt bei diesen Festlegungen planungsrelevante Qualitätsindikatoren nach Absatz 1 Satz 1, soweit diese für die Notfallversorgung von Bedeutung sind. 4Den betroffenen medizinischen Fachgesellschaften ist Gelegenheit zur Stellungnahme zu geben. 5Die Stellungnahmen sind bei der Beschlussfassung zu berücksichtigen. 6Der Gemeinsame Bundesausschuss führt vor Beschlussfassung eine Folgenabschätzung durch und berücksichtigt deren Ergebnisse.

(5) 1Der Gemeinsame Bundesausschuss beschließt bis zum 31. Dezember 2019 Vorgaben zur Konkretisierung der besonderen Aufgaben von Zentren und Schwerpunkten nach § 2 Absatz 2 Satz 2 Nummer 4 des Krankenhausentgeltgesetzes. 2Die besonderen Aufgaben können sich insbesondere ergeben aus

a) einer überörtlichen und krankenhausübergreifenden Aufgabenwahrnehmung,
b) der Erforderlichkeit von besonderen Vorhaltungen eines Krankenhauses, insbesondere in Zentren für seltene Erkrankungen, oder
c) der Notwendigkeit der Konzentration der Versorgung an einzelnen Standorten wegen außergewöhnlicher technischer und personeller Voraussetzungen.

3Zu gewährleisten ist, dass es sich nicht um Aufgaben handelt, die bereits durch Entgelte nach dem Krankenhausentgeltgesetz oder nach den Regelungen dieses Buches finanziert werden. 4§ 17b Absatz 1 Satz 10 des Krankenhausfinanzierungsgesetzes bleibt unberührt. 5Soweit dies für die Erfüllung der besonderen Aufgaben erforderlich ist, sind zu erfüllende Qualitätsanforderungen festzulegen, insbesondere Vorgaben zur Art und Anzahl von Fachabteilungen, zu einzuhaltenden Mindestfallzahlen oder zur Zusammenarbeit mit anderen Einrichtungen. 6Den betroffenen medizinischen Fachgesellschaften ist Gelegenheit zur Stellungnahme zu geben. 7Die Stellungnahmen sind bei der Beschlussfassung zu berücksichtigen.

(6) Für Beschlüsse nach den Absätzen 1 bis 5 gilt § 94 entsprechend.

§ 136d Evaluation und Weiterentwicklung der Qualitätssicherung durch den Gemeinsamen Bundesausschuss

1Der Gemeinsame Bundesausschuss hat den Stand der Qualitätssicherung im Gesundheitswesen festzustellen, sich daraus ergebenden Weiterentwicklungsbedarf zu benennen, eingeführte Qualitätssicherungsmaßnahmen auf ihre Wirksamkeit hin zu bewerten und Empfehlungen für eine an einheitlichen Grundsätzen ausgerichtete sowie sektoren- und berufsgruppenübergreifende Qualitätssicherung im Gesundheitswesen einschließlich ihrer Umsetzung zu erarbeiten. 2Er erstellt in regelmäßigen Abständen einen Bericht über den Stand der Qualitätssicherung.

§ 137 Durchsetzung und Kontrolle der Qualitätsanforderungen des Gemeinsamen Bundesausschusses

(1) 1Der Gemeinsame Bundesausschuss hat zur Förderung der Qualität ein gestuftes System von Folgen der Nichteinhaltung von Qualitätsanforderungen nach den §§ 136 bis 136c festzulegen. 2Er ist ermächtigt, neben Maßnahmen zur Beratung und Unterstützung bei der Qualitätsverbesserung je nach Art und Schwere von Verstößen gegen wesentliche Qualitätsanforderungen angemesse-

ne Durchsetzungsmaßnahmen vorzusehen. $_{3}$Solche Maßnahmen können insbesondere sein

1. Vergütungsabschläge,
2. der Wegfall des Vergütungsanspruchs für Leistungen, bei denen Mindestanforderungen nach § 136 Absatz 1 Satz 1 Nummer 2 nicht erfüllt sind,
3. die Information Dritter über die Verstöße,
4. die einrichtungsbezogene Veröffentlichung von Informationen zur Nichteinhaltung von Qualitätsanforderungen.

$_{4}$Die Maßnahmen sind verhältnismäßig zu gestalten und anzuwenden. $_{5}$Der Gemeinsame Bundesausschuss trifft die Festlegungen nach den Sätzen 1 bis 4 und zu den Stellen, denen die Durchsetzung der Maßnahmen obliegt, in grundsätzlicher Weise in einer Richtlinie nach § 92 Absatz 1 Satz 2 Nummer 13. $_{6}$Die Festlegungen nach Satz 5 sind vom Gemeinsamen Bundesausschuss in einzelnen Richtlinien und Beschlüssen jeweils für die in ihnen geregelten Qualitätsanforderungen zu konkretisieren. $_{7}$Bei wiederholten oder besonders schwerwiegenden Verstößen kann er von dem nach Satz 1 vorgegebenen gestuften Verfahren abweichen.

(2) $_{1}$Der Gemeinsame Bundesausschuss legt in seinen Richtlinien über Maßnahmen der einrichtungsübergreifenden Qualitätssicherung eine Dokumentationsrate von 100 Prozent für dokumentationspflichtige Datensätze der Leistungserbringer fest. $_{2}$Er hat bei der Unterschreitung dieser Dokumentationsrate Vergütungsabschläge vorzusehen, es sei denn, der Leistungserbringer weist nach, dass die Unterschreitung unverschuldet ist.

(3) $_{1}$Der Gemeinsame Bundesausschuss regelt in einer Richtlinie die Einzelheiten zu den Kontrollen des Medizinischen Dienstes der Krankenversicherung nach § 275a, die durch Anhaltspunkte begründet sein müssen, die die Einhaltung der Qualitätsanforderungen nach § 136 Absatz 1 Satz 1 Nummer 2 oder § 136a Absatz 5 zum Gegenstand haben oder als Stichprobenprüfungen erforderlich sind. $_{2}$Er trifft insbesondere Festlegungen, welche Stellen die Kontrollen beauftragen, welche Anhaltspunkte Kontrollen auch unangemeldet rechtfertigen, zu Art, Umfang und zum Verfahren der Kontrollen sowie zum Umgang mit den Ergebnissen und zu deren Folgen. $_{3}$Die Krankenkassen und die die Kontrollen beauftragenden Stellen sind befugt und verpflichtet, die für das Verfahren zur Durchführung von Stichprobenprüfungen erforderlichen einrichtungsbezogenen Daten an die vom Gemeinsamen Bundesausschuss zur Auswahl der zu prüfenden Leistungserbringer bestimmte Stelle zu übermitteln, und diese Stelle ist befugt, die ihr übermittelten Daten zu diesem Zweck zu verarbeiten, soweit dies in der Richtlinie nach Satz 1 vorgesehen ist. $_{4}$Der Gemeinsame Bundesausschuss hat bei den Festlegungen nach Satz 2 vorzusehen, dass die nach Absatz 1 Satz 5 für die Durchsetzung der Qualitätsanforderungen zuständigen Stellen zeitnah einrichtungsbezogen über die Prüfergebnisse informiert werden. $_{5}$Er legt fest, in welchen Fällen der Medizinische Dienst der Krankenversicherung die Prüfergebnisse wegen erheblicher Verstöße gegen Qualitätsanforderungen unverzüglich einrichtungsbezogen an Dritte, insbesondere an jeweils zuständige Behörden der Länder zu übermitteln hat. $_{6}$Die Festlegungen des Gemeinsamen Bundesausschusses nach den Sätzen 1 und 2 sollen eine möglichst aufwandsarme Durchführung der Kontrollen nach § 275a unterstützen.

§ 137a Institut für Qualitätssicherung und Transparenz im Gesundheitswesen

(1) $_{1}$Der Gemeinsame Bundesausschuss nach § 91 gründet ein fachlich unabhängiges, wissenschaftliches Institut für Qualitätssicherung und Transparenz im Gesundheitswesen. $_{2}$Hierzu errichtet er eine Stiftung des privaten Rechts, die Trägerin des Instituts ist.

(2) $_{1}$Der Vorstand der Stiftung bestellt die Institutsleitung mit Zustimmung des Bundesministeriums für Gesundheit. $_{2}$Das Bundesministerium für Gesundheit entsendet ein Mitglied in den Vorstand der Stiftung.

(3) $_{1}$Das Institut arbeitet im Auftrag des Gemeinsamen Bundesausschusses an Maßnahmen zur Qualitätssicherung und zur Darstellung der Versorgungsqualität im Gesundheitswesen. $_{2}$Es soll insbesondere beauftragt werden,

1. für die Messung und Darstellung der Versorgungsqualität möglichst sektorenübergreifend abgestimmte risikoadjustierte Indikatoren und Instrumente einschließlich Module für Patientenbefragungen auch in digitaler Form zu entwickeln,
2. die notwendige Dokumentation für die einrichtungsübergreifende Qualitätssicherung unter Berücksichtigung des Gebotes der Datensparsamkeit zu entwickeln,
3. sich an der Durchführung der einrichtungsübergreifenden Qualitätssicherung zu beteiligen und dabei, soweit erforderlich, die weiteren Einrichtungen nach Satz 3 einzubeziehen,
4. die Ergebnisse der Qualitätssicherungsmaßnahmen in geeigneter Weise und in einer für die Allgemeinheit verständlichen Form zu veröffentlichen,
5. auf der Grundlage geeigneter Daten, die in den Qualitätsberichten der Krankenhäuser veröffentlicht werden, einrichtungsbezogen vergleichende risikoadjustierte Übersichten über die Qualität in maßgeblichen Bereichen der stationären Versorgung zu erstellen und

in einer für die Allgemeinheit verständlichen Form im Internet zu veröffentlichen; Ergebnisse nach Nummer 6 sollen einbezogen werden,

6. für die Weiterentwicklung der Qualitätssicherung zu ausgewählten Leistungen die Qualität der ambulanten und stationären Versorgung zusätzlich auf der Grundlage geeigneter Sozialdaten darzustellen, die dem Institut von den Krankenkassen nach § 299 Absatz 1a auf der Grundlage von Richtlinien und Beschlüssen des Gemeinsamen Bundesausschusses übermittelt werden, sowie
7. Kriterien zur Bewertung von Zertifikaten und Qualitätssiegeln, die in der ambulanten und stationären Versorgung verbreitet sind, zu entwickeln und anhand dieser Kriterien über die Aussagekraft dieser Zertifikate und Qualitätssiegel in einer für die Allgemeinheit verständlichen Form zu informieren.

3In den Fällen, in denen weitere Einrichtungen an der Durchführung der verpflichtenden Maßnahmen der Qualitätssicherung nach § 136 Absatz 1 Satz 1 Nummer 1 mitwirken, haben diese dem Institut nach Absatz 1 auf der Grundlage der Richtlinien des Gemeinsamen Bundesausschusses zur einrichtungsübergreifenden Qualitätssicherung die für die Wahrnehmung seiner Aufgaben nach Satz 2 erforderlichen Daten zu übermitteln. 4Bei der Entwicklung von Patientenbefragungen nach Satz 2 Nummer 1 soll das Institut vorhandene national oder international anerkannte Befragungsinstrumente berücksichtigen.

(4) 1Die den Gemeinsamen Bundesausschuss bildenden Institutionen, die unparteiischen Mitglieder des Gemeinsamen Bundesausschusses, das Bundesministerium für Gesundheit und die für die Wahrnehmung der Interessen der Patientinnen und Patienten und der Selbsthilfe chronisch kranker und behinderter Menschen maßgeblichen Organisationen auf Bundesebene können die Beauftragung des Instituts beim Gemeinsamen Bundesausschuss beantragen. 2Das Bundesministerium für Gesundheit kann das Institut unmittelbar mit Untersuchungen und Handlungsempfehlungen zu den Aufgaben nach Absatz 3 für den Gemeinsamen Bundesausschuss beauftragen. 3Das Institut kann einen Auftrag des Bundesministeriums für Gesundheit ablehnen, es sei denn, das Bundesministerium für Gesundheit übernimmt die Finanzierung der Bearbeitung des Auftrags. 4Das Institut kann sich auch ohne Auftrag mit Aufgaben nach Absatz 3 befassen; der Vorstand der Stiftung ist hierüber von der Institutsleitung unverzüglich zu informieren. 5Für die Tätigkeit nach Satz 4 können jährlich bis zu 10 Prozent der Haushaltsmittel eingesetzt werden, die dem Institut zur Verfügung stehen. 6Die Ergebnisse der Arbeiten nach Satz 4 sind dem Gemeinsamen Bundesausschuss und dem Bundesministerium für Gesundheit vor der Veröffentlichung vorzulegen.

(5) 1Das Institut hat zu gewährleisten, dass die Aufgaben nach Absatz 3 auf Basis der maßgeblichen, international anerkannten Standards der Wissenschaften erfüllt werden. 2Hierzu ist in der Stiftungssatzung ein wissenschaftlicher Beirat aus unabhängigen Sachverständigen vorzusehen, der das Institut in grundsätzlichen Fragen berät. 3Die Mitglieder des wissenschaftlichen Beirats werden auf Vorschlag der Institutsleitung einvernehmlich vom Vorstand der Stiftung bestellt. 4Der wissenschaftliche Beirat kann dem Institut Vorschläge für eine Befassung nach Absatz 4 Satz 4 machen.

(6) Zur Erledigung der Aufgaben nach Absatz 3 kann das Institut im Einvernehmen mit dem Gemeinsamen Bundesausschuss insbesondere Forschungs- und Entwicklungsaufträge an externe Sachverständige vergeben; soweit hierbei personenbezogene Daten übermittelt werden sollen, gilt § 299.

(7) Bei der Entwicklung der Inhalte nach Absatz 3 sind zu beteiligen:

1. die Kassenärztlichen Bundesvereinigungen,
2. die Deutsche Krankenhausgesellschaft,
3. der Spitzenverband Bund der Krankenkassen,
4. der Verband der Privaten Krankenversicherung,
5. die Bundesärztekammer, die Bundeszahnärztekammer und die Bundespsychotherapeutenkammer,
6. die Berufsorganisationen der Krankenpflegeberufe,
7. die wissenschaftlichen medizinischen Fachgesellschaften,
8. das Deutsche Netzwerk Versorgungsforschung,
9. die für die Wahrnehmung der Interessen der Patientinnen und Patienten und der Selbsthilfe chronisch kranker und behinderter Menschen maßgeblichen Organisationen auf Bundesebene,
10. der oder die Beauftragte der Bundesregierung für die Belange der Patientinnen und Patienten,
11. zwei von der Gesundheitsministerkonferenz der Länder zu bestimmende Vertreter sowie
12. die Bundesoberbehörden im Geschäftsbereich des Bundesministeriums für Gesundheit, soweit ihre Aufgabenbereiche berührt sind.

(8) Für die Finanzierung des Instituts gilt § 139c entsprechend.

(9) Zur Sicherstellung der fachlichen Unabhängigkeit des Instituts hat der Stiftungsvorstand dafür Sorge zu tragen, dass Interessenkonflikte von Beschäftigten des Instituts sowie von allen anderen an der Aufgabenerfüllung nach

Absatz 3 beteiligten Personen und Institutionen vermieden werden.

(10) $_{1}$Der Gemeinsame Bundesausschuss kann das Institut oder eine andere an der einrichtungsübergreifenden Qualitätssicherung beteiligte Stelle beauftragen, die bei den verpflichtenden Maßnahmen der Qualitätssicherung nach § 136 Absatz 1 Satz 1 Nummer 1 erhobenen Daten auf Antrag eines Dritten für Zwecke der wissenschaftlichen Forschung und der Weiterentwicklung der Qualitätssicherung auszuwerten. $_{2}$Jede natürliche oder juristische Person kann hierzu beim Gemeinsamen Bundesausschuss oder bei einer nach Satz 1 beauftragten Stelle einen Antrag auf Auswertung und Übermittlung der Auswertungsergebnisse stellen. $_{3}$Das Institut oder eine andere nach Satz 1 beauftragte Stelle übermittelt dem Antragstellenden nach Prüfung des berechtigten Interesses die anonymisierten Auswertungsergebnisse, wenn dieser sich bei der Antragstellung zur Übernahme der entstehenden Kosten bereit erklärt hat. $_{4}$Der Gemeinsame Bundesausschuss regelt in der Verfahrensordnung für die Auswertung der nach § 136 Absatz 1 Satz 1 Nummer 1 erhobenen Daten und die Übermittlung der Auswertungsergebnisse unter Beachtung datenschutzrechtlicher Vorgaben und des Gebotes der Datensicherheit ein transparentes Verfahren sowie das Nähere zum Verfahren der Kostenübernahme nach Satz 3. $_{5}$Der Gemeinsame Bundesausschuss hat zur Verbesserung des Datenschutzes und der Datensicherheit das für die Wahrnehmung der Aufgaben nach den Sätzen 1 und 3 notwendige Datenschutzkonzept regelmäßig durch unabhängige Gutachter prüfen und bewerten zu lassen; das Ergebnis der Prüfung ist zu veröffentlichen.

(11) $_{1}$Der Gemeinsame Bundesausschuss beauftragt das Institut, die bei den verpflichtenden Maßnahmen der Qualitätssicherung nach § 136 Absatz 1 Satz 1 Nummer 1 erhobenen Daten den für die Krankenhausplanung zuständigen Landesbehörden oder von diesen bestimmten Stellen auf Antrag für konkrete Zwecke der qualitätsorientierten Krankenhausplanung oder ihrer Weiterentwicklung, soweit erforderlich auch einrichtungsbezogen sowie versichertenbezogen, in pseudonymisierter Form zu übermitteln. $_{2}$Die Landesbehörde hat ein berechtigtes Interesse an der Verarbeitung der Daten darzulegen und sicherzustellen, dass die Daten nur für die im Antrag genannten konkreten Zwecke verarbeitet werden. $_{3}$Eine Übermittlung der Daten durch die Landesbehörden oder von diesen bestimmten Stellen an Dritte ist nicht zulässig. $_{4}$In dem Antrag ist der Tag, bis zu dem die übermittelten Daten aufbewahrt werden dürfen, genau zu bezeichnen. $_{5}$Absatz 10 Satz 3 bis 5 gilt entsprechend.

§ 137b Aufträge des Gemeinsamen Bundesausschusses an das Institut nach § 137a

(1) $_{1}$Der Gemeinsame Bundesausschuss beschließt zur Entwicklung und Durchführung der Qualitätssicherung sowie zur Verbesserung der Transparenz über die Qualität der ambulanten und stationären Versorgung Aufträge nach § 137a Absatz 3 an das Institut nach § 137a. $_{2}$Soweit hierbei personenbezogene Daten verarbeitet werden sollen, gilt § 299. $_{3}$Bei Aufträgen zur Entwicklung von Patientenbefragungen nach § 137a Absatz 3 Satz 2 Nummer 1 soll der Gemeinsame Bundesausschuss ab dem 1. Januar 2022 eine barrierefreie Durchführung vorsehen; für bereits erarbeitete Patientenbefragungen soll er die Entwicklung der barrierefreien Durchführung bis zum 31. Dezember 2025 nachträglich beauftragen.

(2) $_{1}$Das Institut nach § 137a leitet die Arbeitsergebnisse der Aufträge nach § 137a Absatz 3 Satz 1 und 2 und Absatz 4 Satz 2 dem Gemeinsamen Bundesausschuss als Empfehlungen zu. $_{2}$Der Gemeinsame Bundesausschuss hat die Empfehlungen im Rahmen seiner Aufgabenstellung zu berücksichtigen.

§ 137c Bewertung von Untersuchungs- und Behandlungsmethoden im Krankenhaus

(1) $_{1}$Der Gemeinsame Bundesausschuss nach § 91 überprüft auf Antrag eines Unparteiischen nach § 91 Absatz 2 Satz 1, des Spitzenverbandes Bund der Krankenkassen, der Deutschen Krankenhausgesellschaft oder eines Bundesverbandes der Krankenhausträger Untersuchungs- und Behandlungsmethoden, die zu Lasten der gesetzlichen Krankenkassen im Rahmen einer Krankenhausbehandlung angewandt werden oder angewandt werden sollen, daraufhin, ob sie für eine ausreichende, zweckmäßige und wirtschaftliche Versorgung der Versicherten unter Berücksichtigung des allgemein anerkannten Standes der medizinischen Erkenntnisse erforderlich sind. $_{2}$Ergibt die Überprüfung, dass der Nutzen einer Methode nicht hinreichend belegt ist und sie nicht das Potenzial einer erforderlichen Behandlungsalternative bietet, insbesondere weil sie schädlich oder unwirksam ist, erlässt der Gemeinsame Bundesausschuss eine entsprechende Richtlinie, wonach die Methode im Rahmen einer Krankenhausbehandlung nicht mehr zulasten der Krankenkassen erbracht werden darf. $_{3}$Ergibt die Überprüfung, dass der Nutzen einer Methode noch nicht hinreichend belegt ist, sie aber das Potenzial einer erforderlichen Behandlungsalternative bietet, beschließt der Gemeinsame Bundesausschuss eine Richtlinie zur Erprobung nach § 137e. $_{4}$Nach Abschluss der Erprobung erlässt der Gemeinsame Bundesausschuss eine Richtlinie, wonach die Methode im Rahmen einer Krankenhausbehandlung nicht

mehr zulasten der Krankenkassen erbracht werden darf, wenn die Überprüfung unter Hinzuziehung der durch die Erprobung gewonnenen Erkenntnisse ergibt, dass die Methode nicht den Kriterien nach Satz 1 entspricht. 5Die Beschlussfassung über die Annahme eines Antrags nach Satz 1 muss spätestens drei Monate nach Antragseingang erfolgen. 6Das sich anschließende Methodenbewertungsverfahren ist in der Regel innerhalb von spätestens drei Jahren abzuschließen, es sei denn, dass auch bei Straffung des Verfahrens im Einzelfall eine längere Verfahrensdauer erforderlich ist.

(2) 1Wird eine Beanstandung des Bundesministeriums für Gesundheit nach § 94 Abs. 1 Satz 2 nicht innerhalb der von ihm gesetzten Frist behoben, kann das Bundesministerium die Richtlinie erlassen. 2Ab dem Tag des Inkrafttretens einer Richtlinie nach Absatz 1 Satz 2 oder 4 darf die ausgeschlossene Methode im Rahmen einer Krankenhausbehandlung nicht mehr zu Lasten der Krankenkassen erbracht werden; die Durchführung klinischer Studien bleibt von einem Ausschluss nach Absatz 1 Satz 4 unberührt.

(3) 1Untersuchungs- und Behandlungsmethoden, zu denen der Gemeinsame Bundesausschuss bisher keine Entscheidung nach Absatz 1 getroffen hat, dürfen im Rahmen einer Krankenhausbehandlung angewandt und von den Versicherten beansprucht werden, wenn sie das Potential einer erforderlichen Behandlungsalternative bieten und ihre Anwendung nach den Regeln der ärztlichen Kunst erfolgt, sie also insbesondere medizinisch indiziert und notwendig ist. 2Dies gilt sowohl für Methoden, für die noch kein Antrag nach Absatz 1 Satz 1 gestellt wurde, als auch für Methoden, deren Bewertung nach Absatz 1 noch nicht abgeschlossen ist.

§ 137d Qualitätssicherung bei der ambulanten und stationären Vorsorge oder Rehabilitation

(1) 1Für stationäre Rehabilitationseinrichtungen, mit denen ein Vertrag nach § 111 oder § 111a und für ambulante Rehabilitationseinrichtungen, mit denen ein Vertrag über die Erbringung ambulanter Leistungen zur medizinischen Rehabilitation nach § 111c Absatz 1 besteht, vereinbart der Spitzenverband Bund der Krankenkassen auf der Grundlage der Empfehlungen nach § 37 Absatz 1 des Neunten Buches mit den für die Wahrnehmung der Interessen der ambulanten und stationären Rehabilitationseinrichtungen und der Einrichtungen des Müttergenesungswerks oder gleichartiger Einrichtungen auf Bundesebene maßgeblichen Spitzenorganisationen die Maßnahmen der Qualitätssicherung nach § 135a Abs. 2 Nr. 1. 2Die auf der Grundlage der Vereinbarung nach Satz 1 bestimmte Auswertungsstelle übermittelt die Ergebnisse der Qualitätssicherungsmaßnahmen nach Satz 1 an den Spitzenverband Bund der Krankenkassen. 3Dieser ist verpflichtet, die Ergebnisse einrichtungsbezogen, in übersichtlicher Form und in allgemein verständlicher Sprache im Internet zu veröffentlichen. 4Um die Transparenz und Qualität der Versorgung zu erhöhen, soll der Spitzenverband Bund der Krankenkassen die Versicherten auf Basis der Ergebnisse auch vergleichend über die Qualitätsmerkmale der Rehabilitationseinrichtungen nach Satz 1 informieren und über die Umsetzung der Barrierefreiheit berichten; er kann auch Empfehlungen aussprechen. 5Den für die Wahrnehmung der Interessen von Einrichtungen der ambulanten und stationären Rehabilitation maßgeblichen Spitzenorganisationen ist Gelegenheit zur Stellungnahme zu geben. 6Die Stellungnahmen sind bei der Ausgestaltung der Veröffentlichung nach Satz 3 und der vergleichenden Darstellung nach Satz 4 einzubeziehen. 7Der Spitzenverband Bund der Krankenkassen soll bei seiner Veröffentlichung auch in geeigneter Form auf die Veröffentlichung von Ergebnissen der externen Qualitätssicherung in der Rehabilitation anderer Rehabilitationsträger hinweisen. 8Die Kosten der Auswertung von Maßnahmen der einrichtungsübergreifenden Qualitätssicherung tragen die Krankenkassen anteilig nach ihrer Belegung der Einrichtungen oder Fachabteilungen. 9Das einrichtungsinterne Qualitätsmanagement und die Verpflichtung zur Zertifizierung für stationäre Rehabilitationseinrichtungen richten sich nach § 37 des Neunten Buches.

(2) 1Für stationäre Vorsorgeeinrichtungen, mit denen ein Versorgungsvertrag nach § 111 und für Einrichtungen, mit denen ein Versorgungsvertrag nach § 111a besteht, vereinbart der Spitzenverband Bund der Krankenkassen mit den für die Wahrnehmung der Interessen der stationären Vorsorgeeinrichtungen und der Einrichtungen des Müttergenesungswerks oder gleichartiger Einrichtungen auf Bundesebene maßgeblichen Spitzenorganisationen die Maßnahmen der Qualitätssicherung nach § 135a Abs. 2 Nr. 1 und die Anforderungen an ein einrichtungsinternes Qualitätsmanagement nach § 135a Abs. 2 Nr. 2. 2Dabei sind die gemeinsamen Empfehlungen nach § 37 Absatz 1 des Neunten Buches zu berücksichtigen und in ihren Grundzügen zu übernehmen. 3Die Kostentragungspflicht nach Absatz 1 Satz 3 gilt entsprechend.

(3) Für Leistungserbringer, die ambulante Vorsorgeleistungen nach § 23 Abs. 2 erbringen, vereinbart der Spitzenverband Bund der Krankenkassen mit der Kassenärztlichen Bundesvereinigung und den maßgeblichen Bundesverbänden der Leistungserbringer, die ambulante Vorsorgeleistungen durchführen, die grundsätzlichen Anfor-

derungen an ein einrichtungsinternes Qualitätsmanagement nach § 135a Abs. 2 Nr. 2.

(4) 1Die Vertragspartner haben durch geeignete Maßnahmen sicherzustellen, dass die Anforderungen an die Qualitätssicherung für die ambulante und stationäre Vorsorge und Rehabilitation einheitlichen Grundsätzen genügen, und die Erfordernisse einer sektor- und berufsgruppenübergreifenden Versorgung angemessen berücksichtigt sind. 2Bei Vereinbarungen nach den Absätzen 1 und 2 ist der Bundesärztekammer, der Bundespsychotherapeutenkammer und der Deutschen Krankenhausgesellschaft Gelegenheit zur Stellungnahme zu geben.

§ 137e Erprobung von Untersuchungs- und Behandlungsmethoden

(1) 1Gelangt der Gemeinsame Bundesausschuss bei der Prüfung von Untersuchungs- und Behandlungsmethoden nach § 135 oder § 137c zu der Feststellung, dass eine Methode das Potenzial einer erforderlichen Behandlungsalternative bietet, ihr Nutzen aber noch nicht hinreichend belegt ist, muss der Gemeinsame Bundesausschuss unter Aussetzung seines Bewertungsverfahrens gleichzeitig eine Richtlinie zur Erprobung beschließen, um die notwendigen Erkenntnisse für die Bewertung des Nutzens der Methode zu gewinnen. 2Aufgrund der Richtlinie wird die Untersuchungs- oder Behandlungsmethode in einem befristeten Zeitraum im Rahmen der Krankenbehandlung oder der Früherkennung zulasten der Krankenkassen erbracht.

(2) 1Der Gemeinsame Bundesausschuss regelt in der Richtlinie nach Absatz 1 Satz 1 die in die Erprobung einbezogenen Indikationen und die sächlichen, personellen und sonstigen Anforderungen an die Qualität der Leistungserbringung im Rahmen der Erprobung. 2Er legt zudem Anforderungen an die Durchführung, die wissenschaftliche Begleitung und die Auswertung der Erprobung fest. 3Für Krankenhäuser, die nicht an der Erprobung teilnehmen, kann der Gemeinsame Bundesausschuss nach den §§ 136 bis 136b Anforderungen an die Qualität der Leistungserbringung regeln. 4Die Anforderungen an die Erprobung haben unter Berücksichtigung der Versorgungsrealität zu gewährleisten, dass die Erprobung und die Leistungserbringung durchgeführt werden können. 5Die Erprobung hat innerhalb von 18 Monaten nach Inkrafttreten des Beschlusses über die Erprobungsrichtlinie zu beginnen. 6Eine Erprobung beginnt mit der Behandlung der Versicherten im Rahmen der Erprobung. 7Kommt eine Erprobung nicht fristgerecht zustande, hat der Gemeinsame Bundesausschuss seine Vorgaben in der Erprobungsrichtlinie innerhalb von drei Monaten zu überprüfen und anzupassen und dem Bundesministerium für Gesundheit über die Überprüfung und Anpassung der Erprobungsrichtlinie und Maßnahmen zur Förderung der Erprobung zu berichten.

(3) An der vertragsärztlichen Versorgung teilnehmende Leistungserbringer und nach § 108 zugelassene Krankenhäuser können in dem erforderlichen Umfang an der Erprobung einer Untersuchungs- oder Behandlungsmethode teilnehmen, wenn sie gegenüber der wissenschaftlichen Institution nach Absatz 5 nachweisen, dass sie die Anforderungen nach Absatz 2 erfüllen.

(4) 1Die von den Leistungserbringern nach Absatz 3 im Rahmen der Erprobung erbrachten und verordneten Leistungen werden unmittelbar von den Krankenkassen vergütet. 2Bei voll- und teilstationären Krankenhausleistungen werden diese durch Entgelte nach § 17b oder § 17d des Krankenhausfinanzierungsgesetzes oder nach der Bundespflegesatzverordnung vergütet. 3Kommt für eine neue Untersuchungs- oder Behandlungsmethode, die mit pauschalierten Pflegesätzen nach § 17 Absatz 1a des Krankenhausfinanzierungsgesetzes noch nicht sachgerecht vergütet werden kann, eine sich auf den gesamten Erprobungszeitraum beziehende Vereinbarung nach § 6 Absatz 2 Satz 1 des Krankenhausentgeltgesetzes oder nach § 6 Absatz 4 Satz 1 der Bundespflegesatzverordnung nicht innerhalb von drei Monaten nach Inkrafttreten des Beschlusses über die Erprobungsrichtlinie zustande, wird ihr Inhalt durch die Schiedsstelle nach § 13 des Krankenhausentgeltgesetzes oder nach § 13 der Bundespflegesatzverordnung festgelegt. 4Bei Methoden, die auch ambulant angewandt werden können, wird die Höhe der Vergütung für die ambulante Leistungserbringung durch den ergänzten Bewertungsausschuss in der Zusammensetzung nach § 87 Absatz 5a im einheitlichen Bewertungsmaßstab für ärztliche Leistungen innerhalb von drei Monaten nach Inkrafttreten des Beschlusses über die Erprobungsrichtlinie geregelt. 5Kommt ein Beschluss des ergänzten Bewertungsausschusses nicht fristgerecht zustande, entscheidet der ergänzte erweiterte Bewertungsausschuss im Verfahren nach § 87 Absatz 5a Satz 2 bis 7. 6Klagen gegen die Festlegung des Vertragsinhalts haben keine aufschiebende Wirkung. 7Für die Abrechnung der ambulanten Leistungserbringung nach Satz 4 gilt § 295 Absatz 1b Satz 1 entsprechend; das Nähere über Form und Inhalt des Abrechnungsverfahrens sowie über die erforderlichen Vordrucke für die Abrechnung und die Verordnung von Leistungen einschließlich der Kennzeichnung dieser Vordrucke regeln der Spitzenverband Bund der Krankenkassen, die Deutsche Krankenhausgesellschaft und die Kassenärztliche Bundesvereinigung in einer Vereinbarung. 8Kommt eine Vereinbarung nach Satz 7 ganz oder teilweise nicht zustande, entscheidet auf An-

trag einer Vertragspartei das sektorenübergreifende Schiedsgremium auf Bundesebene gemäß § 89a.

(5) 1Für die wissenschaftliche Begleitung und Auswertung der Erprobung schließt der Gemeinsame Bundesausschuss mit den maßgeblichen Wissenschaftsverbänden einen Rahmenvertrag, der insbesondere die Unabhängigkeit der beteiligten wissenschaftlichen Institutionen gewährleistet, oder beauftragt eigenständig eine unabhängige wissenschaftliche Institution. 2An der Erprobung beteiligte Medizinproduktehersteller oder Unternehmen, die als Anbieter der zu erprobenden Methode ein wirtschaftliches Interesse an einer Erbringung zulasten der Krankenkassen haben, können auch selbst eine unabhängige wissenschaftliche Institution auf eigene Kosten mit der wissenschaftlichen Begleitung und Auswertung der Erprobung beauftragen, wenn sie diese Absicht innerhalb eines vom Gemeinsamen Bundesausschuss bestimmten Zeitraums nach Inkrafttreten der Richtlinie nach Absatz 1, der zwei Monate nicht unterschreiten darf, dem Gemeinsamen Bundesausschuss mitteilen. 3Die an der Erprobung teilnehmenden Leistungserbringer sind verpflichtet, die für die wissenschaftliche Begleitung und Auswertung erforderlichen Daten zu dokumentieren und der beauftragten Institution zur Verfügung zu stellen. 4Sofern hierfür personenbezogene Daten der Versicherten benötigt werden, ist vorher deren Einwilligung einzuholen. 5Für den zusätzlichen Aufwand im Zusammenhang mit der Durchführung der Erprobung erhalten die an der Erprobung teilnehmenden Leistungserbringer von der beauftragten Institution eine angemessene Aufwandsentschädigung.

(6) Die Kosten einer von ihm nach Absatz 5 Satz 1 rahmenvertraglich veranlassten oder eigenständig beauftragten wissenschaftlichen Begleitung und Auswertung der Erprobung trägt der Gemeinsame Bundesausschuss.

(7) 1Unabhängig von einem Beratungsverfahren nach § 135 oder § 137c können Hersteller eines Medizinprodukts, auf dessen Einsatz die technische Anwendung einer neuen Untersuchungs- oder Behandlungsmethode maßgeblich beruht, und Unternehmen, die in sonstiger Weise als Anbieter einer neuen Methode ein wirtschaftliches Interesse an einer Erbringung zulasten der Krankenkassen haben, beim Gemeinsamen Bundesausschuss beantragen, dass dieser eine Richtlinie zur Erprobung der neuen Methode nach Absatz 1 beschließt. 2Der Antragsteller hat aussagekräftige Unterlagen vorzulegen, aus denen hervorgeht, dass die Methode hinreichendes Potenzial für eine Erprobung bietet. 3Der Gemeinsame Bundesausschuss entscheidet innerhalb von drei Monaten nach Antragstellung auf der Grundlage der vom Antragsteller zur Begründung seines Antrags vorgelegten Unterlagen. 4Beschließt der Gemeinsame Bundesausschuss eine Erprobung, entscheidet er im Anschluss an die Erprobung auf der Grundlage der gewonnenen Erkenntnisse unverzüglich über eine Richtlinie nach § 135 oder § 137c. 5Die Möglichkeit einer Aussetzung des Bewertungsverfahrens im Falle des Fehlens noch erforderlicher Erkenntnisse bleibt unberührt. 6Die Kostentragung hinsichtlich der wissenschaftlichen Begleitung und Auswertung der Erprobung richtet sich nach Absatz 5 Satz 2 oder Absatz 6. 7Wenn der Gemeinsame Bundesausschuss die Durchführung einer Erprobung ablehnt, weil er den Nutzen der Methode bereits als hinreichend belegt ansieht, gilt Satz 4 entsprechend.

(8) 1Der Gemeinsame Bundesausschuss berät Hersteller von Medizinprodukten und sonstige Unternehmen im Sinne von Absatz 7 Satz 1 zu den Voraussetzungen der Erbringung einer Untersuchungs- oder Behandlungsmethode zulasten der Krankenkassen, zu dem Verfahren der Erprobung sowie zu der Möglichkeit, anstelle des Gemeinsamen Bundesausschusses eine unabhängige wissenschaftliche Institution auf eigene Kosten mit der wissenschaftlichen Begleitung und Auswertung der Erprobung zu beauftragen. 2Das Nähere einschließlich der Erstattung der für diese Beratung entstandenen Kosten ist in der Verfahrensordnung zu regeln.

§ 137f Strukturierte Behandlungsprogramme bei chronischen Krankheiten

(1) 1Der Gemeinsame Bundesausschuss nach § 91 legt in Richtlinien nach Maßgabe von Satz 2 geeignete chronische Krankheiten fest, für die strukturierte Behandlungsprogramme entwickelt werden sollen, die den Behandlungsablauf und die Qualität der medizinischen Versorgung chronisch Kranker verbessern. 2Bei der Auswahl der chronischen Krankheiten sind insbesondere die folgenden Kriterien zu berücksichtigen:

1. Zahl der von der Krankheit betroffenen Versicherten,
2. Möglichkeiten zur Verbesserung der Qualität der Versorgung,
3. Verfügbarkeit von evidenzbasierten Leitlinien,
4. sektorenübergreifender Behandlungsbedarf,
5. Beeinflussbarkeit des Krankheitsverlaufs durch Eigeninitiative des Versicherten und
6. hoher finanzieller Aufwand der Behandlung.

3Bis zum 31. Juli 2023 erlässt der Gemeinsame Bundesausschuss insbesondere für die Behandlung von Adipositas Richtlinien nach Absatz 2.

(2) 1Der Gemeinsame Bundesausschuss nach § 91 erlässt Richtlinien zu den Anforderungen an die Ausgestaltung

von Behandlungsprogrammen nach Absatz 1. $_{2}$Zu regeln sind insbesondere Anforderungen an die

1. Behandlung nach dem aktuellen Stand der medizinischen Wissenschaft unter Berücksichtigung von evidenzbasierten Leitlinien oder nach der jeweils besten, verfügbaren Evidenz sowie unter Berücksichtigung des jeweiligen Versorgungssektors,
2. durchzuführenden Qualitätssicherungsmaßnahmen unter Berücksichtigung der Ergebnisse nach § 137a Absatz 3,
3. Voraussetzungen für die Einschreibung des Versicherten in ein Programm,
4. Schulungen der Leistungserbringer und der Versicherten,
5. Dokumentation einschließlich der für die Durchführung der Programme erforderlichen personenbezogenen Daten und deren Aufbewahrungsfristen,
6. Bewertung der Auswirkungen der Versorgung in den Programmen (Evaluation).

$_{3}$Soweit diese Anforderungen Inhalte der ärztlichen Therapie betreffen, schränken sie den zur Erfüllung des ärztlichen Behandlungsauftrags im Einzelfall erforderlichen ärztlichen Behandlungsspielraum nicht ein. $_{4}$Der Spitzenverband Bund der Krankenkassen hat den Medizinischen Dienst Bund zu beteiligen. $_{5}$Den für die Wahrnehmung der Interessen der ambulanten und stationären Vorsorge- und Rehabilitationseinrichtungen und der Selbsthilfe sowie den für die sonstigen Leistungserbringer auf Bundesebene maßgeblichen Spitzenorganisationen, soweit ihre Belange berührt sind, sowie dem Bundesamt für Soziale Sicherung und den jeweils einschlägigen wissenschaftlichen Fachgesellschaften ist Gelegenheit zur Stellungnahme zu geben; die Stellungnahmen sind in die Entscheidungen mit einzubeziehen. $_{6}$Der Gemeinsame Bundesausschuss nach § 91 hat seine Richtlinien regelmäßig zu überprüfen.

(3) $_{1}$Für die Versicherten ist die Teilnahme an Programmen nach Absatz 1 freiwillig. $_{2}$Voraussetzung für die Einschreibung ist die nach umfassender Information durch die Krankenkasse erteilte schriftliche oder elektronische Einwilligung zur Teilnahme an dem Programm, zur Verarbeitung der in den Richtlinien des Gemeinsamen Bundesausschusses nach Absatz 2 festgelegten Daten durch die Krankenkasse, die Sachverständigen nach Absatz 4 und die beteiligten Leistungserbringer sowie zur Übermittlung dieser Daten an die Krankenkasse. $_{3}$Die Einwilligung kann widerrufen werden.

(4) $_{1}$Die Krankenkassen oder ihre Verbände haben nach den Richtlinien des Gemeinsamen Bundesausschusses nach Absatz 2 eine externe Evaluation der für dieselbe Krankheit nach Absatz 1 zugelassenen Programme nach Absatz 1 durch einen vom Bundesamt für Soziale Sicherung im Benehmen mit der Krankenkasse oder dem Verband auf deren Kosten bestellten unabhängigen Sachverständigen auf der Grundlage allgemein anerkannter wissenschaftlicher Standards zu veranlassen, die zu veröffentlichen ist. $_{2}$Die Krankenkassen oder ihre Verbände erstellen für die Programme zudem für jedes volle Kalenderjahr Qualitätsberichte nach den Vorgaben der Richtlinien des Gemeinsamen Bundesausschusses nach Absatz 2, die dem Bundesamt für Soziale Sicherung jeweils bis zum 1. Oktober des Folgejahres vorzulegen sind.

(5) $_{1}$Die Verbände der Krankenkassen und der Spitzenverband Bund der Krankenkassen unterstützen ihre Mitglieder bei dem Aufbau und der Durchführung von Programmen nach Absatz 1; hierzu gehört auch, dass die in Satz 2 genannten Aufträge auch von diesen Verbänden erteilt werden können, soweit hierdurch bundes- oder landeseinheitliche Vorgaben umgesetzt werden sollen. $_{2}$Die Krankenkassen können ihre Aufgaben zur Durchführung von mit zugelassenen Leistungserbringern vertraglich vereinbarten Programmen nach Absatz 1 auf Dritte übertragen. $_{3}$§ 80 des Zehnten Buches bleibt unberührt.

(6) (weggefallen)

(7) $_{1}$Die Krankenkassen oder ihre Landesverbände können mit zugelassenen Krankenhäusern, die an der Durchführung eines strukturierten Behandlungsprogramms nach Absatz 1 teilnehmen, Verträge über ambulante ärztliche Behandlung schließen, soweit die Anforderungen an die ambulante Leistungserbringung in den Verträgen zu den strukturierten Behandlungsprogrammen dies erfordern. $_{2}$Für die sächlichen und personellen Anforderungen an die ambulante Leistungserbringung des Krankenhauses gelten als Mindestvoraussetzungen die Anforderungen nach § 135 entsprechend.

(8) $_{1}$Der Gemeinsame Bundesausschuss prüft bei der Erstfassung einer Richtlinie zu den Anforderungen nach Absatz 2 sowie bei jeder regelmäßigen Überprüfung seiner Richtlinien nach Absatz 2 Satz 6 die Aufnahme geeigneter digitaler medizinischer Anwendungen. $_{2}$Den für die Wahrnehmung der Interessen der Anbieter digitaler medizinischer Anwendungen auf Bundesebene maßgeblichen Spitzenorganisationen ist Gelegenheit zur Stellungnahme zu geben; die Stellungnahmen sind in die Entscheidungen einzubeziehen. $_{3}$Die Krankenkassen oder ihre Landesverbände können den Einsatz digitaler medizinischer Anwendungen in den Programmen auch dann vorsehen, wenn sie bisher nicht vom Gemeinsamen Bundesausschuss in die Richtlinien zu den Anforderungen nach Absatz 2 aufgenommen wurden.

§ 137g Zulassung strukturierter Behandlungsprogramme

(1) $_{1}$Das Bundesamt für Soziale Sicherung hat auf Antrag einer oder mehrerer Krankenkassen oder eines Verbandes der Krankenkassen die Zulassung von Programmen nach § 137f Abs. 1 zu erteilen, wenn die Programme und die zu ihrer Durchführung geschlossenen Verträge die in den Richtlinien des Gemeinsamen Bundesausschusses nach § 137f und in der Rechtsverordnung nach § 266 Absatz 8 Satz 1 genannten Anforderungen erfüllen. $_{2}$Dabei kann es wissenschaftliche Sachverständige hinzuziehen. $_{3}$Die Zulassung kann mit Auflagen und Bedingungen versehen werden. $_{4}$Die Zulassung ist innerhalb von drei Monaten zu erteilen. $_{5}$Die Frist nach Satz 4 gilt als gewahrt, wenn die Zulassung aus Gründen, die von der Krankenkasse zu vertreten sind, nicht innerhalb dieser Frist erteilt werden kann. $_{6}$Die Zulassung wird mit dem Tage wirksam, an dem die in den Richtlinien des Gemeinsamen Bundesausschusses nach § 137f und in der Rechtsverordnung nach § 266 Absatz 8 Satz 1 genannten Anforderungen erfüllt und die Verträge nach Satz 1 geschlossen sind, frühestens mit dem Tag der Antragstellung, nicht jedoch vor dem Inkrafttreten dieser Richtlinien und Verordnungsregelungen. $_{7}$Für die Bescheiderteilung sind Kosten deckende Gebühren zu erheben. $_{8}$Die Kosten werden nach dem tatsächlich entstandenen Personal- und Sachaufwand berechnet. $_{9}$Zusätzlich zu den Personalkosten entstehende Verwaltungsaufgaben sind den Kosten in ihrer tatsächlichen Höhe hinzuzurechnen. $_{10}$Soweit dem Bundesamt für Soziale Sicherung im Zusammenhang mit der Zulassung von Programmen nach § 137f Abs. 1 notwendige Vorhaltekosten entstehen, die durch die Gebühren nach Satz 7 nicht gedeckt sind, sind diese aus dem Gesundheitsfonds zu finanzieren. $_{11}$Das Nähere über die Berechnung der Kosten nach den Sätzen 8 und 9 und über die Berücksichtigung der Kosten nach Satz 10 im Risikostrukturausgleich regelt das Bundesministerium für Gesundheit ohne Zustimmung des Bundesrates in der Rechtsverordnung nach § 266 Absatz 8 Satz 1. $_{12}$In der Rechtsverordnung nach § 266 Absatz 8 Satz 1 kann vorgesehen werden, dass die tatsächlich entstandenen Kosten nach den Sätzen 8 und 9 auf der Grundlage pauschalierter Kostensätze zu berechnen sind. $_{13}$Klagen gegen die Gebührenbescheide des Bundesamtes für Soziale Sicherung haben keine aufschiebende Wirkung.

(2) $_{1}$Die Programme und die zu ihrer Durchführung geschlossenen Verträge sind unverzüglich, spätestens innerhalb eines Jahres an Änderungen der in den Richtlinien des Gemeinsamen Bundesausschusses nach § 137f und der in der Rechtsverordnung nach § 266 Absatz 8 Satz 1 genannten Anforderungen anzupassen. $_{2}$Satz 1 gilt entsprechend für Programme, deren Zulassung bei Inkrafttreten von Änderungen der in den Richtlinien des Gemeinsamen Bundesausschusses nach § 137f und der in der Rechtsverordnung nach § 266 Absatz 8 Satz 1 genannten Anforderungen bereits beantragt ist. $_{3}$Die Krankenkasse hat dem Bundesamt für Soziale Sicherung die angepassten Verträge unverzüglich vorzulegen und es über die Anpassung der Programme unverzüglich zu unterrichten. $_{4}$Abweichend von § 140a Absatz 1 Satz 4 müssen Verträge, die nach § 73a, § 73c oder § 140a in der jeweils am 22. Juli 2015 geltenden Fassung zur Durchführung der Programme geschlossen wurden, nicht bis zum 31. Dezember 2024 durch Verträge nach § 140a ersetzt oder beendet werden; wird ein solcher Vertrag durch einen Vertrag nach § 140a ersetzt, folgt daraus allein keine Pflicht zur Vorlage oder Unterrichtung nach Satz 3.

(3) $_{1}$Die Zulassung eines Programms ist mit Wirkung zum Zeitpunkt der Änderung der Verhältnisse aufzuheben, wenn das Programm und die zu seiner Durchführung geschlossenen Verträge die rechtlichen Anforderungen nicht mehr erfüllen. $_{2}$Die Zulassung ist mit Wirkung zum Beginn des Bewertungszeitraums aufzuheben, für den die Evaluation nach § 137f Absatz 4 Satz 1 nicht gemäß den Anforderungen nach den Richtlinien des Gemeinsamen Bundesausschusses nach § 137f durchgeführt wurde. $_{3}$Sie ist mit Wirkung zum Beginn des Kalenderjahres aufzuheben, für das ein Qualitätsbericht nach § 137f Absatz 4 Satz 2 nicht fristgerecht vorgelegt worden ist.

§ 137h Bewertung neuer Untersuchungs- und Behandlungsmethoden mit Medizinprodukten hoher Risikoklasse

(1) $_{1}$Wird hinsichtlich einer neuen Untersuchungs- oder Behandlungsmethode, deren technische Anwendung maßgeblich auf dem Einsatz eines Medizinprodukts mit hoher Risikoklasse beruht, erstmalig eine Anfrage nach § 6 Absatz 2 Satz 3 des Krankenhausentgeltgesetzes gestellt, hat das anfragende Krankenhaus im Einvernehmen mit dem Hersteller des Medizinprodukts dem Gemeinsamen Bundesausschuss zugleich Informationen über den Stand der wissenschaftlichen Erkenntnisse zu dieser Methode sowie zu der Anwendung des Medizinprodukts, insbesondere Daten zum klinischen Nutzen und vollständige Daten zu durchgeführten klinischen Studien mit dem Medizinprodukt, zu übermitteln. $_{2}$Nur wenn die Methode ein neues theoretisch-wissenschaftliches Konzept aufweist, erfolgt eine Bewertung nach Satz 4. $_{3}$Vor der Bewertung gibt der Gemeinsame Bundesausschuss innerhalb von zwei Wochen nach Eingang der Informationen im Wege einer öffentlichen Bekanntmachung im Internet allen Krankenhäusern, die eine Erbringung der neuen Untersuchungs- oder Behandlungsmethode vorsehen,

sowie weiteren betroffenen Medizinprodukteherstellern in der Regel einen Monat Gelegenheit, weitere Informationen im Sinne von Satz 1 an ihn zu übermitteln. 4Der Gemeinsame Bundesausschuss nimmt auf Grundlage der übermittelten Informationen innerhalb von drei Monaten eine Bewertung vor, ob

1. der Nutzen der Methode unter Anwendung des Medizinprodukts als hinreichend belegt anzusehen ist,
2. die Schädlichkeit oder die Unwirksamkeit der Methode unter Anwendung des Medizinprodukts als belegt anzusehen ist oder
3. weder der Nutzen noch die Schädlichkeit oder die Unwirksamkeit der Methode unter Anwendung des Medizinprodukts als belegt anzusehen ist.

5Für den Beschluss des Gemeinsamen Bundesausschusses nach Satz 4 gilt § 94 Absatz 2 Satz 1 entsprechend. 6Das Nähere zum Verfahren ist erstmals innerhalb von drei Monaten nach Inkrafttreten der Rechtsverordnung nach Absatz 2 in der Verfahrensordnung zu regeln. 7Satz 1 ist erst ab dem Zeitpunkt des Inkrafttretens der Verfahrensordnung anzuwenden.

(2) 1Medizinprodukte mit hoher Risikoklasse nach Absatz 1 Satz 1 sind solche, die der Risikoklasse IIb oder III nach Artikel 51 in Verbindung mit Anhang VIII der Verordnung (EU) 2017/745 zuzuordnen sind und deren Anwendung einen besonders invasiven Charakter aufweist. 2Eine Methode weist ein neues theoretisch-wissenschaftliches Konzept im Sinne von Absatz 1 Satz 2 auf, wenn sich ihr Wirkprinzip oder ihr Anwendungsgebiet von anderen, in der stationären Versorgung bereits eingeführten systematischen Herangehensweisen wesentlich unterscheidet. 3Nähere Kriterien zur Bestimmung der in den Sätzen 1 und 2 genannten Voraussetzungen regelt das Bundesministerium für Gesundheit im Benehmen mit dem Bundesministerium für Bildung und Forschung erstmals bis zum 31. Dezember 2015 durch Rechtsverordnung ohne Zustimmung des Bundesrates.

(3) 1Für eine Methode nach Absatz 1 Satz 4 Nummer 1 prüft der Gemeinsame Bundesausschuss, ob Anforderungen an die Qualität der Leistungserbringung nach den §§ 136 bis 136b zu regeln sind. 2Wenn die Methode mit pauschalierten Pflegesätzen nach § 17 Absatz 1a des Krankenhausfinanzierungsgesetzes noch nicht sachgerecht vergütet werden kann und eine Vereinbarung nach § 6 Absatz 2 Satz 1 des Krankenhausentgeltgesetzes oder nach § 6 Absatz 4 Satz 1 der Bundespflegesatzverordnung nicht innerhalb von drei Monaten nach dem Beschluss nach Absatz 1 Satz 4 zustande kommt, ist ihr Inhalt durch die Schiedsstelle nach § 13 des Krankenhausentgeltgesetzes oder nach § 13 der Bundespflegesatzverordnung festzulegen. 3Der Anspruch auf die vereinbarte oder durch die Schiedsstelle festgelegte Vergütung gilt für Behandlungsfälle, die ab dem Zeitpunkt der Anfrage nach § 6 Absatz 2 Satz 3 des Krankenhausentgeltgesetzes oder nach § 6 Absatz 4 Satz 2 der Bundespflegesatzverordnung in das Krankenhaus aufgenommen worden sind. 4Für die Abwicklung des Vergütungsanspruchs, der zwischen dem Zeitpunkt nach Satz 3 und der Abrechnung der vereinbarten oder durch die Schiedsstelle festgelegten Vergütung entstanden ist, ermitteln die Vertragsparteien nach § 11 des Krankenhausentgeltgesetzes oder nach § 11 der Bundespflegesatzverordnung die Differenz zwischen der vereinbarten oder durch die Schiedsstelle festgelegten Vergütung und der für die Behandlungsfälle bereits gezahlten Vergütung; für die ermittelte Differenz ist § 15 Absatz 3 des Krankenhausentgeltgesetzes oder § 15 Absatz 2 der Bundespflegesatzverordnung entsprechend anzuwenden.

(4) 1Für eine Methode nach Absatz 1 Satz 4 Nummer 3 entscheidet der Gemeinsame Bundesausschuss innerhalb von sechs Monaten nach dem Beschluss nach Absatz 1 Satz 4 über eine Richtlinie zur Erprobung nach § 137e; eine Prüfung des Potentials der Methode erfolgt nicht. 2Wenn die Methode mit pauschalierten Pflegesätzen nach § 17 Absatz 1a des Krankenhausfinanzierungsgesetzes noch nicht sachgerecht vergütet werden kann und eine Vereinbarung nach § 6 Absatz 2 Satz 1 des Krankenhausentgeltgesetzes oder nach § 6 Absatz 4 Satz 1 der Bundespflegesatzverordnung nicht innerhalb von drei Monaten nach dem Beschluss nach Absatz 1 Satz 4 zustande kommt, ist ihr Inhalt durch die Schiedsstelle nach § 13 des Krankenhausentgeltgesetzes oder nach § 13 der Bundespflegesatzverordnung festzulegen. 3Der Anspruch auf die vereinbarte oder durch die Schiedsstelle festgelegte Vergütung gilt für die Behandlungsfälle, die ab dem Zeitpunkt der Anfrage nach § 6 Absatz 2 Satz 3 des Krankenhausentgeltgesetzes oder nach § 6 Absatz 4 Satz 2 der Bundespflegesatzverordnung in das Krankenhaus aufgenommen worden sind. 4Für die Abwicklung des Vergütungsanspruchs, der zwischen dem Zeitpunkt nach Satz 3 und der Abrechnung der vereinbarten oder durch die Schiedsstelle festgelegten Vergütung entstanden ist, ermitteln die Vertragsparteien nach § 11 des Krankenhausentgeltgesetzes oder nach § 11 der Bundespflegesatzverordnung die Differenz zwischen der vereinbarten oder durch die Schiedsstelle festgelegten Vergütung und der für die Behandlungsfälle bereits gezahlten Vergütung; für die ermittelte Differenz ist § 15 Absatz 3 des Krankenhausentgeltgesetzes oder § 15 Absatz 2 der Bundespflegesatzverordnung entsprechend anzuwenden. 5Die Methode wird im Rahmen der Krankenhausbe-

handlung zu Lasten der Krankenkassen erbracht. $_{6}$Der Gemeinsame Bundesausschuss kann die Voraussetzungen für die Abrechnungsfähigkeit des Medizinprodukts regeln, das im Rahmen der neuen Untersuchungs- und Behandlungsmethode angewendet wird, insbesondere einen befristeten Zeitraum für dessen Abrechnungsfähigkeit festlegen. $_{7}$Die betroffenen Hersteller haben dem Gemeinsamen Bundesausschuss unverzüglich nach Fertigstellung die Sicherheitsberichte nach Artikel 86 der Verordnung (EU) 2017/745 des Europäischen Parlaments und des Rates vom 5. April 2017 über Medizinprodukte, zur Änderung der Richtlinie 2001/83/EG, der Verordnung (EG) Nr. 178/2002 und der Verordnung (EG) Nr. 1223/2009 und zur Aufhebung der Richtlinien 90/385/EWG und 93/42/EWG des Rates (ABl. L 117 vom 5. 5. 2017, S. 1) sowie weitere klinische Daten, die sie im Rahmen der ihnen nach Artikel 83 der Verordnung (EU) 2017/745 obliegenden Überwachung nach dem Inverkehrbringen oder aus klinischen Prüfungen nach dem Inverkehrbringen gewonnen haben, zu übermitteln. $_{8}$Die Anforderungen an die Erprobung nach § 137e Absatz 2 haben unter Berücksichtigung der Versorgungsrealität die tatsächliche Durchführbarkeit der Erprobung und der Leistungserbringung zu gewährleisten. $_{9}$Die Erprobung ist in der Regel innerhalb von zwei Jahren abzuschließen, es sei denn, dass auch bei Straffung des Verfahrens im Einzelfall eine längere Erprobungszeit erforderlich ist. $_{10}$Nach Abschluss der Erprobung oder im Falle einer vorzeitigen Beendigung entscheidet der Gemeinsame Bundesausschuss auf Grundlage der vorliegenden Erkenntnisse innerhalb von drei Monaten über eine Richtlinie nach § 137c. $_{11}$Die Möglichkeit einer Aussetzung des Bewertungsverfahrens im Falle des Fehlens noch erforderlicher Erkenntnisse bleibt unberührt.

(5) Für eine Methode nach Absatz 1 Satz 4 Nummer 2 ist eine Vereinbarung nach § 6 Absatz 2 Satz 1 des Krankenhausentgeltgesetzes oder nach § 6 Absatz 4 Satz 1 der Bundespflegesatzverordnung ausgeschlossen; der Gemeinsame Bundesausschuss entscheidet unverzüglich über eine Richtlinie nach § 137c Absatz 1 Satz 2.

(6) $_{1}$Der Gemeinsame Bundesausschuss berät Krankenhäuser und Hersteller von Medizinprodukten, auf deren Wunsch auch unter Beteiligung des Bundesinstituts für Arzneimittel und Medizinprodukte oder des Instituts für das Entgeltsystem im Krankenhaus, im Vorfeld des Verfahrens nach Absatz 1 über dessen Voraussetzungen und Anforderungen im Hinblick auf konkrete Methoden sowie zu dem Verfahren einer Erprobung einschließlich der Möglichkeit, anstelle des Gemeinsamen Bundesausschusses eine unabhängige wissenschaftliche Institution auf eigene Kosten mit der wissenschaftlichen Begleitung und Auswertung der Erprobung nach § 137e Absatz 5 Satz 2 zu beauftragen. $_{2}$Der Gemeinsame Bundesausschuss kann im Rahmen der Beratung prüfen, ob eine Methode dem Verfahren nach Absatz 1 unterfällt, insbesondere ob sie ein neues theoretisch-wissenschaftliches Konzept aufweist, und hierzu eine Feststellung treffen. $_{3}$Vor einem solchen Beschluss gibt er im Wege einer öffentlichen Bekanntmachung im Internet weiteren betroffenen Krankenhäusern sowie den jeweils betroffenen Medizinprodukteherstellern Gelegenheit zur Stellungnahme. $_{4}$Die Stellungnahmen sind in die Entscheidung einzubeziehen. $_{5}$Für den Beschluss gilt § 94 Absatz 2 Satz 1 entsprechend. $_{6}$Für die Hersteller von Medizinprodukten ist die Beratung gebührenpflichtig. $_{7}$Der Gemeinsame Bundesausschuss hat dem Bundesinstitut für Arzneimittel und Medizinprodukte und dem Institut für das Entgeltsystem im Krankenhaus die diesen im Rahmen der Beratung von Medizinprodukteherstellern nach Satz 1 entstandenen Kosten zu erstatten, soweit diese Kosten vom Medizinproduktehersteller getragen werden. $_{8}$Das Nähere einschließlich der Erstattung der entstandenen Kosten ist in der Verfahrensordnung zu regeln.

(7) $_{1}$Klagen bei Streitigkeiten nach dieser Vorschrift haben keine aufschiebende Wirkung. $_{2}$Ein Vorverfahren findet nicht statt.

§ 137i Pflegepersonaluntergrenzen in pflegesensitiven Bereichen in Krankenhäusern; Verordnungsermächtigung

(1) $_{1}$Der Spitzenverband Bund der Krankenkassen und die Deutsche Krankenhausgesellschaft überprüfen bis zum 31. August eines Jahres, erstmals bis zum 31. August 2021, im Benehmen mit dem Verband der Privaten Krankenversicherung die in § 6 der Pflegepersonaluntergrenzen-Verordnung festgelegten Pflegepersonaluntergrenzen und vereinbaren im Benehmen mit dem Verband der Privaten Krankenversicherung mit Wirkung zum 1. Januar eines Jahres, erstmals zum 1. Januar 2022, eine Weiterentwicklung der in der Pflegepersonaluntergrenzen-Verordnung festgelegten pflegesensitiven Bereiche in Krankenhäusern sowie der zugehörigen Pflegepersonaluntergrenzen. $_{2}$Darüber hinaus legen sie im Benehmen mit dem Verband der Privaten Krankenversicherung bis zum 1. Januar eines Jahres weitere pflegesensitive Bereiche in Krankenhäusern fest, für die sie Pflegepersonaluntergrenzen mit Wirkung für alle zugelassenen Krankenhäuser im Sinne des § 108 bis zum 31. August des jeweils selben Jahres mit Wirkung für das Folgejahr im Benehmen mit dem Verband der Privaten Krankenversicherung vereinbaren. $_{3}$Für jeden pflegesensitiven Bereich im Krankenhaus sind die Pflegepersonaluntergrenzen nach den Sätzen 1 und 2 differenziert nach Schweregradgruppen

nach dem jeweiligen Pflegeaufwand, der sich nach dem vom Institut für das Entgeltsystem im Krankenhaus entwickelten Katalog zur Risikoadjustierung für Pflegeaufwand bestimmt, festzulegen. $_{4}$Das Institut für das Entgeltsystem im Krankenhaus hat den Katalog zur Risikoadjustierung für Pflegeaufwand zum Zweck der Weiterentwicklung und Differenzierung der Pflegepersonaluntergrenzen in pflegesensitiven Bereichen in Krankenhäusern jährlich zu aktualisieren. $_{5}$Für die Ermittlung der Pflegepersonaluntergrenzen sind alle Patientinnen und Patienten gleichermaßen zu berücksichtigen. $_{6}$Die Mindestvorgaben zur Personalausstattung nach § 136 Absatz 1 Satz 1 Nummer 2 und § 136a Absatz 2 Satz 2 und Absatz 5 bleiben unberührt. $_{7}$In den pflegesensitiven Bereichen sind die dazugehörigen Intensiveinheiten, in begründeten Fällen auch Intensiveinheiten außerhalb von pflegesensitiven Krankenhausbereichen, sowie die Besetzungen im Nachtdienst zu berücksichtigen. $_{8}$Die Vertragsparteien nach Satz 1 haben geeignete Maßnahmen vorzusehen, um Personalverlagerungseffekte aus anderen Krankenhausbereichen zu vermeiden. $_{9}$Sie bestimmen notwendige Ausnahmetatbestände und Übergangsregelungen sowie die Anforderungen an deren Nachweis. $_{10}$Für den Fall der Nichterfüllung, der nicht vollständigen oder nicht rechtzeitigen Erfüllung von Mitteilungs- oder Datenübermittlungspflichten sowie für den Fall der Nichteinhaltung der Pflegepersonaluntergrenzen bestimmen die Vertragsparteien nach Satz 1 mit Wirkung für die Vertragsparteien nach § 11 des Krankenhausentgeltgesetzes insbesondere die Höhe und die nähere Ausgestaltung von Sanktionen nach den Absätzen 4b und 5 und schreiben die zu diesem Zweck zwischen dem Spitzenverband Bund der Krankenkassen und der Deutschen Krankenhausgesellschaft getroffene Vereinbarung über Sanktionen bei Nichteinhaltung der Pflegepersonaluntergrenzen vom 26. März 2019, die auf der Internetseite des Instituts für das Entgeltsystem im Krankenhaus veröffentlicht ist, entsprechend fort. $_{11}$Kommt eine Fortschreibung der in Satz 10 genannten Vereinbarung nicht zustande, trifft die Schiedsstelle nach § 18a Absatz 6 des Krankenhausfinanzierungsgesetzes auf Antrag einer Vertragspartei nach Satz 1 innerhalb von sechs Wochen die ausstehenden Entscheidungen. $_{12}$Zur Unterstützung bei der Festlegung der pflegesensitiven Bereiche sowie zur Ermittlung der Pflegepersonaluntergrenzen können sie im Bedarfsfall fachlich unabhängige wissenschaftliche Einrichtungen oder Sachverständige beauftragen. $_{13}$Bei der Ausarbeitung und Festlegung der Pflegepersonaluntergrenzen in pflegesensitiven Bereichen sind insbesondere der Deutsche Pflegerat e. V. – DPR, Vertreter der für Personalfragen der Krankenhäuser maßgeblichen Gewerkschaften und Arbeitgeberverbände, die in § 2 Absatz 1 der Patientenbeteiligungsverordnung genannten Organisationen sowie die Arbeitsgemeinschaft der Wissenschaftlichen Medizinischen Fachgesellschaften e. V. qualifiziert zu beteiligen, indem ihnen insbesondere in geeigneter Weise die Teilnahme an und die Mitwirkung in Beratungen zu ermöglichen sind und ihre Stellungnahmen zu berücksichtigen und bei der Entscheidungsfindung miteinzubeziehen sind.

(2) $_{1}$Bei der Umsetzung der Vorgaben nach Absatz 1 steht das Bundesministerium für Gesundheit im ständigen fachlichen Austausch mit den Vertragsparteien nach Absatz 1 Satz 1 und beteiligt den Beauftragten der Bundesregierung für die Belange der Patientinnen und Patienten sowie Bevollmächtigten für Pflege bei dem in Satz 4 vorgesehenen Verfahrensschritt. $_{2}$Das Bundesministerium für Gesundheit kann zur Unterstützung der Vertragsparteien nach Absatz 1 Satz 1 das Institut nach § 137a mit Gutachten beauftragen; § 137a Absatz 4 Satz 3 gilt entsprechend. $_{3}$Das Bundesministerium für Gesundheit ist berechtigt, an den Sitzungen der Vertragsparteien nach Absatz 1 Satz 1 teilzunehmen, und erhält deren fachliche Unterlagen. $_{4}$Die Vertragsparteien nach Absatz 1 Satz 1 sind verpflichtet, dem Bundesministerium für Gesundheit fortlaufend, insbesondere wenn die Umsetzung der Vorgaben nach Absatz 1 gefährdet ist, und auf dessen Verlangen unverzüglich Auskunft über den Bearbeitungsstand der Beratungen zu geben und mögliche Lösungen für Vereinbarungshindernisse vorzulegen.

(3) $_{1}$Kommt eine der Vereinbarungen nach Absatz 1 ganz oder teilweise nicht zustande, erlässt das Bundesministerium für Gesundheit nach Fristablauf die Vorgaben nach Absatz 1 Satz 1 bis 9 durch Rechtsverordnung ohne Zustimmung des Bundesrates. $_{2}$In der Rechtsverordnung nach Satz 1 können Mitteilungspflichten der Krankenhäuser zur Ermittlung der pflegesensitiven Bereiche sowie Regelungen zu Sanktionen für den Fall geregelt werden, dass ein Krankenhaus Verpflichtungen, die sich aus der Rechtsverordnung oder dieser Vorschrift ergeben, nicht einhält. $_{3}$Das Bundesministerium für Gesundheit kann auf Kosten der Vertragsparteien nach Absatz 1 Satz 1 Datenerhebungen oder Auswertungen in Auftrag geben oder Sachverständigengutachten einholen. $_{4}$Zum Erlass der Vorgaben nach Absatz 1 Satz 1 bis 4 und 6 kann das Bundesministerium für Gesundheit auf Kosten der Vertragsparteien nach Absatz 1 Satz 1 Datenerhebungen oder Auswertungen in Auftrag geben oder Sachverständigengutachten einholen; diese können sich auf die Prüfung der Frage erstrecken, inwiefern Pflegepersonaluntergrenzen in Notaufnahmen Anwendung finden können. $_{5}$Wird das Institut für das Entgeltsystem im Krankenhaus beauftragt, sind die notwendigen Aufwendungen des

Instituts aus dem Zuschlag nach § 17b Absatz 5 Satz 1 Nummer 1 des Krankenhausfinanzierungsgesetzes zu finanzieren. $_{6}$Für die Aufgaben, die dem Institut für das Entgeltsystem im Krankenhaus nach der Pflegepersonaluntergrenzen-Verordnung oder nach einer Rechtsverordnung nach Satz 1 und nach dieser Vorschrift übertragen sind, gilt das Institut für das Entgeltsystem im Krankenhaus als von den Vertragsparteien nach § 17b Absatz 2 Satz 1 des Krankenhausfinanzierungsgesetzes beauftragt. $_{7}$Die notwendigen Aufwendungen des Instituts für die Erfüllung dieser Aufgaben sind aus dem Zuschlag nach § 17b Absatz 5 Satz 1 Nummer 1 des Krankenhausfinanzierungsgesetzes zu finanzieren, der erforderlichenfalls entsprechend zu erhöhen ist. $_{8}$Für die Aufwendungen des Instituts nach § 137a gilt § 137a Absatz 4 Satz 3 entsprechend. $_{9}$Wird das Institut für das Entgeltsystem im Krankenhaus beauftragt, sind die notwendigen Aufwendungen des Instituts aus dem Zuschlag nach § 17b Absatz 5 Satz 1 Nummer 1 des Krankenhausfinanzierungsgesetzes zu finanzieren; für die Aufwendungen des Instituts nach § 137a gilt § 137a Absatz 4 Satz 3 entsprechend.

(3a) $_{1}$Das Institut für das Entgeltsystem im Krankenhaus erarbeitet das Konzept zur Abfrage und Übermittlung von Daten, die für die Festlegung von pflegesensitiven Bereichen und zugehörigen Pflegepersonaluntergrenzen im Sinne des Absatzes 1 als Datengrundlage erforderlich sind. $_{2}$Soweit für die Herstellung der repräsentativen Datengrundlage nicht Daten aller Krankenhäuser erforderlich sind, legt das Institut für das Entgeltsystem im Krankenhaus in dem Konzept nach Satz 1 auch die Auswahl der Krankenhäuser und die von ihnen zu übermittelnden Daten fest. $_{3}$Das Institut für das Entgeltsystem im Krankenhaus bestimmt auf der Grundlage des Konzepts nach Satz 1, welche Krankenhäuser an der Herstellung der repräsentativen Datengrundlage teilnehmen, und verpflichtet sie zur Übermittlung der für die Festlegung von pflegesensitiven Bereichen und zugehörigen Pflegepersonaluntergrenzen erforderlichen Daten. $_{4}$Die für die Festlegung von pflegesensitiven Bereichen und zugehörigen Pflegepersonaluntergrenzen erforderlichen Daten, die von den Krankenhäusern nicht bereits nach § 21 des Krankenhausentgeltgesetzes übermittelt werden, sind erstmals spätestens bis zum 31. Mai 2019 an das Institut für das Entgeltsystem im Krankenhaus auf maschinenlesbaren Datenträgern zu übermitteln. $_{5}$Die Vertragsparteien nach § 17b Absatz 2 Satz 1 des Krankenhausfinanzierungsgesetzes vereinbaren Pauschalen, mit denen der Aufwand, der bei den ausgewählten Krankenhäusern bei der Übermittlung der Daten nach Satz 2 entsteht, abgegolten wird. $_{6}$Die Pauschalen sollen in Abhängigkeit von Anzahl und Qualität der übermittelten Datensätze gezahlt werden. $_{7}$Die Pauschalen nach Satz 4 sind aus dem Zuschlag nach § 17b Absatz 5 Satz 1 Nummer 1 des Krankenhausfinanzierungsgesetzes zu finanzieren, der entsprechend zu erhöhen ist. $_{8}$Das Institut bereitet diese Daten in einer Form auf, die eine stations- und schichtbezogene sowie eine nach dem Pflegeaufwand gemäß Absatz 1 Satz 3 entsprechend differenzierte Festlegung der Pflegepersonaluntergrenzen ermöglicht, und stellt sie für die Festlegung von pflegesensitiven Bereichen und zugehörigen Pflegepersonaluntergrenzen im Sinne des Absatzes 1 zur Erfüllung der Aufgaben nach Absatz 1 zur Verfügung.

(4) $_{1}$Für die Jahre ab 2019 haben die Krankenhäuser durch Bestätigung eines Wirtschaftsprüfers, einer Wirtschaftsprüfungsgesellschaft, eines vereidigten Buchprüfers oder einer Buchprüfungsgesellschaft den Vertragsparteien nach Absatz 1 Satz 1, den Vertragsparteien nach § 11 des Krankenhausentgeltgesetzes und der jeweiligen für die Krankenhausplanung zuständigen Behörde den Erfüllungsgrad der Einhaltung der Pflegepersonaluntergrenzen, die in § 6 der Pflegepersonaluntergrenzen-Verordnung, in einer Vereinbarung nach Absatz 1 oder in einer Verordnung nach Absatz 3 Satz 1 festgelegt wurden, differenziert nach Berufsbezeichnungen und unter Berücksichtigung des Ziels der Vermeidung von Personalverlagerungseffekten, nachzuweisen. $_{2}$Zu diesem Zweck schreiben die Vertragsparteien nach Absatz 1 Satz 1 mit Wirkung für die Vertragsparteien nach § 11 des Krankenhausentgeltgesetzes die zwischen dem Spitzenverband Bund der Krankenkassen und der Deutschen Krankenhausgesellschaft getroffene Vereinbarung über den Nachweis zur Einhaltung von Pflegepersonaluntergrenzen vom 28. November 2018, die auf der Internetseite des Instituts für das Entgeltsystem im Krankenhaus veröffentlicht ist, jährlich bis zum 1. November, erstmals für das Jahr 2020 zum 1. November 2019, entsprechend den in einer Vereinbarung nach Absatz 1 oder in einer Verordnung nach Absatz 3 Satz 1 festgelegten Vorgaben zu den Pflegepersonaluntergrenzen fort. $_{3}$Die Krankenhäuser übermitteln den Nachweis zum 30. Juni jeden Jahres für das jeweils vorangegangene Kalenderjahr, erstmals für das Jahr 2019 zum 30. Juni 2020. $_{4}$Der Erfüllungsgrad der Einhaltung der in § 6 der Pflegepersonaluntergrenzen-Verordnung, in einer Vereinbarung nach Absatz 1 oder in einer Verordnung nach Absatz 3 Satz 1 festgelegten Vorgaben, differenziert nach Berufsbezeichnungen, ist in den Qualitätsberichten der Krankenhäuser nach § 136b Absatz 1 Satz 1 Nummer 3 darzustellen. $_{5}$Kommt eine Fortschreibung der in Satz 2 genannten Vereinbarung bis zum 1. November des jeweiligen Jahres nicht zustande, trifft

die Schiedsstelle nach § 18a Absatz 6 des Krankenhausfinanzierungsgesetzes auf Antrag einer Vertragspartei nach Satz 1 innerhalb von sechs Wochen die ausstehenden Entscheidungen. 6Die Krankenhäuser teilen zusätzlich den jeweiligen Vertragsparteien nach § 11 des Krankenhausentgeltgesetzes und dem Institut für das Entgeltsystem im Krankenhaus einmal je Quartal die Anzahl der Schichten mit, in denen die in § 6 der Pflegepersonaluntergrenzen-Verordnung, in einer Vereinbarung nach Absatz 1 oder in einer Verordnung nach Absatz 3 Satz 1 festgelegten Pflegepersonaluntergrenzen nicht eingehalten worden sind. 7Die Mitteilung muss spätestens bis zum Ablauf von zwei Wochen nach Beginn des folgenden Quartals, aufgeschlüsselt nach Monaten und nach der Art der Schicht, erfolgen. 8Das Institut für das Entgeltsystem im Krankenhaus übermittelt den Vertragsparteien nach Absatz 1 Satz 1, den jeweils zuständigen Landesbehörden, den Landesverbänden der Krankenkassen und den Ersatzkassen sowie auf Anforderung dem Bundesministerium für Gesundheit einmal je Quartal eine Zusammenstellung der Angaben nach Satz 6.

(4a) 1Das Institut für das Entgeltsystem im Krankenhaus veröffentlicht bis zum 15. Februar eines Jahres, erstmals zum 15. Februar 2019, auf seiner Internetseite für jedes Krankenhaus unter Nennung des Namens und des Institutionskennzeichens des jeweiligen Krankenhauses und soweit möglich für jeden Standort eines Krankenhauses gesondert

1. die Angaben der Krankenhäuser über die pflegesensitiven Bereiche in den Krankenhäusern, die diese auf Grund der in § 5 Absatz 3 und 4 der Pflegepersonaluntergrenzen-Verordnung, in einer Vereinbarung der Vertragsparteien nach Absatz 1 oder in einer Verordnung nach Absatz 3 Satz 1 festgelegten Mitteilungspflichten übermittelt haben,
2. die jeweils geltenden Pflegepersonaluntergrenzen und
3. den auf der Grundlage des Katalogs zur Risikoadjustierung für Pflegeaufwand ermittelten Pflegeaufwand in den pflegesensitiven Bereichen in den Krankenhäusern.

2Der Standort eines Krankenhauses bestimmt sich nach § 2 der zwischen dem Spitzenverband Bund der Krankenkassen und der Deutschen Krankenhausgesellschaft nach § 2a Absatz 1 des Krankenhausfinanzierungsgesetzes getroffenen Vereinbarung über die Definition von Standorten der Krankenhäuser und ihrer Ambulanzen vom 29. August 2017, die auf der Internetseite der Deutschen Krankenhausgesellschaft veröffentlicht ist.

(4b) 1Für Krankenhäuser, die ihre nach § 5 Absatz 3 und 4 der Pflegepersonaluntergrenzen-Verordnung, ihre in einer Vereinbarung der Vertragsparteien nach Absatz 1 oder ihre in einer Verordnung nach Absatz 3 Satz 1 festgelegten Mitteilungspflichten nicht, nicht vollständig oder nicht rechtzeitig erfüllen, haben die Vertragsparteien nach § 11 des Krankenhausentgeltgesetzes entsprechend der Bestimmung nach Absatz 1 Satz 10 Vergütungsabschläge zu vereinbaren. 2Zudem haben die Vertragsparteien nach § 11 des Krankenhausentgeltgesetzes entsprechend der Bestimmung nach Absatz 1 Satz 10 Vergütungsabschläge für Krankenhäuser, die nach Absatz 3a Satz 2 vom Institut für das Entgeltsystem im Krankenhaus zur Lieferung von Daten ausgewählt wurden und ihre Pflicht zur Übermittlung von Daten nach Absatz 3a Satz 3 nicht, nicht vollständig oder nicht rechtzeitig erfüllen, zu vereinbaren. 3Das Institut für das Entgeltsystem im Krankenhaus unterrichtet jeweils die Vertragsparteien nach § 11 des Krankenhausentgeltgesetzes über Verstöße gegen die in den Sätzen 1 und 2 genannten Pflichten der Krankenhäuser.

(4c) Widerspruch und Klage gegen Maßnahmen zur Ermittlung der pflegesensitiven Bereiche in den Krankenhäusern, gegen Maßnahmen zur Festlegung von Pflegepersonaluntergrenzen für die pflegesensitiven Bereiche in den Krankenhäusern sowie gegen Maßnahmen zur Begründung der Verpflichtung der Krankenhäuser zur Übermittlung von Daten nach Absatz 3a Satz 2 und 3 haben keine aufschiebende Wirkung.

(5) 1Hält ein Krankenhaus die in einer Vereinbarung nach Absatz 1 oder in einer Verordnung nach Absatz 3 Satz 1 oder in der Pflegepersonaluntergrenzen-Verordnung festgelegten verbindlichen Pflegepersonaluntergrenzen nicht ein, ohne dass ein nach Absatz 1 Satz 9 oder Absatz 3 oder in der Pflegepersonaluntergrenzen-Verordnung bestimmter Ausnahmetatbestand vorliegt oder die Voraussetzungen einer nach Absatz 1 Satz 9 oder Absatz 3 oder in der Pflegepersonaluntergrenzen-Verordnung bestimmten Übergangsregelung erfüllt sind, haben die Vertragsparteien nach § 11 des Krankenhausentgeltgesetzes ab dem 1. April 2019 entsprechend der Bestimmung nach Absatz 1 Satz 10 Sanktionen in Form von Vergütungsabschlägen oder einer Verringerung der Fallzahl zu vereinbaren. 2Verringerungen der Fallzahl sind mindestens in dem Umfang zu vereinbaren, der erforderlich ist, um die Unterschreitung der jeweiligen Pflegepersonaluntergrenze auszugleichen. 3Vergütungsabschläge sind in einer Höhe zu vereinbaren, die in einem angemessenen Verhältnis zum Grad der Nichteinhaltung der jeweiligen Pflegepersonaluntergrenze steht. 4Die in Satz 1 genannten Sanktionen können durch die Vereinbarung von Maßnahmen ergänzt werden, die das Krankenhaus zur Gewinnung zusätzlichen Pflegepersonals zu ergreifen hat.

5In begründeten Ausnahmefällen können die Vertragsparteien nach § 11 des Krankenhausentgeltgesetzes vereinbaren, dass bereits vereinbarte Sanktionen ausgesetzt werden.

(6) Die Vertragsparteien nach Absatz 1 Satz 1 legen dem Deutschen Bundestag über das Bundesministerium für Gesundheit bis zum 31. Dezember 2023 einen wissenschaftlich evaluierten Bericht über die Auswirkungen der festgelegten Pflegepersonaluntergrenzen in den pflegesensitiven Bereichen in Krankenhäusern vor.

§ 137j Pflegepersonalquotienten, Verordnungsermächtigung

(1) 1Zur Verbesserung der Pflegepersonalausstattung der Krankenhäuser und Sicherung der pflegerischen Versorgungsqualität ermittelt das Institut für das Entgeltsystem im Krankenhaus jährlich, erstmals zum 31. Mai 2020, für jedes nach § 108 zugelassene Krankenhaus einen Pflegepersonalquotienten, der das Verhältnis der Anzahl der Vollzeitkräfte in der unmittelbaren Patientenversorgung auf bettenführenden Stationen zu dem Pflegeaufwand eines Krankenhauses beschreibt. 2Der Pflegepersonalquotient ist für jeden Standort eines Krankenhauses zu ermitteln. 3Der Standort eines Krankenhauses bestimmt sich nach § 2 der zwischen dem Spitzenverband Bund der Krankenkassen und der Deutschen Krankenhausgesellschaft gemäß § 2a Absatz 1 des Krankenhausfinanzierungsgesetzes getroffenen Vereinbarung über die Definition von Standorten der Krankenhäuser und ihrer Ambulanzen vom 29. August 2017, die auf der Internetseite der Deutschen Krankenhausgesellschaft veröffentlicht ist. 4Für die Zahl der in Satz 1 genannten Vollzeitkräfte sind die dem Institut nach § 21 Absatz 2 Nummer 1 Buchstabe e des Krankenhausentgeltgesetzes übermittelten Daten zu Grunde zu legen, mit Ausnahme der den Mindestvorgaben zu Personalausstattung nach § 136a Absatz 2 Satz 2 unterfallenden Vollzeitkräfte in der unmittelbaren Patientenversorgung auf bettenführenden Stationen. 5Das nach Satz 4 für die Zahl der in Satz 1 genannten Vollzeitkräfte zugrunde zu legende Pflegepersonal, das nicht über eine Erlaubnis zum Führen der Berufsbezeichnung nach § 1 Absatz 1 des Pflegeberufegesetzes, § 58 Absatz 1 oder Absatz 2 des Pflegeberufegesetzes oder § 64 des Pflegeberufegesetzes, auch in Verbindung mit § 66 Absatz 1 oder Absatz 2 des Pflegeberufegesetzes, verfügt, ist bis zur Höhe des jeweils obersten Quartils des an allen Standorten mit den jeweiligen Berufsbezeichnungen eingesetzten Pflegepersonals einzubeziehen. 6Für die Ermittlung des Pflegeaufwands erstellt das Institut bis zum 31. Mai 2020 einen Katalog zur Risikoadjustierung des Pflegeaufwands, mit dem für die Entgelte nach § 17b Absatz 1 des Krankenhausfinanzierungsgesetzes tagesbezogen die durchschnittlichen pflegerischen Leistungen abbildbar sind. 7Das Institut aktualisiert den Katalog jährlich und veröffentlicht ihn auf seiner Internetseite. 8Für die Ermittlung des Pflegeaufwands ermittelt das Institut auf der Grundlage dieses Katalogs aus den ihm nach § 21 Absatz 2 des Krankenhausentgeltgesetzes übermittelten Daten für jeden Standort eines Krankenhauses die Summe seiner Bewertungsrelationen. 9Das Institut veröffentlicht unter Angabe des Namens und der Kennzeichen nach § 293 Absatz 1 und 6 eine vergleichende Zusammenstellung der für jeden Standort eines Krankenhauses ermittelten Pflegepersonalquotienten bis zum 31. August eines Jahres, erstmals bis zum 31. August 2021, barrierefrei auf seiner Internetseite. 10In der Veröffentlichung weist das Institut standortbezogen auch die prozentuale Zusammensetzung des Pflegepersonals nach Berufsbezeichnungen auf Grundlage der nach § 21 Absatz 2 Nummer 1 Buchstabe e des Krankenhausentgeltgesetzes übermittelten Daten aus.

(2) 1Das Bundesministerium für Gesundheit wird ermächtigt, auf der Grundlage der durch das Institut für das Entgeltsystem im Krankenhaus nach Absatz 1 ermittelten Pflegepersonalquotienten der Krankenhäuser durch Rechtsverordnung mit Zustimmung des Bundesrates eine Untergrenze für das erforderliche Verhältnis zwischen Pflegepersonal und Pflegeaufwand festzulegen, bei der widerlegbar vermutet wird, dass eine nicht patientengefährdende pflegerische Versorgung noch gewährleistet ist. 2Für den Fall, dass der Pflegepersonalquotient eines Krankenhauses die in der Rechtsverordnung nach Satz 1 festgelegte Untergrenze unterschreitet, vereinbaren der Spitzenverband Bund der Krankenkassen und die Deutsche Krankenhausgesellschaft im Benehmen mit dem Verband der Privaten Krankenversicherung mit Wirkung für die Vertragspartner nach § 11 des Krankenhausentgeltgesetzes die Höhe und nähere Ausgestaltung der Sanktionen nach Absatz 2a. 3Kommt eine Vereinbarung über die Sanktionen nach Satz 2 bis zum 30. Juni 2019 nicht zustande, trifft die Schiedsstelle nach § 18a Absatz 6 des Krankenhausfinanzierungsgesetzes ohne Antrag einer Vertragspartei nach Satz 2 innerhalb von sechs Wochen die ausstehenden Entscheidungen. 4Die Rechtsverordnung nach Satz 1 regelt das Nähere

1. zur Festlegung der Untergrenze, die durch den Pflegepersonalquotienten eines Krankenhauses nicht unterschritten werden darf und
2. zu dem Budgetjahr, für das erstmals Sanktionen nach Absatz 2a Satz 1 zu vereinbaren sind.

5Das Bundesministerium für Gesundheit prüft spätestens nach Ablauf von drei Jahren die Notwendigkeit einer Anpassung der Untergrenze. $_{6}$In der Rechtsverordnung nach Satz 1 kann auch geregelt werden, dass die nach Satz 2 von den Vertragspartnern nach § 11 des Krankenhausentgeltgesetzes vereinbarten Sanktionen vorübergehend ausgesetzt werden.

(2a) $_{1}$Unterschreitet der Pflegepersonalquotient eines Krankenhauses die in der Rechtsverordnung nach Absatz 2 Satz 1 festgelegte Untergrenze, haben die Vertragsparteien nach § 11 des Krankenhausentgeltgesetzes entsprechend der Vereinbarung nach Absatz 2 Satz 2 Sanktionen in Form von Vergütungsabschlägen oder einer Verringerung der Fallzahl zu vereinbaren. $_{2}$Verringerungen der Fallzahl sind mindestens in dem Umfang zu vereinbaren, der erforderlich ist, um die Unterschreitung des Pflegepersonalquotienten auszugleichen. $_{3}$Vergütungsabschläge sind in einer Höhe zu vereinbaren, die in einem angemessenen Verhältnis zum Grad der Unterschreitung steht. $_{4}$Die in Satz 1 genannten Sanktionen können durch die Vereinbarung von Maßnahmen ergänzt werden, die das Krankenhaus zur Gewinnung zusätzlichen Pflegepersonals zu ergreifen hat. $_{5}$In begründeten Ausnahmefällen können die Vertragsparteien nach §11 des Krankenhausentgeltgesetzes vereinbaren, dass bereits vereinbarte Sanktionen vorübergehend ausgesetzt werden.

(3) $_{1}$Für die Aufgaben nach Absatz 1 gilt das Institut für das Entgeltsystem im Krankenhaus als von den Vertragsparteien nach § 17b Absatz 2 Satz 1 des Krankenhausfinanzierungsgesetzes beauftragt. $_{2}$Die notwendigen Aufwendungen des Instituts für die Erfüllung dieser Aufgaben sind aus dem Zuschlag nach § 17b Absatz 5 Satz 1 Nummer 1 des Krankenhausfinanzierungsgesetzes zu finanzieren, der erforderlichenfalls entsprechend zu erhöhen ist.

§ 137k Personalbemessung in der Pflege im Krankenhaus; Verordnungsermächtigung

(1) $_{1}$Die nach § 108 zugelassenen Krankenhäuser sind verpflichtet, eine angemessene Personalausstattung vorzuhalten und das für eine bedarfsgerechte Pflege am Bett erforderliche Personal sicherzustellen. $_{2}$Zu diesem Zweck haben sie nach Maßgabe der Rechtsverordnung nach den Absätzen 4 und 5 Folgendes zu ermitteln und an das Institut für das Entgeltsystem im Krankenhaus zu übermitteln:

1. die Anzahl der auf bettenführenden Stationen der somatischen Versorgung von Erwachsenen und Kindern jeweils eingesetzten Pflegekräfte,
2. den Pflegebedarf auf bettenführenden Stationen der somatischen Versorgung von Erwachsenen und Kindern und
3. die Anzahl der auf bettenführenden Stationen der somatischen Versorgung von Erwachsenen und Kindern auf Grundlage des Pflegebedarfs einzusetzenden Pflegekräfte.

$_{3}$Sie haben außerdem die Anzahl der eingesetzten Pflegekräfte schrittweise an die Anzahl der einzusetzenden Pflegekräfte anzupassen. $_{4}$Das Institut für das Entgeltsystem im Krankenhaus übermittelt den jeweils zuständigen Landesbehörden und dem Bundesministerium für Gesundheit jährlich eine Zusammenstellung der Angaben nach Satz 2.

(2) $_{1}$Das Bundesministerium für Gesundheit beauftragt spätestens bis zum 31. Januar 2023 eine fachlich unabhängige wissenschaftliche Einrichtung oder einen Sachverständigen oder eine Sachverständige (Auftragnehmer) mit einer mindestens dreimonatigen Erprobung eines im Einvernehmen mit dem Bundesministerium für Gesundheit festzulegenden Konzepts zur Ermittlung einer angemessenen Personalausstattung auf bettenführenden Stationen der nichtintensivmedizinischen somatischen Versorgung von Erwachsenen und Kindern sowie der intensivmedizinischen somatischen Versorgung von Kindern. $_{2}$Für die Durchführung der Erprobung hat der Auftragnehmer eine repräsentative Auswahl an nach § 108 zugelassenen Krankenhäusern zu bestimmen. $_{3}$Die ausgewählten Krankenhäuser sind verpflichtet, dem Auftragnehmer folgende Daten zu übermitteln:

1. die Anzahl der in der jeweiligen in Satz 1 genannten bettenführenden Station eingesetzten Pflegekräfte, umgerechnet auf Vollkräfte, und
2. die Anzahl der in der jeweiligen in Satz 1 genannten bettenführenden Station auf Grundlage des Pflegebedarfs einzusetzenden Pflegekräfte, umgerechnet auf Vollkräfte.

$_{4}$Der Auftragnehmer kann die Form und das Verfahren der Datenübermittlung festlegen. $_{5}$Weitere nach § 108 zugelassene Krankenhäuser können sich an der Erprobung beteiligen. $_{6}$Der Auftragnehmer hat dem Bundesministerium für Gesundheit spätestens bis zum 31. August 2023 einen Abschlussbericht über die Ergebnisse der Erprobung vorzulegen. $_{7}$Das Bundesministerium für Gesundheit hat die Ergebnisse der Erprobung bei Erlass der Rechtsverordnung nach den Absätzen 4 und 5 zu berücksichtigen.

(3) $_{1}$Das Bundesministerium für Gesundheit beauftragt spätestens bis zum 31. Oktober 2023 einen Auftragnehmer mit der Entwicklung und modellhaften Erprobung eines Verfahrens zur Ermittlung einer angemessenen Personalausstattung auf bettenführenden Stationen der intensivmedizinischen somatischen Versorgung von Erwachsenen. $_{2}$Für die Durchführung der Erprobung hat der

Auftragnehmer eine repräsentative Auswahl an nach § 108 zugelassenen Krankenhäusern zu bestimmen. 3Die ausgewählten Krankenhäuser sind verpflichtet, dem Auftragnehmer folgende Daten zu übermitteln:

1. die Anzahl der in der jeweiligen in Satz 1 genannten bettenführenden Station eingesetzten Pflegekräfte, umgerechnet auf Vollkräfte, und
2. die Anzahl der in der jeweiligen in Satz 1 genannten bettenführenden Station auf Grundlage des Pflegebedarfs einzusetzenden Pflegekräfte, umgerechnet auf Vollkräfte.

4Der Auftragnehmer hat dem Bundesministerium für Gesundheit spätestens bis zum 31. August 2024 einen Abschlussbericht über die Ergebnisse der Entwicklung und Erprobung vorzulegen. 5Absatz 2 Satz 4, 5 und 7 gilt entsprechend.

(4) 1Das Bundesministerium für Gesundheit kann durch Rechtsverordnung mit Zustimmung des Bundesrates im Einvernehmen mit dem Bundesministerium der Finanzen, erstmals bis zum 30. November 2023, Vorgaben zur Ermittlung der Anzahl der eingesetzten und der auf der Grundlage des Pflegebedarfs einzusetzenden Pflegekräfte in der unmittelbaren Patientenversorgung von Erwachsenen und Kindern auf bettenführenden Stationen der somatischen Versorgung in den nach § 108 zugelassenen Krankenhäusern erlassen. 2In der Rechtsverordnung kann das Bundesministerium für Gesundheit das Nähere bestimmen

1. zur Ermittlung des täglichen Pflegebedarfs durch die Festlegung von Pflegekategorien sowie den ihnen zugrunde zu legenden Minutenwerten für die pflegerische Versorgung je Patientin oder Patient,
2. zur bedarfsgerechten personellen Zusammensetzung des Pflegepersonals auf der Grundlage der beruflichen Qualifikationen des Pflegepersonals,
3. zu der von den Krankenhäusern standortbezogen zu erfassenden
   a) Anzahl der in der jeweiligen Station eingesetzten Pflegekräfte, umgerechnet auf Vollkräfte, (Ist-Personalbesetzung) und
   b) Anzahl der in der jeweiligen Station auf Grundlage des Pflegebedarfs einzusetzenden Pflegekräfte, umgerechnet auf Vollkräfte, (Soll-Personalbesetzung),
4. zur Übermittlung der von den Krankenhäusern erfassten Daten nach Nummer 3 an das Institut für das Entgeltsystem im Krankenhaus einschließlich der Form und des Verfahrens der Übermittlung,
5. zur Dokumentation, zum Nachweis und zur Veröffentlichung der von den Krankenhäusern zu erfassenden und zu übermittelnden Daten,
6. zur Auswertung der von den Krankenhäusern zu erfassenden und zu übermittelnden Daten durch das Institut für das Entgeltsystem im Krankenhaus und
7. zur Übermittlung nach Absatz 1 Satz 4.

(5) Das Bundesministerium für Gesundheit wird ermächtigt, aufgrund der in der Rechtsverordnung nach Absatz 4 vorgesehenen Datenerfassung zur Festlegung des konkreten erforderlichen Erfüllungsgrads der Soll-Personalbesetzung in der Rechtsverordnung nach Absatz 4 mit Zustimmung des Bundesrates und im Einvernehmen mit dem Bundesministerium der Finanzen Regelungen zu treffen

1. zur schrittweisen Anpassung der Ist-Personalbesetzung an den konkreten erforderlichen Erfüllungsgrad der Soll-Personalbesetzung durch das Krankenhaus,
2. zum Nachweis der Anpassung der Ist-Personalbesetzung an den konkreten erforderlichen Erfüllungsgrad der Soll-Personalbesetzung gegenüber dem Institut für das Entgeltsystem im Krankenhaus und
3. zu Vergütungsabschlägen, wenn ein Krankenhaus es unterlässt,
   a) die Ist-Personalbesetzung an die Soll-Personalbesetzung anzupassen oder
   b) die Anpassung der Ist-Personalbesetzung an die Soll-Personalbesetzung nachzuweisen.

(6) Die Mindestvorgaben zur Personalausstattung nach § 136 Absatz 1 Satz 1 Nummer 2 und § 136a Absatz 2 Satz 2 und Absatz 5 bleiben unberührt.

(7) Die notwendigen Aufwendungen des Instituts für das Entgeltsystem im Krankenhaus für die Erfüllung der Aufgaben nach dieser Vorschrift sind aus dem Zuschlag nach § 17b Absatz 5 Satz 1 Nummer 1 des Krankenhausfinanzierungsgesetzes zu finanzieren.

§ 137l Wissenschaftliche Weiterentwicklung der Personalbemessung in der Pflege im Krankenhaus

(1) 1Die Vertragsparteien auf Bundesebene im Sinne des § 9 Absatz 1 des Krankenhausentgeltgesetzes stellen im Einvernehmen mit dem Bundesministerium für Gesundheit die wissenschaftliche Weiterentwicklung der Vorgaben zur Personalbemessung in der Pflege im Krankenhaus nach § 137k Absatz 4 sicher, insbesondere im Hinblick auf die bedarfsgerechte personelle Zusammensetzung des Pflegepersonals auf der Grundlage seiner jeweiligen nach § 137k Absatz 4 Satz 2 Nummer 2 bestimmten beruflichen Qualifikationen sowie im Hinblick auf die standardisierte

und digitale Anwendung der Vorgaben nach § 137k Absatz 4. 2Zudem legen sie Vorschläge zur Personalbemessung in der Pflege in Notaufnahmen vor. 3Die Vertragsparteien nach Satz 1 legen dem Bundesministerium für Gesundheit die Ergebnisse der wissenschaftlichen Weiterentwicklung nach den Sätzen 1 und 2 bis zum 31. Dezember 2024 vor. 4Die Vertragsparteien nach Satz 1 beauftragen zur Sicherstellung der Wissenschaftlichkeit der Weiterentwicklung auf ihre Kosten fachlich unabhängige wissenschaftliche Einrichtungen oder Sachverständige; dabei trägt die Deutsche Krankenhausgesellschaft 50 Prozent der Kosten, der Spitzenverband Bund der Krankenkassen 46,5 Prozent der Kosten und der Verband der Privaten Krankenversicherung 3,5 Prozent der Kosten. 5Die Mindestvorgaben zur Personalausstattung nach § 136a Absatz 2 Satz 2 bleiben unberührt.

(2) Bei der Durchführung des Auftrags nach Absatz 1 Satz 4 sind insbesondere der Beauftragte der Bundesregierung für die Belange der Patientinnen und Patienten, der Bevollmächtigte der Bundesregierung für Pflege, der Deutsche Pflegerat e. V. – DPR, Vertreter der für Personalfragen der Krankenhäuser maßgeblichen Gewerkschaften und Arbeitgeberverbände, die für die Wahrnehmung der Interessen der Patientinnen und Patienten und der Selbsthilfe chronisch kranker und behinderter Menschen maßgeblichen Organisationen auf Bundesebene sowie die Arbeitsgemeinschaft der Wissenschaftlichen Medizinischen Fachgesellschaften e. V. zu beteiligen.

(3) 1Die Vertragsparteien nach Absatz 1 Satz 1 legen dem Bundesministerium für Gesundheit vor der Beauftragung nach Absatz 1 Satz 4 und spätestens bis zum 31. März 2023 eine Beschreibung des Inhalts der Beauftragung sowie einen Zeitplan mit konkreten Zeitzielen vor. 2Die Beauftragung nach Absatz 1 Satz 4 hat spätestens bis zum 30. September 2023 zu erfolgen. 3Die Vertragsparteien nach Absatz 1 Satz 1 sind verpflichtet, dem Bundesministerium für Gesundheit fortlaufend, insbesondere wenn die Umsetzung der Vorgaben nach Absatz 1 oder die Erreichung der gesetzlich oder in dem Zeitplan nach Satz 1 festgelegten Zeitziele gefährdet sind, und auf dessen Verlangen unverzüglich Auskunft über den Bearbeitungsstand der Entwicklung, Erprobung und der Auftragsvergabe sowie über Problembereiche und mögliche Lösungen zu geben.

(4) 1Wird ein gesetzlich oder ein in dem Zeitplan nach Absatz 3 Satz 1 festgelegtes Zeitziel nicht fristgerecht erreicht und ist deshalb die fristgerechte Weiterentwicklung gefährdet, kann das Bundesministerium für Gesundheit nach Fristablauf einzelne Verfahrensschritte selbst durchführen. 2Haben sich die Vertragsparteien nach Absatz 1 Satz 1 bis zum 31. März 2023 nicht über den Inhalt der Beauftragung nach Absatz 1 Satz 4 geeinigt, beauftragt das Bundesministerium für Gesundheit die Entwicklung und Erprobung nach Absatz 1 Satz 4 spätestens bis zum 31. Dezember 2023 auf Kosten der Vertragsparteien nach Absatz 1 Satz 1.

§ 138 Neue Heilmittel

Die an der vertragsärztlichen Versorgung teilnehmenden Ärzte dürfen neue Heilmittel nur verordnen, wenn der Gemeinsame Bundesausschuss zuvor ihren therapeutischen Nutzen anerkannt und in den Richtlinien nach § 92 Abs. 1 Satz 2 Nr. 6 Empfehlungen für die Sicherung der Qualität bei der Leistungserbringung abgegeben hat.

§ 139 Hilfsmittelverzeichnis, Qualitätssicherung bei Hilfsmitteln

(1) 1Der Spitzenverband Bund der Krankenkassen erstellt ein systematisch strukturiertes Hilfsmittelverzeichnis. 2In dem Verzeichnis sind von der Leistungspflicht umfasste Hilfsmittel aufzuführen. 3Das Hilfsmittelverzeichnis ist im Bundesanzeiger bekannt zu machen.

(2) 1Soweit dies zur Gewährleistung einer ausreichenden, zweckmäßigen und wirtschaftlichen Versorgung erforderlich ist, sind im Hilfsmittelverzeichnis indikations- oder einsatzbezogen besondere Qualitätsanforderungen für Hilfsmittel festzulegen. 2Besondere Qualitätsanforderungen nach Satz 1 können auch festgelegt werden, um eine ausreichend lange Nutzungsdauer oder in geeigneten Fällen den Wiedereinsatz von Hilfsmitteln bei anderen Versicherten zu ermöglichen. 3Im Hilfsmittelverzeichnis sind auch die Anforderungen an die zusätzlich zur Bereitstellung des Hilfsmittels zu erbringenden Leistungen zu regeln.

(3) 1Die Aufnahme eines Hilfsmittels in das Hilfsmittelverzeichnis erfolgt auf Antrag des Herstellers. 2Über die Aufnahme entscheidet der Spitzenverband Bund der Krankenkassen; er kann vom Medizinischen Dienst prüfen lassen, ob die Voraussetzungen nach Absatz 4 erfüllt sind. 3Hält der Spitzenverband Bund der Krankenkassen bei der Prüfung des Antrags eine Klärung durch den Gemeinsamen Bundesausschuss für erforderlich, ob der Einsatz des Hilfsmittels untrennbarer Bestandteil einer neuen Untersuchungs- oder Behandlungsmethode ist, holt er hierzu unter Vorlage der ihm vorliegenden Unterlagen sowie einer Begründung seiner Einschätzung eine Auskunft des Gemeinsamen Bundesausschusses ein. 4Der Gemeinsame Bundesausschuss hat die Auskunft innerhalb von sechs Monaten zu erteilen. 5Kommt der Gemeinsame Bundesausschuss zu dem Ergebnis, dass das Hilfsmittel untrennbarer Bestandteil einer neuen Untersuchungs- oder Behandlungsmethode ist, beginnt unmittelbar das Verfahren zur Bewertung der Methode nach § 135 Absatz 1

V

Satz 1, wenn der Hersteller den Antrag auf Eintragung des Hilfsmittels in das Hilfsmittelverzeichnis nicht innerhalb eines Monats zurücknimmt, nachdem ihm der Spitzenverband Bund der Krankenkassen das Ergebnis der Auskunft mitgeteilt hat.

(4) 1Das Hilfsmittel ist aufzunehmen, wenn der Hersteller die Funktionstauglichkeit und Sicherheit, die Erfüllung der Qualitätsanforderungen nach Absatz 2 und, soweit erforderlich, den medizinischen Nutzen nachgewiesen hat und es mit den für eine ordnungsgemäße und sichere Handhabung erforderlichen Informationen in deutscher Sprache versehen ist. 2Auf Anfrage des Herstellers berät der Spitzenverband Bund der Krankenkassen den Hersteller im Rahmen eines Antragsverfahrens zur Aufnahme von neuartigen Produkten in das Hilfsmittelverzeichnis über Qualität und Umfang der vorzulegenden Antragsunterlagen. 3Die Beratung erstreckt sich insbesondere auf die grundlegenden Anforderungen an den Nachweis des medizinischen Nutzens des Hilfsmittels. 4Sofern Produkte untrennbarer Bestandteil einer neuen Untersuchungs- und Behandlungsmethode sind, bezieht sich die Beratung nicht auf das Verfahren nach § 135 Absatz 1 Satz 1. 5Erfordert der Nachweis des medizinischen Nutzens klinische Studien, kann die Beratung unter Beteiligung der für die Durchführung der Studie vorgesehenen Institution erfolgen. 6Das Nähere regelt der Spitzenverband Bund der Krankenkassen in der Verfahrensordnung nach Absatz 7 Satz 1. 7Für die Beratung kann der Spitzenverband Bund der Krankenkassen Gebühren nach pauschalierten Gebührensätzen erheben. 8Hat der Hersteller Nachweise nach Satz 1 nur für bestimmte Indikationen erbracht, ist die Aufnahme in das Hilfsmittelverzeichnis auf diese Indikationen zu beschränken. 9Nimmt der Hersteller an Hilfsmitteln, die im Hilfsmittelverzeichnis aufgeführt sind, Änderungen vor, hat er diese dem Spitzenverband Bund der Krankenkassen unverzüglich mitzuteilen. 10Die Mitteilungspflicht gilt auch, wenn ein Hilfsmittel nicht mehr hergestellt wird.

(5) 1Für Medizinprodukte im Sinne des § 3 Nummer 1 des Medizinproduktegesetzes in der bis einschließlich 25. Mai 2021 geltenden Fassung gilt der Nachweis der Funktionstauglichkeit und der Sicherheit durch die CE-Kennzeichnung grundsätzlich als erbracht. 2Der Spitzenverband Bund der Krankenkassen vergewissert sich von der formalen Rechtmäßigkeit der CE-Kennzeichnung anhand der Konformitätserklärung und, soweit zutreffend, der Zertifikate der an der Konformitätsbewertung beteiligten Benannten Stelle. 3Aus begründetem Anlass können zusätzliche Prüfungen vorgenommen und hierfür erforderliche Nachweise verlangt werden. 4Prüfungen nach Satz 3 können nach erfolgter Aufnahme des Produkts auch auf der Grundlage von Stichproben vorgenommen werden. 5Ergeben sich bei den Prüfungen nach Satz 2 bis 4 Hinweise darauf, dass Vorschriften des Medizinprodukterechts nicht beachtet sind, sind unbeschadet sonstiger Konsequenzen die danach zuständigen Behörden hierüber zu informieren.

(6) 1Legt der Hersteller unvollständige Antragsunterlagen vor, ist ihm eine angemessene Frist, die insgesamt sechs Monate nicht übersteigen darf, zur Nachreichung fehlender Unterlagen einzuräumen. 2Wenn nach Ablauf der Frist die für die Entscheidung über den Antrag erforderlichen Unterlagen nicht vollständig vorliegen, ist der Antrag abzulehnen. 3Ansonsten entscheidet der Spitzenverband Bund der Krankenkassen innerhalb von drei Monaten nach Vorlage der vollständigen Unterlagen. 4Bis zum Eingang einer im Einzelfall nach Absatz 3 Satz 3 angeforderten Auskunft des Gemeinsamen Bundesausschusses ist der Lauf der Frist nach Satz 3 unterbrochen. 5Über die Entscheidung ist ein Bescheid zu erteilen. 6Die Aufnahme ist zu widerrufen, wenn die Anforderungen nach Absatz 4 Satz 1 nicht mehr erfüllt sind.

(7) 1Der Spitzenverband Bund der Krankenkassen beschließt bis zum 31. Dezember 2017 eine Verfahrensordnung, in der er nach Maßgabe der Absätze 3 bis 6, 8 und 9 das Nähere zum Verfahren zur Aufnahme von Hilfsmitteln in das Hilfsmittelverzeichnis, zu deren Streichung und zur Fortschreibung des Hilfsmittelverzeichnisses sowie das Nähere zum Verfahren der Auskunftseinholung beim Gemeinsamen Bundesausschuss regelt. 2Er kann dabei vorsehen, dass von der Erfüllung bestimmter Anforderungen ausgegangen wird, sofern Prüfzertifikate geeigneter Institutionen vorgelegt werden oder die Einhaltung einschlägiger Normen oder Standards in geeigneter Weise nachgewiesen wird. 3In der Verfahrensordnung legt er insbesondere Fristen für die regelmäßige Fortschreibung des Hilfsmittelverzeichnisses fest. 4Den maßgeblichen Spitzenorganisationen der betroffenen Hersteller und Leistungserbringer auf Bundesebene ist vor Beschlussfassung innerhalb einer angemessenen Frist Gelegenheit zur Stellungnahme zu geben; die Stellungnahmen sind in die Entscheidung einzubeziehen. 5Die Verfahrensordnung bedarf der Genehmigung des Bundesministeriums für Gesundheit. 6Für Änderungen der Verfahrensordnung gelten die Sätze 4 und 5 entsprechend. 7Sofern dies in einer Rechtsverordnung nach Absatz 8 vorgesehen ist, erhebt der Spitzenverband Bund der Krankenkassen Gebühren zur Deckung seiner Verwaltungsausgaben nach Satz 1.

(8) 1Das Bundesministerium für Gesundheit kann durch Rechtsverordnung ohne Zustimmung des Bundesrates bestimmen, dass für das Verfahren zur Aufnahme von Hilfsmitteln in das Hilfsmittelverzeichnis Gebühren von

den Herstellern zu erheben sind. $_{2}$Es legt die Höhe der Gebühren unter Berücksichtigung des Verwaltungsaufwandes und der Bedeutung der Angelegenheit für den Gebührenschuldner fest. $_{3}$In der Rechtsverordnung kann vorgesehen werden, dass die tatsächlich entstandenen Kosten auf der Grundlage pauschalierter Kostensätze zu berechnen sind.

(9) $_{1}$Das Hilfsmittelverzeichnis ist regelmäßig fortzuschreiben. $_{2}$Der Spitzenverband Bund der Krankenkassen hat bis zum 31. Dezember 2018 sämtliche Produktgruppen, die seit dem 30. Juni 2015 nicht mehr grundlegend aktualisiert wurden, einer systematischen Prüfung zu unterziehen und sie im erforderlichen Umfang fortzuschreiben. $_{3}$Er legt dem Ausschuss für Gesundheit des Deutschen Bundestages über das Bundesministerium für Gesundheit einmal jährlich zum 1. März einen Bericht über die im Berichtszeitraum erfolgten sowie über die begonnenen, aber noch nicht abgeschlossenen Fortschreibungen vor. $_{4}$Die Fortschreibung umfasst die Weiterentwicklung und Änderungen der Systematik und der Anforderungen nach Absatz 2, die Aufnahme neuer Hilfsmittel sowie die Streichung von Hilfsmitteln.

(10) $_{1}$Zum Zweck der Fortschreibung nach Absatz 9 Satz 1, 2 und 4 kann der Spitzenverband Bund der Krankenkassen von dem Hersteller für seine im Hilfsmittelverzeichnis aufgeführten Produkte innerhalb einer in der Verfahrensordnung festgelegten angemessenen Frist die zur Prüfung der Anforderungen nach Absatz 4 Satz 1 erforderlichen Unterlagen anfordern. $_{2}$Bringt der Hersteller die angeforderten Unterlagen nicht fristgemäß bei, verliert die Aufnahme des Produktes in das Hilfsmittelverzeichnis ihre Wirksamkeit und das Produkt ist unmittelbar aus dem Hilfsmittelverzeichnis zu streichen. $_{3}$Ergibt die Prüfung, dass die Anforderungen nach Absatz 4 Satz 1 nicht oder nicht mehr erfüllt sind, ist die Aufnahme zurückzunehmen oder zu widerrufen. $_{4}$Nach Eintritt der Bestandskraft des Rücknahme- oder Widerrufsbescheids ist das Produkt aus dem Hilfsmittelverzeichnis zu streichen. $_{5}$Für die Prüfung, ob ein Hilfsmittel noch hergestellt wird, gelten die Sätze 1 bis 3 entsprechend mit der Maßgabe, dass die Streichung auch zu einem späteren Zeitpunkt erfolgen kann.

(11) $_{1}$Vor einer Weiterentwicklung und Änderungen der Systematik und der Anforderungen nach Absatz 2 ist den maßgeblichen Spitzenorganisationen der betroffenen Hersteller und Leistungserbringer auf Bundesebene unter Übermittlung der hierfür erforderlichen Informationen innerhalb einer angemessenen Frist Gelegenheit zur Stellungnahme zu geben; die Stellungnahmen sind in die Entscheidung einzubeziehen. $_{2}$Der Spitzenverband Bund der Krankenkassen kann auch Stellungnahmen von medizinischen Fachgesellschaften sowie Sachverständigen aus Wissenschaft und Technik einholen. $_{3}$Soweit vor einer Weiterentwicklung und Änderungen der Systematik und der Anforderungen nach Absatz 2 mögliche Berührungspunkte des voraussichtlichen Fortschreibungsbedarfs mit digitalen oder technischen Assistenzsystemen festgestellt werden, ist zusätzlich mindestens eine Stellungnahme eines Sachverständigen oder unabhängigen Forschungsinstituts aus dem Bereich der Technik einzuholen; die Stellungnahmen sind in die Entscheidung einzubeziehen.

§ 139a Institut für Qualität und Wirtschaftlichkeit im Gesundheitswesen

(1) $_{1}$Der Gemeinsame Bundesausschuss nach § 91 gründet ein fachlich unabhängiges, rechtsfähiges, wissenschaftliches Institut für Qualität und Wirtschaftlichkeit im Gesundheitswesen und ist dessen Träger. $_{2}$Hierzu kann eine Stiftung des privaten Rechts errichtet werden.

(2) $_{1}$Die Bestellung der Institutsleitung hat im Einvernehmen mit dem Bundesministerium für Gesundheit zu erfolgen. $_{2}$Wird eine Stiftung des privaten Rechts errichtet, erfolgt das Einvernehmen innerhalb des Stiftungsvorstands, in den das Bundesministerium für Gesundheit einen Vertreter entsendet.

(3) Das Institut wird zu Fragen von grundsätzlicher Bedeutung für die Qualität und Wirtschaftlichkeit der im Rahmen der gesetzlichen Krankenversicherung erbrachten Leistungen insbesondere auf folgenden Gebieten tätig:

1. Recherche, Darstellung und Bewertung des aktuellen medizinischen Wissensstandes zu diagnostischen und therapeutischen Verfahren bei ausgewählten Krankheiten,
2. Erstellung von wissenschaftlichen Ausarbeitungen, Gutachten und Stellungnahmen zu Fragen der Qualität und Wirtschaftlichkeit der im Rahmen der gesetzlichen Krankenversicherung erbrachten Leistungen unter Berücksichtigung alters-, geschlechts- und lebenslagenspezifischer Besonderheiten,
3. Recherche des aktuellen medizinischen Wissensstandes als Grundlage für die Entwicklung oder Weiterentwicklung von Leitlinien,
4. Bewertungen evidenzbasierter Leitlinien für die epidemiologisch wichtigsten Krankheiten,
5. Abgabe von Empfehlungen zu Disease-Management-Programmen,
6. Bewertung des Nutzens und der Kosten von Arzneimitteln,
7. Bereitstellung von für alle Bürgerinnen und Bürger verständlichen allgemeinen Informationen zur Qualität und Effizienz in der Gesundheitsversorgung sowie

V

zu Diagnostik und Therapie von Krankheiten mit erheblicher epidemiologischer Bedeutung,

8. Beteiligung an internationalen Projekten zur Zusammenarbeit und Weiterentwicklung im Bereich der evidenzbasierten Medizin.

(4) 1Das Institut hat zu gewährleisten, dass die Bewertung des medizinischen Nutzens nach den international anerkannten Standards der evidenzbasierten Medizin und die ökonomische Bewertung nach den hierfür maßgeblichen international anerkannten Standards, insbesondere der Gesundheitsökonomie erfolgt. 2Es hat in regelmäßigen Abständen über die Arbeitsprozesse und -ergebnisse einschließlich der Grundlagen für die Entscheidungsfindung öffentlich zu berichten.

(5) 1Das Institut hat in allen wichtigen Abschnitten des Bewertungsverfahrens Sachverständigen der medizinischen, pharmazeutischen und gesundheitsökonomischen Wissenschaft und Praxis, den Arzneimittelherstellern sowie den für die Wahrnehmung der Interessen der Patientinnen und Patienten und der Selbsthilfe chronisch Kranker und behinderter Menschen maßgeblichen Organisationen sowie der oder dem Beauftragten der Bundesregierung für die Belange der Patientinnen und Patienten Gelegenheit zur Stellungnahme zu geben. 2Die Stellungnahmen sind in die Entscheidung einzubeziehen. 3Bei der Bearbeitung von Aufträgen zur Bewertung von Untersuchungs- und Behandlungsmethoden nach Absatz 3 Nummer 1 findet lediglich ein Stellungnahmeverfahren zum Vorbericht statt.

(6) Zur Sicherstellung der fachlichen Unabhängigkeit des Instituts haben die Beschäftigten vor ihrer Einstellung alle Beziehungen zu Interessenverbänden, Auftragsinstituten, insbesondere der pharmazeutischen Industrie und der Medizinprodukteindustrie, einschließlich Art und Höhe von Zuwendungen offen zu legen.

§ 139b Aufgabendurchführung

(1) 1Der Gemeinsame Bundesausschuss nach § 91 beauftragt das Institut mit Arbeiten nach § 139a Abs. 3. 2Die den Gemeinsamen Bundesausschuss bildenden Institutionen, das Bundesministerium für Gesundheit und die für die Wahrnehmung der Interessen der Patientinnen und Patienten und der Selbsthilfe chronisch kranker und behinderter Menschen maßgeblichen Organisationen sowie die oder der Beauftragte der Bundesregierung für die Belange der Patientinnen und Patienten können die Beauftragung des Instituts beim Gemeinsamen Bundesausschuss beantragen.

(2) 1Das Bundesministerium für Gesundheit kann die Bearbeitung von Aufgaben nach § 139a Abs. 3 unmittelbar beim Institut beantragen. 2Das Institut kann einen Antrag des Bundesministeriums für Gesundheit als unbegründet ablehnen, es sei denn, das Bundesministerium für Gesundheit übernimmt die Finanzierung der Bearbeitung des Auftrags.

(3) 1Zur Erledigung der Aufgaben nach § 139a Absatz 3 Nummer 1 bis 6 soll das Institut wissenschaftliche Forschungsaufträge an externe Sachverständige vergeben. 2Diese haben alle Beziehungen zu Interessenverbänden, Auftragsinstituten, insbesondere der pharmazeutischen Industrie und der Medizinprodukteindustrie, einschließlich Art und Höhe von Zuwendungen offen zu legen.

(4) 1Das Institut leitet die Arbeitsergebnisse der Aufträge nach den Absätzen 1 und 2 dem Gemeinsamen Bundesausschuss nach § 91 als Empfehlungen zu. 2Der Gemeinsame Bundesausschuss hat die Empfehlungen im Rahmen seiner Aufgabenstellung zu berücksichtigen.

(5) 1Versicherte und sonstige interessierte Einzelpersonen können beim Institut Bewertungen nach § 139a Absatz 3 Nummer 1 und 2 zu medizinischen Verfahren und Technologien vorschlagen. 2Das Institut soll die für die Versorgung von Patientinnen und Patienten besonders bedeutsamen Vorschläge auswählen und bearbeiten.

(6) 1Die Arbeitsgemeinschaft der Wissenschaftlichen Medizinischen Fachgesellschaften kann dem Bundesministerium für Gesundheit für Beauftragungen des Instituts mit Recherchen nach § 139a Absatz 3 Nummer 3 Themen zur Entwicklung oder Weiterentwicklung von Leitlinien vorschlagen; sie hat den Förderbedarf für diese Leitlinienthemen zu begründen. 2Das Bundesministerium für Gesundheit wählt Themen für eine Beauftragung des Instituts mit Evidenzrecherchen nach § 139a Absatz 3 Nummer 3 aus. 3Für die Beauftragung des Instituts durch das Bundesministerium für Gesundheit können jährlich bis zu 2 Millionen Euro aus Mitteln zur Finanzierung des Instituts nach § 139c aufgewendet werden. 4Absatz 2 Satz 2 findet keine Anwendung.

§ 139c Finanzierung

1Die Finanzierung des Instituts nach § 139a Abs. 1 erfolgt jeweils zur Hälfte durch die Erhebung eines Zuschlags für jeden abzurechnenden Krankenhausfall und durch die zusätzliche Anhebung der Vergütungen für die ambulante vertragsärztliche und vertragszahnärztliche Versorgung nach den §§ 85 und 87a um einen entsprechenden Vomhundertsatz. 2Die im stationären Bereich erhobenen Zuschläge werden in der Rechnung des Krankenhauses gesondert ausgewiesen; sie gehen nicht in den Gesamtbetrag oder die Erlösausgleiche nach dem Krankenhausentgeltgesetz oder der Bundespflegesatzverordnung ein. 3Der Zuschlag für jeden Krankenhausfall, die Anteile der Kassenärztlichen und der Kassenzahnärztlichen Vereinigungen sowie das Nähere zur Weiterleitung dieser Mittel an eine zu benennende Stelle werden durch den Gemeinsamen Bundesausschuss festgelegt.

§ 139d Erprobung von Leistungen und Maßnahmen zur Krankenbehandlung

$_{1}$Gelangt der Gemeinsame Bundesausschuss bei seinen Beratungen über eine Leistung oder Maßnahme zur Krankenbehandlung, die kein Arzneimittel ist und die nicht der Bewertung nach § 135 oder § 137c unterliegt, zu der Feststellung, dass sie das Potential einer erforderlichen Behandlungsalternative bietet, ihr Nutzen aber noch nicht hinreichend belegt ist, kann der Gemeinsame Bundesausschuss unter Aussetzung seines Bewertungsverfahrens im Einzelfall und nach Maßgabe der hierzu in seinen Haushalt eingestellten Mittel eine wissenschaftliche Untersuchung zur Erprobung der Leistung oder Maßnahme in Auftrag geben oder sich an einer solchen beteiligen. $_{2}$Das Nähere regelt der Gemeinsame Bundesausschuss in seiner Verfahrensordnung.

§ 139e Verzeichnis für digitale Gesundheitsanwendungen; Verordnungsermächtigung

(1) $_{1}$Das Bundesinstitut für Arzneimittel und Medizinprodukte führt ein Verzeichnis erstattungsfähiger digitaler Gesundheitsanwendungen nach § 33a. $_{2}$Das Verzeichnis ist nach Gruppen von digitalen Gesundheitsanwendungen zu strukturieren, die in ihren Funktionen und Anwendungsbereichen vergleichbar sind. $_{3}$Das Verzeichnis und seine Änderungen sind vom Bundesinstitut für Arzneimittel und Medizinprodukte im Bundesanzeiger bekannt zu machen und im Internet zu veröffentlichen.

(2) $_{1}$Die Aufnahme in das Verzeichnis erfolgt auf elektronischen Antrag des Herstellers beim Bundesinstitut für Arzneimittel und Medizinprodukte. $_{2}$Der Hersteller hat dem Antrag Nachweise darüber beizufügen, dass die digitale Gesundheitsanwendung

1. den Anforderungen an Sicherheit, Funktionstauglichkeit und Qualität einschließlich der Interoperabilität des Medizinproduktes entspricht,
2. den Anforderungen an den Datenschutz entspricht und die Datensicherheit nach dem Stand der Technik gewährleistet und
3. positive Versorgungseffekte aufweist.

$_{3}$Ein positiver Versorgungseffekt nach Satz 2 Nummer 3 ist entweder ein medizinischer Nutzen oder eine patientenrelevante Struktur- und Verfahrensverbesserung in der Versorgung. $_{4}$Der Hersteller hat die nach Absatz 8 Satz 1 veröffentlichten Antragsformulare für seinen Antrag zu verwenden.

(3) $_{1}$Das Bundesinstitut für Arzneimittel und Medizinprodukte entscheidet über den Antrag des Herstellers innerhalb von drei Monaten nach Eingang der vollständigen Antragsunterlagen durch Bescheid. $_{2}$Die Entscheidung umfasst auch die Bestimmung der ärztlichen Leistungen, der Leistungen der Heilmittelerbringer oder der Leistungen der Hebammenhilfe, die jeweils zur Versorgung mit der jeweiligen digitalen Gesundheitsanwendung erforderlich sind, sowie die Bestimmung der Daten aus Hilfsmitteln und Implantaten, die nach § 374a von der digitalen Gesundheitsanwendung verarbeitet werden. $_{3}$Legt der Hersteller unvollständige Antragsunterlagen vor, hat ihn das Bundesinstitut für Arzneimittel und Medizinprodukte aufzufordern, den Antrag innerhalb einer Frist von drei Monaten zu ergänzen. $_{4}$Liegen nach Ablauf der Frist keine vollständigen Antragsunterlagen vor und hat der Hersteller keine Erprobung nach Absatz 4 beantragt, ist der Antrag abzulehnen.

(4) $_{1}$Ist dem Hersteller der Nachweis positiver Versorgungseffekte nach Absatz 2 Satz 2 Nummer 3 noch nicht möglich, kann er nach Absatz 2 auch beantragen, dass die digitale Gesundheitsanwendung für bis zu zwölf Monate in das Verzeichnis zur Erprobung aufgenommen wird. $_{2}$Der Hersteller hat dem Antrag neben den Nachweisen nach Absatz 2 Satz 2 Nummer 1 und 2 eine plausible Begründung des Beitrags der digitalen Gesundheitsanwendung zur Verbesserung der Versorgung und ein von einer herstellerunabhängigen Institution erstelltes wissenschaftliches Evaluationskonzept zum Nachweis positiver Versorgungseffekte beizufügen. $_{3}$Im Bescheid nach Absatz 3 Satz 1 hat das Bundesinstitut für Arzneimittel und Medizinprodukte den Hersteller zum Nachweis der positiven Versorgungseffekte zu verpflichten und das Nähere zu den entsprechenden erforderlichen Nachweisen, einschließlich der zur Erprobung erforderlichen ärztlichen Leistungen oder der Leistungen der Heilmittelerbringer oder der Hebammen, zu bestimmen. $_{4}$Die Erprobung und deren Dauer sind im Verzeichnis für digitale Gesundheitsanwendungen kenntlich zu machen. $_{5}$Der Hersteller hat dem Bundesinstitut für Arzneimittel und Medizinprodukte spätestens nach Ablauf des Erprobungszeitraums die Nachweise für positive Versorgungseffekte der erprobten digitalen Gesundheitsanwendung vorzulegen. $_{6}$Das Bundesinstitut für Arzneimittel und Medizinprodukte entscheidet über die endgültige Aufnahme der erprobten digitalen Gesundheitsanwendung innerhalb von drei Monaten nach Eingang der vollständigen Nachweise durch Bescheid. $_{7}$Sind positive Versorgungseffekte nicht hinreichend belegt, besteht aber aufgrund der vorgelegten Erprobungsergebnisse eine überwiegende Wahrscheinlichkeit einer späteren Nachweisführung,

kann das Bundesinstitut für Arzneimittel und Medizinprodukte den Zeitraum der vorläufigen Aufnahme in das Verzeichnis zur Erprobung um bis zu zwölf Monate verlängern. 8Lehnt das Bundesinstitut für Arzneimittel und Medizinprodukte eine endgültige Aufnahme in das Verzeichnis ab, so hat es die zur Erprobung vorläufig aufgenommene digitale Gesundheitsanwendung aus dem Verzeichnis zu streichen. 9Eine erneute Antragstellung nach Absatz 2 ist frühestens zwölf Monate nach dem ablehnenden Bescheid des Bundesinstitut für Arzneimittel und Medizinprodukte und auch nur dann zulässig, wenn neue Nachweise für positive Versorgungseffekte vorgelegt werden. 10Eine wiederholte vorläufige Aufnahme in das Verzeichnis zur Erprobung ist nicht zulässig.

(5) 1Das Bundesinstitut für Arzneimittel und Medizinprodukte informiert die Vertragspartner nach § 87 Absatz 1 zeitgleich mit der Aufnahme digitaler Gesundheitsanwendungen in das Verzeichnis über die ärztlichen Leistungen, die als erforderlich für die Versorgung mit der jeweiligen digitalen Gesundheitsanwendung oder für deren Erprobung bestimmt wurden. 2Wurde eine Leistung eines Heilmittelerbringers oder einer Hebamme als erforderlich für die Versorgung mit der jeweiligen digitalen Gesundheitsanwendung oder für deren Erprobung bestimmt, informiert das Bundesinstitut für Arzneimittel und Medizinprodukte die Vertragspartner nach § 125 Absatz 1 oder § 134a Absatz 1 über diese Leistung.

(6) 1Hersteller digitaler Gesundheitsanwendungen, die in das Verzeichnis aufgenommen wurden, sind verpflichtet, dem Bundesinstitut für Arzneimittel und Medizinprodukte unverzüglich anzuzeigen,

1. dass sie wesentliche Veränderungen an den digitalen Gesundheitsanwendungen vorgenommen haben oder
2. dass Änderungen an den im Verzeichnis veröffentlichten Informationen notwendig sind.

2Der Hersteller hat die nach Absatz 8 Satz 1 veröffentlichten Anzeigeformulare für seine Anzeigen zu verwenden. 3Das Bundesinstitut für Arzneimittel und Medizinprodukte entscheidet innerhalb von drei Monaten nach der Anzeige durch Bescheid darüber, ob das Verzeichnis anzupassen ist oder ob die digitale Gesundheitsanwendung aus dem Verzeichnis zu streichen ist. 4Erlangt das Bundesinstitut für Arzneimittel und Medizinprodukte Kenntnis von anzeigepflichtigen Veränderungen einer digitalen Gesundheitsanwendung, so hat es dem jeweiligen Hersteller eine Frist zur Anzeige zu setzen, die in der Regel nicht mehr als vier Wochen betragen darf. 5Das Bundesinstitut für Arzneimittel und Medizinprodukte kann dem Hersteller gleichzeitig ein Zwangsgeld von bis zu 100 000 Euro androhen und dieses Zwangsgeld im Falle der Nichteinhaltung der Frist zur Anzeige festsetzen. 6Kommt der Hersteller der Aufforderung zur Anzeige wesentlicher Veränderungen nicht innerhalb der gesetzten Frist nach, kann das Bundesinstitut für Arzneimittel und Medizinprodukte die digitale Gesundheitsanwendung aus dem Verzeichnis streichen. 7Der Hersteller ist verpflichtet, Veränderungen an der digitalen Gesundheitsanwendung zu dokumentieren. 8Das Bundesinstitut für Arzneimittel und Medizinprodukte kann die Vorlage der Dokumentation verlangen, wenn das Bundesinstitut für Arzneimittel und Medizinprodukte Kenntnis davon erhält, dass der Hersteller der Anzeigepflicht nach Satz 1 nicht nachgekommen ist. 9Auf Antrag des Herstellers ist eine digitale Gesundheitsanwendung aus dem Verzeichnis zu streichen.

(7) 1Die Kosten des Verwaltungsverfahrens nach den Absätzen 2, 3, 4 und 6, einschließlich des Widerspruchsverfahrens gegen einen auf Grund dieser Vorschriften erlassenen Verwaltungsakt oder gegen die auf Grund der Rechtsverordnung nach Absatz 9 erfolgte Festsetzung von Gebühren und Auslagen, trägt der Hersteller. 2Die Verwaltungskosten werden nach pauschalierten Gebührensätzen erhoben. 3Kosten für individuell zurechenbare öffentliche Leistungen, die nicht in die Gebühren einbezogen sind, werden als Auslagen gesondert in der tatsächlich entstandenen Höhe erhoben. 4Für die Erhebung der Gebühren und Auslagen durch das Bundesinstitut für Arzneimittel und Medizinprodukte gelten die §§ 13 bis 21 des Bundesgebührengesetzes entsprechend.

(8) 1Das Bundesinstitut für Arzneimittel und Medizinprodukte veröffentlicht im Internet einen Leitfaden zu Antrags- und Anzeigeverfahren sowie elektronische Formulare für vollständige Antrags- und Anzeigeunterlagen in deutscher und englischer Sprache. 2Das Bundesinstitut für Arzneimittel und Medizinprodukte berät die Hersteller digitaler Gesundheitsanwendungen zu den Antrags- und Anzeigeverfahren sowie zu den Voraussetzungen, die erfüllt sein müssen, damit die Versorgung mit der jeweiligen digitalen Gesundheitsanwendung nach § 33a zu Lasten der Krankenkassen erbracht werden kann. 3Für die Beratung können Gebühren nach pauschalierten Gebührensätzen erhoben werden; Absatz 7 Satz 4 gilt entsprechend.

(9) 1Das Bundesministerium für Gesundheit wird ermächtigt, durch Rechtsverordnung ohne Zustimmung des Bundesrates das Nähere zu regeln zu

1. den Inhalten des Verzeichnisses, dessen Veröffentlichung, der Interoperabilität des elektronischen Verzeichnisses mit elektronischen Transparenzportalen Dritter und der Nutzung der Inhalte des Verzeichnisses durch Dritte,

2. den nach Absatz 2 Satz 2 nachzuweisenden Anforderungen, einschließlich der Anforderungen an die Interoperabilität und die Erfüllung der Verpflichtung zur Integration von Schnittstellen, sowie zu den positiven Versorgungseffekten,
3. den nach Absatz 4 Satz 2 zu begründenden Versorgungsverbesserungen und zu dem nach Absatz 4 Satz 2 beizufügenden Evaluationskonzept zum Nachweis positiver Versorgungseffekte,
4. den nach Absatz 6 Satz 1 anzeigepflichtigen Veränderungen und der Verpflichtung der Hersteller zur Dokumentation der Vornahme von Veränderungen an der digitalen Gesundheitsanwendung nach Absatz 6 Satz 7,
5. den Einzelheiten der Antrags- und Anzeigeverfahren und des Formularwesens beim Bundesinstitut für Arzneimittel und Medizinprodukte,
6. den Gebühren und Gebührensätzen für die von den Herstellern zu tragenden Kosten sowie den Auslagen nach den Absätzen 7 und 8 Satz 3,
7. der Bestellung der Mitglieder der Schiedsstelle nach § 134, der Erstattung der baren Auslagen und der Entschädigung für den Zeitaufwand der Mitglieder der Schiedsstelle nach § 134, dem Verfahren, dem Teilnahmerecht des Bundesministeriums für Gesundheit und der Patientenorganisationen nach § 140f an den Sitzungen der Schiedsstelle nach § 134 sowie der Verteilung der Kosten.

2Die Regelungen nach Satz 1 Nummer 2 und 3 erfolgen unter Berücksichtigung der Grundsätze der evidenzbasierten Medizin.

(10) 1Das Bundesamt für Sicherheit in der Informationstechnik legt im Einvernehmen mit dem Bundesinstitut für Arzneimittel und Medizinprodukte und im Benehmen mit der oder dem Bundesbeauftragten für den Datenschutz und die Informationsfreiheit erstmals bis zum 1. Januar 2024 und dann in der Regel jährlich die von digitalen Gesundheitsanwendungen nachzuweisenden Anforderungen an die Datensicherheit nach Absatz 2 Satz 2 Nummer 2 fest. 2Das Bundesamt für Sicherheit in der Informationstechnik bietet ab dem 1. Juni 2024 Verfahren zur Prüfung der Einhaltung der Anforderungen nach Satz 1 sowie Verfahren zur Bestätigung der Einhaltung der Anforderungen nach Satz 1 durch entsprechende Zertifikate an. 3Der Nachweis der Erfüllung der Anforderungen an die Datensicherheit durch den Hersteller ist spätestens ab dem 1. Januar 2025 unter Vorlage eines Zertifikates nach Satz 2 zu führen.

(11) 1Das Bundesinstitut für Arzneimittel und Medizinprodukte legt im Einvernehmen mit der oder dem Bundesbeauftragten für den Datenschutz und die Informationsfreiheit und im Benehmen mit dem Bundesamt für Sicherheit in der Informationstechnik erstmals bis zum 31. März 2022 und dann in der Regel jährlich die Prüfkriterien für die von digitalen Gesundheitsanwendungen nachzuweisenden Anforderungen an den Datenschutz nach Absatz 2 Satz 2 Nummer 2 fest. 2Der Nachweis der Erfüllung der Anforderungen an den Datenschutz durch den Hersteller ist ab dem 1. August 2024 durch Vorlage eines anhand der Prüfkriterien nach Satz 1 ausgestellten Zertifikates nach Artikel 42 der Verordnung (EU) 2016/679 zu führen.

(12) 1In das Verzeichnis nach Absatz 1 können auch digitale Gesundheitsanwendungen aufgenommen werden, die durch die Träger der Rentenversicherung als Leistungen zur Teilhabe nach dem Sechsten Buch erbracht werden. 2Die Absätze 1 bis 4a und 6 bis 10 gelten entsprechend mit der Maßgabe, dass für digitale Gesundheitsanwendungen nach Satz 1 neben dem Nachweis positiver Versorgungseffekte nach Absatz 2 Satz 2 Nummer 3 zusätzlich der Nachweis des Erhalts der Erwerbsfähigkeit zu führen ist. 3Nähere Regelungen zu dem zusätzlichen Nachweis des Erhalts der Erwerbsfähigkeit durch Rechtsverordnung des Bundesministeriums für Gesundheit nach Absatz 9 Satz 1 bedürfen des Einvernehmens mit dem Bundesministerium für Arbeit und Soziales. 4Durch die Regelungen in den Sätzen 1 und 2 werden keine Leistungsverpflichtungen für die Krankenkassen begründet.

Zehnter Abschnitt
Eigeneinrichtungen der Krankenkassen

§ 140 Eigeneinrichtungen

(1) 1Krankenkassen dürfen der Versorgung der Versicherten dienende Eigeneinrichtungen, die am 1. Januar 1989 bestehen, weiterbetreiben. 2Die Eigeneinrichtungen können nach Art, Umfang und finanzieller Ausstattung an den Versorgungsbedarf unter Beachtung der Landeskrankenhausplanung und der Zulassungsbeschränkungen im vertragsärztlichen Bereich angepasst werden; sie können Gründer von medizinischen Versorgungszentren nach § 95 Abs. 1 sein.

(2) 1Sie dürfen neue Eigeneinrichtungen nur errichten, soweit sie die Durchführung ihrer Aufgaben bei der Gesundheitsvorsorge und der Rehabilitation auf andere Weise nicht sicherstellen können. 2Die Krankenkassen oder ihre Verbände dürfen Eigeneinrichtungen auch dann errichten, wenn mit ihnen der Sicherstellungsauftrag nach § 72a Abs. 1 erfüllt werden soll.

V

Elfter Abschnitt
Sonstige Beziehungen zu den Leistungserbringern

§ 140a Besondere Versorgung

(1) $_{1}$Die Krankenkassen können Verträge mit den in Absatz 3 genannten Leistungserbringern über eine besondere Versorgung der Versicherten abschließen. $_{2}$Die Verträge ermöglichen eine verschiedene Leistungssektoren übergreifende oder eine interdisziplinär fachübergreifende Versorgung (integrierte Versorgung) sowie besondere Versorgungsaufträge unter Beteiligung der Leistungserbringer oder deren Gemeinschaften. $_{3}$Die Verträge können auch Regelungen enthalten, die die besondere Versorgung regional beschränken. $_{4}$Verträge, die nach den §§ 73a, 73c und 140a in der am 22. Juli 2015 geltenden Fassung geschlossen wurden, sind spätestens bis zum 31. Dezember 2024 durch Verträge nach dieser Vorschrift zu ersetzen oder zu beenden. $_{5}$Soweit die Versorgung der Versicherten nach diesen Verträgen durchgeführt wird, ist der Sicherstellungsauftrag nach § 75 Absatz 1 eingeschränkt. $_{6}$Satz 4 gilt nicht für die Organisation der vertragsärztlichen Versorgung zu den sprechstundenfreien Zeiten.

(2) $_{1}$Die Verträge können Abweichendes von den Vorschriften dieses Kapitels, des Krankenhausfinanzierungsgesetzes, des Krankenhausentgeltgesetzes sowie den nach diesen Vorschriften getroffenen Regelungen beinhalten. $_{2}$Die Verträge können auch Abweichendes von den im Dritten Kapitel benannten Leistungen beinhalten, soweit sie die in § 11 Absatz 6 genannten Leistungen, Leistungen nach den §§ 20i, 25, 26, 27b, 37a und 37b sowie ärztliche Leistungen einschließlich neuer Untersuchungs- und Behandlungsmethoden betreffen. $_{3}$Die Sätze 1 und 2 gelten insoweit, als über die Eignung der Vertragsinhalte als Leistung der gesetzlichen Krankenversicherung der Gemeinsame Bundesausschuss nach § 91 im Rahmen der Beschlüsse nach § 92 Absatz 1 Satz 2 Nummer 5 oder im Rahmen der Beschlüsse nach § 137c Absatz 1 keine ablehnende Entscheidung getroffen hat. $_{4}$Die abweichende Regelung muss dem Sinn und der Eigenart der besonderen Versorgung entsprechen, sie muss insbesondere darauf ausgerichtet sein, die Qualität, die Wirksamkeit und die Wirtschaftlichkeit der Versorgung zu verbessern. $_{5}$Wenn Verträge über eine besondere Versorgung zur Durchführung von nach § 92a Absatz 1 Satz 1 und 2 geförderten neuen Versorgungsformen abgeschlossen werden, gelten die Anforderungen an eine besondere Versorgung nach Absatz 1 Satz 1 und 2 und die Anforderungen nach Satz 4 als erfüllt. $_{6}$Das gilt auch für Verträge zur Fortführung von nach § 92a Absatz 1 Satz 1 und 2 geförderten neuen Versorgungsformen oder wesentlicher Teile daraus sowie für Verträge zur Übertragung solcher Versorgungsformen in andere Regionen. $_{7}$Für die Qualitätsanforderungen zur Durchführung der Verträge gelten die vom Gemeinsamen Bundesausschuss sowie die in den Bundesmantelverträgen für die Leistungserbringung in der vertragsärztlichen Versorgung beschlossenen Anforderungen als Mindestvoraussetzungen entsprechend. $_{8}$Gegenstand der Verträge dürfen auch Vereinbarungen sein, die allein die Organisation der Versorgung betreffen. $_{9}$Die Partner eines Vertrages nach Absatz 1 können sich darauf verständigen, dass Beratungs-, Koordinierungs- und Managementleistungen der Leistungserbringer und der Krankenkassen zur Versorgung der Versicherten im Rahmen der besonderen Versorgung durch die Vertragspartner oder Dritte erbracht werden; § 11 Absatz 4 Satz 5 gilt entsprechend. $_{10}$Vereinbarungen über zusätzliche Vergütungen für Diagnosen können nicht Gegenstand der Verträge sein.

(3) $_{1}$Die Krankenkassen können nach Maßgabe von Absatz 1 Satz 2 Verträge abschließen mit:

1. nach diesem Kapitel zur Versorgung der Versicherten berechtigten Leistungserbringern oder deren Gemeinschaften,
2. Trägern von Einrichtungen, die eine besondere Versorgung durch zur Versorgung der Versicherten nach dem Vierten Kapitel berechtigte Leistungserbringer anbieten,
3. Pflegekassen und zugelassenen Pflegeeinrichtungen auf der Grundlage des § 92b des Elften Buches,

3a. anderen Leistungsträgern nach § 12 des Ersten Buches und den Leistungserbringern, die nach den für diese Leistungsträger geltenden Bestimmungen zur Versorgung berechtigt sind,

3b. privaten Kranken- und Pflegeversicherungen, um Angebote der besonderen Versorgung für Versicherte in der gesetzlichen und in der privaten Krankenversicherung zu ermöglichen,

4. Praxiskliniken nach § 115 Absatz 2 Satz 1 Nummer 1,
5. pharmazeutischen Unternehmern,
6. Herstellern von Medizinprodukten im Sinne der Verordnung (EU) 2017/745,
7. Kassenärztlichen Vereinigungen oder Berufs- und Interessenverbänden der Leistungserbringer nach Nummer 1 zur Unterstützung von Mitgliedern, die an der besonderen Versorgung teilnehmen,
8. Anbietern von digitalen Diensten und Anwendungen nach § 68a Absatz 3 Satz 2 Nummer 2 und 3.

$_{2}$Die Partner eines Vertrages über eine besondere Versorgung nach Absatz 1 können sich auf der Grundlage ihres jeweiligen Zulassungsstatus für die Durchführung der besonderen Versorgung darauf verständigen, dass Leistungen auch dann erbracht werden können, wenn die Erbringung dieser Leistungen vom Zulassungs-, Ermächtigungs- oder Berechtigungsstatus des jeweiligen Leistungserbringers nicht gedeckt ist. $_3$Bei Verträgen mit Anbietern von digitalen Diensten und Anwendungen nach Nummer 8 sind die Zugänglichkeitskriterien für Menschen mit Behinderungen zu berücksichtigen.

(3a) $_1$Gegenstand der Verträge kann sein

1. die Förderung einer besonderen Versorgung, die von den in Absatz 3 genannten Leistungserbringern selbständig durchgeführt wird, oder
2. die Beteiligung an Versorgungsaufträgen anderer Leistungsträger nach § 12 des Ersten Buches.

$_2$Die Förderung und Beteiligung nach Satz 1 dürfen erfolgen, soweit sie dem Zweck der gesetzlichen Krankenversicherung dienen.

(3b) $_1$Gegenstand der Verträge kann eine besondere Versorgung im Wege der Sach- oder Dienstleistung sein

1. im Einzelfall, wenn medizinische oder soziale Gründe dies rechtfertigen, oder
2. in den Fällen, in denen die Voraussetzungen für eine Kostenerstattung der vom Versicherten selbst beschafften Leistungen vorliegen.

$_2$Verträge nach Satz 1 können auch mit nicht zur vertragsärztlichen Versorgung zugelassenen Leistungserbringern geschlossen werden, wenn eine dem Versorgungsniveau in der gesetzlichen Krankenversicherung gleichwertige Versorgung gewährleistet ist.

(4) $_1$Die Versicherten erklären ihre freiwillige Teilnahme an der besonderen Versorgung schriftlich oder elektronisch gegenüber ihrer Krankenkasse. $_2$Die Versicherten können die Teilnahmeerklärung innerhalb von zwei Wochen nach deren Abgabe schriftlich, elektronisch oder zur Niederschrift bei der Krankenkasse ohne Angabe von Gründen widerrufen. $_3$Zur Fristwahrung genügt die rechtzeitige Absendung der Widerrufserklärung an die Krankenkasse. $_4$Die Widerrufsfrist beginnt, wenn die Krankenkasse dem Versicherten eine Belehrung über sein Widerrufsrecht schriftlich oder elektronisch mitgeteilt hat, frühestens jedoch mit der Abgabe der Teilnahmeerklärung. $_5$Das Nähere zur Durchführung der Teilnahme der Versicherten, insbesondere zur zeitlichen Bindung an die Teilnahmeerklärung, zur Bindung an die vertraglich gebundenen Leistungserbringer und zu den Folgen bei Pflichtverstößen der Versicherten, regeln die Krankenkassen in den Teilnahmeerklärungen. $_6$Die Satzung der Krankenkasse hat Regelungen zur Abgabe der Teilnahmeerklärungen zu enthalten. $_7$Die Regelungen sind auf der Grundlage der Richtlinie nach § 217f Absatz 4a zu treffen.

(4a) $_1$Krankenkassen können Verträge auch mit Herstellern von Medizinprodukten nach Absatz 3 Satz 1 Nummer 6 über die besondere Versorgung der Versicherten mit digitalen Versorgungsangeboten schließen. $_2$Absatz 1 Satz 2 ist nicht anzuwenden. $_3$In den Verträgen ist sicherzustellen, dass über eine individualisierte medizinische Beratung einschließlich von Therapievorschlägen hinausgehende diagnostische Feststellungen durch einen Arzt zu treffen sind. $_4$Bei dem einzubeziehenden Arzt muss es sich in der Regel um einen an der vertragsärztlichen Versorgung teilnehmenden Arzt handeln.

(5) Die Verarbeitung der für die Durchführung der Verträge nach Absatz 1 erforderlichen personenbezogenen Daten durch die Vertragspartner nach Absatz 1 darf nur mit Einwilligung und nach vorheriger Information der Versicherten erfolgen.

(6) $_1$Für die Bereinigung des Behandlungsbedarfs nach § 87a Absatz 3 Satz 2 gilt § 73b Absatz 7 entsprechend; falls eine Vorabeinschreibung der teilnehmenden Versicherten nicht möglich ist, kann eine rückwirkende Bereinigung vereinbart werden. $_2$Die Krankenkasse kann bei Verträgen nach Absatz 1 auf die Bereinigung verzichten, wenn das voraussichtliche Bereinigungsvolumen einer Krankenkasse für einen Vertrag nach Absatz 1 geringer ist als der Aufwand für die Durchführung dieser Bereinigung. $_3$Der Bewertungsausschuss hat in seinen Vorgaben gemäß § 87a Absatz 5 Satz 7 zur Bereinigung und zur Ermittlung der kassenspezifischen Aufsatzwerte des Behandlungsbedarfs auch Vorgaben zur Höhe des Schwellenwertes für das voraussichtliche Bereinigungsvolumen, unterhalb dessen von einer basiswirksamen Bereinigung abgesehen werden kann, zu der pauschalen Ermittlung und Übermittlung des voraussichtlichen Bereinigungsvolumens an die Vertragspartner nach § 73b Absatz 7 Satz 1 sowie zu dessen Anrechnung beim Aufsatzwert der betroffenen Krankenkasse zu machen.

§ 140b Verträge zu integrierten Versorgungsformen

(1) $_1$Die Krankenkassen können die Verträge nach § 140a Abs. 1 nur mit

1. einzelnen, zur vertragsärztlichen Versorgung zugelassenen Ärzten und Zahnärzten und einzelnen sonstigen, nach diesem Kapitel zur Versorgung der Versicherten berechtigten Leistungserbringern oder deren Gemeinschaften,
2. Trägern zugelassener Krankenhäuser, soweit sie zur Versorgung der Versicherten berechtigt sind, Trägern von stationären Vorsorge- und Rehabilitationseinrichtungen, soweit mit ihnen ein Versorgungsvertrag nach § 111 Abs. 2 besteht, Trägern von ambulanten Rehabilitationseinrichtungen oder deren Gemeinschaften,

V

3. Trägern von Einrichtungen nach § 95 Abs. 1 Satz 2 oder deren Gemeinschaften,
4. Trägern von Einrichtungen, die eine integrierte Versorgung nach § 140a durch zur Versorgung der Versicherten nach dem Vierten Kapitel berechtigte Leistungserbringer anbieten,
5. Pflegekassen und zugelassenen Pflegeeinrichtungen auf der Grundlage des § 92b des Elften Buches,
6. Gemeinschaften der vorgenannten Leistungserbringer und deren Gemeinschaften,
7. Praxiskliniken nach § 115 Absatz 2 Satz 1 Nr. 1,
8. pharmazeutischen Unternehmern,
9. Herstellern von Medizinprodukten im Sinne des Gesetzes über Medizinprodukte

abschließen. 2Für pharmazeutische Unternehmer und Hersteller von Medizinprodukten nach den Nummern 8 und 9 gilt § 95 Absatz 1 Satz 6 zweiter Teilsatz nicht.

(2) (weggefallen)

(3) 1In den Verträgen nach Absatz 1 müssen sich die Vertragspartner der Krankenkassen zu einer qualitätsgesicherten, wirksamen, ausreichenden, zweckmäßigen und wirtschaftlichen Versorgung der Versicherten verpflichten. 2Die Vertragspartner haben die Erfüllung der Leistungsansprüche der Versicherten nach den §§ 2 und 11 bis 62 in dem Maße zu gewährleisten, zu dem die Leistungserbringer nach diesem Kapitel verpflichtet sind. 3Insbesondere müssen die Vertragspartner die Gewähr dafür übernehmen, dass sie die organisatorischen, betriebswirtschaftlichen sowie die medizinischen und medizinisch-technischen Voraussetzungen für die vereinbarte integrierte Versorgung entsprechend dem allgemein anerkannten Stand der medizinischen Erkenntnisse und des medizinischen Fortschritts erfüllen und eine an dem Versorgungsbedarf der Versicherten orientierte Zusammenarbeit zwischen allen an der Versorgung Beteiligten einschließlich der Koordination zwischen den verschiedenen Versorgungsbereichen und einer ausreichenden Dokumentation, die allen an der integrierten Versorgung Beteiligten im jeweils erforderlichen Umfang zugänglich sein muss, sicherstellen. 4Gegenstand des Versorgungsauftrags an die Vertragspartner der Krankenkassen nach den Absätzen 1 und 2 dürfen nur solche Leistungen sein, über deren Eignung als Leistung der Krankenversicherung der Gemeinsame Bundesausschuss nach § 91 im Rahmen der Beschlüsse nach § 92 Abs. 1 Satz 2 Nr. 5 und im Rahmen der Beschlüsse nach § 137c Abs. 1 keine ablehnende Entscheidung getroffen hat.

(4) 1Die Verträge können Abweichendes von den Vorschriften dieses Kapitels, des Krankenhausfinanzierungsgesetzes, des Krankenhausentgeltgesetzes sowie den nach diesen Vorschriften getroffenen Regelungen insoweit regeln, als die abweichende Regelung dem Sinn und der Eigenart der integrierten Versorgung entspricht, die Qualität, die Wirksamkeit und die Wirtschaftlichkeit der integrierten Versorgung verbessert oder aus sonstigen Gründen zu ihrer Durchführung erforderlich ist. 2Der Grundsatz der Beitragssatzstabilität nach § 71 Abs. 1 gilt für Verträge, die bis zum 31. Dezember 2008 abgeschlossen werden, nicht. 3Die Vertragspartner der integrierten Versorgung können sich auf der Grundlage ihres jeweiligen Zulassungsstatus für die Durchführung der integrierten Versorgung darauf verständigen, dass Leistungen auch dann erbracht werden können, wenn die Erbringung dieser Leistungen vom Zulassungs-, Ermächtigungs- oder Berechtigungsstatus des jeweiligen Leistungserbringers nicht gedeckt ist. 4Bis zum 31. Dezember 2014 sind die Krankenhäuser unabhängig von Satz 3 im Rahmen eines Vertrages zur integrierten Versorgung zur ambulanten Behandlung der im Katalog nach § 116b Abs. 3 in der bis zum 31. Dezember 2011 geltenden Fassung genannten hochspezialisierten Leistungen, seltenen Erkrankungen und Erkrankungen mit besonderen Behandlungsverläufen berechtigt. 5Die Leistungserbringer nach § 116b Absatz 2 Satz 4 sind im Rahmen eines Vertrages zur integrierten Versorgung nach Maßgabe des § 116b Absatz 2 Satz 1 zur Erbringung von Leistungen der ambulanten spezialfachärztlichen Versorgung berechtigt.

(5) Ein Beitritt Dritter zu Verträgen der integrierten Versorgung ist nur mit Zustimmung aller Vertragspartner möglich.

§ 140c Vergütung

(1) 1Die Verträge zur integrierten Versorgung legen die Vergütung fest. 2Aus der Vergütung für die integrierten Versorgungsformen sind sämtliche Leistungen, die von teilnehmenden Versicherten im Rahmen des vertraglichen Versorgungsauftrags in Anspruch genommen werden, zu vergüten. 3Dies gilt auch für die Inanspruchnahme von Leistungen von nicht an der integrierten Versorgung teilnehmenden Leistungserbringern, soweit die Versicherten von an der integrierten Versorgung teilnehmenden Leistungserbringern an die nicht teilnehmenden Leistungserbringer überwiesen wurden oder aus sonstigen, in dem Vertrag zur integrierten Versorgung geregelten Gründen berechtigt waren, nicht teilnehmende Leistungserbringer in Anspruch zu nehmen.

(2) 1Die Verträge zur integrierten Versorgung können die Übernahme der Budgetverantwortung insgesamt oder für definierte Teilbereiche (kombiniertes Budget) vorsehen. 2Die Zahl der teilnehmenden Versicherten und deren Risikostruktur sind zu berücksichtigen. 3Ergänzende Morbi-

ditätskriterien sollen in den Vereinbarungen berücksichtigt werden.

§ 140d Bereinigung

(1) 1Die Vertragspartner nach § 87a Absatz 2 Satz 1 haben den Behandlungsbedarf nach § 87a Absatz 3 Satz 2 entsprechend der Zahl und der Morbiditätsstruktur der an der integrierten Versorgung teilnehmenden Versicherten sowie dem im Vertrag nach § 140a vereinbarten Versorgungsbedarf zu bereinigen. 2Kommt eine Einigung über eine Verringerung des Behandlungsbedarfs nach Satz 1 nicht zustande, können auch die Krankenkassen oder ihre Verbände, die Vertragspartner der Verträge nach § 140a sind, das Schiedsamt nach § 89 anrufen. 3Die für die Bereinigungsverfahren erforderlichen arzt- und versichertenbezogenen Daten übermitteln die Krankenkassen den zuständigen Gesamtvertragspartnern.

(2) 1Die Vertragspartner der Vereinbarungen nach § 84 Abs. 1 haben die Ausgabenvolumen rechnerisch zu bereinigen, soweit die integrierte Versorgung die Versorgung mit Arznei- und Heilmitteln einschließt. 2Die Ausgabenvolumen sind entsprechend der Zahl und der Risikostruktur der an der integrierten Versorgung teilnehmenden Versicherten zu verringern. 3Ergänzende Morbiditätskriterien sollen berücksichtigt werden.

Zwölfter Abschnitt
Beziehungen zu Leistungserbringern europäischer Staaten

§ 140e Verträge mit Leistungserbringern europäischer Staaten

Krankenkassen dürfen zur Versorgung ihrer Versicherten nach Maßgabe des Dritten Kapitels und des dazugehörigen untergesetzlichen Rechts Verträge mit Leistungserbringern nach § 13 Absatz 4 Satz 2 in anderen Mitgliedstaaten der Europäischen Union, in den Vertragsstaaten des Abkommens über den Europäischen Wirtschaftsraum oder in der Schweiz abschließen.

Dreizehnter Abschnitt
Beteiligung von Patientinnen und Patienten, Beauftragte oder Beauftragter der Bundesregierung für die Belange der Patientinnen und Patienten

§ 140f Beteiligung von Interessenvertretungen der Patientinnen und Patienten

(1) Die für die Wahrnehmung der Interessen der Patientinnen und Patienten und der Selbsthilfe chronisch kranker und behinderter Menschen maßgeblichen Organisationen sind in Fragen, die die Versorgung betreffen, nach Maßgabe der folgenden Vorschriften zu beteiligen.

(2) 1Im Gemeinsamen Bundesausschuss nach § 91 und in der Nationalen Präventionskonferenz nach § 20e Absatz 1 erhalten die für die Wahrnehmung der Interessen der Patientinnen und Patienten und der Selbsthilfe chronisch kranker und behinderter Menschen auf Bundesebene maßgeblichen Organisationen ein Mitberatungsrecht; die Organisationen benennen hierzu sachkundige Personen. 2Das Mitberatungsrecht beinhaltet auch das Recht zur Anwesenheit bei der Beschlussfassung. 3Die Zahl der sachkundigen Personen soll höchstens der Zahl der von dem Spitzenverband Bund der Krankenkassen entsandten Mitglieder in diesem Gremium entsprechen. 4Die sachkundigen Personen werden einvernehmlich von den in der Verordnung nach § 140g genannten oder nach der Verordnung anerkannten Organisationen benannt. 5Bei Beschlüssen des Gemeinsamen Bundesausschusses nach § 56 Abs. 1, § 92 Abs. 1 Satz 2, § 116b Abs. 4, § 135b Absatz 2 Satz 2, den §§ 136 bis 136b, 136d, 137a, 137b, 137c und 137f erhalten die Organisationen das Recht, Anträge zu stellen. 6Der Gemeinsame Bundesausschuss hat über Anträge der Organisationen nach Satz 5 in der nächsten Sitzung des jeweiligen Gremiums zu beraten. 7Wenn über einen Antrag nicht entschieden werden kann, soll in der Sitzung das Verfahren hinsichtlich der weiteren Beratung und Entscheidung festgelegt werden. 8Entscheidungen über die Einrichtung einer Arbeitsgruppe und die Bestellung von Sachverständigen durch einen Unterausschuss sind nur im Einvernehmen mit den benannten Personen zu treffen. 9Dabei haben diese ihr Votum einheitlich abzugeben.

(3) 1Die auf Landesebene für die Wahrnehmung der Interessen der Patientinnen und Patienten und der Selbsthilfe chronisch kranker und behinderter Menschen maßgeblichen Organisationen erhalten in

1. den Landesausschüssen nach § 90 sowie den erweiterten Landesausschüssen nach § 116b Absatz 3,
2. dem gemeinsamen Landesgremium nach § 90a,
3. den Zulassungsausschüssen nach § 96 und den Berufungsausschüssen nach § 97, soweit Entscheidungen betroffen sind über
   a) die ausnahmeweise Besetzung zusätzlicher Vertragsarztsitze nach § 101 Absatz 1 Satz 1 Nummer 3,
   b) die Befristung einer Zulassung nach § 19 Absatz 4 der Zulassungsverordnung für Vertragsärzte,
   c) die Ermächtigung von Ärzten und Einrichtungen,
4. den Zulassungsausschüssen nach § 96, soweit Entscheidungen betroffen sind über

a) die Durchführung eines Nachbesetzungsverfahrens nach § 103 Absatz 3a,
b) die Ablehnung einer Nachbesetzung nach § 103 Absatz 4 Satz 10,
c) die Besetzung zusätzlicher Vertragsarztsitze auf Grundlage der Entscheidungen der für die Sozialversicherung zuständigen obersten Landesbehörden nach § 103 Absatz 2 Satz 4,
d) die Verlegung eines Vertragsarztsitzes oder einer genehmigten Anstellung nach § 24 Absatz 7 der Zulassungsverordnung für Vertragsärzte,

ein Mitberatungsrecht; die Organisationen benennen hierzu sachkundige Personen. 2Das Mitberatungsrecht beinhaltet auch das Recht zur Anwesenheit bei der Beschlussfassung. 3Die Zahl der sachkundigen Personen soll höchstens der Zahl der von den Krankenkassen entsandten Mitglieder in diesen Gremien entsprechen. 4Die sachkundigen Personen werden einvernehmlich von den in der Verordnung nach § 140g genannten oder nach der Verordnung anerkannten Organisationen benannt.

V

(4) 1Bei einer Änderung, Neufassung oder Aufhebung der in § 21 Abs. 2, § 111 Absatz 7 Satz 1, § 111c Absatz 5 Satz 1, § 112 Absatz 5, § 115 Abs. 5, § 126 Abs. 1 Satz 3, § 127 Absatz 8 und 9, §§ 132a, 132c Absatz 2, § 132d Abs. 2, § 132l Absatz 1 Satz 1, § 133 Absatz 4 und § 217f Absatz 4a vorgesehenen Rahmenempfehlungen, Empfehlungen und Richtlinien des Spitzenverbandes Bund der Krankenkassen, des Hilfsmittelverzeichnisses nach § 139 sowie bei der Bestimmung der Festbetragsgruppen nach § 36 Abs. 1 und der Festsetzung der Festbeträge nach § 36 Abs. 2 wirken die in der Verordnung nach § 140g genannten oder nach der Verordnung anerkannten Organisationen beratend mit. 2Das Mitberatungsrecht beinhaltet auch das Recht zur Anwesenheit bei der Beschlussfassung. 3Wird ihrem schriftlichen Anliegen nicht gefolgt, sind ihnen auf Verlangen die Gründe dafür schriftlich mitzuteilen.

(5) 1Die sachkundigen Personen erhalten Reisekosten nach dem Bundesreisekostengesetz oder nach den Vorschriften des Landes über Reisekostenvergütung, Ersatz des Verdienstausfalls in entsprechender Anwendung des § 41 Abs. 2 des Vierten Buches sowie einen Pauschbetrag für Zeitaufwand in Höhe eines Fünfzigstels der monatlichen Bezugsgröße (§ 18 des Vierten Buches) für jeden Kalendertag einer Sitzung. 2Der Anspruch richtet sich gegen die Gremien, in denen sie als sachkundige Personen mitberatend tätig sind.

(6) 1Die in der Verordnung nach § 140g genannten oder nach der Verordnung anerkannten Organisationen sowie die sachkundigen Personen werden bei der Durchführung ihres Mitberatungsrechts nach Absatz 2 vom Gemeinsamen Bundesausschuss durch geeignete Maßnahmen organisatorisch und inhaltlich unterstützt. 2Hierzu kann der Gemeinsame Bundesausschuss eine Stabstelle Patientenbeteiligung einrichten. 3Die Unterstützung erfolgt insbesondere durch Organisation von Fortbildung und Schulungen, Aufbereitung von Sitzungsunterlagen, koordinatorische Leitung des Benennungsverfahrens auf Bundesebene und bei der Ausübung des in Absatz 2 Satz 4 genannten Antragsrechts. 4Der Anspruch auf Unterstützung durch den Gemeinsamen Bundesausschuss gilt ebenso für die Wahrnehmung der Antrags-, Beteiligungs- und Stellungnahmerechte nach § 137a Absatz 4 und 7, § 139a Absatz 5 sowie § 139b Absatz 1. 5Der Anspruch auf Übernahme von Reisekosten, Aufwandsentschädigung und Verdienstausfall nach Absatz 5 besteht auch für die Teilnahme der sachkundigen Personen an Koordinierungs- und Abstimmungstreffen sowie an Fortbildungen und Schulungen nach Satz 3.

(7) 1Die in der Verordnung nach § 140g genannten oder nach der Verordnung anerkannten Organisationen sowie die sachkundigen Personen werden bei der Durchführung ihrer gesetzlich vorgesehenen Beteiligungsrechte auf Landesebene von den Landesausschüssen nach § 90 durch geeignete Maßnahmen organisatorisch und inhaltlich unterstützt. 2Hierzu kann der Landesausschuss nach § 90 eine Stabsstelle Patientenbeteiligung einrichten. 3Die Unterstützung erstreckt sich insbesondere auf die Organisation von Fortbildungen und Schulungen, auf die Aufbereitung von Sitzungsunterlagen sowie die Durchführung des Benennungsverfahrens nach Absatz 3 Satz 4. 4Wird durch den Landesausschuss nach § 90 keine Stabsstelle Patientenbeteiligung eingerichtet, erstattet er den in Satz 1 genannten Organisationen die Aufwendungen für die anfallenden koordinierenden Maßnahmen. 5Die sachkundigen Personen haben gegenüber dem Landesausschuss nach § 90 einen Anspruch auf Übernahme von Reisekosten, Aufwandsentschädigung und Verdienstausfall nach Absatz 5 für jährlich bis zu sechs Koordinierungs- und Abstimmungstreffen sowie für Fortbildungen und Schulungen nach Satz 3.

(8) 1Die in der Verordnung nach § 140g genannten oder nach der Verordnung nach § 140g anerkannten Organisationen erhalten für den Aufwand zur Koordinierung ihrer Beteiligungsrechte einen Betrag in Höhe von 120 Euro für jede neu für ein Gremium benannte sachkundige Person. 2Der Anspruch richtet sich gegen das jeweilige Gremium, in dem die sachkundige Person tätig ist. 3Der Anspruch ist durch den von den anerkannten Organisationen gebildeten Koordinierungsausschuss geltend zu machen.

§ 140g Verordnungsermächtigung

Das Bundesministerium für Gesundheit wird ermächtigt, durch Rechtsverordnung mit Zustimmung des Bundesrates Näheres zu den Voraussetzungen der Anerkennung der für die Wahrnehmung der Interessen der Patientinnen und Patienten und der Selbsthilfe chronisch kranker und behinderter Menschen maßgeblichen Organisationen auf Bundesebene, insbesondere zu den Erfordernissen an die Organisationsform und die Offenlegung der Finanzierung, sowie zum Verfahren der Patientenbeteiligung zu regeln.

§ 140h Amt, Aufgabe und Befugnisse der oder des Beauftragten der Bundesregierung für die Belange der Patientinnen und Patienten

(1) $_{1}$Die Bundesregierung bestellt eine Beauftragte oder einen Beauftragten für die Belange der Patientinnen und Patienten. $_{2}$Der beauftragten Person ist die für die Erfüllung ihrer Aufgabe notwendige Personal- und Sachausstattung zur Verfügung zu stellen. $_{3}$Das Amt endet, außer im Falle der Entlassung, mit dem Zusammentreten eines neuen Bundestages.

(2) $_{1}$Aufgabe der beauftragten Person ist es, darauf hinzuwirken, dass die Belange von Patientinnen und Patienten besonders hinsichtlich ihrer Rechte auf umfassende und unabhängige Beratung und objektive Information durch Leistungserbringer, Kostenträger und Behörden im Gesundheitswesen und auf die Beteiligung bei Fragen der Sicherstellung der medizinischen Versorgung berücksichtigt werden. $_{2}$Sie setzt sich bei der Wahrnehmung dieser Aufgabe dafür ein, dass unterschiedliche Lebensbedingungen und Bedürfnisse von Frauen und Männern beachtet und in der medizinischen Versorgung sowie in der Forschung geschlechtsspezifische Aspekte berücksichtigt werden. $_{3}$Die beauftragte Person soll die Rechte der Patientinnen und Patienten umfassend, in allgemein verständlicher Sprache und in geeigneter Form zusammenstellen und zur Information der Bevölkerung bereithalten.

(3) $_{1}$Zur Wahrnehmung der Aufgabe nach Absatz 2 beteiligen die Bundesministerien die beauftragte Person bei allen Gesetzes-, Verordnungs- und sonstigen wichtigen Vorhaben, soweit sie Fragen der Rechte und des Schutzes von Patientinnen und Patienten behandeln oder berühren. $_{2}$Alle Bundesbehörden und sonstigen öffentlichen Stellen im Bereich des Bundes unterstützen die beauftragte Person bei der Erfüllung der Aufgabe.

Fünftes Kapitel
Sachverständigenrat zur Begutachtung der Entwicklung im Gesundheitswesen

§ 141 (weggefallen)

§ 142 Sachverständigenrat Gesundheit und Pflege

(1) $_{1}$Das Bundesministerium für Gesundheit beruft einen Sachverständigenrat zur Begutachtung der Entwicklung im Gesundheitswesen und in der Pflege. $_{2}$Zur Unterstützung der Arbeiten des Sachverständigenrates richtet das Bundesministerium für Gesundheit eine Geschäftsstelle ein.

(2) $_{1}$Der Sachverständigenrat hat die Aufgabe, Gutachten zur Entwicklung der gesundheitlichen Versorgung einschließlich der Pflege mit ihren medizinischen und wirtschaftlichen Auswirkungen zu erstellen. $_{2}$Im Rahmen der Gutachten entwickelt der Sachverständigenrat unter Berücksichtigung der finanziellen Rahmenbedingungen und vorhandener Wirtschaftlichkeitsreserven Prioritäten für den Abbau von Versorgungsdefiziten und bestehenden Überversorgungen und zeigt Möglichkeiten und Wege zur Weiterentwicklung des Gesundheitswesens auf; er kann in seine Gutachten Entwicklungen in anderen Zweigen der Sozialen Sicherung einbeziehen. $_{3}$Das Bundesministerium für Gesundheit kann den Gegenstand der Gutachten näher bestimmen sowie den Sachverständigenrat mit der Erstellung von kurzfristigen Stellungnahmen beauftragen.

(3) $_{1}$Der Sachverständigenrat erstellt seine Gutachten in der Regel im Abstand von zwölf Monaten und leitet sie dem Bundesministerium für Gesundheit unmittelbar nach Fertigstellung zu. $_{2}$Das Bundesministerium für Gesundheit legt jedes Gutachten den gesetzgebenden Körperschaften des Bundes unverzüglich vor.

Sechstes Kapitel
Organisation der Krankenkassen

Erster Abschnitt
Errichtung, Vereinigung und Beendigung von Krankenkassen

Erster Titel
Arten der Krankenkassen

§ 143 Ortskrankenkassen

(1) Ortskrankenkassen bestehen für abgegrenzte Regionen.

(2) $_{1}$Die Landesregierung kann die Abgrenzung der Regionen durch Rechtsverordnung regeln. $_{2}$Die Landesregierung kann die Ermächtigung auf die nach Landesrecht zuständige Behörde übertragen.

(3) Die betroffenen Länder können durch Staatsvertrag vereinbaren, dass sich die Region über mehrere Länder erstreckt.

§ 144 Betriebskrankenkassen

(1) Betriebskrankenkassen sind Krankenkassen, die durch den Arbeitgeber für einen oder mehrere Betriebe errichtet wurden.

(2) 1Eine Betriebskrankenkasse kann in ihrer Satzung vorsehen, dass sie durch alle Versicherungspflichtigen und Versicherungsberechtigten gewählt werden kann. 2Die Satzungsregelung darf das Wahlrecht nicht auf bestimmte Personen beschränken oder von Bedingungen abhängig machen und kann nicht widerrufen werden. 3Satz 1 gilt nicht für Betriebskrankenkassen, die für Betriebe privater Kranken- oder Lebensversicherungen errichtet oder aus einer Vereinigung mit solchen Betriebskrankenkassen hervorgegangen sind, wenn die Satzung dieser Krankenkassen am 26. September 2003 keine Regelung nach Satz 1 enthalten hat.

(3) Falls die Satzung eine Regelung nach Absatz 2 Satz 1 enthält, gilt diese für die Gebiete der Länder, in denen Betriebe bestehen und die Zuständigkeit für diese Betriebe sich aus der Satzung der Betriebskrankenkasse ergibt; soweit eine Satzungsregelung am 31. März 2007 für ein darüber hinausgehendes Gebiet gegolten hat, bleibt dies unberührt.

V

§ 145 Innungskrankenkassen

(1) 1Innungskrankenkassen sind Krankenkassen, die durch eine Handwerksinnung allein oder gemeinsam mit anderen Handwerksinnungen für die Handwerksbetriebe ihrer Mitglieder, die in die Handwerksrolle eingetragen sind, errichtet wurden. 2§ 144 Absatz 3 gilt entsprechend.

(2) Eine Satzungsregelung nach § 173 Absatz 2 Satz 1 Nummer 4 in der bis zum 31. März 2020 geltenden Fassung darf das Wahlrecht nicht auf bestimmte Personen beschränken oder von Bedingungen abhängig machen und kann nicht widerrufen werden.

§ 146 Landwirtschaftliche Krankenkasse

Die Sozialversicherung für Landwirtschaft, Forsten und Gartenbau als Träger der Krankenversicherung der Landwirte führt die Krankenversicherung nach dem Zweiten Gesetz über die Krankenversicherung der Landwirte durch; sie führt in Angelegenheiten der Krankenversicherung die Bezeichnung landwirtschaftliche Krankenkasse.

§ 147 Deutsche Rentenversicherung Knappschaft-Bahn-See

Die Deutsche Rentenversicherung Knappschaft-Bahn-See führt die Krankenversicherung nach den Vorschriften dieses Buches durch.

§ 148 Ersatzkassen

1Ersatzkassen sind am 31. Dezember 1992 bestehende Krankenkassen, bei denen Versicherte die Mitgliedschaft bis zum 31. Dezember 1995 durch Ausübung des Wahlrechts erlangen konnten. 2Der Zuständigkeitsbereich von Ersatzkrankenkassen erstreckt sich auf das gesamte Bundesgebiet.

Zweiter Titel
Besondere Vorschriften zur Errichtung, zur Ausdehnung und zur Auflösung von Betriebskrankenkassen sowie zum Ausscheiden von Betrieben aus Betriebskrankenkassen

§ 149 Errichtung von Betriebskrankenkassen

(1) Der Arbeitgeber kann für einen oder mehrere Betriebe eine Betriebskrankenkasse errichten, wenn

1. in diesen Betrieben regelmäßig mindestens 5000 Versicherungspflichtige beschäftigt werden und
2. die Leistungsfähigkeit der Betriebskrankenkasse auf Dauer gesichert ist.

(2) 1Bei Betriebskrankenkassen, deren Satzung keine Regelung nach § 144 Absatz 2 Satz 1 enthält, kann der Arbeitgeber auf seine Kosten die für die Führung der Geschäfte erforderlichen Personen bestellen. 2Nicht bestellt werden dürfen Personen, die im Personalbereich des Betriebes tätig sein dürfen. 3In der dem Antrag auf Genehmigung nach § 150 Absatz 2 beigefügten Satzung ist zu bestimmen, ob der Arbeitgeber auf seine Kosten das Personal bestellt. 4Lehnt der Arbeitgeber die weitere Übernahme der Kosten des für die Führung der Geschäfte erforderlichen Personals durch unwiderrufliche Erklärung gegenüber dem Vorstand der Betriebskrankenkasse ab, übernimmt die Betriebskrankenkasse spätestens zum 1. Januar des auf den Zugang der Erklärung folgenden übernächsten Kalenderjahres die bisher mit der Führung der Geschäfte der Betriebskrankenkasse beauftragten Personen, wenn diese nicht widersprechen. 5Die Betriebskrankenkasse tritt in die Rechte und Pflichten aus den Dienst- oder Arbeitsverhältnissen der übernommenen Personen ein; § 613a des Bürgerlichen Gesetzbuchs ist entsprechend anzuwenden. 6Neueinstellungen nimmt vom Tag des Zugangs der Erklärung nach Satz 4 an die Betriebskrankenkasse vor. 7Die Sätze 4 bis 6 gelten entsprechend, wenn die Betriebskrankenkasse in ihrer Satzung eine Regelung nach § 144 Absatz 2 Satz 1 vorsieht, vom Tag des Wirksamwerdens dieser Satzungsbestimmung an.

(3) 1Betriebskrankenkassen nach Absatz 2 Satz 1, bei denen der Arbeitgeber auf seine Kosten die für die Führung

der Geschäfte erforderlichen Personen bestellt, leiten 85 Prozent ihrer Zuweisungen, die sie nach § 270 Absatz 1 Satz 1 Nummer 3 erhalten, an den Arbeitgeber weiter. 2Trägt der Arbeitgeber die Kosten der für die Führung der Geschäfte der Betriebskrankenkasse erforderlichen Personen nur anteilig, reduziert sich der von der Betriebskrankenkasse an den Arbeitgeber weiterzuleitende Betrag entsprechend. 3Die weitergeleiteten Beträge sind gesondert auszuweisen. 4Der weiterzuleitende Betrag nach den Sätzen 1 und 2 ist auf die Höhe der Kosten begrenzt, die der Arbeitgeber tatsächlich trägt.

(4) 1Absatz 1 gilt nicht für Betriebe, die als Leistungserbringer zugelassen sind oder deren maßgebliche Zielsetzung die Wahrnehmung wirtschaftlicher Interessen von Leistungserbringern ist, soweit sie nach diesem Buch Verträge mit den Krankenkassen oder deren Verbänden zu schließen haben. 2Satz 1 gilt nicht für Leistungserbringer, die nicht überwiegend Leistungen auf Grund von Verträgen mit den Krankenkassen oder deren Verbänden erbringen.

§ 150 Verfahren bei Errichtung

(1) 1Die Errichtung der Betriebskrankenkasse bedarf der Genehmigung der nach der Errichtung zuständigen Aufsichtsbehörde. 2Die Genehmigung darf nur versagt werden, wenn eine der in § 149 Absatz 1 genannten Voraussetzungen nicht vorliegt oder die Krankenkasse zum Errichtungszeitpunkt nicht 2500 Mitglieder haben wird.

(2) 1Der Arbeitgeber hat dem Antrag auf Genehmigung eine Satzung beizufügen. 2Die Aufsichtsbehörde genehmigt die Satzung und bestimmt den Zeitpunkt, zu dem die Errichtung wirksam wird.

§ 151 Ausdehnung auf weitere Betriebe

1Die Zuständigkeit einer Betriebskrankenkasse, deren Satzung keine Regelung nach § 144 Absatz 2 Satz 1 enthält, kann auf Antrag des Arbeitgebers auf weitere Betriebe desselben Arbeitgebers ausgedehnt werden. 2§ 150 gilt entsprechend.

§ 152 Ausscheiden von Betrieben

(1) Geht von mehreren Betrieben desselben Arbeitgebers, für die eine gemeinsame Betriebskrankenkasse besteht, ein Betrieb auf einen anderen Arbeitgeber über, kann jeder beteiligte Arbeitgeber das Ausscheiden des übergegangenen Betriebes aus der gemeinsamen Betriebskrankenkasse beantragen.

(2) 1Besteht für mehrere Betriebe verschiedener Arbeitgeber eine gemeinsame Betriebskrankenkasse, kann jeder beteiligte Arbeitgeber beantragen, mit seinem Betrieb aus der gemeinsamen Betriebskrankenkasse auszuscheiden. 2Satz 1 gilt nicht für gemeinsame Betriebskrankenkassen mehrerer Arbeitgeber, deren Satzung eine Regelung nach § 144 Absatz 2 Satz 1 enthält.

(3) 1Über den Antrag auf Ausscheiden des Betriebes aus der gemeinsamen Betriebskrankenkasse entscheidet die Aufsichtsbehörde. 2Sie bestimmt den Zeitpunkt, zu dem das Ausscheiden wirksam wird.

§ 153 Auflösung

(1) Eine Betriebskrankenkasse kann auf Antrag des Arbeitgebers aufgelöst werden, wenn der Verwaltungsrat mit einer Mehrheit von mehr als drei Vierteln der stimmberechtigten Mitglieder zustimmt.

(2) 1Über den Antrag entscheidet die Aufsichtsbehörde. 2Sie bestimmt den Zeitpunkt, an dem die Auflösung wirksam wird.

(3) Absatz 1 gilt nicht, wenn die Satzung der Betriebskrankenkasse eine Regelung nach § 144 Absatz 2 Satz 1 enthält.

(4) Für die gemeinsame Betriebskrankenkasse mehrerer Arbeitgeber ist der Antrag nach Absatz 1 von allen beteiligten Arbeitgebern zu stellen.

§ 154 Betriebskrankenkassen öffentlicher Verwaltungen

1Die §§ 149 bis 153, 159 Absatz 2, § 166 Absatz 2 und § 167 Absatz 4 gelten entsprechend für Dienstbetriebe von Verwaltungen des Bundes, der Länder, der Gemeindeverbände oder der Gemeinden. 2An die Stelle des Arbeitgebers tritt die Verwaltung.

Dritter Titel
Vereinigung, Schließung und Insolvenz von Krankenkassen

§ 155 Freiwillige Vereinigung

(1) 1Ortskrankenkassen, Betriebskrankenkassen, Innungskrankenkassen und Ersatzkassen können sich auf Beschluss ihrer Verwaltungsräte vereinigen. 2Der Beschluss bedarf der Genehmigung der vor der Vereinigung zuständigen Aufsichtsbehörden.

(2) 1Die beteiligten Krankenkassen fügen dem Antrag auf Genehmigung eine Satzung, einen Vorschlag zur Berufung der Mitglieder der Organe, ein Konzept zur Organisations-, Personal- und Finanzstruktur der neuen Krankenkasse einschließlich der Zahl und der Verteilung ihrer Geschäftsstellen sowie eine Vereinbarung über die Rechtsbeziehungen zu Dritten bei. 2Bei einer kassenartenübergreifenden Vereinigung ist dem Antrag auf Genehmigung auch eine Erklärung beizufügen, welche Kassenartzugehörigkeit aufrechterhalten bleiben soll.

(3) 1Die beteiligten Krankenkassen können Verträge über die Gewährung von Hilfeleistungen schließen, die notwendig sind, um ihre Leistungs- und Wettbewerbsfähigkeit bis zum Zeitpunkt der Wirksamkeit der Vereinigung zu erhalten. 2In den Verträgen ist Näheres über Umfang, Finanzierung und Durchführung der Hilfeleistungen zu regeln. 3§ 60 des Zehnten Buches gilt entsprechend. 4Die Verträge sind von den für die am Vertrag beteiligten Krankenkassen zuständigen Aufsichtsbehörden zu genehmigen.

(4) Ist bei einer Vereinigung von Betriebskrankenkassen eine Krankenkasse mit einer Satzungsregelung nach § 144 Absatz 2 Satz 1 beteiligt, gilt diese Satzungsregelung auch für die vereinigte Krankenkasse; § 144 Absatz 2 Satz 3 gilt entsprechend.

(5) Die Aufsichtsbehörde genehmigt die Satzung und die Vereinbarung, beruft die Mitglieder der Organe und bestimmt den Zeitpunkt, zu dem die Vereinigung wirksam wird.

(6) 1Mit dem nach Absatz 5 bestimmten Zeitpunkt sind die bisherigen Krankenkassen geschlossen. 2Die neue Krankenkasse tritt in die Rechte und Pflichten der bisherigen Krankenkassen ein.

§ 156 Vereinigung auf Antrag

(1) Das Bundesministerium für Gesundheit kann auf Antrag einer bundesunmittelbaren Krankenkasse durch Rechtsverordnung mit Zustimmung des Bundesrates einzelne Krankenkassen dieser Kassenart nach Anhörung der betroffenen Krankenkassen vereinigen, wenn

1. durch die Vereinigung die Leistungsfähigkeit der betroffenen Krankenkassen erhöht werden kann und
2. eine freiwillige Vereinigung innerhalb von zwölf Monaten nach Antragstellung nicht zustande gekommen ist.

(2) Die Landesregierung kann auf Antrag einer landesunmittelbaren Krankenkasse durch Rechtsverordnung einzelne oder alle Krankenkassen dieser Kassenart des Landes nach Anhörung der betroffenen Krankenkassen vereinigen, wenn

1. durch die Vereinigung die Leistungsfähigkeit der betroffenen Krankenkassen erhöht werden kann und
2. eine freiwillige Vereinigung innerhalb von zwölf Monaten nach Antragstellung nicht zustande gekommen ist.

(3) Die Absätze 1 und 2 gelten nicht für Betriebskrankenkassen, deren Satzungen keine Regelung nach § 144 Absatz 2 Satz 1 enthalten.

§ 157 Verfahren bei Vereinigung auf Antrag

(1) Werden Krankenkassen nach § 156 vereinigt, legen sie der Aufsichtsbehörde eine Satzung, einen Vorschlag zur Berufung der Mitglieder der Organe und eine Vereinbarung über die Neuordnung der Rechtsbeziehungen zu Dritten vor.

(2) Die Aufsichtsbehörde genehmigt die Satzung und die Vereinbarung, beruft die Mitglieder der Organe und bestimmt den Zeitpunkt, zu dem die Vereinigung wirksam wird.

(3) Kommen die beteiligten Krankenkassen ihrer Verpflichtung nach Absatz 1 nicht innerhalb einer von der Aufsichtsbehörde gesetzten Frist nach, setzt die Aufsichtsbehörde die Satzung fest, bestellt die Mitglieder der Organe, regelt die Neuordnung der Rechtsbeziehungen zu Dritten und bestimmt den Zeitpunkt, zu dem die Vereinigung wirksam wird.

(4) 1Mit dem nach Absatz 2 oder Absatz 3 bestimmten Zeitpunkt sind die bisherigen Krankenkassen geschlossen. 2Die neue Krankenkasse tritt in die Rechte und Pflichten der bisherigen Krankenkassen ein.

§ 158 Zusammenschlusskontrolle bei Vereinigungen von Krankenkassen

(1) Bei der freiwilligen Vereinigung von Krankenkassen finden die Vorschriften über die Zusammenschlusskontrolle nach Kapitel Sieben des Ersten Teils des Gesetzes gegen Wettbewerbsbeschränkungen nach Maßgabe des Absatzes 2 sowie die §§ 48, 49, 50f Absatz 2, die §§ 54 bis 81 Absatz 2 und 3 Nummer 3, die §§ 81a bis 81g, 82 und die §§ 83 bis 86a des Gesetzes gegen Wettbewerbsbeschränkungen entsprechende Anwendung.

(2) 1Finden die Vorschriften über die Zusammenschlusskontrolle Anwendung, darf die Genehmigung nach § 155 Absatz 5 erst erfolgen, wenn das Bundeskartellamt die Vereinigung nach § 40 des Gesetzes gegen Wettbewerbsbeschränkungen freigegeben hat oder sie als freigegeben gilt. 2Hat der Vorstand einer an der Vereinigung beteiligten Krankenkasse eine Anzeige nach § 160 Absatz 2 Satz 1 abgegeben, beträgt die Frist nach § 40 Absatz 2 Satz 2 des Gesetzes gegen Wettbewerbsbeschränkungen sechs Wochen. 3Vor einer Untersagung ist mit den zuständigen Aufsichtsbehörden nach § 90 des Vierten Buches das Benehmen herzustellen. 4Neben die obersten Landesbehörden nach § 42 Absatz 5 Satz 1 des Gesetzes gegen Wettbewerbsbeschränkungen treten die zuständigen Aufsichtsbehörden nach § 90 des Vierten Buches. 5§ 41 Absatz 3 und 4 des Gesetzes gegen Wettbewerbsbeschränkungen gilt nicht.

§ 159 Schließung

(1) Eine Krankenkasse wird von der Aufsichtsbehörde geschlossen, wenn ihre Leistungsfähigkeit nicht mehr auf Dauer gesichert ist.

(2) Eine Betriebskrankenkasse wird auch dann von der Aufsichtsbehörde geschlossen, wenn

1. der Betrieb schließt, für den sie errichtet worden ist, und die Satzung keine Regelung nach § 144 Absatz 2 Satz 1 enthält oder
2. sie nicht hätte errichtet werden dürfen und die Voraussetzungen der Errichtung auch zum Zeitpunkt der Schließung nicht vorliegen.

(3) Eine Innungskrankenkasse wird auch dann von der Aufsichtsbehörde geschlossen, wenn sie nicht hätte errichtet werden dürfen und die Voraussetzungen der Errichtung auch zum Zeitpunkt der Schließung nicht vorliegen.

(4) Die Aufsichtsbehörde bestimmt den Zeitpunkt, zu dem die Schließung wirksam wird, wobei zwischen diesem Zeitpunkt und der Zustellung des Schließungsbescheids mindestens acht Wochen liegen müssen.

§ 160 Insolvenz von Krankenkassen

(1) Die Insolvenzordnung gilt für Krankenkassen nach Maßgabe der nachfolgenden Absätze.

(2) $_{1}$Wird eine Krankenkasse zahlungsunfähig oder ist sie voraussichtlich nicht in der Lage, die bestehenden Zahlungspflichten im Zeitpunkt der Fälligkeit zu erfüllen (drohende Zahlungsunfähigkeit), oder tritt Überschuldung ein, so hat der Vorstand der Krankenkasse dies der zuständigen Aufsichtsbehörde unverzüglich anzuzeigen. $_{2}$Der Anzeige sind aussagefähige Unterlagen beizufügen. $_{3}$Verbindlichkeiten der Krankenkasse, für die nach § 169 Absatz 1 der Spitzenverband Bund der Krankenkassen haftet, sind bei der Feststellung der Überschuldung nicht zu berücksichtigen.

(3) $_{1}$Der Antrag auf Eröffnung des Insolvenzverfahrens über das Vermögen der Krankenkasse kann nur von der Aufsichtsbehörde gestellt werden. $_{2}$Liegen zugleich die Voraussetzungen für eine Schließung wegen auf Dauer nicht mehr gesicherter Leistungsfähigkeit vor, soll die Aufsichtsbehörde keinen Antrag nach Satz 1 stellen, sondern die Krankenkasse schließen. $_{3}$Stellt die Aufsichtsbehörde den Antrag nach Satz 1 nicht innerhalb von drei Monaten nach Eingang der in Absatz 2 Satz 1 genannten Anzeige, ist die spätere Stellung eines Insolvenzantrages solange ausgeschlossen, wie der Insolvenzgrund, der zu der Anzeige geführt hat, fortbesteht. $_{4}$§ 165 Absatz 2 Satz 5 bis 7 gilt entsprechend, wenn die Aufsichtsbehörde den Antrag auf Eröffnung des Insolvenzverfahrens gestellt hat.

(4) $_{1}$Die Aufsichtsbehörde hat den Spitzenverband Bund der Krankenkassen unverzüglich über die Anzeige nach Absatz 2 Satz 1 und die Antragstellung nach Absatz 3 Satz 1 zu unterrichten. $_{2}$Der Spitzenverband Bund der Krankenkassen unterrichtet hierüber unverzüglich die Krankenkassen. $_{3}$Vor der Bestellung des Insolvenzverwalters hat das Insolvenzgericht die Aufsichtsbehörde zu hören. $_{4}$Der Aufsichtsbehörde ist der Eröffnungsbeschluss gesondert zuzustellen. $_{5}$Die Aufsichtsbehörde und der Spitzenverband Bund der Krankenkassen können jederzeit vom Insolvenzgericht und vom Insolvenzverwalter Auskünfte über den Stand des Verfahrens verlangen.

(5) $_{1}$Mit dem Tag der Eröffnung des Insolvenzverfahrens oder dem Tag der Rechtskraft des Beschlusses, durch den die Eröffnung des Insolvenzverfahrens mangels Masse abgelehnt worden ist, ist die Krankenkasse geschlossen. $_{2}$Im Falle der Eröffnung des Insolvenzverfahrens erfolgt die Abwicklung der Geschäfte der Krankenkasse nach den Vorschriften der Insolvenzordnung.

(6) $_{1}$Zum Vermögen einer Krankenkasse gehören die Betriebsmittel, die Rücklage und das Verwaltungsvermögen. $_{2}$Abweichend von § 260 Absatz 2 Satz 3 bleiben die Beitragsforderungen der Krankenkasse außer Betracht, soweit sie dem Gesundheitsfonds als Sondervermögen zufließen.

(7) Für die bis zum 31. Dezember 2009 entstandenen Wertguthaben aus Altersteilzeitvereinbarungen sind die Verpflichtungen nach § 8a des Altersteilzeitgesetzes vollständig spätestens ab dem 1. Januar 2015 zu erfüllen.

§ 161 Aufhebung der Haftung nach § 12 Absatz 2 der Insolvenzordnung

Die Länder haften nicht nach § 12 Absatz 2 der Insolvenzordnung für die Ansprüche der Beschäftigten von Krankenkassen auf Leistungen der Altersversorgung und auf Insolvenzgeld.

§ 162 Insolvenzfähigkeit von Krankenkassenverbänden

Die §§ 160, 161, 169 und 170 gelten für die Verbände der Krankenkassen entsprechend.

§ 163 Vermeidung der Schließung oder Insolvenz von Krankenkassen

(1) $_{1}$Der Spitzenverband Bund der Krankenkassen hat die Finanzlage der Krankenkassen auf der Grundlage der jährlichen und der vierteljährlichen Rechnungsergebnisse zu überprüfen und ihre Leistungsfähigkeit zu bewerten. $_{2}$Hierbei sind insbesondere das Vermögen, das Rechnungsergebnis, die Liquidität und die Versichertenentwicklung zu berücksichtigen. $_{3}$Der Spitzenverband Bund der Krankenkassen informiert die Krankenkassen über das Ergebnis seiner Bewertung. $_{4}$Bewertet der Spitzenverband Bund der Krankenkassen die Leistungsfähigkeit einer Krankenkasse als gefährdet, so hat die Krankenkasse dem Spitzenverband Bund der Krankenkassen auf Verlangen

1. unverzüglich die Unterlagen vorzulegen und die Auskünfte zu erteilen, die dieser zur Beurteilung ihrer dauerhaften Leistungsfähigkeit für erforderlich hält, oder
2. ihm die Einsichtnahme in diese Unterlagen in ihren Räumen zu gestatten.

5Der Spitzenverband Bund der Krankenkassen kann verlangen, dass die Krankenkassen die Unterlagen elektronisch und in einer bestimmten Form zur Verfügung stellen. 6Kommt eine Krankenkasse den Verpflichtungen nach den Sätzen 4 und 5 nicht nach, ist die Aufsichtsbehörde der Krankenkasse hierüber zu unterrichten.

(2) 1Hält der Spitzenverband Bund der Krankenkassen auf der Grundlage dieser Unterlagen und Auskünfte die dauerhafte Leistungsfähigkeit einer Krankenkasse für bedroht, so hat er die Krankenkasse über geeignete Maßnahmen zur Sicherung ihrer dauerhaften Leistungsfähigkeit zu beraten. 2Zudem hat er umgehend die Aufsichtsbehörde der Krankenkasse über die finanzielle Situation, die Ergebnisse und die Bewertungen der Überprüfung nach Satz 1 sowie über die vorgeschlagenen Maßnahmen zu unterrichten. 3Das konkrete Verfahren zur Bewertung der Leistungsfähigkeit der Krankenkassen hat der Spitzenverband Bund der Krankenkassen in seiner Satzung zu veröffentlichen.

(3) 1Stellt eine Aufsichtsbehörde im Benehmen mit dem Spitzenverband Bund der Krankenkassen fest, dass bei einer Krankenkasse nur durch die Vereinigung mit einer anderen Krankenkasse die Leistungsfähigkeit auf Dauer gesichert oder der Eintritt der Zahlungsunfähigkeit oder Überschuldung vermieden werden kann, kann der Spitzenverband Bund der Krankenkassen der Aufsichtsbehörde Vorschläge für eine Vereinigung dieser Krankenkasse mit einer anderen Krankenkasse vorlegen. 2Kommt bei der in ihrer Leistungsfähigkeit gefährdeten Krankenkasse ein Beschluss über eine freiwillige Vereinigung innerhalb einer von der Aufsichtsbehörde gesetzten Frist nicht zustande, ersetzt die Aufsichtsbehörde diesen Beschluss.

§ 164 Vorübergehende finanzielle Hilfen

(1) 1Die Satzung des Spitzenverbandes Bund der Krankenkassen hat Bestimmungen über die Gewährung vorübergehender finanzieller Hilfen an Krankenkassen vorzusehen, die für notwendig erachtet werden, um

1. Vereinigungen von Krankenkassen zur Abwendung von Haftungsrisiken zu erleichtern oder zu ermöglichen sowie
2. die Leistungs- und Wettbewerbsfähigkeit einer Krankenkasse zu erhalten.

2Näheres über Voraussetzungen, Umfang, Dauer, Finanzierung und Durchführung der Hilfen regelt die Satzung des Spitzenverbandes Bund der Krankenkassen. 3Die Satzungsregelungen werden mit 70 Prozent der Stimmen der Mitglieder des Verwaltungsrates beschlossen.

(2) 1Der Antrag auf Gewährung einer finanziellen Hilfe nach Absatz 1 kann nur von der Aufsichtsbehörde gestellt werden. 2Der Vorstand des Spitzenverbandes Bund der Krankenkassen entscheidet über die Gewährung der Hilfe nach Absatz 1. 3Die Hilfen können auch als Darlehen gewährt werden. 4Sie sind zu befristen und mit Auflagen zu versehen, die der Verbesserung der Wirtschaftlichkeit und Leistungsfähigkeit dienen.

(3) 1Der Spitzenverband Bund der Krankenkassen macht die zur Finanzierung der Hilfen erforderlichen Beträge durch Bescheid bei seinen Mitgliedskassen mit Ausnahme der landwirtschaftlichen Krankenkasse geltend. 2Bei der Aufteilung der Finanzierung der Hilfen ist die unterschiedliche Leistungsfähigkeit der Krankenkassen angemessen zu berücksichtigen. 3Klagen gegen die Bescheide, mit denen die Beträge zur Finanzierung der Hilfeleistungen angefordert werden, haben keine aufschiebende Wirkung. 4Der Spitzenverband Bund der Krankenkassen kann zur Zwischenfinanzierung der finanziellen Hilfen ein nicht zu verzinsendes Darlehen in Höhe von bis zu 350 Millionen Euro aus der Liquiditätsreserve des Gesundheitsfonds nach § 271 Absatz 2 aufnehmen; § 167 Absatz 6 Satz 2 bis 6 gilt entsprechend.

(4) Ansprüche und Verpflichtungen auf Grund des § 265a in der bis zum 31. Dezember 2008 geltenden Fassung bleiben unberührt.

Vierter Titel
Folgen der Auflösung, der Schließung und der Insolvenz

§ 165 Abwicklung der Geschäfte

(1) 1Der Vorstand einer aufgelösten oder geschlossenen Krankenkasse wickelt die Geschäfte ab. 2Bis die Geschäfte abgewickelt sind, gilt die Krankenkasse als fortbestehend, soweit es der Zweck der Abwicklung erfordert. 3Scheidet ein Vorstand nach Auflösung oder Schließung aus dem Amt, bestimmt die Aufsichtsbehörde nach Anhörung des Spitzenverbandes Bund der Krankenkassen und des Landesverbandes den Abwicklungsvorstand. 4§ 35a Absatz 7 des Vierten Buches gilt entsprechend.

(2) 1Der Vorstand macht die Auflösung oder Schließung öffentlich bekannt. 2Die Befriedigung von Gläubigern, die ihre Forderungen nicht innerhalb von sechs Monaten nach der Bekanntmachung anmelden, kann verweigert werden, wenn die Bekanntmachung einen entsprechenden

Hinweis enthält. 3Bekannte Gläubiger sind unter Hinweis auf diese Folgen zur Anmeldung besonders aufzufordern. 4Die Sätze 2 und 3 gelten nicht für Ansprüche aus der Versicherung sowie für Forderungen auf Grund zwischen- oder überstaatlichen Rechts. 5Der Vorstand hat unverzüglich nach Zustellung des Schließungsbescheids jedem Mitglied einen Vordruck mit den für die Erklärung nach § 175 Absatz 1 Satz 1 erforderlichen und den von der gewählten Krankenkasse für die Erbringung von Leistungen benötigten Angaben sowie eine wettbewerbsneutral gestaltete Übersicht über die wählbaren Krankenkassen zu übermitteln und darauf hinzuweisen, dass der ausgefüllte Vordruck an ihn zur Weiterleitung an die gewählte Krankenkasse zurückgesandt werden kann. 6Er hat die einzelnen Mitgliedergruppen ferner auf die besonderen Fristen für die Ausübung des Kassenwahlrechts nach § 175 Absatz 3a hinzuweisen sowie auf die Folgen einer nicht rechtzeitigen Ausübung des Wahlrechts. 7Der Vorstand hat außerdem die zur Meldung verpflichtete Stelle über die Schließung zu informieren sowie über die Fristen für die Ausübung des Kassenwahlrechts und für die Anmeldung des Mitglieds, wenn das Wahlrecht nicht rechtzeitig ausgeübt wird.

(3) Verbleibt nach Abwicklung der Geschäfte noch Vermögen, geht dieses auf den Spitzenverband Bund der Krankenkassen über, der dieses auf die übrigen Krankenkassen verteilt.

§ 166 Haftung für Verpflichtungen bei Auflösung oder Schließung

(1) Reicht das Vermögen einer aufgelösten oder geschlossenen Krankenkasse nicht aus, um die Gläubiger zu befriedigen, haften die übrigen Krankenkassen.

(2) 1Reicht das Vermögen einer aufgelösten oder geschlossenen Betriebskrankenkasse, deren Satzung keine Regelung nach § 144 Absatz 2 Satz 1 enthält, nicht aus, um die Gläubiger zu befriedigen, hat der Arbeitgeber die Verpflichtungen zu erfüllen. 2Sind mehrere Arbeitgeber beteiligt, haften sie als Gesamtschuldner. 3Reicht das Vermögen des Arbeitgebers nicht aus, um die Gläubiger zu befriedigen, findet Absatz 1 Anwendung. 4Übersteigen die Verpflichtungen einer Krankenkasse ihr Vermögen zum Zeitpunkt des Inkrafttretens einer Satzungsbestimmung nach § 144 Absatz 2 Satz 1, hat der Arbeitgeber den Unterschiedsbetrag innerhalb von sechs Monaten nach dem Inkrafttreten der Satzungsbestimmung auszugleichen. 5Dies gilt auch bei Vereinigungsverfahren gemäß § 155, wenn Betriebskrankenkassen beteiligt sind, deren Satzung keine Regelung nach § 144 Absatz 2 Satz 1 enthält.

§ 167 Verteilung der Haftungssumme auf die Krankenkassen

(1) 1Die Erfüllung der Verpflichtungen nach § 166 Absatz 1 und 2 Satz 3 kann nur vom Spitzenverband Bund der Krankenkassen verlangt werden, der die Verteilung auf die einzelnen Krankenkassen vornimmt und die zur Tilgung erforderlichen Beträge von den Krankenkassen anfordert. 2Der auf die einzelne Krankenkasse entfallende Betrag wird vom Spitzenverband Bund der Krankenkassen wie folgt ermittelt:

1. der aufzuteilende Betrag wird durch die Summe der Mitglieder aller Krankenkassen geteilt;
2. das Ergebnis nach Nummer 1 wird mit der Zahl der Mitglieder jeder einzelnen Krankenkasse vervielfacht; maßgebend ist die Zahl der Mitglieder, die von den Krankenkassen für den Monat, der dem Monat vorausgeht, in dem die Aufteilung durchgeführt wird, erfasst wird.

(2) 1Übersteigen die Verpflichtungen innerhalb eines Kalenderjahres einen Betrag von 350 Millionen Euro, sind zur Erfüllung der darüber hinausgehenden Beträge die Finanzreserven der Krankenkassen nach § 260 Absatz 2 Satz 1 heranzuziehen, soweit diese das 0,5fache des durchschnittlich auf einen Monat entfallenden Betrages der Ausgaben für die in § 260 Absatz 1 Nummer 1 genannten Zwecke übersteigen; § 260 Absatz 2 Satz 2 gilt entsprechend. 2Maßgebend für die Rechengrößen nach Satz 1 sind die vierteljährlichen Rechnungsergebnisse, die von den Krankenkassen vor dem Zeitpunkt, an dem die Aufteilung durchgeführt wird, zuletzt vorgelegt wurden. 3Der auf die einzelne Krankenkasse entfallende Betrag wird wie folgt berechnet:

1. für jede Krankenkasse wird der Betrag an Finanzreserven ermittelt, der gemäß den Sätzen 1 und 2 die Obergrenze überschreitet;
2. übersteigt die Summe der Überschreitungsbeträge aller Krankenkassen nach Nummer 1 die noch zu erfüllenden Verpflichtungen, werden die noch zu erfüllenden Verpflichtungen durch die Summe der Überschreitungsbeträge nach Nummer 1 geteilt;
3. der aus Nummer 2 resultierende Faktor wird für jede Krankenkasse mit dem Betrag nach Nummer 1 multipliziert;
4. übersteigen die noch zu erfüllenden Verpflichtungen die Summe der nach Nummer 1 ermittelten Beträge, sind für jede Krankenkasse die Überschreitungsbeträge nach Nummer 1 zugrunde zu legen.

4Reicht die Summe der Überschreitungsbeträge nach Satz 3 Nummer 1 nicht aus, um die Verpflichtungen zu erfüllen, oder verfügt keine Krankenkasse über Finanzre-

V

serven oberhalb des 0,5fachen einer Monatsausgabe nach den Sätzen 1 und 2, werden die Finanzreserven oberhalb von 0,4 Monatsausgaben in entsprechender Anwendung der Sätze 1 bis 3 herangezogen, um die verbleibenden Verpflichtungen zu erfüllen.

(3) Reicht der nach den Absätzen 1 und 2 ermittelte Betrag nicht aus, um die Verpflichtungen zu erfüllen, beziehungsweise verfügt keine Krankenkasse über Finanzreserven oberhalb des 0,4fachen einer Monatsausgabe, wird der verbleibende Betrag auf alle Krankenkassen gemäß Absatz 1 Satz 2 aufgeteilt.

(4) 1Für Betriebskrankenkassen, deren Satzung keine Regelung nach § 144 Absatz 2 Satz 1 enthält, wird der nach den Absätzen 1 bis 3 ermittelte Betrag auf 20 Prozent dieses Betrags begrenzt. 2Die Summe der sich aus Satz 1 ergebenden Beträge wird auf die übrigen Krankenkassen gemäß Absatz 1 Satz 2 aufgeteilt.

(5) 1Der Spitzenverband Bund der Krankenkassen macht die auf die einzelnen Krankenkassen nach den Absätzen 1 bis 4 entfallenden Beträge durch Bescheid geltend. 2Er kann Beträge zu unterschiedlichen Zeitpunkten fällig stellen und Teilbeträge verlangen. 3Die Krankenkasse hat die geltend gemachten Beträge innerhalb von zwei Monaten an den Spitzenverband Bund der Krankenkassen zu überweisen. 4Der Spitzenverband Bund der Krankenkassen kann eine kürzere Frist festlegen, wenn er hierauf zur Erfüllung seiner Zahlungsverpflichtungen angewiesen ist. 5Die Zahlung gilt mit der belastenden Wertstellung und Ausführung vor Bankannahmeschluss am jeweiligen Fälligkeitstag als erfüllt. 6Nach Überschreiten der Frist nach Satz 3 tritt ohne Mahnung Verzug ein. 7Im Falle des Verzugs sind Verzugszinsen in Höhe von acht Prozentpunkten über dem Basiszinssatz zu zahlen. 8Klagen gegen die Geltendmachung der Beträge und gegen ihre Vollstreckung haben keine aufschiebende Wirkung.

(6) 1Wird der Spitzenverband Bund der Krankenkassen nach dieser Vorschrift von Gläubigern einer Krankenkasse in Anspruch genommen, kann er zur Zwischenfinanzierung des Haftungsbetrags ein nicht zu verzinsendes Darlehen in Höhe von bis zu 750 Millionen Euro aus der Liquiditätsreserve des Gesundheitsfonds nach § 271 Absatz 2 aufnehmen. 2Das Nähere zur Darlehensaufnahme vereinbart der Spitzenverband Bund der Krankenkassen mit dem Bundesamt für Soziale Sicherung. 3Ein zum 31. Dezember eines Jahres noch nicht getilgter Darlehensbetrag ist bis zum 28. Februar des Folgejahres zurückzuzahlen. 4Überschreitet der zum Ende eines Kalendermonats festgestellte, für einen Schließungsfall aufgenommene Darlehensbetrag den Betrag von 50 Millionen Euro, ist dieser Betrag bis zum Ende des übernächsten Kalendermonats zurückzuzahlen. 5Die Inanspruchnahme eines Darlehens des Gesundheitsfonds für Zwecke dieses Absatzes darf insgesamt den in Satz 1 genannten Betrag nicht übersteigen. 6§ 271 Absatz 3 gilt entsprechend.

§ 168 Personal

(1) Die Versorgungsansprüche der am Tag der Auflösung oder Schließung einer Krankenkasse vorhandenen Versorgungsempfänger und ihrer Hinterbliebenen bleiben unberührt.

(2) 1Die dienstordnungsmäßigen Angestellten sind verpflichtet, eine von einer anderen Krankenkasse nachgewiesene dienstordnungsmäßige Stellung anzutreten, wenn die Stellung nicht in auffälligem Missverhältnis zu den Fähigkeiten der Angestellten steht. 2Entstehen hierdurch geringere Besoldungs- oder Versorgungsansprüche, sind diese auszugleichen. 3Den übrigen Beschäftigten, deren Arbeitsverhältnis nicht durch ordentliche Kündigung beendet werden kann, ist bei einem Landesverband der Krankenkassen oder einer anderen Krankenkasse eine Stellung anzubieten, die ihnen unter Berücksichtigung ihrer Fähigkeiten und ihrer bisherigen Dienststellung zuzumuten ist. 4Jede Krankenkasse ist verpflichtet, entsprechend ihrem Anteil an der Zahl der Mitglieder aller Krankenkassen dienstordnungsmäßige Stellungen nach Satz 1 nachzuweisen und Anstellungen nach Satz 3 anzubieten; die Nachweise und Angebote sind dem Spitzenverband Bund der Krankenkassen mitzuteilen, der diese den Beschäftigten in geeigneter Form zugänglich macht.

(3) 1Die Vertragsverhältnisse der Beschäftigten, die nicht nach Absatz 2 untergebracht werden, enden mit dem Tag der Auflösung oder Schließung. 2Vertragsmäßige Rechte, zu einem früheren Zeitpunkt zu kündigen, werden hierdurch nicht berührt.

§ 169 Haftung im Insolvenzfall

(1) 1Wird über das Vermögen einer Krankenkasse das Insolvenzverfahren eröffnet oder die Eröffnung mangels Masse rechtskräftig abgewiesen (Insolvenzfall), haftet der Spitzenverband Bund der Krankenkassen für die bis zum 31. Dezember 2009 entstandenen Altersversorgungsverpflichtungen dieser Krankenkasse und für Verpflichtungen aus Darlehen, die zur Ablösung von Verpflichtungen gegenüber einer öffentlich-rechtlichen Einrichtung zur betrieblichen Altersversorgung aufgenommen worden sind, soweit die Erfüllung dieser Verpflichtungen durch den Insolvenzfall beeinträchtigt oder unmöglich wird. 2Soweit der Träger der Insolvenzsicherung nach dem Betriebsrentengesetz die unverfallbaren Altersversorgungsverpflichtungen einer Krankenkasse zu erfüllen hat, ist ein Rückgriff gegen die anderen Krankenkassen oder ihre Verbände ausgeschlossen. 3Der Spitzenverband Bund der Krankenkassen macht die zur Er-

füllung seiner Haftungsverpflichtung erforderlichen Beträge bei den übrigen Krankenkassen geltend. $_{4}$Für die Ermittlung der auf die einzelnen Krankenkassen entfallenden Beträge und das Verfahren zur Geltendmachung der Beträge durch den Spitzenverband Bund der Krankenkassen gilt § 167 entsprechend. $_{5}$Für das Personal gilt § 168 entsprechend.

(2) $_{1}$Im Fall der Insolvenz einer Krankenkasse, bei der vor dem 1. Januar 2010 das Insolvenzverfahren nicht zulässig war, umfasst der Insolvenzschutz nach dem Vierten Abschnitt des Betriebsrentengesetzes nur die Ansprüche und Anwartschaften aus Versorgungszusagen, die nach dem 31. Dezember 2009 entstanden sind. $_{2}$Die §§ 7 bis 15 des Betriebsrentengesetzes gelten nicht für Krankenkassen, die aufgrund Landesgesetz Pflichtmitglied beim Kommunalen Versorgungsverband Baden-Württemberg oder Sachsen sind. $_{3}$Hiervon ausgenommen ist die AOK Baden-Württemberg. $_{4}$Falls die Mitgliedschaft endet, gilt Satz 1 entsprechend.

(3) $_{1}$Hat der Spitzenverband Bund der Krankenkassen aufgrund des Absatzes 1 Leistungen zu erbringen, gehen die Ansprüche der Berechtigten auf ihn über; § 9 Absatz 2 bis 3a mit Ausnahme des Absatzes 3 Satz 1 zweiter Halbsatz des Betriebsrentengesetzes gilt entsprechend für den Spitzenverband Bund der Krankenkassen. $_{2}$Der Spitzenverband Bund der Krankenkassen macht die Ansprüche nach Satz 1 im Insolvenzverfahren zu Gunsten der Krankenkassen nach Absatz 1 Satz 3 geltend.

(4) $_{1}$Für die Ansprüche der Leistungserbringer und die Ansprüche aus der Versicherung sowie für die Forderungen aufgrund zwischen- und überstaatlichen Rechts haften im Insolvenzfall die übrigen Krankenkassen. $_{2}$Für die Ermittlung der auf die einzelnen Krankenkassen entfallenden Beträge gilt § 167 entsprechend. $_{3}$Soweit Krankenkassen nach Satz 1 Leistungen zu erbringen haben, gehen die Ansprüche der Versicherten und der Leistungserbringer auf sie über. $_{4}$Absatz 3 Satz 2 gilt entsprechend.

(5) Wird der Spitzenverband Bund der Krankenkassen nach dieser Vorschrift von Gläubigern einer Krankenkasse in Anspruch genommen, gilt § 167 Absatz 6 entsprechend.

§ 170 Deckungskapital für Altersversorgungsverpflichtungen, Verordnungsermächtigung

(1) $_{1}$Krankenkassen haben für Versorgungszusagen, die eine direkte Einstandspflicht nach § 1 Absatz 1 Satz 3 des Betriebsrentengesetzes auslösen, sowie für ihre Beihilfeverpflichtungen durch mindestens jährliche Zuführungen vom 1. Januar 2010 an bis spätestens zum 31. Dezember 2049 ein wertgleiches Deckungskapital zu bilden, mit dem der voraussichtliche Barwert dieser Verpflichtungen an diesem Tag vollständig ausfinanziert wird. $_{2}$Auf der Passivseite der Vermögensrechnung sind Rückstellungen in Höhe des vorhandenen Deckungskapitals zu bilden. $_{3}$Satz 1 gilt nicht, soweit eine Krankenkasse der Aufsichtsbehörde durch ein versicherungsmathematisches Gutachten nachweist, dass für ihre Verpflichtungen aus Versorgungsanwartschaften und -ansprüchen sowie für ihre Beihilfeverpflichtungen ein Deckungskapital besteht, das die in Satz 1 und in der Rechtsverordnung nach Absatz 4 genannten Voraussetzungen erfüllt. $_{4}$Der Nachweis ist bei wesentlichen Änderungen der Berechnungsgrundlagen, in der Regel alle fünf Jahre, zu aktualisieren. Das Deckungskapital darf nur zweckentsprechend verwendet werden.

(2) $_{1}$Soweit Krankenversicherungsträger vor dem 31. Dezember 2009 Mitglied einer öffentlich-rechtlichen Versorgungseinrichtung geworden sind, werden die zu erwartenden Versorgungsleistungen im Rahmen der Verpflichtungen nach Absatz 1 entsprechend berücksichtigt. $_{2}$Wurde vor dem 31. Dezember 2009 Deckungskapital bei aufsichtspflichtigen Unternehmen im Sinne des § 1 Absatz 1 Nummer 1 und 5 des Versicherungsaufsichtsgesetzes gebildet, wird dieses anteilig berücksichtigt, sofern es sich um Versorgungszusagen nach Absatz 1 Satz 1 handelt. $_{3}$Soweit Krankenversicherungsträger dem Versorgungsrücklagegesetz des Bundes oder entsprechender Landesgesetze unterliegen, ist das nach den Vorgaben dieser Gesetze gebildete Kapital ebenfalls zu berücksichtigen.

(3) (weggefallen)

(4) $_{1}$Das Bundesministerium für Gesundheit regelt durch Rechtsverordnung mit Zustimmung des Bundesrates das Nähere über

1. die Abgrenzung der Versorgungsverpflichtungen, für die das Deckungskapital zu bilden ist,
2. die allgemeinen versicherungsmathematischen Vorgaben für die Ermittlung des Barwertes der Versorgungsverpflichtungen,
3. die Höhe der für die Bildung des Deckungskapitals erforderlichen Zuweisungsbeträge und die Überprüfung und Anpassung der Höhe der Zuweisungsbeträge,
4. das Zahlverfahren der Zuweisungen zum Deckungskapital,
5. die Anrechnung von Deckungskapital bei den jeweiligen Durchführungswegen der betrieblichen Altersversorgung.

$_{2}$Das Bundesministerium für Gesundheit kann die Befugnis nach Satz 1 durch Rechtsverordnung mit Zustimmung des Bundesrates auf das Bundesamt für Soziale Sicherung übertragen. [3]In diesem Fall gilt für die dem Bundesamt für Soziale Sicherung entstehenden Ausgaben § 271 Absatz 7 entsprechend.

§§ 171 und 172 (weggefallen)

Zweiter Abschnitt
Wahlrechte der Mitglieder

§ 173 Allgemeine Wahlrechte

(1) Versicherungspflichtige (§ 5) und Versicherungsberechtigte (§ 9) sind Mitglied der von ihnen gewählten Krankenkasse, soweit in den nachfolgenden Vorschriften, im Zweiten Gesetz über die Krankenversicherung der Landwirte oder im Künstlersozialversicherungsgesetz nichts Abweichendes bestimmt ist.

(2) Versicherungspflichtige und Versicherungsberechtigte können wählen

1. die Ortskrankenkasse des Beschäftigungs- oder Wohnorts,
2. jede Ersatzkasse,
3. die Betriebskrankenkasse, wenn sie in dem Betrieb beschäftigt sind, für den die Betriebskrankenkasse besteht,
4. jede Betriebs- oder Innungskrankenkasse des Beschäftigungs- oder Wohnorts, deren Satzung eine Regelung nach § 144 Absatz 2 Satz 1 oder § 145 Absatz 2 enthält,

4a. die Deutsche Rentenversicherung Knappschaft-Bahn-See,

5. die Krankenkasse, bei der vor Beginn der Versicherungspflicht oder Versicherungsberechtigung zuletzt eine Mitgliedschaft oder eine Versicherung nach § 10 bestanden hat,
6. die Krankenkasse, bei der der Ehegatte oder der Lebenspartner versichert ist.

(2a) § 2 Abs. 1 der Verordnung über den weiteren Ausbau der knappschaftlichen Versicherung in der im Bundesgesetzblatt Teil III, Gliederungsnummer 822-4, veröffentlichten bereinigten Fassung, die zuletzt durch Artikel 22 Nr. 1 des Gesetzes vom 22. Dezember 1983 (BGBl. I S. 1532) geändert worden ist, gilt nicht für Personen, die nach dem 31. März 2007 Versicherte der Deutschen Rentenversicherung Knappschaft-Bahn-See werden.

(3) Studenten können zusätzlich die Ortskrankenkasse an dem Ort wählen, in dem die Hochschule ihren Sitz hat.

(4) Nach § 5 Abs. 1 Nr. 5 bis 8 versicherungspflichtige Jugendliche, Teilnehmer an Leistungen zur Teilhabe am Arbeitsleben, behinderte Menschen und nach § 5 Abs. 1 Nr. 11 und 12 oder nach § 9 versicherte Rentner sowie nach § 9 Abs. 1 Nr. 4 versicherte behinderte Menschen können zusätzlich die Krankenkasse wählen, bei der ein Elternteil versichert ist.

(5) Versicherte Rentner können zusätzlich die Betriebs- oder Innungskrankenkasse wählen, wenn sie in dem Betrieb beschäftigt gewesen sind, für den die Betriebs- oder Innungskrankenkasse besteht.

(6) Für nach § 10 Versicherte gilt die Wahlentscheidung des Mitglieds.

(7) War an einer Vereinigung nach § 155 eine Betriebskrankenkasse ohne Satzungsregelung nach § 144 Absatz 2 Satz 1 beteiligt und handelt es sich bei der aus der Vereinigung hervorgegangenen Krankenkasse um eine Innungskrankenkasse, ist die neue Krankenkasse auch für die Versicherungspflichtigen und Versicherungsberechtigten wählbar, die ein Wahlrecht zu der Betriebskrankenkasse gehabt hätten, wenn deren Satzung vor der Vereinigung eine Regelung nach § 144 Absatz 2 Satz 1 enthalten hätte.

§ 174 Besondere Wahlrechte

(1) Für Versicherungspflichtige und Versicherungsberechtigte, die bei einer Betriebskrankenkasse beschäftigt sind oder vor dem Rentenbezug beschäftigt waren, gilt § 173 Abs. 2 Satz 1 Nr. 3 entsprechend.

(2) Versicherungspflichtige und Versicherungsberechtigte, die bei einem Verband der Betriebskrankenkassen beschäftigt sind oder vor dem Rentenbezug beschäftigt waren, können eine Betriebskrankenkasse am Wohn- oder Beschäftigungsort wählen.

(3) Abweichend von § 173 werden Versicherungspflichtige nach § 5 Abs. 1 Nr. 13 Mitglied der Krankenkasse oder des Rechtsnachfolgers der Krankenkasse, bei der sie zuletzt versichert waren, andernfalls werden sie Mitglied der von ihnen nach § 173 Abs. 1 gewählten Krankenkasse; § 173 gilt.

§ 175 Ausübung des Wahlrechts

(1) [1]Die Ausübung des Wahlrechts ist gegenüber der gewählten Krankenkasse zu erklären. [2]Diese darf die Mitgliedschaft nicht ablehnen oder die Erklärung nach Satz 1 durch falsche oder unvollständige Beratung verhindern oder erschweren. [3]Das Wahlrecht kann nach Vollendung des 15. Lebensjahres ausgeübt werden.

(2) [1]Hat vor der Ausübung des Wahlrechts zuletzt eine Mitgliedschaft bei einer anderen Krankenkasse bestanden, informiert die gewählte Krankenkasse die bisherige Krankenkasse im elektronischen Meldeverfahren unverzüglich über die Wahlentscheidung des Mitgliedes. [2]Die bisherige Krankenkasse bestätigt der gewählten Kran-

kenkasse im elektronischen Meldeverfahren unverzüglich, spätestens jedoch innerhalb von zwei Wochen nach Eingang der Meldung, das Ende der Mitgliedschaft; ist der Zeitraum nach Absatz 4 Satz 1 oder § 53 Absatz 8 Satz 1 noch nicht abgelaufen, ist als Zeitpunkt der Beendigung der Mitgliedschaft das Datum des Ablaufs des Zeitraums anzugeben.

(2a) 1Liegen der Aufsichtsbehörde Anhaltspunkte dafür vor, dass eine Krankenkasse entgegen Absatz 1 Satz 2 eine Mitgliedschaft rechtswidrig abgelehnt hat oder die Abgabe der Erklärung nach Absatz 1 Satz 1 verhindert oder erschwert, hat sie diesen Anhaltspunkten unverzüglich nachzugehen und die Krankenkasse zur Behebung einer festgestellten Rechtsverletzung und zur Unterlassung künftiger Rechtsverletzungen zu verpflichten. 2Das gilt auch, wenn die bisherige Krankenkasse einen Krankenkassenwechsel behindert oder die Meldung nach Absatz 2 Satz 1 nicht fristgerecht beantwortet. 3Als rechtswidrig ist insbesondere eine Beratung durch die angegangene Krankenkasse anzusehen, die dazu führt, dass von der Erklärung nach Absatz 1 Satz 1 ganz abgesehen wird oder diese nur unter erschwerten Bedingungen abgegeben werden kann. 4Die Verpflichtung der Krankenkasse nach den Sätzen 1 und 2 ist mit der Androhung eines Zwangsgeldes von bis zu 50 000 Euro für jeden Fall der Zuwiderhandlung zu verbinden. 5Rechtsbehelfe gegen Maßnahmen der Aufsichtsbehörde nach den Sätzen 1, 2 und 4 haben keine aufschiebende Wirkung. 6Vorstandsmitglieder, die vorsätzlich oder fahrlässig nicht verhindern, dass die Krankenkasse entgegen Absatz 1 Satz 2 eine Mitgliedschaft rechtswidrig ablehnt oder die Abgabe der Erklärung nach Absatz 1 Satz 1 verhindert oder erschwert, sind der Krankenkasse zum Ersatz des daraus entstehenden Schadens als Gesamtschuldner verpflichtet. 7Die zuständige Aufsichtsbehörde hat nach Anhörung des Vorstandsmitglieds den Verwaltungsrat zu veranlassen, das Vorstandsmitglied in Anspruch zu nehmen, falls der Verwaltungsrat das Regressverfahren nicht bereits von sich aus eingeleitet hat.

(3) 1Versicherungspflichtige haben der zur Meldung verpflichteten Stelle unverzüglich Angaben über die gewählte Krankenkasse zu machen. 2Hat der Versicherungspflichtige der zur Meldung verpflichteten Stelle nicht spätestens zwei Wochen nach Eintritt der Versicherungspflicht Angaben über die gewählte Krankenkasse gemacht, hat die zur Meldung verpflichtete Stelle den Versicherungspflichtigen ab Eintritt der Versicherungspflicht bei der Krankenkasse anzumelden, bei der zuletzt eine Versicherung bestand; bestand vor Eintritt der Versicherungspflicht keine Versicherung, hat die zur Meldung verpflichtete Stelle den Versicherungspflichtigen bei einer nach § 173 wählbaren Krankenkasse anzumelden und den Versicherungspflichtigen unverzüglich über die gewählte Krankenkasse in Textform zu unterrichten. 3Nach Eingang der Anmeldung hat die Krankenkasse der zur Meldung verpflichteten Stelle im elektronischen Meldeverfahren das Bestehen oder Nichtbestehen der Mitgliedschaft zurückzumelden. 4Für die Fälle, in denen der Versicherungspflichtige keine Angaben über die gewählte Krankenkasse macht und keine Meldung nach Satz 2 erfolgt, legt der Spitzenverband Bund der Krankenkassen Regeln über die Zuständigkeit fest.

(3a) 1Bei Schließung oder Insolvenz einer Krankenkasse haben Versicherungspflichtige spätestens innerhalb von sechs Wochen nach Zustellung des Schließungsbescheids oder der Stellung des Insolvenzantrags (§ 160 Absatz 3 Satz 1) der zur Meldung verpflichteten Stelle Angaben über die gewählte Krankenkasse zu machen. 2Werden die Angaben nach Satz 1 über die gewählte Krankenkasse nicht oder nicht rechtzeitig gemacht, gilt Absatz 3 Satz 2 entsprechend mit der Maßgabe, dass die Anmeldung durch die zur Meldung verpflichtete Stelle innerhalb von weiteren zwei Wochen mit Wirkung zu dem Zeitpunkt zu erfolgen hat, an dem die Schließung wirksam wird. 3Bei Stellung eines Insolvenzantrags erfolgt die Meldung zum ersten Tag des laufenden Monats, spätestens zu dem Zeitpunkt, an dem das Insolvenzverfahren eröffnet oder der Antrag mangels Masse abgewiesen wird. 4Wird die Krankenkasse nicht geschlossen, bleibt die Mitgliedschaft bei dieser Krankenkasse bestehen. 5Die gewählten Krankenkassen haben die geschlossene oder insolvente Krankenkasse im elektronischen Meldeverfahren unverzüglich über die Wahlentscheidung des Mitglieds zu informieren. 6Mitglieder, bei denen keine zur Meldung verpflichtete Stelle besteht, haben der geschlossenen Krankenkasse innerhalb von drei Monaten nach dem in Satz 1 genannten Zeitpunkt über die gewählte Krankenkasse zu informieren.

(4) 1Versicherungspflichtige und Versicherungsberechtigte sind an die von ihnen gewählte Krankenkasse mindestens zwölf Monate gebunden. 2Satz 1 gilt nicht bei Ende der Mitgliedschaft kraft Gesetzes. 3Zum oder nach Ablauf des in Satz 1 festgelegten Zeitraums ist eine Kündigung der Mitgliedschaft zum Ablauf des übernächsten Kalendermonats möglich, gerechnet von dem Monat, in dem das Mitglied die Kündigung erklärt. 4Bei einem Wechsel in eine andere Krankenkasse ersetzt die Meldung der neuen Krankenkasse über die Ausübung des Wahlrechts nach Absatz 2 Satz 1 die Kündigungserklärung des Mitglieds. 5Erfolgt die Kündigung, weil keine Mitgliedschaft bei einer Krankenkasse begründet werden soll, hat die Krankenkasse dem Mitglied unverzüglich, spätestens jedoch innerhalb von zwei Wochen nach Eingang der Kündigung-

serklärung eine Kündigungsbestätigung auszustellen; die Kündigung wird wirksam, wenn das Mitglied innerhalb der Kündigungsfrist das Bestehen einer anderweitigen Absicherung im Krankheitsfall nachweist. 6Erhebt die Krankenkasse nach § 242 Absatz 1 erstmals einen Zusatzbeitrag oder erhöht sie ihren Zusatzbeitragssatz, kann die Kündigung der Mitgliedschaft abweichend von Satz 1 bis zum Ablauf des Monats erklärt werden, für den der Zusatzbeitrag erstmals erhoben wird oder für den der Zusatzbeitragssatz erhöht wird; Satz 4 gilt entsprechend. 7Die Krankenkasse hat spätestens einen Monat vor dem in Satz 6 genannten Zeitpunkt ihre Mitglieder in einem gesonderten Schreiben auf das Kündigungsrecht nach Satz 6, auf die Höhe des durchschnittlichen Zusatzbeitragssatzes nach § 242a sowie auf die Übersicht des Spitzenverbandes Bund der Krankenkassen zu den Zusatzbeitragssätzen der Krankenkassen nach § 242 Absatz 5 hinzuweisen; überschreitet der neu erhobene Zusatzbeitrag oder der erhöhte Zusatzbeitragssatz den durchschnittlichen Zusatzbeitragssatz, so sind die Mitglieder auf die Möglichkeit hinzuweisen, in eine günstigere Krankenkasse zu wechseln. 8Kommt die Krankenkasse ihrer Hinweispflicht nach Satz 7 gegenüber einem Mitglied verspätet nach, gilt eine erfolgte Kündigung als in dem Monat erklärt, für den der Zusatzbeitrag erstmalig erhoben wird oder für den der Zusatzbeitragssatz erhöht wird; hiervon ausgenommen sind Kündigungen, die bis zu dem in Satz 6 genannten Zeitpunkt ausgeübt worden sind. 9Satz 1 gilt nicht, wenn die Kündigung eines Versicherungsberechtigten erfolgt, weil die Voraussetzungen einer Versicherung nach § 10 erfüllt sind oder wenn die Kündigung erfolgt, weil keine Mitgliedschaft bei einer Krankenkasse begründet werden soll. 10Die Krankenkassen können in ihren Satzungen vorsehen, dass die Frist nach Satz 1 nicht gilt, wenn eine Mitgliedschaft bei einer anderen Krankenkasse der gleichen Kassenart begründet werden soll.

(4a) 1Die Hinweispflicht der Krankenkassen nach § 175 Absatz 4 Satz 7 besteht nicht für eine Erhöhung des Zusatzbeitragssatzes, die im Zeitraum vom 1. Januar 2023 bis zum 30. Juni 2023 wirksam wird. 2Die Krankenkassen haben stattdessen spätestens einen Monat vor dem in Absatz 4 Satz 6 genannten Zeitpunkt ihre Mitglieder auf andere geeignete Weise auf das Kündigungsrecht nach Absatz 4 Satz 6 und dessen Ausübung, auf die Höhe des durchschnittlichen Zusatzbeitragssatzes nach § 242a, die Möglichkeit, in eine günstigere Krankenkasse zu wechseln sowie auf die Übersicht des Spitzenverbandes Bund der Krankenkassen zu den Zusatzbeitragssätzen der Krankenkassen nach § 242 Absatz 5 hinzuweisen. 3Absatz 4 Satz 8 gilt entsprechend.

(5) Absatz 4 gilt nicht für Versicherungspflichtige, die durch die Errichtung oder Ausdehnung einer Betriebs- oder Innungskrankenkasse oder durch betriebliche Veränderungen Mitglieder einer Betriebs- oder Innungskrankenkasse werden können, wenn sie die Wahl innerhalb von zwei Wochen nach dem Zeitpunkt der Errichtung, Ausdehnung oder betrieblichen Veränderung ausüben; Absatz 2 gilt entsprechend.

(6) Der Spitzenverband Bund der Krankenkassen legt für die Meldungen und Informationspflichten nach dieser Vorschrift einheitliche Verfahren und Vordrucke fest und bestimmt die Inhalte für das elektronische Meldeverfahren zwischen den Krankenkassen nach den Absätzen 2, 3a, 4 und 5 sowie für das elektronische Meldeverfahren zwischen den Krankenkassen und den zur Meldung verpflichteten Stellen nach Absatz 3.

§ 176 Bestandschutzregelung für Solidargemeinschaften

(1) Die Mitgliedschaft in einer Solidargemeinschaft gilt nur dann als anderweitige Absicherung im Krankheitsfall im Sinne des § 5 Absatz 1 Nummer 13 und als ein mit dem Anspruch auf freie Heilfürsorge oder einer Beihilfeberechtigung vergleichbarer Anspruch im Sinne des § 193 Absatz 3 Satz 2 Nummer 2 des Versicherungsvertragsgesetzes, wenn die Solidargemeinschaft am 20. Januar 2021 bereits bestanden hat und seit ihrer Gründung ununterbrochen fortgeführt wurde, sie beides dem Bundesministerium für Gesundheit nachweist und auf ihren alle fünf Jahre zu stellenden Antrag hin das Bundesministerium für Gesundheit jeweils das Vorliegen eines testierten Gutachtens über die dauerhafte Leistungsfähigkeit gemäß Absatz 3 bestätigt.

(2) 1Die in Absatz 1 genannten Solidargemeinschaften sind ihren Mitgliedern zur Gewährung von Leistungen verpflichtet, die der Art, dem Umfang und der Höhe nach den Leistungen dieses Buches entsprechen. 2Hiervon kann durch Satzung der Solidargemeinschaft nicht zum Nachteil ihrer Mitglieder abgewichen werden. 3Die Kündigung der Mitgliedschaft in einer solchen Solidargemeinschaft wird nur wirksam, wenn das Mitglied das Bestehen einer anderweitigen Absicherung im Krankheitsfall nachweist.

(3) 1Um eine dauerhafte Leistungsfähigkeit nachzuweisen, hat eine Solidargemeinschaft alle fünf Jahre ein versicherungsmathematisches Gutachten beim Bundesministerium für Gesundheit einzureichen. 2Das Gutachten ist von einem unabhängigen und geeigneten Gutachter zu prüfen und zu testieren. Voraussetzung für die Erteilung des Testats ist insbesondere, dass

1. die Beiträge der Solidargemeinschaft auf versicherungsmathematischer Grundlage unter Zugrundelegung der Wahrscheinlichkeitstafeln der Bundesanstalt für Finanzdienstleistungsaufsicht und anderer einschlägiger statistischer Daten berechnet sind, insbesondere unter Berücksichtigung der maßgeblichen Annahmen zur Invaliditäts- und Krankheitsgefahr, zur Sterblichkeit und zur Alters- und Geschlechtsabhängigkeit des Risikos, und
2. die dauerhafte Erfüllbarkeit der Verpflichtung nach Absatz 2 Satz 1 jederzeit gewährleistet ist.

(4) Die Regelungen zur Aufnahme in die gesetzliche Krankenversicherung oder in die private Krankenversicherung nach dem Versicherungsvertragsgesetz bleiben unberührt.

§§ 177 bis 185 (weggefallen)

Dritter Abschnitt
Mitgliedschaft und Verfassung

Erster Titel
Mitgliedschaft

§ 186 Beginn der Mitgliedschaft Versicherungspflichtiger

(1) Die Mitgliedschaft versicherungspflichtig Beschäftigter beginnt mit dem Tag des Eintritts in das Beschäftigungsverhältnis.

(2) 1Die Mitgliedschaft unständig Beschäftigter (§ 179 Abs. 2) beginnt mit dem Tag der Aufnahme der unständigen Beschäftigung, für die die zuständige Krankenkasse erstmalig Versicherungspflicht festgestellt hat, wenn die Feststellung innerhalb eines Monats nach Aufnahme der Beschäftigung erfolgt, andernfalls mit dem Tag der Feststellung. 2Die Mitgliedschaft besteht auch an den Tagen fort, an denen der unständig Beschäftigte vorübergehend, längstens für drei Wochen nicht beschäftigt wird.

(2a) Die Mitgliedschaft der Bezieher von Bürgergeld nach § 19 Absatz 1 Satz 1 des Zweiten Buches und Arbeitslosengeld oder Unterhaltsgeld nach dem Dritten Buch beginnt mit dem Tag, von dem an die Leistung bezogen wird.

(3) 1Die Mitgliedschaft der nach dem Künstlersozialversicherungsgesetz Versicherten beginnt mit dem Tage, an dem die Versicherungspflicht auf Grund der Feststellung der Künstlersozialkasse beginnt. 2Ist die Versicherungspflicht nach dem Künstlersozialversicherungsgesetz durch eine unständige Beschäftigung (§ 179 Abs. 2) unterbrochen worden, beginnt die Mitgliedschaft mit dem Tage nach dem Ende der unständigen Beschäftigung. 3Kann nach § 9 des Künstlersozialversicherungsgesetzes ein Versicherungsvertrag gekündigt werden, beginnt die Mitgliedschaft mit dem auf die Kündigung folgenden Monat, spätestens zwei Monate nach der Feststellung der Versicherungspflicht.

(4) Die Mitgliedschaft von Personen, die in Einrichtungen der Jugendhilfe für eine Erwerbstätigkeit befähigt werden, beginnt mit dem Beginn der Maßnahme.

(5) Die Mitgliedschaft versicherungspflichtiger Teilnehmer an Leistungen zur Teilhabe am Arbeitsleben beginnt mit dem Beginn der Maßnahme.

(6) Die Mitgliedschaft versicherungspflichtiger behinderter Menschen beginnt mit dem Beginn der Tätigkeit in den anerkannten Werkstätten für behinderte Menschen, Anstalten, Heimen oder gleichartigen Einrichtungen.

(7) 1Die Mitgliedschaft versicherungspflichtiger Studenten beginnt mit dem Semester, frühestens mit dem Tag der Einschreibung oder der Rückmeldung an der Hochschule. 2Bei Hochschulen, in denen das Studienjahr in Trimester eingeteilt ist, tritt an die Stelle des Semesters das Trimester. 3Für Hochschulen, die keine Semestereinteilung haben, gelten als Semester im Sinne des Satzes 1 die Zeiten vom 1. April bis 30. September und vom 1. Oktober bis 31. März.

(8) 1Die Mitgliedschaft versicherungspflichtiger Praktikanten beginnt mit dem Tag der Aufnahme der berufspraktischen Tätigkeit. 2Die Mitgliedschaft von zu ihrer Berufsausbildung ohne Arbeitsentgelt Beschäftigten beginnt mit dem Tag des Eintritts in die Beschäftigung.

(9) Die Mitgliedschaft versicherungspflichtiger Rentner beginnt mit dem Tag der Stellung des Rentenantrags.

(10) Wird die Mitgliedschaft Versicherungspflichtiger zu einer Krankenkasse gekündigt (§ 175), beginnt die Mitgliedschaft bei der neugewählten Krankenkasse abweichend von den Absätzen 1 bis 9 mit dem Tag nach Eintritt der Rechtswirksamkeit der Kündigung.

(11) 1Die Mitgliedschaft der nach § 5 Abs. 1 Nr. 13 Versicherungspflichtigen beginnt mit dem ersten Tag ohne anderweitigen Anspruch auf Absicherung im Krankheitsfall im Inland. 2Die Mitgliedschaft von Ausländern, die nicht Angehörige eines Mitgliedstaates der Europäischen Union, eines Vertragsstaates des Abkommens über den Europäischen Wirtschaftsraum oder Staatsangehörige der Schweiz sind, beginnt mit dem ersten Tag der Geltung der Niederlassungserlaubnis oder der Aufenthaltserlaubnis. 3Für Personen, die am 1. April 2007 keinen anderweitigen Anspruch auf Absicherung im Krankheitsfall haben, beginnt die Mitgliedschaft an diesem Tag.

V

§ 187 Beginn der Mitgliedschaft bei einer neu errichteten Krankenkasse

Die Mitgliedschaft bei einer neu errichteten Krankenkasse beginnt für Versicherungspflichtige, für die diese Krankenkasse zuständig ist, mit dem Zeitpunkt, an dem die Errichtung der Krankenkasse wirksam wird.

§ 188 Beginn der freiwilligen Mitgliedschaft

(1) Die Mitgliedschaft Versicherungsberechtigter beginnt mit dem Tag ihres Beitritts zur Krankenkasse.

(2) 1Die Mitgliedschaft der in § 9 Abs. 1 Nr. 1 und 2 genannten Versicherungsberechtigten beginnt mit dem Tag nach dem Ausscheiden aus der Versicherungspflicht oder mit dem Tag nach dem Ende der Versicherung nach § 10. 2Die Mitgliedschaft der in § 9 Absatz 1 Satz 1 Nummer 3 und 5 genannten Versicherungsberechtigten beginnt mit dem Tag der Aufnahme der Beschäftigung. 3Die Mitgliedschaft der in § 9 Absatz 1 Satz 1 Nummer 8 genannten Versicherungsberechtigten beginnt mit dem Tag nach dem Ausscheiden aus dem Dienst.

(3) 1Der Beitritt ist in Textform zu erklären. 2Die Krankenkassen haben sicherzustellen, dass die Mitgliedschaftsberechtigten vor Abgabe ihrer Erklärung in geeigneter Weise in Textform über die Rechtsfolgen ihrer Beitrittserklärung informiert werden.

(4) 1Für Personen, deren Versicherungspflicht oder Familienversicherung endet, setzt sich die Versicherung mit dem Tag nach dem Ausscheiden aus der Versicherungspflicht oder mit dem Tag nach dem Ende der Familienversicherung als freiwillige Mitgliedschaft fort, es sei denn, das Mitglied erklärt innerhalb von zwei Wochen nach Hinweis der Krankenkasse über die Austrittsmöglichkeiten seinen Austritt. 2Der Austritt wird nur wirksam, wenn das Mitglied das Bestehen eines anderweitigen Anspruchs auf Absicherung im Krankheitsfall nachweist. 3Satz 1 gilt nicht für Personen, deren Versicherungspflicht endet, wenn die übrigen Voraussetzungen für eine Familienversicherung erfüllt sind oder ein Anspruch auf Leistungen nach § 19 Absatz 2 besteht, sofern im Anschluss daran das Bestehen eines anderweitigen Anspruchs auf Absicherung im Krankheitsfall nachgewiesen wird. 4Satz 1 gilt nicht, wenn die Krankenkasse trotz Ausschöpfung der ihr zur Verfügung stehenden Ermittlungsmöglichkeiten weder den Wohnsitz noch den gewöhnlichen Aufenthalt des Mitglieds im Geltungsbereich des Sozialgesetzbuches ermitteln konnte. 5Bei Saisonarbeitnehmern, deren Versicherungspflicht mit der Beendigung der Saisonarbeitnehmertätigkeit endet, setzt sich die Versicherung nur dann nach Satz 1 fort, wenn diese Personen innerhalb von drei Monaten nach dem Ende der Versicherungspflicht ihren Beitritt zur freiwilligen Versicherung gegenüber ihrer bisherigen Krankenkasse erklären und ihren Wohnsitz oder gewöhnlichen Aufenthalt in der Bundesrepublik Deutschland nachweisen. 6Ein Saisonarbeitnehmer nach Satz 5 ist ein Arbeitnehmer, der vorübergehend für eine versicherungspflichtige auf bis zu acht Monate befristete Beschäftigung in die Bundesrepublik Deutschland gekommen ist, um mit seiner Tätigkeit einen jahreszeitlich bedingten jährlich wiederkehrenden erhöhten Arbeitskräftebedarf des Arbeitgebers abzudecken. 7Der Arbeitgeber hat den Saisonarbeitnehmer nach Satz 5 im Meldeverfahren nach § 28a des Vierten Buches gesondert zu kennzeichnen. 8Die Krankenkasse hat den Saisonarbeitnehmer nach Satz 5, nachdem der Arbeitgeber der Krankenkasse den Beginn der Beschäftigungsaufnahme gemeldet hat, unverzüglich auf das Beitrittsrecht und seine Nachweispflicht nach Satz 5 hinzuweisen.

(5) 1Der Spitzenverband Bund der Krankenkassen regelt das Nähere zu den Ermittlungspflichten der Krankenkassen nach Absatz 4 Satz 4 und § 191 Nummer 4. 2Die Regelungen nach Satz 1 bedürfen zu ihrer Wirksamkeit der Zustimmung des Bundesministeriums für Gesundheit.

§ 189 Mitgliedschaft von Rentenantragstellern

(1) 1Als Mitglieder gelten Personen, die eine Rente der gesetzlichen Rentenversicherung beantragt haben und die Voraussetzungen nach § 5 Absatz 1 Nummer 11 bis 12 und Absatz 2, jedoch nicht die Voraussetzungen für den Bezug der Rente erfüllen. 2Satz 1 gilt nicht für Personen, die nach anderen Vorschriften versicherungspflichtig oder nach § 6 Abs. 1 versicherungsfrei sind.

(2) 1Die Mitgliedschaft beginnt mit dem Tag der Stellung des Rentenantrags. 2Sie endet mit dem Tod oder mit dem Tag, an dem der Antrag zurückgenommen oder die Ablehnung des Antrags unanfechtbar wird.

§ 190 Ende der Mitgliedschaft Versicherungspflichtiger

(1) Die Mitgliedschaft Versicherungspflichtiger endet mit dem Tod des Mitglieds.

(2) Die Mitgliedschaft versicherungspflichtig Beschäftigter endet mit Ablauf des Tages, an dem das Beschäftigungsverhältnis gegen Arbeitsentgelt endet.

(3) (weggefallen)

(4) Die Mitgliedschaft unständig Beschäftigter endet, wenn das Mitglied die berufsmäßige Ausübung der unständigen Beschäftigung nicht nur vorübergehend aufgibt, spätestens mit Ablauf von drei Wochen nach dem Ende der letzten unständigen Beschäftigung.

(5) Die Mitgliedschaft der nach dem Künstlersozialversicherungsgesetz Versicherten endet mit dem Tage, an dem die Versicherungspflicht auf Grund der Feststellung

der Künstlersozialkasse endet; § 192 Abs. 1 Nr. 2 und 3 bleibt unberührt.

(6) Die Mitgliedschaft von Personen, die in Einrichtungen der Jugendhilfe für eine Erwerbstätigkeit befähigt werden, endet mit dem Ende der Maßnahme.

(7) Die Mitgliedschaft versicherungspflichtiger Teilnehmer an Leistungen zur Teilhabe am Arbeitsleben endet mit dem Ende der Maßnahme, bei Weiterzahlung des Übergangsgeldes mit Ablauf des Tages, bis zu dem Übergangsgeld gezahlt wird.

(8) Die Mitgliedschaft von versicherungspflichtigen behinderten Menschen in anerkannten Werkstätten für behinderte Menschen, Anstalten, Heimen oder gleichartigen Einrichtungen endet mit Aufgabe der Tätigkeit.

(9) 1Die Mitgliedschaft versicherungspflichtiger Studenten endet mit Ablauf des Semesters, für das sie sich zuletzt eingeschrieben oder zurückgemeldet haben, wenn sie

1. bis zum Ablauf oder mit Wirkung zum Ablauf dieses Semesters exmatrikuliert worden sind oder
2. bis zum Ablauf dieses Semesters das 30. Lebensjahr vollendet haben.

2Bei Anerkennung von Hinderungsgründen, die eine Überschreitung der Altersgrenze nach Satz 1 Nummer 2 rechtfertigen, endet die Mitgliedschaft mit Ablauf des Verlängerungszeitraums zum Semesterende. 3Abweichend von Satz 1 Nummer 1 endet im Fall der Exmatrikulation die Mitgliedschaft mit Ablauf des Tages, an dem der Student seinen Wohnsitz oder gewöhnlichen Aufenthalt im Geltungsbereich des Sozialgesetzbuchs aufgegeben hat oder an dem er dauerhaft an seinen Wohnsitz oder Ort des gewöhnlichen Aufenthalts außerhalb des Geltungsbereichs des Sozialgesetzbuchs zurückkehrt. 4Satz 1 Nummer 1 gilt nicht, wenn sich der Student nach Ablauf des Semesters, in dem oder mit Wirkung zu dessen Ablauf er exmatrikuliert wurde, innerhalb eines Monats an einer staatlichen oder staatlich anerkannten Hochschule einschreibt. 5§ 186 Absatz 7 Satz 2 und 3 gilt entsprechend.

(10) 1Die Mitgliedschaft versicherungspflichtiger Praktikanten endet mit dem Tag der Aufgabe der berufspraktischen Tätigkeit oder vor Aufgabe des Praktikums mit Vollendung des 30. Lebensjahres. 2Die Mitgliedschaft von zu ihrer Berufsausbildung ohne Arbeitsentgelt Beschäftigten endet mit dem Tag der Aufgabe der Beschäftigung.

(11) Die Mitgliedschaft versicherungspflichtiger Rentner endet

1. mit Ablauf des Monats, in dem der Anspruch auf Rente wegfällt oder die Entscheidung über den Wegfall oder den Entzug der Rente unanfechtbar geworden ist, frühestens mit Ablauf des Monats, für den letztmalig Rente zu zahlen ist,
2. bei Gewährung einer Rente für zurückliegende Zeiträume mit Ablauf des Monats, in dem die Entscheidung unanfechtbar wird.

(11a) Die Mitgliedschaft der in § 9 Abs. 1 Satz 1 Nummer 6 in der am 10. Mai 2019 geltenden Fassung genannten Personen, die das Beitrittsrecht ausgeübt haben, sowie ihrer Familienangehörigen, die nach dem 31. März 2002 nach § 5 Abs. 1 Nr. 11 versicherungspflichtig geworden sind, deren Anspruch auf Rente schon an diesem Tag bestand, die aber nicht die Vorversicherungszeit des § 5 Abs. 1 Nr. 11 in der seit dem 1. Januar 1993 geltenden Fassung erfüllt hatten und die bis zum 31. März 2002 nach § 10 oder nach § 7 des Zweiten Gesetzes über die Krankenversicherung der Landwirte versichert waren, endet mit dem Eintritt der Versicherungspflicht nach § 5 Abs. 1 Nr. 11.

(12) Die Mitgliedschaft der Bezieher von Bürgergeld nach § 19 Absatz 1 Satz 1 des Zweiten Buches und Arbeitslosengeld oder Unterhaltsgeld nach dem Dritten Buch endet mit Ablauf des letzten Tages, für den die Leistung bezogen wird.

(13) 1Die Mitgliedschaft der in § 5 Abs. 1 Nr. 13 genannten Personen endet mit Ablauf des Vortages, an dem

1. ein anderweitiger Anspruch auf Absicherung im Krankheitsfall begründet wird oder
2. der Wohnsitz oder gewöhnliche Aufenthalt in einen anderen Staat verlegt wird.

2Satz 1 Nr. 1 gilt nicht für Mitglieder, die Empfänger von Leistungen nach dem Dritten, Vierten, Sechsten und Siebten Kapitel des Zwölften Buches sind.

§ 191 Ende der freiwilligen Mitgliedschaft

Die freiwillige Mitgliedschaft endet

1. mit dem Tod des Mitglieds,
2. mit Beginn einer Pflichtmitgliedschaft,
3. mit dem Wirksamwerden der Kündigung (§ 175 Abs. 4); die Satzung kann einen früheren Zeitpunkt bestimmen, wenn das Mitglied die Voraussetzungen einer Versicherung nach § 10 erfüllt oder
4. mit Ablauf eines Zeitraums von mindestens sechs Monaten rückwirkend ab dem Beginn dieses Zeitraums, in dem für die Mitgliedschaft keine Beiträge geleistet wurden, das Mitglied und familienversicherte Angehörige keine Leistungen in Anspruch genommen haben und die Krankenkasse trotz Ausschöpfung der ihr zur Verfügung stehenden Ermittlungsmöglichkeiten weder einen Wohnsitz noch einen gewöhnlichen Aufenthalt des Mitglieds im Geltungsbereich des Sozialgesetzbuches ermitteln konnte.

§ 192 Fortbestehen der Mitgliedschaft Versicherungspflichtiger

(1) Die Mitgliedschaft Versicherungspflichtiger bleibt erhalten, solange

1. sie sich in einem rechtmäßigen Arbeitskampf befinden,
2. Anspruch auf Krankengeld oder Mutterschaftsgeld besteht oder eine dieser Leistungen oder nach gesetzlichen Vorschriften Erziehungsgeld oder Elterngeld bezogen oder Elternzeit in Anspruch genommen oder Pflegeunterstützungsgeld bezogen wird,

2a. von einem privaten Krankenversicherungsunternehmen, von einem Beihilfeträger des Bundes, von sonstigen öffentlich-rechtlichen Trägern von Kosten in Krankheitsfällen auf Bundesebene, von dem Träger der Heilfürsorge im Bereich des Bundes, von dem Träger der truppenärztlichen Versorgung oder von einem öffentlich-rechtlichen Träger von Kosten in Krankheitsfällen auf Landesebene, soweit das Landesrecht dies vorsieht, Leistungen für den Ausfall von Arbeitseinkünften im Zusammenhang mit einer nach den §§ 8 und 8a des Transplantationsgesetzes erfolgenden Spende von Organen oder Geweben oder im Zusammenhang mit einer Spende von Blut zur Separation von Blutstammzellen oder anderen Blutbestandteilen im Sinne von § 9 des Transfusionsgesetzes bezogen werden oder diese beansprucht werden können,

3. von einem Rehabilitationsträger während einer Leistung zur medizinischen Rehabilitation Verletztengeld, Versorgungskrankengeld oder Übergangsgeld gezahlt wird oder
4. Kurzarbeitergeld nach dem Dritten Buch bezogen wird.

(2) Während der Schwangerschaft bleibt die Mitgliedschaft Versicherungspflichtiger auch erhalten, wenn das Beschäftigungsverhältnis vom Arbeitgeber zulässig aufgelöst oder das Mitglied unter Wegfall des Arbeitsentgelts beurlaubt worden ist, es sei denn, es besteht eine Mitgliedschaft nach anderen Vorschriften.

§ 193 Fortbestehen der Mitgliedschaft bei Wehrdienst oder Zivildienst

(1) $_1$Bei versicherungspflichtig Beschäftigten, denen nach § 1 Abs. 2 des Arbeitsplatzschutzgesetzes Entgelt weiterzugewähren ist, gilt das Beschäftigungsverhältnis als durch den Wehrdienst nach § 4 Abs. 1 und § 6b Abs. 1 des Wehrpflichtgesetzes nicht unterbrochen. $_2$Dies gilt auch für Personen in einem Wehrdienstverhältnis besonderer Art nach § 6 des Einsatz-Weiterverwendungsgesetzes, wenn sie den Einsatzunfall in einem Versicherungsverhältnis erlitten haben.

(2) $_1$Bei Versicherungspflichtigen, die nicht unter Absatz 1 fallen, sowie bei freiwilligen Mitgliedern berührt der Wehrdienst nach § 4 Abs. 1 und § 6b Abs. 1 des Wehrpflichtgesetzes eine bestehende Mitgliedschaft bei einer Krankenkasse nicht. $_2$Die versicherungspflichtige Mitgliedschaft gilt als fortbestehend, wenn die Versicherungspflicht am Tag vor dem Beginn des Wehrdienstes endet oder wenn zwischen dem letzten Tag der Mitgliedschaft und dem Beginn des Wehrdienstes ein Samstag, Sonntag oder gesetzlicher Feiertag liegt. $_3$Absatz 1 Satz 2 gilt entsprechend.

(3) Die Absätze 1 und 2 gelten für den Zivildienst entsprechend.

(4) $_1$Die Absätze 1 und 2 gelten für Personen, die Dienstleistungen oder Übungen nach dem Vierten Abschnitt des Soldatengesetzes leisten. $_2$Die Dienstleistungen und Übungen gelten nicht als Beschäftigungen im Sinne des § 5 Abs. 1 Nr. 1 und § 6 Abs. 1 Nr. 3.

(5) Die Zeit in einem Wehrdienstverhältnis besonderer Art nach § 6 des Einsatz-Weiterverwendungsgesetzes gilt nicht als Beschäftigung im Sinne von § 5 Abs. 1 Nr. 1 und § 6 Abs. 1 Nr. 3.

Zweiter Titel
Satzung, Organe

§ 194 Satzung der Krankenkassen

(1) Die Satzung muß insbesondere Bestimmungen enthalten über

1. Namen und Sitz der Krankenkasse,
2. Bezirk der Krankenkasse und Kreis der Mitglieder,
3. Art und Umfang der Leistungen, soweit sie nicht durch Gesetz bestimmt sind,
4. Festsetzung des Zusatzbeitrags nach § 242,
5. Zahl der Mitglieder der Organe,
6. Rechte und Pflichten der Organe,
7. Art der Beschlußfassung des Verwaltungsrates,
8. Bemessung der Entschädigungen für Organmitglieder,
9. jährliche Prüfung der Betriebs- und Rechnungsführung und Abnahme der Jahresrechnung,
10. Zusammensetzung und Sitz der Widerspruchsstelle und
11. Art der Bekanntmachungen.

(1a) $_1$Die Satzung kann eine Bestimmung enthalten, nach der die Krankenkasse den Abschluss privater Zusatzversicherungsverträge zwischen ihren Versicherten und privaten Krankenversicherungsunternehmen vermitteln kann. $_{2}$Gegenstand dieser Verträge können alle Leistungen sein, die den gesetzlichen Krankenversicherungsschutz ergänzen, insbesondere Ergänzungstarife zur Kostenerstattung, Wahlarztbehandlung im Krankenhaus, Ein- oder Zweibettzuschlag im Krankenhaus sowie eine Auslandskrankenversicherung.

(2) $_{1}$Die Satzung darf keine Bestimmungen enthalten, die den Aufgaben der gesetzlichen Krankenversicherung widersprechen. $_{2}$Sie darf Leistungen nur vorsehen, soweit dieses Buch sie zuläßt.

§ 194a Modellprojekt zur Durchführung von Online-Wahlen bei den Krankenkassen

(1) $_{1}$Bei den Sozialversicherungswahlen im Jahr 2023 können im Rahmen eines Modellprojektes abweichend von § 54 Absatz 1 des Vierten Buches die Wahlen der Vertreter der Versicherten bei den in § 35a Absatz 1 Satz 1 des Vierten Buches genannten Krankenkassen auch in einem elektronischen Wahlverfahren über das Internet (Online-Wahl) durchgeführt werden. $_{2}$Eine Stimmabgabe per Online-Wahl ist nur möglich, wenn die jeweilige Krankenkasse in ihrer Satzung vorsieht, dass alternativ zu der brieflichen Stimmabgabe auch eine Stimmabgabe per Online-Wahl vorgenommen werden kann. $_{3}$Eine entsprechende Satzungsregelung muss spätestens bis zum 30. September 2020 in Kraft treten.

(2) $_{1}$Die am Modellprojekt teilnehmenden Krankenkassen haben die Stimmabgabe per Online-Wahl gemeinsam und einheitlich vorzubereiten und durchzuführen. $_{2}$Nehmen mehrere Krankenkassen an dem Modellprojekt teil, bilden sie hierfür eine Arbeitsgemeinschaft nach § 94 Absatz 1a Satz 1 des Zehnten Buches.

(3) $_{1}$Die nachgewiesenen Kosten der am Modellprojekt teilnehmenden Krankenkassen für die Vorbereitung und Durchführung der Stimmabgabe per Online-Wahl werden auf alle in § 35a Absatz 1 Satz 1 des Vierten Buches genannten Krankenkassen in entsprechender Anwendung von § 83 Absatz 1 Satz 2 der Wahlordnung für die Sozialversicherung umgelegt. $_{2}$Umgelegt werden dürfen insbesondere Aufwendungen für die Ausschreibung und Beauftragung externer Dienstleistungen einschließlich Kosten wissenschaftlicher und technischer Beratung sowie Sach- und Personalkosten der teilnehmenden Krankenkassen für Aufgaben, die in Abstimmung mit der Arbeitsgemeinschaft nach Absatz 2 Satz 2 auf der Grundlage einer von dieser aufgestellten Projektplanung zur Vorbereitung und Durchführung der Stimmabgabe per Online-Wahl wahrgenommen werden.

(3a) $_{1}$Das Bundesamt für Soziale Sicherung setzt die auf die einzelnen Krankenkassen nach Absatz 3 Satz 1 entfallenden Umlagebeträge fest, zieht die festgesetzten Umlagebeträge von den Krankenkassen ein und erstattet den am Modellprojekt teilnehmenden Krankenkassen ihre Kosten. $_{2}$Hierfür teilt der Bundeswahlbeauftragte für die Sozialversicherungswahlen dem Bundesamt für Soziale Sicherung die von ihm nach § 83 Absatz 1 Satz 2 der Wahlordnung für die Sozialversicherung ermittelten Zahlen der wahlberechtigten Versicherten der einzelnen Krankenkassen mit. $_{3}$Die am Modellprojekt teilnehmenden Krankenkassen und die von ihnen gebildete Arbeitsgemeinschaft haben dem Bundesamt für Soziale Sicherung bis zum 31. Dezember 2023 die zur Durchführung der Aufgaben nach Satz 1 erforderlichen Angaben zu machen. $_{4}$Für die Nachweise der Kosten der am Modellprojekt teilnehmenden Krankenkassen gilt § 82 Absatz 4 der Wahlordnung für die Sozialversicherung entsprechend. $_{5}$Sach- und Personalkosten einer teilnehmenden Krankenkasse gelten in der Regel als nachgewiesen, soweit sie in Übereinstimmung mit der Projektplanung der Arbeitsgemeinschaft angefallen sind und die Arbeitsgemeinschaft die Plausibilität der Kosten bestätigt. $_{6}$Das Bundesamt für Soziale Sicherung kann nähere Bestimmungen zur Durchführung des Umlage- und Erstattungsverfahrens einschließlich Regelungen zur Verrechnung der Umlagebeträge mit Erstattungsforderungen sowie zu Abschlagszahlungen treffen; die Bestimmungen sind dem Bundesministerium für Gesundheit zur Genehmigung vorzulegen. $_{7}$Eine Erstattung an am Modellprojekt beteiligte Krankenkassen erfolgt nur, soweit Umlagebeträge beim Bundesamt für Soziale Sicherung bereits eingegangen sind. $_{8}$Im Falle einer Anfechtung der Online-Wahl sind die Umlage- und Erstattungsbeträge vorläufig festzusetzen.

(4) Die für Sozialversicherungswahlen geltenden allgemeinen Wahlgrundsätze nach § 45 Absatz 2 des Vierten Buches sind unter Berücksichtigung der technischen Besonderheiten auch bei Online-Wahlen entsprechend zu wahren.

§ 194b Durchführung der Stimmabgabe per Online-Wahl

(1) Für die Durchführung der Stimmabgabe per Online-Wahl gelten die Vorschriften des Zweiten Titels des Vierten Abschnitts des Vierten Buches sowie die Wahlordnung für die Sozialversicherung entsprechend, sofern in den Absätzen 2 bis 4 nichts Abweichendes bestimmt ist.

(2) $_{1}$§ 53 Absatz 4 des Vierten Buches gilt bei der Durchführung der Stimmabgabe per Online-Wahl mit der Maßgabe, dass die Wahlbeauftragten und ihre Stellvertreter

berechtigt sind, die räumlichen und technischen Infrastrukturen, die von den in § 35a Absatz 1 Satz 1 des Vierten Buches genannten Krankenkassen oder den von diesen beauftragten Dritten für die Durchführung der Wahl genutzt werden, in geeigneter Weise zu überprüfen. 2Die Wahlbeauftragten sind befugt, Dritte mit der Prüfung zu beauftragen.

(3) Für die Durchführung der Wahlen gelten im Übrigen folgende Vorgaben:

1. ein Wahlberechtigter darf seine Stimme entweder per Briefwahl oder per Online-Wahl abgeben,
2. bei doppelter Stimmabgabe durch einen Wahlberechtigten per Briefwahl und per Online-Wahl zählt die per Online-Wahl abgegebene Stimme, die per Briefwahl abgegebene Stimme ist ohne weitere Prüfung ungültig,
3. die Krankenkassen, die eine Stimmabgabe per Online-Wahl ermöglichen, können die zugelassenen Vorschlagslisten und die Darstellung der Listenträger abweichend von § 26 Absatz 1 der Wahlordnung für die Sozialversicherung zusätzlich auch im Internet veröffentlichen,
4. die Information der Wahlberechtigten nach § 27 Absatz 3 Satz 1 der Wahlordnung für die Sozialversicherung hat insbesondere Folgendes zu enthalten:
   a) eine Beschreibung des Verfahrens für die Stimmabgabe per Online-Wahl einschließlich der für die Authentisierung des Wahlberechtigten zu verwendenden Authentisierungsmittel und der technischen Mechanismen, mit Hilfe derer sich der Wahlberechtigte von der Authentizität der Wahlplattform überzeugen kann, sowie
   b) den Hinweis, dass eine Stimmabgabe nur einmal erfolgen kann und dass bei doppelt abgegebener Stimme sowohl per Briefwahl als auch per Online-Wahl die per Briefwahl abgegebene Stimme ungültig ist,
5. die Wahlbekanntmachung hat ergänzend zu § 31 Absatz 2 der Wahlordnung für die Sozialversicherung den Tag zu bezeichnen, bis zu dem eine Stimme per Online-Wahl abgegeben sein muss,
6. der Stimmzettel für die Stimmabgabe per Online-Wahl muss dem Stimmzettel nach § 41 Absatz 1 der Wahlordnung für die Sozialversicherung im Hinblick auf Darstellung und Inhalt entsprechen,
7. die Wahlunterlagen müssen zusätzlich Folgendes enthalten:
   a) eine Beschreibung des Verfahrens für die Stimmabgabe per Online-Wahl einschließlich der für die Authentisierung des Wahlberechtigten zu verwendenden Authentisierungsmittel und der technischen Mechanismen, mit Hilfe derer sich der Wahlberechtigte von der Authentizität der Wahlplattform überzeugen kann, sowie
   b) den Hinweis, dass eine Stimmabgabe nur einmal erfolgen kann und dass bei doppelt abgegebener Stimme sowohl per Briefwahl als auch per Online-Wahl die per Briefwahl abgegebene Stimme ungültig ist,
8. der Wahlberechtigte, der seine Stimme per Online-Wahl abgibt, hat
   a) die für den Zugang zur Wahlplattform erforderliche Authentisierung unter Verwendung der zur Verfügung gestellten Authentisierungsmittel durchzuführen,
   b) den elektronischen Stimmzettel persönlich zu kennzeichnen,
   c) den Wahlvorgang durch Versenden des elektronischen Stimmzettels innerhalb der Wahlplattform abzuschließen und
   d) keine weitere Stimme per Briefwahl abzugeben,
9. die Krankenkassen haben sicherzustellen, dass eine Stimmabgabe per Online-Wahl barrierefrei durchgeführt werden kann,
10. ergänzend zu der Prüfung nach § 45 Absatz 1 der Wahlordnung für die Sozialversicherung hat der Wahlausschuss zu ermitteln, ob durch Wahlberechtigte eine doppelte Stimmabgabe sowohl per Briefwahl als auch per Online-Wahl erfolgt ist,
11. eine Stimmabgabe per Online-Wahl ist ungültig, wenn sie zu spät erfolgt, keine Kennzeichnung auf dem elektronischen Stimmzettel erfolgt ist oder die Kennzeichnung den Willen des Wählers nicht zweifelsfrei erkennen lässt.

(4) 1Bei Krankenkassen, die eine Stimmabgabe per Online-Wahl ermöglichen, beginnt die Ermittlung des Wahlergebnisses erst nach dem Wahltag. 2Die Wahlleitungen ermitteln unverzüglich getrennt nach Wählergruppen sowie jeweils für die Stimmabgabe per Briefwahl und die Stimmabgabe per Online-Wahl, wie viele Stimmen für die einzelnen Vorschlagslisten abgegeben worden sind. 3Die Auswertung der per Online-Wahl abgegebenen Stimmen muss vor der Auswertung der per Briefwahl abgegebenen Stimmen vorgenommen werden. 4Bei der Ermittlung der abgegebenen Stimmen ist über deren Gültigkeit zu entscheiden. 5Auf den Stimmzetteln der ungültigen per Briefwahl abgegebenen Stimmen ist der Grund der Ungültigkeit zu vermerken. 6Ungültige per Online-Wahl abgegebene Stimmen sind im Wahlergebnis jeweils mit dem Grund der Ungültigkeit auszuweisen.

V

§ 194c Verordnungsermächtigung

(1) [1]Das Bundesministerium für Gesundheit wird ermächtigt, in einer Rechtsverordnung bis zum 30. September 2020 die technischen und organisatorischen Vorgaben für die Durchführung der Online-Wahl im Rahmen des Modellprojektes nach § 194a im Einvernehmen mit dem Bundesamt für Sicherheit in der Informationstechnik zu regeln. [2]In der Verordnung ist Folgendes festzulegen:

1. die technischen Vorgaben einschließlich der Vorgaben für die Erstellung und Umsetzung eines angemessenen Informationssicherheitskonzeptes nach dem IT-Grundschutz des Bundesamtes für Sicherheit in der Informationstechnik,
2. die Vorgaben für die Erstellung und Umsetzung eines gemäß dem IT-Grundschutz des Bundesamtes für Sicherheit in der Informationstechnik angemessenen Notfallkonzeptes, das sowohl die Notfallvorsorge als auch die Notfallbewältigung einschließt,
3. die Vorgaben für die sichere Wahlvorbereitung und Wahldurchführung einschließlich Stimmauszählung, für die Überwachung der Wahlplattform und für die sichere Archivierung der Wahldurchführungs- und Ergebnisdaten,
4. die notwendigen Dokumentations-, Test-, Übungs-, Freigabe- und Zertifizierungsmaßnahmen,
5. geeignete Verfahren für die Authentisierung des Wahlberechtigten gegenüber der Wahlplattform mittels geeigneter Authentisierungsmittel und die Authentifizierung des Wahlberechtigten durch die Wahlplattform,
6. informationstechnische Anforderungen an die Nachvollziehbarkeit der Stimmauswertung zur Herstellung einer im Rahmen der technischen Möglichkeiten möglichst weitgehenden Transparenz bei der Wahlauswertung und
7. die Vorgaben für Kommunikations- und Meldewege, insbesondere bei Sicherheitsvorfällen.

[3]Das Bundesamt für Sicherheit in der Informationstechnik ist bei der Erstellung und Prüfung der Umsetzung der Vorgaben angemessen zu beteiligen.

(2) [1]Die Festlegung der Vorgaben, Maßnahmen und Verfahren nach Absatz 1 erfolgt auf der Grundlage der vom Bundesamt für Sicherheit in der Informationstechnik erstellten (Technischen) Richtlinien und sonstigen Sicherheitsanforderungen für Online-Wahlen und Online-Wahlprodukte. [2]Darüber hinausgehende Sicherheitsanforderungen für Online-Wahlen im Rahmen der Sozialversicherungswahlen werden vom Bundesministerium für Gesundheit insbesondere unter Berücksichtigung des konkreten Sicherheitsrisikos und einer auf der Grundlage des BSI-Standards 200-3 erstellten Risikoanalyse im Einvernehmen mit dem Bundesamt für Sicherheit in der Informationstechnik entwickelt und in der Rechtsverordnung festgelegt.

§ 194d Evaluierung

(1) [1]Das Modellprojekt nach § 194a wird durch das Bundesministerium für Gesundheit wissenschaftlich begleitet und im Einvernehmen mit dem Bundesministerium für Arbeit und Soziales evaluiert. [2]Dabei sind insbesondere folgende Aspekte zu berücksichtigen:

1. die Zahl der bei der jeweiligen Krankenkasse per Online-Wahl und per Briefwahl abgegebenen Stimmen,
2. die Anzahl von doppelten Stimmabgaben sowohl per Briefwahl als auch per Online-Wahl,
3. die Zahl der Versuche von manipulativen Angriffen auf die Sicherheitsarchitektur und deren Manipulationsresistenz,
4. die Möglichkeit, durch das gewählte Verfahren eine möglichst weitgehende Nachvollziehbarkeit und Überprüfbarkeit der Wahlauswertung und damit Transparenz in der Öffentlichkeit zu erreichen sowie
5. die Systemverfügbarkeit im Wahlzeitraum.

(2) [1]Die für die Stimmabgabe per Online-Wahl eingesetzte Software hat eine wissenschaftliche Begleitung und Evaluierung zu ermöglichen. [2]Dies schließt Sicherheits- und Datenschutzaspekte ein. [3]Die Krankenkassen haben dem Bundesministerium für Gesundheit die für die wissenschaftliche Begleitung und Evaluierung notwendigen Informationen und Daten zur Verfügung zu stellen.

§ 195 Genehmigung der Satzung

(1) Die Satzung bedarf der Genehmigung der Aufsichtsbehörde.

(2) [1]Ergibt sich nachträglich, daß eine Satzung nicht hätte genehmigt werden dürfen, kann die Aufsichtsbehörde anordnen, daß die Krankenkasse innerhalb einer bestimmten Frist die erforderliche Änderung vornimmt. [2]Kommt die Krankenkasse der Anordnung nicht innerhalb dieser Frist nach, kann die Aufsichtsbehörde die erforderliche Änderung anstelle der Krankenkasse selbst vornehmen. [3]Klagen gegen Maßnahmen der Aufsichtsbehörde nach den Sätzen 1 und 2 haben keine aufschiebende Wirkung.

(3) Absatz 2 gilt entsprechend, wenn die Satzung wegen nachträglich eingetretener Umstände einer Änderung bedarf.

§ 196 Einsichtnahme in die Satzung

(1) Die geltende Satzung kann in den Geschäftsräumen der Krankenkasse während der üblichen Geschäftsstunden eingesehen werden.

(2) Jedes Mitglied erhält unentgeltlich ein Merkblatt über Beginn und Ende der Mitgliedschaft bei Pflichtversicherung und freiwilliger Versicherung, über Beitrittsrechte sowie die von der Krankenkasse zu gewährenden Leistungen und über die Beiträge.

§ 197 Verwaltungsrat

(1) Der Verwaltungsrat hat insbesondere

1. die Satzung und sonstiges autonomes Recht zu beschließen,

1a. den Vorstand zu überwachen,

1b. alle Entscheidungen zu treffen, die für die Krankenkasse von grundsätzlicher Bedeutung sind,

2. den Haushaltsplan festzustellen,

3. über die Entlastung des Vorstands wegen der Jahresrechnung zu beschließen,

4. die Krankenkasse gegenüber dem Vorstand und dessen Mitgliedern zu vertreten,

5. über den Erwerb, die Veräußerung oder die Belastung von Grundstücken sowie über die Errichtung von Gebäuden zu beschließen und

6. über die Auflösung der Krankenkasse oder die freiwillige Vereinigung mit anderen Krankenkassen zu beschließen.

(2) Der Verwaltungsrat kann sämtliche Geschäfts- und Verwaltungsunterlagen einsehen und prüfen.

(3) Der Verwaltungsrat soll zur Erfüllung seiner Aufgaben Fachausschüsse bilden.

§ 197a Stellen zur Bekämpfung von Fehlverhalten im Gesundheitswesen

(1) 1Die Krankenkassen, wenn angezeigt ihre Landesverbände, und der Spitzenverband Bund der Krankenkassen richten organisatorische Einheiten ein, die Fällen und Sachverhalten nachzugehen haben, die auf Unregelmäßigkeiten oder auf rechtswidrige oder zweckwidrige Nutzung von Finanzmitteln im Zusammenhang mit den Aufgaben der jeweiligen Krankenkasse oder des jeweiligen Verbandes hindeuten. 2Sie nehmen Kontrollbefugnisse nach § 67c Abs. 3 des Zehnten Buches wahr.

(2) 1Jede Person kann sich in Angelegenheiten des Absatzes 1 an die Krankenkassen und die weiteren in Absatz 1 genannten Organisationen wenden. 2Die Einrichtungen nach Absatz 1 gehen den Hinweisen nach, wenn sie auf Grund der einzelnen Angaben oder der Gesamtumstände glaubhaft erscheinen.

(3) 1Die Krankenkassen und die weiteren in Absatz 1 genannten Organisationen haben zur Erfüllung der Aufgaben nach Absatz 1 untereinander und mit den Kassenärztlichen Vereinigungen und Kassenärztlichen Bundesvereinigungen zusammenzuarbeiten. 2Der Spitzenverband Bund der Krankenkassen organisiert einen regelmäßigen Erfahrungsaustausch mit Einrichtungen nach Absatz 1 Satz 1, an dem die Vertreter der Einrichtungen nach § 81a Absatz 1 Satz 1, der berufsständischen Kammern und der Staatsanwaltschaft in geeigneter Form zu beteiligen sind. 3Über die Ergebnisse des Erfahrungsaustausches sind die Aufsichtsbehörden zu informieren.

(3a) 1Die Einrichtungen nach Absatz 1 dürfen personenbezogene Daten, die von ihnen zur Erfüllung ihrer Aufgaben nach Absatz 1 erhoben oder an sie übermittelt wurden, untereinander und an Einrichtungen nach § 81a übermitteln, soweit dies für die Feststellung und Bekämpfung von Fehlverhalten im Gesundheitswesen beim Empfänger erforderlich ist. 2Der Empfänger darf diese nur zu dem Zweck verarbeiten, zu dem sie ihm übermittelt worden sind.

(3b) 1Die Einrichtungen nach Absatz 1 dürfen personenbezogene Daten an die folgenden Stellen übermitteln, soweit dies für die Verhinderung oder Aufdeckung von Fehlverhalten im Gesundheitswesen im Zuständigkeitsbereich der jeweiligen Stelle erforderlich ist:

1. die Stellen, die für die Entscheidung über die Teilnahme von Leistungserbringern an der Versorgung in der gesetzlichen Krankenversicherung zuständig sind,

2. die Stellen, die für die Leistungsgewährung in der gesetzlichen Krankenversicherung zuständig sind,

3. die Stellen, die für die Abrechnung von Leistungen in der gesetzlichen Krankenversicherung zuständig sind,

4. den Medizinischen Dienst und

5. die Behörden und berufsständischen Kammern, die für Entscheidungen über die Erteilung, die Rücknahme, den Widerruf oder die Anordnung des Ruhens einer Approbation, einer Erlaubnis zur vorübergehenden oder der partiellen Berufsausübung oder einer Erlaubnis zum Führen der Berufsbezeichnung oder für berufsrechtliche Verfahren zuständig sind.

2Die nach Satz 1 übermittelten Daten dürfen von dem jeweiligen Empfänger nur zu dem Zweck verarbeitet werden, zu dem sie ihm übermittelt worden sind. 3Der Medizinische Dienst darf personenbezogene Daten, die von ihm zur Erfüllung seiner Aufgaben erhoben oder an ihn übermittelt wurden, an die Einrichtungen nach Absatz 1 übermitteln, soweit dies für die Feststellung und Bekämpfung von Fehlverhalten im Gesundheitswesen durch die Einrichtungen nach Absatz 1 erforderlich ist. 4Die nach Satz 3 übermittelten Daten dürfen von den Einrichtungen nach Absatz 1 nur zu dem Zweck verarbeitet werden, zu dem sie ihnen übermittelt worden sind.

(4) Die Krankenkassen und die weiteren in Absatz 1 genannten Organisationen sollen die Staatsanwaltschaft unverzüglich unterrichten, wenn die Prüfung ergibt, dass ein Anfangsverdacht auf strafbare Handlungen mit nicht nur geringfügiger Bedeutung für die gesetzliche Krankenversicherung bestehen könnte.

(5) 1Der Vorstand der Krankenkassen und der weiteren in Absatz 1 genannten Organisationen hat dem Verwaltungsrat im Abstand von zwei Jahren über die Arbeit und Ergebnisse der organisatorischen Einheiten nach Absatz 1 zu berichten. 2Der Bericht ist der zuständigen Aufsichtsbehörde und dem Spitzenverband Bund der Krankenkassen zuzuleiten. 3In dem Bericht sind zusammengefasst auch die Anzahl der Leistungserbringer und Versicherten, bei denen es im Berichtszeitraum Hinweise auf Pflichtverletzungen oder Leistungsmissbrauch gegeben hat, die Anzahl der nachgewiesenen Fälle, die Art und Schwere des Pflichtverstoßes und die dagegen getroffenen Maßnahmen sowie der verhinderte und der entstandene Schaden zu nennen; wiederholt aufgetretene Fälle sowie sonstige geeignete Fälle sind als anonymisierte Fallbeispiele zu beschreiben.

(6) 1Der Spitzenverband Bund der Krankenkassen trifft bis zum 1. Januar 2017 nähere Bestimmungen über

1. die einheitliche Organisation der Einrichtungen nach Absatz 1 Satz 1 bei seinen Mitgliedern,
2. die Ausübung der Kontrollen nach Absatz 1 Satz 2,
3. die Prüfung der Hinweise nach Absatz 2,
4. die Zusammenarbeit nach Absatz 3,
5. die Unterrichtung nach Absatz 4 und
6. die Berichte nach Absatz 5.

2Die Bestimmungen nach Satz 1 sind dem Bundesministerium für Gesundheit vorzulegen. 3Der Spitzenverband Bund der Krankenkassen führt die Berichte nach Absatz 5, die ihm von seinen Mitgliedern zuzuleiten sind, zusammen, gleicht die Ergebnisse mit den Kassenärztlichen Bundesvereinigungen ab und veröffentlicht seinen eigenen Bericht im Internet

§ 197b Aufgabenerledigung durch Dritte

1Krankenkassen können die ihnen obliegenden Aufgaben durch Arbeitsgemeinschaften oder durch Dritte mit deren Zustimmung wahrnehmen lassen, wenn die Aufgabenwahrnehmung durch die Arbeitsgemeinschaften oder den Dritten wirtschaftlicher ist, es im wohlverstandenen Interesse der Betroffenen liegt und Rechte der Versicherten nicht beeinträchtigt werden. 2Wesentliche Aufgaben zur Versorgung der Versicherten dürfen nicht in Auftrag gegeben werden. 3§ 88 Abs. 3 und 4 und die §§ 89, 90 bis 92 und 97 des Zehnten Buches gelten entsprechend.

Vierter Abschnitt
Meldungen

§ 198 Meldepflicht des Arbeitgebers für versicherungspflichtig Beschäftigte

Der Arbeitgeber hat die versicherungspflichtig Beschäftigten nach den §§ 28a bis 28c des Vierten Buches an die zuständige Krankenkasse zu melden.

§ 199 Meldepflichten bei unständiger Beschäftigung

(1) 1Unständig Beschäftigte haben der nach § 179 Abs. 1 zuständigen Krankenkasse Beginn und Ende der berufsmäßigen Ausübung von unständigen Beschäftigungen unverzüglich zu melden. 2Der Arbeitgeber hat die unständig Beschäftigten auf ihre Meldepflicht hinzuweisen.

(2) 1Gesamtbetriebe, in denen regelmäßig unständig Beschäftigte beschäftigt werden, haben die sich aus diesem Buch ergebenden Pflichten der Arbeitgeber zu übernehmen. 2Welche Einrichtungen als Gesamtbetriebe gelten, richtet sich nach Landesrecht.

§ 199a Informationspflichten bei krankenversicherten Studenten

(1) 1Die staatlichen oder staatlich anerkannten Hochschulen sowie die Stiftung für Hochschulzulassung haben Studienbewerber und Studenten über die Versicherungspflicht in der gesetzlichen Krankenversicherung, die Befreiungsmöglichkeiten und das zur Durchführung des Versicherungsverhältnisses einzuhaltende Verfahren in geeigneter Form zu informieren. 2Inhalt und Ausgestaltung dieser Informationen werden durch den Spitzenverband Bund der Krankenkassen festgelegt.

(2) 1Jeder Studieninteressierte hat gegenüber der staatlichen oder staatlich anerkannten Hochschule vor der Einschreibung nachzuweisen, dass er in der gesetzlichen Krankenversicherung versichert ist oder mit Beginn des Semesters, frühestens mit dem Tag der Einschreibung sein wird, oder dass er nicht gesetzlich versichert ist, weil er versicherungsfrei, von der Versicherungspflicht befreit oder nicht versicherungspflichtig ist. 2Der Studieninteressierte fordert bei der Krankenkasse an, dass die Krankenkasse den Nachweis über seinen Versichertenstatus nach Satz 1 an die staatliche oder staatlich anerkannte Hochschule meldet. 3Die Meldung enthält neben dem Versichertenstatus nach Satz 1 auch Angaben über Name, Anschrift und Geburtsdatum des Studieninteressierten sowie dessen Krankenversichertennummer, soweit diese zum Zeitpunkt der Meldung vorliegt und für das weitere Verfahren erforderlich ist. 4Für die Abgabe der Meldung des Versicherungsstatus sind zuständig:

1. für einen bereits bei einer Krankenkasse Versicherten die Krankenkasse, bei der er versichert ist oder mit Beginn des Semesters, frühestens mit dem Tag der Einschreibung sein wird,
2. für einen nach § 6 versicherungsfreien oder für einen nicht versicherungspflichtigen Studenten die Krankenkasse, bei der zuletzt eine Versicherung bestand,
3. für einen Studenten, der nach § 8 Absatz 1 Satz 1 Nummer 5 von der Versicherungspflicht befreit worden ist, die Krankenkasse, die die Befreiung vorgenommen hat,
4. im Übrigen eine der Krankenkassen, die bei Versicherungspflicht gewählt werden könnte.

(3) Ist der Student gesetzlich versichert, meldet die staatliche oder staatlich anerkannte Hochschule der zuständigen Krankenkasse unverzüglich

1. nach Eingang der Meldung der Krankenkasse zum Versicherungsstatus das Datum der Einschreibung des Studenten und den Beginn des Semesters,
2. den Ablauf des Semesters, in dem oder mit Wirkung zu dessen Ablauf der Student exmatrikuliert wurde oder das der Aufnahme eines Promotionsstudiums bei fortgesetzter Einschreibung unmittelbar vorangeht, sowie das Datum der Exmatrikulation, wenn die Exmatrikulation vor dem Ende des Semesters erfolgt.

V

(4) $_1$Bei einem Krankenkassenwechsel eines Studenten meldet die gewählte Krankenkasse der Hochschule unverzüglich den Beginn der Versicherung bei der gewählten Krankenkasse. $_2$Die Hochschule meldet der gewählten Krankenkasse unverzüglich nach Eingang der Meldung das Datum der Einschreibung und den Beginn des Semesters.

(5) Bei versicherungspflichtigen Studenten nach § 5 Absatz 1 Nummer 9 hat die Krankenkasse den Hochschulen darüber hinaus unverzüglich zu melden:

1. den Verzug mit der Zahlung der Beiträge und
2. die Begleichung der rückständigen Beiträge.

(5a) Im Rahmen der Meldungen nach den Absätzen 3 bis 5 werden Angaben über Name, Anschrift, Geburtsdatum und Krankenversichertennummer des Studenten zwischen der Krankenkasse und der staatlichen oder staatlich anerkannten Hochschule übertragen, sofern diese zur Identifizierung des Studenten erforderlich sind.

(6) $_1$Die Meldungen der Hochschulen nach den Absätzen 2 bis 4 sind durch gesicherte und verschlüsselte Datenübertragung zu erstatten. $_2$Zur Teilnahme am elektronischen Meldeverfahren haben die staatlichen oder staatlich anerkannten Hochschulen eine Absendernummer nach § 18n des Vierten Buches beim Spitzenverband Bund der Krankenkassen zu beantragen. $_3$Die gesonderte Absendernummer und alle Angaben, die zur Vergabe der Absendernummer notwendig sind, werden in einer elektronischen Hochschuldatei beim Spitzenverband Bund der Krankenkassen verarbeitet. $_4$Die Krankenkassen dürfen die Hochschuldatei und deren Inhalte verarbeiten, soweit dies für die Durchführung des Meldeverfahrens erforderlich ist.

(7) $_1$Das Nähere zu den Datensätzen, den Verfahren und die zu übermittelnden Daten für die Anträge und Meldungen regeln der Spitzenverband Bund der Krankenkassen und die Hochschulrektorenkonferenz in Gemeinsamen Grundsätzen. $_2$§ 95 des Vierten Buches ist anzuwenden. $_3$Die Gemeinsamen Grundsätze bedürfen der Genehmigung des Bundesministeriums für Gesundheit, das vorher den Verband der Privaten Hochschulen e. V. anzuhören hat.

§ 200 Meldepflichten bei sonstigen versicherungspflichtigen Personen

(1) $_1$Eine Meldung nach § 28a Abs. 1 bis 3 des Vierten Buches hat zu erstatten

1. für Personen, die in Einrichtungen der Jugendhilfe für eine Erwerbstätigkeit befähigt werden sollen oder in Werkstätten für behinderte Menschen, Blindenwerkstätten, Anstalten, Heimen oder gleichartigen Einrichtungen tätig sind, der Träger dieser Einrichtung,
2. für Personen, die an Leistungen zur Teilhabe am Arbeitsleben teilnehmen, der zuständige Rehabilitationsträger,
3. für Personen, die Vorruhestandsgeld beziehen, der zur Zahlung des Vorruhestandsgeldes Verpflichtete.

$_2$§ 28a Abs. 5 sowie die §§ 28b und 28c des Vierten Buches gelten entsprechend.

(2) $_1$Auszubildende des Zweiten Bildungswegs nach § 5 Absatz 1 Nummer 10 zweiter Halbsatz haben ihrer Ausbildungsstätte eine Versicherungsbescheinigung vorzulegen, in der anzugeben ist, ob sie als Auszubildende gesetzlich versichert oder versicherungsfrei, von der Versicherungspflicht befreit oder nicht versicherungspflichtig sind. $_2$Die Versicherungsbescheinigung ist in Textform auszustellen. $_3$Die für die Ausstellung der Versicherungsbescheinigung zuständige Krankenkasse ergibt sich in entsprechender Anwendung von § 199a Absatz 2 Satz 4.

(3) $_1$Die Ausbildungsstätten von versicherungspflichtigen Auszubildenden des Zweiten Bildungswegs nach § 5 Absatz 1 Nummer 10 zweiter Halbsatz haben der zuständigen Krankenkasse den Beginn der Ausbildung in einem förderungsfähigen Teil eines Ausbildungsabschnitts nach dem Bundesausbildungsförderungsgesetz sowie das Ende der Ausbildung unverzüglich mitzuteilen. $_2$Das Weitere zu Inhalt, Form und Verfahren der Mitteilung legt der Spitzenverband Bund der Krankenkassen fest.

§ 201 Meldepflichten bei Rentenantragstellung und Rentenbezug

(1) $_1$Wer eine Rente der gesetzlichen Rentenversicherung beantragt, hat mit dem Antrag eine Meldung für die zuständige Krankenkasse einzureichen. $_2$Der Rentenversicherungsträger hat die Meldung unverzüglich an die zuständige Krankenkasse weiterzugeben.

(2) Wählen versicherungspflichtige Rentner oder Hinterbliebene eine andere Krankenkasse, hat die gewählte Krankenkasse dies der bisherigen Krankenkasse und dem zuständigen Rentenversicherungsträger unverzüglich mitzuteilen.

(3) $_1$Nehmen versicherungspflichtige Rentner oder Hinterbliebene eine versicherungspflichtige Beschäftigung auf, für die eine andere als die bisherige Krankenkasse zuständig ist, hat die für das versicherungspflichtige Beschäftigungsverhältnis zuständige Krankenkasse dies der bisher zuständigen Krankenkasse und dem Rentenversicherungsträger mitzuteilen. $_2$Satz 1 gilt entsprechend, wenn das versicherungspflichtige Beschäftigungsverhältnis endet.

(4) Der Rentenversicherungsträger hat der zuständigen Krankenkasse unverzüglich mitzuteilen

1. Beginn und Höhe einer Rente der gesetzlichen Rentenversicherung, den Monat, für den die Rente erstmalig laufend gezahlt wird,
2. den Tag der Rücknahme des Rentenantrags,
3. bei Ablehnung des Rentenantrags den Tag, an dem über den Rentenantrag verbindlich entschieden worden ist,
4. Ende, Entzug, Wegfall und sonstige Nichtleistung der Rente sowie
5. Beginn und Ende der Beitragszahlung aus der Rente.

(5) $_1$Wird der Bezieher einer Rente der gesetzlichen Rentenversicherung versicherungspflichtig, hat die Krankenkasse dies dem Rentenversicherungsträger unverzüglich mitzuteilen. $_2$Satz 1 gilt entsprechend, wenn die Versicherungspflicht aus einem anderen Grund als den in Absatz 4 Nr. 4 genannten Gründen endet.

(6) $_1$Die Meldungen sind auf maschinell verwertbaren Datenträgern oder durch Datenübertragung zu erstatten. $_2$Der Spitzenverband Bund der Krankenkassen vereinbart mit der Deutschen Rentenversicherung Bund das Nähere über das Verfahren im Benehmen mit dem Bundesamt für Soziale Sicherung.

§ 202 Meldepflichten bei Versorgungsbezügen

(1) $_1$Die Zahlstelle hat bei der erstmaligen Bewilligung von Versorgungsbezügen sowie bei Mitteilung über die Beendigung der Mitgliedschaft eines Versorgungsempfängers und in den Fällen des § 5 Absatz 1 Nummer 11b die zuständige Krankenkasse des Versorgungsempfängers zu ermitteln und dieser Beginn, Höhe, Veränderungen und Ende der Versorgungsbezüge und in den Fällen des § 5 Absatz 1 Nummer 11b den Tag der Antragstellung sowie in den Fällen von Versorgungsbezügen nach § 229 Absatz 1 Satz 1 Nummer 5 erster Halbsatz deren Vorliegen unverzüglich mitzuteilen; in der Mitteilung ist auch anzugeben, ob der Versorgungsempfänger nach dem Ende des Arbeitsverhältnisses als alleiniger Versicherungsnehmer Leistungen aus nicht durch den Arbeitgeber finanzierten Beiträgen erworben hat. $_2$Im Falle eines Versorgungsbezuges nach § 229 Absatz 1 Satz 1 Nummer 1, 3 und 4 hat die Zahlstelle zusätzlich anzugeben, ob es sich um eine den Waisenrenten gemäß § 48 des Sechsten Buches entsprechende Leistung nach § 15 des Gesetzes über die Alterssicherung der Landwirte, aus einem Dienst- oder Arbeitsverhältnis gemäß § 229 Absatz 1 Satz 1 Nummer 1 oder einer berufsständischen Versorgungseinrichtung unter den Voraussetzungen des § 5 Absatz 1 Nummer 11b Buchstabe b handelt. $_3$Bei den am 1. Januar 1989 vorhandenen Versorgungsempfängern hat die Ermittlung der Krankenkasse innerhalb von sechs Monaten zu erfolgen. $_4$Der Versorgungsempfänger hat der Zahlstelle seine Krankenkasse anzugeben und einen Kassenwechsel sowie die Aufnahme einer versicherungspflichtigen Beschäftigung anzuzeigen. $_5$Die Krankenkasse hat der Zahlstelle von Versorgungsbezügen und dem Bezieher von Versorgungsbezügen unverzüglich die Beitragspflicht des Versorgungsempfängers und, soweit die Summe der beitragspflichtigen Einnahmen nach § 237 Satz 1 Nummer 1 und 2 die Beitragsbemessungsgrenze überschreitet, deren Umfang mitzuteilen. $_6$Die Krankenkasse hat der Zahlstelle im Falle des Mehrfachbezugs von Versorgungsbezügen nach § 229 Absatz 1 Satz 1 Nummer 5 erster Halbsatz zusätzlich mitzuteilen, ob und in welcher Höhe der Freibetrag nach § 226 Absatz 2 Satz 2 anzuwenden ist.

(2) $_1$Die Zahlstelle hat der zuständigen Krankenkasse die Meldung durch gesicherte und verschlüsselte Datenübertragung aus systemgeprüften Programmen oder mittels maschineller Ausfüllhilfen zu erstatten. $_2$Die Krankenkasse hat nach inhaltlicher Prüfung alle fehlerfreien Angaben elektronisch zu verarbeiten. $_3$Alle Rückmeldungen der Krankenkasse an die Zahlstelle erfolgen arbeitstäglich durch Datenübertragung. $_4$Den Aufbau des Datensatzes, notwendige Schlüsselzahlen und Angaben legt der Spitzenverband Bund der Krankenkassen in Grundsätzen fest, die vom Bundesministerium für Arbeit und Soziales im Einvernehmen mit dem Bundesministerium für Gesundheit zu genehmigen sind; die Bundesvereinigung der Deutschen Arbeitgeberverbände ist anzuhören.

(3) 1Die Zahlstellen haben für die Durchführung der Meldeverfahren nach diesem Gesetzbuch eine Zahlstellennummer beim Spitzenverband Bund der Krankenkassen elektronisch zu beantragen. 2Die Zahlstellennummern und alle Angaben, die zur Vergabe der Zahlstellennummer notwendig sind, werden in einer gesonderten elektronischen Datei beim Spitzenverband Bund der Krankenkassen gespeichert. 3Die Sozialversicherungsträger, ihre Verbände und ihre Arbeitsgemeinschaften, die Künstlersozialkasse, die Behörden der Zollverwaltung, soweit sie Aufgaben nach § 2 des Schwarzarbeitsbekämpfungsgesetzes oder nach § 66 des Zehnten Buches wahrnehmen, sowie die zuständigen Aufsichtsbehörden und die Arbeitgeber dürfen die ihnen von den Zahlstellen zur Erfüllung einer gesetzlichen Aufgabe nach diesem Buch übermittelten Zahlstellennummern verarbeiten, soweit dies für die Erfüllung einer gesetzlichen Aufgabe nach diesem Gesetzbuch erforderlich ist. 4Andere Behörden, Gerichte oder Dritte dürfen die Zahlstellennummern verarbeiten, sofern sie nach anderen gesetzlichen Vorschriften zu deren Erhebung befugt sind und soweit dies für die Erfüllung einer gesetzlichen Aufgabe einer der in Satz 3 genannten Stellen erforderlich ist. 5Das Nähere zum Verfahren und den Aufbau der Zahlstellennummer regeln die Grundsätze nach Absatz 2 Satz 4.

V

§ 203 Meldepflichten bei Leistung von Mutterschaftsgeld, Elterngeld oder Erziehungsgeld

(1) Die zuständige Krankenkasse übermittelt der nach § 12 Absatz 1 des Bundeselterngeld- und Elternzeitgesetzes zuständigen Behörde unverzüglich auf deren Aufforderung hin die Angaben zum Zeitraum und zur Höhe des bewilligten Mutterschaftsgeldes, wenn

1. die Empfängerin des Mutterschaftsgeldes Elterngeld für den Zeitpunkt ab der Geburt des Kindes beantragt hat sowie in diese Datenübermittlung gegenüber der für die Antragsbearbeitung zuständigen Behörde eingewilligt hat und
2. die zuständige Krankenkasse über die nach Nummer 1 erteilte Einwilligung im Rahmen der Aufforderung zur Datenübermittlung informiert wird.

(2) Die nach § 12 Absatz 1 des Bundeselterngeld- und Elternzeitgesetzes oder die nach dem jeweiligen Landesrecht zuständigen Behörden haben der zuständigen Krankenkasse Beginn und Ende der Zahlung des Elterngeldes oder des Erziehungsgeldes unverzüglich zu übermitteln.

(3) Die Aufforderung nach Absatz 1 einschließlich der Information über die Erteilung der Einwilligung und die Übermittlung der Daten nach Absatz 1 oder Absatz 2 müssen elektronisch durch eine gesicherte und verschlüsselte Datenübertragung erfolgen.

(4) Der Spitzenverband Bund der Krankenkassen legt in Grundsätzen, die der Genehmigung des Bundesministeriums für Gesundheit im Einvernehmen mit dem Bundesministerium für Familie, Senioren, Frauen und Jugend bedürfen, fest:

1. den Übertragungsweg und
2. die Einzelheiten des Übertragungsverfahrens, wie den Aufbau der Datensätze für
   a) die elektronischen Aufforderungen einschließlich der elektronischen Information über die Erteilung der Einwilligung durch die nach § 12 Absatz 1 des Bundeselterngeld- und Elternzeitgesetzes zuständigen Behörden nach Absatz 1,
   b) die elektronischen Übermittlungen der Krankenkassen nach Absatz 1 und
   c) die elektronischen Übermittlungen der nach § 12 Absatz 1 des Bundeselterngeld- und Elternzeitgesetzes zuständigen Behörden oder der nach dem jeweiligen Landesrecht zuständigen Behörden nach Absatz 2.

§ 203a Meldepflicht bei Bezug von Arbeitslosengeld, Bürgergeld oder Unterhaltsgeld

Die Agenturen für Arbeit oder in den Fällen des § 6a des Zweiten Buches die zugelassenen kommunalen Träger erstatten die Meldungen hinsichtlich der nach § 5 Abs. 1 Nr. 2 und Nr. 2a Versicherten entsprechend §§ 28a bis 28c des Vierten Buches.

§ 204 Meldepflichten bei Einberufung zum Wehrdienst oder Zivildienst

(1) 1Bei Einberufung zu einem Wehrdienst hat bei versicherungspflichtig Beschäftigten der Arbeitgeber und bei Arbeitslosen die Agentur für Arbeit den Beginn des Wehrdienstes sowie das Ende des Grundwehrdienstes und einer Wehrübung oder einer Dienstleistung oder Übung nach dem Vierten Abschnitt des Soldatengesetzes der zuständigen Krankenkasse unverzüglich zu melden. 2Das Ende eines Wehrdienstes nach § 4 Abs. 1 Nr. 6 des Wehrpflichtgesetzes hat das Bundesministerium der Verteidigung oder die von ihm bestimmte Stelle zu melden. 3Sonstige Versicherte haben die Meldungen nach Satz 1 selbst zu erstatten.

(2) 1Absatz 1 gilt für den Zivildienst entsprechend. 2An die Stelle des Bundesministeriums der Verteidigung tritt das Bundesamt für den Zivildienst.

§ 205 Meldepflichten bestimmter Versicherungspflichtiger

Versicherungspflichtige, die eine Rente der gesetzlichen Rentenversicherung oder der Rente vergleichbare Einnahmen (Versorgungsbezüge) beziehen, haben ihrer Krankenkasse unverzüglich zu melden

1. Beginn und Höhe der Rente,
2. Beginn, Höhe, Veränderungen und die Zahlstelle der Versorgungsbezüge sowie
3. Beginn, Höhe und Veränderungen des Arbeitseinkommens.

§ 206 Auskunfts- und Mitteilungspflichten der Versicherten

(1) $_{1}$Wer versichert ist oder als Versicherter in Betracht kommt, hat der Krankenkasse, soweit er nicht nach § 28o des Vierten Buches auskunftspflichtig ist,

1. auf Verlangen über alle für die Feststellung der Versicherungs- und Beitragspflicht und für die Durchführung der der Krankenkasse übertragenen Aufgaben erforderlichen Tatsachen unverzüglich Auskunft zu erteilen,
2. Änderungen in den Verhältnissen, die für die Feststellung der Versicherungs- und Beitragspflicht erheblich sind und nicht durch Dritte gemeldet werden, unverzüglich mitzuteilen.

$_{2}$Er hat auf Verlangen die Unterlagen, aus denen die Tatsachen oder die Änderung der Verhältnisse hervorgehen, der Krankenkasse in deren Geschäftsräumen unverzüglich vorzulegen.

(2) Entstehen der Krankenkasse durch eine Verletzung der Pflichten nach Absatz 1 zusätzliche Aufwendungen, kann sie von dem Verpflichteten die Erstattung verlangen.

Siebtes Kapitel
Verbände der Krankenkassen

§ 207 Bildung und Vereinigung von Landesverbänden

(1) $_{1}$In jedem Land bilden

die Ortskrankenkassen einen Landesverband der Ortskrankenkassen,

die Betriebskrankenkassen einen Landesverband der Betriebskrankenkassen,

die Innungskrankenkassen einen Landesverband der Innungskrankenkassen.

$_{2}$Die Landesverbände der Krankenkassen sind Körperschaften des öffentlichen Rechts. $_{3}$Die Krankenkassen gehören mit Ausnahme der Betriebskrankenkassen der Dienstbetriebe des Bundes dem Landesverband des Landes an, in dem sie ihren Sitz haben. $_{4}$Andere Krankenkassen können den Landesverbänden beitreten.

(2) $_{1}$Bestehen in einem Land am 1. Januar 1989 mehrere Landesverbände, bestehen diese fort, wenn die für die Sozialversicherung zuständige oberste Verwaltungsbehörde des Landes ihre Zustimmung nicht bis zum 31. Dezember 1989 versagt. $_{2}$Die für die Sozialversicherung zuständigen obersten Verwaltungsbehörden der Länder können ihre Zustimmung nach Satz 1 unter Einhaltung einer einjährigen Frist zum Ende eines Kalenderjahres widerrufen. $_{3}$Versagen oder widerrufen sie die Zustimmung, regeln sie die Durchführung der erforderlichen Organisationsänderungen.

(2a) Vereinigen sich in einem Land alle Mitglieder eines Landesverbandes oder werden alle Mitglieder eines Landesverbandes durch die Landesregierung zu einer Krankenkasse vereinigt, tritt diese Krankenkasse in die Rechte und Pflichten des Landesverbandes ein.

(3) $_{1}$Länderübergreifende Landesverbände bestehen fort, wenn nicht eine der für die Sozialversicherung zuständigen obersten Verwaltungsbehörden in den betroffenen Ländern ihre Zustimmung bis zum 31. Dezember 1989 versagt. $_{2}$Jede dieser obersten Verwaltungsbehörden der Länder kann ihre Zustimmung unter Einhaltung einer einjährigen Frist zum Ende eines Kalenderjahres widerrufen. $_{3}$Wird die Zustimmung versagt oder widerrufen, regeln die beteiligten Länder die Durchführung der erforderlichen Organisationsänderungen einvernehmlich.

(4) $_{1}$Besteht in einem Land nur eine Krankenkasse der gleichen Art, nimmt sie zugleich die Aufgaben eines Landesverbandes wahr. $_{2}$Sie hat insoweit die Rechtsstellung eines Landesverbands.

(4a) $_{1}$Besteht in einem Land für eine Kassenart kein Landesverband, nimmt ein anderer Landesverband dieser Kassenart mit Zustimmung der für die Sozialversicherung zuständigen obersten Verwaltungsbehörden der beteiligten Länder die Aufgabe eines Landesverbandes in diesem Land wahr. $_{2}$Kommt eine Einigung der Beteiligten nicht innerhalb von drei Monaten nach Wegfall des Landesverbandes zustande, nimmt der Bundesverband der Kassenart diese Aufgabe wahr.

(5) $_{1}$Mit Zustimmung der für die Sozialversicherung zuständigen obersten Verwaltungsbehörden der Länder können sich Landesverbände der gleichen Krankenkassenart zu einem Verband zusammenschließen. $_{2}$Das gilt auch, wenn die Landesverbände ihren Sitz in verschiedenen Ländern haben.

§ 208 Aufsicht, Haushalts- und Rechnungswesen, Vermögen, Statistiken

(1) Die Landesverbände unterstehen der Aufsicht der für die Sozialversicherung zuständigen obersten Verwaltungsbehörde des Landes, in dem sie ihren Sitz haben.

(2) 1Für die Aufsicht gelten die §§ 87 bis 89 des Vierten Buches. 2Für das Haushalts- und Rechnungswesen einschließlich der Statistiken gelten die §§ 67 bis 70 Abs. 1 und 5, §§ 72 bis 77 Abs. 1, §§ 78 und 79 Abs. 1 und 2, für das Vermögen die §§ 80 bis 86 des Vierten Buches sowie § 220 Absatz 1 Satz 2 und 3. 3Für das Verwaltungsvermögen gilt § 263 entsprechend.

§ 209 Verwaltungsrat der Landesverbände

(1) 1Bei den Landesverbänden der Krankenkassen wird als Selbstverwaltungsorgan ein Verwaltungsrat nach näherer Bestimmung der Satzungen gebildet. 2Der Verwaltungsrat hat höchstens 30 Mitglieder. 3In dem Verwaltungsrat müssen, soweit möglich, alle Mitgliedskassen vertreten sein.

(2) 1Der Verwaltungsrat setzt sich je zur Hälfte aus Vertretern der Versicherten und der Arbeitgeber zusammen. 2Die Versicherten wählen die Vertreter der Versicherten, die Arbeitgeber wählen die Vertreter der Arbeitgeber. 3§ 44 Abs. 4 des Vierten Buches gilt entsprechend.

(3) Die Mitglieder des Verwaltungsrats werden von dem Verwaltungsrat der Mitgliedskassen aus dessen Reihen gewählt.

(4) 1Für den Verwaltungsrat gilt § 197 entsprechend. 2§ 33 Abs. 3, § 37 Abs. 1, die §§ 40, 41, 42 Abs. 1 bis 3, § 51 Abs. 1 Satz 1 Nr. 3, die §§ 58, 59, 62, 63 Abs. 1, 3, 4, § 64 Abs. 3 und § 66 Abs. 1 des Vierten Buches gelten entsprechend.

§ 209a Vorstand bei den Landesverbänden

1Bei den Landesverbänden der Orts-, Betriebs- und Innungskrankenkassen wird ein Vorstand gebildet. 2Er besteht aus höchstens drei Personen. 3§ 35a Abs. 1 bis 3 und 5 bis 7 des Vierten Buches gilt entsprechend.

§ 210 Satzung der Landesverbände

(1) 1Jeder Landesverband hat durch seinen Verwaltungsrat eine Satzung aufzustellen. 2Die Satzung bedarf der Genehmigung der für die Sozialversicherung zuständigen obersten Verwaltungsbehörde des Landes. 3Die Satzung muß Bestimmungen enthalten über

1. Namen, Bezirk und Sitz des Verbandes,
2. Zahl und Wahl der Mitglieder des Verwaltungsrats und ihrer Vertreter,
3. Entschädigungen für Organmitglieder,
4. Öffentlichkeit des Verwaltungsrats,
5. Rechte und Pflichten der Mitgliedskassen,
6. Aufbringung und Verwaltung der Mittel,
7. jährliche Prüfung der Betriebs- und Rechnungsführung,
8. Art der Bekanntmachungen.

4§ 34 Abs. 2 des Vierten Buches gilt entsprechend.

(2) Die Satzung muß ferner Bestimmungen darüber enthalten, daß die von dem Spitzenverband Bund der Krankenkassen abzuschließenden Verträge und die Richtlinien nach § 92 und § 283 Absatz 2 für die Landesverbände und ihre Mitgliedskassen verbindlich sind.

§ 211 Aufgaben der Landesverbände

(1) Die Landesverbände haben die ihnen gesetzlich zugewiesenen Aufgaben zu erfüllen.

(2) Die Landesverbände unterstützen die Mitgliedskassen bei der Erfüllung ihrer Aufgaben und bei der Wahrnehmung ihrer Interessen, insbesondere durch

1. Beratung und Unterrichtung,
2. Sammlung und Aufbereitung von statistischem Material zu Verbandszwecken,
3. Abschluß und Änderung von Verträgen, insbesondere mit anderen Trägern der Sozialversicherung, soweit sie von der Mitgliedskasse hierzu bevollmächtigt worden sind,
4. Übernahme der Vertretung der Mitgliedskassen gegenüber anderen Trägern der Sozialversicherung, Behörden und Gerichten,
5. Entscheidung von Zuständigkeitskonflikten zwischen den Mitgliedskassen,
6. Förderung und Mitwirkung bei der beruflichen Aus-, Fort- und Weiterbildung der bei den Mitgliedskassen Beschäftigten,
7. Arbeitstagungen,
8. Entwicklung und Abstimmung von Verfahren und Programmen für die automatische Datenverarbeitung, den Datenschutz und die Datensicherung sowie den Betrieb von Rechenzentren in Abstimmung mit den Mitgliedskassen.

(3) Die Landesverbände sollen die zuständigen Behörden in Fragen der Gesetzgebung und Verwaltung unterstützen; § 30 Abs. 3 des Vierten Buches ist entsprechend anzuwenden.

(4) 1Die für die Finanzierung der Aufgaben eines Landesverbandes erforderlichen Mittel werden von seinen Mitgliedskassen sowie von den Krankenkassen derselben Kassenart mit Mitgliedern mit Wohnsitz im Zuständigkeitsbereich des Landesverbandes aufgebracht. 2Die mitgliedschaftsrechtliche Zuordnung der Krankenkassen

nach § 207 Abs. 1 Satz 3 bleibt unberührt. 3Das Nähere zur Aufbringung der Mittel nach Satz 1 vereinbaren die Landesverbände. 4Kommt die Vereinbarung nach Satz 3 nicht bis zum 1. November eines Jahres zustande, wird der Inhalt der Vereinbarung durch eine von den Vertragsparteien zu bestimmende Schiedsperson festgelegt.

§ 211a Entscheidungen auf Landesebene

1Die Landesverbände der Krankenkassen und die Ersatzkassen sollen sich über die von ihnen nach diesem Gesetz gemeinsam und einheitlich zu treffenden Entscheidungen einigen. 2Kommt eine Einigung nicht zustande, erfolgt die Beschlussfassung durch je einen Vertreter der Kassenart, dessen Stimme mit der landesweiten Anzahl der Versicherten nach der Statistik KM6 seiner Kassenart zu gewichten ist. 3Die Gewichtung ist entsprechend der Entwicklung der Versichertenzahlen nach der Statistik KM6 jährlich zum 1. Januar anzupassen.

§ 212 Bundesverbände, Deutsche Rentenversicherung Knappschaft-Bahn-See, Verbände der Ersatzkassen

(1) 1Die nach § 212 Abs. 1 in der bis zum 31. Dezember 2008 geltenden Fassung bestehenden Bundesverbände werden kraft Gesetzes zum 1. Januar 2009 in Gesellschaften des bürgerlichen Rechts umgewandelt. 2Gesellschafter der Gesellschaften sind die am 31. Dezember 2008 vorhandenen Mitglieder des jeweiligen Bundesverbandes. 3Die Gesellschaften sind bis zum 31. Dezember 2012 verpflichtet, den bei den bis zum 31. Dezember 2008 bestehenden Bundesverbänden unbefristet tätigen Angestellten ein neues Beschäftigungsverhältnis zu vermitteln. 4So lange sind betriebsbedingte Kündigungen unzulässig. 5Nach dem 31. Dezember 2012 steht es den Gesellschaftern frei, über den Fortbestand der Gesellschaft und die Gestaltung der Gesellschaftsverhältnisse zu entscheiden. 6Soweit sich aus den folgenden Vorschriften nichts anderes ergibt, finden die Vorschriften des Bürgerlichen Gesetzbuchs über die Gesellschaft bürgerlichen Rechts Anwendung. 7Der Gesellschaft nach Satz 1 können Krankenkassen der jeweiligen Kassenart beitreten.

(2) (weggefallen)

(3) Für die knappschaftliche Krankenversicherung nimmt die Deutsche Rentenversicherung Knappschaft-Bahn-See die Aufgaben eines Landesverbands wahr.

(4) 1Die Gesellschaften nach Absatz 1 sind Rechtsnachfolger der nach § 212 in der bis zum 31. Dezember 2008 geltenden Fassung bestehenden Bundesverbände. 2Zweck der Gesellschaft ist die Erfüllung ihrer sich nach § 214 ergebenden oder zusätzlich vertraglich vereinbarten Aufgaben. 3Bis zum Abschluss eines Gesellschaftsvertrages gelten die zur Erreichung des Gesellschaftszwecks erforderlichen Pflichten und Rechte als vereinbart. 4Das Betriebsverfassungsgesetz findet Anwendung.

(5) 1Die Ersatzkassen können sich zu Verbänden zusammenschließen. 2Die Verbände haben in der Satzung ihre Zwecke und Aufgaben festzusetzen. 3Die Satzungen bedürfen der Genehmigung, der Antrag auf Eintragung in das Vereinsregister der Einwilligung der Aufsichtsbehörde. 4Die Ersatzkassen haben für alle Verträge auf Landesebene, die nicht gemeinsam und einheitlich abzuschließen sind, jeweils einen Bevollmächtigten mit Abschlussbefugnis zu benennen. 5Ersatzkassen können sich auf eine gemeinsame Vertretung auf Landesebene einigen. 6Für gemeinsam und einheitlich abzuschließende Verträge auf Landesebene müssen sich die Ersatzkassen auf einen gemeinsamen Bevollmächtigten mit Abschlussbefugnis einigen. 7In den Fällen der Sätze 5 und 6 können die Ersatzkassen die Verbände der Ersatzkassen als Bevollmächtigte benennen. 8Sofern nichts anderes bestimmt ist, haben die Ersatzkassen für sonstige Maßnahmen und Entscheidungen einen gemeinsamen Vertreter zu benennen. 9Können sich die Ersatzkassen in den Fällen der Sätze 6 und 8 nicht auf einen gemeinsamen Vertreter einigen, bestimmt die Aufsicht den Vertreter. 10Soweit für die Aufgabenerfüllung der Erlass von Verwaltungsakten notwendig ist, haben im Falle der Bevollmächtigung die Verbände der Ersatzkassen hierzu die Befugnis.

(6) 1Absatz 5 Satz 6, 8 und 9 gilt für die Krankenkassen der anderen Kassenarten entsprechend. 2Besteht in einem Land ein Landesverband, gilt abweichend von Satz 1 der Landesverband als Bevollmächtigter der Kassenart. 3Satz 2 gilt entsprechend, wenn die Aufgaben eines Landesverbandes von einer Krankenkasse oder einem anderen Landesverband nach § 207 wahrgenommen werden. 4Bestehen in einem Land mehrere Landesverbände, gelten diese in ihrem jeweiligen Zuständigkeitsbereich als Bevollmächtigte.

§ 213 Rechtsnachfolge, Vermögensübergang, Arbeitsverhältnisse

(1) 1Das den bis zum 31. Dezember 2008 bestehenden Bundesverbänden zustehende Vermögen wandelt sich in Gesamthandsvermögen der Gesellschaften des bürgerlichen Rechts um. 2Für die Arbeitsverhältnisse findet § 613a des Bürgerlichen Gesetzbuchs entsprechend Anwendung. 3Für Ansprüche aus Dienst- und Arbeitsvertrag einschließlich der Ansprüche auf Versorgung haften die Gesellschafter zeitlich unbeschränkt. 4Bei Auflösung eines Verbandes der Ersatzkassen oder des Austritts eines Mitglieds aus einem Verband der Ersatzkassen haften die Vereinsmitglieder für Ansprüche aus Dienst- und Arbeits-

vertrag einschließlich der Ansprüche auf Versorgung zeitlich unbeschränkt. 5Die bei den bis zum 31. Dezember 2008 bestehenden Bundesverbänden tätigen Angestellten, für die die Dienstordnung gilt, werden unter Wahrung ihrer Rechtsstellung und Fortgeltung der jeweiligen Dienstordnungen bei den Gesellschaften beschäftigt. 6§ 168 Absatz 1 und 2 gilt entsprechend. 7Angestellte, für die die Dienstordnung gilt, haben einen Anspruch auf Anstellung bei einem Landesverband ihrer Wahl; der Landesverband muss zuvor Mitglied des Bundesverbandes nach § 212 in der bis zum 31. Dezember 2008 geltenden Fassung gewesen sein, bei dem der Dienstordnungsangestellte angestellt war. 8Der Landesverband oder die Krankenkasse, der oder die einen Dienstordnungsangestellten oder einen übrigen Beschäftigten anstellt, dessen Arbeitsplatz bei einem der bis zum 31. Dezember 2008 bestehenden Bundesverbände oder bei einer der in Satz 1 genannten Gesellschaften bürgerlichen Rechts weggefallen ist, hat einen Ausgleichsanspruch gegen die übrigen Landesverbände oder Krankenkassen der Kassenart. 9Für die Vergütungs- und Versorgungsansprüche haften die Gesellschafter zeitlich unbeschränkt. 10Die Sätze 6 bis 9 gelten auch für die Beschäftigten der Verbände der Ersatzkassen.

(2) 1Die in den Bundesverbänden bis zum 31. Dezember 2008 bestehenden Personalräte nehmen ab dem 1. Januar 2009 die Aufgaben eines Betriebsrates mit dessen Rechten und Pflichten nach dem Betriebsverfassungsgesetz übergangsweise wahr. 2Das Übergangsmandat endet, sobald ein Betriebsrat gewählt und das Wahlergebnis bekannt gegeben ist; es besteht längstens bis zum 31. Mai 2010.

(3) Die in den Bundesverbänden am 31. Dezember 2008 jeweils bestehenden Dienstvereinbarungen gelten in den Gesellschaften des bürgerlichen Rechts als Betriebsvereinbarungen für längstens 24 Monate fort, soweit sie nicht durch andere Regelungen ersetzt werden.

(4) 1Auf die bis zum 31. Dezember 2008 förmlich eingeleiteten Beteiligungsverfahren im Bereich der Bundesverbände finden bis zu deren Abschluss die Bestimmungen des Bundespersonalvertretungsgesetzes sinngemäß Anwendung. 2Dies gilt auch für Verfahren vor der Einigungsstelle und den Verwaltungsgerichten. 3In den Fällen der Sätze 1 und 2 tritt in diesen Verfahren an die Stelle der Personalvertretung die nach dem Betriebsverfassungsgesetz zuständige Arbeitnehmervertretung.

(5) Bei der Fusion von Landesverbänden wird die Gesellschaft mit dem Rechtsnachfolger des fusionierten Landesverbandes fortgeführt.

(6) 1Der Spitzenverband Bund soll den Beschäftigten der nach § 212 Abs. 1 in der bis zum 31. Dezember 2008 geltenden Fassung bestehenden Bundesverbände sowie den Beschäftigten der Verbände der Ersatzkassen eine Anstellung anbieten, soweit dies für eine ordnungsgemäße Erfüllung der Aufgaben des Spitzenverbandes Bund erforderlich ist. 2Einer vorherigen Ausschreibung bedarf es nicht.

§ 214 Aufgaben

1Die Gesellschaft hat die Aufgabe, die Verpflichtungen auf Grund der Rechtsnachfolge oder aus Gesetz zu erfüllen. 2Die Gesellschafter können im Gesellschaftsvertrag weitere Aufgaben zur Unterstützung der Durchführung der gesetzlichen Krankenversicherung vereinbaren.

§ 215 (weggefallen)

§ 216 (weggefallen)

§ 217 (weggefallen)

§ 217a Errichtung des Spitzenverbandes Bund der Krankenkassen

(1) Die Krankenkassen bilden den Spitzenverband Bund der Krankenkassen.

(2) Der Spitzenverband Bund der Krankenkassen ist eine Körperschaft des öffentlichen Rechts.

§ 217b Organe

(1) 1Bei dem Spitzenverband Bund der Krankenkassen wird als Selbstverwaltungsorgan ein Verwaltungsrat gebildet. 2Ein Mitglied des Verwaltungsrates muss dem Verwaltungsrat, dem ehrenamtlichen Vorstand oder der Vertreterversammlung einer Mitgliedskasse angehören. 3§ 33 Abs. 3, die §§ 40, 41, 42 Abs. 1 bis 3, die §§ 58, 59, 62 Absatz 1 bis 4 und 6, § 63 Abs. 1, 3, 4, § 64 Absatz 1 bis 3a und § 66 Abs. 1 des Vierten Buches und § 197 gelten entsprechend.

(1a) 1Der Verwaltungsrat kann sämtliche Geschäfts- und Verwaltungsunterlagen einsehen und prüfen. 2Der Verwaltungsrat kann von dem Vorstand jederzeit einen Bericht über Angelegenheiten der Körperschaften verlangen. 3Der Bericht ist rechtzeitig und in der Regel schriftlich zu erstatten. 4Die Rechte nach den Sätzen 1 und 2 können auch mit einem Viertel der abgegebenen Stimmen im Verwaltungsrat geltend gemacht werden.

(1b) 1Der Verwaltungsrat hat seine Beschlüsse nachvollziehbar zu begründen. 2Er hat seine Sitzungen zu protokollieren. 3Der Verwaltungsrat kann ein Wortprotokoll verlangen. 4Abstimmungen erfolgen in der Regel nicht geheim. 5Eine geheime Abstimmung findet nur in besonderen Angelegenheiten statt. 6Eine namentliche Abstimmung erfolgt über die in der Satzung nach § 217e Ab-

V

satz 1 festzulegenden haftungsrelevanten Abstimmungsgegenstände.

(1c) $_{1}$Verpflichtet sich ein Mitglied des Verwaltungsrates außerhalb seiner Tätigkeit im Verwaltungsrat durch einen Dienstvertrag, durch den ein Arbeitsverhältnis nicht begründet wird, oder durch einen Werkvertrag gegenüber dem Spitzenverband Bund der Krankenkassen zu einer Tätigkeit höherer Art, so hängt die Wirksamkeit des Vertrages von der Zustimmung des Verwaltungsrates ab. $_{2}$Gewährt der Spitzenverband Bund der Krankenkassen auf Grund des Dienstvertrages oder des Werkvertrages dem Mitglied des Verwaltungsrates eine Vergütung, ohne dass der Verwaltungsrat diesem Vertrag zugestimmt hat, so hat das Mitglied des Verwaltungsrates die Vergütung zurückzugewähren, es sei denn, dass der Verwaltungsrat den Vertrag nachträglich genehmigt. $_{3}$Ein Anspruch des Mitglieds des Verwaltungsrates gegen den Spitzenverband Bund der Krankenkassen auf Herausgabe der durch die geleistete Tätigkeit erlangten Bereicherung bleibt unberührt. $_{4}$Der Anspruch kann jedoch nicht gegen den Rückgewähranspruch aufgerechnet werden.

(1d) Die Höhe der jährlichen Entschädigungen der einzelnen Mitglieder des Verwaltungsrates einschließlich Nebenleistungen sind in einer Übersicht jährlich zum 1. März, erstmals zum 1. März 2017, vom Spitzenverband Bund der Krankenkassen im Bundesanzeiger und gleichzeitig in den Mitteilungen des Spitzenverbandes Bund der Krankenkassen zu veröffentlichen.

(1e) $_{1}$Der Verwaltungsrat kann seinen Vorsitzenden oder dessen Stellvertreter abberufen, wenn bestimmte Tatsachen das Vertrauen der Mitglieder des Verwaltungsrates zu der Amtsführung des Vorsitzenden oder des stellvertretenden Vorsitzenden ausschließen, insbesondere wenn der Vorsitzende oder der stellvertretende Vorsitzende seine Pflicht als Willensvertreter des Verwaltungsrates verletzt hat oder seine Informationspflichten gegenüber dem Verwaltungsrat verletzt hat. $_{2}$Für die Abberufung ist die einfache Mehrheit der abgegebenen Stimmen erforderlich. $_{3}$Mit dem Beschluss über die Abberufung muss der Verwaltungsrat gleichzeitig einen Nachfolger für den Vorsitzenden oder den stellvertretenden Vorsitzenden wählen. $_{4}$Die Amtszeit des abberufenen Vorsitzenden oder des abberufenen stellvertretenden Vorsitzenden endet mit der Abberufung.

(2) $_{1}$Bei dem Spitzenverband Bund der Krankenkassen wird ein Vorstand gebildet. $_{2}$Der Vorstand besteht aus höchstens drei Personen; besteht der Vorstand aus mehreren Personen, müssen ihm mindestens eine Frau und mindestens ein Mann angehören. $_{3}$Der Vorstand sowie aus seiner Mitte der Vorstandsvorsitzende und dessen Stellvertreter werden von dem Verwaltungsrat gewählt. $_{4}$Der Vorstand verwaltet den Spitzenverband und vertritt den Spitzenverband gerichtlich und außergerichtlich, soweit Gesetz oder sonstiges für den Spitzenverband maßgebendes Recht nichts Abweichendes bestimmen. $_{5}$Die Mitglieder des Vorstandes üben ihre Tätigkeit hauptamtlich aus. $_{6}$§ 35a Abs. 1 bis 3, 6 bis 7 des Vierten Buches gilt entsprechend. $_{7}$Die Aufsichtsbehörde kann vor ihrer Entscheidung nach § 35a Absatz 6a des Vierten Buches in Verbindung mit Satz 6 verlangen, dass ihr der Spitzenverband Bund der Krankenkassen eine unabhängige rechtliche und wirtschaftliche Bewertung der Vorstandsdienstverträge vorlegt. $_{8}$Vergütungserhöhungen sind während der Dauer der Amtszeit der Vorstandsmitglieder unzulässig. $_{9}$Zu Beginn einer neuen Amtszeit eines Vorstandsmitgliedes kann eine über die zuletzt nach § 35a Absatz 6a Satz 1 des Vierten Buches gebilligte Vergütung der letzten Amtsperiode oder des Vorgängers im Amt hinausgehende höhere Vergütung nur durch einen Zuschlag auf die Grundvergütung nach Maßgabe der Entwicklung des Verbraucherpreisindexes vereinbart werden. $_{10}$Die Aufsichtsbehörde kann zu Beginn einer neuen Amtszeit eines Vorstandsmitgliedes eine niedrigere Vergütung anordnen. $_{11}$Finanzielle Zuwendungen nach § 35a Absatz 6 Satz 3 des Vierten Buches sind auf die Vergütungen der Vorstandsmitglieder anzurechnen oder an den Spitzenverband Bund der Krankenkassen abzuführen. $_{12}$Vereinbarungen des Spitzenverbandes Bund der Krankenkassen für die Zukunftssicherung der Vorstandsmitglieder sind nur auf der Grundlage von beitragsorientierten Zusagen zulässig.

(2a) $_{1}$Der Vorstand hat geeignete Maßnahmen zur Herstellung und Sicherung einer ordnungsgemäßen Verwaltungsorganisation zu ergreifen. $_{2}$In der Verwaltungsorganisation ist insbesondere ein angemessenes internes Kontrollverfahren mit einem internen Kontrollsystem und mit einer unabhängigen internen Revision einzurichten. $_{3}$Die interne Revision berichtet in regelmäßigen Abständen dem Vorstand und bei festgestellten Verstößen gegen gesetzliche Regelungen oder andere wesentliche Vorschriften auch der Aufsichtsbehörde. $_{4}$Beziehen sich die festgestellten Verstöße auf das Handeln von Vorstandsmitgliedern, so ist auch dem Verwaltungsrat zu berichten.

(3) $_{1}$Bei dem Spitzenverband Bund der Krankenkassen wird eine Mitgliederversammlung gebildet. $_{2}$Die Mitgliederversammlung wählt den Verwaltungsrat. $_{3}$In die Mitgliederversammlung entsendet jede Mitgliedskasse jeweils einen Vertreter der Versicherten und der Arbeitgeber aus ihrem Verwaltungsrat, ihrem ehrenamtlichen Vorstand oder ihrer Vertreterversammlung. $_{4}$Eine Ersatzkasse, deren Verwaltungsrat nicht zur Hälfte mit Vertretern der Arbeitgeber besetzt ist, entsendet jeweils zwei Vertreter

der Versicherten aus ihrem Verwaltungsrat. $_{5}$§ 64 Abs. 1 und 3 des Vierten Buches gilt entsprechend.

(4) $_{1}$Bei dem Spitzenverband Bund der Krankenkassen wird ein Lenkungs- und Koordinierungsausschuss gebildet. $_{2}$Die Amtsdauer entspricht derjenigen des Vorstandes. $_{3}$Der Lenkungs- und Koordinierungsausschuss setzt sich zusammen aus je einem weiblichen und einem männlichen hauptamtlichen Vorstandsmitglied der Ortskrankenkassen, der Ersatzkassen, der Betriebskrankenkassen und der Innungskrankenkassen sowie je einem Mitglied der Geschäftsführung der Deutschen Rentenversicherung Knappschaft-Bahn-See und der landwirtschaftlichen Krankenkasse. $_{4}$Kann eine Besetzung nach den Vorgaben des Satzes 2 nicht erfolgen, bleibt der entsprechende Sitz frei. $_{5}$Die Mitglieder des Lenkungs- und Koordinierungsausschusses werden von den Mitgliedern des Verwaltungsrates der jeweiligen Kassenart im Spitzenverband Bund der Krankenkassen gewählt. $_{6}$Der Stimmenanteil der Vertreter der Kassenart im Lenkungs- und Koordinierungsausschuss bemisst sich nach den bundesweiten Versichertenzahlen der Mitgliedskassen der Kassenarten zum 1. Januar des Kalenderjahres, in dem die neue Wahlperiode des Lenkungs- und Koordinierungsausschusses beginnt. $_{7}$Der Stimmenanteil der Kassenart wird auf die Anzahl der Sitze verteilt. $_{8}$Kann ein Sitz nicht besetzt werden, entfällt dessen Stimmenanteil.

(5) $_{1}$Versorgungsbezogene Entscheidungen des Vorstandes zu Verträgen sowie Richtlinien und Rahmenvorgaben oder vergleichbare Entscheidungen sind im Benehmen mit dem Lenkungs- und Koordinierungsausschuss zu treffen. $_{2}$Der Vorstand hat die vom Lenkungs- und Koordinierungsausschuss abgegebenen Empfehlungen zu beachten. $_{3}$Dies gilt nicht für Entscheidungen, mit denen der Vorstand Beschlüsse, die der Verwaltungsrat im Rahmen seiner Zuständigkeit getroffen hat, umsetzt. $_{4}$In begründeten Fällen kann der Vorstand von den Empfehlungen des Lenkungs- und Koordinierungsausschusses abweichen; in diesen Fällen teilt der Vorstand dem Lenkungs- und Koordinierungsausschuss seine Gründe schriftlich mit. $_{5}$Zu sonstigen Entscheidungen des Vorstandes kann der Lenkungs- und Koordinierungsausschuss eine Stellungnahme abgeben. $_{6}$Das Nähere zum Verfahren und zur Beschlussfassung kann er im Einvernehmen mit dem Verwaltungsrat in einer Geschäftsordnung regeln. $_{7}$Vertreter des Lenkungs- und Koordinierungsausschusses können an Sitzungen gesetzlicher Gremien, denen der Vorstand des Spitzenverbandes Bund der Krankenkassen angehört, teilnehmen.

(6) $_{1}$Der Lenkungs- und Koordinierungsausschuss kann zu Themen, die in die Zuständigkeit des Verwaltungsrates des Spitzenverbandes Bund der Krankenkassen fallen, vor Beschlussfassungen Stellungnahmen abgeben. $_{2}$Fordert der Verwaltungsrat mit der Mehrheit seiner Stimmen eine Stellungnahme des Lenkungs- und Koordinierungsausschusses an, muss der Lenkungs- und Koordinierungsausschuss die angeforderte Stellungnahme abgeben. $_{3}$Mitglieder des Lenkungs- und Koordinierungsausschusses sind berechtigt, an nicht öffentlichen Sitzungen des Verwaltungsrates teilzunehmen.

§ 217c Wahl des Verwaltungsrates und des Vorsitzenden der Mitgliederversammlung

(1) $_{1}$Der Verwaltungsrat besteht aus höchstens 52 Mitgliedern. $_{2}$Zu wählen sind als Mitglieder des Verwaltungsrates Versichertenvertreter und Arbeitgebervertreter für die Allgemeinen Ortskrankenkassen, die Ersatzkassen, die Betriebskrankenkassen und die Innungskrankenkassen sowie gemeinsame Versicherten- und Arbeitgebervertreter für die Deutsche Rentenversicherung Knappschaft-Bahn-See und die landwirtschaftliche Krankenkasse. $_{3}$Abweichend von Satz 2 sind für die Ersatzkassen, deren Verwaltungsrat nicht zur Hälfte mit Vertretern der Arbeitgeber besetzt ist, nur Versichertenvertreter zu wählen. $_{4}$Für jedes Mitglied ist ein Stellvertreter zu wählen. $_{5}$§ 43 Absatz 2 des Vierten Buches gilt entsprechend. $_{6}$Die Verteilung der Sitze bestimmt sich nach den bundesweiten Versichertenzahlen der Kassenarten zum 1. Januar des Kalenderjahres, in dem die Mitgliederversammlung den Verwaltungsrat für die neue Wahlperiode wählt.

(2) $_{1}$Die für die Krankenkassen einer Kassenart zu wählenden Mitglieder des Verwaltungsrates müssen jeweils zur Hälfte der Gruppe der Versicherten und der Gruppe der Arbeitgeber angehören. $_{2}$Abweichend von Satz 1 ist für die Festlegung der Zahl der Arbeitgebervertreter, die für die Ersatzkassen zu wählen sind, deren Verwaltungsrat mit Arbeitgebervertretern besetzt ist, die Hälfte des Anteils der Versichertenzahlen dieser Ersatzkassen an den bundesweiten Versichertenzahlen aller Ersatzkassen zum 1. Januar des Kalenderjahres zu Grunde zu legen, in dem der Verwaltungsrat gewählt wird. $_{3}$Bei Abstimmungen des Verwaltungsrates sind die Stimmen zu gewichten, soweit dies erforderlich ist, um insgesamt eine Parität der Stimmen zwischen Versichertenvertretern und Arbeitgebervertretern im Verwaltungsrat herzustellen. $_{4}$Die Verteilung der Sitze und die Gewichtung der Stimmen zwischen den Kassenarten haben zu einer größtmöglichen Annäherung an den prozentualen Versichertenanteil der jeweiligen Kassenart zu führen. $_{5}$Die Einzelheiten zur Sitzverteilung und Stimmengewichtung regelt die Satzung spätestens sechs Monate vor dem Ende der Amtsdauer des Verwaltungsrates. $_{6}$Die Satzung kann vorsehen, dass die Stimmenverteilung während einer Wahlperiode

an die Entwicklung der Versichertenzahlen angepasst wird.

(3) $_{1}$Die Wahl des Verwaltungsrates wird nach Vorschlagslisten durchgeführt. $_{2}$Jede Vorschlagsliste hat mindestens 40 Prozent weibliche und 40 Prozent männliche Bewerberinnen und Bewerber zu enthalten. $_{3}$Jede Kassenart soll eine Vorschlagsliste erstellen, die mindestens so viele Bewerber enthält, wie ihr Sitze nach der Satzung zugeordnet sind. $_{4}$Entsprechendes gilt für die nach Absatz 1 gemeinsam zu wählenden Mitglieder für die Deutsche Rentenversicherung Knappschaft-Bahn-See und die landwirtschaftliche Krankenkasse. $_{5}$Verständigt sich eine Kassenart nicht auf eine Vorschlagsliste, benennt jede Krankenkasse dieser Kassenart einen Bewerber als Versichertenvertreter und einen Bewerber als Arbeitgebervertreter; die Ersatzkassen, deren Verwaltungsrat nicht zur Hälfte mit Vertretern der Arbeitgeber besetzt ist, benennen jeweils bis zu drei Versichertenvertreter. $_{6}$Aus den eingereichten Einzelvorschlägen erstellt der Vorsitzende der Mitgliederversammlung die kassenartbezogene Vorschlagsliste mit den Bewerbern. $_{7}$Entsprechendes gilt für die Erstellung der Vorschlagslisten mit den zu wählenden Stellvertretern. $_{8}$Die Vorschlagslisten werden getrennt für die Vertreter der Versicherten und der Arbeitgeber sowie jeweils deren Stellvertreter erstellt. $_{9}$Die Wahl erfolgt jeweils getrennt für die Vertreter der Versicherten und der Arbeitgeber, getrennt für deren Stellvertreter sowie getrennt nach Kassenarten. $_{10}$Die Versichertenvertreter in der Mitgliederversammlung wählen die Versichertenvertreter und deren Stellvertreter aus den Vorschlagslisten für den Verwaltungsrat. $_{11}$Die Arbeitgebervertreter in der Mitgliederversammlung wählen die Arbeitgebervertreter und deren Stellvertreter aus den Vorschlagslisten für den Verwaltungsrat. $_{12}$Bei den nach Satz 9 getrennten Wahlgängen hat ein wahlberechtigter Vertreter der Mitgliedskasse bei einem Wahlgang so viele Stimmen, wie jeweils Sitze nach der Satzung zur Verfügung stehen.

(4) $_{1}$Gewählt sind jeweils die Bewerber auf der Vorschlagsliste, die die höchste der nach Absatz 4 gewichteten, abgegebenen Stimmenzahl erhalten (Höchstzahlen). $_{2}$Dabei sind so viele Bewerber mit den Höchstzahlen gewählt, wie Sitze je Kassenart nach der Satzung zu verteilen sind. $_{3}$Entsprechendes gilt für die Wahl der Stellvertreter.

(5) $_{1}$Bei der Wahl der Mitglieder des Verwaltungsrates durch die Mitgliederversammlung sind die Stimmen der Mitgliedskassen des Spitzenverbandes Bund zu gewichten. $_{2}$Die Gewichtung orientiert sich an der bundesweiten Anzahl der Versicherten eines Mitgliedes am 1. Januar eines Jahres. $_{3}$Die Gewichtung ist entsprechend der Entwicklung der Versichertenzahlen jährlich zum 1. Februar anzupassen. $_{4}$Das Nähere regelt die Satzung.

(6) $_{1}$Die Mitgliederversammlung wählt aus ihren Reihen einen Vorsitzenden und dessen Stellvertreter. $_{2}$Die Wahl des Vorsitzenden der Mitgliederversammlung erfolgt mit einer Mehrheit von zwei Dritteln der abgegebenen Stimmen der Mitgliedskassen. $_{3}$Für die Mitgliedskasse kann nur eine einheitliche Stimmabgabe erfolgen. $_{4}$Das Bundesministerium für Gesundheit lädt die Mitglieder des Spitzenverbandes Bund zu der ersten konstituierenden Mitgliederversammlung ein und leitet in dieser ersten Sitzung die Wahl des Vorsitzenden der Mitgliederversammlung. $_{5}$Für die erste Sitzung der Mitgliederversammlung gilt § 76 der Wahlordnung für die Sozialversicherung entsprechend mit der Maßgabe, dass der Vertreter des Bundesministeriums für Gesundheit die Aufgaben des Wahlausschusses wahrnimmt. $_{6}$Zu den nachfolgenden Sitzungen der Mitgliederversammlung beruft der Vorsitzende ein. $_{7}$Er leitet die Wahl des Verwaltungsrates und stellt das Wahlergebnis fest. $_{8}$Das Nähere regelt die Satzung.

(7) $_{1}$Der Vorsitzende der Mitgliederversammlung lädt den gewählten Verwaltungsrat zu seiner konstituierenden Sitzung ein und leitet die Wahl des Vorsitzenden des Verwaltungsrates. $_{2}$Für die erste Sitzung des Verwaltungsrates gelten die §§ 75 und 76 der Wahlordnung für die Sozialversicherung entsprechend mit der Maßgabe, dass der Vorsitzende der Mitgliederversammlung die Aufgaben des Wahlausschusses wahrnimmt.

(8) Das Nähere zur Durchführung der Wahl des Verwaltungsrates und der Wahl des Vorsitzenden der Mitgliederversammlung sowohl für die Wahl im Errichtungsstadium wie auch für die folgenden Wahlen nach Ablauf der jeweiligen Amtsperioden kann das Bundesministerium für Gesundheit durch Rechtsverordnung ohne Zustimmung des Bundesrates in einer Wahlordnung regeln.

§ 217d Aufsicht, Haushalts- und Rechnungswesen, Vermögen, Statistiken

(1) $_{1}$Der Spitzenverband Bund der Krankenkassen untersteht der Aufsicht des Bundesministeriums für Gesundheit, bei Ausführung des § 217f Abs. 3 der Aufsicht des Bundesministeriums für Arbeit und Soziales. $_{2}$Die Aufsicht über den Spitzenverband Bund der Krankenkassen in seiner Funktion als Verbindungsstelle nach § 219a wird vom Bundesministerium für Gesundheit im Einvernehmen mit dem Bundesministerium für Arbeit und Soziales ausgeübt.

(2) $_{1}$Die Kosten der Tätigkeit des Spitzenverbandes Bund der Krankenkassen werden nach Maßgabe des Haushaltsplans durch die Beiträge der Mitgliedskassen gemäß

den Vorgaben der Satzung aufgebracht, soweit sie nicht durch sonstige Einnahmen gedeckt werden. $_{2}$Für die Aufsicht über den Spitzenverband Bund der Krankenkassen gelten die §§ 87 bis 89 des Vierten Buches entsprechend. $_{3}$Für das Haushalts- und Rechnungswesen einschließlich der Statistiken gelten die §§ 67 bis 69, die §§ 72 bis 77 Absatz 1 und 1a und die §§ 78 und 79 Absatz 1 und 2 in Verbindung mit Absatz 3a, für das Vermögen die §§ 80 bis 86 des Vierten Buches sowie § 220 Absatz 1 Satz 2 und für die Verwendung der Mittel § 305b entsprechend. $_{4}$Die Jahresrechnung nach § 77 Absatz 1a des Vierten Buches ist für das abgelaufene Haushaltsjahr bis zum 1. Oktober des Folgejahres aufzustellen und der Aufsichtsbehörde vorzulegen. $_{5}$Betriebsmittel dürfen die Ausgaben nicht übersteigen, die nach dem Haushaltsplan des Spitzenverbandes Bund der Krankenkassen auf eineinhalb Monate entfallen. Rücklagen sind zulässig, sofern sie angemessen sind und für einen den gesetzlichen Aufgaben dienenden Zweck bestimmt sind. $_{6}$Soweit Vermögen nicht zur Rücklagenbildung erforderlich ist, ist es zur Senkung der Beiträge der Mitgliedskassen zu verwenden oder an die Mitgliedskassen zurückzuzahlen.

(3) Für die Vollstreckung von Aufsichtsverfügungen gegen den Spitzenverband Bund der Krankenkassen kann die Aufsichtsbehörde ein Zwangsgeld bis zu einer Höhe von 10 000 000 Euro zugunsten des Gesundheitsfonds nach § 271 festsetzen.

(4) $_{1}$Der Haushaltsplan wird vom Vorstand aufgestellt. $_{2}$Der Verwaltungsrat stellt ihn fest. $_{3}$Der Haushaltsplan bedarf der Genehmigung der Aufsichtsbehörde. $_{4}$Der Spitzenverband Bund der Krankenkassen hat den vom Vorstand aufgestellten Haushaltsplan spätestens am 1. Oktober vor Beginn des Kalenderjahres, für das er gelten soll, der Aufsichtsbehörde vorzulegen. $_{5}$Diese kann die Genehmigung auch für einzelne Ansätze versagen, soweit der Haushaltsplan gegen Gesetz oder sonstiges für den Spitzenverband Bund der Krankenkassen maßgebendes Recht verstößt oder die Bewertungs- und Bewirtschaftungsmaßstäbe des Bundes nicht beachtet sind.

§ 217e Satzung

(1) $_{1}$Der Verwaltungsrat hat eine Satzung zu beschließen. $_{2}$Die Satzung bedarf der Genehmigung der zuständigen Aufsichtsbehörde. $_{3}$Der Spitzenverband Bund hat seinen Sitz in Berlin; die Satzung kann einen davon abweichenden Sitz bestimmen. $_{4}$Die Verbindungsstelle (§ 219a) hat ihren Sitz in Bonn; die Satzung kann einen davon abweichenden Sitz in Berücksichtigung der spezifischen Aufgabenstellung festlegen. $_{5}$Die Satzung muss Bestimmungen enthalten über

1. die Wahl des Verwaltungsrates und des Vorstandes sowie die Ergänzung des Verwaltungsrates bei vorzeitigem Ausscheiden eines Mitglieds,
2. die Entschädigung der Mitglieder des Verwaltungsrates,
3. die Aufbringung und Verwaltung der Mittel,
4. die Beurkundung der Beschlüsse des Verwaltungsrates,
5. die Herstellung der Öffentlichkeit der Sitzungen des Verwaltungsrates,
6. das Nähere über die Entsendung der Vertreter der Mitgliedskassen in die Mitgliederversammlung, über die Wahl des Vorsitzenden der Mitgliederversammlung sowie dessen Aufgaben,
7. die Rechte und Pflichten der Mitgliedskassen,
8. die jährliche Prüfung der Betriebs- und Rechnungsführung,
9. die Art der Bekanntmachung.

$_{6}$§ 34 Abs. 2 des Vierten Buches gilt entsprechend.

(2) Die vom Spitzenverband Bund der Krankenkassen abgeschlossenen Verträge und seine sonstigen Entscheidungen gelten für die Mitgliedskassen des Spitzenverbandes, die Landesverbände der Krankenkassen und die Versicherten.

§ 217f Aufgaben des Spitzenverbandes Bund der Krankenkassen

(1) $_{1}$Der Spitzenverband Bund der Krankenkassen hat ab dem 1. Juli 2008 die ihm gesetzlich zugewiesenen Aufgaben zu erfüllen. $_{2}$Der Vorstand hat dem Bundesministerium für Gesundheit zu berichten, wenn die dem Spitzenverband Bund der Krankenkassen gesetzlich zugewiesenen Aufgaben nicht rechtzeitig umgesetzt werden. $_{3}$Der Bericht ist dem Bundesministerium für Gesundheit spätestens innerhalb eines Monats nach dem für die Umsetzung der gesetzlichen Aufgabe vorgegebenen Zeitpunkt schriftlich vorzulegen. $_{4}$In dem Bericht sind insbesondere die Gründe für die nicht rechtzeitige Umsetzung, der Sachstand und das weitere Verfahren darzulegen.

(2) $_{1}$Der Spitzenverband Bund der Krankenkassen unterstützt die Krankenkassen und ihre Landesverbände bei der Erfüllung ihrer Aufgaben und bei der Wahrnehmung ihrer Interessen, insbesondere durch die Entwicklung von und Abstimmung zu Datendefinitionen (Formate, Strukturen und Inhalte) und Prozessoptimierungen (Vernetzung der Abläufe) für den elektronischen Datenaustausch in der gesetzlichen Krankenversicherung, mit den Versicherten und mit den Arbeitgebern. $_{2}$ Die Wahrnehmung der Interessen der Krankenkassen bei über- und zwi-

schenstaatlichen Organisationen und Einrichtungen ist Aufgabe des Spitzenverbandes Bund der Krankenkassen.

(2a) $_{1}$Der Spitzenverband Bund der Krankenkassen berichtet dem Bundesministerium für Gesundheit und den zuständigen Aufsichtsbehörden erstmals zum 31. März 2020 und danach jährlich über den aktuellen Stand und Fortschritt der Digitalisierung der Verwaltungsleistungen der Krankenkassen für Versicherte und bestimmt die dafür von seinen Mitgliedern zu übermittelnden Informationen. $_{2}$Dabei ist für jede Verwaltungsleistung bei jeder Krankenkasse darzustellen, ob und inwieweit diese elektronisch über eigene Verwaltungsportale und gemeinsame Portalverbünde für digitale Verwaltungsleistungen abgewickelt werden können. $_{3}$Der Spitzenverband Bund der Krankenkassen unterstützt die Anbindung der Krankenkassen an gemeinsame Portalverbünde für digitale Verwaltungsleistungen und gibt Empfehlungen für die Umsetzung gesetzlicher Verpflichtungen nach den für diese Portalverbünde geltenden Bestimmungen. $_{4}$Er legt für seine Mitglieder fest, welche einheitlichen Informationen, Dokumente und Anwendungen in gemeinsamen Portalverbünden zu den Verwaltungsleistungen der Krankenkassen für Versicherte angeboten werden und welche technischen Standards und sozialdatenschutzrechtlichen Anforderungen unter Beachtung der Richtlinie nach Absatz 4b Satz 1 die Krankenkassen einhalten müssen, damit diese ihre Verwaltungsleistungen elektronisch über gemeinsame Portalverbünde anbieten können. $_{5}$Er stellt seinen Mitgliedern geeignete Softwarelösungen zur Verfügung, um den erforderlichen Datenaustausch zwischen dem Verwaltungsportal der jeweils für den Versicherten zuständigen Krankenkasse und gemeinsamen Portalverbünden zu ermöglichen. $_{6}$Das Nähere einschließlich der gemeinsamen Kostentragung für die Entwicklung und Bereitstellung von Softwarelösungen durch die Mitglieder regelt der Spitzenverband Bund der Krankenkassen.

(3) Der Spitzenverband Bund der Krankenkassen trifft in grundsätzlichen Fach- und Rechtsfragen Entscheidungen zum Beitrags- und Meldeverfahren und zur einheitlichen Erhebung der Beiträge (§§ 23, 76 des Vierten Buches).

(4) Der Spitzenverband Bund der Krankenkassen trifft Entscheidungen zur Organisation des Qualitäts- und Wirtschaftlichkeitswettbewerbs der Krankenkassen, insbesondere zu dem Erlass von Rahmenrichtlinien für den Aufbau und die Durchführung eines zielorientierten Benchmarking der Leistungs- und Qualitätsdaten.

(4a) $_{1}$Der Spitzenverband Bund der Krankenkassen legt in einer Richtlinie allgemeine Vorgaben zu den Regelungen nach § 73b Absatz 3 Satz 8 und § 140a Absatz 4 Satz 6 und 7 fest. $_{2}$Die Richtlinie bedarf der Genehmigung des Bundesministeriums für Gesundheit.

(4b) $_{1}$Der Spitzenverband Bund der Krankenkassen legt bis zum 31. Januar 2018 in einer Richtlinie Maßnahmen zum Schutz von Sozialdaten der Versicherten vor unbefugter Kenntnisnahme fest, die von den Krankenkassen bei Kontakten mit ihren Versicherten anzuwenden sind. $_{2}$Die Maßnahmen müssen geeignet sein, im Verhältnis zum Gefährdungspotential mit abgestuften Verfahren den Schutz der Sozialdaten zu gewährleisten und dem Stand der Technik entsprechen. $_{3}$Insbesondere für die elektronische Übermittlung von Sozialdaten hat die Richtlinie Maßnahmen zur sicheren Identifizierung und zur sicheren Datenübertragung vorzusehen; hierbei sollen bereits vorhandene Verfahren für einen sicheren elektronischen Identitätsnachweis nach § 36a Absatz 2 Satz 5 des Ersten Buches berücksichtigt werden. $_{4}$Die Richtlinie muss zusätzlich zum 1. Oktober 2023 Regelungen zu dem Abgleich der Anschrift der Versicherten mit den Daten aus dem Melderegister vor dem Versand der elektronischen Gesundheitskarte und deren persönlicher Identifikationsnummer (PIN) an die Versicherten enthalten. $_{5}$Die Richtlinie hat Konzepte zur Umsetzung der Maßnahmen durch die Krankenkassen und Vorgaben für eine Zertifizierung durch unabhängige Gutachter vorzusehen. $_{6}$Sie ist in Abstimmung mit der oder dem Bundesbeauftragten für den Datenschutz und die Informationsfreiheit und dem Bundesamt für Sicherheit in der Informationstechnik zu erstellen und bedarf der Genehmigung des Bundesministeriums für Gesundheit. $_{7}$Die Richtlinie ist erstmalig zum 1. Januar 2021 und dann fortlaufend zu evaluieren und spätestens alle zwei Jahre unter Einbeziehung eines vom Spitzenverband Bund der Krankenkassen zu beauftragenden unabhängigen geeigneten Sicherheitsgutachters im Benehmen mit dem Bundesbeauftragten für den Datenschutz und die Informationsfreiheit und dem Bundesamt für Sicherheit in der Informationstechnik an den Stand der Technik anzupassen. $_{8}$Die geänderte Richtlinie bedarf jeweils der Genehmigung des Bundesministeriums für Gesundheit.

(5) Die von den bis zum 31. Dezember 2008 bestehenden Bundesverbänden sowie der Deutschen Rentenversicherung Knappschaft-Bahn-See, den Verbänden der Ersatzkassen und der See-Krankenkasse bis zum 30. Juni 2008 zu treffenden Vereinbarungen, Regelungen und Entscheidungen gelten so lange fort, bis der Spitzenverband Bund im Rahmen seiner Aufgabenstellung neue Vereinbarungen, Regelungen oder Entscheidungen trifft oder Schiedsämter den Inhalt von Verträgen neu festsetzen.

(6) Der Spitzenverband Bund der Krankenkassen trifft Entscheidungen, die bei Schließung oder Insolvenz einer Krankenkasse im Zusammenhang mit dem Mitgliederübergang der Versicherten erforderlich sind, um die Leis-

tungsansprüche der Versicherten sicherzustellen und die Leistungen abzurechnen.

(7) Der Spitzenverband Bund der Krankenkassen kann zur Durchführung seiner gesetzlichen Aufgaben nach § 130b die Daten nach § 267 Absatz 1 Satz 1 und Absatz 2 anonymisiert und ohne Krankenkassenbezug verarbeiten.

(8) Der Spitzenverband Bund der Krankenkassen hat zur Sicherheit des Zahlungsverkehrs und der Buchführung für die Krankenkassen in Abstimmung mit dem Bundesversicherungsamt eine Musterkassenordnung nach § 3 der Sozialversicherungs-Rechnungsverordnung aufzustellen.

§ 217g Aufsichtsmittel in besonderen Fällen bei dem Spitzenverband Bund der Krankenkassen

(1) $_{1}$Ergibt sich nachträglich, dass eine Satzung nicht hätte genehmigt werden dürfen, oder bedarf eine Satzung wegen nachträglich eingetretener rechtlicher oder tatsächlicher Umstände, die zur Rechtswidrigkeit der Satzung führen, einer Änderung, so kann die Aufsichtsbehörde anordnen, dass der Spitzenverband Bund der Krankenkassen innerhalb einer bestimmten Frist die erforderlichen Änderungen vornimmt. $_{2}$Kommt der Spitzenverband Bund der Krankenkassen der Anordnung innerhalb der Frist nicht nach, so kann die Aufsichtsbehörde die erforderlichen Änderungen selbst vornehmen.

(2) $_{1}$Ist zur Umsetzung von gesetzlichen Vorschriften oder aufsichtsrechtlichen Verfügungen ein Beschluss des Verwaltungsrates erforderlich, so kann die Aufsichtsbehörde anordnen, dass dieser Beschluss innerhalb einer bestimmten Frist gefasst wird. $_{2}$Wird der erforderliche Beschluss innerhalb der Frist nicht gefasst, so kann die Aufsichtsbehörde den Beschluss des Verwaltungsrates ersetzen.

(3) $_{1}$Verstößt ein Beschluss des Verwaltungsrates des Spitzenverbandes Bund der Krankenkassen gegen ein Gesetz oder gegen sonstiges für den Spitzenverband Bund der Krankenkassen maßgebendes Recht, so kann die Aufsichtsbehörde anordnen, den Beschluss innerhalb einer bestimmten Frist aufzuheben. $_{2}$Mit Zugang der Anordnung darf der Beschluss nicht vollzogen werden. $_{3}$Die Aufsichtsbehörde kann verlangen, dass Maßnahmen, die auf Grund des Beschlusses getroffen wurden, rückgängig gemacht werden. $_{4}$Kommt der Spitzenverband Bund der Krankenkassen der Anordnung innerhalb der Frist nicht nach, so kann die Aufsichtsbehörde den Beschluss aufheben.

(4) $_{1}$Einer Anordnung mit Fristsetzung bedarf es nicht, wenn ein Beschluss nach Absatz 1 oder Absatz 2 auf Grund gesetzlicher Regelungen innerhalb einer bestimmten Frist zu fassen ist. $_{2}$Klagen gegen Anordnungen und Maßnahmen der Aufsichtsbehörde nach den Absätzen 1 bis 3 haben keine aufschiebende Wirkung.

§ 217h Entsandte Person für besondere Angelegenheiten bei dem Spitzenverband Bund der Krankenkassen

(1) $_{1}$Solange und soweit die ordnungsgemäße Verwaltung bei dem Spitzenverband Bund der Krankenkassen gefährdet ist, kann die Aufsichtsbehörde eine Person an den Spitzenverband Bund der Krankenkassen entsenden, diese Person mit der Wahrnehmung von Aufgaben bei dem Spitzenverband Bund der Krankenkassen betrauen und ihr hierfür die erforderlichen Befugnisse übertragen. $_{2}$Die ordnungsgemäße Verwaltung ist insbesondere gefährdet, wenn

1. ein Mitglied des Vorstandes interne oder externe Maßnahmen ergreift, die nicht im Einklang mit den eigenen Verwaltungsvorschriften oder satzungsrechtlichen oder gesetzlichen Vorschriften stehen,
2. ein Mitglied des Vorstandes Handlungen vornimmt, die die interne Organisation der Verwaltung oder auch die Zusammenarbeit der Organe untereinander erheblich beeinträchtigen,
3. die Umsetzung von Aufsichtsverfügungen nicht gewährleistet ist oder
4. hinreichende Anhaltspunkte dafür vorliegen, dass eine Pflichtverletzung eines Organmitglieds oder eines ehemaligen Organmitglieds einen Schaden der Körperschaft verursacht hat.

$_{3}$Die Aufsichtsbehörde kann die Person in diesen Fällen zur Beratung und Unterstützung des Vorstandes oder des Verwaltungsrates, zur Überwachung der Umsetzung von Aufsichtsverfügungen oder zur Prüfung von Schadenersatzansprüchen gegen Organmitglieder oder ehemalige Organmitglieder entsenden. $_{4}$Die Aufsichtsbehörde bestimmt, in welchem Umfang die entsandte Person im Innenverhältnis anstelle der Organe handeln darf. $_{5}$Die Befugnisse der Organe im Außenverhältnis bleiben unberührt. $_{6}$Die Entsendung erfolgt durch Verwaltungsakt gegenüber dem Spitzenverband Bund der Krankenkassen.

(2) $_{1}$Die nach Absatz 1 entsandte Person ist im Rahmen ihrer Aufgaben berechtigt, von den Mitgliedern der Organe und von den Beschäftigten des Spitzenverbandes Bund der Krankenkassen Auskünfte und die Vorlage von Unterlagen zu verlangen. $_{2}$Sie kann an allen Sitzungen der Organe und sonstigen Gremien des Spitzenverbandes Bund der Krankenkassen in beratender Funktion teilnehmen, die Geschäftsräume des Spitzenverbandes Bund der Krankenkassen betreten und Nachforschungen zur Erfüllung ihrer Aufgaben anstellen. $_{3}$Die Organe und Organmitglieder haben die entsandte Person bei der Wahrneh-

mung von deren Aufgaben zu unterstützen. 4Die entsandte Person ist verpflichtet, der Aufsichtsbehörde Auskunft über alle Erkenntnisse zu geben, die sie im Rahmen ihrer Tätigkeit gewonnen hat.

(3) 1Der Spitzenverband Bund der Krankenkassen gewährt der nach Absatz 1 entsandten Person eine Vergütung und angemessene Auslagen. 2Die Höhe der Vergütung wird von der Aufsichtsbehörde durch Verwaltungsakt gegenüber dem Spitzenverband Bund der Krankenkassen festgesetzt. 3Der Spitzenverband Bund der Krankenkassen trägt zudem die übrigen Kosten, die durch die Entsendung entstehen.

(4) 1Der Entsendung der Person hat eine Anordnung vorauszugehen, mit der die Aufsichtsbehörde dem Spitzenverband Bund der Krankenkassen aufgibt, innerhalb einer bestimmten Frist das Erforderliche zur Gewährleistung einer ordnungsgemäßen Verwaltung zu veranlassen. 2Klagen gegen die Anordnung nach Satz 1 oder gegen die Entsendung der Person haben keine aufschiebende Wirkung.

§ 217i Verhinderung von Organen, Bestellung eines Beauftragten

(1) 1Solange und soweit die Wahl des Verwaltungsrates und des Vorstandes des Spitzenverbandes Bund der Krankenkassen nicht zustande kommt oder der Verwaltungsrat oder der Vorstand des Spitzenverbandes Bund der Krankenkassen sich weigert, seine Geschäfte zu führen, kann die Aufsichtsbehörde die Geschäfte selbst führen oder einen Beauftragten bestellen und ihm ganz oder teilweise die Befugnisse eines oder mehrerer Organe des Spitzenverbandes Bund der Krankenkassen übertragen. 2Dies gilt auch, wenn der Verwaltungsrat oder der Vorstand die Funktionsfähigkeit der Körperschaft gefährdet, insbesondere wenn er die Körperschaft nicht mehr im Einklang mit den Gesetzen oder mit der Satzung verwaltet, die Auflösung des Spitzenverbandes Bund der Krankenkassen betreibt oder das Vermögen gefährdende Entscheidungen beabsichtigt oder trifft.

(2) 1Die Bestellung eines Beauftragten nach Absatz 1 erfolgt durch Verwaltungsakt gegenüber dem Spitzenverband Bund der Krankenkassen. 2Die Befugnisse und Rechte des Organs, für das der Beauftragte bestellt wird, ruhen in dem Umfang und für die Dauer der Bestellung im Innen- und Außenverhältnis. 3Der Spitzenverband Bund der Krankenkassen gewährt dem nach Absatz 1 bestellten Beauftragten eine Vergütung und angemessene Auslagen. 4Die Höhe der Vergütung wird von der Aufsichtsbehörde durch Verwaltungsakt gegenüber dem Spitzenverband Bund der Krankenkassen festgesetzt. 5Der Spitzenverband Bund der Krankenkassen trägt zudem die übrigen Kosten, die durch die Bestellung des Beauftragten entstehen. 6Werden dem Beauftragten Befugnisse des Vorstandes übertragen, ist die Vergütung des Vorstandes entsprechend zu kürzen.

(3) 1Der Führung der Geschäfte durch die Aufsichtsbehörde oder der Bestellung eines Beauftragten hat eine Anordnung vorauszugehen, mit der die Aufsichtsbehörde dem Spitzenverband Bund der Krankenkassen aufgibt, innerhalb einer bestimmten Frist das Erforderliche zu veranlassen. 2Klagen gegen die Anordnung nach Satz 1, gegen die Entscheidung über die Bestellung eines Beauftragten oder gegen die Wahrnehmung der Aufgaben des Spitzenverbandes Bund der Krankenkassen durch die Aufsichtsbehörde haben keine aufschiebende Wirkung.

§ 217j Berichtspflicht des Bundesministeriums für Gesundheit

Sofern schutzwürdige Belange Dritter nicht entgegenstehen, hat das Bundesministerium für Gesundheit dem Ausschuss für Gesundheit des Deutschen Bundestages jährlich zum 1. März, erstmalig zum 1. März 2018, einen Bericht über aufsichtsrechtliche Maßnahmen nach § 217g Absatz 1 bis 3, § 217h Absatz 1 und 4 Satz 1 und § 217i Absatz 1 und 3 Satz 1 und den Erlass von Verpflichtungsbescheiden nach § 89 Absatz 1 Satz 2 des Vierten Buches in Verbindung mit § 217d Absatz 2 Satz 2 sowie über den Sachstand der Aufsichtsverfahren vorzulegen.

§ 218 Regionale Kassenverbände

(1) Orts-, Betriebs- und Innungskrankenkassen können sich durch übereinstimmenden Beschluß ihrer Verwaltungsräte zu einem Kassenverband vereinigen, wenn sie ihren Sitz im Bezirk desselben Versicherungsamts haben.

(2) Mit Genehmigung der für die Sozialversicherung zuständigen obersten Verwaltungsbehörde des Landes kann sich ein Kassenverband über die Bezirke oder Bezirksteile mehrerer Versicherungsämter erstrecken.

§ 219 Besondere Regelungen zu Einrichtungen und Arbeitsgemeinschaften des Spitzenverbandes Bund der Krankenkassen

(1) Die Krankenkassen und ihre Verbände können insbesondere mit Kassenärztlichen Vereinigungen und anderen Leistungserbringern sowie mit dem öffentlichen Gesundheitsdienst zur Förderung der Gesundheit, Prävention, Versorgung chronisch Kranker und Rehabilitation Arbeitsgemeinschaften zur Wahrnehmung der in § 94 Abs. 1a Satz 1 des Zehnten Buches genannten Aufgaben bilden.

(2) 1Vor der Entscheidung des Vorstandes des Spitzenverbandes Bund der Krankenkassen über die Errichtung, Übernahme oder wesentliche Erweiterung von Einrichtungen im Sinne des § 85 Absatz 1 des Vierten Buches sowie

über eine unmittelbare oder mittelbare Beteiligung an solchen Einrichtungen ist der Verwaltungsrat des Spitzenverbandes Bund der Krankenkassen durch den Vorstand auf der Grundlage geeigneter Daten umfassend über die Chancen und Risiken der beabsichtigten Betätigung zu unterrichten. 2Die Entscheidung des Vorstandes nach Satz 1 bedarf der Zustimmung des Verwaltungsrates.

(3) 1Der Vorstand hat zur Information des Verwaltungsrates des Spitzenverbandes Bund der Krankenkassen jährlich einen Bericht über die Einrichtungen zu erstellen, an denen der Spitzenverband Bund der Krankenkassen beteiligt ist. 2Der Beteiligungsbericht muss zu jeder Einrichtung mindestens Angaben enthalten über

1. den Gegenstand der Einrichtung, die Beteiligungsverhältnisse, die Besetzung der Organe der Einrichtung und die Beteiligungen der Einrichtung an weiteren Einrichtungen,
2. den fortbestehenden Zusammenhang zwischen der Beteiligung an der Einrichtung und den gesetzlichen Aufgaben des Spitzenverbandes Bund der Krankenkassen,
3. die Grundzüge des Geschäftsverlaufs der Einrichtung, die Ertragslage der Einrichtung, die Kapitalzuführungen an und die Kapitalentnahmen aus der Einrichtung durch den Spitzenverband Bund der Krankenkassen, die Auswirkungen der Kapitalzuführungen und Kapitalentnahmen auf die Haushaltswirtschaft des Spitzenverbandes Bund der Krankenkassen und die von dem Spitzenverband Bund der Krankenkassen der Einrichtung gewährten Sicherheiten,
4. die im Geschäftsjahr gewährten Gesamtbezüge der Mitglieder der Geschäftsführung, des Aufsichtsrates, des Beirates oder eines ähnlichen Gremiums der Einrichtung für jedes einzelne Gremium sowie die im Geschäftsjahr gewährten Bezüge eines jeden Mitglieds dieser Gremien unter Namensnennung.

3Der Bericht über das abgelaufene Geschäftsjahr ist dem Verwaltungsrat des Spitzenverbandes Bund der Krankenkassen und der Aufsichtsbehörde spätestens am 1. Oktober des folgenden Jahres vorzulegen.

(4) (weggefallen)

(5) Die Absätze 2 und 3 gelten entsprechend für Arbeitsgemeinschaften nach § 94 Absatz 1a des Zehnten Buches in Verbindung mit Absatz 1, an denen der Spitzenverband Bund der Krankenkassen beteiligt ist.

§ 219a Deutsche Verbindungsstelle Krankenversicherung – Ausland

(1) 1Der Spitzenverband Bund der Krankenkassen nimmt die Aufgaben der Deutschen Verbindungsstelle Krankenversicherung – Ausland (Verbindungsstelle) wahr. 2Er erfüllt dabei die ihm durch über- und zwischenstaatliches sowie durch innerstaatliches Recht übertragenen Aufgaben. 3Insbesondere gehören hierzu

1. Vereinbarungen mit ausländischen Verbindungsstellen,
2. Kostenabrechnungen mit in- und ausländischen Stellen,
3. Festlegung des anzuwendenden Versicherungsrechts,
4. Koordinierung der Verwaltungshilfe und Durchführung des Datenaustauschs in grenzüberschreitenden Fällen,
5. Aufklärung, Beratung und Information,
6. Wahrnehmung der Aufgaben der nationalen Kontaktstelle nach § 219d.

4Die Festlegung des anzuwendenden Versicherungsrechts erfolgt für in Deutschland wohnende und gewöhnlich in mehreren Mitgliedstaaten der Europäischen Union erwerbstätige Personen im Benehmen mit der Arbeitsgemeinschaft Berufsständischer Versorgungseinrichtungen oder der Sozialversicherung für Landwirtschaft, Forsten und Gartenbau, soweit es sich um Mitglieder einer berufsständischen Versorgungseinrichtung oder der landwirtschaftlichen Sozialversicherung handelt oder eine solche Mitgliedschaft bei Anwendbarkeit des deutschen Rechts gegeben wäre. 5Die Satzung des Spitzenverbandes kann Einzelheiten zur Aufgabenerfüllung regeln und dabei im Rahmen der Zuständigkeit des Spitzenverbandes Bund der Verbindungsstelle auch weitere Aufgaben übertragen. 6Im Rahmen der Erfüllung seiner Aufgabe nach Satz 3 Nummer 2 kann der Spitzenverband Bund der Krankenkassen, Deutsche Verbindungsstelle Krankenversicherung – Ausland

1. auf Beanstandungen verzichten und eine damit einhergehende Zahlungsverpflichtungen der Krankenkassen begründen sowie
2. im Rahmen des Abschlusses der Rechnungsführung mit in- und ausländischen Stellen ganz oder teilweise auf Forderungen der deutschen Krankenkassen verzichten und sich auf das Bestehen einer oder mehrerer ausländischer Forderungen gegenüber einer deutschen Krankenkasse mit einer ausländischen Stelle verständigen.

7Ein Verzicht auf eine Forderung oder eine Verpflichtung zur Zahlung ist nur möglich, wenn dies für den Spitzenverband Bund der Krankenkassen, Deutsche Verbindungsstelle Krankenversicherung – Ausland und die betroffenen Krankenkassen wirtschaftlich und zweckmäßig ist. 8Die Einzelheiten zu den Voraussetzungen des Satzes 6 und zum Verfahren legt der Spitzenverband Bund der Krankenkassen in einer Richtlinie fest.

(2) $_{1}$Der Spitzenverband Bund der Krankenkassen ist Rechtsnachfolger der Deutschen Verbindungsstelle Krankenversicherung – Ausland (Verbindungsstelle) nach § 219a in der bis zum 31. Dezember 2007 geltenden Fassung. $_{2}$§ 613a des Bürgerlichen Gesetzbuchs findet entsprechend Anwendung. $_{3}$Der für das Jahr 2008 aufgestellte Haushaltsplan gilt als Teil des Haushalts des Spitzenverbandes fort.

(3) $_{1}$Der Verwaltungsrat hat für die Erfüllung der Aufgaben nach Absatz 1 einen Geschäftsführer und seinen Stellvertreter zu bestellen. $_{2}$Der Geschäftsführer verwaltet den Spitzenverband Bund in allen Angelegenheiten nach Absatz 1 und vertritt den Spitzenverband Bund in diesen Angelegenheiten gerichtlich und außergerichtlich, soweit Gesetz oder sonstiges maßgebendes Recht nichts anderes bestimmen. $_{3}$Für den Abschluss des Dienstvertrages gilt § 35a Abs. 6 Satz 1 des Vierten Buches entsprechend. $_{4}$Das Nähere über die Grundsätze der Geschäftsführung durch den Geschäftsführer bestimmt die Satzung.

(4) $_{1}$Der Verwaltungsrat hat den Gesamthaushaltsplan des Spitzenverbandes Bund für den Aufgabenbereich der Verbindungsstelle zu untergliedern. $_{2}$Die Haushaltsführung hat getrennt nach den Aufgabenbereichen zu erfolgen.

(5) $_{1}$Die zur Finanzierung der Verbindungsstelle erforderlichen Mittel werden durch eine Umlage, deren Berechnungskriterien in der Satzung festgelegt werden (§ 217e Abs. 1 Nr. 3), und durch die sonstigen Einnahmen der Verbindungsstelle aufgebracht. $_{2}$Die Satzung muss insbesondere Bestimmungen zur ausschließlichen Verwendung der für die Aufgabenerfüllung verfügbaren Mittel für Zwecke der Verbindungsstelle enthalten.

(6) $_{1}$Auf Personen nach Artikel 2 der Verordnung (EG) Nr. 883/2004 des Europäischen Parlaments und des Rates vom 29. April 2004 zur Koordinierung der Systeme der sozialen Sicherheit (ABl. L 166 vom 30. 4. 2004, S. 1), die zuletzt durch die Verordnung (EU) 2019/1149 (ABl. L 186 vom 11. 7. 2019, S. 21) geändert worden ist, denen in dem Wohnmitgliedstaat eine Behandlung wegen des Coronavirus SARS-CoV-2 nicht innerhalb eines in Anbetracht ihres aktuellen Gesundheitszustands und des voraussichtlichen Verlaufs ihrer Krankheit medizinisch vertretbaren Zeitraums gewährt werden kann und die auf Grund einer Absprache zwischen einem Land oder dem Bund und einem Mitgliedstaat der Europäischen Union oder dem Vereinigten Königreich von Großbritannien und Nordirland wegen des Coronavirus SARS-CoV-2 in Deutschland in einem zugelassenen Krankenhaus behandelt werden, findet das Verfahren nach den Artikeln 20, 27 und 35 der Verordnung (EG) Nr. 883/2004 in Verbindung mit Artikel 26 und Titel IV der Verordnung (EG) Nr. 987/2009 des Europäischen Parlaments und des Rates vom 16. September 2009 zur Festlegung der Modalitäten für die Durchführung der Verordnung (EG) Nr. 883/2004 über die Koordinierung der Systeme der sozialen Sicherheit (ABl. L 284 vom 30. 10. 2009, S. 1), die zuletzt durch die Verordnung (EU) 2017/492 (ABl. L 76 vom 22. 3. 2017, S. 13) geändert worden ist, mit den Maßgaben Anwendung, dass

1. die an der Absprache Beteiligten auf die Genehmigung nach Artikel 20 der Verordnung (EG) Nr. 883/2004 in Verbindung mit Artikel 26 der Verordnung (EG) Nr. 987/2009 verzichten können,
2. der Bund die Behandlungskosten übernimmt,
3. die Verbindungsstelle die Kostenabrechnung abweichend von Titel IV der Verordnung (EG) Nr. 987/2009 gegenüber dem Bund durchführt.

$_{2}$Dies gilt für alle Behandlungen, die bis zum 30. Juni 2022 begonnen werden. $_{3}$Bei Personen, die ihren Wohnsitz oder gewöhnlichen Aufenthalt im Vereinigten Königreich von Großbritannien und Nordirland haben, gilt dies für alle Behandlungen, die bis zum 31. Dezember 2020 begonnen werden.

§ 219b Datenaustausch im automatisierten Verfahren zwischen den Trägern der sozialen Sicherheit und der Deutschen Verbindungsstelle Krankenversicherung – Ausland

$_{1}$Der Datenaustausch der Krankenkassen und der anderen Träger der sozialen Sicherheit mit dem Spitzenverband Bund der Krankenkassen, Deutsche Verbindungsstelle Krankenversicherung – Ausland, erfolgt im automatisierten Verfahren, soweit hierfür strukturierte Dokumente zur Verfügung stehen, die von der bei der Kommission der Europäischen Union eingesetzten Verwaltungskommission für die Koordinierung der Systeme der sozialen Sicherheit festgelegt worden sind. $_{2}$Der Austausch weiterer Daten zwischen den in Satz 1 genannten Stellen im automatisierten Verfahren zur Erfüllung der in § 219a genannten Aufgaben erfolgt nach Gemeinsamen Verfahrensgrundsätzen, die vom Spitzenverband Bund der Krankenkassen, der Deutschen Rentenversicherung Bund und der Deutschen Gesetzlichen Unfallversicherung e. V. bestimmt werden.

§ 219c (weggefallen)

§ 219d Nationale Kontaktstellen

(1) $_{1}$Die Aufgaben der nationalen Kontaktstelle nach der Richtlinie 2011/24/EU des Europäischen Parlaments und des Rates vom 9. März 2011 über die Ausübung der Patientenrechte in der grenzüberschreitenden Gesundheitsversorgung (ABl. L 88 vom 4. 4. 2011, S. 45) nimmt der Spitzenverband Bund der Krankenkassen, Deutsche Ver-

bindungsstelle Krankenversicherung – Ausland, ab dem 25. Oktober 2013 wahr. 2Sie stellt insbesondere Informationen über

1. nationale Gesundheitsdienstleister, geltende Qualitäts- und Sicherheitsbestimmungen, Patientenrechte einschließlich der Möglichkeiten ihrer Durchsetzung sowie die Zugänglichkeit von Krankenhäusern für Menschen mit Behinderungen,
2. die Rechte und Ansprüche des Versicherten bei Inanspruchnahme grenzüberschreitender Leistungen in anderen Mitgliedstaaten,
3. Mindestanforderungen an eine im grenzüberschreitenden Verkehr anerkennungsfähige Verschreibung,
4. Kontaktstellen in anderen Mitgliedstaaten und
5. Möglichkeiten des grenzüberschreitenden Austauschs von Gesundheitsdaten

zur Verfügung. 3In den Informationen nach Satz 2 Nummer 2 ist klar zu unterscheiden zwischen den Rechten, die Versicherte nach § 13 Absatz 4 und 5 in Umsetzung der Richtlinie 2011/24/EU geltend machen können, und den Rechten, die Versicherte aus der Verordnung (EG) Nr. 883/2004 des Europäischen Parlaments und des Rates vom 29. April 2004 zur Koordinierung der Systeme der sozialen Sicherheit (ABl. L 166 vom 30. 4. 2004, S. 1) geltend machen können. 4Die Deutsche Krankenhausgesellschaft, die Kassenärztliche Bundesvereinigung, die Kassenzahnärztliche Bundesvereinigung und die privaten Krankenversicherungen stellen der nationalen Kontaktstelle die zur Aufgabenerfüllung erforderlichen Informationen zur Verfügung. 5Soweit es zur Bearbeitung der Anfrage erforderlich ist, darf die nationale Kontaktstelle die von dem anfragenden Versicherten übermittelten personenbezogenen Daten verarbeiten; eine Übermittlung darf nur mit schriftlicher oder elektronischer Einwilligung des Versicherten erfolgen.

(2) Der Spitzenverband Bund der Krankenkassen, Deutsche Verbindungsstelle Krankenversicherung – Ausland, und die in Absatz 1 Satz 3 genannten Organisationen vereinbaren das Nähere zur Bereitstellung der Informationen durch die nationale Kontaktstelle gemäß Absatz 1 Satz 2 in einem Vertrag.

(3) 1An den zur Finanzierung der Aufgaben der nationalen Kontaktstelle erforderlichen Kosten sind die in Absatz 1 Satz 3 genannten Organisationen zu beteiligen. 2Das Nähere zur Finanzierung, insbesondere auch zur Höhe der jährlich erforderlichen Mittel, vereinbaren der Spitzenverband Bund der Krankenkassen, Deutsche Verbindungsstelle Krankenversicherung – Ausland, und die in Absatz 1 Satz 3 genannten Organisationen in dem Vertrag nach Absatz 2. 3Wird nichts Abweichendes vereinbart, beteiligen sich die privaten Krankenversicherungen zu 5 Prozent, die Deutsche Krankenhausgesellschaft zu 20 Prozent, die Kassenärztliche Bundesvereinigung zu 20 Prozent sowie die Kassenzahnärztliche Bundesvereinigung zu 10 Prozent an den zur Aufgabenerfüllung erforderlichen Kosten.

(4) Die in Absatz 1 Satz 2 genannten Informationen müssen leicht zugänglich sein und, soweit erforderlich, auf elektronischem Wege und in barrierefreien Formaten bereitgestellt werden.

(5) Die nationale Kontaktstelle arbeitet mit den nationalen Kontaktstellen anderer Mitgliedstaaten und der Europäischen Kommission in Fragen grenzüberschreitender Gesundheitsversorgung zusammen.

(6) 1Über die Aufgaben nach Absatz 1 hinaus übernimmt der Spitzenverband Bund der Krankenkassen, Deutsche Verbindungsstelle Krankenversicherung – Ausland, Aufbau und Betrieb der organisatorischen und technischen Verbindungsstelle für die Bereitstellung von Diensten für den grenzüberschreitenden Austausch von Gesundheitsdaten (nationale eHealth-Kontaktstelle). 2Der Spitzenverband Bund der Krankenkassen, Deutsche Verbindungsstelle Krankenversicherung – Ausland, ist der für die Datenverarbeitung durch die nationale eHealth-Kontaktstelle Verantwortliche nach Artikel 4 Nummer 7 der Verordnung (EU) 2016/679. 3Die Gesellschaft für Telematik übernimmt die mit dem grenzüberschreitenden Austausch von Gesundheitsdaten zusammenhängenden Aufgaben und Abstimmungen auf europäischer Ebene und legt die technischen Grundlagen für die nationale eHealth-Kontaktstelle fest, auf deren Basis der Spitzenverband Bund der Krankenkassen, Deutsche Verbindungsstelle Krankenversicherung – Ausland, die nationale eHealth-Kontaktstelle aufbaut und betreibt. 4Über den Aufbau und den Betrieb der nationalen eHealth-Kontaktstelle stimmt sich der Spitzenverband Bund der Krankenkassen, Deutsche Verbindungsstelle Krankenversicherung – Ausland, fortlaufend im erforderlichen Umfang mit der Gesellschaft für Telematik ab. 5Das Bundesinstitut für Arzneimittel und Medizinprodukte trifft unter Berücksichtigung der europäischen semantischen Interoperabilitätsfestlegungen und im Benehmen mit der Kassenärztlichen Bundesvereinigung und der Gesellschaft für Telematik die Festlegungen zur semantischen Interoperabilität, die für den grenzüberschreitenden Datenaustausch erforderlich sind, und stimmt diese Festlegungen auf europäischer Ebene ab. 6Die Festlegungen sind in die nach § 394a Absatz 1 Satz 2 Nummer 3 zu errichtende Plattform aufzunehmen, sobald diese zur Verfügung steht.

(7) 1Die nationale eHealth-Kontaktstelle nimmt ihren Betrieb spätestens am 1. Juli 2023 auf. 2Sie hat im Rahmen

V

ihrer Aufgabenerfüllung nach Absatz 6 Satz 1 die Dienste und Anwendungen der Telematikinfrastruktur zu nutzen. 3Hierbei finden die Regelungen des Elften Kapitels Anwendung.

(8) 1Hat der Versicherte in die Nutzung des Verfahrens zur Übermittlung seiner Daten aus der elektronischen Patientenkurzakte oder in die Übermittlung der elektronischen vertragsärztlichen Verordnung zum Zweck des grenzüberschreitenden Austauschs von Gesundheitsdaten für die Behandlung oder die Einlösung der Verordnung in einem anderen Mitgliedstaat der Europäischen Union eingewilligt, darf die nationale eHealth-Kontaktstelle diese Daten zu diesem Zweck an die nationale eHealth-Kontaktstelle des Mitgliedstaats der Europäischen Union, in dem die Behandlung stattfindet oder die Verordnung eingelöst wird, übermitteln, sofern der Versicherte zum Zeitpunkt der Behandlung oder der Einlösung der Verordnung die Übermittlung durch eine eindeutige bestätigende Handlung gegenüber der nationalen eHealth-Kontaktstelle technisch freigibt. 2Es sind technische Maßnahmen zu treffen, die eine Kenntnisnahme der Daten und einen Zugriff durch den Spitzenverband Bund der Krankenkassen, Deutsche Verbindungsstelle Krankenversicherung – Ausland, und durch die eHealth-Kontaktstelle ausschließen.

(9) 1Unbeschadet seiner Verantwortlichkeit nach Absatz 6 Satz 2 kann der Spitzenverband Bund der Krankenkassen, Deutsche Verbindungsstelle Krankenversicherung – Ausland, die Aufgabe nach Absatz 6 Satz 1 an eine geeignete Arbeitsgemeinschaft der gesetzlichen Krankenkassen nach § 94 Absatz 1a Satz 1 des Zehnten Buches oder nach § 219 Absatz 1 übertragen. 2Diese hat die Vorgaben nach den Absätzen 7 und 8 zu erfüllen.

(10) An der Finanzierung der nationalen eHealth-Kontaktstelle nach Absatz 6 sind die privaten Krankenversicherungen zu 10 Prozent zu beteiligen.

Achtes Kapitel
Finanzierung

Erster Abschnitt
Beiträge

Erster Titel
Aufbringung der Mittel

§ 220 Grundsatz

(1) 1Die Mittel der Krankenversicherung werden durch Beiträge und sonstige Einnahmen aufgebracht; als Beiträge gelten auch Zusatzbeiträge nach § 242. 2Darlehensaufnahmen sind nicht zulässig. 3Die Aufsichtsbehörde kann im Einzelfall Darlehensaufnahmen bei Kreditinstituten zur Finanzierung des Erwerbs von Grundstücken für Eigeneinrichtungen nach § 140 sowie der Errichtung, der Erweiterung oder des Umbaus von Gebäuden für Eigeneinrichtungen nach § 140 genehmigen.

(2) 1Der beim Bundesamt für Soziale Sicherung gebildete Schätzerkreis schätzt jedes Jahr bis zum 15. Oktober für das jeweilige Jahr und für das Folgejahr

1. die Höhe der voraussichtlichen beitragspflichtigen Einnahmen der Mitglieder der Krankenkassen,
2. die Höhe der voraussichtlichen jährlichen Einnahmen des Gesundheitsfonds,
3. die Höhe der voraussichtlichen jährlichen Ausgaben der Krankenkassen sowie
4. die voraussichtliche Zahl der Versicherten und der Mitglieder der Krankenkassen.

2Die Schätzung für das Folgejahr dient als Grundlage für die Festlegung des durchschnittlichen Zusatzbeitragssatzes nach § 242a, für die Zuweisungen aus dem Gesundheitsfonds nach den §§ 266 und 270 sowie für die Durchführung des Einkommensausgleichs nach § 270a. 3Bei der Schätzung der Höhe der voraussichtlichen jährlichen Einnahmen bleiben die Beträge nach § 271 Absatz 1a außer Betracht.

(3) 1Für das Rechnungswesen einschließlich der Statistiken bei der Verwaltung des Gesundheitsfonds durch das Bundesamt für Soziale Sicherung gelten die §§ 76, 77 Absatz 1a Satz 1 bis 6 und § 79 Absatz 1 und 2 in Verbindung mit Absatz 3a des Vierten Buches sowie die auf Grund des § 78 des Vierten Buches erlassenen Rechtsverordnungen entsprechend. 2Für das Vermögen gelten die §§ 80, 83 Absatz 1 und 2 bis 4, die §§ 84 und 86 des Vierten Buches entsprechend. 3Die Mittel des Gesundheitsfonds können abweichend von § 83 Absatz 1 Nummer 2 Buchstabe b und c sowie Nummer 4 Buchstabe c des Vierten Buches angelegt werden bei Kreditinstituten, die die geltenden Vorschriften über das Eigenkapital und die Liquidität einhalten. 4Die Einhaltung der Vorschriften über das Eigenkapital und die Liquidität ist regelmäßig, mindestens jährlich, zu überprüfen. 5Die Bestellung des Wirtschaftsprüfers oder des vereidigten Buchprüfers zur Prüfung der Jahresrechnung des Gesundheitsfonds erfolgt durch die beim Bundesamt für Soziale Sicherung eingerichtete Prüfstelle im Einvernehmen mit dem Bundesministerium für Gesundheit und dem Bundesministerium der Finanzen. 6Die Entlastung des Präsidenten oder der Präsidentin des Bundesamtes für Soziale Sicherung als Verwalter des Gesundheitsfonds erfolgt durch das Bun-

desministerium für Gesundheit im Einvernehmen mit dem Bundesministerium der Finanzen.

(4) 1Das Bundesministerium für Gesundheit erarbeitet Empfehlungen für eine stabile, verlässliche und solidarische Finanzierung der gesetzlichen Krankenversicherung. 2Hierbei soll insbesondere auch die Ausgabenseite der gesetzlichen Krankenversicherung betrachtet werden. 3Die Empfehlungen des Bundesministeriums für Gesundheit werden bis zum 31. Mai 2023 vorgelegt. 4Zudem erarbeitet das Bundesministerium für Gesundheit Empfehlungen zum Bürokratieabbau im Gesundheitswesen und Vorschläge für gesetzliche Vorgaben, die eine Offenlegung der Service- und Versorgungsqualität der Krankenkassen anhand von einheitlichen Mindestkriterien ermöglichen. 5Diese sollen bis zum 30. September 2023 erarbeitet werden.

§ 221 Beteiligung des Bundes an Aufwendungen

(1) Der Bund leistet zur pauschalen Abgeltung der Aufwendungen der Krankenkassen für versicherungsfremde Leistungen jährlich 14,5 Milliarden Euro in monatlich zum ersten Bankarbeitstag zu überweisenden Teilbeträgen an den Gesundheitsfonds.

(2) 1Der Gesundheitsfonds überweist von den ihm zufließenden Leistungen des Bundes nach Absatz 1 der landwirtschaftlichen Krankenkasse den auf sie entfallenden Anteil an der Beteiligung des Bundes. 2Der Überweisungsbetrag nach Satz 1 bemisst sich nach dem Verhältnis der Anzahl der Versicherten dieser Krankenkasse zu der Anzahl der Versicherten aller Krankenkassen; maßgebend sind die Verhältnisse am 1. Juli des Vorjahres.

(3) 1Der Überweisungsbetrag nach Absatz 2 Satz 1 reduziert sich

1. in den Jahren 2016 bis 2024 um den auf die landwirtschaftliche Krankenkasse entfallenden Anteil an der Finanzierung des Innovationsfonds nach § 92a Absatz 3 und 4 und
2. ab dem Jahr 2016 um den auf die landwirtschaftliche Krankenkasse entfallenden Anteil an der Finanzierung des Strukturfonds nach Maßgabe der §§ 12 bis 14 des Krankenhausfinanzierungsgesetzes.

2Absatz 2 Satz 2 gilt entsprechend. 3Der Anteil nach Satz 1 Nummer 1 wird dem Innovationsfonds und der Anteil nach Satz 1 Nummer 2 dem Strukturfonds zugeführt. 4Die auf die landwirtschaftliche Krankenkasse nach Satz 1 Nummer 1 und 2 entfallenden Anteile an den Mitteln für den Innovationsfonds nach § 92a und den Strukturfonds nach den §§ 12 und 12a des Krankenhausfinanzierungsgesetzes werden nach Vorliegen der Geschäfts- und Rechnungsergebnisse des Gesundheitsfonds für das abgelaufene Kalenderjahr festgesetzt und mit der landwirtschaftlichen Krankenkasse abgerechnet. 5Solange ein Anteil nach Satz 4 noch nicht feststeht, kann das Bundesversicherungsamt einen vorläufigen Betrag festsetzen. 6Das Nähere zur Festsetzung des Betrags und zur Abrechnung mit der landwirtschaftlichen Krankenkasse bestimmt das Bundesversicherungsamt.

§ 221a Ergänzende Bundeszuschüsse an den Gesundheitsfonds, Verordnungsermächtigung

(1) 1Unbeschadet des § 221 Absatz 1 leistet der Bund im Jahr 2021 zur Stabilisierung des durchschnittlichen Zusatzbeitragssatzes gemäß § 242a im Jahr 2021 einen ergänzenden Bundeszuschuss in Höhe von 5 Milliarden Euro an den Gesundheitsfonds. 2Der Gesundheitsfonds überweist von den ihm zufließenden Leistungen nach Satz 1 der landwirtschaftlichen Krankenkasse einen Betrag von 30 Millionen Euro.

(2) 1Der Bund leistet bis zum 1. April 2021 unbeschadet der Bundeszuschüsse nach Absatz 1 und nach § 221 Absatz 1 einen ergänzenden Bundeszuschuss in Höhe von 300 Millionen Euro an die Liquiditätsreserve des Gesundheitsfonds als Beitrag zum Ausgleich für die Mehrausgaben der gesetzlichen Krankenversicherung in Folge der Regelung zum Kinderkrankengeld nach § 45 Absatz 2a. 2Überschreiten die in Satz 1 genannten Mehrausgaben im Jahr 2021 einen Betrag von 300 Millionen Euro, leistet der Bund zum 1. Juli 2022 einen weiteren ergänzenden Bundeszuschuss an die Liquiditätsreserve des Gesundheitsfonds in Höhe des Betrags, um den die in Satz 1 genannten Mehrausgaben den Betrag von 300 Millionen Euro überschreiten. 3Der nach Satz 2 zu leistende Betrag wird aus der Differenz zwischen den Ausgaben aller gesetzlichen Krankenkassen für das Kinderkrankengeld ausweislich der Jahresrechnungsergebnisse (Statistik KJ 1) für das Jahr 2021 und für das Jahr 2019 einschließlich der jeweils darauf zu entrichtenden Beiträge zur Renten-, Arbeitslosen- und sozialen Pflegeversicherung in Höhe von 24,05 Prozent abzüglich der bereits geleisteten 300 Millionen Euro ermittelt. 4Der Bund leistet zum 1. Oktober 2021 eine Abschlagszahlung an die Liquiditätsreserve des Gesundheitsfonds auf den nach Satz 2 zu entrichtenden ergänzenden Bundeszuschuss in Höhe eines Betrags, der unter entsprechender Anwendung der Berechnung nach Satz 3 auf der Grundlage der vorläufigen Rechnungsergebnisse des ersten Halbjahres 2021 bestimmt wird. 5Das Bundesministerium für Gesundheit ermittelt die Überschreitungsbeträge nach den Sätzen 3 und 4 und meldet diese unverzüglich an das Bundesministerium der Finanzen.

(3) 1Unbeschadet des § 221 Absatz 1 leistet der Bund im Jahr 2022 zur Stabilisierung des durchschnittlichen Zusatzbeitragssatzes gemäß § 242a im Jahr 2022 einen ergänzenden Bundeszuschuss in Höhe von 7 Milliarden Euro in monatlich zu überweisenden Teilbeträgen an den Gesundheitsfonds. 2Der Gesundheitsfonds überweist von den ihm zufließenden Leistungen nach Satz 1 der landwirtschaftlichen Krankenkasse einen Betrag von 42 Millionen Euro. 3Das Bundesministerium für Gesundheit wird befristet bis zum 31. Dezember 2021 ermächtigt, im Einvernehmen mit dem Bundesministerium der Finanzen und mit Zustimmung des Deutschen Bundestages durch Rechtsverordnung ohne Zustimmung des Bundesrats einen von Satz 1 abweichenden ergänzenden Bundeszuschuss für das Jahr 2022 einschließlich eines vom Gesundheitsfonds an die landwirtschaftliche Krankenversicherung zu überweisenden Betrags festzusetzen. 4Der in der Rechtsverordnung nach Satz 3 festzusetzende ergänzende Bundeszuschuss ist auf den Betrag festzusetzen, der erforderlich ist, um den durchschnittlichen Zusatzbeitragssatz nach § 242a im Jahr 2022 bei 1,3 Prozent zu stabilisieren; der vom Gesundheitsfonds an die landwirtschaftliche Krankenversicherung zu überweisende Betrag ist in der Rechtsverordnung nach Satz 3 entsprechend des Verhältnisses des der landwirtschaftlichen Krankenversicherung nach Satz 2 vom Gesundheitsfonds zu überweisenden Betrags zum ergänzenden Bundeszuschuss nach Satz 1 festzusetzen.

(4) 1Der Bund leistet bis zum 1. April 2022 unbeschadet der Bundeszuschüsse nach Absatz 3 und nach § 221 Absatz 1 für das Jahr 2022 einen ergänzenden Bundeszuschuss in Höhe von 300 Millionen Euro an die Liquiditätsreserve des Gesundheitsfonds als Beitrag zum Ausgleich für die Mehrausgaben der gesetzlichen Krankenversicherung infolge der Regelung zum Kinderkrankengeld nach § 45 Absatz 2a. 2Überschreiten die in Satz 1 genannten Mehrausgaben im Jahr 2022 einen Betrag von 300 Millionen Euro, leistet der Bund zum 1. Juli 2023 einen weiteren ergänzenden Bundeszuschuss an die Liquiditätsreserve des Gesundheitsfonds in Höhe des Betrags, um den die in Satz 1 genannten Mehrausgaben den Betrag von 300 Millionen Euro überschreiten. 3Der nach Satz 2 zu leistende Betrag wird aus der Differenz zwischen den Ausgaben aller gesetzlichen Krankenkassen für das Kinderkrankengeld ausweislich der Jahresrechnungsergebnisse (Statistik KJ 1) für das Jahr 2022 und für das Jahr 2019 einschließlich der jeweils darauf zu entrichtenden Beiträge zur Renten-, Arbeitslosen- und sozialen Pflegeversicherung in Höhe von 24,05 Prozent abzüglich der bereits geleisteten 300 Millionen Euro ermittelt. 4Das Bundesministerium für Gesundheit ermittelt den Überschreitungsbetrag nach den Sätzen 2 und 3 und meldet diesen unverzüglich an das Bundesministerium der Finanzen.

(5) 1Unbeschadet des § 221 Absatz 1 leistet der Bund im Jahr 2023 einen ergänzenden Bundeszuschuss in Höhe von 2 Milliarden Euro in monatlich zu überweisenden Teilbeträgen an den Gesundheitsfonds. 2Der Gesundheitsfonds überweist von den ihm zufließenden Leistungen nach Satz 1 der landwirtschaftlichen Krankenkasse den auf sie entfallenden Anteil an der Beteiligung des Bundes. 3Der an die landwirtschaftliche Krankenkasse zu überweisende Betrag bemisst sich nach dem Verhältnis der Anzahl der Versicherten dieser Krankenkasse zu der Anzahl der Versicherten aller Krankenkassen; maßgebend sind die Verhältnisse am 1. Juli 2022.

(6) 1Der Bund leistet bis zum 1. April 2023 unbeschadet der Bundeszuschüsse nach Absatz 5 und nach § 221 Absatz 1 für das Jahr 2023 einen ergänzenden Bundeszuschuss in Höhe von 150 Millionen Euro an den Gesundheitsfonds als Beitrag zum Ausgleich für die Mehrausgaben der gesetzlichen Krankenversicherung infolge der Regelung zum Kinderkrankengeld nach § 45 Absatz 2a. 2Überschreiten die in Satz 1 genannten Mehrausgaben im Jahr 2023 einen Betrag von 150 Millionen Euro, leistet der Bund zum 1. Juli 2024 einen weiteren ergänzenden Bundeszuschuss an die Liquiditätsreserve des Gesundheitsfonds in Höhe des Betrags, um den die in Satz 1 genannten Mehrausgaben den Betrag von 150 Millionen Euro überschreiten. 3Der nach Satz 2 zu leistende Betrag wird aus der Differenz zwischen den Ausgaben aller gesetzlichen Krankenkassen für das Kinderkrankengeld ausweislich der Jahresrechnungsergebnisse (Statistik KJ 1) für das Jahr 2023 und für das Jahr 2019 einschließlich der jeweils darauf zu entrichtenden Beiträge zur Renten-, Arbeitslosen- und sozialen Pflegeversicherung abzüglich der bereits geleisteten 150 Millionen Euro ermittelt. 4Das Bundesministerium für Gesundheit ermittelt den Überschreitungsbetrag nach den Sätzen 2 und 3 und meldet diesen unverzüglich an das Bundesministerium der Finanzen.

§ 221b (weggefallen)

§ 222 (weggefallen)

§ 223 Beitragspflicht, beitragspflichtige Einnahmen, Beitragsbemessungsgrenze

(1) Die Beiträge sind für jeden Kalendertag der Mitgliedschaft zu zahlen, soweit dieses Buch nichts Abweichendes bestimmt.

(2) 1Die Beiträge werden nach den beitragspflichtigen Einnahmen der Mitglieder bemessen. 2Für die Berech-

nung ist die Woche zu sieben, der Monat zu dreißig und das Jahr zu dreihundertsechzig Tagen anzusetzen.

(3) $_1$Beitragspflichtige Einnahmen sind bis zu einem Betrag von einem Dreihundertsechzigstel der Jahresarbeitsentgeltgrenze nach § 6 Abs. 7 für den Kalendertag zu berücksichtigen (Beitragsbemessungsgrenze). $_2$Einnahmen, die diesen Betrag übersteigen, bleiben außer Ansatz, soweit dieses Buch nichts Abweichendes bestimmt.

§ 224 Beitragsfreiheit bei Krankengeld, Mutterschaftsgeld oder Elterngeld

(1) $_1$Beitragsfrei ist ein Mitglied für die Dauer des Anspruchs auf Krankengeld oder Mutterschaftsgeld oder des Bezugs von Elterngeld. $_2$Die Beitragsfreiheit erstreckt sich nur auf die in Satz 1 genannten Leistungen. $_3$Für die Dauer des Bezugs von Krankengeld oder Mutterschaftsgeld gilt § 240 Absatz 4 Satz 1 nicht.

(2) Durch die Beitragsfreiheit wird ein Anspruch auf Schadensersatz nicht ausgeschlossen oder gemindert.

§ 225 Beitragsfreiheit bestimmter Rentenantragsteller

$_1$Beitragsfrei ist ein Rentenantragsteller bis zum Beginn der Rente, wenn er

1. als hinterbliebener Ehegatte oder hinterbliebener Lebenspartner eines nach § 5 Abs. 1 Nr. 11 oder 12 versicherungspflichtigen Rentners, der bereits Rente bezogen hat, Hinterbliebenenrente beantragt,
2. als Waise die Voraussetzungen nach § 5 Absatz 1 Nummer 11b erfüllt und die dort genannten Leistungen vor Vollendung des achtzehnten Lebensjahres beantragt oder
3. ohne die Versicherungspflicht nach § 5 Absatz 1 Nummer 11 bis 12 nach § 10 dieses Buches oder nach § 7 des Zweiten Gesetzes über die Krankenversicherung der Landwirte versichert wäre.

$_2$Satz 1 gilt nicht, wenn der Rentenantragsteller Arbeitseinkommen oder Versorgungsbezüge erhält. $_3$§ 226 Abs. 2 gilt entsprechend.

Zweiter Titel
Beitragspflichtige Einnahmen der Mitglieder

§ 226 Beitragspflichtige Einnahmen versicherungspflichtig Beschäftigter

(1) $_1$Bei versicherungspflichtig Beschäftigten werden der Beitragsbemessung zugrunde gelegt

1. das Arbeitsentgelt aus einer versicherungspflichtigen Beschäftigung,
2. der Zahlbetrag der Rente der gesetzlichen Rentenversicherung,
3. der Zahlbetrag der der Rente vergleichbaren Einnahmen (Versorgungsbezüge),
4. das Arbeitseinkommen, soweit es neben einer Rente der gesetzlichen Rentenversicherung oder Versorgungsbezügen erzielt wird.

$_2$Dem Arbeitsentgelt steht das Vorruhestandsgeld gleich. $_3$Bei Auszubildenden, die in einer außerbetrieblichen Einrichtung im Rahmen eines Berufsausbildungsvertrages nach dem Berufsbildungsgesetz ausgebildet werden, steht die Ausbildungsvergütung dem Arbeitsentgelt gleich.

(2) $_1$Die nach Absatz 1 Satz 1 Nr. 3 und 4 zu bemessenden Beiträge sind nur zu entrichten, wenn die monatlichen beitragspflichtigen Einnahmen nach Absatz 1 Satz 1 Nr. 3 und 4 insgesamt ein Zwanzigstel der monatlichen Bezugsgröße nach § 18 des Vierten Buches übersteigen. $_2$Überschreiten die monatlichen beitragspflichtigen Einnahmen nach Absatz 1 Satz 1 Nummer 3 und 4 insgesamt ein Zwanzigstel der monatlichen Bezugsgröße nach § 18 des Vierten Buches, ist von den monatlichen beitragspflichtigen Einnahmen nach § 229 Absatz 1 Satz 1 Nummer 5 ein Freibetrag in Höhe von einem Zwanzigstel der monatlichen Bezugsgröße nach § 18 des Vierten Buches abzuziehen; der abzuziehende Freibetrag ist der Höhe nach begrenzt auf die monatlichen beitragspflichtigen Einnahmen nach § 229 Absatz 1 Satz 1 Nummer 5; bis zum 31. Dezember 2020 ist § 27 Absatz 1 des Vierten Buches nicht anzuwenden. $_3$Für die Beitragsbemessung nach dem Arbeitseinkommen nach Absatz 1 Satz 1 Nummer 4 gilt § 240 Absatz 1 Satz 1 und Absatz 4a entsprechend.

(3) Für Schwangere, deren Mitgliedschaft nach § 192 Abs. 2 erhalten bleibt, gelten die Bestimmungen der Satzung.

(4) Bei Arbeitnehmerinnen und Arbeitnehmern, die gegen ein monatliches Arbeitsentgelt bis zum oberen Grenzbetrag des Übergangsbereichs (§ 20 Absatz 2 des Vierten Buches) mehr als geringfügig beschäftigt sind, bestimmt sich die beitragspflichtige Einnahme nach § 20 Absatz 2a Satz 1 des Vierten Buches.

(5) Für Personen, für die § 7 Absatz 2 Anwendung findet, bestimmt sich die beitragspflichtige Einnahme nach § 134 des Vierten Buches.

§ 227 Beitragspflichtige Einnahmen versicherungspflichtiger Rückkehrer in die gesetzliche Krankenversicherung und bisher nicht Versicherter

Für die nach § 5 Abs. 1 Nr. 13 Versicherungspflichtigen gilt § 240 entsprechend.

§ 228 Rente als beitragspflichtige Einnahmen

(1) $_1$Als Rente der gesetzlichen Rentenversicherung gelten Renten der allgemeinen Rentenversicherung sowie Renten der knappschaftlichen Rentenversicherung einschließlich der Steigerungsbeträge aus Beiträgen der Höherversicherung. $_2$Satz 1 gilt auch, wenn vergleichbare Renten aus dem Ausland bezogen werden. $_3$Tritt an die Stelle der Rente eine nicht regelmäßig wiederkehrende Leistung oder ist eine solche Leistung vor Eintritt des Versicherungsfalls vereinbart oder zugesagt worden, gilt ein Hundertzwanzigstel der Leistung als monatlicher Zahlbetrag der Rente, längstens jedoch für 120 Monate.

(2) $_1$Bei der Beitragsbemessung sind auch Nachzahlungen einer Rente nach Absatz 1 zu berücksichtigen, soweit sie auf einen Zeitraum entfallen, in dem der Rentner Anspruch auf Leistungen nach diesem Buch hatte. $_2$Die Beiträge aus der Nachzahlung gelten als Beiträge für die Monate, für die die Rente nachgezahlt wird. $_3$Ein Beitragsbescheid ist abweichend von § 48 Absatz 1 Satz 2 des Zehnten Buches mit Wirkung für die Vergangenheit aufzuheben, soweit Nachzahlungen nach den Sätzen 1 und 2 bei der Beitragsbemessung zu berücksichtigen sind.

§ 229 Versorgungsbezüge als beitragspflichtige Einnahmen

(1) $_1$Als der Rente vergleichbare Einnahmen (Versorgungsbezüge) gelten, soweit sie wegen einer Einschränkung der Erwerbsfähigkeit oder zur Alters- oder Hinterbliebenenversorgung erzielt werden,

1. Versorgungsbezüge aus einem öffentlich-rechtlichen Dienstverhältnis oder aus einem Arbeitsverhältnis mit Anspruch auf Versorgung nach beamtenrechtlichen Vorschriften oder Grundsätzen; außer Betracht bleiben
   a) lediglich übergangsweise gewährte Bezüge,
   b) unfallbedingte Leistungen und Leistungen der Beschädigtenversorgung,
   c) bei einer Unfallversorgung ein Betrag von 20 vom Hundert des Zahlbetrags und
   d) bei einer erhöhten Unfallversorgung der Unterschiedsbetrag zum Zahlbetrag der Normalversorgung, mindestens 20 vom Hundert des Zahlbetrags der erhöhten Unfallversorgung,
2. Bezüge aus der Versorgung der Abgeordneten, Parlamentarischen Staatssekretäre und Minister,
3. Renten der Versicherungs- und Versorgungseinrichtungen, die für Angehörige bestimmter Berufe errichtet sind,
4. Renten und Landabgabenrenten nach dem Gesetz über die Alterssicherung der Landwirte mit Ausnahme einer Übergangshilfe,
5. Renten der betrieblichen Altersversorgung einschließlich der Zusatzversorgung im öffentlichen Dienst und der hüttenknappschaftlichen Zusatzversorgung; außer Betracht bleiben Leistungen aus Altersvorsorgevermögen im Sinne des § 92 des Einkommensteuergesetzes sowie Leistungen, die der Versicherte nach dem Ende des Arbeitsverhältnisses als alleiniger Versicherungsnehmer aus nicht durch den Arbeitgeber finanzierten Beiträgen erworben hat.

$_2$Satz 1 gilt auch, wenn Leistungen dieser Art aus dem Ausland oder von einer zwischenstaatlichen oder überstaatlichen Einrichtung bezogen werden. $_3$Tritt an die Stelle der Versorgungsbezüge eine nicht regelmäßig wiederkehrende Leistung oder ist eine solche Leistung vor Eintritt des Versicherungsfalls vereinbart oder zugesagt worden, gilt ein Einhundertzwanzigstel der Leistung als monatlicher Zahlbetrag der Versorgungsbezüge, längstens jedoch für einhundertzwanzig Monate.

(2) Für Nachzahlungen von Versorgungsbezügen gilt § 228 Abs. 2 entsprechend.

§ 230 Rangfolge der Einnahmearten versicherungspflichtig Beschäftigter

$_1$Erreicht das Arbeitsentgelt nicht die Beitragsbemessungsgrenze, werden nacheinander der Zahlbetrag der Versorgungsbezüge und das Arbeitseinkommen des Mitglieds bis zur Beitragsbemessungsgrenze berücksichtigt. $_2$Der Zahlbetrag der Rente der gesetzlichen Rentenversicherung wird getrennt von den übrigen Einnahmearten bis zur Beitragsbemessungsgrenze berücksichtigt.

§ 231 Erstattung von Beiträgen

(1) $_1$Beiträge aus Versorgungsbezügen oder Arbeitseinkommen werden dem Mitglied durch die Krankenkasse auf Antrag erstattet, soweit sie auf Beträge entfallen, um die die Versorgungsbezüge und das Arbeitseinkommen zusammen mit dem Arbeitsentgelt einschließlich des einmalig gezahlten Arbeitsentgelts die anteilige Jahresarbeitsentgeltgrenze nach § 6 Abs. 7 überschritten haben. $_2$Die Krankenkasse informiert das Mitglied, wenn es zu einer Überschreitung der Beitragsbemessungsgrenze gekommen ist.

(2) $_1$Die zuständige Krankenkasse erstattet dem Mitglied auf Antrag die von ihm selbst getragenen Anteile an den Beiträgen aus der Rente der gesetzlichen Rentenversicherung, soweit sie auf Beträge entfallen, um die die Rente zusammen mit den übrigen der Beitragsbemessung zugrunde gelegten Einnahmen des Mitglieds die Beitragsbemessungsgrenze überschritten hat. $_2$Die Satzung der Krankenkasse kann Näheres über die Durchführung der Erstattung bestimmen. $_3$Wenn dem Mitglied auf Antrag von ihm getragene Beitragsanteile nach Satz 1 er-

stattet werden, werden dem Träger der gesetzlichen Rentenversicherung die von diesem insoweit getragenen Beitragsanteile erstattet. $_4$Absatz 1 Satz 2 gilt entsprechend.

(3) Weist ein Mitglied, dessen Beiträge nach § 240 Absatz 4a Satz 6 festgesetzt wurden, innerhalb von drei Jahren nach Ablauf des Kalenderjahres, für das die Beiträge zu zahlen waren, beitragspflichtige Einnahmen nach, die für den Kalendertag unterhalb des 30. Teils der monatlichen Beitragsbemessungsgrenze liegen, wird dem Mitglied der Anteil der gezahlten Beiträge erstattet, der die Beiträge übersteigt, die das Mitglied auf der Grundlage der tatsächlich erzielten beitragspflichtigen Einnahmen nach § 240 hätte zahlen müssen.

§ 232 Beitragspflichtige Einnahmen unständig Beschäftigter

(1) $_1$Für unständig Beschäftigte ist als beitragspflichtige Einnahmen ohne Rücksicht auf die Beschäftigungsdauer das innerhalb eines Kalendermonats erzielte Arbeitsentgelt bis zur Höhe von einem Zwölftel der Jahresarbeitsentgeltgrenze nach § 6 Abs. 7 zugrunde zu legen. $_2$Die §§ 226 und 228 bis 231 dieses Buches sowie § 23a des Vierten Buches gelten.

(2) $_1$Bestanden innerhalb eines Kalendermonats mehrere unständige Beschäftigungen und übersteigt das Arbeitsentgelt insgesamt die genannte monatliche Bemessungsgrenze nach Absatz 1, sind bei der Berechnung der Beiträge die einzelnen Arbeitsentgelte anteilmäßig nur zu berücksichtigen, soweit der Gesamtbetrag die monatliche Bemessungsgrenze nicht übersteigt. $_2$Auf Antrag des Mitglieds oder eines Arbeitgebers verteilt die Krankenkasse die Beiträge nach den anrechenbaren Arbeitsentgelten.

(3) Unständig ist die Beschäftigung, die auf weniger als eine Woche entweder nach der Natur der Sache befristet zu sein pflegt oder im Voraus durch den Arbeitsvertrag befristet ist.

§ 232a Beitragspflichtige Einnahmen der Bezieher von Arbeitslosengeld, Unterhaltsgeld oder Kurzarbeitergeld

(1) $_1$Als beitragspflichtige Einnahmen gelten

1. bei Personen, die Arbeitslosengeld oder Unterhaltsgeld nach dem Dritten Buch beziehen, 80 vom Hundert des der Leistung zugrunde liegenden, durch sieben geteilten wöchentlichen Arbeitsentgelts nach § 226 Abs. 1 Satz 1 Nr. 1, soweit es ein Dreihundertsechzigstel der Jahresarbeitsentgeltgrenze nach § 6 Abs. 7 nicht übersteigt; 80 vom Hundert des beitragspflichtigen Arbeitsentgelts aus einem nicht geringfügigen Beschäftigungsverhältnis sind abzuziehen,
2. bei Personen, die Bürgergeld nach § 19 Absatz 1 Satz 1 des Zweiten Buches beziehen, das 0,2155fache der monatlichen Bezugsgröße; abweichend von § 223 Absatz 1 sind die Beiträge für jeden Kalendermonat, in dem mindestens für einen Tag eine Mitgliedschaft besteht, zu zahlen.

$_2$Bei Personen, die Teilarbeitslosengeld oder Teilunterhaltsgeld nach dem Dritten Buch beziehen, ist Satz 1 Nr. 1 zweiter Teilsatz nicht anzuwenden. $_3$Ab Beginn des zweiten Monats bis zur zwölften Woche einer Sperrzeit oder ab Beginn des zweiten Monats eines Ruhenszeitraumes wegen einer Urlaubsabgeltung gelten die Leistungen als bezogen.

(2) Soweit Kurzarbeitergeld nach dem Dritten Buch gewährt wird, gelten als beitragspflichtige Einnahmen nach § 226 Abs. 1 Satz 1 Nr. 1 80 vom Hundert des Unterschiedsbetrages zwischen dem Sollentgelt und dem Istentgelt nach § 106 des Dritten Buches.

(3) § 226 gilt entsprechend.

§ 232b Beitragspflichtige Einnahmen der Bezieher von Pflegeunterstützungsgeld

(1) Bei Personen, die Pflegeunterstützungsgeld nach § 44a Absatz 3 des Elften Buches beziehen, gelten 80 Prozent des während der Freistellung ausgefallenen, laufenden Arbeitsentgelts als beitragspflichtige Einnahmen.

(2) $_1$Für Personen, deren Mitgliedschaft nach § 192 Absatz 1 Nummer 2 erhalten bleibt, gelten § 226 Absatz 1 Nummer 2 bis 4 und Absatz 2 sowie die §§ 228 bis 231 entsprechend. $_2$Die Einnahmen nach § 226 Absatz 1 Satz 1 Nummer 2 bis 4 unterliegen höchstens in dem Umfang der Beitragspflicht, in dem zuletzt vor dem Bezug des Pflegeunterstützungsgeldes Beitragspflicht bestand. $_3$Für freiwillige Mitglieder gilt Satz 2 entsprechend.

§ 233 Beitragspflichtige Einnahmen der Seeleute

(1) Für Seeleute gilt als beitragspflichtige Einnahme der Betrag, der nach dem Recht der gesetzlichen Unfallversicherung für die Beitragsberechnung maßgebend ist.

(2) § 226 Abs. 1 Satz 1 Nr. 2 bis 4 und Abs. 2 sowie die §§ 228 bis 231 gelten entsprechend.

§ 234 Beitragspflichtige Einnahmen der Künstler und Publizisten

(1) $_1$Für die nach dem Künstlersozialversicherungsgesetz versicherungspflichtigen Mitglieder wird der Beitragsbemessung der dreihundertsechzigste Teil des voraussichtlichen Jahresarbeitseinkommens (§ 12 des Künstlersozi-

alversicherungsgesetzes), mindestens jedoch der einhundertachtzigste Teil der monatlichen Bezugsgröße nach § 18 des Vierten Buches Sozialgesetzbuch zugrunde gelegt. 2Für Kalendertage, für die Anspruch auf Krankengeld oder Mutterschaftsgeld besteht oder für die Beiträge nach § 251 Abs. 1 zu zahlen sind, wird Arbeitseinkommen nicht zugrunde gelegt. 3Arbeitseinkommen sind auch die Vergütungen für die Verwertung und Nutzung urheberrechtlich geschützter Werke oder Leistungen.

(2) § 226 Abs. 1 Satz 1 Nr. 2 bis 4 und Abs. 2 sowie die §§ 228 bis 231 gelten entsprechend.

§ 235 Beitragspflichtige Einnahmen von Rehabilitanden, Jugendlichen und Menschen mit Behinderungen in Einrichtungen

(1) 1Für die nach § 5 Abs. 1 Nr. 6 versicherungspflichtigen Teilnehmer an Leistungen zur Teilhabe am Arbeitsleben gelten als beitragspflichtige Einnahmen 80 Prozent des Regelentgelts, das der Berechnung des Übergangsgeldes zugrunde liegt. 2Das Entgelt ist um den Zahlbetrag der Rente wegen verminderter Erwerbsfähigkeit sowie um das Entgelt zu kürzen, das aus einer die Versicherungspflicht begründenden Beschäftigung erzielt wird. 3Bei Personen, die Teilübergangsgeld nach dem Dritten Buch beziehen, ist Satz 2 nicht anzuwenden. 4Wird das Übergangsgeld, das Verletztengeld oder das Versorgungskrankengeld angepaßt, ist das Entgelt um den gleichen Vomhundertsatz zu erhöhen. 5Für Teilnehmer, die kein Übergangsgeld erhalten, sowie für die nach § 5 Abs. 1 Nr. 5 Versicherungspflichtigen gilt als beitragspflichtige Einnahmen ein Arbeitsentgelt in Höhe von 20 vom Hundert der monatlichen Bezugsgröße nach § 18 des Vierten Buches.

(2) 1Für Personen, deren Mitgliedschaft nach § 192 Abs. 1 Nr. 3 erhalten bleibt, sind die vom zuständigen Rehabilitationsträger nach § 251 Abs. 1 zu tragenden Beiträge nach 80 vom Hundert des Regelentgelts zu bemessen, das der Berechnung des Übergangsgeldes, des Verletztengeldes oder des Versorgungskrankengeldes zugrunde liegt. 2Absatz 1 Satz 4 gilt. 3Bei Personen, die Verletztengeld nach § 45 Absatz 4 des Siebten Buches in Verbindung mit § 45 Absatz 1 beziehen, gelten abweichend von Satz 1 als beitragspflichtige Einnahmen 80 Prozent des während der Freistellung ausgefallenen laufenden Arbeitsentgelts oder des der Leistung zugrunde liegenden Arbeitseinkommens.

(3) Für die nach § 5 Abs. 1 Nr. 7 und 8 versicherungspflichtigen behinderten Menschen ist als beitragspflichtige Einnahmen das tatsächlich erzielte Arbeitsentgelt, mindestens jedoch ein Betrag in Höhe von 20 vom Hundert der monatlichen Bezugsgröße nach § 18 des Vierten Buches zugrunde zu legen.

(4) § 226 Abs. 1 Satz 1 Nr. 2 bis 4 und Abs. 2 sowie die §§ 228 bis 231 gelten entsprechend; bei Anwendung des § 230 Satz 1 ist das Arbeitsentgelt vorrangig zu berücksichtigen.

§ 236 Beitragspflichtige Einnahmen der Studenten und Praktikanten

(1) 1Für die nach § 5 Abs. 1 Nr. 9 und 10 Versicherungspflichtigen gilt als beitragspflichtige Einnahmen ein Dreißigstel des Betrages, der als monatlicher Bedarf nach § 13 Abs. 1 Nr. 2 und Abs. 2 des Bundesausbildungsförderungsgesetzes für Studenten festgesetzt ist, die nicht bei ihren Eltern wohnen. 2Änderungen des Bedarfsbetrags sind vom Beginn des auf die Änderung folgenden Semesters an zu berücksichtigen; als Semester gelten die Zeiten vom 1. April bis 30. September und vom 1. Oktober bis 31. März.

(2) 1§ 226 Abs. 1 Satz 1 Nr. 2 bis 4 und Abs. 2 sowie die §§ 228 bis 231 gelten entsprechend. 2Die nach § 226 Abs. 1 Satz 1 Nr. 3 und 4 zu bemessenden Beiträge sind nur zu entrichten, soweit sie die nach Absatz 1 zu bemessenden Beiträge übersteigen.

§ 237 Beitragspflichtige Einnahmen versicherungspflichtiger Rentner

1Bei versicherungspflichtigen Rentnern werden der Beitragsbemessung zugrunde gelegt

1. der Zahlbetrag der Rente der gesetzlichen Rentenversicherung,
2. der Zahlbetrag der der Rente vergleichbaren Einnahmen und
3. das Arbeitseinkommen.

2Bei Versicherungspflichtigen nach § 5 Absatz 1 Nummer 11b sind die dort genannten Leistungen bis zum Erreichen der Altersgrenzen des § 10 Absatz 2 beitragsfrei. 3Dies gilt entsprechend für die Leistungen der Hinterbliebenenversorgung nach § 229 Absatz 1 Satz 1 Nummer 1 und für die Waisenrente nach § 15 des Gesetzes über die Alterssicherung der Landwirte. 4§ 226 Abs. 2 und die §§ 228, 229 und 231 gelten entsprechend.

§ 238 Rangfolge der Einnahmearten versicherungspflichtiger Rentner

Erreicht der Zahlbetrag der Rente der gesetzlichen Rentenversicherung nicht die Beitragsbemessungsgrenze, werden nacheinander der Zahlbetrag der Versorgungsbezüge und das Arbeitseinkommen des Mitglieds bis zur Beitragsbemessungsgrenze berücksichtigt.

§ 238a Rangfolge der Einnahmearten freiwillig versicherter Rentner

Bei freiwillig versicherten Rentnern werden der Beitragsbemessung nacheinander der Zahlbetrag der Rente, der Zahlbetrag der Versorgungsbezüge, das Arbeitseinkommen und die sonstigen Einnahmen, die die wirtschaftliche Leistungsfähigkeit des freiwilligen Mitglieds bestimmen (§ 240 Abs. 1), bis zur Beitragsbemessungsgrenze zugrunde gelegt.

§ 239 Beitragsbemessung bei Rentenantragstellern

1Bei Rentenantragstellern wird die Beitragsbemessung für die Zeit der Rentenantragstellung bis zum Beginn der Rente durch den Spitzenverband Bund der Krankenkassen geregelt. 2Dies gilt auch für Personen, bei denen die Rentenzahlung eingestellt wird, bis zum Ablauf des Monats, in dem die Entscheidung über Wegfall oder Entzug der Rente unanfechtbar geworden ist. 3§ 240 gilt entsprechend.

§ 240 Beitragspflichtige Einnahmen freiwilliger Mitglieder

(1) 1Für freiwillige Mitglieder wird die Beitragsbemessung einheitlich durch den Spitzenverband Bund der Krankenkassen geregelt. 2Dabei ist sicherzustellen, daß die Beitragsbelastung die gesamte wirtschaftliche Leistungsfähigkeit des freiwilligen Mitglieds berücksichtigt; sofern und solange Mitglieder Nachweise über die beitragspflichtigen Einnahmen auf Verlangen der Krankenkasse nicht vorlegen, gilt als beitragspflichtige Einnahmen für den Kalendertag der dreißigste Teil der monatlichen Beitragsbemessungsgrenze (§ 223). 3Weist ein Mitglied innerhalb einer Frist von zwölf Monaten, nachdem die Beiträge nach Satz 2 auf Grund nicht vorgelegter Einkommensnachweise unter Zugrundelegung der monatlichen Beitragsbemessungsgrenze festgesetzt wurden, geringere Einnahmen nach, sind die Beiträge für die nachgewiesenen Zeiträume neu festzusetzen. 4Für Zeiträume, für die der Krankenkasse hinreichende Anhaltspunkte dafür vorliegen, dass die beitragspflichtigen Einnahmen des Mitglieds die jeweils anzuwendende Mindestbeitragsbemessungsgrundlage nicht überschreiten, hat sie die Beiträge des Mitglieds neu festzusetzen. 5Wird der Beitrag nach den Sätzen 3 oder 4 festgesetzt, gilt § 24 des Vierten Buches nur im Umfang der veränderten Beitragsfestsetzung.

(2) 1Bei der Bestimmung der wirtschaftlichen Leistungsfähigkeit sind mindestens die Einnahmen des freiwilligen Mitglieds zu berücksichtigen, die bei einem vergleichbaren versicherungspflichtig Beschäftigten der Beitragsbemessung zugrunde zu legen sind. 2Abstufungen nach dem Familienstand oder der Zahl der Angehörigen, für die eine Versicherung nach § 10 besteht, sind unzulässig. 3Der zur sozialen Sicherung vorgesehene Teil des Gründungszuschusses nach § 94 des Dritten Buches in Höhe von monatlich 300 Euro darf nicht berücksichtigt werden. 4Ebenfalls nicht zu berücksichtigen ist das an eine Pflegeperson weitergereichte Pflegegeld bis zur Höhe des Pflegegeldes nach § 37 Absatz 1 des Elften Buches. 5Die §§ 223 und 228 Abs. 2, § 229 Abs. 2, §§ 238a, 247 Satz 1 und 2 und 248 Satz 1 und 2 dieses Buches sowie § 23a des Vierten Buches gelten entsprechend.

(3) 1Für freiwillige Mitglieder, die neben dem Arbeitsentgelt eine Rente der gesetzlichen Rentenversicherung beziehen, ist der Zahlbetrag der Rente getrennt von den übrigen Einnahmen bis zur Beitragsbemessungsgrenze zu berücksichtigen. 2Soweit dies insgesamt zu einer über der Beitragsbemessungsgrenze liegenden Beitragsbelastung führen würde, ist statt des entsprechenden Beitrags aus der Rente nur der Zuschuß des Rentenversicherungsträgers einzuzahlen.

(4) 1Als beitragspflichtige Einnahmen gilt für den Kalendertag mindestens der neunzigste Teil der monatlichen Bezugsgröße. 2Für freiwillige Mitglieder, die Schüler einer Fachschule oder Berufsfachschule oder als Studenten an einer ausländischen staatlichen oder staatlich anerkannten Hochschule eingeschrieben sind oder regelmäßig als Arbeitnehmer ihre Arbeitsleistung im Umherziehen anbieten (Wandergesellen), gilt § 236 in Verbindung mit § 245 Abs. 1 entsprechend. 3Satz 1 gilt nicht für freiwillige Mitglieder, die die Voraussetzungen für den Anspruch auf eine Rente aus der gesetzlichen Rentenversicherung erfüllen und diese Rente beantragt haben, wenn sie seit der erstmaligen Aufnahme einer Erwerbstätigkeit bis zur Stellung des Rentenantrags mindestens neun Zehntel der zweiten Hälfte dieses Zeitraums Mitglied oder nach § 10 versichert waren; § 5 Abs. 2 Satz 1 gilt entsprechend.

(4a) 1Die nach dem Arbeitseinkommen zu bemessenden Beiträge werden auf der Grundlage des zuletzt erlassenen Einkommensteuerbescheides vorläufig festgesetzt; dabei ist der Einkommensteuerbescheid für die Beitragsbemessung ab Beginn des auf die Ausfertigung folgenden Monats heranzuziehen; Absatz 1 Satz 2 zweiter Halbsatz gilt entsprechend. 2Bei Aufnahme einer selbstständigen Tätigkeit werden die Beiträge auf der Grundlage der nachgewiesenen voraussichtlichen Einnahmen vorläufig festgesetzt. 3Die nach den Sätzen 1 und 2 vorläufig festgesetzten Beiträge werden auf Grundlage der tatsächlich erzielten beitragspflichtigen Einnahmen für das jeweilige Kalenderjahr nach Vorlage des jeweiligen Einkommensteuerbescheides endgültig festgesetzt. 4Weist das Mitglied seine tatsächlichen Einnahmen auf Verlangen der

Krankenkasse nicht innerhalb von drei Jahren nach Ablauf des jeweiligen Kalenderjahres nach, gilt für die endgültige Beitragsfestsetzung nach Satz 3 als beitragspflichtige Einnahme für den Kalendertag der 30. Teil der monatlichen Beitragsbemessungsgrenze. 5Für die Bemessung der Beiträge aus Einnahmen aus Vermietung und Verpachtung gelten die Sätze 1, 3 und 4 entsprechend. 6Die Sätze 1 bis 5 gelten nicht, wenn auf Grund des zuletzt erlassenen Einkommensteuerbescheides oder einer Erklärung des Mitglieds für den Kalendertag beitragspflichtige Einnahmen in Höhe des 30. Teils der monatlichen Beitragsbemessungsgrenze zugrunde gelegt werden.

(4b) 1Der Beitragsbemessung für freiwillige Mitglieder sind 10 vom Hundert der monatlichen Bezugsgröße nach § 18 des Vierten Buches zugrunde zu legen, wenn der Anspruch auf Leistungen für das Mitglied und seine nach § 10 versicherten Angehörigen während eines Auslandsaufenthaltes, der durch die Berufstätigkeit des Mitglieds, seines Ehegatten, seines Lebenspartners oder eines seiner Elternteile bedingt ist, oder nach § 16 Abs. 1 Nr. 3 ruht. 2Satz 1 gilt entsprechend, wenn nach § 16 Abs. 1 der Anspruch auf Leistungen aus anderem Grund für länger als drei Kalendermonate ruht, sowie für Versicherte während einer Tätigkeit für eine internationale Organisation im Geltungsbereich dieses Gesetzes.

(5) 1Soweit bei der Beitragsbemessung freiwilliger Mitglieder das Einkommen von Ehegatten, die nicht einer Krankenkasse nach § 4 Absatz 2 angehören, berücksichtigt wird, ist von diesem Einkommen für jedes gemeinsame unterhaltsberechtigte Kind, für das keine Familienversicherung besteht, ein Betrag in Höhe von einem Drittel der monatlichen Bezugsgröße, für nach § 10 versicherte Kinder ein Betrag in Höhe von einem Fünftel der monatlichen Bezugsgröße abzusetzen. 2Für jedes unterhaltsberechtigte Kind des Ehegatten, das nicht zugleich ein Kind des Mitglieds ist, ist ein Betrag in Höhe von einem Sechstel der monatlichen Bezugsgröße abzusetzen, wenn für das Kind keine Familienversicherung besteht; für jedes nach § 10 versicherte Kind des Ehegatten, das nicht zugleich ein Kind des Mitglieds ist, ist ein Betrag in Höhe von einem Zehntel der monatlichen Bezugsgröße abzusetzen. 3Für nach § 10 versicherungsberechtigte Kinder, für die eine Familienversicherung nicht begründet wurde, gelten die Abzugsbeträge für nach § 10 versicherte Kinder nach Satz 1 oder Satz 2 entsprechend. 4Wird für das unterhaltsberechtigte Kind des Ehegatten, das nicht zugleich ein Kind des Mitglieds ist, vom anderen Elternteil kein Unterhalt geleistet, gelten die Abzugsbeträge nach Satz 1; das freiwillige Mitglied hat in diesem Fall die Nichtzahlung von Unterhalt gegenüber der Krankenkasse glaubhaft zu machen. 5Der Abzug von Beträgen für nicht nach § 10 versicherte Kinder nach Satz 1 oder Satz 2 ist ausgeschlossen, wenn das Kind nach § 5 Absatz 1 Nummer 1, 2, 2a, 3 bis 8, 11 bis 12 versichert oder hauptberuflich selbständig erwerbstätig ist oder ein Gesamteinkommen hat, das regelmäßig im Monat ein Siebtel der monatlichen Bezugsgröße nach § 18 des Vierten Buches überschreitet, oder die Altersgrenze im Sinne des § 10 Absatz 2 überschritten hat.

Dritter Titel
Beitragssätze, Zusatzbeitrag

§ 241 Allgemeiner Beitragssatz

Der allgemeine Beitragssatz beträgt 14,6 Prozent der beitragspflichtigen Einnahmen der Mitglieder.

§ 242 Zusatzbeitrag

(1) 1Soweit der Finanzbedarf einer Krankenkasse durch die Zuweisungen aus dem Gesundheitsfonds nicht gedeckt ist, hat sie in ihrer Satzung zu bestimmen, dass von ihren Mitgliedern ein einkommensabhängiger Zusatzbeitrag erhoben wird. 2Die Krankenkassen haben den einkommensabhängigen Zusatzbeitrag als Prozentsatz der beitragspflichtigen Einnahmen jedes Mitglieds zu erheben (kassenindividueller Zusatzbeitragssatz). 3Der Zusatzbeitragssatz ist so zu bemessen, dass die Einnahmen aus dem Zusatzbeitrag zusammen mit den Zuweisungen aus dem Gesundheitsfonds und den sonstigen Einnahmen die im Haushaltsjahr voraussichtlich zu leistenden Ausgaben und die vorgeschriebene Höhe der Rücklage decken; dabei ist die Höhe der voraussichtlichen beitragspflichtigen Einnahmen aller Krankenkassen nach § 220 Absatz 2 Satz 2 je Mitglied zugrunde zu legen. 4Krankenkassen dürfen ihren Zusatzbeitragssatz nicht anheben, solange ausweislich der zuletzt vorgelegten vierteljährlichen Rechnungsergebnisse ihre nicht für die laufenden Ausgaben benötigten Betriebsmittel zuzüglich der Rücklage nach § 261 sowie der zur Anschaffung und Erneuerung der Vermögensteile bereitgehaltenen Geldmittel nach § 263 Absatz 1 Satz 1 Nummer 2 das 0,5 fache des durchschnittlich auf einen Monat entfallenden Betrags der Ausgaben für die in § 260 Absatz 1 Nummer 1 genannten Zwecke überschreiten; § 260 Absatz 2 Satz 2 gilt entsprechend.

(2) 1Ergibt sich während des Haushaltsjahres, dass die Betriebsmittel der Krankenkassen einschließlich der Zuführung aus der Rücklage zur Deckung der Ausgaben nicht ausreichen, ist der Zusatzbeitragssatz nach Absatz 1 durch Änderung der Satzung zu erhöhen. 2Muss eine Krankenkasse kurzfristig ihre Leistungsfähigkeit erhalten, so hat der Vorstand zu beschließen, dass der Zusatzbei-

V

tragssatz bis zur satzungsmäßigen Neuregelung erhöht wird; der Beschluss bedarf der Genehmigung der Aufsichtsbehörde. 3Kommt kein Beschluss zustande, ordnet die Aufsichtsbehörde die notwendige Erhöhung des Zusatzbeitragssatzes an. 4Klagen gegen die Anordnung nach Satz 3 haben keine aufschiebende Wirkung.

(3) 1Die Krankenkasse hat den Zusatzbeitrag abweichend von Absatz 1 in Höhe des durchschnittlichen Zusatzbeitragssatzes nach § 242a zu erheben für

1. Mitglieder nach § 5 Absatz 1 Nummer 2a,
2. Mitglieder nach § 5 Absatz 1 Nummer 5 und 6,
3. Mitglieder nach § 5 Absatz 1 Nummer 7 und 8, wenn das tatsächliche Arbeitsentgelt den nach § 235 Absatz 3 maßgeblichen Mindestbetrag nicht übersteigt,
4. Mitglieder, deren Mitgliedschaft nach § 192 Absatz 1 Nummer 3 oder nach § 193 Absatz 2 bis 5 oder nach § 8 des Eignungsübungsgesetzes fortbesteht,
5. Mitglieder, die Verletztengeld nach dem Siebten Buch, Versorgungskrankengeld nach dem Bundesversorgungsgesetz oder vergleichbare Entgeltersatzleistungen beziehen, sowie
6. Beschäftigte, bei denen § 20 Absatz 3 Satz 1 Nummer 1 oder Nummer 2 oder Satz 2 des Vierten Buches angewendet wird.

2Auf weitere beitragspflichtige Einnahmen dieser Mitglieder findet der Beitragssatz nach Absatz 1 Anwendung.

(4) Die Vorschriften des Zweiten und Dritten Abschnitts des Vierten Buches gelten entsprechend.

(5) 1Die Krankenkassen melden die Zusatzbeitragssätze nach Absatz 1 dem Spitzenverband Bund der Krankenkassen. 2Der Spitzenverband Bund der Krankenkassen führt eine laufend aktualisierte Übersicht, welche Krankenkassen einen Zusatzbeitrag erheben und in welcher Höhe, und veröffentlicht diese Übersicht im Internet. 3Das Nähere zu Zeitpunkt, Form und Inhalt der Meldungen sowie zur Veröffentlichung regelt der Spitzenverband Bund der Krankenkassen.

§ 242a Durchschnittlicher Zusatzbeitragssatz

(1) Der durchschnittliche Zusatzbeitragssatz ergibt sich aus der Differenz zwischen den voraussichtlichen jährlichen Ausgaben der Krankenkassen und den voraussichtlichen jährlichen Einnahmen des Gesundheitsfonds, die für die Zuweisungen nach den §§ 266 und 270 zur Verfügung stehen, geteilt durch die voraussichtlichen jährlichen beitragspflichtigen Einnahmen der Mitglieder aller Krankenkassen, multipliziert mit 100.

(2) Das Bundesministerium für Gesundheit legt nach Auswertung der Ergebnisse des Schätzerkreises nach § 220 Absatz 2 die Höhe des durchschnittlichen Zusatzbeitragssatzes für das Folgejahr fest und gibt diesen Wert in Prozent jeweils bis zum 1. November eines Kalenderjahres im Bundesanzeiger bekannt.

§ 242b (weggefallen)

§ 243 Ermäßigter Beitragssatz

1Für Mitglieder, die keinen Anspruch auf Krankengeld haben, gilt ein ermäßigter Beitragssatz. 2Dies gilt nicht für die Beitragsbemessung nach § 240 Absatz 4b. 3Der ermäßigte Beitragssatz beträgt 14,0 Prozent der beitragspflichtigen Einnahmen der Mitglieder.

§ 244 Ermäßigter Beitrag für Wehrdienstleistende und Zivildienstleistende

(1) 1Bei Einberufung zu einem Wehrdienst wird der Beitrag für

1. Wehrdienstleistende nach § 193 Abs. 1 auf ein Drittel,
2. Wehrdienstleistende nach § 193 Abs. 2 auf ein Zehntel

des Beitrags ermäßigt, der vor der Einberufung zuletzt zu entrichten war. 2Dies gilt nicht für aus Renten der gesetzlichen Rentenversicherung, Versorgungsbezügen und Arbeitseinkommen zu bemessende Beiträge.

(2) Das Bundesministerium für Gesundheit kann im Einvernehmen mit dem Bundesministerium der Verteidigung und dem Bundesministerium der Finanzen durch Rechtsverordnung mit Zustimmung des Bundesrates für die Beitragszahlung nach Absatz 1 Satz 1 Nr. 2 eine pauschale Beitragsabrechnung vorschreiben und die Zahlungsweise regeln.

(3) 1Die Absätze 1 und 2 gelten für Zivildienstleistende entsprechend. 2Bei einer Rechtsverordnung nach Absatz 2 tritt an die Stelle des Bundesministeriums der Verteidigung das Bundesministerium für Familie, Senioren, Frauen und Jugend.

§ 245 Beitragssatz für Studenten und Praktikanten

Für die nach § 5 Abs. 1 Nr. 9 und 10 Versicherungspflichtigen gelten als Beitragssatz sieben Zehntel des allgemeinen Beitragssatzes.

§ 246 Beitragssatz für Beziehende von Bürgergeld

Für Personen, die Bürgergeld nach § 19 Absatz 1 Satz 1 des Zweiten Buches beziehen, gilt als Beitragssatz der ermäßigte Beitragssatz nach § 243.

§ 247 Beitragssatz aus der Rente

1Für Versicherungspflichtige findet für die Bemessung der Beiträge aus Renten der gesetzlichen Rentenversicherung der allgemeine Beitragssatz nach § 241 Anwendung. 2Abweichend von Satz 1 gilt bei Versicherungspflichtigen für die Bemessung der Beiträge aus ausländischen Renten nach § 228 Absatz 1 Satz 2 die Hälfte des allgemeinen Beitragssatzes und abweichend von § 242 Absatz 1 Satz 2 die Hälfte des kassenindividuellen Zusatzbeitragssatzes. 3Veränderungen des Zusatzbeitragssatzes gelten jeweils vom ersten Tag des zweiten auf die Veränderung folgenden Kalendermonats an; dies gilt nicht für ausländische Renten nach § 228 Absatz 1 Satz 2.

§ 248 Beitragssatz aus Versorgungsbezügen und Arbeitseinkommen

1Bei Versicherungspflichtigen gilt für die Bemessung der Beiträge aus Versorgungsbezügen und Arbeitseinkommen der allgemeine Beitragssatz. 2Abweichend von Satz 1 gilt bei Versicherungspflichtigen für die Bemessung der Beiträge aus Versorgungsbezügen nach § 229 Absatz 1 Satz 1 Nummer 4 die Hälfte des allgemeinen Beitragssatzes und abweichend von § 242 Absatz 1 Satz 2 die Hälfte des kassenindividuellen Zusatzbeitragssatzes. 3Veränderungen des Zusatzbeitragssatzes gelten für Versorgungsbezüge nach § 229 in den Fällen des § 256 Absatz 1 Satz 1 jeweils vom ersten Tag des zweiten auf die Veränderung folgenden Kalendermonats an.

Vierter Titel
Tragung der Beiträge

§ 249 Tragung der Beiträge bei versicherungspflichtiger Beschäftigung

(1) 1Beschäftigte, die nach § 5 Absatz 1 Nummer 1 oder Nummer 13 versicherungspflichtig sind, und ihre Arbeitgeber tragen die nach dem Arbeitsentgelt zu bemessenden Beiträge jeweils zur Hälfte. 2Bei geringfügig Beschäftigten gilt § 249b.

(2) Der Arbeitgeber trägt den Beitrag allein für Beschäftigte, soweit Beiträge für Kurzarbeitergeld zu zahlen sind.

(3) Abweichend von Absatz 1 werden die Beiträge bei versicherungspflichtig Beschäftigten, deren beitragspflichtige Einnahme sich nach § 226 Absatz 4 bestimmt, vom Versicherten in Höhe der Hälfte des Betrages, der sich ergibt, wenn der allgemeine oder der ermäßigte Beitragssatz zuzüglich des kassenindividuellen Zusatzbeitragssatzes auf die nach Maßgabe von § 20 Absatz 2a Satz 6 des Vierten Buches ermittelte beitragspflichtige Einnahme angewendet wird, im Übrigen vom Arbeitgeber getragen.

(4) Abweichend von Absatz 1 werden die Beiträge für Personen, für die § 7 Absatz 2 Anwendung findet, vom Arbeitgeber in Höhe der Hälfte des Betrages, der sich ergibt, wenn der allgemeine oder der ermäßigte Beitragssatz zuzüglich des kassenindividuellen Zusatzbeitragssatzes auf das der Beschäftigung zugrunde liegende Arbeitsentgelt angewendet wird, im Übrigen vom Versicherten getragen.

§ 249a Tragung der Beiträge bei Versicherungspflichtigen mit Rentenbezug

1Versicherungspflichtige, die eine Rente nach § 228 Absatz 1 Satz 1 beziehen, und die Träger der Rentenversicherung tragen die nach der Rente zu bemessenden Beiträge jeweils zur Hälfte. 2Bei Versicherungspflichtigen, die eine für sie nach § 237 Satz 2 beitragsfreie Waisenrente nach § 48 des Sechsten Buches beziehen, trägt der Träger der Rentenversicherung die Hälfte der nach dieser Rente zu bemessenden Beiträge, wie er sie ohne die Beitragsfreiheit zu tragen hätte. 3Die Beiträge aus ausländischen Renten nach § 228 Absatz 1 Satz 2 tragen die Rentner allein.

§ 249b Beitrag des Arbeitgebers bei geringfügiger Beschäftigung

1Der Arbeitgeber einer Beschäftigung nach § 8 Abs. 1 Nr. 1 des Vierten Buches hat für Versicherte, die in dieser Beschäftigung versicherungsfrei oder nicht versicherungspflichtig sind, einen Beitrag in Höhe von 13 vom Hundert des Arbeitsentgelts dieser Beschäftigung zu tragen. 2Für Beschäftigte in Privathaushalten nach § 8a Satz 1 des Vierten Buches, die in dieser Beschäftigung versicherungsfrei oder nicht versicherungspflichtig sind, hat der Arbeitgeber einen Beitrag in Höhe von 5 vom Hundert des Arbeitsentgelts dieser Beschäftigung zu tragen. 3Für den Beitrag des Arbeitgebers gelten der Dritte Abschnitt des Vierten Buches sowie § 111 Abs. 1 Nr. 2 bis 4, 8 und Abs. 2 und 4 des Vierten Buches entsprechend.

§ 249c Tragung der Beiträge bei Bezug von Pflegeunterstützungsgeld

1Bei Bezug von Pflegeunterstützungsgeld werden die Beiträge, soweit sie auf das Pflegeunterstützungsgeld entfallen, getragen

1. bei Personen, die einen in der sozialen Pflegeversicherung versicherten Pflegebedürftigen pflegen, von den Versicherten und der Pflegekasse je zur Hälfte,
2. bei Personen, die einen in der privaten Pflege- Pflichtversicherung versicherungspflichtigen Pflegebedürftigen pflegen, von den Versicherten und dem privaten Versicherungsunternehmen je zur Hälfte,
3. bei Personen, die einen Pflegebedürftigen pflegen, der wegen Pflegebedürftigkeit Beihilfeleistungen oder Leistungen der Heilfürsorge und Leistungen einer Pflegekasse oder eines privaten Versicherungsunternehmens erhält, von den Versicherten zur Hälfte und von der Festsetzungsstelle für die Beihilfe oder vom

Dienstherrn und der Pflegekasse oder dem privaten Versicherungsunternehmen jeweils anteilig,

im Übrigen von der Pflegekasse, dem privaten Versicherungsunternehmen oder anteilig von der Festsetzungsstelle für die Beihilfe oder dem Dienstherrn und der Pflegekasse oder dem privaten Versicherungsunternehmen. $_{2}$Die Beiträge werden von der Pflegekasse oder dem privaten Versicherungsunternehmen allein oder anteilig von der Festsetzungsstelle für die Beihilfe oder dem Dienstherrn und der Pflegekasse oder dem privaten Versicherungsunternehmen getragen, wenn das dem Pflegeunterstützungsgeld zugrunde liegende monatliche Arbeitsentgelt 450 Euro nicht übersteigt.

§ 250 Tragung der Beiträge durch das Mitglied

(1) Versicherungspflichtige tragen die Beiträge aus

1. den Versorgungsbezügen,
2. dem Arbeitseinkommen,
3. den beitragspflichtigen Einnahmen nach § 236 Abs. 1

allein.

(2) Freiwillige Mitglieder, in § 189 genannte Rentenantragsteller sowie Schwangere, deren Mitgliedschaft nach § 192 Abs. 2 erhalten bleibt, tragen den Beitrag allein.

(3) Versicherungspflichtige nach § 5 Abs. 1 Nr. 13 tragen ihre Beiträge mit Ausnahme der aus Arbeitsentgelt und nach § 228 Absatz 1 Satz 1 zu tragenden Beiträge allein.

§ 251 Tragung der Beiträge durch Dritte

(1) Der zuständige Rehabilitationsträger trägt die auf Grund der Teilnahme an Leistungen zur Teilhabe am Arbeitsleben sowie an Berufsfindung oder Arbeitserprobung (§ 5 Abs. 1 Nr. 6) oder des Bezugs von Übergangsgeld, Verletztengeld oder Versorgungskrankengeld (§ 192 Abs. 1 Nr. 3) zu zahlenden Beiträge.

(2) $_{1}$Der Träger der Einrichtung trägt den Beitrag allein

1. für die nach § 5 Abs. 1 Nr. 5 versicherungspflichtigen Jugendlichen,
2. für die nach § 5 Abs. 1 Nr. 7 oder 8 versicherungspflichtigen behinderten Menschen, wenn das tatsächliche Arbeitsentgelt den nach § 235 Abs. 3 maßgeblichen Mindestbetrag nicht übersteigt, im übrigen gilt § 249 Abs. 1 entsprechend.

$_{2}$Für die nach § 5 Abs. 1 Nr. 7 versicherungspflichtigen behinderten Menschen sind die Beiträge, die der Träger der Einrichtung zu tragen hat, von den für die behinderten Menschen zuständigen Leistungsträgern zu erstatten. $_{3}$Satz 1 Nummer 2 und Satz 2 gelten für einen anderen Leistungsanbieter nach § 60 des Neunten Buches entsprechend.

(3) $_{1}$Die Künstlersozialkasse trägt die Beiträge für die nach dem Künstlersozialversicherungsgesetz versicherungspflichtigen Mitglieder. $_{2}$Hat die Künstlersozialkasse nach § 16 Abs. 2 Satz 2 des Künstlersozialversicherungsgesetzes das Ruhen der Leistungen festgestellt, entfällt für die Zeit des Ruhens die Pflicht zur Entrichtung des Beitrages, es sei denn, das Ruhen endet nach § 16 Abs. 2 Satz 5 des Künstlersozialversicherungsgesetzes. $_{3}$Bei einer Vereinbarung nach § 16 Abs. 2 Satz 6 des Künstlersozialversicherungsgesetzes ist die Künstlersozialkasse zur Entrichtung der Beiträge für die Zeit des Ruhens insoweit verpflichtet, als der Versicherte seine Beitragsanteile zahlt.

(4) $_{1}$Der Bund trägt die Beiträge für Wehrdienst- und Zivildienstleistende im Falle des § 193 Abs. 2 und 3 sowie für die nach § 5 Abs. 1 Nr. 2a versicherungspflichtigen Bezieher von Bürgergeld nach § 19 Absatz 1 Satz 1 des Zweiten Buches. $_{2}$Die Höhe der vom Bund zu tragenden Zusatzbeiträge für die nach § 5 Absatz 1 Nummer 2a versicherungspflichtigen Bezieher von Bürgergeld nach § 19 Absatz 1 Satz 1 des Zweiten Buches wird für ein Kalenderjahr jeweils im Folgejahr abschließend festgestellt. $_{3}$Hierzu ermittelt das Bundesministerium für Gesundheit den rechnerischen Zusatzbeitragssatz, der sich als Durchschnitt der im Kalenderjahr geltenden Zusatzbeitragssätze der Krankenkassen nach § 242 Absatz 1 unter Berücksichtigung der Zahl ihrer Mitglieder ergibt. $_{4}$Weicht der durchschnittliche Zusatzbeitragssatz nach § 242a von dem für das Kalenderjahr nach Satz 2 ermittelten rechnerischen Zusatzbeitragssatz ab, so erfolgt zwischen dem Gesundheitsfonds und dem Bundeshaushalt ein finanzieller Ausgleich des sich aus der Abweichung ergebenden Differenzbetrags. $_{5}$Den Ausgleich führt das Bundesamt für Soziale Sicherung für den Gesundheitsfonds nach § 271 und das Bundesministerium für Arbeit und Soziales im Einvernehmen mit dem Bundesministerium der Finanzen für den Bund durch. $_{6}$Ein Ausgleich findet nicht statt, wenn sich ein Betrag von weniger als einer Million Euro ergibt.

(4a) Die Bundesagentur für Arbeit trägt die Beiträge für die Bezieher von Arbeitslosengeld und Unterhaltsgeld nach dem Dritten Buch.

(4b) Für Personen, die als nicht satzungsmäßige Mitglieder geistlicher Genossenschaften oder ähnlicher religiöser Gemeinschaften für den Dienst in einer solchen Genossenschaft oder ähnlichen religiösen Gemeinschaft außerschulisch ausgebildet werden, trägt die geistliche Genossenschaft oder ähnliche religiöse Gemeinschaft die Beiträge.

(5) $_{1}$Die Krankenkassen sind zur Prüfung der Beitragszahlung berechtigt. $_{2}$In den Fällen der Absätze 3, 4 und 4a ist das Bundesamt für Soziale Sicherung zur Prüfung der

Beitragszahlung berechtigt. $_{3}$Ihm sind die für die Durchführung der Prüfung erforderlichen Unterlagen vorzulegen und die erforderlichen Auskünfte zu erteilen. $_{4}$Das Bundesamt für Soziale Sicherung kann die Prüfung durch eine Krankenkasse oder einen Landesverband wahrnehmen lassen; der Beauftragte muss zustimmen. $_{5}$Dem Beauftragten sind die erforderlichen Unterlagen vorzulegen und die erforderlichen Auskünfte zu erteilen. $_{6}$Der Beauftragte darf die erhobenen Daten nur zum Zweck der Durchführung der Prüfung verarbeiten. $_{7}$Im Übrigen gelten für die Verarbeitung die Vorschriften des Ersten und Zehnten Buches.

Fünfter Titel
Zahlung der Beiträge

§ 252 Beitragszahlung

(1) $_{1}$Soweit gesetzlich nichts Abweichendes bestimmt ist, sind die Beiträge von demjenigen zu zahlen, der sie zu tragen hat. $_{2}$Abweichend von Satz 1 zahlen die Bundesagentur für Arbeit oder in den Fällen des § 6a des Zweiten Buches die zugelassenen kommunalen Träger die Beiträge für die Bezieher von Bürgergeld nach § 19 Absatz 1 Satz 1 des Zweiten Buches.

(2) $_{1}$Die Beitragszahlung erfolgt in den Fällen des § 251 Abs. 3, 4 und 4a an den Gesundheitsfonds. $_{2}$Ansonsten erfolgt die Beitragszahlung an die nach § 28i des Vierten Buches zuständige Einzugsstelle. $_{3}$Die Einzugsstellen leiten die nach Satz 2 gezahlten Beiträge einschließlich der Zinsen auf Beiträge und Säumniszuschläge arbeitstäglich an den Gesundheitsfonds weiter. $_{4}$Das Weitere zum Verfahren der Beitragszahlungen nach Satz 1 und Beitragsweiterleitungen nach Satz 3 wird durch Rechtsverordnung nach den §§ 28c und 28n des Vierten Buches geregelt.

(2a) $_{1}$Die Pflegekassen zahlen für Bezieher von Pflegeunterstützungsgeld die Beiträge nach § 249c Satz 1 Nummer 1 und 3. $_{2}$Die privaten Versicherungsunternehmen, die Festsetzungsstellen für die Beihilfe oder die Dienstherren zahlen die Beiträge nach § 249c Satz 1 Nummer 2 und 3; der Verband der privaten Krankenversicherung e. V., die Festsetzungsstellen für die Beihilfe und die Dienstherren vereinbaren mit dem Spitzenverband Bund der Krankenkassen und dem Bundesamt für Soziale Sicherung Näheres über die Zahlung und Abrechnung der Beiträge. $_{3}$Für den Beitragsabzug gilt § 28g Satz 1 und 2 des Vierten Buches entsprechend.

(3) $_{1}$Schuldet ein Mitglied Auslagen, Gebühren, insbesondere Mahn- und Vollstreckungsgebühren sowie wie Gebühren zu behandelnde Entgelte für Rücklastschriften, Beiträge, den Zusatzbeitrag nach § 242 in der bis zum 31. Dezember 2014 geltenden Fassung, Prämien nach § 53, Säumniszuschläge, Zinsen, Bußgelder oder Zwangsgelder, kann es bei Zahlung bestimmen, welche Schuld getilgt werden soll. $_{2}$Trifft das Mitglied keine Bestimmung, werden die Schulden in der genannten Reihenfolge getilgt. $_{3}$Innerhalb der gleichen Schuldenart werden die einzelnen Schulden nach ihrer Fälligkeit, bei gleichzeitiger Fälligkeit anteilmäßig getilgt.

(4) Für die Haftung der Einzugsstellen wegen schuldhafter Pflichtverletzung beim Einzug von Beiträgen nach Absatz 2 Satz 2 gilt § 28r Abs. 1 und 2 des Vierten Buches entsprechend.

(5) Das Bundesministerium für Gesundheit regelt durch Rechtsverordnung mit Zustimmung des Bundesrates das Nähere über die Prüfung der von den Krankenkassen mitzuteilenden Daten durch die mit der Prüfung nach § 274 befassten Stellen einschließlich der Folgen fehlerhafter Datenlieferungen oder nicht prüfbarer Daten sowie das Verfahren der Prüfung und der Prüfkriterien für die Bereiche der Beitragsfestsetzung, des Beitragseinzugs und der Weiterleitung von Beiträgen nach Absatz 2 Satz 2 durch die Krankenkassen, auch abweichend von § 274.

(6) Stellt die Aufsichtsbehörde fest, dass eine Krankenkasse die Monatsabrechnungen über die Sonstigen Beiträge gegenüber dem Bundesamt für Soziale Sicherung als Verwalter des Gesundheitsfonds entgegen der Rechtsverordnung auf Grundlage der §§ 28n und 28p des Vierten Buches nicht, nicht vollständig, nicht richtig oder nicht fristgerecht abgibt, kann sie die Aufforderung zur Behebung der festgestellten Rechtsverletzung und zur Unterlassung künftiger Rechtsverletzungen mit der Androhung eines Zwangsgeldes bis zu 50 000 Euro für jeden Fall der Zuwiderhandlung verbinden.

§ 253 Beitragszahlung aus dem Arbeitsentgelt

Für die Zahlung der Beiträge aus Arbeitsentgelt bei einer versicherungspflichtigen Beschäftigung gelten die Vorschriften über den Gesamtsozialversicherungsbeitrag nach den §§ 28d bis 28n und § 28r des Vierten Buches.

§ 254 Beitragszahlung der Studenten

$_{1}$Versicherungspflichtige Studenten haben vor der Einschreibung oder Rückmeldung an der Hochschule die Beiträge für das Semester im voraus an die zuständige Krankenkasse zu zahlen. $_{2}$Der Spitzenverband Bund der Krankenkassen kann andere Zahlungsweisen vorsehen. $_{3}$Weist ein als Student zu Versichernder die Erfüllung der ihm gegenüber der Krankenkasse auf Grund dieses Gesetzbuchs auferlegten Verpflichtungen nicht nach, verweigert die Hochschule die Einschreibung oder die Annahme der Rückmeldung.

§ 255 Beitragszahlung aus der Rente

(1) 1Beiträge, die Versicherungspflichtige aus ihrer Rente nach § 228 Absatz 1 Satz 1 zu tragen haben, sind von den Trägern der Rentenversicherung bei der Zahlung der Rente einzubehalten und zusammen mit den von den Trägern der Rentenversicherung zu tragenden Beiträgen an die Deutsche Rentenversicherung Bund für die Krankenkassen mit Ausnahme der landwirtschaftlichen Krankenkasse zu zahlen. 2Bei einer Änderung in der Höhe der Beiträge ist die Erteilung eines besonderen Bescheides durch den Träger der Rentenversicherung nicht erforderlich.

(2) 1Ist bei der Zahlung der Rente die Einbehaltung von Beiträgen nach Absatz 1 unterblieben, sind die rückständigen Beiträge durch den Träger der Rentenversicherung aus der weiterhin zu zahlenden Rente einzubehalten; § 51 Abs. 2 des Ersten Buches gilt entsprechend. 2Abweichend von Satz 1 kann die Krankenkasse den Anspruch auf Zahlung rückständiger Beiträge mit einem ihr obliegenden Erstattungsbetrag gemäß § 28 Nummer 1 des Vierten Buches verrechnen. 3Wird nachträglich festgestellt, dass ein freiwilliges Mitglied, das eine Rente nach § 228 Absatz 1 Satz 1 bezieht, versicherungspflichtig ist und ersucht der Träger der Rentenversicherung die Krankenkasse um Verrechnung des der Krankenkasse obliegenden Erstattungsbetrags der als freiwilliges Mitglied entrichteten Beiträge mit einem Anspruch auf Zahlung rückständiger Beiträge oder mit einem Anspruch auf Erstattung eines nach § 106 des Sechsten Buches geleisteten Zuschusses zur Krankenversicherung, ist die Erstattung, sofern sie im Übrigen möglich ist, spätestens innerhalb von zwei Monaten zu erbringen, nachdem die Krankenkasse den Träger der Rentenversicherung informiert hat, dass das freiwillige Mitglied versicherungspflichtig war. 4Wird die Rente nicht mehr gezahlt, obliegt der Einzug von rückständigen Beiträgen der zuständigen Krankenkasse. 5Der Träger der Rentenversicherung haftet mit dem von ihm zu tragenden Anteil an den Aufwendungen für die Krankenversicherung.

(3) 1Soweit im Folgenden nichts Abweichendes bestimmt ist, werden die Beiträge nach den Absätzen 1 und 2 am letzten Bankarbeitstag des Monats fällig, der dem Monat folgt, für den die Rente gezahlt wird. 2Wird eine Rente am letzten Bankarbeitstag des Monats ausgezahlt, der dem Monat vorausgeht, in dem sie fällig wird (§ 272a des Sechsten Buches), werden die Beiträge nach den Absätzen 1 und 2 abweichend von Satz 1 am letzten Bankarbeitstag des Monats, für den die Rente gezahlt wird, fällig. 3Am Achten eines Monats wird ein Betrag in Höhe von 300 Millionen Euro fällig; die im selben Monat fälligen Beträge nach den Sätzen 1 und 2 verringern sich um diesen Betrag. 4Die Deutsche Rentenversicherung Bund leitet die Beiträge nach den Absätzen 1 und 2 an den Gesundheitsfonds weiter und teilt dem Bundesamt für Soziale Sicherung bis zum 15. des Monats die voraussichtliche Höhe der am letzten Bankarbeitstag fälligen Beträge mit.

§ 256 Beitragszahlung aus Versorgungsbezügen

(1) 1Für Versicherungspflichtige haben die Zahlstellen der Versorgungsbezüge die Beiträge aus Versorgungsbezügen einzubehalten und an die zuständige Krankenkasse zu zahlen. 2Die zu zahlenden Beiträge werden am 15. des Folgemonats der Auszahlung der Versorgungsbezüge fällig. 3Die Zahlstellen haben der Krankenkasse die einbehaltenen Beiträge nachzuweisen; § 28f Absatz 3 Satz 1 und 2 des Vierten Buches gilt entsprechend. 4Die Beitragsnachweise sind von den Zahlstellen durch Datenübertragung zu übermitteln; § 202 Absatz 2 gilt entsprechend. 5Bezieht das Mitglied Versorgungsbezüge von mehreren Zahlstellen und übersteigen die Versorgungsbezüge zusammen mit dem Zahlbetrag der Rente der gesetzlichen Rentenversicherung die Beitragsbemessungsgrenze, verteilt die Krankenkasse auf Antrag des Mitglieds oder einer der Zahlstellen die Beiträge.

(2) 1§ 255 Abs. 2 Satz 1 und 4 gilt entsprechend. 2Die Krankenkasse zieht die Beiträge aus nachgezahlten Versorgungsbezügen ein. 3Dies gilt nicht für Beiträge aus Nachzahlungen aufgrund von Anpassungen der Versorgungsbezüge an die wirtschaftliche Entwicklung. 4Die Erstattung von Beiträgen obliegt der zuständigen Krankenkasse. 5Die Krankenkassen können mit den Zahlstellen der Versorgungsbezüge Abweichendes vereinbaren.

(3) 1Die Krankenkasse überwacht die Beitragszahlung. 2Sind für die Überwachung der Beitragszahlung durch eine Zahlstelle mehrere Krankenkassen zuständig, haben sie zu vereinbaren, daß eine dieser Krankenkassen die Überwachung für die beteiligten Krankenkassen übernimmt. 3§ 98 Abs. 1 Satz 2 des Zehnten Buches gilt entsprechend.

§ 256a Ermäßigung und Erlass von Beitragsschulden und Säumniszuschlägen

(1) Zeigt ein Versicherter das Vorliegen der Voraussetzungen der Versicherungspflicht nach § 5 Absatz 1 Nummer 13 erst nach einem der in § 186 Absatz 11 Satz 1 und 2 genannten Zeitpunkte an, soll die Krankenkasse die für die Zeit seit dem Eintritt der Versicherungspflicht nachzuzahlenden Beiträge angemessen ermäßigen; darauf entfallende Säumniszuschläge nach § 24 des Vierten Buches sind vollständig zu erlassen.

(2) 1Erfolgt die Anzeige nach Absatz 1 bis zum 31. Dezember 2013, soll die Krankenkasse den für die Zeit seit dem Eintritt der Versicherungspflicht nachzuzahlenden

Beitrag und die darauf entfallenden Säumniszuschläge nach § 24 des Vierten Buches erlassen. 2Satz 1 gilt für bis zum 31. Juli 2013 erfolgte Anzeigen der Versicherungspflicht nach § 5 Absatz 1 Nummer 13 für noch ausstehende Beiträge und Säumniszuschläge entsprechend.

(3) Die Krankenkasse hat für Mitglieder nach § 5 Absatz 1 Nummer 13 sowie für freiwillige Mitglieder noch nicht gezahlte Säumniszuschläge in Höhe der Differenz zwischen dem nach § 24 Absatz 1a des Vierten Buches in der bis zum 31. Juli 2013 geltenden Fassung erhobenen Säumniszuschlag und dem sich bei Anwendung des in § 24 Absatz 1 des Vierten Buches ergebenden Säumniszuschlag zu erlassen.

(4) 1Der Spitzenverband Bund der Krankenkassen regelt das Nähere zur Ermäßigung und zum Erlass von Beiträgen und Säumniszuschlägen nach den Absätzen 1 bis 3, insbesondere zu einem Verzicht auf die Inanspruchnahme von Leistungen als Voraussetzung für die Ermäßigung oder den Erlass. 2Die Regelungen nach Satz 1 bedürfen zu ihrer Wirksamkeit der Zustimmung des Bundesministeriums für Gesundheit und sind diesem spätestens bis zum 15. September 2013 vorzulegen.

Zweiter Abschnitt
Beitragszuschüsse

§ 257 Beitragszuschüsse für Beschäftigte

(1) 1Freiwillig in der gesetzlichen Krankenversicherung versicherte Beschäftigte, die nur wegen Überschreitens der Jahresarbeitsentgeltgrenze versicherungsfrei sind, erhalten von ihrem Arbeitgeber als Beitragszuschuß den Betrag, den der Arbeitgeber entsprechend § 249 Absatz 1 oder 2 bei Versicherungspflicht des Beschäftigten zu tragen hätte. 2Satz 1 gilt für freiwillig in der gesetzlichen Krankenversicherung versicherte Beschäftigte, deren Mitgliedschaft auf der Versicherungsberechtigung nach § 9 Absatz 1 Satz 1 Nummer 8 beruht, entsprechend. 3Bestehen innerhalb desselben Zeitraums mehrere Beschäftigungsverhältnisse, sind die beteiligten Arbeitgeber anteilig nach dem Verhältnis der Höhe der jeweiligen Arbeitsentgelte zur Zahlung des Beitragszuschusses verpflichtet. 4Freiwillig in der gesetzlichen Krankenversicherung Versicherte, die eine Beschäftigung nach dem Jugendfreiwilligendienstegesetz oder nach dem Bundesfreiwilligendienstgesetz ausüben, erhalten von ihrem Arbeitgeber als Beitragszuschuss den Betrag, den der Arbeitgeber bei Versicherungspflicht der Freiwilligendienstleistenden nach § 20 Absatz 3 Satz 1 Nummer 2 des Vierten Buches für die Krankenversicherung zu tragen hätte.

(2) 1Beschäftigte, die nur wegen Überschreitens der Jahresarbeitsentgeltgrenze oder auf Grund von § 6 Abs. 3a versicherungsfrei oder die von der Versicherungspflicht befreit und bei einem privaten Krankenversicherungsunternehmen versichert sind und für sich und ihre Angehörigen, die bei Versicherungspflicht des Beschäftigten nach § 10 versichert wären, Vertragsleistungen beanspruchen können, die der Art nach den Leistungen dieses Buches entsprechen, erhalten von ihrem Arbeitgeber einen Beitragszuschuß. 2Der Zuschuss wird in Höhe des Betrages gezahlt, der sich bei Anwendung der Hälfte des Beitragssatzes nach § 241 zuzüglich der Hälfte des durchschnittlichen Zusatzbeitragssatzes nach § 242a und der nach § 226 Absatz 1 Satz 1 Nummer 1 bei Versicherungspflicht zugrunde zu legenden beitragspflichtigen Einnahmen als Beitrag ergibt, höchstens jedoch in Höhe der Hälfte des Betrages, den der Beschäftigte für seine Krankenversicherung zu zahlen hat. 3Für Beschäftigte, die bei Versicherungspflicht keinen Anspruch auf Krankengeld hätten, tritt an die Stelle des Beitragssatzes nach § 241 der Beitragssatz nach § 243. 4Soweit Kurzarbeitergeld bezogen wird, ist der Beitragszuschuss in Höhe des Betrages zu zahlen, den der Arbeitgeber bei Versicherungspflicht des Beschäftigten entsprechend § 249 Absatz 2 zu tragen hätte, höchstens jedoch in Höhe des Betrages, den der Beschäftigte für seine Krankenversicherung zu zahlen hat; für die Berechnung gilt der um den durchschnittlichen Zusatzbeitragssatz nach § 242a erhöhte allgemeine Beitragssatz nach § 241. 5Absatz 1 Satz 3 gilt.

(2a) 1Der Zuschuss nach Absatz 2 wird ab 1. Januar 2009 für eine private Krankenversicherung nur gezahlt, wenn das Versicherungsunternehmen

1. diese Krankenversicherung nach Art der Lebensversicherung betreibt,
2. einen Basistarif im Sinne des § 152 Absatz 1 des Versicherungsaufsichtsgesetzes anbietet,

2a. sich verpflichtet, Interessenten vor Abschluss der Versicherung das amtliche Informationsblatt der Bundesanstalt für Finanzdienstleistungsaufsicht gemäß § 146 Absatz 1 Nummer 6 des Versicherungsaufsichtsgesetzes auszuhändigen, welches über die verschiedenen Prinzipien der gesetzlichen sowie der privaten Krankenversicherung aufklärt,

3. soweit es über versicherte Personen im brancheneinheitlichen Standardtarif im Sinne von § 257 Abs. 2a in der bis zum 31. Dezember 2008 geltenden Fassung verfügt, sich verpflichtet, die in § 257 Abs. 2a in der bis zum 31. Dezember 2008 geltenden Fassung in Bezug auf einen Standardtarif genannten Pflichten einzuhalten,
4. sich verpflichtet, den überwiegenden Teil der Überschüsse, die sich aus dem selbst abgeschlossenen

Versicherungsgeschäft ergeben, zugunsten der Versicherten zu verwenden,

5. vertraglich auf das ordentliche Kündigungsrecht verzichtet,
6. die Krankenversicherung nicht zusammen mit anderen Versicherungssparten betreibt, wenn das Versicherungsunternehmen seinen Sitz im Geltungsbereich dieses Gesetzes hat.

2Der Versicherungsnehmer hat dem Arbeitgeber jeweils nach Ablauf von drei Jahren eine Bescheinigung des Versicherungsunternehmens darüber vorzulegen, dass die Aufsichtsbehörde dem Versicherungsunternehmen bestätigt hat, dass es die Versicherung, die Grundlage des Versicherungsvertrages ist, nach den in Satz 1 genannten Voraussetzungen betreibt.

(3) 1Für Bezieher von Vorruhestandsgeld nach § 5 Abs. 3, die als Beschäftigte bis unmittelbar vor Beginn der Vorruhestandsleistungen Anspruch auf den vollen oder anteiligen Beitragszuschuß nach Absatz 1 hatten, bleibt der Anspruch für die Dauer der Vorruhestandsleistungen gegen den zur Zahlung des Vorruhestandsgeldes Verpflichteten erhalten. 2Der Zuschuss wird in Höhe des Betrages gezahlt, den der Arbeitgeber bei Versicherungspflicht des Beziehers von Vorruhestandsgeld zu tragen hätte. 3Absatz 1 Satz 2 gilt entsprechend.

(4) 1Für Bezieher von Vorruhestandsgeld nach § 5 Abs. 3, die als Beschäftigte bis unmittelbar vor Beginn der Vorruhestandsleistungen Anspruch auf den vollen oder anteiligen Beitragszuschuß nach Absatz 2 hatten, bleibt der Anspruch für die Dauer der Vorruhestandsleistungen gegen den zur Zahlung des Vorruhestandsgeldes Verpflichteten erhalten. 2Der Zuschuss wird in Höhe des Betrages gezahlt, der sich bei Anwendung der Hälfte des Beitragssatzes nach § 243 und des Vorruhestandsgeldes bis zur Beitragsbemessungsgrenze (§ 223 Absatz 3) als Beitrag ergibt, höchstens jedoch in Höhe der Hälfte des Betrages, den der Bezieher von Vorruhestandsgeld für seine Krankenversicherung zu zahlen hat; Absatz 1 Satz 2 gilt entsprechend.

§ 258 Beitragszuschüsse für andere Personen

1In § 5 Abs. 1 Nr. 6, 7 oder 8 genannte Personen, die nach § 6 Abs. 3a versicherungsfrei sind, sowie Bezieher von Übergangsgeld, die nach § 8 Abs. 1 Nr. 4 von der Versicherungspflicht befreit sind, erhalten vom zuständigen Leistungsträger einen Zuschuß zu ihrem Krankenversicherungsbeitrag. 2Als Zuschuß ist der Betrag zu zahlen, der von dem Leistungsträger als Beitrag bei Krankenversicherungspflicht zu zahlen wäre, höchstens jedoch der Betrag, der an das private Krankenversicherungsunternehmen zu zahlen ist. 3§ 257 Abs. 2a gilt entsprechend.

Dritter Abschnitt
Verwendung und Verwaltung der Mittel

§ 259 (weggefallen)

§ 260 Betriebsmittel

(1) Betriebsmittel dürfen nur verwendet werden

1. für die gesetzlich oder durch die Satzung vorgesehenen Aufgaben sowie für die Verwaltungskosten; die Aufgaben der Krankenkassen als Pflegekassen sind keine gesetzlichen Aufgaben im Sinne dieser Vorschrift,
2. zur Auffüllung der Rücklage und zur Bildung von Verwaltungsvermögen.

(2) 1Die nicht für die laufenden Ausgaben benötigten Betriebsmittel zuzüglich der Rücklage nach § 261 sowie der zur Anschaffung und Erneuerung der Vermögensteile des Verwaltungsvermögens nach § 82a des Vierten Buches und § 263 bereitgehaltenen Geldmittel dürfen im Durchschnitt des Haushaltsjahres das 0,5fache des nach dem Haushaltsplan der Krankenkasse auf einen Monat entfallenden Betrages der Ausgaben für die in Absatz 1 Nummer 1 genannten Zwecke nicht übersteigen. 2Auf Antrag einer Krankenkasse, die zum Zeitpunkt der Haushaltsaufstellung über weniger als 50 000 Mitglieder verfügt, kann die zuständige Aufsichtsbehörde eine Obergrenze zulassen, die das 0,5fache des Betrages nach Satz 1 übersteigt, soweit dies erforderlich ist. 3Bei der Feststellung der vorhandenen Betriebsmittel sind die Forderungen und Verpflichtungen der Krankenkasse zu berücksichtigen, soweit sie nicht der Rücklage oder dem Verwaltungsvermögen zuzuordnen sind. 4Durchlaufende Gelder bleiben außer Betracht.

(2a) 1Die den Betrag nach Absatz 2 Satz 1 oder Satz 2 übersteigenden Mittel sind innerhalb der zwei folgenden Haushaltsjahre durch Absenkung des kassenindividuellen Zusatzbeitragssatzes zu vermindern. 2Im ersten Haushaltsjahr hat die Minderung mindestens in Höhe der Hälfte der übersteigenden Mittel zu erfolgen. 3Die zuständige Aufsichtsbehörde kann die Frist nach Satz 1 auf Antrag der Krankenkasse um bis zu zwei Haushaltsjahre verlängern, wenn die übersteigenden Mittel voraussichtlich nicht innerhalb der Frist nach Satz 1 durch einen Verzicht auf die Erhebung eines Zusatzbeitrags abgebaut werden können.

(3) Die Betriebsmittel sind im erforderlichen Umfang bereitzuhalten und im übrigen so anzulegen, daß sie für die in Absatz 1 genannten Zwecke verfügbar sind.

(4) 1Übersteigen die nicht für die laufenden Ausgaben benötigten Betriebsmittel zuzüglich der Rücklage nach § 261 sowie der zur Anschaffung und Erneuerung der

Vermögensteile des Verwaltungsvermögens nach § 82a des Vierten Buches und § 263 bereitgehaltenen Geldmittel nach Ablauf der Frist nach Absatz 2a Satz 1 ausweislich der Jahresrechnung das 0,5fache oder die von der zuständigen Aufsichtsbehörde zugelassene Obergrenze des durchschnittlich auf einen Monat entfallenden Betrags der Ausgaben für die in Absatz 1 Nummer 1 genannten Zwecke, hat die Krankenkasse den übersteigenden Betrag an den Gesundheitsfonds abzuführen. 2Die zuständige Aufsichtsbehörde setzt den abzuführenden Betrag fest und meldet ihn an den Gesundheitsfonds.

§ 261 Rücklage

(1) Die Krankenkasse hat zur Sicherstellung ihrer Leistungsfähigkeit eine Rücklage zu bilden.

(2) 1Die Satzung bestimmt die Höhe der Rücklage in einem Vomhundertsatz des nach dem Haushaltsplan durchschnittlich auf den Monat entfallenden Betrages der Ausgaben für die in § 260 Abs. 1 Nr. 1 genannten Zwecke (Rücklagesoll). 2Die Rücklage muß mindestens ein Fünftel des Betrages der auf den Monat entfallenden Ausgaben nach Satz 1 betragen.

(3) 1Die Krankenkasse kann Mittel aus der Rücklage den Betriebsmitteln zuführen, wenn Einnahme- und Ausgabeschwankungen innerhalb eines Haushaltsjahres nicht durch die Betriebsmittel ausgeglichen werden können. 2In diesem Fall soll die Rücklage in Anspruch genommen werden, wenn dadurch Erhöhungen des Zusatzbeitragssatzes nach § 242 während des Haushaltsjahres vermieden werden.

(4) Ergibt sich bei der Aufstellung des Haushaltsplans, daß die Rücklage geringer ist als das Rücklagesoll, ist bis zur Erreichung des Rücklagesolls die Auffüllung der Rücklage im Regelfall mit einem Betrag in Höhe von mindestens der Hälfte des Rücklagesolls im Haushaltsplan vorzusehen.

(5) Übersteigt die Rücklage das Rücklagesoll, ist der übersteigende Betrag den Betriebsmitteln zuzuführen.

(6) 1Die Rücklage ist getrennt von den sonstigen Mitteln so anzulegen, daß sie für den nach Absatz 1 genannten Zweck verfügbar ist. 2Sie wird vorbehaltlich des § 262 von der Krankenkasse verwaltet.

§ 262 Gesamtrücklage

(1) 1Die Satzungen der Landesverbände können bestimmen, daß die von den Verbandsmitgliedern zu bildenden Rücklagen bis zu einem Drittel des Rücklagesolls von dem Landesverband als Sondervermögen (Gesamtrücklage) verwaltet werden. 2Die Gesamtrücklage ist vorrangig vor dem von der Krankenkasse verwalteten Teil der Rücklage aufzufüllen.

(2) 1Die im Laufe eines Jahres entstehenden Kapitalerträge und die aus den Veräußerungen erwachsenden Gewinne der Gesamtrücklage werden gegen die aus Veräußerungen entstehenden Verluste ausgeglichen. 2Der Unterschied wird auf die beteiligten Krankenkassen nach der Höhe ihres Rücklageguthabens beim Landesverband im Jahresdurchschnitt umgelegt.

(3) 1Ergibt sich nach Absatz 2 ein Überschuß, wird er den Krankenkassen ausgezahlt, deren Rücklageguthaben beim Landesverband den nach Absatz 1 bestimmten Anteil erreicht hat. 2Ist dieses Rücklageguthaben noch nicht erreicht, wird der Überschuß bis zur Höhe des fehlenden Betrages nicht ausgezahlt, sondern gutgeschrieben. 3Ergibt sich nach Absatz 2 ein Fehlbetrag, wird er dem Rücklageguthaben der Krankenkassen zur Last geschrieben.

(4) 1Die Krankenkasse kann über ihr Rücklageguthaben beim Landesverband erst verfügen, wenn die von ihr selbst verwalteten Rücklagemittel verbraucht sind. 2Hat die Krankenkasse ihr Rücklageguthaben verbraucht, kann sie von dem Landesverband ein Darlehen aus der Gesamtrücklage erhalten. 3Die Satzung des Landesverbandes trifft Regelungen über die Voraussetzungen der Darlehensgewährung, die Rückzahlung und die Verzinsung.

(5) Die Gesamtrücklage ist so anzulegen, daß sie für die in § 261 Abs. 1 und 4 genannten Zwecke verfügbar ist.

§ 263 Verwaltungsvermögen

Das Verwaltungsvermögen der Krankenkasse umfasst neben den in § 82a Satz 2 des Vierten Buches genannten Vermögensgegenständen auch Grundstücke, die nur teilweise für Zwecke der Verwaltung der Krankenkasse oder für Eigenbetriebe erforderlich sind.

§ 263a Anlagen in Investmentvermögen zur Förderung der Entwicklung digitaler Innovationen

(1) 1Zur Förderung der Entwicklung digitaler Innovationen nach § 68a können Krankenkassen insgesamt bis zu 2 Prozent ihrer Finanzreserven nach § 260 Absatz 2 Satz 1 in Anteile an Investmentvermögen nach § 1 Absatz 1 des Kapitalanlagegesetzbuchs anlegen. 2§ 83 Absatz 2 und 4 des Vierten Buches gilt entsprechend.

(2) 1Die Mittel sind so anzulegen, dass die Kapitalbindungsdauer zehn Jahre nicht überschreitet, ein Verlust ausgeschlossen erscheint und ein angemessener Ertrag erzielt wird. 2Die Krankenkassen müssen die mit dem Erwerb der Anteile an Investmentvermögen einhergehenden Risiken unter Berücksichtigung entsprechender Absicherungen im Rahmen ihres Anlage- und Risikomanagements bewerten.

(3) 1Die Absicht, nach Absatz 1 Anteile an Investmentvermögen zu erwerben, ist der Aufsichtsbehörde vor Abschluss verbindlicher Vereinbarungen umfassend und rechtzeitig anzuzeigen. 2Über eine Anlage nach Absatz 1 ist der Verwaltungsrat der Krankenkasse unverzüglich zu unterrichten. 3Anlagen nach Absatz 1 sind in den Jahresrechnungen der Krankenkassen gesondert auszuweisen.

§ 264 Übernahme der Krankenbehandlung für nicht Versicherungspflichtige gegen Kostenerstattung

(1) 1Die Krankenkasse kann für Arbeits- und Erwerbslose, die nicht gesetzlich gegen Krankheit versichert sind, für andere Hilfeempfänger sowie für die vom Bundesministerium für Gesundheit bezeichneten Personenkreise die Krankenbehandlung übernehmen, sofern der Krankenkasse Ersatz der vollen Aufwendungen für den Einzelfall sowie eines angemessenen Teils ihrer Verwaltungskosten gewährleistet wird. 2Die Krankenkasse ist zur Übernahme der Krankenbehandlung nach Satz 1 für Empfänger von Gesundheitsleistungen nach den §§ 4 und 6 des Asylbewerberleistungsgesetzes verpflichtet, wenn sie durch die Landesregierung oder die von der Landesregierung beauftragte oberste Landesbehörde dazu aufgefordert wird und mit ihr eine entsprechende Vereinbarung mindestens auf Ebene der Landkreise oder kreisfreien Städte geschlossen wird. 3Die Vereinbarung über die Übernahme der Krankenbehandlung nach Satz 1 für den in Satz 2 genannten Personenkreis hat insbesondere Regelungen zur Erbringung der Leistungen sowie zum Ersatz der Aufwendungen und Verwaltungskosten nach Satz 1 zu enthalten; die Ausgabe einer elektronischen Gesundheitskarte kann vereinbart werden. 4Wird von der Landesregierung oder der von ihr beauftragten obersten Landesbehörde eine Rahmenvereinbarung auf Landesebene zur Übernahme der Krankenbehandlung für den in Satz 2 genannten Personenkreis gefordert, sind die Landesverbände der Krankenkassen und die Ersatzkassen gemeinsam zum Abschluss einer Rahmenvereinbarung verpflichtet. 5Zudem vereinbart der Spitzenverband Bund der Krankenkassen mit den auf Bundesebene bestehenden Spitzenorganisationen der nach dem Asylbewerberleistungsgesetz zuständigen Behörden Rahmenempfehlungen zur Übernahme der Krankenbehandlung für den in Satz 2 genannten Personenkreis. 6Die Rahmenempfehlungen nach Satz 5, die von den zuständigen Behörden nach dem Asylbewerberleistungsgesetz und den Krankenkassen nach den Sätzen 1 bis 3 sowie von den Vertragspartnern auf Landesebene nach Satz 4 übernommen werden sollen, regeln insbesondere die Umsetzung der leistungsrechtlichen Regelungen nach den §§ 4 und 6 des Asylbewerberleistungsgesetzes, die Abrechnung und die Abrechnungsprüfung der Leistungen sowie den Ersatz der Aufwendungen und der Verwaltungskosten der Krankenkassen nach Satz 1.

(2) 1Die Krankenbehandlung von Empfängern von Leistungen nach dem Dritten bis Neunten Kapitel des Zwölften Buches, nach dem Teil 2 des Neunten Buches, von Empfängern laufender Leistungen nach § 2 des Asylbewerberleistungsgesetzes und von Empfängern von Krankenhilfeleistungen nach dem Achten Buch, die nicht versichert sind, wird von der Krankenkasse übernommen. 2Satz 1 gilt nicht für Empfänger, die voraussichtlich nicht mindestens einen Monat ununterbrochen Hilfe zum Lebensunterhalt beziehen, für Personen, die ausschließlich Leistungen nach § 11 Abs. 5 Satz 3 und § 33 des Zwölften Buches beziehen sowie für die in § 24 des Zwölften Buches genannten Personen.

(3) 1Die in Absatz 2 Satz 1 genannten Empfänger haben unverzüglich eine Krankenkasse im Bereich des für die Hilfe zuständigen Trägers der Sozialhilfe oder der öffentlichen Jugendhilfe zu wählen, die ihre Krankenbehandlung übernimmt. 2Leben mehrere Empfänger in häuslicher Gemeinschaft, wird das Wahlrecht vom Haushaltsvorstand für sich und für die Familienangehörigen ausgeübt, die bei Versicherungspflicht des Haushaltsvorstands nach § 10 versichert wären. 3Wird das Wahlrecht nach den Sätzen 1 und 2 nicht ausgeübt, gelten § 28i des Vierten Buches und § 175 Abs. 3 Satz 2 entsprechend.

(4) 1Für die in Absatz 2 Satz 1 genannten Empfänger gelten § 11 Abs. 1 sowie die §§ 61 und 62 entsprechend. 2Sie erhalten eine elektronische Gesundheitskarte nach § 291. 3Als Versichertenstatus nach § 291a Absatz 2 Nummer 7 gilt für Empfänger bis zur Vollendung des 65. Lebensjahres die Statusbezeichnung „Mitglied", für Empfänger nach Vollendung des 65. Lebensjahres die Statusbezeichnung „Rentner". 4Empfänger, die das 65. Lebensjahr noch nicht vollendet haben, in häuslicher Gemeinschaft leben und nicht Haushaltsvorstand sind, erhalten die Statusbezeichnung „Familienversicherte".

(5) 1Wenn Empfänger nicht mehr bedürftig im Sinne des Zwölften Buches oder des Achten Buches sind, meldet der Träger der Sozialhilfe oder der öffentlichen Jugendhilfe diese bei der jeweiligen Krankenkasse ab. 2Bei der Abmeldung hat der Träger der Sozialhilfe oder der öffentlichen Jugendhilfe die elektronische Gesundheitskarte vom Empfänger einzuziehen und an die Krankenkasse zu übermitteln. 3Aufwendungen, die der Krankenkasse nach Abmeldung durch eine missbräuchliche Verwendung der Karte entstehen, hat der Träger der Sozialhilfe oder der öffentlichen Jugendhilfe zu erstatten. 4Satz 3 gilt nicht in den Fällen, in denen die Krankenkasse auf Grund gesetzlicher Vorschriften oder vertraglicher Vereinbarungen ver-

pflichtet ist, ihre Leistungspflicht vor der Inanspruchnahme der Leistung zu prüfen.

(6) 1Bei der Bemessung der Vergütungen nach § 85 oder § 87a ist die vertragsärztliche Versorgung der Empfänger zu berücksichtigen. 2Werden die Gesamtvergütungen nach § 85 nach Kopfpauschalen berechnet, gelten die Empfänger als Mitglieder. 3Leben mehrere Empfänger in häuslicher Gemeinschaft, gilt abweichend von Satz 2 nur der Haushaltsvorstand nach Absatz 3 als Mitglied; die vertragsärztliche Versorgung der Familienangehörigen, die nach § 10 versichert wären, wird durch die für den Haushaltsvorstand zu zahlende Kopfpauschale vergütet.

(7) 1Die Aufwendungen, die den Krankenkassen durch die Übernahme der Krankenbehandlung nach den Absätzen 2 bis 6 entstehen, werden ihnen von den für die Hilfe zuständigen Trägern der Sozialhilfe oder der öffentlichen Jugendhilfe vierteljährlich erstattet. 2Als angemessene Verwaltungskosten einschließlich Personalaufwand für den Personenkreis nach Absatz 2 werden bis zu 5 vom Hundert der abgerechneten Leistungsaufwendungen festgelegt. 3Wenn Anhaltspunkte für eine unwirtschaftliche Leistungserbringung oder -gewährung vorliegen, kann der zuständige Träger der Sozialhilfe oder der öffentlichen Jugendhilfe von der jeweiligen Krankenkasse verlangen, die Angemessenheit der Aufwendungen zu prüfen und nachzuweisen.

Vierter Abschnitt
Finanzausgleiche und Zuweisungen aus dem Gesundheitsfonds

§ 265 Finanzausgleich für aufwendige Leistungsfälle

1Die Satzungen der Landesverbände und der Verbände der Ersatzkassen können eine Umlage der Verbandsmitglieder vorsehen, um die Kosten für aufwendige Leistungsfälle und für andere aufwendige Belastungen ganz oder teilweise zu decken. 2Die Hilfen können auch als Darlehen gewährt werden; Näheres über Voraussetzungen, Rückzahlung und Verzinsung regelt die Satzung des Verbandes.

§ 266 Zuweisungen aus dem Gesundheitsfonds (Risikostrukturausgleich), Verordnungsermächtigung

(1) 1Die Krankenkassen erhalten als Zuweisungen aus dem Gesundheitsfonds (§ 271) zur Deckung ihrer Ausgaben eine Grundpauschale und risikoadjustierte Zu- und Abschläge zum Ausgleich der unterschiedlichen Risikostrukturen und Zuweisungen für sonstige Ausgaben (§ 270). 2Mit den risikoadjustierten Zuweisungen wird jährlich ein Risikostrukturausgleich durchgeführt. 3Durch diesen werden die finanziellen Auswirkungen von Unterschieden zwischen den Krankenkassen ausgeglichen, die sich aus der Verteilung der Versicherten auf nach Risikomerkmalen getrennte Risikogruppen gemäß Absatz 2 ergeben.

(2) 1Die Zuordnung der Versicherten zu Risikogruppen erfolgt anhand der Risikomerkmale Alter, Geschlecht, Morbidität, regionalen Merkmalen und danach, ob die Mitglieder Anspruch auf Krankengeld nach § 44 haben. 2Die Morbidität der Versicherten wird auf der Grundlage von Diagnosen, Diagnosegruppen, Indikationen, Indikationengruppen, medizinischen Leistungen oder Kombinationen dieser Merkmale unmittelbar berücksichtigt. 3Regionale Merkmale sind solche, die die unterschiedliche Ausgabenstruktur der Region beeinflussen können.

(3) Die Grundpauschale und die risikoadjustierten Zu- und Abschläge dienen zur Deckung der standardisierten Leistungsausgaben der Krankenkassen.

(4) 1Die Ermittlung der standardisierten Leistungsausgaben nach Absatz 3 orientiert sich an der Höhe der durchschnittlichen krankheitsspezifischen Leistungsausgaben der den Risikogruppen zugeordneten Versicherten. 2Dabei bleiben außer Betracht

1. die von Dritten erstatteten Ausgaben,
2. Aufwendungen für satzungsgemäße Mehr- und Erprobungsleistungen sowie für Leistungen, auf die kein Rechtsanspruch besteht.

3Die Aufwendungen für die Leistungen der Knappschaftsärzte und -zahnärzte werden in der gleichen Weise berechnet wie für Vertragsärzte und -zahnärzte.

(5) Die Bildung der Risikogruppen nach Absatz 2 und die Ermittlung der standardisierten Leistungsausgaben nach Absatz 3 erfolgt nach Kriterien, die zugleich

1. Anreize zu Risikoselektion verringern und
2. keine Anreize zu medizinisch nicht gerechtfertigten Leistungsausweitungen setzen.

(6) 1Das Bundesamt für Soziale Sicherung ermittelt die Höhe der Zuweisungen und weist die entsprechenden Mittel den Krankenkassen zu. 2Es gibt für die Ermittlung der Höhe der Zuweisungen nach Absatz 3 jährlich bekannt

1. die Höhe der standardisierten Leistungsausgaben aller am Ausgleich beteiligten Krankenkassen je Versicherten, getrennt nach Risikogruppen nach Absatz 2, und
2. die Höhe der risikoadjustierten Zu- und Abschläge.

3Das Bundesamt für Soziale Sicherung kann zum Zwecke der einheitlichen Zuordnung und Erfassung der für die Berechnung maßgeblichen Daten über die Vorlage der

Geschäfts- und Rechnungsergebnisse hinaus weitere Auskünfte und Nachweise verlangen.

(7) $_{1}$Das Bundesamt für Soziale Sicherung stellt im Voraus für ein Kalenderjahr die Werte nach Absatz 6 Satz 2 Nr. 1 und 2 vorläufig fest. $_{2}$Es legt bei der Berechnung der Höhe der monatlichen Zuweisungen die Werte nach Satz 1 und die zuletzt erhobenen Versichertenzahlen der Krankenkassen je Risikogruppe nach Absatz 2 zugrunde. $_{3}$Nach Ablauf des Kalenderjahres ist die Höhe der Zuweisungen für jede Krankenkasse vom Bundesamt für Soziale Sicherung aus den für dieses Jahr erstellten Geschäfts- und Rechnungsergebnissen und den für dieses Jahr erhobenen Versichertenzahlen der beteiligten Krankenkassen zu ermitteln. $_{4}$Die nach Satz 2 erhaltenen Zuweisungen gelten als Abschlagszahlungen. $_{5}$Sie sind nach der Ermittlung der endgültigen Höhe der Zuweisung für das Geschäftsjahr nach Satz 3 auszugleichen. $_{6}$Werden nach Abschluss der Ermittlung der Werte nach Satz 3 sachliche oder rechnerische Fehler in den Berechnungsgrundlagen festgestellt, hat das Bundesamt für Soziale Sicherung diese bei der nächsten Ermittlung der Höhe der Zuweisungen nach den dafür geltenden Vorschriften zu berücksichtigen. $_{7}$Klagen gegen die Höhe der Zuweisungen im Risikostrukturausgleich einschließlich der hierauf entfallenden Nebenkosten haben keine aufschiebende Wirkung.

(8) $_{1}$Das Bundesministerium für Gesundheit regelt durch Rechtsverordnung mit Zustimmung des Bundesrates das Nähere über

1. die Ermittlung der Höhe der Grundpauschale nach Absatz 1 Satz 1, der Werte nach Absatz 6 sowie die Art, den Umfang und den Zeitpunkt der Bekanntmachung der für die Durchführung des Risikoausgleichsverfahrens erforderlichen Berechnungswerte,
2. die Abgrenzung und die Verfahren der Standardisierung der Leistungsausgaben nach den Absätzen 3 bis 6; dabei können für Risikogruppen, die nach dem Anspruch der Mitglieder auf Krankengeld zu bilden sind, besondere Standardisierungsverfahren und Abgrenzungen für die Berücksichtigung des Krankengeldes geregelt werden,

2a. die Abgrenzung und die Verfahren der Standardisierung der sonstigen Ausgaben nach § 270, die Kriterien der Zuweisung der Mittel zur Deckung dieser Ausgaben sowie das Verfahren der Verarbeitung der nach § 270 Absatz 2 zu übermittelnden Daten,

2b. die Abgrenzung der zu berücksichtigenden Risikogruppen nach Absatz 2 einschließlich der Altersabstände zwischen den Altersgruppen, auch abweichend von Absatz 2; hierzu gehört auch die Festlegung des Verfahrens zur Auswahl der regionalen Merkmale,

3. die Festlegung der Anforderungen an die Zulassung der Programme nach § 137g hinsichtlich des Verfahrens der Einschreibung der Versicherten einschließlich der Dauer der Teilnahme und des Verfahrens der Verarbeitung der für die Durchführung der Programme erforderlichen personenbezogenen Daten,
4. die Berechnungsverfahren sowie die Durchführung des Zahlungsverkehrs,
5. die Fälligkeit der Beträge und die Erhebung von Säumniszuschlägen,
6. das Verfahren und die Durchführung des Ausgleichs einschließlich des Ausschlusses von Risikogruppen, die anhand der Morbidität der Versicherten gebildet werden, mit den höchsten relativen Steigerungsraten,
7. die Umsetzung der Vorgaben nach Absatz 5 und 12,
8. die Vergütung des wissenschaftlichen Beirats zur Weiterentwicklung des Risikostrukturausgleichs beim Bundesamt für Soziale Sicherung für die Erstellung von Gutachten nach Absatz 10,
9. die Prüfung der von den Krankenkassen mitzuteilenden Daten durch die mit der Prüfung nach § 274 befassten Stellen einschließlich der Folgen fehlerhafter Datenlieferungen oder nicht prüfbarer Daten sowie das Verfahren der Prüfung und der Prüfkriterien, auch abweichend von § 274.

$_{2}$Abweichend von Satz 1 können die Verordnungsregelungen zu Satz 1 Nr. 3 ohne Zustimmung des Bundesrates erlassen werden.

(9) Die landwirtschaftliche Krankenkasse nimmt am Risikostrukturausgleich nicht teil.

(10) $_{1}$Die Wirkungen des Risikostrukturausgleichs insbesondere auf den Wettbewerb der Krankenkassen und die Manipulationsresistenz des Risikostrukturausgleichs sind regelmäßig, mindestens alle vier Jahre, durch den wissenschaftlichen Beirat zur Weiterentwicklung des Risikostrukturausgleichs beim Bundesamt für Soziale Sicherung in einem Gutachten zu überprüfen. $_{2}$Das Bundesministerium für Gesundheit kann den Gegenstand des Gutachtens näher bestimmen; im Jahr 2023 sind gesondert die Wirkungen der regionalen Merkmale als Risikomerkmal im Risikostrukturausgleich zu untersuchen. $_{3}$Die Wirkungen des Ausschlusses von Risikogruppen nach § 18 Absatz 1 Satz 4 der Risikostruktur-Ausgleichsverordnung insbesondere auf die Manipulationsresistenz und Zielgenauigkeit des Risikostrukturausgleichs einschließlich der Einhaltung der Vorgaben des § 266 Absatz 5 sind zusätzlich zu dem Gutachten nach Satz 2 zweiter Halbsatz

durch den wissenschaftlichen Beirat zur Weiterentwicklung des Risikostrukturausgleichs beim Bundesamt für Soziale Sicherung im Jahr 2023 zu untersuchen. 4Für den Zweck des Gutachtens nach Satz 3 ist auch die Veränderung der Häufigkeit der Diagnosen nach § 295 Absatz 1 Satz 1 Nummer 2 unter Berücksichtigung der Zuordnung der Versicherten zu Risikogruppen zu untersuchen.

(11) 1Die Krankenkassen erhalten die Zuweisungen aus dem Gesundheitsfonds für die Ausgleichsjahre 2019 und 2020 nach Maßgabe der §§ 266 bis 270 in der bis zum 31. März 2020 geltenden Fassung. 2Die Anpassung der Datenmeldung nach § 7 Absatz 1 Satz 1 Nummer 7 der Risikostruktur-Ausgleichsverordnung gemäß § 7 Absatz 1 Satz 3 der Risikostruktur-Ausgleichsverordnung ist ab dem Ausgleichsjahr 2021 bei den Zuweisungen nach Absatz 3 zu berücksichtigen. 3Die Zuordnung der Versicherten zu Risikogruppen, die nach dem Anspruch der Mitglieder auf Krankengeld zu bilden sind, erfolgt für das Ausgleichsjahr 2020 danach, ob die Mitglieder Anspruch auf Krankengeld nach den §§ 44 und 45 haben.

(12) 1Bei den Zuweisungen nach Absatz 3 werden die finanziellen Auswirkungen der Bildung von Risikogruppen anhand von regionalen Merkmalen nach Absatz 2 durch Zu- und Abschläge im Ausgleichsjahr 2021 auf 75 Prozent begrenzt. 2Die Begrenzung erfolgt für alle Länder jeweils einheitlich für die Summe der Zuweisungen nach Absatz 3 für die Versicherten mit Wohnsitz in einem Land. 3Durch die Zu- und Abschläge werden 25 Prozent der Differenz der hypothetischen Höhe der Zuweisungen nach Absatz 3 ohne Bildung von Risikogruppen anhand von regionalen Merkmalen und der Höhe der Zuweisungen nach Absatz 3 einheitlich auf die Versicherten mit Wohnsitz in einem Land verteilt.

§ 267 Datenverarbeitung für die Durchführung und Weiterentwicklung des Risikostrukturausgleichs

(1) 1Für die Durchführung und Weiterentwicklung des Risikostrukturausgleichs übermitteln die Krankenkassen für jedes Jahr bis zum 15. August des jeweiligen Folgejahres je Versicherten

1. die Versichertentage
   a) mit den Risikomerkmalen nach § 266 Absatz 2 mit Ausnahme der Morbidität und der regionalen Merkmale,
   b) mit Wohnsitz oder gewöhnlichem Aufenthalt außerhalb des Gebietes der Bundesrepublik Deutschland einschließlich des Länderkennzeichens,
   c) mit Wahl der Kostenerstattung für den Bereich der ärztlichen Versorgung, differenziert nach § 13 Absatz 2 und § 53 Absatz 4,
2. den amtlichen Gemeindeschlüssel des Wohnorts,
3. die Leistungsausgaben in der Gliederung und nach den Bestimmungen des Kontenrahmens,
4. die bei Krankenhausentlassung maßgeblichen Haupt- und Nebendiagnosen nach § 301 Absatz 1 Satz 1 Nummer 7 in der Verschlüsselung nach § 301 Absatz 2 Satz 1,
5. die Diagnosen nach § 295 Absatz 1 Satz 1 Nummer 2 sowie die Angaben nach § 295 Absatz 1 Satz 4, bei der Abrechnung von Leistungen im Rahmen von Verträgen nach den §§ 73b und 140a einschließlich der Vertragsnummer nach § 293a Absatz 1 Satz 4,
6. die Arzneimittelkennzeichen nach § 300 Absatz 3 Satz 1 einschließlich der vereinbarten Sonderkennzeichen sowie jeweils die Anzahl der Verordnungen,
7. die Angabe über die Durchführung von extrakorporalen Blutreinigungsverfahren

nach Maßgabe dieser Vorschrift an das Bundesamt für Soziale Sicherung. 2Eine unmittelbare oder mittelbare Einwirkung der Krankenkassen auf den Inhalt der Leistungsdaten nach den §§ 294 bis 303 und die Art und Weise der Aufzeichnung insbesondere unter Verstoß gegen § 71 Absatz 6 Satz 10, § 73b Absatz 5 Satz 7, § 83 Satz 4, § 140a Absatz 2 Satz 10 und § 303 Absatz 4 ist unzulässig, soweit sie in diesem Buch nicht vorgeschrieben oder zugelassen ist.

(2) Für die Weiterentwicklung des Risikostrukturausgleichs übermitteln die Krankenkassen für jedes Jahr bis zum 15. August des jeweiligen Folgejahres je Versicherten die Versichertentage mit Bezug einer Erwerbsminderungsrente an das Bundesamt für Soziale Sicherung.

(3) 1Die Krankenkassen übermitteln die Daten nach Absatz 1 Satz 1 und Absatz 2 in pseudonymisierter und maschinenlesbarer Form über den Spitzenverband Bund der Krankenkassen an das Bundesamt für Soziale Sicherung. 2Der Schlüssel für die Herstellung des Pseudonyms ist vom Beauftragten für den Datenschutz der Krankenkasse aufzubewahren und darf anderen Personen nicht zugänglich gemacht werden. 3Die Herstellung des Versichertenbezugs ist bei den Daten nach Absatz 1 Satz 1 zulässig, soweit dies für die Klärung doppelter Versicherungsverhältnisse oder für die Prüfung der Richtigkeit der Daten erforderlich ist. 4Über die Pseudonymisierung in der Krankenkasse und über jede Herstellung des Versichertenbezugs ist ein Protokoll anzufertigen, das bei dem Beauftragten für den Datenschutz der Krankenkasse aufzubewahren ist.

(4) 1Das Bundesministerium für Gesundheit bestimmt in der Rechtsverordnung nach § 266 Absatz 8 Satz 1 das Nähere zu den Fristen der Datenübermittlung und zum

V

Verfahren der Verarbeitung der nach Absatz 1 Satz 1 und Absatz 2 zu übermittelnden Daten. 2Der Spitzenverband Bund der Krankenkassen bestimmt im Einvernehmen mit dem Bundesamt für Soziale Sicherung das Nähere zum Verfahren nach Absatz 3 Satz 1.

(5) Die Kosten für die Datenübermittlung nach dieser Vorschrift werden von den betroffenen Krankenkassen getragen.

(6) 1Zur Weiterentwicklung des Risikostrukturausgleichs analysiert das Bundesamt für Soziale Sicherung den Zusammenhang zwischen den Leistungsausgaben eines Versicherten in den vorangegangenen drei Jahren und den Leistungsausgaben eines Versicherten im Ausgleichsjahr 2019. 2Hierfür übermitteln die Krankenkassen bis zum 15. August 2020 für die Berichtsjahre 2016 bis 2018 die Daten nach § 7 Absatz 1 Satz 1 Nummer 7 der Risikostruktur-Ausgleichsverordnung an das Bundesamt für Soziale Sicherung; Absatz 3 gilt entsprechend. 3Das Nähere über das Verfahren der Datenmeldung bestimmt der Spitzenverband Bund der Krankenkassen im Einvernehmen mit dem Bundesamt für Soziale Sicherung in der Bestimmung nach Absatz 4 Satz 2. 4Das Ergebnis der Untersuchung nach Satz 1 ist dem Bundesministerium für Gesundheit spätestens mit Übergabe des ersten Gutachtens nach § 266 Absatz 10 vorzulegen.

(7) Die Absätze 1 bis 6 gelten nicht für die landwirtschaftliche Krankenkasse.

§ 268 Risikopool

(1) 1Ergänzend zum Risikostrukturausgleich gemäß § 266 werden die finanziellen Belastungen für aufwendige Leistungsfälle teilweise über einen Risikopool ausgeglichen. 2Übersteigt die Summe der im Risikopool ausgleichsfähigen Leistungsausgaben eines Versicherten bei einer Krankenkasse innerhalb eines Ausgleichsjahres den Schwellenwert nach Satz 3, werden 80 Prozent des den Schwellenwert übersteigenden Betrags über den Risikopool ausgeglichen. 3Der Schwellenwert beträgt 100 000 Euro und ist in den Folgejahren anhand der jährlichen Veränderungsrate der im Risikopool ausgleichsfähigen Leistungsausgaben je Versicherten anzupassen.

(2) Im Risikopool sind die Leistungsausgaben ausgleichsfähig, die bei der Ermittlung der standardisierten Leistungsausgaben nach § 266 Absatz 3 zu berücksichtigen sind, abzüglich der Aufwendungen für Krankengeld nach den §§ 44 und 45.

(3) Bei der Ermittlung der Höhe der Zuweisungen nach § 266 Absatz 7 Satz 3 und 6 sind die Leistungsausgaben, die im Risikopool ausgeglichen werden, nicht bei der Ermittlung der standardisierten Leistungsausgaben nach § 266 Absatz 3 zu berücksichtigen.

(4) 1Das Bundesamt für Soziale Sicherung ermittelt für jede Krankenkasse den Ausgleichsbetrag nach Absatz 1 Satz 2 und weist die entsprechenden Mittel den Krankenkassen zu. 2§ 266 Absatz 6 Satz 3, Absatz 7 Satz 3, 6 und 7 sowie Absatz 9 gilt für den Risikopool entsprechend.

(5) Das Bundesministerium für Gesundheit regelt in der Rechtsverordnung nach § 266 Absatz 8 Satz 1 das Nähere über

1. die jährliche Anpassung des Schwellenwertes,
2. die Berechnung und die Durchführung des Risikopoolverfahrens sowie
3. die Art, den Umfang und den Zeitpunkt der Bekanntmachung der für die Durchführung des Risikopoolverfahrens erforderlichen Rechenwerte.

§ 269 Sonderregelungen für Krankengeld und Auslandsversicherte

(1) Für Risikogruppen nach § 266 Absatz 2, die nach dem Anspruch der Mitglieder auf Krankengeld nach § 44 zu bilden sind, kann das bestehende Standardisierungsverfahren für die Berücksichtigung des Krankengeldes um ein Verfahren ergänzt werden, das die tatsächlichen Leistungsausgaben der einzelnen Krankenkassen nach § 44 anteilig berücksichtigt.

(2) 1Ab dem Ausgleichsjahr 2021 werden die Leistungsausgaben der einzelnen Krankenkassen nach § 45 durch die Zuweisungen aus dem Gesundheitsfonds vollständig ausgeglichen. 2Die Krankenkassen übermitteln ab dem Berichtsjahr 2021 für jedes Jahr bis zum 15. August des jeweiligen Folgejahres die Summe der Leistungsausgaben nach § 45 je Krankenkasse über den Spitzenverband Bund der Krankenkassen an das Bundesamt für Soziale Sicherung.

(3) 1Versicherte, die während des überwiegenden Teils des dem Ausgleichsjahr vorangegangenen Jahres ihren Wohnsitz oder gewöhnlichen Aufenthalt außerhalb des Gebiets der Bundesrepublik Deutschland hatten (Auslandsversicherte), sind gesonderten Risikogruppen zuzuordnen. 2Die Risikozuschläge für die Auslandsversicherten sind ab dem Ausgleichsjahr 2023 differenziert nach dem Wohnstaat zu ermitteln auf der Grundlage der

1. durchschnittlichen Leistungsausgaben der Krankenkassen und
2. durchschnittlichen abgerechneten Rechnungsbeträge nach Absatz 4 Satz 1.

(4) Der Spitzenverband Bund der Krankenkassen, Deutsche Verbindungsstelle Krankenversicherung – Ausland,

übermittelt ab dem Berichtsjahr 2020 für jedes Jahr bis zum 15. August des jeweiligen Folgejahres die Summe der von den Krankenkassen für die Auslandsversicherten beglichenen Rechnungsbeträge an das Bundesamt für Soziale Sicherung; die Übermittlung erfolgt differenziert nach dem Wohnstaat.

(5) 1Für die Untersuchungen nach § 266 Absatz 10 Satz 1 übermitteln die Krankenkassen an das Bundesamt für Soziale Sicherung ab dem Berichtsjahr 2022 für jedes Jahr bis zum 15. August des jeweiligen Folgejahres je Versicherten

1. die beitragspflichtigen Einnahmen aus nichtselbständiger Tätigkeit gemäß der Jahresarbeitsentgeltmeldung nach § 28a Absatz 3 Satz 2 Nummer 2 Buchstabe b des Vierten Buches sowie den Zeitraum, in dem diese Einnahmen erzielt wurden,
2. die beitragspflichtigen Einnahmen aus selbständiger Tätigkeit sowie den Zeitraum, in dem diese Einnahmen erzielt wurden,
3. die beitragspflichtigen Einnahmen aus selbständiger Tätigkeit von Künstlern und Publizisten nach § 95c Absatz 2 Nummer 2 des Vierten Buches sowie den Zeitraum, in dem diese Einnahmen erzielt wurden,
4. die beitragspflichtigen Einnahmen aus dem Bezug von Arbeitslosengeld nach § 136 des Dritten Buches sowie die jeweiligen Bezugstage und
5. die Leistungsausgaben für Krankengeld nach § 44 sowie das Datum des Beginns und des Endes des Krankengeldbezugs.

2Für die Übermittlung der Daten nach Satz 1 gilt § 267 Absatz 1 Satz 2 und Absatz 3 entsprechend.

(6) 1Für das Ausgleichsjahr 2020 gelten die Vorgaben der Absätze 1 und 2 in der bis zum 19. Juli 2021 geltenden Fassung. 2Für die Ausgleichsjahre 2021 und 2022 gilt die Vorgabe des Absatzes 2 in der bis zum 19. Juli 2021 geltenden Fassung.

(7) Das Bundesministerium für Gesundheit bestimmt in der Rechtsverordnung nach § 266 Absatz 8 Satz 1 das Nähere

1. zur Umsetzung der Vorgaben nach den Absätzen 1 bis 3 und 6 und
2. zu den Fristen der Datenübermittlung und zum Verfahren der Verarbeitung der nach Absatz 2 Satz 2, Absatz 4 und 5 Satz 1 zu übermittelnden Daten.

(8) 1Der Spitzenverband Bund der Krankenkassen bestimmt im Einvernehmen mit dem Bundesamt für Soziale Sicherung das Nähere zum Verfahren der Datenübermittlung nach Absatz 2 Satz 2, Absatz 4 und 5 Satz 1. 2Die Kosten für die Datenübermittlung nach Absatz 2 Satz 2 und Absatz 5 Satz 1 werden durch die betroffenen Krankenkassen getragen.

§ 270 Zuweisungen aus dem Gesundheitsfonds für sonstige Ausgaben

(1) 1Die Krankenkassen erhalten aus dem Gesundheitsfonds Zuweisungen zur Deckung

1. ihrer standardisierten Aufwendungen nach § 266 Abs. 4 Satz 2 Nr. 2 mit Ausnahme der Leistungen nach § 11 Absatz 6 und § 53,
2. ihrer standardisierten Aufwendungen, die auf Grund der Entwicklung und Durchführung von Programmen nach § 137g entstehen und die in der Rechtsverordnung nach § 266 Absatz 8 Satz 1 näher zu bestimmen sind, sowie
3. ihrer standardisierten Verwaltungsausgaben.

2§ 266 Absatz 6 Satz 1 und 3, Absatz 7 und 9 gilt entsprechend.

(2) 1Für die Ermittlung der Höhe der Zuweisungen nach den Absätzen 1 und 4 erheben die Krankenkassen für jedes Jahr

1. je Versicherten die Versichertentage mit Einschreibung in ein nach § 137g zugelassenes strukturiertes Behandlungsprogramm und Angaben über die Teilnahme an den in Absatz 4 Satz 1 genannten Leistungen,
2. nicht versichertenbezogen die Aufwendungen nach § 266 Absatz 4 Satz 2 Nummer 2 und die Verwaltungsausgaben; § 266 Absatz 4 Satz 2 Nummer 1 gilt entsprechend.

2Die Krankenkassen übermitteln die Daten nach Satz 1 Nummer 1 bis zum 15. August des Folgejahres in pseudonymisierter und maschinenlesbarer Form über den Spitzenverband Bund der Krankenkassen an das Bundesamt für Soziale Sicherung; § 267 Absatz 3 Satz 2 bis 4 und Absatz 4 Satz 2 gilt entsprechend. 3Die Krankenkassen übermitteln die Daten nach Satz 1 Nummer 2 bis zum 30. Juni des Folgejahres in maschinenlesbarer Form über den Spitzenverband Bund der Krankenkassen an das Bundesamt für Soziale Sicherung.

(3) 1Das Bundesamt für Soziale Sicherung mindert für eine Krankenkasse, die laut erstmaliger Mitteilung des Spitzenverbandes Bund der Krankenkassen nach § 342 Absatz 5 Satz 5 ihrer Verpflichtung nach § 342 Absatz 1 nicht nachgekommen ist, die nach § 18 Absatz 3 der Risikostruktur-Ausgleichsverordnung im Jahresausgleich für das Ausgleichsjahr 2020 berechnete Höhe der Zuweisungen nach Absatz 1 Satz 1 Nummer 3 um 2,5 Prozent. 2Die nach § 18 Absatz 3 der Risikostruktur-Ausgleichsverordnung im Jahresausgleich berechnete Höhe der Zuweisungen nach Absatz 1 Satz 1 Nummer 3 ist ab dem Ausgleichsjahr 2021

V

für eine Krankenkasse um 7,5 Prozent zu mindern, wenn in dem auf das jeweilige Ausgleichsjahr folgenden Jahr eine weitere Mitteilung nach § 342 Absatz 5 Satz 5 und 6 zu derselben Krankenkasse erfolgt. 3Das Bundesamt für Soziale Sicherung teilt den Sanktionsbetrag der Krankenkasse in einem Bescheid mit. 4Klagen gegen die Höhe der Sanktion haben keine aufschiebende Wirkung.

(4) 1Zur Förderung der Durchführung von Vorsorge- und Früherkennungsmaßnahmen erhalten die Krankenkassen aus dem Gesundheitsfonds jährlich eine Pauschale für jeden Versicherten, der an einer vom Gemeinsamen Bundesausschuss in Richtlinien nach § 92 Absatz 1 Satz 2 Nummer 2, 3, 4 und 15 vorgesehenen Mutterschaftsvorsorge, Gesundheits- oder Früherkennungsuntersuchung nach § 25 Absatz 1, 2 und den §§ 25a und 26, Individualprophylaxe nach § 22 Absatz 1, 3 und § 22a Absatz 1 oder Schutzimpfung nach § 20i Absatz 1 teilgenommen hat. 2Das Bundesamt für Soziale Sicherung ermittelt die Höhe der Zuweisungen und weist die entsprechenden Mittel den Krankenkassen zu. 3§ 266 Absatz 7 Satz 3, 6 und 7 und Absatz 9 gilt entsprechend. 4Das Nähere über die Kriterien der Vergabe und das Verfahren bestimmt das Bundesministerium für Gesundheit in der Rechtsverordnung nach § 266 Absatz 8 Satz 1.

§ 270a Einkommensausgleich

(1) Zwischen den Krankenkassen wird im Hinblick auf die von ihnen erhobenen Zusatzbeiträge nach § 242 nach Maßgabe der folgenden Absätze ein vollständiger Ausgleich der beitragspflichtigen Einnahmen ihrer Mitglieder durchgeführt.

(2) 1Die Krankenkassen, die einen Zusatzbeitrag nach § 242 erheben, erhalten aus dem Gesundheitsfonds die Beträge aus den Zusatzbeiträgen ihrer Mitglieder in der Höhe, die sich nach dem Einkommensausgleich ergibt. 2Die Höhe dieser Mittel für jede Krankenkasse wird ermittelt, indem der Zusatzbeitragssatz der Krankenkasse nach § 242 Absatz 1 mit den voraussichtlichen durchschnittlichen beitragspflichtigen Einnahmen je Mitglied aller Krankenkassen und ihrer Mitgliederzahl multipliziert wird.

(3) Weicht der Gesamtbetrag aus den Zusatzbeiträgen nach § 242 von den notwendigen Aufwendungen für die Mittel nach Absatz 2 ab, wird der Abweichungsbetrag entweder aus den Mitteln der Liquiditätsreserve des Gesundheitsfonds nach § 271 Absatz 2 aufgebracht oder der Liquiditätsreserve zugeführt.

(4) 1Das Bundesamt für Soziale Sicherung verwaltet für die Zwecke der Durchführung des Einkommensausgleichs die eingehenden Beträge aus den Zusatzbeiträgen; § 271 Absatz 7 ist entsprechend anzuwenden. 2Das Bundesamt für Soziale Sicherung ermittelt die Höhe der Mittel nach Absatz 2 und weist sie den Krankenkassen zu. 3§ 266 Absatz 6 Satz 3 und Absatz 7 Satz 7 ist entsprechend anzuwenden. 4Das Nähere zur Ermittlung der vorläufigen und endgültigen Mittel, die die Krankenkassen im Rahmen des Einkommensausgleichs erhalten, zur Durchführung, zum Zahlungsverkehr und zur Fälligkeit der Beiträge regelt die Rechtsverordnung nach § 266 Absatz 8 Satz 1.

§ 271 Gesundheitsfonds

(1) 1Das Bundesamt für Soziale Sicherung verwaltet als Sondervermögen (Gesundheitsfonds) die eingehenden Beträge aus:

1. den von den Einzugsstellen nach § 28k Abs. 1 Satz 1 des Vierten Buches und nach § 252 Abs. 2 Satz 3 eingezogenen Beiträgen für die gesetzliche Krankenversicherung,
2. den Beiträgen aus Rentenzahlungen nach § 255,
3. den Beiträgen nach § 28k Abs. 2 des Vierten Buches,
4. der Beitragszahlung nach § 252 Abs. 2 und
5. den Bundesmitteln nach § 221.

2Die Mittel des Gesundheitsfonds sind so anzulegen, dass sie für den in den §§ 266, 268 und 270 bis 271 genannten Zweck verfügbar sind. 3Die im Laufe eines Jahres entstehenden Kapitalerträge werden dem Sondervermögen gutgeschrieben.

(1a) 1Die eingehenden Beträge nach Absatz 1 Satz 1 sind, soweit es sich dabei um Zusatzbeiträge nach § 242 handelt, für die Durchführung des Einkommensausgleichs nach § 270a zu verwenden. 2Sie sind dem Bundesamt für Soziale Sicherung als Verwalter der eingehenden Beträge aus den Zusatzbeiträgen nachzuweisen.

(2) 1Der Gesundheitsfonds hat liquide Mittel als Liquiditätsreserve vorzuhalten. 2Aus der Liquiditätsreserve sind unterjährige Schwankungen in den Einnahmen, nicht berücksichtigte Einnahmeausfälle in den nach § 242a Absatz 1 zugrunde gelegten voraussichtlichen jährlichen Einnahmen des Gesundheitsfonds und die erforderlichen Aufwendungen für die Durchführung des Einkommensausgleichs nach § 270a zu decken. 3Die Höhe der Liquiditätsreserve muss nach Ablauf eines Geschäftsjahres mindestens 20 Prozent der durchschnittlich auf den Monat entfallenden Ausgaben des Gesundheitsfonds auf Grundlage der für die Festlegung des durchschnittlichen Zusatzbeitragssatzes nach § 242a maßgeblichen Werte für dieses Geschäftsjahr betragen. 4Sie darf nach Ablauf eines Geschäftsjahres einen Betrag von 25 Prozent der durchschnittlich auf den Monat entfallenden Ausgaben des Gesundheitsfonds auf Grundlage der für die Festlegung des durchschnittlichen Zusatzbeitragssatzes nach

§ 242a maßgeblichen Werte für dieses Geschäftsjahr nicht überschreiten. $_{5}$Überschreitet die erwartete Höhe der Liquiditätsreserve abzüglich der gesetzlich vorgesehenen Entnahmen aus der Liquiditätsreserve für das Folgejahr den Betrag nach Satz 4, sind die überschüssigen Mittel in die Einnahmen des Gesundheitsfonds im Folgejahr zu überführen.

(2a) $_{1}$Bei Schließung oder Insolvenz einer Krankenkasse kann das Bundesamt für Soziale Sicherung einer leistungsaushelfenden Krankenkasse auf Antrag ein Darlehen aus der Liquiditätsreserve gewähren, wenn dies erforderlich ist, um Leistungsansprüche von Versicherten zu finanzieren, deren Mitgliedschaftsverhältnisse noch nicht geklärt sind. $_{2}$Das Darlehen ist innerhalb von sechs Monaten zurückzuzahlen. $_{3}$Das Nähere zur Darlehensgewährung, Verzinsung und Rückzahlung regelt das Bundesamt für Soziale Sicherung im Benehmen mit dem Spitzenverband Bund der Krankenkassen.

(3) $_{1}$Reicht die Liquiditätsreserve nicht aus, um alle Zuweisungen nach den §§ 266, 268, 270 und 270a zu erfüllen, leistet der Bund dem Gesundheitsfonds ein nicht zu verzinsendes Liquiditätsdarlehen in Höhe der fehlenden Mittel. $_{2}$Das Darlehen ist im Haushaltsjahr zurückzuzahlen. $_{3}$Die jahresendliche Rückzahlung ist durch geeignete Maßnahmen sicherzustellen.

(4) $_{1}$Den Einnahmen des Gesundheitsfonds nach Absatz 1 Satz 1 werden im Jahr 2020 225 Millionen Euro aus der Liquiditätsreserve zugeführt. $_{2}$Den Einnahmen des Gesundheitsfonds nach Absatz 1 Satz 1 werden im Jahr 2021 900 Millionen Euro, im Jahr 2022 600 Millionen Euro und im Jahr 2023 300 Millionen Euro aus der Liquiditätsreserve zugeführt, um die Mindereinnahmen, die sich aus der Anwendung von § 226 Absatz 2 Satz 2 ergeben, zu kompensieren. $_{3}$Aus der Liquiditätsreserve werden im Jahr 2023 378 Millionen Euro entnommen; bei der Ermittlung der Höhe der Zuweisungen nach § 266 Absatz 7 Satz 3 für das Ausgleichsjahr 2022 ist das sich nach § 17 Absatz 2 der Risikostruktur-Ausgleichsverordnung ergebende Zuweisungsvolumen für das Ausgleichsjahr um diesen Betrag zu erhöhen. $_{4}$Den Einnahmen des Gesundheitsfonds nach Absatz 1 Satz 1 werden im Jahr 2024 378 Millionen Euro aus der Liquiditätsreserve zugeführt.

(5) Zur Finanzierung der Fördermittel nach § 92a Absatz 3 und 4 werden dem Innovationsfonds aus der Liquiditätsreserve des Gesundheitsfonds in den Jahren 2016 bis 2019 jährlich 150 Millionen Euro und in den Jahren 2020 bis 2024 jährlich 100 Millionen Euro, jeweils abzüglich der Hälfte des anteiligen Betrages der landwirtschaftlichen Krankenkasse gemäß § 221 Absatz 3 Satz 1 Nummer 1 zugeführt; Finanzmittel aus der Liquiditätsreserve werden nach § 92a Absatz 3 Satz 4 und 6 anteilig an die Liquiditätsreserve des Gesundheitsfonds zurückgeführt.

(6) Zur Finanzierung der Fördermittel nach den §§ 12 und 12a des Krankenhausfinanzierungsgesetzes werden dem Strukturfonds aus der Liquiditätsreserve des Gesundheitsfonds ab dem Jahr 2016 Finanzmittel in Höhe von bis zu 500 Millionen Euro und in den Jahren 2019 bis 2024 Finanzmittel in Höhe von insgesamt bis zu 2 Milliarden Euro, jeweils abzüglich des anteiligen Betrags der landwirtschaftlichen Krankenkasse gemäß § 221 Absatz 3 Satz 1 Nummer 2 und Satz 5 und 6 zugeführt, soweit die Fördermittel von den Ländern nach Maßgabe der §§ 12 bis 14 des Krankenhausfinanzierungsgesetzes abgerufen werden.

(7) Die dem Bundesamt für Soziale Sicherung bei der Verwaltung des Fonds entstehenden Ausgaben einschließlich der Ausgaben für die Durchführung und Weiterentwicklung des Risikostrukturausgleichs werden aus den Einnahmen des Gesundheitsfonds gedeckt.

(8) $_{1}$Der Liquiditätsreserve des Gesundheitsfonds werden im Jahr 2023 25 Millionen Euro zugeführt, indem das Zuweisungsvolumen gemäß § 17 Absatz 2 der Risikostruktur-Ausgleichsverordnung für das Ausgleichsjahr 2023 um 25 Millionen Euro bereinigt wird. $_{2}$Das Bundesamt für Soziale Sicherung berücksichtigt diese Bereinigung bei der Berechnung der Zuweisungen nach § 270 Absatz 1 Satz 1 Nummer 3.

§ 271a Sicherstellung der Einnahmen des Gesundheitsfonds

(1) $_{1}$Steigen die Beitragsrückstände einer Krankenkasse erheblich an, so hat die Krankenkasse nach Aufforderung durch das Bundesamt für Soziale Sicherung diesem die Gründe hierfür zu berichten und innerhalb einer Frist von vier Wochen glaubhaft zu machen, dass der Anstieg nicht auf eine Pflichtverletzung zurückzuführen ist. $_{2}$Entscheidungserhebliche Tatsachen sind durch geeignete Unterlagen glaubhaft zu machen.

(2) $_{1}$Werden die entscheidungserheblichen Unterlagen nicht vorgelegt oder reichen diese nicht zur Glaubhaftmachung eines unverschuldeten Beitragsrückstandes aus, wird die Krankenkasse säumig. $_{2}$Für jeden angefangenen Monat nach Aufforderung zur Berichtslegung wird vorläufig ein Säumniszuschlag in Höhe von 10 Prozent von dem Betrag erhoben, der sich aus der Rückstandsquote des die Berichtspflicht auslösenden Monats abzüglich der des Vorjahresmonats oder der des Vorjahresdurchschnitts der Krankenkasse, multipliziert mit den insgesamt zum Soll gestellten Beiträgen der Krankenkasse des die Berichtspflicht auslösenden Monats, ergibt. $_{3}$Es wird der je-

weils niedrigere Wert zur Berechnung der Säumniszuschläge in Ansatz gebracht.

(3) 1Die Krankenkasse erhält ihre Säumniszuschläge zurück, wenn sie innerhalb einer angemessenen, vom Bundesamt für Soziale Sicherung festzusetzenden Frist, die im Regelfall drei Monate nach Eintritt der Säumnis nach Absatz 2 nicht unterschreiten soll, glaubhaft macht, dass die Beitragsrückstände nicht auf eine Pflichtverletzung ihrerseits zurückzuführen sind. 2Anderenfalls werden die Säumniszuschläge endgültig festgesetzt und verbleiben dem Gesundheitsfonds.

(4) 1Bleiben die Beitragsrückstände auch nach Ablauf der Frist nach Absatz 3 erheblich im Sinne des Absatzes 1 und ist die Krankenkasse säumig im Sinne des Absatzes 2, ist von einer fortgesetzten Pflichtverletzung auszugehen. 2In diesem Fall soll das Bundesamt für Soziale Sicherung den Säumniszuschlag um weitere 10 Prozentpunkte pro Monat bis zur vollen Höhe des für die Berechnung der Säumniszuschläge zu Grunde gelegten Differenzbetrages nach Absatz 2 erhöhen. 3Diese Säumniszuschläge gelten als endgültig festgesetzt und verbleiben dem Gesundheitsfonds.

(5) Klagen gegen die Erhebung von Säumniszuschlägen haben keine aufschiebende Wirkung.

(6) § 28r des Vierten Buches und § 251 Abs. 5 Satz 2 bleiben unberührt.

§ 272 Sonderregelungen für den Gesundheitsfonds im Jahr 2021

(1) 1Den Einnahmen des Gesundheitsfonds nach § 271 Absatz 1 Satz 1 werden im Jahr 2021 Mittel aus den Finanzreserven der Krankenkassen nach § 260 Absatz 2 Satz 1 zugeführt, indem 66,1 Prozent der Finanzreserven nach § 260 Absatz 2 Satz 1 jeder Krankenkasse, die zwei Fünftel des durchschnittlich auf einen Monat entfallenden Betrags der Ausgaben für die in § 260 Absatz 1 Nummer 1 genannten Zwecke überschreiten, herangezogen werden. 2Abweichend von Satz 1 werden 66,1 Prozent der Finanzreserven nach § 260 Absatz 2 Satz 1 einer Krankenkasse, die ein Fünftel des durchschnittlich auf einen Monat entfallenden Betrags der Ausgaben für die in § 260 Absatz 1 Nummer 1 genannten Zwecke zuzüglich von 3 Millionen Euro überschreiten, herangezogen, wenn dieser Betrag geringer als der sich nach Satz 1 für die Krankenkasse ergebende Betrag ist. 3Maßgebend für die Rechengrößen nach den Sätzen 1 und 2 sind die von den Krankenkassen für das erste Halbjahr 2020 nach Abschluss des zweiten Quartals 2020 vorgelegten vierteljährlichen Rechnungsergebnisse, die der Spitzenverband Bund der Krankenkassen dem Bundesministerium für Gesundheit am 14. August 2020 übermittelt hat.

(2) 1Das Bundesamt für Soziale Sicherung berechnet den Betrag nach Absatz 1, der sich für jede betroffene Krankenkasse ergibt, und macht ihn durch Bescheid gegenüber der Krankenkasse geltend. 2Es verrechnet den festgesetzten Betrag mit den nach § 16 Absatz 5 der Risikostruktur-Ausgleichsverordnung für das Ausgleichsjahr 2021 an die Krankenkasse auszuzahlenden Zuweisungen in der Höhe, in der sich die Forderungen decken. 3Das Bundesamt für Soziale Sicherung verteilt die Verrechnung nach Satz 2 in monatlich gleichen Teilbeträgen auf alle Ausgleichsmonate des Jahres 2021, die auf den Monat, in dem der Bescheid nach Satz 1 erlassen wird, folgen. 4Klagen gegen die Geltendmachung der Beträge haben keine aufschiebende Wirkung. 5Das Bundesamt für Soziale Sicherung soll die Bescheide nach Satz 1 bis zum 31. März 2021 erlassen.

(3) 1Vereinigen sich Krankenkassen nach § 155 ab dem 15. August 2020 und hätte sich für eine, einen Teil oder alle der an der Vereinigung beteiligten Krankenkassen ein Betrag nach Absatz 1 ergeben, macht das Bundesamt für Soziale Sicherung den Betrag oder die Summe der Beträge gegenüber der neuen Krankenkasse nach § 155 Absatz 6 Satz 2 durch Bescheid geltend. 2Es verrechnet den festgesetzten Betrag mit den nach § 16 Absatz 5 der Risikostruktur-Ausgleichsverordnung für das Ausgleichsjahr 2021 an die neue Krankenkasse nach § 155 Absatz 6 Satz 2 auszuzahlenden Zuweisungen in der Höhe, in der sich die Forderungen decken; Absatz 2 Satz 3 bis 5 gilt entsprechend. 3Satz 1 gilt nicht, wenn das Bundesamt für Soziale Sicherung zum nach § 155 Absatz 5 bestimmten Zeitpunkt bereits den Bescheid oder die Bescheide nach Absatz 2 Satz 1 gegenüber den an der Vereinigung beteiligten Krankenkassen erlassen hat.

§ 272a Sonderregelung für den Gesundheitsfonds im Jahr 2022

Überschreitet die Höhe der Liquiditätsreserve nach Ablauf des Geschäftsjahres 2021 die nach § 271 Absatz 2 Satz 3 festgesetzte Mindesthöhe auf Grundlage der Prognose des Schätzerkreises nach § 220 Absatz 2 im Jahr 2021, werden die über die Mindesthöhe hinausgehenden Mittel abzüglich der Entnahmen aus der Liquiditätsreserve nach § 271 Absatz 4 Satz 2 und Absatz 5 im Jahr 2022 den Einnahmen des Gesundheitsfonds im Jahr 2022 zugeführt.

§ 272b Sonderregelungen für den Gesundheitsfonds im Jahr 2023, Aussetzung des Zusatzbeitragssatzanhebungsverbots für das Jahr 2023

(1) 1Den Einnahmen des Gesundheitsfonds nach § 271 Absatz 1 Satz 1 werden im Jahr 2023 Mittel aus den

Finanzreserven der Krankenkassen nach § 260 Absatz 2 Satz 1 zugeführt, indem von jeder Krankenkasse von den Finanzreserven nach § 260 Absatz 2 Satz 1 abzüglich 4 Millionen Euro herangezogen werden:

1. 60 Prozent des Betrags, der drei Zehntel des durchschnittlich auf einen Monat entfallenden Betrags der Ausgaben für die in § 260 Absatz 1 Nummer 1 genannten Zwecke überschreitet, und
2. 40 Prozent des Betrags, der ein Fünftel des durchschnittlich auf einen Monat entfallenden Betrags der Ausgaben für die in § 260 Absatz 1 Nummer 1 genannten Zwecke überschreitet und drei Zehntel des durchschnittlich auf einen Monat entfallenden Betrags der Ausgaben für die in § 260 Absatz 1 Nummer 1 genannten Zwecke nicht überschreitet.

$_{2}$Maßgebend für die Rechengrößen nach Satz 1 sind die von den Krankenkassen für das Geschäftsjahr 2021 vorgelegten endgültigen Rechnungsergebnisse, die der Spitzenverband Bund der Krankenkassen dem Bundesministerium für Gesundheit am 15. Juni 2022 übermittelt hat.

(2) $_{1}$Das Bundesamt für Soziale Sicherung berechnet den Betrag nach Absatz 1 Satz 1 und 2, der sich für jede betroffene Krankenkasse ergibt, und macht ihn durch Bescheid gegenüber der Krankenkasse geltend. $_{2}$Das Bundesamt für Soziale Sicherung verrechnet den festgesetzten Betrag mit den nach § 16 Absatz 5 der Risikostruktur-Ausgleichsverordnung für das Ausgleichsjahr 2023 an die Krankenkasse auszuzahlenden Zuweisungen in der Höhe, in der sich die Forderungen decken. $_{3}$Das Bundesamt für Soziale Sicherung verteilt die Verrechnung nach Satz 2 in monatlich gleichen Teilbeträgen auf alle Ausgleichsmonate des Jahres 2023, die auf den Monat, in dem der Bescheid nach Satz 1 erlassen wird, folgen. $_{4}$Klagen gegen die Geltendmachung der Beträge haben keine aufschiebende Wirkung. $_{5}$Das Bundesamt für Soziale Sicherung soll die Bescheide nach Satz 1 bis zum 31. März 2023 erlassen.

(3) $_{1}$Haben sich Krankenkassen zwischen dem 1. Januar 2022 und dem 30. Juni 2022 nach § 155 vereinigt, berechnet das Bundesamt für Soziale Sicherung den Betrag, der sich auf Grundlage der Rechnungsergebnisse nach Absatz 1 Satz 2 der an der Vereinigung beteiligten Krankenkassen für die neue Krankenkasse nach § 155 Absatz 6 Satz 2 ergibt. $_{2}$Vereinigen sich Krankenkassen nach § 155 ab dem 1. Juli 2022 und hätte sich für eine, einen Teil oder alle der an der Vereinigung beteiligten Krankenkassen ein Betrag nach Absatz 1 Satz 1 und 2 ergeben, macht das Bundesamt für Soziale Sicherung den Betrag oder die Summe der Beträge gegenüber der neuen Krankenkasse nach § 155 Absatz 6 Satz 2 durch Bescheid geltend. $_{3}$Es verrechnet den festgesetzten Betrag mit den nach § 16 Absatz 5 der Risikostruktur-Ausgleichsverordnung für das Ausgleichsjahr 2023 an die neue Krankenkasse nach § 155 Absatz 6 Satz 2 auszuzahlenden Zuweisungen in der Höhe, in der sich die Forderungen decken; Absatz 2 Satz 3 bis 5 gilt entsprechend. $_{4}$Satz 2 gilt nicht, wenn das Bundesamt für Soziale Sicherung zu dem nach § 155 Absatz 5 bestimmten Zeitpunkt, zu dem die Vereinigung wirksam wird, bereits den Bescheid oder die Bescheide nach Absatz 2 Satz 1 gegenüber den an der Vereinigung beteiligten Krankenkassen erlassen hat.

(4) Die Beschränkungen des § 242 Absatz 1 Satz 4 für die Anhebung des Zusatzbeitragssatzes gelten nicht für die Erhebung eines Zusatzbeitrags im Jahr 2023.

§ 273 Sicherung der Datengrundlagen für den Risikostrukturausgleich

(1) $_{1}$Das Bundesamt für Soziale Sicherung prüft im Rahmen der Durchführung des Risikostrukturausgleichs nach Maßgabe der Absätze 2 bis 7 die Datenmeldungen der Krankenkassen nach § 267 Absatz 1 Satz 1 auf ihre Rechtmäßigkeit. $_{2}$§ 266 Absatz 8 Satz 1 Nummer 9 und § 274 bleiben unberührt.

(2) $_{1}$Das Bundesamt für Soziale Sicherung prüft die Daten nach § 267 Absatz 1 Satz 1 Nummer 5 auf auffällige Steigerungen im Hinblick auf die Häufigkeit und Schwere der übermittelten Diagnosen, die nicht auf demografische Veränderungen des Versichertenbestandes zurückzuführen sind. $_{2}$Die übrigen Daten nach § 267 Absatz 1 Satz 1 kann das Bundesamt für Soziale Sicherung einer Prüfung zur Feststellung einer Auffälligkeit unterziehen. $_{3}$Das Nähere, insbesondere einen Schwellenwert für die Feststellung einer Auffälligkeit, bestimmt das Bundesamt für Soziale Sicherung im Benehmen mit dem Spitzenverband Bund der Krankenkassen.

(3) $_{1}$Das Bundesamt für Soziale Sicherung prüft bei nach Absatz 2 auffälligen Krankenkassen, ob die Auffälligkeit für die betroffene Krankenkasse zu erheblich erhöhten Zuweisungen aus dem Gesundheitsfonds nach § 266 Absatz 1 Satz 1 geführt haben kann. $_{2}$§ 18 Absatz 1 Satz 4 der Risikostruktur-Ausgleichsverordnung bleibt dabei außer Betracht. $_{3}$Das Bundesamt für Soziale Sicherung teilt eine Feststellung nach Satz 1 der betroffenen Krankenkasse mit. $_{4}$Absatz 2 Satz 3 gilt entsprechend.

(4) $_{1}$Die Krankenkasse hat innerhalb von drei Monaten ab Eingang der Mitteilung nach Absatz 3 Satz 3 Tatsachen darzulegen, die die Auffälligkeit begründen. $_{2}$Erfolgt keine ausreichende Darlegung nach Satz 1, wird ein Verstoß gegen die Vorgabe des § 267 Absatz 1 Satz 2 vermutet. $_{3}$Macht die Krankenkasse als Grund für die Auffälligkeit einen tatsächlichen Anstieg der Morbidität ihrer Versicherten geltend, muss sie einen aus den Leistungsdaten

nach den §§ 294 bis 303 ersichtlichen entsprechenden Anstieg der erbrachten Leistungen darlegen. $_{4}$Legt die Krankenkasse zur Begründung der Auffälligkeit einen Versorgungsvertrag vor, prüft das Bundesamt für Soziale Sicherung die Rechtmäßigkeit dieses Vertrages hinsichtlich der Vorgabe des § 267 Absatz 1 Satz 2.

(5) $_{1}$Das Bundesamt für Soziale Sicherung kann auch dann eine Einzelfallprüfung durchführen, wenn bestimmte Tatsachen den Verdacht begründen, dass eine Krankenkasse eine rechtswidrige Datenmeldung abgegeben hat. $_{2}$Die Krankenkasse hat dem Bundesamt für Soziale Sicherung auf dessen Verlangen innerhalb von drei Monaten alle Angaben zu machen, derer es zur Überprüfung des Sachverhalts bedarf. $_{3}$Kommt die Krankenkasse einem zumutbaren Verlangen des Bundesamts für Soziale Sicherung nicht, nur teilweise oder nicht in der verlangten Aufbereitung nach, wird ein Verstoß gegen die Vorgabe des § 267 Absatz 1 Satz 2 vermutet. $_{4}$Eine Prüfung der Leistungserbringer, insbesondere im Hinblick auf Diagnosedaten, ist ausgeschlossen. $_{5}$Absatz 4 Satz 4 gilt entsprechend.

(6) $_{1}$Stellt das Bundesamt für Soziale Sicherung als Ergebnis der Prüfung nach Absatz 4 oder Absatz 5 einen Rechtsverstoß fest, ermittelt es einen Korrekturbetrag, um den die Zuweisungen nach § 266 Absatz 3 für die betroffene Krankenkasse zu kürzen sind. $_{2}$§ 18 Absatz 1 Satz 4 der Risikostruktur-Ausgleichsverordnung bleibt dabei außer Betracht. $_{3}$Das Nähere über die Ermittlung des Korrekturbetrags bestimmt das Bundesministerium für Gesundheit in der Rechtsverordnung nach § 266 Absatz 8 Satz 1. $_{4}$Klagen bei Streitigkeiten nach dieser Vorschrift haben keine aufschiebende Wirkung. $_{5}$Hat das Bundesamt für Soziale Sicherung einen Korrekturbetrag nach Satz 1 festgesetzt, verrechnet es ihn mit den nach § 266 Absatz 7 Satz 2 berechneten monatlichen Zuweisungen in der Höhe, in der sich die Forderungen decken. $_{6}$Das Bundesamt für Soziale Sicherung bestimmt den Zeitpunkt der Verrechnung und teilt diesen der Krankenkasse mit einer Frist von mindestens 14 Kalendertagen mit. $_{7}$Auf Antrag der Krankenkasse kann das Bundesamt für Soziale Sicherung die Verrechnung nach Satz 5 auf mehrere Ausgleichsmonate verteilen. $_{8}$Dabei muss der Korrekturbetrag spätestens innerhalb von 24 Monaten nach Beginn der Verrechnung vollständig verrechnet sein. $_{9}$Bei der Verteilung nach Satz 7 ist für jeden angefangenen Monat ein Zuschlag in Höhe von 0,5 Prozent des rückständigen Betrags zu zahlen.

(7) $_{1}$Das Bundesamt für Soziale Sicherung führt die Prüfungen nach den Absätzen 2 bis 5 ab dem Berichtsjahr 2013 durch. $_{2}$Im Rahmen der Prüfung nach Absatz 4 oder Absatz 5 kann sich die Krankenkasse nicht darauf berufen, dass die zuständige Aufsichtsbehörde den Vertrag nicht innerhalb der Frist gemäß § 71 Absatz 4 Satz 2, § 71 Absatz 4 Satz 3 in der bis zum 22. Juli 2015 geltenden Fassung oder § 73b Absatz 9 Satz 2 in der bis zum 22. Juli 2015 geltenden Fassung beanstandet hat. $_{3}$Satz 1 gilt nicht für abgeschlossene Einzelfallprüfungen nach § 273 Absatz 3 Satz 1 und 2 in der bis zum 31. März 2020 geltenden Fassung; für die Ermittlung des Korrekturbetrags gilt Absatz 6.

Fünfter Abschnitt
Prüfung der Krankenkassen und ihrer Verbände

§ 274 Prüfung der Geschäfts-, Rechnungs- und Betriebsführung

(1) $_{1}$Das Bundesamt für Soziale Sicherung und die für die Sozialversicherung zuständigen obersten Verwaltungsbehörden der Länder haben mindestens alle fünf Jahre die Geschäfts-, Rechnungs- und Betriebsführung der ihrer Aufsicht unterstehenden Krankenkassen und deren Arbeitsgemeinschaften zu prüfen. $_{2}$Das Bundesministerium für Gesundheit hat mindestens alle fünf Jahre die Geschäfts-, Rechnungs- und Betriebsführung des Spitzenverbandes Bund der Krankenkassen und der Kassenärztlichen Bundesvereinigungen, die für die Sozialversicherung zuständigen obersten Verwaltungsbehörden der Länder haben mindestens alle fünf Jahre die Geschäfts-, Rechnungs- und Betriebsführung der Landesverbände der Krankenkassen und der Kassenärztlichen Vereinigungen sowie der Prüfstelle und des Beschwerdeausschusses nach § 106c zu prüfen. $_{3}$Das Bundesministerium für Gesundheit kann die Prüfung der bundesunmittelbaren Krankenkassen und deren Arbeitsgemeinschaften, die der Aufsicht des Bundesamtes für Soziale Sicherung unterstehen, des Spitzenverbandes Bund der Krankenkassen und der Kassenärztlichen Bundesvereinigungen, die für die Sozialversicherung zuständigen obersten Verwaltungsbehörden der Länder können die Prüfung der landesunmittelbaren Krankenkassen und deren Arbeitsgemeinschaften, die ihrer Aufsicht unterstehen, der Landesverbände der Krankenkassen und der Kassenärztlichen Vereinigungen auf eine öffentlich-rechtliche Prüfungseinrichtung übertragen, die bei der Durchführung der Prüfung unabhängig ist, oder eine solche Prüfungseinrichtung errichten. $_{4}$Die Prüfung hat sich auf den gesamten Geschäftsbetrieb zu erstrecken; sie umfaßt die Prüfung seiner Gesetzmäßigkeit und Wirtschaftlichkeit. $_{5}$Die Krankenkassen, die Verbände und Arbeitsgemeinschaften der Krankenkassen, die Kassenärztlichen Vereinigungen und die Kassenärztlichen Bundesvereinigungen haben auf Verlangen alle Unterlagen vorzulegen und alle Auskünfte

zu erteilen, die zur Durchführung der Prüfung erforderlich sind. 6Die mit der Prüfung nach diesem Absatz befassten Stellen können nach Anhörung des Spitzenverbandes Bund der Krankenkassen bestimmen, dass die Krankenkassen die zu prüfenden Daten elektronisch und in einer bestimmten Form zur Verfügung stellen. 7Die mit der Prüfung nach diesem Absatz befassten Stellen können in besonderen Fällen Wirtschaftsprüfer, vereidigte Buchprüfer, spezialisierte Rechtsanwaltskanzleien oder IT-Berater mit einzelnen Bereichen der Prüfung beauftragen. 8Die durch die Beauftragung entstehenden Kosten sind Kosten der Prüfung im Sinne von Absatz 2.

(2) 1Die Kosten, die den mit der Prüfung befaßten Stellen entstehen, tragen die Krankenkassen ab dem Jahr 2009 nach der Zahl ihrer Mitglieder. 2Das Nähere über die Erstattung der Kosten einschließlich der zu zahlenden Vorschüsse regeln für die Prüfung der bundesunmittelbaren Krankenkassen und des Spitzenverbandes Bund der Krankenkassen das Bundesministerium für Gesundheit, für die Prüfung der landesunmittelbaren Krankenkassen und der Landesverbände die für die Sozialversicherung zuständigen obersten Verwaltungsbehörden der Länder. 3Die Kassenärztlichen Vereinigungen, die Kassenärztlichen Bundesvereinigungen sowie die Verbände und Arbeitsgemeinschaften der Krankenkassen tragen die Kosten der bei ihnen durchgeführten Prüfungen selbst. 4Die Kosten werden nach dem tatsächlich entstandenen Personal- und Sachaufwand berechnet. 5Der Berechnung der Kosten für die Prüfung der Kassenärztlichen Bundesvereinigungen sind die vom Bundesministerium des Innern, für Bau und Heimat erstellten Übersichten über die Personalkostenansätze des laufenden Rechnungsjahres für Beamte, Angestellte und Lohnempfänger einschließlich der Sachkostenpauschale eines Arbeitsplatzes/Beschäftigten in der Bundesverwaltung, der Berechnung der Kosten für die Prüfung der Kassenärztlichen Vereinigungen die entsprechenden, von der zuständigen obersten Landesbehörde erstellten Übersichten zugrunde zu legen. 6Fehlt es in einem Land an einer solchen Übersicht, gilt die Übersicht des Bundesministeriums des Innern, für Bau und Heimat entsprechend. 7Zusätzlich zu den Personalkosten entstehende Verwaltungsausgaben sind den Kosten in ihrer tatsächlichen Höhe hinzuzurechnen. 8Die Personalkosten sind pro Prüfungsstunde anzusetzen. 9Die Kosten der Vor- und Nachbereitung der Prüfung einschließlich der Abfassung des Prüfberichts und einer etwaigen Beratung sind einzubeziehen. 10Die Prüfungskosten nach Satz 1 werden um die Prüfungskosten vermindert, die von den in Satz 3 genannten Stellen zu tragen sind.

(3) 1Das Bundesministerium für Gesundheit kann mit Zustimmung des Bundesrates allgemeine Verwaltungsvorschriften für die Durchführung der Prüfungen erlassen. 2Dabei ist ein regelmäßiger Erfahrungsaustausch zwischen den Prüfungseinrichtungen vorzusehen.

(4) Der Bundesrechnungshof prüft die Haushalts- und Wirtschaftsführung der gesetzlichen Krankenkassen, ihrer Verbände und Arbeitsgemeinschaften.

Neuntes Kapitel
Medizinischer Dienst

Erster Abschnitt
Aufgaben

§ 275 Begutachtung und Beratung

(1) 1Die Krankenkassen sind in den gesetzlich bestimmten Fällen oder wenn es nach Art, Schwere, Dauer oder Häufigkeit der Erkrankung oder nach dem Krankheitsverlauf erforderlich ist, verpflichtet,

1. bei Erbringung von Leistungen, insbesondere zur Prüfung von Voraussetzungen, Art und Umfang der Leistung, sowie bei Auffälligkeiten zur Prüfung der ordnungsgemäßen Abrechnung,
2. zur Einleitung von Leistungen zur Teilhabe, insbesondere zur Koordinierung der Leistungen nach den §§ 14 bis 24 des Neunten Buches, im Benehmen mit dem behandelnden Arzt,
3. bei Arbeitsunfähigkeit
   a) zur Sicherung des Behandlungserfolgs, insbesondere zur Einleitung von Maßnahmen der Leistungsträger für die Wiederherstellung der Arbeitsfähigkeit, oder
   b) zur Beseitigung von Zweifeln an der Arbeitsunfähigkeit,

eine gutachtliche Stellungnahme des Medizinischen Dienstes einzuholen. 2Die Regelungen des § 87 Absatz 1c zu dem im Bundesmantelvertrag für Zahnärzte vorgesehenen Gutachterverfahren bleiben unberührt.

(1a) 1Zweifel an der Arbeitsunfähigkeit nach Absatz 1 Nr. 3 Buchstabe b sind insbesondere in Fällen anzunehmen, in denen

a) Versicherte auffällig häufig oder auffällig häufig nur für kurze Dauer arbeitsunfähig sind oder der Beginn der Arbeitsunfähigkeit häufig auf einen Arbeitstag am Beginn oder am Ende einer Woche fällt oder
b) die Arbeitsunfähigkeit von einem Arzt festgestellt worden ist, der durch die Häufigkeit der von ihm aus-

gestellten Bescheinigungen über Arbeitsunfähigkeit auffällig geworden ist.

2Die Prüfung hat unverzüglich nach Vorlage der ärztlichen Feststellung über die Arbeitsunfähigkeit zu erfolgen. 3Der Arbeitgeber kann verlangen, daß die Krankenkasse eine gutachtliche Stellungnahme des Medizinischen Dienstes zur Überprüfung der Arbeitsunfähigkeit einholt. 4Die Krankenkasse kann von einer Beauftragung des Medizinischen Dienstes absehen, wenn sich die medizinischen Voraussetzungen der Arbeitsunfähigkeit eindeutig aus den der Krankenkasse vorliegenden ärztlichen Unterlagen ergeben.

(1b) 1Die Krankenkassen dürfen für den Zweck der Feststellung, ob bei Arbeitsunfähigkeit nach Absatz 1 Satz 1 Nummer 3 eine gutachtliche Stellungnahme des Medizinischen Dienstes einzuholen ist, im jeweils erforderlichen Umfang grundsätzlich nur die bereits nach § 284 Absatz 1 rechtmäßig erhobenen und gespeicherten versichertenbezogenen Daten verarbeiten. 2Sollte die Verarbeitung bereits bei den Krankenkassen vorhandener Daten für den Zweck nach Satz 1 nicht ausreichen, dürfen die Krankenkassen abweichend von Satz 1 zu dem dort bezeichneten Zweck bei den Versicherten nur folgende versichertenbezogene Angaben im jeweils erforderlichen Umfang erheben und verarbeiten:

1. Angaben dazu, ob eine Wiederaufnahme der Arbeit absehbar ist und gegebenenfalls zu welchem Zeitpunkt eine Wiederaufnahme der Arbeit voraussichtlich erfolgt, und
2. Angaben zu konkret bevorstehenden diagnostischen und therapeutischen Maßnahmen, die einer Wiederaufnahme der Arbeit entgegenstehen.

3Die Krankenkassen dürfen die Angaben nach Satz 2 bei den Versicherten grundsätzlich nur schriftlich oder elektronisch erheben. 4Abweichend von Satz 3 ist eine telefonische Erhebung zulässig, wenn die Versicherten in die telefonische Erhebung zuvor schriftlich oder elektronisch eingewilligt haben. 5Die Krankenkassen haben jede telefonische Erhebung beim Versicherten zu protokollieren; die Versicherten sind hierauf sowie insbesondere auf das Auskunftsrecht nach Artikel 15 der Verordnung (EU) 2016/679 hinzuweisen. 6Versichertenanfragen der Krankenkassen im Rahmen der Durchführung der individuellen Beratung und Hilfestellung nach § 44 Absatz 4 bleiben unberührt. 7Abweichend von Satz 1 dürfen die Krankenkassen zu dem in Satz 1 bezeichneten Zweck im Rahmen einer Anfrage bei dem die Arbeitsunfähigkeitsbescheinigung ausstellenden Leistungserbringer weitere Angaben erheben und verarbeiten. 8Den Umfang der Datenerhebung nach Satz 7 regelt der Gemeinsame Bundesausschuss in seiner Richtlinie nach § 92 Absatz 1 Satz 2 Nummer 7 unter der Voraussetzung, dass diese Angaben erforderlich sind

1. zur Konkretisierung der auf der Arbeitsunfähigkeitsbescheinigung aufgeführten Diagnosen,
2. zur Kenntnis von weiteren diagnostischen und therapeutischen Maßnahmen, die in Bezug auf die die Arbeitsunfähigkeit auslösenden Diagnosen vorgesehenen sind,
3. zur Ermittlung von Art und Umfang der zuletzt vor der Arbeitsunfähigkeit ausgeübten Beschäftigung oder
4. bei Leistungsempfängern nach dem Dritten Buch zur Feststellung des zeitlichen Umfangs, für den diese Versicherten zur Arbeitsvermittlung zur Verfügung stehen.

9Die nach diesem Absatz erhobenen und verarbeiteten versichertenbezogenen Daten dürfen von den Krankenkassen nicht mit anderen Daten zu einem anderen Zweck zusammengeführt werden und sind zu löschen, sobald sie nicht mehr für die Entscheidung, ob bei Arbeitsunfähigkeit nach Absatz 1 Satz 1 Nummer 3 eine gutachtliche Stellungnahme des Medizinischen Dienstes einzuholen ist, benötigt werden.

(2) Die Krankenkassen haben durch den Medizinischen Dienst prüfen zu lassen

1. die Notwendigkeit der Leistungen nach den §§ 23, 24, 40 und 41, mit Ausnahme von Verordnungen nach § 40 Absatz 3 Satz 2, unter Zugrundelegung eines ärztlichen Behandlungsplans in Stichproben vor Bewilligung und regelmäßig bei beantragter Verlängerung; der Spitzenverband Bund der Krankenkassen regelt in Richtlinien den Umfang und die Auswahl der Stichprobe und kann Ausnahmen zulassen, wenn Prüfungen nach Indikation und Personenkreis nicht notwendig erscheinen; dies gilt insbesondere für Leistungen zur medizinischen Rehabilitation im Anschluß an eine Krankenhausbehandlung (Anschlußheilbehandlung),
2. bei Kostenübernahme einer Behandlung im Ausland, ob die Behandlung einer Krankheit nur im Ausland möglich ist (§ 18),
3. ob und für welchen Zeitraum häusliche Krankenpflege länger als vier Wochen erforderlich ist (§ 37 Abs. 1),
4. ob Versorgung mit Zahnersatz aus medizinischen Gründen ausnahmsweise unaufschiebbar ist (§ 27 Abs. 2),
5. den Anspruch auf Leistungen der außerklinischen Intensivpflege nach § 37c Absatz 2 Satz 1.

(3) 1Die Krankenkassen können in geeigneten Fällen durch den Medizinischen Dienst prüfen lassen

1. vor Bewilligung eines Hilfsmittels, ob das Hilfsmittel erforderlich ist (§ 33); der Medizinische Dienst hat hierbei den Versicherten zu beraten; er hat mit den Orthopädischen Versorgungsstellen zusammenzuarbeiten,
2. bei Dialysebehandlung, welche Form der ambulanten Dialysebehandlung unter Berücksichtigung des Einzelfalls notwendig und wirtschaftlich ist,
3. die Evaluation durchgeführter Hilfsmittelversorgungen,
4. ob Versicherten bei der Inanspruchnahme von Versicherungsleistungen aus Behandlungsfehlern ein Schaden entstanden ist (§ 66).

$_2$Der Medizinische Dienst hat den Krankenkassen das Ergebnis seiner Prüfung nach Satz 1 Nummer 4 durch eine gutachterliche Stellungnahme mitzuteilen, die auch in den Fällen nachvollziehbar zu begründen ist, in denen gutachterlich kein Behandlungsfehler festgestellt wird, wenn dies zur angemessenen Unterrichtung des Versicherten im Einzelfall erforderlich ist.

(3a) Ergeben sich bei der Auswertung der Unterlagen über die Zuordnung von Patienten zu den Behandlungsbereichen nach § 4 der Psychiatrie-Personalverordnung in vergleichbaren Gruppen Abweichungen, so können die Landesverbände der Krankenkassen und die Verbände der Ersatzkassen die Zuordnungen durch den Medizinischen Dienst überprüfen lassen; das zu übermittelnde Ergebnis der Überprüfung darf keine Sozialdaten enthalten.

(3b) Hat in den Fällen des Absatzes 3 die Krankenkasse den Leistungsantrag des Versicherten ohne vorherige Prüfung durch den Medizinischen Dienst wegen fehlender medizinischer Erforderlichkeit abgelehnt, hat sie vor dem Erlass eines Widerspruchsbescheids eine gutachterliche Stellungnahme des Medizinischen Dienstes einzuholen.

(3c) Lehnt die Krankenkasse einen Leistungsantrag einer oder eines Versicherten ab und liegt dieser Ablehnung eine gutachtliche Stellungnahme des Medizinischen Dienstes nach den Absätzen 1 bis 3 zugrunde, ist die Krankenkasse verpflichtet, in ihrem Bescheid der oder dem Versicherten das Ergebnis der gutachtlichen Stellungnahme des Medizinischen Dienstes und die wesentlichen Gründe für dieses Ergebnis in einer verständlichen und nachvollziehbaren Form mitzuteilen sowie auf die Möglichkeit hinzuweisen, sich bei Beschwerden vertraulich an die Ombudsperson nach § 278 Absatz 3 zu wenden.

(4) $_1$Die Krankenkassen und ihre Verbände sollen bei der Erfüllung anderer als der in Absatz 1 bis 3 genannten Aufgaben im notwendigen Umfang den Medizinischen Dienst oder andere Gutachterdienste zu Rate ziehen, insbesondere für allgemeine medizinische Fragen der gesundheitlichen Versorgung und Beratung der Versicherten, für Fragen der Qualitätssicherung, für Vertragsverhandlungen mit den Leistungserbringern und für Beratungen der gemeinsamen Ausschüsse von Ärzten und Krankenkassen, insbesondere der Prüfungsausschüsse. $_2$Der Medizinische Dienst führt die Aufgaben nach § 116b Absatz 2 durch, wenn der erweiterte Landesausschuss ihn hiermit nach § 116b Absatz 3 Satz 8 ganz oder teilweise beauftragt.

(4a) $_1$Soweit die Erfüllung der sonstigen dem Medizinischen Dienst obliegenden Aufgaben nicht beeinträchtigt wird, kann er Beamte nach den §§ 44 bis 49 des Bundesbeamtengesetzes ärztlich untersuchen und ärztliche Gutachten fertigen. $_2$Die hierdurch entstehenden Kosten sind von der Behörde, die den Auftrag erteilt hat, zu erstatten. $_3$§ 280 Absatz 2 Satz 2 gilt entsprechend. $_4$Der Medizinische Dienst Bund und das Bundesministerium des Innern, für Bau und Heimat vereinbaren unter Beteiligung der Medizinischen Dienste, die ihre grundsätzliche Bereitschaft zur Durchführung von Untersuchungen und zur Fertigung von Gutachten nach Satz 1 erklärt haben, das Nähere über das Verfahren und die Höhe der Kostenerstattung. $_5$Die Medizinischen Dienste legen die Vereinbarung ihrer Aufsichtsbehörde vor, die der Vereinbarung innerhalb von drei Monaten nach Vorlage widersprechen kann, wenn die Erfüllung der sonstigen Aufgaben des Medizinischen Dienstes gefährdet wäre.

(4b) $_1$Soweit die Erfüllung der dem Medizinischen Dienst gesetzlich obliegenden Aufgaben nicht beeinträchtigt wird, kann der Medizinische Dienst, Mitarbeiterinnen und Mitarbeitern auf Ersuchen insbesondere einer für die Bekämpfung übertragbarer Krankheiten zuständigen Einrichtung des öffentlichen Gesundheitsdienstes, eines zugelassenen Krankenhauses im Sinne des § 108, eines nach § 95 Absatz 1 Satz 1 an der vertragsärztlichen Versorgung teilnehmenden Leistungserbringers sowie eines Trägers einer zugelassenen Pflegeeinrichtung im Sinne des § 72 des Elften Buches befristet, eine unterstützende Tätigkeit bei diesen Behörden, Einrichtungen oder Leistungserbringern zuweisen. $_2$Die hierdurch dem Medizinischen Dienst entstehenden Personal- und Sachkosten sind von der Behörde, der Einrichtung, dem Einrichtungsträger oder dem Leistungserbringer, die oder der die Unterstützung erbeten hat, zu erstatten. $_3$Das Nähere über den Umfang der Unterstützungsleistung sowie zu Verfahren und Höhe der Kostenerstattung vereinbaren der Medizinische Dienst und die um Unterstützung bittende Behörde oder Einrichtung oder der um Unterstützung bittende Einrichtungsträger oder Leistungserbringer. $_4$Eine Ver-

V

wendung von Umlagemitteln nach § 280 Absatz 1 Satz 1 zur Finanzierung der Unterstützung nach Satz 1 ist auszuschließen. 5Der Medizinische Dienst legt die Zuweisungsverfügung seiner Aufsichtsbehörde vor, die dieser innerhalb einer Woche nach Vorlage widersprechen kann, wenn die Erfüllung der dem Medizinischen Dienst gesetzlich obliegenden Aufgaben beeinträchtigt wäre.

(5) 1Die Gutachterinnen und Gutachter des Medizinischen Dienstes sind bei der Wahrnehmung ihrer fachlichen Aufgaben nur ihrem Gewissen unterworfen. 2Sie sind nicht berechtigt, in die Behandlung und pflegerische Versorgung der Versicherten einzugreifen.

(6) Jede fallabschließende gutachtliche Stellungnahme des Medizinischen Dienstes ist in schriftlicher oder elektronischer Form zu verfassen und muss zumindest eine kurze Darlegung der Fragestellung und des Sachverhalts, das Ergebnis der Begutachtung und die wesentlichen Gründe für dieses Ergebnis umfassen.

V

§ 275a Durchführung und Umfang von Qualitätskontrollen in Krankenhäusern durch den Medizinischen Dienst

(1) 1Der Medizinische Dienst führt nach Maßgabe der folgenden Absätze und der Richtlinie des Gemeinsamen Bundesausschusses nach § 137 Absatz 3 Kontrollen zur Einhaltung von Qualitätsanforderungen in den nach § 108 zugelassenen Krankenhäusern durch. 2Voraussetzung für die Durchführung einer solchen Kontrolle ist, dass der Medizinische Dienst hierzu von einer vom Gemeinsamen Bundesausschuss in der Richtlinie nach § 137 Absatz 3 festgelegten Stelle oder einer Stelle nach Absatz 4 beauftragt wurde. 3Die Kontrollen sind aufwandsarm zu gestalten und können unangemeldet durchgeführt werden.

(2) 1Art und Umfang der vom Medizinischen Dienst durchzuführenden Kontrollen bestimmen sich abschließend nach dem konkreten Auftrag, den die in den Absätzen 3 und 4 genannten Stellen erteilen. 2Der Auftrag muss bei Kontrollen, die durch Anhaltspunkte begründet sein müssen, in einem angemessenen Verhältnis zu den Anhaltspunkten stehen, die Auslöser für die Kontrollen sind. 3Gegenstand der Aufträge können sein

1. die Einhaltung der Qualitätsanforderungen nach den §§ 135b und 136 bis 136c,
2. die Kontrolle der Richtigkeit der Dokumentation der Krankenhäuser im Rahmen der externen stationären Qualitätssicherung und
3. die Einhaltung der Qualitätsanforderungen der Länder, soweit dies landesrechtlich vorgesehen ist.

4Werden bei Durchführung der Kontrollen Anhaltspunkte für erhebliche Qualitätsmängel offenbar, die außerhalb des Kontrollauftrags liegen, so teilt der Medizinische Dienst diese dem Auftraggeber nach Absatz 3 oder Absatz 4 sowie dem Krankenhaus unverzüglich mit. 5Satz 2 gilt nicht für Stichprobenprüfungen zur Validierung der Qualitätssicherungsdaten nach § 137 Absatz 3 Satz 1.

(3) 1Die vom Gemeinsamen Bundesausschuss hierfür bestimmten Stellen beauftragen den Medizinischen Dienst nach Maßgabe der Richtlinie nach § 137 Absatz 3 mit Kontrollen nach Absatz 1 in Verbindung mit Absatz 2 Satz 3 Nummer 1 und 2. 2Soweit der Auftrag auch eine Kontrolle der Richtigkeit der Dokumentation nach Absatz 2 Satz 3 Nummer 2 beinhaltet, sind dem Medizinischen Dienst vom Gemeinsamen Bundesausschuss die Datensätze zu übermitteln, die das Krankenhaus im Rahmen der externen stationären Qualitätssicherung den zuständigen Stellen gemeldet hat und deren Richtigkeit der Medizinische Dienst im Rahmen der Kontrolle zu prüfen hat.

(4) Der Medizinische Dienst kann auch von den für die Krankenhausplanung zuständigen Stellen der Länder mit Kontrollen nach Absatz 1 in Verbindung mit Absatz 2 Satz 3 Nummer 3 beauftragt werden.

§ 275b Durchführung und Umfang von Qualitäts- und Abrechnungsprüfungen bei Leistungen der häuslichen Krankenpflege und außerklinischen Intensivpflege durch den Medizinischen Dienst und Verordnungsermächtigung

(1) 1Die Landesverbände der Krankenkassen und die Ersatzkassen gemeinsam und einheitlich veranlassen bei Leistungserbringern, mit denen die Krankenkassen Verträge nach § 132a Absatz 4 oder nach § 132l Absatz 5 abgeschlossen haben und die keiner Regelprüfung nach § 114 Absatz 2 des Elften Buches unterliegen, Regelprüfungen durch den Medizinischen Dienst; § 114 Absatz 2 bis 3 des Elften Buches gilt entsprechend. 2Abweichend von Satz 1 haben die Landesverbände der Krankenkassen und die Ersatzkassen gemeinsam und einheitlich auch Regelprüfungen bei Leistungserbringern zu veranlassen, mit denen die Landesverbände der Krankenkassen und die Ersatzkassen Verträge nach § 132l Absatz 5 Nummer 1 oder Nummer 2 abgeschlossen haben und die einer Regelprüfung nach § 114 Absatz 2 des Elften Buches unterliegen. 3Der Medizinische Dienst führt bei Leistungserbringern, mit denen die Krankenkassen Verträge nach § 132a Absatz 4 oder die Landesverbände der Krankenkassen und Ersatzkassen Verträge nach § 132l Absatz 5 abgeschlossen haben, im Auftrag der Krankenkassen oder der Landesverbände der Krankenkassen auch anlassbezogen Prüfungen durch, ob die Leistungs- und Qualitätsanforderungen nach diesem Buch und den nach diesem

Buch abgeschlossenen vertraglichen Vereinbarungen für Leistungen nach § 37 oder nach § 37c erfüllt sind und ob die Abrechnung ordnungsgemäß erfolgt ist; § 114 Absatz 4 des Elften Buches gilt entsprechend. $_{4}$Das Nähere, insbesondere zu den Prüfanlässen, den Inhalten der Prüfungen, der Durchführung der Prüfungen, der Beteiligung der Krankenkassen an den Prüfungen sowie zur Abstimmung der Prüfungen nach den Sätzen 1 und 2 mit den Prüfungen nach § 114 des Elften Buches bestimmt der Medizinische Dienst Bund in Richtlinien nach § 283 Absatz 2 Satz 1 Nummer 1 und 2. $_{5}$§ 114a Absatz 7 Satz 5 bis 8 und 11 des Elften Buches gilt entsprechend mit der Maßgabe, dass auch den für die Wahrnehmung der Interessen von Pflegediensten maßgeblichen Spitzenorganisationen auf Bundesebene Gelegenheit zur Stellungnahme zu geben ist.

(2) $_{1}$Für die Durchführung der Prüfungen nach Absatz 1 gilt § 114a Absatz 1 bis 3a des Elften Buches entsprechend. $_{2}$Prüfungen nach Absatz 1 bei Leistungserbringern, mit denen die Krankenkassen Verträge nach § 132a Absatz 4 abgeschlossen haben und die in einer Wohneinheit behandlungspflegerische Leistungen erbringen, die nach § 132a Absatz 4 Satz 14 anzeigepflichtig sind, sind grundsätzlich unangemeldet durchzuführen; dies gilt auch für Prüfungen bei Leistungserbringern, die Wohneinheiten nach § 132l Absatz 5 Nummer 1 betreiben, und bei Leistungserbringern, mit denen die Krankenkassen Verträge nach § 132l Absatz 5 Nummer 2 abgeschlossen haben. $_{3}$Räume der Wohneinheiten und vollstationären Pflegeeinrichtungen nach Satz 2, die einem Wohnrecht der Versicherten unterliegen, dürfen vom Medizinischen Dienst ohne deren Einwilligung nur betreten werden, soweit dies zur Verhütung dringender Gefahren für die öffentliche Sicherheit und Ordnung erforderlich ist; das Grundrecht der Unverletzlichkeit der Wohnung (Artikel 13 Absatz 1 des Grundgesetzes) wird insoweit eingeschränkt. $_{4}$Der Medizinische Dienst ist im Rahmen der Prüfungen nach Absatz 1 befugt, zu den üblichen Geschäfts- und Betriebszeiten die Räume des Leistungserbringers, mit dem die Krankenkassen Verträge nach § 132a Absatz 4 oder nach § 132l Absatz 5 abgeschlossen haben, zu betreten, die erforderlichen Unterlagen einzusehen und personenbezogene Daten zu verarbeiten, soweit dies für die Prüfungen nach Absatz 1 erforderlich und in den Richtlinien nach Absatz 1 Satz 3 festgelegt ist; für die Einwilligung der Betroffenen gilt § 114a Absatz 3 Satz 5 des Elften Buches entsprechend. $_{5}$Der Leistungserbringer, mit dem die Krankenkassen Verträge nach § 132a Absatz 4 oder nach § 132l Absatz 5 abgeschlossen haben, ist zur Mitwirkung bei den Prüfungen nach Absatz 1 verpflichtet und hat dem Medizinischen Dienst Zugang zu den Räumen und den Unterlagen zu verschaffen sowie die Voraussetzungen dafür zu schaffen, dass der Medizinische Dienst die Prüfungen nach Absatz 1 ordnungsgemäß durchführen kann. $_{6}$Im Rahmen der Mitwirkung ist der Leistungserbringer befugt und verpflichtet, dem Medizinischen Dienst Einsicht in personenbezogene Daten zu gewähren oder diese Daten dem Medizinischen Dienst auf dessen Anforderung zu übermitteln. $_{7}$Für die Einwilligung der Betroffenen gilt § 114a Absatz 3 Satz 5 des Elften Buches entsprechend. $_{8}$§ 114a Absatz 4 Satz 2 und 3 des Elften Buches sowie § 277 Absatz 1 Satz 4 gelten entsprechend.

(3) $_{1}$Der Medizinische Dienst berichtet dem Medizinischen Dienst Bund über seine Erfahrungen mit den nach den Absätzen 1 und 2 durchzuführenden Prüfungen, über die Ergebnisse seiner Prüfungen sowie über seine Erkenntnisse zum Stand und zur Entwicklung der Pflegequalität und der Qualitätssicherung in der häuslichen Krankenpflege und der außerklinischen Intensivpflege. $_{2}$Die Medizinischen Dienste stellen unter Beteiligung des Medizinischen Dienstes Bund die Vergleichbarkeit der gewonnenen Daten sicher. $_{3}$Der Medizinische Dienst Bund hat die Erfahrungen und Erkenntnisse der Medizinischen Dienste zu den nach den Absätzen 1 und 2 durchzuführenden Prüfungen sowie die Ergebnisse dieser Prüfungen in den Bericht nach § 114a Absatz 6 des Elften Buches einzubeziehen.

(4) $_{1}$Die Krankenkassen, die Landesverbände der Krankenkassen und die Ersatzkassen sowie der Medizinische Dienst arbeiten mit den nach heimrechtlichen Vorschriften zuständigen Aufsichtsbehörden und den Trägern der Eingliederungshilfe bei Prüfungen nach den Absätzen 1 und 2 eng zusammen, um ihre wechselseitigen Aufgaben nach diesem Buch wirksam aufeinander abzustimmen, insbesondere durch

1. regelmäßige gegenseitige Information und Beratung,
2. Terminabsprachen für gemeinsame oder arbeitsteilige Prüfungen von Leistungserbringern und
3. Verständigung über die im Einzelfall notwendigen Maßnahmen.

$_{2}$Dabei ist sicherzustellen, dass Doppelprüfungen unter Berücksichtigung des inhaltlichen Schwerpunkts der vorgesehenen Prüfungen nach Möglichkeit vermieden werden. $_{3}$Zur Erfüllung der Aufgaben nach den Sätzen 1 und 2 sind die Krankenkassen, die Landesverbände der Krankenkassen und die Ersatzkassen sowie der Medizinische Dienst verpflichtet, in den Arbeitsgemeinschaften nach den heimrechtlichen Vorschriften mitzuwirken und sich an im Rahmen der Arbeitsgemeinschaft geschlossenen Vereinbarungen zu beteiligen. $_{4}$Im Rahmen der Zusammenarbeit sind die Krankenkassen, Landesverbände der Krankenkassen und die Ersatzkassen sowie der Medizinische Dienst berechtigt und auf Anforderung verpflichtet, der nach heimrechtlichen Vorschriften zuständigen Aufsichtsbehörde und den Trägern der Eingliederungshilfe die ihnen nach dem Sozialgesetzbuch zugänglichen Daten über die Leistungserbringer, die sie im Rahmen von Prüfungen nach den Absätzen 1 und 2 verarbeiten, mitzuteilen, soweit diese für die Zwecke der Prüfung durch den Empfänger erforderlich sind. 5Diese Daten sind insbesondere die Zahl und Art der Plätze und deren Belegung, über die personelle und sachliche Ausstattung sowie über Leistungen und Vergütungen der Leistungserbringer. 6Personenbezogene Daten sind vor der Datenübermittlung zu anonymisieren. 7Erkenntnisse aus den Prüfungen nach den Absätzen 1 und 2 sind vom Medizinischen Dienst unverzüglich der nach heimrechtlichen Vorschriften zuständigen Aufsichtsbehörde mitzuteilen, soweit sie zur Vorbereitung und Durchführung von aufsichtsrechtlichen Maßnahmen nach den heimrechtlichen Vorschriften erforderlich sind.

(5) 1Die Krankenkassen, die Landesverbände der Krankenkassen und die Ersatzkassen sowie der Medizinische Dienst tragen die ihnen durch die Zusammenarbeit mit den nach heimrechtlichen Vorschriften zuständigen Aufsichtsbehörden und den Trägern der Eingliederungshilfe nach Absatz 4 entstehenden Kosten. 2Eine Beteiligung an den Kosten der nach heimrechtlichen Vorschriften zuständigen Aufsichtsbehörden oder anderer von nach heimrechtlichen Vorschriften zuständigen Aufsichtsbehörden beteiligter Stellen oder Gremien sowie der Träger der Eingliederungshilfe ist unzulässig.

(6) Abweichend von Absatz 1 finden bis einschließlich 30. September 2020 keine Regelprüfungen statt.

(7) Das Bundesministerium für Gesundheit kann nach einer erneuten Risikobeurteilung bei Fortbestehen oder erneutem Risiko für ein Infektionsgeschehen im Zusammenhang mit dem neuartigen Coronarvirus SARS-CoV-2 den Befristungszeitraum nach Absatz 4 durch Rechtsverordnung mit Zustimmung des Bundesrates um jeweils bis zu einem halben Jahr verlängern.

§ 275c Durchführung und Umfang von Prüfungen bei Krankenhausbehandlung durch den Medizinischen Dienst

(1) 1Bei Krankenhausbehandlung nach § 39 ist eine Prüfung der Rechnung des Krankenhauses spätestens vier Monate nach deren Eingang bei der Krankenkasse einzuleiten und durch den Medizinischen Dienst dem Krankenhaus anzuzeigen. 2Falls die Prüfung nicht zu einer Minderung des Abrechnungsbetrages führt, hat die Krankenkasse dem Krankenhaus eine Aufwandspauschale in Höhe von 300 Euro zu entrichten. 3Als Prüfung nach Satz 1 ist jede Prüfung der Abrechnung eines Krankenhauses anzusehen, mit der die Krankenkasse den Medizinischen Dienst zum Zwecke der Erstellung einer gutachtlichen Stellungnahme nach § 275 Absatz 1 Nummer 1 beauftragt und die eine Datenerhebung durch den Medizinischen Dienst beim Krankenhaus erfordert. 4Die Prüfungen nach Satz 1 sind, soweit in den Richtlinien nach § 283 Absatz 2 Satz 1 Nummer 1 und 2 nichts Abweichendes bestimmt ist, bei dem Medizinischen Dienst einzuleiten, der örtlich für das zu prüfende Krankenhaus zuständig ist.

(2) 1Im Jahr 2020 darf eine Krankenkasse in jedem Quartal von den nach Absatz 1 Satz 1 prüfbaren Schlussrechnungen für vollstationäre Krankenhausbehandlung bis zu 5 Prozent der Anzahl der bei ihr im vorvergangenen Quartal eingegangenen Schlussrechnungen für vollstationäre Krankenhausbehandlung eines Krankenhauses nach Absatz 1 durch den Medizinischen Dienst prüfen lassen (quartalsbezogene Prüfquote); im Jahr 2021 gilt eine quartalsbezogene Prüfquote von bis zu 12,5 Prozent. 2Ab dem Jahr 2022 gilt für eine Krankenkasse bei der Prüfung von Schlussrechnungen für vollstationäre Krankenhausbehandlung durch den Medizinischen Dienst eine quartalsbezogene Prüfquote je Krankenhaus in Abhängigkeit von dem Anteil unbeanstandeter Abrechnungen je Krankenhaus nach Absatz 4 Satz 3 Nummer 2. 3Maßgeblich für die Zuordnung einer Prüfung zu einem Quartal und zu der maßgeblichen quartalsbezogenen Prüfquote ist das Datum der Einleitung der Prüfung. 4Die quartalsbezogene Prüfquote nach Satz 2 wird vom Spitzenverband Bund der Krankenkassen für jedes Quartal auf der Grundlage der Prüfergebnisse des vorvergangenen Quartals ermittelt und beträgt:

1. bis zu 5 Prozent für ein Krankenhaus, wenn der Anteil unbeanstandeter Abrechnungen an allen durch den Medizinischen Dienst geprüften Schlussrechnungen für vollstationäre Krankenhausbehandlung bei 60 Prozent oder mehr liegt,
2. bis zu 10 Prozent für ein Krankenhaus, wenn der Anteil unbeanstandeter Abrechnungen an allen durch den Medizinischen Dienst geprüften Schlussrechnungen für vollstationäre Krankenhausbehandlung zwischen 40 Prozent und unterhalb von 60 Prozent liegt,
3. bis zu 15 Prozent für ein Krankenhaus, wenn der Anteil unbeanstandeter Abrechnungen an allen durch den Medizinischen Dienst geprüften Schlussrechnungen für vollstationäre Krankenhausbehandlung unterhalb von 40 Prozent liegt.

5Der Medizinische Dienst hat eine nach Absatz 1 Satz 3 eingeleitete Prüfung einer Schlussrechnung für vollstationäre Krankenhausbehandlung abzulehnen, wenn die nach Satz 1 oder Satz 4 zulässige quartalsbezogene Prüfquote eines Krankenhauses von der Krankenkasse überschritten wird; dafür ist die nach Absatz 4 Satz 3 Nummer 4 veröffentlichte Anzahl der Schlussrechnungen für vollstationäre Krankenhausbehandlung, die die einzelne Krankenkasse vom einzelnen Krankenhaus im vorvergangenen Quartal erhalten hat, heranzuziehen. 6Liegt der Anteil unbeanstandeter Abrechnungen eines Krankenhauses unterhalb von 20 Prozent oder besteht ein begründeter Verdacht einer systematisch überhöhten Abrechnung, ist die Krankenkasse bei diesem Krankenhaus ab dem Jahr 2022 auch nach Erreichen der Prüfquote vor Ende eines Quartals zu weiteren Prüfungen nach Absatz 1 befugt. 7Die anderen Vertragsparteien nach § 18 Absatz 2 Nummer 1 und 2 des Krankenhausfinanzierungsgesetzes haben das Vorliegen der Voraussetzungen nach Satz 6 unter Angabe der Gründe vor der Einleitung der Prüfung bei der für die Krankenhausversorgung zuständigen Landesbehörde gemeinsam anzuzeigen. 8Krankenkassen, die in einem Quartal von einem Krankenhaus weniger als 20 Schlussrechnungen für vollstationäre Krankenhausbehandlung erhalten, können mindestens eine Schlussrechnung und höchstens die aus der quartalsbezogenen Prüfquote resultierende Anzahl an Schlussrechnungen für vollstationäre Krankenhausbehandlung durch den Medizinischen Dienst prüfen lassen; die Übermittlung und Auswertung der Daten nach Absatz 4 bleibt davon unberührt. 9Die Prüfung von Rechnungen im Vorfeld einer Beauftragung des Medizinischen Dienstes nach § 17c Absatz 2 Satz 2 Nummer 3 des Krankenhausfinanzierungsgesetzes unterliegt nicht der quartalsbezogenen Prüfquote.

(3) 1Ab dem Jahr 2022 haben die Krankenhäuser bei einem Anteil unbeanstandeter Abrechnungen unterhalb von 60 Prozent neben der Rückzahlung der Differenz zwischen dem ursprünglichen und dem geminderten Abrechnungsbetrag einen Aufschlag auf diese Differenz an die Krankenkassen zu zahlen. 2Dieser Aufschlag beträgt

1. 25 Prozent im Falle des Absatzes 2 Satz 4 Nummer 2,
2. 50 Prozent im Falle des Absatzes 2 Satz 4 Nummer 3 und im Falle des Absatzes 2 Satz 6,

jedoch mindestens 300 Euro und höchstens 10 Prozent des auf Grund der Prüfung durch den Medizinischen Dienst geminderten Abrechnungsbetrages, wobei der Mindestbetrag von 300 Euro nicht unterschritten werden darf. 3In dem Verfahren zwischen Krankenkassen und Krankenhäusern im Vorfeld einer Beauftragung des Medizinischen Dienstes nach § 17c Absatz 2 Satz 2 Nummer 3 des Krankenhausfinanzierungsgesetzes wird kein Aufschlag erhoben. 4Die Geltendmachung des Aufschlags erfolgt im Wege elektronischer Datenübertragung; das Nähere vereinbart der Spitzenverband Bund der Krankenkassen mit der Deutschen Krankenhausgesellschaft.

(4) 1Zur Umsetzung der Einzelfallprüfung nach den Vorgaben der Absätze 1 bis 3 wird der Spitzenverband Bund der Krankenkassen verpflichtet, bundeseinheitliche quartalsbezogene Auswertungen zu erstellen. 2Die Krankenkassen übermitteln dem Spitzenverband Bund der Krankenkassen zum Ende des ersten Monats, der auf ein Quartal folgt, die folgenden Daten je Krankenhaus:

1. Anzahl der eingegangenen Schlussrechnungen für vollstationäre Krankenhausbehandlung,
2. Anzahl der beim Medizinischen Dienst eingeleiteten Prüfungen von Schlussrechnungen für vollstationäre Krankenhausbehandlung nach Absatz 1,
3. Anzahl der nach Absatz 1 durch den Medizinischen Dienst abgeschlossenen Prüfungen von Schlussrechnungen für vollstationäre Krankenhausbehandlung,
4. Anzahl der Schlussrechnungen für vollstationäre Krankenhausbehandlung, die nach der Prüfung gemäß Absatz 1 nicht zu einer Minderung des Abrechnungsbetrages geführt haben und insoweit unbeanstandet geblieben sind.

3Ab dem Jahr 2020 sind vom Spitzenverband Bund der Krankenkassen auf der Grundlage der nach Satz 2 übermittelten Daten bis jeweils zum Ende des zweiten Monats, der auf das Ende des jeweiligen betrachteten Quartals folgt, für das einzelne Krankenhaus insbesondere auszuweisen und zu veröffentlichen:

1. Anteil der beim Medizinischen Dienst Schlussrechnungen für vollstationäre Krankenhausbehandlung, die, ausgehend vom betrachteten Quartal, im vorvergangenen Quartal eingegangen sind an allen in dem betrachteten Quartal eingegangenen Schlussrechnungen für vollstationäre Krankenhausbehandlung,
2. Anteil der Schlussrechnungen für vollstationäre Krankenhausbehandlung, die nach der Prüfung durch den Medizinischen Dienst nicht zu einer Minderung des Abrechnungsbetrages in dem betrachteten Quartal führen und insoweit durch den Medizinischen Dienst unbeanstandet geblieben sind, an allen in dem betrachteten Quartal abgeschlossenen Prüfungen von Schlussrechnungen für vollstationäre Krankenhausbehandlung,
3. zulässige Prüfquote nach Absatz 2 und die Höhe des Aufschlags nach Absatz 3, die sich aus dem Ergebnis nach Nummer 2 des betrachteten Quartals ergibt,

4. Werte nach Satz 2 Nummer 1, die nach den einzelnen Krankenkassen zu gliedern sind.

$_{4}$Die Ergebnisse sind auch in zusammengefasster Form, bundesweit und gegliedert nach Medizinischen Diensten, zu veröffentlichen. $_{5}$Die näheren Einzelheiten, insbesondere zu den zu übermittelnden Daten, deren Lieferung, deren Veröffentlichung sowie zu den Konsequenzen, sofern Daten nicht oder nicht fristgerecht übermittelt werden, legt der Spitzenverband Bund der Krankenkassen bis zum 31. März 2020 fest. $_{6}$Bei der Festlegung sind die Stellungnahmen der Deutschen Krankenhausgesellschaft und der Medizinischen Dienste einzubeziehen.

(5) $_{1}$Widerspruch und Klage gegen die Ermittlung der Prüfquote nach Absatz 4 haben keine aufschiebende Wirkung. $_{2}$Einwendungen gegen die Ergebnisse einzelner Prüfungen nach Absatz 1 sind bei der Ermittlung der Prüfquote nicht zu berücksichtigen. $_{3}$Behördliche oder gerichtliche Feststellungen zu einzelnen Prüfungen nach Absatz 1 lassen die für das jeweilige betrachtete Quartal ermittelte Prüfquote nach Absatz 2 unberührt.

(6) Eine einzelfallbezogene Prüfung nach Absatz 1 Satz 1 ist nicht zulässig

1. bei der Abrechnung von tagesbezogenen Pflegeentgelten nach § 7 Absatz 1 Satz 1 Nummer 6a des Krankenhausentgeltgesetzes; Prüfergebnisse aus anderweitigen Prüfanlässen werden insoweit umgesetzt, dass in Fällen, in denen es nach einer Prüfung bei der Abrechnung von voll- oder teilstationären Entgelten verbleibt, für die Ermittlung der tagesbezogenen Pflegeentgelte die ursprünglich berücksichtigten Belegungstage beibehalten werden und in Fällen, in denen eine Prüfung zur Abrechnung einer ambulanten oder vorstationären Vergütung nach § 8 Absatz 3 des Krankenhausentgeltgesetzes führt, die Abrechnung tagesbezogener Pflegeentgelte entfällt,
2. bei der Prüfung der Einhaltung von Strukturmerkmalen, die nach § 275d geprüft wurden.

(7) $_{1}$Vereinbarungen zwischen Krankenkassen und Krankenhäusern über pauschale Abschläge auf die Abrechnung geltender Entgelte für Krankenhausleistungen zur Abbedingung der Prüfung der Wirtschaftlichkeit erbrachter Krankenhausleistungen oder der Rechtmäßigkeit der Krankenhausabrechnung sind nicht zulässig. $_{2}$Vereinbarungen auf Grundlage von § 17c Absatz 2 Satz 1 und 2 Nummer 3 und 7 sowie Absatz 2b des Krankenhausfinanzierungsgesetzes bleiben unberührt.

§ 275d Prüfung von Strukturmerkmalen

(1) $_{1}$Krankenhäuser haben die Einhaltung von Strukturmerkmalen auf Grund des vom Bundesinstitut für Arzneimittel und Medizinprodukte herausgegebenen Operationen- und Prozedurenschlüssels nach § 301 Absatz 2 durch den Medizinischen Dienst begutachten zu lassen, bevor sie entsprechende Leistungen abrechnen. $_{2}$Grundlage der Begutachtung nach Satz 1 ist die Richtlinie nach § 283 Absatz 2 Satz 1 Nummer 3. $_{3}$Krankenhäuser haben die für die Begutachtung erforderlichen personen- und einrichtungsbezogenen Daten an den Medizinischen Dienst zu übermitteln. $_{4}$Die Begutachtungen nach Satz 1 erfolgen, soweit in den Richtlinien nach § 283 Absatz 2 Satz 1 Nummer 3 nichts Abweichendes bestimmt wird, durch den Medizinischen Dienst, der örtlich für das zu begutachtende Krankenhaus zuständig ist.

(1a) $_{1}$Krankenhäuser können Leistungen abweichend von Absatz 1 Satz 1 bis zum Abschluss der Strukturprüfung, längstens bis zum 30. Juni eines Jahres, abrechnen, wenn

1. sie bis zum 31. Dezember des jeweiligen Vorjahres dem zuständigen Medizinischen Dienst, den Landesverbänden der Krankenkassen, den Ersatzkassen und dem Landesausschuss des Verbandes der Privaten Krankenversicherung unter Angabe des Standortes des Krankenhauses angezeigt haben, dass sie die Strukturmerkmale des Kodes des Operationen- und Prozedurenschlüssels nach § 301 Absatz 2, der der jeweiligen Leistung zugrunde liegt, als erfüllt und nachweisbar ansehen, und
2. der der Leistung zugrunde liegende Kode des Operationen- und Prozedurenschlüssels nach § 301 Absatz 2 in dem Jahr erstmals vergütungsrelevant wurde.

$_{2}$Krankenhäuser können ab dem 30. Juni 2023 Leistungen abweichend von Absatz 1 Satz 1 bis zum Abschluss der Strukturprüfung, längstens bis zu sechs Monate nach der Anzeige nach Nummer 1, abrechnen, wenn sie

1. dem zuständigen Medizinischen Dienst, den Landesverbänden der Krankenkassen, den Ersatzkassen und dem Landesausschuss des Verbandes der Privaten Krankenversicherung unter Angabe des Standortes des Krankenhauses angezeigt haben, dass sie die Strukturmerkmale des Kodes des Operationen- und Prozedurenschlüssels nach § 301 Absatz 2, der der jeweiligen Leistung zugrunde liegt, über einen Zeitraum von drei Kalendermonaten vor dieser Anzeige als erfüllt und nachweisbar ansehen, und
2. in den letzten zwölf Monaten vor der Anzeige nach Nummer 1 noch keine Anzeige nach Nummer 1 für Leistungen nach diesem Kode vorgenommen haben.

(2) $_{1}$Die Strukturprüfung wird durch einen Bescheid abgeschlossen. $_{2}$Die Krankenhäuser erhalten vom Medizinischen Dienst in schriftlicher oder elektronischer Form das Gutachten und bei Einhaltung der Strukturmerkmale eine Bescheinigung über das Ergebnis der Prüfung, die auch

Angaben darüber enthält, für welchen Zeitraum die Einhaltung der jeweiligen Strukturmerkmale als erfüllt angesehen wird.

(3) 1Die Krankenhäuser haben die Bescheinigung nach Absatz 2 den Landesverbänden der Krankenkassen und den Ersatzkassen jeweils anlässlich der Vereinbarungen nach § 11 des Krankenhausentgeltgesetzes oder nach § 11 der Bundespflegesatzverordnung auf elektronischem Wege zu übermitteln. 2Für die Vereinbarung für das Jahr 2022 ist die Bescheinigung spätestens bis zum 31. Dezember 2021 zu übermitteln. 3Krankenhäuser, die eines oder mehrere der nachgewiesenen Strukturmerkmale über einen Zeitraum von mehr als einem Monat nicht mehr einhalten, haben dies unverzüglich den Landesverbänden der Krankenkassen und den Ersatzkassen sowie dem zuständigen Medizinischen Dienst mitzuteilen. 4Krankenhäusern, denen nach Abschluss der Strukturprüfung, die sie nach einer Anzeige nach Absatz 1a beantragt haben, keine Bescheinigung nach Absatz 2 erteilt wurde, haben dies unverzüglich den Landesverbänden der Krankenkassen, den Ersatzkassen und dem Landesausschuss des Verbandes der Privaten Krankenversicherung unter Angabe des Standortes des Krankenhauses mitzuteilen.

(4) 1Krankenhäuser, die die strukturellen Voraussetzungen nach Absatz 1 nicht erfüllen, dürfen die Leistungen ab dem Jahr 2022 nicht vereinbaren und nicht abrechnen. 2Soweit Krankenhäusern die Bescheinigung über die Einhaltung der Strukturmerkmale nach Absatz 2 aus von ihnen nicht zu vertretenden Gründen erst nach dem 31. Dezember 2021 vorliegt, können diese Krankenhäuser im Jahr 2022 bis zum Abschluss einer Strukturprüfung bislang erbrachte Leistungen weiterhin vereinbaren und abrechnen. 3Abweichend von Satz 1 können Krankenhäuser im Jahr 2022 bis zum Abschluss der Strukturprüfung erbrachte Leistungen vereinbaren und abrechnen, wenn sie die Strukturprüfung für Leistungen nach dem Kode 8-01a des Operationen- und Prozedurenschlüssels nach § 301 Absatz 2 bis zum 30. Juni 2022 beantragt haben.

(5) Die Kosten des Medizinischen Dienstes für eine Begutachtung werden entsprechend § 280 Absatz 1 durch eine Umlage aufgebracht.

§ 276 Zusammenarbeit

(1) 1Die Krankenkassen sind verpflichtet, dem Medizinischen Dienst die für die Beratung und Begutachtung erforderlichen Unterlagen vorzulegen und Auskünfte zu erteilen. 2Unterlagen, die der Versicherte über seine Mitwirkungspflicht nach den §§ 60 und 65 des Ersten Buches hinaus seiner Krankenkasse freiwillig selbst überlassen hat, dürfen an den Medizinischen Dienst nur weitergegeben werden, soweit der Versicherte eingewilligt hat. 3Für die Einwilligung gilt § 67b Abs. 2 des Zehnten Buches.

(2) 1Der Medizinische Dienst darf Sozialdaten erheben und speichern sowie einem anderen Medizinischen Dienst übermitteln, soweit dies für die Prüfungen, Beratungen und gutachtlichen Stellungnahmen nach den §§ 275 bis 275d erforderlich ist. 2Haben die Krankenkassen oder der Medizinische Dienst für eine gutachtliche Stellungnahme oder Prüfung nach § 275 Absatz 1 bis 3 und 3b, § 275c oder § 275d erforderliche versichertenbezogene Daten bei den Leistungserbringern unter Nennung des Begutachtungszwecks angefordert, so sind die Leistungserbringer verpflichtet, diese Daten unmittelbar an den Medizinischen Dienst zu übermitteln. 3Die rechtmäßig erhobenen und gespeicherten Sozialdaten dürfen nur für die in den §§ 275 bis 275d genannten Zwecke verarbeitet werden, für andere Zwecke, soweit dies durch Rechtsvorschriften des Sozialgesetzbuchs angeordnet oder erlaubt ist. 4Die Sozialdaten sind nach fünf Jahren zu löschen. 5Die §§ 286, 287 und 304 Absatz 1 Satz 2 und Absatz 2 sowie § 35 des Ersten Buches gelten für den Medizinischen Dienst entsprechend. 6Der Medizinische Dienst hat Sozialdaten zur Identifikation des Versicherten getrennt von den medizinischen Sozialdaten des Versicherten zu speichern. 7Durch technische und organisatorische Maßnahmen ist sicherzustellen, dass die Sozialdaten nur den Personen zugänglich sind, die sie zur Erfüllung ihrer Aufgaben benötigen. 8Der Schlüssel für die Zusammenführung der Daten ist vom Beauftragten für den Datenschutz des Medizinischen Dienstes aufzubewahren und darf anderen Personen nicht zugänglich gemacht werden. 9Jede Zusammenführung ist zu protokollieren.

(2a) 1Ziehen die Krankenkassen den Medizinischen Dienst oder einen anderen Gutachterdienst nach § 275 Abs. 4 zu Rate, können sie ihn mit Erlaubnis der Aufsichtsbehörde beauftragen, Datenbestände leistungserbringer- oder fallbezogen für zeitlich befristete und im Umfang begrenzte Aufträge nach § 275 Abs. 4 auszuwerten; die versichertenbezogenen Sozialdaten sind vor der Übermittlung an den Medizinischen Dienst oder den anderen Gutachterdienst zu anonymisieren. 2Absatz 2 Satz 2 gilt entsprechend.

(2b) Beauftragt der Medizinische Dienst einen Gutachter (§ 278 Abs. 2), ist die Übermittlung von erforderlichen Daten zwischen Medizinischem Dienst und dem Gutachter zulässig, soweit dies zur Erfüllung des Auftrages erforderlich ist.

(3) Für das Akteneinsichtsrecht des Versicherten gilt § 25 des Zehnten Buches entsprechend.

V

(4) 1Wenn es im Einzelfall zu einer gutachtlichen Stellungnahme über die Notwendigkeit, Dauer und ordnungsgemäße Abrechnung der stationären Behandlung des Versicherten erforderlich ist, sind die Gutachterinnen und Gutachter des Medizinischen Dienstes befugt, zwischen 8.00 und 18.00 Uhr die Räume der Krankenhäuser und Vorsorge- oder Rehabilitationseinrichtungen zu betreten, um dort die Krankenunterlagen einzusehen und, soweit erforderlich, den Versicherten untersuchen zu können. 2In den Fällen des § 275 Abs. 3a sind die Gutachterinnen und Gutachter des Medizinischen Dienstes befugt, zwischen 8.00 und 18.00 Uhr die Räume der Krankenhäuser zu betreten, um dort die zur Prüfung erforderlichen Unterlagen einzusehen.

(4a) 1Der Medizinische Dienst ist im Rahmen der Kontrollen nach § 275a befugt, zu den üblichen Geschäfts- und Betriebszeiten die Räume des Krankenhauses zu betreten, die erforderlichen Unterlagen einzusehen und personenbezogene Daten zu verarbeiten, soweit dies in der Richtlinie des Gemeinsamen Bundesausschusses nach § 137 Absatz 3 festgelegt und für die Kontrollen erforderlich ist. 2Absatz 2 Satz 3 bis 9 gilt für die Durchführung von Kontrollen nach § 275a entsprechend. 3Das Krankenhaus ist zur Mitwirkung verpflichtet und hat dem Medizinischen Dienst Zugang zu den Räumen und den Unterlagen zu verschaffen sowie die Voraussetzungen dafür zu schaffen, dass er die Kontrollen nach § 275a ordnungsgemäß durchführen kann; das Krankenhaus ist hierbei befugt und verpflichtet, dem Medizinischen Dienst Einsicht in personenbezogene Daten zu gewähren oder diese auf Anforderung des Medizinischen Dienstes zu übermitteln. 4Die Sätze 1 und 2 gelten für Kontrollen nach § 275a Absatz 4 nur unter der Voraussetzung, dass das Landesrecht entsprechende Mitwirkungspflichten und datenschutzrechtliche Befugnisse der Krankenhäuser zur Gewährung von Einsicht in personenbezogene Daten vorsieht.

(5) 1Wenn sich im Rahmen der Überprüfung der Feststellungen von Arbeitsunfähigkeit (§ 275 Abs. 1 Nr. 3b, Abs. 1a und Abs. 1b) aus den ärztlichen Unterlagen ergibt, daß der Versicherte auf Grund seines Gesundheitszustandes nicht in der Lage ist, einer Vorladung des Medizinischen Dienstes Folge zu leisten oder wenn der Versicherte einen Vorladungstermin unter Berufung auf seinen Gesundheitszustand absagt und der Untersuchung fernbleibt, soll die Untersuchung in der Wohnung des Versicherten stattfinden. 2Verweigert er hierzu seine Zustimmung, kann ihm die Leistung versagt werden. 3Die §§ 65, 66 des Ersten Buches bleiben unberührt.

(6) Die Aufgaben des Medizinischen Dienstes im Rahmen der sozialen Pflegeversicherung ergeben sich zusätzlich zu den Bestimmungen dieses Buches aus den Vorschriften des Elften Buches.

§ 277 Mitteilungspflichten

(1) 1Der Medizinische Dienst hat der Krankenkasse das Ergebnis der Begutachtung und die wesentlichen Gründe für dieses Ergebnis mitzuteilen. 2Der Medizinische Dienst ist befugt und in dem Fall, dass das Ergebnis seiner Begutachtung von der Verordnung, der Einordnung der erbrachten Leistung als Leistung der gesetzlichen Krankenversicherung oder der Abrechnung der Leistung mit der Krankenkasse durch den Leistungserbringer abweicht, verpflichtet, diesem Leistungserbringer das Ergebnis seiner Begutachtung mitzuteilen; dies gilt bei Prüfungen nach § 275 Absatz 3 Satz 1 Nummer 4 nur, wenn die betroffenen Versicherten in die Übermittlung an den Leistungserbringer eingewilligt haben. 3Fordern Leistungserbringer nach der Mitteilung nach Satz 2 erster Halbsatz mit Einwilligung der Versicherten die wesentlichen Gründe für das Ergebnis der Begutachtung durch den Medizinischen Dienst an, ist der Medizinische Dienst zur Übermittlung dieser Gründe verpflichtet. 4Bei Prüfungen nach § 275c gilt Satz 2 erster Halbsatz auch für die wesentlichen Gründe für das Ergebnis der Begutachtung, soweit diese keine zusätzlichen, vom Medizinischen Dienst erhobenen versichertenbezogenen Daten enthalten. 5Der Medizinische Dienst hat den Versicherten die sie betreffenden Gutachten nach § 275 Absatz 3 Satz 1 Nummer 4 schriftlich oder elektronisch vollständig zu übermitteln. 6Nach Abschluss der Kontrollen nach § 275a hat der Medizinische Dienst die Kontrollergebnisse dem geprüften Krankenhaus und dem jeweiligen Auftraggeber mitzuteilen. 7Soweit in der Richtlinie nach § 137 Absatz 3 Fälle festgelegt sind, in denen Dritte wegen erheblicher Verstöße gegen Qualitätsanforderungen unverzüglich einrichtungsbezogen über das Kontrollergebnis zu informieren sind, hat der Medizinische Dienst sein Kontrollergebnis unverzüglich an die in dieser Richtlinie abschließend benannten Dritten zu übermitteln. 8Soweit erforderlich und in der Richtlinie des Gemeinsamen Bundesausschusses nach § 137 Absatz 3 vorgesehen, dürfen diese Mitteilungen auch personenbezogene Angaben enthalten; in der Mitteilung an den Auftraggeber und den Dritten sind personenbezogene Daten zu anonymisieren.

(2) 1Die Krankenkasse hat, solange ein Anspruch auf Fortzahlung des Arbeitsentgelts besteht, dem Arbeitgeber und dem Versicherten das Ergebnis des Gutachtens des Medizinischen Dienstes über die Arbeitsunfähigkeit mitzuteilen, wenn das Gutachten mit der Bescheinigung des Kassenarztes im Ergebnis nicht übereinstimmt. 2Die Mitteilung darf keine Angaben über die Krankheit des Versicherten enthalten.

Zweiter Abschnitt
Organisation

§ 278 Medizinischer Dienst

(1) $_{1}$In jedem Land wird ein Medizinischer Dienst als Körperschaft des öffentlichen Rechts errichtet. $_{2}$Für mehrere Länder kann durch Beschluss der Verwaltungsräte der betroffenen Medizinischen Dienste ein gemeinsamer Medizinischer Dienst errichtet werden. $_{3}$Dieser Beschluss bedarf der Zustimmung der zuständigen Aufsichtsbehörden der betroffenen Länder. $_{4}$In Ländern, in denen bereits mehrere Medizinische Dienste oder ein gemeinsamer Medizinischer Dienst bestehen, kann die jeweilige Aufteilung beibehalten werden. $_{5}$§ 94 Absatz 1a bis 4 des Zehnten Buches gilt entsprechend.

(2) $_{1}$Die Fachaufgaben des Medizinischen Dienstes werden von Ärztinnen und Ärzten, Pflegefachkräften sowie Angehörigen anderer geeigneter Berufe im Gesundheitswesen wahrgenommen. $_{2}$Die Medizinischen Dienste stellen sicher, dass bei der Beteiligung unterschiedlicher Berufsgruppen die Gesamtverantwortung bei der Begutachtung medizinischer Sachverhalte bei ärztlichen Gutachterinnen und Gutachtern und bei ausschließlich pflegefachlichen Sachverhalten bei Pflegefachkräften liegt. $_{3}$§ 18 Absatz 7 des Elften Buches bleibt unberührt.

(3) $_{1}$Bei jedem Medizinischen Dienst wird eine unabhängige Ombudsperson bestellt, an die sich sowohl Beschäftigte des Medizinischen Dienstes bei Beobachtung von Unregelmäßigkeiten, insbesondere Beeinflussungsversuchen durch Dritte, als auch Versicherte bei Beschwerden über die Tätigkeit des Medizinischen Dienstes vertraulich wenden können. $_{2}$Die Ombudsperson berichtet dem Verwaltungsrat und der zuständigen Aufsichtsbehörde in anonymisierter Form jährlich und bei gegebenem Anlass und veröffentlicht den Bericht drei Monate nach Zuleitung an den Verwaltungsrat und die Aufsichtsbehörde auf ihrer Internetseite. $_{3}$Das Nähere regelt die Satzung nach § 279 Absatz 2 Satz 1 Nummer 1.

(4) $_{1}$Die Medizinischen Dienste berichten dem Medizinischen Dienst Bund zweijährlich zum 1. April über

1. die Anzahl und die Ergebnisse der Begutachtungen nach § 275 und der Prüfungen nach den §§ 275a bis 275d,
2. die Personalausstattung der Medizinischen Dienste und
3. die Ergebnisse der systematischen Qualitätssicherung der Begutachtungen und Prüfungen der Medizinischen Dienste für die gesetzliche Krankenversicherung.

$_{2}$Das Nähere zum Verfahren regeln die Richtlinien nach § 283 Absatz 2 Satz 1 Nummer 7 und 8.

§ 279 Verwaltungsrat und Vorstand

(1) Organe des Medizinischen Dienstes sind der Verwaltungsrat und der Vorstand.

(2) $_{1}$Der Verwaltungsrat hat

1. die Satzung zu beschließen,
2. den Haushaltsplan festzustellen,
3. die jährliche Betriebs- und Rechnungsführung zu prüfen,
4. die Richtlinien für die Erfüllung der Aufgaben des Medizinischen Dienstes unter Beachtung der Richtlinien und Empfehlungen des Medizinischen Dienstes Bund nach § 283 Absatz 2 aufzustellen,
5. Nebenstellen zu errichten und aufzulösen und
6. den Vorstand zu wählen und zu entlasten.

$_{2}$§ 210 Absatz 1 gilt entsprechend.

(3) $_{1}$Der Verwaltungsrat besteht aus 23 Vertretern. $_{2}$Beschlüsse des Verwaltungsrates werden mit einfacher Mehrheit der stimmberechtigten Mitglieder gefasst. $_{3}$Beschlüsse über Haushaltsangelegenheiten und über die Aufstellung und Änderung der Satzung bedürfen einer Mehrheit von zwei Dritteln der stimmberechtigten Mitglieder.

(4) $_{1}$16 Vertreter werden von den Verwaltungsräten oder Vertreterversammlungen der Landesverbände der Orts-, Betriebs- und Innungskrankenkassen, der landwirtschaftlichen Krankenkasse, der Ersatzkassen und der BAHN-BKK gewählt. $_{2}$Die Krankenkassen haben sich über die Zahl der Vertreter, die auf die einzelne Kassenart entfällt, zu einigen. $_{3}$Kommt eine Einigung nicht zustande, entscheidet die für die Sozialversicherung zuständige oberste Verwaltungsbehörde des Landes. $_{4}$Als Vertreter nach Satz 1 sind je zur Hälfte Frauen und Männer zu wählen. $_{5}$Jeder Wahlberechtigte nach Satz 1 wählt auf der Grundlage der von der oder dem Vorsitzenden des Verwaltungsrates erstellten Bewerberliste eine Frau und einen Mann. $_{6}$Die acht Bewerberinnen und acht Bewerber mit den meisten Stimmen sind gewählt. $_{7}$Eine Wahl unter Verstoß gegen Satz 4 ist nichtig. $_{8}$Ist nach dem dritten Wahlgang die Vorgabe nach Satz 4 nicht erfüllt, gelten nur so viele Personen des Geschlechts, das nach dem Ergebnis der Wahl mehrheitlich vertreten ist, als gewählt, wie Personen des anderen Geschlechts gewählt wurden; die Anzahl der Vertreter nach Absatz 4 reduziert sich entsprechend. $_{9}$Das Nähere zur Durchführung der Wahl regelt die Satzung. $_{10}$Die Amtszeit der Vertreter nach Satz 1 darf zwei Amtsperioden nicht überschreiten. $_{11}$Personen, die am 1. Januar 2020 bereits Mitglieder im Verwaltungsrat eines Medizinischen Dienstes der Krankenversicherung sind, können einmalig wiedergewählt werden.

(5) $_{1}$Sieben Vertreter werden von der für die Sozialversicherung zuständigen obersten Verwaltungsbehörde des Landes benannt, davon

1. fünf Vertreter auf Vorschlag der Verbände und Organisationen für die Wahrnehmung der Interessen und der Selbsthilfe der Patienten, der pflegebedürftigen und behinderten Menschen und der pflegenden Angehörigen sowie der im Bereich der Kranken- und Pflegeversorgung tätigen Verbraucherschutzorganisationen jeweils auf Landesebene sowie
2. zwei Vertreter jeweils zur Hälfte auf Vorschlag der Landespflegekammern oder der maßgeblichen Verbände der Pflegeberufe auf Landesebene und der Landesärztekammern.

$_{2}$Die Vertreter nach Satz 1 Nummer 2 haben kein Stimmrecht. $_{3}$Die für die Sozialversicherung zuständige oberste Verwaltungsbehörde des Landes legt die Einzelheiten für das Verfahren der Übermittlung und der Bearbeitung der Vorschläge nach Satz 1 fest. $_{4}$Sie bestimmt die Voraussetzungen der Anerkennung der Organisationen und Verbände nach Satz 1 Nummer 1 sowie der maßgeblichen Verbände der Pflegeberufe auf Landesebene, insbesondere die Erfordernisse an die fachlichen Qualifikationen, die Unabhängigkeit, die Organisationsform und die Offenlegung der Finanzierung. $_{5}$Als Vertreter nach Satz 1 Nummer 1 sind mindestens zwei Frauen und zwei Männer, als Vertreter nach Satz 1 Nummer 2 sind jeweils eine Frau und ein Mann zu benennen. $_{6}$Ist eine Satz 5 entsprechende Benennung nicht möglich, gelten nur so viele Personen des Geschlechts, das mehrheitlich vertreten ist, als benannt, dass dem Verhältnis nach Satz 5 entsprochen wird; die Anzahl der Vertreter nach Satz 1 Nummer 1 und 2 reduziert sich entsprechend. $_{7}$Die Vertreter nach Satz 1 Nummer 1 dürfen nicht zu mehr als 10 Prozent von Dritten finanziert werden, die Leistungen für die gesetzliche Krankenversicherung oder für die soziale Pflegeversicherung erbringen. $_{8}$Die Bekanntgabe der Benennung erfolgt gegenüber der oder dem amtierenden Vorsitzenden des Verwaltungsrates, die oder der diese den Benannten zur Kenntnis gibt.

(6) $_{1}$Beschäftigte des Medizinischen Dienstes, der Krankenkassen oder ihrer Verbände sind nicht wähl- oder benennbar. $_{2}$Personen, die bereits mehr als ein Ehrenamt in einem Selbstverwaltungsorgan eines Versicherungsträgers, eines Verbandes der Versicherungsträger oder eines anderen Medizinischen Dienstes innehaben, können nicht gewählt oder benannt werden. $_{3}$§ 51 Absatz 1 Satz 1 Nummer 2 bis 4 und Absatz 6 Nummer 2 bis 6 des Vierten Buches gilt entsprechend. $_{4}$Rechtsbehelfe gegen die Benennung oder die Wahl der Mitglieder des Verwaltungsrates haben keine aufschiebende Wirkung. $_{5}$§ 57 Absatz 5 bis 7 des Vierten Buches und § 131 Absatz 4 des Sozialgerichtsgesetzes gelten entsprechend.

(7) $_{1}$Der Vorstand wird aus der oder dem Vorstandsvorsitzenden und der Stellvertreterin oder dem Stellvertreter gebildet. $_{2}$Der Vorstand führt die Geschäfte des Medizinischen Dienstes nach den Richtlinien des Verwaltungsrates. $_{3}$Der Vorstand stellt den Haushaltsplan auf und vertritt den Medizinischen Dienst gerichtlich und außergerichtlich. $_{4}$Die Höhe der jährlichen Vergütungen der oder des Vorstandsvorsitzenden und der Stellvertreterin oder des Stellvertreters einschließlich aller Nebenleistungen sowie sämtliche Versorgungsregelungen sind betragsmäßig in einer Übersicht jährlich am 1. März im Bundesanzeiger sowie gleichzeitig auf der Internetseite des betreffenden Medizinischen Dienstes zu veröffentlichen. $_{5}$Die Art und die Höhe finanzieller Zuwendungen, die der oder dem Vorstandsvorsitzenden und der Stellvertreterin oder dem Stellvertreter im Zusammenhang mit ihrer Vorstandstätigkeit von Dritten gewährt werden, sind der oder dem Vorsitzenden und der oder dem stellvertretenden Vorsitzenden des Verwaltungsrates mitzuteilen. $_{6}$§ 35a Absatz 3 und 6a des Vierten Buches gilt entsprechend.

(8) Folgende Vorschriften des Vierten Buches gelten entsprechend: die §§ 37, 38, 40 Absatz 1 Satz 1 und 2, Absatz 2 und 3, die §§ 41, 42 Absatz 1 bis 3, § 43 Absatz 2, die §§ 58, 59 Absatz 1 bis 3, 5 und 6, die §§ 60, 62 Absatz 1 Satz 1 erster Halbsatz, Absatz 2, 3 Satz 1 und 4 und Absatz 4 bis 6, § 63 Absatz 1 und 2, 3 Satz 2 und 3, Absatz 3a bis 5, § 64 Absatz 1 und 2 Satz 2, Absatz 3 Satz 2 und 3 und § 66.

(9) Der Verwaltungsrat kann aus wichtigen Gründen ohne Sitzung schriftlich abstimmen.

§ 280 Finanzierung, Haushalt, Aufsicht

(1) $_{1}$Die erforderlichen Mittel zur Finanzierung der Aufgaben des Medizinischen Dienstes nach § 275 Absatz 1 bis 3b und den §§ 275a bis 275d werden von den Krankenkassen nach § 279 Absatz 4 Satz 1 durch eine Umlage aufgebracht. $_{2}$Die Mittel sind im Verhältnis der Zahl der Mitglieder der einzelnen Krankenkassen mit Wohnort im Einzugsbereich des Medizinischen Dienstes aufzuteilen. $_{3}$Die Zahl der nach Satz 2 maßgeblichen Mitglieder der Krankenkassen ist nach dem Vordruck KM 6 der Statistik über die Versicherten in der gesetzlichen Krankenversicherung jeweils zum 1. Juli eines Jahres zu bestimmen. $_{4}$Die Pflegekassen tragen die Hälfte der Umlage nach Satz 1.

(2) $_{1}$Die Leistungen des Medizinischen Dienstes oder anderer Gutachterdienste im Rahmen der ihnen nach § 275 Absatz 4 von den Krankenkassen übertragenen Aufgaben

sind von dem jeweiligen Auftraggeber durch aufwandsorientierte Nutzerentgelte zu vergüten. 2Dies gilt auch für Kontrollen des Medizinischen Dienstes nach § 275a Absatz 4. 3Eine Verwendung von Umlagemitteln nach Absatz 1 Satz 1 zur Finanzierung dieser Aufgaben ist auszuschließen. 4Werden dem Medizinischen Dienst Aufgaben übertragen, die die Prüfung von Ansprüchen gegenüber anderen Stellen betreffen, die nicht zur Leistung der Umlage nach Absatz 1 Satz 1 verpflichtet sind, sind ihm die hierdurch entstehenden Kosten von diesen Stellen zu erstatten.

(3) 1Für das Haushalts- und Rechnungswesen einschließlich der Statistiken gelten die §§ 67 bis 70 Absatz 1 des Vierten Buches, § 72 Absatz 1 und 2 Satz 1 erster Halbsatz des Vierten Buches, § 73 Absatz 1, 2 Satz 1 erster Halbsatz und Absatz 3 des Vierten Buches, die §§ 74 bis 76 Absatz 1 und 2 des Vierten Buches, § 77 Absatz 1 Satz 1 und 2 des Vierten Buches und § 79 Absatz 1 und 2 in Verbindung mit Absatz 3a des Vierten Buches sowie die auf Grund des § 78 des Vierten Buches erlassenen Rechtsverordnungen entsprechend. 2Der Haushaltsplan bedarf der Genehmigung der Aufsichtsbehörde; der vom Vorstand aufgestellte Haushaltsplan ist der Aufsichtsbehörde spätestens am 1. Oktober vor Beginn des Kalenderjahres, für das er gelten soll, vorzulegen. 3Die Aufsichtsbehörde kann die Genehmigung auch für einzelne Ansätze versagen, soweit der Haushaltsplan gegen Gesetz oder sonstiges für den Medizinischen Dienst geltendes Recht verstößt. 4Für die Bildung von Rückstellungen und Deckungskapital von Altersversorgungsverpflichtungen gilt § 171e sowie § 12 Absatz 1 und 1a der Sozialversicherungs-Rechnungsverordnung entsprechend. 5Für das Vermögen gelten die §§ 80 bis 86 des Vierten Buches sowie § 220 Absatz 1 Satz 2 entsprechend.

(4) 1Der Medizinische Dienst untersteht der Aufsicht der für die Sozialversicherung zuständigen obersten Verwaltungsbehörde des Landes, in dem er seinen Sitz hat. 2Die Aufsicht erstreckt sich auf die Beachtung von Gesetzen und sonstigem Recht. 3Die §§ 88 und 89 des Vierten Buches sowie § 274 gelten entsprechend. 4§ 275 Absatz 5 ist zu beachten.

§ 281 Medizinischer Dienst Bund, Rechtsform, Finanzen, Aufsicht

(1) 1Der Medizinische Dienst Bund ist eine Körperschaft des öffentlichen Rechts. 2Mitglieder des Medizinischen Dienstes Bund sind die Medizinischen Dienste.

(2) 1Die zur Finanzierung der Aufgaben des Medizinischen Dienstes Bund erforderlichen Mittel werden von den Medizinischen Diensten und der Deutschen Rentenversicherung Knappschaft-Bahn-See durch eine Umlage aufgebracht. 2Die Mittel sind im Verhältnis der Zahl der Mitglieder der Krankenkassen nach § 279 Absatz 4 Satz 1 mit Wohnort im Einzugsbereich des Medizinischen Dienstes einerseits und der Mitglieder der Deutschen Rentenversicherung Knappschaft-Bahn-See andererseits aufzubringen. 3Die Zahl der nach Satz 2 maßgeblichen Mitglieder ist nach dem Vordruck KM 6 der Statistik über die Versicherten in der gesetzlichen Krankenversicherung jeweils zum 1. Juli eines Jahres zu bestimmen. 4§ 217d Absatz 2 gilt entsprechend. 5Für den Haushaltsplan des Medizinischen Dienstes Bund gilt § 217d Absatz 4 entsprechend. 6Das Nähere zur Finanzierung regelt die Satzung nach § 282 Absatz 3 Satz 1 Nummer 1. 7Für die Bildung von Rückstellungen und Deckungskapital von Altersversorgungsverpflichtungen gilt § 171e sowie § 12 Absatz 1 und 1a der Sozialversicherungs-Rechnungsverordnung entsprechend.

(3) 1Der Medizinische Dienst Bund untersteht der Aufsicht des Bundesministeriums für Gesundheit. 2Die Aufsicht erstreckt sich auf die Beachtung von Gesetzen und sonstigem Recht. 3§ 217d Absatz 3, die §§ 217g bis 217j, 219 und 274 gelten entsprechend. 4§ 275 Absatz 5 ist zu beachten.

§ 282 Medizinischer Dienst Bund, Verwaltungsrat und Vorstand

(1) Organe des Medizinischen Dienstes Bund sind der Verwaltungsrat und der Vorstand.

(2) 1Der Verwaltungsrat besteht aus 23 Vertretern. 2Die Vertreter werden gewählt durch die Verwaltungsräte der Medizinischen Dienste, davon

1. 16 Vertreter durch die Vertreter nach § 279 Absatz 4 Satz 1,
2. fünf Vertreter durch die Vertreter nach § 279 Absatz 5 Satz 1 Nummer 1 und
3. zwei Vertreter durch die Vertreter nach § 279 Absatz 5 Satz 1 Nummer 2.

3Bei der Wahl verteilt sich das Stimmgewicht innerhalb der jeweiligen Vertretergruppen nach Satz 2 im Verhältnis der Zahl der Mitglieder der Krankenkassen nach § 279 Absatz 4 Satz 1 mit Wohnort im Einzugsbereich des Medizinischen Dienstes. 4Das Stimmgewicht beträgt mindestens drei Stimmen; für Medizinische Dienste mit mehr als zwei Millionen Mitgliedern in ihrem Einzugsbereich beträgt es vier, für Medizinische Dienste mit mehr als sechs Millionen Mitgliedern fünf und für Medizinische Dienste mit mehr als sieben Millionen Mitgliedern sechs Stimmen. 5Die Abgabe der Stimmen der einzelnen Vertreter durch eine von der entsprechenden Vertretergruppe des jeweiligen Medizinischen Dienstes zur Wahl entsandte Person ist möglich. 6Das Nähere, insbesondere zur Wahl der oder des Vorsitzenden und der Stellvertreterin oder des Stellvertreters, regelt die Satzung nach Absatz 3 Satz 1 Nummer 1. $_{7}$§ 40 Absatz 1 Satz 1 und 2, Absatz 2 und 3, die §§ 41, 42 Absatz 1 bis 3 des Vierten Buches, § 217b Absatz 1 Satz 3 und Absatz 1a bis 1e und § 279 Absatz 4 Satz 4 bis 11, Absatz 5 Satz 5 und Absatz 6 gelten entsprechend. $_{8}$Die Vertreter nach Satz 2 Nummer 3 sind nicht stimmberechtigt. $_{9}$Personen, die Mitglieder des Verwaltungsrates des Spitzenverbandes Bund der Krankenkassen sind, können nicht gewählt werden.

(3) $_{1}$Der Verwaltungsrat hat

1. die Satzung zu beschließen,
2. den Haushaltsplan festzustellen,
3. die jährliche Betriebs- und Rechnungsführung zu prüfen und
4. den Vorstand zu wählen und zu entlasten.

$_{2}$§ 210 Absatz 1 und § 279 Absatz 3 Satz 2 und 3 gelten entsprechend.

(4) $_{1}$Der Vorstand wird aus der oder dem Vorstandsvorsitzenden und der Stellvertreterin oder dem Stellvertreter gebildet. $_{2}$Er führt die Geschäfte des Medizinischen Dienstes Bund, soweit nicht der Verwaltungsrat zuständig ist, und vertritt den Medizinischen Dienst Bund gerichtlich und außergerichtlich. $_{3}$In der Satzung nach Absatz 3 Satz 1 Nummer 1 können die Aufgaben des Vorstandes näher konkretisiert werden. $_{4}$§ 217b Absatz 2 Satz 7 und Absatz 2a, § 279 Absatz 7 Satz 4 und 5 sowie § 35a Absatz 1 bis 3, 6 Satz 1, Absatz 6a und 7 des Vierten Buches gelten entsprechend. $_{5}$Vergütungserhöhungen sind während der Dauer der Amtszeit der Vorstandsmitglieder unzulässig. $_{6}$Zu Beginn einer neuen Amtszeit eines Vorstandsmitgliedes kann eine über die zuletzt nach § 35 Absatz 6a Satz 1 des Vierten Buches gebilligte Vergütung der letzten Amtsperiode oder des Vorgängers im Amt hinausgehende höhere Vergütung nur durch einen Zuschlag auf die Grundvergütung nach Maßgabe der Entwicklung des Verbraucherpreisindexes vereinbart werden. $_{7}$Die Aufsichtsbehörde kann zu Beginn einer neuen Amtszeit eines Vorstandsmitgliedes eine niedrigere Vergütung anordnen. $_{8}$Finanzielle Zuwendungen nach Satz 4 in Verbindung mit § 279 Absatz 7 Satz 5 sind auf die Vergütung der oder des Vorstandsvorsitzenden oder der Stellvertreterin oder des Stellvertreters anzurechnen oder an den Medizinischen Dienst Bund abzuführen. $_{9}$Vereinbarungen des Medizinischen Dienstes Bund für die Zukunftssicherung der oder des Vorstandsvorsitzenden oder der Stellvertreterin oder des Stellvertreters sind nur auf der Grundlage von beitragsorientierten Zusagen zulässig.

(5) $_{1}$Bei dem Medizinischen Dienst Bund wird eine unabhängige Ombudsperson bestellt, an die sich sowohl die Beschäftigten des Medizinischen Dienstes Bund bei Beobachtung von Unregelmäßigkeiten, insbesondere Beeinflussungsversuchen durch Dritte, als auch Versicherte bei Beschwerden über die Tätigkeit des Medizinischen Dienstes Bund vertraulich wenden können. $_{2}$Die Ombudsperson berichtet dem Verwaltungsrat und dem Bundesministerium für Gesundheit in anonymisierter Form jährlich oder bei gegebenem Anlass und veröffentlicht den Bericht drei Monate nach Zuleitung an den Verwaltungsrat und die Aufsichtsbehörde auf ihrer Internetseite. $_{3}$Das Nähere regelt die Satzung nach Absatz 3 Satz 1 Nummer 1.

§ 283 Aufgaben des Medizinischen Dienstes Bund

(1) $_{1}$Der Medizinische Dienst Bund koordiniert und fördert die Durchführung der Aufgaben und die Zusammenarbeit der Medizinischen Dienste in medizinischen und organisatorischen Fragen und trägt Sorge für eine einheitliche Aufgabenwahrnehmung. $_{2}$Er berät den Spitzenverband Bund der Krankenkassen in allen medizinischen Fragen der diesem zugewiesenen Aufgaben.

(2) $_{1}$Der Medizinische Dienst Bund erlässt unter Beachtung des geltenden Leistungs- und Leistungserbringungsrechts und unter fachlicher Beteiligung der Medizinischen Dienste und des Sozialmedizinischen Dienstes Deutsche Rentenversicherung Knappschaft-Bahn-See Richtlinien für die Tätigkeit der Medizinischen Dienste nach diesem Buch

1. über die Zusammenarbeit der Krankenkassen mit den Medizinischen Diensten im Benehmen mit dem Spitzenverband Bund der Krankenkassen,
2. zur Sicherstellung einer einheitlichen Begutachtung,
3. über die regelmäßigen Begutachtungen zur Einhaltung von Strukturmerkmalen nach § 275d einschließlich der Festlegung der fachlich erforderlichen Zeitabstände für die Begutachtung und der Folgen, wenn Strukturmerkmale nach Mitteilung durch das Krankenhaus nicht mehr eingehalten werden; diese Richtlinie ist erstmals bis zum 28. Februar 2021 zu erlassen und bei Bedarf anzupassen,
4. zur Personalbedarfsermittlung mit für alle Medizinischen Dienste einheitlichen aufgabenbezogenen Richtwerten für die ihnen übertragenen Aufgaben,
5. zur Beauftragung externer Gutachterinnen und Gutachter durch die Medizinischen Dienste für die ihnen übertragenen Aufgaben sowie zur Bestellung, unabhängigen Aufgabenwahrnehmung und Vergütung der Ombudsperson nach § 278 Absatz 3,
6. zur systematischen Qualitätssicherung der Tätigkeit der Medizinischen Dienste,

7. zur einheitlichen statistischen Erfassung der Leistungen und Ergebnisse der Tätigkeit der Medizinischen Dienste sowie des hierfür eingesetzten Personals,
8. über die regelmäßige Berichterstattung der Medizinischen Dienste und des Medizinischen Dienstes Bund über ihre Tätigkeit und Personalausstattung sowie
9. über Grundsätze zur Fort- und Weiterbildung.

2Der Medizinische Dienst Bund hat folgenden Stellen Gelegenheit zur Stellungnahme zu geben, soweit sie von der jeweiligen Richtlinie betroffen sind:

1. dem Spitzenverband Bund der Krankenkassen,
2. der Bundesärztekammer, der Bundespsychotherapeutenkammer und der Bundeszahnärztekammer sowie den Verbänden der Pflegeberufe auf Bundesebene und den für die Wahrnehmung der Interessen der Patientinnen und Patienten und der Selbsthilfe chronisch kranker und behinderter Menschen maßgeblichen Organisationen,
3. den Vereinigungen der Leistungserbringer auf Bundesebene,
4. den maßgeblichen Verbänden und Fachkreisen auf Bundesebene und
5. der oder dem Bundesbeauftragten für den Datenschutz und die Informationsfreiheit.

3Er hat die Stellungnahmen in die Entscheidung einzubeziehen. 4Der Vorstand beschließt die Richtlinien im Benehmen mit dem Verwaltungsrat. 5Die Richtlinien sind für die Medizinischen Dienste verbindlich und bedürfen der Genehmigung des Bundesministeriums für Gesundheit. 6Im Übrigen kann der Medizinische Dienst Bund Empfehlungen abgeben. 7Das Nähere zum Verfahren regelt die Satzung nach § 282 Absatz 3 Satz 1 Nummer 1. 8Richtlinien und Empfehlungen, die der Spitzenverband Bund der Krankenkassen nach § 282 Absatz 2 Satz 3 und 4 in der bis zum 31. Dezember 2019 geltenden Fassung erlassen und abgegeben hat, gelten bis zu ihrer Änderung oder Aufhebung durch den Medizinischen Dienst Bund fort.

(3) 1Der Medizinische Dienst Bund nimmt auch die ihm nach § 53d des Elften Buches zugewiesenen Aufgaben wahr. 2Insoweit richten sich die Verfahren nach den Vorschriften des Elften Buches. 3Der Vorstand beschließt die Richtlinien im Benehmen mit dem Verwaltungsrat.

(4) 1Der Medizinische Dienst Bund fasst die Berichte der Medizinischen Dienste nach § 278 Absatz 4 in einem Bericht zusammen, legt diesen dem Bundesministerium für Gesundheit zweijährlich zum 1. Juni vor und veröffentlicht den Bericht zweijährlich zum 1. September. 2Das Nähere regelt die Richtlinie nach Absatz 2 Satz 1 Nummer 8.

(5) Die Medizinischen Dienste haben den Medizinischen Dienst Bund bei der Wahrnehmung seiner Aufgaben zu unterstützen.

§ 283a Aufgaben des Sozialmedizinischen Dienstes Deutsche Rentenversicherung Knappschaft-Bahn-See

(1) 1Die Aufgaben des Medizinischen Dienstes nimmt für die Krankenversicherung der Deutschen Rentenversicherung Knappschaft-Bahn-See deren Sozialmedizinischer Dienst wahr. 2Für den Sozialmedizinischen Dienst gelten bei Wahrnehmung dieser Aufgaben insbesondere die Vorschriften nach § 128 Absatz 1 Satz 2 des Neunten Buches, § 53c Absatz 1 und 3 des Elften Buches, § 53d Absatz 2 Satz 2 und Absatz 3 Satz 4 und 5 des Elften Buches, den §§ 62a und 78 Absatz 1 des Zwölften Buches sowie nach § 13 Absatz 3a, § 116b Absatz 6 Satz 10, § 197a Absatz 3b Satz 3, den §§ 275 bis 277, 278 Absatz 2 bis 4 und § 283 Absatz 2 Satz 5 und Absatz 5 entsprechend. 3Die Unabhängigkeit des Sozialmedizinischen Dienstes in der Begutachtung und Beratung wird mit einer eigenen Geschäftsordnung gewährleistet.

(2) 1Bei der Deutschen Rentenversicherung Knappschaft-Bahn-See wird ein Beirat für den Sozialmedizinischen Dienst errichtet, der den Vorstand in Aufgabenstellungen bei seinen Entscheidungen berät und durch Vorschläge und Stellungnahmen unterstützt. 2Er ist vor allen Entscheidungen des Vorstandes in Angelegenheiten des Sozialmedizinischen Dienstes zu hören. 3Stellungnahmen des Beirates sind Gegenstand der Beratungen des Vorstandes und in die Entscheidungsfindung einzubeziehen. 4Der Beirat besteht aus neun Vertretern und deren persönlichen Stellvertretern. 5Die Vertreter und deren persönliche Stellvertreter werden auf Vorschlag der für die Wahrnehmung der Interessen der Patientinnen und Patienten und der Selbsthilfe chronisch kranker und behinderter Menschen maßgeblichen Organisationen und der für die Wahrnehmung der Interessen und der Selbsthilfe der pflegebedürftigen und behinderten Menschen sowie der pflegenden Angehörigen maßgeblichen Organisationen vom Vorstand der Deutschen Rentenversicherung Knappschaft-Bahn-See ernannt. 6Die Dauer der Amtszeit des Beirates von bis zu sechs Jahren richtet sich nach der des Vorstandes. 7Das Nähere, insbesondere zum Verfahren der Beteiligung des Beirates, regelt die Geschäftsordnung des Beirates, die im Einvernehmen zwischen dem Vorstand und dem Beirat aufgestellt wird.

(3) 1Die Deutsche Rentenversicherung Knappschaft-Bahn-See trägt die Kosten der Tätigkeit des Beirates. 2Die Vertreter und deren persönliche Stellvertreter erhalten Reisekosten nach den Vorschriften des Bundes über Reise-

V

kostenvergütungen, Ersatz des Verdienstausfalls in entsprechender Anwendung des § 41 Absatz 2 des Vierten Buches sowie einen Pauschbetrag für Zeitaufwand in Höhe eines Fünfzigstels der monatlichen Bezugsgröße (§ 18 des Vierten Buches) für jeden Kalendertag einer Sitzung.

Zehntes Kapitel
Versicherungs- und Leistungsdaten, Datenschutz, Datentransparenz

Erster Abschnitt
Informationsgrundlagen

Erster Titel
Grundsätze der Datenverarbeitung

§ 284 Sozialdaten bei den Krankenkassen

(1) 1Die Krankenkassen dürfen Sozialdaten für Zwecke der Krankenversicherung nur erheben und speichern, soweit diese für

1. die Feststellung des Versicherungsverhältnisses und der Mitgliedschaft, einschließlich der für die Anbahnung eines Versicherungsverhältnisses erforderlichen Daten,
2. die Ausstellung des Berechtigungsscheines und der elektronischen Gesundheitskarte,
3. die Feststellung der Beitragspflicht und der Beiträge, deren Tragung und Zahlung,
4. die Prüfung der Leistungspflicht und der Erbringung von Leistungen an Versicherte einschließlich der Voraussetzungen von Leistungsbeschränkungen, die Bestimmung des Zuzahlungsstatus und die Durchführung der Verfahren bei Kostenerstattung, Beitragsrückzahlung und der Ermittlung der Belastungsgrenze,
5. die Unterstützung der Versicherten bei Behandlungsfehlern,
6. die Übernahme der Behandlungskosten in den Fällen des § 264,
7. die Beteiligung des Medizinischen Dienstes oder das Gutachterverfahren nach § 87 Absatz 1c,
8. die Abrechnung mit den Leistungserbringern, einschließlich der Prüfung der Rechtmäßigkeit und Plausibilität der Abrechnung,
9. die Überwachung der Wirtschaftlichkeit der Leistungserbringung,
10. die Abrechnung mit anderen Leistungsträgern,
11. die Durchführung von Erstattungs- und Ersatzansprüchen,
12. die Vorbereitung, Vereinbarung und Durchführung von ihnen zu schließenden Vergütungsverträgen,
13. die Vorbereitung und Durchführung von Modellvorhaben, die Durchführung des Versorgungsmanagements nach § 11 Abs. 4, die Durchführung von Verträgen zur hausarztzentrierten Versorgung, zu besonderen Versorgungsformen und zur ambulanten Erbringung hochspezialisierter Leistungen, einschließlich der Durchführung von Wirtschaftlichkeitsprüfungen und Qualitätsprüfungen,
14. die Durchführung des Risikostrukturausgleichs nach den §§ 266 und 267 sowie zur Gewinnung von Versicherten für die Programme nach § 137g und zur Vorbereitung und Durchführung dieser Programme,
15. die Durchführung des Entlassmanagements nach § 39 Absatz 1a,
16. die Auswahl von Versicherten für Maßnahmen nach § 44 Absatz 4 Satz 1 und nach § 39b sowie zu deren Durchführung,
17. die Überwachung der Einhaltung der vertraglichen und gesetzlichen Pflichten der Leistungserbringer von Hilfsmitteln nach § 127 Absatz 7,
18. die Erfüllung der Aufgaben der Krankenkassen als Rehabilitationsträger nach dem Neunten Buch,
19. die Vorbereitung von Versorgungsinnovationen, die Information der Versicherten und die Unterbreitung von Angeboten nach § 68b Absatz 1 und 2 sowie
20. die administrative Zurverfügungstellung der elektronischen Patientenakte sowie für das Angebot zusätzlicher Anwendungen im Sinne des § 345 Absatz 1 Satz 1

erforderlich sind. 2Versichertenbezogene Angaben über ärztliche Leistungen dürfen auch auf maschinell verwertbaren Datenträgern gespeichert werden, soweit dies für die in Satz 1 Nr. 4, 8, 9, 10, 11, 12, 13, 14 und § 305 Absatz 1 bezeichneten Zwecke erforderlich ist. 3Versichertenbezogene Angaben über ärztlich verordnete Leistungen dürfen auf maschinell verwertbaren Datenträgern gespeichert werden, soweit dies für die in Satz 1 Nr. 4, 8, 9, 10, 11, 12, 13, 14 und § 305 Abs. 1 bezeichneten Zwecke erforderlich ist. 4Im Übrigen gelten für die Datenerhebung und -speicherung die Vorschriften des Ersten und Zehnten Buches.

(2) Im Rahmen der Überwachung der Wirtschaftlichkeit der vertragsärztlichen Versorgung dürfen versichertenbezogene Leistungs- und Gesundheitsdaten auf maschinell verwertbaren Datenträgern nur gespeichert werden, soweit dies für Stichprobenprüfungen nach § 106a Absatz 1 Satz 1 oder § 106b Absatz 1 Satz 1 erforderlich ist.

(3) [1]Die rechtmäßig erhobenen und gespeicherten versichertenbezogenen Daten dürfen nur für die Zwecke der Aufgaben nach Absatz 1 in dem jeweils erforderlichen Umfang verarbeitet werden, für andere Zwecke, soweit dies durch Rechtsvorschriften des Sozialgesetzbuchs angeordnet oder erlaubt ist. [2]Die Daten, die nach § 295 Abs. 1b Satz 1 an die Krankenkasse übermittelt werden, dürfen nur zu Zwecken nach Absatz 1 Satz 1 Nr. 4, 8, 9, 10, 11, 12, 13, 14, 19 und § 305 Abs. 1 versichertenbezogen verarbeitet werden und nur, soweit dies für diese Zwecke erforderlich ist; für die Verarbeitung dieser Daten zu anderen Zwecken ist der Versichertenbezug vorher zu löschen.

(4) [1]Zur Gewinnung von Mitgliedern dürfen die Krankenkassen Daten verarbeiten, wenn die Daten allgemein zugänglich sind, es sei denn, dass das schutzwürdige Interesse der betroffenen Person an dem Ausschluss der Verarbeitung überwiegt. [2]Ein Abgleich der erhobenen Daten mit den Angaben nach § 291a Absatz 2 Nummer 2 bis 5 ist zulässig. [3]Im Übrigen gelten für die Datenverarbeitung die Vorschriften des Ersten und Zehnten Buches.

§ 285 Personenbezogene Daten bei den Kassenärztlichen Vereinigungen

(1) Die Kassenärztlichen Vereinigungen dürfen Einzelangaben über die persönlichen und sachlichen Verhältnisse der Ärzte nur erheben und speichern, soweit dies zur Erfüllung der folgenden Aufgaben erforderlich ist:

1. Führung des Arztregisters (§ 95),
2. Sicherstellung und Vergütung der vertragsärztlichen Versorgung einschließlich der Überprüfung der Zulässigkeit und Richtigkeit der Abrechnung,
3. Vergütung der ambulanten Krankenhausleistungen (§ 120),
4. Vergütung der belegärztlichen Leistungen (§ 121),
5. Durchführung von Wirtschaftlichkeitsprüfungen (§ 106 bis § 106c),
6. Durchführung von Qualitätsprüfungen (§ 135b).

(2) Einzelangaben über die persönlichen und sachlichen Verhältnisse der Versicherten dürfen die Kassenärztlichen Vereinigungen nur erheben und speichern, soweit dies zur Erfüllung der in Absatz 1 Nr. 2, 5, 6 sowie den §§ 106d und 305 genannten Aufgaben erforderlich ist.

(3) [1]Die rechtmäßig erhobenen und gespeicherten Sozialdaten dürfen nur für die Zwecke der Aufgaben nach Absatz 1 in dem jeweils erforderlichen Umfang verarbeitet werden, für andere Zwecke, soweit dies durch Rechtsvorschriften des Sozialgesetzbuchs oder nach § 13 Absatz 5 des Infektionsschutzgesetzes angeordnet oder erlaubt ist. [2]Die nach Absatz 1 Nr. 6 rechtmäßig erhobenen und gespeicherten Daten dürfen den ärztlichen und zahnärztlichen Stellen nach § 128 Absatz 1 der Strahlenschutzverordnung übermittelt werden, soweit dies für die Durchführung von Qualitätsprüfungen erforderlich ist. [3]Die beteiligten Kassenärztlichen Vereinigungen dürfen die nach Absatz 1 und 2 rechtmäßig erhobenen und gespeicherten Sozialdaten der für die überörtliche Berufsausübungsgemeinschaft zuständigen Kassenärztlichen Vereinigung übermitteln, soweit dies zur Erfüllung der in Absatz 1 Nr. 1, 2, 4, 5 und 6 genannten Aufgaben erforderlich ist. [4]Sie dürfen die nach den Absätzen 1 und 2 rechtmäßig erhobenen Sozialdaten der nach § 24 Abs. 3 Satz 3 der Zulassungsverordnung für Vertragsärzte und § 24 Abs. 3 Satz 3 der Zulassungsverordnung für Vertragszahnärzte ermächtigten Vertragsärzte und Vertragszahnärzte auf Anforderung auch untereinander übermitteln, soweit dies zur Erfüllung der in Absatz 1 Nr. 2 genannten Aufgaben erforderlich ist. [5]Die zuständige Kassenärztliche und die zuständige Kassenzahnärztliche Vereinigung dürfen die nach Absatz 1 und 2 rechtmäßig erhobenen und gespeicherten Sozialdaten der Leistungserbringer, die vertragsärztliche und vertragszahnärztliche Leistungen erbringen, auf Anforderung untereinander übermitteln, soweit dies zur Erfüllung der in Absatz 1 Nr. 2 sowie in § 106a genannten Aufgaben erforderlich ist. [6]Sie dürfen rechtmäßig erhobene und gespeicherte Sozialdaten auf Anforderung auch untereinander übermitteln, soweit dies zur Erfüllung der in § 32 Abs. 1 der Zulassungsverordnung für Vertragsärzte und § 32 Abs. 1 der Zulassungsverordnung für Vertragszahnärzte genannten Aufgaben erforderlich ist. [7]Die Kassenärztlichen Vereinigungen dürfen rechtmäßig erhobene und gespeicherte Sozialdaten auch untereinander übermitteln, soweit dies im Rahmen eines Auftrags nach § 77 Absatz 6 Satz 2 dieses Buches in Verbindung mit § 88 des Zehnten Buches erforderlich ist. [8]Versichertenbezogene Daten sind vor ihrer Übermittlung zu pseudonymisieren.

(3a) [1]Die Kassenärztlichen Vereinigungen sind befugt, personenbezogene Daten der Ärzte, von denen sie bei Erfüllung ihrer Aufgaben nach Absatz 1 Kenntnis erlangt haben, und soweit diese

1. für Entscheidungen über die Rücknahme, den Widerruf oder die Anordnung des Ruhens der Approbation oder
2. für berufsrechtliche Verfahren

erheblich sind, den hierfür zuständigen Behörden und Heilberufskammern zu übermitteln. [2]Die Kassenärztlichen Vereinigungen sind befugt, auf Anforderung der zuständigen Heilberufskammer personenbezogene Angaben der Ärzte nach § 293 Absatz 4 Satz 2 Nummer 2 bis 12 an die jeweils zuständige Heilberufskammer für die Prüfung der

Erfüllung der berufsrechtlich vorgegebenen Verpflichtung zur Meldung der ärztlichen Berufstätigkeit zu übermitteln.

(4) Soweit sich die Vorschriften dieses Kapitels auf Ärzte und Kassenärztliche Vereinigungen beziehen, gelten sie entsprechend für Psychotherapeuten, Zahnärzte und Kassenzahnärztliche Vereinigungen.

§ 286 Datenübersicht

Die Krankenkassen und die Kassenärztlichen Vereinigungen regeln in Dienstanweisungen das Nähere insbesondere über

1. die zulässigen Verfahren der Verarbeitung der Daten,
2. Art, Form, Inhalt und Kontrolle der einzugebenden und der auszugebenden Daten,
3. die Abgrenzung der Verantwortungsbereiche bei der Datenverarbeitung,
4. die weiteren zur Gewährleistung von Datenschutz und Datensicherheit zu treffenden Maßnahmen.

§ 287 Forschungsvorhaben

(1) Die Krankenkassen und die Kassenärztlichen Vereinigungen dürfen mit Erlaubnis der Aufsichtsbehörde die Datenbestände leistungserbringer- oder fallbeziehbar für zeitlich befristete und im Umfang begrenzte Forschungsvorhaben, insbesondere zur Gewinnung epidemiologischer Erkenntnisse, von Erkenntnissen über Zusammenhänge zwischen Erkrankungen und Arbeitsbedingungen oder von Erkenntnissen über örtliche Krankheitsschwerpunkte, selbst auswerten oder über die sich aus § 304 ergebenden Fristen hinaus aufbewahren.

(2) Sozialdaten sind zu anonymisieren.

§ 287a Federführende Datenschutzaufsicht in der Versorgungs- und Gesundheitsforschung

1Bei länderübergreifenden Vorhaben der Versorgungs- und Gesundheitsforschung, an denen nichtöffentliche Stellen oder öffentliche Stellen des Bundes oder der Länder aus zwei oder mehr Ländern als Verantwortliche beteiligt sind, findet § 27 des Bundesdatenschutzgesetzes Anwendung. 2Die beteiligten Verantwortlichen benennen einen Hauptverantwortlichen und melden diesen der für die Hauptniederlassung des Hauptverantwortlichen zuständigen Aufsichtsbehörde. 3Die Artikel 56 und 60 der Verordnung (EU) 2016/679 sind entsprechend anzuwenden.

Zweiter Titel
Informationsgrundlagen der Krankenkassen

§ 288 Versichertenverzeichnis

1Die Krankenkasse hat ein Versichertenverzeichnis zu führen. 2Das Versichertenverzeichnis hat alle Angaben zu enthalten, die zur Feststellung der Versicherungspflicht oder -berechtigung, zur Bemessung und Einziehung der Beiträge, soweit nach der Art der Versicherung notwendig, sowie zur Feststellung des Leistungsanspruchs einschließlich der Versicherung nach § 10 erforderlich sind.

§ 289 Nachweispflicht bei Familienversicherung

1Für die Eintragung in das Versichertenverzeichnis hat die Krankenkasse die Versicherung nach § 10 bei deren Beginn festzustellen. 2Sie kann die dazu erforderlichen Daten vom Angehörigen oder mit dessen Zustimmung vom Mitglied erheben. 3Der Fortbestand der Voraussetzungen der Versicherung nach § 10 ist auf Verlangen der Krankenkasse nachzuweisen.

§ 290 Krankenversichertennummer

(1) 1Die Krankenkasse verwendet für jeden Versicherten eine Krankenversichertennummer. 2Die Krankenversichertennummer besteht aus einem unveränderbaren Teil zur Identifikation des Versicherten und einem veränderbaren Teil, der bundeseinheitliche Angaben zur Kassenzugehörigkeit enthält und aus dem bei Vergabe der Nummer an Versicherte nach § 10 sicherzustellen ist, dass der Bezug zu dem Angehörigen, der Mitglied ist, hergestellt werden kann. 3Der Aufbau und das Verfahren der Vergabe der Krankenversichertennummer haben den Richtlinien nach Absatz 2 zu entsprechen. 4Die Rentenversicherungsnummer darf nicht als Krankenversichertennummer verwendet werden. 5Eine Verwendung der Rentenversicherungsnummer zur Bildung der Krankenversichertennummer entsprechend den Richtlinien nach Absatz 2 ist zulässig, wenn nach dem Stand von Wissenschaft und Technik sichergestellt ist, dass nach Vergabe der Krankenversichertennummer weder aus der Krankenversichertennummer auf die Rentenversicherungsnummer noch aus der Rentenversicherungsnummer auf die Krankenversichertennummer zurückgeschlossen werden kann; dieses Erfordernis gilt auch in Bezug auf die vergebende Stelle. 6Die Prüfung einer Mehrfachvergabe der Krankenversichertennummer durch die Vertrauensstelle bleibt davon unberührt. 7Wird die Rentenversicherungsnummer zur Bildung der Krankenversichertennummer verwendet, ist für Personen, denen eine Krankenversichertennummer zugewiesen werden muss und die noch keine Rentenversicherungsnummer erhalten haben, eine Rentenversicherungsnummer zu vergeben.

(2) 1Der Spitzenverband Bund der Krankenkassen hat den Aufbau und das Verfahren der Vergabe der Krankenversichertennummer durch Richtlinien zu regeln. 2Die Krankenversichertennummer ist von einer von den Krankenkassen und ihren Verbänden räumlich, organisatorisch und personell getrennten Vertrauensstelle zu vergeben.

3Die im Zusammenhang mit der Einrichtung und dem Betrieb der Vertrauensstelle anfallenden Verwaltungskosten werden vom Spitzenverband Bund der Krankenkassen finanziert. 4Die Vertrauensstelle gilt als öffentliche Stelle und unterliegt dem Sozialgeheimnis nach § 35 des Ersten Buches. 5Sie untersteht der Rechtsaufsicht des Bundesministeriums für Gesundheit. 6§ 274 Abs. 1 Satz 2 gilt entsprechend. 7Die Richtlinien sind dem Bundesministerium für Gesundheit vorzulegen. 8Es kann sie innerhalb von zwei Monaten beanstanden. 9Kommen die Richtlinien nicht innerhalb der gesetzten Frist zu Stande oder werden die Beanstandungen nicht innerhalb der vom Bundesministerium für Gesundheit gesetzten Frist behoben, kann das Bundesministerium für Gesundheit die Richtlinien erlassen.

(3) 1Die Vertrauensstelle nach Absatz 2 Satz 2 führt ein Verzeichnis der Krankenversichertennummern. 2Das Verzeichnis enthält für jeden Versicherten den unveränderbaren und den veränderbaren Teil der Krankenversichertennummer sowie die erforderlichen Angaben, um zu gewährleisten, dass der unveränderbare Teil der Krankenversichertennummer nicht mehrfach vergeben wird. 3Der Spitzenverband Bund der Krankenkassen legt das Nähere zu dem Verzeichnis im Einvernehmen mit der oder dem Bundesbeauftragten für den Datenschutz und die Informationsfreiheit in den Richtlinien nach Absatz 2 Satz 1 fest, insbesondere ein Verfahren des Datenabgleichs zur Gewährleistung eines tagesaktuellen Standes des Verzeichnisses. 4Das Verzeichnis darf ausschließlich zum Ausschluss und zur Korrektur von Mehrfachvergaben derselben Krankenversichertennummer verwendet werden. 5Um Mehrfachvergaben derselben Krankenversichertennummer auszuschließen oder zu korrigieren, übermitteln die Krankenkassen zum Zweck des Datenabgleichs gemäß dem Verfahren nach Satz 3 die dafür erforderlichen Sozialdaten an die in § 362 Absatz 1 genannten Stellen, die den unveränderbaren Teil der Krankenversichertennummer nutzen; dabei gilt für die in § 362 Absatz 1 genannten Stellen § 35 des Ersten Buches entsprechend.

(4) Die Krankenversichertennummer eines Versicherten darf im Rahmen der Telematikinfrastruktur von Anbietern und Nutzern von Anwendungen und Diensten im Sinne von § 306 Absatz 4 Satz 1 und 2 zur eindeutigen Identifikation des Versicherten verwendet werden, soweit dies für die eindeutige Zuordnung von Daten und Diensten bei der Nutzung dieser Anwendungen und Dienste erforderlich ist.

§ 291 Elektronische Gesundheitskarte

(1) Die Krankenkasse stellt für jeden Versicherten eine elektronische Gesundheitskarte aus.

(2) Die elektronische Gesundheitskarte muss technisch geeignet sein,

1. Authentifizierung, Verschlüsselung und elektronische Signatur barrierefrei zu ermöglichen,
2. die Anwendungen der Telematikinfrastruktur nach § 334 Absatz 1 zu unterstützen und
3. sofern sie vor dem 1. Januar 2026 ausgestellt wird, die Speicherung von Daten nach § 291a, und, wenn sie nach diesem Zeitpunkt ausgestellt wird, die Speicherung von Daten nach § 291a Absatz 2 Nummer 1 bis 3 und 6 zu ermöglichen; zusätzlich müssen vor dem 1. Januar 2025 ausgegebene elektronische Gesundheitskarten die Speicherung von Daten nach § 334 Absatz 1 Satz 2 Nummer 2 bis 5 in Verbindung mit § 358 Absatz 4 ermöglichen.

(3) 1Elektronische Gesundheitskarten, die die Krankenkassen nach dem 30. November 2019 ausgeben, müssen mit einer kontaktlosen Schnittstelle ausgestattet sein. 2Die Krankenkassen sind verpflichtet,

1. Versicherten auf deren Verlangen unverzüglich eine elektronische Gesundheitskarte mit kontaktloser Schnittstelle zur Verfügung zu stellen,
2. Versicherten, die eine elektronische Patientenakte beantragen, gleichzeitig eine elektronische Gesundheitskarte mit kontaktloser Schnittstelle und eine persönliche Identifikationsnummer (PIN) zur Verfügung zu stellen, soweit dies noch nicht erfolgt ist,
3. Versicherten, die bis zum 31. Dezember 2022 eine elektronische Patientenakte beantragt haben, bis spätestens zum 30. Juni 2023 eine elektronische Gesundheitskarte mit kontaktloser Schnittstelle und eine PIN zur Verfügung zu stellen, soweit dies noch nicht erfolgt ist, und
4. Versicherten ab dem 1. November 2023 als Verfahren zur nachträglichen, sicheren Identifikation nach § 336 Absatz 5 Nummer 3 und zur sicheren Identifikation nach § 336 Absatz 6 auch die Nutzung eines elektronischen Identitätsnachweises nach § 18 des Personalausweisgesetzes, nach § 12 des eID-Karte-Gesetzes oder nach § 78 Absatz 5 des Aufenthaltsgesetzes anzubieten.

(3a) 1Bei der Ausgabe von elektronischen Gesundheitskarten mit einer kontaktlosen Schnittstelle nach Absatz 3 informieren die Krankenkassen Versicherte barrierefrei über

1. die Möglichkeit und das Verfahren, eine zugehörige persönliche Identifikationsnummer (PIN) beantragen zu können und

V

2. die Nutzungsmöglichkeiten solcher Karten für Anwendungen nach § 334 Absatz 1 Satz 2 Nummer 1, 4, 6 und 7.

$_{2}$Die Krankenkassen informieren nach Satz 1 auch die Versicherten, denen eine elektronische Gesundheitskarte mit kontaktloser Schnittstelle ohne diese Informationen zur Verfügung gestellt wurde. $_{3}$Der Spitzenverband Bund der Krankenkassen berichtet dem Bundesministerium für Gesundheit halbjährlich beginnend ab dem 1. Januar 2023 über die jeweilige Anzahl der von den einzelnen Kassen an die Versicherten ausgegebenen elektronischen Gesundheitskarten mit einer kontaktlosen Schnittstelle und die jeweilige Anzahl der an die Versicherten versendeten PINs.

(4) $_{1}$Die elektronische Gesundheitskarte gilt nur für die Dauer der Mitgliedschaft bei der ausstellenden Krankenkasse und ist nicht übertragbar. $_{2}$Die Krankenkasse kann die Gültigkeit der Karte befristen.

(5) Spätestens bei der Versendung der elektronischen Gesundheitskarte an den Versicherten hat die Krankenkasse den Versicherten umfassend und in allgemein verständlicher, barrierefreier Form zu informieren über die Funktionsweise der elektronischen Gesundheitskarte und die Art der personenbezogenen Daten, die nach § 291a auf der elektronischen Gesundheitskarte oder durch sie zu verarbeiten sind.

(6) $_{1}$Die Krankenkasse hat bei der Ausstellung der elektronischen Gesundheitskarte die in der Richtlinie gemäß § 217f Absatz 4b vorgesehenen Maßnahmen und Vorgaben zum Schutz von Sozialdaten der Versicherten vor unbefugter Kenntnisnahme umzusetzen. $_{2}$Die Krankenkasse kann zum Zwecke des in der Richtlinie zum 1. Oktober 2023 vorzusehenden Abgleichs der Versichertenanschrift mit den Daten aus dem Melderegister vor dem Versand der elektronischen Gesundheitskarte und deren persönlicher Identifikationsnummer (PIN) an den Versicherten die Daten nach § 34 Absatz 1 Satz 1 Nummer 1 bis 5, 9 und 11 des Bundesmeldegesetzes aus dem Melderegister abrufen.

(7) Spätestens ab dem 1. Januar 2022 stellen die Krankenkassen den Versicherten gemäß den Festlegungen der Gesellschaft für Telematik ein technisches Verfahren barrierefrei zur Verfügung, welches die Anforderungen nach § 336 Absatz 4 erfüllt.

(8) $_{1}$Spätestens ab dem 1. Januar 2024 stellen die Krankenkassen den Versicherten ergänzend zur elektronischen Gesundheitskarte auf Verlangen eine sichere digitale Identität für das Gesundheitswesen barrierefrei zur Verfügung, die die Vorgaben nach Absatz 2 Nummer 1 und 2 erfüllt und die Bereitstellung von Daten nach § 291a Absatz 2 und 3 durch die Krankenkassen ermöglicht. $_{2}$Ab dem 1. Januar 2026 dient die digitale Identität nach Satz 1 in gleicher Weise wie die elektronische Gesundheitskarte zur Authentisierung des Versicherten im Gesundheitswesen und als Versicherungsnachweis nach § 291a Absatz 1. $_{3}$Die Gesellschaft für Telematik legt die Anforderungen an die Sicherheit und Interoperabilität der digitalen Identitäten fest. $_{4}$Die Festlegung der Anforderungen an die Sicherheit und den Datenschutz erfolgt dabei im Einvernehmen mit dem Bundesamt für Sicherheit in der Informationstechnik und der oder dem Bundesbeauftragten für den Datenschutz und die Informationsfreiheit auf Basis der jeweils gültigen Technischen Richtlinien des Bundesamts für Sicherheit in der Informationstechnik und unter Berücksichtigung der notwendigen Vertrauensniveaus der unterstützten Anwendungen. $_{5}$Eine digitale Identität kann über verschiedene Ausprägungen mit verschiedenen Sicherheits- und Vertrauensniveaus verfügen. $_{6}$Das Sicherheits- und Vertrauensniveau der Ausprägung einer digitalen Identität muss mindestens dem Schutzbedarf der Anwendung entsprechen, bei der diese eingesetzt wird. $_{7}$Abweichend von Satz 6 kann der Versicherte nach umfassender Information durch die Krankenkasse über die Besonderheiten des Verfahrens in die Nutzung einer digitalen Identität einwilligen, die einem anderen angemessenen Sicherheitsniveau entspricht. $_{8}$Die Anforderungen an die Sicherheit und Interoperabilität dieses Nutzungsweges der digitalen Identität werden von der Gesellschaft für Telematik festgelegt. $_{9}$Die Festlegung erfolgt hinsichtlich der Anforderungen an die Sicherheit und den Datenschutz im Einvernehmen mit dem Bundesamt für Sicherheit in der Informationstechnik und der oder dem Bundesbeauftragten für den Datenschutz und die Informationsfreiheit. $_{10}$Spätestens ab dem 1. Juli 2023 stellen die Krankenkassen zur Nutzung berechtigten Dritten Verfahren zur Erprobung der Integration der sicheren digitalen Identität nach Satz 1 zur Verfügung.

§ 291a Elektronische Gesundheitskarte als Versicherungsnachweis und Mittel zur Abrechnung

(1) $_{1}$Die elektronische Gesundheitskarte dient mit den in den Absätzen 2 bis 5 genannten Angaben dem Nachweis der Berechtigung zur Inanspruchnahme von Leistungen im Rahmen der vertragsärztlichen Versorgung (Versicherungsnachweis) sowie der Abrechnung mit den Leistungserbringern. $_{2}$Bei der Inanspruchnahme einer ärztlichen Behandlung bestätigt der Versicherte auf dem Abrechnungsschein des Arztes das Bestehen der Mitgliedschaft bei der Krankenkasse durch seine Unterschrift. $_{3}$Ab dem 1. Januar 2024 kann der Versicherungsnachweis

auch durch eine digitale Identität nach § 291 Absatz 8 erbracht werden.

(2) Die folgenden Daten müssen auf der elektronischen Gesundheitskarte gespeichert sein:

1. die Bezeichnung der ausstellenden Krankenkasse, einschließlich eines Kennzeichens für die Kassenärztliche Vereinigung, in deren Bezirk der Versicherte seinen Wohnsitz hat,
2. der Familienname und der Vorname des Versicherten,
3. das Geburtsdatum des Versicherten,
4. das Geschlecht des Versicherten,
5. die Anschrift des Versicherten,
6. die Krankenversichertennummer des Versicherten,
7. der Versichertenstatus, für die Personengruppen nach § 264 Absatz 2 der Status der auftragsweisen Betreuung,
8. der Zuzahlungsstatus des Versicherten,
9. der Tag des Beginns des Versicherungsschutzes,
10. bei befristeter Gültigkeit der elektronischen Gesundheitskarte das Datum des Fristablaufs,
11. bei Vereinbarungen nach § 264 Absatz 1 Satz 3 zweiter Halbsatz die Angabe, dass es sich um einen Empfänger von Gesundheitsleistungen nach den §§ 4 und 6 des Asylbewerberleistungsgesetzes handelt.

(3) Über die Daten nach Absatz 2 hinaus kann die elektronische Gesundheitskarte auch folgende Daten enthalten:

1. Angaben zu Wahltarifen nach § 53,
2. Angaben zu zusätzlichen Vertragsverhältnissen,
3. in den Fällen des § 16 Absatz 1 Satz 1 Nummer 2 bis 4 und Absatz 3a Angaben zum Ruhen des Anspruchs auf Leistungen,
4. weitere Angaben, soweit die Verarbeitung dieser Daten zur Erfüllung von Aufgaben erforderlich ist, die den Krankenkassen gesetzlich zugewiesen sind sowie
5. Angaben für den Nachweis der Berechtigung zur Inanspruchnahme von Leistungen in einem anderen Mitgliedstaat der Europäischen Union, einem anderen Vertragsstaat des Abkommens über den Europäischen Wirtschaftsraum oder in der Schweiz.

(4) 1Die Angaben nach den Absätzen 2 und 3 Nummer 1 bis 4 sind auf der elektronischen Gesundheitskarte in einer Form zu speichern, die geeignet ist für eine maschinelle Übertragung auf die für die vertragsärztliche Versorgung vorgesehenen Abrechnungsunterlagen und Vordrucke nach § 295 Absatz 3 Nummer 1 und 2. 2Ab dem 1. Januar 2026 müssen die Angaben nach Satz 1 zusätzlich zur Speicherung auf der elektronischen Gesundheitskarte auch bei der Krankenkasse zum elektronischen Abruf zur Verfügung stehen.

(5) Die elektronische Gesundheitskarte ist mit einem Lichtbild des Versicherten zu versehen. Versicherte, die jünger als 15 Jahre sind sowie Versicherte, deren Mitwirkung bei der Erstellung des Lichtbildes nicht möglich ist, erhalten eine elektronische Gesundheitskarte ohne Lichtbild.

(6) 1Die Krankenkassen dürfen das Lichtbild für die Dauer des Versicherungsverhältnisses des Versicherten, jedoch längstens für zehn Jahre, für Ersatz- und Folgeausstellungen der elektronischen Gesundheitskarte speichern. 2Nach dem Ende des Versicherungsverhältnisses hat die bisherige Krankenkasse das Lichtbild unverzüglich, spätestens aber nach drei Monaten, zu löschen.

(7) Die elektronische Gesundheitskarte ist von dem Versicherten zu unterschreiben.

§ 291b Verfahren zur Nutzung der elektronischen Gesundheitskarte als Versicherungsnachweis

(1) 1Die Krankenkassen haben Dienste zur Verfügung zu stellen, mit denen die an der vertragsärztlichen Versorgung teilnehmenden Leistungserbringer und Einrichtungen die Gültigkeit und die Aktualität der Angaben nach § 291a Absatz 2 und 3 bei den Krankenkassen online überprüfen und diese Angaben aktualisieren können. 2Bis zum 31. Dezember 2025 haben die Krankenkassen auch Dienste zur Verfügung zu stellen, mit denen die an der vertragsärztlichen Versorgung teilnehmenden Leistungserbringer und Einrichtungen die Angaben nach § 291a Absatz 2 und 3 auch online auf der elektronischen Gesundheitskarte aktualisieren können.

(2) 1Die an der vertragsärztlichen Versorgung teilnehmenden Leistungserbringer haben bei der erstmaligen Inanspruchnahme ihrer Leistungen durch einen Versicherten im Quartal die Leistungspflicht der Krankenkasse durch die Nutzung der Dienste nach Absatz 1 zu prüfen. 2Bis zum 31. Dezember 2025 ermöglichen sie dazu den Abgleich der auf der elektronischen Gesundheitskarte gespeicherten Daten nach § 291a Absatz 2 und 3 mit den bei der Krankenkasse vorliegenden aktuellen Daten und die Aktualisierung der auf der elektronischen Gesundheitskarte gespeicherten Daten; ab dem 1. Januar 2026 erfolgt die Prüfung nach Satz 1 durch einen elektronischen Abruf der bei der Krankenkasse vorliegenden Daten nach § 291a Absatz 2 und 3. 3Die Tatsache, dass die Prüfung durchgeführt worden ist, haben die an der vertragsärztlichen Versorgung teilnehmenden Leistungserbringer bei einer Prüfung vor dem 1. Januar 2026 auf der elektroni-

schen Gesundheitskarte, bei einer Prüfung ab dem 1. Januar 2026 in ihren informationstechnischen Systemen, die zur Verarbeitung von personenbezogenen Patientendaten eingesetzt werden, zu speichern. $_{4}$Die technischen Einzelheiten zur Durchführung der Prüfung nach den Sätzen 1 bis 3 sind in den Vereinbarungen nach § 295 Absatz 3 zu regeln.

(3) $_{1}$Die Mitteilung der durchgeführten Prüfung nach Absatz 2 erfolgt als Bestandteil der an die Kassenärztlichen Vereinigungen zu übermittelnden Abrechnungsunterlagen nach § 295. $_{2}$Einrichtungen, die an der vertragsärztlichen Versorgung teilnehmen und die vertragsärztlichen Leistungen direkt mit den Krankenkassen abrechnen, teilen den Krankenkassen die Durchführung der Prüfung nach Absatz 2 bei der Übermittlung der Abrechnungsunterlagen mit.

(4) $_{1}$An der vertragsärztlichen Versorgung teilnehmende Leistungserbringer, die Versicherte ohne persönlichen Kontakt behandeln oder die ohne persönlichen Kontakt in die Behandlung des Versicherten einbezogen sind, sind von der Pflicht zur Durchführung der Prüfung nach Absatz 2 ausgenommen. $_{2}$Die an der vertragsärztlichen Versorgung teilnehmenden Leistungserbringer nach Satz 1 haben sich bis zum 30. Juni 2020 an die Telematikinfrastruktur nach § 306 anzuschließen und über die für die Prüfung nach Absatz 2 erforderliche Ausstattung zu verfügen, es sei denn, sie sind hierzu bereits als an der vertragsärztlichen Versorgung teilnehmende Leistungserbringer nach Absatz 2 Satz 1 verpflichtet.

(5) $_{1}$Den an der vertragsärztlichen Versorgung teilnehmenden Leistungserbringern, die ab dem 1. Januar 2019 ihrer Pflicht zur Prüfung nach Absatz 2 nicht nachkommen, ist die Vergütung vertragsärztlicher Leistungen pauschal um 1 Prozent zu kürzen; an der vertragsärztlichen Versorgung teilnehmenden Leistungserbringern, die ihrer Pflicht zur Prüfung nach Absatz 2 ab dem 1. März 2020 nicht nachkommen, ist die Vergütung vertragsärztlicher Leistungen pauschal um 2,5 Prozent zu kürzen. $_{2}$Die Vergütung ist so lange zu kürzen, bis sich der betroffene an der vertragsärztlichen Versorgung teilnehmende Leistungserbringer an die Telematikinfrastruktur angeschlossen hat und über die für die Prüfung nach Absatz 2 erforderliche Ausstattung verfügt. $_{3}$Die zur Teilnahme an der vertragsärztlichen Versorgung ermächtigten Ärzte, die in einem Krankenhaus tätig sind, und die zur Teilnahme an der vertragsärztlichen Versorgung ermächtigten Krankenhäuser sowie die nach § 75 Absatz 1b Satz 3 auf Grund einer Kooperationsvereinbarung mit der Kassenärztlichen Vereinigung in den Notdienst einbezogenen zugelassenen Krankenhäuser sind von der Kürzung der Vergütung vertragsärztlicher Leistungen bis zum 31. Dezember 2021 ausgenommen.

(6) Das Nähere zur bundesweiten Verwendung der elektronischen Gesundheitskarte als Versicherungsnachweis vereinbaren die Vertragspartner im Rahmen der Verträge nach § 87 Absatz 1.

(7) Das Bundesministerium für Gesundheit kann die in den Absätzen 1 und 2 sowie in § 291 Absatz 2 Nummer 3, Absatz 8 und § 291a Absatz 4 Satz 2 genannten Fristen durch Rechtsverordnung ohne Zustimmung des Bundesrates verlängern.

§ 291c Einzug, Sperrung oder weitere Nutzung der elektronischen Gesundheitskarte nach Krankenkassenwechsel; Austausch der elektronischen Gesundheitskarte

(1) Bei Beendigung des Versicherungsschutzes oder bei einem Krankenkassenwechsel ist die elektronische Gesundheitskarte von der Krankenkasse, die diese elektronische Gesundheitskarte ausgestellt hat, einzuziehen oder zu sperren und nach dem Stand der Technik zu vernichten.

(2) Wird die elektronische Gesundheitskarte eines Versicherten eingezogen, gesperrt oder im Rahmen eines bestehenden Versicherungsverhältnisses ausgetauscht, so hat die Krankenkasse sicherzustellen, dass der Versicherte weiterhin auf die Daten in den Anwendungen nach § 334 Absatz 1 Nummer 1 und 6 zugreifen und diese Daten verarbeiten kann.

(3) Vor dem Einzug der elektronischen Gesundheitskarte und vor dem Austausch der elektronischen Gesundheitskarte im Rahmen eines bestehenden Versicherungsverhältnisses hat die einziehende Krankenkasse über Möglichkeiten zur Löschung der Daten nach § 334 Absatz 1 Satz 2 Nummer 2 bis 5 auf der elektronischen Gesundheitskarte zu informieren.

§ 292 Angaben über Leistungsvoraussetzungen

$_{1}$Die Krankenkasse hat Angaben über Leistungen, die zur Prüfung der Voraussetzungen späterer Leistungsgewährung erforderlich sind, aufzuzeichnen. $_{2}$Hierzu gehören insbesondere Angaben zur Feststellung der Voraussetzungen von Leistungsansprüchen bei Krankenhausbehandlung, medizinischen Leistungen zur Gesundheitsvorsorge und Rehabilitation sowie zur Feststellung der Voraussetzungen der Kostenerstattung und zur Leistung von Zuschüssen. $_{3}$Im Falle der Arbeitsunfähigkeit sind auch die Diagnosen aufzuzeichnen.

§ 293 Kennzeichen für Leistungsträger und Leistungserbringer

(1) $_{1}$Die Krankenkassen verwenden im Schriftverkehr, einschließlich des Einsatzes elektronischer Datenübertragung oder maschinell verwertbarer Datenträger, beim

Datenaustausch, für Maßnahmen zur Qualitätssicherung und für Abrechnungszwecke mit den anderen Trägern der Sozialversicherung, der Bundesagentur für Arbeit und den Versorgungsverwaltungen der Länder sowie mit ihren Vertragspartnern einschließlich deren Mitgliedern bundeseinheitliche Kennzeichen. ₂Der Spitzenverband Bund der Krankenkassen, die Spitzenorganisationen der anderen Träger der Sozialversicherung, die Postbeamtenkrankenkasse, die Bundesagentur für Arbeit und die Versorgungsverwaltungen der Länder bilden für die Vergabe der Kennzeichen nach Satz 1 eine Arbeitsgemeinschaft.

(2) Die Mitglieder der Arbeitsgemeinschaft nach Absatz 1 Satz 2 gemeinsam vereinbaren mit den Spitzenorganisationen der Leistungserbringer einheitlich Art und Aufbau der Kennzeichen und das Verfahren der Vergabe und ihre Verwendung.

(3) Kommt eine Vereinbarung nach Absatz 2 nicht oder nicht innerhalb einer vom Bundesministerium für Gesundheit gesetzten Frist zustande, kann dieses im Einvernehmen mit dem Bundesministerium für Arbeit und Soziales nach Anhörung der Beteiligten das Nähere der Regelungen über Art und Aufbau der Kennzeichen und das Verfahren der Vergabe und ihre Verwendung durch Rechtsverordnung mit Zustimmung des Bundesrates bestimmen.

(4) ₁Die Kassenärztliche und die Kassenzahnärztliche Bundesvereinigung führen jeweils ein bundesweites Verzeichnis der an der vertragsärztlichen Versorgung teilnehmenden Ärzte und Zahnärzte sowie Einrichtungen. ₂Das Verzeichnis enthält folgende Angaben:

1. Arzt- oder Zahnarztnummer (unverschlüsselt),
2. Hausarzt- oder Facharztkennung,
3. Teilnahmestatus,
4. Geschlecht des Arztes oder Zahnarztes,
5. Titel des Arztes oder Zahnarztes,
6. Name des Arztes oder Zahnarztes,
7. Vorname des Arztes oder Zahnarztes,
8. Geburtsdatum des Arztes oder Zahnarztes,
9. Straße der Arzt- oder Zahnarztpraxis oder der Einrichtung,
10. Hausnummer der Arzt- oder Zahnarztpraxis oder der Einrichtung,
11. Postleitzahl der Arzt- oder Zahnarztpraxis oder der Einrichtung,
12. Ort der Arzt- oder Zahnarztpraxis oder der Einrichtung,
13. Beginn der Gültigkeit der Arzt- oder Zahnarztnummer und
14. Ende der Gültigkeit der Arzt- oder Zahnarztnummer.

₃Das Verzeichnis ist in monatlichen oder kürzeren Abständen zu aktualisieren. ₄Die Arzt- und Zahnarztnummer ist so zu gestalten, dass sie ohne zusätzliche Daten über den Arzt oder Zahnarzt nicht einem bestimmten Arzt oder Zahnarzt zugeordnet werden kann; dabei ist zu gewährleisten, dass die Arzt- und Zahnarztnummer eine Identifikation des Arztes oder Zahnarztes auch für die Krankenkassen und ihre Verbände für die gesamte Dauer der vertragsärztlichen oder vertragszahnärztlichen Tätigkeit ermöglicht. ₅Die Kassenärztliche Bundesvereinigung und die Kassenzahnärztliche Bundesvereinigung stellen sicher, dass das Verzeichnis die Arzt- und Zahnarztnummern enthält, welche Vertragsärzte und -zahnärzte im Rahmen der Abrechnung ihrer erbrachten und verordneten Leistungen mit den Krankenkassen nach den Vorschriften des Zweiten Abschnitts verwenden. ₆Die Kassenärztliche Bundesvereinigung und die Kassenzahnärztliche Bundesvereinigung stellen dem Spitzenverband Bund der Krankenkassen das Verzeichnis bis zum 31. März 2004 im Wege elektronischer Datenübertragung oder maschinell verwertbar auf Datenträgern zur Verfügung; Änderungen des Verzeichnisses sind dem Spitzenverband Bund der Krankenkassen in monatlichen oder kürzeren Abständen unentgeltlich zu übermitteln. ₇Der Spitzenverband Bund der Krankenkassen stellt seinen Mitgliedsverbänden und den Krankenkassen das Verzeichnis zur Erfüllung ihrer Aufgaben, insbesondere im Bereich der Gewährleistung der Qualität und der Wirtschaftlichkeit der Versorgung sowie der Aufbereitung der dafür erforderlichen Datengrundlagen, zur Verfügung; für andere Zwecke darf der Spitzenverband Bund der Krankenkassen die in dem Verzeichnis enthaltenen Angaben nicht verarbeiten.

(4a) ₁Die Kassenärztliche und die Kassenzahnärztliche Bundesvereinigung übermitteln dem Statistischen Bundesamt für die Erhebung nach dem Gesetz über Kostenstrukturstatistik in der jeweils geltenden Fassung bei Arzt- und Zahnarztpraxen sowie Praxen von Psychotherapeuten auf Anforderung jährlich die in Absatz 4 Satz 2 Nummer 1 bis 3, 5 bis 7 sowie 9 bis 12 genannten Daten. ₂Die in Satz 1 genannten Daten sind innerhalb von 30 Arbeitstagen zu übermitteln. ₃Die Übermittlung der Daten an das Statistische Bundesamt erfolgt nach den vom Statistischen Bundesamt angebotenen sicheren elektronischen Verfahren. ₄Die übermittelten Daten dürfen auch verwendet werden zur Pflege und Führung des Statistikregisters nach § 13 des Bundesstatistikgesetzes (BGBl. I S. 2394), das zuletzt durch Artikel 6 des Gesetzes vom 10. Juli 2020 (BGBl. I S. 1648) geändert worden ist.

(5) ₁Die für die Wahrnehmung der wirtschaftlichen Interessen gebildete maßgebliche Spitzenorganisation der

Apotheker führt ein bundeseinheitliches Verzeichnis über die Apotheken und stellt dieses dem Spitzenverband Bund der Krankenkassen und der Gesellschaft für Telematik im Wege elektronischer Datenübertragung oder maschinell verwertbar auf Datenträgern unentgeltlich zur Verfügung. 2Änderungen des Verzeichnisses sind dem Spitzenverband Bund der Krankenkassen und der Gesellschaft für Telematik in monatlichen oder kürzeren Abständen unentgeltlich zu übermitteln. 3Das Verzeichnis enthält den Namen des Apothekers, die Anschrift und das Kennzeichen der Apotheke; es ist in monatlichen oder kürzeren Abständen zu aktualisieren. 4Die für die Wahrnehmung der wirtschaftlichen Interessen gebildete maßgebliche Spitzenorganisation der Apotheker stellt das Verzeichnis und die Änderungen nach Satz 2 auch der nach § 2 Satz 1 des Gesetzes über Rabatte für Arzneimittel gebildeten zentralen Stelle im Wege elektronischer Datenübertragung oder maschinell verwertbar auf Datenträgern zur Verfügung; die zentrale Stelle hat die Übermittlungskosten zu tragen. 5Der Spitzenverband Bund der Krankenkassen stellt seinen Mitgliedsverbänden und den Krankenkassen das Verzeichnis zur Erfüllung ihrer Aufgaben im Zusammenhang mit der Abrechnung der Apotheken, der in den §§ 129 und 300 getroffenen Regelungen sowie der damit verbundenen Datenaufbereitungen zur Verfügung; für andere Zwecke darf der Spitzenverband Bund der Krankenkassen die in dem Verzeichnis enthaltenen Angaben nicht verarbeiten. 6Die zentrale Stelle darf das Verzeichnis an die Träger der Kosten in Krankheits-, Pflege- und Geburtsfällen nach beamtenrechtlichen Vorschriften, die Unternehmen der privaten Krankenversicherung sowie die sonstigen Träger von Kosten in Krankheitsfällen übermitteln. 7Die in dem Verzeichnis enthaltenen Angaben dürfen nur für die in § 2 des Gesetzes über Rabatte für Arzneimittel genannten Zwecke verarbeitet werden. 8Die Gesellschaft für Telematik darf die in dem Verzeichnis enthaltenen Angaben nur zum Zweck der Ausgabe von Komponenten zur Authentifizierung von Leistungserbringerinstitutionen nach § 340 Absatz 4 verarbeiten. 9Apotheken nach Satz 1 sind verpflichtet, die für das Verzeichnis erforderlichen Auskünfte zu erteilen. 10Weitere Anbieter von Arzneimitteln sind gegenüber dem Spitzenverband Bund der Krankenkassen entsprechend auskunftspflichtig.

(6) 1Der Spitzenverband Bund der Krankenkassen und die Deutsche Krankenhausgesellschaft führen auf der Grundlage der Vereinbarung nach § 2a Absatz 1 Satz 1 des Krankenhausfinanzierungsgesetzes ein bundesweites Verzeichnis der Standorte der nach § 108 zugelassenen Krankenhäuser und ihrer Ambulanzen. 2Sie können das Institut für das Entgeltsystem im Krankenhaus mit der Aufgabe nach Satz 1 beauftragen. 3In diesem Fall sind die notwendigen Aufwendungen des Instituts aus dem Zuschlag nach § 17b Absatz 5 Satz 1 Nummer 1 des Krankenhausfinanzierungsgesetzes zu finanzieren. 4Die zugelassenen Krankenhäuser sind verpflichtet, der das Verzeichnis führenden Stelle auf Anforderung die für den Aufbau und die Durchführung des Verzeichnisses erforderlichen Daten sowie Veränderungen dieser Daten auch ohne Anforderung zu übermitteln. 5Das Verzeichnis ist in nach Satz 10 Nummer 3 zu vereinbarenden Abständen zeitnah zu aktualisieren und im Internet zu veröffentlichen. 6Die Krankenhäuser verwenden die im Verzeichnis enthaltenen Kennzeichen zu Abrechnungszwecken, für Datenübermittlungen an die Datenstelle nach § 21 Absatz 1 des Krankenhausentgeltgesetzes sowie zur Erfüllung der Anforderungen der Richtlinien und Beschlüsse zur Qualitätssicherung des Gemeinsamen Bundesausschusses. 7Die Kostenträger nutzen das Verzeichnis zur Erfüllung ihrer Aufgaben insbesondere im Zusammenhang mit der Abrechnung von Leistungen sowie mit Anforderungen der Richtlinien und Beschlüsse des Gemeinsamen Bundesausschusses zur Qualitätssicherung. 8Der Gemeinsame Bundesausschuss nutzt das Verzeichnis, sofern dies zur Erfüllung der ihm nach diesem Gesetzbuch übertragenen Aufgaben insbesondere im Rahmen der Qualitätssicherung erforderlich ist. 9Das Bundeskartellamt erhält die Daten des Verzeichnisses von der das Verzeichnis führenden Stelle im Wege elektronischer Datenübertragung oder maschinell verwertbar auf Datenträgern zur Erfüllung seiner Aufgaben nach dem Gesetz gegen Wettbewerbsbeschränkungen. 10Die Deutsche Krankenhausgesellschaft und der Spitzenverband Bund der Krankenkassen vereinbaren bis zum 30. Juni 2017 das Nähere zu dem Verzeichnis nach Satz 1, insbesondere

1. die Art und den Aufbau des Verzeichnisses,
2. die Art und den Aufbau der im Verzeichnis enthaltenen Kennzeichen sowie die Voraussetzungen und das Verfahren für die Vergabe der Kennzeichen,
3. die geeigneten Abstände einer zeitnahen Aktualisierung und das Verfahren der kontinuierlichen Fortschreibung,
4. die sächlichen und personellen Voraussetzungen für die Verwendung der Kennzeichen sowie die sonstigen Anforderungen an die Verwendung der Kennzeichen und
5. die Finanzierung der Aufwände, die durch die Führung und die Aktualisierungen des Verzeichnisses entstehen.

11§ 2a Absatz 2 des Krankenhausfinanzierungsgesetzes gilt entsprechend für die Auftragserteilung nach Satz 2 und die Vereinbarung nach Satz 10.

(7) 1Der Spitzenverband Bund der Krankenkassen und die Deutsche Krankenhausgesellschaft führen ein bundesweites Verzeichnis aller in den nach § 108 zugelassenen Krankenhäusern und ihren Ambulanzen tätigen Ärzte. 2Sie können einen Dritten mit der Aufgabe nach Satz 1 beauftragen; für eine das Verzeichnis führende Stelle, die nicht zu den in § 35 des Ersten Buches genannten Stellen gehört, gilt § 35 des Ersten Buches entsprechend. 3Das Verzeichnis enthält für alle Ärzte nach Satz 1 folgende Angaben:

1. Arztnummer (unverschlüsselt),
2. Angaben des Arztes nach Absatz 4 Satz 2 Nummer 4 bis 8,
3. Datum des Staatsexamens,
4. Datum der Approbation,
5. Datum der Promotion,
6. Datum der Facharztanerkennung und Fachgebiet,
7. Kennzeichen im Verzeichnis nach Absatz 6 des Krankenhauses, in dem der Arzt beschäftigt ist,
8. Datum des Beginns der Tätigkeit des Arztes im Krankenhaus und
9. Datum des Endes der Tätigkeit des Arztes im Krankenhaus.

4Die Arztnummer nach Satz 3 Nummer 1 folgt in ihrer Struktur der Arztnummer nach Absatz 4 Satz 2 Nummer 1. 5Die zugelassenen Krankenhäuser sind verpflichtet, der das Verzeichnis führenden Stelle auf Anforderung die für den Aufbau und die Durchführung des Verzeichnisses erforderlichen Daten sowie Veränderungen dieser Daten auch ohne Anforderung zu übermitteln. 6Die Kosten zur Führung des Verzeichnisses tragen der Spitzenverband Bund der Krankenkassen und die Deutsche Krankenhausgesellschaft je zur Hälfte. 7Wird das Institut für das Entgeltsystem im Krankenhaus mit der Führung des Verzeichnisses beauftragt, sind die notwendigen Aufwendungen des Instituts aus dem Zuschlag nach § 17b Absatz 5 Satz 1 Nummer 1 des Krankenhausfinanzierungsgesetzes zu finanzieren. 8Der Spitzenverband Bund der Krankenkassen stellt seinen Mitgliedern das Verzeichnis zur Erfüllung ihrer gesetzlichen Aufgaben zur Verfügung; für andere Zwecke darf der Spitzenverband Bund der Krankenkassen die in dem Verzeichnis enthaltenen Angaben nicht verarbeiten. 9Die Krankenhäuser und die Krankenkassen verarbeiten die im Verzeichnis enthaltenen Angaben spätestens zum 1. Januar 2019 in den gesetzlich bestimmten Fällen. 10Der Spitzenverband Bund der Krankenkassen und die Deutsche Krankenhausgesellschaft vereinbaren im Einvernehmen mit der Kassenärztlichen Bundesvereinigung bis zum 31. Dezember 2017 das Nähere zu dem Verzeichnis nach Satz 1, insbesondere

1. die Art und den Aufbau des Verzeichnisses,
2. die Art, den Abgleich und den Aufbau der im Verzeichnis enthaltenen Angaben sowie die Voraussetzungen und das Verfahren für die Vergabe der Angaben nach Satz 3 Nummer 1 sowie der Verarbeitung der Angaben nach Satz 3 Nummer 2 bis 9,
3. die geeigneten Abstände einer zeitnahen Aktualisierung und das Verfahren der kontinuierlichen Fortschreibung sowie das Verfahren zur Löschung von Einträgen und
4. die sächlichen und personellen Voraussetzungen für die Verarbeitung der Angaben sowie die sonstigen Anforderungen an die Verarbeitung der Angaben.

11Die Vereinbarung nach Satz 10 ist für den Spitzenverband Bund der Krankenkassen, die Deutsche Krankenhausgesellschaft, die Kassenärztliche Bundesvereinigung sowie deren jeweiligen Mitglieder und für die Leistungserbringer verbindlich. 12Kommt eine Vereinbarung nach Satz 10 ganz oder teilweise nicht zustande, entscheidet auf Antrag einer Vertragspartei das sektorenübergreifende Schiedsgremium auf Bundesebene gemäß § 89a.

(8) 1Das Bundesinstitut für Arzneimittel und Medizinprodukte errichtet bis zum 31. Dezember 2021 im Benehmen mit dem Spitzenverband Bund der Krankenkassen, dem Spitzenverband Bund der Pflegekassen und den für die Wahrnehmung der Interessen der Träger von ambulanten Pflegediensten und Betreuungsdiensten nach § 71 Absatz 1a des Elften Buches maßgeblichen Vereinigungen auf Bundesebene ein bundesweites Verzeichnis

1. der ambulanten Leistungserbringer, mit denen die Krankenkassen Verträge nach § 132a Absatz 4 Satz 1 abgeschlossen haben, oder bei denen es sich um zugelassene Pflegeeinrichtungen im Sinne des § 72 Absatz 1 Satz 1 des Elften Buches handelt,
2. der Personen, die durch die in Nummer 1 genannten Leistungserbringer beschäftigt sind und häusliche Krankenpflege nach § 37, außerklinische Intensivpflege nach § 37c oder Leistungen der häuslichen Pflegehilfe im Sinne des § 36 Absatz 1 des Elften Buches erbringen, sowie
3. der Pflegekräfte, mit denen die Pflegekassen Verträge nach § 77 Absatz 1 des Elften Buches abgeschlossen haben.

2Das Bundesinstitut für Arzneimittel und Medizinprodukte legt hierbei für jede in das Verzeichnis aufzunehmende Person nach Satz 1 Nummer 2 und Pflegekraft nach Satz 1 Nummer 3 eine Beschäftigtennummer fest. 3Die Beschäftigtennummer folgt in ihrer Struktur der Arztnummer nach Absatz 4 Satz 2 Nummer 1. 4Das Verzeichnis nach Satz 1 enthält für die Personen nach Satz 1 Nummer 2 und für die Pflegekräfte nach Satz 1 Nummer 3 folgende Angaben:

1. die Beschäftigtennummer (unverschlüsselt),
2. den Vornamen und den Namen,
3. das Geburtsdatum,
4. die Bezeichnung der abgeschlossenen Berufsausbildungen und das Datum des jeweiligen Abschlusses sowie
5. die Bezeichnung abgeschlossener Zusatzqualifikationen und das Datum des jeweiligen Abschlusses.

5Für die Personen nach Satz 1 Nummer 2 enthält das Verzeichnis zusätzlich zu den Angaben nach Satz 4

1. das Kennzeichen des Arbeitgebers oder des Trägers des Leistungserbringers nach Satz 1 Nummer 1,
2. das Kennzeichen des Leistungserbringers nach Satz 1 Nummer 1, in dem die Person beschäftigt ist, oder, wenn ein solches nicht vorhanden ist, ersatzweise die Anschrift des Leistungserbringers, bei dem die Person beschäftigt ist, und
3. den Beginn und das Ende der Tätigkeit beim Leistungserbringer nach Nummer 2.

6Für die Pflegekräfte nach Satz 1 Nummer 3 enthält das Verzeichnis zusätzlich zu den Angaben nach Satz 4

1. die Anschrift der Pflegekraft und
2. den Beginn und das Ende des mit der Pflegekasse geschlossenen Vertrages.

7Die Leistungserbringer, mit denen die Krankenkassen Verträge nach § 132a Absatz 4 Satz 1 oder die Landesverbände der Krankenkassen und die Ersatzkassen Verträge nach § 132l Absatz 5 abgeschlossen haben oder bei denen es sich um zugelassene Pflegeeinrichtungen im Sinne des § 72 Absatz 1 Satz 1 des Elften Buches handelt, und die Pflegekräfte nach Satz 1 Nummer 3 sind verpflichtet, dem Bundesinstitut für Arzneimittel und Medizinprodukte ab dem 1. August 2022 die Angaben nach Satz 4 Nummer 2 bis 5 und den Sätzen 5 und 6 zu übermitteln sowie unverzüglich jede Veränderung dieser Angaben mitzuteilen. 8Die Kosten für die Führung des Verzeichnisses trägt der Spitzenverband Bund der Krankenkassen. 9Das Bundesinstitut für Arzneimittel und Medizinprodukte stellt den Kranken- und Pflegekassen die zur Erfüllung ihrer gesetzlichen Aufgaben nach diesem und nach dem Elften Buch erforderlichen Angaben aus dem Verzeichnis zur Verfügung; für andere Zwecke dürfen die Angaben nicht verwendet werden. 10Das Bundesinstitut für Arzneimittel und Medizinprodukte stellt den in Satz 7 genannten Leistungserbringern und den Pflegekräften nach Satz 1 Nummer 3 die Beschäftigtennummer zur Verfügung. 11Die Beschäftigtennummer ist spätestens ab dem 1. Januar 2023 für die Abrechnung der von der Person nach Satz 1 Nummer 2 oder der Pflegekraft nach Satz 1 Nummer 3 erbrachten Leistungen zu verwenden.

§ 293a Transparenzstelle für Verträge über eine hausarztzentrierte Versorgung und über eine besondere Versorgung

(1) 1Das Bundesamt für Soziale Sicherung richtet eine bundesweite Transparenzstelle für Verträge nach den §§ 73b und 140a einschließlich der Verträge, die nach den §§ 73a, 73c und 140a in der am 22. Juli 2015 geltenden Fassung geschlossen wurden, (Vertragstransparenzstelle) ein. 2Die Vertragstransparenzstelle dient dem Zweck der Sicherung der Datengrundlagen für den Risikostrukturausgleich nach § 273 und der Information der Öffentlichkeit. 3Die Vertragstransparenzstelle führt ein Verzeichnis, das zu den Verträgen nach Satz 1 insbesondere Angaben enthält über

1. die Vertragsform,
2. die vertragschließende Krankenkasse,
3. bei einem Vertrag nach § 140a die Art der vertragschließenden Leistungserbringer,
4. den Tag des Vertragsbeginns,
5. soweit erfolgt, den Tag der Wirksamkeit von Vertragsänderungen,
6. den Tag des Vertragsendes,
7. den räumlichen Geltungsbereich des Vertrages,
8. soweit vorhanden, die dem Vertrag als Einschlusskriterien zugrunde liegenden Diagnosen und
9. die Vertragsnummer nach Satz 4.

4Jeder Vertrag ist durch die Vertragstransparenzstelle mit einer Vertragsnummer zu kennzeichnen. 5Das Verzeichnis nach Satz 3 ist vierteljährlich zu aktualisieren und in der jeweiligen aktuellen Fassung im Internet zu veröffentlichen.

(2) 1Die erstmalige Veröffentlichung des Verzeichnisses umfasst mindestens die Angaben nach Absatz 1 Satz 3 Nummer 1, 2 und 9 und erfolgt bis spätestens zum 30. September 2020. 2Die Veröffentlichung des Verzeichnisses mit sämtlichen Angaben nach Absatz 1 Satz 3 erfolgt bis spätestens zum 30. September 2021.

(3) 1Die Vertragstransparenzstelle bestimmt erstmalig bis zum 31. Juli 2020 das Nähere zu dem Verzeichnis nach Absatz 1 Satz 3 in Verbindung mit Absatz 2 Satz 1, insbesondere

1. Art und Aufbau des Verzeichnisses,
2. das Verfahren für die Eintragung der Verträge in das Verzeichnis,

3. Art und Aufbau der im Verzeichnis enthaltenen Vertragsnummer und

4. das Verfahren für die Vergabe der Vertragsnummer.

₂Bei der Bestimmung nach Satz 1 Nummer 3 und 4 sollen bereits bestehende Vertragskennzeichen berücksichtigt werden. ₃Die Vertragstransparenzstelle bestimmt das Nähere zu dem Verzeichnis nach Absatz 1 Satz 3 in Verbindung mit Absatz 2 Satz 2 bis zum 31. März 2021. ₄Satz 1 Nummer 1 und 2 gilt entsprechend.

(4) ₁Die Krankenkassen sind verpflichtet, der Vertragstransparenzstelle auf Anforderung spätestens bis zum 31. August 2020 die für die erstmalige Veröffentlichung des Verzeichnisses erforderlichen Angaben nach Absatz 2 Satz 1 zu übermitteln. ₂Veränderungen der Angaben nach Absatz 2 Satz 1 und die Angaben zu nach der erstmaligen Übermittlung vereinbarten Verträgen sind von den Krankenkassen ohne Anforderung zu übermitteln.

(5) ₁Die Krankenkassen sind verpflichtet, der Vertragstransparenzstelle auf Anforderung spätestens bis zum 30. Juni 2021 die für die Veröffentlichung des Verzeichnisses nach Absatz 2 Satz 2 erforderlichen Angaben zu übermitteln. ₂Veränderungen der Angaben und die Angaben zu nach der erstmaligen Übermittlung vereinbarten Verträgen sind von den Krankenkassen ohne Anforderung zu übermitteln.

(6) Innerhalb von drei Monaten nach Bekanntgabe der Vertragsnummer nach Absatz 1 Satz 4 schaffen die Vertragspartner die Voraussetzungen für die softwaretechnische Umsetzung der ärztlichen Übermittlungspflicht nach § 295 Absatz 1b Satz 1 und 8.

(7) Die dem Bundesamt für Soziale Sicherung bei der Verwaltung der Vertragstransparenzstelle entstehenden Ausgaben werden aus den Einnahmen des Gesundheitsfonds gedeckt.

Zweiter Abschnitt
Übermittlung und Aufbereitung von Leistungsdaten, Datentransparenz

Erster Titel
Übermittlung von Leistungsdaten

§ 294 Pflichten der Leistungserbringer

Die an der vertragsärztlichen Versorgung teilnehmenden Ärzte und die übrigen Leistungserbringer sind verpflichtet, die für die Erfüllung der Aufgaben der Krankenkassen sowie der Kassenärztlichen Vereinigungen notwendigen Angaben, die aus der Erbringung, der Verordnung sowie der Abgabe von Versicherungsleistungen entstehen, aufzuzeichnen und gemäß den nachstehenden Vorschriften den Krankenkassen, den Kassenärztlichen Vereinigungen oder den mit der Datenverarbeitung beauftragten Stellen mitzuteilen.

§ 294a Mitteilung von Krankheitsursachen und drittverursachten Gesundheitsschäden

(1) ₁Liegen Anhaltspunkte dafür vor, dass eine Krankheit eine Berufskrankheit im Sinne der gesetzlichen Unfallversicherung oder deren Spätfolgen oder die Folge oder Spätfolge eines Arbeitsunfalls, eines sonstigen Unfalls, einer Körperverletzung, einer Schädigung im Sinne des Bundesversorgungsgesetzes oder eines Impfschadens im Sinne des Infektionsschutzgesetzes ist oder liegen Hinweise auf drittverursachte Gesundheitsschäden vor, sind die an der vertragsärztlichen Versorgung teilnehmenden Ärzte und Einrichtungen sowie die Krankenhäuser nach § 108 verpflichtet, die erforderlichen Daten, einschließlich der Angaben über Ursachen und den möglichen Verursacher, den Krankenkassen mitzuteilen. ₂Bei Hinweisen auf drittverursachte Gesundheitsschäden, die Folge einer Misshandlung, eines sexuellen Missbrauchs, eines sexuellen Übergriffs, einer sexuellen Nötigung, einer Vergewaltigung oder einer Vernachlässigung von Kindern und Jugendlichen sein können, besteht keine Mitteilungspflicht nach Satz 1. ₃Bei Hinweisen auf drittverursachte Gesundheitsschäden, die Folge einer Misshandlung, eines sexuellen Missbrauchs, eines sexuellen Übergriffs, einer sexuellen Nötigung oder einer Vergewaltigung einer oder eines volljährigen Versicherten sein können, besteht die Mitteilungspflicht nach Satz 1 nur dann, wenn die oder der Versicherte in die Mitteilung ausdrücklich eingewilligt hat.

(2) ₁Liegen Anhaltspunkte für ein Vorliegen der Voraussetzungen des § 52 Abs. 2 vor, sind die an der vertragsärztlichen Versorgung teilnehmenden Ärzte und Einrichtungen sowie die Krankenhäuser nach § 108 verpflichtet, den Krankenkassen die erforderlichen Daten mitzuteilen. ₂Die Versicherten sind über den Grund der Meldung nach Satz 1 und die gemeldeten Daten zu informieren.

§ 295 Übermittlungspflichten und Abrechnung bei ärztlichen Leistungen

(1) ₁Die an der vertragsärztlichen Versorgung teilnehmenden Ärzte und Einrichtungen sind verpflichtet,

1. die von ihnen festgestellten Arbeitsunfähigkeitsdaten,
2. in den Abrechnungsunterlagen für die vertragsärztlichen Leistungen die von ihnen erbrachten Leistungen einschließlich des Tages und, soweit für die Überprüfung der Zulässigkeit und Richtigkeit der Abrechnung erforderlich, der Uhrzeit der Behandlung, bei ärztlicher Behandlung mit Diagnosen, bei zahnärztlicher Behandlung mit Zahnbezug und Befunden,

3. in den Abrechnungsunterlagen sowie auf den Vordrucken für die vertragsärztliche Versorgung ihre Arztnummer, in Überweisungsfällen die Arztnummer des überweisenden Arztes und bei der Abrechnung von Leistungen nach § 73 Absatz 1 Satz 2 Nummer 2 die Arztnummer des Arztes, bei dem der Termin vermittelt wurde, sowie die Angaben nach § 291a Absatz 2 Nummer 1 bis 10 maschinenlesbar

aufzuzeichnen und zu übermitteln. 2Die Diagnosen nach Satz 1 Nr. 1 und 2 sind nach der Internationalen Klassifikation der Krankheiten in der jeweiligen vom Bundesinstitut für Arzneimittel und Medizinprodukte im Auftrag des Bundesministeriums für Gesundheit herausgegebenen deutschen Fassung zu verschlüsseln. 3Das Bundesministerium für Gesundheit kann das Bundesinstitut für Arzneimittel und Medizinprodukte beauftragen, den in Satz 2 genannten Schlüssel um Zusatzkennzeichen zur Gewährleistung der für die Erfüllung der Aufgaben der Krankenkassen notwendigen Aussagefähigkeit des Schlüssels zu ergänzen. 4Von Vertragsärzten durchgeführte Operationen und sonstige Prozeduren sind nach dem vom Bundesinstitut für Arzneimittel und Medizinprodukte im Auftrag des Bundesministeriums für Gesundheit herausgegebenen Schlüssel zu verschlüsseln. 5In dem Schlüssel nach Satz 4 können durch das Bundesinstitut für Arzneimittel und Medizinprodukte auch Voraussetzungen für die Abrechnung der Operationen und sonstigen Prozeduren festgelegt werden. 6Das Bundesministerium für Gesundheit gibt den Zeitpunkt des Inkrafttretens der jeweiligen Fassung des Diagnosenschlüssels nach Satz 2 sowie des Prozedurenschlüssels nach Satz 4 im Bundesanzeiger bekannt. 7Von dem in Satz 6 genannten Zeitpunkt an sind der Diagnoseschlüssel nach Satz 2 sowie der Operationen- und Prozedurenschlüssel nach Satz 4 verbindlich und für die Abrechnung der erbrachten Leistungen zu verwenden. 8Das Bundesinstitut für Arzneimittel und Medizinprodukte kann bei Auslegungsfragen zu den Diagnosenschlüsseln nach Satz 2 und den Prozedurenschlüsseln nach Satz 4 Klarstellungen und Änderungen mit Wirkung auch für die Vergangenheit vornehmen, soweit diese nicht zu erweiterten Anforderungen an die Verschlüsselung erbrachter Leistungen führen. 9Für das Verfahren der Festlegung des Diagnoseschlüssels nach Satz 2 sowie des Operationen- und Prozedurenschlüssels nach Satz 4 gibt sich das Bundesinstitut für Arzneimittel und Medizinprodukte eine Verfahrensordnung, die der Genehmigung des Bundesministeriums für Gesundheit bedarf und die auf der Internetseite des Bundesinstituts für Arzneimittel und Medizinprodukte zu veröffentlichen ist. 10Die Angaben nach Satz 1 Nummer 1 sind unter Angabe der Diagnosen sowie unter Nutzung des sicheren Übermittlungsverfahrens nach § 311 Absatz 6 über die Telematikinfrastruktur unmittelbar elektronisch an die Krankenkasse zu übermitteln; dies gilt nicht für Vorsorge- und Rehabilitationseinrichtungen, die nicht an die Telematikinfrastruktur angeschlossen sind.

(1a) Für die Erfüllung der Aufgaben nach § 106d sind die an der vertragsärztlichen Versorgung teilnehmenden Ärzte verpflichtet und befugt, auf Verlangen der Kassenärztlichen Vereinigungen die für die Prüfung erforderlichen Befunde vorzulegen.

(1b) 1Ärzte, Einrichtungen und medizinische Versorgungszentren, die ohne Beteiligung der Kassenärztlichen Vereinigungen mit den Krankenkassen oder ihren Verbänden Verträge über Modellvorhaben nach § 64e, zu besonderen Versorgungsformen (§ 140a) oder zur Versorgung nach den §§ 73b, 132e oder 132f abgeschlossen haben, psychiatrische Institutsambulanzen sowie Leistungserbringer, die gemäß § 116b Abs. 2 an der ambulanten spezialfachärztlichen Versorgung teilnehmen, übermitteln die in Absatz 1 genannten Angaben, bei Krankenhäusern einschließlich ihres Institutionskennzeichens, an die jeweiligen Krankenkassen im Wege elektronischer Datenübertragung oder maschinell verwertbar auf Datenträgern; vertragsärztliche Leistungserbringer können in den Fällen des § 116b die Angaben über die Kassenärztliche Vereinigung übermitteln. 2Das Nähere regelt der Spitzenverband Bund der Krankenkassen mit Ausnahme der Datenübermittlung der Leistungserbringer, die gemäß § 116b Absatz 2 an der ambulanten spezialärztlichen Versorgung teilnehmen, sowie der psychiatrischen Institutsambulanzen. 3Die psychiatrischen Institutsambulanzen übermitteln die Angaben nach Satz 1 zusätzlich an die Datenstelle nach § 21 Absatz 1 Satz 1 des Krankenhausentgeltgesetzes. 4Die Selbstverwaltungspartner nach § 17b Absatz 2 des Krankenhausfinanzierungsgesetzes vereinbaren für die Dokumentation der Leistungen der psychiatrischen Institutsambulanzen nach Satz 1 sowie für die Durchführung der vom Gemeinsamen Bundesausschuss nach § 101 Absatz 1 Satz 1 Nummer 2b zu beschließenden Bestimmungen bis spätestens zum 1. Januar 2018 einen bundeseinheitlichen Katalog, der nach Art und Umfang der Leistung sowie der zur Leistungserbringung eingesetzten personellen Kapazitäten getrennt nach Berufsgruppen und Fachgebieten differenziert, sowie das Nähere zur Datenübermittlung nach Satz 3; für die Umsetzung des Prüfauftrags nach § 17d Absatz 1 Satz 3 des Krankenhausfinanzierungsgesetzes vereinbaren sie dabei auch, ob und wie der Prüfauftrag auf der Grundlage der Daten einer Vollerhebung oder einer repräsentativen Stichprobe der Leistungen psychiatrischer Institutsambulanzen sachgerecht zu erfüllen ist. 5§ 21 Absatz 4, Absatz 5 Satz 1 und 2 sowie Absatz 6 des Krankenhausentgeltgesetzes ist für die Vereinbarung zur Datenübermittlung entsprechend anzuwenden. 6Für die Vereinbarung einer bundeseinheitlichen Dokumentation der Leistungen der psychiatrischen Institutsambulanzen gilt § 21 Absatz 4 und 6 des Krankenhausentgeltgesetzes entsprechend mit der Maßgabe, dass die Schiedsstelle innerhalb von sechs Wochen entscheidet. 7Die Schiedsstelle entscheidet innerhalb von sechs Wochen nach Antrag einer Vertragspartei auch über die Tatbestände nach Satz 4 zweiter Halbsatz, zu denen keine Einigung zustande gekommen ist. 8In Fällen der Verträge nach den §§ 73b und 140a sind als zusätzliche Angabe je Diagnose auch die Vertragsnummern nach § 293a Absatz 1 Satz 4 zu übermitteln; Satz 1 gilt entsprechend.

(2) 1Für die Abrechung der Vergütung übermitteln die Kassenärztlichen Vereinigungen im Wege elektronischer Datenübertragung oder maschinell verwertbar auf Datenträgern den Krankenkassen für jedes Quartal für jeden Behandlungsfall folgende Daten:

1. Angaben nach § 291a Absatz 2 Nummer 1, 6 und 7,
2. Arzt- oder Zahnarztnummer, in Überweisungsfällen die Arzt- oder Zahnarztnummer des überweisenden Arztes und bei der Abrechnung von Leistungen nach § 73 Absatz 1 Satz 2 Nummer 2 die Arztnummer des Arztes, bei dem der Termin vermittelt wurde,
3. Art der Inanspruchnahme,
4. Art der Behandlung,
5. Tag und, soweit für die Überprüfung der Zulässigkeit und Richtigkeit der Abrechnung erforderlich, die Uhrzeit der Behandlung,
6. abgerechnete Gebührenpositionen mit den Schlüsseln nach Absatz 1 Satz 5, bei zahnärztlicher Behandlung mit Zahnbezug und Befunden,
7. Kosten der Behandlung,
8. den Nachweis über die Erfüllung der Meldepflicht nach § 36 des Implantateregistergesetzes,
9. bei der Abrechnung von Leistungen im Rahmen von Verträgen nach den §§ 73b und 140a, an denen eine Kassenärztliche Vereinigung beteiligt ist, je Diagnose die Angabe der jeweiligen Vertragsnummer nach § 293a Absatz 1 Satz 4.

2Die Kassenärztlichen Vereinigungen übermitteln für die Durchführung der Programme nach § 137g die in den Richtlinien des Gemeinsamen Bundesausschusses nach § 137f festgelegten Angaben versichertenbezogen an die Krankenkassen, soweit sie an der Durchführung dieser Programme beteiligt sind. 4Die Kassenärztlichen Vereinigungen übermitteln den Krankenkassen die Angaben nach Satz 1 für Versicherte, die an den Programmen nach § 137f teilnehmen, versichertenbezogen. 5§ 137f Abs. 3 Satz 2 bleibt unberührt.

(2a) Die an der vertragsärztlichen Versorgung teilnehmenden Ärzte und Einrichtungen sowie Leistungserbringer, die ohne Beteiligung der Kassenärztlichen Vereinigungen mit den Krankenkassen oder ihren Verbänden Verträge zu besonderen Versorgungsformen (§ 140a) oder zur Versorgung nach § 73b abgeschlossen haben, sowie Leistungserbringer, die gemäß § 116b Abs. 2 an der ambulanten spezialfachärztlichen Versorgung teilnehmen, sind verpflichtet, die Angaben gemäß § 292 aufzuzeichnen und den Krankenkassen zu übermitteln; vertragsärztliche Leistungserbringer können in den Fällen des § 116b die Angaben über die Kassenärztliche Vereinigung übermitteln.

(3) 1Die Vertragsparteien der Verträge nach § 82 Abs. 1 und § 87 Abs. 1 vereinbaren als Bestandteil dieser Verträge das Nähere über

1. Form und Inhalt der Abrechnungsunterlagen für die vertragsärztlichen Leistungen,
2. Form und Inhalt der im Rahmen der vertragsärztlichen Versorgung erforderlichen Vordrucke,
3. die Erfüllung der Pflichten der Vertragsärzte nach Absatz 1,
4. die Erfüllung der Pflichten der Kassenärztlichen Vereinigung nach Absatz 2, insbesondere auch Form, Frist und Umfang der Übermittlung der Abrechnungsunterlagen an die Krankenkassen oder deren Verbände,
5. Einzelheiten der Datenübermittlung einschließlich einer einheitlichen Datensatzstruktur und der Aufbereitung von Abrechnungsunterlagen nach den §§ 296 und 297.

2Die Vertragsparteien nach Satz 1 vereinbaren bis zum 30. September 2021 eine Verkürzung der Frist der Übermittlung der Abrechnungsunterlagen nach Satz 1 Nummer 4.

(4) 1Die an der vertragsärztlichen Versorgung teilnehmenden Ärzte, Einrichtungen und medizinischen Versorgungszentren haben die für die Abrechnung der Leistungen notwendigen Angaben der Kassenärztlichen Vereinigung im Wege elektronischer Datenübertragung, die unter Anwendung des sicheren Übermittlungsverfahrens nach § 311 Absatz 6 über die Telematikinfrastruktur erfolgen kann, oder maschinell verwertbar auf Datenträgern zu übermitteln. 2Das Nähere regelt die Kassenärztliche Bundesvereinigung. 3Dies umfasst im Benehmen mit dem Spitzenverband Bund der Krankenkassen, der Deutschen Krankenhausgesellschaft und dem Bundesinstitut für Arzneimittel und Medizinprodukte für die Abrechnung

und Vergütung der vertragsärztlichen Leistungen die Vorgabe von verbindlichen Regelungen zur Vergabe und Übermittlung der Schlüssel nach Absatz 1 Satz 6 sowie von Prüfmaßstäben erstmals bis zum 30. Juni 2020 mit Wirkung zum 1. Januar 2022. 4Die Regelungen und die Prüfmaßstäbe nach Satz 3 sind danach jährlich zu aktualisieren; die Kassenärztliche Bundesvereinigung hat gegenüber den nach Satz 3 zu Beteiligenden das Verfahren nachvollziehbar und transparent zu begründen, Anforderungen für die Zertifizierung von Software, Softwareteilen und Komponenten nach Satz 6 darzulegen und die Erläuterungen auf ihrer Internetseite zu veröffentlichen. 5Die Regelungen und die Prüfmaßstäbe nach Satz 3 gelten auch für Leistungserbringer nach § 27b Absatz 3, den §§ 73b, 76 Absatz 1a, den §§ 116, 116a, 116b Absatz 2, den §§ 117 bis 119, 119c, 120 Absatz 1a, den §§ 121a, 137f und 140a sowie für die Leistungserbringung nach § 115b. 6Die Regelungen und die Prüfmaßstäbe nach Satz 3 sind auch Gegenstand der durch die Kassenärztliche Bundesvereinigung durchzuführenden Zertifizierung von Software, Softwareteilen und Komponenten, soweit diese außerhalb der vertragsärztlichen Versorgung zur Anwendung kommen sollen; das Zertifizierungsverfahren hat zudem die Einhaltung der ärztlichen Pflicht zur Übermittlung der Vertragsnummer nach Absatz 1b Satz 8 in Verträgen nach den §§ 73b und 140a zu gewährleisten. 7Die Vorgabe von verbindlichen Regelungen zur Vergabe und Übermittlung der Schlüssel sowie von Prüfmaßstäben nach Satz 3 und die jährliche Aktualisierung nach Satz 4 sind im Einvernehmen mit der Deutschen Krankenhausgesellschaft zu beschließen, sofern Schlüssel nach Absatz 1 Satz 6 wesentlich von Leistungserbringern nach Satz 5, mit Ausnahme von Leistungserbringern nach den §§ 73b und 140a, vergeben werden.

§ 295a Abrechnung der im Rahmen von Verträgen nach § 73b, § 132e, § 132f und § 140a sowie vom Krankenhaus im Notfall erbrachten Leistungen

(1) 1Für die Abrechnung der im Rahmen von Verträgen nach den §§ 73b, 132e, 132f und 140a erbrachten Leistungen sind die an diesen Versorgungsformen teilnehmenden Leistungserbringer befugt, die nach den Vorschriften dieses Kapitels erforderlichen Angaben an den Vertragspartner auf Leistungserbringerseite als Verantwortlichen oder an eine nach Absatz 2 beauftragte andere Stelle zu übermitteln; für den Vertragspartner auf Leistungserbringerseite gilt § 35 des Ersten Buches entsprechend. 2Voraussetzung ist, dass der Versicherte vor Abgabe der Teilnahmeerklärung an der Versorgungsform umfassend über die vorgesehene Datenübermittlung informiert worden ist und mit der Einwilligung in die Teilnahme zugleich in die damit verbundene Datenübermittlung schriftlich oder elektronisch eingewilligt hat. 3Der Vertragspartner auf Leistungserbringerseite oder die beauftragte andere Stelle dürfen die übermittelten Daten nur zu Abrechnungszwecken verarbeiten; sie übermitteln die Daten im Wege elektronischer Datenübertragung oder maschinell verwertbar auf Datenträgern an den jeweiligen Vertragspartner auf Krankenkassenseite.

(2) 1Der Vertragspartner auf Leistungserbringerseite darf eine andere Stelle mit der Verarbeitung der für die Abrechnung der in Absatz 1 genannten Leistungen erforderlichen personenbezogenen Daten beauftragen; die Vorschriften des Fünften Abschnitts bleiben unberührt. 2§ 80 des Zehnten Buches ist anzuwenden mit der weiteren Maßgabe, dass Unterauftragsverhältnisse ausgeschlossen sind. 3Für Auftraggeber und Auftragsverarbeiter, die nicht zu den in § 35 des Ersten Buches genannten Stellen gehören, gilt diese Vorschrift entsprechend; sie haben insbesondere die technischen und organisatorischen Maßnahmen nach den Artikeln 24, 25 und 32 der Verordnung (EU) 2016/679 zu treffen.

(3) 1Für die Abrechnung von im Notfall erbrachten ambulanten ärztlichen Leistungen darf das Krankenhaus eine andere Stelle mit der Verarbeitung der erforderlichen personenbezogenen Daten beauftragen, sofern der Versicherte schriftlich oder elektronisch in die Datenübermittlung eingewilligt hat; § 334 bleibt unberührt. 2Der Auftragsverarbeiter darf diese Daten nur zu Abrechnungszwecken verarbeiten. 3Absatz 2 Satz 2 und 3 gilt entsprechend.

§ 296 Datenübermittlung für Wirtschaftlichkeitsprüfungen

(1) 1Für die arztbezogenen Prüfungen nach § 106 übermitteln die Kassenärztlichen Vereinigungen im Wege elektronischer Datenübertragung oder maschinell verwertbar auf Datenträgern den Prüfungsstellen nach § 106c aus den Abrechnungsunterlagen der Vertragsärzte für jedes Quartal folgende Daten:

1. Arztnummer, einschließlich von Angaben nach § 293 Abs. 4 Satz 1 Nr. 2, 3, 6, 7 und 9 bis 14 und Angaben zu Schwerpunkt- und Zusatzbezeichnungen sowie zusätzlichen Abrechnungsgenehmigungen,
2. Kassennummer,
3. die abgerechneten Behandlungsfälle sowie deren Anzahl, getrennt nach Mitgliedern und Rentnern sowie deren Angehörigen,
4. die Überweisungsfälle sowie die Notarzt- und Vertreterfälle sowie deren Anzahl, jeweils in der Aufschlüsselung nach Nummer 3,

5. durchschnittliche Anzahl der Fälle der vergleichbaren Fachgruppe in der Gliederung nach den Nummern 3 und 4,
6. Häufigkeit der abgerechneten Gebührenposition unter Angabe des entsprechenden Fachgruppendurchschnitts,
7. in Überweisungsfällen die Arztnummer des überweisenden Arztes.

2Soweit es zur Durchführung der in den Vereinbarungen nach § 106b Absatz 1 Satz 1 vorgesehenen Wirtschaftlichkeitsprüfungen erforderlich ist, sind die Daten nach Satz 1 Nummer 3 jeweils unter Angabe der nach § 295 Absatz 1 Satz 2 verschlüsselten Diagnose zu übermitteln.

(2) 1Für die arztbezogenen Prüfungen nach § 106 übermitteln die Krankenkassen im Wege elektronischer Datenübertragung oder maschinell verwertbar auf Datenträgern den Prüfungsstellen nach § 106c über die von allen Vertragsärzten verordneten Leistungen (Arznei-, Verband-, Heil- und Hilfsmittel sowie Krankenhausbehandlungen) für jedes Quartal folgende Daten:

1. Arztnummer des verordnenden Arztes,
2. Kassennummer,
3. Art, Menge und Kosten verordneter Arznei-, Verband-, Heil- und Hilfsmittel, getrennt nach Mitgliedern und Rentnern sowie deren Angehörigen, oder bei Arzneimitteln einschließlich des Kennzeichens nach § 300 Abs. 3 Nr. 1,
4. Häufigkeit von Krankenhauseinweisungen sowie Dauer der Krankenhausbehandlung.

2Soweit es zur Durchführung der in den Vereinbarungen nach § 106b Absatz 1 Satz 1 vorgesehenen Wirtschaftlichkeitsprüfungen erforderlich ist, sind der Prüfungsstelle auf Anforderung auch die Versichertennummern arztbezogen zu übermitteln.

(3) 1Die Kassenärztliche Bundesvereinigung und der Spitzenverband Bund der Krankenkassen bestimmen im Vertrag nach § 295 Abs. 3 Nr. 5 Näheres über die nach Absatz 2 Nr. 3 anzugebenden Arten und Gruppen von Arznei-, Verband- und Heilmitteln. 2Sie können auch vereinbaren, dass jedes einzelne Mittel oder dessen Kennzeichen angegeben wird. 3Zu vereinbaren ist ferner Näheres zu den Fristen der Datenübermittlungen nach den Absätzen 1 und 2 sowie zu den Folgen der Nichteinhaltung dieser Fristen.

(4) Soweit es zur Durchführung der in den Vereinbarungen nach § 106b Absatz 1 Satz 1 vorgesehenen Wirtschaftlichkeitsprüfungen erforderlich ist, sind die an der vertragsärztlichen Versorgung teilnehmenden Ärzte und Einrichtungen verpflichtet und befugt, auf Verlangen der Prüfungsstelle nach § 106c die für die Prüfung erforderlichen Befunde vorzulegen.

§ 297 Weitere Regelungen zur Datenübermittlung für Wirtschaftlichkeitsprüfungen

(1) Die Kassenärztlichen Vereinigungen übermitteln im Wege der elektronischen Datenübertragung oder maschinell verwertbar auf Datenträgern den Prüfungsstellen nach § 106c aus den Abrechnungsunterlagen der in die Prüfung einbezogenen Vertragsärzte folgende Daten:

1. Arztnummer,
2. Kassennummer,
3. Krankenversichertennummer,
4. abgerechnete Gebührenpositionen je Behandlungsfall einschließlich des Tages der Behandlung, bei ärztlicher Behandlung mit der nach dem in § 295 Abs. 1 Satz 2 genannten Schlüssel verschlüsselten Diagnose, bei zahnärztlicher Behandlung mit Zahnbezug und Befunden, bei Überweisungen mit dem Auftrag des überweisenden Arztes.

(2) 1Soweit es zur Durchführung der in den Vereinbarungen nach § 106b Absatz 1 Satz 1 vorgesehenen Wirtschaftlichkeitsprüfungen erforderlich ist, übermitteln die Krankenkassen im Wege der elektronischen Datenübertragung oder maschinell verwertbar auf Datenträgern den Prüfungsstellen nach § 106c die Daten über die von den in die Prüfung einbezogenen Vertragsärzten verordneten Leistungen unter Angabe der Arztnummer, der Kassennummer und der Krankenversichertennummer. 2Die Daten über die verordneten Arzneimittel enthalten zusätzlich jeweils das Kennzeichen nach § 300 Absatz 3 Satz 1. 3Die Daten über die Verordnungen von Krankenhausbehandlungen enthalten zusätzlich jeweils die gemäß § 301 übermittelten Angaben über den Tag und den Grund der Aufnahme, die Einweisungsdiagnose, die Aufnahmediagnose, die Art der durchgeführten Operationen und sonstigen Prozeduren sowie die Dauer der Krankenhausbehandlung.

§ 298 Übermittlung versichertenbezogener Daten

Im Rahmen eines Prüfverfahrens ist die versichertenbezogene Übermittlung von Angaben über ärztliche oder ärztlich verordnete Leistungen zulässig, soweit die Wirtschaftlichkeit oder Qualität der ärztlichen Behandlungs- oder Verordnungsweise im Einzelfall zu beurteilen ist.

§ 299 Datenverarbeitung für Zwecke der Qualitätssicherung

(1) 1Die an der vertragsärztlichen Versorgung teilnehmenden Ärzte, zugelassenen Krankenhäuser und übrigen Leistungserbringer gemäß § 135a Absatz 2 sowie die nach Satz 2 festgelegten Empfänger der Daten sind be-

fugt und verpflichtet, personen- oder einrichtungsbezogene Daten der Versicherten und der Leistungserbringer für Zwecke der Qualitätssicherung nach § 135a Absatz 2, § 135b Absatz 2 oder § 137a Absatz 3 zu verarbeiten, soweit dies erforderlich und in Richtlinien und Beschlüssen des Gemeinsamen Bundesausschusses nach § 27b Absatz 2, § 135b Absatz 2, § 136 Absatz 1 Satz 1, den §§ 136b, 136c Absatz 1 und 2, § 137 Absatz 3 und § 137b Absatz 1 sowie in Vereinbarungen nach § 137d vorgesehen ist. 2In den Richtlinien, Beschlüssen und Vereinbarungen nach Satz 1 sind diejenigen Daten, die von den Leistungserbringern zu verarbeiten sind, sowie deren Empfänger festzulegen und die Erforderlichkeit darzulegen. 3Der Gemeinsame Bundesausschuss hat bei der Festlegung der Daten nach Satz 2 in Abhängigkeit von der jeweiligen Maßnahme der Qualitätssicherung insbesondere diejenigen Daten zu bestimmen, die für die Ermittlung der Qualität von Diagnostik oder Behandlung mit Hilfe geeigneter Qualitätsindikatoren, für die Erfassung möglicher Begleiterkrankungen und Komplikationen, für die Feststellung der Sterblichkeit sowie für eine geeignete Validierung oder Risikoadjustierung bei der Auswertung der Daten medizinisch oder methodisch notwendig sind. 4Die Richtlinien und Beschlüsse sowie Vereinbarungen nach Satz 1 haben darüber hinaus sicherzustellen, dass

1. in der Regel die Datenerhebung auf eine Stichprobe der betroffenen Patienten begrenzt wird und die versichertenbezogenen Daten pseudonymisiert werden,
2. die Auswertung der Daten, soweit sie nicht im Rahmen der Qualitätsprüfungen durch die Kassenärztlichen Vereinigungen erfolgt, von einer unabhängigen Stelle vorgenommen wird und
3. eine qualifizierte Information der betroffenen Patienten in geeigneter Weise stattfindet.

5Abweichend von Satz 4 Nummer 1 können die Richtlinien, Beschlüsse und Vereinbarungen

1. auch eine Vollerhebung der Daten aller betroffenen Patienten vorsehen, sofern dies aus gewichtigen medizinisch fachlichen oder gewichtigen methodischen Gründen, die als Bestandteil der Richtlinien, Beschlüsse und Vereinbarungen dargelegt werden müssen, erforderlich ist;
2. auch vorsehen, dass von einer Pseudonymisierung der versichertenbezogenen Daten abgesehen werden kann, wenn für die Qualitätssicherung die Überprüfung der ärztlichen Behandlungsdokumentation fachlich oder methodisch erforderlich ist und
   a) die technische Beschaffenheit des die versichertenbezogenen Daten speichernden Datenträgers eine Pseudonymisierung nicht zulässt und die Anfertigung einer Kopie des speichernden Datenträgers, um auf dieser die versichertenbezogenen Daten zu pseudonymisieren, mit für die Qualitätssicherung nicht hinnehmbaren Qualitätsverlusten verbunden wäre oder
   b) die Richtigkeit der Behandlungsdokumentation Gegenstand der Qualitätsprüfung nach § 135b Absatz 2 ist;

   die Gründe sind in den Richtlinien, Beschlüssen und Vereinbarungen darzulegen.

6Auch Auswahl, Umfang und Verfahren der Stichprobe sind in den Richtlinien und Beschlüssen sowie den Vereinbarungen nach Satz 1 festzulegen und von den an der vertragsärztlichen Versorgung teilnehmenden Ärzten und den übrigen Leistungserbringern zu erheben und zu übermitteln. 7Es ist auszuschließen, dass die Krankenkassen, Kassenärztlichen Vereinigungen oder deren jeweilige Verbände Kenntnis von Daten erlangen, die über den Umfang der ihnen nach den §§ 295, 300, 301, 301a und 302 zu übermittelnden Daten hinausgeht; dies gilt nicht für die Kassenärztlichen Vereinigungen in Bezug auf die für die Durchführung der Qualitätsprüfung nach § 135b Absatz 2 sowie die für die Durchführung der Aufgaben einer Datenannahmestelle oder für Einrichtungsbefragungen zur Qualitätssicherung aus Richtlinien nach § 136 Absatz 1 Satz 1 erforderlichen Daten. 8Eine über die in den Richtlinien nach § 136 Absatz 1 Satz 1 festgelegten Zwecke hinausgehende Verarbeitung dieser Daten, insbesondere eine Zusammenführung mit anderen Daten, ist unzulässig. 9Aufgaben zur Qualitätssicherung sind von den Kassenärztlichen Vereinigungen räumlich und personell getrennt von ihren anderen Aufgaben wahrzunehmen. 10Abweichend von Satz 4 Nummer 1 zweiter Halbsatz können die Richtlinien und Beschlüsse des Gemeinsamen Bundesausschusses nach § 135b Absatz 2, § 136 Absatz 1 Satz 1 und § 136b und die Vereinbarungen nach § 137d vorsehen, dass den Leistungserbringern nach Satz 1 die Daten der von ihnen behandelten Versicherten versichertenbezogen für Zwecke der Qualitätssicherung im erforderlichen Umfang übermittelt werden. 11Die Leistungserbringer dürfen diese versichertenbezogenen Daten mit den Daten, die bei ihnen zu den Versicherten bereits vorliegen, zusammenführen und für die in den Richtlinien, Beschlüssen oder Vereinbarungen nach Satz 1 festgelegten Zwecke verarbeiten.

(1a) 1Die Krankenkassen sind befugt und verpflichtet, nach § 284 Absatz 1 erhobene und gespeicherte Sozialdaten für Zwecke der Qualitätssicherung nach § 135a Absatz 2, § 135b Absatz 2 oder § 137a Absatz 3 zu verarbeiten, soweit dies erforderlich und in Richtlinien und Beschlüssen des Gemeinsamen Bundesausschusses nach § 27b Absatz 2, § 135b Absatz 2, § 136 Absatz 1 Satz 1, den §§ 136b, 136c Absatz 1 und 2, § 137 Absatz 3 und § 137b Absatz 1 sowie in Vereinbarungen nach § 137d vorgesehen ist. 2In den Richtlinien, Beschlüssen und Vereinbarungen nach Satz 1 sind diejenigen Daten, die von den Krankenkassen für Zwecke der Qualitätssicherung zu verarbeiten sind, sowie deren Empfänger festzulegen und die Erforderlichkeit darzulegen. 3Absatz 1 Satz 3 bis 7 gilt entsprechend.

(2) 1Das Verfahren zur Pseudonymisierung der Daten wird durch die an der vertragsärztlichen Versorgung teilnehmenden Ärzte und übrigen Leistungserbringer gemäß § 135a Absatz 2 angewendet. 2Es ist in den Richtlinien und Beschlüssen sowie den Vereinbarungen nach Absatz 1 Satz 1 unter Berücksichtigung der Empfehlungen des Bundesamtes für Sicherheit in der Informationstechnik festzulegen. 3Das Verfahren zur Pseudonymisierung der Daten kann in den Richtlinien, Beschlüssen und Vereinbarungen auch auf eine von den Krankenkassen, Kassenärztlichen Vereinigungen oder deren jeweiligen Verbänden räumlich, organisatorisch und personell getrennte Stelle übertragen werden, wenn das Verfahren für die in Satz 1 genannten Leistungserbringer einen unverhältnismäßig hohen Aufwand bedeuten würde; für Verfahren zur Qualitätsprüfung nach § 135b Absatz 2 kann dies auch eine gesonderte Stelle bei den Kassenärztlichen Vereinigungen sein. 4Die Gründe für die Übertragung sind in den Richtlinien, Beschlüssen und Vereinbarungen darzulegen. 5Bei einer Vollerhebung nach Absatz 1 Satz 5 hat die Pseudonymisierung durch eine von den Krankenkassen, Kassenärztlichen Vereinigungen oder deren jeweiligen Verbänden räumlich, organisatorisch und personell getrennten Vertrauensstelle zu erfolgen.

(2a) 1Enthalten die für Zwecke des Absatz 1 Satz 1 verarbeiteten Daten noch keine den Anforderungen des § 290 Absatz 1 Satz 2 entsprechende Krankenversichertennummer und ist in Richtlinien des Gemeinsamen Bundesausschusses vorgesehen, dass die Pseudonymisierung auf der Grundlage der Krankenversichertennummer nach § 290 Absatz 1 Satz 2 erfolgen soll, kann der Gemeinsame Bundesausschuss in den Richtlinien ein Übergangsverfahren regeln, das einen Abgleich der für einen Versicherten vorhandenen Krankenversichertennummern ermöglicht. 2In diesem Fall hat er in den Richtlinien eine von den Krankenkassen und ihren Verbänden räumlich, organisatorisch und personell getrennte eigenständige Vertrauensstelle zu bestimmen, die dem Sozialgeheimnis nach § 35 Absatz 1 des Ersten Buches unterliegt, an die die Krankenkassen für die in das Qualitätssicherungsverfahren einbezogenen Versicherten die vorhandenen Krankenversichertennummern übermitteln. 3Weitere Daten dürfen nicht übermittelt werden. 4Der Gemeinsame Bundesausschuss hat in den Richtlinien die Dauer der Übergangsregelung und den Zeitpunkt der Löschung der Daten bei der Stelle nach Satz 2 festzulegen.

(3) 1Zur Auswertung der für Zwecke der Qualitätssicherung nach § 135a Abs. 2 erhobenen Daten bestimmen in den Fällen des § 136 Absatz 1 Satz 1 und § 136b der Gemeinsame Bundesausschuss und im Falle des § 137d die Vereinbarungspartner eine unabhängige Stelle. 2Diese darf Auswertungen nur für Qualitätssicherungsverfahren mit zuvor in den Richtlinien, Beschlüssen oder Vereinbarungen festgelegten Auswertungszielen durchführen. 3Daten, die für Zwecke der Qualitätssicherung nach § 135a Abs. 2 für ein Qualitätssicherungsverfahren verarbeitet werden, dürfen nicht mit für andere Zwecke als die Qualitätssicherung erhobenen Datenbeständen zusammengeführt und ausgewertet werden. 4Für die unabhängige Stelle gilt § 35 Absatz 1 des Ersten Buches entsprechend.

(4) 1Der Gemeinsame Bundesausschuss kann zur Durchführung von Patientenbefragungen für Zwecke der Qualitätssicherung in den Richtlinien und Beschlüssen nach den §§ 136 bis 136b eine zentrale Stelle (Versendestelle) bestimmen, die die Auswahl der zu befragenden Versicherten und die Versendung der Fragebögen übernimmt. 2In diesem Fall regelt er in den Richtlinien oder Beschlüssen die Einzelheiten des Verfahrens; insbesondere legt er die Auswahlkriterien fest und bestimmt, wer welche Daten an die Versendestelle zu übermitteln hat. 3Dabei kann er auch die Übermittlung nicht pseudonymisierter personenbezogener Daten der Versicherten und nicht pseudonymisierter personen- oder einrichtungsbezogener Daten der Leistungserbringer vorsehen, soweit dies für die Auswahl der Versicherten oder die Versendung der Fragebögen erforderlich ist. 4Der Rücklauf der ausgefüllten Fragebögen darf nicht über die Versendestelle erfolgen. 5Die Versendestelle muss von den Krankenkassen und ihren Verbänden, den Kassenärztlichen Vereinigungen und ihren Verbänden, der Vertrauensstelle nach Absatz 2 Satz 5, dem Institut nach § 137a und sonstigen nach Absatz 1 Satz 2 festgelegten Datenempfängern räumlich, organisatorisch und personell getrennt sein. 6Die Versendestelle darf über die Daten nach Satz 2 hinaus weitere Behandlungs-, Leistungs- oder Sozialdaten von Versicherten auf Grund anderer Vorschriften nur verarbeiten, sofern diese Datenverarbeitung organisatorisch, personell und räumlich von der Datenverarbeitung für den Zweck der Versendestelle nach Satz 1 getrennt ist und nicht zum Zweck der Qualitätssicherung in den Richtlinien und Beschlüssen nach den §§ 136 bis 136b erfolgt. 7Die Versendestelle hat die ihr übermittelten Identifikationsmerkmale

V

der Versicherten in gleicher Weise geheim zu halten wie derjenige, von dem sie sie erhalten hat; sie darf diese Daten anderen Personen oder Stellen nicht zugänglich machen. 8Die an der vertragsärztlichen Versorgung teilnehmenden Ärzte, zugelassenen Krankenhäuser und übrigen Leistungserbringer gemäß § 135a Absatz 2 sowie die Krankenkassen sind befugt und verpflichtet, die vom Gemeinsamen Bundesausschuss nach Satz 2 festgelegten Daten an die Stelle nach Satz 1 zu übermitteln. 9Die Daten nach Satz 8 sind von der Versendestelle spätestens sechs Monate nach Versendung der Fragebögen zu löschen, es sei denn, dass es aus methodischen Gründen der Befragung erforderlich ist, bestimmte Daten länger zu verarbeiten. 10Dann sind diese Daten spätestens 24 Monate nach Versendung der Fragebögen zu löschen. 11Der Gemeinsame Bundesausschuss kann Patientenbefragungen auch in digitaler Form vorsehen; die Sätze 1 bis 10 gelten entsprechend.

(5) Der Gemeinsame Bundesausschuss ist befugt und berechtigt, abweichend von Absatz 3 Satz 3 transplantationsmedizinische Qualitätssicherungsdaten, die aufgrund der Richtlinien nach § 136 Absatz 1 Satz 1 Nummer 1 erhoben werden, nach § 15e des Transplantationsgesetzes an die Transplantationsregisterstelle zu übermitteln sowie von der Transplantationsregisterstelle nach § 15f des Transplantationsgesetzes übermittelte Daten für die Weiterentwicklung von Richtlinien und Beschlüssen zur Qualitätssicherung transplantationsmedizinischer Leistungen nach den §§ 136 bis 136c zu verarbeiten.

(6) Der Gemeinsame Bundesausschuss ist befugt und berechtigt, abweichend von Absatz 3 Satz 3 die Daten, die ihm von der Registerstelle des Implantateregisters Deutschland nach § 29 Absatz 1 Nummer 4 des Implantateregistergesetzes übermittelt werden, für die Umsetzung und Weiterentwicklung von Richtlinien und Beschlüssen zur Qualitätssicherung implantationsmedizinischer Leistungen nach den §§ 136 bis 136c zu verarbeiten.

§ 300 Abrechnung der Apotheken und weiterer Stellen

(1) 1Die Apotheken und weitere Anbieter von Arzneimitteln sind verpflichtet, unabhängig von der Höhe der Zuzahlung (oder dem Eigenanteil),

1. bei Abgabe von Fertigarzneimitteln für Versicherte das nach Absatz 3 Nr. 1 zu verwendende Kennzeichen maschinenlesbar auf das für die vertragsärztliche Versorgung verbindliche Verordnungsblatt oder in den elektronischen Verordnungsdatensatz zu übertragen,
2. die Verordnungsblätter oder die elektronischen Verordnungsdatensätze an die Krankenkassen weiterzuleiten und diesen die nach Maßgabe der nach Absatz 3 Nr. 2 getroffenen Vereinbarungen erforderlichen Abrechnungsdaten zu übermitteln.

2Satz 1 gilt auch für Apotheken und weitere Anbieter, die sonstige Leistungen nach § 31 sowie Impfstoffe nach § 20i Absatz 1 und 2 abrechnen, im Rahmen der jeweils vereinbarten Abrechnungsverfahren.

(2) 1Die Apotheken und weitere Anbieter von Leistungen nach § 31 können zur Erfüllung ihrer Verpflichtungen nach Absatz 1 Rechenzentren in Anspruch nehmen; die Anbieter von Leistungen nach dem vorstehenden Halbsatz haben vereinnahmte Gelder, soweit diese zur Weiterleitung an Dritte bestimmt sind, unverzüglich auf ein offenes Treuhandkonto zugunsten des Dritten einzuzahlen. 2Die Rechenzentren dürfen die ihnen nach Satz 1 erster Halbsatz übermittelten Daten für im Sozialgesetzbuch bestimmte Zwecke und nur in einer auf diese Zwecke ausgerichteten Weise verarbeiten, soweit sie dazu von einer berechtigten Stelle beauftragt worden sind; anonymisierte Daten dürfen auch für andere Zwecke verarbeitet werden. 3Die Rechenzentren übermitteln die Daten nach Absatz 1 auf Anforderung den Kassenärztlichen Vereinigungen, soweit diese Daten zur Erfüllung ihrer Aufgaben nach § 73 Abs. 8, den §§ 84 und 305a erforderlich sind, sowie dem Bundesministerium für Gesundheit oder einer von ihm benannten Stelle im Wege elektronischer Datenübertragung oder maschinell verwertbar auf Datenträgern. 4Dem Bundesministerium für Gesundheit oder der von ihm benannten Stelle sind die Daten nicht arzt- und nicht versichertenbezogen zu übermitteln. 5Vor der Verarbeitung der Daten durch die Kassenärztlichen Vereinigungen ist der Versichertenbezug durch eine von der jeweiligen Kassenärztlichen Vereinigung räumlich, organisatorisch und personell getrennten Stelle zu pseudonymisieren. 6Für die Datenübermittlung an die Kassenärztlichen Vereinigungen erhalten die Rechenzentren einen dem Arbeitsaufwand entsprechenden Aufwandsersatz. 7Der Arbeitsaufwand für die Datenübermittlung ist auf Nachfrage der Kassenärztlichen Vereinigungen diesen in geeigneter Form nachzuweisen.

(3) 1Der Spitzenverband Bund der Krankenkassen und die für die Wahrnehmung der wirtschaftlichen Interessen gebildete maßgebliche Spitzenorganisation der Apotheker regeln in einer Arzneimittelabrechnungsvereinbarung das Nähere insbesondere über

1. die Verwendung eines bundeseinheitlichen Kennzeichens für das verordnete Fertigarzneimittel als Schlüssel zu Handelsname, Hersteller, Darreichungsform, Wirkstoffstärke und Packungsgröße des Arzneimittels,

2. die Einzelheiten der Übertragung des Kennzeichens und der Abrechnung, die Voraussetzungen und Einzelheiten der Übermittlung der Abrechnungsdaten im Wege elektronischer Datenübertragung oder maschinell verwertbar auf Datenträgern sowie die Weiterleitung der Verordnungsblätter an die Krankenkassen, spätestens zum 1. Januar 2006 auch die Übermittlung des elektronischen Verordnungsdatensatzes,
3. die Übermittlung des Apothekenverzeichnisses nach § 293 Abs. 5,
4. die Verwendung von Verordnungen in elektronischer Form für die Arzneimittelabrechnung bis zum 31. März 2020,
5. die Verwendung eines gesonderten bundeseinheitlichen Kennzeichens für Arzneimittel, die auf Grund einer Ersatzverordnung im Fall des § 31 Absatz 3 Satz 7 an Versicherte abgegeben werden.

$_2$Bei der nach Absatz 1 Satz 1 Nummer 2 genannten Datenübermittlung sind das bundeseinheitliche Kennzeichen der Fertigarzneimittel in parenteralen Zubereitungen sowie die enthaltenen Mengeneinheiten von Fertigarzneimitteln zu übermitteln. $_3$Satz 2 gilt auch für Fertigarzneimittel, aus denen wirtschaftliche Einzelmengen nach § 129 Absatz 1 Satz 1 Nummer 3 abgegeben werden. $_4$Für Fertigarzneimittel in parenteralen Zubereitungen sind zusätzlich die mit dem pharmazeutischen Unternehmer vereinbarten Preise ohne Mehrwertsteuer zu übermitteln. $_5$Besteht eine parenterale Zubereitung aus mehr als drei Fertigarzneimitteln, können die Vertragsparteien nach Satz 1 vereinbaren, Angaben für Fertigarzneimittel von der Übermittlung nach den Sätzen 1 und 2 auszunehmen, wenn eine Übermittlung unverhältnismäßig aufwändig wäre.

(4) Kommt eine Vereinbarung nach Absatz 3 nicht oder nicht innerhalb einer vom Bundesministerium für Gesundheit gesetzten Frist zustande, wird ihr Inhalt durch die Schiedsstelle nach § 129 Abs. 8 festgesetzt.

§ 301 Krankenhäuser und Rehabilitationseinrichtungen

(1) $_1$Die nach § 108 zugelassenen Krankenhäuser oder ihre Krankenhausträger sind verpflichtet, den Krankenkassen bei Krankenhausbehandlung folgende Angaben im Wege elektronischer Datenübertragung oder maschinell verwertbar auf Datenträgern zu übermitteln:

1. die Angaben nach § 291 a Absatz 2 Nummer 1 bis 10 sowie das krankenhausinterne Kennzeichen des Versicherten,
2. das Institutionskennzeichen der Krankenkasse und des Krankenhauses sowie ab dem 1. Januar 2020 dessen Kennzeichen nach § 293 Absatz 6,
3. den Tag, die Uhrzeit und den Grund der Aufnahme sowie die Einweisungsdiagnose, die Aufnahmediagnose, bei einer Änderung der Aufnahmediagnose die nachfolgenden Diagnosen, die voraussichtliche Dauer der Krankenhausbehandlung sowie, falls diese überschritten wird, auf Verlangen der Krankenkasse die medizinische Begründung, bei Kleinkindern bis zu einem Jahr das Aufnahmegewicht,
4. bei ärztlicher Verordnung von Krankenhausbehandlung die Arztnummer des einweisenden Arztes, bei Verlegung das Institutionskennzeichen des veranlassenden Krankenhauses, bei Notfallaufnahme die die Aufnahme veranlassende Stelle,
5. die Bezeichnung der aufnehmenden Fachabteilung, bei Verlegung die der weiterbehandelnden Fachabteilungen,
6. Datum und Art der im oder vom jeweiligen Krankenhaus durchgeführten Operationen und sonstigen Prozeduren,
7. den Tag, die Uhrzeit und den Grund der Entlassung oder der Verlegung, bei externer Verlegung das Institutionskennzeichen der aufnehmenden Institution, bei Entlassung oder Verlegung die für die Krankenhausbehandlung maßgebliche Hauptdiagnose und die Nebendiagnosen,
8. Aussagen zur Arbeitsfähigkeit und Vorschläge zur erforderlichen weiteren Behandlung für Zwecke des Entlassmanagements nach § 39 Absatz 1a mit Angabe geeigneter Einrichtungen und bei der Verlegung von Versicherten, die beatmet werden, die Angabe der aufnehmenden Einrichtung sowie bei der Entlassung von Versicherten, die beatmet werden, die Angabe, ob eine weitere Beatmung geplant ist,
9. die nach den §§ 115a und 115b sowie nach dem Krankenhausentgeltgesetz und der Bundespflegesatzverordnung berechneten Entgelte,
10. den Nachweis über die Erfüllung der Meldepflicht nach § 36 des Implantateregistergesetzes.

$_2$Die Übermittlung der medizinischen Begründung von Verlängerungen der Verweildauer nach Satz 1 Nr. 3 sowie der Angaben nach Satz 1 Nr. 8 ist auch in nicht maschinenlesbarer Form zulässig.

(2) $_1$Die Diagnosen nach Absatz 1 Satz 1 Nr. 3 und 7 sind nach der Internationalen Klassifikation der Krankheiten in der jeweiligen vom Bundesinstitut für Arzneimittel und Medizinprodukte im Auftrag des Bundesministeriums für Gesundheit herausgegebenen deutschen Fassung zu verschlüsseln. $_2$Die Operationen und sonstigen Prozeduren nach Absatz 1 Satz 1 Nr. 6 sind nach dem vom Bundesinstitut für Arzneimittel und Medizinprodukte im Auftrag

V

des Bundesministeriums für Gesundheit herausgegebenen Schlüssel zu verschlüsseln; der Schlüssel hat die sonstigen Prozeduren zu umfassen, die nach § 17b und § 17d des Krankenhausfinanzierungsgesetzes abgerechnet werden können. $_{3}$In dem Operationen- und Prozedurenschlüssel nach Satz 2 können durch das Bundesinstitut für Arzneimittel und Medizinprodukte auch Voraussetzungen für die Abrechnung der Operationen und sonstigen Prozeduren festgelegt werden. $_{4}$Das Bundesministerium für Gesundheit gibt den Zeitpunkt der Inkraftsetzung der jeweiligen Fassung des Diagnosenschlüssels nach Satz 1 sowie des Prozedurenschlüssels nach Satz 2 im Bundesanzeiger bekannt; es kann das Bundesinstitut für Arzneimittel und Medizinprodukte beauftragen, den in Satz 1 genannten Schlüssel um Zusatzkennzeichen zur Gewährleistung der für die Erfüllung der Aufgaben der Krankenkassen notwendigen Aussagefähigkeit des Schlüssels sowie um Zusatzangaben für seltene Erkrankungen zu ergänzen. $_{5}$Von dem in Satz 4 genannten Zeitpunkt an sind der Diagnoseschlüssel nach Satz 1 sowie der Operationen- und Prozedurenschlüssel nach Satz 2 verbindlich und für die Abrechnung der erbrachten Leistungen zu verwenden. $_{6}$Das Bundesinstitut für Arzneimittel und Medizinprodukte kann bei Auslegungsfragen zu den Diagnosenschlüsseln nach Satz 1 und den Prozedurenschlüsseln nach Satz 2 Klarstellungen und Änderungen mit Wirkung auch für die Vergangenheit vornehmen, soweit diese nicht zu erweiterten Anforderungen an die Verschlüsselung erbrachter Leistungen führen. $_{7}$Für das Verfahren der Festlegung des Diagnoseschlüssels nach Satz 1 sowie des Operationen- und Prozedurenschlüssels nach Satz 2 gibt sich das Bundesinstitut für Arzneimittel und Medizinprodukte eine Verfahrensordnung, die der Genehmigung des Bundesministeriums für Gesundheit bedarf und die auf der Internetseite des Bundesinstituts für Arzneimittel und Medizinprodukte zu veröffentlichen ist.

(2a) $_{1}$Die Krankenkassen haben den nach § 108 zugelassenen Krankenhäusern einen bestehenden Pflegegrad gemäß § 15 des Elften Buches eines Patienten oder einer Patientin unverzüglich zu übermitteln, sobald ihnen das Krankenhaus anzeigt, dass es den Patienten oder die Patientin zur Behandlung aufgenommen hat. $_{2}$Während des Krankenhausaufenthaltes eines Patienten oder einer Patientin haben die Krankenkassen dem Krankenhaus Änderungen eines bestehenden Pflegegrades des Patienten oder der Patientin sowie beantragte Einstufungen in einen Pflegegrad durch einen Patienten oder eine Patientin zu übermitteln. $_{3}$Die Übermittlung nach den Sätzen 1 und 2 hat im Wege elektronischer Datenübertragung zu erfolgen.

(3) Das Nähere über Form und Inhalt der erforderlichen Vordrucke, die Zeitabstände für die Übermittlung der Angaben nach Absatz 1 und das Verfahren der Abrechnung sowie ein Verfahren zur Übermittlung eines Antrages auf Anschlussrehabilitation durch das Krankenhaus auf Wunsch und mit Einwilligung der Versicherten, jeweils im Wege elektronischer Datenübertragung oder maschinell verwertbar auf Datenträgern sowie das Nähere zum Verfahren und zu den Zeitabständen der Übermittlung im Wege elektronischer Datenübertragungen nach Absatz 2a vereinbart der Spitzenverband Bund der Krankenkassen mit der Deutschen Krankenhausgesellschaft oder den Bundesverbänden der Krankenhausträger gemeinsam.

(4) $_{1}$Vorsorge- oder Rehabilitationseinrichtungen, für die ein Versorgungsvertrag nach § 111 oder § 111c besteht, sind verpflichtet, den Krankenkassen bei stationärer oder ambulanter Behandlung folgende Angaben im Wege elektronischer Datenübertragung oder maschinell verwertbar auf Datenträgern zu übermitteln:

1. die Angaben nach § 291a Absatz 2 Nummer 1 bis 10 sowie das interne Kennzeichen der Einrichtung für den Versicherten,
2. das Institutionskennzeichen der Vorsorge- oder Rehabilitationseinrichtung und der Krankenkasse,
3. den Tag der Aufnahme, die Einweisungsdiagnose, die Aufnahmediagnose, die voraussichtliche Dauer der Behandlung sowie, falls diese überschritten wird, auf Verlangen der Krankenkasse die medizinische Begründung,
4. bei ärztlicher Verordnung von Vorsorge- oder Rehabilitationsmaßnahmen die Arztnummer des einweisenden Arztes,
5. den Tag, die Uhrzeit und den Grund der Entlassung oder der externen Verlegung sowie die Entlassungs- oder Verlegungsdiagnose; bei externer Verlegung das Institutionskennzeichen der aufnehmenden Institution,
6. Angaben über die durchgeführten Vorsorge- und Rehabilitationsmaßnahmen sowie Vorschläge für die Art der weiteren Behandlung mit Angabe geeigneter Einrichtungen,
7. die berechneten Entgelte.

$_{2}$Die Übermittlung der medizinischen Begründung von Verlängerungen der Verweildauer nach Satz 1 Nr. 3 sowie Angaben nach Satz 1 Nr. 6 ist auch in nicht maschinenlesbarer Form zulässig. $_{3}$Für die Angabe der Diagnosen nach Satz 1 Nr. 3 und 5 gilt Absatz 2 entsprechend. $_{4}$Absatz 3 gilt entsprechend.

(4a) $_{1}$Einrichtungen, die Leistungen nach § 15 des Sechsten Buches und nach § 33 des Siebten Buches erbringen, sind auf Anforderung der zuständigen Krankenkasse verpflichtet, dieser bei Erwerbstätigen mit einem Anspruch auf Krankengeld nach § 44 für die Erfüllung der gesetzlichen Aufgaben der Krankenkassen, die im Zusammenhang mit der Bestimmung der Dauer des Krankengeldanspruchs und der Mitteilung an den Arbeitgeber über die auf den Entgeltfortzahlungsanspruch des Versicherten anrechenbaren Zeiten stehen, sowie zur Zuständigkeitsabgrenzung bei stufenweiser Wiedereingliederung in das Erwerbsleben nach den §§ 44, 71 Absatz 5 des Neunten Buches und § 74 folgende Angaben zu übermitteln:

1. die Angaben nach § 291a Absatz 2 Nummer 2 bis 6,
2. das Institutionskennzeichen der Einrichtung,
3. den Tag der Aufnahme, den Tag und den Grund der Entlassung oder der externen Verlegung sowie die Entlassungs- oder Verlegungsdiagnose,
4. Aussagen zur Arbeitsfähigkeit,
5. die zur Zuständigkeitsabgrenzung bei stufenweiser Wiedereingliederung in das Erwerbsleben nach den §§ 44, 71 Absatz 5 des Neunten Buches sowie nach § 74 erforderlichen Angaben.

$_{2}$Die Übermittlung erfolgt im Wege elektronischer Datenübertragung oder maschinell verwertbar auf Datenträgern. $_{3}$Für die Angabe der Diagnosen nach Satz 1 Nummer 3 gilt Absatz 2 entsprechend. $_{4}$Das Nähere über Form und Inhalt der erforderlichen Vordrucke, die Zeitabstände für die Übermittlung der Angaben nach Satz 1 und das Verfahren der Übermittlung vereinbart der Spitzenverband Bund der Krankenkassen gemeinsam mit den für die Wahrnehmung der Interessen der Rehabilitationseinrichtungen nach dem Sozialgesetzbuch maßgeblichen Bundesverbänden.

(5) $_{1}$Die ermächtigten Krankenhausärzte sind verpflichtet, dem Krankenhausträger im Rahmen des Verfahrens nach § 120 Abs. 1 Satz 3 die für die Abrechnung der vertragsärztlichen Leistungen erforderlichen Unterlagen zu übermitteln; § 295 gilt entsprechend. $_{2}$Der Krankenhausträger hat den Kassenärztlichen Vereinigungen die Abrechnungsunterlagen zum Zweck der Abrechnung vorzulegen.

§ 301a Abrechnung der Hebammen und der von ihnen geleiteten Einrichtungen

(1) $_{1}$Freiberuflich tätige Hebammen und von Hebammen geleitete Einrichtungen sind verpflichtet, den Krankenkassen folgende Angaben im Wege elektronischer Datenübertragung oder maschinell verwertbar auf Datenträgern zu übermitteln:

1. die Angaben nach § 291a Absatz 2 Nummer 1 bis 3, 5 und 6,
2. die erbrachten Leistungen mit dem Tag der Leistungserbringung,
3. die Zeit und die Dauer der erbrachten Leistungen, soweit dies für die Höhe der Vergütung von Bedeutung ist,
4. bei der Abrechnung von Wegegeld Datum, Zeit und Ort der Leistungserbringung sowie die zurückgelegte Entfernung,
5. bei der Abrechnung von Auslagen die Art der Auslage und, soweit Auslagen für Arzneimittel abgerechnet werden, eine Auflistung der einzelnen Arzneimittel,
6. das Kennzeichen nach § 293; rechnet die Hebamme ihre Leistungen über eine zentrale Stelle ab, so ist in der Abrechnung neben dem Kennzeichen der abrechnenden Stelle das Kennzeichen der Hebamme anzugeben.

$_{2}$Ist eine ärztliche Anordnung für die Abrechnung der Leistung vorgeschrieben, ist diese der Rechnung beizufügen.

(2) § 302 Abs. 2 Satz 1 bis 3 und Abs. 3 gilt entsprechend.

§ 302 Abrechnung der sonstigen Leistungserbringer

(1) $_{1}$Die Leistungserbringer im Bereich der Heil- und Hilfsmittel sowie der digitalen Gesundheitsanwendungen und die weiteren Leistungserbringer sind verpflichtet, den Krankenkassen im Wege elektronischer Datenübertragung oder maschinell verwertbar auf Datenträgern die von ihnen erbrachten Leistungen nach Art, Menge und Preis zu bezeichnen und den Tag der Leistungserbringung sowie die Arztnummer des verordnenden Arztes, die Verordnung des Arztes mit der Diagnose und den erforderlichen Angaben über den Befund und die Angaben nach § 291a Absatz 2 Nummer 1 bis 10 anzugeben; bei der Abrechnung über die Abgabe von Hilfsmitteln sind dabei die Bezeichnungen des Hilfsmittelverzeichnisses nach § 139 zu verwenden und die Höhe der mit dem Versicherten abgerechneten Mehrkosten nach § 33 Absatz 1 Satz 9 anzugeben. $_{2}$Bei der Abrechnung von Leistungen der häuslichen Krankenpflege nach § 37 sowie der außerklinischen Intensivpflege nach § 37c ist zusätzlich zu den Angaben nach Satz 1 die Zeit der Leistungserbringung und nach § 293 Absatz 8 Satz 11 spätestens ab dem 1. Januar 2023 die Beschäftigtennummer der Person, die die Leistung erbracht hat, anzugeben.

(2) $_{1}$Das Nähere über Form und Inhalt des Abrechnungsverfahrens bestimmt der Spitzenverband Bund der Krankenkassen in Richtlinien, die in den Leistungs- oder Lieferverträgen zu beachten sind. $_{2}$Die Leistungserbringer nach Absatz 1 können zur Erfüllung ihrer Verpflichtungen Rechenzentren in Anspruch nehmen. $_{3}$Die Rechenzentren

dürfen die ihnen hierzu übermittelten Daten für im Sozialgesetzbuch bestimmte Zwecke und nur in einer auf diese Zwecke ausgerichteten Weise verarbeiten, soweit sie dazu von einer berechtigten Stelle beauftragt worden sind; anonymisierte Daten dürfen auch für andere Zwecke verarbeitet werden. 4Die Rechenzentren dürfen die Daten nach Absatz 1 den Kassenärztlichen Vereinigungen übermitteln, soweit diese Daten zur Erfüllung ihrer Aufgaben nach § 73 Absatz 8 und § 84 erforderlich sind. 5Soweit die Daten nach Absatz 1 für die Aufgabenerfüllung nach § 305a erforderlich sind, haben die Rechenzentren den Kassenärztlichen Vereinigungen diese Daten auf Anforderung im Wege elektronischer Datenübertragung oder maschinell verwertbar auf Datenträgern zu übermitteln. 6§ 300 Absatz 2 Satz 5 bis 7 gilt entsprechend. 7Im Rahmen der Abrechnung von Leistungen der häuslichen Krankenpflege nach § 37 sowie der außerklinischen Intensivpflege nach § 37c sind vorbehaltlich des Satzes 8 von den Krankenkassen und den Leistungserbringern ab dem 1. März 2021 ausschließlich elektronische Verfahren zur Übermittlung von Abrechnungsunterlagen einschließlich des Leistungsnachweises zu nutzen, wenn der Leistungserbringer

1. an die Telematikinfrastruktur angebunden ist,
2. ein von der Gesellschaft für Telematik nach § 311 Absatz 6 zugelassenes Verfahren zur Übermittlung der Daten nutzt und
3. der Krankenkasse die für die elektronische Abrechnung erforderlichen Angaben übermittelt hat.

8Die Verpflichtung nach Satz 7 besteht nach Ablauf von drei Monaten, nachdem der Leistungserbringer die für die elektronische Übermittlung von Abrechnungsunterlagen erforderlichen Angaben an die Krankenkasse übermittelt hat.

(3) Die Richtlinien haben auch die Voraussetzungen und das Verfahren bei Teilnahme an einer Abrechnung im Wege elektronischer Datenübertragung oder maschinell verwertbar auf Datenträgern sowie bis zum 31. Dezember 2020 das Verfahren bei der Verwendung von Verordnungen in elektronischer Form zu regeln.

(4) Soweit der Spitzenverband Bund der Krankenkassen und die für die Wahrnehmung der Interessen der Leistungserbringer maßgeblichen Spitzenorganisationen auf Bundesebene in Rahmenempfehlungen oder in den Verträgen nach § 125 Regelungen zur Abrechnung der Leistungen getroffen haben, die von den Richtlinien nach den Absätzen 2 und 3 abweichen, sind die Rahmenempfehlungen oder die Verträge nach § 125 maßgeblich; dies gilt nicht für Abrechnungen nach Absatz 2 Satz 7 und 8.

(5) 1Der Spitzenverband Bund der Krankenkassen veröffentlicht erstmals bis zum 30. Juni 2018 und danach jährlich einen nach Produktgruppen differenzierten Bericht über die Entwicklung der Mehrkostenvereinbarungen für Versorgungen mit Hilfsmittelleistungen. 2Der Bericht informiert ohne Versicherten- oder Einrichtungsbezug insbesondere über die Zahl der abgeschlossenen Mehrkostenvereinbarungen und die durchschnittliche Höhe der mit ihnen verbundenen Aufzahlungen der Versicherten. 3Der Spitzenverband Bund der Krankenkassen bestimmt zu diesem Zweck die von seinen Mitgliedern zu übermittelnden statistischen Informationen sowie Art und Umfang der Übermittlung.

(6) 1Sind im Rahmen der Abrechnung nach Absatz 1 Auszahlungen für Lieferungen und Dienstleistungen durch Rechnungen des Leistungserbringers als zahlungsbegründende Unterlage zu belegen, darf die Rechnung des Leistungserbringers durch eine von den Krankenkassen ausgestellte Rechnung (Gutschrift) ersetzt werden, wenn dies zuvor zwischen dem Leistungserbringer und der Krankenkasse vereinbart wurde. 2Die Krankenkassen sind verpflichtet, dem Leistungserbringer die Gutschrift schriftlich oder elektronisch zur Prüfung zu übermitteln. 3Widerspricht der Leistungserbringer der von der Krankenkasse übermittelten Gutschrift, verliert diese ihre Wirkung als zahlungsbegründende Unterlage. 4Das Nähere zu dem Verfahren nach den Sätzen 1 bis 3 einschließlich einer zeitlichen Begrenzung des Widerspruchsrechts der Leistungserbringer regelt der Spitzenverband Bund der Krankenkassen in seinen Richtlinien nach Absatz 2 Satz 1.

§ 303 Ergänzende Regelungen

(1) Die Landesverbände der Krankenkassen und die Verbände der Ersatzkassen können mit den Leistungserbringern oder ihren Verbänden vereinbaren, daß

1. der Umfang der zu übermittelnden Abrechnungsbelege eingeschränkt,
2. bei der Abrechnung von Leistungen von einzelnen Angaben ganz oder teilweise abgesehen

wird, wenn dadurch eine ordnungsgemäße Abrechnung und die Erfüllung der gesetzlichen Aufgaben der Krankenkassen nicht gefährdet werden.

(2) 1Die Krankenkassen können zur Vorbereitung und Kontrolle der Umsetzung der Vereinbarungen nach § 84, zur Vorbereitung der Prüfungen nach § 112 Absatz 2 Satz 1 Nummer 2 und § 113 sowie zur Vorbereitung der Unterrichtung der Versicherten nach § 305 Arbeitsgemeinschaften nach § 219 mit der Verarbeitung mit Ausnahme des Erhebens von dafür erforderlichen Daten beauftragen. 2Die den Arbeitsgemeinschaften übermittelten versichertenbezogenen Daten sind vor der Übermittlung

zu anonymisieren. 3Die Identifikation des Versicherten durch die Krankenkasse ist dabei zu ermöglichen; sie ist zulässig, soweit sie für die in Satz 1 genannten Zwecke erforderlich ist. 4§ 286 gilt entsprechend.

(3) 1Werden die den Krankenkassen nach § 291 a Absatz 2 Nummer 1 bis 10, § 295 Abs. 1 und 2, § 300 Abs. 1, § 301 Absatz 1 und 4, §§ 301 a und 302 Abs. 1 zu übermittelnden Daten nicht im Wege elektronischer Datenübertragung oder maschinell verwertbar auf Datenträgern übermittelt, haben die Krankenkassen die Daten nachzuerfassen. 2Erfolgt die nicht maschinell verwertbare Datenübermittlung aus Gründen, die der Leistungserbringer zu vertreten hat, haben die Krankenkassen die mit der Nacherfassung verbundenen Kosten den betroffenen Leistungserbringern durch eine pauschale Rechnungskürzung in Höhe von bis zu 5 vom Hundert des Rechnungsbetrages in Rechnung zu stellen. 3Für die Angabe der Diagnosen nach § 295 Abs. 1 gilt Satz 1 ab dem Zeitpunkt der Inkraftsetzung der überarbeiteten Zehnten Fassung des Schlüssels gemäß § 295 Abs. 1 Satz 3.

(4) 1Sofern Datenübermittlungen zu Diagnosen nach den §§ 295 und 295a fehlerhaft oder unvollständig sind, ist eine erneute Übermittlung in korrigierter oder ergänzter Form nur im Falle technischer Übermittlungs- oder formaler Datenfehler zulässig. 2Eine nachträgliche Änderung oder Ergänzung von Diagnosedaten insbesondere auch auf Grund von Prüfungen gemäß den §§ 106 bis 106c, Unterrichtungen nach § 106d Absatz 3 Satz 2 und Anträgen nach § 106d Absatz 4 ist unzulässig. 3Das Nähere regeln die Vertragspartner nach § 82 Absatz 1 Satz 1.

Zweiter Titel Datentransparenz

§ 303a Wahrnehmung der Aufgaben der Datentransparenz; Verordnungsermächtigung

(1) 1Die Aufgaben der Datentransparenz werden von öffentlichen Stellen des Bundes als Vertrauensstelle nach § 303c und als Forschungsdatenzentrum nach § 303d sowie vom Spitzenverband Bund der Krankenkassen als Datensammelstelle wahrgenommen. 2Das Bundesministerium für Gesundheit bestimmt im Benehmen mit dem Bundesministerium für Bildung und Forschung durch Rechtsverordnung ohne Zustimmung des Bundesrates zur Wahrnehmung der Aufgaben der Datentransparenz eine öffentliche Stelle des Bundes als Vertrauensstelle nach § 303c und eine öffentliche Stelle des Bundes als Forschungsdatenzentrum nach § 303d.

(2) 1Die Vertrauensstelle und das Forschungsdatenzentrum sind räumlich, organisatorisch und personell eigenständig zu führen. 2Sie unterliegen dem Sozialgeheimnis nach § 35 des Ersten Buches und unterstehen der Rechtsaufsicht des Bundesministeriums für Gesundheit.

(3) Die Kosten, die den öffentlichen Stellen nach Absatz 1 durch die Wahrnehmung der Aufgaben der Datentransparenz entstehen, tragen die Krankenkassen nach der Zahl ihrer Mitglieder.

(4) In der Rechtsverordnung nach Absatz 1 Satz 2 ist auch das Nähere zu regeln

1. zu spezifischen Festlegungen zu Art und Umfang der nach § 303b Absatz 1 Satz 1 zu übermittelnden Daten und zu den Fristen der Datenübermittlung nach § 303b Absatz 1 Satz 1,
2. zur Datenverarbeitung durch den Spitzenverband Bund der Krankenkassen nach § 303b Absatz 2 und 3 Satz 1 und 2,
3. zum Verfahren der Pseudonymisierung der Versichertendaten nach § 303c Absatz 1 und 2 und zum Verfahren der Übermittlung der Pseudonyme an das Forschungsdatenzentrum nach § 303c Absatz 3 durch die Vertrauensstelle,
4. zur Wahrnehmung der Aufgaben nach § 303d Absatz 1 und § 303e einschließlich der Bereitstellung von Einzeldatensätzen nach § 303e Absatz 4 durch das Forschungsdatenzentrum,
5. zur Verkürzung der Höchstfrist für die Aufbewahrung von Einzeldatensätzen nach § 303d Absatz 3,
6. zur Evaluation und Weiterentwicklung der Datentransparenz,
7. zur Erstattung der Kosten nach Absatz 3 einschließlich der zu zahlenden Vorschüsse.

§ 303b Datenzusammenführung und -übermittlung

(1) 1Für die in § 303e Absatz 2 genannten Zwecke übermitteln die Krankenkassen an den Spitzenverband Bund der Krankenkassen als Datensammelstelle für jeden Versicherten jeweils in Verbindung mit einem Versichertenpseudonym, das eine kassenübergreifende eindeutige Identifizierung im Berichtszeitraum erlaubt (Lieferpseudonym),

1. Angaben zu Alter, Geschlecht und Wohnort,
2. Angaben zum Versicherungsverhältnis,
3. die Kosten- und Leistungsdaten nach den §§ 295, 295a, 300, 301, 301 a und 302,
4. Angaben zum Vitalstatus und zum Sterbedatum und
5. Angaben zu den abrechnenden Leistungserbringern.

2Das Nähere zur technischen Ausgestaltung der Datenübermittlung nach Satz 1 regelt der Spitzenverband Bund der Krankenkassen spätestens bis zum 31. Dezember 2021.

(2) Der Spitzenverband Bund der Krankenkassen führt die Daten nach Absatz 1 zusammen, prüft die Daten auf Vollständigkeit, Plausibilität und Konsistenz und klärt Auffälligkeiten jeweils mit der die Daten liefernden Stelle.

(3) 1Der Spitzenverband Bund der Krankenkassen übermittelt

1. an das Forschungsdatenzentrum nach § 303d die Daten nach Absatz 1 ohne das Lieferpseudonym, wobei jeder einem Lieferpseudonym zuzuordnende Einzeldatensatz mit einer Arbeitsnummer gekennzeichnet wird,
2. an die Vertrauensstelle nach § 303c eine Liste mit den Lieferpseudonymen einschließlich der Arbeitsnummern, die zu den nach Nummer 1 übermittelten Einzeldatensätzen für das jeweilige Lieferpseudonym gehören.

2Die Angaben zu den Leistungserbringern sind vor der Übermittlung an das Forschungsdatenzentrum zu pseudonymisieren. 3Das Nähere zur technischen Ausgestaltung der Datenübermittlung nach Satz 1 vereinbart der Spitzenverband Bund der Krankenkassen mit den nach § 303a Absatz 1 Satz 2 bestimmten Stellen spätestens bis zum 31. Dezember 2021.

(4) Der Spitzenverband Bund der Krankenkassen kann eine Arbeitsgemeinschaft nach § 219 mit der Durchführung der Aufgaben nach den Absätzen 1 bis 3 beauftragen.

§ 303c Vertrauensstelle

(1) Die Vertrauensstelle überführt die ihr nach § 303b Absatz 3 Satz 1 Nummer 2 übermittelten Lieferpseudonyme nach einem einheitlich anzuwendenden Verfahren nach Absatz 2 in periodenübergreifende Pseudonyme.

(2) 1Die Vertrauensstelle hat im Einvernehmen mit dem Bundesamt für Sicherheit in der Informationstechnik ein schlüsselabhängiges Verfahren zur Pseudonymisierung festzulegen, das dem jeweiligen Stand der Technik und Wissenschaft entspricht. 2Das Verfahren zur Pseudonymisierung ist so zu gestalten, dass für das jeweilige Lieferpseudonym eines jeden Versicherten periodenübergreifend immer das gleiche Pseudonym erstellt wird, aus dem Pseudonym aber nicht auf das Lieferpseudonym oder die Identität des Versicherten geschlossen werden kann.

(3) 1Die Vertrauensstelle hat die Liste der Pseudonyme dem Forschungsdatenzentrum mit den Arbeitsnummern zu übermitteln. 2Nach der Übermittlung dieser Liste an das Forschungsdatenzentrum hat sie die diesen Pseudonymen zugrunde liegenden Lieferpseudonyme und Arbeitsnummern sowie die Pseudonyme zu löschen.

§ 303d Forschungsdatenzentrum

(1) Das Forschungsdatenzentrum hat folgende Aufgaben:

1. die ihm vom Spitzenverband Bund der Krankenkassen und von der Vertrauensstelle übermittelten Daten nach § 303b Absatz 3 und § 303c Absatz 3 für die Auswertung für Zwecke nach § 303e Absatz 2 aufzubereiten,
2. Qualitätssicherungen der Daten vorzunehmen,
3. Anträge auf Datennutzung zu prüfen,
4. die beantragten Daten den Nutzungsberechtigten nach § 303e zugänglich zu machen,
5. das spezifische Reidentifikationsrisiko in Bezug auf die durch Nutzungsberechtigte nach § 303e beantragten Daten zu bewerten und unter angemessener Wahrung des angestrebten wissenschaftlichen Nutzens durch geeignete Maßnahmen zu minimieren,
6. ein öffentliches Antragsregister mit Informationen zu den antragstellenden Nutzungsberechtigten, zu den Vorhaben, für die Daten beantragt wurden, und deren Ergebnissen aufzubauen und zu pflegen,
7. die Verfahren der Datentransparenz zu evaluieren und weiterzuentwickeln,
8. Nutzungsberechtigte nach § 303e Absatz 1 zu beraten,
9. Schulungsmöglichkeiten für Nutzungsberechtigte anzubieten sowie
10. die wissenschaftliche Erschließung der Daten zu fördern.

(2) 1Das Forschungsdatenzentrum richtet im Benehmen mit dem Bundesministerium für Gesundheit und dem Bundesministerium für Bildung und Forschung einen Arbeitskreis der Nutzungsberechtigten nach § 303e Absatz 1 ein. 2Der Arbeitskreis wirkt beratend an der Ausgestaltung, Weiterentwicklung und Evaluation des Datenzugangs mit.

(3) Das Forschungsdatenzentrum hat die versichertenbezogenen Einzeldatensätze spätestens nach 30 Jahren zu löschen.

§ 303e Datenverarbeitung

(1) Das Forschungsdatenzentrum macht die ihm vom Spitzenverband Bund der Krankenkassen und von der Vertrauensstelle übermittelten Daten nach Maßgabe der Absätze 3 bis 6 folgenden Nutzungsberechtigten zugänglich, soweit diese nach Absatz 2 zur Verarbeitung der Daten berechtigt sind:

1. dem Spitzenverband Bund der Krankenkassen,
2. den Bundes- und Landesverbänden der Krankenkassen,
3. den Krankenkassen,

4. den Kassenärztlichen Bundesvereinigungen und den Kassenärztlichen Vereinigungen,
5. den für die Wahrnehmung der wirtschaftlichen Interessen gebildeten maßgeblichen Spitzenorganisationen der Leistungserbringer auf Bundesebene,
6. den Institutionen der Gesundheitsberichterstattung des Bundes und der Länder,
7. den Institutionen der Gesundheitsversorgungsforschung,
8. den Hochschulen, den nach landesrechtlichen Vorschriften anerkannten Hochschulkliniken, öffentlich geförderten außeruniversitären Forschungseinrichtungen und sonstigen Einrichtungen mit der Aufgabe unabhängiger wissenschaftlicher Forschung, sofern die Daten wissenschaftlichen Vorhaben dienen,
9. dem Gemeinsamen Bundesausschuss,
10. dem Institut für Qualität und Wirtschaftlichkeit im Gesundheitswesen,
11. dem Institut des Bewertungsausschusses,
12. der oder dem Beauftragten der Bundesregierung und der Landesregierungen für die Belange der Patientinnen und Patienten,
13. den für die Wahrnehmung der Interessen der Patientinnen und Patienten und der Selbsthilfe chronisch kranker und behinderter Menschen maßgeblichen Organisationen auf Bundesebene,
14. dem Institut für Qualitätssicherung und Transparenz im Gesundheitswesen,
15. dem Institut für das Entgeltsystem im Krankenhaus,
16. den für die gesetzliche Krankenversicherung zuständigen obersten Bundes- und Landesbehörden und deren jeweiligen nachgeordneten Bereichen sowie den übrigen obersten Bundesbehörden,
17. der Bundesärztekammer, der Bundeszahnärztekammer, der Bundespsychotherapeutenkammer sowie der Bundesapothekerkammer,
18. der Deutschen Krankenhausgesellschaft.

(2) Soweit die Datenverarbeitung jeweils für die Erfüllung von Aufgaben der nach Absatz 1 Nutzungsberechtigten erforderlich ist, dürfen die Nutzungsberechtigten Daten für folgende Zwecke verarbeiten:

1. Wahrnehmung von Steuerungsaufgaben durch die Kollektivvertragspartner,
2. Verbesserung der Qualität der Versorgung,
3. Planung von Leistungsressourcen, zum Beispiel Krankenhausplanung,
4. Forschung, insbesondere für Längsschnittanalysen über längere Zeiträume, Analysen von Behandlungsabläufen oder Analysen des Versorgungsgeschehens,
5. Unterstützung politischer Entscheidungsprozesse zur Weiterentwicklung der gesetzlichen Krankenversicherung,
6. Analyse und Entwicklung von sektorenübergreifenden Versorgungsformen sowie von Einzelverträgen der Krankenkassen,
7. Wahrnehmung von Aufgaben der Gesundheitsberichterstattung.

(3) [1]Das Forschungsdatenzentrum macht einem Nutzungsberechtigten auf Antrag Daten zugänglich, wenn die Voraussetzungen nach Absatz 2 erfüllt sind. [2]In dem Antrag hat der antragstellende Nutzungsberechtigte nachvollziehbar darzulegen, dass Umfang und Struktur der beantragten Daten geeignet und erforderlich sind, um die zu untersuchende Frage zu beantworten. [3]Liegen die Voraussetzungen nach Absatz 2 vor, übermittelt das Forschungsdatenzentrum dem antragstellenden Nutzungsberechtigten die entsprechend den Anforderungen des Nutzungsberechtigten ausgewählten Daten anonymisiert und aggregiert. [4]Das Forschungsdatenzentrum kann einem Nutzungsberechtigten entsprechend seinen Anforderungen auch anonymisierte und aggregierte Daten mit kleinen Fallzahlen übermitteln, wenn der antragstellende Nutzungsberechtigte nachvollziehbar darlegt, dass ein nach Absatz 2 zulässiger Nutzungszweck, insbesondere die Durchführung eines Forschungsvorhabens, die Übermittlung dieser Daten erfordert.

(4) [1]Das Forschungsdatenzentrum kann einem Nutzungsberechtigten entsprechend seinen Anforderungen auch pseudonymisierte Einzeldatensätze bereitstellen, wenn der antragstellende Nutzungsberechtigte nachvollziehbar darlegt, dass die Nutzung der pseudonymisierten Einzeldatensätze für einen nach Absatz 2 zulässigen Nutzungszweck, insbesondere für die Durchführung eines Forschungsvorhabens, erforderlich ist. [2]Das Forschungsdatenzentrum stellt einem Nutzungsberechtigten die pseudonymisierten Einzeldatensätze ohne Sichtbarmachung der Pseudonyme für die Verarbeitung unter Kontrolle des Forschungsdatenzentrums bereit, soweit

1. gewährleistet ist, dass diese Daten nur solchen Personen bereitgestellt werden, die einer Geheimhaltungspflicht nach § 203 des Strafgesetzbuches unterliegen, und
2. durch geeignete technische und organisatorische Maßnahmen sichergestellt wird, dass die Verarbeitung durch den Nutzungsberechtigten auf das erforderliche

V

Maß beschränkt und insbesondere ein Kopieren der Daten verhindert werden kann.

3Personen, die nicht der Geheimhaltungspflicht nach § 203 des Strafgesetzbuches unterliegen, können pseudonymisierte Einzeldatensätze nach Satz 2 bereitgestellt werden, wenn sie vor dem Zugang zur Geheimhaltung verpflichtet wurden. 4§ 1 Absatz 2, 3 und 4 Nummer 2 des Verpflichtungsgesetzes gilt entsprechend.

(5) 1Die Nutzungsberechtigten dürfen die nach Absatz 3 oder Absatz 4 zugänglich gemachten Daten

1. nur für die Zwecke nutzen, für die sie zugänglich gemacht werden,
2. nicht an Dritte weitergeben, es sei denn, das Forschungsdatenzentrum genehmigt auf Antrag eine Weitergabe an einen Dritten im Rahmen eines nach Absatz 2 zulässigen Nutzungszwecks.

2Die Nutzungsberechtigten haben bei der Verarbeitung der nach Absatz 3 oder Absatz 4 zugänglich gemachten Daten darauf zu achten, keinen Bezug zu Personen, Leistungserbringern oder Leistungsträgern herzustellen. 3Wird ein Bezug zu Personen, Leistungserbringern oder Leistungsträgern unbeabsichtigt hergestellt, so ist dies dem Forschungsdatenzentrum zu melden. 4Die Verarbeitung der bereitgestellten Daten zum Zwecke der Herstellung eines Personenbezugs, zum Zwecke der Identifizierung von Leistungserbringern oder Leistungsträgern sowie zum Zwecke der bewussten Verschaffung von Kenntnissen über fremde Betriebs- und Geschäftsgeheimnisse ist untersagt.

(6) 1Wenn die zuständige Datenschutzaufsichtsbehörde feststellt, dass Nutzungsberechtigte die vom Forschungsdatenzentrum nach Absatz 3 oder Absatz 4 zugänglich gemachten Daten in einer Art und Weise verarbeitet haben, die nicht den geltenden datenschutzrechtlichen Vorschriften oder den Auflagen des Forschungsdatenzentrums entspricht, und wegen eines solchen Verstoßes eine Maßnahme nach Artikel 58 Absatz 2 Buchstabe b bis j der Verordnung (EU) 2016/679 gegenüber dem Nutzungsberechtigten ergriffen hat, informiert sie das Forschungsdatenzentrum. 2In diesem Fall schließt das Forschungsdatenzentrum den Nutzungsberechtigten für einen Zeitraum von bis zu zwei Jahren vom Datenzugang aus.

§ 303f Gebührenregelung; Verordnungsermächtigung

(1) 1Das Forschungsdatenzentrum erhebt von den Nutzungsberechtigten nach § 303e Absatz 1 Gebühren und Auslagen für individuell zurechenbare öffentliche Leistungen nach § 303d zur Deckung des Verwaltungsaufwandes. 2Die Gebührensätze sind so zu bemessen, dass sie den auf die Leistungen entfallenden durchschnittlichen Personal- und Sachaufwand nicht übersteigen. 3Die Krankenkassen, ihre Verbände, der Spitzenverband Bund der Krankenkassen sowie das Bundesministerium für Gesundheit als Aufsichtsbehörde sind von der Zahlung der Gebühren befreit.

(2) 1Das Bundesministerium für Gesundheit wird ermächtigt, durch Rechtsverordnung ohne Zustimmung des Bundesrates die gebührenpflichtigen Tatbestände zu bestimmen und dabei feste Sätze oder Rahmensätze vorzusehen sowie Regelungen über die Gebührenentstehung, die Gebührenerhebung, die Erstattung von Auslagen, den Gebührenschuldner, Gebührenbefreiungen, die Fälligkeit, die Stundung, die Niederschlagung, den Erlass, Säumniszuschläge, die Verjährung und die Erstattung zu treffen. 2Das Bundesministerium für Gesundheit kann die Ermächtigung durch Rechtsverordnung auf die öffentliche Stelle, die vom Bundesministerium für Gesundheit nach § 303a Absatz 1 als Forschungsdatenzentrum nach § 303d bestimmt ist, übertragen.

Dritter Abschnitt
Datenlöschung, Auskunftspflicht

§ 304 Aufbewahrung von Daten bei Krankenkassen, Kassenärztlichen Vereinigungen und Geschäftsstellen der Prüfungsausschüsse

(1) 1Die für Aufgaben der gesetzlichen Krankenversicherung bei Krankenkassen, Kassenärztlichen Vereinigungen und Geschäftsstellen der Prüfungsausschüsse gespeicherten Sozialdaten sind nach folgender Maßgabe zu löschen:

1. die Daten nach den §§ 292, 295 Absatz 1a, 1b und 2 sowie Daten, die für die Prüfungsausschüsse und ihre Geschäftsstellen für die Prüfungen nach den §§ 106 bis 106c erforderlich sind, spätestens nach zehn Jahren,
2. die Daten, die auf Grund der nach § 266 Absatz 8 Satz 1 erlassenen Rechtsverordnung für die Durchführung des Risikostrukturausgleichs nach den §§ 266 und 267 erforderlich sind, spätestens nach den in der Rechtsverordnung genannten Fristen.

2Die Aufbewahrungsfristen beginnen mit dem Ende des Geschäftsjahres, in dem die Leistungen gewährt oder abgerechnet wurden. 3Die Krankenkassen können für Zwecke der Krankenversicherung Leistungsdaten länger aufbewahren, wenn sichergestellt ist, daß ein Bezug zum Arzt und Versicherten nicht mehr herstellbar ist. 4Die Löschfristen gelten nicht für den Nachweis über die Erfüllung der Meldepflicht nach § 36 des Implantateregistergesetzes, dessen Speicherung für die Erfüllung der

Meldepflicht nach § 17 Absatz 2 des Implantateregistergesetzes erforderlich ist. 5Dieser Nachweis ist unverzüglich zu löschen, sobald die Registerstelle des Implantateregisters Deutschland die Krankenkasse über die Anonymisierung des Registerdatensatzes der oder des Versicherten unterrichtet hat.

(2) Im Falle des Wechsels der Krankenkasse ist die bisher zuständige Krankenkasse verpflichtet, den Nachweis über die Erfüllung der Meldepflicht nach § 36 des Implantateregistergesetzes an die neue Krankenkasse zu übermitteln, die für die Fortführung der Versicherung erforderlichen Angaben nach den §§ 288 und 292 der neuen Krankenkasse zu übermitteln sowie Arbeitsunfähigkeitsdaten, die der bisher zuständigen Krankenkasse für Zeiten nach dem Ende der Versicherung übermittelt werden, der neuen Krankenkasse zu übermitteln.

(3) Für die Aufbewahrung der Kranken- und sonstigen Berechtigungsscheine für die Inanspruchnahme von Leistungen einschließlich der Verordnungsblätter für Arznei-, Verband-, Heil- und Hilfsmittel gilt § 84 Absatz 6 des Zehnten Buches.

§ 305 Auskünfte an Versicherte

(1) 1Die Krankenkassen unterrichten die Versicherten auf deren Antrag über die in Anspruch genommenen Leistungen und deren Kosten. 2Auf Verlangen der Versicherten und mit deren ausdrücklicher Einwilligung sollen die Krankenkassen an Dritte, die die Versicherten benannt haben, Daten nach Satz 1 auch elektronisch übermitteln. 3Die Krankenkassen dürfen auf Verlangen und mit ausdrücklicher Einwilligung der Versicherten Daten über die von diesem Versicherten in Anspruch genommenen Leistungen an Anbieter elektronischer Patientenakten oder anderer persönlicher Gesundheitsakten zur Erfüllung ihrer Pflichten nach § 344 Absatz 1 Satz 2 und § 350 Absatz 1 übermitteln. 4Bei der Übermittlung an Anbieter elektronischer Patientenakten oder anderer persönlicher elektronischer Gesundheitsakten muss sichergestellt werden, dass die Daten nach Satz 1 nicht ohne ausdrückliche Einwilligung der Versicherten von Dritten eingesehen werden können. 5Zum Schutz vor unbefugter Kenntnisnahme der Daten der Versicherten, insbesondere zur sicheren Identifizierung des Versicherten und des Dritten nach den Sätzen 2 und 3 sowie zur sicheren Datenübertragung, ist die Richtlinie nach § 217f Absatz 4b entsprechend anzuwenden. 6Auf Antrag der Versicherten haben die Krankenkassen abweichend von § 303 Absatz 4 Diagnosedaten, die ihnen nach den §§ 295 und 295a übermittelt wurden und deren Unrichtigkeit durch einen ärztlichen Nachweis belegt wird, in berichtigter Form bei der Unterrichtung nach Satz 1 und bei der Übermittlung nach den Sätzen 2 und 3 zu verwenden. 7Den Antrag nach Satz 6 haben die Krankenkassen innerhalb von vier Wochen nach Erhalt des Antrags zu bescheiden. 8Die für die Unterrichtung nach Satz 1 und für die Übermittlung nach den Sätzen 2 und 3 erforderlichen Daten dürfen ausschließlich für diese Zwecke verarbeitet werden. 9Eine Mitteilung an die Leistungserbringer über die Unterrichtung des Versicherten und die Übermittlung der Daten ist nicht zulässig. 10Die Krankenkassen können in ihrer Satzung das Nähere über das Verfahren der Unterrichtung nach Satz 1 und über die Übermittlung nach den Sätzen 2 und 3 regeln.

(2) 1Die an der vertragsärztlichen Versorgung teilnehmenden Ärzte, Einrichtungen und medizinischen Versorgungszentren haben die Versicherten auf Verlangen in verständlicher Form entweder schriftlich oder elektronisch, direkt im Anschluss an die Behandlung oder mindestens quartalsweise spätestens vier Wochen nach Ablauf des Quartals, in dem die Leistungen in Anspruch genommen worden sind, über die zu Lasten der Krankenkassen erbrachten Leistungen und deren vorläufige Kosten (Patientenquittung) zu unterrichten. 2Satz 1 gilt auch für die vertragszahnärztliche Versorgung. 3Der Versicherte erstattet für eine quartalsweise schriftliche Unterrichtung nach Satz 1 eine Aufwandspauschale in Höhe von 1 Euro zuzüglich Versandkosten. 4Das Nähere regelt die Kassenärztliche Bundesvereinigung. 5Die Krankenhäuser unterrichten die Versicherten auf Verlangen in verständlicher Form entweder schriftlich oder elektronisch innerhalb von vier Wochen nach Abschluss der Krankenhausbehandlung über die erbrachten Leistungen und die dafür von den Krankenkassen zu zahlenden Entgelte. 6Das Nähere regelt der Spitzenverband Bund der Krankenkassen und die Deutsche Krankenhausgesellschaft durch Vertrag.

(3) 1Die Krankenkassen informieren ihre Versicherten auf Verlangen umfassend über in der gesetzlichen Krankenversicherung zugelassene Leistungserbringer einschließlich medizinische Versorgungszentren und Leistungserbringer in der besonderen Versorgung sowie über die verordnungsfähigen Leistungen und Bezugsquellen, einschließlich der Informationen nach § 73 Abs. 8, § 127 Absatz 3 und 5. 2Sie informieren ihre Versicherten auch über die Möglichkeit, die Terminservicestellen der Kassenärztlichen Vereinigungen zur Erfüllung der in § 75 Absatz 1a Satz 3 genannten Aufgaben in Anspruch zu nehmen. 3Die Krankenkasse hat Versicherte vor deren Entscheidung über die Teilnahme an besonderen Versorgungsformen in Wahltarifen nach § 53 Abs. 3 umfassend über darin erbrachte Leistungen und die beteiligten Leis-

tungserbringer zu informieren. 4§ 69 Absatz 1 Satz 3 gilt entsprechend.

§ 305a Beratung der Vertragsärzte

1Die Kassenärztlichen Vereinigungen beraten in erforderlichen Fällen die Vertragsärzte auf der Grundlage von Übersichten über die von ihnen im Zeitraum eines Jahres oder in einem kürzeren Zeitraum erbrachten, verordneten oder veranlassten Leistungen über Fragen der Wirtschaftlichkeit. 2Ergänzend können die Vertragsärzte den Kassenärztlichen Vereinigungen die Daten über die von ihnen verordneten Leistungen nicht versichertenbezogen übermitteln, die Kassenärztlichen Vereinigungen können diese Daten für ihre Beratung des Vertragsarztes auswerten und auf der Grundlage dieser Daten erstellte vergleichende Übersichten den Vertragsärzten nicht arztbezogen zur Verfügung stellen. 3Die Vertragsärzte und die Kassenärztlichen Vereinigungen dürfen die Daten nach Satz 2 nur für im Sozialgesetzbuch bestimmte Zwecke verarbeiten. 4Ist gesetzlich oder durch Vereinbarung nach § 130a Abs. 8 nichts anderes bestimmt, dürfen Vertragsärzte Daten über von ihnen verordnete Arzneimittel nur solchen Stellen übermitteln, die sich verpflichten, die Daten ausschließlich als Nachweis für die in einer Kassenärztlichen Vereinigung oder einer Region mit mindestens jeweils 300 000 Einwohnern oder mit jeweils mindestens 1300 Ärzten insgesamt in Anspruch genommenen Leistungen zu verarbeiten; eine Verarbeitung dieser Daten mit regionaler Differenzierung innerhalb einer Kassenärztlichen Vereinigung, für einzelne Vertragsärzte oder Einrichtungen sowie für einzelne Apotheken ist unzulässig. 5Satz 4 gilt auch für die Übermittlung von Daten über die nach diesem Buch verordnungsfähigen Arzneimittel durch Apotheken, den Großhandel, Krankenkassen sowie deren Rechenzentren. 6Abweichend von Satz 4 dürfen Leistungserbringer und Krankenkassen Daten über verordnete Arzneimittel in vertraglichen Versorgungsformen nach den §§ 63, 73b, 137f oder 140a nutzen.

§ 305b Veröffentlichung der Jahresrechnungsergebnisse

1Die Krankenkassen, mit Ausnahme der landwirtschaftlichen Krankenkasse, veröffentlichen im elektronischen Bundesanzeiger sowie auf der eigenen Internetpräsenz zum 30. November des dem Berichtsjahr folgenden Jahres die wesentlichen Ergebnisse ihrer Rechnungslegung in einer für die Versicherten verständlichen Weise. 2Die Satzung hat weitere Arten der Veröffentlichung zu regeln, die sicherstellen, dass alle Versicherten der Krankenkasse davon Kenntnis erlangen können. 3Zu veröffentlichen sind insbesondere Angaben zur Entwicklung der Zahl der Mitglieder und Versicherten, zur Höhe und Struktur der Einnahmen, zur Höhe und Struktur der Ausgaben sowie zur Vermögenssituation. 4Ausgaben für Prävention und Gesundheitsförderung sowie Verwaltungsausgaben sind gesondert auszuweisen. 5Das Nähere zu den zu veröffentlichenden Angaben wird in der Allgemeinen Verwaltungsvorschrift über das Rechnungswesen in der Sozialversicherung geregelt.

Elftes Kapitel
Telematikinfrastruktur

Erster Abschnitt
Anforderungen an die Telematikinfrastruktur

§ 306 Telematikinfrastruktur

(1) 1Die Bundesrepublik Deutschland, vertreten durch das Bundesministerium für Gesundheit, der Spitzenverband Bund der Krankenkassen, die Kassenärztliche Bundesvereinigung, die Kassenzahnärztliche Bundesvereinigung, die Bundesärztekammer, die Bundeszahnärztekammer, die Deutsche Krankenhausgesellschaft sowie die für die Wahrnehmung der wirtschaftlichen Interessen gebildete maßgebliche Spitzenorganisation der Apotheker auf Bundesebene schaffen die Telematikinfrastruktur. 2Die Telematikinfrastruktur ist die interoperable und kompatible Informations-, Kommunikations- und Sicherheitsinfrastruktur, die der Vernetzung von Leistungserbringern, Kostenträgern, Versicherten und weiteren Akteuren des Gesundheitswesens sowie der Rehabilitation und der Pflege dient und insbesondere

1. erforderlich ist für die Nutzung der elektronischen Gesundheitskarte und der Anwendungen der Telematikinfrastruktur,
2. geeignet ist
   a) für die Nutzung weiterer Anwendungen der Telematikinfrastruktur ohne Nutzung der elektronischen Gesundheitskarte nach § 327 und
   b) für die Verwendung für Zwecke der Gesundheits- und pflegerischen Forschung.

3Die Bundesrepublik Deutschland, vertreten durch das Bundesministerium für Gesundheit, und die in Satz 1 genannten Spitzenorganisationen nehmen die Aufgabe nach Satz 1 nach Maßgabe des § 310 durch eine Gesellschaft für Telematik wahr.

(2) Die Telematikinfrastruktur umfasst

1. eine dezentrale Infrastruktur bestehend aus Komponenten zur Authentifizierung, zur elektronischen Signatur, zur Verschlüsselung sowie Entschlüsselung und zur sicheren Verarbeitung von Daten in der zentralen Infrastruktur,

2. eine zentrale Infrastruktur bestehend aus
   a) sicheren Zugangsdiensten als Schnittstelle zur dezentralen Infrastruktur und
   b) einem gesicherten Netz einschließlich der für den Betrieb notwendigen Dienste sowie
3. eine Anwendungsinfrastruktur bestehend aus Diensten für die Anwendungen nach diesem Kapitel.

(3) Für die Verarbeitung der zu den besonderen Kategorien im Sinne von Artikel 9 der Verordnung (EU) 2016/679 gehörenden personenbezogenen Daten in der Telematikinfrastruktur gilt ein dem besonderen Schutzbedarf entsprechendes hohes Schutzniveau, dem durch entsprechende technische und organisatorische Maßnahmen im Sinne des Artikels 32 der Verordnung (EU) 2016/679 Rechnung zu tragen ist.

(4) [1]Anwendungen im Sinne dieses Kapitels sind nutzerbezogene Funktionalitäten auf der Basis von nach § 325 zugelassenen Diensten und Komponenten zur Verarbeitung von Gesundheitsdaten in der Telematikinfrastruktur sowie weitere nutzerbezogene Funktionalitäten nach § 327. [2]Dienste im Sinne von Satz 1 sind zentral bereitgestellte und in der Telematikinfrastruktur betriebene technische Systeme, die einzelne Funktionalitäten der Telematikinfrastruktur umsetzen. [3]Komponenten sind dezentrale technische Systeme oder deren Bestandteile.

§ 307 Datenschutzrechtliche Verantwortlichkeiten

(1) [1]Die Verarbeitung personenbezogener Daten mittels der Komponenten der dezentralen Infrastruktur nach § 306 Absatz 2 Nummer 1 liegt in der Verantwortung derjenigen, die diese Komponenten für die Zwecke der Authentifizierung und elektronischen Signatur sowie zur Verschlüsselung, Entschlüsselung und sicheren Verarbeitung von Daten in der zentralen Infrastruktur nutzen, soweit sie über die Mittel der Datenverarbeitung mitentscheiden. [2]Die Verantwortlichkeit nach Satz 1 erstreckt sich insbesondere auf die ordnungsgemäße Inbetriebnahme, Wartung und Verwendung der Komponenten. [3]Für die Verarbeitung personenbezogener Daten mittels der Komponenten der dezentralen Infrastruktur nach § 306 Absatz 2 Nummer 1 durch Verantwortliche nach Satz 1 erfolgt in der Anlage zu diesem Gesetz eine Datenschutz-Folgenabschätzung nach Artikel 35 Absatz 10 der Verordnung (EU) 2016/679. [4]Soweit eine Datenschutz-Folgenabschätzung nach Satz 3 erfolgt, gilt für die Verantwortlichen nach Satz 1 Artikel 35 Absatz 1 bis 7 der Verordnung (EU) 2016/679 sowie § 38 Absatz 1 Satz 2 des Bundesdatenschutzgesetzes nicht.

(2) [1]Der Betrieb der durch die Gesellschaft für Telematik spezifizierten und zugelassenen Zugangsdienste nach § 306 Absatz 2 Nummer 2 Buchstabe a liegt in der Verantwortung des jeweiligen Anbieters des Zugangsdienstes. [2]Der Anbieter eines Zugangsdienstes darf personenbezogene Daten der Versicherten ausschließlich für Zwecke des Aufbaus und des Betriebs seines Zugangsdienstes verarbeiten. [3]§ 3 des Telekommunikation-Telemedien-Datenschutz-Gesetzes ist entsprechend anzuwenden.

(3) [1]Die Gesellschaft für Telematik erteilt einen Auftrag nach § 323 Absatz 2 Satz 1 zum alleinverantwortlichen Betrieb des gesicherten Netzes nach § 306 Absatz 2 Nummer 2 Buchstabe b, einschließlich der für den Betrieb notwendigen Dienste. [2]Der Anbieter des gesicherten Netzes ist innerhalb des gesicherten Netzes verantwortlich für die Übertragung von personenbezogenen Daten, insbesondere von Gesundheitsdaten der Versicherten, zwischen Leistungserbringern, Kostenträgern sowie Versicherten und für die Übertragung im Rahmen der Anwendungen der elektronischen Gesundheitskarte. [3]Der Anbieter des gesicherten Netzes darf die Daten ausschließlich zum Zweck der Datenübertragung verarbeiten. [4]§ 3 des Telekommunikation-Telemedien-Datenschutz-Gesetzes ist entsprechend anzuwenden.

(4) [1]Der Betrieb der Dienste der Anwendungsinfrastruktur nach § 306 Absatz 2 Nummer 3 erfolgt durch den jeweiligen Anbieter. [2]Die Anbieter sind für die Verarbeitung personenbezogener Daten, insbesondere von Gesundheitsdaten der Versicherten, zum Zweck der Nutzung des jeweiligen Dienstes der Anwendungsinfrastruktur verantwortlich.

(5) [1]Die Gesellschaft für Telematik ist Verantwortliche für die Verarbeitung personenbezogener Daten in der Telematikinfrastruktur, soweit sie im Rahmen ihrer Aufgaben nach § 311 Absatz 1 die Mittel der Datenverarbeitung bestimmt und insoweit keine Verantwortlichkeit nach den vorstehenden Absätzen begründet ist. [2]Die Gesellschaft für Telematik richtet für die Betroffenen eine koordinierende Stelle ein. [3]Die koordinierende Stelle erteilt den Betroffenen allgemeine Informationen zur Telematikinfrastruktur sowie Auskunft über Zuständigkeiten innerhalb der Telematikinfrastruktur, insbesondere zur datenschutzrechtlichen Verantwortlichkeit nach dieser Vorschrift.

§ 308 Vorrang von technischen Schutzmaßnahmen

(1) [1]Die Rechte der betroffenen Person nach den Artikeln 12 bis 22 der Verordnung (EU) 2016/679 sind gegenüber den Verantwortlichen nach § 307 ausgeschlossen, soweit diese Rechte von dem Verantwortlichen nach § 307 und dessen Auftragsverarbeiter nicht oder nur unter Umgehung von Schutzmechanismen wie insbesondere der Verschlüsselung oder der Anonymisierung gewähr-

leistet werden können. $_2$Ist es einem Verantwortlichen nach § 307 nur unter Umgehung von Schutzmechanismen wie insbesondere der Verschlüsselung oder der Anonymisierung, die eine Kenntnisnahme oder Identifizierung ausschließen, möglich, Rechte der betroffenen Person zu befriedigen, so ist der Verantwortliche nicht verpflichtet, zur bloßen Einhaltung datenschutzrechtlicher Betroffenenrechte zusätzliche Informationen aufzubewahren, einzuholen oder zu verarbeiten oder Sicherheitsvorkehrungen aufzuheben.

(2) Absatz 1 gilt nicht, wenn die Datenverarbeitung unrechtmäßig ist oder berechtigte Zweifel an der behaupteten Unmöglichkeit nach Absatz 1 bestehen.

§ 309 Protokollierung

(1) Die Verantwortlichen nach § 307 haben durch geeignete technische Maßnahmen sicherzustellen, dass für Zwecke der Datenschutzkontrolle bei Anwendungen nach den §§ 327 und 334 Absatz 1 nachträglich für den Zeitraum der regelmäßigen dreijährigen Verjährungsfrist nach § 195 des Bürgerlichen Gesetzbuchs die Zugriffe und die versuchten Zugriffe auf personenbezogene Daten der Versicherten in diesen Anwendungen überprüft werden können und festgestellt werden kann, ob, von wem und welche Daten des Versicherten in dieser Anwendung verarbeitet worden sind.

(2) Eine Verwendung der Protokolldaten nach Absatz 1 für andere als die dort genannten Zwecke ist unzulässig.

(3) Die Protokolldaten sind nach Ablauf der in Absatz 1 genannten Frist unverzüglich zu löschen.

Zweiter Abschnitt
Gesellschaft für Telematik

Erster Titel
Aufgaben, Verfassung und Finanzierung der Gesellschaft für Telematik

§ 310 Gesellschaft für Telematik

(1) Die Bundesrepublik Deutschland, vertreten durch das Bundesministerium für Gesundheit, und die in § 306 Absatz 1 Satz 1 genannten Spitzenorganisationen sind Gesellschafter der Gesellschaft für Telematik.

(2) Die Geschäftsanteile entfallen

1. zu 51 Prozent auf die Bundesrepublik Deutschland, vertreten durch das Bundesministerium für Gesundheit,
2. zu 24,5 Prozent auf den Spitzenverband Bund der Krankenkassen und
3. zu 24,5 Prozent auf die anderen in § 306 Absatz 1 Satz 1 genannten Spitzenorganisationen.

(3) $_1$Die Gesellschafter können den Beitritt weiterer Spitzenorganisationen der Leistungserbringer auf Bundesebene und des Verbandes der Privaten Krankenversicherung auf deren Wunsch beschließen. $_2$Im Fall eines Beitritts sind die Geschäftsanteile innerhalb der Gruppen der Kostenträger und Leistungserbringer entsprechend anzupassen.

(4) Unbeschadet zwingender gesetzlicher Mehrheitserfordernisse entscheiden die Gesellschafter mit der einfachen Mehrheit der sich aus den Geschäftsanteilen ergebenden Stimmen.

§ 311 Aufgaben der Gesellschaft für Telematik

(1) Im Rahmen des Auftrags nach § 306 Absatz 1 hat die Gesellschaft für Telematik nach Maßgabe der Anforderungen gemäß § 306 Absatz 3 folgende Aufgaben:

1. zur Schaffung der Telematikinfrastruktur:
   a) Erstellung der funktionalen und technischen Vorgaben einschließlich eines Sicherheitskonzepts,
   b) Festlegung von Inhalt und Struktur der Datensätze für deren Bereitstellung und Nutzung, soweit diese Festlegung nicht nach § 355 durch die Kassenärztliche Bundesvereinigung oder die Deutsche Krankenhausgesellschaft erfolgt,
   c) Erstellung von Vorgaben für den sicheren Betrieb der Telematikinfrastruktur und Überwachung der Umsetzung dieser Vorgaben,
   d) Sicherstellung der notwendigen Test-, Bestätigungs- und Zertifizierungsmaßnahmen und
   e) Festlegung von Verfahren einschließlich der dafür erforderlichen Authentisierungsverfahren zur Verwaltung
      aa) der Zugriffsberechtigungen nach dem Fünften Abschnitt und
      bb) der Steuerung der Zugriffe auf Daten nach § 334 Absatz 1 Satz 2,
2. Aufbau der Telematikinfrastruktur und insoweit Festlegung der Rahmenbedingungen für Betriebsleistungen sowie Vergabe von Aufträgen für deren Erbringung an Anbieter von Betriebsleistungen oder Zulassung von Betriebsleistungen,
3. Betrieb des elektronischen Verzeichnisdienstes nach § 313,
4. Zulassung der Komponenten und Dienste der Telematikinfrastruktur einschließlich der Verfahren zum Zugriff auf diese Komponenten und Dienste,

5. Zulassung der sicheren Dienste für Verfahren zur Übermittlung medizinischer und pflegerischer Dokumente über die Telematikinfrastruktur,
6. Festlegung der Voraussetzungen für die Nutzung der Telematikinfrastruktur für weitere Anwendungen und für Zwecke der Gesundheitsforschung nach § 306 Absatz 1 Satz 2 Nummer 2 und Durchführung der Verfahren zur Bestätigung des Vorliegens dieser Voraussetzungen,
7. Gewährleistung einer diskriminierungsfreien Nutzung der Telematikinfrastruktur für weitere Anwendungen und für Zwecke der Gesundheitsforschung nach § 306 Absatz 1 Satz 2 Nummer 2 unter vorrangiger Berücksichtigung der elektronischen Anwendungen, die der Erfüllung von gesetzlichen Aufgaben der Kranken- und Pflegeversicherung, der Rentenversicherung und der Unfallversicherung dienen,
8. Aufbau, Pflege und Betrieb des Interoperabilitätsverzeichnisses nach § 385,
9. Koordinierung der Ausgabeprozesse der in der Telematikinfrastruktur genutzten Identifikations- und Authentifizierungsmittel, insbesondere der Karten und Ausweise gemäß den §§ 291 und 340, im Benehmen mit den Kartenherausgebern, Überwachung der Ausgabeprozesse und Vorgabe von verbindlichen Maßnahmen, die bei Sicherheitsmängeln zu ergreifen sind,
10. Entwicklung und Zurverfügungstellung der Komponenten der Telematikinfrastruktur, die den Zugriff der Versicherten auf die Anwendung zur Übermittlung ärztlicher Verordnungen nach § 334 Absatz 1 Satz 2 Nummer 6 nach Maßgabe des § 360 Absatz 10 ermöglichen, als Dienstleistungen von allgemeinem wirtschaftlichem Interesse,
11. Unterstützung des Robert Koch-Instituts bei der Entwicklung und dem Betrieb des elektronischen Melde- und Informationssystems nach § 14 des Infektionsschutzgesetzes,
12. Betrieb von Komponenten und Diensten der zentralen Infrastruktur gemäß § 306 Absatz 2 Nummer 2, die zur Gewährleistung der Sicherheit oder für die Aufrechterhaltung der Funktionsfähigkeit der Telematikinfrastruktur von wesentlicher Bedeutung sind, nach Maßgabe des § 323 Absatz 2 Satz 3 und
13. Planung, Durchführung und Unterstützung der Erprobungs- und Einführungsphasen von Anwendungen.

(2) 1Die Gesellschaft für Telematik hat Festlegungen und Maßnahmen nach Absatz 1 Nummer 1, die Fragen der Datensicherheit berühren, im Einvernehmen mit dem Bundesamt für Sicherheit in der Informationstechnik zu treffen und Festlegungen und Maßnahmen nach Absatz 1 Nummer 1, die Fragen des Datenschutzes berühren, im Einvernehmen mit der oder dem Bundesbeauftragten für den Datenschutz und die Informationsfreiheit zu treffen. 2Bei der Gestaltung der Verfahren nach Absatz 1 Nummer 1 Buchstabe e berücksichtigt die Gesellschaft für Telematik, dass die Telematikinfrastruktur schrittweise ausgebaut wird und die Zugriffsberechtigungen künftig auf weitere Leistungserbringergruppen ausgedehnt werden können.

(3) 1Die Gesellschaft für Telematik nimmt auf europäischer Ebene, insbesondere im Zusammenhang mit dem grenzüberschreitenden Austausch von Gesundheitsdaten, Aufgaben wahr. 2Dabei hat sie darauf hinzuwirken, dass einerseits die auf europäischer Ebene getroffenen Festlegungen mit den Vorgaben für die Telematikinfrastruktur und ihre Anwendungen vereinbar sind und dass andererseits die Vorgaben für die Telematikinfrastruktur und ihre Anwendungen mit den europäischen Vorgaben vereinbar sind. 3Die Gesellschaft für Telematik hat die für den grenzüberschreitenden Austausch von Gesundheitsdaten erforderlichen Festlegungen zu treffen und hierbei die auf europäischer Ebene hierzu getroffenen Festlegungen zu berücksichtigen. 4Die Datensicherheit ist dabei nach dem Stand der Technik zu gewährleisten.

(4) 1Bei der Wahrnehmung ihrer Aufgaben hat die Gesellschaft für Telematik die Interessen von Patienten zu wahren und die Einhaltung der Vorschriften zum Schutz personenbezogener Daten sowie zur Barrierefreiheit sicherzustellen. 2Sie hat Aufgaben nur insoweit wahrzunehmen, als dies zur Schaffung einer interoperablen, kompatiblen und sicheren Telematikinfrastruktur erforderlich ist.

(5) 1Mit Teilaufgaben der Gesellschaft für Telematik können einzelne Gesellschafter mit Ausnahme der Bundesrepublik Deutschland oder Dritte beauftragt werden. 2Hierbei hat die Gesellschaft für Telematik die Interoperabilität, die Kompatibilität und das notwendige Sicherheitsniveau der Telematikinfrastruktur zu gewährleisten.

(6) 1Die Gesellschaft für Telematik legt in Abstimmung mit dem Bundesamt für Sicherheit in der Informationstechnik und mit der oder dem Bundesbeauftragten für den Datenschutz und die Informationsfreiheit sichere Verfahren zur Übermittlung medizinischer Daten über die Telematikinfrastruktur fest. 2Die festgelegten Verfahren veröffentlicht die Gesellschaft für Telematik auf ihrer Internetseite. 3Der Anbieter eines Dienstes für ein Übermittlungsverfahren muss die Anwendung der festgelegten Verfahren gegenüber der Gesellschaft für Telematik in einem Zulassungsverfahren nachweisen. 4Die Kassenärztlichen

Bundesvereinigungen können Anbieter eines zugelassenen Dienstes für ein sicheres Verfahren zur Übermittlung medizinischer Dokumente nach Satz 1 sein, sofern der Dienst nur Kassenärztlichen Vereinigungen sowie deren Mitgliedern zur Verfügung gestellt wird. [5]Für das Zulassungsverfahren nach Satz 3 gilt § 325. [6]Die für das Zulassungsverfahren erforderlichen Festlegungen hat die Gesellschaft für Telematik zu treffen und auf ihrer Internetseite zu veröffentlichen. [7]Die Kosten, die nach diesem Absatz bei der oder dem Bundesbeauftragten für den Datenschutz und die Informationsfreiheit entstehen, sind durch die Gesellschaft für Telematik zu erstatten. [8]Die Gesellschaft für Telematik legt die Einzelheiten der Kostenerstattung einvernehmlich mit der oder dem Bundesbeauftragten für den Datenschutz und die Informationsfreiheit fest.

(7) [1]Bei der Vergabe von Aufträgen durch die Gesellschaft für Telematik ist unterhalb der Schwellenwerte nach § 106 des Gesetzes gegen Wettbewerbsbeschränkungen die Unterschwellenvergabeordnung in der Fassung der Bekanntmachung vom 2. Februar 2017 (BAnz. AT 07. 02. 2017 B1; BAnz. AT 07. 02. 2017 B2) anzuwenden. [2]Für die Verhandlungsvergabe von Leistungen gemäß § 8 Absatz 4 Nummer 17 der Unterschwellenvergabeordnung werden die Ausführungsbestimmungen vom Bundesministerium für Gesundheit festgelegt. [3]Teil 4 des Gesetzes gegen Wettbewerbsbeschränkungen bleibt unberührt.

§ 312 Aufträge an die Gesellschaft für Telematik

(1) [1]Die Gesellschaft für Telematik hat im Rahmen ihrer Aufgaben nach § 311 Absatz 1 Nummer 1

1. bis zum 30. Juni 2020 die Maßnahmen durchzuführen, die erforderlich sind, damit vertragsärztliche elektronische Verordnungen für apothekenpflichtige Arzneimittel elektronisch nach § 360 Absatz 1 übermittelt werden können,
2. bis zum 30. September 2023 die Maßnahmen durchzuführen, die erforderlich sind, damit vertragsärztliche elektronische Verordnungen für Betäubungsmittel sowie für Arzneimittel nach § 3a Absatz 1 Satz 1 der Arzneimittelverschreibungsverordnung elektronisch nach § 360 Absatz 1 übermittelt werden können,
3. bis zum 30. Juni 2021 die Maßnahmen durchzuführen, die erforderlich sind, damit Informationen zur vertragsärztlichen Verordnung nach den Nummern 1 oder 2 mit Informationen über das auf der Grundlage der vertragsärztlichen Verordnung nach den Nummern 1 oder 2 abgegebene Arzneimittel, soweit technisch möglich dessen Chargennummer und, falls auf der Verordnung angegeben, dessen Dosierung den Versicherten elektronisch verfügbar gemacht werden können (Dispensierinformationen),
4. bis zum 1. Oktober 2021 die Maßnahmen durchzuführen, die erforderlich sind, damit sichere Übermittlungsverfahren nach § 311 Absatz 6 einen Sofortnachrichtendienst zur Kommunikation zwischen Leistungserbringern umfassen,
5. bis zum 31. Oktober 2021 die Maßnahmen durchzuführen, die erforderlich sind, damit der elektronische Medikationsplan nach § 334 Absatz 1 Satz 2 Nummer 4 gemäß § 358 in Verbindung mit § 359 Absatz 2 ab dem 1. Oktober 2024 in einer eigenständigen Anwendung innerhalb der Telematikinfrastruktur genutzt werden kann, die nicht auf der elektronischen Gesundheitskarte gespeichert wird,
6. bis zum 1. Dezember 2021 die Maßnahmen durchzuführen, die erforderlich sind, damit zugriffsberechtigte Leistungserbringer mittels der elektronischen Gesundheitskarte sowie entsprechend den Zugriffsvoraussetzungen nach § 361 Absatz 2 auf elektronische Verordnungen zugreifen können,
7. bis zum 1. Januar 2022 die Maßnahmen durchzuführen, die erforderlich sind, damit vertragsärztliche elektronische Verordnungen von digitalen Gesundheitsanwendungen durch Ärzte, Zahnärzte und Psychotherapeuten ab dem 1. Januar 2023 elektronisch nach § 360 Absatz 1 übermittelt werden können,
8. bis zum 1. April 2023 die Maßnahmen durchzuführen, die erforderlich sind, um digitale Identitäten zur Verfügung zu stellen durch
   a) die Krankenkassen für ihre Versicherten nach § 291 Absatz 8 und
   b) die Stellen nach § 340 Absatz 1 Satz 1 Nummer 1 für die zugriffsberechtigten Leistungserbringer,
9. bis zum 1. April 2022 die Maßnahmen durchzuführen, die erforderlich sind, damit der in Nummer 4 definierte Dienst auch zur Kommunikation zwischen Versicherten und Leistungserbringern beziehungsweise Versicherten und Krankenkassen genutzt werden kann,
10. bis zum 30. Juni 2022 die Maßnahmen durchzuführen, die erforderlich sind, damit Anbieter ab dem 1. Januar 2023 Komponenten und Dienste zur Verfügung stellen können, die eine sichere, wirtschaftliche, skalierbare, stationäre und mobile Zugangsmöglichkeit zur Telematikinfrastruktur ermöglichen,
11. bis zum 30. Juni 2022 die Maßnahmen durchzuführen, die erforderlich sind, damit Komponenten gemäß § 306 Absatz 2 Nummer 1, die das Lesen von in der Telematikinfrastruktur genutzten Identifikations- und

Authentifizierungsmitteln, insbesondere von Karten und Ausweisen gemäß den §§ 291 und 340, ermöglichen, eine kontaktlose Schnittstelle unterstützen,

12. bis zum 30. Juni 2022 die Maßnahmen durchzuführen, die erforderlich sind, damit vertragsärztliche elektronische Verordnungen von häuslicher Krankenpflege nach § 37 sowie außerklinischer Intensivpflege nach § 37c elektronisch nach § 360 Absatz 1 übermittelt werden können,

13. bis zum 30. Juni 2023 die Maßnahmen durchzuführen, die erforderlich sind, damit vertragsärztliche elektronische Verordnungen von Soziotherapien nach § 37a durch Ärzte und Psychotherapeuten elektronisch nach § 360 Absatz 1 übermittelt werden können,

14. bis zum 1. Juli 2023 die Maßnahmen durchzuführen, die erforderlich sind, damit der Spitzenverband Bund der Krankenkassen, Deutsche Verbindungsstelle Krankenversicherung – Ausland, seine Aufgaben nach § 219d Absatz 6 Satz 1 erfüllen und den Betrieb der nationalen eHealth-Kontaktstelle zu diesem Zeitpunkt aufnehmen kann; dazu sind im Benehmen mit dem Spitzenverband Bund der Krankenkassen, Deutsche Verbindungsstelle Krankenversicherung – Ausland, und im Einvernehmen mit dem Bundesamt für Sicherheit in der Informationstechnik und der oder dem Bundesbeauftragten für den Datenschutz und die Informationsfreiheit insbesondere diejenigen Festlegungen zum Aufbau und Betrieb der nationalen eHealth-Kontaktstelle nach § 219d Absatz 6 Satz 1 zu treffen, die im Rahmen des grenzüberschreitenden Austauschs von Gesundheitsdaten Fragen der Datensicherheit und des Datenschutzes berühren,

15. bis zum 1. Oktober 2023 die Maßnahmen durchzuführen, die erforderlich sind, damit die sicheren Übermittlungsverfahren nach § 311 Absatz 6 auch den Austausch von medizinischen Daten in Form von Text, Dateien, Ton und Bild, auch als Konferenz mit mehr als zwei Beteiligten, ermöglichen, und

16. bis zum 1. Juli 2024 die Maßnahmen durchzuführen, die erforderlich sind, damit vertragsärztliche elektronische Verordnungen nach § 360 Absatz 7 Satz 1 ab dem 1. Juli 2026 elektronisch nach § 360 Absatz 1 übermittelt werden können.

$_2$Bei der Durchführung der Maßnahmen nach Satz 1 berücksichtigt die Gesellschaft für Telematik, dass die Telematikinfrastruktur schrittweise ausgebaut wird und die Verfahren schrittweise auf sonstige in der ärztlichen Versorgung verordnungsfähige Leistungen und auf Verordnungen ohne direkten Kontakt zwischen den Ärzten oder den Zahnärzten und den Versicherten ausgedehnt werden sollen. $_3$Bei der Durchführung der Maßnahmen nach Satz 1 Nummer 2 sind darüber hinaus die Vorgaben der Betäubungsmittel-Verschreibungsverordnung und entsprechende Vorgaben des Betäubungsmittelgesetzes in der jeweils geltenden Fassung zu beachten.

(2) Die Gesellschaft für Telematik hat im Rahmen ihrer Aufgaben nach § 311 Absatz 1 Nummer 1 bis zum 15. Oktober 2020 die Voraussetzungen dafür zu schaffen, dass Pflegeeinrichtungen nach dem Elften Buch und Leistungserbringer, die Leistungen nach den §§ 24g, 37, 37b, 37c, 39a Absatz 1 und § 39c erbringen, sowie Zugriffsberechtigte nach § 352 Nummer 9 bis 18 die Telematikinfrastruktur nutzen können.

(3) Die Gesellschaft für Telematik hat im Rahmen ihrer Aufgaben nach § 311 Absatz 1 Nummer 1 die Voraussetzungen dafür zu schaffen, dass Zugriffsberechtigte nach § 359 Absatz 1 Daten nach § 334 Absatz 1 Satz 2 Nummer 4 und 5 nutzen können.

(4) Die Gesellschaft für Telematik hat im Rahmen ihrer Aufgabenzuweisung nach § 311 Absatz 1 Nummer 10 bis zum 30. Juni 2021 die entsprechenden Komponenten der Telematikinfrastruktur anzubieten.

(5) Die Gesellschaft für Telematik hat im Rahmen ihrer Aufgabenzuweisung nach § 311 Absatz 1 Nummer 1 die Maßnahmen durchzuführen, damit Überweisungen in elektronischer Form übermittelt werden können.

(6) $_1$Die Gesellschaft für Telematik hat im Rahmen ihrer Aufgabenzuweisung nach § 311 Absatz 1 Nummer 1 die Maßnahmen durchzuführen, die erforderlich sind, damit das Auslesen der Protokolldaten gemäß § 309 Absatz 1 und der Daten in Anwendungen nach § 334 Absatz 1 Satz 2 Nummer 2, 3 und 6 mittels einer Benutzeroberfläche eines geeigneten Endgeräts erfolgen kann. $_2$Dabei ist ein technisches Verfahren vorzusehen, das zur Authentifizierung einen hohen Sicherheitsstandard gewährleistet.

(7) $_1$Bei den Maßnahmen nach Absatz 1 Satz 1 Nummer 1, 2, 12, 13 und 16 hat die Gesellschaft für Telematik auch Verfahren festzulegen oder die technischen Voraussetzungen dafür zu schaffen, dass Versicherte Daten ihrer elektronischen Verordnungen nach § 360 Absatz 2, 5, 6 oder Absatz 7 vor einer Inanspruchnahme der jeweils verordneten Leistungen, soweit erforderlich, elektronisch ihrer Krankenkasse zur Bewilligung übermitteln können.

(8) Die Gesellschaft für Telematik hat im Rahmen ihrer Aufgaben nach § 311 Absatz 1 bis zum 1. Januar 2024 die Voraussetzungen dafür zu schaffen, dass die in § 380 Absatz 2 genannten Leistungserbringer die Telematikinfrastruktur nutzen und ihre Zugriffsrechte nach § 352

V

Nummer 14 und 15 sowie nach § 361 Absatz 1 Satz 1 Nummer 5 ausüben können.

(9) 1Die Gesellschaft für Telematik legt zu den Verfahren nach Absatz 1 Satz 1 Nummer 6 im Benehmen mit dem Bundesamt für Sicherheit in der Informationstechnik und der oder dem Bundesbeauftragten für den Datenschutz und die Informationsfreiheit bis zum 31. Dezember 2021 Einzelheiten zu dem Bestätigungsverfahren fest und veröffentlicht diese Einzelheiten. 2Die Gesellschaft für Telematik veröffentlicht eine Liste mit den nach Absatz 1 Satz 1 Nummer 6 bestätigten Anwendungen auf ihrer Internetseite.

§ 313 Elektronischer Verzeichnisdienst der Telematikinfrastruktur

(1) 1Die Gesellschaft für Telematik betreibt den elektronischen Verzeichnisdienst der Telematikinfrastruktur. 2Sie kann Dritte mit dem Betrieb beauftragen. 3Der elektronische Verzeichnisdienst kann die Daten enthalten, die erforderlich sind für die Suche, Identifikation und Adressierung von

1. Leistungserbringern,
2. organisatorischen Einheiten von Leistungserbringern und
3. allen anderen angeschlossenen Nutzern von Anwendungen und Diensten der Telematikinfrastruktur.

4Die Daten nach Satz 3 umfassen den Namen, die Adressdaten, technische Adressierungsdaten, die eindeutige Identifikationsnummer, das Fachgebiet und den öffentlichen Teil der technischen Identität des Nutzers. 5Die Daten von Versicherten sind nicht Teil des Verzeichnisdienstes.

(2) 1Für jeden Nutzer wird im Verzeichnisdienst nach Absatz 1 eine Identifikationsnummer vergeben. 2Bei der Vergabe ist sicherzustellen, dass der Bezug der Identifikationsnummer zu dem jeweiligen Nutzer nach ihrer Struktur eineindeutig hergestellt werden kann.

(3) 1Der Verzeichnisdienst darf ausschließlich zum Zwecke der Suche, Identifikation und Adressierung der in Absatz 1 Satz 3 genannten Nutzer im Rahmen der Nutzung von Anwendungen und Diensten der Telematikinfrastruktur verwendet werden. 2Für jeden Nutzer wird im Verzeichnisdienst vermerkt, welche Anwendungen und Dienste adressiert werden können.

(4) 1Die Gesellschaft für Telematik hat durch geeignete organisatorische Maßnahmen und nach dem aktuellen Stand der Technik sicherzustellen, dass die Verfügbarkeit, Integrität, Authentizität und Vertraulichkeit der Daten gewährleistet wird. 2Dazu legt sie die Vorgaben für die Datenübermittlung durch die in Absatz 5 Satz 1 benannten Stellen in einer verbindlichen Richtlinie fest.

(5) 1Die Landesärztekammern, die Landeszahnärztekammern, die Kassenärztlichen Vereinigungen, die Kassenzahnärztlichen Vereinigungen, die Apothekerkammern der Länder, die Psychotherapeutenkammern, die Deutsche Krankenhausgesellschaft und die von den Ländern nach § 340 sowie von der Gesellschaft für Telematik nach § 315 Absatz 1 bestimmten Stellen übermitteln fortlaufend in einem automatisierten Verfahren die bei ihnen vorliegenden, im elektronischen Verzeichnisdienst nach Absatz 1 zu speichernden aktuellen Daten der Nutzer nach Absatz 1 Satz 3 an den Verzeichnisdienst der Telematikinfrastruktur. 2Die in Satz 1 Genannten oder ein von ihnen beauftragter Dritter können oder kann der Gesellschaft für Telematik die für die Suche, Identifikation und Adressierung erforderlichen Daten über ein von ihnen für ihre Mitgliederverwaltung betriebenes standardbasiertes System zur Verwaltung von Identitäten und Zugriffsrechten zur Verfügung stellen. 3Nutzer nach Absatz 1 Satz 3, die Anwendungen und Dienste der Telematikinfrastruktur nutzen und deren Daten nach Absatz 1 Satz 3 nicht bei den in Satz 1 Genannten oder einer sie vertretenden Organisation vorliegen, übermitteln fortlaufend die aktuellen Daten nach Absatz 1 Satz 3 an die Gesellschaft für Telematik, die sie in einem automatisierten Verfahren im Verzeichnisdienst speichert. 4Die Verpflichtung nach den Sätzen 1 und 2 gilt ab dem 1. Dezember 2020.

(6) 1Die örtlich zuständige Kassenärztliche Vereinigung hat die für den Anschluss an die Telematikinfrastruktur erforderlichen Identifikationsmerkmale nach Absatz 1 für Eigeneinrichtungen der Krankenkassen nach § 140 zu vergeben. 2Satz 1 gilt auch für niedergelassene Ärzte und Psychotherapeuten, die nicht bereits auf Grund anderer Vorschriften entsprechende Identifikationsmerkmale erhalten können. 3Die örtlich zuständige Ärztekammer oder die örtlich zuständige Psychotherapeutenkammer stellen der Kassenärztlichen Vereinigung die für die Wahrnehmung der Aufgaben nach den Sätzen 1 und 2 notwendigen Informationen zur Verfügung und informieren die zuständige Kassenärztliche Vereinigung unverzüglich über für die Vergabe der Arztnummer und der im Bundesmantelvertrag für Ärzte vorgesehenen Betriebsstättennummer relevante Änderungen.

§ 314 Informationspflichten der Gesellschaft für Telematik

1Die Gesellschaft für Telematik ist verpflichtet, auf ihrer Internetseite und in analogem Format Informationen für die Versicherten in präziser, transparenter, verständlicher, leicht zugänglicher und barrierefreier Form zur Verfügung zu stellen über

1. die Struktur und die Funktionsweise der Telematikinfrastruktur,
2. die grundlegenden Anwendungsfälle und Funktionalitäten der elektronischen Patientenakte,
3. die Rechte der Versicherten im Umgang mit Daten in der elektronischen Patientenakte,
4. den besonderen Schutz von Gesundheitsdaten nach der Verordnung (EU) 2016/679,
5. Art und Umfang der Zugriffsrechte zugriffsberechtigter Personen nach dem Vierten Abschnitt sowie die Zwecke der Verarbeitung von Daten in der elektronischen Patientenakte durch diese zugriffsberechtigten Personen,
6. die Datenverarbeitungsvorgänge bei der Übermittlung von Daten in die elektronische Patientenakte und bei der Erhebung und Verarbeitung von Daten aus der elektronischen Patientenakte durch zugriffsberechtigte Personen,
7. die Benennung der Verantwortlichen für die Daten im Hinblick auf die verschiedenen Datenverarbeitungsvorgänge,
8. die Pflichten der datenschutzrechtlich Verantwortlichen und die Rechte des Versicherten gegenüber den datenschutzrechtlich Verantwortlichen nach der Verordnung (EU) 2016/679,
9. die Maßnahmen zur Datensicherheit und
10. die Aufgaben der koordinierenden Stelle gemäß § 307 Absatz 5 Satz 2 und 3.

2Für Informationen nach Satz 1, die die elektronische Patientenakte betreffen, hat die Gesellschaft für Telematik das hierzu durch den Spitzenverband Bund der Krankenkassen im Einvernehmen mit der oder dem Bundesbeauftragten für den Datenschutz und die Informationsfreiheit nach § 343 erstellte Informationsmaterial zu nutzen.

§ 315 Verbindlichkeit der Beschlüsse der Gesellschaft für Telematik

(1) 1Die Beschlüsse der Gesellschaft für Telematik zu den Regelungen, dem Aufbau und dem Betrieb der Telematikinfrastruktur sind für die Leistungserbringer und die Krankenkassen sowie ihre Verbände nach diesem Buch verbindlich. 2Beschlüsse der Gesellschaft für Telematik über die Zuständigkeit für die Bereitstellung von Komponenten zur Authentifizierung von Leistungserbringerinstitutionen gelten auch für die Apothekerkammern der Länder, soweit diese Zuständigkeit nicht durch Bundes- oder Landesrecht geregelt ist.

(2) Vor der Beschlussfassung hat die Gesellschaft für Telematik der oder dem Bundesbeauftragten für den Datenschutz und die Informationsfreiheit und dem Bundesamt für Sicherheit in der Informationstechnik Gelegenheit zur Stellungnahme zu geben, sofern Belange des Datenschutzes oder der Datensicherheit berührt sind.

§ 316 Finanzierung der Gesellschaft für Telematik; Verordnungsermächtigung

(1) 1Zur Finanzierung der Gesellschaft für Telematik zahlt der Spitzenverband Bund der Krankenkassen an die Gesellschaft für Telematik jährlich einen Betrag in Höhe von 1,50 Euro je Mitglied der gesetzlichen Krankenversicherung. 2Das Bundesministerium für Gesundheit kann entsprechend dem Mittelbedarf der Gesellschaft für Telematik unter Beachtung des Gebotes der Wirtschaftlichkeit durch Rechtsverordnung ohne Zustimmung des Bundesrates einen von Satz 1 abweichenden Betrag je Mitglied der gesetzlichen Krankenversicherung festsetzen.

(2) Die Zahlungen nach Absatz 1 sind quartalsweise, spätestens drei Wochen vor Beginn des jeweiligen Quartals, zu leisten.

Zweiter Titel
Beirat der Gesellschaft für Telematik

§ 317 Beirat der Gesellschaft für Telematik

(1) 1Die Gesellschaft für Telematik hat einen Beirat einzurichten. 2Der Beirat hat eine Vorsitzende oder einen Vorsitzenden. 3Der Beirat besteht aus

1. vier Vertretern der Länder,
2. vier Vertretern der Organisationen, die für die Wahrnehmung der Interessen der Patienten, der Pflegebedürftigen und der Selbsthilfe chronisch Kranker und behinderter Menschen maßgeblich sind,
3. drei Vertretern der für die Wahrnehmung der Interessen der Industrie maßgeblichen Bundesverbände aus dem Bereich der Informationstechnologie im Gesundheitswesen,
4. drei Vertretern der Wissenschaft,
5. einem Vertreter der Spitzenorganisation, die für die Wahrnehmung der Interessen der an der hausarztzentrierten Versorgung teilnehmenden Vertragsärzte maßgeblich ist,
6. einem Vertreter aus dem Bereich der Hochschulmedizin,
7. je einem Vertreter der Vereinigungen der Träger der Pflegeeinrichtungen auf Bundesebene und der Verbände der Pflegeberufe auf Bundesebene,

8. der oder dem Bundesbeauftragten für den Datenschutz und die Informationsfreiheit,
9. der oder dem Beauftragten der Bundesregierung für die Belange der Patientinnen und Patienten.

(2) 1Die Mitglieder nach Absatz 1 Satz 3 Nummer 1 werden von den Ländern benannt. 2Die Mitglieder nach Absatz 1 Satz 3 Nummer 2 bis 5 und 7 werden von der Gesellschafterversammlung der Gesellschaft für Telematik benannt. 3Der Vertreter nach Absatz 1 Satz 3 Nummer 6 wird durch das Bundesministerium für Gesundheit im Einvernehmen mit dem Bundesministerium für Bildung und Forschung benannt.

(3) Die Gesellschafterversammlung der Gesellschaft für Telematik kann Vertreter weiterer Gruppen und Bundesbehörden sowie bis zu fünf unabhängige Experten als Mitglieder des Beirats berufen.

(4) 1Jeweils ein Vertreter für jeden Gesellschafter sowie die Geschäftsführung der Gesellschaft für Telematik können an den Sitzungen des Beirats teilnehmen. 2Die oder der Vorsitzende des Beirats oder bei deren oder dessen Verhinderung die zur Stellvertretung berechtigte Person kann an den Gesellschafterversammlungen der Gesellschaft für Telematik teilnehmen.

(5) Der Beirat gibt sich eine Geschäftsordnung.

§ 318 Aufgaben des Beirats

(1) 1Der Beirat hat die Gesellschaft für Telematik in fachlichen Belangen zu beraten. 2Er vertritt die Interessen der im Beirat Vertretenen gegenüber der Gesellschaft für Telematik und fördert den fachlichen Austausch zwischen der Gesellschaft für Telematik und den im Beirat Vertretenen.

(2) 1Der Beirat ist vor der Beschlussfassung der Gesellschafterversammlung der Gesellschaft für Telematik zu Angelegenheiten von grundsätzlicher Bedeutung zu hören. 2Er kann hierzu vor der Beschlussfassung innerhalb von zwei Wochen nach Erhalt der erforderlichen Informationen und Unterlagen schriftlich Stellung nehmen. 3Auf Verlangen des Beirats ist dessen Stellungnahme auf der Internetseite der Gesellschaft für Telematik zu veröffentlichen.

(3) Der Beirat kann der Gesellschafterversammlung der Gesellschaft für Telematik Angelegenheiten von grundsätzlicher Bedeutung zur Befassung vorlegen.

(4) Zu Angelegenheiten von grundsätzlicher Bedeutung gehören insbesondere
1. Fachkonzepte zu Anwendungen der elektronischen Gesundheitskarte,
2. Planungen und Konzepte für die Erprobung und den Betrieb der Telematikinfrastruktur sowie
3. Konzepte zur Evaluation von Erprobungsphasen und Anwendungen.

(5) 1Um dem Beirat die Wahrnehmung seiner Aufgaben nach den Absätzen 1 bis 3 zu ermöglichen, hat die Gesellschaft für Telematik dem Beirat alle hierzu erforderlichen Informationen und Unterlagen in für die Beiratsmitglieder verständlicher Form zur Verfügung zu stellen. 2Die Informationen und Unterlagen sind so rechtzeitig zur Verfügung zu stellen, dass der Beirat sich mit ihnen inhaltlich befassen und innerhalb der Frist nach Absatz 2 Satz 2 Stellung nehmen kann.

(6) 1Die Gesellschaft für Telematik prüft die Stellungnahmen des Beirats nach den Absätzen 2 und 3 fachlich. 2Das Ergebnis der Prüfung, einschließlich Aussagen darüber, inwieweit sie die Empfehlungen des Beirats berücksichtigt, teilt sie dem Beirat schriftlich mit. 3Die Gesellschafterversammlung ist ebenfalls über das Ergebnis der Prüfung zu unterrichten.

Dritter Titel
Schlichtungsstelle der Gesellschaft für Telematik

§ 319 Schlichtungsstelle der Gesellschaft für Telematik

(1) 1Bei der Gesellschaft für Telematik ist eine Schlichtungsstelle einzurichten. 2Die Schlichtungsstelle wird tätig, soweit dies gesetzlich bestimmt ist.

(2) Die Gesellschaft für Telematik ist verpflichtet, der Schlichtungsstelle nach deren Vorgaben unverzüglich zuzuarbeiten.

(3) Die Schlichtungsstelle gibt sich eine Geschäftsordnung.

§ 320 Zusammensetzung der Schlichtungsstelle; Finanzierung

(1) 1Die Schlichtungsstelle besteht aus einer oder einem unparteiischen Vorsitzenden und zwei weiteren Mitgliedern. 2Die Amtsdauer der Mitglieder der Schlichtungsstelle beträgt zwei Jahre. Die Wiederbenennung ist zulässig.

(2) 1Über die unparteiische Vorsitzende oder den unparteiischen Vorsitzenden der Schlichtungsstelle sollen sich die Gesellschafter der Gesellschaft für Telematik einigen. 2Das Bundesministerium für Gesundheit kann hierfür eine angemessene Frist setzen. 3Kommt bis zum Ablauf der Frist keine Einigung zustande, benennt das Bundesministerium für Gesundheit den Vorsitzenden oder die Vorsitzende.

(3) 1Der Spitzenverband Bund der Krankenkassen benennt einen Vertreter als Mitglied der Schlichtungsstelle. 2Die

übrigen in § 306 Absatz 1 genannten Spitzenorganisationen benennen einen gemeinsamen Vertreter als Mitglied der Schlichtungsstelle.

(4) [1]Die in § 306 Absatz 1 genannten Spitzenorganisationen tragen die Kosten für die von ihnen benannten Vertreter jeweils selbst. [2]Die Kosten für den Vorsitzenden sowie die sonstigen Kosten der Schlichtungsstelle werden aus den Finanzmitteln der Gesellschaft für Telematik finanziert.

§ 321 Beschlussfassung der Schlichtungsstelle

(1) [1]Jedes Mitglied der Schlichtungsstelle hat eine Stimme. [2]Eine Stimmenthaltung ist nicht zulässig.

(2) Die Schlichtungsstelle entscheidet mit einfacher Stimmenmehrheit.

§ 322 Rechtsaufsicht des Bundesministeriums für Gesundheit über die Schlichtungsstelle

(1) Die Entscheidung der Schlichtungsstelle ist dem Bundesministerium für Gesundheit zur Prüfung vorzulegen.

(2) [1]Bei der Prüfung der Entscheidung hat das Bundesministerium für Gesundheit der oder dem Bundesbeauftragten für den Datenschutz und die Informationsfreiheit Gelegenheit zur Stellungnahme zu geben. [2]Das Bundesministerium für Gesundheit setzt für die Stellungnahme eine angemessene Frist.

(3) [1]Das Bundesministerium für Gesundheit kann die Entscheidung, soweit sie gegen Gesetz oder sonstiges Recht verstößt, innerhalb von einem Monat beanstanden. [2]Werden die Beanstandungen nicht innerhalb einer vom Bundesministerium für Gesundheit gesetzten Frist behoben, so kann das Bundesministerium für Gesundheit anstelle der Schlichtungsstelle entscheiden.

(4) Die Gesellschaft für Telematik ist verpflichtet, dem Bundesministerium für Gesundheit zur Vorbereitung seiner Entscheidung unverzüglich nach dessen Weisungen zuzuarbeiten.

(5) Die Entscheidungen nach den Absätzen 1 und 3 Satz 2 sind für die Leistungserbringer und Krankenkassen sowie für ihre Verbände nach diesem Buch verbindlich.

Dritter Abschnitt
Betrieb der Telematikinfrastruktur

§ 323 Betriebsleistungen

(1) Betriebsleistungen sind auf der Grundlage der von der Gesellschaft für Telematik nach Maßgabe des § 306 Absatz 3 festzulegenden Rahmenbedingungen zu erbringen.

(2) [1]Zur Durchführung des Betriebs der Telematikinfrastruktur vergibt die Gesellschaft für Telematik Aufträge oder erteilt in einem transparenten und diskriminierungsfreien Verfahren Zulassungen. [2]Sind nach § 311 Absatz 5 einzelne Gesellschafter oder Dritte beauftragt worden, so sind die Beauftragten für die Vergabe und für die Erteilung der Zulassung zuständig; § 311 Absatz 7 gilt entsprechend. [3]Bei der Vergabe von Aufträgen für den Betrieb von Komponenten und Diensten der zentralen Infrastruktur gemäß § 306 Absatz 2 Nummer 2, die zur Gewährleistung der Sicherheit oder der Aufrechterhaltung der Funktionsfähigkeit der Telematikinfrastruktur von wesentlicher Bedeutung sind, kann die Gesellschaft für Telematik festlegen, dass sie als Anbieter auftritt und einzelne Komponenten und Dienste der zentralen Infrastruktur selbst betreibt. [4]In diesen Fällen sind die Funktionsfähigkeit und Interoperabilität der Komponenten und Dienste durch die Gesellschaft für Telematik sicherzustellen. [5]Wenn die Gesellschaft für Telematik Komponenten und Dienste selbst betreibt, ist die Sicherheit der Komponenten und Dienste durch ein externes Sicherheitsgutachten nachzuweisen. [6]Dabei ist nachzuweisen, dass die Verfügbarkeit, Integrität, Authentizität und Vertraulichkeit der Komponenten und Dienste sichergestellt wird. [7]Die Festlegung der Prüfverfahren für das externe Sicherheitsgutachten erfolgt durch das Bundesamt für Sicherheit in der Informationstechnik. [8]Die Auswahl des Sicherheitsgutachters erfolgt im Rahmen des Prüfverfahrens durch die Gesellschaft für Telematik. [9]Das externe Sicherheitsgutachten muss dem Bundesamt für Sicherheit in der Informationstechnik zur Prüfung vorgelegt und durch dieses bestätigt werden. [10]Erst mit der Bestätigung des externen Sicherheitsgutachtens durch das Bundesamt für Sicherheit in der Informationstechnik dürfen die Komponenten und Dienste durch die Gesellschaft für Telematik zur Verfügung gestellt werden.

§ 324 Zulassung von Anbietern von Betriebsleistungen

(1) [1]Anbieter von Betriebsleistungen haben einen Anspruch auf Zulassung, wenn

1. die zu verwendenden Komponenten und Dienste nach Maßgabe von § 311 Absatz 6 und § 325 zugelassen sind,
2. der Anbieter den Nachweis erbringt, dass die Verfügbarkeit und Sicherheit der Betriebsleistungen gewährleistet sind und
3. der Anbieter sich verpflichtet, die Rahmenbedingungen für Betriebsleistungen der Gesellschaft für Telematik einzuhalten.

[2]Die Zulassung kann mit Nebenbestimmungen versehen werden.

(2) Die Gesellschaft für Telematik kann die Anzahl der Zulassungen beschränken, soweit dies zur Gewährleistung von Funktionalität, Interoperabilität und des notwendigen Sicherheitsniveaus erforderlich ist.

(3) Die Gesellschaft für Telematik oder die von ihr beauftragten Organisationen veröffentlicht oder veröffentlichen

1. die fachlichen und sachlichen Voraussetzungen, die für den Nachweis nach Absatz 1 Satz 1 Nummer 2 erfüllt sein müssen sowie
2. eine Liste mit den zugelassenen Anbietern.

§ 325 Zulassung von Komponenten und Diensten der Telematikinfrastruktur

(1) Die Komponenten und Dienste der Telematikinfrastruktur bedürfen der Zulassung durch die Gesellschaft für Telematik.

(2) 1Die Gesellschaft für Telematik lässt die Komponenten und Dienste der Telematikinfrastruktur auf Antrag der Anbieter zu, wenn die Komponenten und Dienste funktionsfähig, interoperabel und sicher sind. 2Die Zulassung kann mit Nebenbestimmungen versehen werden.

(3) 1Die Gesellschaft für Telematik prüft die Funktionsfähigkeit und Interoperabilität von Komponenten und Diensten der Telematikinfrastruktur auf der Grundlage der von ihr veröffentlichten Prüfkriterien. 2Der Nachweis der Sicherheit erfolgt durch eine Sicherheitszertifizierung nach den Vorgaben des Bundesamtes für Sicherheit in der Informationstechnik. 3Abweichend von Satz 2 kann die Gesellschaft für Telematik im Einvernehmen mit dem Bundesamt für Sicherheit in der Informationstechnik eine andere Form des Nachweises der Sicherheit festlegen, wenn eine Sicherheitszertifizierung auf Grund des geringen Gefährdungspotentials der zu prüfenden Dienste und Komponenten nicht erforderlich ist oder der hierfür erforderliche Aufwand außer Verhältnis steht und die andere Form des Nachweises die Sicherheit gleichwertig gewährleistet. 4Die Vorgaben müssen geeignet sein, abgestuft im Verhältnis zum Gefährdungspotential Verfügbarkeit, Integrität, Authentizität und Vertraulichkeit der Dienste und Komponenten sicherzustellen. 5Das Nähere zum Zulassungsverfahren und zu den Prüfkriterien wird von der Gesellschaft für Telematik im Benehmen mit dem Bundesamt für Sicherheit in der Informationstechnik festgelegt.

(4) 1Die Gesellschaft für Telematik kann eine befristete Genehmigung zur Verwendung von nicht zugelassenen Komponenten und Diensten in der Telematikinfrastruktur erteilen, wenn dies zur Aufrechterhaltung der Funktionsfähigkeit, der Sicherheit der Telematikinfrastruktur oder wesentlicher Teile hiervon erforderlich ist. 2Soweit die befristete Genehmigung der Aufrechterhaltung der Sicherheit dient, ist die Genehmigung im Einvernehmen mit dem Bundesamt für Sicherheit in der Informationstechnik zu erteilen.

(5) 1Die Gesellschaft für Telematik kann auch Hersteller und Anbieter von Komponenten und Diensten der Telematikinfrastruktur zulassen. 2Das Nähere zum Zulassungsverfahren und zu den Prüfkriterien für Hersteller und Anbieter legt die Gesellschaft für Telematik im Einvernehmen mit dem Bundesamt für Sicherheit in der Informationstechnik fest. 3Die Zulassung kann mit Nebenbestimmungen versehen werden.

(6) Die Gesellschaft für Telematik bestimmt im Einvernehmen mit dem Bundesamt für Sicherheit in der Informationstechnik die Komponenten und Dienste, deren Zulassung nach Absatz 2 verpflichtend auch der Zulassung der jeweiligen Hersteller oder Anbieter nach Absatz 5 bedarf.

(7) Aussagen über die Qualität der Prozesse bei der Entwicklung, dem Betrieb, der Wartung und der Pflege der Komponenten und Dienste, die aus Zulassungen von Herstellern und Anbietern nach Absatz 5 stammen, können bei Zulassungen von Komponenten und Diensten nach Absatz 2 berücksichtigt werden.

(8) Die Gesellschaft für Telematik veröffentlicht eine Liste mit den zugelassenen Komponenten und Diensten sowie mit den zugelassenen Herstellern und Anbietern von Komponenten und Diensten auf ihrer Internetseite.

§ 326 Verbot der Nutzung der Telematikinfrastruktur ohne Zulassung oder Bestätigung

Anbieter von Betriebsleistungen oder von Komponenten und Diensten der Telematikinfrastruktur müssen über die nach § 323 Absatz 2 und § 325 Absatz 1 erforderliche Zulassung oder über die nach § 327 Absatz 2 Satz 1 erforderliche Bestätigung verfügen, bevor sie die Telematikinfrastruktur nutzen.

§ 327 Weitere Anwendungen der Telematikinfrastruktur; Bestätigungsverfahren

(1) Für weitere Anwendungen ohne Nutzung der elektronischen Gesundheitskarte nach § 306 Absatz 1 Satz 2 Nummer 2 Buchstabe a darf die Telematikinfrastruktur nur verwendet werden, wenn

1. es sich um eine Anwendung des Gesundheitswesens, der Rehabilitation, der Pflege oder um eine Anwendung zum Zwecke der Gesundheits- und Pflegeforschung handelt,
2. die Wirksamkeit der Maßnahmen zur Gewährleistung von Datenschutz und Datensicherheit sowie die Ver-

fügbarkeit und Nutzbarkeit der Telematikinfrastruktur nicht beeinträchtigt werden,

3. im Fall der Verarbeitung personenbezogener Daten die dafür geltenden Vorschriften zum Datenschutz eingehalten und die erforderlichen technischen und organisatorischen Maßnahmen entsprechend dem Stand der Technik getroffen werden, um die Anforderungen an die Sicherheit der Anwendung im Hinblick auf die Schutzbedürftigkeit der Daten zu gewährleisten und
4. bei den dafür erforderlichen technischen Systemen und Verfahren Barrierefreiheit für den Versicherten gewährleistet ist.

(2) 1Weitere Anwendungen nach § 306 Absatz 1 Satz 2 Nummer 2 Buchstabe a bedürfen zur Nutzung der Telematikinfrastruktur der Bestätigung durch die Gesellschaft für Telematik. 2Die Gesellschaft für Telematik legt im Einvernehmen mit dem Bundesamt für Sicherheit in der Informationstechnik und der oder dem Bundesbeauftragten für den Datenschutz und die Informationsfreiheit das Nähere zu den erforderlichen Voraussetzungen für die Nutzung der Telematikinfrastruktur fest und veröffentlicht diese Voraussetzungen auf ihrer Internetseite.

(3) 1Die Erfüllung der Voraussetzungen muss der Anbieter einer Anwendung in einem Bestätigungsverfahren nachweisen. 2Das Bestätigungsverfahren wird auf Antrag eines Anbieters einer Anwendung durchgeführt. 3Die Bestätigung kann mit Nebenbestimmungen versehen werden.

(4) Die Einzelheiten des Bestätigungsverfahrens nach Absatz 2 sowie die dazu erforderlichen Prüfkriterien legt die Gesellschaft für Telematik im Benehmen mit dem Bundesamt für Sicherheit in der Informationstechnik fest und veröffentlicht sie auf ihrer Internetseite.

(5) Die Gesellschaft für Telematik veröffentlicht eine Liste mit den bestätigten Anwendungen auf ihrer Internetseite.

(6) Für Leistungserbringer in der gesetzlichen Kranken- und Pflegeversicherung, die die Telematikinfrastruktur für Anwendungen nach § 306 Absatz 1 Satz 2 Nummer 2 Buchstabe a nutzen wollen und für die noch keine sicheren Authentisierungsverfahren nach § 311 Absatz 1 Satz 1 Nummer 1 Buchstabe e festgelegt sind, legt die Gesellschaft für Telematik diese Verfahren im Einvernehmen mit dem Bundesamt für Sicherheit in der Informationstechnik fest und veröffentlicht diese auf ihrer Internetseite.

(7) 1Die für die Wahrnehmung von Aufgaben nach Absatz 2 bei der oder dem Bundesbeauftragten für den Datenschutz und die Informationsfreiheit entstehenden Kosten sind durch die Gesellschaft für Telematik zu erstatten. 2Die Gesellschaft für Telematik legt die Einzelheiten der Kostenerstattung im Einvernehmen mit der oder dem Bundesbeauftragten für den Datenschutz und die Informationsfreiheit fest.

(8) 1Für die Nutzung der Telematikinfrastruktur für Anwendungen nach § 306 Absatz 1 Satz 2 Nummer 2 Buchstabe a kann die Gesellschaft für Telematik von dem jeweiligen Anbieter Entgelte verlangen. 2Die Nutzung ist unentgeltlich, sofern die Anwendungen in diesem, im Elften Buch oder im Implantateregistergesetz geregelt sind oder zur Erfüllung einer gesetzlichen Verpflichtung, insbesondere gesetzlicher Meldepflichten im Gesundheitswesen, oder für technische Verfahren zu telemedizinischen Konsilien nach § 367 genutzt werden. 3Davon unberührt bleibt die Verpflichtung eines Anbieters von Anwendungen nach § 306 Absatz 1 Satz 2 Nummer 2 Buchstabe a, die Kosten für seinen Anschluss an die zentrale Telematikinfrastruktur zu tragen.

§ 328 Gebühren und Auslagen; Verordnungsermächtigung

(1) 1Die Gesellschaft für Telematik kann für die Zulassungen und Bestätigungen nach den §§ 324, 325 und 327, auch in Verbindung mit § 311 Absatz 6 Satz 5, § 362a Satz 1 und § 362b, Gebühren und Auslagen erheben. 2Die Gebührensätze sind so zu bemessen, dass sie den auf die Leistungen entfallenden durchschnittlichen Personal- und Sachaufwand nicht übersteigen.

(2) Das Bundesministerium für Gesundheit wird ermächtigt, durch Rechtsverordnung ohne Zustimmung des Bundesrates die gebührenpflichtigen Tatbestände zu bestimmen und dabei feste Sätze oder Rahmensätze vorzusehen sowie Regelungen über die Gebührenentstehung, die Gebührenerhebung, die Erstattung von Auslagen, den Gebührenschuldner, Gebührenbefreiungen, die Fälligkeit, die Stundung, die Niederschlagung, den Erlass, Säumniszuschläge, die Verjährung und die Erstattung zu treffen.

Vierter Abschnitt
Überwachung von Funktionsfähigkeit und Sicherheit

§ 329 Maßnahmen zur Abwehr von Gefahren für die Funktionsfähigkeit und Sicherheit der Telematikinfrastruktur

(1) 1Soweit von Komponenten und Diensten eine Gefahr für die Funktionsfähigkeit oder Sicherheit der Telematikinfrastruktur ausgeht, ist die Gesellschaft für Telematik verpflichtet, unverzüglich die erforderlichen technischen und organisatorischen Maßnahmen zur Abwehr dieser Gefahr entsprechend dem Stand der Technik zu treffen. 2Die Gesellschaft für Telematik informiert das Bundesamt

V

für Sicherheit in der Informationstechnik unverzüglich über die Gefahr und die getroffenen Maßnahmen.

(2) 1Anbieter von nach § 311 Absatz 6 sowie § 325 zugelassenen Komponenten oder Diensten und Anbieter von Anwendungen für nach § 327 bestätigte Anwendungen haben erhebliche Störungen der Verfügbarkeit, Integrität, Authentizität und Vertraulichkeit dieser Komponenten oder Dienste unverzüglich an die Gesellschaft für Telematik zu melden. 2Erheblich sind Störungen, die zum Ausfall oder zur Beeinträchtigung der Sicherheit oder Funktionsfähigkeit dieser Komponenten oder Dienste oder zum Ausfall oder zur Beeinträchtigung der Sicherheit oder Funktionsfähigkeit der Telematikinfrastruktur oder wesentlicher Teile führen können oder bereits geführt haben.

(3) 1Die Gesellschaft für Telematik kann zur Gefahrenabwehr im Einzelfall insbesondere Komponenten und Dienste für den Zugang zur Telematikinfrastruktur sperren oder den weiteren Zugang zur Telematikinfrastruktur nur unter der Bedingung gestatten, dass die von der Gesellschaft für Telematik angeordneten Maßnahmen zur Beseitigung der Gefahr umgesetzt werden. 2Die Gesellschaft für Telematik kann Anbietern, die eine Zulassung für Komponenten oder Dienste der Telematikinfrastruktur nach § 311 Absatz 6 sowie § 325 oder eine Bestätigung nach § 327 besitzen, zur Beseitigung oder Vermeidung von Störungen nach Absatz 2 verbindliche Anweisungen erteilen.

(4) Die Gesellschaft für Telematik hat die ihr nach Absatz 2 gemeldeten Störungen sowie darüber hinausgehende bedeutende Störungen, die zu beträchtlichen Auswirkungen auf die Sicherheit oder Funktionsfähigkeit der Telematikinfrastruktur führen können oder bereits geführt haben, unverzüglich an das Bundesamt für Sicherheit in der Informationstechnik zu melden.

(5) Die Gesellschaft für Telematik hat das Bundesministerium für Gesundheit unverzüglich über Meldungen nach Absatz 4 zu informieren.

§ 330 Vermeidung von Störungen der informationstechnischen Systeme, Komponenten und Prozesse der Telematikinfrastruktur

(1) 1Die Gesellschaft für Telematik sowie die gemäß § 307 verantwortlichen Anbieter, die eine Zulassung für Komponenten oder Dienste nach § 311 Absatz 6 sowie § 325 oder eine Bestätigung nach § 327 besitzen, sind verpflichtet, angemessene organisatorische und technische Vorkehrungen zur Vermeidung von Störungen der Verfügbarkeit, Integrität, Authentizität und Vertraulichkeit der informationstechnischen Systeme, Komponenten oder Prozesse der Telematikinfrastruktur zu treffen und fortlaufend zu aktualisieren. 2Dabei ist der jeweilige Stand der Technik zu berücksichtigen. 3Organisatorische und technische Vorkehrungen sind dann angemessen, wenn der dafür erforderliche Aufwand nicht außer Verhältnis zu den Folgen eines Ausfalls oder einer Beeinträchtigung der Telematikinfrastruktur insgesamt oder von solchen Diensten der Telematikinfrastruktur steht, die durch Störungen verursacht werden können.

(2) 1Die Gesellschaft für Telematik hat mindestens alle zwei Jahre über die Erfüllung der Anforderungen an die Vermeidung von Störungen der Verfügbarkeit, Integrität, Authentizität und Vertraulichkeit der informationstechnischen Systeme, Komponenten oder Prozesse der Telematikinfrastruktur geeignete Nachweise zu erbringen. 2Der Nachweis kann jeweils insbesondere durch Audits, Prüfungen oder Zertifizierungen erfolgen, die von geeigneten und unabhängigen externen Stellen durchgeführt werden.

(3) 1Die Gesellschaft für Telematik informiert das Bundesministerium für Gesundheit und das Bundesamt für Sicherheit in der Informationstechnik in geeigneter Weise über erkannte Sicherheitsmängel und die Nachweise nach Absatz 2. 2Die Gesellschaft für Telematik kann von den Inhabern einer Zulassung für Komponenten oder Dienste der Telematikinfrastruktur nach § 311 Absatz 6 sowie § 325 oder Inhabern einer Bestätigung nach § 327 geeignete Nachweise zur Erfüllung ihrer Pflichten nach Absatz 1 verlangen.

(4) Die Meldepflichten nach Artikel 33 der Verordnung (EU) 2016/679 bleiben unberührt.

§ 331 Maßnahmen zur Überwachung des Betriebs, zur Gewährleistung der Sicherheit, Verfügbarkeit und Nutzbarkeit der Telematikinfrastruktur

(1) Die Gesellschaft für Telematik hat ab dem 1. Januar 2021 für Komponenten und Dienste der Telematikinfrastruktur sowie für Komponenten und Dienste, die die Telematikinfrastruktur nutzen, aber außerhalb der Telematikinfrastruktur betrieben werden, im Benehmen mit dem Bundesamt für Sicherheit in der Informationstechnik solche Maßnahmen zur Überwachung des Betriebs zu treffen, die erforderlich sind, um die Sicherheit, Verfügbarkeit und Nutzbarkeit der Telematikinfrastruktur zu gewährleisten.

(2) Die Gesellschaft für Telematik legt fest, welche näheren Angaben ihr die Anbieter der Komponenten und Dienste offenzulegen haben, damit die Überwachung nach Absatz 1 durchgeführt werden kann.

(3) 1Die Verpflichtung der Gesellschaft für Telematik nach § 330 Absatz 1 Satz 1, zur Vermeidung von Störungen angemessene organisatorische und technische Vorkehrungen zu treffen, umfasst auch den Einsatz von geeigneten Systemen zur Erkennung von Störungen und Angriffen. 2Der Einsatz der Systeme erfolgt im Benehmen mit der oder dem Bundesbeauftragten für den Datenschutz und die Informationsfreiheit und dem Bundesamt für Sicherheit in der Informationstechnik.

(4) 1Die Gesellschaft für Telematik darf die für den Einsatz der Systeme nach Absatz 3 erforderlichen Daten verarbeiten. 2Die im Rahmen des Einsatzes dieser Systeme verarbeiteten Daten sind unverzüglich zu löschen, wenn sie für die Vermeidung von Störungen nach § 330 Absatz 1 Satz 1 nicht mehr erforderlich sind, spätestens jedoch nach zehn Jahren.

(5) 1Die Gesellschaft für Telematik darf, soweit es für die Durchführung der Maßnahmen nach Absatz 1 und im Rahmen der Vorkehrungen nach Absatz 3 erforderlich ist, die für den Zugriff auf Anwendungen nach § 334 Absatz 1 Satz 2 erforderlichen Komponenten zur Identifikation und Authentifizierung im Rahmen von hierzu erstellten Prüfnutzeridentitäten nutzen. 2Die Nutzung darf ausschließlich für Prüfzwecke erfolgen und die Einzelheiten sind im Einvernehmen mit dem Bundesamt für Sicherheit in der Informationstechnik und der oder dem Bundesbeauftragten für den Datenschutz und die Informationsfreiheit festzulegen. 3Es muss dabei technisch und organisatorisch gewährleistet sein, dass ein Zugriff auf personenbezogene Daten von Nutzern der Telematikinfrastruktur ausgeschlossen ist, die keine Prüfnutzeridentitäten verwenden. 4Die Prüfnutzeridentitäten dürfen von höchstens sieben, nach dem Sicherheitsüberprüfungsgesetz überprüften Mitarbeitern der Gesellschaft für Telematik genutzt werden. 5Die Zugriffe nach Satz 1 müssen protokolliert und jährlich oder auf Anforderung der oder dem Bundesbeauftragten für den Datenschutz und die Informationsfreiheit vorgelegt werden. 6Die Protokolldaten müssen enthalten, durch wen und zu welchem Zweck die Komponenten nach Satz 1 eingesetzt wurden und sind für drei Jahre zu speichern. 7Die nach Satz 1 erforderlichen Komponenten sind der Gesellschaft für Telematik auf Verlangen durch die jeweils für die Ausgabe zuständige Stelle gegen Kostenerstattung zur Verfügung zu stellen.

(6) 1Die für die Aufgaben nach dem Zehnten und diesem Kapitel beim Bundesamt für Sicherheit in der Informationstechnik entstehenden Kosten sind diesem durch die Gesellschaft für Telematik pauschal in Höhe der Kosten für zehn Vollzeitäquivalente zu erstatten. 2Zusätzlich werden die Kosten des Bundesamts für Sicherheit in der Informationstechnik für erforderliche Unterstützungsleistungen Dritter durch die Gesellschaft für Telematik in Höhe der tatsächlich anfallenden Kosten erstattet. 3Die Gesellschaft für Telematik legt die Einzelheiten der Kostenerstattung für Unterstützungsleistungen nach Satz 2 im Einvernehmen mit dem Bundesamt für Sicherheit in der Informationstechnik fest.

§ 332 Anforderungen an die Wartung von Diensten

(1) Dienstleister, die mit der Herstellung und der Wartung des Anschlusses von informationstechnischen Systemen der Leistungserbringer an die Telematikinfrastruktur einschließlich der Wartung hierfür benötigter Komponenten sowie der Anbindung an Dienste der Telematikinfrastruktur beauftragt werden, müssen besondere Sorgfalt bei der Herstellung und Wartung des Anschlusses an die Telematikinfrastruktur walten lassen und über die notwendige Fachkunde verfügen, um die Verfügbarkeit, Integrität, Authentizität und Vertraulichkeit der informationstechnischen Systeme und Komponenten zu gewährleisten.

(2) Die Erfüllung der Anforderungen nach Absatz 1 muss den Leistungserbringern auf Verlangen auf geeignete Weise nachgewiesen werden.

(3) 1Zur Erfüllung der Anforderungen nach Absatz 1 und des Nachweises nach Absatz 2 können die maßgeblichen Spitzenorganisationen der Leistungserbringer auf Bundesebene den von ihnen vertretenen Leistungserbringern in Abstimmung mit der Gesellschaft für Telematik Hinweise geben. 2Der Gesellschaft für Telematik obliegt hierbei die Beachtung der notwendigen sicherheitstechnischen und betrieblichen Voraussetzungen zur Wahrung der Sicherheit und Funktionsfähigkeit der Telematikinfrastruktur.

§ 332a Unzulässige Beschränkungen durch Anbieter und Hersteller informationstechnischer Systeme für die vertragsärztliche Versorgung, die vertragszahnärztliche Versorgung, die pflegerische Versorgung, für Krankenhäuser und Apotheken sowie für Vorsorgeeinrichtungen und Rehabilitationseinrichtungen

(1) 1Die Anbieter und Hersteller informationstechnischer Systeme für die vertragsärztliche Versorgung, die vertragszahnärztliche Versorgung, die pflegerische Versorgung sowie für Krankenhäuser, Apotheken, Vorsorgeeinrichtungen und Rehabilitationseinrichtungen stellen die diskriminierungsfreie Einbindung aller Komponenten und Dienste sicher, die von der Gesellschaft für Telematik nach § 325 Absatz 2 und 3 zugelassen sind und die zur Erfüllung gesetzlicher Pflichten bei der Nutzung von Anwendungen der Telematikinfrastruktur erforderlich sind,

V

soweit Schnittstellen vorgegeben oder festgelegt sind. ₂Eine Beschränkung der Einbindung auf bestimmte Hersteller und Anbieter ist unzulässig.

(2) ₁Die Einbindung der Komponenten und Dienste nach Absatz 1 erfolgt ohne zusätzliche Kosten für die Nutzer der informationstechnischen Systeme. ₂Direkte oder indirekte Kosten im Zusammenhang mit der Wahl eines Herstellers oder Anbieters sind unzulässig.

(3) Die Verpflichtungen aus Absatz 1 sind spätestens bis zum 29. Dezember 2023 umzusetzen.

§ 332b Rahmenvereinbarungen mit Anbietern und Herstellern informationstechnischer Systeme

Die Kassenärztlichen Bundesvereinigungen können für die an der vertragsärztlichen und vertragszahnärztlichen Versorgung teilnehmenden Leistungserbringer Rahmenvereinbarungen mit den Anbietern und Herstellern informationstechnischer Systeme für die vertragsärztliche und vertragszahnärztliche Versorgung zu Leistungspflichten, Vertragsstrafen, Preisen, Laufzeiten und Kündigungsfristen abschließen.

V

§ 333 Überprüfung durch das Bundesamt für Sicherheit in der Informationstechnik

(1) Die Gesellschaft für Telematik legt dem Bundesamt für Sicherheit in der Informationstechnik auf Verlangen die folgenden Unterlagen und Informationen unverzüglich, spätestens aber innerhalb von zwei Wochen vor:

1. die Zulassungen nach § 311 Absatz 6 sowie den §§ 324 und 325 und Bestätigungen nach § 327 einschließlich der zugrunde gelegten Dokumentation,
2. eine Aufstellung der nach den §§ 329 bis 331 getroffenen Maßnahmen einschließlich der festgestellten Sicherheitsmängel und Ergebnisse der Maßnahmen und
3. sonstige für die Bewertung der Sicherheit der Telematikinfrastruktur sowie der zugelassenen Dienste und bestätigten Anwendungen erforderliche Informationen.

(2) Ergibt die Bewertung der in Absatz 1 genannten Informationen Sicherheitsmängel, so kann das Bundesamt für Sicherheit in der Informationstechnik der Gesellschaft für Telematik verbindliche Anweisungen zur Beseitigung der festgestellten Sicherheitsmängel erteilen.

(3) Die Gesellschaft für Telematik ist befugt, Anbietern von zugelassenen Diensten und bestätigten Anwendungen nach § 311 Absatz 6 sowie nach den §§ 325 und 327 verbindliche Anweisungen zur Beseitigung der Sicherheitsmängel zu erteilen, die von der Gesellschaft für Telematik oder vom Bundesamt für Sicherheit in der Informationstechnik festgestellt wurden.

(4) Die dem Bundesamt für Sicherheit in der Informationstechnik entstandenen Kosten der Überprüfung trägt der Anbieter von zugelassenen Diensten und bestätigten Anwendungen nach § 311 Absatz 6 sowie den §§ 325 und 327, sofern das Bundesamt für Sicherheit in der Informationstechnik auf Grund von Anhaltspunkten tätig geworden ist, die berechtigte Zweifel an der Sicherheit der zugelassenen Dienste und bestätigten Anwendungen begründeten.

Fünfter Abschnitt
Anwendungen der Telematikinfrastruktur

Erster Titel
Allgemeine Vorschriften

§ 334 Anwendungen der Telematikinfrastruktur

(1) ₁Die Anwendungen der Telematikinfrastruktur dienen der Verbesserung der Wirtschaftlichkeit, der Qualität und der Transparenz der Versorgung. ₂Anwendungen sind:

1. die elektronische Patientenakte nach § 341,
2. Hinweise der Versicherten auf das Vorhandensein und den Aufbewahrungsort von Erklärungen zur Organ- und Gewebespende,
3. Hinweise der Versicherten auf das Vorhandensein und den Aufbewahrungsort von Vorsorgevollmachten oder Patientenverfügungen nach § 1827 des Bürgerlichen Gesetzbuchs,
4. der Medikationsplan nach § 31a einschließlich Daten zur Prüfung der Arzneimitteltherapiesicherheit (elektronischer Medikationsplan),
5. medizinische Daten, soweit sie für die Notfallversorgung erforderlich sind (elektronische Notfalldaten),
6. elektronische Verordnungen und
7. die elektronische Patientenkurzakte nach § 358.

(2) ₁Die Anwendungen nach Absatz 1 Satz 2 Nummer 1 bis 5 werden von der elektronischen Gesundheitskarte unterstützt. ₂Die Anwendungen nach Absatz 1 Satz 2 Nummer 2, 3 und 5 werden ab dem 1. Oktober 2024 technisch in die Anwendung nach Absatz 1 Satz 2 Nummer 7 überführt.

(3) ₁Die Gesellschaft für Telematik kann über die in Absatz 1 genannten Anwendungen hinaus bereits Festlegungen und Maßnahmen zu zusätzlichen Anwendungen der Telematikinfrastruktur treffen, die insbesondere dem weiteren Ausbau des elektronischen Austausches von Befunden, Diagnosen, Therapieempfehlungen, Behand-

lungsberichten, Formularen, Erklärungen und Unterlagen dienen. 2Die Zulassung gemäß § 325 Absatz 1 darf erst erfolgen, wenn die insoweit erforderlichen gesetzlichen Rahmenbedingungen, wie insbesondere die Bestimmung als Anwendung der Telematikinfrastruktur in Absatz 1 sowie die Zugriffsberechtigungen auf Daten der Anwendung, in Kraft getreten sind.

(4) 1Beim Bundesinstitut für Arzneimittel und Medizinprodukte wird zum 1. Januar 2021 eine Meldestelle für die Nutzer von Anwendungen nach Absatz 1 eingerichtet, die versorgungsrelevante Fehlerkonstellationen bei der Nutzung dieser Anwendungen im medizinischen Versorgungsalltag in nicht personenbezogener Form erfasst und systematisch bewertet. 2Das Bundesinstitut für Arzneimittel und Medizinprodukte übermittelt seine Bewertung der Gesellschaft für Telematik, die diese bei der Weiterentwicklung der Anwendungen nach Absatz 1 zu berücksichtigen hat.

§ 335 Diskriminierungsverbot

(1) Von Versicherten darf der Zugriff auf Daten in einer Anwendung nach § 334 Absatz 1 Satz 2 nicht verlangt werden.

(2) Mit den Versicherten darf nicht vereinbart werden, den Zugriff auf Daten in einer Anwendung nach § 334 Absatz 1 Satz 2 anderen als den in den §§ 352, 356 Absatz 1, in § 357 Absatz 1, § 359 Absatz 1, § 361 Absatz 2 Satz 1 und § 363 genannten Personen oder zu anderen als den dort genannten Zwecken, einschließlich der Abrechnung der zum Zweck der Versorgung erbrachten Leistungen, zu gestatten.

(3) Die Versicherten dürfen nicht bevorzugt oder benachteiligt werden, weil sie einen Zugriff auf Daten in einer Anwendung nach § 334 Absatz 1 Satz 2 bewirkt oder verweigert haben.

§ 336 Zugriffsrechte der Versicherten

(1) 1Jeder Versicherte ist berechtigt, auf Daten in einer Anwendung nach § 334 Absatz 1 Satz 2 Nummer 1 bis 4, 6 und 7 mittels seiner elektronischen Gesundheitskarte oder seiner digitalen Identität nach § 291 Absatz 8 barrierefrei zuzugreifen, wenn er sich für diesen Zugriff jeweils durch ein geeignetes technisches Verfahren authentifiziert hat. 2Die für ein geeignetes technisches Verfahren nach Satz 1 erforderliche Identifizierung der Versicherten kann auch in einer Apotheke durchgeführt werden. 3Satz 1 gilt nicht für den Zugriff auf Daten in einer Anwendung nach § 334 Absatz 1 Satz 2 Nummer 4, soweit diese auf der elektronischen Gesundheitskarte gespeichert sind.

(2) 1Jeder Versicherte ist berechtigt, auf Daten in einer Anwendung nach § 334 Absatz 1 Satz 2 Nummer 1, 4 und 7 auch ohne den Einsatz seiner elektronischen Gesundheitskarte mittels einer Benutzeroberfläche eines geeigneten Endgeräts zuzugreifen, wenn

1. der Versicherte nach umfassender Information durch seine Krankenkasse über die Besonderheiten eines Zugriffs ohne den Einsatz der elektronischen Gesundheitskarte gegenüber seiner Krankenkasse schriftlich oder elektronisch erklärt hat, dieses Zugriffsverfahren auf Daten in einer Anwendung nach § 334 Absatz 1 Satz 2 Nummer 1, 4 und 7 nutzen zu wollen und
2. der Versicherte sich für diesen Zugriff auf Daten in einer Anwendung nach § 334 Absatz 1 Satz 2 Nummer 1, 4 und 7 jeweils durch ein geeignetes technisches Verfahren, das einen hohen Sicherheitsstandard gewährleistet, authentifiziert hat.

2Satz 1 gilt nicht für den Zugriff auf Daten in einer Anwendung nach § 334 Absatz 1 Satz 2 Nummer 4, soweit diese auf der elektronischen Gesundheitskarte gespeichert sind.

(3) Jeder Versicherte ist berechtigt, Daten in einer Anwendung nach § 334 Absatz 1 Satz 2 Nummer 4 und 5, soweit diese auf der elektronischen Gesundheitskarte gespeichert sind, bei einem Leistungserbringer einzusehen, der mittels seines elektronischen Heilberufsausweises nach Maßgabe des § 339 Absatz 3 zugreift.

(4) 1Jeder Versicherte ist berechtigt, auf Daten in einer Anwendung nach § 334 Absatz 1 Satz 2 Nummer 6 mittels eines geeigneten technischen Verfahrens, das zur Authentifizierung einen hohen Sicherheitsstandard gewährleistet, zuzugreifen. 2Die für ein geeignetes technisches Verfahren nach Satz 1 erforderliche Identifizierung der Versicherten kann auch in einer Apotheke durchgeführt werden.

(5) Der Zugriff eines Versicherten auf Daten in Anwendungen nach § 334 Absatz 1 Satz 2 Nummer 1, 4, 6 und 7 durch das geeignete technische Verfahren nach Absatz 1 mittels der elektronischen Gesundheitskarte oder seiner digitalen Identität nach § 291 Absatz 8 darf erst erfolgen, wenn

1. die elektronische Gesundheitskarte des Versicherten oder deren persönliche Identifikationsnummer (PIN) mit einem sicheren Verfahren persönlich an den Versicherten zugestellt wurde oder
2. eine Übergabe der elektronischen Gesundheitskarte oder deren PIN in einer Geschäftsstelle der Krankenkasse erfolgt ist, oder
3. eine nachträgliche, sichere Identifikation des Versicherten und seiner bereits ausgegebenen elektroni-

schen Gesundheitskarte erfolgt ist; die nachträgliche sichere Identifikation kann mit einer digitalen Identität nach § 291 Absatz 8 Satz 1 mit einem der elektronischen Gesundheitskarte entsprechendem Vertrauensniveau erfolgen, oder

4. die elektronische Gesundheitskarte des Versicherten oder deren PIN mit einem sicheren Verfahren persönlich an den in einer Vorsorgevollmacht benannten Vertreter oder den in einer Bestellungsurkunde benannten Betreuer zugestellt wurde und diese Vorsorgevollmacht oder Bestellungsurkunde der Krankenkasse vorliegt.

(6) 1Soweit ein technisches Verfahren unter Einsatz der digitalen Identität des Versicherten nach Absatz 1 oder ein technisches Verfahren ohne Einsatz der elektronischen Gesundheitskarte nach den Absätzen 2 und 4 für den Zugriff auf Anwendungen nach § 334 Absatz 1 Satz 2 Nummer 1, 4, 6 und 7 genutzt wird, ist eine einmalige sichere Identifikation des Versicherten notwendig, die einen hohen Sicherheitsstandard gewährleistet. 2Dafür kann eine elektronische Gesundheitskarte genutzt werden, die den Anforderungen an eine sichere Identifikation nach Absatz 5 genügt.

(7) Der Spitzenverband Bund der Krankenkassen kann im Einvernehmen mit dem Bundesamt für Sicherheit in der Informationstechnik und der oder dem Bundesbeauftragten für den Datenschutz und die Informationsfreiheit in der Richtlinie nach § 217f Absatz 4b Satz 1 abweichend von Absatz 5 zusätzliche Maßnahmen festlegen, wenn dies auf Grund des Gefährdungspotentials erforderlich ist.

(8) 1Die Gesellschaft für Telematik legt bis zum 30. Juni 2023 im Einvernehmen mit dem Bundesamt für Sicherheit in der Informationstechnik und der oder dem Bundesbeauftragten für den Datenschutz und die Informationsfreiheit die erforderlichen technischen Vorgaben für die Identifizierung der Versicherten nach Absatz 1 Satz 2 und Absatz 4 Satz 2 fest. 2Die Gesellschaft für Telematik kann den Apotheken Dienste zur Durchführung der Identifizierung der Versicherten zur Verfügung stellen. 3Das Bundesministerium für Gesundheit wird ermächtigt, durch Rechtsverordnung ohne Zustimmung des Bundesrates das Nähere zu regeln zu der Durchführung der Identifizierung der Versicherten sowie der Vergütung und Abrechnung der Apotheken für die Durchführung der Identifizierung der Versicherten.

§ 337 Recht der Versicherten auf Verarbeitung von Daten sowie auf Erteilung von Zugriffsberechtigungen auf Daten

(1) 1Jeder Versicherte ist berechtigt, Daten in einer Anwendung nach § 334 Absatz 1 Satz 2 Nummer 1, 4 und 7 auszulesen und zu übermitteln sowie Daten in einer Anwendung nach § 334 Absatz 1 Satz 2 Nummer 1, soweit es sich um Daten nach § 341 Absatz 2 Nummer 3, 4 und 6 handelt, Daten in einer Anwendung nach § 334 Absatz 1 Satz 2 Nummer 7, soweit es sich um Daten nach § 334 Absatz 1 Satz 2 Nummer 2 und 3 handelt, und Daten in einer Anwendung nach § 334 Absatz 1 Satz 2 Nummer 2 und 3 zu verarbeiten. 2Satz 1 findet keine Anwendung auf Daten in einer Anwendung nach § 334 Absatz 1 Satz 2 Nummer 4, soweit diese auf der elektronischen Gesundheitskarte gespeichert sind.

(2) 1Der Versicherte ist berechtigt, Daten in einer Anwendung nach § 334 Absatz 1 Satz 2 Nummer 1 bis 4, 6 und 7 eigenständig zu löschen. 2Satz 1 findet keine Anwendung auf Daten in einer Anwendung nach § 334 Absatz 1 Satz 2 Nummer 4, soweit diese auf der elektronischen Gesundheitskarte gespeichert sind. 3Im Übrigen müssen Daten in einer Anwendung nach § 334 Absatz 1 Satz 2 Nummer 1 bis 7 auf Verlangen der Versicherten durch die nach Maßgabe der §§ 352, 356, 357, 359 und 361 insoweit Zugriffsberechtigten gelöscht werden.

(3) Der Versicherte ist berechtigt, gemäß § 339 Zugriffsberechtigungen auf Daten in einer Anwendung nach § 334 Absatz 1 Satz 2 zu erteilen.

§ 338 Komponenten zur Wahrnehmung der Versichertenrechte

(1) 1Die Gesellschaft für Telematik hat spätestens bis zum 1. Januar 2022 den Versicherten eine barrierefreie Komponente zur Verfügung zu stellen, die an einem stationären Endgerät den Versicherten das Auslesen der Daten und Protokolldaten in einer Anwendung nach § 334 Absatz 1 Satz 2 Nummer 6 ermöglicht. 2Hierbei hat die Gesellschaft für Telematik technische Verfahren vorzusehen, die zur Authentifizierung einen hohen Sicherheitsstandard gewährleisten.

(2) Die Gesellschaft für Telematik kann die Krankenkassen bei der Erfüllung der Aufgaben nach § 342 Absatz 7, soweit es um die Bereitstellung von barrierefreien Komponenten für stationäre Endgeräte geht, unterstützen.

(3) 1Die Gesellschaft für Telematik evaluiert bis zum 31. Dezember 2022, ob Bedarf für eine flächendeckende Schaffung technischer Einrichtungen durch die Krankenkassen in ihren Geschäftsstellen besteht, die das Auslesen der Protokolldaten gemäß § 309 Absatz 1 und der Daten in Anwendungen nach § 334 Absatz 1 Satz 2 Nummer 1 bis 3 und 6 sowie das Erteilen von Zugriffsberechtigungen auf Daten in einer Anwendung nach § 334 Absatz 1 Satz 2 Nummer 1 ermöglichen. 2Hierbei sind die nach § 342 Absatz 7 bestehenden Verpflichtungen der Krankenkassen zu berücksichtigen.

§ 339 Voraussetzungen für den Zugriff von Leistungserbringern und anderen zugriffsberechtigten Personen

(1) $_{1}$Zugriffsberechtigte Leistungserbringer und andere zugriffsberechtigte Personen dürfen nach Maßgabe der §§ 352, 356, 357 und 359 auf personenbezogene Daten, insbesondere Gesundheitsdaten, der Versicherten in einer Anwendung nach § 334 Absatz 1 Satz 2 Nummer 1 bis 5 und 7 zugreifen, soweit die Versicherten hierzu ihre vorherige Einwilligung erteilt haben. $_{2}$Hierzu bedarf es einer eindeutigen bestätigenden Handlung durch technische Zugriffsfreigabe.

(2) Zugriffsberechtigte Leistungserbringer und andere zugriffsberechtigte Personen dürfen nach Maßgabe des § 361 auf personenbezogene Daten, insbesondere Gesundheitsdaten, der Versicherten in einer Anwendung nach § 334 Absatz 1 Satz 2 Nummer 6 zugreifen.

(3) $_{1}$Auf Daten in einer Anwendung nach § 334 Absatz 1 Satz 2 Nummer 1 bis 5 und 7 dürfen zugriffsberechtigte Leistungserbringer nach den §§ 352, 356 Absatz 1, § 357 Absatz 1 und § 359 Absatz 1 mittels der elektronischen Gesundheitskarte oder der digitalen Identität der Versicherten nach § 291 Absatz 8 Satz 1 nur mit einem ihrer Berufszugehörigkeit entsprechenden elektronischen Heilberufsausweis oder mit einer digitalen Identität nach § 340 Absatz 6 in Verbindung mit einer Komponente zur Authentifizierung von Leistungserbringerinstitutionen zugreifen. $_{2}$Es ist nachprüfbar elektronisch zu protokollieren, wer auf die Daten zugegriffen hat und auf welche Daten zugegriffen wurde.

(4) $_{1}$Abweichend von Absatz 3 dürfen zugriffsberechtigte Leistungserbringer auch ohne den Einsatz der elektronischen Gesundheitskarte durch die Versicherten auf Daten in einer Anwendung nach § 334 Absatz 1 Satz 2 Nummer 1, 4 und 7 zugreifen, wenn die Versicherten in diesen Zugriff über eine Benutzeroberfläche eines geeigneten Endgeräts im Sinne von § 336 Absatz 2 eingewilligt haben. $_{2}$Satz 1 gilt nicht für den Zugriff auf Daten in einer Anwendung nach § 334 Absatz 1 Satz 2 Nummer 4, soweit diese auf der elektronischen Gesundheitskarte gespeichert sind.

(5) $_{1}$Die in den §§ 352, 356 Absatz 1, § 357 Absatz 1 und § 359 Absatz 1 genannten zugriffsberechtigten Personen, die nicht über einen elektronischen Heilberufsausweis verfügen, dürfen auf Daten in einer Anwendung nach § 334 Absatz 1 Satz 2 Nummer 1 bis 5 und 7 mittels der elektronischen Gesundheitskarte oder mit einer digitalen Identität der Versicherten nach § 291 Absatz 8 Satz 1 oder gemäß Absatz 4 nur zugreifen, wenn sie für diesen Zugriff von einer Person autorisiert werden, die über einen ihrer Berufszugehörigkeit entsprechenden elektronischen Heilberufsausweis oder eine digitale Identität nach § 340 Absatz 6 verfügt. $_{2}$Es ist nachprüfbar elektronisch zu protokollieren, wer auf welche Daten zugegriffen hat und von welcher Person die zugreifende Person für den Zugriff autorisiert wurde.

(6) Der elektronische Heilberufsausweis muss über eine Möglichkeit zur sicheren Authentifizierung und zur Erstellung qualifizierter elektronischer Signaturen verfügen.

§ 340 Ausgabe von elektronischen Heilberufs- und Berufsausweisen sowie von Komponenten zur Authentifizierung von Leistungserbringerinstitutionen

(1) $_{1}$Die Länder bestimmen

1. die Stellen, die für die Ausgabe elektronischer Heilberufsausweise und elektronischer Berufsausweise zuständig sind und
2. die Stellen, die bestätigen, dass eine Person
   a) befugt ist,
      aa) einen der in den §§ 352, 356, 357, 359 und 361 erfassten Berufe im Geltungsbereich dieses Gesetzes auszuüben oder
      bb) die Berufsbezeichnung im Geltungsbereich dieses Gesetzes zu führen, wenn für einen der in den §§ 352, 356, 357, 359 und 361 genannten Berufe lediglich das Führen der Berufsbezeichnung geschützt ist oder
   b) zu den weiteren zugriffsberechtigten Personen nach den §§ 352, 356, 357, 359 und 361 gehört,
3. die Stellen, die für die Ausgabe der Komponenten zur Authentifizierung von Leistungserbringerinstitutionen an Angehörige der Berufsgruppen nach Nummer 2 Buchstabe a Doppelbuchstabe bb und Buchstabe b zuständig sind und
4. die Stellen, die bestätigen, dass eine Leistungserbringerinstitution berechtigt ist, eine Komponente zur Authentifizierung nach Nummer 3 zu erhalten.

$_{2}$Berechtigt im Sinne von Satz 1 Nummer 4 sind Leistungserbringerinstitutionen, mit denen nach diesem Buch oder nach dem Elften Buch Verträge zur Leistungserbringung bestehen; bis die Stellen und das Verfahren eingerichtet sind, jedoch längstens bis zum 30. Juni 2023, kann der Nachweis der Berechtigung einer Leistungserbringerinstitution auch gegenüber den Stellen nach Satz 1 Nummer 3 durch Vorlage des Vertrages zur Leistungserbringung oder durch Vorlage einer Bestätigung der vertragsschließenden Kasse oder eines Landesverbandes der vertragsschließenden Kasse erbracht werden.

(2) Abweichend von einer Bestimmung durch die Länder nach Absatz 1 kann für die Betriebe der Handwerke nach den Nummern 33 bis 37 der Anlage A zur Handwerks-

ordnung die Zuständigkeit nach Absatz 1 Satz 1 auf der Grundlage von § 91 Absatz 1 der Handwerksordnung auf die Handwerkskammern übertragen werden.

(3) [1]Die Länder können zur Wahrnehmung der Aufgaben nach Absatz 1 Satz 1 gemeinsame Stellen bestimmen. [2]Die nach Absatz 1 Satz 1 Nummer 2 und 4 jeweils zuständige Stelle hat der nach Absatz 1 Satz 1 Nummer 1 und 3 zuständigen Stelle die Daten, die für die Ausgabe elektronischer Heilberufsausweise, elektronischer Berufsausweise und von Komponenten zur Authentifizierung von Leistungserbringerinstitutionen erforderlich sind, auf Anforderung zu übermitteln. [3]Entfällt die Befugnis zur Ausübung des Berufs, zum Führen der Berufsbezeichnung, die Zugehörigkeit zu den in den §§ 352, 356, 357, 359 und 361 genannten Zugriffsberechtigten oder die Berechtigung zum Erhalt einer Komponente zur Authentifizierung von Leistungserbringerinstitutionen nach Absatz 1 Satz 1 Nummer 3, so hat die jeweilige Stelle nach Absatz 1 Satz 1 Nummer 2 und 4 die herausgebende Stelle darüber in Kenntnis zu setzen; die herausgebende Stelle hat unverzüglich die Sperrung der Authentifizierungsfunktion des elektronischen Heilberufs- oder Berufsausweises oder der Komponente zur Authentifizierung von Leistungserbringerinstitutionen zu veranlassen.

(4) Die Ausgabe elektronischer Heilberufs- und Berufsausweise sowie die Ausgabe von Komponenten zur Authentifizierung von Leistungserbringerinstitutionen an Leistungserbringerinstitutionen, für die weder die Länder nach Absatz 1 Satz 1 Nummer 3 eine Stelle zu bestimmen haben noch die Gesellschaft für Telematik eine Stelle nach § 315 Absatz 1 bestimmen kann, erfolgt durch die Gesellschaft für Telematik.

(5) Komponenten zur Authentifizierung von Leistungserbringerinstitutionen dürfen nur an Leistungserbringerinstitutionen ausgegeben werden, denen ein Leistungserbringer, der Inhaber eines elektronischen Heilberufs- oder Berufsausweises ist, zugeordnet werden kann.

(6) Spätestens ab dem 1. Januar 2024 haben die Stellen nach Absatz 1 Satz 1 Nummer 1 sowie den Absätzen 2 und 4 ergänzend zu den Heilberufs- und Berufsausweisen auf Verlangen des Leistungserbringers eine digitale Identität für das Gesundheitswesen zur Verfügung zu stellen, die nicht an eine Chipkarte gebunden ist.

(7) Spätestens ab dem 1. Januar 2025 haben die Stellen nach Absatz 1 Satz 1 Nummer 3 sowie den Absätzen 2 und 4 ergänzend zu den Komponenten zur Authentifizierung von Leistungserbringerinstitutionen auf Verlangen der Leistungserbringerinstitution eine digitale Identität für das Gesundheitswesen zur Verfügung zu stellen, die nicht an eine Chipkarte gebunden ist.

(8) [1]Die Gesellschaft für Telematik legt die jeweiligen Anforderungen an die Sicherheit und Interoperabilität der digitalen Identitäten nach den Absätzen 6 und 7 fest. [2]Die Festlegung der Anforderungen an die Sicherheit und den Datenschutz erfolgt dabei im Einvernehmen mit dem Bundesamt für Sicherheit in der Informationstechnik und der oder dem Bundesbeauftragten für den Datenschutz und die Informationsfreiheit auf Basis der jeweils gültigen Technischen Richtlinien des Bundesamts für Sicherheit in der Informationstechnik und unter Berücksichtigung der notwendigen Vertrauensniveaus der unterstützten Anwendungen. [3]Eine digitale Identität kann über verschiedene Ausprägungen mit verschiedenen Sicherheits- und Vertrauensniveaus verfügen. [4]Das Sicherheits- und Vertrauensniveau der Ausprägung einer digitalen Identität muss mindestens dem Schutzbedarf der Anwendung entsprechen, bei der diese eingesetzt wird.

Zweiter Titel
Elektronische Patientenakte

§ 341 Elektronische Patientenakte

(1) [1]Die elektronische Patientenakte ist eine versichertengeführte elektronische Akte, die den Versicherten von den Krankenkassen auf Antrag zur Verfügung gestellt wird. [2]Die Nutzung ist für die Versicherten freiwillig. [3]Mit ihr sollen den Versicherten auf Verlangen Informationen, insbesondere zu Befunden, Diagnosen, durchgeführten und geplanten Therapiemaßnahmen sowie zu Behandlungsberichten, für eine einrichtungs-, fach- und sektorenübergreifende Nutzung für Zwecke der Gesundheitsversorgung, insbesondere zur gezielten Unterstützung von Anamnese und Befunderhebung, barrierefrei elektronisch bereitgestellt werden.

(2) Es besteht die Möglichkeit zur Einstellung folgender Daten in die elektronische Patientenakte:

1. medizinische Informationen über den Versicherten für eine einrichtungsübergreifende, fachübergreifende und sektorenübergreifende Nutzung, insbesondere
   a) Daten zu Befunden, Diagnosen, durchgeführten und geplanten Therapiemaßnahmen, Früherkennungsuntersuchungen, Behandlungsberichten und sonstige untersuchungs- und behandlungsbezogene medizinische Informationen,
   b) Daten des elektronischen Medikationsplans nach § 334 Absatz 1 Satz 2 Nummer 4,
   c) Daten der elektronischen Notfalldaten nach § 334 Absatz 1 Satz 2 Nummer 5 und 7,
   d) Daten in elektronischen Briefen zwischen den an der Versorgung der Versicherten teilnehmenden Ärzten und Einrichtungen (elektronische Arztbriefe),

2. Daten zum Nachweis der regelmäßigen Inanspruchnahme zahnärztlicher Vorsorgeuntersuchungen gemäß § 55 Absatz 1 in Verbindung mit § 92 Absatz 1 Satz 2 Nummer 2 (elektronisches Zahn-Bonusheft),
3. Daten gemäß der nach § 92 Absatz 1 Satz 2 Nummer 3 und Absatz 4 in Verbindung mit § 26 beschlossenen Richtlinie des Gemeinsamen Bundesausschusses zur Früherkennung von Krankheiten bei Kindern (elektronisches Untersuchungsheft für Kinder),
4. Daten gemäß der nach § 92 Absatz 1 Satz 2 Nummer 4 in Verbindung mit den §§ 24c bis 24f beschlossenen Richtlinie des Gemeinsamen Bundesausschusses über die ärztliche Betreuung während der Schwangerschaft und nach der Entbindung (elektronischer Mutterpass) sowie Daten, die sich aus der Versorgung der Versicherten mit Hebammenhilfe ergeben,
5. Daten der Impfdokumentation nach § 22 des Infektionsschutzgesetzes (elektronische Impfdokumentation),
6. Gesundheitsdaten, die durch den Versicherten zur Verfügung gestellt werden,
7. Daten des Versicherten aus einer von den Krankenkassen nach § 68 finanzierten elektronischen Akte des Versicherten,
8. bei den Krankenkassen gespeicherte Daten über die in Anspruch genommenen Leistungen des Versicherten,
9. Daten des Versicherten aus digitalen Gesundheitsanwendungen des Versicherten nach § 33a,
10. Daten zur pflegerischen Versorgung des Versicherten nach den §§ 24g, 37, 37b, 37c, 39a und 39c, der Haus- oder Heimpflege nach § 44 des Siebten Buches und der Pflege nach dem Elften Buch,
11. Verordnungsdaten und Dispensierinformationen elektronischer Verordnungen nach § 360,
12. die nach § 73 Absatz 2 Satz 1 Nummer 9 ausgestellte Bescheinigung über eine Arbeitsunfähigkeit und
13. sonstige von den Leistungserbringern für den Versicherten bereitgestellte Daten, insbesondere Daten, die sich aus der Teilnahme des Versicherten an strukturierten Behandlungsprogrammen bei chronischen Krankheiten gemäß § 137f ergeben.

(3) Die für die elektronische Patientenakte erforderlichen Komponenten und Dienste werden auf Antrag des jeweiligen Anbieters der Komponenten und Dienste nach § 325 von der Gesellschaft für Telematik zugelassen.

(4) 1Die Krankenkassen, die ihren Versicherten eine elektronische Patientenakte zur Verfügung stellen, sind gemäß § 307 Absatz 4 die für die Verarbeitung der Daten zum Zweck der Nutzung der elektronischen Patientenakte Verantwortlichen nach Artikel 4 Nummer 7 der Verordnung (EU) 2016/679. 2§ 307 Absatz 1 bis 3 bleibt unberührt. 3Unbeschadet ihrer Verantwortlichkeit nach Satz 1 können die Krankenkassen mit der Zurverfügungstellung von elektronischen Patientenakten für ihre Versicherten Anbieter von elektronischen Patientenakten als Auftragsverarbeiter beauftragen.

(5) Die Telematikinfrastruktur darf nur für solche nach § 325 zugelassenen elektronischen Patientenakten verwendet werden, die von einer Krankenkasse, von Unternehmen der privaten Krankenversicherung oder von den sonstigen Einrichtungen gemäß § 362 Absatz 1 angeboten werden.

(6) 1Die an der vertragsärztlichen Versorgung teilnehmenden Leistungserbringer haben gegenüber der jeweils zuständigen Kassenärztlichen Vereinigung oder Kassenzahnärztlichen Vereinigung nachzuweisen, dass sie über die für den Zugriff auf die elektronische Patientenakte erforderlichen Komponenten und Dienste verfügen. 2Wird der Nachweis nicht bis zum 30. Juni 2021 erbracht, ist die Vergütung vertragsärztlicher Leistungen pauschal um 1 Prozent zu kürzen; die Vergütung ist so lange zu kürzen, bis der Nachweis gegenüber der Kassenärztlichen Vereinigung erbracht ist. 3Das Bundesministerium für Gesundheit kann die Frist nach Satz 1 durch Rechtsverordnung mit Zustimmung des Bundesrates verlängern. 4Die Kürzungsregelung nach Satz 2 findet im Fall, dass bereits eine Kürzung der Vergütung nach § 291b Absatz 5 erfolgt, keine Anwendung.

(7) 1Die Krankenhäuser haben sich bis zum 1. Januar 2021 mit den für den Zugriff auf die elektronische Patientenakte erforderlichen Komponenten und Diensten auszustatten und sich an die Telematikinfrastruktur nach § 306 anzuschließen. 2Soweit Krankenhäuser ihrer Verpflichtung zum Anschluss an die Telematikinfrastruktur nach Satz 1 nicht nachkommen, sind § 5 Absatz 3e Satz 1 des Krankenhausentgeltgesetzes oder § 5 Absatz 5 der Bundespflegesatzverordnung anzuwenden. 3Die Kürzungsregelung nach Satz 2 findet im Fall, dass bereits eine Kürzung der Vergütung nach § 291b Absatz 5 erfolgt, keine Anwendung.

Erster Untertitel
Angebot und Einrichtung der elektronischen Patientenakte

§ 342 Angebot und Nutzung der elektronischen Patientenakte

(1) Die Krankenkassen sind verpflichtet, jedem Versicherten spätestens ab dem 1. Januar 2021 auf Antrag und mit Einwilligung des Versicherten eine nach § 325 Absatz 1 von der Gesellschaft für Telematik zugelassene elektronische Patientenakte zur Verfügung zu stellen, die jeweils

rechtzeitig den Anforderungen gemäß Absatz 2 entspricht.

(2) Die elektronische Patientenakte muss technisch insbesondere gewährleisten, dass

1. spätestens ab dem 1. Januar 2021
   a) die Daten nach § 341 Absatz 2 Nummer 1 und 6 barrierefrei bereitgestellt werden können;
   b) die Versicherten über eine Benutzeroberfläche eines geeigneten Endgeräts ihre Rechte gemäß den §§ 336 und 337 barrierefrei wahrnehmen können;
   c) die Versicherten über eine Benutzeroberfläche eines geeigneten Endgeräts oder mittels der dezentralen Infrastruktur der Leistungserbringer eine Einwilligung nicht nur in den Zugriff durch zugriffsberechtigte Leistungserbringer auf Daten in der elektronischen Patientenakte insgesamt, sondern auch in den Zugriff entweder ausschließlich auf Daten nach § 341 Absatz 2 Nummer 1 oder auf Daten nach § 341 Absatz 2 Nummer 6 barrierefrei erteilen können;
   d) den Versicherten über die Benutzeroberfläche eines geeigneten Endgeräts die Protokolldaten gemäß § 309 Absatz 1 in präziser, transparenter, verständlicher und leicht zugänglicher Form in einer klaren und einfachen Sprache und in auswertbarer Form sowie barrierefrei bereitgestellt werden;
   e) durch eine entsprechende technische Voreinstellung die Dauer der Zugriffsberechtigung durch zugriffsberechtigte Leistungserbringer standardmäßig auf eine Woche beschränkt ist;
   f) die Versicherten die Dauer der Zugriffsberechtigungen auf einen Zeitraum von mindestens einem Tag bis zu höchstens 18 Monate selbst festlegen können;
   g) die Versicherten bis einschließlich 31. Dezember 2021 jeweils bei ihrem Zugriff auf die elektronische Patientenakte mittels der Benutzeroberfläche eines geeigneten Endgeräts gemäß § 336 Absatz 2 vor der Speicherung eigener Dokumente in der elektronischen Patientenakte auf die fehlende Möglichkeit hingewiesen werden, die Einwilligung zum Zugriff durch zugriffsberechtigte Leistungserbringer sowohl auf spezifische Dokumente und Datensätze als auch auf Gruppen von Dokumenten und Datensätzen der elektronischen Patientenakte nach Nummer 2 Buchstabe b und c zu beschränken;
   h) die Versicherten bis einschließlich 31. Dezember 2021 über eine Benutzeroberfläche eines geeigneten Endgeräts gemäß § 336 Absatz 2 vor Erteilung einer Einwilligung in den Zugriff durch zugriffsberechtigte Leistungserbringer auf die fehlende Möglichkeit hingewiesen werden, die Zugriffsberechtigung sowohl auf spezifische Dokumente und Datensätze als auch auf Gruppen von Dokumenten und Datensätzen der elektronischen Patientenakte nach Nummer 2 Buchstabe b zu beschränken und
2. zusätzlich spätestens ab dem 1. Januar 2022
   a) die Daten nach § 341 Absatz 2 Nummer 2 bis 5, 7, 8 und 11 zur Verfügung gestellt werden können;
   b) die Versicherten oder durch sie befugte Vertreter über die Benutzeroberfläche eines geeigneten Endgeräts gemäß § 336 Absatz 2 eine Einwilligung gegenüber Zugriffsberechtigten nach § 352 in den Zugriff sowohl auf spezifische Dokumente und Datensätze als auch auf Gruppen von Dokumenten und Datensätzen der elektronischen Patientenakte barrierefrei erteilen können;
   c) die Versicherten, die nicht gemäß § 336 die Benutzeroberfläche eines geeigneten Endgeräts nutzen möchten, den Zugriffsberechtigten nach § 352 mittels der dezentralen Infrastruktur der Leistungserbringer eine Einwilligung in den Zugriff mindestens auf Kategorien von Dokumenten und Datensätzen, insbesondere medizinische Fachgebietskategorien, erteilen können;
   d) bei einem Wechsel der Krankenkasse die Daten nach § 341 Absatz 2 Nummer 1 bis 8, 10 bis 13 aus der bisherigen elektronischen Patientenakte in der elektronischen Patientenakte der gewählten Krankenkasse zur Verfügung gestellt werden können;
   e) durch die Versicherten befugte Vertreter die Rechte gemäß Nummer 1 Buchstabe b, d und f wahrnehmen können;
   f) die Versicherten die Dauer der Zugriffsberechtigungen abweichend von Nummer 1 Buchstabe f auf einen Zeitraum von mindestens einem Tag bis zu einer frei gewählten Dauer oder auch unbefristet selbst festlegen können;
   g) die Versicherten jeweils bei ihrem Zugriff auf die elektronische Patientenakte mittels der Benutzeroberfläche eines geeigneten Endgeräts gemäß § 336 Absatz 2 vor dem Löschen von Daten in der elektronischen Patientenakte auf die möglichen versorgungsrelevanten Folgen hingewiesen werden und
3. zusätzlich spätestens sechs Monate, nachdem das dafür bestimmte Register zur Verfügung steht, die Versicherten mittels der Benutzeroberfläche eines geeigneten Endgeräts und unter Nutzung der elektroni-

schen Gesundheitskarte oder einer digitalen Identität der Versicherten nach § 291 Absatz 8 die Abgabe, Änderung sowie den Widerruf einer elektronischen Erklärung zur Organ- und Gewebespende in dem Register vornehmen können, und

4. zusätzlich spätestens ab dem 1. Januar 2023
   a) die Daten nach § 341 Absatz 2 Nummer 12 und 13 zur Verfügung gestellt werden können;
   b) Daten der Versicherten in digitalen Gesundheitsanwendungen nach § 33a mit Einwilligung der Versicherten vom Hersteller einer digitalen Gesundheitsanwendung nach § 33a über den Anbieter der elektronischen Patientenakte in die elektronische Patientenakte der Versicherten nach § 341 Absatz 2 Nummer 9 übermittelt und dort gespeichert werden können;
   c) die Versicherten über die Benutzeroberfläche eines geeigneten Endgeräts nach § 336 Absatz 2 auf Informationen des Nationalen Gesundheitsportals nach § 395 barrierefrei zugreifen können und
5. zusätzlich spätestens ab dem 1. Januar 2024 die Daten nach § 341 Absatz 2 Nummer 10 zur Verfügung gestellt werden können,
6. zusätzlich spätestens ab dem 1. Juli 2024 die Versicherten oder durch sie befugte Vertreter die Daten, die in der elektronischen Patientenakte gespeichert sind, nach § 363 zu Forschungszwecken zur Verfügung stellen können,
7. zusätzlich spätestens ab dem 1. August 2024 die Versicherten den Sofortnachrichtendienst mit Leistungserbringern und mit Krankenkassen als sicheres Übermittlungsverfahren nach § 311 Absatz 6 über die Benutzeroberfläche nach Nummer 1 Buchstabe b nutzen können und
8. zusätzlich spätestens ab dem 1. Oktober 2024 die Versicherten oder durch sie befugte Vertreter über die Benutzeroberfläche eines geeigneten Endgeräts nach § 336 Absatz 2 auf Daten des elektronischen Medikationsplans nach § 334 Absatz 1 Satz 2 Nummer 4, soweit diese nicht auf der elektronischen Gesundheitskarte gespeichert sind, und auf Daten der elektronischen Patientenkurzakte nach § 334 Absatz 1 Satz 2 Nummer 7 barrierefrei zugreifen und die Rechte gemäß Nummer 1 Buchstabe b, d und f in Verbindung mit Nummer 2 Buchstabe e und f wahrnehmen können.

(3) 1Jede Krankenkasse richtet eine Ombudsstelle ein. 2Die Versicherten können sich mit ihren Anliegen im Zusammenhang mit der elektronischen Patientenakte an die Ombudsstelle ihrer Krankenkasse wenden. 3Die Ombudsstellen beraten die Versicherten bei allen Fragen und Problemen bei der Nutzung der elektronischen Patientenakte. 4Sie informieren insbesondere über das Verfahren bei der Beantragung der elektronischen Patientenakte, Ansprüche der Versicherten nach diesem Titel, die Funktionsweise und die möglichen Inhalte der elektronischen Patientenakte.

(4) Die Krankenkasse hat sicherzustellen, dass die Anbieter die nach § 325 Absatz 1 zugelassenen Komponenten und Dienste der elektronischen Patientenakte laufend in der Weise weiterentwickeln, dass die elektronische Patientenakte dem jeweils aktuellen Stand der Technik und den jeweils aktuellen Festlegungen der Gesellschaft für Telematik nach § 354 entspricht.

(5) 1Bis alle Krankenkassen ihren jeweiligen Verpflichtungen nach den Absätzen 1, 2 und 4 nachgekommen sind, prüft der Spitzenverband Bund der Krankenkassen jährlich zum Stichtag 1. Januar eines Jahres, erstmals zum 1. Januar 2021, ob die Krankenkassen ihren Versicherten eine von der Gesellschaft für Telematik zugelassene elektronische Patientenakte nach Maßgabe der Absätze 1, 2 und 4 zur Verfügung gestellt haben. 2Ist eine Krankenkasse ihrer jeweiligen Verpflichtung nach den Absätzen 1, 2 und 4 nicht nachgekommen, so stellt der Spitzenverband Bund der Krankenkassen dies durch Bescheid fest. 3In dem Bescheid ist die betroffene Krankenkasse über die Sanktionierung gemäß § 270 Absatz 3 zu informieren. 4Klagen gegen den Bescheid haben keine aufschiebende Wirkung. 5Der Spitzenverband Bund der Krankenkassen teilt dem Bundesamt für Soziale Sicherung erstmals bis zum 15. Januar 2021 mit, welche Krankenkassen ihrer Verpflichtung nach Absatz 1 nicht nachgekommen sind. 6Die Mitteilung nach Satz 5 erfolgt jeweils zum 15. Januar des Jahres, an dem der Spitzenverband Bund der Krankenkassen durch Bescheid festgestellt hat, dass eine Krankenkasse ihrer jeweiligen Verpflichtung nach den Absätzen 1, 2 und 4 nicht nachgekommen ist. 7Der Spitzenverband Bund der Krankenkassen veröffentlicht ab dem 1. Januar 2021 eine Übersicht derjenigen Krankenkassen, die ihren Versicherten eine von der Gesellschaft für Telematik zugelassene elektronische Patientenakte nach Maßgabe der Absätze 1, 2 und 4 zur Verfügung stellen, auf seiner Internetseite. 8Die Übersicht ist laufend zu aktualisieren.

(6) 1Die Krankenkassen dürfen von ihnen genutzte Komponenten und Dienste der elektronischen Patientenakte Unternehmen der privaten Krankenversicherung oder den sonstigen Einrichtungen gemäß § 362 Absatz 1 zur Verfügung stellen und in deren Auftrag betreiben. 2Soweit auch der Betrieb der elektronischen Patientenakte für das Unternehmen der privaten Krankenversicherung oder der sonstigen Einrichtung gemäß § 362 Absatz 1 erfolgt, sind

geeignete technische und organisatorische Maßnahmen zur sicheren Trennung der Datenbestände zu treffen. ₃Die Entwicklungs- und Betriebskosten für die elektronische Patientenakte sind dem Unternehmen der privaten Krankenversicherung oder der sonstigen Einrichtung gemäß § 362 Absatz 1 in angemessener Höhe anteilig in Rechnung zu stellen.

(7) ₁Die Krankenkassen sind verpflichtet, spätestens bis zum 1. Januar 2022 sicherzustellen, dass Versicherte in einer Anwendung nach § 334 Absatz 1 Satz 2 Nummer 1 und zusätzlich spätestens bis zum 1. Oktober 2024 in Anwendungen nach § 334 Absatz 1 Satz 2 Nummer 4 und 7 ihre Rechte gemäß § 336 Absatz 1 und 2 und § 337 Absatz 1 bis 3 sowie das Auslesen der Protokolldaten in den Anwendungen barrierefrei mittels einer Benutzeroberfläche sowohl eines geeigneten mobilen Endgeräts als auch eines geeigneten stationären Endgeräts entsprechend der Anforderungen gemäß Absatz 2 wahrnehmen können. ₂Dabei sind technische Verfahren vorzusehen, die zur Authentifizierung einen hohen Sicherheitsstandard gewährleisten. ₃Satz 1 gilt nicht für Daten in einer Anwendung nach § 334 Absatz 1 Satz 2 Nummer 4, soweit diese auf der elektronischen Gesundheitskarte gespeichert sind.

§ 343 Informationspflichten der Krankenkassen

(1) ₁Die Krankenkassen haben den Versicherten, bevor sie ihnen gemäß § 342 Absatz 1 Satz 1 eine elektronische Patientenakte anbieten, umfassendes, geeignetes Informationsmaterial über die elektronische Patientenakte in präziser, transparenter, verständlicher und leicht zugänglicher Form in einer klaren und einfachen Sprache und barrierefrei zur Verfügung zu stellen. ₂Das Informationsmaterial muss über alle relevanten Umstände der Datenverarbeitung für die Einrichtung der elektronischen Patientenakte, die Übermittlung von Daten in die elektronische Patientenakte und die Verarbeitung von Daten in der elektronischen Patientenakte durch Leistungserbringer einschließlich der damit verbundenen Datenverarbeitungsvorgänge in den verschiedenen Bestandteilen der Telematikinfrastruktur und die für die Datenverarbeitung datenschutzrechtlich Verantwortlichen informieren. ₃Das Informationsmaterial enthält insbesondere Informationen über

1. den jeweiligen Anbieter der von der Krankenkasse zur Verfügung gestellten elektronischen Patientenakte,
2. die Funktionsweise der elektronischen Patientenakte, einschließlich der Art der in ihr zu verarbeitenden Daten gemäß § 341 Absatz 2,
3. die Freiwilligkeit der Einrichtung der elektronischen Patientenakte und das Recht auf jederzeitige teilweise oder vollständige Löschung,
4. das Erfordernis der vorherigen Einwilligung in die Datenverarbeitung in der elektronischen Patientenakte gegenüber Krankenkassen, Anbietern und Leistungserbringern sowie die Möglichkeit des Widerrufs der Einwilligung,
5. die für den Zweck der Einrichtung der elektronischen Patientenakte erforderliche Datenverarbeitung durch die Krankenkassen und die Anbieter gemäß § 344 Absatz 1,
6. den Anspruch gemäß § 337 auf selbständige Speicherung und Löschung von Daten in der elektronischen Patientenakte und über die Verarbeitung dieser Daten durch die Krankenkassen und Anbieter in der elektronischen Patientenakte einschließlich des Hinweises, dass die Krankenkassen keinen Zugriff auf die in der elektronischen Patientenakte gespeicherten Daten haben,
7. den Anspruch auf Übertragung von bei der Krankenkasse gespeicherten Daten in die elektronische Patientenakte nach § 350 Absatz 1 und die Verarbeitung dieser Daten durch die Krankenkassen und Anbieter in der elektronischen Patientenakte,
8. den Anspruch auf Übertragung von Behandlungsdaten in die elektronische Patientenakte durch Leistungserbringer nach den §§ 347 bis 349 und die Verarbeitung dieser Daten durch die Leistungserbringer, Krankenkassen und Anbieter in der elektronischen Patientenakte,
9. den Anspruch auf Übertragung von Daten aus elektronischen Gesundheitsakten in die elektronische Patientenakte nach § 351 und die Verarbeitung dieser Daten durch die Krankenkassen und Anbieter in der elektronischen Patientenakte,
10. die Voraussetzungen für den Zugriff von Leistungserbringern auf Daten in der elektronischen Patientenakte nach § 352 und die Verarbeitung dieser Daten durch den Leistungserbringer,
11. die Möglichkeit, bei der Datenverarbeitung nach Nummer 10 beim Leistungserbringer durch technische Zugriffsfreigabe in die konkrete Datenverarbeitung einzuwilligen,
12. die fehlende Möglichkeit, vor dem 1. Januar 2022 die Einwilligung sowohl auf spezifische Dokumente und Datensätze als auch auf Gruppen von Dokumenten und Datensätzen der elektronischen Patientenakte nach § 342 Absatz 2 Nummer 2 Buchstabe b zu beschränken,

13. die fehlende Möglichkeit, die Einwilligung mittels der dezentralen Infrastruktur der Leistungserbringer auf spezifische Dokumente und Datensätze zu beschränken,
14. das Angebot von zusätzlichen Anwendungen nach § 345 Absatz 1 und über deren Funktionsweise einschließlich der Art der in ihr zu verarbeitenden Daten, den Speicherort und die Zugriffsrechte,
15. die sichere Nutzung von Komponenten, die den Zugriff der Versicherten auf die elektronische Patientenakte über eine Benutzeroberfläche geeigneter Endgeräte ermöglichen,
16. die Möglichkeit und die Voraussetzungen, gemäß § 363 Daten der elektronischen Patientenakte freiwillig für die in § 303e Absatz 2 Nummer 2, 4, 5 und 7 aufgeführten Forschungszwecke freizugeben,
17. die Rechte der Versicherten gegenüber der Krankenkasse als dem für die Datenverarbeitung Verantwortlichen nach Artikel 4 Nummer 7 der Verordnung (EU) 2016/679,
18. die Möglichkeit, den Zugriff von Leistungserbringern nach Nummer 10 auf Daten in der elektronischen Patientenakte nach § 352 auch Ärzten, die bei einer für den Öffentlichen Gesundheitsdienst zuständigen Behörde tätig sind, und Fachärzten für Arbeitsmedizin sowie Ärzten, die über die Zusatzbezeichnung „Betriebsmedizin" verfügen, zu erteilen,
19. die Möglichkeit, ab dem 1. Januar 2022 über die Benutzeroberfläche eines geeigneten Endgeräts einem Vertreter die Befugnis zu erteilen, die Rechte des Versicherten im Rahmen der Führung seiner elektronischen Patientenakte innerhalb der erteilten Vertretungsbefugnis wahrzunehmen,
20. mögliche versorgungsrelevante Folgen, die daraus resultieren können, dass der Versicherte von seinen Rechten Gebrauch macht, sich gegen die Nutzung einer elektronischen Patientenakte zu entscheiden, Zugriffe auf Daten der elektronischen Patientenakte nicht zu erteilen oder Daten der elektronischen Patientenakte zu löschen und
21. die Möglichkeit für die Versicherten, ab dem 1. Januar 2023 Daten aus ihren digitalen Gesundheitsanwendungen nach § 33a mit ihrer Einwilligung vom Hersteller einer solchen Anwendung über den Anbieter der elektronischen Patientenakte in ihre elektronische Patientenakte zu übermitteln.

(2) Zur Unterstützung der Krankenkassen bei der Erfüllung ihrer Informationspflichten nach Absatz 1 hat der Spitzenverband Bund der Krankenkassen im Einvernehmen mit der oder dem Bundesbeauftragten für den Datenschutz und die Informationsfreiheit spätestens bis zum 30. November 2020 geeignetes Informationsmaterial, auch in elektronischer Form, zu erstellen und den Krankenkassen zur verbindlichen Nutzung zur Verfügung zu stellen.

§ 344 Einwilligung der Versicherten und Zulässigkeit der Datenverarbeitung durch die Krankenkassen und Anbieter der elektronischen Patientenakte

(1) 1Hat der Versicherte nach vorheriger Information gemäß § 343 gegenüber der Krankenkasse in die Einrichtung der elektronischen Patientenakte eingewilligt, so dürfen die Krankenkasse, der Anbieter der elektronischen Patientenakte sowie der Anbieter von einzelnen Diensten und Komponenten der elektronischen Patientenakte die zum Zweck der Einrichtung erforderlichen administrativen personenbezogenen Daten verarbeiten. 2Die Krankenkasse darf versichertenbezogene Daten über den Anbieter der elektronischen Patientenakte in die elektronische Patientenakte übermitteln.

(2) 1Macht der Versicherte nach vorheriger Information gemäß § 343 von seinen Ansprüchen gemäß den §§ 347 bis 351 Gebrauch, dürfen auf Grund der Einwilligung des Versicherten die Krankenkassen, der Anbieter der elektronischen Patientenakte und die Anbieter von einzelnen Diensten und Komponenten der elektronischen Patientenakte die zu diesem Zweck übermittelten personenbezogenen Daten speichern. 2Die Kenntnisnahme der Daten und der Zugriff auf die Daten nach den §§ 347 bis 351 ist nicht zulässig.

(3) Auf Verlangen des Versicherten gegenüber der Krankenkasse hat der Anbieter auf Veranlassung der Krankenkasse die elektronische Patientenakte vollständig zu löschen.

(4) Sofern es für die Durchsetzung von datenschutzrechtlichen Ansprüchen der Versicherten gegenüber den für die Verarbeitung von Daten in der elektronischen Patientenakte Verantwortlichen notwendig ist, sind die in § 352 genannten Leistungserbringer verpflichtet, die Verantwortlichen bei der Umsetzung zu unterstützen.

§ 345 Angebot und Nutzung zusätzlicher Inhalte und Anwendungen

(1) 1Versicherte können den Krankenkassen Daten aus der elektronischen Patientenakte zum Zweck der Nutzung zusätzlicher von den Krankenkassen angebotener Anwendungen zur Verfügung stellen. 2Die Krankenkassen dürfen die Daten nach Satz 1 zu diesem Zweck verarbeiten, soweit die Versicherten hierzu ihre vorherige Einwilligung erteilt haben. 3Diese zusätzlichen Anwendungen der Krankenkassen dürfen die Wirksamkeit der Maßnah-

men zur Gewährleistung von Datenschutz und Datensicherheit sowie die Verfügbarkeit und Nutzbarkeit der nach § 325 zugelassenen elektronischen Patientenakte nicht beeinträchtigen. 4Die Krankenkassen müssen die erforderlichen Maßnahmen zur Gewährleistung von Datenschutz und Datensicherheit der zusätzlichen Anwendungen ergreifen.

(2) 1Die Zurverfügungstellung von Daten nach Absatz 1 ist nur nach Erhalt des Informationsmaterials nach § 343 Absatz 1 zulässig. 2§ 335 Absatz 3 gilt entsprechend.

Zweiter Untertitel
Nutzung der elektronischen Patientenakte durch den Versicherten

§ 346 Unterstützung bei der elektronischen Patientenakte

V

(1) 1Ärzte, Zahnärzte und Psychotherapeuten, die an der vertragsärztlichen Versorgung teilnehmen oder in Einrichtungen, die an der vertragsärztlichen Versorgung teilnehmen oder in zugelassen Krankenhäusern tätig sind, haben auf der Grundlage der Informationspflichten der Krankenkassen nach § 343 die Versicherten auf deren Verlangen bei der Verarbeitung medizinischer Daten in der elektronischen Patientenakte ausschließlich im aktuellen Behandlungskontext zu unterstützen. 2Die Unterstützungsleistung nach Satz 1 umfasst die Übermittlung von medizinischen Daten in die elektronische Patientenakte und ist ausschließlich auf medizinische Daten aus der konkreten aktuellen Behandlung beschränkt. 3§ 630c Absatz 4 des Bürgerlichen Gesetzbuchs bleibt unberührt. 4Die in Satz 1 genannten Ärzte, Zahnärzte, Psychotherapeuten, Einrichtungen und zugelassenen Krankenhäuser können Aufgaben in diesem Zusammenhang, soweit diese übertragbar sind, auf Personen übertragen, die als berufsmäßige Gehilfen oder zur Vorbereitung auf den Beruf bei ihnen tätig sind.

(2) 1Auf Verlangen der Versicherten haben Apotheker bei der Abgabe eines Arzneimittels die Versicherten bei der Verarbeitung arzneimittelbezogener Daten in der elektronischen Patientenakte zu unterstützen. 2Apotheker können Aufgaben in diesem Zusammenhang auf zum pharmazeutischen Personal der Apotheke gehörende Personen übertragen.

(3) 1Ärzte, Zahnärzte und Psychotherapeuten, die an der vertragsärztlichen Versorgung teilnehmen oder in Einrichtungen, die an der vertragsärztlichen Versorgung teilnehmen oder in zugelassen Krankenhäusern tätig sind, haben auf der Grundlage der Informationspflichten der Krankenkassen nach § 343 die Versicherten auf deren Verlangen bei der erstmaligen Befüllung der elektronischen Patientenakte ausschließlich im aktuellen Behandlungskontext zu unterstützen. 2Die Unterstützungsleistung nach Satz 1 umfasst die Übermittlung von medizinischen Daten in die elektronische Patientenakte und ist ausschließlich auf medizinische Daten aus der konkreten aktuellen Behandlung beschränkt. 3Die in Satz 1 genannten Leistungserbringer können Aufgaben in diesem Zusammenhang, soweit diese übertragbar sind, auf Personen übertragen, die als berufsmäßige Gehilfen oder zur Vorbereitung auf den Beruf bei ihnen oder in an der vertragsärztlichen Versorgung teilnehmenden Einrichtungen oder in zugelassenen Krankenhäusern tätig sind.

(4) 1Für Leistungen nach Absatz 2 zur Unterstützung der Versicherten bei der Verarbeitung arzneimittelbezogener Daten in der elektronischen Patientenakte erhalten Apotheken eine zusätzliche Vergütung. 2Das Nähere zu den Abrechnungsvoraussetzungen für Leistungen der Apotheken nach Absatz 2 vereinbaren der Spitzenverband Bund der Krankenkassen und die für die Wahrnehmung der wirtschaftlichen Interessen gebildete maßgebliche Spitzenorganisation der Apotheker auf Bundesebene mit Wirkung zum 1. Januar 2021. 3Kommt eine Vereinbarung nach Satz 2 ganz oder teilweise nicht zustande, gilt § 129 Absatz 8.

(5) Für Leistungen nach Absatz 3 erhalten die an der vertragsärztlichen Versorgung teilnehmenden Leistungserbringer sowie Krankenhäuser ab dem 1. Januar 2021 über einen Zeitraum von zwölf Monaten eine einmalige Vergütung je Erstbefüllung in Höhe von 10 Euro.

(6) 1Die Leistungen nach Absatz 3 dürfen im Rahmen der gesetzlichen Krankenversicherung je Versichertem und elektronischer Patientenakte insgesamt nur einmal erbracht und abgerechnet werden. 2Das Nähere zu den Abrechnungsvoraussetzungen und -verfahren für Leistungen nach Absatz 3 vereinbaren der Spitzenverband Bund der Krankenkassen, die Kassenärztlichen Bundesvereinigungen sowie die Deutsche Krankenhausgesellschaft mit Wirkung zum 1. Januar 2021. 3Die Vereinbarung stellt sicher, dass nur eine einmalige Abrechnung der Vergütung für die Leistungen nach Absatz 3 möglich ist.

§ 347 Anspruch der Versicherten auf Übertragung von Behandlungsdaten in die elektronische Patientenakte durch Leistungserbringer

(1) 1Versicherte haben Anspruch auf Übermittlung von Daten nach § 341 Absatz 2 Nummer 1 bis 5 und 10 bis 13 in die elektronische Patientenakte und dortige Speicherung, soweit diese Daten im Rahmen der vertragsärztlichen Versorgung bei der Behandlung des Versicherten durch die an der vertragsärztlichen Versorgung teilnehmenden Leistungserbringer elektronisch verarbeitet wer-

den und soweit andere Rechtsvorschriften nicht entgegenstehen. ₂Die in § 342 Absatz 1 und 2 geregelten Fristen bleiben unberührt.

(2) Die an der vertragsärztlichen Versorgung teilnehmenden Leistungserbringer haben

1. die Versicherten im Rahmen der vertragsärztlichen Versorgung über den Anspruch nach Absatz 1 zu informieren und
2. die Daten nach Absatz 1 auf Verlangen des Versicherten in die elektronische Patientenakte nach § 341 zu übermitteln und dort zu speichern.

§ 348 Anspruch der Versicherten auf Übertragung von Behandlungsdaten in die elektronische Patientenakte durch Krankenhäuser

(1) ₁Versicherte haben Anspruch auf Übermittlung von Daten nach § 341 Absatz 2 Nummer 1 bis 5, 10, 11 und 13 in die elektronische Patientenakte und dortige Speicherung, soweit diese Daten im Rahmen der Krankenhausbehandlung des Versicherten elektronisch erhoben wurden und soweit andere Rechtsvorschriften nicht entgegenstehen. ₂Die in § 342 Absatz 1 und 2 geregelten Fristen bleiben unberührt.

(2) Die Leistungserbringer in den zugelassenen Krankenhäusern haben

1. die Versicherten über den Anspruch nach Absatz 1 zu informieren und
2. die Daten nach Absatz 1 auf Verlangen des Versicherten in die elektronische Patientenakte nach § 341 zu übermitteln und dort zu speichern.

§ 349 Anspruch der Versicherten auf Übertragung von Daten aus Anwendungen der Telematikinfrastruktur nach § 334 und von elektronischen Arztbriefen in die elektronische Patientenakte

(1) ₁Über die in den §§ 347 und 348 geregelten Ansprüche hinaus haben Versicherte einen Anspruch auf Übermittlung von Daten in einer Anwendung nach § 334 Absatz 1 Satz 2 Nummer 2 bis 6 und von elektronischen Arztbriefen nach § 383 Absatz 2 in die elektronische Patientenakte und dortige Speicherung gegen Personen, die

1. nach § 352 zum Zugriff auf die elektronische Patientenakte berechtigt sind und
2. Daten des Versicherten in einer Anwendung nach § 334 Absatz 1 Satz 2 Nummer 2 bis 6 und § 383 verarbeiten.

₂Die in § 342 Absatz 1 und 2 geregelten Fristen bleiben unberührt.

(2) Nach Absatz 1 verpflichtete Personen haben

1. die Versicherten über den Anspruch nach Absatz 1 zu informieren und
2. die verarbeiteten Daten nach Absatz 1 auf Verlangen des Versicherten in die elektronische Patientenakte nach § 341 zu übermitteln und dort zu speichern.

(3) ₁Ändern sich Daten nach § 334 Absatz 1 Satz 2 Nummer 4, 5 und 7 und werden diese Daten in der elektronischen Patientenakte verfügbar gemacht, haben Versicherte einen Anspruch auf Speicherung der geänderten Daten in der elektronischen Patientenakte. ₂Der Anspruch richtet sich gegen den Leistungserbringer, der die Änderung der Daten nach § 334 Absatz 1 Satz 2 Nummer 4, 5 oder 7 vorgenommen hat.

(4) Nach Absatz 3 verpflichtete Leistungserbringer haben

1. die Versicherten über den Anspruch nach Absatz 3 zu informieren und
2. die geänderten Daten auf Verlangen des Versicherten in die elektronische Patientenakte nach § 341 Absatz 2 Nummer 1 Buchstabe b und c einzustellen.

§ 350 Anspruch der Versicherten auf Übertragung von bei der Krankenkasse gespeicherten Daten in die elektronische Patientenakte

(1) Versicherte haben ab dem 1. Januar 2022 einen Anspruch darauf, dass die Krankenkasse Daten des Versicherten nach § 341 Absatz 2 Nummer 8 über die bei ihr in Anspruch genommenen Leistungen über den Anbieter der elektronischen Patientenakte in die elektronische Patientenakte nach § 341 übermittelt und dort speichert.

(2) ₁Das Nähere zu Inhalt und Struktur der relevanten Datensätze haben der Spitzenverband Bund der Krankenkassen und die Kassenärztliche Bundesvereinigung im Benehmen mit der Kassenzahnärztlichen Bundesvereinigung, der Bundesärztekammer, der Bundeszahnärztekammer und der Deutschen Krankenhausgesellschaft bis zum 31. Dezember 2020 zu vereinbaren. ₂Dabei ist sicherzustellen, dass in der elektronischen Patientenakte erkennbar ist, dass es sich um Daten der Krankenkassen handelt.

(3) Die Krankenkasse hat die Versicherten

1. über den Anspruch nach Absatz 1 umfassend und leicht verständlich zu informieren und
2. darüber aufzuklären, dass die Übermittlung der Daten über den Anbieter der elektronischen Patientenakte erfolgt und nur auf Antrag der Versicherten gegenüber der Krankenkasse zulässig ist.

(4) Auf Verlangen der Versicherten

1. hat die Krankenkasse Daten der Versicherten nach § 341 Absatz 2 Nummer 8 über die bei ihr in Anspruch

genommenen Leistungen an den Anbieter der elektronischen Patientenakte zu übermitteln und

2. hat die Krankenkasse, abweichend von § 303 Absatz 4, Diagnosedaten, die ihr nach den §§ 295 und 295a übermittelt wurden und deren Unrichtigkeit durch einen ärztlichen Nachweis bestätigt wird, in berichtigter Form an den Anbieter der elektronischen Patientenakte bei der Übermittlung nach Nummer 1 zu verwenden und
3. hat der Anbieter die nach den Nummern 1 und 2 übermittelten Daten in der elektronischen Patientenakte nach § 341 zu speichern.

§ 351 Übertragung von Daten aus der elektronischen Gesundheitsakte und aus Anwendungen nach § 33a in die elektronische Patientenakte

(1) Die Krankenkasse hat ab dem 1. Januar 2022 sicherzustellen, dass Daten der Versicherten nach § 341 Absatz 2 Nummer 7, die in einer von der Krankenkasse nach § 68 finanzierten elektronischen Gesundheitsakte der Versicherten gespeichert sind, auf Antrag der Versicherten vom Anbieter der elektronischen Gesundheitsakte über den Anbieter der elektronischen Patientenakte in die elektronische Patientenakte der Versicherten nach § 341 übermittelt und dort gespeichert werden.

(2) Die Krankenkasse hat ab dem 1. Januar 2023 sicherzustellen, dass Daten der Versicherten in digitalen Gesundheitsanwendungen nach § 33a mit Einwilligung der Versicherten vom Hersteller einer digitalen Gesundheitsanwendung nach § 33a über den Anbieter der elektronischen Patientenakte in die elektronische Patientenakte der Versicherten nach § 341 Absatz 2 Nummer 9 übermittelt und dort gespeichert werden können.

(3) $_1$Die Ausgabe der Komponenten zur Authentifizierung der Hersteller digitaler Gesundheitsanwendungen nach § 33a erfolgt durch die Gesellschaft für Telematik. $_2$Das Bundesinstitut für Arzneimittel und Medizinprodukte bestätigt, dass ein Hersteller digitaler Gesundheitsanwendungen nach § 33a berechtigt ist, eine Komponente nach Satz 1 zu erhalten.

Dritter Untertitel
Zugriff von Leistungserbringern auf Daten in der elektronischen Patientenakte

§ 352 Verarbeitung von Daten in der elektronischen Patientenakte durch Leistungserbringer und andere zugriffsberechtigte Personen

Auf die Daten in der elektronischen Patientenakte nach § 341 Absatz 1 Satz 1 dürfen mit Einwilligung der Versicherten nach § 339 ausschließlich folgende Personen zugreifen:

1. Ärzte, die zur Versorgung der Versicherten in deren Behandlung eingebunden sind, mit einem Zugriff, der die Verarbeitung von Daten nach § 341 Absatz 2 ermöglicht, soweit dies für die Versorgung der Versicherten erforderlich ist;
2. im Rahmen der jeweiligen Zugriffsberechtigung nach Nummer 1 auch Personen,
   a) die als berufsmäßige Gehilfen oder zur Vorbereitung auf den Beruf tätig sind
      aa) bei Ärzten nach Nummer 1,
      bb) in einem Krankenhaus oder
      cc) in einer Vorsorge- oder Rehabilitationseinrichtung nach § 107 Absatz 2 oder in einer Rehabilitationseinrichtung nach § 15 Absatz 2 des Sechsten Buches oder bei einem Leistungserbringer der Heilbehandlung einschließlich medizinischer Rehabilitation nach § 26 Absatz 1 Satz 1 des Siebten Buches oder in der Haus- oder Heimpflege nach § 44 des Siebten Buches und
   b) deren Zugriff im Rahmen der von ihnen zulässigerweise zu erledigenden Tätigkeiten erforderlich ist und unter Aufsicht eines Arztes erfolgt;
3. Zahnärzte, die zur Versorgung der Versicherten in deren Behandlung eingebunden sind, mit einem Zugriff, der die Verarbeitung von Daten nach § 341 Absatz 2 ermöglicht, soweit dies für die Versorgung der Versicherten erforderlich ist;
4. im Rahmen der jeweiligen Zugriffsberechtigung nach Nummer 3 auch Personen,
   a) die als berufsmäßige Gehilfen oder zur Vorbereitung auf den Beruf tätig sind
      aa) bei Zahnärzten nach Nummer 3,
      bb) in einem Krankenhaus oder
      cc) in einer Vorsorge- oder Rehabilitationseinrichtung nach § 107 Absatz 2 oder in einer Rehabilitationseinrichtung nach § 15 Absatz 2 des Sechsten Buches oder bei einem Leistungserbringer der Heilbehandlung einschließlich medizinischer Rehabilitation nach § 26 Absatz 1 Satz 1 des Siebten Buches oder in der Haus- oder Heimpflege nach § 44 des Siebten Buches und
   b) deren Zugriff im Rahmen der von ihnen zulässigerweise zu erledigenden Tätigkeiten erforderlich ist und der Zugriff unter Aufsicht eines Zahnarztes erfolgt;

5. Apotheker mit einem Zugriff, der das Auslesen, die Speicherung und die Verwendung von Daten nach § 341 Absatz 2 Nummer 1, 3 bis 11 sowie die Verarbeitung von Daten nach § 341 Absatz 2 Nummer 1 Buchstabe b und Nummer 5 und 11 ermöglicht, soweit dies für die Versorgung der Versicherten erforderlich ist;
6. im Rahmen der jeweiligen Zugriffsberechtigung nach Nummer 5 auch zum pharmazeutischen Personal der Apotheke gehörende Personen, deren Zugriff
   a) im Rahmen der von ihnen zulässigerweise zu erledigenden Tätigkeiten erforderlich ist und
   b) unter Aufsicht eines Apothekers erfolgt, soweit nach apothekenrechtlichen Vorschriften eine Beaufsichtigung der mit dem Zugriff verbundenen pharmazeutischen Tätigkeit vorgeschrieben ist;
7. Psychotherapeuten, die in die Behandlung der Versicherten eingebunden sind, mit einem Zugriff, der die Verarbeitung von Daten nach § 341 Absatz 2 ermöglicht, soweit dies für die Versorgung der Versicherten erforderlich ist;
8. im Rahmen der jeweiligen Zugriffsberechtigung nach Nummer 7 auch Personen,
   a) die als berufsmäßige Gehilfen oder zur Vorbereitung auf den Beruf tätig sind
      aa) bei Psychotherapeuten nach Nummer 7,
      bb) in einem Krankenhaus,
      cc) in einer Hochschulambulanz oder in einer Ambulanz nach § 117 Absatz 2 bis 3b oder
      dd) in einer Vorsorge- oder Rehabilitationseinrichtung nach § 107 Absatz 2 oder in einer Rehabilitationseinrichtung nach § 15 Absatz 2 des Sechsten Buches oder bei einem Leistungserbringer der Heilbehandlung einschließlich medizinischer Rehabilitation nach § 26 Absatz 1 Satz 1 des Siebten Buches oder in der Haus- oder Heimpflege nach § 44 des Siebten Buches und
   b) deren Zugriff im Rahmen der von ihnen zulässigerweise zu erledigenden Tätigkeiten erforderlich ist und deren Zugriff unter Aufsicht eines Psychotherapeuten erfolgt;
9. Gesundheits- und Krankenpfleger sowie Gesundheits- und Kinderkrankenpfleger, die in die medizinische oder pflegerische Versorgung der Versicherten eingebunden sind, mit einem Zugriff, der das Auslesen, die Speicherung und die Verwendung von Daten nach § 341 Absatz 2 Nummer 1 bis 11 sowie die Verarbeitung von Daten nach § 341 Absatz 2 Nummer 10, die sich aus der pflegerischen Versorgung ergeben, ermöglicht, soweit dies für die Versorgung der Versicherten erforderlich ist;
10. Altenpfleger, die in die medizinische oder pflegerische Versorgung der Versicherten eingebunden sind, mit einem Zugriff, der das Auslesen, die Speicherung und die Verwendung von Daten nach § 341 Absatz 2 Nummer 1 bis 11 sowie die Verarbeitung von Daten nach § 341 Absatz 2 Nummer 10, die sich aus der pflegerischen Versorgung ergeben, ermöglicht, soweit dies für die Versorgung der Versicherten erforderlich ist;
11. Pflegefachfrauen und Pflegefachmänner, die in die medizinische und pflegerische Versorgung der Versicherten eingebunden sind, mit einem Zugriff, der das Auslesen, die Speicherung und die Verwendung von Daten nach § 341 Absatz 2 Nummer 1 bis 11 sowie die Verarbeitung von Daten nach § 341 Absatz 2 Nummer 10, die sich aus der pflegerischen Versorgung ergeben, ermöglicht, soweit dies für die Versorgung der Versicherten erforderlich ist;
12. im Rahmen der jeweiligen Zugriffsberechtigung nach den Nummern 9 bis 11, soweit deren Zugriff im Rahmen der von ihnen zulässigerweise zu erledigenden Tätigkeiten erforderlich ist und unter Aufsicht eines Zugriffsberechtigten nach den Nummern 9 bis 11 erfolgt,
    a) Personen, die erfolgreich eine landesrechtlich geregelte Assistenz- oder Helferausbildung in der Pflege von mindestens einjähriger Dauer abgeschlossen haben,
    b) Personen, die erfolgreich eine landesrechtlich geregelte Ausbildung in der Krankenpflegehilfe oder in der Altenpflegehilfe von mindestens einjähriger Dauer abgeschlossen haben,
    c) Personen, denen auf der Grundlage des Krankenpflegegesetzes vom 4. Juni 1985 (BGBl. I S. 893) in der bis zum 31. Dezember 2003 geltenden Fassung eine Erlaubnis als Krankenpflegehelferin oder Krankenpflegehelfer erteilt worden ist;
13. Hebammen, die nach § 134a Absatz 2 zur Leistungserbringung zugelassen oder im Rahmen eines Anstellungsverhältnisses tätig und in die Versorgung der Versicherten eingebunden sind, mit einem Zugriff, der das Auslesen, die Speicherung und die Verwendung von Daten nach § 341 Absatz 2 Nummer 1, 3 bis 11 sowie die Verarbeitung von Daten nach § 341 Absatz 2 Nummer 3 und 4, die sich aus der Versorgung mit Hebammenhilfe ergeben, ermöglicht, so-

V

weit dies für die Versorgung des Versicherten erforderlich ist;

14. Heilmittelerbringer, die nach § 124 Absatz 1 zur Leistungserbringung zugelassen sind und die zur Versorgung des Versicherten in dessen Behandlung eingebunden sind, mit einem Zugriff, der das Auslesen, die Speicherung und die Verwendung von Daten nach § 341 Absatz 2 Nummer 1, 3, 4, 6 bis 11 sowie die Verarbeitung von Daten nach § 341 Absatz 2 Nummer 1 Buchstabe a, die sich aus der Behandlung durch den jeweiligen Heilmittelerbringer ergeben, ermöglicht, soweit dies für die Versorgung des Versicherten erforderlich ist;
15. im Rahmen der jeweiligen Zugriffsberechtigung nach Nummer 14 auch Personen,
    a) die als berufsmäßige Gehilfen oder zur Vorbereitung auf den Beruf tätig sind,
       aa) bei Personen nach Nummer 14 oder
       bb) in einem Krankenhaus und
    b) deren Zugriff im Rahmen der von ihnen zulässigerweise zu erledigenden Tätigkeiten erforderlich ist und unter Aufsicht eines Zugriffsberechtigten nach Nummer 14 erfolgt;
16. Ärzte, die bei einer für den Öffentlichen Gesundheitsdienst zuständigen Behörde tätig sind, mit einem Zugriff, der die Verarbeitung von Daten nach § 341 Absatz 2 ermöglicht, soweit diese Datenverarbeitung erforderlich ist für die Erfüllung von Aufgaben, die der für den Öffentlichen Gesundheitsdienst zuständigen Behörde zugewiesen sind;
17. im Rahmen der jeweiligen Zugriffsberechtigung nach Nummer 16 auch Personen, die bei einer für den Öffentlichen Gesundheitsdienst zuständigen Behörde tätig sind, soweit der Zugriff im Rahmen der von ihnen zulässigerweise zu erledigenden Tätigkeiten erforderlich ist und der Zugriff unter Aufsicht eines Arztes erfolgt;
18. Fachärzte für Arbeitsmedizin und Ärzte, die über die Zusatzbezeichnung „Betriebsmedizin" verfügen (Betriebsärzte), außerhalb einer Tätigkeit nach Nummer 1, mit einem Zugriff, der das Auslesen, die Speicherung und die Verwendung von Daten nach § 341 Absatz 2 sowie die Verarbeitung von Daten nach § 341 Absatz 2 Nummer 5 ermöglicht.

§ 353 Erteilung der Einwilligung

(1) ₁Die Versicherten erteilen die nach § 352 erforderliche Einwilligung in den Zugriff auf Daten der elektronischen Patientenakte nach § 341. ₂Hierzu bedarf es einer eindeutigen bestätigenden Handlung durch technische Zugriffsfreigabe über die Benutzeroberfläche eines geeigneten Endgeräts.

(2) ₁Abweichend von Absatz 1 können die Versicherten die Einwilligung auch gegenüber einem nach § 352 zugriffsberechtigten Leistungserbringer unter Nutzung der dezentralen Infrastruktur der Leistungserbringer erteilen. ₂Hierzu bedarf es

1. einer eindeutigen bestätigenden Handlung durch technische Zugriffsfreigabe und
2. vor der Einwilligung in einen konkreten Datenzugriff einer Information der Versicherten durch den betreffenden Leistungserbringer über die fehlende Möglichkeit der Beschränkung der Zugriffsrechte nach § 342 Absatz 2 Nummer 2 Buchstabe b und die Bedeutung der Zugriffsberechtigung auf Kategorien von Dokumenten und Datensätzen nach § 342 Absatz 2 Nummer 2 Buchstabe c.

Vierter Untertitel
Festlegungen für technische Voraussetzungen und semantische und syntaktische Interoperabilität von Daten

§ 354 Festlegungen der Gesellschaft für Telematik für die elektronische Patientenakte

(1) Die Gesellschaft für Telematik hat jeweils nach dem Stand der Technik die erforderlichen technischen und organisatorischen Verfahren festzulegen oder technischen Voraussetzungen zu schaffen dafür, dass

1. in einer elektronischen Patientenakte Daten nach § 341 Absatz 2 barrierefrei zur Verfügung gestellt und durch die Versicherten nach den §§ 336 und 337 und die Zugriffsberechtigten nach § 352 barrierefrei verarbeitet werden können,
2. die Versicherten für die elektronische Patientenakte Daten barrierefrei zur Verfügung stellen können und diese Daten in der elektronischen Patientenakte barrierefrei verarbeitet werden können,
3. die Versicherten Daten, die in der elektronischen Patientenakte nach § 341 Absatz 2 Nummer 9 sowie nach § 345 gespeichert sind, barrierefrei elektronisch an ihre Krankenkasse übermitteln können,
4. bei der Zulassung der Komponenten und Dienste der elektronischen Patientenakte nach § 325 sichergestellt wird, dass den Versicherten von den Anbietern der elektronischen Patientenakte Dienste zur Erteilung von technischen Zugriffsfreigaben gegenüber den in § 352 genannten Leistungserbringern barrierefrei zur Verfügung gestellt werden und

5. die Möglichkeiten der Versicherten im Falle des § 342 Absatz 2 Nummer 2 Buchstabe c zur Zugriffsfreigabe unter Berücksichtigung der Verhältnismäßigkeit des dafür erforderlichen Aufwandes an die Möglichkeiten der Zugriffsfreigabe nach § 342 Absatz 2 Nummer 2 Buchstabe b angeglichen werden.

(2) Über die Festlegungen und Voraussetzungen nach Absatz 1 hinaus hat die Gesellschaft für Telematik

1. die Festlegungen dafür zu treffen, dass Daten nach § 341 Absatz 2 Nummer 2 bis 5 in der elektronischen Patientenakte verarbeitet werden können,
2. die Festlegungen dafür zu treffen, dass eine technische Zugriffsfreigabe nach § 342 Absatz 2 Nummer 2 Buchstabe b mittels der Benutzeroberfläche eines geeigneten Endgeräts auf Daten der elektronischen Patientenakte nach § 341 Absatz 2 sowohl auf spezifische Dokumente und Datensätze als auch auf Gruppen von Dokumenten und Datensätzen der elektronischen Patientenakte barrierefrei ermöglicht wird und hierbei in Abstimmung mit der Kassenärztlichen Bundesvereinigung sowie der Kassenzahnärztlichen Bundesvereinigung weitere Kategorien in der elektronischen Patientenakte festzulegen, die eine Zuordnung von Dokumenten und Datensätzen zu medizinischen Fachgebieten, die als besonders versorgungsrelevant erachtet werden, zulässt,
3. die Festlegungen dafür zu treffen, dass eine technische Zugriffsfreigabe nach § 342 Absatz 2 Nummer 2 Buchstabe c mittels der dezentralen Infrastruktur der Leistungserbringer auf Daten der elektronischen Patientenakte nach § 341 Absatz 2 mindestens auf Kategorien von Dokumenten und Datensätzen, insbesondere medizinische Fachgebietskategorien, ermöglicht wird; in Abstimmung mit der Kassenärztlichen Bundesvereinigung sowie der Kassenzahnärztlichen Bundesvereinigung sind hierzu weitere Kategorien in der elektronischen Patientenakte festzulegen, die eine Zuordnung zu medizinischen Fachgebieten, die als besonders versorgungsrelevant erachtet werden, ermöglichen,
4. bis zum 30. Juni 2021 die Festlegungen dafür zu treffen, dass Zugriffsberechtigte nach § 352 Nummer 9 bis 18 auf Daten der elektronischen Patientenakte barrierefrei zugreifen können,
5. bis zum 30. Juni 2021 im Benehmen mit den für die Wahrnehmung der Interessen der Forschung im Gesundheitswesen maßgeblichen Bundesverbänden die Festlegungen dafür zu treffen, dass die Versicherten gemäß § 363 Daten, die in der elektronischen Patientenakte nach § 341 Absatz 2 gespeichert sind, für die Nutzung zu Forschungszwecken zur Verfügung stellen und diese übermittelt werden können,
6. bis zum 1. Januar 2022 die Festlegungen dafür zu treffen, dass Daten der Versicherten aus digitalen Gesundheitsanwendungen nach § 33a vom Hersteller der Anwendungen über den Anbieter der elektronischen Patientenakte über eine Schnittstelle, die den Anforderungen des Zwölften Kapitels genügt, in die elektronische Patientenakte übermittelt und dort verarbeitet werden können, und
7. bis zum 1. Januar 2022 die Festlegungen dafür zu treffen, dass Versicherte mittels der Benutzeroberfläche eines geeigneten Endgeräts gemäß § 336 Absatz 2 auf Informationen des Nationalen Gesundheitsportals nach § 395 barrierefrei zugreifen können und dass ihnen dabei die Informationen des Portals mit Daten, die in ihrer elektronischen Patientenakte gespeichert sind, verknüpft angeboten werden können.

(3) Die Gesellschaft für Telematik hat zu prüfen, inwieweit die Vorgaben des § 22 Absatz 3 des Infektionsschutzgesetzes in der elektronischen Patientenakte umgesetzt werden können.

§ 355 Festlegungen für die semantische und syntaktische Interoperabilität von Daten in der elektronischen Patientenakte, des elektronischen Medikationsplans, der elektronischen Notfalldaten und der elektronischen Patientenkurzakte

(1) ₁Die Kassenärztliche Bundesvereinigung trifft die notwendigen Festlegungen für die Inhalte der elektronischen Patientenakte sowie die für eine Fortschreibung der Inhalte des elektronischen Medikationsplans und der elektronischen Notfalldaten sowie die für eine Fortschreibung der elektronischen Notfalldaten und der Hinweise der Versicherten nach § 334 Absatz 1 Satz 2 Nummer 2 und 3 zu einer elektronischen Patientenkurzakte nach § 334 Absatz 1 Satz 2 Nummer 7 notwendigen Festlegungen und Vorgaben für deren Einsatz und Verwendung, um deren semantische und syntaktische Interoperabilität zu gewährleisten, im Benehmen mit

1. der Gesellschaft für Telematik,
2. den übrigen Spitzenorganisationen nach § 306 Absatz 1 Satz 1,
3. den maßgeblichen, fachlich betroffenen medizinischen Fachgesellschaften,
4. der Bundespsychotherapeutenkammer,
5. den maßgeblichen Bundesverbänden der Pflege,
6. den für die Wahrnehmung der Interessen der Industrie maßgeblichen Bundesverbänden aus dem Be-

reich der Informationstechnologie im Gesundheitswesen,
7. den für die Wahrnehmung der Interessen der Forschung im Gesundheitswesen maßgeblichen Bundesverbänden,
8. dem Bundesinstitut für Arzneimittel und Medizinprodukte,
9. dem für die Wahrnehmung der Interessen der Unternehmen der Privaten Krankenversicherung maßgeblichen Bundesverband und
10. der Koordinierungsstelle für Interoperabilität im Gesundheitswesen.

2Über die Festlegungen nach Satz 1 entscheidet für die Kassenärztliche Bundesvereinigung der Vorstand. 3Für die Anpassung der informationstechnischen Systeme an die Festlegungen nach diesem Absatz stellt die Kassenärztliche Bundesvereinigung den Herstellern informationstechnischer Systeme und Krankenkassen Darstellungen zur Visualisierung der Informationsobjekte zur Verfügung.

(2) Um einen strukturierten Prozess zu gewährleisten, erstellt die Kassenärztliche Bundesvereinigung eine Verfahrensordnung zur Herstellung des Benehmens nach Absatz 1 sowie zur vorherigen Herstellung des Benehmens der nach Absatz 1 Satz 1 Nummer 10 zu Beteiligenden bei der Planung von Festlegungen der Kassenärztlichen Bundesvereinigung für die semantische und syntaktische Interoperabilität und stellt im Anschluss das Benehmen mit den nach Absatz 1 Satz 1 zu Beteiligenden hierzu her.

(2a) 1Die Kassenärztliche Bundesvereinigung trifft erstmals bis zum 30. Juni 2022 die notwendigen Festlegungen für die semantische und syntaktische Interoperabilität von Daten aus digitalen Gesundheitsanwendungen der Versicherten nach § 33a, die von den Versicherten nach § 341 Absatz 2 Nummer 9 in die elektronische Patientenakte übermittelt werden. 2Die Festlegungen nach Satz 1 sind fortlaufend fortzuschreiben.

(2b) Die Kassenärztliche Bundesvereinigung trifft bis zum 31. Dezember 2022 unter Berücksichtigung der laufenden Erkenntnisse der Modellvorhaben nach § 125 des Elften Buches die notwendigen Festlegungen für die semantische und syntaktische Interoperabilität von Daten der elektronischen Patientenakte nach § 341 Absatz 2 Nummer 10.

(2c) 1Die Kassenärztliche Bundesvereinigung trifft erstmals bis zum 31. Dezember 2023 die notwendigen Festlegungen für die semantische und syntaktische Interoperabilität von Daten, die von Hilfsmitteln oder Implantaten nach § 374a Absatz 1 in eine digitale Gesundheitsanwendung übermittelt werden. 2Die Festlegungen nach Satz 1 sind fortlaufend fortzuschreiben.

(2d) 1Die Kassenärztliche Bundesvereinigung trifft erstmals bis zum 30. Juni 2022 die notwendigen Festlegungen für die semantische und syntaktische Interoperabilität von Daten, die im Rahmen des telemedizinischen Monitorings verarbeitet werden. 2Die Festlegungen nach Satz 1 sind fortlaufend fortzuschreiben.

(3) Bei der Fortschreibung der Vorgaben zum elektronischen Medikationsplan hat die Kassenärztliche Bundesvereinigung die Festlegungen nach § 31a Absatz 4 und § 31b Absatz 2 zu berücksichtigen und sicherzustellen, dass Daten nach § 31a Absatz 2 Satz 1 sowie Daten des elektronischen Medikationsplans nach § 334 Absatz 1 Satz 2 Nummer 4 in den von den Vertragsärzten und den Ärzten in zugelassenen Krankenhäusern zur Verordnung genutzten elektronischen Programmen und in den Programmen der Apotheken einheitlich abgebildet und zur Prüfung der Arzneimitteltherapiesicherheit genutzt werden können.

(4) Die semantischen und syntaktischen Vorgaben zu den elektronischen Notfalldaten nach § 334 Absatz 1 Satz 2 Nummer 5 und den Hinweisen der Versicherten nach § 334 Absatz 1 Satz 2 Nummer 2 und 3 sind unter Berücksichtigung der entsprechenden Festlegungen der Gesellschaft für Telematik so fortzuschreiben, dass diese bei einer Bereitstellung in der elektronischen Patientenkurzakte nach § 334 Absatz 1 Satz 2 Nummer 7 mit internationalen Standards interoperabel sind.

(5) 1Festlegungen nach Absatz 1 müssen, sofern sie die Fortschreibung des elektronischen Medikationsplans nach § 334 Absatz 1 Satz 2 Nummer 4 zum Gegenstand haben, im Benehmen mit der für die Wahrnehmung der wirtschaftlichen Interessen gebildeten maßgeblichen Spitzenorganisation der Apotheker auf Bundesebene, der Bundesärztekammer und der Deutschen Krankenhausgesellschaft erfolgen. 2Festlegungen nach Absatz 1 müssen, sofern sie die Fortschreibung der elektronischen Notfalldaten nach § 334 Absatz 1 Satz 2 Nummer 5 und deren Fortschreibung zu einer elektronischen Patientenkurzakte nach § 334 Absatz 1 Satz 2 Nummer 7 zum Gegenstand haben, im Benehmen mit der Bundesärztekammer und der Deutschen Krankenhausgesellschaft erfolgen. 3Festlegungen nach Absatz 1 müssen, sofern sie Daten zur pflegerischen Versorgung nach § 341 Absatz 2 Nummer 10 zum Gegenstand haben, im Benehmen mit den in Absatz 1 Satz 1 Nummer 5 genannten Organisationen erfolgen.

(6) 1Die Kassenärztliche Bundesvereinigung hat bei ihren Festlegungen nach Absatz 1 grundsätzlich internationale Standards zu nutzen. 2Zur Gewährleistung der semanti-

schen Interoperabilität hat die Kassenärztliche Bundesvereinigung die vom Bundesinstitut für Arzneimittel und Medizinprodukte für diese Zwecke verbindlich zur Verfügung gestellten medizinischen Klassifikationen, Terminologien und Nomenklaturen zu verwenden.

(7) Das Bundesinstitut für Arzneimittel und Medizinprodukte ergreift bis zum 1. Januar 2021 die notwendigen Maßnahmen, damit eine medizinische Terminologie und eine Nomenklatur kostenfrei für alle Nutzer zur Verfügung steht und unterhält dafür ein nationales Kompetenzzentrum für medizinische Terminologien.

(8) 1Die Gesellschaft für Telematik kann die Kassenärztliche Bundesvereinigung zusätzlich zu den Aufgaben nach Absatz 1 Satz 1 mit der Festlegung von ihr vorgegebener Informationsobjekte beauftragen und kann der Kassenärztlichen Bundesvereinigung zur Erfüllung ihrer Aufgaben nach Absatz 1 entsprechend dem Projektstand zur Umsetzung und Fortschreibung der mit der elektronischen Patientenakte, dem elektronischen Medikationsplan, den elektronischen Notfalldaten sowie der elektronischen Patientenkurzakte nach § 334 Absatz 1 Satz 2 Nummer 7 vorgesehenen Inhalte angemessene Fristen setzen. 2Hält die Kassenärztliche Bundesvereinigung die jeweils gesetzte Frist nicht ein, kann die Gesellschaft für Telematik die Deutsche Krankenhausgesellschaft mit der Erstellung der jeweiligen Festlegungen nach Absatz 1 im Benehmen mit den in Absatz 1 Satz 1 genannten Organisationen beauftragen. 3Das Verfahren für das Vorgehen nach Fristablauf legt die Gesellschaft für Telematik fest.

(9) 1Die Festlegungen, die nach Absatz 1 von der Kassenärztlichen Bundesvereinigung oder nach Absatz 8 Satz 2 von der Deutschen Krankenhausgesellschaft getroffen werden, sind für alle Gesellschafter, für die Leistungserbringer und die Krankenkassen sowie für ihre Verbände verbindlich. 2Die Festlegungen können nur durch eine alternative Entscheidung der in der Gesellschaft für Telematik vertretenen Spitzenorganisationen der Leistungserbringer nach § 306 Absatz 1 Satz 1 in gleicher Sache ersetzt werden. 3Eine Entscheidung der Spitzenorganisationen nach Satz 2 erfolgt mit der einfachen Mehrheit der sich aus deren Geschäftsanteilen ergebenden Stimmen.

(10) Die Festlegungen, die nach Absatz 1 von der Kassenärztlichen Bundesvereinigung, nach Absatz 8 Satz 2 von der Deutschen Krankenhausgesellschaft oder nach Absatz 9 Satz 2 von den in der Gesellschaft für Telematik vertretenen Spitzenorganisationen der Leistungserbringer nach § 306 Absatz 1 Satz 1 getroffen werden, sind in das Interoperabilitätsverzeichnis nach § 385 aufzunehmen.

(11) 1Die Kosten, die im Rahmen der Erfüllung der Aufgaben nach Absatz 1 Satz 1 und Absatz 8 Satz 1 unter Beachtung des Gebots der Wirtschaftlichkeit und Sparsamkeit bei der Kassenärztlichen Bundesvereinigung entstehen, sind durch die Gesellschaft für Telematik zu erstatten. 2Die Kassenärztliche Bundesvereinigung unterrichtet die Gesellschaft für Telematik bis zum 1. September eines jeden Jahres über die voraussichtlich entstehenden Kosten im Rahmen der Erfüllung der Aufgaben nach Absatz 1 Satz 1 und Absatz 8 Satz 1 des Folgejahres. 3Die Kassenärztliche Bundesvereinigung stellt der Gesellschaft für Telematik die für die Rechnungsprüfung notwendigen Unterlagen zur Verfügung. 4Die Gesellschaft für Telematik legt die weiteren Einzelheiten der Kostenerstattung einvernehmlich mit der Kassenärztlichen Bundesvereinigung fest. 5Beauftragt die Gesellschaft für Telematik die Deutsche Krankenhausgesellschaft nach Absatz 8 Satz 2 mit der Erstellung von Festlegungen nach den Absätzen 1 und 8, gelten die Sätze 1 bis 4 entsprechend.

Dritter Titel
Erklärungen des Versicherten zur Organ- und Gewebespende sowie Hinweise auf deren Vorhandensein und Aufbewahrungsort

§ 356 Zugriff auf Hinweise der Versicherten auf das Vorhandensein und den Aufbewahrungsort von Erklärungen zur Organ- und Gewebespende

(1) Auf Daten zu Hinweisen des Versicherten auf das Vorhandensein und den Aufbewahrungsort von Erklärungen zur Organ- und Gewebespende in Anwendungen nach § 334 Absatz 1 Satz 2 Nummer 2 und 7 dürfen mit Einwilligung des Versicherten, die abweichend von § 339 Absatz 1 hierzu keiner eindeutigen bestätigenden Handlung durch technische Zugriffsfreigabe des Versicherten bedarf, ausschließlich folgende Personen zugreifen:

1. Ärzte, die in die Behandlung des Versicherten eingebunden sind, mit einem Zugriff, der die Verarbeitung von Daten ermöglicht, soweit dies für die Erstellung und Aktualisierung der Hinweise des Versicherten auf das Vorhandensein und den Aufbewahrungsort von Erklärungen zur Organ- und Gewebespende erforderlich ist;
2. im Rahmen der Zugriffsberechtigung nach Absatz 1 Nummer 1 Personen, die als berufsmäßige Gehilfen oder zur Vorbereitung auf den Beruf tätig sind, soweit dies im Rahmen der von ihnen zulässigerweise zu erledigenden Tätigkeiten erforderlich ist und der Zugriff unter Aufsicht einer Person nach Nummer 1 erfolgt,
   a) bei Personen nach Absatz 1 Nummer 1 oder
   b) in einem Krankenhaus.

(2) Der Zugriff auf Daten zu Hinweisen des Versicherten auf das Vorhandensein und den Aufbewahrungsort von Erklärungen zur Organ- und Gewebespende in Anwendungen nach § 334 Absatz 1 Satz 2 Nummer 2 und 7 ist abweichend von § 339 Absatz 1 ohne eine Einwilligung der betroffenen Person nur zulässig,

1. nachdem der Tod des Versicherten nach § 3 Absatz 1 Satz 1 Nummer 2 des Transplantationsgesetzes festgestellt wurde und
2. wenn der Zugriff zur Klärung erforderlich ist, ob die verstorbene Person in die Entnahme von Organen oder Gewebe eingewilligt hat.

(3) 1Die Hinweise des Versicherten auf das Vorhandensein und den Aufbewahrungsort von Erklärungen zur Organ- und Gewebespende in einer Anwendung nach § 334 Absatz 1 Satz 2 Nummer 2 werden ab dem 1. Oktober 2024 mit Einwilligung des Versicherten technisch in die elektronische Patientenkurzakte nach § 334 Absatz 1 Satz 2 Nummer 7 überführt. 2Ärzte, die an der vertragsärztlichen Versorgung teilnehmen oder in Einrichtungen, die an der vertragsärztlichen Versorgung teilnehmen oder in zugelassenen Krankenhäusern, Vorsorgeeinrichtungen oder Rehabilitationseinrichtungen tätig sind, haben ab diesem Zeitpunkt auf Verlangen des Versicherten und mit dessen Einwilligung die Daten, die in einer Anwendung nach § 334 Absatz 1 Satz 2 Nummer 2 auf der elektronischen Gesundheitskarte gespeichert sind, in der elektronischen Patientenkurzakte zu speichern und auf der elektronischen Gesundheitskarte zu löschen. 3Erteilt der Versicherte seine Einwilligung nach den Sätzen 1 und 2 nicht, bleiben die Daten nach § 334 Absatz 1 Satz 2 Nummer 2 mindestens bis zum 1. Januar 2025 und anschließend so lange auf der elektronischen Gesundheitskarte gespeichert, bis diese ihre Gültigkeit verliert. 4Die Gesellschaft für Telematik hat bis zum 31. Oktober 2021 die nach den Sätzen 1 bis 3 erforderlichen Voraussetzungen zu schaffen.

(4) Das Bundesministerium für Gesundheit kann die in Absatz 3 genannten Fristen durch Rechtsverordnung ohne Zustimmung des Bundesrates verlängern.

Vierter Titel
Hinweis des Versicherten auf das Vorhandensein und den Aufbewahrungsort von Vorsorgevollmachten oder Patientenverfügungen

§ 357 Zugriff auf Hinweise der Versicherten auf das Vorhandensein und den Aufbewahrungsort von Vorsorgevollmachten oder Patientenverfügungen

(1) Auf Daten zu Hinweisen des Versicherten auf das Vorhandensein und den Aufbewahrungsort von Vorsorgevollmachten oder Patientenverfügungen in Anwendungen nach § 334 Absatz 1 Satz 2 Nummer 3 und 7 dürfen ausschließlich folgende Personen zugreifen:

1. Ärzte und Psychotherapeuten, die in die Behandlung des Versicherten eingebunden sind, mit einem Zugriff, der die Verarbeitung von Daten ermöglicht, soweit dies für die Versorgung des Versicherten erforderlich ist,
2. im Rahmen der Zugriffsberechtigung nach Nummer 1 Personen,
   a) die als berufsmäßige Gehilfen oder zur Vorbereitung auf den Beruf tätig sind
      aa) bei Personen nach Nummer 1 oder
      bb) in einem Krankenhaus und
   b) deren Zugriff im Rahmen der von ihnen zulässigerweise zu erledigenden Tätigkeiten erforderlich ist und deren Zugriff unter Aufsicht einer Person nach Nummer 1 erfolgt,
3. Personen nach § 352 Nummer 9 bis 12, die in einer Pflegeeinrichtung, einem Hospiz oder einer Palliativeinrichtung tätig sind mit einem Zugriff, der das Auslesen, die Speicherung und die Verwendung von Daten ermöglicht, soweit dies für die Versorgung des Versicherten erforderlich ist.

(2) 1Der Zugriff auf Daten zu Hinweisen des Versicherten auf das Vorhandensein und den Aufbewahrungsort von Vorsorgevollmachten oder Patientenverfügungen in Anwendungen nach § 334 Absatz 1 Satz 2 Nummer 3 und 7 ist nur mit Einwilligung des Versicherten zulässig. 2Abweichend von § 339 Absatz 1 bedarf es hierzu keiner eindeutigen bestätigenden Handlung durch technische Zugriffsfreigabe des Versicherten.

(3) Der Zugriff auf Daten zu Hinweisen des Versicherten auf das Vorhandensein und den Aufbewahrungsort von Vorsorgevollmachten oder Patientenverfügungen in Anwendungen nach § 334 Absatz 1 Satz 2 Nummer 3 und 7 ist abweichend von § 339 Absatz 1 ohne Einwilligung des Versicherten nur zulässig, wenn eine ärztlich indizierte Maßnahme unmittelbar bevorsteht und der Versicherte nicht fähig ist, in die Maßnahme einzuwilligen.

(4) 1Die Hinweise des Versicherten auf das Vorhandensein und den Aufbewahrungsort von Vorsorgevollmachten oder Patientenverfügungen in einer Anwendung nach § 334 Absatz 1 Satz 2 Nummer 3 werden ab dem 1. Oktober 2024 mit Einwilligung des Versicherten technisch in die elektronische Patientenkurzakte nach § 334 Absatz 1 Satz 2 Nummer 7 überführt. 2Ärzte, die an der vertragsärztlichen Versorgung teilnehmen oder in Einrichtungen, die an der vertragsärztlichen Versorgung teilnehmen oder in zugelassenen Krankenhäusern, Vorsorgeeinrichtungen oder Rehabilitationseinrichtungen tätig sind, haben ab

diesem Zeitpunkt auf Verlangen des Versicherten und mit dessen Einwilligung die Daten, die in einer Anwendung nach § 334 Absatz 1 Satz 2 Nummer 3 auf der elektronischen Gesundheitskarte gespeichert sind, in der elektronischen Patientenkurzakte zu speichern und auf der elektronischen Gesundheitskarte zu löschen. $_{3}$Erteilt der Versicherte seine Einwilligung nach den Sätzen 1 und 2 nicht, bleiben die Daten nach § 334 Absatz 1 Satz 2 Nummer 3 mindestens bis zum 1. Januar 2025 und anschließend so lange auf der elektronischen Gesundheitskarte gespeichert, bis diese ihre Gültigkeit verliert. $_{4}$Die Gesellschaft für Telematik hat bis zum 31. Oktober 2021 die nach den Sätzen 1 bis 3 erforderlichen Voraussetzungen zu schaffen.

(5) Das Bundesministerium für Gesundheit kann die in Absatz 4 genannten Fristen durch Rechtsverordnung ohne Zustimmung des Bundesrates verlängern.

Fünfter Titel
Elektronischer Medikationsplan und elektronische Notfalldaten

§ 358 Elektronische Notfalldaten, elektronische Patientenkurzakte und elektronischer Medikationsplan

(1) $_{1}$Die elektronische Gesundheitskarte muss, sofern sie vor dem 1. Juli 2024 ausgegeben wird, geeignet sein, das Verarbeiten von medizinischen Daten, soweit sie für die Notfallversorgung erforderlich sind (elektronische Notfalldaten), zu unterstützen. $_{2}$Die elektronischen Notfalldaten und die elektronische Patientenkurzakte können Daten zu Befunden, Daten zur Medikation oder Zusatzinformationen über den Versicherten enthalten und sind für die Versicherten freiwillig.

(2) $_{1}$Die elektronische Gesundheitskarte muss, sofern sie vor dem 1. Juli 2024 ausgegeben wird, geeignet sein, die Verarbeitung von Daten des Medikationsplans nach § 31a einschließlich der Daten zur Prüfung der Arzneimitteltherapiesicherheit zu unterstützen (elektronischer Medikationsplan). $_{2}$Der elektronische Medikationsplan ist für den Versicherten freiwillig.

(3) Versicherte haben gegenüber Ärzten, die an der vertragsärztlichen Versorgung teilnehmen oder in Einrichtungen, die an der vertragsärztlichen Versorgung teilnehmen oder in zugelassenen Krankenhäusern oder in einer Vorsorgeeinrichtung oder Vorsorgeeinrichtungen und Rehabilitationseinrichtungen tätig und in deren Behandlung eingebunden sind, einen Anspruch

1. auf die Erstellung von elektronischen Notfalldaten und die Speicherung dieser Daten auf ihrer elektronischen Gesundheitskarte oder auf die Erstellung der elektronischen Patientenkurzakte sowie
2. auf die Aktualisierung von elektronischen Notfalldaten und die Speicherung dieser Daten auf ihrer elektronischen Gesundheitskarte oder auf die Aktualisierung und Speicherung dieser Daten in der elektronischen Patientenkurzakte.

(4) Die Verarbeitung von elektronischen Notfalldaten muss auch auf der elektronischen Gesundheitskarte ohne Netzzugang möglich sein.

(5) $_{1}$Die Krankenkassen, die ihren Versicherten elektronische Gesundheitskarten mit der Möglichkeit zur Speicherung des elektronischen Medikationsplans und der elektronischen Notfalldaten ausgeben und ihnen ab dem 1. Oktober 2024 einen elektronischen Medikationsplan nach § 334 Absatz 1 Satz 2 Nummer 4 und eine elektronische Patientenkurzakte nach § 334 Absatz 1 Satz 2 Nummer 7 zur Verfügung stellen, sind die für die Verarbeitung von Daten in diesen Anwendungen Verantwortlichen nach Artikel 4 Nummer 7 der Verordnung (EU) 2016/679. $_{2}$Unbeschadet ihrer Verantwortlichkeit für den elektronischen Medikationsplan und die elektronische Patientenkurzakte nach Satz 1 können die Krankenkassen Anbieter elektronischer Medikationspläne und Anbieter von elektronischen Patientenkurzakten als Auftragsverarbeiter mit der Zurverfügungstellung der elektronischen Medikationspläne und von elektronischen Patientenkurzakten für ihre Versicherten beauftragen.

(6) $_{1}$Die elektronischen Notfalldaten werden ab dem 1. Oktober 2024 mit Einwilligung des Versicherten technisch in die elektronische Patientenkurzakte nach § 334 Absatz 1 Satz 2 Nummer 7 überführt. $_{2}$Ärzte, die an der vertragsärztlichen Versorgung teilnehmen oder in Einrichtungen, die an der vertragsärztlichen Versorgung teilnehmen oder in zugelassenen Krankenhäusern, Vorsorgeeinrichtungen oder Rehabilitationseinrichtungen tätig sind, haben ab diesem Zeitpunkt auf Verlangen des Versicherten und mit dessen Einwilligung die Daten, die in den elektronischen Notfalldaten gespeichert sind, in der elektronischen Patientenkurzakte zu speichern und auf der elektronischen Gesundheitskarte zu löschen. $_{3}$Erteilt der Versicherte seine Einwilligung nach den Sätzen 1 und 2 nicht, bleiben die elektronischen Notfalldaten mindestens bis zum 1. Januar 2025 und anschließend so lange auf der elektronischen Gesundheitskarte gespeichert, bis diese ihre Gültigkeit verliert. $_{4}$Die Gesellschaft für Telematik hat bis zum 31. Oktober 2021 die nach den Sätzen 1 bis 3 erforderlichen Voraussetzungen zu schaffen.

(7) $_{1}$Die elektronische Patientenkurzakte nach § 334 Absatz 1 Satz 2 Nummer 7 muss ab dem 1. Oktober 2024

den grenzüberschreitenden Austausch von Gesundheitsdaten entsprechend den in § 359 Absatz 4 festgelegten Anforderungen gewährleisten. 2Die Gesellschaft für Telematik hat hierfür bis zum 1. Januar 2022 die erforderlichen Voraussetzungen zu schaffen.

(8) 1Der elektronische Medikationsplan wird ab dem 1. Oktober 2024 technisch in eine eigenständige Anwendung innerhalb der Telematikinfrastruktur überführt, die nicht mehr auf der elektronischen Gesundheitskarte gespeichert wird. 2Ärzte, die an der vertragsärztlichen Versorgung teilnehmen oder in Einrichtungen, die an der vertragsärztlichen Versorgung teilnehmen oder in zugelassenen Krankenhäusern, Vorsorgeeinrichtungen oder Rehabilitationseinrichtungen tätig sind, haben ab diesem Zeitpunkt auf Verlangen des Versicherten und mit dessen Einwilligung die Daten, die im elektronischen Medikationsplan auf der elektronischen Gesundheitskarte gespeichert sind, in der Anwendung nach § 334 Absatz 1 Satz 2 Nummer 4 zu speichern und den auf der elektronischen Gesundheitskarte gespeicherten Medikationsplan zu löschen. 3Erteilt der Versicherte seine Einwilligung nach den Sätzen 1 und 2 nicht, bleibt der elektronische Medikationsplan mindestens bis zum 1. Januar 2025 und anschließend so lange auf der elektronischen Gesundheitskarte gespeichert, bis diese ihre Gültigkeit verliert. 4Die Gesellschaft für Telematik hat bis zum 31. Oktober 2021 die nach den Sätzen 1 bis 3 erforderlichen Voraussetzungen zu schaffen.

(9) 1Mit der Einführung der elektronischen Notfalldaten, der elektronischen Patientenkurzakte und des elektronischen Medikationsplans haben die Krankenkassen den Versicherten geeignetes Informationsmaterial in präziser, transparenter, verständlicher und leicht zugänglicher Form in einer klaren und einfachen Sprache barrierefrei zur Verfügung zu stellen. 2Dieses muss über alle relevanten Umstände der Datenverarbeitung bei der Erstellung der elektronischen Notfalldaten, der elektronischen Patientenkurzakte und des elektronischen Medikationsplans sowie bei der Speicherung von Daten in den elektronischen Notfalldaten, der elektronischen Patientenkurzakte und dem elektronischen Medikationsplan durch Leistungserbringer informieren. 3Das Material enthält insbesondere Hinweise über

1. die Funktionsweise der elektronischen Notfalldaten, der elektronischen Patientenkurzakte und des elektronischen Medikationsplans einschließlich der darin zu verarbeitenden Daten,
2. die Freiwilligkeit der Nutzung der elektronischen Notfalldaten, der elektronischen Patientenkurzakte und des elektronischen Medikationsplans und der Speicherung von Daten in diesen Anwendungen,
3. das Recht auf jederzeitige vollständige Löschung der Anwendungen und der darin gespeicherten Daten,
4. die Voraussetzungen für den Zugriff der Leistungserbringer auf die elektronischen Notfalldaten, die elektronische Patientenkurzakte und den elektronischen Medikationsplan und die Verarbeitung dieser Daten durch die Leistungserbringer und
5. die Voraussetzungen und das Verfahren bei der Übermittlung und Nutzung von Daten aus der elektronischen Patientenkurzakte zum grenzüberschreitenden Austausch von Gesundheitsdaten über die nationale eHealth-Kontaktstelle.

(10) Zur Unterstützung der Krankenkassen bei der Erfüllung ihrer Informationspflichten nach Absatz 6 hat der Spitzenverband Bund der Krankenkassen im Einvernehmen mit der oder dem Bundesbeauftragten für den Datenschutz und die Informationsfreiheit rechtzeitig geeignetes Informationsmaterial zu erstellen und den Krankenkassen zur verbindlichen Nutzung zur Verfügung zu stellen.

(11) Das Bundesministerium für Gesundheit kann die in den Absätzen 1, 2 und 6 bis 8 sowie in § 334 Absatz 2 Satz 2 genannten Fristen durch Rechtsverordnung ohne Zustimmung des Bundesrates verlängern.

§ 359 Zugriff auf den elektronischen Medikationsplan, die elektronischen Notfalldaten und die elektronische Patientenkurzakte

(1) Auf Daten in Anwendungen nach § 334 Absatz 1 Satz 2 Nummer 4, 5 und 7 dürfen ausschließlich folgende Personen zugreifen:

1. Ärzte sowie Zahnärzte, die in die Behandlung des Versicherten eingebunden sind, jeweils mit einem Zugriff, der die Verarbeitung von Daten nach § 334 Absatz 1 Satz 2 Nummer 4, 5 und 7 ermöglicht, soweit dies für die Versorgung der Versicherten erforderlich ist;
2. Apotheker mit einem Zugriff, der die Verarbeitung von Daten nach § 334 Absatz 1 Satz 2 Nummer 4 sowie das Auslesen, die Speicherung und die Verwendung von Daten nach § 334 Absatz 1 Satz 2 Nummer 5 und 7 ermöglicht, soweit dies für die Versorgung der Versicherten erforderlich ist;
3. Psychotherapeuten, die in die Behandlung der Versicherten eingebunden sind, mit einem Zugriff, der die Verarbeitung von Daten nach § 334 Absatz 1 Satz 2 Nummer 5 und 7 sowie das Auslesen, die Speicherung und die Verwendung von Daten nach § 334 Absatz 1 Satz 2 Nummer 4 ermöglicht, soweit dies für die Versorgung der Versicherten erforderlich ist;

4. im Rahmen der jeweiligen Zugriffsberechtigung nach den Nummern 1 und 3 auch Personen,
   a) die als berufsmäßige Gehilfen oder zur Vorbereitung auf den Beruf tätig sind
      aa) bei Personen nach Nummer 1 oder 3,
      bb) in einem Krankenhaus,
      cc) in einer Hochschulambulanz oder in einer Ambulanz nach § 117 Absatz 2 bis 3b oder
      dd) in einer Vorsorgeeinrichtung oder Rehabilitationseinrichtung nach § 107 Absatz 2 oder in einer Rehabilitationseinrichtung nach § 15 Absatz 2 des Sechsten Buches oder bei einem Leistungserbringer der Heilbehandlung einschließlich medizinischer Rehabilitation nach § 26 Absatz 1 Satz 1 des Siebten Buches oder in der Haus- oder Heimpflege nach § 44 des Siebten Buches und
   b) deren Zugriff im Rahmen der von ihnen zulässigerweise zu erledigenden Tätigkeiten erforderlich ist und deren Zugriff unter Aufsicht einer Person nach Nummer 1 oder 3 erfolgt;
5. im Rahmen der jeweiligen Zugriffsberechtigung nach Nummer 2 auch zum pharmazeutischen Personal der Apotheke gehörende Personen, deren Zugriff
   a) im Rahmen der von ihnen zulässigerweise zu erledigenden Tätigkeiten erforderlich ist und
   b) unter Aufsicht eines Apothekers erfolgt, soweit nach apothekenrechtlichen Vorschriften eine Beaufsichtigung der mit dem Zugriff verbundenen pharmazeutischen Tätigkeit vorgeschrieben ist;
6. Angehörige eines Heilberufes, der für die Berufsausübung oder die Führung der Berufsbezeichnung eine staatlich geregelte Ausbildung erfordert, und die in die medizinische oder pflegerische Versorgung des Versicherten eingebunden sind mit einem Zugriff der das Auslesen, die Speicherung und die Verwendung von Daten nach § 334 Absatz 1 Satz 2 Nummer 4, 5 und 7 ermöglicht, soweit dies für die Versorgung der Versicherten erforderlich ist;
7. im Rahmen der jeweiligen Zugriffsberechtigung nach Nummer 6 auch, soweit deren Zugriff im Rahmen der von ihnen zulässigerweise zu erledigenden Tätigkeiten erforderlich ist und unter Aufsicht eines Zugriffsberechtigten nach Nummer 6 erfolgt,
   a) Personen, die erfolgreich eine landesrechtlich geregelte Assistenz- oder Helferausbildung in der Pflege von mindestens einjähriger Dauer abgeschlossen haben,
   b) Personen, die erfolgreich eine landesrechtlich geregelte Ausbildung in der Krankenpflegehilfe oder in der Altenpflegehilfe von mindestens einjähriger Dauer abgeschlossen haben,
   c) Personen, denen auf der Grundlage des Krankenpflegegesetzes vom 4. Juni 1985 (BGBl. I S. 893) in der bis zum 31. Dezember 2003 geltenden Fassung eine Erlaubnis als Krankenpflegehelferin oder Krankenpflegehelfer erteilt worden ist.

(2) Der Zugriff auf den elektronischen Medikationsplan nach § 334 Absatz 1 Satz 2 Nummer 4 ist mit Einwilligung des Versicherten zulässig. Abweichend von § 339 Absatz 1 bedarf es hierzu keiner eindeutigen bestätigenden Handlung durch technische Zugriffsfreigabe des Versicherten, wenn der Versicherte auf das Erfordernis einer technischen Zugriffsfreigabe verzichtet hat und die Zugriffsberechtigten nachprüfbar in ihrer Behandlungsdokumentation protokollieren, dass der Zugriff mit Einwilligung des Versicherten erfolgt ist.

(3) 1Der Zugriff auf die elektronischen Notfalldaten und auf die Daten der elektronischen Patientenkurzakte nach § 334 Absatz 1 Satz 2 Nummer 5 und 7 ist abweichend von § 339 Absatz 1 zulässig

1. ohne eine Einwilligung der Versicherten, soweit es zur Versorgung der Versicherten in einem Notfall erforderlich ist, und
2. mit Einwilligung der Versicherten, die die Zugriffsberechtigten nachprüfbar in ihrer Behandlungsdokumentation zu protokollieren haben, soweit es zur Versorgung des Versicherten außerhalb eines Notfalls erforderlich ist.

2Im Fall des Satzes 1 Nummer 1 ist für den Zugriff auf die elektronische Patientenkurzakte der Einsatz der elektronischen Gesundheitskarte des Versicherten oder seiner digitalen Identität nach § 291 Absatz 8 erforderlich. 3Im Fall des Satzes 1 Nummer 2 bedarf es keiner eindeutigen bestätigenden Handlung durch technische Zugriffsfreigabe des Versicherten.

(4) 1Die Übermittlung von Daten der elektronischen Patientenkurzakte nach § 334 Absatz 1 Satz 2 Nummer 7 zum grenzüberschreitenden Austausch von Gesundheitsdaten zum Zweck der Unterstützung einer konkreten Behandlung des Versicherten an einen in einem anderen Mitgliedstaat der Europäischen Union nach dem Recht des jeweiligen Mitgliedstaats zum Zugriff auf die Daten berechtigten Leistungserbringer über die jeweiligen nationalen eHealth-Kontaktstellen bedarf der vorherigen Einwilligung durch den Versicherten in die Nutzung des Übermittlungsverfahrens. 2Zusätzlich ist erforderlich, dass der Versicherte zum Zeitpunkt der Behandlung die Über-

mittlung an die nationale eHealth-Kontaktstelle des Mitgliedstaats, in dem die Behandlung stattfindet, durch eine eindeutige bestätigende Handlung technisch freigibt. 3Abweichend von den Absätzen 1 und 3 sowie von § 339 finden für die Verarbeitung der Daten durch einen Leistungserbringer in einem anderen Mitgliedstaat der Europäischen Union die Bestimmungen des Mitgliedstaats Anwendung, in dem der Leistungserbringer seinen Sitz hat. 4Hierbei finden die gemeinsamen europäischen Vereinbarungen zum grenzüberschreitenden Austausch von Gesundheitsdaten Berücksichtigung.

Sechster Titel
Übermittlung ärztlicher Verordnungen

§ 360 Elektronische Übermittlung und Verarbeitung vertragsärztlicher elektronischer Verordnungen

(1) Sobald die hierfür erforderlichen Dienste und Komponenten flächendeckend zur Verfügung stehen, ist für die elektronische Übermittlung und Verarbeitung vertragsärztlicher elektronischer Verordnungen von apothekenpflichtigen Arzneimitteln, einschließlich Betäubungsmitteln, sowie von sonstigen in der vertragsärztlichen Versorgung verordnungsfähigen Leistungen die Telematikinfrastruktur zu nutzen.

(2) 1Ab dem 1. Januar 2022 sind Ärzte und Zahnärzte, die an der vertragsärztlichen Versorgung teilnehmen oder in Einrichtungen tätig sind, die an der vertragsärztlichen Versorgung teilnehmen oder in zugelassenen Krankenhäusern, Vorsorgeeinrichtungen oder Rehabilitationseinrichtungen tätig sind, verpflichtet, Verordnungen von verschreibungspflichtigen Arzneimitteln elektronisch auszustellen und für die Übermittlung der Verordnungen von verschreibungspflichtigen Arzneimitteln Dienste und Komponenten nach Absatz 1 zu nutzen. 2Für die elektronische Übermittlung von vertragsärztlichen Verordnungen von Betäubungsmitteln und von Arzneimitteln nach § 3a Absatz 1 Satz 1 der Arzneimittelverschreibungsverordnung gilt die Verpflichtung nach Satz 1 ab dem 1. Juli 2025. 3Die Verpflichtungen nach den Sätzen 1 und 2 gelten nicht, wenn die elektronische Ausstellung oder Übermittlung von Verordnungen von verschreibungspflichtigen Arzneimitteln oder von Arzneimitteln nach § 3a Absatz 1 der Arzneimittelverschreibungsverordnung aus technischen Gründen im Einzelfall nicht möglich ist. 4Die Verpflichtung nach Satz 2 in Verbindung mit Satz 1 zur elektronischen Ausstellung und Übermittlung vertragsärztlicher Verordnungen von Betäubungsmitteln gilt nicht, wenn die elektronische Ausstellung oder Übermittlung dieser Verordnungen aus technischen Gründen im Einzelfall nicht möglich ist oder wenn es sich um einen Notfall im Sinne des § 8 Absatz 6 der Betäubungsmittelverschreibungsverordnung handelt. 5Die Verpflichtung nach Satz 1 gilt nicht für Verordnungen von verschreibungspflichtigen Arzneimitteln, die aufgrund gesetzlicher Regelungen einer bestimmten Apotheke oder einer gemäß § 47 Absatz 1 Nummer 5 des Arzneimittelgesetzes benannten Stelle zugewiesen werden dürfen.

(3) 1Ab dem 1. Januar 2022 sind Apotheken verpflichtet, verschreibungspflichtige Arzneimittel auf der Grundlage ärztlicher Verordnungen nach Absatz 2 unter Nutzung der Dienste und Komponenten nach Absatz 1 abzugeben. 2Für die Abgabe von Betäubungsmitteln und von Arzneimitteln nach § 3a Absatz 1 Satz 1 der Arzneimittelverschreibungsverordnung gilt die Verpflichtung nach Satz 1 ab dem 1. Juli 2025. 3Die Verpflichtungen nach den Sätzen 1 und 2 gelten nicht, wenn der elektronische Abruf der ärztlichen Verordnung nach Absatz 2 aus technischen Gründen im Einzelfall nicht möglich ist. 4Die Vorschriften der Apothekenbetriebsordnung bleiben unberührt.

(4) 1Ab dem 1. April 2024 sind die in Absatz 2 Satz 1 genannten Leistungserbringer sowie Psychotherapeuten, die an der vertragsärztlichen Versorgung teilnehmen oder in Einrichtungen tätig sind, die an der vertragsärztlichen Versorgung teilnehmen oder die in zugelassenen Krankenhäusern, Vorsorgeeinrichtungen oder Rehabilitationseinrichtungen tätig sind, verpflichtet, Verordnungen digitaler Gesundheitsanwendungen nach § 33a elektronisch auszustellen und für deren Übermittlung Dienste und Komponenten nach Absatz 1 zu nutzen. 2Die Verpflichtung nach Satz 1 gilt nicht, wenn die elektronische Ausstellung oder Übermittlung von Verordnungen nach Satz 1 aus technischen Gründen im Einzelfall nicht möglich ist.

(5) 1Ab dem 1. Juli 2024 sind die in Absatz 2 Satz 1 genannten Leistungserbringer sowie die in Absatz 4 Satz 1 genannten Psychotherapeuten verpflichtet, Verordnungen von häuslicher Krankenpflege nach § 37 sowie Verordnungen von außerklinischer Intensivpflege nach § 37c elektronisch auszustellen und für deren Übermittlung Dienste und Komponenten nach Absatz 1 zu nutzen. 2Die Verpflichtung nach Satz 1 gilt nicht, wenn die elektronische Ausstellung oder Übermittlung von Verordnungen nach Satz 1 aus technischen Gründen im Einzelfall nicht möglich ist. 3Die Erbringer von Leistungen der häuslichen Krankenpflege nach § 37 sowie der außerklinischen Intensivpflege nach § 37c sind ab dem 1. Juli 2024 verpflichtet, die Leistungen unter Nutzung der Dienste und Komponenten nach Absatz 1 auch auf der Grundlage einer elektronischen Verordnung nach Satz 1 zu erbringen. 4Die Verpflichtung nach Satz 3 gilt nicht, wenn der elekt-

ronische Abruf der Verordnung aus technischen Gründen im Einzelfall nicht möglich ist.

(6) Ab dem 1. Juli 2025 sind die in Absatz 2 Satz 1 genannten Leistungserbringer sowie die in Absatz 4 Satz 1 genannten Psychotherapeuten verpflichtet, Verordnungen von Soziotherapie nach § 37a elektronisch auszustellen und für deren Übermittlung Dienste und Komponenten nach Absatz 1 zu nutzen. $_{2}$Die Verpflichtung nach Satz 1 gilt nicht, wenn die elektronische Ausstellung oder Übermittlung von Verordnungen nach Satz 1 aus technischen Gründen im Einzelfall nicht möglich ist. $_{3}$Die Erbringer soziotherapeutischer Leistungen nach § 37a sind ab dem 1. Juli 2025 verpflichtet, die Leistungen unter Nutzung der Dienste und Komponenten nach Absatz 1 auch auf der Grundlage einer elektronischen Verordnung nach Satz 1 zu erbringen. $_{4}$Die Verpflichtung nach Satz 3 gilt nicht, wenn der elektronische Abruf der Verordnung aus technischen Gründen im Einzelfall nicht möglich ist.

(7) $_{1}$Ab dem 1. Juli 2026 sind die in Absatz 2 Satz 1 genannten Leistungserbringer sowie die in Absatz 4 Satz 1 genannten Psychotherapeuten verpflichtet, Verordnungen von Heilmitteln, Verordnungen von Hilfsmitteln, Verordnungen von Verbandmitteln nach § 31 Absatz 1 Satz 1, Verordnungen von Harn- und Blutteststreifen nach § 31 Absatz 1 Satz 1, Verordnungen von Medizinprodukten nach § 31 Absatz 1 sowie Verordnungen von bilanzierten Diäten zur enteralen Ernährung nach § 31 Absatz 5 elektronisch auszustellen und für deren Übermittlung Dienste und Komponenten nach Absatz 1 zu nutzen. $_{2}$Die Verpflichtung nach Satz 1 gilt nicht, wenn die elektronische Ausstellung oder Übermittlung von Verordnungen nach Satz 1 aus technischen Gründen im Einzelfall nicht möglich ist. $_{3}$Heil- und Hilfsmittelerbringer sowie Erbringer der weiteren in Satz 1 genannten Leistungen sind ab dem 1. Juli 2026 verpflichtet, die Leistungen unter Nutzung der Dienste und Komponenten nach Absatz 1 auch auf der Grundlage einer elektronischen Verordnung nach Satz 1 zu erbringen. $_{4}$Die Verpflichtung nach Satz 3 gilt nicht, wenn der elektronische Abruf der Verordnung aus technischen Gründen im Einzelfall nicht möglich ist.

(8) Um Verordnungen nach den Absätzen 5, 6 oder Absatz 7 elektronisch abrufen zu können, haben sich Erbringer von Leistungen der häuslichen Krankenpflege nach § 37 sowie der außerklinischen Intensivpflege nach § 37c bis zum 1. Januar 2024, Erbringer von Leistungen der Soziotherapie nach § 37a bis zum 1. Januar 2025, Heil- und Hilfsmittelerbringer sowie Erbringer der weiteren in Absatz 7 Satz 1 genannten Leistungen bis zum 1. Januar 2026 an die Telematikinfrastruktur nach § 306 anzuschließen.

(9) $_{1}$Versicherte können gegenüber den in Absatz 2 Satz 1 genannten Leistungserbringern sowie den in Absatz 4 Satz 1 genannten Psychotherapeuten wählen, ob ihnen die für den Zugriff auf ihre ärztliche oder psychotherapeutische Verordnung nach den Absätzen 2 und 4 bis 7 erforderlichen Zugangsdaten barrierefrei entweder durch einen Ausdruck in Papierform oder elektronisch bereitgestellt werden sollen. $_{2}$Versicherte können den Sofortnachrichtendienst nach § 312 Absatz 1 Satz 1 Nummer 9 nutzen, um die für den Zugriff auf ihre ärztliche oder psychotherapeutische Verordnung erforderlichen Zugangsdaten in elektronischer Form zum Zweck der Einlösung der Verordnung durch einen Vertreter einem anderen Versicherten zur Verfügung zu stellen.

(10) $_{1}$Die Gesellschaft für Telematik ist verpflichtet, die Komponenten der Telematikinfrastruktur, die den Zugriff der Versicherten auf die elektronische ärztliche Verordnung nach § 334 Absatz 1 Satz 2 Nummer 6 ermöglichen, als Dienstleistung von allgemeinem wirtschaftlichem Interesse zu entwickeln und zur Verfügung zu stellen. $_{2}$Die Funktionsfähigkeit und Interoperabilität der Komponenten sind durch die Gesellschaft für Telematik sicherzustellen. $_{3}$Die Sicherheit der Komponenten des Systems zur Übermittlung ärztlicher Verordnungen einschließlich der Zugriffsmöglichkeiten für Versicherte ist durch ein externes Sicherheitsgutachten nachzuweisen. $_{4}$Dabei ist abgestuft im Verhältnis zum Gefährdungspotential nachzuweisen, dass die Verfügbarkeit, Integrität, Authentizität und Vertraulichkeit der Komponente sichergestellt wird. $_{5}$Die Festlegung der Prüfverfahren und die Auswahl des Sicherheitsgutachters für das externe Sicherheitsgutachten erfolgt durch die Gesellschaft für Telematik im Einvernehmen mit dem Bundesamt für Sicherheit in der Informationstechnik. $_{6}$Das externe Sicherheitsgutachten muss dem Bundesamt für Sicherheit in der Informationstechnik zur Prüfung vorgelegt und durch dieses bestätigt werden. $_{7}$Erst mit der Bestätigung des externen Sicherheitsgutachtens durch das Bundesamt für Sicherheit in der Informationstechnik dürfen die Komponenten durch die Gesellschaft für Telematik zur Verfügung gestellt werden.

(11) Verordnungsdaten und Dispensierinformationen sind mit Ablauf von 100 Tagen nach Dispensierung der Verordnung zu löschen.

(12) Die Gesellschaft für Telematik ist verpflichtet,

1. bis zum 1. Januar 2022 die Voraussetzungen dafür zu schaffen, dass Versicherte über die Komponenten nach Absatz 10 Satz 1 auf Informationen des Nationalen Gesundheitsportals nach § 395 zugreifen können und dass den Versicherten die Informationen des Portals mit Daten, die in ihrer elektronischen Verordnung gespeichert sind, verknüpft angeboten werden können, und

2. bis zum 1. Januar 2024 die Voraussetzungen dafür zu schaffen, dass Versicherte über die Komponenten nach Absatz 10 Satz 1 zum Zweck des grenzüberschreitenden Austauschs von Daten der elektronischen Verordnung, nach vorheriger Einwilligung in die Nutzung des Übermittlungsverfahrens und technischer Freigabe zum Zeitpunkt der Einlösung der Verordnung bei dem nach dem Recht des jeweiligen anderen Mitgliedstaats der Europäischen Union zum Zugriff berechtigten Leistungserbringer, Daten elektronischer Verordnungen nach Absatz 2 Satz 1 der nationalen eHealth-Kontaktstelle übermitteln können.

(13) $_1$Mit Einwilligung des Versicherten können die Rechnungsdaten zu einer elektronischen Verordnung, die nicht dem Sachleistungsprinzip unterliegt, für die Dauer von maximal zehn Jahren in den Diensten der Anwendung nach § 334 Absatz 1 Satz 2 Nummer 6 gespeichert werden. $_2$Auf die Rechnungsdaten nach Satz 1 haben nur die Versicherten selbst Zugriff. $_3$Die Versicherten können diese Rechnungsdaten zum Zweck der Korrektur fehlerhafter Daten mit zugriffsberechtigten Leistungserbringern und anderen zugriffsberechtigten Personen nach § 361 Absatz 1 und zum Zweck der Kostenerstattung mit Kostenträgern teilen.

(14) Mit Einwilligung des Versicherten können Daten zu Verordnungen nach den Absätzen 2 und 4 bis 7 und, soweit technisch möglich, Dispensierinformationen nach § 312 Absatz 1 Satz 1 Nummer 3 automatisiert in der elektronischen Patientenakte gespeichert werden.

(15) Das Bundesministerium für Gesundheit kann die in den Absätzen 2 bis 8 genannten Fristen durch Rechtsverordnung ohne Zustimmung des Bundesrates verlängern.

§ 361 Zugriff auf ärztliche Verordnungen in der Telematikinfrastruktur

(1) $_1$Auf Daten der Versicherten in vertragsärztlichen elektronischen Verordnungen dürfen ausschließlich folgende Personen zugreifen:

1. Ärzte, Zahnärzte sowie Psychotherapeuten, die in die Behandlung der Versicherten eingebunden sind, mit einem Zugriff, der die Verarbeitung von Daten, die von ihnen nach § 360 übermittelt wurden, ermöglicht, soweit dies für die Versorgung des Versicherten erforderlich ist;
2. im Rahmen der jeweiligen Zugriffsberechtigung nach Nummer 1 auch Personen, die als berufsmäßige Gehilfen oder zur Vorbereitung auf den Beruf tätig sind, soweit der Zugriff im Rahmen der von ihnen zulässigerweise zu erledigenden Tätigkeiten erforderlich ist und der Zugriff unter Aufsicht einer Person nach Nummer 1 erfolgt,
   a) bei Personen nach Nummer 1,
   b) in einem Krankenhaus oder
   c) in einer Vorsorgeeinrichtung oder Rehabilitationseinrichtung nach § 107 Absatz 2 oder in einer Rehabilitationseinrichtung nach § 15 Absatz 2 des Sechsten Buches oder bei einem Leistungserbringer der Heilbehandlung einschließlich medizinischer Rehabilitation nach § 26 Absatz 1 Satz 1 des Siebten Buches oder in der Haus- oder Heimpflege nach § 44 des Siebten Buches;
3. Apotheker mit einem Zugriff, der die Verarbeitung von Daten ermöglicht, soweit dies für die Versorgung des Versicherten mit verordneten Arzneimitteln erforderlich ist und ihnen die für den Zugriff erforderlichen Zugangsdaten nach § 360 Absatz 9 vorliegen;
4. im Rahmen der jeweiligen Zugriffsberechtigung nach Nummer 3 auch zum pharmazeutischen Personal der Apotheke gehörende Personen, deren Zugriff
   a) im Rahmen der von ihnen zulässigerweise zu erledigenden Tätigkeiten erforderlich ist und
   b) unter Aufsicht eines Apothekers erfolgt, soweit nach apothekenrechtlichen Vorschriften eine Beaufsichtigung der mit dem Zugriff verbundenen pharmazeutischen Tätigkeit vorgeschrieben ist;
5. sonstige Erbringer ärztlich verordneter Leistungen nach diesem Buch mit einem Zugriff, der die Verarbeitung von Daten ermöglicht, soweit dies für die Versorgung der Versicherten mit der ärztlich verordneten Leistung erforderlich ist und ihnen die für den Zugriff erforderlichen Zugangsdaten nach § 360 Absatz 9 vorliegen.

$_2$Auf Dispensierinformationen nach § 360 Absatz 11 dürfen nur die Versicherten zugreifen.

(2) $_1$Auf Daten der Versicherten in vertragsärztlichen elektronischen Verordnungen dürfen zugriffsberechtigte Leistungserbringer und andere zugriffsberechtigte Personen nach Absatz 1 und nach Maßgabe des § 339 Absatz 2 nur zugreifen mit

1. einem ihrer Berufszugehörigkeit entsprechenden elektronischen Heilberufsausweis in Verbindung mit einer Komponente zur Authentifizierung von Leistungserbringerinstitutionen,
2. einem ihrer Berufszugehörigkeit entsprechenden elektronischen Berufsausweis in Verbindung mit einer Komponente zur Authentifizierung von Leistungserbringerinstitutionen oder
3. einer digitalen Identität nach § 340 Absatz 6 in Verbindung mit einer Komponente zur Authentifizierung von Leistungserbringerinstitutionen.

2Es ist nachprüfbar elektronisch zu protokollieren, wer auf die Daten zugegriffen hat.

(3) Die in Absatz 1 genannten zugriffsberechtigten Personen, die weder über einen elektronischen Heilberufsausweis noch über einen elektronischen Berufsausweis verfügen, dürfen nach Maßgabe des Absatz 1 nur zugreifen, wenn

1. sie für diesen Zugriff von Personen autorisiert sind, die verfügen über
   a) einen ihrer Berufszugehörigkeit entsprechenden elektronischen Heilberufsausweis oder
   b) einen ihrer Berufszugehörigkeit entsprechenden elektronischen Berufsausweis und
2. nachprüfbar elektronisch protokolliert wird,
   a) wer auf die Daten zugegriffen hat und
   b) von welcher Person nach Nummer 1 die zugreifende Person autorisiert wurde.

(4) Der elektronische Heilberufsausweis und der elektronische Berufsausweis müssen über eine Möglichkeit zur sicheren Authentifizierung und zur Erstellung qualifizierter elektronischer Signaturen verfügen.

(5) 1Die Übermittlung von Daten der elektronischen Verordnung nach § 360 Absatz 2 zum grenzüberschreitenden Austausch von Gesundheitsdaten zum Zweck der Unterstützung einer Behandlung des Versicherten an einen in einem anderen Mitgliedstaat der Europäischen Union nach dem Recht des jeweiligen Mitgliedstaats zum Zugriff auf Verordnungsdaten berechtigten Leistungserbringer über die jeweiligen nationalen eHealth-Kontaktstellen bedarf der vorherigen Einwilligung durch den Versicherten in die Nutzung des Übermittlungsverfahrens. 2Zusätzlich ist erforderlich, dass der Versicherte zum Zeitpunkt der Einlösung der Verordnung die Übermittlung an die nationale eHealth-Kontaktstelle des Mitgliedstaats, in dem die Verordnung eingelöst wird, durch eine eindeutige bestätigende Handlung technisch freigibt. 3Abweichend von den Absätzen 1 bis 4 sowie von § 339 finden für die Verarbeitung der Daten durch einen Leistungserbringer in einem anderen Mitgliedstaat der Europäischen Union die Bestimmungen des Mitgliedstaats Anwendung, in dem die Verordnung eingelöst wird. 4Hierbei finden die gemeinsamen europäischen Vereinbarungen zum grenzüberschreitenden Austausch von Gesundheitsdaten Berücksichtigung. 5Der Spitzenverband Bund der Krankenkassen, Deutsche Verbindungsstelle Krankenversicherung – Ausland hat die Versicherten über die Voraussetzungen und das Verfahren bei der Übermittlung und Nutzung von Daten der elektronischen Verordnung zum grenzüberschreitenden Austausch von Gesundheitsdaten über die nationale eHealth-Kontaktstelle zu informieren.

§ 361a Einwilligungsbasierte Übermittlung von Daten aus vertragsärztlichen elektronischen Verordnungen; Verordnungsermächtigung

(1) 1Über Schnittstellen in den Diensten nach § 360 Absatz 1 müssen Daten aus elektronischen Verordnungen von verschreibungspflichtigen Arzneimitteln an folgende an die Telematikinfrastruktur angeschlossene und mit den Mitteln der Telematikinfrastruktur authentifizierte Berechtigte übermittelt werden können:

1. Hersteller von digitalen Gesundheitsanwendungen nach § 33a, sofern die Daten für den bestimmungsgemäßen Gebrauch der digitalen Gesundheitsanwendung durch die jeweiligen Versicherten erforderlich sind und die jeweiligen Versicherten diese digitale Gesundheitsanwendung nutzen,
2. Krankenkassen der jeweiligen Versicherten, soweit dies für individuelle Angebote zur Verbesserung der Versorgung der jeweiligen Versicherten sowie zur Bewilligung von Leistungen vor einer Inanspruchnahme verordneter Leistungen erforderlich ist,
3. Unternehmen der privaten Krankenversicherung der jeweiligen Versicherten, soweit dies für individuelle Angebote zur Verbesserung der Versorgung oder zu Abrechnungszwecken erforderlich ist,
4. Apotheken, sofern die Daten im Rahmen des Apothekenbetriebs zur Unterstützung der Versorgung der Patienten erforderlich sind,
5. Vertragsärzte und Vertragszahnärzte, die in einem Behandlungsverhältnis mit den jeweiligen Versicherten stehen, soweit dies zur Unterstützung der Behandlung erforderlich ist,
6. Krankenhäuser, die in einem Behandlungsverhältnis mit den jeweiligen Versicherten stehen, soweit dies zur Unterstützung der Behandlung erforderlich ist,
7. Vorsorgeeinrichtungen und Rehabilitationseinrichtungen, die in einem Behandlungsverhältnis mit dem jeweiligen Versicherten stehen, soweit dies zur Unterstützung der Behandlung erforderlich ist.

2Die elektronischen Zugangsdaten, die die Einlösung einer elektronischen Verordnung von verschreibungspflichtigen Arzneimitteln ermöglichen, dürfen nicht über die Schnittstellen nach Satz 1 übermittelt werden.

(2) Die Übermittlung von Daten aus einer vertragsärztlichen elektronischen Verordnung von verschreibungspflichtigen Arzneimitteln an einen Berechtigten nach Ab-

satz 1 und die weitere Verarbeitung durch diesen Berechtigten bedarf der Einwilligung des Versicherten.

(3) $_1$Die Daten nach Absatz 1 dürfen von den dort genannten Berechtigten nur zu den dort genannten Zwecken verarbeitet werden. $_2$Diese Verarbeitung darf die Wirksamkeit der Maßnahmen zur Gewährleistung von Datensicherheit und Datenschutz sowie die Verfügbarkeit und Nutzbarkeit der vertragsärztlichen elektronischen Verordnung nicht beeinträchtigen. $_3$Die Gesellschaft für Telematik veröffentlicht im Einvernehmen mit dem Bundesamt für Sicherheit in der Informationstechnik und der oder dem Bundesbeauftragten für den Datenschutz und die Informationsfreiheit die durch die Berechtigten nach Absatz 1 zu erfüllenden Vorgaben bezüglich Datensicherheit und Datenschutz.

(4) Unmittelbar nach einer Übermittlung von Daten nach Absatz 1 wird den jeweiligen Versicherten eine umfassende Dokumentation der Datenübermittlung barrierefrei zur Verfügung gestellt.

(5) $_1$Die Gesellschaft für Telematik betreibt die Schnittstelle nach Absatz 1 und stellt sie den dort genannten Berechtigten diskriminierungsfrei und kostenfrei zur Verfügung. $_2$Zu diesem Zweck stellt sie die erforderlichen Informationen zur technischen Beschaffenheit der Schnittstelle sowie über die Möglichkeit zu deren Nutzung auf ihrer Internetseite allgemein zugänglich bereit.

(6) Das Bundesministerium für Gesundheit wird ermächtigt, im Einvernehmen mit der oder dem Bundesbeauftragten für den Datenschutz und die Informationsfreiheit und dem Bundesamt für Sicherheit in der Informationstechnik durch Rechtsverordnung ohne Zustimmung des Bundesrats Folgendes zu regeln:

1. die Fristen, zu denen die Schnittstellen nach Absatz 1 bereitgestellt werden müssen,
2. welche Daten nach den Absätzen 1 bis 3 zu welchen Verarbeitungszwecken übermittelt werden dürfen,
3. zu welchen Zwecken welche Daten von den Empfangsberechtigten nach Absatz 1 verarbeitet werden dürfen,
4. die Informationen, die den Versicherten barrierefrei zur Verfügung zu stellen sind,
5. die Anforderungen an die Abgabe, die Änderung und den Widerruf der Einwilligungserklärung nach Absatz 2 einschließlich der Möglichkeit, die Einwilligung auf bestimmte Zeiträume, bestimmte elektronische Verordnungen oder bestimmte Datenfelder der elektronischen Verordnung zu beschränken,
6. die technischen Einzelheiten der Datenübermittlung und
7. die Dokumentation der Datenübermittlung nach Absatz 4.

Siebter Titel
Nutzung der Telematikinfrastruktur durch weitere Kostenträger und durch das Zentrale Vorsorgeregister

§ 362 Nutzung von elektronischen Gesundheitskarten oder digitalen Identitäten für Versicherte von Unternehmen der privaten Krankenversicherung, der Postbeamtenkrankenkasse, der Krankenversorgung der Bundesbahnbeamten, für Polizeivollzugsbeamte der Bundespolizei oder für Soldaten der Bundeswehr

(1) Werden von Unternehmen der privaten Krankenversicherung, der Postbeamtenkrankenkasse, der Krankenversorgung der Bundesbahnbeamten, der Bundespolizei oder von der Bundeswehr elektronische Gesundheitskarten oder digitale Identitäten für die Verarbeitung von Daten einer Anwendung nach § 334 Absatz 1 Satz 2 an ihre Versicherten, an Polizeivollzugsbeamte der Bundespolizei oder an Soldaten zur Verfügung gestellt, sind die § 291a Absatz 5 bis 7, §§ 334 bis 337, 339, 341 Absatz 1 bis 4, § 342 Absatz 2 und 3, § 343 Absatz 1, die §§ 344, 345, 352, 353, 356 bis 359 und 361 entsprechend anzuwenden.

(2) $_1$Für den Einsatz elektronischer Gesundheitskarten oder digitaler Identitäten nach Absatz 1 können Unternehmen der privaten Krankenversicherung, der Postbeamtenkrankenkasse, der Krankenversorgung der Bundesbahnbeamten, die Bundespolizei oder die Bundeswehr als Versichertennummer den unveränderbaren Teil der Krankenversichertennummer nach § 290 Absatz 1 Satz 2 nutzen. $_2$§ 290 Absatz 1 Satz 4 bis 7 ist entsprechend anzuwenden. $_3$Die Vergabe der Versichertennummer erfolgt durch die Vertrauensstelle nach § 290 Absatz 2 Satz 2 und hat den Vorgaben der Richtlinien nach § 290 Absatz 2 Satz 1 für den unveränderbaren Teil der Krankenversichertennummer zu entsprechen.

(3) Die Kosten zur Bildung der Versichertennummer und, sofern die Vergabe einer Rentenversicherungsnummer erforderlich ist, zur Vergabe der Rentenversicherungsnummer tragen jeweils die Unternehmen der privaten Krankenversicherung, die Postbeamtenkrankenkasse, die Krankenversorgung der Bundesbahnbeamten, die Bundespolizei oder die Bundeswehr.

§ 362a Nutzung der elektronischen Gesundheitskarte bei Krankenbehandlung der Sozialen Entschädigung nach dem Vierzehnten Buch

1Wird die Telematikinfrastruktur für Anwendungen im Bereich der Krankenbehandlung der Sozialen Entschädigung nach dem Vierzehnten Buch unter Nutzung elektronischer Gesundheitskarten oder hiermit technisch kompatibler Karten zum Zweck des Nachweises der Leistungsberechtigung und der Abrechnung von Leistungen in diesem Bereich verwendet, gilt § 327 entsprechend. 2§ 291a bleibt unberührt.

§ 362b Nutzung der Telematikinfrastruktur durch das Zentrale Vorsorgeregister

Wird die Telematikinfrastruktur zur Erteilung von Auskunft aus dem Zentralen Vorsorgeregister nach § 78b Absatz 1 Satz 1 der Bundesnotarordnung verwendet, gilt § 327 entsprechend.

Achter Titel
Verfügbarkeit von Daten aus Anwendungen der Telematikinfrastruktur für Forschungszwecke

§ 363 Verarbeitung von Daten der elektronischen Patientenakte zu Forschungszwecken

(1) Versicherte können die Daten ihrer elektronischen Patientenakte freiwillig für die in § 303e Absatz 2 Nummer 2, 4, 5 und 7 aufgeführten Forschungszwecke freigeben.

(2) 1Die Übermittlung der freigegebenen Daten nach Absatz 1 erfolgt an das Forschungsdatenzentrum nach § 303d und bedarf als Verarbeitungsbedingung einer informierten Einwilligung des Versicherten. 2Die Einwilligung erklärt der Versicherte über die Benutzeroberfläche eines geeigneten Endgeräts. 3Den Umfang der Datenfreigabe können Versicherte frei wählen und auf bestimmte Kategorien oder auf Gruppen von Dokumenten und Datensätzen oder auf spezifische Dokumente und Datensätze beschränken. 4Die Freigabe wird in der elektronischen Patientenakte dokumentiert.

(3) 1Die nach § 341 Absatz 4 für die Datenverarbeitung in der elektronischen Patientenakte Verantwortlichen pseudonymisieren und verschlüsseln die mit der informierten Einwilligung nach den Absätzen 1 und 2 freigegebenen Daten, versehen diese mit einer Arbeitsnummer und übermitteln

1. an das Forschungsdatenzentrum die pseudonymisierten und verschlüsselten Daten samt Arbeitsnummer,
2. an die Vertrauensstellen nach § 303c das Lieferpseudonym zu den freigegebenen Daten und die entsprechende Arbeitsnummer.

2Die Vertrauensstelle überführt die Lieferpseudonyme in periodenübergreifende Pseudonyme und übermittelt dem Forschungsdatenzentrum die periodenübergreifenden Pseudonyme mit den dazugehörigen Arbeitsnummern. 3Mit dem periodenübergreifenden Pseudonym und der bereits übersandten Arbeitsnummer verknüpft das Forschungsdatenzentrum die freigegebenen Daten mit den im Forschungsdatenzentrum vorliegenden Daten vorheriger Übermittlungen.

(4) 1Die an das Forschungsdatenzentrum freigegebenen Daten dürfen von diesem für die Erfüllung seiner Aufgaben verarbeitet und auf Antrag den Nutzungsberechtigten nach § 303e Absatz 1 Nummer 6, 7, 8, 10, 13, 14, 15 und 16 bereitgestellt werden. 2§ 303a Absatz 3, § 303c Absatz 1 und 2, die §§ 303d, 303e Absatz 3 bis 6 sowie § 303f gelten entsprechend.

(5) 1Vor Erteilung der informierten Einwilligung ist der Versicherte umfassend nach Maßgabe des § 343 Absatz 1 Satz 1 über die Freiwilligkeit der Datenfreigabe, die pseudonymisierte Datenübermittlung an das Forschungsdatenzentrum, die möglichen Nutzungsberechtigten, die Zwecke, die Aufgaben des Forschungsdatenzentrums, die Arten der Datenbereitstellung an Nutzungsberechtigte, das Verbot der Re-Identifizierung von Versicherten und Leistungserbringern sowie die Widerrufsmöglichkeiten zu informieren. 2Diese Informationen sind gemäß § 343 Absatz 1 Satz 3 Nummer 16 Bestandteile des geeigneten Informationsmaterials der Krankenkassen.

(6) 1Im Fall des Widerrufs der informierten Einwilligung nach Absatz 2 werden die entsprechenden Daten, die bereits an das Forschungsdatenzentrum übermittelt wurden, im Forschungsdatenzentrum gelöscht. 2Das Löschverfahren erfolgt analog zur Datenübermittlung und Verknüpfung in Absatz 3. 3Die bis zum Widerruf der Einwilligung nach Absatz 2 übermittelten und für konkrete Forschungsvorhaben bereits verwendeten Daten dürfen weiterhin für diese Forschungsvorhaben verarbeitet werden. 4Die Rechte der betroffenen Person nach den Artikeln 17, 18 und 21 der Verordnung (EU) 2016/679 sind insoweit für diese Forschungsvorhaben ausgeschlossen. 5Der Widerruf der Einwilligung kann ebenso wie deren Erteilung über die Benutzeroberfläche eines geeigneten Endgeräts erfolgen.

(7) Das Bundesministerium für Gesundheit wird ermächtigt, im Benehmen mit dem Bundesministerium für Bildung und Forschung ohne Zustimmung des Bundesrates durch Rechtsverordnung das Nähere zu regeln zu

V

1. den angemessenen und spezifischen Maßnahmen zur Wahrung der Interessen der betroffenen Person im Sinne von Artikel 9 Absatz 2 Buchstabe i und j in Verbindung mit Artikel 89 der Verordnung (EU) 2016/679,
2. den technischen und organisatorischen Einzelheiten der Datenfreigabe, der Datenübermittlung und der Pseudonymisierung nach den Absätzen 2 und 3.

(8) Unbeschadet der nach den vorstehenden Absätzen vorgesehenen Datenfreigabe an das Forschungsdatenzentrum können Versicherte die Daten ihrer elektronischen Patientenakte auch auf der alleinigen Grundlage einer informierten Einwilligung für ein bestimmtes Forschungsvorhaben oder für bestimmte Bereiche der wissenschaftlichen Forschung zur Verfügung stellen.

Sechster Abschnitt
Telemedizinische Verfahren

§ 364 Vereinbarung über technische Verfahren zur konsiliarischen Befundbeurteilung von Röntgenaufnahmen

(1) Die Kassenärztliche Bundesvereinigung vereinbart mit dem Spitzenverband Bund der Krankenkassen im Benehmen mit der Gesellschaft für Telematik die Anforderungen an die technischen Verfahren zur telemedizinischen Erbringung der konsiliarischen Befundbeurteilung von Röntgenaufnahmen in der vertragsärztlichen Versorgung, insbesondere Einzelheiten hinsichtlich der Qualität und der Sicherheit, und die Anforderungen an die technische Umsetzung.

(2) Kommt die Vereinbarung nach Absatz 1 nicht zustande, so ist auf Antrag eines der Vereinbarungspartner ein Schlichtungsverfahren nach § 370 bei der Schlichtungsstelle nach § 319 einzuleiten.

§ 365 Vereinbarung über technische Verfahren zur Videosprechstunde in der vertragsärztlichen Versorgung

(1) 1Die Kassenärztliche Bundesvereinigung vereinbart mit dem Spitzenverband Bund der Krankenkassen im Benehmen mit der Gesellschaft für Telematik die Anforderungen an die technischen Verfahren zu Videosprechstunden, insbesondere Einzelheiten hinsichtlich der Qualität und der Sicherheit, und die Anforderungen an die technische Umsetzung. 2Die Kassenärztliche Bundesvereinigung und der Spitzenverband Bund der Krankenkassen berücksichtigen in der Vereinbarung nach Satz 1 die sich ändernden Kommunikationsbedürfnisse der Versicherten, insbesondere hinsichtlich der Nutzung digitaler Kommunikationsanwendungen auf mobilen Endgeräten. 3Bei der Fortschreibung der Vereinbarung ist vorzusehen, dass für die Durchführung von Videosprechstunden Dienste der Telematikinfrastruktur genutzt werden können, sobald diese zur Verfügung stehen. 4§ 630e des Bürgerlichen Gesetzbuchs ist zu beachten.

(2) Kommt die Vereinbarung nach Absatz 1 nicht zustande, so ist auf Antrag eines der Vereinbarungspartner ein Schlichtungsverfahren nach § 370 bei der Schlichtungsstelle nach § 319 einzuleiten.

§ 366 Vereinbarung über technische Verfahren zur Videosprechstunde in der vertragszahnärztlichen Versorgung

(1) 1Die Kassenzahnärztliche Bundesvereinigung vereinbart mit dem Spitzenverband Bund der Krankenkassen im Benehmen mit der Gesellschaft für Telematik die Anforderungen an die technischen Verfahren zu Videosprechstunden, insbesondere Einzelheiten hinsichtlich der Qualität und der Sicherheit, und die Anforderungen an die technische Umsetzung. 2Die Kassenzahnärztliche Bundesvereinigung und der Spitzenverband Bund der Krankenkassen berücksichtigen in der Vereinbarung nach Satz 1 die sich ändernden Kommunikationsbedürfnisse der Versicherten, insbesondere hinsichtlich der Nutzung digitaler Kommunikationsanwendungen auf mobilen Endgeräten. 3Bei der Fortschreibung der Vereinbarung ist vorzusehen, dass für die Durchführung von Videosprechstunden Dienste der Telematikinfrastruktur genutzt werden können, sobald diese zur Verfügung stehen. 4§ 630e des Bürgerlichen Gesetzbuchs ist zu beachten.

(2) Kommt die Vereinbarung nach Absatz 1 nicht zustande, so ist auf Antrag eines der Vereinbarungspartner ein Schlichtungsverfahren nach § 370 bei der Schlichtungsstelle nach § 319 einzuleiten.

§ 367 Vereinbarung über technische Verfahren zu telemedizinischen Konsilien

(1) Die Kassenärztlichen Bundesvereinigungen und die Deutsche Krankenhausgesellschaft vereinbaren bis zum 31. März 2020 mit dem Spitzenverband Bund der Krankenkassen in Abstimmung mit dem Bundesamt für Sicherheit in der Informationstechnik und der Gesellschaft für Telematik die Anforderungen an die technischen Verfahren zu telemedizinischen Konsilien, insbesondere Einzelheiten hinsichtlich der Qualität und der Sicherheit, und die Anforderungen an die technische Umsetzung.

(2) Kommt die Vereinbarung nach Absatz 1 nicht zustande, so ist auf Antrag eines der Vereinbarungspartner ein Schlichtungsverfahren nach § 370 bei der Schlichtungsstelle nach § 319 einzuleiten.

§ 367a Vereinbarung über technische Verfahren bei telemedizinischem Monitoring

(1) 1Die Kassenärztliche Bundesvereinigung und der Spitzenverband Bund der Krankenkassen vereinbaren bis zum 31. März 2022 im Benehmen mit der oder dem Bundesbeauftragten für den Datenschutz und die Informationsfreiheit, dem Bundesamt für die Sicherheit in der Informationstechnik und der Gesellschaft für Telematik die Anforderungen an technische Verfahren zum datengestützten zeitnahen Management von Krankheiten über eine räumliche Distanz (telemedizinisches Monitoring). 2In der Vereinbarung sind insbesondere festzulegen die

1. technischen Anforderungen an die einzusetzenden Anwendungen,
2. Vorgaben für die Interoperabilität der einzusetzenden Anwendungen,
3. Anforderungen an den Datenschutz und die Informationssicherheit sowie
4. Verwendung von Diensten und Anwendungen der Telematikinfrastruktur.

3In der Vereinbarung nach Satz 1 ist vorzusehen, dass den Versicherten therapierelevante Daten in einem interoperablen Format nach § 355 Absatz 2d zur Verfügung gestellt werden.

(2) Kommt die Vereinbarung nach Absatz 1 nicht zustande, so ist auf Antrag eines der Vereinbarungspartner ein Schlichtungsverfahren nach § 370 bei der Schlichtungsstelle nach § 319 einzuleiten.

§ 368 Vereinbarung über ein Authentifizierungsverfahren im Rahmen der Videosprechstunde

(1) 1Die Kassenärztliche Bundesvereinigung und der Spitzenverband Bund der Krankenkassen vereinbaren im Benehmen mit der Gesellschaft für Telematik und dem Bundesamt für Sicherheit in der Informationstechnik ein technisches Verfahren zur Authentifizierung der Versicherten im Rahmen der Videosprechstunde in der vertragsärztlichen Versorgung. 2Zur Durchführung der Authentifizierung ist die Nutzung der Dienste und Anwendungen der Telematikinfrastruktur vorzusehen.

(2) Kommt die Vereinbarung nach Absatz 1 nicht zustande, so ist auf Antrag eines der Vereinbarungspartner ein Schlichtungsverfahren nach § 370 bei der Schlichtungsstelle nach § 319 einzuleiten.

§ 369 Prüfung der Vereinbarungen durch das Bundesministerium für Gesundheit

(1) Die Vereinbarung über die technischen Verfahren zur telemedizinischen Erbringung der konsiliarischen Befundbeurteilung nach § 364, die Vereinbarung über technische Verfahren zu Videosprechstunden nach den §§ 365 und 366 sowie die Vereinbarung über technische Verfahren zu telemedizinischen Konsilien nach § 367, die Vereinbarung über technische Verfahren bei telemedizinischem Monitoring nach § 367a und die Vereinbarung zum Authentifizierungsverfahren im Rahmen der Videosprechstunde nach § 368 sind dem Bundesministerium für Gesundheit jeweils zur Prüfung vorzulegen.

(2) 1Bei der Prüfung einer Vereinbarung nach Absatz 1 hat das Bundesministerium für Gesundheit der oder dem Bundesbeauftragten für den Datenschutz und die Informationsfreiheit und dem Bundesamt für Sicherheit in der Informationstechnik Gelegenheit zur Stellungnahme zu geben. 2Das Bundesministerium für Gesundheit kann für die Stellungnahme eine angemessene Frist setzen.

(3) Das Bundesministerium für Gesundheit kann die Vereinbarung innerhalb von einem Monat beanstanden.

§ 370 Entscheidung der Schlichtungsstelle

(1) Wird auf Antrag eines Vereinbarungspartners nach den §§ 364 bis 368 ein Schlichtungsverfahren bei der Schlichtungsstelle nach § 319 eingeleitet, so hat die Schlichtungsstelle innerhalb von vier Wochen nach Einleitung des Schlichtungsverfahrens einen Entscheidungsvorschlag vorzulegen.

(2) Vor ihrem Entscheidungsvorschlag hat die Schlichtungsstelle den jeweiligen Vereinbarungspartnern nach den §§ 364 bis 368 und der Gesellschaft für Telematik Gelegenheit zur Stellungnahme zu geben.

(3) Kommt innerhalb von zwei Wochen nach Vorlage des Entscheidungsvorschlags keine Entscheidung der Vereinbarungspartner nach den §§ 364 bis 368 zustande, entscheidet die Schlichtungsstelle anstelle der Vereinbarungspartner innerhalb von zwei Wochen.

(4) 1Die Entscheidung der Schlichtungsstelle ist für die Vereinbarungspartner nach den §§ 364 bis 368 und für die Leistungserbringer und Krankenkassen sowie für ihre Verbände nach diesem Buch verbindlich. 2Die Entscheidung der Schlichtungsstelle kann nur durch eine alternative Entscheidung der Vereinbarungspartner nach Absatz 1 in gleicher Sache ersetzt werden.

§ 370a Unterstützung der Kassenärztlichen Vereinigungen bei der Vermittlung telemedizinischer Angebote durch die Kassenärztliche Bundesvereinigung, Verordnungsermächtigung

(1) 1Im Rahmen ihrer Aufgaben nach § 75 Absatz 1a Satz 16 errichtet und betreibt die Kassenärztliche Bundesvereinigung ein Portal zur Vermittlung telemedizinischer Leistungen an Versicherte. 2Das Portal muss mit den

von den Kassenärztlichen Vereinigungen nach § 75 Absatz 1a Satz 17 bereitgestellten digitalen Angeboten kompatibel sein. 3Die Kassenärztlichen Vereinigungen übermitteln der Kassenärztlichen Bundesvereinigung hierzu die nach § 75 Absatz 1a Satz 21 gemeldeten Termine.

(2) 1Die Kassenärztliche Bundesvereinigung ermöglicht die Nutzung der in dem Portal nach Absatz 1 bereitgestellten Informationen durch Dritte. 2Hierzu veröffentlicht sie eine Schnittstelle auf Basis international anerkannter Standards und beantragt deren Aufnahme in das Interoperabilitätsverzeichnis nach § 385. 3Die Vertragsärzte können der Weitergabe ihrer Daten an Dritte nach Satz 1 widersprechen.

(3) 1Die Kassenärztliche Bundesvereinigung regelt das Nähere zu der Nutzung der in dem Portal bereitgestellten Informationen durch Dritte in einer Verfahrensordnung. 2Die Verfahrensordnung bedarf der Genehmigung des Bundesministeriums für Gesundheit.

(4) 1Die Nutzung der in dem Portal bereitgestellten Informationen durch Dritte ist gebührenpflichtig. 2Das Bundesministerium für Gesundheit wird ermächtigt, durch Rechtsverordnung ohne Zustimmung des Bundesrates die gebührenpflichtigen Tatbestände zu bestimmen und dabei feste Sätze oder Rahmensätze vorzusehen sowie Regelungen über die Gebührenentstehung, die Gebührenerhebung, die Erstattung von Auslagen, den Gebührenschuldner, Gebührenbefreiungen, die Fälligkeit, die Stundung, die Niederschlagung, den Erlass, Säumniszuschläge, die Verjährung und die Erstattung zu treffen. 3In der Rechtsverordnung kann eine Gebührenbefreiung der Nutzung der in dem Portal bereitgestellten Informationen durch gemeinnützige juristische Personen des Privatrechts, insbesondere medizinische Fachgesellschaften, vorgesehen werden. 4Das Bundesministerium für Gesundheit kann die Ermächtigung nach den Sätzen 2 und 3 durch Rechtsverordnung auf die Kassenärztliche Bundesvereinigung übertragen.

Siebter Abschnitt
Anforderungen an Schnittstellen in informationstechnischen Systemen

§ 371 Integration offener und standardisierter Schnittstellen in informationstechnische Systeme

(1) In informationstechnische Systeme in der vertragsärztlichen Versorgung, in der vertragszahnärztlichen Versorgung und in Krankenhäusern, die zur Verarbeitung von personenbezogenen Patientendaten eingesetzt werden, sind folgende offene und standardisierte Schnittstellen zu integrieren:

1. Schnittstellen zur systemneutralen Archivierung von Patientendaten sowie zur Übertragung von Patientendaten bei einem Systemwechsel,
2. Schnittstellen für elektronische Programme, die nach § 73 Absatz 9 Satz 1 für die Verordnung von Arzneimitteln zugelassen sind,
3. Schnittstellen zum elektronischen Melde- und Informationssystem nach § 14 des Infektionsschutzgesetzes und
4. Schnittstellen für die Anbindung vergleichbarer versorgungsorientierter informationstechnischer Systeme, insbesondere ambulante und klinische Anwendungs- und Datenbanksysteme nach diesem Buch.

(2) Absatz 1 Nummer 1 und 4 gilt entsprechend für informationstechnische Systeme, die zur Verarbeitung von personenbezogenen Daten zur pflegerischen Versorgung von Versicherten nach diesem Buch oder in einer nach § 72 Absatz 1 des Elften Buches zugelassenen Pflegeeinrichtung eingesetzt werden.

(3) Die Integration der Schnittstellen muss spätestens zwei Jahre nachdem die jeweiligen Festlegungen nach den §§ 372 und 373 erstmals in das Interoperabilitätsverzeichnis nach § 385 aufgenommen worden sind, erfolgt sein.

(4) Bei einer Fortschreibung der Schnittstellen kann in den Festlegungen nach den §§ 372 und 373 in Verbindung mit der nach § 375 zu erlassenden Rechtsverordnung eine Frist vorgegeben werden, die von der in Absatz 3 genannten Frist abweicht.

§ 372 Festlegungen zu den offenen und standardisierten Schnittstellen für informationstechnische Systeme in der vertragsärztlichen und vertragszahnärztlichen Versorgung

(1) 1Für die in der vertragsärztlichen und vertragszahnärztlichen Versorgung eingesetzten informationstechnischen Systeme treffen die Kassenärztlichen Bundesvereinigungen im Benehmen mit der Gesellschaft für Telematik sowie mit den für die Wahrnehmung der Interessen der Industrie maßgeblichen Bundesverbänden aus dem Bereich der Informationstechnologie im Gesundheitswesen die erforderlichen Festlegungen zu den offenen und standardisierten Schnittstellen nach § 371 sowie nach Maßgabe der nach § 375 zu erlassenden Rechtsverordnung. 2Über die Festlegungen nach Satz 1 entscheidet für die Kassenärztliche Bundesvereinigung der Vorstand. 3Bei den Festlegungen zu den offenen und standardisierten Schnittstellen nach § 371 Absatz 1 Nummer 2 sind die

Vorgaben nach § 73 Absatz 9 und der Rechtsverordnung nach § 73 Absatz 9 Satz 2 zu berücksichtigen.

(2) Die Festlegungen nach Absatz 1 sind in das Interoperabilitätsverzeichnis nach § 385 aufzunehmen.

(3) 1Für die abrechnungsbegründende Dokumentation von vertragsärztlichen und vertragszahnärztlichen Leistungen dürfen Vertragsärzte und Vertragszahnärzte ab dem 1. Januar 2021 nur solche informationstechnischen Systeme einsetzen, die von den Kassenärztlichen Bundesvereinigungen in einem Bestätigungsverfahren nach Satz 2 bestätigt wurden. 2Die Kassenärztlichen Bundesvereinigungen legen im Einvernehmen mit der Gesellschaft für Telematik die Vorgaben für das Bestätigungsverfahren so fest, dass im Rahmen des Bestätigungsverfahrens sichergestellt wird, dass die vorzunehmende Integration der offenen und standardisierten Schnittstellen in das jeweilige informationstechnische System innerhalb der Frist nach § 371 Absatz 3 und nach Maßgabe des § 371 sowie nach Maßgabe der nach § 375 zu erlassenden Rechtsverordnung erfolgt ist. 3Die Kassenärztlichen Bundesvereinigungen veröffentlichen die Vorgaben zu dem Bestätigungsverfahren sowie eine Liste mit den nach Satz 1 bestätigten informationstechnischen Systemen.

§ 373 Festlegungen zu den offenen und standardisierten Schnittstellen für informationstechnische Systeme in Krankenhäusern und in der pflegerischen Versorgung; Gebühren und Auslagen; Verordnungsermächtigung

(1) 1Für die in den Krankenhäusern eingesetzten informationstechnischen Systeme trifft die Gesellschaft für Telematik im Benehmen mit der Deutschen Krankenhausgesellschaft sowie mit den für die Wahrnehmung der Interessen der Industrie maßgeblichen Bundesverbänden aus dem Bereich der Informationstechnologie im Gesundheitswesen die erforderlichen Festlegungen zu den offenen und standardisierten Schnittstellen nach § 371 sowie nach Maßgabe der nach § 375 zu erlassenden Rechtsverordnung. 2Bei den Festlegungen zu den offenen und standardisierten Schnittstellen nach § 371 Absatz 1 Nummer 2 sind die Vorgaben nach § 73 Absatz 9 und der Rechtsverordnung nach § 73 Absatz 9 Satz 2 zu berücksichtigen.

(2) Im Rahmen der Festlegungen nach Absatz 1 definiert die Deutsche Krankenhausgesellschaft auch, welche Subsysteme eines informationstechnischen Systems im Krankenhaus die Schnittstellen integrieren müssen.

(3) Für die informationstechnischen Systeme nach § 371 Absatz 2 trifft die Gesellschaft für Telematik im Benehmen mit den Vereinigungen der Träger der Pflegeeinrichtungen auf Bundesebene sowie der Verbände der Pflegeberufe auf Bundesebene sowie den für die Wahrnehmung der Interessen der Industrie maßgeblichen Bundesverbänden aus dem Bereich der Informationstechnologie im Gesundheitswesen und in der pflegerischen Versorgung die erforderlichen Festlegungen zu den offenen und standardisierten Schnittstellen nach § 371 sowie nach Maßgabe der nach § 375 zu erlassenden Rechtsverordnung.

(4) Die Festlegungen nach den Absätzen 1 bis 3 sind in das Interoperabilitätsverzeichnis nach § 385 aufzunehmen.

(5) 1Der Einsatz von informationstechnischen Systemen nach den Absätzen 1 bis 3, die von der Gesellschaft für Telematik in einem Bestätigungsverfahren nach Satz 2 bestätigt wurden, ist wie folgt verpflichtend:

1. für Krankenhäuser ab dem 30. Juni 2021;
2. für die in § 312 Absatz 2 genannten Leistungserbringer sowie die zugelassenen Pflegeeinrichtungen im Sinne des § 72 Absatz 1 Satz 1 des Elften Buches zwei Jahre nachdem die jeweiligen Festlegungen nach den §§ 372 und 373 erstmals in das Interoperabilitätsverzeichnis nach § 385 aufgenommen worden sind.

2Die Gesellschaft für Telematik legt die Vorgaben für das Bestätigungsverfahren so fest, dass im Rahmen des Bestätigungsverfahrens sichergestellt wird, dass die vorzunehmende Integration der offenen und standardisierten Schnittstellen in das jeweilige informationstechnische System innerhalb der Frist nach § 371 Absatz 3 und nach Maßgabe des § 371 sowie nach Maßgabe der nach § 375 zu erlassenden Rechtsverordnung erfolgt ist; sie veröffentlicht bis zum 30. April 2021 Einzelheiten zum Bestätigungsverfahren. 3Die Gesellschaft für Telematik veröffentlicht eine Liste mit den nach Satz 1 bestätigten informationstechnischen Systemen.

(6) Abweichend von Absatz 5 ist in der vertragsärztlichen Versorgung in Krankenhäusern eine Bestätigung für eine offene und standardisierte Schnittstelle nach § 371 Absatz 1 Nummer 2 entbehrlich, wenn hierfür ein Nachweis einer Bestätigung nach § 372 Absatz 3 vorliegt.

(7) 1Die Gesellschaft für Telematik kann für die Bestätigungen nach Absatz 5 Gebühren und Auslagen erheben. 2Die Gebührensätze sind so zu bemessen, dass sie den auf die Leistungen entfallenden durchschnittlichen Personal- und Sachaufwand nicht übersteigen.

(8) Das Bundesministerium für Gesundheit wird ermächtigt, durch Rechtsverordnung ohne Zustimmung des Bundesrates die gebührenpflichtigen Tatbestände zu bestimmen und dabei feste Sätze oder Rahmensätze vorzusehen sowie Regelungen über die Gebührenentstehung, die Gebührenerhebung, die Erstattung von Auslagen, den Gebührenschuldner, Gebührenbefreiungen, die Fälligkeit,

V

die Stundung, die Niederschlagung, den Erlass, Säumniszuschläge, die Verjährung und die Erstattung zu treffen.

§ 374 Abstimmung zur Festlegung sektorenübergreifender einheitlicher Vorgaben

$_{1}$Die Kassenärztliche Bundesvereinigung, die Kassenzahnärztliche Bundesvereinigung, die Deutsche Krankenhausgesellschaft, die Gesellschaft für Telematik und die Vereinigungen der Träger der Pflegeeinrichtungen auf Bundesebene sowie der Verbände der Pflegeberufe auf Bundesebene stimmen sich bei den Festlegungen für offene und standardisierte Schnittstellen nach den §§ 371 bis 373 mit dem Ziel ab, bei inhaltlichen Gemeinsamkeiten der Schnittstellen sektorenübergreifende einheitliche Vorgaben zu treffen. $_{2}$Betreffen die Festlegungen nach Satz 1 pflegerelevante Inhalte, so sind die Vereinigungen der Träger der Pflegeeinrichtungen auf Bundesebene sowie der Verbände der Pflegeberufe auf Bundesebene mit einzubeziehen.

§ 374a Integration offener und standardisierter Schnittstellen in Hilfsmitteln und Implantaten

(1) $_{1}$Hilfsmittel oder Implantate, die zu Lasten der gesetzlichen Krankenversicherung an Versicherte abgegeben werden und die Daten über den Versicherten elektronisch über öffentlich zugängliche Netze an den Hersteller oder Dritte übertragen, müssen ab dem 1. Juli 2025 ermöglichen, dass die von dem Hilfsmittel oder dem Implantat verarbeiteten Daten auf der Grundlage einer Einwilligung des Versicherten in geeigneten interoperablen Formaten in eine in das Verzeichnis nach § 139e Absatz 1 aufgenommene digitale Gesundheitsanwendung übermittelt und dort weiterverarbeitet werden können, soweit die Daten von der digitalen Gesundheitsanwendung zum bestimmungsgemäßen Gebrauch durch denselben Versicherten benötigt werden. $_{2}$Hierzu müssen die Hersteller der Hilfsmittel und Implantate nach Satz 1 interoperable Schnittstellen anbieten und diese für die digitalen Gesundheitsanwendungen, die in das Verzeichnis nach § 139e aufgenommen sind, öffnen. $_{3}$Die Beeinflussung des Hilfsmittels oder des Implantats durch die digitale Gesundheitsanwendung ist unzulässig und technisch auszuschließen. $_{4}$Als interoperable Formate gemäß Satz 1 gelten in nachfolgender Reihenfolge:

1. Festlegungen für Inhalte der elektronischen Patientenakte nach § 355,
2. empfohlene Standards und Profile im Interoperabilitätsverzeichnis nach § 385,
3. offene international anerkannte Standards oder
4. offengelegte Profile über offene international anerkannte Standards, deren Aufnahme in das Interoperabilitätsverzeichnis nach § 385 beantragt wurde.

(2) $_{1}$Das Bundesinstitut für Arzneimittel und Medizinprodukte errichtet und veröffentlicht ein elektronisches Verzeichnis für interoperable Schnittstellen von Hilfsmitteln und Implantaten. $_{2}$Die Hersteller der Hilfsmittel und Implantate melden die von den jeweiligen Geräten verwendeten interoperablen Schnittstellen nach Absatz 1 zur Veröffentlichung in dem Verzeichnis nach Satz 1 an das Bundesinstitut für Arzneimittel und Medizinprodukte.

(3) Abweichend von Absatz 1 kann über den 1. Juli 2025 hinaus eine Versorgung mit Hilfsmitteln oder Implantaten erfolgen, welche die Anforderungen nach Absatz 1 nicht erfüllen, wenn dies aus medizinischen Gründen erforderlich ist oder die regelmäßige Versorgung der Versicherten mit Hilfsmitteln oder Implantaten andernfalls nicht gewährleistet wäre.

(4) $_{1}$Die Gesellschaft für Telematik hat bis zum 31. Oktober 2023 im Einvernehmen mit dem Bundesamt für Sicherheit in der Informationstechnik und im Benehmen mit der oder dem Bundesbeauftragten für den Datenschutz und die Informationsfreiheit sowie dem Bundesinstitut für Arzneimittel und Medizinprodukte die erforderlichen technischen Festlegungen für die Übermittlung von Daten nach Absatz 1 Satz 1, insbesondere zur sicheren gegenseitigen Identifizierung der Produkte bei der Datenübertragung, zu treffen. $_{2}$Die Gesellschaft für Telematik darf technische Dienste zur sicheren gegenseitigen Identifizierung der Produkte nach Maßgabe der technischen Festlegungen nach Satz 1 betreiben.

§ 375 Verordnungsermächtigung

(1) $_{1}$Das Bundesministerium für Gesundheit wird ermächtigt, durch Rechtsverordnung ohne Zustimmung des Bundesrates zur Förderung der Interoperabilität zwischen informationstechnischen Systemen nähere Vorgaben für die Festlegung der offenen und standardisierten Schnittstellen für informationstechnische Systeme nach den §§ 371 bis 373 sowie von der in § 371 Absatz 3 genannten Frist abweichende verbindliche Fristen für deren Integration und Fortschreibung festzulegen; insbesondere soll es vorgeben, welche Standards, Profile und Leitfäden, die im Interoperabilitätsverzeichnis nach § 385 verzeichnet sind, bei der Festlegung der offenen und standardisierten Schnittstellen nach den §§ 371 bis 373 berücksichtigt werden müssen. $_{2}$In der Rechtsverordnung nach Satz 1 können auch Festlegungen zu offenen und standardisierten Schnittstellen für informationstechnische Systeme nach den §§ 371 bis 373 getroffen werden, die zur Mel-

dung und Vermittlung von Videosprechstunden genutzt werden.

(2) Das Bundesministerium für Gesundheit kann in der Rechtsverordnung nach § 73 Absatz 9 Satz 2 für die Integration von Schnittstellen nach § 371 Absatz 1 Nummer 2 eine Frist festlegen, die von der in § 371 Absatz 3 genannten Frist abweicht.

(3) Das Bundesministerium für Gesundheit kann in der Rechtsverordnung nach § 14 Absatz 8 Satz 1 des Infektionsschutzgesetzes für die Integration von Schnittstellen nach § 371 Absatz 1 Nummer 3 eine Frist festlegen, die von der in § 371 Absatz 3 genannten Frist abweicht.

Achter Abschnitt
Finanzierung und Kostenerstattung

§ 376 Finanzierung

Nach den §§ 377 bis 382 werden den Leistungserbringern folgende Kosten erstattet:

1. die Kosten der aufgrund von Anforderungen nach diesem Gesetz erforderlichen Ausstattung, die den Leistungserbringern in der Festlegungs-, Erprobungs- und Einführungsphase der Telematikinfrastruktur entstehen, und
2. die erforderlichen Betriebskosten, die den Leistungserbringern im laufenden Betrieb der Telematikinfrastruktur entstehen.

§ 377 Finanzierung der den Krankenhäusern entstehenden Ausstattungs- und Betriebskosten

(1) Zum Ausgleich der in § 376 genannten Ausstattungs- und Betriebskosten erhalten die Krankenhäuser einen Zuschlag von den Krankenkassen (Telematikzuschlag).

(2) 1Der Telematikzuschlag ist in der Rechnung des Krankenhauses gesondert auszuweisen. 2Der Telematikzuschlag geht nicht in den Gesamtbetrag oder die Erlösausgleiche nach dem Krankenhausentgeltgesetz oder der Bundespflegesatzverordnung ein.

(3) 1Das Nähere zur Höhe und Abrechnung des Telematikzuschlags regelt der Spitzenverband Bund der Krankenkassen gemeinsam mit der Deutschen Krankenhausgesellschaft in einer gesonderten Vereinbarung. 2In der Vereinbarung ist mit Wirkung zum 1. Oktober 2020 insbesondere ein Ausgleich vorzusehen

1. für die Nutzung der elektronischen Patientenakte im Sinne des § 334 Absatz 1 Satz 2 Nummer 1 durch die Krankenhäuser und
2. für die Nutzung elektronischer vertragsärztlicher Verordnungen im Sinne des § 334 Absatz 1 Satz 2 Nummer 6 für apothekenpflichtige Arzneimittel durch die Krankenhäuser.

(4) 1Kommt eine Vereinbarung nach Absatz 3 innerhalb einer vom Bundesministerium für Gesundheit gesetzten Frist nicht oder nicht vollständig zustande, legt die Schiedsstelle nach § 18a Absatz 6 des Krankenhausfinanzierungsgesetzes auf Antrag einer Vertragspartei oder des Bundesministeriums für Gesundheit innerhalb einer Frist von zwei Monaten den Vereinbarungsinhalt fest. 2Die Klage gegen die Festlegung der Schiedsstelle hat keine aufschiebende Wirkung.

(5) Die Absätze 1 bis 4 gelten auch für Leistungserbringer, wenn sie Leistungen nach § 115b Absatz 2 Satz 1, § 116b Absatz 2 Satz 1 und § 120 Absatz 2 Satz 1 erbringen sowie für Notfallambulanzen in Krankenhäusern, wenn sie Leistungen für die Versorgung im Notfall erbringen.

§ 378 Finanzierung der den an der vertragsärztlichen Versorgung teilnehmenden Leistungserbringern entstehenden Ausstattungs- und Betriebskosten

(1) Zum Ausgleich der in § 376 genannten Kosten der Ausstattung und Betriebskosten erhalten die an der vertragsärztlichen Versorgung teilnehmenden Leistungserbringer ab dem 1. Juli 2023 eine monatliche Pauschale (TI-Pauschale) von den Krankenkassen.

(2) 1Das Nähere zur Höhe und zu den der Berechnung zugrunde zu legenden Komponenten und Diensten sowie zur Abrechnung der TI-Pauschale vereinbaren der Spitzenverband Bund der Krankenkassen und die Kassenärztlichen Bundesvereinigungen bis zum 30. April 2023 in den Bundesmantelverträgen. 2Kommt eine Vereinbarung nach Satz 1 nicht oder nicht vollständig bis zum 30. April 2023 zustande, legt das Bundesministerium für Gesundheit den Vereinbarungsinhalt innerhalb von zwei Monaten nach Ablauf der in Satz 1 genannten Frist fest.

(3) 1In der Vereinbarung nach Absatz 2 Satz 1 ist auch das Nähere zum Umfang und Nachweis der Ausstattung mit den aufgrund der Anforderungen nach diesem Gesetz erforderlichen Komponenten und Diensten zu regeln. 2Ebenso ist zu vereinbaren, welche Komponenten und Dienste nach Satz 1 zum jeweiligen Monat, für den die TI-Pauschale gezahlt wird, vorhanden sein müssen.

(4) Die Vertragsparteien nach Absatz 2 Satz 1 legen in der Vereinbarung nach Absatz 2 Satz 1 auch die Einzelheiten hinsichtlich des Übergangs zu der erstmaligen Anwendung der TI-Pauschale fest.

(5) 1Die Vertragsparteien nach Absatz 2 Satz 1 vereinbaren im Abstand von jeweils zwei Jahren, erstmals zum 29. Dezember 2024 Anpassungen der Höhe der TI-Pauschale, sofern diese erforderlich sind. 2Wird eine Ände-

V

rung nach Satz 1 nicht innerhalb dieser Frist vereinbart, gilt die jeweils bestehende Vereinbarung zur Höhe der TI-Pauschale bis zur Vereinbarung einer Änderung nach Satz 1 fort.

§ 379 Finanzierung der den Apotheken entstehenden Ausstattungs- und Betriebskosten

(1) Zum Ausgleich der in § 376 genannten Kosten der Ausstattung und Betriebskosten erhalten Apotheken ab dem 1. Juli 2023 eine monatliche Pauschale (TI-Pauschale) von den Krankenkassen.

(2) ₁Das Nähere zur Höhe und zu den der Berechnung zugrunde zu legenden Komponenten und Diensten sowie zur Abrechnung der TI-Pauschale vereinbaren der Spitzenverband Bund der Krankenkassen und die für die Wahrnehmung der wirtschaftlichen Interessen gebildete maßgebliche Spitzenorganisation der Apotheker auf Bundesebene bis zum 30. April 2023. ₂Kommt eine Vereinbarung nach Satz 1 nicht oder nicht vollständig bis zum 30. April 2023 zustande, legt das Bundesministerium für Gesundheit den Vereinbarungsinhalt innerhalb von zwei Monaten nach Ablauf der in Satz 1 genannten Frist fest. ₃§ 378 Absatz 3 bis 5 gilt entsprechend.

§ 380 Finanzierung der den Hebammen, Physiotherapeuten und anderen Heilmittelerbringern, Hilfsmittelerbringern, zahntechnischen Laboren, Erbringern von Soziotherapie nach § 37a sowie weiteren Leistungserbringern entstehenden Ausstattungs- und Betriebskosten

(1) Zum Ausgleich der in § 376 genannten Ausstattungs- und Betriebskosten erhalten Hebammen, für die gemäß § 134a Absatz 2 Satz 1 die Verträge nach § 134a Absatz 1 Rechtswirkung haben, sowie Physiotherapeuten, die nach § 124 Absatz 1 zur Abgabe von Leistungen berechtigt sind, ab dem 1. Juli 2021 und von Hebammen geleitete Einrichtungen, für die die Verträge nach § 134a Absatz 1 Rechtswirkung haben, ab dem 1. Oktober 2021 die in der jeweils geltenden Fassung der Vereinbarung nach § 378 Absatz 2 für die an der vertragsärztlichen Versorgung teilnehmenden Leistungserbringer vereinbarten Erstattungen von den Krankenkassen.

(2) Zum Ausgleich der in § 376 genannten Ausstattungs- und Betriebskosten erhalten folgende Leistungserbringer die in der jeweils geltenden Fassung der Vereinbarung nach § 378 Absatz 2 für die an der vertragsärztlichen Versorgung teilnehmenden Leistungserbringer vereinbarten Erstattungen von den Krankenkassen:

1. ab dem 1. Juli 2024 die übrigen Heilmittelerbringer, die nach § 124 Absatz 1 zur Abgabe von Leistungen berechtigt sind, die Hilfsmittelerbringer, die im Besitz eines Zertifikates nach § 126 Absatz 1a Satz 2 sind, sowie die Leistungserbringer, die zur Abgabe der weiteren in § 360 Absatz 7 Satz 1 genannten Leistungen berechtigt sind,
2. ab dem 1. Juli 2024 zahntechnische Labore,
3. ab dem 1. Juli 2024 Erbringer soziotherapeutischer Leistungen nach § 37a und
4. ab dem 1. Juli 2023 Leistungserbringer, die Leistungen nach den §§ 24g, 37, 37b, 37c, 39a Absatz 1 und § 39c erbringen, sofern sie nicht zugleich Leistungserbringer nach dem Elften Buch sind.

(3) ₁Das Nähere zur Abrechnung der Erstattungen nach Absatz 1 vereinbaren bis zum 31. März 2021

1. für die Hebammen die Vertragspartner nach § 134a Absatz 1 Satz 1 und
2. für die Physiotherapeuten der Spitzenverband Bund der Krankenkassen mit den für die Wahrnehmung der wirtschaftlichen Interessen maßgeblichen Spitzenorganisationen der Physiotherapeuten auf Bundesebene.

₂Das Nähere zur Abrechnung der Erstattung vereinbaren für die von Hebammen geleiteten Einrichtungen die Vereinbarungspartner nach § 134a Absatz 1 Satz 1 bis zum 1. Oktober 2021.

(4) Das Nähere zur Abrechnung der Erstattungen nach Absatz 2 vereinbaren

1. bis zum 1. Januar 2024 für die Heilmittelerbringer nach Absatz 2 Nummer 1 der Spitzenverband Bund der Krankenkassen mit den für die Wahrnehmung der Interessen der Heilmittelerbringer maßgeblichen Spitzenorganisationen auf Bundesebene,
2. bis zum 1. Januar 2024 für die Leistungserbringer nach Absatz 2 Nummer 1, die Hilfsmittel oder die weiteren in § 360 Absatz 7 Satz 1 genannten Mittel abgeben, die Verbände der Krankenkassen und die für die Wahrnehmung der Interessen dieser Leistungserbringer maßgeblichen Spitzenorganisationen auf Bundesebene,
3. bis zum 1. Januar 2024 für die zahntechnischen Labore nach Absatz 2 Nummer 2 der Spitzenverband Bund der Krankenkassen und der Verband Deutscher Zahntechniker-Innungen,
4. bis zum 1. Januar 2024 für die in Absatz 2 Nummer 3 genannten Leistungserbringer die Krankenkassen oder die Landesverbände der Krankenkassen mit den soziotherapeutischen Leistungserbringern nach § 132b und

5. bis zum 1. Januar 2023 für die in Absatz 2 Nummer4 genannten Leistungserbringer der Spitzenverband Bund der Krankenkassen und die Vereinigungen der Träger der Pflegeeinrichtungen auf Bundesebene.

§ 381 Finanzierung der den Vorsorgeeinrichtungen und Rehabilitationseinrichtungen entstehenden Ausstattungs- und Betriebskosten

(1) Zur Finanzierung der in § 376 genannten Ausstattungs- und Betriebskosten erhalten

1. die Einrichtungen, mit denen ein Versorgungsvertrag nach § 111 Absatz 2 Satz 1, § 111a Absatz 1 Satz 1 oder § 111c Absatz 1 besteht, ab dem 1. Januar 2021 einen Ausgleich von den Krankenkassen und
2. die Rehabilitationseinrichtungen der gesetzlichen Rentenversicherung, die Leistungen nach den §§ 15, 15a oder § 31 Absatz 1 Nummer 2 des Sechsten Buches erbringen, ab dem 1. Januar 2021 einen Ausgleich von den Trägern der gesetzlichen Rentenversicherung.

(2) 1Das Nähere zum Ausgleich der Kosten nach Absatz 1 vereinbaren der Spitzenverband Bund der Krankenkassen, die Deutsche Rentenversicherung Bund, die für die Wahrnehmung der Interessen der Vorsorgeeinrichtungen und Rehabilitationseinrichtungen nach diesem Buch maßgeblichen Bundesverbände und die für die Wahrnehmung der Interessen der Rehabilitationseinrichtungen maßgeblichen Vereinigungen der gesetzlichen Rentenversicherung bis zum 1. Oktober 2020. 2Dabei gilt sowohl für die Rehabilitationseinrichtungen der gesetzlichen Rentenversicherung als auch für die von den Krankenkassen zu finanzierenden Einrichtungen das Verfahren zur Verhandlung und Anpassung von Vergütungssätzen. 3Für Rehabilitationseinrichtungen, die ambulante Leistungen zur medizinischen Rehabilitation bei Abhängigkeitserkrankungen erbringen, kann ein von Satz 2 abweichendes Verfahren vereinbart werden.

(3) Über die Aufteilung der Kosten zwischen den Krankenkassen und den Trägern der gesetzlichen Rentenversicherung treffen der Spitzenverband Bund der Krankenkassen und die Deutsche Rentenversicherung Bund eine gesonderte Vereinbarung bis zum 1. Januar 2021.

(4) 1Die Absätze 1 bis 3 gelten für die Landwirtschaftliche Alterskasse, die Leistungen nach § 10 Absatz 1 des Gesetzes über die Alterssicherung der Landwirte erbringt, entsprechend mit der Maßgabe, dass die Landwirtschaftliche Alterskasse den Vereinbarungen nach den Absätzen 2 und 3 nach vorheriger Verständigung mit dem Spitzenverband Bund der Krankenkassen und der Deutschen Rentenversicherung Bund beitreten kann. 2Die Einrichtungen nach Absatz 1 erhalten den Ausgleich nach Absatz 1 von der Landwirtschaftlichen Alterskasse ab dem Zeitpunkt ihres Beitritts zu den Vereinbarungen nach den Absätzen 2 und 3.

§ 382 Erstattung der dem Öffentlichen Gesundheitsdienst entstehenden Ausstattungs- und Betriebskosten

(1) Zum Ausgleich der in § 376 Satz 1 genannten Ausstattungs- und Betriebskosten erhalten die Rechtsträger der für den Öffentlichen Gesundheitsdienst zuständigen Behörden ab dem 1. Januar 2021 die in der Vereinbarung nach § 378 Absatz 2 in der jeweils geltenden Fassung für die an der vertragsärztlichen Versorgung teilnehmenden Leistungserbringer vereinbarten Erstattungen von den Krankenkassen.

(2) Das Nähere zur Abrechnung der Erstattungen vereinbart der Spitzenverband Bund der Krankenkassen mit den obersten Landesbehörden oder den von ihnen jeweils bestimmten Stellen bis zum 1. Oktober 2020.

§ 383 Erstattung der Kosten für die Übermittlung elektronischer Briefe in der vertragsärztlichen Versorgung

(1) 1Die Erstattung nach § 378 Absatz 1 erhöht sich um eine Pauschale pro Übermittlung eines elektronischen Briefes zwischen den an der vertragsärztlichen Versorgung teilnehmenden Leistungserbringern, wenn

1. die Übermittlung durch sichere elektronische Verfahren erfolgt und dadurch der Versand durch Post-, Boten- oder Kurierdienste entfällt,
2. der an der vertragsärztlichen Versorgung teilnehmende Leistungserbringer gegenüber der Abrechnungsstelle den Nachweis einer Bestätigung nach Absatz 4 erbringt und
3. der elektronische Brief mit einer qualifizierten elektronischen Signatur versehen worden ist, die mit einem elektronischen Heilberufsausweis erzeugt wurde.

2Die Höhe der Pauschale wird durch die Vertragspartner nach § 378 Absatz 2 Satz 1 vereinbart. 3Ein sicheres elektronisches Verfahren erfordert, dass der elektronische Brief durch geeignete technische Maßnahmen entsprechend dem aktuellen Stand der Technik gegen unberechtigte Zugriffe geschützt wird. 4Der Wegfall des Versands durch Post-, Boten- oder Kurierdienste ist bei der Anpassung des Behandlungsbedarfes nach § 87a Absatz 4 zu berücksichtigen.

(2) Die Kassenärztliche Bundesvereinigung regelt im Benehmen mit dem Spitzenverband Bund der Krankenkassen, der Gesellschaft für Telematik und dem Bundesamt für Sicherheit in der Informationstechnik in einer Richtlinie

Einzelheiten zu den Anforderungen an ein sicheres elektronisches Verfahren sowie an informationstechnische Systeme für an der vertragsärztlichen Versorgung teilnehmende Leistungserbringer sowie das Nähere

1. über Inhalt und Struktur des elektronischen Briefes,
2. zur Abrechnung der Pauschale und
3. zur Vermeidung einer nicht bedarfsgerechten Mengenausweitung.

(3) 1In der Richtlinie ist festzulegen, dass für die Übermittlung des elektronischen Briefes die nach § 311 Absatz 6 Satz 1 festgelegten sicheren Verfahren genutzt werden, sobald diese zur Verfügung stehen. 2Die Richtlinie ist dem Bundesministerium für Gesundheit zur Prüfung vorzulegen. 3Bei der Prüfung der Richtlinie hat das Bundesministerium für Gesundheit der oder dem Bundesbeauftragten für den Datenschutz und die Informationsfreiheit und dem Bundesamt für Sicherheit in der Informationstechnik Gelegenheit zur Stellungnahme zu geben. 4Das Bundesministerium für Gesundheit kann für die Stellungnahme eine angemessene Frist setzen. 5Das Bundesministerium für Gesundheit kann die Richtlinie innerhalb von einem Monat beanstanden und eine Frist zur Behebung der Beanstandungen setzen.

(4) 1Die Kassenärztliche Bundesvereinigung bestätigt auf Antrag eines Anbieters eines informationstechnischen Systems für an der vertragsärztlichen Versorgung teilnehmende Leistungserbringer, dass sein System die Vorgaben der Richtlinie erfüllt. 2Die Kassenärztliche Bundesvereinigung veröffentlicht eine Liste mit denjenigen informationstechnischen Systemen, für die die Anbieter eine Bestätigung nach Satz 1 erhalten haben.

(5) 1Durch den Bewertungsausschuss nach § 87 Absatz 1 ist durch Beschluss festzulegen, dass die für die Versendung eines Telefax im einheitlichen Bewertungsmaßstab für ärztliche Leistungen vereinbarte Kostenpauschale folgende Beträge nicht überschreiten darf:

1. mit Wirkung zum 31. März 2020 die Hälfte der Vergütung, die für die Versendung eines elektronischen Briefes nach Satz 1 vereinbart ist und
2. mit Wirkung zum 31. März 2021 ein Viertel der Vergütung, die für die Versendung eines elektronischen Briefes nach Satz 1 vereinbart ist.

2Abweichend von Satz 1 darf die Pauschale bis zum 30. Juni 2020 auch für den Fall vereinbart werden, dass für die Übermittlung des elektronischen Briefes ein Dienst genutzt wird, der von der Kassenärztlichen Bundesvereinigung angeboten wird.

(6) Die Absätze 1 bis 5 gelten nicht für die Vertragszahnärzte.

Zwölftes Kapitel Förderung von offenen Standards und Schnittstellen; Nationales Gesundheitsportal

§ 384 Begriffsbestimmungen

Im Sinne dieses Buches bezeichnet der Ausdruck

1. Interoperabilität die Fähigkeit zweier oder mehrerer informationstechnischer Anwendungen,
   a) Informationen auszutauschen und diese für die korrekte Ausführung einer konkreten Funktion ohne Änderung des Inhalts der Daten zu nutzen,
   b) miteinander zu kommunizieren,
   c) bestimmungsgemäß zusammenzuarbeiten;
2. Standard diejenigen Dokumente, die dem aktuellen Stand der Technik mit Anforderungs- und Lösungsdefinitionen entsprechen, wobei der Entstehungsprozess des Dokuments bekannt und dokumentiert ist, inklusive der Prozesse der Veröffentlichung, Nutzung und Versionierung;
3. Profil diejenigen Dokumente, die aus einem oder mehreren Standards bestehen, die für eine spezifische Anwendung zusammengestellt sind; Profile enthalten den aktuellen Stand der Technik mit Anforderungs- und Lösungsdefinitionen;
4. Leitfaden diejenigen Dokumente, die mindestens eine Anforderung an die Informationsübertragung enthalten; sie erläutern oder dokumentieren die Nutzung einer oder mehrerer Standards oder Profile.

§ 385 Interoperabilitätsverzeichnis

(1) 1Die Gesellschaft für Telematik hat ein elektronisches Interoperabilitätsverzeichnis zu pflegen und zu betreiben, in dem technische und semantische Standards, Profile und Leitfäden für informationstechnische Systeme im Gesundheitswesen aufgeführt werden. 2Das elektronische Interoperabilitätsverzeichnis umfasst auch technische und semantische Standards, Profile und Leitfäden der Pflege. 3Die Gesellschaft für Telematik betreibt das Interoperabilitätsverzeichnis ab dem 1. Februar 2023 über die Wissensplattform nach § 7 Absatz 1 der IOP-Governance-Verordnung.

(2) Das Interoperabilitätsverzeichnis dient der Förderung der Interoperabilität zwischen informationstechnischen Systemen.

(3) Als Bestandteil des Interoperabilitätsverzeichnisses hat die Gesellschaft für Telematik ein Informationsportal nach § 392 aufzubauen.

(4) Das Interoperabilitätsverzeichnis ist für die Nutzung öffentlich zur Verfügung zu stellen.

(5) Die Gesellschaft für Telematik hat die Fachöffentlichkeit über den Stand der Pflege und der Weiterentwicklung des Interoperabilitätsverzeichnisses auf der Internetseite des Interoperabilitätsverzeichnisses zu informieren.

§ 386 Beratung durch Experten

(1) 1Die Gesellschaft für Telematik benennt Experten, die über Fachwissen im Bereich der Gesundheitsversorgung und im Bereich der Informationstechnik und Standardisierung im Gesundheitswesen verfügen. 2Die Experten können der Gesellschaft für Telematik für die Pflege und die Weiterentwicklung des Interoperabilitätsverzeichnisses Empfehlungen geben. 3Die Gesellschaft für Telematik hat die Empfehlungen in ihre Entscheidungen einzubeziehen.

(2) Die Gesellschaft für Telematik wählt die zu benennenden Experten aus folgenden Gruppen aus:

1. Anwender informationstechnischer Systeme,
2. für die Wahrnehmung der Interessen der Industrie maßgebliche Bundesverbände aus dem Bereich der Informationstechnologie im Gesundheitswesen,
3. Länder,
4. fachlich betroffene Bundesbehörden,
5. fachlich betroffene nationale und internationale Standardisierungs- und Normungsorganisationen,
6. fachlich betroffene Fachgesellschaften sowie
7. Vertreter wissenschaftlicher Einrichtungen.

(3) Die Gesellschaft für Telematik erstattet den Experten die ihnen durch die Mitarbeit entstehenden Kosten.

§ 387 Aufnahme von Standards, Profilen und Leitfäden der Gesellschaft für Telematik

(1) Technische und semantische Standards, Profile und Leitfäden, die die Gesellschaft für Telematik nach den §§ 291, 291a, 312 und 334 Absatz 1 Satz 2 festgelegt hat (Interoperabilitätsfestlegungen), sind frühestmöglich in das Interoperabilitätsverzeichnis aufzunehmen, jedoch spätestens dann, wenn sie für den flächendeckenden Wirkbetrieb der Telematikinfrastruktur freigegeben sind.

(2) 1Bevor die Gesellschaft für Telematik eine Festlegung nach Absatz 1 trifft, hat sie den Experten nach § 386 Gelegenheit zur Stellungnahme zu geben. 2In ihren Stellungnahmen können die Experten weitere Empfehlungen zur Umsetzung und Nutzung der in das Interoperabilitätsverzeichnis aufzunehmenden Inhalte sowie zu anwendungsspezifischen Konkretisierungen und Ergänzungen abgeben. 3Die Gesellschaft für Telematik hat die Stellungnahmen in ihre Entscheidung einzubeziehen.

(3) Die Stellungnahmen der Experten nach § 386 sind auf der Internetseite des Interoperabilitätsverzeichnisses zu veröffentlichen.

§ 388 Aufnahme von Standards, Profilen und Leitfäden für informationstechnische Systeme im Gesundheitswesen

(1) Technische und semantische Standards, Profile und Leitfäden für informationstechnische Systeme, die im Gesundheitswesen angewendet werden und die nicht von der Gesellschaft für Telematik festgelegt werden, nimmt die Gesellschaft für Telematik auf Antrag in das Interoperabilitätsverzeichnis auf.

(2) 1Für die Aufnahme von technischen und semantischen Standards, Profilen und Leitfäden nach Absatz 1 in das Interoperabilitätsverzeichnis kann die Gesellschaft für Telematik Entgelte verlangen. 2Hierfür hat die Gesellschaft für Telematik einen Entgeltkatalog zu erstellen.

(3) Einen Antrag nach Absatz 1 können folgende Personen, Verbände, Einrichtungen und Organisationen stellen:

1. die Anwender von informationstechnischen Systemen, die im Gesundheitswesen angewendet werden,
2. die Interessenvertretungen der Anwender von informationstechnischen Systemen, die im Gesundheitswesen angewendet werden,
3. die Anbieter informationstechnischer Systeme, die im Gesundheitswesen angewendet werden,
4. wissenschaftliche Einrichtungen,
5. fachlich betroffene Fachgesellschaften sowie
6. Standardisierungs- und Normungsorganisationen.

(4) Anbieter einer elektronischen Anwendung im Gesundheitswesen nach § 306 Absatz 1 Satz 2 Nummer 2 oder einer elektronischen Anwendung, die aus Mitteln der gesetzlichen Krankenversicherung ganz oder teilweise finanziert wird, sind verpflichtet, einen Antrag nach Absatz 1 zu stellen.

(5) Vor Aufnahme in das Interoperabilitätsverzeichnis bewertet die Gesellschaft für Telematik, inwieweit die technischen und semantischen Standards, Profile und Leitfäden nach Absatz 1 den Interoperabilitätsfestlegungen nach § 387 Absatz 1 entsprechen.

(6) 1Nach der Bewertung nach Absatz 5 gibt die Gesellschaft für Telematik den Experten nach § 386 Gelegenheit zur Stellungnahme. 2In ihren Stellungnahmen können die Experten weitere Empfehlungen zur Umsetzung und Nutzung der in das Interoperabilitätsverzeichnis aufgenommenen Inhalte sowie zu anwendungsspezifischen Konkretisierungen und Ergänzungen abgeben. 3Die Gesellschaft für Telematik hat die Stellungnahmen der Experten nach § 386 in ihre Entscheidung einzubeziehen.

(7) Die Stellungnahmen der Experten nach § 386 sowie das Ergebnis der Prüfung der Gesellschaft für Telematik

V

sind auf der Internetseite des Interoperabilitätsverzeichnisses zu veröffentlichen.

§ 389 Empfehlung von Standards, Profilen und Leitfäden von informationstechnischen Systemen im Gesundheitswesen als Referenz

(1) Die Gesellschaft für Telematik kann die Zusammenarbeit der Standardisierungs- und Normungsorganisationen unterstützen und in das Interoperabilitätsverzeichnis aufgenommene technische und semantische Standards, Profile und Leitfäden nach § 388 Absatz 1 als Referenz für informationstechnische Systeme im Gesundheitswesen empfehlen.

(2) 1Vor ihrer Empfehlung hat die Gesellschaft für Telematik den Experten nach § 386 sowie bei Empfehlungen zur Datensicherheit und zum Datenschutz auch dem Bundesamt für Sicherheit in der Informationstechnik sowie der oder dem Bundesbeauftragten für den Datenschutz und die Informationsfreiheit Gelegenheit zur Stellungnahme zu geben. 2Die Gesellschaft für Telematik hat die Stellungnahmen und Vorschläge in ihre Entscheidung einzubeziehen.

(3) Die Stellungnahmen und Vorschläge der Experten nach § 386 sowie die Empfehlungen der Gesellschaft für Telematik sind auf der Internetseite des Interoperabilitätsverzeichnisses zu veröffentlichen.

§ 390 Beachtung der Festlegungen und Empfehlungen bei Finanzierung aus Mitteln der gesetzlichen Krankenversicherung

Elektronische Anwendungen im Gesundheitswesen dürfen aus Mitteln der gesetzlichen Krankenversicherung nur ganz oder teilweise finanziert werden, wenn die Anbieter der elektronischen Anwendungen die Empfehlungen und verbindlichen Festlegungen nach § 394a Absatz 1 Satz 2 Nummer 2 und Satz 3 beachten.

§ 391 Beteiligung der Fachöffentlichkeit

(1) Die Gesellschaft für Telematik hat die Fachöffentlichkeit mittels elektronischer Informationstechnologien zu beteiligen bei

1. Festlegungen nach § 387Absatz 1,
2. Bewertungen nach § 388 Absatz 5 und
3. Empfehlungen nach § 389 Absatz 1.

(2) 1Zur Beteiligung der Fachöffentlichkeit hat die Gesellschaft für Telematik die Entwürfe der Festlegungen nach § 387 Absatz 1, die Entwürfe der Bewertungen nach § 388 Absatz 5 und die Entwürfe der Empfehlungen nach § 389 Absatz 1 auf der Internetseite des Interoperabilitätsverzeichnisses zu veröffentlichen. 2Die Entwürfe sind mit dem Hinweis zu veröffentlichen, dass Stellungnahmen während der Veröffentlichung abgegeben werden können.

(3) Die eingegangenen Stellungnahmen hat die Gesellschaft für Telematik auf der Internetseite des Interoperabilitätsverzeichnisses zu veröffentlichen.

(4) 1Die Gesellschaft für Telematik stellt sicher, dass die Stellungnahmen bei der weiteren Prüfung der Entwürfe angemessen berücksichtigt werden. 2Dabei berücksichtigt die Gesellschaft für Telematik insbesondere diejenigen Anforderungen an elektronische Informationstechnologien, die die Interoperabilität sowie einen standardkonformen nationalen und internationalen Austausch von Daten und Informationen betreffen.

§ 392 Informationsportal

(1) 1Als Bestandteil des Interoperabilitätsverzeichnisses hat die Gesellschaft für Telematik ein barrierefreies Informationsportal zu pflegen und zu betreiben. 2In das Informationsportal werden auf Antrag von Projektträgern oder von Anbietern elektronischer Anwendungen insbesondere Informationen über den Inhalt, den Verwendungszweck und die Finanzierung von elektronischen Anwendungen im Gesundheitswesen, insbesondere von telemedizinischen Anwendungen, sowie von elektronischen Anwendungen in der Pflege aufgenommen.

(2) Projektträger und Anbieter einer elektronischen Anwendung, die ganz oder teilweise aus Mitteln der gesetzlichen Krankenversicherung finanziert wird, sind verpflichtet, einen Antrag auf Aufnahme der Informationen nach Absatz 1 in das Informationsportal zu stellen.

(3) Das Nähere zu den Inhalten des Informationsportals und zu den Mindestinhalten des Antrags nach Absatz 2 legt die Gesellschaft für Telematik in der Geschäfts- und Verfahrensordnung für das Interoperabilitätsverzeichnis fest.

§ 393 Geschäfts- und Verfahrensordnung für das Interoperabilitätsverzeichnis

Die Gesellschaft für Telematik erstellt für das Interoperabilitätsverzeichnis eine Geschäfts- und Verfahrensordnung. Die Geschäfts- und Verfahrensordnung regelt das Nähere

1. zur Pflege und zum Betrieb sowie zur Nutzung des Interoperabilitätsverzeichnisses,
2. zur Benennung der Experten und zu deren Kostenerstattung nach § 386,
3. zum Verfahren der Aufnahme von Informationen nach den §§ 387 bis 389 in das Interoperabilitätsverzeichnis und

V

4. zum Verfahren der Aufnahme von Informationen in das Informationsportal nach § 392.

§ 394 Bericht über das Interoperabilitätsverzeichnis

(1) 1Die Gesellschaft für Telematik legt dem Bundesministerium für Gesundheit alle zwei Jahre, erstmals zum 2. Januar 2018, einen Bericht vor. 2Der Bericht enthält

1. Informationen über den Aufbau des Interoperabilitätsverzeichnisses,
2. Anwendungserfahrungen,
3. Vorschläge zur Weiterentwicklung des Interoperabilitätsverzeichnisses,
4. eine Einschätzung zur Standardisierung im Gesundheitswesen und
5. Empfehlungen zur Harmonisierung der Standards.

(2) Das Bundesministerium für Gesundheit kann weitere Inhalte für den Bericht bestimmen.

(3) Das Bundesministerium für Gesundheit leitet den Bericht an den Deutschen Bundestag weiter.

§ 394a Verordnungsermächtigung

(1) 1Das Bundesministerium für Gesundheit wird ermächtigt, durch Rechtsverordnung ohne Zustimmung des Bundesrates zur Förderung der Interoperabilität und von offenen Standards und Schnittstellen, die Einrichtung und Organisation einer bei der Gesellschaft für Telematik unterhaltenen Koordinierungsstelle für Interoperabilität im Gesundheitswesen sowie eines von der Koordinierungsstelle eingesetzten Expertengremiums und deren jeweils notwendige Arbeitsstrukturen zu regeln sowie Regelungen zu treffen für die Erhebung von Gebühren und Auslagen für individuell zurechenbare öffentliche Leistungen, die durch die Koordinierungsstelle oder das Expertengremium erbracht werden. 2Die Koordinierungsstelle und das Expertengremium haben die Aufgabe, für informationstechnische Systeme, die im Gesundheitswesen eingesetzt werden,

1. einen Bedarf an technischen, semantischen und syntaktischen Standards, Profilen und Leitfäden zu identifizieren, zu priorisieren und diese gegebenenfalls selbst zu entwickeln,
2. technische, semantische und syntaktische Standards, Profile und Leitfäden für bestimmte Bereiche oder das gesamte Gesundheitswesen zu empfehlen und
3. technische, semantische und syntaktische Standards, Profile und Leitfäden auf einer Plattform, die aus dem elektronischen Interoperabilitätsverzeichnis nach § 385 weiterzuentwickeln und zu betreiben ist, zu veröffentlichen.

3Das Bundesministerium für Gesundheit kann in der Anlage zu der Rechtsverordnung nach Satz 1 Empfehlungen nach Satz 2 Nummer 2 für bestimmte Bereiche oder das gesamte Gesundheitswesen verbindlich festlegen.

(2) In der Rechtsverordnung nach Absatz 1 Satz 1 ist das Nähere zu regeln zu

1. der Zusammensetzung der Gremien nach Absatz 1 Satz 1,
2. dem Verfahrensablauf zur Benennung von Experten sowie den fachlichen Anforderungen an die zu benennenden Experten,
3. den Abstimmungsmodalitäten, einschließlich der Beschlussfähigkeit,
4. der Einrichtung von Arbeitskreisen aus dem Kreis der Mitglieder des Expertengremiums,
5. der Aufwandsentschädigung für die Experten,
6. den Einzelheiten der Aufgabenwahrnehmung nach Absatz 1 Satz 2 sowie den hierbei anzuwendenden Verfahren,
7. den Zuständigkeiten der Koordinierungsstelle und des Expertengremiums sowie der Pflicht der Koordinierungsstelle, dem Bundesamt für Sicherheit in der Informationstechnik und der oder dem Bundesbeauftragten für den Datenschutz und die Informationsfreiheit Gelegenheit zur Stellungnahme zu geben,
8. den Fristen für einzelne Aufgaben nach Absatz 1 Satz 2,
9. dem Inhalt, Betrieb und der Pflege der Plattform nach Absatz 1 Satz 2 Nummer 3 und
10. den Berichtspflichten der Koordinierungsstelle und des Expertengremiums gegenüber dem Bundesministerium für Gesundheit sowie den Berichtsinhalten.

§ 395 Nationales Gesundheitsportal

(1) Das Bundesministerium für Gesundheit errichtet und betreibt ein elektronisches, über allgemein zugängliche Netze sowie über die Telematikinfrastruktur nach § 306 aufrufbares Informationsportal, das gesundheits- und pflegebezogene Informationen barrierefrei in allgemein verständlicher Sprache zur Verfügung stellt (Nationales Gesundheitsportal).

(2) 1Die Kassenärztlichen Bundesvereinigungen haben die Aufgabe, auf Suchanfragen der Nutzer nach bestimmten vertragsärztlichen Leistungserbringern über das Nationale Gesundheitsportal die in Satz 3 Nummer 1 bis 6 genannten, für die Suchanfrage relevanten arztbezogenen Informationen an das Nationale Gesundheitsportal zu übermitteln. 2Die Suchergebnisse werden im Nationalen Gesundheitsportal dargestellt. 3Die Kassenärztlichen Vereinigungen übermitteln ihrer jeweiligen Bundesvereini-

V

gung zu diesem Zweck regelmäßig aus den rechtmäßig von ihnen erhobenen Daten folgende Angaben:

1. den Vor- und Zunamen des Arztes und dessen akademischen Grad,
2. die Adresse, Telefonnummer und E-Mail-Adresse der Praxis oder der an der Versorgung teilnehmenden Einrichtung, in der der Arzt tätig ist,
3. die Fachgebiets-, Schwerpunkt- und Zusatzbezeichnungen,
4. die Sprechstundenzeiten,
5. die Zugangsmöglichkeit von Menschen mit Behinderung (Barrierefreiheit) zu der vertragsärztlichen Praxis oder der an der vertragsärztlichen Versorgung teilnehmenden Einrichtung, in der der Arzt tätig ist, sowie
6. das Vorliegen von Abrechnungsgenehmigungen für besonders qualitätsgesicherte Leistungsbereiche in der vertragsärztlichen Versorgung.

V

(3) Die Übermittlungspflicht nach Absatz 2 Satz 3 gilt auch für ermächtigte Einrichtungen, jedoch mit der Maßgabe, dass die Angaben nach Absatz 2 Satz 3 Nummer 2 bis 5 ohne Arztbezug einrichtungsbezogen übermittelt werden.

(4) Das Bundesministerium für Gesundheit legt in Abstimmung mit den Kassenärztlichen Bundesvereinigungen bis zum 31. Dezember 2021 das Nähere fest

1. zur Struktur und zum Format der Daten sowie
2. zum technischen Übermittlungsverfahren.

(5) Soweit sich die Vorschriften dieses Kapitels auf Ärzte und Kassenärztliche Vereinigungen beziehen, gelten sie entsprechend für Psychotherapeuten, Zahnärzte und Kassenzahnärztliche Vereinigungen, sofern nichts Abweichendes bestimmt ist.

Dreizehntes Kapitel Straf- und Bußgeldvorschriften

§ 396 Zusammenarbeit zur Verfolgung und Ahndung von Ordnungswidrigkeiten

1 Zur Verfolgung und Ahndung von Ordnungswidrigkeiten arbeiten die Krankenkassen insbesondere mit der Bundesagentur für Arbeit, den Behörden der Zollverwaltung, den Rentenversicherungsträgern, den Trägern der Sozialhilfe, den in § 71 des Aufenthaltsgesetzes genannten Behörden, den Finanzbehörden, den nach Landesrecht für die Verfolgung und Ahndung von Ordnungswidrigkeiten nach dem Schwarzarbeitsbekämpfungsgesetz zuständigen Behörden, den Trägern der Unfallversicherung und den für den Arbeitsschutz zuständigen Landesbehörden zusammen, wenn sich im Einzelfall konkrete Anhaltspunkte ergeben für

1. Verstöße gegen das Schwarzarbeitsbekämpfungsgesetz,
2. eine Beschäftigung oder Tätigkeit von nichtdeutschen Arbeitnehmern ohne den erforderlichen Aufenthaltstitel nach § 4 Abs. 3 des Aufenthaltsgesetzes, eine Aufenthaltsgestattung oder eine Duldung, die zur Ausübung der Beschäftigung berechtigten, oder eine Genehmigung nach § 284 Abs. 1 des Dritten Buches,
3. Verstöße gegen die Mitwirkungspflicht nach § 60 Abs. 1 Satz 1 Nr. 2 des Ersten Buches gegenüber einer Dienststelle der Bundesagentur für Arbeit, einem Träger der gesetzlichen Unfall- oder Rentenversicherung oder einem Träger der Sozialhilfe oder gegen die Meldepflicht nach § 8a des Asylbewerberleistungsgesetzes,
4. Verstöße gegen das Arbeitnehmerüberlassungsgesetz,
5. Verstöße gegen die Vorschriften des Vierten und des Siebten Buches über die Verpflichtung zur Zahlung von Beiträgen, soweit sie im Zusammenhang mit den in den Nummern 1 bis 4 genannten Verstößen stehen,
6. Verstöße gegen Steuergesetze,
7. Verstöße gegen das Aufenthaltsgesetz.

2 Sie unterrichten die für die Verfolgung und Ahndung zuständigen Behörden, die Träger der Sozialhilfe sowie die Behörden nach § 71 des Aufenthaltsgesetzes. 3 Die Unterrichtung kann auch Angaben über die Tatsachen enthalten, die für die Einziehung der Beiträge zur Kranken- und Rentenversicherung erforderlich sind. 4 Die Übermittlung von Sozialdaten, die nach den §§ 284 bis 302 sowie nach dem Elften Kapitel von Versicherten erhoben werden, ist unzulässig.

§ 397 Bußgeldvorschriften

(1) Ordnungswidrig handelt, wer

1. entgegen § 332a Absatz 1 Satz 2 die dort genannte Einbindung beschränkt,
2. entgegen § 335 Absatz 1 einen Zugriff auf dort genannte Daten verlangt,
3. entgegen § 335 Absatz 2 eine Vereinbarung abschließt oder
4. entgegen § 339 Absatz 3 Satz 1 oder Absatz 5 Satz 1 oder § 361 Absatz 2 Satz 1 oder Absatz 3 Nummer 1 auf dort genannte Daten zugreift.

(2) Ordnungswidrig handelt, wer vorsätzlich oder leichtfertig

1. a) als Arbeitgeber entgegen § 204 Abs. 1 Satz 1, auch in Verbindung mit Absatz 2 Satz 1, oder

b) entgegen § 204 Abs. 1 Satz 3, auch in Verbindung mit Absatz 2 Satz 1, oder § 205 Nr. 3 oder
c) als für die Zahlstelle Verantwortlicher entgegen § 202 Absatz 1 Satz 1

eine Meldung nicht, nicht richtig, nicht vollständig oder nicht rechtzeitig erstattet,

2. entgegen § 206 Abs. 1 Satz 1 eine Auskunft oder eine Änderung nicht, nicht richtig, nicht vollständig oder nicht rechtzeitig erteilt oder mitteilt oder
3. entgegen § 206 Abs. 1 Satz 2 die erforderlichen Unterlagen nicht, nicht vollständig oder nicht rechtzeitig vorlegt.

(2a) Ordnungswidrig handelt, wer vorsätzlich oder fahrlässig

1. ohne Zulassung oder Bestätigung nach § 326 die Telematikinfrastruktur nutzt,
2. entgegen § 329 Absatz 2 Satz 1 eine Meldung nicht, nicht richtig, nicht vollständig oder nicht rechtzeitig macht oder
3. einer vollziehbaren Anordnung nach § 329 Absatz 3 Satz 2 oder § 333 Absatz 3 zuwiderhandelt.

(3) Die Ordnungswidrigkeit kann in den Fällen des Absatzes 2a mit einer Geldbuße bis zu dreihunderttausend Euro, in den Fällen des Absatzes 1 mit einer Geldbuße bis zu fünfzigtausend Euro, in den übrigen Fällen mit einer Geldbuße bis zu zweitausendfünfhundert Euro geahndet werden.

(4) Verwaltungsbehörde im Sinne des § 36 Absatz 1 Nummer 1 des Gesetzes über Ordnungswidrigkeiten ist in den Fällen des Absatzes 2a das Bundesamt für Sicherheit in der Informationstechnik.

§ 398 Strafvorschriften

(1) Mit Freiheitsstrafe bis zu drei Jahren oder mit Geldstrafe wird bestraft, wer entgegen § 160 Absatz 2 Satz 1 die Zahlungsunfähigkeit oder die Überschuldung nicht, nicht richtig oder nicht rechtzeitig anzeigt.

(2) Handelt der Täter fahrlässig, so ist die Strafe Freiheitsstrafe bis zu einem Jahr oder Geldstrafe.

§ 399 Strafvorschriften

(1) Mit Freiheitsstrafe bis zu einem Jahr oder mit Geldstrafe wird bestraft, wer

1. entgegen § 64e Absatz 11 Satz 2 Nummer 2 oder § 303e Absatz 5 Satz 1 Nummer 2, auch in Verbindung mit § 363 Absatz 4 Satz 2, Daten weitergibt,
2. entgegen § 64e Absatz 11 Satz 5 oder § 303e Absatz 5 Satz 4, auch in Verbindung mit § 363 Absatz 4 Satz 2, dort genannte Daten verarbeitet oder
3. entgegen § 352, § 356 Absatz 1 oder 2, § 357 Absatz 1, 2 Satz 1 oder Absatz 3, § 359 Absatz 1 oder § 361 Absatz 1 auf dort genannte Daten zugreift.

(2) Handelt der Täter gegen Entgelt oder in der Absicht, sich oder einen Anderen zu bereichern oder einen Anderen zu schädigen, so ist die Strafe Freiheitsstrafe bis zu drei Jahren oder Geldstrafe.

(3) 1Die Tat wird nur auf Antrag verfolgt. 2Antragsberechtigt sind der Betroffene, der Bundesbeauftragte für den Datenschutz oder die zuständige Aufsichtsbehörde.

Vierzehntes Kapitel Überleitungsregelungen aus Anlass der Herstellung der Einheit Deutschlands

§ 400 Versicherter Personenkreis

(1) Soweit Vorschriften dieses Buches

1. an die Bezugsgröße anknüpfen, gilt vom 1. Januar 2001 an die Bezugsgröße nach § 18 Abs. 1 des Vierten Buches auch in dem in Artikel 3 des Einigungsvertrages genannten Gebiet,
2. an die Beitragsbemessungsgrenze in der allgemeinen Rentenversicherung anknüpfen, gilt von dem nach Nummer 1 maßgeblichen Zeitpunkt an die Beitragsbemessungsgrenze nach § 159 des Sechsten Buches auch in dem in Artikel 3 des Einigungsvertrages genannten Gebiet.

(2) bis (4) (weggefallen)

§ 401 Leistungen

(1) und (2) (weggefallen)

(3) Die erforderlichen Untersuchungen gemäß § 30 Abs. 2 Satz 2 und Abs. 7 gelten für den Zeitraum der Jahre 1989 bis 1991 als in Anspruch genommen.

§ 402 Beziehungen der Krankenkassen zu den Leistungserbringern

(1) (weggefallen)

(2) 1Die im Beitrittsgebiet bestehenden ärztlich geleiteten kommunalen, staatlichen und freigemeinnützigen Gesundheitseinrichtungen einschließlich der Einrichtungen des Betriebsgesundheitswesens (Polikliniken, Ambulatorien, Arztpraxen) sowie diabetologische, nephrologische, onkologische und rheumatologische Fachambulanzen, die am 31. Dezember 2003 zur vertragsärztlichen Versorgung zugelassen waren, nehmen weiterhin an der vertragsärztlichen Versorgung teil. 2Im Übrigen gelten für die Einrichtungen nach Satz 1 die Vorschriften dieses Buches, die sich auf medizinische Versorgungszentren beziehen, entsprechend.

(3) (weggefallen)

(4) (weggefallen)

(5) § 83 gilt mit der Maßgabe, daß die Verbände der Krankenkassen mit den ermächtigten Einrichtungen oder ihren Verbänden im Einvernehmen mit den kassenärztlichen Vereinigungen besondere Verträge schließen können.

(6) (weggefallen)

(7) Bei Anwendung des § 95 gilt das Erfordernis des Absatzes 2 Satz 3 dieser Vorschrift nicht

a) für Ärzte, die bei Inkrafttreten dieses Gesetzes in dem in Artikel 3 des Einigungsvertrages genannten Gebiet die Facharztanerkennung besitzen,

b) für Zahnärzte, die bereits zwei Jahre in dem in Artikel 3 des Einigungsvertrages genannten Gebiet zahnärztlich tätig sind.

(8) Die Absätze 5 und 7 gelten nicht in dem in Artikel 3 des Einigungsvertrages genannten Teil des Landes Berlin.

Fünfzehntes Kapitel
Weitere Übergangsvorschriften

§ 403 Beitragszuschüsse für Beschäftigte

(1) Versicherungsverträge, die den Standardtarif nach § 257 Absatz 2a in der bis zum 31. Dezember 2008 geltenden Fassung zum Gegenstand haben, werden auf Antrag der Versicherten auf Versicherungsverträge nach dem Basistarif gemäß § 152 Absatz 1 des Versicherungsaufsichtsgesetzes umgestellt.

(2) 1Zur Gewährleistung der in § 257 Absatz 2a Satz 1 Nummer 2 bis 2c in der bis zum 31. Dezember 2008 geltenden Fassung genannten Begrenzung bleiben im Hinblick auf die ab dem 1. Januar 2009 weiterhin im Standardtarif Versicherten alle Versicherungsunternehmen, die die nach § 257 Absatz 2 zuschussberechtigte Krankenversicherung betreiben, verpflichtet, an einem finanziellen Spitzenausgleich teilzunehmen, dessen Ausgestaltung zusammen mit den Einzelheiten des Standardtarifs zwischen der Bundesanstalt für Finanzdienstleistungsaufsicht und dem Verband der privaten Krankenversicherung mit Wirkung für die beteiligten Unternehmen zu vereinbaren ist und der eine gleichmäßige Belastung dieser Unternehmen bewirkt. 2Für in § 257 Absatz 2a Satz 1 Nummer 2c in der bis 31. Dezember 2008 geltenden Fassung genannte Personen, bei denen eine Behinderung nach § 4 Absatz 1 des Schwerbehindertengesetzes festgestellt worden ist, wird ein fiktiver Zuschlag von 100 Prozent auf die Bruttoprämie angerechnet, der in den Ausgleich nach Satz 1 einbezogen wird.

§ 404 Standardtarif für Personen ohne Versicherungsschutz

(1) 1Personen, die weder

1. in der gesetzlichen Krankenversicherung versichert oder versicherungspflichtig sind,
2. über eine private Krankheitsvollversicherung verfügen,
3. einen Anspruch auf freie Heilfürsorge haben, beihilfeberechtigt sind oder vergleichbare Ansprüche haben,
4. Anspruch auf Leistungen nach dem Asylbewerberleistungsgesetz haben noch
5. Leistungen nach dem Dritten, Vierten, Sechsten und Siebten Kapitel des Zwölften Buches beziehen,

können bis zum 31. Dezember 2008 Versicherungsschutz im Standardtarif gemäß § 257 Absatz 2a in der bis zum 31. Dezember 2008 geltenden Fassung verlangen; in den Fällen der Nummern 4 und 5 begründen Zeiten einer Unterbrechung des Leistungsbezugs von weniger als einem Monat keinen entsprechenden Anspruch. 2Der Antrag darf nicht abgelehnt werden. 3Die in § 257 Absatz 2a Satz 1 Nummer 2b in der bis zum 31. Dezember 2008 geltenden Fassung genannten Voraussetzungen gelten für Personen nach Satz 1 nicht; Risikozuschläge dürfen für sie nicht verlangt werden. 4Abweichend von Satz 1 Nummer 3 können auch Personen mit Anspruch auf Beihilfe nach beamtenrechtlichen Grundsätzen, die bisher nicht über eine auf Ergänzung der Beihilfe beschränkte private Krankenversicherung verfügen und auch nicht freiwillig in der gesetzlichen Krankenversicherung versichert sind, eine die Beihilfe ergänzende Absicherung im Standardtarif gemäß § 257 Absatz 2a Satz 1 Nummer 2b in der bis zum 31. Dezember 2008 geltenden Fassung verlangen.

(2) 1Der Beitrag von im Standardtarif nach Absatz 1 versicherten Personen darf den durchschnittlichen Höchstbeitrag der gesetzlichen Krankenversicherung gemäß § 257 Absatz 2a Satz 1 Nummer 2 in der bis zum 31. Dezember 2008 geltenden Fassung nicht überschreiten; die dort für Ehegatten oder Lebenspartner vorgesehene besondere Beitragsbegrenzung gilt für nach Absatz 1 versicherte Personen nicht. 2§ 152 Absatz 4 des Versicherungsaufsichtsgesetzes, § 26 Absatz 1 Satz 1 und Absatz 2 Satz 1 Nummer 2 des Zweiten Buches sowie § 32 Absatz 5 des Zwölften Buches gelten für nach Absatz 1 im Standardtarif versicherte Personen entsprechend.

(3) 1Eine Risikoprüfung ist nur zulässig, soweit sie für Zwecke des finanziellen Spitzenausgleichs nach § 257 Absatz 2b in der bis zum 31. Dezember 2008 geltenden Fassung oder für spätere Tarifwechsel erforderlich ist. 2Abweichend von § 257 Absatz 2b in der bis zum 31. Dezember 2008 geltenden Fassung sind im finanziellen Spitzenausgleich des Standardtarifs für Versicherte nach

Absatz 1 die Begrenzungen gemäß Absatz 2 sowie die durch das Verbot von Risikozuschlägen gemäß Absatz 1 Satz 3 auftretenden Mehraufwendungen zu berücksichtigen.

(4) Die gemäß Absatz 1 abgeschlossenen Versicherungsverträge im Standardtarif werden zum 1. Januar 2009 auf Verträge im Basistarif nach § 152 Absatz 1 des Versicherungsaufsichtsgesetzes umgestellt.

§ 405 Übergangsregelung für die knappschaftliche Krankenversicherung

1Die Regelung des § 13 Absatz 2 der Risikostruktur-Ausgleichsverordnung ist nicht anzuwenden, wenn die Deutsche Rentenversicherung Knappschaft-Bahn-See die Verwaltungsausgaben der knappschaftlichen Krankenversicherung abweichend von § 71 Absatz 1 Satz 2 des Vierten Buches getrennt im Haushaltsplan ausweist sowie die Rechnungslegung und den Jahresabschluss nach § 77 des Vierten Buches für die Verwaltungsausgaben der knappschaftlichen Krankenversicherung getrennt durchführt. 2Satz 1 gilt nur, wenn das Bundesamt für Soziale Sicherung rechtzeitig vor Durchführung des Jahresausgleichs nach § 18 der Risikostruktur-Ausgleichsverordnung auf der Grundlage eines von der Deutschen Rentenversicherung Knappschaft-Bahn-See erbrachten ausreichenden Nachweises feststellt, dass die Rechnungslegung und der Jahresabschluss nach § 77 des Vierten Buches für die Verwaltungsausgaben der knappschaftlichen Krankenversicherung getrennt durchgeführt wurden.

§ 406 Übergangsregelung zum Krankengeldwahltarif

(1) Wahltarife, die Versicherte auf der Grundlage der bis zum 31. Juli 2009 geltenden Fassung des § 53 Absatz 6 abgeschlossen haben, enden zu diesem Zeitpunkt.

(2) 1Versicherte, die am 31. Juli 2009 Leistungen aus einem Wahltarif nach § 53 Absatz 6 bezogen haben, haben Anspruch auf Leistungen nach Maßgabe ihres Wahltarifs bis zum Ende der Arbeitsunfähigkeit, die den Leistungsanspruch ausgelöst hat. 2Aufwendungen nach Satz 1 bleiben bei der Anwendung des § 53 Absatz 9 Satz 1 unberücksichtigt.

(3) 1Die Wahlerklärung nach § 44 Absatz 2 Satz 1 Nummer 2 oder Nummer 3 kann bis zum 30. September 2009 mit Wirkung vom 1. August 2009 abgegeben werden. 2Wahltarife nach § 53 Absatz 6 können bis zum 30. September 2009 oder zu einem in der Satzung der Krankenkasse festgelegten späteren Zeitpunkt mit Wirkung vom 1. August 2009 neu abgeschlossen werden. 3Abweichend von den Sätzen 1 und 2 können Versicherte nach Absatz 2 innerhalb von acht Wochen nach dem Ende des Leistungsbezugs rückwirkend zu dem Tag, der auf den letzten Tag des Leistungsbezugs folgt, die Wahlerklärung nach § 44 Absatz 2 Satz 1 Nummer 2 oder Nummer 3 abgeben oder einen Wahltarif wählen.

§ 407 Übergangsregelung für die Anforderungen an die strukturierten Behandlungsprogramme nach § 137g Absatz 1

1Die in § 28b Absatz 1, den §§ 28c und 28e sowie in den Anlagen der Risikostruktur-Ausgleichsverordnung in der jeweils bis zum 31. Dezember 2011 geltenden Fassung geregelten Anforderungen an die Zulassung von strukturierten Behandlungsprogrammen nach § 137g Absatz 1 für Diabetes mellitus Typ 2, Brustkrebs, koronare Herzkrankheit, Diabetes mellitus Typ 1 und chronisch obstruktive Atemwegserkrankungen gelten jeweils weiter bis zum Inkrafttreten der für die jeweilige Krankheit vom Gemeinsamen Bundesausschuss nach § 137f Absatz 2 zu erlassenden Richtlinien. 2Dies gilt auch für die in den §§ 28d und 28f der Risikostruktur-Ausgleichsverordnung in der bis zum 31. Dezember 2011 geltenden Fassung geregelten Anforderungen, soweit sie auf die in Satz 1 genannten Anforderungen verweisen. 3Die in § 28f Absatz 1 Nummer 3 und Absatz 1a und § 28g der Risikostruktur-Ausgleichsverordnung in der jeweils bis zum 31. Dezember 2011 geltenden Fassung geregelten Anforderungen an die Aufbewahrungsfristen gelten weiter bis zum Inkrafttreten der in den Richtlinien des Gemeinsamen Bundesausschusses nach § 137f Absatz 2 Satz 2 Nummer 5 zu regelnden Anforderungen an die Aufbewahrungsfristen. 4Die in § 28g der Risikostruktur-Ausgleichsverordnung in der bis zum 31. Dezember 2011 geltenden Fassung geregelten Anforderungen an die Evaluation gelten weiter bis zum Inkrafttreten der in den Richtlinien des Gemeinsamen Bundesausschusses nach § 137f Absatz 2 Satz 2 Nummer 6 zu regelnden Anforderungen an die Evaluation.

§ 408 Bestandsbereinigung bei der freiwilligen Versicherung

(1) Die Krankenkassen haben ihren Mitgliederbestand für den Zeitraum vom 1. August 2013 bis zum 1. Januar 2019 nach Maßgabe der folgenden Absätze zu überprüfen und ihn bis zum 15. Juni 2019 zu bereinigen.

(2) Mitgliedschaften, die nach dem Ausscheiden aus der Versicherungspflicht oder nach dem Ende der Familienversicherung als freiwillige Mitgliedschaften fortgesetzt wurden, sowie davon abgeleitete Familienversicherungen sind mit Wirkung ab dem Tag ihrer Begründung aufzuheben, wenn seit diesem Zeitpunkt die Krankenkasse keinen Kontakt zum Mitglied herstellen konnte, für die Mitgliedschaft keine Beiträge geleistet wurden und das Mitglied

V

und familienversicherte Angehörige keine Leistungen in Anspruch genommen haben.

(3) 1 Für das Verfahren nach Absatz 4 und die Prüfung nach Absatz 5 melden die Krankenkassen dem Bundesamt für Soziale Sicherung und den mit der Prüfung nach § 274 befassten Stellen versichertenbezogen und je Berichtsjahr

1. die Versichertentage der Mitgliedschaften und der davon abgeleiteten Familienversicherungen, die nach Absatz 2 aufgehoben wurden, und
2. die Versichertentage der Mitgliedschaften und der davon abgeleiteten Familienversicherungen, die seit der letzten Datenmeldung nach § 30 Absatz 4 Satz 2 zweiter Halbsatz der Risikostruktur-Ausgleichsverordnung in der bis zum 31. März 2020 geltenden Fassung des betreffenden Berichtsjahres aufgehoben wurden und die die Kriterien des Absatzes 2 erfüllen.

2 Für die Prüfung nach Absatz 5 melden die Krankenkassen den mit der Prüfung nach § 274 befassten Stellen außerdem die Mitgliedschaften und die davon abgeleiteten Familienversicherungen je Berichtsjahr, die die Kriterien des Absatzes 2 insoweit erfüllen, als die Mitglieder keine Beiträge geleistet und die Mitglieder und ihre familienversicherten Angehörigen keine Leistungen in Anspruch genommen haben. 3 Die Datenmeldungen haben bis zum 15. Juni 2019 zu erfolgen. 4 § 268 Absatz 3 Satz 3, 4, 7 und 9 in der bis zum 31. März 2020 geltenden Fassung gilt für die nach den Sätzen 1 und 2 zu meldenden Daten entsprechend. 5 Die Herstellung des Versichertenbezugs ist zulässig, sofern dies für die Prüfung nach Absatz 5 erforderlich ist. 6 Das Nähere zum Verfahren der Datenmeldung nach Satz 1 für das Verfahren nach Absatz 4 bestimmt das Bundesamt für Soziale Sicherung nach Anhörung des Spitzenverbandes Bund der Krankenkassen. 7 Das Nähere zum Verfahren der Datenmeldung nach den Sätzen 1 und 2 für die Prüfung nach Absatz 5 regelt das Bundesamt für Soziale Sicherung nach Anhörung der mit der Prüfung nach § 274 befassten Stellen und des Spitzenverbandes Bund der Krankenkassen.

(4) 1 Für Ausgleichsjahre, für die der korrigierte Jahresausgleich bereits durchgeführt oder die Datenmeldung nach § 30 Absatz 4 Satz 2 zweiter Halbsatz der Risikostruktur-Ausgleichsverordnung in der bis zum 31. März 2020 geltenden Fassung durch die Krankenkassen bereits abgegeben wurde, ermittelt das Bundesamt für Soziale Sicherung einen Bereinigungsbetrag und macht diesen durch Bescheid geltend. 2 § 6 der Risikostruktur-Ausgleichsverordnung gilt entsprechend. 3 Die Einnahmen nach diesem Absatz fließen in den Gesundheitsfonds und werden im nächsten Jahresausgleich bei der Ermittlung nach § 18 Absatz 2 der Risikostruktur-Ausgleichsverordnung zu dem Wert nach § 17 Absatz 2 der Risikostruktur-Ausgleichsverordnung hinzugerechnet. 4 Klagen bei Streitigkeiten nach diesem Absatz haben keine aufschiebende Wirkung.

(5) 1 Die mit der Prüfung nach § 274 befassten Stellen überprüfen nach Abschluss der Bestandsbereinigung in einer Sonderprüfung, ob die Vorgaben nach den Absätzen 1 und 2 eingehalten worden sind, und teilen dem Bundesamt für Soziale Sicherung und der Krankenkasse das Ergebnis ihrer Prüfung mit. 2 Das Bundesamt für Soziale Sicherung ermittelt auf Grundlage dieser Mitteilung einen Korrekturbetrag, der mit einem Aufschlag in Höhe von 25 Prozent zu versehen ist, und macht diesen durch Bescheid geltend. 3 Absatz 4 Satz 2 bis 4 gilt entsprechend. 4 Die Prüfung ist spätestens bis zum 31. Dezember 2020 durchzuführen. 5 Die Krankenkassen sind verpflichtet, die Daten nach § 7 Absatz 2 Satz 3 der Risikostruktur-Ausgleichsverordnung für das Berichtsjahr 2013 bis zum 31. Dezember 2020 aufzubewahren.

§ 409 Übergangsregelung zur Neuregelung der Verjährungsfrist für die Ansprüche von Krankenhäusern und Krankenkassen

Die Geltendmachung von Ansprüchen der Krankenkassen auf Rückzahlung von geleisteten Vergütungen ist ausgeschlossen, soweit diese vor dem 1. Januar 2017 entstanden sind und bis zum 9. November 2018 nicht gerichtlich geltend gemacht wurden.

§ 410 Übergangsregelung zur Vergütung der Vorstandsmitglieder der Kassenärztlichen Bundesvereinigungen, der unparteiischen Mitglieder des Beschlussgremiums des Gemeinsamen Bundesausschusses, der Vorstandsmitglieder des Spitzenverbandes Bund der Krankenkassen und des Geschäftsführers des Medizinischen Dienstes des Spitzenverbandes Bund der Krankenkassen sowie von dessen Stellvertreter

(1) 1 § 79 Absatz 6 Satz 5, § 91 Absatz 2 Satz 15, § 217b Absatz 2 Satz 8 und § 282 Absatz 2d Satz 6 in der jeweils bis zum 31. Dezember 2019 gültigen Fassung gelten auch für die Verträge, denen die Aufsichtsbehörde bereits bis zum 10. Mai 2019 zugestimmt hat, sofern diesen Verträgen nicht bereits eine Zusage über konkrete Vergütungserhöhungen zu entnehmen ist. 2 § 79 Absatz 6 Satz 6 bis 9, § 91 Absatz 2 Satz 16 bis 19, § 217b Absatz 2 Satz 9 bis 12 und § 282 Absatz 2d Satz 7 bis 10 in der jeweils bis zum 31. Dezember 2019 gültigen Fassung gelten nicht für die Verträge, denen die Aufsichtsbehörde bereits bis zum 10. Mai 2019 zugestimmt hat. 3 Die zur Zukunftssicherung vertraglich vereinbarten nicht beitragsorientierten Zusagen, denen die Aufsichtsbehörde bereits bis zum 10. Mai

2019 zugestimmt hat, dürfen auch bei Abschluss eines neuen Vertrages mit derselben Person in dem im vorhergehenden Vertrag vereinbarten Durchführungsweg und Umfang fortgeführt werden.

(2) 1Abweichend von § 79 Absatz 6 Satz 6, § 91 Absatz 2 Satz 16, § 217b Absatz 2 Satz 9 und § 282 Absatz 4 Satz 6 kann bis zum 31. Dezember 2027 keine höhere Vergütung vereinbart werden. 2Zu Beginn der darauffolgenden Amtszeiten kann bei der Erhöhung der Grundvergütung nur die Entwicklung des Verbraucherpreisindexes ab dem 1. Januar 2028 berücksichtigt werden.

§ 411 Übergangsregelung für die Medizinischen Dienste der Krankenversicherung und den Medizinischen Dienst des Spitzenverbandes Bund der Krankenkassen

(1) 1Für die Medizinischen Dienste der Krankenversicherung gelten die §§ 275 bis 283 in der bis zum 31. Dezember 2019 gültigen Fassung mit Ausnahme des § 275 Absatz 1c und 5, § 276 Absatz 2 und 4 und § 281 Absatz 2 bis zu dem nach § 412 Absatz 1 Satz 4 bekannt zu machenden Datum fort. 2Bis zu diesem Zeitpunkt nehmen die am 31. Dezember 2019 bestehenden Organe der Medizinischen Dienste der Krankenversicherung nach diesen Vorschriften die Aufgaben des Medizinischen Dienstes wahr. 3Die §§ 275 bis 283a in der ab dem 1. Januar 2020 geltenden Fassung finden mit Ausnahme des § 275 Absatz 3b und 5, der §§ 275c, 275d, 276 Absatz 2 und 4 und des § 280 Absatz 3 bis zu dem nach § 412 Absatz 1 Satz 4 bekannt zu machenden Datum keine Anwendung. 4Bis zu dem nach § 412 Absatz 1 Satz 4 bekannt zu machenden Datum findet für die Aufgaben des Medizinischen Dienstes nach den §§ 275c und 275d die Regelung des § 281 Absatz 1 in der bis zum 31. Dezember 2019 geltenden Fassung entsprechende Anwendung.

(2) 1Für den Medizinischen Dienst des Spitzenverbandes Bund der Krankenkassen sowie für den Spitzenverband Bund der Krankenkassen gelten die §§ 275 bis 283 und § 326 Absatz 2 Satz 1 in der jeweils bis zum 31. Dezember 2019 geltenden Fassung mit Ausnahme des § 275 Absatz 5 bis zum 31. Dezember 2021 fort; nach diesen Vorschriften nehmen ihre am 31. Dezember 2019 bestehenden Organe ihre Aufgaben bis zu diesem Zeitpunkt wahr. 2Die §§ 275 bis 283a in der am 1. Januar 2020 geltenden Fassung sind für den Medizinischen Dienst des Spitzenverbandes Bund der Krankenkassen mit Ausnahme des § 275 Absatz 5, der §§ 275c und 281 Absatz 2 Satz 5 bis zum 31. Dezember 2021 nicht anwendbar. 3§ 283 Absatz 2 Satz 1 Nummer 3 und 5 zweite Alternative in der am 1. Januar 2020 geltenden Fassung ist mit der Maßgabe anwendbar, dass der Medizinische Dienst des Spitzenverbandes Bund der Krankenkassen die Richtlinie nach § 283 Absatz 2 Satz 1 Nummer 3 bis zum 28. Februar 2021 und die Richtlinie nach § 283 Absatz 2 Satz 1 Nummer 5 zweite Alternative bis zum 31. Dezember 2020 erlässt. 4Diese Richtlinien bedürfen der Genehmigung des Bundesministeriums für Gesundheit.

(3) 1§ 283 Absatz 2 Satz 1 Nummer 4 in der am 1. Januar 2020 geltenden Fassung ist mit der Maßgabe anwendbar, dass der Medizinische Dienst des Spitzenverbandes Bund der Krankenkassen die Richtlinie nach § 283 Absatz 2 Satz 1 Nummer 4 bis zum 31. Dezember 2021 erlässt. 2In der Richtlinie ist eine bundeseinheitliche Methodik und Vorgehensweise nach angemessenen und anerkannten Methoden der Personalbedarfsermittlung vorzugeben. 3Hierfür sind geeignete Gruppen der Aufgaben der Medizinischen Dienste (Begutachtungsaufträge) zu definieren. 4Die für den Erlass der Richtlinie nach Satz 1 erforderlichen Daten sind von allen Medizinischen Diensten unter Koordinierung des Medizinischen Dienstes des Spitzenverbandes Bund der Krankenkassen nach einer bundeseinheitlichen Methodik und Vorgehensweise spätestens ab dem 1. März 2021 zu erheben und für alle Medizinischen Dienste einheitlich durch den Medizinischen Dienst des Spitzenverbandes Bund der Krankenkassen unter fachlicher Beteiligung der Medizinischen Dienste anonymisiert auszuwerten. 5Die Richtlinie hat mindestens aufgabenbezogene Richtwerte für die Aufgabengruppen der Begutachtungen von Krankenhausleistungen nach § 275c, Arbeitsunfähigkeit nach § 275 Absatz 1 Satz 1 Nummer 3 Buchstabe b sowie von Rehabilitations- und Vorsorgeleistungen nach § 275 Absatz 2 Nummer 1 einzubeziehen. 6Sie bedarf der Genehmigung des Bundesministeriums für Gesundheit.

(4) 1Endet die Amtszeit eines bestehenden Verwaltungsrates eines Medizinischen Dienstes der Krankenversicherung vor dem Zeitpunkt des § 412 Absatz 1 Satz 4, verlängert sie sich bis zu diesem Zeitpunkt. 2Die Verwaltungsräte der Medizinischen Dienste der Krankenversicherung werden mit Wirkung zum Zeitpunkt des § 412 Absatz 1 Satz 4 aufgelöst, der Verwaltungsrat des Medizinischen Dienstes des Spitzenverbandes Bund der Krankenkassen wird mit Wirkung zum Zeitpunkt des § 412 Absatz 5 Satz 9 in Verbindung mit Absatz 1 Satz 4 aufgelöst.

§ 412 Errichtung der Medizinischen Dienste und des Medizinischen Dienstes Bund

(1) 1Die für die Sozialversicherung zuständige oberste Verwaltungsbehörde des Landes hat die Vertreter des Verwaltungsrates nach § 279 Absatz 5 bis zum 31. Dezember 2020 gemäß den Vorgaben des § 279 Absatz 3, 5

und 6 zu benennen; die Verwaltungsräte oder Vertreterversammlungen der in § 279 Absatz 4 Satz 1 genannten Krankenkassenverbände und Krankenkassen haben bis zum 31. Dezember 2020 ihre Vertreter gemäß den Vorgaben des § 279 Absatz 3, 4 und 6 zu wählen. ₂Der gemäß Satz 1 besetzte Verwaltungsrat hat bis zum 31. März 2021 die Satzung nach § 279 Absatz 2 Satz 1 Nummer 1 und Satz 2 zu beschließen. ₃Die für die Sozialversicherung zuständige oberste Verwaltungsbehörde des Landes hat über die Genehmigung der Satzung bis zum 30. Juni 2021 zu entscheiden und das Datum der Genehmigung öffentlich bekannt zu machen. ₄Sie hat das Datum des Ablaufs des Monats, in dem die Genehmigung erteilt wurde, öffentlich bekannt zu machen. ₅Die oder der amtierende Vorsitzende des Verwaltungsrates des Medizinischen Dienstes der Krankenversicherung lädt zur konstituierenden Sitzung ein und regelt das Nähere. ₆In der konstituierenden Sitzung des Verwaltungsrates des Medizinischen Dienstes sind die oder der Vorsitzende und die oder der stellvertretende Vorsitzende zu wählen. ₇Der jeweils amtierende Geschäftsführer des Medizinischen Dienstes der Krankenversicherung und sein Stellvertreter gelten bis zum 31. Dezember 2021 als durch den neu konstituierten Verwaltungsrat gewählter Vorstand.

(2) ₁Die Medizinischen Dienste, die als eingetragene Vereine organisiert sind, werden im Zeitpunkt des Absatzes 1 Satz 4 als Körperschaften des öffentlichen Rechts neu konstituiert. ₂Die jeweiligen eingetragenen Vereine erlöschen mit Wirkung zum Zeitpunkt des Absatzes 1 Satz 4.

(3) ₁Die Rechte und Pflichten einschließlich des Vermögens der Medizinischen Dienste nach Absatz 2 gehen im Zeitpunkt des nach Absatz 1 Satz 4 bekannt gemachten Datums auf die in den jeweiligen Bezirken als Körperschaften des öffentlichen Rechts errichteten Medizinischen Dienste über. ₂Die Körperschaften des öffentlichen Rechts treten in diesem Zeitpunkt in die Rechte und Pflichten der eingetragenen Vereine aus den Arbeits- und Ausbildungsverhältnissen mit den bei ihnen beschäftigten Personen ein. ₃Die Arbeitsbedingungen der einzelnen Arbeitnehmer und Auszubildenden dürfen bis zum 31. Dezember 2022 nicht verschlechtert werden. ₄Die Arbeits- oder Ausbildungsverhältnisse können bis zum 31. Dezember 2022 nur aus einem in der Person oder im Verhalten des Arbeitnehmers oder Auszubildenden liegenden wichtigen Grund gekündigt werden. ₅Die bestehenden Tarifverträge gelten fort. ₆Der bei dem jeweiligen Medizinischen Dienst bestehende Betriebsrat nimmt ab dem nach Absatz 1 Satz 4 bekannt gemachten Zeitpunkt übergangsweise die Aufgaben eines Personalrats nach dem jeweiligen Personalvertretungsrecht wahr. ₇Im Rahmen seines Übergangsmandats hat der Betriebsrat insbesondere die Aufgabe, unverzüglich den Wahlvorstand zur Einleitung der Personalratswahl zu bestellen. ₈Das Übergangsmandat des jeweiligen Betriebsrates endet, sobald ein Personalrat gewählt und das Wahlergebnis bekannt gegeben worden ist, spätestens jedoch zwölf Monate nach dem in Absatz 1 Satz 4 bestimmten Zeitpunkt. ₉Die in dem nach Absatz 1 Satz 4 bekannt gemachten Zeitpunkt bestehenden Betriebsvereinbarungen gelten längstens für die Dauer von zwölf Monaten als Dienstvereinbarungen fort, soweit sie nicht durch eine andere Regelung ersetzt werden. ₁₀Auf die bis zum nach Absatz 1 Satz 4 bekannt gemachten Datum förmlich eingeleiteten Beteiligungsverfahren finden bis zu deren Abschluss die Bestimmungen des Betriebsverfassungsgesetzes sinngemäß Anwendung. ₁₁Gleiches gilt für Verfahren vor der Einigungsstelle und den Arbeitsgerichten. ₁₂Die Sätze 2 bis 4 gelten für Ausbildungsverhältnisse entsprechend. ₁₃Die Sätze 6 bis 8 gelten für die Jugend- und Auszubildendenvertretung entsprechend mit der Maßgabe, dass der das Übergangsmandat innehabende Betriebsrat unverzüglich einen Wahlvorstand und seine vorsitzende Person zur Wahl einer Jugend- und Auszubildendenvertretung zu bestimmen hat.

(4) ₁Die Medizinischen Dienste, die gemäß § 278 Absatz 1 Satz 2 in Verbindung mit Artikel 73 Absatz 4 des Gesundheits-Reformgesetzes Körperschaften des öffentlichen Rechts mit Dienstherrenfähigkeit sind, verlieren ihre Dienstherrenfähigkeit, wenn die Notwendigkeit hierfür nach Artikel 73 Absatz 4 Satz 1 und Absatz 5 des Gesundheits-Reformgesetzes nicht mehr besteht. ₂Die für die Sozialversicherung zuständige oberste Verwaltungsbehörde des Landes stellt den Zeitpunkt fest, zu dem die Dienstherrenfähigkeit entfällt, und macht ihn öffentlich bekannt.

(5) ₁Der Medizinische Dienst Bund tritt als Körperschaft des öffentlichen Rechts an die Stelle des Medizinischen Dienstes des Spitzenverbandes Bund der Krankenkassen. ₂Die Verwaltungsräte der Medizinischen Dienste haben nach § 282 Absatz 2 die Vertreter des Verwaltungsrates des Medizinischen Dienstes Bund, die von den jeweils Wahlberechtigten nach § 282 Absatz 2 Satz 2 vorgeschlagen werden, bis zum 31. März 2021 zu wählen. ₃Der amtierende Vorsitzende des Verwaltungsrates des Medizinischen Dienstes des Spitzenverbandes Bund der Krankenkassen sammelt die Vorschläge für die Wahl nach Satz 2 in nach Vertretergruppen gemäß § 279 Absatz 4 Satz 1 und Absatz 5 Satz 1 und nach Geschlecht getrennten Listen und versendet diese an die jeweiligen Vertretergruppen der Medizinischen Dienste. ₄Jede Vertretergruppe eines Medizinischen Dienstes entsendet einen Vertreter, der die Stimmen jedes Mitglieds der Ver-

tretergruppe entsprechend dessen Weisungen abgibt. 5Der amtierende Vorsitzende des Verwaltungsrates des Medizinischen Dienstes des Spitzenverbandes Bund der Krankenkassen lädt zur Wahl, leitet die Wahl und regelt das Nähere. 6Gewählt ist, wer die meisten Stimmen auf sich vereinigt; bei Stimmengleichheit entscheidet das Los. 7Der amtierende Vorsitzende des Verwaltungsrates des Medizinischen Dienstes des Spitzenverbandes Bund der Krankenkassen lädt zur konstituierenden Sitzung des Verwaltungsrates des Medizinischen Dienstes Bund und leitet diese. 8In der konstituierenden Sitzung sind die oder der Vorsitzende und die oder der stellvertretende Vorsitzende zu wählen. 9Absatz 1 Satz 2 bis 4 und 7 und die Absätze 2 und 3 gelten entsprechend mit der Maßgabe, dass die Frist nach Absatz 1 Satz 7 am 30. Juni 2022 endet, die Frist nach Absatz 1 Satz 2 am 30. September 2021 endet, die Frist nach Absatz 1 Satz 3 am 31. Dezember 2021 endet und die Satzung vom Bundesministerium für Gesundheit zu genehmigen ist.

§ 413 Übergangsregelung zur Tragung der Beiträge durch Dritte für Auszubildende in einer außerbetrieblichen Einrichtung

§ 251 Absatz 4c in der bis zum 31. Dezember 2019 geltenden Fassung sowie § 242 Absatz 3 Satz 1 Nummer 1 in der bis zum 30. Juni 2020 geltenden Fassung sind weiterhin anzuwenden, wenn die Berufsausbildung in einer außerbetrieblichen Einrichtung vor dem 1. Januar 2020 begonnen wurde.

§ 414 Übergangsregelung für am 1. April 2020 bereits geschlossene Krankenkassen

Auf die am 1. April 2020 bereits geschlossenen Krankenkassen sind die §§ 155 und 171d Absatz 2 in der bis zum 31. März 2020 geltenden Fassung anwendbar.

§ 415 Übergangsregelung zur Zahlungsfrist von Krankenhausrechnungen, Verordnungsermächtigung

1Die von den Krankenhäusern bis zum 30. Juni 2021 erbrachten und in Rechnung gestellten Leistungen sind von den Krankenkassen innerhalb von fünf Tagen nach Rechnungseingang zu bezahlen. 2Als Tag der Zahlung gilt der Tag der Übergabe des Überweisungsauftrages an ein Geldinstitut oder der Übersendung von Zahlungsmitteln an das Krankenhaus. 3Ist der Fälligkeitstag ein Samstag, Sonntag oder gesetzlicher Feiertag, so verschiebt er sich auf den nächstfolgenden Arbeitstag. 4Das Bundesministerium für Gesundheit kann durch Rechtsverordnung ohne Zustimmung des Bundesrates die in Satz 1 genannte Frist verlängern.

§ 416 Übergangsregelung zur Versicherungspflicht bei praxisintegrierter Ausbildung

1§ 5 Absatz 4a Satz 1 Nummer 3 findet grundsätzlich nur Anwendung auf Ausbildungen, die nach dem 30. Juni 2020 begonnen werden. 2Wurde die Ausbildung vor diesem Zeitpunkt begonnen und wurden

1. Beiträge gezahlt, gilt § 5 Absatz 4a Satz 1 Nummer 3 ab Beginn der Beitragszahlung,
2. keine Beiträge gezahlt, gilt § 5 Absatz 4a Satz 1 Nummer 3 ab dem Zeitpunkt, zu dem der Arbeitgeber mit Zustimmung der Teilnehmerin oder des Teilnehmers Beiträge zahlt.

§ 417 Versicherung nach § 9 für Ausländerinnen und Ausländer mit Aufenthaltserlaubnis nach § 24 Absatz 1 des Aufenthaltsgesetzes oder mit entsprechender Fiktionsbescheinigung

(1) Ergänzend zu § 9 können innerhalb von sechs Monaten nach Aufenthaltnahme im Inland Personen der Versicherung beitreten,

1. die gemäß § 49 des Aufenthaltsgesetzes erkennungsdienstlich behandelt worden sind und denen eine Aufenthaltserlaubnis nach § 24 des Aufenthaltsgesetzes erteilt oder eine entsprechende Fiktionsbescheinigung nach § 81 Absatz 5 in Verbindung mit Absatz 3 des Aufenthaltsgesetzes für einen Aufenthaltstitel nach § 24 des Aufenthaltsgesetzes ausgestellt wurde und
2. die nicht nach § 7 Absatz 1 Satz 1 Nummer 3 des Zweiten Buches oder § 19 des Zwölften Buches hilfebedürftig sind.

(2) 1Absatz 1 ist bei Personen, denen nach dem 24. Februar 2022 und vor dem 1. Juni 2022 eine Aufenthaltserlaubnis nach § 24 Absatz 1 des Aufenthaltsgesetzes erteilt oder eine entsprechende Fiktionsbescheinigung nach § 81 Absatz 5 in Verbindung mit Absatz 3 oder Absatz 4 des Aufenthaltsgesetzes ausgestellt worden ist, mit der Maßgabe anzuwenden, dass anstelle der erkennungsdienstlichen Behandlung die Speicherung der Daten nach § 3 Absatz 1 des AZR-Gesetzes erfolgt ist. 2Eine nicht durchgeführte erkennungsdienstliche Behandlung nach § 49 des Aufenthaltsgesetzes oder nach § 16 des Asylgesetzes ist in diesen Fällen durch die zuständige Behörde bis zum Ablauf des 31. Oktober 2022 nachzuholen.

(3) Das Erfordernis des Nachholens einer erkennungsdienstlichen Behandlung nach Absatz 2 gilt nicht, soweit eine erkennungsdienstliche Behandlung nach § 49 des Aufenthaltsgesetzes nicht vorgesehen ist.

§ 418 Übergangsregelung zum Antragsverfahren zur Ausnahme vom Preismoratorium

$_{1}$Für Arzneimittel, die bei Inkrafttreten der Regelung des § 130a Absatz 3c in der Fassung des GKV-Finanzstabilisierungsgesetzes vom 7. November 2022 (BGBl. I S. 1990) bereits im Geltungsbereich dieses Gesetzes in Verkehr gebracht waren und zum Zeitpunkt ihres erstmaligen Inverkehrbringens nach Inkrafttreten dieser Regelung die Voraussetzungen des § 130a Absatz 3c Satz 3 erfüllten, kann der pharmazeutische Unternehmer den Antrag nach § 130a Absatz 3c Satz 1 bis zum 1. Februar 2023 stellen. $_{2}$In der Vereinbarung nach § 130a Absatz 3c Satz 6 kann von § 130a Absatz 3c Satz 7 abgewichen werden, sofern Verträge nach § 130a Absatz 8 eine wirtschaftliche Versorgung sicherstellen.

§ 419 Übergangsregelung zur Besetzung der Vorstände der Kassenärztlichen Vereinigungen und Kassenärztlichen Bundesvereinigungen

§ 79 Absatz 4 Satz 1 zweiter Halbsatz und Satz 2 zweiter Halbsatz findet keine Anwendung auf Vorstände, deren Mitglieder vor dem 3. Dezember 2022 von der Vertreterversammlung wirksam gewählt wurden.

§ 420 Übergangsregelung zur Novellierung der vermögensrechtlichen Vorschriften

Bis zum 31. Dezember 2024 dürfen Vermögensgegenstände, die vor dem 1. Januar 2023 nach § 78 Absatz 5 Satz 2, Absatz 6, § 91a Absatz 1 Satz 6, § 208 Absatz 2 Satz 2, § 217d Absatz 2 Satz 3, § 220 Absatz 3 Satz 2 und § 280 Absatz 3 Satz 5 in Verbindung mit den jeweils in Bezug genommenen Vorschriften der §§ 80 bis 86 des Vierten Buches in der bis dahin geltenden Fassung zulässigerweise erworben wurden, auch dann im Vermögen gehalten werden, wenn die Anlage in diese Vermögensgegenstände nach den §§ 80 bis 86 des Vierten Buches in der ab dem 1. Januar 2023 geltenden Fassung nicht mehr zulässig ist.

§ 421 Übergangsregelung zur Vergütung von pharmazeutischem Großhandel und von Apotheken für die Abgabe von COVID-19-Impfstoff

(1) $_{1}$Apotheken erhalten für die Abgabe von vom Bund beschafftem COVID-19-Impfstoff im Zeitraum vom 1. Januar 2023 bis zum 31. Dezember 2023 eine Vergütung in Höhe von 7,58 Euro zuzüglich Umsatzsteuer je abgegebener Durchstechflasche. $_{2}$Satz 1 findet auch Anwendung auf COVID-19-Impfstoff, den Apotheken selbst verabreichen.

(2) $_{1}$Pharmazeutische Großhändler erhalten für die Abgabe von vom Bund beschafftem COVID-19-Impfstoff an die Apotheken im Zeitraum vom 1. Januar 2023 bis zum 31. Dezember 2023 eine Vergütung in Höhe von 7,45 Euro zuzüglich Umsatzsteuer je abgegebener Durchstechflasche. $_{2}$Für die Abgabe von durch den pharmazeutischen Großhandel selbst beschafftem Impfbesteck und -zubehör für Schutzimpfungen gegen das Coronavirus SARS-CoV-2 an Apotheken im Zeitraum vom 1. Januar 2023 bis zum 7. April 2023 erhalten pharmazeutische Großhändler eine Vergütung in Höhe von 3,72 Euro zuzüglich Umsatzsteuer je abgegebener Durchstechflasche.

(3) $_{1}$Apotheken erhalten für die nachträgliche Erstellung eines COVID-19-Impfzertifikats im Sinne des § 22a Absatz 5 des Infektionsschutzgesetzes im Zeitraum vom 1. Januar 2023 bis zum 30. Juni 2023 eine Vergütung in Höhe von 6 Euro je Erstellung. $_{2}$Ein Anspruch auf die Vergütung nach Satz 1 besteht nur, wenn das COVID-19-Impfzertifikat anlässlich eines unmittelbaren persönlichen Kontakts zwischen der Apotheke und der geimpften Person, einem Elternteil oder einem anderen Sorgeberechtigten einer minderjährigen geimpften Person erstellt wird. $_{3}$Ist für die geimpfte Person ein Betreuer bestellt, dessen Aufgabenkreis diese Angelegenheit umfasst, so ist auch ein unmittelbarer persönlicher Kontakt zu diesem ausreichend. $_{4}$Eine Vergütung nach Satz 1 ist ausgeschlossen, sofern das COVID-19-Impfzertifikat durch einen anderen Leistungserbringer bereits ausgestellt wurde.

(4) $_{1}$Apotheken erhalten für die Nachtragung einer Schutzimpfung gegen das Coronavirus SARS-CoV-2 in einem Impfausweis nach § 22 Absatz 2 Satz 3 des Infektionsschutzgesetzes im Zeitraum vom 1. Januar 2023 bis zum 30. Juni 2023 je Nachtragung eine Vergütung in Höhe von 2 Euro. $_{2}$Eine Vergütung nach Satz 1 ist ausgeschlossen, wenn eine Eintragung einer Schutzimpfung gegen das Coronavirus SARS-CoV-2 in einem Impfausweis bereits durch einen anderen Leistungserbringer vorgenommen wurde.

(5) $_{1}$Die Apotheken rechnen die sich aus den Absätzen 1 bis 4 ergebenden Vergütungen monatlich, spätestens bis zum Ende des dritten auf den Abrechnungszeitraum folgenden Monats, über ein von ihnen für die Abrechnung in Anspruch genommenes in § 300 Absatz 2 Satz 1 genanntes Rechenzentrum ab. $_{2}$Für in den Absätzen 1 bis 4 genannte Leistungen, die nach dem 31. Dezember 2023 erbracht werden, darf eine Vergütung nicht abgerechnet werden. $_{3}$Jedes Rechenzentrum übermittelt monatlich, letztmalig bis zum 31. März 2024, den Betrag, der sich aus den in Satz 1 genannten Abrechnungen jeweils ergibt, an das Bundesamt für Soziale Sicherung und an den Verband

der Privaten Krankenversicherung e. V.. $_4$Sachliche oder rechnerische Fehler in dem übermittelten Gesamtbetrag sind durch die Rechenzentren in der nächsten Übermittlung zu berichtigen; sachliche oder rechnerische Fehler in dem letztmalig übermittelten Gesamtbetrag sind bis zum 30. April 2024 zu berichtigen. $_5$Das Bundesamt für Soziale Sicherung zahlt 93 Prozent der nach Satz 3 übermittelten Beträge aus der Liquiditätsreserve des Gesundheitsfonds an das jeweilige Rechenzentrum. $_6$Der Verband der Privaten Krankenversicherung zahlt 7 Prozent der nach Satz 3 übermittelten Beträge an das jeweilige Rechenzentrum. $_7$Die Rechenzentren leiten die nach Satz 1 abgerechneten Beträge an die Apotheken weiter. $_8$Die Apotheken leiten die an sie ausgezahlte in Absatz 2 genannte Vergütung an die pharmazeutischen Großhändler weiter. $_9$Das Bundesamt für Soziale Sicherung bestimmt das Nähere zum Verfahren nach den Sätzen 3 bis 5. $_{10}$Das Bundesamt für Soziale Sicherung informiert den Verband der Privaten Krankenversicherung e. V. über das Verfahren. $_{11}$An das Bundesministerium für Gesundheit übermittelt monatlich das Bundesamt für Soziale Sicherung eine Aufstellung der nach Satz 5 ausgezahlten Beträge und der Verband der Privaten Krankenversicherung e. V. eine Aufstellung der nach Satz 6 ausgezahlten Beträge.

(6) $_1$Zur Finanzierung der in Absatz 5 Satz 6 genannten Zahlungen erhebt der Verband der Privaten Krankenversicherung e. V. eine Umlage gegenüber den privaten Krankenversicherungsunternehmen entsprechend dem Anteil der jeweiligen Versicherten. $_2$Das Nähere zum Umlageverfahren nach Satz 1 bestimmt der Verband der Privaten Krankenversicherung e. V..

(7) Auf Anforderung haben pharmazeutische Großhändler dem Paul-Ehrlich-Institut zur Abwendung von versorgungsrelevanten Lieferengpässen von COVID-19-Impfstoffen Daten zum Bezug, zur Abgabe und zu verfügbaren Beständen dieser Impfstoffe mitzuteilen.

§ 422 Übergangsregelung zur Vergütung und Abrechnung von Leistungen im Zusammenhang mit der Abgabe von antiviralen Arzneimitteln zur Behandlung von COVID-19-Erkrankungen

(1) Pharmazeutische Großhändler erhalten für die Abgabe von vom Bund beschafften antiviralen Arzneimitteln zur Behandlung von COVID-19-Erkrankungen an Apotheken im Zeitraum vom 8. April 2023 bis zum 31. Dezember 2023 eine Vergütung in Höhe von 20 Euro zuzüglich Umsatzsteuer je abgegebener Packung.

(2) $_1$Apotheken erhalten für die Abgabe von vom Bund beschafften antiviralen Arzneimitteln zur Behandlung von COVID-19-Erkrankungen im Zeitraum vom 8. April 2023 bis zum 31. Dezember 2023 eine Vergütung in Höhe von 30 Euro zuzüglich Umsatzsteuer je abgegebener Packung. $_2$Abweichend von Satz 1 erhalten Apotheken im Zeitraum vom 8. April 2023 bis zum 31. Dezember 2023 eine Vergütung in Höhe von 15 Euro zuzüglich Umsatzsteuer je abgegebener Packung, wenn die Abgabe an Ärztinnen und Ärzte oder an nach § 72 des Elften Buches zugelassene vollstationäre Pflegeeinrichtungen erfolgt. $_3$Sofern die in Satz 1 oder Satz 2 genannte Abgabe im Wege des Botendienstes erfolgt, erhalten Apotheken eine zusätzliche Vergütung in Höhe von 8 Euro einschließlich Umsatzsteuer je Lieferort und Tag.

(3) $_1$Die abgebende Apotheke rechnet die sich aus den Absätzen 1 und 2 ergebenden Vergütungen ab. $_2$Für in den Absätzen 1 und 2 genannten Leistungen, die nach dem 31. Dezember 2023 erbracht werden, darf eine Vergütung nicht abgerechnet werden. $_3$Der Gesamtbetrag der Vergütungen nach den Absätzen 1 und 2 ist bei Personen, die in der gesetzlichen Krankenversicherung versichert sind, über ein von den Apotheken für die Abrechnung in Anspruch genommenes in § 300 Absatz 2 Satz 1 genanntes Rechenzentrum gegenüber der jeweiligen Krankenkasse und bei Personen, die in der privaten Krankenversicherung versichert sind, sowie bei Selbstzahlern gegenüber der jeweiligen Person abzurechnen. $_4$Bei Personen, die weder in der gesetzlichen Krankenversicherung noch in der privaten Krankenversicherung versichert sind und für deren Gesundheitskosten eine andere Kostenträgerschaft besteht, ist gegenüber dem jeweiligen Kostenträger abzurechnen, sofern nicht für diesen Personenkreis eine Abrechnung über die jeweils zuständige Krankenkasse vorgesehen ist. $_5$Die Vergütung für in Absatz 1 und 2 genannte Leistungen, die bis zum 31. Dezember 2023 erbracht worden sind, ist bis zum 31. März 2024 abzurechnen.

Anlage
(zu § 307 Absatz 1 Satz 3 SGB V)

Datenschutz-Folgenabschätzung

Inhaltsverzeichnis

1 Zusammenfassung
2 Datenschutz-Folgenabschätzung (§ 307 Absatz 1 Satz 3 SGB V)
2.1 Systematische Beschreibung der Verarbeitungsvorgänge (Artikel 35 Absatz 7 Buchstabe a DSGVO)
2.1.1 Kategorien von Verarbeitungsvorgängen
2.1.2 Systematische Beschreibung
2.2 Notwendigkeit und Verhältnismäßigkeit (Artikel 35 Absatz 7 Buchstabe b DSGVO)
2.3 Risiken für die Rechte und Freiheiten der betroffenen Personen (Artikel 35 Absatz 7 Buchstabe c DSGVO)
2.4 Abhilfemaßnahmen (Artikel 35 Absatz 7 Buchstabe d DSGVO)
2.5 Einbeziehung betroffener Personen

1 Zusammenfassung

1Diese Anlage enthält die Datenschutz-Folgenabschätzung nach Artikel 35 Absatz 10 der Verordnung (EU) 2016/679 (DSGVO) gemäß § 307 Absatz 1 Satz 3 des Fünften Buches Sozialgesetzbuch (SGB V).

2Die Datenschutz-Folgenabschätzung dieser Anlage betrachtet ausschließlich die von der Gesellschaft für Telematik zugelassenen Komponenten der dezentralen Telematikinfrastruktur (TI) nach § 306 Absatz 2 Nummer 1 SGB V. 3Da diese dezentralen Komponenten jedoch nur einen Teilbereich der gesamten IT-Unterstützung beim Leistungserbringer darstellen und der Leistungserbringer regelmäßig weitere Betriebsmittel nutzen wird, hat der Leistungserbringer zu prüfen, ob nach Artikel 35 DSGVO für diese weiteren Betriebsmittel eine ergänzende Datenschutz-Folgenabschätzung durchzuführen ist.

Ergebnis der Datenschutz-Folgenabschätzung (§ 307 Absatz 1 Satz 3 SGB V):

4Die korrekte Nutzung einer von der Gesellschaft für Telematik gemäß § 325 SGB V zugelassenen Komponente der dezentralen Infrastruktur der TI nach § 306 Absatz 2 Nummer 1 SGB V ist geeignet, ein Schutzniveau zu gewährleisten, das dem hohen Risiko entspricht, welches aus der Datenverarbeitung für die Rechte und Freiheiten der Betroffenen folgt, sofern die Komponenten vom Leistungserbringer gemäß Betriebshandbuch betrieben werden und der Leistungserbringer für seine Ablauforganisation sowie die weiteren genutzten dezentralen Betriebsmittel (z. B. IT-gestützter Arbeitsplatz, aktive Netzwerkkomponenten) die Vorschriften zum Schutz personenbezogener Daten einhält.

5Die technischen Maßnahmen der Komponenten der dezentralen Infrastruktur der TI zur Gewährleistung der Datensicherheit werden gemäß § 311 Absatz 2 SGB V im Einvernehmen mit dem Bundesamt für Sicherheit in der Informationstechnik (BSI) und der oder dem Bundesbeauftragten für den Datenschutz und die Informationsfreiheit (BfDI) festgelegt und wirken den Risiken für die Rechte und Freiheiten der Betroffenen angemessen entgegen. 6Die korrekte Implementierung dieser Maßnahmen in den Komponenten der dezentralen Infrastruktur der Hersteller wird der Gesellschaft für Telematik im Rahmen des Zulassungsprozesses gemäß § 325 SGB V nachgewiesen.

7Die in dieser Anlage betrachteten Verarbeitungsvorgänge der dezentralen Komponenten der TI entsprechen den konkreten Verarbeitungsvorgängen in den Komponenten der dezentralen TI eines Leistungserbringers. 8Die Komponenten der dezentralen TI stellen technisch sicher, dass Leistungserbringer mit diesen Komponenten ausschließlich die in dieser Anlage betrachteten Verarbeitungsvorgänge durchführen können. 9Es ist mit diesen Komponenten nicht möglich, darüber hinausgehende oder abweichende Verarbeitungsvorgänge durchzuführen. 10Zur Verhinderung einer negativen Beeinflussung der Verarbeitungen in den Komponenten besitzen die Komponenten geprüfte Schutzmaßnahmen. 11Die konkrete Einsatzumgebung der Komponenten der dezentralen TI ist spezifisch für den jeweiligen Leistungserbringer; für diese hat der Leistungserbringer daher erforderlichenfalls eine eigene ergänzende Datenschutz-Folgenabschätzung durchzuführen.

2 Datenschutz-Folgenabschätzung (§ 307 Absatz 1 Satz 3 SGB V)

1Die Datenschutz-Folgenabschätzung für die Komponenten der dezentralen Infrastruktur der TI gemäß § 306 Absatz 2 Nummer 1 SGB V basiert auf den Kriterien der „Leitlinien zur Datenschutz-Folgenabschätzung (DSFA) und Beantwortung der Frage, ob eine Verarbeitung im Sinne der Verordnung 2016/679 ‚wahrscheinlich ein hohes Risiko mit sich bringt' (Artikel 29 WP 248 Rev. 1)" der Datenschutzgruppe nach Artikel 29 (nun Europäischer Datenschutzausschuss; der Europäische Datenschutzausschuss hat die mit der Datenschutz-Grundverordnung zusammenhängenden Leitlinien der Artikel-29-Datenschutzgruppe – darunter die soeben genannte – bei seiner ersten Plenarsitzung bestätigt, so dass diese fortgelten).

2.1 Systematische Beschreibung der Verarbeitungsvorgänge (Artikel 35 Absatz 7 Buchstabe a DSGVO)

1Mittels der Komponenten der dezentralen TI nutzen Leistungserbringer Anwendungen der TI, Dienste der zentralen TI oder der Anwendungsinfrastruktur der TI sowie über die TI erreichbare Anwendungen bzw. Dienste. 2Die Komponenten bieten den Leistungserbringern zudem Funktionen zur Ver- bzw. Entschlüsselung und Signatur von Daten.

3Die Gesellschaft für Telematik und die Krankenkassen stellen Informationsmaterial öffentlich zur Verfügung, in dem die Funktionsweise der Anwendungen der TI erklärt wird. 4Zudem veröffentlicht die Gesellschaft für Telematik auf ihrer Internetseite die Spezifikationen, auf deren Basis die Komponenten und Dienste der TI entwickelt und zugelassen werden müssen.

2.1.1 Kategorien von Verarbeitungsvorgängen

1Die Verarbeitungsvorgänge in der dezentralen Infrastruktur lassen sich in drei Kategorien unterteilen:

Kategorie 1: (ausschließlich) Transport von Daten ohne weitere Verarbeitung
Kategorie 2: Weitere Verarbeitung (betrifft ausschließlich Verschlüsselung, Signatur, Authentifizierung)
Kategorie 3: Verarbeitungen, die über jene in den Kategorien 1 und 2 hinausgehen.

Kategorie 1: (ausschließlich) Transport von Daten ohne weitere Verarbeitung

2Diese Kategorie umfasst alle Verarbeitungsvorgänge, in denen einer Komponente der dezentralen Infrastruktur personenbezogene Daten übergeben werden (z. B. vom Primärsystem) und in denen die Komponente der dezentralen Infrastruktur die übergebenen Daten unverändert an die vorgesehene Empfängerkomponente weiterleitet.

3Empfängerkomponenten können Teil der zentralen TI, der Anwendungsinfrastruktur der TI oder eines an die TI angeschlossenen Netzes sein. Empfängerkomponenten können selbst Teil der dezentralen Infrastruktur sein (z. B. Kartenterminals).

4Die Komponente der dezentralen Infrastruktur übernimmt für diese Verarbeitungsvorgänge lediglich eine Weiterleitungsfunktion. 5Eine weitere Verarbeitung der transportierten Daten erfolgt nicht.

6Zu dieser Kategorie gehören insbesondere Verarbeitungsvorgänge

der weiteren Anwendungen nach § 327 SGB V,

der sicheren Übermittlungsverfahren nach § 311 Absatz 1 Nummer 5 SGB V sowie

der Anwendungen nach § 334 Absatz 1 Satz 2 Nummer 2, 6 und 7 SGB V.

Kategorie 2: Weitere Verarbeitung (Verschlüsselung, Signatur, Authentifizierung)

7Zu dieser Kategorie gehören die Ver- und Entschlüsselungen sowie die Signaturoperationen, die mittels der Verschlüsselungs- und Signaturfunktionen der dezentralen Infrastruktur durchgeführt werden. 8Hier werden die zu verschlüsselnden bzw. zu entschlüsselnden Daten sowie die zu signierenden Daten übergeben. 9Es erfolgt keine über die Ver- bzw. Entschlüsselung bzw. Signatur hinausgehende Verarbeitung in den Komponenten der dezentralen Infrastruktur.

10Die Funktionen zur Ver- und Entschlüsselung sowie der Signatur können durch Anwendungen der Kategorie 1 und 3 genutzt werden.

Kategorie 3: Verarbeitungen, die über jene in den Kategorien 1 und 2 hinausgehen

V

11In diesen Verarbeitungsvorgängen werden die einer Komponente der dezentralen Infrastruktur übergebenen Daten in der dezentralen Infrastruktur anwendungsspezifisch verarbeitet, d. h. die Verarbeitung ist im Gegensatz zu den bisherigen Kategorien nicht auf den Transport, die Ver- und Entschlüsselung oder die Signatur beschränkt.

12Zu dieser Kategorie gehören die Verarbeitungsvorgänge

des Versichertenstammdatenmanagements nach § 291b SGB V sowie

der Anwendungen nach § 334 Absatz 1 Satz 2 Nummer 1 und 3 bis 5 SGB V.

2.1.2 Systematische Beschreibung

1Die systematische Beschreibung hat nach Erwägungsgrund (ErwG) 90 sowie Artikel 35 Absatz 7 Buchstabe a und Absatz 8 DSGVO sowie nach den „Leitlinien zur Datenschutz-Folgenabschätzung (DSFA) und Beantwortung der Frage, ob eine Verarbeitung im Sinne der Verordnung 2016/679 ‚wahrscheinlich ein hohes Risiko mit sich bringt'" der Artikel-29-Datenschutzgruppe (WP 248) zu enthalten:

Kriterium	Beschreibung
Art der Verarbeitung: (ErwG 90 DSGVO)	siehe Abschnitt 2.1.1
Umfang der Verarbeitung: (ErwG 90 DSGVO)	Die Komponenten der dezentralen Infrastruktur der TI verarbeiten insbesondere besondere Kategorien personenbezogener Daten gemäß Artikel 9 Absatz 1 DSGVO, nämlich Gesundheitsdaten natürlicher Personen (Versicherter) i. S. v. Artikel 4 Nummer 15 DSGVO. Dies sind beispielsweise elektronische Arztbriefe, medizinische Befunde und Diagnosen, der elektronische Medikationsplan nach § 31a SGB V, die elektronischen Notfalldaten, elektronische Impfdokumentation oder elektronische Verordnungen. Es werden zudem insbesondere Daten gemäß § 291a Absatz 2 und 3 SGB V (Versichertenstammdaten) verarbeitet. Zum ordnungsgemäßen Betrieb der Komponenten der dezentralen Infrastruktur der TI erfolgt eine Protokollierung innerhalb der Komponenten. Diese Protokolle enthalten keine personenbezogenen Daten gemäß Artikel 9 Absatz 1 DSGVO. Sie können personenbezogene Daten des Leistungserbringers enthalten, bei denen es sich regelmäßig nicht um besondere Kategorien personenbezogener Daten handelt. In den Komponenten werden die Benutzernamen der berechtigten Administratoren hinterlegt. Die Benutzernamen werden vom Leistungserbringer oder vom beauftragten Dienstleister frei gewählt. Die Benutzernamen der Administratoren können auch Pseudonyme sein, sofern die Administratoren eindeutig unterschieden werden können. Personenbezogene Daten von Versicherten können in Protokollen nur im Falle eines Fehlers zum Zwecke der Behebung des Fehlers temporär gespeichert werden. Zum Zwecke der netztechnischen Adressierung besitzen Komponenten der dezentralen Infrastruktur IP-Adressen. Von der Verarbeitung betroffene Personen sind: – Versicherte, – Leistungserbringer sowie – ggf. Administratoren der Komponenten.
Umstände bzw. Kontext der Verarbeitung: (Artikel-29-Datenschutzgruppe, WP 248, 21)	Kategorie 1: Die Verarbeitung erfolgt im Kontext einer Anwendung bzw. der Nutzung eines Dienstes durch den Leistungserbringer, die bzw. der über die dezentrale Infrastruktur der TI technisch erreichbar ist (z. B. Nutzung einer weiteren Anwendung nach § 327 SGB V). Kategorie 2: Die Verarbeitung erfolgt im Rahmen einer vom Leistungserbringer gewünschten Ver- bzw. Entschlüsselung oder Signatur von Daten, die der Leistungserbringer auswählt. Kategorie 3: Die Verarbeitung der personenbezogenen Daten in den dezentralen Komponenten der TI erfolgt im Rahmen der Versorgung von Versicherten gemäß den im SGB V festgelegten Zwecken.

Kriterium	Beschreibung
Zweck der Verarbeitung: (Artikel 35 Absatz 7 Buchstabe a DSGVO)	Kategorie 1: Der Zweck beschränkt sich auf die Weiterleitung der Daten an den korrekten Empfänger. Es erfolgt keine darüber hinausgehende Verarbeitung der Daten in den Komponenten der dezentralen Infrastruktur der TI. Kategorie 2: Zweck ist die Ver- bzw. Entschlüsselung bzw. Signatur der übergebenen Daten. Kategorie 3: Die Zwecke der Verarbeitungen sind gesetzlich im SGB V festgelegt. – Den Zweck des Versichertenstammdatenmanagements legt § 291b Absatz 1 und 2 SGB V fest. – Die Anwendungen nach § 334 Absatz 1 Satz 2 SGB V dienen gemäß § 334 Absatz 1 Satz 1 SGB V der Verbesserung der Wirtschaftlichkeit, der Qualität und der Transparenz der Versorgung. Der Zweck der einzelnen Anwendungen ist in § 334 Absatz 1 Satz 2 SGB V festgelegt und wird für einzelne Anwendungen in weiteren Paragraphen des SGB V konkretisiert (z. B. für die elektronische Patientenakte in § 341 SGB V).
Empfängerinnen und Empfänger: (Artikel-29-Datenschutzgruppe, WP 248, 21)	Kategorie 1: Die der dezentralen Komponente übergebenen Daten werden an die gewählte Empfängerkomponente weitergeleitet. Die Empfänger der Daten in den Empfängerkomponenten sind abhängig von der Anwendung bzw. dem Dienst, zu der bzw. zu dem die Empfängerkomponente gehört. Kategorie 2: Empfänger der ver- bzw. entschlüsselten bzw. signierten Daten ist der Leistungserbringer, der die Daten der Komponenten zur Ver- bzw. Entschlüsselung bzw. Signatur übergeben hat. Kategorie 3: Die in der dezentralen Komponente verarbeiteten Daten einer Anwendung können an die berechtigten Empfänger dieser Anwendung weitergeleitet werden. Die für die Anwendungen dieser Kategorie berechtigten Empfänger sind im SGB V gesetzlich festgelegt; ihnen wird durch Gesetz eine Berechtigung zum Zugriff auf die Daten der Anwendungen erteilt.
Speicherdauer: (Artikel-29-Datenschutzgruppe, WP 248, 21)	In den Komponenten der dezentralen Infrastruktur der TI werden keine personenbezogenen Daten gemäß Artikel 9 Absatz 1 DSGVO persistent gespeichert. Sie werden nur temporär für den erforderlichen Zweck verarbeitet und danach sofort gelöscht. Eine persistente Speicherung von personenbezogenen Daten kann in den Protokollen der Komponenten erfolgen. Die Protokolle mit Personenbezug werden dabei nach einem festgelegten Turnus durch die Komponente automatisch gelöscht bzw. können aktiv vom Administrator der Komponente gelöscht werden. Die nach außen sichtbaren IP-Adressen der Komponenten werden regelmäßig gewechselt.
Funktionelle Beschreibung der Verarbeitung: (Artikel 35 Absatz 7 Buchstabe a DSGVO)	Kategorie 1: Hier erfolgt nur eine Weiterleitung übergebener Daten. Es erfolgt keine weitere Verarbeitung der Daten. Kategorie 2: Es handelt sich ausschließlich um Funktionen zur Ver- und Entschlüsselung sowie Signatur. Kategorie 3: Die Funktionalität dieser Anwendungen ist gesetzlich festgelegt. Die Konkretisierung dieser Funktionen in den Komponenten erfolgt in den Spezifikationen der Gesellschaft für Telematik, die auf deren Internetseite veröffentlicht werden.
Beschreibung der Anlagen (Hard- und Software bzw. sonstige Infrastruktur): (Artikel-29-Datenschutzgruppe, WP 248, 21)	Die Komponenten der dezentralen Infrastruktur werden von der Gesellschaft für Telematik spezifiziert. Die Spezifikationen sind von der Gesellschaft für Telematik auf ihrer Internetseite veröffentlicht. Bei der Spezifikation werden die technischen und organisatorischen Maßnahmen zum Schutz der verarbeiteten personenbezogenen Daten gemäß Artikel 25 und 32 DSGVO berücksichtigt.
Eingehaltene, gemäß Artikel 40 DSGVO genehmigte Verhaltensregeln: (Artikel-29-Datenschutzgruppe, WP 248, 21)	Es wurden keine Verhaltensregeln gemäß Artikel 40 DSGVO berücksichtigt.

2.2 Notwendigkeit und Verhältnismäßigkeit (Artikel 35 Absatz 7 Buchstabe b DSGVO)

[1]Im Rahmen der Bewertung der Notwendigkeit und Verhältnismäßigkeit der Verarbeitungsvorgänge müssen nach den ErwGen 90 und 96, nach Artikel 35 Absatz 7 Buchstabe b und d DSGVO sowie nach den „Leitlinien zur

Datenschutz-Folgenabschätzung (DSFA) und Beantwortung der Frage, ob eine Verarbeitung im Sinne der Verordnung 2016/679 ‚wahrscheinlich ein hohes Risiko mit sich bringt'" der Artikel-29-Datenschutzgruppe (WP 248) Maßnahmen zur Einhaltung der Verordnung bestimmt werden, wobei Folgendes berücksichtigt werden muss:

Maßnahmen im Sinne der Verhältnismäßigkeit und Notwendigkeit der Verarbeitung (Artikel 5 und 6 DSGVO) sowie Maßnahmen im Sinne der Rechte der Betroffenen (Artikel 12 bis 21, 28, 36 und Kapitel V DSGVO).

Kriterium	Beschreibung
Festgelegter Zweck: **(Artikel 5 Absatz 1 Buchstabe b DSGVO)**	Kategorie 1: Der Zweck ist die Weiterleitung der Daten ohne sonstige Verarbeitung der Daten. Kategorie 2: Der Zweck ist durch die Funktionen Ver- bzw. Entschlüsselung und Signatur festgelegt. Kategorie 3: Die Zwecke der Anwendungen dieser Kategorie sind gesetzlich im SGB V festgelegt.
Eindeutiger Zweck: **(Artikel 5 Absatz 1 Buchstabe b DSGVO)**	Die Zwecke sind eindeutig. Für die Anwendungen nach den §§ 291b, 334 und 311 SGB V sind die Zwecke im SGB V eindeutig festgelegt; eine zweckfremde Verarbeitung unterliegt den Straf- und Bußgeldvorschriften der §§ 397 und 399 SGB V.
Legitimer Zweck: **(Artikel 5 Absatz 1 Buchstabe b DSGVO)**	Kategorie 1: Die Verarbeitung in der dezentralen Infrastruktur der TI erfolgt im Rahmen einer Anwendung, die der Leistungserbringer über die dezentrale Infrastruktur technisch erreicht. Im Rahmen der Nutzung dieser Anwendung (die selbst einem legitimen Zweck unterliegen muss) ist die Weiterleitung der Daten durch die dezentrale Infrastruktur nur ein technisches Hilfsmittel zur Nutzung der vom Leistungserbringer gewählten Anwendung und für die Nutzung der Anwendung erforderlich. Kategorie 2: Der Leistungserbringer verarbeitet die Daten für seine eigenen Zwecke. Er bestimmt den Zeitpunkt der Ver- bzw. Entschlüsselung bzw. Signatur und die Daten, die ver- bzw. entschlüsselt bzw. signiert werden sollen. Kategorie 3: Die Zwecke der Verarbeitung der Daten in den Anwendungen dieser Kategorie sind legitim, da sie der Verbesserung der Wirtschaftlichkeit, der Qualität und der Transparenz der Versorgung im deutschen Gesundheitswesen dienen.
Rechtmäßigkeit der Verarbeitung: **(Artikel-29-Datenschutzgruppe, WP 248, 21 i. V. m. Artikel 6 DSGVO)**	Kategorie 1: Die Rechtmäßigkeit basiert auf der Rechtmäßigkeit der Verarbeitung der Daten in der Anwendung, die der Leistungserbringer nutzt und an die die dezentrale Infrastruktur der TI die Daten technisch weiterleitet. Kategorie 2: Der Leistungserbringer verarbeitet die Daten für seine eigenen Zwecke, wobei es sich regelmäßig um Behandlungszwecke handelt, deren gesetzliche Verarbeitungsgrundlagen sich in § 22 Absatz 1 BDSG bzw. – im Falle der Verarbeitung durch Krankenhäuser oder Landeseinrichtungen – in speziellen Rechtsgrundlagen finden. Der Leistungserbringer bestimmt den Zeitpunkt der Ver- bzw. Entschlüsselung bzw. Signatur und die Daten, die ver- bzw. entschlüsselt bzw. signiert werden sollen. Kategorie 3: Die Rechtmäßigkeit ergibt sich aus – Artikel 6 Absatz 1 Buchstabe c DSGVO i. V. m. § 291b SGB V beim Versichertenstammdatenmanagement bzw. – einer Einwilligung des Versicherten nach Artikel 9 Absatz 2 Buchstabe a DSGVO und § 339 SGB V bei Anwendungen nach § 334 SGB V.
Angemessenheit und Erheblichkeit der Verarbeitung, Beschränktheit der Verarbeitung auf das notwendige Maß: **(Artikel-29-Datenschutzgruppe, WP 248, 21 i. V. m. Artikel 5 Absatz 1 Buchstabe c DSGVO)**	Kategorie 1: Die Verarbeitung ist auf die Weiterleitung von Daten an die vom Leistungserbringer gewünschte Empfängerkomponente beschränkt. Eine weitere Verarbeitung der Daten erfolgt nicht. Die Weiterleitung der Daten ist notwendig, damit der Leistungserbringer die zur Empfängerkomponente gehörende Anwendung nutzen kann. Da neben der Weiterleitung keine weitere Verarbeitung der Daten in den Komponenten der dezentralen Infrastruktur erfolgt, ist die Verarbeitung mit Blick auf ihren Zweck minimal.

Kriterium	Beschreibung
	Kategorie 2: Um Daten ver- bzw. entschlüsseln bzw. signieren zu können, müssen diese Daten verarbeitet werden. Eine darüber hinausgehende Verarbeitung der Daten erfolgt nicht, so dass die Datenverarbeitung mit Blick auf ihren Zweck minimal ist. Kategorie 3: Die Verarbeitung setzt die gesetzlichen Vorgaben des SGB V um. Es erfolgen keine Verarbeitungen, die über den gesetzlichen Zweck hinausgehen. – Der Umfang der Versichertenstammdaten ist in § 291a SGB V festgelegt. – Die in den Anwendungen nach § 334 SGB V verarbeiteten medizinischen Daten sind im SGB V abstrakt gesetzlich festgelegt. Die Konkretisierung dieser Daten erfolgt in den Spezifikationen der Gesellschaft für Telematik, die diese auf ihrer Internetseite veröffentlicht. Die Festlegungen in den Spezifikationen werden nach § 311 Absatz 2 SGB V im Einvernehmen mit dem BSI und dem BfDI getroffen. Die Protokolldaten in den Komponenten der dezentralen Infrastruktur dienen der Analyse von Fehlern und Sicherheitsvorfällen sowie der Analyse der Performanz. Die Protokolle sind für einen sicheren und ordnungsgemäßen Betrieb des Konnektors notwendig. In den Protokollen werden keine personenbezogenen Daten gemäß Artikel 9 Absatz 1 DSGVO gespeichert. Die IP-Adresse des Konnektors ist für die Kommunikation mit der zentralen TI technisch notwendig. Es wird bei jedem Neuaufbau einer Verbindung zur zentralen TI zufällig eine IP-Adresse zugewiesen.
Speicherbegrenzung: **(Artikel-29-Datenschutzgruppe, WP 248, 21 i. V. m. Artikel 5 Absatz 1 Buchstabe e DSGVO)**	siehe Speicherdauer in Abschnitt 2.1.2
Informationspflicht gegenüber Betroffenem: **(Artikel-29-Datenschutzgruppe, WP 248, 21 i. V. m. Artikel 12, 13 und 14 DSGVO)**	Kategorie 1: Die Verarbeitung in der dezentralen Infrastruktur der TI erfolgt im Rahmen einer Anwendung, die der Leistungserbringer über die dezentrale Infrastruktur technisch erreicht. Der Verantwortliche für die Anwendung hat die Informationspflichten gemäß DSGVO zu erfüllen. Kategorie 2: Der Leistungserbringer verarbeitet seine eigenen Daten zu eigenen Zwecken. Eine Information von betroffenen Personen ist nicht erforderlich. Kategorie 3: Der Leistungserbringer ist gemäß § 307 Absatz 1 Satz 1 SGB V Verantwortlicher für die Verarbeitung personenbezogener Daten mittels der Komponenten der dezentralen Infrastruktur und hat somit die Informationspflichten gegenüber den Betroffenen zu erfüllen. Begleitend werden Versicherten generelle Informationen zur TI zur Verfügung gestellt. Diesbezügliche gesetzliche Informationspflichten ergeben sich insbesondere aus den folgenden Normen: – § 314 SGB V verpflichtet die Gesellschaft für Telematik, auf ihrer Internetseite Informationen für die Versicherten in präziser, transparenter, verständlicher, leicht zugänglicher und barrierefreier Form zur Verfügung zu stellen. – Die §§ 291, 342, 343 und 358 SGB V verpflichten die Krankenkassen zur Information von Versicherten: Gemäß § 291 Absatz 5 SGB V informiert die Krankenkasse den Versicherten spätestens bei der Versendung der elektronischen Gesundheitskarte an diesen umfassend und in allgemein verständlicher, barrierefreier Form über die Funktionsweise der elektronischen Gesundheitskarte und über die Art der personenbezogenen Daten, die nach § 291a SGB V mittels der elektronischen Gesundheitskarte zu verarbeiten sind. Gemäß § 343 SGB V haben Krankenkassen umfassendes, geeignetes Informationsmaterial über die elektronische Patientenakte in präziser, transparenter, verständlicher und leicht zugänglicher Form in einer klaren und einfachen Sprache und barrierefrei zur Verfügung zu stellen. Zur Unterstützung der Informationspflichten der Krankenkassen nach § 343 SGB V hat der Spitzenverband Bund der Krankenkassen im Einvernehmen mit dem BfDI geeignetes Informationsmaterial, auch in elektronischer Form, zu erstellen und den Krankenkassen zur verbindlichen Nutzung zur Verfügung zu stellen. Jede Krankenkasse richtet zudem nach § 342 Absatz 3 SGB V eine Ombudsstelle ein, an die sich Versicherte mit ihren Anliegen im Zusammenhang mit der elektronischen Patientenakte wenden können.

Kriterium	Beschreibung
	Mit der Einführung der elektronischen Notfalldaten, der elektronischen Patientenkurzakte und des elektronischen Medikationsplans haben die Krankenkassen den Versicherten auch hierzu nach § 358 Absatz 8 SGB V geeignetes Informationsmaterial in präziser, transparenter, verständlicher und leicht zugänglicher Form in einer klaren und einfachen Sprache barrierefrei zur Verfügung zu stellen. Auch dieses Informationsmaterial ist gemäß § 358 Absatz 9 SGB V im Einvernehmen mit dem BfDI zu erstellen.
Auskunftsrecht der betroffenen Personen: (Artikel-29-Datenschutzgruppe, WP 248, 21 i. V. m. Artikel 15 DSGVO)	Diese Anlage i. V. m. den Informationen gemäß den §§ 314 und 343 SGB V gibt den Versicherten Auskunft über die in Artikel 15 DSGVO geforderten Informationen. Die Informationen nach § 314 Satz 1 Nummer 7 und 8 SGB V enthalten insbesondere die Benennung der Verantwortlichen für die Daten im Hinblick auf die verschiedenen Datenverarbeitungsvorgänge und die Pflichten der datenschutzrechtlich Verantwortlichen sowie die Rechte des Versicherten gegenüber den datenschutzrechtlich Verantwortlichen nach der DSGVO. In den Komponenten der dezentralen Infrastruktur werden zudem keine Daten von Versicherten persistent gespeichert.
Recht auf Berichtigung und Löschung: (Artikel-29-Datenschutzgruppe, WP 248, 21 i. V. m. Artikel 16, 17 und 19)	In den Komponenten der dezentralen Infrastruktur werden Daten von Versicherten nur temporär verarbeitet und dann sofort gelöscht. Es erfolgt keine persistente Speicherung von Daten der Versicherten.
Recht auf Datenübertragbarkeit: (Artikel 20 DSGVO)	Es werden in den Komponenten der dezentralen Infrastruktur keine Daten von Versicherten persistent gespeichert, so dass keine Daten übertragen werden könnten.
Auftragsverarbeiterinnen und Auftragsverarbeiter: (Artikel 28 DSGVO)	Der Leistungserbringer ist nach § 307 Absatz 1 Satz 1 SGB V Verantwortlicher für die Verarbeitung personenbezogener Daten mittels der Komponenten der dezentralen Infrastruktur. Falls der Leistungserbringer einen Auftragsverarbeiter mit dem Betrieb der dezentralen Komponenten der TI beauftragt, hat der Leistungserbringer die Einhaltung der Vorgaben gemäß Artikel 28 DSGVO zu gewährleisten.
Schutzmaßnahmen bei der Übermittlung in Drittländer: (Kapitel V DSGVO)	Kategorie 1: Die Verarbeitung in der dezentralen Infrastruktur der TI erfolgt im Rahmen einer Anwendung, die der Leistungserbringer über die dezentrale Infrastruktur technisch erreicht. Der Verantwortliche für die Anwendung hat bei der Übermittlung in Drittländer die Schutzmaßnahmen gemäß DSGVO zu berücksichtigen. Kategorie 2: Es erfolgt keine Übermittlung an Drittländer. Kategorie 3: Es erfolgt keine Übermittlung an Drittländer, da die Dienste innerhalb der EU bzw. des EWR betrieben werden müssen.
Vorherige Konsultation: (Artikel 36 und ErwG 96 DSGVO)	Gemäß § 311 Absatz 2 SGB V hat die Gesellschaft für Telematik die Festlegungen und Maßnahmen für die TI nach § 311 Absatz 1 Nummer 1 SGB V im Einvernehmen mit dem BSI und dem BfDI zu treffen. Dies umfasst insbesondere auch die Erstellung der funktionalen und technischen Vorgaben der Komponenten der dezentralen Infrastruktur der TI.

2.3 Risiken für die Rechte und Freiheiten der betroffenen Personen (Artikel 35 Absatz 7 Buchstabe c DSGVO)

1Die Risiken für die Rechte und Freiheiten der betroffenen Personen sind nach ihrer Ursache, Art, Besonderheit, Schwere und Eintrittswahrscheinlichkeit zu bewerten (ErwGe 76, 77, 84 und 90 DSGVO). Nach den ErwGen 75 und 85 DSGVO sind unter anderem die potentiellen Risiken dieses Abschnitts genannt.

2Risikoquellen sind

beim Leistungserbringer tätige Personen inklusive des Leistungserbringers als Verantwortlicher, die unbeabsichtigt und unbewusst den zulässigen Rahmen der Verarbeitung überschreiten könnten,

Angreifer, die bewusst aus der Umgebung des Leistungserbringers in die Verarbeitungsvorgänge der Komponenten der dezentralen TI eingreifen wollen,

Angreifer, die bewusst von außerhalb der Leistungserbringerumgebung in die Verarbeitungsvorgänge der Komponenten der dezentralen TI eingreifen wollen,

Hersteller der Komponenten der dezentralen TI sowie

technische Fehlfunktionen der Komponenten der dezentralen TI.

$_{3}$Da in den Komponenten der dezentralen TI besondere Kategorien personenbezogener Daten verarbeitet werden, besteht ein hohes Ausgangsrisiko für die Rechte und Freiheiten natürlicher Personen. $_{4}$Das hohe Ausgangsrisiko wird durch die Abhilfemaßnahmen in Abschnitt 2.4 auf ein angemessenes Risiko gesenkt, falls die dezentralen Komponenten vom Leistungserbringer gemäß Betriebshandbuch betrieben werden. $_{5}$Durch die Anwendung der in § 75b SGB V geforderten Richtlinie zur IT-Sicherheit und die Anforderungen an die Wartung von Diensten gemäß § 332 SGB V werden Risiken im Betrieb der dezentralen Komponenten der TI wesentlich gesenkt.

$_{6}$Da die Maßnahmen der Komponenten der dezentralen TI zur Gewährleistung der Datensicherheit in gleicher Weise auf alle in den Komponenten verarbeiteten personenbezogenen Daten wirken und nicht spezifisch für einzelne Verarbeitungsvorgänge sind, erfolgt die Bewertung der Angemessenheit der Abhilfemaßnahmen der Komponenten hinsichtlich der Daten, deren Verarbeitung die höchsten Risiken für die Betroffenen bedeutet, nach dem Maximum-Prinzip. $_{7}$Es handelt sich hierbei um die personenbezogenen Daten nach Artikel 9 Absatz 1 DSGVO der Versicherten. $_{8}$Nach diesen Daten bestimmen sich die in den Komponenten zu treffenden Abhilfemaßnahmen. $_{9}$Die Abhilfemaßnahmen sind dann ebenfalls angemessen für die Verarbeitung der weniger sensiblen Daten.

$_{10}$Die Risikobewertung orientiert sich am Standard-Datenschutzmodell (SDM) der Aufsichtsbehörden für den Datenschutz und den dort definierten Gewährleistungszielen. $_{11}$Die Schadens- und Eintrittswahrscheinlichkeitsstufen sowie die Risikomatrix orientieren sich am DSK-Kurzpapier Nummer 18 „Risiko für die Rechte und Freiheiten natürlicher Personen" i. V. m. der ISO/IEC 29134:2017 zum Privacy Impact Assessment. $_{12}$In der folgenden Tabelle werden die einzelnen Risiken identifiziert, inklusive Schadenshöhe, Schadensereignissen, betroffenen Gewährleistungszielen des Standard-Datenschutzmodells und Eintrittswahrscheinlichkeit. $_{13}$Die Bewertung der Eintrittswahrscheinlichkeit erfolgt unter Berücksichtigung der referenzierten Abhilfemaßnahmen, die detailliert in Abschnitt 2.4 beschrieben sind.

Schaden	Beschreibung der Schadensereignisse	Eintrittswahrscheinlichkeit (EWS) mit Abhilfemaßnahmen (Abschnitt 2.4)
Physische, materielle oder immaterielle Schäden, finanzielle Verluste, erhebliche wirtschaftliche Nachteile: (ErwG 90 i. V. m. 85 DSGVO) Schadenshöhe: groß	Durch die unbefugte, unrechtmäßige oder zweckfremde Verarbeitung sowie eine unbefugte Offenlegung oder Änderung der in den Komponenten der dezentralen TI verarbeiteten Gesundheitsdaten der Versicherten können Versicherte große immaterielle Schäden erleiden. Bei einer unbefugten Offenlegung der Gesundheitsdaten ihrer Patienten können Leistungserbringer materielle, immaterielle, finanzielle bzw. wirtschaftliche Schäden erleiden, da Leistungserbringer dem Berufsgeheimnis mit zugehörigen Straf- und Bußgeldvorschriften, insbesondere dem Straftatbestand des § 203 StGB, unterliegen. Zusätzlich können Geldbußen gemäß Artikel 83 DSGVO verhängt werden. Die Nutzung der Komponenten der dezentralen Infrastruktur der TI und die Anbindung an die TI dürfen nicht dazu führen, dass Leistungserbringer gegen das Berufsgeheimnis oder die Vorgaben der DSGVO verstoßen. Betroffene Gewährleistungsziele (SDM): Datenminimierung, Nichtverkettung, Vertraulichkeit, Integrität	EWS: geringfügig – Minimierung der Verarbeitung personenbezogener Daten – Schnellstmögliche Pseudonymisierung – Datensicherheitsmaßnahmen

Schaden	Beschreibung der Schadensereignisse	Eintrittswahrscheinlichkeit (EWS) mit Abhilfemaßnahmen (Abschnitt 2.4)
Verlust der Kontrolle über personenbezogene Daten: (ErwG 90 i. V. m. 85 DSGVO) Schadenshöhe: groß	Ein Angreifer (insbesondere auch der Hersteller) könnte die Komponenten der dezentralen TI manipulieren, was zu einer für den Versicherten oder den Leistungserbringer intransparenten Datenverarbeitung führen würde. Es könnte das Risiko bestehen, dass eine Verarbeitung von personenbezogenen Daten in den Komponenten der dezentralen Infrastruktur für die Versicherten im Nachhinein nicht erkannt werden kann und dass er nicht in diese Datenverarbeitung intervenieren (z. B. ihr widersprechen) kann. Betroffene Gewährleistungsziele (SDM): Transparenz, Intervenierbarkeit	EWS: geringfügig – Transparenz in Bezug auf die Funktionen und die Verarbeitung personenbezogener Daten – Überwachung der Verarbeitung personenbezogener Daten durch die betroffenen Personen – Datensicherheitsmaßnahmen
Diskriminierung, Rufschädigung, erhebliche gesellschaftliche Nachteile: (ErwG 90 i. V. m. 85 DSGVO) Schadenshöhe: groß	Die Verarbeitung von Daten besonderer Kategorien personenbezogener Daten gemäß Artikel 9 Absatz 1 DSGVO birgt Risiken einer Diskriminierung oder Rufschädigung für Versicherte, falls Gesundheitsdaten über den Versicherten offengelegt, unbefugt oder unrechtmäßig verarbeitet werden. Dies kann zu erheblichen gesellschaftlichen Nachteilen für den Versicherten führen. Falls Gesundheitsdaten, die ein Leistungserbringer verarbeitet, unberechtigt offengelegt werden und der Leistungserbringer somit sein Berufsgeheimnis verletzt, kann dies zu einer Rufschädigung des Leistungserbringers führen. Betroffene Gewährleistungsziele (SDM): Datenminimierung, Nichtverkettung, Vertraulichkeit, Integrität	EWS: geringfügig – Minimierung der Verarbeitung personenbezogener Daten – Schnellstmögliche Pseudonymisierung – Datensicherheitsmaßnahmen – Überwachung der Verarbeitung personenbezogener Daten durch die betroffenen Personen
Identitätsdiebstahl oder -betrug: (ErwG 90 i. V. m. 85 DSGVO) Schadenshöhe: groß	In den Komponenten der dezentralen Infrastruktur der TI werden kryptographische Identitäten von Versicherten und Leistungserbringern verarbeitet. Ein Missbrauch dieser Identitäten durch eine unbefugte oder unrechtmäßige Nutzung muss verhindert werden, um Schäden für den Versicherten oder Leistungserbringer abzuwehren. Hierdurch könnte z. B. unter der Identität des Versicherten oder Leistungserbringers gehandelt werden, um medizinische Daten zu lesen, zu ändern oder weiterzugeben. Betroffene Gewährleistungsziele (SDM): Datenminimierung, Nichtverkettung, Vertraulichkeit, Integrität	EWS: geringfügig – Minimierung der Verarbeitung personenbezogener Daten – Datensicherheitsmaßnahmen
Verlust der Vertraulichkeit bei Berufsgeheimnissen: (ErwG 90 i. V. m. 85 DSGVO) Schadenshöhe: groß	In den Komponenten der dezentralen Infrastruktur der TI werden Daten verarbeitet, die unter das Berufsgeheimnis fallen. Der Verlust der Vertraulichkeit dieser Daten durch eine unbefugte Offenlegung muss verhindert werden, damit Leistungserbringer ihren Geheimhaltungspflichten nachkommen können. Neben einer Rufschädigung können den Leistungserbringer Straf- und Bußgeldvorschriften (insbesondere § 203 StGB) treffen. Betroffene Gewährleistungsziele (SDM): Datenminimierung, Vertraulichkeit, Integrität	EWS: geringfügig – Minimierung der Verarbeitung personenbezogener Daten – Schnellstmögliche Pseudonymisierung – Datensicherheitsmaßnahmen

Schaden	Beschreibung der Schadensereignisse	Eintrittswahrscheinlichkeit (EWS) mit Abhilfemaßnahmen (Abschnitt 2.4)
Beeinträchtigung/Verlust der Verfügbarkeit Schadenshöhe: **geringfügig**	Eine Beeinträchtigung bzw. der Verlust der Verfügbarkeit der Komponenten der dezentralen TI durch technische Fehlfunktionen könnte dazu führen, dass a) Dienste in der zentralen TI, der Anwendungsinfrastruktur der TI oder eines an die TI angeschlossenen Netzes oder b) lokale Funktionen (insbesondere Verschlüsselung, Signatur, Authentifizierung) vom Leistungserbringer nicht mehr genutzt werden können. Durch eine beeinträchtigte Verfügbarkeit der Komponenten der dezentralen TI ergeben sich nur geringfügige Schäden für Versicherte oder Leistungserbringer, da die Verarbeitungen nicht zeitkritisch sind bzw. es Ersatzverfahren gibt. Es ist zudem nur eine Leistungserbringerumgebung betroffen. Betroffene Gewährleistungsziele (SDM): Verfügbarkeit	EWS: überschaubar Ein Ausfall einer Komponente kann nicht ausgeschlossen werden. Zusätzliche Abhilfemaßnahmen zur Verfügbarkeit der Komponenten der dezentralen TI sind aufgrund des geringen Risikos nicht erforderlich.

V

2.4 Abhilfemaßnahmen (Artikel 35 Absatz 7 Buchstabe d DSGVO)

1Gemäß Artikel 35 Absatz 7 Buchstabe d DSGVO sind zur Bewältigung der Risiken Abhilfemaßnahmen, einschließlich Garantien, Sicherheitsvorkehrungen und Verfahren, umzusetzen, durch die die Risiken für die Rechte der Betroffenen eingedämmt werden und der Schutz personenbezogener Daten sichergestellt wird.
2Als Maßnahmen, Garantien und Verfahren zur Eindämmung von Risiken werden insbesondere in den ErwGen 28, 78 und 83 DSGVO genannt:

Kriterium	Beschreibung
Minimierung der Verarbeitung personenbezogener Daten: **(ErwG 78 DSGVO)**	Kategorie 1: Die Verarbeitung ist mit Blick auf den Zweck der Weiterleitung von Daten minimal. Eine über den Transport hinausgehende Verarbeitung erfolgt nicht. Der Umfang der transportierten Daten ist abhängig von der über die dezentrale Infrastruktur genutzten Anwendung. Der Verantwortliche dieser Anwendung hat entsprechende Maßnahmen zur Minimierung zu ergreifen. Dies liegt jedoch nicht in der Verantwortung des Leistungserbringers als Nutzer der Anwendung. Kategorie 2: Die Verarbeitung ist minimal, da sie nur die zum Zwecke der Ver- bzw. Entschlüsselung bzw. Signatur benötigten Daten verarbeitet. Kategorie 3: Die Verarbeitung ist minimal, da in den Anwendungen dieser Kategorie ausschließlich die Daten verarbeitet werden, die zur Erfüllung des gesetzlich vorgegebenen Zweckes erforderlich sind. Zudem werden Anwendungsdaten in den Komponenten der dezentralen Infrastruktur nach der Verarbeitung sofort gelöscht und nicht persistent gespeichert. Die Spezifikationen zu diesen Anwendungen sowie Art und Umfang der verarbeiteten Daten werden im Einvernehmen mit dem BfDI erstellt und sind öffentlich für eine Prüfung verfügbar.

Kriterium	Beschreibung
Schnellstmögliche Pseudonymisierung personenbezogener Daten (ErwG 28 und 78 DSGVO)	Kategorie 1: Die Daten werden unverändert weitergeleitet. Es erfolgt keine weitere Verarbeitung in den Komponenten der dezentralen Infrastruktur, d. h. auch keine Pseudonymisierung. Der Verantwortliche der Anwendung, zu der die transportierten Daten gehören, hat entsprechende Maßnahmen zur Pseudonymisierung zu ergreifen. Dies liegt jedoch nicht in der Verantwortung des Leistungserbringers als Nutzer der Anwendung. Kategorie 2: Zweck ist die Ver- bzw. Entschlüsselung bzw. Signatur der übergebenen Daten. Eine Pseudonymisierung und damit Veränderung der Daten ist nicht gewünscht. Kategorie 3: Eine Pseudonymisierung der personenbezogenen Daten in den Anwendungen dieser Kategorie erfolgt, sofern es für den gesetzlich vorgegebenen Zweck möglich ist. Bei der Gestaltung der Anwendungen werden die Artikel 25 und 32 DSGVO berücksichtigt. Die Spezifikationen zu diesen Anwendungen sowie Art und Umfang der verarbeiteten Daten werden im Einvernehmen mit dem BfDI erstellt und sind öffentlich für eine Prüfung verfügbar.
Transparenz in Bezug auf die Funktionen und die Verarbeitung personenbezogener Daten (ErwG 78 DSGVO)	Durch die Veröffentlichung der Spezifikationen der Komponenten der dezentralen Infrastruktur auf der Internetseite der Gesellschaft für Telematik können die Funktionen und die generelle Verarbeitung personenbezogener Daten in den Komponenten der dezentralen Infrastruktur der TI von der Öffentlichkeit kostenlos nachvollzogen werden. Experten für Datenschutz und Sicherheit können die Spezifikationen auf die Einhaltung der Vorschriften des Datenschutzes prüfen. Die Gesellschaft für Telematik und die Krankenkassen sind gemäß den §§ 314 und 343 SGB V verpflichtet, für die Versicherten in präziser, transparenter, verständlicher, leicht zugänglicher und barrierefreier Form Informationen zur TI zur Verfügung zu stellen. Hierzu gehören insbesondere auch Informationen zum Datenschutz. Zur Unterstützung der Informationspflichten der Krankenkassen nach § 343 SGB V hat der Spitzenverband Bund der Krankenkassen im Einvernehmen mit dem BfDI geeignetes Informationsmaterial, auch in elektronischer Form, zu erstellen und den Krankenkassen zur verbindlichen Nutzung zur Verfügung zu stellen.
Überwachung der Verarbeitung personenbezogener Daten durch die betroffenen Personen (ErwG 78 DSGVO)	Kategorie 1: Von den Verantwortlichen der Anwendungen, die über die Komponenten der dezentralen Infrastruktur für den Leistungserbringer erreichbar sind, sind Maßnahmen nach ErwG 78 DSGVO zu treffen. Kategorie 2: In den Komponenten der dezentralen Infrastruktur erfolgt eine Protokollierung der Nutzung der Funktionen, die eine Überwachung der Verarbeitung ermöglicht. Kategorie 3: Für die Anwendungen dieser Kategorie bestehen gesetzliche Protokollierungspflichten gemäß § 309 SGB V zum Zwecke der Datenschutzkontrolle für den Versicherten. Die Protokollierungspflichten richten sich dabei an den Verantwortlichen der Anwendung und nicht an den Leistungserbringer. Der Versicherte kann sich nach Einsicht der Protokolldaten nach § 309 SGB V im Rahmen von Artikel 15 DSGVO an den Leistungserbringer wenden, um nähere Auskünfte über die den Leistungserbringer betreffenden Protokolleinträge nach § 309 SGB V zu erhalten. Für die Auskunft kann der Leistungserbringer auch die in den Komponenten der dezentralen Infrastruktur erfolgte Protokollierung nutzen.

Kriterium	Beschreibung
Datensicherheitsmaßnahmen: **(ErwG 78 und 83 DSGVO)**	Die an der vertragsärztlichen und vertragszahnärztlichen Versorgung teilnehmenden Leistungserbringer sind verpflichtet, die Vorgaben der Richtlinie zur IT-Sicherheit gemäß § 75b SGB V zu beachten. Diese Richtlinie umfasst auch Anforderungen an die sichere Installation und Wartung von Komponenten und Diensten der TI, die in der vertragsärztlichen und vertragszahnärztlichen Versorgung genutzt werden, d. h. insbesondere auch die Komponenten der dezentralen Infrastruktur der TI. Die Anforderungen in der Richtlinie werden u. a. im Einvernehmen mit dem BSI sowie im Benehmen mit dem BfDI festgelegt. Wenn ein Leistungserbringer einen Dienstleister mit der Herstellung und der Wartung des Anschlusses von informationstechnischen Systemen der Leistungserbringer an die TI einschließlich der Wartung hierfür benötigter Komponenten sowie der Anbindung an Dienste der TI beauftragt, muss dieser Dienstleister gemäß § 332 SGB V besondere Sorgfalt walten lassen und über die notwendige Fachkunde verfügen. Die technischen Maßnahmen der Komponenten der dezentralen Infrastruktur der TI zur Gewährleistung der Datensicherheit hat die Gesellschaft für Telematik gemäß § 311 Absatz 2 SGB V im Einvernehmen mit dem BSI und dem BfDI zu treffen, so dass Fragen der Sicherheit und des Datenschutzes bei der Gestaltung der Komponenten berücksichtigt werden, insbesondere auch die Vorgaben der Artikel 25 und 32 DSGVO. Darüber hinaus erfolgt der Nachweis der vollständigen Umsetzung der technischen Maßnahmen zur Gewährleistung der Datensicherheit in einer Komponente der dezentralen Infrastruktur eines Herstellers gemäß § 325 Absatz 3 SGB V im Rahmen der Zulassung der Komponente bei der Gesellschaft für Telematik durch eine Sicherheitszertifizierung nach den Vorgaben des BSI bzw. durch eine im Einvernehmen mit dem BSI festgelegte abweichende Form des Nachweises der Sicherheit. Auch die Hersteller von Komponenten der dezentralen Infrastruktur können gemäß § 325 Absatz 5 SGB V von der Gesellschaft für Telematik zugelassen werden, um insbesondere eine ausreichende Qualität der Herstellerprozesse bei der Entwicklung, dem Betrieb, der Wartung und der Pflege der Komponenten zu gewährleisten. Um die Wirksamkeit der technischen Maßnahmen der Komponenten der dezentralen Infrastruktur der TI zur Gewährleistung der Datensicherheit kontinuierlich aufrechtzuerhalten, werden diese Maßnahmen kontinuierlich von der Gesellschaft für Telematik und dem BSI bewertet. Insbesondere ist die Gesellschaft für Telematik gemäß § 333 SGB V dazu verpflichtet, dem BSI auf Verlangen Unterlagen und Informationen u. a. zu den Zulassungen von Komponenten der dezentralen Infrastruktur einschließlich der zugrundeliegenden Dokumentation sowie festgestellten Sicherheitsmängeln vorzulegen. Die Gesellschaft für Telematik kann zudem für die Komponenten der dezentralen Infrastruktur gemäß § 331 Absatz 1 SGB V im Benehmen mit dem BSI solche Maßnahmen zur Überwachung des Betriebs treffen, die erforderlich sind, um die Sicherheit, Verfügbarkeit und Nutzbarkeit der TI zu gewährleisten. Soweit von den Komponenten der dezentralen Infrastruktur der TI eine Gefahr für die Funktionsfähigkeit oder Sicherheit der TI ausgeht, kann die Gesellschaft für Telematik gemäß § 329 SGB V unverzüglich die erforderlichen technischen und organisatorischen Maßnahmen treffen. Das BSI ist hierüber von der Gesellschaft für Telematik zu informieren.

₃Die Abhilfemaßnahmen sind für alle Risikoquellen anwendbar. ₄Technischen Fehlfunktionen der Komponenten der dezentralen TI wird im Rahmen der Zulassung durch funktionale Tests und Sicherheitsüberprüfungen entgegengewirkt.

2.5 Einbeziehung betroffener Personen

₁Gemäß § 311 Absatz 2 SGB V hat die Gesellschaft für Telematik die Festlegungen und Maßnahmen nach § 311 Absatz 1 Nummer 1 SGB V im Einvernehmen mit dem BSI und dem BfDI zu treffen. ₂Die Aufgaben der Gesellschaft für Telematik nach § 311 Absatz 1 Nummer 1 SGB V umfassen hierbei insbesondere auch die Erstellung der funktionalen und technischen Vorgaben und die Zulassung der Komponenten der dezentralen Infrastruktur der TI.

₃Vertreter der Leistungserbringer sind als Gesellschafter der Gesellschaft für Telematik ebenfalls in die Erstellung der Vorgaben der dezentralen Infrastruktur der TI einbezogen.

₄Die Spezifikationen der Komponenten der dezentralen Infrastruktur der TI werden auf der Internetseite der Gesellschaft für Telematik veröffentlicht. ₅Dadurch wird auch die Öffentlichkeit (u. a. Experten für Sicherheit und Datenschutz sowie Landesdatenschutzbehörden) einbezogen, so dass jederzeit die Möglichkeit der Prüfung der festgelegten Maßnahmen besteht.

Verordnung zur Beteiligung von Patientinnen und Patienten in der Gesetzlichen Krankenversicherung (Patientenbeteiligungsverordnung – PatBeteiligungsV)

Vom 19. Dezember 2003 (BGBl. I S. 2753)

Zuletzt geändert durch
Gesetz zur Verbesserung der Rechte von Patientinnen und Patienten
vom 20. Februar 2013 (BGBl. I S. 277)

Auf Grund des § 140g in Verbindung mit § 140f Abs. 2 Satz 3 des Fünften Buches Sozialgesetzbuch – Gesetzliche Krankenversicherung – (Artikel 1 des Gesetzes vom 20. Dezember 1988, BGBl. I S. 2477, 2482), die durch Artikel 1 Nr. 118 des Gesetzes vom 14. November 2003 (BGBl. I S. 2190) eingefügt worden sind, verordnet das Bundesministerium für Gesundheit und Soziale Sicherung:

V

§ 1 Anforderungen an maßgebliche Organisationen auf Bundesebene

Maßgebliche Organisationen für die Wahrnehmung der Interessen der Patientinnen und Patienten und der Selbsthilfe chronisch kranker und behinderter Menschen auf Bundesebene im Sinne des § 140f des Fünften Buches Sozialgesetzbuch sind Organisationen, die

1. nach ihrer Satzung ideell und nicht nur vorübergehend die Belange von Patientinnen und Patienten oder der Selbsthilfe fördern,
2. in ihrer inneren Ordnung demokratischen Grundsätzen entsprechen,
3. gemäß ihrem Mitgliederkreis dazu berufen sind, die Interessen von Patientinnen und Patienten oder der Selbsthilfe chronisch kranker und behinderter Menschen auf Bundesebene zu vertreten,
4. zum Zeitpunkt der Anerkennung mindestens drei Jahre bestehen und in diesem Zeitraum im Sinne der Nummer 1 bundesweit tätig gewesen sind,
5. die Gewähr für eine sachgerechte Aufgabenerfüllung bieten; dabei sind Art und Umfang der bisherigen Tätigkeit, der Mitgliederkreis und die Leistungsfähigkeit zu berücksichtigen,
6. durch Offenlegung ihrer Finanzierung nachweisen können, dass sie neutral und unabhängig arbeiten, und
7. gemeinnützige Zwecke verfolgen.

§ 2 Anerkannte Organisationen

(1) Als maßgebliche Organisationen für die Wahrnehmung der Interessen der Patientinnen und Patienten und der Selbsthilfe chronisch kranker und behinderter Menschen auf Bundesebene gelten:

1. der Deutsche Behindertenrat,
2. die Bundesarbeitsgemeinschaft der PatientInnenstellen,
3. die Deutsche Arbeitsgemeinschaft Selbsthilfegruppen e. V. und
4. der Verbraucherzentrale Bundesverband e. V.

(2) Hat der Gemeinsame Bundesausschuss innerhalb von drei Monaten nach Inkrafttreten der Verordnung berechtigte Zweifel, dass eine der in Absatz 1 genannten Organisationen die in § 1 Nr. 1 bis 7 genannten Kriterien erfüllt, bittet er das Bundesministerium für Gesundheit, die betreffende Organisation zu überprüfen. Ergibt die Überprüfung, dass die Kriterien nicht erfüllt sind, stellt das Bundesministerium für Gesundheit durch Verwaltungsakt fest, dass die betreffende Organisation für die Wahrnehmung der Interessen der Patientinnen und Patienten und der Selbsthilfe chronisch kranker und behinderter Menschen keine maßgebliche Organisation auf Bundesebene im Sinne des § 140f des Fünften Buches Sozialgesetzbuch ist.

(3) Absatz 2 Satz 2 gilt entsprechend, wenn der Gemeinsame Bundesausschuss berechtigte Zweifel hat, dass eine der in Absatz 1 genannten oder nach § 3 anerkannten Organisationen die in § 1 Nr. 1 bis 7 genannten Kriterien noch erfüllt.

§ 3 Anerkennung weiterer Organisationen

Das Bundesministerium für Gesundheit kann auf Antrag weitere Organisationen, die nicht Mitglied der in § 2 Abs. 1 genannten Verbände sind, als maßgebliche Organisation auf Bundesebene anerkennen, wenn die antragstellende Organisation die in § 1 Nr. 1 bis 7 aufgeführten Kriterien erfüllt und diese nachweist. Die Anerkennung erfolgt durch Verwaltungsakt.

§ 4 Verfahren der Beteiligung

(1) Die in § 2 Abs. 1 genannten und die nach § 3 anerkannten Organisationen benennen zur Wahrnehmung der in § 140f Abs. 2 und 3 des Fünften Buches Sozialgesetzbuch genannten Mitberatungsrechte einvernehmlich zu spezifischen Themen sachkundige Personen, von denen mindestens die Hälfte selbst Betroffene sein sollen. Dabei ist das Einvernehmen kenntlich zu machen. Die sachkundigen Personen haben ein Mitberatungsrecht, aber kein Stimmrecht.

(2) Bei den in § 140f Absatz 2 Satz 5 des Fünften Buches Sozialgesetzbuch genannten Beschlüssen des Gemeinsamen Bundesausschusses bestimmt sich das Antragsrecht nach der in § 2 Abs. 1 genannten und der nach § 3 anerkannten Organisationen nach den Vorschriften, die für das Antragsrecht der nach § 135 Abs. 1 und § 137c Abs. 1 des Fünften Buches Sozialgesetzbuch antragsberechtigten Selbstverwaltungsträger gelten.

(3) Die Beteiligung nach § 140f Abs. 4 des Fünften Buches Sozialgesetzbuch muss frühzeitig erfolgen. Dazu werden den in § 2 Abs. 1 genannten und den nach § 3 anerkannten Organisationen die erforderlichen Unterlagen rechtzeitig und vollständig zur Verfügung gestellt und ihnen eine angemessene Frist zur Stellungnahme eingeräumt.

§ 5 Inkrafttreten

Diese Verordnung tritt am Tag nach der Verkündung in Kraft.

VI SGB VI: Gesetzliche Rentenversicherung

VI Sozialgesetzbuch (SGB) Sechstes Buch (VI) – Gesetzliche Rentenversicherung – (SGB VI) 800

Sozialgesetzbuch (SGB) Sechstes Buch (VI) – Gesetzliche Rentenversicherung – (SGB VI)

in der Fassung der Bekanntmachung
vom 19. Februar 2002 (BGBl. I S. 754, S. 1404, S. 3384)

Zuletzt geändert durch
8. SGB IV-Änderungsgesetz
vom 20. Dezember 2022 (BGBl. I S. 2759)

Inhaltsübersicht

Erstes Kapitel
Versicherter Personenkreis

Erster Abschnitt
Versicherung kraft Gesetzes

§ 1 Beschäftigte
§ 2 Selbständig Tätige
§ 3 Sonstige Versicherte
§ 4 Versicherungspflicht auf Antrag
§ 5 Versicherungsfreiheit
§ 6 Befreiung von der Versicherungspflicht

Zweiter Abschnitt
Freiwillige Versicherung

§ 7 Freiwillige Versicherung

Dritter Abschnitt
Nachversicherung, Versorgungsausgleich und Rentensplitting

§ 8 Nachversicherung, Versorgungsausgleich und Rentensplitting

Zweites Kapitel
Leistungen

Erster Abschnitt
Leistungen zur Teilhabe

Erster Unterabschnitt
Voraussetzungen für die Leistungen

§ 9 Aufgabe der Leistungen zur Teilhabe
§ 10 Persönliche Voraussetzungen
§ 11 Versicherungsrechtliche Voraussetzungen
§ 12 Ausschluss von Leistungen

Zweiter Unterabschnitt
Umfang der Leistungen

Erster Titel
Allgemeines

§ 13 Leistungsumfang

Zweiter Titel
Leistungen zur Prävention, zur medizinischen Rehabilitation, zur Teilhabe am Arbeitsleben und zur Nachsorge

§ 14 Leistungen zur Prävention
§ 15 Leistungen zur medizinischen Rehabilitation
§ 15a Leistungen zur Kinderrehabilitation
§ 16 Leistungen zur Teilhabe am Arbeitsleben
§ 17 Leistungen zur Nachsorge
§§ 18 und 19 (weggefallen)

Dritter Titel
Übergangsgeld

§ 20 Anspruch
§ 21 Höhe und Berechnung
§§ 22 bis 27 (weggefallen)

Vierter Titel
Ergänzende Leistungen

§ 28 Ergänzende Leistungen
§§ 29 und 30 (weggefallen)

Fünfter Titel
Sonstige Leistungen

§ 31 Sonstige Leistungen

Sechster Titel
Zuzahlung bei Leistungen zur medizinischen Rehabilitation und bei sonstigen Leistungen

§ 32 Zuzahlung bei Leistungen zur medizinischen Rehabilitation und bei sonstigen Leistungen

Zweiter Abschnitt
Renten

Erster Unterabschnitt
Rentenarten und Voraussetzungen für einen Rentenanspruch

§ 33 Rentenarten
§ 34 Voraussetzungen für einen Rentenanspruch

Zweiter Unterabschnitt
Anspruchsvoraussetzungen für einzelne Renten

Erster Titel
Renten wegen Alters

§ 35 Regelaltersrente
§ 36 Altersrente für langjährig Versicherte
§ 37 Altersrente für schwerbehinderte Menschen
§ 38 Altersrente für besonders langjährig Versicherte
§ 39 (weggefallen)
§ 40 Altersrente für langjährig unter Tage beschäftigte Bergleute
§ 41 Altersrente und Kündigungsschutz
§ 42 Vollrente und Teilrente

Zweiter Titel
Renten wegen verminderter Erwerbsfähigkeit

§ 43 Rente wegen Erwerbsminderung
§ 44 (weggefallen)
§ 45 Rente für Bergleute

Dritter Titel
Renten wegen Todes

§ 46 Witwenrente und Witwerrente
§ 47 Erziehungsrente
§ 48 Waisenrente
§ 49 Renten wegen Todes bei Verschollenheit

Vierter Titel
Wartezeiterfüllung

§ 50 Wartezeiten
§ 51 Anrechenbare Zeiten
§ 52 Wartezeiterfüllung durch Versorgungsausgleich, Rentensplitting und Zuschläge an Entgeltpunkten für Arbeitsentgelt aus geringfügiger Beschäftigung
§ 53 Vorzeitige Wartezeiterfüllung

Fünfter Titel
Rentenrechtliche Zeiten

§ 54 Begriffsbestimmungen
§ 55 Beitragszeiten
§ 56 Kindererziehungszeiten
§ 57 Berücksichtigungszeiten
§ 58 Anrechnungszeiten
§ 59 Zurechnungszeit
§ 60 Zuordnung beitragsfreier Zeiten zur knappschaftlichen Rentenversicherung
§ 61 Ständige Arbeiten unter Tage
§ 62 Schadenersatz bei rentenrechtlichen Zeiten

Dritter Unterabschnitt
Rentenhöhe und Rentenanpassung

Erster Titel
Grundsätze

§ 63 Grundsätze

Zweiter Titel
Berechnung und Anpassung der Renten

§ 64 Rentenformel für Monatsbetrag der Rente
§ 65 Anpassung der Renten
§ 66 Persönliche Entgeltpunkte
§ 67 Rentenartfaktor
§ 68 Aktueller Rentenwert
§ 68a Schutzklausel
§ 69 Verordnungsermächtigung

Dritter Titel
Ermittlung der persönlichen Entgeltpunkte

§ 70 Entgeltpunkte für Beitragszeiten
§ 71 Entgeltpunkte für beitragsfreie und beitragsgeminderte Zeiten (Gesamtleistungsbewertung)
§ 72 Grundbewertung
§ 73 Vergleichsbewertung
§ 74 Begrenzte Gesamtleistungsbewertung
§ 75 Entgeltpunkte für Zeiten nach Rentenbeginn
§ 76 Zuschläge oder Abschläge beim Versorgungsausgleich
§ 76a Zuschläge an Entgeltpunkten aus Zahlung von Beiträgen bei vorzeitiger Inanspruchnahme einer Rente wegen Alters oder bei Abfindungen einer Anwartschaft auf betriebliche Altersversorgung oder von Anrechten bei der Versorgungsausgleichskasse
§ 76b Zuschläge an Entgeltpunkten für Arbeitsentgelt aus geringfügiger Beschäftigung
§ 76c Zuschläge oder Abschläge bei Rentensplitting
§ 76d Zuschläge an Entgeltpunkten aus Beiträgen nach Beginn einer Rente wegen Alters
§ 76e Zuschläge an Entgeltpunkten für Zeiten einer besonderen Auslandsverwendung
§ 76f Zuschläge an Entgeltpunkten für nachversicherte Soldaten auf Zeit
§ 76g Zuschlag an Entgeltpunkten für langjährige Versicherung
§ 77 Zugangsfaktor

§ 78 Zuschlag bei Waisenrenten
§ 78a Zuschlag bei Witwenrenten und Witwerrenten

Vierter Titel
Knappschaftliche Besonderheiten

§ 79 Grundsatz
§ 80 Monatsbetrag der Rente
§ 81 Persönliche Entgeltpunkte
§ 82 Rentenartfaktor
§ 83 Entgeltpunkte für Beitragszeiten
§ 84 Entgeltpunkte für beitragsfreie und beitragsgeminderte Zeiten (Gesamtleistungsbewertung)
§ 85 Entgeltpunkte für ständige Arbeiten unter Tage (Leistungszuschlag)
§ 86 (weggefallen)
§ 86a Zugangsfaktor
§ 87 Zuschlag bei Waisenrenten

Fünfter Titel
Ermittlung des Monatsbetrags der Rente in Sonderfällen

§ 88 Persönliche Entgeltpunkte bei Folgerenten
§ 88a Höchstbetrag bei Witwenrenten und Witwerrenten

Vierter Unterabschnitt
Zusammentreffen von Renten und von Einkommen

§ 89 Mehrere Rentenansprüche
§ 90 Witwenrente und Witwerrente nach dem vorletzten Ehegatten und Ansprüche infolge Auflösung der letzten Ehe
§ 91 Aufteilung von Witwenrenten und Witwerrenten auf mehrere Berechtigte
§ 92 Waisenrente und andere Leistungen an Waisen
§ 93 Rente und Leistungen aus der Unfallversicherung
§§ 94 und 95 (weggefallen)
§ 96 Nachversicherte Versorgungsbezieher
§ 96a Rente wegen verminderter Erwerbsfähigkeit und Hinzuverdienst
§ 97 Einkommensanrechnung auf Renten wegen Todes
§ 97a Einkommensanrechnung beim Zuschlag an Entgeltpunkten für langjährige Versicherung
§ 98 Reihenfolge bei der Anwendung von Berechnungsvorschriften

Fünfter Unterabschnitt
Beginn, Änderung und Ende von Renten

§ 99 Beginn
§ 100 Änderung und Ende
§ 101 Beginn und Änderung in Sonderfällen
§ 102 Befristung und Tod

Sechster Unterabschnitt
Ausschluss und Minderung von Renten

§ 103 Absichtliche Minderung der Erwerbsfähigkeit
§ 104 Minderung der Erwerbsfähigkeit bei einer Straftat
§ 105 Tötung eines Angehörigen

Dritter Abschnitt
Zusatzleistungen

§ 106 Zuschuss zur Krankenversicherung
§ 107 Rentenabfindung
§ 108 Beginn, Änderung und Ende von Zusatzleistungen

Vierter Abschnitt
Serviceleistungen

§ 109 Renteninformation und Rentenauskunft
§ 109a Hilfen in Angelegenheiten der Grundsicherung

Fünfter Abschnitt
Leistungen an Berechtigte im Ausland

§ 110 Grundsatz
§ 111 Rehabilitationsleistungen und Krankenversicherungszuschuss
§ 112 Renten bei verminderter Erwerbsfähigkeit
§ 113 Höhe der Rente
§ 114 Besonderheiten

Sechster Abschnitt
Durchführung

Erster Unterabschnitt
Beginn und Abschluss des Verfahrens

§ 115 Beginn
§ 116 Besonderheiten bei Leistungen zur Teilhabe
§ 117 Abschluss
§ 117a Besonderheiten beim Zuschlag an Entgeltpunkten für langjährige Versicherung

Zweiter Unterabschnitt
Auszahlung und Anpassung

§ 118 Fälligkeit und Auszahlung
§ 118a Anpassungsmitteilung

VI

§ 119 Wahrnehmung von Aufgaben durch die Deutsche Post AG
§ 120 Verordnungsermächtigung

Dritter Unterabschnitt
Rentensplitting

§ 120a Grundsätze für das Rentensplitting unter Ehegatten
§ 120b Tod eines Ehegatten vor Empfang angemessener Leistungen
§ 120c Abänderung des Rentensplittings unter Ehegatten
§ 120d Verfahren und Zuständigkeit
§ 120e Rentensplitting unter Lebenspartnern

Vierter Unterabschnitt
Besonderheiten beim Versorgungsausgleich

§ 120f Interne Teilung und Verrechnung von Anrechten
§ 120g Externe Teilung
§ 120h Abzuschmelzende Anrechte

Fünfter Unterabschnitt
Berechnungsgrundsätze

§ 121 Allgemeine Berechnungsgrundsätze
§ 122 Berechnung von Zeiten
§ 123 Berechnung von Geldbeträgen
§ 124 Berechnung von Durchschnittswerten und Rententeilen

Drittes Kapitel
Organisation, Datenschutz und Datensicherheit

Erster Abschnitt
Organisation

Erster Unterabschnitt
Deutsche Rentenversicherung

§ 125 Träger der gesetzlichen Rentenversicherung

Zweiter Unterabschnitt
Zuständigkeit in der allgemeinen Rentenversicherung

§ 126 Zuständigkeit der Träger der Rentenversicherung
§ 127 Zuständigkeit für Versicherte und Hinterbliebene
§ 127a Verbindungsstelle für Leistungen bei Invalidität, bei Alter und an Hinterbliebene sowie für Vorruhestandsleistungen
§ 128 Örtliche Zuständigkeit der Regionalträger
§ 128a Sonderzuständigkeit der Deutschen Rentenversicherung Saarland
§ 129 Zuständigkeit der Deutschen Rentenversicherung Knappschaft-Bahn-See für Versicherte
§ 130 Sonderzuständigkeit der Deutschen Rentenversicherung Knappschaft-Bahn-See
§ 131 Auskunfts- und Beratungsstellen

Dritter Unterabschnitt
Zuständigkeit in der knappschaftlichen Rentenversicherung

§ 132 Versicherungsträger
§ 133 Zuständigkeit der Deutschen Rentenversicherung Knappschaft-Bahn-See für Beschäftigte
§ 134 Knappschaftliche Betriebe und Arbeiten
§ 135 Nachversicherung
§ 136 Sonderzuständigkeit der Deutschen Rentenversicherung Knappschaft-Bahn-See
§ 136a Verbindungsstelle für Leistungen bei Invalidität, bei Alter und an Hinterbliebene der knappschaftlichen Rentenversicherung
§ 137 Besonderheit bei der Durchführung der Versicherung und bei den Leistungen

Unterabschnitt 3a
Zuständigkeit der Deutschen Rentenversicherung Knappschaft-Bahn-See für die Seemannskasse

§ 137a Zuständigkeit der Deutschen Rentenversicherung Knappschaft-Bahn-See für die Seemannskasse
§ 137b Besonderheiten bei den Leistungen und bei der Durchführung der Versicherung
§ 137c Vermögen, Haftung
§ 137d Organe
§ 137e Beirat

Vierter Unterabschnitt
Grundsatz- und Querschnittsaufgaben der Deutschen Rentenversicherung, Erweitertes Direktorium

§ 138 Grundsatz- und Querschnittsaufgaben der Deutschen Rentenversicherung
§ 139 Erweitertes Direktorium
§ 140 Arbeitsgruppe Personalvertretung der Deutschen Rentenversicherung

VI

Fünfter Unterabschnitt
Vereinigung von Regionalträgern

§ 141 Vereinigung von Regionalträgern auf Beschluss ihrer Vertreterversammlungen
§ 142 Vereinigung von Regionalträgern durch Rechtsverordnung

Sechster Unterabschnitt
Beschäftigte der Versicherungsträger

§ 143 Bundesunmittelbare Versicherungsträger
§ 144 Landesunmittelbare Versicherungsträger

Siebter Unterabschnitt
Datenstelle der Rentenversicherung

§ 145 Aufgaben der Datenstelle der Rentenversicherung
§ 146 (weggefallen)

Zweiter Abschnitt
Datenschutz und Datensicherheit

§ 147 Versicherungsnummer
§ 148 Datenverarbeitung beim Rentenversicherungsträger
§ 149 Versicherungskonto
§ 150 Dateisysteme bei der Datenstelle
§ 151 Auskünfte der Deutschen Post AG
§ 151a Antragstellung im automatisierten Verfahren beim Versicherungsamt
§ 151b Automatisiertes Abrufverfahren beim Zuschlag an Entgeltpunkten für langjährige Versicherung
§ 151c Auskunftsrechte zur Überprüfung von Einkünften aus Kapitalvermögen beim Zuschlag an Entgeltpunkten für langjährige Versicherung
§ 152 Verordnungsermächtigung

Viertes Kapitel
Finanzierung

Erster Abschnitt
Finanzierungsgrundsatz und Rentenversicherungsbericht

Erster Unterabschnitt
Umlageverfahren

§ 153 Umlageverfahren

Zweiter Unterabschnitt
Rentenversicherungsbericht und Sozialbeirat

§ 154 Rentenversicherungsbericht, Stabilisierung des Beitragssatzes und Sicherung des Rentenniveaus
§ 155 Aufgabe des Sozialbeirats
§ 156 Zusammensetzung des Sozialbeirats

Zweiter Abschnitt
Beiträge und Verfahren

Erster Unterabschnitt
Beiträge

Erster Titel
Allgemeines

§ 157 Grundsatz
§ 158 Beitragssätze
§ 159 Beitragsbemessungsgrenzen
§ 160 Verordnungsermächtigung

Zweiter Titel
Beitragsbemessungsgrundlagen

§ 161 Grundsatz
§ 162 Beitragspflichtige Einnahmen Beschäftigter
§ 163 Sonderregelung für beitragspflichtige Einnahmen Beschäftigter
§ 164 (weggefallen)
§ 165 Beitragspflichtige Einnahmen selbständig Tätiger
§ 166 Beitragspflichtige Einnahmen sonstiger Versicherter
§ 167 Freiwillig Versicherte

Dritter Titel
Verteilung der Beitragslast

§ 168 Beitragstragung bei Beschäftigten
§ 169 Beitragstragung bei selbständig Tätigen
§ 170 Beitragstragung bei sonstigen Versicherten
§ 171 Freiwillig Versicherte
§ 172 Arbeitgeberanteil bei Versicherungsfreiheit und Befreiung von der Versicherungspflicht
§ 172a Beitragszuschüsse des Arbeitgebers für Mitglieder berufsständischer Versorgungseinrichtungen

Vierter Titel
Zahlung der Beiträge

§ 173 Grundsatz
§ 174 Beitragszahlung aus dem Arbeitsentgelt und Arbeitseinkommen
§ 175 Beitragszahlung bei Künstlern und Publizisten
§ 176 Beitragszahlung und Abrechnung bei Bezug von Sozialleistungen, bei Leistungen im Eingangsverfahren und im Berufsbildungsbereich anerkannter Werkstätten für behinderte Menschen

§ 176a Beitragszahlung und Abrechnung bei Pflegepersonen
§ 176b Beitragszahlung und Abrechnung für Bezieher von Übergangsgebührnissen
§ 177 Beitragszahlung für Kindererziehungszeiten
§ 178 Verordnungsermächtigung

Fünfter Titel
Erstattungen

§ 179 Erstattung von Aufwendungen
§ 180 Verordnungsermächtigung

Sechster Titel
Nachversicherung

§ 181 Berechnung und Tragung der Beiträge
§ 182 Zusammentreffen mit vorhandenen Beiträgen
§ 183 Erhöhung und Minderung der Beiträge bei Versorgungsausgleich
§ 184 Fälligkeit der Beiträge und Aufschub
§ 185 Zahlung der Beiträge und Wirkung der Beitragszahlung
§ 186 Zahlung an eine berufsständische Versorgungseinrichtung
§ 186a Zeiten einer besonderen Auslandsverwendung im Nachversicherungszeitraum

Siebter Titel
Zahlung von Beiträgen in besonderen Fällen

§ 187 Zahlung von Beiträgen und Ermittlung von Entgeltpunkten aus Beiträgen beim Versorgungsausgleich
§ 187a Zahlung von Beiträgen bei vorzeitiger Inanspruchnahme einer Rente wegen Alters
§ 187b Zahlung von Beiträgen bei Abfindungen von Anwartschaften auf betriebliche Altersversorgung oder von Anrechten bei der Versorgungsausgleichskasse
§ 188 Beitragszahlung für Zeiten einer besonderen Auslandsverwendung

Achter Titel
Berechnungsgrundsätze

§ 189 Berechnungsgrundsätze

Zweiter Unterabschnitt
Verfahren

Erster Titel
Meldungen

§ 190 Meldepflichten bei Beschäftigten und Hausgewerbetreibenden
§ 190a Meldepflicht von versicherungspflichtigen selbständig Tätigen
§ 191 Meldepflichten bei sonstigen versicherungspflichtigen Personen
§ 192 Meldepflichten bei Einberufung zum Wehrdienst oder Zivildienst
§ 192a Meldepflicht für Zeiten einer besonderen Auslandsverwendung
§ 192b Meldepflichten bei Bezug von Übergangsgebührnissen
§ 193 Meldung von sonstigen rechtserheblichen Zeiten
§ 194 Gesonderte Meldung und Hochrechnung
§ 195 Verordnungsermächtigung

Zweiter Titel
Auskunfts- und Mitteilungspflichten

§ 196 Auskunfts- und Mitteilungspflichten

Dritter Titel
Wirksamkeit der Beitragszahlung

§ 197 Wirksamkeit von Beiträgen
§ 198 Neubeginn und Hemmung von Fristen
§ 199 Vermutung der Beitragszahlung
§ 200 Änderung der Beitragsberechnungsgrundlagen
§ 201 Beiträge an nicht zuständige Träger der Rentenversicherung
§ 202 Irrtümliche Pflichtbeitragszahlung
§ 203 Glaubhaftmachung der Beitragszahlung

Vierter Titel
Nachzahlung

§ 204 Nachzahlung von Beiträgen bei Ausscheiden aus einer internationalen Organisation
§ 205 Nachzahlung bei Strafverfolgungsmaßnahmen
§ 206 Nachzahlung für Geistliche und Ordensleute
§ 207 Nachzahlung für Ausbildungszeiten
§ 208 (weggefallen)
§ 209 Berechtigung und Beitragsberechnung zur Nachzahlung

Fünfter Titel
Beitragserstattung und Beitragsüberwachung

§ 210 Beitragserstattung
§ 211 Sonderregelung bei der Zuständigkeit zu Unrecht gezahlter Beiträge
§ 212 Beitragsüberwachung

VI

§ 212a Prüfung der Beitragszahlungen und Meldungen für sonstige Versicherte, Nachversicherte und für Zeiten einer besonderen Auslandsverwendung
§ 212b Prüfung der Beitragszahlung bei versicherungspflichtigen Selbständigen

Dritter Abschnitt
Beteiligung des Bundes, Finanzbeziehungen und Erstattungen

Erster Unterabschnitt
Beteiligung des Bundes

§ 213 Zuschüsse des Bundes
§ 214 Liquiditätssicherung
§ 214a Liquiditätserfassung
§ 215 Beteiligung des Bundes in der knappschaftlichen Rentenversicherung

Zweiter Unterabschnitt
Nachhaltigkeitsrücklage und Finanzausgleich

§ 216 Nachhaltigkeitsrücklage
§ 217 Anlage der Nachhaltigkeitsrücklage
§ 218 (weggefallen)
§ 219 Finanzverbund in der allgemeinen Rentenversicherung
§ 220 Aufwendungen für Leistungen zur Teilhabe, Verwaltung und Verfahren
§ 221 Ausgaben für das Verwaltungsvermögen
§ 222 Ermächtigung

Dritter Unterabschnitt
Erstattungen

§ 223 Wanderversicherungsausgleich und Wanderungsausgleich
§ 224 Erstattung durch die Bundesagentur für Arbeit
§ 224a Tragung pauschalierter Beiträge für Renten wegen voller Erwerbsminderung
§ 224b Erstattung für Begutachtung in Angelegenheiten der Grundsicherung
§ 225 Erstattung durch den Träger der Versorgungslast
§ 226 Verordnungsermächtigung

Vierter Unterabschnitt
Abrechnung der Aufwendungen

§ 227 Abrechnung der Aufwendungen

Fünftes Kapitel
Sonderregelungen

Erster Abschnitt
Ergänzungen für Sonderfälle

Erster Unterabschnitt
Grundsatz

§ 228 Grundsatz
§ 228a Besonderheiten für das Beitrittsgebiet
§ 228b Maßgebende Werte in der Anpassungsphase

Zweiter Unterabschnitt
Versicherter Personenkreis

§ 229 Versicherungspflicht
§ 229a Versicherungspflicht im Beitrittsgebiet
§ 230 Versicherungsfreiheit
§ 231 Befreiung von der Versicherungspflicht
§ 231a Befreiung von der Versicherungspflicht im Beitrittsgebiet
§ 232 Freiwillige Versicherung
§ 233 Nachversicherung
§ 233a Nachversicherung im Beitrittsgebiet

Dritter Unterabschnitt
Teilhabe

§ 234 Übergangsgeldanspruch und -berechnung bei Arbeitslosenhilfe
§ 234a Übergangsgeldanspruch und -berechnung bei Unterhaltsgeldbezug

Vierter Unterabschnitt
Anspruchsvoraussetzungen für einzelne Renten

§ 235 Regelaltersrente
§ 236 Altersrente für langjährig Versicherte
§ 236a Altersrente für schwerbehinderte Menschen
§ 236b Altersrente für besonders langjährig Versicherte
§ 237 Altersrente wegen Arbeitslosigkeit oder nach Altersteilzeitarbeit
§ 237a Altersrente für Frauen
§ 238 Altersrente für langjährig unter Tage beschäftigte Bergleute
§ 239 Knappschaftsausgleichsleistung
§ 240 Rente wegen teilweiser Erwerbsminderung bei Berufsunfähigkeit
§ 241 Rente wegen Erwerbsminderung
§ 242 Rente für Bergleute
§ 242a Witwenrente und Witwerrente
§ 243 Witwenrente und Witwerrente an vor dem 1. Juli 1977 geschiedene Ehegatten

§ 243a Rente wegen Todes an vor dem 1. Juli 1977 geschiedene Ehegatten im Beitrittsgebiet
§ 243b Wartezeit
§ 244 Anrechenbare Zeiten
§ 244a Wartezeiterfüllung durch Zuschläge an Entgeltpunkten für Arbeitsentgelt aus geringfügiger versicherungsfreier Beschäftigung
§ 245 Vorzeitige Wartezeiterfüllung
§ 245a Wartezeiterfüllung bei früherem Anspruch auf Hinterbliebenenrente im Beitrittsgebiet
§ 246 Beitragsgeminderte Zeiten
§ 247 Beitragszeiten
§ 248 Beitragszeiten im Beitrittsgebiet und im Saarland
§ 249 Beitragszeiten wegen Kindererziehung
§ 249a Beitragszeiten wegen Kindererziehung im Beitrittsgebiet
§ 249b Berücksichtigungszeiten wegen Pflege
§ 250 Ersatzzeiten
§ 251 Ersatzzeiten bei Handwerkern
§ 252 Anrechnungszeiten
§ 252a Anrechnungszeiten im Beitrittsgebiet
§ 253 Pauschale Anrechnungszeit
§ 253a Zurechnungszeit
§ 254 Zuordnung beitragsfreier Zeiten zur knappschaftlichen Rentenversicherung
§ 254a Ständige Arbeiten unter Tage im Beitrittsgebiet

Fünfter Unterabschnitt
Rentenhöhe und Rentenanpassung

§ 254b Rentenformel für Monatsbetrag der Rente
§ 254c Anpassung der Renten
§ 254d Entgeltpunkte (Ost)
§ 255 Rentenartfaktor
§ 255a Bestimmung des aktuellen Rentenwerts (Ost) für die Zeit vom 1. Juli 2018 bis zum 1. Juli 2023
§ 255b Verordnungsermächtigung
§ 255c Anwendung des aktuellen Rentenwerts zum 1. Juli 2024
§ 255d Bestimmung des aktuellen Rentenwerts für die Zeit vom 1. Juli 2018 bis zum 1. Juli 2026
§ 255e Niveauschutzklausel für die Zeit vom 1. Juli 2019 bis zum 1. Juli 2025
§ 255f Verordnungsermächtigung
§ 255g Ausgleichsbedarf ab dem 1. Juli 2021
§ 255h Schutzklausel in der Zeit vom 1. Juli 2022 bis zum Ablauf des 1. Juli 2025
§ 255i Anpassung nach Mindestsicherungsniveau bis zum Ablauf des 1. Juli 2025
§ 255j Bestimmung des aktuellen Rentenwerts zum 1. Juli 2022
§ 256 Entgeltpunkte für Beitragszeiten
§ 256a Entgeltpunkte für Beitragszeiten im Beitrittsgebiet
§ 256b Entgeltpunkte für glaubhaft gemachte Beitragszeiten
§ 256c Entgeltpunkte für nachgewiesene Beitragszeiten ohne Beitragsbemessungsgrundlage
§ 257 Entgeltpunkte für Berliner Beitragszeiten
§ 258 Entgeltpunkte für saarländische Beitragszeiten
§ 259 Entgeltpunkte für Beitragszeiten mit Sachbezug
§ 259a Besonderheiten für Versicherte der Geburtsjahrgänge vor 1937
§ 259b Besonderheiten bei Zugehörigkeit zu einem Zusatz- oder Sonderversorgungssystem
§ 260 Beitragsbemessungsgrenzen
§ 261 Beitragszeiten ohne Entgeltpunkte
§ 262 Mindestentgeltpunkte bei geringem Arbeitsentgelt
§ 263 Gesamtleistungsbewertung für beitragsfreie und beitragsgeminderte Zeiten
§ 263a Gesamtleistungsbewertung für beitragsfreie und beitragsgeminderte Zeiten mit Entgeltpunkten (Ost)
§ 264 Zuschläge oder Abschläge bei Versorgungsausgleich
§ 264a Zuschläge oder Abschläge bei Versorgungsausgleich im Beitrittsgebiet
§ 264b Zuschläge an Entgeltpunkten für Arbeitsentgelt aus geringfügiger versicherungsfreier Beschäftigung
§ 264c Zuschlag bei Hinterbliebenenrenten
§ 264d Zugangsfaktor
§ 265 Knappschaftliche Besonderheiten
§ 265a Knappschaftliche Besonderheiten bei rentenrechtlichen Zeiten im Beitrittsgebiet

Sechster Unterabschnitt
Zusammentreffen von Renten und von Einkommen

§ 266 Erhöhung des Grenzbetrags
§ 267 Rente und Leistungen aus der Unfallversicherung

Siebter Unterabschnitt
Beginn von Witwenrenten und Witwerrenten an vor dem 1. Juli 1977 geschiedene Ehegatten und Änderung von Renten beim Versorgungsausgleich

§ 268 Beginn von Witwenrenten und Witwerrenten an vor dem 1. Juli 1977 geschiedene Ehegatten
§ 268a Änderung von Renten beim Versorgungsausgleich

Achter Unterabschnitt
Zusatzleistungen

§ 269 Steigerungsbeträge
§ 269a (weggefallen)
§ 269b Rentenabfindung bei Wiederheirat von Witwen und Witwern
§ 270 (weggefallen)
§ 270a (weggefallen)

Neunter Unterabschnitt
Leistungen an Berechtigte im Ausland und Auszahlung

§ 270b Rente wegen teilweiser Erwerbsminderung bei Berufsunfähigkeit
§ 271 Höhe der Rente
§ 272 Besonderheiten
§ 272a Fälligkeit und Auszahlung laufender Geldleistungen bei Beginn vor dem 1. April 2004

Zehnter Unterabschnitt
Organisation, Datenverarbeitung und Datenschutz

Erster Titel
Organisation

§ 273 Zuständigkeit der Deutschen Rentenversicherung Knappschaft-Bahn-See
§ 273a Zuständigkeit in Zweifelsfällen

Zweiter Titel
Datenverarbeitung und Datenschutz

§ 274 Dateisysteme bei der Datenstelle hinsichtlich der Verordnung (EWG) Nr. 1408/71 des Rates vom 14. Juni 1971
§ 274a Verarbeitung von Sozialdaten im Zusammenhang mit dem Anpassungsgeld nach § 57 des Kohleverstromungsbeendigungsgesetzes
§ 274b Verarbeitung von Daten aufgrund des Gesetzes zur Zahlung einer Energiepreispauschale für Rentnerinnen und Rentner

Dritter Titel
Übergangsvorschriften zur Zuständigkeit der Rentenversicherungsträger

§ 274c Ausgleichsverfahren

Elfter Unterabschnitt
Finanzierung

Erster Titel
(weggefallen)

§ 275 (weggefallen)

Zweiter Titel
Beiträge

§ 275a Beitragsbemessungsgrenzen im Beitrittsgebiet für die Zeit bis zum 31. Dezember 2024
§ 275b Verordnungsermächtigung
§ 276 Übergangsregelung für Auszubildende in einer außerbetrieblichen Einrichtung
§ 276a Arbeitgeberanteil bei Versicherungsfreiheit
§ 276b Übergangsregelung für Beschäftigte in Privathaushalten im Übergangsbereich
§ 277 Beitragsrecht bei Nachversicherung
§ 277a Durchführung der Nachversicherung im Beitrittsgebiet
§ 278 Mindestbeitragsbemessungsgrundlage für die Nachversicherung
§ 278a Mindestbeitragsbemessungsgrundlage für die Nachversicherung im Beitrittsgebiet
§ 279 Beitragspflichtige Einnahmen bei Hebammen und Handwerkern
§ 279a Beitragspflichtige Einnahmen mitarbeitender Ehegatten im Beitrittsgebiet
§ 279b Beitragsbemessungsgrundlage für freiwillig Versicherte
§ 279c Beitragstragung im Beitrittsgebiet
§ 279d Beitragszahlung im Beitrittsgebiet
§§ 279e und 279f (weggefallen)
§ 279g Sonderregelungen bei Altersteilzeitbeschäftigten
§ 280 Höherversicherung für Zeiten vor 1998
§ 281 Nachversicherung
§ 281a Zahlung von Beiträgen im Rahmen des Versorgungsausgleichs im Beitrittsgebiet
§ 281b Verordnungsermächtigung

Dritter Titel
Verfahren

§ 281c Meldepflichten im Beitrittsgebiet
§ 282 Nachzahlung nach Erreichen der Regelaltersgrenze

§ 283 (weggefallen)
§ 284 Nachzahlung für Vertriebene, Flüchtlinge und Evakuierte
§ 285 Nachzahlung bei Nachversicherung
§ 286 Versicherungskarten
§ 286a Glaubhaftmachung der Beitragszahlung und Aufteilung von Beiträgen
§ 286b Glaubhaftmachung der Beitragszahlung im Beitrittsgebiet
§ 286c Vermutung der Beitragszahlung im Beitrittsgebiet
§ 286d Beitragserstattung
§ 286e Ausweis für Arbeit und Sozialversicherung
§ 286f Erstattung zu Unrecht gezahlter Pflichtbeiträge an die berufsständische Versorgungseinrichtung
§ 286g Erstattung von nach dem 21. Juli 2009 gezahlten freiwilligen Beiträgen
§ 286h Erstattung zu Unrecht gezahlter Beiträge für Bezieher von Übergangsgebührnissen

Vierter Titel
Berechnungsgrundlagen

§ 287 Beitragssatzgarantie bis 2025
§ 287a (weggefallen)
§ 287b Ausgaben für Leistungen zur Teilhabe
§ 287c Förderung für sonstige Leistungen der Teilhabe
§ 287d Erstattungen in besonderen Fällen
§ 287e Veränderung des Bundeszuschusses im Beitrittsgebiet
§ 287f Getrennte Abrechnung
§ 288 (weggefallen)

Fünfter Titel
Erstattungen

§ 289 Wanderversicherungsausgleich
§ 289a Besonderheiten beim Wanderversicherungsausgleich
§ 290 Erstattung durch den Träger der Versorgungslast
§ 290a Erstattung durch den Träger der Versorgungslast im Beitrittsgebiet
§ 291 Erstattungen für Anrechnungszeiten für den Bezug von Anpassungsgeld
§ 291a Erstattung von Invalidenrenten und Aufwendungen für Pflichtbeitragszeiten bei Erwerbsunfähigkeit
§ 291b Erstattung nicht beitragsgedeckter Leistungen
§ 292 Verordnungsermächtigung
§ 292a Verordnungsermächtigung für das Beitrittsgebiet

Sechster Titel
Vermögensanlagen

§ 293 Vermögensanlagen

Zwölfter Unterabschnitt
Leistungen für Kindererziehung an Mütter der Geburtsjahrgänge vor 1921

§ 294 Anspruchsvoraussetzungen
§ 294a Besonderheiten für das Beitrittsgebiet
§ 295 Höhe der Leistung
§ 295a Höhe der Leistung im Beitrittsgebiet
§ 296 Beginn und Ende
§ 297 Zuständigkeit
§ 298 Durchführung
§ 299 Anrechnungsfreiheit

Zweiter Abschnitt
Ausnahmen von der Anwendung neuen Rechts

Erster Unterabschnitt
Grundsatz

§ 300 Grundsatz

Zweiter Unterabschnitt
Leistungen zur Teilhabe

§ 301 Leistungen zur Teilhabe
§ 301a Einmalzahlungs-Neuregelungsgesetz

Dritter Unterabschnitt
Anspruchsvoraussetzungen für einzelne Renten

§ 302 Anspruch auf Altersrente in Sonderfällen
§ 302a Renten wegen verminderter Erwerbsfähigkeit und Bergmannsvollrenten
§ 302b Renten wegen verminderter Erwerbsfähigkeit
§ 303 Witwerrente
§ 303a Große Witwenrente und große Witwerrente wegen Berufsunfähigkeit oder Erwerbsunfähigkeit
§ 304 Waisenrente
§ 305 Wartezeit und sonstige zeitliche Voraussetzungen

Vierter Unterabschnitt
Rentenhöhe

§ 306 Grundsatz
§ 307 Umwertung in persönliche Entgeltpunkte

VI

§ 307a Persönliche Entgeltpunkte aus Bestandsrenten des Beitrittsgebiets
§ 307b Bestandsrenten aus überführten Renten des Beitrittsgebiets
§ 307c Durchführung der Neuberechnung von Bestandsrenten nach § 307b
§ 307d Zuschlag an persönlichen Entgeltpunkten für Kindererziehung
§ 307e Zuschlag an Entgeltpunkten für langjährige Versicherung bei Rentenbeginn in den Jahren 1992 bis 2020
§ 307f Zuschlag an Entgeltpunkten für langjährige Versicherung bei Rentenbeginn vor dem 1. Januar 1992
§ 307g Prüfung des Zuschlags an Entgeltpunkten für langjährige Versicherung
§ 307h Evaluierung
§ 308 Umstellungsrenten
§ 309 Neufeststellung auf Antrag
§ 310 Erneute Neufeststellung von Renten
§ 310a Neufeststellung von Renten mit Zeiten der Beschäftigung bei der Deutschen Reichsbahn oder bei der Deutschen Post
§ 310b Neufeststellung von Renten mit überführten Zeiten nach dem Anspruchs- und Anwartschaftsüberführungsgesetz
§ 310c Neufeststellung von Renten wegen Beschäftigungszeiten während des Bezugs einer Invalidenrente

Fünfter Unterabschnitt
Zusammentreffen von Renten und von Einkommen

§ 311 Rente und Leistungen aus der Unfallversicherung
§ 312 Mindestgrenzbetrag bei Versicherungsfällen vor dem 1. Januar 1979
§ 313 Hinzuverdienst bei Renten wegen verminderter Erwerbsfähigkeit
§ 314 Einkommensanrechnung auf Renten wegen Todes
§ 314a Einkommensanrechnung auf Renten wegen Todes aus dem Beitrittsgebiet

Sechster Unterabschnitt
Zusatzleistungen

§ 315 Zuschuss zur Krankenversicherung
§ 315a Auffüllbetrag
§ 315b Renten aus freiwilligen Beiträgen des Beitrittsgebiets
§ 316 (weggefallen)

Siebter Unterabschnitt
Leistungen an Berechtigte im Ausland

§ 317 Grundsatz
§ 317a Neufeststellung
§ 318 (weggefallen)
§ 319 Zusatzleistungen

Achter Unterabschnitt
Zusatzleistungen bei gleichzeitigem Anspruch auf Renten nach dem Übergangsrecht für Renten nach den Vorschriften des Beitrittsgebiets

§ 319a Rentenzuschlag bei Rentenbeginn in den Jahren 1992 und 1993

Neunter Unterabschnitt
Leistungen bei gleichzeitigem Anspruch auf Renten nach dem Übergangsrecht für Renten nach den Vorschriften des Beitrittsgebiets

§ 319b Übergangszuschlag

Sechstes Kapitel
Bußgeldvorschriften

§ 320 Bußgeldvorschriften
§ 321 Zusammenarbeit zur Verfolgung und Ahndung von Ordnungswidrigkeiten

Anlagen 1 bis 20
(hier nicht abgedruckt)

Erstes Kapitel
Versicherter Personenkreis

Erster Abschnitt
Versicherung kraft Gesetzes

§ 1 Beschäftigte

1Versicherungspflichtig sind

1. Personen, die gegen Arbeitsentgelt oder zu ihrer Berufsausbildung beschäftigt sind; während des Bezugs von Kurzarbeitergeld nach dem Dritten Buch besteht die Versicherungspflicht fort,
2. behinderte Menschen, die
   a) in anerkannten Werkstätten für behinderte Menschen oder in Blindenwerkstätten im Sinne des § 226 des Neunten Buches oder für diese Einrichtungen in Heimarbeit oder bei einem anderen Leistungsanbieter nach § 60 des Neunten Buches tätig sind,
   b) in Anstalten, Heimen oder gleichartigen Einrichtungen in gewisser Regelmäßigkeit eine Leistung erbringen, die einem Fünftel der Leistung eines voll erwerbsfähigen Beschäftigten in gleichartiger Beschäftigung entspricht; hierzu zählen auch Dienstleistungen für den Träger der Einrichtung,
3. Personen, die in Einrichtungen der Jugendhilfe oder in Berufsbildungswerken oder ähnlichen Einrichtungen für behinderte Menschen für eine Erwerbstätigkeit befähigt werden sollen; dies gilt auch für Personen während der individuellen betrieblichen Qualifizierung im Rahmen der Unterstützten Beschäftigung nach § 55 des Neunten Buches,
4. Mitglieder geistlicher Genossenschaften, Diakonissen und Angehörige ähnlicher Gemeinschaften während ihres Dienstes für die Gemeinschaft und während der Zeit ihrer außerschulischen Ausbildung.

2Personen, die Wehrdienst leisten und nicht in einem Dienstverhältnis als Berufssoldat oder Soldat auf Zeit stehen, sind in dieser Beschäftigung nicht nach Satz 1 Nr. 1 versicherungspflichtig; sie gelten als Wehrdienstleistende im Sinne des § 3 Satz 1 Nr. 2 oder 2a und Satz 4. 3Mitglieder des Vorstandes einer Aktiengesellschaft sind in dem Unternehmen, dessen Vorstand sie angehören, nicht versicherungspflichtig beschäftigt, wobei Konzernunternehmen im Sinne des § 18 des Aktiengesetzes als ein Unternehmen gelten. 4Die in Satz 1 Nr. 2 bis 4 genannten Personen gelten als Beschäftigte im Sinne des Rechts der Rentenversicherung. 5Die folgenden Personen stehen den Beschäftigten zur Berufsausbildung im Sinne des Satzes 1 Nummer 1 gleich:

1. Auszubildende, die in einer außerbetrieblichen Einrichtung im Rahmen eines Berufsausbildungsvertrages nach dem Berufsbildungsgesetz ausgebildet werden,
2. Teilnehmer an dualen Studiengängen und
3. Teilnehmer an Ausbildungen mit Abschnitten des schulischen Unterrichts und der praktischen Ausbildung, für die ein Ausbildungsvertrag und Anspruch auf Ausbildungsvergütung besteht (praxisintegrierte Ausbildungen).

§ 2 Selbständig Tätige

1Versicherungspflichtig sind selbständig tätige

1. Lehrer und Erzieher, die im Zusammenhang mit ihrer selbständigen Tätigkeit regelmäßig keinen versicherungspflichtigen Arbeitnehmer beschäftigen,
2. Pflegepersonen, die in der Kranken-, Wochen-, Säuglings- oder Kinderpflege tätig sind und im Zusammenhang mit ihrer selbständigen Tätigkeit regelmäßig keinen versicherungspflichtigen Arbeitnehmer beschäftigen,
3. Hebammen und Entbindungspfleger,
4. Seelotsen der Reviere im Sinne des Gesetzes über das Seelotswesen,
5. Künstler und Publizisten nach näherer Bestimmung des Künstlersozialversicherungsgesetzes,
6. Hausgewerbetreibende,
7. Küstenschiffer und Küstenfischer, die zur Besatzung ihres Fahrzeuges gehören oder als Küstenfischer ohne Fahrzeug fischen und regelmäßig nicht mehr als vier versicherungspflichtige Arbeitnehmer beschäftigen,
8. Gewerbetreibende, die in die Handwerksrolle eingetragen sind und in ihrer Person die für die Eintragung in die Handwerksrolle erforderlichen Voraussetzungen erfüllen, wobei Handwerksbetriebe im Sinne der §§ 2 und 3 der Handwerksordnung sowie Betriebsfortführungen auf Grund von § 4 der Handwerksordnung außer Betracht bleiben; ist eine Personengesellschaft in die Handwerksrolle eingetragen, gilt als Gewerbetreibender, wer als Gesellschafter in seiner Person die Voraussetzungen für die Eintragung in die Handwerksrolle erfüllt,
9. Personen, die
   a) im Zusammenhang mit ihrer selbständigen Tätigkeit regelmäßig keinen versicherungspflichtigen Arbeitnehmer beschäftigen und

b) auf Dauer und im Wesentlichen nur für einen Auftraggeber tätig sind; bei Gesellschaftern gelten als Auftraggeber die Auftraggeber der Gesellschaft.

2Als Arbeitnehmer im Sinne des Satzes 1 Nr. 1, 2, 7 und 9 gelten

1. auch Personen, die berufliche Kenntnisse, Fertigkeiten oder Erfahrungen im Rahmen beruflicher Bildung erwerben,
2. nicht Personen, die geringfügig beschäftigt sind,
3. für Gesellschafter auch die Arbeitnehmer der Gesellschaft.

§ 3 Sonstige Versicherte

1Versicherungspflichtig sind Personen in der Zeit,

1. für die ihnen Kindererziehungszeiten anzurechnen sind (§ 56),

1a. in der sie eine oder mehrere pflegebedürftige Personen mit mindestens Pflegegrad 2 wenigstens zehn Stunden wöchentlich, verteilt auf regelmäßig mindestens zwei Tage in der Woche, in ihrer häuslichen Umgebung nicht erwerbsmäßig pflegen (nicht erwerbsmäßig tätige Pflegepersonen), wenn der Pflegebedürftige Anspruch auf Leistungen aus der sozialen Pflegeversicherung oder einer privaten Pflege-Pflichtversicherung hat,

2. in der sie aufgrund gesetzlicher Pflicht Wehrdienst oder Zivildienst leisten,

2a. in der sie sich in einem Wehrdienstverhältnis besonderer Art nach § 6 des Einsatz-Weiterverwendungsgesetzes befinden, wenn sich der Einsatzunfall während einer Zeit ereignet hat, in der sie nach Nummer 2 versicherungspflichtig waren; sind zwischen dem Einsatzunfall und der Einstellung in ein Wehrdienstverhältnis besonderer Art nicht mehr als sechs Wochen vergangen, gilt das Wehrdienstverhältnis besonderer Art als mit dem Tag nach Ende einer Versicherungspflicht nach Nummer 2 begonnen,

2b. in der sie als ehemalige Soldaten auf Zeit Übergangsgebührnisse beziehen, es sei denn, sie sind für die Zeiten als Soldaten auf Zeit nach § 186 nachversichert worden,

3. für die sie von einem Leistungsträger Krankengeld, Verletztengeld, Versorgungskrankengeld, Übergangsgeld, Arbeitslosengeld oder von der sozialen oder einer privaten Pflegeversicherung Pflegeunterstützungsgeld beziehen, wenn sie im letzten Jahr vor Beginn der Leistung zuletzt versicherungspflichtig waren; der Zeitraum von einem Jahr verlängert sich um Anrechnungszeiten wegen des Bezugs von Bürgergeld nach § 19 Absatz 1 Satz 1 des Zweiten Buches,

3a. für die sie von einem privaten Krankenversicherungsunternehmen, von einem Beihilfeträger des Bundes, von einem sonstigen öffentlich-rechtlichen Träger von Kosten in Krankheitsfällen auf Bundesebene, von dem Träger der Heilfürsorge im Bereich des Bundes, von dem Träger der truppenärztlichen Versorgung oder von einem öffentlich-rechtlichen Träger von Kosten in Krankheitsfällen auf Landesebene, soweit das Landesrecht dies vorsieht, Leistungen für den Ausfall von Arbeitseinkünften im Zusammenhang mit einer nach den §§ 8 und 8a des Transplantationsgesetzes erfolgenden Spende von Organen oder Geweben oder im Zusammenhang mit einer im Sinne von § 9 des Transfusionsgesetzes erfolgenden Spende von Blut zur Separation von Blutstammzellen oder anderen Blutbestandteilen beziehen, wenn sie im letzten Jahr vor Beginn dieser Zahlung zuletzt versicherungspflichtig waren; der Zeitraum von einem Jahr verlängert sich um Anrechnungszeiten wegen des Bezugs von Bürgergeld nach § 19 Absatz 1 Satz 1 des Zweiten Buches,

4. für die sie Vorruhestandsgeld beziehen, wenn sie unmittelbar vor Beginn der Leistung versicherungspflichtig waren.

2Pflegepersonen, die für ihre Tätigkeit von dem oder den Pflegebedürftigen ein Arbeitsentgelt erhalten, das das dem Umfang der jeweiligen Pflegetätigkeit entsprechende Pflegegeld im Sinne des § 37 des Elften Buches nicht übersteigt, gelten als nicht erwerbsmäßig tätig; sie sind insoweit nicht nach § 1 Satz 1 Nr. 1 versicherungspflichtig. 3Nicht erwerbsmäßig tätige Pflegepersonen, die daneben regelmäßig mehr als 30 Stunden wöchentlich beschäftigt oder selbständig tätig sind, sind nicht nach Satz 1 Nr. 1a versicherungspflichtig. 4Wehrdienstleistende oder Zivildienstleistende, die für die Zeit ihres Dienstes Arbeitsentgelt weiter erhalten oder Leistungen an Selbständige nach § 6 des Unterhaltssicherungsgesetzes erhalten, sind nicht nach Satz 1 Nr. 2 versicherungspflichtig; die Beschäftigung oder selbständige Tätigkeit gilt in diesen Fällen als nicht unterbrochen.

5Trifft eine Versicherungspflicht nach Satz 1 Nr. 3 im Rahmen von Leistungen zur Teilhabe am Arbeitsleben mit einer Versicherungspflicht nach § 1 Satz 1 Nr. 2 oder 3 zusammen, geht die Versicherungspflicht vor, nach der die höheren Beiträge zu zahlen sind. 6Die Versicherungspflicht nach Satz 1 Nummer 2b bis 4 erstreckt sich auch auf Personen, die ihren gewöhnlichen Aufenthalt im Ausland haben.

§ 4 Versicherungspflicht auf Antrag

(1) 1Auf Antrag versicherungspflichtig sind folgende Personen, wenn die Versicherung von einer Stelle beantragt wird, die ihren Sitz im Inland hat:

1. Entwicklungshelfer im Sinne des Entwicklungshelfer-Gesetzes, die Entwicklungsdienst oder Vorbereitungsdienst leisten,
2. Angehörige eines Mitgliedstaates der Europäischen Union, Angehörige eines Vertragsstaates des Abkommens über den Europäischen Wirtschaftsraum oder Staatsangehörige der Schweiz, die für eine begrenzte Zeit im Ausland beschäftigt sind,
3. sekundierte Personen nach dem Sekundierungsgesetz.

2Auf Antrag ihres Arbeitgebers versicherungspflichtig sind auch Angehörige eines Mitgliedstaates der Europäischen Union, Angehörige eines Vertragsstaates des Abkommens über den Europäischen Wirtschaftsraum oder Staatsangehörige der Schweiz, die im Ausland bei einer amtlichen Vertretung des Bundes oder der Länder oder bei einem Leiter, Mitglied oder Bediensteten einer amtlichen Vertretung des Bundes oder der Länder beschäftigt sind. 3Personen, denen für die Zeit des Dienstes oder der Beschäftigung im Ausland Versorgungsanwartschaften gewährleistet sind, gelten im Rahmen der Nachversicherung auch ohne Antrag als versicherungspflichtig.

(2) Auf Antrag versicherungspflichtig sind Personen, die nicht nur vorübergehend selbständig tätig sind, wenn sie die Versicherungspflicht innerhalb von fünf Jahren nach der Aufnahme der selbständigen Tätigkeit oder dem Ende einer Versicherungspflicht aufgrund dieser Tätigkeit beantragen.

(3) 1Auf Antrag versicherungspflichtig sind Personen, die

1. eine der in § 3 Satz 1 Nr. 3 genannten Sozialleistungen oder Leistungen für den Ausfall von Arbeitseinkünften nach § 3 Satz 1 Nummer 3a beziehen und nicht nach diesen Vorschriften versicherungspflichtig sind,
2. nur deshalb keinen Anspruch auf Krankengeld haben, weil sie nicht in der gesetzlichen Krankenversicherung versichert sind oder in der gesetzlichen Krankenversicherung ohne Anspruch auf Krankengeld versichert sind, für die Zeit der Arbeitsunfähigkeit oder der Ausführung von Leistungen zur medizinischen Rehabilitation oder zur Teilhabe am Arbeitsleben, wenn sie im letzten Jahr vor Beginn der Arbeitsunfähigkeit oder der Ausführung von Leistungen zur medizinischen Rehabilitation oder zur Teilhabe am Arbeitsleben zuletzt versicherungspflichtig waren, längstens jedoch für 18 Monate.

2Dies gilt auch für Personen, die ihren gewöhnlichen Aufenthalt im Ausland haben.

(3a) 1Die Vorschriften über die Versicherungsfreiheit und die Befreiung von der Versicherungspflicht gelten auch für die Versicherungspflicht auf Antrag nach Absatz 3. 2Bezieht sich die Versicherungsfreiheit oder die Befreiung von der Versicherungspflicht auf jede Beschäftigung oder selbständige Tätigkeit, kann ein Antrag nach Absatz 3 nicht gestellt werden. 3Bezieht sich die Versicherungsfreiheit oder die Befreiung von der Versicherungspflicht auf eine bestimmte Beschäftigung oder bestimmte selbständige Tätigkeit, kann ein Antrag nach Absatz 3 nicht gestellt werden, wenn die Versicherungsfreiheit oder die Befreiung von der Versicherungspflicht auf der Zugehörigkeit zu einem anderweitigen Alterssicherungssystem, insbesondere einem abgeschlossenen Lebensversicherungsvertrag oder der Mitgliedschaft in einer öffentlich-rechtlichen Versicherungseinrichtung oder Versorgungseinrichtung einer Berufsgruppe (§ 6 Abs. 1 Satz 1 Nr. 1), beruht und die Zeit des Bezugs der jeweiligen Sozialleistung in dem anderweitigen Alterssicherungssystem abgesichert ist oder abgesichert werden kann.

(4) 1Die Versicherungspflicht beginnt

1. in den Fällen der Absätze 1 und 2 mit dem Tag, an dem erstmals die Voraussetzungen nach den Absätzen 1 und 2 vorliegen, wenn sie innerhalb von drei Monaten danach beantragt wird, sonst mit dem Tag, der dem Eingang des Antrags folgt,
2. in den Fällen des Absatzes 3 Satz 1 Nr. 1 mit Beginn der Leistung und in den Fällen des Absatzes 3 Satz 1 Nr. 2 mit Beginn der Arbeitsunfähigkeit oder Rehabilitation, wenn der Antrag innerhalb von drei Monaten danach gestellt wird, andernfalls mit dem Tag, der dem Eingang des Antrags folgt, frühestens jedoch mit dem Ende der Versicherungspflicht aufgrund einer vorausgehenden versicherungspflichtigen Beschäftigung oder Tätigkeit.

2Sie endet mit Ablauf des Tages, an dem die Voraussetzungen weggefallen sind.

VI

§5 Versicherungsfreiheit

(1) 1Versicherungsfrei sind

1. Beamte und Richter auf Lebenszeit, auf Zeit oder auf Probe, Berufssoldaten und Soldaten auf Zeit sowie Beamte auf Widerruf im Vorbereitungsdienst,
2. sonstige Beschäftigte von Körperschaften, Anstalten oder Stiftungen des öffentlichen Rechts, deren Verbänden einschließlich der Spitzenverbände oder ihrer Arbeitsgemeinschaften, wenn ihnen nach beamtenrechtlichen Vorschriften oder Grundsätzen Anwartschaft auf Versorgung bei verminderter Erwerbsfähigkeit und im Alter sowie auf Hinterbliebenenversorgung gewährleistet und die Erfüllung der Gewährleistung gesichert ist,
3. Beschäftigte im Sinne von Nummer 2, wenn ihnen nach kirchenrechtlichen Regelungen eine Anwartschaft im Sinne von Nummer 2 gewährleistet und die Erfüllung der Gewährleistung gesichert ist, sowie satzungsmäßige Mitglieder geistlicher Genossenschaften, Diakonissen und Angehörige ähnlicher Gemeinschaften, wenn ihnen nach den Regeln der Gemeinschaft Anwartschaft auf die in der Gemeinschaft übliche Versorgung bei verminderter Erwerbsfähigkeit und im Alter gewährleistet und die Erfüllung der Gewährleistung gesichert ist,

in dieser Beschäftigung und in weiteren Beschäftigungen, auf die die Gewährleistung einer Versorgungsanwartschaft erstreckt wird. 2Für Personen nach Satz 1 Nr. 2 gilt dies nur, wenn sie

1. nach beamtenrechtlichen Vorschriften oder Grundsätzen Anspruch auf Vergütung und bei Krankheit auf Fortzahlung der Bezüge haben oder
2. nach beamtenrechtlichen Vorschriften oder Grundsätzen bei Krankheit Anspruch auf Beihilfe oder Heilfürsorge haben oder
3. innerhalb von zwei Jahren nach Beginn des Beschäftigungsverhältnisses in ein Rechtsverhältnis nach Nummer 1 berufen werden sollen oder
4. in einem öffentlich-rechtlichen Ausbildungsverhältnis stehen.

3Über das Vorliegen der Voraussetzungen nach Satz 1 Nr. 2 und 3 sowie nach Satz 2 und die Erstreckung der Gewährleistung auf weitere Beschäftigungen entscheidet für Beschäftigte beim Bund und bei Dienstherren oder anderen Arbeitgebern, die der Aufsicht des Bundes unterstehen, das zuständige Bundesministerium, im Übrigen die oberste Verwaltungsbehörde des Landes, in dem die Arbeitgeber, Genossenschaften oder Gemeinschaften ihren Sitz haben. 4Die Gewährleistung von Anwartschaften begründet die Versicherungsfreiheit von Beginn des Monats an, in dem die Zusicherung der Anwartschaften vertraglich erfolgt.

(2) 1Versicherungsfrei sind Personen, die eine

1. Beschäftigung nach § 8 Absatz 1 Nummer 2 oder § 8a in Verbindung mit § 8 Absatz 1 Nummer 2 des Vierten Buches oder
2. geringfügige selbständige Tätigkeit nach § 8 Absatz 3 in Verbindung mit § 8 Absatz 1 oder nach § 8 Absatz 3 in Verbindung mit den §§ 8a und 8 Absatz 1 des Vierten Buches

ausüben, in dieser Beschäftigung oder selbständigen Tätigkeit. 2Bei Anwendung von Satz 1 Nummer 2 ist im gesamten Kalenderjahr die zum 1. Januar des jeweiligen Kalenderjahres geltende Geringfügigkeitsgrenze maßgebend. 3§ 8 Absatz 2 des Vierten Buches ist mit der Maßgabe anzuwenden, dass eine Zusammenrechnung mit einer nicht geringfügigen selbständigen Tätigkeit nur erfolgt, wenn diese versicherungspflichtig ist. 4Satz 1 Nummer 1 gilt nicht für Personen, die im Rahmen betrieblicher Berufsbildung beschäftigt sind.

(3) Versicherungsfrei sind Personen, die während der Dauer eines Studiums als ordentliche Studierende einer Fachschule oder Hochschule ein Praktikum ableisten, das in ihrer Studienordnung oder Prüfungsordnung vorgeschrieben ist.

(4) 1Versicherungsfrei sind Personen, die

1. nach Ablauf des Monats, in dem die Regelaltersgrenze erreicht wurde, eine Vollrente wegen Alters beziehen,
2. nach beamtenrechtlichen Vorschriften oder Grundsätzen oder entsprechenden kirchenrechtlichen Regelungen oder nach den Regelungen einer berufsständischen Versorgungseinrichtung eine Versorgung nach Erreichen einer Altersgrenze beziehen oder die in der Gemeinschaft übliche Versorgung im Alter nach Absatz 1 Satz 1 Nr. 3 erhalten oder
3. bis zum Erreichen der Regelaltersgrenze nicht versichert waren oder nach Erreichen der Regelaltersgrenze eine Beitragserstattung aus ihrer Versicherung erhalten haben.

2Satz 1 gilt nicht für Beschäftigte in einer Beschäftigung, in der sie durch schriftliche Erklärung gegenüber dem Arbeitgeber auf die Versicherungsfreiheit verzichten. 3Der Verzicht kann nur mit Wirkung für die Zukunft erklärt werden und ist für die Dauer der Beschäftigung bindend. 4Die Sätze 2 und 3 gelten entsprechend für selbständig Tätige, die den Verzicht gegenüber dem zuständigen Träger der Rentenversicherung erklären.

§ 6 Befreiung von der Versicherungspflicht

(1) 1Von der Versicherungspflicht werden befreit

1. Beschäftigte und selbständig Tätige für die Beschäftigung oder selbständige Tätigkeit, wegen der sie aufgrund einer durch Gesetz angeordneten oder auf Gesetz beruhenden Verpflichtung Mitglied einer öffentlich-rechtlichen Versicherungseinrichtung oder Versorgungseinrichtung ihrer Berufsgruppe (berufsständische Versorgungseinrichtung) und zugleich kraft gesetzlicher Verpflichtung Mitglied einer berufsständischen Kammer sind, wenn
   a) am jeweiligen Ort der Beschäftigung oder selbständigen Tätigkeit für ihre Berufsgruppe bereits vor dem 1. Januar 1995 eine gesetzliche Verpflichtung zur Mitgliedschaft in der berufsständischen Kammer bestanden hat,
   b) für sie nach näherer Maßgabe der Satzung einkommensbezogene Beiträge unter Berücksichtigung der Beitragsbemessungsgrenze zur berufsständischen Versorgungseinrichtung zu zahlen sind und
   c) aufgrund dieser Beiträge Leistungen für den Fall verminderter Erwerbsfähigkeit und des Alters sowie für Hinterbliebene erbracht und angepasst werden, wobei auch die finanzielle Lage der berufsständischen Versorgungseinrichtung zu berücksichtigen ist,
2. Lehrer oder Erzieher, die an nichtöffentlichen Schulen beschäftigt sind, wenn ihnen nach beamtenrechtlichen Grundsätzen oder entsprechenden kirchenrechtlichen Regelungen Anwartschaft auf Versorgung bei verminderter Erwerbsfähigkeit und im Alter sowie auf Hinterbliebenenversorgung gewährleistet und die Erfüllung der Gewährleistung gesichert ist und wenn diese Personen die Voraussetzungen nach § 5 Abs. 1 Satz 2 Nr. 1 und 2 erfüllen,
3. nichtdeutsche Besatzungsmitglieder deutscher Seeschiffe, die ihren Wohnsitz oder gewöhnlichen Aufenthalt nicht in einem Mitgliedstaat der Europäischen Union, einem Vertragsstaat des Abkommens über den Europäischen Wirtschaftsraum oder der Schweiz haben,
4. Gewerbetreibende in Handwerksbetrieben, wenn für sie mindestens 18 Jahre lang Pflichtbeiträge gezahlt worden sind.

2Die gesetzliche Verpflichtung für eine Berufsgruppe zur Mitgliedschaft in einer berufsständischen Kammer im Sinne des Satzes 1 Nr. 1 gilt mit dem Tag als entstanden, an dem das die jeweilige Kammerzugehörigkeit begründende Gesetz verkündet worden ist. 3Wird der Kreis der Pflichtmitglieder einer berufsständischen Kammer nach dem 31. Dezember 1994 erweitert, werden diejenigen Pflichtmitglieder des berufsständischen Versorgungswerks nicht nach Satz 1 Nr. 1 befreit, die nur wegen dieser Erweiterung Pflichtmitglieder ihrer Berufskammer geworden sind. 4Für die Bestimmung des Tages, an dem die Erweiterung des Kreises der Pflichtmitglieder erfolgt ist, ist Satz 2 entsprechend anzuwenden. 5Personen, die nach bereits am 1. Januar 1995 geltenden versorgungsrechtlichen Regelungen verpflichtet sind, für die Zeit der Ableistung eines gesetzlich vorgeschriebenen Vorbereitungs- oder Anwärterdienstes Mitglied einer berufsständischen Versorgungseinrichtung zu sein, werden auch dann nach Satz 1 Nr. 1 von der Versicherungspflicht befreit, wenn eine gesetzliche Verpflichtung zur Mitgliedschaft in einer berufsständischen Kammer für die Zeit der Ableistung des Vorbereitungs- oder Anwärterdienstes nicht besteht. 6Satz 1 Nr. 1 gilt nicht für die in Satz 1 Nr. 4 genannten Personen.

(1a) 1Personen, die nach § 2 Satz 1 Nr. 9 versicherungspflichtig sind, werden von der Versicherungspflicht befreit

1. für einen Zeitraum von drei Jahren nach erstmaliger Aufnahme einer selbständigen Tätigkeit, die die Merkmale des § 2 Satz 1 Nr. 9 erfüllt,
2. nach Vollendung des 58. Lebensjahres, wenn sie nach einer zuvor ausgeübten selbständigen Tätigkeit erstmals nach § 2 Satz 1 Nr. 9 versicherungspflichtig werden.

2Satz 1 Nr. 1 gilt entsprechend für die Aufnahme einer zweiten selbständigen Tätigkeit, die die Merkmale des § 2 Satz 1 Nr. 9 erfüllt. 3Eine Aufnahme einer selbständigen Tätigkeit liegt nicht vor, wenn eine bestehende selbständige Existenz lediglich umbenannt oder deren Geschäftszweck gegenüber der vorangegangenen nicht wesentlich verändert worden ist.

(1b) 1Personen, die eine geringfügige Beschäftigung nach § 8 Absatz 1 Nummer 1 oder § 8a in Verbindung mit § 8 Absatz 1 Nummer 1 des Vierten Buches ausüben, werden auf Antrag von der Versicherungspflicht befreit. 2Der schriftliche oder elektronische Befreiungsantrag ist dem Arbeitgeber zu übergeben. 3§ 8 Absatz 2 des Vierten Buches ist mit der Maßgabe anzuwenden, dass eine Zusammenrechnung mit einer nicht geringfügigen Be-

VI

schäftigung nur erfolgt, wenn diese versicherungspflichtig ist. $_{4}$Der Antrag kann bei mehreren geringfügigen Beschäftigungen nur einheitlich gestellt werden und ist für die Dauer der Beschäftigungen bindend. $_{5}$Satz 1 gilt nicht für Personen, die im Rahmen betrieblicher Berufsbildung, nach dem Jugendfreiwilligendienstegesetz, nach dem Bundesfreiwilligendienstgesetz oder nach § 1 Satz 1 Nummer 2 bis 4 beschäftigt sind oder von der Möglichkeit einer stufenweisen Wiederaufnahme einer nicht geringfügigen Tätigkeit (§ 74 des Fünften Buches) Gebrauch machen.

(2) $_{1}$Die Befreiung erfolgt auf Antrag des Versicherten, in den Fällen des Absatzes 1 Nr. 2 und 3 auf Antrag des Arbeitgebers. $_{2}$In den Fällen des Absatzes 1 Satz 1 Nummer 1 hat der Versicherte den Antrag elektronisch über die zuständige berufsständische Versorgungseinrichtung zu stellen. $_{3}$Diese leitet den Antrag durch Datenübertragung an den Träger der Rentenversicherung zusammen mit den Bestätigungen über das Vorliegen einer Pflichtmitgliedschaft in einer berufsständischen Versorgungseinrichtung, über das Bestehen einer Pflichtmitgliedschaft in der berufsständischen Kammer und über die Pflicht zur Zahlung einkommensbezogener Beiträge zur Entscheidung unverzüglich weiter. $_{4}$Der Träger der Rentenversicherung teilt seine Entscheidung dem Antragsteller in Textform und der den Antrag weiterleitenden berufsständischen Versorgungseinrichtung elektronisch mit. $_{5}$Der Eingang des Antrags bei der berufsständischen Versorgungseinrichtung ist für die Wahrung der in Absatz 4 bestimmten Frist maßgeblich. $_{6}$Der Datenaustausch erfolgt über die Annahmestelle der berufsständischen Versorgungseinrichtungen und die Datenstelle der Rentenversicherung. $_{7}$Die technische Ausgestaltung des Verfahrens regeln die Deutsche Rentenversicherung Bund und die Arbeitsgemeinschaft berufsständischer Versorgungseinrichtungen e. V. in gemeinsamen Grundsätzen, die vom Bundesministerium für Arbeit und Soziales zu genehmigen sind.

(3) $_{1}$Über die Befreiung entscheidet der Träger der Rentenversicherung. $_{2}$Abweichend von Satz 1 entscheidet in den Fällen des Absatzes 1 Satz 1 Nummer 1 und 2 die Deutsche Rentenversicherung Bund, nachdem das Vorliegen der Voraussetzungen bestätigt worden ist

1. in den Fällen des Absatzes 1 Satz 1 Nummer 1 von der für die berufsständische Versorgungseinrichtung zuständigen obersten Verwaltungsbehörde und
2. in den Fällen des Absatzes 1 Satz 1 Nummer 2 von der obersten Verwaltungsbehörde desjenigen Landes, in dem der Arbeitgeber seinen Sitz hat.

$_{3}$In den Fällen des Absatzes 1b gilt die Befreiung als erteilt, wenn die nach § 28i Satz 5 des Vierten Buches zuständige Einzugsstelle nicht innerhalb eines Monats nach Eingang der Meldung des Arbeitgebers nach § 28a des Vierten Buches dem Befreiungsantrag des Beschäftigten widerspricht. $_{4}$Die Vorschriften des Zehnten Buches über die Bestandskraft von Verwaltungsakten und über das Rechtsbehelfsverfahren gelten entsprechend.

(4) $_{1}$Die Befreiung wirkt vom Vorliegen der Befreiungsvoraussetzungen an, wenn sie innerhalb von drei Monaten beantragt wird, sonst vom Eingang des Antrags an. $_{2}$In den Fällen des Absatzes 1b wirkt die Befreiung bei Vorliegen der Befreiungsvoraussetzungen nach Eingang der Meldung des Arbeitgebers nach § 28a des Vierten Buches bei der zuständigen Einzugsstelle rückwirkend vom Beginn des Monats, in dem der Antrag des Beschäftigten dem Arbeitgeber zugegangen ist, wenn der Arbeitgeber den Befreiungsantrag der Einzugsstelle mit der ersten folgenden Entgeltabrechnung, spätestens aber innerhalb von sechs Wochen nach Zugang, gemeldet und die Einzugsstelle innerhalb eines Monats nach Eingang der Meldung des Arbeitgebers nicht widersprochen hat. $_{3}$Erfolgt die Meldung des Arbeitgebers später, wirkt die Befreiung vom Beginn des auf den Ablauf der Widerspruchsfrist nach Absatz 3 folgenden Monats. $_{4}$In den Fällen, in denen bei einer Mehrfachbeschäftigung die Befreiungsvoraussetzungen vorliegen, hat die Einzugsstelle die weiteren Arbeitgeber über den Zeitpunkt der Wirkung der Befreiung unverzüglich durch eine Meldung zu unterrichten.

(5) $_{1}$Die Befreiung ist auf die jeweilige Beschäftigung oder selbständige Tätigkeit beschränkt. $_{2}$Sie erstreckt sich in den Fällen des Absatzes 1 Nr. 1 und 2 auch auf eine andere versicherungspflichtige Tätigkeit, wenn diese infolge ihrer Eigenart oder vertraglich im Voraus zeitlich begrenzt ist und der Versorgungsträger für die Zeit der Tätigkeit den Erwerb einkommensbezogener Versorgungsanwartschaften gewährleistet.

Zweiter Abschnitt
Freiwillige Versicherung

§ 7 Freiwillige Versicherung

(1) $_{1}$Personen, die nicht versicherungspflichtig sind, können sich für Zeiten von der Vollendung des 16. Lebensjahres an freiwillig versichern. $_{2}$Dies gilt auch für Deutsche, die ihren gewöhnlichen Aufenthalt im Ausland haben.

(2) Nach bindender Bewilligung einer Vollrente wegen Alters oder für Zeiten des Bezugs einer solchen Rente ist eine freiwillige Versicherung nicht zulässig, wenn der Monat abgelaufen ist, in dem die Regelaltersgrenze erreicht wurde.

Dritter Abschnitt Nachversicherung, Versorgungsausgleich und Rentensplitting

§ 8 Nachversicherung, Versorgungsausgleich und Rentensplitting

(1) 1Versichert sind auch Personen,

1. die nachversichert sind oder
2. für die aufgrund eines Versorgungsausgleichs oder eines Rentensplittings Rentenanwartschaften übertragen oder begründet sind.

2Nachversicherte stehen den Personen gleich, die versicherungspflichtig sind.

(2) 1Nachversichert werden Personen, die als

1. Beamte oder Richter auf Lebenszeit, auf Zeit oder auf Probe, Berufssoldaten und Soldaten auf Zeit sowie Beamte auf Widerruf im Vorbereitungsdienst,
2. sonstige Beschäftigte von Körperschaften, Anstalten oder Stiftungen des öffentlichen Rechts, deren Verbänden einschließlich der Spitzenverbände oder ihrer Arbeitsgemeinschaften,
3. satzungsmäßige Mitglieder geistlicher Genossenschaften, Diakonissen oder Angehörige ähnlicher Gemeinschaften oder
4. Lehrer oder Erzieher an nichtöffentlichen Schulen oder Anstalten

versicherungsfrei waren oder von der Versicherungspflicht befreit worden sind, wenn sie ohne Anspruch oder Anwartschaft auf Versorgung aus der Beschäftigung ausgeschieden sind oder ihren Anspruch auf Versorgung verloren haben und Gründe für einen Aufschub der Beitragszahlung (§ 184 Abs. 2) nicht gegeben sind. 2Die Nachversicherung erstreckt sich auf den Zeitraum, in dem die Versicherungsfreiheit oder die Befreiung von der Versicherungspflicht vorgelegen hat (Nachversicherungszeitraum). 3Bei einem Ausscheiden durch Tod erfolgt eine Nachversicherung nur, wenn ein Anspruch auf Hinterbliebenenrente geltend gemacht werden kann.

Zweites Kapitel Leistungen

Erster Abschnitt Leistungen zur Teilhabe

Erster Unterabschnitt Voraussetzungen für die Leistungen

§ 9 Aufgabe der Leistungen zur Teilhabe

(1) 1Die Träger der Rentenversicherung erbringen Leistungen zur Prävention, Leistungen zur medizinischen Rehabilitation, Leistungen zur Teilhabe am Arbeitsleben, Leistungen zur Nachsorge sowie ergänzende Leistungen, um

1. den Auswirkungen einer Krankheit oder einer körperlichen, geistigen oder seelischen Behinderung auf die Erwerbsfähigkeit der Versicherten vorzubeugen, entgegenzuwirken oder sie zu überwinden und
2. dadurch Beeinträchtigungen der Erwerbsfähigkeit der Versicherten oder ihr vorzeitiges Ausscheiden aus dem Erwerbsleben zu verhindern oder sie möglichst dauerhaft in das Erwerbsleben wiedereinzugliedern.

2Die Leistungen zur Prävention haben Vorrang vor den Leistungen zur Teilhabe. 3Die Leistungen zur Teilhabe haben Vorrang vor Rentenleistungen, die bei erfolgreichen Leistungen zur Teilhabe nicht oder voraussichtlich erst zu einem späteren Zeitpunkt zu erbringen sind.

(2) Die Leistungen nach Absatz 1 sind zu erbringen, wenn die persönlichen und versicherungsrechtlichen Voraussetzungen dafür erfüllt sind.

§ 10 Persönliche Voraussetzungen

(1) Für Leistungen zur Teilhabe haben Versicherte die persönlichen Voraussetzungen erfüllt,

1. deren Erwerbsfähigkeit wegen Krankheit oder körperlicher, geistiger oder seelischer Behinderung erheblich gefährdet oder gemindert ist und
2. bei denen voraussichtlich
   a) bei erheblicher Gefährdung der Erwerbsfähigkeit eine Minderung der Erwerbsfähigkeit durch Leistungen zur medizinischen Rehabilitation oder zur Teilhabe am Arbeitsleben abgewendet werden kann,
   b) bei geminderter Erwerbsfähigkeit diese durch Leistungen zur medizinischen Rehabilitation oder zur Teilhabe am Arbeitsleben wesentlich gebessert oder wiederhergestellt oder hierdurch deren wesentliche Verschlechterung abgewendet werden kann,

c) bei teilweiser Erwerbsminderung ohne Aussicht auf eine wesentliche Besserung der Erwerbsfähigkeit durch Leistungen zur Teilhabe am Arbeitsleben
   aa) der bisherige Arbeitsplatz erhalten werden kann oder
   bb) ein anderer in Aussicht stehender Arbeitsplatz erlangt werden kann, wenn die Erhaltung des bisherigen Arbeitsplatzes nach Feststellung des Trägers der Rentenversicherung nicht möglich ist.

(2) Für Leistungen zur Teilhabe haben auch Versicherte die persönlichen Voraussetzungen erfüllt,

1. die im Bergbau vermindert berufsfähig sind und bei denen voraussichtlich durch die Leistungen die Erwerbsfähigkeit wesentlich gebessert oder wiederhergestellt werden kann oder
2. bei denen der Eintritt von im Bergbau verminderter Berufsfähigkeit droht und bei denen voraussichtlich durch die Leistungen der Eintritt der im Bergbau verminderten Berufsfähigkeit abgewendet werden kann.

(3) Für die Leistungen nach den §§ 14, 15a und 17 haben die Versicherten oder die Kinder die persönlichen Voraussetzungen bei Vorliegen der dortigen Anspruchsvoraussetzungen erfüllt.

§ 11 Versicherungsrechtliche Voraussetzungen

(1) Für Leistungen zur Teilhabe haben Versicherte die versicherungsrechtlichen Voraussetzungen erfüllt, die bei Antragstellung

1. die Wartezeit von 15 Jahren erfüllt haben oder
2. eine Rente wegen verminderter Erwerbsfähigkeit beziehen.

(2) [1]Für die Leistungen zur Prävention und zur medizinischen Rehabilitation haben Versicherte die versicherungsrechtlichen Voraussetzungen auch erfüllt, die

1. in den letzten zwei Jahren vor der Antragstellung sechs Kalendermonate mit Pflichtbeiträgen für eine versicherte Beschäftigung oder Tätigkeit haben,
2. innerhalb von zwei Jahren nach Beendigung einer Ausbildung eine versicherte Beschäftigung oder selbständige Tätigkeit aufgenommen und bis zum Antrag ausgeübt haben oder nach einer solchen Beschäftigung oder Tätigkeit bis zum Antrag arbeitsunfähig oder arbeitslos gewesen sind oder
3. vermindert erwerbsfähig sind oder bei denen dies in absehbarer Zeit zu erwarten ist, wenn sie die allgemeine Wartezeit erfüllt haben.

[2]§ 55 Abs. 2 ist entsprechend anzuwenden. [3]Der Zeitraum von zwei Jahren nach Nummer 1 verlängert sich um Anrechnungszeiten wegen des Bezugs von Bürgergeld nach § 19 Absatz 1 Satz 1 des Zweiten Buches. [4]Für die Leistungen nach § 15a an Kinder von Versicherten sind die versicherungsrechtlichen Voraussetzungen erfüllt, wenn der Versicherte die allgemeine Wartezeit oder die in Satz 1 oder in Absatz 1 genannten versicherungsrechtlichen Voraussetzungen erfüllt hat.

(2a) Leistungen zur Teilhabe am Arbeitsleben werden an Versicherte auch erbracht,

1. wenn ohne diese Leistungen Rente wegen verminderter Erwerbsfähigkeit zu leisten wäre oder
2. wenn sie für eine voraussichtlich erfolgreiche Rehabilitation unmittelbar im Anschluss an Leistungen zur medizinischen Rehabilitation der Träger der Rentenversicherung erforderlich sind.

(3) [1]Die versicherungsrechtlichen Voraussetzungen haben auch überlebende Ehegatten erfüllt, die Anspruch auf große Witwenrente oder große Witwerrente wegen verminderter Erwerbsfähigkeit haben. [2]Sie gelten für die Vorschriften dieses Abschnitts als Versicherte.

§ 12 Ausschluss von Leistungen

(1) Leistungen zur Teilhabe werden nicht für Versicherte erbracht, die

1. wegen eines Arbeitsunfalls, einer Berufskrankheit, einer Schädigung im Sinne des sozialen Entschädigungsrechts oder wegen eines Einsatzunfalls, der Ansprüche nach dem Einsatz-Weiterverwendungsgesetz begründet, gleichartige Leistungen eines anderen Rehabilitationsträgers oder Leistungen zur Eingliederung nach dem Einsatz-Weiterverwendungsgesetz erhalten können,
2. eine Rente wegen Alters von wenigstens zwei Dritteln der Vollrente beziehen oder beantragt haben,
3. eine Beschäftigung ausüben, aus der ihnen nach beamtenrechtlichen oder entsprechenden Vorschriften Anwartschaft auf Versorgung gewährleistet ist,
4. als Bezieher einer Versorgung wegen Erreichens einer Altersgrenze versicherungsfrei sind,

4a. eine Leistung beziehen, die regelmäßig bis zum Beginn einer Rente wegen Alters gezahlt wird, oder

5. sich in Untersuchungshaft oder im Vollzug einer Freiheitsstrafe oder freiheitsentziehenden Maßregel der Besserung und Sicherung befinden oder einstweilig nach § 126a Abs. 1 der Strafprozessordnung untergebracht sind. Dies gilt nicht für Versicherte im erleichterten Strafvollzug bei Leistungen zur Teilhabe am Arbeitsleben.

(2) ₁Leistungen zur medizinischen Rehabilitation werden nicht vor Ablauf von vier Jahren nach Durchführung solcher oder ähnlicher Leistungen zur Rehabilitation erbracht, deren Kosten aufgrund öffentlich-rechtlicher Vorschriften getragen oder bezuschusst worden sind. ₂Dies gilt nicht, wenn vorzeitige Leistungen aus gesundheitlichen Gründen dringend erforderlich sind.

Zweiter Unterabschnitt Umfang der Leistungen

Erster Titel Allgemeines

§ 13 Leistungsumfang

(1) ₁Der Träger der Rentenversicherung bestimmt im Einzelfall unter Beachtung des Wunsch- und Wahlrechts des Versicherten im Sinne des § 8 des Neunten Buches und der Grundsätze der Wirtschaftlichkeit und Sparsamkeit Art, Dauer, Umfang, Beginn und Durchführung dieser Leistungen sowie die Rehabilitationseinrichtung nach pflichtgemäßem Ermessen. ₂Die Leistungen werden auf Antrag durch ein Persönliches Budget erbracht; § 29 des Neunten Buches gilt entsprechend.

(2) Der Träger der Rentenversicherung erbringt nicht

1. Leistungen zur medizinischen Rehabilitation in der Phase akuter Behandlungsbedürftigkeit einer Krankheit, es sei denn, die Behandlungsbedürftigkeit tritt während der Ausführung von Leistungen zur medizinischen Rehabilitation ein,
2. Leistungen zur medizinischen Rehabilitation anstelle einer sonst erforderlichen Krankenhausbehandlung,
3. Leistungen zur medizinischen Rehabilitation, die dem allgemein anerkannten Stand medizinischer Erkenntnisse nicht entsprechen.

(3) ₁Der Träger der Rentenversicherung erbringt nach Absatz 2 Nr. 1 im Benehmen mit dem Träger der Krankenversicherung für diesen Krankenbehandlung und Leistungen bei Schwangerschaft und Mutterschaft. ₂Der Träger der Rentenversicherung kann von dem Träger der Krankenversicherung Erstattung der hierauf entfallenden Aufwendungen verlangen.

(4) Die Träger der Rentenversicherung vereinbaren mit den Spitzenverbänden der Krankenkassen gemeinsam und einheitlich im Benehmen mit dem Bundesministerium für Arbeit und Soziales Näheres zur Durchführung von Absatz 2 Nr. 1 und 2.

Zweiter Titel Leistungen zur Prävention, zur medizinischen Rehabilitation, zur Teilhabe am Arbeitsleben und zur Nachsorge

§ 14 Leistungen zur Prävention

(1) ₁Die Träger der Rentenversicherung erbringen medizinische Leistungen zur Sicherung der Erwerbsfähigkeit an Versicherte, die erste gesundheitliche Beeinträchtigungen aufweisen, die die ausgeübte Beschäftigung gefährden. ₂Wird ein Anspruch auf Leistungen zur medizinischen Rehabilitation nach § 15 Absatz 1 in Verbindung mit § 10 Absatz 1 abgelehnt, hat der Träger der Rentenversicherung über die Leistungen zur Prävention zu beraten. ₃Die Leistungen können zeitlich begrenzt werden.

(2) ₁Um eine einheitliche Rechtsanwendung durch alle Träger der Rentenversicherung sicherzustellen, erlässt die Deutsche Rentenversicherung Bund bis zum 1. Juli 2018 im Benehmen mit dem Bundesministerium für Arbeit und Soziales eine gemeinsame Richtlinie der Träger der Rentenversicherung, die insbesondere die Ziele, die persönlichen Voraussetzungen sowie Art und Umfang der medizinischen Leistungen näher ausführt. ₂Die Deutsche Rentenversicherung Bund hat die Richtlinie im Bundesanzeiger zu veröffentlichen. ₃Die Richtlinie ist regelmäßig an den medizinischen Fortschritt und die gewonnenen Erfahrungen im Benehmen mit dem Bundesministerium für Arbeit und Soziales anzupassen.

(3) ₁Die Träger der Rentenversicherung beteiligen sich mit den Leistungen nach Absatz 1 an der nationalen Präventionsstrategie nach den §§ 20d bis 20g des Fünften Buches. ₂Sie wirken darauf hin, dass die Einführung einer freiwilligen, individuellen, berufsbezogenen Gesundheitsvorsorge für Versicherte ab Vollendung des 45. Lebensjahres trägerübergreifend in Modellprojekten erprobt wird.

§ 15 Leistungen zur medizinischen Rehabilitation

(1) ₁Die Träger der Rentenversicherung erbringen im Rahmen von Leistungen zur medizinischen Rehabilitation Leistungen nach den §§ 42 bis 47a des Neunten Buches, ausgenommen Leistungen nach § 42 Abs. 2 Nr. 2 und § 46 des Neunten Buches. ₂Zahnärztliche Be-

handlung einschließlich der Versorgung mit Zahnersatz wird nur erbracht, wenn sie unmittelbar und gezielt zur wesentlichen Besserung oder Wiederherstellung der Erwerbsfähigkeit, insbesondere zur Ausübung des bisherigen Berufs, erforderlich und soweit sie nicht als Leistung der Krankenversicherung oder als Hilfe nach dem Fünften Kapitel des Zwölften Buches zu erbringen ist.

(2) 1Leistungen zur medizinischen Rehabilitation nach den §§ 15, 15a und 31 Absatz 1 Nummer 2, die nach Art und Schwere der Erkrankung erforderlich sind, werden durch Rehabilitationseinrichtungen erbracht, die unter ständiger ärztlicher Verantwortung und Mitwirkung von besonders geschultem Personal entweder vom Träger der Rentenversicherung selbst oder von anderen betrieben werden und nach Absatz 4 zugelassen sind oder als zugelassen gelten (zugelassene Rehabilitationseinrichtungen). 2Die Rehabilitationseinrichtung braucht nicht unter ständiger ärztlicher Verantwortung zu stehen, wenn die Art der Behandlung dies nicht erfordert. 3Leistungen einschließlich der erforderlichen Unterkunft und Verpflegung sollen für längstens drei Wochen erbracht werden. 4Sie können für einen längeren Zeitraum erbracht werden, wenn dies erforderlich ist, um das Rehabilitationsziel zu erreichen.

VI

(3) 1Rehabilitationseinrichtungen haben einen Anspruch auf Zulassung, wenn sie

1. fachlich geeignet sind,
2. sich verpflichten, an den externen Qualitätssicherungsverfahren der Deutschen Rentenversicherung Bund oder einem anderen von der Deutschen Rentenversicherung Bund anerkannten Verfahren teilzunehmen,
3. sich verpflichten, das Vergütungssystem der Deutschen Rentenversicherung Bund anzuerkennen,
4. den elektronischen Datenaustausch mit den Trägern der Rentenversicherung sicherstellen und
5. die datenschutzrechtlichen Regelungen beachten und umsetzen, insbesondere den besonderen Anforderungen an den Sozialdatenschutz Rechnung tragen.

2Fachlich geeignet sind Rehabilitationseinrichtungen, die zur Durchführung der Leistungen zur medizinischen Rehabilitation die personellen, strukturellen und qualitativen Anforderungen erfüllen. 3Dabei sollen die Empfehlungen nach § 37 Absatz 1 des Neunten Buches beachtet werden. 4Zur Ermittlung und Bemessung einer leistungsgerechten Vergütung der Leistungen hat die Deutsche Rentenversicherung Bund ein transparentes, nachvollziehbares und diskriminierungsfreies Vergütungssystem bis zum 31. Dezember 2025 zu entwickeln, wissenschaftlich zu begleiten und zu evaluieren. 5Dabei hat sie tariflich vereinbarte Vergütungen sowie entsprechende Vergütungen nach kirchlichen Arbeitsrechtsregelungen zu beachten.

(4) 1Mit der Zulassungsentscheidung wird die Rehabilitationseinrichtung für die Dauer der Zulassung zur Erbringung von Leistungen zur medizinischen Rehabilitation zugelassen. 2Für Rehabilitationseinrichtungen, die vom Träger der Rentenversicherung selbst betrieben werden oder zukünftig vom Träger der Rentenversicherung selbst betrieben werden, gilt die Zulassung als erteilt.

(5) 1Der federführende Träger der Rentenversicherung entscheidet über die Zulassung von Rehabilitationseinrichtungen auf deren Antrag. 2Federführend ist der Träger der Rentenversicherung, der durch die beteiligten Träger der Rentenversicherung vereinbart wird. 3Er steuert den Prozess der Zulassung in allen Verfahrensschritten und trifft mit Wirkung für alle Träger der Rentenversicherung Entscheidungen. 4Die Entscheidung zur Zulassung ist im Amtsblatt der Europäischen Union zu veröffentlichen. 5Die Zulassungsentscheidung bleibt wirksam, bis sie durch eine neue Zulassungsentscheidung abgelöst oder widerrufen wird. 6Die Zulassungsentscheidung nach Absatz 4 Satz 1 oder die fiktive Zulassung nach Absatz 4 Satz 2 kann jeweils widerrufen werden, wenn die Rehabilitationseinrichtung die Anforderungen nach Absatz 3 Satz 1 nicht mehr erfüllt. 7Widerspruch und Klage gegen den Widerruf der Zulassungsentscheidung haben keine aufschiebende Wirkung.

(6) 1Die Inanspruchnahme einer zugelassenen Rehabilitationseinrichtung, in der die Leistungen zur medizinischen Rehabilitation entsprechend ihrer Form auch einschließlich der erforderlichen Unterkunft und Verpflegung erbracht werden, erfolgt durch einen Vertrag. 2Der federführende Träger der Rentenversicherung schließt mit Wirkung für alle Träger der Rentenversicherung den Vertrag mit der zugelassenen Rehabilitationseinrichtung ab. 3Der Vertrag begründet keinen Anspruch auf Inanspruchnahme durch den Träger der Rentenversicherung.

(6a) 1Der Versicherte kann dem zuständigen Träger der Rentenversicherung Rehabilitationseinrichtungen vorschlagen. 2Der zuständige Träger der Rentenversicherung prüft, ob die von dem Versicherten vorgeschlagenen Rehabilitationseinrichtungen die Leistung in der nachweislich besten Qualität erbringen. 3Erfüllen die vom Versicherten vorgeschlagenen Rehabilitationseinrichtungen die objektiven sozialmedizinischen Kriterien für die Bestimmung einer Rehabilitationseinrichtung, weist der zuständige Träger der Rentenversicherung dem Versicherten eine Rehabilitationseinrichtung zu. 4Liegt ein Vorschlag des Versicherten nach Satz 1 nicht vor oder erfüllen die vom Versicherten vorgeschlagenen Rehabilitationseinrichtungen die objektiven sozialmedizinischen Kriterien für die Bestimmung einer Rehabilitationseinrichtung nicht, hat der zuständige Träger der Rentenversicherung dem Versicherten unter Darlegung der ergebnisrelevanten objektiven Kriterien Rehabilitationseinrichtungen vorzuschlagen. 5Der Versicherte ist berechtigt, unter den von dem zuständigen Träger der Rentenversicherung vorgeschlagenen Rehabilitationseinrichtungen innerhalb von 14 Tagen auszuwählen.

(7) Die Deutsche Rentenversicherung Bund ist verpflichtet, die Daten der externen Qualitätssicherung zu veröffentlichen und den Trägern der Rentenversicherung als Grundlage für die Inanspruchnahme einer Rehabilitationseinrichtung sowie den Versicherten in einer wahrnehmbaren Form zugänglich zu machen.

(8) 1Die Rehabilitationseinrichtung hat gegen den jeweiligen Träger der Rentenversicherung einen Anspruch auf Vergütung nach Absatz 9 Satz 1 Nummer 2 der gegenüber dem Versicherten erbrachten Leistungen. 2Der federführende Träger der Rentenversicherung vereinbart mit der Rehabilitationseinrichtung den Vergütungssatz; dabei sind insbesondere zu beachten:

1. leistungsspezifische Besonderheiten, Innovationen, neue Konzepte, Methoden,
2. der regionale Faktor und
3. tariflich vereinbarte Vergütungen sowie entsprechende Vergütungen nach kirchlichen Arbeitsrechtsregelungen.

(9) 1Die Deutsche Rentenversicherung Bund hat in Wahrnehmung der ihr nach § 138 Absatz 1 Satz 2 Nummer 4a zugewiesenen Aufgaben für alle Rehabilitationseinrichtungen, die entweder vom Träger der Rentenversicherung selbst oder von anderen betrieben werden, folgende verbindliche Entscheidungen herbeizuführen:

1. zur näheren inhaltlichen Ausgestaltung der Anforderungen nach Absatz 3 für die Zulassung einer Rehabilitationseinrichtung für die Erbringung von Leistungen zur medizinischen Rehabilitation,
2. zu einem verbindlichen, transparenten, nachvollziehbaren und diskriminierungsfreien Vergütungssystem für alle zugelassenen Rehabilitationseinrichtungen nach Absatz 3; dabei sind insbesondere zu berücksichtigen:
   a) die Indikation,
   b) die Form der Leistungserbringung,
   c) spezifische konzeptuelle Aspekte und besondere medizinische Bedarfe,
   d) ein geeignetes Konzept der Bewertungsrelationen zur Gewichtung der Rehabilitationsleistungen und
   e) eine geeignete Datengrundlage für die Kalkulation der Bewertungsrelationen,
3. zu den objektiven sozialmedizinischen Kriterien, die für die Bestimmung einer Rehabilitationseinrichtung im Rahmen einer Inanspruchnahme nach Absatz 6 maßgebend sind, um die Leistung für den Versicherten in der nachweislich besten Qualität zu erbringen; dabei sind insbesondere zu berücksichtigen:
   a) die Indikation,
   b) die Nebenindikation,
   c) die unabdingbaren Sonderanforderungen,
   d) die Qualität der Rehabilitationseinrichtung,
   e) die Entfernung zum Wohnort und
   f) die Wartezeit bis zur Aufnahme;

   das Wunsch- und Wahlrecht der Versicherten nach § 8 des Neunten Buches sowie der Grundsatz der Wirtschaftlichkeit und Sparsamkeit sind zu berücksichtigen,
4. zum näheren Inhalt und Umfang der Daten der externen Qualitätssicherung bei den zugelassenen Rehabilitationseinrichtungen nach Absatz 7 und deren Form der Veröffentlichung; dabei sollen die Empfehlungen nach § 37 Absatz 1 des Neunten Buches beachtet werden.

2Die verbindlichen Entscheidungen zu Satz 1 Nummer 1 bis 4 erfolgen bis zum 30. Juni 2023. 3Die für die Wahrnehmung der Interessen der Rehabilitationseinrichtungen maßgeblichen Vereinigungen der Rehabilitationseinrichtungen und die für die Wahrnehmung der Interessen der Rehabilitandinnen und Rehabilitanden maßgeblichen Verbände erhalten die Gelegenheit zur Stellungnahme. 4Die Stellungnahmen sind bei der Beschlussfassung durch eine geeignete Organisationsform mit dem Ziel einzubeziehen, eine konsensuale Regelung zu erreichen.

(10) Das Bundesministerium für Arbeit und Soziales untersucht die Wirksamkeit der Regelungen nach den Absätzen 3 bis 9 ab dem 1. Januar 2026.

VI

§ 15a Leistungen zur Kinderrehabilitation

(1) 1Die Träger der Rentenversicherung erbringen Leistungen zur medizinischen Rehabilitation für

1. Kinder von Versicherten,
2. Kinder von Beziehern einer Rente wegen Alters oder verminderter Erwerbsfähigkeit und
3. Kinder, die eine Waisenrente beziehen.

2Voraussetzung ist, dass hierdurch voraussichtlich eine erhebliche Gefährdung der Gesundheit beseitigt oder die insbesondere durch chronische Erkrankungen beeinträchtigte Gesundheit wesentlich gebessert oder wiederhergestellt werden kann und dies Einfluss auf die spätere Erwerbsfähigkeit haben kann.

(2) 1Kinder haben Anspruch auf Mitaufnahme

1. einer Begleitperson, wenn diese für die Durchführung oder den Erfolg der Leistung zur Kinderrehabilitation notwendig ist und
2. der Familienangehörigen, wenn die Einbeziehung der Familie in den Rehabilitationsprozess notwendig ist.

2Leistungen zur Nachsorge nach § 17 sind zu erbringen, wenn sie zur Sicherung des Rehabilitationserfolges erforderlich sind.

(3) 1Als Kinder werden auch Kinder im Sinne des § 48 Absatz 3 berücksichtigt. 2Für die Dauer des Anspruchs gilt § 48 Absatz 4 und 5 entsprechend.

(4) 1Die Leistungen einschließlich der erforderlichen Unterkunft und Verpflegung werden in der Regel für mindestens vier Wochen erbracht. 2§ 12 Absatz 2 Satz 1 findet keine Anwendung.

(5) 1Um eine einheitliche Rechtsanwendung durch alle Träger der Rentenversicherung sicherzustellen, erlässt die Deutsche Rentenversicherung Bund bis zum 1. Juli 2018 im Benehmen mit dem Bundesministerium für Arbeit und Soziales eine gemeinsame Richtlinie der Träger der Rentenversicherung, die insbesondere die Ziele, die persönlichen Voraussetzungen sowie Art und Umfang der Leistungen näher ausführt. 2Die Deutsche Rentenversicherung Bund hat die Richtlinie im Bundesanzeiger zu veröffentlichen. 3Die Richtlinie ist regelmäßig an den medizinischen Fortschritt und die gewonnenen Erfahrungen der Träger der Rentenversicherung im Benehmen mit dem Bundesministerium für Arbeit und Soziales anzupassen.

§ 16 Leistungen zur Teilhabe am Arbeitsleben

Die Träger der gesetzlichen Rentenversicherung erbringen die Leistungen zur Teilhabe am Arbeitsleben nach den §§ 49 bis 54 des Neunten Buches, im Eingangsverfahren und im Berufsbildungsbereich der Werkstätten für behinderte Menschen nach § 57 des Neunten Buches, entsprechende Leistungen bei anderen Leistungsanbietern nach § 60 des Neunten Buches sowie das Budget für Ausbildung nach § 61a des Neunten Buches. Das Budget für Ausbildung wird nur für die Erstausbildung erbracht; ein Anspruch auf Übergangsgeld nach § 20 besteht während der Erbringung des Budgets für Ausbildung nicht. § 61a Absatz 5 des Neunten Buches findet keine Anwendung.

§ 17 Leistungen zur Nachsorge

(1) 1Die Träger der Rentenversicherung erbringen im Anschluss an eine von ihnen erbrachte Leistung zur Teilhabe nachgehende Leistungen, wenn diese erforderlich sind, um den Erfolg der vorangegangenen Leistung zur Teilhabe zu sichern (Leistungen zur Nachsorge). 2Die Leistungen zur Nachsorge können zeitlich begrenzt werden.

(2) 1Um eine einheitliche Rechtsanwendung durch alle Träger der Rentenversicherung sicherzustellen, erlässt die Deutsche Rentenversicherung Bund bis zum 1. Juli 2018 im Benehmen mit dem Bundesministerium für Arbeit und Soziales eine gemeinsame Richtlinie der Träger der Rentenversicherung, die insbesondere die Ziele, die persönlichen Voraussetzungen sowie Art und Umfang der Leistungen näher ausführt. 2Die Deutsche Rentenversicherung Bund hat die Richtlinie im Bundesanzeiger zu veröffentlichen. 3Die Richtlinie ist regelmäßig an den medizinischen Fortschritt und die gewonnenen Erfahrungen im Benehmen mit dem Bundesministerium für Arbeit und Soziales anzupassen.

§§ 18 und 19 (weggefallen)

Dritter Titel
Übergangsgeld

§ 20 Anspruch

(1) Anspruch auf Übergangsgeld haben Versicherte, die

1. von einem Träger der Rentenversicherung Leistungen zur Prävention, Leistungen zur medizinischen Rehabilitation, Leistungen zur Teilhabe am Arbeitsleben, Leistungen zur Nachsorge oder sonstige Leistungen zur Teilhabe erhalten, sofern die Leistungen nicht dazu geeignet sind, neben einer Beschäftigung oder selbständigen Tätigkeit erbracht zu werden,
2. (weggefallen)

3. bei Leistungen zur Prävention, Leistungen zur medizinischen Rehabilitation, Leistungen zur Nachsorge oder sonstigen Leistungen zur Teilhabe unmittelbar vor Beginn der Arbeitsunfähigkeit oder, wenn sie nicht arbeitsunfähig sind, unmittelbar vor Beginn der Leistungen
   a) Arbeitsentgelt oder Arbeitseinkommen erzielt und im Bemessungszeitraum Beiträge zur Rentenversicherung gezahlt haben oder
   b) Krankengeld, Verletztengeld, Versorgungskrankengeld, Übergangsgeld, Kurzarbeitergeld, Arbeitslosengeld, Bürgergeld nach § 19 Absatz 1 Satz 1 des Zweiten Buches oder Mutterschaftsgeld bezogen haben und für die von dem der Sozialleistung zugrundeliegenden Arbeitsentgelt oder Arbeitseinkommen oder im Falle des Bezugs von Bürgergeld nach § 19 Absatz 1 Satz 1 des Zweiten Buches zuvor aus Arbeitsentgelt oder Arbeitseinkommen Beiträge zur Rentenversicherung gezahlt worden sind.

(2) Versicherte, die Anspruch auf Arbeitslosengeld nach dem Dritten Buch oder Anspruch auf Bürgergeld nach § 19 Absatz 1 Satz 1 des Zweiten Buches haben, haben abweichend von Absatz 1 Nummer 1 Anspruch auf Übergangsgeld, wenn sie wegen der Inanspruchnahme der Leistungen zur Teilhabe keine ganztägige Erwerbstätigkeit ausüben können.

(3) Versicherte, die Anspruch auf Krankengeld nach § 44 des Fünften Buches haben und ambulante Leistungen zur Prävention und Nachsorge in einem zeitlich geringen Umfang erhalten, haben abweichend von Absatz 1 Nummer 1 ab Inkrafttreten der Vereinbarung nach Absatz 4 nur Anspruch auf Übergangsgeld, sofern die Vereinbarung dies vorsieht.

(4) ₁Die Deutsche Rentenversicherung Bund und der Spitzenverband Bund der Krankenkassen vereinbaren im Benehmen mit dem Bundesministerium für Arbeit und Soziales und dem Bundesministerium für Gesundheit bis zum 31. Dezember 2017, unter welchen Voraussetzungen Versicherte nach Absatz 3 einen Anspruch auf Übergangsgeld haben. ₂Unzuständig geleistete Zahlungen von Entgeltersatzleistungen sind vom zuständigen Träger der Leistung zu erstatten.

§ 21 Höhe und Berechnung

(1) Höhe und Berechnung des Übergangsgeldes bestimmen sich nach Teil 1 Kapitel 11 des Neunten Buches, soweit die Absätze 2 bis 4 nichts Abweichendes bestimmen.

(2) Die Berechnungsgrundlage für das Übergangsgeld wird für Versicherte, die Arbeitseinkommen erzielt haben, und für freiwillig Versicherte, die Arbeitsentgelt erzielt haben, aus 80 vom Hundert des Einkommens ermittelt, das den vor Beginn der Leistungen für das letzte Kalenderjahr (Bemessungszeitraum) gezahlten Beiträgen zugrunde liegt.

(3) § 69 des Neunten Buches wird mit der Maßgabe angewendet, dass Versicherte unmittelbar vor dem Bezug der dort genannten Leistungen Pflichtbeiträge geleistet haben.

(4) Versicherte, die unmittelbar vor Beginn der Arbeitsunfähigkeit oder, wenn sie nicht arbeitsunfähig sind, unmittelbar vor Beginn der medizinischen Leistungen Arbeitslosengeld bezogen und die zuvor Pflichtbeiträge gezahlt haben, erhalten Übergangsgeld bei medizinischen Leistungen in Höhe des bei Krankheit zu erbringenden Krankengeldes (§ 47b des Fünften Buches); Versicherte, die unmittelbar vor Beginn der Arbeitsunfähigkeit oder, wenn sie nicht arbeitsunfähig sind, unmittelbar vor Beginn der medizinischen Leistungen Bürgergeld nach § 19 Absatz 1 Satz 1 des Zweiten Buches bezogen und die zuvor Pflichtbeiträge gezahlt haben, erhalten Übergangsgeld bei medizinischen Leistungen in Höhe des Betrages des Bürgergeldes nach § 19 Absatz 1 Satz 1 des Zweiten Buches. ₂Dies gilt nicht für Empfänger der Leistung,
a) die Bürgergeld nach § 19 Absatz 1 Satz 1 des Zweiten Buches nur darlehensweise oder
b) die nur Leistungen nach § 24 Absatz 3 Satz 1 des Zweiten Buches beziehen, oder
c) die auf Grund von § 2 Abs. 1a des Bundesausbildungsförderungsgesetzes keinen Anspruch auf Ausbildungsförderung haben oder
d) deren Bedarf sich nach § 12 Absatz 1 Nummer 1 des Bundesausbildungsförderungsgesetzes, nach § 62 Absatz 1 oder § 124 Absatz 1 Nummer 1 des Dritten Buches bemisst oder
e) die Bürgergeld nach § 19 Absatz 1 Satz 1 des Zweiten Buches als ergänzende Leistungen zum Einkommen erhalten.

(5) Für Versicherte, die im Bemessungszeitraum eine Bergmannsprämie bezogen haben, wird die Berechnungsgrundlage um einen Betrag in Höhe der gezahlten Bergmannsprämie erhöht.

§§ 22 bis 27 (weggefallen)

Vierter Titel
Ergänzende Leistungen

§ 28 Ergänzende Leistungen

(1) Die Leistungen zur Teilhabe werden außer durch das Übergangsgeld ergänzt durch die Leistungen nach § 64 Absatz 1 Nummer 2 bis 6 und Absatz 2 sowie nach den §§ 73 und 74 des Neunten Buches.

(2) 1Für ambulante Leistungen zur Prävention und Nachsorge gilt Absatz 1 mit der Maßgabe, dass die Leistungen nach den §§ 73 und 74 des Neunten Buches im Einzelfall bewilligt werden können, wenn sie zur Durchführung der Leistungen notwendig sind. 2Fahrkosten nach § 73 Absatz 4 des Neunten Buches können pauschaliert bewilligt werden.

§§ 29 und 30 (weggefallen)

Fünfter Titel
Sonstige Leistungen

§ 31 Sonstige Leistungen

(1) Als sonstige Leistungen zur Teilhabe können erbracht werden:

1. Leistungen zur Eingliederung von Versicherten in das Erwerbsleben, die von den Leistungen nach den §§ 14, 15, 15a, 16 und 17 sowie den ergänzenden Leistungen nach § 64 des Neunten Buches nicht umfasst sind,
2. Leistungen zur onkologischen Nachsorge für Versicherte, Bezieher einer Rente und ihre jeweiligen Angehörigen sowie
3. Zuwendungen für Einrichtungen, die auf dem Gebiet der Rehabilitation forschen oder die Rehabilitation fördern.

(2) 1Die Leistungen nach Absatz 1 Nummer 1 setzen voraus, dass die persönlichen und versicherungsrechtlichen Voraussetzungen erfüllt sind. 2Die Leistungen für Versicherte nach Absatz 1 Nummer 2 setzen voraus, dass die versicherungsrechtlichen Voraussetzungen erfüllt sind. 3Die Deutsche Rentenversicherung Bund kann im Benehmen mit dem Bundesministerium für Arbeit und Soziales Richtlinien erlassen, die insbesondere die Ziele sowie Art und Umfang der Leistungen näher ausführen.

Sechster Titel
Zuzahlung bei Leistungen zur medizinischen Rehabilitation und bei sonstigen Leistungen

§ 32 Zuzahlung bei Leistungen zur medizinischen Rehabilitation und bei sonstigen Leistungen

(1) 1Versicherte, die das 18. Lebensjahr vollendet haben und Leistungen zur medizinischen Rehabilitation nach § 15 einschließlich der erforderlichen Unterkunft und Verpflegung in Anspruch nehmen, zahlen für jeden Kalendertag dieser Leistungen den sich nach § 40 Abs. 5 des Fünften Buches ergebenden Betrag. 2Die Zuzahlung ist für längstens 14 Tage und in Höhe des sich nach § 40 Abs. 6 des Fünften Buches ergebenden Betrags zu leisten, wenn der unmittelbare Anschluss der stationären Heilbehandlung an eine Krankenhausbehandlung medizinisch notwendig ist (Anschlussrehabilitation); als unmittelbar gilt auch, wenn die Maßnahme innerhalb von 14 Tagen beginnt, es sei denn, die Einhaltung dieser Frist ist aus zwingenden tatsächlichen oder medizinischen Gründen nicht möglich. 3Hierbei ist eine innerhalb eines Kalenderjahres an einen Träger der gesetzlichen Krankenversicherung geleistete Zuzahlung anzurechnen.

(2) Absatz 1 gilt auch für Versicherte oder Bezieher einer Rente, die das 18. Lebensjahr vollendet haben und für sich, ihre Ehegatten oder Lebenspartner sonstige Leistungen einschließlich der erforderlichen Unterkunft und Verpflegung in Anspruch nehmen.

(3) Bezieht ein Versicherter Übergangsgeld, das nach § 66 Absatz 1 des Neunten Buches begrenzt ist, hat er für die Zeit des Bezugs von Übergangsgeld eine Zuzahlung nicht zu leisten.

(4) Der Träger der Rentenversicherung bestimmt, unter welchen Voraussetzungen von der Zuzahlung nach Absatz 1 oder 2 abgesehen werden kann, wenn sie den Versicherten oder den Rentner unzumutbar belasten würde.

(5) Die Zuzahlung steht der Annahme einer vollen Übernahme der Aufwendungen für die Leistungen zur Teilhabe im Sinne arbeitsrechtlicher Vorschriften nicht entgegen.

Zweiter Abschnitt
Renten

Erster Unterabschnitt
Rentenarten und Voraussetzungen für einen Rentenanspruch

§ 33 Rentenarten

(1) Renten werden geleistet wegen Alters, wegen verminderter Erwerbsfähigkeit oder wegen Todes.

(2) Renten wegen Alters sind

1. Regelaltersrente,
2. Altersrente für langjährig Versicherte,
3. Altersrente für schwerbehinderte Menschen,

3a. Altersrente für besonders langjährig Versicherte,

4. Altersrente für langjährig unter Tage beschäftigte Bergleute

sowie nach den Vorschriften des Fünften Kapitels
5. Altersrente wegen Arbeitslosigkeit oder nach Altersteilzeitarbeit,
6. Altersrente für Frauen.

(3) Renten wegen verminderter Erwerbsfähigkeit sind
1. Rente wegen teilweiser Erwerbsminderung,
2. Rente wegen voller Erwerbsminderung,
3. Rente für Bergleute.

(4) Renten wegen Todes sind
1. kleine Witwenrente oder Witwerrente,
2. große Witwenrente oder Witwerrente,
3. Erziehungsrente,
4. Waisenrente.

(5) Renten nach den Vorschriften des Fünften Kapitels sind auch die Knappschaftsausgleichsleistung, Rente wegen teilweiser Erwerbsminderung bei Berufsunfähigkeit und Witwenrente und Witwerrente an vor dem 1. Juli 1977 geschiedene Ehegatten.

§ 34 Voraussetzungen für einen Rentenanspruch

(1) Versicherte und ihre Hinterbliebenen haben Anspruch auf Rente, wenn die für die jeweilige Rente erforderliche Mindestversicherungszeit (Wartezeit) erfüllt ist und die jeweiligen besonderen versicherungsrechtlichen und persönlichen Voraussetzungen vorliegen.

(2) Nach bindender Bewilligung einer Rente wegen Alters oder für Zeiten des Bezugs einer solchen Rente ist der Wechsel ausgeschlossen in eine
1. Rente wegen verminderter Erwerbsfähigkeit,
2. Erziehungsrente oder
3. andere Rente wegen Alters.

Zweiter Unterabschnitt
Anspruchsvoraussetzungen für einzelne Renten

Erster Titel
Renten wegen Alters

§ 35 Regelaltersrente

$_1$Versicherte haben Anspruch auf Regelaltersrente, wenn sie
1. die Regelaltersgrenze erreicht und
2. die allgemeine Wartezeit erfüllt

haben. $_2$Die Regelaltersgrenze wird mit Vollendung des 67. Lebensjahres erreicht.

§ 36 Altersrente für langjährig Versicherte

$_1$Versicherte haben Anspruch auf Altersrente für langjährig Versicherte, wenn sie
1. das 67. Lebensjahr vollendet und
2. die Wartezeit von 35 Jahren erfüllt

haben. $_2$Die vorzeitige Inanspruchnahme dieser Altersrente ist nach Vollendung des 63. Lebensjahres möglich.

§ 37 Altersrente für schwerbehinderte Menschen

$_1$Versicherte haben Anspruch auf Altersrente für schwerbehinderte Menschen, wenn sie
1. das 65. Lebensjahr vollendet haben,
2. bei Beginn der Altersrente als schwerbehinderte Menschen (§ 2 Abs. 2 Neuntes Buch) anerkannt sind und
3. die Wartezeit von 35 Jahren erfüllt haben.

$_2$Die vorzeitige Inanspruchnahme dieser Altersrente ist nach Vollendung des 62. Lebensjahres möglich.

§ 38 Altersrente für besonders langjährig Versicherte

Versicherte haben Anspruch auf Altersrente für besonders langjährig Versicherte, wenn sie
1. das 65. Lebensjahr vollendet und
2. die Wartezeit von 45 Jahren erfüllt

haben.

§ 39 (weggefallen)

§ 40 Altersrente für langjährig unter Tage beschäftigte Bergleute

Versicherte haben Anspruch auf Altersrente für langjährig unter Tage beschäftigte Bergleute, wenn sie
1. das 62. Lebensjahr vollendet und
2. die Wartezeit von 25 Jahren erfüllt

haben.

§ 41 Altersrente und Kündigungsschutz

$_1$Der Anspruch des Versicherten auf eine Rente wegen Alters ist nicht als ein Grund anzusehen, der die Kündigung eines Arbeitsverhältnisses durch den Arbeitgeber nach dem Kündigungsschutzgesetz bedingen kann. $_2$Eine Vereinbarung, die die Beendigung des Arbeitsverhältnisses eines Arbeitnehmers ohne Kündigung zu einem Zeitpunkt vorsieht, zu dem der Arbeitnehmer vor Erreichen der Regelaltersgrenze eine Rente wegen Alters beantragen kann, gilt dem Arbeitnehmer gegenüber als auf das Erreichen der Regelaltersgrenze abgeschlossen, es sei denn, dass die Vereinbarung innerhalb der letzten drei Jahre vor diesem Zeitpunkt abgeschlossen oder von dem Arbeitnehmer innerhalb der letzten drei Jahre vor diesem Zeitpunkt bestätigt worden ist. $_{3}$Sieht eine Vereinbarung die Beendigung des Arbeitsverhältnisses mit dem Erreichen der Regelaltersgrenze vor, können die Arbeitsvertragsparteien durch Vereinbarung während des Arbeitsverhältnisses den Beendigungszeitpunkt, gegebenenfalls auch mehrfach, hinausschieben.

§ 42 Vollrente und Teilrente

(1) Versicherte können eine Rente wegen Alters in voller Höhe (Vollrente) oder als Teilrente in Höhe von mindestens 10 Prozent der Vollrente in Anspruch nehmen.

(2) (weggefallen)

(3) $_{1}$Versicherte, die wegen der beabsichtigten Inanspruchnahme einer Teilrente ihre Arbeitsleistung einschränken wollen, können von ihrem Arbeitgeber verlangen, dass er mit ihnen die Möglichkeiten einer solchen Einschränkung erörtert. $_{2}$Macht der Versicherte hierzu für seinen Arbeitsbereich Vorschläge, hat der Arbeitgeber zu diesen Vorschlägen Stellung zu nehmen.

Zweiter Titel
Renten wegen verminderter Erwerbsfähigkeit

§ 43 Rente wegen Erwerbsminderung

(1) $_{1}$Versicherte haben bis zum Erreichen der Regelaltersgrenze Anspruch auf Rente wegen teilweiser Erwerbsminderung, wenn sie

1. teilweise erwerbsgemindert sind,
2. in den letzten fünf Jahren vor Eintritt der Erwerbsminderung drei Jahre Pflichtbeiträge für eine versicherte Beschäftigung oder Tätigkeit haben und
3. vor Eintritt der Erwerbsminderung die allgemeine Wartezeit erfüllt haben.

$_{2}$Teilweise erwerbsgemindert sind Versicherte, die wegen Krankheit oder Behinderung auf nicht absehbare Zeit außerstande sind, unter den üblichen Bedingungen des allgemeinen Arbeitsmarktes mindestens sechs Stunden täglich erwerbstätig zu sein.

(2) $_{1}$Versicherte haben bis zum Erreichen der Regelaltersgrenze Anspruch auf Rente wegen voller Erwerbsminderung, wenn sie

1. voll erwerbsgemindert sind,
2. in den letzten fünf Jahren vor Eintritt der Erwerbsminderung drei Jahre Pflichtbeiträge für eine versicherte Beschäftigung oder Tätigkeit haben und
3. vor Eintritt der Erwerbsminderung die allgemeine Wartezeit erfüllt haben.

$_{2}$Voll erwerbsgemindert sind Versicherte, die wegen Krankheit oder Behinderung auf nicht absehbare Zeit außerstande sind, unter den üblichen Bedingungen des allgemeinen Arbeitsmarktes mindestens drei Stunden täglich erwerbstätig zu sein. $_{3}$Voll erwerbsgemindert sind auch

1. Versicherte nach § 1 Satz 1 Nr. 2, die wegen Art oder Schwere der Behinderung nicht auf dem allgemeinen Arbeitsmarkt tätig sein können und
2. Versicherte, die bereits vor Erfüllung der allgemeinen Wartezeit voll erwerbsgemindert waren, in der Zeit einer nicht erfolgreichen Eingliederung in den allgemeinen Arbeitsmarkt.

(3) Erwerbsgemindert ist nicht, wer unter den üblichen Bedingungen des allgemeinen Arbeitsmarktes mindestens sechs Stunden täglich erwerbstätig sein kann; dabei ist die jeweilige Arbeitsmarktlage nicht zu berücksichtigen.

(4) Der Zeitraum von fünf Jahren vor Eintritt der Erwerbsminderung verlängert sich um folgende Zeiten, die nicht mit Pflichtbeiträgen für eine versicherte Beschäftigung oder Tätigkeit belegt sind:

1. Anrechnungszeiten und Zeiten des Bezugs einer Rente wegen verminderter Erwerbsfähigkeit,
2. Berücksichtigungszeiten,
3. Zeiten, die nur deshalb keine Anrechnungszeiten sind, weil durch sie eine versicherte Beschäftigung oder selbständige Tätigkeit nicht unterbrochen ist, wenn in den letzten sechs Kalendermonaten vor Beginn dieser Zeiten wenigstens ein Pflichtbeitrag für eine versicherte Beschäftigung oder Tätigkeit oder eine Zeit nach Nummer 1 oder 2 liegt,
4. Zeiten einer schulischen Ausbildung nach Vollendung des 17. Lebensjahres bis zu sieben Jahren, gemindert um Anrechnungszeiten wegen schulischer Ausbildung.

(5) Eine Pflichtbeitragszeit von drei Jahren für eine versicherte Beschäftigung oder Tätigkeit ist nicht erforderlich, wenn die Erwerbsminderung aufgrund eines Tatbestandes eingetreten ist, durch den die allgemeine Wartezeit vorzeitig erfüllt ist.

(6) Versicherte, die bereits vor Erfüllung der allgemeinen Wartezeit voll erwerbsgemindert waren und seitdem ununterbrochen voll erwerbsgemindert sind, haben Anspruch auf Rente wegen voller Erwerbsminderung, wenn sie die Wartezeit von 20 Jahren erfüllt haben.

§ 44 (weggefallen)

§ 45 Rente für Bergleute

(1) Versicherte haben bis zum Erreichen der Regelaltersgrenze Anspruch auf Rente für Bergleute, wenn sie

1. im Bergbau vermindert berufsfähig sind,
2. in den letzten fünf Jahren vor Eintritt der im Bergbau verminderten Berufsfähigkeit drei Jahre knappschaftliche Pflichtbeitragszeiten haben und
3. vor Eintritt der im Bergbau verminderten Berufsfähigkeit die allgemeine Wartezeit in der knappschaftlichen Rentenversicherung erfüllt haben.

(2) 1Im Bergbau vermindert berufsfähig sind Versicherte, die wegen Krankheit oder Behinderung nicht imstande sind,

1. die von ihnen bisher ausgeübte knappschaftliche Beschäftigung und
2. eine andere wirtschaftlich im Wesentlichen gleichwertige knappschaftliche Beschäftigung, die von Personen mit ähnlicher Ausbildung sowie gleichwertigen Kenntnissen und Fähigkeiten ausgeübt wird,

auszuüben. 2Die jeweilige Arbeitsmarktlage ist nicht zu berücksichtigen. 3Nicht im Bergbau vermindert berufsfähig sind Versicherte, die eine im Sinne des Satzes 1 Nr. 2 wirtschaftlich und qualitativ gleichwertige Beschäftigung oder selbständige Tätigkeit außerhalb des Bergbaus ausüben.

(3) Versicherte haben bis zum Erreichen der Regelaltersgrenze auch Anspruch auf Rente für Bergleute, wenn sie

1. das 50. Lebensjahr vollendet haben,
2. im Vergleich zu der von ihnen bisher ausgeübten knappschaftlichen Beschäftigung eine wirtschaftlich gleichwertige Beschäftigung oder selbständige Tätigkeit nicht mehr ausüben und
3. die Wartezeit von 25 Jahren erfüllt haben.

(4) § 43 Abs. 4 und 5 ist anzuwenden.

Dritter Titel
Renten wegen Todes

§ 46 Witwenrente und Witwerrente

(1) 1Witwen oder Witwer, die nicht wieder geheiratet haben, haben nach dem Tod des versicherten Ehegatten Anspruch auf kleine Witwenrente oder kleine Witwerrente, wenn der versicherte Ehegatte die allgemeine Wartezeit erfüllt hat. 2Der Anspruch besteht längstens für 24 Kalendermonate nach Ablauf des Monats, in dem der Versicherte verstorben ist.

(2) 1Witwen oder Witwer, die nicht wieder geheiratet haben, haben nach dem Tode des versicherten Ehegatten, der die allgemeine Wartezeit erfüllt hat, Anspruch auf große Witwenrente oder große Witwerrente, wenn sie

1. ein eigenes Kind oder ein Kind des versicherten Ehegatten, das das 18. Lebensjahr noch nicht vollendet hat, erziehen,
2. das 47. Lebensjahr vollendet haben oder
3. erwerbsgemindert sind.

2Als Kinder werden auch berücksichtigt

1. Stiefkinder und Pflegekinder (§ 56 Abs. 2 Nr. 1 und 2 Erstes Buch), die in den Haushalt der Witwe oder des Witwers aufgenommen sind,
2. Enkel und Geschwister, die in den Haushalt der Witwe oder des Witwers aufgenommen sind oder von diesen überwiegend unterhalten werden.

3Der Erziehung steht die in häuslicher Gemeinschaft ausgeübte Sorge für ein eigenes Kind oder ein Kind des versicherten Ehegatten, das wegen körperlicher, geistiger oder seelischer Behinderung außerstande ist, sich selbst zu unterhalten, auch nach dessen vollendetem 18. Lebensjahr gleich.

(2a) Witwen oder Witwer haben keinen Anspruch auf Witwenrente oder Witwerrente, wenn die Ehe nicht mindestens ein Jahr gedauert hat, es sei denn, dass nach den besonderen Umständen des Falles die Annahme nicht gerechtfertigt ist, dass es der alleinige oder überwiegende Zweck der Heirat war, einen Anspruch auf Hinterbliebenenversorgung zu begründen.

(2b) 1Ein Anspruch auf Witwenrente oder Witwerrente besteht auch nicht von dem Kalendermonat an, zu dessen Beginn das Rentensplitting durchgeführt ist. 2Der Rentenbescheid über die Bewilligung der Witwenrente oder Witwerrente ist mit Wirkung von diesem Zeitpunkt an aufzuheben; die §§ 24 und 48 des Zehnten Buches sind nicht anzuwenden.

(3) Überlebende Ehegatten, die wieder geheiratet haben, haben unter den sonstigen Voraussetzungen der Absätze 1 bis 2b Anspruch auf kleine oder große Witwenrente oder Witwerrente, wenn die erneute Ehe aufgelöst oder für nichtig erklärt ist (Witwenrente oder Witwerrente nach dem vorletzten Ehegatten).

(4) 1Für einen Anspruch auf Witwenrente oder Witwerrente gelten als Heirat auch die Begründung einer Le-

benspartnerschaft, als Ehe auch eine Lebenspartnerschaft, als Witwe und Witwer auch ein überlebender Lebenspartner und als Ehegatte auch ein Lebenspartner. ₂Der Auflösung oder Nichtigkeit einer erneuten Ehe entspricht die Aufhebung oder Auflösung einer erneuten Lebenspartnerschaft.

§ 47 Erziehungsrente

(1) Versicherte haben bis zum Erreichen der Regelaltersgrenze Anspruch auf Erziehungsrente, wenn

1. ihre Ehe nach dem 30. Juni 1977 geschieden und ihr geschiedener Ehegatte gestorben ist,
2. sie ein eigenes Kind oder ein Kind des geschiedenen Ehegatten erziehen (§ 46 Abs. 2),
3. sie nicht wieder geheiratet haben und
4. sie bis zum Tode des geschiedenen Ehegatten die allgemeine Wartezeit erfüllt haben.

(2) Geschiedenen Ehegatten stehen Ehegatten gleich, deren Ehe für nichtig erklärt oder aufgehoben ist.

(3) Anspruch auf Erziehungsrente besteht bis zum Erreichen der Regelaltersgrenze auch für verwitwete Ehegatten, für die ein Rentensplitting durchgeführt wurde, wenn

1. sie ein eigenes Kind oder ein Kind des verstorbenen Ehegatten erziehen (§ 46 Abs. 2),
2. sie nicht wieder geheiratet haben und
3. sie bis zum Tod des Ehegatten die allgemeine Wartezeit erfüllt haben.

(4) Für einen Anspruch auf Erziehungsrente gelten als Scheidung einer Ehe auch die Aufhebung einer Lebenspartnerschaft, als geschiedener Ehegatte auch der frühere Lebenspartner, als Heirat auch die Begründung einer Lebenspartnerschaft, als verwitweter Ehegatte auch ein überlebender Lebenspartner und als Ehegatte auch der Lebenspartner.

§ 48 Waisenrente

(1) Kinder haben nach dem Tode eines Elternteils Anspruch auf Halbwaisenrente, wenn

1. sie noch einen Elternteil haben, der unbeschadet der wirtschaftlichen Verhältnisse unterhaltspflichtig ist, und
2. der verstorbene Elternteil die allgemeine Wartezeit erfüllt hat.

(2) Kinder haben nach dem Tode eines Elternteils Anspruch auf Vollwaisenrente, wenn

1. sie einen Elternteil nicht mehr haben, der unbeschadet der wirtschaftlichen Verhältnisse unterhaltspflichtig war, und
2. der verstorbene Elternteil die allgemeine Wartezeit erfüllt hat.

(3) Als Kinder werden auch berücksichtigt:

1. Stiefkinder und Pflegekinder (§ 56 Abs. 2 Nr. 1 und 2 Erstes Buch), die in den Haushalt des Verstorbenen aufgenommen waren,
2. Enkel und Geschwister, die in den Haushalt des Verstorbenen aufgenommen waren oder von ihm überwiegend unterhalten wurden.

(4) ₁Der Anspruch auf Halb- oder Vollwaisenrente besteht längstens

1. bis zur Vollendung des 18. Lebensjahres oder
2. bis zur Vollendung des 27. Lebensjahres, wenn die Waise
   a) sich in Schulausbildung oder Berufsausbildung befindet oder
   b) sich in einer Übergangszeit von höchstens vier Kalendermonaten befindet, die zwischen zwei Ausbildungsabschnitten oder zwischen einem Ausbildungsabschnitt und der Ableistung des gesetzlichen Wehr- oder Zivildienstes oder der Ableistung eines freiwilligen Dienstes im Sinne des Buchstabens c liegt, oder
   c) einen freiwilligen Dienst im Sinne des § 32 Absatz 4 Satz 1 Nummer 2 Buchstabe d des Einkommensteuergesetzes leistet oder
   d) wegen körperlicher, geistiger oder seelischer Behinderung außerstande ist, sich selbst zu unterhalten.

₂Eine Schulausbildung oder Berufsausbildung im Sinne des Satzes 1 liegt nur vor, wenn die Ausbildung einen tatsächlichen zeitlichen Aufwand von wöchentlich mehr als 20 Stunden erfordert. ₃Der tatsächliche zeitliche Aufwand ist ohne Bedeutung für Zeiten, in denen das Ausbildungsverhältnis trotz einer Erkrankung fortbesteht und damit gerechnet werden kann, dass die Ausbildung fortgesetzt wird. ₄Das gilt auch für die Dauer der Schutzfristen nach dem Mutterschutzgesetz.

(5) ₁In den Fällen des Absatzes 4 Nr. 2 Buchstabe a erhöht sich die für den Anspruch auf Waisenrente maßgebende Altersbegrenzung bei Unterbrechung oder Verzögerung der Schulausbildung oder Berufsausbildung durch den gesetzlichen Wehrdienst, Zivildienst oder einen gleichgestellten Dienst um die Zeit dieser Dienstleistung, höchstens um einen der Dauer des gesetzlichen Grundwehrdienstes oder Zivildienstes entsprechenden Zeitraum. ₂Die Ableistung eines freiwilli-

gen Dienstes im Sinne von Absatz 4 Nr. 2 Buchstabe c ist kein gleichgestellter Dienst im Sinne von Satz 1.

(6) Der Anspruch auf Waisenrente endet nicht dadurch, dass die Waise als Kind angenommen wird.

§ 49 Renten wegen Todes bei Verschollenheit

1Sind Ehegatten, geschiedene Ehegatten oder Elternteile verschollen, gelten sie als verstorben, wenn die Umstände ihren Tod wahrscheinlich machen und seit einem Jahr Nachrichten über ihr Leben nicht eingegangen sind. 2Der Träger der Rentenversicherung kann von den Berechtigten die Versicherung an Eides statt verlangen, dass ihnen weitere als die angezeigten Nachrichten über den Verschollenen nicht bekannt sind. 3Der Träger der Rentenversicherung ist berechtigt, für die Rentenleistung den nach den Umständen mutmaßlichen Todestag festzustellen. 4Dieser bleibt auch bei gerichtlicher Feststellung oder Beurkundung eines abweichenden Todesdatums maßgeblich.

Vierter Titel
Wartezeiterfüllung

§ 50 Wartezeiten

(1) 1Die Erfüllung der allgemeinen Wartezeit von fünf Jahren ist Voraussetzung für einen Anspruch auf

1. Regelaltersrente,
2. Rente wegen verminderter Erwerbsfähigkeit und
3. Rente wegen Todes.

2Die allgemeine Wartezeit gilt als erfüllt für einen Anspruch auf

1. Regelaltersrente, wenn der Versicherte bis zum Erreichen der Regelaltersgrenze eine Rente wegen verminderter Erwerbsfähigkeit oder eine Erziehungsrente bezogen hat,
2. Hinterbliebenenrente, wenn der verstorbene Versicherte bis zum Tod eine Rente bezogen hat.

(2) Die Erfüllung der Wartezeit von 20 Jahren ist Voraussetzung für einen Anspruch auf Rente wegen voller Erwerbsminderung an Versicherte, die die allgemeine Wartezeit vor Eintritt der vollen Erwerbsminderung nicht erfüllt haben.

(3) Die Erfüllung der Wartezeit von 25 Jahren ist Voraussetzung für einen Anspruch auf

1. Altersrente für langjährig unter Tage beschäftigte Bergleute und
2. Rente für Bergleute vom 50. Lebensjahr an.

(4) Die Erfüllung der Wartezeit von 35 Jahren ist Voraussetzung für einen Anspruch auf

1. Altersrente für langjährig Versicherte und
2. Altersrente für schwerbehinderte Menschen.

(5) Die Erfüllung der Wartezeit von 45 Jahren ist Voraussetzung für einen Anspruch auf Altersrente für besonders langjährig Versicherte.

§ 51 Anrechenbare Zeiten

(1) Auf die allgemeine Wartezeit und auf die Wartezeiten von 15 und 20 Jahren werden Kalendermonate mit Beitragszeiten angerechnet.

(2) 1Auf die Wartezeit von 25 Jahren werden Kalendermonate mit Beitragszeiten aufgrund einer Beschäftigung mit ständigen Arbeiten unter Tage angerechnet. 2Kalendermonate nach § 52 werden nicht angerechnet.

(3) Auf die Wartezeit von 35 Jahren werden alle Kalendermonate mit rentenrechtlichen Zeiten angerechnet.

(3a) 1Auf die Wartezeit von 45 Jahren werden Kalendermonate angerechnet mit

1. Pflichtbeiträgen für eine versicherte Beschäftigung oder Tätigkeit,
2. Berücksichtigungszeiten,
3. Zeiten des Bezugs von
   a) Entgeltersatzleistungen der Arbeitsförderung,
   b) Leistungen bei Krankheit und
   c) Übergangsgeld,

   soweit sie Pflichtbeitragszeiten oder Anrechnungszeiten sind; dabei werden Zeiten nach Buchstabe a in den letzten zwei Jahren vor Rentenbeginn nicht berücksichtigt, es sei denn, der Bezug von Entgeltersatzleistungen der Arbeitsförderung ist durch eine Insolvenz oder vollständige Geschäftsaufgabe des Arbeitgebers bedingt, und
4. freiwilligen Beiträgen, wenn mindestens 18 Jahre mit Zeiten nach Nummer 1 vorhanden sind; dabei werden Zeiten freiwilliger Beitragszahlung in den letzten zwei Jahren vor Rentenbeginn nicht berücksichtigt, wenn gleichzeitig Anrechnungszeiten wegen Arbeitslosigkeit vorliegen.

2Kalendermonate, die durch Versorgungsausgleich oder Rentensplitting ermittelt werden, werden nicht angerechnet.

(4) Auf die Wartezeiten werden auch Kalendermonate mit Ersatzzeiten (Fünftes Kapitel) angerechnet; auf die Wartezeit von 25 Jahren jedoch nur, wenn sie der knappschaftlichen Rentenversicherung zuzuordnen sind.

VI

§ 52 Wartezeiterfüllung durch Versorgungsausgleich, Rentensplitting und Zuschläge an Entgeltpunkten für Arbeitsentgelt aus geringfügiger Beschäftigung

(1) 1Ist ein Versorgungsausgleich in der gesetzlichen Rentenversicherung allein zugunsten von Versicherten durchgeführt, wird auf die Wartezeit die volle Anzahl an Monaten angerechnet, die sich ergibt, wenn die Entgeltpunkte für übertragene oder begründete Rentenanwartschaften durch die Zahl 0,0313 geteilt werden. 2Ist ein Versorgungsausgleich sowohl zugunsten als auch zu Lasten von Versicherten durchgeführt und ergibt sich hieraus nach Verrechnung ein Zuwachs an Entgeltpunkten, wird auf die Wartezeit die volle Anzahl an Monaten angerechnet, die sich ergibt, wenn die Entgeltpunkte aus dem Zuwachs durch die Zahl 0,0313 geteilt werden. 3Ein Versorgungsausgleich ist durchgeführt, wenn die Entscheidung des Familiengerichts wirksam ist. 4Ergeht eine Entscheidung zur Abänderung des Wertausgleichs nach der Scheidung, entfällt eine bereits von der ausgleichsberechtigten Person erfüllte Wartezeit nicht. 5Die Anrechnung erfolgt nur insoweit, als die in die Ehezeit oder Lebenspartnerschaftszeit fallenden Kalendermonate nicht bereits auf die Wartezeit anzurechnen sind.

(1a) 1Ist ein Rentensplitting durchgeführt, wird dem Ehegatten oder Lebenspartner, der einen Splittingzuwachs erhalten hat, auf die Wartezeit die volle Anzahl an Monaten angerechnet, die sich ergibt, wenn die Entgeltpunkte aus dem Splittingzuwachs durch die Zahl 0,0313 geteilt werden. 2Die Anrechnung erfolgt nur insoweit, als die in die Splittingzeit fallenden Kalendermonate nicht bereits auf die Wartezeit anzurechnen sind.

(2) 1Sind Zuschläge an Entgeltpunkten für Arbeitsentgelt aus geringfügiger Beschäftigung, für die Beschäftigte nach § 6 Absatz 1b von der Versicherungspflicht befreit sind, ermittelt, wird auf die Wartezeit die volle Anzahl an Monaten angerechnet, die sich ergibt, wenn die Zuschläge an Entgeltpunkten durch die Zahl 0,0313 geteilt werden. 2Zuschläge an Entgeltpunkten aus einer geringfügigen Beschäftigung, die in Kalendermonaten ausgeübt wurde, die bereits auf die Wartezeit anzurechnen sind, bleiben unberücksichtigt. 3Wartezeitmonate für in die Ehezeit, Lebenspartnerschaftszeit oder Splittingzeit fallende Kalendermonate einer geringfügigen Beschäftigung sind vor Anwendung von Absatz 1 oder 1a gesondert zu ermitteln.

§ 53 Vorzeitige Wartezeiterfüllung

(1) 1Die allgemeine Wartezeit ist vorzeitig erfüllt, wenn Versicherte

1. wegen eines Arbeitsunfalls oder einer Berufskrankheit,
2. wegen einer Wehrdienstbeschädigung nach dem Soldatenversorgungsgesetz als Wehrdienstleistende oder Soldaten auf Zeit,
3. wegen einer Zivildienstbeschädigung nach dem Zivildienstgesetz als Zivildienstleistende oder
4. wegen eines Gewahrsams (§ 1 Häftlingshilfegesetz)

vermindert erwerbsfähig geworden oder gestorben sind. 2Satz 1 Nr. 1 findet nur Anwendung für Versicherte, die bei Eintritt des Arbeitsunfalls oder der Berufskrankheit versicherungspflichtig waren oder in den letzten zwei Jahren davor mindestens ein Jahr Pflichtbeiträge für eine versicherte Beschäftigung oder Tätigkeit haben. 3Die Sätze 1 und 2 finden für die Rente für Bergleute nur Anwendung, wenn der Versicherte vor Eintritt der im Bergbau verminderten Berufsfähigkeit zuletzt in der knappschaftlichen Rentenversicherung versichert war.

(2) 1Die allgemeine Wartezeit ist auch vorzeitig erfüllt, wenn Versicherte vor Ablauf von sechs Jahren nach Beendigung einer Ausbildung voll erwerbsgemindert geworden oder gestorben sind und in den letzten zwei Jahren vorher mindestens ein Jahr Pflichtbeiträge für eine versicherte Beschäftigung oder Tätigkeit haben. 2Der Zeitraum von zwei Jahren vor Eintritt der vollen Erwerbsminderung oder des Todes verlängert sich um Zeiten einer schulischen Ausbildung nach Vollendung des 17. Lebensjahres bis zu sieben Jahren.

(3) Pflichtbeiträge für eine versicherte Beschäftigung oder Tätigkeit im Sinne der Absätze 1 und 2 liegen auch vor, wenn

1. freiwillige Beiträge gezahlt worden sind, die als Pflichtbeiträge gelten, oder
2. Pflichtbeiträge aus den in § 3 oder 4 genannten Gründen gezahlt worden sind oder als gezahlt gelten oder
3. für Anrechnungszeiten Beiträge gezahlt worden sind, die ein Leistungsträger mitgetragen hat.

Fünfter Titel
Rentenrechtliche Zeiten

§ 54 Begriffsbestimmungen

(1) Rentenrechtliche Zeiten sind

1. Beitragszeiten,
   a) als Zeiten mit vollwertigen Beiträgen,
   b) als beitragsgeminderte Zeiten,

2. beitragsfreie Zeiten und
3. Berücksichtigungszeiten.

(2) Zeiten mit vollwertigen Beiträgen sind Kalendermonate, die mit Beiträgen belegt und nicht beitragsgeminderte Zeiten sind.

(3) 1Beitragsgeminderte Zeiten sind Kalendermonate, die sowohl mit Beitragszeiten als auch Anrechnungszeiten, einer Zurechnungszeit oder Ersatzzeiten (Fünftes Kapitel) belegt sind. 2Als beitragsgeminderte Zeiten gelten Kalendermonate mit Pflichtbeiträgen für eine Berufsausbildung (Zeiten einer beruflichen Ausbildung).

(4) Beitragsfreie Zeiten sind Kalendermonate, die mit Anrechnungszeiten, mit einer Zurechnungszeit oder mit Ersatzzeiten belegt sind, wenn für sie nicht auch Beiträge gezahlt worden sind.

§ 55 Beitragszeiten

(1) 1Beitragszeiten sind Zeiten, für die nach Bundesrecht Pflichtbeiträge (Pflichtbeitragszeiten) oder freiwillige Beiträge gezahlt worden sind. 2Pflichtbeitragszeiten sind auch Zeiten, für die Pflichtbeiträge nach besonderen Vorschriften als gezahlt gelten. 3Als Beitragszeiten gelten auch Zeiten, für die Entgeltpunkte gutgeschrieben worden sind, weil gleichzeitig Berücksichtigungszeiten wegen Kindererziehung oder Zeiten der Pflege eines pflegebedürftigen Kindes für mehrere Kinder vorliegen.

(2) Soweit ein Anspruch auf Rente eine bestimmte Anzahl an Pflichtbeiträgen für eine versicherte Beschäftigung oder Tätigkeit voraussetzt, zählen hierzu auch

1. freiwillige Beiträge, die als Pflichtbeiträge gelten, oder
2. Pflichtbeiträge, für die aus den in § 3 oder § 4 genannten Gründen Beiträge gezahlt worden sind oder als gezahlt gelten, oder
3. Beiträge für Anrechnungszeiten, die ein Leistungsträger mitgetragen hat.

§ 56 Kindererziehungszeiten

(1) 1Kindererziehungszeiten sind Zeiten der Erziehung eines Kindes in dessen ersten drei Lebensjahren. 2Für einen Elternteil (§ 56 Abs. 1 Satz 1 Nr. 3 und Abs. 3 Nr. 2 und 3 Erstes Buch) wird eine Kindererziehungszeit angerechnet, wenn

1. die Erziehungszeit diesem Elternteil zuzuordnen ist,
2. die Erziehung im Gebiet der Bundesrepublik Deutschland erfolgt ist oder einer solchen gleichsteht und
3. der Elternteil nicht von der Anrechnung ausgeschlossen ist.

(2) 1Eine Erziehungszeit ist dem Elternteil zuzuordnen, der sein Kind erzogen hat. 2Haben mehrere Elternteile das Kind gemeinsam erzogen, wird die Erziehungszeit einem Elternteil zugeordnet. 3Haben die Eltern ihr Kind gemeinsam erzogen, können sie durch eine übereinstimmende Erklärung bestimmen, welchem Elternteil sie zuzuordnen ist. 4Die Zuordnung kann auf einen Teil der Erziehungszeit beschränkt werden. 5Die übereinstimmende Erklärung der Eltern ist mit Wirkung für künftige Kalendermonate abzugeben. 6Die Zuordnung kann rückwirkend für bis zu zwei Kalendermonate vor Abgabe der Erklärung erfolgen, es sei denn, für einen Elternteil ist unter Berücksichtigung dieser Zeiten eine Leistung bindend festgestellt, ein Versorgungsausgleich oder ein Rentensplitting durchgeführt. 7Für die Abgabe der Erklärung gilt § 16 des Ersten Buches über die Antragstellung entsprechend. 8Haben die Eltern eine übereinstimmende Erklärung nicht abgegeben, wird die Erziehungszeit dem Elternteil zugeordnet, der das Kind überwiegend erzogen hat. 9Liegt eine überwiegende Erziehung durch einen Elternteil nicht vor, erfolgt die Zuordnung zur Mutter, bei gleichgeschlechtlichen Elternteilen zum Elternteil nach den §§ 1591 oder 1592 des Bürgerlichen Gesetzbuchs, oder wenn es einen solchen nicht gibt, zu demjenigen Elternteil, der seine Elternstellung zuerst erlangt hat. 10Ist eine Zuordnung nach den Sätzen 8 und 9 nicht möglich, werden die Erziehungszeiten zu gleichen Teilen im kalendermonatlichen Wechsel zwischen den Elternteilen aufgeteilt, wobei der erste Kalendermonat dem älteren Elternteil zuzuordnen ist.

(3) 1Eine Erziehung ist im Gebiet der Bundesrepublik Deutschland erfolgt, wenn der erziehende Elternteil sich mit dem Kind dort gewöhnlich aufgehalten hat. 2Einer Erziehung im Gebiet der Bundesrepublik Deutschland steht gleich, wenn der erziehende Elternteil sich mit seinem Kind im Ausland gewöhnlich aufgehalten hat und während der Erziehung oder unmittelbar vor der Geburt des Kindes wegen einer dort ausgeübten Beschäftigung oder selbständigen Tätigkeit Pflichtbeitragszeiten hat. 3Dies gilt bei einem gemeinsamen Aufenthalt von Ehegatten oder Lebenspartnern im Ausland auch, wenn der Ehegatte oder Lebenspartner des erziehenden Elternteils solche Pflichtbeitragszeiten hat oder nur deshalb nicht hat, weil er zu den in § 5 Abs. 1 und 4 genannten Personen gehörte oder von der Versicherungspflicht befreit war.

VI

(4) Elternteile sind von der Anrechnung ausgeschlossen, wenn sie

1. während der Erziehungszeit oder unmittelbar vor der Geburt des Kindes eine Beschäftigung oder selbständige Tätigkeit im Gebiet der Bundesrepublik Deutschland ausgeübt haben, die aufgrund
   a) einer zeitlich begrenzten Entsendung in dieses Gebiet (§ 5 Viertes Buch) oder
   b) einer Regelung des zwischen- oder überstaatlichen Rechts oder einer für Bedienstete internationaler Organisationen getroffenen Regelung (§ 6 Viertes Buch)

   den Vorschriften über die Versicherungspflicht nicht unterliegt,
2. während der Erziehungszeit zu den in § 5 Absatz 4 genannten Personen gehören oder
3. während der Erziehungszeit Anwartschaften auf Versorgung im Alter aufgrund der Erziehung erworben haben, wenn diese nach den für sie geltenden besonderen Versorgungsregelungen systembezogen annähernd gleichwertig berücksichtigt wird wie die Kindererziehung nach diesem Buch; als in diesem Sinne systembezogen annähernd gleichwertig gilt eine Versorgung nach beamtenrechtlichen Vorschriften oder Grundsätzen oder entsprechenden kirchenrechtlichen Regelungen.

(5) 1Die Kindererziehungszeit beginnt nach Ablauf des Monats der Geburt und endet nach 36 Kalendermonaten. 2Wird während dieses Zeitraums vom erziehenden Elternteil ein weiteres Kind erzogen, für das ihm eine Kindererziehungszeit anzurechnen ist, wird die Kindererziehungszeit für dieses und jedes weitere Kind um die Anzahl an Kalendermonaten der gleichzeitigen Erziehung verlängert.

§ 57 Berücksichtigungszeiten

1Die Zeit der Erziehung eines Kindes bis zu dessen vollendetem zehnten Lebensjahr ist bei einem Elternteil eine Berücksichtigungszeit, soweit die Voraussetzungen für die Anrechnung einer Kindererziehungszeit auch in dieser Zeit vorliegen. 2Dies gilt für Zeiten einer mehr als geringfügig ausgeübten selbständigen Tätigkeit nur, soweit diese Zeiten auch Pflichtbeitragszeiten sind.

§ 58 Anrechnungszeiten

(1) 1Anrechnungszeiten sind Zeiten, in denen Versicherte

1. wegen Krankheit arbeitsunfähig gewesen sind oder Leistungen zur medizinischen Rehabilitation oder zur Teilhabe am Arbeitsleben erhalten haben,

1a. nach dem vollendeten 17. und vor dem vollendeten 25. Lebensjahr mindestens einen Kalendermonat krank gewesen sind, soweit die Zeiten nicht mit anderen rentenrechtlichen Zeiten belegt sind,

2. wegen Schwangerschaft oder Mutterschaft während der Schutzfristen nach dem Mutterschutzgesetz eine versicherte Beschäftigung oder selbständige Tätigkeit nicht ausgeübt haben,

3. wegen Arbeitslosigkeit bei einer deutschen Agentur für Arbeit oder einem zugelassenen kommunalen Träger nach § 6a des Zweiten Buches als Arbeitsuchende gemeldet waren und eine öffentlich-rechtliche Leistung bezogen oder nur wegen des zu berücksichtigenden Einkommens oder Vermögens nicht bezogen haben,

3a. nach dem vollendeten 17. Lebensjahr mindestens einen Kalendermonat bei einer deutschen Agentur für Arbeit oder einem zugelassenen kommunalen Träger nach § 6a des Zweiten Buches als Ausbildungsuchende gemeldet waren, soweit die Zeiten nicht mit anderen rentenrechtlichen Zeiten belegt sind,

4. nach dem vollendeten 17. Lebensjahr eine Schule, Fachschule oder Hochschule besucht oder an einer berufsvorbereitenden Bildungsmaßnahme im Sinne des Rechts der Arbeitsförderung teilgenommen haben (Zeiten einer schulischen Ausbildung), insgesamt jedoch höchstens bis zu acht Jahren, oder

5. eine Rente bezogen haben, soweit diese Zeiten auch als Zurechnungszeit in der Rente berücksichtigt waren, und die vor dem Beginn dieser Rente liegende Zurechnungszeit,

6. Bürgergeld nach § 19 Absatz 1 Satz 1 des Zweiten Buches bezogen haben; dies gilt nicht für Empfänger der Leistung,
   a) die Bürgergeld nach § 19 Absatz 1 Satz 1 des Zweiten Buches nur darlehensweise oder
   b) nur Leistungen nach § 24 Absatz 3 Satz 1 des Zweiten Buches bezogen haben.

2Zeiten, in denen Versicherte nach Vollendung des 25. Lebensjahres wegen des Bezugs von Sozialleistungen versicherungspflichtig waren, sind nicht Anrechnungszeiten nach Satz 1 Nummer 1 und 3. 3Nach Vollendung des 25. Lebensjahres schließen Anrechnungszeiten wegen des Bezugs von Bürgergeld nach § 19 Absatz 1 Satz 1 des Zweiten Buches Anrechnungszeiten wegen Arbeitslosigkeit aus.

(2) 1Anrechnungszeiten nach Absatz 1 Satz 1 Nr. 1 und 2 bis 3a liegen nur vor, wenn dadurch eine versicherte Beschäftigung oder selbständige Tätigkeit oder ein versicherter Wehrdienst oder Zivildienst oder ein versichertes Wehrdienstverhältnis besonderer Art nach § 6 des Einsatz-Weiterverwendungsgesetzes unterbrochen ist; dies gilt nicht für Zeiten nach Vollendung des 17. und vor Vollendung des 25. Lebensjahres. 2Eine selbständige Tätigkeit ist nur dann unterbrochen, wenn sie ohne die Mitarbeit des Versicherten nicht weiter ausgeübt werden kann.

(3) Anrechnungszeiten wegen Arbeitsunfähigkeit oder der Ausführung der Leistungen zur medizinischen Rehabilitation oder zur Teilhabe am Arbeitsleben liegen bei Versicherten, die nach § 4 Abs. 3 Satz 1 Nr. 2 versicherungspflichtig werden konnten, erst nach Ablauf der auf Antrag begründeten Versicherungspflicht vor.

(4) Anrechnungszeiten liegen bei Beziehern von Arbeitslosengeld oder Übergangsgeld nicht vor, wenn die Bundesagentur für Arbeit für sie Beiträge an eine Versicherungseinrichtung oder Versorgungseinrichtung, an ein Versicherungsunternehmen oder an sie selbst gezahlt haben.

(4a) Zeiten der schulischen Ausbildung neben einer versicherten Beschäftigung oder Tätigkeit sind nur Anrechnungszeiten wegen schulischer Ausbildung, wenn der Zeitaufwand für die schulische Ausbildung unter Berücksichtigung des Zeitaufwands für die Beschäftigung oder Tätigkeit überwiegt.

(5) Anrechnungszeiten sind nicht für die Zeit der Leistung einer Rente wegen Alters zu berücksichtigen.

§ 59 Zurechnungszeit

(1) Zurechnungszeit ist die Zeit, die bei einer Rente wegen Erwerbsminderung oder einer Rente wegen Todes hinzugerechnet wird, wenn die versicherte Person das 67. Lebensjahr noch nicht vollendet hat.

(2) 1Die Zurechnungszeit beginnt

1. bei einer Rente wegen Erwerbsminderung mit dem Eintritt der hierfür maßgebenden Erwerbsminderung,
2. bei einer Rente wegen voller Erwerbsminderung, auf die erst nach Erfüllung einer Wartezeit von 20 Jahren ein Anspruch besteht, mit Beginn dieser Rente,
3. bei einer Witwenrente, Witwerrente oder Waisenrente mit dem Tod der versicherten Person und
4. bei einer Erziehungsrente mit Beginn dieser Rente.

2Die Zurechnungszeit endet mit Vollendung des 67. Lebensjahres.

(3) Hat die verstorbene versicherte Person eine Altersrente bezogen, ist bei einer nachfolgenden Hinterbliebenenrente eine Zurechnungszeit nicht zu berücksichtigen.

§ 60 Zuordnung beitragsfreier Zeiten zur knappschaftlichen Rentenversicherung

(1) Anrechnungszeiten und eine Zurechnungszeit werden der knappschaftlichen Rentenversicherung zugeordnet, wenn vor dieser Zeit der letzte Pflichtbeitrag zur knappschaftlichen Rentenversicherung gezahlt worden ist.

(2) Anrechnungszeiten wegen einer schulischen Ausbildung werden der knappschaftlichen Rentenversicherung auch dann zugeordnet, wenn während oder nach dieser Zeit die Versicherung beginnt und der erste Pflichtbeitrag zur knappschaftlichen Rentenversicherung gezahlt worden ist.

§ 61 Ständige Arbeiten unter Tage

(1) Ständige Arbeiten unter Tage sind solche Arbeiten nach dem 31. Dezember 1967, die nach ihrer Natur ausschließlich unter Tage ausgeübt werden.

(2) Den ständigen Arbeiten unter Tage werden gleichgestellt:

1. Arbeiten, die nach dem Tätigkeitsbereich der Versicherten sowohl unter Tage als auch über Tage ausgeübt werden, wenn sie während eines Kalendermonats in mindestens 18 Schichten überwiegend unter Tage ausgeübt worden sind; Schichten, die in einem Kalendermonat wegen eines auf einen Arbeitstag fallenden Feiertags ausfallen, gelten als überwiegend unter Tage verfahrene Schichten,
2. Arbeiten als Mitglieder der für den Einsatz unter Tage bestimmten Grubenwehr, mit Ausnahme als Gerätewarte, für die Dauer der Zugehörigkeit,
3. Arbeiten als Mitglieder des Betriebsrats, wenn die Versicherten bisher ständige Arbeiten unter Tage oder nach Nummer 1 oder 2 gleichgestellte Arbeiten ausgeübt haben und im Anschluss daran wegen der Betriebsratstätigkeit von diesen Arbeiten freigestellt worden sind.

(3) Als überwiegend unter Tage verfahren gelten auch Schichten, die in einem Kalendermonat wegen

1. krankheitsbedingter Arbeitsunfähigkeit,
2. bezahlten Urlaubs oder
3. Inanspruchnahme einer Leistung zur medizinischen Rehabilitation oder zur Teilhabe am Arbeitsleben oder einer Vorsorgekur

ausfallen, wenn in diesem Kalendermonat aufgrund von ständigen Arbeiten unter Tage oder gleichgestellten Arbeiten Beiträge gezahlt worden sind und die Versicherten in den drei vorausgegangenen Kalendermonaten mindestens einen Kalendermonat ständige Arbeiten unter Tage oder gleichgestellte Arbeiten ausgeübt haben.

§ 62 Schadenersatz bei rentenrechtlichen Zeiten

Durch die Berücksichtigung rentenrechtlicher Zeiten wird ein Anspruch auf Schadenersatz wegen verminderter Erwerbsfähigkeit nicht ausgeschlossen oder gemindert.

Dritter Unterabschnitt Rentenhöhe und Rentenanpassung

Erster Titel Grundsätze

§ 63 Grundsätze

(1) Die Höhe einer Rente richtet sich vor allem nach der Höhe der während des Versicherungslebens durch Beiträge versicherten Arbeitsentgelte und Arbeitseinkommen.

(2) 1Das in den einzelnen Kalenderjahren durch Beiträge versicherte Arbeitsentgelt und Arbeitseinkommen wird in Entgeltpunkte umgerechnet. 2Die Versicherung eines Arbeitsentgelts oder Arbeitseinkommens in Höhe des Durchschnittsentgelts eines Kalenderjahres (Anlage 1) ergibt einen vollen Entgeltpunkt.

(3) Für beitragsfreie Zeiten werden Entgeltpunkte angerechnet, deren Höhe von der Höhe der in der übrigen Zeit versicherten Arbeitsentgelte und Arbeitseinkommen abhängig ist.

(4) Das Sicherungsziel der jeweiligen Rentenart im Verhältnis zu einer Altersrente wird durch den Rentenartfaktor bestimmt.

(5) Vorteile und Nachteile einer unterschiedlichen Rentenbezugsdauer werden durch einen Zugangsfaktor vermieden.

(6) Der Monatsbetrag einer Rente ergibt sich, indem die unter Berücksichtigung des Zugangsfaktors ermittelten persönlichen Entgeltpunkte mit dem Rentenartfaktor und dem aktuellen Rentenwert vervielfältigt werden.

(7) Der aktuelle Rentenwert wird entsprechend der Entwicklung des Durchschnittsentgelts unter Berücksichtigung der Veränderung des Beitragssatzes zur allgemeinen Rentenversicherung jährlich angepasst.

Zweiter Titel Berechnung und Anpassung der Renten

§ 64 Rentenformel für Monatsbetrag der Rente

Der Monatsbetrag der Rente ergibt sich, wenn

1. die unter Berücksichtigung des Zugangsfaktors ermittelten persönlichen Entgeltpunkte,
2. der Rentenartfaktor und
3. der aktuelle Rentenwert

mit ihrem Wert bei Rentenbeginn miteinander vervielfältigt werden.

§ 65 Anpassung der Renten

Zum 1. Juli eines jeden Jahres werden die Renten angepasst, indem der bisherige aktuelle Rentenwert durch den neuen aktuellen Rentenwert ersetzt wird.

§ 66 Persönliche Entgeltpunkte

(1) Die persönlichen Entgeltpunkte für die Ermittlung des Monatsbetrags der Rente ergeben sich, indem die Summe aller Entgeltpunkte für

1. Beitragszeiten,
2. beitragsfreie Zeiten,
3. Zuschläge für beitragsgeminderte Zeiten,
4. Zuschläge oder Abschläge aus einem durchgeführten Versorgungsausgleich oder Rentensplitting,
5. Zuschläge aus Zahlung von Beiträgen bei vorzeitiger Inanspruchnahme einer Rente wegen Alters oder bei Abfindungen von Anwartschaften auf betriebliche Altersversorgung oder von Anrechten bei der Versorgungsausgleichskasse,
6. Zuschläge an Entgeltpunkten für Arbeitsentgelt aus geringfügiger Beschäftigung,
7. Arbeitsentgelt aus nach § 23b Abs. 2 Satz 1 bis 4 des Vierten Buches aufgelösten Wertguthaben,
8. Zuschläge an Entgeltpunkten aus Beiträgen nach Beginn einer Rente wegen Alters,
9. Zuschläge an Entgeltpunkten für Zeiten einer besonderen Auslandsverwendung,
10. Zuschläge an Entgeltpunkten für nachversicherte Soldaten auf Zeit und
11. Zuschläge an Entgeltpunkten für langjährige Versicherung

mit dem Zugangsfaktor vervielfältigt und bei Witwenrenten und Witwerrenten sowie bei Waisenrenten um einen Zuschlag erhöht wird. Persönliche Entgeltpunkte nach Satz 1 Nummer 11 sind für die Anwendung von § 97a von den übrigen persönlichen Entgeltpunkten getrennt zu ermitteln, indem der Zuschlag an Entgeltpunkten für langjährige Versicherung mit dem Zugangsfaktor vervielfältigt wird.

(2) Grundlage für die Ermittlung der persönlichen Entgeltpunkte sind die Entgeltpunkte

1. des Versicherten bei einer Rente wegen Alters, wegen verminderter Erwerbsfähigkeit und bei einer Erziehungsrente,
2. des verstorbenen Versicherten bei einer Witwenrente, Witwerrente und Halbwaisenrente,
3. der zwei verstorbenen Versicherten mit den höchsten Renten bei einer Vollwaisenrente.

(3) Bei einer Teilrente (§ 42 Absatz 1) ergeben sich die in Anspruch genommenen Entgeltpunkte aus der Summe aller Entgeltpunkte entsprechend dem Verhältnis der Teilrente zu der Vollrente.

(3a) 1Zuschläge an Entgeltpunkten aus Beiträgen nach Beginn einer Rente wegen Alters werden mit Ablauf des Kalendermonats des Erreichens der Regelaltersgrenze und anschließend jährlich zum 1. Juli berücksichtigt. 2Dabei sind für die jährliche Berücksichtigung zum 1. Juli die für das vergangene Kalenderjahr ermittelten Zuschläge maßgebend.

(4) Bei einer nur teilweise zu leistenden Rente wegen verminderter Erwerbsfähigkeit ergeben sich die jeweils in Anspruch genommenen Entgeltpunkte aus dem Monatsbetrag der Rente nach Anrechnung des Hinzuverdienstes im Wege einer Rückrechnung unter Berücksichtigung des maßgeblichen aktuellen Rentenwerts, des Rentenartfaktors und des jeweiligen Zugangsfaktors.

§ 67 Rentenartfaktor

Der Rentenartfaktor beträgt für persönliche Entgeltpunkte bei

1. Renten wegen Alters 1,0
2. Renten wegen teilweiser Erwerbsminderung 0,5
3. Renten wegen voller Erwerbsminderung 1,0
4. Erziehungsrenten 1,0
5. kleinen Witwenrenten und kleinen Witwerrenten bis zum Ende des dritten Kalendermonats nach Ablauf des Monats, in dem der Ehegatte verstorben ist, 1,0 anschließend 0,25
6. großen Witwenrenten und großen Witwerrenten bis zum Ende des dritten Kalendermonats nach Ablauf des Monats, in dem der Ehegatte verstorben ist, 1,0 anschließend 0,55
7. Halbwaisenrenten 0,1
8. Vollwaisenrenten 0,2.

§ 68 Aktueller Rentenwert

(1) 1Der aktuelle Rentenwert ist der Betrag, der einer monatlichen Rente wegen Alters der allgemeinen Rentenversicherung entspricht, wenn für ein Kalenderjahr Beiträge aufgrund des Durchschnittsentgelts gezahlt worden sind. 2Am 30. Juni 2005 beträgt der aktuelle Rentenwert 26,13 Euro. 3Er verändert sich zum 1. Juli eines jeden Jahres, indem der bisherige aktuelle Rentenwert mit den Faktoren für die Veränderung

1. der Bruttolöhne und -gehälter je Arbeitnehmer,
2. des Beitragssatzes zur allgemeinen Rentenversicherung und
3. dem Nachhaltigkeitsfaktor

vervielfältigt wird.

(2) 1Bruttolöhne und -gehälter je Arbeitnehmer sind die durch das Statistische Bundesamt ermittelten Bruttolöhne und -gehälter je Arbeitnehmer ohne Personen in Arbeitsgelegenheiten mit Entschädigungen für Mehraufwendungen jeweils nach der Systematik der Volkswirtschaftlichen Gesamtrechnungen. 2Der Faktor für die Veränderung der Bruttolöhne und -gehälter je Arbeitnehmer wird ermittelt, indem deren Wert für das vergangene Kalenderjahr durch den Wert für das vorvergangene Kalenderjahr geteilt wird. 3Dabei wird der Wert für das vorvergangene Kalenderjahr an die Entwicklung der Einnahmen der gesetzlichen Rentenversicherung angepasst, indem er mit dem Faktor vervielfältigt wird, der sich aus dem Verhältnis der Veränderung der Bruttolöhne und -gehälter je Arbeitnehmer im vorvergangenen Kalenderjahr gegenüber dem dritten zurückliegenden Kalenderjahr und der Veränderung der aus der Versichertenstatistik der Deutschen Rentenversicherung Bund ermittelten beitragspflichtigen Bruttolöhne und -gehälter je Arbeitnehmer ohne Beamte einschließlich der Bezieher von Arbeitslosengeld im vorvergangenen Kalenderjahr gegenüber dem dritten zurückliegenden Kalenderjahr ergibt.

(3) 1Der Faktor, der sich aus der Veränderung des Beitragssatzes zur allgemeinen Rentenversicherung ergibt, wird ermittelt, indem

1. der durchschnittliche Beitragssatz in der allgemeinen Rentenversicherung des vergangenen Kalenderjahres von der Differenz aus 100 vom Hundert und dem Altersvorsorgeanteil für das Jahr 2012 subtrahiert wird,

2. der durchschnittliche Beitragssatz in der allgemeinen Rentenversicherung für das vorvergangene Kalenderjahr von der Differenz aus 100 vom Hundert und dem Altersvorsorgeanteil für das Jahr 2012 subtrahiert wird,

und anschließend der nach Nummer 1 ermittelte Wert durch den nach Nummer 2 ermittelten Wert geteilt wird. $_{2}$Altersvorsorgeanteil für das Jahr 2012 ist der Wert, der im Fünften Kapitel für das Jahr 2012 als Altersvorsorgeanteil bestimmt worden ist.

(4) $_{1}$Der Nachhaltigkeitsfaktor wird ermittelt, indem der um die Veränderung des Rentnerquotienten im vergangenen Kalenderjahr gegenüber dem vorvergangenen Kalenderjahr verminderte Wert eins mit einem Parameter α vervielfältigt und um den Wert eins erhöht wird. $_{2}$Der Rentnerquotient wird ermittelt, indem die Anzahl der Äquivalenzrentner durch die Anzahl der Äquivalenzbeitragszahler dividiert wird. $_{3}$Die Anzahl der Äquivalenzrentner wird ermittelt, indem das aus den Rechnungsergebnissen auf 1000 Euro genau bestimmte Gesamtvolumen der Renten abzüglich erstatteter Aufwendungen für Renten und Rententeile eines Kalenderjahres durch eine Regelaltersrente desselben Kalenderjahres aus der allgemeinen Rentenversicherung mit 45 Entgeltpunkten dividiert wird. $_{4}$Die Anzahl der Äquivalenzbeitragszahler wird ermittelt, indem das aus den Rechnungsergebnissen auf 1000 Euro genau bestimmte Gesamtvolumen der Beiträge aller in der allgemeinen Rentenversicherung versicherungspflichtig Beschäftigten, der geringfügig Beschäftigten und der Bezieher von Arbeitslosengeld eines Kalenderjahres durch den Durchschnittsbeitrag der allgemeinen Rentenversicherung desselben Kalenderjahres dividiert wird. $_{5}$Der Durchschnittsbeitrag der allgemeinen Rentenversicherung eines Kalenderjahres wird ermittelt, indem der durchschnittliche Beitragssatz in der allgemeinen Rentenversicherung dieses Kalenderjahres mit dem endgültigen Durchschnittsentgelt nach Anlage 1 des davorliegenden Jahres und mit der Veränderung der Bruttolöhne und -gehälter je Arbeitnehmer nach Absatz 2 Satz 2, die der zu bestimmenden Anpassung des aktuellen Rentenwerts zugrunde liegt, multipliziert wird. $_{6}$Die jeweilige Anzahl der Äquivalenzrentner und der Äquivalenzbeitragszahler ist auf 1000 Personen genau zu berechnen. $_{7}$Der Parameter α beträgt 0,25.

(5) Der nach den Absätzen 1 bis 4 anstelle des bisherigen aktuellen Rentenwerts zu bestimmende neue aktuelle Rentenwert wird nach folgender Formel ermittelt:

$$AR_t = AR_{t-1} \times (BE_{t-1}/BE_{t-2}) \times ([100 - AVA_{2012} - RVB_{t-1}]/[100 - AVA_{2012} - RVB_{t-2}]) \times ([1 - [RQ_{t-1}/RQ_{t-2}]] \times \alpha + 1)$$

Dabei sind:

AR_t = zu bestimmender aktueller Rentenwert ab dem 1. Juli,

AR_{t-1} = bisheriger aktueller Rentenwert,

BE_{t-1} = Bruttolöhne und -gehälter je Arbeitnehmer im vergangenen Kalenderjahr,

BE_{t-2} = Bruttolöhne und -gehälter je Arbeitnehmer im vorvergangenen Kalenderjahr unter Berücksichtigung der Veränderung der beitragspflichtigen Bruttolöhne und -gehälter je Arbeitnehmer ohne Beamte einschließlich der Bezieher von Arbeitslosengeld,

AVA_{2012} = Altersvorsorgeanteil für das Jahr 2012 in Höhe von 4 vom Hundert,

RVB_{t-1} = durchschnittlicher Beitragssatz in der allgemeinen Rentenversicherung im vergangenen Kalenderjahr,

RVB_{t-2} = durchschnittlicher Beitragssatz in der allgemeinen Rentenversicherung im vorvergangenen Kalenderjahr,

RQ_{t-1} = Rentnerquotient im vergangenen Kalenderjahr,

RQ_{t-2} = Rentnerquotient im vorvergangenen Kalenderjahr.

(6) (weggefallen)

(7) $_{1}$Bei der Bestimmung des neuen aktuellen Rentenwerts werden für die Bruttolöhne und -gehälter je Arbeitnehmer nach Absatz 2 Satz 2 die dem Statistischen Bundesamt zu Beginn des Kalenderjahres vorliegenden Daten für das vergangene und das vorvergangene Kalenderjahr zugrunde gelegt. $_{2}$Bei der Ermittlung des Faktors nach Absatz 2 Satz 3 werden für die Veränderung der Bruttolöhne und -gehälter je Arbeitnehmer für das vorvergangene und das dritte zurückliegende Kalenderjahr die bei der Bestimmung des bisherigen aktuellen Rentenwerts verwendeten Daten zu den Bruttolöhnen und -gehältern je Arbeitnehmer zugrunde gelegt. $_{3}$Für die Bestimmung der beitragspflichtigen Bruttolöhne und -gehälter je Arbeitnehmer ohne Beamte einschließlich der Bezieher von Arbeitslosengeld nach Absatz 2 Satz 3 sind die der Deutschen Rentenversicherung Bund vorliegenden Daten aus der Versichertenstatistik zu verwenden. $_{4}$Dabei sind für das vorvergangene Kalenderjahr die zu Beginn des Kalenderjahres vorliegenden Daten zu den beitragspflichtigen Bruttolöhnen und -gehältern je Arbeitnehmer ohne Beamte einschließlich der Bezieher von Arbeitslosengeld und für das dritte zurückliegende Kalenderjahr die bei der Bestimmung des

bisherigen aktuellen Rentenwerts verwendeten Daten zur beitragspflichtigen Bruttolohn- und -gehaltssumme je durchschnittlich beschäftigten Arbeitnehmer ohne Beamte einschließlich der Bezieher von Arbeitslosengeld zugrunde zu legen. 5Bei der Ermittlung des Rentnerquotienten für das vergangene Kalenderjahr sind die der Deutschen Rentenversicherung Bund im ersten Vierteljahr des Kalenderjahres vorliegenden Daten und für das vorvergangene Kalenderjahr die bei der Bestimmung des bisherigen aktuellen Rentenwerts verwendeten Daten zugrunde zu legen.

§ 68a Schutzklausel

(1) 1Abweichend von § 68 vermindert sich der bisherige aktuelle Rentenwert nicht, wenn der nach § 68 berechnete aktuelle Rentenwert geringer ist als der bisherige aktuelle Rentenwert. 2Die unterbliebene Minderungswirkung (Ausgleichsbedarf) wird mit Erhöhungen des aktuellen Rentenwerts verrechnet. 3Die Verrechnung darf nicht zu einer Minderung des bisherigen aktuellen Rentenwerts führen.

(2) 1In den Jahren, in denen Absatz 1 Satz 1 anzuwenden ist, wird der Ausgleichsbedarf ermittelt, indem der nach § 68 berechnete aktuelle Rentenwert durch den bisherigen aktuellen Rentenwert geteilt wird (Ausgleichsfaktor). 2Der Wert des Ausgleichsbedarfs verändert sich, indem der im Vorjahr bestimmte Wert mit dem Ausgleichsfaktor des laufenden Jahres vervielfältigt wird.

(3) 1Ist der nach § 68 berechnete aktuelle Rentenwert höher als der bisherige aktuelle Rentenwert und ist der im Vorjahr bestimmte Wert des Ausgleichsbedarfs kleiner als 1,0000, wird der neue aktuelle Rentenwert abweichend von § 68 ermittelt, indem der bisherige aktuelle Rentenwert mit dem hälftigen Anpassungsfaktor vervielfältigt wird. 2Der hälftige Anpassungsfaktor wird ermittelt, indem der nach § 68 berechnete aktuelle Rentenwert durch den bisherigen aktuellen Rentenwert geteilt wird (Anpassungsfaktor) und dieser Anpassungsfaktor um 1 vermindert, durch 2 geteilt und um 1 erhöht wird. 3Der Wert des Ausgleichsbedarfs verändert sich, indem der im Vorjahr bestimmte Wert mit dem hälftigen Anpassungsfaktor vervielfältigt wird. 4Übersteigt der Ausgleichsbedarf nach Anwendung von Satz 3 den Wert 1,0000, wird der bisherige aktuelle Rentenwert abweichend von Satz 1 mit dem Faktor vervielfältigt, der sich ergibt, wenn der Anpassungsfaktor mit dem im Vorjahr bestimmten Wert des Ausgleichsbedarfs vervielfältigt wird; der Wert des Ausgleichsbedarfs beträgt dann 1,0000.

(4) Sind weder Absatz 1 noch Absatz 3 anzuwenden, bleibt der Wert des Ausgleichsbedarfs unverändert.

§ 69 Verordnungsermächtigung

(1) Die Bundesregierung hat durch Rechtsverordnung mit Zustimmung des Bundesrates den zum 1. Juli eines Jahres maßgebenden aktuellen Rentenwert und den Ausgleichsbedarf bis zum 30. Juni des jeweiligen Jahres zu bestimmen.

(2) 1Die Bundesregierung hat durch Rechtsverordnung mit Zustimmung des Bundesrates zum Ende eines jeden Jahres

1. für das vergangene Kalenderjahr das auf volle Euro gerundete Durchschnittsentgelt in Anlage 1 entsprechend der Entwicklung der Bruttolöhne und -gehälter je Arbeitnehmer (§ 68 Abs. 2 Satz 1),
2. für das folgende Kalenderjahr das auf volle Euro gerundete vorläufige Durchschnittsentgelt, das sich ergibt, wenn das Durchschnittsentgelt für das vergangene Kalenderjahr um das Doppelte des Vomhundertsatzes verändert wird, um den sich das Durchschnittsentgelt des vergangenen Kalenderjahres gegenüber dem Durchschnittsentgelt des vorvergangenen Kalenderjahres verändert hat,

zu bestimmen. 2Die Bestimmung soll bis zum 31. Dezember des jeweiligen Jahres erfolgen.

Dritter Titel
Ermittlung der persönlichen Entgeltpunkte

§ 70 Entgeltpunkte für Beitragszeiten

(1) 1Für Beitragszeiten werden Entgeltpunkte ermittelt, indem die Beitragsbemessungsgrundlage durch das Durchschnittsentgelt (Anlage 1) für dasselbe Kalenderjahr geteilt wird. 2Für das Kalenderjahr des Rentenbeginns und für das davor liegende Kalenderjahr wird als Durchschnittsentgelt der Betrag zugrunde gelegt, der für diese Kalenderjahre vorläufig bestimmt ist.

(1a) Abweichend von Absatz 1 Satz 1 werden Entgeltpunkte für Beitragszeiten aus einer Beschäftigung im Übergangsbereich (§ 20 Absatz 2 des Vierten Buches) ab dem 1. Juli 2019 aus dem Arbeitsentgelt ermittelt.

(2) 1Kindererziehungszeiten erhalten für jeden Kalendermonat 0,0833 Entgeltpunkte (Entgeltpunkte für Kindererziehungszeiten). 2Entgeltpunkte für Kindererziehungszeiten sind auch Entgeltpunkte, die für Kindererziehungszeiten mit sonstigen Beitragszeiten ermittelt werden, indem die Entgeltpunkte für sonstige Beitragszeiten um 0,0833 erhöht werden, höchstens um die

Entgeltpunkte bis zum Erreichen der jeweiligen Höchstwerte nach Anlage 2b.

(3) 1Aus der Zahlung von Beiträgen für Arbeitsentgelt aus nach § 23b Abs. 2 Satz 1 bis 4 des Vierten Buches aufgelösten Wertguthaben werden zusätzliche Entgeltpunkte ermittelt, indem dieses Arbeitsentgelt durch das vorläufige Durchschnittsentgelt (Anlage 1) für das Kalenderjahr geteilt wird, dem das Arbeitsentgelt zugeordnet ist. 2Die so ermittelten Entgeltpunkte gelten als Entgeltpunkte für Zeiten mit vollwertigen Pflichtbeiträgen nach dem 31. Dezember 1991.

(3a) 1Sind mindestens 25 Jahre mit rentenrechtlichen Zeiten vorhanden, werden für nach dem Jahr 1991 liegende Kalendermonate mit Berücksichtigungszeiten wegen Kindererziehung oder mit Zeiten der nicht erwerbsmäßigen Pflege eines pflegebedürftigen Kindes bis zur Vollendung des 18. Lebensjahres Entgeltpunkte zusätzlich ermittelt oder gutgeschrieben. 2Diese betragen für jeden Kalendermonat

a) mit Pflichtbeiträgen die Hälfte der hierfür ermittelten Entgeltpunkte, höchstens 0,0278 an zusätzlichen Entgeltpunkten,
b) in dem für den Versicherten Berücksichtigungszeiten wegen Kindererziehung oder Zeiten der Pflege eines pflegebedürftigen Kindes für ein Kind mit entsprechenden Zeiten für ein anderes Kind zusammentreffen, 0,0278 an gutgeschriebenen Entgeltpunkten, abzüglich des Wertes der zusätzlichen Entgeltpunkte nach Buchstabe a.

3Die Summe der zusätzlich ermittelten und gutgeschriebenen Entgeltpunkte ist zusammen mit den für Beitragszeiten und Kindererziehungszeiten ermittelten Entgeltpunkten auf einen Wert von höchstens 0,0833 Entgeltpunkte begrenzt.

(4) 1Ist für eine Rente wegen Alters die voraussichtliche beitragspflichtige Einnahme für den verbleibenden Zeitraum bis zum Beginn der Rente wegen Alters vom Rentenversicherungsträger errechnet worden (§ 194 Absatz 1 Satz 6, Abs. 2 Satz 2), sind für diese Rente Entgeltpunkte daraus wie aus der Beitragsbemessungsgrundlage zu ermitteln. 2Weicht die tatsächlich erzielte beitragspflichtige Einnahme von der durch den Rentenversicherungsträger errechneten voraussichtlichen beitragspflichtigen Einnahme ab, bleibt sie für diese Rente außer Betracht. 3Bei einer Beschäftigung im Übergangsbereich (§ 20 Absatz 2 des Vierten Buches) ab dem 1. Juli 2019 treten an die Stelle der voraussichtlichen beitragspflichtigen Einnahme nach Satz 1 das voraussichtliche Arbeitsentgelt und an die Stelle der tatsächlich erzielten beitragspflichtigen Einnahme nach Satz 2 das tatsächlich erzielte Arbeitsentgelt.

(5) Für Zeiten, für die Beiträge aufgrund der Vorschriften des Vierten Kapitels über die Nachzahlung gezahlt worden sind, werden Entgeltpunkte ermittelt, indem die Beitragsbemessungsgrundlage durch das Durchschnittsentgelt des Jahres geteilt wird, in dem die Beiträge gezahlt worden sind.

§ 71 Entgeltpunkte für beitragsfreie und beitragsgeminderte Zeiten (Gesamtleistungsbewertung)

(1) 1Beitragsfreie Zeiten erhalten den Durchschnittswert an Entgeltpunkten, der sich aus der Gesamtleistung an Beiträgen im belegungsfähigen Zeitraum ergibt. 2Dabei erhalten sie den höheren Durchschnittswert aus der Grundbewertung aus allen Beiträgen oder der Vergleichsbewertung aus ausschließlich vollwertigen Beiträgen.

(2) 1Für beitragsgeminderte Zeiten ist die Summe der Entgeltpunkte um einen Zuschlag so zu erhöhen, dass mindestens der Wert erreicht wird, den diese Zeiten jeweils als beitragsfreie Anrechnungszeiten wegen Krankheit und Arbeitslosigkeit, wegen einer schulischen Ausbildung und als Zeiten wegen einer beruflichen Ausbildung oder als sonstige beitragsfreie Zeiten hätten. 2Die zusätzlichen Entgeltpunkte werden den jeweiligen Kalendermonaten mit beitragsgeminderten Zeiten zu gleichen Teilen zugeordnet.

(3) 1Für die Gesamtleistungsbewertung werden jedem Kalendermonat

1. an Berücksichtigungszeit die Entgeltpunkte zugeordnet, die sich ergeben würden, wenn diese Kalendermonate Kindererziehungszeiten wären,
2. mit Zeiten einer beruflichen Ausbildung mindestens 0,0833 Entgeltpunkte zugrunde gelegt und diese Kalendermonate insoweit nicht als beitragsgeminderte Zeiten berücksichtigt.

2Bei der Anwendung von Satz 1 Nr. 2 gelten die ersten 36 Kalendermonate mit Pflichtbeiträgen für Zeiten einer versicherten Beschäftigung oder selbständigen Tätigkeit bis zur Vollendung des 25. Lebensjahres stets als Zeiten einer beruflichen Ausbildung. 3Eine Zuordnung an Entgeltpunkten für Kalendermonate mit Berücksichtigungszeiten unterbleibt in dem Umfang, in dem bereits nach § 70 Abs. 3a Entgeltpunkte zusätzlich ermittelt oder gutgeschrieben worden sind. 4Satz 1 Nr. 2 gilt nicht für Kalendermonate mit Zeiten der beruflichen Ausbildung, für die bereits Entgeltpunkte nach Satz 1 Nr. 1 zugeordnet werden.

(4) Soweit beitragsfreie Zeiten mit Zeiten zusammentreffen, die bei einer Versorgung aus einem

1. öffentlich-rechtlichen Dienstverhältnis oder
2. Arbeitsverhältnis mit Anspruch auf Versorgung nach beamtenrechtlichen Vorschriften oder Grundsätzen oder entsprechenden kirchenrechtlichen Regelungen

ruhegehaltfähig sind oder bei Eintritt des Versorgungsfalls als ruhegehaltfähig anerkannt werden, bleiben sie bei der Gesamtleistungsbewertung unberücksichtigt.

§ 72 Grundbewertung

(1) Bei der Grundbewertung werden für jeden Kalendermonat Entgeltpunkte in der Höhe zugrunde gelegt, die sich ergibt, wenn die Summe der Entgeltpunkte für Beitragszeiten und Berücksichtigungszeiten durch die Anzahl der belegungsfähigen Monate geteilt wird.

(2) 1Der belegungsfähige Gesamtzeitraum umfasst die Zeit vom vollendeten 17. Lebensjahr bis zum

1. Kalendermonat vor Beginn der zu berechnenden Rente bei einer Rente wegen Alters, bei einer Rente wegen voller Erwerbsminderung, auf die erst nach Erfüllung einer Wartezeit von 20 Jahren ein Anspruch besteht, oder bei einer Erziehungsrente,
2. Eintritt der maßgebenden Minderung der Erwerbsfähigkeit bei einer Rente wegen verminderter Erwerbsfähigkeit,
3. Tod des Versicherten bei einer Hinterbliebenenrente.

2Der belegungsfähige Gesamtzeitraum verlängert sich um Kalendermonate mit rentenrechtlichen Zeiten vor Vollendung des 17. Lebensjahres.

(3) Nicht belegungsfähig sind Kalendermonate mit

1. beitragsfreien Zeiten, die nicht auch Berücksichtigungszeiten sind, und
2. Zeiten, in denen eine Rente aus eigener Versicherung bezogen worden ist, die nicht auch Beitragszeiten oder Berücksichtigungszeiten sind.

§ 73 Vergleichsbewertung

1Bei der Vergleichsbewertung werden für jeden Kalendermonat Entgeltpunkte in der Höhe zugrunde gelegt, die sich ergibt, wenn die Summe der Entgeltpunkte aus der Grundbewertung ohne Entgeltpunkte für

1. beitragsgeminderte Zeiten,
2. Berücksichtigungszeiten, die auch beitragsfreie Zeiten sind, und
3. Beitragszeiten oder Berücksichtigungszeiten, in denen eine Rente aus eigener Versicherung bezogen worden ist,

durch die Anzahl der belegungsfähigen Monate geteilt wird; bei Renten wegen verminderter Erwerbsfähigkeit werden außerdem Entgeltpunkte für die letzten vier Jahre bis zum Eintritt der hierfür maßgebenden Minderung der Erwerbsfähigkeit nicht berücksichtigt, wenn sich dadurch ein höherer Wert aus der Vergleichsbewertung ergibt. 2Dabei sind von den belegungsfähigen Monaten aus der Grundbewertung die bei der Vergleichsbewertung außer Betracht gebliebenen Kalendermonate mit Entgeltpunkten abzusetzen.

§ 74 Begrenzte Gesamtleistungsbewertung

1Der sich aus der Gesamtleistungsbewertung ergebende Wert wird für jeden Kalendermonat mit Zeiten einer beruflichen Ausbildung, Fachschulausbildung oder der Teilnahme an einer berufsvorbereitenden Bildungsmaßnahme auf 75 vom Hundert begrenzt. 2Der so begrenzte Gesamtleistungswert darf für einen Kalendermonat 0,0625 Entgeltpunkte nicht übersteigen. 3Zeiten einer beruflichen Ausbildung, Fachschulausbildung oder der Teilnahme an einer berufsvorbereitenden Bildungsmaßnahme werden insgesamt für höchstens drei Jahre bewertet, vorrangig die beitragsfreien Zeiten der Fachschulausbildung und der Teilnahme an einer berufsvorbereitenden Bildungsmaßnahme. 4Zeiten einer Schul- oder Hochschulausbildung und Kalendermonate, die nur deshalb Anrechnungszeiten sind, weil

1. Arbeitslosigkeit nach dem 30. Juni 1978 vorgelegen hat, für die Arbeitslosengeld oder Bürgergeld nach § 19 Absatz 1 Satz 1 des Zweiten Buches nicht oder Bürgergeld nach § 19 Absatz 1 Satz 1 des Zweiten Buches nur darlehensweise gezahlt worden ist oder nur Leistungen nach § 24 Absatz 3 Satz 1 des Zweiten Buches erbracht worden sind,

1a. Bürgergeld nach § 19 Absatz 1 Satz 1 des Zweiten Buches bezogen worden ist,

2. Krankheit nach dem 31. Dezember 1983 vorgelegen hat und nicht Beiträge gezahlt worden sind,
3. Ausbildungssuche vorgelegen hat,

werden nicht bewertet.

§ 75 Entgeltpunkte für Zeiten nach Rentenbeginn

(1) Für Zeiten nach Beginn der zu berechnenden Rente werden Entgeltpunkte nur für eine Zurechnungszeit und für Zuschläge an Entgeltpunkten aus Beiträgen nach Beginn einer Rente wegen Alters ermittelt.

(2) 1Bei Renten wegen verminderter Erwerbsfähigkeit werden für

1. Beitragszeiten und Anrechnungszeiten, die nach Eintritt der hierfür maßgebenden Minderung der Erwerbsfähigkeit liegen,
2. freiwillige Beiträge, die nach Eintritt der hierfür maßgebenden Minderung der Erwerbsfähigkeit gezahlt worden sind,

Entgeltpunkte nicht ermittelt. 2Dies gilt nicht für

1. eine Rente wegen voller Erwerbsminderung, auf die erst nach Erfüllung einer Wartezeit von 20 Jahren ein Anspruch besteht,
2. freiwillige Beiträge nach Satz 1 Nr. 2, wenn die Minderung der Erwerbsfähigkeit während eines Beitragsverfahrens oder eines Verfahrens über einen Rentenanspruch eingetreten ist.

(3) Für eine Rente wegen voller Erwerbsminderung werden auf Antrag Entgeltpunkte auch für Beitragszeiten und Anrechnungszeiten nach Eintritt der vollen Erwerbsminderung ermittelt, wenn diese Beitragszeiten 20 Jahre umfassen.

(4) Für eine Rente wegen Alters besteht Anspruch auf Ermittlung von Entgeltpunkten auch für Pflichtbeiträge nach § 119 des Zehnten Buches, wenn diese nach dem Beginn der Rente aufgrund eines Schadensereignisses vor Rentenbeginn gezahlt worden sind; § 34 Absatz 2 Nummer 3 gilt nicht.

§76 Zuschläge oder Abschläge beim Versorgungsausgleich

(1) Ein zugunsten oder zulasten von Versicherten durchgeführter Versorgungsausgleich wird durch einen Zuschlag oder Abschlag an Entgeltpunkten berücksichtigt.

(2) 1Die Übertragung oder Begründung von Rentenanwartschaften zugunsten von Versicherten führt zu einem Zuschlag an Entgeltpunkten. 2Der Begründung von Rentenanwartschaften stehen gleich

1. die Wiederauffüllung geminderter Rentenanwartschaften (§ 187 Abs. 1 Nr. 1),
2. die Abwendung einer Kürzung der Versorgungsbezüge, wenn später eine Nachversicherung durchgeführt worden ist (§ 183 Abs. 1).

(3) Die Übertragung von Rentenanwartschaften zu Lasten von Versicherten führt zu einem Abschlag an Entgeltpunkten.

(4) 1Die Entgeltpunkte werden in der Weise ermittelt, dass der Monatsbetrag der Rentenanwartschaften durch den aktuellen Rentenwert mit seinem Wert bei Ende der Ehezeit oder Lebenspartnerschaftszeit geteilt wird. 2Entgeltpunkte aus einer Begründung durch externe Teilung nach § 14 des Versorgungsausgleichsgesetzes werden ermittelt, indem der vom Familiengericht nach § 222 Abs. 3 des Gesetzes über das Verfahren in Familiensachen und in den Angelegenheiten der freiwilligen Gerichtsbarkeit festgesetzte Kapitalbetrag mit dem zum Ende der Ehezeit maßgebenden Umrechnungsfaktor für die Ermittlung von Entgeltpunkten im Rahmen des Versorgungsausgleichs vervielfältigt wird. 3An die Stelle des Endes der Ehezeit oder Lebenspartnerschaftszeit tritt in Fällen, in denen der Versorgungsausgleich nicht Folgesache im Sinne von § 137 Abs. 2 Satz 1 Nr. 1 des Gesetzes über das Verfahren in Familiensachen und in den Angelegenheiten der freiwilligen Gerichtsbarkeit ist oder im Abänderungsverfahren der Eingang des Antrags auf Durchführung oder Abänderung des Versorgungsausgleichs beim Familiengericht, in Fällen der Aussetzung des Verfahrens über den Versorgungsausgleich der Zeitpunkt der Wiederaufnahme des Verfahrens über den Versorgungsausgleich. 4Ist nach der Entscheidung des Familiengerichts hinsichtlich des Kapitalbetrags eine Wertentwicklung des auszugleichenden Anrechts zu berücksichtigen, tritt an die Stelle der in den Sätzen 2 und 3 genannten Umrechnungszeitpunkte der Zeitpunkt, bis zu dem eine Wertentwicklung zu berücksichtigen ist.

(5) Ein Zuschlag an Entgeltpunkten, die sich aus der Zahlung von Beiträgen zur Begründung einer Rentenanwartschaft oder zur Wiederauffüllung einer geminderten Rentenanwartschaft ergeben, erfolgt nur, wenn die Beiträge bis zu einem Zeitpunkt gezahlt worden sind, bis zu dem Entgeltpunkte für freiwillig gezahlte Beiträge zu ermitteln sind.

(6) Der Zuschlag an Entgeltpunkten entfällt zu gleichen Teilen auf die in der Ehezeit oder Lebenspartnerschaftszeit liegenden Kalendermonate, der Abschlag zu gleichen Teilen auf die in der Ehezeit oder Lebenspartnerschaftszeit liegenden Kalendermonate mit Beitragszeiten und beitragsfreien Zeiten.

(7) Ist eine Rente um einen Zuschlag oder Abschlag aus einem durchgeführten Versorgungsausgleich zu verändern, ist von der Summe der bisher der Rente zugrunde liegenden Entgeltpunkte auszugehen.

§ 76a Zuschläge an Entgeltpunkten aus Zahlung von Beiträgen bei vorzeitiger Inanspruchnahme einer Rente wegen Alters oder bei Abfindungen einer Anwartschaft auf betriebliche Altersversorgung oder von Anrechten bei der Versorgungsausgleichskasse

(1) Entgeltpunkte aus der Zahlung von Beiträgen bei vorzeitiger Inanspruchnahme einer Rente wegen Alters werden ermittelt, indem gezahlte Beiträge mit dem im Zeitpunkt der Zahlung maßgebenden Umrechnungsfaktor für die Ermittlung von Entgeltpunkten im Rahmen des Versorgungsausgleichs vervielfältigt werden.

(2) Entgeltpunkte aus der Zahlung von Beiträgen bei Abfindungen von Anwartschaften auf betriebliche Altersversorgung oder von Anrechten bei der Versorgungsausgleichskasse werden ermittelt, indem aus dem Abfindungsbetrag gezahlte Beiträge mit dem zum Zeitpunkt der Zahlung maßgebenden Umrechnungsfaktor für die Ermittlung von Entgeltpunkten im Rahmen des Versorgungsausgleichs vervielfältigt werden.

(3) Ein Zuschlag aus der Zahlung solcher Beiträge erfolgt nur, wenn sie bis zu einem Zeitpunkt gezahlt worden sind, bis zu dem Entgeltpunkte für freiwillig gezahlte Beiträge zu ermitteln sind.

§ 76b Zuschläge an Entgeltpunkten für Arbeitsentgelt aus geringfügiger Beschäftigung

(1) Für Arbeitsentgelt aus geringfügiger Beschäftigung, für die Beschäftigte nach § 6 Absatz 1b von der Versicherungspflicht befreit sind, und für das der Arbeitgeber einen Beitragsanteil getragen hat, werden Zuschläge an Entgeltpunkten ermittelt.

(2) [1]Die Zuschläge an Entgeltpunkten werden ermittelt, indem das Arbeitsentgelt, das beitragspflichtig wäre, wenn die Beschäftigung versicherungspflichtig wäre, durch das Durchschnittsentgelt (Anlage 1) für dasselbe Kalenderjahr geteilt und mit dem Verhältnis vervielfältigt wird, das dem vom Arbeitgeber gezahlten Beitragsanteil und dem Beitrag entspricht, der zu zahlen wäre, wenn das Arbeitsentgelt beitragspflichtig wäre. [2]Für das Kalenderjahr des Rentenbeginns und für das davor liegende Kalenderjahr wird als Durchschnittsentgelt der Betrag zugrunde gelegt, der für diese Kalenderjahre vorläufig bestimmt ist.

(3) Für den Zuschlag an Entgeltpunkten gelten die §§ 75 und 124 entsprechend.

(4) Absatz 1 gilt nicht für Beschäftigte, die versicherungsfrei sind wegen

1. des Bezugs einer Vollrente wegen Alters nach Erreichen der Regelaltersgrenze,
2. des Bezugs einer Versorgung,
3. des Erreichens der Regelaltersgrenze oder
4. einer Beitragserstattung.

§ 76c Zuschläge oder Abschläge bei Rentensplitting

(1) Ein durchgeführtes Rentensplitting wird beim Versicherten durch Zuschläge oder Abschläge an Entgeltpunkten berücksichtigt.

(2) Zuschläge an Entgeltpunkten aus einem durchgeführten Rentensplitting entfallen zu gleichen Teilen auf die in der Splittingzeit liegenden Kalendermonate, Abschläge zu gleichen Teilen auf die in der Splittingzeit liegenden Kalendermonate mit Beitragszeiten und beitragsfreien Zeiten.

(3) Ist eine Rente um Zuschläge oder Abschläge aus einem durchgeführten Rentensplitting zu verändern, ist von der Summe der bisher der Rente zugrunde liegenden Entgeltpunkte auszugehen.

§ 76d Zuschläge an Entgeltpunkten aus Beiträgen nach Beginn einer Rente wegen Alters

Für die Ermittlung von Zuschlägen an Entgeltpunkten aus Beiträgen nach Beginn einer Rente wegen Alters gelten die Regelungen zur Ermittlung von Entgeltpunkten für Beitragszeiten oder von Zuschlägen für Arbeitsentgelt aus geringfügiger Beschäftigung entsprechend.

§ 76e Zuschläge an Entgeltpunkten für Zeiten einer besonderen Auslandsverwendung

(1) Für Zeiten einer besonderen Auslandsverwendung nach § 63c Absatz 1 des Soldatenversorgungsgesetzes oder § 31a Absatz 1 des Beamtenversorgungsgesetzes ab dem 13. Dezember 2011 werden Zuschläge an Entgeltpunkten ermittelt, wenn während dieser Zeiten Pflichtbeitragszeiten vorliegen und nach dem 30. November 2002 insgesamt mindestens 180 Tage an Zeiten einer besonderen Auslandsverwendung vorliegen, die jeweils ununterbrochen mindestens 30 Tage gedauert haben.

(2) Die Zuschläge an Entgeltpunkten betragen für jeden Kalendermonat der besonderen Auslandsverwendung 0,18 Entgeltpunkte, wenn diese Zeiten jeweils ununterbrochen mindestens 30 Tage gedauert haben; für jeden Teilzeitraum wird der entsprechende Anteil zugrunde gelegt.

§ 76f Zuschläge an Entgeltpunkten für nachversicherte Soldaten auf Zeit

Für die Ermittlung von Zuschlägen an Entgeltpunkten aus Beiträgen für beitragspflichtige Einnahmen von nachversicherten Soldaten auf Zeit, die über dem Betrag der Beitragsbemessungsgrenze liegen, gelten die Regelungen zur Ermittlung von Entgeltpunkten für Beitragszeiten entsprechend.

§ 76g Zuschlag an Entgeltpunkten für langjährige Versicherung

(1) Ein Zuschlag an Entgeltpunkten wird ermittelt, wenn mindestens 33 Jahre mit Grundrentenzeiten vorhanden sind und sich aus den Kalendermonaten mit Grundrentenbewertungszeiten ein Durchschnittswert an Entgeltpunkten ergibt, der unter dem nach Absatz 4 maßgebenden Höchstwert liegt.

(2) $_1$Grundrentenzeiten sind Kalendermonate mit anrechenbaren Zeiten nach § 51 Absatz 3a Satz 1 Nummer 1 bis 3; § 55 Absatz 2 gilt entsprechend. $_2$Grundrentenzeiten sind auch Kalendermonate mit Ersatzzeiten. $_3$Abweichend von Satz 1 sind Kalendermonate mit Pflichtbeitragszeiten oder Anrechnungszeiten wegen des Bezugs von Arbeitslosengeld keine Grundrentenzeiten.

(3) $_1$Grundrentenbewertungszeiten sind Kalendermonate mit Zeiten nach Absatz 2, wenn auf diese Zeiten Entgeltpunkte entfallen, die für den Kalendermonat mindestens 0,025 Entgeltpunkte betragen. $_2$Berücksichtigt werden für die Grundrentenbewertungszeiten auch Zuschläge an Entgeltpunkten nach den §§ 76e und 76f.

(4) $_1$Der Zuschlag an Entgeltpunkten wird ermittelt aus dem Durchschnittswert an Entgeltpunkten aus allen Kalendermonaten mit Grundrentenbewertungszeiten und umfasst zunächst diesen Durchschnittswert. $_2$Übersteigt das Zweifache dieses Durchschnittswertes den jeweils maßgeblichen Höchstwert an Entgeltpunkten nach den Sätzen 3 bis 5, wird der Zuschlag aus dem Differenzbetrag zwischen dem jeweiligen Höchstwert und dem Durchschnittswert nach Satz 1 ermittelt. $_3$Der Höchstwert beträgt 0,0334 Entgeltpunkte, wenn 33 Jahre mit Grundrentenzeiten vorliegen. $_4$Liegen mehr als 33, aber weniger als 35 Jahre mit Grundrentenzeiten vor, wird der Höchstwert nach Satz 3 je zusätzlichen Kalendermonat mit Grundrentenzeiten um 0,001389 Entgeltpunkte erhöht; das Ergebnis ist auf vier Dezimalstellen zu runden. $_5$Liegen mindestens 35 Jahre mit Grundrentenzeiten vor, beträgt der Höchstwert 0,0667 Entgeltpunkte. $_6$Zur Berechnung der Höhe des Zuschlags an Entgeltpunkten wird der nach den Sätzen 1 bis 5 ermittelte Entgeltpunktewert mit dem Faktor 0,875 und anschließend mit der Anzahl der Kalendermonate mit Grundrentenbewertungszeiten, höchstens jedoch mit 420 Kalendermonaten, vervielfältigt.

(5) Der Zuschlag an Entgeltpunkten wird den Kalendermonaten mit Grundrentenbewertungszeiten zu gleichen Teilen zugeordnet; dabei werden Kalendermonaten mit Entgeltpunkten (Ost) Zuschläge an Entgeltpunkten (Ost) zugeordnet.

§ 77 Zugangsfaktor

(1) Der Zugangsfaktor richtet sich nach dem Alter der Versicherten bei Rentenbeginn oder bei Tod und bestimmt, in welchem Umfang Entgeltpunkte bei der Ermittlung des Monatsbetrags der Rente als persönliche Entgeltpunkte zu berücksichtigen sind.

(2) $_1$Der Zugangsfaktor ist für Entgeltpunkte, die noch nicht Grundlage von persönlichen Entgeltpunkten einer Rente waren,

1. bei Renten wegen Alters, die mit Ablauf des Kalendermonats des Erreichens der Regelaltersgrenze oder eines für den Versicherten maßgebenden niedrigeren Rentenalters beginnen, 1,0,
2. bei Renten wegen Alters, die
   a) vorzeitig in Anspruch genommen werden, für jeden Kalendermonat um 0,003 niedriger als 1,0 und
   b) nach Erreichen der Regelaltersgrenze trotz erfüllter Wartezeit nicht in Anspruch genommen werden, für jeden Kalendermonat um 0,005 höher als 1,0,
3. bei Renten wegen verminderter Erwerbsfähigkeit und bei Erziehungsrenten für jeden Kalendermonat, für den eine Rente vor Ablauf des Kalendermonats der Vollendung des 65. Lebensjahres in Anspruch genommen wird, um 0,003 niedriger als 1,0,
4. bei Hinterbliebenenrenten für jeden Kalendermonat,
   a) der sich vom Ablauf des Monats, in dem der Versicherte verstorben ist, bis zum Ablauf des Kalendermonats der Vollendung des 65. Lebensjahres des Versicherten ergibt, um 0,003 niedriger als 1,0 und
   b) für den Versicherte trotz erfüllter Wartezeit eine Rente wegen Alters nach Erreichen der Regelaltersgrenze nicht in Anspruch genommen haben, um 0,005 höher als 1,0.

$_2$Beginnt eine Rente wegen verminderter Erwerbsfähigkeit oder eine Erziehungsrente vor Vollendung des

62. Lebensjahres oder ist bei Hinterbliebenenrenten der Versicherte vor Vollendung des 62. Lebensjahres verstorben, ist die Vollendung des 62. Lebensjahres für die Bestimmung des Zugangsfaktors maßgebend. 3Die Zeit des Bezugs einer Rente vor Vollendung des 62. Lebensjahres des Versicherten gilt nicht als Zeit einer vorzeitigen Inanspruchnahme. 4Dem Beginn und der vorzeitigen oder späteren Inanspruchnahme einer Rente wegen Alters stehen für die Ermittlung des Zugangsfaktors für Zuschläge an Entgeltpunkten aus Beiträgen nach Beginn einer Rente wegen Alters die Zeitpunkte nach § 66 Absatz 3a Satz 1 gleich, zu denen die Zuschläge berücksichtigt werden.

(3) 1Für diejenigen Entgeltpunkte, die bereits Grundlage von persönlichen Entgeltpunkten einer früheren Rente waren, bleibt der frühere Zugangsfaktor maßgebend. 2Dies gilt nicht für die Hälfte der Entgeltpunkte, die Grundlage einer Rente wegen teilweiser Erwerbsminderung waren. 3Der Zugangsfaktor wird für Entgeltpunkte, die Versicherte bei

1. einer Rente wegen Alters nicht mehr vorzeitig in Anspruch genommen haben, um 0,003 oder
2. einer Rente wegen verminderter Erwerbsfähigkeit oder einer Erziehungsrente mit einem Zugangsfaktor kleiner als 1,0 nach Ablauf des Kalendermonats der Vollendung des 62. Lebensjahres bis zum Ende des Kalendermonats der Vollendung des 65. Lebensjahres nicht in Anspruch genommen haben, um 0,003,
3. einer Rente nach Erreichen der Regelaltersgrenze nicht in Anspruch genommen haben, um 0,005

je Kalendermonat erhöht.

(4) Bei Renten wegen verminderter Erwerbsfähigkeit und bei Hinterbliebenenrenten, deren Berechnung 40 Jahre mit den in § 51 Abs. 3a und 4 und mit den in § 52 Abs. 2 genannten Zeiten zugrunde liegen, sind die Absätze 2 und 3 mit der Maßgabe anzuwenden, dass an die Stelle der Vollendung des 65. Lebensjahres die Vollendung des 63. Lebensjahres und an die Stelle der Vollendung des 62. Lebensjahres die Vollendung des 60. Lebensjahres tritt.

(5) Die Absätze 1 bis 4 gelten entsprechend für die Ermittlung des Zugangsfaktors für die nach § 66 Absatz 1 Satz 2 gesondert zu bestimmenden persönlichen Entgeltpunkte aus dem Zuschlag an Entgeltpunkten für langjährige Versicherung.

§ 78 Zuschlag bei Waisenrenten

(1) 1Der Zuschlag an persönlichen Entgeltpunkten bei Waisenrenten richtet sich nach der Anzahl an Kalendermonaten mit rentenrechtlichen Zeiten und dem Zugangsfaktor des verstorbenen Versicherten. 2Dabei wird der Zuschlag für jeden Kalendermonat mit Beitragszeiten in vollem Umfang berücksichtigt. 3Für jeden Kalendermonat mit sonstigen rentenrechtlichen Zeiten wird der Zuschlag in dem Verhältnis berücksichtigt, in dem die Anzahl der Kalendermonate mit Beitragszeiten und Berücksichtigungszeiten zur Anzahl der für die Grundbewertung belegungsfähigen Monate steht.

(2) Bei einer Halbwaisenrente sind der Ermittlung des Zuschlags für jeden Kalendermonat 0,0833 Entgeltpunkte zugrunde zu legen.

(3) 1Bei einer Vollwaisenrente sind der Ermittlung des Zuschlags für jeden Kalendermonat des verstorbenen Versicherten mit der höchsten Rente 0,075 Entgeltpunkte zugrunde zu legen. 2Auf den Zuschlag werden die persönlichen Entgeltpunkte des verstorbenen Versicherten mit der zweithöchsten Rente angerechnet.

§ 78a Zuschlag bei Witwenrenten und Witwerrenten

(1) 1Der Zuschlag an persönlichen Entgeltpunkten bei Witwenrenten und Witwerrenten richtet sich nach der Dauer der Erziehung von Kindern bis zur Vollendung ihres dritten Lebensjahres. 2Die Dauer ergibt sich aus der Summe der Anzahl an Kalendermonaten mit Berücksichtigungszeiten wegen Kindererziehung, die der Witwe oder dem Witwer zugeordnet worden sind, beginnend nach Ablauf des Monats der Geburt, bei Geburten am Ersten eines Monats jedoch vom Monat der Geburt an. 3Für die ersten 36 Kalendermonate sind jeweils 0,1010 Entgeltpunkte, für jeden weiteren Kalendermonat 0,0505 Entgeltpunkte zugrunde zu legen. 4Witwenrenten und Witwerrenten werden nicht um einen Zuschlag erhöht, solange der Rentenartfaktor mindestens 1,0 beträgt.

(1a) Absatz 1 gilt entsprechend, soweit Berücksichtigungszeiten nur deshalb nicht angerechnet werden, weil

1. die Voraussetzungen des § 56 Absatz 4 vorliegen,
2. die Voraussetzung nach § 56 Absatz 3 oder § 57 Satz 2 nicht erfüllt wird oder
3. sie auf Grund einer Beitragserstattung nach § 210 untergegangen sind.

(2) 1Sterben Versicherte vor der Vollendung des dritten Lebensjahres des Kindes, wird mindestens der Zeitraum zugrunde gelegt, der zum Zeitpunkt des Todes an der Vollendung des dritten Lebensjahres des Kindes fehlt. 2Sterben Versicherte vor der Geburt des Kindes, werden

36 Kalendermonate zugrunde gelegt, wenn das Kind innerhalb von 300 Tagen nach dem Tod geboren wird. [3]Wird das Kind nach Ablauf dieser Frist geboren, erfolgt der Zuschlag mit Beginn des Monats, der auf den letzten Monat der zu berücksichtigenden Kindererziehung folgt.

(3) Absatz 1 gilt nicht, wenn eine Leistung, die dem Zuschlag gleichwertig ist, nach beamtenrechtlichen Vorschriften oder Grundsätzen oder nach entsprechenden kirchenrechtlichen Regelungen erbracht wird.

Vierter Titel
Knappschaftliche Besonderheiten

§ 79 Grundsatz

Für die Berechnung von Renten mit Zeiten in der knappschaftlichen Rentenversicherung sind die vorangehenden Vorschriften über die Rentenhöhe und die Rentenanpassung anzuwenden, soweit nicht im Folgenden etwas anderes bestimmt ist.

§ 80 Monatsbetrag der Rente

Liegen der Rente persönliche Entgeltpunkte sowohl der knappschaftlichen Rentenversicherung als auch der allgemeinen Rentenversicherung zugrunde, sind aus den persönlichen Entgeltpunkten der knappschaftlichen Rentenversicherung und denen der allgemeinen Rentenversicherung Monatsteilbeträge zu ermitteln, deren Summe den Monatsbetrag der Rente ergibt.

§ 81 Persönliche Entgeltpunkte

(1) Zur Summe aller Entgeltpunkte der knappschaftlichen Rentenversicherung gehören auch Entgeltpunkte aus dem Leistungszuschlag.

(2) Grundlage für die Ermittlung des Monatsbetrags einer Rente für Bergleute sind nur die persönlichen Entgeltpunkte, die auf die knappschaftliche Rentenversicherung entfallen.

§ 82 Rentenartfaktor

[1]Der Rentenartfaktor beträgt für persönliche Entgeltpunkte in der knappschaftlichen Rentenversicherung bei

1. Renten wegen Alters 1,3333
2. Renten wegen teilweiser Erwerbsminderung
   a) solange eine in der knappschaftlichen Rentenversicherung versicherte Beschäftigung ausgeübt wird 0,6
   b) in den übrigen Fällen 0,9
3. Renten wegen voller Erwerbsminderung 1,3333
4. Renten für Bergleute 0,5333
5. Erziehungsrenten 1,3333
6. kleinen Witwenrenten und kleinen Witwerrenten bis zum Ablauf des dritten Kalendermonats nach Ablauf des Monats, in dem der Ehegatte verstorben ist, 1,3333 anschließend 0,3333
7. großen Witwenrenten und großen Witwerrenten bis zum Ablauf des dritten Kalendermonats nach Ablauf des Monats, in dem der Ehegatte verstorben ist, 1,3333
   anschließend 0,7333
8. Halbwaisenrenten 0,1333
9. Vollwaisenrenten 0,2667.

[2]Der Rentenartfaktor beträgt abweichend von Satz 1 für persönliche Entgeltpunkte aus zusätzlichen Entgeltpunkten für ständige Arbeiten unter Tage bei

1. Renten wegen teilweiser Erwerbsminderung 1,3333
2. Renten für Bergleute 1,3333
3. kleinen Witwenrenten und kleinen Witwerrenten bis zum Ablauf des dritten Kalendermonats nach Ablauf des Monats, in dem der Ehegatte verstorben ist, 1,3333 anschließend 0,7333.

§ 83 Entgeltpunkte für Beitragszeiten

(1) [1]Kindererziehungszeiten erhalten für jeden Kalendermonat 0,0625 Entgeltpunkte (Entgeltpunkte für Kindererziehungszeiten). [2]Entgeltpunkte für Kindererziehungszeiten sind auch Entgeltpunkte, die für Kindererziehungszeiten mit sonstigen Beitragszeiten der knappschaftlichen Rentenversicherung ermittelt werden, indem die Entgeltpunkte für diese sonstigen Beitragszeiten um 0,0625 erhöht werden, höchstens aber um drei Viertel des Unterschiedsbetrags. [3]Der Unterschiedsbetrag ergibt sich, indem die ermittelten Entgeltpunkte für sonstige Beitragszeiten um 0,0833, höchstens aber auf den jeweiligen Höchstbetrag nach Anlage 2b für die knappschaftliche Rentenversicherung erhöht und um die ermittelten Entgeltpunkte für sonstige Beitragszeiten gemindert werden. [4]Kindererziehungszeiten in der knappschaftlichen Rentenversicherung werden bei Anwendung des § 70 Abs. 3a wie Kindererziehungszeiten in der allgemeinen Rentenversicherung bewertet.

(2) [1]Für Zeiten nach dem 31. Dezember 1971, in denen Versicherte eine Bergmannsprämie bezogen haben, wird die Beitragsbemessungsgrundlage, aus der die Entgeltpunkte ermittelt werden, bis zur Beitragsbemessungsgrenze um einen Betrag in Höhe der gezahlten Bergmannsprämie erhöht. [2]Dies gilt nicht für die Berechnung einer Rente für Bergleute.

§ 84 Entgeltpunkte für beitragsfreie und beitragsgeminderte Zeiten (Gesamtleistungsbewertung)

(1) Für die Gesamtleistungsbewertung werden jedem Kalendermonat mit Beitragszeiten der knappschaftlichen Rentenversicherung, der gleichzeitig Kindererziehungszeit ist, die um ein Drittel erhöhten Entgeltpunkte für Kindererziehungszeiten zugeordnet.

(2) Bei Kalendermonaten mit Beitragszeiten der allgemeinen Rentenversicherung, die beitragsgeminderte Zeiten sind, weil sie auch mit Anrechnungszeiten oder einer Zurechnungszeit belegt sind, die der knappschaftlichen Rentenversicherung zugeordnet sind, werden für die Ermittlung des Wertes für beitragsgeminderte Zeiten die Entgeltpunkte für diese Beitragszeiten zuvor mit 0,75 vervielfältigt.

(3) Bei Kalendermonaten mit Beitragszeiten der knappschaftlichen Rentenversicherung, die beitragsgeminderte Zeiten sind, weil sie auch mit Anrechnungszeiten oder einer Zurechnungszeit belegt sind, die der allgemeinen Rentenversicherung zugeordnet sind, werden für die Ermittlung des Wertes für beitragsgeminderte Zeiten die ohne Anwendung des Absatzes 1 ermittelten Entgeltpunkte für diese Beitragszeiten zuvor mit 1,3333 vervielfältigt.

§ 85 Entgeltpunkte für ständige Arbeiten unter Tage (Leistungszuschlag)

(1) 1Versicherte erhalten nach sechs Jahren ständiger Arbeiten unter Tage für jedes volle Jahr mit solchen Arbeiten

vom sechsten bis zum zehnten Jahr 0,125

vom elften bis zum zwanzigsten Jahr 0,25

für jedes weitere Jahr 0,375

zusätzliche Entgeltpunkte. 2Dies gilt nicht für Zeiten, in denen eine Rente wegen Erwerbsminderung bezogen worden ist.

(2) Die zusätzlichen Entgeltpunkte werden den Kalendermonaten mit ständigen Arbeiten unter Tage zu gleichen Teilen zugeordnet.

§ 86 (weggefallen)

§ 86a Zugangsfaktor

1Bei Renten für Bergleute ist als niedrigstes Lebensalter für die Bestimmung des Zugangsfaktors (§ 77) die Vollendung des 64. Lebensjahres zugrunde zu legen. 2§ 77 Abs. 3 Satz 2 ist bei Renten für Bergleute mit der Maßgabe anzuwenden, dass an die Stelle der Hälfte der Entgeltpunkte drei Fünftel der Entgeltpunkte treten. 3§ 77 Abs. 4 ist bei Renten für Bergleute mit der Maßgabe anzuwenden, dass als niedrigstes Lebensalter für die Bestimmung des Zugangsfaktors die Vollendung des 62. Lebensjahres zugrunde zu legen ist.

§ 87 Zuschlag bei Waisenrenten

(1) Bei der Ermittlung des Zuschlags bei Waisenrenten mit Entgeltpunkten der knappschaftlichen Rentenversicherung sind für jeden Kalendermonat mit Beitragszeiten des verstorbenen Versicherten

1. bei einer Halbwaisenrente 0,0625 Entgeltpunkte,
2. bei einer Vollwaisenrente 0,0563 Entgeltpunkte

zugrunde zu legen.

(2) Sind persönliche Entgeltpunkte der allgemeinen Rentenversicherung auf den Zuschlag für eine Vollwaisenrente mit Entgeltpunkten der knappschaftlichen Rentenversicherung anzurechnen, sind sie zuvor mit 0,75 zu vervielfältigen.

(3) Sind persönliche Entgeltpunkte der knappschaftlichen Rentenversicherung auf den Zuschlag für eine Vollwaisenrente mit Entgeltpunkten der allgemeinen Rentenversicherung anzurechnen, sind sie zuvor mit 1,3333 zu vervielfältigen.

Fünfter Titel
Ermittlung des Monatsbetrags der Rente in Sonderfällen

§ 88 Persönliche Entgeltpunkte bei Folgerenten

(1) 1Hat ein Versicherter eine Rente wegen Alters bezogen, werden ihm für eine spätere Rente mindestens die bisherigen persönlichen Entgeltpunkte zugrunde gelegt. 2Hat ein Versicherter eine Rente wegen verminderter Erwerbsfähigkeit oder eine Erziehungsrente bezogen und beginnt spätestens innerhalb von 24 Kalendermonaten nach Ende des Bezugs dieser Rente erneut eine Rente, werden ihm für diese Rente mindestens die bisherigen persönlichen Entgeltpunkte zugrunde gelegt. 3Satz 2 gilt bei Renten für Bergleute nur, wenn ihnen eine Rente für Bergleute vorausgegangen ist.

(2) 1Hat der verstorbene Versicherte eine Rente aus eigener Versicherung bezogen und beginnt spätestens innerhalb von 24 Kalendermonaten nach Ende des Bezugs dieser Rente eine Hinterbliebenenrente, werden ihr mindestens die bisherigen persönlichen Entgeltpunkte des verstorbenen Versicherten zugrunde gelegt. 2Haben eine Witwe, ein Witwer oder eine Waise eine Hinterbliebenenrente bezogen und beginnt spätestens inner-

VI

halb von 24 Kalendermonaten nach Ende des Bezugs dieser Rente erneut eine solche Rente, werden ihr mindestens die bisherigen persönlichen Entgeltpunkte zugrunde gelegt.

(3) Haben Beiträge nach Beginn einer Rente wegen Alters noch nicht zu Zuschlägen an Entgeltpunkten geführt, werden bei der Folgerente zusätzlich zu den bisherigen persönlichen Entgeltpunkten auch persönliche Entgeltpunkte aus Zuschlägen an Entgeltpunkten aus Beiträgen nach Beginn der Rente wegen Alters zugrunde gelegt.

(4) Wird die Rente unter Anwendung der Absätze 1 bis 3 berechnet, entfällt auf den Zuschlag an Entgeltpunkten für langjährige Versicherung der Anteil an persönlichen Entgeltpunkten, der in der Rente enthalten war, aus der sich der Besitzschutz an persönlichen Entgeltpunkten ergab.

§ 88a Höchstbetrag bei Witwenrenten und Witwerrenten

1Der Monatsbetrag einer Witwenrente oder Witwerrente darf den Monatsbetrag der Rente wegen voller Erwerbsminderung oder die Vollrente wegen Alters des Verstorbenen nicht überschreiten. 2Anderenfalls ist der Zuschlag an persönlichen Entgeltpunkten bei Witwenrenten und Witwerrenten entsprechend zu verringern.

Vierter Unterabschnitt Zusammentreffen von Renten und von Einkommen

§ 89 Mehrere Rentenansprüche

(1) 1Bestehen für denselben Zeitraum Ansprüche auf mehrere Renten aus eigener Versicherung, wird nur die höchste Rente geleistet. 2Bei gleich hohen Renten ist folgende Rangfolge maßgebend:

1. Regelaltersrente,
2. Altersrente für langjährig Versicherte,
3. Altersrente für schwerbehinderte Menschen,

3a. Altersrente für besonders langjährig Versicherte,

4. Altersrente wegen Arbeitslosigkeit oder nach Altersteilzeitarbeit (Fünftes Kapitel),
5. Altersrente für Frauen (Fünftes Kapitel),
6. Altersrente für langjährig unter Tage beschäftigte Bergleute,
7. Rente wegen voller Erwerbsminderung,
8. (weggefallen)
9. Erziehungsrente,
10. (weggefallen)
11. Rente wegen teilweiser Erwerbsminderung,
12. Rente für Bergleute.

3Ist eine Rente gezahlt worden und wird für denselben Zeitraum eine höhere oder ranghöhere Rente bewilligt, ist der Bescheid über die niedrigere oder rangniedrigere Rente vom Beginn der laufenden Zahlung der höheren oder ranghöheren Rente an aufzuheben. 4Nicht anzuwenden sind die Vorschriften zur Anhörung Beteiligter (§ 24 des Zehnten Buches), zur Rücknahme eines rechtswidrigen begünstigenden Verwaltungsaktes (§ 45 des Zehnten Buches) und zur Aufhebung eines Verwaltungsaktes mit Dauerwirkung bei Änderung der Verhältnisse (§ 48 des Zehnten Buches). 5Für den Zeitraum des Zusammentreffens der Rentenansprüche bis zum Beginn der laufenden Zahlung nach Satz 3 gilt der Anspruch auf die höhere oder ranghöhere Rente nach Berücksichtigung von Erstattungsansprüchen anderer Leistungsträger bis zur Höhe der gezahlten niedrigeren oder rangniedrigeren Rente als erfüllt. 6Ein unter Berücksichtigung von Erstattungsansprüchen anderer Leistungsträger verbleibender Nachzahlungsbetrag aus der höheren oder ranghöheren Rente ist nur auszuzahlen, soweit er die niedrigere oder rangniedrigere Rente übersteigt. 7Übersteigen die vom Rentenversicherungsträger anderen Leistungsträgern zu erstattenden Beträge zusammen mit der niedrigeren oder rangniedrigeren Rente den Betrag der höheren oder ranghöheren Rente, wird der übersteigende Betrag nicht von den Versicherten zurückgefordert.

(2) 1Für den Zeitraum, für den Anspruch auf große Witwenrente oder große Witwerrente besteht, wird eine kleine Witwenrente oder eine kleine Witwerrente nicht geleistet. 2Absatz 1 Satz 3 bis 7 gilt entsprechend.

(3) 1Besteht für denselben Zeitraum Anspruch auf mehrere Waisenrenten, wird nur die höchste Waisenrente geleistet. 2Bei gleich hohen Waisenrenten wird nur die zuerst beantragte Rente geleistet. 3Absatz 1 Satz 3 bis 7 gilt entsprechend.

§ 90 Witwenrente und Witwerrente nach dem vorletzten Ehegatten und Ansprüche infolge Auflösung der letzten Ehe

(1) Auf eine Witwenrente oder Witwerrente nach dem vorletzten Ehegatten werden für denselben Zeitraum bestehende Ansprüche auf Witwenrente oder Witwerrente, auf Versorgung, auf Unterhalt oder auf sonstige Renten nach dem letzten Ehegatten angerechnet; dabei werden die Vorschriften über die Einkommensanrechnung auf Renten wegen Todes nicht berücksichtigt.

(2) $_{1}$Wurde bei der Wiederheirat eine Rentenabfindung geleistet und besteht nach Auflösung oder Nichtigerklärung der erneuten Ehe Anspruch auf Witwenrente oder Witwerrente nach dem vorletzten Ehegatten, wird für jeden Kalendermonat, der auf die Zeit nach Auflösung oder Nichtigerklärung der erneuten Ehe bis zum Ablauf des 24. Kalendermonats nach Ablauf des Monats der Wiederheirat entfällt, von dieser Rente ein Vierundzwanzigstel der Rentenabfindung in angemessenen Teilbeträgen einbehalten. $_{2}$Wurde die Rentenabfindung nach kleiner Witwenrente oder kleiner Witwerrente in verminderter Höhe geleistet, vermindert sich der Zeitraum des Einbehalts um die Kalendermonate, für die eine kleine Witwenrente oder kleine Witwerrente geleistet wurde. $_{3}$Als Teiler zur Ermittlung der Höhe des Einbehalts ist dabei die Anzahl an Kalendermonaten maßgebend, für die die Abfindung geleistet wurde. $_{4}$Wird die Rente verspätet beantragt, mindert sich die einzubehaltende Rentenabfindung um den Betrag, der dem Berechtigten bei frühestmöglicher Antragstellung an Witwenrente oder Witwerrente nach dem vorletzten Ehegatten zugestanden hätte.

(3) Als Witwenrente oder Witwerrente nach dem vorletzten Ehegatten gelten auch eine Witwenrente oder Witwerrente nach dem vorletzten Lebenspartner, als letzter Ehegatte auch der letzte Lebenspartner, als Wiederheirat auch die erstmalige oder erneute Begründung einer Lebenspartnerschaft und als erneute Ehe auch die erstmalige oder erneute Lebenspartnerschaft.

§ 91 Aufteilung von Witwenrenten und Witwerrenten auf mehrere Berechtigte

$_{1}$Besteht für denselben Zeitraum aus den Rentenanwartschaften eines Versicherten Anspruch auf Witwenrente oder Witwerrente für mehrere Berechtigte, erhält jeder Berechtigte den Teil der Witwenrente oder Witwerrente, der dem Verhältnis der Dauer seiner Ehe mit dem Versicherten zu der Dauer der Ehen des Versicherten mit allen Berechtigten entspricht. $_{2}$Dies gilt nicht für Witwen oder Witwer, solange der Rentenartfaktor der Witwenrente oder Witwerrente mindestens 1,0 beträgt. $_{3}$Ergibt sich aus der Anwendung des Rechts eines anderen Staates, dass mehrere Berechtigte vorhanden sind, erfolgt die Aufteilung nach § 34 Abs. 2 des Ersten Buches.

§ 92 Waisenrente und andere Leistungen an Waisen

$_{1}$Besteht für denselben Zeitraum Anspruch auf Waisenrente aus der Rentenanwartschaft eines verstorbenen Elternteils und auf eine Leistung an Waisen, weil ein anderer verstorbener Elternteil oder bei einer Vollwaisenrente der Elternteil mit der zweithöchsten Rente zu den in § 5 Abs. 1 oder § 6 Abs. 1 Satz 1 Nr. 1 und 2 genannten Personen gehörte, wird der Zuschlag zur Waisenrente nur insoweit gezahlt, als er diese Leistung übersteigt. $_{2}$Änderungen der Höhe der anrechenbaren Leistung an Waisen aufgrund einer regelmäßigen Anpassung sind erst zum Zeitpunkt der Anpassung der Waisenrente zu berücksichtigen.

§ 93 Rente und Leistungen aus der Unfallversicherung

(1) Besteht für denselben Zeitraum Anspruch

1. auf eine Rente aus eigener Versicherung und auf eine Verletztenrente aus der Unfallversicherung oder
2. auf eine Hinterbliebenenrente und eine entsprechende Hinterbliebenenrente aus der Unfallversicherung,

wird die Rente insoweit nicht geleistet, als die Summe der zusammentreffenden Rentenbeträge vor Einkommensanrechnung nach § 97 dieses Buches und nach § 65 Absatz 3 und 4 des Siebten Buches den jeweiligen Grenzbetrag übersteigt.

(2) Bei der Ermittlung der Summe der zusammentreffenden Rentenbeträge bleiben unberücksichtigt

1. bei dem Monatsteilbetrag der Rente, der auf persönlichen Entgeltpunkten der knappschaftlichen Rentenversicherung beruht,
   a) der auf den Leistungszuschlag für ständige Arbeiten unter Tage entfallende Anteil und
   b) 15 vom Hundert des verbleibenden Anteils,
2. bei der Verletztenrente aus der Unfallversicherung
   a) ein verletzungsbedingte Mehraufwendungen und den immateriellen Schaden ausgleichender Betrag nach den Absätzen 2a und 2b, und
   b) je 16,67 Prozent des aktuellen Rentenwerts für jeden Prozentpunkt der Minderung der Erwerbsfähigkeit, wenn diese mindestens 60 Prozent beträgt und die Rente aufgrund einer entschädigungspflichtigen Berufskrankheit nach den Nummern 4101, 4102 oder 4111 der Anlage zur Berufskrankheiten-Verordnung vom 31. Oktober 1997 geleistet wird.

(2a) $_{1}$Der die verletzungsbedingten Mehraufwendungen und den immateriellen Schaden ausgleichende Betrag beträgt bei einer Minderung der Erwerbsfähigkeit von

1. 10 Prozent das 1,51fache,
2. 20 Prozent das 3,01fache,

3. 30 Prozent das 4,52fache,
4. 40 Prozent das 6,20fache,
5. 50 Prozent das 8,32fache,
6. 60 Prozent das 10,51fache,
7. 70 Prozent das 14,58fache,
8. 80 Prozent das 17,63fache,
9. 90 Prozent das 21,19fache,
10. 100 Prozent das 23,72fache

des aktuellen Rentenwerts. 2Liegt der Wert der Minderung der Erwerbsfähigkeit zwischen vollen 10 Prozent, gilt der Faktor für die nächsthöheren 10 Prozent.

(2b) 1Bei einer Minderung der Erwerbsfähigkeit von mindestens 50 Prozent erhöht sich der Betrag nach Absatz 2a zum Ersten des Monats, in dem das 65. Lebensjahr vollendet wird, bei Geburten am Ersten eines Monats jedoch vom Monat der Geburt an. 2Die Erhöhung beträgt bei einer Minderung der Erwerbsfähigkeit

1. von 50 und 60 Prozent das 0,92fache,
2. von 70 und 80 Prozent das 1,16fache,
3. von mindestens 90 Prozent das 1,40fache

des aktuellen Rentenwerts. 3Liegt der Wert der Minderung der Erwerbsfähigkeit zwischen vollen 10 Prozent, gilt der Faktor für die nächsthöheren 10 Prozent.

(3) 1Der Grenzbetrag beträgt 70 vom Hundert eines Zwölftels des Jahresarbeitsverdienstes, der der Berechnung der Rente aus der Unfallversicherung zugrunde liegt, vervielfältigt mit dem jeweiligen Rentenartfaktor für persönliche Entgeltpunkte der allgemeinen Rentenversicherung; bei einer Rente für Bergleute beträgt der Faktor 0,4. 2Mindestgrenzbetrag ist der Monatsbetrag der Rente ohne die Beträge nach Absatz 2 Nr. 1.

(4) 1Die Absätze 1 bis 3 werden auch angewendet,

1. soweit an die Stelle der Rente aus der Unfallversicherung eine Abfindung getreten ist,
2. soweit die Rente aus der Unfallversicherung für die Dauer einer Heimpflege gekürzt worden ist,
3. wenn nach § 10 Abs. 1 des Entwicklungshelfer-Gesetzes eine Leistung erbracht wird, die einer Rente aus der Unfallversicherung vergleichbar ist,
4. wenn von einem Träger mit Sitz im Ausland eine Rente wegen eines Arbeitsunfalls oder einer Berufskrankheit geleistet wird, die einer Rente aus der Unfallversicherung nach diesem Gesetzbuch vergleichbar ist.

2Die Abfindung tritt für den Zeitraum, für den sie bestimmt ist, an die Stelle der Rente. 3Im Fall des Satzes 1 Nr. 4 wird als Jahresarbeitsverdienst der 18fache Monatsbetrag der Rente wegen Arbeitsunfalls oder Berufskrankheit zugrunde gelegt. 4Wird die Rente für eine Minderung der Erwerbsfähigkeit von weniger als 100 vom Hundert geleistet, ist von dem Rentenbetrag auszugehen, der sich für eine Minderung der Erwerbsfähigkeit von 100 vom Hundert ergeben würde.

(5) 1Die Absätze 1 bis 4 werden nicht angewendet, wenn die Rente aus der Unfallversicherung

1. für einen Versicherungsfall geleistet wird, der sich nach Rentenbeginn oder nach Eintritt der für die Rente maßgebenden Minderung der Erwerbsfähigkeit ereignet hat, oder
2. ausschließlich nach dem Arbeitseinkommen des Unternehmers oder seines Ehegatten oder Lebenspartners oder nach einem festen Betrag, der für den Unternehmer oder seinen Ehegatten oder Lebenspartner bestimmt ist, berechnet wird.

2Als Zeitpunkt des Versicherungsfalls gilt bei Berufskrankheit der letzte Tag, an dem der Versicherte versicherte Tätigkeiten verrichtet hat, die ihrer Art nach geeignet waren, die Berufskrankheit zu verursachen. 3Satz 1 Nr. 1 gilt nicht für Hinterbliebenenrenten.

§§ 94 und 95 (weggefallen)

§ 96 Nachversicherte Versorgungsbezieher

Nachversicherten, die ihren Anspruch auf Versorgung ganz und auf Dauer verloren haben, wird die Rente oder die höhere Rente für den Zeitraum nicht geleistet, für den Versorgungsbezüge zu leisten sind.

§ 96a Rente wegen verminderter Erwerbsfähigkeit und Hinzuverdienst

(1) Eine Rente wegen verminderter Erwerbsfähigkeit wird nur in voller Höhe geleistet, wenn die kalenderjährliche Hinzuverdienstgrenze nach Absatz 1c nicht überschritten wird.

(1a) 1Wird die Hinzuverdienstgrenze überschritten, wird die Rente nur teilweise geleistet. 2Die teilweise zu leistende Rente wird berechnet, indem ein Zwölftel des die Hinzuverdienstgrenze übersteigenden Betrages zu 40 Prozent von der Rente in voller Höhe abgezogen wird. 3Die Rente wird nicht geleistet, wenn der von der Rente abzuziehende Hinzuverdienst den Betrag der Rente in voller Höhe erreicht.

(1b) (weggefallen)

(1c) Die Hinzuverdienstgrenze beträgt

1. bei einer Rente wegen teilweiser Erwerbsminderung das 9,72fache der monatlichen Bezugsgröße, ver-

vielfältigt mit den Entgeltpunkten (§ 66 Absatz 1 Nummer 1 bis 3) des Kalenderjahres mit den höchsten Entgeltpunkten aus den letzten 15 Kalenderjahren vor Eintritt der Erwerbsminderung, mindestens jedoch sechs Achtel der 14fachen monatlichen Bezugsgröße,

2. bei einer Rente wegen voller Erwerbsminderung in voller Höhe drei Achtel der 14fachen monatlichen Bezugsgröße,
3. bei einer Rente für Bergleute das 10,68fache der monatlichen Bezugsgröße, vervielfältigt mit den Entgeltpunkten (§ 66 Absatz 1 Nummer 1 bis 3) des Kalenderjahres mit den höchsten Entgeltpunkten aus den letzten 15 Kalenderjahren vor Eintritt der im Bergbau verminderten Berufsfähigkeit oder der Erfüllung der Voraussetzungen nach § 45 Absatz 3, mindestens jedoch das 0,824fache der 14fachen monatlichen Bezugsgröße.

(2) 1Als Hinzuverdienst sind Arbeitsentgelt, Arbeitseinkommen und vergleichbares Einkommen zu berücksichtigen. 2Diese Einkünfte sind zusammenzurechnen. 3Nicht als Hinzuverdienst gilt das Entgelt,

1. das eine Pflegeperson von der pflegebedürftigen Person erhält, wenn es das dem Umfang der Pflegetätigkeit entsprechende Pflegegeld im Sinne des § 37 des Elften Buches nicht übersteigt, oder
2. das ein behinderter Mensch von dem Träger einer in § 1 Satz 1 Nummer 2 genannten Einrichtung erhält.

(3) 1Bei einer Rente wegen teilweiser Erwerbsminderung oder einer Rente für Bergleute sind zusätzlich zu dem Hinzuverdienst nach Absatz 2 Satz 1 als Hinzuverdienst zu berücksichtigen:

1. Krankengeld,
   a) das aufgrund einer Arbeitsunfähigkeit geleistet wird, die nach dem Beginn der Rente eingetreten ist, oder
   b) das aufgrund einer stationären Behandlung geleistet wird, die nach dem Beginn der Rente begonnen worden ist,
2. Versorgungskrankengeld,
   a) das aufgrund einer Arbeitsunfähigkeit geleistet wird, die nach dem Beginn der Rente eingetreten ist, oder
   b) das während einer stationären Behandlungsmaßnahme geleistet wird, wenn diesem ein nach Beginn der Rente erzieltes Arbeitsentgelt oder Arbeitseinkommen zugrunde liegt,
3. Übergangsgeld,
   a) dem ein nach Beginn der Rente erzieltes Arbeitsentgelt oder Arbeitseinkommen zugrunde liegt oder
   b) das aus der gesetzlichen Unfallversicherung geleistet wird und
4. die weiteren in § 18a Absatz 3 Satz 1 Nummer 1 des Vierten Buches genannten Sozialleistungen.

2Bei einer Rente wegen voller Erwerbsminderung sind zusätzlich zu dem Hinzuverdienst nach Absatz 2 Satz 1 als Hinzuverdienst zu berücksichtigen:

1. Verletztengeld und
2. Übergangsgeld aus der gesetzlichen Unfallversicherung.

3Als Hinzuverdienst ist die der Sozialleistung zugrunde liegende beitragspflichtige Einnahme zu berücksichtigen.

(4) Absatz 3 wird auch für vergleichbare Leistungen einer Stelle mit Sitz im Ausland angewendet.

(5) 1Als Hinzuverdienst ist der voraussichtliche kalenderjährliche Hinzuverdienst zu berücksichtigen. 2Dieser ist einmal im Kalenderjahr neu zu bestimmen, wenn sich dadurch eine Änderung ergibt, die die Höhe des Rentenanspruchs betrifft.

(6) 1Von dem Kalenderjahr an, das dem folgt, in dem erstmals Hinzuverdienst berücksichtigt wurde, ist jeweils für das vorige Kalenderjahr der tatsächliche Hinzuverdienst statt des bisher berücksichtigten Hinzuverdienstes zu berücksichtigen, wenn sich dadurch rückwirkend eine Änderung ergibt, die die Höhe des Rentenanspruchs betrifft. 2In dem Kalenderjahr, in dem die Regelaltersgrenze erreicht wird, ist dies nach Ablauf des Monats durchzuführen, in dem die Regelaltersgrenze erreicht wurde; dabei ist der tatsächliche Hinzuverdienst bis zum Ablauf des Monats des Erreichens der Regelaltersgrenze zu berücksichtigen. 3Kann der tatsächliche Hinzuverdienst noch nicht nachgewiesen werden, ist er zu berücksichtigen, sobald der Nachweis vorliegt.

(7) 1Änderungen des nach Absatz 5 berücksichtigten Hinzuverdienstes sind auf Antrag zu berücksichtigen, wenn der voraussichtliche kalenderjährliche Hinzuverdienst um mindestens 10 Prozent vom bisher berücksichtigten Hinzuverdienst abweicht und sich dadurch eine Änderung ergibt, die die Höhe des Rentenanspruchs betrifft. 2Eine Änderung im Sinne von Satz 1 ist auch der Hinzutritt oder der Wegfall von Hinzuverdienst. 3Ein Hinzutritt von Hinzuverdienst oder ein höherer als

der bisher berücksichtigte Hinzuverdienst wird dabei mit Wirkung für die Zukunft berücksichtigt.

(8) 1Ergibt sich nach den Absätzen 5 bis 7 eine Änderung, die die Höhe des Rentenanspruchs betrifft, sind die bisherigen Bescheide von dem sich nach diesen Absätzen ergebenden Zeitpunkt an aufzuheben. 2Soweit Bescheide aufgehoben wurden, sind bereits erbrachte Leistungen zu erstatten; § 50 Absatz 3 und 4 des Zehnten Buches bleibt unberührt. 3Nicht anzuwenden sind die Vorschriften zur Anhörung Beteiligter (§ 24 des Zehnten Buches), zur Rücknahme eines rechtswidrigen begünstigenden Verwaltungsaktes (§ 45 des Zehnten Buches) und zur Aufhebung eines Verwaltungsaktes mit Dauerwirkung bei Änderung der Verhältnisse (§ 48 des Zehnten Buches).

(9) 1Ein nach Absatz 8 Satz 2 zu erstattender Betrag in Höhe von bis zu 300 Euro ist von der laufenden Rente bis zu deren Hälfte einzubehalten, wenn das Einverständnis dazu vorliegt. 2Der Aufhebungsbescheid ist mit dem Hinweis zu versehen, dass das Einverständnis jederzeit mit Wirkung für die Zukunft widerrufen werden kann.

VI

§ 97 Einkommensanrechnung auf Renten wegen Todes

(1) 1Einkommen (§ 18a des Vierten Buches) von Berechtigten, das mit einer Witwenrente, Witwerrente oder Erziehungsrente zusammentrifft, wird hierauf angerechnet. 2Dies gilt nicht bei Witwenrenten oder Witwerrenten, solange deren Rentenartfaktor mindestens 1,0 beträgt.

(2) 1Anrechenbar ist das Einkommen, das monatlich das 26,4fache des aktuellen Rentenwerts übersteigt. 2Das nicht anrechenbare Einkommen erhöht sich um das 5,6fache des aktuellen Rentenwerts für jedes Kind des Berechtigten, das Anspruch auf Waisenrente hat oder nur deshalb nicht hat, weil es nicht ein Kind des Verstorbenen ist. 3Von dem danach verbleibenden anrechenbaren Einkommen werden 40 vom Hundert angerechnet. 4Führt das Einkommen auch zur Kürzung oder zum Wegfall einer vergleichbaren Rente in einem Mitgliedstaat der Europäischen Union, einem Vertragsstaat des Abkommens über den Europäischen Wirtschaftsraum oder der Schweiz, ist der anrechenbare Betrag mit dem Teil zu berücksichtigen, der dem Verhältnis entspricht, in dem die Entgeltpunkte für Zeiten im Inland zu den Entgeltpunkten für alle in einem Mitgliedstaat der Europäischen Union, einem Vertragsstaat des Abkommens über den Europäischen Wirtschaftsraum und der Schweiz zurückgelegten Zeiten stehen.

(3) 1Für die Einkommensanrechnung ist bei Anspruch auf mehrere Renten folgende Rangfolge maßgebend:

1. (weggefallen)
2. Witwenrente oder Witwerrente,
3. Witwenrente oder Witwerrente nach dem vorletzten Ehegatten.

2Die Einkommensanrechnung auf eine Hinterbliebenenrente aus der Unfallversicherung hat Vorrang vor der Einkommensanrechnung auf eine entsprechende Rente wegen Todes. 3Das auf eine Hinterbliebenenrente anzurechnende Einkommen mindert sich um den Betrag, der bereits zu einer Einkommensanrechnung auf eine vorrangige Hinterbliebenenrente geführt hat.

(4) Trifft eine Erziehungsrente mit einer Hinterbliebenenrente zusammen, ist der Einkommensanrechnung auf die Hinterbliebenenrente das Einkommen zugrunde zu legen, das sich nach Durchführung der Einkommensanrechnung auf die Erziehungsrente ergibt.

§ 97a Einkommensanrechnung beim Zuschlag an Entgeltpunkten für langjährige Versicherung

(1) Auf den Rentenanteil aus dem Zuschlag an Entgeltpunkten für langjährige Versicherung wird Einkommen des Berechtigten und seines Ehegatten angerechnet.

(2) 1Als Einkommen zu berücksichtigen sind

1. das zu versteuernde Einkommen nach § 2 Absatz 5 des Einkommensteuergesetzes,
2. der steuerfreie Teil von Renten nach § 22 Nummer 1 Satz 3 Buchstabe a Doppelbuchstabe aa Satz 4 des Einkommensteuergesetzes sowie der nach § 19 Absatz 2 und § 22 Nummer 4 Satz 4 Buchstabe b des Einkommensteuergesetzes steuerfreie Betrag von Versorgungsbezügen und
3. die versteuerten Einkünfte aus Kapitalvermögen nach § 20 des Einkommensteuergesetzes, soweit diese nicht bereits in dem Einkommen nach Nummer 1 enthalten sind; im Falle der Kapitalerträge nach § 20 Absatz 1 Nummer 6 Satz 1 bis 3 des Einkommensteuergesetzes gilt als Einkommen ein Zehntel des Ertrags, längstens jedoch für zehn Jahre.

2Als Einkommen nach Satz 1 Nummer 1 und 2 sind grundsätzlich die von den Trägern der Rentenversicherung nach § 151b automatisiert abzurufenden, bei den Finanzbehörden jeweils bis zum 30. September für das vorvergangene Kalenderjahr vorliegenden Festsetzungsdaten zugrunde zu legen. 3Liegen für das vorvergangene Kalenderjahr keine Festsetzungsdaten nach

Satz 1 Nummer 1 vor, sind die Festsetzungsdaten nach Satz 1 Nummer 1 und 2 des vorvorvergangenen Kalenderjahres maßgeblich. 4Liegen keine Festsetzungsdaten des vorvorvergangenen Kalenderjahres nach Satz 1 Nummer 1 vor, sind

1. die jeweils in entsprechender Anwendung von § 18b Absatz 5 Satz 1 Nummer 3, 6 und 8 des Vierten Buches gekürzten Renten nach § 22 Nummer 1 Satz 3 Buchstabe a Doppelbuchstabe aa Satzteil vor Satz 2 des Einkommensteuergesetzes,
2. die jeweils in entsprechender Anwendung von § 18b Absatz 5 Satz 1 Nummer 4 des Vierten Buches gekürzten Versorgungsbezüge nach § 19 Absatz 2 Satz 2 und nach § 22 Nummer 4 Satzteil vor Satz 2 des Einkommensteuergesetzes,
3. die in entsprechender Anwendung von § 18b Absatz 5 Satz 1 Nummer 5 des Vierten Buches gekürzten Leistungen nach § 22 Nummer 5 Satzteil vor Satz 2 sowie Satz 2 und 3 des Einkommensteuergesetzes sowie
4. das Einkommen nach Satz 1 Nummer 3

des vorvergangenen Kalenderjahres zu berücksichtigen. 5Bei Anwendung von Satz 4 ist für Hinterbliebenenleistungen für die Bestimmung des maßgeblichen Kürzungsbetrages auf den Beginn der Leistung abzustellen, von der die Hinterbliebenenleistung abgeleitet wurde. 6Die Träger der Rentenversicherung sind an die übermittelten Festsetzungsdaten gebunden. 7Von dem Einkommen nach Satz 1 Nummer 1 und 2 sowie den Renten nach den Sätzen 4 und 5 ist der darin enthaltene Rentenanteil, der auf dem Zuschlag an Entgeltpunkten für langjährige Versicherung beruht, abzuziehen.

(3) 1Als monatliches Einkommen gilt ein Zwölftel des Einkommens, das nach Absatz 2 zu berücksichtigen ist. 2Für Berechtigte mit Wohnsitz oder gewöhnlichem Aufenthalt im Inland, die vergleichbare ausländische Einkommen haben, gilt Absatz 2 sinngemäß. 3Berechtigte und deren Ehegatten mit Wohnsitz oder gewöhnlichem Aufenthalt im Ausland haben vergleichbare ausländische Einkommen durch geeignete Unterlagen gegenüber dem Träger der Rentenversicherung nachzuweisen; bei fehlendem Nachweis ist kein Rentenanteil aus dem Zuschlag an Entgeltpunkten für langjährige Versicherung zu zahlen.

(4) 1Anrechenbar ist dasjenige Einkommen des Berechtigten und seines Ehegatten, das monatlich die in den Sätzen 2 bis 4 genannten, jeweils auf einen vollen Eurobetrag aufgerundeten Beträge übersteigt. 2Übersteigt das anrechenbare Einkommen des Berechtigten monatlich das 36,56fache des aktuellen Rentenwertes, werden 60 vom Hundert angerechnet, solange das anrechenbare Einkommen nicht mehr als das 46,78fache des aktuellen Rentenwertes beträgt. 3Übersteigt das anrechenbare Einkommen des Berechtigten das 46,78fache des aktuellen Rentenwertes, wird das diesen Betrag übersteigende anrechenbare Einkommen in voller Höhe angerechnet; Satz 2 bleibt unberührt. 4Ist neben dem Einkommen des Berechtigten auch Einkommen seines Ehegatten zu berücksichtigen, sind die Sätze 2 und 3 mit der Maßgabe anzuwenden, dass anstelle des 36,56fachen des aktuellen Rentenwertes das 57,03fache des aktuellen Rentenwertes und anstelle des 46,78fachen des aktuellen Rentenwertes das 67,27fache des aktuellen Rentenwertes tritt. 5Änderungen der Höhe der Beträge nach den Sätzen 2 bis 4 werden mit Beginn des Kalendermonats wirksam, zu dessen Beginn Einkommensänderungen nach Absatz 5 zu berücksichtigen sind.

(5) 1Einkommen nach Absatz 2 ist auch dann abschließend zu berücksichtigen, wenn die Einkommensteuer vorläufig oder unter Vorbehalt der Nachprüfung festgesetzt oder die Entscheidung der Finanzbehörde angefochten wurde, es sei denn, die Vollziehung des Einkommensteuerbescheides wurde ausgesetzt. 2Einkommensänderungen, die dem Träger der Rentenversicherung jeweils bis zum 31. Oktober vorliegen, sind vom darauffolgenden 1. Januar an zu berücksichtigen; Absatz 6 bleibt unberührt.

(6) 1Die jährliche Einkommensanrechnung ist zunächst nur unter Berücksichtigung von Einkommen nach Absatz 2 Satz 1 Nummer 1 und 2 durchzuführen. 2Ist ein Rentenanteil aus dem Zuschlag an Entgeltpunkten für langjährige Versicherung zu leisten, haben der Berechtigte und sein Ehegatte über Einkommen nach Absatz 2 Satz 1 Nummer 3 innerhalb von drei Monaten nach Bekanntgabe des Bescheides über den Rentenanteil aus dem Zuschlag an Entgeltpunkten für langjährige Versicherung dem Träger der Rentenversicherung mitzuteilen, wenn solches Einkommen in dem nach Absatz 2 Satz 3 und 4 maßgeblichen Kalenderjahr erzielt wurde und dessen Höhe nachzuweisen. 3Der Berechtigte ist auf die Überprüfungsrechte nach § 151c hinzuweisen. 4Erfolgt keine Mitteilung nach Satz 2, gilt Einkommen nach Absatz 2 Satz 1 Nummer 3 als nicht erzielt. 5Teilen der Berechtigte und sein Ehegatte Einkommen nach Absatz 2 Satz 1 Nummer 3 mit und ergibt sich nach erneuter Einkommensprüfung ein veränderter Rentenan-

VI

teil aus dem Zuschlag an Entgeltpunkten für langjährige Versicherung, ist der Bescheid mit Wirkung für die Zukunft aufzuheben. 6Im Fall einer zu Unrecht unterbliebenen oder unrichtigen Auskunft ist der Bescheid vom Beginn des Zeitraumes der Anrechnung von Einkommen nach Satz 1 aufzuheben. 7Soweit Bescheide aufgehoben wurden, sind zu viel erbrachte Leistungen zu erstatten; § 50 Absatz 2a bis 5 des Zehnten Buches bleibt unberührt. 8Nicht anzuwenden ist die Vorschrift zur Anhörung Beteiligter (§ 24 des Zehnten Buches).

(7) 1Ist in einer Rente ein Zuschlag an Entgeltpunkten für langjährige Versicherung enthalten, sind auf den hierauf beruhenden Rentenanteil die Regelungen zu Renten und Hinzuverdienst sowie zur Einkommensanrechnung auf Renten wegen Todes nicht anzuwenden. 2Auf diesen Rentenanteil finden ausschließlich die Absätze 1 bis 6 Anwendung.

§ 98 Reihenfolge bei der Anwendung von Berechnungsvorschriften

1Für die Berechnung einer Rente, deren Leistung sich aufgrund eines Versorgungsausgleichs, eines Rentensplittings, eines Aufenthalts von Berechtigten im Ausland oder aufgrund eines Zusammentreffens mit Renten oder mit sonstigem Einkommen erhöht, mindert oder entfällt, sind, soweit nichts anderes bestimmt ist, die entsprechenden Vorschriften in folgender Reihenfolge anzuwenden:

1. Versorgungsausgleich und Rentensplitting,
2. Leistungen an Berechtigte im Ausland,
3. Aufteilung von Witwenrenten oder Witwerrenten auf mehrere Berechtigte,
4. Waisenrente und andere Leistungen an Waisen,

4a. Einkommensanrechnung beim Zuschlag an Entgeltpunkten für langjährige Versicherung,

5. Rente und Leistungen aus der Unfallversicherung,
6. Witwenrente und Witwerrente nach dem vorletzten Ehegatten und Ansprüche infolge Auflösung der letzten Ehe,
7. (weggefallen)

7a. Renten wegen verminderter Erwerbsfähigkeit und Hinzuverdienst,

8. Einkommensanrechnung auf Renten wegen Todes,
9. mehrere Rentenansprüche.

2Einkommen, das bei der Berechnung einer Rente aufgrund einer Regelung über das Zusammentreffen von Renten und Einkommen bereits berücksichtigt wurde, wird bei der Berechnung dieser Rente aufgrund einer weiteren solchen Regelung nicht nochmals berücksichtigt.

Fünfter Unterabschnitt Beginn, Änderung und Ende von Renten

§ 99 Beginn

(1) 1Eine Rente aus eigener Versicherung wird von dem Kalendermonat an geleistet, zu dessen Beginn die Anspruchsvoraussetzungen für die Rente erfüllt sind, wenn die Rente bis zum Ende des dritten Kalendermonats nach Ablauf des Monats beantragt wird, in dem die Anspruchsvoraussetzungen erfüllt sind. 2Bei späterer Antragstellung wird eine Rente aus eigener Versicherung von dem Kalendermonat an geleistet, in dem die Rente beantragt wird.

(2) 1Eine Hinterbliebenenrente wird von dem Kalendermonat an geleistet, zu dessen Beginn die Anspruchsvoraussetzungen für die Rente erfüllt sind. 2Sie wird bereits vom Todestag an geleistet, wenn an den Versicherten eine Rente im Sterbemonat nicht zu leisten ist. 3Eine Hinterbliebenenrente wird nicht für mehr als zwölf Kalendermonate vor dem Monat, in dem die Rente beantragt wird, geleistet.

§ 100 Änderung und Ende

(1) 1Ändern sich aus tatsächlichen oder rechtlichen Gründen die Voraussetzungen für die Höhe einer Rente nach ihrem Beginn, wird die Rente in neuer Höhe von dem Kalendermonat an geleistet, zu dessen Beginn die Änderung wirksam ist. 2Satz 1 gilt nicht beim Zusammentreffen von Renten und Einkommen mit Ausnahme von § 96a.

(2) (weggefallen)

(3) 1Fallen aus tatsächlichen oder rechtlichen Gründen die Anspruchsvoraussetzungen für eine Rente weg, endet die Rentenzahlung mit dem Beginn des Kalendermonats, zu dessen Beginn der Wegfall wirksam ist. 2Entfällt ein Anspruch auf Rente, weil sich die Erwerbsfähigkeit der Berechtigten nach einer Leistung zur medizinischen Rehabilitation oder zur Teilhabe am Arbeitsleben gebessert hat, endet die Rentenzahlung erst mit Beginn des vierten Kalendermonats nach der Besserung der Erwerbsfähigkeit. 3Die Rentenzahlung nach Satz 2 endet mit Beginn eines dem vierten Kalendermonat vorangehenden Monats, wenn zu dessen Beginn eine Beschäftigung oder selbständige Tätigkeit ausgeübt wird, die mehr als geringfügig ist.

(4) Liegen die in § 44 Abs. 1 Satz 1 des Zehnten Buches genannten Voraussetzungen für die Rücknahme eines

rechtswidrigen nicht begünstigenden Verwaltungsaktes vor, weil er auf einer Rechtsnorm beruht, die nach Erlass des Verwaltungsaktes für nichtig oder für unvereinbar mit dem Grundgesetz erklärt oder in ständiger Rechtsprechung anders als durch den Rentenversicherungsträger ausgelegt worden ist, so ist der Verwaltungsakt, wenn er unanfechtbar geworden ist, nur mit Wirkung für die Zeit ab dem Beginn des Kalendermonats nach Wirksamwerden der Entscheidung des Bundesverfassungsgerichts oder dem Bestehen der ständigen Rechtsprechung zurückzunehmen.

§ 101 Beginn und Änderung in Sonderfällen

(1) Befristete Renten wegen verminderter Erwerbsfähigkeit werden nicht vor Beginn des siebten Kalendermonats nach dem Eintritt der Minderung der Erwerbsfähigkeit geleistet.

(1a) 1Befristete Renten wegen voller Erwerbsminderung, auf die Anspruch unabhängig von der jeweiligen Arbeitsmarktlage besteht, werden vor Beginn des siebten Kalendermonats nach dem Eintritt der Minderung der Erwerbsfähigkeit geleistet, wenn

1. entweder
   a) die Feststellung der verminderten Erwerbsfähigkeit durch den Träger der Rentenversicherung zur Folge hat, dass ein Anspruch auf Arbeitslosengeld entfällt, oder
   b) nach Feststellung der verminderten Erwerbsfähigkeit durch den Träger der Rentenversicherung ein Anspruch auf Krankengeld nach § 48 des Fünften Buches oder auf Krankentagegeld von einem privaten Krankenversicherungsunternehmen endet und
2. der siebte Kalendermonat nach dem Eintritt der Minderung der Erwerbsfähigkeit noch nicht erreicht ist.

2In diesen Fällen werden die Renten von dem Tag an geleistet, der auf den Tag folgt, an dem der Anspruch auf Arbeitslosengeld, Krankengeld oder Krankentagegeld endet.

(2) Befristete große Witwenrenten oder befristete große Witwerrenten wegen Minderung der Erwerbsfähigkeit werden nicht vor Beginn des siebten Kalendermonats nach dem Eintritt der Minderung der Erwerbsfähigkeit geleistet.

(3) 1Ist nach Beginn der Rente ein Versorgungsausgleich durchgeführt, wird die Rente der leistungsberechtigten Person von dem Kalendermonat an um Zuschläge oder Abschläge an Entgeltpunkten verändert, zu dessen Beginn der Versorgungsausgleich durchgeführt ist. 2Der Rentenbescheid ist mit Wirkung von diesem Zeitpunkt an aufzuheben; die §§ 24 und 48 des Zehnten Buches sind nicht anzuwenden. 3Bei einer rechtskräftigen Abänderung des Versorgungsausgleichs gelten die Sätze 1 und 2 mit der Maßgabe, dass auf den Zeitpunkt nach § 226 Abs. 4 des Gesetzes über das Verfahren in Familiensachen und in den Angelegenheiten der freiwilligen Gerichtsbarkeit abzustellen ist. 4§ 30 des Versorgungsausgleichsgesetzes bleibt unberührt.

(3a) 1Hat das Familiengericht über eine Abänderung der Anpassung nach § 33 des Versorgungsausgleichsgesetzes rechtskräftig entschieden und mindert sich der Anpassungsbetrag, ist dieser in der Rente der leistungsberechtigten Person von dem Zeitpunkt an zu berücksichtigen, der sich aus § 34 Abs. 3 des Versorgungsausgleichsgesetzes ergibt. 2Der Rentenbescheid ist mit Wirkung von diesem Zeitpunkt an aufzuheben; die §§ 24 und 48 des Zehnten Buches sind nicht anzuwenden.

(3b) 1Der Rentenbescheid der leistungsberechtigten Person ist aufzuheben

1. in den Fällen des § 33 Abs. 1 des Versorgungsausgleichsgesetzes mit Wirkung vom Zeitpunkt
   a) des Beginns einer Leistung an die ausgleichsberechtigte Person aus einem von ihr im Versorgungsausgleich erworbenen Anrecht (§ 33 Abs. 1 des Versorgungsausgleichsgesetzes),
   b) des Beginns einer Leistung an die ausgleichspflichtige Person aus einem von ihr im Versorgungsausgleich erworbenen Anrecht (§ 33 Abs. 3 des Versorgungsausgleichsgesetzes) oder
   c) der vollständigen Einstellung der Unterhaltszahlungen der ausgleichspflichtigen Person (§ 34 Abs. 5 des Versorgungsausgleichsgesetzes),
2. in den Fällen des § 35 Abs. 1 des Versorgungsausgleichsgesetzes mit Wirkung vom Zeitpunkt des Beginns einer Leistung an die ausgleichspflichtige Person aus einem von ihr im Versorgungsausgleich erworbenen Anrecht (§ 36 Abs. 4 des Versorgungsausgleichsgesetzes) und
3. in den Fällen des § 37 Abs. 3 des Versorgungsausgleichsgesetzes mit Wirkung vom Zeitpunkt der Aufhebung der Kürzung des Anrechts (§ 37 Abs. 1 des Versorgungsausgleichsgesetzes).

2Die §§ 24 und 48 des Zehnten Buches sind nicht anzuwenden.

(4) 1Ist nach Beginn der Rente ein Rentensplitting durchgeführt, wird die Rente von dem Kalendermonat

an um Zuschläge oder Abschläge an Entgeltpunkten verändert, zu dessen Beginn das Rentensplitting durchgeführt ist. $_{2}$Der Rentenbescheid ist mit Wirkung von diesem Zeitpunkt an aufzuheben; die §§ 24 und 48 des Zehnten Buches sind nicht anzuwenden. $_{3}$Entsprechendes gilt bei einer Abänderung des Rentensplittings.

(5) $_{1}$Ist nach Beginn einer Waisenrente ein Rentensplitting durchgeführt, durch das die Waise nicht begünstigt ist, wird die Rente erst zu dem Zeitpunkt um Abschläge oder Zuschläge an Entgeltpunkten verändert, zu dem eine Rente aus der Versicherung des überlebenden Ehegatten oder Lebenspartners, der durch das Rentensplitting begünstigt ist, beginnt. $_{2}$Der Rentenbescheid der Waise ist mit Wirkung von diesem Zeitpunkt an aufzuheben; die §§ 24 und 48 des Zehnten Buches sind nicht anzuwenden. $_{3}$Entsprechendes gilt bei einer Abänderung des Rentensplittings.

§ 102 Befristung und Tod

(1) $_{1}$Sind Renten befristet, enden sie mit Ablauf der Frist. $_{2}$Dies schließt eine vorherige Änderung oder ein Ende der Rente aus anderen Gründen nicht aus. $_{3}$Renten dürfen nur auf das Ende eines Kalendermonats befristet werden.

(2) $_{1}$Renten wegen verminderter Erwerbsfähigkeit und große Witwenrenten oder große Witwerrenten wegen Minderung der Erwerbsfähigkeit werden auf Zeit geleistet. $_{2}$Die Befristung erfolgt für längstens drei Jahre nach Rentenbeginn. $_{3}$Sie kann verlängert werden; dabei verbleibt es bei dem ursprünglichen Rentenbeginn. $_{4}$Verlängerungen erfolgen für längstens drei Jahre nach dem Ablauf der vorherigen Frist. $_{5}$Renten, auf die ein Anspruch unabhängig von der jeweiligen Arbeitsmarktlage besteht, werden unbefristet geleistet, wenn unwahrscheinlich ist, dass die Minderung der Erwerbsfähigkeit behoben werden kann; hiervon ist nach einer Gesamtdauer der Befristung von neun Jahren auszugehen. $_{6}$Wird unmittelbar im Anschluss an eine auf Zeit geleistete Rente diese Rente unbefristet geleistet, verbleibt es bei dem ursprünglichen Rentenbeginn.

(2a) Werden Leistungen zur medizinischen Rehabilitation oder zur Teilhabe am Arbeitsleben erbracht, ohne dass zum Zeitpunkt der Bewilligung feststeht, wann die Leistung enden wird, kann bestimmt werden, dass Renten wegen verminderter Erwerbsfähigkeit oder große Witwenrenten oder große Witwerrenten wegen Minderung der Erwerbsfähigkeit mit Ablauf des Kalendermonats enden, in dem die Leistung zur medizinischen Rehabilitation oder zur Teilhabe am Arbeitsleben beendet wird.

(3) $_{1}$Große Witwenrenten oder große Witwerrenten wegen Kindererziehung und Erziehungsrenten werden auf das Ende des Kalendermonats befristet, in dem die Kindererziehung voraussichtlich endet. $_{2}$Die Befristung kann verlängert werden; dabei verbleibt es bei dem ursprünglichen Rentenbeginn.

(4) $_{1}$Waisenrenten werden auf das Ende des Kalendermonats befristet, in dem voraussichtlich der Anspruch auf die Waisenrente entfällt. $_{2}$Die Befristung kann verlängert werden; dabei verbleibt es bei dem ursprünglichen Rentenbeginn.

(5) Renten werden bis zum Ende des Kalendermonats geleistet, in dem die Berechtigten gestorben sind.

(6) $_{1}$Renten an Verschollene werden längstens bis zum Ende des Monats geleistet, in dem sie nach Feststellung des Rentenversicherungsträgers als verstorben gelten; § 49 gilt entsprechend. $_{2}$Widerspruch und Anfechtungsklage gegen die Feststellung des Rentenversicherungsträgers haben keine aufschiebende Wirkung. $_{3}$Kehren Verschollene zurück, lebt der Anspruch auf die Rente wieder auf; die für den Zeitraum des Wiederauflebens geleisteten Renten wegen Todes an Hinterbliebene sind auf die Nachzahlung anzurechnen.

Sechster Unterabschnitt
Ausschluss und Minderung von Renten

§ 103 Absichtliche Minderung der Erwerbsfähigkeit

Anspruch auf Rente wegen verminderter Erwerbsfähigkeit, Altersrente für schwerbehinderte Menschen oder große Witwenrente oder große Witwerrente besteht nicht für Personen, die die für die Rentenleistung erforderliche gesundheitliche Beeinträchtigung absichtlich herbeigeführt haben.

§ 104 Minderung der Erwerbsfähigkeit bei einer Straftat

(1) $_{1}$Renten wegen verminderter Erwerbsfähigkeit, Altersrenten für schwerbehinderte Menschen oder große Witwenrenten oder große Witwerrenten können ganz oder teilweise versagt werden, wenn die Berechtigten sich die für die Rentenleistung erforderliche gesundheitliche Beeinträchtigung bei einer Handlung zugezogen haben, die nach strafgerichtlichem Urteil ein Verbrechen oder vorsätzliches Vergehen ist. $_{2}$Dies gilt auch, wenn aus einem in der Person der Berechtigten liegenden Grunde ein strafgerichtliches Urteil nicht ergeht.

[3]Zuwiderhandlungen gegen Bergverordnungen oder bergbehördliche Anordnungen gelten nicht als Vergehen im Sinne des Satzes 1.

(2) [1]Soweit die Rente versagt wird, kann sie an unterhaltsberechtigte Ehegatten, Lebenspartner und Kinder geleistet werden. [2]Die Vorschriften der §§ 48 und 49 des Ersten Buches über die Auszahlung der Rente an Dritte werden entsprechend angewendet.

§ 105 Tötung eines Angehörigen

Anspruch auf Rente wegen Todes und auf Versichertenrente, soweit der Anspruch auf dem Rentensplitting beruht, besteht nicht für die Personen, die den Tod vorsätzlich herbeigeführt haben.

Dritter Abschnitt
Zusatzleistungen

§ 106 Zuschuss zur Krankenversicherung

(1) [1]Rentenbezieher, die freiwillig in der gesetzlichen Krankenversicherung oder bei einem Krankenversicherungsunternehmen, das der deutschen Aufsicht unterliegt, versichert sind, erhalten zu ihrer Rente einen Zuschuss zu den Aufwendungen für die Krankenversicherung. [2]Dies gilt nicht, wenn sie gleichzeitig in einer in- oder ausländischen gesetzlichen Krankenversicherung pflichtversichert sind.

(2) [1]Für Rentenbezieher, die freiwillig in der gesetzlichen Krankenversicherung versichert sind, wird der monatliche Zuschuss in Höhe des halben Betrages geleistet, der sich aus der Anwendung des allgemeinen Beitragssatzes der gesetzlichen Krankenversicherung zuzüglich des kassenindividuellen Zusatzbeitragssatzes nach § 242 des Fünften Buches auf den Zahlbetrag der Rente ergibt. [2]§ 247 Satz 3 des Fünften Buches ist entsprechend anzuwenden.

(3) [1]Für Rentenbezieher, die bei einem Krankenversicherungsunternehmen versichert sind, das der deutschen Aufsicht unterliegt, wird der monatliche Zuschuss in Höhe des halben Betrages geleistet, der sich aus der Anwendung des allgemeinen Beitragssatzes der gesetzlichen Krankenversicherung zuzüglich des durchschnittlichen Zusatzbeitragssatzes nach § 242a des Fünften Buches auf den Zahlbetrag der Rente ergibt. [2]Der monatliche Zuschuss wird auf die Hälfte der tatsächlichen Aufwendungen für die Krankenversicherung begrenzt. [3]Beziehen Rentner mehrere Renten, wird ein begrenzter Zuschuss von den Rentenversicherungsträgern anteilig nach dem Verhältnis der Höhen der Renten geleistet. [4]Er kann auch in einer Summe zu einer dieser Renten geleistet werden.

(4) Rentenbezieher, die freiwillig in der gesetzlichen Krankenversicherung und bei einem Krankenversicherungsunternehmen versichert sind, das der deutschen Aufsicht unterliegt, erhalten zu ihrer Rente ausschließlich einen Zuschuss nach Absatz 2.

§ 107 Rentenabfindung

(1) [1]Witwenrenten oder Witwerrenten werden bei der ersten Wiederheirat der Berechtigten mit dem 24fachen Monatsbetrag abgefunden. [2]Für die Ermittlung anderer Witwenrenten oder Witwerrenten aus derselben Rentenanwartschaft wird bis zum Ablauf des 24. Kalendermonats nach Ablauf des Kalendermonats der Wiederheirat unterstellt, dass ein Anspruch auf Witwenrente oder Witwerrente besteht. [3]Bei kleinen Witwenrenten oder kleinen Witwerrenten vermindert sich das 24fache des abzufindenden Monatsbetrages um die Anzahl an Kalendermonaten, für die eine kleine Witwenrente oder kleine Witwerrente geleistet wurde. [4]Entsprechend vermindert sich die Anzahl an Kalendermonaten nach Satz 2.

(2) [1]Monatsbetrag ist der Durchschnitt der für die letzten zwölf Kalendermonate geleisteten Witwenrente oder Witwerrente. [2]Bei Wiederheirat vor Ablauf des 15. Kalendermonats nach dem Tod des Versicherten ist Monatsbetrag der Durchschnittsbetrag der Witwenrente oder Witwerrente, die nach Ablauf des dritten auf den Sterbemonat folgenden Kalendermonats zu leisten war. [3]Bei Wiederheirat vor Ablauf dieses Kalendermonats ist Monatsbetrag der Betrag der Witwenrente oder Witwerrente, der für den vierten auf den Sterbemonat folgenden Kalendermonat zu leisten wäre.

(3) Für eine Rentenabfindung gelten als erste Wiederheirat auch die erste Wiederbegründung einer Lebenspartnerschaft, die erste Heirat nach einer Lebenspartnerschaft sowie die erste Begründung einer Lebenspartnerschaft nach einer Ehe.

§ 108 Beginn, Änderung und Ende von Zusatzleistungen

(1) Für laufende Zusatzleistungen sind die Vorschriften über Beginn, Änderung und Ende von Renten entsprechend anzuwenden.

(2) [1]Sind die Anspruchsvoraussetzungen für den Zuschuss zu den Aufwendungen für die freiwillige gesetzliche Krankenversicherung entfallen, weil die Krankenkasse rückwirkend eine Pflichtmitgliedschaft in der gesetzlichen Krankenversicherung festgestellt hat, ist der Bescheid über die Bewilligung des Zuschusses vom Be-

VI

ginn der Pflichtmitgliedschaft an aufzuheben. $_{2}$Dies gilt nicht für Zeiten, für die freiwillige Beiträge gezahlt wurden, die wegen § 27 Absatz 2 des Vierten Buches nicht erstattet werden. $_{3}$Nicht anzuwenden sind die Vorschriften zur Anhörung Beteiligter (§ 24 des Zehnten Buches), die Vorschriften zur Rücknahme eines rechtswidrigen begünstigenden Verwaltungsaktes (§ 45 des Zehnten Buches) und die Vorschriften zur Aufhebung eines Verwaltungsaktes mit Dauerwirkung bei Änderung der Verhältnisse (§ 48 des Zehnten Buches). Widerspruch und Anfechtungsklage gegen eine Entscheidung über die Aufhebung eines Bescheides nach Satz 1 und die Erstattung der erbrachten Leistungen nach § 50 Absatz 1 des Zehnten Buches haben keine aufschiebende Wirkung.

Vierter Abschnitt
Serviceleistungen

§ 109 Renteninformation und Rentenauskunft

(1) $_{1}$Versicherte, die das 27. Lebensjahr vollendet haben, erhalten jährlich eine schriftliche oder elektronische Renteninformation. $_{2}$Nach Vollendung des 55. Lebensjahres wird diese alle drei Jahre durch eine Rentenauskunft ersetzt. $_{3}$Besteht ein berechtigtes Interesse, kann die Rentenauskunft auch jüngeren Versicherten erteilt werden oder in kürzeren Abständen erfolgen. $_{4}$Der Versand von Renteninformation und Rentenauskunft endet, sobald eine Rente aus eigener Versicherung gezahlt wird, spätestens, wenn die Regelaltersgrenze erreicht ist. $_{5}$Auf Antrag erhalten Bezieher einer Erziehungs- oder Erwerbsminderungsrente eine unverbindliche Auskunft über die voraussichtliche Höhe einer späteren Altersrente.

(2) $_{1}$Die Renteninformation und die Rentenauskunft sind mit dem Hinweis zu versehen, dass sie auf der Grundlage des geltenden Rechts und der im Versicherungskonto gespeicherten rentenrechtlichen Zeiten erstellt sind und damit unter dem Vorbehalt künftiger Rechtsänderungen sowie der Richtigkeit und Vollständigkeit der im Versicherungskonto gespeicherten rentenrechtlichen Zeiten stehen. $_{2}$Mit dem Versand der zuletzt vor Vollendung des 50. Lebensjahres zu erteilenden Renteninformation ist darauf hinzuweisen, dass eine Rentenauskunft auch vor Vollendung des 55. Lebensjahres erteilt werden kann und dass eine Rentenauskunft auf Antrag auch die Höhe der Beitragszahlung zum Ausgleich einer Rentenminderung bei vorzeitiger Inanspruchnahme einer Rente wegen Alters enthält.

(3) Die Renteninformation hat insbesondere zu enthalten:

1. Angaben über die Grundlage der Rentenberechnung,
2. Angaben über die Höhe einer Rente wegen verminderter Erwerbsfähigkeit, die zu zahlen wäre, würde der Leistungsfall der vollen Erwerbsminderung vorliegen,
3. eine Prognose über die Höhe der zu erwartenden Regelaltersrente,
4. Informationen über die Auswirkungen künftiger Rentenanpassungen,
5. eine Übersicht über die Höhe der Beiträge, die für Beitragszeiten vom Versicherten, dem Arbeitgeber oder von öffentlichen Kassen gezahlt worden sind.

(4) Die Rentenauskunft hat insbesondere zu enthalten:

1. eine Übersicht über die im Versicherungskonto gespeicherten rentenrechtlichen Zeiten,
2. eine Darstellung über die Ermittlung der persönlichen Entgeltpunkte mit der Angabe ihres derzeitigen Wertes und dem Hinweis, dass sich die Berechnung der Entgeltpunkte aus beitragsfreien und beitragsgeminderten Zeiten nach der weiteren Versicherungsbiografie richtet,
3. Angaben über die Höhe der Rente, die auf der Grundlage des geltenden Rechts und der im Versicherungskonto gespeicherten rentenrechtlichen Zeiten ohne den Erwerb weiterer Beitragszeiten
   a) bei verminderter Erwerbsfähigkeit als Rente wegen voller Erwerbsminderung,
   b) bei Tod als Witwen- oder Witwerrente,
   c) nach Erreichen der Regelaltersgrenze als Regelaltersrente

   zu zahlen wäre,
4. eine Prognose über die Höhe der zu erwartenden Regelaltersrente,
5. allgemeine Hinweise
   a) zur Erfüllung der persönlichen und versicherungsrechtlichen Voraussetzungen für einen Rentenanspruch,
   b) zum Ausgleich von Abschlägen bei vorzeitiger Inanspruchnahme einer Altersrente,
   c) zu den Auswirkungen der Inanspruchnahme einer Teilrente,
6. Hinweise
   a) zu den Auswirkungen der vorzeitigen Inanspruchnahme einer Rente wegen Alters,
   b) zu den Auswirkungen eines Hinausschiebens des Rentenbeginns über die Regelaltersgrenze.

(5) 1Auf Antrag erhalten Versicherte Auskunft über die Höhe ihrer auf die Ehezeit oder Lebenspartnerschaftszeit entfallenden Rentenanwartschaft. 2Diese Auskunft erhält auf Antrag auch der Ehegatte oder geschiedene Ehegatte oder der Lebenspartner oder frühere Lebenspartner eines Versicherten, wenn der Träger der Rentenversicherung diese Auskunft nach § 74 Absatz 1 Satz 1 Nummer 2 Buchstabe b des Zehnten Buches erteilen darf, weil der Versicherte seine Auskunftspflicht gegenüber dem Ehegatten oder Lebenspartner nicht oder nicht vollständig erfüllt hat. 3Die nach Satz 2 erteilte Auskunft wird auch dem Versicherten mitgeteilt. 4Ferner enthält die Rentenauskunft auf Antrag die Höhe der Beitragszahlung, die zum Ausgleich einer Rentenminderung bei vorzeitiger Inanspruchnahme einer Rente wegen Alters erforderlich ist, und Angaben über die ihr zugrunde liegende Altersrente. 5Diese Auskunft unterbleibt, wenn die Erfüllung der versicherungsrechtlichen Voraussetzungen für eine vorzeitige Rente wegen Alters offensichtlich ausgeschlossen ist.

(6) Für die Auskunft an das Familiengericht nach § 220 Abs. 4 des Gesetzes über das Verfahren in Familiensachen und in den Angelegenheiten der freiwilligen Gerichtsbarkeit ergeben sich die nach § 39 des Versorgungsausgleichsgesetzes zu ermittelnden Entgeltpunkte aus der Berechnung einer Vollrente wegen Erreichens der Regelaltersgrenze.

§ 109a Hilfen in Angelegenheiten der Grundsicherung

(1) 1Die Träger der Rentenversicherung informieren und beraten Personen, die

1. die Regelaltersgrenze erreicht haben oder
2. das 18. Lebensjahr vollendet haben, unabhängig von der jeweiligen Arbeitsmarktlage voll erwerbsgemindert im Sinne des § 43 Abs. 2 sind und bei denen es unwahrscheinlich ist, dass die volle Erwerbsminderung behoben werden kann,

über die Leistungsvoraussetzungen nach dem Vierten Kapitel des Zwölften Buches, soweit die genannten Personen rentenberechtigt sind. 2Personen nach Satz 1, die nicht rentenberechtigt sind, werden auf Anfrage beraten und informiert. 3Liegt eine Rente unter dem 27fachen des aktuellen Rentenwertes, ist der Information zusätzlich ein Antragsformular beizufügen. 4Es ist darauf hinzuweisen, dass der Antrag auf Leistungen der Grundsicherung im Alter und bei Erwerbsminderung nach dem Vierten Kapitel des Zwölften Buches auch bei dem zuständigen Träger der Rentenversicherung gestellt werden kann, der den Antrag an den zuständigen Träger der Sozialhilfe weiterleitet. 5Darüber hinaus sind die Träger der Rentenversicherung verpflichtet, mit den zuständigen Trägern der Sozialhilfe zur Zielerreichung der Grundsicherung im Alter und bei Erwerbsminderung nach dem Vierten Kapitel des Zwölften Buches zusammenzuarbeiten. 6Eine Verpflichtung nach Satz 1 besteht nicht, wenn eine Inanspruchnahme von Leistungen der genannten Art wegen der Höhe der gezahlten Rente sowie der im Rentenverfahren zu ermittelnden weiteren Einkünfte nicht in Betracht kommt.

(2) 1Die Träger der Rentenversicherung prüfen und entscheiden auf ein Ersuchen nach § 45 des Zwölften Buches durch den zuständigen Träger der Sozialhilfe, ob Personen, die das 18. Lebensjahr vollendet haben, unabhängig von der jeweiligen Arbeitsmarktlage voll erwerbsgemindert im Sinne des § 43 Abs. 2 sind und es unwahrscheinlich ist, dass die volle Erwerbsminderung behoben werden kann. 2Ergibt die Prüfung, dass keine volle Erwerbsminderung vorliegt, ist ergänzend eine gutachterliche Stellungnahme abzugeben, ob hilfebedürftige Personen, die das 15. Lebensjahr vollendet haben, erwerbsfähig im Sinne des § 8 des Zweiten Buches sind.

(3) 1Die Träger der Rentenversicherung geben nach § 44a Absatz 1 Satz 5 des Zweiten Buches eine gutachterliche Stellungnahme ab, ob hilfebedürftige Personen, die das 15. Lebensjahr vollendet haben, erwerbsfähig im Sinne des § 8 des Zweiten Buches sind. 2Ergibt die gutachterliche Stellungnahme, dass Personen, die das 18. Lebensjahr vollendet haben, unabhängig von der jeweiligen Arbeitsmarktlage voll erwerbsgemindert im Sinne des § 43 Absatz 2 Satz 2 sind, ist ergänzend zu prüfen, ob es unwahrscheinlich ist, dass die volle Erwerbsminderung behoben werden kann.

(4) Zuständig für die Prüfung und Entscheidung nach Absatz 2 und die Erstellung der gutachterlichen Stellungnahme nach Absatz 3 ist

1. bei Versicherten der Träger der Rentenversicherung, der für die Erbringung von Leistungen an den Versicherten zuständig ist,
2. bei sonstigen Personen der Regionalträger, der für den Sitz des Trägers der Sozialhilfe oder der Agentur für Arbeit örtlich zuständig ist.

(5) Die kommunalen Spitzenverbände, die Bundesagentur für Arbeit und die Deutsche Rentenversicherung Bund können Vereinbarungen über das Verfahren nach den Absätzen 2 und 3 schließen.

Fünfter Abschnitt
Leistungen an Berechtigte im Ausland

§ 110 Grundsatz

(1) Berechtigte, die sich nur vorübergehend im Ausland aufhalten, erhalten für diese Zeit Leistungen wie Berechtigte, die ihren gewöhnlichen Aufenthalt im Inland haben.

(2) Berechtigte, die ihren gewöhnlichen Aufenthalt im Ausland haben, erhalten diese Leistungen, soweit nicht die folgenden Vorschriften über Leistungen an Berechtigte im Ausland etwas anderes bestimmen.

(3) Die Vorschriften dieses Abschnitts sind nur anzuwenden, soweit nicht nach über- oder zwischenstaatlichem Recht etwas anderes bestimmt ist.

§ 111 Rehabilitationsleistungen und Krankenversicherungszuschuss

(1) Berechtigte erhalten die Leistungen zur medizinischen Rehabilitation oder zur Teilhabe am Arbeitsleben nur, wenn für sie für den Kalendermonat, in dem der Antrag gestellt ist, Pflichtbeiträge gezahlt oder nur deshalb nicht gezahlt worden sind, weil sie im Anschluss an eine versicherte Beschäftigung oder selbständige Tätigkeit arbeitsunfähig waren.

(2) Berechtigte erhalten keinen Zuschuss zu den Aufwendungen für die Krankenversicherung.

§ 112 Renten bei verminderter Erwerbsfähigkeit

1Berechtigte erhalten wegen verminderter Erwerbsfähigkeit eine Rente nur, wenn der Anspruch unabhängig von der jeweiligen Arbeitsmarktlage besteht. 2Für eine Rente für Bergleute ist zusätzlich erforderlich, dass die Berechtigten auf diese Rente bereits für die Zeit, in der sie ihren gewöhnlichen Aufenthalt noch im Inland gehabt haben, einen Anspruch hatten.

§ 113 Höhe der Rente

(1) 1Die persönlichen Entgeltpunkte von Berechtigten werden ermittelt aus

1. Entgeltpunkten für Bundesgebiets-Beitragszeiten,
2. dem Leistungszuschlag für Bundesgebiets-Beitragszeiten,
3. Zuschlägen an Entgeltpunkten aus einem durchgeführten Versorgungsausgleich oder Rentensplitting,
4. Abschlägen an Entgeltpunkten aus einem durchgeführten Versorgungsausgleich oder Rentensplitting, soweit sie auf Bundesgebiets-Beitragszeiten entfallen,
5. Zuschlägen aus Zahlung von Beiträgen bei vorzeitiger Inanspruchnahme einer Rente wegen Alters oder bei Abfindungen von Anwartschaften auf betriebliche Altersversorgung oder von Anrechten bei der Versorgungsausgleichskasse,
6. Zuschlägen an Entgeltpunkten für Arbeitsentgelt aus geringfügiger Beschäftigung,
7. zusätzlichen Entgeltpunkten für Arbeitsentgelt aus nach § 23b Abs. 2 Satz 1 bis 4 des Vierten Buches aufgelösten Wertguthaben,
8. Zuschlägen an Entgeltpunkten bei Witwenrenten und Witwerrenten,
9. Zuschlägen an Entgeltpunkten aus Beiträgen nach Beginn einer Rente wegen Alters,
10. Zuschlägen an Entgeltpunkten für Zeiten einer besonderen Auslandsverwendung,
11. Zuschlägen an Entgeltpunkten für nachversicherte Soldaten auf Zeit und
12. Zuschlägen an Entgeltpunkten für langjährige Versicherung.

2Bundesgebiets-Beitragszeiten sind Beitragszeiten, für die Beiträge nach Bundesrecht nach dem 8. Mai 1945 gezahlt worden sind, und die diesen im Fünften Kapitel gleichgestellten Beitragszeiten.

(2) Der Zuschlag an persönlichen Entgeltpunkten bei Waisenrenten von Berechtigten wird allein aus Bundesgebiets-Beitragszeiten ermittelt.

§ 114 Besonderheiten

(1) 1Die persönlichen Entgeltpunkte von Berechtigten werden zusätzlich ermittelt aus

1. Entgeltpunkten für beitragsfreie Zeiten,
2. dem Zuschlag an Entgeltpunkten für beitragsgeminderte Zeiten und
3. Abschlägen an Entgeltpunkten aus einem durchgeführten Versorgungsausgleich oder Rentensplitting, soweit sie auf beitragsfreie Zeiten oder einen Zuschlag an Entgeltpunkten für beitragsgeminderte Zeiten entfallen.

2Die nach Satz 1 ermittelten Entgeltpunkte werden dabei in dem Verhältnis berücksichtigt, in dem die Entgeltpunkte für Bundesgebiets-Beitragszeiten und die nach § 272 Abs. 1 Nr. 1 sowie § 272 Abs. 3 Satz 1 ermittelten Entgeltpunkte zu allen Entgeltpunkten für Beitragszeiten einschließlich Beschäftigungszeiten nach dem Fremdrentengesetz stehen.

(2) Der Zuschlag an persönlichen Entgeltpunkten bei Waisenrenten von Berechtigten wird zusätzlich aus

1. beitragsfreien Zeiten in dem sich nach Absatz 1 Satz 2 ergebenden Verhältnis und
2. Berücksichtigungszeiten im Inland

ermittelt.

Sechster Abschnitt
Durchführung

Erster Unterabschnitt
Beginn und Abschluss des Verfahrens

§ 115 Beginn

(1) $_{1}$Das Verfahren beginnt mit dem Antrag, wenn nicht etwas anderes bestimmt ist. $_{2}$Eines Antrags bedarf es nicht, wenn eine Rente wegen der Änderung der tatsächlichen oder rechtlichen Verhältnisse in niedrigerer als der bisherigen Höhe zu leisten ist.

(2) Anträge von Witwen oder Witwern auf Zahlung eines Vorschusses auf der Grundlage der für den Sterbemonat an den verstorbenen Ehegatten geleisteten Rente gelten als Anträge auf Leistung einer Witwenrente oder Witwerrente.

(3) $_{1}$Haben Versicherte bis zum Erreichen der Regelaltersgrenze eine Rente wegen verminderter Erwerbsfähigkeit oder eine Erziehungsrente bezogen, ist anschließend eine Regelaltersrente zu leisten, wenn sie nicht etwas anderes bestimmen. $_{2}$Haben Witwen oder Witwer bis zum Erreichen der Altersgrenze für eine große Witwenrente oder große Witwerrente eine kleine Witwenrente oder kleine Witwerrente bezogen, ist anschließend eine große Witwenrente oder große Witwerrente zu leisten.

(4) $_{1}$Leistungen zur Teilhabe können auch von Amts wegen erbracht werden, wenn die Versicherten zustimmen. $_{2}$Die Zustimmung gilt als Antrag auf Leistungen zur Teilhabe.

(5) Rentenauskünfte werden auch von Amts wegen erteilt.

(6) $_{1}$Die Träger der Rentenversicherung sollen die Berechtigten in geeigneten Fällen darauf hinweisen, dass sie eine Leistung erhalten können, wenn sie diese beantragen. $_{2}$In Richtlinien der Deutschen Rentenversicherung Bund kann bestimmt werden, unter welchen Voraussetzungen solche Hinweise erfolgen sollen.

§ 116 Besonderheiten bei Leistungen zur Teilhabe

(1) (weggefallen)

(2) Der Antrag auf Leistungen zur medizinischen Rehabilitation oder zur Teilhabe am Arbeitsleben gilt als Antrag auf Rente, wenn Versicherte vermindert erwerbsfähig sind und

1. ein Erfolg von Leistungen zur medizinischen Rehabilitation oder zur Teilhabe am Arbeitsleben nicht zu erwarten ist oder
2. Leistungen zur medizinischen Rehabilitation oder zur Teilhabe am Arbeitsleben nicht erfolgreich gewesen sind, weil sie die verminderte Erwerbsfähigkeit nicht verhindert haben.

(3) $_{1}$Ist Übergangsgeld gezahlt worden und wird nachträglich für denselben Zeitraum der Anspruch auf eine Rente wegen verminderter Erwerbsfähigkeit festgestellt, gilt dieser Anspruch bis zur Höhe des gezahlten Übergangsgeldes als erfüllt. $_{2}$Übersteigt das Übergangsgeld den Betrag der Rente, kann der übersteigende Betrag nicht zurückgefordert werden.

§ 117 Abschluss

Die Entscheidung über einen Anspruch auf Leistung bedarf der Schriftform.

§ 117a Besonderheiten beim Zuschlag an Entgeltpunkten für langjährige Versicherung

Über den Anspruch auf Rente kann hinsichtlich der Rentenhöhe auch unter Außerachtlassung des Zuschlags an Entgeltpunkten für langjährige Versicherung entschieden werden.

Zweiter Unterabschnitt
Auszahlung und Anpassung

§ 118 Fälligkeit und Auszahlung

(1) $_{1}$Laufende Geldleistungen mit Ausnahme des Übergangsgeldes werden am Ende des Monats fällig, zu dessen Beginn die Anspruchsvoraussetzungen erfüllt sind; sie werden am letzten Bankarbeitstag dieses Monats ausgezahlt. $_{2}$Bei Zahlung auf ein Konto im Inland ist die Gutschrift der laufenden Geldleistung, auch wenn sie nachträglich erfolgt, so vorzunehmen, dass die Wertstellung des eingehenden Überweisungsbetrages auf dem Empfängerkonto unter dem Datum des Tages erfolgt, an dem der Betrag dem Geldinstitut zur Verfügung gestellt worden ist. $_{3}$Für die rechtzeitige Auszahlung im Sinne von Satz 1 genügt es, wenn nach dem gewöhnlichen Verlauf die Wertstellung des Betrages der laufenden Geldleistung unter dem Datum des letzten Bankarbeitstages erfolgen kann.

(2) Laufende Geldleistungen, die bei Auszahlungen

1. im Inland den aktuellen Rentenwert,
2. im Ausland das Dreifache des aktuellen Rentenwerts

nicht übersteigen, können für einen angemessenen Zeitraum im Voraus ausgezahlt werden.

(2a) Nachzahlungsbeträge, die ein Zehntel des aktuellen Rentenwerts nicht übersteigen, sollen nicht ausgezahlt werden.

(2b) In Fällen des § 47 Absatz 1 Satz 3 des Ersten Buches erfolgt eine kostenfreie Übermittlung von Geldleistungen an den Wohnsitz oder an den gewöhnlichen Aufenthalt spätestens ab dem zweiten Monat, der auf den Monat folgt, in dem der Nachweis erbracht worden ist.

(3) 1Geldleistungen, die für die Zeit nach dem Tod des Berechtigten auf ein Konto bei einem Geldinstitut, für das die Verordnung (EU) Nr. 260/2012 des Europäischen Parlaments und des Rates vom 14. März 2012 zur Festlegung der technischen Vorschriften und der Geschäftsanforderungen für Überweisungen und Lastschriften in Euro und zur Änderung der Verordnung (EG) Nr. 924/2009 (ABl. L 94 vom 30. 3. 2012, S. 22) gilt, überwiesen wurden, gelten als unter Vorbehalt erbracht. 2Das Geldinstitut hat sie der überweisenden Stelle oder dem Träger der Rentenversicherung zurückzuüberweisen, wenn diese sie als zu Unrecht erbracht zurückfordern. 3Eine Verpflichtung zur Rücküberweisung besteht nicht, soweit über den entsprechenden Betrag bei Eingang der Rückforderung bereits anderweitig verfügt wurde, es sei denn, dass die Rücküberweisung aus einem Guthaben erfolgen kann. 4Das Geldinstitut darf den überwiesenen Betrag nicht zur Befriedigung eigener Forderungen verwenden.

(4) 1Soweit Geldleistungen für die Zeit nach dem Tod des Berechtigten zu Unrecht erbracht worden sind, sind sowohl die Personen, die die Geldleistungen unmittelbar in Empfang genommen haben oder an die der entsprechende Betrag durch Dauerauftrag, Lastschrifteinzug oder sonstiges bankübliches Zahlungsgeschäft auf ein Konto weitergeleitet wurde (Empfänger), als auch die Personen, die als Verfügungsberechtigte über den entsprechenden Betrag ein bankübliches Zahlungsgeschäft zu Lasten des Kontos vorgenommen oder zugelassen haben (Verfügende), dem Träger der Rentenversicherung zur Erstattung des entsprechenden Betrages verpflichtet. 2Der Träger der Rentenversicherung hat Erstattungsansprüche durch Verwaltungsakt geltend zu machen. 3Ein Geldinstitut, das eine Rücküberweisung mit dem Hinweis abgelehnt hat, dass über den entsprechenden Betrag bereits anderweitig verfügt wurde, hat der überweisenden Stelle oder dem Träger der Rentenversicherung auf Verlangen Name und Anschrift des Empfängers oder Verfügenden und etwaiger neuer Kontoinhaber zu benennen. 4Ein Anspruch gegen die Erben nach § 50 des Zehnten Buches bleibt unberührt.

(4a) 1Die Ansprüche nach den Absätzen 3 und 4 verjähren in vier Jahren nach Ablauf des Kalenderjahres, in dem der Träger der Rentenversicherung Kenntnis von der Überzahlung und in den Fällen des Absatzes 4 zusätzlich Kenntnis von dem Erstattungspflichtigen erlangt hat. 2Für die Hemmung, die Ablaufhemmung, den Neubeginn und die Wirkung der Verjährung gelten die Vorschriften des Bürgerlichen Gesetzbuchs sinngemäß.

(5) Sind laufende Geldleistungen, die nach Absatz 1 auszuzahlen und in dem Monat fällig geworden sind, in dem der Berechtigte verstorben ist, auf das bisherige Empfängerkonto bei einem Geldinstitut überwiesen worden, ist der Anspruch der Erben gegenüber dem Träger der Rentenversicherung erfüllt.

§ 118a Anpassungsmitteilung

Rentenbezieher erhalten eine Anpassungsmitteilung, wenn sich die Höhe des aktuellen Rentenwerts verändert.

§ 119 Wahrnehmung von Aufgaben durch die Deutsche Post AG

(1) 1Die Träger der allgemeinen Rentenversicherung zahlen die laufenden Geldleistungen mit Ausnahme des Übergangsgeldes durch die Deutsche Post AG aus. 2Im Übrigen können die Träger der Rentenversicherung Geldleistungen durch die Deutsche Post AG auszahlen lassen.

(2) 1Soweit die Deutsche Post AG laufende Geldleistungen für die Träger der Rentenversicherung auszahlt, führt sie auch Arbeiten zur Anpassung der Leistungen durch. 2Die Anpassungsmitteilungen ergehen im Namen des Trägers der Rentenversicherung.

(3) Die Auszahlung und die Durchführung der Anpassung von Geldleistungen durch die Deutsche Post AG umfassen auch die Wahrnehmung der damit im Zusammenhang stehenden Aufgaben der Träger der Rentenversicherung, insbesondere

1. die Überwachung der Zahlungsvoraussetzungen durch die Auswertung der Sterbefallmitteilungen nach § 101a des Zehnten Buches und durch die Einholung von Lebensbescheinigungen im Rahmen des § 60 Abs. 1 und des § 65 Abs. 1 Nr. 3 des Ersten Buches,
2. die Erstellung statistischen Materials und dessen Übermittlung an das Bundesministerium für Arbeit und Soziales und an die Deutsche Rentenversicherung Bund sowie

3. die Ausstellung von Ausweisen, mit denen eine Rentenberechtigung nachgewiesen werden kann, sofern dies nicht durch die Träger der Rentenversicherung erfolgt.

(4) 1Die Träger der Rentenversicherung werden von ihrer Verantwortung gegenüber dem Leistungsberechtigten nicht entbunden. 2Der Leistungsberechtigte soll jedoch Änderungen in den tatsächlichen oder rechtlichen Verhältnissen, die für die Auszahlung oder die Durchführung der Anpassung der von der Deutschen Post AG gezahlten Geldleistungen erheblich sind, unmittelbar der Deutschen Post AG mitteilen.

(5) 1Zur Auszahlung der Geldleistungen erhält die Deutsche Post AG von den Trägern der Rentenversicherung monatlich rechtzeitig angemessene Vorschüsse. 2Die Deutsche Rentenversicherung Bund setzt für die Träger der allgemeinen Rentenversicherung die Vorschüsse fest.

(6) 1Die Deutsche Post AG erhält für ihre Tätigkeit von den Trägern der Rentenversicherung eine angemessene Vergütung und auf die Vergütung monatlich rechtzeitig angemessene Vorschüsse. 2Die Deutsche Rentenversicherung Bund setzt für die Träger der allgemeinen Rentenversicherung die Vorschüsse fest.

§ 120 Verordnungsermächtigung

Das Bundesministerium für Arbeit und Soziales wird ermächtigt, durch Rechtsverordnung mit Zustimmung des Bundesrates

1. den Inhalt der von der Deutschen Post AG wahrzunehmenden Aufgaben der Träger der Rentenversicherung nach § 119 Abs. 1 bis 3 näher zu bestimmen und die Rechte und Pflichten der Beteiligten festzulegen,
2. die Höhe und Fälligkeit der Vorschüsse, die die Deutsche Post AG von den Trägern der Rentenversicherung nach § 119 Abs. 5 erhält, näher zu bestimmen,
3. das Verfahren zur Bestimmung der Höhe sowie die Fälligkeit der Vergütung und der Vorschüsse, die die Deutsche Post AG von den Trägern der Rentenversicherung nach § 119 Abs. 6 erhält, näher zu bestimmen.

Dritter Unterabschnitt
Rentensplitting

§ 120a Grundsätze für das Rentensplitting unter Ehegatten

(1) Ehegatten können gemeinsam bestimmen, dass die von ihnen in der Ehe erworbenen Ansprüche auf eine anpassungsfähige Rente zwischen ihnen aufgeteilt werden (Rentensplitting unter Ehegatten).

(2) Die Durchführung des Rentensplittings unter Ehegatten ist zulässig, wenn

1. die Ehe nach dem 31. Dezember 2001 geschlossen worden ist oder
2. die Ehe am 31. Dezember 2001 bestand und beide Ehegatten nach dem 1. Januar 1962 geboren sind.

(3) Anspruch auf Durchführung des Rentensplittings unter Ehegatten besteht, wenn

1. erstmalig beide Ehegatten nach Ablauf des Monats, in dem die Regelaltersgrenze erreicht wurde, Anspruch auf Leistung einer Vollrente wegen Alters aus der gesetzlichen Rentenversicherung haben oder
2. erstmalig ein Ehegatte nach Ablauf des Monats, in dem die Regelaltersgrenze erreicht wurde, Anspruch auf Leistung einer Vollrente wegen Alters aus der gesetzlichen Rentenversicherung und der andere Ehegatte die Regelaltersgrenze erreicht hat oder
3. ein Ehegatte verstirbt, bevor die Voraussetzungen der Nummern 1 und 2 vorliegen. In diesem Fall kann der überlebende Ehegatte das Rentensplitting unter Ehegatten allein herbeiführen.

(4) 1Anspruch auf Durchführung des Rentensplittings unter Ehegatten besteht nur, wenn am Ende der Splittingzeit

1. in den Fällen von Absatz 3 Nr. 1 und 2 bei beiden Ehegatten und
2. im Fall von Absatz 3 Nr. 3 beim überlebenden Ehegatten

25 Jahre an rentenrechtlichen Zeiten vorhanden sind. 2Im Fall von Satz 1 Nr. 2 gilt als rentenrechtliche Zeit auch die Zeit vom Zeitpunkt des Todes des verstorbenen Ehegatten bis zum Erreichen der Regelaltersgrenze des überlebenden Ehegatten in dem Verhältnis, in dem die Kalendermonate an rentenrechtlichen Zeiten des überlebenden Ehegatten in der Zeit von seinem vollendeten 17. Lebensjahr bis zum Tod des verstorbenen Ehegatten zu allen Kalendermonaten in dieser Zeit stehen.

(5) Anspruch auf Durchführung des Rentensplittings unter Ehegatten besteht nicht, wenn der überlebende Ehegatte eine Rentenabfindung erhalten hat.

(6) 1Der Anspruch auf Durchführung des Rentensplittings unter Ehegatten besteht für die Zeit vom Beginn des Monats, in dem die Ehe geschlossen worden ist, bis zum Ende des Monats, in dem der Anspruch entstanden ist (Splittingzeit). 2Entsteht der Anspruch auf Durchfüh-

VI

rung des Rentensplittings unter Ehegatten nach Ablauf des Monats, in dem die Regelaltersgrenze erreicht wurde, durch Leistung einer Vollrente wegen Alters, endet die Splittingzeit mit dem Ende des Monats vor Leistungsbeginn.

(7) 1Die Höhe der Ansprüche richtet sich nach den Entgeltpunkten der Ehegatten, getrennt nach

1. Entgeltpunkten der allgemeinen Rentenversicherung und
2. Entgeltpunkten der knappschaftlichen Rentenversicherung,

die mit demselben aktuellen Rentenwert für die Berechnung einer Rente zu vervielfältigen sind. 2Der Ehegatte mit der jeweils niedrigeren Summe solcher Entgeltpunkte hat Anspruch auf Übertragung der Hälfte des Unterschieds zwischen den gleichartigen Entgeltpunkten der Ehegatten (Einzelsplitting).

(8) Besteht zwischen den jeweiligen Summen aller Entgeltpunkte der Ehegatten in der Splittingzeit ein Unterschied, ergibt sich für den Ehegatten mit der niedrigeren Summe aller Entgeltpunkte ein Zuwachs an Entgeltpunkten in Höhe der Hälfte des Unterschieds zwischen der Summe aller Entgeltpunkte für den Ehegatten mit der höheren Summe an Entgeltpunkten und der Summe an Entgeltpunkten des anderen Ehegatten (Splittingzuwachs).

(9) Das Rentensplitting unter Ehegatten ist durchgeführt, wenn die Entscheidung des Rentenversicherungsträgers über das Rentensplitting

1. in den Fällen von Absatz 3 Nr. 1 und 2 für beide Ehegatten und
2. im Fall von Absatz 3 Nr. 3 für den überlebenden Ehegatten

unanfechtbar geworden ist.

§ 120b Tod eines Ehegatten vor Empfang angemessener Leistungen

(1) 1Ist ein Ehegatte verstorben und sind ihm aus dem Rentensplitting unter Ehegatten nicht länger als 36 Monate Rentenleistungen erbracht worden, wird die Rente des überlebenden Ehegatten auf Antrag nicht länger auf Grund des Rentensplittings gekürzt. 2Satz 1 gilt nicht, wenn ein Rentensplitting nach § 120a Absatz 3 Nummer 3 herbeigeführt wurde.

(2) Antragsberechtigt ist der überlebende Ehegatte.

(3) Die Anpassung wirkt ab dem ersten Tag des Monats, der auf den Monat der Antragstellung folgt.

§ 120c Abänderung des Rentensplittings unter Ehegatten

(1) Ehegatten haben Anspruch auf Abänderung des Rentensplittings, wenn sich für sie eine Abweichung des Wertunterschieds von dem bisher zugrunde liegenden Wertunterschied ergibt.

(2) 1Die Änderung der Anspruchshöhe kommt nur in Betracht, wenn durch sie Versicherte

1. eine Übertragung von Entgeltpunkten erhalten, deren Wert insgesamt vom Wert der bislang insgesamt übertragenen Entgeltpunkte wesentlich abweicht, oder
2. eine maßgebende Wartezeit erfüllen.

2Eine Abweichung ist wesentlich, wenn sie 10 vom Hundert der durch die abzuändernde Entscheidung insgesamt übertragenen Entgeltpunkte, mindestens jedoch 0,5 Entgeltpunkte übersteigt, wobei Entgeltpunkte der knappschaftlichen Rentenversicherung zuvor mit 1,3333 zu vervielfältigen sind.

(3) Für den Ehegatten, der einen Splittingzuwachs erhalten hat, entfällt durch die Abänderung eine bereits erfüllte Wartezeit nicht.

(4) 1Antragsberechtigt zur Abänderung des Rentensplittings unter Ehegatten sind neben den Ehegatten auch ihre Hinterbliebenen. 2Eine Abänderung von Amts wegen ist möglich.

(5) Das Verfahren endet mit dem Tod des antragstellenden Ehegatten oder des antragstellenden Hinterbliebenen, wenn nicht ein Antragsberechtigter binnen drei Monaten gegenüber dem Rentenversicherungsträger erklärt, das Verfahren fortsetzen zu wollen.

(6) 1Die Ehegatten oder ihre Hinterbliebenen sind verpflichtet, einander die Auskünfte zu erteilen, die zur Wahrnehmung ihrer Rechte nach den vorstehenden Vorschriften erforderlich sind. 2Sofern ein Ehegatte oder seine Hinterbliebenen die erforderlichen Auskünfte von dem anderen Ehegatten oder dessen Hinterbliebenen nicht erhalten, haben sie einen entsprechenden Auskunftsanspruch gegen die betroffenen Rentenversicherungsträger. 3§ 74 Absatz 1 Satz 1 Nummer 2 Buchstabe b des Zehnten Buches findet entsprechende Anwendung. 4Die Ehegatten und ihre Hinterbliebenen haben den betroffenen Rentenversicherungsträgern die erforderlichen Auskünfte zu erteilen.

(7) Die Abänderung des Rentensplittings unter Ehegatten ist durchgeführt, wenn die Entscheidung des Rentenversicherungsträgers über die Abänderung für die

Ehegatten und ihre Hinterbliebenen unanfechtbar geworden ist.

§ 120d Verfahren und Zuständigkeit

(1) 1Die Erklärung der Ehegatten zum Rentensplitting kann frühestens sechs Monate vor der voraussichtlichen Erfüllung der Anspruchsvoraussetzungen abgegeben werden. 2In den Fällen des § 120a Abs. 3 Nr. 3 ist die Erklärung zum Rentensplitting von dem überlebenden Ehegatten spätestens bis zum Ablauf von zwölf Kalendermonaten nach Ablauf des Monats abzugeben (Ausschlussfrist), in dem der Ehegatte verstorben ist. 3Die Ausschlussfrist gilt nur für Todesfälle ab dem 1. Januar 2008. 4Die Frist des Satzes 2 wird durch ein Verfahren bei einem Rentenversicherungsträger unterbrochen; die Frist beginnt erneut nach Abschluss des Verfahrens. 5Eine Wiedereinsetzung in den vorigen Stand ist ausgeschlossen.

(2) 1Erklärungen zum Rentensplitting können von einem oder von beiden Ehegatten widerrufen werden, bis das Rentensplitting durchgeführt ist. 2Nach diesem Zeitpunkt sind die Erklärungen unwiderruflich.

(3) 1Für die Durchführung des Rentensplittings ist der Rentenversicherungsträger des jüngeren Ehegatten zuständig. 2Hat ein Ehegatte keine eigenen Anwartschaften in der gesetzlichen Rentenversicherung erworben, ist der Rentenversicherungsträger des anderen Ehegatten zuständig. 3In den Fällen des § 120a Abs. 3 Nr. 3 ist der Rentenversicherungsträger des verstorbenen Ehegatten zuständig. 4Ist für einen Ehegatten die Zuständigkeit der Deutschen Rentenversicherung Knappschaft-Bahn-See gegeben, ist dieser Rentenversicherungsträger für die Durchführung des Rentensplittings zuständig.

(4) Der am Verfahren über das Rentensplitting unter Ehegatten beteiligte, nicht zuständige Rentenversicherungsträger ist an die Entscheidung des zuständigen Rentenversicherungsträgers gebunden.

§ 120e Rentensplitting unter Lebenspartnern

1Lebenspartner können gemeinsam bestimmen, dass die von ihnen in der Lebenspartnerschaft erworbenen Ansprüche auf eine anpassungsfähige Rente zwischen ihnen aufgeteilt werden (Rentensplitting unter Lebenspartnern). 2Die Durchführung des Rentensplittings, der Anspruch auf eine nicht aufgrund des Rentensplittings gekürzte Rente, die Abänderung des Rentensplittings unter Lebenspartnern und das Verfahren sowie die Zuständigkeit richten sich nach den vorangegangenen Vorschriften dieses Unterabschnitts. 3Dabei gelten als Eheschließung die Begründung einer Lebenspartnerschaft, als Ehe eine Lebenspartnerschaft und als Ehegatte ein Lebenspartner.

Vierter Unterabschnitt
Besonderheiten beim Versorgungsausgleich

§ 120f Interne Teilung und Verrechnung von Anrechten

(1) Als erworbene Anrechte gleicher Art im Sinne des § 10 Abs. 2 des Versorgungsausgleichsgesetzes gelten die in der gesetzlichen Rentenversicherung erworbenen Anrechte.

(2) Als Anrechte gleicher Art im Sinne des § 10 Abs. 2 des Versorgungsausgleichsgesetzes gelten nicht

1. die bis zum 30. Juni 2024 im Beitrittsgebiet und im übrigen Bundesgebiet erworbenen Anrechte,
2. die in der allgemeinen Rentenversicherung und in der knappschaftlichen Rentenversicherung erworbenen Anrechte,
3. die in der Rentenversicherung als Zuschläge für langjährige Versicherung gewährten Entgeltpunkte und die übrigen Entgeltpunkte.

§ 120g Externe Teilung

Wählt die ausgleichsberechtigte Person bei der externen Teilung von Anrechten nach dem Versorgungsausgleichsgesetz keine Zielversorgung aus und erfolgt der Ausgleich nach § 15 Abs. 5 des Versorgungsausgleichsgesetzes in der gesetzlichen Rentenversicherung, werden Anrechte mit Zahlungseingang des Betrags erworben, der vom Familiengericht nach § 222 Abs. 3 des Gesetzes über das Verfahren in Familiensachen und in den Angelegenheiten der freiwilligen Gerichtsbarkeit festgesetzt wurde.

§ 120h Abzuschmelzende Anrechte

Abzuschmelzende Anrechte im Sinne des § 19 Abs. 2 Nr. 2 des Versorgungsausgleichsgesetzes, die Ausgleichsansprüchen nach der Scheidung nach den §§ 20 bis 24 des Versorgungsausgleichsgesetzes unterliegen, sind

1. der Auffüllbetrag (§ 315a),
2. der Rentenzuschlag (§ 319a),
3. der Übergangszuschlag (§ 319b) und
4. der weiterzuzahlende Betrag oder der besitzgeschützte Zahlbetrag der nach dem Anspruchs- und Anwartschaftsüberführungsgesetz oder nach dem Zusatzversorgungssystem-Gleichstellungsgesetz überführten Rente des Beitrittsgebiets, soweit dieser den Monatsbetrag der Renten nach § 307b Abs. 1 Satz 3 übersteigt (§ 307b Abs. 6).

Fünfter Unterabschnitt
Berechnungsgrundsätze

§ 121 Allgemeine Berechnungsgrundsätze

(1) Berechnungen werden auf vier Dezimalstellen durchgeführt, wenn nicht etwas anderes bestimmt ist.

(2) Bei einer auf Dezimalstellen vorzunehmenden Berechnung wird die letzte Dezimalstelle um 1 erhöht, wenn sich in der folgenden Dezimalstelle eine der Zahlen 5 bis 9 ergeben würde.

(3) Bei einer Berechnung, die auf volle Werte vorzunehmen ist, wird der Wert vor der ersten Dezimalstelle um 1 erhöht, wenn sich in den ersten vier Dezimalstellen eine der Zahlen 1 bis 9 ergeben würde.

(4) Bei einer Berechnung werden vor einer Division zunächst die anderen Rechengänge durchgeführt.

§ 122 Berechnung von Zeiten

(1) Ein Kalendermonat, der nur zum Teil mit rentenrechtlichen Zeiten belegt ist, zählt als voller Monat.

(2) 1Ein Zeitraum, der in Jahren bestimmt ist, umfasst für jedes zu berücksichtigende Jahr zwölf Monate. 2Ist für den Beginn oder das Ende eines Zeitraums ein bestimmtes Ereignis maßgebend, wird auch der Kalendermonat, in den das Ereignis fällt, berücksichtigt.

(3) Sind Zeiten bis zu einer Höchstdauer zu berücksichtigen, werden die am weitesten zurückliegenden Kalendermonate zunächst berücksichtigt.

§ 123 Berechnung von Geldbeträgen

(1) Berechnungen von Geldbeträgen werden auf zwei Dezimalstellen durchgeführt.

(2) Bei der Ermittlung von Geldbeträgen, für die ausdrücklich ein voller Betrag vorgegeben oder bestimmt ist, wird der Betrag nur dann um 1 erhöht, wenn sich in der ersten Dezimalstelle eine der Zahlen 5 bis 9 ergeben würde.

(3) 1Der auf einen Teilzeitraum entfallende Betrag ergibt sich, wenn der Gesamtbetrag mit dem Teilzeitraum vervielfältigt und durch den Gesamtzeitraum geteilt wird. 2Dabei werden das Kalenderjahr mit 360 Tagen, der Kalendermonat außer bei der anteiligen Ermittlung einer Monatsrente mit 30 Tagen und die Kalenderwoche mit sieben Tagen gerechnet.

§ 124 Berechnung von Durchschnittswerten und Rententeilen

(1) Durchschnittswerte werden aus der Summe der Einzelwerte und der für ihre Ermittlung zugrunde gelegten Summe der jeweiligen Zeiteinheiten ermittelt, soweit nicht eine andere Summe von Zeiteinheiten ausdrücklich bestimmt ist.

(2) Die Rente oder Rentenanwartschaft, die auf einen Zeitabschnitt entfällt, ergibt sich, wenn nach der Ermittlung der Entgeltpunkte für alle rentenrechtlichen Zeiten die Rente oder Rentenanwartschaft aus den Entgeltpunkten berechnet wird, die auf diesen Zeitabschnitt entfallen.

Drittes Kapitel
Organisation, Datenschutz und Datensicherheit

Erster Abschnitt
Organisation

Erster Unterabschnitt
Deutsche Rentenversicherung

§ 125 Träger der gesetzlichen Rentenversicherung

(1) 1Die Aufgaben der gesetzlichen Rentenversicherung (allgemeine Rentenversicherung und knappschaftliche Rentenversicherung) werden von Regionalträgern und Bundesträgern wahrgenommen. 2Der Name der Regionalträger der gesetzlichen Rentenversicherung besteht aus der Bezeichnung „Deutsche Rentenversicherung" und einem Zusatz für ihre jeweilige Zuständigkeit.

(2) 1Bundesträger sind die Deutsche Rentenversicherung Bund und die Deutsche Rentenversicherung Knappschaft-Bahn-See. 2Die Deutsche Rentenversicherung Bund nimmt auch die Grundsatz- und Querschnittsaufgaben und die gemeinsamen Angelegenheiten der Träger der Rentenversicherung wahr.

Zweiter Unterabschnitt
Zuständigkeit in der allgemeinen Rentenversicherung

§ 126 Zuständigkeit der Träger der Rentenversicherung

1Für die Erfüllung der Aufgaben der Rentenversicherung sind in der allgemeinen Rentenversicherung die Regionalträger, die Deutsche Rentenversicherung Bund und die Deutsche Rentenversicherung Knappschaft-Bahn-See zuständig. 2Dies gilt auch für die Anwendung des über- und zwischenstaatlichen Rechts.

§ 127 Zuständigkeit für Versicherte und Hinterbliebene

(1) 1Zuständig für Versicherte ist der Träger der Rentenversicherung, der durch die Datenstelle der Rentenversicherung bei der Vergabe der Versicherungsnummer festgelegt worden ist. 2Ist eine Versicherungsnummer

VI

noch nicht vergeben, ist bis zur Vergabe der Versicherungsnummer die Deutsche Rentenversicherung Bund zuständig.

(2) Das Erweiterte Direktorium der Deutschen Rentenversicherung Bund bestimmt die Zuordnung von Versicherten zu einem Träger der Rentenversicherung nach folgenden Grundsätzen:

1. Die Versicherten werden zu 55 vom Hundert den Regionalträgern, zu 40 vom Hundert der Deutschen Rentenversicherung Bund und zu 5 vom Hundert der Deutschen Rentenversicherung Knappschaft-Bahn-See zugeordnet.
2. Im ersten Schritt werden Versicherte gemäß § 129 oder § 133 der Deutschen Rentenversicherung Knappschaft-Bahn-See unter Anrechnung auf ihre Quote nach Nummer 1 zugeordnet.
3. Im zweiten Schritt werden den Regionalträgern so viele der verbleibenden Versicherten zugeordnet, dass, für jeden örtlichen Zuständigkeitsbereich eines Regionalträgers gesondert, jeweils die Quote nach Nummer 1 hergestellt wird.
4. Im dritten Schritt werden die übrigen Versicherten zur Herstellung der Quote nach Nummer 1 zwischen der Deutschen Rentenversicherung Bund und, unter Anrechnung der Vorwegzuordnung nach Nummer 2, der Deutschen Rentenversicherung Knappschaft-Bahn-See verteilt. Dabei werden der Deutschen Rentenversicherung Knappschaft-Bahn-See Versicherte in Brandenburg, Hamburg, Hessen, Nordrhein-Westfalen, Oberbayern, Sachsen und im Saarland gleichmäßig zugewiesen.

(3) 1Für Personen, die als Hinterbliebene eines verstorbenen Versicherten Ansprüche gegen die Rentenversicherung geltend machen, ist der Träger der Rentenversicherung zuständig, an den zuletzt Beiträge für den verstorbenen Versicherten gezahlt worden sind. 2Der so zuständige Träger bleibt auch zuständig, wenn nach dem Tod eines weiteren Versicherten ein anderer Träger zuständig wäre. 3Bei gleichzeitigem Tod mehrerer Versicherter ist der Träger der Rentenversicherung zuständig, an den der letzte Beitrag gezahlt worden ist. 4Sind zuletzt an mehrere Träger der Rentenversicherung Beiträge gezahlt worden, ergibt sich die Zuständigkeit nach folgender Reihenfolge:

1. Deutsche Rentenversicherung Knappschaft-Bahn-See,
2. Deutsche Rentenversicherung Bund,
3. Regionalträger.

§ 127a Verbindungsstelle für Leistungen bei Invalidität, bei Alter und an Hinterbliebene sowie für Vorruhestandsleistungen

(1) 1Die Zuständigkeit der Träger der gesetzlichen Rentenversicherung erstreckt sich auch auf die Wahrnehmung der Aufgaben einer Verbindungsstelle, die durch über- und zwischenstaatliches Recht festgelegt sind. 2Hierzu gehören insbesondere

1. die Prüfung und Entscheidung über die weitere Anwendbarkeit der deutschen Rechtsvorschriften für eine Person, die
   a) vorübergehend in einen anderen Mitgliedstaat der Europäischen Union, in einen anderen Vertragsstaat des Abkommens über den Europäischen Wirtschaftsraum oder in die Schweiz entsandt ist oder dort vorübergehend selbstständig tätig ist und
   b) die nicht Mitglied einer gesetzlichen Krankenkasse und nicht Mitglied einer berufsständischen Versorgungseinrichtung ist,
2. die Koordinierung der Verwaltungshilfe und des Datenaustauschs bei grenzüberschreitenden Sachverhalten,
3. Aufklärung, Beratung und Information.

(2) 1Im Anwendungsbereich der Verordnung (EG) Nr. 883/2004 des Europäischen Parlaments und des Rates vom 29. April 2004 zur Koordinierung der Systeme der sozialen Sicherheit (ABl. L 166 vom 30. 4. 2004, S. 1, L 200 vom 7. 6. 2004, S. 1), die zuletzt durch die Verordnung (EG) Nr. 988/2009 (ABl. L 284 vom 30. 10. 2009, S. 43) geändert worden ist, handelt die Deutsche Rentenversicherung Bund auch als Verbindungsstelle für den Bereich der Pensionen eines Sondersystems für Beamte. 2Sie arbeitet hierbei mit der Generalzolldirektion eng zusammen und unterstützt diese. 3Sie darf personenbezogene Daten verarbeiten, soweit dies zur Erfüllung ihrer Aufgaben erforderlich ist.

(3) 1Im Anwendungsbereich der Verordnung (EG) Nr. 883/2004 handelt die Deutsche Rentenversicherung Knappschaft-Bahn-See auch als Verbindungsstelle für den Bereich der Vorruhestandsleistungen. 2Hierzu gehören insbesondere

1. das Anpassungsgeld für entlassene Arbeitnehmer des Bergbaus,

1a. das Anpassungsgeld für Arbeitnehmerinnen und Arbeitnehmer der Braunkohleanlagen und -tagebaue sowie Steinkohleanlagen, die aus den in § 57

Absatz 1 Satz 1 des Kohleverstromungsbeendigungsgesetzes genannten Gründen ihren Arbeitsplatz verloren haben, und

2. das Überbrückungsgeld der Seemannskasse.

§128 Örtliche Zuständigkeit der Regionalträger

(1) $_1$Die örtliche Zuständigkeit der Regionalträger richtet sich, soweit nicht nach Absatz 3 oder nach über- und zwischenstaatlichem Recht etwas anderes bestimmt ist, nach folgender Reihenfolge:

1. Wohnsitz,
2. gewöhnlicher Aufenthalt,
3. Beschäftigungsort,
4. Tätigkeitsort

der Versicherten oder der Hinterbliebenen im Inland. $_2$Bei Leistungsansprüchen ist für die örtliche Zuständigkeit der Zeitpunkt der Antragstellung maßgebend. $_3$Bei Halbwaisenrenten ist der für den überlebenden Ehegatten, bei Waisenrenten, bei denen ein überlebender Ehegatte nicht vorhanden ist, der für die jüngste Waise bestimmte Regionalträger zuständig. $_4$Wären bei Leistungsansprüchen von Hinterbliebenen mehrere Regionalträger zuständig, ist der Regionalträger zuständig, bei dem zuerst ein Antrag gestellt worden ist.

(2) Liegt der nach Absatz 1 maßgebende Ort nicht im Inland, ist der Regionalträger zuständig, der zuletzt nach Absatz 1 zuständig war.

(3) Die örtliche Zuständigkeit der Regionalträger richtet sich für Berechtigte, die

1. in einem der in der nachfolgenden Tabelle genannten Staaten wohnen,
2. die Staatsangehörigkeit eines dieser Staaten besitzen und in einem Gebiet außerhalb der genannten Staaten wohnen oder
3. in Deutschland oder als Deutsche in einem Gebiet außerhalb der genannten Staaten wohnen und der letzte nach den Rechtsvorschriften eines Mitgliedstaates der Europäischen Union, eines Vertragsstaates des Abkommens über den Europäischen Wirtschaftsraum oder der Schweiz entrichtete ausländische Beitrag an einen Rentenversicherungsträger dieser Staaten gezahlt wurde,

nach der folgenden Tabelle:

Belgien	Deutsche Rentenversicherung Rheinland,
Bulgarien	Deutsche Rentenversicherung Mitteldeutschland,
Dänemark	Deutsche Rentenversicherung Nord,
Estland	Deutsche Rentenversicherung Nord,
Finnland	Deutsche Rentenversicherung Nord,
Frankreich	Deutsche Rentenversicherung Rheinland-Pfalz,
Griechenland	Deutsche Rentenversicherung Baden-Württemberg,
Großbritannien	Deutsche Rentenversicherung Nord,
Irland	Deutsche Rentenversicherung Nord,
Island	Deutsche Rentenversicherung Westfalen,
Italien	Deutsche Rentenversicherung Schwaben,
Kroatien	Deutsche Rentenversicherung Bayern Süd,
Lettland	Deutsche Rentenversicherung Nord,
Liechtenstein	Deutsche Rentenversicherung Baden-Württemberg,
Litauen	Deutsche Rentenversicherung Nord,
Luxemburg	Deutsche Rentenversicherung Rheinland-Pfalz,
Malta	Deutsche Rentenversicherung Schwaben,
Niederlande	Deutsche Rentenversicherung Westfalen,
Norwegen	Deutsche Rentenversicherung Nord,
Österreich	Deutsche Rentenversicherung Bayern Süd,
Polen	Deutsche Rentenversicherung Berlin-Brandenburg; in Fällen, in denen allein das Abkommen vom 9. Oktober 1975 über Renten- und Unfallversicherung anzuwenden ist, der nach §128 Absatz 1 örtlich zuständige Regionalträger,
Portugal	Deutsche Rentenversicherung Nordbayern,
Rumänien	Deutsche Rentenversicherung Nordbayern,
Schweden	Deutsche Rentenversicherung Nord,
Schweiz	Deutsche Rentenversicherung Baden-Württemberg,
Slowakei	Deutsche Rentenversicherung Bayern Süd
Slowenien	Deutsche Rentenversicherung Bayern Süd,
Spanien	Deutsche Rentenversicherung Rheinland,
Tschechische Republik	Deutsche Rentenversicherung Bayern Süd,
Ungarn	Deutsche Rentenversicherung Mitteldeutschland,
Zypern	Deutsche Rentenversicherung Baden-Württemberg.

(4) Ist kein Rentenversicherungsträger nach den Absätzen 1 bis 3 zuständig, so ist die Deutsche Rentenversicherung Rheinland zuständig.

§ 128a Sonderzuständigkeit der Deutschen Rentenversicherung Saarland

(1) 1Die Deutsche Rentenversicherung Saarland ist örtlich zuständig, wenn

1. vor dem 1. Januar 2009 deutsche Beiträge gezahlt worden sind und der letzte deutsche Beitrag vor diesem Stichtag an die Deutsche Rentenversicherung Saarland entrichtet worden ist oder
2. vor dem 1. Januar 2009 keine deutschen Beiträge gezahlt worden sind und die Deutsche Rentenversicherung Saarland zuletzt das Versicherungskonto geführt hat.

2Satz 1 gilt unter der Voraussetzung, dass die Berechtigten

1. in Frankreich, Italien oder Luxemburg wohnen,
2. die Staatsangehörigkeit dieser Staaten besitzen und außerhalb eines Mitgliedstaates der Europäischen Union, eines Vertragsstaates des Abkommens über den Europäischen Wirtschaftsraum oder der Schweiz wohnen oder
3. als Deutsche außerhalb eines Mitgliedstaates der Europäischen Union, eines Vertragsstaates des Abkommens über den Europäischen Wirtschaftsraum oder der Schweiz wohnen und der letzte nach den Rechtsvorschriften eines nicht deutschen Mitgliedstaates der Europäischen Union, eines nicht deutschen Vertragsstaates des Abkommens über den Europäischen Wirtschaftsraum oder der Schweiz entrichtete Beitrag an einen französischen, italienischen oder luxemburgischen Rentenversicherungsträger entrichtet worden ist.

(2) Bei Wohnsitz im Saarland ist die Deutsche Rentenversicherung Saarland auch zuständig, wenn der letzte nach den Rechtsvorschriften eines anderen Mitgliedstaates der Europäischen Union, eines anderen Vertragsstaates des Abkommens über den Europäischen Wirtschaftsraum oder nach den Rechtsvorschriften der Schweiz entrichtete Beitrag an einen französischen, italienischen oder luxemburgischen Rentenversicherungsträger entrichtet worden ist.

(3) Die Deutsche Rentenversicherung Saarland nimmt die Funktion der Verbindungsstelle für die hüttenknappschaftliche Zusatzversicherung auf der Grundlage des über- und zwischenstaatlichen Rechts wahr.

§ 129 Zuständigkeit der Deutschen Rentenversicherung Knappschaft-Bahn-See für Versicherte

(1) Die Deutsche Rentenversicherung Knappschaft-Bahn-See ist zuständig, wenn die Versicherten

1. beim Bundeseisenbahnvermögen,
2. bei der Deutschen Bahn Aktiengesellschaft oder den gemäß § 2 Abs. 1 des Deutsche Bahn Gründungsgesetzes vom 27. Dezember 1993 (BGBl. I S. 2378, 2386) ausgegliederten Aktiengesellschaften,
3. bei Unternehmen, die gemäß § 3 Abs. 3 des genannten Gesetzes aus den Aktiengesellschaften ausgegliedert worden sind, von diesen überwiegend beherrscht werden und unmittelbar und überwiegend Eisenbahnverkehrsleistungen erbringen oder eine Eisenbahninfrastruktur betreiben,
4. bei den Bahn-Versicherungsträgern, der Krankenversorgung der Bundesbahnbeamten und dem Bahnsozialwerk,
5. in der Seefahrt (Seeschifffahrt und Seefischerei) oder
6. bei der Deutschen Rentenversicherung Knappschaft-Bahn-See

beschäftigt sind.

(2) Die Deutsche Rentenversicherung Knappschaft-Bahn-See ist auch zuständig für selbständig Tätige, die als Seelotse, Küstenschiffer oder Küstenfischer versicherungspflichtig sind.

§ 130 Sonderzuständigkeit der Deutschen Rentenversicherung Knappschaft-Bahn-See

1Die Deutsche Rentenversicherung Knappschaft-Bahn-See ist für Leistungen zuständig, wenn ein Beitrag auf Grund einer Beschäftigung oder selbständigen Tätigkeit nach § 129 Abs. 1 oder Abs. 2 gezahlt worden ist. 2In diesen Fällen führt die Deutsche Rentenversicherung Knappschaft-Bahn-See auch die Versicherung durch.

§ 131 Auskunfts- und Beratungsstellen

Die Regionalträger unterhalten für den Bereich der Auskunft und Beratung ein Dienststellennetz für die Deutsche Rentenversicherung.

Dritter Unterabschnitt
Zuständigkeit in der knappschaftlichen Rentenversicherung

§ 132 Versicherungsträger

Träger der knappschaftlichen Rentenversicherung ist die Deutsche Rentenversicherung Knappschaft-Bahn-See.

§ 133 Zuständigkeit der Deutschen Rentenversicherung Knappschaft-Bahn-See für Beschäftigte

Die Deutsche Rentenversicherung Knappschaft-Bahn-See ist zuständig, wenn die Versicherten

1. in einem knappschaftlichen Betrieb beschäftigt sind,
2. ausschließlich oder überwiegend knappschaftliche Arbeiten verrichten oder
3. bei Arbeitnehmerorganisationen oder Arbeitgeberorganisationen, die berufsständische Interessen des Bergbaus wahrnehmen, oder bei den Bergämtern, Oberbergämtern oder bergmännischen Prüfstellen, Forschungsstellen oder Rettungsstellen beschäftigt sind und für sie vor Aufnahme dieser Beschäftigung fünf Jahre Beiträge zur knappschaftlichen Rentenversicherung gezahlt worden sind.

§ 134 Knappschaftliche Betriebe und Arbeiten

(1) Knappschaftliche Betriebe sind Betriebe, in denen Mineralien oder ähnliche Stoffe bergmännisch gewonnen werden, Betriebe der Industrie der Steine und Erden jedoch nur dann, wenn sie überwiegend unterirdisch betrieben werden.

(2) Als knappschaftliche Betriebe gelten auch Versuchsgruben des Bergbaus.

(3) Knappschaftliche Betriebe sind auch Betriebsanstalten oder Gewerbeanlagen, die als Nebenbetriebe eines knappschaftlichen Betriebs mit diesem räumlich und betrieblich zusammenhängen.

(4) Knappschaftliche Arbeiten sind nachstehende Arbeiten, wenn sie räumlich und betrieblich mit einem Bergwerksbetrieb zusammenhängen, aber von einem anderen Unternehmer ausgeführt werden:

1. alle Arbeiten unter Tage mit Ausnahme von vorübergehenden Montagearbeiten,
2. Abraumarbeiten zum Aufschließen der Lagerstätte,
3. die Gewinnung oder das Verladen von Versatzmaterial innerhalb des Zechengeländes in Betrieb befindlicher Werke mit Ausnahme der Arbeiten an Baggern,
4. das Umarbeiten (Aufbereiten) von Bergehalden (Erzgruben) innerhalb des Zechengeländes in Betrieb befindlicher Werke,
5. laufende Unterhaltungsarbeiten an Grubenbahnen sowie Grubenanschlussbahnen innerhalb des Zechengeländes,
6. das Rangieren der Wagen auf den Grubenanlagen,
7. Arbeiten in den zur Zeche gehörenden Reparaturwerkstätten,
8. Arbeiten auf den Zechenholzplätzen, die nur dem Betrieb von Zechen dienen, soweit das Holz in das Eigentum der Zeche übergegangen ist,
9. Arbeiten in den Lampenstuben,
10. das Stapeln des Geförderten, das Verladen von gestürzten Produkten, das Aufhalden und das Abhalden von Produkten, von Bergen und von sonstigen Abfällen innerhalb des Zechengeländes,
11. Sanierungsarbeiten wie beispielsweise Aufräumungsarbeiten und Ebnungsarbeiten sowie das Laden von Schutt und dergleichen, wenn diese Arbeiten regelmäßig innerhalb des Zechengeländes ausgeführt werden.

(5) Knappschaftliche Arbeiten stehen für die knappschaftliche Versicherung einem knappschaftlichen Betrieb gleich.

(6) Montagearbeiten unter Tage sind knappschaftliche Arbeiten im Sinne von Absatz 4 Nr. 1, wenn sie die Dauer von drei Monaten überschreiten.

§ 135 Nachversicherung

1Für die Nachversicherung ist die Deutsche Rentenversicherung Knappschaft-Bahn-See als Träger der knappschaftlichen Rentenversicherung nur zuständig, soweit diese für die Zeit einer Beschäftigung bei dem Träger der knappschaftlichen Rentenversicherung durchgeführt wird. 2Sie ist auch zuständig für die Nachversicherung einer Beschäftigung bei einem Bergamt, Oberbergamt oder einer bergmännischen Prüfstelle, wenn vor Aufgabe dieser Beschäftigung für fünf Jahre Beiträge zur knappschaftlichen Rentenversicherung gezahlt worden sind.

§ 136 Sonderzuständigkeit der Deutschen Rentenversicherung Knappschaft-Bahn-See

1Die Deutsche Rentenversicherung Knappschaft-Bahn-See ist für Leistungen zuständig, wenn ein Beitrag auf Grund einer Beschäftigung zur knappschaftlichen Rentenversicherung gezahlt worden ist. 2In diesen Fällen führt die Deutsche Rentenversicherung Knappschaft-

VI

Bahn-See auch die Versicherung durch. 3Dies gilt auch bei Anwendung des über- und zwischenstaatlichen Rechts.

§ 136a Verbindungsstelle für Leistungen bei Invalidität, bei Alter und an Hinterbliebene der knappschaftlichen Rentenversicherung

1Die Zuständigkeit der Deutschen Rentenversicherung Knappschaft-Bahn-See erstreckt sich auch auf die Wahrnehmung der durch über- und zwischenstaatliches Recht festgelegten Aufgaben einer Verbindungsstelle. 2§ 127a Absatz 1 Satz 2 gilt entsprechend.

§ 137 Besonderheit bei der Durchführung der Versicherung und bei den Leistungen

Die Deutsche Rentenversicherung Knappschaft-Bahn-See führt die Versicherung für Personen, die wegen

1. einer Kindererziehung,
2. eines Wehrdienstes oder Zivildienstes,
3. eines Bezuges von Sozialleistungen oder von Vorruhestandsgeld

bei ihr versichert sind, in der knappschaftlichen Rentenversicherung durch, wenn diese im letzten Jahr vor Beginn dieser Zeiten zuletzt wegen einer Beschäftigung in der knappschaftlichen Rentenversicherung versichert waren.

Unterabschnitt 3a
Zuständigkeit der Deutschen Rentenversicherung Knappschaft-Bahn-See für die Seemannskasse

§ 137a Zuständigkeit der Deutschen Rentenversicherung Knappschaft-Bahn-See für die Seemannskasse

Die Seemannskasse, die von der See-Berufsgenossenschaft gemäß § 891a der Reichsversicherungsordnung in der Fassung des Artikels 1 § 4 Nr. 2 des Rentenreformgesetzes vom 16. Oktober 1972 (BGBl. I S. 1965) und den dieses ändernden oder ergänzenden Gesetzen errichtet wurde und durchgeführt wird, wird mit Wirkung vom 1. Januar 2009 unter ihrem Namen durch die Deutsche Rentenversicherung Knappschaft-Bahn-See als Träger der allgemeinen Rentenversicherung nach den §§ 137b bis 137e weitergeführt.

§ 137b Besonderheiten bei den Leistungen und bei der Durchführung der Versicherung

(1) 1Aufgabe der Seemannskasse ist die Gewährung eines Überbrückungsgeldes nach Vollendung des 55. Lebensjahres an die bei ihr versicherten Seeleute sowie an Küstenschiffer und Küstenfischer, die aus der Seefahrt ausgeschieden sind. 2Die Satzung kann ergänzende Leistungen für Versicherte nach Erreichen der Regelaltersgrenze und bei Bezug einer Altersrente mit ungemindertem Zugangsfaktor vor Erreichen der Regelaltersgrenze sowie eine einmalige Leistung wegen Todes vorsehen.

(2) Versicherungspflichtig sind in der Seemannskasse

1. Seeleute nach § 13 Absatz 1 des Vierten Buches, die an Bord von Kauffahrteischiffen oder Fischereifahrzeugen gegen Arbeitsentgelt oder zu ihrer Berufsausbildung beschäftigt und bei der Deutschen Rentenversicherung Knappschaft-Bahn-See rentenversichert sind, sofern diese Beschäftigung nicht geringfügig im Sinne von § 8 des Vierten Buches ausgeübt wird,
2. Küstenschiffer und Küstenfischer, die nach § 2 Satz 1 Nr. 7 oder nach § 229a Abs. 1 rentenversichert sind und ihre Tätigkeit nicht im Nebenerwerb ausüben.

(2a) Für deutsche Seeleute, für die vor dem 21. April 2015 nach § 2 Absatz 3 Satz 1 Nummer 1 des Vierten Buches Versicherungspflicht bestand und die nicht bei einer gewerblichen Berufsgenossenschaft unfallversichert sind, gilt Absatz 2 Nummer 1 nicht, es sei denn, der Arbeitgeber stellt für diese Personen einen Antrag auf Versicherungspflicht in der Seemannskasse.

(2b) 1Auf Antrag des öffentlichen Arbeitgebers werden alle von ihm beschäftigten Seeleute nach § 13 Absatz 1 des Vierten Buches, die bei der Deutschen Rentenversicherung Knappschaft-Bahn-See rentenversichert sind, in der Seemannskasse versichert. 2Die Satzung der Seemannskasse kann bestimmen, dass eine Versicherungspflicht, die bei öffentlichen Arbeitgebern am 21. April 2015 bestand, bestehen bleibt sowie dass diese sich auch auf Seeleute erstreckt, deren Beschäftigung bei diesen Arbeitgebern nach dem 21. April 2015 beginnt.

(3) Die Meldungen zur Seemannskasse sind mit den Meldungen zur Sozialversicherung (§ 28a des Vierten Buches) zu verbinden.

§ 137c Vermögen, Haftung

(1) Das Vermögen der Seemannskasse geht zum 1. Januar 2009 mit allen Rechten und Pflichten auf die Deutsche Rentenversicherung Knappschaft-Bahn-See über.

(2) 1Das Vermögen der Seemannskasse ist als Sondervermögen getrennt von dem sonstigen Vermögen der Deutschen Rentenversicherung Knappschaft-Bahn-See

VI

zu verwalten. $_{2}$Der Überschuss der Einnahmen über die Ausgaben ist dem Vermögen zuzuführen; ein etwaiger Fehlbetrag ist aus diesem zu decken. $_{3}$Der Bewirtschaftungsplan über Einnahmen und Ausgaben einschließlich der Aufwendungen für Verwaltungskosten ist in einem Einzelplan des Haushaltsplans der Deutschen Rentenversicherung Knappschaft-Bahn-See zu führen.

(3) $_{1}$Die Mittel der Seemannskasse sind im Wege der Umlage durch die Unternehmer aufzubringen, die bei ihr versichert sind oder die bei ihr Versicherte beschäftigen. $_{2}$Das Nähere, insbesondere die Voraussetzungen und den Umfang der Leistungen sowie die Festsetzung und die Zahlung der Beiträge, bestimmt die Satzung der Seemannskasse. $_{3}$Sie kann auch eine Beteiligung der Seeleute an der Aufbringung der Mittel vorsehen.

(4) Die Haftung der Deutschen Rentenversicherung Knappschaft-Bahn-See für Verbindlichkeiten der Seemannskasse ist auf das Sondervermögen der Seemannskasse beschränkt; dieses haftet nicht für Verbindlichkeiten der übrigen Aufgabenbereiche der Deutschen Rentenversicherung Knappschaft-Bahn-See.

(5) Die Seemannskasse wird von der Aufsichtsbehörde geschlossen, wenn die Erfüllbarkeit der satzungsmäßigen Leistungspflichten nicht mehr auf Dauer gewährleistet ist.

§ 137d Organe

Die Selbstverwaltungsorgane und die Geschäftsführung der Deutschen Rentenversicherung Knappschaft-Bahn-See vertreten und verwalten die Seemannskasse nach dem für die Deutsche Rentenversicherung Knappschaft-Bahn-See als Rentenversicherungsträger geltenden Recht und nach Maßgabe der Satzung der Seemannskasse.

§ 137e Beirat

(1) $_{1}$Die Deutsche Rentenversicherung Knappschaft-Bahn-See bildet für die Angelegenheiten der Seemannskasse einen Beirat aus Vertretern der Unternehmer nach § 137c Abs. 3 sowie Vertretern der in der Seemannskasse versicherten Seeleute. $_{2}$Die Mitglieder des Beirats und ihre Stellvertreter werden auf Vorschlag der Tarifvertragsparteien der Seeschifffahrt durch den Vorstand der Deutschen Rentenversicherung Knappschaft-Bahn-See berufen. $_{3}$Für ihre Amtsdauer gilt § 58 Abs. 2 des Vierten Buches entsprechend. $_{4}$Ein Mitglied des Beirats kann aus wichtigem Grund vor Ablauf der Amtsdauer abberufen werden.

(2) Die §§ 40 bis 42 des Vierten Buches über Ehrenämter, Entschädigung der ehrenamtlich Tätigen und Haftung gelten entsprechend.

(3) $_{1}$Der Beirat berät die Selbstverwaltungsorgane der Deutschen Rentenversicherung Knappschaft-Bahn-See in den Angelegenheiten der Seemannskasse. $_{2}$Er behandelt die Entscheidungsvorlagen und legt eigene Beschlussvorschläge vor. $_{3}$Die Satzung der Seemannskasse kann bestimmen, dass insbesondere in Belangen der Satzung der Seemannskasse, der Versicherung, der Umlage und des Sondervermögens der Vorstand und die Vertreterversammlung der Deutschen Rentenversicherung Knappschaft-Bahn-See nicht abweichend von dem Beschlussvorschlag des Beirats entscheiden dürfen. $_{4}$Gelingt es in derartigen Fällen nicht, eine übereinstimmende Meinungsbildung der am Entscheidungsverfahren beteiligten Gremien herzustellen, entscheidet die Aufsichtsbehörde. $_{5}$Das Nähere regelt die Satzung der Seemannskasse.

Vierter Unterabschnitt
Grundsatz- und Querschnittsaufgaben der Deutschen Rentenversicherung, Erweitertes Direktorium

§ 138 Grundsatz- und Querschnittsaufgaben der Deutschen Rentenversicherung

(1) $_{1}$Die Deutsche Rentenversicherung Bund nimmt die Grundsatz- und Querschnittsaufgaben der Deutschen Rentenversicherung wahr. $_{2}$Dazu gehören:

1. Vertretung der Rentenversicherung in ihrer Gesamtheit gegenüber Politik, Bundes-, Landes-, Europäischen und sonstigen nationalen und internationalen Institutionen sowie Sozialpartnern, Abstimmung mit dem verfahrensführenden Träger der Rentenversicherung in Verfahren vor dem Europäischen Gerichtshof, dem Bundesverfassungsgericht und dem Bundessozialgericht,
2. Öffentlichkeitsarbeit einschließlich der Herausgabe von regelmäßigen Informationen zur Alterssicherung für Arbeitgeber, Versicherte und Rentner und der Grundsätze für regionale Broschüren,
3. Statistik,
4. Klärung von grundsätzlichen Fach- und Rechtsfragen zur Sicherung der einheitlichen Rechtsanwendung aus den Bereichen
   a) Rehabilitation und Teilhabe,
   b) Sozialmedizin,
   c) Versicherung,
   d) Beitrag,
   e) Beitragsüberwachung,

f) Rente,

g) Auslandsrecht, Sozialversicherungsabkommen, Recht der Europäischen Union, soweit es die Rentenversicherung betrifft,

5. Organisation des Qualitäts- und Wirtschaftlichkeitswettbewerbs zwischen den Trägern, insbesondere Erlass von Rahmenrichtlinien für Aufbau und Durchführung eines zielorientierten Benchmarking der Leistungs- und Qualitätsdaten,
6. Grundsätze für die Aufbau- und Ablauforganisation, das Personalwesen und Investitionen unter Wahrung der Selbständigkeit der Träger,
7. Grundsätze und Steuerung der Finanzausstattung und -verwaltung im Rahmen der Finanzverfassung für das gesamte System,
8. Koordinierung der Planung von Rehabilitationsmaßnahmen, insbesondere der Bettenbedarfs- und Belegungsplanung,
9. Grundsätze und Koordinierung der Datenverarbeitung und Servicefunktionen,
10. Funktion zur Registrierung und Authentifizierung für die elektronischen Serviceangebote der Rentenversicherung,
11. Funktion als Signaturstelle,
12. Grundsätze für die Aus- und Fortbildung,
13. Grundsätze der Organisation und Aufgabenzuweisung der Auskunfts- und Beratungsstellen,
14. Bereitstellung von Informationen für die Träger der Rentenversicherung,
15. Forschung im Bereich der Alterssicherung und der Rehabilitation und
16. Treuhänderschaft gemäß dem Gesetz zur Regelung der Rechtsverhältnisse der unter Artikel 131 des Grundgesetzes fallenden Personen.

(2) 1Die Entscheidungen der Deutschen Rentenversicherung Bund zu Grundsatz- und Querschnittsaufgaben der Deutschen Rentenversicherung sowie die notwendig werdende Festlegung weiterer Grundsatz- und Querschnittsaufgaben werden durch die Bundesvertreterversammlung der Deutschen Rentenversicherung Bund gemäß § 64 Abs. 4 des Vierten Buches getroffen; für die Träger der Rentenversicherung sind die Entscheidungen verbindlich. 2Die Bundesvertreterversammlung kann die Entscheidungsbefugnis gemäß § 64 Abs. 4 des Vierten Buches ganz oder teilweise auf den Bundesvorstand der Deutschen Rentenversicherung Bund übertragen, der gemäß § 64 Abs. 4 des Vierten Buches entscheidet. 3Entscheidungen über die Auslegung von Rechtsfragen werden von der Bundesvertreterversammlung und vom Bundesvorstand mit der einfachen Mehrheit aller gewichteten Stimmen der satzungsmäßigen Mitgliederzahl getroffen.

(3) 1Der Bundesvorstand kann die Entscheidungsbefugnis gemäß § 64 Abs. 4 des Vierten Buches ganz oder teilweise auf einen Ausschuss des Bundesvorstandes übertragen. 2Die Entscheidungen dieses Ausschusses müssen einstimmig ergehen. 3Der Ausschuss legt dem Bundesvorstand die Entscheidungen vor; der Bundesvorstand kann gemäß § 64 Abs. 4 des Vierten Buches abweichende Entscheidungen treffen.

(4) 1Soweit das Direktorium Vorlagen an die Bundesvertreterversammlung oder den Bundesvorstand unterbreitet, die verbindliche Entscheidungen oder notwendig werdende Festlegungen weiterer Grundsatz- und Querschnittsaufgaben betreffen, bedürfen diese der vorherigen Zustimmung durch das Erweiterte Direktorium. 2Beratungsergebnisse der Fachausschüsse, in denen alle Träger der Rentenversicherung vertreten sind, sind an die Bundesvertreterversammlung oder den Bundesvorstand weiterzuleiten. 3Das Nähere regelt die Satzung.

(5) Die verbindlichen Entscheidungen und die Festlegung weiterer Grundsatz- und Querschnittsaufgaben werden im Amtlichen Mitteilungsblatt der Deutschen Rentenversicherung Bund veröffentlicht.

§ 139 Erweitertes Direktorium

(1) 1Das Erweiterte Direktorium der Deutschen Rentenversicherung Bund besteht aus fünf Geschäftsführern aus dem Bereich der Regionalträger, den Mitgliedern des Direktoriums der Deutschen Rentenversicherung Bund und einem Mitglied der Geschäftsführung der Deutschen Rentenversicherung Knappschaft-Bahn-See. 2Das Erweiterte Direktorium wählt aus seiner Mitte mit der Mehrheit von mindestens zwei Dritteln aller gewichteten Stimmen einen Vorsitzenden. 3Die Geschäftsführer aus dem Bereich der Regionalträger werden durch die Vertreter der Regionalträger in der Bundesvertreterversammlung auf Vorschlag der Vertreter der Regionalträger im Bundesvorstand mit der Mehrheit der abgegebenen Stimmen gewählt. 4Das Nähere zur Beschlussfassung und zur Geschäftsordnung des Erweiterten Direktoriums bestimmt die Satzung der Deutschen Rentenversicherung Bund.

(2) 1Beschlüsse des Erweiterten Direktoriums werden mit der Mehrheit von mindestens zwei Dritteln aller gewichteten Stimmen getroffen. 2Die Stimmen der Regio-

nalträger werden mit insgesamt 55 vom Hundert und die der Bundesträger mit insgesamt 45 vom Hundert gewichtet. $_{3}$Dabei werden die Stimmen der Bundesträger untereinander nach der Anzahl der Versicherten gewichtet. $_{4}$Das Nähere zur Stimmengewichtung nach Satz 2 regelt die Satzung.

§ 140 Arbeitsgruppe Personalvertretung der Deutschen Rentenversicherung

(1) Vor verbindlichen Entscheidungen der Deutschen Rentenversicherung Bund nach § 138 Abs. 1 über

1. Grundsätze für die Aufbau- und Ablauforganisation und das Personalwesen,
2. Grundsätze und Koordinierung der Datenverarbeitung,
3. Grundsätze für die Aus- und Fortbildung,
4. Grundsätze der Organisation der Auskunfts- und Beratungsstellen sowie
5. Entscheidungen, deren Umsetzung in gleicher Weise wie die Umsetzung von Entscheidungen gemäß den Nummern 1 bis 4 Einfluss auf die Arbeitsbedingungen der Beschäftigten haben können,

ist die Arbeitsgruppe Personalvertretung der Deutschen Rentenversicherung anzuhören.

(2) $_{1}$Die Arbeitsgruppe Personalvertretung der Deutschen Rentenversicherung setzt sich wie folgt zusammen:

1. drei Mitglieder aus der Personalvertretung der Deutschen Rentenversicherung Bund und ein Mitglied aus der Personalvertretung der Deutschen Rentenversicherung Knappschaft-Bahn-See; Mitglieder sind jeweils der Vorsitzende des Gesamtpersonalrates oder, falls eine Stufenvertretung besteht, der Vorsitzende des Hauptpersonalrates, bei der Personalvertretung der Deutschen Rentenversicherung Bund auch die beiden weiteren Mitglieder des Vorstandes sowie
2. je ein Mitglied aus der Personalvertretung eines jeden landesunmittelbaren Trägers der Rentenversicherung; die Regelungen zur Auswahl dieser Mitglieder und das Verfahren der Entsendung werden durch Landesrecht bestimmt.

$_{2}$Die Mitglieder der Arbeitsgruppe Personalvertretung beteiligen ihre jeweiligen Hauptpersonalvertretungen, sind diese nicht eingerichtet, ihre Gesamtpersonalvertretungen. $_{3}$Die Arbeitsgruppe Personalvertretung der Deutschen Rentenversicherung beschließt mit der Mehrheit der Stimmen ihrer Mitglieder eine Geschäftsordnung, die Regelungen über den Vorsitz, das Verfahren zur internen Willensbildung und zur Beschlussfassung enthalten muss. $_{4}$Ergänzend finden die Regelungen des Bundespersonalvertretungsgesetzes Anwendung. $_{5}$Kostentragende Dienststelle im Sinne der §§ 46 bis 48 des Bundespersonalvertretungsgesetzes ist die Deutsche Rentenversicherung Bund.

Fünfter Unterabschnitt
Vereinigung von Regionalträgern

§ 141 Vereinigung von Regionalträgern auf Beschluss ihrer Vertreterversammlungen

(1) $_{1}$Regionalträger können sich zur Verbesserung der Wirtschaftlichkeit oder Leistungsfähigkeit auf Beschluss ihrer Vertreterversammlungen zu einem Regionalträger vereinigen, wenn sich durch die Vereinigung der Zuständigkeitsbereich des neuen Regionalträgers nicht über mehr als drei Länder erstreckt. $_{2}$Der Vereinigungsbeschluss bedarf der Genehmigung der für die Sozialversicherung zuständigen obersten Landesbehörden der betroffenen Länder.

(2) $_{1}$Im Vereinigungsbeschluss müssen insbesondere Festlegungen über Name und Sitz des neuen Regionalträgers getroffen werden. $_{2}$Auf Verlangen der für die Sozialversicherung zuständigen obersten Landesbehörde mindestens eines betroffenen Landes muss bei länderübergreifenden Vereinigungen zusätzlich eine Festlegung über die Arbeitsmengenverteilung auf die Gebiete der Länder getroffen werden, auf die sich die an der Vereinigung beteiligten Regionalträger erstrecken.

(3) $_{1}$Die beteiligten Regionalträger legen der nach der Vereinigung zuständigen Aufsichtsbehörde eine Satzung, einen Vorschlag zur Berufung der Mitglieder der Organe und eine Vereinbarung über die Rechtsbeziehungen zu Dritten vor. $_{2}$Die Aufsichtsbehörde genehmigt im Einvernehmen mit den Aufsichtsbehörden der übrigen Länder, auf deren Gebiete sich der Regionalträger erstreckt, die Satzung und die Vereinbarung, beruft die Mitglieder der Organe und bestimmt den Zeitpunkt, an dem die Vereinigung wirksam wird. $_{3}$Mit diesem Zeitpunkt tritt der neue Regionalträger in die Rechte und Pflichten des bisherigen Regionalträgers ein.

(4) Beschlüsse der Vertreterversammlung des neuen Regionalträgers, die von der im Vereinigungsbeschluss getroffenen Festlegung über den Namen, den Sitz oder die Arbeitsmengenverteilung wesentlich abweichen, bedürfen der Genehmigung der für die Sozialversicherung zuständigen obersten Landesbehörden der Länder, auf die sich der neue Regionalträger erstreckt.

§ 142 Vereinigung von Regionalträgern durch Rechtsverordnung

(1) 1Haben in einem Land mehrere Regionalträger ihren Sitz, kann die Landesregierung zur Verbesserung der Wirtschaftlichkeit oder der Leistungsfähigkeit zwei oder mehrere Regionalträger durch Rechtsverordnung vereinigen. 2Das Nähere regelt die Landesregierung nach Anhörung der beteiligten Regionalträger in der Rechtsverordnung nach Satz 1.

(2) 1Die Landesregierungen von höchstens drei Ländern können zu den in Absatz 1 genannten Zwecken durch gleichlautende Rechtsverordnungen sich auf ihre Gebiete erstreckende Regionalträger vereinigen. 2Absatz 1 Satz 2 gilt entsprechend.

Sechster Unterabschnitt
Beschäftigte der Versicherungsträger

§ 143 Bundesunmittelbare Versicherungsträger

(1) Die Deutsche Rentenversicherung Bund, die Deutsche Rentenversicherung Knappschaft-Bahn-See und die bundesunmittelbaren Regionalträger besitzen Dienstherrnfähigkeit im Sinne des § 2 des Bundesbeamtengesetzes.

(2) 1Die Mitglieder des Direktoriums der Deutschen Rentenversicherung Bund werden von dem Bundespräsidenten auf Vorschlag der Bundesregierung für die Dauer von sechs Jahren zu Beamten auf Zeit ernannt. 2Die beamtenrechtlichen Vorschriften über die Laufbahnen und die Probezeit sind nicht anzuwenden.

(3) 1Ist ein Mitglied des Direktoriums der Deutschen Rentenversicherung Bund aus einem Beamten- oder Richterverhältnis auf Lebenszeit ernannt worden, ruhen für die Dauer der Amtszeit die Rechte und Pflichten aus dem zuletzt im Beamten- oder Richterverhältnis auf Lebenszeit übertragenen Amt mit Ausnahme der Pflicht zur Amtsverschwiegenheit und des Verbots der Annahme von Belohnungen und Geschenken. 2§ 15a des Beamtenversorgungsgesetzes ist entsprechend anzuwenden.

(4) 1Ist ein Mitglied des Direktoriums der Deutschen Rentenversicherung Bund nicht aus einem Beamten- oder Richterverhältnis auf Lebenszeit ernannt worden, ist § 66 Abs. 1 des Beamtenversorgungsgesetzes mit der Maßgabe anzuwenden, dass ein Anspruch auf Ruhegehalt aus dem Beamtenverhältnis auf Zeit mit Ablauf des Monats der Vollendung der für Bundesbeamte geltenden Regelaltersgrenze nach § 51 Abs. 1 und 2 des Bundesbeamtengesetzes entsteht. 2Die Höhe des Ruhegehalts ist entsprechend § 14 Abs. 1 und 3 des Beamtenversorgungsgesetzes zu berechnen.

(5) Wird ein Geschäftsführer der Deutschen Rentenversicherung Bund nach seiner Amtszeit zum Präsidenten der Deutschen Rentenversicherung Bund ernannt, gilt § 66 Abs. 4 Satz 2 des Beamtenversorgungsgesetzes entsprechend.

(6) Die Mitglieder der Geschäftsführungen der Deutschen Rentenversicherung Knappschaft-Bahn-See und der bundesunmittelbaren Regionalträger werden auf Vorschlag der Bundesregierung von dem Bundespräsidenten zu Beamten ernannt.

(7) 1Das Bundesministerium für Arbeit und Soziales ernennt die übrigen Beamten der Deutschen Rentenversicherung Bund, der Deutschen Rentenversicherung Knappschaft-Bahn-See und der bundesunmittelbaren Regionalträger auf Vorschlag des jeweiligen Vorstandes. 2Es kann seine Befugnisse auf den Vorstand übertragen, dieser für den einfachen, mittleren und gehobenen Dienst auf das Direktorium oder die Geschäftsführung. 3Soweit die Ernennungsbefugnis auf den Vorstand oder auf das Direktorium oder die Geschäftsführung übertragen wird, bestimmt die Satzung, durch wen die Ernennungsurkunde zu vollziehen ist.

(8) 1Oberste Dienstbehörde für die Mitglieder des Direktoriums der Deutschen Rentenversicherung Bund und für die Mitglieder der Geschäftsführungen der Deutschen Rentenversicherung Knappschaft-Bahn-See und der bundesunmittelbaren Regionalträger ist das Bundesministerium für Arbeit und Soziales, für die übrigen Beamten der Vorstand. 2Dieser kann seine Befugnisse auf den Präsidenten, das Direktorium, den Geschäftsführer oder auf die Geschäftsführung übertragen. 3§ 144 Abs. 1 des Bundesbeamtengesetzes und § 83 Abs. 1 des Bundesdisziplinargesetzes bleiben unberührt.

§ 144 Landesunmittelbare Versicherungsträger

(1) Die landesunmittelbaren Regionalträger besitzen im Rahmen des Absatzes 2 Dienstherrnfähigkeit im Sinne des § 2 des Beamtenstatusgesetzes.

(2) Die Beamten der landesunmittelbaren Regionalträger sind Beamte des Landes, soweit nicht eine landesgesetzliche Regelung etwas anderes bestimmt.

(3) Die landesunmittelbaren Regionalträger tragen die Bezüge der Beamten und ihrer Hinterbliebenen.

Siebter Unterabschnitt
Datenstelle der Rentenversicherung

§ 145 Aufgaben der Datenstelle der Rentenversicherung

(1) 1Die Träger der Rentenversicherung unterhalten gemeinsam eine Datenstelle, die von der Deutschen Rentenversicherung Bund verwaltet wird. 2Dabei ist sicherzustellen, dass die Datenbestände, die die Deutsche Rentenversicherung Bund als Träger der Rentenversicherung führt, und die Datenbestände der Datenstelle der Rentenversicherung dauerhaft getrennt bleiben. 3Die Träger der Rentenversicherung können die Datenstelle als Vermittlungsstelle einschalten.

(2) Die Deutsche Rentenversicherung Bund darf ein Dateisystem mit Sozialdaten, das nicht ausschließlich einer Versicherungsnummer der bei ihr Versicherten zugeordnet ist, nur bei der Datenstelle und nur dann führen, wenn die Einrichtung dieses Dateisystems gesetzlich bestimmt ist.

(3) 1Die Deutsche Rentenversicherung Bund kann durch öffentlich-rechtlichen Vertrag die Verpflichtung eingehen, dass die Datenstelle in Versorgungsausgleichssachen die Aufgabe als Vermittlungsstelle zur Durchführung des elektronischen Rechtsverkehrs auch für andere öffentlich-rechtliche Versorgungsträger wahrnimmt. 2Diese sind verpflichtet, der Deutschen Rentenversicherung Bund den entstehenden Aufwand zu erstatten.

(4) 1Die Datenstelle untersteht der Aufsicht des Bundesministeriums für Arbeit und Soziales, soweit ihr durch Gesetz oder auf Grund eines Gesetzes Aufgaben zugewiesen worden sind. 2Für die Aufsicht gelten die §§ 87 bis 89 des Vierten Buches entsprechend. 3Das Bundesministerium für Arbeit und Soziales kann die Aufsicht ganz oder teilweise dem Bundesamt für Soziale Sicherung übertragen.

§ 146 (weggefallen)

Zweiter Abschnitt
Datenschutz und Datensicherheit

§ 147 Versicherungsnummer

(1) 1Die Datenstelle der Rentenversicherung kann für Personen eine Versicherungsnummer vergeben, wenn dies zur personenbezogenen Zuordnung der Daten für die Erfüllung einer gesetzlichen Aufgabe nach diesem Gesetzbuch erforderlich oder dies durch Gesetz oder aufgrund eines Gesetzes bestimmt ist. 2Für die nach diesem Buche versicherten Personen hat sie eine Versicherungsnummer zu vergeben.

(2) 1Die Versicherungsnummer einer Person setzt sich zusammen aus

1. der Bereichsnummer des zuständigen Trägers der Rentenversicherung,
2. dem Geburtsdatum,
3. dem Anfangsbuchstaben des Geburtsnamens,
4. der Seriennummer, die auch eine Aussage über das Geschlecht einer Person enthalten darf, und
5. der Prüfziffer.

2Weitere personenbezogene Merkmale darf die Versicherungsnummer nicht enthalten.

(3) Jede Person, an die eine Versicherungsnummer vergeben wird, und der für sie zuständige Träger der Rentenversicherung sind unverzüglich über die vergebene Versicherungsnummer sowie über die Zuordnung nach § 127 zu unterrichten.

(4) Die Datenstelle der Rentenversicherung stellt für jede Person, für die sie eine Versicherungsnummer vergibt, einen Versicherungsnummernachweis aus, der nur folgende personenbezogene Daten enthalten darf:

1. die Versicherungsnummer,
2. die Vornamen, den Familiennamen und den Geburtsnamen und
3. das Ausstellungsdatum.

(5) Ein neuer Versicherungsnummernachweis wird durch die Datenstelle der Rentenversicherung ausgestellt

1. auf Antrag bei der zuständigen Einzugsstelle oder beim Rentenversicherungsträger, wenn der Sozialversicherungsausweis oder der Versicherungsnummernachweis zerstört worden, abhandengekommen oder in anderer Form unbrauchbar geworden ist oder
2. von Amts wegen, wenn sich die Versicherungsnummer oder die Angaben zur Person ändern. In diesen Fällen werden die bisher ausgestellten Versicherungsnummernachweise widerrufen.

(6) Die Versicherungsnummer findet auch Anwendung für die Sozialhilfe und die Grundsicherung für Arbeitsuchende.

§ 148 Datenverarbeitung beim Rentenversicherungsträger

(1) 1Der Träger der Rentenversicherung darf Sozialdaten nur verarbeiten, soweit dies zur Erfüllung seiner gesetz-

lich zugewiesenen oder zugelassenen Aufgaben erforderlich ist. ₂Aufgaben nach diesem Buche sind

1. die Feststellung eines Versicherungsverhältnisses einschließlich einer Versicherungsfreiheit oder Versicherungsbefreiung,
2. der Nachweis von rentenrechtlichen Zeiten,
3. die Festsetzung und Durchführung von Leistungen zur Teilhabe,
4. die Festsetzung, Zahlung, Anpassung, Überwachung, Einstellung oder Abrechnung von Renten und anderen Geldleistungen,
5. die Erteilung von Auskünften sowie die Führung und Klärung der Versicherungskonten,
6. der Nachweis von Beiträgen und deren Erstattung.

₃Der Rentenversicherungsträger darf die Versicherungsnummer, den Familiennamen, den Geburtsnamen, die Vornamen, den Geburtsort und die Anschrift, die ihm die zentrale Stelle im Rahmen der Datenanforderung nach § 91 Abs. 1 Satz 1 des Einkommensteuergesetzes übermittelt, zur Aktualisierung der im Versicherungskonto gespeicherten Namens- und Anschriftendaten nutzen.

(2) Der Träger der Rentenversicherung darf Daten, aus denen die Art einer Erkrankung erkennbar ist, zusammen mit anderen Daten in einem gemeinsamen Dateisystem nur speichern, wenn durch technische und organisatorische Maßnahmen sichergestellt ist, dass die Daten über eine Erkrankung nur den Personen zugänglich sind, die sie zur Erfüllung ihrer Aufgaben benötigen.

(3) ₁Die Einrichtung eines automatisierten Verfahrens, das die Übermittlung von Sozialdaten aus Dateisystemen der Träger der Rentenversicherung durch Abruf ermöglicht, wobei auch Vermittlungsstellen eingeschaltet werden dürfen, ist nur zulässig:

1. zwischen den Trägern der Rentenversicherung,
2. mit der gesetzlichen Krankenversicherung,
3. mit den Trägern der gesetzlichen Unfallversicherung,
4. mit der landwirtschaftlichen Alterskasse,
5. mit der Künstlersozialkasse,
6. mit dem Bundesamt für Soziale Sicherung als Verwalter des Gesundheitsfonds,
7. mit der Bundesagentur für Arbeit oder in den Fällen des § 6a des Zweiten Buches den zugelassenen kommunalen Trägern,
8. mit der Deutschen Rentenversicherung Knappschaft-Bahn-See, soweit sie bei geringfügig Beschäftigten Aufgaben nach dem Einkommensteuergesetz durchführt,
9. mit der Deutschen Post AG, soweit sie mit der Berechnung oder Auszahlung von Sozialleistungen betraut ist,
10. mit der Versorgungsanstalt des Bundes und der Länder, soweit diese Daten zur Feststellung von Leistungen erforderlich sind,
11. mit den kommunalen und kirchlichen Zusatz- und Beamtenversorgungskassen und der Hüttenknappschaftlichen Zusatzversicherung, soweit diese Daten zur Feststellung von Leistungen erforderlich sind,
12. mit den Versicherungsämtern und Gemeindebehörden, soweit sie mit der Aufnahme von Anträgen auf Leistungen aus der gesetzlichen Rentenversicherung betraut sind und
13. mit weiteren Zusatzversorgungseinrichtungen des öffentlichen Dienstes und öffentlich-rechtlichen Zusatzversorgungseinrichtungen, soweit diese Daten zur Feststellung von Leistungen erforderlich sind.

₂Sie ist mit Leistungsträgern außerhalb des Geltungsbereichs dieses Gesetzbuchs zulässig, soweit diese Daten zur Feststellung von Leistungen nach über- und zwischenstaatlichem Recht erforderlich sind und nicht Grund zur Annahme besteht, dass dadurch schutzwürdige Belange der davon betroffenen Personen beeinträchtigt werden. ₃Die Übermittlung darf auch durch Abruf im automatisierten Verfahren erfolgen, ohne dass es einer Genehmigung nach § 79 Absatz 1 des Zehnten Buches bedarf.

(4) ₁Die Träger der Rentenversicherung dürfen der Datenstelle der Rentenversicherung Sozialdaten nur übermitteln, soweit dies zur Führung eines Dateisystems oder zur Erfüllung einer anderen gesetzlich vorgeschriebenen oder zugelassenen Aufgabe erforderlich ist. ₂Die Einschränkungen des Satzes 1 gelten nicht, wenn die Sozialdaten in einer anonymisierten Form übermittelt werden.

§ 149 Versicherungskonto

(1) ₁Der Träger der Rentenversicherung führt für jeden Versicherten ein Versicherungskonto, das nach der Versicherungsnummer geordnet ist. ₂In dem Versicherungskonto sind die Daten, die für die Durchführung der Versicherung sowie die Feststellung und Erbringung von Leistungen einschließlich der Rentenauskunft erforderlich sind, zu speichern. ₃Ein Versicherungskonto darf auch für Personen geführt werden, die nicht nach den

VI

Vorschriften dieses Buches versichert sind, soweit es für die Feststellung der Versicherungs- oder Beitragspflicht und für Prüfungen bei Arbeitgebern (§ 28p Viertes Buch) erforderlich ist.

(2) 1Der Träger der Rentenversicherung hat darauf hinzuwirken, dass die im Versicherungskonto gespeicherten Daten vollständig und geklärt sind. 2Die Daten sollen so gespeichert werden, dass sie jederzeit abgerufen und auf maschinell verwertbaren Datenträgern oder durch Datenübertragung übermittelt werden können. 3Stellt der Träger der Rentenversicherung fest, dass für einen Beschäftigten mehrere Beschäftigungen nach § 8 Abs. 1 Nr. 1 oder § 8a des Vierten Buches gemeldet oder die Zeitgrenzen des § 8 Abs. 1 Nr. 2 des Vierten Buches überschritten sind, überprüft er unverzüglich diese Beschäftigungsverhältnisse. 4Stellen die Träger der Rentenversicherung fest, dass eine Beschäftigung infolge einer Zusammenrechnung versicherungspflichtig ist, sie jedoch nicht oder als versicherungsfrei gemeldet worden ist, teilen sie diese Beschäftigung mit den notwendigen Daten der Einzugsstelle mit. 5Satz 4 gilt entsprechend, wenn die Träger der Rentenversicherung feststellen, dass beim Zusammentreffen mehrerer Beschäftigungsverhältnisse die Voraussetzungen für die Anwendung der Vorschriften über den Übergangsbereich nicht oder nicht mehr vorliegen.

(3) Der Träger der Rentenversicherung unterrichtet die Versicherten regelmäßig über die in ihrem Versicherungskonto gespeicherten Sozialdaten, die für die Feststellung der Höhe einer Rentenanwartschaft erheblich sind (Versicherungsverlauf).

(4) Versicherte sind verpflichtet, bei der Klärung des Versicherungskontos mitzuwirken, insbesondere den Versicherungsverlauf auf Richtigkeit und Vollständigkeit zu überprüfen, alle für die Kontenklärung erheblichen Tatsachen anzugeben und die notwendigen Urkunden und sonstigen Beweismittel beizubringen.

(5) 1Hat der Versicherungsträger das Versicherungskonto geklärt oder hat der Versicherte innerhalb von sechs Kalendermonaten nach Versendung des Versicherungsverlaufs seinem Inhalt nicht widersprochen, stellt der Versicherungsträger die im Versicherungsverlauf enthaltenen und nicht bereits festgestellten Daten, die länger als sechs Kalenderjahre zurückliegen, durch Bescheid fest. 2Bei Änderung der dem Feststellungsbescheid zugrunde liegenden Vorschriften ist der Feststellungsbescheid durch einen neuen Feststellungsbescheid oder im Rentenbescheid mit Wirkung für die Vergangenheit aufzuheben; die §§ 24 und 48 des Zehnten Buches sind nicht anzuwenden. 3Über die Anrechnung und Bewertung der im Versicherungsverlauf enthaltenen Daten wird erst bei Feststellung einer Leistung entschieden.

§ 150 Dateisysteme bei der Datenstelle

(1) 1Bei der Datenstelle darf eine Stammsatzdatei geführt werden, soweit dies erforderlich ist, um

1. sicherzustellen, dass eine Person nur eine Versicherungsnummer erhält und eine vergebene Versicherungsnummer nicht noch einmal für eine andere Person verwendet wird,
2. für eine Person die vergebene Versicherungsnummer festzustellen,
3. zu erkennen, welcher Träger der Rentenversicherung für die Führung eines Versicherungskontos zuständig ist oder war,
4. Daten, die aufgrund eines Gesetzes oder nach über- und zwischenstaatlichem Recht entgegenzunehmen sind, an die zuständigen Stellen weiterleiten zu können,
5. zu erkennen, bei welchen Trägern der Rentenversicherung oder welchen Leistungsträgern im Ausland weitere Daten zu einer Person gespeichert sind,
6. Mütter über die Versicherungspflicht während der Kindererziehung zu unterrichten, wenn bei Geburtsmeldungen eine Versicherungsnummer der Mutter nicht eindeutig zugeordnet werden kann,
7. das Zusammentreffen von Renten aus eigener Versicherung und Hinterbliebenenrenten und Arbeitsentgelt festzustellen, um die ordnungsgemäße Berechnung und Zahlung von Beiträgen der Rentner zur gesetzlichen Krankenversicherung überprüfen zu können,
8. es den Trägern der Rentenversicherung zu ermöglichen, überlebende Ehegatten oder Lebenspartner auf das Bestehen eines Leistungsanspruchs hinzuweisen,
9. es den Trägern der Rentenversicherung und der landwirtschaftlichen Alterskasse zu ermöglichen, die unrechtmäßige Erbringung von Witwenrenten und Witwerrenten sowie Erziehungsrenten nach Eheschließung oder Begründung einer Lebenspartnerschaft zu vermeiden,
10. der landwirtschaftlichen Alterskasse gemäß § 73 Absatz 2 des Gesetzes über die Alterssicherung der Landwirte die Feststellung der Versicherungspflicht von Ehegatten zu ermöglichen.

2Weitere Sozialdaten dürfen in der Stammsatzdatei der Datenstelle nur gespeichert werden, soweit dies zur Erfüllung einer der Deutschen Rentenversicherung Bund zugewiesenen oder übertragenen Aufgabe erforderlich und dafür die Verarbeitung von Sozialdaten in einer anonymisierten Form nicht ausreichend ist.

(2) Die Stammsatzdatei darf außer den personenbezogenen Daten über das Verhältnis einer Person zur Rentenversicherung nur folgende Daten enthalten:

1. Versicherungsnummer, bei Beziehern einer Rente wegen Todes auch die Versicherungsnummer des verstorbenen Versicherten,
2. Familienname und Vornamen einschließlich des Geburtsnamens,
3. Geburtsort einschließlich des Geburtslandes,
4. Staatsangehörigkeit,
5. Sterbedatum,
6. Anschrift,
7. Betriebsnummer des Arbeitgebers,
8. Tag der Beschäftigungsaufnahme.

(3) 1Für die Prüfung, ob eine Beschäftigung oder selbstständige Erwerbstätigkeit innerhalb des Geltungsbereichs dieses Buches die Voraussetzungen erfüllt, nach denen die deutschen Rechtsvorschriften über die soziale Sicherheit nach den Vorschriften des Titels II der Verordnung (EG) Nr. 883/2004 keine Anwendung finden, speichert die Datenstelle der Rentenversicherung folgende Daten:

1. die Daten, die in der von der Verwaltungskommission für die Koordinierung der Systeme der sozialen Sicherheit festgelegten Bescheinigung über das anzuwendende Recht oder in dem entsprechenden strukturierten Dokument des Trägers eines anderen Mitgliedstaates der Europäischen Union, eines anderen Vertragsstaates des Abkommens über den Europäischen Wirtschaftsraum oder der Schweiz enthalten sind,
2. ein Identifikationsmerkmal der Person, für die die Bescheinigung ausgestellt oder das entsprechende strukturierte Dokument erstellt wurde,
3. ein Identifikationsmerkmal des ausländischen Arbeitgebers,
4. ein Identifikationsmerkmal des inländischen Arbeitgebers,
5. die Mitteilung über eine Anfrage beim ausstellenden Träger, einer Bescheinigung nach Nummer 1 oder eines entsprechenden strukturierten Dokuments,
6. das Ergebnis der Überprüfung der Bescheinigung nach Nummer 1 oder des entsprechenden strukturierten Dokuments.

2Das Identifikationsmerkmal des Arbeitnehmers oder der Arbeitnehmerin ist die Versicherungsnummer. 3Ist eine Versicherungsnummer nicht vergeben, vergibt die Datenstelle ein neues Identifikationsmerkmal. 4Entsprechendes gilt für das Identifikationsmerkmal des Selbständigen. 5Für die Zusammensetzung dieses Identifikationsmerkmales gilt § 147 Abs. 2 entsprechend. 6Die Datenstelle vergibt ein Identifikationsmerkmal des ausländischen Arbeitgebers. 7Das Identifikationsmerkmal des Unternehmens im Inland ist die Betriebsnummer. 8Ist eine Betriebsnummer noch nicht vergeben, vergibt die Datenstelle ein eindeutiges Identifikationsmerkmal als vorläufige Betriebsnummer. 9Die Datenstelle verarbeitet die in Satz 1 genannten Daten, soweit dies für den darin genannten Prüfungszweck erforderlich ist. 10Die Datenstelle übermittelt der Urlaubs- und Lohnausgleichskasse der Bauwirtschaft die in Satz 1 genannten Daten, soweit dies für die Erfüllung einer sich aus einem Tarifvertrag ergebenden Aufgabe der Urlaubs- und Lohnausgleichskasse der Bauwirtschaft zum Zwecke der Einziehung von Beiträgen und der Gewährung von Leistungen erforderlich ist. 11Die Daten sind spätestens fünf Jahre nach dem Ablauf des in der Bescheinigung oder dem entsprechenden strukturierten Dokument genannten Geltungszeitraums oder, wenn dieser nicht genannt ist, nach Ablauf des Zeitraums, auf den sich der Sachverhalt bezieht, zu löschen. 12Das Nähere regeln die Deutsche Rentenversicherung Bund und die Spitzenverbände der gesetzlichen Unfallversicherung in gemeinsamen Grundsätzen. 13Die gemeinsamen Grundsätze werden vom Bundesministerium für Arbeit und Soziales im Einvernehmen mit dem Bundesministerium der Finanzen genehmigt.

(4) Bei der Datenstelle darf zu den gesetzlich bestimmten Dateisystemen jeweils ein weiteres Dateisystem geführt werden, soweit dies erforderlich ist, um die Ausführung des Datenschutzes, insbesondere zur Feststellung der Benutzer der Dateisysteme, zu gewährleisten.

(5) 1Die Einrichtung eines automatisierten Abrufverfahrens für ein Dateisystem der Datenstelle ist nur zulässig gegenüber den in § 148 Absatz 3 genannten Stellen, der Deutschen Rentenversicherung Bund, soweit sie als zentrale Stelle Aufgaben nach dem Einkommensteuergesetz durchführt, den Behörden der Zollverwaltung, soweit diese Aufgaben nach § 2 des Schwarzarbeitsbekämpfungsgesetzes durchführen, und den Unterneh-

men der privaten Krankenversicherung, soweit sie Krankenversichertennummern nach § 290 in Verbindung mit § 362 Absatz 2 des Fünften Buches vergeben. ₂Die dort enthaltenen besonderen Voraussetzungen für die Deutsche Post AG, für die Versicherungsämter und Gemeindebehörden und für Leistungsträger im Ausland müssen auch bei Satz 1 erfüllt sein. ₃Die Einrichtung eines automatisierten Abrufverfahrens für ein Dateisystem der Datenstelle ist ferner gegenüber dem Bundesamt für Güterverkehr, soweit dieses Aufgaben nach § 11 Absatz 2 Nummer 3 Buchstabe a des Güterkraftverkehrsgesetzes wahrnimmt, zulässig.

§ 151 Auskünfte der Deutschen Post AG

(1) Die Deutsche Post AG darf den für Sozialleistungen zuständigen Leistungsträgern und den diesen Gleichgestellten (§ 35 Erstes Buch sowie § 69 Absatz 2 Zehntes Buch) von den Sozialdaten, die ihr im Zusammenhang mit der Zahlung, Anpassung, Überwachung, Einstellung oder Abrechnung von Renten oder anderen Geldleistungen nach diesem Buche bekannt geworden sind und die sie nach den Vorschriften des Zweiten Kapitels des Zehnten Buches übermitteln darf, nur folgende Daten übermitteln:

1. Familienname und Vornamen einschließlich des Geburtsnamens,
2. Geburtsdatum,
3. Versicherungsnummer,
4. Daten über den Familienstand,
5. Daten über den Tod einschließlich der Daten, die sich aus den Sterbefallmitteilungen der Meldebehörden nach § 101a des Zehnten Buches ergeben,
6. Daten über das Versicherungsverhältnis,
7. Daten über die Art und Höhe der Geldleistung einschließlich der diese Leistung unmittelbar bestimmenden Daten,
8. Daten über Beginn, Änderung und Ende der Geldleistung einschließlich der diese unmittelbar bestimmenden Daten,
9. Daten über die Zahlung einer Geldleistung,
10. Daten über Mitteilungsempfänger oder nicht nur vorübergehend Bevollmächtigte sowie über weitere Forderungsberechtigte.

(2) Die Deutsche Post AG darf dem Träger der Rentenversicherung von den Sozialdaten, die ihr im Zusammenhang mit der Zahlung, Anpassung, Überwachung, Einstellung oder Abrechnung von Sozialleistungen anderer Sozialleistungsträger sowie von anderen Geldleistungen der den Sozialleistungsträgern Gleichgestellten bekannt geworden sind, nur die Daten des Absatzes 1 übermitteln.

(3) Der Träger der Rentenversicherung darf der Deutschen Post AG die für die Anpassung von Renten oder anderen Geldleistungen erforderlichen Sozialdaten auch dann übermitteln, wenn diese die Anpassung der Renten oder anderen Geldleistungen der Rentenversicherung nicht selbst durchführt, diese Daten aber für Auskünfte nach Absatz 1 oder 2 von anderen Sozialleistungsträgern oder diesen Gleichgestellten benötigt werden.

§ 151a Antragstellung im automatisierten Verfahren beim Versicherungsamt

(1) Für die Aufnahme von Leistungsanträgen bei dem Versicherungsamt oder der Gemeindebehörde und die Übermittlung der Anträge an den Träger der Rentenversicherung kann ein automatisiertes Verfahren eingerichtet werden, das es dem Versicherungsamt oder der Gemeindebehörde ermöglicht, die für das automatisierte Verfahren erforderlichen Daten der Versicherten aus der Stammsatzdatei der Datenstelle der Rentenversicherung (§ 150 Abs. 2) und dem Versicherungskonto (§ 149 Abs. 1) abzurufen, wenn die Versicherten oder anderen Leistungsberechtigten ihren Wohnsitz oder gewöhnlichen Aufenthalt, ihren Beschäftigungsort oder Tätigkeitsort im Bezirk des Versicherungsamtes oder in der Gemeinde haben.

(2) ₁Aus der Stammsatzdatei dürfen nur die in § 150 Abs. 2 Nr. 1 bis 4 genannten Daten und die Angabe des aktuell kontoführenden Rentenversicherungsträgers abgerufen werden. ₂Aus dem Versicherungskonto dürfen nur folgende Daten abgerufen werden:

1. Datum des letzten Zuzugs aus dem Ausland unter Angabe des Staates,
2. Datum der letzten Kontoklärung,
3. Anschrift,
4. Datum des Eintritts in die Versicherung,
5. Lücken im Versicherungsverlauf, an deren Klärung der Versicherte noch nicht mitgewirkt hat,
6. Kindererziehungszeiten und Berücksichtigungszeiten,
7. Berufsausbildungszeiten,
8. Wartezeitauskunft zu der beantragten Rente einschließlich der Wartezeiterfüllung nach § 52,
9. die zuständigen Einzugsstellen mit Angabe des jeweiligen Zeitraums.

(3) $_{1}$Die Deutsche Rentenversicherung Bund erstellt im Einvernehmen mit dem Bundesamt für Sicherheit in der Informationstechnik ein Sicherheitskonzept für die Einrichtung des automatisierten Verfahrens, das insbesondere die nach den Artikeln 24, 25 und 32 der Verordnung (EU) 2016/679 des Europäischen Parlaments und des Rates vom 27. April 2016 zum Schutz natürlicher Personen bei der Verarbeitung personenbezogener Daten, zum freien Datenverkehr und zur Aufhebung der Richtlinie 95/46/EG (Datenschutz-Grundverordnung) (ABl. L 119 vom 4. 5. 2016, S. 1; L 314 vom 22. 11. 2016, S. 72; L 127 vom 23. 5. 2018, S. 2) in der jeweils geltenden Fassung erforderlichen technischen und organisatorischen Maßnahmen enthalten muss. $_{2}$Wenn sicherheitserhebliche Änderungen am automatisierten Verfahren vorgenommen werden oder das Sicherheitskonzept aus einem sonstigen Grund nicht geeignet ist, die Datensicherheit zu gewährleisten, spätestens jedoch alle vier Jahre, ist das Sicherheitskonzept im Einvernehmen mit dem Bundesamt für Sicherheit in der Informationstechnik zu aktualisieren. $_{3}$Zur Herstellung des Einvernehmens prüft das Bundesamt für Sicherheit in der Informationstechnik das Sicherheitskonzept. $_{4}$Einrichtung des Verfahrens und die Anwendung des aktualisierten Sicherheitskonzeptes nach Satz 2 bedürfen der vorherigen Zustimmung der Aufsichtsbehörden der Stellen, die Daten nach Absatz 1 zum automatisierten Abruf bereitstellen. $_{5}$Die Zustimmung ist unter Vorlage des Sicherheitskonzeptes und Beifügung der Erklärung des Bundesamtes für Sicherheit in der Informationstechnik über die Herstellung des Einvernehmens zu beantragen. $_{6}$Die Zustimmung gilt als erteilt, wenn die Aufsichtsbehörde nicht innerhalb einer Frist von drei Monaten nach Vorlage des Antrags eine andere Entscheidung trifft. $_{7}$Die Aufsichtsbehörde kann den Betrieb des Verfahrens untersagen, wenn eine Aktualisierung des Sicherheitskonzeptes nach Satz 2 nicht erfolgt.

§ 151b Automatisiertes Abrufverfahren beim Zuschlag an Entgeltpunkten für langjährige Versicherung

(1) $_{1}$Zur Ermittlung und Prüfung der Anrechnung des Einkommens nach § 97a erfolgt der dafür notwendige Datenaustausch zwischen den Trägern der Rentenversicherung und den zuständigen Finanzbehörden in einem automatisierten Abrufverfahren. $_{2}$Die Anfrage der Träger der Rentenversicherung und die Antwort der zuständigen Finanzbehörde sind nach amtlich vorgeschriebenem Datensatz durch Datenfernübertragung über die Datenstelle der Rentenversicherung und über eine Koordinierende Stelle für den Abruf steuerlicher Daten bei der Deutschen Rentenversicherung Bund zu übermitteln. $_{3}$§ 30 der Abgabenordnung steht dem Abrufverfahren nicht entgegen. $_{4}$§ 93c der Abgabenordnung ist für das Verfahren nicht anzuwenden.

(2) $_{1}$Die Träger der Rentenversicherung sind berechtigt, die nach § 22a Absatz 2 des Einkommensteuergesetzes erhobene steuerliche Identifikationsnummer nach § 139b der Abgabenordnung des Berechtigten für die Ermittlung des Einkommens nach § 97a zu nutzen. $_{2}$Das Bundeszentralamt für Steuern hat den Trägern der Rentenversicherung auf deren Anfrage die steuerliche Identifikationsnummer des Ehegatten des Berechtigten aus den nach § 39e Absatz 2 Satz 1 Nummer 2 des Einkommensteuergesetzes gespeicherten Daten sowie dessen Geburtsdatum aus den nach § 139b der Abgabenordnung gespeicherten Daten über die Koordinierende Stelle zu übermitteln; die erhobenen Daten dürfen nur für die Ermittlung des Einkommens nach § 97a genutzt werden.

(3) $_{1}$Die Träger der Rentenversicherung erheben die nach § 97a Absatz 2 Satz 1 Nummer 1 und 2 erforderlichen und bei den Finanzbehörden vorhandenen Daten bei den zuständigen Finanzbehörden unter Angabe der steuerlichen Identifikationsnummer des Berechtigten sowie seines Ehegatten. $_{2}$Werden von der zuständigen Finanzbehörde keine Daten nach § 97a Absatz 2 Satz 1 Nummer 1 und Satz 4 Nummer 1 und 3 übermittelt, können die Träger der Rentenversicherung unter Angabe der steuerlichen Identifikationsnummer des Berechtigten sowie seines Ehegatten die für die Berücksichtigung nach § 97a Absatz 2 Satz 4 erforderliche Übermittlung vorhandener Rentenbezugsmitteilungen nach § 22a Absatz 1 des Einkommensteuergesetzes bei der zentralen Stelle im Sinne des § 81 des Einkommensteuergesetzes anfordern.

(4) Für das automatisierte Abrufverfahren nach den Absätzen 1 bis 3 gilt § 79 Absatz 1, 2 bis 4 des Zehnten Buches entsprechend mit der Maßgabe, dass es einer Genehmigung nach § 79 Absatz 1 des Zehnten Buches nicht bedarf.

(5) $_{1}$Das Bundesministerium für Arbeit und Soziales bestimmt im Einvernehmen mit dem Bundesministerium der Finanzen den Inhalt und Aufbau der für die Durchführung des automatisierten Datenabrufs zu übermittelnden Datensätze. $_{2}$Das Bundesministerium für Arbeit und Soziales kann im Einvernehmen mit dem Bundesministerium der Finanzen durch Rechtsverordnung mit Zustimmung des Bundesrates das Nähere bestimmen, insbesondere über

1. die Einrichtung und
2. das Verfahren des automatisierten Abrufs.

§ 151c Auskunftsrechte zur Überprüfung von Einkünften aus Kapitalvermögen beim Zuschlag an Entgeltpunkten für langjährige Versicherung

(1) 1Die Träger der Rentenversicherung können für Berechtigte, bei denen nach Prüfung des Einkommens nach § 97a ein Rentenanteil aus dem Zuschlag an Entgeltpunkten für langjährige Versicherung geleistet wird, und für deren Ehegatten im Wege des automatisierten Datenabgleichs bei einer durch Zufallsauswahl gewonnenen hinreichenden Anzahl von Fällen das Bundeszentralamt für Steuern nach § 93 Absatz 8 Satz 1 Nummer 1 Buchstabe g der Abgabenordnung ersuchen, bei Kreditinstituten die in § 93b Absatz 1 und 1a der Abgabenordnung bezeichneten Daten für den Berechtigten und dessen Ehegatten abzurufen. 2§ 93 Absatz 8a bis 10 und § 93b Absatz 2 bis 4 der Abgabenordnung gelten entsprechend. 3Ein Abruf nach Satz 1 ist frühestens nach Ablauf der in § 97a Absatz 6 Satz 2 genannten Auskunftsfrist zulässig. 4Die Träger der Rentenversicherung dürfen für einen Abruf nach Satz 1 Name, Vornamen, Geburtsdatum und Anschrift des Berechtigten und seines Ehegatten an das Bundeszentralamt für Steuern übermitteln. 5Das Bundeszentralamt für Steuern darf die ihm nach Satz 4 vom Träger der Rentenversicherung übermittelten Daten nur zur Durchführung des Abrufs nach Satz 1 und zum Zweck der Datenschutzkontrolle verwenden. 6Die Träger der Rentenversicherung dürfen die vom Bundeszentralamt für Steuern erhobenen Daten nur für die Ermittlung des Einkommens nach § 97a nutzen. 7Für das Verfahren nach diesem Absatz gilt § 79 Absatz 1, 2 bis 4 des Zehnten Buches entsprechend mit der Maßgabe, dass es einer Genehmigung nach § 79 Absatz 1 des Zehnten Buches nicht bedarf.

(2) 1Die Träger der Rentenversicherung sind berechtigt, bei jedem im Verfahren nach Absatz 1 Satz 1 ermittelten Kreditinstitut die Höhe aller bei ihm in dem maßgeblichen Kalenderjahr erzielten, versteuerten Einkünfte aus Kapitalvermögen nach § 20 des Einkommensteuergesetzes von Berechtigten und deren Ehegatten zu erheben, sofern deren Kenntnis für die Einkommensprüfung nach § 97a zur Gewährung eines Zuschlags an Entgeltpunkten für langjährige Versicherung erforderlich ist. 2Die Träger der Rentenversicherung dürfen hierzu Name, Vornamen, Geburtsdatum und Anschrift des Berechtigten und seines Ehegatten an das betroffene Kreditinstitut übermitteln. 3Das nach Satz 1 um Auskunft ersuchte Kreditinstitut ist verpflichtet, die ihm bekannten, in Satz 1 bezeichneten Daten an den um Auskunft ersuchenden Träger der Rentenversicherung zu übermitteln. 4Der Berechtigte und sein Ehegatte sind über die Durchführung der Datenerhebung und deren Ergebnis zu informieren.

§ 152 Verordnungsermächtigung

Das Bundesministerium für Arbeit und Soziales wird ermächtigt, durch Rechtsverordnung mit Zustimmung des Bundesrates

1. Personen, an die eine Versicherungsnummer zu vergeben ist,
2. den Zeitpunkt der Vergabe einer Versicherungsnummer,
3. das Nähere über die Zusammensetzung der Versicherungsnummer sowie über ihre Änderung,
4. die für die Vergabe einer Versicherungsnummer zuständigen Versicherungsträger,
5. das Nähere über Voraussetzungen, Form und Inhalt sowie Verfahren der Versendung von Versicherungsverläufen,
6. die Art und den Umfang des Datenaustausches zwischen den Trägern der Rentenversicherung sowie mit der Deutschen Post AG sowie die Führung des Versicherungskontos und die Art der Daten, die darin gespeichert werden dürfen,
7. Fristen, mit deren Ablauf Sozialdaten spätestens zu löschen sind,
8. die Behandlung von Versicherungsunterlagen einschließlich der Voraussetzungen, unter denen sie vernichtet werden können, sowie die Art, den Umfang und den Zeitpunkt ihrer Vernichtung

zu bestimmen.

Viertes Kapitel Finanzierung

Erster Abschnitt Finanzierungsgrundsatz und Rentenversicherungsbericht

Erster Unterabschnitt Umlageverfahren

§ 153 Umlageverfahren

(1) In der Rentenversicherung werden die Ausgaben eines Kalenderjahres durch die Einnahmen des gleichen

Kalenderjahres und, soweit erforderlich, durch Entnahmen aus der Nachhaltigkeitsrücklage gedeckt.

(2) Einnahmen der allgemeinen Rentenversicherung sind insbesondere die Beiträge und die Zuschüsse des Bundes, Einnahmen der knappschaftlichen Rentenversicherung sind insbesondere die Beiträge und die Mittel des Bundes zum Ausgleich von Einnahmen und Ausgaben.

(3) 1Nach § 7f Abs. 1 Satz 1 Nr. 2 des Vierten Buches übertragene Wertguthaben sind nicht Teil des Umlageverfahrens. 2Insbesondere sind die aus der Übertragung und Verwendung von Wertguthaben fließenden und zu verwaltenden Mittel keine Einnahmen, Ausgaben oder Zahlungsverpflichtungen der allgemeinen Rentenversicherung.

Zweiter Unterabschnitt Rentenversicherungsbericht und Sozialbeirat

§ 154 Rentenversicherungsbericht, Stabilisierung des Beitragssatzes und Sicherung des Rentenniveaus

(1) 1Die Bundesregierung erstellt jährlich einen Rentenversicherungsbericht. 2Der Bericht enthält

1. auf der Grundlage der letzten Ermittlungen der Zahl der Versicherten und Rentner sowie der Einnahmen, der Ausgaben und der Nachhaltigkeitsrücklage insbesondere Modellrechnungen zur Entwicklung von Einnahmen und Ausgaben, der Nachhaltigkeitsrücklage sowie des jeweils erforderlichen Beitragssatzes in den künftigen 15 Kalenderjahren,
2. eine Übersicht über die voraussichtliche finanzielle Entwicklung der Rentenversicherung in den künftigen fünf Kalenderjahren auf der Grundlage der aktuellen Einschätzung der mittelfristigen Wirtschaftsentwicklung,
3. eine Darstellung, wie sich die Anhebung der Altersgrenzen voraussichtlich auf die Arbeitsmarktlage, die Finanzlage der Rentenversicherung und andere öffentliche Haushalte auswirkt.

3Die Entwicklung in der allgemeinen Rentenversicherung und in der knappschaftlichen Rentenversicherung ist getrennt darzustellen. 4Der Bericht ist bis zum 30. November eines jeden Jahres den gesetzgebenden Körperschaften zuzuleiten.

(2) 1Der Rentenversicherungsbericht ist einmal in jeder Wahlperiode des Deutschen Bundestages um einen Bericht zu ergänzen, der insbesondere darstellt:

1. die Leistungen der anderen ganz oder teilweise öffentlich finanzierten Alterssicherungssysteme sowie deren Finanzierung,
2. die Einkommenssituation der Leistungsbezieher der Alterssicherungssysteme,
3. das Zusammentreffen von Leistungen der Alterssicherungssysteme,
4. in welchem Umfang die steuerliche Förderung nach § 10a oder Abschnitt XI und § 3 Nr. 63 des Einkommensteuergesetzes in Anspruch genommen worden ist und welchen Grad der Verbreitung die betriebliche und private Altersvorsorge dadurch erreicht haben und
5. die Höhe des Gesamtversorgungsniveaus, das für typische Rentner einzelner Zugangsjahrgänge unter Berücksichtigung ergänzender Altersvorsorge in Form einer Rente aus einem geförderten Altersvorsorgevertrag sowie einer Rente aus der Anlage der Nettoeinkommenserhöhung aus den steuerfrei gestellten Beiträgen zur gesetzlichen Rentenversicherung und der steuerlichen Belastung ermittelt wird.

2Die Darstellungen zu der Nummer 4 sind erstmals im Jahre 2005 vorzulegen.

(3) 1In der allgemeinen Rentenversicherung darf das Sicherungsniveau vor Steuern nach Absatz 3a bis zum Jahr 2025 48 Prozent nicht unterschreiten und darf der Beitragssatz bis zum Jahr 2025 20 Prozent nicht überschreiten. 2Die Bundesregierung hat den gesetzgebenden Körperschaften geeignete Maßnahmen vorzuschlagen, wenn in der allgemeinen Rentenversicherung in der mittleren Variante der 15-jährigen Vorausberechnungen des Rentenversicherungsberichts

1. der Beitragssatz bis zum Jahr 2030 22 Prozent überschreitet oder
2. das Sicherungsniveau vor Steuern nach Absatz 3a bis zum Jahr 2030 43 Prozent unterschreitet.

3Die Bundesregierung soll den gesetzgebenden Körperschaften geeignete Maßnahmen vorschlagen, wenn sich zeigt, dass durch die Förderung der freiwilligen zusätzlichen Altersvorsorge eine ausreichende Verbreitung nicht erreicht werden kann.

(3a) 1Das Sicherungsniveau vor Steuern für das jeweilige Kalenderjahr ist der Verhältniswert aus der verfügbaren Standardrente und dem verfügbaren Durchschnittsentgelt des jeweils betreffenden Kalenderjahres. 2Die verfügbare Standardrente des jeweiligen Kalenderjahres ist die Standardrente, gemindert um die von den Rentnerinnen und Rentnern zu tragenden Sozialversicherungs-

VI

beiträge. 3Die Standardrente ist die Regelaltersrente aus der allgemeinen Rentenversicherung mit 45 Entgeltpunkten, die sich unter Zugrundelegung des ab dem 1. Juli des betreffenden Kalenderjahres geltenden aktuellen Rentenwerts für zwölf Monate berechnet. 4Die von den Rentnerinnen und Rentnern zu tragenden Sozialversicherungsbeiträge berechnen sich, indem die Standardrente des betreffenden Kalenderjahres mit der Summe des von den Rentnerinnen und Rentnern zu tragenden allgemeinen Beitragssatzanteils sowie des Anteils des durchschnittlichen Zusatzbeitragssatzes zur gesetzlichen Krankenversicherung und des Beitragssatzes zur sozialen Pflegeversicherung nach § 55 Absatz 1 Satz 1 des Elften Buches des betreffenden Kalenderjahres vervielfältigt wird. 5Das verfügbare Durchschnittsentgelt des jeweiligen Kalenderjahres wird ermittelt, indem das verfügbare Durchschnittsentgelt des Vorjahres mit der für die Rentenanpassung maßgebenden Veränderung der Bruttolöhne und -gehälter je Arbeitnehmer (§ 68 Absatz 2) und der Veränderung der Nettoquote des Durchschnittsentgelts des jeweiligen Kalenderjahres gegenüber dem Vorjahr angepasst wird. 6Die Nettoquote des Durchschnittsentgelts des jeweiligen Kalenderjahres wird ermittelt, indem vom Wert 100 Prozent der vom Arbeitnehmer zu tragende Anteil des im Bundesanzeiger nach § 20 Absatz 2a Satz 5 des Vierten Buches bekannt gegebenen Gesamtsozialversicherungsbeitragssatzes des betreffenden Kalenderjahres abgezogen wird. 7Für die Bestimmung des Sicherungsniveaus vor Steuern für das Jahr 2022 beträgt das verfügbare Durchschnittsentgelt des Vorjahres 33 992,16 Euro. 8Die Sätze 1 bis 5 sind für die Vorausberechnungen des Sicherungsniveaus vor Steuern entsprechend anzuwenden.

(4) 1Die Bundesregierung hat den gesetzgebenden Körperschaften vom Jahre 2010 an alle vier Jahre über die Entwicklung der Beschäftigung älterer Arbeitnehmer zu berichten und eine Einschätzung darüber abzugeben, ob die Anhebung der Regelaltersgrenze unter Berücksichtigung der Entwicklung der Arbeitsmarktlage sowie der wirtschaftlichen und sozialen Situation älterer Arbeitnehmer weiterhin vertretbar erscheint und die getroffenen gesetzlichen Regelungen bestehen bleiben können. 2In diesem Bericht sind zur Beibehaltung eines Sicherungsniveauziels vor Steuern von 46 vom Hundert über das Jahr 2020 hinaus von der Bundesregierung entsprechende Maßnahmen unter Wahrung der Beitragssatzstabilität vorzuschlagen. 3Die Bundesregierung berichtet zudem vom Jahre 2018 an über die Auswirkungen der Altersrente für besonders langjährig Versicherte in der Fassung des RV-Leistungsverbesserungsgesetzes, insbesondere über den Umfang der Inanspruchnahme und die Erfüllung der Zugangsvoraussetzungen vor dem Hintergrund der Berücksichtigung von Zeiten des Arbeitslosengeldbezugs und macht Vorschläge für eine Weiterentwicklung dieser Rentenart.

§ 155 Aufgabe des Sozialbeirats

(1) Der Sozialbeirat hat insbesondere die Aufgabe, in einem Gutachten zum Rentenversicherungsbericht der Bundesregierung Stellung zu nehmen.

(2) Das Gutachten des Sozialbeirats ist zusammen mit dem Rentenversicherungsbericht den gesetzgebenden Körperschaften zuzuleiten.

§ 156 Zusammensetzung des Sozialbeirats

(1) 1Der Sozialbeirat besteht aus

1. vier Vertretern der Versicherten,
2. vier Vertretern der Arbeitgeber,
3. einem Vertreter der Deutschen Bundesbank und
4. drei Vertretern der Wirtschafts- und Sozialwissenschaften.

2Seine Geschäfte führt das Bundesministerium für Arbeit und Soziales.

(2) 1Die Bundesregierung beruft die Mitglieder des Sozialbeirats für die Dauer von vier Jahren. 2Es werden

1. vom Bundesvorstand der Deutschen Rentenversicherung Bund gemäß § 64 Abs. 4 des Vierten Buches je drei Vertreter der allgemeinen Rentenversicherung und
2. vom Vorstand der Deutschen Rentenversicherung Knappschaft-Bahn-See als Träger der knappschaftlichen Rentenversicherung je ein Vertreter

der Versicherten und der Arbeitgeber vorgeschlagen; hierbei ist sicherzustellen, dass die Regionalträger und die Bundesträger gleichgewichtig im Sozialbeirat vertreten sind.

(3) 1Die vorgeschlagenen Personen müssen die Voraussetzungen für die Mitgliedschaft in einem Organ der Selbstverwaltung (§ 51 Viertes Buch) erfüllen. 2Vor der Berufung der Vertreter der Wirtschafts- und Sozialwissenschaften ist die Hochschulrektorenkonferenz anzuhören.

VI

Zweiter Abschnitt
Beiträge und Verfahren

Erster Unterabschnitt
Beiträge

Erster Titel
Allgemeines

§ 157 Grundsatz

Die Beiträge werden nach einem Vomhundertsatz (Beitragssatz) von der Beitragsbemessungsgrundlage erhoben, die nur bis zur jeweiligen Beitragsbemessungsgrenze berücksichtigt wird.

§ 158 Beitragssätze

(1) 1Der Beitragssatz in der allgemeinen Rentenversicherung ist vom 1. Januar eines Jahres an zu verändern, wenn am 31. Dezember dieses Jahres bei Beibehaltung des bisherigen Beitragssatzes die Mittel der Nachhaltigkeitsrücklage

1. das 0,2fache der durchschnittlichen Ausgaben zu eigenen Lasten der Träger der allgemeinen Rentenversicherung für einen Kalendermonat (Mindestrücklage) voraussichtlich unterschreiten oder
2. das 1,5fache der in Nummer 1 genannten Ausgaben für einen Kalendermonat (Höchstnachhaltigkeitsrücklage) voraussichtlich übersteigen.

2Ausgaben zu eigenen Lasten sind alle Ausgaben nach Abzug des Bundeszuschusses nach § 213 Abs. 2, der Erstattungen und der empfangenen Ausgleichszahlungen.

(2) 1Der Beitragssatz ist so neu festzusetzen, dass die voraussichtlichen Beitragseinnahmen unter Berücksichtigung der voraussichtlichen Entwicklung der Bruttolöhne und -gehälter je Arbeitnehmer (§ 68 Abs. 2 Satz 1) und der Zahl der Pflichtversicherten zusammen mit den Zuschüssen des Bundes und den sonstigen Einnahmen unter Berücksichtigung von Entnahmen aus der Nachhaltigkeitsrücklage ausreichen, um die voraussichtlichen Ausgaben in dem auf die Festsetzung folgenden Kalenderjahr zu decken und sicherzustellen, dass die Mittel der Nachhaltigkeitsrücklage am Ende dieses Kalenderjahres

1. im Falle von Absatz 1 Nr. 1 dem Betrag der Mindestrücklage oder
2. im Falle von Absatz 1 Nr. 2 dem Betrag der Höchstnachhaltigkeitsrücklage

voraussichtlich entsprechen. 2Der Beitragssatz ist auf eine Dezimalstelle aufzurunden.

(3) Der Beitragssatz in der knappschaftlichen Rentenversicherung wird jeweils in dem Verhältnis verändert, in dem er sich in der allgemeinen Rentenversicherung ändert; der Beitragssatz ist nur für das jeweilige Kalenderjahr auf eine Dezimalstelle aufzurunden.

(4) Wird der Beitragssatz in der allgemeinen Rentenversicherung vom 1. Januar des Jahres an nicht verändert, macht das Bundesministerium für Arbeit und Soziales im Bundesgesetzblatt das Weitergelten der Beitragssätze bekannt.

§ 159 Beitragsbemessungsgrenzen

1Die Beitragsbemessungsgrenzen in der allgemeinen Rentenversicherung sowie in der knappschaftlichen Rentenversicherung ändern sich zum 1. Januar eines jeden Jahres in dem Verhältnis, in dem die Bruttolöhne und -gehälter je Arbeitnehmer (§ 68 Abs. 2 Satz 1) im vergangenen zu den entsprechenden Bruttolöhnen und -gehältern im vorvergangenen Kalenderjahr stehen. 2Die veränderten Beträge werden nur für das Kalenderjahr, für das die Beitragsbemessungsgrenze bestimmt wird, auf das nächsthöhere Vielfache von 600 aufgerundet.

§ 160 Verordnungsermächtigung

Die Bundesregierung hat durch Rechtsverordnung mit Zustimmung des Bundesrates

1. die Beitragssätze in der Rentenversicherung,
2. in Ergänzung der Anlage 2 die Beitragsbemessungsgrenzen

festzusetzen.

Zweiter Titel
Beitragsbemessungsgrundlagen

§ 161 Grundsatz

(1) Beitragsbemessungsgrundlage für Versicherungspflichtige sind die beitragspflichtigen Einnahmen.

(2) Beitragsbemessungsgrundlage für freiwillig Versicherte ist jeder Betrag zwischen der Mindestbeitragsbemessungsgrundlage (§ 167) und der Beitragsbemessungsgrenze.

§ 162 Beitragspflichtige Einnahmen Beschäftigter

1Beitragspflichtige Einnahmen sind

1. bei Personen, die gegen Arbeitsentgelt beschäftigt werden, das Arbeitsentgelt aus der versicherungspflichtigen Beschäftigung, jedoch bei Personen, die zu ihrer Berufsausbildung beschäftigt werden, mindestens 1 vom Hundert der Bezugsgröße,

VI

2. bei behinderten Menschen das Arbeitsentgelt, mindestens 80 vom Hundert der Bezugsgröße,

2a. bei behinderten Menschen, die im Anschluss an eine Beschäftigung in einer nach dem Neunten Buch anerkannten Werkstatt für behinderte Menschen oder nach einer Beschäftigung bei einem anderen Leistungsanbieter nach § 60 des Neunten Buches in einem Inklusionsbetrieb (§ 215 des Neunten Buches) beschäftigt sind, das Arbeitsentgelt, mindestens 80 vom Hundert der Bezugsgröße,

3. bei Personen, die für eine Erwerbstätigkeit befähigt werden sollen oder im Rahmen einer Unterstützten Beschäftigung nach § 55 des Neunten Buches individuell betrieblich qualifiziert werden, ein Arbeitsentgelt in Höhe von 20 vom Hundert der monatlichen Bezugsgröße,

4. bei Mitgliedern geistlicher Genossenschaften, Diakonissen und Angehörigen ähnlicher Gemeinschaften die Geld- und Sachbezüge, die sie persönlich erhalten, jedoch bei Mitgliedern, denen nach Beendigung ihrer Ausbildung eine Anwartschaft auf die in der Gemeinschaft übliche Versorgung nicht gewährleistet oder für die die Gewährleistung nicht gesichert ist (§ 5 Abs. 1 Satz 1 Nr. 3), mindestens 40 vom Hundert der Bezugsgröße,

5. bei Personen, deren Beschäftigung nach dem Einkommensteuerrecht als selbständige Tätigkeit bewertet wird, ein Einkommen in Höhe der Bezugsgröße, bei Nachweis eines niedrigeren oder höheren Einkommens jedoch dieses Einkommen, mindestens jedoch das Zwölffache der Geringfügigkeitsgrenze. $_{2}$§ 165 Abs. 1 Satz 2 bis 10 gilt entsprechend.

§ 163 Sonderregelung für beitragspflichtige Einnahmen Beschäftigter

(1) $_{1}$Für unständig Beschäftigte ist als beitragspflichtige Einnahmen ohne Rücksicht auf die Beschäftigungsdauer das innerhalb eines Kalendermonats erzielte Arbeitsentgelt bis zur Höhe der monatlichen Beitragsbemessungsgrenze zugrunde zu legen. $_{2}$Unständig ist die Beschäftigung, die auf weniger als eine Woche entweder nach der Natur der Sache befristet zu sein pflegt oder im Voraus durch den Arbeitsvertrag befristet ist. $_{3}$Bestanden innerhalb eines Kalendermonats mehrere unständige Beschäftigungen und übersteigt das Arbeitsentgelt insgesamt die monatliche Beitragsbemessungsgrenze, sind bei der Berechnung der Beiträge die einzelnen Arbeitsentgelte anteilmäßig nur zu berücksichtigen, soweit der Gesamtbetrag die monatliche Beitragsbemessungsgrenze nicht übersteigt. $_{4}$Soweit Versicherte oder Arbeitgeber dies beantragen, verteilt die zuständige Einzugsstelle die Beiträge nach den zu berücksichtigenden Arbeitsentgelten aus unständigen Beschäftigungen.

(2) $_{1}$Für Seeleute gilt als beitragspflichtige Einnahme der Betrag, der nach dem Recht der gesetzlichen Unfallversicherung für die Beitragsberechnung maßgebend ist. $_{2}$§ 215 Abs. 4 des Siebten Buches gilt entsprechend.

(3) $_{1}$Bei Arbeitnehmern, die ehrenamtlich tätig sind und deren Arbeitsentgelt infolge der ehrenamtlichen Tätigkeit gemindert wird, gilt auch der Betrag zwischen dem tatsächlich erzielten Arbeitsentgelt und dem Arbeitsentgelt, das ohne die ehrenamtliche Tätigkeit erzielt worden wäre, höchstens bis zur Beitragsbemessungsgrenze als Arbeitsentgelt (Unterschiedsbetrag), wenn der Arbeitnehmer dies beim Arbeitgeber beantragt. $_{2}$Satz 1 gilt nur für ehrenamtliche Tätigkeiten für Körperschaften, Anstalten oder Stiftungen des öffentlichen Rechts, deren Verbände einschließlich der Spitzenverbände oder ihrer Arbeitsgemeinschaften, Parteien, Gewerkschaften sowie Körperschaften, Personenvereinigungen und Vermögensmassen, die wegen des ausschließlichen und unmittelbaren Dienstes für gemeinnützige, mildtätige oder kirchliche Zwecke von der Körperschaftsteuer befreit sind. $_{3}$Der Antrag kann nur für laufende und künftige Lohn- und Gehaltsabrechnungszeiträume gestellt werden.

(4) $_{1}$Bei Versicherten, die eine versicherungspflichtige ehrenamtliche Tätigkeit aufnehmen und für das vergangene Kalenderjahr freiwillige Beiträge gezahlt haben, gilt jeder Betrag zwischen dem Arbeitsentgelt und der Beitragsbemessungsgrenze als Arbeitsentgelt (Unterschiedsbetrag), wenn die Versicherten dies beim Arbeitgeber beantragen. $_{2}$Satz 1 gilt nur für versicherungspflichtige ehrenamtliche Tätigkeiten für Körperschaften des öffentlichen Rechts. $_{3}$Der Antrag kann nur für laufende und künftige Lohn- und Gehaltsabrechnungszeiträume gestellt werden.

(5) $_{1}$Bei Arbeitnehmern, die nach dem Altersteilzeitgesetz Aufstockungsbeträge zum Arbeitsentgelt erhalten, gilt auch mindestens ein Betrag in Höhe von 80 vom Hundert des Regelarbeitsentgelts für die Altersteilzeitarbeit, begrenzt auf den Unterschiedsbetrag zwischen 90 vom Hundert der monatlichen Beitragsbemessungsgrenze und dem Regelarbeitsentgelt, höchstens jedoch bis zur Beitragsbemessungsgrenze, als beitragspflichtige Einnahme. $_{2}$Für Personen, die nach § 3 Satz 1 Nr. 3 für die Zeit des Bezugs von Krankengeld, Versorgungskran-

kengeld, Verletztengeld oder Übergangsgeld versichert sind, und für Personen, die für die Zeit der Arbeitsunfähigkeit oder der Ausführung von Leistungen zur Teilhabe, in der sie Krankentagegeld von einem privaten Krankenversicherungsunternehmen erhalten, nach § 4 Abs. 3 Satz 1 Nr. 2 versichert sind, gilt Satz 1 entsprechend.

(6) Soweit Kurzarbeitergeld geleistet wird, gilt als beitragspflichtige Einnahmen 80 vom Hundert des Unterschiedsbetrages zwischen dem Soll-Entgelt und dem Ist-Entgelt nach § 106 des Dritten Buches.

(7) Bei Beschäftigten, die gegen ein monatliches Arbeitsentgelt bis zum oberen Grenzbetrag des Übergangsbereichs (§ 20 Absatz 2 des Vierten Buches) mehr als geringfügig beschäftigt sind, berechnet sich die beitragspflichtige Einnahme nach § 20 Absatz 2a Satz 1 des Vierten Buches.

(8) Bei Arbeitnehmern, die eine geringfügige Beschäftigung ausüben, ist beitragspflichtige Einnahme das Arbeitsentgelt, mindestens jedoch der Betrag in Höhe von 175 Euro.

§ 164 (weggefallen)

§ 165 Beitragspflichtige Einnahmen selbständig Tätiger

(1) $_1$Beitragspflichtige Einnahmen sind

1. bei selbständig Tätigen ein Arbeitseinkommen in Höhe der Bezugsgröße, bei Nachweis eines niedrigeren oder höheren Arbeitseinkommens jedoch dieses Arbeitseinkommen, mindestens jedoch das Zwölffache der am 1. Januar des jeweiligen Kalenderjahres geltenden Geringfügigkeitsgrenze,
2. bei Seelotsen das Arbeitseinkommen,
3. bei Künstlern und Publizisten das voraussichtliche Jahresarbeitseinkommen (§ 12 Künstlersozialversicherungsgesetz), mindestens jedoch 3900 Euro, wobei Arbeitseinkommen auch die Vergütung für die Verwertung und Nutzung urheberrechtlich geschützter Werke oder Leistungen sind,
4. bei Hausgewerbetreibenden das Arbeitseinkommen,
5. bei Küstenschiffern und Küstenfischern das in der Unfallversicherung maßgebende beitragspflichtige Arbeitseinkommen.

$_2$Beitragspflichtige Einnahmen sind bei selbständig Tätigen abweichend von Satz 1 Nr. 1 bis zum Ablauf von drei Kalenderjahren nach dem Jahr der Aufnahme der selbständigen Tätigkeit ein Arbeitseinkommen in Höhe von 50 vom Hundert der Bezugsgröße, auf Antrag des Versicherten jedoch ein Arbeitseinkommen in Höhe der Bezugsgröße. $_3$Für den Nachweis des von der Bezugsgröße abweichenden Arbeitseinkommens nach Satz 1 Nummer 1 sind die sich aus dem letzten Einkommensteuerbescheid für das zeitnaheste Kalenderjahr ergebenden Einkünfte aus der versicherungspflichtigen selbständigen Tätigkeit so lange maßgebend, bis ein neuer Einkommensteuerbescheid vorgelegt wird; wurden diese Einkünfte nicht während des gesamten Kalenderjahres erzielt, sind sie auf ein Jahresarbeitseinkommen hochzurechnen. $_4$Das nach Satz 3 festgestellte Arbeitseinkommen ist mit dem Vomhundertsatz zu vervielfältigen, der sich aus dem Verhältnis des vorläufigen Durchschnittsentgelts (Anlage 1) für das Kalenderjahr, für das das Arbeitseinkommen nachzuweisen ist, zu dem Durchschnittsentgelt (Anlage 1) für das maßgebende Veranlagungsjahr des Einkommensteuerbescheides ergibt. $_5$Übersteigt das nach Satz 4 festgestellte Arbeitseinkommen die Beitragsbemessungsgrenze des nachzuweisenden Kalenderjahres, wird ein Arbeitseinkommen in Höhe der jeweiligen Beitragsbemessungsgrenze so lange zugrunde gelegt, bis sich aus einem neuen Einkommensteuerbescheid niedrigere Einkünfte ergeben. $_6$Der Einkommensteuerbescheid ist dem Träger der Rentenversicherung spätestens zwei Kalendermonate nach seiner Ausfertigung vorzulegen. $_7$Statt des Einkommensteuerbescheides kann auch eine Bescheinigung des Finanzamtes vorgelegt werden, die die für den Nachweis des Arbeitseinkommens erforderlichen Daten des Einkommensteuerbescheides enthält. $_8$Änderungen des Arbeitseinkommens werden vom Ersten des auf die Vorlage des Bescheides oder der Bescheinigung folgenden Kalendermonats, spätestens aber vom Beginn des dritten Kalendermonats nach Ausfertigung des Einkommensteuerbescheides, an berücksichtigt. $_9$Ist eine Veranlagung zur Einkommensteuer aufgrund der versicherungspflichtigen selbständigen Tätigkeit noch nicht erfolgt, ist für das Jahr des Beginns der Versicherungspflicht ein Jahresarbeitseinkommen zugrunde zu legen, das sich aus den vom Versicherten vorzulegenden Unterlagen ergibt. $_{10}$Für die Folgejahre ist Satz 4 sinngemäß anzuwenden.

(1a) $_1$Abweichend von Absatz 1 Satz 3 ist auf Antrag des Versicherten vom laufenden Arbeitseinkommen auszugehen, wenn dieses im Durchschnitt voraussichtlich um wenigstens 30 vom Hundert geringer ist als das Arbeitseinkommen nach Absatz 1 Satz 3. $_2$Das laufende Arbeitseinkommen ist durch entsprechende Unterlagen nachzuweisen. $_3$Änderungen des Arbeitseinkommens werden vom Ersten des auf die Vorlage der Nachweise folgenden Kalendermonats an berücksichtigt. 4Das festgestellte laufende Arbeitseinkommen bleibt so lange maßgebend, bis der Einkommensteuerbescheid über dieses Veranlagungsjahr vorgelegt wird und zu berücksichtigen ist. 5Für die Folgejahre ist Absatz 1 Satz 4 sinngemäß anzuwenden. 6Die Sätze 1 bis 3 gelten entsprechend für Küstenschiffer und Küstenfischer, wenn das laufende Arbeitseinkommen im Durchschnitt voraussichtlich um wenigstens 30 vom Hundert geringer ist als das Arbeitseinkommen nach Absatz 1 Satz 1 Nummer 5. 7Das für Küstenschiffer und Küstenfischer festgestellte laufende Arbeitseinkommen bleibt für ein Jahr maßgebend. 8Für die Folgejahre sind die Sätze 6 und 7 erneut anzuwenden.

(1b) Bei Künstlern und Publizisten wird für die Dauer des Bezugs von Elterngeld oder Erziehungsgeld oder für die Zeit, in der Erziehungsgeld nur wegen des zu berücksichtigenden Einkommens nicht bezogen wird, auf Antrag des Versicherten das in diesen Zeiten voraussichtlich erzielte Arbeitseinkommen, wenn es im Durchschnitt monatlich 325 Euro übersteigt, zugrunde gelegt.

(2) Für Hausgewerbetreibende, die ehrenamtlich tätig sind, gelten die Regelungen für Arbeitnehmer, die ehrenamtlich tätig sind, entsprechend.

(3) Bei Selbständigen, die auf Antrag versicherungspflichtig sind, gelten als Arbeitseinkommen im Sinne von § 15 des Vierten Buches auch die Einnahmen, die steuerrechtlich als Einkommen aus abhängiger Beschäftigung behandelt werden.

§ 166 Beitragspflichtige Einnahmen sonstiger Versicherter

(1) Beitragspflichtige Einnahmen sind

1. bei Personen, die als Wehr- oder Zivildienst Leistende versichert sind, 80 Prozent der Bezugsgröße; bei Teilzeitbeschäftigung wird dieser Prozentsatz mit dem Teilzeitanteil vervielfältigt,

1a. bei Personen, die als Wehr- oder Zivildienst Leistende versichert sind und Leistungen nach § 5 oder § 8 Absatz 1 Satz 1 jeweils in Verbindung mit Anlage 1 des Unterhaltssicherungsgesetzes erhalten, das Arbeitsentgelt, das dieser Leistung vor Abzug von Steuern und Beiträgen zugrunde liegt oder läge, mindestens jedoch 80 Prozent der Bezugsgröße; bei Teilzeitbeschäftigung wird dieser Prozentsatz mit dem Teilzeitanteil vervielfältigt,

1b. bei Personen, die in einem Wehrdienstverhältnis besonderer Art nach § 6 des Einsatz-Weiterverwendungsgesetzes versichert sind, die daraus gewährten Dienstbezüge in dem Umfang, in dem sie bei Beschäftigten als Arbeitsentgelt zu berücksichtigen wären,

1c. bei Personen, die als ehemalige Soldaten auf Zeit Übergangsgebührnisse beziehen, die nach § 11 des Soldatenversorgungsgesetzes gewährten Übergangsgebührnisse; liegen weitere Versicherungsverhältnisse vor, ist beitragspflichtige Einnahme höchstens die Differenz aus der Beitragsbemessungsgrenze und den beitragspflichtigen Einnahmen aus den weiteren Versicherungsverhältnissen,

2. bei Personen, die Arbeitslosengeld, Übergangsgeld, Krankengeld, Verletztengeld oder Versorgungskrankengeld beziehen, 80 vom Hundert des der Leistung zugrunde liegenden Arbeitsentgelts oder Arbeitseinkommens, wobei 80 vom Hundert des beitragspflichtigen Arbeitsentgelts aus einem nicht geringfügigen Beschäftigungsverhältnis abzuziehen sind, und bei gleichzeitigem Bezug von Krankengeld neben einer anderen Leistung das dem Krankengeld zugrunde liegende Einkommen nicht zu berücksichtigen ist,

2a. bei Personen, die im Anschluss an den Bezug von Bürgergeld nach § 19 Absatz 1 Satz 1 des Zweiten Buches Übergangsgeld oder Verletztengeld beziehen, monatlich der Betrag von 205 Euro,

2b. bei Personen, die Krankengeld nach § 44a des Fünften Buches beziehen, das der Leistung zugrunde liegende Arbeitsentgelt oder Arbeitseinkommen; wird dieses Krankengeld nach § 47b des Fünften Buches gezahlt, gilt Nummer 2,

2c. bei Personen, die Teilarbeitslosengeld beziehen, 80 vom Hundert des dieser Leistung zugrunde liegenden Arbeitsentgelts,

2d. bei Personen, die von einem privaten Krankenversicherungsunternehmen, von einem Beihilfeträger des Bundes, von einem sonstigen öffentlich-rechtlichen Träger von Kosten in Krankheitsfällen auf Bundesebene, von dem Träger der Heilfürsorge im Bereich des Bundes, von dem Träger der truppenärztlichen Versorgung oder von einem öffentlich-rechtlichen Träger von Kosten in Krankheitsfällen auf Landesebene, soweit Landesrecht dies vorsieht, Leistungen für den Ausfall von Arbeitseinkünften im Zusammenhang mit einer nach den §§ 8 und 8a des Transplantationsgesetzes erfolgenden Spende von Organen oder Geweben oder im Zusammenhang mit einer im Sinne von § 9 des Transfusionsgesetzes erfolgenden Spende von Blut zur Separation von Blutstammzellen oder anderen Blutbestandteilen beziehen, das diesen Leistungen zugrunde liegende Arbeitsentgelt oder Arbeitseinkommen,

2e. bei Personen, die Krankengeld nach § 45 Absatz 1 des Fünften Buches oder Verletztengeld nach § 45 Absatz 4 des Siebten Buches in Verbindung mit § 45 Absatz 1 des Fünften Buches beziehen, 80 vom Hundert des während der Freistellung ausgefallenen, laufenden Arbeitsentgelts oder des der Leistung zugrunde liegenden Arbeitseinkommens,

2f. bei Personen, die Pflegeunterstützungsgeld beziehen, 80 vom Hundert des während der Freistellung ausgefallenen, laufenden Arbeitsentgelts,

3. bei Beziehern von Vorruhestandsgeld das Vorruhestandsgeld,

4. bei Entwicklungshelfern das Arbeitsentgelt oder, wenn dies günstiger ist, der Betrag, der sich ergibt, wenn die Beitragsbemessungsgrenze mit dem Verhältnis vervielfältigt wird, in dem die Summe der Arbeitsentgelte oder Arbeitseinkommen für die letzten drei vor Aufnahme der nach § 4 Abs. 1 versicherungspflichtigen Beschäftigung oder Tätigkeit voll mit Pflichtbeiträgen belegten Kalendermonate zur Summe der Beträge der Beitragsbemessungsgrenzen für diesen Zeitraum steht; der Verhältniswert beträgt mindestens 0,6667,

4a. bei Personen, die für eine begrenzte Zeit im Ausland beschäftigt sind, das Arbeitsentgelt oder der sich abweichend vom Arbeitsentgelt nach Nummer 4 ergebende Betrag, wenn dies mit der antragstellenden Stelle vereinbart wird; die Vereinbarung kann nur für laufende und künftige Lohn- und Gehaltsabrechnungszeiträume getroffen werden,

4b. bei sekundierten Personen das Arbeitsentgelt und die Leistungen nach § 9 des Sekundierungsgesetzes; im Übrigen gilt Nummer 4 entsprechend,

4c. bei sonstigen im Ausland beschäftigten Personen, die auf Antrag versicherungspflichtig sind, das Arbeitsentgelt,

5. bei Personen, die für Zeiten der Arbeitsunfähigkeit oder der Ausführung von Leistungen zur Teilhabe ohne Anspruch auf Krankengeld versichert sind, 80 vom Hundert des zuletzt für einen vollen Kalendermonat versicherten Arbeitsentgelts oder Arbeitseinkommens.

(2) Beitragspflichtige Einnahmen sind bei nicht erwerbsmäßig tätigen Pflegepersonen bei Pflege einer

1. pflegebedürftigen Person des Pflegegrades 5 nach § 15 Absatz 3 Satz 4 Nummer 5 des Elften Buches
   a) 100 vom Hundert der Bezugsgröße, wenn die pflegebedürftige Person ausschließlich Pflegegeld nach § 37 des Elften Buches bezieht,
   b) 85 vom Hundert der Bezugsgröße, wenn die pflegebedürftige Person Kombinationsleistungen nach § 38 des Elften Buches bezieht,
   c) 70 vom Hundert der Bezugsgröße, wenn die pflegebedürftige Person ausschließlich Pflegesachleistungen nach § 36 des Elften Buches bezieht,
2. pflegebedürftigen Person des Pflegegrades 4 nach § 15 Absatz 3 Satz 4 Nummer 4 des Elften Buches
   a) 70 vom Hundert der Bezugsgröße, wenn die pflegebedürftige Person ausschließlich Pflegegeld nach § 37 des Elften Buches bezieht,
   b) 59,5 vom Hundert der Bezugsgröße, wenn die pflegebedürftige Person Kombinationsleistungen nach § 38 des Elften Buches bezieht,
   c) 49 vom Hundert der Bezugsgröße, wenn die pflegebedürftige Person ausschließlich Pflegesachleistungen nach § 36 des Elften Buches bezieht,
3. pflegebedürftigen Person des Pflegegrades 3 nach § 15 Absatz 3 Satz 4 Nummer 3 des Elften Buches
   a) 43 vom Hundert der Bezugsgröße, wenn die pflegebedürftige Person ausschließlich Pflegegeld nach § 37 des Elften Buches bezieht,
   b) 36,55 vom Hundert der Bezugsgröße, wenn die pflegebedürftige Person Kombinationsleistungen nach § 38 des Elften Buches bezieht,
   c) 30,1 vom Hundert der Bezugsgröße, wenn die pflegebedürftige Person ausschließlich Pflegesachleistungen nach § 36 des Elften Buches bezieht,
4. pflegebedürftigen Person des Pflegegrades 2 nach § 15 Absatz 3 Satz 4 Nummer 2 des Elften Buches
   a) 27 vom Hundert der Bezugsgröße, wenn die pflegebedürftige Person ausschließlich Pflegegeld nach § 37 des Elften Buches bezieht,
   b) 22,95 vom Hundert der Bezugsgröße, wenn die pflegebedürftige Person Kombinationsleistungen nach § 38 des Elften Buches bezieht,
   c) 18,9 vom Hundert der Bezugsgröße, wenn die pflegebedürftige Person ausschließlich Pflegesachleistungen nach § 36 des Elften Buches bezieht.

VI

$_{2}$Üben mehrere nicht erwerbsmäßig tätige Pflegepersonen die Pflege gemeinsam aus (Mehrfachpflege), sind die beitragspflichtigen Einnahmen nach Satz 1 entsprechend dem nach § 44 Absatz 1 Satz 3 des Elften Buches festgestellten prozentualen Umfang der jeweiligen Pflegetätigkeit im Verhältnis zum Gesamtpflegeaufwand je pflegebedürftiger Person aufzuteilen. $_{3}$Werden mehrere Pflegebedürftige gepflegt, ergeben sich die beitragspflichtigen Einnahmen jeweils nach den Sätzen 1 und 2.

§ 167 Freiwillig Versicherte

Die Höhe der monatlichen Mindestbeitragsbemessungsgrundlage für freiwillig Versicherte entspricht der am 1. Januar des jeweiligen Kalenderjahres geltenden Geringfügigkeitsgrenze.

Dritter Titel
Verteilung der Beitragslast

§ 168 Beitragstragung bei Beschäftigten

(1) Die Beiträge werden getragen

1. bei Personen, die gegen Arbeitsentgelt beschäftigt werden, von den Versicherten und von den Arbeitgebern je zur Hälfte,

1a. bei Arbeitnehmern, die Kurzarbeitergeld beziehen, vom Arbeitgeber,

1b. bei Personen, die gegen Arbeitsentgelt geringfügig versicherungspflichtig beschäftigt werden, von den Arbeitgebern in Höhe des Betrages, der 15 vom Hundert des der Beschäftigung zugrunde liegenden Arbeitsentgelts entspricht, im Übrigen vom Versicherten,

1c. bei Personen, die gegen Arbeitsentgelt in Privathaushalten geringfügig versicherungspflichtig beschäftigt werden, von den Arbeitgebern in Höhe des Betrages, der 5 vom Hundert des der Beschäftigung zugrunde liegenden Arbeitsentgelts entspricht, im Übrigen vom Versicherten,

1d. bei Beschäftigten, deren beitragspflichtige Einnahme sich nach § 163 Absatz 7 bestimmt, von den Beschäftigten in Höhe der Hälfte des Betrages, der sich ergibt, wenn der Beitragssatz auf die nach Maßgabe von § 20 Absatz 2a Satz 6 des Vierten Buches ermittelte beitragspflichtige Einnahme angewendet wird, im Übrigen von den Arbeitgebern,

2. bei behinderten Menschen von den Trägern der Einrichtung oder dem anderen Leistungsanbieter nach § 60 des Neunten Buches, wenn ein Arbeitsentgelt nicht bezogen wird oder das monatliche Arbeitsentgelt 20 vom Hundert der monatlichen Bezugsgröße nicht übersteigt, sowie für den Betrag zwischen dem monatlichen Arbeitsentgelt und 80 vom Hundert der monatlichen Bezugsgröße, wenn das monatliche Arbeitsentgelt 80 vom Hundert der monatlichen Bezugsgröße nicht übersteigt, im Übrigen von den Versicherten und den Trägern der Einrichtung je zur Hälfte,

2a. bei behinderten Menschen, die im Anschluss an eine Beschäftigung in einer nach dem Neunten Buch anerkannten Werkstatt für behinderte Menschen oder nach einer Beschäftigung bei einem anderen Leistungsanbieter nach § 60 des Neunten Buches in einem Inklusionsbetrieb (§ 215 Neuntes Buch) beschäftigt sind, von den Trägern der Inklusionsbetriebe für den Betrag zwischen dem monatlichen Arbeitsentgelt und 80 vom Hundert der monatlichen Bezugsgröße, wenn das monatliche Arbeitsentgelt 80 vom Hundert der monatlichen Bezugsgröße nicht übersteigt, im Übrigen von den Versicherten und den Trägern der Inklusionsbetriebe je zur Hälfte,

3. bei Personen, die für eine Erwerbstätigkeit befähigt werden sollen, von den Trägern der Einrichtung,

3a. bei behinderten Menschen während der individuellen betrieblichen Qualifizierung im Rahmen der Unterstützten Beschäftigung nach § 55 des Neunten Buches von dem zuständigen Rehabilitationsträger,

4. bei Mitgliedern geistlicher Genossenschaften, Diakonissen und Angehörigen ähnlicher Gemeinschaften von den Genossenschaften oder Gemeinschaften, wenn das monatliche Arbeitsentgelt 40 vom Hundert der monatlichen Bezugsgröße nicht übersteigt, im Übrigen von den Mitgliedern und den Genossenschaften oder Gemeinschaften je zur Hälfte,

5. bei Arbeitnehmern, die ehrenamtlich tätig sind, für den Unterschiedsbetrag von ihnen selbst,

6. bei Arbeitnehmern, die nach dem Altersteilzeitgesetz Aufstockungsbeträge zum Arbeitsentgelt erhalten, für die sich nach § 163 Abs. 5 Satz 1 ergebende beitragspflichtige Einnahme von den Arbeitgebern,

7. bei Arbeitnehmern, die nach dem Altersteilzeitgesetz Aufstockungsbeträge zum Krankengeld, Versorgungskrankengeld, Verletztengeld, Über-

gangsgeld oder Krankentagegeld erhalten, für die sich nach § 163 Abs. 5 Satz 2 ergebende beitragspflichtige Einnahme

a) von der Bundesagentur oder, im Fall der Leistungserbringung nach § 10 Abs. 2 Satz 2 des Altersteilzeitgesetzes, von den Arbeitgebern, wenn die Voraussetzungen des § 4 des Altersteilzeitgesetzes vorliegen,

b) von den Arbeitgebern, wenn die Voraussetzungen des § 4 des Altersteilzeitgesetzes nicht vorliegen.

(2) Wird infolge einmalig gezahlten Arbeitsentgelts die in Absatz 1 Nr. 2 genannte Grenze von 20 vom Hundert der monatlichen Bezugsgröße überschritten, tragen die Versicherten und die Arbeitgeber die Beiträge von dem diese Grenze übersteigenden Teil des Arbeitsentgelts jeweils zur Hälfte; im Übrigen tragen die Arbeitgeber den Beitrag allein.

(3) Personen, die in der knappschaftlichen Rentenversicherung versichert sind, tragen die Beiträge in Höhe des Vomhundertsatzes, den sie zu tragen hätten, wenn sie in der allgemeinen Rentenversicherung versichert wären; im Übrigen tragen die Arbeitgeber die Beiträge.

§ 169 Beitragstragung bei selbständig Tätigen

Die Beiträge werden getragen

1. bei selbständig Tätigen von ihnen selbst,
2. bei Künstlern und Publizisten von der Künstlersozialkasse,
3. bei Hausgewerbetreibenden von den Versicherten und den Arbeitgebern je zur Hälfte,
4. bei Hausgewerbetreibenden, die ehrenamtlich tätig sind, für den Unterschiedsbetrag von ihnen selbst.

§ 170 Beitragstragung bei sonstigen Versicherten

(1) Die Beiträge werden getragen

1. bei Wehr- oder Zivildienst Leistenden, ehemaligen Soldaten auf Zeit während des Bezugs von Übergangsgebührnissen nach § 11 des Soldatenversorgungsgesetzes, Personen in einem Wehrdienstverhältnis besonderer Art nach § 6 des Einsatz-Weiterverwendungsgesetzes und für Kindererziehungszeiten vom Bund,
2. bei Personen, die

a) Krankengeld oder Verletztengeld beziehen, von den Beziehern der Leistung und den Leistungsträgern je zur Hälfte, soweit sie auf die Leistung entfallen und diese Leistungen nicht in Höhe der Leistungen der Bundesagentur für Arbeit zu zahlen sind, im Übrigen vom Leistungsträger; die Beiträge werden auch dann von den Leistungsträgern getragen, wenn die Bezieher der Leistung zur Berufsausbildung beschäftigt sind und das der Leistung zugrunde liegende Arbeitsentgelt auf den Monat bezogen die Geringfügigkeitsgrenze nicht übersteigt,

b) Versorgungskrankengeld, Übergangsgeld oder Arbeitslosengeld beziehen, von den Leistungsträgern,

c) Krankengeld nach § 44a des Fünften Buches beziehen, vom Leistungsträger,

d) für Personen, die Leistungen für den Ausfall von Arbeitseinkünften im Zusammenhang mit einer nach den §§ 8 und 8a des Transplantationsgesetzes erfolgenden Spende von Organen oder Geweben oder im Zusammenhang mit einer im Sinne von § 9 des Transfusionsgesetzes erfolgenden Spende von Blut zur Separation von Blutstammzellen oder anderen Blutbestandteilen erhalten, von der Stelle, die die Leistung erbringt; wird die Leistung von mehreren Stellen erbracht, sind die Beiträge entsprechend anteilig zu tragen,

e) Pflegeunterstützungsgeld beziehen, von den Beziehern der Leistung zur Hälfte, soweit sie auf die Leistung entfallen, im Übrigen

aa) von der Pflegekasse, wenn der Pflegebedürftige in der sozialen Pflegeversicherung versichert ist,

bb) von dem privaten Versicherungsunternehmen, wenn der Pflegebedürftige in der sozialen Pflegeversicherung versicherungsfrei ist,

cc) von der Festsetzungsstelle für die Beihilfe oder dem Dienstherrn und der Pflegekasse oder dem privaten Versicherungsunternehmen anteilig, wenn der Pflegebedürftige Anspruch auf Beihilfe oder Heilfürsorge hat und in der sozialen Pflegeversicherung oder bei einem privaten Versicherungsunternehmen versichert ist; ist ein Träger der Rentenversicherung Festsetzungsstelle für die Beihilfe, gelten die Beiträge insoweit als gezahlt; dies gilt auch im Verhältnis der Rentenversicherungsträger untereinander;

VI

die Beiträge werden von den Stellen, die die Leistung zu erbringen haben, allein getragen, wenn die Bezieher der Leistung zur Berufsausbildung beschäftigt sind und das der Leistung zugrunde liegende Arbeitsentgelt auf den Monat bezogen die Geringfügigkeitsgrenze nicht übersteigt; Doppelbuchstabe cc gilt entsprechend,

3. bei Bezug von Vorruhestandsgeld von den Beziehern und den zur Zahlung des Vorruhestandsgeldes Verpflichteten je zur Hälfte,
4. bei Entwicklungshelfern, bei Personen, die für eine begrenzte Zeit im Ausland beschäftigt sind, bei sekundierten Personen oder bei sonstigen im Ausland beschäftigten Personen von den antragstellenden Stellen,
5. bei Zeiten der Arbeitsunfähigkeit oder der Ausführung von Leistungen zur Teilhabe ohne Anspruch auf Krankengeld von den Versicherten selbst,
6. bei nicht erwerbsmäßig tätigen Pflegepersonen, die einen
   a) in der sozialen Pflegeversicherung versicherten Pflegebedürftigen pflegen, von der Pflegekasse,
   b) in der sozialen Pflegeversicherung versicherungsfreien Pflegebedürftigen pflegen, von dem privaten Versicherungsunternehmen,
   c) Pflegebedürftigen pflegen, der wegen Pflegebedürftigkeit Beihilfeleistungen oder Leistungen der Heilfürsorge und Leistungen einer Pflegekasse oder eines privaten Versicherungsunternehmens erhält, von der Festsetzungsstelle für die Beihilfe oder vom Dienstherrn und der Pflegekasse oder dem privaten Versicherungsunternehmen anteilig; ist ein Träger der Rentenversicherung Festsetzungsstelle für die Beihilfe, gelten die Beiträge insoweit als gezahlt; dies gilt auch im Verhältnis der Rentenversicherungsträger untereinander.

(2) $_1$Bezieher von Krankengeld, Pflegeunterstützungsgeld oder Verletztengeld, die in der knappschaftlichen Rentenversicherung versichert sind, tragen die Beiträge in Höhe des Vomhundertsatzes, den sie zu tragen hätten, wenn sie in der allgemeinen Rentenversicherung versichert wären; im Übrigen tragen die Beiträge die Leistungsträger. $_2$Satz 1 gilt entsprechend für Bezieher von Vorruhestandsgeld, die in der knappschaftlichen Rentenversicherung versichert sind.

§ 171 Freiwillig Versicherte

Freiwillig Versicherte tragen ihre Beiträge selbst.

§ 172 Arbeitgeberanteil bei Versicherungsfreiheit und Befreiung von der Versicherungspflicht

(1) $_1$Für Beschäftigte, die versicherungsfrei sind wegen

1. des Bezugs einer Vollrente wegen Alters nach Ablauf des Monats, in dem die Regelaltersgrenze erreicht wurde,
2. des Bezugs einer Versorgung,
3. des Erreichens der Regelaltersgrenze oder
4. einer Beitragserstattung,

tragen die Arbeitgeber die Hälfte des Beitrags, der zu zahlen wäre, wenn die Beschäftigten versicherungspflichtig wären; in der knappschaftlichen Rentenversicherung ist statt der Hälfte des Beitrags der auf die Arbeitgeber entfallende Beitragsanteil zu zahlen. $_2$Satz 1 findet keine Anwendung auf versicherungsfrei geringfügig Beschäftigte und Beschäftigte nach § 1 Satz 1 Nr. 2.

(2) (weggefallen)

(3) $_1$Für Beschäftigte nach § 8 Abs. 1 Nr. 1 des Vierten Buches, die in dieser Beschäftigung nach § 6 Absatz 1b oder nach anderen Vorschriften von der Versicherungspflicht befreit sind oder die nach § 5 Abs. 4 versicherungsfrei sind, tragen die Arbeitgeber einen Beitragsanteil in Höhe von 15 vom Hundert des Arbeitsentgelts, das beitragspflichtig wäre, wenn die Beschäftigten versicherungspflichtig wären. $_2$Dies gilt nicht für Personen, die während der Dauer eines Studiums als ordentliche Studierende einer Fachschule oder Hochschule ein Praktikum ableisten, das nicht in ihrer Studienordnung oder Prüfungsordnung vorgeschrieben ist.

(3a) Für Beschäftigte in Privathaushalten nach § 8a Satz 1 des Vierten Buches, die in dieser Beschäftigung nach § 6 Absatz 1b oder nach anderen Vorschriften von der Versicherungspflicht befreit sind oder die nach § 5 Abs. 4 versicherungsfrei sind, tragen die Arbeitgeber einen Beitragsanteil in Höhe von 5 vom Hundert des Arbeitsentgelts, das beitragspflichtig wäre, wenn die Beschäftigten versicherungspflichtig wären.

(4) Für den Beitragsanteil des Arbeitgebers gelten die Vorschriften des Dritten Abschnitts des Vierten Buches sowie die Bußgeldvorschriften des § 111 Abs. 1 Nr. 2 bis 4, 8 und Abs. 2 und 4 des Vierten Buches entsprechend.

§ 172a Beitragszuschüsse des Arbeitgebers für Mitglieder berufsständischer Versorgungseinrichtungen

Für Beschäftigte, die nach § 6 Absatz 1 Satz 1 Nummer 1 von der Versicherungspflicht befreit sind, zahlen die Arbeitgeber einen Zuschuss in Höhe der Hälfte des Beitrags zu einer berufsständischen Versorgungseinrichtung, höchstens aber die Hälfte des Beitrags, der zu zahlen wäre, wenn die Beschäftigten nicht von der Versicherungspflicht in der gesetzlichen Rentenversicherung befreit worden wären.

Vierter Titel
Zahlung der Beiträge

§ 173 Grundsatz

Die Beiträge sind, soweit nicht etwas anderes bestimmt ist, von denjenigen, die sie zu tragen haben (Beitragsschuldner), unmittelbar an die Träger der Rentenversicherung zu zahlen.

§ 174 Beitragszahlung aus dem Arbeitsentgelt und Arbeitseinkommen

(1) Für die Zahlung der Beiträge von Versicherungspflichtigen aus Arbeitsentgelt und von Hausgewerbetreibenden gelten die Vorschriften über den Gesamtsozialversicherungsbeitrag (§§ 28d bis 28n und 28r Viertes Buch).

(2) Für die Beitragszahlung

1. aus dem Arbeitseinkommen von Seelotsen,
2. aus Vorruhestandsgeld,
3. aus der maßgebenden beitragspflichtigen Einnahme für Entwicklungshelfer, für Personen, die für eine begrenzte Zeit im Ausland beschäftigt sind, für sekundierte Personen oder für die sonstigen im Ausland beschäftigten Personen

gilt Absatz 1 entsprechend.

(3) Für die Beitragszahlung nach Absatz 2 gelten als Arbeitgeber

1. die Lotsenbrüderschaften,
2. die zur Zahlung des Vorruhestandsgeldes Verpflichteten,
3. die antragstellenden Stellen.

§ 175 Beitragszahlung bei Künstlern und Publizisten

(1) Die Künstlersozialkasse zahlt für nachgewiesene Zeiten des Bezugs von Krankengeld, Verletztengeld, Versorgungskrankengeld, Übergangsgeld oder Mutterschaftsgeld sowie für nachgewiesene Anrechnungszeiten von Künstlern und Publizisten keine Beiträge.

(2) Die Künstlersozialkasse ist zur Zahlung eines Beitrags für Künstler und Publizisten nur insoweit verpflichtet, als diese ihren Beitragsanteil zur Rentenversicherung nach dem Künstlersozialversicherungsgesetz an die Künstlersozialkasse gezahlt haben.

§ 176 Beitragszahlung und Abrechnung bei Bezug von Sozialleistungen, bei Leistungen im Eingangsverfahren und im Berufsbildungsbereich anerkannter Werkstätten für behinderte Menschen

(1) $_1$Soweit Personen, die Krankengeld, Pflegeunterstützungsgeld oder Verletztengeld beziehen, an den Beiträgen zur Rentenversicherung beteiligt sind, zahlen die Leistungsträger die Beiträge an die Träger der Rentenversicherung. $_2$Als Leistungsträger gelten bei Bezug von Pflegeunterstützungsgeld auch private Versicherungsunternehmen, Festsetzungsstellen für die Beihilfe und Dienstherren. $_3$Für den Beitragsabzug gilt § 28g Satz 1 des Vierten Buches entsprechend.

(2) $_1$Das Nähere über Zahlung und Abrechnung der Beiträge für Bezieher von Sozialleistungen können die Leistungsträger und die Deutsche Rentenversicherung Bund durch Vereinbarung regeln. $_2$Bei Bezug von Pflegeunterstützungsgeld gilt § 176a entsprechend.

(3) $_1$Ist ein Träger der Rentenversicherung Träger der Rehabilitation, gelten die Beiträge als gezahlt. $_2$Satz 1 gilt entsprechend bei Leistungen im Eingangsverfahren und im Berufsbildungsbereich anerkannter Werkstätten für behinderte Menschen oder entsprechenden Leistungen bei einem anderen Leistungsanbieter nach § 60 des Neunten Buches.

§ 176a Beitragszahlung und Abrechnung bei Pflegepersonen

Das Nähere über Zahlung und Abrechnung der Beiträge für nicht erwerbsmäßig tätige Pflegepersonen können die Spitzenverbände der Pflegekassen, der Verband der privaten Krankenversicherung e. V., die Festsetzungsstellen für die Beihilfe und die Deutsche Rentenversicherung Bund durch Vereinbarung regeln.

§ 176b Beitragszahlung und Abrechnung für Bezieher von Übergangsgebührnissen

Das Nähere über Zahlung und Abrechnung der Beiträge für ehemalige Soldaten auf Zeit bei Bezug von Übergangsgebührnissen können das Bundesministerium der Verteidigung oder die von ihm bestimmte Stelle und die Deutsche Rentenversicherung Bund durch Vereinbarung regeln. Die Vereinbarung bedarf der Zustimmung des Bundesministeriums für Arbeit und Soziales.

§ 177 Beitragszahlung für Kindererziehungszeiten

(1) Die Beiträge für Kindererziehungszeiten werden vom Bund gezahlt.

(2) $_1$Der Bund zahlt zur pauschalen Abgeltung für die Beitragszahlung für Kindererziehungszeiten an die allgemeine Rentenversicherung für das Jahr 2000 einen Betrag in Höhe von 22,4 Milliarden Deutsche Mark. $_2$Dieser Betrag verändert sich im jeweils folgenden Kalenderjahr in dem Verhältnis, in dem

1. die Bruttolöhne und -gehälter je Arbeitnehmer (§ 68 Abs. 2 Satz 1) im vergangenen Kalenderjahr zu den entsprechenden Bruttolöhnen und -gehältern im vorvergangenen Kalenderjahr stehen,
2. bei Veränderungen des Beitragssatzes der Beitragssatz des Jahres, für das er bestimmt wird, zum Beitragssatz des laufenden Kalenderjahres steht,
3. die Anzahl der unter Dreijährigen im vorvergangenen Kalenderjahr zur entsprechenden Anzahl der unter Dreijährigen in dem dem vorvergangenen vorausgehenden Kalenderjahr steht.

(3) $_1$Bei der Bestimmung der Bruttolöhne und -gehälter je Arbeitnehmer sind für das vergangene Kalenderjahr und für das vorvergangene Kalenderjahr die Daten zugrunde zu legen, die dem Statistischen Bundesamt zu Beginn des Kalenderjahres, in dem die Bestimmung erfolgt, vorliegen. $_2$Bei der Anzahl der unter Dreijährigen in einem Kalenderjahr sind die für das jeweilige Kalenderjahr zum Jahresende vorliegenden Daten des Statistischen Bundesamtes zugrunde zu legen.

(4) $_1$Die Beitragszahlung des Bundes erfolgt in zwölf gleichen Monatsraten. $_2$Die Festsetzung und Auszahlung der Monatsraten sowie die Abrechnung führt das Bundesamt für Soziale Sicherung entsprechend den haushaltsrechtlichen Vorschriften durch.

§ 178 Verordnungsermächtigung

(1) Das Bundesministerium für Arbeit und Soziales wird ermächtigt, im Einvernehmen mit dem Bundesministerium der Verteidigung, dem Bundesministerium für Familie, Senioren, Frauen und Jugend und dem Bundesministerium der Finanzen durch Rechtsverordnung mit Zustimmung des Bundesrates

1. eine pauschale Berechnung der Beiträge für Wehrdienstleistende und Zivildienstleistende sowie die Berechnung der Beiträge für Personen in einem Wehrdienstverhältnis besonderer Art nach § 6 des Einsatz-Weiterverwendungsgesetzes,
2. die Verteilung des Gesamtbetrags auf die Träger der Rentenversicherung und
3. die Zahlungsweise sowie das Verfahren

zu bestimmen.

(2) Das Bundesministerium für Arbeit und Soziales wird ermächtigt, durch Rechtsverordnung mit Zustimmung des Bundesrates Berechnungs- und Zahlungsweise sowie das Verfahren für die Zahlung der Beiträge außerhalb der Vorschriften über den Einzug des Gesamtsozialversicherungsbeitrags und für die Zahlungsweise von Pflichtbeiträgen und von freiwilligen Beiträgen bei Aufenthalt im Ausland zu bestimmen.

(3) Das Bundesministerium für Arbeit und Soziales macht im Einvernehmen mit dem Bundesministerium der Finanzen den Betrag, der vom Bund für Kindererziehungszeiten an die allgemeine Rentenversicherung pauschal zu zahlen ist, im Bundesanzeiger bekannt.

Fünfter Titel
Erstattungen

§ 179 Erstattung von Aufwendungen

(1) $_1$Für behinderte Menschen nach § 1 Satz 1 Nummer 2 Buchstabe a, die im Arbeitsbereich einer anerkannten Werkstatt für behinderte Menschen oder bei einem anderen Leistungsanbieter nach § 60 des Neunten Buches tätig sind, erstattet der Bund den Trägern der Einrichtung oder dem anderen Anbieter nach § 60 des Neunten Buches die Beiträge, die auf den Betrag zwischen dem tatsächlich erzielten monatlichen Arbeitsentgelt und 80 Prozent der monatlichen Bezugsgröße entfallen, wenn das tatsächlich erzielte monatliche Arbeitsentgelt 80 Prozent der monatlichen Bezugsgröße nicht übersteigt; der Bund erstattet den Trägern der Einrichtung oder dem anderen Leistungsanbieter nach § 60 des Neunten Buches ferner die Beiträge für behinderte Menschen im Eingangsverfahren und im Berufsbildungsbereich einer anerkannten Werkstatt für behinderte Menschen oder in einer entsprechenden Bildungsmaßnahme bei einem anderen Leistungsanbieter nach § 60 des Neunten Buches, soweit Satz 2 nichts anderes bestimmt. $_2$Im Übrigen erstatten die Kostenträger den Trägern der Einrichtung oder dem anderen Leistungsanbieter nach § 60 des Neunten Buches die von diesen getragenen Beiträge für behinderte Menschen; das gilt auch, wenn sie im Eingangsverfahren oder im Berufsbildungsbereich anerkannter Werkstätten für behinderte Menschen oder in einer entsprechenden Bildungsmaßnahme bei einem anderen Leistungsanbieter nach § 60 des Neunten Buches tätig sind, soweit die

Bundesagentur für Arbeit, die Träger der Unfallversicherung oder die Träger der Rentenversicherung zuständige Kostenträger sind. 3Für behinderte Menschen, die im Anschluss an eine Beschäftigung in einer nach dem Neunten Buch anerkannten Werkstatt für behinderte Menschen oder im Anschluss an eine Beschäftigung bei einem anderen Leistungsanbieter nach § 60 des Neunten Buches in einem Inklusionsbetrieb (§ 215 des Neunten Buches) beschäftigt sind, gilt Satz 1 entsprechend. 4Die zuständigen Stellen, die Erstattungen des Bundes nach Satz 1 oder 3 durchführen, können auch nach erfolgter Erstattung bei den davon umfassten Einrichtungen, anderen Leistungsanbietern nach § 60 des Neunten Buches, Inklusionsbetrieben oder bei deren Trägern die Voraussetzungen der Erstattung prüfen. 5Soweit es im Einzelfall erforderlich ist, haben die von der Erstattung umfassten Einrichtungen, anderen Leistungsanbietern nach § 60 des Neunten Buches, Inklusionsbetriebe oder deren Träger den zuständigen Stellen auf Verlangen über alle Tatsachen Auskunft zu erteilen, die für die Prüfung der Voraussetzungen der Erstattung erforderlich sind. 6Sie haben auf Verlangen die Geschäftsbücher, Listen oder andere Unterlagen, aus denen die Angaben über die der Erstattung zu Grunde liegende Beschäftigung hervorgehen, während der Betriebszeit nach ihrer Wahl entweder in ihren eigenen Geschäftsräumen oder denen der zuständigen Stelle zur Einsicht vorzulegen. 7Das Wahlrecht nach Satz 6 entfällt, wenn besondere Gründe eine Prüfung in den Geschäftsräumen der Einrichtungen, anderen Leistungsanbietern nach § 60 des Neunten Buches, Inklusionsbetriebe oder deren Trägern gerechtfertigt erscheinen lassen.

(1a) 1Ein auf anderen gesetzlichen Vorschriften beruhender Anspruch auf Ersatz eines Schadens geht auf den Bund über, soweit dieser auf Grund des Schadensereignisses Erstattungsleistungen nach Absatz 1 Satz 1 und 3 erbracht hat. 2Die nach Landesrecht für die Erstattung von Aufwendungen für die gesetzliche Rentenversicherung der in Werkstätten oder bei einem anderen Leistungsanbieter nach § 60 des Neunten Buches beschäftigten behinderten Menschen zuständige Stelle macht den nach Satz 1 übergegangenen Anspruch geltend. 3§ 116 Abs. 2 bis 7, 9 und die §§ 117 und 118 des Zehnten Buches gelten entsprechend. 4Werden Beiträge nach Absatz 1 Satz 2 erstattet, gelten die Sätze 1 und 3 entsprechend mit der Maßgabe, dass der Anspruch auf den Kostenträger übergeht. 5Der Kostenträger erfragt, ob ein Schadensereignis vorliegt und übermittelt diese Antwort an die Stelle, die den Anspruch auf Ersatz von Beiträgen zur Rentenversicherung geltend macht.

(2) 1Bei den nach § 4 Absatz 1 versicherten Personen sind unbeschadet der Regelung über die Beitragstragung Vereinbarungen zulässig, wonach Versicherte den antragstellenden Stellen die Beiträge ganz oder teilweise zu erstatten haben. 2Besteht eine Pflicht zur Antragstellung nach § 11 des Entwicklungshelfer-Gesetzes, so ist eine Vereinbarung zulässig, soweit die Entwicklungshelfer von einer Stelle im Sinne des § 5 Abs. 2 des Entwicklungshelfer-Gesetzes Zuwendungen erhalten, die zur Abdeckung von Risiken bestimmt sind, die von der Rentenversicherung abgesichert werden.

§ 180 Verordnungsermächtigung

Das Bundesministerium für Arbeit und Soziales wird ermächtigt, im Einvernehmen mit dem Bundesministerium der Finanzen durch Rechtsverordnung mit Zustimmung des Bundesrates das Nähere über die Erstattung von Beiträgen für behinderte Menschen, die Zahlung von Vorschüssen sowie die Prüfung der Voraussetzungen der Erstattungen bei den Einrichtungen, bei anderen Leistungsanbietern nach § 60 des Neunten Buches, Inklusionsbetrieben und bei deren Trägern einschließlich deren Mitwirkung gemäß § 179 Abs. 1 zu regeln.

Sechster Titel
Nachversicherung

§ 181 Berechnung und Tragung der Beiträge

(1) 1Die Berechnung der Beiträge erfolgt nach den Vorschriften, die zum Zeitpunkt der Zahlung der Beiträge für versicherungspflichtige Beschäftigte gelten. 2Als Zeitpunkt der Zahlung gilt der Tag der Wertstellung des Gegenwerts der Beiträge auf dem Konto des Rentenversicherungsträgers.

(2) 1Beitragsbemessungsgrundlage sind die beitragspflichtigen Einnahmen aus der Beschäftigung im Nachversicherungszeitraum bis zur jeweiligen Beitragsbemessungsgrenze. 2Ist die Gewährleistung der Versorgungsanwartschaft auf eine weitere Beschäftigung erstreckt worden, werden für diesen Zeitraum auch die beitragspflichtigen Einnahmen aus der weiteren Beschäftigung, bei Entwicklungshelfern und Personen, die für eine begrenzte Zeit im Ausland beschäftigt sind, der sich aus § 166 Absatz 1 Nummer 4 und 4a ergebende Betrag bis zur jeweiligen Beitragsbemessungsgrenze zugrunde gelegt.

(2a) 1Bei nachzuversichernden Soldaten auf Zeit sind abweichend von Absatz 2 Satz 1 Beitragsbemessungsgrundlage die um 20 vom Hundert erhöhten beitragspflichtigen Einnahmen. 2Bei der Erhöhung der beitrags-

VI

pflichtigen Einnahmen sind abweichend von § 157 auch beitragspflichtige Einnahmen über der jeweiligen Beitragsbemessungsgrenze zu berücksichtigen, höchstens bis zu einem Betrag der um 20 vom Hundert erhöhten Beitragsbemessungsgrenze.

(3) 1Mindestbeitragsbemessungsgrundlage ist ein Betrag in Höhe von 40 vom Hundert der jeweiligen Bezugsgröße, für Ausbildungszeiten die Hälfte dieses Betrages und für Zeiten einer Teilzeitbeschäftigung der Teil dieses Betrages, der dem Verhältnis der ermäßigten zur regelmäßigen Arbeitszeit entspricht. 2Mindestbeitragsbemessungsgrundlage für die dem Grundwehrdienst entsprechenden Dienstzeiten von Zeit- oder Berufssoldaten ist der Betrag, der für die Berechnung der Beiträge für Grundwehrdienstleistende im jeweiligen Zeitraum maßgebend war.

(4) Die Beitragsbemessungsgrundlage und die Mindestbeitragsbemessungsgrundlage werden für die Berechnung der Beiträge um den Vomhundertsatz angepasst, um den das vorläufige Durchschnittsentgelt für das Kalenderjahr, in dem die Beiträge gezahlt werden, das Durchschnittsentgelt für das Kalenderjahr, für das die Beiträge gezahlt werden, übersteigt oder unterschreitet.

(5) 1Die Beiträge werden von den Arbeitgebern, Genossenschaften oder Gemeinschaften getragen. 2Ist die Gewährleistung der Versorgungsanwartschaft auf eine weitere Beschäftigung erstreckt worden, werden die Beiträge für diesen Zeitraum von den Arbeitgebern, Genossenschaften oder Gemeinschaften getragen, die die Gewährleistung erstreckt haben; Erstattungsvereinbarungen sind zulässig.

§ 182 Zusammentreffen mit vorhandenen Beiträgen

(1) 1Sind für den Nachversicherungszeitraum bereits Pflichtbeiträge gezahlt worden, haben die Arbeitgeber, Genossenschaften oder Gemeinschaften die Beiträge für die Nachversicherung nur insoweit zu zahlen, als dadurch die jeweilige Beitragsbemessungsgrenze nicht überschritten wird. 2Bei nachzuversichernden Soldaten auf Zeit ist eine Überschreitung der Beitragsbemessungsgrenze nach Maßgabe des § 181 Absatz 2a zulässig.

(2) 1Sind für den Nachversicherungszeitraum bereits freiwillige Beiträge gezahlt worden, werden sie erstattet. 2Freiwillige Beiträge, die von den Arbeitgebern, Genossenschaften oder Gemeinschaften getragen wurden, gelten als bereits gezahlte Beiträge für die Nachversicherung und werden von dem Gesamtbetrag der Beiträge abgesetzt; ihr Wert erhöht sich um den Vomhundertsatz, um den das vorläufige Durchschnittsentgelt für das Kalenderjahr, in dem die Beiträge für die Nachversicherung gezahlt werden, das Durchschnittsentgelt für das Kalenderjahr, für das die freiwilligen Beiträge gezahlt wurden, übersteigt.

§ 183 Erhöhung und Minderung der Beiträge bei Versorgungsausgleich

(1) 1Die Beiträge erhöhen sich für Nachzuversichernde, zu deren Lasten ein Versorgungsausgleich durchgeführt worden ist, wenn diese eine Kürzung ihrer Versorgungsbezüge durch die Zahlung eines Kapitalbetrags an den Arbeitgeber oder Träger der Versorgungslast ganz oder teilweise abgewendet haben. 2Erhöhungsbetrag ist der Betrag, der zum Zeitpunkt der Zahlung der Beiträge für die Nachversicherung erforderlich ist, um Rentenanwartschaften in der gleichen Höhe zu begründen, in der die Minderung der Versorgungsanwartschaften abgewendet wurde.

(2) 1Die Beiträge mindern sich für Nachzuversichernde, zu deren Lasten ein Versorgungsausgleich durchgeführt worden ist, wenn der Träger der Versorgungslast

1. bereits Aufwendungen des Trägers der Rentenversicherung aus der Versicherung des Ausgleichsberechtigten erstattet hat (§ 225 Abs. 1),
2. zur Ablösung der Erstattungspflicht für die Begründung von Rentenanwartschaften zugunsten des Ausgleichsberechtigten Beiträge gezahlt hat (§ 225 Abs. 2).

2Minderungsbetrag ist

1. in den Fällen des Satzes 1 Nr. 1 ein Betrag von zwei Dritteln der erstatteten Aufwendungen,
2. in den Fällen des Satzes 1 Nr. 2 der Betrag der gezahlten Beiträge, erhöht um den Vomhundertsatz, um den das vorläufige Durchschnittsentgelt für das Kalenderjahr, in dem die Beiträge für die Nachversicherung gezahlt werden, das Durchschnittsentgelt übersteigt, das für die Berechnung der Beiträge zur Ablösung der Erstattungspflicht maßgebend war.

§ 184 Fälligkeit der Beiträge und Aufschub

(1) 1Die Beiträge sind zu zahlen, wenn die Voraussetzungen für die Nachversicherung eingetreten sind, insbesondere Gründe für einen Aufschub der Beitragszahlung nicht gegeben sind. 2§ 24 des Vierten Buches ist mit der Maßgabe anzuwenden, dass die Säumnis drei Monate nach Eintritt der Fälligkeit beginnt und für die Ermittlung des rückständigen Betrages die zu diesem

Zeitpunkt geltenden Rechengrößen anzuwenden sind. 3Sind die Beiträge vor dem 1. Oktober 1994 fällig geworden, beginnt die Säumnis am 1. Januar 1995; für die Berechnung des rückständigen Betrages sind die zu diesem Zeitpunkt geltenden Rechengrößen anzuwenden.

(2) 1Die Beitragszahlung wird aufgeschoben, wenn

1. die Beschäftigung nach einer Unterbrechung, die infolge ihrer Eigenart oder vertraglich im Voraus zeitlich begrenzt ist, voraussichtlich wieder aufgenommen wird,
2. eine andere Beschäftigung sofort oder voraussichtlich innerhalb von zwei Jahren nach dem Ausscheiden aufgenommen wird, in der wegen Gewährleistung einer Versorgungsanwartschaft Versicherungsfreiheit besteht oder eine Befreiung von der Versicherungspflicht erfolgt, sofern der Nachversicherungszeitraum bei der Versorgungsanwartschaft aus der anderen Beschäftigung berücksichtigt wird,
3. eine widerrufliche Versorgung gezahlt wird, die der aus einer Nachversicherung erwachsenden Rentenanwartschaft mindestens gleichwertig ist.

2Der Aufschub der Beitragszahlung erstreckt sich in den Fällen des Satzes 1 Nr. 1 und 2 auch auf die Zeit der wieder aufgenommenen oder anderen Beschäftigung und endet mit einem Eintritt der Nachversicherungsvoraussetzungen für diese Beschäftigungen.

(3) Über den Aufschub der Beitragszahlung entscheiden die Arbeitgeber, Genossenschaften oder Gemeinschaften.

(4) 1Wird die Beitragszahlung aufgeschoben, erteilen die Arbeitgeber, Genossenschaften oder Gemeinschaften den ausgeschiedenen Beschäftigten und dem Träger der Rentenversicherung eine Bescheinigung über den Nachversicherungszeitraum und die Gründe für einen Aufschub der Beitragszahlung (Aufschubbescheinigung). 2Die ausgeschiedenen Beschäftigten und der Träger der Rentenversicherung können verlangen, dass sich die Aufschubbescheinigung auch auf die beitragspflichtigen Einnahmen erstreckt, die einer Nachversicherung in den einzelnen Kalenderjahren zugrunde zu legen wären.

§ 185 Zahlung der Beiträge und Wirkung der Beitragszahlung

(1) 1Die Arbeitgeber, Genossenschaften oder Gemeinschaften zahlen die Beiträge unmittelbar an den Träger der Rentenversicherung. 2Sie haben dem Träger der Rentenversicherung mit der Beitragszahlung mitzuteilen, ob und in welcher Höhe ein Versorgungsausgleich zu Lasten der Nachversicherten durchgeführt und eine Kürzung der Versorgungsbezüge durch die Zahlung eines Kapitalbetrags abgewendet wurde. 3Satz 1 gilt nicht, wenn der Arbeitgeber ein Träger der Rentenversicherung ist; in diesen Fällen gelten die Beiträge als zu dem Zeitpunkt gezahlt, zu dem die Voraussetzungen für die Nachversicherung eingetreten sind.

(2) 1Die gezahlten Beiträge gelten als rechtzeitig gezahlte Pflichtbeiträge. 2Hat das Familiengericht vor Durchführung der Nachversicherung einen Versorgungsausgleich zu Lasten von Nachversicherten durchgeführt, gilt

1. eine Begründung von Rentenanwartschaften und
2. eine Übertragung von Anrechten aus einer Beamtenversorgung auf Grund einer internen Teilung in der Beamtenversorgung

mit der Zahlung der Beiträge an den Träger der Rentenversicherung oder in den Fällen des Absatzes 1 Satz 3 mit dem Eintritt der Voraussetzungen für die Nachversicherung als in der Rentenversicherung übertragen. 3In den Fällen des Satzes 2 Nr. 2 gelten für die Ermittlung des Abschlags an Entgeltpunkten § 76 Abs. 4 und § 264a Abs. 2 entsprechend; an die Stelle des Monatsbetrags der Rentenanwartschaft tritt der vom Familiengericht für die ausgleichsberechtigte Person durch interne Teilung festgesetzte monatliche Betrag.

(2a) 1Beiträge, die für frühere Soldaten auf Zeit während des Bezugs von Übergangsgebührnissen gezahlt worden sind, gelten bis zum Ablauf von 18 Monaten nach Wegfall der Übergangsgebührnisse als widerruflich gezahlt. 2Der Arbeitgeber ist bis dahin zum Widerruf der Zahlung berechtigt, wenn

1. die Nachversicherten bis zum Ablauf eines Jahres nach Wegfall der Übergangsgebührnisse eine Beschäftigung aufgenommen haben, in der wegen Gewährleistung einer Versorgungsanwartschaft Versicherungsfreiheit besteht oder eine Befreiung von der Versicherungspflicht erfolgt ist,
2. der Nachversicherungszeitraum bei der Versorgungsanwartschaft aus dieser Beschäftigung berücksichtigt wird,
3. bis zum Zeitpunkt des Widerrufs Leistungen der Rentenversicherung unter Berücksichtigung der Nachversicherung weder erbracht wurden noch aufgrund eines bis zum Zeitpunkt des Widerrufs gestellten Antrags zu erbringen sind und

VI

4. bis zum Zeitpunkt des Widerrufs eine Entscheidung über einen Versorgungsausgleich zu Lasten des Nachversicherten unter Berücksichtigung der Nachversicherung nicht getroffen worden ist.

3Wird die Zahlung widerrufen, werden die Beiträge zurückgezahlt. 4Der Anspruch auf Rückzahlung der Beiträge ist nach Ablauf von sechs Monaten fällig. 5Nach Rückzahlung der Beiträge ist die Nachversicherung als von Anfang an nicht erfolgt und nach § 184 Abs. 2 Satz 1 Nr. 2 aufgeschoben anzusehen.

(3) 1Die Arbeitgeber, Genossenschaften oder Gemeinschaften erteilen den Nachversicherten oder den Hinterbliebenen und dem Träger der Rentenversicherung eine Bescheinigung über den Nachversicherungszeitraum und die der Nachversicherung in den einzelnen Kalenderjahren zugrunde gelegten beitragspflichtigen Einnahmen (Nachversicherungsbescheinigung). 2Der Betrag der beitragspflichtigen Einnahmen, der sich aus der Erhöhung nach § 181 Absatz 2a ergibt, ist in der Nachversicherungsbescheinigung gesondert auszuweisen.

(4) Der Träger der Rentenversicherung teilt den Nachversicherten die aufgrund der Nachversicherung in ihrem Versicherungskonto gespeicherten Daten mit.

VI

§ 186 Zahlung an eine berufsständische Versorgungseinrichtung

(1) Nachzuversichernde können beantragen, dass die Arbeitgeber, Genossenschaften oder Gemeinschaften die Beiträge an eine berufsständische Versorgungseinrichtung zahlen, wenn sie

1. im Nachversicherungszeitraum ohne die Versicherungsfreiheit die Voraussetzungen für eine Befreiung nach § 6 Abs. 1 Satz 1 Nr. 1 erfüllt hätten oder
2. innerhalb eines Jahres nach dem Eintritt der Voraussetzungen für die Nachversicherung aufgrund einer durch Gesetz angeordneten oder auf Gesetz beruhenden Verpflichtung Mitglied dieser Einrichtung werden.

(2) Nach dem Tod von Nachzuversichernden steht das Antragsrecht nacheinander zu

1. überlebenden Ehegatten oder Lebenspartner,
2. Waisen gemeinsam,
3. früheren Ehegatten oder Lebenspartner.

(3) Der Antrag kann nur innerhalb eines Jahres nach dem Eintritt der Voraussetzungen für die Nachversicherung gestellt werden.

§ 186a Zeiten einer besonderen Auslandsverwendung im Nachversicherungszeitraum

(1) Liegen Zeiten einer besonderen Auslandsverwendung nach § 76e in einem Nachversicherungszeitraum, gilt § 188 Absatz 1 mit der Maßgabe, dass die Beiträge für die Zuschläge an Entgeltpunkten erst zu zahlen sind, wenn die Voraussetzungen für die Nachversicherung eingetreten sind; § 184 gilt entsprechend.

(2) 1Der Bund teilt dem Träger der Rentenversicherung die im Nachversicherungszeitraum liegenden Zeiten einer besonderen Auslandsverwendung mit, für die Zuschläge an Entgeltpunkten nach § 76e zu ermitteln sind. 2Der Nachzuversichernde erhält eine entsprechende Bescheinigung. 3Der Träger der Rentenversicherung ergänzt die Mitteilung nach § 185 Absatz 4 an den Nachzuversichernden um die Zeiten nach Satz 1.

(3) Werden für Nachzuversichernde Beiträge an eine berufsständische Versorgungseinrichtung nach § 186 gezahlt, sind auch Beiträge nach § 188 Absatz 3 an die berufsständische Versorgungseinrichtung zu zahlen.

Siebter Titel
Zahlung von Beiträgen in besonderen Fällen

§ 187 Zahlung von Beiträgen und Ermittlung von Entgeltpunkten aus Beiträgen beim Versorgungsausgleich

(1) Im Rahmen des Versorgungsausgleichs können Beiträge gezahlt werden, um

1. Rentenanwartschaften, die um einen Abschlag an Entgeltpunkten gemindert worden sind, ganz oder teilweise wieder aufzufüllen,
2. Rentenanwartschaften zu begründen aufgrund
   a) einer Entscheidung des Familiengerichts zum Ausgleich von Anrechten durch externe Teilung (§ 15 des Versorgungsausgleichsgesetzes),
   b) einer wirksamen Vereinbarung nach § 6 des Versorgungsausgleichsgesetzes oder
   c) einer Abfindung nach § 23 des Versorgungsausgleichsgesetzes,
3. die Erstattungspflicht für die Begründung von Rentenanwartschaften zugunsten des Ausgleichsberechtigten abzulösen (§ 225 Abs. 2).

(2) 1Für die Zahlung der Beiträge werden die Rentenanwartschaften in Entgeltpunkte umgerechnet. 2Die Entgeltpunkte werden in der Weise ermittelt, dass der Monatsbetrag der Rentenanwartschaften durch den aktu-

ellen Rentenwert mit seinem Wert bei Ende der Ehezeit oder Lebenspartnerschaftszeit geteilt wird. 3Der Monatsbetrag der Rentenanwartschaften der knappschaftlichen Rentenversicherung wird durch das 1,3333fache des aktuellen Rentenwerts geteilt.

(3) 1Für je einen Entgeltpunkt ist der Betrag zu zahlen, der sich ergibt, wenn der zum Zeitpunkt der Beitragszahlung geltende Beitragssatz auf das für das Kalenderjahr der Beitragszahlung bestimmte vorläufige Durchschnittsentgelt angewendet wird. 2Der Zahlbetrag wird nach den Rechengrößen zur Durchführung des Versorgungsausgleichs ermittelt, die das Bundesministerium für Arbeit und Soziales im Bundesgesetzblatt bekannt macht. 3Die Rechengrößen enthalten Faktoren zur Umrechnung von Entgeltpunkten in Beiträge und umgekehrt sowie zur Umrechnung von Kapitalwerten in Entgeltpunkte; dabei können Rundungsvorschriften der Berechnungsgrundsätze unberücksichtigt bleiben, um genauere Ergebnisse zu erzielen.

(3a) Entgeltpunkte aus der Zahlung von Beiträgen nach Absatz 1 Nr. 1 oder Nr. 2 Buchstabe b oder c werden ermittelt, indem die Beiträge mit dem zum Zeitpunkt der Zahlung maßgebenden Faktor nach Absatz 3 vervielfältigt werden.

(4) Nach bindender Bewilligung einer Vollrente wegen Alters ist eine Beitragszahlung zur Wiederauffüllung oder Begründung von Rentenanwartschaften nicht zulässig, wenn der Monat abgelaufen ist, in dem die Regelaltersgrenze erreicht wurde.

(5) 1Die Beiträge nach Absatz 1 Nr. 1 gelten als zum Zeitpunkt des Endes der Ehezeit oder Lebenspartnerschaftszeit gezahlt, wenn sie von ausgleichspflichtigen Personen, die ihren gewöhnlichen Aufenthalt

1. im Inland haben, bis zum Ende des dritten Kalendermonats,
2. im Ausland haben, bis zum Ende des sechsten Kalendermonats

nach Zugang der Mitteilung über die Rechtskraft der Entscheidung des Familiengerichts gezahlt werden. 2Ist der Versorgungsausgleich nicht Folgesache im Sinne von § 137 Abs. 2 Nr. 1 des Gesetzes über das Verfahren in Familiensachen und in den Angelegenheiten der freiwilligen Gerichtsbarkeit, tritt an die Stelle des Zeitpunkts des Endes der Ehezeit oder Lebenspartnerschaftszeit der Eingang des Antrags auf Durchführung des Versorgungsausgleichs beim Familiengericht. 3Im Abänderungsverfahren tritt an die Stelle des Zeitpunkts des Endes der Ehezeit oder Lebenspartnerschaftszeit oder des in Satz 2 genannten Zeitpunkts der Eingang des Abänderungsantrags beim Familiengericht. 4Hat das Familiengericht das Verfahren über den Versorgungsausgleich ausgesetzt, tritt für die Beitragshöhe an die Stelle des Zeitpunkts des Endes der Ehezeit oder Lebenspartnerschaftszeit oder des in Satz 2 oder 3 genannten Zeitpunkts der Zeitpunkt der Wiederaufnahme des Verfahrens über den Versorgungsausgleich.

(6) 1Die Beiträge nach Absatz 1 Nr. 2 Buchstabe b gelten zu dem Zeitpunkt als gezahlt, zu dem die Vereinbarung nach § 6 des Versorgungsausgleichsgesetzes geschlossen worden ist, wenn sie bis zum Ende des dritten Kalendermonats nach Zugang der Mitteilung über die Rechtskraft der Entscheidung des Familiengerichts gezahlt werden. 2An die Stelle der Frist von drei Kalendermonaten tritt die Frist von sechs Kalendermonaten, wenn die ausgleichspflichtige Person ihren gewöhnlichen Aufenthalt im Ausland hat. 3Liegt der sich aus Satz 1 ergebende Zeitpunkt

1. vor dem Ende der Ehezeit oder der Lebenspartnerschaftszeit, tritt an die Stelle des Zeitpunkts nach Satz 1 das Ende der Ehezeit oder Lebenspartnerschaftszeit;
2. in den Fällen, in denen der Versorgungsausgleich nicht Folgesache im Sinne des § 137 Abs. 2 Satz 1 Nr. 1 des Gesetzes über das Verfahren in Familiensachen und in den Angelegenheiten der freiwilligen Gerichtsbarkeit ist, vor dem Eingang des Antrags auf Durchführung des Versorgungsausgleichs beim Familiengericht, tritt an die Stelle des Zeitpunkts nach Satz 1 der Eingang des Antrags auf Durchführung des Versorgungsausgleichs beim Familiengericht;
3. vor dem Eingang des Abänderungsantrags beim Familiengericht, tritt an die Stelle des Zeitpunkts nach Satz 1 der Eingang des Abänderungsantrags beim Familiengericht;
4. in den Fällen, in denen das Familiengericht den Versorgungsausgleich ausgesetzt hat, vor dem Zeitpunkt der Wiederaufnahme des Verfahrens über den Versorgungsausgleich, tritt für die Beitragshöhe an die Stelle des Zeitpunkts nach Satz 1 der Zeitpunkt der Wiederaufnahme des Verfahrens über den Versorgungsausgleich.

4Ist eine Verzinsung der Beiträge vereinbart worden, tritt an die Stelle der in den Sätzen 1 bis 3 genannten Zeitpunkte für die Beitragshöhe der Zeitpunkt, bis zu dem Zinsen zu berechnen sind.

VI

(7) Sind Beiträge nach Absatz 1 Nr. 1 gezahlt worden und ergeht eine Entscheidung zur Abänderung des Wertausgleichs nach der Scheidung, sind im Umfang der Abänderung zuviel gezahlte Beiträge unter Anrechnung der gewährten Leistungen zurückzuzahlen.

§ 187a Zahlung von Beiträgen bei vorzeitiger Inanspruchnahme einer Rente wegen Alters

(1) 1Bis zum Erreichen der Regelaltersgrenze können Rentenminderungen, die durch die vorzeitige Inanspruchnahme einer Rente wegen Alters entstehen, durch Zahlung von Beiträgen ausgeglichen werden. 2Die Berechtigung zu dieser Ausgleichszahlung setzt voraus, dass Versicherte zuvor im Rahmen der Auskunft über die Höhe der Beitragszahlung zum Ausgleich einer Rentenminderung bei vorzeitiger Inanspruchnahme einer Rente wegen Alters (§ 109 Absatz 5 Satz 4) erklärt haben, eine solche Rente in Anspruch nehmen zu wollen. 3Eine Ausgleichszahlung auf Grundlage einer entsprechenden Auskunft ist ab dem Zeitpunkt nicht mehr zulässig, ab dem Versicherte die Rente wegen Alters, für die die Auskunft erteilt worden ist, nicht beansprucht haben oder ab dem eine Rente wegen Alters ohne Rentenminderungen bezogen werden kann.

VI

(1a) 1Grundlage für die Ausgleichszahlung ist die Auskunft nach § 109 Absatz 5 Satz 4. 2Ein berechtigtes Interesse im Sinne des § 109 Absatz 1 Satz 3 für diese Auskunft liegt nach Vollendung des 50. Lebensjahres vor.

(2) 1Beiträge können bis zu der Höhe gezahlt werden, die sich nach der Auskunft über die Höhe der zum Ausgleich einer Rentenminderung bei vorzeitiger Inanspruchnahme einer Rente wegen Alters als erforderliche Beitragszahlung bei höchstmöglicher Minderung an persönlichen Entgeltpunkten durch eine vorzeitige Inanspruchnahme einer Rente wegen Alters ergibt. 2Diese Minderung wird auf der Grundlage der Summe aller Entgeltpunkte ermittelt, die mit einem Zugangsfaktor zu vervielfältigen ist und die sich bei Berechnung einer Altersrente unter Zugrundelegung des beabsichtigten Rentenbeginns ergeben würde. 3Dabei ist für jeden Kalendermonat an bisher nicht bescheinigten künftigen rentenrechtlichen Zeiten bis zum beabsichtigten Rentenbeginn von einer Beitragszahlung nach einem vom Arbeitgeber zu bescheinigenden Arbeitsentgelt auszugehen. 4Der Bescheinigung ist das gegenwärtige beitragspflichtige Arbeitsentgelt aufgrund der bisherigen Beschäftigung und der bisherigen Arbeitszeit zugrunde zu legen. 5Soweit eine Vorausbescheinigung nicht vorliegt, ist von den durchschnittlichen monatlichen Entgeltpunkten der Beitragszeiten des Kalenderjahres auszugehen, für das zuletzt Entgeltpunkte ermittelt werden können.

(3) 1Für je einen geminderten persönlichen Entgeltpunkt ist der Betrag zu zahlen, der sich ergibt, wenn der zur Wiederauffüllung einer im Rahmen des Versorgungsausgleichs geminderten Rentenanwartschaft für einen Entgeltpunkt zu zahlende Betrag durch den jeweiligen Zugangsfaktor geteilt wird. 2Teilzahlungen sind zulässig. 3Eine Erstattung gezahlter Beiträge erfolgt nicht.

§ 187b Zahlung von Beiträgen bei Abfindungen von Anwartschaften auf betriebliche Altersversorgung oder von Anrechten bei der Versorgungsausgleichskasse

(1) Versicherte, die bei Beendigung eines Arbeitsverhältnisses nach Maßgabe des Gesetzes zur Verbesserung der betrieblichen Altersversorgung eine Abfindung für eine unverfallbare Anwartschaft auf betriebliche Altersversorgung erhalten haben, können innerhalb eines Jahres nach Zahlung der Abfindung Beiträge zur allgemeinen Rentenversicherung bis zur Höhe der geleisteten Abfindung zahlen.

(1a) Absatz 1 gilt entsprechend für die Abfindung von Anrechten, die bei der Versorgungsausgleichskasse begründet wurden.

(2) Nach bindender Bewilligung einer Vollrente wegen Alters ist eine Beitragszahlung nicht zulässig, wenn der Monat abgelaufen ist, in dem die Regelaltersgrenze erreicht wurde.

§ 188 Beitragszahlung für Zeiten einer besonderen Auslandsverwendung

(1) 1Für Zuschläge an Entgeltpunkten für Zeiten einer besonderen Auslandsverwendung nach § 76e zahlt der Bund Beiträge. 2Die Beiträge sind zu zahlen, wenn Versicherte die in § 76e genannten Voraussetzungen für den Zuschlag an Entgeltpunkten erfüllen, frühestens nach Beendigung der jeweiligen besonderen Auslandsverwendung. 3Für die Höhe der Beiträge gilt § 187 Absatz 3 entsprechend. 4§ 24 des Vierten Buches ist mit der Maßgabe anzuwenden, dass die Säumnis drei Monate nach Eintritt der Fälligkeit beginnt und für die Ermittlung des rückständigen Betrages die zu diesem Zeitpunkt geltenden Rechengrößen anzuwenden sind.

(2) 1Das Nähere über die Zahlung und Abrechnung der Beiträge für Zeiten einer besonderen Auslandsverwendung können das Bundesministerium der Verteidigung und die Deutsche Rentenversicherung Bund durch Ver-

einbarung regeln. 2Die Vereinbarung bedarf der Zustimmung des Bundesministeriums für Arbeit und Soziales.

(3) Für Mitglieder von berufsständischen Versorgungseinrichtungen zahlt der Bund für Zeiten einer besonderen Auslandsverwendung an die berufsständische Versorgungseinrichtung Beiträge in der Höhe, die für Zuschläge an Entgeltpunkten nach Absatz 1 zu entrichten gewesen wären.

Achter Titel
Berechnungsgrundsätze

§ 189 Berechnungsgrundsätze

Die Berechnungsgrundsätze des Zweiten Kapitels (§§ 121 bis 124) gelten entsprechend, soweit nicht etwas anderes bestimmt ist.

Zweiter Unterabschnitt
Verfahren

Erster Titel
Meldungen

§ 190 Meldepflichten bei Beschäftigten und Hausgewerbetreibenden

Versicherungspflichtig Beschäftigte und Hausgewerbetreibende sind nach den Vorschriften über die Meldepflichten der Arbeitgeber nach dem Dritten Abschnitt des Vierten Buches zu melden, soweit nicht etwas anderes bestimmt ist.

§ 190a Meldepflicht von versicherungspflichtigen selbständig Tätigen

(1) 1Selbständig Tätige nach § 2 Satz 1 Nr. 1 bis 3 und 9 sind verpflichtet, sich innerhalb von drei Monaten nach der Aufnahme der selbständigen Tätigkeit beim zuständigen Rentenversicherungsträger zu melden. 2Selbständig Tätige nach § 2 Satz 1 Nummer 8 sind verpflichtet, dem zuständigen Rentenversicherungsträger die Erfüllung der für die Eintragung in die Handwerksrolle erforderlichen Voraussetzungen in ihrer Person sowie die Führung eines Handwerksbetriebs als Hauptbetrieb, der bisher als Nebenbetrieb im Sinne der §§ 2 und 3 der Handwerksordnung geführt wurde, innerhalb von drei Monaten ab Vorliegen der genannten Tatbestände zu melden. 3Eine Meldung ist nicht erforderlich, soweit eine Eintragung der Tatbestände in die Handwerksrolle bereits erfolgt ist. 4Die Vordrucke des Rentenversicherungsträgers sind zu verwenden.

(2) Das Bundesministerium für Arbeit und Soziales wird ermächtigt, durch Rechtsverordnung mit Zustimmung des Bundesrates Vorschriften zur Erfassung der nach § 2 Satz 1 Nr. 1 bis 3 und 9 versicherten Selbständigen zu erlassen.

§ 191 Meldepflichten bei sonstigen versicherungspflichtigen Personen

1Eine Meldung nach § 28a Abs. 1 bis 3 des Vierten Buches haben zu erstatten

1. für Seelotsen die Lotsenbrüderschaften,
2. für Personen, für die Beiträge aus Sozialleistungen zu zahlen sind, die Leistungsträger und für Bezieher von Pflegeunterstützungsgeld die soziale oder private Pflegeversicherung,
3. für Personen, die Vorruhestandsgeld beziehen, die zur Zahlung des Vorruhestandsgeldes Verpflichteten,
4. für Entwicklungshelfer, für Personen, die für eine begrenzte Zeit im Ausland beschäftigt sind, für sekundierte Personen oder für sonstige im Ausland beschäftigte Personen die antragstellenden Stellen.

2§ 28a Abs. 5 sowie die §§ 28b und 28c des Vierten Buches gelten entsprechend.

§ 192 Meldepflichten bei Einberufung zum Wehrdienst oder Zivildienst

(1) Bei Einberufung zu einem Wehrdienst hat das Bundesministerium der Verteidigung oder die von ihm bestimmte Stelle Beginn und Ende des Wehrdienstes zu melden.

(2) Bei Einberufung zu einem Zivildienst hat das Bundesamt für Familie und zivilgesellschaftliche Aufgaben Beginn und Ende des Zivildienstes zu melden.

(3) § 28a Abs. 5 und § 28c des Vierten Buches gelten entsprechend.

§ 192a Meldepflicht für Zeiten einer besonderen Auslandsverwendung

(1) Zeiten einer besonderen Auslandsverwendung, für die Zuschläge an Entgeltpunkten nach § 76e zu ermitteln sind, hat das Bundesministerium der Verteidigung oder die von ihm bestimmte Stelle zu melden.

(2) § 28a Absatz 5 und § 28c des Vierten Buches gelten entsprechend.

§ 192b Meldepflichten bei Bezug von Übergangsgebührnissen

(1) Bei ehemaligen Soldaten auf Zeit, die Übergangsgebührnisse beziehen, hat das Bundesministerium der Verteidigung oder die von ihm bestimmte Stelle Beginn und Ende des Bezuges der Übergangsgebührnisse zu melden.

(2) § 28a Absatz 1 Satz 2, Absatz 3 und 5, § 28b Absatz 1, die §§ 28c und 95 Absatz 1 Satz 1 und 2 und Absatz 3 des Vierten Buches gelten entsprechend.

§ 193 Meldung von sonstigen rechtserheblichen Zeiten

Anrechnungszeiten sowie Zeiten, die für die Anerkennung von Anrechnungszeiten erheblich sein können, sind für Versicherte durch die zuständige Krankenkasse, die Deutsche Rentenversicherung Knappschaft-Bahn-See, den zugelassenen kommunalen Träger nach § 6a des Zweiten Buches oder durch die Bundesagentur für Arbeit zu melden.

§ 194 Gesonderte Meldung und Hochrechnung

(1) 1Arbeitgeber haben auf Verlangen des Rentenantragstellers die beitragspflichtigen Einnahmen und bei einer Beschäftigung im Übergangsbereich (§ 20 Absatz 2 des Vierten Buches) ab dem 1. Juli 2019 zusätzlich das Arbeitsentgelt ohne Anwendung des § 163 Absatz 7 für abgelaufene Zeiträume frühestens drei Monate vor Rentenbeginn gesondert zu melden. 2Dies gilt entsprechend bei einem Auskunftsersuchen des Familiengerichts im Versorgungsausgleichsverfahren. 3Die Aufforderung zur Meldung nach Satz 1 erfolgt elektronisch durch den Träger der Rentenversicherung. 4Satz 3 gilt nicht für Einzelfälle, in denen ein elektronisches Meldeverfahren nicht wirtschaftlich durchzuführen ist. 5Die Ausnahmen bestimmt die Deutsche Rentenversicherung Bund in Grundsätzen; diese bedürfen der Genehmigung des Bundesministeriums für Arbeit und Soziales. 6Erfolgt eine Meldung nach Satz 1, errechnet der Rentenversicherungsträger bei Anträgen auf Altersrente die voraussichtlichen für die Rentenberechnung maßgeblichen Einnahmen für den verbleibenden Beschäftigungszeitraum bis zum Rentenbeginn für bis zu drei Monate nach den in den letzten zwölf Kalendermonaten gemeldeten beitragspflichtigen Einnahmen und bei Beschäftigungen im Übergangsbereich (§ 20 Absatz 2 des Vierten Buches) den gemeldeten Arbeitsentgelten ohne Anwendung des § 163 Absatz 7. 7Die weitere Meldepflicht nach § 28a des Vierten Buches bleibt unberührt.

(2) 1Eine gesonderte Meldung nach Absatz 1 Satz 1 und 2 haben auch die Leistungsträger über die beitragspflichtigen Einnahmen von Beziehern von Sozialleistungen, das Bundesministerium der Verteidigung oder die von ihm bestimmte Stelle über die beitragspflichtigen Einnahmen von Beziehern von Übergangsgebührnissen und die Pflegekassen sowie die privaten Versicherungsunternehmen über die beitragspflichtigen Einnahmen nicht erwerbsmäßig tätiger Pflegepersonen zu erstatten. 2Absatz 1 Satz 6 gilt entsprechend. 3Die Meldepflicht nach § 191 Satz 1 Nummer 2 und nach den §§ 192b und 44 Absatz 3 des Elften Buches bleibt unberührt.

(3) Die Beitragsberechnung erfolgt nach der tatsächlichen beitragspflichtigen Einnahme.

§ 195 Verordnungsermächtigung

Das Bundesministerium für Arbeit und Soziales wird ermächtigt, für Meldungen nach § 193 durch Rechtsverordnung mit Zustimmung des Bundesrates zu bestimmen

1. die zu meldenden Anrechnungszeiten und die zu meldenden Zeiten, die für die Anrechnung von Anrechnungszeiten erheblich sein können,
2. die Voraussetzungen und die Art und Weise der Meldungen sowie
3. das Nähere über die Bearbeitung, Sicherung und Weiterleitung der in den Meldungen enthaltenen Angaben.

Zweiter Titel
Auskunfts- und Mitteilungspflichten

§ 196 Auskunfts- und Mitteilungspflichten

(1) 1Versicherte oder Personen, für die eine Versicherung durchgeführt werden soll, haben, soweit sie nicht bereits nach § 28o des Vierten Buches auskunftspflichtig sind, dem Träger der Rentenversicherung

1. über alle Tatsachen, die für die Feststellung der Versicherungs- und Beitragspflicht und für die Durchführung der den Trägern der Rentenversicherung übertragenen Aufgaben erforderlich sind, auf Verlangen unverzüglich Auskunft zu erteilen,
2. Änderungen in den Verhältnissen, die für die Feststellung der Versicherungs- und Beitragspflicht erheblich sind und nicht durch Dritte gemeldet werden, unverzüglich mitzuteilen.

2Sie haben dem Träger der Rentenversicherung auf dessen Verlangen unverzüglich die Unterlagen vorzulegen, aus denen die Tatsachen oder die Änderungen in den Verhältnissen hervorgehen.

(2) 1Die zuständigen Meldebehörden haben der Datenstelle der Rentenversicherung zur Durchführung ihrer Aufgaben nach § 150, zur Durchführung der Versicherung wegen Kindererziehung und zur Weiterleitung der Mitteilung nach § 101a des Zehnten Buches die erst-

malige Erfassung und jede Änderung des Vor- und des Familiennamens, des Geschlechts oder eines Doktorgrades, den Tag, den Monat, das Jahr und den Ort der Geburt und die Anschrift der alleinigen oder der Hauptwohnung eines Einwohners oder bei Wegzug in das Ausland, soweit möglich, den Wohnsitzstaat und die Zuzugsanschrift mitzuteilen. 2Bei einer Anschriftenänderung ist zusätzlich die bisherige Anschrift, im Falle einer Geburt sind zusätzlich die Daten der Mutter nach Satz 1, bei Mehrlingsgeburten zusätzlich die Zahl der geborenen Kinder und im Sterbefall zusätzlich der Sterbetag des Verstorbenen mitzuteilen. 3Die Datenstelle der Rentenversicherung übermittelt die Daten einer erstmaligen Erfassung oder Änderung taggleich an die zuständige Einzugsstelle nach § 28i des Vierten Buches, soweit diese bekannt ist. 4Satz 1 gilt entsprechend für Sterbefallmitteilungen für deutsche Staatsangehörige aus dem Ausland. 5In diesen Fällen erfolgt die Übermittlung in elektronischer Form unmittelbar durch die deutschen Auslandsvertretungen an die Datenstelle der Rentenversicherung. 6Sind der Datenstelle der Rentenversicherung Daten von Personen übermittelt worden, die sie nicht für die Erfüllung ihrer Aufgaben nach Satz 1 benötigt, sind diese Daten von ihr unverzüglich zu löschen.

(2a) 1Die zuständigen Meldebehörden haben der Datenstelle der Rentenversicherung zur Wahrnehmung ihrer Aufgaben

1. nach § 150 Absatz 1 Satz 1 Nummer 8 zusätzlich zur Sterbefallmitteilung den Familiennamen oder den Lebenspartnerschaftsnamen, den Vornamen, den Tag, den Monat und das Jahr der Geburt und die Anschrift der alleinigen oder der Hauptwohnung oder bei Wegzug in das Ausland, soweit möglich, den Wohnsitzstaat und die Zuzugsanschrift des überlebenden Ehegatten oder Lebenspartners des Verstorbenen,
2. nach § 150 Absatz 1 Satz 1 Nummer 9 bei einer Eheschließung oder einer Begründung einer Lebenspartnerschaft eines Einwohners unverzüglich das Datum dieser Eheschließung oder dieser Begründung einer Lebenspartnerschaft

mitzuteilen. 2Die Datenstelle der Rentenversicherung hat diese Daten an den zuständigen Träger der Rentenversicherung zu übermitteln und anschließend bei sich unverzüglich zu löschen. 3Stellt die Datenstelle der Rentenversicherung in den Fällen des Satzes 1 Nummer 2 fest, dass der Einwohner keine Witwenrente oder Witwerrente und keine Erziehungsrente bezieht, übermittelt sie die Daten nicht an den zuständigen Träger der Rentenversicherung. 4Satz 1 Nummer 1 gilt entsprechend für die zuständige deutsche Auslandsvertretung, sofern diese Informationen bekannt sind.

(3) 1 Die Handwerkskammern sind verpflichtet, der Datenstelle der Rentenversicherung unverzüglich Eintragungen, Änderungen und Löschungen in der Handwerksrolle über natürliche Personen und Gesellschafter einer Personengesellschaft zu melden. 2Von der Meldepflicht ausgenommen sind Eintragungen, Änderungen und Löschungen zu Handwerksbetrieben im Sinne der §§ 2 und 3 der Handwerksordnung sowie Betriebsfortführungen auf Grund des § 4 der Handwerksordnung. 3Mit den Meldungen sind, soweit vorhanden, die folgenden Angaben zu übermitteln:

1. Familienname und Vornamen,
2. gegebenenfalls Geburtsname,
3. Geburtsdatum,
4. Staatsangehörigkeit,
5. Wohnanschrift,
6. gegebenenfalls Familienname und Vornamen des gesetzlichen Vertreters,
7. die Bezeichnung der Rechtsvorschriften, nach denen der Gewerbetreibende die Voraussetzungen für die Eintragung in die Handwerksrolle erfüllt,
8. Art und Zeitpunkt der Prüfung eines in die Handwerksrolle bereits eingetragenen Gewerbetreibenden, mittels derer die Kenntnisse und Fertigkeiten nachgewiesen wurden, die zur Ausübung des betriebenen Handwerks notwendig sind,
9. Firma und Anschrift der gewerblichen Niederlassung,
10. das zu betreibende Handwerk oder bei Ausübung mehrerer Handwerke diese Handwerke,
11. Tag der Eintragung in die Handwerksrolle oder Tag der Änderung oder Löschung der Eintragung sowie
12. bei einer Änderung oder Löschung den Grund für diese.

4Die Meldungen haben durch elektronische Datenübermittlung im eXTra-Standard durch das sichere Hypertext-Übertragungsprotokoll (https) zu erfolgen. 5Bis zum 31. Dezember 2021 können die Meldungen abweichend von Satz 2 über eine von der Datenstelle der Rentenversicherung zur Verfügung gestellte Webanwendung unter Nutzung allgemein zugänglicher Netze übermittelt werden. 6Die Meldungen sind für jeden Gewerbetreibenden und Gesellschafter gesondert zu erteilen. 7Die

Datenstelle der Rentenversicherung hat die gemeldeten Daten an den zuständigen Träger der Rentenversicherung weiterzuleiten.

Dritter Titel
Wirksamkeit der Beitragszahlung

§ 197 Wirksamkeit von Beiträgen

(1) Pflichtbeiträge sind wirksam, wenn sie gezahlt werden, solange der Anspruch auf ihre Zahlung noch nicht verjährt ist.

(2) Freiwillige Beiträge sind wirksam, wenn sie bis zum 31. März des Jahres, das dem Jahr folgt, für das sie gelten sollen, gezahlt werden.

(3) 1In Fällen besonderer Härte, insbesondere bei drohendem Verlust der Anwartschaft auf eine Rente, ist auf Antrag der Versicherten die Zahlung von Beiträgen auch nach Ablauf der in den Absätzen 1 und 2 genannten Fristen zuzulassen, wenn die Versicherten an der rechtzeitigen Beitragszahlung ohne Verschulden gehindert waren. 2Der Antrag kann nur innerhalb von drei Monaten nach Wegfall des Hinderungsgrundes gestellt werden. 3Die Beitragszahlung hat binnen einer vom Träger der Rentenversicherung zu bestimmenden angemessenen Frist zu erfolgen.

(4) Die Wiedereinsetzung in den vorigen Stand nach § 27 des Zehnten Buches ist ausgeschlossen.

§ 198 Neubeginn und Hemmung von Fristen

1Die Frist des § 197 Abs. 2 wird durch ein Beitragsverfahren oder ein Verfahren über einen Rentenanspruch unterbrochen; die Frist beginnt erneut nach Abschluss des Verfahrens. 2Diese Tatsachen hemmen auch die Verjährung des Anspruchs auf Zahlung von Beiträgen (§ 25 Abs. 1 Viertes Buch) und des Anspruchs auf Erstattung von zu Unrecht gezahlten Beiträgen (§ 27 Abs. 2 Viertes Buch); die Hemmung endet sechs Monate nach Abschluss eines der in Satz 1 genannten Verfahren.

§ 199 Vermutung der Beitragszahlung

1Bei Beschäftigungszeiten, die den Trägern der Rentenversicherung ordnungsgemäß gemeldet worden sind, wird vermutet, dass während dieser Zeiten ein versicherungspflichtiges Beschäftigungsverhältnis mit dem gemeldeten Arbeitsentgelt bestanden hat und der Beitrag dafür wirksam gezahlt worden ist. 2Die Versicherten können von den Trägern der Rentenversicherung die Feststellung verlangen, dass während einer ordnungsgemäß gemeldeten Beschäftigungszeit ein gültiges Versicherungsverhältnis bestanden hat. 3Die Sätze 1 und 2 sind für Zeiten einer nicht erwerbsmäßigen häuslichen Pflege entsprechend anzuwenden.

§ 200 Änderung der Beitragsberechnungsgrundlagen

1Bei der Zahlung von freiwilligen Beiträgen für einen zurückliegenden Zeitraum sind

1. die Mindestbeitragsbemessungsgrundlage und der Beitragssatz, die zum Zeitpunkt der Zahlung gelten, und
2. die Beitragsbemessungsgrenze des Jahres, für das die Beiträge gezahlt werden,

maßgebend. 2Bei Senkung des Beitragssatzes gilt abweichend von Satz 1 der Beitragssatz, der in dem Monat maßgebend war, für den der Beitrag gezahlt wird.

§ 201 Beiträge an nicht zuständige Träger der Rentenversicherung

(1) 1Beiträge, die an einen nicht zuständigen Träger der Rentenversicherung gezahlt worden sind, gelten als an den zuständigen Träger der Rentenversicherung gezahlt. 2Eine Überweisung an den zuständigen Träger der Rentenversicherung findet nur in den Fällen des Absatzes 2 statt.

(2) 1Sind Beiträge an die Deutsche Rentenversicherung Knappschaft-Bahn-See als nicht zuständigen Träger der Rentenversicherung gezahlt, sind sie dem zuständigen Träger der Rentenversicherung zu überweisen. 2Beiträge sind vom nicht zuständigen Träger der Rentenversicherung an die Deutsche Rentenversicherung Knappschaft-Bahn-See zu überweisen, soweit sie für die Durchführung der Versicherung zuständig ist.

(3) Unterschiedsbeträge zwischen den Beiträgen zur knappschaftlichen Rentenversicherung und den Beiträgen zur allgemeinen Rentenversicherung sind vom Arbeitgeber nachzuzahlen oder ihm zu erstatten.

§ 202 Irrtümliche Pflichtbeitragszahlung

1Beiträge, die in der irrtümlichen Annahme der Versicherungspflicht gezahlt und deshalb beanstandet worden sind, aber nicht zurückgefordert werden, gelten als freiwillige Beiträge. 2Werden die Beiträge zurückgefordert, dürfen für diese Zeiträume innerhalb von drei Monaten, nachdem die Beanstandung unanfechtbar geworden ist, freiwillige Beiträge gezahlt werden. 3Die Sätze 1 und 2 gelten nur, wenn die Berechtigung zur freiwilligen Versicherung in der Zeit bestand, in der die Beiträge als gezahlt gelten oder für die Beiträge gezahlt werden sollen. 4Fordern Arbeitgeber die von ihnen getragenen Beitragsanteile zurück, sind die Versicherten berechtigt, den an die Arbeitgeber zu erstattenden Betrag zu zahlen.

§ 203 Glaubhaftmachung der Beitragszahlung

(1) Machen Versicherte glaubhaft, dass sie eine versicherungspflichtige Beschäftigung gegen Arbeitsentgelt ausgeübt haben und für diese Beschäftigung entsprechende Beiträge gezahlt worden sind, ist die Beschäftigungszeit als Beitragszeit anzuerkennen.

(2) Machen Versicherte glaubhaft, dass der auf sie entfallende Beitragsanteil vom Arbeitsentgelt abgezogen worden ist, so gilt der Beitrag als gezahlt.

Vierter Titel
Nachzahlung

§ 204 Nachzahlung von Beiträgen bei Ausscheiden aus einer internationalen Organisation

(1) 1Deutsche, die aus den Diensten einer zwischenstaatlichen oder überstaatlichen Organisation ausscheiden, können auf Antrag für Zeiten dieses Dienstes freiwillige Beiträge nachzahlen, wenn

1. der Dienst auf Veranlassung oder im Interesse der Bundesrepublik Deutschland geleistet wurde und
2. ihnen für diese Zeiten eine lebenslange Versorgung oder Anwartschaft auf eine lebenslange Versorgung für den Fall des Alters und auf Hinterbliebenenversorgung durch die Organisation oder eine andere öffentlich-rechtliche juristische Person nicht gewährleistet ist.

2Wird die Nachzahlung von freiwilligen Beiträgen für Zeiten beantragt, die bereits mit freiwilligen Beiträgen belegt sind, sind die bereits gezahlten Beiträge zu erstatten.

(2) 1Der Antrag kann nur innerhalb von sechs Monaten nach Ausscheiden aus den Diensten der Organisation gestellt werden. 2Ist die Nachzahlung innerhalb dieser Frist ausgeschlossen, weil eine lebenslange Versorgung oder Anwartschaft auf eine lebenslange Versorgung für den Fall des Alters und auf Hinterbliebenenversorgung durch eine andere öffentlich-rechtliche juristische Person gewährleistet ist, kann der Antrag im Fall einer Nachversicherung wegen Ausscheidens aus einer versicherungsfreien Beschäftigung innerhalb von sechs Monaten nach Durchführung der Nachversicherung gestellt werden; diese Antragsfrist läuft frühestens am 31. Dezember 1992 ab. 3Die Erfüllung der Voraussetzungen für den Bezug einer Rente innerhalb der Antragsfrist steht der Nachzahlung nicht entgegen. 4Die Beiträge sind spätestens sechs Monate nach Eintritt der Bindungswirkung des Nachzahlungsbescheides nachzuzahlen.

§ 205 Nachzahlung bei Strafverfolgungsmaßnahmen

(1) 1Versicherte, für die ein Anspruch auf Entschädigung für Zeiten von Strafverfolgungsmaßnahmen nach dem Gesetz über die Entschädigung für Strafverfolgungsmaßnahmen rechtskräftig festgestellt ist, können auf Antrag freiwillige Beiträge für diese Zeiten nachzahlen. 2Wird für Zeiten der Strafverfolgungsmaßnahme, die bereits mit Beiträgen belegt sind, eine Nachzahlung von freiwilligen Beiträgen beantragt, sind die bereits gezahlten Beiträge denjenigen zu erstatten, die sie getragen haben. 3Wurde durch die entschädigungspflichtige Strafverfolgungsmaßnahme eine versicherungspflichtige Beschäftigung oder Tätigkeit unterbrochen, gelten die nachgezahlten Beiträge als Pflichtbeiträge. 4Die Erfüllung der Voraussetzungen für den Bezug einer Rente steht der Nachzahlung nicht entgegen.

(2) 1Der Antrag kann nur innerhalb eines Jahres nach Ablauf des Kalendermonats des Eintritts der Rechtskraft der die Entschädigungspflicht der Staatskasse feststellenden Entscheidung gestellt werden. 2Die Beiträge sind innerhalb einer von dem Träger der Rentenversicherung zu bestimmenden angemessenen Frist zu zahlen.

§ 206 Nachzahlung für Geistliche und Ordensleute

(1) Geistliche und sonstige Beschäftigte der als öffentlich-rechtliche Körperschaften anerkannten Religionsgesellschaften, Mitglieder geistlicher Genossenschaften, Diakonissen und Angehörige vergleichbarer karitativer Gemeinschaften, die als Vertriebene anerkannt sind und vor ihrer Vertreibung eine Beschäftigung oder Tätigkeit im Sinne des § 5 Abs. 1 Satz 1 Nr. 2 oder Nr. 3 ausgeübt haben, können, sofern sie eine gleichartige Beschäftigung oder Tätigkeit im Inland nicht wieder aufgenommen haben, auf Antrag für die Zeiten der Versicherungsfreiheit, längstens jedoch bis zum 1. Januar 1943 zurück, freiwillige Beiträge nachzahlen, sofern diese Zeiten nicht bereits mit Beiträgen belegt sind.

(2) Absatz 1 ist nicht anzuwenden, soweit die Zeiten der Versicherungsfreiheit bei einer Versorgung aus einem

1. öffentlich-rechtlichen Dienstverhältnis oder
2. Arbeitsverhältnis mit Anspruch auf Versorgung nach beamtenrechtlichen Vorschriften oder Grundsätzen oder entsprechenden kirchenrechtlichen Regelungen

ruhegehaltfähig sind oder bei Eintritt des Versorgungsfalls als ruhegehaltfähig anerkannt werden.

(3) Die Nachzahlung ist nur zulässig, wenn die allgemeine Wartezeit erfüllt ist oder wenn nach Wohnsitznahme im Inland für mindestens 24 Kalendermonate Pflichtbeiträge gezahlt sind.

§ 207 Nachzahlung für Ausbildungszeiten

(1) Für Zeiten einer schulischen Ausbildung nach dem vollendeten 16. Lebensjahr, die nicht als Anrechnungszeiten berücksichtigt werden, können Versicherte auf Antrag freiwillige Beiträge nachzahlen, sofern diese Zeiten nicht bereits mit Beiträgen belegt sind.

(2) 1Der Antrag kann nur bis zur Vollendung des 45. Lebensjahres gestellt werden. 2Bis zum 31. Dezember 2004 kann der Antrag auch nach Vollendung des 45. Lebensjahres gestellt werden. 3Personen, die aus einer Beschäftigung ausscheiden, in der sie versicherungsfrei waren und für sie nachversichert werden, sowie Personen, die aus einer Beschäftigung ausscheiden, in der sie von der Versicherungspflicht befreit waren, können den Antrag auch innerhalb von sechs Monaten nach Durchführung der Nachversicherung oder nach Wegfall der Befreiung stellen. 4Die Träger der Rentenversicherung können Teilzahlungen bis zu einem Zeitraum von fünf Jahren zulassen.

(3) 1Sind Zeiten einer schulischen Ausbildung, für die Beiträge nachgezahlt worden sind, als Anrechnungszeiten zu bewerten, kann sich der Versicherte die Beiträge erstatten lassen. 2§ 210 Abs. 5 gilt entsprechend.

§ 208 (weggefallen)

§ 209 Berechtigung und Beitragsberechnung zur Nachzahlung

(1) 1Zur Nachzahlung berechtigt sind Personen, die

1. versicherungspflichtig oder
2. zur freiwilligen Versicherung berechtigt

sind, sofern sich aus den einzelnen Vorschriften über die Nachzahlung nicht etwas anderes ergibt. 2Nachzahlungen sind nur für Zeiten von der Vollendung des 16. Lebensjahres an zulässig.

(2) Für die Berechnung der Beiträge sind

1. die Mindestbeitragsbemessungsgrundlage,
2. die Beitragsbemessungsgrenze und
3. der Beitragssatz

maßgebend, die zum Zeitpunkt der Nachzahlung gelten.

Fünfter Titel
Beitragserstattung und Beitragsüberwachung

§ 210 Beitragserstattung

(1) 1Beiträge werden auf Antrag erstattet

1. Versicherten, die nicht versicherungspflichtig sind und nicht das Recht zur freiwilligen Versicherung haben,
2. Versicherten, die die Regelaltersgrenze erreicht und die allgemeine Wartezeit nicht erfüllt haben,
3. Witwen, Witwern, überlebenden Lebenspartnern oder Waisen, wenn wegen nicht erfüllter allgemeiner Wartezeit ein Anspruch auf Rente wegen Todes nicht besteht, Halbwaisen aber nur, wenn eine Witwe, ein Witwer oder ein überlebender Lebenspartner nicht vorhanden ist. 2Mehreren Waisen steht der Erstattungsbetrag zu gleichen Teilen zu.

(1a) 1Beiträge werden auf Antrag auch Versicherten erstattet, die versicherungsfrei oder von der Versicherungspflicht befreit sind, wenn sie die allgemeine Wartezeit nicht erfüllt haben. 2Dies gilt nicht für Personen, die wegen Geringfügigkeit einer Beschäftigung oder selbständigen Tätigkeit versicherungsfrei oder von der Versicherungspflicht befreit sind. 3Beiträge werden nicht erstattet,

1. wenn während einer Versicherungsfreiheit oder Befreiung von der Versicherungspflicht von dem Recht der freiwilligen Versicherung nach § 7 Gebrauch gemacht wurde oder
2. solange Versicherte als Beamte oder Richter auf Zeit oder auf Probe, Soldaten auf Zeit, Beamte auf Widerruf im Vorbereitungsdienst versicherungsfrei oder nur befristet von der Versicherungspflicht befreit sind.

4Eine freiwillige Beitragszahlung während einer Versicherungsfreiheit oder Befreiung von der Versicherungspflicht im Sinne des Satzes 3 Nummer 2 ist für eine Beitragserstattung nach Satz 1 unbeachtlich.

(2) Beiträge werden nur erstattet, wenn seit dem Ausscheiden aus der Versicherungspflicht 24 Kalendermonate abgelaufen sind und nicht erneut Versicherungspflicht eingetreten ist.

(3) 1Beiträge werden in der Höhe erstattet, in der die Versicherten sie getragen haben. 2War mit den Versicherten ein Nettoarbeitsentgelt vereinbart, wird der von den Arbeitgebern getragene Beitragsanteil der Arbeitnehmer erstattet. 3Beiträge aufgrund einer Beschäftigung nach § 20 Abs. 2 des Vierten Buches, einer selb-

ständigen Tätigkeit oder freiwillige Beiträge werden zur Hälfte erstattet. $_{4}$Beiträge der Höherversicherung werden in voller Höhe erstattet. $_{5}$Erstattet werden nur Beiträge, die im Bundesgebiet für Zeiten nach dem 20. Juli 1948, im Land Berlin für Zeiten nach dem 24. Juni 1948 und im Saarland für Zeiten nach dem 19. November 1947 gezahlt worden sind. $_{6}$Beiträge im Beitrittsgebiet werden nur erstattet, wenn sie für Zeiten nach dem 30. Juni 1990 gezahlt worden sind.

(4) $_{1}$Ist zugunsten oder zulasten der Versicherten ein Versorgungsausgleich durchgeführt, wird der zu erstattende Betrag um die Hälfte des Betrages erhöht oder gemindert, der bei Ende der Ehezeit oder Lebenspartnerschaftszeit als Beitrag für den Zuschlag oder den zum Zeitpunkt der Beitragserstattung noch bestehenden Abschlag zu zahlen gewesen wäre. $_{2}$Dies gilt beim Rentensplitting entsprechend.

(5) Haben Versicherte eine Sach- oder Geldleistung aus der Versicherung in Anspruch genommen, können sie nur die Erstattung der später gezahlten Beiträge verlangen.

(6) $_{1}$Der Antrag auf Erstattung nach Absatz 1 kann nicht auf einzelne Beitragszeiten oder Teile der Beiträge beschränkt werden. $_{2}$Mit der Erstattung wird das bisherige Versicherungsverhältnis aufgelöst. $_{3}$Ansprüche aus den bis zur Erstattung zurückgelegten rentenrechtlichen Zeiten bestehen nicht mehr.

§ 211 Sonderregelung bei der Zuständigkeit zu Unrecht gezahlter Beiträge

$_{1}$Die Erstattung zu Unrecht gezahlter Beiträge (§ 26 Abs. 2 und 3 Viertes Buch) erfolgt abweichend von den Regelungen des Dritten Kapitels durch

1. die zuständige Einzugsstelle, wenn der Erstattungsanspruch noch nicht verjährt ist und die Beiträge vom Träger der Rentenversicherung noch nicht beanstandet worden sind,
2. den Leistungsträger, wenn die Beitragszahlung auf Versicherungspflicht wegen des Bezugs einer Sozialleistung beruht,

wenn die Träger der Rentenversicherung dies mit den Einzugsstellen oder den Leistungsträgern vereinbart haben. $_{2}$Maßgebend für die Berechnung des Erstattungsbetrags ist die dem Beitrag zugrunde liegende bescheinigte Beitragsbemessungsgrundlage. $_{3}$Der zuständige Träger der Rentenversicherung ist über die Erstattung elektronisch zu benachrichtigen.

§ 212 Beitragsüberwachung

$_{1}$Die Träger der Rentenversicherung überwachen die rechtzeitige und vollständige Zahlung der Pflichtbeiträge, soweit sie unmittelbar an sie zu zahlen sind. $_{2}$Die Träger der Rentenversicherung sind zur Prüfung der Beitragszahlung berechtigt.

§ 212a Prüfung der Beitragszahlungen und Meldungen für sonstige Versicherte, Nachversicherte und für Zeiten einer besonderen Auslandsverwendung

(1) $_{1}$Die Träger der Rentenversicherung prüfen bei den Stellen, die die Pflichtbeiträge für sonstige Versicherte sowie für nachversicherte Personen zu zahlen haben (Zahlungspflichtige), ob diese ihre Meldepflichten und ihre sonstigen Pflichten nach diesem Gesetzbuch im Zusammenhang mit der Zahlung von Pflichtbeiträgen ordnungsgemäß erfüllen. $_{2}$Sie prüfen insbesondere die Richtigkeit der Beitragszahlungen und der Meldungen. $_{3}$Eine Prüfung erfolgt mindestens alle vier Jahre; die Prüfung soll in kürzeren Zeitabständen erfolgen, wenn der Zahlungspflichtige dies verlangt. $_{4}$Die Sätze 1 bis 3 gelten entsprechend für die Stellen, die die Beiträge für Zeiten einer besonderen Auslandsverwendung zu zahlen haben.

(2) $_{1}$Ein Zahlungspflichtiger ist jeweils nur von einem Träger der Rentenversicherung zu prüfen. $_{2}$Die Träger der Rentenversicherung stimmen sich darüber ab, welche Zahlungspflichtigen sie prüfen. $_{3}$Soweit die Prüfungen durch die Regionalträger durchgeführt werden, ist örtlich der Regionalträger zuständig, in dessen Bereich der Zahlungspflichtige seinen Sitz oder Wohnsitz hat. $_{4}$Eine Prüfung beim Arbeitgeber nach § 28p des Vierten Buches soll zusammen mit einer Prüfung bei den Zahlungspflichtigen durchgeführt werden; eine entsprechende Kennzeichnung des Arbeitgebers im Dateisystem nach § 28p Abs. 8 Satz 1 des Vierten Buches ist zulässig.

(3) $_{1}$Die Zahlungspflichtigen haben angemessene Prüfhilfen zu leisten. $_{2}$Automatisierte Abrechnungsverfahren sind in die Prüfung einzubeziehen. $_{3}$Die Zahlungspflichtigen und die Träger der Rentenversicherung treffen entsprechende Vereinbarungen.

(4) $_{1}$Zu prüfen sind auch Rechenzentren und vergleichbare Stellen, soweit sie im Auftrag der Zahlungspflichtigen oder einer von ihnen beauftragten Stelle die Pflichtbeiträge berechnen, zahlen oder Meldungen erstatten. $_{2}$Soweit die Prüfungen durch die Regionalträger durchgeführt werden, richtet sich die örtliche Zustän-

VI

digkeit nach dem Sitz der Stelle. ₃Absatz 3 gilt entsprechend.

(5) ₁Die Deutsche Rentenversicherung Bund führt für die Prüfung bei den Zahlungspflichtigen ein Dateisystem, in dem folgende Daten gespeichert werden:

1. der Name,
2. die Anschrift,
3. die Betriebsnummer und, soweit erforderlich, ein weiteres Identifikationsmerkmal der Zahlungspflichtigen,
4. die für die Planung der Prüfung erforderlichen Daten der Zahlungspflichtigen und
5. die Ergebnisse der Prüfung.

₂Sie darf die in diesem Dateisystem gespeicherten Daten nur für die Prüfung bei den Zahlungspflichtigen und bei den Arbeitgebern verarbeiten. ₃Die Datenstelle der Rentenversicherung führt für die Prüfung der Zahlungspflichtigen ein Dateisystem, in dem

1. die Betriebsnummern und, soweit erforderlich, ein weiteres Identifikationsmerkmal der Zahlungspflichtigen,
2. die Versicherungsnummern der Versicherten, für welche die Zahlungspflichtigen Pflichtbeiträge zu zahlen haben, und
3. der Beginn und das Ende der Zahlungspflicht

gespeichert werden; im Falle des Satzes 4 darf die Datenstelle die Daten der Stammsatzdatei (§ 150) und der Dateisysteme nach § 28p Abs. 8 Satz 1 und 3 des Vierten Buches für die Prüfung bei den Zahlungspflichtigen speichern, verändern, nutzen, übermitteln oder in der Verarbeitung einschränken. ₄Die Datenstelle der Rentenversicherung ist verpflichtet, auf Anforderung des prüfenden Trägers der Rentenversicherung

1. die in den Dateisystemen nach den Sätzen 1 und 3 gespeicherten Daten,
2. die in den Versicherungskonten der Rentenversicherung gespeicherten, auf den Prüfungszeitraum entfallenden Daten der Versicherten, für die von den Zahlungspflichtigen Pflichtbeiträge zu zahlen waren oder zu zahlen sind,
3. die bei den Trägern der Rentenversicherung gespeicherten Daten über die Nachweise der unmittelbar an sie zu zahlenden Pflichtbeiträge,
4. das Identifikationskennzeichen jeder Meldung und
5. bei Stornierung einer Meldung das Identifikationskennzeichen der ursprünglichen Meldung

zu verarbeiten, soweit dies für die Prüfung nach Absatz 1 erforderlich ist. ₅Die dem prüfenden Träger der Rentenversicherung übermittelten Daten sind unverzüglich nach Abschluss der Prüfung bei der Datenstelle der Rentenversicherung und beim prüfenden Träger der Rentenversicherung zu löschen. ₆Die Zahlungspflichtigen und die Träger der Rentenversicherung sind verpflichtet, der Deutschen Rentenversicherung Bund und der Datenstelle der Rentenversicherung die für die Prüfung nach Absatz 1 erforderlichen Daten zu übermitteln. ₇Die Übermittlung darf auch durch Abruf im automatisierten Verfahren erfolgen, ohne dass es einer Genehmigung nach § 79 Absatz 1 des Zehnten Buches bedarf.

(5a) ₁Die Deutsche Rentenversicherung Bund führt ein Dateisystem, in dem die Träger der Rentenversicherung ihre elektronischen Akten führen, die im Zusammenhang mit der Durchführung der Prüfung nach Absatz 1 stehen. ₂Die in diesem Dateisystem gespeicherten Daten dürfen nur für die Prüfung nach Absatz 1 durch die jeweils zuständigen Träger der Rentenversicherung verarbeitet werden.

(6) Die Bundesregierung kann durch Rechtsverordnung mit Zustimmung des Bundesrates das Nähere über

1. die Pflichten der Zahlungspflichtigen und der in Absatz 4 genannten Stellen bei automatisierten Abrechnungsverfahren,
2. die Durchführung der Prüfung sowie die Behebung von Mängeln, die bei der Prüfung festgestellt worden sind, und
3. den Inhalt des Dateisystems nach Absatz 5 Satz 1 hinsichtlich der für die Planung und für die Speicherung der Ergebnisse der Prüfungen bei Zahlungspflichtigen erforderlichen Daten sowie über den Aufbau und die Aktualisierung dieses Dateisystems

bestimmen.

§ 212b Prüfung der Beitragszahlung bei versicherungspflichtigen Selbständigen

₁Die Träger der Rentenversicherung sind berechtigt, Prüfungen bei den versicherungspflichtigen Selbständigen durchzuführen. ₂§ 212a Abs. 2 Satz 1 bis 3, Abs. 3 Satz 1 und Abs. 6 Nr. 1 und 2 gilt entsprechend. ₃§ 212a Abs. 4 gilt entsprechend mit der Maßgabe, dass die Prüfung auch bei von den versicherungspflichtigen Selbständigen beauftragten steuerberatenden Stellen durchgeführt werden darf. ₄§ 98 Abs. 1 Satz 2 bis 4, Abs. 2, 4 und 5 Satz 1 Nr. 2 und Satz 2 des Zehnten Buches gilt entsprechend.

Dritter Abschnitt
Beteiligung des Bundes, Finanzbeziehungen und Erstattungen

Erster Unterabschnitt
Beteiligung des Bundes

§ 213 Zuschüsse des Bundes

(1) Der Bund leistet zu den Ausgaben der allgemeinen Rentenversicherung Zuschüsse.

(2) 1Der Bundeszuschuss zu den Ausgaben der allgemeinen Rentenversicherung ändert sich im jeweils folgenden Kalenderjahr in dem Verhältnis, in dem die Bruttolöhne und -gehälter je Arbeitnehmer (§ 68 Abs. 2 Satz 1) im vergangenen Kalenderjahr zu den entsprechenden Bruttolöhnen und -gehältern im vorvergangenen Kalenderjahr stehen. 2Bei Veränderungen des Beitragssatzes ändert sich der Bundeszuschuss zusätzlich in dem Verhältnis, in dem der Beitragssatz des Jahres, für das er bestimmt wird, zum Beitragssatz des Vorjahres steht. 3Bei Anwendung von Satz 2 ist jeweils der Beitragssatz zugrunde zu legen, der sich ohne Berücksichtigung des zusätzlichen Bundeszuschusses nach Absatz 3 und des Erhöhungsbetrags nach Absatz 4 ergeben würde. 4Der Bundeszuschuss wird in den Jahren 2019 und 2020 um jeweils 400 Millionen Euro, im Jahr 2021 um 1,5 Milliarden Euro, im Jahr 2022 um 560 Millionen Euro und in den Jahren 2023 bis 2025 um jeweils 480 Millionen Euro erhöht; diese Beträge sind jeweils bei den Änderungen des Bundeszuschusses in den darauf folgenden Kalenderjahren nach den Sätzen 1 bis 3 zu berücksichtigen. 5Ausgangsbetrag für den nach Satz 1 bis 3 zu ändernden Bundeszuschuss ist jeweils der zuletzt festgesetzte Bundeszuschuss ohne den Minderungsbetrag. 6Der Bundeszuschuss wird in den Jahren 2019 bis 2022 um jeweils 400 Millionen Euro erhöht; diese Beträge sind jeweils bei den Änderungen des Bundeszuschusses in den darauf folgenden Kalenderjahren nach den Sätzen 1 bis 3 zu berücksichtigen.

(2a) 1Der allgemeine Bundeszuschuss wird für das Jahr 2006 um 170 Millionen Euro und ab dem Jahr 2007 um jeweils 340 Millionen Euro pauschal vermindert. 2Abweichungen des pauschalierten Minderungsbetrages von den tatsächlichen zusätzlichen Einnahmen eines Kalenderjahres durch Mehreinnahmen aus der Begrenzung der Sozialversicherungsfreiheit für Sonn-, Feiertags- und Nachtzuschläge auf einen Stundenlohn bis zu 25 Euro und aufgrund der Erhöhung der Pauschalabgaben für geringfügige Beschäftigung ohne Versicherungspflicht im gewerblichen Bereich von 12 vom Hundert auf 15 vom Hundert des Arbeitsentgelts in der gesetzlichen Rentenversicherung sind mit dem Bundeszuschuss nach Absatz 2 des auf die Abrechnung folgenden Haushaltsjahres zu verrechnen; Ausgangsbetrag für den Bundeszuschuss ist der jeweils zuletzt festgestellte Bundeszuschuss nach Absatz 2 ohne Minderungsbetrag.

(3) 1Der Bund zahlt zur pauschalen Abgeltung nicht beitragsgedeckter Leistungen an die allgemeine Rentenversicherung in jedem Kalenderjahr einen zusätzlichen Bundeszuschuss. 2Der zusätzliche Bundeszuschuss beträgt für die Monate April bis Dezember des Jahres 1998 9,6 Milliarden Deutsche Mark und für das Jahr 1999 15,6 Milliarden Deutsche Mark. 3Für die Kalenderjahre ab 2000 verändert sich der zusätzliche Bundeszuschuss jährlich entsprechend der Veränderungsrate der Steuern vom Umsatz; hierbei bleiben Änderungen der Steuersätze im Jahr ihres Wirksamwerdens unberücksichtigt. 4Der sich nach Satz 3 ergebende Betrag des zusätzlichen Bundeszuschusses wird für das Jahr 2000 um 1,1 Milliarden Deutsche Mark, für das Jahr 2001 um 1,1 Milliarden Deutsche Mark, für das Jahr 2002 um 664,679 Millionen Euro und für das Jahr 2003 um 102,258 Millionen Euro gekürzt. 5Auf den zusätzlichen Bundeszuschuss werden die Erstattungen nach § 291b angerechnet. 6Für die Zahlung, Aufteilung und Abrechnung des zusätzlichen Bundeszuschusses sind die Vorschriften über den Bundeszuschuss anzuwenden.

(4) 1Der zusätzliche Bundeszuschuss nach Absatz 3 wird um die Einnahmen des Bundes aus dem Gesetz zur Fortführung der ökologischen Steuerreform abzüglich eines Betrages von 2,5 Milliarden Deutsche Mark im Jahr 2000 sowie eines Betrages von 1,9 Milliarden Deutsche Mark ab dem Jahr 2001 erhöht (Erhöhungsbetrag). 2Als Erhöhungsbetrag nach Satz 1 werden für das Jahr 2000 2,6 Milliarden Deutsche Mark, für das Jahr 2001 8,14 Milliarden Deutsche Mark, für das Jahr 2002 6,81040 Milliarden Euro und für das Jahr 2003 9,51002 Milliarden Euro festgesetzt. 3Für die Kalenderjahre nach 2003 verändern sich die Erhöhungsbeträge in dem Verhältnis, in dem die Bruttolöhne und -gehälter im vergangenen Kalenderjahr zu den entsprechenden Bruttolöhnen und -gehältern im vorvergangenen Kalenderjahr stehen; § 68 Abs. 2 Satz 1 gilt entsprechend. 4Für die Zahlung, Aufteilung und Abrechnung des Erhöhungsbetrags sind die Vorschriften über den Bundeszuschuss anzuwenden.

(5) 1Ab dem Jahr 2003 verringert sich der Erhöhungsbetrag um 409 Millionen Euro. 2Bei der Feststellung der Veränderung der Erhöhungsbeträge nach Absatz 4

VI

Satz 3 ist der Abzugsbetrag nach Satz 1 nicht zu berücksichtigen.

(6) Die Festsetzung und Auszahlung der Monatsraten sowie die Abrechnung führt das Bundesamt für Soziale Sicherung durch.

§ 214 Liquiditätssicherung

(1) Reichen in der allgemeinen Rentenversicherung die liquiden Mittel der Nachhaltigkeitsrücklage nicht aus, die Zahlungsverpflichtungen zu erfüllen, leistet der Bund den Trägern der allgemeinen Rentenversicherung eine Liquiditätshilfe in Höhe der fehlenden Mittel (Bundesgarantie).

(2) Die vom Bund als Liquiditätshilfe zur Verfügung gestellten Mittel sind zurückzuzahlen, sobald und soweit sie im laufenden Kalenderjahr zur Erfüllung der Zahlungsverpflichtungen nicht mehr benötigt werden, spätestens bis zum 31. Dezember des auf die Vergabe folgenden Jahres; Zinsen sind nicht zu zahlen.

§ 214a Liquiditätserfassung

(1) 1Die Deutsche Rentenversicherung Bund erfasst arbeitstäglich die Liquiditätslage der allgemeinen Rentenversicherung. 2Die Träger der allgemeinen Rentenversicherung melden die hierfür erforderlichen Daten an die Deutsche Rentenversicherung Bund. 3Das Erweiterte Direktorium bei der Deutschen Rentenversicherung Bund bestimmt die Einzelheiten des Verfahrens.

(2) 1Die Deutsche Rentenversicherung Bund legt dem Bundesministerium für Arbeit und Soziales und dem Bundesamt für Soziale Sicherung monatlich oder auf Anforderung in einer Schnellmeldung Angaben über die Höhe der aktuellen Liquidität vor. 2Das Nähere zur Ausgestaltung dieses Meldeverfahrens wird durch eine Vereinbarung zwischen dem Bundesamt für Soziale Sicherung und der Deutschen Rentenversicherung Bund geregelt.

§ 215 Beteiligung des Bundes in der knappschaftlichen Rentenversicherung

In der knappschaftlichen Rentenversicherung trägt der Bund den Unterschiedsbetrag zwischen den Einnahmen und den Ausgaben eines Kalenderjahres; er stellt hiermit zugleich deren dauernde Leistungsfähigkeit sicher.

Zweiter Unterabschnitt Nachhaltigkeitsrücklage und Finanzausgleich

§ 216 Nachhaltigkeitsrücklage

(1) 1Die Träger der allgemeinen Rentenversicherung halten eine gemeinsame Nachhaltigkeitsrücklage (Betriebsmittel und Rücklage), der die Überschüsse der Einnahmen über die Ausgaben zugeführt werden und aus der Defizite zu decken sind. 2Das Verwaltungsvermögen gehört nicht zu der Nachhaltigkeitsrücklage.

(2) 1Die gemeinsame Nachhaltigkeitsrücklage wird bis zum Umfang von 50 vom Hundert der durchschnittlichen Ausgaben zu eigenen Lasten aller Träger der allgemeinen Rentenversicherung für einen Kalendermonat dauerhaft von der Deutschen Rentenversicherung Bund verwaltet. 2Überschreitet die gemeinsame Nachhaltigkeitsrücklage über einen längeren Zeitraum diesen Umfang, ist sie insoweit von den Trägern der allgemeinen Rentenversicherung zu verwalten. 3Das Nähere hierzu regelt das Erweiterte Direktorium bei der Deutschen Rentenversicherung Bund.

§ 217 Anlage der Nachhaltigkeitsrücklage

(1) 1Die Nachhaltigkeitsrücklage ist liquide anzulegen. 2Als liquide gelten alle Vermögensanlagen mit einer Laufzeit, Kündigungsfrist oder Restlaufzeit bis zu 380 Tagen, Vermögensanlagen mit einer Kündigungsfrist jedoch nur dann, wenn neben einer angemessenen Verzinsung ein Rückfluss mindestens in Höhe des angelegten Betrages gewährleistet ist. 3Soweit ein Rückfluss mindestens in Höhe des angelegten Betrages nicht gewährleistet ist, gelten Vermögensanlagen mit einer Kündigungsfrist bis zu 380 Tagen auch dann als liquide, wenn der Unterschiedsbetrag durch eine entsprechende höhere Verzinsung mindestens ausgeglichen wird. 4Als liquide gelten auch Vermögensanlagen mit einer Laufzeit oder Restlaufzeit von mehr als 380 Tagen, wenn neben einer angemessenen Verzinsung gewährleistet ist, dass die Vermögensanlagen innerhalb von 380 Tagen mindestens zu einem Preis in Höhe der Anschaffungskosten veräußert werden können oder ein Unterschiedsbetrag zu den Anschaffungskosten durch eine höhere Verzinsung mindestens ausgeglichen wird.

(2) Vermögensanlagen in Anteilen an Sondervermögen nach dem Kapitalanlagegesetzbuch gelten als liquide, wenn das Sondervermögen nur aus Vermögensgegenständen besteht, die die Träger der Rentenversicherung auch unmittelbar nach Absatz 1 erwerben können.

(3) Abweichend von den Absätzen 1 und 2 darf die Nachhaltigkeitsrücklage ganz oder teilweise längstens bis zum nächsten gesetzlich vorgegebenen Zahlungstermin festgelegt werden, wenn gemäß der Liquiditätserfassung nach § 214a erkennbar ist, dass der allgemeinen Rentenversicherung die liquiden Mittel der

Nachhaltigkeitsrücklage nicht ausreichen, die Zahlungsverpflichtungen zu erfüllen.

§ 218 (weggefallen)

§ 219 Finanzverbund in der allgemeinen Rentenversicherung

(1) 1Die Ausgaben für Renten, Beitragserstattungen, die von der allgemeinen Rentenversicherung zu tragenden Beiträge zur Krankenversicherung und die sonstigen Geldleistungen, die nicht Leistungen zur Teilhabe oder Aufwendungen für Verwaltungs- und Verfahrenskosten sowie Investitionen sind, werden von den Trägern der allgemeinen Rentenversicherung nach dem Verhältnis ihrer Beitragseinnahmen jeweils für ein Kalenderjahr gemeinsam getragen. 2Die Zuschüsse des Bundes, die Beitragszahlung des Bundes für Kindererziehungszeiten und die Erstattungen des Bundes, mit Ausnahme der Erstattung für Kinderzuschüsse nach § 270 und der Erstattung durch den Träger der Versorgungslast im Beitrittsgebiet nach § 290a an die Träger der allgemeinen Rentenversicherung, werden nach dem Verhältnis ihrer Beitragseinnahmen zugeordnet. 3Die gemeinsame Nachhaltigkeitsrücklage einschließlich der Erträge hieraus wird den Trägern der allgemeinen Rentenversicherung nach dem Verhältnis ihrer Beitragseinnahmen zugeordnet.

(2) 1Die Regionalträger und die Deutsche Rentenversicherung Knappschaft-Bahn-See als Träger der allgemeinen Rentenversicherung überweisen monatlich vollständig die von ihnen verwalteten Mittel an den Renten Service der Deutschen Post AG oder an die Deutsche Rentenversicherung Bund, soweit sie nicht unmittelbar für Leistungen zur Teilhabe, Verwaltungs- und Verfahrenskosten, Ausgaben für die Schaffung oder Erhaltung des Verwaltungsvermögens benötigt werden oder von ihnen als Nachhaltigkeitsrücklage zu verwalten sind. 2Zu den monatlichen Zahlungsterminen zählen insbesondere die Termine für die Vorschüsse zur Auszahlung der Rentenleistungen in das Inland und die Termine für sonstige gemeinsam zu finanzierende Ausgaben. 3Das Nähere hierzu regelt das Erweiterte Direktorium bei der Deutschen Rentenversicherung Bund.

(3) 1Die Deutsche Rentenversicherung Bund füllt die für die jeweiligen Zahlungsverpflichtungen der allgemeinen Rentenversicherung fehlenden Mittel unter Berücksichtigung der Zahlungen Dritter auf. 2Reichen die verfügbaren Mittel aller Träger der allgemeinen Rentenversicherung nicht aus, die jeweiligen Zahlungsverpflichtungen zu erfüllen, beantragt sie zusätzliche finanzielle Hilfen des Bundes.

§ 220 Aufwendungen für Leistungen zur Teilhabe, Verwaltung und Verfahren

(1) 1Die jährlichen Ausgaben im Bereich der allgemeinen Rentenversicherung und der knappschaftlichen Rentenversicherung für Leistungen zur Teilhabe werden entsprechend der voraussichtlichen Entwicklung der Bruttolöhne und -gehälter je Arbeitnehmer (§ 68 Abs. 2 Satz 1) festgesetzt. 2Überschreiten die Ausgaben am Ende eines Kalenderjahres den für dieses Kalenderjahr jeweils bestimmten Betrag, wird der sich für den jeweiligen Bereich für das zweite Kalenderjahr nach dem Jahr der Überschreitung der Ausgaben nach Satz 1 ergebende Betrag entsprechend vermindert. 3Die Ausgaben für die Erstattung von Beiträgen nach § 179 Absatz 1 Satz 2, die auf Grund einer Leistung nach § 16 im Eingangsverfahren und im Berufsbildungsbereich der Werkstätten für behinderte Menschen erbracht werden, gelten nicht als Ausgaben im Sinne des Satzes 2.

(2) 1Die Träger der allgemeinen Rentenversicherung stimmen die auf sie entfallenden Anteile an dem Gesamtbetrag der Leistungen zur Teilhabe in der Deutschen Rentenversicherung Bund ab. 2Dabei ist darauf hinzuwirken, dass die Leistungen zur Teilhabe dem Umfang und den Kosten nach einheitlich erbracht werden. 3Das Nähere hierzu regelt das Erweiterte Direktorium bei der Deutschen Rentenversicherung Bund.

(3) 1Die Absätze 1 und 2 gelten für Verwaltungs- und Verfahrenskosten mit der Maßgabe entsprechend, dass auch die Veränderungen der Zahl der Rentner und der Rentenzugänge sowie der Verwaltungsaufgaben zu berücksichtigen sind. 2Die Deutsche Rentenversicherung Bund wirkt darauf hin, dass die jährlichen Verwaltungs- und Verfahrenskosten bis zum Jahr 2010 um 10 vom Hundert der tatsächlichen Ausgaben für Verwaltungs- und Verfahrenskosten für das Kalenderjahr 2004 vermindert werden. 3Vom Jahr 2007 an hat die Deutsche Rentenversicherung Bund jedes Jahr dem Bundesministerium für Arbeit und Soziales über die Entwicklung der Verwaltungs- und Verfahrenskosten bei den einzelnen Trägern und in der gesetzlichen Rentenversicherung sowie über die umgesetzten und geplanten Maßnahmen zur Optimierung dieser Kosten zu berichten. 4Dabei ist gesondert auf die Schlussfolgerungen einzugehen, welche sich aus dem Benchmarking der Versicherungsträger ergeben.

§ 221 Ausgaben für das Verwaltungsvermögen

1Für die Schaffung oder Erhaltung des Verwaltungsvermögens dürfen Mittel nur aufgewendet werden, wenn

VI

dies erforderlich ist, um die ordnungsgemäße und wirtschaftliche Aufgabenerfüllung der Träger der Rentenversicherung zu ermöglichen oder zu sichern. 2Mittel für die Errichtung, die Erweiterung und den Umbau von Gebäuden der Eigenbetriebe der Träger der Rentenversicherung und der Einrichtungen, an denen Rentenversicherungsträger beteiligt sind, dürfen nur unter der zusätzlichen Voraussetzung aufgewendet werden, dass diese Vorhaben auch unter Berücksichtigung des Gesamtbedarfs aller Träger der Rentenversicherung erforderlich sind. 3Die Träger stellen gemeinsam in der Deutschen Rentenversicherung Bund sicher, dass die Notwendigkeit von Bauvorhaben nach Satz 2 nach einheitlichen Grundsätzen beurteilt wird.

§ 222 Ermächtigung

1Das Bundesministerium für Arbeit und Soziales wird ermächtigt, im Einvernehmen mit dem Bundesministerium der Finanzen durch Rechtsverordnung mit Zustimmung des Bundesrates das Nähere über den Umfang der gemäß § 221 Satz 1 zur Verfügung stehenden Mittel zu bestimmen. 2Dabei kann auch die Zulässigkeit entsprechender Ausgaben zeitlich begrenzt werden.

VI

Dritter Unterabschnitt Erstattungen

§ 223 Wanderversicherungsausgleich und Wanderungsausgleich

(1) 1Soweit im Leistungsfall die Deutsche Rentenversicherung Knappschaft-Bahn-See als Träger der knappschaftlichen Rentenversicherung zuständig ist, erstatten ihr die Träger der allgemeinen Rentenversicherung den von ihnen zu tragenden Anteil der Leistungen. 2Zu tragen ist der Anteil der Leistungen, der auf Zeiten in der allgemeinen Rentenversicherung entfällt.

(2) 1Soweit im Leistungsfall ein Träger der allgemeinen Rentenversicherung zuständig ist, erstattet ihm die Deutsche Rentenversicherung Knappschaft-Bahn-See als Träger der knappschaftlichen Rentenversicherung den von ihr zu tragenden Anteil der Leistungen. 2Zu tragen ist der Anteil der Leistungen, der auf Zeiten in der knappschaftlichen Rentenversicherung entfällt.

(3) 1Ausgaben für Leistungen zur Teilhabe werden im gleichen Verhältnis wie Rentenleistungen erstattet. 2Dabei werden nur rentenrechtliche Zeiten bis zum Ablauf des Kalenderjahres vor der Antragstellung berücksichtigt. 3Eine pauschale Erstattung kann vorgesehen werden.

(4) Die Absätze 1 und 2 gelten entsprechend für die von der Rentenversicherung zu tragenden Beiträge zur gesetzlichen Krankenversicherung sowie für die Zuschüsse zur Krankenversicherung.

(5) Bei der Anwendung der Anrechnungsvorschriften bestimmt sich der auf den jeweiligen Träger der Rentenversicherung entfallende Teil des Anrechnungsbetrags nach dem Verhältnis der Höhe dieser Leistungsanteile.

(6) 1Die Träger der allgemeinen Rentenversicherung zahlen der Deutschen Rentenversicherung Knappschaft-Bahn-See als Träger der knappschaftlichen Rentenversicherung einen Wanderungsausgleich. 2Der auf die Träger der allgemeinen Rentenversicherung entfallende Anteil am Wanderungsausgleich bestimmt sich nach dem Verhältnis ihrer Beitragseinnahmen. 3Für die Berechnung des Wanderungsausgleichs werden miteinander vervielfältigt:

1. Die Differenz zwischen der durchschnittlichen Zahl der knappschaftlich Versicherten in dem Jahr, für das der Wanderungsausgleich gezahlt wird, und der Zahl der am 1. Januar 1991 in der knappschaftlichen Rentenversicherung Versicherten (Versichertenverlust),
2. das Durchschnittsentgelt des Jahres, für das der Wanderungsausgleich gezahlt wird,
3. der Beitragssatz in der allgemeinen Rentenversicherung des Jahres, für das der Wanderungsausgleich gezahlt wird,
4. der Faktor, der sich ergibt, wenn der Wanderungsausgleich des Jahres 2018 durch das Produkt aus dem Versichertenverlust des Jahres 2018, dem Durchschnittsentgelt des Jahres 2018 und dem Beitragssatz in der allgemeinen Rentenversicherung des Jahres 2018 dividiert wird.

4Als Versicherte der knappschaftlichen Rentenversicherung gelten auch sonstige Versicherte (§ 166). 5Der Betrag des Wanderungsausgleichs ist mit einem Faktor zu bereinigen, der die längerfristigen Veränderungen der Rentnerzahl und des Rentenvolumens in der knappschaftlichen Rentenversicherung berücksichtigt.

§ 224 Erstattung durch die Bundesagentur für Arbeit

(1) 1Zum Ausgleich der Aufwendungen, die der Rentenversicherung für Renten wegen voller Erwerbsminderung entstehen, bei denen der Anspruch auch von der jeweiligen Arbeitsmarktlage abhängig ist, zahlt die Bundesagentur für Arbeit den Trägern der Rentenversi-

cherung einen Ausgleichsbetrag. 2Dieser bemisst sich pauschal nach der Hälfte der Aufwendungen für die Renten wegen voller Erwerbsminderung einschließlich der darauf entfallenden Beteiligung der Rentenversicherung an den Beiträgen zur Krankenversicherung und der durchschnittlichen Dauer des Anspruchs auf Arbeitslosengeld, der anstelle der Rente wegen voller Erwerbsminderung bestanden hätte.

(2) 1Auf den Ausgleichsbetrag leistet die Bundesagentur für Arbeit Abschlagszahlungen, die in Teilbeträgen am Fälligkeitstag der Rentenvorschüsse in das Inland für den letzten Monat eines Kalendervierteljahres zu zahlen sind. 2Als Abschlagszahlung werden für das Jahr 2001 185 Millionen Deutsche Mark und für das Jahr 2002 192 Millionen Euro festgesetzt. 3In den Folgejahren werden die Abschlagszahlungen unter Berücksichtigung der Ergebnisse der Abrechnung für das jeweilige Vorjahr festgesetzt. 4Die Abrechnung der Erstattungsbeträge erfolgt bis zum 30. September des auf das Jahr der Abschlagszahlung folgenden Jahres.

(3) 1Das Bundesamt für Soziale Sicherung führt die Abrechnung und den Zahlungsausgleich zwischen den Trägern der allgemeinen Rentenversicherung sowie der knappschaftlichen Rentenversicherung und die Verteilung auf die Träger der allgemeinen Rentenversicherung durch. 2Es bestimmt erstmals für das Jahr 2003 die Höhe der jährlichen Abschlagszahlungen.

(4) 1Für die Abrechnung und die Verteilung ist § 227 Abs. 1 entsprechend anzuwenden. 2Dabei erfolgt die Abrechnung mit dem Träger der knappschaftlichen Rentenversicherung entsprechend dem Verhältnis, in dem die Ausgaben dieses Trägers für Renten wegen voller Erwerbsminderung unter Einbeziehung der im Wanderversicherungsausgleich zu zahlenden und zu erstattenden Beträge zu den entsprechenden Aufwendungen der Träger der allgemeinen Rentenversicherung zusammenstehen.

§ 224a Tragung pauschalierter Beiträge für Renten wegen voller Erwerbsminderung

(1) 1Das Bundesamt für Soziale Sicherung führt für den Gesamtbeitrag nach § 345a des Dritten Buches die Verteilung zwischen den Trägern der allgemeinen Rentenversicherung sowie der knappschaftlichen Rentenversicherung durch. 2Der Gesamtbeitrag ist mit dem Ausgleichsbetrag der Bundesagentur für Arbeit nach § 224 im Rahmen der Jahresabrechnung für diesen Ausgleichsbetrag zu verrechnen.

(2) 1Für die Verteilung ist § 227 Abs. 1 entsprechend anzuwenden. 2Dabei erfolgt die Abrechnung mit dem Träger der knappschaftlichen Rentenversicherung entsprechend dem Verhältnis, in dem die Ausgaben dieses Trägers für Renten wegen voller Erwerbsminderung unter Einbeziehung der im Wanderversicherungsausgleich zu zahlenden und zu erstattenden Beträge zu den entsprechenden Aufwendungen der Träger der allgemeinen Rentenversicherung zusammenstehen.

§ 224b Erstattung für Begutachtung in Angelegenheiten der Grundsicherung

(1) 1Der Bund erstattet der Deutschen Rentenversicherung Bund zum 1. Mai eines Jahres, erstmals zum 1. Mai 2010, die Kosten und Auslagen, die den Trägern der Rentenversicherung durch die Wahrnehmung ihrer Aufgaben nach § 109a Absatz 2 für das vorangegangene Jahr entstanden sind. 2Das Bundesministerium für Arbeit und Soziales, das Bundesministerium der Finanzen und die Deutsche Rentenversicherung Bund vereinbaren aufwandsgerechte Pauschalbeträge für die nach § 109a Absatz 2 je Fall entstehenden Kosten und Auslagen.

(2) Für Kosten und Auslagen durch die Wahrnehmung der Aufgaben nach § 109a Absatz 3 gilt Absatz 1 entsprechend.

(3) 1Das Bundesamt für Soziale Sicherung führt die Abrechnung nach den Absätzen 1 und 2 durch. 2Die Deutsche Rentenversicherung Bund übermittelt dem Bundesamt für Soziale Sicherung bis zum 1. März eines Jahres, erstmals zum 1. März 2010, die Zahl der Fälle des vorangegangenen Jahres. 3Die Aufteilung des Erstattungsbetrages auf die Träger der Rentenversicherung erfolgt durch die Deutsche Rentenversicherung Bund. 4Für die Träger der allgemeinen Rentenversicherung erfolgt sie buchhalterisch

§ 225 Erstattung durch den Träger der Versorgungslast

(1) 1Die Aufwendungen des Trägers der Rentenversicherung aufgrund von Rentenanwartschaften, die durch Entscheidung des Familiengerichts begründet worden sind, werden von dem zuständigen Träger der Versorgungslast erstattet. 2Ist der Ehegatte oder Lebenspartner, zu dessen Lasten der Versorgungsausgleich durchgeführt wurde, später nachversichert worden, sind nur die Aufwendungen zu erstatten, die bis zum Ende des Kalenderjahres entstanden sind, das der Zahlung der Beiträge für die Nachversicherung oder in Fällen des § 185 Abs. 1 Satz 3 dem Eintritt der Voraussetzungen für die Nachversicherung vorausging. 3Ist die Nachversi-

VI

cherung durch eine Zahlung von Beiträgen an eine berufsständische Versorgungseinrichtung ersetzt worden (§ 186 Abs. 1), geht die Erstattungspflicht nach Satz 1 mit dem Ende des in Satz 2 genannten Kalenderjahres auf die berufsständische Versorgungseinrichtung als neuen Träger der Versorgungslast über.

(2) 1Wird durch Entscheidung des Familiengerichts eine Rentenanwartschaft begründet, deren Monatsbetrag 1 vom Hundert der bei Ende der Ehezeit oder Lebenspartnerschaftszeit geltenden monatlichen Bezugsgröße nicht übersteigt, hat der Träger der Versorgungslast Beiträge zu zahlen. 2Absatz 1 ist nicht anzuwenden. 3Im Fall einer Abänderung einer Entscheidung des Familiengerichts gilt § 187 Abs. 7 entsprechend.

§ 226 Verordnungsermächtigung

(1) Die Bundesregierung wird ermächtigt, durch Rechtsverordnung mit Zustimmung des Bundesrates das Nähere über die Berechnung und Durchführung der Erstattung von Aufwendungen durch den Träger der Versorgungslast zu bestimmen.

(2) Das Bundesministerium für Arbeit und Soziales wird ermächtigt, im Einvernehmen mit dem Bundesministerium der Finanzen durch Rechtsverordnung mit Zustimmung des Bundesrates das Nähere über die Erstattung gemäß § 223 Abs. 3 zu bestimmen.

(3) Das Bundesministerium für Arbeit und Soziales wird ermächtigt, im Einvernehmen mit dem Bundesministerium der Finanzen durch Rechtsverordnung mit Zustimmung des Bundesrates das Nähere zur Ermittlung des Wanderungsausgleichs nach § 223 Absatz 6 zu bestimmen.

(4) Das Bundesministerium für Arbeits und Soziales wird ermächtigt, im Einvernehmen mit dem Bundesministerium der Finanzen durch Rechtsverordnung mit Zustimmung des Bundesrates das Nähere über die Pauschalierung des Ausgleichsbetrags gemäß § 224 zu bestimmen.

(5) Das Bundesministerium für Arbeit und Soziales wird ermächtigt, durch Rechtsverordnung mit Zustimmung des Bundesrates das Nähere über die Verteilung der pauschalierten Beiträge für Renten wegen voller Erwerbsminderung gemäß § 224a zu bestimmen.

Vierter Unterabschnitt
Abrechnung der Aufwendungen

§ 227 Abrechnung der Aufwendungen

(1) 1Die Deutsche Rentenversicherung Bund verteilt die Beträge nach § 219 Abs. 1 und § 223 auf die Träger der allgemeinen Rentenversicherung und führt die Abrechnung der Träger der allgemeinen Rentenversicherung mit dem Träger der knappschaftlichen Rentenversicherung sowie mit der Deutschen Post AG durch. 2Die Ausgleiche der Zahlungsverpflichtungen zwischen den Trägern der allgemeinen Rentenversicherung erfolgen ausschließlich buchhalterisch. 3Die Zahlungsausgleiche der allgemeinen Rentenversicherung mit dem Träger der knappschaftlichen Rentenversicherung und mit der Deutschen Post AG werden von der Deutschen Rentenversicherung Bund innerhalb von vier Wochen nach Bekanntgabe der Abrechnung durchgeführt.

(1a) 1Das Bundesamt für Soziale Sicherung führt die Abrechnung der Zahlungen des Bundes an die gesetzliche Rentenversicherung durch. 2Nachzahlungen des Bundes an die allgemeine Rentenversicherung werden zugunsten der Deutschen Rentenversicherung Bund und Nachzahlungen an die knappschaftliche Rentenversicherung werden an den Träger der knappschaftlichen Rentenversicherung innerhalb von vier Wochen nach Bekanntgabe der Abrechnung ausgeführt.

(2) Die Deutsche Post AG teilt der Deutschen Rentenversicherung Bund und dem Bundesamt für Soziale Sicherung zum Ablauf eines Kalenderjahres die Beträge mit, die auf Anweisung der Träger der allgemeinen Rentenversicherung gezahlt worden sind.

(3) Im Übrigen obliegt dem Erweiterten Direktorium bei der Deutschen Rentenversicherung Bund die Aufstellung von Grundsätzen zur und die Steuerung der Finanzausstattung und der Finanzverwaltung im Rahmen des geltenden Rechts für das gesamte System der Deutschen Rentenversicherung.

Fünftes Kapitel
Sonderregelungen

Erster Abschnitt
Ergänzungen für Sonderfälle

Erster Unterabschnitt
Grundsatz

§ 228 Grundsatz

Die Vorschriften dieses Abschnitts ergänzen die Vorschriften der vorangehenden Kapitel für Sachverhalte, die von dem Zeitpunkt des Inkrafttretens der Vorschriften der vorangehenden Kapitel an nicht mehr oder nur noch übergangsweise eintreten können.

§ 228a Besonderheiten für das Beitrittsgebiet

(1) 1Soweit Vorschriften dieses Buches bei Arbeitsentgelten, Arbeitseinkommen oder Beitragsbemessungsgrundlagen

1. an die Bezugsgröße anknüpfen, ist die Bezugsgröße für das Beitrittsgebiet (Bezugsgröße [Ost]),
2. an die Beitragsbemessungsgrenze anknüpfen, ist die Beitragsbemessungsgrenze für das Beitrittsgebiet (Beitragsbemessungsgrenze [Ost], Anlage 2a)

maßgebend, wenn die Einnahmen aus einer Beschäftigung oder Tätigkeit im Beitrittsgebiet erzielt werden. ₂Satz 1 gilt für die Ermittlung der Beitragsbemessungsgrundlagen bei sonstigen Versicherten entsprechend.

(2) (weggefallen)

(3) Soweit Vorschriften dieses Buches bei Einkommensanrechnung auf Renten wegen Todes an den aktuellen Rentenwert anknüpfen, ist der aktuelle Rentenwert (Ost) maßgebend, wenn der Berechtigte seinen gewöhnlichen Aufenthalt im Beitrittsgebiet hat.

§ 228b Maßgebende Werte in der Anpassungsphase

Bei der Festsetzung von Werten für Zeiten bis einschließlich 31. Dezember 2024 sind, soweit Vorschriften dieses Buches auf die Veränderung der Bruttolöhne und -gehälter je Arbeitnehmer (§ 68 Abs. 2 Satz 1) oder auf das Durchschnittsentgelt abstellen, die für das Bundesgebiet ohne das Beitrittsgebiet ermittelten Werte maßgebend, sofern nicht in den nachstehenden Vorschriften etwas anderes bestimmt ist.

Zweiter Unterabschnitt
Versicherter Personenkreis

§ 229 Versicherungspflicht

(1) ₁Personen, die am 31. Dezember 1991 als

1. Mitglieder des Vorstandes einer Aktiengesellschaft,
2. selbständig tätige Lehrer, Erzieher oder Pflegepersonen im Zusammenhang mit ihrer selbständigen Tätigkeit keinen Angestellten, aber mindestens einen Arbeiter beschäftigt haben und

versicherungspflichtig waren, bleiben in dieser Tätigkeit versicherungspflichtig. ₂Sie werden jedoch auf Antrag von der Versicherungspflicht befreit. ₃Die Befreiung wirkt vom Eingang des Antrags an. ₄Sie ist auf die jeweilige Tätigkeit beschränkt.

(1a) ₁Mitglieder des Vorstandes einer Aktiengesellschaft, die am 6. November 2003 in einer weiteren Beschäftigung oder selbständigen Tätigkeit nicht versicherungspflichtig waren, bleiben in dieser Beschäftigung oder selbständigen Tätigkeit nicht versicherungspflichtig. ₂Sie können bis zum 31. Dezember 2004 die Versicherungspflicht mit Wirkung für die Zukunft beantragen.

(1b) ₁Personen, die am 28. Juni 2011 auf Grund einer Beschäftigung im Ausland bei einer amtlichen Vertretung des Bundes oder der Länder oder bei deren Leitern, deutschen Mitgliedern oder Bediensteten versicherungspflichtig waren, bleiben in dieser Beschäftigung versicherungspflichtig. ₂Die Versicherungspflicht endet, wenn dies von Arbeitgeber und Arbeitnehmer gemeinsam beantragt wird; der Antrag kann bis zum 30. Juni 2012 gestellt werden. ₃Die Versicherungspflicht endet von dem Kalendermonat an, der auf den Tag des Eingangs des Antrags folgt.

(2) Handwerker, die am 31. Dezember 1991 nicht versicherungspflichtig waren, bleiben in dieser Tätigkeit nicht versicherungspflichtig.

(2a) Handwerker, die am 31. Dezember 2003 versicherungspflichtig waren, bleiben in dieser Tätigkeit versicherungspflichtig; § 6 Abs. 1 Satz 1 Nr. 4 bleibt unberührt.

(3) ₁§ 2 Satz 1 Nr. 9 Buchstabe b zweiter Halbsatz und Satz 4 Nr. 3 ist auch anzuwenden, soweit die Tätigkeit in der Zeit vom 1. Januar 1999 bis zum 1. Juli 2006 ausgeübt worden ist. ₂§ 2 Satz 1 Nr. 1, 2 und 9 Buchstabe a in der ab 1. Mai 2007 geltenden Fassung ist auch anzuwenden, soweit Arbeitnehmer in der Zeit vom 1. Januar 1999 bis zum 30. April 2007 beschäftigt wurden.

(4) Bezieher von Sozialleistungen, die am 31. Dezember 1995 auf Antrag versicherungspflichtig waren und nach § 4 Abs. 3a die Voraussetzungen für die Versicherungspflicht nicht mehr erfüllen, bleiben für die Zeit des Bezugs der jeweiligen Sozialleistung versicherungspflichtig.

(4a) Als Zeit des Bezugs von Bürgergeld nach § 19 Absatz 1 Satz 1 des Zweiten Buches gilt auch der Bezug von Arbeitslosengeld II bis zum 31. Dezember 2022.

(5) Personen, die am 31. Dezember 2012 als Beschäftigte nach § 5 Absatz 2 in der bis zum 31. Dezember 2012 geltenden Fassung wegen Verzichts auf die Versicherungsfreiheit in einer geringfügigen Beschäftigung oder mehreren geringfügigen Beschäftigungen versicherungspflichtig waren, bleiben insoweit versicherungspflichtig; § 6 Absatz 1b in der ab dem 1. Januar 2013 geltenden Fassung gilt für diese Personen bezogen auf die am 31. Dezember 2012 ausgeübte Beschäftigung und weitere Beschäftigungen, auf die sich der Verzicht auf die Versicherungsfreiheit nach § 5 Absatz 2 in der bis zum 31. Dezember 2012 geltenden Fassung erstrecken würde, nicht.

VI

(6) 1Personen, die am 31. März 2003 in einer Beschäftigung oder selbständigen Tätigkeit ohne einen Verzicht auf die Versicherungsfreiheit (§ 5 Absatz 2 Satz 2 in der bis zum 31. Dezember 2012 geltenden Fassung) versicherungspflichtig waren, die die Merkmale einer geringfügigen Beschäftigung oder selbständigen Tätigkeit in der ab 1. April 2003 geltenden Fassung von § 8 des Vierten Buches oder die Merkmale einer geringfügigen Beschäftigung oder selbständigen Tätigkeit im Privathaushalt (§ 8a Viertes Buch) erfüllt, bleiben in dieser Beschäftigung oder selbständigen Tätigkeit versicherungspflichtig. 2Sie werden auf ihren Antrag von der Versicherungspflicht befreit. 3Die Befreiung wirkt vom 1. April 2003 an, wenn sie bis zum 30. Juni 2003 beantragt wird, sonst vom Eingang des Antrags an. 4Sie ist auf die jeweilige Beschäftigung oder selbständige Tätigkeit beschränkt. 5Für Personen, die die Voraussetzungen für die Versicherungspflicht nach § 2 Satz 1 Nr. 10 erfüllen, endet die Befreiung nach Satz 2 am 31. Juli 2004.

(7) 1Selbständig Tätige, die am 31. Dezember 2012 nicht versicherungspflichtig waren, weil sie versicherungspflichtige Arbeitnehmer beschäftigt haben, bleiben in dieser Tätigkeit nicht versicherungspflichtig, wenn der beschäftigte Arbeitnehmer nicht geringfügig beschäftigt nach § 8 Absatz 1 Nummer 1 des Vierten Buches in der bis zum 31. Dezember 2012 geltenden Fassung ist. 2Personen, die am 31. Dezember 2012 in einer selbständigen Tätigkeit versicherungspflichtig waren, die die Merkmale einer geringfügigen Tätigkeit in der ab dem 1. Januar 2013 geltenden Fassung von § 8 Absatz 3 in Verbindung mit § 8 Absatz 1 Nummer 1 oder § 8 Absatz 3 in Verbindung mit den §§ 8a und 8 Absatz 1 Nummer 1 des Vierten Buches erfüllt, bleiben in dieser selbständigen Tätigkeit bis zum 31. Dezember 2014 versicherungspflichtig.

(8) Selbstständig tätige Gewerbetreibende, die am 13. Februar 2020 nicht nach § 2 Satz 1 Nummer 8 versicherungspflichtig waren, bleiben in der ausgeübten Tätigkeit nicht versicherungspflichtig, wenn sie allein aufgrund der Änderung der Anlage A zur Handwerksordnung zum 14. Februar 2020 versicherungspflichtig würden.

(9) 1§ 1 Satz 5 Nummer 3 findet grundsätzlich nur Anwendung auf Ausbildungen, die nach dem 30. Juni 2020 begonnen werden. 2Wurde die Ausbildung vor diesem Zeitpunkt begonnen und wurden

1. Beiträge gezahlt, gilt § 1 Satz 5 Nummer 3 ab Beginn der Beitragszahlung,
2. keine Beiträge gezahlt, gilt § 1 Satz 5 Nummer 3 ab dem Zeitpunkt, zu dem der Arbeitgeber mit Zustimmung des Teilnehmers Beiträge zahlt.

§ 229a Versicherungspflicht im Beitrittsgebiet

(1) Personen, die am 31. Dezember 1991 im Beitrittsgebiet versicherungspflichtig waren, nicht ab 1. Januar 1992 nach den §§ 1 bis 3 versicherungspflichtig geworden sind und nicht bis zum 31. Dezember 1994 beantragt haben, dass die Versicherungspflicht enden soll, bleiben in der jeweiligen Tätigkeit oder für die Zeit des jeweiligen Leistungsbezugs versicherungspflichtig.

(2) Im Beitrittsgebiet selbständig tätige Landwirte, die die Voraussetzungen des § 2 Abs. 1 Nr. 1 des Zweiten Gesetzes über die Krankenversicherung der Landwirte erfüllt haben, in der Krankenversicherung der Landwirte als Unternehmer versichert waren und am 1. Januar 1995 in dieser Tätigkeit versicherungspflichtig waren, bleiben in dieser Tätigkeit versicherungspflichtig.

§ 230 Versicherungsfreiheit

(1) 1Personen, die am 31. Dezember 1991 als

1. Polizeivollzugsbeamte auf Widerruf,
2. Handwerker oder
3. Mitglieder der Pensionskasse deutscher Eisenbahnen und Straßenbahnen

versicherungsfrei waren, bleiben in dieser Beschäftigung oder selbständigen Tätigkeit versicherungsfrei. 2Handwerker, die am 31. Dezember 1991 aufgrund eines Lebensversicherungsvertrages versicherungsfrei waren, und Personen, die am 31. Dezember 1991 als Versorgungsbezieher versicherungsfrei waren, bleiben in jeder Beschäftigung und jeder selbständigen Tätigkeit versicherungsfrei.

(2) 1Personen, die am 31. Dezember 1991 als versicherungspflichtige

1. Beschäftigte von Körperschaften, Anstalten oder Stiftungen des öffentlichen Rechts oder ihrer Verbände oder
2. satzungsmäßige Mitglieder geistlicher Genossenschaften, Diakonissen oder Angehörige ähnlicher Gemeinschaften,

nicht versicherungsfrei und nicht von der Versicherungspflicht befreit waren, bleiben in dieser Beschäftigung versicherungspflichtig. 2Sie werden jedoch auf Antrag unter den Voraussetzungen des § 5 Abs. 1 Satz 1 von der Versicherungspflicht befreit. 3Über die Befreiung entscheidet der Träger der Rentenversicherung, nachdem für Beschäftigte beim Bund und bei Arbeitgebern, die der Aufsicht des Bundes unterstehen, das zuständige Bundesministerium, im Übrigen die oberste Verwaltungsbehörde des Landes, in dem die Arbeitgeber, Genossenschaften oder Gemeinschaften ihren Sitz haben, das Vorliegen der Voraussetzungen bestätigt hat. 4Die Befreiung wirkt vom Eingang des Antrags an. 5Sie ist auf die jeweilige Beschäftigung beschränkt.

(3) 1Personen, die am 31. Dezember 1991 als Beschäftigte oder selbständig Tätige nicht versicherungsfrei und nicht von der Versicherungspflicht befreit waren, werden in dieser Beschäftigung oder selbständigen Tätigkeit nicht nach § 5 Abs. 4 Nr. 2 und 3 versicherungsfrei. 2Sie werden jedoch auf Antrag von der Versicherungspflicht befreit. 3Die Befreiung wirkt vom Eingang des Antrags an. 4Sie bezieht sich auf jede Beschäftigung oder selbständige Tätigkeit.

(4) 1Personen, die am 1. Oktober 1996 in einer Beschäftigung oder selbständigen Tätigkeit als ordentliche Studierende einer Fachschule oder Hochschule versicherungsfrei waren, bleiben in dieser Beschäftigung oder selbständigen Tätigkeit versicherungsfrei. 2Sie können jedoch beantragen, dass die Versicherungsfreiheit endet.

(5) § 5 Abs. 1 Satz 4 ist nicht anzuwenden, wenn vor dem 1. Februar 2002 aufgrund einer Entscheidung nach § 5 Abs. 1 Satz 3 bereits Versicherungsfreiheit nach § 5 Abs. 1 Satz 1 Nr. 2 oder 3 vorlag.

(6) Personen, die nach § 5 Abs. 1 Satz 1 Nr. 2 in der bis zum 31. Dezember 2008 geltenden Fassung versicherungsfrei waren, bleiben in dieser Beschäftigung versicherungsfrei.

(7) Personen, die eine Versorgung nach § 6 des Streitkräftepersonalstruktur-Anpassungsgesetzes beziehen, sind nicht nach § 5 Absatz 4 Nummer 2 versicherungsfrei.

(8) 1Personen, die am 31. Dezember 2012 als Beschäftigte nach § 5 Absatz 2 Satz 1 Nummer 1 in der bis zum 31. Dezember 2012 geltenden Fassung versicherungsfrei waren, bleiben in dieser Beschäftigung versicherungsfrei, solange die Voraussetzungen einer geringfügigen Beschäftigung nach § 8 Absatz 1 Nummer 1 oder § 8a in Verbindung mit § 8 Absatz 1 Nummer 1 des Vierten Buches in der bis zum 31. Dezember 2012 geltenden Fassung vorliegen. 2Sie können durch schriftliche oder elektronische Erklärung gegenüber dem Arbeitgeber auf die Versicherungsfreiheit verzichten; der Verzicht kann nur mit Wirkung für die Zukunft und bei mehreren Beschäftigungen nur einheitlich erklärt werden und ist für die Dauer der Beschäftigungen bindend.

(9) 1Personen, die am 31. Dezember 2016 wegen des Bezugs einer Vollrente wegen Alters vor Erreichen der Regelaltersgrenze in einer Beschäftigung oder selbständigen Tätigkeit versicherungsfrei waren, bleiben in dieser Beschäftigung oder selbständigen Tätigkeit versicherungsfrei. 2Beschäftigte können durch schriftliche oder elektronische Erklärung gegenüber dem Arbeitgeber auf die Versicherungsfreiheit verzichten. 3Der Verzicht kann nur mit Wirkung für die Zukunft erklärt werden und ist für die Dauer der Beschäftigung bindend. 4Die Sätze 2 und 3 gelten entsprechend für Selbständige, die den Verzicht gegenüber dem zuständigen Träger der Rentenversicherung erklären.

§ 231 Befreiung von der Versicherungspflicht

(1) 1Personen, die am 31. Dezember 1991 von der Versicherungspflicht befreit waren, bleiben in derselben Beschäftigung oder selbständigen Tätigkeit von der Versicherungspflicht befreit. 2Personen, die am 31. Dezember 1991 als

1. Angestellte im Zusammenhang mit der Erhöhung oder dem Wegfall der Jahresarbeitsverdienstgrenze,
2. Handwerker oder
3. Empfänger von Versorgungsbezügen

von der Versicherungspflicht befreit waren, bleiben in jeder Beschäftigung oder selbständigen Tätigkeit und bei Wehrdienstleistungen von der Versicherungspflicht befreit.

(2) Personen, die aufgrund eines bis zum 31. Dezember 1995 gestellten Antrags spätestens mit Wirkung von diesem Zeitpunkt an nach § 6 Abs. 1 Nr. 1 in der zu diesem Zeitpunkt geltenden Fassung von der Versicherungspflicht befreit sind, bleiben in der jeweiligen Beschäftigung oder selbständigen Tätigkeit befreit.

(3) Mitglieder von berufsständischen Versorgungseinrichtungen, die nur deshalb Pflichtmitglied ihrer berufsständischen Kammer sind, weil die am 31. Dezember 1994 für bestimmte Angehörige ihrer Berufsgruppe bestehende Verpflichtung zur Mitgliedschaft in einer berufsständischen Kammer nach dem 31. Dezember 1994 auf weitere Angehörige der jeweiligen Berufsgruppe erstreckt worden ist, werden bei Vorliegen der übrigen Voraussetzungen nach § 6 Abs. 1 von der Versicherungspflicht befreit, wenn

1. die Verkündung des Gesetzes, mit dem die Verpflichtung zur Mitgliedschaft in einer berufsständischen Kammer auf weitere Angehörige der Berufs-

VI

gruppe erstreckt worden ist, vor dem 1. Juli 1996 erfolgt und

2. mit der Erstreckung der Verpflichtung zur Mitgliedschaft in einer berufsständischen Kammer auf weitere Angehörige der Berufsgruppe hinsichtlich des Kreises der Personen, die der berufsständischen Kammer als Pflichtmitglieder angehören, eine Rechtslage geschaffen worden ist, die am 31. Dezember 1994 bereits in mindestens der Hälfte aller Bundesländer bestanden hat.

(4) Mitglieder von berufsständischen Versorgungseinrichtungen, die nur deshalb Pflichtmitglied einer berufsständischen Versorgungseinrichtung sind, weil eine für ihre Berufsgruppe am 31. Dezember 1994 bestehende Verpflichtung zur Mitgliedschaft in der berufsständischen Versorgungseinrichtung nach dem 31. Dezember 1994 auf diejenigen Angehörigen der Berufsgruppe erstreckt worden ist, die einen gesetzlich vorgeschriebenen Vorbereitungs- oder Anwärterdienst ableisten, werden bei Vorliegen der übrigen Voraussetzungen nach § 6 Abs. 1 von der Versicherungspflicht befreit, wenn

1. die Änderung der versorgungsrechtlichen Regelungen, mit der die Verpflichtung zur Mitgliedschaft in der berufsständischen Versorgungseinrichtung auf Personen erstreckt worden ist, die einen gesetzlich vorgeschriebenen Vorbereitungs- oder Anwärterdienst ableisten, vor dem 1. Juli 1996 erfolgt und
2. mit der Erstreckung der Verpflichtung zur Mitgliedschaft in der berufsständischen Versorgungseinrichtung auf Personen, die einen gesetzlich vorgeschriebenen Vorbereitungs- oder Anwärterdienst ableisten, hinsichtlich des Kreises der Personen, die der berufsständischen Versorgungseinrichtung als Pflichtmitglieder angehören, eine Rechtslage geschaffen worden ist, die für die jeweilige Berufsgruppe bereits am 31. Dezember 1994 in mindestens einem Bundesland bestanden hat.

(4a) Die Änderungen der Bundesrechtsanwaltsordnung und der Patentanwaltsordnung durch Artikel 1 Nummer 3 und Artikel 6 des Gesetzes zur Neuordnung des Rechts der Syndikusanwälte und zur Änderung der Finanzgerichtsordnung vom 21. Dezember 2015 (BGBl. I S. 2517) gelten nicht als Änderungen, mit denen der Kreis der Pflichtmitglieder einer berufsständischen Kammer im Sinne des § 6 Absatz 1 Satz 3 erweitert wird.

(4b) ₁Eine Befreiung von der Versicherungspflicht als Syndikusrechtsanwalt oder Syndikuspatentanwalt nach § 6 Absatz 1 Satz 1 Nummer 1, die unter Berücksichtigung der Bundesrechtsanwaltsordnung in der ab dem 1. Januar 2016 geltenden Fassung oder der Patentanwaltsordnung in der ab dem 1. Januar 2016 geltenden Fassung erteilt wurde, wirkt auf Antrag vom Beginn derjenigen Beschäftigung an, für die die Befreiung von der Versicherungspflicht erteilt wird. ₂Sie wirkt auch vom Beginn davor liegender Beschäftigungen an, wenn während dieser Beschäftigungen eine Pflichtmitgliedschaft in einem berufsständischen Versorgungswerk bestand. ₃Die Befreiung nach den Sätzen 1 und 2 wirkt frühestens ab dem 1. April 2014. ₄Die Befreiung wirkt jedoch auch für Zeiten vor dem 1. April 2014, wenn für diese Zeiten einkommensbezogene Pflichtbeiträge an ein berufsständisches Versorgungswerk gezahlt wurden. ₅Die Sätze 1 bis 4 gelten nicht für Beschäftigungen, für die eine Befreiung von der Versicherungspflicht als Syndikusrechtsanwalt oder Syndikuspatentanwalt auf Grund einer vor dem 4. April 2014 ergangenen Entscheidung bestandskräftig abgelehnt wurde. ₆Der Antrag auf rückwirkende Befreiung nach den Sätzen 1 und 2 kann nur bis zum Ablauf des 1. April 2016 gestellt werden.

(4c) ₁Eine durch Gesetz angeordnete oder auf Gesetz beruhende Verpflichtung zur Mitgliedschaft in einer berufsständischen Versorgungseinrichtung im Sinne des § 6 Absatz 1 Satz 1 Nummer 1 gilt als gegeben für Personen, die

1. nach dem 3. April 2014 auf ihre Rechte aus der Zulassung zur Rechtsanwaltschaft oder Patentanwaltschaft verzichtet haben und
2. bis zum Ablauf des 1. April 2016 die Zulassung als Syndikusrechtsanwalt oder Syndikuspatentanwalt nach der Bundesrechtsanwaltsordnung in der ab dem 1. Januar 2016 geltenden Fassung oder der Patentanwaltsordnung in der ab dem 1. Januar 2016 geltenden Fassung beantragen.

₂Satz 1 gilt nur, solange die Personen als Syndikusrechtsanwalt oder Syndikuspatentanwalt zugelassen sind und als freiwilliges Mitglied in einem Versorgungswerk einkommensbezogene Beiträge zahlen. ₃Satz 1 gilt nicht, wenn vor dem 1. Januar 2016 infolge eines Ortswechsels der anwaltlichen Tätigkeit eine Pflichtmitgliedschaft in dem neu zuständigen berufsständischen Versorgungswerk wegen Überschreitens einer Altersgrenze nicht mehr begründet werden konnte.

(4d) ₁Tritt in einer berufsständischen Versorgungseinrichtung, in der am 1. Januar 2016 eine Altersgrenze für die Begründung einer Pflichtmitgliedschaft bestand, eine Aufhebung dieser Altersgrenze bis zum Ablauf des 31. Dezember 2018 in Kraft, wirkt eine Befreiung von der Versicherungspflicht bei Personen, die infolge eines Ortswechsels eine Pflichtmitgliedschaft in einer solchen berufsständischen Versorgungseinrichtung bisher nicht begründen konnten und Beiträge als freiwillige Mitglieder entrichtet haben, auf Antrag vom Beginn des 36. Kalendermonats vor Inkrafttreten der Aufhebung der Altersgrenze in der jeweiligen berufsständischen Versorgungseinrichtung. 2Der Antrag kann nur bis zum Ablauf von drei Kalendermonaten nach Inkrafttreten der Aufhebung der Altersgrenze gestellt werden.

(5) 1Personen, die am 31. Dezember 1998 eine selbständige Tätigkeit ausgeübt haben, in der sie nicht versicherungspflichtig waren, und danach gemäß § 2 Satz 1 Nr. 9 versicherungspflichtig werden, werden auf Antrag von dieser Versicherungspflicht befreit, wenn sie

1. vor dem 2. Januar 1949 geboren sind oder
2. vor dem 10. Dezember 1998 mit einem öffentlichen oder privaten Versicherungsunternehmen einen Lebens- oder Rentenversicherungsvertrag abgeschlossen haben, der so ausgestaltet ist oder bis zum 30. Juni 2000 oder binnen eines Jahres nach Eintritt der Versicherungspflicht so ausgestaltet wird, dass
   a) Leistungen für den Fall der Invalidität und des Erlebens des 60. oder eines höheren Lebensjahres sowie im Todesfall Leistungen an Hinterbliebene erbracht werden und
   b) für die Versicherung mindestens ebenso viel Beiträge aufzuwenden sind, wie Beiträge zur Rentenversicherung zu zahlen wären, oder
3. vor dem 10. Dezember 1998 eine vergleichbare Form der Vorsorge betrieben haben oder nach diesem Zeitpunkt bis zum 30. Juni 2000 oder binnen eines Jahres nach Eintritt der Versicherungspflicht entsprechend ausgestalten; eine vergleichbare Vorsorge liegt vor, wenn
   a) vorhandenes Vermögen oder
   b) Vermögen, das aufgrund einer auf Dauer angelegten vertraglichen Verpflichtung angespart wird,

   insgesamt gewährleisten, dass eine Sicherung für den Fall der Invalidität und des Erlebens des 60. oder eines höheren Lebensjahres sowie im Todesfall für Hinterbliebene vorhanden ist, deren wirtschaftlicher Wert nicht hinter dem einer Lebens- oder Rentenversicherung nach Nummer 2 zurückbleibt.

2Satz 1 Nr. 2 gilt entsprechend für eine Zusage auf eine betriebliche Altersversorgung, durch die die leistungsbezogenen und aufwandsbezogenen Voraussetzungen des Satzes 1 Nr. 2 erfüllt werden. 3Die Befreiung ist binnen eines Jahres nach Eintritt der Versicherungspflicht zu beantragen; die Frist läuft nicht vor dem 30. Juni 2000 ab. 4Die Befreiung wirkt vom Eintritt der Versicherungspflicht an.

(6) 1Personen, die am 31. Dezember 1998 eine nach § 2 Satz 1 Nr. 1 bis 3 oder § 229a Abs. 1 versicherungspflichtige selbständige Tätigkeit ausgeübt haben, werden auf Antrag von dieser Versicherungspflicht befreit, wenn sie

1. glaubhaft machen, dass sie bis zu diesem Zeitpunkt von der Versicherungspflicht keine Kenntnis hatten, und
2. vor dem 2. Januar 1949 geboren sind oder
3. vor dem 10. Dezember 1998 eine anderweitige Vorsorge im Sinne des Absatzes 5 Satz 1 Nr. 2 oder 3 oder Satz 2 für den Fall der Invalidität und des Erlebens des 60. oder eines höheren Lebensjahres sowie im Todesfall für Hinterbliebene getroffen haben; Absatz 5 Satz 1 Nr. 2 und 3 und Satz 2 sind mit der Maßgabe anzuwenden, dass an die Stelle des Datums 30. Juni 2000 jeweils das Datum 30. September 2001 tritt.

2Die Befreiung ist bis zum 30. September 2001 zu beantragen; sie wirkt vom Eintritt der Versicherungspflicht an.

(7) Personen, die nach § 6 Abs. 1 Satz 1 Nr. 2 in der bis zum 31. Dezember 2008 geltenden Fassung von der Versicherungspflicht befreit waren, bleiben in dieser Beschäftigung von der Versicherungspflicht befreit.

(8) Personen, die die Voraussetzungen für eine Befreiung von der Versicherungspflicht nach § 6 Abs. 1 Satz 1 Nr. 2 in der bis zum 31. Dezember 2008 geltenden Fassung erfüllen, nicht aber die Voraussetzungen nach § 6 Abs. 1 Satz 1 Nr. 2 in der ab 1. Januar 2009 geltenden Fassung, werden von der Versicherungspflicht befreit, wenn ihnen nach beamtenrechtlichen Grundsätzen oder entsprechenden kirchenrechtlichen Regelungen Anwartschaft auf Versorgung bei verminderter Erwerbsfähigkeit und im Alter sowie auf Hinterbliebenenversorgung durch eine für einen bestimmten Personenkreis geschaffene Versorgungseinrichtung gewährleistet ist und sie an einer nichtöffentlichen Schule beschäftigt sind, die vor dem 13. November 2008 Mitglied der Versorgungseinrichtung geworden ist.

VI

(9) § 6 Absatz 1b gilt bis zum 31. Dezember 2014 nicht für Personen, die am 31. Dezember 2012 in einer mehr als geringfügigen Beschäftigung nach § 8 Absatz 1 Nummer 1 oder § 8a in Verbindung mit § 8 Absatz 1 Nummer 1 des Vierten Buches versicherungspflichtig waren, die die Merkmale einer geringfügigen Beschäftigung nach diesen Vorschriften in der ab dem 1. Januar 2013 geltenden Fassung erfüllt, solange das Arbeitsentgelt aus dieser Beschäftigung 400 Euro monatlich übersteigt.

(10) 1Personen, die vor dem 1. Januar 2023 nach § 3 Satz 1 Nummer 2b versicherungspflichtig waren und die vor dem 1. Januar 2023 nach § 186 in einer berufsständischen Versorgungseinrichtung nachversichert wurden, werden auf Antrag mit Wirkung vom Beginn der Versicherungspflicht nach § 3 Satz 1 Nummer 2b befreit. 2Der Antrag ist bis zum 31. Juli 2023 bei der Deutschen Rentenversicherung Bund zu stellen.

§ 231a Befreiung von der Versicherungspflicht im Beitrittsgebiet

Selbständig Tätige, die am 31. Dezember 1991 im Beitrittsgebiet aufgrund eines Versicherungsvertrages von der Versicherungspflicht befreit waren und nicht bis zum 31. Dezember 1994 erklärt haben, dass die Befreiung von der Versicherungspflicht enden soll, bleiben in jeder Beschäftigung oder selbständigen Tätigkeit und bei Wehrdienstleistungen von der Versicherungspflicht befreit.

§ 232 Freiwillige Versicherung

(1) 1Personen, die nicht versicherungspflichtig sind und vor dem 1. Januar 1992 vom Recht der Selbstversicherung, der Weiterversicherung oder der freiwilligen Versicherung Gebrauch gemacht haben, können sich weiterhin freiwillig versichern. 2Dies gilt für Personen, die von dem Recht der Selbstversicherung oder Weiterversicherung Gebrauch gemacht haben, auch dann, wenn sie nicht Deutsche sind und ihren gewöhnlichen Aufenthalt im Ausland haben.

(2) Nach bindender Bewilligung einer Vollrente wegen Alters oder für Zeiten des Bezugs einer solchen Rente ist eine freiwillige Versicherung nicht zulässig, wenn der Monat abgelaufen ist, in dem die Regelaltersgrenze erreicht wurde.

§ 233 Nachversicherung

(1) 1Personen, die vor dem 1. Januar 1992 aus einer Beschäftigung ausgeschieden sind, in der sie nach dem jeweils geltenden, dem § 5 Abs. 1, § 6 Abs. 1 Satz 1 Nr. 2, § 230 Abs. 1 Nr. 1 und 3 oder § 231 Abs. 1 Satz 1 sinngemäß entsprechenden Recht nicht versicherungspflichtig, versicherungsfrei oder von der Versicherungspflicht befreit waren, werden weiterhin nach den bisherigen Vorschriften nachversichert, wenn sie ohne Anspruch oder Anwartschaft auf Versorgung aus der Beschäftigung ausgeschieden sind. 2Dies gilt für Personen, die ihren Anspruch auf Versorgung vor dem 1. Januar 1992 verloren haben, entsprechend. 3Wehrpflichtige, die während ihres Grundwehrdienstes vom 1. März 1957 bis zum 30. April 1961 nicht versicherungspflichtig waren, werden für die Zeit des Dienstes nachversichert, auch wenn die Voraussetzungen des Satzes 1 nicht vorliegen.

(2) 1Personen, die nach dem 31. Dezember 1991 aus einer Beschäftigung ausgeschieden sind, in der sie nach § 5 Abs. 1, § 6 Abs. 1 Satz 1 Nr. 2, § 230 Abs. 1 Nr. 1 und 3 oder § 231 Abs. 1 Satz 1 versicherungsfrei oder von der Versicherungspflicht befreit waren, werden nach den vom 1. Januar 1992 an geltenden Vorschriften auch für Zeiträume vorher nachversichert, in denen sie nach dem jeweils geltenden, diesen Vorschriften sinngemäß entsprechenden Recht nicht versicherungspflichtig, versicherungsfrei oder von der Versicherungspflicht befreit waren. 2Dies gilt für Personen, die ihren Anspruch auf Versorgung nach dem 31. Dezember 1991 verloren haben, entsprechend.

(3) Die Nachversicherung erstreckt sich auch auf Zeiträume, in denen die nachzuversichernden Personen mangels einer dem § 4 Abs. 1 Satz 2 entsprechenden Vorschrift oder in den Fällen des Absatzes 2 wegen Überschreitens der jeweiligen Jahresarbeitsverdienstgrenze nicht versicherungspflichtig oder versicherungsfrei waren.

§ 233a Nachversicherung im Beitrittsgebiet

(1) 1Personen, die vor dem 1. Januar 1992 aus einer Beschäftigung im Beitrittsgebiet ausgeschieden sind, in der sie nach dem jeweils geltenden, dem § 5 Abs. 1, § 6 Abs. 1 Satz 1 Nr. 2 und § 230 Abs. 1 Nr. 3 sinngemäß entsprechenden Recht nicht versicherungspflichtig, versicherungsfrei oder von der Versicherungspflicht befreit waren, werden nachversichert, wenn sie

1. ohne Anspruch oder Anwartschaft auf Versorgung aus der Beschäftigung ausgeschieden sind und
2. einen Anspruch auf eine nach den Vorschriften dieses Buches zu berechnende Rente haben oder aufgrund der Nachversicherung erwerben würden.

2Der Nachversicherung werden die bisherigen Vorschriften, die im Gebiet der Bundesrepublik Deutschland außerhalb des Beitrittsgebiets anzuwenden sind oder anzuwenden waren, fiktiv zugrunde gelegt; Regelungen, nach denen eine Nachversicherung nur erfolgt, wenn sie innerhalb einer bestimmten Frist oder bis zu einem bestimmten Zeitpunkt beantragt worden ist, finden keine Anwendung. 3Die Sätze 1 und 2 gelten entsprechend

1. für Personen, die aus einer Beschäftigung außerhalb des Beitrittsgebiets ausgeschieden sind, wenn sie aufgrund ihres gewöhnlichen Aufenthalts im Beitrittsgebiet nicht nachversichert werden konnten,
2. für Personen, die ihren Anspruch auf Versorgung vor dem 1. Januar 1992 verloren haben.

4Für Personen, die aus einer Beschäftigung mit Anwartschaft auf Versorgung nach kirchenrechtlichen Regelungen oder mit Anwartschaft auf die in der Gemeinschaft übliche Versorgung im Sinne des § 5 Abs. 1 Satz 1 Nr. 3 ausgeschieden sind, erfolgt eine Nachversicherung nach Satz 1 oder 2 nur, wenn sie bis zum 31. Dezember 1994 beantragt wird.

(2) 1Personen, die nach dem 31. Dezember 1991 aus einer Beschäftigung im Beitrittsgebiet ausgeschieden sind, in der sie nach § 5 Abs. 1 versicherungsfrei waren, werden nach den vom 1. Januar 1992 an geltenden Vorschriften auch für Zeiten vorher nachversichert, in denen sie nach dieser Vorschrift oder dem jeweils geltenden, dieser Vorschrift sinngemäß entsprechenden Recht nicht versicherungspflichtig, versicherungsfrei oder von der Versicherungspflicht befreit waren, wenn sie einen Anspruch auf eine nach den Vorschriften dieses Buches zu berechnende Rente haben oder aufgrund der Nachversicherung erwerben würden. 2Dies gilt für Personen, die ihren Anspruch auf Versorgung nach dem 31. Dezember 1991 verloren haben, entsprechend.

(3) Pfarrer, Pastoren, Prediger, Vikare und andere Mitarbeiter von Religionsgesellschaften im Beitrittsgebiet, für die aufgrund von Vereinbarungen zwischen den Religionsgesellschaften und der Deutschen Demokratischen Republik Beiträge zur Sozialversicherung für Zeiten im Dienst der Religionsgesellschaften nachgezahlt wurden, gelten für die Zeiträume, für die Beiträge nachgezahlt worden sind, als nachversichert, wenn sie einen Anspruch auf eine nach den Vorschriften dieses Buches zu berechnende Rente haben oder aufgrund der Nachversicherung erwerben würden.

(4) 1Diakonissen, für die aufgrund von Vereinbarungen zwischen dem Bund der Evangelischen Kirchen im Beitrittsgebiet und der Deutschen Demokratischen Republik Zeiten einer Tätigkeit in den Evangelischen Diakonissenmutterhäusern und Diakoniewerken vor dem 1. Januar 1985 im Beitrittsgebiet bei der Gewährung und Berechnung von Renten aus der Sozialversicherung zu berücksichtigen waren, werden für diese Zeiträume nachversichert, wenn sie einen Anspruch auf eine nach den Vorschriften dieses Buches zu berechnende Rente haben oder aufgrund der Nachversicherung erwerben würden. 2Dies gilt entsprechend für Mitglieder geistlicher Genossenschaften, die vor dem 1. Januar 1985 im Beitrittsgebiet eine vergleichbare Tätigkeit ausgeübt haben. 3Für Personen, die nach dem 31. Dezember 1984 aus der Gemeinschaft ausgeschieden sind, geht die Nachversicherung nach Satz 1 oder 2 für Zeiträume vor dem 1. Januar 1985 der Nachversicherung nach Absatz 1 oder 2 vor.

(5) Die Absätze 1 und 2 gelten nicht für Zeiten, für die Ansprüche oder Anwartschaften aus einem Sonderversorgungssystem des Beitrittsgebiets im Sinne des Artikels 3 § 1 Abs. 3 des Renten-Überleitungsgesetzes erworben worden sind.

Dritter Unterabschnitt
Teilhabe

§ 234 Übergangsgeldanspruch und -berechnung bei Arbeitslosenhilfe

(1) Bei Leistungen zur medizinischen Rehabilitation oder sonstigen Leistungen zur Teilhabe haben Versicherte auch nach dem 31. Dezember 2004 Anspruch auf Übergangsgeld, die unmittelbar vor Beginn der Arbeitsunfähigkeit oder wenn sie nicht arbeitsunfähig waren, unmittelbar vor Beginn der Leistungen Arbeitslosenhilfe bezogen haben, und für die von dem der Arbeitslosenhilfe zugrunde liegenden Arbeitsentgelt oder Arbeitseinkommen Beiträge zur Rentenversicherung gezahlt worden sind.

(2) Für Anspruchsberechtigte nach Absatz 1 ist für die Berechnung des Übergangsgeldes § 21 Abs. 4 in Verbindung mit § 47b des Fünften Buches jeweils in der am 31. Dezember 2004 geltenden Fassung anzuwenden.

§ 234a Übergangsgeldanspruch und -berechnung bei Unterhaltsgeldbezug

(1) Bei Leistungen zur medizinischen Rehabilitation oder sonstigen Leistungen zur Teilhabe haben Versicherte, die unmittelbar vor Beginn der Arbeitsunfähigkeit oder, wenn sie nicht arbeitsunfähig waren, unmittelbar vor Beginn der Leistungen Unterhaltsgeld bezogen haben, und für die von dem dem Unterhaltsgeld zugrunde lie-

VI

genden Arbeitsentgelt oder Arbeitseinkommen Beiträge zur Rentenversicherung gezahlt worden sind, auch nach dem 31. Dezember 2004 Anspruch auf Übergangsgeld.

(2) Für Anspruchsberechtigte nach Absatz 1 ist für die Berechnung des Übergangsgeldes § 21 Abs. 4 dieses Buches in Verbindung mit § 47b des Fünften Buches jeweils in der am 30. Juni 2004 geltenden Fassung anzuwenden.

Vierter Unterabschnitt
Anspruchsvoraussetzungen für einzelne Renten

§ 235 Regelaltersrente

(1) $_{1}$Versicherte, die vor dem 1. Januar 1964 geboren sind, haben Anspruch auf Regelaltersrente, wenn sie

1. die Regelaltersgrenze erreicht und
2. die allgemeine Wartezeit erfüllt

haben. $_{2}$Die Regelaltersgrenze wird frühestens mit Vollendung des 65. Lebensjahres erreicht.

(2) $_{1}$Versicherte, die vor dem 1. Januar 1947 geboren sind, erreichen die Regelaltersgrenze mit Vollendung des 65. Lebensjahres. $_{2}$Für Versicherte, die nach dem 31. Dezember 1946 geboren sind, wird die Regelaltersgrenze wie folgt angehoben:

Versicherte Geburtsjahr	Anhebung um Monate	auf Alter Jahr	auf Alter Monat
1947	1	65	1
1948	2	65	2
1949	3	65	3
1950	4	65	4
1951	5	65	5
1952	6	65	6
1953	7	65	7
1954	8	65	8
1955	9	65	9
1956	10	65	10
1957	11	65	11
1958	12	66	0
1959	14	66	2
1960	16	66	4
1961	18	66	6
1962	20	66	8
1963	22	66	10.

$_{3}$Für Versicherte, die

1. vor dem 1. Januar 1955 geboren sind und vor dem 1. Januar 2007 Altersteilzeitarbeit im Sinne der §§ 2 und 3 Abs. 1 Nr. 1 des Altersteilzeitgesetzes vereinbart haben oder
2. Anpassungsgeld für entlassene Arbeitnehmer des Bergbaus bezogen haben,

wird die Regelaltersgrenze nicht angehoben.

§ 236 Altersrente für langjährig Versicherte

(1) $_{1}$Versicherte, die vor dem 1. Januar 1964 geboren sind, haben frühestens Anspruch auf Altersrente für langjährig Versicherte, wenn sie

1. das 65. Lebensjahr vollendet und
2. die Wartezeit von 35 Jahren erfüllt

haben. $_{2}$Die vorzeitige Inanspruchnahme dieser Altersrente ist nach Vollendung des 63. Lebensjahres möglich.

(2) $_{1}$Versicherte, die vor dem 1. Januar 1949 geboren sind, haben Anspruch auf diese Altersrente nach Vollendung des 65. Lebensjahres. $_{2}$Für Versicherte, die nach dem 31. Dezember 1948 geboren sind, wird die Altersgrenze von 65 Jahren wie folgt angehoben:

Versicherte Geburtsjahr Geburtsmonat	Anhebung um Monate	auf Alter	
		Jahr	Monat
1949			
Januar	1	65	1
Februar	2	65	2
März – Dezember	3	65	3
1950	4	65	4
1951	5	65	5
1952	6	65	6
1953	7	65	7
1954	8	65	8
1955	9	65	9
1956	10	65	10
1957	11	65	11
1958	12	66	0
1959	14	66	2
1960	16	66	4
1961	18	66	6
1962	20	66	8
1963	22	66	10.

$_{3}$Für Versicherte, die

1. vor dem 1. Januar 1955 geboren sind und vor dem 1. Januar 2007 Altersteilzeitarbeit im Sinne der §§ 2 und 3 Abs. 1 Nr. 1 des Altersteilzeitgesetzes vereinbart haben oder

2. Anpassungsgeld für entlassene Arbeitnehmer des Bergbaus bezogen haben,

wird die Altersgrenze von 65 Jahren nicht angehoben.

(3) Für Versicherte, die

1. nach dem 31. Dezember 1947 geboren sind und
2. entweder
   a) vor dem 1. Januar 1955 geboren sind und vor dem 1. Januar 2007 Altersteilzeitarbeit im Sinne der §§ 2 und 3 Abs. 1 Nr. 1 des Altersteilzeitgesetzes vereinbart haben

   oder

   b) Anpassungsgeld für entlassene Arbeitnehmer des Bergbaus bezogen haben,

bestimmt sich die Altersgrenze für die vorzeitige Inanspruchnahme wie folgt:

Versicherte Geburtsjahr Geburtsmonat	Vorzeitige Inanspruchnahme möglich ab Alter	
	Jahr	Monat
1948		
Januar – Februar	62	11
März – April	62	10
Mai – Juni	62	9
Juli – August	62	8
September – Oktober	62	7
November – Dezember	62	6
1949		
Januar – Februar	62	5
März – April	62	4
Mai – Juni	62	3
Juli – August	62	2
September – Oktober	62	1
November – Dezember	62	0
1950 – 1963	62	0.

§ 236a Altersrente für schwerbehinderte Menschen

(1) 1Versicherte, die vor dem 1. Januar 1964 geboren sind, haben frühestens Anspruch auf Altersrente für schwerbehinderte Menschen, wenn sie

1. das 63. Lebensjahr vollendet haben,
2. bei Beginn der Altersrente als schwerbehinderte Menschen (§ 2 Abs. 2 Neuntes Buch) anerkannt sind und
3. die Wartezeit von 35 Jahren erfüllt haben.

2Die vorzeitige Inanspruchnahme dieser Altersrente ist frühestens nach Vollendung des 60. Lebensjahres möglich.

(2) 1Versicherte, die vor dem 1. Januar 1952 geboren sind, haben Anspruch auf diese Altersrente nach Vollendung des 63. Lebensjahres; für sie ist die vorzeitige Inanspruchnahme nach Vollendung des 60. Lebensjahres möglich. 2Für Versicherte, die nach dem 31. Dezember 1951 geboren sind, werden die Altersgrenze von 63 Jahren und die Altersgrenze für die vorzeitige Inanspruchnahme wie folgt angehoben:

Versicherte Geburtsjahr Geburtsmonat	Anhebung um	auf Alter	plus	vorzeitige Inanspruchnahme möglich ab Alter	plus
1952	Monate	Jahr	Monat	Jahr	Monat
Januar	1	63	1	60	1
Februar	2	63	2	60	2
März	3	63	3	60	3
April	4	63	4	60	4
Mai	5	63	5	60	5
Juni – Dezember	6	63	6	60	6
1953	7	63	7	60	7
1954	8	63	8	60	8
1955	9	63	9	60	9

Versicherte Geburtsjahr Geburtsmonat	Anhebung um	auf Alter	plus	vorzeitige Inanspruchnahme möglich ab Alter	plus
1956	10	63	10	60	10
1957	11	63	11	60	11
1958	12	64	0	61	0
1959	14	64	2	61	2
1960	16	64	4	61	4
1961	18	64	6	61	6
1962	20	64	8	61	8
1963	22	64	10	61	10.

3Für Versicherte, die

1. am 1. Januar 2007 als schwerbehinderte Menschen (§ 2 Abs. 2 Neuntes Buch) anerkannt waren und
2. entweder
   a) vor dem 1. Januar 1955 geboren sind und vor dem 1. Januar 2007 Altersteilzeitarbeit im Sinne der §§ 2 und 3 Abs. 1 Nr. 1 des Altersteilzeitgesetzes vereinbart haben

   oder

   b) Anpassungsgeld für entlassene Arbeitnehmer des Bergbaus bezogen haben,

werden die Altersgrenzen nicht angehoben.

(3) Versicherte, die vor dem 1. Januar 1951 geboren sind, haben unter den Voraussetzungen nach Absatz 1 Satz 1 Nr. 1 und 3 auch Anspruch auf diese Altersrente, wenn sie bei Beginn der Altersrente berufsunfähig oder erwerbsunfähig nach dem am 31. Dezember 2000 geltenden Recht sind.

(4) Versicherte, die vor dem 17. November 1950 geboren sind und am 16. November 2000 schwerbehindert (§ 2 Abs. 2 Neuntes Buch), berufsunfähig oder erwerbsunfähig nach dem am 31. Dezember 2000 geltenden Recht waren, haben Anspruch auf diese Altersrente, wenn sie

1. das 60. Lebensjahr vollendet haben,
2. bei Beginn der Altersrente
   a) als schwerbehinderte Menschen (§ 2 Abs. 2 Neuntes Buch) anerkannt oder
   b) berufsunfähig oder erwerbsunfähig nach dem am 31. Dezember 2000 geltenden Recht sind und
3. die Wartezeit von 35 Jahren erfüllt haben.

§ 236b Altersrente für besonders langjährig Versicherte

(1) Versicherte, die vor dem 1. Januar 1964 geboren sind, haben frühestens Anspruch auf Altersrente für besonders langjährig Versicherte, wenn sie

1. das 63. Lebensjahr vollendet und
2. die Wartezeit von 45 Jahren erfüllt

haben.

(2) 1Versicherte, die vor dem 1. Januar 1953 geboren sind, haben Anspruch auf diese Altersrente nach Vollendung des 63. Lebensjahres. 2Für Versicherte, die nach dem 31. Dezember 1952 geboren sind, wird die Altersgrenze von 63 Jahren wie folgt angehoben:

Versicherte Geburtsjahr	Anhebung um Monate	auf Alter	
		Jahr	Monat
1953	2	63	2
1954	4	63	4
1955	6	63	6
1956	8	63	8
1957	10	63	10
1958	12	64	0
1959	14	64	2
1960	16	64	4
1961	18	64	6
1962	20	64	8
1963	22	64	10

§ 237 Altersrente wegen Arbeitslosigkeit oder nach Altersteilzeitarbeit

(1) Versicherte haben Anspruch auf Altersrente, wenn sie

1. vor dem 1. Januar 1952 geboren sind,

2. das 60. Lebensjahr vollendet haben,
3. entweder
   a) bei Beginn der Rente arbeitslos sind und nach Vollendung eines Lebensalters von 58 Jahren und 6 Monaten insgesamt 52 Wochen arbeitslos waren oder Anpassungsgeld für entlassene Arbeitnehmer des Bergbaus bezogen haben oder
   b) die Arbeitszeit aufgrund von Altersteilzeitarbeit im Sinne der §§ 2 und 3 Abs. 1 Nr. 1 des Altersteilzeitgesetzes für mindestens 24 Kalendermonate vermindert haben,
4. in den letzten zehn Jahren vor Beginn der Rente acht Jahre Pflichtbeiträge für eine versicherte Beschäftigung oder Tätigkeit haben, wobei sich der Zeitraum von zehn Jahren um Anrechnungszeiten, Berücksichtigungszeiten und Zeiten des Bezugs einer Rente aus eigener Versicherung, die nicht auch Pflichtbeitragszeiten aufgrund einer versicherten Beschäftigung oder Tätigkeit sind, verlängert, und
5. die Wartezeit von 15 Jahren erfüllt haben.

(2) 1Anspruch auf diese Altersrente haben auch Versicherte, die
1. während der Arbeitslosigkeit von 52 Wochen nur deshalb der Arbeitsvermittlung nicht zur Verfügung standen, weil sie nicht arbeitsbereit waren und nicht alle Möglichkeiten nutzten und nutzen wollten, um ihre Beschäftigungslosigkeit zu beenden,
2. nur deswegen nicht 52 Wochen arbeitslos waren, weil sie im Rahmen einer Arbeitsgelegenheit mit Entschädigung für Mehraufwendungen nach dem Zweiten Buch eine Tätigkeit von 15 Stunden wöchentlich oder mehr ausgeübt haben, oder
3. während der 52 Wochen und zu Beginn der Rente nur deswegen nicht als Arbeitslose galten, weil sie erwerbsfähige Leistungsberechtigte waren, die nach Vollendung des 58. Lebensjahres mindestens für die Dauer von zwölf Monaten Leistungen der Grundsicherung für Arbeitsuchende bezogen haben, ohne dass ihnen eine sozialversicherungspflichtige Beschäftigung angeboten worden ist.

2Der Zeitraum von zehn Jahren, in dem acht Jahre Pflichtbeiträge für eine versicherte Beschäftigung oder Tätigkeit vorhanden sein müssen, verlängert sich auch um
1. Arbeitslosigkeitszeiten nach Satz 1,
2. Ersatzzeiten,

soweit diese Zeiten nicht auch Pflichtbeiträge für eine versicherte Beschäftigung oder Tätigkeit sind. 3Vom 1. Januar 2008 an werden Arbeitslosigkeitszeiten nach Satz 1 Nr. 1 nur berücksichtigt, wenn die Arbeitslosigkeit vor dem 1. Januar 2008 begonnen hat und die Versicherten vor dem 2. Januar 1950 geboren sind.

(3) 1Die Altersgrenze von 60 Jahren wird bei Altersrenten wegen Arbeitslosigkeit oder nach Altersteilzeitarbeit für Versicherte, die nach dem 31. Dezember 1936 geboren sind, angehoben. 2Die vorzeitige Inanspruchnahme einer solchen Altersrente ist möglich. 3Die Anhebung der Altersgrenzen und die Möglichkeit der vorzeitigen Inanspruchnahme der Altersrenten bestimmen sich nach Anlage 19.

(4) 1Die Altersgrenze von 60 Jahren bei der Altersrente wegen Arbeitslosigkeit oder nach Altersteilzeitarbeit wird für Versicherte, die
1. bis zum 14. Februar 1941 geboren sind und
   a) am 14. Februar 1996 arbeitslos waren oder Anpassungsgeld für entlassene Arbeitnehmer des Bergbaus bezogen haben oder
   b) deren Arbeitsverhältnis aufgrund einer Kündigung oder Vereinbarung, die vor dem 14. Februar 1996 erfolgt ist, nach dem 13. Februar 1996 beendet worden ist,
2. bis zum 14. Februar 1944 geboren sind und aufgrund einer Maßnahme nach Artikel 56 § 2 Buchstabe b des Vertrages über die Gründung der Europäischen Gemeinschaft für Kohle und Stahl (EGKS-V), die vor dem 14. Februar 1996 genehmigt worden ist, aus einem Betrieb der Montanindustrie ausgeschieden sind oder
3. vor dem 1. Januar 1942 geboren sind und 45 Jahre mit Pflichtbeiträgen für eine versicherte Beschäftigung oder Tätigkeit haben, wobei § 55 Abs. 2 nicht für Zeiten anzuwenden sind, in denen Versicherte wegen des Bezugs von Arbeitslosengeld, Arbeitslosenhilfe oder Arbeitslosengeld II versicherungspflichtig waren,

wie folgt angehoben:

VI

Versicherte Geburtsjahr Geburtsmonat	Anhebung um	auf Alter	plus	vorzeitige Inanspruchnahme möglich ab Alter	plus
	Monate	Jahr	Monat	Jahr	Monat
vor **1941**	0	60	0	60	0
1941	Monate	Jahr	Monat	Jahr	Monat
Januar–April	1	60	1	60	0
Mai–August	2	60	2	60	0
September–Dezember	3	60	3	60	0
1942	Monate	Jahr	Monat	Jahr	Monat
Januar–April	4	60	4	60	0
Mai–August	5	60	5	60	0
September–Dezember	6	60	6	60	0
1943	Monate	Jahr	Monat	Jahr	Monat
Januar–April	7	60	7	60	0
Mai–August	8	60	8	60	0
September–Dezember	9	60	9	60	0
1944	Monate	Jahr	Monat	Jahr	Monat
Januar–Februar	10	60	10	60	0

$_2$Einer vor dem 14. Februar 1996 abgeschlossenen Vereinbarung über die Beendigung des Arbeitsverhältnisses steht eine vor diesem Tag vereinbarte Befristung des Arbeitsverhältnisses oder Bewilligung einer befristeten arbeitsmarktpolitischen Maßnahme gleich. $_3$Ein bestehender Vertrauensschutz wird insbesondere durch die spätere Aufnahme eines Arbeitsverhältnisses oder den Eintritt in eine neue arbeitsmarktpolitische Maßnahme nicht berührt.

(5) $_1$Die Altersgrenze von 60 Jahren für die vorzeitige Inanspruchnahme wird für Versicherte,

1. die am 1. Januar 2004 arbeitslos waren,
2. deren Arbeitsverhältnis aufgrund einer Kündigung oder Vereinbarung, die vor dem 1. Januar 2004 erfolgt ist, nach dem 31. Dezember 2003 beendet worden ist,
3. deren letztes Arbeitsverhältnis vor dem 1. Januar 2004 beendet worden ist und die am 1. Januar 2004 beschäftigungslos im Sinne des § 138 Abs. 1 Nr. 1 des Dritten Buches waren,
4. die vor dem 1. Januar 2004 Altersteilzeitarbeit im Sinne der §§ 2 und 3 Abs. 1 Nr. 1 des Altersteilzeitgesetzes vereinbart haben oder
5. die Anpassungsgeld für entlassene Arbeitnehmer des Bergbaus bezogen haben,

nicht angehoben. $_2$Einer vor dem 1. Januar 2004 abgeschlossenen Vereinbarung über die Beendigung des Arbeitsverhältnisses steht eine vor diesem Tag vereinbarte Befristung des Arbeitsverhältnisses oder Bewilligung einer befristeten arbeitsmarktpolitischen Maßnahme gleich. $_3$Ein bestehender Vertrauensschutz wird insbesondere durch die spätere Aufnahme eines Arbeitsverhältnisses oder den Eintritt in eine neue arbeitsmarktpolitische Maßnahme nicht berührt.

§ 237a Altersrente für Frauen

(1) Versicherte Frauen haben Anspruch auf Altersrente, wenn sie

1. vor dem 1. Januar 1952 geboren sind,
2. das 60. Lebensjahr vollendet,
3. nach Vollendung des 40. Lebensjahres mehr als zehn Jahre Pflichtbeiträge für eine versicherte Beschäftigung oder Tätigkeit und
4. die Wartezeit von 15 Jahren erfüllt

haben.

(2) $_1$Die Altersgrenze von 60 Jahren wird bei Altersrenten für Frauen für Versicherte, die nach dem 31. Dezember 1939 geboren sind, angehoben. $_2$Die vorzeitige Inanspruchnahme einer solchen Altersrente ist möglich. $_3$Die Anhebung der Altersgrenzen und die Möglichkeit

der vorzeitigen Inanspruchnahme bestimmen sich nach Anlage 20.

(3) $_1$Die Altersgrenze von 60 Jahren bei der Altersrente für Frauen wird für Frauen, die

1. bis zum 7. Mai 1941 geboren sind und
   a) am 7. Mai 1996 arbeitslos waren, Anpassungsgeld für entlassene Arbeitnehmer des Bergbaus, Vorruhestandsgeld oder Überbrückungsgeld der Seemannskasse bezogen haben oder
   b) deren Arbeitsverhältnis aufgrund einer Kündigung oder Vereinbarung, die vor dem 7. Mai 1996 erfolgt ist, nach dem 6. Mai 1996 beendet worden ist,
2. bis zum 7. Mai 1944 geboren sind und aufgrund einer Maßnahme nach Artikel 56 § 2 Buchstabe b des Vertrages über die Gründung der Europäischen Gemeinschaft für Kohle und Stahl (EGKS-V), die vor dem 7. Mai 1996 genehmigt worden ist, aus einem Betrieb der Montanindustrie ausgeschieden sind oder
3. vor dem 1. Januar 1942 geboren sind und 45 Jahre mit Pflichtbeiträgen für eine versicherte Beschäftigung oder Tätigkeit haben, wobei § 55 Abs. 2 nicht für Zeiten anzuwenden ist, in denen Versicherte wegen des Bezugs von Arbeitslosengeld oder Arbeitslosenhilfe versicherungspflichtig waren,

wie folgt angehoben:

Versicherte Geburtsjahr Geburtsmonat	Anhebung um	auf Alter	plus	vorzeitige Inanspruchnahme möglich ab Alter	plus
	Monate	Jahr	Monat	Jahr	Monat
vor **1941**	0	60	0	60	0
1941	Monate	Jahr	Monat	Jahr	Monat
Januar–April	1	60	1	60	0
Mai–August	2	60	2	60	0
September–Dezember	3	60	3	60	0
1942	Monate	Jahr	Monat	Jahr	Monat
Januar–April	4	60	4	60	0
Mai–August	5	60	5	60	0
September–Dezember	6	60	6	60	0
1943	Monate	Jahr	Monat	Jahr	Monat
Januar–April	7	60	7	60	0
Mai–August	8	60	8	60	0
September–Dezember	9	60	9	60	0
1944	Monate	Jahr	Monat	Jahr	Monat
Januar–April	10	60	10	60	0
Mai	11	60	11	60	0

$_2$Einer vor dem 7. Mai 1996 abgeschlossenen Vereinbarung über die Beendigung des Arbeitsverhältnisses steht eine vor diesem Tag vereinbarte Befristung des Arbeitsverhältnisses oder Bewilligung einer befristeten arbeitsmarktpolitischen Maßnahme gleich. $_3$Ein bestehender Vertrauensschutz wird insbesondere durch die spätere Aufnahme eines Arbeitsverhältnisses oder den Eintritt in eine neue arbeitsmarkpolitische Maßnahme nicht berührt.

§ 238 Altersrente für langjährig unter Tage beschäftigte Bergleute

(1) Versicherte, die vor dem 1. Januar 1964 geboren sind, haben frühestens Anspruch auf Altersrente für langjährig unter Tage beschäftigte Bergleute, wenn sie

1. das 60. Lebensjahr vollendet und
2. die Wartezeit von 25 Jahren erfüllt

haben.

(2) $_1$Versicherte, die vor dem 1. Januar 1952 geboren sind, haben Anspruch auf diese Altersrente nach Voll-

endung des 60. Lebensjahres. ₂Für Versicherte, die nach dem 31. Dezember 1951 geboren sind, wird die Altersgrenze von 60 Jahren wie folgt angehoben:

Versicherte Geburtsjahr Geburtsmonat	Anhebung um	auf Alter	plus
1952	Monate	Jahr	Monat
Januar	1	60	1
Februar	2	60	2
März	3	60	3
April	4	60	4
Mai	5	60	5
Juni – Dezember	6	60	6
1953	7	60	7
1954	8	60	8
1955	9	60	9
1956	10	60	10
1957	11	60	11
1958	12	61	0
1959	14	61	2
1960	16	61	4
1961	18	61	6
1962	20	61	8
1963	22	61	10.

₃Für Versicherte, die Anpassungsgeld für entlassene Arbeitnehmer des Bergbaus oder Knappschaftsausgleichsleistung bezogen haben, wird die Altersgrenze von 60 Jahren nicht angehoben.

(3) (weggefallen)

(4) Die Wartezeit für die Altersrente für langjährig unter Tage beschäftigte Bergleute ist auch erfüllt, wenn die Versicherten 25 Jahre mit knappschaftlichen Beitragszeiten allein oder zusammen mit der knappschaftlichen Rentenversicherung zugeordneten Ersatzzeiten haben und

a) 15 Jahre mit Hauerarbeiten (Anlage 9) beschäftigt waren oder

b) die erforderlichen 25 Jahre mit Beitragszeiten aufgrund einer Beschäftigung mit ständigen Arbeiten unter Tage allein oder zusammen mit der knappschaftlichen Rentenversicherung zugeordneten Ersatzzeiten erfüllen, wenn darauf

   aa) für je zwei volle Kalendermonate mit Hauerarbeiten je drei Kalendermonate und

   bb) für je drei volle Kalendermonate, in denen die Versicherten vor dem 1. Januar 1968 unter Tage mit anderen als Hauerarbeiten beschäftigt waren, je zwei Kalendermonate oder

   cc) die vor dem 1. Januar 1968 verrichteten Arbeiten unter Tage bei Versicherten, die vor dem 1. Januar 1968 Hauerarbeiten verrichtet haben und diese wegen im Bergbau verminderter Berufsfähigkeit aufgeben mussten,

angerechnet werden.

§ 239 Knappschaftsausgleichsleistung

(1) ₁Versicherte haben Anspruch auf Knappschaftsausgleichsleistung, wenn sie

1. nach Vollendung des 55. Lebensjahres aus einem knappschaftlichen Betrieb ausscheiden, nach dem 31. Dezember 1971 ihre bisherige Beschäftigung unter Tage infolge im Bergbau verminderter Berufsfähigkeit wechseln mussten und die Wartezeit von 25 Jahren mit Beitragszeiten aufgrund einer Beschäftigung mit ständigen Arbeiten unter Tage erfüllt haben,

2. aus Gründen, die nicht in ihrer Person liegen, nach Vollendung des 55. Lebensjahres oder nach Vollendung des 50. Lebensjahres, wenn sie bis zur Vollendung des 55. Lebensjahres Anpassungsgeld für entlassene Arbeitnehmer des Bergbaus bezogen haben, aus einem knappschaftlichen Betrieb ausscheiden und die Wartezeit von 25 Jahren
   a) mit Beitragszeiten aufgrund einer Beschäftigung unter Tage erfüllt haben oder
   b) mit Beitragszeiten erfüllt haben, eine Beschäftigung unter Tage ausgeübt haben und diese Beschäftigung wegen Krankheit oder körperlicher, geistiger oder seelischer Behinderung aufgeben mussten oder

3. nach Vollendung des 55. Lebensjahres aus einem knappschaftlichen Betrieb ausscheiden und die Wartezeit von 25 Jahren mit knappschaftlichen Beitragszeiten erfüllt haben und
   a) vor dem 1. Januar 1972 15 Jahre mit Hauerarbeiten (Anlage 9) beschäftigt waren, wobei der knappschaftlichen Rentenversicherung zugeordnete Ersatzzeiten infolge einer Einschränkung oder Entziehung der Freiheit oder infolge Verfolgungsmaßnahmen angerechnet werden, oder
   b) vor dem 1. Januar 1972 Hauerarbeiten infolge im Bergbau verminderter Berufsfähigkeit aufgeben mussten und 25 Jahre mit ständigen Arbeiten

unter Tage oder mit Arbeiten unter Tage vor dem 1. Januar 1968 beschäftigt waren oder

c) mindestens fünf Jahre mit Hauerarbeiten beschäftigt waren und insgesamt 25 Jahre mit ständigen Arbeiten unter Tage oder mit Hauerarbeiten beschäftigt waren, wobei auf diese 25 Jahre für je zwei volle Kalendermonate mit Hauerarbeiten je drei Kalendermonate angerechnet werden.

2Dem Bezug von Anpassungsgeld für entlassene Arbeitnehmer des Bergbaus nach Nummer 2 steht der Bezug der Bergmannsvollrente für längstens fünf Jahre gleich.

(2) Auf die Wartezeit nach Absatz 1 werden angerechnet

1. Zeiten, in denen Versicherte vor dem 1. Januar 1968 unter Tage beschäftigt waren,
2. Anrechnungszeiten wegen Bezugs von Anpassungsgeld für entlassene Arbeitnehmer des Bergbaus auf die Wartezeit nach Absatz 1 Nr. 2 und 3, auf die Wartezeit nach Absatz 1 Nr. 2 Buchstabe a jedoch nur, wenn zuletzt eine Beschäftigung unter Tage ausgeübt worden ist,
3. Ersatzzeiten, die der knappschaftlichen Rentenversicherung zugeordnet sind, auf die Wartezeit nach Absatz 1 Nr. 2 Buchstabe b und Nr. 3 Buchstabe a.

(3) 1Für die Feststellung und Zahlung der Knappschaftsausgleichsleistung werden die Vorschriften für die Rente wegen voller Erwerbsminderung mit Ausnahme von §§ 59 und 85 angewendet. 2Der Zugangsfaktor beträgt 1,0. 3Grundlage für die Ermittlung des Monatsbetrags der Knappschaftsausgleichsleistung sind nur die persönlichen Entgeltpunkte, die auf die knappschaftliche Rentenversicherung entfallen. 4An die Stelle des Zeitpunkts von § 99 Abs. 1 tritt der Beginn des Kalendermonats, der dem Monat folgt, in dem die knappschaftliche Beschäftigung endete. 5Neben der Knappschaftsausgleichsleistung wird eine Rente aus eigener Versicherung nicht geleistet. 6Anspruch auf eine Knappschaftsausgleichsleistung besteht nur, wenn die kalenderjährliche Hinzuverdienstgrenze von drei Achteln der 14fachen monatlichen Bezugsgröße nicht überschritten wird.

§ 240 Rente wegen teilweiser Erwerbsminderung bei Berufsunfähigkeit

(1) Anspruch auf Rente wegen teilweiser Erwerbsminderung haben bei Erfüllung der sonstigen Voraussetzungen bis zum Erreichen der Regelaltersgrenze auch Versicherte, die

1. vor dem 2. Januar 1961 geboren und
2. berufsunfähig

sind.

(2) 1Berufsunfähig sind Versicherte, deren Erwerbsfähigkeit wegen Krankheit oder Behinderung im Vergleich zur Erwerbsfähigkeit von körperlich, geistig und seelisch gesunden Versicherten mit ähnlicher Ausbildung und gleichwertigen Kenntnissen und Fähigkeiten auf weniger als sechs Stunden gesunken ist. 2Der Kreis der Tätigkeiten, nach denen die Erwerbsfähigkeit von Versicherten zu beurteilen ist, umfasst alle Tätigkeiten, die ihren Kräften und Fähigkeiten entsprechen und ihnen unter Berücksichtigung der Dauer und des Umfangs ihrer Ausbildung sowie ihres bisherigen Berufs und der besonderen Anforderungen ihrer bisherigen Berufstätigkeit zugemutet werden können. 3Zumutbar ist stets eine Tätigkeit, für die die Versicherten durch Leistungen zur Teilhabe am Arbeitsleben mit Erfolg ausgebildet oder umgeschult worden sind. 4Berufsunfähig ist nicht, wer eine zumutbare Tätigkeit mindestens sechs Stunden täglich ausüben kann; dabei ist die jeweilige Arbeitsmarktlage nicht zu berücksichtigen.

§ 241 Rente wegen Erwerbsminderung

(1) Der Zeitraum von fünf Jahren vor Eintritt der Erwerbsminderung oder Berufsunfähigkeit (§ 240), in dem Versicherte für einen Anspruch auf Rente wegen Erwerbsminderung drei Jahre Pflichtbeiträge für eine versicherte Beschäftigung oder Tätigkeit haben müssen, verlängert sich auch um Ersatzzeiten.

(2) 1Pflichtbeiträge für eine versicherte Beschäftigung oder Tätigkeit vor Eintritt der Erwerbsminderung oder Berufsunfähigkeit (§ 240) sind für Versicherte nicht erforderlich, die vor dem 1. Januar 1984 die allgemeine Wartezeit erfüllt haben, wenn jeder Kalendermonat vom 1. Januar 1984 bis zum Kalendermonat vor Eintritt der Erwerbsminderung oder Berufsunfähigkeit (§ 240) mit

1. Beitragszeiten,
2. beitragsfreien Zeiten,
3. Zeiten, die nur deshalb nicht beitragsfreie Zeiten sind, weil durch sie eine versicherte Beschäftigung oder selbständige Tätigkeit nicht unterbrochen ist, wenn in den letzten sechs Kalendermonaten vor Beginn dieser Zeiten wenigstens ein Pflichtbeitrag, eine beitragsfreie Zeit oder eine Zeit nach Nummer 4, 5 oder 6 liegt,

VI

4. Berücksichtigungszeiten,
5. Zeiten des Bezugs einer Rente wegen verminderter Erwerbsfähigkeit oder
6. Zeiten des gewöhnlichen Aufenthalts im Beitrittsgebiet vor dem 1. Januar 1992

(Anwartschaftserhaltungszeiten) belegt ist oder wenn die Erwerbsminderung oder Berufsunfähigkeit (§ 240) vor dem 1. Januar 1984 eingetreten ist. $_2$Für Kalendermonate, für die eine Beitragszahlung noch zulässig ist, ist eine Belegung mit Anwartschaftserhaltungszeiten nicht erforderlich.

§ 242 Rente für Bergleute

(1) Der Zeitraum von fünf Jahren vor Eintritt der im Bergbau verminderten Berufsfähigkeit, in dem Versicherte für einen Anspruch auf Rente wegen im Bergbau verminderter Berufsfähigkeit drei Jahre Pflichtbeiträge für eine knappschaftlich versicherte Beschäftigung oder Tätigkeit haben müssen, verlängert sich auch um Ersatzzeiten.

(2) $_1$Pflichtbeiträge für eine knappschaftlich versicherte Beschäftigung oder Tätigkeit vor Eintritt der im Bergbau verminderten Berufsfähigkeit sind für Versicherte nicht erforderlich, die vor dem 1. Januar 1984 die allgemeine Wartezeit erfüllt haben, wenn jeder Kalendermonat vom 1. Januar 1984 bis zum Kalendermonat vor Eintritt der im Bergbau verminderten Berufsfähigkeit mit Anwartschaftserhaltungszeiten belegt ist oder wenn die im Bergbau verminderte Berufsfähigkeit vor dem 1. Januar 1984 eingetreten ist. $_2$Für Kalendermonate, die für eine Beitragszahlung noch zulässig ist, ist eine Belegung mit Anwartschaftserhaltungszeiten nicht erforderlich.

(3) Die Wartezeit für die Rente für Bergleute wegen Vollendung des 50. Lebensjahres ist auch erfüllt, wenn die Versicherten 25 Jahre mit knappschaftlichen Beitragszeiten allein oder zusammen mit der knappschaftlichen Rentenversicherung zugeordneten Ersatzzeiten haben und

a) 15 Jahre mit Hauerarbeiten (Anlage 9) beschäftigt waren oder
b) die erforderlichen 25 Jahre mit Beitragszeiten aufgrund einer Beschäftigung mit ständigen Arbeiten unter Tage allein oder zusammen mit der knappschaftlichen Rentenversicherung zugeordneten Ersatzzeiten erfüllen, wenn darauf
   aa) für je zwei volle Kalendermonate mit Hauerarbeiten je drei Kalendermonate und
   bb) für je drei volle Kalendermonate, in denen Versicherte vor dem 1. Januar 1968 unter Tage mit anderen als Hauerarbeiten beschäftigt waren, je zwei Kalendermonate oder
   cc) die vor dem 1. Januar 1968 verrichteten Arbeiten unter Tage bei Versicherten, die vor dem 1. Januar 1968 Hauerarbeiten verrichtet haben und diese wegen im Bergbau verminderter Berufsfähigkeit aufgeben mussten,

angerechnet werden.

§ 242a Witwenrente und Witwerrente

(1) $_1$Anspruch auf kleine Witwenrente oder kleine Witwerrente besteht ohne Beschränkung auf 24 Kalendermonate, wenn der Ehegatte vor dem 1. Januar 2002 verstorben ist. $_2$Dies gilt auch, wenn mindestens ein Ehegatte vor dem 2. Januar 1962 geboren ist und die Ehe vor dem 1. Januar 2002 geschlossen wurde.

(2) Anspruch auf große Witwenrente oder große Witwerrente haben bei Erfüllung der sonstigen Voraussetzungen auch Witwen oder Witwer, die

1. vor dem 2. Januar 1961 geboren und berufsunfähig (§ 240 Abs. 2) sind oder
2. am 31. Dezember 2000 bereits berufsunfähig oder erwerbsunfähig waren und dies ununterbrochen sind.

(3) Anspruch auf Witwenrente oder Witwerrente haben bei Erfüllung der sonstigen Voraussetzungen auch Witwen oder Witwer, die nicht mindestens ein Jahr verheiratet waren, wenn die Ehe vor dem 1. Januar 2002 geschlossen wurde.

(4) Anspruch auf große Witwenrente oder große Witwerrente besteht ab Vollendung des 45. Lebensjahres, wenn die sonstigen Voraussetzungen erfüllt sind und der Versicherte vor dem 1. Januar 2012 verstorben ist.

(5) Die Altersgrenze von 45 Jahren für die große Witwenrente oder große Witwerrente wird, wenn der Versicherte nach dem 31. Dezember 2011 verstorben ist, wie folgt angehoben:

Todesjahr des Versicherten	Anhebung um Monate	auf Alter	
		Jahr	Monat
2012	1	45	1
2013	2	45	2
2014	3	45	3
2015	4	45	4
2016	5	45	5

Todesjahr des Versicherten	Anhebung um Monate	auf Alter	
		Jahr	Monat
2017	6	45	6
2018	7	45	7
2019	8	45	8
2020	9	45	9
2021	10	45	10
2022	11	45	11
2023	12	46	0
2024	14	46	2
2025	16	46	4
2026	18	46	6
2027	20	46	8
2028	22	46	10
ab 2029	24	47	0.

§ 243 Witwenrente und Witwerrente an vor dem 1. Juli 1977 geschiedene Ehegatten

(1) Anspruch auf kleine Witwenrente oder kleine Witwerrente besteht ohne Beschränkung auf 24 Kalendermonate auch für geschiedene Ehegatten,

1. deren Ehe vor dem 1. Juli 1977 geschieden ist,
2. die weder wieder geheiratet noch eine Lebenspartnerschaft begründet haben und
3. die im letzten Jahr vor dem Tod des geschiedenen Ehegatten (Versicherter) Unterhalt von diesem erhalten haben oder im letzten wirtschaftlichen Dauerzustand vor dessen Tod einen Anspruch hierauf hatten,

wenn der Versicherte die allgemeine Wartezeit erfüllt hat und nach dem 30. April 1942 gestorben ist.

(2) Anspruch auf große Witwenrente oder große Witwerrente besteht auch für geschiedene Ehegatten,

1. deren Ehe vor dem 1. Juli 1977 geschieden ist,
2. die weder wieder geheiratet noch eine Lebenspartnerschaft begründet haben und
3. die im letzten Jahr vor dem Tod des Versicherten Unterhalt von diesem erhalten haben oder im letzten wirtschaftlichen Dauerzustand vor dessen Tod einen Anspruch hierauf hatten und
4. die entweder
   a) ein eigenes Kind oder ein Kind des Versicherten erziehen (§ 46 Abs. 2),
   b) das 45. Lebensjahr vollendet haben,
   c) erwerbsgemindert sind,
   d) vor dem 2. Januar 1961 geboren und berufsunfähig (§ 240 Abs. 2) sind oder
   e) am 31. Dezember 2000 bereits berufsunfähig oder erwerbsunfähig waren und dies ununterbrochen sind,

wenn der Versicherte die allgemeine Wartezeit erfüllt hat und nach dem 30. April 1942 gestorben ist.

(3) [1]Anspruch auf große Witwenrente oder große Witwerrente besteht auch ohne Vorliegen der in Absatz 2 Nr. 3 genannten Unterhaltsvoraussetzungen für geschiedene Ehegatten, die

1. einen Unterhaltsanspruch nach Absatz 2 Nr. 3 wegen eines Arbeitsentgelts oder Arbeitseinkommens aus eigener Beschäftigung oder selbständiger Tätigkeit oder entsprechender Ersatzleistungen oder wegen des Gesamteinkommens des Versicherten nicht hatten und
2. zum Zeitpunkt der Scheidung entweder
   a) ein eigenes Kind oder ein Kind des Versicherten erzogen haben (§ 46 Abs. 2) oder
   b) das 45. Lebensjahr vollendet hatten und
3. entweder
   a) ein eigenes Kind oder ein Kind des Versicherten erziehen (§ 46 Abs. 2),
   b) erwerbsgemindert sind,
   c) vor dem 2. Januar 1961 geboren und berufsunfähig (§ 240 Abs. 2) sind,
   d) am 31. Dezember 2000 bereits berufsunfähig oder erwerbsunfähig waren und dies ununterbrochen sind oder
   e) das 60. Lebensjahr vollendet haben,

wenn auch vor Anwendung der Vorschriften über die Einkommensanrechnung auf Renten wegen Todes weder ein Anspruch auf Hinterbliebenenrente für eine Witwe oder einen Witwer noch für einen überlebenden Lebenspartner des Versicherten aus dessen Rentenanwartschaften besteht. [2]Wenn der Versicherte nach dem 31. Dezember 2011 verstorben ist, wird die Altersgrenze von 60 Jahren wie folgt angehoben:

Todesjahr des Versicherten	Anhebung um Monate	auf Alter	
		Jahr	Monat
2012	1	60	1
2013	2	60	2
2014	3	60	3

Todesjahr des Versicherten	Anhebung um Monate	auf Alter	
		Jahr	Monat
2015	4	60	4
2016	5	60	5
2017	6	60	6
2018	7	60	7
2019	8	60	8
2020	9	60	9
2021	10	60	10
2022	11	60	11
2023	12	61	0
2024	14	61	2
2025	16	61	4
2026	18	61	6
2027	20	61	8
2028	22	61	10
ab 2029	24	62	0.

(4) Anspruch auf kleine oder große Witwenrente oder Witwerrente nach dem vorletzten Ehegatten besteht unter den sonstigen Voraussetzungen der Absätze 1 bis 3 auch für geschiedene Ehegatten, die wieder geheiratet haben, wenn die erneute Ehe aufgelöst oder für nichtig erklärt ist oder wenn eine Lebenspartnerschaft begründet und diese wieder aufgehoben oder aufgelöst ist.

(5) Geschiedenen Ehegatten stehen Ehegatten gleich, deren Ehe für nichtig erklärt oder aufgehoben ist.

§ 243a Rente wegen Todes an vor dem 1. Juli 1977 geschiedene Ehegatten im Beitrittsgebiet

1Bestimmt sich der Unterhaltsanspruch des geschiedenen Ehegatten nach dem Recht, das im Beitrittsgebiet gegolten hat, ist § 243 nicht anzuwenden. 2In diesen Fällen besteht Anspruch auf Erziehungsrente bei Erfüllung der sonstigen Voraussetzungen auch, wenn die Ehe vor dem 1. Juli 1977 geschieden ist.

§ 243b Wartezeit

Die Erfüllung der Wartezeit von 15 Jahren ist Voraussetzung für einen Anspruch auf

1. Altersrente wegen Arbeitslosigkeit oder nach Altersteilzeitarbeit und
2. Altersrente für Frauen.

§ 244 Anrechenbare Zeiten

(1) Sind auf die Wartezeit von 35 Jahren eine pauschale Anrechnungszeit und Berücksichtigungszeiten wegen Kindererziehung anzurechnen, die vor dem Ende der Gesamtzeit für die Ermittlung der pauschalen Anrechnungszeit liegen, darf die Anzahl an Monaten mit solchen Zeiten nicht die Gesamtlücke für die Ermittlung der pauschalen Anrechnungszeit überschreiten.

(2) Auf die Wartezeit von 15 Jahren werden Kalendermonate mit Beitragszeiten und Ersatzzeiten angerechnet.

(3) 1Auf die Wartezeit von 45 Jahren werden Zeiten des Bezugs von Arbeitslosenhilfe und Arbeitslosengeld II nicht angerechnet. 2Zeiten vor dem 1. Januar 2001, für die der Bezug von Leistungen nach § 51 Absatz 3a Nummer 3 Buchstabe a mit Ausnahme der Arbeitslosenhilfe oder nach Buchstabe b glaubhaft gemacht ist, werden auf die Wartezeit von 45 Jahren angerechnet. 3Als Mittel der Glaubhaftmachung können auch Versicherungen an Eides statt zugelassen werden. 4Der Träger der Rentenversicherung ist für die Abnahme eidesstattlicher Versicherungen zuständig.

(4) Auf die Wartezeit von 25 Jahren werden bei der Altersrente für langjährig unter Tage beschäftigte Bergleute auch Anrechnungszeiten wegen des Bezugs von Anpassungsgeld für entlassene Arbeitnehmer des Bergbaus angerechnet, wenn zuletzt vor Beginn dieser Leistung eine Beschäftigung unter Tage ausgeübt worden ist.

(5) 1Grundrentenzeiten nach § 76g Absatz 2 sind auch Kalendermonate mit Zeiten vor dem 1. Januar 1984, für die der Bezug von Leistungen nach § 51 Absatz 3a Nummer 3 Buchstabe b glaubhaft gemacht ist. 2Absatz 3 Satz 3 und 4 gilt entsprechend. 3Zeiten des Bezugs von Arbeitslosenhilfe und Arbeitslosengeld II sind keine Grundrentenzeiten.

§ 244a Wartezeiterfüllung durch Zuschläge an Entgeltpunkten für Arbeitsentgelt aus geringfügiger versicherungsfreier Beschäftigung

1Sind Zuschläge an Entgeltpunkten für Arbeitsentgelt aus geringfügiger versicherungsfreier Beschäftigung nach § 264b ermittelt, wird auf die Wartezeit die volle Anzahl an Monaten angerechnet, die sich ergibt, wenn die Zuschläge an Entgeltpunkten durch die Zahl 0,0313 geteilt werden. 2Zuschläge an Entgeltpunkten aus einer geringfügigen versicherungsfreien Beschäftigung, die in Kalendermonaten ausgeübt wurde, die bereits auf die Wartezeit anzurechnen sind, bleiben unberücksichtigt. 3Wartezeitmonate für in die Ehezeit, Lebenspartnerschaftszeit oder Splittingzeit fallende Kalendermonate einer geringfügigen versicherungsfreien Beschäftigung sind vor Anwendung von § 52 Absatz 1 oder 1a gesondert zu ermitteln.

§ 245 Vorzeitige Wartezeiterfüllung

(1) Die Vorschrift über die vorzeitige Wartezeiterfüllung findet nur Anwendung, wenn Versicherte nach dem 31. Dezember 1972 vermindert erwerbsfähig geworden oder gestorben sind.

(2) Sind Versicherte vor dem 1. Januar 1992 vermindert erwerbsfähig geworden oder gestorben, ist die allgemeine Wartezeit auch vorzeitig erfüllt, wenn sie

1. nach dem 30. April 1942 wegen eines Arbeitsunfalls oder einer Berufskrankheit,
2. nach dem 31. Dezember 1956 wegen einer Wehrdienstbeschädigung nach dem Soldatenversorgungsgesetz als Wehrdienstleistender oder als Soldat auf Zeit oder wegen einer Zivildienstbeschädigung nach dem Zivildienstgesetz als Zivildienstleistender,
3. während eines aufgrund gesetzlicher Dienstpflicht oder Wehrpflicht oder während eines Krieges geleisteten militärischen oder militärähnlichen Dienstes (§§ 2 und 3 Bundesversorgungsgesetz),
4. nach dem 31. Dezember 1956 wegen eines Dienstes nach Nummer 3 oder während oder wegen einer anschließenden Kriegsgefangenschaft,
5. wegen unmittelbarer Kriegseinwirkung (§ 5 Bundesversorgungsgesetz),
6. nach dem 29. Januar 1933 wegen Verfolgungsmaßnahmen als Verfolgter des Nationalsozialismus (§§ 1 und 2 Bundesentschädigungsgesetz),
7. nach dem 31. Dezember 1956 während oder wegen eines Gewahrsams (§ 1 Häftlingshilfegesetz),
8. nach dem 31. Dezember 1956 während oder wegen Internierung oder Verschleppung (§ 250 Abs. 1 Nr. 2) oder
9. nach dem 30. Juni 1944 wegen Vertreibung oder Flucht als Vertriebener (§§ 1 bis 5 Bundesvertriebenengesetz),

vermindert erwerbsfähig geworden oder gestorben sind.

(3) Sind Versicherte vor dem 1. Januar 1992 und nach dem 31. Dezember 1972 erwerbsunfähig geworden oder gestorben, ist die allgemeine Wartezeit auch vorzeitig erfüllt, wenn sie

1. wegen eines Unfalls und vor Ablauf von sechs Jahren nach Beendigung einer Ausbildung erwerbsunfähig geworden oder gestorben sind und
2. in den zwei Jahren vor Eintritt der Erwerbsunfähigkeit oder des Todes mindestens sechs Kalendermonate mit Pflichtbeiträgen für eine versicherte Beschäftigung oder Tätigkeit haben.

§ 245a Wartezeiterfüllung bei früherem Anspruch auf Hinterbliebenenrente im Beitrittsgebiet

Die allgemeine Wartezeit gilt für einen Anspruch auf Hinterbliebenenrente als erfüllt, wenn der Berechtigte bereits vor dem 1. Januar 1992 einen Anspruch auf Hinterbliebenenrente nach den Vorschriften des Beitrittsgebiets gehabt hat.

§ 246 Beitragsgeminderte Zeiten

1Zeiten, für die für Arbeiter in der Zeit vom 1. Oktober 1921 und für Angestellte in der Zeit vom 1. August 1921 bis zum 31. Dezember 1923 Beiträge gezahlt worden sind, sind beitragsgeminderte Zeiten. 2Bei Beginn einer Rente vor dem 1. Januar 2009 gelten die ersten 36 Kalendermonate mit Pflichtbeiträgen für Zeiten einer versicherten Beschäftigung oder selbständigen Tätigkeit bis zur Vollendung des 25. Lebensjahres stets als Zeiten einer beruflichen Ausbildung. 3Auf die ersten 36 Kalendermonate werden Anrechnungszeiten wegen einer Lehre angerechnet.

§ 247 Beitragszeiten

(1) 1Beitragszeiten sind auch Zeiten, für die in der Zeit vom 1. Januar 1984 bis zum 31. Dezember 1991 für Anrechnungszeiten Beiträge gezahlt worden sind, die der Versicherte ganz oder teilweise getragen hat. 2Die Zeiten sind Pflichtbeitragszeiten, wenn ein Leistungsträger die Beiträge mitgetragen hat.

(2) Pflichtbeitragszeiten aufgrund einer versicherten Beschäftigung sind auch Zeiten, für die die Bundesagentur für Arbeit in der Zeit vom 1. Juli 1978 bis zum 31. Dezember 1982 oder ein anderer Leistungsträger in der Zeit vom 1. Oktober 1974 bis zum 31. Dezember 1983 wegen des Bezugs von Sozialleistungen Pflichtbeiträge gezahlt hat.

(2a) Pflichtbeitragszeiten aufgrund einer versicherten Beschäftigung sind auch Zeiten, in denen in der Zeit vom 1. Juni 1945 bis 30. Juni 1965 Personen als Lehrling oder sonst zu ihrer Berufsausbildung beschäftigt waren und grundsätzlich Versicherungspflicht bestand, eine Zahlung von Pflichtbeiträgen für diese Zeiten jedoch nicht erfolgte (Zeiten einer beruflichen Ausbildung).

(3) 1Beitragszeiten sind auch Zeiten, für die nach den Reichsversicherungsgesetzen Pflichtbeiträge (Pflicht-

beitragszeiten) oder freiwillige Beiträge gezahlt worden sind. ₂Zeiten vor dem 1. Januar 1924 sind jedoch nur Beitragszeiten, wenn

1. in der Zeit vom 1. Januar 1924 bis zum 30. November 1948 mindestens ein Beitrag für diese Zeit gezahlt worden ist,
2. nach dem 30. November 1948 bis zum Ablauf von drei Jahren nach dem Ende einer Ersatzzeit mindestens ein Beitrag gezahlt worden ist oder
3. mindestens die Wartezeit von 15 Jahren erfüllt ist.

§ 248 Beitragszeiten im Beitrittsgebiet und im Saarland

(1) Pflichtbeitragszeiten sind auch Zeiten, in denen Personen aufgrund gesetzlicher Pflicht nach dem 8. Mai 1945 mehr als drei Tage Wehrdienst oder Zivildienst im Beitrittsgebiet geleistet haben.

(2) Für Versicherte, die bereits vor Erfüllung der allgemeinen Wartezeit voll erwerbsgemindert waren und seitdem ununterbrochen voll erwerbsgemindert sind, gelten Zeiten des gewöhnlichen Aufenthalts im Beitrittsgebiet nach Vollendung des 16. Lebensjahres und nach Eintritt der vollen Erwerbsminderung in der Zeit vom 1. Juli 1975 bis zum 31. Dezember 1991 als Pflichtbeitragszeiten.

(3) ₁Den Beitragszeiten nach Bundesrecht stehen Zeiten nach dem 8. Mai 1945 gleich, für die Beiträge zu einem System der gesetzlichen Rentenversicherung nach vor dem Inkrafttreten von Bundesrecht geltenden Rechtsvorschriften gezahlt worden sind; dies gilt entsprechend für Beitragszeiten im Saarland bis zum 31. Dezember 1956. ₂Beitragszeiten im Beitrittsgebiet sind nicht

1. Zeiten der Schul-, Fach- oder Hochschulausbildung,
2. Zeiten einer Beschäftigung oder selbständigen Tätigkeit neben dem Bezug einer Altersrente oder einer Versorgung wegen Alters,
3. Zeiten der freiwilligen Versicherung vor dem 1. Januar 1991 nach der Verordnung über die freiwillige und zusätzliche Versicherung in der Sozialversicherung vom 28. Januar 1947, in denen Beiträge nicht mindestens in der in Anlage 11 genannten Höhe gezahlt worden sind.

(4) ₁Die Beitragszeiten werden abweichend von den Vorschriften des Dritten Kapitels der knappschaftlichen Rentenversicherung zugeordnet, wenn für die versicherte Beschäftigung Beiträge nach einem Beitragssatz für bergbaulich Versicherte gezahlt worden sind. ₂Zeiten der Versicherungspflicht von selbständig Tätigen im Beitrittsgebiet werden der allgemeinen Rentenversicherung zugeordnet.

§ 249 Beitragszeiten wegen Kindererziehung

(1) Die Kindererziehungszeit für ein vor dem 1. Januar 1992 geborenes Kind endet 30 Kalendermonate nach Ablauf des Monats der Geburt.

(2) ₁Bei der Anrechnung einer Kindererziehungszeit steht der Erziehung im Inland die Erziehung im jeweiligen Geltungsbereich der Reichsversicherungsgesetze gleich. ₂Dies gilt nicht, wenn Beitragszeiten während desselben Zeitraums aufgrund einer Versicherungslastregelung mit einem anderen Staat nicht in die Versicherungslast der Bundesrepublik Deutschland fallen würden.

(3) (weggefallen)

(4) Ein Elternteil ist von der Anrechnung einer Kindererziehungszeit ausgeschlossen, wenn er vor dem 1. Januar 1921 geboren ist.

(5) Für die Feststellung der Tatsachen, die für die Anrechnung von Kindererziehungszeiten vor dem 1. Januar 1986 erheblich sind, genügt es, wenn sie glaubhaft gemacht sind.

(6) Ist die Mutter vor dem 1. Januar 1986 gestorben, wird die Kindererziehungszeit insgesamt dem Vater zugeordnet.

(7) ₁Bei Folgerenten, die die Voraussetzungen nach § 88 Absatz 1 oder 2 erfüllen und für die ein Zuschlag an persönlichen Entgeltpunkten nach § 307d Absatz 1 Satz 1 zu berücksichtigen ist, endet die Kindererziehungszeit für ein vor dem 1. Januar 1992 geborenes Kind zwölf Kalendermonate nach Ablauf des Monats der Geburt. ₂Die Kindererziehungszeit endet 24 Kalendermonate nach Ablauf des Monats der Geburt, wenn ausschließlich ein Zuschlag an persönlichen Entgeltpunkten nach § 307d Absatz 1 Satz 3 oder ein Zuschlag an persönlichen Entgeltpunkten nach § 307d Absatz 1a zu berücksichtigen ist. ₃Eine Kindererziehungszeit wird für den maßgeblichen Zeitraum, für den ein Zuschlag an persönlichen Entgeltpunkten nach § 307d Absatz 5 berücksichtigt wurde, nicht angerechnet.

(8) ₁Die Anrechnung einer Kindererziehungszeit nach Absatz 1 ist ausgeschlossen

1. ab dem 13. bis zum 24. Kalendermonat nach Ablauf des Monats der Geburt, wenn für die versicherte Person für dasselbe Kind ein Zuschlag an persönlichen Entgeltpunkten nach § 307d Absatz 1 Satz 1 zu berücksichtigen ist,

VI

2. ab dem 25. bis zum 30. Kalendermonat nach Ablauf des Monats der Geburt, wenn für die versicherte Person für dasselbe Kind ein Zuschlag an persönlichen Entgeltpunkten nach § 307d Absatz 1 Satz 3 oder nach § 307d Absatz 1a zu berücksichtigen ist.

₂Satz 1 gilt entsprechend, wenn für andere Versicherte oder Hinterbliebene für dasselbe Kind ein Zuschlag an persönlichen Entgeltpunkten für den maßgeblichen Zeitraum zu berücksichtigen ist oder zu berücksichtigen war.

§ 249a Beitragszeiten wegen Kindererziehung im Beitrittsgebiet

(1) Elternteile, die am 18. Mai 1990 ihren gewöhnlichen Aufenthalt im Beitrittsgebiet hatten, sind von der Anrechnung einer Kindererziehungszeit ausgeschlossen, wenn sie vor dem 1. Januar 1927 geboren sind.

(2) Ist ein Elternteil bis zum 31. Dezember 1996 gestorben, wird die Kindererziehungszeit im Beitrittsgebiet vor dem 1. Januar 1992 insgesamt der Mutter zugeordnet, es sei denn, es wurde eine wirksame Erklärung zugunsten des Vaters abgegeben.

§ 249b Berücksichtigungszeiten wegen Pflege

Berücksichtigungszeiten sind auf Antrag auch Zeiten der nicht erwerbsmäßigen Pflege eines Pflegebedürftigen in der Zeit vom 1. Januar 1992 bis zum 31. März 1995, solange die Pflegeperson

1. wegen der Pflege berechtigt war, Beiträge zu zahlen oder die Umwandlung von freiwilligen Beiträgen in Pflichtbeiträge zu beantragen, und
2. nicht zu den in § 56 Abs. 4 genannten Personen gehört, die von der Anrechnung einer Kindererziehungszeit ausgeschlossen sind.

Die Zeit der Pflegetätigkeit wird von der Aufnahme der Pflegetätigkeit an als Berücksichtigungszeit angerechnet, wenn der Antrag bis zum Ablauf von drei Kalendermonaten nach Aufnahme der Pflegetätigkeit gestellt wird.

§ 250 Ersatzzeiten

(1) Ersatzzeiten sind Zeiten vor dem 1. Januar 1992, in denen Versicherungspflicht nicht bestanden hat und Versicherte nach vollendetem 14. Lebensjahr

1. militärischen oder militärähnlichen Dienst im Sinne der §§ 2 und 3 des Bundesversorgungsgesetzes aufgrund gesetzlicher Dienstpflicht oder Wehrpflicht oder während eines Krieges geleistet haben oder aufgrund dieses Dienstes kriegsgefangen gewesen sind oder deutschen Minenräumdienst nach dem 8. Mai 1945 geleistet haben oder im Anschluss an solche Zeiten wegen Krankheit arbeitsunfähig oder unverschuldet arbeitslos gewesen sind,
2. interniert oder verschleppt oder im Anschluss an solche Zeiten wegen Krankheit arbeitsunfähig oder unverschuldet arbeitslos gewesen sind, wenn sie als Deutsche wegen ihrer Volks- oder Staatsangehörigkeit oder in ursächlichem Zusammenhang mit den Kriegsereignissen außerhalb des Gebietes der Bundesrepublik Deutschland interniert oder in ein ausländisches Staatsgebiet verschleppt waren, nach dem 8. Mai 1945 entlassen wurden und innerhalb von zwei Monaten nach der Entlassung im Gebiet der Bundesrepublik Deutschland ständigen Aufenthalt genommen haben, wobei in die Frist von zwei Monaten Zeiten einer unverschuldeten Verzögerung der Rückkehr nicht eingerechnet werden,
3. während oder nach dem Ende eines Krieges, ohne Kriegsteilnehmer zu sein, durch feindliche Maßnahmen bis zum 30. Juni 1945 an der Rückkehr aus Gebieten außerhalb des jeweiligen Geltungsbereichs der Reichsversicherungsgesetze oder danach aus Gebieten außerhalb des Geltungsbereichs dieser Gesetze, soweit es sich nicht um das Beitrittsgebiet handelt, verhindert gewesen oder dort festgehalten worden sind,
4. in ihrer Freiheit eingeschränkt gewesen oder ihnen die Freiheit entzogen worden ist (§§ 43 und 47 Bundesentschädigungsgesetz) oder im Anschluss an solche Zeiten wegen Krankheit arbeitsunfähig oder unverschuldet arbeitslos gewesen sind oder infolge Verfolgungsmaßnahmen
   a) arbeitslos gewesen sind, auch wenn sie der Arbeitsvermittlung nicht zur Verfügung gestanden haben, längstens aber die Zeit bis zum 31. Dezember 1946, oder
   b) bis zum 30. Juni 1945 ihren Aufenthalt in Gebieten außerhalb des jeweiligen Geltungsbereichs der Reichsversicherungsgesetze oder danach in Gebieten außerhalb des Geltungsbereichs der Reichsversicherungsgesetze nach dem Stand vom 30. Juni 1945 genommen oder einen solchen beibehalten haben, längstens aber die Zeit bis zum 31. Dezember 1949,

   wenn sie zum Personenkreis des § 1 des Bundesentschädigungsgesetzes gehören (Verfolgungszeit),

5. in Gewahrsam genommen worden sind oder im Anschluss daran wegen Krankheit arbeitsunfähig oder unverschuldet arbeitslos gewesen sind, wenn sie zum Personenkreis des § 1 des Häftlingshilfegesetzes gehören oder nur deshalb nicht gehören, weil sie vor dem 3. Oktober 1990 ihren gewöhnlichen Aufenthalt im Beitrittsgebiet genommen haben, oder

5a. im Beitrittsgebiet in der Zeit vom 8. Mai 1945 bis zum 30. Juni 1990 einen Freiheitsentzug erlitten haben, soweit eine auf Rehabilitierung oder Kassation erkennende Entscheidung ergangen ist, oder im Anschluss an solche Zeiten wegen Krankheit arbeitsunfähig oder unverschuldet arbeitslos gewesen sind,

6. vertrieben, umgesiedelt oder ausgesiedelt worden oder auf der Flucht oder im Anschluss an solche Zeiten wegen Krankheit arbeitsunfähig oder unverschuldet arbeitslos gewesen sind, mindestens aber die Zeit vom 1. Januar 1945 bis zum 31. Dezember 1946, wenn sie zum Personenkreis der §§ 1 bis 4 des Bundesvertriebenengesetzes gehören.

(2) Ersatzzeiten sind nicht Zeiten,

1. für die eine Nachversicherung durchgeführt oder nur wegen eines fehlenden Antrags nicht durchgeführt worden ist,
2. in denen außerhalb des Gebietes der Bundesrepublik Deutschland ohne das Beitrittsgebiet eine Rente wegen Alters oder anstelle einer solchen eine andere Leistung bezogen worden ist,
3. in denen nach dem 31. Dezember 1956 die Voraussetzungen nach Absatz 1 Nr. 2, 3 und 5 vorliegen und Versicherte eine Beschäftigung oder selbständige Tätigkeit auch aus anderen als den dort genannten Gründen nicht ausgeübt haben.

§ 251 Ersatzzeiten bei Handwerkern

(1) Ersatzzeiten werden bei versicherungspflichtigen Handwerkern, die in diesen Zeiten in die Handwerksrolle eingetragen waren, berücksichtigt, wenn für diese Zeiten Beiträge nicht gezahlt worden sind.

(2) Zeiten, in denen in die Handwerksrolle eingetragene versicherungspflichtige Handwerker im Anschluss an eine Ersatzzeit arbeitsunfähig krank gewesen sind, sind nur dann Ersatzzeiten, wenn sie in ihrem Betrieb mit Ausnahme von Lehrlingen und des Ehegatten oder eines Verwandten ersten Grades, für Zeiten vor dem 1. Mai 1985 mit Ausnahme eines Lehrlings, des Ehegatten oder eines Verwandten ersten Grades, Personen nicht beschäftigt haben, die wegen dieser Beschäftigung versicherungspflichtig waren.

(3) Eine auf eine Ersatzzeit folgende Zeit der unverschuldeten Arbeitslosigkeit vor dem 1. Juli 1969 ist bei Handwerkern nur dann eine Ersatzzeit, wenn und solange sie in der Handwerksrolle gelöscht waren.

§ 252 Anrechnungszeiten

(1) Anrechnungszeiten sind auch Zeiten, in denen Versicherte

1. Anpassungsgeld für entlassene Arbeitnehmer des Bergbaus bezogen haben,

1a. Anpassungsgeld bezogen haben, weil sie als Arbeitnehmerinnen oder Arbeitnehmer der Braunkohleanlagen und -tagebaue sowie der Steinkohleanlagen aus den in § 57 des Kohleverstromungsbeendigungsgesetzes genannten Gründen ihren Arbeitsplatz verloren haben,

2. nach dem 31. Dezember 1991 eine Knappschaftsausgleichsleistung bezogen haben,
3. nach dem vollendeten 17. Lebensjahr als Lehrling nicht versicherungspflichtig oder versicherungsfrei waren und die Lehrzeit abgeschlossen haben, längstens bis zum 28. Februar 1957, im Saarland bis zum 31. August 1957,
4. vor dem vollendeten 55. Lebensjahr eine Rente wegen Berufsunfähigkeit oder Erwerbsunfähigkeit oder eine Erziehungsrente bezogen haben, in der eine Zurechnungszeit nicht enthalten war,
5. vor dem vollendeten 55. Lebensjahr eine Invalidenrente, ein Ruhegeld oder eine Knappschaftsvollrente bezogen haben, wenn diese Leistung vor dem 1. Januar 1957 weggefallen ist,
6. Schlechtwettergeld bezogen haben, wenn dadurch eine versicherte Beschäftigung oder selbständige Tätigkeit unterbrochen worden ist, längstens bis zum 31. Dezember 1978.

(2) Anrechnungszeiten sind auch Zeiten, für die

1. die Bundesagentur für Arbeit in der Zeit vom 1. Januar 1983,
2. ein anderer Leistungsträger in der Zeit vom 1. Januar 1984

bis zum 31. Dezember 1997 wegen des Bezugs von Sozialleistungen Pflichtbeiträge oder Beiträge für Anrechnungszeiten gezahlt hat.

(3) Anrechnungszeiten wegen Arbeitsunfähigkeit oder Leistungen zur medizinischen Rehabilitation oder zur

VI

Teilhabe am Arbeitsleben liegen in der Zeit vom 1. Januar 1984 bis zum 31. Dezember 1997 bei Versicherten, die

1. nicht in der gesetzlichen Krankenversicherung versichert waren oder
2. in der gesetzlichen Krankenversicherung ohne Anspruch auf Krankengeld versichert waren,

nur vor, wenn für diese Zeiten, längstens jedoch für 18 Kalendermonate, Beiträge nach mindestens 70 vom Hundert, für die Zeit vom 1. Januar 1995 an 80 vom Hundert des zuletzt für einen vollen Kalendermonat versicherten Arbeitsentgelts oder Arbeitseinkommens gezahlt worden sind.

(4) (weggefallen)

(5) Zeiten einer Arbeitslosigkeit vor dem 1. Juli 1969 sind bei Handwerkern nur dann Anrechnungszeiten, wenn und solange sie in der Handwerksrolle gelöscht waren.

(6) 1Bei selbständig Tätigen, die auf Antrag versicherungspflichtig waren, und bei Handwerkern sind Zeiten vor dem 1. Januar 1992, in denen sie

1. wegen Krankheit arbeitsunfähig gewesen sind oder Leistungen zur medizinischen Rehabilitation oder zur Teilhabe am Arbeitsleben erhalten haben,
2. wegen Schwangerschaft oder Mutterschaft während der Schutzfristen nach dem Mutterschutzgesetz eine versicherte selbständige Tätigkeit nicht ausgeübt haben,

nur dann Anrechnungszeiten, wenn sie in ihrem Betrieb mit Ausnahme eines Lehrlings, des Ehegatten oder eines Verwandten ersten Grades Personen nicht beschäftigt haben, die wegen dieser Beschäftigung versicherungspflichtig waren. 2Anrechnungszeiten nach dem 30. April 1985 liegen auch vor, wenn die Versicherten mit Ausnahme von Lehrlingen und des Ehegatten oder eines Verwandten ersten Grades Personen nicht beschäftigt haben, die wegen dieser Beschäftigung versicherungspflichtig waren.

(7) 1Zeiten, in denen Versicherte

1. vor dem 1. Januar 1984 arbeitsunfähig geworden sind oder Leistungen zur medizinischen Rehabilitation oder zur Teilhabe am Arbeitsleben erhalten haben,
2. vor dem 1. Januar 1979 Schlechtwettergeld bezogen haben,
3. wegen Arbeitslosigkeit bei einer deutschen Agentur für Arbeit als Arbeitsuchende gemeldet waren und
   a) vor dem 1. Juli 1978 eine öffentlich-rechtliche Leistung bezogen haben oder
   b) vor dem 1. Januar 1992 eine öffentlich-rechtliche Leistung nur wegen des zu berücksichtigenden Einkommens oder Vermögens nicht bezogen haben,

werden nur berücksichtigt, wenn sie mindestens einen Kalendermonat andauerten. 2Folgen mehrere Zeiten unmittelbar aufeinander, werden sie zusammengerechnet.

(8) 1Anrechnungszeiten sind auch Zeiten nach dem 30. April 2003, in denen Versicherte

1. nach Vollendung des 58. Lebensjahres wegen Arbeitslosigkeit bei einer deutschen Agentur für Arbeit gemeldet waren,
2. der Arbeitsvermittlung nur deshalb nicht zur Verfügung standen, weil sie nicht arbeitsbereit waren und nicht alle Möglichkeiten nutzten und nutzen wollten, um ihre Beschäftigungslosigkeit zu beenden, und
3. eine öffentlich-rechtliche Leistung nur wegen des zu berücksichtigenden Einkommens oder Vermögens nicht bezogen haben.

2Für Zeiten nach Satz 1 gelten die Vorschriften über Anrechnungszeiten wegen Arbeitslosigkeit. 3Zeiten nach Satz 1 werden nach dem 31. Dezember 2007 nur dann als Anrechnungszeiten berücksichtigt, wenn die Arbeitslosigkeit vor dem 1. Januar 2008 begonnen hat und der Versicherte vor dem 2. Januar 1950 geboren ist.

(9) Anrechnungszeiten liegen bei Beziehern von Arbeitslosenhilfe, Unterhaltsgeld und Arbeitslosengeld II nicht vor, wenn die Bundesagentur für Arbeit oder in den Fällen des § 6a des Zweiten Buches die zugelassenen kommunalen Träger für sie Beiträge an eine Versicherungseinrichtung oder Versorgungseinrichtung, an ein Versicherungsunternehmen oder an sie selbst gezahlt haben.

(10) 1Anrechnungszeiten sind auch Zeiten, in denen Versicherte in der Zeit vom 1. Januar 2011 bis zum 31. Dezember 2022 Arbeitslosengeld II bezogen haben. 2Dies gilt nicht für Bezieher von Arbeitslosengeld II, die

1. Arbeitslosengeld II nur darlehensweise oder nur Leistungen nach § 24 Absatz 3 Satz 1 des Zweiten Buches bezogen haben oder
2. in der Zeit vom 1. Januar 2011 bis zum 31. Dezember 2012 versicherungspflichtig beschäftigt oder versicherungspflichtig selbständig tätig gewesen sind oder eine Leistung bezogen haben, wegen der sie

VI

nach § 3 Satz 1 Nummer 3 versicherungspflichtig gewesen sind.

3Anrechnungszeiten wegen des Bezugs von Arbeitslosengeld II nach Vollendung des 25. Lebensjahres schließen Anrechnungszeiten wegen Arbeitslosigkeit aus.

§ 252a Anrechnungszeiten im Beitrittsgebiet

(1) 1Anrechnungszeiten im Beitrittsgebiet sind auch Zeiten nach dem 8. Mai 1945, in denen Versicherte

1. wegen Schwangerschaft oder Mutterschaft während der jeweiligen Schutzfristen eine versicherte Beschäftigung oder selbständige Tätigkeit nicht ausgeübt haben,
2. vor dem 1. Januar 1992
   a) Lohnersatzleistungen nach dem Recht der Arbeitsförderung,
   b) Vorruhestandsgeld, Übergangsrente, Invalidenrente bei Erreichen besonderer Altersgrenzen, befristete erweiterte Versorgung oder
   c) Unterstützung während der Zeit der Arbeitsvermittlung

   bezogen haben,
3. vor dem 1. März 1990 arbeitslos waren oder
4. vor dem vollendeten 55. Lebensjahr Invalidenrente, Bergmannsinvalidenrente, Versorgung wegen voller Berufsunfähigkeit oder Teilberufsunfähigkeit, Unfallrente aufgrund eines Körperschadens von 66 2/3 vom Hundert, Kriegsbeschädigtenrente aus dem Beitrittsgebiet, entsprechende Renten aus einem Sonderversorgungssystem oder eine berufsbezogene Zuwendung an Ballettmitglieder in staatlichen Einrichtungen bezogen haben.

2Anrechnungszeiten nach Satz 1 Nr. 1 liegen vor Vollendung des 17. und nach Vollendung des 25. Lebensjahres nur vor, wenn dadurch eine versicherte Beschäftigung oder selbständige Tätigkeit unterbrochen ist. 3Für Zeiten nach Satz 1 Nr. 2 und 3 gelten die Vorschriften über Anrechnungszeiten wegen Arbeitslosigkeit. 4Zeiten des Fernstudiums oder des Abendunterrichts in der Zeit vor dem 1. Juli 1990 sind nicht Anrechnungszeiten wegen schulischer Ausbildung, wenn das Fernstudium oder der Abendunterricht neben einer versicherungspflichtigen Beschäftigung oder Tätigkeit ausgeübt worden ist.

(2) 1Anstelle von Anrechnungszeiten wegen Krankheit, Schwangerschaft oder Mutterschaft vor dem 1. Juli 1990 werden pauschal Anrechnungszeiten für Ausfalltage ermittelt, wenn im Ausweis für Arbeit und Sozialversicherung Arbeitsausfalltage als Summe eingetragen sind. 2Dazu ist die im Ausweis eingetragene Anzahl der Arbeitsausfalltage mit der Zahl 7 zu vervielfältigen, durch die Zahl 5 zu teilen und dem Ende der für das jeweilige Kalenderjahr bescheinigten Beschäftigung oder selbständigen Tätigkeit als Anrechnungszeit lückenlos zuzuordnen, wobei Zeiten vor dem 1. Januar 1984 nur berücksichtigt werden, wenn nach der Zuordnung mindestens ein Kalendermonat belegt ist. 3Insoweit ersetzen sie die für diese Zeit bescheinigten Pflichtbeitragszeiten; dies gilt nicht für die Feststellung von Pflichtbeitragszeiten für einen Anspruch auf Rente.

§ 253 Pauschale Anrechnungszeit

(1) 1Anrechnungszeit für die Zeit vor dem 1. Januar 1957 ist mindestens die volle Anzahl an Monaten, die sich ergibt, wenn

1. der Zeitraum vom Kalendermonat, für den der erste Pflichtbeitrag gezahlt ist, spätestens vom Kalendermonat, in den der Tag nach der Vollendung des 17. Lebensjahres des Versicherten fällt, bis zum Kalendermonat, für den der letzte Pflichtbeitrag vor dem 1. Januar 1957 gezahlt worden ist, ermittelt wird (Gesamtzeit),
2. die Gesamtzeit um die auf sie entfallenden mit Beiträgen und Ersatzzeiten belegten Kalendermonate zur Ermittlung der verbleibenden Zeit gemindert wird (Gesamtlücke) und
3. die Gesamtlücke, höchstens jedoch ein nach unten gerundetes volles Viertel der auf die Gesamtzeit entfallenden Beitragszeiten und Ersatzzeiten, mit dem Verhältnis vervielfältigt wird, in dem die Summe der auf die Gesamtzeit entfallenden mit Beitragszeiten und Ersatzzeiten belegten Kalendermonate zu der Gesamtzeit steht.

2Dabei werden Zeiten, für die eine Nachversicherung nur wegen eines fehlenden Antrags nicht durchgeführt worden ist, wie Beitragszeiten berücksichtigt.

(2) Der Anteil der pauschalen Anrechnungszeiten, der auf einen Zeitabschnitt entfällt, ist die volle Anzahl an Monaten, die sich ergibt, wenn die pauschale Anrechnungszeit mit der für ihre Ermittlung maßgebenden verbleibenden Zeit in diesem Zeitabschnitt (Teillücke) vervielfältigt und durch die Gesamtlücke geteilt wird.

§ 253a Zurechnungszeit

(1) Beginnt eine Rente wegen verminderter Erwerbsfähigkeit oder eine Erziehungsrente im Jahr 2018 oder ist

bei einer Hinterbliebenenrente die versicherte Person im Jahr 2018 verstorben, endet die Zurechnungszeit mit Vollendung des 62. Lebensjahres und drei Monaten.

(2) Beginnt eine Rente wegen verminderter Erwerbsfähigkeit oder eine Erziehungsrente im Jahr 2019 oder ist bei einer Hinterbliebenenrente die versicherte Person im Jahr 2019 verstorben, endet die Zurechnungszeit mit Vollendung des 65. Lebensjahres und acht Monaten.

(3) Beginnt eine Rente wegen verminderter Erwerbsfähigkeit oder eine Erziehungsrente nach dem 31. Dezember 2019 und vor dem 1. Januar 2031 oder ist bei einer Hinterbliebenenrente die versicherte Person nach dem 31. Dezember 2019 und vor dem 1. Januar 2031 verstorben, wird das Ende der Zurechnungszeit wie folgt angehoben:

Bei Beginn der Rente oder bei Tod der Versicherten im Jahr	Anhebung um Monate	auf Alter	
		Jahre	Monate
2020	1	65	9
2021	2	65	10
2022	3	65	11
2023	4	66	0
2024	5	66	1
2025	6	66	2
2026	7	66	3
2027	8	66	4
2028	10	66	6
2029	12	66	8
2030	14	66	10

(4) Die Zurechnungszeit endet spätestens mit dem Erreichen der Regelaltersgrenze nach § 235 Absatz 2 Satz 2 und 3.

(5) Hatte die verstorbene versicherte Person zum Zeitpunkt des Todes Anspruch auf eine Rente wegen verminderter Erwerbsfähigkeit, ist bei einer nachfolgenden Hinterbliebenenrente eine Zurechnungszeit nur insoweit zu berücksichtigen, wie sie in der vorangegangenen Rente wegen verminderter Erwerbsfähigkeit angerechnet wurde.

§ 254 Zuordnung beitragsfreier Zeiten zur knappschaftlichen Rentenversicherung

(1) Ersatzzeiten werden der knappschaftlichen Rentenversicherung zugeordnet, wenn vor dieser Zeit der letzte Pflichtbeitrag zur knappschaftlichen Rentenversicherung gezahlt worden ist.

(2) Ersatzzeiten und Anrechnungszeiten wegen einer Lehre werden der knappschaftlichen Rentenversicherung auch dann zugeordnet, wenn nach dieser Zeit die Versicherung beginnt und der erste Pflichtbeitrag zur knappschaftlichen Rentenversicherung gezahlt worden ist.

(3) 1Anrechnungszeiten wegen des Bezugs von Anpassungsgeld und von Knappschaftsausgleichsleistung sind Zeiten der knappschaftlichen Rentenversicherung. 2Dies gilt für Anrechnungszeiten wegen des Bezugs von Anpassungsgeld nur, wenn zuletzt vor Beginn dieser Leistung eine in der knappschaftlichen Rentenversicherung versicherte Beschäftigung ausgeübt worden ist.

(4) Die pauschale Anrechnungszeit wird der knappschaftlichen Rentenversicherung in dem Verhältnis zugeordnet, in dem die knappschaftlichen Beitragszeiten und die der knappschaftlichen Rentenversicherung zugeordneten Ersatzzeiten bis zur letzten Pflichtbeitragszeit vor dem 1. Januar 1957 zu allen diesen Beitragszeiten und Ersatzzeiten stehen.

§ 254a Ständige Arbeiten unter Tage im Beitrittsgebiet

Im Beitrittsgebiet vor dem 1. Januar 1992 überwiegend unter Tage ausgeübte Tätigkeiten sind ständige Arbeiten unter Tage.

Fünfter Unterabschnitt
Rentenhöhe und Rentenanpassung

§ 254b Rentenformel für Monatsbetrag der Rente

(1) Bis zum 30. Juni 2024 werden persönliche Entgeltpunkte (Ost) und ein aktueller Rentenwert (Ost) für die Ermittlung des Monatsbetrags der Rente aus Zeiten außerhalb der Bundesrepublik Deutschland ohne das Beitrittsgebiet gebildet, die an die Stelle der persönlichen Entgeltpunkte und des aktuellen Rentenwerts treten.

(2) Liegen der Rente auch persönliche Entgeltpunkte zugrunde, die mit dem aktuellen Rentenwert zu vervielfältigen sind, sind Monatsteilbeträge zu ermitteln, deren Summe den Monatsbetrag der Rente ergibt.

§ 254c Anpassung der Renten

1Renten, denen ein aktueller Rentenwert (Ost) zugrunde liegt, werden angepasst, indem der bisherige aktuelle Rentenwert (Ost) durch den neuen aktuellen Rentenwert (Ost) ersetzt wird. 2Rentenbezieher erhalten eine Anpassungsmitteilung, wenn sich die Höhe des aktuellen Rentenwerts (Ost) verändert.

§ 254d Entgeltpunkte (Ost)

(1) An die Stelle der ermittelten Entgeltpunkte treten Entgeltpunkte (Ost) für

1. Zeiten mit Beiträgen für eine Beschäftigung oder selbständige Tätigkeit,
2. Pflichtbeitragszeiten aufgrund der gesetzlichen Pflicht zur Leistung von Wehrdienst oder Zivildienst oder aufgrund eines Wehrdienstverhältnisses besonderer Art nach § 6 des Einsatz-Weiterverwendungsgesetzes oder aufgrund Bezugs von Sozialleistungen, mit Ausnahme des Bezugs von Arbeitslosengeld II,
3. Zeiten der Erziehung eines Kindes,
4. Zeiten mit freiwilligen Beiträgen vor dem 1. Januar 1992 oder danach bis zum 31. März 1999 zur Aufrechterhaltung des Anspruchs auf Rente wegen verminderter Erwerbsfähigkeit (§ 279b) bei gewöhnlichem Aufenthalt,

4a. Zeiten der nicht erwerbsmäßigen Pflege,

4b. zusätzliche Entgeltpunkte für Arbeitsentgelt aus nach § 23b Abs. 2 Satz 1 bis 4 des Vierten Buches aufgelösten Wertguthaben auf Grund einer Arbeitsleistung

im Beitrittsgebiet und

5. Zeiten mit Beiträgen für eine Beschäftigung oder selbständige Tätigkeit,
6. Zeiten der Erziehung eines Kindes,
7. Zeiten mit freiwilligen Beiträgen bei gewöhnlichem Aufenthalt

im jeweiligen Geltungsbereich der Reichsversicherungsgesetze außerhalb der Bundesrepublik Deutschland (Reichsgebiets-Beitragszeiten).

(2) 1Absatz 1 findet keine Anwendung auf Zeiten vor dem 19. Mai 1990

1. von Versicherten, die ihren gewöhnlichen Aufenthalt am 18. Mai 1990 oder, falls sie verstorben sind, zuletzt vor dem 19. Mai 1990
   a) im Gebiet der Bundesrepublik Deutschland ohne das Beitrittsgebiet hatten oder
   b) im Ausland hatten und unmittelbar vor Beginn des Auslandsaufenthalts ihren gewöhnlichen Aufenthalt im Gebiet der Bundesrepublik Deutschland ohne das Beitrittsgebiet hatten,
2. mit Beiträgen aufgrund einer Beschäftigung bei einem Unternehmen im Beitrittsgebiet, für das Arbeitsentgelte in Deutsche Mark gezahlt worden sind.

2Satz 1 gilt nicht für Zeiten, die von der Wirkung einer Beitragserstattung nach § 286d Abs. 2 nicht erfasst werden.

(3) Für Zeiten mit Beiträgen für eine Beschäftigung oder selbständige Tätigkeit und für Zeiten der Erziehung eines Kindes vor dem 1. Februar 1949 in Berlin gelten ermittelte Entgeltpunkte nicht als Entgeltpunkte (Ost).

§ 255 Rentenartfaktor

(1) Der Rentenartfaktor beträgt für persönliche Entgeltpunkte bei großen Witwenrenten und großen Witwerrenten nach dem Ende des dritten Kalendermonats nach Ablauf des Monats, in dem der Ehegatte verstorben ist, 0,6, wenn der Ehegatte vor dem 1. Januar 2002 verstorben ist oder die Ehe vor diesem Tag geschlossen wurde und mindestens ein Ehegatte vor dem 2. Januar 1962 geboren ist.

(2) Witwenrenten und Witwerrenten aus der Rentenanwartschaft eines vor dem 1. Juli 1977 geschiedenen Ehegatten werden von Beginn an mit dem Rentenartfaktor ermittelt, der für Witwenrenten und Witwerrenten nach dem Ende des dritten Kalendermonats nach Ablauf des Monats, in dem der Ehegatte verstorben ist, maßgebend ist.

§ 255a Bestimmung des aktuellen Rentenwerts (Ost) für die Zeit vom 1. Juli 2018 bis zum 1. Juli 2023

(1) Der aktuelle Rentenwert (Ost) beträgt zum

1. Juli 2018 95,8 Prozent des aktuellen Rentenwerts,

1. Juli 2019 96,5 Prozent des aktuellen Rentenwerts,

1. Juli 2020 97,2 Prozent des aktuellen Rentenwerts,

1. Juli 2021 97,9 Prozent des aktuellen Rentenwerts,

1. Juli 2022 98,6 Prozent des aktuellen Rentenwerts,

1. Juli 2023 99,3 Prozent des aktuellen Rentenwerts.

(2) 1Für die Zeit vom 1. Juli 2018 bis zum 1. Juli 2023 ist ein Vergleichswert zu dem nach Absatz 1 berechneten aktuellen Rentenwert (Ost) zu ermitteln. 2Der Vergleichswert wird zum 1. Juli eines jeden Jahres ausgehend von seinem Vorjahreswert nach dem für die Veränderung des aktuellen Rentenwerts geltenden Verfahren nach den §§ 68 und 255d ermittelt. 3Für die Ermittlung des Vergleichswerts zum 1. Juli 2018 gilt der am 30. Juni 2018 geltende aktuelle Rentenwert (Ost) als Vorjahreswert. 4Abweichend von § 68 sind für die

Ermittlung des Vergleichswerts jeweils die für das Beitrittsgebiet ermittelten Bruttolöhne und -gehälter je Arbeitnehmer (§ 68 Absatz 2 Satz 1) maßgebend. $_{5}$Ferner ist § 68 Absatz 2 Satz 3 mit der Maßgabe anzuwenden, dass die für das Beitrittsgebiet ermittelten beitragspflichtigen Bruttolöhne und -gehälter je Arbeitnehmer ohne Beamte einschließlich der Bezieher von Arbeitslosengeld zugrunde zu legen sind. $_{6}$Übersteigt der Vergleichswert den nach Absatz 1 berechneten aktuellen Rentenwert (Ost), ist der Vergleichswert als aktueller Rentenwert (Ost) zum 1. Juli festzusetzen. $_{7}$Der festzusetzende aktuelle Rentenwert (Ost) ist mindestens um den Prozentsatz anzupassen, um den der aktuelle Rentenwert angepasst wird und darf den zum 1. Juli festzusetzenden aktuellen Rentenwert nicht übersteigen.

(3) Für die Ermittlung des Vergleichswerts zum 1. Juli 2022 gilt der Wert 33,41 Euro als Vorjahreswert.

§ 255b Verordnungsermächtigung

(1) Die Bundesregierung wird ermächtigt, durch Rechtsverordnung mit Zustimmung des Bundesrates den zum 1. Juli eines Jahres maßgebenden aktuellen Rentenwert (Ost) bis zum 30. Juni des jeweiligen Jahres zu bestimmen.

(2) $_{1}$Die Bundesregierung wird ermächtigt, durch Rechtsverordnung mit Zustimmung des Bundesrates zum Ende eines jeden Kalenderjahres

1. für das vergangene Kalenderjahr den Wert der Anlage 10,
2. für das folgende Kalenderjahr den vorläufigen Wert der Anlage 10

als das Vielfache des Durchschnittsentgelts der Anlage 1 zum Durchschnittsentgelt im Beitrittsgebiet zu bestimmen. $_{2}$Die Werte nach Satz 1 sind letztmals für das Jahr 2018 zu bestimmen.

§ 255c Anwendung des aktuellen Rentenwerts zum 1. Juli 2024

$_{1}$Zum 1. Juli 2024 tritt der aktuelle Rentenwert an die Stelle des aktuellen Rentenwerts (Ost) und die hiervon betroffenen Renten sind insoweit anzupassen. $_{2}$Hierüber erhalten die Rentnerinnen und Rentner eine Anpassungsmitteilung.

§ 255d Bestimmung des aktuellen Rentenwerts für die Zeit vom 1. Juli 2018 bis zum 1. Juli 2026

(1) $_{1}$Für die Bestimmung des aktuellen Rentenwerts für die Zeit vom 1. Juli 2018 bis zum 1. Juli 2019 wird abweichend von § 68 Absatz 4 die Anzahl der Äquivalenzbeitragszahler für das Bundesgebiet ohne das Beitrittsgebiet und das Beitrittsgebiet für die Jahre 2016 bis 2018 getrennt berechnet. $_{2}$Für die weitere Berechnung nach § 68 Absatz 4 werden die jeweiligen Ergebnisse anschließend addiert. $_{3}$Für die Berechnung sind die Werte für das Gesamtvolumen der Beiträge aller in der allgemeinen Rentenversicherung versicherungspflichtig Beschäftigten, der geringfügig Beschäftigten (§ 8 des Vierten Buches) und der Bezieher von Arbeitslosengeld eines Kalenderjahres und das Durchschnittsentgelt nach Anlage 1 für das Bundesgebiet ohne das Beitrittsgebiet und für das Beitrittsgebiet getrennt zu ermitteln und der Berechnung zugrunde zu legen. $_{4}$Für das Beitrittsgebiet ist dabei als Durchschnittsentgelt für das jeweilige Kalenderjahr der Wert der Anlage 1 dividiert durch den Wert der Anlage 10 zu berücksichtigen.

(2) Für die Bestimmung des aktuellen Rentenwerts zum 1. Juli 2020 wird die Anzahl der Äquivalenzbeitragszahler für das Jahr 2018 abweichend von § 68 Absatz 7 nach § 68 Absatz 4 neu ermittelt.

(3) $_{1}$Für die Bestimmung des aktuellen Rentenwerts für die Zeit vom 1. Juli 2018 bis zum 1. Juli 2025 wird abweichend von § 68 Absatz 4 die Anzahl der Äquivalenzrentner für das Bundesgebiet ohne das Beitrittsgebiet und das Beitrittsgebiet für die Jahre 2016 bis 2024 getrennt berechnet. $_{2}$Für die weitere Berechnung nach § 68 Absatz 4 werden die jeweiligen Ergebnisse anschließend addiert. $_{3}$Für die Berechnung sind die Werte für das Gesamtvolumen der Renten abzüglich erstatteter Aufwendungen für Renten und Rententeile eines Kalenderjahres und eine Regelaltersrente mit 45 Entgeltpunkten für das Bundesgebiet ohne das Beitrittsgebiet und für das Beitrittsgebiet getrennt zu ermitteln und der Berechnung zugrunde zu legen. $_{4}$Für das Beitrittsgebiet ist dabei bei der Berechnung der Regelaltersrente mit 45 Entgeltpunkten der aktuelle Rentenwert (Ost) zugrunde zu legen.

(4) Für die Bestimmung des aktuellen Rentenwerts zum 1 Juli 2025 sind abweichend von § 68 Absatz 7 die folgenden Daten zugrunde zu legen:

1. die dem Statistischen Bundesamt zu Beginn des Jahres 2025 für die Jahre 2022 und 2023 vorliegenden Daten zu den gesamtdeutschen Bruttolöhnen und -gehältern je Arbeitnehmer (§ 68 Absatz 2 Satz 1) und
2. die der Deutschen Rentenversicherung Bund zu Beginn des Jahres 2025 für das Jahr 2022 vorliegenden Daten zu den gesamtdeutschen beitragspflichtigen

Bruttolöhnen und -gehältern je Arbeitnehmer ohne Beamte einschließlich der Bezieher von Arbeitslosengeld.

(5) Für die Bestimmung des aktuellen Rentenwerts zum 1. Juli 2026 wird abweichend von § 68 Absatz 4 als Anzahl an Äquivalenzrentnern für das Jahr 2024 der errechnete Wert aus der Rentenwertbestimmungsverordnung 2025 zugrunde gelegt, der sich aus der Summe der Anzahl der Äquivalenzrentner für das Jahr 2024 für das Bundesgebiet ohne das Beitrittsgebiet und der Anzahl der Äquivalenzrentner für das Jahr 2024 für das Beitrittsgebiet ergibt.

§ 255e Niveauschutzklausel für die Zeit vom 1. Juli 2019 bis zum 1. Juli 2025

(1) Wird in der Zeit vom 1. Juli 2019 bis zum 1. Juli 2025 mit dem nach § 68 ermittelten aktuellen Rentenwert das Sicherungsniveau vor Steuern nach § 154 Absatz 3a des laufenden Jahres in Höhe von 48 Prozent unterschritten, ist der aktuelle Rentenwert so anzuheben, dass das Sicherungsniveau vor Steuern mindestens 48 Prozent (Mindestsicherungsniveau) beträgt.

(2) $_{1}$Der für die Einhaltung des Mindestsicherungsniveaus erforderliche aktuelle Rentenwert wird ermittelt, indem das verfügbare Durchschnittsentgelt nach § 154 Absatz 3a Satz 5 des laufenden Jahres mit 48 Prozent multipliziert wird und durch das Produkt aus 45 und 12 und der Nettoquote der Standardrente für das laufende Kalenderjahr dividiert wird. $_{2}$Der für die Einhaltung des Mindestsicherungsniveaus erforderliche aktuelle Rentenwert wird somit nach der folgenden Formel errechnet:

$$AR_t^{48} = \frac{0{,}48 \times vDE_t}{NQ_t^{SR} \times 45 \times 12}$$

AR_t^{48} = aktueller Rentenwert des laufenden Kalenderjahres, der für die Einhaltung des Mindestsicherungsniveaus mindestens erforderlich ist,

vDE_t = verfügbares Durchschnittsentgelt nach § 154 Absatz 3a Satz 5 des laufenden Kalenderjahres,

NQ_t^{SR} = Nettoquote der Standardrente für das laufende Kalenderjahr, die sich ermittelt, indem vom Wert 100 Prozent die Summe des von den Rentnerinnen und Rentnern zu tragenden allgemeinen Beitragssatzanteils sowie des Anteils des durchschnittlichen Zusatzbeitragssatzes zur gesetzlichen Krankenversicherung und des Beitragssatzes zur sozialen Pflegeversicherung nach § 55 Absatz 1 Satz 1 des Elften Buches des laufenden Kalenderjahres abgezogen wird.

$_{4}$Der nach dieser Formel ermittelte aktuelle Rentenwert wird auf volle Eurocent aufgerundet.

§ 255f Verordnungsermächtigung

Die Bundesregierung hat durch Rechtsverordnung mit Zustimmung des Bundesrates zum 1. Juli eines Jahres das Sicherungsniveau vor Steuern des jeweiligen Jahres zu bestimmen.

§ 255g Ausgleichsbedarf ab dem 1. Juli 2021

Der Ausgleichsbedarf beträgt ab dem 1. Juli 2021 0,9883.

§ 255h Schutzklausel in der Zeit vom 1. Juli 2022 bis zum Ablauf des 1. Juli 2025

(1) Ist in der Zeit vom 1. Juli 2022 bis zum Ablauf des 1. Juli 2025 der nach § 68 berechnete aktuelle Rentenwert geringer als der bisherige aktuelle Rentenwert, ist bei der Berechnung des Ausgleichsfaktors nach § 68a Absatz 2 die Niveauschutzklausel nach § 255e nicht zu beachten.

(2) $_{1}$Ist in der Zeit vom 1. Juli 2022 bis zum Ablauf des 1. Juli 2025 der nach § 68 berechnete aktuelle Rentenwert höher als der bisherige aktuelle Rentenwert, aber kleiner als der nach § 255e Absatz 2 berechnete aktuelle Rentenwert, erfolgt keine Verrechnung unterbliebener Minderungswirkungen (Ausgleichsbedarf) mit der Erhöhung des aktuellen Rentenwerts. $_{2}$Der Wert des Ausgleichsbedarfs bleibt dann unverändert.

(3) Ist in der Zeit vom 1. Juli 2022 bis zum Ablauf des 1. Juli 2025 der nach § 68 berechnete aktuelle Rentenwert höher als der bisherige aktuelle Rentenwert und höher als der nach § 255e Absatz 2 berechnete aktuelle Rentenwert und ist der im Vorjahr bestimmte Wert des Ausgleichsbedarfs kleiner als 1,0000, so wird abweichend von den §§ 68 und 68a als neuer aktueller Rentenwert zum 1. Juli der höchste Wert aus den Nummern 1 bis 3 festgesetzt:

1. aktueller Rentenwert, der nach § 255e Absatz 2 berechnet wird,
2. aktueller Rentenwert, der sich ergibt, indem der bisherige aktuelle Rentenwert mit dem hälftigen Anpassungsfaktor nach § 68a Absatz 3 Satz 2 multipliziert wird,
3. aktueller Rentenwert, der sich ergibt, indem der nach § 68 berechnete aktuelle Rentenwert mit dem im Vorjahr bestimmten Ausgleichsbedarf multipliziert wird.

(4) $_{1}$Wird der neue aktuelle Rentenwert zum 1. Juli nach Absatz 3 Nummer 1 oder Nummer 2 festgesetzt, ver-

ändert sich der Wert des Ausgleichsbedarfs abweichend von § 68a, indem der im Vorjahr bestimmte Wert des Ausgleichsbedarfs mit dem Abbaufaktor multipliziert wird. $_{2}$Der Abbaufaktor wird ermittelt, indem der nach § 68 berechnete aktuelle Rentenwert durch den zum 1. Juli festzusetzenden aktuellen Rentenwert geteilt wird. $_{3}$Entspricht der zum 1. Juli festgesetzte neue aktuelle Rentenwert dem Wert nach Absatz 3 Nummer 3, so beträgt der Wert des Ausgleichsbedarfs dann 1,0000.

(5) Sind die Absätze 1, 3 und 4 nicht anzuwenden, bleibt der Wert des Ausgleichsbedarfs unverändert.

(6) $_{1}$Wird in der Zeit vom 1. Juli 2022 bis zum Ablauf des 1. Juli 2025 der aktuelle Rentenwert zum 1. Juli nach § 255i festgesetzt, beträgt der Ausgleichsbedarf 1,0000. $_{2}$Es erfolgt keine Berechnung des Ausgleichsbedarfs nach § 68a in Verbindung mit § 255h.

§ 255i Anpassung nach Mindestsicherungsniveau bis zum Ablauf des 1. Juli 2025

$_{1}$Wird in der Zeit bis zum Ablauf des 1. Juli 2025 der neue aktuelle Rentenwert zum 1. Juli eines Jahres so festgesetzt, dass dieser dem Wert nach § 255e Absatz 2 entspricht, so wird in den folgenden Jahren bis zum Ablauf des 1. Juli 2025 der aktuelle Rentenwert jeweils zum 1. Juli eines Jahres nach § 255e Absatz 2 festgelegt. $_{2}$Abweichend davon verändert sich der bisherige aktuelle Rentenwert zum 1. Juli eines Jahres nicht, wenn der nach § 255e Absatz 2 berechnete aktuelle Rentenwert geringer ist als der bisherige aktuelle Rentenwert.

§ 255j Bestimmung des aktuellen Rentenwerts zum 1. Juli 2022

Für die Bestimmung des aktuellen Rentenwerts zum 1. Juli 2022 wird abweichend von § 68 Absatz 4 in Verbindung mit § 68 Absatz 7 Satz 5 als Anzahl an Äquivalenzbeitragszahlern für das Jahr 2020 der errechnete Wert aus der Rentenwertbestimmungsverordnung 2021 zugrunde gelegt.

§ 256 Entgeltpunkte für Beitragszeiten

(1) Für Pflichtbeitragszeiten aufgrund einer Beschäftigung in der Zeit vom 1. Juni 1945 bis 30. Juni 1965 (§ 247 Abs. 2a) werden für jeden Kalendermonat 0,025 Entgeltpunkte zugrunde gelegt.

(2) Für Zeiten vor dem 1. Januar 1992, für die für Anrechnungszeiten Beiträge gezahlt worden sind, die Versicherte ganz oder teilweise getragen haben, ist Beitragsbemessungsgrundlage der Betrag, der sich ergibt, wenn das 100fache des gezahlten Beitrags durch den für die jeweilige Zeit maßgebenden Beitragssatz geteilt wird.

(3) $_{1}$Für Zeiten vom 1. Januar 1982 bis zum 31. Dezember 1991, für die Pflichtbeiträge gezahlt worden sind für Personen, die aufgrund gesetzlicher Pflicht mehr als drei Tage Wehrdienst oder Zivildienst geleistet haben, werden für jedes volle Kalenderjahr 0,75 Entgeltpunkte, für die Zeit vom 1. Mai 1961 bis zum 31. Dezember 1981 1,0 Entgeltpunkte, für jeden Teilzeitraum der entsprechende Anteil zugrunde gelegt. $_{2}$Satz 1 ist für Zeiten vom 1. Januar 1990 bis zum 31. Dezember 1991 nicht anzuwenden, wenn die Pflichtbeiträge bei einer Verdienstausfallentschädigung aus dem Arbeitsentgelt berechnet worden sind. $_{3}$Für Zeiten vor dem 1. Mai 1961 gilt Satz 1 mit der Maßgabe, dass auf Antrag 0,75 Entgeltpunkte zugrunde gelegt werden.

(4) Für Zeiten vor dem 1. Januar 1992, für die Pflichtbeiträge für behinderte Menschen in geschützten Einrichtungen gezahlt worden sind, werden auf Antrag für jedes volle Kalenderjahr mindestens 0,75 Entgeltpunkte, für jeden Teilzeitraum der entsprechende Anteil zugrunde gelegt.

(5) $_{1}$Für Zeiten, für die Beiträge nach Lohn-, Beitrags- oder Gehaltsklassen gezahlt worden sind, werden die Entgeltpunkte der Anlage 3 zugrunde gelegt, wenn die Beiträge nach dem vor dem 1. März 1957 geltenden Recht gezahlt worden sind. $_{2}$Sind die Beiträge nach dem in der Zeit vom 1. März 1957 bis zum 31. Dezember 1976 geltenden Recht gezahlt worden, werden für jeden Kalendermonat Entgeltpunkte aus der in Anlage 4 angegebenen Beitragsbemessungsgrundlage ermittelt.

(6) $_{1}$Für Zeiten vor dem 1. Januar 1957, für die Beiträge aufgrund von Vorschriften außerhalb des Vierten Kapitels nachgezahlt worden sind, werden Entgeltpunkte ermittelt, indem die Beitragsbemessungsgrundlage durch das Durchschnittsentgelt des Jahres 1957 in Höhe von 5043 Deutsche Mark geteilt wird. $_{2}$Für Zeiten, für die Beiträge nachgezahlt worden sind, ausgenommen die Zeiten, für die Beiträge wegen Heiratserstattung nachgezahlt worden sind, werden Entgeltpunkte ermittelt, indem die Beitragsbemessungsgrundlage durch das Durchschnittsentgelt des Jahres geteilt wird, in dem die Beiträge gezahlt worden sind.

(7) Für Beiträge, die für Arbeiter in der Zeit vom 1. Oktober 1921 und für Angestellte in der Zeit vom 1. August 1921 bis zum 31. Dezember 1923 gezahlt worden

sind, werden für jeden Kalendermonat 0,0625 Entgeltpunkte zugrunde gelegt.

§ 256a Entgeltpunkte für Beitragszeiten im Beitrittsgebiet

(1) 1Für Beitragszeiten im Beitrittsgebiet nach dem 8. Mai 1945 und vor dem 1. Januar 2025 werden Entgeltpunkte ermittelt, indem der mit den Werten der Anlage 10 vervielfältigte Verdienst (Beitragsbemessungsgrundlage) durch das Durchschnittsentgelt für dasselbe Kalenderjahr geteilt wird. 2Bei Rentenbeginn im Jahr 2019 ist der Verdienst des Jahres 2018 mit dem Wert der Anlage 10 zu vervielfältigen, der für dieses Kalenderjahr vorläufig bestimmt ist. 3Die Sätze 1 und 2 sind nicht anzuwenden für Beitragszeiten auf Grund des Bezugs von Arbeitslosengeld II.

(1a) 1Arbeitsentgelt aus nach § 23b Abs. 2 Satz 1 bis 4 des Vierten Buches aufgelösten Wertguthaben, das durch Arbeitsleistung im Beitrittsgebiet erzielt wurde, wird mit dem Wert der Anlage 10 für das Kalenderjahr vervielfältigt, dem das Arbeitsentgelt zugeordnet ist. 2Bei Zuordnung des Arbeitsentgelts für Zeiten bis zum 31. Dezember 2018 ist Satz 1 mit der Maßgabe anzuwenden, dass die vorläufigen Werte der Anlage 10 für das jeweilige Kalenderjahr zu verwenden sind.

VI

(2) 1Als Verdienst zählen der tatsächlich erzielte Arbeitsverdienst und die tatsächlich erzielten Einkünfte, für die jeweils Pflichtbeiträge gezahlt worden sind, sowie der Verdienst, für den Beiträge zur Freiwilligen Zusatzrentenversicherung oder freiwillige Beiträge zur Rentenversicherung für Zeiten vor dem 1. Januar 1992 oder danach bis zum 31. März 1999 zur Aufrechterhaltung des Anspruchs auf Rente wegen verminderter Erwerbsfähigkeit (§ 279b) gezahlt worden sind. 2Für Zeiten der Beschäftigung bei der Deutschen Reichsbahn oder bei der Deutschen Post vor dem 1. Januar 1974 gelten für den oberhalb der im Beitrittsgebiet geltenden Beitragsbemessungsgrenzen nachgewiesenen Arbeitsverdienst Beiträge zur Freiwilligen Zusatzrentenversicherung als gezahlt. 3Für Zeiten der Beschäftigung bei der Deutschen Reichsbahn oder bei der Deutschen Post vom 1. Januar 1974 bis 30. Juni 1990 gelten für den oberhalb der im Beitrittsgebiet geltenden Beitragsbemessungsgrenzen nachgewiesenen Arbeitsverdienst, höchstens bis zu 650 Mark monatlich, Beiträge zur Freiwilligen Zusatzrentenversicherung als gezahlt, wenn ein Beschäftigungsverhältnis bei der Deutschen Reichsbahn oder bei der Deutschen Post am 1. Januar 1974 bereits zehn Jahre ununterbrochen bestanden hat. 4Für freiwillige Beiträge nach der Verordnung über die freiwillige und zusätzliche Versicherung in der Sozialversicherung vom 28. Januar 1947 gelten die in Anlage 11 genannten Beträge, für freiwillige Beiträge nach der Verordnung über die freiwillige Versicherung auf Zusatzrente bei der Sozialversicherung vom 15. März 1968 (GBl. II Nr. 29 S. 154) gilt das Zehnfache der gezahlten Beiträge als Verdienst. 5Als Verdienst zählt bei einer Beschäftigung im Übergangsbereich (§ 20 Absatz 2 des Vierten Buches) ab dem 1. Juli 2019 im Beitrittsgebiet das Arbeitsentgelt.

(3) 1Als Verdienst zählen auch die nachgewiesenen beitragspflichtigen Arbeitsverdienste und Einkünfte vor dem 1. Juli 1990, für die wegen der im Beitrittsgebiet jeweils geltenden Beitragsbemessungsgrenzen oder wegen in einem Sonderversorgungssystem erworbener Anwartschaften Pflichtbeiträge oder Beiträge zur Freiwilligen Zusatzrentenversicherung nicht gezahlt werden konnten. 2Für Versicherte, die berechtigt waren, der Freiwilligen Zusatzrentenversicherung beizutreten, gilt dies für Beträge oberhalb der jeweiligen Beitragsbemessungsgrenzen zur Freiwilligen Zusatzrentenversicherung nur, wenn die zulässigen Höchstbeiträge zur Freiwilligen Zusatzrentenversicherung gezahlt worden sind. 3Werden beitragspflichtige Arbeitsverdienste oder Einkünfte, für die nach den im Beitrittsgebiet jeweils geltenden Vorschriften Pflichtbeiträge oder Beiträge zur Freiwilligen Zusatzrentenversicherung nicht gezahlt werden konnten, glaubhaft gemacht, werden diese Arbeitsverdienste oder Einkünfte zu fünf Sechsteln berücksichtigt. 4Als Mittel der Glaubhaftmachung können auch Versicherungen an Eides statt zugelassen werden. 5Der Träger der Rentenversicherung ist für die Abnahme eidesstattlicher Versicherungen zuständig.

(3a) 1Als Verdienst zählen für Zeiten vor dem 1. Juli 1990, in denen Versicherte ihren gewöhnlichen Aufenthalt im Gebiet der Bundesrepublik Deutschland ohne das Beitrittsgebiet hatten und Beiträge zu einem System der gesetzlichen Rentenversicherung des Beitrittsgebiets gezahlt worden sind, die Werte der Anlagen 1 bis 16 zum Fremdrentengesetz. 2Für jeden Teilzeitraum wird der entsprechende Anteil zugrunde gelegt. 3Dabei zählen Kalendermonate, die zum Teil mit Anrechnungszeiten wegen Krankheit oder für Ausfalltage belegt sind, als Zeiten mit vollwertigen Beiträgen. 4Für eine Teilzeitbeschäftigung nach dem 31. Dezember 1949 werden zur Ermittlung der Entgeltpunkte die Beiträge berücksichtigt, die dem Verhältnis der Teilzeitbeschäftigung zu einer Vollzeitbeschäftigung entsprechen. 5Für Pflichtbeitragszeiten für eine Berufsausbildung werden für jeden Kalendermonat 0,025 Entgeltpunkte zugrunde gelegt. ₆Für glaubhaft gemachte Beitragszeiten werden fünf Sechstel der Entgeltpunkte zugrunde gelegt.

(4) Für Zeiten vor dem 1. Januar 1992, in denen Personen aufgrund gesetzlicher Pflicht mehr als drei Tage Wehrdienst oder Zivildienst im Beitrittsgebiet geleistet haben, werden für jedes volle Kalenderjahr 0,75 Entgeltpunkte, für jeden Teilzeitraum der entsprechende Anteil zugrunde gelegt.

(5) Für Pflichtbeitragszeiten bei Erwerbsunfähigkeit vor dem 1. Januar 1992 werden für jedes volle Kalenderjahr mindestens 0,75 Entgeltpunkte, für jeden Teilzeitraum der entsprechende Anteil zugrunde gelegt.

§ 256b Entgeltpunkte für glaubhaft gemachte Beitragszeiten

(1) 1Für glaubhaft gemachte Pflichtbeitragszeiten nach dem 31. Dezember 1949 werden zur Ermittlung von Entgeltpunkten als Beitragsbemessungsgrundlage für ein Kalenderjahr einer Vollzeitbeschäftigung die Durchschnittsverdienste berücksichtigt, die sich

1. nach Einstufung der Beschäftigung in eine der in Anlage 13 genannten Qualifikationsgruppen und
2. nach Zuordnung der Beschäftigung zu einem der in Anlage 14 genannten Bereiche

für dieses Kalenderjahr ergeben, höchstens jedoch fünf Sechstel der jeweiligen Beitragsbemessungsgrenze; für jeden Teilzeitraum wird der entsprechende Anteil zugrunde gelegt. 2Für glaubhaft gemachte Pflichtbeitragszeiten nach Einführung des Euro werden als Beitragsbemessungsgrundlage Durchschnittsverdienste in Höhe des Betrages in Euro berücksichtigt, der zur selben Anzahl an Entgeltpunkten führt, wie er sich für das Kalenderjahr vor Einführung des Euro nach Satz 1 ergeben hätte. 3Für eine Teilzeitbeschäftigung werden die Beträge berücksichtigt, die dem Verhältnis der Teilzeitbeschäftigung zu einer Vollzeitbeschäftigung entsprechen. 4Die Bestimmung des maßgeblichen Bereichs richtet sich danach, welchem Bereich der Betrieb, in dem der Versicherte seine Beschäftigung ausgeübt hat, zuzuordnen ist. 5War der Betrieb Teil einer größeren Unternehmenseinheit, ist für die Bestimmung des Bereichs diese maßgeblich. 6Kommen nach dem Ergebnis der Ermittlungen mehrere Bereiche in Betracht, ist von ihnen der Bereich mit den niedrigsten Durchschnittsverdiensten des jeweiligen Jahres maßgeblich. 7Ist eine Zuordnung zu einem oder zu einem von mehreren Bereichen nicht möglich, erfolgt die Zuordnung zu dem Bereich mit den für das jeweilige Jahr niedrigsten Durchschnittsverdiensten. 8Die Sätze 6 und 7 gelten entsprechend für die Zuordnung zu einer Qualifikationsgruppe. 9Für Zeiten vor dem 1. Januar 1950 und für Zeiten im Gebiet der Bundesrepublik Deutschland ohne das Beitrittsgebiet vor dem 1. Januar 1991 werden Entgeltpunkte aus fünf Sechsteln der sich aufgrund der Anlagen 1 bis 16 zum Fremdrentengesetz ergebenden Werte ermittelt, es sei denn, die Höhe der Arbeitsentgelte ist bekannt oder kann auf sonstige Weise festgestellt werden.

(2) Für glaubhaft gemachte Pflichtbeitragszeiten für eine Berufsausbildung werden für jeden Kalendermonat 0,0208, mindestens jedoch die nach Absatz 1 ermittelten Entgeltpunkte zugrunde gelegt.

(3) Für glaubhaft gemachte Beitragszeiten mit freiwilligen Beiträgen werden für Zeiten bis zum 28. Februar 1957 die Entgeltpunkte der Anlage 15 zugrunde gelegt, für Zeiten danach für jeden Kalendermonat die Entgeltpunkte, die sich aus fünf Sechsteln der Mindestbeitragsbemessungsgrundlage für freiwillige Beiträge ergeben.

(4) 1Für glaubhaft gemachte Pflichtbeitragszeiten im Beitrittsgebiet für die Zeit vom 1. März 1971 bis zum 30. Juni 1990 gilt Absatz 1 nur soweit, wie glaubhaft gemacht ist, dass Beiträge zur freiwilligen Zusatzrentenversicherung gezahlt worden sind. 2Kann eine solche Beitragszahlung nicht glaubhaft gemacht werden, ist als Beitragsbemessungsgrundlage für ein Kalenderjahr höchstens ein Verdienst nach Anlage 16 zu berücksichtigen.

(5) Die Absätze 1 bis 4 sind für selbständig Tätige entsprechend anzuwenden.

§ 256c Entgeltpunkte für nachgewiesene Beitragszeiten ohne Beitragsbemessungsgrundlage

(1) 1Für Zeiten vor dem 1. Januar 1991, für die eine Pflichtbeitragszahlung nachgewiesen ist, werden, wenn die Höhe der Beitragsbemessungsgrundlage nicht bekannt ist oder nicht auf sonstige Weise festgestellt werden kann, zur Ermittlung von Entgeltpunkten als Beitragsbemessungsgrundlage für ein Kalenderjahr einer Vollzeitbeschäftigung die sich nach den folgenden Absätzen ergebenden Beträge zugrunde gelegt. 2Für jeden Teilzeitraum wird der entsprechende Anteil zugrunde gelegt. 3Für eine Teilzeitbeschäftigung nach dem 31. Dezember 1949 werden die Werte berück-

sichtigt, die dem Verhältnis der Teilzeitbeschäftigung zu einer Vollzeitbeschäftigung entsprechen.

(2) Für Zeiten im Gebiet der Bundesrepublik Deutschland ohne das Beitrittsgebiet und für Zeiten im Beitrittsgebiet vor dem 1. Januar 1950 sind die Beträge maßgebend, die sich aufgrund der Anlagen 1 bis 16 zum Fremdrentengesetz für dieses Kalenderjahr ergeben.

(3) 1Für Zeiten im Beitrittsgebiet nach dem 31. Dezember 1949 sind die um ein Fünftel erhöhten Beträge maßgebend, die sich

a) nach Einstufung der Beschäftigung in eine der in Anlage 13 genannten Qualifikationsgruppen und

b) nach Zuordnung der Beschäftigung zu einem der in Anlage 14 genannten Bereiche

für dieses Kalenderjahr ergeben. 2§ 256b Abs. 1 Satz 4 bis 8 ist anzuwenden. 3Für Pflichtbeitragszeiten für die Zeit vom 1. März 1971 bis zum 30. Juni 1990 gilt dies nur so weit, wie glaubhaft gemacht ist, dass Beiträge zur Freiwilligen Zusatzrentenversicherung gezahlt worden sind. 4Kann eine solche Beitragszahlung nicht glaubhaft gemacht werden, ist als Beitragsbemessungsgrundlage für ein Kalenderjahr höchstens ein um ein Fünftel erhöhter Verdienst nach Anlage 16 zu berücksichtigen.

(4) Die Absätze 1 bis 3 sind nicht anzuwenden, wenn für Zeiten vor dem 1. Juli 1990 im Beitrittsgebiet beitragspflichtige Arbeitsverdienste und Einkünfte glaubhaft gemacht werden, für die wegen der im Beitrittsgebiet jeweils geltenden Beitragsbemessungsgrenzen oder wegen in einem Sonderversorgungssystem erworbener Anwartschaften Pflichtbeiträge oder Beiträge zur Freiwilligen Zusatzrentenversicherung nicht gezahlt werden konnten.

(5) Die Absätze 1 bis 4 sind für selbständig Tätige entsprechend anzuwenden.

§ 257 Entgeltpunkte für Berliner Beitragszeiten

(1) 1Für Zeiten, für die Beiträge zur

1. einheitlichen Sozialversicherung der Versicherungsanstalt Berlin in der Zeit vom 1. Juli 1945 bis zum 31. Januar 1949,
2. einheitlichen Sozial- oder Rentenversicherung der Versicherungsanstalt Berlin (West) in der Zeit vom 1. Februar 1949 bis zum 31. März 1952 oder
3. Rentenversicherung der Landesversicherungsanstalt Berlin vom 1. April 1952 bis zum 31. August 1952

gezahlt worden sind, werden Entgeltpunkte ermittelt, indem die Beitragsbemessungsgrundlage durch das Durchschnittsentgelt für dasselbe Kalenderjahr geteilt wird. 2Die Beitragsbemessungsgrundlage beträgt

1. für die Zeit vom 1. Juli 1945 bis zum 31. März 1946 das Fünffache der gezahlten Beiträge,
2. für die Zeit vom 1. April 1946 bis zum 31. Dezember 1950 das Fünffache der gezahlten Beiträge, höchstens jedoch 7200 Reichsmark oder Deutsche Mark für ein Kalenderjahr.

(2) Für Zeiten, für die freiwillige Beiträge oder Beiträge nach Beitragsklassen gezahlt worden sind, werden die Entgeltpunkte der Anlage 5 zugrunde gelegt.

§ 258 Entgeltpunkte für saarländische Beitragszeiten

(1) Für Zeiten vom 20. November 1947 bis zum 5. Juli 1959, für die Beiträge in Franken gezahlt worden sind, werden Entgeltpunkte ermittelt, indem das mit den Werten der Anlage 6 vervielfältigte Arbeitsentgelt (Beitragsbemessungsgrundlage) durch das Durchschnittsentgelt für dasselbe Kalenderjahr geteilt wird.

(2) 1Für die für Zeiten vom 31. Dezember 1923 bis zum 3. März 1935 zur Rentenversicherung der Arbeiter und für Zeiten vom 1. Januar 1924 bis zum 28. Februar 1935 zur Rentenversicherung der Angestellten nach Lohn-, Beitrags- oder Gehaltsklassen in Franken gezahlten und nach der Verordnung über die Überleitung der Sozialversicherung des Saarlandes in der im Bundesgesetzblatt Teil III, Gliederungsnummer 826-4, veröffentlichten bereinigten Fassung umgestellten Beiträge werden die Entgeltpunkte der danach maßgebenden Lohn-, Beitrags- oder Gehaltsklasse der Anlage 3 zugrunde gelegt. 2Für die für Zeiten vor dem 1. März 1935 zur knappschaftlichen Pensionsversicherung gezahlten Einheitsbeiträge werden die aufgrund des § 26 der Verordnung über die Überleitung der Sozialversicherung des Saarlandes ergangenen satzungsrechtlichen Bestimmungen angewendet und Entgeltpunkte der danach maßgebenden Lohn-, Beitrags- oder Gehaltsklasse der Anlage 3 zugrunde gelegt. 3Für Zeiten, für die Beiträge vom 20. November 1947 bis zum 31. August 1957 zur Rentenversicherung der Arbeiter und vom 1. Dezember 1947 bis zum 31. August 1957 zur Rentenversicherung der Angestellten nach Lohn-, Beitrags- oder Gehaltsklassen in Franken oder vom 1. Januar 1954 bis zum 31. März 1963 zur saarländischen Altersversorgung der Landwirte und mithelfenden Famili-

VI

enangehörigen gezahlt worden sind, werden die Entgeltpunkte der Anlage 7 zugrunde gelegt.

(3) Wird nachgewiesen, dass das Arbeitsentgelt in Franken in der Zeit vom 20. November 1947 bis zum 31. August 1957 höher war als der Betrag, nach dem Beiträge gezahlt worden sind, wird als Beitragsbemessungsgrundlage das tatsächliche Arbeitsentgelt zugrunde gelegt.

(4) Wird glaubhaft gemacht, dass das Arbeitsentgelt in Franken in der Zeit vom 1. Januar 1948 bis zum 31. August 1957 in der Rentenversicherung der Angestellten oder in der Zeit vom 1. Januar 1949 bis zum 31. August 1957 in der Rentenversicherung der Arbeiter höher war als der Betrag, nach dem Beiträge gezahlt worden sind, wird als Beitragsbemessungsgrundlage das um 10 vom Hundert erhöhte nachgewiesene Arbeitsentgelt zugrunde gelegt.

§ 259 Entgeltpunkte für Beitragszeiten mit Sachbezug

$_{1}$Wird glaubhaft gemacht, dass Versicherte vor dem 1. Januar 1957 während mindestens fünf Jahren, für die Pflichtbeiträge aufgrund einer versicherten Beschäftigung in der Rentenversicherung der Arbeiter und der Angestellten gezahlt worden sind, neben Barbezügen in wesentlichem Umfang Sachbezüge erhalten haben, werden für jeden Kalendermonat solcher Zeiten mindestens Entgeltpunkte aufgrund der Beitragsbemessungsgrundlage oder der Lohn-, Gehalts- oder Beitragsklassen der Anlage 8, für jeden Teilzeitraum der entsprechende Anteil zugrunde gelegt. $_{2}$Dies gilt nicht für Zeiten der Ausbildung als Lehrling oder Anlernling. $_{3}$Als Mittel der Glaubhaftmachung können auch Versicherungen an Eides statt zugelassen werden. $_{4}$Der Träger der Rentenversicherung ist für die Abnahme eidesstattlicher Versicherungen zuständig.

§ 259a Besonderheiten für Versicherte der Geburtsjahrgänge vor 1937

(1) $_{1}$Für Versicherte, die vor dem 1. Januar 1937 geboren sind und die ihren gewöhnlichen Aufenthalt am 18. Mai 1990 oder, falls sie verstorben sind, zuletzt vor dem 19. Mai 1990

1. im Gebiet der Bundesrepublik Deutschland ohne das Beitrittsgebiet hatten oder
2. im Ausland hatten und unmittelbar vor Beginn des Auslandsaufenthalts ihren gewöhnlichen Aufenthalt im Gebiet der Bundesrepublik Deutschland ohne das Beitrittsgebiet hatten,

werden für Pflichtbeitragszeiten vor dem 19. Mai 1990 anstelle der nach den §§ 256a bis 256c zu ermittelnden Werte Entgeltpunkte aufgrund der Anlagen 1 bis 16 zum Fremdrentengesetz ermittelt; für jeden Teilzeitraum wird der entsprechende Anteil zugrunde gelegt. $_{2}$Dabei zählen Kalendermonate, die zum Teil mit Anrechnungszeiten wegen Krankheit oder für Ausfalltage belegt sind, als Zeiten mit vollwertigen Beiträgen. $_{3}$Für eine Teilzeitbeschäftigung nach dem 31. Dezember 1949 werden zur Ermittlung der Entgeltpunkte die Beträge berücksichtigt, die dem Verhältnis der Teilzeitbeschäftigung zu einer Vollzeitbeschäftigung entsprechen. $_{4}$Für Pflichtbeitragszeiten für eine Berufsausbildung werden für jeden Kalendermonat 0,025 Entgeltpunkte zugrunde gelegt. $_{5}$Für Zeiten, in denen Personen vor dem 19. Mai 1990 aufgrund gesetzlicher Pflicht mehr als drei Tage Wehrdienst oder Zivildienst im Beitrittsgebiet geleistet haben, werden die Entgeltpunkte nach § 256 Abs. 3 zugrunde gelegt. $_{6}$Für Zeiten mit freiwilligen Beiträgen bis zum 28. Februar 1957 werden Entgeltpunkte aus der jeweils niedrigsten Beitragsklasse für freiwillige Beiträge, für Zeiten danach aus einem Bruttoarbeitsentgelt ermittelt, das für einen Kalendermonat der Mindestbeitragsbemessungsgrundlage entspricht; dabei ist von den Werten im Gebiet der Bundesrepublik Deutschland ohne das Beitrittsgebiet auszugehen. $_{7}$Für glaubhaft gemachte Beitragszeiten werden fünf Sechstel der Entgeltpunkte zugrunde gelegt.

(2) Absatz 1 gilt nicht für Zeiten, die von der Wirkung einer Beitragserstattung nach § 286d Abs. 2 nicht erfasst werden.

§ 259b Besonderheiten bei Zugehörigkeit zu einem Zusatz- oder Sonderversorgungssystem

(1) $_{1}$Für Zeiten der Zugehörigkeit zu einem Zusatz- oder Sonderversorgungssystem im Sinne des Anspruchs- und Anwartschaftsüberführungsgesetzes (AAÜG) vom 25. Juli 1991 (BGBl. I S. 1677) wird bei der Ermittlung der Entgeltpunkte der Verdienst nach dem AAÜG zugrunde gelegt. $_{2}$§ 259a ist nicht anzuwenden.

(2) Als Zeiten der Zugehörigkeit zu einem Versorgungssystem gelten auch Zeiten, die vor Einführung eines Versorgungssystems in der Sozialpflichtversicherung oder in der freiwilligen Zusatzrentenversicherung zurückgelegt worden sind, wenn diese Zeiten, hätte das Versorgungssystem bereits bestanden, in dem Versorgungssystem zurückgelegt worden wären.

§ 260 Beitragsbemessungsgrenzen

1Für Zeiten, für die Beiträge aufgrund einer Beschäftigung oder selbständigen Tätigkeit in den dem Deutschen Reich eingegliederten Gebieten gezahlt worden sind, werden mindestens die im übrigen Deutschen Reich geltenden Beitragsbemessungsgrenzen angewendet. 2Für Beitragszeiten im Beitrittsgebiet und im Saarland werden die im Bundesgebiet geltenden Beitragsbemessungsgrenzen angewendet. 3Sind vor dem 1. Januar 1984 liegende Arbeitsausfalltage nicht als Anrechnungszeiten zu berücksichtigen, werden diese Arbeitsausfalltage bei der Bestimmung der Beitragsbemessungsgrenze als Beitragszeiten berücksichtigt.

§ 261 Beitragszeiten ohne Entgeltpunkte

Entgeltpunkte werden nicht ermittelt für

1. Pflichtbeiträge zur Rentenversicherung der Arbeiter für Zeiten vor dem 1. Januar 1957, soweit für dieselbe Zeit und Beschäftigung auch Pflichtbeiträge zur Rentenversicherung der Angestellten oder zur knappschaftlichen Rentenversicherung gezahlt worden sind,
2. Pflichtbeiträge zur Rentenversicherung der Arbeiter oder zur Rentenversicherung der Angestellten für Zeiten vor dem 1. Januar 1943, soweit für dieselbe Zeit und Beschäftigung auch Pflichtbeiträge zur knappschaftlichen Pensionsversicherung der Arbeiter oder der Angestellten gezahlt worden sind.

§ 262 Mindestentgeltpunkte bei geringem Arbeitsentgelt

(1) 1Sind mindestens 35 Jahre mit rentenrechtlichen Zeiten vorhanden und ergibt sich aus den Kalendermonaten mit vollwertigen Pflichtbeiträgen ein Durchschnittswert von weniger als 0,0625 Entgeltpunkten, wird die Summe der Entgeltpunkte für Beitragszeiten erhöht. 2Die zusätzlichen Entgeltpunkte sind so zu bemessen, dass sich für die Kalendermonate mit vollwertigen Pflichtbeiträgen vor dem 1. Januar 1992 ein Durchschnittswert in Höhe des 1,5fachen des tatsächlichen Durchschnittswerts, höchstens aber in Höhe von 0,0625 Entgeltpunkten ergibt.

(2) Die zusätzlichen Entgeltpunkte werden den Kalendermonaten mit vollwertigen Pflichtbeiträgen vor dem 1. Januar 1992 zu gleichen Teilen zugeordnet; dabei werden Kalendermonaten mit Entgeltpunkten (Ost) zusätzliche Entgeltpunkte (Ost) zugeordnet.

(3) Bei Anwendung der Absätze 1 und 2 gelten Pflichtbeiträge für Zeiten, in denen eine Rente aus eigener Versicherung bezogen worden ist, nicht als vollwertige Pflichtbeiträge.

§ 263 Gesamtleistungsbewertung für beitragsfreie und beitragsgeminderte Zeiten

(1) 1Bei der Gesamtleistungsbewertung für beitragsfreie und beitragsgeminderte Zeiten werden Berücksichtigungszeiten wegen Kindererziehung, die in der Gesamtlücke für die Ermittlung der pauschalen Anrechnungszeit liegen, höchstens mit der Anzahl an Monaten berücksichtigt, die zusammen mit der Anzahl an Monaten mit pauschaler Anrechnungszeit die Anzahl an Monaten der Gesamtlücke ergibt. 2Für die Gesamtleistungsbewertung werden jedem Kalendermonat an Berücksichtigungszeit wegen Pflege 0,0625 Entgeltpunkte zugeordnet, es sei denn, dass er als Beitragszeit bereits einen höheren Wert hat.

(2) (weggefallen)

(2a) 1Der sich aus der Gesamtleistungsbewertung ergebende Wert wird für jeden Kalendermonat mit Anrechnungszeiten wegen Krankheit und Arbeitslosigkeit auf 80 vom Hundert begrenzt. 2Kalendermonate, die nur deshalb Anrechnungszeiten sind, weil Arbeitslosigkeit vor dem 1. März 1990 im Beitrittsgebiet, jedoch nicht vor dem 1. Juli 1978, vorgelegen hat, werden nicht bewertet. 3Kalendermonate, die nur deshalb Anrechnungszeiten sind, weil Arbeitslosigkeit nach dem 30. Juni 1978 vorgelegen hat, für die vor dem 1. Januar 2023 Arbeitslosenhilfe, Arbeitslosengeld oder Arbeitslosengeld II nicht oder Arbeitslosengeld II nur darlehensweise gezahlt worden ist oder nur Leistungen nach § 24 Absatz 3 Satz 1 des Zweiten Buches erbracht worden sind, werden nicht bewertet. 4Kalendermonate, die nur deshalb Anrechnungszeiten sind, weil Arbeitslosengeld II bis zum 31. Dezember 2022 bezogen worden ist, werden nicht bewertet.

(3) 1Der sich aus der Gesamtleistungsbewertung ergebende Wert wird für jeden Kalendermonat mit Anrechnungszeiten wegen einer Schul- oder Hochschulausbildung auf 75 vom Hundert begrenzt. 2Der so begrenzte Gesamtleistungswert darf für einen Kalendermonat 0,0625 Entgeltpunkte nicht übersteigen. 3Zeiten einer Schul- oder Hochschulausbildung werden insgesamt für höchstens drei Jahre bewertet; auf die drei Jahre werden Zeiten einer Fachschulausbildung oder der Teilnahme an einer berufsvorbereitenden Bildungsmaßnahme angerechnet. 4Bei der begrenzten Gesamtleistungsbewertung für die Zeiten der Schul- oder Hochschulausbildung treten an die Stelle

bei Beginn der Rente im		der Werte	
		75 vom Hundert	0,0625 Entgeltpunkte
Jahr	Monat	die Werte	
2005	Januar	75,00	0,0625
	Februar	73,44	0,0612
	März	71,88	0,0599
	April	70,31	0,0586
	Mai	68,75	0,0573
	Juni	67,19	0,0560
	Juli	65,63	0,0547
	August	64,06	0,0534
	September	62,50	0,0521
	Oktober	60,94	0,0508
	November	59,38	0,0495
	Dezember	57,81	0,0482
2006	Januar	56,25	0,0469
	Februar	54,69	0,0456
	März	53,13	0,0443
	April	51,56	0,0430
	Mai	50,00	0,0417
	Juni	48,44	0,0404
	Juli	46,88	0,0391
	August	45,31	0,0378
	September	43,75	0,0365
	Oktober	42,19	0,0352
	November	40,63	0,0339
	Dezember	39,06	0,0326
2007	Januar	37,50	0,0313
	Februar	35,94	0,0299
	März	34,38	0,0286
	April	32,81	0,0273
	Mai	31,25	0,0260
	Juni	29,69	0,0247
	Juli	28,13	0,0234
	August	26,56	0,0221
	September	25,00	0,0208
	Oktober	23,44	0,0195
	November	21,88	0,0182
	Dezember	20,31	0,0169
2008	Januar	18,75	0,0156
	Februar	17,19	0,0143
	März	15,63	0,0130
	April	14,06	0,0117
	Mai	12,50	0,0104
	Juni	10,94	0,0091
	Juli	9,38	0,0078
	August	7,81	0,0065
	September	6,25	0,0052
	Oktober	4,69	0,0039
	November	3,13	0,0026
	Dezember	1,56	0,0013
2009	Januar	0,00	0,0000

(4) 1Die Summe der Entgeltpunkte für Anrechnungszeiten, die vor dem 1. Januar 1957 liegen, muss mindestens den Wert erreichen, der sich für eine pauschale Anrechnungszeit ergeben würde. 2Die zusätzlichen Entgeltpunkte entfallen zu gleichen Teilen auf die begrenzt zu bewertenden Anrechnungszeiten vor dem 1. Januar 1957.

(5) Die Summe der Entgeltpunkte für Kalendermonate, die als Zeiten einer beruflichen Ausbildung gelten (§ 246 Satz 2), ist um einen Zuschlag so zu erhöhen, dass mindestens der Wert erreicht wird, den diese Zeiten als Zeiten einer Schul- oder Hochschulausbildung nach Absatz 3 hätten.

(6) Zeiten beruflicher Ausbildung, die für sich alleine oder bei Zusammenrechnung mit Anrechnungszeiten wegen einer schulischen Ausbildung bis zu drei Jahren, insgesamt drei Jahre überschreiten, sind um einen Zuschlag so zu erhöhen, dass mindestens der Wert erreicht wird, den diese Zeiten nach Absatz 3 hätten.

(7) 1Für glaubhaft gemachte Zeiten beruflicher Ausbildung sind höchstens fünf Sechstel der im Rahmen der Gesamtleistungsbewertung ermittelten Entgeltpunkte zu berücksichtigen. 2Dies gilt auch für die in den Absätzen 5 und 6 genannten Zeiten.

§ 263a Gesamtleistungsbewertung für beitragsfreie und beitragsgeminderte Zeiten mit Entgeltpunkten (Ost)

1Nach der Gesamtleistungsbewertung ermittelte Entgeltpunkte für beitragsfreie Zeiten und der Zuschlag an Entgeltpunkten für beitragsgeminderte Zeiten werden in dem Verhältnis als Entgeltpunkte (Ost) berücksichtigt, in dem die für die Ermittlung des Gesamtleistungswerts zugrunde gelegten Entgeltpunkte (Ost) zu allen zugrunde gelegten Entgeltpunkten stehen. 2Dabei ist für Entgeltpunkte für Berücksichtigungszeiten § 254d entsprechend anzuwenden.

VI

§ 264 Zuschläge oder Abschläge bei Versorgungsausgleich

$_1$Sind für Rentenanwartschaften Werteinheiten ermittelt worden, ergeben je 100 Werteinheiten einen Entgeltpunkt. $_2$Werteinheiten der knappschaftlichen Rentenversicherung sind zuvor mit der allgemeinen Bemessungsgrundlage der knappschaftlichen Rentenversicherung für das Jahr 1991 zu vervielfältigen und durch die allgemeine Bemessungsgrundlage der Rentenversicherung der Arbeiter und der Angestellten für dasselbe Jahr zu teilen.

§ 264a Zuschläge oder Abschläge bei Versorgungsausgleich im Beitrittsgebiet

(1) Ein zugunsten oder zulasten von Versicherten durchgeführter Versorgungsausgleich wird durch einen Zuschlag oder Abschlag an Entgeltpunkten (Ost) berücksichtigt, soweit Entgeltpunkte (Ost) übertragen wurden oder das Familiengericht die Umrechnung des Monatsbetrags der begründeten Rentenanwartschaften in Entgeltpunkte (Ost) nach § 16 Abs. 3 des Versorgungsausgleichsgesetzes angeordnet hat.

(2) Die Entgeltpunkte (Ost) werden in der Weise ermittelt, dass der Monatsbetrag der Rentenanwartschaften durch den aktuellen Rentenwert (Ost) mit seinem Wert bei Ende der Ehezeit oder Lebenspartnerschaftszeit geteilt wird.

(3) Die Entgeltpunkte (Ost) treten bei der Anwendung der Vorschriften über den Versorgungsausgleich an die Stelle von Entgeltpunkten.

§ 264b Zuschläge an Entgeltpunkten für Arbeitsentgelt aus geringfügiger versicherungsfreier Beschäftigung

$_1$Für Arbeitsentgelt aus geringfügiger Beschäftigung, in der Beschäftigte nach § 230 Absatz 8 versicherungsfrei sind und für das der Arbeitgeber einen Beitragsanteil getragen hat, werden Zuschläge an Entgeltpunkten ermittelt. $_2$Zuschläge an Entgeltpunkten sind auch zu ermitteln, wenn ein Arbeitgeber einen Beitragsanteil für Arbeitsentgelt aus einer vor dem 1. Januar 2013 ausgeübten geringfügigen versicherungsfreien Beschäftigung getragen hat. $_3$Für die Ermittlung der Zuschläge an Entgeltpunkten nach Satz 1 und 2 gilt § 76b Absatz 2 bis 4 entsprechend.

§ 264c Zuschlag bei Hinterbliebenenrenten

(1) $_1$Der Zuschlag bei Witwenrenten und Witwerrenten besteht aus persönlichen Entgeltpunkten (Ost), wenn den Zeiten der Kindererziehung ausschließlich Entgeltpunkte (Ost) zugrunde liegen. $_2$Der Zuschlag bei Waisenrenten besteht aus persönlichen Entgeltpunkten (Ost), wenn der Rente des verstorbenen Versicherten ausschließlich Entgeltpunkte (Ost) zugrunde liegen.

(2) Die Witwenrente oder Witwerrente erhöht sich nicht um einen Zuschlag an persönlichen Entgeltpunkten, wenn der Ehegatte vor dem 1. Januar 2002 verstorben ist oder die Ehe vor diesem Zeitpunkt geschlossen wurde und mindestens ein Ehegatte vor dem 2. Januar 1962 geboren ist.

§ 264d Zugangsfaktor

$_1$Beginnt eine Rente wegen verminderter Erwerbsfähigkeit vor dem 1. Januar 2024 oder ist bei einer Rente wegen Todes der Versicherte vor dem 1. Januar 2024 verstorben, ist bei der Ermittlung des Zugangsfaktors anstelle der Vollendung des 65. Lebensjahres und des 62. Lebensjahres jeweils das in der nachfolgenden Tabelle aufgeführte Lebensalter maßgebend:

Bei Beginn der Rente oder bei Tod des Versicherten im		tritt an die Stelle des Lebensalters			
		65 Jahre		62 Jahre	
		das Lebensalter		das Lebensalter	
Jahr	Monat	Jahre	Monate	Jahre	Monate
vor 2012		63	0	60	0
2012	Januar	63	1	60	1
2012	Februar	63	2	60	2
2012	März	63	3	60	3
2012	April	63	4	60	4
2012	Mai	63	5	60	5
2012	Juni – Dezember	63	6	60	6
2013		63	7	60	7
2014		63	8	60	8
2015		63	9	60	9
2016		63	10	60	10
2017		63	11	60	11
2018		64	0	61	0
2019		64	2	61	2
2020		64	4	61	4
2021		64	6	61	6
2022		64	8	61	8
2023		64	10	61	10.

$_2$§ 77 Abs. 4 ist mit der Maßgabe anzuwenden, dass an die Stelle von 40 Jahren 35 Jahre treten.

§ 265 Knappschaftliche Besonderheiten

(1) Für Beiträge zur knappschaftlichen Rentenversicherung, die für Arbeiter in der Zeit vom 1. Oktober 1921 und für Angestellte in der Zeit vom 1. August 1921 bis zum 31. Dezember 1923 gezahlt worden sind, werden für jeden Kalendermonat 0,0625 Entgeltpunkte zugrunde gelegt.

(2) Für Zeiten, in denen Versicherte eine Bergmannsprämie vor dem 1. Januar 1992 bezogen haben, wird die der Ermittlung von Entgeltpunkten zugrunde zu legende Beitragsbemessungsgrundlage für jedes volle Kalenderjahr des Bezugs der Bergmannsprämie um das 200fache der Bergmannsprämie und für jeden Kalendermonat um ein Zwölftel dieses Jahresbetrags erhöht.

(3) Bei Kalendermonaten mit Beitragszeiten der Rentenversicherung der Arbeiter und der Angestellten, die beitragsgeminderte Zeiten sind, weil sie auch mit Ersatzzeiten belegt sind, die der knappschaftlichen Rentenversicherung zugeordnet sind, werden für die Ermittlung des Wertes für beitragsgeminderte Zeiten die Entgeltpunkte für diese Beitragszeiten zuvor mit 0,75 vervielfältigt.

(4) Bei Kalendermonaten mit Beitragszeiten der knappschaftlichen Rentenversicherung, die beitragsgeminderte Zeiten sind, weil sie auch mit Ersatzzeiten belegt sind, die der Rentenversicherung der Arbeiter und der Angestellten zugeordnet sind, werden für die Ermittlung des Wertes für beitragsgeminderte Zeiten die ohne Anwendung des § 84 Abs. 1 ermittelten Entgeltpunkte für diese Beitragszeiten zuvor mit 1,3333 vervielfältigt.

(5) Für die Ermittlung der zusätzlichen Entgeltpunkte des Leistungszuschlags für ständige Arbeiten unter Tage werden auch Zeiten berücksichtigt, in denen Versicherte vor dem 1. Januar 1968 unter Tage beschäftigt waren, wobei für je drei volle Kalendermonate mit anderen als Hauerarbeiten je zwei Kalendermonate angerechnet werden.

(6) § 85 Abs. 1 Satz 1 gilt nicht für Zeiten, in denen eine Rente wegen Berufsunfähigkeit oder wegen Erwerbsunfähigkeit bezogen worden ist.

(7) Der Rentenartfaktor beträgt für persönliche Entgeltpunkte bei großen Witwenrenten und großen Witwerrenten in der knappschaftlichen Rentenversicherung nach dem Ende des dritten Kalendermonats nach Ablauf des Monats, in dem der Ehegatte verstorben ist, 0,8, wenn der Ehegatte vor dem 1. Januar 2002 verstorben ist oder die Ehe vor diesem Tag geschlossen wurde und mindestens ein Ehegatte vor dem 2. Januar 1962 geboren ist.

(8) 1Beginnt eine Rente für Bergleute vor dem 1. Januar 2024 ist bei der Ermittlung des Zugangsfaktors abhängig vom Rentenbeginn anstelle der Vollendung des 64. Lebensjahres die Vollendung des nachstehend angegebenen Lebensalters maßgebend:

Bei Beginn der Rente im		tritt an die Stelle des Lebensalters 64 Jahre das Lebensalter	
Jahr	Monat	Jahre	Monate
2012	Januar	62	1
2012	Februar	62	2
2012	März	62	3
2012	April	62	4
2012	Mai	62	5
2012	Juni – Dezember	62	6
2013		62	7
2014		62	8
2015		62	9
2016		62	10
2017		62	11
2018		63	0
2019		63	2
2020		63	4
2021		63	6
2022		63	8
2023		63	10.

2§ 86a ist mit der Maßgabe anzuwenden, dass an die Stelle von 40 Jahren 35 Jahre treten.

§ 265a Knappschaftliche Besonderheiten bei rentenrechtlichen Zeiten im Beitrittsgebiet

Entgeltpunkte aus dem Leistungszuschlag werden in dem Verhältnis als Entgeltpunkte (Ost) berücksichtigt, in dem die Kalendermonate mit ständigen Arbeiten unter Tage, die gleichzeitig Beitragszeiten mit Entgeltpunkten (Ost) sind, zu allen Kalendermonaten mit ständigen Arbeiten unter Tage stehen.

VI

Sechster Unterabschnitt
Zusammentreffen von Renten und von Einkommen

§ 266 Erhöhung des Grenzbetrags

Bestand am 31. Dezember 1991 Anspruch auf eine Rente nach den Vorschriften im Gebiet der Bundesrepublik Deutschland ohne das Beitrittsgebiet und auf eine Rente aus der Unfallversicherung, ist Grenzbetrag für diese und eine sich unmittelbar anschließende Rente mindestens der sich nach den §§ 311 und 312 ergebende, um die Beträge nach § 93 Abs. 2 Nr. 1 Buchstabe b und Nr. 2 Buchstabe a geminderte Betrag.

§ 267 Rente und Leistungen aus der Unfallversicherung

Bei der Ermittlung der Summe der zusammentreffenden Rentenbeträge bleibt bei der Rente aus der Unfallversicherung auch die Kinderzulage unberücksichtigt.

Siebter Unterabschnitt
Beginn von Witwenrenten und Witwerrenten an vor dem 1. Juli 1977 geschiedene Ehegatten und Änderung von Renten beim Versorgungsausgleich

§ 268 Beginn von Witwenrenten und Witwerrenten an vor dem 1. Juli 1977 geschiedene Ehegatten

Witwenrenten und Witwerrenten aus der Rentenanwartschaft eines vor dem 1. Juli 1977 geschiedenen Ehegatten werden vor Ablauf des Kalendermonats an geleistet, in dem die Rente beantragt wird.

§ 268a Änderung von Renten beim Versorgungsausgleich

(1) § 101 Abs. 3 Satz 4 in der am 31. August 2009 geltenden Fassung gilt nicht in den Fällen, in denen vor dem 30. März 2005 die zunächst nicht auf Grund des Versorgungsausgleichs gekürzte Rente begonnen hat und die Entscheidung des Familiengerichts über den Versorgungsausgleich wirksam geworden ist.

(2) § 101 Abs. 3 in der bis zum 31. August 2009 geltenden Fassung ist weiterhin anzuwenden, wenn vor dem 1. September 2009 das Verfahren über den Versorgungsausgleich eingeleitet worden ist und die auf Grund des Versorgungsausgleichs zu kürzende Rente begonnen hat.

Achter Unterabschnitt
Zusatzleistungen

§ 269 Steigerungsbeträge

(1) $_1$Für Beiträge der Höherversicherung und für Beiträge nach § 248 Abs. 3 Satz 2 Nr. 3 werden zusätzlich zum Monatsbetrag einer Rente Steigerungsbeträge geleistet. $_2$Diese betragen bei einer Rente aus eigener Versicherung bei Zahlung des Beitrags im Alter

bis zu 30 Jahren 1,6667 vom Hundert,
von 31 bis 35 Jahren 1,5 vom Hundert,
von 36 bis 40 Jahren 1,3333 vom Hundert,
von 41 bis 45 Jahren 1,1667 vom Hundert,
von 46 bis 50 Jahren 1,0 vom Hundert,
von 51 bis 55 Jahren 0,9167 vom Hundert,
von 56 und mehr Jahren 0,8333 vom Hundert

des Nennwerts des Beitrags, bei einer Hinterbliebenenrente vervielfältigt mit dem für die Rente maßgebenden Rentenartfaktor der allgemeinen Rentenversicherung. $_3$Das Alter des Versicherten bestimmt sich nach dem Unterschied zwischen dem Kalenderjahr der Beitragszahlung und dem Geburtsjahr des Versicherten. $_4$Für Beiträge, die für Arbeiter in der Zeit vom 1. Oktober 1921 und für Angestellte in der Zeit vom 1. August 1921 bis zum 31. Dezember 1923 gezahlt worden sind, werden Steigerungsbeträge nicht geleistet.

(2) $_1$Werden auf eine Witwenrente oder Witwerrente nach dem vorletzten Ehegatten Ansprüche infolge Auflösung der letzten Ehe angerechnet, werden hierauf auch die zu einer Witwenrente oder Witwerrente nach dem letzten Ehegatten geleisteten Steigerungsbeträge aus Beiträgen der Höherversicherung angerechnet. $_2$Werden zu einer Witwenrente oder Witwerrente nach dem vorletzten Ehegatten Steigerungsbeträge aus Beiträgen der Höherversicherung gezahlt, werden hierauf auch Ansprüche infolge Auflösung der letzten Ehe angerechnet, soweit sie noch nicht auf die Witwenrente oder Witwerrente nach dem vorletzten Ehegatten angerechnet worden sind.

(3) Werden Witwenrenten oder Witwerrenten auf mehrere Berechtigte aufgeteilt, werden im gleichen Verhältnis auch hierzu gezahlte Steigerungsbeträge aus Beiträgen der Höherversicherung aufgeteilt.

(4) Werden Witwenrenten oder Witwerrenten bei Wiederheirat des Berechtigten abgefunden, werden auch die hierzu gezahlten Steigerungsbeträge aus Beiträgen der Höherversicherung abgefunden.

§ 269a (weggefallen)

§ 269b Rentenabfindung bei Wiederheirat von Witwen und Witwern

$_{1}$Die Rentenabfindung bei Wiederheirat von Witwen und Witwern erfolgt ohne Anrechnung der bereits geleisteten kleinen Witwenrente oder kleinen Witwerrente, wenn der vorletzte Ehegatte vor dem 1. Januar 2002 verstorben ist. $_{2}$Dies gilt auch, wenn mindestens ein Ehegatte in der vorletzten Ehe vor dem 2. Januar 1962 geboren ist und diese Ehe vor dem 1. Januar 2002 geschlossen wurde.

§ 270 (weggefallen)

§ 270a (weggefallen)

Neunter Unterabschnitt Leistungen an Berechtigte im Ausland und Auszahlung

§ 270b Rente wegen teilweiser Erwerbsminderung bei Berufsunfähigkeit

Berechtigte erhalten eine Rente wegen teilweiser Erwerbsminderung bei Berufsunfähigkeit (§ 240) nur, wenn sie auf diese Rente bereits für die Zeit, in der sie ihren gewöhnlichen Aufenthalt noch im Inland gehabt haben, einen Anspruch hatten.

§ 271 Höhe der Rente

$_{1}$Bundesgebiets-Beitragszeiten sind auch Zeiten, für die nach den vor dem 9. Mai 1945 geltenden Reichsversicherungsgesetzen

1. Pflichtbeiträge für eine Beschäftigung oder selbständige Tätigkeit im Inland oder
2. freiwillige Beiträge für die Zeit des gewöhnlichen Aufenthalts im Inland oder außerhalb des jeweiligen Geltungsbereichs der Reichsversicherungsgesetze

gezahlt worden sind. $_{2}$Kindererziehungszeiten sind Bundesgebiets-Beitragszeiten, wenn die Erziehung des Kindes im Gebiet der Bundesrepublik Deutschland erfolgt ist.

§ 272 Besonderheiten

(1) Die persönlichen Entgeltpunkte von Berechtigten die vor dem 19. Mai 1950 geboren sind und vor dem 19. Mai 1990 ihren gewöhnlichen Aufenthalt im Ausland genommen haben, werden zusätzlich ermittelt aus

1. Entgeltpunkten für Beitragszeiten nach dem Fremdrentengesetz, begrenzt auf die Höhe der Entgeltpunkte für Bundesgebiets-Beitragszeiten,
2. dem Leistungszuschlag für Beitragszeiten nach dem Fremdrentengesetz, begrenzt auf die Höhe des Leistungszuschlags für Bundesgebiets-Beitragszeiten,
3. dem Abschlag an Entgeltpunkten aus einem durchgeführten Versorgungsausgleich oder Rentensplitting, der auf Beitragszeiten nach dem Fremdrentengesetz entfällt, in dem Verhältnis, in dem die nach Nummer 1 begrenzten Entgeltpunkte für Beitragszeiten nach dem Fremdrentengesetz zu allen Entgeltpunkten für diese Zeiten stehen und
4. dem Zuschlag an persönlichen Entgeltpunkten bei Waisenrenten aus Beitragszeiten nach dem Fremdrentengesetz in dem sich nach Nummer 3 ergebenden Verhältnis.

(2) Entgeltpunkte für Beitragszeiten nach dem Fremdrentengesetz, die nach Absatz 1 aufgrund von Entgeltpunkten (Ost) zusätzlich zu berücksichtigen sind, gelten als Entgeltpunkte (Ost).

(3) $_{1}$Zu den Entgeltpunkten von Berechtigten im Sinne von Absatz 1, die auf die Höhe der Entgeltpunkte für Bundesgebiets-Beitragszeiten begrenzt zu berücksichtigen sind, gehören auch Reichsgebiets-Beitragszeiten. $_{2}$Bei der Ermittlung von Entgeltpunkten aus einem Leistungszuschlag, aus einem Abschlag aus einem durchgeführten Versorgungsausgleich oder Rentensplitting und für den Zuschlag bei einer Waisenrente sind Reichsgebiets-Beitragszeiten wie Beitragszeiten nach dem Fremdrentengesetz zu berücksichtigen.

§ 272a Fälligkeit und Auszahlung laufender Geldleistungen bei Beginn vor dem 1. April 2004

(1) $_{1}$Bei Beginn laufender Geldleistungen mit Ausnahme des Übergangsgeldes vor dem 1. April 2004 werden diese zu Beginn des Monats fällig, zu dessen Beginn die Anspruchsvoraussetzungen erfüllt sind; sie werden am letzten Bankarbeitstag des Monats ausgezahlt, der dem Monat der Fälligkeit vorausgeht. $_{2}$§ 118 Abs. 1 Satz 2 und 3 gilt entsprechend.

(2) Absatz 1 gilt auch für aufgrund des § 89 zu zahlende Renten, für Regelaltersrenten, die im Anschluss an eine Erziehungsrente oder Rente wegen verminderter Erwerbsfähigkeit zu zahlen sind, und für Renten wegen Todes, die im Anschluss an eine Rente des verstorbenen Versicherten zu zahlen sind, wenn aus einem Versicherungskonto bei ununterbrochen anerkannten Rentenansprüchen der erstmalige Rentenbeginn vor dem 1. April 2004 liegt.

Zehnter Unterabschnitt
Organisation, Datenverarbeitung und Datenschutz

Erster Titel
Organisation

§ 273 Zuständigkeit der Deutschen Rentenversicherung Knappschaft-Bahn-See

(1) 1Für Beschäftigte ist die Deutsche Rentenversicherung Knappschaft-Bahn-See als Träger der knappschaftlichen Rentenversicherung auch zuständig, wenn die Versicherten auf Grund der Beschäftigung in einem nichtknappschaftlichen Betrieb bereits vor dem 1. Januar 1992 bei der Bundesknappschaft versichert waren, solange diese Beschäftigung andauert. 2Werden Beschäftigte in einem Betrieb oder Betriebsteil, für dessen Beschäftigte die Bundesknappschaft bereits vor dem 1. Januar 1992 zuständig war, infolge einer Verschmelzung, Umwandlung oder einer sonstigen Maßnahme innerhalb von 18 Kalendermonaten nach dieser Maßnahme in einem anderen Betrieb oder Betriebsteil des Unternehmens tätig, bleibt die Deutsche Rentenversicherung Knappschaft-Bahn-See als Träger der knappschaftlichen Rentenversicherung für die Dauer dieser Beschäftigung zuständig.

(2) Für Versicherte, die

1. bis zum 31. Dezember 1955 von dem Recht der Selbstversicherung oder
2. bis zum 31. Dezember 1967 von dem Recht der Weiterversicherung

in der knappschaftlichen Rentenversicherung Gebrauch gemacht haben, ist die Deutsche Rentenversicherung Knappschaft-Bahn-See als Träger der knappschaftlichen Rentenversicherung für die freiwillige Versicherung zuständig.

(3) 1Für Personen, die zum Zeitpunkt des Zuständigkeitswechsels nach § 130 und § 136 bereits eine Rente beziehen, bleibt der bisher zuständige Träger der Rentenversicherung für die Dauer des Bezugs dieser Rente weiterhin zuständig. 2Bestand am 31. Dezember 2004 bei einem bisher zuständigen Träger der Rentenversicherung ein laufender Geschäftsvorfall, bleibt die Zuständigkeit bis zu dessen Abschluss erhalten.

(4) 1Beschäftigte, die bei der Bundesknappschaft beschäftigt sind, sind bis zum 30. September 2005 in der knappschaftlichen Rentenversicherung versichert. 2Für Versicherte, die am 30. September 2005 bei der Bundesknappschaft beschäftigt und in der knappschaftlichen Rentenversicherung versichert sind, bleibt die Deutsche Rentenversicherung Knappschaft-Bahn-See als Träger der knappschaftlichen Rentenversicherung für die Dauer dieser Beschäftigung zuständig. 3Dies gilt auch für Beschäftigte der Deutschen Rentenversicherung Knappschaft-Bahn-See, deren Beschäftigung unmittelbar an ein am 30. September 2005 bei der Bundesknappschaft bestehendes Ausbildungsverhältnis anschließt.

(5) Für Beschäftigte, die am 31. Dezember 1993 nach § 3 der Satzung der damaligen Bundesbahn-Versicherungsanstalt bei diesem Versicherungsträger versichert waren und nicht zu dem Personenkreis gehören, für den die Deutsche Rentenversicherung Knappschaft-Bahn-See nach § 129 Abs. 1 zuständig ist, bleibt die Deutsche Rentenversicherung Knappschaft-Bahn-See zuständig.

§ 273a Zuständigkeit in Zweifelsfällen

Ob im Beitrittsgebiet ein Betrieb knappschaftlich ist, einem knappschaftlichen Betrieb gleichgestellt ist oder die Zuständigkeit der Deutschen Rentenversicherung Knappschaft-Bahn-See als Träger der knappschaftlichen Rentenversicherung für Arbeitnehmer außerhalb von knappschaftlichen Betrieben, die denen in knappschaftlichen Betrieben gleichgestellt sind, gegeben ist, entscheidet in Zweifelsfällen das Bundesamt für Soziale Sicherung.

Zweiter Titel
Datenverarbeitung und Datenschutz

§ 274 Dateisysteme bei der Datenstelle hinsichtlich der Verordnung (EWG) Nr. 1408/71 des Rates vom 14. Juni 1971

(1) § 150 Absatz 3 Satz 1 ist nicht im Verhältnis zu Staaten und Personengruppen anzuwenden, auf welche die Verordnung (EWG) Nr. 1408/71 des Rates vom 14. Juni 1971 zur Anwendung der Systeme der sozialen Sicherheit auf Arbeitnehmer und Selbständige sowie deren Familienangehörige, die innerhalb der Gemeinschaft zu- und abwandern (ABl. L 149 vom 5. 7. 1971, S. 2), die zuletzt durch die Verordnung (EG) Nr. 592/2008 (ABl. L 177 vom 4. 7. 2008, S. 1) geändert worden ist, weiter Anwendung findet.

(2) Für die Prüfung, ob eine Beschäftigung den Voraussetzungen entspricht, nach denen eine Bescheinigung über weiterhin anzuwendende Rechtsvorschriften (Bescheinigung E 101) nach den Artikeln 11 und 11a der Verordnung (EWG) Nr. 574/72 des Rates vom 21. März 1972 über die Durchführung der Verordnung (EWG)

VI

Nr. 1408/71 über die Anwendung der Systeme der sozialen Sicherheit auf Arbeitnehmer und Selbständige sowie deren Familienangehörige, die innerhalb der Gemeinschaft zu- und abwandern (ABl. L 74 vom 27. 3. 1972, S. 1), die zuletzt durch die Verordnung (EG) Nr. 120/2009 (ABl. L 39 vom 10. 2. 2009, S. 29) geändert worden ist, ausgestellt werden kann, werden nach § 150 Absatz 3 vom Träger der Rentenversicherung folgende Daten gespeichert:

1. die in der Bescheinigung E 101 enthaltenen Daten,
2. ein Identifikationsmerkmal des Arbeitnehmers, der Arbeitnehmerin oder des Selbstständigen,
3. ein Identifikationsmerkmal des ausländischen Arbeitgebers,
4. ein Identifikationsmerkmal des inländischen Arbeitgebers,
5. die Mitteilung über eine Anfrage beim ausstellenden Träger einer Bescheinigung E 101 und
6. das Ergebnis der Überprüfung einer Bescheinigung E 101.

§ 274a Verarbeitung von Sozialdaten im Zusammenhang mit dem Anpassungsgeld nach § 57 des Kohleverstromungsbeendigungsgesetzes

(1) 1Auf Ersuchen von Versicherten berechnet die Deutsche Rentenversicherung Knappschaft-Bahn-See den für die Gewährung des Anpassungsgeldes maßgebenden Rentenbetrag im Sinne des § 57 Absatz 1 Satz 1 und Absatz 3 des Kohleverstromungsbeendigungsgesetzes und den frühestmöglichen Zeitpunkt, zu dem Versicherte das Anpassungsgeld beziehen können. 2Die Ergebnisse der Berechnungen nach Satz 1 sind mit Einwilligung der Versicherten an deren Arbeitgeber zu übermitteln. 3Dies ist auch anzuwenden für die zur Beantragung von Anpassungsgeld notwendige Auskunft, ob Versicherte unmittelbar im Anschluss an den Bezug von Anpassungsgeld einen Anspruch auf eine Rente nach den §§ 35 bis 38, § 40, den §§ 235 bis 236b oder § 238 haben.

(2) Die Übermittlung von Sozialdaten durch die Deutsche Rentenversicherung Knappschaft-Bahn-See an das Bundesamt für Wirtschaft und Ausfuhrkontrolle ist zulässig, soweit sie für dessen Aufgabenerfüllung nach § 57 Absatz 1 des Kohleverstromungsbeendigungsgesetzes erforderlich ist.

(3) 1Die Einrichtung eines automatisierten Verfahrens, das die Übermittlung von Sozialdaten aus dem Dateisystem der Deutschen Rentenversicherung Knappschaft-Bahn-See an das Bundesamt für Wirtschaft und Ausfuhrkontrolle ermöglicht, ist zur Leistung der nach § 57 Absatz 1 Satz 2 des Kohleverstromungsbeendigungsgesetzes zu erbringenden Ausgleichszahlungen für Rentenminderungen, die sich durch die vorzeitige Inanspruchnahme einer sich an das Anpassungsgeld anschließenden Rente wegen Alters ergeben, zulässig. 2§ 79 Absatz 2 bis 4 des Zehnten Buches Sozialgesetzbuch ist entsprechend anzuwenden.

§ 274b Verarbeitung von Daten aufgrund des Gesetzes zur Zahlung einer Energiepreispauschale für Rentnerinnen und Rentner

(1) 1Die Träger der Rentenversicherung dürfen zur Durchführung der ihnen nach dem Gesetz zur Zahlung einer Energiepreispauschale für Rentnerinnen und Rentner übertragenen Aufgaben die bei ihnen jeweils gespeicherten personenbezogenen Daten sowie die von den Stellen nach den §§ 3 und 5 des Rentenbeziehende-Energiepreispauschalengesetzes vom 7. November 2022 (BGBl. I S. 1985) übermittelten personenbezogenen Daten verarbeiten, soweit dies zur Durchführung dieser Aufgaben erforderlich ist. 2Satz 1 gilt entsprechend für die Datenstelle der Rentenversicherung und die Deutsche Post AG.

(2) Die Einrichtung eines automatisierten Verfahrens, das die Übermittlung von Sozialdaten aus Dateisystemen der nach Absatz 1 genannten Stellen ermöglicht, ist zwischen den Trägern der Rentenversicherung, der Datenstelle der Rentenversicherung und der Deutschen Post AG zulässig, soweit diese Daten zur Durchführung der Aufgaben nach dem Gesetz zur Zahlung einer Energiepreispauschale für Rentnerinnen und Rentner erforderlich sind.

(3) Die Übermittlung nach Absatz 2 darf auch durch Abruf im automatisierten Verfahren erfolgen, ohne dass es einer Genehmigung nach § 79 Absatz 1 des Zehnten Buches bedarf.

Dritter Titel
Übergangsvorschriften zur Zuständigkeit der Rentenversicherungsträger

§ 274c Ausgleichsverfahren

(1) 1Versicherte, die vor dem 1. Januar 2005 eine Versicherungsnummer erhalten haben (Bestandsversicherte), bleiben dem am 31. Dezember 2004 zuständigen Träger zugeordnet. 2Ausgenommen sind Zuständigkeitswechsel

1. zwischen den Regionalträgern,
2. in die Zuständigkeit der Deutschen Rentenversicherung Knappschaft-Bahn-See und
3. auf Grund des Ausgleichsverfahrens nach Absatz 2 bis 6.

(2) 1Das Erweiterte Direktorium der Deutschen Rentenversicherung Bund beschließt ein Ausgleichsverfahren, das die Zuständigkeit für Bestandsversicherte so festlegt, dass in einem Zeitraum von 15 Jahren eine Verteilung von 45 zu 55 vom Hundert zwischen den Bundesträgern und den Regionalträgern hergestellt wird. 2Für das Ausgleichsverfahren wird jährlich für jeden Versichertenjahrgang und jeden örtlichen Zuständigkeitsbereich eines Regionalträgers gesondert die Differenz zwischen der Ist-Verteilung und der Soll-Verteilung zwischen den Bundes- und den Regionalträgern ermittelt und jeweils ein der Restlaufzeit entsprechender Anteil der auszugleichenden Versichertenzahl neu zugeordnet. 3Erfasst werden erstmalig im Jahr 2005 Bestandsversicherte der Geburtsjahrgänge ab 1945 und jünger. 4In den Folgejahren ist der Geburtsjahrgang, ab dem Bestandsversicherte in das Ausgleichsverfahren einbezogen werden, jeweils um eins zu erhöhen.

(3) Ausgenommen von dem Ausgleichsverfahren sind Bestandsversicherte,

1. für die die Deutsche Rentenversicherung Knappschaft-Bahn-See zuständig ist,
2. die bereits einmal von einem Zuständigkeitswechsel nach Absatz 2 betroffen waren,
3. die bereits Leistungen beziehen oder bei denen ein Leistungsverfahren anhängig ist, oder
4. solange deren Anwartschaften oder Rentenansprüche ganz oder teilweise im Sinne der §§ 53 und 54 des Ersten Buches übertragen, verpfändet oder gepfändet sind.

(4) Bestandsversicherte, für die zwischen- oder überstaatliches Recht zur Anwendung kommt, sind ebenfalls entsprechend der Quote zwischen Bundes- und Landesebene unter Berücksichtigung der Aufgabenentwicklung der Verbindungsstellen auszugleichen.

(5) 1Die Ausführung des Ausgleichsverfahrens erfolgt durch die Datenstelle der Rentenversicherung; der zur Abwicklung verwendete Stammdatensatz ist entsprechend den Erfordernissen für die Dauer des Ausgleichsverfahrens zu erweitern. 2Über Zuständigkeitswechsel sind die betroffenen Versicherten und deren Rentenversicherungsträger unverzüglich zu unterrichten.

(6) 1Bis zum Abschluss des Ausgleichsverfahrens veröffentlicht die Deutsche Rentenversicherung Bund jährlich, erstmals im Jahr 2006, einen Bericht über die tatsächliche Arbeitsmengenverteilung zwischen den Bundes- und den Regionalträgern im Berichtsjahr sowie eine Prognose über die künftige Entwicklung auf beiden Ebenen. 2Auf dieser Grundlage entscheidet das Erweiterte Direktorium, ob weiterer Bedarf zur Stabilisierung der Arbeitsmengen zwischen den Trägern der Rentenversicherung besteht und beschließt die erforderlichen Maßnahmen.

Elfter Unterabschnitt Finanzierung

Erster Titel (weggefallen)

§ 275 (weggefallen)

Zweiter Titel Beiträge

§ 275a Beitragsbemessungsgrenzen im Beitrittsgebiet für die Zeit bis zum 31. Dezember 2024

1Die Beitragsbemessungsgrenzen (Ost) in der allgemeinen Rentenversicherung sowie in der knappschaftlichen Rentenversicherung verändern sich zum 1. Januar eines jeden Kalenderjahres auf die Werte, die sich ergeben, wenn die für dieses Kalenderjahr jeweils geltenden Werte der Anlage 2 durch den für dieses Kalenderjahr bestimmten Wert der Anlage 10 geteilt werden. 2Dabei ist von den ungerundeten Beträgen auszugehen, aus denen die Beitragsbemessungsgrenzen errechnet wurden. 3Die Beitragsbemessungsgrenzen (Ost) sind für das Jahr, für das sie bestimmt werden, auf das nächsthöhere Vielfache von 600 aufzurunden. 4Für die Zeit ab 1. Januar 2025 sind Beitragsbemessungsgrenzen (Ost) nicht mehr zu bestimmen.

§ 275b Verordnungsermächtigung

Die Bundesregierung wird ermächtigt, durch Rechtsverordnung mit Zustimmung des Bundesrates die Beitragsbemessungsgrenzen in Ergänzung der Anlage 2a festzusetzen.

§ 276 Übergangsregelung für Auszubildende in einer außerbetrieblichen Einrichtung

§ 162 Nummer 3a und § 168 Absatz 1 Nummer 3a in der bis zum 31. Dezember 2019 geltenden Fassung sind weiterhin anzuwenden, wenn die Berufsausbildung in einer außerbetrieblichen Einrichtung vor dem 1. Januar 2020 begonnen wurde.

§ 276a Arbeitgeberanteil bei Versicherungsfreiheit

(1) 1Für geringfügig Beschäftigte nach § 8 Absatz 1 Nummer 1 des Vierten Buches, die in dieser Beschäftigung nach § 230 Absatz 8 versicherungsfrei sind, tragen die Arbeitgeber einen Beitragsanteil in Höhe von 15 Prozent des Arbeitsentgelts, das beitragspflichtig wäre, wenn die Beschäftigten versicherungspflichtig wären. 2Für geringfügig Beschäftigte in Privathaushalten nach § 8a Satz 1 des Vierten Buches, die in dieser Beschäftigung nach § 230 Absatz 8 versicherungsfrei sind, tragen die Arbeitgeber einen Beitragsanteil in Höhe von 5 Prozent des Arbeitsentgelts, das beitragspflichtig wäre, wenn die Beschäftigten versicherungspflichtig wären.

(1a) Für Beschäftigte, die nach § 230 Absatz 9 wegen des Bezugs einer Vollrente wegen Alters vor Erreichen der Regelaltersgrenze versicherungsfrei sind, gilt § 172 entsprechend.

(2) Für den Beitragsanteil des Arbeitgebers gelten die Vorschriften des Dritten Abschnitts des Vierten Buches sowie die Bußgeldvorschriften des § 111 Absatz 1 Nummer 2 bis 4, 8 und Absatz 2 und 4 des Vierten Buches entsprechend.

§ 276b Übergangsregelung für Beschäftigte in Privathaushalten im Übergangsbereich

1§ 134 des Vierten Buches findet nur Anwendung auf Beschäftigte in Privathaushalten (§ 8a des Vierten Buches in Verbindung mit § 8 Absatz 1 Nummer 1 des Vierten Buches), die sich nicht von der Versicherungspflicht nach § 6 Absatz 1b befreien lassen. 2Die Beiträge werden von den Arbeitgebern in Höhe der Hälfte des Betrages getragen, der sich ergibt, wenn der Beitragssatz auf das der Beschäftigung zugrundeliegende Arbeitsentgelt angewendet wird, im Übrigen von den Beschäftigten.

§ 277 Beitragsrecht bei Nachversicherung

(1) 1Die Durchführung der Nachversicherung von Personen, die vor dem 1. Januar 1992 aus einer nachversicherungspflichtigen Beschäftigung ausgeschieden sind oder ihren Anspruch auf Versorgung verloren haben und bis zum 31. Dezember 1991 nicht nachversichert worden sind, richtet sich nach den vom 1. Januar 1992 an geltenden Vorschriften, soweit nicht nach Vorschriften außerhalb dieses Buches anstelle einer Zahlung von Beiträgen für die Nachversicherung eine Erstattung der Aufwendungen aus der Nachversicherung vorgesehen ist. 2Eine erteilte Aufschubbescheinigung bleibt wirksam, es sei denn, dass nach den vom 1. Januar 1992 an geltenden Vorschriften Gründe für einen Aufschub der Beitragszahlung nicht mehr gegeben sind.

(2) § 181 Absatz 2a ist nicht anzuwenden, wenn die Nachversicherungsbeiträge vor dem 1. Januar 2016 fällig geworden sind.

§ 277a Durchführung der Nachversicherung im Beitrittsgebiet

(1) 1Bei der Durchführung der Nachversicherung von Personen, die eine nachversicherungspflichtige Beschäftigung im Beitrittsgebiet ausgeübt haben, ist die Beitragsbemessungsgrundlage für die Berechnung der Beiträge für Zeiten im Beitrittsgebiet vor dem 1. Januar 1992 mit den entsprechenden Werten der Anlage 10 und mit dem Verhältniswert zu vervielfältigen, in dem zum Zeitpunkt der Zahlung die Bezugsgröße (Ost) zur Bezugsgröße steht; die Beitragsbemessungsgrundlage ist nur bis zu einem Betrag zu berücksichtigen, der dem durch die entsprechenden Werte der Anlage 10 geteilten Betrag der jeweiligen Beitragsbemessungsgrenze in der allgemeinen Rentenversicherung entspricht. 2§ 181 Abs. 4 bleibt unberührt. 3Für Personen, die nach § 233a Abs. 1 Satz 2 als nachversichert gelten, erfolgt anstelle einer Zahlung von Beiträgen für die Nachversicherung eine Erstattung der Aufwendungen aus der Nachversicherung; der Durchführung der Nachversicherung und der Erstattung werden die bisherigen Vorschriften, die im Gebiet der Bundesrepublik Deutschland außerhalb des Beitrittsgebiets anzuwenden sind, fiktiv zugrunde gelegt.

(2) 1Für Pfarrer, Pastoren, Prediger, Vikare und andere Mitarbeiter von Religionsgesellschaften im Beitrittsgebiet, die nach § 233a Abs. 3 als nachversichert gelten, gilt die Nachversicherung mit den Entgelten als durchgeführt, für die Beiträge nachgezahlt worden sind. 2Die Religionsgesellschaften haben den Nachversicherten die jeweiligen Entgelte zu bescheinigen.

(3) 1Für Diakonissen und Mitglieder geistlicher Genossenschaften im Beitrittsgebiet, die nach § 233a Abs. 4 nachversichert werden, ist Beitragsbemessungsgrundlage für Zeiten

1. bis zum 31. Mai 1958 ein monatliches Arbeitsentgelt von 270 Deutsche Mark,

VI

2. vom 1. Juni 1958 bis 30. Juni 1967 ein monatliches Arbeitsentgelt von 340 Deutsche Mark,
3. vom 1. Juli 1967 bis 28. Februar 1971 ein monatliches Arbeitsentgelt von 420 Deutsche Mark,
4. vom 1. März 1971 bis 30. September 1976 ein monatliches Arbeitsentgelt von 470 Deutsche Mark und
5. vom 1. Oktober 1976 bis 31. Dezember 1984 ein monatliches Arbeitsentgelt von 520 Deutsche Mark.

2Die Beitragsbemessungsgrundlage ist für die Berechnung der Beiträge mit den entsprechenden Werten der Anlage 10 und mit dem Verhältniswert zu vervielfältigen, in dem zum Zeitpunkt der Zahlung die Bezugsgröße (Ost) zur Bezugsgröße steht. 3§ 181 Abs. 4 bleibt unberührt.

§ 278 Mindestbeitragsbemessungsgrundlage für die Nachversicherung

(1) Mindestbeitragsbemessungsgrundlage ist für Zeiten
1. bis zum 31. Dezember 1956 ein monatliches Arbeitsentgelt von 150 Deutsche Mark,
2. vom 1. Januar 1957 bis zum 31. Dezember 1976 ein monatliches Arbeitsentgelt in Höhe von 20 vom Hundert der jeweiligen Beitragsbemessungsgrenze in der Rentenversicherung der Arbeiter und der Angestellten.

(2) Mindestbeitragsbemessungsgrundlage für Ausbildungszeiten ist
1. bis zum 31. Dezember 1967 ein monatliches Arbeitsentgelt von 150 Deutsche Mark,
2. vom 1. Januar 1968 bis zum 31. Dezember 1976 ein monatliches Arbeitsentgelt in Höhe von 10 vom Hundert der jeweiligen Beitragsbemessungsgrenze in der Rentenversicherung der Arbeiter und der Angestellten.

(3) Mindestbeitragsbemessungsgrundlage für Zeiten einer Teilzeitbeschäftigung ist der Teil des sich aus Absatz 1 ergebenden Betrages, der dem Verhältnis der ermäßigten zur regelmäßigen Arbeitszeit entspricht.

§ 278a Mindestbeitragsbemessungsgrundlage für die Nachversicherung im Beitrittsgebiet

(1) Mindestbeitragsbemessungsgrundlage ist für Zeiten im Beitrittsgebiet
1. bis zum 31. Dezember 1956 ein monatliches Arbeitsentgelt von 150 Deutsche Mark, das durch den jeweiligen Wert der Anlage 10 zu teilen ist,
2. vom 1. Januar 1957 bis zum 30. Juni 1990 ein monatliches Arbeitsentgelt in Höhe von 20 vom Hundert der durch den Wert der Anlage 10 geteilten jeweiligen Beitragsbemessungsgrenze in der Rentenversicherung der Arbeiter und der Angestellten,
3. vom 1. Juli 1990 an ein monatliches Arbeitsentgelt in Höhe von 40 vom Hundert der jeweiligen Bezugsgröße (Ost).

(2) Mindestbeitragsbemessungsgrundlage für Ausbildungszeiten im Beitrittsgebiet ist
1. bis zum 31. Dezember 1967 ein monatliches Arbeitsentgelt von 150 Deutsche Mark, das durch den jeweiligen Wert der Anlage 10 zu teilen ist,
2. vom 1. Januar 1968 bis zum 30. Juni 1990 ein monatliches Arbeitsentgelt in Höhe von 10 vom Hundert der durch den Wert der Anlage 10 geteilten jeweiligen Beitragsbemessungsgrenze in der Rentenversicherung der Arbeiter und der Angestellten,
3. vom 1. Juli 1990 an ein monatliches Arbeitsentgelt in Höhe von 20 vom Hundert der jeweiligen Bezugsgröße (Ost).

(3) Mindestbeitragsbemessungsgrundlage für Zeiten einer Teilzeitbeschäftigung ist der Teil des sich aus Absatz 1 ergebenden Betrages, der dem Verhältnis der ermäßigten zur regelmäßigen Arbeitszeit entspricht.

§ 279 Beitragspflichtige Einnahmen bei Hebammen und Handwerkern

(1) Beitragspflichtige Einnahmen bei selbständig tätigen Hebammen mit Niederlassungserlaubnis sind mindestens 40 vom Hundert der Bezugsgröße.

(2) 1Beitragspflichtige Einnahmen bei selbständig tätigen Handwerkern, die in ihrem Gewerbebetrieb mit Ausnahme von Lehrlingen und des Ehegatten oder eines Verwandten ersten Grades keine wegen dieser Beschäftigung versicherungspflichtigen Personen beschäftigen (Alleinhandwerker) und die im Jahr 1991 von der Möglichkeit Gebrauch gemacht haben, Pflichtbeiträge für weniger als zwölf Monate zu zahlen, sind für Zeiten, die sich ununterbrochen anschließen, mindestens 50 vom Hundert der Bezugsgröße. 2Für Alleinhandwerker, die im Jahr 1991 für jeden Monat Beiträge von einem niedrigeren Arbeitseinkommen als dem Durchschnittsentgelt gezahlt haben, sind beitragspflichtige Einnahmen für Zeiten, die sich ununterbrochen anschließen und in denen die im letzten Einkommensteuerbescheid ausgewiesenen Jahreseinkünfte aus Gewerbebetrieb vor Abzug der Sonderausgaben und Freibeträge weniger als 50 vom Hundert der Be-

VI

zugsgröße betragen, mindestens 40 vom Hundert der Bezugsgröße. 3Abweichend von Satz 2 sind beitragspflichtige Einnahmen für Alleinhandwerker, die auch die Voraussetzungen von Satz 1 erfüllen, mindestens 20 vom Hundert der Bezugsgröße. 4Die Regelungen in den Sätzen 1 bis 3 sind nur anzuwenden, wenn dies bis zum 30. Juni 1992 beantragt wird.

§ 279a Beitragspflichtige Einnahmen mitarbeitender Ehegatten im Beitrittsgebiet

Beitragspflichtige Einnahmen bei im Beitrittsgebiet mitarbeitenden Ehegatten sind die Einnahmen aus der Tätigkeit.

§ 279b Beitragsbemessungsgrundlage für freiwillig Versicherte

1Für freiwillig Versicherte, die ihren gewöhnlichen Aufenthalt im Beitrittsgebiet haben, ist Beitragsbemessungsgrundlage ein Betrag von der Mindestbemessungsgrundlage (§ 167) bis zur Beitragsbemessungsgrenze. 2§ 228a gilt nicht.

§ 279c Beitragstragung im Beitrittsgebiet

Die Beiträge werden bei mitarbeitenden Ehegatten von diesen und den selbständig Tätigen je zur Hälfte getragen.

§ 279d Beitragszahlung im Beitrittsgebiet

1Für die Zahlung der Beiträge von mitarbeitenden Ehegatten gelten die Vorschriften über den Gesamtsozialversicherungsbeitrag. 2Für die Beitragszahlung gelten die selbständig Tätigen als Arbeitgeber.

§§ 279e und 279f (weggefallen)

§ 279g Sonderregelungen bei Altersteilzeitbeschäftigten

Bei Arbeitnehmern, für die die Vorschriften des Altersteilzeitgesetzes in der bis zum 30. Juni 2004 geltenden Fassung anzuwenden sind, weil mit der Altersteilzeitarbeit vor dem 1. Juli 2004 begonnen wurde (§ 15g des Altersteilzeitgesetzes), sind § 163 Abs. 5 und § 168 Abs. 1 Nr. 6 und 7 in der bis zum 30. Juni 2004 geltenden Fassung anzuwenden.

§ 280 Höherversicherung für Zeiten vor 1998

Beiträge für Zeiten vor 1998 sind zur Höherversicherung gezahlt, wenn sie als solche bezeichnet sind.

§ 281 Nachversicherung

(1) 1Sind für den Nachversicherungszeitraum bereits freiwillige Beiträge vor dem 1. Januar 1992 gezahlt worden, werden diese Beiträge nicht erstattet. 2Sie gelten als Beiträge zur Höherversicherung.

(2) Soweit nach dem vor dem 1. Januar 1992 geltenden Recht Beiträge im Rahmen der Nachversicherung nachzuentrichten waren und noch nicht nachentrichtet sind, gelten sie erst mit der Zahlung im Sinne des § 181 Abs. 1 Satz 2 als rechtzeitig entrichtete Pflichtbeiträge.

§ 281a Zahlung von Beiträgen im Rahmen des Versorgungsausgleichs im Beitrittsgebiet

(1) Im Rahmen des Versorgungsausgleichs können Beiträge gezahlt werden, um

1. Rentenanwartschaften, die durch einen Abschlag an Entgeltpunkten (Ost) gemindert worden sind, ganz oder teilweise wieder aufzufüllen,
2. die Erstattungspflicht für die Begründung von Rentenanwartschaften in Entgeltpunkten (Ost) zugunsten des Ausgleichsberechtigten abzulösen (§ 225 Abs. 2, § 264a).

(2) 1Für die Zahlung von Beiträgen werden die Rentenanwartschaften in Entgeltpunkte (Ost) umgerechnet, soweit das Familiengericht dies angeordnet hat (§ 264a Abs. 1). 2Die Entgeltpunkte (Ost) werden in der Weise ermittelt, daß der Monatsbetrag der Rentenanwartschaften durch den aktuellen Rentenwert (Ost) mit seinem Wert bei Ende der Ehezeit oder Lebenspartnerschaftszeit geteilt wird.

(3) 1Für je einen Entgeltpunkt (Ost) ist der Betrag zu zahlen, der sich ergibt, wenn der im Zeitpunkt der Beitragszahlung geltende Beitragssatz auf das für das Kalenderjahr der Beitragszahlung zugrunde zu legende Durchschnittsentgelt im Beitrittsgebiet angewendet wird. 2Als Durchschnittsentgelt im Beitrittsgebiet ist das durch den Wert der Anlage 10 geteilte vorläufige Durchschnittsentgelt im übrigen Bundesgebiet zugrunde zu legen. 3Der Zahlbetrag wird nach den Rechengrößen zur Durchführung des Versorgungsausgleichs ermittelt, die das Bundesministerium für Arbeit und Soziales im Bundesgesetzblatt bekannt macht. 4Die Rechengrößen enthalten Faktoren zur Umrechnung von Entgeltpunkten (Ost) in Beiträge und umgekehrt; dabei können Rundungsvorschriften der Berechnungsgrundsätze unberücksichtigt bleiben, um genauere Ergebnisse zu erzielen.

(4) § 187 Abs. 4,5 und 7 gilt auch für die Zahlung von Beiträgen im Rahmen des Versorgungsausgleichs im Beitrittsgebiet.

§ 281b Verordnungsermächtigung

Die Bundesregierung wird ermächtigt, durch Rechtsverordnung mit Zustimmung des Bundesrates für die Fälle, in denen nach Vorschriften außerhalb dieses Buches anstelle einer Zahlung von Beiträgen für die Nachversicherung eine Erstattung der Aufwendungen aus der Nachversicherung vorgesehen ist (§ 277), das Nähere über die Berechnung und Durchführung der Erstattung zu regeln.

Dritter Titel
Verfahren

§ 281c Meldepflichten im Beitrittsgebiet

1Eine Meldung nach § 28a Abs. 1 bis 3 des Vierten Buches haben für im Beitrittsgebiet mitarbeitende Ehegatten die selbständig Tätigen zu erstatten. 2§ 28a Abs. 5 sowie die §§ 28b und 28c des Vierten Buches gelten entsprechend.

§ 282 Nachzahlung nach Erreichen der Regelaltersgrenze

VI

(1) 1Vor dem 1. Januar 1955 geborene Elternteile, denen Kindererziehungszeiten anzurechnen sind oder die von § 286g Satz 1 Nummer 1 erfasst werden und die bis zum Erreichen der Regelaltersgrenze die allgemeine Wartezeit nicht erfüllt haben, können auf Antrag freiwillige Beiträge für so viele Monate nachzahlen, wie zur Erfüllung der allgemeinen Wartezeit noch erforderlich sind. 2Beiträge können nur für Zeiten nachgezahlt werden, die noch nicht mit Beiträgen belegt sind.

(2) 1Versicherte, die bis zum Erreichen der Regelaltersgrenze die allgemeine Wartezeit nicht erfüllt haben und am 10. August 2010 aufgrund des § 7 Absatz 2 und des § 232 Absatz 1 in der bis zum 10. August 2010 geltenden Fassung nicht das Recht zur freiwilligen Versicherung hatten, können auf Antrag freiwillige Beiträge für so viele Monate nachzahlen, wie zur Erfüllung der allgemeinen Wartezeit noch erforderlich sind. 2Beiträge können nur für Zeiten nachgezahlt werden, die noch nicht mit Beiträgen belegt sind. 3Der Antrag kann nur bis zum 31. Dezember 2015 gestellt werden.

(3) 1Versicherte, die

1. nach § 1 Absatz 4 des Streitkräftepersonalstruktur-Anpassungsgesetzes oder nach § 3 Absatz 2 des Bundeswehrbeamtinnen- und Bundeswehrbeamten-Ausgliederungsgesetzes beurlaubt worden sind und
2. bis zum Erreichen der Regelaltersgrenze die allgemeine Wartezeit nicht erfüllt haben,

können, wenn zwischen der Beurlaubung und der maßgebenden gesetzlichen oder besonderen Altersgrenze weniger als 60 Kalendermonate liegen, auf Antrag freiwillige Beiträge für so viele Monate nachzahlen, wie zur Erfüllung der allgemeinen Wartezeit noch erforderlich sind. 2Beiträge können nur für Zeiten nachgezahlt werden, die noch nicht mit Beiträgen belegt sind.

§ 283 (weggefallen)

§ 284 Nachzahlung für Vertriebene, Flüchtlinge und Evakuierte

1Personen im Sinne der §§ 1 bis 4 des Bundesvertriebenengesetzes und des § 1 des Bundesevakuiertengesetzes, die

1. vor der Vertreibung, der Flucht oder der Evakuierung selbständig tätig waren und
2. binnen drei Jahren nach der Vertreibung, der Flucht oder der Evakuierung oder nach Beendigung einer Ersatzzeit wegen Vertreibung, Umsiedlung, Aussiedlung oder Flucht einen Pflichtbeitrag gezahlt haben,

können auf Antrag freiwillige Beiträge für Zeiten vor Erreichen der Regelaltersgrenze bis zur Vollendung des 16. Lebensjahres, längstens aber bis zum 1. Januar 1924 zurück, nachzahlen, sofern diese Zeiten nicht bereits mit Beiträgen belegt sind. 2Nach bindender Bewilligung einer Vollrente wegen Alters ist eine Nachzahlung nicht zulässig, wenn der Monat abgelaufen ist, in dem die Regelaltersgrenze erreicht wurde.

§ 285 Nachzahlung bei Nachversicherung

1Personen, die nachversichert worden sind und die aufgrund der Nachversicherung die allgemeine Wartezeit vor dem 1. Januar 1984 erfüllen, können für Zeiten nach dem 31. Dezember 1983 auf Antrag freiwillige Beiträge nachzahlen, sofern diese Zeiten nicht bereits mit Beiträgen belegt sind. 2Der Antrag kann nur innerhalb von sechs Monaten nach Durchführung der Nachversicherung gestellt werden. 3Die Erfüllung der Voraussetzungen für den Bezug einer Rente innerhalb der Antragsfrist steht der Nachzahlung nicht entgegen. 4Die Beiträge sind spätestens sechs Monate nach Eintritt der Bindungswirkung des Nachzahlungsbescheides nachzuzahlen.

§ 286 Versicherungskarten

(1) Werden nach dem 31. Dezember 1991 Versicherungskarten, die nicht aufgerechnet sind, den Trägern der Rentenversicherung vorgelegt, haben die Träger der

Rentenversicherung entsprechend den Regelungen über die Klärung des Versicherungskontos zu verfahren.

(2) Wenn auf einer vor dem 1. Januar 1992 rechtzeitig umgetauschten Versicherungskarte

1. Beschäftigungszeiten, die nicht länger als ein Jahr vor dem Ausstellungstag der Karte liegen, ordnungsgemäß bescheinigt oder
2. Beitragsmarken von Pflichtversicherten oder freiwillig Versicherten ordnungsgemäß verwendet sind,

so wird vermutet, dass während der in Nummer 1 genannten Zeiten ein die Versicherungspflicht begründendes Beschäftigungsverhältnis mit dem angegebenen Arbeitsentgelt bestanden hat und die dafür zu zahlenden Beiträge rechtzeitig gezahlt worden sind und während der mit Beitragsmarken belegten Zeiten ein gültiges Versicherungsverhältnis vorgelegen hat.

(3) 1Nach Ablauf von zehn Jahren nach Aufrechnung der Versicherungskarte können von den Trägern der Rentenversicherung

1. die Richtigkeit der Eintragung der Beschäftigungszeiten, der Arbeitsentgelte und der Beiträge und
2. die Rechtsgültigkeit der Verwendung der in der Aufrechnung der Versicherungskarte bescheinigten Beitragsmarken

nicht mehr angefochten werden. 2Dies gilt nicht, wenn Versicherte oder ihre Vertreter oder zur Fürsorge für sie Verpflichtete die Eintragung in die Entgeltbescheinigung oder die Verwendung der Marken in betrügerischer Absicht herbeigeführt haben. 3Die Sätze 1 und 2 gelten für die knappschaftliche Rentenversicherung entsprechend.

(4) 1Verlorene, unbrauchbare oder zerstörte Versicherungskarten werden durch die Träger der Rentenversicherung vorbehaltlich des § 286a Abs. 1 ersetzt. 2Nachgewiesene Beiträge und Arbeitsentgelte werden beglaubigt übertragen.

(5) Machen Versicherte für Zeiten vor dem 1. Januar 1973 glaubhaft, dass sie eine versicherungspflichtige Beschäftigung gegen Arbeitsentgelt ausgeübt haben, die vor dem Ausstellungstag der Versicherungskarte liegt oder nicht auf der Karte bescheinigt ist, und für diese Beschäftigung entsprechende Beiträge gezahlt worden sind, ist die Beschäftigungszeit als Beitragszeit anzuerkennen.

(6) § 203 Abs. 2 gilt für Zeiten vor dem 1. Januar 1973 mit der Maßgabe, dass es einer Eintragung in die Versicherungskarte nicht bedarf.

(7) Die Absätze 1 bis 3 gelten entsprechend für den Nachweis der Seefahrtzeiten und Durchschnittsheuern der Seeleute.

§ 286a Glaubhaftmachung der Beitragszahlung und Aufteilung von Beiträgen

(1) 1Fehlen für Zeiten vor dem 1. Januar 1950 die Versicherungsunterlagen, die von einem Träger der Rentenversicherung aufzubewahren gewesen sind, und wären diese in einem vernichteten oder nicht erreichbaren Teil des Karten- oder Kontenarchivs aufzubewahren gewesen oder ist glaubhaft gemacht, dass die Versicherungskarten bei dem Arbeitgeber oder Versicherten oder nach den Umständen des Falles auf dem Weg zum Träger der Rentenversicherung verloren gegangen, unbrauchbar geworden oder zerstört worden sind, sind die Zeiten der Beschäftigung oder Tätigkeit als Beitragszeit anzuerkennen, wenn glaubhaft gemacht wird, dass der Versicherte eine versicherungspflichtige Beschäftigung oder Tätigkeit ausgeübt hat und dass dafür Beiträge gezahlt worden sind. 2Satz 1 gilt auch für freiwillig Versicherte, soweit sie die für die Feststellung rechtserheblichen Zeiten glaubhaft machen. 3Als Mittel der Glaubhaftmachung können auch Versicherungen an Eides statt zugelassen werden. 4Der Träger der Rentenversicherung ist für die Abnahme eidesstattlicher Versicherungen zuständig.

(2) 1Sind in Unterlagen

1. Arbeitsentgelte in einem Gesamtbetrag für die über einen Lohn- oder Gehaltszahlungszeitraum hinausgehende Zeit,
2. Anzahl und Höhe von Beiträgen ohne eine bestimmbare zeitliche Zuordnung

bescheinigt, sind sie gleichmäßig auf die Beitragszahlungszeiträume zu verteilen. 2Bei der Zahlung von Beiträgen nach Lohn-, Beitrags- oder Gehaltsklassen sind die niedrigsten Beiträge an den Beginn und die höchsten Beiträge an das Ende des Beitragszahlungszeitraums zu legen. 3Ist der Beginn der Versicherung nicht bekannt, wird vermutet, dass die Versicherung mit der Vollendung des 14. Lebensjahres, frühestens am 1. Januar 1923, begonnen hat. 4Ist das Ende der Versicherung nicht bekannt, wird vermutet, dass die Versicherung mit dem

1. Kalendermonat vor Beginn der zu berechnenden Rente bei einer Rente wegen Alters, bei einer Rente wegen Erwerbsunfähigkeit, auf die erst nach Erfüllung einer Wartezeit von 20 Jahren ein Anspruch besteht, oder bei einer Erziehungsrente,

2. Eintritt der maßgebenden Minderung der Erwerbsfähigkeit bei einer Rente wegen verminderter Erwerbsfähigkeit,
3. Tod des Versicherten bei einer Hinterbliebenenrente

geendet hat. 5Für die knappschaftliche Rentenversicherung wird als Beginn der Versicherung die satzungsmäßige Mindestaltersgrenze vermutet.

§ 286b Glaubhaftmachung der Beitragszahlung im Beitrittsgebiet

1Machen Versicherte glaubhaft, dass sie im Beitrittsgebiet in der Zeit vom 9. Mai 1945 bis 31. Dezember 1991 ein beitragspflichtiges Arbeitsentgelt oder Arbeitseinkommen erzielt haben und von diesem entsprechende Beiträge gezahlt worden sind, sind die dem Arbeitsentgelt oder Arbeitseinkommen zugrunde liegenden Zeiträume als Beitragszeit anzuerkennen. 2Satz 1 gilt auch für freiwillig Versicherte, soweit sie die für die Feststellung rechtserheblichen Zeiten glaubhaft machen. 3Als Mittel der Glaubhaftmachung können auch Versicherungen an Eides statt zugelassen werden. 4Der Träger der Rentenversicherung ist für die Abnahme eidesstattlicher Versicherungen zuständig.

VI

§ 286c Vermutung der Beitragszahlung im Beitrittsgebiet

1Sind in den Versicherungsunterlagen des Beitrittsgebiets für Zeiten vor dem 1. Januar 1992 Arbeitszeiten oder Zeiten der selbständigen Tätigkeit ordnungsgemäß bescheinigt, wird vermutet, dass während dieser Zeit Versicherungspflicht bestanden hat und für das angegebene Arbeitsentgelt oder Arbeitseinkommen die Beiträge gezahlt worden sind. 2Satz 1 gilt nicht für Zeiten, in denen eine Rente aus der Rentenversicherung oder eine Versorgung bezogen wurde, die nach den bis zum 31. Dezember 1991 im Beitrittsgebiet geltenden Vorschriften zur Versicherungs- oder Beitragsfreiheit führte.

§ 286d Beitragserstattung

(1) Sind Beitragszeiten im Beitrittsgebiet zurückgelegt, gilt § 210 Abs. 5 mit der Maßgabe, dass eine Sachleistung, die vor dem 1. Januar 1991 im Beitrittsgebiet in Anspruch genommen worden ist, eine Erstattung nicht ausschließt.

(2) 1Die Wirkung der Erstattung umfasst nicht Beitragszeiten, die nach dem 20. Juni 1948 und vor dem 19. Mai 1990 im Beitrittsgebiet oder nach dem 31. Januar 1949 und vor dem 19. Mai 1990 in Berlin (Ost) zurückgelegt worden sind, wenn die Erstattung bis zum 31. Dezember 1991 durchgeführt worden ist. 2Sind für diese Zeiten Beiträge nachgezahlt worden, werden auf Antrag anstelle der Beitragszeiten nach Satz 1 die gesamten nachgezahlten Beiträge berücksichtigt. 3Werden die nachgezahlten Beiträge nicht berücksichtigt, sind sie zu erstatten.

(3) Für die Verjährung von Ansprüchen, die am 31. Dezember 2001 bestanden haben, gilt Artikel 229 § 6 Abs. 4 des Einführungsgesetzes zum Bürgerlichen Gesetzbuche entsprechend.

(4) Ein Anspruch auf Beitragserstattung nach § 210 Absatz 1a besteht nicht, wenn am 10. August 2010 aufgrund des § 232 Absatz 1 Satz 2 Nummer 2 in der bis zum 10. August 2010 geltenden Fassung das Recht zur freiwilligen Versicherung bestand.

§ 286e Ausweis für Arbeit und Sozialversicherung

Versicherte, die für die Durchführung der Versicherung sowie für die Feststellung und Erbringung von Leistungen einschließlich der Rentenauskunft erforderliche Daten mit Eintragungen im Ausweis für Arbeit und Sozialversicherung nachweisen können, sind berechtigt,

1. in einer beglaubigten Abschrift des vollständigen Ausweises oder von Auszügen des Ausweises die Daten unkenntlich zu machen, die für den Träger der Rentenversicherung nicht erforderlich sind, und
2. diese Abschrift dem Träger der Rentenversicherung als Nachweis vorzulegen.

Satz 1 gilt entsprechend für Beweismittel im Sinne des § 29 Abs. 4 des Zehnten Buches.

§ 286f Erstattung zu Unrecht gezahlter Pflichtbeiträge an die berufsständische Versorgungseinrichtung

1Pflichtbeiträge, die auf Grund einer Befreiung nach § 231 Absatz 4b und 4d zu Unrecht entrichtet wurden, werden abweichend von § 211 und abweichend von § 26 Absatz 3 des Vierten Buches von dem zuständigen Träger der Rentenversicherung beanstandet und unmittelbar an die zuständige berufsständische Versorgungseinrichtung erstattet. 2Zinsen nach § 27 Absatz 1 des Vierten Buches sind nicht zu zahlen. 3Sind Beiträge nach Maßgabe der Sätze 1 und 2 erstattet worden, scheidet eine Erstattung nach den allgemeinen Vorschriften aus.

§ 286g Erstattung von nach dem 21. Juli 2009 gezahlten freiwilligen Beiträgen

1Nach dem 21. Juli 2009 gezahlte freiwillige Beiträge werden auf Antrag in voller Höhe erstattet, wenn

1. Kindererziehungszeiten durch Bescheid für Elternteile festgestellt wurden, die von der Anrechnung nach § 56 Absatz 4 Nummer 3 in der ab dem 1. Juli 2014 geltenden Fassung ausgeschlossen sind, und
2. ohne diese Kindererziehungszeiten die allgemeine Wartezeit nicht erfüllt ist.

$_{2}$§ 44 des Ersten Buches und § 210 Absatz 5 gelten entsprechend. $_{3}$Sind freiwillige Beiträge für den Personenkreis nach Satz 1 nach dem 30. Juni 2014 zur Hälfte erstattet worden, wird die andere Hälfte auf Antrag nach dieser Vorschrift erstattet; § 210 Absatz 6 bleibt unberührt.

§ 286h Erstattung zu Unrecht gezahlter Beiträge für Bezieher von Übergangsgebührnissen

$_{1}$Pflichtbeiträge, die auf Grund einer Befreiung nach § 231 Absatz 10 zu Unrecht entrichtet wurden, werden abweichend von § 211 von der Deutschen Rentenversicherung Bund an das Bundesministerium der Verteidigung oder die von ihm bestimmte Stelle erstattet, sofern die Erstattung nicht nach § 26 Absatz 2 des Vierten Buches ausgeschlossen ist. $_{2}$Das Bundesministerium der Verteidigung oder die von ihm bestimmte Stelle hat die erstatteten Beiträge an die berufsständische Versorgungseinrichtung zu zahlen, an die die Nachversicherungsbeiträge nach § 186 gezahlt worden sind.

Vierter Titel
Berechnungsgrundlagen

§ 287 Beitragssatzgarantie bis 2025

(1) $_{1}$Überschreitet der Beitragssatz in der allgemeinen Rentenversicherung bis zum Jahr 2025 nach § 158 20 Prozent, ist dieser abweichend von § 158 auf höchstens 20 Prozent festzusetzen. $_{2}$Der Beitragssatz in der allgemeinen Rentenversicherung ist bis zum Jahr 2025 abweichend von § 158 auf mindestens 18,6 Prozent festzusetzen. $_{3}$Der Beitragssatz beträgt für das Jahr 2019 in der allgemeinen Rentenversicherung 18,6 Prozent und in der knappschaftlichen Rentenversicherung 24,7 Prozent.

(2) $_{1}$Wenn bis zum Jahr 2025 mit einem Beitragssatz in der allgemeinen Rentenversicherung von 20 Prozent die Mittel der Nachhaltigkeitsrücklage am Ende des Kalenderjahres, für welches der Beitragssatz zu bestimmen ist, den Wert der Mindestrücklage nach § 158 Absatz 1 Satz 1 Nummer 1 voraussichtlich unterschreiten, ist der zusätzliche Bundeszuschuss nach § 213 Absatz 3 für das betreffende Jahr so zu erhöhen, dass die Mittel der Nachhaltigkeitsrücklage den Wert der Mindestrücklage voraussichtlich erreichen. $_{2}$Der zusätzliche Bundeszuschuss ohne den Betrag nach Satz 1 ist der Ausgangsbetrag für die Festsetzung des zusätzlichen Bundeszuschusses für das folgende Kalenderjahr nach § 213 Absatz 3.

§ 287a (weggefallen)

§ 287b Ausgaben für Leistungen zur Teilhabe

(1) Bei der Anwendung von § 220 Abs. 1 ist die Veränderung der Bruttolöhne und -gehälter für die Bundesrepublik Deutschland ohne das Beitrittsgebiet und für das Beitrittsgebiet jeweils getrennt festzustellen.

(2) $_{1}$Die jährlichen Ausgaben für Leistungen zur Teilhabe werden in der Zeit vom 1. Januar 2014 bis zum 31. Dezember 2050 bedarfsgerecht unter Berücksichtigung einer Demografiekomponente fortgeschrieben. $_{2}$Die Demografiekomponente ist zusätzlich zur voraussichtlichen Entwicklung der Bruttolöhne und -gehälter je Arbeitnehmer bei der Festsetzung der jährlichen Ausgaben für Leistungen zur Teilhabe nach § 220 Absatz 1 Satz 1 als gesonderter Faktor zu berücksichtigen. $_{3}$Der Faktor wird wie folgt festgesetzt:

Jahr	Demografiekomponente
2014	1,0192
2015	1,0126
2016	1,0073
2017	1,0026
2018	0,9975
2019	0,9946
2020	0,9938
2021	0,9936
2022	0,9935
2023	0,9938
2024	0,9931
2025	0,9929
2026	0,9943
2027	0,9919
2028	0,9907
2029	0,9887
2030	0,9878
2031	0,9863
2032	0,9875
2033	0,9893
2034	0,9907

Jahr	Demografiekomponente
2035	0,9914
2036	0,9934
2037	0,9924
2038	0,9948
2039	0,9963
2040	0,9997
2041	1,0033
2042	1,0051
2043	1,0063
2044	1,0044
2045	1,0032
2046	1,0028
2047	1,0009
2048	0,9981
2049	0,9979
2050	0,9978

§ 287c Förderung für sonstige Leistungen der Teilhabe

Der Bund überträgt an die allgemeine Rentenversicherung zusätzlich zu den Zuschüssen des Bundes nach den §§ 213 und 287e in den Kalenderjahren 2021 bis 2023 Mittel in Höhe von jährlich 5 Millionen Euro für sonstige Leistungen zur Teilhabe nach § 31 Absatz 1 Nummer 3. Die Auszahlung führt das Bundesamt für Soziale Sicherung durch.

§ 287d Erstattungen in besonderen Fällen

(1) Der Bund erstattet den Trägern der Rentenversicherung im Beitrittsgebiet die Aufwendungen für Kriegsbeschädigtenrenten und für die Auszahlung der weiteren Sonderleistungen.

(2) $_1$Das Bundesamt für Soziale Sicherung verteilt die Beträge nach Absatz 1 auf die allgemeine und die knappschaftliche Rentenversicherung, setzt die Vorschüsse fest und führt die Abrechnung durch. $_2$Für die Träger der allgemeinen Rentenversicherung ist § 219 Abs. 1 entsprechend anzuwenden.

(3) § 179 Abs. 1a ist anzuwenden, wenn

1. das Erstattungsverfahren am 1. Januar 2001 noch nicht abschließend entschieden war und
2. das Schadensereignis nach dem 30. Juni 1983 eingetreten ist.

§ 287e Veränderung des Bundeszuschusses im Beitrittsgebiet

(1) § 213 Abs. 2 gilt für die Bundesrepublik Deutschland ohne das Beitrittsgebiet.

(2) $_1$Der Zuschuss des Bundes zu den Ausgaben der allgemeinen Rentenversicherung, soweit sie für das Beitrittsgebiet zuständig ist (Bundeszuschuss-Beitrittsgebiet), wird jeweils für ein Kalenderjahr in der Höhe geleistet, die sich ergibt, wenn die Rentenausgaben für dieses Kalenderjahr einschließlich der Aufwendungen für Kindererziehungsleistungen für Mütter der Geburtsjahrgänge vor 1927 und abzüglich erstatteter Aufwendungen für Renten und Rententeile mit dem Verhältnis vervielfältigt werden, in dem der Bundeszuschuss in der Bundesrepublik Deutschland ohne das Beitrittsgebiet zu den Rentenausgaben desselben Kalenderjahres einschließlich der Aufwendungen aus der Erbringung von Kindererziehungsleistungen für Mütter der Geburtsjahrgänge vor 1921 steht. $_2$Der Bundeszuschuss-Beitrittsgebiet ist auf die Träger der allgemeinen Rentenversicherung im Beitrittsgebiet entsprechend ihrem jeweiligen Verhältnis an den Beitragseinnahmen buchhalterisch aufzuteilen.

§ 287f Getrennte Abrechnung

Die Abrechnung und die Verteilung nach § 227 Absatz 1 und 1a erfolgen für Zahlungen bis zum Jahr 2024 für die Bundesrepublik Deutschland ohne das Beitrittsgebiet und für das Beitrittsgebiet getrennt.

§ 288 (weggefallen)

Fünfter Titel
Erstattungen

§ 289 Wanderversicherungsausgleich

(1) Hat ein Träger der allgemeinen Rentenversicherung eine Gesamtleistung mit einem knappschaftlichen Leistungsanteil festgestellt, so erstattet die Deutsche Rentenversicherung Knappschaft-Bahn-See als Träger der knappschaftlichen Rentenversicherung den auf sie entfallenden Leistungsanteil ohne Kinderzuschuss an die Träger der allgemeinen Rentenversicherung.

(2) Hat die Deutsche Rentenversicherung Knappschaft-Bahn-See als Träger der knappschaftlichen Rentenversicherung eine Gesamtleistung mit einem Leistungsanteil der allgemeinen Rentenversicherung festgestellt, erstatten ihr die Träger der allgemeinen Rentenversicherung den von ihnen zu tragenden Leistungsanteil und den Kinderzuschuss.

VI

(3) Die Absätze 1 und 2 gelten entsprechend für die von der Rentenversicherung zu tragenden Beiträge zur gesetzlichen Krankenversicherung sowie für die Zuschüsse zur Krankenversicherung.

(4) Bei der Anwendung der Anrechnungsvorschriften gilt § 223 Abs. 5 entsprechend.

§ 289a Besonderheiten beim Wanderversicherungsausgleich

1Wurde der letzte Beitrag bis zum 31. Dezember 1991 im Beitrittsgebiet gezahlt, erstatten die Regionalträger im Beitrittsgebiet der Deutschen Rentenversicherung Knappschaft-Bahn-See als Träger der knappschaftlichen Rentenversicherung den Anteil der Leistungen, der nicht auf Zeiten in der knappschaftlichen Rentenversicherung entfällt. 2Dabei kann auch eine pauschale Erstattung vorgesehen werden. 3Die jährliche Abrechnung führt die Deutsche Rentenversicherung Bund entsprechend § 227 durch.

§ 290 Erstattung durch den Träger der Versorgungslast

1Die Aufwendungen des Trägers der Rentenversicherung aufgrund von Rentenanwartschaften, die durch Entscheidung des Familiengerichts vor dem 1. Januar 1992 begründet worden sind, werden von dem zuständigen Träger der Versorgungslast erstattet, wenn der Ehegatte, zu dessen Lasten der Versorgungsausgleich durchgeführt worden ist, vor dem 1. Januar 1992 nachversichert wurde. 2Dies gilt nicht, wenn der Träger der Versorgungslast

1. Beiträge zur Ablösung der Erstattungspflicht gezahlt hat,
2. ungekürzte Beiträge für die Nachversicherung gezahlt hat, weil die Begründung von Rentenanwartschaften durch eine Übertragung von Rentenanwartschaften ersetzt worden ist.

§ 290a Erstattung durch den Träger der Versorgungslast im Beitrittsgebiet

Bei Renten, die nach den Vorschriften des Beitrittsgebiets berechnet worden sind, werden die Aufwendungen der Träger der Rentenversicherung für die Berücksichtigung von Zeiten, für die bei Renten, die nach den Vorschriften dieses Buches berechnet werden, eine Nachversicherung als durchgeführt gilt, pauschal vom Bund und sonstigen Trägern der Versorgungslast erstattet.

§ 291 Erstattungen für Anrechnungszeiten für den Bezug von Anpassungsgeld

(1) 1Zum Ausgleich der Aufwendungen, die der Rentenversicherung für Anrechnungszeiten nach § 252 Absatz 1 Nummer 1a entstehen, zahlt die für die Auszahlung des Anpassungsgeldes nach dem Kohleverstromungsbeendigungsgesetz zuständige Stelle den Trägern der Rentenversicherung einen Ausgleichsbetrag. 2Dieser bemisst sich pauschal pro Bezieher von Anpassungsgeld nach dem auf das vorläufige Durchschnittsentgelt nach Anlage 1 entfallenden Rentenversicherungsbeitrag des Bezugsjahres des Anpassungsgeldes. 3Dabei ist der Beitragssatz in der allgemeinen Rentenversicherung für diejenigen Bezieher von Anpassungsgeld anzuwenden, die vor dem Bezug des Anpassungsgeldes zuletzt in der allgemeinen Rentenversicherung versichert waren und der Beitragssatz in der knappschaftlichen Rentenversicherung für diejenigen Bezieher von Anpassungsgeld anzuwenden, die vor dem Bezug des Anpassungsgeldes zuletzt in der knappschaftlichen Rentenversicherung versichert waren.

(2) 1Das Bundesamt für Soziale Sicherung führt die Abrechnung nach Absatz 1 durch. 2Die für die Auszahlung des Anpassungsgeldes nach dem Kohleverstromungsbeendigungsgesetz zuständige Stelle übermittelt dem Bundesamt für Soziale Sicherung bis zum 1. März eines Jahres die Anzahl der Bezieher von Anpassungsgeld des vorangegangenen Jahres und die weiteren nach Absatz 1 erforderlichen Daten. 3Das Nähere zur Ausgestaltung des Abrechnungsverfahrens wird durch eine Vereinbarung zwischen der für die Auszahlung des Anpassungsgeldes nach dem Kohleverstromungsbeendigungsgesetz zuständigen Stelle und dem Bundesamt für Soziale Sicherung geregelt. 4Die Abrechnung mit dem Träger der knappschaftlichen Rentenversicherung erfolgt entsprechend dem Anteil der Ausgleichszahlungen auf der Grundlage des Beitragssatzes in der knappschaftlichen Rentenversicherung. 5Die buchhalterische Aufteilung des Erstattungsbetrages auf die Träger der allgemeinen Rentenversicherung erfolgt durch die Deutsche Rentenversicherung Bund.

§ 291a Erstattung von Invalidenrenten und Aufwendungen für Pflichtbeitragszeiten bei Erwerbsunfähigkeit

(1) Der Bund erstattet den Trägern der Rentenversicherung die Aufwendungen für Rententeile aus der Anrechnung von Pflichtbeitragszeiten bei Erwerbsunfä-

VI

higkeit im Beitrittsgebiet in der Zeit vom 1. Juli 1975 bis zum 31. Dezember 1991.

(2) Der Bund erstattet den Trägern der Rentenversicherung die Aufwendungen für die Zahlung von Invalidenrenten für behinderte Menschen.

§ 291b Erstattung nicht beitragsgedeckter Leistungen

Der Bund erstattet den Trägern der allgemeinen Rentenversicherung die Aufwendungen für Leistungen nach dem Fremdrentenrecht.

§ 292 Verordnungsermächtigung

(1) Das Bundesministerium für Arbeit und Soziales wird ermächtigt, im Einvernehmen mit dem Bundesministerium der Finanzen durch Rechtsverordnung mit Zustimmung des Bundesrates das Nähere über die Erstattungen gemäß § 287d zu bestimmen.

(2) Das Bundesministerium für Arbeit und Soziales wird ermächtigt, im Einvernehmen mit dem Bundesministerium der Finanzen durch Rechtsverordnung mit Zustimmung des Bundesrates das Nähere über die Erstattungen gemäß § 289a zu bestimmen.

(3) Das Bundesministerium für Arbeit und Soziales wird ermächtigt, im Einvernehmen mit dem Bundesministerium der Finanzen durch Rechtsverordnung mit Zustimmung des Bundesrates das Nähere über die Erstattungen gemäß § 291a zu bestimmen, wobei eine pauschale Erstattung vorgesehen werden kann.

§ 292a Verordnungsermächtigung für das Beitrittsgebiet

$_1$Das Bundesministerium für Arbeit und Soziales wird ermächtigt, im Einvernehmen mit dem Bundesministerium des Innern, für Bau und Heimat und dem Bundesministerium der Finanzen durch Rechtsverordnung mit Zustimmung des Bundesrates das Nähere über die pauschale Erstattung nach § 290a unter Berücksichtigung der besonderen Verhältnisse im Beitrittsgebiet zu bestimmen. $_2$Das Bundesamt für Soziale Sicherung führt die Abrechnung mit den Trägern der gesetzlichen Rentenversicherung durch.

Sechster Titel
Vermögensanlagen

§ 293 Vermögensanlagen

(1) $_1$Das am 1. Januar 1992 vorhandene Rücklagevermögen der Deutschen Rentenversicherung Knappschaft-Bahn-See als Träger der knappschaftlichen Rentenversicherung ist nicht vor Ablauf von Festlegungsfristen aufzulösen. $_2$Rückflüsse aus Vermögensanlagen der Deutschen Rentenversicherung Knappschaft-Bahn-See als Träger der knappschaftlichen Rentenversicherung sind Einnahmen der knappschaftlichen Rentenversicherung.

(2) Die am 31. Dezember 1991 vorhandenen Anteile eines Trägers der allgemeinen Rentenversicherung an Gesellschaften, Genossenschaften, Vereinen und anderen Einrichtungen, deren Zweck der Bau und die Bewirtschaftung von Wohnungen ist und die nicht zur Aufgabenerfüllung erforderlich sind, aber dem Verwaltungsvermögen zugeordnet werden, können in dem Umfang, in dem sie am 31. Dezember 1991 bestanden haben, gehalten werden.

Zwölfter Unterabschnitt
Leistungen für Kindererziehung an Mütter der Geburtsjahrgänge vor 1921

§ 294 Anspruchsvoraussetzungen

(1) $_1$Eine Mutter, die vor dem 1. Januar 1921 geboren ist, erhält für jedes Kind, das sie im Gebiet der Bundesrepublik Deutschland lebend geboren hat, eine Leistung für Kindererziehung. $_2$Die Geburt im Gebiet der Bundesrepublik Deutschland steht die Geburt im jeweiligen Geltungsbereich der Reichsversicherungsgesetze gleich.

(2) Einer Geburt in den in Absatz 1 genannten Gebieten steht die Geburt außerhalb dieser Gebiete gleich, wenn die Mutter im Zeitpunkt der Geburt des Kindes ihren gewöhnlichen Aufenthalt

1. in diesen Gebieten hatte,
2. zwar außerhalb dieser Gebiete hatte, aber im Zeitpunkt der Geburt des Kindes oder unmittelbar vorher entweder sie selbst oder ihr Ehemann, mit dem sie sich zusammen dort aufgehalten hat, wegen einer dort ausgeübten Beschäftigung oder Tätigkeit Pflichtbeitragszeiten hat oder nur deshalb nicht hat, weil sie selbst oder ihr Ehemann versicherungsfrei oder von der Versicherung befreit war, oder
3. bei Geburten bis zum 31. Dezember 1949 zwar außerhalb dieser Gebiete hatte, aber der gewöhnliche Aufenthalt in den in Absatz 1 genannten Gebieten aus Verfolgungsgründen im Sinne des § 1 des Bundesentschädigungsgesetzes aufgegeben worden ist; dies gilt auch, wenn bei Ehegatten der gemeinsame gewöhnliche Aufenthalt in den in Absatz 1 genannten Gebieten aufgegeben worden ist und nur beim Ehemann Verfolgungsgründe vorgelegen haben.

VI

(3) Absatz 1 Satz 2 gilt nicht, wenn Beitragszeiten zum Zeitpunkt der Geburt aufgrund einer Versicherungslastregelung mit einem anderen Staat nicht in die Versicherungslast der Bundesrepublik Deutschland fallen würden.

(4) Einer Geburt in den in Absatz 1 genannten Gebieten steht bei einer Mutter, die

1. zu den in § 1 des Fremdrentengesetzes genannten Personen gehört oder
2. ihren gewöhnlichen Aufenthalt vor dem 1. September 1939 aus einem Gebiet, in dem Beiträge an einen nichtdeutschen Träger der gesetzlichen Rentenversicherung bei Eintritt des Versicherungsfalls wie nach den Vorschriften der Reichsversicherungsgesetze entrichtete Beiträge zu behandeln waren, in eines der in Absatz 1 genannten Gebiete verlegt hat,

die Geburt in den jeweiligen Herkunftsgebieten gleich.

(5) Eine Mutter, die ihren gewöhnlichen Aufenthalt im Ausland hat, erhält eine Leistung für Kindererziehung nur, wenn sie zu den in den §§ 18 und 19 des Gesetzes zur Regelung der Wiedergutmachung nationalsozialistischen Unrechts in der Sozialversicherung genannten Personen gehört.

§ 294a Besonderheiten für das Beitrittsgebiet

$_1$Hatte eine Mutter am 18. Mai 1990 ihren gewöhnlichen Aufenthalt im Beitrittsgebiet und bestand für sie am 31. Dezember 1991 ein Anspruch auf eine Altersrente oder Invalidenrente aufgrund des im Beitrittsgebiet geltenden Rechts, ist § 294 nicht anzuwenden. $_2$Bestand ein Anspruch auf eine solche Rente nicht, besteht Anspruch auf die Leistung für Kindererziehung bei Erfüllung der sonstigen Voraussetzungen auch, wenn die Mutter vor dem 1. Januar 1927 geboren ist.

§ 295 Höhe der Leistung

Monatliche Höhe der Leistung für Kindererziehung ist das 2,5-Fache des für die Berechnung von Renten jeweils maßgebenden aktuellen Rentenwerts.

§ 295a Höhe der Leistung im Beitrittsgebiet

$_1$Monatliche Höhe der Leistung für Kindererziehung für Geburten im Beitrittsgebiet ist das 2,5-Fache des für die Berechnung von Renten jeweils maßgebenden aktuellen Rentenwerts (Ost). $_2$Dies gilt nicht für Mütter, die ihren gewöhnlichen Aufenthalt am 18. Mai 1990 entweder

1. im Gebiet der Bundesrepublik Deutschland ohne das Beitrittsgebiet oder
2. im Ausland hatten und unmittelbar vor Beginn des Auslandsaufenthalts ihren gewöhnlichen Aufenthalt im Gebiet der Bundesrepublik Deutschland ohne das Beitrittsgebiet

hatten.

§ 296 Beginn und Ende

(1) Eine Leistung für Kindererziehung wird von dem Kalendermonat an gezahlt, zu dessen Beginn die Anspruchsvoraussetzungen erfüllt sind.

(2) Die Leistung wird monatlich im Voraus gezahlt.

(3) Fallen aus tatsächlichen oder rechtlichen Gründen die Anspruchsvoraussetzungen für die Leistung weg, endet sie mit dem Kalendermonat, zu dessen Beginn der Wegfall wirksam ist.

(4) Die Leistung wird bis zum Ende des Kalendermonats gezahlt, in dem die Berechtigte gestorben ist.

§ 297 Zuständigkeit

(1) $_1$Zuständig für die Leistung für Kindererziehung ist der Versicherungsträger, der der Mutter eine Versichertenrente zahlt. $_2$Bezieht eine Mutter nur Hinterbliebenenrente, ist der Versicherungsträger zuständig, der die Hinterbliebenenrente aus der Versicherung des zuletzt verstorbenen Versicherten zahlt. $_3$In den übrigen Fällen ist die Deutsche Rentenversicherung Bund zuständig. $_4$Wird für Dezember 1991 eine Leistung für Kindererziehung gezahlt, bleibt der zahlende Versicherungsträger zuständig.

(2) $_1$Die Leistung für Kindererziehung wird als Zuschlag zur Rente gezahlt, wenn die Mutter eine Rente bezieht, es sei denn, dass die Rente in vollem Umfang übertragen, verpfändet oder gepfändet ist. $_2$Bezieht die Mutter mehrere Renten, wird die Leistung für Kindererziehung als Zuschlag zu der Rente gezahlt, für die die Zuständigkeit nach Absatz 1 maßgebend ist.

(3) In den Fällen des § 104 Abs. 1 Satz 4 des Zehnten Buches ist der Zahlungsempfänger verpflichtet, die Leistung für Kindererziehung an die Mutter weiterzuleiten.

§ 298 Durchführung

(1) $_1$Die Mutter hat das Jahr ihrer Geburt, ihren Familiennamen (jetziger und früherer Name mit Namensbestandteilen), ihren Vornamen sowie den Vornamen, das Geburtsdatum und den Geburtsort ihres Kindes nachzuweisen. $_2$Für die übrigen anspruchsbegründenden Tatsachen genügt es, wenn sie glaubhaft gemacht werden.

VI

(2) 1Den Nachweis über den Vornamen, das Geburtsdatum und den Geburtsort ihres Kindes hat die Mutter durch Vorlage einer Personenstandsurkunde oder einer sonstigen öffentlichen Urkunde zu führen. 2Eine Glaubhaftmachung dieser Tatsachen genügt, wenn die Mutter

1. erklärt, dass sie eine solche Urkunde nicht hat und auch in der Familie nicht beschaffen kann,
2. glaubhaft macht, dass die Anforderung einer Geburtsurkunde bei der für die Führung des Geburtseintrags zuständigen deutschen Stelle erfolglos geblieben ist, wobei die Anforderung auch als erfolglos anzusehen ist, wenn die zuständige Stelle mitteilt, dass für die Erteilung einer Geburtsurkunde der Geburtseintrag erneuert werden müsste, und
3. eine von dem für ihren Wohnort zuständigen Standesamt auszustellende Bescheinigung vorlegt, aus der sich ergibt, dass er ein die Geburt ihres Kindes ausweisendes Personenstandsregister nicht führt und nach seiner Kenntnis bei dem Standesamt I in Berlin ein urkundlicher Nachweis über die Geburt ihres Kindes oder eine Mitteilung hierüber nicht vorliegt.

3Als Mittel der Glaubhaftmachung können auch Versicherungen an Eides statt zugelassen werden.

§ 299 Anrechnungsfreiheit

1Die Leistung für Kindererziehung bleibt als Einkommen unberücksichtigt, wenn bei Sozialleistungen aufgrund von Rechtsvorschriften der Anspruch auf diese Leistungen oder deren Höhe von anderem Einkommen abhängig ist. 2Bei Bezug einer Leistung für Kindererziehung findet § 38 des Zwölften Buches keine Anwendung. 3Auf Rechtsvorschriften beruhende Leistungen anderer, auf die ein Anspruch nicht besteht, dürfen nicht deshalb versagt werden, weil die Leistung für Kindererziehung bezogen wird.

Zweiter Abschnitt
Ausnahmen von der Anwendung neuen Rechts

Erster Unterabschnitt
Grundsatz

§ 300 Grundsatz

(1) Vorschriften dieses Gesetzbuchs sind von dem Zeitpunkt ihres Inkrafttretens an auf einen Sachverhalt oder Anspruch auch dann anzuwenden, wenn bereits vor diesem Zeitpunkt der Sachverhalt oder Anspruch bestanden hat.

(2) Aufgehobene Vorschriften dieses Gesetzbuchs und durch dieses Gesetzbuch ersetzte Vorschriften sind auch nach dem Zeitpunkt ihrer Aufhebung noch auf den bis dahin bestehenden Anspruch anzuwenden, wenn der Anspruch bis zum Ablauf von drei Kalendermonaten nach der Aufhebung geltend gemacht wird.

(3) Ist eine bereits vorher geleistete Rente neu festzustellen und sind dabei die persönlichen Entgeltpunkte neu zu ermitteln, sind die Vorschriften maßgebend, die bei erstmaliger Feststellung der Rente anzuwenden waren.

(3a) (weggefallen)

(3b) Ist eine nach den Vorschriften des Beitrittsgebiets berechnete Rente neu festgestellt worden, werden Leistungen für Zeiten vor dem 1. Januar 1992 nicht erbracht.

(4) 1Der Anspruch auf eine Leistung, der am 31. Dezember 1991 bestand, entfällt nicht allein deshalb, weil die Vorschriften, auf denen er beruht, durch Vorschriften dieses Gesetzbuchs ersetzt worden sind. 2Verwenden die ersetzenden Vorschriften für den gleichen Sachverhalt oder Anspruch andere Begriffe als die aufgehobenen Vorschriften, treten insoweit diese Begriffe an die Stelle der aufgehobenen Begriffe.

(5) Die Absätze 1 bis 4 gelten nicht, soweit in den folgenden Vorschriften etwas anderes bestimmt ist.

Zweiter Unterabschnitt
Leistungen zur Teilhabe

§ 301 Leistungen zur Teilhabe

(1) 1Für Leistungen zur Teilhabe sind bis zum Ende der Leistungen die Vorschriften anzuwenden, die im Zeitpunkt der Antragstellung oder, wenn den Leistungen ein Antrag nicht vorausging, der Inanspruchnahme galten. 2Werden Leistungen zur Teilhabe nach dem bis zum 31. Dezember 2000 geltenden Recht bewilligt und besteht deshalb ein Anspruch auf Rente wegen verminderter Erwerbsfähigkeit oder auf große Witwenrente oder große Witwerrente wegen Minderung der Erwerbsfähigkeit nicht, besteht der Anspruch auf Rente weiterhin nicht, solange Übergangsgeld, Verletztengeld oder Versorgungskrankengeld geleistet wird.

(2) Die Träger der Rentenversicherung können die am 31. Dezember 1991 bestehenden Fachkliniken zur Behandlung von Erkrankungen der Atmungsorgane, die nicht überwiegend der Behandlung von Tuberkulose dienen, zur Krankenhausbehandlung weiter betreiben.

(3) Für Leistungen zur Teilhabe haben auch Versicherte die persönlichen Voraussetzungen erfüllt, die erwerbsunfähig oder berufsunfähig sind und bei denen voraussichtlich durch die Leistungen die Erwerbsfähigkeit wesentlich gebessert oder wiederhergestellt werden kann.

§ 301a Einmalzahlungs-Neuregelungsgesetz

(1) 1Für die Ermittlung der Berechnungsgrundlage für Ansprüche auf Übergangsgeld, die vor dem 1. Januar 2001 entstanden sind, ist § 47 Abs. 1 und 2 des Fünften Buches in der vor dem 22. Juni 2000 jeweils geltenden Fassung für Zeiten nach dem 31. Dezember 1996 mit der Maßgabe entsprechend anzuwenden, dass sich das Regelentgelt um 10 vom Hundert, höchstens aber bis zur Höhe des Betrages der kalendertäglichen Beitragsbemessungsgrenze, erhöht. 2Das regelmäßige Nettoarbeitsentgelt ist um denselben Vomhundertsatz zu erhöhen.

(2) 1Die Erhöhung nach Absatz 1 gilt für Ansprüche, über die vor dem 22. Juni 2000 bereits unanfechtbar entschieden war, nur für Zeiten vom 22. Juni 2000 an bis zum Ende der Leistungsdauer. 2Entscheidungen über die Ansprüche auf Übergangsgeld, die vor dem 22. Juni 2000 unanfechtbar geworden sind, sind nicht nach § 44 Abs. 1 des Zehnten Buches zurückzunehmen.

Dritter Unterabschnitt Anspruchsvoraussetzungen für einzelne Renten

§ 302 Anspruch auf Altersrente in Sonderfällen

(1) Bestand am 31. Dezember 1991 Anspruch auf eine Rente aus eigener Versicherung und ist der Versicherte vor dem 2. Dezember 1926 geboren, wird die Rente vom 1. Januar 1992 an ausschließlich als Regelaltersrente geleistet.

(2) Bestand am 31. Dezember 1991 Anspruch auf eine nach den Vorschriften des Beitrittsgebiets berechnete Rente wegen Alters vor Vollendung des 65. Lebensjahres, gilt diese Rente vom 1. Januar 1992 an als Regelaltersrente; dies gilt nicht für eine Bergmannsvollrente.

(3) Bestand am 31. Dezember 1991 Anspruch auf eine Rente, die vom 1. Januar 1992 an als Regelaltersrente geleistet wird oder gilt, kann diese weiterhin nur in voller Höhe in Anspruch genommen werden.

(4) Bestand am 31. Dezember 2000 Anspruch auf eine Altersrente für schwerbehinderte Menschen, Berufsunfähige oder Erwerbsunfähige, besteht dieser als Anspruch auf Altersrente für schwerbehinderte Menschen weiter.

(5) (weggefallen)

(6) Treffen Renten wegen Alters und Hinzuverdienst bis zum Ablauf des 31. Dezember 2022 zusammen, findet § 34 Absatz 2 bis 3b, 3d, 3f und 3g in der bis zum Ablauf des 31. Dezember 2022 geltenden Fassung Anwendung.

(7) Besteht Anspruch auf eine Rente wegen Alters und eine Aufwandsentschädigung für kommunale Ehrenbeamte, für ehrenamtlich in kommunalen Vertretungskörperschaften Tätige oder für Mitglieder der Selbstverwaltungsorgane, Versichertenälteste oder Vertrauenspersonen der Sozialversicherungsträger, gilt die Aufwandsentschädigung bis zum 31. Dezember 2022 weiterhin nicht als Hinzuverdienst, soweit kein konkreter Verdienstausfall ersetzt wird.

(8) § 34 findet in der Zeit vom 1. Januar 2021 bis zum 31. Dezember 2022 mit den Maßgaben Anwendung, dass

1. der Betrag von 6300 Euro durch den Betrag von 46 060 Euro ersetzt wird und
2. der Hinzuverdienstdeckel keine Anwendung findet.

§ 302a Renten wegen verminderter Erwerbsfähigkeit und Bergmannsvollrenten

(1) Bestand am 31. Dezember 1991 Anspruch auf eine nach den Vorschriften des Beitrittsgebiets berechnete Invalidenrente oder eine Bergmannsinvalidenrente, die am 30. Juni 2017 als Rente wegen Erwerbsunfähigkeit oder als Rente wegen Berufsunfähigkeit geleistet wurde, gilt diese Rente als Rente wegen voller Erwerbsminderung.

(2) (weggefallen)

(3) 1 Eine als Rente wegen voller Erwerbsminderung geleistete Invalidenrente oder Bergmannsinvalidenrente wird bis zum Erreichen der Regelaltersgrenze geleistet, solange

1. Erwerbsunfähigkeit oder Berufsunfähigkeit oder volle oder teilweise Erwerbsminderung oder Berufsunfähigkeit im Sinne von § 240 Absatz 2 vorliegt oder
2. die persönlichen Voraussetzungen für den Bezug von Blindengeld oder Sonderpflegegeld nach den am 31. Dezember 1991 geltenden Vorschriften des Beitrittsgebiets vorliegen.

2Bei einer nach § 4 des Anspruchs- und Anwartschaftsüberführungsgesetzes als Invalidenrente überführten Leistung gilt Satz 1 mit der Maßgabe, dass die Rente auch geleistet wird, solange die Erwerbsminderung vorliegt, die vor der Überführung für die Bewilligung der Leistung maßgebend war; war die Leistung befristet, gilt dies bis zum Ablauf der Frist. 3Die zur Anwendung von Satz 2 erforderlichen Feststellungen trifft der Versorgungsträger, der die Leistung vor der Überführung gezahlt hat.

(4) Bestand am 31. Dezember 1991 Anspruch auf eine Bergmannsrente oder eine Bergmannsvollrente aus dem Beitrittsgebiet, wird diese Rente vom 1. Januar 1992 an als Rente für Bergleute geleistet.

§ 302b Renten wegen verminderter Erwerbsfähigkeit

(1) Bestand am 31. Dezember 2000 Anspruch auf eine Rente wegen Berufsunfähigkeit, die am 30. Juni 2017 weiterhin geleistet wurde, gilt diese Rente bis zum Erreichen der Regelaltersgrenze als Rente wegen teilweiser Erwerbsminderung mit dem bisherigen Rentenartfaktor, solange Berufsunfähigkeit oder teilweise Erwerbsminderung oder Berufsunfähigkeit im Sinne von § 240 Absatz 2 vorliegt.

(2) Bestand am 31. Dezember 2000 Anspruch auf eine Rente wegen Erwerbsunfähigkeit, die am 30. Juni 2017 weiterhin geleistet wurde, gilt diese Rente bis zum Erreichen der Regelaltersgrenze als Rente wegen voller Erwerbsminderung, solange Erwerbsunfähigkeit oder volle Erwerbsminderung vorliegt.

(3) Bestand am 31. Dezember 2000 Anspruch auf eine befristete Rente wegen Berufsunfähigkeit oder Erwerbsunfähigkeit, die am 30. Juni 2017 weiterhin geleistet wurde und ist der jeweilige Anspruch nach dem Ablauf der Frist von der jeweiligen Arbeitsmarktlage abhängig, ist die Befristung zu wiederholen, es sei denn, die Versicherten vollenden innerhalb von zwei Jahren nach Beginn der sich anschließenden Frist das 60. Lebensjahr.

§ 303 Witwerrente

1Ist eine Versicherte vor dem 1. Januar 1986 gestorben oder haben die Ehegatten bis zum 31. Dezember 1988 eine wirksame Erklärung über die weitere Anwendung des bis zum 31. Dezember 1985 geltenden Hinterbliebenenrentenrechts abgegeben, besteht Anspruch auf eine Witwerrente unter den sonstigen Voraussetzungen des geltenden Rechts nur, wenn die Verstorbene den Unterhalt ihrer Familie im letzten wirtschaftlichen Dauerzustand vor dem Tod überwiegend bestritten hat. 2Satz 1 findet auch auf vor dem 1. Juli 1977 geschiedene Ehegatten Anwendung, wenn die Verstorbene den Unterhalt des geschiedenen Ehemanns im letzten wirtschaftlichen Dauerzustand vor dem Tod überwiegend bestritten hat.

§ 303a Große Witwenrente und große Witwerrente wegen Berufsunfähigkeit oder Erwerbsunfähigkeit

1Bestand am 31. Dezember 2000 Anspruch auf große Witwenrente oder große Witwerrente wegen Berufsunfähigkeit oder Erwerbsunfähigkeit, besteht der Anspruch weiter, solange die Voraussetzungen vorliegen, die für die Bewilligung der Leistung maßgebend waren. 2Bei befristeten Renten gilt dies auch für einen Anspruch nach Ablauf der Frist.

§ 304 Waisenrente

(1) Bestand am 31. Dezember 1991 Anspruch auf Waisenrente für eine Person über deren 25. Lebensjahr hinaus, weil sie infolge körperlicher oder geistiger Gebrechen außerstande ist, sich selbst zu unterhalten, besteht der Anspruch weiter, solange dieser Zustand andauert.

(2) Anspruch auf eine Waisenrente besteht auch dann, wenn wegen der durch das Coronavirus SARS-CoV-2 verursachten epidemischen Lage von nationaler Tragweite

1. eine Schul- oder Berufsausbildung oder ein freiwilliger Dienst im Sinne des § 48 Absatz 4 Satz 1 Nummer 2 Buchstabe a und c nicht angetreten werden kann oder
2. die Übergangszeit nach § 48 Absatz 4 Satz 1 Nummer 2 Buchstabe b überschritten wird.

§ 305 Wartezeit und sonstige zeitliche Voraussetzungen

War die Wartezeit oder eine sonstige zeitliche Voraussetzung für eine Rente erfüllt und bestand Anspruch auf diese Rente vor dem Zeitpunkt, von dem an geänderte Vorschriften über die Wartezeit oder eine sonstige zeitliche Voraussetzung in Kraft sind, gilt die Wartezeit oder die sonstige zeitliche Voraussetzung auch dann als erfüllt, wenn dies nach der Rechtsänderung nicht mehr der Fall ist.

Vierter Unterabschnitt
Rentenhöhe

§ 306 Grundsatz

(1) Bestand Anspruch auf Leistung einer Rente vor dem Zeitpunkt einer Änderung rentenrechtlicher Vorschriften, werden aus Anlass der Rechtsänderung die einer

Rente zugrunde gelegten persönlichen Entgeltpunkte nicht neu bestimmt, soweit nicht in den folgenden Vorschriften etwas anderes bestimmt ist.

(2) Wurde die Leistung einer Rente unterbrochen, so ist, wenn die Unterbrechung weniger als 24 Kalendermonate angedauert hat, die Summe der Entgeltpunkte für diese Rente nur neu zu bestimmen, wenn für die Zeit der Unterbrechung Entgeltpunkte für Beitragszeiten zu ermitteln sind.

(3) Bestand am 31. Dezember 1991 Anspruch auf eine Hinterbliebenenrente, die wegen der Ansprüche weiterer Hinterbliebener auf die Höhe der Versichertenrente gekürzt war, ist die Kürzung aufzuheben, wenn der Anspruch eines Hinterbliebenen wegfällt.

§ 307 Umwertung in persönliche Entgeltpunkte

(1) $_{1}$Besteht am 1. Januar 1992 Anspruch auf eine Rente, werden dafür persönliche Entgeltpunkte ermittelt (Umwertung), indem der Monatsbetrag der zu leistenden anpassungsfähigen Rente einschließlich des Erhöhungsbetrags in einer Halbwaisenrente durch den aktuellen Rentenwert und den für die Rente zu diesem Zeitpunkt maßgebenden Rentenartfaktor geteilt wird. $_{2}$Beruht der Monatsbetrag der Rente sowohl auf Zeiten der allgemeinen Rentenversicherung als auch der knappschaftlichen Rentenversicherung, erfolgt die Umwertung für die jeweiligen Rententeile getrennt. $_{3}$Über die Umwertung ist spätestens in der Mitteilung über die Rentenanpassung zum 1. Juli 1992 zu informieren. $_{4}$Ein besonderer Bescheid ist nicht erforderlich.

(2) Bei der Umwertung ist der Rentenbetrag zugrunde zu legen, der sich vor Anwendung von Vorschriften dieses Gesetzbuchs über die nur anteilige Leistung der Rente ergibt.

(3) Die Absätze 1 und 2 sind für die Ermittlung von persönlichen Entgeltpunkten aus einer vor dem 1. Januar 1992 geleisteten Rente entsprechend anzuwenden.

(4) $_{1}$Abweichend von Absatz 1 sind

1. Erziehungsrenten, auf die am 31. Dezember 1991 ein Anspruch bestand,
2. Renten, die nach Artikel 23 §§ 2 oder 3 des Gesetzes zu dem Vertrag vom 18. Mai 1990 über die Schaffung einer Währungs-, Wirtschafts- und Sozialunion zwischen der Bundesrepublik Deutschland und der Deutschen Demokratischen Republik vom 25. Juni 1990 (BGBl. 1990 II S. 518) berechnet worden sind und nicht mit einer nach den Vorschriften des Beitrittsgebiets berechneten Rente zusammentreffen,

für die Zeit vom 1. Januar 1992 an neu zu berechnen. $_{2}$Dabei sind mindestens die persönlichen Entgeltpunkte zugrunde zu legen, die sich bei einer Umwertung des bisherigen Rentenbetrags ergeben würden.

(5) Renten wegen verminderter Erwerbsfähigkeit, die vom 1. Januar 1992 an als Regelaltersrente geleistet werden, sind auf Antrag neu zu berechnen, wenn nach Eintritt der Minderung der Erwerbsfähigkeit Beitragszeiten zurückgelegt sind.

§ 307a Persönliche Entgeltpunkte aus Bestandsrenten des Beitrittsgebiets

(1) $_{1}$Bestand am 31. Dezember 1991 Anspruch auf eine nach den Vorschriften des Beitrittsgebiets berechnete Rente, werden für den Monatsbetrag der Rente persönliche Entgeltpunkte (Ost) ermittelt. $_{2}$Dafür werden die durchschnittlichen Entgeltpunkte je Arbeitsjahr, höchstens jedoch 1,8 Entgeltpunkte, mit der Anzahl an Arbeitsjahren vervielfältigt. $_{3}$Die Summe der persönlichen Entgeltpunkte erhöht sich für jedes bisher in der Rente berücksichtigte Kind um 0,75.

(2) $_{1}$Die durchschnittlichen Entgeltpunkte je Arbeitsjahr ergeben sich, wenn

1. die Summe aus dem
   a) für Renten der Sozialpflichtversicherung ermittelten 240fachen beitragspflichtigen Durchschnittseinkommen und
   b) für Renten aus der Freiwilligen Zusatzrentenversicherung ermittelten 600 Mark übersteigenden Durchschnittseinkommen, vervielfältigt mit der Anzahl der Monate der Zugehörigkeit zur freiwilligen Zusatzrentenversicherung,

   durch
2. das Gesamtdurchschnittseinkommen, das sich in Abhängigkeit vom Ende des der bisherigen Rentenberechnung zugrunde liegenden 20-Jahreszeitraums aus Anlage 12 ergibt,

geteilt wird. $_{2}$Als Zeiten der Zugehörigkeit zur Freiwilligen Zusatzrentenversicherung gelten auch Beschäftigungszeiten bei der Deutschen Reichsbahn oder bei der Deutschen Post vor dem 1. Januar 1974; für den oberhalb von 600 Mark nachgewiesenen Arbeitsverdienst gelten Beiträge zur Freiwilligen Zusatzrentenversicherung als gezahlt. $_{3}$Als Zeiten der Zugehörigkeit zur Freiwilligen Zusatzrentenversicherung gelten auch Beschäftigungszeiten bei der Deutschen Reichsbahn oder bei der Deutschen Post vom 1. Januar 1974 bis 30. Juni 1990, wenn ein Beschäftigungsverhältnis bei der Deutschen Reichsbahn oder der Deutschen Post am 1. Januar 1974 bereits zehn Jahre ununterbrochen bestanden hat; für den oberhalb von 600 Mark nachgewiesenen Arbeitsverdienst gelten Beiträge zur Freiwilligen Zusatzrentenversicherung höchstens bis zu 650 Mark monatlich als gezahlt. 4Sind mindestens 35 Arbeitsjahre zugrunde zu legen und ergeben sich durchschnittliche Entgeltpunkte je Arbeitsjahr von weniger als 0,75, wird dieser Wert auf das 1,5fache, höchstens aber auf 0,75 erhöht. 5Bei den 35 Arbeitsjahren nach Satz 4 ist zusätzlich zu den Arbeitsjahren nach Absatz 3 eine Kindererziehungspauschale zu berücksichtigen. 6Die Kindererziehungspauschale beträgt bei einem Kind zehn Jahre, bei zwei Kindern 15 Jahre und bei mehr als zwei Kindern 20 Jahre, wenn diese Kinder bisher in der Rente berücksichtigt worden sind.

(3) Als Arbeitsjahre sind zugrunde zu legen

1. die Jahre einer versicherungspflichtigen Tätigkeit und
2. die Zurechnungsjahre wegen Invalidität vom Rentenbeginn bis zur Vollendung des 55. Lebensjahres des Versicherten.

(4) Für die bisher in der Rente

1. als Arbeitsjahre im Bergbau berücksichtigten Zeiten werden Entgeltpunkte der knappschaftlichen Rentenversicherung zugrunde gelegt,
2. als volle Jahre der Untertagetätigkeit berücksichtigte Zeiten werden für jedes volle Jahr vom elften bis zum zwanzigsten Jahr 0,25 und für jedes weitere Jahr 0,375 zusätzliche Entgeltpunkte für einen Leistungszuschlag ermittelt; die zusätzlichen Entgeltpunkte werden den Kalendermonaten der Untertagetätigkeit zu gleichen Teilen zugeordnet.

(5) 1Der Zuschlag an persönlichen Entgeltpunkten bei Halbwaisenrenten beträgt 36,8967, derjenige bei Vollwaisenrenten 33,3374 Entgeltpunkte. 2Liegen der Rente Entgeltpunkte aus Arbeitsjahren im Bergbau zugrunde, beträgt der Zuschlag bei Halbwaisenrenten 27,6795 und bei Vollwaisenrenten 24,9999 Entgeltpunkte der knappschaftlichen Rentenversicherung.

(6) 1Sind für eine nach den Vorschriften des Beitrittsgebiets berechnete Rente, auf die am 31. Dezember 1991 Anspruch bestand, persönliche Entgeltpunkte nach den Absätzen 1 bis 4 ermittelt worden, sind diese persönlichen Entgeltpunkte einer aus der Rente abgeleiteten Hinterbliebenenrente zugrunde zu legen. 2Dies gilt nicht, wenn von dem Verstorbenen nach Rentenbeginn rentenrechtliche Zeiten zurückgelegt worden sind oder der Verstorbene eine Rente für Bergleute bezogen hat.

(7) Sind der im Dezember 1991 geleisteten Rente ein beitragspflichtiges Durchschnittseinkommen oder die Jahre der versicherungspflichtigen Tätigkeit nicht zugeordnet, sind sie auf der Grundlage des bis zum 31. Dezember 1991 im Beitrittsgebiet geltenden Rechts zu ermitteln.

(8) 1Die Träger der Rentenversicherung sind berechtigt, die persönlichen Entgeltpunkte in einem maschinellen Verfahren aus den vorhandenen Daten über den Rentenbeginn und das Durchschnittseinkommen zu ermitteln. 2Dabei sind Hinterbliebenenrenten mindestens 35 Arbeitsjahre mit jeweils 0,75 Entgeltpunkten zugrunde zu legen. 3Auf Antrag ist die Rente daraufhin zu überprüfen, ob die zugrunde gelegten Daten der Sach- und Rechtslage entsprechen. 4Die Anträge von Berechtigten, die Gründe dafür vortragen, dass dies nicht der Fall ist, sind vorrangig zu bearbeiten; dabei sollen zunächst die Anträge älterer Berechtigter bearbeitet werden. 5Ein Anspruch auf Überprüfung besteht für den Berechtigten nicht vor dem 1. Januar 1994. 6Eine Überprüfung kann auch von Amts wegen vorgenommen werden. 7Sie soll dann nach Geburtsjahrgängen gestaffelt erfolgen.

(9) Abweichend von Absatz 1 ist eine Rente nach den Vorschriften dieses Buches neu zu berechnen, wenn eine nach den am 31. Dezember 1991 geltenden Vorschriften des Beitrittsgebiets berechnete Rente

1. mit einer Zusatzrente aus Beiträgen an die Versicherungsanstalt Berlin (West), die Landesversicherungsanstalt Berlin oder die Bundesversicherungsanstalt für Angestellte in der Zeit vom 1. April 1949 bis zum 31. Dezember 1961,
2. mit einer nach Artikel 23 §§ 2 oder 3 des Gesetzes zu dem Vertrag vom 18. Mai 1990 über die Schaffung einer Währungs-, Wirtschafts- und Sozialunion zwischen der Bundesrepublik Deutschland und der Deutschen Demokratischen Republik vom 25. Juni 1990 (BGBl. 1991 II S. 518) berechneten Rente oder
3. mit einer nach den am 31. Dezember 1991 geltenden Vorschriften über die Erbringung von Leistungen an Berechtigte im Ausland berechneten Rente

zusammentrifft oder

4. geleistet wird und der Versicherte seinen gewöhnlichen Aufenthalt am 18. Mai 1990 oder, falls der Versicherte verstorben ist, zuletzt vor dem 19. Mai 1990

VI

a) im Gebiet der Bundesrepublik Deutschland ohne das Beitrittsgebiet hatte oder

b) im Ausland hatte und unmittelbar vor Beginn des Auslandsaufenthalts seinen gewöhnlichen Aufenthalt im Gebiet der Bundesrepublik Deutschland ohne das Beitrittsgebiet hatte.

(10) 1Abweichend von Absatz 1 ist eine Rente nach den Vorschriften dieses Buches auch neu zu berechnen, wenn aus im Bundesgebiet ohne das Beitrittsgebiet zurückgelegten rentenrechtlichen Zeiten eine Leistung noch nicht erbracht worden ist und die Voraussetzungen für einen Rentenanspruch nach den Vorschriften dieses Buches erfüllt sind. 2Eine Neuberechnung erfolgt nicht, wenn im Bundesgebiet ohne das Beitrittsgebiet zurückgelegte rentenrechtliche Zeiten bei der Ermittlung der persönlichen Entgeltpunkte (Ost) als Arbeitsjahre berücksichtigt worden sind.

(11) Abweichend von den Absätzen 1 bis 10 sind Übergangshinterbliebenenrenten, auf die am 31. Dezember 1991 ein Anspruch bestand, für die Zeit vom 1. Januar 1992 an neu zu berechnen.

(12) Bestand am 31. Dezember 1991 ein Bescheid nach den Vorschriften des Beitrittsgebiets und findet auf den neuen Rentenbescheid dieses Buch Anwendung, gilt das neue Recht vom Zeitpunkt des Inkrafttretens an ohne Rücksicht auf die Bestandskraft des alten Bescheides.

§ 307b Bestandsrenten aus überführten Renten des Beitrittsgebiets

(1) 1Bestand am 31. Dezember 1991 Anspruch auf eine nach dem Anspruchs- und Anwartschaftsüberführungsgesetz überführte Rente des Beitrittsgebiets, ist die Rente nach den Vorschriften dieses Buches neu zu berechnen. 2Für die Zeit vom 1. Januar 1992 an ist zusätzlich eine Vergleichsrente zu ermitteln. 3Die höhere der beiden Renten ist zu leisten. 4Eine Nachzahlung für die Zeit vor dem 1. Januar 1992 erfolgt nur, soweit der Monatsbetrag der neu berechneten Rente den Monatsbetrag der überführten Leistung einschließlich einer Rente aus der Sozialpflichtversicherung übersteigt.

(2) 1Die neue Rentenberechnung nach den Vorschriften dieses Buches erfolgt für Zeiten des Bezugs der als Rente überführten Leistung, frühestens für die Zeit ab 1. Juli 1990. 2Dabei tritt anstelle des aktuellen Rentenwerts (Ost) für die Zeit vom 1. Juli 1990 bis 31. Dezember 1990 der Wert 14,93 Deutsche Mark, für die Zeit vom 1. Januar 1991 bis 30. Juni 1991 der Wert 17,18 Deutsche Mark und für die Zeit vom 1. Juli 1991 bis 31. Dezember 1991 der Wert 19,76 Deutsche Mark. 3Satz 1 und Absatz 1 Satz 2 gelten auch bei Änderung des Bescheides über die Neuberechnung. 4§ 44 Abs. 4 Satz 1 des Zehnten Buches Sozialgesetzbuch ist nicht anzuwenden, wenn das Überprüfungsverfahren innerhalb von vier Jahren nach Ablauf des Jahres der erstmaligen Erteilung eines Rentenbescheides nach Absatz 1 begonnen hat.

(3) Für den Monatsbetrag der Vergleichsrente sind persönliche Entgeltpunkte (Ost) aufgrund der vorhandenen Daten des bereits geklärten oder noch zu klärenden Versicherungsverlaufs wie folgt zu ermitteln:

1. Die persönlichen Entgeltpunkte (Ost) ergeben sich, indem die Anzahl der bei der Rentenneuberechnung berücksichtigten Kalendermonate mit rentenrechtlichen Zeiten mit den durchschnittlichen Entgeltpunkten pro Monat, höchstens jedoch mit dem Wert 0,15 vervielfältigt wird. Grundlage der zu berücksichtigenden Kalendermonate einer Rente für Bergleute sind nur die Monate, die auf die knappschaftliche Rentenversicherung entfallen.

2. Bei der Anzahl der berücksichtigten Kalendermonate mit rentenrechtlichen Zeiten bleiben Kalendermonate, die ausschließlich Zeiten der Erziehung eines Kindes sind, außer Betracht.

3. Die durchschnittlichen Entgeltpunkte pro Monat ergeben sich, wenn auf der Grundlage der letzten 20 Kalenderjahre vor dem Ende der letzten versicherungspflichtigen Beschäftigung oder Tätigkeit die Summe der Arbeitsentgelte oder Arbeitseinkommen, vervielfältigt mit 240 und geteilt durch die Anzahl der dabei berücksichtigten Kalendermonate mit Pflichtbeiträgen für eine versicherte Beschäftigung oder Tätigkeit, durch das Gesamtdurchschnittseinkommen aus Anlage 12 und durch 12 geteilt wird. Arbeitsentgelte und Arbeitseinkommen sind für Zeiten vor dem 1. März 1971 bis zu höchstens 600 Mark für jeden belegten Kalendermonat zu berücksichtigen. Für Zeiten vor 1946 werden Arbeitsentgelte und Arbeitseinkommen für die Ermittlung der durchschnittlichen Entgeltpunkte pro Monat nicht berücksichtigt.

4. Sind mindestens 35 Jahre mit rentenrechtlichen Zeiten einschließlich Zeiten der Erziehung von Kindern vorhanden und ergeben sich durchschnittliche Entgeltpunkte pro Monat von weniger als 0,0625, wird dieser Wert auf das 1,5fache, höchstens aber auf 0,0625 erhöht.

5. Die Summe der persönlichen Entgeltpunkte (Ost) erhöht sich für jedes Kind, für das Beitragszeiten wegen Kindererziehung anzuerkennen sind, für die Zeit bis zum 30. Juni 1998 um 0,75, für die Zeit vom 1. Juli 1998 bis 30. Juni 1999 um 0,85, für die Zeit vom 1. Juli 1999 bis 30. Juni 2000 um 0,9 und für die Zeit ab 1. Juli 2000 um 1,0.
6. Zuschlag an persönlichen Entgeltpunkten (Ost) bei Waisenrenten ist der bei der Rentenneuberechnung ermittelte Zuschlag.
7. Entgeltpunkte (Ost) für ständige Arbeiten unter Tage sind die bei der Rentenneuberechnung ermittelten zusätzlichen Entgeltpunkte.

(4) 1Die nach Absatz 1 Satz 3 maßgebende Rente ist mit dem um 6,84 vom Hundert erhöhten Monatsbetrag der am 31. Dezember 1991 überführten Leistung einschließlich einer Rente aus der Sozialpflichtversicherung (weiterzuzahlender Betrag) und dem nach dem Einigungsvertrag besitzgeschützten Zahlbetrag, der sich für den 1. Juli 1990 nach den Vorschriften des im Beitrittsgebiet geltenden Rentenrechts und den maßgebenden leistungsrechtlichen Regelungen des jeweiligen Versorgungssystems ergeben hätte, zu vergleichen. 2Die höchste Rente ist zu leisten. 3Bei der Ermittlung des Betrages der überführten Leistung einschließlich der Rente aus der Sozialpflichtversicherung ist das Rentenangleichungsgesetz vom 28. Juni 1990 (GBl. I Nr. 38 S. 495) mit der Maßgabe anzuwenden, dass eine vor Angleichung höhere Rente so lange geleistet wird, bis die anzugleichende Rente den bisherigen Betrag übersteigt.

(5) 1Der besitzgeschützte Zahlbetrag ist zum 1. Juli eines jeden Jahres mit dem aktuellen Rentenwert anzupassen. 2Die Anpassung erfolgt, indem aus dem besitzgeschützten Zahlbetrag persönliche Entgeltpunkte ermittelt werden. 3Hierzu wird der besitzgeschützte Zahlbetrag durch den aktuellen Rentenwert in Höhe von 41,44 Deutsche Mark und den für diese Rente maßgebenden Rentenartfaktor geteilt.

(6) 1Der weiterzuzahlende Betrag oder der besitzgeschützte Zahlbetrag wird nur so lange gezahlt, bis der Monatsbetrag die Rente nach Absatz 1 Satz 3 erreicht. 2Eine Aufhebung oder Änderung der bisherigen Bescheide ist nicht erforderlich.

(7) Für die Zeit ab 1. Januar 1992 erfolgt eine Nachzahlung nur, soweit die nach Absatz 4 maßgebende Leistung höher ist als die bereits bezogene Leistung.

(8) Die Absätze 1 bis 7 sind auch anzuwenden, wenn im Einzelfall festgestellt wird, dass in einer nach den Vorschriften des Beitrittsgebiets berechneten Bestandsrente Zeiten der Zugehörigkeit zu einem Zusatz- oder Sonderversorgungssystem berücksichtigt worden sind.

§ 307c Durchführung der Neuberechnung von Bestandsrenten nach § 307b

(1) 1Für die Neuberechnung von Bestandsrenten nach § 307b sind die erforderlichen Daten auch aus allen dem Berechtigten zur Verfügung stehenden Nachweisen über rentenrechtliche Zeiten und erzielte Arbeitsentgelte oder Arbeitseinkommen zu ermitteln. 2Der Berechtigte wird aufgefordert, die Nachweise zur Verfügung zu stellen und auch anzugeben, ob er oder die Person, von der sich die Berechtigung ableitet, Zeiten einer Beschäftigung oder Tätigkeit nach § 6 Abs. 2 oder 3 oder § 7 des Anspruchs- und Anwartschaftsüberführungsgesetzes hat. 3Dabei werden die älteren Berechtigten und die Personen zuerst aufgefordert, deren Leistungen nach § 10 des Anspruchs- und Anwartschaftsüberführungsgesetzes vorläufig begrenzt sind. 4Die von dem Berechtigten für Zeiten im Sinne des § 259b übersandten Unterlagen werden dem nach § 8 Abs. 4 des Anspruchs- und Anwartschaftsüberführungsgesetzes jeweils zuständigen Versorgungsträger unverzüglich zur Verfügung gestellt, damit dieser die Mitteilung nach § 8 des Anspruchs- und Anwartschaftsüberführungsgesetzes erstellt. 5Kommt der Berechtigte der Aufforderung nicht nach, wird er nach sechs Monaten hieran erinnert. 6Gleichzeitig wird der Versorgungsträger aufgefordert, die ihm bekannten Daten mitzuteilen. 7Weitere Ermittlungen werden nicht durchgeführt.

(2) 1Stehen bei der Neuberechnung Unterlagen nicht zur Verfügung und erklärt der Berechtigte glaubhaft, dass auch er über Unterlagen nicht verfügt und diese auch nicht beschaffen kann, ist zur Feststellung von Art und Umfang der rentenrechtlichen Zeiten von seinem Vorbringen auszugehen, es sei denn, es liegen Anhaltspunkte vor, dass dieses nicht zutrifft. 2Lässt sich auch auf diese Weise der Verdienst für Beitragszeiten nicht feststellen, ist § 256c entsprechend anzuwenden. 3Lässt sich die Art der ausgeübten Beschäftigung oder Tätigkeit nicht feststellen, sind die Zeiten der Rentenversicherung der Angestellten zuzuordnen. 4Kommt der Berechtigte der Aufforderung nach Absatz 1 nicht nach, teilt jedoch der Versorgungsträger Daten mit, wird die Neuberechnung ohne weitere Ermittlungen aus den bekannten Daten vorgenommen.

(3) Unterschreitet der Monatsbetrag der nach Absatz 1 neu berechneten Rente den Monatsbetrag der zuletzt vor der Neuberechnung gezahlten Rente, wird dieser solange weitergezahlt, bis die neu berechnete Rente den weiterzuzahlenden Betrag erreicht.

§ 307d Zuschlag an persönlichen Entgeltpunkten für Kindererziehung

(1) 1Bestand am 30. Juni 2014 Anspruch auf eine Rente, wird ab dem 1. Juli 2014 ein Zuschlag an persönlichen Entgeltpunkten für Kindererziehung für ein vor dem 1. Januar 1992 geborenes Kind berücksichtigt, wenn

1. in der Rente eine Kindererziehungszeit für den zwölften Kalendermonat nach Ablauf des Monats der Geburt angerechnet wurde und
2. kein Anspruch nach den §§ 294 und 294a besteht.

2Der Zuschlag beträgt für jedes Kind einen persönlichen Entgeltpunkt. 3Bestand am 30. Juni 2014 Anspruch auf eine Rente, wird ab dem 1. Januar 2019 ein Zuschlag von 0,5 persönlichen Entgeltpunkten für ein vor dem 1. Januar 1992 geborenes Kind berücksichtigt, wenn

1. in der Rente eine Berücksichtigungszeit wegen Kindererziehung für den 24. Kalendermonat nach Ablauf des Monats der Geburt angerechnet oder wegen § 57 Satz 2 nicht angerechnet wurde und
2. kein Anspruch nach den §§ 294 und 294a besteht.

4Die Voraussetzungen des Satzes 3 Nummer 1 gelten als erfüllt, wenn

1. vor dem 1. Januar 1992 Anspruch auf eine Rente bestand, in der für dasselbe Kind ein Zuschlag nach Absatz 1 Satz 1 berücksichtigt wird, und
2. für dasselbe Kind eine Berücksichtigungszeit wegen Kindererziehung für den 24. Kalendermonat nach Ablauf des Monats der Geburt für andere Versicherte oder Hinterbliebene nicht angerechnet wird.

(1a) 1Ist der Anspruch auf Rente nach dem 30. Juni 2014 und vor dem 1. Januar 2019 entstanden, wird ab dem 1. Januar 2019 ein Zuschlag an persönlichen Entgeltpunkten für Kindererziehung für ein vor dem 1. Januar 1992 geborenes Kind berücksichtigt, wenn

1. in der Rente eine Berücksichtigungszeit wegen Kindererziehung für den 24. Kalendermonat nach Ablauf des Monats der Geburt angerechnet wurde und
2. kein Anspruch nach den §§ 294 und 294a besteht.

2Der Zuschlag beträgt für jedes Kind 0,5 persönliche Entgeltpunkte.

(2) 1Sind für Kindererziehungszeiten ausschließlich Entgeltpunkte (Ost) zugeordnet worden, sind für den Zuschlag persönliche Entgeltpunkte (Ost) zu ermitteln. 2Ist die Kindererziehungszeit oder Berücksichtigungszeit wegen Kindererziehung nach Absatz 1 Satz 1 Nummer 1, Satz 3 Nummer 1 oder nach Absatz 1a Satz 1 Nummer 1 in der knappschaftlichen Rentenversicherung berücksichtigt worden, wird der Zuschlag an persönlichen Entgeltpunkten und persönlichen Entgeltpunkten (Ost) mit 0,75 vervielfältigt.

(3) Folgt auf eine Rente mit einem Zuschlag nach Absatz 1 oder nach Absatz 1a eine Rente, die die Voraussetzungen nach § 88 Absatz 1 oder 2 erfüllt, ist der Zuschlag an persönlichen Entgeltpunkten nach den Absätzen 1 bis 2 weiter zu berücksichtigen.

(4) Der Zuschlag nach Absatz 1 ist nicht zu berücksichtigen, wenn die Anrechnung von Kindererziehungszeiten nach § 56 Absatz 4 in der Fassung ab dem 1. Juli 2014 ganz oder teilweise ausgeschlossen ist.

(5) 1Bestand am 31. Dezember 2018 Anspruch auf eine Rente und werden Zuschläge nach Absatz 1 oder nach Absatz 1a nicht berücksichtigt, wird auf Antrag ab dem 1. Januar 2019 für jeden Kalendermonat der Erziehung ein Zuschlag in Höhe von 0,0833 persönlichen Entgeltpunkten berücksichtigt, wenn

1. nach dem zwölften Kalendermonat nach Ablauf des Monats der Geburt innerhalb des jeweils längstens anrechenbaren Zeitraums die Voraussetzungen zur Anerkennung einer Kindererziehungszeit nach den §§ 56 und 249 vorlagen und
2. für dasselbe Kind keine Kindererziehungszeiten oder Zuschläge nach Absatz 1 oder nach Absatz 1a für andere Versicherte oder Hinterbliebene für den maßgeblichen Zeitraum zu berücksichtigen sind.

2Sind die Kalendermonate der Erziehung der knappschaftlichen Rentenversicherung zuzuordnen, beträgt der Zuschlag für jeden Kalendermonat 0,0625 persönliche Entgeltpunkte oder persönliche Entgeltpunkte (Ost). 3Absatz 3 gilt entsprechend. 4Sind für das Kind keine Berücksichtigungszeiten wegen Kindererziehung anerkannt worden, wird der Zuschlag bei dem Elternteil berücksichtigt, der das Kind überwiegend erzogen hat. 5Liegt eine überwiegende Erziehung durch einen Elternteil nicht vor, erfolgt die Zuordnung zur Mutter.

§ 307e Zuschlag an Entgeltpunkten für langjährige Versicherung bei Rentenbeginn in den Jahren 1992 bis 2020

(1) 1Bestand am 31. Dezember 2020 Anspruch auf eine Rente mit einem Rentenbeginn nach dem 31. Dezember

1991, wird ab dem 1. Januar 2021 ein Zuschlag an Entgeltpunkten ermittelt, wenn

1. mindestens 33 Jahre mit Grundrentenzeiten nach § 76g Absatz 2 vorhanden sind und
2. sich aus den Kalendermonaten mit Grundrentenbewertungszeiten nach § 76g Absatz 3 ein Durchschnittswert an Entgeltpunkten ergibt, der unter dem nach § 76g Absatz 4 maßgebenden Höchstwert liegt.

2Ein Zuschlag an Entgeltpunkten wird nicht ermittelt, wenn die Rente nicht geleistet wird. 3Grundrentenzeiten im Sinne von § 76g Absatz 2 sind auch Kalendermonate mit Anrechnungszeiten vor dem 1. Januar 1984, in denen Versicherte wegen Krankheit arbeitsunfähig gewesen sind oder Leistungen zur medizinischen Rehabilitation oder zur Teilhabe am Arbeitsleben erhalten haben. 4Das gilt auch bei Folgerenten. 5Bei der Ermittlung von Grundrentenzeiten und Grundrentenbewertungszeiten sind die Zeiten und Entgeltpunkte maßgeblich, die der Rente am 31. Dezember 2020 zugrunde liegen. 6Als Entgeltpunkte für die Grundrentenbewertungszeiten werden auch Zuschläge an persönlichen Entgeltpunkten für Kindererziehung nach § 307d berücksichtigt.

VI

(2) Für die Höhe und die Zuordnung des Zuschlags an Entgeltpunkten gilt § 76g Absatz 4 und 5 entsprechend.

(3) 1Für den Zuschlag an Entgeltpunkten gilt der Zugangsfaktor nach § 77. 2Wird der Zuschlag zu einem Zeitpunkt in Anspruch genommen, zu dem der Zugangsfaktor mindestens 1,0 wäre, ist der Zugangsfaktor für den Zuschlag auf diesen Wert zu begrenzen.

(4) Ist bei einer Rente, die nach dem 31. Dezember 1991 begonnen hat, das Recht anzuwenden, das vor dem 1. Januar 1992 galt, ist für den Zuschlag an Entgeltpunkten § 307f anzuwenden.

§ 307f Zuschlag an Entgeltpunkten für langjährige Versicherung bei Rentenbeginn vor dem 1. Januar 1992

(1) 1Bestand am 31. Dezember 2020 Anspruch auf eine Rente mit einem Rentenbeginn vor dem 1. Januar 1992, wird ab dem 1. Januar 2021 ein Zuschlag an Entgeltpunkten ermittelt, wenn

1. für Pflichtbeitragszeiten nach dem 31. Dezember 1972 ein Zuschlag an persönlichen Entgeltpunkten nach Artikel 82 des Rentenreformgesetzes 1992 ermittelt wurde und
2. sich aus den Pflichtbeitragszeiten nach Nummer 1 einschließlich des Zuschlags an persönlichen Entgeltpunkten nach Artikel 82 des Rentenreformgesetzes 1992 ein kalendermonatlicher Durchschnittswert ergibt, der unter 0,0625 Entgeltpunkten liegt.

2Ein Zuschlag an Entgeltpunkten wird nicht ermittelt, wenn die Rente nicht geleistet wird.

(2) Liegen die Voraussetzungen nach Absatz 1 Satz 1 Nummer 1 vor, gilt das Vorliegen von mindestens 33 Jahren an Grundrentenzeiten nach § 76g Absatz 2 als erfüllt.

(3) 1Der Zuschlag an Entgeltpunkten wird ermittelt aus dem Durchschnittswert an Entgeltpunkten nach Absatz 1 Satz 1 Nummer 2 und umfasst zunächst diesen Durchschnittswert. 2Übersteigt das Zweifache dieses Durchschnittswertes 0,0625 Entgeltpunkte, wird der Zuschlag aus dem Differenzbetrag zwischen 0,0625 Entgeltpunkten und dem Durchschnittswert nach Satz 1 ermittelt. 3Zur Berechnung der Höhe des Zuschlags an Entgeltpunkten wird der nach den Sätzen 1 und 2 ermittelte Entgeltpunktewert mit der Anzahl der Kalendermonate, für die ein Zuschlag an persönlichen Entgeltpunkten nach Artikel 82 des Rentenreformgesetzes 1992 ermittelt wurde, vervielfältigt.

(4) Liegen dem Zuschlag an persönlichen Entgeltpunkten nach Artikel 82 des Rentenreformgesetzes 1992 sowohl Zeiten der allgemeinen Rentenversicherung als auch der knappschaftlichen Rentenversicherung zugrunde, ist der nach Absatz 3 ermittelte Zuschlag an Entgeltpunkten getrennt nach dem jeweiligen Verhältnis aller Entgeltpunkte in der allgemeinen Rentenversicherung und aller Entgeltpunkte in der knappschaftlichen Rentenversicherung zu allen Entgeltpunkten gemäß § 307 aufzuteilen.

(5) 1Bei einer Rente nach § 307a gelten die Arbeitsjahre nach § 307a Absatz 3 als Grundrentenzeiten und Grundrentenbewertungszeiten im Sinne von § 76g Absatz 2 und 3. 2Bei den Grundrentenzeiten ist auch eine Kindererziehungspauschale zu berücksichtigen. 3Die Kindererziehungspauschale beträgt bei einem Kind zehn Jahre, bei zwei Kindern 15 Jahre und bei mehr als zwei Kindern 20 Jahre, wenn diese Kinder bisher in der Rente berücksichtigt worden sind. 4Für die Höhe des Zuschlags an Entgeltpunkten gilt § 76g Absatz 4 entsprechend mit der Maßgabe, dass sich der Durchschnittswert an Entgeltpunkten für alle Kalendermonate mit Grundrentenbewertungszeiten bestimmt aus der Summe der nach § 307a ermittelten persönlichen Entgeltpunkte (Ost), die der Rente am 31. Dezember 2020 für Arbeitsjahre nach § 307a Absatz 3 zugrunde liegen, einschließlich der Erhöhung an persönlichen Entgeltpunkten für bisher in der Rente berücksichtigte Kinder nach § 307a Absatz 1

Satz 2 und vorhandener Zuschläge an persönlichen Entgeltpunkten für Kindererziehung nach § 307d; der ermittelte Zuschlag an Entgeltpunkten ist dabei ein Zuschlag an Entgeltpunkten (Ost).

(6) 1Bei einer nach § 307b berechneten Rente wird ab dem 1. Januar 2021 ein Zuschlag an Entgeltpunkten ermittelt, wenn

1. mindestens 33 Jahre mit Grundrentenzeiten nach § 76g Absatz 2 vorhanden sind und
2. sich aus den Kalendermonaten mit Grundrentenbewertungszeiten nach § 76g Absatz 3 ein Durchschnittswert an Entgeltpunkten ergibt, der unter dem nach § 76g Absatz 4 maßgebenden Höchstwert liegt.

2Bei der Ermittlung von Grundrentenzeiten und Grundrentenbewertungszeiten sind die Zeiten und Entgeltpunkte maßgeblich, die der neu berechneten Rente oder der Vergleichsrente nach § 307b Absatz 1 Satz 3 am 31. Dezember 2020 zugrunde liegen. 3Als Entgeltpunkte für die Grundrentenbewertungszeiten werden auch Zuschläge an persönlichen Entgeltpunkten für Kindererziehung nach § 307d berücksichtigt. 4Für die Höhe und die Zuordnung des Zuschlags an Entgeltpunkten gilt § 76g Absatz 4 und 5 entsprechend; der ermittelte Zuschlag an Entgeltpunkten ist dabei ein Zuschlag an Entgeltpunkten (Ost).

(7) Für den Zuschlag an Entgeltpunkten nach den Absätzen 1 bis 6 gilt § 307e Absatz 3 entsprechend.

(8) Ist bei einer Rente, die vor dem 1. Januar 1992 begonnen hat, das Recht anzuwenden, das nach dem 31. Dezember 1991 gilt, ist für den Zuschlag an Entgeltpunkten § 307e anzuwenden.

§ 307g Prüfung des Zuschlags an Entgeltpunkten für langjährige Versicherung

1Ein Anspruch auf Prüfung des Zuschlags an Entgeltpunkten für langjährige Versicherung besteht nicht vor Ablauf des 31. Dezember 2022. 2Die Träger der Rentenversicherung sollen vorrangig die Ansprüche älterer Berechtigter prüfen.

§ 307h Evaluierung

Bis zum 31. Dezember 2025 wird durch die Bundesregierung evaluiert, ob die mit der Einführung der Grundrente formulierten Ziele erreicht wurden.

§ 308 Umstellungsrenten

(1) Der Rentenartfaktor beträgt für Umstellungsrenten, die als Renten wegen Erwerbsunfähigkeit gelten, 0,8667.

(2) 1Umstellungsrenten als Renten wegen Erwerbsunfähigkeit werden auf Antrag nach den vom 1. Januar 1992 an geltenden Vorschriften neu berechnet, wenn für Versicherte nach Vollendung des 55. Lebensjahres für zwölf Kalendermonate Beiträge gezahlt worden sind und sie erwerbsunfähig sind. 2Diese neu berechneten Renten werden nur geleistet, wenn sie um zwei Dreizehntel höher sind als die Umstellungsrenten.

(3) Entgeltpunkte für am 1. Januar 1992 laufende Umstellungsrenten werden zu gleichen Teilen lückenlos auf die Zeit vom Kalendermonat der Vollendung des 15. Lebensjahres bis zum Kalendermonat vor der Vollendung des 55. Lebensjahres der Versicherten verteilt.

§ 309 Neufeststellung auf Antrag

(1) 1Eine nach den Vorschriften dieses Buches berechnete Rente ist auf Antrag vom Beginn an nach dem am 1. Januar 1996 geltenden Recht neu festzustellen und zu leisten, wenn sie vor diesem Zeitpunkt begonnen hat und

1. beitragsgeminderte Zeiten wegen des Besuchs einer Schule, Fachschule oder Hochschule enthält oder
2. Anrechnungszeiten im Beitrittsgebiet wegen des Bezugs einer Übergangsrente, einer Invalidenrente bei Erreichen besonderer Altersgrenzen, einer befristeten erweiterten Versorgung oder einer berufsbezogenen Zuwendung an Ballettmitglieder in staatlichen Einrichtungen zu berücksichtigen sind oder
3. Verfolgungszeiten nach dem Beruflichen Rehabilitierungsgesetz anerkannt sind.

2Bei einem Rentenbeginn nach dem 31. Dezember 1995 ist Satz 1 mit der Maßgabe anzuwenden, dass die Rente auf der Grundlage des Rechts festzustellen und zu leisten ist, das bei erstmaliger Feststellung der Rente anzuwenden war. 3In Fällen des Satzes 1 Nr. 3 ist bei der Feststellung der Rente nach Satz 1 und 2 der § 11 Satz 2 des Beruflichen Rehabilitierungsgesetzes in der Fassung des Zweiten Gesetzes zur Verbesserung rehabilitierungsrechtlicher Vorschriften für Opfer der politischen Verfolgung in der ehemaligen DDR vom 17. Dezember 1999 (BGBl. I S. 2662) anzuwenden.

(1a) Eine nach den Vorschriften dieses Buches berechnete Rente ist auf Antrag vom Beginn an neu festzustellen und zu leisten, wenn Zeiten nach dem Beruflichen Rehabilitierungsgesetz anerkannt sind oder wenn § 3 Abs. 1 Satz 2 des Beruflichen Rehabilitierungsgesetzes anzuwenden ist.

(2) Eine Rente ist auf Antrag neu festzustellen, wenn sie vor dem 1. Januar 2001 nach den Vorschriften dieses Gesetzbuches bereits neu festgestellt worden war.

(3) 1Eine nach den Vorschriften dieses Buches berechnete Rente ist auf Antrag von Beginn an neu festzustellen und zu leisten, wenn der Rentenbeginn vor dem 22. Juli 2017 liegt und Anrechnungszeiten, mit Ausnahme von Anrechnungszeiten wegen Arbeitsunfähigkeit oder Arbeitslosigkeit, aufgrund der Anwendung des § 58 Absatz 1 Satz 3 in der bis zum 21. Juli 2017 geltenden Fassung in der Rente nicht berücksichtigt wurden. 2Abweichend von § 300 Absatz 3 ist bei der Neufeststellung der Rente nach Satz 1 die Regelung des § 58 Absatz 1 Satz 3 und des § 74 Satz 3 in der jeweils ab dem 22. Juli 2017 geltenden Fassung anzuwenden.

§ 310 Erneute Neufeststellung von Renten

Ist eine Rente, die vor dem 1. Januar 2001 nach den Vorschriften dieses Gesetzbuchs neu festgestellt worden war, erneut neu festzustellen und sind dabei die persönlichen Entgeltpunkte neu zu ermitteln, sind der neu festzustellenden Rente mindestens die bisherigen persönlichen Entgeltpunkte zugrunde zu legen; dies gilt nicht, soweit die bisherigen persönlichen Entgeltpunkte auf einer rechtswidrigen Begünstigung beruhen oder eine wesentliche Änderung der tatsächlichen Verhältnisse zu Ungunsten des Rentenbeziehers eingetreten ist.

§ 310a Neufeststellung von Renten mit Zeiten der Beschäftigung bei der Deutschen Reichsbahn oder bei der Deutschen Post

(1) 1Eine nach den Vorschriften dieses Buches berechnete Rente mit Zeiten der Beschäftigung bei der Deutschen Reichsbahn oder bei der Deutschen Post und Arbeitsverdiensten oberhalb der im Beitrittsgebiet geltenden Beitragsbemessungsgrenzen ist auf Antrag neu festzustellen, wenn sie vor dem 3. August 2001 begonnen hat. 2Abweichend von § 300 Abs. 3 sind bei der Neufeststellung der Rente § 256a Abs. 2 und § 307a Abs. 2 in der am 1. Dezember 1998 geltenden Fassung anzuwenden.

(2) Die Neufeststellung erfolgt für die Zeit ab Rentenbeginn, frühestens für die Zeit ab 1. Dezember 1998.

§ 310b Neufeststellung von Renten mit überführten Zeiten nach dem Anspruchs- und Anwartschaftsüberführungsgesetz

1Eine nach den Vorschriften dieses Buches berechnete Rente, die Zeiten der Zugehörigkeit zu einem Versorgungssystem nach dem Anspruchs- und Anwartschaftsüberführungsgesetz enthält und für die die Arbeitsentgelte oder Arbeitseinkommen nach § 7 des Anspruchs- und Anwartschaftsüberführungsgesetzes in der Fassung des Renten-Überleitungsgesetzes vom 25. Juli 1991 (BGBl. I S. 1606) begrenzt worden sind, oder die Zeiten enthält, die nach § 22a des Fremdrentengesetzes begrenzt worden sind, ist neu festzustellen. 2Bei der Neufeststellung der Rente sind § 6 Abs. 2 oder 3 und § 7 des Anspruchs- und Anwartschaftsüberführungsgesetzes, § 22a des Fremdrentengesetzes und § 307b in der am 1. Mai 1999 geltenden Fassung anzuwenden. 3Die Sätze 1 und 2 gelten auf Antrag entsprechend in den Fällen des § 4 Abs. 4 des Anspruchs- und Anwartschaftsüberführungsgesetzes.

§ 310c Neufeststellung von Renten wegen Beschäftigungszeiten während des Bezugs einer Invalidenrente

1Wurden während des Bezugs einer Invalidenrente oder einer Versorgung wegen Invalidität oder wegen des Bezugs von Blindengeld oder Sonderpflegegeld nach den Vorschriften des Beitrittsgebiets bis zum 31. Dezember 1991 Zeiten einer Beschäftigung zurückgelegt, besteht ab 1. September 2001 Anspruch auf Neufeststellung einer nach den Vorschriften dieses Buches berechneten Rente, wenn sie vor dem 1. Juli 2002 begonnen hat. 2Abweichend von § 300 Abs. 3 sind bei der Neufeststellung der Rente die Regelungen über die Berücksichtigung von Beitragszeiten aufgrund einer Beschäftigung oder selbständigen Tätigkeit während des Bezugs einer Leistung nach Satz 1 in der seit dem 1. Juli 2002 geltenden Fassung anzuwenden. 3Der neu festgestellten Rente sind mindestens die bisherigen persönlichen Entgeltpunkte zugrunde zu legen; dies gilt nicht, soweit die bisherigen persönlichen Entgeltpunkte auf einer rechtswidrigen Begünstigung beruhen oder eine wesentliche Änderung der tatsächlichen Verhältnisse zu Ungunsten des Rentenbeziehers eingetreten ist.

Fünfter Unterabschnitt Zusammentreffen von Renten und von Einkommen

§ 311 Rente und Leistungen aus der Unfallversicherung

(1) Bestand am 31. Dezember 1991 Anspruch auf eine Rente nach den Vorschriften im Gebiet der Bundesrepublik Deutschland ohne das Beitrittsgebiet und auf

eine Rente aus der Unfallversicherung, die für die Leistung der Rente zu berücksichtigen war, wird die Rente insoweit nicht geleistet, als die Summe dieser Renten den Grenzbetrag übersteigt.

(2) Bei der Ermittlung der Summe der zusammentreffenden Renten bleiben unberücksichtigt

1. bei der Rente
   a) der Betrag, der den Grenzbetrag übersteigt,
   b) der auf den Leistungszuschlag für ständige Arbeiten unter Tage entfallende Anteil,
   c) der auf den Erhöhungsbetrag in Waisenrenten entfallende Anteil,
2. bei der Verletztenrente aus der Unfallversicherung je 16,67 vom Hundert des aktuellen Rentenwerts für jeden Prozentpunkt der Minderung der Erwerbsfähigkeit, wenn diese mindestens 60 vom Hundert beträgt und die Rente aufgrund einer entschädigungspflichtigen Silikose oder Siliko-Tuberkulose geleistet wird.

(3) Bestand am 31. Dezember 1991 Anspruch auf eine Rente nach den Vorschriften im Gebiet der Bundesrepublik Deutschland ohne das Beitrittsgebiet und auf eine Rente aus der Unfallversicherung, die für die Leistung der Rente nicht zu berücksichtigen war, verbleibt es für die Leistung dieser Rente dabei.

(4) Bestand am 31. Dezember 1991 Anspruch auf eine Rente nach den Vorschriften im Gebiet der Bundesrepublik Deutschland ohne das Beitrittsgebiet mit Zeiten sowohl der Rentenversicherung der Arbeiter oder der Angestellten als auch der knappschaftlichen Rentenversicherung und ruhte wegen einer Rente aus der Unfallversicherung die Rente mit den Zeiten der knappschaftlichen Rentenversicherung vorrangig, verbleibt es für die Leistung dieser Rente dabei.

(5) [1]Der Grenzbetrag beträgt

1. bei Renten, für die die allgemeine Wartezeit in der knappschaftlichen Rentenversicherung nicht erfüllt ist,
   a) bei Renten aus eigener Versicherung 80 vom Hundert,
   b) bei Witwenrenten oder Witwerrenten 48 vom Hundert,
2. bei Renten, für die die allgemeine Wartezeit in der knappschaftlichen Rentenversicherung erfüllt ist,
   a) bei Renten aus eigener Versicherung 95 vom Hundert,
   b) bei Witwenrenten oder Witwerrenten 57 vom Hundert

eines Zwölftels des Jahresarbeitsverdienstes, der der Berechnung der Rente aus der Unfallversicherung zugrunde liegt, mindestens jedoch des Betrages, der sich ergibt, wenn der im Dezember 1991 zugrunde liegende persönliche Vomhundertsatz mit zwei Dritteln des aktuellen Rentenwerts vervielfältigt wird (Mindestgrenzbetrag). [2]Beruht die Rente ausschließlich auf Zeiten der knappschaftlichen Rentenversicherung, ist der persönliche Vomhundertsatz mit 1,0106 zu vervielfältigen. [3]Beruht sie auch auf Zeiten der Rentenversicherung der Arbeiter oder der Angestellten, ist ein durchschnittlicher persönlicher Vomhundertsatz zu ermitteln, indem der Vomhundertsatz nach Satz 2 und der persönliche Vomhundertsatz der Rentenversicherung der Arbeiter und der Angestellten mit der ihrer Ermittlung zugrunde liegenden jeweiligen Anzahl an Monaten vervielfältigt und die Summe beider Ergebnisse durch die Summe aller Monate geteilt wird. [4]Liegt der Rente ein persönlicher Vomhundersatz nicht zugrunde, ist Mindestgrenzbetrag bei Renten aus eigener Versicherung das 50fache, bei Witwenrenten oder Witwerrenten das 30fache des aktuellen Rentenwerts. [5]Für die ersten drei Monate nach Beginn der Witwenrente oder Witwerrente wird der Grenzbetrag mit dem für eine Rente aus eigener Versicherung geltenden Vomhundertsatz ermittelt.

(6) Der Grenzbetrag beträgt bei Halbwaisenrenten das 13,33fache, bei Vollwaisenrenten das 20fache des aktuellen Rentenwerts.

(7) [1]Für die von einem Träger mit Sitz außerhalb des Geltungsbereichs dieses Gesetzbuchs geleistete Rente wegen eines Arbeitsunfalls oder einer Berufskrankheit ist ein Jahresarbeitsverdienst nicht festzustellen. [2]Bei einer an eine Witwe oder einen Witwer geleisteten Rente gilt ihr um zwei Drittel erhöhter Betrag als Vollrente.

(8) Bestand vor Inkrafttreten von Vorschriften über das Zusammentreffen von Renten und Leistungen aus der Unfallversicherung Anspruch auf eine Rente und auf eine Rente aus der Unfallversicherung, die für die Leistung der Rente nicht zu berücksichtigen war, verbleibt es für die Leistung dieser Rente dabei.

§ 312 Mindestgrenzbetrag bei Versicherungsfällen vor dem 1. Januar 1979

(1) Bestand am 31. Dezember 1991 Anspruch auf eine Rente, die auf einem Versicherungsfall vor dem 1. Janu-

VI

ar 1979 beruht, und ruhte diese wegen einer Rente aus der Unfallversicherung, beträgt der Mindestgrenzbetrag

1. bei einer Rente aus eigener Versicherung 85 vom Hundert,
2. bei einer Witwenrente oder Witwerrente 51 vom Hundert

des Betrages, der sich ergibt, wenn der im Dezember 1991 zugrunde liegende persönliche Vomhundertsatz mit zwei Dritteln des aktuellen Rentenwerts vervielfältigt wird.

(2) Bestand am 31. Dezember 1991 Anspruch auf eine Rente, für die die allgemeine Wartezeit in der knappschaftlichen Rentenversicherung erfüllt ist und die auf einem Versicherungsfall vor dem 1. Januar 1979 beruht, und ruhte diese Rente wegen einer Rente aus der Unfallversicherung, die auf einem Unfall oder Tod vor dem 1. Januar 1979 beruht, beträgt der Mindestgrenzbetrag

1. bei einer Rente aus eigener Versicherung 100 vom Hundert,
2. bei einer Witwenrente oder Witwerrente 60 vom Hundert

des Betrages, der sich ergibt, wenn der im Dezember 1991 zugrunde liegende persönliche Vomhundertsatz mit zwei Dritteln des aktuellen Rentenwerts vervielfältigt wird.

(3) § 311 Abs. 5 Satz 2 und 3, Abs. 7 ist anzuwenden.

§ 313 Hinzuverdienst bei Renten wegen verminderter Erwerbsfähigkeit

(1) 1Würde sich nach den §§ 96a und 313 in der ab dem 1. Juli 2017 geltenden Fassung am 1. Juli 2017 eine niedrigere teilweise zu leistende Rente ergeben, wird eine am 30. Juni 2017 aufgrund von Hinzuverdienst teilweise geleistete Rente wegen verminderter Erwerbsfähigkeit unter den sonstigen Voraussetzungen des geltenden Rechts so lange weitergeleistet, bis

1. die am 30. Juni 2017 für diese anteilig geleistete Rente geltende Hinzuverdienstgrenze nach den §§ 96a und 313 in der bis zum 30. Juni 2017 geltenden Fassung überschritten wird oder
2. sich nach den §§ 96a und 313 in der ab dem 1. Juli 2017 geltenden Fassung eine mindestens gleich hohe Rente ergibt.

2Als Kalenderjahr nach § 96a Absatz 5 in Verbindung mit § 34 Absatz 3c und 3d, in dem erstmals Hinzuverdienst berücksichtigt wurde, gilt das Jahr 2017. 3Die Hinzuverdienstgrenze nach Satz 1 Nummer 1 wird jährlich entsprechend der prozentualen Veränderung der Bezugsgröße angepasst.

(2) bis (4) (weggefallen)

(5) Bestand am 31. Dezember 1991 Anspruch auf eine nach den Vorschriften des Beitrittsgebiets berechnete Rente und ist diese Rente nicht nach den Vorschriften dieses Buches neu zu berechnen, werden als Entgeltpunkte im Sinne des § 96a Absatz 1c die nach § 307a ermittelten durchschnittlichen Entgeltpunkte zugrunde gelegt.

(6) Für Versicherte, die am 31. Dezember 1991 Anspruch auf eine nach den Vorschriften des Beitrittsgebiets berechnete Invalidenrente oder Bergmannsinvalidenrente hatten und die die persönlichen Voraussetzungen für den Bezug von Blindengeld oder Sonderpflegegeld nach den am 31. Dezember 1991 geltenden Vorschriften des Beitrittsgebiets erfüllen, gilt für diese Rente eine Hinzuverdienstgrenze nicht.

(7) (weggefallen)

(8) Besteht Anspruch auf eine Rente wegen verminderter Erwerbsfähigkeit und eine Aufwandsentschädigung für kommunale Ehrenbeamte, für ehrenamtlich in kommunalen Vertretungskörperschaften Tätige oder für Mitglieder der Selbstverwaltungsorgane, Versichertenälteste oder Vertrauenspersonen der Sozialversicherungsträger, gilt die Aufwandsentschädigung bis zum 31. Dezember 2022 weiterhin nicht als Hinzuverdienst, soweit kein konkreter Verdienstausfall ersetzt wird.

§ 314 Einkommensanrechnung auf Renten wegen Todes

(1) Ist der Versicherte vor dem 1. Januar 1986 gestorben oder haben die Ehegatten bis zum 31. Dezember 1988 eine wirksame Erklärung über die weitere Anwendung des bis zum 31. Dezember 1985 geltenden Hinterbliebenenrentenrechts abgegeben, werden auf eine Witwenrente oder Witwerrente die Vorschriften über die Einkommensanrechnung auf Renten wegen Todes nicht angewendet.

(2) 1Ist der Versicherte vor dem 1. Januar 1986 gestorben und ist eine erneute Ehe der Witwe oder des Witwers aufgelöst oder für nichtig erklärt worden, werden auf eine Witwenrente oder Witwerrente nach dem vorletzten Ehegatten die Vorschriften über die Einkommensanrechnung auf Renten wegen Todes nicht angewendet. 2Besteht für denselben Zeitraum Anspruch auf Witwenrente oder Witwerrente oder auf eine solche Rente aus der Unfallversicherung, werden diese Ansprüche in der Höhe berücksichtigt, die sich nach An-

wendung der Vorschriften über die Einkommensanrechnung auf Renten wegen Todes ergibt.

(3) 1Auf eine Witwenrente oder Witwerrente nach dem vorletzten Ehegatten, bei der Einkommen nach § 114 Absatz 1 des Vierten Buches zu berücksichtigen ist, ist eine Witwenrente oder Witwerrente nach dem letzten Ehegatten in der Höhe anzurechnen, die sich nach Anwendung der Vorschriften über die Einkommensanrechnung auf Renten wegen Todes ergibt. 2§ 97 Absatz 3 Satz 1 und 3 findet in diesen Fällen keine Anwendung.

§ 314a Einkommensanrechnung auf Renten wegen Todes aus dem Beitrittsgebiet

(1) Bestand am 31. Dezember 1991 Anspruch auf Witwenrente oder Witwerrente aufgrund des im Beitrittsgebiet geltenden Rechts oder bestand ein solcher Anspruch nur deshalb nicht, weil die im Beitrittsgebiet geltenden besonderen Voraussetzungen nicht erfüllt waren, werden vom 1. Januar 1992 an auf die Witwenrente oder Witwerrente die Vorschriften über die Einkommensanrechnung auf Renten wegen Todes angewendet.

(2) Hatte der Versicherte oder die Witwe oder der Witwer am 18. Mai 1990 den gewöhnlichen Aufenthalt im Beitrittsgebiet, ist § 314 Absatz 1 und 2 nicht anzuwenden.

Sechster Unterabschnitt Zusatzleistungen

§ 315 Zuschuss zur Krankenversicherung

(1) Bestand am 31. Dezember 1991 Anspruch auf einen Zuschuss zu den Aufwendungen für die Krankenversicherung und war der Berechtigte bereits zu diesem Zeitpunkt nicht in der gesetzlichen Krankenversicherung oder bei einem der deutschen Aufsicht unterliegenden Krankenversicherungsunternehmen versichert, wird dieser Zuschuss in der bisherigen Höhe zur Rente und einer sich unmittelbar daran anschließenden Rente desselben Berechtigten weitergeleistet.

(2) Besteht am 1. Januar 1992 Anspruch auf einen Zuschuss zu den Aufwendungen für die Krankenversicherung, der nicht nur nach Anwendung der Vorschriften eines Rentenanpassungsgesetzes für Dezember 1991 höher als der Beitragsanteil war, den der Träger der Rentenversicherung als Krankenversicherungsbeitrag für pflichtversicherte Rentenbezieher zu tragen hat, wird der Zuschuss zu der Rente und einer sich unmittelbar daran anschließenden Rente desselben Berechtigten mindestens in der bisherigen Höhe, höchstens in Höhe der Hälfte der tatsächlichen Aufwendungen für die Krankenversicherung, weitergeleistet.

(3) 1Bestand am 31. Dezember 1991 nach einem Rentenanpassungsgesetz Anspruch auf einen Auffüllbetrag, der als Zuschuss zu den Aufwendungen für die Krankenversicherung gilt, wird dieser in der bisherigen Höhe weitergeleistet. 2Rentenerhöhungen, die sich aufgrund von Rentenanpassungen nach dem 31. Dezember 1991 ergeben, werden hierauf angerechnet.

(4) Bestand am 30. April 2007 Anspruch auf einen Zuschuss zu den Aufwendungen für die Krankenversicherung und war der Berechtigte bereits zu diesem Zeitpunkt in einer ausländischen gesetzlichen Krankenversicherung pflichtversichert, wird dieser Zuschuss zu der Rente und einer sich unmittelbar daran anschließenden Rente desselben Berechtigten weitergeleistet.

§ 315a Auffüllbetrag

1Ist der für den Berechtigten nach Anwendung des § 307a ermittelte Monatsbetrag der Rente für Dezember 1991 niedriger als der für denselben Monat ausgezahlte und nach dem am 31. Dezember 1991 geltenden Recht oder nach § 302a Abs. 3 weiterhin zustehende Rentenbetrag einschließlich des Ehegattenzuschlags, wird ein Auffüllbetrag in Höhe der Differenz geleistet. 2Bei dem Vergleich werden die für Dezember 1991 nach den Vorschriften des Beitrittsgebiets geleisteten Rentenbeträge zuvor um 6,84 vom Hundert erhöht; Zusatzrenten nach § 307a Abs. 9 Nr. 1, Zusatzrenten nach der Verordnung über die freiwillige und zusätzliche Versicherung in der Sozialversicherung vom 28. Januar 1947 und Zusatzrenten nach der Verordnung über die freiwillige Versicherung auf Zusatzrente bei der Sozialversicherung vom 15. März 1968 bleiben außer Betracht. 3Bei der Ermittlung der für Dezember 1991 nach den Vorschriften des Beitrittsgebiets geleisteten Rentenbeträge ist das Rentenangleichungsgesetz vom 28. Juni 1990 (GBl. I Nr. 38 S. 495) mit der Maßgabe anzuwenden, dass eine vor Angleichung höherer Rente so lange geleistet wird, bis die anzugleichende Rente den bisherigen Betrag übersteigt. 4Der Auffüllbetrag wird vom 1. Januar 1996 an bei jeder Rentenanpassung um ein Fünftel des Auffüllbetrags, mindestens aber um 20 Deutsche Mark vermindert; durch die Verminderung darf der bisherige Zahlbetrag der Rente nicht unterschritten werden. 5Ein danach noch verbleibender Auffüllbetrag wird bei den folgenden Rentenanpassungen im Umfang dieser Rentenanpassungen abgeschmolzen.

§ 315b Renten aus freiwilligen Beiträgen des Beitrittsgebiets

Bestand am 31. Dezember 1991 Anspruch auf eine

1. Rente nach der Verordnung über die Neuregelung der freiwilligen Versicherungen in der Sozialversicherung vom 25. Juli 1953 (GBl. Nr. 80 S. 823),
2. Zusatzrente nach der Verordnung über die freiwillige und zusätzliche Versicherung in der Sozialversicherung vom 28. Januar 1947,
3. Zusatzrente nach der Verordnung über die freiwillige Versicherung auf Zusatzrente bei der Sozialversicherung vom 15. März 1968,

wird diese in Höhe des um 6,84 vom Hundert erhöhten bisherigen Betrages weitergeleistet.

§ 316 (weggefallen)

Siebter Unterabschnitt Leistungen an Berechtigte im Ausland

§ 317 Grundsatz

(1) 1Bestand Anspruch auf Leistung einer Rente vor dem Zeitpunkt, von dem an geänderte Vorschriften über Leistungen an Berechtigte im Ausland gelten, wird die Rente allein aus Anlass der Rechtsänderung nicht neu berechnet. 2Dies gilt nicht, wenn dem Berechtigten die Rente aus Beitragszeiten im Beitrittsgebiet nicht oder nicht in vollem Umfang gezahlt werden konnte. 3Die Rente ist mindestens aus den bisherigen persönlichen Entgeltpunkten weiterzuleisten.

(2) Eine Rente an einen Hinterbliebenen ist mindestens aus den persönlichen Entgeltpunkten des verstorbenen Versicherten zu leisten, aus denen seine Rente geleistet worden ist, wenn er am 31. Dezember 1991 Anspruch auf Leistung einer Rente ins Ausland hatte und diese Rente bis zu seinem Tode bezogen hat.

(2a) 1Bestand am 31. Dezember 1991 Anspruch auf eine Rente und ist diese Rente aufgrund einer nach dem 31. Dezember 1991 eingetretenen Änderung in den Verhältnissen, die für die Anwendung der Vorschriften über Leistungen an Berechtigte im Ausland von Bedeutung sind, neu festzustellen, ist bei der Neufeststellung das am 1. Januar 1992 geltende Recht anzuwenden. 2Hierbei sind für Berechtigte mindestens die nach § 307 ermittelten persönlichen Entgeltpunkte in dem in § 114 Abs. 1 Satz 2 genannten Verhältnis zugrunde zu legen.

(3) Bestand am 31. Dezember 1991 Anspruch auf eine Rente, bei der der Anspruch oder die Höhe von der Minderung der Erwerbsfähigkeit abhängig war, und wurde hierbei die jeweilige Arbeitsmarktlage berücksichtigt oder hätte sie berücksichtigt werden können, gilt dies auch weiterhin.

(4) Berechtigte erhalten eine Rente wegen Berufsunfähigkeit nur, wenn sie auf diese Rente bereits für die Zeit, in der sie ihren gewöhnlichen Aufenthalt noch im Inland gehabt haben, einen Anspruch hatten.

§ 317a Neufeststellung

(1) 1Eine nach den Vorschriften dieses Buches berechnete Rente, in der die persönlichen Entgeltpunkte zu 70 vom Hundert berücksichtigt wurden, wird ab dem 1. Oktober 2013 neu festgestellt. 2Bei der Neufeststellung sind die §§ 113, 114 und 272 in der am 1. Oktober 2013 geltenden Fassung anzuwenden.

(2) 1Bestand am 31. Dezember 1991 Anspruch auf eine Rente, in der der Rentenbetrag zu 70 vom Hundert berücksichtigt wurde, wird diese auf Antrag ab 1. Oktober 2013 neu festgestellt. 2Bei der Neufeststellung sind das am 1. Januar 1992 geltende Recht und die §§ 113, 114 und 272 in der am 1. Oktober 2013 geltenden Fassung anzuwenden.

(3) 1Hatten Versicherte ihren gewöhnlichen Aufenthalt am 18. Mai 1990 oder, falls sie verstorben sind, zuletzt vor dem 19. Mai 1990 im Gebiet der Bundesrepublik Deutschland ohne das Beitrittsgebiet und sind in einer Rente für Zeiten vor dem 19. Mai 1990 an die Stelle von Entgeltpunkten Entgeltpunkte (Ost) getreten, weil sich die berechtigte Person nach dem 18. Mai 1990 nicht mehr gewöhnlich im Inland aufgehalten hat, so ist diese Rente ab 1. Juli 2020 neu festzustellen und zu leisten. 2Bei der Neufeststellung ist § 254d Absatz 2 Satz 1 Nummer 1 Buchstabe a in der am 1. Juli 2020 geltenden Fassung anzuwenden.

§ 318 (weggefallen)

§ 319 Zusatzleistungen

(1) Bestand am 31. Dezember 1991 bei gewöhnlichem Aufenthalt im Ausland Anspruch auf einen Zuschuss zu den Aufwendungen für die Krankenversicherung, wird dieser Zuschuss in der bisherigen Höhe der Rente und einer sich unmittelbar daran anschließenden Rente desselben Berechtigten weitergeleistet.

(2) Berechtigte erhalten für ein Kind einen Kinderzuschuss zu einer Rente nur, wenn sie bei gewöhnlichem Aufenthalt im Ausland hierauf am 31. Dezember 1991 einen Anspruch hatten.

Achter Unterabschnitt
Zusatzleistungen bei gleichzeitigem Anspruch auf Renten nach dem Übergangsrecht für Renten nach den Vorschriften des Beitrittsgebiets

§ 319a Rentenzuschlag bei Rentenbeginn in den Jahren 1992 und 1993

1Ist der für den Berechtigten nach Anwendung der Vorschriften dieses Buches ermittelte Monatsbetrag der Rente bei Rentenbeginn in der Zeit vom 1. Januar 1992 bis 31. Dezember 1993 niedriger als der für den Monat des Rentenbeginns nach dem Übergangsrecht für Renten nach den Vorschriften des Beitrittsgebiets einschließlich der darin enthaltenen Vorschriften über das Zusammentreffen von Renten ermittelte Betrag, wird ein Rentenzuschlag in Höhe der Differenz geleistet, solange die rentenrechtlichen Voraussetzungen dafür vorliegen. 2Der Rentenzuschlag wird vom 1. Januar 1996 an bei jeder Rentenanpassung um ein Fünftel des Rentenzuschlags, mindestens aber um 20 Deutsche Mark vermindert; durch die Verminderung darf der bisherige Zahlbetrag der Rente nicht unterschritten werden. 3Ein danach noch verbleibender Rentenzuschlag wird bei den folgenden Rentenanpassungen im Umfang dieser Rentenanpassungen abgeschmolzen.

Neunter Unterabschnitt
Leistungen bei gleichzeitigem Anspruch auf Renten nach dem Übergangsrecht für Renten nach den Vorschriften des Beitrittsgebiets

§ 319b Übergangszuschlag

1Besteht für denselben Zeitraum Anspruch auf Leistungen nach den Vorschriften dieses Buches und auf solche nach dem Übergangsrecht für Renten nach den Vorschriften des Beitrittsgebiets, werden die Leistungen nach den Vorschriften dieses Buches erbracht. 2Ist nach Anwendung der jeweiligen Vorschriften über das Zusammentreffen von Renten und von Einkommen die Gesamtleistung nach dem Übergangsrecht für Renten nach den Vorschriften des Beitrittsgebiets höher als die Gesamtleistung nach den Vorschriften dieses Buches, wird zusätzlich zu den Leistungen nach den Vorschriften dieses Buches ein Übergangszuschlag geleistet. 3Bestand am 31. Dezember 1991 Anspruch auf eine Rente nach den Vorschriften des Beitrittsgebiets und liegen die rentenrechtlichen Voraussetzungen danach noch vor, wird für die Feststellung der Gesamtleistung nach dem Übergangsrecht für Renten nach den Vorschriften des Beitrittsgebiets die am 31. Dezember 1991 gezahlte und um 6,84 vom Hundert erhöhte Rente berücksichtigt. 4Der Übergangszuschlag wird in Höhe der Differenz zwischen der Gesamtleistung nach dem Übergangsrecht für Renten nach den Vorschriften des Beitrittsgebiets und der Gesamtleistung nach den Vorschriften dieses Buches gezahlt.

Sechstes Kapitel
Bußgeldvorschriften

§ 320 Bußgeldvorschriften

(1) Ordnungswidrig handelt, wer vorsätzlich oder leichtfertig

1. entgegen § 190a Abs. 1 Satz 1 oder 2 eine Meldung nicht, nicht richtig oder nicht rechtzeitig erstattet,
2. entgegen § 196 Abs. 1 Satz 1 eine Auskunft oder eine Änderung nicht, nicht richtig, nicht vollständig oder nicht rechtzeitig erteilt oder mitteilt oder
3. entgegen § 196 Abs. 1 Satz 2 die erforderlichen Unterlagen nicht, nicht vollständig oder nicht rechtzeitig vorlegt.

(2) Die Ordnungswidrigkeit kann mit einer Geldbuße bis zu zweitausendfünfhundert Euro geahndet werden.

§ 321 Zusammenarbeit zur Verfolgung und Ahndung von Ordnungswidrigkeiten

1Zur Verfolgung und Ahndung von Ordnungswidrigkeiten arbeiten die Rentenversicherungsträger im Rahmen der Prüfung bei den Arbeitgebern nach § 28p des Vierten Buches insbesondere mit der Bundesagentur für Arbeit, den Krankenkassen, den Behörden der Zollverwaltung, den in § 71 des Aufenthaltsgesetzes genannten Behörden, den Finanzbehörden, den nach Landesrecht für die Verfolgung und Ahndung von Ordnungswidrigkeiten nach dem Schwarzarbeitsbekämpfungsgesetz zuständigen Behörden, den Trägern der Sozialhilfe, den Unfallversicherungsträgern und den für den Arbeitsschutz zuständigen Landesbehörden zusammen, wenn sich im Einzelfall konkrete Anhaltspunkte für

1. Verstöße gegen das Schwarzarbeitsbekämpfungsgesetz,
2. eine Beschäftigung oder Tätigkeit von Ausländern ohne den erforderlichen Aufenthaltstitel nach § 4 Abs. 3 des Aufenthaltsgesetzes, eine Aufenthaltsgestattung oder eine Duldung, die zur Ausübung der Beschäftigung berechtigen, oder eine Genehmigung nach § 284 Abs. 1 des Dritten Buches,

VI

3. Verstöße gegen die Mitwirkungspflicht nach § 60 Abs. 1 Satz 1 Nr. 2 des Ersten Buches gegenüber einer Dienststelle der Bundesagentur für Arbeit, einem Träger der gesetzlichen Kranken-, Pflege- oder Unfallversicherung oder einem Träger der Sozialhilfe oder gegen die Meldepflicht nach § 8a des Asylbewerberleistungsgesetzes,
4. Verstöße gegen das Arbeitnehmerüberlassungsgesetz,
5. Verstöße gegen die Bestimmungen des Vierten, Fünften und Siebten Buches sowie dieses Buches über die Verpflichtung zur Zahlung von Sozialversicherungsbeiträgen, soweit sie im Zusammenhang mit den in den Nummern 1 bis 4 genannten Verstößen stehen,
6. Verstöße gegen die Steuergesetze,
7. Verstöße gegen das Aufenthaltsgesetz

ergeben. 2Sie unterrichten die für die Verfolgung und Ahndung zuständigen Behörden, die Träger der Sozialhilfe sowie die Behörden nach § 71 des Aufenthaltsgesetzes. 3Die Unterrichtung kann auch Angaben über die Tatsachen enthalten, die für die Abgabe der Meldungen des Arbeitgebers und die Einziehung der Beiträge zur Sozialversicherung erforderlich sind.

VII SGB VII: Gesetzliche Unfallversicherung

VII Sozialgesetzbuch (SGB) Siebtes Buch (VII) – Gesetzliche Unfallversicherung – (SGB VII) 984

VII.9 Berufskrankheiten-Verordnung (BKV) 1068

Sozialgesetzbuch (SGB) Siebtes Buch (VII) – Gesetzliche Unfallversicherung – (SGB VII)

Vom 7. August 1996 (BGBl. I S. 1254)

Zuletzt geändert durch
8. SGB IV-Änderungsgesetz
vom 20. Dezember 2022 (BGBl. I S. 2759)

Inhaltsübersicht

Erstes Kapitel
Aufgaben, versicherter Personenkreis, Versicherungsfall

Erster Abschnitt
Aufgaben der Unfallversicherung

§ 1 Prävention, Rehabilitation, Entschädigung

Zweiter Abschnitt
Versicherter Personenkreis

§ 2 Versicherung kraft Gesetzes
§ 3 Versicherung kraft Satzung
§ 4 Versicherungsfreiheit
§ 5 Versicherungsbefreiung
§ 6 Freiwillige Versicherung

Dritter Abschnitt
Versicherungsfall

§ 7 Begriff
§ 8 Arbeitsunfall
§ 9 Berufskrankheit
§ 10 Erweiterung in der See- und Binnenschifffahrt
§ 11 Mittelbare Folgen eines Versicherungsfalls
§ 12 Versicherungsfall einer Leibesfrucht
§ 12a Gesundheitsschaden im Zusammenhang mit der Spende von Blut oder körpereigenen Organen, Organteilen oder Gewebe
§ 13 Sachschäden bei Hilfeleistungen

Zweites Kapitel
Prävention

§ 14 Grundsatz
§ 15 Unfallverhütungsvorschriften
§ 16 Geltung bei Zuständigkeit anderer Unfallversicherungsträger und für ausländische Unternehmen
§ 17 Überwachung und Beratung
§ 18 Aufsichtspersonen
§ 19 Befugnisse der Aufsichtspersonen
§ 20 Zusammenarbeit mit Dritten
§ 21 Verantwortung des Unternehmers, Mitwirkung der Versicherten
§ 22 Sicherheitsbeauftragte
§ 23 Aus- und Fortbildung
§ 24 Überbetrieblicher arbeitsmedizinischer und sicherheitstechnischer Dienst
§ 25 Bericht gegenüber dem Bundestag

Drittes Kapitel
Leistungen nach Eintritt eines Versicherungsfalls

Erster Abschnitt
Heilbehandlung, Leistungen zur Teilhabe am Arbeitsleben, Leistungen zur Sozialen Teilhabe und ergänzende Leistungen, Pflege, Geldleistungen

Erster Unterabschnitt
Anspruch und Leistungsarten

§ 26 Grundsatz

Zweiter Unterabschnitt
Heilbehandlung

§ 27 Umfang der Heilbehandlung
§ 28 Ärztliche und zahnärztliche Behandlung
§ 29 Arznei- und Verbandmittel
§ 30 Heilmittel
§ 31 Hilfsmittel
§ 32 Häusliche Krankenpflege
§ 33 Behandlung in Krankenhäusern und Rehabilitationseinrichtungen
§ 34 Durchführung der Heilbehandlung

Dritter Unterabschnitt
Leistungen zur Teilhabe am Arbeitsleben

§ 35 Leistungen zur Teilhabe am Arbeitsleben
§ 36 (weggefallen)
§ 37 (weggefallen)
§ 38 (weggefallen)

Vierter Unterabschnitt
Leistungen zur Sozialen Teilhabe und ergänzende Leistungen

§ 39 Leistungen zur Sozialen Teilhabe und ergänzende Leistungen
§ 40 Kraftfahrzeughilfe
§ 41 Wohnungshilfe
§ 42 Haushaltshilfe und Kinderbetreuungskosten
§ 43 Reisekosten

Fünfter Unterabschnitt
Leistungen bei Pflegebedürftigkeit

§ 44 Pflege

Sechster Unterabschnitt
Geldleistungen während der Heilbehandlung und der Leistungen zur Teilhabe am Arbeitsleben

§ 45 Voraussetzungen für das Verletztengeld
§ 46 Beginn und Ende des Verletztengeldes
§ 47 Höhe des Verletztengeldes
§ 47a Beitragszahlung der Unfallversicherungsträger an berufsständische Versorgungseinrichtungen und private Krankenversicherungen
§ 48 Verletztengeld bei Wiedererkrankung
§ 49 Übergangsgeld
§ 50 Höhe und Berechnung des Übergangsgeldes
§ 51 (weggefallen)
§ 52 Anrechnung von Einkommen auf Verletzten- und Übergangsgeld

Siebter Unterabschnitt
Besondere Vorschriften für die Versicherten in der Seefahrt

§ 53 Vorrang der medizinischen Betreuung durch die Reeder

Achter Unterabschnitt
Besondere Vorschriften für die Versicherten der landwirtschaftlichen Unfallversicherung

§ 54 Betriebs- und Haushaltshilfe
§ 55 Art und Form der Betriebs- und Haushaltshilfe
§ 55a Sonstige Ansprüche, Verletztengeld

Zweiter Abschnitt
Renten, Beihilfen, Abfindungen

Erster Unterabschnitt
Renten an Versicherte

§ 56 Voraussetzungen und Höhe des Rentenanspruchs
§ 57 Erhöhung der Rente bei Schwerverletzten
§ 58 Erhöhung der Rente bei Arbeitslosigkeit
§ 59 Höchstbetrag bei mehreren Renten
§ 60 Minderung bei Heimpflege
§ 61 Renten für Beamte und Berufssoldaten
§ 62 Rente als vorläufige Entschädigung

Zweiter Unterabschnitt
Leistungen an Hinterbliebene

§ 63 Leistungen bei Tod
§ 64 Sterbegeld und Erstattung von Überführungskosten
§ 65 Witwen- und Witwerrente
§ 66 Witwen- und Witwerrente an frühere Ehegatten; mehrere Berechtigte
§ 67 Voraussetzungen der Waisenrente
§ 68 Höhe der Waisenrente
§ 69 Rente an Verwandte der aufsteigenden Linie
§ 70 Höchstbetrag der Hinterbliebenenrenten
§ 71 Witwen-, Witwer- und Waisenbeihilfe

Dritter Unterabschnitt
Beginn, Änderung und Ende von Renten

§ 72 Beginn von Renten
§ 73 Änderungen und Ende von Renten
§ 74 Ausnahmeregelungen für die Änderung von Renten

Vierter Unterabschnitt
Abfindung

§ 75 Abfindung mit einer Gesamtvergütung
§ 76 Abfindung bei Minderung der Erwerbsfähigkeit unter 40 vom Hundert
§ 77 Wiederaufleben der abgefundenen Rente
§ 78 Abfindung bei Minderung der Erwerbsfähigkeit ab 40 vom Hundert
§ 79 Umfang der Abfindung
§ 80 Abfindung bei Wiederheirat

Fünfter Unterabschnitt
Vorschriften für die Versicherten der landwirtschaftlichen Unfallversicherung

§ 80a Voraussetzungen für den Rentenanspruch, Wartezeit

VII

Dritter Abschnitt
Jahresarbeitsverdienst

Erster Unterabschnitt
Allgemeines

§ 81 Jahresarbeitsverdienst als Berechnungsgrundlage

Zweiter Unterabschnitt
Erstmalige Festsetzung

§ 82 Regelberechnung
§ 83 Jahresarbeitsverdienst kraft Satzung
§ 84 Jahresarbeitsverdienst bei Berufskrankheiten
§ 85 Mindest- und Höchstjahresarbeitsverdienst
§ 86 (weggefallen)
§ 87 Jahresarbeitsverdienst nach billigem Ermessen
§ 88 Erhöhung des Jahresarbeitsverdienstes für Hinterbliebene
§ 89 Berücksichtigung von Anpassungen

Dritter Unterabschnitt
Neufestsetzung

§ 90 Neufestsetzung nach Altersstufen
§ 91 Neufestsetzung nach Schul- oder Berufsausbildung

Vierter Unterabschnitt
Besondere Vorschriften für die bei der Berufsgenossenschaft Verkehrswirtschaft Post-Logistik Telekommunikation versicherten Seeleute und ihre Hinterbliebenen

§ 92 Jahresarbeitsverdienst für Seeleute

Fünfter Unterabschnitt
Besondere Vorschriften für die Versicherten der landwirtschaftlichen Unfallversicherung und ihre Hinterbliebenen

§ 93 Jahresarbeitsverdienst für landwirtschaftliche Unternehmer, ihre Ehegatten und Familienangehörigen

Vierter Abschnitt
Mehrleistungen

§ 94 Mehrleistungen

Fünfter Abschnitt
Gemeinsame Vorschriften für Leistungen

§ 95 Anpassung von Geldleistungen
§ 96 Fälligkeit, Auszahlung und Berechnungsgrundsätze
§ 97 Leistungen ins Ausland
§ 98 Anrechnung anderer Leistungen
§ 99 Wahrnehmung von Aufgaben durch die Deutsche Post AG
§ 100 Verordnungsermächtigung
§ 101 Ausschluß oder Minderung von Leistungen
§ 102 Schriftform
§ 103 Zwischennachricht, Unfalluntersuchung

Viertes Kapitel
Haftung von Unternehmern, Unternehmensangehörigen und anderen Personen

Erster Abschnitt
Beschränkung der Haftung gegenüber Versicherten, ihren Angehörigen und Hinterbliebenen

§ 104 Beschränkung der Haftung der Unternehmer
§ 105 Beschränkung der Haftung anderer im Betrieb tätiger Personen
§ 106 Beschränkung der Haftung anderer Personen
§ 107 Besonderheiten in der Seefahrt
§ 108 Bindung der Gerichte
§ 109 Feststellungsberechtigung von in der Haftung beschränkten Personen

Zweiter Abschnitt
Haftung gegenüber den Sozialversicherungsträgern

§ 110 Haftung gegenüber den Sozialversicherungsträgern
§ 111 Haftung des Unternehmens
§ 112 Bindung der Gerichte
§ 113 Verjährung

Fünftes Kapitel
Organisation

Erster Abschnitt
Unfallversicherungsträger

§ 114 Unfallversicherungsträger
§ 115 Prävention bei der Unfallversicherung Bund und Bahn
§ 116 Unfallversicherungsträger im Landesbereich
§ 117 Unfallversicherungsträger im kommunalen Bereich
§ 118 Vereinigung von Berufsgenossenschaften
§§ 119 und 119a (weggefallen)
§ 120 Bundes- und Landesgarantie

Zweiter Abschnitt
Zuständigkeit

Erster Unterabschnitt
Zuständigkeit der gewerblichen Berufsgenossenschaften

§ 121 Zuständigkeit der gewerblichen Berufsgenossenschaften
§ 122 Sachliche und örtliche Zuständigkeit

Zweiter Unterabschnitt
Zuständigkeit der landwirtschaftlichen Berufsgenossenschaft

§ 123 Zuständigkeit der landwirtschaftlichen Berufsgenossenschaft
§ 124 Bestandteile des landwirtschaftlichen Unternehmens

Dritter Unterabschnitt
Zuständigkeit der Unfallversicherungsträger der öffentlichen Hand

§ 125 Zuständigkeit der Unfallversicherung Bund und Bahn
§ 126 (weggefallen)
§ 127 (weggefallen)
§ 128 Zuständigkeit der Unfallversicherungsträger im Landesbereich
§ 129 Zuständigkeit der Unfallversicherungsträger im kommunalen Bereich
§ 129a Zuständigkeit bei gemeinsamer Beteiligung von Bund, Ländern, Gemeinden oder Gemeindeverbänden an Unternehmen

Vierter Unterabschnitt
Gemeinsame Vorschriften über die Zuständigkeit

§ 130 Örtliche Zuständigkeit
§ 131 Zuständigkeit für Hilfs- und Nebenunternehmen
§ 132 Zuständigkeit für Unfallversicherungsträger
§ 133 Zuständigkeit für Versicherte
§ 134 Zuständigkeit bei Berufskrankheiten
§ 135 Versicherung nach mehreren Vorschriften
§ 136 Bescheid über die Zuständigkeit, Begriff des Unternehmers
§ 136a Unternehmernummer
§ 136b Verarbeitung zu Zwecken des Unternehmensbasisdatenregisters
§ 137 Wirkung von Zuständigkeitsänderungen
§ 138 Unterrichtung der Versicherten
§ 139 Vorläufige Zuständigkeit
§ 139a Deutsche Verbindungsstelle Unfallversicherung – Ausland

Dritter Abschnitt
Weitere Versicherungseinrichtungen

§ 140 Haftpflicht- und Auslandsversicherung
§ 141 Träger der Versicherungseinrichtungen, Aufsicht
§ 142 Gemeinsame Einrichtungen
§ 143 (weggefallen)

Vierter Abschnitt
Dienstrecht

§ 144 Dienstordnung
§ 145 Regelungen in der Dienstordnung
§ 146 Verletzung der Dienstordnung
§ 147 Aufstellung und Änderung der Dienstordnung
§ 147a Dienstbezüge der Geschäftsführer der gewerblichen Berufsgenossenschaften und der Sozialversicherung für Landwirtschaft, Forsten und Gartenbau
§ 148 Dienstrechtliche Vorschriften der Unfallversicherung Bund und Bahn
§ 149 Dienstrechtliche Vorschriften für die gewerblichen Berufsgenossenschaften

Sechstes Kapitel
Aufbringung der Mittel

Erster Abschnitt
Allgemeine Vorschriften

Erster Unterabschnitt
Beitragspflicht

§ 150 Beitragspflichtige
§ 151 Beitragserhebung bei überbetrieblichen arbeitsmedizinischen und sicherheitstechnischen Diensten

Zweiter Unterabschnitt
Beitragshöhe

§ 152 Umlage
§ 153 Berechnungsgrundlagen
§ 154 Berechnungsgrundlagen in besonderen Fällen
§ 155 Beiträge nach der Zahl der Versicherten
§ 156 Beiträge nach einem auf Arbeitsstunden aufgeteilten Arbeitsentgelt
§ 157 Gefahrtarif
§ 158 Genehmigung
§ 159 Veranlagung der Unternehmen zu den Gefahrklassen
§ 160 Änderung der Veranlagung

§ 161 Mindestbeitrag
§ 162 Zuschläge, Nachlässe, Prämien
§ 163 Beitragszuschüsse für Küstenfischer

Dritter Unterabschnitt
Vorschüsse und Sicherheitsleistungen

§ 164 Beitragsvorschüsse und Sicherheitsleistungen

Vierter Unterabschnitt
Umlageverfahren

§ 165 Nachweise
§ 166 Auskunftspflicht der Unternehmer und Beitragsüberwachung
§ 167 Beitragsberechnung
§ 168 Beitragsbescheid
§ 169 Erhebung von Säumniszuschlägen
§ 170 Beitragszahlung an einen anderen Unfallversicherungsträger

Fünfter Unterabschnitt
Betriebsmittel, Rücklage und Verwaltungsvermögen

§ 171 (weggefallen)
§ 172 Betriebsmittel
§ 172a Rücklage
§ 172b Verwaltungsvermögen
§ 172c Altersrückstellungen

Sechster Unterabschnitt
Zusammenlegung und Teilung der Last, Teilung der Entschädigungslast bei Berufskrankheiten, Erstattungsansprüche der landwirtschaftlichen Berufsgenossenschaft

§ 173 Zusammenlegung und Teilung der Last
§ 174 Teilung der Entschädigungslast bei Berufskrankheiten
§ 175 Erstattungsansprüche der landwirtschaftlichen Berufsgenossenschaft

Siebter Unterabschnitt
Lastenverteilung zwischen den gewerblichen Berufsgenossenschaften

§ 176 Grundsatz
§ 177 Begriffsbestimmungen
§ 178 Gemeinsame Tragung der Rentenlasten
§ 179 Sonderregelung bei außergewöhnlicher Belastung
§ 180 Freibeträge, Unternehmen ohne Gewinnerzielungsabsicht
§ 181 Durchführung des Ausgleichs

Zweiter Abschnitt
Besondere Vorschriften für die landwirtschaftliche Unfallversicherung

§ 182 Berechnungsgrundlagen
§ 183 Umlageverfahren
§ 183a Rechenschaft über die Verwendung der Mittel
§ 184 Rücklage

Dritter Abschnitt
Besondere Vorschriften für die Unfallversicherungsträger der öffentlichen Hand

§ 185 Gemeindeunfallversicherungsverbände, Unfallkassen der Länder und Gemeinden, gemeinsame Unfallkassen, Feuerwehr-Unfallkassen
§ 186 Aufwendungen der Unfallversicherung Bund und Bahn

Vierter Abschnitt
Gemeinsame Vorschriften

Erster Unterabschnitt
Gemeinsame Vorschriften

§ 187 Berechnungsgrundsätze

Zweiter Unterabschnitt
Reduzierung der Kosten für Verwaltung und Verfahren

§ 187a Reduzierung der Kosten für Verwaltung und Verfahren in der landwirtschaftlichen Unfallversicherung

Siebtes Kapitel
Zusammenarbeit der Unfallversicherungsträger mit anderen Leistungsträgern und ihre Beziehungen zu Dritten

Erster Abschnitt
Zusammenarbeit der Unfallversicherungsträger mit anderen Leistungsträgern

§ 188 Auskunftspflicht der Krankenkassen
§ 189 Beauftragung einer Krankenkasse
§ 190 Pflicht der Unfallversicherungsträger zur Benachrichtigung der Rentenversicherungsträger beim Zusammentreffen von Renten

Zweiter Abschnitt
Beziehungen der Unfallversicherungsträger zu Dritten

§ 191 Unterstützungspflicht der Unternehmer
§ 192 Mitteilungs- und Auskunftspflichten von Unternehmern und Bauherren

§ 193 Pflicht zur Anzeige eines Versicherungsfalls durch die Unternehmer
§ 194 Meldepflicht der Eigentümer von Seeschiffen
§ 195 Unterstützungs- und Mitteilungspflichten von Kammern und der für die Erteilung einer Gewerbe- oder Bauerlaubnis zuständigen Behörden
§ 196 Mitteilungspflichten der Schiffsvermessungs- und -registerbehörden
§ 197 Übermittlungspflicht weiterer Behörden
§ 198 Auskunftspflicht der Grundstückseigentümer

Achtes Kapitel
Datenschutz

Erster Abschnitt
Grundsätze

§ 199 Verarbeitung von Daten durch die Unfallversicherungsträger
§ 200 Einschränkung der Übermittlungsbefugnis

Zweiter Abschnitt
Datenverarbeitung durch Ärzte

§ 201 Erhebung, Speicherung und Übermittlung von Daten durch Ärzte und Psychotherapeuten
§ 202 Anzeigepflicht von Ärzten bei Berufskrankheiten
§ 203 Auskunftspflicht von Ärzten

Dritter Abschnitt
Dateisysteme

§ 204 Errichtung eines Dateisystems für mehrere Unfallversicherungsträger
§ 205 (weggefallen)

Vierter Abschnitt
Sonstige Vorschriften

§ 206 Verarbeitung von Daten für die Forschung zur Bekämpfung von Berufskrankheiten
§ 207 Verarbeitung von Daten zur Verhütung von Versicherungsfällen und arbeitsbedingten Gesundheitsgefahren
§ 208 Auskünfte der Deutschen Post AG

Neuntes Kapitel
Bußgeldvorschriften

§ 209 Bußgeldvorschriften
§ 210 Zuständige Verwaltungsbehörde
§ 211 Zusammenarbeit bei der Verfolgung und Ahndung von Ordnungswidrigkeiten

Zehntes Kapitel
Übergangsrecht

§ 212 Grundsatz
§ 213 Versicherungsschutz
§ 214 Geltung auch für frühere Versicherungsfälle
§ 215 Sondervorschriften für Versicherungsfälle in dem in Artikel 3 des Einigungsvertrages genannten Gebiet
§ 216 Bezugsgröße (Ost) und aktueller Rentenwert (Ost)
§ 217 Bestandsschutz
§ 218 (weggefallen)
§ 218a Leistungen an Hinterbliebene
§ 218b Rückwirkende Anerkennung von Berufskrankheiten
§ 218c Auszahlung laufender Geldleistungen bei Beginn vor dem 1. April 2004
§ 218d Besondere Zuständigkeiten
§ 218e Übergangsregelungen aus Anlass des Übergangs der Beitragsüberwachung auf die Träger der Deutschen Rentenversicherung
§ 218f Evaluation
§ 218g Übergangsregelungen bei epidemischer Lage von nationaler Tragweite
§ 219 (weggefallen)
§ 219a Altersrückstellungen
§ 220 Ausgleich unter den gewerblichen Berufsgenossenschaften
§ 221 Besondere Vorschriften für die landwirtschaftliche Unfallversicherung
§ 221a Verarbeitung von Daten durch die landwirtschaftliche Berufsgenossenschaft
§ 221b Übergangszeit und Beitragsangleichung in der landwirtschaftlichen Unfallversicherung

Elftes Kapitel
Übergangsvorschriften zur Neuorganisation der gesetzlichen Unfallversicherung

§ 222 Neuorganisation der gewerblichen Berufsgenossenschaften
§ 223 Neuorganisation der landesunmittelbaren Unfallversicherungsträger der öffentlichen Hand
§ 224 Umstellung der Mitgliedsnummer auf die Unternehmernummer

Anlage 1
(zu § 114)

VII

Erstes Kapitel
Aufgaben, versicherter Personenkreis, Versicherungsfall

Erster Abschnitt
Aufgaben der Unfallversicherung

§ 1 Prävention, Rehabilitation, Entschädigung

Aufgabe der Unfallversicherung ist es, nach Maßgabe der Vorschriften dieses Buches

1. mit allen geeigneten Mitteln Arbeitsunfälle und Berufskrankheiten sowie arbeitsbedingte Gesundheitsgefahren zu verhüten,
2. nach Eintritt von Arbeitsunfällen oder Berufskrankheiten die Gesundheit und die Leistungsfähigkeit der Versicherten mit allen geeigneten Mitteln wiederherzustellen und sie oder ihre Hinterbliebenen durch Geldleistungen zu entschädigen.

Zweiter Abschnitt
Versicherter Personenkreis

§ 2 Versicherung kraft Gesetzes

(1) Kraft Gesetzes sind versichert

1. Beschäftigte,
2. Lernende während der beruflichen Aus- und Fortbildung in Betriebsstätten, Lehrwerkstätten, Schulungskursen und ähnlichen Einrichtungen,
3. Personen, die sich Untersuchungen, Prüfungen oder ähnlichen Maßnahmen unterziehen, die aufgrund von Rechtsvorschriften zur Aufnahme einer versicherten Tätigkeit oder infolge einer abgeschlossenen versicherten Tätigkeit erforderlich sind, soweit diese Maßnahmen vom Unternehmen oder einer Behörde veranlaßt worden sind,
4. behinderte Menschen, die in anerkannten Werkstätten für behinderte Menschen, bei einem anderen Leistungsanbieter nach § 60 des Neunten Buches oder in Blindenwerkstätten im Sinne des § 226 des Neunten Buches oder für diese Einrichtungen in Heimarbeit tätig sind,
5. Personen, die
   a) Unternehmer eines landwirtschaftlichen Unternehmens sind und ihre im Unternehmen mitarbeitenden Ehegatten oder Lebenspartner,
   b) im landwirtschaftlichen Unternehmen nicht nur vorübergehend mitarbeitende Familienangehörige sind,
   c) in landwirtschaftlichen Unternehmen in der Rechtsform von Kapital- oder Personenhandelsgesellschaften regelmäßig wie Unternehmer selbständig tätig sind,
   d) ehrenamtlich in Unternehmen tätig sind, die unmittelbar der Sicherung, Überwachung oder Förderung der Landwirtschaft überwiegend dienen,
   e) ehrenamtlich in den Berufsverbänden der Landwirtschaft tätig sind, wenn für das Unternehmen die landwirtschaftliche Berufsgenossenschaft zuständig ist,
6. Hausgewerbetreibende und Zwischenmeister sowie ihre mitarbeitenden Ehegatten oder Lebenspartner,
7. selbständig tätige Küstenschiffer und Küstenfischer, die zur Besatzung ihres Fahrzeugs gehören oder als Küstenfischer ohne Fahrzeug fischen und regelmäßig nicht mehr als vier Arbeitnehmer beschäftigen, sowie ihre mitarbeitenden Ehegatten oder Lebenspartner,
8. a) Kinder während des Besuchs von Tageseinrichtungen, deren Träger für den Betrieb der Einrichtungen der Erlaubnis nach § 45 des Achten Buches oder einer Erlaubnis aufgrund einer entsprechenden landesrechtlichen Regelung bedürfen, während der Betreuung durch geeignete Tagespflegepersonen im Sinne von § 23 des Achten Buches sowie während der Teilnahme an vorschulischen Sprachförderungskursen, wenn die Teilnahme auf Grund landesrechtlicher Regelungen erfolgt,
   b) Schüler während des Besuchs von allgemein oder berufsbildenden Schulen und während der Teilnahme an unmittelbar vor oder nach dem Unterricht von der Schule oder im Zusammenwirken mit ihr durchgeführten Betreuungsmaßnahmen,
   c) Studierende während der Aus- und Fortbildung an Hochschulen,
9. Personen, die selbständig oder unentgeltlich, insbesondere ehrenamtlich im Gesundheitswesen oder in der Wohlfahrtspflege tätig sind,
10. Personen, die
   a) für Körperschaften, Anstalten oder Stiftungen des öffentlichen Rechts oder deren Verbände oder Arbeitsgemeinschaften, für die in den Nummern 2 und 8 genannten Einrichtungen

oder für privatrechtliche Organisationen im Auftrag oder mit ausdrücklicher Einwilligung, in besonderen Fällen mit schriftlicher Genehmigung von Gebietskörperschaften ehrenamtlich tätig sind oder an Ausbildungsveranstaltungen für diese Tätigkeit teilnehmen,

b) für öffentlich-rechtliche Religionsgemeinschaften und deren Einrichtungen oder für privatrechtliche Organisationen im Auftrag oder mit ausdrücklicher Einwilligung, in besonderen Fällen mit schriftlicher Genehmigung von öffentlich-rechtlichen Religionsgemeinschaften ehrenamtlich tätig sind oder an Ausbildungsveranstaltungen für diese Tätigkeit teilnehmen,

11. Personen, die
    a) von einer Körperschaft, Anstalt oder Stiftung des öffentlichen Rechts zur Unterstützung einer Diensthandlung herangezogen werden,
    b) von einer dazu berechtigten öffentlichen Stelle als Zeugen zur Beweiserhebung herangezogen werden,
12. Personen, die in Unternehmen zur Hilfe bei Unglücksfällen oder im Zivilschutz unentgeltlich, insbesondere ehrenamtlich tätig sind oder an Ausbildungsveranstaltungen dieser Unternehmen einschließlich der satzungsmäßigen Veranstaltungen, die der Nachwuchsförderung dienen, teilnehmen,
13. Personen, die
    a) bei Unglücksfällen oder gemeiner Gefahr oder Not Hilfe leisten oder einen anderen aus erheblicher gegenwärtiger Gefahr für seine Gesundheit retten,
    b) Blut oder körpereigene Organe, Organteile oder Gewebe spenden oder bei denen Voruntersuchungen oder Nachsorgemaßnahmen anlässlich der Spende vorgenommen werden,
    c) sich bei der Verfolgung oder Festnahme einer Person, die einer Straftat verdächtig ist oder zum Schutz eines widerrechtlich Angegriffenen persönlich einsetzen,
    d) Tätigkeiten als Notärztin oder Notarzt im Rettungsdienst ausüben, wenn diese Tätigkeiten neben
        aa) einer Beschäftigung mit einem Umfang von regelmäßig mindestens 15 Stunden wöchentlich außerhalb des Rettungsdienstes oder
        bb) einer Tätigkeit als zugelassener Vertragsarzt oder als Arzt in privater Niederlassung

    ausgeübt werden,
14. Personen, die
    a) nach den Vorschriften des Zweiten oder des Dritten Buches der Meldepflicht unterliegen, wenn sie einer besonderen, an sie im Einzelfall gerichteten Aufforderung der Bundesagentur für Arbeit, des nach § 6 Absatz 1 Satz 1 Nummer 2 des Zweiten Buches zuständigen Trägers oder eines nach § 6a des Zweiten Buches zugelassenen kommunalen Trägers nachkommen, diese oder eine andere Stelle aufzusuchen,
    b) an einer Maßnahme teilnehmen, wenn die Person selbst oder die Maßnahme über die Bundesagentur für Arbeit, einen nach § 6 Absatz 1 Satz 1 Nummer 2 des Zweiten Buches zuständigen Träger oder einen nach § 6a des Zweiten Buches zugelassenen kommunalen Träger gefördert wird,
15. Personen, die
    a) auf Kosten einer Krankenkasse oder eines Trägers der gesetzlichen Rentenversicherung oder der landwirtschaftlichen Alterskasse stationäre oder teilstationäre Behandlung oder stationäre, teilstationäre oder ambulante Leistungen zur medizinischen Rehabilitation erhalten,
    b) zur Vorbereitung von Leistungen zur Teilhabe am Arbeitsleben auf Aufforderung eines Trägers der gesetzlichen Rentenversicherung oder der Bundesagentur für Arbeit einen dieser Träger oder eine andere Stelle aufsuchen,
    c) auf Kosten eines Unfallversicherungsträgers an vorbeugenden Maßnahmen nach § 3 der Berufskrankheiten-Verordnung teilnehmen,
    d) auf Kosten eines Trägers der gesetzlichen Rentenversicherung, der landwirtschaftlichen Alterskasse oder eines Trägers der gesetzlichen Unfallversicherung an Präventionsmaßnahmen teilnehmen,
16. Personen, die bei der Schaffung öffentlich geförderten Wohnraums im Sinne des Zweiten Wohnungsbaugesetzes oder im Rahmen der sozialen Wohnraumförderung bei der Schaffung von Wohnraum im Sinne des § 16 Abs. 1 Nr. 1 bis 3 des Wohnraumförderungsgesetzes oder entsprechender landesrechtlicher Regelungen im Rahmen der Selbsthilfe tätig sind,

VII

17. Pflegepersonen im Sinne des § 19 Satz 1 und 2 des Elften Buches bei der Pflege eines Pflegebedürftigen mit mindestens Pflegegrad 2 im Sinne der §§ 14 und 15 Absatz 3 des Elften Buches; die versicherte Tätigkeit umfasst pflegerische Maßnahmen in den in § 14 Absatz 2 des Elften Buches genannten Bereichen sowie Hilfen bei der Haushaltsführung nach § 18 Absatz 5a Satz 3 Nummer 2 des Elften Buches.

(1a) $_{1}$Versichert sind auch Personen, die nach Erfüllung der Schulpflicht auf der Grundlage einer schriftlichen Vereinbarung im Dienst eines geeigneten Trägers im Umfang von durchschnittlich mindestens acht Wochenstunden und für die Dauer von mindestens sechs Monaten als Freiwillige einen Freiwilligendienst aller Generationen unentgeltlich leisten. $_{2}$Als Träger des Freiwilligendienstes aller Generationen geeignet sind inländische juristische Personen des öffentlichen Rechts oder unter § 5 Abs. 1 Nr. 9 des Körperschaftsteuergesetzes fallende Einrichtungen zur Förderung gemeinnütziger, mildtätiger oder kirchlicher Zwecke (§§ 52 bis 54 der Abgabenordnung), wenn sie die Haftpflichtversicherung und eine kontinuierliche Begleitung der Freiwilligen und deren Fort- und Weiterbildung im Umfang von mindestens durchschnittlich 60 Stunden je Jahr sicherstellen. $_{3}$Die Träger haben fortlaufende Aufzeichnungen zu führen über die bei ihnen nach Satz 1 tätigen Personen, die Art und den Umfang der Tätigkeiten und die Einsatzorte. $_{4}$Die Aufzeichnungen sind mindestens fünf Jahre lang aufzubewahren.

(2) $_{1}$Ferner sind Personen versichert, die wie nach Absatz 1 Nr. 1 Versicherte tätig werden. $_{2}$Satz 1 gilt auch für Personen, die während einer aufgrund eines Gesetzes angeordneten Freiheitsentziehung oder aufgrund einer strafrichterlichen, staatsanwaltlichen oder jugendbehördlichen Anordnung wie Beschäftigte tätig werden.

(3) $_{1}$Absatz 1 Nr. 1 gilt auch für

1. Personen, die im Ausland bei einer amtlichen Vertretung des Bundes oder der Länder oder bei deren Leitern, Mitgliedern oder Bediensteten beschäftigt und in der gesetzlichen Rentenversicherung nach § 4 Absatz 1 Satz 2 des Sechsten Buches pflichtversichert sind,
2. Personen, die
   a) im Sinne des Entwicklungshelfer-Gesetzes Entwicklungsdienst oder Vorbereitungsdienst leisten,
   b) einen entwicklungspolitischen Freiwilligendienst „weltwärts" im Sinne der Richtlinie des Bundesministeriums für wirtschaftliche Zusammenarbeit und Entwicklung vom 1. August 2007 (BAnz. 2008 S. 1297) leisten,
   c) einen Internationalen Jugendfreiwilligendienst im Sinne der Richtlinie Internationaler Jugendfreiwilligendienst des Bundesministeriums für Familie, Senioren, Frauen und Jugend vom 20. Dezember 2010 (GMBl S. 1778) leisten,
3. Personen, die
   a) eine Tätigkeit bei einer zwischenstaatlichen oder überstaatlichen Organisation ausüben und deren Beschäftigungsverhältnis im öffentlichen Dienst während dieser Zeit ruht,
   b) als Lehrkräfte vom Auswärtigen Amt durch das Bundesverwaltungsamt an Schulen im Ausland vermittelt worden sind oder
   c) für ihre Tätigkeit bei internationalen Einsätzen zur zivilen Krisenprävention als Sekundierte nach dem Sekundierungsgesetz abgesichert werden.

$_{2}$Die Versicherung nach Satz 1 Nummer 3 Buchstabe a und c erstreckt sich auch auf Unfälle oder Krankheiten, die infolge einer Verschleppung oder einer Gefangenschaft eintreten oder darauf beruhen, dass der Versicherte aus sonstigen mit seiner Tätigkeit zusammenhängenden Gründen, die er nicht zu vertreten hat, dem Einflussbereich seines Arbeitgebers oder der für die Durchführung seines Einsatzes verantwortlichen Einrichtung entzogen ist. $_{3}$Gleiches gilt, wenn Unfälle oder Krankheiten auf gesundheitsschädigende oder sonst vom Inland wesentlich abweichende Verhältnisse bei der Tätigkeit oder dem Einsatz im Ausland zurückzuführen sind. $_{4}$Soweit die Absätze 1 bis 2 weder eine Beschäftigung noch eine selbständige Tätigkeit voraussetzen, gelten sie abweichend von § 3 Nr. 2 des Vierten Buches für alle Personen, die die in diesen Absätzen genannten Tätigkeiten im Inland ausüben; § 4 des Vierten Buches gilt entsprechend. $_{5}$Absatz 1 Nr. 13 gilt auch für Personen, die im Ausland tätig werden, wenn sie im Inland ihren Wohnsitz oder gewöhnlichen Aufenthalt haben.

(4) Familienangehörige im Sinne des Absatzes 1 Nr. 5 Buchstabe b sind

1. Verwandte bis zum dritten Grade,
2. Verschwägerte bis zum zweiten Grade,
3. Pflegekinder (§ 56 Abs. 2 Nr. 2 des Ersten Buches)

der Unternehmer, ihrer Ehegatten oder ihrer Lebenspartner.

§ 3 Versicherung kraft Satzung

(1) Die Satzung kann bestimmen, daß und unter welchen Voraussetzungen sich die Versicherung erstreckt auf

1. Unternehmer und ihre im Unternehmen mitarbeitenden Ehegatten oder Lebenspartner,
2. Personen, die sich auf der Unternehmensstätte aufhalten; § 2 Absatz 3 Satz 4 erster Halbsatz gilt entsprechend,
3. Personen, die
   a) im Ausland bei einer staatlichen deutschen Einrichtung beschäftigt werden,
   b) im Ausland von einer staatlichen deutschen Einrichtung anderen Staaten zur Arbeitsleistung zur Verfügung gestellt werden;

   Versicherungsschutz besteht nur, soweit die Personen nach dem Recht des Beschäftigungsstaates nicht unfallversichert sind,
4. ehrenamtlich Tätige und bürgerschaftlich Engagierte,
5. Kinder und Jugendliche während der Teilnahme an Sprachförderungskursen, wenn die Teilnahme auf Grund landesrechtlicher Regelungen erfolgt.

(2) Absatz 1 gilt nicht für

1. Haushaltsführende,
2. Unternehmer von nicht gewerbsmäßig betriebenen Binnenfischereien oder Imkereien und ihre im Unternehmen mitarbeitenden Ehegatten oder Lebenspartner,
3. Personen, die aufgrund einer vom Fischerei- oder Jagdausübungsberechtigten erteilten Erlaubnis als Fischerei- oder Jagdgast fischen oder jagen,
4. Reeder, die nicht zur Besatzung des Fahrzeugs gehören, und ihre im Unternehmen mitarbeitenden Ehegatten oder Lebenspartner.

§ 4 Versicherungsfreiheit

(1) Versicherungsfrei sind

1. Personen, soweit für sie beamtenrechtliche Unfallfürsorgevorschriften oder entsprechende Grundsätze gelten; ausgenommen sind Ehrenbeamte und ehrenamtliche Richter,
2. Personen, soweit für sie das Bundesversorgungsgesetz oder Gesetze, die eine entsprechende Anwendung des Bundesversorgungsgesetzes vorsehen, gelten, es sei denn, daß
   a) der Versicherungsfall zugleich die Folge einer Schädigung im Sinne dieser Gesetze ist oder
   b) es sich um eine Schädigung im Sinne des § 5 Abs. 1 Buchstabe e des Bundesversorgungsgesetzes handelt,
3. satzungsmäßige Mitglieder geistlicher Genossenschaften, Diakonissen und Angehörige ähnlicher Gemeinschaften, wenn ihnen nach den Regeln der Gemeinschaft Anwartschaft auf die in der Gemeinschaft übliche Versorgung gewährleistet und die Erfüllung der Gewährleistung gesichert ist.

(2) Von der Versicherung nach § 2 Abs. 1 Nr. 5 sind frei

1. Personen, die aufgrund einer vom Fischerei- oder Jagdausübungsberechtigten erteilten Erlaubnis als Fischerei- oder Jagdgast fischen oder jagen,
2. Unternehmer von Binnenfischereien, Imkereien und Unternehmen nach § 123 Abs. 1 Nr. 2, wenn diese Unternehmen nicht gewerbsmäßig betrieben werden und nicht Neben- oder Hilfsunternehmen eines anderen landwirtschaftlichen Unternehmens sind, sowie ihre im Unternehmen mitarbeitenden Ehegatten oder Lebenspartner; das gleiche gilt für Personen, die in diesen Unternehmen als Verwandte oder Verschwägerte bis zum zweiten Grad oder als Pflegekind der Unternehmer, ihrer Ehegatten oder Lebenspartner unentgeltlich tätig sind. Ein Unternehmen der Imkerei gilt als nicht gewerbsmäßig betrieben, wenn nicht mehr als 25 Bienenvölker gehalten werden.

(3) Von der Versicherung nach § 2 Abs. 1 Nr. 9 sind frei selbständig tätige Ärzte, Zahnärzte, Tierärzte, Psychotherapeuten, Psychologische Psychotherapeuten, Kinder- und Jugendlichenpsychotherapeuten, Heilpraktiker und Apotheker.

(4) Von der Versicherung nach § 2 Abs. 2 ist frei, wer in einem Haushalt als Verwandter oder Verschwägerter bis zum zweiten Grad oder als Pflegekind der Haushaltsführenden, der Ehegatten oder der Lebenspartner unentgeltlich tätig ist, es sei denn, er ist in einem in § 124 Nr. 1 genannten Haushalt tätig.

(5) Von der Versicherung nach § 2 Abs. 2 sind frei Personen, die als Familienangehörige (§ 2 Abs. 4) der Unternehmer, ihrer Ehegatten oder Lebenspartner in einem Unternehmen nach § 123 Abs. 1 Nr. 1 bis 5 unentgeltlich tätig sind, wenn sie die Voraussetzungen für den Anspruch auf eine Rente wegen Alters nach dem Recht der gesetzlichen Rentenversicherung einschließlich der Alterssicherung der Landwirte erfüllen und die Rente beantragt haben.

§ 5 Versicherungsbefreiung

1Von der Versicherung nach § 2 Abs. 1 Nr. 5 werden auf Antrag Unternehmer landwirtschaftlicher Unternehmen im Sinne des § 123 Abs. 1 Nr. 1 bis zu einer Größe von 0,25 Hektar und ihre Ehegatten oder Lebenspartner unwiderruflich befreit; dies gilt nicht für Spezialkulturen. 2Das Nähere bestimmt die Satzung.

§ 6 Freiwillige Versicherung

(1) 1Auf schriftlichen oder elektronischen Antrag können sich versichern

1. Unternehmer und ihre im Unternehmen mitarbeitenden Ehegatten oder Lebenspartner; ausgenommen sind Haushaltsführende, Unternehmer von nicht gewerbsmäßig betriebenen Binnenfischereien, von nicht gewerbsmäßig betriebenen Unternehmen nach § 123 Abs. 1 Nr. 2 und ihre Ehegatten oder Lebenspartner sowie Fischerei- und Jagdgäste,
2. Personen, die in Kapital- oder Personenhandelsgesellschaften regelmäßig wie Unternehmer selbstständig tätig sind,
3. gewählte oder beauftragte Ehrenamtsträger in gemeinnützigen Organisationen,
4. Personen, die in Verbandsgremien und Kommissionen für Arbeitgeberorganisationen und Gewerkschaften sowie anderen selbständigen Arbeitnehmervereinigungen mit sozial- oder berufspolitischer Zielsetzung (sonstige Arbeitnehmervereinigungen) ehrenamtlich tätig sind oder an Ausbildungsveranstaltungen für diese Tätigkeit teilnehmen,
5. Personen, die ehrenamtlich für Parteien im Sinne des Parteiengesetzes tätig sind oder an Ausbildungsveranstaltungen für diese Tätigkeit teilnehmen.

2In den Fällen des Satzes 1 Nummer 3 kann auch die Organisation, für die die Ehrenamtsträger tätig sind, oder ein Verband, in dem die Organisation Mitglied ist, den Antrag stellen; eine namentliche Bezeichnung der Versicherten ist in diesen Fällen nicht erforderlich. 3In den Fällen des Satzes 1 Nummer 4 und 5 gilt Satz 2 entsprechend.

(2) 1Die Versicherung beginnt mit dem Tag, der dem Eingang des Antrags folgt. 2Die Versicherung erlischt, wenn der Beitrag oder Beitragsvorschuß binnen zwei Monaten nach Fälligkeit nicht gezahlt worden ist. 3Eine Neuanmeldung bleibt so lange unwirksam, bis der rückständige Beitrag oder Beitragsvorschuß entrichtet worden ist.

Dritter Abschnitt
Versicherungsfall

§ 7 Begriff

(1) Versicherungsfälle sind Arbeitsunfälle und Berufskrankheiten.

(2) Verbotswidriges Handeln schließt einen Versicherungsfall nicht aus.

§ 8 Arbeitsunfall

(1) 1Arbeitsunfälle sind Unfälle von Versicherten infolge einer den Versicherungsschutz nach § 2, 3 oder 6 begründenden Tätigkeit (versicherte Tätigkeit). 2Unfälle sind zeitlich begrenzte, von außen auf den Körper einwirkende Ereignisse, die zu einem Gesundheitsschaden oder zum Tod führen. 3Wird die versicherte Tätigkeit im Haushalt der Versicherten oder an einem anderen Ort ausgeübt, besteht Versicherungsschutz in gleichem Umfang wie bei Ausübung der Tätigkeit auf der Unternehmensstätte.

(2) Versicherte Tätigkeiten sind auch

1. das Zurücklegen des mit der versicherten Tätigkeit zusammenhängenden unmittelbaren Weges nach und von dem Ort der Tätigkeit,
2. das Zurücklegen des von einem unmittelbaren Weg nach und von dem Ort der Tätigkeit abweichenden Weges, um
   a) Kinder von Versicherten (§ 56 des Ersten Buches), die mit ihnen in einem gemeinsamen Haushalt leben, wegen ihrer, ihrer Ehegatten oder ihrer Lebenspartner beruflichen Tätigkeit fremder Obhut anzuvertrauen oder
   b) mit anderen Berufstätigen oder Versicherten gemeinsam ein Fahrzeug zu benutzen,

2a. das Zurücklegen des unmittelbaren Weges nach und von dem Ort, an dem Kinder von Versicherten nach Nummer 2 Buchstabe a fremder Obhut anvertraut werden, wenn die versicherte Tätigkeit an dem Ort des gemeinsamen Haushalts ausgeübt wird,

3. das Zurücklegen des von einem unmittelbaren Weg nach und von dem Ort der Tätigkeit abweichenden Weges der Kinder von Personen (§ 56 des Ersten Buches), die mit ihnen in einem gemeinsamen Haushalt leben, wenn die Abweichung darauf beruht, daß die Kinder wegen der beruflichen Tätigkeit dieser Personen oder deren Ehegatten oder deren Lebenspartner fremder Obhut anvertraut werden,

4. das Zurücklegen des mit der versicherten Tätigkeit zusammenhängenden Weges von und nach der ständigen Familienwohnung, wenn die Versicherten wegen der Entfernung ihrer Familienwohnung von dem Ort der Tätigkeit an diesem oder in dessen Nähe eine Unterkunft haben,
5. das mit einer versicherten Tätigkeit zusammenhängende Verwahren, Befördern, Instandhalten und Erneuern eines Arbeitsgeräts oder einer Schutzausrüstung sowie deren Erstbeschaffung, wenn diese auf Veranlassung der Unternehmer erfolgt.

(3) Als Gesundheitsschaden gilt auch die Beschädigung oder der Verlust eines Hilfsmittels.

§ 9 Berufskrankheit

(1) 1Berufskrankheiten sind Krankheiten, die die Bundesregierung durch Rechtsverordnung mit Zustimmung des Bundesrates als Berufskrankheiten bezeichnet und die Versicherte infolge einer den Versicherungsschutz nach § 2, 3 oder 6 begründenden Tätigkeit erleiden. 2Die Bundesregierung wird ermächtigt, in der Rechtsverordnung solche Krankheiten als Berufskrankheiten zu bezeichnen, die nach den Erkenntnissen der medizinischen Wissenschaft durch besondere Einwirkungen verursacht sind, denen bestimmte Personengruppen durch ihre versicherte Tätigkeit in erheblich höherem Grade als die übrige Bevölkerung ausgesetzt sind; sie kann dabei bestimmen, daß die Krankheiten nur dann Berufskrankheiten sind, wenn sie durch Tätigkeiten in bestimmten Gefährdungsbereichen verursacht worden sind. 3In der Rechtsverordnung kann ferner bestimmt werden, inwieweit Versicherte in Unternehmen der Seefahrt auch in der Zeit gegen Berufskrankheiten versichert sind, in der sie an Land beurlaubt sind.

(1a) 1Beim Bundesministerium für Arbeit und Soziales wird ein Ärztlicher Sachverständigenbeirat Berufskrankheiten gebildet. 2Der Sachverständigenbeirat ist ein wissenschaftliches Gremium, das das Bundesministerium bei der Prüfung der medizinischen Erkenntnisse zur Bezeichnung neuer und zur Erarbeitung wissenschaftlicher Stellungnahmen zu bestehenden Berufskrankheiten unterstützt. 3Bei der Bundesanstalt für Arbeitsschutz und Arbeitsmedizin wird eine Geschäftsstelle eingerichtet, die den Sachverständigenbeirat bei der Erfüllung seiner Arbeit organisatorisch und wissenschaftlich, insbesondere durch die Erstellung systematischer Reviews, unterstützt. 4Das Nähere über die Stellung und die Organisation des Sachverständigenbeirats und der Geschäftsstelle regelt die Bundesregierung in der Rechtsverordnung nach Absatz 1.

(2) Die Unfallversicherungsträger haben eine Krankheit, die nicht in der Rechtsverordnung bezeichnet ist oder bei der die dort bestimmten Voraussetzungen nicht vorliegen, wie eine Berufskrankheit als Versicherungsfall anzuerkennen, sofern im Zeitpunkt der Entscheidung nach neuen Erkenntnissen der medizinischen Wissenschaft die Voraussetzungen für eine Bezeichnung nach Absatz 1 Satz 2 erfüllt sind.

(2a) Krankheiten, die bei Versicherten vor der Bezeichnung als Berufskrankheiten bereits entstanden waren, sind rückwirkend frühestens anzuerkennen

1. in den Fällen des Absatzes 1 als Berufskrankheit zu dem Zeitpunkt, in dem die Bezeichnung in Kraft getreten ist,
2. in den Fällen des Absatzes 2 wie eine Berufskrankheit zu dem Zeitpunkt, in dem die neuen Erkenntnisse der medizinischen Wissenschaft vorgelegen haben; hat der Ärztliche Sachverständigenbeirat Berufskrankheiten eine Empfehlung für die Bezeichnung einer neuen Berufskrankheit beschlossen, ist für die Anerkennung maßgebend der Tag der Beschlussfassung.

(3) Erkranken Versicherte, die infolge der besonderen Bedingungen ihrer versicherten Tätigkeit in erhöhtem Maße der Gefahr der Erkrankung an einer in der Rechtsverordnung nach Absatz 1 genannten Berufskrankheit ausgesetzt waren, an einer solchen Krankheit und können Anhaltspunkte für eine Verursachung außerhalb der versicherten Tätigkeit nicht festgestellt werden, wird vermutet, daß diese infolge der versicherten Tätigkeit verursacht worden ist.

(3a) 1Der Unfallversicherungsträger erhebt alle Beweise, die zur Ermittlung des Sachverhalts erforderlich sind. 2Dabei hat er neben den in § 21 Absatz 1 Satz 1 des Zehnten Buches genannten Beweismitteln auch Erkenntnisse zu berücksichtigen, die er oder ein anderer Unfallversicherungsträger an vergleichbaren Arbeitsplätzen oder zu vergleichbaren Tätigkeiten gewonnen hat. 3Dies gilt insbesondere in den Fällen, in denen die Ermittlungen zu den Einwirkungen während der versicherten Tätigkeit dadurch erschwert sind, dass der Arbeitsplatz des Versicherten nicht mehr oder nur in veränderter Gestaltung vorhanden ist. 4Die Unfallversicherungsträger sollen zur Erfüllung der Aufgaben nach den Sätzen 2 und 3 einzeln oder gemeinsam tätigkeitsbezogene Expositionskataster erstellen. 5Grundlage für diese Kataster können die Ergebnisse aus systematischen Er-

VII

hebungen, aus Ermittlungen in Einzelfällen sowie aus Forschungsvorhaben sein. $_{6}$Die Unfallversicherungsträger können außerdem Erhebungen an vergleichbaren Arbeitsplätzen durchführen.

(4) $_{1}$Besteht für Versicherte, bei denen eine Berufskrankheit anerkannt wurde, die Gefahr, dass bei der Fortsetzung der versicherten Tätigkeit die Krankheit wiederauflebt oder sich verschlimmert und lässt sich diese Gefahr nicht durch andere geeignete Mittel beseitigen, haben die Unfallversicherungsträger darauf hinzuwirken, dass die Versicherten die gefährdende Tätigkeit unterlassen. $_{2}$Die Versicherten sind von den Unfallversicherungsträgern über die mit der Tätigkeit verbundenen Gefahren und mögliche Schutzmaßnahmen umfassend aufzuklären. $_{3}$Zur Verhütung einer Gefahr nach Satz 1 sind die Versicherten verpflichtet, an individualpräventiven Maßnahmen der Unfallversicherungsträger teilzunehmen und an Maßnahmen zur Verhaltensprävention mitzuwirken; die §§ 60 bis 65a des Ersten Buches gelten entsprechend. $_{4}$Pflichten der Unternehmer und Versicherten nach dem Zweiten Kapitel und nach arbeitsschutzrechtlichen Vorschriften bleiben hiervon unberührt. $_{5}$Kommen Versicherte ihrer Teilnahme- oder Mitwirkungspflicht nach Satz 3 nicht nach, können die Unfallversicherungsträger Leistungen zur Teilhabe am Arbeitsleben oder die Leistung einer danach erstmals festzusetzenden Rente wegen Minderung der Erwerbsfähigkeit oder den Anteil einer Rente, der auf eine danach eingetretene wesentliche Änderung im Sinne des § 73 Absatz 3 zurückgeht, bis zur Nachholung der Teilnahme oder Mitwirkung ganz oder teilweise versagen. $_{6}$Dies setzt voraus, dass infolge der fehlenden Teilnahme oder Mitwirkung der Versicherten die Teilhabeleistungen erforderlich geworden sind oder die Erwerbsminderung oder die wesentliche Änderung eingetreten ist; § 66 Absatz 3 und § 67 des Ersten Buches gelten entsprechend.

(5) Soweit Vorschriften über Leistungen auf den Zeitpunkt des Versicherungsfalls abstellen, ist bei Berufskrankheiten auf den Beginn der Arbeitsunfähigkeit oder der Behandlungsbedürftigkeit oder, wenn dies für den Versicherten günstiger ist, auf den Beginn der rentenberechtigenden Minderung der Erwerbsfähigkeit abzustellen.

(6) Die Bundesregierung regelt durch Rechtsverordnung mit Zustimmung des Bundesrates

1. Voraussetzungen, Art und Umfang von Leistungen zur Verhütung des Entstehens, der Verschlimmerung oder des Wiederauflebens von Berufskrankheiten,
2. die Mitwirkung der für den medizinischen Arbeitsschutz zuständigen Stellen bei der Feststellung von Berufskrankheiten sowie von Krankheiten, die nach Absatz 2 wie Berufskrankheiten zu entschädigen sind; dabei kann bestimmt werden, daß die für den medizinischen Arbeitsschutz zuständigen Stellen berechtigt sind, Zusammenhangsgutachten zu erstellen sowie zur Vorbereitung ihrer Gutachten Versicherte zu untersuchen oder auf Kosten der Unfallversicherungsträger andere Ärzte mit der Vornahme der Untersuchungen zu beauftragen,
3. die von den Unfallversicherungsträgern für die Tätigkeit der Stellen nach Nummer 2 zu entrichtenden Gebühren; diese Gebühren richten sich nach dem für die Begutachtung erforderlichen Aufwand und den dadurch entstehenden Kosten.

(7) Die Unfallversicherungsträger haben die für den medizinischen Arbeitsschutz zuständige Stelle über den Ausgang des Berufskrankheitenverfahrens zu unterrichten, soweit ihre Entscheidung von der gutachterlichen Stellungnahme der zuständigen Stelle abweicht.

(8) $_{1}$Die Unfallversicherungsträger wirken bei der Gewinnung neuer medizinisch-wissenschaftlicher Erkenntnisse insbesondere zur Fortentwicklung des Berufskrankheitenrechts mit; sie sollen durch eigene Forschung oder durch Beteiligung an fremden Forschungsvorhaben dazu beitragen, den Ursachenzusammenhang zwischen Erkrankungshäufigkeiten in einer bestimmten Personengruppe und gesundheitsschädlichen Einwirkungen im Zusammenhang mit der versicherten Tätigkeit aufzuklären. $_{2}$Die Verbände der Unfallversicherungsträger veröffentlichen jährlich einen gemeinsamen Bericht über ihre Forschungsaktivitäten und die Forschungsaktivitäten der Träger der gesetzlichen Unfallversicherung. $_{3}$Der Bericht erstreckt sich auf die Themen der Forschungsvorhaben, die Höhe der aufgewendeten Mittel sowie die Zuwendungsempfänger und Forschungsnehmer externer Projekte.

(9) $_{1}$Die für den medizinischen Arbeitsschutz zuständigen Stellen dürfen zur Feststellung von Berufskrankheiten sowie von Krankheiten, die nach Absatz 2 wie Berufskrankheiten zu entschädigen sind, Daten verarbeiten sowie zur Vorbereitung von Gutachten Versicherte untersuchen, soweit dies im Rahmen ihrer Mitwirkung nach Absatz 6 Nr. 2 erforderlich ist; sie dürfen diese Daten insbesondere an den zuständigen Unfallversicherungsträger übermitteln. $_{2}$Die erhobenen Daten dürfen auch zur Verhütung von Arbeitsunfällen, Berufskrankheiten und arbeitsbedingten Gesundheitsgefahren ge-

speichert, verändert, genutzt, übermittelt oder in der Verarbeitung eingeschränkt werden. 3Soweit die in Satz 1 genannten Stellen andere Ärzte mit der Vornahme von Untersuchungen beauftragen, ist die Übermittlung von Daten zwischen diesen Stellen und den beauftragten Ärzten zulässig, soweit dies im Rahmen des Untersuchungsauftrages erforderlich ist.

§ 10 Erweiterung in der See- und Binnenschifffahrt

(1) In der See- und Binnenschifffahrt sind Versicherungsfälle auch Unfälle infolge

1. von Elementarereignissen,
2. der einem Hafen oder dem Liegeplatz eines Fahrzeugs eigentümlichen Gefahren,
3. der Beförderung von Land zum Fahrzeug oder vom Fahrzeug zum Land.

(2) In Unternehmen der Seefahrt gilt als versicherte Tätigkeit auch die freie Rückbeförderung nach dem Seearbeitsgesetz oder tariflichen Vorschriften.

§ 11 Mittelbare Folgen eines Versicherungsfalls

(1) Folgen eines Versicherungsfalls sind auch Gesundheitsschäden oder der Tod von Versicherten infolge

1. der Durchführung einer Heilbehandlung, von Leistungen zur Teilhabe am Arbeitsleben oder einer Maßnahme nach § 3 der Berufskrankheiten-Verordnung,
2. der Wiederherstellung oder Erneuerung eines Hilfsmittels,
3. der zur Aufklärung des Sachverhalts eines Versicherungsfalls angeordneten Untersuchung

einschließlich der dazu notwendigen Wege.

(2) 1Absatz 1 gilt entsprechend, wenn die Versicherten auf Aufforderung des Unfallversicherungsträgers diesen oder eine von ihm bezeichnete Stelle zur Vorbereitung von Maßnahmen der Heilbehandlung, der Leistungen zur Teilhabe am Arbeitsleben oder von Maßnahmen nach § 3 der Berufskrankheiten-Verordnung aufsuchen. 2Der Aufforderung durch den Unfallversicherungsträger nach Satz 1 steht eine Aufforderung durch eine mit der Durchführung der genannten Maßnahmen beauftragte Stelle gleich.

§ 12 Versicherungsfall einer Leibesfrucht

1Versicherungsfall ist auch der Gesundheitsschaden einer Leibesfrucht infolge eines Versicherungsfalls der Mutter während der Schwangerschaft; die Leibesfrucht steht insoweit einem Versicherten gleich. 2Bei einer Berufskrankheit als Versicherungsfall genügt, daß der Gesundheitsschaden der Leibesfrucht durch besondere Einwirkungen verursacht worden ist, die generell geeignet sind, eine Berufskrankheit der Mutter zu verursachen.

§ 12a Gesundheitsschaden im Zusammenhang mit der Spende von Blut oder körpereigenen Organen, Organteilen oder Gewebe

(1) 1Als Versicherungsfall im Sinne des § 7 Absatz 1 gilt bei Versicherten nach § 2 Absatz 1 Nummer 13 Buchstabe b auch der Gesundheitsschaden, der über die durch die Blut-, Organ-, Organteil- oder Gewebeentnahme regelmäßig entstehenden Beeinträchtigungen hinausgeht und in ursächlichem Zusammenhang mit der Spende steht. 2Werden dadurch Nachbehandlungen erforderlich oder treten Spätschäden auf, die als Aus- oder Nachwirkungen der Spende oder des aus der Spende resultierenden erhöhten Gesundheitsrisikos anzusehen sind, wird vermutet, dass diese hierdurch verursacht worden sind. 3Dies gilt nicht, wenn offenkundig ist, dass der Gesundheitsschaden nicht im ursächlichen Zusammenhang mit der Spende steht; eine Obduktion zum Zwecke einer solchen Feststellung darf nicht gefordert werden.

(2) 1Absatz 1 gilt auch bei Gesundheitsschäden im Zusammenhang mit den für die Spende von Blut oder körpereigenen Organen, Organteilen oder Gewebe erforderlichen Voruntersuchungen sowie Nachsorgemaßnahmen. 2Satz 1 findet auch Anwendung, wenn es nach der Voruntersuchung nicht zur Spende kommt.

§ 13 Sachschäden bei Hilfeleistungen

1Den nach § 2 Abs. 1 Nr. 11 Buchstabe a, Nr. 12 und Nr. 13 Buchstabe a und c Versicherten sind auf Antrag Schäden, die infolge einer der dort genannten Tätigkeiten an in ihrem Besitz befindlichen Sachen entstanden sind, sowie die Aufwendungen zu ersetzen, die sie den Umständen nach für erforderlich halten durften, soweit kein anderweitiger öffentlich-rechtlicher Ersatzanspruch besteht. 2Versicherten nach § 2 Abs. 1 Nr. 12 steht ein Ersatz von Sachschäden nur dann zu, wenn der Einsatz der infolge der versicherten Tätigkeit beschädigten Sache im Interesse des Hilfsunternehmens erfolgte, für das die Tätigkeit erbracht wurde. 3Die Sätze 1 und 2 finden keine Anwendung bei Teilnahme an Ausbildungsveranstaltungen nach § 2 Abs. 1 Nr. 12 sowie bei Versicherungsfällen nach § 8 Abs. 2. 4§ 116 des Zehnten Buches gilt entsprechend.

VII

Zweites Kapitel
Prävention

§ 14 Grundsatz

(1) 1Die Unfallversicherungsträger haben mit allen geeigneten Mitteln für die Verhütung von Arbeitsunfällen, Berufskrankheiten und arbeitsbedingten Gesundheitsgefahren und für eine wirksame Erste Hilfe zu sorgen. 2Sie sollen dabei auch den Ursachen von arbeitsbedingten Gefahren für Leben und Gesundheit nachgehen.

(2) Bei der Verhütung arbeitsbedingter Gesundheitsgefahren arbeiten die Unfallversicherungsträger mit den Krankenkassen zusammen.

(3) Die Unfallversicherungsträger nehmen an der Entwicklung, Umsetzung und Fortschreibung der gemeinsamen deutschen Arbeitsschutzstrategie gemäß den Bestimmungen des Fünften Abschnitts des Arbeitsschutzgesetzes und der nationalen Präventionsstrategie nach §§ 20d bis 20f des Fünften Buches teil.

(4) 1Die Deutsche Gesetzliche Unfallversicherung e. V. unterstützt die Unfallversicherungsträger bei der Erfüllung ihrer Präventionsaufgaben nach Absatz 1. 2Sie nimmt insbesondere folgende Aufgaben wahr:

1. Koordinierung, Durchführung und Förderung gemeinsamer Maßnahmen sowie der Forschung auf dem Gebiet der Prävention von Arbeitsunfällen, Berufskrankheiten und arbeitsbedingten Gesundheitsgefahren,
2. Klärung von grundsätzlichen Fach- und Rechtsfragen zur Sicherung der einheitlichen Rechtsanwendung in der Prävention.

VII

§ 15 Unfallverhütungsvorschriften

(1) 1Die Unfallversicherungsträger können unter Mitwirkung der Deutschen Gesetzlichen Unfallversicherung e. V. als autonomes Recht Unfallverhütungsvorschriften über Maßnahmen zur Verhütung von Arbeitsunfällen, Berufskrankheiten und arbeitsbedingten Gesundheitsgefahren oder für eine wirksame Erste Hilfe erlassen, soweit dies zur Prävention geeignet und erforderlich ist und staatliche Arbeitsschutzvorschriften hierüber keine Regelung treffen; in diesem Rahmen können Unfallverhütungsvorschriften erlassen werden über

1. Einrichtungen, Anordnungen und Maßnahmen, welche die Unternehmer zur Verhütung von Arbeitsunfällen, Berufskrankheiten und arbeitsbedingten Gesundheitsgefahren zu treffen haben, sowie die Form der Übertragung dieser Aufgaben auf andere Personen,
2. das Verhalten der Versicherten zur Verhütung von Arbeitsunfällen, Berufskrankheiten und arbeitsbedingten Gesundheitsgefahren,
3. vom Unternehmer zu veranlassende arbeitsmedizinische Untersuchungen und sonstige arbeitsmedizinische Maßnahmen vor, während und nach der Verrichtung von Arbeiten, die für Versicherte oder für Dritte mit arbeitsbedingten Gefahren für Leben und Gesundheit verbunden sind,
4. Voraussetzungen, die der Arzt, der mit Untersuchungen oder Maßnahmen nach Nummer 3 beauftragt ist, zu erfüllen hat, sofern die ärztliche Untersuchung nicht durch eine staatliche Rechtsvorschrift vorgesehen ist,
5. die Sicherstellung einer wirksamen Ersten Hilfe durch den Unternehmer,
6. die Maßnahmen, die der Unternehmer zur Erfüllung der sich aus dem Gesetz über Betriebsärzte, Sicherheitsingenieure und andere Fachkräfte für Arbeitssicherheit ergebenden Pflichten zu treffen hat,
7. die Zahl der Sicherheitsbeauftragten, die nach § 22 unter Berücksichtigung der in den Unternehmen für Leben und Gesundheit der Versicherten bestehenden arbeitsbedingten Gefahren und der Zahl der Beschäftigten zu bestellen sind.

2In der Unfallverhütungsvorschrift nach Satz 1 Nr. 3 kann bestimmt werden, daß arbeitsmedizinische Vorsorgeuntersuchungen auch durch den Unfallversicherungsträger veranlaßt werden können. 3Die Deutsche Gesetzliche Unfallversicherung e. V. wirkt beim Erlass von Unfallverhütungsvorschriften auf Rechtseinheitlichkeit hin.

(1a) In der landwirtschaftlichen Unfallversicherung ist Absatz 1 mit der Maßgabe anzuwenden, dass Unfallverhütungsvorschriften von der landwirtschaftlichen Berufsgenossenschaft erlassen werden.

(2) 1Soweit die Unfallversicherungsträger Vorschriften nach Absatz 1 Satz 1 Nr. 3 erlassen, können sie zu den dort genannten Zwecken auch die Verarbeitung von folgenden Daten über die untersuchten Personen durch den Unternehmer vorsehen:

1. Vor- und Familienname, Geburtsdatum sowie Geschlecht,
2. Wohnanschrift,
3. Tag der Einstellung und des Ausscheidens,
4. Ordnungsnummer,
5. zuständige Krankenkasse,

6. Art der vom Arbeitsplatz ausgehenden Gefährdungen,
7. Art der Tätigkeit mit Angabe des Beginns und des Endes der Tätigkeit,
8. Angaben über Art und Zeiten früherer Tätigkeiten, bei denen eine Gefährdung bestand, soweit dies bekannt ist,
9. Datum und Ergebnis der ärztlichen Vorsorgeuntersuchungen; die Übermittlung von Diagnosedaten an den Unternehmer ist nicht zulässig,
10. Datum der nächsten regelmäßigen Nachuntersuchung,
11. Name und Anschrift des untersuchenden Arztes.

2Soweit die Unfallversicherungsträger Vorschriften nach Absatz 1 Satz 2 erlassen, gelten Satz 1 sowie § 24 Abs. 1 Satz 3 und 4 entsprechend.

(3) Absatz 1 Satz 1 Nr. 1 bis 5 gilt nicht für die unter bergbehördlicher Aufsicht stehenden Unternehmen.

(4) 1Die Vorschriften nach Absatz 1 bedürfen der Genehmigung durch das Bundesministerium für Arbeit und Soziales. 2Die Entscheidung hierüber wird im Benehmen mit den zuständigen obersten Verwaltungsbehörden der Länder getroffen. 3Soweit die Vorschriften von einem Unfallversicherungsträger erlassen werden, welcher der Aufsicht eines Landes untersteht, entscheidet die zuständige oberste Landesbehörde über die Genehmigung im Benehmen mit dem Bundesministerium für Arbeit und Soziales. 4Die Genehmigung ist zu erteilen, wenn die Vorschriften sich im Rahmen der Ermächtigung nach Absatz 1 halten und ordnungsgemäß von der Vertreterversammlung beschlossen worden sind. 5Die Erfüllung der Genehmigungsvoraussetzungen nach Satz 4 ist im Antrag auf Erteilung der Genehmigung darzulegen. 6Dabei hat der Unfallversicherungsträger insbesondere anzugeben, dass

1. eine Regelung der in den Vorschriften vorgesehenen Maßnahmen in staatlichen Arbeitsschutzvorschriften nicht zweckmäßig ist,
2. das mit den Vorschriften angestrebte Präventionsziel ausnahmsweise nicht durch Regeln erreicht wird, die von einem gemäß § 18 Abs. 2 Nr. 5 des Arbeitsschutzgesetzes eingerichteten Ausschuss ermittelt werden, und
3. die nach Nummer 1 und 2 erforderlichen Feststellungen in einem besonderen Verfahren unter Beteiligung von Arbeitsschutzbehörden des Bundes und der Länder getroffen worden sind.

7Für die Angabe nach Satz 6 reicht bei Unfallverhütungsvorschriften nach Absatz 1 Satz 1 Nr. 6 ein Hinweis darauf aus, dass das Bundesministerium für Arbeit und Soziales von der Ermächtigung zum Erlass einer Rechtsverordnung nach § 14 des Gesetzes über Betriebsärzte, Sicherheitsingenieure und andere Fachkräfte für Arbeitssicherheit keinen Gebrauch macht.

(5) Die Unternehmer sind über die Vorschriften nach Absatz 1 zu unterrichten und zur Unterrichtung der Versicherten verpflichtet.

§ 16 Geltung bei Zuständigkeit anderer Unfallversicherungsträger und für ausländische Unternehmen

(1) Die Unfallverhütungsvorschriften eines Unfallversicherungsträgers gelten auch, soweit in dem oder für das Unternehmen Versicherte tätig werden, für die ein anderer Unfallversicherungsträger zuständig ist.

(2) Die Unfallverhütungsvorschriften eines Unfallversicherungsträgers gelten auch für Unternehmer und Beschäftigte von ausländischen Unternehmen, die eine Tätigkeit im Inland ausüben, ohne einem Unfallversicherungsträger anzugehören.

§ 17 Überwachung und Beratung

(1) Die Unfallversicherungsträger haben die Durchführung der Maßnahmen zur Verhütung von Arbeitsunfällen, Berufskrankheiten, arbeitsbedingten Gesundheitsgefahren und für eine wirksame Erste Hilfe in den Unternehmen zu überwachen sowie die Unternehmer und die Versicherten zu beraten.

(2) 1Soweit in einem Unternehmen Versicherte tätig sind, für die ein anderer Unfallversicherungsträger zuständig ist, kann auch dieser die Durchführung der Maßnahmen zur Verhütung von Arbeitsunfällen, Berufskrankheiten, arbeitsbedingten Gesundheitsgefahren und für eine wirksame Erste Hilfe überwachen. 2Beide Unfallversicherungsträger sollen, wenn nicht sachliche Gründe entgegenstehen, die Überwachung und Beratung abstimmen und sich mit deren Wahrnehmung auf einen Unfallversicherungsträger verständigen.

(3) Erwachsen dem Unfallversicherungsträger durch Pflichtversäumnis eines Unternehmers bare Auslagen für die Überwachung seines Unternehmens, so kann der Vorstand dem Unternehmer diese Kosten auferlegen.

§ 18 Aufsichtspersonen

(1) Die Unfallversicherungsträger sind verpflichtet, Aufsichtspersonen in der für eine wirksame Überwachung

und Beratung gemäß § 17 erforderlichen Zahl zu beschäftigen.

(2) 1Als Aufsichtsperson darf nur beschäftigt werden, wer seine Befähigung für diese Tätigkeit durch eine Prüfung nachgewiesen hat. 2Die Unfallversicherungsträger erlassen Prüfungsordnungen. 3Die Prüfungsordnungen bedürfen der Genehmigung durch die Aufsichtsbehörde.

§ 19 Befugnisse der Aufsichtspersonen

(1) 1Die Aufsichtspersonen können im Einzelfall anordnen, welche Maßnahmen Unternehmerinnen und Unternehmer oder Versicherte zu treffen haben

1. zur Erfüllung ihrer Pflichten aufgrund der Unfallverhütungsvorschriften nach § 15,
2. zur Abwendung besonderer Unfall- und Gesundheitsgefahren.

2Die Aufsichtspersonen sind berechtigt, bei Gefahr im Verzug sofort vollziehbare Anordnungen zur Abwendung von arbeitsbedingten Gefahren für Leben und Gesundheit zu treffen. 3Anordnungen nach den Sätzen 1 und 2 können auch gegenüber Unternehmerinnen und Unternehmern sowie gegenüber Beschäftigten von ausländischen Unternehmen getroffen werden, die eine Tätigkeit im Inland ausüben, ohne einem Unfallversicherungsträger anzugehören.

(2) 1Zur Überwachung der Maßnahmen zur Verhütung von Arbeitsunfällen, Berufskrankheiten, arbeitsbedingten Gesundheitsgefahren und für eine wirksame Erste Hilfe sind die Aufsichtspersonen insbesondere befugt,

1. zu den Betriebs- und Geschäftszeiten Grundstücke und Betriebsstätten zu betreten, zu besichtigen und zu prüfen,
2. von dem Unternehmer die zur Durchführung ihrer Überwachungsaufgabe erforderlichen Auskünfte zu verlangen,
3. geschäftliche und betriebliche Unterlagen des Unternehmers einzusehen, soweit es die Durchführung ihrer Überwachungsaufgabe erfordert,
4. Arbeitsmittel und persönliche Schutzausrüstungen sowie ihre bestimmungsgemäße Verwendung zu prüfen,
5. Arbeitsverfahren und Arbeitsabläufe zu untersuchen und insbesondere das Vorhandensein und die Konzentration gefährlicher Stoffe und Zubereitungen zu ermitteln oder, soweit die Aufsichtspersonen und der Unternehmer die erforderlichen Feststellungen nicht treffen können, auf Kosten des Unternehmers ermitteln zulassen,
6. gegen Empfangsbescheinigung Proben nach ihrer Wahl zu fordern oder zu entnehmen; soweit der Unternehmer nicht ausdrücklich darauf verzichtet, ist ein Teil der Proben amtlich verschlossen oder versiegelt zurückzulassen,
7. zu untersuchen, ob und auf welche betriebliche Ursachen ein Unfall, eine Erkrankung oder ein Schadensfall zurückzuführen ist,
8. die Begleitung durch den Unternehmer oder eine von ihm beauftragte Person zu verlangen.

2Der Unternehmer hat die Maßnahmen nach Satz 1 Nr. 1 und 3 bis 7 zu dulden. 3Zur Verhütung dringender Gefahren können die Maßnahmen nach Satz 1 auch in Wohnräumen und zu jeder Tages- und Nachtzeit getroffen werden. 4Das Grundrecht der Unverletzlichkeit der Wohnung (Artikel 13 des Grundgesetzes) wird insoweit eingeschränkt. 5Die Eigentümer und Besitzer der Grundstücke, auf denen der Unternehmer tätig ist, haben das Betreten der Grundstücke zu gestatten.

(3) 1Der Unternehmer hat die Aufsichtsperson zu unterstützen, soweit dies zur Erfüllung ihrer Aufgaben erforderlich ist. 2Auskünfte auf Fragen, deren Beantwortung den Unternehmer selbst oder einen seiner in § 383 Abs. 1 Nr. 1 bis 3 der Zivilprozeßordnung bezeichneten Angehörigen der Gefahr der Verfolgung wegen einer Straftat oder Ordnungswidrigkeit aussetzen würde, können verweigert werden.

§ 20 Zusammenarbeit mit Dritten

(1) 1Die Unfallversicherungsträger und die für den Arbeitsschutz zuständigen Behörden wirken bei der Beratung und Überwachung der Unternehmen auf der Grundlage einer gemeinsamen Beratungs- und Überwachungsstrategie gemäß § 20a Abs. 2 Nr. 4 des Arbeitsschutzgesetzes eng zusammen und stellen den Erfahrungsaustausch sicher. 2Die gemeinsame Beratungs- und Überwachungsstrategie umfasst die Abstimmung allgemeiner Grundsätze zur methodischen Vorgehensweise bei

1. der Beratung und Überwachung der Betriebe,
2. der Festlegung inhaltlicher Beratungs- und Überwachungsschwerpunkte, aufeinander abgestimmter oder gemeinsamer Schwerpunktaktionen und Arbeitsprogramme und
3. der Förderung eines Daten- und sonstigen Informationsaustausches, insbesondere über Betriebsbesichtigungen und deren wesentliche Ergebnisse.

(1a) $_1$Zu nach dem 1. Januar 2023 durchgeführten Betriebsbesichtigungen und deren Ergebnissen übermitteln die Unfallversicherungsträger an die für die besichtigte Betriebsstätte zuständige Arbeitsschutzbehörde im Wege elektronischer Datenübertragung folgende Informationen:

1. Name und Anschrift des Betriebs,
2. Anschrift der besichtigten Betriebsstätte, soweit nicht mit Nummer 1 identisch,
3. Kennnummer zur Identifizierung,
4. Wirtschaftszweig des Betriebs,
5. Datum der Besichtigung,
6. Anzahl der Beschäftigten zum Zeitpunkt der Besichtigung,
7. Vorhandensein einer betrieblichen Interessenvertretung,
8. Art der sicherheitstechnischen Betreuung,
9. Art der betriebsärztlichen Betreuung,
10. Bewertung der Arbeitsschutzorganisation einschließlich
    a) der Unterweisung,
    b) der arbeitsmedizinischen Vorsorge und
    c) der Ersten Hilfe und sonstiger Notfallmaßnahmen,
11. Bewertung der Gefährdungsbeurteilung einschließlich
    a) der Ermittlung von Gefährdungen und Festlegung von Maßnahmen,
    b) der Prüfung der Umsetzung der Maßnahmen und ihrer Wirksamkeit und
    c) der Dokumentation der Gefährdungen und Maßnahmen,
12. Verwaltungshandeln in Form von Feststellungen, Anordnungen oder Bußgeldern.

$_2$Die übertragenen Daten dürfen von den für den Arbeitsschutz zuständigen Behörden nur zur Erfüllung der in ihrer Zuständigkeit nach § 21 Absatz 1 des Arbeitsschutzgesetzes liegenden Arbeitsschutzaufgaben verarbeitet werden.

(2) $_1$Zur Förderung der Zusammenarbeit nach Absatz 1 wird für den Bereich eines oder mehrerer Länder eine gemeinsame landesbezogene Stelle bei einem Unfallversicherungsträger oder einem Landesverband mit Sitz im jeweiligen örtlichen Zuständigkeitsbereich eingerichtet. $_2$Die Deutsche Gesetzliche Unfallversicherung e. V. koordiniert die organisatorisch und verfahrensmäßig notwendigen Festlegungen für die Bildung, Mandatierung und Tätigkeit der gemeinsamen landesbezogenen Stellen. $_3$Die gemeinsame landesbezogene Stelle hat die Aufgabe, mit Wirkung für die von ihr vertretenen Unfallversicherungsträger mit den für den Arbeitsschutz zuständigen Behörden Vereinbarungen über

1. die zur Umsetzung der gemeinsamen Beratungs- und Überwachungsstrategie notwendigen Maßnahmen,
2. gemeinsame Arbeitsprogramme, insbesondere zur Umsetzung der Eckpunkte im Sinne des § 20a Abs. 2 Nr. 2 des Arbeitsschutzgesetzes,

abzuschließen und deren Zielerreichung mit den von der Nationalen Arbeitsschutzkonferenz nach § 20a Abs. 2 Nr. 3 des Arbeitsschutzgesetzes bestimmten Kennziffern zu evaluieren. $_4$Die landwirtschaftliche Berufsgenossenschaft wirkt an der Tätigkeit der gemeinsamen landesbezogenen Stelle mit.

(3) $_1$Durch allgemeine Verwaltungsvorschriften, die der Zustimmung des Bundesrates bedürfen, wird geregelt das Zusammenwirken

1. der Unfallversicherungsträger mit den Betriebsräten oder Personalräten,
2. der Unfallversicherungsträger einschließlich der gemeinsamen landesbezogenen Stellen nach Absatz 2 mit den für den Arbeitsschutz zuständigen Landesbehörden,
3. der Unfallversicherungsträger mit den für die Bergaufsicht zuständigen Behörden.

$_2$Die Verwaltungsvorschriften nach Satz 1 Nr. 1 werden vom Bundesministerium für Arbeit und Soziales im Einvernehmen mit dem Bundesministerium des Innern, für Bau und Heimat, die Verwaltungsvorschriften nach Satz 1 Nr. 2 und 3 werden von der Bundesregierung erlassen. $_3$Die Verwaltungsvorschriften nach Satz 1 Nr. 2 werden erst erlassen, wenn innerhalb einer vom Bundesministerium für Arbeit und Soziales gesetzten angemessenen Frist nicht für jedes Land eine Vereinbarung nach Absatz 2 Satz 3 abgeschlossen oder eine unzureichend gewordene Vereinbarung nicht geändert worden ist.

§ 21 Verantwortung des Unternehmers, Mitwirkung der Versicherten

(1) Der Unternehmer ist für die Durchführung der Maßnahmen zur Verhütung von Arbeitsunfällen und Berufskrankheiten, für die Verhütung von arbeitsbedingten Gesundheitsgefahren sowie für eine wirksame Erste Hilfe verantwortlich.

(2) 1Ist bei einer Schule der Unternehmer nicht Schulhoheitsträger, ist auch der Schulhoheitsträger in seinem Zuständigkeitsbereich für die Durchführung der in Absatz 1 genannten Maßnahmen verantwortlich. 2Der Schulhoheitsträger ist verpflichtet, im Benehmen mit dem für die Versicherten nach § 2 Abs. 1 Nr. 8 Buchstabe b zuständigen Unfallversicherungsträger Regelungen über die Durchführung der in Absatz 1 genannten Maßnahmen im inneren Schulbereich zu treffen.

(3) Die Versicherten haben nach ihren Möglichkeiten alle Maßnahmen zur Verhütung von Arbeitsunfällen, Berufskrankheiten und arbeitsbedingten Gesundheitsgefahren sowie für eine wirksame Erste Hilfe zu unterstützen und die entsprechenden Anweisungen des Unternehmers zu befolgen.

§ 22 Sicherheitsbeauftragte

(1) 1In Unternehmen mit regelmäßig mehr als 20 Beschäftigten hat der Unternehmer unter Beteiligung des Betriebsrates oder Personalrates Sicherheitsbeauftragte unter Berücksichtigung der im Unternehmen für die Beschäftigten bestehenden Unfall- und Gesundheitsgefahren und der Zahl der Beschäftigten zu bestellen. 2Als Beschäftigte gelten auch die nach § 2 Abs. 1 Nr. 2, 8 und 12 Versicherten. 3In Unternehmen mit besonderen Gefahren für Leben und Gesundheit kann der Unfallversicherungsträger anordnen, daß Sicherheitsbeauftragte auch dann zu bestellen sind, wenn die Mindestbeschäftigtenzahl nach Satz 1 nicht erreicht wird. 4Für Unternehmen mit geringen Gefahren für Leben und Gesundheit kann der Unfallversicherungsträger die Zahl 20 in seiner Unfallverhütungsvorschrift erhöhen.

(2) Die Sicherheitsbeauftragten haben den Unternehmer bei der Durchführung der Maßnahmen zur Verhütung von Arbeitsunfällen und Berufskrankheiten zu unterstützen, insbesondere sich von dem Vorhandensein und der ordnungsgemäßen Benutzung der vorgeschriebenen Schutzeinrichtungen und persönlichen Schutzausrüstungen zu überzeugen und auf Unfall- und Gesundheitsgefahren für die Versicherten aufmerksam zu machen.

(3) Die Sicherheitsbeauftragten dürfen wegen der Erfüllung der ihnen übertragenen Aufgaben nicht benachteiligt werden.

§ 23 Aus- und Fortbildung

(1) 1Die Unfallversicherungsträger haben für die erforderliche Aus- und Fortbildung der Personen in den Unternehmen zu sorgen, die mit der Durchführung der Maßnahmen zur Verhütung von Arbeitsunfällen, Berufskrankheiten und arbeitsbedingten Gesundheitsgefahren sowie mit der Ersten Hilfe betraut sind. 2Für nach dem Gesetz über Betriebsärzte, Sicherheitsingenieure und andere Fachkräfte für Arbeitssicherheit zu verpflichtende Betriebsärzte und Fachkräfte für Arbeitssicherheit, die nicht dem Unternehmen angehören, können die Unfallversicherungsträger entsprechende Maßnahmen durchführen. 3Die Unfallversicherungsträger haben Unternehmer und Versicherte zur Teilnahme an Aus- und Fortbildungslehrgängen anzuhalten.

(2) 1Die Unfallversicherungsträger haben die unmittelbaren Kosten ihrer Aus- und Fortbildungsmaßnahmen sowie die erforderlichen Fahr-, Verpflegungs- und Unterbringungskosten zu tragen. 2Bei Aus- und Fortbildungsmaßnahmen für Ersthelfer, die von Dritten durchgeführt werden, haben die Unfallversicherungsträger nur die Lehrgangsgebühren zu tragen.

(3) Für die Arbeitszeit, die wegen der Teilnahme an einem Lehrgang ausgefallen ist, besteht gegen den Unternehmer ein Anspruch auf Fortzahlung des Arbeitsentgelts.

(4) Bei der Ausbildung von Sicherheitsbeauftragten und Fachkräften für Arbeitssicherheit sind die für den Arbeitsschutz zuständigen Landesbehörden zu beteiligen.

§ 24 Überbetrieblicher arbeitsmedizinischer und sicherheitstechnischer Dienst

(1) 1Unfallversicherungsträger können überbetriebliche arbeitsmedizinische und sicherheitstechnische Dienste einrichten; das Nähere bestimmt die Satzung. 2Die von den Diensten gespeicherten Daten dürfen nur mit Einwilligung des Betroffenen an die Unfallversicherungsträger übermittelt werden; § 203 bleibt unberührt. 3Die Dienste sind organisatorisch, räumlich und personell von den übrigen Organisationseinheiten der Unfallversicherungsträger zu trennen. 4Zugang zu den Daten dürfen nur Beschäftigte der Dienste haben.

(2) 1In der Satzung nach Absatz 1 kann auch bestimmt werden, daß die Unternehmer verpflichtet sind, sich einem überbetrieblichen arbeitsmedizinischen und sicherheitstechnischen Dienst anzuschließen, wenn sie innerhalb einer vom Unfallversicherungsträger gesetzten angemessenen Frist keine oder nicht in ausreichendem Umfang Betriebsärzte und Fachkräfte für Arbeitssicherheit bestellen. 2Unternehmer sind von der Anschlußpflicht zu befreien, wenn sie nachweisen, daß sie ihre Pflicht nach dem Gesetz über Betriebsärzte, Sicherheitsingenieure und andere Fachkräfte für Arbeitssicherheit erfüllt haben.

§ 25 Bericht gegenüber dem Bundestag

(1) 1Die Bundesregierung hat dem Deutschen Bundestag und dem Bundesrat alljährlich bis zum 31. Dezember des auf das Berichtsjahr folgenden Jahres einen statistischen Bericht über den Stand von Sicherheit und Gesundheit bei der Arbeit und über das Unfall- und Berufskrankheitengeschehen in der Bundesrepublik Deutschland zu erstatten, der die Berichte der Unfallversicherungsträger und die Jahresberichte der für den Arbeitsschutz zuständigen Landesbehörden zusammenfaßt. 2Alle vier Jahre hat der Bericht einen umfassenden Überblick über die Entwicklung der Arbeitsunfälle und Berufskrankheiten, ihre Kosten und die Maßnahmen zur Sicherheit und Gesundheit bei der Arbeit zu enthalten.

(2) 1Die Unfallversicherungsträger haben dem Bundesministerium für Arbeit und Soziales alljährlich bis zum 31. Juli des auf das Berichtsjahr folgenden Jahres über die Durchführung der Maßnahmen zur Sicherheit und Gesundheit bei der Arbeit sowie über das Unfall- und Berufskrankheitengeschehen zu berichten. 2Landesunmittelbare Versicherungsträger reichen die Berichte über die für sie zuständigen obersten Verwaltungsbehörden der Länder ein.

Drittes Kapitel
Leistungen nach Eintritt eines Versicherungsfalls

Erster Abschnitt
Heilbehandlung, Leistungen zur Teilhabe am Arbeitsleben, Leistungen zur Sozialen Teilhabe und ergänzende Leistungen, Pflege, Geldleistungen

Erster Unterabschnitt
Anspruch und Leistungsarten

§ 26 Grundsatz

(1) 1Versicherte haben nach Maßgabe der folgenden Vorschriften und unter Beachtung des Neunten Buches Anspruch auf Heilbehandlung einschließlich Leistungen zur medizinischen Rehabilitation, auf Leistungen zur Teilhabe am Arbeitsleben und zur Sozialen Teilhabe, auf ergänzende Leistungen, auf Leistungen bei Pflegebedürftigkeit sowie auf Geldleistungen. 2Die Leistungen werden auf Antrag durch ein Persönliches Budget nach § 29 des Neunten Buches erbracht; dies gilt im Rahmen des Anspruchs auf Heilbehandlung nur für die Leistungen zur medizinischen Rehabilitation.

(2) Der Unfallversicherungsträger hat mit allen geeigneten Mitteln möglichst frühzeitig

1. den durch den Versicherungsfall verursachten Gesundheitsschaden zu beseitigen oder zu bessern, seine Verschlimmerung zu verhüten und seine Folgen zu mildern,
2. den Versicherten einen ihren Neigungen und Fähigkeiten entsprechenden Platz im Arbeitsleben zu sichern,
3. Hilfen zur Bewältigung der Anforderungen des täglichen Lebens und zur Teilhabe am Leben in der Gemeinschaft sowie zur Führung eines möglichst selbständigen Lebens unter Berücksichtigung von Art und Schwere des Gesundheitsschadens bereitzustellen,
4. ergänzende Leistungen zur Heilbehandlung und zu Leistungen zur Teilhabe am Arbeitsleben und zur Sozialen Teilhabe zu erbringen,
5. Leistungen bei Pflegebedürftigkeit zu erbringen.

(3) Die Leistungen zur Heilbehandlung und zur Rehabilitation haben Vorrang vor Rentenleistungen.

(4) 1Qualität und Wirksamkeit der Leistungen zur Heilbehandlung und Teilhabe haben dem allgemein anerkannten Stand der medizinischen Erkenntnisse zu entsprechen und den medizinischen Fortschritt zu berücksichtigen. 2Sie werden als Dienst- und Sachleistungen zur Verfügung gestellt, soweit dieses oder das Neunte Buch keine Abweichungen vorsehen.

(5) 1Die Unfallversicherungsträger bestimmen im Einzelfall Art, Umfang und Durchführung der Heilbehandlung und der Leistungen zur Teilhabe sowie die Einrichtungen, die diese Leistungen erbringen, nach pflichtgemäßem Ermessen. 2Dabei prüfen sie auch, welche Leistungen geeignet und zumutbar sind, Pflegebedürftigkeit zu vermeiden, zu überwinden, zu mindern oder ihre Verschlimmerung zu verhüten.

Zweiter Unterabschnitt
Heilbehandlung

§ 27 Umfang der Heilbehandlung

(1) Die Heilbehandlung umfaßt insbesondere

1. Erstversorgung,
2. ärztliche Behandlung,
3. zahnärztliche Behandlung einschließlich der Versorgung mit Zahnersatz,
4. Versorgung mit Arznei-, Verband-, Heil- und Hilfsmitteln,

5. häusliche Krankenpflege,
6. Behandlung in Krankenhäusern und Rehabilitationseinrichtungen,
7. Leistungen zur medizinischen Rehabilitation nach § 42 Abs. 2 Nr. 1 und 3 bis 7 und Abs. 3 des Neunten Buches.

(2) In den Fällen des § 8 Abs. 3 wird ein beschädigtes oder verlorengegangenes Hilfsmittel wiederhergestellt oder erneuert.

(3) Während einer aufgrund eines Gesetzes angeordneten Freiheitsentziehung wird Heilbehandlung erbracht, soweit Belange des Vollzugs nicht entgegenstehen.

§ 28 Ärztliche und zahnärztliche Behandlung

(1) 1Die ärztliche und zahnärztliche Behandlung wird von Ärzten oder Zahnärzten erbracht. 2Sind Hilfeleistungen anderer Personen erforderlich, dürfen sie nur erbracht werden, wenn sie vom Arzt oder Zahnarzt angeordnet und von ihm verantwortet werden.

(2) Die ärztliche Behandlung umfaßt die Tätigkeit der Ärzte, die nach den Regeln der ärztlichen Kunst erforderlich und zweckmäßig ist.

(3) Die zahnärztliche Behandlung umfaßt die Tätigkeit der Zahnärzte, die nach den Regeln der zahnärztlichen Kunst erforderlich und zweckmäßig ist.

(4) 1Bei Versicherungsfällen, für die wegen ihrer Art oder Schwere besondere unfallmedizinische Behandlung angezeigt ist, wird diese erbracht. 2Die freie Arztwahl kann insoweit eingeschränkt werden.

§ 29 Arznei- und Verbandmittel

(1) 1Arznei- und Verbandmittel sind alle ärztlich verordneten, zur ärztlichen und zahnärztlichen Behandlung erforderlichen Mittel. 2Ist das Ziel der Heilbehandlung mit Arznei- und Verbandmitteln zu erreichen, für die Festbeträge im Sinne des § 35 oder § 35a des Fünften Buches festgesetzt sind, trägt der Unfallversicherungsträger die Kosten bis zur Höhe dieser Beträge. 3Verordnet der Arzt in diesen Fällen ein Arznei- oder Verbandmittel, dessen Preis den Festbetrag überschreitet, hat der Arzt die Versicherten auf die sich aus seiner Verordnung ergebende Übernahme der Mehrkosten hinzuweisen.

(2) 1Die Rabattregelungen der §§ 130 und 130a des Fünften Buches gelten entsprechend. 2Die Erstattungsbeträge nach § 130b des Fünften Buches gelten auch für die Abrechnung mit den Trägern der gesetzlichen Unfallversicherung.

§ 30 Heilmittel

1Heilmittel sind alle ärztlich verordneten Dienstleistungen, die einem Heilzweck dienen oder einen Heilerfolg sichern und nur von entsprechend ausgebildeten Personen erbracht werden dürfen. 2Hierzu gehören insbesondere Maßnahmen der physikalischen Therapie sowie der Sprach- und Beschäftigungstherapie.

§ 31 Hilfsmittel

(1) 1Hilfsmittel sind alle ärztlich verordneten Sachen, die den Erfolg der Heilbehandlung sichern oder die Folgen von Gesundheitsschäden mildern oder ausgleichen. 2Dazu gehören insbesondere Körperersatzstücke, orthopädische und andere Hilfsmittel einschließlich der notwendigen Änderung, Instandsetzung und Ersatzbeschaffung sowie der Ausbildung im Gebrauch der Hilfsmittel. 3Soweit für Hilfsmittel Festbeträge im Sinne des § 36 des Fünften Buches festgesetzt sind, gilt § 29 Abs. 1 Satz 2 und 3 entsprechend.

(2) 1Die Bundesregierung wird ermächtigt, durch Rechtsverordnung mit Zustimmung des Bundesrates die Ausstattung mit Körperersatzstücken, orthopädischen und anderen Hilfsmitteln zu regeln sowie bei bestimmten Gesundheitsschäden eine Entschädigung für Kleider- und Wäscheverschleiß vorzuschreiben. 2Das Nähere regeln die Verbände der Unfallversicherungsträger durch gemeinsame Richtlinien.

§ 32 Häusliche Krankenpflege

(1) Versicherte erhalten in ihrem Haushalt oder ihrer Familie neben der ärztlichen Behandlung häusliche Krankenpflege durch geeignete Pflegekräfte, wenn Krankenhausbehandlung geboten, aber nicht ausführbar ist oder wenn sie durch die häusliche Krankenpflege vermieden oder verkürzt werden kann und das Ziel der Heilbehandlung nicht gefährdet wird.

(2) Die häusliche Krankenpflege umfaßt die im Einzelfall aufgrund ärztlicher Verordnung erforderliche Grund- und Behandlungspflege sowie hauswirtschaftliche Versorgung.

(3) 1Ein Anspruch auf häusliche Krankenpflege besteht nur, soweit es einer im Haushalt des Versicherten lebenden Person nicht zuzumuten ist, Krankenpflege zu erbringen. 2Kann eine Pflegekraft nicht gestellt werden oder besteht Grund, von einer Gestellung abzusehen, sind die Kosten für eine selbstbeschaffte Pflegekraft in angemessener Höhe zu erstatten.

(4) Das Nähere regeln die Verbände der Unfallversicherungsträger durch gemeinsame Richtlinien.

§ 33 Behandlung in Krankenhäusern und Rehabilitationseinrichtungen

(1) 1Stationäre Behandlung in einem Krankenhaus oder in einer Rehabilitationseinrichtung wird erbracht, wenn die Aufnahme erforderlich ist, weil das Behandlungsziel anders nicht erreicht werden kann. 2Sie wird voll- oder teilstationär erbracht. 3Sie umfaßt im Rahmen des Versorgungsauftrags des Krankenhauses oder der Rehabilitationseinrichtung alle Leistungen, die im Einzelfall für die medizinische Versorgung der Versicherten notwendig sind, insbesondere ärztliche Behandlung, Krankenpflege, Versorgung mit Arznei-, Verband-, Heil- und Hilfsmitteln, Unterkunft und Verpflegung.

(2) Krankenhäuser und Rehabilitationseinrichtungen im Sinne des Absatzes 1 sind die Einrichtungen nach § 107 des Fünften Buches.

(3) Bei Gesundheitsschäden, für die wegen ihrer Art oder Schwere besondere unfallmedizinische stationäre Behandlung angezeigt ist, wird diese in besonderen Einrichtungen erbracht.

§ 34 Durchführung der Heilbehandlung

(1) 1Die Unfallversicherungsträger haben alle Maßnahmen zu treffen, durch die eine möglichst frühzeitig nach dem Versicherungsfall einsetzende und sachgemäße Heilbehandlung und, soweit erforderlich, besondere unfallmedizinische oder Berufskrankheiten-Behandlung gewährleistet wird. 2Sie können zu diesem Zweck die von den Ärzten und Krankenhäusern zu erfüllenden Voraussetzungen im Hinblick auf die fachliche Befähigung, die sachliche und personelle Ausstattung sowie die zu übernehmenden Pflichten festlegen. 3Sie können daneben nach Art und Schwere des Gesundheitsschadens besondere Verfahren für die Heilbehandlung vorsehen.

(2) Die Unfallversicherungsträger haben an der Durchführung der besonderen unfallmedizinischen Behandlung die Ärzte und Krankenhäuser zu beteiligen, die den nach Absatz 1 Satz 2 festgelegten Anforderungen entsprechen.

(3) 1Die Verbände der Unfallversicherungsträger sowie die Kassenärztliche Bundesvereinigung und die Kassenzahnärztliche Bundesvereinigung (Kassenärztliche Bundesvereinigungen) schließen unter Berücksichtigung der von den Unfallversicherungsträgern gemäß Absatz 1 Satz 2 und 3 getroffenen Festlegungen mit Wirkung für ihre Mitglieder Verträge über die Durchführung der Heilbehandlung, die Vergütung der Ärzte und Zahnärzte sowie die Art und Weise der Abrechnung. 2Dem oder der Bundesbeauftragten für den Datenschutz und die Informationsfreiheit ist rechtzeitig vor Abschluß Gelegenheit zur Stellungnahme zu geben, sofern in den Verträgen die Verarbeitung von personenbezogenen Daten geregelt werden soll.

(4) Die Kassenärztlichen Bundesvereinigungen haben gegenüber den Unfallversicherungsträgern und deren Verbänden die Gewähr dafür zu übernehmen, daß die Durchführung der Heilbehandlung den gesetzlichen und vertraglichen Erfordernissen entspricht.

(5) 1Kommt ein Vertrag nach Absatz 3 ganz oder teilweise nicht zustande, setzt ein Schiedsamt mit der Mehrheit seiner Mitglieder innerhalb von drei Monaten den Vertragsinhalt fest. 2Wird ein Vertrag gekündigt, ist dies dem zuständigen Schiedsamt mitzuteilen. 3Kommt bis zum Ablauf eines Vertrags ein neuer Vertrag nicht zustande, setzt ein Schiedsamt mit der Mehrheit seiner Mitglieder innerhalb von drei Monaten nach Vertragsablauf den neuen Inhalt fest. 4In diesem Fall gelten die Bestimmungen des bisherigen Vertrags bis zur Entscheidung des Schiedsamts vorläufig weiter.

(6) 1Die Verbände der Unfallversicherungsträger und die Kassenärztlichen Bundesvereinigungen bilden je ein Schiedsamt für die medizinische und zahnmedizinische Versorgung. 2Das Schiedsamt besteht aus drei Vertretern der Kassenärztlichen Bundesvereinigungen und drei Vertretern der Verbände der Unfallversicherungsträger sowie einem unparteiischen Vorsitzenden und zwei weiteren unparteiischen Mitgliedern. 3§ 89 Absatz 6 des Fünften Buches sowie die aufgrund des § 89 Absatz 11 des Fünften Buches erlassenen Rechtsverordnungen gelten entsprechend.

(7) Die Aufsicht über die Geschäftsführung der Schiedsämter nach Absatz 6 führt das Bundesministerium für Arbeit und Soziales.

(8) 1Die Beziehungen zwischen den Unfallversicherungsträgern und anderen als den in Absatz 3 genannten Stellen, die Heilbehandlung durchführen oder an ihrer Durchführung beteiligt sind, werden durch Verträge geregelt. 2Soweit die Stellen Leistungen zur medizinischen Rehabilitation ausführen oder an ihrer Ausführung beteiligt sind, werden die Beziehungen durch Verträge nach § 38 des Neunten Buches geregelt.

Dritter Unterabschnitt
Leistungen zur Teilhabe am Arbeitsleben

§ 35 Leistungen zur Teilhabe am Arbeitsleben

(1) 1Die Unfallversicherungsträger erbringen die Leistungen zur Teilhabe am Arbeitsleben nach den §§ 49

VII

bis 55 des Neunten Buches, in Werkstätten für behinderte Menschen nach den §§ 57 und 58 des Neunten Buches, bei anderen Leistungsanbietern nach § 60 des Neunten Buches, als Budget für Arbeit nach § 61 des Neunten Buches sowie als Budget für Ausbildung nach § 61a des Neunten Buches. 2Das Budget für Ausbildung wird nur für die Erstausbildung erbracht. 3Ein Anspruch auf Übergangsgeld nach § 49 besteht während der Erbringung des Budgets für Ausbildung nicht.

(2) Die Leistungen zur Teilhabe am Arbeitsleben umfassen auch Hilfen zu einer angemessenen Schulbildung einschließlich der Vorbereitung hierzu oder zur Entwicklung der geistigen und körperlichen Fähigkeiten vor Beginn der Schulpflicht.

(3) Ist eine von Versicherten angestrebte höherwertige Tätigkeit nach ihrer Leistungsfähigkeit und unter Berücksichtigung ihrer Eignung, Neigung und bisherigen Tätigkeit nicht angemessen, kann eine Maßnahme zur Teilhabe am Arbeitsleben bis zur Höhe des Aufwandes gefördert werden, der bei einer angemessenen Maßnahme entstehen würde.

(4) Während einer auf Grund eines Gesetzes angeordneten Freiheitsentziehung werden Leistungen zur Teilhabe am Arbeitsleben erbracht, soweit Belange des Vollzugs nicht entgegenstehen.

VII

§ 36 (weggefallen)

§ 37 (weggefallen)

§ 38 (weggefallen)

Vierter Unterabschnitt Leistungen zur Sozialen Teilhabe und ergänzende Leistungen

§ 39 Leistungen zur Sozialen Teilhabe und ergänzende Leistungen

(1) Neben den in den § 64 Abs. 1 Nr. 2 bis 6 und Abs. 2 sowie in den §§ 73 und 74 des Neunten Buches genannten Leistungen umfassen die Leistungen zur Sozialen Teilhabe und die ergänzenden Leistungen

1. Kraftfahrzeughilfe,
2. sonstige Leistungen zur Erreichung und zur Sicherstellung des Erfolges der Leistungen zur medizinischen Rehabilitation und zur Teilhabe.

(2) Zum Ausgleich besonderer Härten kann den Versicherten oder deren Angehörigen eine besondere Unterstützung gewährt werden.

§ 40 Kraftfahrzeughilfe

(1) Kraftfahrzeughilfe wird erbracht, wenn die Versicherten infolge Art oder Schwere des Gesundheitsschadens nicht nur vorübergehend auf die Benutzung eines Kraftfahrzeugs angewiesen sind, um die Teilhabe am Arbeitsleben oder am Leben in der Gemeinschaft zu ermöglichen.

(2) Die Kraftfahrzeughilfe umfaßt Leistungen zur Beschaffung eines Kraftfahrzeugs, für eine behinderungsbedingte Zusatzausstattung und zur Erlangung einer Fahrerlaubnis.

(3) 1Für die Kraftfahrzeughilfe gilt die Verordnung über Kraftfahrzeughilfe zur beruflichen Rehabilitation vom 28. September 1987 (BGBl. I S. 2251), geändert durch Verordnung vom 30. September 1991 (BGBl. I S. 1950), in der jeweils geltenden Fassung. 2Diese Verordnung ist bei der Kraftfahrzeughilfe zur Teilhabe am Leben in der Gemeinschaft entsprechend anzuwenden.

(4) Der Unfallversicherungsträger kann im Einzelfall zur Vermeidung einer wirtschaftlichen Notlage auch einen Zuschuß zahlen, der über demjenigen liegt, der in den §§ 6 und 8 der Verordnung nach Absatz 3 vorgesehen ist.

(5) Das Nähere regeln die Verbände der Unfallversicherungsträger durch gemeinsame Richtlinien.

§ 41 Wohnungshilfe

(1) Wohnungshilfe wird erbracht, wenn infolge Art oder Schwere des Gesundheitsschadens nicht nur vorübergehend die behindertengerechte Anpassung vorhandenen oder die Bereitstellung behindertengerechten Wohnraums erforderlich ist.

(2) Wohnungshilfe wird ferner erbracht, wenn sie zur Sicherung der beruflichen Eingliederung erforderlich ist.

(3) Die Wohnungshilfe umfaßt auch Umzugskosten sowie Kosten für die Bereitstellung von Wohnraum für eine Pflegekraft.

(4) Das Nähere regeln die Verbände der Unfallversicherungsträger durch gemeinsame Richtlinien.

§ 42 Haushaltshilfe und Kinderbetreuungskosten

Haushaltshilfe und Leistungen zur Kinderbetreuung nach § 74 Abs. 1 bis 3 des Neunten Buches werden auch bei Leistungen zur Sozialen Teilhabe erbracht.

§ 43 Reisekosten

(1) 1Die im Zusammenhang mit der Ausführung von Leistungen zur medizinischen Rehabilitation oder zur Teilhabe am Arbeitsleben erforderlichen Reisekosten werden nach § 73 des Neunten Buches übernommen. 2Im Übrigen

werden Reisekosten zur Ausführung der Heilbehandlung nach den Absätzen 2 bis 5 übernommen.

(2) Zu den Reisekosten gehören

1. Fahr- und Transportkosten,
2. Verpflegungs- und Übernachtungskosten,
3. Kosten des Gepäcktransports,
4. Wegstreckenentschädigung

für die Versicherten und für eine wegen des Gesundheitsschadens erforderliche Begleitperson.

(3) Reisekosten werden im Regelfall für zwei Familienheimfahrten im Monat oder anstelle von Familienheimfahrten für zwei Fahrten eines Angehörigen zum Aufenthaltsort des Versicherten übernommen.

(4) Entgangener Arbeitsverdienst einer Begleitperson wird ersetzt, wenn der Ersatz in einem angemessenen Verhältnis zu den sonst für eine Pflegekraft entstehenden Kosten steht.

(5) Das Nähere regeln die Verbände der Unfallversicherungsträger durch gemeinsame Richtlinien.

Fünfter Unterabschnitt
Leistungen bei Pflegebedürftigkeit

§ 44 Pflege

(1) Solange Versicherte infolge des Versicherungsfalls für die gewöhnlichen und regelmäßig wiederkehrenden Verrichtungen im Ablauf des täglichen Lebens in erheblichem Umfang der Hilfe durch andere bedürfen, wird Pflegegeld gezahlt, eine Pflegekraft gestellt oder Heimpflege erbracht.

(2) 1Das Pflegegeld ist unter Berücksichtigung der Art oder Schwere des Gesundheitsschadens sowie des Umfangs der erforderlichen Hilfe auf einen Monatsbetrag zwischen 300 Euro und 1199 Euro (Beträge am 1. Juli 2008) festzusetzen. 2Diese Beträge werden jeweils zum gleichen Zeitpunkt, zu dem die Renten der gesetzlichen Rentenversicherung angepasst werden, entsprechend dem Faktor angepasst, der für die Anpassung der vom Jahresarbeitsverdienst abhängigen Geldleistungen maßgebend ist. 3Übersteigen die Aufwendungen für eine Pflegekraft das Pflegegeld, kann es angemessen erhöht werden.

(3) 1Während einer stationären Behandlung oder der Unterbringung der Versicherten in einer Einrichtung der Teilhabe am Arbeitsleben oder einer Werkstatt für behinderte Menschen wird das Pflegegeld bis zum Ende des ersten auf die Aufnahme folgenden Kalendermonats weitergezahlt und mit dem ersten Tag des Entlassungsmonats wieder aufgenommen. 2Das Pflegegeld kann in den Fällen des Satzes 1 ganz oder teilweise weitergezahlt werden, wenn das Ruhen eine weitere Versorgung der Versicherten gefährden würde.

(4) Mit der Anpassung der Renten wird das Pflegegeld entsprechend dem Faktor angepaßt, der für die Anpassung der vom Jahresarbeitsverdienst abhängigen Geldleistungen maßgeblich ist.

(5) 1Auf Antrag der Versicherten kann statt des Pflegegeldes eine Pflegekraft gestellt (Hauspflege) oder die erforderliche Hilfe mit Unterkunft und Verpflegung in einer geeigneten Einrichtung (Heimpflege) erbracht werden. 2Absatz 3 Satz 2 gilt entsprechend.

(6) Die Bundesregierung setzt mit Zustimmung des Bundesrates die neuen Mindest- und Höchstbeträge nach Absatz 2 und den Anpassungsfaktor nach Absatz 4 in der Rechtsverordnung über die Bestimmung des für die Rentenanpassung in der gesetzlichen Rentenversicherung maßgebenden aktuellen Rentenwertes fest.

Sechster Unterabschnitt
Geldleistungen während der Heilbehandlung und der Leistungen zur Teilhabe am Arbeitsleben

§ 45 Voraussetzungen für das Verletztengeld

(1) Verletztengeld wird erbracht, wenn Versicherte

1. infolge des Versicherungsfalls arbeitsunfähig sind oder wegen einer Maßnahme der Heilbehandlung eine ganztägige Erwerbstätigkeit nicht ausüben können und
2. unmittelbar vor Beginn der Arbeitsunfähigkeit oder der Heilbehandlung Anspruch auf Arbeitsentgelt, Arbeitseinkommen, Krankengeld, Pflegeunterstützungsgeld, Verletztengeld, Versorgungskrankengeld, Übergangsgeld, Unterhaltsgeld, Kurzarbeitergeld, Arbeitslosengeld, nicht nur darlehensweise gewährtes Bürgergeld nach § 19 Absatz 1 Satz 1 des Zweiten Buches oder nicht nur Leistungen für Erstausstattungen für Bekleidung bei Schwangerschaft und Geburt nach dem Zweiten Buch oder Mutterschaftsgeld hatten.

(2) 1Verletztengeld wird auch erbracht, wenn

1. Leistungen zur Teilhabe am Arbeitsleben erforderlich sind,
2. diese Maßnahmen sich aus Gründen, die die Versicherten nicht zu vertreten haben, nicht unmittelbar an die Heilbehandlung anschließen,
3. die Versicherten ihre bisherige berufliche Tätigkeit nicht wieder aufnehmen können oder ihnen eine andere zumutbare Tätigkeit nicht vermittelt werden

VII

kann oder sie diese aus wichtigem Grund nicht ausüben können und

4. die Voraussetzungen des Absatzes 1 Nr. 2 erfüllt sind.

$_{2}$Das Verletztengeld wird bis zum Beginn der Leistungen zur Teilhabe am Arbeitsleben erbracht. $_{3}$Die Sätze 1 und 2 gelten entsprechend für die Zeit bis zum Beginn und während der Durchführung einer Maßnahme der Berufsfindung und Arbeitserprobung.

(3) Werden in einer Einrichtung Maßnahmen der Heilbehandlung und gleichzeitig Leistungen zur Teilhabe am Arbeitsleben für Versicherte erbracht, erhalten Versicherte Verletztengeld, wenn sie arbeitsunfähig sind oder wegen der Maßnahmen eine ganztägige Erwerbstätigkeit nicht ausüben können und die Voraussetzungen des Absatzes 1 Nr. 2 erfüllt sind.

(4) $_{1}$Im Fall der Beaufsichtigung, Betreuung oder Pflege eines durch einen Versicherungsfall verletzten Kindes gilt § 45 des Fünften Buches entsprechend mit der Maßgabe, dass

1. das Verletztengeld 100 Prozent des ausgefallenen Nettoarbeitsentgelts beträgt und
2. das Arbeitsentgelt bis zu einem Betrag in Höhe des 450. Teils des Höchstjahresarbeitsverdienstes zu berücksichtigen ist.

$_{2}$Erfolgt die Berechnung des Verletztengeldes aus Arbeitseinkommen, beträgt dies 80 Prozent des erzielten regelmäßigen Arbeitseinkommens bis zu einem Betrag in Höhe des 450. Teils des Höchstjahresarbeitsverdienstes.

VII

§ 46 Beginn und Ende des Verletztengeldes

(1) Verletztengeld wird von dem Tag an gezahlt, ab dem die Arbeitsunfähigkeit ärztlich festgestellt wird, oder mit dem Tag des Beginns einer Heilbehandlungsmaßnahme, die den Versicherten an der Ausübung einer ganztägigen Erwerbstätigkeit hindert.

(2) $_{1}$Die Satzung kann bestimmen, daß für Unternehmer, ihre Ehegatten oder ihre Lebenspartner und für den Unternehmern nach § 6 Abs. 1 Nr. 2 Gleichgestellte Verletztengeld längstens für die Dauer der ersten 13 Wochen nach dem sich aus Absatz 1 ergebenden Zeitpunkt ganz oder teilweise nicht gezahlt wird. $_{2}$Satz 1 gilt nicht für Versicherte, die bei einer Krankenkasse mit Anspruch auf Krankengeld versichert sind.

(3) $_{1}$Das Verletztengeld endet

1. mit dem letzten Tag der Arbeitsunfähigkeit oder der Hinderung an einer ganztägigen Erwerbstätigkeit durch eine Heilbehandlungsmaßnahme,
2. mit dem Tag, der dem Tag vorausgeht, an dem ein Anspruch auf Übergangsgeld entsteht.

$_{2}$Wenn mit dem Wiedereintritt der Arbeitsfähigkeit nicht zu rechnen ist und Leistungen zur Teilhabe am Arbeitsleben nicht zu erbringen sind, endet das Verletztengeld

1. mit dem Tag, an dem die Heilbehandlung so weit abgeschlossen ist, daß die Versicherten eine zumutbare, zur Verfügung stehende Berufs- oder Erwerbstätigkeit aufnehmen können,
2. mit Beginn der in § 50 Abs. 1 Satz 1 des Fünften Buches genannten Leistungen, es sei denn, daß diese Leistungen mit dem Versicherungsfall im Zusammenhang stehen,
3. im übrigen mit Ablauf der 78. Woche, gerechnet vom Tag des Beginns der Arbeitsunfähigkeit an, jedoch nicht vor dem Ende der stationären Behandlung.

§ 47 Höhe des Verletztengeldes

(1) $_{1}$Versicherte, die Arbeitsentgelt oder Arbeitseinkommen erzielt haben, erhalten Verletztengeld entsprechend § 47 Abs. 1 und 2 des Fünften Buches mit der Maßgabe, daß

1. das Regelentgelt aus dem Gesamtbetrag des regelmäßigen Arbeitsentgelts und des Arbeitseinkommens zu berechnen und bis zu einem Betrag in Höhe des 360. Teils des Höchstjahresarbeitsverdienstes zu berücksichtigen ist,
2. das Verletztengeld 80 vom Hundert des Regelentgelts beträgt und das bei Anwendung des § 47 Abs. 1 und 2 des Fünften Buches berechnete Nettoarbeitsentgelt nicht übersteigt.

$_{2}$Arbeitseinkommen ist bei der Ermittlung des Regelentgelts mit dem 360. Teil des im Kalenderjahr vor Beginn der Arbeitsunfähigkeit oder der Maßnahmen der Heilbehandlung erzielten Arbeitseinkommens zugrunde zu legen. $_{3}$Die Satzung hat bei nicht kontinuierlicher Arbeitsverrichtung und -vergütung abweichende Bestimmungen zur Zahlung und Berechnung des Verletztengeldes vorzusehen, die sicherstellen, daß das Verletztengeld seine Entgeltersatzfunktion erfüllt.

(1a) $_{1}$Für Ansprüche auf Verletztengeld, die vor dem 1. Januar 2001 entstanden sind, ist § 47 Abs. 1 und 2 des Fünften Buches in der vor dem 22. Juni 2000 jeweils geltenden Fassung für Zeiten nach dem 31. Dezember 1996 mit der Maßgabe entsprechend anzuwenden, dass sich das Regelentgelt um 10 vom Hundert, höchstens aber bis zu einem Betrag in Höhe des dreihundertsechzigsten Teils des Höchstjahresarbeitsverdienstes erhöht.

[2]Das regelmäßige Nettoarbeitsentgelt ist um denselben Vomhundertsatz zu erhöhen. [3]Satz 1 und 2 gilt für Ansprüche, über die vor dem 22. Juni 2000 bereits unanfechtbar entschieden war, nur für Zeiten vom 22. Juni 2000 an bis zum Ende der Leistungsdauer. [4]Entscheidungen über die Ansprüche, die vor dem 22. Juni 2000 unanfechtbar geworden sind, sind nicht nach § 44 Abs. 1 des Zehnten Buches zurückzunehmen.

(2) [1]Versicherte, die Arbeitslosengeld, Unterhaltsgeld oder Kurzarbeitergeld bezogen haben, erhalten Verletztengeld in Höhe des Krankengeldes nach § 47b des Fünften Buches. [2]Versicherte, die nicht nur darlehensweise gewährtes Bürgergeld nach § 19 Absatz 1 Satz 1 des Zweiten Buches oder nicht nur Leistungen für Erstausstattungen für Bekleidung bei Schwangerschaft und Geburt nach dem Zweiten Buch bezogen haben, erhalten Verletztengeld in Höhe des Betrages des Bürgergeldes nach § 19 Absatz 1 Satz 1 des Zweiten Buches.

(3) Versicherte, die als Entwicklungshelfer Unterhaltsleistungen nach § 4 Abs. 1 Nr. 1 des Entwicklungshelfer-Gesetzes bezogen haben, erhalten Verletztengeld in Höhe dieses Betrages.

(4) Bei Versicherten, die unmittelbar vor dem Versicherungsfall Krankengeld, Pflegeunterstützungsgeld, Verletztengeld, Versorgungskrankengeld oder Übergangsgeld bezogen haben, wird bei der Berechnung des Verletztengeldes von dem bisher zugrunde gelegten Regelentgelt ausgegangen.

(5) [1]Abweichend von Absatz 1 erhalten Versicherte, die den Versicherungsfall infolge einer Tätigkeit als Unternehmer, mitarbeitende Ehegatten oder Lebenspartner oder den Unternehmern nach § 6 Abs. 1 Nr. 2 Gleichgestellte erlitten haben, Verletztengeld je Kalendertag in Höhe des 450. Teils des Jahresarbeitsverdienstes. [2]Ist das Verletztengeld für einen ganzen Kalendermonat zu zahlen, ist dieser mit 30 Tagen anzusetzen.

(6) Hat sich der Versicherungsfall während einer aufgrund eines Gesetzes angeordneten Freiheitsentziehung ereignet, gilt für die Berechnung des Verletztengeldes Absatz 1 entsprechend; nach der Entlassung erhalten die Versicherten Verletztengeld je Kalendertag in Höhe des 450. Teils des Jahresarbeitsverdienstes, wenn dies für die Versicherten günstiger ist.

(7) (weggefallen)

(8) Die Regelungen der §§ 90 und 91 über die Neufestsetzung des Jahresarbeitsverdienstes nach Altersstufen oder nach der Schul- oder Berufsausbildung gelten für das Verletztengeld entsprechend.

§ 47a Beitragszahlung der Unfallversicherungsträger an berufsständische Versorgungseinrichtungen und private Krankenversicherungen

(1) Für Bezieher von Verletztengeld, die wegen einer Pflichtmitgliedschaft in einer berufsständischen Versorgungseinrichtung von der Versicherungspflicht in der gesetzlichen Rentenversicherung befreit sind, gilt § 47a Absatz 1 des Fünftes Buches entsprechend.

(2) Die Unfallversicherungsträger haben der zuständigen berufsständischen Versorgungseinrichtung den Beginn und das Ende der Beitragszahlung sowie die Höhe der der Beitragsberechnung zugrunde liegenden beitragspflichtigen Einnahmen und den zu zahlenden Beitrag für den Versicherten zu übermitteln. Das Nähere zum Verfahren regeln die Deutsche Gesetzliche Unfallversicherung e. V., die Sozialversicherung für Landwirtschaft, Forsten und Gartenbau und die Arbeitsgemeinschaft berufsständischer Versorgungseinrichtungen bis zum 31. Dezember 2017 in gemeinsamen Grundsätzen.

(3) Bezieher von Verletztengeld, die nach § 257 Absatz 2 des Fünften Buches und § 61 Absatz 2 des Elften Buches als Beschäftigte Anspruch auf einen Zuschuss zu dem Krankenversicherungsbeitrag und Pflegeversicherungsbeitrag hatten, die an ein privates Krankenversicherungsunternehmen zu zahlen sind, erhalten einen Zuschuss zu ihrem Krankenversicherungsbeitrag und Pflegeversicherungsbeitrag. Als Zuschuss ist der Betrag zu zahlen, der als Beitrag bei Krankenversicherungspflicht oder Pflegeversicherungspflicht zu zahlen wäre, höchstens jedoch der Betrag, der an das private Versicherungsunternehmen zu zahlen ist.

§ 48 Verletztengeld bei Wiedererkrankung

Im Fall der Wiedererkrankung an den Folgen des Versicherungsfalls gelten die §§ 45 bis 47 mit der Maßgabe entsprechend, daß anstelle des Zeitpunkts der ersten Arbeitsunfähigkeit auf den der Wiedererkrankung abgestellt wird.

§ 49 Übergangsgeld

Übergangsgeld wird erbracht, wenn Versicherte infolge des Versicherungsfalls Leistungen zur Teilhabe am Arbeitsleben erhalten.

§ 50 Höhe und Berechnung des Übergangsgeldes

Höhe und Berechnung des Übergangsgeldes bestimmen sich nach den §§ 66 bis 71 des Neunten Buches, soweit dieses Buch nichts Abweichendes bestimmt; im Übrigen gelten die Vorschriften für das Verletztengeld entsprechend.

§ 51 (weggefallen)

§ 52 Anrechnung von Einkommen auf Verletzten- und Übergangsgeld

Auf das Verletzten- und Übergangsgeld werden von dem gleichzeitig erzielten Einkommen angerechnet

1. beitragspflichtiges Arbeitsentgelt oder Arbeitseinkommen, das bei Arbeitnehmern um die gesetzlichen Abzüge und bei sonstigen Versicherten um 20 vom Hundert vermindert ist; dies gilt nicht für einmalig gezahltes Arbeitsentgelt,
2. Mutterschaftsgeld, Versorgungskrankengeld, Unterhaltsgeld, Kurzarbeitergeld, Arbeitslosengeld, nicht nur darlehensweise gewährtes Bürgergeld nach § 19 Absatz 1 Satz 1 des Zweiten Buches; dies gilt auch, wenn Ansprüche auf Leistungen nach dem Dritten Buch wegen einer Sperrzeit ruhen oder der Auszahlungsanspruch auf Bürgergeld nach § 19 Absatz 1 Satz 1 des Zweiten Buches gemindert ist.

Siebter Unterabschnitt
Besondere Vorschriften für die Versicherten in der Seefahrt

§ 53 Vorrang der medizinischen Betreuung durch die Reeder

(1) $_{1}$Der Anspruch von Versicherten in der Seefahrt auf Leistungen nach diesem Abschnitt ruht, soweit und solange die Reeder ihre Verpflichtung zur medizinischen Betreuung nach dem Seearbeitsgesetz erfüllen. $_{2}$Kommen die Reeder der Verpflichtung nicht nach, kann der Unfallversicherungsträger von den Reedern die Erstattung in Höhe der von ihm erbrachten Leistungen verlangen.

(2) Endet die Verpflichtung der Reeder zur medizinischen Betreuung, haben sie hinsichtlich der Folgen des Versicherungsfalls die medizinische Betreuung auf Kosten des Unfallversicherungsträgers fortzusetzen, soweit dieser sie dazu beauftragt.

Achter Unterabschnitt
Besondere Vorschriften für die Versicherten der landwirtschaftlichen Unfallversicherung

§ 54 Betriebs- und Haushaltshilfe

(1) $_{1}$Betriebshilfe erhalten landwirtschaftliche Unternehmer mit einem Unternehmen im Sinne des § 1 Abs. 2 des Gesetzes über die Alterssicherung der Landwirte während einer stationären Behandlung, wenn ihnen wegen dieser Behandlung die Weiterführung des Unternehmens nicht möglich ist und in dem Unternehmen Arbeitnehmer und mitarbeitende Familienangehörige nicht ständig beschäftigt werden. $_{2}$Betriebshilfe wird für längstens drei Monate erbracht.

(2) $_{1}$Haushaltshilfe erhalten landwirtschaftliche Unternehmer mit einem Unternehmen im Sinne des § 1 Abs. 2 des Gesetzes über die Alterssicherung der Landwirte, ihre im Unternehmen mitarbeitenden Ehegatten oder mitarbeitenden Lebenspartner während einer stationären Behandlung, wenn den Unternehmern, ihren Ehegatten oder Lebenspartnern wegen dieser Behandlung die Weiterführung des Haushalts nicht möglich und diese auf andere Weise nicht sicherzustellen ist. $_{2}$Absatz 1 Satz 2 gilt entsprechend.

(3) Die Satzung kann bestimmen,

1. daß die Betriebshilfe auch an den mitarbeitenden Ehegatten oder Lebenspartner eines landwirtschaftlichen Unternehmers erbracht wird,
2. unter welchen Voraussetzungen und für wie lange Betriebs- und Haushaltshilfe den landwirtschaftlichen Unternehmern und ihren Ehegatten oder Lebenspartnern auch während einer nicht stationären Heilbehandlung erbracht wird,
3. unter welchen Voraussetzungen Betriebs- und Haushaltshilfe auch an landwirtschaftliche Unternehmer, deren Unternehmen nicht die Voraussetzungen des § 1 Absatz 5 das Gesetzes über die Alterssicherung der Landwirte erfüllen, und an ihre Ehegatten oder Lebenspartner erbracht wird,
4. daß die Betriebs- und Haushaltshilfe auch erbracht wird, wenn in dem Unternehmen Arbeitnehmer oder mitarbeitende Familienangehörige ständig beschäftigt werden,
5. unter welchen Voraussetzungen die Betriebs- und Haushaltshilfe länger als drei Monate erbracht wird,
6. von welchem Tag der Heilbehandlung an die Betriebs- oder Haushaltshilfe erbracht wird.

(4) $_{1}$Leistungen nach den Absätzen 1 bis 3 müssen wirksam und wirtschaftlich sein; sie dürfen das Maß des Notwendigen nicht übersteigen. $_{2}$Leistungen, die diese Voraussetzungen nicht erfüllen, können nicht beansprucht und dürfen von der landwirtschaftlichen Berufsgenossenschaft nicht bewilligt werden.

§ 55 Art und Form der Betriebs- und Haushaltshilfe

(1) $_{1}$Bei Vorliegen der Voraussetzungen des § 54 wird Betriebs- und Haushaltshilfe in Form der Gestellung einer Ersatzkraft oder durch Erstattung der Kosten für eine selbst beschaffte betriebsfremde Ersatzkraft in angemessener Höhe gewährt. $_{2}$Die Satzung kann die Erstat-

tungsfähigkeit der Kosten für selbst beschaffte Ersatzkräfte begrenzen. 3Für Verwandte und Verschwägerte bis zum zweiten Grad werden Kosten nicht erstattet; die Berufsgenossenschaft kann jedoch die erforderlichen Fahrkosten und den Verdienstausfall erstatten, wenn die Erstattung in einem angemessenen Verhältnis zu den sonst für eine Ersatzkraft entstehenden Kosten steht.

(2) 1Die Versicherten haben sich angemessen an den entstehenden Aufwendungen für die Betriebs- und Haushaltshilfe zu beteiligen (Selbstbeteiligung); die Selbstbeteiligung beträgt für jeden Tag der Leistungsgewährung mindestens 10 Euro. 2Das Nähere zur Selbstbeteiligung bestimmt die Satzung.

§ 55a Sonstige Ansprüche, Verletztengeld

(1) Für regelmäßig wie landwirtschaftliche Unternehmer selbständig Tätige, die kraft Gesetzes versichert sind, gelten die §§ 54 und 55 entsprechend.

(2) Versicherte, die die Voraussetzungen nach § 54 Abs. 1 bis 3 erfüllen, ohne eine Leistung nach § 55 in Anspruch zu nehmen, erhalten auf Antrag Verletztengeld, wenn dies im Einzelfall unter Berücksichtigung der Besonderheiten landwirtschaftlicher Betriebe und Haushalte sachgerecht ist.

(3) 1Für die Höhe des Verletztengeldes gilt in den Fällen des Absatzes 2 sowie bei den im Unternehmen mitarbeitenden Familienangehörigen, soweit diese nicht nach § 2 Abs. 1 Nr. 1 versichert sind, § 13 Abs. 1 des Zweiten Gesetzes über die Krankenversicherung der Landwirte entsprechend. 2Die Satzung bestimmt, unter welchen Voraussetzungen die in Satz 1 genannten Personen auf Antrag mit einem zusätzlichen Verletztengeld versichert werden. 3Abweichend von § 46 Abs. 3 Satz 2 Nr. 3 endet das Verletztengeld vor Ablauf der 78. Woche mit dem Tage, an dem abzusehen ist, dass mit dem Wiedereintritt der Arbeitsfähigkeit nicht zu rechnen ist und Leistungen zur Teilhabe am Arbeitsleben nicht zu erbringen sind, jedoch nicht vor Ende der stationären Behandlung.

Zweiter Abschnitt
Renten, Beihilfen, Abfindungen

Erster Unterabschnitt
Renten an Versicherte

§ 56 Voraussetzungen und Höhe des Rentenanspruchs

(1) 1Versicherte, deren Erwerbsfähigkeit infolge eines Versicherungsfalls über die 26. Woche nach dem Versicherungsfall hinaus um wenigstens 20 vom Hundert gemindert ist, haben Anspruch auf eine Rente. 2Ist die Erwerbsfähigkeit infolge mehrerer Versicherungsfälle gemindert und erreichen die Vomhundertsätze zusammen wenigstens die Zahl 20, besteht für jeden, auch für einen früheren Versicherungsfall, Anspruch auf Rente. 3Die Folgen eines Versicherungsfalls sind nur zu berücksichtigen, wenn sie die Erwerbsfähigkeit um wenigstens 10 vom Hundert mindern. 4Den Versicherungsfällen stehen gleich Unfälle oder Entschädigungsfälle nach den Beamtengesetzen, dem Bundesversorgungsgesetz, dem Soldatenversorgungsgesetz, dem Gesetz über den zivilen Ersatzdienst, dem Gesetz über die Abgeltung von Besatzungsschäden, dem Häftlingshilfegesetz und den entsprechenden Gesetzen, die Entschädigung für Unfälle oder Beschädigungen gewähren.

(2) 1Die Minderung der Erwerbsfähigkeit richtet sich nach dem Umfang der sich aus der Beeinträchtigung des körperlichen und geistigen Leistungsvermögens ergebenden verminderten Arbeitsmöglichkeiten auf dem gesamten Gebiet des Erwerbslebens. 2Bei jugendlichen Versicherten wird die Minderung der Erwerbsfähigkeit nach den Auswirkungen bemessen, die sich bei Erwachsenen mit gleichem Gesundheitsschaden ergeben würden. 3Bei der Bemessung der Minderung der Erwerbsfähigkeit werden Nachteile berücksichtigt, die die Versicherten dadurch erleiden, daß sie bestimmte von ihnen erworbene besondere berufliche Kenntnisse und Erfahrungen infolge des Versicherungsfalls nicht mehr oder nur noch in vermindertem Umfang nutzen können, soweit solche Nachteile nicht durch sonstige Fähigkeiten, deren Nutzung ihnen zugemutet werden kann, ausgeglichen werden.

(3) 1Bei Verlust der Erwerbsfähigkeit wird Vollrente geleistet; sie beträgt zwei Drittel des Jahresarbeitsverdienstes. 2Bei einer Minderung der Erwerbsfähigkeit wird Teilrente geleistet; sie wird in der Höhe des Vomhundertsatzes der Vollrente festgesetzt, der dem Grad der Minderung der Erwerbsfähigkeit entspricht.

§ 57 Erhöhung der Rente bei Schwerverletzten

Können Versicherte mit Anspruch auf eine Rente nach einer Minderung der Erwerbsfähigkeit von 50 vom Hundert oder mehr oder auf mehrere Renten, deren Vomhundertsätze zusammen wenigstens die Zahl 50 erreichen (Schwerverletzte), infolge des Versicherungsfalls einer Erwerbstätigkeit nicht mehr nachgehen und haben sie keinen Anspruch auf Rente aus der gesetzlichen Rentenversicherung, erhöht sich die Rente um 10 vom Hundert.

§ 58 Erhöhung der Rente bei Arbeitslosigkeit

1Solange Versicherte infolge des Versicherungsfalls ohne Anspruch auf Arbeitsentgelt oder Arbeitseinkommen sind und die Rente zusammen mit dem Arbeitslosengeld oder dem Bürgergeld nach § 19 Absatz 1 Satz 1 des Zweiten Buches nicht den sich aus § 66 Abs. 1 des Neunten Buches ergebenden Betrag des Übergangsgeldes erreicht, wird die Rente längstens für zwei Jahre nach ihrem Beginn um den Unterschiedsbetrag erhöht. 2Der Unterschiedsbetrag wird bei dem Bürgergeld nach § 19 Absatz 1 Satz 1 des Zweiten Buches nicht als Einkommen berücksichtigt. 3Satz 1 gilt nicht, solange Versicherte Anspruch auf weiteres Erwerbsersatzeinkommen (§ 18a Abs. 3 des Vierten Buches) haben, das zusammen mit der Rente das Übergangsgeld erreicht. 4Wird Bürgergeld nach § 19 Absatz 1 Satz 1 des Zweiten Buches nur darlehensweise gewährt oder erhält der Versicherte nur Leistungen nach § 24 Absatz 3 Satz 1 des Zweiten Buches, finden die Sätze 1 und 2 keine Anwendung.

§ 59 Höchstbetrag bei mehreren Renten

(1) 1Beziehen Versicherte mehrere Renten, so dürfen diese ohne die Erhöhung für Schwerverletzte zusammen zwei Drittel des höchsten der Jahresarbeitsverdienste nicht übersteigen, die diesen Renten zugrunde liegen. 2Soweit die Renten den Höchstbetrag übersteigen, werden sie verhältnismäßig gekürzt.

(2) Haben Versicherte eine Rentenabfindung erhalten, wird bei der Feststellung des Höchstbetrages nach Absatz 1 die der Abfindung zugrunde gelegte Rente so berücksichtigt, wie sie ohne die Abfindung noch zu zahlen wäre.

§ 60 Minderung bei Heimpflege

Für die Dauer einer Heimpflege von mehr als einem Kalendermonat kann der Unfallversicherungsträger die Rente um höchstens die Hälfte mindern, soweit dies nach den persönlichen Bedürfnissen und Verhältnissen der Versicherten angemessen ist.

§ 61 Renten für Beamte und Berufssoldaten

(1) 1Die Renten von Beamten, die nach § 82 Abs. 4 berechnet werden, werden nur insoweit gezahlt, als sie die Dienst- oder Versorgungsbezüge übersteigen; den Beamten verbleibt die Rente jedoch mindestens in Höhe des Betrages, der bei Vorliegen eines Dienstunfalls als Unfallausgleich zu gewähren wäre. 2Endet das Dienstverhältnis wegen Dienstunfähigkeit infolge des Versicherungsfalls, wird Vollrente insoweit gezahlt, als sie zusammen mit den Versorgungsbezügen aus dem Dienstverhältnis die Versorgungsbezüge, auf die der Beamte bei Vorliegen eines Dienstunfalls Anspruch hätte, nicht übersteigt. 3Die Höhe dieser Versorgungsbezüge stellt die Dienstbehörde fest. 4Für die Hinterbliebenen gilt dies entsprechend.

(2) 1Absatz 1 gilt für die Berufssoldaten entsprechend. 2Anstelle des Unfallausgleichs wird der Ausgleich nach § 85 des Soldatenversorgungsgesetzes gezahlt.

§ 62 Rente als vorläufige Entschädigung

(1) 1Während der ersten drei Jahre nach dem Versicherungsfall soll der Unfallversicherungsträger die Rente als vorläufige Entschädigung festsetzen, wenn der Umfang der Minderung der Erwerbsfähigkeit noch nicht abschließend festgestellt werden kann. 2Innerhalb dieses Zeitraums kann der Vomhundertsatz der Minderung der Erwerbsfähigkeit jederzeit ohne Rücksicht auf die Dauer der Veränderung neu festgestellt werden.

(2) 1Spätestens mit Ablauf von drei Jahren nach dem Versicherungsfall wird die vorläufige Entschädigung als Rente auf unbestimmte Zeit geleistet. 2Bei der erstmaligen Feststellung der Rente nach der vorläufigen Entschädigung kann der Vomhundertsatz der Minderung der Erwerbsfähigkeit abweichend von der vorläufigen Entschädigung festgestellt werden, auch wenn sich die Verhältnisse nicht geändert haben.

Zweiter Unterabschnitt
Leistungen an Hinterbliebene

§ 63 Leistungen bei Tod

(1) 1Hinterbliebene haben Anspruch auf

1. Sterbegeld,
2. Erstattung der Kosten der Überführung an den Ort der Bestattung,
3. Hinterbliebenenrenten,
4. Beihilfe.

2Der Anspruch auf Leistungen nach Satz 1 Nr. 1 bis 3 besteht nur, wenn der Tod infolge eines Versicherungsfalls eingetreten ist.

(1a) Die Vorschriften dieses Unterabschnitts über Hinterbliebenenleistungen an Witwen und Witwer gelten auch für Hinterbliebenenleistungen an Lebenspartner.

(2) 1Dem Tod infolge eines Versicherungsfalls steht der Tod von Versicherten gleich, deren Erwerbsfähigkeit durch die Folgen einer Berufskrankheit nach den Nummern 4101 bis 4104 der Anlage 1 der Berufskrankheiten-Verordnung vom 20. Juni 1968 (BGBl. I S. 721) in der

Fassung der Zweiten Verordnung zur Änderung der Berufskrankheiten-Verordnung vom 18. Dezember 1992 (BGBl. I S. 2343) um 50 vom Hundert oder mehr gemindert war. 2Dies gilt nicht, wenn offenkundig ist, daß der Tod mit der Berufskrankheit nicht in ursächlichem Zusammenhang steht; eine Obduktion zum Zwecke einer solchen Feststellung darf nicht gefordert werden.

(3) Ist ein Versicherter getötet worden, so kann der Unfallversicherungsträger die Entnahme einer Blutprobe zur Feststellung von Tatsachen anordnen, die für die Entschädigungspflicht von Bedeutung sind.

(4) 1Sind Versicherte im Zusammenhang mit der versicherten Tätigkeit verschollen, gelten sie als infolge eines Versicherungsfalls verstorben, wenn die Umstände ihren Tod wahrscheinlich machen und seit einem Jahr Nachrichten über ihr Leben nicht eingegangen sind. 2Der Unfallversicherungsträger kann von den Hinterbliebenen die Versicherung an Eides Statt verlangen, daß ihnen weitere als die angezeigten Nachrichten über die Verschollenen nicht bekannt sind. 3Der Unfallversicherungsträger ist berechtigt, für die Leistungen den nach den Umständen mutmaßlichen Todestag festzustellen. 4Bei Versicherten in der Seeschifffahrt wird spätestens der dem Ablauf des Heuerverhältnisses folgende Tag als Todestag festgesetzt.

§ 64 Sterbegeld und Erstattung von Überführungskosten

(1) Witwen, Witwer, Kinder, Stiefkinder, Pflegekinder, Enkel, Geschwister, frühere Ehegatten und Verwandte der aufsteigenden Linie der Versicherten erhalten Sterbegeld in Höhe eines Siebtels der im Zeitpunkt des Todes geltenden Bezugsgröße.

(2) Kosten der Überführung an den Ort der Bestattung werden erstattet, wenn der Tod nicht am Ort der ständigen Familienwohnung der Versicherten eingetreten ist und die Versicherten sich dort aus Gründen aufgehalten haben, die im Zusammenhang mit der versicherten Tätigkeit oder mit den Folgen des Versicherungsfalls stehen.

(3) Das Sterbegeld und die Überführungskosten werden an denjenigen Berechtigten gezahlt, der die Bestattungs- und Überführungskosten trägt.

(4) Ist ein Anspruchsberechtigter nach Absatz 1 nicht vorhanden, werden die Bestattungskosten bis zur Höhe des Sterbegeldes nach Absatz 1 an denjenigen gezahlt, der diese Kosten trägt.

§ 65 Witwen- und Witwerrente

(1) 1Witwen oder Witwer von Versicherten erhalten eine Witwen- oder Witwerrente, solange sie nicht wieder geheiratet haben. 2Der Anspruch auf eine Rente nach Absatz 2 Nr. 2 besteht längstens für 24 Kalendermonate nach Ablauf des Monats, in dem der Ehegatte verstorben ist.

(2) Die Rente beträgt

1. zwei Drittel des Jahresarbeitsverdienstes bis zum Ablauf des dritten Kalendermonats nach Ablauf des Monats, in dem der Ehegatte verstorben ist,
2. 30 vom Hundert des Jahresarbeitsverdienstes nach Ablauf des dritten Kalendermonats,
3. 40 vom Hundert des Jahresarbeitsverdienstes nach Ablauf des dritten Kalendermonats,
   a) solange Witwen oder Witwer ein waisenrentenberechtigtes Kind erziehen oder für ein Kind sorgen, das wegen körperlicher, geistiger oder seelischer Behinderung Anspruch auf Waisenrente hat oder nur deswegen nicht hat, weil das 27. Lebensjahr vollendet wurde,
   b) wenn Witwen oder Witwer das 47. Lebensjahr vollendet haben oder
   c) solange Witwen oder Witwer erwerbsgemindert berufs- oder erwerbsunfähig im Sinne des Sechsten Buches sind; Entscheidungen des Trägers der Rentenversicherung über Erwerbsminderung, Berufs- oder Erwerbsunfähigkeit sind für den Unfallversicherungsträger bindend.

(3) 1Einkommen (§§ 18a bis 18e des Vierten Buches) von Witwen oder Witwern, das mit einer Witwenrente oder Witwerrente nach Absatz 2 Nr. 2 und 3 zusammentrifft, wird hierauf angerechnet. 2Anrechenbar ist das Einkommen, das monatlich das 26,4fache des aktuellen Rentenwerts der gesetzlichen Rentenversicherung übersteigt. 3Das nicht anrechenbare Einkommen erhöht sich um das 5,6fache des aktuellen Rentenwerts für jedes waisenrentenberechtigte Kind von Witwen oder Witwern. 4Von dem danach verbleibenden anrechenbaren Einkommen werden 40 vom Hundert angerechnet.

(4) 1Für die Einkommensanrechnung ist bei Anspruch auf mehrere Renten folgende Rangfolge maßgebend:

1. (weggefallen)
2. Witwenrente oder Witwerrente,
3. Witwenrente oder Witwerrente nach dem vorletzten Ehegatten.

2Das auf eine Rente anrechenbare Einkommen mindert sich um den Betrag, der bereits zu einer Einkommensanrechnung auf eine vorrangige Rente geführt hat.

VII

(5) ₁Witwenrente oder Witwerrente wird auf Antrag auch an überlebende Ehegatten gezahlt, die wieder geheiratet haben, wenn die erneute Ehe aufgelöst oder für nichtig erklärt ist und sie im Zeitpunkt der Wiederheirat Anspruch auf eine solche Rente hatten. ₂Auf eine solche Witwenrente oder Witwerrente nach dem vorletzten Ehegatten werden für denselben Zeitraum bestehende Ansprüche auf Witwenrente oder Witwerrente, auf Versorgung, auf Unterhalt oder auf sonstige Rente nach dem letzten Ehegatten angerechnet, es sei denn, daß die Ansprüche nicht zu verwirklichen sind; dabei werden die Vorschriften über die Einkommensanrechnung auf Renten wegen Todes nicht berücksichtigt.

(6) Witwen oder Witwer haben keinen Anspruch, wenn die Ehe erst nach dem Versicherungsfall geschlossen worden ist und der Tod innerhalb des ersten Jahres dieser Ehe eingetreten ist, es sei denn, daß nach den besonderen Umständen des Einzelfalls die Annahme nicht gerechtfertigt ist, daß es der alleinige oder überwiegende Zweck der Heirat war, einen Anspruch auf Hinterbliebenenversorgung zu begründen.

§ 66 Witwen- und Witwerrente an frühere Ehegatten; mehrere Berechtigte

(1) ₁Frühere Ehegatten von Versicherten, deren Ehe mit ihnen geschieden, für nichtig erklärt oder aufgehoben ist, erhalten auf Antrag eine Rente entsprechend § 65, wenn die Versicherten ihnen während des letzten Jahres vor ihrem Tod Unterhalt geleistet haben oder den früheren Ehegatten im letzten wirtschaftlichen Dauerzustand vor dem Tod der Versicherten ein Anspruch auf Unterhalt zustand; § 65 Abs. 2 Nr. 1 findet keine Anwendung. ₂Beruhte der Unterhaltsanspruch auf § 1572, 1573, 1575 oder 1576 des Bürgerlichen Gesetzbuchs, wird die Rente gezahlt, solange der frühere Ehegatte ohne den Versicherungsfall unterhaltsberechtigt gewesen wäre.

(2) Sind mehrere Berechtigte nach Absatz 1 oder nach Absatz 1 und § 65 vorhanden, erhält jeder von ihnen den Teil der für ihn nach § 65 Abs. 2 zu berechnenden Rente, der im Verhältnis zu den anderen Berechtigten der Dauer seiner Ehe mit dem Verletzten entspricht; anschließend ist § 65 Abs. 3 entsprechend anzuwenden.

(3) Renten nach Absatz 1 und § 65 sind gemäß Absatz 2 zu mindern, wenn nach Feststellung der Rente einem weiteren früheren Ehegatten Rente zu zahlen ist.

§ 67 Voraussetzungen der Waisenrente

(1) Kinder von verstorbenen Versicherten erhalten eine

1. Halbwaisenrente, wenn sie noch einen Elternteil haben,
2. Vollwaisenrente, wenn sie keine Eltern mehr haben.

(2) Als Kinder werden auch berücksichtigt

1. Stiefkinder und Pflegekinder (§ 56 Abs. 2 Nr. 1 und 2 des Ersten Buches), die in den Haushalt der Versicherten aufgenommen waren,
2. Enkel und Geschwister, die in den Haushalt der Versicherten aufgenommen waren oder von ihnen überwiegend unterhalten wurden.

(3) ₁Halb- oder Vollwaisenrente wird gezahlt

1. bis zur Vollendung des 18. Lebensjahres,
2. bis zur Vollendung des 27. Lebensjahres, wenn die Waise
   a) sich in Schulausbildung oder Berufsausbildung befindet oder
   b) sich in einer Übergangszeit von höchstens vier Kalendermonaten befindet, die zwischen zwei Ausbildungsabschnitten oder zwischen einem Ausbildungsabschnitt und der Ableistung des gesetzlichen Wehr- oder Zivildienstes oder der Ableistung eines freiwilligen Dienstes im Sinne des Buchstabens c liegt, oder
   c) einen freiwilligen Dienst im Sinne des § 32 Absatz 4 Satz 1 Nummer 2 Buchstabe d des Einkommensteuergesetzes leistet oder
   d) wegen körperlicher, geistiger oder seelischer Behinderung außerstande ist, sich selbst zu unterhalten.

₂Eine Schulausbildung oder Berufsausbildung im Sinne des Satzes 1 liegt nur vor, wenn die Ausbildung einen tatsächlichen zeitlichen Aufwand von wöchentlich mehr als 20 Stunden erfordert. ₃Der tatsächliche zeitliche Aufwand ist ohne Bedeutung für Zeiten, in denen das Ausbildungsverhältnis trotz einer Erkrankung fortbesteht und damit gerechnet werden kann, dass die Ausbildung fortgesetzt wird. ₄Das gilt auch für die Dauer der Schutzfristen nach dem Mutterschutzgesetz.

(4) ₁In den Fällen des Absatzes 3 Nr. 2 Buchstabe a erhöht sich die maßgebende Altersgrenze bei Unterbrechung oder Verzögerung der Schulausbildung oder Berufsausbildung durch den gesetzlichen Wehrdienst, Zivildienst oder einen gleichgestellten Dienst um die Zeit dieser Dienstleistung, höchstens um einen der Dauer des gesetzlichen Grundwehrdienstes oder Zivildienstes entsprechenden Zeitraum. ₂Die Ableistung eines Dienstes im Sinne von Absatz 3 Nr. 2 Buchstabe c ist kein gleichgestellter Dienst im Sinne von Satz 1.

(5) Der Anspruch auf Waisenrente endet nicht dadurch, daß die Waise als Kind angenommen wird.

§ 68 Höhe der Waisenrente

(1) Die Rente beträgt

1. 20 vom Hundert des Jahresarbeitsverdienstes für eine Halbwaise,
2. 30 vom Hundert des Jahresarbeitsverdienstes für eine Vollwaise

(2) (weggefallen)

(3) Liegen bei einem Kind die Voraussetzungen für mehrere Waisenrenten aus der Unfallversicherung vor, wird nur die höchste Rente gezahlt und bei Renten gleicher Höhe diejenige, die wegen des frühesten Versicherungsfalls zu zahlen ist.

§ 69 Rente an Verwandte der aufsteigenden Linie

(1) Verwandte der aufsteigenden Linie, Stief- oder Pflegeeltern der Verstorbenen, die von den Verstorbenen zur Zeit des Todes aus deren Arbeitsentgelt oder Arbeitseinkommen wesentlich unterhalten worden sind oder ohne den Versicherungsfall wesentlich unterhalten worden wären, erhalten eine Rente, solange sie ohne den Versicherungsfall gegen die Verstorbenen einen Anspruch auf Unterhalt wegen Unterhaltsbedürftigkeit hätten geltend machen können.

(2) $_1$Sind aus der aufsteigenden Linie Verwandte verschiedenen Grades vorhanden, gehen die näheren den entfernteren vor. $_2$Den Eltern stehen Stief- oder Pflegeeltern gleich.

(3) Liegen bei einem Elternteil oder bei einem Elternpaar die Voraussetzungen für mehrere Elternrenten aus der Unfallversicherung vor, wird nur die höchste Rente gezahlt und bei Renten gleicher Höhe diejenige, die wegen des frühesten Versicherungsfalls zu zahlen ist.

(4) Die Rente beträgt

1. 20 vom Hundert des Jahresarbeitsverdienstes für einen Elternteil,
2. 30 vom Hundert des Jahresarbeitsverdienstes für ein Elternpaar.

(5) Stirbt bei Empfängern einer Rente für ein Elternpaar ein Ehegatte, wird dem überlebenden Ehegatten anstelle der Rente für einen Elternteil die für den Sterbemonat zustehende Elternrente für ein Elternpaar für die folgenden drei Kalendermonate weitergezahlt.

§ 70 Höchstbetrag der Hinterbliebenenrenten

(1) $_1$Die Renten der Hinterbliebenen dürfen zusammen 80 vom Hundert des Jahresarbeitsverdienstes nicht übersteigen, sonst werden sie gekürzt, und zwar bei Witwen und Witwern, früheren Ehegatten und Waisen nach dem Verhältnis ihrer Höhe. $_2$Bei Anwendung von Satz 1 wird von der nach § 65 Abs. 2 Nr. 2 und 3 oder § 68 Abs. 1 berechneten Rente ausgegangen; anschließend wird § 65 Abs. 3 angewendet. $_3$§ 65 Abs. 2 Nr. 1 bleibt unberührt. $_4$Verwandte der aufsteigenden Linie, Stief- oder Pflegeeltern sowie Pflegekinder haben nur Anspruch, soweit Witwen und Witwer, frühere Ehegatten oder Waisen den Höchstbetrag nicht ausschöpfen.

(2) Sind für die Hinterbliebenen 80 vom Hundert des Jahresarbeitsverdienstes festgestellt und tritt später ein neuer Berechtigter hinzu, werden die Hinterbliebenenrenten nach Absatz 1 neu berechnet.

(3) Beim Wegfall einer Hinterbliebenenrente erhöhen sich die Renten der übrigen bis zum zulässigen Höchstbetrag.

§ 71 Witwen-, Witwer- und Waisenbeihilfe

(1) $_1$Witwen oder Witwer von Versicherten erhalten eine einmalige Beihilfe von 40 vom Hundert des Jahresarbeitsverdienstes, wenn

1. ein Anspruch auf Hinterbliebenenrente nicht besteht, weil der Tod der Versicherten nicht Folge eines Versicherungsfalls war, und
2. die Versicherten zur Zeit ihres Todes Anspruch auf eine Rente nach einer Minderung der Erwerbsfähigkeit von 50 vom Hundert oder mehr oder auf mehrere Renten hatten, deren Vomhundertsätze zusammen mindestens die Zahl 50 erreichen; soweit Renten abgefunden wurden, wird von dem Vomhundertsatz der abgefundenen Rente ausgegangen.

$_2$§ 65 Abs. 6 gilt entsprechend.

(2) $_1$Beim Zusammentreffen mehrerer Renten oder Abfindungen wird die Beihilfe nach dem höchsten Jahresarbeitsverdienst berechnet, der den Renten oder Abfindungen zugrunde lag. $_2$Die Beihilfe zahlt der Unfallversicherungsträger, der die danach berechnete Leistung erbracht hat, bei gleich hohen Jahresarbeitsverdiensten derjenige, der für den frühesten Versicherungsfall zuständig ist.

(3) $_1$Für Vollwaisen, die bei Tod der Versicherten infolge eines Versicherungsfalls Anspruch auf Waisenrente hätten, gelten die Absätze 1 und 2 entsprechend, wenn sie zur Zeit des Todes der Versicherten mit ihnen in häuslicher Gemeinschaft gelebt haben und von ihnen überwiegend unterhalten worden sind. $_2$Sind mehrere Waisen vorhanden, wird die Waisenbeihilfe gleichmäßig verteilt.

(4) $_{1}$Haben Versicherte länger als zehn Jahre eine Rente nach einer Minderung der Erwerbsfähigkeit von 80 vom Hundert oder mehr bezogen und sind sie nicht an den Folgen eines Versicherungsfalls gestorben, kann anstelle der Beihilfe nach Absatz 1 oder 3 den Berechtigten eine laufende Beihilfe bis zur Höhe einer Hinterbliebenenrente gezahlt werden, wenn die Versicherten infolge des Versicherungsfalls gehindert waren, eine entsprechende Erwerbstätigkeit auszuüben, und wenn dadurch die Versorgung der Hinterbliebenen um mindestens 10 vom Hundert gemindert ist. $_{2}$Auf die laufende Beihilfe finden im übrigen die Vorschriften für Hinterbliebenenrenten Anwendung.

Dritter Unterabschnitt
Beginn, Änderung und Ende von Renten

§ 72 Beginn von Renten

(1) Renten an Versicherte werden von dem Tag an gezahlt, der auf den Tag folgt, an dem

1. der Anspruch auf Verletztengeld endet,
2. der Versicherungsfall eingetreten ist, wenn kein Anspruch auf Verletztengeld entstanden ist.

(2) $_{1}$Renten an Hinterbliebene werden vom Todestag an gezahlt. $_{2}$Hinterbliebenenrenten, die auf Antrag geleistet werden, werden vom Beginn des Monats an gezahlt, der der Antragstellung folgt.

(3) $_{1}$Die Satzung kann bestimmen, daß für Unternehmer, ihre im Unternehmen mitarbeitenden Ehegatten oder mitarbeitenden Lebenspartner und für den Unternehmern im Versicherungsschutz Gleichgestellte Rente für die ersten 13 Wochen nach dem sich aus § 46 Abs. 1 ergebenden Zeitpunkt ganz oder teilweise nicht gezahlt wird. $_{2}$Die Rente beginnt spätestens am Tag nach Ablauf der 13. Woche, sofern Verletztengeld nicht zu zahlen ist.

§ 73 Änderungen und Ende von Renten

(1) Ändern sich aus tatsächlichen oder rechtlichen Gründen die Voraussetzungen für die Höhe einer Rente nach ihrer Feststellung, wird die Rente in neuer Höhe nach Ablauf des Monats geleistet, in dem die Änderung wirksam geworden ist.

(2) $_{1}$Fallen aus tatsächlichen oder rechtlichen Gründen die Anspruchsvoraussetzungen für eine Rente weg, wird die Rente bis zum Ende des Monats geleistet, in dem der Wegfall wirksam geworden ist. $_{2}$Satz 1 gilt entsprechend, wenn festgestellt wird, daß Versicherte, die als verschollen gelten, noch leben.

(3) Bei der Feststellung der Minderung der Erwerbsfähigkeit ist eine Änderung im Sinne des § 48 Abs. 1 des Zehnten Buches nur wesentlich, wenn sie mehr als 5 vom Hundert beträgt; bei Renten auf unbestimmte Zeit muß die Veränderung der Minderung der Erwerbsfähigkeit länger als drei Monate andauern.

(4) $_{1}$Sind Renten befristet, enden sie mit Ablauf der Frist. $_{2}$Das schließt eine vorherige Änderung oder ein Ende der Rente aus anderen Gründen nicht aus. $_{3}$Renten dürfen nur auf das Ende eines Kalendermonats befristet werden.

(5) $_{1}$Witwen- und Witwerrenten nach § 65 Abs. 2 Nr. 3 Buchstabe a wegen Kindererziehung werden auf das Ende des Kalendermonats befristet, in dem die Kindererziehung voraussichtlich endet. $_{2}$Waisenrenten werden auf das Ende des Kalendermonats befristet, in dem voraussichtlich der Anspruch auf die Waisenrente entfällt. $_{3}$Die Befristung kann wiederholt werden.

(6) Renten werden bis zum Ende des Kalendermonats geleistet, in dem die Berechtigten gestorben sind.

§ 74 Ausnahmeregelungen für die Änderung von Renten

(1) $_{1}$Der Anspruch auf eine Rente, die auf unbestimmte Zeit geleistet wird, kann aufgrund einer Änderung der Minderung der Erwerbsfähigkeit zuungunsten der Versicherten nur in Abständen von mindestens einem Jahr geändert werden. $_{2}$Das Jahr beginnt mit dem Zeitpunkt, von dem an die vorläufige Entschädigung Rente auf unbestimmte Zeit geworden oder die letzte Rentenfeststellung bekanntgegeben worden ist.

(2) Renten dürfen nicht für die Zeit neu festgestellt werden, in der Verletztengeld zu zahlen ist oder ein Anspruch auf Verletztengeld wegen des Bezugs von Einkommen oder des Erhalts von Betriebs- und Haushaltshilfe oder wegen der Erfüllung der Voraussetzungen für den Erhalt von Betriebs- und Haushaltshilfe nicht besteht.

Vierter Unterabschnitt
Abfindung

§ 75 Abfindung mit einer Gesamtvergütung

$_{1}$Ist nach allgemeinen Erfahrungen unter Berücksichtigung der besonderen Verhältnisse des Einzelfalles zu erwarten, daß nur eine Rente in Form der vorläufigen Entschädigung zu zahlen ist, kann der Unfallversicherungsträger die Versicherten nach Abschluß der Heilbehandlung mit einer Gesamtvergütung in Höhe des voraussichtlichen Rentenaufwandes abfinden. 2Nach Ablauf des Zeitraumes, für den die Gesamtvergütung bestimmt war, wird auf Antrag Rente als vorläufige Entschädigung oder Rente auf unbestimmte Zeit gezahlt, wenn die Voraussetzungen hierfür vorliegen.

§ 76 Abfindung bei Minderung der Erwerbsfähigkeit unter 40 vom Hundert

(1) 1Versicherte, die Anspruch auf eine Rente wegen einer Minderung der Erwerbsfähigkeit von weniger als 40 vom Hundert haben, können auf ihren Antrag mit einem dem Kapitalwert der Rente entsprechenden Betrag abgefunden werden. 2Versicherte, die Anspruch auf mehrere Renten aus der Unfallversicherung haben, deren Vomhundertsätze zusammen die Zahl 40 nicht erreichen, können auf ihren Antrag mit einem Betrag abgefunden werden, der dem Kapitalwert einer oder mehrerer dieser Renten entspricht. 3Die Bundesregierung bestimmt durch Rechtsverordnung mit Zustimmung des Bundesrates die Berechnung des Kapitalwertes.

(2) Eine Abfindung darf nur bewilligt werden, wenn nicht zu erwarten ist, daß die Minderung der Erwerbsfähigkeit wesentlich sinkt.

(3) Tritt nach der Abfindung eine wesentliche Verschlimmerung der Folgen des Versicherungsfalls (§ 73 Abs. 3) ein, wird insoweit Rente gezahlt.

§ 77 Wiederaufleben der abgefundenen Rente

(1) Werden Versicherte nach einer Abfindung Schwerverletzte, lebt auf Antrag der Anspruch auf Rente in vollem Umfang wieder auf.

(2) 1Die Abfindungssumme wird auf die Rente angerechnet, soweit sie die Summe der Rentenbeträge übersteigt, die den Versicherten während des Abfindungszeitraumes zugestanden hätten. 2Die Anrechnung hat so zu erfolgen, daß den Versicherten monatlich mindestens die halbe Rente verbleibt.

§ 78 Abfindung bei Minderung der Erwerbsfähigkeit ab 40 vom Hundert

(1) 1Versicherte, die Anspruch auf eine Rente wegen einer Minderung der Erwerbsfähigkeit von 40 vom Hundert oder mehr haben, können auf ihren Antrag durch einen Geldbetrag abgefunden werden. 2Das gleiche gilt für Versicherte, die Anspruch auf mehrere Renten haben, deren Vomhundertsätze zusammen die Zahl 40 erreichen oder übersteigen.

(2) Eine Abfindung kann nur bewilligt werden, wenn

1. die Versicherten das 18. Lebensjahr vollendet haben und
2. nicht zu erwarten ist, daß innerhalb des Abfindungszeitraumes die Minderung der Erwerbsfähigkeit wesentlich sinkt.

§ 79 Umfang der Abfindung

1Eine Rente kann in den Fällen einer Abfindung bei einer Minderung der Erwerbsfähigkeit ab 40 vom Hundert bis zur Hälfte für einen Zeitraum von zehn Jahren abgefunden werden. 2Als Abfindungssumme wird das Neunfache des der Abfindung zugrundeliegenden Jahresbetrages der Rente gezahlt. 3Der Anspruch auf den Teil der Rente, an dessen Stelle die Abfindung tritt, erlischt mit Ablauf des Monats der Auszahlung für zehn Jahre.

§ 80 Abfindung bei Wiederheirat

(1) 1Eine Witwenrente oder Witwerrente wird bei der ersten Wiederheirat der Berechtigten mit dem 24fachen Monatsbetrag abgefunden. 2In diesem Fall werden Witwenrenten und Witwerrenten an frühere Ehegatten, die auf demselben Versicherungsfall beruhen, erst nach Ablauf von 24 Monaten neu festgesetzt. 3Bei einer Rente nach § 65 Abs. 2 Nr. 2 vermindert sich das 24fache des abzufindenden Monatsbetrages um die Anzahl an Kalendermonaten, für die die Rente geleistet wurde. 4Entsprechend vermindert sich die Anzahl an Kalendermonaten nach Satz 2.

(2) 1Monatsbetrag ist der Durchschnitt der für die letzten zwölf Kalendermonate geleisteten Witwenrente oder Witwerrente. 2Bei Wiederheirat vor Ablauf des 15. Kalendermonats nach dem Tode des Versicherten ist Monatsbetrag der Durchschnittsbetrag der Witwenrente oder Witwerrente, die nach Ablauf des dritten auf den Sterbemonat folgenden Kalendermonats zu leisten war. 3Bei Wiederheirat vor Ablauf dieses Kalendermonats ist Monatsbetrag der Betrag der Witwenrente oder Witwerrente, der für den vierten auf den Sterbemonat folgenden Kalendermonat zu leisten wäre.

(3) 1Wurde bei der Wiederheirat eine Rentenabfindung gezahlt und besteht nach Auflösung oder Nichtigerklärung der erneuten Ehe Anspruch auf Witwenrente oder Witwerrente nach dem vorletzten Ehegatten, wird für jeden Kalendermonat, der auf die Zeit nach Auflösung oder Nichtigerklärung der erneuten Ehe bis zum Ablauf des 24. Kalendermonats nach Ablauf des Monats der Wiederheirat entfällt, von dieser Rente ein Vierundzwanzigstel der Rentenabfindung in angemessenen Teilbeträgen einbehalten. 2Bei verspäteter Antragstellung mindert sich die einzubehaltende Rentenabfindung um den Betrag, der den Berechtigten bei frühestmögli-

VII

cher Antragstellung an Witwenrente oder Witwerrente nach dem vorletzten Ehegatten zugestanden hätte.

(4) Die Absätze 1 bis 3 gelten entsprechend für die Bezieher einer Witwen- und Witwerrente an frühere Ehegatten.

(5) Die Absätze 1 bis 4 gelten entsprechend für die Bezieher einer Witwen- oder Witwerrente an Lebenspartner.

Fünfter Unterabschnitt
Vorschriften für die Versicherten der landwirtschaftlichen Unfallversicherung

§ 80a Voraussetzungen für den Rentenanspruch, Wartezeit

(1) 1Versicherte im Sinne des § 2 Abs. 1 Nr. 5 Buchstabe a und b haben abweichend von § 56 Abs. 1 Satz 1 Anspruch auf eine Rente, wenn ihre Erwerbsfähigkeit infolge eines Versicherungsfalls über die 26. Woche nach dem Versicherungsfall hinaus um wenigstens 30 vom Hundert gemindert ist. 2§ 56 Abs. 1 Satz 2 gilt mit der Maßgabe, dass die Vomhundertsätze zusammen wenigstens die Zahl 30 erreichen müssen.

(2) Für Versicherte im Sinne des § 2 Abs. 1 Nr. 5 Buchstabe a wird eine Rente für die ersten 26 Wochen nach dem sich aus § 46 Abs. 1 ergebenden Zeitpunkt oder, wenn kein Anspruch auf Verletztengeld entstanden ist, für die ersten 26 Wochen nach Eintritt des Versicherungsfalls, nicht gezahlt.

VII

Dritter Abschnitt
Jahresarbeitsverdienst

Erster Unterabschnitt
Allgemeines

§ 81 Jahresarbeitsverdienst als Berechnungsgrundlage

Die Vorschriften dieses Abschnitts gelten für Leistungen in Geld, die nach dem Jahresarbeitsverdienst berechnet werden.

Zweiter Unterabschnitt
Erstmalige Festsetzung

§ 82 Regelberechnung

(1) 1Der Jahresarbeitsverdienst ist der Gesamtbetrag der Arbeitsentgelte (§ 14 des Vierten Buches) und Arbeitseinkommen (§ 15 des Vierten Buches) des Versicherten in den zwölf Kalendermonaten vor dem Monat, in dem der Versicherungsfall eingetreten ist. 2Zum Arbeitsentgelt nach Satz 1 gehört auch das Arbeitsentgelt, auf das ein nach den zwölf Kalendermonaten abgeschlossener Tarifvertrag dem Versicherten rückwirkend einen Anspruch einräumt.

(2) 1Für Zeiten, in denen der Versicherte in dem in Absatz 1 Satz 1 genannten Zeitraum kein Arbeitsentgelt oder Arbeitseinkommen bezogen hat, wird das Arbeitsentgelt oder Arbeitseinkommen zugrunde gelegt, das seinem durchschnittlichen Arbeitsentgelt oder Arbeitseinkommen in den mit Arbeitsentgelt oder Arbeitseinkommen belegten Zeiten dieses Zeitraums entspricht. 2Erleidet jemand, der als Soldat auf Zeit, als Wehr- oder Zivildienstleistender oder als Entwicklungshelfer, beim besonderen Einsatz des Zivilschutzes oder bei einem Dienst nach dem Jugendfreiwilligendienstegesetz oder dem Bundesfreiwilligendienstgesetz tätig wird, einen Versicherungsfall, wird als Jahresarbeitsverdienst das Arbeitsentgelt oder Arbeitseinkommen zugrunde gelegt, das er durch eine Tätigkeit erzielt hätte, die der letzten Tätigkeit vor den genannten Zeiten entspricht, wenn es für ihn günstiger ist. 3Ereignet sich der Versicherungsfall innerhalb eines Jahres seit Beendigung einer Berufsausbildung, bleibt das während der Berufsausbildung erzielte Arbeitsentgelt außer Betracht, wenn es für den Versicherten günstiger ist.

(3) Arbeitsentgelt und Ausbildungsbeihilfe nach den §§ 43 und 44 des Strafvollzugsgesetzes gelten nicht als Arbeitsentgelt im Sinne der Absätze 1 und 2.

(4) 1Erleidet jemand, dem sonst Unfallfürsorge nach beamtenrechtlichen Vorschriften oder Grundsätzen gewährleistet ist, einen Versicherungsfall, für den ihm Unfallfürsorge nicht zusteht, gilt als Jahresarbeitsverdienst der Jahresbetrag der ruhegehaltsfähigen Dienstbezüge, die der Berechnung eines Unfallruhegehalts zugrunde zu legen wären. 2Für Berufssoldaten gilt dies entsprechend.

§ 83 Jahresarbeitsverdienst kraft Satzung

1Für kraft Gesetzes versicherte selbständig Tätige, für kraft Satzung versicherte Unternehmer und Ehegatten oder Lebenspartner und für freiwillig Versicherte hat die Satzung des Unfallversicherungsträgers die Höhe des Jahresarbeitsverdienstes zu bestimmen. 2Sie hat ferner zu bestimmen, daß und unter welchen Voraussetzungen die kraft Gesetzes versicherten selbständig Tätigen und die kraft Satzung versicherten Unternehmer und Ehegatten oder Lebenspartner auf ihren Antrag mit einem höheren Jahresarbeitsverdienst versichert werden.

§ 84 Jahresarbeitsverdienst bei Berufskrankheiten

1Bei Berufskrankheiten gilt für die Berechnung das Jahresarbeitsverdienstes als Zeitpunkt des Versicherungsfalls der letzte Tag, an dem die Versicherten versicherte Tätigkeiten verrichtet haben, die ihrer Art nach geeignet waren, die Berufskrankheit zu verursachen, wenn diese Berechnung für die Versicherten günstiger ist als eine Berechnung auf der Grundlage des in § 9 Abs. 5 genannten Zeitpunktes. 2Dies gilt ohne Rücksicht darauf, aus welchen Gründen die schädigende versicherte Tätigkeit aufgegeben worden ist.

§ 85 Mindest- und Höchstjahresarbeitsverdienst

(1) Der Jahresarbeitsverdienst beträgt für Versicherte, die im Zeitpunkt des Versicherungsfalls das 18. Lebensjahr vollendet haben, mindestens 60 Prozent der im Zeitpunkt des Versicherungsfalls maßgebenden Bezugsgröße.

(1a) Der Jahresarbeitsverdienst beträgt mindestens:

1. für Versicherte, die im Zeitpunkt des Versicherungsfalls das sechste Lebensjahr nicht vollendet haben, 25 Prozent,
2. für Versicherte, die im Zeitpunkt des Versicherungsfalls das sechste, aber nicht das 15. Lebensjahr vollendet haben, 33 1/3 Prozent,
3. für Versicherte, die im Zeitpunkt des Versicherungsfalls das 15., aber noch nicht das 18. Lebensjahr vollendet haben, 40 Prozent,
4. für Versicherte, die im Zeitpunkt des Versicherungsfalls das 25., aber noch nicht das 30. Lebensjahr vollendet haben, 75 Prozent

der im Zeitpunkt des Versicherungsfalls maßgebenden Bezugsgröße.

(1b) Die Absätze 1 und 1a finden keine Anwendung auf Versicherte nach § 3 Absatz 1 Nummer 3.

(2) 1Der Jahresarbeitsverdienst beträgt höchstens das Zweifache der im Zeitpunkt des Versicherungsfalls maßgebenden Bezugsgröße. 2Die Satzung kann eine höhere Obergrenze bestimmen.

§ 86 (weggefallen)

§ 87 Jahresarbeitsverdienst nach billigem Ermessen

1Ist ein nach der Regelberechnung, nach den Vorschriften bei Berufskrankheiten oder nach der Regelung über den Mindestjahresarbeitsverdienst festgesetzter Jahresarbeitsverdienst in erheblichem Maße unbillig, wird er nach billigem Ermessen im Rahmen von Mindest- und Höchstjahresverdienst festgesetzt. 2Hierbei werden insbesondere die Fähigkeiten, die Ausbildung, die Lebensstellung und die Tätigkeit der Versicherten im Zeitpunkt des Versicherungsfalls berücksichtigt.

§ 88 Erhöhung des Jahresarbeitsverdienstes für Hinterbliebene

Ist der für die Berechnung von Geldleistungen an Hinterbliebene maßgebende Jahresarbeitsverdienst eines durch einen Versicherungsfall Verstorbenen infolge eines früheren Versicherungsfalls geringer als der für den früheren Versicherungsfall festgesetzte Jahresarbeitsverdienst, wird für den neuen Versicherungsfall dem Arbeitsentgelt und Arbeitseinkommen die an den Versicherten im Zeitpunkt des Todes zu zahlende Rente hinzugerechnet; dabei darf der Betrag nicht überschritten werden, der der Rente infolge des früheren Versicherungsfalls als Jahresarbeitsverdienst zugrunde lag.

§ 89 Berücksichtigung von Anpassungen

Beginnt die vom Jahresarbeitsverdienst abhängige Geldleistung nach dem 30. Juni eines Jahres und ist der Versicherungsfall im vergangenen Kalenderjahr oder früher eingetreten, wird der Jahresarbeitsverdienst entsprechend den für diese Geldleistungen geltenden Regelungen angepaßt.

Dritter Unterabschnitt
Neufestsetzung

§ 90 Neufestsetzung nach Altersstufen

(1) 1Ist der Versicherungsfall vor Vollendung des 30. Lebensjahres eingetreten, wird, wenn es für die Versicherten günstiger ist, der Jahresarbeitsverdienst mit Vollendung des 30. Lebensjahres auf 100 Prozent der zu diesem Zeitpunkt maßgebenden Bezugsgröße neu festgesetzt. 2Wurde die Hochschul- oder Fachhochschulreife erworben, tritt an die Stelle des Wertes 100 Prozent der Wert 120 Prozent der Bezugsgröße.

(2) Der Jahresarbeitsverdienst wird mit Vollendung der in § 85 genannten weiteren Lebensjahre entsprechend dem Prozentsatz der zu diesen Zeitpunkten maßgebenden Bezugsgröße neu festgesetzt.

(3) In den Fällen des § 82 Absatz 2 Satz 2 sind die Absätze 1 und 2 entsprechend anzuwenden.

§ 91 Neufestsetzung nach Schul- oder Berufsausbildung

(1) Ist der Versicherungsfall während einer Berufsausbildung eingetreten, wird, wenn es für die Versicherten günstiger ist, der Jahresarbeitsverdienst schon vor Vollendung des 25. Lebensjahres auf 75 Prozent der Bezugsgröße neu festgesetzt

1. von dem Zeitpunkt an, in dem die Berufsausbildung beendet worden ist oder

2. drei Jahre, im Fall einer Hochschul- oder Fachhochschulausbildung fünf Jahre, nach Beginn der Berufsausbildung, wenn diese verzögert oder abgebrochen wurde, es sei denn, dass die Berufsausbildung ohne den Versicherungsfall ebenfalls keinen regelmäßigen Verlauf genommen hätte.

(2) Ist der Versicherungsfall während einer Schul- oder Berufsausbildung nach Vollendung des 30. Lebensjahres eingetreten, wird, wenn es für die Versicherten günstiger ist, der Jahresarbeitsverdienst auf 100 Prozent der Bezugsgröße neu festgesetzt

1. von dem Zeitpunkt an, in dem die Schul- oder Berufsausbildung beendet worden ist oder
2. drei Jahre nach Beginn der Schul- oder Berufsausbildung, wenn diese verzögert oder abgebrochen wurde, es sei denn, dass die Schul- oder Berufsausbildung ohne den Versicherungsfall ebenfalls keinen regelmäßigen Verlauf genommen hätte.

(3) Ist der Versicherungsfall während einer Hochschul- oder Fachhochschulausbildung nach Vollendung des 30. Lebensjahres eingetreten, wird, wenn es für die Versicherten günstiger ist, der Jahresarbeitsverdienst auf 120 Prozent der Bezugsgröße neu festgesetzt

1. von dem Zeitpunkt an, in dem die Hochschul- oder Fachhochschulausbildung beendet worden ist, oder
2. fünf Jahre nach Beginn der Hochschul- oder Fachhochschulausbildung, wenn diese verzögert oder abgebrochen wurde, es sei denn, dass die Hochschul- oder Fachhochschulausbildung ohne den Versicherungsfall ebenfalls keinen regelmäßigen Verlauf genommen hätte.

(4) 1Für die Neufestsetzung gilt die zum jeweiligen Zeitpunkt maßgebende Bezugsgröße. 2§ 67 Absatz 3 Nummer 2 Buchstabe b ist für Übergangszeiten entsprechend anzuwenden.

Vierter Unterabschnitt
Besondere Vorschriften für die bei der Berufsgenossenschaft Verkehrswirtschaft Post-Logistik Telekommunikation versicherten Seeleute und ihre Hinterbliebenen

§ 92 Jahresarbeitsverdienst für Seeleute

(1) 1Als Jahresarbeitsverdienst für Versicherte, die an Bord eines Seeschiffs beschäftigt sind, gilt das Zwölffache des nach Absatz 2 oder 4 festgesetzten monatlichen Durchschnitts des baren Entgelts einschließlich des Durchschnittssatzes des Werts der auf Seeschiffen gewährten Beköstigung oder Verpflegungsvergütung (Durchschnittsentgelt) zur Zeit des Versicherungsfalls. 2Für Versicherte, die als ausländische Seeleute ohne Wohnsitz oder ständigen Aufenthalt im Inland auf Schiffen beschäftigt werden, die nach § 12 des Flaggenrechtsgesetzes in der Fassung der Bekanntmachung vom 26. Oktober 1994 (BGBl. I S. 3140) in das Internationale Seeschifffahrtsregister eingetragen sind, und denen keine deutschen Tarifheuern gezahlt werden, gelten für die Berechnung des Jahresarbeitsverdienstes die allgemeinen Vorschriften über den Jahresarbeitsverdienst mit Ausnahme der Vorschrift über den Mindestjahresarbeitsverdienst.

(2) Die Satzung kann bestimmen, daß für Versicherte mit stark schwankendem Arbeitsentgelt besondere Durchschnittsentgelte entsprechend dem üblicherweise erzielten Jahresarbeitsentgelt festgesetzt werden.

(3) Als Jahresarbeitsverdienst für die kraft Gesetzes versicherten selbständig tätigen Küstenschiffer und Küstenfischer und ihre mitarbeitenden Ehegatten oder mitarbeitenden Lebenspartner gilt der nach Absatz 4 festgesetzte Durchschnitt des Jahreseinkommens; dabei wird das gesamte Jahreseinkommen berücksichtigt.

(4) Das monatliche Durchschnittsentgelt für die in Absatz 1 Satz 1 und Absatz 2 genannten Versicherten sowie der Durchschnitt des Jahreseinkommens für die in Absatz 3 genannten Versicherten werden von Ausschüssen festgesetzt, die die Vertreterversammlung bildet.

(5) 1Die Festsetzung erfolgt im Bereich gleicher Tätigkeiten einheitlich für den Geltungsbereich dieses Gesetzes. 2Bei der Festsetzung werden die zwischen Reedern und Vereinigungen seemännischer Arbeitnehmer abgeschlossenen Tarifverträge berücksichtigt; ausgenommen bleiben die Entgelte für Versicherte, für deren Jahresarbeitsverdienst Absatz 1 Satz 2 gilt. 3Für die in Absatz 1 genannten Versicherten, die neben dem baren Entgelt, der Beköstigung oder Verpflegungsvergütung regelmäßige Nebeneinnahmen haben, wird auch deren durchschnittlicher Geldwert bei der Festsetzung des Durchschnitts eingerechnet.

(6) 1Die Festsetzung bedarf der Genehmigung des Bundesamtes für Soziale Sicherung. 2Das Bundesamt für Soziale Sicherung kann für die Festsetzung eine Frist bestimmen; nach Ablauf der Frist kann es die Durchschnittssätze selbst festsetzen.

(7) 1Die Festsetzung wird in jedem Jahr einmal nachgeprüft. 2Das Bundesamt für Soziale Sicherung kann auch in der Zwischenzeit Nachprüfungen anordnen.

(8) Die Satzung hat zu bestimmen, daß und unter welchen Voraussetzungen die in Absatz 3 genannten Versicherten auf ihren Antrag mit einem höheren Jahresarbeitsverdienst versichert werden.

Fünfter Unterabschnitt
Besondere Vorschriften für die Versicherten der landwirtschaftlichen Unfallversicherung und ihre Hinterbliebenen

§ 93 Jahresarbeitsverdienst für landwirtschaftliche Unternehmer, ihre Ehegatten und Familienangehörigen

(1) ₁Der Jahresarbeitsverdienst der kraft Gesetzes versicherten

1. landwirtschaftlichen Unternehmer,
2. im Unternehmen mitarbeitenden Ehegatten und Lebenspartner der landwirtschaftlichen Unternehmer,
3. regelmäßig wie landwirtschaftliche Unternehmer selbständig Tätigen,

beträgt für Versicherungsfälle, die im Jahre 1996 oder früher eingetreten sind, 19 115 Deutsche Mark. ₂Für Versicherungsfälle, die im Jahre 1997 oder später eintreten, wird der in Satz 1 genannte Betrag, erstmalig zum 1. Juli 1997, entsprechend § 95 angepaßt; § 215 Abs. 5 findet keine Anwendung. ₃Die landwirtschaftliche Berufsgenossenschaft unterrichtet die landwirtschaftlichen Unternehmer über den jeweils geltenden Jahresarbeitsverdienst.

(2) ₁Solange die in Absatz 1 genannten Personen Anspruch auf eine Rente auf unbestimmte Zeit nach einer Minderung der Erwerbsfähigkeit von 50 vom Hundert oder mehr haben, erhöhen sich die in Absatz 1 genannten Beträge um

1. 25 vom Hundert bei einer Minderung der Erwerbsfähigkeit von weniger als 75 vom Hundert,
2. 50 vom Hundert bei einer Minderung der Erwerbsfähigkeit von 75 vom Hundert und mehr.

₂Haben Versicherte Anspruch auf mehrere Renten auf unbestimmte Zeit, deren Vomhundertsätze zusammen wenigstens die Zahl 50 erreichen und für die ein Jahresarbeitsverdienst nach dieser Vorschrift festzusetzen ist, bestimmt sich der Jahresarbeitsverdienst nach dem Betrag, der sich aus Satz 1 für die Summe der Vomhundertsätze der Minderung der Erwerbsfähigkeit ergibt.

(3) ₁Für die im landwirtschaftlichen Unternehmen nicht nur vorübergehend mitarbeitenden Familienangehörigen im Sinne des § 2 Abs. 1 Nr. 5 Buchstabe b gilt der Mindestjahresarbeitsverdienst als Jahresarbeitsverdienst. ₂Hatte der mitarbeitende Familienangehörige im Zeitpunkt des Versicherungsfalls das 15. Lebensjahr noch nicht vollendet, gilt die Vorschrift über den Jahresarbeitsverdienst für Kinder entsprechend. ₃Der Jahresarbeitsverdienst wird mit Vollendung des 15. und 18. Lebensjahres entsprechend der Regelung über den Mindestjahresarbeitsverdienst neu festgesetzt.

(4) Ist ein vorübergehend unentgeltlich in einem landwirtschaftlichen Unternehmen Beschäftigter in seinem Hauptberuf auch in einem landwirtschaftlichen Unternehmen tätig, gilt als Jahresarbeitsverdienst für diese Beschäftigung der für den Hauptberuf maßgebende Jahresarbeitsverdienst.

(5) ₁Die Satzung hat zu bestimmen, daß und unter welchen Voraussetzungen die in Absatz 1, 2 oder 3 genannten Versicherten auf ihren Antrag mit einem höheren Jahresarbeitsverdienst versichert werden. ₂Die Satzung kann bestimmen, dass die in Absätzen 1 und 2 genannten Beträge um bis zur Hälfte erhöht werden.

(6) ₁Für Versicherte im Sinne der Absätze 1 und 3, die im Zeitpunkt des Versicherungsfalls das 65. Lebensjahr vollendet haben, wird der sich aus Absatz 1, 2 oder 3 ergebende Jahresarbeitsverdienst verringert. ₂Die Verringerung nach Satz 1 beträgt

1. 65 vom Hundert für Versicherte, die im Zeitpunkt des Versicherungsfalls das 75. Lebensjahr vollendet haben,
2. 50 vom Hundert für Versicherte, die im Zeitpunkt des Versicherungsfalls das 70. Lebensjahr und noch nicht das 75. Lebensjahr vollendet haben
3. 35 vom Hundert für die übrigen Versicherten.

₃Für Versicherte, die im Zeitpunkt des Versicherungsfalls das 65. Lebensjahr noch nicht vollendet haben und die Anspruch auf

1. vorzeitige Altersrente oder Rente wegen voller Erwerbsminderung aus der Alterssicherung der Landwirte,
2. Witwen- oder Witwerrente aus der Alterssicherung der Landwirte wegen Erwerbsminderung,
3. Überbrückungsgeld aus der Alterssicherung der Landwirte oder
4. Produktionsaufgaberente nach dem Gesetz zur Förderung der Einstellung der landwirtschaftlichen Erwerbstätigkeit

haben, ist Satz 1 entsprechend anzuwenden; die Verringerung beträgt 35 vom Hundert.

VII

(7) $_{1}$Soweit Geldleistungen nach dem Jahresarbeitsverdienst im Sinne des Absatzes 1 berechnet werden, ist der nach Absatz 1 Satz 1 und 2 am 31. Dezember 2001 geltende, in Euro umzurechnende Jahresarbeitsverdienst auf zwei Dezimalstellen aufzurunden. $_{2}$Absatz 1 Satz 2 gilt entsprechend.

Vierter Abschnitt Mehrleistungen

§ 94 Mehrleistungen

(1) $_{1}$Die Satzung kann Mehrleistungen bestimmen für

1. Personen, die für ein in § 2 Abs. 1 Nr. 9 oder 12 genanntes Unternehmen unentgeltlich, insbesondere ehrenamtlich tätig sind,
2. Personen, die nach § 2 Abs. 1 Nr. 10, 11 oder 13 oder Abs. 3 Nr. 2 versichert sind,
3. Personen, die nach § 2 Abs. 1 Nr. 1 oder § 2 Absatz 3 Satz 1 Nummer 3 Buchstabe a versichert sind, wenn diese an einer besonderen Auslandsverwendung im Sinne des § 31a des Beamtenversorgungsgesetzes oder des § 63c des Soldatenversorgungsgesetzes, die nach § 2 Absatz 3 Satz 1 Nummer 3 Buchstabe c versichert sind teilnehmen.

$_{2}$Dabei können die Art der versicherten Tätigkeit, insbesondere ihre Gefährlichkeit, sowie Art und Schwere des Gesundheitsschadens berücksichtigt werden.

(2) Die Mehrleistungen zu Renten dürfen zusammen mit

1. Renten an Versicherte ohne die Zulage für Schwerverletzte 85 vom Hundert,
2. Renten an Hinterbliebene 80 vom Hundert

des Höchstjahresarbeitsverdienstes nicht überschreiten.

(2a) $_{1}$Für die in Absatz 1 Satz 1 Nummer 3 genannten Personen kann die Satzung die Höhe des Jahresarbeitsverdienstes bis zur Höhe des Eineinhalbfachen des Jahresarbeitsverdienstes bestimmen, der nach dem Dritten Abschnitt des Dritten Kapitels maßgebend ist. $_{2}$Absatz 2 ist in diesen Fällen nicht anzuwenden.

(3) Die Mehrleistungen werden auf Geldleistungen, deren Höhe vom Einkommen abhängt, nicht angerechnet.

Fünfter Abschnitt Gemeinsame Vorschriften für Leistungen

§ 95 Anpassung von Geldleistungen

(1) $_{1}$Jeweils zum gleichen Zeitpunkt, zu dem die Renten der gesetzlichen Rentenversicherung angepasst werden, werden die vom Jahresarbeitsverdienst abhängigen Geldleistungen, mit Ausnahme des Verletzten- und Übergangsgeldes, für Versicherungsfälle, die im vergangenen Kalenderjahr oder früher eingetreten sind, entsprechend dem Vomhundertsatz angepaßt, um den sich die Renten aus der gesetzlichen Rentenversicherung verändern. $_{2}$Die Bundesregierung hat mit Zustimmung des Bundesrates in der Rechtsverordnung über die Bestimmung des für die Rentenanpassung in der gesetzlichen Rentenversicherung maßgebenden aktuellen Rentenwerts den Anpassungsfaktor entsprechend dem Vomhundertsatz nach Satz 1 zu bestimmen.

(2) $_{1}$Die Geldleistungen werden in der Weise angepaßt, daß sie nach einem mit dem Anpassungsfaktor vervielfältigten Jahresarbeitsverdienst berechnet werden. $_{2}$Die Vorschrift über den Höchstjahresarbeitsverdienst gilt mit der Maßgabe, daß an die Stelle des Zeitpunkts des Versicherungsfalls der Zeitpunkt der Anpassung tritt. $_{3}$Wird bei einer Neufestsetzung des Jahresarbeitsverdienstes nach voraussichtlicher Schul- oder Berufsausbildung oder nach bestimmten Altersstufen auf eine für diese Zeitpunkte maßgebende Berechnungsgrundlage abgestellt, gilt als Eintritt des Versicherungsfalls im Sinne des Absatzes 1 Satz 1 der Tag, an dem die Voraussetzungen für die Neufestsetzung eingetreten sind.

§ 96 Fälligkeit, Auszahlung und Berechnungsgrundsätze

(1) $_{1}$Laufende Geldleistungen mit Ausnahme des Verletzten- und Übergangsgeldes werden am Ende des Monats fällig, zu dessen Beginn die Anspruchsvoraussetzungen erfüllt sind; sie werden am letzten Bankarbeitstag dieses Monats ausgezahlt. $_{2}$Bei Zahlung auf ein Konto ist die Gutschrift der laufenden Geldleistung, auch wenn sie nachträglich erfolgt, so vorzunehmen, dass die Wertstellung des eingehenden Überweisungsbetrages auf dem Empfängerkonto unter dem Datum des Tages erfolgt, an dem der Betrag dem Geldinstitut zur Verfügung gestellt worden ist. $_{3}$Für die rechtzeitige Auszahlung im Sinne von Satz 1 genügt es, wenn nach dem gewöhnlichen Verlauf die Wertstellung des Betrages der laufenden Geldleistung unter dem Datum des letzten Bankarbeitstages erfolgen kann.

(2) Laufende Geldleistungen können mit Zustimmung der Berechtigten für einen angemessenen Zeitraum im voraus ausgezahlt werden.

(2a) In Fällen des § 47 Absatz 1 Satz 3 des Ersten Buches erfolgt eine kostenfreie Übermittlung von Geldleistungen an den Wohnsitz oder gewöhnlichen Aufenthalt spätestens ab dem zweiten Monat, der auf den Monat folgt, in dem der Nachweis erbracht worden ist.

(3) 1Geldleistungen, die für die Zeit nach dem Tod des Berechtigten auf ein Konto bei einem Geldinstitut, für das die Verordnung (EU) Nr. 260/2012 des Europäischen Parlaments und des Rates vom 14. März 2012 zur Festlegung der technischen Vorschriften und der Geschäftsanforderungen für Überweisungen und Lastschriften in Euro und zur Änderung der Verordnung (EG) Nr. 924/2009 (ABl. L 94 vom 30. 3. 2012, S. 22) gilt, überwiesen wurden, gelten als unter Vorbehalt erbracht. 2Das Geldinstitut hat sie der überweisenden Stelle oder dem Unfallversicherungsträger zurückzuüberweisen, wenn diese sie als zu Unrecht erbracht zurückfordern. 3Eine Verpflichtung zur Rücküberweisung besteht nicht, soweit über den entsprechenden Betrag bei Eingang der Rückforderung bereits anderweitig verfügt wurde, es sei denn, daß die Rücküberweisung aus einem Guthaben erfolgen kann. 4Das Geldinstitut darf den überwiesenen Betrag nicht zur Befriedigung eigener Forderungen verwenden.

(4) 1Soweit Geldleistungen für die Zeit nach dem Tod des Berechtigten zu Unrecht erbracht worden sind, sind sowohl die Personen, die die Geldleistungen unmittelbar in Empfang genommen haben oder an die der entsprechende Betrag durch Dauerauftrag, Lastschrifteinzug oder sonstiges bankübliches Zahlungsgeschäft auf ein Konto weitergeleitet wurde (Empfänger), als auch die Personen, die als Verfügungsberechtigte über den entsprechenden Betrag ein bankübliches Zahlungsgeschäft zu Lasten des Kontos vorgenommen oder zugelassen haben (Verfügende), dem Träger der Unfallversicherung zur Erstattung des entsprechenden Betrages verpflichtet. 2Der Träger der Unfallversicherung hat Erstattungsansprüche durch Verwaltungsakt geltend zu machen. 3Ein Geldinstitut, das eine Rücküberweisung mit dem Hinweis abgelehnt hat, dass über den entsprechenden Betrag bereits anderweitig verfügt wurde, hat der überweisenden Stelle oder dem Träger der Unfallversicherung auf Verlangen Name und Anschrift des Empfängers oder Verfügenden und etwaiger neuer Kontoinhaber zu benennen. 4Ein Anspruch gegen die Erben nach § 50 des Zehnten Buches bleibt unberührt.

(4a) 1Die Ansprüche nach den Absätzen 3 und 4 verjähren in vier Jahren nach Ablauf des Kalenderjahres, in dem der erstattungsberechtigte Träger der Unfallversicherung Kenntnis von der Überzahlung und in den Fällen des Absatzes 4 zusätzlich von dem Erstattungspflichtigen erlangt hat. 2Für die Hemmung, die Ablaufhemmung, den Neubeginn und die Wirkung der Verjährung gelten die Vorschriften des Bürgerlichen Gesetzbuchs sinngemäß.

(5) Die Berechnungsgrundsätze des § 187 gelten mit der Maßgabe, daß bei der anteiligen Ermittlung einer Monatsrente der Kalendermonat mit der Zahl seiner tatsächlichen Tage anzusetzen ist.

(6) Sind laufende Geldleistungen, die nach Absatz 1 auszuzahlen und in dem Monat fällig geworden sind, in dem der Berechtigte verstorben ist, auf das bisherige Empfängerkonto bei einem Geldinstitut überwiesen worden, ist der Anspruch der Erben gegenüber dem Träger der Unfallversicherung erfüllt.

§ 97 Leistungen ins Ausland

Berechtigte, die ihren gewöhnlichen Aufenthalt im Ausland haben, erhalten nach diesem Buch

1. Geldleistungen,
2. für alle sonstigen zu erbringenden Leistungen eine angemessene Erstattung entstandener Kosten einschließlich der Kosten für eine Pflegekraft oder für Heimpflege.

§ 98 Anrechnung anderer Leistungen

(1) Auf Geldleistungen nach diesem Buch werden Geldleistungen eines ausländischen Trägers der Sozialversicherung oder einer ausländischen staatlichen Stelle, die ihrer Art nach den Leistungen nach diesem Buch vergleichbar sind, angerechnet.

(2) Entsteht der Anspruch auf eine Geldleistung nach diesem Buch wegen eines Anspruchs auf eine Leistung nach den Vorschriften des Sechsten Buches ganz oder teilweise nicht, gilt dies auch hinsichtlich vergleichbarer Leistungen, die von einem ausländischen Träger gezahlt werden.

(3) 1Auf Geldleistungen, die nach § 2 Abs. 3 Satz 1 Nr. 3 und § 3 Abs. 1 Nr. 3 versicherten Personen wegen eines Körper-, Sach- oder Vermögensschadens nach diesem Buch erbracht werden, sind gleichartige Geldleistungen anzurechnen, die wegen desselben Schadens von Dritten gezahlt werden. 2Geldleistungen auf Grund privater Versicherungsverhältnisse, die allein auf Beiträgen von Versicherten beruhen, werden nicht angerechnet.

§ 99 Wahrnehmung von Aufgaben durch die Deutsche Post AG

(1) 1Die Unfallversicherungsträger zahlen die laufenden Geldleistungen mit Ausnahme des Verletzten- und Übergangsgeldes in der Regel durch die Deutsche Post AG aus. 2Die Unfallversicherungsträger können die laufenden Geldleistungen auch an das vom Berechtigten angegebene Geldinstitut überweisen. 3Im übrigen können die Unfallversicherungsträger Geldleistungen durch die Deutsche Post AG auszahlen lassen.

VII

(2) 1Soweit die Deutsche Post AG laufende Geldleistungen für die Unfallversicherungsträger auszahlt, führt sie auch Arbeiten zur Anpassung der Leistungen durch. 2Die Anpassungsmitteilungen ergehen im Namen des Unfallversicherungsträgers.

(3) 1Die Auszahlung und die Durchführung der Anpassung von Geldleistungen durch die Deutsche Post AG umfassen auch die Wahrnehmung der damit im Zusammenhang stehenden Aufgaben der Unfallversicherungsträger, insbesondere die Erstellung statistischen Materials und dessen Übermittlung an das Bundesministerium für Arbeit und Soziales und die Verbände der Unfallversicherungsträger. 2Die Deutsche Post AG kann entsprechende Aufgaben auch zugunsten der Unfallversicherungsträger wahrnehmen, die die laufenden Geldleistungen nicht durch sie auszahlen.

(4) 1Die Unfallversicherungsträger werden von ihrer Verantwortung gegenüber den Berechtigten nicht entbunden. 2Die Berechtigten sollen Änderungen in den tatsächlichen oder rechtlichen Verhältnissen, die für die Auszahlung oder die Durchführung der Anpassung der von der Deutschen Post AG gezahlten Geldleistungen erheblich sind, unmittelbar der Deutschen Post AG mitteilen.

(5) Zur Auszahlung der Geldleistungen erhält die Deutsche Post AG von den Unfallversicherungsträgern monatlich rechtzeitig angemessene Vorschüsse.

(6) Die Deutsche Post AG erhält für ihre Tätigkeit von den Unfallversicherungsträgern eine angemessene Vergütung und auf die Vergütung monatlich rechtzeitig angemessene Vorschüsse.

VII

§ 100 Verordnungsermächtigung

Das Bundesministerium für Arbeit und Soziales wird ermächtigt, durch Rechtsverordnung mit Zustimmung des Bundesrates

1. den Inhalt der von der Deutschen Post AG wahrzunehmenden Aufgaben der Unfallversicherungsträger näher zu bestimmen und die Rechte und Pflichten der Beteiligten festzulegen, insbesondere die Überwachung der Zahlungsvoraussetzungen durch die Auswertung der Sterbefallmitteilungen der Meldebehörden nach § 101a des Zehnten Buches und durch die Einholung von Lebensbescheinigungen im Rahmen des § 60 Abs. 1 und des § 65 Abs. 1 Nr. 3 des Ersten Buches,
2. die Höhe und Fälligkeit der Vorschüsse, die die Deutsche Post AG von den Unfallversicherungsträgern erhält, näher zu bestimmen,
3. das Verfahren zur Bestimmung der Höhe sowie die Fälligkeit der Vergütung und der Vorschüsse, die die Deutsche Post AG von den Unfallversicherungsträgern erhält, näher zu bestimmen.

§ 101 Ausschluß oder Minderung von Leistungen

(1) Personen, die den Tod von Versicherten vorsätzlich herbeigeführt haben, haben keinen Anspruch auf Leistungen.

(2) 1Leistungen können ganz oder teilweise versagt oder entzogen werden, wenn der Versicherungsfall bei einer von Versicherten begangenen Handlung eingetreten ist, die nach rechtskräftigem strafgerichtlichen Urteil ein Verbrechen oder vorsätzliches Vergehen ist. 2Zuwiderhandlungen gegen Bergverordnungen oder bergbehördliche Anordnungen gelten nicht als Vergehen im Sinne des Satzes 1. 3Soweit die Leistung versagt wird, kann sie an unterhaltsberechtigte Ehegatten oder Lebenspartner und Kinder geleistet werden.

§ 102 Schriftform

In den Fällen des § 36a Abs. 1 Satz 1 Nr. 2 des Vierten Buches wird die Entscheidung über einen Anspruch auf eine Leistung schriftlich erlassen.

§ 103 Zwischennachricht, Unfalluntersuchung

(1) Kann der Unfallversicherungsträger in den Fällen des § 36a Abs. 1 Satz 1 des Vierten Buches innerhalb von sechs Monaten ein Verfahren nicht abschließen, hat er den Versicherten nach Ablauf dieser Zeit und danach in Abständen von sechs Monaten über den Stand des Verfahrens schriftlich oder elektronisch zu unterrichten.

(2) 1Der Versicherte ist berechtigt, an der Untersuchung eines Versicherungsfalls, die am Arbeitsplatz oder am Unfallort durchgeführt wird, teilzunehmen. 2Hinterbliebene, die aufgrund des Versicherungsfalls Ansprüche haben können, können an der Untersuchung teilnehmen, wenn sie dies verlangen.

Viertes Kapitel
Haftung von Unternehmern, Unternehmensangehörigen und anderen Personen

Erster Abschnitt
Beschränkung der Haftung gegenüber Versicherten, ihren Angehörigen und Hinterbliebenen

§ 104 Beschränkung der Haftung der Unternehmer

(1) 1Unternehmer sind den Versicherten, die für ihre Unternehmen tätig sind oder zu ihren Unternehmen in

einer sonstigen die Versicherung begründenden Beziehung stehen, sowie deren Angehörigen und Hinterbliebenen nach anderen gesetzlichen Vorschriften zum Ersatz des Personenschadens, den ein Versicherungsfall verursacht hat, nur verpflichtet, wenn sie den Versicherungsfall vorsätzlich oder auf einem nach § 8 Abs. 2 Nr. 1 bis 4 versicherten Weg herbeigeführt haben. 2Ein Forderungsübergang nach § 116 des Zehnten Buches findet nicht statt.

(2) Absatz 1 gilt entsprechend für Personen, die als Leibesfrucht durch einen Versicherungsfall im Sinne des § 12 geschädigt worden sind.

(3) Die nach Absatz 1 oder 2 verbleibenden Ersatzansprüche vermindern sich um die Leistungen, die Berechtigte nach Gesetz oder Satzung infolge des Versicherungsfalls erhalten.

§ 105 Beschränkung der Haftung anderer im Betrieb tätiger Personen

(1) 1Personen, die durch eine betriebliche Tätigkeit einen Versicherungsfall von Versicherten desselben Betriebs verursachen, sind diesen sowie deren Angehörigen und Hinterbliebenen nach anderen gesetzlichen Vorschriften zum Ersatz des Personenschadens nur verpflichtet, wenn sie den Versicherungsfall vorsätzlich oder auf einem nach § 8 Abs. 2 Nr. 1 bis 4 versicherten Weg herbeigeführt haben. 2Satz 1 gilt entsprechend bei der Schädigung von Personen, die für denselben Betrieb tätig und nach § 4 Abs. 1 Nr. 1 versicherungsfrei sind. 3§ 104 Abs. 1 Satz 2, Abs. 2 und 3 gilt entsprechend.

(2) 1Absatz 1 gilt entsprechend, wenn nicht versicherte Unternehmer geschädigt worden sind. 2Soweit nach Satz 1 eine Haftung ausgeschlossen ist, werden die Unternehmer wie Versicherte, die einen Versicherungsfall erlitten haben, behandelt, es sei denn, eine Ersatzpflicht des Schädigers gegenüber dem Unternehmer ist zivilrechtlich ausgeschlossen. 3Für die Berechnung von Geldleistungen gilt der Mindestjahresarbeitsverdienst als Jahresarbeitsverdienst. 4Geldleistungen werden jedoch nur bis zur Höhe eines zivilrechtlichen Schadenersatzanspruchs erbracht.

§ 106 Beschränkung der Haftung anderer Personen

(1) In den in § 2 Abs. 1 Nr. 2, 3 und 8 genannten Unternehmen gelten die §§ 104 und 105 entsprechend für die Ersatzpflicht

1. der in § 2 Abs. 1 Nr. 2, 3 und 8 genannten Versicherten untereinander,
2. der in § 2 Abs. 1 Nr. 2, 3 und 8 genannten Versicherten gegenüber den Betriebsangehörigen desselben Unternehmens,
3. der Betriebsangehörigen desselben Unternehmens gegenüber den in § 2 Abs. 1 Nr. 2, 3 und 8 genannten Versicherten.

(2) Im Fall des § 2 Abs. 1 Nr. 17 gelten die §§ 104 und 105 entsprechend für die Ersatzpflicht

1. der Pflegebedürftigen gegenüber den Pflegepersonen,
2. der Pflegepersonen gegenüber den Pflegebedürftigen,
3. der Pflegepersonen desselben Pflegebedürftigen untereinander.

(3) Wirken Unternehmen zur Hilfe bei Unglücksfällen oder Unternehmen des Zivilschutzes zusammen oder verrichten Versicherte mehrerer Unternehmen vorübergehend betriebliche Tätigkeiten auf einer gemeinsamen Betriebsstätte, gelten die §§ 104 und 105 für die Ersatzpflicht der für die beteiligten Unternehmen Tätigen untereinander.

(4) Die §§ 104 und 105 gelten ferner für die Ersatzpflicht von Betriebsangehörigen gegenüber den nach § 3 Abs. 1 Nr. 2 Versicherten.

§ 107 Besonderheiten in der Seefahrt

(1) 1Bei Unternehmen der Seefahrt gilt § 104 auch für die Ersatzpflicht anderer das Arbeitsentgelt schuldender Personen entsprechend. 2§ 105 gilt für den Lotsen entsprechend.

(2) Beim Zusammenstoß mehrerer Seeschiffe von Unternehmen, für die die Berufsgenossenschaft Verkehrswirtschaft Post-Logistik Telekommunikation zuständig ist, gelten die §§ 104 und 105 entsprechend für die Ersatzpflicht, auch untereinander, der Reeder der dabei beteiligten Fahrzeuge, sonstiger das Arbeitsentgelt schuldender Personen, der Lotsen und der auf den beteiligten Fahrzeugen tätigen Versicherten.

§ 108 Bindung der Gerichte

(1) Hat ein Gericht über Ersatzansprüche der in den §§ 104 bis 107 genannten Art zu entscheiden, ist es an eine unanfechtbare Entscheidung nach diesem Buch oder nach dem Sozialgerichtsgesetz in der jeweils geltenden Fassung gebunden, ob ein Versicherungsfall vorliegt, in welchem Umfang Leistungen zu erbringen sind und ob der Unfallversicherungsträger zuständig ist.

(2) 1Das Gericht hat sein Verfahren auszusetzen, bis eine Entscheidung nach Absatz 1 ergangen ist. 2Falls ein

solches Verfahren noch nicht eingeleitet ist, bestimmt das Gericht dafür eine Frist, nach deren Ablauf die Aufnahme des ausgesetzten Verfahrens zulässig ist.

§ 109 Feststellungsberechtigung von in der Haftung beschränkten Personen

$_1$Personen, deren Haftung nach den §§ 104 bis 107 beschränkt ist und gegen die Versicherte, ihre Angehörigen und Hinterbliebene Schadenersatzforderungen erheben, können statt der Berechtigten die Feststellungen nach § 108 beantragen oder das entsprechende Verfahren nach dem Sozialgerichtsgesetz betreiben. $_2$Der Ablauf von Fristen, die ohne ihr Verschulden verstrichen sind, wirkt nicht gegen sie; dies gilt nicht, soweit diese Personen das Verfahren selbst betreiben.

Zweiter Abschnitt
Haftung gegenüber den Sozialversicherungsträgern

§ 110 Haftung gegenüber den Sozialversicherungsträgern

(1) $_1$Haben Personen, deren Haftung nach den §§ 104 bis 107 beschränkt ist, den Versicherungsfall vorsätzlich oder grob fahrlässig herbeigeführt, haften sie den Sozialversicherungsträgern für die infolge des Versicherungsfalls entstandenen Aufwendungen, jedoch nur bis zur Höhe des zivilrechtlichen Schadenersatzanspruchs. $_2$Statt der Rente kann der Kapitalwert gefordert werden. $_3$Das Verschulden braucht sich nur auf das den Versicherungsfall verursachende Handeln oder Unterlassen zu beziehen.

(1a) $_1$Unternehmer, die Schwarzarbeit nach § 1 des Schwarzarbeitsbekämpfungsgesetzes erbringen und dadurch bewirken, dass Beiträge nach dem Sechsten Kapitel nicht, nicht in der richtigen Höhe oder nicht rechtzeitig entrichtet werden, erstatten den Unfallversicherungsträgern die Aufwendungen, die diesen infolge von Versicherungsfällen bei Ausführung der Schwarzarbeit entstanden sind. $_2$Eine nicht ordnungsgemäße Beitragsentrichtung wird vermutet, wenn die Unternehmer die Personen, bei denen die Versicherungsfälle eingetreten sind, nicht nach § 28a des Vierten Buches bei der Einzugsstelle oder der Datenstelle der Rentenversicherung angemeldet hatten.

(2) Die Sozialversicherungsträger können nach billigem Ermessen, insbesondere unter Berücksichtigung der wirtschaftlichen Verhältnisse des Schuldners, auf den Ersatzanspruch ganz oder teilweise verzichten.

§ 111 Haftung des Unternehmens

$_1$Haben ein Mitglied eines vertretungsberechtigten Organs, Abwickler oder Liquidatoren juristischer Personen, vertretungsberechtigte Gesellschafter oder Liquidatoren einer Personengesellschaft des Handelsrechts oder gesetzliche Vertreter der Unternehmer in Ausführung ihnen zustehender Verrichtungen den Versicherungsfall vorsätzlich oder grob fahrlässig verursacht, haften nach Maßgabe des § 110 auch die Vertretenen. $_2$Eine nach § 110 bestehende Haftung derjenigen, die den Versicherungsfall verursacht haben, bleibt unberührt. $_3$Das gleiche gilt für Mitglieder des Vorstandes eines nicht rechtsfähigen Vereins oder für vertretungsberechtigte Gesellschafter einer Personengesellschaft des bürgerlichen Rechts mit der Maßgabe, daß sich die Haftung auf das Vereins- oder das Gesellschaftsvermögen beschränkt.

§ 112 Bindung der Gerichte

§ 108 über die Bindung der Gerichte gilt auch für die Ansprüche nach den §§ 110 und 111.

§ 113 Verjährung

$_1$Für die Verjährung der Ansprüche nach den §§ 110 und 111 gelten die §§ 195, 199 Abs. 1 und 2 und § 203 des Bürgerlichen Gesetzbuchs entsprechend mit der Maßgabe, daß die Frist von dem Tag an gerechnet wird, an dem die Leistungspflicht für den Unfallversicherungsträger bindend festgestellt oder ein entsprechendes Urteil rechtskräftig geworden ist. $_2$Artikel 229 § 6 Abs. 1 des Einführungsgesetzes zum Bürgerlichen Gesetzbuche gilt entsprechend.

Fünftes Kapitel
Organisation

Erster Abschnitt
Unfallversicherungsträger

§ 114 Unfallversicherungsträger

(1) $_1$Träger der gesetzlichen Unfallversicherung (Unfallversicherungsträger) sind

1. die in der Anlage 1 aufgeführten gewerblichen Berufsgenossenschaften,
2. die Sozialversicherung für Landwirtschaft, Forsten und Gartenbau; bei Durchführung der Aufgaben nach diesem Gesetz und in sonstigen Angelegenheiten der landwirtschaftlichen Unfallversicherung führt sie die Bezeichnung landwirtschaftliche Berufsgenossenschaft,

3. die Unfallversicherung Bund und Bahn,
4. die Unfallkassen der Länder,
5. die Gemeindeunfallversicherungsverbände und Unfallkassen der Gemeinden,
6. die Feuerwehr-Unfallkassen,
7. die gemeinsamen Unfallkassen für den Landes- und den kommunalen Bereich.

$_{2}$Die landwirtschaftliche Berufsgenossenschaft nimmt in der landwirtschaftlichen Unfallversicherung Verbandsaufgaben wahr.

(2) $_{1}$Soweit dieses Gesetz die Unfallversicherungsträger ermächtigt, Satzungen zu erlassen, bedürfen diese der Genehmigung der Aufsichtsbehörde. $_{2}$Ergibt sich nachträglich, daß eine Satzung nicht hätte genehmigt werden dürfen, kann die Aufsichtsbehörde anordnen, daß der Unfallversicherungsträger innerhalb einer bestimmten Frist die erforderliche Änderung vornimmt. $_{3}$Kommt der Unfallversicherungsträger der Anordnung nicht innerhalb dieser Frist nach, kann die Aufsichtsbehörde die erforderliche Änderung anstelle des Unfallversicherungsträgers selbst vornehmen.

(3) Für die Unfallversicherung Bund und Bahn gilt Absatz 2 mit der Maßgabe, dass bei der Genehmigung folgender Satzungen das Einvernehmen mit dem Bundesministerium für Arbeit und Soziales und dem Bundesministerium der Finanzen erforderlich ist:

1. Satzungen über die Erstreckung des Versicherungsschutzes auf Personen nach § 3 Abs. 1 Nr. 2 und 3,
2. Satzungen über die Obergrenze des Jahresarbeitsverdienstes (§ 85 Abs. 2),
3. Satzungen über Mehrleistungen (§ 94) und
4. Satzungen über die Aufwendungen der Unfallversicherung Bund und Bahn (§ 186).

§ 115 Prävention bei der Unfallversicherung Bund und Bahn

(1) $_{1}$Für die Unternehmen, für die die Unfallversicherung Bund und Bahn nach § 125 Absatz 1 Nummer 1 zuständig ist, erlässt das Bundesministerium des Innern, für Bau und Heimat im Einvernehmen mit dem Bundesministerium für Arbeit und Soziales nach Anhörung der Vertreterversammlung der Unfallversicherung Bund und Bahn durch allgemeine Verwaltungsvorschriften Regelungen über Maßnahmen im Sinne des § 15 Absatz 1; die Vertreterversammlung kann Vorschläge für diese Vorschriften machen. $_{2}$Die Unfallverhütungsvorschriften der Unfallversicherungsträger sollen dabei berücksichtigt werden. $_{3}$Die Sorge der Beachtung der nach Satz 1 erlassenen Vorschriften gehört auch zu den Aufgaben des Vorstands. $_{4}$Betrifft eine allgemeine Verwaltungsvorschrift nach Satz 1 nur die Zuständigkeitsbereiche des Bundesministeriums der Verteidigung oder des Bundesministeriums der Finanzen, kann jedes dieser Bundesministerien für seinen Geschäftsbereich eine allgemeine Verwaltungsvorschrift erlassen; die Verwaltungsvorschrift bedarf in diesen Fällen des Einvernehmens mit den Bundesministerien des Innern, für Bau und Heimat sowie für Arbeit und Soziales.

(2) $_{1}$Abweichend von § 15 Absatz 4 Satz 1 bedürfen die Unfallverhütungsvorschriften der Unfallversicherung Bund und Bahn der Genehmigung des Bundesministeriums des Innern, für Bau und Heimat. $_{2}$Die Entscheidung hierüber wird im Benehmen mit dem Bundesministerium für Arbeit und Soziales getroffen.

(3) $_{1}$Die Aufgabe der Prävention wird in den Geschäftsbereichen des Bundesministeriums der Verteidigung und des Auswärtigen Amts hinsichtlich seiner Auslandsvertretungen von dem jeweiligen Bundesministerium oder der von ihm bestimmten Stelle wahrgenommen. $_{2}$Die genannten Bundesministerien stellen sicher, dass die für die Überwachung und Beratung der Unternehmen eingesetzten Aufsichtspersonen eine für diese Tätigkeit ausreichende Befähigung besitzen.

§ 116 Unfallversicherungsträger im Landesbereich

(1) $_{1}$Für die Unfallversicherung im Landesbereich errichten die Landesregierungen durch Rechtsverordnung eine oder mehrere Unfallkassen. $_{2}$Die Landesregierungen können auch gemeinsame Unfallkassen für die Unfallversicherung im Landesbereich und für die Unfallversicherung einer oder mehrerer Gemeinden von zusammen wenigstens 500 000 Einwohnern errichten.

(2) Die Landesregierungen von höchstens drei Ländern können durch gleichlautende Rechtsverordnungen auch eine gemeinsame Unfallkasse entsprechend Absatz 1 errichten, wenn das aufsichtführende Land durch die beteiligten Länder in diesen Rechtsverordnungen oder durch Staatsvertrag der Länder bestimmt ist.

(3) $_{1}$Die Landesregierungen regeln in den Rechtsverordnungen auch das Nähere über die Eingliederung bestehender Unfallversicherungsträger in die gemeinsame Unfallkasse. $_{2}$§ 118 Absatz 1 Satz 5 gilt entsprechend. $_{3}$Bis zu den nächsten allgemeinen Wahlen in der Sozialversicherung richtet sich die Zahl der Mitglieder der Selbstverwaltungsorgane der vereinigten oder neu gebildeten Unfallversicherungsträger nach der Summe der

Zahl der Mitglieder, die in den Satzungen der aufgelösten Unfallversicherungsträger bestimmt worden ist; § 43 Absatz 1 Satz 2 des Vierten Buches ist nicht anzuwenden. $_{4}$Die Mitglieder der Selbstverwaltungsorgane der aufgelösten Unfallversicherungsträger und ihre Stellvertreter werden Mitglieder und Stellvertreter der Selbstverwaltungsorgane der aus ihnen gebildeten Unfallversicherungsträger. $_{5}$Beschlüsse in den Selbstverwaltungsorganen der neu gebildeten Unfallversicherungsträger werden mit der Mehrheit der nach der Größe der aufgelösten Unfallversicherungsträger gewichteten Stimmen getroffen; für die Gewichtung wird ein angemessener Maßstab in der Satzung bestimmt. $_{6}$Die an einer Vereinigung beteiligten Unfallversicherungsträger der öffentlichen Hand haben rechtzeitig vor dem Wirksamwerden der Vereinigung eine neue Dienstordnung zur Regelung der Rechtsverhältnisse der dienstordnungsmäßig Angestellten aufzustellen, die in Ergänzung der bestehenden Dienstordnungen einen sozialverträglichen Personalübergang gewährleistet; dabei sind die entsprechenden Regelungen für Tarifangestellte zu berücksichtigen. $_{7}$Die neue Dienstordnung ist der nach der Vereinigung zuständigen Aufsichtsbehörde vorzulegen. $_{8}$Die Vereinigungen sind sozialverträglich umzusetzen.

§ 117 Unfallversicherungsträger im kommunalen Bereich

(1) Soweit die Unfallversicherung im kommunalen Bereich nicht von einer gemeinsamen Unfallkasse für den Landes- und den kommunalen Bereich durchgeführt wird, errichten die Landesregierungen durch Rechtsverordnung für mehrere Gemeinden von zusammen wenigstens 500 000 Einwohnern einen Gemeindeunfallversicherungsverband.

(2) $_{1}$Die Landesregierungen von höchstens drei Ländern können durch gleichlautende Rechtsverordnungen auch einen gemeinsamen Gemeindeunfallversicherungsverband entsprechend Absatz 1 errichten, wenn das aufsichtführende Land durch die beteiligten Länder in diesen Rechtsverordnungen oder durch Staatsvertrag der Länder bestimmt ist. $_{2}$§ 116 Abs. 3 gilt entsprechend.

(3) $_{1}$Die Landesregierungen können durch Rechtsverordnung mehrere Feuerwehr-Unfallkassen oder die Feuerwehr-Unfallkassen mit den Unfallversicherungsträgern im Landesbereich und im kommunalen Bereich vereinigen. $_{2}$Für die Feuerwehr-Unfallkassen sind die für die Gemeindeunfallversicherungsverbände geltenden Vorschriften entsprechend anzuwenden. $_{3}$Die beteiligten Gemeinden und Gemeindeverbände gelten als Unternehmer. $_{4}$Die Landesregierungen von höchstens drei Ländern können durch gleichlautende Rechtsverordnungen mehrere Feuerwehr-Unfallkassen zu einer Feuerwehr-Unfallkasse vereinigen, wenn das aufsichtführende Land in diesen Rechtsverordnungen oder durch Staatsvertrag der Länder bestimmt ist. $_{5}$§ 118 Abs. 1 Satz 3, 5 bis 7 gilt entsprechend.

(4) Die Landesregierungen können durch Rechtsverordnung die Unfallkassen der Gemeinden mit den Unfallversicherungsträgern im kommunalen Bereich vereinigen.

(5) Bei Vereinigungen nach den Absätzen 3 und 4 gilt § 116 Absatz 3 Satz 6 bis 8 entsprechend.

§ 118 Vereinigung von Berufsgenossenschaften

(1) $_{1}$Berufsgenossenschaften können sich auf Beschluß ihrer Vertreterversammlungen zu einer Berufsgenossenschaft vereinigen. $_{2}$Der Beschluß bedarf der Genehmigung der vor der Vereinigung zuständigen Aufsichtsbehörden. $_{3}$Die beteiligten Berufsgenossenschaften legen der nach der Vereinigung zuständigen Aufsichtsbehörde eine Satzung, einen Vorschlag zur Berufung der Mitglieder der Organe und eine Vereinbarung über die Rechtsbeziehungen zu Dritten und eine Vereinbarung über die Gefahrtarif- und Beitragsgestaltung vor. $_{4}$Diese Vereinbarung kann für eine Übergangszeit von höchstens zwölf Jahren unterschiedliche Berechnungsgrundlagen für die Beiträge oder unterschiedliche Beiträge und getrennte Umlagen für die bisherigen Zuständigkeitsbereiche der vereinigten Berufsgenossenschaften vorsehen; für Entschädigungslasten, die auf Versicherungsfällen vor der Vereinigung beruhen, kann die Vereinbarung Regelungen über den Zeitraum von zwölf Jahren hinaus vorsehen. $_{5}$Die beteiligten Berufsgenossenschaften können außerdem für eine Übergangszeit von bis zu zehn Jahren abweichend von § 36 Abs. 2 erster Halbsatz und Abs. 4 des Vierten Buches eine besondere Regelung über die weitere Tätigkeit der bisherigen Geschäftsführer und ihrer Stellvertreter als Geschäftsführer und Stellvertreter der neuen Berufsgenossenschaft sowie über die jeweilige Zuständigkeit vereinbaren; dabei kann die Zahl der stellvertretenden Geschäftsführer bis zu vier Personen betragen oder eine aus bis zu fünf Personen bestehende Geschäftsführung gebildet werden. $_{6}$Die Aufsichtsbehörde genehmigt die Satzung und die Vereinbarungen, beruft die Mitglieder der Organe und bestimmt den Zeitpunkt, an dem die Vereinigung wirksam wird. $_{7}$Mit diesem Zeitpunkt tritt die neue Berufsgenossenschaft in die Rechte und Pflichten der bisherigen Berufsgenossenschaften ein.

(2) Die Vereinigung nach Absatz 1 kann für abgrenzbare Unternehmensarten der aufzulösenden Berufsgenossenschaft mit mehreren Berufsgenossenschaften erfolgen.

(3) 1Die Einzelheiten hinsichtlich der Aufteilung des Vermögens und der Übernahme der Bediensteten werden durch die beteiligten Berufsgenossenschaften entsprechend der für das Kalenderjahr vor der Vereinigung auf die Unternehmensarten entfallenden Entschädigungslast in der Vereinbarung geregelt. 2Die an einer Vereinigung beteiligten Berufsgenossenschaften haben rechtzeitig vor dem Wirksamwerden der Vereinigung eine neue Dienstordnung zur Regelung der Rechtsverhältnisse der dienstordnungsmäßig Angestellten aufzustellen, die in Ergänzung der bestehenden Dienstordnungen einen sozialverträglichen Personalübergang gewährleistet; dabei sind die entsprechenden Regelungen für Tarifangestellte zu berücksichtigen. 3Die neue Dienstordnung ist zusammen mit den in Absatz 1 Satz 3 genannten Unterlagen der nach der Vereinigung zuständigen Aufsichtsbehörde vorzulegen. 4Vereinigungen sind sozialverträglich umzusetzen.

(4) 1In der Vereinbarung nach Absatz 1 über die Gefahrtarif- und Beitragsgestaltung oder in der Satzung der neuen Berufsgenossenschaft kann geregelt werden, dass die Rentenlasten und die Rehabilitationslasten sowie die anteiligen Verwaltungs- und Verfahrenskosten, die nach § 178 Abs. 1 bis 3 von der neuen Berufsgenossenschaft zu tragen sind, auf die bisherigen Zuständigkeitsbereiche der vereinigten Berufsgenossenschaften in dem Verhältnis der Lasten verteilt werden, als ob eine Vereinigung nicht stattgefunden hätte. 2Die Vertreterversammlung der neuen Berufsgenossenschaft kann mit Genehmigung des Bundesamtes für Soziale Sicherung im letzten Jahr der Geltungsdauer der Regelung nach Satz 1 beschließen, die Geltung abweichend von Absatz 1 Satz 4 über den Zeitraum von zwölf Jahren hinaus für jeweils höchstens sechs weitere Jahre zu verlängern, wenn

1. eine der vereinigten Berufsgenossenschaften im Umlagejahr 2007 ausgleichsberechtigt nach § 176 Abs. 1 Nr. 1 oder Nr. 3 in der am 31. Dezember 2007 geltenden Fassung war und
2. ohne die Fortgeltung bei mindestens einem der bisherigen Zuständigkeitsbereiche der vereinigten Berufsgenossenschaften im Umlagejahr vor dem Beschluss die auf diesen Bereich entfallende anteilige Gesamtbelastung um mehr als 5 Prozent ansteigen würde.

(5) Bis zum Ende des Jahres, in dem eine Vereinigung wirksam wird, werden die sich vereinigenden Berufsgenossenschaften bezüglich der Rechte und Pflichten im Rahmen der Lastenverteilung nach den §§ 176 bis 181 als selbständige Körperschaften behandelt.

§§ 119 und 119a (weggefallen)

§ 120 Bundes- und Landesgarantie

Soweit durch Rechtsvorschriften des Bundes oder der Länder nicht etwas anderes bestimmt worden ist, gehen mit der Auflösung eines bundesunmittelbaren Unfallversicherungsträgers dessen Rechte und Pflichten auf den Bund und mit der Auflösung eines landesunmittelbaren Unfallversicherungsträgers dessen Rechte und Pflichten auf das aufsichtführende Land über.

Zweiter Abschnitt
Zuständigkeit

Erster Unterabschnitt
Zuständigkeit der gewerblichen Berufsgenossenschaften

§ 121 Zuständigkeit der gewerblichen Berufsgenossenschaften

(1) Die gewerblichen Berufsgenossenschaften sind für alle Unternehmen (Betriebe, Verwaltungen, Einrichtungen, Tätigkeiten) zuständig, soweit sich nicht aus dem Zweiten und Dritten Unterabschnitt eine Zuständigkeit der landwirtschaftlichen Berufsgenossenschaft oder der Unfallversicherungsträger der öffentlichen Hand ergibt.

(2) 1Die Berufsgenossenschaft Verkehrswirtschaft Post-Logistik Telekommunikation ist über § 122 hinaus zuständig

1. für die Unternehmensarten, für die die Berufsgenossenschaft für Transport und Verkehrswirtschaft bis zum 31. Dezember 2015 zuständig war,
2. für Unternehmen der Seefahrt, soweit sich nicht aus dem Dritten Unterabschnitt eine Zuständigkeit der Unfallversicherungsträger der öffentlichen Hand ergibt,
3. für die Bundesanstalt für Post und Telekommunikation Deutsche Bundespost,
4. für die aus dem Sondervermögen der Deutschen Bundespost hervorgegangenen Aktiengesellschaften,
5. für die Unternehmen, die
   a) aus den Unternehmen im Sinne der Nummer 4 ausgegliedert worden sind und von diesen überwiegend beherrscht werden oder

b) aus den Unternehmen im Sinne des Buchstabens a ausgegliedert worden sind und von diesen überwiegend beherrscht werden

und unmittelbar und überwiegend Post-, Postbank- oder Telekommunikationsaufgaben erfüllen oder diesen Zwecken wie Hilfsunternehmen dienen,

6. für die betrieblichen Sozialeinrichtungen und in den durch Satzung anerkannten Selbsthilfeeinrichtungen der Bundesanstalt für Post und Telekommunikation Deutsche Bundespost,
7. für die Bundesdruckerei GmbH und für die aus ihr ausgegliederten Unternehmen, sofern diese von der Bundesdruckerei GmbH überwiegend beherrscht werden und ihren Zwecken als Neben- oder Hilfsunternehmen überwiegend dienen,
8. für die Museumsstiftung Post und Telekommunikation.

$_{2}$§ 125 Absatz 4 gilt entsprechend. $_{3}$Über die Übernahme von Unternehmen nach Satz 1 Nummer 3 bis 8 und den Widerruf entscheidet das Bundesministerium der Finanzen.

(3) $_{1}$Seefahrt im Sinne dieses Buches ist

1. die Fahrt außerhalb der
   a) Festland- und Inselküstenlinie bei mittlerem Hochwasser,
   b) seewärtigen Begrenzung der Binnenwasserstraßen,
   c) Verbindungslinie der Molenköpfe bei an der Küste gelegenen Häfen,
   d) Verbindungslinie der äußeren Uferausläufe bei Mündungen von Flüssen, die keine Binnenwasserstraßen sind,
2. die Fahrt auf Buchten, Haffen und Watten der See,
3. für die Fischerei auch die Fahrt auf anderen Gewässern, die mit der See verbunden sind, bis zu der durch die Seeschiffahrtstraßen-Ordnung in der Fassung der Bekanntmachung vom 15. April 1987 (BGBl. I S. 1266), zuletzt geändert durch Artikel 3 der Verordnung vom 7. Dezember 1994 (BGBl. I S. 3744), bestimmten inneren Grenze,
4. das Fischen ohne Fahrzeug auf den in den Nummern 1 bis 3 genannten Gewässern.

$_{2}$Die Fahrt von Binnenschiffen mit einer technischen Zulassung für die Zone 1 oder 2 der Binnenschiffs-Untersuchungsordnung vom 17. März 1988 (BGBl. I S. 238), zuletzt geändert durch Artikel 10 Abs. 1 der Verordnung vom 19. Dezember 1994 (BGBl. II S. 3822), binnenwärts der Grenzen nach Anlage 8 zu § 1 Abs. 1 der Schiffssicherheitsverordnung in der Fassung der Bekanntmachung vom 21. Oktober 1994 (BGBl. I S. 3281) gilt nicht als Seefahrt im Sinne des Satzes 1. $_{3}$Bei Inkrafttreten dieses Gesetzes bestehende Zuständigkeiten für Unternehmen der gewerblichen Schiffahrt bleiben unberührt.

§ 122 Sachliche und örtliche Zuständigkeit

(1) $_{1}$Das Bundesministerium für Arbeit und Soziales kann durch Rechtsverordnung mit Zustimmung des Bundesrates die sachliche Zuständigkeit der gewerblichen Berufsgenossenschaften nach Art und Gegenstand der Unternehmen unter Berücksichtigung der Prävention und der Leistungsfähigkeit der Berufsgenossenschaften und die örtliche Zuständigkeit bestimmen. $_{2}$Werden dabei bestehende Zuständigkeiten verändert, ist in der Rechtsverordnung zu regeln, inwieweit die bisher zuständige Berufsgenossenschaft Betriebsmittel und Mittel aus der Rücklage an die nunmehr zuständige Berufsgenossenschaft zu übertragen hat.

(2) Soweit nichts anderes bestimmt ist, bleibt jede Berufsgenossenschaft für die Unternehmensarten sachlich zuständig, für die sie bisher zuständig war, solange eine nach Absatz 1 erlassene Rechtsverordnung die Zuständigkeit nicht anders regelt.

Zweiter Unterabschnitt
Zuständigkeit der landwirtschaftlichen Berufsgenossenschaft

§ 123 Zuständigkeit der landwirtschaftlichen Berufsgenossenschaft

(1) Die landwirtschaftliche Berufsgenossenschaft ist für folgende Unternehmen (landwirtschaftliche Unternehmen) zuständig, soweit sich nicht aus dem Dritten Unterabschnitt eine Zuständigkeit der Unfallversicherungsträger der öffentlichen Hand ergibt:

1. Unternehmen der Land- und Forstwirtschaft einschließlich des Garten- und Weinbaues, der Fischzucht, Teichwirtschaft, Seen-, Bach- und Flußfischerei (Binnenfischerei), der Imkerei sowie der den Zielen des Natur- und Umweltschutzes dienenden Landschaftspflege,
2. Unternehmen, in denen ohne Bodenbewirtschaftung Nutz- oder Zuchttiere zum Zwecke der Aufzucht, der Mast oder der Gewinnung tierischer Produkte gehalten werden,
3. land- und forstwirtschaftliche Lohnunternehmen,
4. Park- und Gartenpflege sowie Friedhöfe,
5. Jagden,
6. die Landwirtschaftskammern und die Berufsverbände der Landwirtschaft,

7. Unternehmen, die unmittelbar der Sicherung, Überwachung oder Förderung der Landwirtschaft überwiegend dienen,
8. die Sozialversicherung für Landwirtschaft, Forsten und Gartenbau, deren Verbände und deren weitere Einrichtungen sowie die Zusatzversorgungskasse und das Zusatzversorgungswerk für Arbeitnehmer in der Land- und Forstwirtschaft.

(2) Landwirtschaftliche Unternehmen im Sinne des Absatzes 1 sind nicht

1. Haus- und Ziergärten,
2. andere Kleingärten im Sinne des Bundeskleingartengesetzes vom 28. Februar 1983 (BGBl. I S. 210), zuletzt geändert durch Artikel 5 des Gesetzes vom 21. September 1994 (BGBl. I S. 2538),

es sei denn, sie werden regelmäßig oder in erheblichem Umfang mit besonderen Arbeitskräften bewirtschaftet oder ihre Erzeugnisse dienen nicht hauptsächlich dem eigenen Haushalt.

(3) Das Bundesministerium für Arbeit und Soziales kann im Einvernehmen mit dem Bundesministerium für Ernährung und Landwirtschaft durch Rechtsverordnung mit Zustimmung des Bundesrates bestimmen, daß auch andere als die in Absatz 1 genannten Unternehmen als landwirtschaftliche Unternehmen gelten, wenn diese überwiegend der Land- und Forstwirtschaft dienen.

(4) ₁Unternehmen, die aufgrund von Allgemeinen Entscheidungen des Reichsversicherungsamtes beim Inkrafttreten dieses Buches einer landwirtschaftlichen Berufsgenossenschaft angehören, gelten als landwirtschaftliche Unternehmen. ₂Das Bundesministerium für Arbeit und Soziales kann im Einvernehmen mit dem Bundesministerium für Ernährung und Landwirtschaft diese Unternehmen in einer Rechtsverordnung mit Zustimmung des Bundesrates zusammenfassen. ₃Dabei können die Zuständigkeiten auch abweichend von den Entscheidungen des Reichsversicherungsamtes bestimmt werden, soweit dies erforderlich ist, um zusammengehörige Unternehmensarten einheitlich der landwirtschaftlichen Berufsgenossenschaft oder den gewerblichen Berufsgenossenschaften zuzuweisen.

§ 124 Bestandteile des landwirtschaftlichen Unternehmens

Zum landwirtschaftlichen Unternehmen gehören

1. die Haushalte der Unternehmer und der im Unternehmen Beschäftigten, wenn die Haushalte dem Unternehmen wesentlich dienen,
2. Bauarbeiten des Landwirts für den Wirtschaftsbetrieb,
3. Arbeiten, die Unternehmer aufgrund einer öffentlich-rechtlichen Verpflichtung als landwirtschaftliche Unternehmer zu leisten haben.

Dritter Unterabschnitt
Zuständigkeit der Unfallversicherungsträger der öffentlichen Hand

§ 125 Zuständigkeit der Unfallversicherung Bund und Bahn

(1) Die Unfallversicherung Bund und Bahn ist zuständig

1. für die Unternehmen des Bundes,
2. für die Bundesagentur für Arbeit und für Personen, die nach § 2 Absatz 1 Nummer 14 Buchstabe a versichert sind,
3. für die Betriebskrankenkassen der Dienstbetriebe des Bundes,
4. für Personen, die im Zivilschutz tätig sind oder an Ausbildungsveranstaltungen einschließlich der satzungsmäßigen Veranstaltungen, die der Nachwuchsförderung dienen, im Zivilschutz teilnehmen, es sei denn, es ergibt sich eine Zuständigkeit nach den Vorschriften für die Unfallversicherungsträger im Landes- und im kommunalen Bereich,
5. für die in den Gemeinschaften des Deutschen Roten Kreuzes ehrenamtlich Tätigen sowie für sonstige beim Deutschen Roten Kreuz mit Ausnahme der Unternehmen des Gesundheitswesens und der Wohlfahrtspflege Tätige,
6. für Personen, die
   a) nach § 2 Absatz 3 Satz 1 Nummer 2 Buchstabe a versichert sind,
   b) nach § 2 Absatz 3 Satz 1 Nummer 2 Buchstabe b versichert sind,
7. für Personen, die nach § 2 Absatz 3 Satz 1 Nummer 1 versichert sind, wenn es sich um eine Vertretung des Bundes handelt,
8. für Personen, die nach § 2 Abs. 3 Satz 1 Nr. 3 versichert sind,
9. für Personen, die nach § 3 Abs. 1 Nr. 3 versichert sind.

(2) Die Unfallversicherung Bund und Bahn ist auch zuständig

1. für das Bundeseisenbahnvermögen,
2. für die Deutsche Bahn AG und für die aus der Gesellschaft gemäß § 2 Absatz 1 des Deutsche Bahn

VII

Gründungsgesetzes vom 27. Dezember 1993 (BGBl. I S. 2378, 2386) ausgegliederten Aktiengesellschaften,

3. für die Unternehmen,
   a) die gemäß § 3 Absatz 3 des Deutsche Bahn Gründungsgesetzes aus den Unternehmen im Sinne der Nummer 2 ausgegliedert worden sind,
   b) die von den in Nummer 2 genannten Unternehmen überwiegend beherrscht werden und
   c) die unmittelbar und überwiegend Eisenbahnverkehrsleistungen erbringen oder Eisenbahninfrastruktur betreiben oder diesen Zwecken wie Hilfsunternehmen dienen,
4. für die Bahnversicherungsträger und die in der Anlage zu § 15 Absatz 2 des Bundeseisenbahnneugliederungsgesetzes vom 27. Dezember 1993 (BGBl. I S. 2378; 1994 I S. 2439) aufgeführten betrieblichen Sozialeinrichtungen und der Selbsthilfeeinrichtungen mit Ausnahme der in der Anlage unter B Nummer 6 genannten Einrichtungen sowie für die der Krankenversorgung der Bundesbahnbeamten dienenden Einrichtungen,
5. für Magnetschwebebahnunternehmen des öffentlichen Verkehrs.

(3) 1Der Bund kann für einzelne Unternehmen der sonst zuständigen Berufsgenossenschaft beitreten. 2Er kann zum Ende eines Kalenderjahres aus der Berufsgenossenschaft austreten. 3Über den Eintritt und den Austritt entscheidet das zuständige Bundesministerium im Einvernehmen mit dem Bundesministerium für Arbeit und Soziales und dem Bundesministerium der Finanzen.

(4) 1Der Bund kann ein Unternehmen, das in selbständiger Rechtsform betrieben wird, aus der Zuständigkeit der Berufsgenossenschaft in die Zuständigkeit der Unfallversicherung Bund und Bahn übernehmen, wenn er an dem Unternehmen überwiegend beteiligt ist oder auf seine Organe einen ausschlaggebenden Einfluß hat. 2Unternehmen, die erwerbswirtschaftlich betrieben werden, sollen nicht übernommen werden. 3Die Übernahme kann widerrufen werden; die Übernahme ist zu widerrufen, wenn die Voraussetzungen des Satzes 1 nicht mehr vorliegen. 4Für die Übernahme und den Widerruf gilt Absatz 3 Satz 3 entsprechend. 5Die Übernahme wird mit Beginn des folgenden, der Widerruf zum Ende des laufenden Kalenderjahres wirksam. 6Abweichend von Satz 5 wird die Übernahme, die im Kalenderjahr der Gründung eines Unternehmens erklärt wird, mit Beginn des Unternehmens wirksam.

§ 126 (weggefallen)

§ 127 (weggefallen)

§ 128 Zuständigkeit der Unfallversicherungsträger im Landesbereich

(1) Die Unfallversicherungsträger im Landesbereich sind zuständig

1. für die Unternehmen des Landes,

1a. für Unternehmen, die in selbständiger Rechtsform betrieben werden und an denen das Land
   a) bei Kapitalgesellschaften unmittelbar oder mittelbar die Mehrheit der Kapitalanteile auf sich vereint oder
   b) bei sonstigen Unternehmen die Stimmenmehrheit in dem Organ, dem die Verwaltung und Führung des Unternehmens obliegt, auf sich vereint,

2. für Kinder in Tageseinrichtungen von Trägern der freien Jugendhilfe und in anderen privaten, als gemeinnützig im Sinne des Steuerrechts anerkannten Tageseinrichtungen, sowie für Kinder, die durch geeignete Tagespflegepersonen im Sinne von § 23 des Achten Buches betreut werden,

2a. für Kinder während der Teilnahme an vorschulischen Sprachförderungskursen nach § 2 Absatz 1 Nummer 8 Buchstabe a, die nicht in Tageseinrichtungen durchgeführt werden,

3. für Schüler an privaten allgemeinbildenden und berufsbildenden Schulen,

4. für Studierende an privaten Hochschulen,

5. für Personen, die nach § 2 Abs. 1 Nr. 3 versichert sind, soweit die Maßnahme von einer Landesbehörde veranlaßt worden ist,

6. für Personen, die in Einrichtungen zur Hilfe bei Unglücksfällen tätig sind oder an Ausbildungsveranstaltungen dieser Einrichtungen einschließlich der satzungsmäßigen Veranstaltungen, die der Nachwuchsförderung dienen, teilnehmen,

7. für Personen, die nach § 2 Abs. 1 Nr. 13 Buchstabe a und c versichert sind,

8. für Personen, die nach § 2 Abs. 2 Satz 2 versichert sind,

9. für Personen, die wie Beschäftigte für nicht gewerbsmäßige Halter von Fahrzeugen oder Reittieren tätig werden,

10. für Personen, die nach § 2 Absatz 3 Satz 1 Nummer 1 versichert sind, wenn es sich um eine Vertretung eines Landes handelt,
11. für Versicherte nach § 3 Absatz 1 Nummer 4 und 5.

(2) Die Landesregierungen können durch Rechtsverordnung die Zuständigkeit der Unfallversicherungsträger im kommunalen Bereich für die Versicherten nach Absatz 1 Nr. 6, 7, 9 und 11 bestimmen.

(3) und (4) (weggefallen)

(5) Übt ein Land die Gemeindeverwaltung aus, gilt die Vorschrift über die Zuständigkeit der Unfallversicherungsträger im kommunalen Bereich entsprechend.

§ 129 Zuständigkeit der Unfallversicherungsträger im kommunalen Bereich

(1) Die Unfallversicherungsträger im kommunalen Bereich sind zuständig

1. für die Unternehmen der Gemeinden und Gemeindeverbände,

1a. für Unternehmen, die in selbständiger Rechtsform betrieben werden und an denen Gemeinden oder Gemeindeverbände
   a) bei Kapitalgesellschaften unmittelbar oder mittelbar die Mehrheit der Kapitalanteile auf sich vereinen oder
   b) bei sonstigen Unternehmen die Stimmenmehrheit in dem Organ, dem die Verwaltung und Führung des Unternehmens obliegt, auf sich vereinen,

2. für Haushalte,
3. für in Eigenarbeit nicht gewerbsmäßig ausgeführte Bauarbeiten (nicht gewerbsmäßige Bauarbeiten), wenn für die einzelne geplante Bauarbeit nicht mehr als die im Bauhauptgewerbe geltende tarifliche Wochenarbeitszeit tatsächlich verwendet wird; mehrere nicht gewerbsmäßige Bauarbeiten werden dabei zusammengerechnet, wenn sie einem einheitlichen Bauvorhaben zuzuordnen sind; Nummer 1 und die §§ 125, 128 und 131 bleiben unberührt,
4. für Personen, die nach § 2 Abs. 1 Nr. 3 versichert sind, soweit die Maßnahme von einer Gemeinde veranlaßt worden ist,
5. für Personen, die Leistungen der Träger der Sozialhilfe zur Unterstützung und Aktivierung nach § 11 Absatz 3 des Zwölften Buches erhalten,
6. für Personen, die nach § 2 Abs. 1 Nr. 16 versichert sind,
7. für Pflegepersonen, die nach § 2 Abs. 1 Nr. 17 versichert sind.

(2) und (3) (weggefallen)

(4) [1]Absatz 1 Nummer 1a gilt nicht für

1. Verkehrsunternehmen einschließlich Hafen- und Umschlagbetriebe,
2. Elektrizitäts-, Gas- und Wasserwerke sowie
3. Unternehmen, die Seefahrt betreiben.

[2]Absatz 1 Nummer 1 und 1a gilt nicht für landwirtschaftliche Unternehmen der in § 123 Absatz 1 Nummer 1, 4 und 5 genannten Art.

§ 129a Zuständigkeit bei gemeinsamer Beteiligung von Bund, Ländern, Gemeinden oder Gemeindeverbänden an Unternehmen

(1) Zur Feststellung der Voraussetzungen für die Zuständigkeit von Unfallversicherungsträgern im Landesbereich oder im kommunalen Bereich sind bei Kapitalgesellschaften Kapitalbeteiligungen von Bund, Ländern, Gemeinden und Gemeindeverbänden an Unternehmen, die in selbständiger Rechtsform betrieben werden, zusammenzurechnen.

(2) Bei einer gemeinsamen Kapitalbeteiligung von Bund, Ländern, Gemeinden oder Gemeindeverbänden an Kapitalgesellschaften richtet sich die Zuständigkeit nach der mehrheitlichen Kapitalbeteiligung.

(3) [1]Bei gleicher Kapitalbeteiligung von Bund und Ländern sowie bei gleicher Kapitalbeteiligung von Bund und Gemeinden oder Gemeindeverbänden an Kapitalgesellschaften erfolgt die Festlegung der Zuständigkeit im gegenseitigen Einvernehmen. [2]Das Einvernehmen ist herzustellen zwischen der jeweils nach Landesrecht zuständigen Stelle und dem Bund; § 125 Absatz 3 Satz 3 gilt entsprechend. [3]Kann ein Einvernehmen nicht hergestellt werden, ist der Unfallversicherungsträger im Landesbereich oder im kommunalen Bereich zuständig.

(4) Bei gleicher Kapitalbeteiligung von Ländern an Kapitalgesellschaften erfolgt die Festlegung der Zuständigkeit im gegenseitigen Einvernehmen der nach Landesrecht zuständigen Stellen.

(5) Bei gleicher Kapitalbeteiligung von Ländern und Gemeinden oder Gemeindeverbänden an Kapitalgesellschaften erfolgt die Festlegung der Zuständigkeit im gegenseitigen Einvernehmen durch die jeweils nach Landesrecht zuständige Stelle.

(6) Die Absätze 1 bis 5 gelten bei sonstigen Unternehmen in selbständiger Rechtsform hinsichtlich der ge-

VII

meinsamen Stimmenmehrheit von Bund, Ländern, Gemeinden oder Gemeindeverbänden in dem Organ, dem die Verwaltung und Führung des Unternehmens obliegt, entsprechend.

Vierter Unterabschnitt
Gemeinsame Vorschriften über die Zuständigkeit

§ 130 Örtliche Zuständigkeit

(1) 1Die örtliche Zuständigkeit des Unfallversicherungsträgers für ein Unternehmen richtet sich nach dem Sitz des Unternehmens. 2Ist ein solcher nicht vorhanden, gilt als Sitz der Wohnsitz oder gewöhnliche Aufenthaltsort des Unternehmers. 3Bei Arbeitsgemeinschaften gilt als Sitz des Unternehmens der Ort der Tätigkeit.

(2) 1Hat ein Unternehmen keinen Sitz im Inland, hat der Unternehmer einen Bevollmächtigten mit Sitz im Inland, beim Betrieb eines Seeschiffs mit Sitz in einem inländischen Seehafen zu bestellen. 2Dieser hat die Pflichten des Unternehmers. 3Als Sitz des Unternehmens gilt der Ort der Betriebsstätte im Inland, in Ermangelung eines solchen der Wohnsitz oder gewöhnliche Aufenthalt des Bevollmächtigten. 4Ist kein Bevollmächtigter bestellt, gilt als Sitz des Unternehmens Berlin.

(2a) Sind auf eine Beschäftigung im Ausland für ein Unternehmen ohne Sitz im Inland oder für sonstige Tätigkeiten im Ausland nach über- oder zwischenstaatlichem Recht die Vorschriften dieses Buches anzuwenden, richtet sich die örtliche Zuständigkeit nach dem Wohnsitz oder gewöhnlichen Aufenthalt des Versicherten im Inland.

(3) 1Betreiben mehrere Personen ein Seeschiff, haben sie einen gemeinsamen Bevollmächtigten mit Sitz in einem inländischen Seehafen zu bestellen. 2Dieser hat die Pflichten des Unternehmers.

(4) 1Für Personen, die nach § 2 Abs. 1 Nr. 13 Buchstabe a und c versichert sind, richtet sich die örtliche Zuständigkeit nach dem Ort der versicherten Tätigkeit. 2Wird diese im Ausland ausgeübt, richtet sich die örtliche Zuständigkeit nach dem letzten Wohnsitz oder gewöhnlichen Aufenthalt der Versicherten im Inland. 3Ist ein solcher nicht vorhanden, gilt Berlin als Ort der versicherten Tätigkeit.

(5) 1Erstreckt sich ein landwirtschaftliches Unternehmen im Sinne des § 123 Abs. 1 Nr. 1 auf die Bezirke mehrerer Gemeinden, hat es seinen Sitz dort, wo die gemeinsamen oder die seinen Hauptzwecken dienenden Wirtschaftsgebäude liegen, oder bei einem Unternehmen der Forstwirtschaft, wo der größte Teil der Forstgrundstücke liegt. 2Forstwirtschaftliche Grundstücke verschiedener Unternehmer gelten als Einzelunternehmen, auch wenn sie derselben Betriebsleitung unterstehen.

§ 131 Zuständigkeit für Hilfs- und Nebenunternehmen

(1) 1Umfaßt ein Unternehmen verschiedenartige Bestandteile (Hauptunternehmen, Nebenunternehmen, Hilfsunternehmen), die demselben Rechtsträger angehören, ist der Unfallversicherungsträger zuständig, dem das Hauptunternehmen angehört. 2§ 129 Absatz 4 bleibt unberührt.

(2) 1Das Hauptunternehmen bildet den Schwerpunkt des Unternehmens. 2Hilfsunternehmen dienen überwiegend den Zwecken anderer Unternehmensbestandteile. 3Nebenunternehmen verfolgen überwiegend eigene Zwecke.

(3) Absatz 1 gilt nicht für

1. Neben- und Hilfsunternehmen, die Seefahrt betreiben, welche über den örtlichen Verkehr hinausreicht,
2. landwirtschaftliche Nebenunternehmen mit einer Größe von mehr als fünf Hektar, Friedhöfe sowie Nebenunternehmen des Wein-, Garten- und Tabakbaus und anderer Spezialkulturen in einer Größe von mehr als 0,25 Hektar. Die Unfallversicherungsträger können eine abweichende Vereinbarung für bestimmte Arten von Nebenunternehmen oder für bestimmte in ihnen beschäftigte Versichertengruppen treffen.

§ 132 Zuständigkeit für Unfallversicherungsträger

Die Unfallversicherungsträger sind für sich und ihre eigenen Unternehmen zuständig.

§ 133 Zuständigkeit für Versicherte

(1) Sofern in diesem Abschnitt keine abweichenden Regelungen getroffen sind, bestimmt sich die Zuständigkeit für Versicherte nach der Zuständigkeit für das Unternehmen, für das die Versicherten tätig sind oder zu dem sie in einer besonderen, die Versicherung begründenden Beziehung stehen.

(2) Werden Versicherte einem Unternehmen von einem anderen Unternehmen überlassen, bestimmt sich die Zuständigkeit für die Versicherten nach der Zuständigkeit für das überlassende Unternehmen, sofern dieses zur Zahlung des Arbeitsentgelts verpflichtet ist.

§ 134 Zuständigkeit bei Berufskrankheiten

(1) 1Wurde im Fall einer Berufskrankheit die gefährdende Tätigkeit für mehrere Unternehmen ausgeübt, für die

VII

verschiedene Unfallversicherungsträger zuständig sind, richtet sich die Zuständigkeit nach dem Unternehmen, in dem die gefährdende Tätigkeit zuletzt ausgeübt wurde; die Unfallversicherungsträger können Näheres, auch Abweichendes, durch Vereinbarung regeln. 2Satz 1 gilt in den Fällen des § 3 der Berufskrankheiten-Verordnung entsprechend.

(2) Für die Feststellung einer Berufskrankheit sind auch Tätigkeiten zu berücksichtigen, die Versicherte im Rahmen einer Beschäftigung ausgeübt haben, für die nach § 4 Absatz 1 Versicherungsfreiheit bestand, wenn die Tätigkeiten ihrer Art nach geeignet waren, die Krankheit zu verursachen und die schädigende Einwirkung überwiegend durch die nach diesem Buch versicherten gefährdenden Tätigkeiten verursacht wurde.

§ 135 Versicherung nach mehreren Vorschriften

(1) Die Versicherung nach § 2 Abs. 1 Nr. 1 geht einer Versicherung vor

1. nach § 2 Abs. 1 Nr. 2, wenn die Versicherten an der Aus- und Fortbildung auf Veranlassung des Unternehmers, bei dem sie beschäftigt sind, teilnehmen,
2. nach § 2 Abs. 1 Nr. 3, wenn die Maßnahmen auf Veranlassung des Unternehmers durchgeführt werden, bei dem die Versicherten beschäftigt sind,
3. nach § 2 Abs. 1 Nr. 8, es sei denn, es handelt sich um Schüler beim Besuch berufsbildender Schulen,
4. nach § 2 Abs. 1 Nr. 12, wenn die Versicherten an der Ausbildungsveranstaltung einschließlich der satzungsmäßigen Veranstaltung, die der Nachwuchsförderung dient, auf Veranlassung des Unternehmers, bei dem sie beschäftigt sind, teilnehmen,
5. nach § 2 Abs. 1 Nr. 13 Buchstabe a oder c, wenn die Hilfeleistung im Rahmen von Verpflichtungen aus dem Beschäftigungsverhältnis erfolgt,

5a. nach § 2 Absatz 1 Nummer 14 Buchstabe b, wenn die Versicherten an einer Maßnahme teilnehmen, die von dem Unternehmer durchgeführt wird, bei dem sie beschäftigt sind,

6. nach § 2 Abs. 1 Nr. 17,
7. nach § 2 Abs. 2.

(2) Die Versicherung als selbständig Tätige nach § 2 Abs. 1 Nr. 5, 6, 7 und 9 geht der Versicherung nach § 2 Abs. 1 Nr. 13 Buchstabe a oder c vor, es sei denn, die Hilfeleistung geht über eine dem eigenen Unternehmen dienende Tätigkeit hinaus.

(3) 1Die Versicherung nach § 2 Abs. 1 Nr. 5, 9 und 10 geht der Versicherung nach § 2 Abs. 1 Nr. 17 vor. 2Die Versicherung nach § 2 Abs. 1 Nr. 9 geht der Versicherung nach § 2 Abs. 1 Nr. 10 vor.

(4) Die Versicherung des im landwirtschaftlichen Unternehmen mitarbeitenden Ehegatten oder Lebenspartners nach § 2 Abs. 1 Nr. 5 Buchstabe a geht der Versicherung nach § 2 Abs. 1 Nr. 1 vor.

(4a) Die Versicherung nach § 2 Absatz 1 Nummer 13 Buchstabe d geht der Versicherung nach § 2 Absatz 1 Nummer 1 und 9 vor.

(5) Die Versicherung nach § 2 Abs. 1 Nr. 16 geht der Versicherung nach § 2 Abs. 1 Nr. 1 vor.

(5a) 1Die Versicherung nach einer Vorschrift des § 2 Abs. 1 geht der Versicherung nach § 2 Abs. 1a vor. 2Die Versicherung nach § 2 Abs. 1a geht der Versicherung nach § 2 Abs. 2 Satz 1 vor.

(6) Kann über die Absätze 1 bis 5 hinaus eine Tätigkeit zugleich nach mehreren Vorschriften des § 2 versichert sein, geht die Versicherung vor, der die Tätigkeit vorrangig zuzurechnen ist.

(7) 1Absatz 6 gilt entsprechend bei versicherten Tätigkeiten nach § 2 und zugleich nach den §§ 3 und 6. 2Die Versicherung nach § 2 Abs. 1 Nr. 9 geht der Versicherung nach § 6 Abs. 1 Nr. 3 vor.

§ 136 Bescheid über die Zuständigkeit, Begriff des Unternehmers

VII

(1) 1Der Unfallversicherungsträger stellt Beginn und Ende seiner Zuständigkeit für ein Unternehmen durch schriftlichen Bescheid gegenüber dem Unternehmer fest. 2Ein Unternehmen beginnt bereits mit den vorbereitenden Arbeiten für das Unternehmen. 3Bei in Eigenarbeit nicht gewerbsmäßig ausgeführten Bauarbeiten kann der Unfallversicherungsträger von der Feststellung seiner Zuständigkeit durch schriftlichen Bescheid absehen. 4War die Feststellung der Zuständigkeit für ein Unternehmen von Anfang an unrichtig oder ändert sich die Zuständigkeit für ein Unternehmen, überweist der Unfallversicherungsträger dieses dem zuständigen Unfallversicherungsträger. 5Die Überweisung erfolgt im Einvernehmen mit dem zuständigen Unfallversicherungsträger; sie ist dem Unternehmer von dem überweisenden Unfallversicherungsträger bekanntzugeben.

(2) 1Die Feststellung der Zuständigkeit war von Anfang an unrichtig, wenn sie den Zuständigkeitsregelungen eindeutig widerspricht oder das Festhalten an dem Bescheid zu schwerwiegenden Unzuträglichkeiten führen würde. 2Eine wesentliche Änderung der tatsächlichen Verhältnisse im Sinne des § 48 Abs. 1 des Zehnten Buches, die zu einer Änderung der Zuständigkeit führt, liegt

vor, wenn das Unternehmen grundlegend und auf Dauer umgestaltet worden ist. 3Dies ist insbesondere dann der Fall, wenn der Zeitpunkt der Änderung der tatsächlichen Verhältnisse mehr als ein Jahr zurückliegt und seitdem keine der geänderten Zuständigkeit widersprechenden Veränderungen eingetreten sind oder wenn die Änderung der Zuständigkeit durch Zusammenführung, Aus- oder Eingliederung von abgrenzbaren Unternehmensbestandteilen bedingt ist. 4Eine Änderung gilt nicht als wesentlich, wenn ein Hilfsunternehmen im Sinne von § 131 Abs. 2 Satz 2 in eigener Rechtsform ausgegliedert wird, aber ausschließlich dem Unternehmen, dessen Bestandteil es ursprünglich war, dient. 5Satz 3 gilt nicht, wenn feststeht, dass die tatsächlichen Umstände, welche die Veränderung der Zuständigkeit begründen, innerhalb eines Zeitraums von zwei Jahren nach deren Eintritt entfallen. 6Stellt sich innerhalb eines Jahres nach Bestandskraft des Bescheides, mit dem erstmalig die Zuständigkeit für ein Unternehmen festgestellt wurde, heraus, dass die Zuständigkeit eines anderen Unfallversicherungsträgers gegeben ist, erfolgt eine Überweisung auch dann, wenn die weiteren Voraussetzungen in den Sätzen 1 bis 3 nicht erfüllt sind und kein Fall im Sinne des Satzes 5 vorliegt.

(3) Unternehmer ist

1. die natürliche oder juristische Person oder rechtsfähige Personenvereinigung oder -gemeinschaft, der das Ergebnis des Unternehmens unmittelbar zum Vor- oder Nachteil gereicht,
2. bei nach § 2 Absatz 1 Nummer 2 oder Nummer 15 Buchstabe a bis c versicherten Rehabilitanden der Rehabilitationsträger, bei nach § 2 Absatz 1 Nummer 15 Buchstabe d versicherten Teilnehmern an Präventionsmaßnahmen der Maßnahmeträger,
3. bei Versicherten nach § 2 Absatz 1 Nummer 2, 8 und 14 Buchstabe b der Sachkostenträger,
4. beim Betrieb eines Seeschiffs der Reeder,
5. bei nach § 2 Abs. 1 Nr. 10 Buchstabe a oder b Versicherten, die für eine privatrechtliche Organisation ehrenamtlich tätig werden oder an Ausbildungsveranstaltungen für diese Tätigkeit teilnehmen, die Gebietskörperschaft oder öffentlich-rechtliche Religionsgemeinschaft, in deren Auftrag oder mit deren Zustimmung die Tätigkeit erbracht wird,
6. bei einem freiwilligen Dienst nach dem Jugendfreiwilligendienstegesetz oder einem Internationalen Jugendfreiwilligendienst nach § 2 Absatz 3 Satz 1 Nummer 2 Buchstabe c der zugelassene Träger oder, sofern eine Vereinbarung nach § 11 Abs. 2 des Jugendfreiwilligendienstegesetzes getroffen ist, die Einsatzstelle,
7. bei einem Dienst nach dem Bundesfreiwilligendienstgesetz die Einsatzstelle.

(4) Absatz 1 Satz 1 gilt nicht für Unfallversicherungsträger der öffentlichen Hand.

§ 136a Unternehmernummer

(1) 1Jeder Unternehmer erhält bei erstmaliger Aufnahme einer unternehmerischen Tätigkeit eine Unternehmernummer. 2Die Unternehmernummer wird nach Mitteilung über den Unternehmensbeginn im Sinne von § 192 Absatz 1 über die Deutsche Gesetzliche Unfallversicherung e. V. unverzüglich vergeben. 3Die Unternehmer, die bereits eine Unternehmernummer erhalten haben, teilen den Beginn und das Ende eines oder mehrerer weiterer Unternehmen nach § 192 Absatz 1 unter Angabe der Unternehmernummer und der notwendigen Angaben zur Identifizierung des Unternehmens dem zuständigen Träger der Unfallversicherung mit. 4In einem Anhang zu der Unternehmernummer werden die dem Unternehmer zugehörigen Unternehmen numerisch in aufsteigender Folge bezeichnet. 5Die Unternehmernummer und die zur Identifizierung des Unternehmens erforderlichen Daten werden in einem zentralen Dateisystem bei der Deutschen Gesetzlichen Unfallversicherung e. V. gespeichert. 6Die Berufsgenossenschaften und Unfallversicherungsträger der öffentlichen Hand haben zur Erledigung ihrer gesetzlichen Aufgaben Zugriff auf dieses Dateisystem; dies gilt auch für die Arbeitsschutzbehörden der Länder, soweit dies für die Erfüllung ihrer Aufgaben nach § 21 Absatz 3a des Arbeitsschutzgesetzes erforderlich ist. 7Die Berufsgenossenschaften und die Unfallversicherungsträger der öffentlichen Hand führen die Unternehmer- und Unternehmensnummern ihrer Mitglieder jeweils in einem gesonderten Mitgliederdateisystem.

(2) Bei Änderungen, die die nach Absatz 1 zum Unternehmer oder zum Unternehmen gespeicherten Daten betreffen, gilt § 192 Absatz 2 entsprechend.

(3) 1Der Unternehmer hat für die Vergabe der Unternehmernummer die dazu notwendigen Angaben, insbesondere den Namen, den Geburtsnamen, das Geburtsdatum und die aktuelle Wohnanschrift, elektronisch zu übermitteln. 2Das Nähere zum Verfahren, zu den erforderlichen Angaben und zu den Datensätzen regelt die Deutsche Gesetzliche Unfallversicherung e. V., in Abstimmung mit der landwirtschaftlichen Berufsge-

nossenschaft, in Grundsätzen, die durch das Bundesministerium für Arbeit und Soziales zu genehmigen sind.

§ 136b Verarbeitung zu Zwecken des Unternehmensbasisdatenregisters

1Die im zentralen Unternehmerverzeichnis nach 136a Absatz 1 Satz 5 gespeicherten Daten dürfen zu den in § 4 des Unternehmensbasisdatenregistergesetzes aufgeführten Zwecken an die Registerbehörde nach § 1 Absatz 1 des Unternehmensbasisdatenregistergesetzes übermittelt werden. 2Die bundeseinheitliche Wirtschaftsnummer nach § 2 des Unternehmensbasisdatenregistergesetzes darf zu den in § 5 des Unternehmensbasisdatenregistergesetzes aufgeführten Zwecken im zentralen Dateisystem nach § 136a Absatz 1 Satz 5 gespeichert werden.

§ 137 Wirkung von Zuständigkeitsänderungen

(1) 1Geht die Zuständigkeit für Unternehmen nach § 136 Abs. 1 Satz 4 von einem Unfallversicherungsträger auf einen anderen über, bleibt bis zum Ablauf des Kalenderjahres, in dem die Entscheidung über das Ende der Zuständigkeit des bisherigen Unfallversicherungsträgers gegenüber dem Unternehmen bindend wird, dieser Unfallversicherungsträger für das Unternehmen zuständig. 2Die Unfallversicherungsträger können Abweichendes vereinbaren.

(2) 1Geht die Zuständigkeit für ein Unternehmen oder einen Unternehmensbestandteil von einem Unfallversicherungsträger auf einen anderen über, ist dieser auch hinsichtlich der Versicherungsfälle zuständig, die vor dem Zuständigkeitswechsel eingetreten sind; die Unfallversicherungsträger können Abweichendes vereinbaren. 2Satz 1 gilt nicht, wenn die Zuständigkeit für ein Unternehmen von der Zuständigkeit der Unfallversicherung Bund und Bahn nach § 125 Absatz 1 auf einen anderen Unfallversicherungsträger übergeht.

§ 138 Unterrichtung der Versicherten

Die Unternehmer haben die in ihren Unternehmen tätigen Versicherten darüber zu unterrichten, welcher Unfallversicherungsträger für das Unternehmen zuständig ist und an welchem Ort sich seine für Entschädigungen zuständige Geschäftsstelle befindet.

§ 139 Vorläufige Zuständigkeit

(1) Ist ein Unfallversicherungsträger der Ansicht, daß ein entschädigungspflichtiger Versicherungsfall vorliegt, für den ein anderer Unfallversicherungsträger zuständig ist, hat er vorläufige Leistungen nach § 43 des Ersten Buches zu erbringen, wenn der andere Unfallversicherungsträger sich nicht für zuständig hält oder die Prüfung der Zuständigkeit nicht innerhalb von 21 Tagen abgeschlossen werden kann.

(2) 1Wird einem Unfallversicherungsträger ein Versicherungsfall angezeigt, für den nach seiner Ansicht ein anderer Unfallversicherungsträger zuständig ist, hat er die Anzeige mit etwaigen weiteren Feststellungen an den anderen Unfallversicherungsträger unverzüglich abzugeben. 2Hält der andere Unfallversicherungsträger sich nicht für zuständig oder kann die Zuständigkeit nicht innerhalb von 21 Tagen abschließend geklärt werden, hat der erstangegangene Unfallversicherungsträger die weiteren Feststellungen zu treffen und erforderliche Leistungen nach § 43 des Ersten Buches zu erbringen.

(3) Der von dem erstangegangenen Unfallversicherungsträger angegangene Unfallversicherungsträger hat diesem unverzüglich seine Entscheidung nach den Absätzen 1 und 2 mitzuteilen.

(4) Die Unfallversicherungsträger sind berechtigt, eine abweichende Vereinbarung über die Zuständigkeit zur Erbringung vorläufiger Leistungen nach Absatz 1 und zur Durchführung der weiteren Feststellungen nach Absatz 2 zu treffen.

§ 139a Deutsche Verbindungsstelle Unfallversicherung – Ausland

(1) Die Deutsche Gesetzliche Unfallversicherung e. V. nimmt die Aufgaben

1. der Deutschen Verbindungsstelle Unfallversicherung – Ausland (Verbindungsstelle) auf der Grundlage des über- und zwischenstaatlichen Rechts sowie
2. des Trägers des Wohn- und Aufenthaltsorts aufgrund überstaatlichen Rechts für den Bereich der Unfallversicherung

wahr.

(2) Zu den Aufgaben nach Absatz 1 gehören insbesondere

1. der Abschluss von Vereinbarungen mit ausländischen Verbindungsstellen,
2. die Kostenabrechnungen mit in- und ausländischen Stellen,
3. die Koordinierung der Verwaltungshilfe bei grenzüberschreitenden Sachverhalten,
4. die Information, Beratung und Aufklärung sowie
5. die Umlagerechnung.

(3) 1Die Verbindungsstelle legt die ihr durch die Erfüllung ihrer Aufgaben entstandenen Sach- und Personalkosten nach Ablauf eines Kalenderjahres auf alle deutschen Träger der gesetzlichen Unfallversicherung um. 2Auf die Umlage kann sie Vorschüsse einfordern.

VII

Dritter Abschnitt
Weitere Versicherungseinrichtungen

§ 140 Haftpflicht- und Auslandsversicherung

(1) Die landwirtschaftliche Berufsgenossenschaft kann für diejenigen Unternehmer und die ihnen in der Haftpflicht Gleichstehenden, deren Betriebssitz sich im örtlichen und sachlichen Zuständigkeitsbereich einer am 31. Dezember 2012 bestehenden landwirtschaftlichen Berufsgenossenschaft befindet, die bis zu diesem Zeitpunkt eine Versicherung gegen Haftpflicht nach den an diesem Tag geltenden Vorschriften betrieben hat, diese Versicherung weiter betreiben.

(2) Die Unfallversicherungsträger können durch Beschluß der Vertreterversammlung eine Versicherung gegen Unfälle einrichten, die Personen im Zusammenhang mit einer Beschäftigung bei einem inländischen Unternehmen im Ausland erleiden, wenn diese Personen nicht bereits Versicherte im Sinne dieses Buches sind.

(3) 1Die Teilnahme an der Versicherung erfolgt auf Antrag der Unternehmer. 2Die Mittel der Versicherung werden von den Unternehmern aufgebracht, die der Versicherung angeschlossen sind. 3Die Beschlüsse der Vertreterversammlung, die sich auf die Einrichtungen beziehen, bedürfen der Genehmigung der Aufsichtsbehörde.

VII

§ 141 Träger der Versicherungseinrichtungen, Aufsicht

(1) 1Träger der Haftpflicht- und Auslandsversicherung ist der Unfallversicherungsträger. 2Die Aufsicht mit Ausnahme der Fachaufsicht führt die für den Unfallversicherungsträger zuständige Aufsichtsbehörde.

(2) 1Der Unfallversicherungsträger kann die Haftpflicht- und Auslandsversicherung auch in Form einer rechtsfähigen Anstalt des öffentlichen Rechts betreiben. 2Er kann seine Rechtsträgerschaft auf eine andere öffentlich-rechtliche Einrichtung übertragen.

§ 142 Gemeinsame Einrichtungen

(1) Unfallversicherungsträger, die dieselbe Aufsichtsbehörde haben, können vereinbaren, gemeinsame Einrichtungen der Auslandsversicherung zu errichten.

(2) 1Die Vereinbarung wird mit Beginn eines Kalenderjahres wirksam. 2Die Beschlüsse der Vertreterversammlungen über die Vereinbarung bedürfen der Genehmigung der Aufsichtsbehörde.

§ 143 (weggefallen)

Vierter Abschnitt
Dienstrecht

§ 144 Dienstordnung

(1) Die Vertreterversammlung des Unfallversicherungsträgers hat die Ein- und Anstellungsbedingungen und die Rechtsverhältnisse der Angestellten unter Berücksichtigung des Grundsatzes der funktionsgerechten Stellenbewertung durch eine Dienstordnung angemessen zu regeln, soweit nicht die Angestellten nach Tarifvertrag oder außertariflich angestellt werden.

(2) Verträge mit Angestellten, die der Dienstordnung nach diesem Buch unterstehen sollen, dürfen ab dem 1. Januar 2023 nicht mehr abgeschlossen werden, es sei denn, die Angestellten unterstanden am 31. Dezember 2022 bereits einer Dienstordnung.

§ 145 Regelungen in der Dienstordnung

1Die Dienstordnung hat die Folgen der Nichterfüllung von Pflichten und die Zuständigkeit für deren Festsetzung zu regeln. 2Weitergehende Rechtsnachteile, als sie das Disziplinarrecht für Beamte zuläßt, dürfen nicht vorgesehen werden.

§ 146 Verletzung der Dienstordnung

1Widerspricht ein Dienstvertrag der Dienstordnung, ist er insoweit nichtig. 2Dies gilt nicht, wenn der Widerspruch zwischen Dienstvertrag und Dienstordnung auf einer nach Abschluß des Vertrages in Kraft getretenen Änderung der Dienstordnung zum Nachteil des Angestellten beruht.

§ 147 Aufstellung und Änderung der Dienstordnung

(1) Vor Aufstellung der Dienstordnung hat der Vorstand des Unfallversicherungsträgers die Personalvertretung zu hören.

(2) Die Dienstordnung bedarf der Genehmigung der Aufsichtsbehörde.

(3) Wird die Genehmigung versagt und wird in der festgesetzten Frist eine andere Dienstordnung nicht aufgestellt oder wird sie nicht genehmigt, erläßt die Aufsichtsbehörde die Dienstordnung.

(4) Die Absätze 1 bis 3 gelten für Änderungen der Dienstordnung entsprechend.

§ 147a Dienstbezüge der Geschäftsführer der gewerblichen Berufsgenossenschaften und der Sozialversicherung für Landwirtschaft, Forsten und Gartenbau

(1) Die Dienstbezüge im Dienstordnungsverhältnis oder die vertraglich zu vereinbarende Vergütung der Ge-

schäftsführerinnen oder der Geschäftsführer oder der Vorsitzenden der Geschäftsführung der gewerblichen Berufsgenossenschaften dürfen die Dienstbezüge der folgenden Besoldungsgruppen nicht übersteigen:

Gewerbliche Berufsgenossenschaft	Höchstgrenze
1. Berufsgenossenschaft Verkehrswirtschaft Post-Logistik Telekommunikation	Besoldungsgruppe B 6
2. Berufsgenossenschaft Energie Textil Elektro Medienerzeugnisse	Besoldungsgruppe B 7
3. Berufsgenossenschaft Handel und Warendistribution	Besoldungsgruppe B 7
4. Berufsgenossenschaft Nahrungsmittel und Gastgewerbe	Besoldungsgruppe B 7
5. Berufsgenossenschaft Rohstoffe und chemische Industrie	Besoldungsgruppe B 7
6. Berufsgenossenschaft für Gesundheitsdienst und Wohlfahrtspflege	Besoldungsgruppe B 8
7. Berufsgenossenschaft der Bauwirtschaft	Besoldungsgruppe B 8
8. Berufsgenossenschaft Holz und Metall	Besoldungsgruppe B 8
9. Verwaltungs-Berufsgenossenschaft	Besoldungsgruppe B 8

(2) Für die Geschäftsführerin oder den Geschäftsführer oder die Vorsitzende oder den Vorsitzenden der Geschäftsführung der Sozialversicherung für Landwirtschaft, Forsten und Gartenbau ist die Besoldungsgruppe B 7 die Besoldungshöchstgrenze.

(3) Die stellvertretende Geschäftsführerin oder der stellvertretende Geschäftsführer, die Mitglieder einer Geschäftsführung sowie die leitende technische Aufsichtsperson sind jeweils mindestens eine Besoldungsgruppe niedriger einzustufen als die Geschäftsführerin oder der Geschäftsführer oder die Vorsitzende oder der Vorsitzende einer Geschäftsführung.

(4) Für vertraglich zu vereinbarende Vergütungen im Sinne des Absatzes 1 ist die Obergrenze das jeweilige Grundgehalt zuzüglich des Familienzuschlags der Stufe 2.

§ 148 Dienstrechtliche Vorschriften der Unfallversicherung Bund und Bahn

(1) $_1$Die Unfallversicherung Bund und Bahn besitzt Dienstherrnfähigkeit im Sinne des § 2 des Bundesbeamtengesetzes. $_2$Die Beamten sind Bundesbeamte. $_3$Für die Arbeitnehmer und Auszubildenden gelten die Bestimmungen für Arbeitnehmer und Auszubildende des Bundes.

(2) $_1$Das Bundesministerium für Arbeit und Soziales ernennt und entlässt auf Vorschlag des Vorstandes der Unfallversicherung Bund und Bahn die Beamten. $_2$Es kann seine Befugnis auf den Vorstand übertragen mit dem Recht, diese Befugnis ganz oder teilweise auf den Geschäftsführer weiter zu übertragen.

(3) Oberste Dienstbehörde für den Geschäftsführer und seinen Stellvertreter ist das Bundesministerium für Arbeit und Soziales, für die übrigen Beamten der Vorstand der Unfallversicherung Bund und Bahn, der seine Befugnisse ganz oder teilweise auf den Geschäftsführer übertragen kann.

§ 149 Dienstrechtliche Vorschriften für die gewerblichen Berufsgenossenschaften

(1) Das Personal der Unfallversicherungsträger in den Nummern 1 bis 7 und 9 der Anlage zu § 114 Absatz 1 Nummer 1 besteht vorrangig aus Arbeitnehmerinnen und Arbeitnehmern.

(2) $_1$Die Unfallversicherungsträger nach § 114 Absatz 1 Nummer 1 besitzen Dienstherrnfähigkeit im Sinne des § 2 des Bundesbeamtengesetzes. $_2$Die Beamtinnen und Beamten sind Bundesbeamtinnen und Bundesbeamte. $_3$Der Stellenplan für die Planstellen der Beamtinnen und Beamten bedarf der Genehmigung der Aufsichtsbehörde.

(3) $_1$Das Bundesministerium für Arbeit und Soziales ernennt und entlässt auf Vorschlag des Vorstandes die Beamtinnen und Beamten. $_2$Es kann seine Befugnis auf den Vorstand übertragen mit dem Recht, diese Befugnis ganz oder teilweise auf die Geschäftsführung weiter zu übertragen.

(4) Oberste Dienstbehörde für die Geschäftsführung und ihre Stellvertretung ist das Bundesministerium für Arbeit und Soziales, für die übrigen Beamtinnen und Beamten der Vorstand, der seine Befugnisse ganz oder teilweise auf die Geschäftsführung übertragen kann.

Sechstes Kapitel
Aufbringung der Mittel

Erster Abschnitt
Allgemeine Vorschriften

Erster Unterabschnitt
Beitragspflicht

§ 150 Beitragspflichtige

(1) $_1$Beitragspflichtig sind die Unternehmer, für deren Unternehmen Versicherte tätig sind oder zu denen Versicherte in einer besonderen, die Versicherung begründenden Beziehung stehen. $_2$Die nach § 2 versicherten Unternehmer sowie die nach § 3 Abs. 1 Nr. 1 und § 6 Abs. 1 Versicherten sind selbst beitragspflichtig. $_3$Für Versicherte nach § 6 Absatz 1 Satz 2 ist die jeweilige Organisation oder der jeweilige Verband beitragspflich-

VII

tig. 4Entsprechendes gilt in den Fällen des § 6 Absatz 1 Satz 3.

(2) 1Neben den Unternehmern sind beitragspflichtig

1. die Auftraggeber, soweit sie Zwischenmeistern und Hausgewerbetreibenden zur Zahlung von Entgelt verpflichtet sind,
2. die Reeder, soweit beim Betrieb von Seeschiffen andere Unternehmer sind oder auf Seeschiffen durch andere ein Unternehmen betrieben wird.

2Die in Satz 1 Nr. 1 und 2 Genannten sowie die in § 130 Abs. 2 Satz 1 und Abs. 3 genannten Bevollmächtigten haften mit den Unternehmern als Gesamtschuldner.

(3) 1Für die Beitragshaftung bei der Arbeitnehmerüberlassung gilt § 28e Abs. 2 und 4 des Vierten Buches, für die Beitragshaftung bei der Ausführung eines Dienst- oder Werkvertrages im Baugewerbe gilt § 28e Absatz 3a bis 3f des Vierten Buches und für die Beitragshaftung bei der Ausführung eines Dienst- oder Werkvertrages durch Unternehmer im Speditions-, Transport- und damit verbundenen Logistikgewerbe, die im Bereich der Kurier-, Express- und Paketdienste tätig sind und im Auftrag eines anderen Unternehmers adressierte Pakete befördern, gilt § 28e Absatz 3g des Vierten Buches entsprechend. 2Der Nachunternehmer oder der von diesem beauftragte Verleiher hat für den Nachweis nach § 28e Absatz 3f des Vierten Buches eine qualifizierte Unbedenklichkeitsbescheinigung des zuständigen Unfallversicherungsträgers vorzulegen; diese enthält insbesondere Angaben über die bei dem Unfallversicherungsträger eingetragenen Unternehmensteile und diesen zugehörigen Lohnsummen des Nachunternehmers oder des von diesem beauftragten Verleihers sowie die ordnungsgemäße Zahlung der Beiträge.

(4) Bei einem Wechsel der Person des Unternehmers sind der bisherige Unternehmer und sein Nachfolger bis zum Ablauf des Kalenderjahres, in dem der Wechsel angezeigt wurde, zur Zahlung der Beiträge und damit zusammenhängender Leistungen als Gesamtschuldner verpflichtet.

§ 151 Beitragserhebung bei überbetrieblichen arbeitsmedizinischen und sicherheitstechnischen Diensten

1Die Mittel für die Einrichtungen nach § 24 werden von den Unternehmern aufgebracht, die diesen Einrichtungen angeschlossen sind. 2Die Satzung bestimmt das Nähere über den Maßstab, nach dem die Mittel aufzubringen sind, und über die Fälligkeit.

Zweiter Unterabschnitt Beitragshöhe

§ 152 Umlage

(1) 1Die Beiträge werden nach Ablauf des Kalenderjahres, in dem die Beitragsansprüche dem Grunde nach entstanden sind, im Wege der Umlage festgesetzt. 2Die Umlage muß den Bedarf des abgelaufenen Kalenderjahres einschließlich der zur Ansammlung der Rücklage sowie des Verwaltungsvermögens nötigen Beträge decken. 3Darüber hinaus dürfen Beiträge nur zur Zuführung zu den Betriebsmitteln erhoben werden.

(2) Abweichend von Absatz 1 werden die Beiträge für in Eigenarbeit nicht gewerbsmäßig ausgeführte Bauarbeiten (nicht gewerbsmäßige Bauarbeiten) außerhalb der Umlage erhoben.

(3) Die Satzung kann bestimmen, dass die Aufwendungen für Versicherte, die im Sinne des § 2 Absatz 1 Nummer 9 zweite Alternative unentgeltlich, insbesondere ehrenamtlich in der Wohlfahrtspflege tätig sind, außerhalb der Umlage nach Absatz 1 auf die Unternehmen und Einrichtungen der Wohlfahrtspflege umgelegt werden.

§ 153 Berechnungsgrundlagen

(1) Berechnungsgrundlagen für die Beiträge sind, soweit sich aus den nachfolgenden Vorschriften nicht etwas anderes ergibt, der Finanzbedarf (Umlagesoll), die Arbeitsentgelte der Versicherten und die Gefahrklassen.

(2) Das Arbeitsentgelt der Versicherten wird bis zur Höhe des Höchstjahresarbeitsverdienstes zugrunde gelegt.

(3) 1Die Satzung kann bestimmen, daß der Beitragsberechnung mindestens das Arbeitsentgelt in Höhe des Mindestjahresarbeitsverdienstes für Versicherte, die das 18. Lebensjahr vollendet haben, zugrunde gelegt wird. 2Waren die Versicherten nicht während des ganzen Kalenderjahres oder nicht ganztägig beschäftigt, wird ein entsprechender Teil dieses Betrages zugrunde gelegt.

(4) 1Soweit Rentenlasten nach § 178 Abs. 2 und 3 gemeinsam getragen werden, bleiben bei der Beitragsberechnung Unternehmen nach § 180 Abs. 2 außer Betracht. 2Soweit Rentenlasten nach § 178 Abs. 2 Nr. 2 und Abs. 3 Nr. 2 gemeinsam getragen werden, werden sie auf die Unternehmen ausschließlich nach den Arbeitsentgelten der Versicherten in den Unternehmen unter Berücksichtigung des Freibetrages nach § 180 Abs. 1 umgelegt.

§ 154 Berechnungsgrundlagen in besonderen Fällen

(1) 1Berechnungsgrundlage für die Beiträge der kraft Gesetzes versicherten selbständig Tätigen, der kraft Satzung versicherten Unternehmer, Ehegatten und Lebenspartner und der freiwillig Versicherten nach § 6 Abs. 1 Nr. 1 und 2 ist anstelle der Arbeitsentgelte der kraft Satzung bestimmte Jahresarbeitsverdienst (Versicherungssumme). 2Beginnt oder endet die Versicherung im Laufe eines Kalenderjahres, wird der Beitragsberechnung nur ein entsprechender Teil des Jahresarbeitsverdienstes zugrunde gelegt. 3Für die Berechnung der Beiträge der freiwillig Versicherten nach § 6 Abs. 1 Nr. 3 und 4 gilt § 155 entsprechend. 4Die Beiträge werden für volle Monate erhoben.

(2) 1Soweit bei der Berufsgenossenschaft Verkehrswirtschaft Post-Logistik Telekommunikation für das Arbeitsentgelt oder das Arbeitseinkommen Durchschnittssätze gelten, sind diese maßgebend. 2Die Satzung der Berufsgenossenschaft Verkehrswirtschaft Post-Logistik Telekommunikation kann bestimmen, daß der Beitragsberechnung der Jahresarbeitsverdienst von Versicherten, die nicht als Besatzungsmitglied tätig sind, nur zum Teil zugrunde gelegt wird.

(3) Berechnungsgrundlagen für die Beiträge sind in den Fällen des § 152 Absatz 3 der für diesen Personenkreis erforderliche Finanzbedarf und das Arbeitsentgelt der Versicherten der Unternehmen und Einrichtungen der Wohlfahrtspflege.

§ 155 Beiträge nach der Zahl der Versicherten

1Die Satzung kann bestimmen, daß die Beiträge nicht nach Arbeitsentgelten, sondern nach der Zahl der Versicherten unter Berücksichtigung der Gefährdungsrisiken berechnet werden. 2Grundlage für die Ermittlung der Gefährdungsrisiken sind die Leistungsaufwendungen. 3§ 157 Abs. 5 und § 158 Abs. 2 gelten entsprechend.

§ 156 Beiträge nach einem auf Arbeitsstunden aufgeteilten Arbeitsentgelt

Die Satzung kann bestimmen, daß das für die Berechnung der Beiträge maßgebende Arbeitsentgelt nach der Zahl der geleisteten Arbeitsstunden oder den für die jeweiligen Arbeiten nach allgemeinen Erfahrungswerten durchschnittlich aufzuwendenden Arbeitsstunden berechnet wird; als Entgelt für die Arbeitsstunde kann höchstens der 2100. Teil der Bezugsgröße bestimmt werden.

§ 157 Gefahrtarif

(1) 1Der Unfallversicherungsträger setzt als autonomes Recht einen Gefahrtarif fest. 2In dem Gefahrtarif sind zur Abstufung der Beiträge Gefahrklassen festzustellen. 3Für die in § 121 Abs. 2 genannten Unternehmen der Seefahrt kann die Berufsgenossenschaft Verkehrswirtschaft Post-Logistik Telekommunikation Gefahrklassen feststellen.

(2) 1Der Gefahrtarif wird nach Tarifstellen gegliedert, in denen Gefahrengemeinschaften nach Gefährdungsrisiken unter Berücksichtigung eines versicherungsmäßigen Risikoausgleichs gebildet werden. 2Für nicht gewerbsmäßige Bauarbeiten kann eine Tarifstelle mit einer Gefahrklasse vorgesehen werden.

(3) Die Gefahrklassen werden aus dem Verhältnis der gezahlten Leistungen zu den Arbeitsentgelten berechnet.

(4) 1Der Gefahrtarif hat eine Bestimmung über die Festsetzung der Gefahrklassen oder die Berechnung der Beiträge für fremdartige Nebenunternehmen vorzusehen. 2Die Berechnungsgrundlagen des Unfallversicherungsträgers, dem die Nebenunternehmen als Hauptunternehmen angehören würden, sind dabei zu beachten.

(5) Der Gefahrtarif hat eine Geltungsdauer von höchstens sechs Kalenderjahren.

§ 158 Genehmigung

(1) Der Gefahrtarif und jede Änderung bedürfen der Genehmigung der Aufsichtsbehörde.

(2) 1Der Unfallversicherungsträger hat spätestens drei Monate vor Ablauf der Geltungsdauer des Gefahrtarifs der Aufsichtsbehörde beabsichtigte Änderungen mitzuteilen. 2Wird der Gefahrtarif in einer von der Aufsichtsbehörde gesetzten Frist nicht aufgestellt oder wird er nicht genehmigt, stellt ihn die Aufsichtsbehörde auf. 3§ 89 des Vierten Buches gilt.

§ 159 Veranlagung der Unternehmen zu den Gefahrklassen

(1) 1Der Unfallversicherungsträger veranlagt die Unternehmen für die Tarifzeit nach dem Gefahrtarif zu den Gefahrenklassen. 2Satz 1 gilt nicht für nicht gewerbsmäßige Bauarbeiten.

(2) 1Für die Auskunftspflicht der Unternehmer gilt § 98 des Zehnten Buches entsprechend mit der Maßgabe, dass sich die Auskunfts- und Vorlagepflicht der Unternehmer auch auf Angaben und Unterlagen über die betrieblichen Verhältnisse erstreckt, die für die Veranla-

gung der Unternehmen zu den Gefahrklassen erforderlich sind. 2Soweit die Unternehmer ihrer Auskunftspflicht nicht nachkommen, nimmt der Unfallversicherungsträger die Veranlagung nach eigener Einschätzung der betrieblichen Verhältnisse vor.

§ 160 Änderung der Veranlagung

(1) Treten in den Unternehmen Änderungen ein, hebt der Unfallversicherungsträger den Veranlagungsbescheid mit Beginn des Monats auf, der der Änderungsmitteilung durch die Unternehmer folgt.

(2) Ein Veranlagungsbescheid wird mit Wirkung für die Vergangenheit aufgehoben, soweit

1. die Veranlagung zu einer zu niedrigen Gefahrklasse geführt hat oder eine zu niedrige Gefahrklasse beibehalten worden ist, weil die Unternehmer ihren Mitteilungspflichten nicht oder nicht rechtzeitig nachgekommen sind oder ihre Angaben in wesentlicher Hinsicht unrichtig oder unvollständig waren,
2. die Veranlagung zu einer zu hohen Gefahrklasse von den Unternehmern nicht zu vertreten ist.

(3) In allen übrigen Fällen wird ein Veranlagungsbescheid mit Beginn des Monats, der der Bekanntgabe des Änderungsbescheides folgt, aufgehoben.

§ 161 Mindestbeitrag

VII

Die Satzung kann bestimmen, daß ein einheitlicher Mindestbeitrag erhoben wird.

§ 162 Zuschläge, Nachlässe, Prämien

(1) 1Die gewerblichen Berufsgenossenschaften haben unter Berücksichtigung der anzuzeigenden Versicherungsfälle Zuschläge aufzuerlegen oder Nachlässe zu bewilligen. 2Versicherungsfälle nach § 8 Abs. 2 Nr. 1 bis 4 bleiben dabei außer Ansatz. 3Das Nähere bestimmt die Satzung; dabei kann sie Versicherungsfälle, die durch höhere Gewalt oder durch alleiniges Verschulden nicht zum Unternehmen gehörender Personen eintreten, und Versicherungsfälle auf Betriebswegen sowie Berufskrankheiten ausnehmen. 4Die Höhe der Zuschläge und Nachlässe richtet sich nach der Zahl, der Schwere oder den Aufwendungen für die Versicherungsfälle oder nach mehreren dieser Merkmale. 5Die Satzung kann bestimmen, dass auch die nicht anzeigepflichtigen Versicherungsfälle für die Berechnung von Zuschlägen oder Nachlässen berücksichtigt werden. 6Die Sätze 1 bis 5 gelten auch für den Zuständigkeitsbereich der Unfallversicherung Bund und Bahn nach § 125 Absatz 2. 7Die landwirtschaftliche Berufsgenossenschaft kann durch Satzung bestimmen, daß entsprechend den Sätzen 1 bis 5 Zuschläge auferlegt oder Nachlässe bewilligt werden.

(2) 1Die Unfallversicherungsträger können unter Berücksichtigung der Wirksamkeit der von den Unternehmern getroffenen Maßnahmen zur Verhütung von Arbeitsunfällen und Berufskrankheiten und für die Verhütung von arbeitsbedingten Gesundheitsgefahren Prämien gewähren. 2Dabei sollen sie auch die in Inklusionsvereinbarungen (§ 166 des Neunten Buches) getroffenen Maßnahmen der betrieblichen Prävention (§ 167 des Neunten Buches) berücksichtigen.

(3) Die Absätze 1 und 2 gelten nicht für nicht gewerbsmäßige Bauarbeiten.

§ 163 Beitragszuschüsse für Küstenfischer

(1) 1Für die Unternehmen der Küstenfischerei, deren Unternehmer nach § 2 Abs. 1 Nr. 7 versichert sind, haben die Länder mit Küstenbezirken im voraus bemessene Zuschüsse zu den Beiträgen zu leisten; die Höhe der Zuschüsse stellt das Bundesamt für Soziale Sicherung im Benehmen mit den obersten Verwaltungsbehörden der Länder mit Küstenbezirken jährlich fest. 2Die Zuschüsse sind für jedes Land entsprechend der Höhe des Jahresarbeitsverdienstes der in diesen Unternehmen tätigen Versicherten unter Heranziehung des Haushaltsvoranschlages der Berufsgenossenschaft Verkehrswirtschaft Post-Logistik Telekommunikation festzustellen.

(2) Die Länder können die Beitragszuschüsse auf die Gemeinden oder Gemeindeverbände entsprechend der Höhe des Jahresarbeitsverdienstes der Versicherten in Unternehmen der Küstenfischerei, die in ihrem Bezirk tätig sind, verteilen.

(3) Küstenfischerei im Sinne des Absatzes 1 ist

1. der Betrieb mit Hochseekuttern bis zu 250 Kubikmetern Rauminhalt, Küstenkuttern, Fischerbooten und ähnlichen Fahrzeugen,
2. die Fischerei ohne Fahrzeug auf den in § 121 Abs. 3 Nr. 1 bis 3 genannten Gewässern.

Dritter Unterabschnitt
Vorschüsse und Sicherheitsleistungen

§ 164 Beitragsvorschüsse und Sicherheitsleistungen

(1) Zur Sicherung des Beitragsaufkommens können die Unfallversicherungsträger Vorschüsse bis zur Höhe des voraussichtlichen Jahresbedarfs erheben.

(2) 1Die Unfallversicherungsträger können bei einem Wechsel der Person des Unternehmers oder bei Einstel-

lung des Unternehmens eine Beitragsabfindung oder auf Antrag eine Sicherheitsleistung festsetzen. 2Das Nähere bestimmt die Satzung.

Vierter Unterabschnitt Umlageverfahren

§ 165 Nachweise

(1) 1Die Unternehmer haben nach Ablauf eines Kalenderjahres die Arbeitsentgelte der Versicherten und die geleisteten Arbeitsstunden mit dem Lohnnachweis nach § 99 des Vierten Buches zu melden. 2Soweit Beiträge für Beschäftigte erhoben werden, bei denen sich die Höhe des Beitrages nach den §§ 155, 156 und 185 Absatz 2 und 4 nicht nach den Arbeitsentgelten richtet, hat der Unternehmer die zur Berechnung der Umlage durch Satzung festgelegten Angaben nach § 99 des Vierten Buches zu melden. 3Soweit Beiträge für sonstige, nicht nach § 2 Absatz 1 Nummer 1 Versicherte nicht nach den Arbeitsentgelten erhoben werden, werden die vom Unternehmer zur Berechnung der Umlage zu meldenden Angaben sowie das Verfahren durch Satzung bestimmt.

(2) 1Die Unternehmer nicht gewerbsmäßiger Bauarbeiten haben zur Berechnung der Beiträge einen Nachweis über die sich aus der Satzung ergebenden Berechnungsgrundlagen in der vom Unfallversicherungsträger geforderten Frist einzureichen. 2Der Unfallversicherungsträger kann für den Nachweis nach Satz 1 eine bestimmte Form vorschreiben.

(3) Soweit die Unternehmer die Angaben nicht, nicht rechtzeitig, falsch oder unvollständig machen, kann der Unfallversicherungsträger eine Schätzung vornehmen.

(4) 1Die Unternehmer haben über die den Angaben nach den Absätzen 1 und 2 zugrunde liegenden Tatsachen Aufzeichnungen zu führen; bei der Ausführung eines Dienst- oder Werkvertrages im Baugewerbe hat der Unternehmer jeweils gesonderte Aufzeichnungen so zu führen, dass eine Zuordnung der Arbeitnehmer, der Arbeitsentgelte und der geleisteten Arbeitsstunden der Versicherten zu dem jeweiligen Dienst- oder Werkvertrag gewährleistet ist. 2Die Aufzeichnungen sind mindestens fünf Jahre lang aufzubewahren.

§ 166 Auskunftspflicht der Unternehmer und Beitragsüberwachung

(1) Für die Auskunftspflicht der Unternehmer und die Beitragsüberwachung gelten § 98 des Zehnten Buches, § 28p des Vierten Buches und die Beitragsverfahrensverordnung entsprechend mit der Maßgabe, daß sich die Auskunfts- und Vorlagepflicht der Unternehmer und die Prüfungs- und Überwachungsbefugnis der Unfallversicherungsträger auch auf Angaben und Unterlagen über die betrieblichen Verhältnisse erstreckt, die für die Veranlagung der Unternehmen und für die Zuordnung der Entgelte der Versicherten zu den Gefahrklassen erforderlich sind.

(2) 1Die Prüfung nach Absatz 1 bei den Arbeitgebern wird von den Trägern der Rentenversicherung im Auftrag der Unfallversicherung im Rahmen ihrer Prüfung nach § 28p des Vierten Buches durchgeführt. 2Unternehmen, bei denen der für das vorvergangene Jahr vor der Prüfung nach § 168 Absatz 1 festgestellte Beitrag einen Betrag in Höhe von 1,5 Prozent der Bezugsgröße nicht überstiegen hat, sind dabei bis auf eine durch den Unfallversicherungsträger festzulegende Stichprobe von der Prüfung ausgenommen. 3Satz 1 gilt nicht,

1. soweit sich die Höhe des Beitrages nach den §§ 155, 156, 185 Absatz 2 oder Absatz 4 nicht nach den Arbeitsentgelten richtet,
2. wenn der Unfallversicherungsträger das Ende seiner Zuständigkeit für das Unternehmen durch einen Bescheid nach § 136 Absatz 1 festgestellt hat.

4Unternehmer, bei denen keine Prüfung nach § 28p des Vierten Buches durchzuführen ist, prüfen die Unfallversicherungsträger; hierfür bestimmen sie die Prüfungsabstände. 5Die Unfallversicherungsträger können die Prüfung nach Absatz 1 selbst durchführen, wenn Anhaltspunkte vorliegen, dass der Unternehmer Arbeitsentgelte nicht oder nicht zur richtigen Gefahrklasse gemeldet hat. 6Der für die Prüfung zuständige Rentenversicherungsträger ist über den Beginn und über das Ergebnis der Prüfung zu informieren.

(3) 1Das Nähere über die Größe der Stichprobe nach Absatz 2 Satz 2 sowie über Art, Umfang und Zeitpunkt der Übermittlung der Angaben über die von der Prüfung ausgenommenen Unternehmen regeln die Deutsche Gesetzliche Unfallversicherung e. V. und die Deutsche Rentenversicherung Bund in einer Vereinbarung. 2Die Träger der Rentenversicherung erhalten für die Beitragsüberwachung von den Trägern der Unfallversicherung eine pauschale Vergütung, mit der alle dadurch entstehenden Kosten abgegolten werden. 3Die Höhe wird regelmäßig durch Vereinbarung zwischen der Deutschen Gesetzlichen Unfallversicherung e. V. und der Deutschen Rentenversicherung Bund festgesetzt. 4Die Deutsche Gesetzliche Unfallversicherung e. V. prüft bei den Trägern der Rentenversicherung deren Aufgabenerfüllung nach Absatz 2 Satz 1.

VII

§ 167 Beitragsberechnung

(1) Der Beitrag ergibt sich aus den zu berücksichtigenden Arbeitsentgelten, den Gefahrklassen und dem Beitragsfuß.

(2) 1Der Beitragsfuß wird durch Division des Umlagesolls durch die Beitragseinheiten (Arbeitsentgelte × Gefahrklassen) berechnet. 2Beitragseinheiten der Unternehmen nicht gewerbsmäßiger Bauarbeiten werden nicht berücksichtigt; für diese Unternehmen wird der Beitrag nach dem Beitragsfuß des letzten Umlagejahres berechnet.

(3) Die Einzelheiten der Beitragsberechnung bestimmt die Satzung.

§ 168 Beitragsbescheid

(1) 1Der Unfallversicherungsträger teilt den Beitragspflichtigen den von ihnen zu zahlenden Beitrag schriftlich mit. 2Einer Anhörung nach § 24 des Zehnten Buches bedarf es nur in den Fällen des Absatzes 2 Satz 1.

(2) 1Der Beitragsbescheid ist mit Wirkung für die Vergangenheit zuungunsten der Beitragspflichtigen nur dann aufzuheben, wenn

1. die Veranlagung des Unternehmens zu den Gefahrklassen nachträglich geändert wird,
2. die Meldung nach § 165 Absatz 1 unrichtige Angaben enthält oder sich die Schätzung als unrichtig erweist,

2Wird der Beitragsbescheid aufgrund der Feststellungen einer Prüfung nach § 166 Abs. 2 aufgehoben, bedarf es nicht einer Anhörung durch den Unfallversicherungsträger nach § 24 des Zehnten Buches, soweit die für die Aufhebung erheblichen Tatsachen in der Prüfung festgestellt worden sind und der Arbeitgeber Gelegenheit hatte, gegenüber dem Rentenversicherungsträger hierzu Stellung zu nehmen.

(2a) Enthält eine Meldung nach § 99 des Vierten Buches unrichtige Angaben, unterbleibt eine Aufhebung des Beitragsbescheides nach § 44 des Zehnten Buches zugunsten des Unternehmers, solange die fehlerhaften Meldungen nicht durch den Unternehmer korrigiert worden sind.

(3) Die Satzung kann bestimmen, daß die Unternehmer ihren Beitrag selbst zu errechnen haben; sie regelt das Verfahren sowie die Fälligkeit des Beitrages.

(4) Für Unternehmen nicht gewerbsmäßiger Bauarbeiten wird der Beitrag festgestellt, sobald der Anspruch entstanden und der Höhe nach bekannt ist.

§ 169 Erhebung von Säumniszuschlägen

1Ein Säumniszuschlag nach § 24 Absatz 1 Satz 1 des Vierten Buches ist nicht zu erheben, wenn

1. dieser einen Betrag von 5 Euro unterschreitet oder
2. ein Säumnis bis zu drei Tagen vorliegt.

2Dies gilt nicht für die landwirtschaftliche Unfallversicherung.

§ 170 Beitragszahlung an einen anderen Unfallversicherungsträger

1Soweit das Arbeitsentgelt bereits in dem Lohnnachweis für einen anderen Unfallversicherungsträger enthalten ist und die Beiträge, die auf dieses Arbeitsentgelt entfallen, an diesen Unfallversicherungsträger gezahlt sind, besteht bis zur Höhe der gezahlten Beiträge ein Anspruch auf Zahlung von Beiträgen nicht. 2Die Unfallversicherungsträger stellen untereinander fest, wem der gezahlte Beitrag zusteht.

Fünfter Unterabschnitt
Betriebsmittel, Rücklage und Verwaltungsvermögen

§ 171 (weggefallen)

§ 172 Betriebsmittel

(1) Betriebsmittel dürfen nur verwendet werden

1. für Aufgaben, die gesetzlich oder durch die Satzung vorgesehen sind, sowie für die Verwaltungskosten,
2. zur Auffüllung der Rücklage und zur Bildung von Verwaltungsvermögen.

(2) Die Betriebsmittel dürfen die Ausgaben des abgelaufenen Kalenderjahres am 31. Dezember des laufenden Kalenderjahres nicht übersteigen.

§ 172a Rücklage

(1) Die Unfallversicherungsträger bilden die Rücklage über die in § 82 des Vierten Buches genannte Zweckbestimmung hinaus auch zur Beitragsstabilisierung.

(2) Die Rücklage wird mindestens in zweifacher Höhe der durchschnittlichen monatlichen Ausgaben des abgelaufenen Kalenderjahres und höchstens bis zur vierfachen Höhe der durchschnittlichen monatlichen Ausgaben des abgelaufenen Kalenderjahres gebildet; Stichtag für die Bemessung ist der 31. Dezember des laufenden Kalenderjahres.

(3) Bis die Rücklage die in Absatz 2 vorgesehene Mindesthöhe erreicht hat, wird ihr jährlich ein Betrag in Höhe von 1,5 Prozent der Ausgaben des abgelaufenen Kalenderjahres zugeführt.

(4) Die Aufsichtsbehörde kann auf Antrag des Unfallversicherungsträgers genehmigen, dass die Rücklage bis zu einer geringeren Höhe angesammelt wird oder ihr höhere, geringere oder keine Beträge zugeführt werden.

(5) Die Zinsen aus der Rücklage fließen dieser zu, bis sie die Mindesthöhe erreicht hat, die sich aus Absatz 2 ergibt.

§ 172b Verwaltungsvermögen

Mittel für den Erwerb, die Errichtung, die Erweiterung und den Umbau von Immobilien der Eigenbetriebe sowie der durch Beteiligungen oder Darlehen geförderten Einrichtungen der Unfallversicherungsträger oder anderer Träger dürfen über die in § 82a des Vierten Buches geregelten Voraussetzungen hinaus nur aufgewendet werden, wenn diese Vorhaben auch unter Berücksichtigung des Gesamtbedarfs aller Unfallversicherungsträger erforderlich sind.

§ 172c Altersrückstellungen

(1) 1Die Unfallversicherungsträger sind verpflichtet, Altersrückstellungen für die bei ihnen beschäftigten Arbeitnehmerinnen und Arbeitnehmer, denen eine Anwartschaft auf Versorgung nach beamtenrechtlichen Vorschriften oder Grundsätzen gewährleistet wird, zu bilden. 2Die Altersrückstellungen umfassen Versorgungsausgaben für Versorgungsbezüge und Beihilfen. 3Die Verpflichtung besteht auch, wenn die Unfallversicherungsträger gegenüber ihren Tarifbeschäftigten Leistungen der betrieblichen Altersvorsorge unmittelbar zugesagt haben.

(2) Die Rückstellungen dürfen nur zweckentsprechend verwendet werden.

(3) 1Das Bundesministerium für Arbeit und Soziales wird ermächtigt, im Einvernehmen mit dem Bundesministerium für Ernährung und Landwirtschaft das Nähere zur Höhe der für die Altersrückstellungen erforderlichen Zuweisungssätze, zum Zahlverfahren der Zuweisungen, zur Überprüfung der Höhe der Zuweisungssätze sowie zur Anlage des Deckungskapitals durch Rechtsverordnung mit Zustimmung des Bundesrates zu regeln. 2Das Bundesministerium für Arbeit und Soziales kann die Befugnis nach Satz 1 mit Zustimmung des Bundesrates durch Rechtsverordnung auf das Bundesamt für Soziale Sicherung übertragen. 3Rechtsverordnungen, die nach Satz 2 erlassen werden, bedürfen einer Anhörung der Deutschen Gesetzlichen Unfallversicherung e. V. sowie der landwirtschaftlichen Berufsgenossenschaft und ergehen im Einvernehmen mit dem Bundesministerium für Arbeit und Soziales sowie dem Bundesministerium für Ernährung und Landwirtschaft.

Sechster Unterabschnitt
Zusammenlegung und Teilung der Last, Teilung der Entschädigungslast bei Berufskrankheiten, Erstattungsansprüche der landwirtschaftlichen Berufsgenossenschaft

§ 173 Zusammenlegung und Teilung der Last

(1) 1Die gewerblichen Berufsgenossenschaften können vereinbaren, ihre Entschädigungslast ganz oder zum Teil gemeinsam zu tragen. 2Dabei wird vereinbart, wie die gemeinsame Last auf die beteiligten Berufsgenossenschaften zu verteilen ist. 3Die Vereinbarung bedarf der Zustimmung der Vertreterversammlungen und der Genehmigung der Aufsichtsbehörden der beteiligten Berufsgenossenschaften. 4Sie darf nur mit dem Beginn eines Kalenderjahres wirksam werden.

(2) Kommt eine Vereinbarung nach Absatz 1 nicht zustande und erscheint es zur Abwendung der Gefährdung der Leistungsfähigkeit einer Berufsgenossenschaft erforderlich, so kann das Bundesministerium für Arbeit und Soziales durch Rechtsverordnung mit Zustimmung des Bundesrates bestimmen, daß Berufsgenossenschaften ihre Entschädigungslast für ein Kalenderjahr ganz oder zum Teil gemeinsam tragen oder eine vorübergehend nicht leistungsfähige Berufsgenossenschaft unterstützen, und das Nähere über die Verteilung der Last und die Höhe der Unterstützung regeln.

(3) Der Anteil der Berufsgenossenschaft an der gemeinsamen Last wird wie die Entschädigungsbeträge, die die Berufsgenossenschaft nach diesem Gesetz zu leisten hat, auf die Unternehmer verteilt, sofern die Vertreterversammlung nicht etwas anderes beschließt.

(4) 1Gilt nach § 130 Abs. 2 Satz 4 als Sitz des Unternehmens Berlin, kann der für die Entschädigung zuständige Unfallversicherungsträger von den anderen sachlich, aber nicht örtlich zuständigen Unfallversicherungsträgern einen Ausgleich verlangen. 2Die Unfallversicherungsträger regeln das Nähere durch Vereinbarung.

§ 174 Teilung der Entschädigungslast bei Berufskrankheiten

(1) In den Fällen des § 134 kann der für die Entschädigung zuständige Unfallversicherungsträger von den anderen einen Ausgleich verlangen.

VII

(2) Die Höhe des Ausgleichs nach Absatz 1 richtet sich nach dem Verhältnis der Dauer der gefährdenden Tätigkeit in dem jeweiligen Unternehmen zur Dauer aller gefährdenden Tätigkeiten.

(3) Die Unfallversicherungsträger regeln das Nähere durch Vereinbarung; sie können dabei einen von Absatz 2 abweichenden Verteilungsmaßstab wählen, einen pauschalierten Ausgleich vorsehen oder von einem Ausgleich absehen.

§ 175 Erstattungsansprüche der landwirtschaftlichen Berufsgenossenschaft

Erleiden vorübergehend für ein landwirtschaftliches Unternehmen Tätige einen Versicherungsfall und ist für ihre hauptberufliche Tätigkeit ein anderer Unfallversicherungsträger als die landwirtschaftliche Berufsgenossenschaft zuständig, erstattet dieser der landwirtschaftlichen Berufsgenossenschaft die Leistungen, die über das hinausgehen, was mit gleichen Arbeiten dauernd in der Landwirtschaft Beschäftigte zu beanspruchen haben.

Siebter Unterabschnitt
Lastenverteilung zwischen den gewerblichen Berufsgenossenschaften

§ 176 Grundsatz

Die gewerblichen Berufsgenossenschaften tragen ihre Rentenlasten nach Maßgabe der folgenden Vorschriften gemeinsam.

§ 177 Begriffsbestimmungen

(1) Rentenlasten sind die Aufwendungen der Berufsgenossenschaften für Renten, Sterbegeld und Abfindungen.

(2) Ausgleichsjahr ist das Kalenderjahr, für das die Rentenlasten gemeinsam getragen werden.

(3) 1Neurenten eines Jahres sind die Rentenlasten des Ausgleichsjahres aus Versicherungsfällen, für die im Ausgleichsjahr oder in einem der vier vorangegangenen Jahre erstmals Rente, Sterbegeld oder Abfindung festgestellt wurde. 2Abfindungen sind dabei auf den Gesamtbetrag zu reduzieren, der bei laufender Rentenzahlung bis zum Ende des vierten Jahres nach dem Jahr der erstmaligen Feststellung der Rente geleistet worden wäre; Abfindungen nach § 75 werden in Höhe der Abfindungssumme berücksichtigt.

(4) Rentenwert einer Berufsgenossenschaft sind die nach versicherungsmathematischen Grundsätzen bis zum Ende ihrer Laufzeit ohne Abzinsung und ohne Berücksichtigung von Rentenanpassungen zu erwartenden Aufwendungen für solche Versicherungsfälle, für die im Ausgleichsjahr erstmals Rente, Sterbegeld oder Abfindung festgestellt wurde.

(5) Entgeltsumme einer Berufsgenossenschaft sind die beitragspflichtigen Arbeitsentgelte und Versicherungssummen.

(6) Entgeltanteil einer Berufsgenossenschaft ist das Verhältnis ihrer Entgeltsumme zu der Entgeltsumme aller Berufsgenossenschaften.

(7) Latenzfaktor einer Berufsgenossenschaft ist das Verhältnis des Entgeltanteils im Ausgleichsjahr zum Entgeltanteil im 25. Jahr, das dem Ausgleichsjahr vorausgegangen ist.

(8) Freistellungsfaktor einer Berufsgenossenschaft ist das Verhältnis ihrer nach § 180 Abs. 2 reduzierten Entgeltsumme zu ihrer Entgeltsumme.

(9) Berufskrankheiten-Neurenten-Lastsatz einer in einer Tarifstelle gebildeten Gefahrgemeinschaft ist das Verhältnis der Berufskrankheiten-Neurenten der Gefahrgemeinschaft zu ihrer Entgeltsumme.

§ 178 Gemeinsame Tragung der Rentenlasten

(1) 1Jede Berufsgenossenschaft trägt jährlich Rentenlasten in Höhe des 5,5fachen ihrer Neurenten für Arbeitsunfälle und des 3,4fachen ihrer mit dem Latenzfaktor gewichteten Neurenten für Berufskrankheiten. 2Die in Satz 1 genannten Werte sind neu festzusetzen, wenn die Summe der Rentenwerte von dem 5,5fachen aller Neurenten für Arbeitsunfälle oder dem 3,4fachen aller Neurenten für Berufskrankheiten um mehr als 0,2 abweicht. 3Die Festsetzung gilt für höchstens sechs Kalenderjahre. 4Die Werte sind erstmals für das Ausgleichsjahr 2014 neu festzusetzen.

(2) Soweit die Rentenlasten für Arbeitsunfälle die nach Absatz 1 zu tragenden Lasten übersteigen, tragen die Berufsgenossenschaften den übersteigenden Betrag nach folgender Maßgabe gemeinsam:

1. 30 Prozent nach dem Verhältnis ihrer mit dem Freistellungsfaktor gewichteten Neurenten für Arbeitsunfälle und
2. 70 Prozent nach dem Verhältnis der Arbeitsentgelte ihrer Versicherten.

(3) Soweit die Rentenlasten für Berufskrankheiten die nach Absatz 1 zu tragenden Lasten übersteigen, tragen die Berufsgenossenschaften den übersteigenden Betrag nach folgender Maßgabe gemeinsam:

1. 30 Prozent nach dem Verhältnis ihrer mit dem Produkt aus Freistellungs- und Latenzfaktor gewichteten Neurenten für Berufskrankheiten und
2. 70 Prozent nach dem Verhältnis der Arbeitsentgelte ihrer Versicherten.

§ 179 Sonderregelung bei außergewöhnlicher Belastung

(1) $_1$Neurenten für Berufskrankheiten einer Tarifstelle gelten nicht als Neurenten im Sinne von § 177 Abs. 3, soweit

1. der Berufskrankheiten-Neurenten-Lastsatz der Tarifstelle einen Wert von 0,04 übersteigt,
2. die Berufskrankheiten-Neurenten der Tarifstelle an den Berufskrankheiten-Neurenten aller Berufsgenossenschaften mindestens 2 Prozent betragen und
3. die Tarifstelle mindestens zwölf Kalenderjahre unverändert bestanden hat.

$_2$Wird die Tarifstelle aufgelöst, findet Satz 1 weiterhin Anwendung, wenn die Voraussetzungen der Nummern 1 und 2 im Übrigen vorliegen.

(2) $_1$Der von den Berufsgenossenschaften nach § 178 Abs. 2 und 3 gemeinsam zu tragende Betrag umfasst über die Rentenlasten hinaus auch die einer Tarifstelle zuzuordnenden Rehabilitationslasten für Arbeitsunfälle und Berufskrankheiten, wenn

1. die Gesamtrentenlast der Tarifstelle mindestens 2 Prozent der Gesamtrentenlast aller Berufsgenossenschaften beträgt,
2. die Entschädigungslast der Tarifstelle mindestens 75 Prozent der ihr zuzuordnenden Entgeltsumme beträgt und
3. die Tarifstelle mindestens zwölf Kalenderjahre unverändert bestanden hat;

dies gilt bis zum Ausgleichsjahr 2031 auch für die der Tarifstelle zuzuordnenden anteiligen Verwaltungs- und Verfahrenskosten. $_2$Wird die Tarifstelle aufgelöst, findet Satz 1 weiterhin Anwendung, wenn die Voraussetzungen der Nummern 1 und 2 im Übrigen vorliegen. $_3$Rehabilitationslasten nach Satz 1 sind die Aufwendungen der Berufsgenossenschaft für Leistungen nach dem Ersten Abschnitt des Dritten Kapitels einschließlich der Leistungen nach dem Neunten Buch. $_4$Entschädigungslast nach Satz 1 Nr. 2 sind die Aufwendungen für Rehabilitation nach Satz 3 und für Renten, Sterbegeld, Beihilfen und Abfindungen. $_5$Die anteiligen Verwaltungs- und Verfahrenskosten nach Satz 1 sind entsprechend dem Verhältnis der Entschädigungslast der Tarifstelle zur Entschädigungslast aller Tarifstellen der Berufsgenossenschaft zu ermitteln. $_6$Ergibt sich aus dem Verhältnis der Entschädigungslast der Tarifstelle zur Entschädigungslast aller gewerblichen Berufsgenossenschaften ein geringerer Verwaltungskostenbetrag, ist stattdessen dieser zugrunde zu legen. $_7$Er wird den jeweils nach § 178 Abs. 2 und 3 zu verteilenden Lasten im Verhältnis der Entschädigungslasten der Tarifstelle für Unfälle und Berufskrankheiten zugeordnet.

§ 180 Freibeträge, Unternehmen ohne Gewinnerzielungsabsicht

(1) $_1$Bei der Anwendung des § 178 Abs. 2 Nr. 2 und Abs. 3 Nr. 2 bleibt für jedes Unternehmen eine Jahresentgeltsumme außer Betracht, die dem Sechsfachen der Bezugsgröße des Kalenderjahres entspricht, für das der Ausgleich durchgeführt wird. $_2$Der Freibetrag wird auf volle 500 Euro aufgerundet.

(2) Außer Betracht bleiben ferner die Entgeltsummen von Unternehmen nicht gewerbsmäßiger Bauarbeiten sowie von gemeinnützigen, mildtätigen und kirchlichen Einrichtungen.

§ 181 Durchführung des Ausgleichs

(1) $_1$Das Bundesamt für Soziale Sicherung führt nach Ablauf des Ausgleichsjahres die Lastenverteilung nach § 178 durch. $_2$Zu diesem Zweck ermittelt es die auszugleichenden Beträge und berechnet den Ausgleichsanteil, der auf die einzelne Berufsgenossenschaft entfällt. $_3$Der Zahlungsausgleich aufgrund der auszugleichenden Beträge erfolgt durch unmittelbare Zahlungen der ausgleichspflichtigen an die ausgleichsberechtigten Berufsgenossenschaften nach Zugang des Bescheides.

(2) $_1$Die Berufsgenossenschaften haben dem Bundesamt für Soziale Sicherung bis zum 20. März des auf das Ausgleichsjahr folgenden Kalenderjahres die Angaben zu machen, die für die Berechnung des Ausgleichs erforderlich sind. $_2$Das Bundesamt für Soziale Sicherung stellt gegenüber den Berufsgenossenschaften bis zum 31. März diesen Jahres den jeweiligen Ausgleichsanteil fest. $_3$Die ausgleichspflichtigen Berufsgenossenschaften zahlen den auf sie entfallenden Ausgleichsbetrag nach Absatz 1 bis zum 25. Juni diesen Jahres an die ausgleichsberechtigten Berufsgenossenschaften.

(3) $_1$Die Werte nach § 178 Abs. 1 Satz 1 sind vom Bundesamt für Soziale Sicherung unter Berücksichtigung der Rentenwerte zu überprüfen. $_2$Das Bundesministerium für Arbeit und Soziales wird ermächtigt, durch Rechtsverordnung ohne Zustimmung des Bundesrates die Werte nach § 178 Abs. 1 Satz 1 neu festzusetzen. $_3$Es

kann die Befugnis nach Satz 2 durch Rechtsverordnung ohne Zustimmung des Bundesrates auf das Bundesamt für Soziale Sicherung übertragen. 4Rechtsverordnungen, die nach Satz 3 erlassen werden, bedürfen einer Anhörung der Deutschen Gesetzlichen Unfallversicherung e. V. und ergehen im Einvernehmen mit dem Bundesministerium für Arbeit und Soziales.

(4) Die Bundesregierung hat dem Deutschen Bundestag und dem Bundesrat alle vier Jahre bis zum 31. Dezember des auf das Ausgleichsjahr folgenden Jahres, erstmals bis zum 31. Dezember 2012, über die Wirkungen der gemeinsamen Tragung der Rentenlasten nach § 178 zu berichten.

(5) 1Die Berufsgenossenschaften erstatten dem Bundesamt für Soziale Sicherung die Verwaltungskosten, die bei der Durchführung des Ausgleichs entstehen. 2Das Bundesamt für Soziale Sicherung weist die für die Durchführung der Abrechnung erforderlichen Verwaltungskosten pauschal nach Stellenanteilen nach. 3Der Ermittlung der Verwaltungskosten sind die Personalkostenansätze des Bundes einschließlich der Sachkostenpauschale zugrunde zu legen. 4Zusätzliche Verwaltungsausgaben können in ihrer tatsächlichen Höhe hinzugerechnet werden. 5Die Aufteilung des Erstattungsbetrages auf die gewerblichen Berufsgenossenschaften erfolgt entsprechend ihrem Anteil an dem Zahlungsvolumen für Rentenlasten im Ausgleichsjahr vor Durchführung des Ausgleichs.

(6) Klagen gegen Feststellungsbescheide nach Absatz 2 einschließlich der hierauf entfallenden Verwaltungskosten nach Absatz 5 haben keine aufschiebende Wirkung.

Zweiter Abschnitt
Besondere Vorschriften für die landwirtschaftliche Unfallversicherung

§ 182 Berechnungsgrundlagen

(1) Auf die landwirtschaftliche Berufsgenossenschaft finden anstelle der Vorschriften über die Berechnungsgrundlagen aus dem Zweiten Unterabschnitt des Ersten Abschnitts die folgenden Absätze Anwendung.

(2) 1Berechnungsgrundlagen für die Beiträge der landwirtschaftlichen Berufsgenossenschaft sind das Umlagesoll, der Flächenwert, der Arbeitsbedarf, der Arbeitswert oder ein anderer vergleichbarer Maßstab. 2Die Satzung hat bei der Festlegung der Berechnungsgrundlagen die Unfallrisiken in den Unternehmen insbesondere durch die Bildung von Risikogruppen zu berücksichtigen; sie kann hierzu einen Gefahrtarif aufstellen. 3Ein angemessener solidarischer Ausgleich ist sicherzustellen. 4Die Satzung kann zusätzlich zu den Berechnungsgrundlagen nach den Sätzen 1 und 2 Mindestbeiträge und Berechnungsgrundlagen für Grundbeiträge festlegen.

(3) Für Unternehmen ohne Bodenbewirtschaftung und Nebenunternehmen eines landwirtschaftlichen Unternehmens kann die Satzung angemessene Berechnungsgrundlagen bestimmen; Absatz 2 Satz 2 bis 4 gilt entsprechend.

(4) 1Der Flächenwert der landwirtschaftlichen Nutzung wird durch Vervielfältigung des durchschnittlichen Hektarwertes dieser Nutzung in der Gemeinde oder in dem Gemeindeteil, in dem die Flächen gelegen sind oder der Betrieb seinen Sitz hat, mit der Größe der im Unternehmen genutzten Flächen (Eigentums- und Pachtflächen) gebildet, wobei die Satzung eine Höchstgrenze für den Hektarwert vorsehen kann. 2Die Satzung bestimmt das Nähere zum Verfahren; sie hat außerdem erforderliche Bestimmungen zu treffen über die Ermittlung des Flächenwertes für

1. die forstwirtschaftliche Nutzung,
2. das Geringstland,
3. die landwirtschaftlichen Nutzungsteile Hopfen und Spargel,
4. die weinbauliche und gärtnerische Nutzung,
5. die Teichwirtschaft und Fischzucht,
6. sonstige landwirtschaftliche Nutzung.

(5) 1Der Arbeitsbedarf wird nach dem Durchschnittsmaß der für die Unternehmen erforderlichen menschlichen Arbeit unter Berücksichtigung der Kulturarten geschätzt und das einzelne Unternehmen hiernach veranlagt. 2Das Nähere über die Abschätzung und die Veranlagung bestimmt die Satzung. 3Der Abschätzungstarif hat eine Geltungsdauer von höchstens sechs Kalenderjahren; die §§ 158 und 159 gelten entsprechend.

(6) 1Arbeitswert ist der Wert der Arbeit, die von den im Unternehmen tätigen Versicherten im Kalenderjahr geleistet wird. 2Die Satzung bestimmt unter Berücksichtigung von Art und Umfang der Tätigkeit, für welche Versicherten sich der Arbeitswert nach dem Arbeitsentgelt, nach dem Jahresarbeitsverdienst, nach dem Mindestjahresarbeitsverdienst oder nach in der Satzung festgelegten Beträgen bemißt. 3Soweit sich der Arbeitswert nach den in der Satzung festgelegten Beträgen bemißt, gelten § 157 Abs. 5 und die §§ 158 bis 160 entsprechend.

§ 183 Umlageverfahren

(1) Auf die landwirtschaftliche Berufsgenossenschaft finden anstelle der Vorschriften über das Umlageverfahren aus dem Vierten Unterabschnitt des Ersten Abschnitts die folgenden Absätze Anwendung.

(2) Die Einzelheiten der Beitragsberechnung bestimmt die Satzung.

(3) 1Landwirtschaftlichen Unternehmern, für die versicherungsfreie Personen oder Personen tätig sind die infolge dieser Tätigkeit bei einem anderen Unfallversicherungsträger als der landwirtschaftlichen Berufsgenossenschaft versichert sind, wird auf Antrag eine Beitragsermäßigung bewilligt. 2Das Nähere bestimmt die Satzung.

(4) Die Satzung kann bestimmen, daß und unter welchen Voraussetzungen landwirtschaftliche Unternehmer kleiner Unternehmen mit geringer Unfallgefahr ganz oder teilweise von Beiträgen befreit werden.

(5) 1Die landwirtschaftliche Berufsgenossenschaft teilt den Unternehmern den von ihnen zu zahlenden Beitrag schriftlich mit. 2Der Beitragsbescheid ist mit Wirkung für die Vergangenheit zuungunsten der Unternehmer nur dann aufzuheben, wenn

1. die Veranlagung des Unternehmens nachträglich geändert wird,
2. eine im Laufe des Kalenderjahres eingetretene Änderung des Unternehmens nachträglich bekannt wird,
3. die Feststellung der Beiträge auf unrichtigen Angaben des Unternehmers oder wegen unterlassener Angaben des Unternehmens auf einer Schätzung beruht.

3Einer Anhörung nach § 24 des Zehnten Buches bedarf es nur in den Fällen des Satzes 2.

(5a) 1Zur Sicherung des Beitragsaufkommens soll die landwirtschaftliche Berufsgenossenschaft Vorschüsse bis zur Höhe des voraussichtlichen Jahresbedarfs erheben. 2Die Satzung regelt das Nähere zur Fälligkeit der Beiträge und Vorschüsse sowie zum Verfahren der Zahlung.

(5b) Der Beitrag und die Vorschüsse sollen auf der Grundlage eines Lastschriftmandats eingezogen werden.

(6) 1Die Unternehmer haben der landwirtschaftlichen Berufsgenossenschaft über die Unternehmens-, Arbeits- und Lohnverhältnisse Auskunft zu geben, soweit dies für die Beitragsberechnung von Bedeutung ist; die Einzelheiten bestimmt die Satzung. 2§ 166 Absatz 1 gilt entsprechend; die Prüfungsabstände bestimmt die landwirtschaftliche Berufsgenossenschaft. 3Soweit die Unternehmer die Angaben nicht, nicht rechtzeitig, nicht richtig oder nicht vollständig machen, kann die landwirtschaftliche Berufsgenossenschaft eine Schätzung vornehmen. 4Die Unternehmer sollen der landwirtschaftlichen Berufsgenossenschaft eine Ermächtigung zum Einzug des Beitrags und der Vorschüsse erteilen.

§ 183a Rechenschaft über die Verwendung der Mittel

Die landwirtschaftliche Berufsgenossenschaft hat in ihrer Mitgliederzeitschrift und vergleichbaren elektronischen Medien in hervorgehobener Weise und gebotener Ausführlichkeit jährlich über die Verwendung ihrer Mittel im Vorjahr Rechenschaft abzulegen und dort zugleich ihre Verwaltungsausgaben gesondert auch als Anteil des Hebesatzes oder des Beitrages auszuweisen.

§ 184 Rücklage

1Abweichend von § 172a Abs. 2 wird die Rücklage mindestens in einfacher Höhe der durchschnittlichen monatlichen Ausgaben des abgelaufenen Kalenderjahres und höchstens bis zur zweifachen Höhe der durchschnittlichen monatlichen Ausgaben des abgelaufenen Kalenderjahres gebildet. 2Bis sie diese Höhe erreicht hat, wird ihr jährlich ein Betrag von 0,5 Prozent der Ausgaben des abgelaufenen Kalenderjahres zugeführt. 3Es gilt § 172a Abs. 4.

Dritter Abschnitt
Besondere Vorschriften für die Unfallversicherungsträger der öffentlichen Hand

§ 185 Gemeindeunfallversicherungsverbände, Unfallkassen der Länder und Gemeinden, gemeinsame Unfallkassen, Feuerwehr-Unfallkassen

(1) 1Von den Vorschriften des Ersten Abschnitts finden auf die Gemeindeunfallversicherungsverbände, die Unfallkassen der Länder und Gemeinden, die gemeinsamen Unfallkassen und die Feuerwehr-Unfallkassen die §§ 150, 151, 164 bis 166, 168, 172, 172b und 172c über die Beitragspflicht, die Vorschüsse und Sicherheitsleistungen, das Umlageverfahren sowie über Betriebsmittel, Verwaltungsvermögen und Altersrückstellungen nach Maßgabe der folgenden Absätze Anwendung. 2Soweit die Beitragserhebung für das laufende Jahr er-

folgt, kann die Satzung bestimmen, dass die Beitragslast in Teilbeträgen angefordert wird.

(2) ₁Für Versicherte nach § 128 Abs. 1 Nr. 2 bis 9 und 11 und § 129 Abs. 1 Nr. 3 bis 7 werden Beiträge nicht erhoben. ₂Die Aufwendungen für diese Versicherten werden entsprechend der in diesen Vorschriften festgelegten Zuständigkeiten auf das Land, die Gemeinden oder die Gemeindeverbände umgelegt; dabei bestimmen bei den nach § 116 Abs. 1 Satz 2 errichteten gemeinsamen Unfallkassen die Landesregierungen durch Rechtsverordnung, wer die Aufwendungen für Versicherte nach § 128 Abs. 1 Nr. 6, 7, 9 und 11 trägt. ₃Bei gemeinsamen Unfallkassen sind nach Maßgabe der in den §§ 128 und 129 festgelegten Zuständigkeiten getrennte Umlagegruppen für den Landesbereich und den kommunalen Bereich zu bilden. ₄Für Unternehmen nach § 128 Abs. 1 Nr. 1a und § 129 Abs. 1 Nr. 1a können gemeinsame Umlagegruppen gebildet werden. ₅Bei der Vereinigung von Unfallversicherungsträgern nach den §§ 116 und 117 können die gleichlautenden Rechtsverordnungen für eine Übergangszeit von höchstens zwölf Jahren jeweils getrennte Umlagegruppen für die bisherigen Zuständigkeitsbereiche der vereinigten Unfallversicherungsträger vorsehen.

(3) ₁Die Satzung kann bestimmen, daß Aufwendungen für bestimmte Arten von Unternehmen nur auf die beteiligten Unternehmer umgelegt werden. ₂Für die Gemeinden als Unternehmer können auch nach der Einwohnerzahl gestaffelte Gruppen gebildet werden.

(4) ₁Die Höhe der Beiträge richtet sich nach der Einwohnerzahl, der Zahl der Versicherten, den Arbeitsstunden oder den Arbeitsentgelten. ₂Die Satzung bestimmt den Beitragsmaßstab und regelt das Nähere über seine Anwendung; sie kann einen einheitlichen Mindestbeitrag bestimmen. ₃Der Beitragssatz für geringfügig Beschäftigte in Privathaushalten, die nach § 28a Abs. 7 des Vierten Buches der Einzugsstelle gemeldet worden sind, beträgt für das Jahr 2006 1,6 vom Hundert des jeweiligen Arbeitsentgelts. ₄Das Bundesministerium für Arbeit und Soziales wird ermächtigt, den Beitragssatz durch Rechtsverordnung mit Zustimmung des Bundesrates gemäß den nachfolgenden Bestimmungen zu regeln. ₅Der Beitragssatz des Jahres 2006 gilt so lange, bis er nach Maßgabe der Regelung über die Festsetzung der Beitragssätze nach § 21 des Vierten Buches neu festzusetzen ist. ₆Die Deutsche Gesetzliche Unfallversicherung e. V. stellt einen gemeinsamen Beitragseinzug sicher.

(5) ₁Die Satzung kann bestimmen, daß die Beiträge nach dem Grad des Gefährdungsrisikos unter Berücksichtigung der Leistungsaufwendungen abgestuft werden; § 157 Abs. 5 und § 158 gelten entsprechend. ₂Die Satzung kann ferner bestimmen, daß den Unternehmen unter Berücksichtigung der Versicherungsfälle, die die nach § 2 Abs. 1 Nr. 1 und 8 Versicherten erlitten haben, entsprechend den Grundsätzen des § 162 Zuschläge auferlegt, Nachlässe bewilligt oder Prämien gewährt werden.

§ 186 Aufwendungen der Unfallversicherung Bund und Bahn

(1) ₁Im Zuständigkeitsbereich des § 125 Absatz 1 finden von den Vorschriften des Ersten Abschnitts die §§ 150, 152, 155, 164 bis 166, 168, 172, 172b und 172c Anwendung, soweit nicht in den folgenden Absätzen Abweichendes geregelt ist. ₂Das Nähere bestimmt die Satzung.

(2) ₁Die Aufwendungen für Unternehmen nach § 125 Absatz 1 Nummer 3 und Absatz 4 werden auf die beteiligten Unternehmer umgelegt. ₂§ 185 Abs. 5 gilt entsprechend.

(3) ₁Die Aufwendungen der Unfallversicherung Bund und Bahn für die Versicherung nach § 125 Abs. 1 Nr. 1, 4, 6 Buchstabe a, 7 und 8 werden auf die Dienststellen des Bundes umgelegt. ₂Die Satzung bestimmt, in welchem Umfang diese Aufwendungen nach der Zahl der Versicherten oder den Arbeitsentgelten und in welchem Umfang nach dem Grad des Gefährdungsrisikos unter Berücksichtigung der Leistungsaufwendungen umgelegt werden. ₃Die Aufwendungen für die Versicherung nach § 125 Abs. 1 Nr. 2 erstattet die Bundesagentur für Arbeit, die Aufwendungen für die Versicherung nach § 125 Abs. 1 Nr. 5 das Bundesministerium für Arbeit und Soziales, die Aufwendungen für die Versicherung nach § 125 Absatz 1 Nummer 6 Buchstabe b das Bundesministerium für wirtschaftliche Zusammenarbeit und Entwicklung und die Aufwendungen für die Versicherung nach § 125 Abs. 1 Nr. 9 die jeweils zuständige Dienststelle des Bundes. ₄Die Aufwendungen für Versicherte der alliierten Streitkräfte erstatten diese nach dem NATO-Truppenstatut und den Zusatzabkommen jeweils für ihren Bereich. ₅Im Übrigen werden die Aufwendungen der Unfallversicherung Bund und Bahn im Zuständigkeitsbereich des § 125 Absatz 1 vom Bundesministerium für Arbeit und Soziales getragen.

(4) ₁Die Dienststellen des Bundes und die Bundesagentur für Arbeit entrichten vierteljährlich im Voraus die

Abschläge auf die zu erwartenden Aufwendungen. 2Die Unfallversicherung Bund und Bahn hat der Bundesagentur für Arbeit und den Dienststellen des Bundes die für die Erstattung erforderlichen Angaben zu machen und auf Verlangen Auskunft zu erteilen. 3Das Nähere über die Durchführung der Erstattung regelt die Satzung; bei den Verwaltungskosten kann auch eine pauschalierte Erstattung vorgesehen werden.

Vierter Abschnitt
Gemeinsame Vorschriften

Erster Unterabschnitt
Gemeinsame Vorschriften

§ 187 Berechnungsgrundsätze

(1) 1Berechnungen werden auf vier Dezimalstellen durchgeführt. 2Geldbeträge werden auf zwei Dezimalstellen berechnet. 3Dabei wird die letzte Dezimalstelle um 1 erhöht, wenn sich in der folgenden Dezimalstelle eine der Zahlen 5 bis 9 ergeben würde.

(2) Bei einer Berechnung, die auf volle Werte vorzunehmen ist, wird der Wert um 1 erhöht, wenn sich in den ersten vier Dezimalstellen eine der Zahlen 1 bis 9 ergeben würde.

(3) Bei einer Berechnung von Geldbeträgen, für die ausdrücklich ein Betrag in vollem Euro vorgegeben oder bestimmt ist, wird der Betrag nur dann um 1 erhöht, wenn sich in der ersten Dezimalstelle eine der Zahlen 5 bis 9 ergeben würde.

(4) 1Der auf einen Teilzeitraum entfallende Betrag ergibt sich, wenn der Gesamtbetrag mit dem Teilzeitraum vervielfältigt und durch den Gesamtzeitraum geteilt wird. 2Dabei werden das Kalenderjahr mit 360 Tagen, der Kalendermonat mit 30 Tagen und die Kalenderwoche mit sieben Tagen gerechnet.

(5) Vor einer Division werden zunächst die anderen Rechengänge durchgeführt.

Zweiter Unterabschnitt
Reduzierung der Kosten für Verwaltung und Verfahren

§ 187a Reduzierung der Kosten für Verwaltung und Verfahren in der landwirtschaftlichen Unfallversicherung

(1) 1Die landwirtschaftliche Berufsgenossenschaft ergreift Maßnahmen, damit die jährlichen Verwaltungs- und Verfahrenskosten für die landwirtschaftliche Unfallversicherung spätestens im Jahr 2016 nicht mehr als 95 Millionen Euro betragen. 2Die Sozialversicherung für Landwirtschaft, Forsten und Gartenbau legt dem Bundesministerium für Arbeit und Soziales und dem Bundesministerium für Ernährung und Landwirtschaft bis zum 31. Dezember 2017 einen Bericht über die Entwicklung der Verwaltungs- und Verfahrenskosten in der landwirtschaftlichen Unfallversicherung vor. 3Das Bundesministerium für Arbeit und Soziales und das Bundesministerium für Ernährung und Landwirtschaft leiten den Bericht an den Deutschen Bundestag und an den Bundesrat weiter und fügen eine Stellungnahme bei.

(2) Bei der Ermittlung der Verwaltungs- und Verfahrenskosten nach Absatz 1 Satz 1 bleiben Versorgungsaufwendungen und Zuführungen zum Altersrückstellungsvermögen unberücksichtigt.

Siebtes Kapitel
Zusammenarbeit der Unfallversicherungsträger mit anderen Leistungsträgern und ihre Beziehungen zu Dritten

Erster Abschnitt
Zusammenarbeit der Unfallversicherungsträger mit anderen Leistungsträgern

§ 188 Auskunftspflicht der Krankenkassen

1Die Unfallversicherungsträger können von den Krankenkassen Auskunft über die Behandlung, den Zustand sowie über Erkrankungen und frühere Erkrankungen des Versicherten verlangen, soweit dies für die Feststellung des Versicherungsfalls erforderlich ist. 2Sie sollen dabei ihr Auskunftsverlangen auf solche Erkrankungen oder auf solche Bereiche von Erkrankungen beschränken, die mit dem Versicherungsfall in einem ursächlichen Zusammenhang stehen können. 3Für die Unterrichtung des Versicherten aufgrund seines Auskunftsrechts nach Artikel 15 der Verordnung (EU) 2016/679 des Europäischen Parlaments und des Rates vom 27. April 2016 zum Schutz natürlicher Personen bei der Verarbeitung personenbezogener Daten, zum freien Datenverkehr und zur Aufhebung der Richtlinie 95/46/EG (Datenschutz-Grundverordnung) (ABl. L 119 vom 4. 5. 2016, S. 1; L 314 vom 22. 11. 2016, S. 72; L 127 vom 23. 5. 2018, S. 2) in der jeweils geltenden Fassung über die von den Krankenkassen an den Unfallversicherungsträger übermittelten Angaben über gesundheitliche Verhältnisse des Versicherten gilt § 25 Absatz 2 des Zehnten Buches entsprechend.

VII

§ 189 Beauftragung einer Krankenkasse

Unfallversicherungsträger können Krankenkassen beauftragen, die ihnen obliegenden Geldleistungen zu erbringen; die Einzelheiten werden durch Vereinbarung geregelt.

§ 190 Pflicht der Unfallversicherungsträger zur Benachrichtigung der Rentenversicherungsträger beim Zusammentreffen von Renten

Erbringt ein Unfallversicherungsträger für einen Versicherten oder einen Hinterbliebenen, der eine Rente aus der gesetzlichen Rentenversicherung bezieht, Rente oder Heimpflege oder ergeben sich Änderungen bei diesen Leistungen, hat der Unfallversicherungsträger den Rentenversicherungsträger unverzüglich zu benachrichtigen; bei Zahlung einer Rente ist das Maß der Minderung der Erwerbsfähigkeit anzugeben.

Zweiter Abschnitt
Beziehungen der Unfallversicherungsträger zu Dritten

§ 191 Unterstützungspflicht der Unternehmer

Die Unternehmer haben die für ihre Unternehmen zuständigen Unfallversicherungsträger bei der Durchführung der Unfallversicherung zu unterstützen; das Nähere regelt die Satzung.

§ 192 Mitteilungs- und Auskunftspflichten von Unternehmern und Bauherren

(1) 1Die Unternehmer haben binnen einer Woche nach Beginn des Unternehmens dem zuständigen Unfallversicherungsträger

1. die Art und den Gegenstand des Unternehmens,
2. die Zahl der Versicherten,
3. den Eröffnungstag oder den Tag der Aufnahme der vorbereitenden Arbeiten für das Unternehmen und
4. in den Fällen des § 130 Abs. 2 und 3 den Namen und den Wohnsitz oder gewöhnlichen Aufenthalt des Bevollmächtigten

mitzuteilen. 2Die Mitteilungspflicht gilt als erfüllt, wenn eine Anzeige nach den §§ 14, 55c der Gewerbeordnung binnen einer Woche nach Beginn des Unternehmens gegenüber der zuständigen Stelle erstattet wurde.

(2) Die Unternehmer haben Änderungen von

1. Art und Gegenstand ihrer Unternehmen, die für die Prüfung der Zuständigkeit der Unfallversicherungsträger von Bedeutung sein können,
2. Voraussetzungen für die Zuordnung zu den Gefahrklassen,
3. sonstigen Grundlagen für die Berechnung der Beiträge

innerhalb von vier Wochen dem Unfallversicherungsträger mitzuteilen.

(3) Die Unternehmer haben ferner auf Verlangen des zuständigen Unfallversicherungsträgers die Auskünfte zu geben und die Beweisurkunden vorzulegen, die zur Erfüllung der gesetzlichen Aufgaben des Unfallversicherungsträgers (§ 199) erforderlich sind, Ist bei einer Schule der Schulhoheitsträger nicht Unternehmer, hat auch der Schulhoheitsträger die Verpflichtung zur Auskunft nach Satz 1.

(4) 1Den Wechsel von Personen der Unternehmer haben die bisherigen Unternehmer und ihre Nachfolger innerhalb von vier Wochen nach dem Wechsel dem Unfallversicherungsträger mitzuteilen. 2Den Wechsel von Personen der Bevollmächtigten haben die Unternehmer innerhalb von vier Wochen nach dem Wechsel mitzuteilen.

(5) 1Bauherren sind verpflichtet, auf Verlangen des zuständigen Unfallversicherungsträgers die Auskünfte zu geben, die zur Erfüllung der gesetzlichen Aufgaben des Unfallversicherungsträgers (§ 199) erforderlich sind. 2Dazu gehören

1. die Auskunft darüber, ob und welche nicht gewerbsmäßigen Bauarbeiten ausgeführt werden,
2. die Auskunft darüber, welche Unternehmer mit der Ausführung der gewerbsmäßigen Bauarbeiten beauftragt sind.

§ 193 Pflicht zur Anzeige eines Versicherungsfalls durch die Unternehmer

(1) 1Die Unternehmer haben Unfälle von Versicherten in ihren Unternehmen dem Unfallversicherungsträger anzuzeigen, wenn Versicherte getötet oder so verletzt sind, daß sie mehr als drei Tage arbeitsunfähig werden. 2Satz 1 gilt entsprechend für Unfälle von Versicherten, deren Versicherung weder eine Beschäftigung noch eine selbständige Tätigkeit voraussetzt.

(2) Haben Unternehmer im Einzelfall Anhaltspunkte, daß bei Versicherten ihrer Unternehmen eine Berufskrankheit vorliegen könnte, haben sie diese dem Unfallversicherungsträger anzuzeigen.

(3) 1Bei Unfällen der nach § 2 Abs. 1 Nr. 8 Buchstabe b Versicherten hat der Schulhoheitsträger die Unfälle auch dann anzuzeigen, wenn er nicht Unternehmer ist. 2Bei Unfällen der nach § 2 Absatz 1 Nummer 15 Buchstabe a

VII

und d Versicherten hat der Träger der Einrichtung, in der die stationäre oder teilstationäre Behandlung, die stationären, teilstationären oder ambulanten Leistungen zur medizinischen Rehabilitation oder zur Prävention erbracht werden, die Unfälle anzuzeigen.

(4) 1Die Anzeige ist binnen drei Tagen zu erstatten, nachdem die Unternehmer von dem Unfall oder von den Anhaltspunkten für eine Berufskrankheit Kenntnis erlangt haben. 2Der Versicherte kann vom Unternehmer verlangen, daß ihm eine Kopie der Anzeige überlassen wird.

(5) 1Die Anzeige ist vom Betriebs- oder Personalrat mit zu unterzeichnen; bei Erstattung der Anzeige durch Datenübertragung ist anzugeben, welches Mitglied des Betriebs- oder Personalrats vor der Absendung von ihr Kenntnis genommen hat. 2Der Unternehmer hat die Sicherheitsfachkraft und den Betriebsarzt über jede Unfall- oder Berufskrankheitenanzeige in Kenntnis zu setzen. 3Verlangt der Unfallversicherungsträger zur Feststellung, ob eine Berufskrankheit vorliegt, Auskünfte über gefährdende Tätigkeiten von Versicherten, haben die Unternehmer den Betriebs- oder Personalrat über dieses Auskunftsersuchen unverzüglich zu unterrichten.

(6) (weggefallen)

(7) 1Bei Unfällen in Unternehmen, die der allgemeinen Arbeitsschutzaufsicht unterstehen, hat der Unternehmer eine Durchschrift der Anzeige der für den Arbeitsschutz zuständigen Behörde zu übersenden. 2Bei Unfällen in Unternehmen, die der bergbehördlichen Aufsicht unterstehen, ist die Durchschrift an die zuständige untere Bergbehörde zu übersenden. 3Wird eine Berufskrankheit angezeigt, übersendet der Unfallversicherungsträger eine Durchschrift der Anzeige unverzüglich der für den medizinischen Arbeitsschutz zuständigen Landesbehörde. 4Wird der für den medizinischen Arbeitsschutz zuständigen Landesbehörde eine Berufskrankheit angezeigt, übersendet sie dem Unfallversicherungsträger unverzüglich eine Durchschrift der Anzeige.

(8) Das Bundesministerium für Arbeit und Soziales bestimmt durch Rechtsverordnung mit Zustimmung des Bundesrates den für Aufgaben der Prävention und der Einleitung eines Feststellungsverfahrens erforderlichen Inhalt der Anzeige, ihre Form und die Art und Weise ihrer Übermittlung sowie die Empfänger, die Anzahl und den Inhalt der Durchschriften.

(9) 1Unfälle nach Absatz 1, die wahrend der Fahrt auf einem Seeschiff eingetreten sind, sind ferner in das Schiffstagebuch einzutragen und dort oder in einem Anhang kurz darzustellen. 2Ist ein Schiffstagebuch nicht zu führen, haben die Schiffsführer Unfälle nach Satz 1 in einer besonderen Niederschrift nachzuweisen.

§ 194 Meldepflicht der Eigentümer von Seeschiffen

Die Seeschiffe, die unter der Bundesflagge in Dienst gestellt werden sollen, haben die Eigentümer bereits nach ihrem Erwerb oder bei Beginn ihres Baus der Berufsgenossenschaft Verkehrswirtschaft Post-Logistik Telekommunikation zu melden.

§ 195 Unterstützungs- und Mitteilungspflichten von Kammern und der für die Erteilung einer Gewerbe- oder Bauerlaubnis zuständigen Behörden

(1) Kammern und andere Zusammenschlüsse von Unternehmern, die als Körperschaften des öffentlichen Rechts errichtet sind, ferner Verbände und andere Zusammenschlüsse, denen Unternehmer kraft Gesetzes angehören oder anzugehören haben, haben die Unfallversicherungsträger bei der Ermittlung der ihnen zugehörenden Unternehmen zu unterstützen und ihnen hierzu Auskunft über Namen und Gegenstand dieser Unternehmen zu geben.

(2) 1Behörden, denen die Erteilung einer gewerberechtlichen Erlaubnis oder eines gewerberechtlichen Berechtigungsscheins obliegt, haben den Berufsgenossenschaften über die Deutsche Gesetzliche Unfallversicherung e. V. nach Eingang einer Anzeige nach der Gewerbeordnung, soweit ihnen bekannt, Namen, Geburtsdatum und Anschrift der Unternehmer, Namen, Gegenstand sowie Tag der Eröffnung und der Einstellung der Unternehmen und bei Änderung oder Übernahme bestehender Unternehmen den bisher zuständigen Unfallversicherungsträger und die Mitgliedsnummer/Unternehmensnummer mitzuteilen. 2Entsprechendes gilt bei Erteilung einer Reisegewerbekarte. 3Im übrigen gilt Absatz 1 entsprechend.

(3) 1Die für die Erteilung von Bauerlaubnissen zuständigen Behörden haben dem zuständigen Unfallversicherungsträger nach Erteilung einer Bauerlaubnis den Namen und die Anschrift, den Geburtsnamen und das Geburtsdatum des Bauherrn, den Ort und die Art der Bauarbeiten, den Baubeginn sowie die Höhe der im baubehördlichen Verfahren angegebenen oder festgestellten Baukosten mitzuteilen. 2Bei nicht bauerlaubnispflichtigen Bauvorhaben trifft dieselbe Verpflichtung die für die

VII

Entgegennahme der Bauanzeige oder der Bauunterlagen zuständigen Behörden.

§ 196 Mitteilungspflichten der Schiffsvermessungs- und -registerbehörden

1Das Bundesamt für Seeschifffahrt und Hydrographie teilt jede Vermessung eines Seeschiffs, die für die Führung von Schiffsregistern und des Internationalen Seeschifffahrtsregisters zuständigen Gerichte und Behörden teilen den Eingang jedes Antrags auf Eintragung eines Seeschiffs sowie jede Eintragung eines Seeschiffs der Berufsgenossenschaft Verkehrswirtschaft Post-Logistik Telekommunikation unverzüglich mit. 2Entsprechendes gilt für alte Veränderungen und Löschungen im Schiffsregister. 3Bei Fahrzeugen, die nicht in das Schiffsregister eingetragen werden, haben die Verwaltungsbehörden und die Fischereiämter, die den Seeschiffen Unterscheidungssignale erteilen, die gleichen Pflichten.

§ 197 Übermittlungspflicht weiterer Behörden

(1) Die Gemeinden übermitteln abweichend von § 30 der Abgabenordnung zum Zweck der Beitragserhebung auf Anforderung Daten über Eigentums- und Besitzverhältnisse an Flächen an die landwirtschaftliche Berufsgenossenschaft, soweit die Ermittlungen von der landwirtschaftlichen Berufsgenossenschaft nur mit wesentlich größerem Aufwand vorgenommen werden können als von den Gemeinden.

(2) 1Die Finanzbehörden übermitteln in einem automatisierten Verfahren jährlich der landwirtschaftlichen Berufsgenossenschaft die maschinell vorhandenen Feststellungen zu

1. der nutzungsartbezogenen Vergleichszahl einschließlich Einzelflächen mit Flurstückkennzeichen,
2. den Vergleichswerten sonstiger Nutzung,
3. den Zu- und Abschlägen an den Vergleichswerten,
4. dem Bestand an Vieheinheiten,
5. den Einzelertragswerten für Nebenbetriebe,
6. dem Ersatzwirtschaftswert oder zu den bei dessen Ermittlung anfallenden Berechnungsgrundlagen sowie
7. den Ertragswerten für Abbauland und Geringstland.

2Die landwirtschaftliche Berufsgenossenschaft, die landwirtschaftliche Krankenkasse und die landwirtschaftliche Alterskasse dürfen diese Daten nur zur Feststellung der Versicherungspflicht, der Beitragserhebung oder zur Überprüfung von Rentenansprüchen nach dem Gesetz über die Alterssicherung der Landwirte nutzen. 3Sind übermittelte Daten für die Überprüfung nach Satz 2 nicht mehr erforderlich, sind sie unverzüglich zu löschen.

(3) 1Das Bundesministerium für Arbeit und Soziales wird ermächtigt, das Nähere über das Verfahren der automatisierten Datenübermittlung durch Rechtsverordnung im Einvernehmen mit dem Bundesministerium der Finanzen und dem Bundesministerium für Ernährung und Landwirtschaft und mit Zustimmung des Bundesrates zu regeln. 2Die Einrichtung eines automatisierten Abrufverfahrens ist ausgeschlossen.

(4) 1Die Flurbereinigungsverwaltung und die Vermessungsverwaltung übermitteln der landwirtschaftlichen Berufsgenossenschaft und den Finanzbehörden durch ein automatisiertes Abrufverfahren die jeweils bei ihnen maschinell vorhandenen Betriebs-, Flächen-, Nutzungs-, Produktions- und Tierdaten sowie die sonstigen hierzu gespeicherten Angaben. 2Die übermittelten Daten dürfen durch die landwirtschaftliche Berufsgenossenschaft, landwirtschaftliche Krankenkasse und landwirtschaftliche Alterskasse nur zur Feststellung der Versicherungspflicht, der Beitragserhebung oder zur Überprüfung von Rentenansprüchen nach dem Gesetz über die Alterssicherung der Landwirte und durch die Finanzbehörden zur Feststellung der Steuerpflicht oder zur Steuererhebung genutzt werden. 3Sind übermittelte Daten für die Überprüfung nach Satz 2 nicht mehr erforderlich, sind sie unverzüglich zu löschen. 4Die Sätze 1 und 2 gelten auch für die Ämter für Landwirtschaft und Landentwicklung, für die Veterinärverwaltung sowie sonstige nach Landesrecht zuständige Stellen, soweit diese Aufgaben wahrnehmen, die denen der Ämter für Landwirtschaft und Landentwicklung oder der Veterinärverwaltung entsprechen.

§ 198 Auskunftspflicht der Grundstückseigentümer

Eigentümer von Grundstücken, die von Unternehmern land- oder forstwirtschaftlich bewirtschaftet werden, haben der landwirtschaftlichen Berufsgenossenschaft auf Verlangen Auskunft über Größe und Lage der Grundstücke sowie Namen und Anschriften der Unternehmer zu erteilen, soweit dies für die Beitragserhebung erforderlich ist.

Achtes Kapitel
Datenschutz

Erster Abschnitt
Grundsätze

§ 199 Verarbeitung von Daten durch die Unfallversicherungsträger

(1) 1Die Unfallversicherungsträger dürfen Sozialdaten nur erheben und speichern, soweit dies zur Erfüllung ihrer gesetzlich vorgeschriebenen oder zugelassenen Aufgaben erforderlich ist. 2Ihre Aufgaben sind

1. die Feststellung der Zuständigkeit und des Versicherungsstatus,
2. die Erbringung der Leistungen nach dem Dritten Kapitel einschließlich Überprüfung der Leistungsvoraussetzungen und Abrechnung der Leistungen,
3. die Berechnung, Festsetzung und Erhebung von Beitragsberechnungsgrundlagen und Beiträgen nach dem Sechsten Kapitel,
4. die Durchführung von Erstattungs- und Ersatzansprüchen,
5. die Verhütung von Versicherungsfällen, die Abwendung von arbeitsbedingten Gesundheitsgefahren sowie die Vorsorge für eine wirksame Erste Hilfe nach dem Zweiten Kapitel,
6. die Erforschung von Risiken und Gesundheitsgefahren für die Versicherten.

(2) 1Die Sozialdaten dürfen nur für Aufgaben nach Absatz 1 in dem jeweils erforderlichen Umfang verändert, genutzt, übermittelt oder in der Verarbeitung eingeschränkt werden. 2Eine Verarbeitung für andere Zwecke ist nur zulässig, soweit dies durch Rechtsvorschriften des Sozialgesetzbuches angeordnet oder erlaubt ist.

(3) Bei der Feststellung des Versicherungsfalls soll der Unfallversicherungsträger Auskünfte über Erkrankungen und frühere Erkrankungen des Betroffenen von anderen Stellen oder Personen erst einholen, wenn hinreichende Anhaltspunkte für den ursächlichen Zusammenhang zwischen der versicherten Tätigkeit und dem schädigenden Ereignis oder der schädigenden Einwirkung vorliegen.

§ 200 Einschränkung der Übermittlungsbefugnis

(1) § 76 Abs. 2 Nr. 1 des Zehnten Buches gilt mit der Maßgabe, daß der Unfallversicherungsträger auch auf ein gegenüber einem anderen Sozialleistungsträger bestehendes Widerspruchsrecht hinzuweisen hat, wenn dieser nicht selbst zu einem Hinweis nach § 76 Abs. 2 Nr. 1 des Zehnten Buches verpflichtet ist.

(2) Vor Erteilung eines Gutachtenauftrages soll der Unfallversicherungsträger dem Versicherten mehrere Gutachter zur Auswahl benennen; die betroffene Person ist außerdem auf ihr Widerspruchsrecht nach § 76 Abs. 2 des Zehnten Buches hinzuweisen und über den Zweck des Gutachtens zu informieren.

Zweiter Abschnitt
Datenverarbeitung durch Ärzte

§ 201 Erhebung, Speicherung und Übermittlung von Daten durch Ärzte und Psychotherapeuten

(1) 1Ärzte und Zahnärzte sowie Psychotherapeuten, Psychologische Psychotherapeuten und Kinder- und Jugendlichenpsychotherapeuten, die nach einem Versicherungsfall an einer Heilbehandlung nach § 34 beteiligt sind, erheben, speichern und übermitteln an die Unfallversicherungsträger Daten über die Behandlung und den Zustand des Versicherten sowie andere personenbezogene Daten, soweit dies für Zwecke der Heilbehandlung und die Erbringung sonstiger Leistungen einschließlich Überprüfung der Leistungsvoraussetzungen und Abrechnung der Leistungen erforderlich ist. 2Ferner erheben, speichern und übermitteln sie die Daten, die für ihre Entscheidung, eine Heilbehandlung nach § 34 durchzuführen, maßgeblich waren. 3Für die Unterrichtung des Versicherten aufgrund seines Auskunftsrechts nach Artikel 15 der Verordnung (EU) 2016/679 über die von den Ärzten und den Psychotherapeuten übermittelten Angaben zu seinen gesundheitlichen Verhältnissen gilt § 25 Absatz 2 des Zehnten Buches entsprechend.

(2) Soweit die für den medizinischen Arbeitsschutz zuständigen Stellen und die Krankenkassen Daten nach Absatz 1 zur Erfüllung ihrer Aufgaben benötigen, dürfen die Daten auch an sie übermittelt werden.

§ 202 Anzeigepflicht von Ärzten bei Berufskrankheiten

1Haben Ärzte oder Zahnärzte den begründeten Verdacht, daß bei Versicherten eine Berufskrankheit besteht, haben sie dies dem Unfallversicherungsträger oder der für den medizinischen Arbeitsschutz zuständigen Stelle in der für die Anzeige von Berufskrankheiten vorgeschriebenen Form (§ 193 Abs. 8) unverzüglich anzuzeigen. 2§ 193 Abs. 7 Satz 3 und 4 gilt entsprechend.

§ 203 Auskunftspflicht von Ärzten

(1) 1Ärzte und Zahnärzte, die nicht an einer Heilbehandlung nach § 34 beteiligt sind, sind verpflichtet, dem Unfallversicherungsträger auf Verlangen Auskunft über die Behandlung, den Zustand sowie über Erkrankungen und frühere Erkrankungen des Versicherten zu erteilen, soweit dies für die Heilbehandlung und die Erbringung sonstiger Leistungen erforderlich ist. 2Der Unfallversicherungsträger soll Auskunftsverlangen zur Feststellung des Versicherungsfalls auf solche Erkrankungen oder auf solche Bereiche von Erkrankungen beschränken, die mit dem Versicherungsfall in einem ursächlichen Zusammenhang stehen können. 3§ 98 Abs. 2 Satz 2 des Zehnten Buches gilt entsprechend.

(2) Für die Unterrichtung des Versicherten aufgrund seines Auskunftsrechts nach Artikel 15 der Verordnung (EU) 2016/679 über die von den Ärzten und den Zahnärzten an den Unfallversicherungsträger übermittelten Angaben über gesundheitliche Verhältnisse des Versicherten gilt § 25 Absatz 2 des Zehnten Buches entsprechend.

Dritter Abschnitt
Dateisysteme

§ 204 Errichtung eines Dateisystems für mehrere Unfallversicherungsträger

(1) 1Die Errichtung eines Dateisystems für mehrere Unfallversicherungsträger bei einem Unfallversicherungsträger oder bei einem Verband der Unfallversicherungsträger ist zulässig,

1. um Daten über Verwaltungsverfahren und Entscheidungen nach § 9 Abs. 2 zu verarbeiten und dadurch eine einheitliche Beurteilung vergleichbarer Versicherungsfälle durch die Unfallversicherungsträger zu erreichen, gezielte Maßnahmen der Prävention zu ergreifen sowie neue medizinisch-wissenschaftliche Erkenntnisse zur Fortentwicklung des Berufskrankheitenrechts, insbesondere durch eigene Forschung oder durch Mitwirkung an fremden Forschungsvorhaben, zu gewinnen,
2. um Daten in Vorsorgedateisystemen zu verarbeiten, damit Versicherten, die bestimmten arbeitsbedingten Gesundheitsgefahren ausgesetzt sind oder waren, Maßnahmen der Prävention oder zur Teilhabe angeboten sowie Erkenntnisse über arbeitsbedingte Gesundheitsgefahren und geeignete Maßnahmen der Prävention und zur Teilhabe gewonnen werden können,
3. um Daten über Arbeits- und Wegeunfälle in einer Unfall-Dokumentation zu verarbeiten und dadurch Größenordnungen, Schwerpunkte und Entwicklungen der Unfallbelastung in einzelnen Bereichen darzustellen, damit Erkenntnisse zur Verbesserung der Prävention und der Maßnahmen zur Teilhabe gewonnen werden können,
4. um Anzeigen, Daten über Verwaltungsverfahren und Entscheidungen über Berufskrankheiten in einer Berufskrankheiten-Dokumentation zu verarbeiten und dadurch Häufigkeiten und Entwicklungen im Berufskrankheitengeschehen sowie wesentliche Einwirkungen und Erkrankungsfolgen darzustellen, damit Erkenntnisse zur Verbesserung der Prävention und der Maßnahmen zur Teilhabe gewonnen werden können,
5. um Daten über Entschädigungsfälle, in denen Leistungen zur Teilhabe erbracht werden, in einer Rehabilitations- und Teilhabe-Dokumentation zu verarbeiten und dadurch Schwerpunkte der Rehabilitation darzustellen, damit Erkenntnisse zur Verbesserung der Prävention und der Maßnahmen zur Teilhabe gewonnen werden können,
6. um Daten über Entschädigungsfälle, in denen Rentenleistungen oder Leistungen bei Tod erbracht werden, in einer Renten-Dokumentation zu verarbeiten und dadurch Erkenntnisse über den Rentenverlauf und zur Verbesserung der Prävention und der Maßnahmen zur Teilhabe zu gewinnen.

2In den Fällen des Satzes 1 Nr. 1 und 3 bis 6 findet § 76 des Zehnten Buches keine Anwendung.

(2) 1Für die Dateisysteme nach Absatz 1 dürfen nach Maßgabe der Sätze 2 und 3 nur folgende Daten von Versicherten erhoben werden:

1. der zuständige Unfallversicherungsträger und die zuständige staatliche Arbeitsschutzbehörde,
2. das Aktenzeichen des Unfallversicherungsträgers,
3. Art und Hergang, Datum und Uhrzeit sowie Anzeige des Versicherungsfalls,
4. Staatsangehörigkeit und Angaben zur regionalen Zuordnung der Versicherten sowie Geburtsjahr und Geschlecht der Versicherten und der Hinterbliebenen,
5. Familienstand und Versichertenstatus der Versicherten,
6. Beruf der Versicherten, ihre Stellung im Erwerbsleben und die Art ihrer Tätigkeit,
7. Angaben zum Unternehmen einschließlich der Unternehmernummer nach § 136a,

8. die Arbeitsanamnese und die als Ursache für eine Schädigung vermuteten Einwirkungen am Arbeitsplatz,
9. die geäußerten Beschwerden und die Diagnose,
10. Entscheidungen über Anerkennung oder Ablehnung von Versicherungsfällen und Leistungen,
11. Kosten und Verlauf von Leistungen,
12. Art, Ort, Verlauf und Ergebnis von Vorsorgemaßnahmen oder Leistungen zur Teilhabe,
13. die Rentenversicherungsnummer, Vor- und Familienname, Geburtsname, Geburtsdatum, Sterbedatum und Wohnanschrift der Versicherten sowie wesentliche Untersuchungsbefunde und die Planung zukünftiger Vorsorgemaßnahmen,
14. Entscheidungen (Nummer 10) mit ihrer Begründung einschließlich im Verwaltungs- oder Sozialgerichtsverfahren erstatteter Gutachten mit Angabe der Gutachter.

$_2$Für die Aufnahme in Dateisysteme nach Absatz 1 Satz 1 Nr. 1 dürfen nur Daten nach Satz 1 Nr. 1 bis 4, 6 bis 10 und 14 erhoben werden. $_3$Für die Aufnahme in Dateisysteme nach Absatz 1 Satz 1 Nr. 3 bis 6 dürfen nur Daten nach Satz 1 Nr. 1 bis 12 erhoben werden. $_4$Die Speicherung der Sozialdaten eines Versicherten in Dateisystemen nach Absatz 1 Satz 1 Nummer 1 und 2 ist nur zulässig, wenn die betroffene Person vorher über die Art der gespeicherten Daten, die speichernde Stelle und den Zweck des Dateisystems durch den Unfallversicherungsträger schriftlich unterrichtet wird. $_5$Dabei ist auf § 83 des Zehnten Buches hinzuweisen.

(3) Die Errichtung eines Dateisystems für mehrere Unfallversicherungsträger bei einem Unfallversicherungsträger oder bei einem Verband der Unfallversicherungsträger ist auch zulässig, um die von den Pflegekassen und den privaten Versicherungsunternehmen nach § 44 Abs. 2 des Elften Buches zu übermittelnden Daten zu verarbeiten.

(4) $_1$Die Errichtung eines Dateisystems für mehrere Unfallversicherungsträger bei einem Unfallversicherungsträger oder bei einem Verband der Unfallversicherungsträger ist auch zulässig, soweit dies erforderlich ist, um neue Erkenntnisse zur Verhütung von Versicherungsfällen oder zur Abwendung von arbeitsbedingten Gesundheitsgefahren zu gewinnen, und dieser Zweck nur durch ein gemeinsames Dateisystem für mehrere oder alle Unfallversicherungsträger erreicht werden kann. $_2$In dem Dateisystem nach Satz 1 dürfen personenbezogene Daten nur verarbeitet werden, soweit der Zweck des Dateisystems ohne die Verarbeitung dieser Daten nicht erreicht werden kann. $_3$Das Bundesministerium für Arbeit und Soziales bestimmt in einer Rechtsverordnung, die der Zustimmung des Bundesrates bedarf, die Art der zu verhütenden Versicherungsfälle und der abzuwendenden arbeitsbedingten Gesundheitsgefahren sowie die Art der Daten, die in dem Dateisystem nach Satz 1 verarbeitet werden dürfen. $_4$In dem Dateisystem nach Satz 1 dürfen Daten nach Absatz 2 Satz 1 Nr. 13 nicht gespeichert werden.

(5) $_1$Die Unfallversicherungsträger dürfen Daten nach Absatz 2 an den Unfallversicherungsträger oder den Verband, der das Dateisystem führt, übermitteln. $_2$Die in dem Dateisystem nach Absatz 1 Satz 1 Nr. 1 oder 2 gespeicherten Daten dürfen von der dateisystemführenden Stelle an andere Unfallversicherungsträger übermittelt werden, soweit es zur Erfüllung ihrer gesetzlichen Aufgaben erforderlich ist.

(6) Der Unfallversicherungsträger oder der Verband, der das Dateisystem errichtet, hat dem oder der Bundesbeauftragten für den Datenschutz und die Informationsfreiheit oder der nach Landesrecht für die Kontrolle des Datenschutzes zuständigen Stelle rechtzeitig die Errichtung eines Dateisystems nach Absatz 1 oder 4 vorher schriftlich oder elektronisch anzuzeigen.

(7) Verantwortlicher für die Erfüllung der Informationspflicht nach Artikel 13 der Verordnung (EU) 2016/679 ist der Unfallversicherungsträger, der für den Versicherten zuständig ist.

§ 205 (weggefallen)

Vierter Abschnitt
Sonstige Vorschriften

§ 206 Verarbeitung von Daten für die Forschung zur Bekämpfung von Berufskrankheiten

(1) $_1$Ein Arzt oder Angehöriger eines anderen Heilberufes ist befugt, für ein bestimmtes Forschungsvorhaben personenbezogene Daten den Unfallversicherungsträgern und deren Verbänden zu übermitteln, wenn die nachfolgenden Voraussetzungen erfüllt sind und die Genehmigung des Forschungsvorhabens öffentlich bekanntgegeben worden ist. $_2$Die Unfallversicherungsträger oder die Verbände haben den Versicherten oder den früheren Versicherten schriftlich über die übermittelten Daten und über den Zweck der Übermittlung zu unterrichten.

(2) $_1$Die Unfallversicherungsträger und ihre Verbände dürfen Sozialdaten von Versicherten und früheren Versicherten verarbeiten, soweit dies

VII

1. zur Durchführung eines bestimmten Forschungsvorhabens, das die Erkennung neuer Berufskrankheiten oder die Verbesserung der Prävention oder der Maßnahmen zur Teilhabe bei Berufskrankheiten zum Ziele hat, erforderlich ist und
2. der Zweck dieses Forschungsvorhabens nicht auf andere Weise, insbesondere nicht durch Verarbeitung anonymisierter Daten, erreicht werden kann.

2Voraussetzung ist, daß die zuständige oberste Bundes- oder Landesbehörde die Verarbeitung der Daten für das Forschungsvorhaben genehmigt hat. 3Erteilt die zuständige oberste Bundesbehörde die Genehmigung, sind die Bundesärztekammer und der oder die Bundesbeauftragte für den Datenschutz und die Informationsfreiheit anzuhören, in den übrigen Fällen die nach Landesrecht für die Kontrolle des Datenschutzes zuständige Stelle und die Ärztekammer des Landes.

(3) Das Forschungsvorhaben darf nur durchgeführt werden, wenn sichergestellt ist, daß keinem Beschäftigten, der an Entscheidungen über Sozialleistungen oder deren Vorbereitung beteiligt ist, die Daten, die für das Forschungsvorhaben verarbeitet werden, zugänglich sind oder von Zugriffsberechtigten weitergegeben werden.

(4) 1Die Durchführung der Forschung ist organisatorisch und räumlich von anderen Aufgaben zu trennen. 2Die übermittelten Einzelangaben dürfen nicht mit anderen personenbezogenen Daten zusammengeführt werden. 3§ 67c Abs. 5 Satz 2 und 3 des Zehnten Buches bleibt unberührt.

VII

(5) 1Führen die Unfallversicherungsträger oder ihre Verbände das Forschungsvorhaben nicht selbst durch, dürfen die Daten nur anonymisiert an den für das Forschungsvorhaben Verantwortlichen übermittelt werden. 2Ist nach dem Zweck des Forschungsvorhabens zu erwarten, daß Rückfragen für einen Teil der Betroffenen erforderlich werden, sind sie an die Person zu richten, welche die Daten gemäß Absatz 1 übermittelt hat. 3Absatz 2 gilt für den für das Forschungsvorhaben Verantwortlichen entsprechend. 4Die Absätze 3 und 4 gelten entsprechend.

§ 207 Verarbeitung von Daten zur Verhütung von Versicherungsfällen und arbeitsbedingten Gesundheitsgefahren

(1) Die Unfallversicherungsträger und ihre Verbände dürfen

1. Daten zu Stoffen, Zubereitungen und Erzeugnissen,
2. Betriebs- und Expositionsdaten zur Gefährdungsanalyse

erheben, speichern, verändern, löschen, nutzen und untereinander übermitteln, soweit dies zur Verhütung von Versicherungsfällen und arbeitsbedingten Gesundheitsgefahren erforderlich ist.

(2) Daten nach Absatz 1 dürfen an die für den Arbeitsschutz zuständigen Landesbehörden und an die für den Vollzug des Chemikaliengesetzes sowie des Rechts der Bio- und Gentechnologie zuständigen Behörden übermittelt werden.

(3) Daten nach Absatz 1 dürfen nicht an Stellen oder Personen außerhalb der Unfallversicherungsträger und ihrer Verbände sowie der zuständigen Landesbehörden übermittelt werden, wenn der Unternehmer begründet nachweist, daß ihre Verbreitung ihm betrieblich oder geschäftlich schaden könnte, und die Daten auf Antrag des Unternehmers als vertraulich gekennzeichnet sind.

§ 208 Auskünfte der Deutschen Post AG

Soweit die Deutsche Post AG Aufgaben der Unfallversicherung wahrnimmt, gilt § 151 des Sechsten Buches entsprechend.

Neuntes Kapitel
Bußgeldvorschriften

§ 209 Bußgeldvorschriften

(1) 1Ordnungswidrig handelt, wer vorsätzlich oder fahrlässig

1. einer Unfallverhütungsvorschrift nach § 15 Abs. 1 oder 2 zuwiderhandelt, soweit sie für einen bestimmten Tatbestand auf diese Bußgeldvorschrift verweist,
2. einer vollziehbaren Anordnung nach § 19 Abs. 1 zuwiderhandelt
3. entgegen § 19 Abs. 2 Satz 2 eine Maßnahme nicht duldet,
4. entgegen § 138 die Versicherten nicht unterrichtet,
5. entgegen
   a) § 165 Absatz 1 Satz 1, auch in Verbindung mit einer Satzung nach § 165 Absatz 1 Satz 2 oder Satz 3 dieses Buches, jeweils in Verbindung mit § 34 Absatz 1 Satz 1 des Vierten Buches, oder
   b) § 194

   eine Meldung nicht, nicht richtig, nicht vollständig oder nicht rechtzeitig macht,
6. entgegen § 165 Absatz 2 Satz 1 in Verbindung mit einer Satzung nach § 34 Absatz 1 Satz 1 des Vierten Buches einen dort genannten Nachweis nicht, nicht

richtig, nicht vollständig oder nicht rechtzeitig einreicht,

7. entgegen § 165 Abs. 4 eine Aufzeichnung nicht führt oder nicht oder nicht mindestens fünf Jahre aufbewahrt,

7a. entgegen § 183 Absatz 6 Satz 1 in Verbindung mit einer Satzung nach § 34 Absatz 1 Satz 1 des Vierten Buches eine Auskunft nicht, nicht richtig, nicht vollständig oder nicht rechtzeitig gibt,

8. entgegen § 192 Abs. 1 Nr. 1 bis 3 oder Abs. 4 Satz 1 eine Mitteilung nicht, nicht richtig, nicht vollständig oder nicht rechtzeitig macht,

9. entgegen § 193 Abs. 1 Satz 1, auch in Verbindung mit Satz 2, Abs. 2, 3 Satz 2, Abs. 4 oder 6 eine Anzeige nicht, nicht richtig oder nicht rechtzeitig erstattet,

10. entgegen § 193 Abs. 9 einen Unfall nicht in das Schiffstagebuch einträgt, nicht darstellt oder nicht in einer besonderen Niederschrift nachweist oder

11. entgegen § 198 oder 203 Abs. 1 Satz 1 eine Auskunft nicht, nicht richtig, nicht vollständig oder nicht rechtzeitig erteilt.

2In den Fällen der Nummer 5, die sich auf geringfügige Beschäftigungen in Privathaushalten im Sinne von § 8a des Vierten Buches beziehen, findet § 266a Abs. 2 des Strafgesetzbuches keine Anwendung.

(2) Ordnungswidrig handelt, wer als Unternehmer Versicherten Beiträge ganz oder zum Teil auf das Arbeitsentgelt anrechnet.

(3) Die Ordnungswidrigkeit kann in den Fällen des Absatzes 1 Nr. 1 bis 3 mit einer Geldbuße bis zu zehntausend Euro, in den Fällen des Absatzes 2 mit einer Geldbuße bis zu fünftausend Euro, in den übrigen Fällen mit einer Geldbuße bis zu zweitausendfünfhundert Euro geahndet werden.

§ 210 Zuständige Verwaltungsbehörde

Verwaltungsbehörde im Sinne des § 36 Abs. 1 Nr. 1 des Gesetzes über Ordnungswidrigkeiten ist der Unfallversicherungsträger.

§ 211 Zusammenarbeit bei der Verfolgung und Ahndung von Ordnungswidrigkeiten

1Zur Verfolgung und Ahndung von Ordnungswidrigkeiten arbeiten die Unfallversicherungsträger insbesondere mit den Behörden der Zollverwaltung, der Bundesagentur für Arbeit, den nach § 6 Abs. 1 Satz 1 Nr. 2 des Zweiten Buches zuständigen Trägern oder den nach § 6a des Zweiten Buches zugelassenen kommunalen Trägern, den Krankenkassen als Einzugsstellen für die Sozialversicherungsbeiträge, den in § 71 des Aufenthaltsgesetzes genannten Behörden, den Finanzbehörden, den nach Landesrecht für die Verfolgung und Ahndung von Ordnungswidrigkeiten nach dem Schwarzarbeitsbekämpfungsgesetz zuständigen Behörden, den Trägern der Sozialhilfe und den für den Arbeitsschutz zuständigen Landesbehörden zusammen, wenn sich im Einzelfall konkrete Anhaltspunkte für

1. Verstöße gegen das Schwarzarbeitsbekämpfungsgesetz,
2. eine Beschäftigung oder Tätigkeit von Ausländern ohne erforderlichen Aufenthaltstitel nach § 4 Abs. 3 des Aufenthaltsgesetzes, eine Aufenthaltsgestattung oder eine Duldung, die zur Ausübung der Beschäftigung berechtigen, oder eine Genehmigung nach § 284 Abs. 1 des Dritten Buches,
3. Verstöße gegen die Mitwirkungspflicht nach § 60 Abs. 1 Satz 1 Nr. 2 des Ersten Buches gegenüber einer Dienststelle der Bundesagentur für Arbeit, einem Träger der gesetzlichen Kranken-, Pflege- oder Rentenversicherung, einem nach § 6 Abs. 1 Satz 1 Nr. 2 des Zweiten Buches zuständigen Träger oder einem nach § 6a des Zweiten Buches zugelassenen kommunalen Träger oder einem Träger der Sozialhilfe oder gegen die Meldepflicht nach § 8a des Asylbewerberleistungsgesetzes,
4. Verstöße gegen das Arbeitnehmerüberlassungsgesetz,
5. Verstöße gegen die Bestimmungen des Vierten und Fünften Buches sowie dieses Buches über die Verpflichtung zur Zahlung von Sozialversicherungsbeiträgen, soweit sie im Zusammenhang mit den in den Nummern 1 bis 4 genannten Verstößen stehen,
6. Verstöße gegen die Steuergesetze,
7. Verstöße gegen das Aufenthaltsgesetz

ergeben. 2Sie unterrichten die für die Verfolgung und Ahndung zuständigen Behörden, die Träger der Sozialhilfe sowie die Behörden nach § 71 des Aufenthaltsgesetzes. 3Die Unterrichtung kann auch Angaben über die Tatsachen, die für die Einziehung der Beiträge zur Unfallversicherung erforderlich sind, enthalten. 4Medizinische und psychologische Daten, die über einen Versicherten erhoben worden sind, dürfen die Unfallversicherungsträger nicht übermitteln.

Zehntes Kapitel
Übergangsrecht

§ 212 Grundsatz

Die Vorschriften des Ersten bis Neunten Kapitels gelten für Versicherungsfälle, die nach dem Inkrafttreten dieses Gesetzes eintreten, soweit in den folgenden Vorschriften nicht etwas anderes bestimmt ist.

§ 213 Versicherungsschutz

(1) 1Unternehmer und ihre Ehegatten, die am Tag vor dem Inkrafttreten dieses Gesetzes nach § 539 Abs. 1 Nr. 3 oder 7 der Reichsversicherungsordnung in der zu diesem Zeitpunkt geltenden Fassung pflichtversichert waren und die nach § 2 nicht pflichtversichert sind, bleiben versichert, ohne daß es eines Antrags auf freiwillige Versicherung bedarf. 2Die Versicherung wird als freiwillige Versicherung weitergeführt. 3Sie erlischt mit Ablauf des Monats, in dem ein Antrag auf Beendigung dieser Versicherung beim Unfallversicherungsträger eingegangen ist; § 6 Abs. 2 Satz 2 bleibt unberührt.

(2) Die §§ 555a und 636 Abs. 3 der Reichsversicherungsordnung in der Fassung des Artikels II § 4 Nr. 12 und 15 des Gesetzes vom 18. August 1980 (BGBl. I S. 1469, 2218) gelten auch für Versicherungsfälle, die in der Zeit vom 24. Mai 1949 bis zum 31. Oktober 1977 eingetreten sind.

(3) § 2 Abs. 1 Nr. 16 in der Fassung des Artikels 1 Nr. 2 Buchstabe b des Unfallversicherungsmodernisierungsgesetzes vom 30. Oktober 2008 (BGBl. I S. 2130) gilt auch für Versicherungsfälle, die in der Zeit vom 1. Mai 2007 bis zum 4. November 2008 eingetreten sind.

(4) 1§ 12a gilt auch für Gesundheitsschäden, die in der Zeit vom 1. Dezember 1997 bis zum 31. Juli 2012 eingetreten sind. 2Ansprüche auf Leistungen bestehen in diesen Fällen ab dem 1. August 2012.

§ 214 Geltung auch für frühere Versicherungsfälle

(1) Die Vorschriften des Ersten und Fünften Abschnitts des Dritten Kapitels gelten auch für Versicherungsfälle, die vor dem Tag des Inkrafttretens dieses Gesetzes eingetreten sind; dies gilt nicht für die Vorschrift über Leistungen an Berechtigte im Ausland.

(2) 1Die Vorschriften über den Jahresarbeitsverdienst gelten auch für Versicherungsfälle, die vor dem Tag des Inkrafttretens dieses Gesetzes eingetreten sind, wenn der Jahresarbeitsverdienst nach dem Inkrafttreten dieses Gesetzes erstmals oder aufgrund der §§ 90 und 91 neu festgesetzt wird. 2Die Vorschrift des § 93 über den Jahresarbeitsverdienst für die Versicherten der landwirtschaftlichen Berufsgenossenschaften und ihre Hinterbliebenen gilt auch für Versicherungsfälle, die vor dem Inkrafttreten dieses Gesetzes eingetreten sind; die Geldleistungen sind von dem auf das Inkrafttreten dieses Gesetzes folgenden 1. Juli an neu festzustellen; die generelle Bestandsschutzregelung bleibt unberührt.

(3) 1Die Vorschriften über Renten, Beihilfen, Abfindungen und Mehrleistungen gelten auch für Versicherungsfälle, die vor dem Tag des Inkrafttretens dieses Gesetzes eingetreten sind, wenn diese Leistungen nach dem Inkrafttreten dieses Gesetzes erstmals festzusetzen sind. 2§ 73 gilt auch für Versicherungsfälle, die vor dem Tag des Inkrafttretens dieses Gesetzes eingetreten sind.

(4) Soweit sich die Vorschriften über das Verfahren, den Datenschutz sowie die Beziehungen der Versicherungsträger zueinander und zu Dritten auf bestimmte Versicherungsfälle beziehen, gelten sie auch hinsichtlich der Versicherungsfälle, die vor dem Tag des Inkrafttretens dieses Gesetzes eingetreten sind.

§ 215 Sondervorschriften für Versicherungsfälle in dem in Artikel 3 des Einigungsvertrages genannten Gebiet

(1) 1Für die Übernahme der vor dem 1. Januar 1992 eingetretenen Unfälle und Krankheiten als Arbeitsunfälle und Berufskrankheiten nach dem Recht der gesetzlichen Unfallversicherung ist § 1150 Abs. 2 und 3 der Reichsversicherungsordnung in der am Tag vor Inkrafttreten dieses Gesetzes geltenden Fassung weiter anzuwenden. 2§ 1150 Abs. 2 Satz 2 Nr. 1 der Reichsversicherungsordnung gilt nicht für Versicherungsfälle aus dem Wehrdienst ehemaliger Wehrdienstpflichtiger der Nationalen Volksarmee der Deutschen Demokratischen Republik. 3Tritt bei diesen Personen nach dem 31. Dezember 1991 eine Berufskrankheit auf, die infolge des Wehrdienstes entstanden ist, gelten die Vorschriften dieses Buches.

(2) Die Vorschriften über den Jahresarbeitsverdienst gelten nicht für Versicherungsfälle in dem in Artikel 3 des Einigungsvertrags genannten Gebiet, die vor dem 1. Januar 1992 eingetreten sind; für diese Versicherungsfälle ist § 1152 Abs. 2 der Reichsversicherungsordnung in der am Tag vor Inkrafttreten dieses Gesetzes geltenden Fassung weiter anzuwenden mit der Maßgabe, dass der zuletzt am 1. Juli 2001 angepasste Betrag aus § 1152 Abs. 2 der Reichsversicherungsordnung ab 1. Januar 2002 in Euro umgerechnet und auf volle Euro-Beträge aufgerundet wird.

(3) Für Versicherungsfälle im Zuständigkeitsbereich der Unfallversicherung Bund und Bahn nach § 125 Absatz 1, die nach dem 31. Dezember 1991 eingetreten sind, gilt § 85 Abs. 2 Satz 1 mit der Maßgabe, daß der Jahresarbeitsverdienst höchstens das Zweifache der im Zeitpunkt des Versicherungsfalls geltenden Bezugsgröße (West) beträgt.

(4) Für Versicherte an Bord von Seeschiffen und für nach § 2 Abs. 1 Nr. 7 versicherte Küstenschiffer und Küstenfischer ist § 1152 Abs. 6 der Reichsversicherungsordnung in der am Tag vor Inkrafttreten dieses Gesetzes geltenden Fassung weiter anzuwenden mit der Maßgabe, daß an die Stelle der dort genannten Vorschriften der Reichsversicherungsordnung § 92 dieses Buches tritt.

(5) 1Die Vorschriften über die Anpassung der vom Jahresarbeitsverdienst abhängigen Geldleistungen und über die Höhe und die Anpassung des Pflegegeldes gelten nicht für Versicherungsfälle in dem in Artikel 3 des Einigungsvertrags genannten Gebiet; für diese Versicherungsfälle sind § 1151 Abs. 1 und § 1153 der Reichsversicherungsordnung in der am Tag vor Inkrafttreten dieses Gesetzes geltenden Fassung weiter anzuwenden mit der Maßgabe, daß an die Stelle der dort genannten Vorschriften der Reichsversicherungsordnung § 44 Abs. 2 und 4 sowie § 95 dieses Buches treten. 2Abweichend von Satz 1 ist bei den Anpassungen ab dem 1. Juli 2001 der Vomhundertsatz maßgebend, um den sich die Renten aus der gesetzlichen Rentenversicherung in dem in Artikel 3 des Einigungsvertrages genannten Gebiet verändern. 3§ 1151 Abs. 1 der Reichsversicherungsordnung gilt mit der Maßgabe, dass ab 1. Januar 2002 an die Stelle des Pflegegeldrahmens in Deutscher Mark der Pflegegeldrahmen in Euro tritt, indem die zuletzt am 1. Juli 2001 angepassten Beträge in Euro umgerechnet und auf volle Euro-Beträge aufgerundet werden.

(6) Für die Feststellung und Zahlung von Renten bei Versicherungsfällen, die vor dem 1. Januar 1992 eingetreten sind, ist § 1154 der Reichsversicherungsordnung in der am Tag vor Inkrafttreten dieses Gesetzes geltenden Fassung weiter anzuwenden mit der Maßgabe, daß an die Stelle der dort genannten Vorschriften der Reichsversicherungsordnung die §§ 56 und 81 bis 91 dieses Buches treten.

(7) 1Für die Feststellung und Zahlung von Leistungen im Todesfall ist § 1155 Abs. 1 Satz 2 und 3 sowie Abs. 2 und 3 der Reichsversicherungsordnung in der am Tag vor Inkrafttreten dieses Gesetzes geltenden Fassung weiter anzuwenden mit der Maßgabe, daß an die Stelle der dort genannten Vorschriften der Reichsversicherungsordnung § 65 Abs. 3 und § 66 dieses Buches treten. 2Bestand am 31. Dezember 1991 nach dem in dem Artikel 3 des Einigungsvertrags genannten Gebiet geltenden Recht ein Anspruch auf Witwenrente, Witwerrente oder Waisenrente, wird der Zahlbetrag dieser Rente so lange unverändert weitergezahlt, wie er den Zahlbetrag der Rente, die sich aus den §§ 63 bis 71 und aus Satz 1 ergeben würde, übersteigt.

(8) Die Vorschrift des § 1156 der Reichsversicherungsordnung in der am Tag vor Inkrafttreten dieses Gesetzes geltenden Fassung ist weiter anzuwenden.

§ 216 Bezugsgröße (Ost) und aktueller Rentenwert (Ost)

(1) Soweit Vorschriften dieses Buches beim Jahresarbeitsverdienst oder beim Sterbegeld an die Bezugsgröße anknüpfen, ist die Bezugsgröße für das in Artikel 3 des Einigungsvertrags genannte Gebiet (Bezugsgröße [Ost]) maßgebend, wenn es sich um einen Versicherungsfall in diesem Gebiet handelt.

(2) Soweit Vorschriften dieses Buches bei Einkommensanrechnungen auf Leistungen an Hinterbliebene an den aktuellen Rentenwert anknüpfen, ist der aktuelle Rentenwert (Ost) maßgebend, wenn der Berechtigte seinen gewöhnlichen Aufenthalt in dem in Artikel 3 des Einigungsvertrags genannten Gebiet hat.

§ 217 Bestandsschutz

(1) 1Ist eine Geldleistung, die aufgrund des bis zum Inkrafttreten dieses Gesetzes geltenden Rechts festgestellt worden ist oder hätte festgestellt werden müssen, höher, als sie nach diesem Buch sein würde, wird dem Berechtigten die höhere Leistung gezahlt. 2Satz 1 gilt entsprechend für die Dauer einer Geldleistung. 3Bei den nach § 2 Abs. 1 Nr. 5 Buchstabe b versicherten mitarbeitenden Familienangehörigen sind dabei auch die bisher gezahlten Zulagen an Schwerverletzte zu berücksichtigen.

(2) 1Die §§ 590 bis 593, 598 und 600 Abs. 3 in Verbindung mit den §§ 602 und 614 der Reichsversicherungsordnung in der am 31. Dezember 1985 geltenden Fassung sind weiter anzuwenden, wenn der Tod des Versicherten vor dem 1. Januar 1986 eingetreten ist. 2§ 80 Abs. 1 ist auch anzuwenden, wenn der Tod des Versicherten vor dem 1. Januar 1986 eingetreten ist und die neue Ehe nach dem Inkrafttreten dieses Gesetzes geschlossen wird. 3Bei der Anwendung des § 65 Abs. 3 und des § 80 Abs. 3 gilt § 617 Abs. 2 und 6 der Reichsver-

VII

sicherungsordnung in der am Tag vor dem Inkrafttreten dieses Gesetzes geltenden Fassung.

(3) (weggefallen)

(4) Artikel 1 § 9 Abs. 3 und § 10 Abs. 1 Satz 2 des Einundzwanzigsten Rentenanpassungsgesetzes sind für die Anpassung der dort genannten Geldleistungen nach § 95 weiter anzuwenden.

§ 218 (weggefallen)

§ 218a Leistungen an Hinterbliebene

(1) Ist der Ehegatte vor dem 1. Januar 2002 verstorben oder wurde die Ehe vor diesem Tag geschlossen und ist mindestens ein Ehegatte vor dem 2. Januar 1962 geboren, gelten die Vorschriften über Renten an Witwen oder Witwer und Abfindungen mit der Maßgabe, dass

1. der Anspruch auf eine Rente nach § 65 Abs. 2 Nr. 2 ohne Beschränkung auf 24 Kalendermonate besteht,
2. auf eine Abfindung nach § 80 Abs. 1 eine Rente nach § 65 Abs. 2 Nr. 2 nicht angerechnet wird.

(2) 1Ist der Ehegatte vor dem 1. Januar 2012 verstorben, gelten die Vorschriften über Renten an Witwen oder Witwer mit der Maßgabe, dass der Anspruch auf eine Rente nach § 65 Abs. 2 Nr. 3 Buchstabe b ab Vollendung des 45. Lebensjahres besteht. 2Ist der Ehegatte nach dem 31. Dezember 2011 verstorben, gilt für die Altersgrenze des § 65 Abs. 2 Nr. 3 Buchstabe b der § 242a Abs. 5 des Sechsten Buches entsprechend.

§ 218b Rückwirkende Anerkennung von Berufskrankheiten

Für die rückwirkende Anerkennung von Berufskrankheiten, die vor dem 1. Januar 2021 in der Verordnung nach § 9 Absatz 1 bezeichnet worden sind, gilt § 6 der Verordnung in der am 1. Januar 2021 geltenden Fassung.

§ 218c Auszahlung laufender Geldleistungen bei Beginn vor dem 1. April 2004

(1) 1Bei Beginn laufender Geldleistungen mit Ausnahme des Verletzten- und Übergangsgeldes vor dem 1. April 2004 werden diese zu Beginn des Monats fällig, zu dessen Beginn die Anspruchsvoraussetzungen erfüllt sind; sie werden am letzten Bankarbeitstag des Monats ausgezahlt, der dem Monat der Fälligkeit vorausgeht. 2§ 96 Abs. 1 Satz 2 und 3 gilt entsprechend.

(2) Absatz 1 gilt auch für Renten an Hinterbliebene, die im Anschluss an eine Rente für Versicherte zu zahlen sind, wenn der erstmalige Rentenbeginn dieser Rente vor dem 1. April 2004 liegt.

§ 218d Besondere Zuständigkeiten

(1) Verändert sich aufgrund des § 128 Absatz 1 Nummer 1a, des § 129 Absatz 1 Nummer 1a und Absatz 4 oder des § 129a die Zuständigkeit für ein am 1. Januar 2013 bestehendes Unternehmen, ist dieses nach § 136 Absatz 1 Satz 4 zweite Alternative an den zuständigen Unfallversicherungsträger zu überweisen; die am 1. Januar 2013 in Kraft getretene Fassung des § 128 Absatz 1 Nummer 1a, des § 129 Absatz 1 Nummer 1a und Absatz 4 sowie des § 129a gilt insoweit als wesentliche Änderung.

(2) 1Absatz 1 gilt nicht für Unternehmen im Sinne des § 128 Absatz 1 Nummer 1a und des § 129 Absatz 1 Nummer 1a, die am 31. Dezember 1996 bestanden haben und bei denen seitdem keine wesentliche Änderung im Sinne des § 136 Absatz 1 Satz 4 zweite Alternative eingetreten ist. 2Dabei sind auch solche Änderungen wesentlich, die nach dem 31. Dezember 1996 eingetreten sind und nach dem § 128 Absatz 1 Nummer 1a, dem § 129 Absatz 1 Nummer 1a oder dem § 129a eine andere Zuständigkeit begründen.

(3) Absatz 1 gilt nicht für Unternehmen im Sinne des § 129 Absatz 1 Nummer 1, wenn deren Schwerpunkt im Ausnahmebereich des § 129 Absatz 4 Satz 1 liegt.

(4) Ab dem 1. Januar 2013 eintretende wesentliche Änderungen sind zu berücksichtigen.

§ 218e Übergangsregelungen aus Anlass des Übergangs der Beitragsüberwachung auf die Träger der Deutschen Rentenversicherung

(1) 1Soweit der Übergang der Prüfung nach § 166 Abs. 2 auf die Träger der Rentenversicherung bei diesen Personalbedarf auslöst, können die Träger der Rentenversicherung in entsprechendem Umfang Beschäftigte der Unfallversicherungsträger übernehmen, die am 31. Dezember 2009 ganz oder überwiegend die Prüfung der Arbeitgeber vornehmen. 2Die Übernahme erfolgt im Zeitraum vom 1. Januar 2010 bis zum 31. Dezember 2011.

(2) 1Der jeweilige Träger der Rentenversicherung tritt in den Fällen der nach Absatz 1 übergetretenen Beschäftigten in die Rechte und Pflichten aus den Arbeits- und Dienstverhältnissen ein. 2Mit dem Zeitpunkt des Übertritts sind die bei dem neuen Arbeitgeber geltenden tarifvertraglichen Regelungen, Dienstvereinbarungen, Dienstordnungen oder sonstigen Vereinbarungen maßgebend. 3Bei Beamten erfolgt die Übernahme im Wege der Versetzung; entsprechende beamtenrechtliche Vorschriften bleiben unberührt. 4Die in einem Beschäftigungsverhältnis bei ei-

VII

nem Träger der gesetzlichen Unfallversicherung verbrachten Zeiten gelten bei der Anwendung beamtenrechtlicher einschließlich besoldungs- und versorgungsrechtlicher Vorschriften und tarifvertraglicher Regelungen als bei der Deutschen Rentenversicherung verbrachte Zeiten. 5Haben Beschäftigte aufgrund einer bisherigen tarifvertraglichen Regelung Anspruch auf ein höheres Arbeitsentgelt, erhalten sie, solange die Tätigkeit der Arbeitgeberprüfung weiterhin ausgeübt wird, eine Ausgleichszulage in Höhe der Differenz zwischen dem bisherigen Entgelt und dem Entgelt, das nach den Regelungen des Satzes 2 zusteht. 6Der Anspruch auf Ausgleichszulage entfällt, sobald dazu eine neue tarifvertragliche Regelung vereinbart wird.

(3) 1Handelt es sich bei übernommenen Beschäftigten um Dienstordnungsangestellte, tragen der aufnehmende Träger der Rentenversicherung und der abgebende Unfallversicherungsträger die Versorgungsbezüge anteilig, wenn der Versorgungsfall eintritt. 2§ 107b des Beamtenversorgungsgesetzes gilt sinngemäß. 3Die übergetretenen Dienstordnungsangestellten sind innerhalb eines Jahres nach dem Übertritt in das Beamtenverhältnis zu berufen, wenn sie die erforderlichen beamtenrechtlichen Voraussetzungen erfüllen. 4Sie sind unmittelbar in das Beamtenverhältnis auf Lebenszeit unter Verleihung des Amtes zu berufen, das ihrer besoldungsrechtlichen Stellung nach dem Dienstvertrag am Tag vor der Berufung in das Beamtenverhältnis entspricht, sofern sie die erforderlichen beamtenrechtlichen Voraussetzungen erfüllen.

§ 218f Evaluation

Die Verbände der Unfallversicherungsträger haben bis zum 31. Dezember 2026 dem Bundesministerium für Arbeit und Soziales einen gemeinsamen Bericht über die Umsetzung sowie die Wirkungen und die Ergebnisse der mit dem Siebten Gesetz zur Änderung des Vierten Buches Sozialgesetzbuch und anderer Gesetze vom 1. Juli 2020 eingeführten Maßnahmen zum Wegfall des Unterlassungszwangs, zur Stärkung der Individualprävention sowie zur gesetzlichen Verankerung von Beweiserleichterungen und zur erhöhten Transparenz in der Berufskrankheitenforschung vorzulegen.

§ 218g Übergangsregelungen bei epidemischer Lage von nationaler Tragweite

(1) 1§ 62 Absatz 2 Satz 1 gilt bis zum Ablauf von sechs Monaten nach Beendigung der durch das Coronavirus SARS-CoV-2 verursachten epidemischen Lage von nationaler Tragweite mit der Maßgabe, dass in den Fällen, in denen der Dreijahreszeitraum innerhalb dieser Zeit endet, die vorläufige Entschädigung spätestens nach Ablauf dieser Frist als Rente auf unbestimmte Zeit geleistet wird. 2Voraussetzung für die Anwendung des Satzes 1 ist, dass der Umfang der Minderung der Erwerbsfähigkeit aufgrund dieser epidemischen Lage nicht abschließend festgestellt werden kann. 3Satz 1 gilt nicht für Renten, die bereits auf unbestimmte Zeit geleistet werden.

(2) Anspruch auf eine Waisenrente besteht auch dann, wenn wegen der durch das Coronavirus SARS-CoV-2 verursachten epidemischen Lage von nationaler Tragweite

1. eine Schul- oder Berufsausbildung oder ein freiwilliger Dienst im Sinne des § 67 Absatz 3 Satz 1 Nummer 2 Buchstabe a und c nicht angetreten werden kann oder
2. die Übergangszeit nach § 67 Absatz 3 Satz 1 Nummer 2 Buchstabe b überschritten wird.

(3) 1Personen, die eine Tätigkeit als Ärztin oder Arzt, Zahnärztin oder Zahnarzt, Tierärztin oder Tierarzt oder Apothekerin oder Apotheker in einem Impfzentrum im Sinne der Coronavirus-Impfverordnung oder einem Testzentrum im Sinne der Coronavirus-Testverordnung oder in den jeweils dort angegliederten mobilen Teams ausüben, sind kraft Gesetzes versichert. 2Die Versicherung nach Satz 1 geht der Versicherung nach § 2 Absatz 1 Nummer 1 und 9 vor.

§ 219 (weggefallen)

§ 219a Altersrückstellungen

(1) (weggefallen)

(2) Für Personen nach § 172c Abs. 1 Satz 1, deren Beschäftigungsverhältnis zu einem Unfallversicherungsträger erstmals nach dem 31. Dezember 2009 begründet worden ist, gelten die Zuweisungssätze, die in der Rechtsverordnung nach § 16 Abs. 1 Satz 4 des Versorgungsrücklagegesetzes festgesetzt sind, entsprechend.

(3) Versorgungsausgaben für die in § 172c genannten Personenkreise, die ab dem Jahr 2030 entstehen, sowie Ausgaben, die anstelle von Versorgungsausgaben für diese Personenkreise geleistet werden, sind aus dem Altersrückstellungsvermögen zu leisten; die Aufsichtsbehörde kann eine frühere oder spätere Entnahme genehmigen.

(4) 1Soweit Unfallversicherungsträger vor dem 31. Dezember 2009 für einen in § 172c genannten Personenkreis Mitglied einer öffentlich-rechtlichen Versorgungs-

einrichtung geworden sind, werden die zu erwartenden Versorgungsleistungen im Rahmen der Verpflichtungen nach § 172c entsprechend berücksichtigt. 2Wurde für die in § 172c genannten Personenkreise vor dem 31. Dezember 2009 Deckungskapital bei aufsichtspflichtigen Unternehmen im Sinne des § 1 Absatz 1 Nummer 1 und 5 des Versicherungsaufsichtsgesetzes gebildet, wird dieses anteilig im Rahmen der Verpflichtungen nach § 172c berücksichtigt.

§ 220 Ausgleich unter den gewerblichen Berufsgenossenschaften

(1) bis (3) (weggefallen)

(4) Die §§ 176 bis 181 gelten für die Berufsgenossenschaft Verkehrswirtschaft Post-Logistik Telekommunikation mit der Maßgabe, dass für den Zuständigkeitsbereich nach § 121 Absatz 2 Nummer 3 bis 8

1. bei der Ermittlung der gemeinsamen Tragung der Rentenlasten die zugrunde zu legenden Rechengrößen für das Ausgleichsjahr 2016 in Höhe von 15 Prozent, für das Ausgleichsjahr 2017 in Höhe von 30 Prozent, für das Ausgleichsjahr 2018 in Höhe von 45 Prozent, für das Ausgleichsjahr 2019 in Höhe von 60 Prozent, für das Ausgleichsjahr 2020 in Höhe von 75 Prozent und für das Ausgleichsjahr 2021 in Höhe von 90 Prozent anzusetzen sind,
2. bis zum Jahr 2021 als Latenzfaktor nach § 177 Absatz 7 der für das jeweilige Ausgleichsjahr für den Bereich der in § 121 Absatz 2 Nummer 1 und 2 genannten Unternehmensarten zu berechnende Wert anzuwenden ist.

§ 221 Besondere Vorschriften für die landwirtschaftliche Unfallversicherung

(1) (weggefallen)

(2) § 80a ist nur auf Versicherungsfälle anwendbar, die nach dem 31. Dezember 2007 eingetreten sind.

§ 221a Verarbeitung von Daten durch die landwirtschaftliche Berufsgenossenschaft

(1) Die landwirtschaftliche Berufsgenossenschaft (§ 114 Absatz 1 Satz 1 Nummer 2) darf die bei ihr gespeicherten Namen, Anschriften und Bankverbindungen von Unternehmern nach § 136 Absatz 3 Nummer 1, die zur Beitragsberechnung nach § 182 vorliegenden Berechnungsgrundlagen sowie die von den zuständigen Behörden in den Ländern übermittelten Daten nach § 197 Absatz 4 Satz 1 und Satz 4 zur Durchführung der ihr übertragenen Aufgabe zur Gewährung einer Beihilfe im Rahmen einer außergewöhnlichen Maßnahme zur Marktstützung im Sinne der §§ 9b, 9c und 9d des Marktorganisationsgesetzes verarbeiten, soweit dies zur Durchführung oder Kontrolle der Beihilfegewährung erforderlich ist.

(2) 1Die landwirtschaftliche Berufsgenossenschaft darf der Bundesanstalt für Landwirtschaft und Ernährung einmalig bis zum 31. Dezember 2022 die bei ihr gespeicherten

1. Namen und Anschriften von Unternehmern nach § 136 Absatz 3 Nummer 1,
2. deren Mitgliedsnummer,
3. die Art der betriebenen landwirtschaftlichen Nutzung,
4. die zum 22. März 2022 erfasste Anbaufläche oder Tierzahl

unter den Voraussetzungen des Satzes 2 zum Zweck der Gewährung einer Beihilfe aus dem Bundeshaushalt übermitteln. 2Die Übermittlung ist nur zulässig, sofern die Unternehmer nach der vom Bundesministerium für Ernährung und Landwirtschaft im Rahmen der Regelung zur vorübergehenden Gewährung geringfügiger Beihilfen im Geltungsbereich der Bundesrepublik Deutschland auf der Grundlage des Befristeten Krisenrahmens der Europäischen Kommission für staatliche Beihilfen zur Stützung der Wirtschaft infolge der Aggression Russlands gegen die Ukraine vom 22. April 2022 (BAnz AT 27. 04. 2022 B2) erlassenen Richtlinie dem Grunde nach beihilfeberechtigt sind und nicht bereits eine Anpassungsbeihilfe in Durchführung der in Absatz 1 genannten Aufgabe erhalten haben.

(3) 1Die Bundesanstalt für Landwirtschaft und Ernährung

1. darf den Datenbestand nach Absatz 2 verarbeiten, soweit dies zur Durchführung oder Kontrolle der Beihilfegewährung auf Grundlage der Kleinbeihilfenregelung erforderlich ist, und
2. hat diesen Datenbestand unmittelbar nach dem rechtskräftigen Abschluss der Beihilfeverfahren zu löschen.

2Das Nähere zum Verfahren der Datenübermittlung nach Absatz 2 und zur Erstattung der Kosten ist in einer Verwaltungsvereinbarung zwischen der Bundesanstalt für Landwirtschaft und Ernährung und der landwirtschaftlichen Berufsgenossenschaft zu regeln.

VII

§ 221b Übergangszeit und Beitragsangleichung in der landwirtschaftlichen Unfallversicherung

(1) Der Beitrag, den die Unternehmer auf die Umlagen für die Jahre 2013 bis 2017 (Übergangszeit) zu zahlen haben, ergibt sich, wenn der nach den §§ 182 und 183 berechnete Beitrag mit dem Angleichungssatz multipliziert wird.

(2) 1Der Angleichungssatz wird nach folgenden Rechengrößen bestimmt

1. Ausgangsbeitrag ist der auf die Umlage für das Jahr 2012 nach § 221 Absatz 3 zu zahlende Beitrag;
2. Zielbeitrag ist der Beitrag, der sich bei gleichen betrieblichen Verhältnissen und gleicher Umlage für das Jahr 2012 bei Anwendung der Berechnungsgrundlagen nach § 221 Absatz 4 ergeben würde;
3. Ausgangssatz ist der Prozentsatz des Ausgangsbeitrags im Verhältnis zum Zielbeitrag;
4. der jährliche Veränderungssatz ist ein Fünftel der Differenz zwischen dem Prozentsatz des Zielbeitrags und dem Ausgangssatz.

2Der Angleichungssatz im ersten Jahr ergibt sich aus der Summe des Ausgangssatzes und des jährlichen Veränderungssatzes. 3Die Angleichungssätze in den Folgejahren ergeben sich aus der Summe des Angleichungssatzes des Vorjahres und des jährlichen Veränderungssatzes. 4Bei der Berechnung der Angleichungssätze ist § 187 Absatz 1 anzuwenden. 5Die Angleichungssätze für die Übergangszeit sind dem Unternehmer zusammen mit dem Bescheid über die Umlage für das Jahr 2013 mitzuteilen.

(3) 1Ändern sich in der Übergangszeit die betrieblichen Verhältnisse gegenüber den für den Ausgangsbeitrag maßgebenden Verhältnissen, bleiben die Angleichungssätze nach Absatz 2 unverändert. 2Für während der Übergangszeit neu aufzunehmende Unternehmer sind die für vorherige Unternehmer nach Absatz 2 festgestellten Angleichungssätze anzuwenden.

(4) Zur Vermeidung unzumutbarer Beitragserhöhungen in der Übergangszeit kann die Satzung Härtefallregelungen vorsehen.

(5) 1Aus den Sondervermögen können Mittel entnommen werden, um die während der Übergangszeit erfolgende Angleichung der Beiträge nach Absatz 1 zu gestalten. 2Eine sich hierdurch ergebende Verringerung der Beiträge ist in den Beitragsbescheiden gesondert auszuweisen.

(6) In der Übergangszeit ist § 184 Satz 2 nicht anzuwenden.

Elftes Kapitel Übergangsvorschriften zur Neuorganisation der gesetzlichen Unfallversicherung

§ 222 Neuorganisation der gewerblichen Berufsgenossenschaften

(1) und (2) (weggefallen)

(3) Bei Fusionen von gewerblichen Berufsgenossenschaften ist eine angemessene Vertretung der Interessen der in den bisherigen gewerblichen Berufsgenossenschaften vertretenen Branchen sowie eine ortsnahe Betreuung der Versicherten und Unternehmen sicherzustellen.

(3a) 1Vereinigen sich gewerbliche Berufsgenossenschaften zu einer neuen gewerblichen Berufsgenossenschaft, so ist dort ein neuer Personalrat zu wählen. 2Die bis zum Zeitpunkt des Wirksamwerdens der Vereinigung bestehenden Personalräte bestellen gemeinsam unverzüglich einen Wahlvorstand für die Neuwahl. 3Die bisherigen Personalräte nehmen die Aufgaben des Personalrats wahr, bis sich der neue Personalrat konstituiert hat, längstens jedoch für die Dauer von drei Monaten ab dem Tag der Vereinigung. 4Für die Jugend- und Auszubildendenvertretungen, die Schwerbehindertenvertretungen sowie die Gleichstellungsbeauftragten gelten die Sätze 1 bis 3 entsprechend.

(4) 1Die Deutsche Gesetzliche Unfallversicherung e. V. wirkt darauf hin, dass die Verwaltungs- und Verfahrenskosten vermindert werden. 2Vom Jahr 2009 an hat die Deutsche Gesetzliche Unfallversicherung e. V. jedes Jahr dem Bundesministerium für Arbeit und Soziales über die Entwicklung der Verwaltungs- und Verfahrenskosten bei den gewerblichen Berufsgenossenschaften sowie über die umgesetzten und geplanten Maßnahmen zur Optimierung dieser Kosten zu berichten. 3Dabei ist gesondert auf die Schlussfolgerungen einzugehen, welche sich aus dem Benchmarking der Versicherungsträger ergeben.

§ 223 Neuorganisation der landesunmittelbaren Unfallversicherungsträger der öffentlichen Hand

(1) 1Die Selbstverwaltungen der landesunmittelbaren Unfallversicherungsträger der öffentlichen Hand erstellen Konzepte zur Neuorganisation und legen sie den jeweiligen Landesregierungen bis zum 31. Dezember 2008 vor. 2Die Konzepte enthalten eine umfassende Prüfung der Möglichkeiten, die Zahl der landesunmit-

telbaren Unfallversicherungsträger der öffentlichen Hand auf einen pro Land zu reduzieren.

(2) 1Die Länder setzen die Konzepte nach Absatz 1 bis zum 31. Dezember 2009 um. 2Dabei ist eine angemessene Vertretung der Interessen von Ländern, Kommunen und Feuerwehrverbänden in den Selbstverwaltungsgremien sowie eine ortsnahe Betreuung der Versicherten und Unternehmen sicherzustellen.

§ 224 Umstellung der Mitgliedsnummer auf die Unternehmernummer

(1) 1Die Mitgliedsnummern der gewerblichen Berufsgenossenschaften, der landwirtschaftlichen Berufsgenossenschaft und der Unfallversicherungsträger der öffentlichen Hand sind in Abstimmung mit der Deutschen Gesetzlichen Unfallversicherung e. V. bis zum 1. Januar 2023 automatisiert auf die neue Unternehmernummer umzustellen. 2Die Unternehmer sind über die vergebenen Unternehmernummern und die numerische Bezeichnung der zugehörigen Unternehmen unverzüglich zu informieren.

(2) 1Für die vorbereitenden Tätigkeiten der Berufsgenossenschaften, der Unfallversicherungsträger der öffentlichen Hand und der Deutschen Gesetzlichen Unfallversicherung e. V. gilt, dass

1. jeder Unternehmer bei erstmaliger Aufnahme einer unternehmerischen Tätigkeit eine Unternehmernummer erhält,
2. der Unternehmer für die Vergabe der Unternehmernummer die dazu notwendigen Angaben, insbesondere den Namen, den Geburtsnamen, das Geburtsdatum und die aktuelle Wohnanschrift elektronisch zu übermitteln hat,
3. die Unternehmernummer nach Mitteilung über den Unternehmensbeginn im Sinne von § 192 Absatz 1 über die Deutsche Gesetzliche Unfallversicherung e. V. unverzüglich vergeben wird,
4. die Unternehmer, die bereits eine Unternehmernummer erhalten haben, den Beginn und das Ende eines oder mehrerer weiterer Unternehmen nach § 192 Absatz 1 unter Angabe der Unternehmernummer und der notwendigen Angaben zur Identifizierung des Unternehmens dem zuständigen Träger der Unfallversicherung mitzuteilen haben,
5. in einem Anhang zu der Unternehmernummer die dem Unternehmer zugehörigen Unternehmen numerisch in aufsteigender Folge bezeichnet werden,
6. die Unternehmernummer und die zur Identifizierung des Unternehmens erforderlichen Daten in einem zentralen Dateisystem bei der Deutschen Gesetzlichen Unfallversicherung e. V. gespeichert werden,
7. die Berufsgenossenschaften und die Unfallversicherungsträger der öffentlichen Hand zur Erledigung ihrer gesetzlichen Aufgaben Zugriff auf dieses Dateisystem haben,
8. die Berufsgenossenschaften und die Unfallversicherungsträger der öffentlichen Hand die Unternehmer- und Unternehmensnummern ihrer Mitglieder jeweils in einem gesonderten Mitgliederdateisystem führen.

2Bei Änderungen, die die zum Unternehmer oder zum Unternehmen gespeicherten Daten betreffen, gilt § 192 Absatz 2 entsprechend. 3Das Nähere zum Verfahren, zu den erforderlichen Angaben und zu den Datensätzen regelt die Deutsche Gesetzliche Unfallversicherung e. V. in Abstimmung mit der landwirtschaftlichen Berufsgenossenschaft in Grundsätzen, die durch das Bundesministerium für Arbeit und Soziales zu genehmigen sind.

VII

Anlage 1
(zu § 114)

Gewerbliche Berufsgenossenschaften

1. Berufsgenossenschaft Rohstoffe und chemische Industrie,
2. Berufsgenossenschaft Holz und Metall,
3. Berufsgenossenschaft Energie Textil Elektro Medienerzeugnisse,
4. Berufsgenossenschaft Nahrungsmittel und Gastgewerbe,
5. Berufsgenossenschaft der Bauwirtschaft,
6. Berufsgenossenschaft Handel und Warenlogistik,
7. Verwaltungs-Berufsgenossenschaft,
8. Berufsgenossenschaft Verkehrswirtschaft Post-Logistik Telekommunikation,
9. Berufsgenossenschaft für Gesundheitsdienst und Wohlfahrtspflege.

Berufskrankheiten-Verordnung (BKV)

Vom 31. Oktober 1997 (BGBl. I S. 2623)

Zuletzt geändert durch
Fünfte Verordnung zur Änderung der Berufskrankheiten-Verordnung
vom 29. Juni 2021 (BGBl. I S. 2245)

Auf Grund des § 9 Abs. 1 und 6 und des § 193 Abs. 8 des Siebten Buches Sozialgesetzbuch – Gesetzliche Unfallversicherung – (Artikel 1 des Gesetzes vom 7. August 1996, BGBl. I S. 1254) verordnet die Bundesregierung:

Abschnitt 1 Allgemeine Bestimmungen

§ 1 Berufskrankheiten

Berufskrankheiten sind die in der Anlage 1 bezeichneten Krankheiten, die Versicherte infolge einer den Versicherungsschutz nach § 2, 3 oder 6 des Siebten Buches Sozialgesetzbuch begründenden Tätigkeit erleiden.

VII

§ 2 Erweiterter Versicherungsschutz in Unternehmen der Seefahrt

Für Versicherte in Unternehmen der Seefahrt erstreckt sich die Versicherung gegen Tropenkrankheiten und Fleckfieber auch auf die Zeit, in der sie an Land beurlaubt sind.

§ 3 Maßnahmen gegen Berufskrankheiten, Übergangsleistung

(1) Besteht für Versicherte die Gefahr, daß eine Berufskrankheit entsteht, wiederauflebt oder sich verschlimmert, haben die Unfallversicherungsträger dieser Gefahr mit allen geeigneten Mitteln entgegenzuwirken. Ist die Gefahr gleichwohl nicht zu beseitigen, haben die Unfallversicherungsträger darauf hinzuwirken, daß die Versicherten die gefährdende Tätigkeit unterlassen. Den für den medizinischen Arbeitsschutz zuständigen Stellen ist Gelegenheit zur Äußerung zu geben.

(2) Versicherte, die die gefährdende Tätigkeit unterlassen, weil die Gefahr fortbesteht, haben zum Ausgleich hierdurch verursachter Minderungen des Verdienstes oder sonstiger wirtschaftlicher Nachteile gegen den Unfallversicherungsträger Anspruch auf Übergangsleistungen. Als Übergangsleistung wird

1. ein einmaliger Betrag bis zur Höhe der Vollrente oder
2. eine monatlich wiederkehrende Zahlung bis zur Höhe eines Zwölftels der Vollrente längstens für die Dauer von fünf Jahren

gezahlt. Renten wegen Minderung der Erwerbsfähigkeit sind nicht zu berücksichtigen.

§ 4 Mitwirkung der für den medizinischen Arbeitsschutz zuständigen Stellen

(1) Die für den medizinischen Arbeitsschutz zuständigen Stellen wirken bei der Feststellung von Berufskrankheiten und von Krankheiten, die nach § 9 Abs. 2 des Siebten Buches Sozialgesetzbuch wie Berufskrankheiten anzuerkennen sind, nach Maßgabe der Absätze 2 bis 4 mit.

(2) Die Unfallversicherungsträger haben die für den medizinischen Arbeitsschutz zuständigen Stellen über die Einleitung eines Feststellungsverfahrens unverzüglich zu unterrichten; als Unterrichtung gilt auch die Übersendung der Anzeige nach § 193 Abs. 2 und 7 oder § 202 des Siebten Buches Sozialgesetzbuch. Die Unfallversicherungsträger beteiligen die für den medizinischen Arbeitsschutz zuständigen Stellen an dem weiteren Fest-

stellungsverfahren; das nähere Verfahren können die Unfallversicherungsträger mit den für den medizinischen Arbeitsschutz zuständigen Stellen durch Vereinbarung regeln.

(3) In den Fällen der weiteren Beteiligung nach Absatz 2 Satz 2 haben die Unfallversicherungsträger vor der abschließenden Entscheidung die für den medizinischen Arbeitsschutz zuständigen Stellen über die Ergebnisse ihrer Ermittlungen zu unterrichten. Soweit die Ermittlungsergebnisse aus Sicht der für den medizinischen Arbeitsschutz zuständigen Stellen nicht vollständig sind, können sie den Unfallversicherungsträgern ergänzende Beweiserhebungen vorschlagen; diesen Vorschlägen haben die Unfallversicherungsträger zu folgen.

(4) Nach Vorliegen aller Ermittlungsergebnisse können die für den medizinischen Arbeitsschutz zuständigen Stellen ein Zusammenhangsgutachten erstellen. Zur Vorbereitung dieser Gutachten können sie die Versicherten untersuchen oder andere Ärzte auf Kosten der Unfallversicherungsträger mit Untersuchungen beauftragen.

§ 5 Gebühren

(1) Erstellen die für den medizinischen Arbeitsschutz zuständigen Stellen ein Zusammenhangsgutachten nach § 4 Abs. 4, erhalten sie von den Unfallversicherungsträgern jeweils eine Gebühr in Höhe von 200 Euro. Mit dieser Gebühr sind alle Personal- und Sachkosten, die bei der Erstellung des Gutachtens entstehen, einschließlich der Kosten für die ärztliche Untersuchung von Versicherten durch die für den medizinischen Arbeitsschutz zuständigen Stellen abgegolten.

(2) Ein Gutachten im Sinne des Absatzes 1 setzt voraus, daß der Gutachter unter Würdigung

1. der Arbeitsanamnese des Versicherten und der festgestellten Einwirkungen am Arbeitsplatz,
2. der Beschwerden, der vorliegenden Befunde und der Diagnose

eine eigenständig begründete schriftliche Bewertung des Ursachenzusammenhangs zwischen der Erkrankung und den tätigkeitsbezogenen Gefährdungen unter Berücksichtigung der besonderen für die gesetzliche Unfallversicherung geltenden Bestimmungen vornimmt.

§ 6 Rückwirkung

(1) Leiden Versicherte am 1. August 2017 an einer Krankheit nach den Nummern 1320, 1321, 2115, 4104 (Eierstockkrebs) oder 4113 (Kehlkopfkrebs) der Anlage 1, ist die Krankheit auf Antrag als Berufskrankheit anzuerkennen, wenn sie vor diesem Tag eingetreten ist.

(2) Leiden Versicherte am 1. Januar 2015 an einer Krankheit nach Nummer 1319, 2113, 2114 oder 5103 der Anlage 1, ist die Krankheit auf Antrag als Berufskrankheit anzuerkennen, wenn sie vor diesem Tag eingetreten ist.

(3) Leiden Versicherte am 1. Juli 2009 an einer Krankheit nach Nummer 2112, 4114 oder 4115 der Anlage 1, ist diese auf Antrag als Berufskrankheit anzuerkennen, wenn der Versicherungsfall nach dem 30. September 2002 eingetreten ist. Leiden Versicherte am 1. Juli 2009 an einer Krankheit nach Nummer 4113 der Anlage 1, ist diese auf Antrag als Berufskrankheit anzuerkennen, wenn der Versicherungsfall nach dem 30. November 1997 eingetreten ist. Leiden Versicherte am 1. Juli 2009 an einer Krankheit nach Nummer 1318 der Anlage 1, ist die Krankheit auf Antrag als Berufskrankheit anzuerkennen, wenn der Versicherungsfall vor diesem Tag eingetreten ist.

(4) Leidet ein Versicherter am 1. Oktober 2002 an einer Krankheit nach Nummer 4112 der Anlage 1, ist diese auf Antrag als Berufskrankheit anzuerkennen, wenn der Versicherungsfall nach dem 30. November 1997 eingetreten ist. Satz 1 gilt auch für eine Krankheit nach Nummer 2106 der Anlage 1, wenn diese nicht bereits nach der Nummer 2106 der Anlage 1 in der am 1. Dezember 1997 in Kraft getretenen Fassung als Berufskrankheit anerkannt werden kann.

(5) Leidet ein Versicherter am 1. Dezember 1997 an einer Krankheit nach Nummer 1316, 1317, 4104 (Kehlkopfkrebs) oder 4111 der

Anlage 1, ist diese auf Antrag als Berufskrankheit anzuerkennen, wenn der Versicherungsfall nach dem 31. Dezember 1992 eingetreten ist. Abweichend von Satz 1 ist eine Erkrankung nach Nummer 4111 der Anlage 1 auch dann als Berufskrankheit anzuerkennen, wenn die Erkrankung bereits vor dem 1. Januar 1993 eingetreten und einem Unfallversicherungsträger bis zum 31. Dezember 2009 bekannt geworden ist.

(6) Hat ein Versicherter am 1. Januar 1993 an einer Krankheit gelitten, die erst auf Grund der Zweiten Verordnung zur Änderung der Berufskrankheiten-Verordnung vom 18. Dezember 1992 (BGBl. I S. 2343) als Berufskrankheit anerkannt werden kann, ist die Krankheit auf Antrag als Berufskrankheit anzuerkennen, wenn der Versicherungsfall nach dem 31. März 1988 eingetreten ist.

(7) Hat ein Versicherter am 1. April 1988 an einer Krankheit gelitten, die erst auf Grund der Verordnung zur Änderung der Berufskrankheiten-Verordnung vom 22. März 1988 (BGBl. I S. 400) als Berufskrankheit anerkannt werden kann, ist die Krankheit auf Antrag als Berufskrankheit anzuerkennen, wenn der Versicherungsfall nach dem 31. Dezember 1976 eingetreten ist.

(8) Bindende Bescheide und rechtskräftige Entscheidungen stehen der Anerkennung als Berufskrankheit nach den Absätzen 1 bis 7 nicht entgegen. Leistungen werden rückwirkend längstens für einen Zeitraum bis zu vier Jahren erbracht; der Zeitraum ist vom Beginn des Jahres an zu rechnen, in dem der Antrag gestellt worden ist.

Abschnitt 2
Ärztlicher Sachverständigenbeirat Berufskrankheiten

§ 7 Aufgaben

Der Ärztliche Sachverständigenbeirat Berufskrankheiten (Sachverständigenbeirat) ist ein wissenschaftliches Gremium, das das Bundesministerium bei der Prüfung der medizinischen Erkenntnisse zur Bezeichnung neuer und zur Erarbeitung wissenschaftlicher Stellungnahmen zu bestehenden Berufskrankheiten unterstützt.

§ 8 Mitglieder

(1) Der Sachverständigenbeirat besteht in der Regel aus zwölf Mitgliedern, die vom Bundesministerium für Arbeit und Soziales für die Dauer von fünf Jahren berufen werden. Dem Sachverständigenbeirat sollen angehören:

1. acht Hochschullehrerinnen oder Hochschullehrer, insbesondere der Fachrichtung Arbeitsmedizin oder Epidemiologie,
2. zwei Staatliche Gewerbeärztinnen oder Staatliche Gewerbeärzte und
3. zwei Ärztinnen oder Ärzte aus dem betriebs- oder werksärztlichen Bereich.

(2) Die Mitgliedschaft im Sachverständigenbeirat ist ein persönliches Ehrenamt, das keine Stellvertretung zulässt. Der Name und die hauptamtliche Funktion der Mitglieder werden vom Bundesministerium für Arbeit und Soziales veröffentlicht.

(3) Die Mitglieder sind unabhängig und nicht an Weisungen gebunden; sie sind nur ihrem Gewissen verantwortlich und zu unparteiischer Erfüllung ihrer Aufgaben sowie zur Verschwiegenheit verpflichtet. Sie sind auch nach Beendigung ihrer Mitgliedschaft verpflichtet, über die ihnen dabei bekannt gewordenen Angelegenheiten, insbesondere über den Inhalt und den Verlauf der Beratungen, Verschwiegenheit zu wahren.

(4) Das Bundesministerium für Arbeit und Soziales ist berechtigt, Mitglieder aus sachlichen Gründen oder wenn die persönlichen Voraussetzungen der Berufung entfallen sind, abzuberufen. Die Mitglieder können jederzeit aus eigenem Entschluss die Mitgliedschaft beenden.

§ 9 Durchführung der Aufgaben

(1) Zur Durchführung seiner Aufgaben tritt der Sachverständigenbeirat zu Sitzungen zusammen. Das Bundesministerium für Arbeit und Soziales nimmt an den Sitzungen teil. Die Sitzungen sind nicht öffentlich.

(2) Zu den Sitzungen können ständige Berater sowie externe Sachverständige und Gäste hinzugezogen werden. Für ständige Berater

gilt § 8 Absatz 2 und 3, für externe Sachverständige und Gäste gilt § 8 Absatz 3 entsprechend.

(3) Die Beratungsthemen, die aktuell vom Sachverständigenbeirat geprüft werden, werden vom Bundesministerium für Arbeit und Soziales veröffentlicht.

(4) Der Sachverständigenbeirat gibt als Ergebnis seiner Beratungen Empfehlungen für neue oder Stellungnahmen zu bestehenden Berufskrankheiten entsprechend dem aktuellen wissenschaftlichen Erkenntnisstand ab. Gibt der Sachverständigenbeirat keine Empfehlung oder Stellungnahme ab, wird ein Abschlussvermerk erstellt. Die Empfehlungen und Stellungnahmen enthalten eine ausführliche wissenschaftliche Begründung, die Abschlussvermerke eine Zusammenfassung der wissenschaftlichen Entscheidungsgründe.

(5) Das Bundesministerium für Arbeit und Soziales gibt die Empfehlungen und Stellungnahmen des Sachverständigenbeirats bekannt; die Abschlussvermerke werden veröffentlicht. Die vorbereitenden, intern erstellten Beratungsunterlagen des Sachverständigenbeirats sind vertraulich.

§ 10 Geschäftsstelle

(1) Die Bundesanstalt für Arbeitsschutz und Arbeitsmedizin führt die Geschäfte des Sachverständigenbeirats. Sie unterstützt die Arbeit des Sachverständigenbeirats wissenschaftlich und organisatorisch.

(2) Zur wissenschaftlichen Unterstützung kann der Sachverständigenbeirat die Geschäftsstelle insbesondere beauftragen, zu einzelnen Beratungsthemen systematische Reviews oder Literaturrecherchen durchzuführen. Außerdem unterstützt die Geschäftsstelle die Sachverständigen bei der Erstellung von wissenschaftlichen Empfehlungen und Stellungnahmen.

(3) Zur organisatorischen Unterstützung verwaltet die Geschäftsstelle insbesondere die Beratungsunterlagen und erstellt die Ergebnisniederschriften der einzelnen Sitzungen.

§ 11 Geschäftsordnung

(1) Der Sachverständigenbeirat gibt sich eine Geschäftsordnung, die der Zustimmung des Bundesministeriums für Arbeit und Soziales bedarf und veröffentlicht wird.

(2) In der Geschäftsordnung werden insbesondere die Einzelheiten über den Vorsitz und die organisatorische Durchführung der Sitzungen, die Bildung von Arbeitsgruppen sowie die Hinzuziehung externer Sachverständiger geregelt.

Abschnitt 3 Übergangsrecht

§ 12 Überprüfung früherer Bescheide

Bescheide, in denen eine Krankheit nach Nummer 1315, 2101, 2104, 2108 bis 2110, 4301, 4302 oder 5101 der Anlage 1 von einem Unfallversicherungsträger vor dem 1. Januar 2021 nur deshalb nicht als Berufskrankheit anerkannt worden ist, weil die Versicherten die verrichtete gefährdende Tätigkeit nicht unterlassen haben, werden von den Unfallversicherungsträgern von Amts wegen überprüft, wenn die Bescheide nach dem 1. Januar 1997 erlassen worden sind.

Anlage 1

Nr.	Krankheiten
1	**Durch chemische Einwirkungen verursachte Krankheiten**
11	**Metalle und Metalloide**
1101	Erkrankungen durch Blei oder seine Verbindungen
1102	Erkrankungen durch Quecksilber oder seine Verbindungen
1103	Erkrankungen durch Chrom oder seine Verbindungen
1104	Erkrankungen durch Cadmium oder seine Verbindungen
1105	Erkrankungen durch Mangan oder seine Verbindungen
1106	Erkrankungen durch Thallium oder seine Verbindungen
1107	Erkrankungen durch Vanadium oder seine Verbindungen
1108	Erkrankungen durch Arsen oder seine Verbindungen
1109	Erkrankungen durch Phosphor oder seine anorganischen Verbindungen
1110	Erkrankungen durch Beryllium oder seine Verbindungen
12	**Erstickungsgase**
1201	Erkrankungen durch Kohlenmonoxid
1202	Erkrankungen durch Schwefelwasserstoff
13	**Lösemittel, Schädlingsbekämpfungsmittel (Pestizide) und sonstige chemische Stoffe**
1301	Schleimhautveränderungen, Krebs oder andere Neubildungen der Harnwege durch aromatische Amine
1302	Erkrankungen durch Halogenkohlenwasserstoffe
1303	Erkrankungen durch Benzol, seine Homologe oder durch Styrol

Nr.	Krankheiten
1304	Erkrankungen durch Nitro- oder Aminoverbindungen des Benzols oder seiner Homologe oder ihrer Abkömmlinge
1305	Erkrankungen durch Schwefelkohlenstoff
1306	Erkrankungen durch Methylalkohol (Methanol)
1307	Erkrankungen durch organische Phosphorverbindungen
1308	Erkrankungen durch Fluor oder seine Verbindungen
1309	Erkrankungen durch Salpetersäureester
1310	Erkrankungen durch halogenierte Alkyl-, Aryl- oder Alkylaryloxide
1311	Erkrankungen durch halogenierte Alkyl-, Aryl- oder Alkylarylsulfide
1312	Erkrankungen der Zähne durch Säuren
1313	Hornhautschädigungen des Auges durch Benzochinon
1314	Erkrankungen durch para-tertiär-Butylphenol
1315	Erkrankungen durch Isocyanate
1316	Erkrankungen der Leber durch Dimethylformamid
1317	Polyneuropathie oder Enzephalopathie durch organische Lösungsmittel oder deren Gemische
1318	Erkrankungen des Blutes, des blutbildenden und des lymphatischen Systems durch Benzol
1319	Larynxkarzinom durch intensive und mehrjährige Exposition gegenüber schwefelsäurehaltigen Aerosolen

Nr.	Krankheiten
1320	Chronisch-myeloische oder chronisch-lymphatische Leukämie durch 1,3-Butadien bei Nachweis der Einwirkung einer kumulativen Dosis von mindestens 180 Butadien-Jahren (ppm × Jahre)
1321	Schleimhautveränderungen, Krebs oder andere Neubildungen der Harnwege durch polyzyklische aromatische Kohlenwasserstoffe bei Nachweis der Einwirkung einer kumulativen Dosis von mindestens 80 Benzo(a)pyren-Jahren [(µg/m³) × Jahre]Zu den Nummern 11 01 bis 11 10, 12 01 und 12 02, 13 03 bis 13 09 und 13 15: Ausgenommen sind Hauterkrankungen. Diese gelten als Krankheiten im Sinne dieser Anlage nur insoweit, als sie Erscheinungen einer Allgemeinerkrankung sind, die durch Aufnahme der schädigenden Stoffe in den Körper verursacht werden, oder gemäß Nummer 51 01 zu entschädigen sind.
2	**Durch physikalische Einwirkungen verursachte Krankheiten**
21	**Mechanische Einwirkungen**
2101	Schwere oder wiederholt rückfällige Erkrankungen der Sehnenscheiden oder des Sehnengleitgewebes sowie der Sehnen- oder Muskelansätze
2102	Meniskusschäden nach mehrjährigen andauernden oder häufig wiederkehrenden, die Kniegelenke überdurchschnittlich belastenden Tätigkeiten
2103	Erkrankungen durch Erschütterung bei Arbeit mit Druckluftwerkzeugen oder gleichartig wirkenden Werkzeugen oder Maschinen
2104	Vibrationsbedingte Durchblutungsstörungen an den Händen
2105	Chronische Erkrankungen der Schleimbeutel durch ständigen Druck
2106	Druckschädigung der Nerven
2107	Abrißbrüche der Wirbelfortsätze
2108	Bandscheibenbedingte Erkrankungen der Lendenwirbelsäule durch langjähriges Heben oder Tragen schwerer Lasten oder durch langjährige Tätigkeiten in extremer Rumpfbeugehaltung, die zu chronischen oder chronisch-rezidivierenden Beschwerden und Funktionseinschränkungen (der Lendenwirbelsäule) geführt haben
2109	Bandscheibenbedingte Erkrankungen der Halswirbelsäule durch langjähriges Tragen schwerer Lasten auf der Schulter, die zu chronischen oder chronisch-rezidivierenden Beschwerden und Funktionseinschränkungen (der Halswirbelsäule) geführt haben
2110	Bandscheibenbedingte Erkrankungen der Lendenwirbelsäule durch langjährige, vorwiegend vertikale Einwirkung von Ganzkörperschwingungen im Sitzen, die zu chronischen oder chronisch-rezidivierenden Beschwerden und Funktionseinschränkungen (der Lendenwirbelsäule) geführt haben
2111	Erhöhte Zahnabrasionen durch mehrjährige quarzstaubbelastende Tätigkeit
2112	Gonarthrose durch eine Tätigkeit im Knien oder vergleichbare Kniebelastung mit einer kumulativen Einwirkungsdauer während des Arbeitslebens von mindestens 13 000 Stunden und einer Mindesteinwirkungsdauer von insgesamt einer Stunde pro Schicht
2113	Druckschädigung des Nervus medianus im Carpaltunnel (Carpaltunnel-Syndrom) durch repetitive manuelle Tätigkeiten mit Beugung und Streckung der Handgelenke, durch erhöhten Kraftaufwand der Hände oder durch Hand-Arm-Schwingungen

VII

Nr.	Krankheiten
2114	Gefäßschädigung der Hand durch stoßartige Krafteinwirkung (Hypothenar-Hammer-Syndrom und Thenar-Hammer-Syndrom)
2115	Fokale Dystonie als Erkrankung des zentralen Nervensystems bei Instrumentalmusikern durch feinmotorische Tätigkeit hoher Intensität
2116	Koxarthrose durch Lastenhandhabung mit einer kumulativen Dosis von mindestens 9500 Tonnen während des Arbeitslebens gehandhabter Lasten mit einem Lastgewicht von mindestens 20 kg, die mindestens zehnmal pro Tag gehandhabt wurden
22	**Druckluft**
2201	Erkrankungen durch Arbeit in Druckluft
23	**Lärm**
2301	Lärmschwerhörigkeit
24	**Strahlen**
2401	Grauer Star durch Wärmestrahlung
2402	Erkrankungen durch ionisierende Strahlen
3	**Durch Infektionserreger oder Parasiten verursachte Krankheiten sowie Tropenkrankheiten**
3101	Infektionskrankheiten, wenn der Versicherte im Gesundheitsdienst, in der Wohlfahrtspflege oder in einem Laboratorium tätig oder durch eine andere Tätigkeit der Infektionsgefahr in ähnlichem Maße besonders ausgesetzt war
3102	Von Tieren auf Menschen übertragbare Krankheiten
3103	Wurmkrankheiten der Bergleute, verursacht durch Ankylostoma duodenale oder Strongyloides stercoralis
3104	Tropenkrankheiten, Fleckfieber
4	**Erkrankungen der Atemwege und der Lungen, des Rippenfells und Bauchfells und der Eierstöcke**
41	**Erkrankungen durch anorganische Stäube**
4101	Quarzstaublungenerkrankung (Silikose)
4102	Quarzstaublungenerkrankung in Verbindung mit aktiver Lungentuberkulose (Siliko-Tuberkulose)
4103	Asbeststaublungenerkrankung (Asbestose) oder durch Asbeststaub verursachte Erkrankung der Pleura
4104	Lungenkrebs, Kehlkopfkrebs oder Eierstockkrebs – in Verbindung mit Asbeststaublungenerkrankung (Asbestose) – in Verbindung mit durch Asbeststaub verursachter Erkrankung der Pleura oder – bei Nachweis der Einwirkung einer kumulativen Asbestfaserstaub-Dosis am Arbeitsplatz von mindestens 25 Faserjahren [25×10^6 [(Fasern/m^3) × Jahre]
4105	Durch Asbest verursachtes Mesotheliom des Rippenfells, des Bauchfells oder des Perikards
4106	Erkrankungen der tieferen Atemwege und der Lungen durch Aluminium oder seine Verbindungen
4107	Erkrankungen an Lungenfibrose durch Metallstäube bei der Herstellung oder Verarbeitung von Hartmetallen
4108	Erkrankungen der tieferen Atemwege und der Lungen durch Thomasmehl (Thomasphosphat)
4109	Bösartige Neubildungen der Atemwege und der Lungen durch Nickel oder seine Verbindungen

Nr.	Krankheiten
4110	Bösartige Neubildungen der Atemwege und der Lungen durch Kokereirohgase
4111	Chronische obstruktive Bronchitis oder Emphysem von Bergleuten unter Tage im Steinkohlebergbau bei Nachweis der Einwirkung einer kumulativen Dosis von in der Regel 100 Feinstaubjahren [(mg/m^3) × Jahre]
4112	Lungenkrebs durch die Einwirkung von kristallinem Siliziumdioxid (SiO_2) bei nachgewiesener Quarzstaublungenerkrankung (Silikose oder Siliko-Tuberkulose)
4113	Lungenkrebs oder Kehlkopfkrebs durch polyzyklische aromatische Kohlenwasserstoffe bei Nachweis der Einwirkung einer kumulativen Dosis von mindestens 100 Benzo[a]pyren-Jahren [(µg/m^3) × Jahre]
4114	Lungenkrebs durch das Zusammenwirken von Asbestfaserstaub und polyzyklischen aromatischen Kohlenwasserstoffen bei Nachweis der Einwirkung einer kumulativen Dosis, die einer Verursachungswahrscheinlichkeit von mindestens 50 Prozent nach der Anlage 2 entspricht
4115	Lungenfibrose durch extreme und langjährige Einwirkung von Schweißrauchen und Schweißgasen – (Siderofibrose)
4116	Lungenkrebs nach langjähriger und intensiver Passivrauchexposition am Arbeitsplatz bei Versicherten, die selbst nie oder maximal bis zu 400 Zigarettenäquivalente aktiv geraucht haben
42	**Erkrankungen durch organische Stäube**
4201	Exogen-allergische Alveolitis
4202	Erkrankungen der tieferen Atemwege und der Lungen durch Rohbaumwoll-, Rohflachs- oder Rohhanfstaub (Byssinose)
4203	Adenokarzinome der Nasenhaupt- und Nasennebenhöhlen durch Stäube von Eichen- oder Buchenholz
43	**Obstruktive Atemwegserkrankungen**
4301	Durch allergisierende Stoffe verursachte obstruktive Atemwegserkrankungen (einschließlich Rhinopathie)
4302	Durch chemisch-irritativ oder toxisch wirkende Stoffe verursachte obstruktive Atemwegserkrankungen
5	**Hautkrankheiten**
5101	Schwere oder wiederholt rückfällige Hauterkrankungen
5102	Hautkrebs oder zur Krebsbildung neigende Hautveränderungen durch Ruß, Rohparaffin, Teer, Anthrazen, Pech oder ähnliche Stoffe
5103	Plattenepithelkarzinome oder multiple aktinische Keratosen der Haut durch natürliche UV-Strahlung
6	**Krankheiten sonstiger Ursache**
6101	Augenzittern der Bergleute

Anlage 2

Berufskrankheit Nummer 4114 Verursachungswahrscheinlichkeit in Prozent

BaP Jahre	Asbestfaserjahre																									
	0	1	2	3	4	5	6	7	8	9	10	11	12	13	14	15	16	17	18	19	20	21	22	23	24	25
0	0	4	7	11	14	17	19	22	24	26	29	31	32	34	36	38	39	40	42	43	44	46	47	48	49	**50**
1	1	5	8	12	15	17	20	22	25	27	29	31	33	35	36	38	39	41	42	44	45	46	47	48	49	**50**
2	2	6	9	12	15	18	21	23	25	28	30	32	33	35	37	38	40	41	43	44	45	46	47	48	49	**50**
3	3	7	10	13	16	19	21	24	26	28	30	32	34	35	37	39	40	42	43	44	45	47	48	49	**50**	51
4	4	7	11	14	17	19	22	24	26	29	31	32	34	36	38	39	40	42	43	44	46	47	48	49	**50**	51
5	5	8	12	15	17	20	22	25	27	29	31	33	35	36	38	39	41	42	44	45	46	47	48	49	**50**	51
6	6	9	12	15	18	21	23	25	28	30	32	33	35	37	38	40	41	43	44	45	46	47	48	49	**50**	51
7	7	10	13	16	19	21	24	26	28	30	32	34	35	37	39	40	42	43	44	45	47	48	49	**50**	51	52
8	7	11	14	17	19	22	24	26	29	31	32	34	36	38	39	40	42	43	44	46	47	48	49	**50**	51	52
9	8	12	15	17	20	22	25	27	29	31	33	35	36	38	39	41	42	44	45	46	47	48	49	**50**	51	52
10	9	12	15	18	21	23	25	28	30	32	33	35	37	38	40	41	43	44	45	46	47	48	49	**50**	51	52
11	10	13	16	19	21	24	26	28	30	32	34	35	37	39	40	42	43	44	45	47	48	49	**50**	51	52	53
12	11	14	17	19	22	24	26	29	31	32	34	36	38	39	40	42	43	44	46	47	48	49	**50**	51	52	53
13	12	15	17	20	22	25	27	29	31	33	35	36	38	39	41	42	44	45	46	47	48	49	**50**	51	52	53
14	12	15	18	21	23	25	28	30	32	33	35	37	38	40	41	43	44	45	46	47	48	49	**50**	51	52	53
15	13	16	19	21	24	26	28	30	32	34	35	37	39	40	42	43	44	45	47	48	49	**50**	51	52	53	53
16	14	17	19	22	24	26	29	31	32	34	36	37	39	40	42	43	44	46	47	48	49	**50**	51	52	53	54
17	15	17	20	22	25	27	29	31	33	35	36	38	39	41	42	44	45	46	47	48	49	**50**	51	52	53	54
18	15	18	21	23	25	28	30	32	33	35	37	38	40	41	43	44	45	46	47	48	49	**50**	51	52	53	54
19	16	19	21	24	26	28	30	32	34	35	37	39	40	42	43	44	45	47	48	49	**50**	51	52	53	53	54
20	17	19	22	24	26	29	31	32	34	36	37	39	40	42	43	44	46	47	48	49	**50**	51	52	53	54	55
21	17	20	22	25	27	29	31	33	35	36	38	39	41	42	44	45	46	47	48	49	**50**	51	52	53	54	55
22	18	21	23	25	28	30	32	33	35	37	38	40	41	43	44	45	46	47	48	49	**50**	51	52	53	54	55
23	19	21	24	26	28	30	32	34	35	37	39	40	42	43	44	45	47	48	49	**50**	51	52	53	53	54	55
24	19	22	24	26	29	31	32	34	36	37	39	40	42	43	44	46	47	48	49	**50**	51	52	53	54	55	55
25	20	22	25	27	29	31	33	35	36	38	39	41	42	44	45	46	47	48	49	**50**	51	52	53	54	55	56
26	21	23	25	28	30	32	33	35	37	38	40	41	43	44	45	46	47	48	49	**50**	51	52	53	54	55	56
27	21	24	26	28	30	32	34	35	37	39	40	42	43	44	45	47	48	49	**50**	51	52	53	53	54	55	56
28	22	24	26	29	31	32	34	36	38	39	40	42	43	44	46	47	48	49	**50**	51	52	53	54	55	55	56
29	22	25	27	29	31	33	35	36	38	39	41	42	44	45	46	47	48	49	**50**	51	52	53	54	55	56	56
30	23	25	28	30	32	33	35	37	38	40	41	43	44	45	46	47	48	49	**50**	51	52	53	54	55	56	57
31	24	26	28	30	32	34	35	37	39	40	42	43	44	45	47	48	49	**50**	51	52	53	53	54	55	56	57
32	24	26	29	31	32	34	36	38	39	40	42	43	44	46	47	48	49	**50**	51	52	53	54	55	55	56	57
33	25	27	29	31	33	35	36	38	39	41	42	44	45	46	47	48	49	**50**	51	52	53	54	55	56	56	57
34	25	28	30	32	33	35	37	38	40	41	43	44	45	46	47	48	49	**50**	51	52	53	54	55	56	57	57
35	26	28	30	32	34	35	37	39	40	42	43	44	45	47	48	49	**50**	51	52	53	53	54	55	56	57	57
36	26	29	31	32	34	36	37	39	40	42	43	44	46	47	48	49	**50**	51	52	53	54	55	55	56	57	58
37	27	29	31	33	35	36	38	39	41	42	44	45	46	47	48	49	**50**	51	52	53	54	55	56	56	57	58
38	28	30	32	33	35	37	38	40	41	43	44	45	46	47	48	49	**50**	51	52	53	54	55	56	57	57	58
39	28	30	32	34	35	37	39	40	42	43	44	45	47	48	49	**50**	51	52	53	53	54	55	56	57	57	58
40	29	31	32	34	36	37	39	40	42	43	44	46	47	48	49	**50**	51	52	53	54	55	55	56	57	58	58

BaP Jahre	Asbestfaserjahre																									
	0	1	2	3	4	5	6	7	8	9	10	11	12	13	14	15	16	17	18	19	20	21	22	23	24	25
41	29	31	33	35	36	38	39	41	42	44	45	46	47	48	49	**50**	51	52	53	54	55	56	56	57	58	59
42	30	32	33	35	37	38	40	41	43	44	45	46	47	48	49	**50**	51	52	53	54	55	56	57	57	58	59
43	30	32	34	35	37	39	40	42	43	44	45	47	48	49	**50**	51	52	53	53	54	55	56	57	57	58	59
44	31	32	34	36	37	39	40	42	43	44	46	47	48	49	**50**	51	52	53	54	55	55	56	57	58	58	59
45	31	33	35	36	38	39	41	42	44	45	46	47	48	49	**50**	51	52	53	54	55	56	56	57	58	59	59
46	32	33	35	37	38	40	41	43	44	45	46	47	48	49	**50**	51	52	53	54	55	56	57	57	58	59	59
47	32	34	35	37	39	40	42	43	44	45	47	48	49	**50**	51	52	53	53	54	55	56	57	57	58	59	60
48	32	34	36	38	39	40	42	43	44	46	47	48	49	**50**	51	52	53	54	55	55	56	57	58	58	59	60
49	33	35	36	38	39	41	42	44	45	46	47	48	49	**50**	51	52	53	54	55	56	56	57	58	59	59	60
50	33	35	37	38	40	41	43	44	45	46	47	48	49	**50**	51	52	53	54	55	56	57	57	58	59	59	60
51	34	35	37	39	40	42	43	44	45	47	48	49	**50**	51	52	53	53	54	55	56	57	57	58	59	60	60
52	34	36	38	39	40	42	43	44	46	47	48	49	**50**	51	52	53	54	55	55	56	57	58	58	59	60	60
53	35	36	38	39	41	42	44	45	46	47	48	49	**50**	51	52	53	54	55	56	56	57	58	59	59	60	60
54	35	37	38	40	41	43	44	45	46	47	48	49	**50**	51	52	53	54	55	56	57	57	58	59	59	60	61
55	35	37	39	40	42	43	44	45	47	48	49	**50**	51	52	53	53	54	55	56	57	57	58	59	60	60	61
56	36	38	39	40	42	43	44	46	47	48	49	**50**	51	52	53	54	55	55	56	57	58	58	59	60	60	61
57	36	38	39	41	42	44	45	46	47	48	49	**50**	51	52	53	54	55	56	56	57	58	59	59	60	60	61
58	37	38	40	41	43	44	45	46	47	48	49	**50**	51	52	53	54	55	56	57	57	58	59	59	60	61	61
59	37	39	40	42	43	44	45	47	48	49	**50**	51	52	53	53	54	55	56	57	57	58	59	60	60	61	61
60	38	39	40	42	43	44	46	47	48	49	**50**	51	52	53	54	55	55	56	57	58	58	59	60	60	61	62
61	38	39	41	42	44	45	46	47	48	49	**50**	51	52	53	54	55	56	56	57	58	59	59	60	60	61	62
62	38	40	41	43	44	45	46	47	48	49	**50**	51	52	53	54	55	56	57	57	58	59	59	60	61	61	62
63	39	40	42	43	44	45	47	48	49	**50**	51	52	53	53	54	55	56	57	57	58	59	60	60	61	61	62
64	39	40	42	43	44	46	47	48	49	**50**	51	52	53	54	55	55	56	57	58	58	59	60	60	61	62	62
65	39	41	42	44	45	46	47	48	49	**50**	51	52	53	54	55	56	56	57	58	59	59	60	60	61	62	62
66	40	41	43	44	45	46	47	48	49	**50**	51	52	53	54	55	56	57	57	58	59	59	60	61	61	62	62
67	40	42	43	44	45	47	48	49	**50**	51	52	53	53	54	55	56	57	57	58	59	60	60	61	61	62	63
68	40	42	43	44	46	47	48	49	**50**	51	52	53	54	55	55	56	57	58	58	59	60	60	61	62	62	63
69	41	42	44	45	46	47	48	49	**50**	51	52	53	54	55	56	56	57	58	59	59	60	60	61	62	62	63
70	41	43	44	45	46	47	48	49	**50**	51	52	53	54	55	56	57	57	58	59	59	60	61	61	62	62	63
71	42	43	44	45	47	48	49	**50**	51	52	53	53	54	55	56	57	57	58	59	60	60	61	61	62	63	63
72	42	43	44	46	47	48	49	**50**	51	52	53	54	55	55	56	57	58	58	59	60	60	61	62	62	63	63
73	42	44	45	46	47	48	49	**50**	51	52	53	54	55	56	56	57	58	59	59	60	60	61	62	62	63	63
74	43	44	45	46	47	48	49	**50**	51	52	53	54	55	56	57	57	58	59	59	60	61	61	62	62	63	64
75	43	44	45	47	48	49	**50**	51	52	53	53	54	55	56	57	57	58	59	60	60	61	61	62	63	63	64
76	43	44	46	47	48	49	**50**	51	52	53	54	55	55	56	57	58	58	59	60	60	61	62	62	63	63	64
77	44	45	46	47	48	49	**50**	51	52	53	54	55	56	56	57	58	59	59	60	60	61	62	62	63	63	64
78	44	45	46	47	48	49	**50**	51	52	53	54	55	56	57	57	58	59	59	60	61	61	62	62	63	64	64
79	44	45	47	48	49	**50**	51	52	53	53	54	55	56	57	57	58	59	60	60	61	61	62	63	63	64	64
80	44	46	47	48	49	**50**	51	52	53	54	55	55	56	57	58	58	59	60	60	61	62	62	63	63	64	64
81	45	46	47	48	49	**50**	51	52	53	54	55	56	56	57	58	59	59	60	60	61	62	62	63	63	64	64
82	45	46	47	48	49	**50**	51	52	53	54	55	56	57	57	58	59	59	60	61	61	62	62	63	64	64	65
83	45	47	48	49	**50**	51	52	53	53	54	55	56	57	57	58	59	60	60	61	61	62	63	63	64	64	65
84	46	47	48	49	**50**	51	52	53	54	55	55	56	57	58	58	59	60	60	61	62	62	63	63	64	64	65
85	46	47	48	49	**50**	51	52	53	54	55	56	56	57	58	59	59	60	60	61	62	62	63	63	64	64	65

BaP Jahre	Asbestfaserjahre																									
	0	1	2	3	4	5	6	7	8	9	10	11	12	13	14	15	16	17	18	19	20	21	22	23	24	25
86	46	47	48	49	**50**	51	52	53	54	55	56	57	57	58	59	59	60	61	61	62	62	63	64	64	65	65
87	47	48	49	**50**	51	52	53	53	54	55	56	57	57	58	59	60	60	61	61	62	63	63	64	64	65	65
88	47	48	49	**50**	51	52	53	54	55	55	56	57	58	58	59	60	60	61	62	62	63	63	64	64	65	65
89	47	48	49	**50**	51	52	53	54	55	56	56	57	58	59	59	60	60	61	62	62	63	63	64	64	65	65
90	47	48	49	**50**	51	52	53	54	55	56	57	57	58	59	59	60	61	61	62	62	63	64	64	65	65	66
91	48	49	**50**	51	52	53	53	54	55	56	57	57	58	59	60	60	61	61	62	63	63	64	64	65	65	66
92	48	49	**50**	51	52	53	54	55	55	56	57	58	58	59	60	60	61	62	62	63	63	64	64	65	65	66
93	48	49	**50**	51	52	53	54	55	56	56	57	58	59	59	60	60	61	62	62	63	63	64	64	65	65	66
94	48	49	**50**	51	52	53	54	55	56	57	57	58	59	59	60	61	61	62	62	63	64	64	65	65	66	66
95	49	**50**	51	52	53	53	54	55	56	57	57	58	59	60	60	61	61	62	63	63	64	64	65	65	66	66
96	49	**50**	51	52	53	54	55	55	56	57	58	58	59	60	60	61	62	62	63	63	64	64	65	65	66	66
97	49	**50**	51	52	53	54	55	56	56	57	58	59	59	60	60	61	62	62	63	63	64	64	65	65	66	66
98	49	**50**	51	52	53	54	55	56	57	57	58	59	59	60	61	61	62	62	63	64	64	65	65	66	66	66
99	**50**	51	52	53	53	54	55	56	57	57	58	59	60	60	61	61	62	63	63	64	64	65	65	66	66	67
100	**50**	51	52	53	54	55	55	56	57	58	58	59	60	60	61	62	62	63	63	64	64	65	65	66	66	67

VIII SGB VIII: Kinder- und Jugendhilfe

VIII Sozialgesetzbuch (SGB) Achtes Buch (VIII) – Kinder- und Jugendhilfe – (SGB VIII) 1080

VIII.94 Verordnung zur Festsetzung der Kostenbeiträge für Leistungen und vorläufige Maßnahmen in der Kinder- und Jugendhilfe (Kostenbeitragsverordnung – KostenbeitragsV) 1140

VIII

Sozialgesetzbuch (SGB) Achtes Buch (VIII) – Kinder- und Jugendhilfe – (SGB VIII)

in der Fassung der Bekanntmachung vom 11. September 2012 (BGBl. I S. 2022)

Zuletzt geändert durch
Gesetz zur Abschaffung der Kostenheranziehung von jungen Menschen in der Kinder- und Jugendhilfe vom 21. Dezember 2022 (BGBl. I S. 2824; ber. BGBl. 2023 Nr. 19)

Inhaltsübersicht

Erstes Kapitel
Allgemeine Vorschriften

§ 1 Recht auf Erziehung, Elternverantwortung, Jugendhilfe 1084
§ 2 Aufgaben der Jugendhilfe 1084
§ 3 Freie und öffentliche Jugendhilfe
§ 4 Zusammenarbeit der öffentlichen Jugendhilfe mit der freien Jugendhilfe
§ 4a Selbstorganisierte Zusammenschlüsse zur Selbstvertretung
§ 5 Wunsch- und Wahlrecht
§ 6 Geltungsbereich
§ 7 Begriffsbestimmungen
§ 8 Beteiligung von Kindern und Jugendlichen
§ 8a Schutzauftrag bei Kindeswohlgefährdung
§ 8b Fachliche Beratung und Begleitung zum Schutz von Kindern und Jugendlichen
§ 9 Grundrichtung der Erziehung, Gleichberechtigung von jungen Menschen
§ 9a Ombudsstellen
§ 10 Verhältnis zu anderen Leistungen und Verpflichtungen
§ 10a Beratung

Zweites Kapitel
Leistungen der Jugendhilfe

Erster Abschnitt
Jugendarbeit, Jugendsozialarbeit, erzieherischer Kinder- und Jugendschutz

§ 11 Jugendarbeit
§ 12 Förderung der Jugendverbände
§ 13 Jugendsozialarbeit
§ 13a Schulsozialarbeit
§ 14 Erzieherischer Kinder- und Jugendschutz
§ 15 Landesrechtsvorbehalt

Zweiter Abschnitt
Förderung der Erziehung in der Familie

§ 16 Allgemeine Förderung der Erziehung in der Familie
§ 17 Beratung in Fragen der Partnerschaft, Trennung und Scheidung
§ 18 Beratung und Unterstützung bei der Ausübung der Personensorge und des Umgangsrechts
§ 19 Gemeinsame Wohnformen für Mütter/Väter und Kinder
§ 20 Betreuung und Versorgung des Kindes in Notsituationen
§ 21 Unterstützung bei notwendiger Unterbringung zur Erfüllung der Schulpflicht

Dritter Abschnitt
Förderung von Kindern in Tageseinrichtungen und in Kindertagespflege

§ 22 Grundsätze der Förderung
§ 22a Förderung in Tageseinrichtungen
§ 23 Förderung in Kindertagespflege
§ 24 Anspruch auf Förderung in Tageseinrichtungen und in Kindertagespflege
§ 24a Bericht zum Ausbaustand der ganztägigen Bildungs- und Betreuungsangebote für Grundschulkinder
§ 25 Unterstützung selbst organisierter Förderung von Kindern
§ 26 Landesrechtsvorbehalt

Vierter Abschnitt
Hilfe zur Erziehung, Eingliederungshilfe für seelisch behinderte Kinder und Jugendliche, Hilfe für junge Volljährige

Erster Unterabschnitt
Hilfe zur Erziehung

§ 27 Hilfe zur Erziehung
§ 28 Erziehungsberatung
§ 29 Soziale Gruppenarbeit
§ 30 Erziehungsbeistand, Betreuungshelfer

§31 Sozialpädagogische Familienhilfe
§32 Erziehung in einer Tagesgruppe
§33 Vollzeitpflege
§34 Heimerziehung, sonstige betreute Wohnform
§35 Intensive sozialpädagogische Einzelbetreuung

Zweiter Unterabschnitt
Eingliederungshilfe für seelisch behinderte Kinder und Jugendliche

§35a Eingliederungshilfe für Kinder und Jugendliche mit seelischer Behinderung oder drohender seelischer Behinderung

Dritter Unterabschnitt
Gemeinsame Vorschriften für die Hilfe zur Erziehung und die Eingliederungshilfe für seelisch behinderte Kinder und Jugendliche

§36 Mitwirkung, Hilfeplan
§36a Steuerungsverantwortung, Selbstbeschaffung
§36b Zusammenarbeit beim Zuständigkeitsübergang
§37 Beratung und Unterstützung der Eltern, Zusammenarbeit bei Hilfen außerhalb der eigenen Familie
§37a Beratung und Unterstützung der Pflegeperson
§37b Sicherung der Rechte von Kindern und Jugendlichen in Familienpflege
§37c Ergänzende Bestimmungen zur Hilfeplanung bei Hilfen außerhalb der eigenen Familie
§38 Zulässigkeit von Auslandsmaßnahmen
§39 Leistungen zum Unterhalt des Kindes oder des Jugendlichen
§40 Krankenhilfe

Vierter Unterabschnitt
Hilfe für junge Volljährige

§41 Hilfe für junge Volljährige
§41a Nachbetreuung

Drittes Kapitel
Andere Aufgaben der Jugendhilfe

Erster Abschnitt
Vorläufige Maßnahmen zum Schutz von Kindern und Jugendlichen

§42 Inobhutnahme von Kindern und Jugendlichen
§42a Vorläufige Inobhutnahme von ausländischen Kindern und Jugendlichen nach unbegleiteter Einreise
§42b Verfahren zur Verteilung unbegleiteter ausländischer Kinder und Jugendlicher
§42c Aufnahmequote
§42d Übergangsregelung
§42e Berichtspflicht
§42f Behördliches Verfahren zur Altersfeststellung

Zweiter Abschnitt
Schutz von Kindern und Jugendlichen in Familienpflege und in Einrichtungen

§43 Erlaubnis zur Kindertagespflege
§44 Erlaubnis zur Vollzeitpflege
§45 Erlaubnis für den Betrieb einer Einrichtung
§45a Einrichtung
§46 Prüfung vor Ort und nach Aktenlage
§47 Melde- und Dokumentationspflichten, Aufbewahrung von Unterlagen
§48 Tätigkeitsuntersagung
§48a Sonstige betreute Wohnform
§49 Landesrechtsvorbehalt

Dritter Abschnitt
Mitwirkung in gerichtlichen Verfahren

§50 Mitwirkung in Verfahren vor den Familiengerichten
§51 Beratung und Belehrung in Verfahren zur Annahme als Kind
§52 Mitwirkung in Verfahren nach dem Jugendgerichtsgesetz 1109

Vierter Abschnitt
Beistandschaft, Pflegschaft und Vormundschaft für Kinder und Jugendliche, Auskunft über Nichtabgabe von Sorgeerklärungen

§52a Beratung und Unterstützung bei Vaterschaftsfeststellung und Geltendmachung von Unterhaltsansprüchen
§53 Mitwirkung bei der Auswahl von Vormündern und Pflegern durch das Familiengericht
§53a Beratung und Unterstützung von Vormündern und Pflegern
§54 Anerkennung als Vormundschaftsverein
§55 Beistandschaft, Pflegschaft und Vormundschaft des Jugendamts
§56 Führung der Beistandschaft, der Pflegschaft und der Vormundschaft durch das Jugendamt
§57 Mitteilungspflicht des Jugendamts
§58 Sorgeregister; Bescheinigung über Nichtvorliegen von Eintragungen im Sorgeregister

VIII

Fünfter Abschnitt
Beurkundung, vollstreckbare Urkunden

§ 59 Beurkundung
§ 60 Vollstreckbare Urkunden

Viertes Kapitel
Schutz von Sozialdaten

§ 61 Anwendungsbereich
§ 62 Datenerhebung
§ 63 Datenspeicherung
§ 64 Datenübermittlung und -nutzung
§ 65 Besonderer Vertrauensschutz in der persönlichen und erzieherischen Hilfe
§ 66 (weggefallen)
§ 67 (weggefallen)
§ 68 Sozialdaten im Bereich der Beistandschaft, Amtspflegschaft und der Amtsvormundschaft

Fünftes Kapitel
Träger der Jugendhilfe, Zusammenarbeit, Gesamtverantwortung

Erster Abschnitt
Träger der öffentlichen Jugendhilfe

§ 69 Träger der öffentlichen Jugendhilfe, Jugendämter, Landesjugendämter
§ 70 Organisation des Jugendamts und des Landesjugendamts
§ 71 Jugendhilfeausschuss, Landesjugendhilfeausschuss
§ 72 Mitarbeiter, Fortbildung
§ 72a Tätigkeitsausschluss einschlägig vorbestrafter Personen

Zweiter Abschnitt
Zusammenarbeit mit der freien Jugendhilfe, ehrenamtliche Tätigkeit

§ 73 Ehrenamtliche Tätigkeit
§ 74 Förderung der freien Jugendhilfe
§ 74a Finanzierung von Tageseinrichtungen für Kinder
§ 75 Anerkennung als Träger der freien Jugendhilfe
§ 76 Beteiligung anerkannter Träger der freien Jugendhilfe an der Wahrnehmung anderer Aufgaben
§ 77 Vereinbarungen über Kostenübernahme und Qualitätsentwicklung bei ambulanten Leistungen
§ 78 Arbeitsgemeinschaften

Dritter Abschnitt
Vereinbarungen über Leistungsangebote, Entgelte und Qualitätsentwicklung

§ 78a Anwendungsbereich
§ 78b Voraussetzungen für die Übernahme des Leistungsentgelts
§ 78c Inhalt der Leistungs- und Entgeltvereinbarungen
§ 78d Vereinbarungszeitraum
§ 78e Örtliche Zuständigkeit für den Abschluss von Vereinbarungen
§ 78f Rahmenverträge
§ 78g Schiedsstelle

Vierter Abschnitt
Gesamtverantwortung, Jugendhilfeplanung

§ 79 Gesamtverantwortung, Grundausstattung
§ 79a Qualitätsentwicklung in der Kinder- und Jugendhilfe
§ 80 Jugendhilfeplanung
§ 81 Strukturelle Zusammenarbeit mit anderen Stellen und öffentlichen Einrichtungen

Sechstes Kapitel
Zentrale Aufgaben

§ 82 Aufgaben der Länder
§ 83 Aufgaben des Bundes, sachverständige Beratung
§ 84 Jugendbericht

Siebtes Kapitel
Zuständigkeit, Kostenerstattung

Erster Abschnitt
Sachliche Zuständigkeit

§ 85 Sachliche Zuständigkeit

Zweiter Abschnitt
Örtliche Zuständigkeit

Erster Unterabschnitt
Örtliche Zuständigkeit für Leistungen

§ 86 Örtliche Zuständigkeit für Leistungen an Kinder, Jugendliche und ihre Eltern
§ 86a Örtliche Zuständigkeit für Leistungen an junge Volljährige
§ 86b Örtliche Zuständigkeit für Leistungen in gemeinsamen Wohnformen für Mütter/Väter und Kinder
§ 86c Fortdauernde Leistungsverpflichtung und Fallübergabe bei Zuständigkeitswechsel
§ 86d Verpflichtung zum vorläufigen Tätigwerden

Zweiter Unterabschnitt
Örtliche Zuständigkeit für andere Aufgaben
§ 87 Örtliche Zuständigkeit für vorläufige Maßnahmen zum Schutz von Kindern und Jugendlichen
§ 87a Örtliche Zuständigkeit für Erlaubnis, Meldepflichten und Untersagung
§ 87b Örtliche Zuständigkeit für die Mitwirkung in gerichtlichen Verfahren
§ 87c Örtliche Zuständigkeit für die Beistandschaft, die Pflegschaft, die Vormundschaft und die schriftliche Auskunft nach § 58
§ 87d Örtliche Zuständigkeit für weitere Aufgaben im Vormundschaftswesen
§ 87e Örtliche Zuständigkeit für Beurkundung und Beglaubigung

Dritter Unterabschnitt
Örtliche Zuständigkeit bei Aufenthalt im Ausland
§ 88 Örtliche Zuständigkeit bei Aufenthalt im Ausland

Vierter Unterabschnitt
Örtliche Zuständigkeit für vorläufige Maßnahmen, Leistungen und die Amtsvormundschaft für unbegleitete ausländische Kinder und Jugendliche
§ 88a Örtliche Zuständigkeit für vorläufige Maßnahmen, Leistungen und die Amtsvormundschaft für unbegleitete ausländische Kinder und Jugendliche

Dritter Abschnitt
Kostenerstattung
§ 89 Kostenerstattung bei fehlendem gewöhnlichen Aufenthalt
§ 89a Kostenerstattung bei fortdauernder Vollzeitpflege
§ 89b Kostenerstattung bei vorläufigen Maßnahmen zum Schutz von Kindern und Jugendlichen
§ 89c Kostenerstattung bei fortdauernder oder vorläufiger Leistungsverpflichtung
§ 89d Kostenerstattung bei Gewährung von Jugendhilfe nach der Einreise
§ 89e Schutz der Einrichtungsorte
§ 89f Umfang der Kostenerstattung
§ 89g Landesrechtsvorbehalt
§ 89h Übergangsvorschrift

Achtes Kapitel
Kostenbeteiligung

Erster Abschnitt
Pauschalierte Kostenbeteiligung
§ 90 Pauschalierte Kostenbeteiligung

Zweiter Abschnitt
Kostenbeiträge für stationäre und teilstationäre Leistungen sowie vorläufige Maßnahmen
§ 91 Anwendungsbereich
§ 92 Ausgestaltung der Heranziehung
§ 93 Berechnung des Einkommens
§ 94 Umfang der Heranziehung

Dritter Abschnitt
Überleitung von Ansprüchen
§ 95 Überleitung von Ansprüchen
§ 96 (weggefallen)

Vierter Abschnitt
Ergänzende Vorschriften
§ 97 Feststellung der Sozialleistungen
§ 97a Pflicht zur Auskunft
§ 97b (weggefallen)
§ 97c Erhebung von Gebühren und Auslagen

Neuntes Kapitel
Kinder- und Jugendhilfestatistik
§ 98 Zweck und Umfang der Erhebung
§ 99 Erhebungsmerkmale
§ 100 Hilfsmerkmale
§ 101 Periodizität und Berichtszeitraum
§ 102 Auskunftspflicht
§ 103 Übermittlung

Zehntes Kapitel
Straf- und Bußgeldvorschriften
§ 104 Bußgeldvorschriften
§ 105 Strafvorschriften

Elftes Kapitel
Übergangs- und Schlussvorschriften
§ 106 Einschränkung eines Grundrechts
§ 107 (weggefallen)
§ 108 Übergangsregelung

Erstes Kapitel
Allgemeine Vorschriften

§ 1 Recht auf Erziehung, Elternverantwortung, Jugendhilfe

(1) Jeder junge Mensch hat ein Recht auf Förderung seiner Entwicklung und auf Erziehung zu einer selbstbestimmten, eigenverantwortlichen und gemeinschaftsfähigen Persönlichkeit.

(2) 1Pflege und Erziehung der Kinder sind das natürliche Recht der Eltern und die zuvörderst ihnen obliegende Pflicht. 2Über ihre Betätigung wacht die staatliche Gemeinschaft.

(3) Jugendhilfe soll zur Verwirklichung des Rechts nach Absatz 1 insbesondere

1. junge Menschen in ihrer individuellen und sozialen Entwicklung fördern und dazu beitragen, Benachteiligungen zu vermeiden oder abzubauen,
2. jungen Menschen ermöglichen oder erleichtern, entsprechend ihrem Alter und ihrer individuellen Fähigkeiten in allen sie betreffenden Lebensbereichen selbstbestimmt zu interagieren und damit gleichberechtigt am Leben in der Gesellschaft teilhaben zu können,
3. Eltern und andere Erziehungsberechtigte bei der Erziehung beraten und unterstützen,
4. Kinder und Jugendliche vor Gefahren für ihr Wohl schützen,
5. dazu beitragen, positive Lebensbedingungen für junge Menschen und ihre Familien sowie eine kinder- und familienfreundliche Umwelt zu erhalten oder zu schaffen.

§ 2 Aufgaben der Jugendhilfe

(1) Die Jugendhilfe umfasst Leistungen und andere Aufgaben zugunsten junger Menschen und Familien.

(2) Leistungen der Jugendhilfe sind:

1. Angebote der Jugendarbeit, der Jugendsozialarbeit, der Schulsozialarbeit und des erzieherischen Kinder- und Jugendschutzes (§§ 11 bis 14),
2. Angebote zur Förderung der Erziehung in der Familie (§§ 16 bis 21),
3. Angebote zur Förderung von Kindern in Tageseinrichtungen und in Kindertagespflege (§§ 22 bis 25),
4. Hilfe zur Erziehung und ergänzende Leistungen (§§ 27 bis 35, 36, 37, 39, 40),
5. Hilfe für seelisch behinderte Kinder und Jugendliche und ergänzende Leistungen (§§ 35a bis 37, 39, 40),
6. Hilfe für junge Volljährige und Nachbetreuung (den §§ 41 und 41a).

(3) Andere Aufgaben der Jugendhilfe sind

1. die Inobhutnahme von Kindern und Jugendlichen (§ 42),
2. die vorläufige Inobhutnahme von ausländischen Kindern und Jugendlichen nach unbegleiteter Einreise (§ 42a),
3. die Erteilung, der Widerruf und die Zurücknahme der Pflegeerlaubnis (§§ 43, 44),
4. die Erteilung, der Widerruf und die Zurücknahme der Erlaubnis für den Betrieb einer Einrichtung sowie die Erteilung nachträglicher Auflagen und die damit verbundenen Aufgaben (§§ 45 bis 47, 48a),
5. die Tätigkeitsuntersagung (§§ 48, 48a),
6. die Mitwirkung in Verfahren vor den Familiengerichten (§ 50),
7. die Beratung und Belehrung in Verfahren zur Annahme als Kind (§ 51),
8. die Mitwirkung in Verfahren nach dem Jugendgerichtsgesetz (§ 52),
9. die Beratung und Unterstützung von Müttern bei Vaterschaftsfeststellung und Geltendmachung von Unterhaltsansprüchen sowie von Pflegern und Vormündern (§§ 52a, 53a),
10. die Erteilung, der Widerruf und die Zurücknahme der Anerkennung als Vormundschaftsverein (§ 54),
11. Beistandschaft, Pflegschaft und Vormundschaft des Jugendamts (§§ 55 bis 57),
12. Beurkundung (§ 59),
13. die Aufnahme von vollstreckbaren Urkunden (§ 60).

§ 3 Freie und öffentliche Jugendhilfe

(1) Die Jugendhilfe ist gekennzeichnet durch die Vielfalt von Trägern unterschiedlicher Wertorientierungen und die Vielfalt von Inhalten, Methoden und Arbeitsformen.

(2) 1Leistungen der Jugendhilfe werden von Trägern der freien Jugendhilfe und von Trägern der öffentlichen Jugendhilfe erbracht. 2Leistungsverpflichtungen, die durch dieses Buch begründet werden, richten sich an die Träger der öffentlichen Jugendhilfe.

(3) 1Andere Aufgaben der Jugendhilfe werden von Trägern der öffentlichen Jugendhilfe wahrgenommen. 2Soweit dies ausdrücklich bestimmt ist, können Träger der freien Jugendhilfe diese Aufgaben wahrnehmen oder mit ihrer Ausführung betraut werden.

§ 4 Zusammenarbeit der öffentlichen Jugendhilfe mit der freien Jugendhilfe

(1) 1Die öffentliche Jugendhilfe soll mit der freien Jugendhilfe zum Wohl junger Menschen und ihrer Fami-

lien partnerschaftlich zusammenarbeiten. $_{2}$Sie hat dabei die Selbständigkeit der freien Jugendhilfe in Zielsetzung und Durchführung ihrer Aufgaben sowie in der Gestaltung ihrer Organisationsstruktur zu achten.

(2) Soweit geeignete Einrichtungen, Dienste und Veranstaltungen von anerkannten Trägern der freien Jugendhilfe betrieben werden oder rechtzeitig geschaffen werden können, soll die öffentliche Jugendhilfe von eigenen Maßnahmen absehen.

(3) Die öffentliche Jugendhilfe soll die freie Jugendhilfe nach Maßgabe dieses Buches fördern und dabei die Beteiligung von Kindern, Jugendlichen und Eltern stärken.

§ 4a Selbstorganisierte Zusammenschlüsse zur Selbstvertretung

(1) $_{1}$Selbstorganisierte Zusammenschlüsse nach diesem Buch sind solche, in denen sich nicht in berufsständische Organisationen der Kinder- und Jugendhilfe eingebundene Personen, insbesondere Leistungsberechtigte und Leistungsempfänger nach diesem Buch sowie ehrenamtlich in der Kinder- und Jugendhilfe tätige Personen, nicht nur vorübergehend mit dem Ziel zusammenschließen, Adressatinnen und Adressaten der Kinder- und Jugendhilfe zu unterstützen, zu begleiten und zu fördern, sowie Selbsthilfekontaktstellen. $_{2}$Sie umfassen Selbstvertretungen sowohl innerhalb von Einrichtungen und Institutionen als auch im Rahmen gesellschaftlichen Engagements zur Wahrnehmung eigener Interessen sowie die verschiedenen Formen der Selbsthilfe.

(2) Die öffentliche Jugendhilfe arbeitet mit den selbstorganisierten Zusammenschlüssen zusammen, insbesondere zur Lösung von Problemen im Gemeinwesen oder innerhalb von Einrichtungen zur Beteiligung in diese betreffenden Angelegenheiten, und wirkt auf eine partnerschaftliche Zusammenarbeit mit diesen innerhalb der freien Jugendhilfe hin.

(3) Die öffentliche Jugendhilfe soll die selbstorganisierten Zusammenschlüsse nach Maßgabe dieses Buches anregen und fördern.

§ 5 Wunsch- und Wahlrecht

(1) $_{1}$Die Leistungsberechtigten haben das Recht, zwischen Einrichtungen und Diensten verschiedener Träger zu wählen und Wünsche hinsichtlich der Gestaltung der Hilfe zu äußern. $_{2}$Sie sind auf dieses Recht hinzuweisen.

(2) $_{1}$Der Wahl und den Wünschen soll entsprochen werden, sofern dies nicht mit unverhältnismäßigen Mehrkosten verbunden ist. $_{2}$Wünscht der Leistungsberechtigte die Erbringung einer in § 78a genannten Leistung in einer Einrichtung, mit deren Träger keine Vereinbarungen nach § 78b bestehen, so soll der Wahl nur entsprochen werden, wenn die Erbringung der Leistung in dieser Einrichtung im Einzelfall oder nach Maßgabe des Hilfeplans (§ 36) geboten ist.

§ 6 Geltungsbereich

(1) $_{1}$Leistungen nach diesem Buch werden jungen Menschen, Müttern, Vätern und Personensorgeberechtigten von Kindern und Jugendlichen gewährt, die ihren tatsächlichen Aufenthalt im Inland haben. $_{2}$Für die Erfüllung anderer Aufgaben gilt Satz 1 entsprechend. $_{3}$Umgangsberechtigte haben unabhängig von ihrem tatsächlichen Aufenthalt Anspruch auf Beratung und Unterstützung bei der Ausübung des Umgangsrechts, wenn das Kind oder der Jugendliche seinen gewöhnlichen Aufenthalt im Inland hat.

(2) $_{1}$Ausländer können Leistungen nach diesem Buch nur beanspruchen, wenn sie rechtmäßig oder aufgrund einer ausländerrechtlichen Duldung ihren gewöhnlichen Aufenthalt im Inland haben. $_{2}$Absatz 1 Satz 2 bleibt unberührt.

(3) Deutschen können Leistungen nach diesem Buch auch gewährt werden, wenn sie ihren Aufenthalt im Ausland haben und soweit sie nicht Hilfe vom Aufenthaltsland erhalten.

(4) Regelungen des über- und zwischenstaatlichen Rechts bleiben unberührt.

§ 7 Begriffsbestimmungen

(1) Im Sinne dieses Buches ist

1. Kind, wer noch nicht 14 Jahre alt ist, soweit nicht die Absätze 2 bis 4 etwas anderes bestimmen,
2. Jugendlicher, wer 14, aber noch nicht 18 Jahre alt ist,
3. junger Volljähriger, wer 18, aber noch nicht 27 Jahre alt ist,
4. junger Mensch, wer noch nicht 27 Jahre alt ist,
5. Personensorgeberechtigter, wem allein oder gemeinsam mit einer anderen Person nach den Vorschriften des Bürgerlichen Gesetzbuchs die Personensorge zusteht,
6. Erziehungsberechtigter, der Personensorgeberechtigte und jede sonstige Person über 18 Jahre, soweit sie aufgrund einer Vereinbarung mit dem Personensorgeberechtigten nicht nur vorübergehend und nicht nur für einzelne Verrichtungen Aufgaben der Personensorge wahrnimmt.

(2) $_{1}$Kinder, Jugendliche, junge Volljährige und junge Menschen mit Behinderungen im Sinne dieses Buches sind Menschen, die körperliche, seelische, geistige oder

Sinnesbeeinträchtigungen haben, die sie in Wechselwirkung mit einstellungs- und umweltbedingten Barrieren an der gleichberechtigten Teilhabe an der Gesellschaft mit hoher Wahrscheinlichkeit länger als sechs Monate hindern können. 2Eine Beeinträchtigung nach Satz 1 liegt vor, wenn der Körper- und Gesundheitszustand von dem für das Lebensalter typischen Zustand abweicht. 3Kinder, Jugendliche, junge Volljährige und junge Menschen sind von Behinderung bedroht, wenn eine Beeinträchtigung nach Satz 1 zu erwarten ist.

(3) Kind im Sinne des § 1 Absatz 2 ist, wer noch nicht 18 Jahre alt ist.

(4) Werktage im Sinne der §§ 42a bis 42c sind die Wochentage Montag bis Freitag; ausgenommen sind gesetzliche Feiertage.

(5) Die Bestimmungen dieses Buches, die sich auf die Annahme als Kind beziehen, gelten nur für Personen, die das 18. Lebensjahr noch nicht vollendet haben.

§ 8 Beteiligung von Kindern und Jugendlichen

(1) 1Kinder und Jugendliche sind entsprechend ihrem Entwicklungsstand an allen sie betreffenden Entscheidungen der öffentlichen Jugendhilfe zu beteiligen. 2Sie sind in geeigneter Weise auf ihre Rechte im Verwaltungsverfahren sowie im Verfahren vor dem Familiengericht und dem Verwaltungsgericht hinzuweisen.

(2) Kinder und Jugendliche haben das Recht, sich in allen Angelegenheiten der Erziehung und Entwicklung an das Jugendamt zu wenden.

(3) 1Kinder und Jugendliche haben Anspruch auf Beratung ohne Kenntnis des Personensorgeberechtigten, solange durch die Mitteilung an den Personensorgeberechtigten der Beratungszweck vereitelt würde. 2§ 36 des Ersten Buches bleibt unberührt. 3Die Beratung kann auch durch einen Träger der freien Jugendhilfe erbracht werden; § 36a Absatz 2 Satz 1 bis 3 gilt entsprechend.

(4) Beteiligung und Beratung von Kindern und Jugendlichen nach diesem Buch erfolgen in einer für sie verständlichen, nachvollziehbaren und wahrnehmbaren Form.

§ 8a Schutzauftrag bei Kindeswohlgefährdung

(1) 1Werden dem Jugendamt gewichtige Anhaltspunkte für die Gefährdung des Wohls eines Kindes oder Jugendlichen bekannt, so hat es das Gefährdungsrisiko im Zusammenwirken mehrerer Fachkräfte einzuschätzen. 2Soweit der wirksame Schutz dieses Kindes oder dieses Jugendlichen nicht in Frage gestellt wird, hat das Jugendamt die Erziehungsberechtigten sowie das Kind oder den Jugendlichen in die Gefährdungseinschätzung einzubeziehen und, sofern dies nach fachlicher Einschätzung erforderlich ist,

1. sich dabei einen unmittelbaren Eindruck von dem Kind und von seiner persönlichen Umgebung zu verschaffen sowie
2. Personen, die gemäß § 4 Absatz 3 des Gesetzes zur Kooperation und Information im Kinderschutz dem Jugendamt Daten übermittelt haben, in geeigneter Weise an der Gefährdungseinschätzung zu beteiligen.

3Hält das Jugendamt zur Abwendung der Gefährdung die Gewährung von Hilfen für geeignet und notwendig, so hat es diese den Erziehungsberechtigten anzubieten.

(2) 1Hält das Jugendamt das Tätigwerden des Familiengerichts für erforderlich, so hat es das Gericht anzurufen; dies gilt auch, wenn die Erziehungsberechtigten nicht bereit oder in der Lage sind, bei der Abschätzung des Gefährdungsrisikos mitzuwirken. 2Besteht eine dringende Gefahr und kann die Entscheidung des Gerichts nicht abgewartet werden, so ist das Jugendamt verpflichtet, das Kind oder den Jugendlichen in Obhut zu nehmen.

(3) 1Soweit zur Abwendung der Gefährdung das Tätigwerden anderer Leistungsträger, der Einrichtungen der Gesundheitshilfe oder der Polizei notwendig ist, hat das Jugendamt auf die Inanspruchnahme durch die Erziehungsberechtigten hinzuwirken. 2Ist ein sofortiges Tätigwerden erforderlich und wirken die Personensorgeberechtigten oder die Erziehungsberechtigten nicht mit, so schaltet das Jugendamt die anderen zur Abwendung der Gefährdung zuständigen Stellen selbst ein.

(4) 1In Vereinbarungen mit den Trägern von Einrichtungen und Diensten, die Leistungen nach diesem Buch erbringen, ist sicherzustellen, dass

1. deren Fachkräfte bei Bekanntwerden gewichtiger Anhaltspunkte für die Gefährdung eines von ihnen betreuten Kindes oder Jugendlichen eine Gefährdungseinschätzung vornehmen,
2. bei der Gefährdungseinschätzung eine insoweit erfahrene Fachkraft beratend hinzugezogen wird sowie
3. die Erziehungsberechtigten sowie das Kind oder der Jugendliche in die Gefährdungseinschätzung einbezogen werden, soweit hierdurch der wirksame Schutz des Kindes oder Jugendlichen nicht in Frage gestellt wird.

2In den Vereinbarungen sind die Kriterien für die Qualifikation der beratend hinzuzuziehenden insoweit erfahrenen Fachkraft zu regeln, die insbesondere auch den spezifischen Schutzbedürfnissen von Kindern und Jugendlichen mit Behinderungen Rechnung tragen. 3Daneben ist in die Vereinbarungen insbesondere die Verpflichtung aufzunehmen, dass die Fachkräfte der Träger bei den Erziehungsberechtigten auf die Inanspruchnahme von Hilfen hinwirken, wenn sie diese für erforderlich halten, und das Jugendamt informieren, falls die Gefährdung nicht anders abgewendet werden kann.

(5) 1In Vereinbarungen mit Kindertagespflegepersonen, die Leistungen nach diesem Buch erbringen, ist sicherzustellen, dass diese bei Bekanntwerden gewichtiger Anhaltspunkte für die Gefährdung eines von ihnen betreuten Kindes eine Gefährdungseinschätzung vornehmen und dabei eine insoweit erfahrene Fachkraft beratend hinzuziehen. 2Die Erziehungsberechtigten sowie das Kind sind in die Gefährdungseinschätzung einzubeziehen, soweit hierdurch der wirksame Schutz des Kindes nicht in Frage gestellt wird. 3Absatz 4 Satz 2 und 3 gilt entsprechend.

(6) 1Werden einem örtlichen Träger gewichtige Anhaltspunkte für die Gefährdung des Wohls eines Kindes oder eines Jugendlichen bekannt, so sind dem für die Gewährung von Leistungen zuständigen örtlichen Träger die Daten mitzuteilen, deren Kenntnis zur Wahrnehmung des Schutzauftrags bei Kindeswohlgefährdung nach § 8a erforderlich ist. 2Die Mitteilung soll im Rahmen eines Gespräches zwischen den Fachkräften der beiden örtlichen Träger erfolgen, an dem die Personensorgeberechtigten sowie das Kind oder der Jugendliche beteiligt werden sollen, soweit hierdurch der wirksame Schutz des Kindes oder des Jugendlichen nicht in Frage gestellt wird.

§ 8b Fachliche Beratung und Begleitung zum Schutz von Kindern und Jugendlichen

(1) Personen, die beruflich in Kontakt mit Kindern oder Jugendlichen stehen, haben bei der Einschätzung einer Kindeswohlgefährdung im Einzelfall gegenüber dem örtlichen Träger der Jugendhilfe Anspruch auf Beratung durch eine insoweit erfahrene Fachkraft.

(2) Träger von Einrichtungen, in denen sich Kinder oder Jugendliche ganztägig oder für einen Teil des Tages aufhalten oder in denen sie Unterkunft erhalten, und die zuständigen Leistungsträger haben gegenüber dem überörtlichen Träger der Jugendhilfe Anspruch auf Beratung bei der Entwicklung und Anwendung fachlicher Handlungsleitlinien

1. zur Sicherung des Kindeswohls und zum Schutz vor Gewalt sowie
2. zu Verfahren der Beteiligung von Kindern und Jugendlichen an strukturellen Entscheidungen in der Einrichtung sowie zu Beschwerdeverfahren in persönlichen Angelegenheiten.

(3) Bei der fachlichen Beratung nach den Absätzen 1 und 2 wird den spezifischen Schutzbedürfnissen von Kindern und Jugendlichen mit Behinderungen Rechnung getragen.

§ 9 Grundrichtung der Erziehung, Gleichberechtigung von jungen Menschen

Bei der Ausgestaltung der Leistungen und der Erfüllung der Aufgaben sind

1. die von den Personensorgeberechtigten bestimmte Grundrichtung der Erziehung sowie die Rechte der Personensorgeberechtigten und des Kindes oder des Jugendlichen bei der Bestimmung der religiösen Erziehung zu beachten,
2. die wachsende Fähigkeit und das wachsende Bedürfnis des Kindes oder des Jugendlichen zu selbständigem, verantwortungsbewusstem Handeln sowie die jeweiligen besonderen sozialen und kulturellen Bedürfnisse und Eigenarten junger Menschen und ihrer Familien zu berücksichtigen,
3. die unterschiedlichen Lebenslagen von Mädchen, Jungen sowie transidenten, nichtbinären und intergeschlechtlichen jungen Menschen zu berücksichtigen, Benachteiligungen abzubauen und die Gleichberechtigung der Geschlechter zu fördern,
4. die gleichberechtigte Teilhabe von jungen Menschen mit und ohne Behinderungen umzusetzen und vorhandene Barrieren abzubauen.

§ 9a Ombudsstellen

1In den Ländern wird sichergestellt, dass sich junge Menschen und ihre Familien zur Beratung in sowie Vermittlung und Klärung von Konflikten im Zusammenhang mit Aufgaben der Kinder- und Jugendhilfe nach § 2 und deren Wahrnehmung durch die öffentliche und freie Jugendhilfe an eine Ombudsstelle wenden können. 2Die hierzu dem Bedarf von jungen Menschen und ihren Familien entsprechend errichteten Ombudsstellen arbeiten unabhängig und sind fachlich nicht weisungsgebunden. 3§ 17 Absatz 1 bis 2a des Ersten Buches gilt für die Beratung sowie die Vermittlung und Klärung von Konflikten durch die Ombudsstellen entsprechend. 4Das Nähere regelt das Landesrecht.

§ 10 Verhältnis zu anderen Leistungen und Verpflichtungen

(1) 1Verpflichtungen anderer, insbesondere der Träger anderer Sozialleistungen und der Schulen, werden durch dieses Buch nicht berührt. 2Auf Rechtsvorschriften beruhende Leistungen anderer dürfen nicht des-

VIII

halb versagt werden, weil nach diesem Buch entsprechende Leistungen vorgesehen sind.

(2) 1Unterhaltspflichtige Personen werden nach Maßgabe der §§ 90 bis 97b an den Kosten für Leistungen und vorläufige Maßnahmen nach diesem Buch beteiligt. 2Soweit die Zahlung des Kostenbeitrags die Leistungsfähigkeit des Unterhaltspflichtigen mindert oder der Bedarf des jungen Menschen durch Leistungen und vorläufige Maßnahmen nach diesem Buch gedeckt ist, ist dies bei der Berechnung des Unterhalts zu berücksichtigen.

(3) 1Die Leistungen nach diesem Buch gehen Leistungen nach dem Zweiten Buch vor. 2Abweichend von Satz 1 gehen Leistungen nach § 3 Absatz 2, den §§ 14 bis 16g, 16k, § 19 Absatz 2 in Verbindung mit § 28 Absatz 6 des Zweiten Buches sowie Leistungen nach § 6b Absatz 2 des Bundeskindergeldgesetzes in Verbindung mit § 28 Absatz 6 des Zweiten Buches den Leistungen nach diesem Buch vor.

(4) 1Die Leistungen nach diesem Buch gehen Leistungen nach dem Neunten und Zwölften Buch vor. 2Abweichend von Satz 1 gehen Leistungen nach § 27a Absatz 1 in Verbindung mit § 34 Absatz 6 des Zwölften Buches und Leistungen der Eingliederungshilfe nach dem Neunten Buch für junge Menschen, die körperlich oder geistig behindert oder von einer solchen Behinderung bedroht sind, den Leistungen nach diesem Buch vor. 3Landesrecht kann regeln, dass Leistungen der Frühförderung für Kinder unabhängig von der Art der Behinderung vorrangig von anderen Leistungsträgern gewährt werden.

---

§ 10 wurde durch Art. 1 Nr. 12 des Kinder- und Jugendstärkungsgesetzes vom 3 Juni 2021 (BGBl. I S. 1444) wie folgt geändert:

a) Absatz 4 wird wie folgt gefasst:

„(4) Die Leistungen nach diesem Buch gehen Leistungen nach dem Neunten Buch vor. Leistungen nach diesem Buch für junge Menschen mit seelischer Behinderung oder einer drohenden seelischen Behinderung werden auch für junge Menschen mit körperlicher oder geistiger Behinderung oder mit einer drohenden körperlichen oder geistigen Behinderung vorrangig vom Träger der öffentlichen Jugendhilfe gewährt. Das Nähere über

1. den leistungsberechtigten Personenkreis,
2. Art und Umfang der Leistung,
3. die Kostenbeteiligung und
4. das Verfahren

bestimmt ein Bundesgesetz auf Grundlage einer prospektiven Gesetzesevaluation."

b) Nach Absatz 4 wird folgender Absatz 5 eingefügt:

„(5) Die Leistungen nach diesem Buch gehen Leistungen nach dem Zwölften Buch vor. Abweichend von Satz 1 gehen Leistungen nach § 27a Absatz 1 in Verbindung mit § 34 Absatz 6 des Zwölften Buches den Leistungen nach diesem Buch vor."

c) Der bisherige Absatz 5 wird Absatz 6.

Diese Änderung tritt am 1. Januar 2028 in Kraft, wenn bis zum 1. Januar 2027 ein Bundesgesetz nach Artikel 1 Nummer 12 § 10 Absatz 4 Satz 3 des oben genannten Änderungsgesetzes verkündet wurde.

§ 10a Beratung

(1) Zur Wahrnehmung ihrer Rechte nach diesem Buch werden junge Menschen, Mütter, Väter, Personensorge- und Erziehungsberechtigte, die leistungsberechtigt sind oder Leistungen nach § 2 Absatz 2 erhalten sollen, in einer für sie verständlichen, nachvollziehbaren und wahrnehmbaren Form, auf ihren Wunsch auch im Beisein einer Person ihres Vertrauens, beraten.

(2) 1Die Beratung umfasst insbesondere

1. die Familiensituation oder die persönliche Situation des jungen Menschen, Bedarfe, vorhandene Ressourcen sowie mögliche Hilfen,
2. die Leistungen der Kinder- und Jugendhilfe einschließlich des Zugangs zum Leistungssystem,
3. die Leistungen anderer Leistungsträger,
4. mögliche Auswirkungen und Folgen einer Hilfe,
5. die Verwaltungsabläufe,
6. Hinweise auf Leistungsanbieter und andere Hilfemöglichkeiten im Sozialraum und auf Möglichkeiten zur Leistungserbringung,
7. Hinweise auf andere Beratungsangebote im Sozialraum.

2Soweit erforderlich, gehört zur Beratung auch Hilfe bei der Antragstellung, bei der Klärung weiterer zuständiger Leistungsträger, bei der Inanspruchnahme von Leistungen sowie bei der Erfüllung von Mitwirkungspflichten.

(3) Bei minderjährigen Leistungsberechtigten nach § 99 des Neunten Buches nimmt der Träger der öffentlichen Jugendhilfe mit Zustimmung des Personensorgeberechtigten am Gesamtplanverfahren nach § 117 Absatz 6 des Neunten Buches beratend teil.

Zum 1. Januar 2024 wird das neue Instrument des Verfahrenslotsen eingeführt, der in § 10b näher geregelt ist:

§ 10b Verfahrenslotse

(1) Junge Menschen, die Leistungen der Eingliederungshilfe wegen einer Behinderung oder wegen einer drohenden Behinderung geltend machen oder bei denen solche Leistungsansprüche in Betracht kommen, sowie ihre Mütter,

Väter, Personensorge- und Erziehungsberechtigten haben bei der Antragstellung, Verfolgung und Wahrnehmung dieser Leistungen Anspruch auf Unterstützung und Begleitung durch einen Verfahrenslotsen. Der Verfahrenslotse soll die Leistungsberechtigten bei der Verwirklichung von Ansprüchen auf Leistungen der Eingliederungshilfe unabhängig unterstützen sowie auf die Inanspruchnahme von Rechten hinwirken. Diese Leistung wird durch den örtlichen Träger der öffentlichen Jugendhilfe erbracht.

(2) Der Verfahrenslotse unterstützt den örtlichen Träger der öffentlichen Jugendhilfe bei der Zusammenführung der Leistungen der Eingliederungshilfe für junge Menschen in dessen Zuständigkeit. Hierzu berichtet er gegenüber dem örtlichen Träger der öffentlichen Jugendhilfe halbjährlich insbesondere über Erfahrungen der strukturellen Zusammenarbeit mit anderen Stellen und öffentlichen Einrichtungen, insbesondere mit anderen Rehabilitationsträgern.

Zweites Kapitel
Leistungen der Jugendhilfe

Erster Abschnitt
Jugendarbeit, Jugendsozialarbeit, erzieherischer Kinder- und Jugendschutz

§ 11 Jugendarbeit

(1) 1Jungen Menschen sind die zur Förderung ihrer Entwicklung erforderlichen Angebote der Jugendarbeit zur Verfügung zu stellen. 2Sie sollen an den Interessen junger Menschen anknüpfen und von ihnen mitbestimmt und mitgestaltet werden, sie zur Selbstbestimmung befähigen und zu gesellschaftlicher Mitverantwortung und zu sozialem Engagement anregen und hinführen. 3Dabei sollen die Zugänglichkeit und Nutzbarkeit der Angebote für junge Menschen mit Behinderungen sichergestellt werden.

(2) 1Jugendarbeit wird angeboten von Verbänden, Gruppen und Initiativen der Jugend, von anderen Trägern der Jugendarbeit und den Trägern der öffentlichen Jugendhilfe. 2Sie umfasst für Mitglieder bestimmte Angebote, die offene Jugendarbeit und gemeinwesenorientierte Angebote.

(3) Zu den Schwerpunkten der Jugendarbeit gehören:

1. außerschulische Jugendbildung mit allgemeiner, politischer, sozialer, gesundheitlicher, kultureller, naturkundlicher und technischer Bildung,
2. Jugendarbeit in Sport, Spiel und Geselligkeit,
3. arbeitswelt-, schul- und familienbezogene Jugendarbeit,
4. internationale Jugendarbeit,
5. Kinder- und Jugenderholung,
6. Jugendberatung.

(4) Angebote der Jugendarbeit können auch Personen, die das 27. Lebensjahr vollendet haben, in angemessenem Umfang einbeziehen.

§ 12 Förderung der Jugendverbände

(1) Die eigenverantwortliche Tätigkeit der Jugendverbände und Jugendgruppen ist unter Wahrung ihres satzungsgemäßen Eigenlebens nach Maßgabe des § 74 zu fördern.

(2) 1In Jugendverbänden und Jugendgruppen wird Jugendarbeit von jungen Menschen selbst organisiert, gemeinschaftlich gestaltet und mitverantwortet. 2Ihre Arbeit ist auf Dauer angelegt und in der Regel auf die eigenen Mitglieder ausgerichtet, sie kann sich aber auch an junge Menschen wenden, die nicht Mitglieder sind. 3Durch Jugendverbände und ihre Zusammenschlüsse werden Anliegen und Interessen junger Menschen zum Ausdruck gebracht und vertreten.

§ 13 Jugendsozialarbeit

(1) Jungen Menschen, die zum Ausgleich sozialer Benachteiligungen oder zur Überwindung individueller Beeinträchtigungen in erhöhtem Maße auf Unterstützung angewiesen sind, sollen im Rahmen der Jugendhilfe sozialpädagogische Hilfen angeboten werden, die ihre schulische und berufliche Ausbildung, Eingliederung in die Arbeitswelt und ihre soziale Integration fördern.

(2) Soweit die Ausbildung dieser jungen Menschen nicht durch Maßnahmen und Programme anderer Träger und Organisationen sichergestellt wird, können geeignete sozialpädagogisch begleitete Ausbildungs- und Beschäftigungsmaßnahmen angeboten werden, die den Fähigkeiten und dem Entwicklungsstand dieser jungen Menschen Rechnung tragen.

(3) 1Jungen Menschen kann während der Teilnahme an schulischen oder beruflichen Bildungsmaßnahmen oder bei der beruflichen Eingliederung Unterkunft in sozialpädagogisch begleiteten Wohnformen angeboten werden. 2In diesen Fällen sollen auch der notwendige Unterhalt des jungen Menschen sichergestellt und Krankenhilfe nach Maßgabe des § 40 geleistet werden.

(4) Die Angebote sollen mit den Maßnahmen der Schulverwaltung, der Bundesagentur für Arbeit, der Jobcenter, der Träger betrieblicher und außerbetrieblicher Ausbildung sowie der Träger von Beschäftigungsangeboten abgestimmt werden.

§ 13a Schulsozialarbeit

1Schulsozialarbeit umfasst sozialpädagogische Angebote nach diesem Abschnitt, die jungen Menschen am Ort Schule zur Verfügung gestellt werden. 2Die Träger

VIII

der Schulsozialarbeit arbeiten bei der Erfüllung ihrer Aufgaben mit den Schulen zusammen. $_3$Das Nähere über Inhalt und Umfang der Aufgaben der Schulsozialarbeit wird durch Landesrecht geregelt. $_4$Dabei kann durch Landesrecht auch bestimmt werden, dass Aufgaben der Schulsozialarbeit durch andere Stellen nach anderen Rechtsvorschriften erbracht werden.

§ 14 Erzieherischer Kinder- und Jugendschutz

(1) Jungen Menschen und Erziehungsberechtigten sollen Angebote des erzieherischen Kinder- und Jugendschutzes gemacht werden.

(2) Die Maßnahmen sollen

1. junge Menschen befähigen, sich vor gefährdenden Einflüssen zu schützen und sie zu Kritikfähigkeit, Entscheidungsfähigkeit und Eigenverantwortlichkeit sowie zur Verantwortung gegenüber ihren Mitmenschen führen,
2. Eltern und andere Erziehungsberechtigte besser befähigen, Kinder und Jugendliche vor gefährdenden Einflüssen zu schützen.

§ 15 Landesrechtsvorbehalt

Das Nähere über Inhalt und Umfang der in diesem Abschnitt geregelten Aufgaben und Leistungen regelt das Landesrecht.

Zweiter Abschnitt
Förderung der Erziehung in der Familie

§ 16 Allgemeine Förderung der Erziehung in der Familie

VIII

(1) $_1$Müttern, Vätern, anderen Erziehungsberechtigten und jungen Menschen sollen Leistungen der allgemeinen Förderung der Erziehung in der Familie angeboten werden. $_2$Diese Leistungen sollen Erziehungsberechtigte bei der Wahrnehmung ihrer Erziehungsverantwortung unterstützen und dazu beitragen, dass Familien sich die für ihre jeweilige Erziehungs- und Familiensituation erforderlichen Kenntnisse und Fähigkeiten insbesondere in Fragen von Erziehung, Beziehung und Konfliktbewältigung, von Gesundheit, Bildung, Medienkompetenz, Hauswirtschaft sowie der Vereinbarkeit von Familie und Erwerbstätigkeit aneignen können und in ihren Fähigkeiten zur aktiven Teilhabe und Partizipation gestärkt werden. $_3$Sie sollen auch Wege aufzeigen, wie Konfliktsituationen in der Familie gewaltfrei gelöst werden können.

(2) $_1$Leistungen zur Förderung der Erziehung in der Familie sind insbesondere

1. Angebote der Familienbildung, die auf Bedürfnisse und Interessen sowie auf Erfahrungen von Familien in unterschiedlichen Lebenslagen und Erziehungssituationen eingehen, die Familien in ihrer Gesundheitskompetenz stärken, die Familie zur Mitarbeit in Erziehungseinrichtungen und in Formen der Selbst- und Nachbarschaftshilfe besser befähigen, zu ihrer Teilhabe beitragen sowie junge Menschen auf Ehe, Partnerschaft und das Zusammenleben mit Kindern vorbereiten,
2. Angebote der Beratung in allgemeinen Fragen der Erziehung und Entwicklung junger Menschen,
3. Angebote der Familienfreizeit und der Familienerholung, insbesondere in belastenden Familiensituationen, die bei Bedarf die erzieherische Betreuung der Kinder einschließen.

$_2$Dabei soll die Entwicklung vernetzter, kooperativer, niedrigschwelliger, partizipativer und sozialraumorientierter Angebotsstrukturen unterstützt werden.

(3) Müttern und Vätern sowie schwangeren Frauen und werdenden Vätern sollen Beratung und Hilfe in Fragen der Partnerschaft und des Aufbaus elterlicher Erziehungs- und Beziehungskompetenzen angeboten werden.

(4) Das Nähere über Inhalt und Umfang der Aufgaben regelt das Landesrecht.

§ 17 Beratung in Fragen der Partnerschaft, Trennung und Scheidung

(1) $_1$Mütter und Väter haben im Rahmen der Jugendhilfe Anspruch auf Beratung in Fragen der Partnerschaft, wenn sie für ein Kind oder einen Jugendlichen zu sorgen haben oder tatsächlich sorgen. $_2$Die Beratung soll helfen,

1. ein partnerschaftliches Zusammenleben in der Familie aufzubauen,
2. Konflikte und Krisen in der Familie zu bewältigen,
3. im Falle der Trennung oder Scheidung die Bedingungen für eine dem Wohl des Kindes oder des Jugendlichen förderliche Wahrnehmung der Elternverantwortung zu schaffen.

(2) Im Fall der Trennung und Scheidung sind Eltern unter angemessener Beteiligung des betroffenen Kindes oder Jugendlichen bei der Entwicklung eines einvernehmlichen Konzepts für die Wahrnehmung der elterlichen Sorge und der elterlichen Verantwortung zu unterstützen; dieses Konzept kann auch als Grundlage für einen Vergleich oder eine gerichtliche Entscheidung im familiengerichtlichen Verfahren dienen.

(3) Die Gerichte teilen die Rechtshängigkeit von Scheidungssachen, wenn gemeinschaftliche minderjährige Kinder vorhanden sind, sowie Namen und Anschriften der beteiligten Eheleute und Kinder dem Ju-

gendamt mit, damit dieses die Eltern über das Leistungsangebot der Jugendhilfe nach Absatz 2 unterrichtet.

§ 18 Beratung und Unterstützung bei der Ausübung der Personensorge und des Umgangsrechts

(1) Mütter und Väter, die allein für ein Kind oder einen Jugendlichen zu sorgen haben oder tatsächlich sorgen, haben Anspruch auf Beratung und Unterstützung

1. bei der Ausübung der Personensorge einschließlich der Geltendmachung von Unterhalts- oder Unterhaltsersatzansprüchen des Kindes oder Jugendlichen,
2. bei der Geltendmachung ihrer Unterhaltsansprüche nach § 1615l des Bürgerlichen Gesetzbuchs.

(2) Mütter und Väter, die mit dem anderen Elternteil nicht verheiratet sind, haben Anspruch auf Beratung über die Abgabe einer Sorgeerklärung und die Möglichkeit der gerichtlichen Übertragung der gemeinsamen elterlichen Sorge.

(3) $_{1}$Kinder und Jugendliche haben Anspruch auf Beratung und Unterstützung bei der Ausübung des Umgangsrechts nach § 1684 Absatz 1 des Bürgerlichen Gesetzbuchs. $_{2}$Sie sollen darin unterstützt werden, dass die Personen, die nach Maßgabe der §§ 1684, 1685 und 1686a des Bürgerlichen Gesetzbuchs zum Umgang mit ihnen berechtigt sind, von diesem Recht zu ihrem Wohl Gebrauch machen. $_{3}$Eltern, andere Umgangsberechtigte sowie Personen, in deren Obhut sich das Kind befindet, haben Anspruch auf Beratung und Unterstützung bei der Ausübung des Umgangsrechts. $_{4}$Bei der Befugnis, Auskunft über die persönlichen Verhältnisse des Kindes zu verlangen, bei der Herstellung von Umgangskontakten und bei der Ausführung gerichtlicher oder vereinbarter Umgangsregelungen soll vermittelt und in geeigneten Fällen Hilfestellung geleistet werden.

(4) Ein junger Volljähriger hat bis zur Vollendung des 21. Lebensjahres Anspruch auf Beratung und Unterstützung bei der Geltendmachung von Unterhalts- oder Unterhaltsersatzansprüchen.

§ 19 Gemeinsame Wohnformen für Mütter/Väter und Kinder

(1) $_{1}$Mütter oder Väter, die allein für ein Kind unter sechs Jahren zu sorgen haben oder tatsächlich sorgen, sollen gemeinsam mit dem Kind in einer geeigneten Wohnform betreut werden, wenn und solange sie auf Grund ihrer Persönlichkeitsentwicklung dieser Form der Unterstützung bei der Pflege und Erziehung des Kindes bedürfen. $_{2}$Die Betreuung schließt auch ältere Geschwister ein, sofern die Mutter oder der Vater für sie allein zu sorgen hat. $_{3}$Die Betreuung umfasst Leistungen, die die Bedürfnisse der Mutter oder des Vaters sowie des Kindes und seiner Geschwister gleichermaßen berücksichtigen. $_{4}$Eine schwangere Frau kann auch vor der Geburt des Kindes in der Wohnform betreut werden.

(2) $_{1}$Mit Zustimmung des betreuten Elternteils soll auch der andere Elternteil oder eine Person, die für das Kind tatsächlich sorgt, in die Leistung einbezogen werden, wenn und soweit dies dem Leistungszweck dient. $_{2}$Abweichend von Absatz 1 Satz 1 kann diese Einbeziehung die gemeinsame Betreuung der in Satz 1 genannten Personen mit dem Kind in einer geeigneten Wohnform umfassen, wenn und solange dies zur Erreichung des Leistungszwecks erforderlich ist.

(3) Während dieser Zeit soll darauf hingewirkt werden, dass die Mutter oder der Vater eine schulische oder berufliche Ausbildung beginnt oder fortführt oder eine Berufstätigkeit aufnimmt.

(4) Die Leistung soll auch den notwendigen Unterhalt der betreuten Personen sowie die Krankenhilfe nach Maßgabe des § 40 umfassen.

§ 20 Betreuung und Versorgung des Kindes in Notsituationen

(1) Eltern haben einen Anspruch auf Unterstützung bei der Betreuung und Versorgung des im Haushalt lebenden Kindes, wenn

1. ein Elternteil, der für die Betreuung des Kindes überwiegend verantwortlich ist, aus gesundheitlichen oder anderen zwingenden Gründen ausfällt,
2. das Wohl des Kindes nicht anderweitig, insbesondere durch Übernahme der Betreuung durch den anderen Elternteil, gewährleistet werden kann,
3. der familiäre Lebensraum für das Kind erhalten bleiben soll und
4. Angebote der Förderung des Kindes in Tageseinrichtungen oder in Kindertagespflege nicht ausreichen.

(2) $_{1}$Unter der Voraussetzung, dass eine Vereinbarung nach Absatz 3 Satz 2 abgeschlossen wurde, können bei der Betreuung und Versorgung des Kindes auch ehrenamtlich tätige Patinnen und Paten zum Einsatz kommen. $_{2}$Die Art und Weise der Unterstützung und der zeitliche Umfang der Betreuung und Versorgung des Kindes sollen sich nach dem Bedarf im Einzelfall richten.

(3) $_{1}$§ 36a Absatz 2 gilt mit der Maßgabe entsprechend, dass die niedrigschwellige unmittelbare Inanspruchnahme insbesondere zugelassen werden soll, wenn die

Hilfe von einer Erziehungsberatungsstelle oder anderen Beratungsdiensten und -einrichtungen nach § 28 zusätzlich angeboten oder vermittelt wird. 2In den Vereinbarungen entsprechend § 36a Absatz 2 Satz 2 sollen insbesondere auch die kontinuierliche und flexible Verfügbarkeit der Hilfe sowie die professionelle Anleitung und Begleitung beim Einsatz von ehrenamtlichen Patinnen und Paten sichergestellt werden.

§ 21 Unterstützung bei notwendiger Unterbringung zur Erfüllung der Schulpflicht

1Können Personensorgeberechtigte wegen des mit ihrer beruflichen Tätigkeit verbundenen ständigen Ortswechsels die Erfüllung der Schulpflicht ihres Kindes oder Jugendlichen nicht sicherstellen und ist deshalb eine anderweitige Unterbringung des Kindes oder des Jugendlichen notwendig, so haben sie Anspruch auf Beratung und Unterstützung. 2In geeigneten Fällen können die Kosten der Unterbringung in einer für das Kind oder den Jugendlichen geeigneten Wohnform einschließlich des notwendigen Unterhalts sowie die Krankenhilfe übernommen werden. 3Die Leistung kann über das schulpflichtige Alter hinaus gewährt werden, sofern eine begonnene Schulausbildung noch nicht abgeschlossen ist, längstens aber bis zur Vollendung des 21. Lebensjahres.

Dritter Abschnitt
Förderung von Kindern in Tageseinrichtungen und in Kindertagespflege

§ 22 Grundsätze der Förderung

(1) 1Tageseinrichtungen sind Einrichtungen, in denen sich Kinder für einen Teil des Tages oder ganztägig aufhalten und in Gruppen gefördert werden. 2Kindertagespflege wird von einer geeigneten Kindertagespflegeperson in ihrem Haushalt, im Haushalt des Erziehungsberechtigten oder in anderen geeigneten Räumen geleistet. 3Nutzen mehrere Kindertagespflegepersonen Räumlichkeiten gemeinsam, ist die vertragliche und pädagogische Zuordnung jedes einzelnen Kindes zu einer bestimmten Kindertagespflegeperson zu gewährleisten. 4Eine gegenseitige kurzzeitige Vertretung der Kindertagespflegepersonen aus einem gewichtigen Grund steht dem nicht entgegen. 5Das Nähere über die Abgrenzung von Tageseinrichtungen und Kindertagespflege regelt das Landesrecht.

(2) 1Tageseinrichtungen für Kinder und Kindertagespflege sollen

1. die Entwicklung des Kindes zu einer selbstbestimmten, eigenverantwortlichen und gemeinschaftsfähigen Persönlichkeit fördern,
2. die Erziehung und Bildung in der Familie unterstützen und ergänzen,
3. den Eltern dabei helfen, Erwerbstätigkeit, Kindererziehung und familiäre Pflege besser miteinander vereinbaren zu können.

2Hierzu sollen sie die Erziehungsberechtigten einbeziehen und mit dem Träger der öffentlichen Jugendhilfe und anderen Personen, Diensten oder Einrichtungen, die bei der Leistungserbringung für das Kind tätig werden, zusammenarbeiten. 3Sofern Kinder mit und ohne Behinderung gemeinsam gefördert werden, arbeiten die Tageseinrichtungen für Kinder und Kindertagespflege und der Träger der öffentlichen Jugendhilfe mit anderen beteiligten Rehabilitationsträgern zusammen.

(3) 1Der Förderungsauftrag umfasst Erziehung, Bildung und Betreuung des Kindes und bezieht sich auf die soziale, emotionale, körperliche und geistige Entwicklung des Kindes. 2Er schließt die Vermittlung orientierender Werte und Regeln ein. 3Die Förderung soll sich am Alter und Entwicklungsstand, den sprachlichen und sonstigen Fähigkeiten, der Lebenssituation sowie den Interessen und Bedürfnissen des einzelnen Kindes orientieren und seine ethnische Herkunft berücksichtigen.

(4) 1Für die Erfüllung des Förderungsauftrags nach Absatz 3 sollen geeignete Maßnahmen zur Gewährleistung der Qualität der Förderung von Kindern in Tageseinrichtungen und in der Kindertagespflege weiterentwickelt werden. 2Das Nähere regelt das Landesrecht.

§ 22a Förderung in Tageseinrichtungen

(1) 1Die Träger der öffentlichen Jugendhilfe sollen die Qualität der Förderung in ihren Einrichtungen durch geeignete Maßnahmen sicherstellen und weiterentwickeln. 2Dazu gehören die Entwicklung und der Einsatz einer pädagogischen Konzeption als Grundlage für die Erfüllung des Förderungsauftrags sowie der Einsatz von Instrumenten und Verfahren zur Evaluation der Arbeit in den Einrichtungen.

(2) 1Die Träger der öffentlichen Jugendhilfe sollen sicherstellen, dass die Fachkräfte in ihren Einrichtungen zusammenarbeiten

1. mit den Erziehungsberechtigten und Kindertagespflegepersonen zum Wohl der Kinder und zur Sicherung der Kontinuität des Erziehungsprozesses,
2. mit anderen kinder- und familienbezogenen Institutionen und Initiativen im Gemeinwesen, insbesondere solchen der Familienbildung und -beratung,
3. mit den Schulen, um den Kindern einen guten Übergang in die Schule zu sichern und um die Arbeit

mit Schulkindern in Horten und altersgemischten Gruppen zu unterstützen.

2Die Erziehungsberechtigten sind an den Entscheidungen in wesentlichen Angelegenheiten der Erziehung, Bildung und Betreuung zu beteiligen.

(3) 1Das Angebot soll sich pädagogisch und organisatorisch an den Bedürfnissen der Kinder und ihrer Familien orientieren. 2Werden Einrichtungen in den Ferienzeiten geschlossen, so hat der Träger der öffentlichen Jugendhilfe für die Kinder, die nicht von den Erziehungsberechtigten betreut werden können, eine anderweitige Betreuungsmöglichkeit sicherzustellen.

(4) 1Kinder mit Behinderungen und Kinder ohne Behinderungen sollen gemeinsam gefördert werden. 2Die besonderen Bedürfnisse von Kindern mit Behinderungen und von Kindern, die von Behinderung bedroht sind, sind zu berücksichtigen.

(5) Die Träger der öffentlichen Jugendhilfe sollen die Realisierung des Förderungsauftrages nach Maßgabe der Absätze 1 bis 4 in den Einrichtungen anderer Träger durch geeignete Maßnahmen sicherstellen.

§ 23 Förderung in Kindertagespflege

(1) Die Förderung in Kindertagespflege nach Maßgabe von § 24 umfasst die Vermittlung des Kindes zu einer geeigneten Kindertagespflegeperson, soweit diese nicht von der erziehungsberechtigten Person nachgewiesen wird, deren fachliche Beratung, Begleitung und weitere Qualifizierung sowie die Gewährung einer laufenden Geldleistung an die Kindertagespflegeperson.

(2) Die laufende Geldleistung nach Absatz 1 umfasst

1. die Erstattung angemessener Kosten, die der Kindertagespflegeperson für den Sachaufwand entstehen,
2. einen Betrag zur Anerkennung ihrer Förderungsleistung nach Maßgabe von Absatz 2a,
3. die Erstattung nachgewiesener Aufwendungen für Beiträge zu einer angemessenen Unfallversicherung sowie die hälftige Erstattung nachgewiesener Aufwendungen zu einer angemessenen Alterssicherung der Kindertagespflegeperson und
4. die hälftige Erstattung nachgewiesener Aufwendungen zu einer angemessenen Kranken- und Pflegeversicherung.

(2a) 1Die Höhe der laufenden Geldleistung wird von den Trägern der öffentlichen Jugendhilfe festgelegt, soweit Landesrecht nicht etwas anderes bestimmt. 2Der Betrag zur Anerkennung der Förderungsleistung der Kindertagespflegeperson ist leistungsgerecht auszugestalten. 3Dabei sind der zeitliche Umfang der Leistung und die Anzahl sowie der Förderbedarf der betreuten Kinder zu berücksichtigen.

(3) 1Geeignet im Sinne von Absatz 1 sind Personen, die sich durch ihre Persönlichkeit, Sachkompetenz und Kooperationsbereitschaft mit Erziehungsberechtigten und anderen Kindertagespflegepersonen auszeichnen und über kindgerechte Räumlichkeiten verfügen. 2Sie sollen über vertiefte Kenntnisse hinsichtlich der Anforderungen der Kindertagespflege verfügen, die sie in qualifizierten Lehrgängen erworben oder in anderer Weise nachgewiesen haben.

(4) 1Erziehungsberechtigte und Kindertagespflegepersonen haben Anspruch auf Beratung in allen Fragen der Kindertagespflege. 2Für Ausfallzeiten einer Kindertagespflegeperson ist rechtzeitig eine andere Betreuungsmöglichkeit für das Kind sicherzustellen. 3Zusammenschlüsse von Kindertagespflegepersonen sollen beraten, unterstützt und gefördert werden.

§ 24 Anspruch auf Förderung in Tageseinrichtungen und in Kindertagespflege

(1) 1Ein Kind, das das erste Lebensjahr noch nicht vollendet hat, ist in einer Einrichtung oder in Kindertagespflege zu fördern, wenn

1. diese Leistung für seine Entwicklung zu einer selbstbestimmten, eigenverantwortlichen und gemeinschaftsfähigen Persönlichkeit geboten ist oder
2. die Erziehungsberechtigten
   a) einer Erwerbstätigkeit nachgehen, eine Erwerbstätigkeit aufnehmen oder Arbeit suchend sind,
   b) sich in einer beruflichen Bildungsmaßnahme, in der Schulausbildung oder Hochschulausbildung befinden oder
   c) Leistungen zur Eingliederung in Arbeit im Sinne des Zweiten Buches erhalten.

2Lebt das Kind nur mit einem Erziehungsberechtigten zusammen, so tritt diese Person an die Stelle der Erziehungsberechtigten. 3Der Umfang der täglichen Förderung richtet sich nach dem individuellen Bedarf.

(2) 1Ein Kind, das das erste Lebensjahr vollendet hat, hat bis zur Vollendung des dritten Lebensjahres Anspruch auf frühkindliche Förderung in einer Tageseinrichtung oder in Kindertagespflege. 2Absatz 1 Satz 3 gilt entsprechend.

(3) 1Ein Kind, das das dritte Lebensjahr vollendet hat, hat bis zum Schuleintritt Anspruch auf Förderung in einer Tageseinrichtung. 2Die Träger der öffentlichen Jugendhilfe haben darauf hinzuwirken, dass für diese Altersgruppe ein bedarfsgerechtes Angebot an Ganztagsplätzen zur Verfügung steht. 3Das Kind kann bei

VIII

besonderem Bedarf oder ergänzend auch in Kindertagespflege gefördert werden.

(4) ₁Für Kinder im schulpflichtigen Alter ist ein bedarfsgerechtes Angebot in Tageseinrichtungen vorzuhalten. ₂Absatz 1 Satz 3 und Absatz 3 Satz 3 gelten entsprechend.

(5) ₁Die Träger der öffentlichen Jugendhilfe oder die von ihnen beauftragten Stellen sind verpflichtet, Eltern oder Elternteile, die Leistungen nach den Absätzen 1 bis 4 in Anspruch nehmen wollen, über das Platzangebot im örtlichen Einzugsbereich und die pädagogische Konzeption der Einrichtungen zu informieren und sie bei der Auswahl zu beraten. ₂Landesrecht kann bestimmen, dass die erziehungsberechtigten Personen den zuständigen Träger der öffentlichen Jugendhilfe oder die beauftragte Stelle innerhalb einer bestimmten Frist vor der beabsichtigten Inanspruchnahme der Leistung in Kenntnis setzen.

(6) Weitergehendes Landesrecht bleibt unberührt.

§ 24a Bericht zum Ausbaustand der ganztägigen Bildungs- und Betreuungsangebote für Grundschulkinder

Die Bundesregierung hat dem Deutschen Bundestag jährlich einen Bericht über den Ausbaustand der ganztägigen Bildungs- und Betreuungsangebote für Grundschulkinder vorzulegen.

§ 25 Unterstützung selbst organisierter Förderung von Kindern

Mütter, Väter und andere Erziehungsberechtigte, die die Förderung von Kindern selbst organisieren wollen, sollen beraten und unterstützt werden.

§ 26 Landesrechtsvorbehalt

₁Das Nähere über Inhalt und Umfang der in diesem Abschnitt geregelten Aufgaben und Leistungen regelt das Landesrecht. ₂Am 31. Dezember 1990 geltende landesrechtliche Regelungen, die das Kindergartenwesen dem Bildungsbereich zuweisen, bleiben unberührt.

Vierter Abschnitt
Hilfe zur Erziehung, Eingliederungshilfe für seelisch behinderte Kinder und Jugendliche, Hilfe für junge Volljährige

Erster Unterabschnitt
Hilfe zur Erziehung

§ 27 Hilfe zur Erziehung

(1) Ein Personensorgeberechtigter hat bei der Erziehung eines Kindes oder eines Jugendlichen Anspruch auf Hilfe (Hilfe zur Erziehung), wenn eine dem Wohl des Kindes oder des Jugendlichen entsprechende Erziehung nicht gewährleistet ist und die Hilfe für seine Entwicklung geeignet und notwendig ist.

(2) ₁Hilfe zur Erziehung wird insbesondere nach Maßgabe der §§ 28 bis 35 gewährt. ₂Art und Umfang der Hilfe richten sich nach dem erzieherischen Bedarf im Einzelfall; dabei soll das engere soziale Umfeld des Kindes oder des Jugendlichen einbezogen werden. ₃Unterschiedliche Hilfearten können miteinander kombiniert werden, sofern dies dem erzieherischen Bedarf des Kindes oder Jugendlichen im Einzelfall entspricht.

(2a) Ist eine Erziehung des Kindes oder Jugendlichen außerhalb des Elternhauses erforderlich, so entfällt der Anspruch auf Hilfe zur Erziehung nicht dadurch, dass eine andere unterhaltspflichtige Person bereit ist, diese Aufgabe zu übernehmen; die Gewährung von Hilfe zur Erziehung setzt in diesem Fall voraus, dass diese Person bereit und geeignet ist, den Hilfebedarf in Zusammenarbeit mit dem Träger der öffentlichen Jugendhilfe nach Maßgabe der §§ 36 und 37 zu decken.

(3) ₁Hilfe zur Erziehung umfasst insbesondere die Gewährung pädagogischer und damit verbundener therapeutischer Leistungen. ₂Bei Bedarf soll sie Ausbildungs- und Beschäftigungsmaßnahmen im Sinne des § 13 Absatz 2 einschließen und kann mit anderen Leistungen nach diesem Buch kombiniert werden. ₃Die in der Schule oder Hochschule wegen des erzieherischen Bedarfs erforderliche Anleitung und Begleitung können als Gruppenangebote an Kinder oder Jugendliche gemeinsam erbracht werden, soweit dies dem Bedarf des Kindes oder Jugendlichen im Einzelfall entspricht.

(4) Wird ein Kind oder eine Jugendliche während ihres Aufenthalts in einer Einrichtung oder einer Pflegefamilie selbst Mutter eines Kindes, so umfasst die Hilfe zur Erziehung auch die Unterstützung bei der Pflege und Erziehung dieses Kindes.

§ 28 Erziehungsberatung

₁Erziehungsberatungsstellen und andere Beratungsdienste und -einrichtungen sollen Kinder, Jugendliche, Eltern und andere Erziehungsberechtigte bei der Klärung und Bewältigung individueller und familienbezogener Probleme und der zugrunde liegenden Faktoren, bei der Lösung von Erziehungsfragen sowie bei Trennung und Scheidung unterstützen. ₂Dabei sollen Fachkräfte verschiedener Fachrichtungen zusammenwirken, die mit unterschiedlichen methodischen Ansätzen vertraut sind.

§ 29 Soziale Gruppenarbeit

₁Die Teilnahme an sozialer Gruppenarbeit soll älteren Kindern und Jugendlichen bei der Überwindung von

Entwicklungsschwierigkeiten und Verhaltensproblemen helfen. 2Soziale Gruppenarbeit soll auf der Grundlage eines gruppenpädagogischen Konzepts die Entwicklung älterer Kinder und Jugendlicher durch soziales Lernen in der Gruppe fördern.

§ 30 Erziehungsbeistand, Betreuungshelfer

Der Erziehungsbeistand und der Betreuungshelfer sollen das Kind oder den Jugendlichen bei der Bewältigung von Entwicklungsproblemen möglichst unter Einbeziehung des sozialen Umfelds unterstützen und unter Erhaltung des Lebensbezugs zur Familie seine Verselbständigung fördern.

§ 31 Sozialpädagogische Familienhilfe

1Sozialpädagogische Familienhilfe soll durch intensive Betreuung und Begleitung Familien in ihren Erziehungsaufgaben, bei der Bewältigung von Alltagsproblemen, der Lösung von Konflikten und Krisen sowie im Kontakt mit Ämtern und Institutionen unterstützen und Hilfe zur Selbsthilfe geben. 2Sie ist in der Regel auf längere Dauer angelegt und erfordert die Mitarbeit der Familie.

§ 32 Erziehung in einer Tagesgruppe

1Hilfe zur Erziehung in einer Tagesgruppe soll die Entwicklung des Kindes oder des Jugendlichen durch soziales Lernen in der Gruppe, Begleitung der schulischen Förderung und Elternarbeit unterstützen und dadurch den Verbleib des Kindes oder des Jugendlichen in seiner Familie sichern. 2Die Hilfe kann auch in geeigneten Formen der Familienpflege geleistet werden.

§ 33 Vollzeitpflege

1Hilfe zur Erziehung in Vollzeitpflege soll entsprechend dem Alter und Entwicklungsstand des Kindes oder des Jugendlichen und seinen persönlichen Bindungen sowie den Möglichkeiten der Verbesserung der Erziehungsbedingungen in der Herkunftsfamilie Kindern und Jugendlichen in einer anderen Familie eine zeitlich befristete Erziehungshilfe oder eine auf Dauer angelegte Lebensform bieten. 2Für besonders entwicklungsbeeinträchtigte Kinder und Jugendliche sind geeignete Formen der Familienpflege zu schaffen und auszubauen.

§ 34 Heimerziehung, sonstige betreute Wohnform

1Hilfe zur Erziehung in einer Einrichtung über Tag und Nacht (Heimerziehung) oder in einer sonstigen betreuten Wohnform soll Kinder und Jugendliche durch eine Verbindung von Alltagserleben mit pädagogischen und therapeutischen Angeboten in ihrer Entwicklung fördern. 2Sie soll entsprechend dem Alter und Entwicklungsstand des Kindes oder des Jugendlichen sowie den Möglichkeiten der Verbesserung der Erziehungsbedingungen in der Herkunftsfamilie

1. eine Rückkehr in die Familie zu erreichen versuchen oder
2. die Erziehung in einer anderen Familie vorbereiten oder
3. eine auf längere Zeit angelegte Lebensform bieten und auf ein selbständiges Leben vorbereiten.

3Jugendliche sollen in Fragen der Ausbildung und Beschäftigung sowie der allgemeinen Lebensführung beraten und unterstützt werden.

§ 35 Intensive sozialpädagogische Einzelbetreuung

1Intensive sozialpädagogische Einzelbetreuung soll Jugendlichen gewährt werden, die einer intensiven Unterstützung zur sozialen Integration und zu einer eigenverantwortlichen Lebensführung bedürfen. 2Die Hilfe ist in der Regel auf längere Zeit angelegt und soll den individuellen Bedürfnissen des Jugendlichen Rechnung tragen.

Zweiter Unterabschnitt
Eingliederungshilfe für seelisch behinderte Kinder und Jugendliche

§ 35a Eingliederungshilfe für Kinder und Jugendliche mit seelischer Behinderung oder drohender seelischer Behinderung

(1) 1Kinder oder Jugendliche haben Anspruch auf Eingliederungshilfe, wenn

1. ihre seelische Gesundheit mit hoher Wahrscheinlichkeit länger als sechs Monate von dem für ihr Lebensalter typischen Zustand abweicht, und
2. daher ihre Teilhabe am Leben in der Gesellschaft beeinträchtigt ist oder eine solche Beeinträchtigung zu erwarten ist.

2Von einer seelischen Behinderung bedroht im Sinne dieser Vorschrift sind Kinder oder Jugendliche, bei denen eine Beeinträchtigung ihrer Teilhabe am Leben in der Gesellschaft nach fachlicher Erkenntnis mit hoher Wahrscheinlichkeit zu erwarten ist. 3§ 27 Absatz 4 gilt entsprechend.

(1a) 1Hinsichtlich der Abweichung der seelischen Gesundheit nach Absatz 1 Satz 1 Nummer 1 hat der Träger der öffentlichen Jugendhilfe die Stellungnahme

1. eines Arztes für Kinder- und Jugendpsychiatrie und -psychotherapie,

2. eines Kinder- und Jugendlichenpsychotherapeuten, eines Psychotherapeuten mit einer Weiterbildung für die Behandlung von Kindern und Jugendlichen oder
3. eines Arztes oder eines psychologischen Psychotherapeuten, der über besondere Erfahrungen auf dem Gebiet seelischer Störungen bei Kindern und Jugendlichen verfügt,

einzuholen. 2Die Stellungnahme ist auf der Grundlage der Internationalen Klassifikation der Krankheiten in der vom Bundesinstitut für Arzneimittel und Medizinprodukte herausgegebenen deutschen Fassung zu erstellen. 3Dabei ist auch darzulegen, ob die Abweichung Krankheitswert hat oder auf einer Krankheit beruht. 4Enthält die Stellungnahme auch Ausführungen zu Absatz 1 Satz 1 Nummer 2, so sollen diese vom Träger der öffentlichen Jugendhilfe im Rahmen seiner Entscheidung angemessen berücksichtigt werden. 5Die Hilfe soll nicht von der Person oder dem Dienst oder der Einrichtung, der die Person angehört, die die Stellungnahme abgibt, erbracht werden.

(2) Die Hilfe wird nach dem Bedarf im Einzelfall
1. in ambulanter Form,
2. in Tageseinrichtungen für Kinder oder in anderen teilstationären Einrichtungen,
3. durch geeignete Pflegepersonen und
4. in Einrichtungen über Tag und Nacht sowie sonstigen Wohnformen geleistet.

(3) Aufgabe und Ziele der Hilfe, die Bestimmung des Personenkreises sowie Art und Form der Leistungen richten sich nach Kapitel 6 des Teils 1 des Neunten Buches sowie § 90 und den Kapiteln 3 bis 6 des Teils 2 des Neunten Buches, soweit diese Bestimmungen auch auf seelisch behinderte oder von einer solchen Behinderung bedrohte Personen Anwendung finden und sich aus diesem Buch nichts anderes ergibt.

VIII

(4) 1Ist gleichzeitig Hilfe zur Erziehung zu leisten, so sollen Einrichtungen, Dienste und Personen in Anspruch genommen werden, die geeignet sind, sowohl die Aufgaben der Eingliederungshilfe zu erfüllen als auch den erzieherischen Bedarf zu decken. 2Sind heilpädagogische Maßnahmen für Kinder, die noch nicht im schulpflichtigen Alter sind, in Tageseinrichtungen für Kinder zu gewähren und lässt der Hilfebedarf es zu, so sollen Einrichtungen in Anspruch genommen werden, in denen behinderte und nicht behinderte Kinder gemeinsam betreut werden.

Dritter Unterabschnitt Gemeinsame Vorschriften für die Hilfe zur Erziehung und die Eingliederungshilfe für seelisch behinderte Kinder und Jugendliche

§ 36 Mitwirkung, Hilfeplan

(1) 1Der Personensorgeberechtigte und das Kind oder der Jugendliche sind vor der Entscheidung über die Inanspruchnahme einer Hilfe und vor einer notwendigen Änderung von Art und Umfang der Hilfe zu beraten und auf die möglichen Folgen für die Entwicklung des Kindes oder des Jugendlichen hinzuweisen. 2Es ist sicherzustellen, dass Beratung und Aufklärung nach Satz 1 in einer für den Personensorgeberechtigten und das Kind oder den Jugendlichen verständlichen, nachvollziehbaren und wahrnehmbaren Form erfolgen.

(2) 1Die Entscheidung über die im Einzelfall angezeigte Hilfeart soll, wenn Hilfe voraussichtlich für längere Zeit zu leisten ist, im Zusammenwirken mehrerer Fachkräfte getroffen werden. 2Als Grundlage für die Ausgestaltung der Hilfe sollen sie zusammen mit dem Personensorgeberechtigten und dem Kind oder dem Jugendlichen einen Hilfeplan aufstellen, der Feststellungen über den Bedarf, die zu gewährende Art der Hilfe sowie die notwendigen Leistungen enthält; sie sollen regelmäßig prüfen, ob die gewählte Hilfeart weiterhin geeignet oder notwendig ist. 3Hat das Kind oder der Jugendliche ein oder mehrere Geschwister, so soll der Geschwisterbeziehung bei der Aufstellung und Überprüfung des Hilfeplans sowie bei der Durchführung der Hilfe Rechnung getragen werden.

(3) 1Werden bei der Durchführung der Hilfe andere Personen, Dienste oder Einrichtungen tätig, so sind sie oder deren Mitarbeiterinnen und Mitarbeiter an der Aufstellung des Hilfeplans und seiner Überprüfung zu beteiligen. 2Soweit dies zur Feststellung des Bedarfs, der zu gewährenden Art der Hilfe oder der notwendigen Leistungen nach Inhalt, Umfang und Dauer erforderlich ist, sollen öffentliche Stellen, insbesondere andere Sozialleistungsträger, Rehabilitationsträger oder die Schule beteiligt werden. 3Gewährt der Träger der öffentlichen Jugendhilfe Leistungen zur Teilhabe, sind die Vorschriften zum Verfahren bei einer Mehrheit von Rehabilitationsträgern nach dem Neunten Buch zu beachten.

(4) Erscheinen Hilfen nach § 35a erforderlich, so soll bei der Aufstellung und Änderung des Hilfeplans sowie bei der Durchführung der Hilfe die Person, die eine Stellungnahme nach § 35a Abs. 1a abgegeben hat, beteiligt werden.

(5) Soweit dies zur Feststellung des Bedarfs, der zu gewährenden Art der Hilfe oder der notwendigen

Leistungen nach Inhalt, Umfang und Dauer erforderlich ist und dadurch der Hilfezweck nicht in Frage gestellt wird, sollen Eltern, die nicht personensorgeberechtigt sind, an der Aufstellung des Hilfeplans und seiner Überprüfung beteiligt werden; die Entscheidung, ob, wie und in welchem Umfang deren Beteiligung erfolgt, soll im Zusammenwirken mehrerer Fachkräfte unter Berücksichtigung der Willensäußerung und der Interessen des Kindes oder Jugendlichen sowie der Willensäußerung des Personensorgeberechtigten getroffen werden.

§ 36a Steuerungsverantwortung, Selbstbeschaffung

(1) 1Der Träger der öffentlichen Jugendhilfe trägt die Kosten der Hilfe grundsätzlich nur dann, wenn sie auf der Grundlage seiner Entscheidung nach Maßgabe des Hilfeplans unter Beachtung des Wunsch- und Wahlrechts erbracht wird; dies gilt auch in den Fällen, in denen Eltern durch das Familiengericht oder Jugendliche und junge Volljährige durch den Jugendrichter zur Inanspruchnahme von Hilfen verpflichtet werden. 2Die Vorschriften über die Heranziehung zu den Kosten der Hilfe bleiben unberührt.

(2) 1Abweichend von Absatz 1 soll der Träger der öffentlichen Jugendhilfe die niedrigschwellige unmittelbare Inanspruchnahme von ambulanten Hilfen, insbesondere der Erziehungsberatung nach § 28, zulassen. 2Dazu soll der Träger der öffentlichen Jugendhilfe mit den Leistungserbringern Vereinbarungen schließen, in denen die Voraussetzungen und die Ausgestaltung der Leistungserbringung sowie die Übernahme der Kosten geregelt werden. 3Dabei finden der nach § 80 Absatz 1 Nummer 2 ermittelte Bedarf, die Planungen zur Sicherstellung des bedarfsgerechten Zusammenwirkens der Angebote von Jugendhilfeleistungen in den Lebens- und Wohnbereichen von jungen Menschen und Familien nach § 80 Absatz 2 Nummer 3 sowie die geplanten Maßnahmen zur Qualitätsgewährleistung der Leistungserbringung nach § 80 Absatz 3 Beachtung.

(3) 1Werden Hilfen abweichend von den Absätzen 1 und 2 vom Leistungsberechtigten selbst beschafft, so ist der Träger der öffentlichen Jugendhilfe zur Übernahme der erforderlichen Aufwendungen nur verpflichtet, wenn

1. der Leistungsberechtigte den Träger der öffentlichen Jugendhilfe vor der Selbstbeschaffung über den Hilfebedarf in Kenntnis gesetzt hat,
2. die Voraussetzungen für die Gewährung der Hilfe vorlagen und
3. die Deckung des Bedarfs
   a) bis zu einer Entscheidung des Trägers der öffentlichen Jugendhilfe über die Gewährung der Leistung oder
   b) bis zu einer Entscheidung über ein Rechtsmittel nach einer zu Unrecht abgelehnten Leistung

   keinen zeitlichen Aufschub geduldet hat.

2War es dem Leistungsberechtigten unmöglich, den Träger der öffentlichen Jugendhilfe rechtzeitig über den Hilfebedarf in Kenntnis zu setzen, so hat er dies unverzüglich nach Wegfall des Hinderungsgrundes nachzuholen.

§ 36b Zusammenarbeit beim Zuständigkeitsübergang

(1) 1Zur Sicherstellung von Kontinuität und Bedarfsgerechtigkeit der Leistungsgewährung sind von den zuständigen öffentlichen Stellen, insbesondere von Sozialleistungsträgern oder Rehabilitationsträgern rechtzeitig im Rahmen des Hilfeplans Vereinbarungen zur Durchführung des Zuständigkeitsübergangs zu treffen. 2Im Rahmen der Beratungen zum Zuständigkeitsübergang prüfen der Träger der öffentlichen Jugendhilfe und die andere öffentliche Stelle, insbesondere der andere Sozialleistungsträger oder Rehabilitationsträger gemeinsam, welche Leistung nach dem Zuständigkeitsübergang dem Bedarf des jungen Menschen entspricht.

(2) 1Abweichend von Absatz 1 werden bei einem Zuständigkeitsübergang vom Träger der öffentlichen Jugendhilfe auf einen Träger der Eingliederungshilfe rechtzeitig im Rahmen eines Teilhabeplanverfahrens nach § 19 des Neunten Buches die Voraussetzungen für die Sicherstellung einer nahtlosen und bedarfsgerechten Leistungsgewährung nach dem Zuständigkeitsübergang geklärt. 2Die Teilhabeplanung ist frühzeitig, in der Regel ein Jahr vor dem voraussichtlichen Zuständigkeitswechsel, vom Träger der Jugendhilfe einzuleiten. 3Mit Zustimmung des Leistungsberechtigten oder seines Personensorgeberechtigten ist eine Teilhabeplankonferenz nach § 20 des Neunten Buches durchzuführen. 4Stellt der beteiligte Träger der Eingliederungshilfe fest, dass seine Zuständigkeit sowie die Leistungsberechtigung absehbar gegeben sind, soll er entsprechend § 19 Absatz 5 des Neunten Buches die Teilhabeplanung vom Träger der öffentlichen Jugendhilfe übernehmen. 5Dies beinhaltet gemäß § 21 des Neunten Buches auch die Durchführung des Verfahrens zur Gesamtplanung nach den §§ 117 bis 122 des Neunten Buches.

VIII

§ 37 Beratung und Unterstützung der Eltern, Zusammenarbeit bei Hilfen außerhalb der eigenen Familie

(1) 1Werden Hilfen nach den §§ 32 bis 34 und 35a Absatz 2 Nummer 3 und 4 gewährt, haben die Eltern einen Anspruch auf Beratung und Unterstützung sowie Förderung der Beziehung zu ihrem Kind. 2Durch Beratung und Unterstützung sollen die Entwicklungs-, Teilhabe- oder Erziehungsbedingungen in der Herkunftsfamilie innerhalb eines im Hinblick auf die Entwicklung des Kindes oder Jugendlichen vertretbaren Zeitraums so weit verbessert werden, dass sie das Kind oder den Jugendlichen wieder selbst erziehen kann. 3Ist eine nachhaltige Verbesserung der Entwicklungs-, Teilhabe- oder Erziehungsbedingungen in der Herkunftsfamilie innerhalb dieses Zeitraums nicht erreichbar, so dienen die Beratung und Unterstützung der Eltern sowie die Förderung ihrer Beziehung zum Kind der Erarbeitung und Sicherung einer anderen, dem Wohl des Kindes oder Jugendlichen förderlichen und auf Dauer angelegten Lebensperspektive.

(2) 1Bei den in Absatz 1 Satz 1 genannten Hilfen soll der Träger der öffentlichen Jugendhilfe die Zusammenarbeit der Pflegeperson oder der in der Einrichtung für die Erziehung verantwortlichen Person und der Eltern zum Wohl des Kindes oder Jugendlichen durch geeignete Maßnahmen fördern. 2Der Träger der öffentlichen Jugendhilfe stellt dies durch eine abgestimmte Wahrnehmung der Aufgaben nach Absatz 1 und § 37a sicher.

(3) 1Sofern der Inhaber der elterlichen Sorge durch eine Erklärung nach § 1688 Absatz 3 Satz 1 des Bürgerlichen Gesetzbuchs die Entscheidungsbefugnisse der Pflegeperson so weit einschränkt, dass die Einschränkung eine dem Wohl des Kindes oder des Jugendlichen förderliche Entwicklung nicht mehr ermöglicht, sollen die Beteiligten das Jugendamt einschalten. 2Auch bei sonstigen Meinungsverschiedenheiten zwischen ihnen sollen die Beteiligten das Jugendamt einschalten.

§ 37a Beratung und Unterstützung der Pflegeperson

1Die Pflegeperson hat vor der Aufnahme des Kindes oder des Jugendlichen und während der Dauer des Pflegeverhältnisses Anspruch auf Beratung und Unterstützung. 2Dies gilt auch in den Fällen, in denen für das Kind oder den Jugendlichen weder Hilfe zur Erziehung noch Eingliederungshilfe gewährt wird, und in den Fällen, in denen die Pflegeperson nicht der Erlaubnis zur Vollzeitpflege nach § 44 bedarf. 3Lebt das Kind oder der Jugendliche bei einer Pflegeperson außerhalb des Bereichs des zuständigen Trägers der öffentlichen Jugendhilfe, so sind ortsnahe Beratung und Unterstützung sicherzustellen. 4Der zuständige Träger der öffentlichen Jugendhilfe hat die aufgewendeten Kosten einschließlich der Verwaltungskosten auch in den Fällen zu erstatten, in denen die Beratung und Unterstützung im Wege der Amtshilfe geleistet werden. 5Zusammenschlüsse von Pflegepersonen sollen beraten, unterstützt und gefördert werden.

§ 37b Sicherung der Rechte von Kindern und Jugendlichen in Familienpflege

(1) 1Das Jugendamt stellt sicher, dass während der Dauer des Pflegeverhältnisses ein nach Maßgabe fachlicher Handlungsleitlinien gemäß § 79a Satz 2 entwickeltes Konzept zur Sicherung der Rechte des Kindes oder des Jugendlichen und zum Schutz vor Gewalt angewandt wird. 2Hierzu sollen die Pflegeperson sowie das Kind oder der Jugendliche vor der Aufnahme und während der Dauer des Pflegeverhältnisses beraten und an der auf das konkrete Pflegeverhältnis bezogenen Ausgestaltung des Konzepts beteiligt werden.

(2) Das Jugendamt gewährleistet, dass das Kind oder der Jugendliche während der Dauer des Pflegeverhältnisses Möglichkeiten der Beschwerde in persönlichen Angelegenheiten hat und informiert das Kind oder den Jugendlichen hierüber.

(3) 1Das Jugendamt soll den Erfordernissen des Einzelfalls entsprechend an Ort und Stelle überprüfen, ob eine dem Wohl des Kindes oder des Jugendlichen förderliche Entwicklung bei der Pflegeperson gewährleistet ist. 2Die Pflegeperson hat das Jugendamt über wichtige Ereignisse zu unterrichten, die das Wohl des Kindes oder des Jugendlichen betreffen.

§ 37c Ergänzende Bestimmungen zur Hilfeplanung bei Hilfen außerhalb der eigenen Familie

(1) 1Bei der Aufstellung und Überprüfung des Hilfeplans nach § 36 Absatz 2 Satz 2 ist bei Hilfen außerhalb der eigenen Familie prozesshaft auch die Perspektive der Hilfe zu klären. 2Der Stand der Perspektivklärung nach Satz 1 ist im Hilfeplan zu dokumentieren.

(2) 1Maßgeblich bei der Perspektivklärung nach Absatz 1 ist, ob durch Leistungen nach diesem Abschnitt die Entwicklungs-, Teilhabe- oder Erziehungsbedingungen in der Herkunftsfamilie innerhalb eines im Hinblick auf die Entwicklung des Kindes oder Jugendlichen vertretbaren Zeitraums so weit verbessert werden, dass die Herkunftsfamilie das Kind oder den Jugendlichen wieder selbst erziehen, betreuen und fördern kann. 2Ist eine nachhaltige Verbesserung der Entwicklungs-, Teilhabe- oder Erziehungsbedingungen in

der Herkunftsfamilie innerhalb eines im Hinblick auf die Entwicklung des Kindes oder Jugendlichen vertretbaren Zeitraums nicht erreichbar, so soll mit den beteiligten Personen eine andere, dem Wohl des Kindes oder Jugendlichen förderliche und auf Dauer angelegte Lebensperspektive erarbeitet werden. 3In diesem Fall ist vor und während der Gewährung der Hilfe insbesondere zu prüfen, ob die Annahme als Kind in Betracht kommt.

(3) 1Bei der Auswahl der Einrichtung oder der Pflegeperson sind der Personensorgeberechtigte und das Kind oder der Jugendliche oder bei Hilfen nach § 41 der junge Volljährige zu beteiligen. 2Der Wahl und den Wünschen des Leistungsberechtigten ist zu entsprechen, sofern sie nicht mit unverhältnismäßigen Mehrkosten verbunden sind. 3Wünschen die in Satz 1 genannten Personen die Erbringung einer in § 78a genannten Leistung in einer Einrichtung, mit deren Träger keine Vereinbarungen nach § 78b bestehen, so soll der Wahl nur entsprochen werden, wenn die Erbringung der Leistung in dieser Einrichtung nach Maßgabe des Hilfeplans geboten ist. 4Bei der Auswahl einer Pflegeperson, die ihren gewöhnlichen Aufenthalt außerhalb des Bereichs des örtlich zuständigen Trägers hat, soll der örtliche Träger der öffentlichen Jugendhilfe beteiligt werden, in dessen Bereich die Pflegeperson ihren gewöhnlichen Aufenthalt hat.

(4) 1Die Art und Weise der Zusammenarbeit nach § 37 Absatz 2 sowie die damit im Einzelfall verbundenen Ziele sind im Hilfeplan zu dokumentieren. 2Bei Hilfen nach den §§ 33, 35a Absatz 2 Nummer 3 zählen dazu auch der vereinbarte Umfang der Beratung und Unterstützung der Eltern nach § 37 Absatz 1 und der Pflegeperson nach § 37a Absatz 1 sowie die Höhe der laufenden Leistungen zum Unterhalt des Kindes oder Jugendlichen nach § 39. 3Bei Hilfen für junge Volljährige nach § 41 gilt dies entsprechend in Bezug auf den vereinbarten Umfang der Beratung und Unterstützung der Pflegeperson sowie die Höhe der laufenden Leistungen zum Unterhalt. 4Eine Abweichung von den im Hilfeplan gemäß den Sätzen 1 bis 3 getroffenen Feststellungen ist nur bei einer Änderung des Hilfebedarfs und entsprechender Änderung des Hilfeplans auch bei einem Wechsel der örtlichen Zuständigkeit zulässig.

§ 38 Zulässigkeit von Auslandsmaßnahmen

(1) 1Hilfen nach diesem Abschnitt sind in der Regel im Inland zu erbringen. 2Sie dürfen nur dann im Ausland erbracht werden, wenn dies nach Maßgabe der Hilfeplanung zur Erreichung des Hilfezieles im Einzelfall erforderlich ist und die aufenthaltsrechtlichen Vorschriften des aufnehmenden Staates sowie

1. im Anwendungsbereich der Verordnung (EU) 2019/1111 des Rates vom 25. Juni 2019 über die Zuständigkeit, die Anerkennung und Vollstreckung von Entscheidungen in Ehesachen und in Verfahren betreffend die elterliche Verantwortung und über internationale Kindesentführungen (ABl. L 178 vom 2.7.2019, S. 1) die Voraussetzungen des Artikels 82 oder
2. im Anwendungsbereich des Haager Übereinkommens vom 19. Oktober 1996 über die Zuständigkeit, das anzuwendende Recht, die Anerkennung, Vollstreckung und Zusammenarbeit auf dem Gebiet der elterlichen Verantwortung und der Maßnahmen zum Schutz von Kindern die Voraussetzungen des Artikels 33

erfüllt sind.

(2) Der Träger der öffentlichen Jugendhilfe soll vor der Entscheidung über die Gewährung einer Hilfe, die ganz oder teilweise im Ausland erbracht wird,

1. zur Feststellung einer seelischen Störung mit Krankheitswert die Stellungnahme einer in § 35a Absatz 1a Satz 1 genannten Person einholen,
2. sicherstellen, dass der Leistungserbringer
   a) über eine Betriebserlaubnis nach § 45 für eine Einrichtung im Inland verfügt, in der Hilfe zur Erziehung erbracht wird,
   b) Gewähr dafür bietet, dass er die Rechtsvorschriften des aufnehmenden Staates einschließlich des Aufenthaltsrechts einhält, insbesondere vor Beginn der Leistungserbringung die in Absatz 1 Satz 2 genannten Maßgaben erfüllt, und mit den Behörden des aufnehmenden Staates sowie den deutschen Vertretungen im Ausland zusammenarbeitet,
   c) mit der Erbringung der Hilfen nur Fachkräfte nach § 72 Absatz 1 betraut,
   d) über die Qualität der Maßnahme eine Vereinbarung abschließt; dabei sind die fachlichen Handlungsleitlinien des überörtlichen Trägers anzuwenden,
   e) Ereignisse oder Entwicklungen, die geeignet sind, das Wohl des Kindes oder Jugendlichen zu beeinträchtigen, dem Träger der öffentlichen Jugendhilfe unverzüglich anzeigt und
3. die Eignung der mit der Leistungserbringung zu betrauenden Einrichtung oder Person an Ort und Stelle überprüfen.

(3) 1Überprüfung und Fortschreibung des Hilfeplans sollen nach Maßgabe von § 36 Absatz 2 Satz 2 am Ort der Leistungserbringung unter Beteiligung des Kindes

VIII

oder des Jugendlichen erfolgen. $_{2}$Unabhängig von der Überprüfung und Fortschreibung des Hilfeplans nach Satz 1 soll der Träger der öffentlichen Jugendhilfe nach den Erfordernissen im Einzelfall an Ort und Stelle überprüfen, ob die Anforderungen nach Absatz 2 Nummer 2 Buchstabe b und c sowie Nummer 3 weiter erfüllt sind.

(4) Besteht die Erfüllung der Anforderungen nach Absatz 2 Nummer 2 oder die Eignung der mit der Leistungserbringung betrauten Einrichtung oder Person nicht fort, soll die Leistungserbringung im Ausland unverzüglich beendet werden.

(5) $_{1}$Der Träger der öffentlichen Jugendhilfe hat der erlaubniserteilenden Behörde unverzüglich

1. den Beginn und das geplante Ende der Leistungserbringung im Ausland unter Angabe von Namen und Anschrift des Leistungserbringers, des Aufenthaltsorts des Kindes oder Jugendlichen sowie der Namen der mit der Erbringung der Hilfe betrauten Fachkräfte,
2. Änderungen der in Nummer 1 bezeichneten Angaben sowie
3. die bevorstehende Beendigung der Leistungserbringung im Ausland

zu melden sowie

4. einen Nachweis zur Erfüllung der aufenthaltsrechtlichen Vorschriften des aufnehmenden Staates und im Anwendungsbereich
   a) der Verordnung (EU) 2019/1111 zur Erfüllung der Maßgaben des Artikels 82,
   b) des Haager Übereinkommens vom 19. Oktober 1996 über die Zuständigkeit, das anzuwendende Recht, die Anerkennung, Vollstreckung und Zusammenarbeit auf dem Gebiet der elterlichen Verantwortung und der Maßnahmen zum Schutz von Kindern zur Erfüllung der Maßgaben des Artikels 33

zu übermitteln. $_{2}$Die erlaubniserteilende Behörde wirkt auf die unverzügliche Beendigung der Leistungserbringung im Ausland hin, wenn sich aus den Angaben nach Satz 1 ergibt, dass die an die Leistungserbringung im Ausland gestellten gesetzlichen Anforderungen nicht erfüllt sind.

§ 39 Leistungen zum Unterhalt des Kindes oder des Jugendlichen

(1) $_{1}$Wird Hilfe nach den §§ 32 bis 35 oder nach § 35a Absatz 2 Nummer 2 bis 4 gewährt, so ist auch der notwendige Unterhalt des Kindes oder Jugendlichen außerhalb des Elternhauses sicherzustellen. $_{2}$Er umfasst die Kosten für den Sachaufwand sowie für die Pflege und Erziehung des Kindes oder Jugendlichen.

(2) $_{1}$Der gesamte regelmäßig wiederkehrende Bedarf soll durch laufende Leistungen gedeckt werden. $_{2}$Sie umfassen außer im Fall des § 32 und des § 35a Absatz 2 Nummer 2 auch einen angemessenen Barbetrag zur persönlichen Verfügung des Kindes oder des Jugendlichen. $_{3}$Die Höhe des Betrages wird in den Fällen der §§ 34, 35, 35a Absatz 2 Nummer 4 von der nach Landesrecht zuständigen Behörde festgesetzt; die Beträge sollen nach Altersgruppen gestaffelt sein. $_{4}$Die laufenden Leistungen im Rahmen der Hilfe in Vollzeitpflege (§ 33) oder bei einer geeigneten Pflegeperson (§ 35a Absatz 2 Nummer 3) sind nach den Absätzen 4 bis 6 zu bemessen.

(3) Einmalige Beihilfen oder Zuschüsse können insbesondere zur Erstausstattung einer Pflegestelle, bei wichtigen persönlichen Anlässen sowie für Urlaubs- und Ferienreisen des Kindes oder des Jugendlichen gewährt werden.

(4) $_{1}$Die laufenden Leistungen sollen auf der Grundlage der tatsächlichen Kosten gewährt werden, sofern sie einen angemessenen Umfang nicht übersteigen. $_{2}$Die laufenden Leistungen umfassen auch die Erstattung nachgewiesener Aufwendungen für Beiträge zu einer Unfallversicherung sowie die hälftige Erstattung nachgewiesener Aufwendungen zu einer angemessenen Alterssicherung der Pflegeperson. $_{3}$Sie sollen in einem monatlichen Pauschalbetrag gewährt werden, soweit nicht nach der Besonderheit des Einzelfalls abweichende Leistungen geboten sind. $_{4}$Ist die Pflegeperson in gerader Linie mit dem Kind oder Jugendlichen verwandt und kann sie diesem unter Berücksichtigung ihrer sonstigen Verpflichtungen und ohne Gefährdung ihres angemessenen Unterhalts Unterhalt gewähren, so kann der Teil des monatlichen Pauschalbetrags, der die Kosten für den Sachaufwand des Kindes oder Jugendlichen betrifft, angemessen gekürzt werden. $_{5}$Wird ein Kind oder ein Jugendlicher im Bereich eines anderen Jugendamts untergebracht, so soll sich die Höhe des zu gewährenden Pauschalbetrages nach den Verhältnissen richten, die am Ort der Pflegestelle gelten.

(5) $_{1}$Die Pauschalbeträge für laufende Leistungen zum Unterhalt sollen von den nach Landesrecht zuständigen Behörden festgesetzt werden. $_{2}$Dabei ist dem altersbedingt unterschiedlichen Unterhaltsbedarf von Kindern und Jugendlichen durch eine Staffelung der Beträge nach Altersgruppen Rechnung zu tragen. $_{3}$Das Nähere regelt Landesrecht.

(6) 1Wird das Kind oder der Jugendliche im Rahmen des Familienleistungsausgleichs nach § 31 des Einkommensteuergesetzes bei der Pflegeperson berücksichtigt, so ist ein Betrag in Höhe der Hälfte des Betrages, der nach § 66 des Einkommensteuergesetzes für ein erstes Kind zu zahlen ist, auf die laufenden Leistungen anzurechnen. 2Ist das Kind oder der Jugendliche nicht das älteste Kind in der Pflegefamilie, so ermäßigt sich der Anrechnungsbetrag für dieses Kind oder diesen Jugendlichen auf ein Viertel des Betrages, der für ein erstes Kind zu zahlen ist.

(7) Wird ein Kind oder eine Jugendliche während ihres Aufenthalts in einer Einrichtung oder einer Pflegefamilie selbst Mutter eines Kindes, so ist auch der notwendige Unterhalt dieses Kindes sicherzustellen.

§ 40 Krankenhilfe

1Wird Hilfe nach den §§ 33 bis 35 oder nach § 35a Absatz 2 Nummer 3 oder 4 gewährt, so ist auch Krankenhilfe zu leisten; für den Umfang der Hilfe gelten die §§ 47 bis 52 des Zwölften Buches entsprechend. 2Krankenhilfe muss den im Einzelfall notwendigen Bedarf in voller Höhe befriedigen. 3Zuzahlungen und Eigenbeteiligungen sind zu übernehmen. 4Das Jugendamt kann in geeigneten Fällen die Beiträge für eine freiwillige Krankenversicherung übernehmen, soweit sie angemessen sind.

Vierter Unterabschnitt
Hilfe für junge Volljährige

§ 41 Hilfe für junge Volljährige

(1) 1Junge Volljährige erhalten geeignete und notwendige Hilfe nach diesem Abschnitt, wenn und solange ihre Persönlichkeitsentwicklung eine selbstbestimmte, eigenverantwortliche und selbständige Lebensführung nicht gewährleistet. 2Die Hilfe wird in der Regel nur bis zur Vollendung des 21. Lebensjahres gewährt; in begründeten Einzelfällen soll sie für einen begrenzten Zeitraum darüber hinaus fortgesetzt werden. 3Eine Beendigung der Hilfe schließt die erneute Gewährung oder Fortsetzung einer Hilfe nach Maßgabe der Sätze 1 und 2 nicht aus.

(2) Für die Ausgestaltung der Hilfe gelten § 27 Absatz 3 und 4 sowie die §§ 28 bis 30, 33 bis 36, 39 und 40 entsprechend mit der Maßgabe, dass an die Stelle des Personensorgeberechtigten oder des Kindes oder des Jugendlichen der junge Volljährige tritt.

(3) Soll eine Hilfe nach dieser Vorschrift nicht fortgesetzt oder beendet werden, prüft der Träger der öffentlichen Jugendhilfe ab einem Jahr vor dem hierfür im Hilfeplan vorgesehenen Zeitpunkt, ob im Hinblick auf den Bedarf des jungen Menschen ein Zuständigkeitsübergang auf andere Sozialleistungsträger in Betracht kommt; § 36b gilt entsprechend.

§ 41a Nachbetreuung

(1) Junge Volljährige werden innerhalb eines angemessenen Zeitraums nach Beendigung der Hilfe bei der Verselbständigung im notwendigen Umfang und in einer für sie verständlichen, nachvollziehbaren und wahrnehmbaren Form beraten und unterstützt.

(2) 1Der angemessene Zeitraum sowie der notwendige Umfang der Beratung und Unterstützung nach Beendigung der Hilfe sollen in dem Hilfeplan nach § 36 Absatz 2 Satz 2, der die Beendigung der Hilfe nach § 41 feststellt, dokumentiert und regelmäßig überprüft werden. 2Hierzu soll der Träger der öffentlichen Jugendhilfe in regelmäßigen Abständen Kontakt zu dem jungen Volljährigen aufnehmen.

Drittes Kapitel
Andere Aufgaben der Jugendhilfe

Erster Abschnitt
Vorläufige Maßnahmen zum Schutz von Kindern und Jugendlichen

§ 42 Inobhutnahme von Kindern und Jugendlichen

(1) 1Das Jugendamt ist berechtigt und verpflichtet, ein Kind oder einen Jugendlichen in seine Obhut zu nehmen, wenn

1. das Kind oder der Jugendliche um Obhut bittet oder
2. eine dringende Gefahr für das Wohl des Kindes oder des Jugendlichen die Inobhutnahme erfordert und
   a) die Personensorgeberechtigten nicht widersprechen oder
   b) eine familiengerichtliche Entscheidung nicht rechtzeitig eingeholt werden kann oder
3. ein ausländisches Kind oder ein ausländischer Jugendlicher unbegleitet nach Deutschland kommt und sich weder Personensorge- noch Erziehungsberechtigte im Inland aufhalten.

2Die Inobhutnahme umfasst die Befugnis, ein Kind oder einen Jugendlichen bei einer geeigneten Person, in einer geeigneten Einrichtung oder in einer sonstigen Wohnform vorläufig unterzubringen; im Fall von Satz 1 Nummer 2 auch ein Kind oder einen Jugendlichen von einer anderen Person wegzunehmen.

(2) 1Das Jugendamt hat während der Inobhutnahme unverzüglich das Kind oder den Jugendlichen umfas-

send und in einer verständlichen, nachvollziehbaren und wahrnehmbaren Form über diese Maßnahme aufzuklären, die Situation, die zur Inobhutnahme geführt hat, zusammen mit dem Kind oder dem Jugendlichen zu klären und Möglichkeiten der Hilfe und Unterstützung aufzuzeigen. 2Dem Kind oder dem Jugendlichen ist unverzüglich Gelegenheit zu geben, eine Person seines Vertrauens zu benachrichtigen. 3Das Jugendamt hat während der Inobhutnahme für das Wohl des Kindes oder des Jugendlichen zu sorgen und dabei den notwendigen Unterhalt und die Krankenhilfe sicherzustellen; § 39 Absatz 4 Satz 2 gilt entsprechend. 4Das Jugendamt ist während der Inobhutnahme berechtigt, alle Rechtshandlungen vorzunehmen, die zum Wohl des Kindes oder Jugendlichen notwendig sind; der mutmaßliche Wille der Personensorge- oder der Erziehungsberechtigten ist dabei angemessen zu berücksichtigen. 5Im Fall des Absatzes 1 Satz 1 Nummer 3 gehört zu den Rechtshandlungen nach Satz 4, zu denen das Jugendamt verpflichtet ist, insbesondere die unverzügliche Stellung eines Asylantrags für das Kind oder den Jugendlichen in Fällen, in denen Tatsachen die Annahme rechtfertigen, dass das Kind oder der Jugendliche internationalen Schutz im Sinne des § 1 Absatz 1 Nummer 2 des Asylgesetzes benötigt; dabei ist das Kind oder der Jugendliche zu beteiligen.

(3) 1Das Jugendamt hat im Fall des Absatzes 1 Satz 1 Nummer 1 und 2 die Personensorge- oder Erziehungsberechtigten unverzüglich von der Inobhutnahme zu unterrichten, sie in einer verständlichen, nachvollziehbaren und wahrnehmbaren Form umfassend über diese Maßnahme aufzuklären und mit ihnen das Gefährdungsrisiko abzuschätzen. 2Widersprechen die Personensorge- oder Erziehungsberechtigten der Inobhutnahme, so hat das Jugendamt unverzüglich

1. das Kind oder den Jugendlichen den Personensorge- oder Erziehungsberechtigten zu übergeben, sofern nach der Einschätzung des Jugendamts eine Gefährdung des Kindeswohls nicht besteht oder die Personensorge- oder Erziehungsberechtigten bereit und in der Lage sind, die Gefährdung abzuwenden oder
2. eine Entscheidung des Familiengerichts über die erforderlichen Maßnahmen zum Wohl des Kindes oder des Jugendlichen herbeizuführen.

3Sind die Personensorge- oder Erziehungsberechtigten nicht erreichbar, so gilt Satz 2 Nummer 2 entsprechend. 4Im Fall des Absatzes 1 Satz 1 Nummer 3 ist unverzüglich die Bestellung eines Vormunds oder Pflegers zu veranlassen. 5Widersprechen die Personensorgeberechtigten der Inobhutnahme nicht, so ist unverzüglich ein Hilfeplanverfahren zur Gewährung einer Hilfe einzuleiten.

(4) Die Inobhutnahme endet mit

1. der Übergabe des Kindes oder Jugendlichen an die Personensorge- oder Erziehungsberechtigten,
2. der Entscheidung über die Gewährung von Hilfen nach dem Sozialgesetzbuch.

(5) 1Freiheitsentziehende Maßnahmen im Rahmen der Inobhutnahme sind nur zulässig, wenn und soweit sie erforderlich sind, um eine Gefahr für Leib oder Leben des Kindes oder des Jugendlichen oder eine Gefahr für Leib oder Leben Dritter abzuwenden. 2Die Freiheitsentziehung ist ohne gerichtliche Entscheidung spätestens mit Ablauf des Tages nach ihrem Beginn zu beenden.

(6) Ist bei der Inobhutnahme die Anwendung unmittelbaren Zwangs erforderlich, so sind die dazu befugten Stellen hinzuzuziehen.

§ 42a Vorläufige Inobhutnahme von ausländischen Kindern und Jugendlichen nach unbegleiteter Einreise

(1) 1Das Jugendamt ist berechtigt und verpflichtet, ein ausländisches Kind oder einen ausländischen Jugendlichen vorläufig in Obhut zu nehmen, sobald dessen unbegleitete Einreise nach Deutschland festgestellt wird. 2Ein ausländisches Kind oder ein ausländischer Jugendlicher ist grundsätzlich dann als unbegleitet zu betrachten, wenn die Einreise nicht in Begleitung eines Personensorgeberechtigten oder Erziehungsberechtigten erfolgt; dies gilt auch, wenn das Kind oder der Jugendliche verheiratet ist. 3§ 42 Absatz 1 Satz 2, Absatz 2 Satz 2 und 3, Absatz 5 sowie 6 gilt entsprechend.

(2) 1Das Jugendamt hat während der vorläufigen Inobhutnahme zusammen mit dem Kind oder dem Jugendlichen einzuschätzen,

1. ob das Wohl des Kindes oder des Jugendlichen durch die Durchführung des Verteilungsverfahrens gefährdet würde,
2. ob sich eine mit dem Kind oder dem Jugendlichen verwandte Person im Inland oder im Ausland aufhält,
3. ob das Wohl des Kindes oder des Jugendlichen eine gemeinsame Inobhutnahme mit Geschwistern oder anderen unbegleiteten ausländischen Kindern oder Jugendlichen erfordert und
4. ob der Gesundheitszustand des Kindes oder des Jugendlichen die Durchführung des Verteilungsverfahrens innerhalb von 14 Werktagen nach Beginn der vorläufigen Inobhutnahme ausschließt; hierzu soll eine ärztliche Stellungnahme eingeholt werden.

$_{2}$Auf der Grundlage des Ergebnisses der Einschätzung nach Satz 1 entscheidet das Jugendamt über die Anmeldung des Kindes oder des Jugendlichen zur Verteilung oder den Ausschluss der Verteilung.

(3) $_{1}$Das Jugendamt ist während der vorläufigen Inobhutnahme berechtigt und verpflichtet, alle Rechtshandlungen vorzunehmen, die zum Wohl des Kindes oder des Jugendlichen notwendig sind. $_{2}$Dabei ist das Kind oder der Jugendliche zu beteiligen und der mutmaßliche Wille der Personen- oder der Erziehungsberechtigten angemessen zu berücksichtigen.

(3a) Das Jugendamt hat dafür Sorge zu tragen, dass für die in Absatz 1 genannten Kinder oder Jugendlichen unverzüglich erkennungsdienstliche Maßnahmen nach § 49 Absatz 8 und 9 des Aufenthaltsgesetzes durchgeführt werden, wenn Zweifel über die Identität bestehen.

(4) $_{1}$Das Jugendamt hat der nach Landesrecht für die Verteilung von unbegleiteten ausländischen Kindern und Jugendlichen zuständigen Stelle die vorläufige Inobhutnahme des Kindes oder des Jugendlichen innerhalb von sieben Werktagen nach Beginn der Maßnahme zur Erfüllung der in § 42b genannten Aufgaben mitzuteilen. $_{2}$Zu diesem Zweck sind auch die Ergebnisse der Einschätzung nach Absatz 2 Satz 1 mitzuteilen. $_{3}$Die nach Landesrecht zuständige Stelle hat gegenüber dem Bundesverwaltungsamt innerhalb von drei Werktagen das Kind oder den Jugendlichen zur Verteilung anzumelden oder den Ausschluss der Verteilung anzuzeigen.

(5) $_{1}$Soll das Kind oder der Jugendliche im Rahmen eines Verteilungsverfahrens untergebracht werden, so umfasst die vorläufige Inobhutnahme auch die Pflicht,

1. die Begleitung des Kindes oder des Jugendlichen und dessen Übergabe durch eine insofern geeignete Person an das für die Inobhutnahme nach § 42 Absatz 1 Satz 1 Nummer 3 zuständige Jugendamt sicherzustellen sowie
2. dem für die Inobhutnahme nach § 42 Absatz 1 Satz 1 Nummer 3 zuständigen Jugendamt unverzüglich die personenbezogenen Daten zu übermitteln, die zur Wahrnehmung der Aufgaben nach § 42 erforderlich sind.

$_{2}$Hält sich eine mit dem Kind oder dem Jugendlichen verwandte Person im Inland oder im Ausland auf, hat das Jugendamt auf eine Zusammenführung des Kindes oder des Jugendlichen mit dieser Person hinzuwirken, wenn dies dem Kindeswohl entspricht. $_{3}$Das Kind oder der Jugendliche ist an der Übergabe und an der Entscheidung über die Familienzusammenführung angemessen zu beteiligen.

(6) Die vorläufige Inobhutnahme endet mit der Übergabe des Kindes oder des Jugendlichen an die Personensorge- oder Erziehungsberechtigten oder an das aufgrund der Zuweisungsentscheidung der zuständigen Landesbehörde nach § 88a Absatz 2 Satz 1 zuständige Jugendamt oder mit der Anzeige nach Absatz 4 Satz 3 über den Ausschluss des Verteilungsverfahrens nach § 42b Absatz 4.

§ 42b Verfahren zur Verteilung unbegleiteter ausländischer Kinder und Jugendlicher

(1) $_{1}$Das Bundesverwaltungsamt benennt innerhalb von zwei Werktagen nach Anmeldung eines unbegleiteten ausländischen Kindes oder Jugendlichen zur Verteilung durch die zuständige Landesstelle das zu dessen Aufnahme verpflichtete Land. $_{2}$Maßgebend dafür ist die Aufnahmequote nach § 42c.

(2) $_{1}$Im Rahmen der Aufnahmequote nach § 42c soll vorrangig dasjenige Land benannt werden, in dessen Bereich das Jugendamt liegt, das das Kind oder den Jugendlichen nach § 42a vorläufig in Obhut genommen hat. $_{2}$Hat dieses Land die Aufnahmequote nach § 42c bereits erfüllt, soll das nächstgelegene Land benannt werden.

(3) $_{1}$Die nach Landesrecht für die Verteilung von unbegleiteten ausländischen Kindern oder Jugendlichen zuständige Stelle des nach Absatz 1 benannten Landes weist das Kind oder den Jugendlichen innerhalb von zwei Werktagen einem in seinem Bereich gelegenen Jugendamt zur Inobhutnahme nach § 42 Absatz 1 Satz 1 Nummer 3 zu und teilt dies demjenigen Jugendamt mit, welches das Kind oder den Jugendlichen nach § 42a vorläufig in Obhut genommen hat. $_{2}$Maßgeblich für die Zuweisung sind die spezifischen Schutzbedürfnisse und Bedarfe unbegleiteter ausländischer Minderjähriger. $_{3}$Für die Verteilung von unbegleiteten ausländischen Kindern oder Jugendlichen ist das Landesjugendamt zuständig, es sei denn, dass Landesrecht etwas anderes regelt.

(4) Die Durchführung eines Verteilungsverfahrens ist bei einem unbegleiteten ausländischen Kind oder Jugendlichen ausgeschlossen, wenn

1. dadurch dessen Wohl gefährdet würde,
2. dessen Gesundheitszustand die Durchführung eines Verteilungsverfahrens innerhalb von 14 Werktagen nach Beginn der vorläufigen Inobhutnahme gemäß § 42a nicht zulässt,
3. dessen Zusammenführung mit einer verwandten Person kurzfristig erfolgen kann, zum Beispiel aufgrund der Verordnung (EU) Nr. 604/2013 des Europäischen Parlaments und des Rates vom 26. Juni 2013 zur Festlegung der Kriterien und Verfahren zur

Bestimmung des Mitgliedstaats, der für die Prüfung eines von einem Drittstaatsangehörigen oder Staatenlosen in einem Mitgliedstaat gestellten Antrags auf internationalen Schutz zuständig ist (ABl. L 180 vom 29. 6. 2013, S. 31), und dies dem Wohl des Kindes entspricht oder

4. die Durchführung des Verteilungsverfahrens nicht innerhalb von einem Monat nach Beginn der vorläufigen Inobhutnahme erfolgt.

(5) 1Geschwister dürfen nicht getrennt werden, es sei denn, dass das Kindeswohl eine Trennung erfordert. 2Im Übrigen sollen unbegleitete ausländische Kinder oder Jugendliche im Rahmen der Aufnahmequote nach § 42c nach Durchführung des Verteilungsverfahrens gemeinsam nach § 42 in Obhut genommen werden, wenn das Kindeswohl dies erfordert.

(6) 1Der örtliche Träger stellt durch werktägliche Mitteilungen sicher, dass die nach Landesrecht für die Verteilung von unbegleiteten ausländischen Kindern und Jugendlichen zuständige Stelle jederzeit über die für die Zuweisung nach Absatz 3 erforderlichen Angaben unterrichtet wird. 2Die nach Landesrecht für die Verteilung von unbegleiteten ausländischen Kindern oder Jugendlichen zuständige Stelle stellt durch werktägliche Mitteilungen sicher, dass das Bundesverwaltungsamt jederzeit über die Angaben unterrichtet wird, die für die Benennung des zur Aufnahme verpflichteten Landes nach Absatz 1 erforderlich sind.

(7) 1Gegen Entscheidungen nach dieser Vorschrift findet kein Widerspruch statt. 2Die Klage gegen Entscheidungen nach dieser Vorschrift hat keine aufschiebende Wirkung.

(8) Das Nähere regelt das Landesrecht.

§ 42c Aufnahmequote

(1) 1Die Länder können durch Vereinbarung einen Schlüssel als Grundlage für die Benennung des zur Aufnahme verpflichteten Landes nach § 42b Absatz 1 festlegen. 2Bis zum Zustandekommen dieser Vereinbarung oder bei deren Wegfall richtet sich die Aufnahmequote für das jeweilige Kalenderjahr nach dem von dem Büro der Gemeinsamen Wissenschaftskonferenz im Bundesanzeiger veröffentlichten Schlüssel, der für das vorangegangene Kalenderjahr entsprechend den Steuereinnahmen und der Bevölkerungszahl der Länder errechnet worden ist (Königsteiner Schlüssel), und nach dem Ausgleich für den Bestand der Anzahl unbegleiteter ausländischer Minderjähriger, denen am 1. November 2015 in den einzelnen Ländern Jugendhilfe gewährt wird. 3Ein Land kann seiner Aufnahmepflicht eine höhere Quote als die Aufnahmequote nach Satz 1 oder 2 zugrunde legen; dies ist gegenüber dem Bundesverwaltungsamt anzuzeigen.

(2) 1Ist die Durchführung des Verteilungsverfahrens ausgeschlossen, wird die Anzahl der im Land verbleibenden unbegleiteten ausländischen Kinder und Jugendlichen auf die Aufnahmequote nach Absatz 1 angerechnet. 2Gleiches gilt, wenn der örtliche Träger eines anderen Landes die Zuständigkeit für die Inobhutnahme eines unbegleiteten ausländischen Kindes oder Jugendlichen von dem nach § 88a Absatz 2 zuständigen örtlichen Träger übernimmt.

(3) Bis zum 1. Mai 2017 wird die Aufnahmepflicht durch einen Abgleich der aktuellen Anzahl unbegleiteter ausländischer Minderjähriger in den Ländern mit der Aufnahmequote nach Absatz 1 werktäglich ermittelt.

§ 42d Übergangsregelung

(1) Kann ein Land die Anzahl von unbegleiteten ausländischen Kindern oder Jugendlichen, die seiner Aufnahmequote nach § 42c entspricht, nicht aufnehmen, so kann es dies gegenüber dem Bundesverwaltungsamt anzeigen.

(2) In diesem Fall reduziert sich für das Land die Aufnahmequote

1. bis zum 1. Dezember 2015 um zwei Drittel sowie
2. bis zum 1. Januar 2016 um ein Drittel.

(3) 1Bis zum 31. Dezember 2016 kann die Ausschlussfrist nach § 42b Absatz 4 Nummer 4 um einen Monat verlängert werden, wenn die zuständige Landesstelle gegenüber dem Bundesverwaltungsamt anzeigt, dass die Durchführung des Verteilungsverfahrens in Bezug auf einen unbegleiteten ausländischen Minderjährigen nicht innerhalb dieser Frist erfolgen kann. 2In diesem Fall hat das Jugendamt nach Ablauf eines Monats nach Beginn der vorläufigen Inobhutnahme die Bestellung eines Vormunds oder Pflegers zu veranlassen.

(4) 1Ab dem 1. August 2016 ist die Geltendmachung des Anspruchs des örtlichen Trägers gegenüber dem nach § 89d Absatz 3 erstattungspflichtigen Land auf Erstattung der Kosten, die vor dem 1. November 2015 entstanden sind, ausgeschlossen. 2Der Erstattungsanspruch des örtlichen Trägers gegenüber dem nach § 89d Absatz 3 erstattungspflichtigen Land verjährt in einem Jahr; im Übrigen gilt § 113 des Zehnten Buches entsprechend.

(5) 1Die Geltendmachung des Anspruchs des örtlichen Trägers gegenüber dem nach § 89d Absatz 3 erstattungspflichtigen Land auf Erstattung der Kosten, die nach dem 1. November 2015 entstanden sind, ist ausgeschlossen. 2Die Erstattung dieser Kosten richtet sich nach § 89d Absatz 1.

§ 42e Berichtspflicht

Die Bundesregierung hat dem Deutschen Bundestag jährlich einen Bericht über die Situation unbegleiteter ausländischer Minderjähriger in Deutschland vorzulegen.

§ 42f Behördliches Verfahren zur Altersfeststellung

(1) 1Das Jugendamt hat im Rahmen der vorläufigen Inobhutnahme der ausländischen Person gemäß § 42a deren Minderjährigkeit durch Einsichtnahme in deren Ausweispapiere festzustellen oder hilfsweise mittels einer qualifizierten Inaugenscheinnahme einzuschätzen und festzustellen. 2§ 8 Absatz 1 und § 42 Absatz 2 Satz 2 sind entsprechend anzuwenden.

(2) 1Auf Antrag des Betroffenen oder seines Vertreters oder von Amts wegen hat das Jugendamt in Zweifelsfällen eine ärztliche Untersuchung zur Altersbestimmung zu veranlassen. 2Ist eine ärztliche Untersuchung durchzuführen, ist die betroffene Person durch das Jugendamt umfassend über die Untersuchungsmethode und über die möglichen Folgen der Altersbestimmung aufzuklären. 3Ist die ärztliche Untersuchung von Amts wegen durchzuführen, ist die betroffene Person zusätzlich über die Folgen einer Weigerung, sich der ärztlichen Untersuchung zu unterziehen, aufzuklären; die Untersuchung darf nur mit Einwilligung der betroffenen Person und ihres Vertreters durchgeführt werden. 4Die §§ 60, 62 und 65 bis 67 des Ersten Buches sind entsprechend anzuwenden.

(3) 1Widerspruch und Klage gegen die Entscheidung des Jugendamts, aufgrund der Altersfeststellung nach dieser Vorschrift die vorläufige Inobhutnahme nach § 42a oder die Inobhutnahme nach § 42 Absatz 1 Satz 1 Nummer 3 abzulehnen oder zu beenden, haben keine aufschiebende Wirkung. 2Landesrecht kann bestimmen, dass gegen diese Entscheidung Klage ohne Nachprüfung in einem Vorverfahren nach § 68 der Verwaltungsgerichtsordnung erhoben werden kann.

Zweiter Abschnitt
Schutz von Kindern und Jugendlichen in Familienpflege und in Einrichtungen

§ 43 Erlaubnis zur Kindertagespflege

(1) Eine Person, die ein Kind oder mehrere Kinder außerhalb des Haushalts des Erziehungsberechtigten während eines Teils des Tages und mehr als 15 Stunden wöchentlich gegen Entgelt länger als drei Monate betreuen will, bedarf der Erlaubnis.

(2) 1Die Erlaubnis ist zu erteilen, wenn die Person für die Kindertagespflege geeignet ist. 2Geeignet im Sinne des Satzes 1 sind Personen, die

1. sich durch ihre Persönlichkeit, Sachkompetenz und Kooperationsbereitschaft mit Erziehungsberechtigten und anderen Kindertagespflegepersonen auszeichnen und
2. über kindgerechte Räumlichkeiten verfügen.

3Sie sollen über vertiefte Kenntnisse hinsichtlich der Anforderungen der Kindertagespflege verfügen, die sie in qualifizierten Lehrgängen erworben oder in anderer Weise nachgewiesen haben. 4§ 72a Absatz 1 und 5 gilt entsprechend.

(3) 1Die Erlaubnis befugt zur Betreuung von bis zu fünf gleichzeitig anwesenden, fremden Kindern. 2Im Einzelfall kann die Erlaubnis für eine geringere Zahl von Kindern erteilt werden. 3Landesrecht kann bestimmen, dass die Erlaubnis zur Betreuung von mehr als fünf gleichzeitig anwesenden, fremden Kindern erteilt werden kann, wenn die Person über eine pädagogische Ausbildung verfügt; in der Pflegestelle dürfen nicht mehr Kinder betreut werden als in einer vergleichbaren Gruppe einer Tageseinrichtung. 4Die Erlaubnis ist auf fünf Jahre befristet. 5Sie kann mit einer Nebenbestimmung versehen werden. 6Die Kindertagespflegeperson hat den Träger der öffentlichen Jugendhilfe über wichtige Ereignisse zu unterrichten, die für die Betreuung des oder der Kinder bedeutsam sind.

(4) Erziehungsberechtigte und Kindertagespflegepersonen haben Anspruch auf Beratung in allen Fragen der Kindertagespflege einschließlich Fragen zur Sicherung des Kindeswohls und zum Schutz vor Gewalt.

(5) Das Nähere regelt das Landesrecht.

§ 44 Erlaubnis zur Vollzeitpflege

(1) 1Wer ein Kind oder einen Jugendlichen über Tag und Nacht in seinem Haushalt aufnehmen will (Pflegeperson), bedarf der Erlaubnis. 2Einer Erlaubnis bedarf nicht, wer ein Kind oder einen Jugendlichen

1. im Rahmen von Hilfe zur Erziehung oder von Eingliederungshilfe für seelisch behinderte Kinder und Jugendliche auf Grund einer Vermittlung durch das Jugendamt,
2. als Vormund oder Pfleger im Rahmen seines Wirkungskreises,
3. als Verwandter oder Verschwägerter bis zum dritten Grad,
4. bis zur Dauer von acht Wochen,
5. im Rahmen eines Schüler- oder Jugendaustausches,

VIII

6. in Adoptionspflege (§ 1744 des Bürgerlichen Gesetzbuchs)

über Tag und Nacht aufnimmt.

(2) 1Die Erlaubnis ist zu versagen, wenn das Wohl des Kindes oder des Jugendlichen in der Pflegestelle nicht gewährleistet ist. 2§ 72a Absatz 1 und 5 gilt entsprechend.

(3) 1Das Jugendamt soll den Erfordernissen des Einzelfalls entsprechend an Ort und Stelle überprüfen, ob die Voraussetzungen für die Erteilung der Erlaubnis weiter bestehen. 2Ist das Wohl des Kindes oder des Jugendlichen in der Pflegestelle gefährdet und ist die Pflegeperson nicht bereit oder in der Lage, die Gefährdung abzuwenden, so ist die Erlaubnis zurückzunehmen oder zu widerrufen.

(4) Wer ein Kind oder einen Jugendlichen in erlaubnispflichtige Familienpflege aufgenommen hat, hat das Jugendamt über wichtige Ereignisse zu unterrichten, die das Wohl des Kindes oder des Jugendlichen betreffen.

§ 45 Erlaubnis für den Betrieb einer Einrichtung

(1) 1Der Träger einer Einrichtung, nach § 45a bedarf für den Betrieb der Einrichtung der Erlaubnis. 2Einer Erlaubnis bedarf nicht, wer

1. eine Jugendfreizeiteinrichtung, eine Jugendbildungseinrichtung, eine Jugendherberge oder ein Schullandheim betreibt,
2. ein Schülerheim betreibt, das landesgesetzlich der Schulaufsicht untersteht,
3. eine Einrichtung betreibt, die außerhalb der Jugendhilfe liegende Aufgaben für Kinder oder Jugendliche wahrnimmt, wenn für sie eine entsprechende gesetzliche Aufsicht besteht oder im Rahmen des Hotel- und Gaststättengewerbes der Aufnahme von Kindern oder Jugendlichen dient.

(2) 1Die Erlaubnis ist zu erteilen, wenn das Wohl der Kinder und Jugendlichen in der Einrichtung gewährleistet ist. 2Dies ist in der Regel anzunehmen, wenn

1. der Träger die für den Betrieb der Einrichtung erforderliche Zuverlässigkeit besitzt,
2. die dem Zweck und der Konzeption der Einrichtung entsprechenden räumlichen, fachlichen, wirtschaftlichen und personellen Voraussetzungen für den Betrieb erfüllt sind und durch den Träger gewährleistet werden,
3. die gesellschaftliche und sprachliche Integration und ein gesundheitsförderliches Lebensumfeld in der Einrichtung unterstützt werden sowie die gesundheitliche Vorsorge und die medizinische Betreuung der Kinder und Jugendlichen nicht erschwert werden sowie
4. zur Sicherung der Rechte und des Wohls von Kindern und Jugendlichen in der Einrichtung die Entwicklung, Anwendung und Überprüfung eines Konzepts zum Schutz vor Gewalt, geeignete Verfahren der Selbstvertretung und Beteiligung sowie der Möglichkeit der Beschwerde in persönlichen Angelegenheiten innerhalb und außerhalb der Einrichtung gewährleistet werden.

3Die nach Satz 2 Nummer 1 erforderliche Zuverlässigkeit besitzt ein Träger insbesondere dann nicht, wenn er

1. in der Vergangenheit nachhaltig gegen seine Mitwirkungs- und Meldepflichten nach den §§ 46 und 47 verstoßen hat,
2. Personen entgegen eines behördlichen Beschäftigungsverbotes nach § 48 beschäftigt oder
3. wiederholt gegen behördliche Auflagen verstoßen hat.

(3) Zur Prüfung der Voraussetzungen hat der Träger der Einrichtung mit dem Antrag

1. die Konzeption der Einrichtung vorzulegen, die auch Auskunft über Maßnahmen zur Qualitätsentwicklung und -sicherung sowie zur ordnungsgemäßen Buch- und Aktenführung in Bezug auf den Betrieb der Einrichtung gibt, sowie
2. im Hinblick auf die Eignung des Personals nachzuweisen, dass die Vorlage und Prüfung von aufgabenspezifischen Ausbildungsnachweisen sowie von Führungszeugnissen nach § 30 Absatz 5 und § 30a Absatz 1 des Bundeszentralregistergesetzes sichergestellt sind; Führungszeugnisse sind von dem Träger der Einrichtung in regelmäßigen Abständen erneut anzufordern und zu prüfen.

(4) 1Die Erlaubnis kann mit Nebenbestimmungen versehen werden. 2Zur Gewährleistung des Wohls der Kinder und der Jugendlichen können nachträgliche Auflagen erteilt werden.

(5) 1Besteht für eine erlaubnispflichtige Einrichtung eine Aufsicht nach anderen Rechtsvorschriften, so hat die zuständige Behörde ihr Tätigwerden zuvor mit der anderen Behörde abzustimmen. 2Sie hat den Träger der Einrichtung rechtzeitig auf weitergehende Anforderungen nach anderen Rechtsvorschriften hinzuweisen.

(6) 1Sind in einer Einrichtung Mängel festgestellt worden, so soll die zuständige Behörde zunächst den Träger der Einrichtung über die Möglichkeiten zur Beseitigung der Mängel beraten. 2Wenn sich die Beseitigung der Mängel auf Entgelte oder Vergütungen nach § 134 des Neunten Buches oder nach § 76 des Zwölften Buches auswirken kann, so ist der Träger der Eingliede-

rungshilfe oder der Sozialhilfe, mit dem Vereinbarungen nach diesen Vorschriften bestehen, an der Beratung zu beteiligen. 3Werden festgestellte Mängel nicht behoben, so können dem Träger der Einrichtung Auflagen nach Absatz 4 Satz 2 erteilt werden. 4Wenn sich eine Auflage auf Entgelte oder Vergütungen nach § 134 des Neunten Buches oder nach § 76 des Zwölften Buches auswirkt, so entscheidet die zuständige Behörde nach Anhörung des Trägers der Eingliederungshilfe oder der Sozialhilfe, mit dem Vereinbarungen nach diesen Vorschriften bestehen, über die Erteilung der Auflage. 5Die Auflage ist nach Möglichkeit in Übereinstimmung mit den nach § 134 des Neunten Buches oder nach den §§ 75 bis 80 des Zwölften Buches getroffenen Vereinbarungen auszugestalten.

(7) 1Die Erlaubnis ist aufzuheben, wenn das Wohl der Kinder oder der Jugendlichen in der Einrichtung gefährdet und der Träger nicht bereit oder nicht in der Lage ist, die Gefährdung abzuwenden. 2Sie kann aufgehoben werden, wenn die Voraussetzungen für eine Erteilung nach Absatz 2 nicht oder nicht mehr vorliegen; Absatz 6 Satz 1 und 3 bleibt unberührt. 3Die Vorschriften zum Widerruf nach § 47 Absatz 1 Nummer 2 und Absatz 3 des Zehnten Buches bleiben unberührt. 4Widerspruch und Anfechtungsklage gegen die Rücknahme oder den Widerruf der Erlaubnis haben keine aufschiebende Wirkung.

§ 45a Einrichtung

1Eine Einrichtung ist eine auf gewisse Dauer und unter der Verantwortung eines Trägers angelegte förmliche Verbindung ortsgebundener räumlicher, personeller und sachlicher Mittel mit dem Zweck der ganztägigen oder über einen Teil des Tages erfolgenden Betreuung oder Unterkunftsgewährung sowie Beaufsichtigung, Erziehung, Bildung, Ausbildung von Kindern und Jugendlichen außerhalb ihrer Familie. 2Familienähnliche Betreuungsformen der Unterbringung, bei denen der Bestand der Verbindung nicht unabhängig von bestimmten Kindern und Jugendlichen, den dort tätigen Personen und der Zuordnung bestimmter Kinder und Jugendlicher zu bestimmten dort tätigen Personen ist, sind nur dann Einrichtungen, wenn sie fachlich und organisatorisch in eine betriebserlaubnispflichtige Einrichtung eingebunden sind. 3Eine fachliche und organisatorische Einbindung der familienähnlichen Betreuungsform liegt insbesondere vor, wenn die betriebserlaubnispflichtige Einrichtung das Konzept, die fachliche Steuerung der Hilfen, die Qualitätssicherung, die Auswahl, Überwachung, Weiterbildung und Vertretung des Personals sowie die Außenvertretung gewährleistet. 4Landesrecht kann regeln, unter welchen Voraussetzungen auch familienähnliche Betreuungsformen Einrichtungen sind, die nicht fachlich und organisatorisch in eine betriebserlaubnispflichtige Einrichtung eingebunden sind.

§ 46 Prüfung vor Ort und nach Aktenlage

(1) 1Die zuständige Behörde soll nach den Erfordernissen des Einzelfalls überprüfen, ob die Voraussetzungen für die Erteilung der Erlaubnis weiter bestehen. 2Häufigkeit, Art und Umfang der Prüfung müssen nach fachlicher Einschätzung im Einzelfall zur Gewährleistung des Schutzes des Wohls der Kinder und Jugendlichen in der Einrichtung geeignet, erforderlich und angemessen sein. 3Sie soll das Jugendamt und einen zentralen Träger der freien Jugendhilfe, wenn diesem der Träger der Einrichtung angehört, an der Überprüfung beteiligen. 4Der Träger der Einrichtung hat der zuständigen Behörde insbesondere alle für die Prüfung erforderlichen Unterlagen vorzulegen.

(2) 1Örtliche Prüfungen können jederzeit unangemeldet erfolgen. 2Der Träger der Einrichtung soll bei der örtlichen Prüfung mitwirken.

(3) 1Die von der zuständigen Behörde mit der Überprüfung der Einrichtung beauftragten Personen sind berechtigt, während der Tageszeit

1. die für die Einrichtung benutzten Grundstücke und Räume, soweit diese nicht einem Hausrecht der Bewohner unterliegen, zu betreten und dort Prüfungen und Besichtigungen vorzunehmen sowie
2. mit den Beschäftigten und mit den Kindern und Jugendlichen jeweils Gespräche zu führen, wenn die zuständige Behörde
   a) das Einverständnis der Personensorgeberechtigten zu den Gesprächen eingeholt hat und diesen eine Beteiligung an den Gesprächen ermöglicht sowie
   b) den Kindern und Jugendlichen die Hinzuziehung einer von ihnen benannten Vertrauensperson zu Gesprächen ermöglicht und sie auf dieses Recht hingewiesen hat; der Anspruch des Kindes oder Jugendlichen nach § 8 Absatz 3 bleibt unberührt.

   Die genannten Pflichten bestehen jedoch nicht, wenn durch deren Umsetzung die Sicherung der Rechte und der wirksame Schutz der Kinder und Jugendlichen in der Einrichtung in Frage gestellt würden.

2Zur Abwehr von Gefahren für das Wohl der Kinder und Jugendlichen können die Grundstücke und Räume auch außerhalb der in Satz 1 genannten Zeit und auch, wenn diese zugleich einem Hausrecht der Bewohner unterliegen, betreten und Gespräche mit den Beschäftigten sowie den Kindern und Jugendlichen nach Maßgabe von Satz 1 geführt werden. 3Der Träger der Einrichtung hat die Maßnahmen nach den Sätzen 1 und 2 zu dulden.

§ 47 Melde- und Dokumentationspflichten, Aufbewahrung von Unterlagen

(1) 1Der Träger einer erlaubnispflichtigen Einrichtung hat der zuständigen Behörde unverzüglich

1. die Betriebsaufnahme unter Angabe von Name und Anschrift des Trägers, Art und Standort der Einrichtung, der Zahl der verfügbaren Plätze sowie der Namen und der beruflichen Ausbildung des Leiters und der Betreuungskräfte,
2. Ereignisse oder Entwicklungen, die geeignet sind, das Wohl der Kinder und Jugendlichen zu beeinträchtigen, sowie
3. die bevorstehende Schließung der Einrichtung

anzuzeigen. 2Änderungen der in Nummer 1 bezeichneten Angaben sowie der Konzeption sind der zuständigen Behörde unverzüglich, die Zahl der belegten Plätze ist jährlich einmal zu melden.

(2) 1Der Träger einer erlaubnispflichtigen Einrichtung hat den Grundsätzen einer ordnungsgemäßen Buch- und Aktenführung entsprechend Aufzeichnungen über den Betrieb der Einrichtung und deren Ergebnisse anzufertigen sowie eine mindestens fünfjährige Aufbewahrung der einrichtungsbezogenen Aufzeichnungen sicherzustellen. 2Auf Verlangen der Betriebserlaubnisbehörde hat der Träger der Einrichtung den Nachweis der ordnungsgemäßen Buchführung zu erbringen; dies kann insbesondere durch die Bestätigung eines unabhängigen Steuer-, Wirtschafts- oder Buchprüfers erfolgen. 3Die Dokumentations- und Aufbewahrungspflicht umfasst auch die Unterlagen zu räumlichen, wirtschaftlichen und personellen Voraussetzungen nach § 45 Absatz 2 Satz 2 Nummer 2 sowie zur Belegung der Einrichtung.

(3) Der Träger der öffentlichen Jugendhilfe, in dessen Zuständigkeitsbereich erlaubnispflichtige Einrichtungen liegen oder der die erlaubnispflichtige Einrichtung mit Kindern und Jugendlichen belegt, und die zuständige Behörde haben sich gegenseitig unverzüglich über Ereignisse oder Entwicklungen zu informieren, die geeignet sind, das Wohl der Kinder und Jugendlichen zu beeinträchtigen.

§ 48 Tätigkeitsuntersagung

Die zuständige Behörde kann dem Träger einer erlaubnispflichtigen Einrichtung die weitere Beschäftigung des Leiters, eines Beschäftigten oder sonstigen Mitarbeiters ganz oder für bestimmte Funktionen oder Tätigkeiten untersagen, wenn Tatsachen die Annahme rechtfertigen, dass er die für seine Tätigkeit erforderliche Eignung nicht besitzt.

§ 48a Sonstige betreute Wohnform

(1) Für den Betrieb einer sonstigen Wohnform, in der Kinder oder Jugendliche betreut werden oder Unterkunft erhalten, gelten die §§ 45 bis 48 entsprechend.

(2) Ist die sonstige Wohnform organisatorisch mit einer Einrichtung verbunden, so gilt sie als Teil der Einrichtung.

§ 49 Landesrechtsvorbehalt

Das Nähere über die in diesem Abschnitt geregelten Aufgaben regelt das Landesrecht.

Dritter Abschnitt
Mitwirkung in gerichtlichen Verfahren

§ 50 Mitwirkung in Verfahren vor den Familiengerichten

(1) 1Das Jugendamt unterstützt das Familiengericht bei allen Maßnahmen, die die Sorge für die Person von Kindern und Jugendlichen betreffen. 2Es hat in folgenden Verfahren nach dem Gesetz über das Verfahren in Familiensachen und in den Angelegenheiten der freiwilligen Gerichtsbarkeit mitzuwirken:

1. Kindschaftssachen (§ 162 des Gesetzes über das Verfahren in Familiensachen und in den Angelegenheiten der freiwilligen Gerichtsbarkeit),
2. Abstammungssachen (§ 176 des Gesetzes über das Verfahren in Familiensachen und in den Angelegenheiten der freiwilligen Gerichtsbarkeit),
3. Adoptionssachen (§ 188 Absatz 2, §§ 189, 194, 195 des Gesetzes über das Verfahren in Familiensachen und in den Angelegenheiten der freiwilligen Gerichtsbarkeit),
4. Ehewohnungssachen (§ 204 Absatz 2, § 205 des Gesetzes über das Verfahren in Familiensachen und in den Angelegenheiten der freiwilligen Gerichtsbarkeit) und
5. Gewaltschutzsachen (§§ 212, 213 des Gesetzes über das Verfahren in Familiensachen und in den Angelegenheiten der freiwilligen Gerichtsbarkeit).

(2) 1Das Jugendamt unterrichtet insbesondere über angebotene und erbrachte Leistungen, bringt erzieherische und soziale Gesichtspunkte zur Entwicklung des Kindes oder des Jugendlichen ein und weist auf weitere Möglichkeiten der Hilfe hin. 2In Verfahren nach den §§ 1631b, 1632 Absatz 4, den §§ 1666, 1666a und 1682 des Bürgerlichen Gesetzbuchs sowie in Verfahren, die die Abänderung, Verlängerung oder Auf-

hebung von nach diesen Vorschriften getroffenen Maßnahmen betreffen, legt das Jugendamt dem Familiengericht den Hilfeplan nach § 36 Absatz 2 Satz 2 vor. 3Dieses Dokument beinhaltet ausschließlich das Ergebnis der Bedarfsfeststellung, die vereinbarte Art der Hilfegewährung einschließlich der hiervon umfassten Leistungen sowie das Ergebnis etwaiger Überprüfungen dieser Feststellungen. 4In anderen die Person des Kindes betreffenden Kindschaftssachen legt das Jugendamt den Hilfeplan auf Anforderung des Familiengerichts vor. 5Das Jugendamt informiert das Familiengericht in dem Termin nach § 155 Absatz 2 des Gesetzes über das Verfahren in Familiensachen und in den Angelegenheiten der freiwilligen Gerichtsbarkeit über den Stand des Beratungsprozesses. 6§ 64 Absatz 2 und § 65 Absatz 1 Satz 1 Nummer 1 und 2 bleiben unberührt.

(3) 1Das Jugendamt, das in Verfahren zur Übertragung der gemeinsamen Sorge nach § 155a Absatz 4 Satz 1 und § 162 des Gesetzes über das Verfahren in Familiensachen und in den Angelegenheiten der freiwilligen Gerichtsbarkeit angehört wird, teilt

1. rechtskräftige gerichtliche Entscheidungen, aufgrund derer die Sorge gemäß § 1626a Absatz 2 Satz 1 des Bürgerlichen Gesetzbuchs den Eltern ganz oder zum Teil gemeinsam übertragen wird oder
2. rechtskräftige gerichtliche Entscheidungen, die die elterliche Sorge ganz oder zum Teil der Mutter entziehen oder auf den Vater allein übertragen,

dem nach § 87c Absatz 6 Satz 2 zuständigen Jugendamt zu den in § 58a genannten Zwecken unverzüglich mit. 2Mitzuteilen sind auch das Geburtsdatum und der Geburtsort des Kindes oder des Jugendlichen sowie der Name, den das Kind oder der Jugendliche zur Zeit der Beurkundung seiner Geburt geführt hat.

§ 51 Beratung und Belehrung in Verfahren zur Annahme als Kind

(1) 1Das Jugendamt hat im Verfahren zur Ersetzung der Einwilligung eines Elternteils in die Annahme nach § 1748 Absatz 2 Satz 1 des Bürgerlichen Gesetzbuchs den Elternteil über die Möglichkeit der Ersetzung der Einwilligung zu belehren. 2Es hat ihn darauf hinzuweisen, dass das Familiengericht die Einwilligung erst nach Ablauf von drei Monaten nach der Belehrung ersetzen darf. 3Der Belehrung bedarf es nicht, wenn der Elternteil seinen Aufenthaltsort ohne Hinterlassung seiner neuen Anschrift gewechselt hat und der Aufenthaltsort vom Jugendamt während eines Zeitraums von drei Monaten trotz angemessener Nachforschungen nicht ermittelt werden konnte; in diesem Fall beginnt die Frist mit der ersten auf die Belehrung oder auf die Ermittlung des Aufenthaltsorts gerichteten Handlung des Jugendamts. 4Die Fristen laufen frühestens fünf Monate nach der Geburt des Kindes ab.

(2) 1Das Jugendamt soll den Elternteil mit der Belehrung nach Absatz 1 über Hilfen beraten, die die Erziehung des Kindes in der eigenen Familie ermöglichen könnten. 2Einer Beratung bedarf es insbesondere nicht, wenn das Kind seit längerer Zeit bei den Annehmenden in Familienpflege lebt und bei seiner Herausgabe an den Elternteil eine schwere und nachhaltige Schädigung des körperlichen und seelischen Wohlbefindens des Kindes zu erwarten ist. 3Das Jugendamt hat dem Familiengericht im Verfahren mitzuteilen, welche Leistungen erbracht oder angeboten worden sind oder aus welchem Grund davon abgesehen wurde.

(3) Steht nicht miteinander verheirateten Eltern die elterliche Sorge nicht gemeinsam zu, so hat das Jugendamt den Vater bei der Wahrnehmung seiner Rechte nach § 1747 Absatz 1 und 3 des Bürgerlichen Gesetzbuchs zu beraten.

§ 52 Mitwirkung in Verfahren nach dem Jugendgerichtsgesetz

(1) 1Das Jugendamt hat nach Maßgabe der §§ 38 und 50 Absatz 3 Satz 2 des Jugendgerichtsgesetzes im Verfahren nach dem Jugendgerichtsgesetz mitzuwirken. 2Dabei soll das Jugendamt auch mit anderen öffentlichen Einrichtungen und sonstigen Stellen, wenn sich deren Tätigkeit auf die Lebenssituation des Jugendlichen oder jungen Volljährigen auswirkt, zusammenarbeiten, soweit dies zur Erfüllung seiner ihm dabei obliegenden Aufgaben erforderlich ist. 3Die behördenübergreifende Zusammenarbeit kann im Rahmen von gemeinsamen Konferenzen oder vergleichbaren gemeinsamen Gremien oder in anderen nach fachlicher Einschätzung geeigneten Formen erfolgen.

(2) 1Das Jugendamt hat frühzeitig zu prüfen, ob für den Jugendlichen oder den jungen Volljährigen Leistungen der Jugendhilfe oder anderer Sozialleistungsträger in Betracht kommen. 2Ist dies der Fall oder ist eine geeignete Leistung bereits eingeleitet oder gewährt worden, so hat das Jugendamt den Staatsanwalt oder den Richter umgehend davon zu unterrichten, damit geprüft werden kann, ob diese Leistung ein Absehen von der Verfolgung (§ 45 JGG) oder eine Einstellung des Verfahrens (§ 47 JGG) ermöglicht.

(3) Der Mitarbeiter des Jugendamts oder des anerkannten Trägers der freien Jugendhilfe, der nach § 38 Absatz 2 Satz 2 des Jugendgerichtsgesetzes tätig wird, soll den Jugendlichen oder den jungen Volljährigen während des gesamten Verfahrens betreuen.

VIII

Vierter Abschnitt
Beistandschaft, Pflegschaft und Vormundschaft für Kinder und Jugendliche, Auskunft über Nichtabgabe von Sorgeerklärungen

§ 52a Beratung und Unterstützung bei Vaterschaftsfeststellung und Geltendmachung von Unterhaltsansprüchen

(1) 1Das Jugendamt hat unverzüglich nach der Geburt eines Kindes, dessen Eltern nicht miteinander verheiratet sind, der Mutter Beratung und Unterstützung insbesondere bei der Vaterschaftsfeststellung und der Geltendmachung von Unterhaltsansprüchen des Kindes anzubieten. 2Hierbei hat es hinzuweisen auf

1. die Bedeutung der Vaterschaftsfeststellung,
2. die Möglichkeiten, wie die Vaterschaft festgestellt werden kann, insbesondere bei welchen Stellen die Vaterschaft anerkannt werden kann,
3. die Möglichkeit, die Verpflichtung zur Erfüllung von Unterhaltsansprüchen nach § 59 Absatz 1 Satz 1 Nummer 3 beurkunden zu lassen,
4. die Möglichkeit, eine Beistandschaft zu beantragen, sowie auf die Rechtsfolgen einer solchen Beistandschaft,
5. die Möglichkeit der gemeinsamen elterlichen Sorge.

3Das Jugendamt hat der Mutter ein persönliches Gespräch anzubieten. 4Das Gespräch soll in der Regel in der persönlichen Umgebung der Mutter stattfinden, wenn diese es wünscht.

(2) Das Angebot nach Absatz 1 kann vor der Geburt des Kindes erfolgen, wenn anzunehmen ist, dass seine Eltern bei der Geburt nicht miteinander verheiratet sein werden.

(3) 1Wurde eine nach § 1592 Nummer 1 oder 2 des Bürgerlichen Gesetzbuchs bestehende Vaterschaft zu einem Kind oder Jugendlichen durch eine gerichtliche Entscheidung beseitigt, so hat das Gericht dem Jugendamt Mitteilung zu machen. 2Absatz 1 gilt entsprechend.

(4) Das Standesamt hat die Geburt eines Kindes, dessen Eltern nicht miteinander verheiratet sind, unverzüglich dem Jugendamt anzuzeigen.

§ 53 Mitwirkung bei der Auswahl von Vormündern und Pflegern durch das Familiengericht

(1) Das Jugendamt hat dem Familiengericht Personen vorzuschlagen, die sich im Einzelfall zur Bestellung als Vormund eignen.

(2) 1Das Jugendamt hat seinen Vorschlag zu begründen. 2Es hat dem Familiengericht darzulegen,

1. welche Maßnahmen es zur Ermittlung des für den Mündel am besten geeigneten Vormunds unternommen hat und
2. wenn es einen Vormund gemäß § 1774 Absatz 1 Nummer 2 bis 4 des Bürgerlichen Gesetzbuchs vorschlägt, dass eine Person, die geeignet und bereit ist, die Vormundschaft ehrenamtlich zu führen, nicht gefunden werden konnte.

(3) Für die Pflegschaft für Minderjährige gelten die Absätze 1 und 2 entsprechend.

§ 53a Beratung und Unterstützung von Vormündern und Pflegern

(1) Vormünder haben Anspruch auf regelmäßige und dem jeweiligen erzieherischen Bedarf des Mündels entsprechende Beratung und Unterstützung durch das Jugendamt.

(2) 1Das Jugendamt hat darauf zu achten, dass die Vormünder für die Person der Mündel, insbesondere ihre Erziehung und Pflege, Sorge tragen. 2Es hat beratend darauf hinzuwirken, dass festgestellte Mängel im Einvernehmen mit dem Vormund behoben werden.

(3) Ist ein Vormundschaftsverein als vorläufiger Vormund oder ein Vereinsvormund als Vormund bestellt, so ist Absatz 2 nicht anzuwenden.

(4) Für die Pflegschaft für Minderjährige gelten die Absätze 1 bis 3 entsprechend.

§ 54 Anerkennung als Vormundschaftsverein

(1) Ein rechtsfähiger Verein kann von dem überörtlichen Träger der Jugendhilfe als Vormundschaftsverein anerkannt werden, wenn er gewährleistet, dass

1. er eine ausreichende Zahl von als Pfleger oder Vormund geeigneten Mitarbeitern hat und diese beaufsichtigen, weiterbilden und gegen Schäden, die diese anderen im Rahmen ihrer Tätigkeit zufügen können, angemessen versichern wird,
2. die als Vereinspfleger oder Vereinsvormund bestellten Mitarbeiter höchstens 50 und bei gleichzeitiger Wahrnehmung anderer Aufgaben entsprechend weniger Pflegschaften oder Vormundschaften führen,
3. er sich planmäßig um die Gewinnung von ehrenamtlichen Pflegern und Vormündern bemüht und sie in ihre Aufgaben einführt, fortbildet und berät,
4. er einen Erfahrungsaustausch zwischen den Mitarbeitern ermöglicht.

(2) 1Die Anerkennung gilt für das jeweilige Land, in dem der Verein seinen Sitz hat. 2Sie kann auf den Bereich eines überörtlichen Trägers der Jugendhilfe beschränkt werden.

VIII

(3) Der nach Absatz 1 anerkannte Vormundschaftsverein kann eine Beistandschaft übernehmen, soweit Landesrecht dies vorsieht.

(4) 1Das Nähere regelt das Landesrecht. 2Es kann auch weitere Voraussetzungen für die Erteilung der Anerkennung vorsehen.

(5) Eine bei Ablauf des 31. Dezember 2022 erteilte Erlaubnis zur Übernahme von Vereinsvormundschaften gilt als Anerkennung als Vormundschaftsverein fort.

§ 55 Beistandschaft, Pflegschaft und Vormundschaft des Jugendamts

(1) Das Jugendamt wird Beistand, Pfleger oder Vormund in den durch das Bürgerliche Gesetzbuch vorgesehenen Fällen (Beistandschaft, Amtspflegschaft, vorläufige Amtspflegschaft, Amtsvormundschaft, vorläufige Amtsvormundschaft).

(2) 1Das Jugendamt überträgt die Ausübung der Aufgaben des Beistands, des Pflegers oder des Vormunds einzelnen seiner Bediensteten. 2Bei der Übertragung sind die Grundsätze für die Auswahl durch das Familiengericht zu beachten. 3Vor der Übertragung der Aufgaben des Pflegers oder des Vormunds hat das Jugendamt das Kind oder den Jugendlichen zur Auswahl des Bediensteten mündlich anzuhören, soweit dies nach Alter und Entwicklungsstand des Kindes oder Jugendlichen möglich ist. 4Eine ausnahmsweise vor der Übertragung unterbliebene Anhörung ist unverzüglich nachzuholen. 5Wird das Jugendamt als vorläufiger Pfleger oder vorläufiger Vormund bestellt, so sind die Sätze 2 bis 4 nicht anzuwenden; § 1784 des Bürgerlichen Gesetzbuchs gilt entsprechend.

(3) Ein vollzeitbeschäftigter Bediensteter, der nur mit der Führung von Pflegschaften oder Vormundschaften betraut ist, soll höchstens 50 und bei gleichzeitiger Wahrnehmung anderer Aufgaben entsprechend weniger Pflegschaften oder Vormundschaften führen.

(4) 1Die Übertragung gehört zu den Angelegenheiten der laufenden Verwaltung. 2In dem durch die Übertragung umschriebenen Rahmen ist der Bedienstete gesetzlicher Vertreter des Kindes oder Jugendlichen. 3Er hat den persönlichen Kontakt zu diesem nach Maßgabe des § 1790 Absatz 3 des Bürgerlichen Gesetzbuchs zu halten sowie dessen Pflege und Erziehung nach Maßgabe des § 1790 Absatz 1 und 2 und des § 1795 Absatz 1 des Bürgerlichen Gesetzbuchs persönlich zu fördern und zu gewährleisten.

(5) Die Aufgaben der Pflegschaft und Vormundschaft sind funktionell, organisatorisch und personell von den übrigen Aufgaben des Jugendamts zu trennen.

§ 56 Führung der Beistandschaft, der Pflegschaft und der Vormundschaft durch das Jugendamt

(1) Auf die Führung der Beistandschaft, der Pflegschaft und der Vormundschaft durch das Jugendamt sind die Bestimmungen des Bürgerlichen Gesetzbuchs anzuwenden, soweit dieses Gesetz nicht etwas anderes bestimmt.

(2) 1Gegenüber dem Jugendamt als Pfleger oder Vormund werden § 1835 Absatz 5 und § 1844 jeweils in Verbindung mit § 1798 Absatz 2 des Bürgerlichen Gesetzbuchs nicht angewandt. 2In den Fällen des § 1848 in Verbindung mit § 1799 Absatz 1 und des § 1795 Absatz 2 Nummer 1 und 2 des Bürgerlichen Gesetzbuchs ist eine Genehmigung des Familiengerichts nicht erforderlich. 3Landesrecht kann für das Jugendamt als Pfleger oder Vormund weitergehende Ausnahmen nach § 1862 Absatz 4 in Verbindung mit § 1802 Absatz 2 des Bürgerlichen Gesetzbuchs vorsehen.

(3) 1Mündelgeld kann mit Genehmigung des Familiengerichts auf Sammelkonten des Jugendamts bereitgehalten und angelegt werden, wenn es den Interessen des Mündels dient und sofern die sichere Verwaltung, Trennbarkeit und Rechnungslegung des Geldes einschließlich der Zinsen jederzeit gewährleistet ist; Landesrecht kann bestimmen, dass eine Genehmigung des Familiengerichts nicht erforderlich ist. 2Die Anlegung von Mündelgeld ist auch bei der Körperschaft zulässig, die das Jugendamt errichtet hat.

§ 57 Mitteilungspflicht des Jugendamts

(1) Das Jugendamt hat dem Familiengericht unverzüglich den Eintritt einer Vormundschaft sowie den Wegfall der Voraussetzungen der Vormundschaft mitzuteilen.

(2) 1Das Jugendamt hat dem Familiengericht vor seiner Bestellung zum Vormund mitzuteilen, welchem seiner Bediensteten es die Aufgaben der Amtsvormundschaft übertragen wird. 2Wird das Jugendamt zum vorläufigen Vormund bestellt, so hat es dem Familiengericht alsbald, spätestens binnen zwei Wochen nach seiner Bestellung mitzuteilen, welchem Bediensteten die Aufgaben des vorläufigen Vormunds übertragen worden sind.

(3) 1Das Jugendamt hat dem Familiengericht über das persönliche Ergehen und die Entwicklung eines Mündels Auskunft zu erteilen. 2Soweit eine Behebung der Mängel in der Personensorge trotz Beratung und Unterstützung nach § 53a Absatz 2 nicht erfolgt, hat es dies dem Familiengericht mitzuteilen. 3Erlangt das Jugendamt Kenntnis von der Gefährdung des Vermögens

VIII

eines Mündels, so hat es dies dem Familiengericht mitzuteilen. 4Ist ein Vormundschaftsverein als vorläufiger Vormund oder ein Vereinsvormund als Vormund bestellt, so sind die Sätze 1 bis 3 nicht anzuwenden.

(4) 1Das Jugendamt hat in der Regel jährlich zu prüfen, ob im Interesse des Kindes oder des Jugendlichen seine Entlassung als Vormund und die Bestellung einer natürlichen Person, die die Vormundschaft ehrenamtlich führt, angezeigt ist, und dies dem Familiengericht mitzuteilen. 2Dasselbe gilt, wenn dem Jugendamt sonst Umstände bekannt werden, aus denen sich ergibt, dass die Vormundschaft nunmehr ehrenamtlich geführt werden kann.

(5) 1Das Jugendamt des bisherigen gewöhnlichen Aufenthalts des Mündels hat dem Jugendamt des neuen gewöhnlichen Aufenthalts eine Verlegung des gewöhnlichen Aufenthalts des Mündels in den Bezirk eines anderen Jugendamts mitzuteilen. 2Ist ein Vormundschaftsverein als vorläufiger Vormund oder ein Vereinsvormund als Vormund bestellt, so ist Satz 1 nicht anzuwenden.

(6) Für die Pflegschaft für Minderjährige gelten die Absätze 1 bis 5 entsprechend.

§ 58 Sorgeregister; Bescheinigung über Nichtvorliegen von Eintragungen im Sorgeregister

(1) 1Zum Zwecke der Erteilung der Bescheinigung nach Absatz 2 wird für Kinder nicht miteinander verheirateter Eltern bei dem nach § 87c Absatz 6 Satz 2 zuständigen Jugendamt ein Sorgeregister geführt. 2In das Sorgeregister erfolgt jeweils eine Eintragung, wenn

1. Sorgeerklärungen nach § 1626a Absatz 1 Nummer 1 des Bürgerlichen Gesetzbuchs abgegeben werden oder
2. aufgrund einer gerichtlichen Entscheidung die elterliche Sorge den Eltern ganz oder zum Teil gemeinsam übertragen wird.

3Das Sorgeregister enthält auch Eintragungen, wenn Sorgeerklärungen nach Artikel 224 § 2 Absatz 3 des Einführungsgesetzes zum Bürgerlichen Gesetzbuche in der bis zum 19. Mai 2013 geltenden Fassung ersetzt wurden.

(2) 1Liegen keine Eintragungen im Sorgeregister vor, so erhält die mit dem Vater des Kindes nicht verheiratete Mutter auf Antrag hierüber eine Bescheinigung von dem nach § 87c Absatz 6 Satz 1 zuständigen Jugendamt. 2Die Mutter hat dafür Geburtsdatum und Geburtsort des Kindes oder des Jugendlichen anzugeben sowie den Namen, den das Kind oder der Jugendliche zur Zeit der Beurkundung seiner Geburt geführt hat.

Fünfter Abschnitt
Beurkundung, vollstreckbare Urkunden

§ 59 Beurkundung

(1) 1Die Urkundsperson beim Jugendamt ist befugt,

1. die Erklärung, durch die die Vaterschaft anerkannt oder die Anerkennung widerrufen wird, die Zustimmungserklärung der Mutter sowie die etwa erforderliche Zustimmung des Mannes, der im Zeitpunkt der Geburt mit der Mutter verheiratet ist, des Kindes, des Jugendlichen oder eines gesetzlichen Vertreters zu einer solchen Erklärung (Erklärungen über die Anerkennung der Vaterschaft) zu beurkunden,
2. die Erklärung, durch die die Mutterschaft anerkannt wird, sowie die etwa erforderliche Zustimmung des gesetzlichen Vertreters der Mutter zu beurkunden (§ 44 Absatz 2 des Personenstandsgesetzes),
3. die Verpflichtung zur Erfüllung von Unterhaltsansprüchen eines Abkömmlings oder seines gesetzlichen Rechtsnachfolgers zu beurkunden, sofern der Abkömmling zum Zeitpunkt der Beurkundung das 21. Lebensjahr noch nicht vollendet hat,
4. die Verpflichtung zur Erfüllung von Ansprüchen auf Unterhalt (§ 1615l des Bürgerlichen Gesetzbuchs), auch des gesetzlichen Rechtsnachfolgers, zu beurkunden,
5. die Bereiterklärung der Adoptionsbewerber zur Annahme eines ihnen zur internationalen Adoption vorgeschlagenen Kindes (§ 7 Absatz 1 des Adoptionsübereinkommens-Ausführungsgesetzes) zu beurkunden,
6. den Widerruf der Einwilligung des Kindes in die Annahme als Kind (§ 1746 Absatz 2 des Bürgerlichen Gesetzbuchs) zu beurkunden,
7. die Erklärung, durch die der Vater auf die Übertragung der Sorge verzichtet (§ 1747 Absatz 3 Nummer 2 des Bürgerlichen Gesetzbuchs), zu beurkunden,
8. die Sorgeerklärungen (§ 1626a Absatz 1 Nummer 1 des Bürgerlichen Gesetzbuchs) sowie die etwa erforderliche Zustimmung des gesetzlichen Vertreters eines beschränkt geschäftsfähigen Elternteils (§ 1626c Absatz 2 des Bürgerlichen Gesetzbuchs) zu beurkunden,
9. eine Erklärung des auf Unterhalt in Anspruch genommenen Elternteils nach § 252 des Gesetzes über das Verfahren in Familiensachen und in den Angelegenheiten der freiwilligen Gerichtsbarkeit aufzunehmen; § 129a der Zivilprozessordnung gilt entsprechend.

VIII

2Die Zuständigkeit der Notare, anderer Urkundspersonen oder sonstiger Stellen für öffentliche Beurkundungen bleibt unberührt.

(2) Die Urkundsperson soll eine Beurkundung nicht vornehmen, wenn ihr in der betreffenden Angelegenheit die Vertretung eines Beteiligten obliegt.

(3) 1Das Jugendamt hat geeignete Beamte und Angestellte zur Wahrnehmung der Aufgaben nach Absatz 1 zu ermächtigen. 2Die Länder können Näheres hinsichtlich der fachlichen Anforderungen an diese Personen regeln.

§ 60 Vollstreckbare Urkunden

1Aus Urkunden, die eine Verpflichtung nach § 59 Absatz 1 Satz 1 Nummer 3 oder 4 zum Gegenstand haben und die von einem Beamten oder Angestellten des Jugendamts innerhalb der Grenzen seiner Amtsbefugnisse in der vorgeschriebenen Form aufgenommen worden sind, findet die Zwangsvollstreckung statt, wenn die Erklärung die Zahlung einer bestimmten Geldsumme betrifft und der Schuldner sich in der Urkunde der sofortigen Zwangsvollstreckung unterworfen hat. 2Die Zustellung kann auch dadurch vollzogen werden, dass der Beamte oder Angestellte dem Schuldner eine beglaubigte Abschrift der Urkunde aushändigt; § 174 Satz 2 und 3 der Zivilprozessordnung gilt entsprechend. 3Auf die Zwangsvollstreckung sind die Vorschriften, die für die Zwangsvollstreckung aus gerichtlichen Urkunden nach § 794 Absatz 1 Nummer 5 der Zivilprozessordnung gelten, mit folgenden Maßgaben entsprechend anzuwenden:

1. Die vollstreckbare Ausfertigung sowie die Bestätigungen nach § 1079 der Zivilprozessordnung werden von den Beamten oder Angestellten des Jugendamts erteilt, denen die Beurkundung der Verpflichtungserklärung übertragen ist. Das Gleiche gilt für die Bezifferung einer Verpflichtungserklärung nach § 790 der Zivilprozessordnung.
2. Über Einwendungen, die die Zulässigkeit der Vollstreckungsklausel oder die Zulässigkeit der Bezifferung nach § 790 der Zivilprozessordnung betreffen, über die Erteilung einer weiteren vollstreckbaren Ausfertigung sowie über Anträge nach § 1081 der Zivilprozessordnung entscheidet das für das Jugendamt zuständige Amtsgericht.

Viertes Kapitel
Schutz von Sozialdaten

§ 61 Anwendungsbereich

(1) 1Für den Schutz von Sozialdaten bei ihrer Verarbeitung in der Jugendhilfe gelten § 35 des Ersten Buches, §§ 67 bis 85a des Zehnten Buches sowie die nachfolgenden Vorschriften. 2Sie gelten für alle Stellen des Trägers der öffentlichen Jugendhilfe, soweit sie Aufgaben nach diesem Buch wahrnehmen. 3Für die Wahrnehmung von Aufgaben nach diesem Buch durch kreisangehörige Gemeinden und Gemeindeverbände, die nicht örtliche Träger sind, gelten die Sätze 1 und 2 entsprechend.

(2) Für den Schutz von Sozialdaten bei ihrer Verarbeitung im Rahmen der Tätigkeit des Jugendamts als Amtspfleger, Amtsvormund und Beistand gilt nur § 68.

(3) Werden Einrichtungen und Dienste der Träger der freien Jugendhilfe in Anspruch genommen, so ist sicherzustellen, dass der Schutz der personenbezogenen Daten bei der Verarbeitung in entsprechender Weise gewährleistet ist.

§ 62 Datenerhebung

(1) Sozialdaten dürfen nur erhoben werden, soweit ihre Kenntnis zur Erfüllung der jeweiligen Aufgabe erforderlich ist.

(2) 1Sozialdaten sind bei der betroffenen Person zu erheben. 2Sie ist über die Rechtsgrundlage der Erhebung sowie die Zweckbestimmungen der Verarbeitung aufzuklären, soweit diese nicht offenkundig sind.

(3) Ohne Mitwirkung der betroffenen Person dürfen Sozialdaten nur erhoben werden, wenn

1. eine gesetzliche Bestimmung dies vorschreibt oder erlaubt oder
2. ihre Erhebung bei der betroffenen Person nicht möglich ist oder die jeweilige Aufgabe ihrer Art nach eine Erhebung bei anderen erfordert, die Kenntnis der Daten aber erforderlich ist für
   a) die Feststellung der Voraussetzungen oder für die Erfüllung einer Leistung nach diesem Buch oder
   b) die Feststellung der Voraussetzungen für die Erstattung einer Leistung nach § 50 des Zehnten Buches oder
   c) die Wahrnehmung einer Aufgabe nach den §§ 42 bis 48a und nach § 52 oder
   d) die Erfüllung des Schutzauftrags bei Kindeswohlgefährdung nach § 8a oder die Gefährdungsabwendung nach § 4 des Gesetzes zur

VIII

Kooperation und Information im Kinderschutz oder

3. die Erhebung bei der betroffenen Person einen unverhältnismäßigen Aufwand erfordern würde und keine Anhaltspunkte dafür bestehen, daß schutzwürdige Interessen der betroffenen Person beeinträchtigt werden oder
4. die Erhebung bei der betroffenen Person den Zugang zur Hilfe ernsthaft gefährden würde.

(4) $_{1}$Ist die betroffene Person nicht zugleich Leistungsberechtigter oder sonst an der Leistung beteiligt, so dürfen die Daten auch beim Leistungsberechtigten oder einer anderen Person, die sonst an der Leistung beteiligt ist, erhoben werden, wenn die Kenntnis der Daten für die Gewährung einer Leistung nach diesem Buch notwendig ist. $_{2}$Satz 1 gilt bei der Erfüllung anderer Aufgaben im Sinne des § 2 Absatz 3 entsprechend.

§ 63 Datenspeicherung

(1) Sozialdaten dürfen gespeichert werden, soweit dies für die Erfüllung der jeweiligen Aufgabe erforderlich ist.

(2) $_{1}$Daten, die zur Erfüllung unterschiedlicher Aufgaben der öffentlichen Jugendhilfe erhoben worden sind, dürfen nur zusammengeführt werden, wenn und solange dies wegen eines unmittelbaren Sachzusammenhangs erforderlich ist. $_{2}$Daten, die zu Leistungszwecken im Sinne des § 2 Absatz 2 und Daten, die für andere Aufgaben im Sinne des § 2 Absatz 3 erhoben worden sind, dürfen nur zusammengeführt werden, soweit dies zur Erfüllung der jeweiligen Aufgabe erforderlich ist.

§ 64 Datenübermittlung und -nutzung

(1) Sozialdaten dürfen zu dem Zweck übermittelt oder genutzt werden, zu dem sie erhoben worden sind.

(2) Eine Übermittlung für die Erfüllung von Aufgaben nach § 69 des Zehnten Buches ist abweichend von Absatz 1 nur zulässig, soweit dadurch der Erfolg einer zu gewährenden Leistung nicht in Frage gestellt wird.

(2a) Vor einer Übermittlung an eine Fachkraft, die nicht dem Verantwortlichen angehört, sind die Sozialdaten zu anonymisieren oder zu pseudonymisieren, soweit die Aufgabenerfüllung dies zulässt.

(2b) $_{1}$Abweichend von Absatz 1 dürfen Sozialdaten übermittelt und genutzt werden, soweit dies für die Durchführung bestimmter wissenschaftlicher Vorhaben zur Erforschung möglicher politisch motivierter Adoptionsvermittlung in der DDR erforderlich ist, ohne dass es einer Anonymisierung oder Pseudonymisierung bedarf. $_{2}$Die personenbezogenen Daten sind zu anonymisieren, sobald dies nach dem Forschungszweck möglich ist. $_{3}$Vom Adoptionsverfahren betroffene Personen dürfen nicht kontaktiert werden.

(3) Sozialdaten dürfen beim Träger der öffentlichen Jugendhilfe zum Zwecke der Planung im Sinne des § 80 gespeichert oder genutzt werden; sie sind unverzüglich zu anonymisieren.

(4) Erhält ein Träger der öffentlichen Jugendhilfe nach Maßgabe des § 4 Absatz 3 des Gesetzes zur Kooperation und Information im Kinderschutz Informationen und Daten, soll er gegenüber der meldenden Person ausschließlich mitteilen, ob sich die von ihr mitgeteilten gewichtigen Anhaltspunkte für die Gefährdung des Wohls des Kindes oder Jugendlichen bestätigt haben und ob das Jugendamt zur Abwendung der Gefährdung tätig geworden ist und noch tätig ist.

§ 65 Besonderer Vertrauensschutz in der persönlichen und erzieherischen Hilfe

(1) $_{1}$Sozialdaten, die dem Mitarbeiter eines Trägers der öffentlichen Jugendhilfe zum Zwecke persönlicher und erzieherischer Hilfe anvertraut worden sind, dürfen von diesem nur weitergegeben oder übermittelt werden

1. mit der Einwilligung dessen, der die Daten anvertraut hat, oder
2. dem Familiengericht zur Erfüllung der Aufgaben nach § 8a Absatz 2, wenn angesichts einer Gefährdung des Wohls eines Kindes oder eines Jugendlichen ohne diese Mitteilung eine für die Gewährung von Leistungen notwendige gerichtliche Entscheidung nicht ermöglicht werden könnte, oder
3. dem Mitarbeiter, der auf Grund eines Wechsels der Fallzuständigkeit im Jugendamt oder eines Wechsels der örtlichen Zuständigkeit für die Gewährung oder Erbringung der Leistung verantwortlich ist, wenn Anhaltspunkte für eine Gefährdung des Kindeswohls gegeben sind und die Daten für eine Abschätzung des Gefährdungsrisikos notwendig sind, oder
4. an die Fachkräfte, die zum Zwecke der Abschätzung des Gefährdungsrisikos nach § 8a hinzugezogen werden; § 64 Absatz 2a bleibt unberührt, oder
5. unter den Voraussetzungen, unter denen eine der in § 203 Absatz 1 oder 4 des Strafgesetzbuches genannten Personen dazu befugt wäre, oder
6. wenn dies für die Durchführung bestimmter wissenschaftlicher Vorhaben zur Erforschung möglicher politisch motivierter Adoptionsvermittlung in der DDR erforderlich ist. Vom Adoptionsverfahren

betroffene Personen dürfen nicht kontaktiert werden; § 64 Absatz 2b Satz 1 und 2 gilt entsprechend. 2Der Empfänger darf die Sozialdaten nur zu dem Zweck weitergeben oder übermitteln, zu dem er sie befugt erhalten hat.

(2) § 35 Absatz 3 des Ersten Buches gilt auch, soweit ein behördeninternes Weitergabeverbot nach Absatz 1 besteht.

§ 66 (weggefallen)

§ 67 (weggefallen)

§ 68 Sozialdaten im Bereich der Beistandschaft, Amtspflegschaft und der Amtsvormundschaft

(1) 1Der Beamte oder Angestellte, dem die Ausübung der Beistandschaft, Amtspflegschaft oder Amtsvormundschaft übertragen ist, darf Sozialdaten nur verarbeiten, soweit dies zur Erfüllung seiner Aufgaben erforderlich ist. 2Die Nutzung dieser Sozialdaten zum Zwecke der Aufsicht, Kontrolle oder Rechnungsprüfung durch die dafür zuständigen Stellen sowie die Übermittlung an diese ist im Hinblick auf den Einzelfall zulässig. 3Die Informationspflichten nach Artikel 13 und 14 der Verordnung (EU) 2016/679 des Europäischen Parlaments und des Rates vom 27. April 2016 zum Schutz natürlicher Personen bei der Verarbeitung personenbezogener Daten, zum freien Datenverkehr und zur Aufhebung der Richtlinie 95/46/EG (Datenschutz-Grundverordnung) (ABl. L 119 vom 4. 5. 2016, S. 1; L 314 vom 22. 11. 2016, S. 72; L 127 vom 23. 5. 2018, S. 2) in der jeweils geltenden Fassung bestehen nur, soweit die Erteilung der Informationen

1. mit der Wahrung der Interessen der minderjährigen Person vereinbar ist und
2. nicht die Erfüllung der Aufgaben gefährdet, die in der Zuständigkeit des Beistands, des Amtspflegers oder des Amtsvormundes liegen.

(2) § 84 des Zehnten Buches gilt entsprechend.

(3) 1Das Recht auf Auskunft der betroffenen Person gemäß Artikel 15 der Verordnung (EU) 2016/679 besteht nicht, soweit die betroffene Person nach Absatz 1 Satz 3 nicht zu informieren ist oder durch die Auskunftserteilung berechtigte Interessen Dritter beeinträchtigt würden. 2Einer Person, die unter Beistandschaft, Amtspflegschaft oder Amtsvormundschaft gestanden und ihr 18. Lebensjahr noch nicht vollendet hat, kann Auskunft erteilt werden, soweit sie die erforderliche Einsichts- und Urteilsfähigkeit besitzt und die Auskunftserteilung nicht nach Satz 1 ausgeschlossen ist. 3Nach Beendigung einer Beistandschaft hat darüber hinaus der Elternteil, der die Beistandschaft beantragt hat, einen Anspruch auf Kenntnis der gespeicherten Daten, solange der junge Mensch minderjährig ist, der Elternteil antragsberechtigt ist und die Auskunftserteilung nicht nach Satz 1 ausgeschlossen ist.

(4) Personen oder Stellen, an die Sozialdaten übermittelt worden sind, dürfen diese nur zu dem Zweck speichern und nutzen, zu dem sie ihnen nach Absatz 1 befugt übermittelt worden sind.

Fünftes Kapitel Träger der Jugendhilfe, Zusammenarbeit, Gesamtverantwortung

Erster Abschnitt Träger der öffentlichen Jugendhilfe

§ 69 Träger der öffentlichen Jugendhilfe, Jugendämter, Landesjugendämter

(1) Die Träger der öffentlichen Jugendhilfe werden durch Landesrecht bestimmt.

(2) (weggefallen)

(3) Für die Wahrnehmung der Aufgaben nach diesem Buch errichtet jeder örtliche Träger ein Jugendamt, jeder überörtliche Träger ein Landesjugendamt.

(4) Mehrere örtliche Träger und mehrere überörtliche Träger können, auch wenn sie verschiedenen Ländern angehören, zur Durchführung einzelner Aufgaben gemeinsame Einrichtungen und Dienste errichten.

§ 70 Organisation des Jugendamts und des Landesjugendamts

(1) Die Aufgaben des Jugendamts werden durch den Jugendhilfeausschuss und durch die Verwaltung des Jugendamts wahrgenommen.

(2) Die Geschäfte der laufenden Verwaltung im Bereich der öffentlichen Jugendhilfe werden vom Leiter der Verwaltung der Gebietskörperschaft oder in seinem Auftrag vom Leiter der Verwaltung des Jugendamts im Rahmen der Satzung und der Beschlüsse der Vertretungskörperschaft und des Jugendhilfeausschusses geführt.

(3) 1Die Aufgaben des Landesjugendamts werden durch den Landesjugendhilfeausschuss und durch die Verwaltung des Landesjugendamts im Rahmen der Satzung und der dem Landesjugendamt zur Verfügung gestellten Mittel wahrgenommen. 2Die Geschäfte der laufenden Verwaltung werden von dem Leiter der Verwaltung des Landesjugendamts im Rahmen der Sat-

zung und der Beschlüsse des Landesjugendhilfeausschusses geführt.

§ 71 Jugendhilfeausschuss, Landesjugendhilfeausschuss

(1) Dem Jugendhilfeausschuss gehören als stimmberechtigte Mitglieder an

1. mit drei Fünfteln des Anteils der Stimmen Mitglieder der Vertretungskörperschaft des Trägers der öffentlichen Jugendhilfe oder von ihr gewählte Frauen und Männer, die in der Jugendhilfe erfahren sind,
2. mit zwei Fünfteln des Anteils der Stimmen Frauen und Männer, die auf Vorschlag der im Bereich des öffentlichen Trägers wirkenden und anerkannten Träger der freien Jugendhilfe von der Vertretungskörperschaft gewählt werden; Vorschläge der Jugendverbände und der Wohlfahrtsverbände sind angemessen zu berücksichtigen.

(2) Dem Jugendhilfeausschuss sollen als beratende Mitglieder selbstorganisierte Zusammenschlüsse nach § 4a angehören.

(3) Der Jugendhilfeausschuss befasst sich mit allen Angelegenheiten der Jugendhilfe, insbesondere mit

1. der Erörterung aktueller Problemlagen junger Menschen und ihrer Familien sowie mit Anregungen und Vorschlägen für die Weiterentwicklung der Jugendhilfe,
2. der Jugendhilfeplanung und
3. der Förderung der freien Jugendhilfe.

(4) $_1$Er hat Beschlussrecht in Angelegenheiten der Jugendhilfe im Rahmen der von der Vertretungskörperschaft bereitgestellten Mittel, der von ihr erlassenen Satzung und der von ihr gefassten Beschlüsse. $_2$Er soll vor jeder Beschlussfassung der Vertretungskörperschaft in Fragen der Jugendhilfe und vor der Berufung eines Leiters des Jugendamts gehört werden und hat das Recht, an die Vertretungskörperschaft Anträge zu stellen. $_3$Er tritt nach Bedarf zusammen und ist auf Antrag von mindestens einem Fünftel der Stimmberechtigten einzuberufen. $_4$Seine Sitzungen sind öffentlich, soweit nicht das Wohl der Allgemeinheit, berechtigte Interessen einzelner Personen oder schutzbedürftiger Gruppen entgegenstehen.

(5) $_1$Dem Landesjugendhilfeausschuss gehören mit zwei Fünfteln des Anteils der Stimmen Frauen und Männer an, die auf Vorschlag der im Bereich des Landesjugendamts wirkenden und anerkannten Träger der freien Jugendhilfe von der obersten Landesjugendbehörde zu berufen sind. $_2$Die übrigen Mitglieder werden durch Landesrecht bestimmt. $_3$Absatz 3 gilt entsprechend.

(6) $_1$Das Nähere regelt das Landesrecht. $_2$Es regelt die Zugehörigkeit weiterer beratender Mitglieder zum Jugendhilfeausschuss. $_3$Es kann bestimmen, dass der Leiter der Verwaltung der Gebietskörperschaft oder der Leiter der Verwaltung des Jugendamts nach Absatz 1 Nummer 1 stimmberechtigt ist.

§ 72 Mitarbeiter, Fortbildung

(1) $_1$Die Träger der öffentlichen Jugendhilfe sollen bei den Jugendämtern und Landesjugendämtern hauptberuflich nur Personen beschäftigen, die sich für die jeweilige Aufgabe nach ihrer Persönlichkeit eignen und eine dieser Aufgabe entsprechende Ausbildung erhalten haben (Fachkräfte) oder auf Grund besonderer Erfahrungen in der sozialen Arbeit in der Lage sind, die Aufgabe zu erfüllen. $_2$Soweit die jeweilige Aufgabe dies erfordert, sind mit ihrer Wahrnehmung nur Fachkräfte oder Fachkräfte mit entsprechender Zusatzausbildung zu betrauen. $_3$Fachkräfte verschiedener Fachrichtungen sollen zusammenwirken, soweit die jeweilige Aufgabe dies erfordert.

(2) Leitende Funktionen des Jugendamts oder des Landesjugendamts sollen in der Regel nur Fachkräften übertragen werden.

(3) Die Träger der öffentlichen Jugendhilfe haben Fortbildung und Praxisberatung der Mitarbeiter des Jugendamts und des Landesjugendamts sicherzustellen.

§ 72a Tätigkeitsausschluss einschlägig vorbestrafter Personen

(1) $_1$Die Träger der öffentlichen Jugendhilfe dürfen für die Wahrnehmung der Aufgaben in der Kinder- und Jugendhilfe keine Person beschäftigen oder vermitteln, die rechtskräftig wegen einer Straftat nach den §§ 171, 174 bis 174c, 176 bis 180a, 181a, 182 bis 184g, 184i, 184j, 184k, 184l, 201a Absatz 3, den §§ 225, 232 bis 233a, 234, 235 oder 236 des Strafgesetzbuchs verurteilt worden ist. $_2$Zu diesem Zweck sollen sie sich bei der Einstellung oder Vermittlung und in regelmäßigen Abständen von den betroffenen Personen ein Führungszeugnis nach § 30 Absatz 5 und § 30a Absatz 1 des Bundeszentralregistergesetzes vorlegen lassen.

(2) Die Träger der öffentlichen Jugendhilfe sollen durch Vereinbarungen mit den Trägern der freien Jugendhilfe sowie mit Vereinen im Sinne des § 54 sicherstellen, dass diese keine Person, die wegen einer Straftat nach Absatz 1 Satz 1 rechtskräftig verurteilt worden ist, hauptamtlich beschäftigen.

(3) $_1$Die Träger der öffentlichen Jugendhilfe sollen sicherstellen, dass unter ihrer Verantwortung keine neben- oder ehrenamtlich tätige Person, die wegen einer

VIII

Straftat nach Absatz 1 Satz 1 rechtskräftig verurteilt worden ist, in Wahrnehmung von Aufgaben der Kinder- und Jugendhilfe Kinder oder Jugendliche beaufsichtigt, betreut, erzieht oder ausbildet oder einen vergleichbaren Kontakt hat. 2Hierzu sollen die Träger der öffentlichen Jugendhilfe über die Tätigkeiten entscheiden, die von den in Satz 1 genannten Personen auf Grund von Art, Intensität und Dauer des Kontakts dieser Personen mit Kindern und Jugendlichen nur nach Einsichtnahme in das Führungszeugnis nach Absatz 1 Satz 2 wahrgenommen werden dürfen.

(4) 1Die Träger der öffentlichen Jugendhilfe sollen durch Vereinbarungen mit den Trägern der freien Jugendhilfe sowie mit Vereinen im Sinne des § 54 sicherstellen, dass unter deren Verantwortung keine neben- oder ehrenamtlich tätige Person, die wegen einer Straftat nach Absatz 1 Satz 1 rechtskräftig verurteilt worden ist, in Wahrnehmung von Aufgaben der Kinder- und Jugendhilfe Kinder oder Jugendliche beaufsichtigt, betreut, erzieht oder ausbildet oder einen vergleichbaren Kontakt hat. 2Hierzu sollen die Träger der öffentlichen Jugendhilfe mit den Trägern der freien Jugendhilfe Vereinbarungen über die Tätigkeiten schließen, die von den in Satz 1 genannten Personen auf Grund von Art, Intensität und Dauer des Kontakts dieser Personen mit Kindern und Jugendlichen nur nach Einsichtnahme in das Führungszeugnis nach Absatz 1 Satz 2 wahrgenommen werden dürfen.

(5) 1Die Träger der öffentlichen und freien Jugendhilfe dürfen von den nach den Absätzen 3 und 4 eingesehenen Daten nur folgende Daten erheben und speichern:

1. den Umstand der Einsichtnahme,
2. das Datum des Führungszeugnisses und
3. die Information, ob die das Führungszeugnis betreffende Person wegen einer der folgenden Straftaten rechtskräftig verurteilt worden ist:
   a) wegen einer in Absatz 1 Satz 1 genannten Straftat oder
   b) wegen einer nicht in Absatz 1 Satz 1 genannten Straftat, die die Person als ungeeignet im Umgang mit Kindern und Jugendlichen erscheinen lässt.

2Die Träger der öffentlichen und freien Jugendhilfe dürfen die gespeicherten Daten nur verarbeiten, soweit dies erforderlich ist, um die Eignung einer Person für diejenige Tätigkeit, die Anlass zu der Einsichtnahme in das Führungszeugnis gewesen ist, zu prüfen. 3Die Daten sind vor dem Zugriff Unbefugter zu schützen. 4Sie sind unverzüglich zu löschen, wenn die Person eine Tätigkeit nach Absatz 3 Satz 2 oder Absatz 4 Satz 2 nicht ausübt. 5Die Daten sind spätestens sechs Monate nach der letztmaligen Ausübung einer solchen Tätigkeit zu löschen.

Zweiter Abschnitt
Zusammenarbeit mit der freien Jugendhilfe, ehrenamtliche Tätigkeit

§ 73 Ehrenamtliche Tätigkeit

In der Jugendhilfe ehrenamtlich tätige Personen sollen bei ihrer Tätigkeit angeleitet, beraten und unterstützt werden.

§ 74 Förderung der freien Jugendhilfe

(1) 1Die Träger der öffentlichen Jugendhilfe sollen die freiwillige Tätigkeit auf dem Gebiet der Jugendhilfe anregen; sie sollen sie fördern, wenn der jeweilige Träger

1. die fachlichen Voraussetzungen für die geplante Maßnahme erfüllt und die Beachtung der Grundsätze und Maßstäbe der Qualitätsentwicklung und Qualitätssicherung nach § 79a gewährleistet,
2. die Gewähr für eine zweckentsprechende und wirtschaftliche Verwendung der Mittel bietet,
3. gemeinnützige Ziele verfolgt,
4. eine angemessene Eigenleistung erbringt und
5. die Gewähr für eine den Zielen des Grundgesetzes förderliche Arbeit bietet.

2Eine auf Dauer angelegte Förderung setzt in der Regel die Anerkennung als Träger der freien Jugendhilfe nach § 75 voraus.

(2) 1Soweit von der freien Jugendhilfe Einrichtungen, Dienste und Veranstaltungen geschaffen werden, um die Gewährung von Leistungen nach diesem Buch zu ermöglichen, kann die Förderung von der Bereitschaft abhängig gemacht werden, diese Einrichtungen, Dienste und Veranstaltungen nach Maßgabe der Jugendhilfeplanung und unter Beachtung der in § 9 genannten Grundsätze anzubieten. 2§ 4 Absatz 1 bleibt unberührt.

(3) 1Über die Art und Höhe der Förderung entscheidet der Träger der öffentlichen Jugendhilfe im Rahmen der verfügbaren Haushaltsmittel nach pflichtgemäßem Ermessen. 2Entsprechendes gilt, wenn mehrere Antragsteller die Förderungsvoraussetzungen erfüllen und die von ihnen vorgesehenen Maßnahmen gleich geeignet sind, zur Befriedigung des Bedarfs jedoch nur eine Maßnahme notwendig ist. 3Bei der Bemessung der Eigenleistung sind die unterschiedliche Finanzkraft und die sonstigen Verhältnisse zu berücksichtigen.

(4) Bei sonst gleich geeigneten Maßnahmen soll solchen der Vorzug gegeben werden, die stärker an den Interessen der Betroffenen orientiert sind und ihre Einflussnahme auf die Ausgestaltung der Maßnahme gewährleisten.

(5) [1]Bei der Förderung gleichartiger Maßnahmen mehrerer Träger sind unter Berücksichtigung ihrer Eigenleistungen gleiche Grundsätze und Maßstäbe anzulegen. [2]Werden gleichartige Maßnahmen von der freien und der öffentlichen Jugendhilfe durchgeführt, so sind bei der Förderung die Grundsätze und Maßstäbe anzuwenden, die für die Finanzierung der Maßnahmen der öffentlichen Jugendhilfe gelten.

(6) Die Förderung von anerkannten Trägern der Jugendhilfe soll auch Mittel für die Fortbildung der haupt-, neben- und ehrenamtlichen Mitarbeiter sowie im Bereich der Jugendarbeit Mittel für die Errichtung und Unterhaltung von Jugendfreizeit- und Jugendbildungsstätten einschließen.

§ 74a Finanzierung von Tageseinrichtungen für Kinder

[1]Die Finanzierung von Tageseinrichtungen regelt das Landesrecht. [2]Dabei können alle Träger von Einrichtungen, die die rechtlichen und fachlichen Voraussetzungen für den Betrieb der Einrichtung erfüllen, gefördert werden. [3]Die Erhebung von Teilnahmebeiträgen nach § 90 bleibt unberührt.

§ 75 Anerkennung als Träger der freien Jugendhilfe

(1) Als Träger der freien Jugendhilfe können juristische Personen und Personenvereinigungen anerkannt werden, wenn sie

1. auf dem Gebiet der Jugendhilfe im Sinne des § 1 tätig sind,
2. gemeinnützige Ziele verfolgen,
3. auf Grund der fachlichen und personellen Voraussetzungen erwarten lassen, dass sie einen nicht unwesentlichen Beitrag zur Erfüllung der Aufgaben der Jugendhilfe zu leisten imstande sind, und
4. die Gewähr für eine den Zielen des Grundgesetzes förderliche Arbeit bieten.

(2) Einen Anspruch auf Anerkennung als Träger der freien Jugendhilfe hat unter den Voraussetzungen des Absatzes 1, wer auf dem Gebiet der Jugendhilfe mindestens drei Jahre tätig gewesen ist.

(3) Die Kirchen und Religionsgemeinschaften des öffentlichen Rechts sowie die auf Bundesebene zusammengeschlossenen Verbände der freien Wohlfahrtspflege sind anerkannte Träger der freien Jugendhilfe.

AWO, DRK,

§ 76 Beteiligung anerkannter Träger der freien Jugendhilfe an der Wahrnehmung anderer Aufgaben

(1) Die Träger der öffentlichen Jugendhilfe können anerkannte Träger der freien Jugendhilfe an der Durchführung ihrer Aufgaben nach den §§ 42, 42a, 43, 50 bis 52a und 53a beteiligen oder ihnen diese Aufgaben zur Ausführung übertragen.

(2) Die Träger der öffentlichen Jugendhilfe bleiben für die Erfüllung der Aufgaben verantwortlich.

§ 77 Vereinbarungen über Kostenübernahme und Qualitätsentwicklung bei ambulanten Leistungen

(1) [1]Werden Einrichtungen und Dienste der Träger der freien Jugendhilfe in Anspruch genommen, so sind Vereinbarungen über die Höhe der Kosten der Inanspruchnahme sowie über Inhalt, Umfang und Qualität der Leistung, über Grundsätze und Maßstäbe für die Bewertung der Qualität der Leistung und über geeignete Maßnahmen zu ihrer Gewährleistung zwischen der öffentlichen und der freien Jugendhilfe anzustreben. [2]Zu den Grundsätzen und Maßstäben für die Bewertung der Qualität der Leistung nach Satz 1 zählen auch Qualitätsmerkmale für die inklusive Ausrichtung der Aufgabenwahrnehmung und die Berücksichtigung der spezifischen Bedürfnisse von jungen Menschen mit Behinderungen. [3]Das Nähere regelt das Landesrecht. [4]Die §§ 78a bis 78g bleiben unberührt.

(2) Wird eine Leistung nach § 37 Absatz 1 oder § 37a erbracht, so ist der Träger der öffentlichen Jugendhilfe zur Übernahme der Kosten der Inanspruchnahme nur verpflichtet, wenn mit den Leistungserbringern Vereinbarungen über Inhalt, Umfang und Qualität der Leistung, über Grundsätze und Maßstäbe für die Bewertung der Qualität der Leistung sowie über geeignete Maßnahmen zu ihrer Gewährleistung geschlossen worden sind; § 78e gilt entsprechend.

§ 78 Arbeitsgemeinschaften

[1]Die Träger der öffentlichen Jugendhilfe sollen die Bildung von Arbeitsgemeinschaften anstreben, in denen neben ihnen die anerkannten Träger der freien Jugendhilfe sowie die Träger geförderter Maßnahmen vertreten sind. [2]In den Arbeitsgemeinschaften soll darauf hingewirkt werden, dass die geplanten Maßnahmen aufeinander abgestimmt werden, sich gegenseitig ergänzen und in den Lebens- und Wohnbereichen von jungen Menschen und Familien ihren Bedürfnissen, Wünschen und Interessen entsprechend zusammenwirken. [3]Dabei sollen selbstorganisierte Zusammenschlüsse nach § 4a beteiligt werden.

Dritter Abschnitt
Vereinbarungen über Leistungsangebote, Entgelte und Qualitätsentwicklung

§ 78a Anwendungsbereich

(1) Die Regelungen der §§ 78b bis 78g gelten für die Erbringung von

1. Leistungen für Betreuung und Unterkunft in einer sozialpädagogisch begleiteten Wohnform (§ 13 Absatz 3),
2. Leistungen in gemeinsamen Wohnformen für Mütter/Väter und Kinder (§ 19),
3. Leistungen zur Unterstützung bei notwendiger Unterbringung des Kindes oder Jugendlichen zur Erfüllung der Schulpflicht (§ 21 Satz 2),
4. Hilfe zur Erziehung
   a) in einer Tagesgruppe (§ 32),
   b) in einem Heim oder einer sonstigen betreuten Wohnform (§ 34) sowie
   c) in intensiver sozialpädagogischer Einzelbetreuung (§ 35), sofern sie außerhalb der eigenen Familie erfolgt,
   d) in sonstiger teilstationärer oder stationärer Form (§ 27),
5. Eingliederungshilfe für seelisch behinderte Kinder und Jugendliche in
   a) anderen teilstationären Einrichtungen (§ 35a Absatz 2 Nummer 2 Alternative 2),
   b) Einrichtungen über Tag und Nacht sowie sonstigen Wohnformen (§ 35a Absatz 2 Nummer 4),
6. Hilfe für junge Volljährige (§ 41), sofern diese den in den Nummern 4 und 5 genannten Leistungen entspricht, sowie
7. Leistungen zum Unterhalt (§ 39), sofern diese im Zusammenhang mit Leistungen nach den Nummern 4 bis 6 gewährt werden; § 39 Absatz 2 Satz 3 bleibt unberührt.

(2) Landesrecht kann bestimmen, daß die §§ 78b bis 78g auch für andere Leistungen nach diesem Buch sowie für vorläufige Maßnahmen zum Schutz von Kindern und Jugendlichen (§§ 42, 42a) gelten.

§ 78b Voraussetzungen für die Übernahme des Leistungsentgelts

(1) Wird die Leistung ganz oder teilweise in einer Einrichtung erbracht, so ist der Träger der öffentlichen Jugendhilfe zur Übernahme des Entgelts gegenüber dem Leistungsberechtigten verpflichtet, wenn mit dem Träger der Einrichtung oder seinem Verband Vereinbarungen über

1. Inhalt, Umfang und Qualität der Leistungsangebote (Leistungsvereinbarung),
2. differenzierte Entgelte für die Leistungsangebote und die betriebsnotwendigen Investitionen (Entgeltvereinbarung) und
3. Grundsätze und Maßstäbe für die Bewertung der Qualität der Leistungsangebote sowie über geeignete Maßnahmen zu ihrer Gewährleistung (Qualitätsentwicklungsvereinbarung)

abgeschlossen worden sind; dazu zählen auch die Qualitätsmerkmale nach § 79a Satz 2.

(2) 1Die Vereinbarungen sind mit den Trägern abzuschließen, die unter Berücksichtigung der Grundsätze der Leistungsfähigkeit, Wirtschaftlichkeit und Sparsamkeit zur Erbringung der Leistung geeignet sind. 2Vereinbarungen über die Erbringung von Auslandsmaßnahmen dürfen nur mit solchen Trägern abgeschlossen werden, die die Maßgaben nach § 38 Absatz 2 Nummer 2 Buchstabe a bis d erfüllen.

(3) Ist eine der Vereinbarungen nach Absatz 1 nicht abgeschlossen, so ist der Träger der öffentlichen Jugendhilfe zur Übernahme des Leistungsentgelts nur verpflichtet, wenn dies insbesondere nach Maßgabe der Hilfeplanung (§ 36) im Einzelfall geboten ist.

§ 78c Inhalt der Leistungs- und Entgeltvereinbarungen

(1) 1Die Leistungsvereinbarung muss die wesentlichen Leistungsmerkmale, insbesondere

1. Art, Ziel und Qualität des Leistungsangebots,
2. den in der Einrichtung zu betreuenden Personenkreis,
3. die erforderliche sächliche und personelle Ausstattung,
4. die Qualifikation des Personals sowie
5. die betriebsnotwendigen Anlagen der Einrichtung

festlegen. 2In die Vereinbarung ist aufzunehmen, unter welchen Voraussetzungen der Träger der Einrichtung sich zur Erbringung von Leistungen verpflichtet. 3Der Träger muss gewährleisten, dass die Leistungsangebote zur Erbringung von Leistungen nach § 78a Absatz 1 geeignet sowie ausreichend, zweckmäßig und wirtschaftlich sind.

(2) 1Die Entgelte müssen leistungsgerecht sein. 2Grundlage der Entgeltvereinbarung sind die in der Leistungs- und der Qualitätsentwicklungsvereinbarung festgelegten Leistungs- und Qualitätsmerkmale. 3Eine Erhöhung der Vergütung für Investitionen kann nur dann verlangt werden, wenn der zuständige Träger der öffentlichen Jugendhilfe der Investitionsmaßnahme

VIII

vorher zugestimmt hat. ₄Förderungen aus öffentlichen Mitteln sind anzurechnen.

§ 78d Vereinbarungszeitraum

(1) ₁Die Vereinbarungen nach § 78b Absatz 1 sind für einen zukünftigen Zeitraum (Vereinbarungszeitraum) abzuschließen. ₂Nachträgliche Ausgleiche sind nicht zulässig.

(2) ₁Die Vereinbarungen treten zu dem darin bestimmten Zeitpunkt in Kraft. ₂Wird ein Zeitpunkt nicht bestimmt, so werden die Vereinbarungen mit dem Tage ihres Abschlusses wirksam. ₃Eine Vereinbarung, die vor diesen Zeitpunkt zurückwirkt, ist nicht zulässig; dies gilt nicht für Vereinbarungen vor der Schiedsstelle für die Zeit ab Eingang des Antrags bei der Schiedsstelle. ₄Nach Ablauf des Vereinbarungszeitraums gelten die vereinbarten Vergütungen bis zum Inkrafttreten neuer Vereinbarungen weiter.

(3) ₁Bei unvorhersehbaren wesentlichen Veränderungen der Annahmen, die der Entgeltvereinbarung zugrunde lagen, sind die Entgelte auf Verlangen einer Vertragspartei für den laufenden Vereinbarungszeitraum neu zu verhandeln. ₂Die Absätze 1 und 2 gelten entsprechend.

(4) Vereinbarungen über die Erbringung von Leistungen nach § 78a Absatz 1, die vor dem 1. Januar 1999 abgeschlossen worden sind, gelten bis zum Inkrafttreten neuer Vereinbarungen weiter.

§ 78e Örtliche Zuständigkeit für den Abschluss von Vereinbarungen

(1) ₁Soweit Landesrecht nicht etwas anderes bestimmt, ist für den Abschluss von Vereinbarungen nach § 78b Absatz 1 der örtliche Träger der Jugendhilfe zuständig, in dessen Bereich die Einrichtung gelegen ist. ₂Die von diesem Träger abgeschlossenen Vereinbarungen sind für alle örtlichen Träger bindend.

(2) Werden in der Einrichtung Leistungen erbracht, für deren Gewährung überwiegend ein anderer örtlicher Träger zuständig ist, so hat der nach Absatz 1 zuständige Träger diesen Träger zu hören.

(3) ₁Die kommunalen Spitzenverbände auf Landesebene und die Verbände der Träger der freien Jugendhilfe sowie die Vereinigungen sonstiger Leistungserbringer im jeweiligen Land können regionale oder landesweite Kommissionen bilden. ₂Die Kommissionen können im Auftrag der Mitglieder der in Satz 1 genannten Verbände und Vereinigungen Vereinbarungen nach § 78b Absatz 1 schließen. ₃Landesrecht kann die Beteiligung der für die Wahrnehmung der Aufgaben nach § 85 Absatz 2 Nummer 5 und 6 zuständigen Behörde vorsehen.

§ 78f Rahmenverträge

₁Die kommunalen Spitzenverbände auf Landesebene schließen mit den Verbänden der Träger der freien Jugendhilfe und den Vereinigungen sonstiger Leistungserbringer auf Landesebene Rahmenverträge über den Inhalt der Vereinbarungen nach § 78b Absatz 1. ₂Die für die Wahrnehmung der Aufgaben nach § 85 Absatz 2 Nummer 5 und 6 zuständigen Behörden sind zu beteiligen.

§ 78g Schiedsstelle

(1) ₁In den Ländern sind Schiedsstellen für Streit- und Konfliktfälle einzurichten. ₂Sie sind mit einem unparteiischen Vorsitzenden und mit einer gleichen Zahl von Vertretern der Träger der öffentlichen Jugendhilfe sowie von Vertretern der Träger der Einrichtungen zu besetzen. ₃Der Zeitaufwand der Mitglieder ist zu entschädigen, bare Auslagen sind zu erstatten. ₄Für die Inanspruchnahme der Schiedsstellen können Gebühren erhoben werden.

(2) ₁Kommt eine Vereinbarung nach § 78b Absatz 1 innerhalb von sechs Wochen nicht zustande, nachdem eine Partei schriftlich zu Verhandlungen aufgefordert hat, so entscheidet die Schiedsstelle auf Antrag einer Partei unverzüglich über die Gegenstände, über die keine Einigung erreicht werden konnte. ₂Gegen die Entscheidung ist der Rechtsweg zu den Verwaltungsgerichten gegeben. ₃Die Klage richtet sich gegen eine der beiden Vertragsparteien, nicht gegen die Schiedsstelle. ₄Einer Nachprüfung der Entscheidung in einem Vorverfahren bedarf es nicht.

(3) ₁Entscheidungen der Schiedsstelle treten zu dem darin bestimmten Zeitpunkt in Kraft. ₂Wird ein Zeitpunkt für das Inkrafttreten nicht bestimmt, so werden die Festsetzungen der Schiedsstelle mit dem Tag wirksam, an dem der Antrag bei der Schiedsstelle eingegangen ist. ₃Die Festsetzung einer Vergütung, die vor diesen Zeitpunkt zurückwirkt, ist nicht zulässig. ₄Im Übrigen gilt § 78d Absatz 2 Satz 4 und Absatz 3 entsprechend.

(4) Die Landesregierungen werden ermächtigt, durch Rechtsverordnung das Nähere zu bestimmen über

1. die Errichtung der Schiedsstellen,
2. die Zahl, die Bestellung, die Amtsdauer und die Amtsführung ihrer Mitglieder,
3. die Erstattung der baren Auslagen und die Entschädigung für ihren Zeitaufwand,
4. die Geschäftsführung, das Verfahren, die Erhebung und die Höhe der Gebühren sowie die Verteilung der Kosten und
5. die Rechtsaufsicht.

Vierter Abschnitt
Gesamtverantwortung, Jugendhilfeplanung

§ 79 Gesamtverantwortung, Grundausstattung

(1) Die Träger der öffentlichen Jugendhilfe haben für die Erfüllung der Aufgaben nach diesem Buch die Gesamtverantwortung einschließlich der Planungsverantwortung.

(2) 1Die Träger der öffentlichen Jugendhilfe sollen gewährleisten, dass zur Erfüllung der Aufgaben nach diesem Buch

1. die erforderlichen und geeigneten Einrichtungen, Dienste und Veranstaltungen den verschiedenen Grundrichtungen der Erziehung entsprechend rechtzeitig und ausreichend zur Verfügung stehen; hierzu zählen insbesondere auch Pfleger, Vormünder und Pflegepersonen;
2. die nach Nummer 1 vorgehaltenen Einrichtungen, Dienste und Veranstaltungen dem nach § 80 Absatz 1 Nummer 2 ermittelten Bedarf entsprechend zusammenwirken und hierfür verbindliche Strukturen der Zusammenarbeit aufgebaut und weiterentwickelt werden;
3. eine kontinuierliche Qualitätsentwicklung nach Maßgabe von § 79a erfolgt.

2Von den für die Jugendhilfe bereitgestellten Mitteln haben sie einen angemessenen Anteil für die Jugendarbeit zu verwenden.

(3) 1Die Träger der öffentlichen Jugendhilfe haben für eine ausreichende Ausstattung der Jugendämter und der Landesjugendämter einschließlich der Möglichkeit der Nutzung digitaler Geräte zu sorgen; hierzu gehört auch eine dem Bedarf entsprechende Zahl von Fachkräften. 2Zur Planung und Bereitstellung einer bedarfsgerechten Personalausstattung ist ein Verfahren zur Personalbemessung zu nutzen.

§ 79a Qualitätsentwicklung in der Kinder- und Jugendhilfe

1Um die Aufgaben der Kinder- und Jugendhilfe nach § 2 zu erfüllen, haben die Träger der öffentlichen Jugendhilfe Grundsätze und Maßstäbe für die Bewertung der Qualität sowie geeignete Maßnahmen zu ihrer Gewährleistung für

1. die Gewährung und Erbringung von Leistungen,
2. die Erfüllung anderer Aufgaben,
3. den Prozess der Gefährdungseinschätzung nach § 8a,
4. die Zusammenarbeit mit anderen Institutionen

weiterzuentwickeln, anzuwenden und regelmäßig zu überprüfen. 2Dazu zählen auch Qualitätsmerkmale für die inklusive Ausrichtung der Aufgabenwahrnehmung und die Berücksichtigung der spezifischen Bedürfnisse von jungen Menschen mit Behinderungen sowie die Sicherung der Rechte von Kindern und Jugendlichen in Einrichtungen und in Familienpflege und ihren Schutz vor Gewalt. 3Die Träger der öffentlichen Jugendhilfe orientieren sich dabei an den fachlichen Empfehlungen der nach § 85 Absatz 2 zuständigen Behörden und an bereits angewandten Grundsätzen und Maßstäben für die Bewertung der Qualität sowie Maßnahmen zu ihrer Gewährleistung.

§ 80 Jugendhilfeplanung

(1) Die Träger der öffentlichen Jugendhilfe haben im Rahmen ihrer Planungsverantwortung

1. den Bestand an Einrichtungen und Diensten festzustellen,
2. den Bedarf unter Berücksichtigung der Wünsche, Bedürfnisse und Interessen der jungen Menschen und der Erziehungsberechtigten für einen mittelfristigen Zeitraum zu ermitteln und
3. die zur Befriedigung des Bedarfs notwendigen Vorhaben rechtzeitig und ausreichend zu planen; dabei ist Vorsorge zu treffen, dass auch ein unvorhergesehener Bedarf befriedigt werden kann.

(2) Einrichtungen und Dienste sollen so geplant werden, dass insbesondere

1. Kontakte in der Familie und im sozialen Umfeld erhalten und gepflegt werden können,
2. ein möglichst wirksames, vielfältiges, inklusives und aufeinander abgestimmtes Angebot von Jugendhilfeleistungen gewährleistet ist,
3. ein dem nach Absatz 1 Nummer 2 ermittelten Bedarf entsprechendes Zusammenwirken der Angebote von Jugendhilfeleistungen in den Lebens- und Wohnbereichen von jungen Menschen und Familien sichergestellt ist,
4. junge Menschen mit Behinderungen oder von Behinderung bedrohte junge Menschen mit jungen Menschen ohne Behinderung gemeinsam unter Berücksichtigung spezifischer Bedarfslagen gefördert werden können,
5. junge Menschen und Familien in gefährdeten Lebens- und Wohnbereichen besonders gefördert werden,
6. Mütter und Väter Aufgaben in der Familie und Erwerbstätigkeit besser miteinander vereinbaren können.

(3) Die Planung insbesondere von Diensten zur Gewährung niedrigschwelliger ambulanter Hilfen nach

Maßgabe von § 36a Absatz 2 umfasst auch Maßnahmen zur Qualitätsgewährleistung der Leistungserbringung.

(4) 1Die Träger der öffentlichen Jugendhilfe haben die anerkannten Träger der freien Jugendhilfe in allen Phasen ihrer Planung frühzeitig zu beteiligen. 2Zu diesem Zwecke sind sie vom Jugendhilfeausschuss, soweit sie überörtlich tätig sind, im Rahmen der Jugendhilfeplanung des überörtlichen Trägers vom Landesjugendhilfeausschuss zu hören. 3Das Nähere regelt das Landesrecht.

(5) Die Träger der öffentlichen Jugendhilfe sollen darauf hinwirken, dass die Jugendhilfeplanung und andere örtliche und überörtliche Planungen aufeinander abgestimmt werden und die Planungen insgesamt den Bedürfnissen und Interessen der jungen Menschen und ihrer Familien Rechnung tragen.

§ 81 Strukturelle Zusammenarbeit mit anderen Stellen und öffentlichen Einrichtungen

Die Träger der öffentlichen Jugendhilfe haben mit anderen Stellen und öffentlichen Einrichtungen, deren Tätigkeit sich auf die Lebenssituation junger Menschen und ihrer Familien auswirkt, insbesondere mit

1. den Trägern von Sozialleistungen nach dem Zweiten, Dritten, Vierten, Fünften, Sechsten und dem Zwölften Buch sowie Trägern von Leistungen nach dem Bundesversorgungsgesetz,
2. Rehabilitationsträger nach § 6 Absatz 1 Nummer 7 des Neunten Buches,
3. den Familien- und Jugendgerichten, den Staatsanwaltschaften sowie den Justizvollzugsbehörden,
4. Schulen und Stellen der Schulverwaltung,
5. Einrichtungen und Stellen des öffentlichen Gesundheitsdienstes und sonstigen Einrichtungen und Diensten des Gesundheitswesens,
6. den Beratungsstellen nach den §§ 3 und 8 des Schwangerschaftskonfliktgesetzes und Suchtberatungsstellen,
7. Einrichtungen und Diensten zum Schutz gegen Gewalt in engen sozialen Beziehungen,
8. den Stellen der Bundesagentur für Arbeit,
9. Einrichtungen und Stellen der beruflichen Aus- und Weiterbildung,
10. den Polizei- und Ordnungsbehörden,
11. der Gewerbeaufsicht,
12. Einrichtungen der Ausbildung für Fachkräfte, der Weiterbildung und der Forschung und
13. Einrichtungen, die auf örtlicher Ebene Familien und den sozialen Zusammenhalt zwischen den Generationen stärken (Mehrgenerationenhäuser),

im Rahmen ihrer Aufgaben und Befugnisse zusammenzuarbeiten.

Sechstes Kapitel
Zentrale Aufgaben

§ 82 Aufgaben der Länder

(1) Die oberste Landesjugendbehörde hat die Tätigkeit der Träger der öffentlichen und der freien Jugendhilfe und die Weiterentwicklung der Jugendhilfe anzuregen und zu fördern.

(2) Die Länder haben auf einen gleichmäßigen Ausbau der Einrichtungen und Angebote hinzuwirken und die Jugendämter und Landesjugendämter bei der Wahrnehmung ihrer Aufgaben zu unterstützen.

§ 83 Aufgaben des Bundes, sachverständige Beratung

(1) 1Die fachlich zuständige oberste Bundesbehörde soll die Tätigkeit der Jugendhilfe anregen und fördern, soweit sie von überregionaler Bedeutung ist und ihrer Art nach nicht durch ein Land allein wirksam gefördert werden kann. 2Hierzu gehören auch die überregionalen Tätigkeiten der Jugendorganisationen der politischen Parteien auf dem Gebiet der Jugendarbeit.

(2) 1Die Bundesregierung wird in grundsätzlichen Fragen der Jugendhilfe von einem Sachverständigengremium (Bundesjugendkuratorium) beraten. 2Das Nähere regelt die Bundesregierung durch Verwaltungsvorschriften.

(3) Die fachlich zuständige oberste Bundesbehörde hat der Bundeselternvertretung der Kinder in Kindertageseinrichtungen und Kindertagespflege bei wesentlichen die Kindertagesbetreuung betreffenden Fragen die Möglichkeit der Beratung zu geben.

§ 84 Jugendbericht

(1) 1Die Bundesregierung legt dem Deutschen Bundestag und dem Bundesrat in jeder Legislaturperiode einen Bericht über die Lage junger Menschen und die Bestrebungen und Leistungen der Jugendhilfe vor. 2Neben der Bestandsaufnahme und Analyse sollen die Berichte Vorschläge zur Weiterentwicklung der Jugendhilfe enthalten; jeder dritte Bericht soll einen Überblick über die Gesamtsituation der Jugendhilfe vermitteln.

(2) 1Die Bundesregierung beauftragt mit der Ausarbeitung der Berichte jeweils eine Kommission, der min-

destens sieben Sachverständige (Jugendberichtskommission) angehören. 2Die Bundesregierung fügt eine Stellungnahme mit den von ihr für notwendig gehaltenen Folgerungen bei.

Siebtes Kapitel Zuständigkeit, Kostenerstattung

Erster Abschnitt Sachliche Zuständigkeit

§ 85 Sachliche Zuständigkeit

(1) Für die Gewährung von Leistungen und die Erfüllung anderer Aufgaben nach diesem Buch ist der örtliche Träger sachlich zuständig, soweit nicht der überörtliche Träger sachlich zuständig ist.

(2) Der überörtliche Träger ist sachlich zuständig für

1. die Beratung der örtlichen Träger und die Entwicklung von Empfehlungen zur Erfüllung der Aufgaben nach diesem Buch,
2. die Förderung der Zusammenarbeit zwischen den örtlichen Trägern und den anerkannten Trägern der freien Jugendhilfe, insbesondere bei der Planung und Sicherstellung eines bedarfsgerechten Angebots an Hilfen zur Erziehung, Eingliederungshilfen für seelisch behinderte Kinder und Jugendliche und Hilfen für junge Volljährige,
3. die Anregung und Förderung von Einrichtungen, Diensten und Veranstaltungen sowie deren Schaffung und Betrieb, soweit sie den örtlichen Bedarf übersteigen; dazu gehören insbesondere Einrichtungen, die eine Schul- oder Berufsausbildung anbieten, sowie Jugendbildungsstätten,
4. die Planung, Anregung, Förderung und Durchführung von Modellvorhaben zur Weiterentwicklung der Jugendhilfe,
5. die Beratung der örtlichen Träger bei der Gewährung von Hilfe nach den §§ 32 bis 35a, insbesondere bei der Auswahl einer Einrichtung oder der Vermittlung einer Pflegeperson in schwierigen Einzelfällen,
6. die Wahrnehmung der Aufgaben zum Schutz von Kindern und Jugendlichen in Einrichtungen (§§ 45 bis 48a),
7. die Beratung der Träger von Einrichtungen während der Planung und Betriebsführung,
8. die Fortbildung von Mitarbeitern in der Jugendhilfe,
9. die Gewährung von Leistungen an Deutsche im Ausland (§ 6 Absatz 3), soweit es sich nicht um die Fortsetzung einer bereits im Inland gewährten Leistung handelt,
10. die Anerkennung als Vormundschaftsverein (§ 54).

(3) Für den örtlichen Bereich können die Aufgaben nach Absatz 2 Nummer 3, 4, 7 und 8 auch vom örtlichen Träger wahrgenommen werden.

(4) Unberührt bleiben die am Tage des Inkrafttretens dieses Gesetzes geltenden landesrechtlichen Regelungen, die die in den §§ 45 bis 48a bestimmten Aufgaben einschließlich der damit verbundenen Aufgaben nach Absatz 2 Nummer 2 bis 5 und 7 mittleren Landesbehörden oder, soweit sie sich auf Kindergärten und andere Tageseinrichtungen für Kinder beziehen, unteren Landesbehörden zuweisen.

(5) Ist das Land überörtlicher Träger, so können durch Landesrecht bis zum 30. Juni 1993 einzelne seiner Aufgaben auf andere Körperschaften des öffentlichen Rechts, die nicht Träger der öffentlichen Jugendhilfe sind, übertragen werden.

Zweiter Abschnitt Örtliche Zuständigkeit

Erster Unterabschnitt Örtliche Zuständigkeit für Leistungen

§ 86 Örtliche Zuständigkeit für Leistungen an Kinder, Jugendliche und ihre Eltern

(1) 1Für die Gewährung von Leistungen nach diesem Buch ist der örtliche Träger zuständig, in dessen Bereich die Eltern ihren gewöhnlichen Aufenthalt haben. 2An die Stelle der Eltern tritt die Mutter, wenn und solange die Vaterschaft nicht anerkannt oder gerichtlich festgestellt ist. 3Lebt nur ein Elternteil, so ist dessen gewöhnlicher Aufenthalt maßgebend.

(2) 1Haben die Elternteile verschiedene gewöhnliche Aufenthalte, so ist der örtliche Träger zuständig, in dessen Bereich der personensorgeberechtigte Elternteil seinen gewöhnlichen Aufenthalt hat; dies gilt auch dann, wenn ihm einzelne Angelegenheiten der Personensorge entzogen sind. 2Steht die Personensorge im Fall des Satzes 1 den Eltern gemeinsam zu, so richtet sich die Zuständigkeit nach dem gewöhnlichen Aufenthalt des Elternteils, bei dem das Kind oder der Jugendliche vor Beginn der Leistung zuletzt seinen gewöhnlichen Aufenthalt hatte. 3Hatte das Kind oder der Jugendliche im Fall des Satzes 2 zuletzt bei beiden Elternteilen seinen gewöhnlichen Aufenthalt, so richtet sich die Zuständigkeit nach dem gewöhnlichen Aufenthalt des Elternteils, bei dem das Kind oder der Jugendliche vor Beginn der Leistung zuletzt seinen tat-

VIII

sächlichen Aufenthalt hatte. 4Hatte das Kind oder der Jugendliche im Fall des Satzes 2 während der letzten sechs Monate vor Beginn der Leistung bei keinem Elternteil einen gewöhnlichen Aufenthalt, so ist der örtliche Träger zuständig, in dessen Bereich das Kind oder der Jugendliche vor Beginn der Leistung zuletzt seinen gewöhnlichen Aufenthalt hatte; hatte das Kind oder der Jugendliche während der letzten sechs Monate keinen gewöhnlichen Aufenthalt, so richtet sich die Zuständigkeit nach dem tatsächlichen Aufenthalt des Kindes oder des Jugendlichen vor Beginn der Leistung.

(3) Haben die Elternteile verschiedene gewöhnliche Aufenthalte und steht die Personensorge keinem Elternteil zu, so gilt Absatz 2 Satz 2 und 4 entsprechend.

(4) 1Haben die Eltern oder der nach den Absätzen 1 bis 3 maßgebliche Elternteil im Inland keinen gewöhnlichen Aufenthalt, oder ist ein gewöhnlicher Aufenthalt nicht feststellbar, oder sind sie verstorben, so richtet sich die Zuständigkeit nach dem gewöhnlichen Aufenthalt des Kindes oder des Jugendlichen vor Beginn der Leistung. 2Hatte das Kind oder der Jugendliche während der letzten sechs Monate vor Beginn der Leistung keinen gewöhnlichen Aufenthalt, so ist der örtliche Träger zuständig, in dessen Bereich sich das Kind oder der Jugendliche vor Beginn der Leistung tatsächlich aufhält.

(5) 1Begründen die Elternteile nach Beginn der Leistung verschiedene gewöhnliche Aufenthalte, so wird der örtliche Träger zuständig, in dessen Bereich der personensorgeberechtigte Elternteil seinen gewöhnlichen Aufenthalt hat; dies gilt auch dann, wenn ihm einzelne Angelegenheiten der Personensorge entzogen sind. 2Solange in diesen Fällen die Personensorge beiden Elternteilen gemeinsam oder keinem Elternteil zusteht, bleibt die bisherige Zuständigkeit bestehen. 3Absatz 4 gilt entsprechend.

(6) 1Lebt ein Kind oder ein Jugendlicher zwei Jahre bei einer Pflegeperson und ist sein Verbleib bei dieser Pflegeperson auf Dauer zu erwarten, so ist oder wird abweichend von den Absätzen 1 bis 5 der örtliche Träger zuständig, in dessen Bereich die Pflegeperson ihren gewöhnlichen Aufenthalt hat. 2Er hat die Eltern und, falls den Eltern die Personensorge nicht oder nur teilweise zusteht, den Personensorgeberechtigten über den Wechsel der Zuständigkeit zu unterrichten. 3Endet der Aufenthalt bei der Pflegeperson, so endet die Zuständigkeit nach Satz 1.

(7) 1Für Leistungen an Kinder oder Jugendliche, die um Asyl nachsuchen oder einen Asylantrag gestellt haben, ist der örtliche Träger zuständig, in dessen Bereich sich die Person vor Beginn der Leistung tatsächlich aufhält; geht der Leistungsgewährung eine Inobhutnahme voraus, so bleibt die nach § 87 begründete Zuständigkeit bestehen. 2Unterliegt die Person einem Verteilungsverfahren, so richtet sich die örtliche Zuständigkeit nach der Zuweisungsentscheidung der zuständigen Landesbehörde; bis zur Zuweisungsentscheidung gilt Satz 1 entsprechend. 3Die nach Satz 1 oder 2 begründete örtliche Zuständigkeit bleibt auch nach Abschluss des Asylverfahrens so lange bestehen, bis die für die Bestimmung der örtlichen Zuständigkeit maßgebliche Person einen gewöhnlichen Aufenthalt im Bereich eines anderen Trägers der öffentlichen Jugendhilfe begründet. 4Eine Unterbrechung der Leistung von bis zu drei Monaten bleibt außer Betracht.

§ 86a Örtliche Zuständigkeit für Leistungen an junge Volljährige

(1) Für Leistungen an junge Volljährige ist der örtliche Träger zuständig, in dessen Bereich der junge Volljährige vor Beginn der Leistung seinen gewöhnlichen Aufenthalt hat.

(2) Hält sich der junge Volljährige in einer Einrichtung oder sonstigen Wohnform auf, die der Erziehung, Pflege, Betreuung, Behandlung oder dem Strafvollzug dient, so richtet sich die örtliche Zuständigkeit nach dem gewöhnlichen Aufenthalt vor der Aufnahme in eine Einrichtung oder sonstige Wohnform.

(3) Hat der junge Volljährige keinen gewöhnlichen Aufenthalt, so richtet sich die Zuständigkeit nach seinem tatsächlichen Aufenthalt zu dem in Absatz 1 genannten Zeitpunkt; Absatz 2 bleibt unberührt.

(4) 1Wird eine Leistung nach § 13 Absatz 3 oder nach § 21 über die Vollendung des 18. Lebensjahres hinaus weitergeführt oder geht der Hilfe für junge Volljährige nach § 41 eine dieser Leistungen, eine Leistung nach § 19 oder eine Hilfe nach den §§ 27 bis 35a voraus, so bleibt der örtliche Träger zuständig, der bis zu diesem Zeitpunkt zuständig war. 2Eine Unterbrechung der Hilfeleistung von bis zu drei Monaten bleibt dabei außer Betracht. 3Die Sätze 1 und 2 gelten entsprechend, wenn eine Hilfe für junge Volljährige nach § 41 beendet war und innerhalb von drei Monaten erneut Hilfe für junge Volljährige nach § 41 erforderlich wird.

§ 86b Örtliche Zuständigkeit für Leistungen in gemeinsamen Wohnformen für Mütter/Väter und Kinder

(1) 1Für Leistungen in gemeinsamen Wohnformen für Mütter oder Väter und Kinder ist der örtliche Träger zuständig, in dessen Bereich der nach § 19 Leistungsberechtigte vor Beginn der Leistung seinen gewöhnlichen Aufenthalt hat. 2§ 86a Absatz 2 gilt entsprechend.

(2) Hat der Leistungsberechtigte keinen gewöhnlichen Aufenthalt, so richtet sich die Zuständigkeit nach seinem tatsächlichen Aufenthalt zu dem in Absatz 1 genannten Zeitpunkt.

(3) 1Geht der Leistung Hilfe nach den §§ 27 bis 35a oder eine Leistung nach § 13 Absatz 3, § 21 oder § 41 voraus, so bleibt der örtliche Träger zuständig, der bisher zuständig war. 2Eine Unterbrechung der Hilfeleistung von bis zu drei Monaten bleibt dabei außer Betracht.

§ 86c Fortdauernde Leistungsverpflichtung und Fallübergabe bei Zuständigkeitswechsel

(1) 1Wechselt die örtliche Zuständigkeit für eine Leistung, so bleibt der bisher zuständige örtliche Träger so lange zur Gewährung der Leistung verpflichtet, bis der nunmehr zuständige örtliche Träger die Leistung fortsetzt. 2Dieser hat dafür Sorge zu tragen, dass der Hilfeprozess und die im Rahmen der Hilfeplanung vereinbarten Hilfeziele durch den Zuständigkeitswechsel nicht gefährdet werden.

(2) 1Der örtliche Träger, der von den Umständen Kenntnis erhält, die den Wechsel der Zuständigkeit begründen, hat den anderen davon unverzüglich zu unterrichten. 2Der bisher zuständige örtliche Träger hat dem nunmehr zuständigen örtlichen Träger unverzüglich die für die Hilfegewährung sowie den Zuständigkeitswechsel maßgeblichen Sozialdaten zu übermitteln. 3Bei der Fortsetzung von Leistungen, die der Hilfeplanung nach § 36 Absatz 2 unterliegen, ist die Fallverantwortung im Rahmen eines Gespräches zu übergeben. 4Die Personensorgeberechtigten und das Kind oder der Jugendliche sowie der junge Volljährige oder der Leistungsberechtigte nach § 19 sind an der Übergabe angemessen zu beteiligen.

§ 86d Verpflichtung zum vorläufigen Tätigwerden

Steht die örtliche Zuständigkeit nicht fest oder wird der zuständige örtliche Träger nicht tätig, so ist der örtliche Träger vorläufig zum Tätigwerden verpflichtet, in dessen Bereich sich das Kind oder der Jugendliche, der junge Volljährige oder bei Leistungen nach § 19 der Leistungsberechtigte vor Beginn der Leistung tatsächlich aufhält.

Zweiter Unterabschnitt
Örtliche Zuständigkeit für andere Aufgaben

§ 87 Örtliche Zuständigkeit für vorläufige Maßnahmen zum Schutz von Kindern und Jugendlichen

1Für die Inobhutnahme eines Kindes oder eines Jugendlichen (§ 42) ist der örtliche Träger zuständig, in dessen Bereich sich das Kind oder der Jugendliche vor Beginn der Maßnahme tatsächlich aufhält. 2Die örtliche Zuständigkeit für die Inobhutnahme eines unbegleiteten ausländischen Kindes oder Jugendlichen richtet sich nach § 88a Absatz 2.

§ 87a Örtliche Zuständigkeit für Erlaubnis, Meldepflichten und Untersagung

(1) 1Für die Erteilung der Pflegeerlaubnis nach § 43 sowie für deren Rücknahme und Widerruf ist der örtliche Träger zuständig, in dessen Bereich die Kindertagespflegeperson ihre Tätigkeit ausübt. 2Ist die Kindertagespflegeperson im Zuständigkeitsbereich mehrerer örtlicher Träger tätig, ist der örtliche Träger zuständig, in dessen Bereich die Kindertagespflegeperson ihren gewöhnlichen Aufenthalt hat. 3Für die Erteilung der Pflegeerlaubnis nach § 44 sowie für deren Rücknahme und Widerruf ist der örtliche Träger zuständig, in dessen Bereich die Pflegeperson ihren gewöhnlichen Aufenthalt hat.

(2) Für die Erteilung der Erlaubnis zum Betrieb einer Einrichtung oder einer selbständigen sonstigen Wohnform sowie für die Rücknahme oder den Widerruf dieser Erlaubnis (§ 45 Absatz 1 und 2, § 48a), die örtliche Prüfung (§§ 46, 48a), die Entgegennahme von Meldungen (§ 47 Absatz 1 und 2, § 48a) und die Ausnahme von der Meldepflicht (§ 47 Absatz 3, § 48a) sowie die Untersagung der weiteren Beschäftigung des Leiters oder eines Mitarbeiters (§§ 48, 48a) ist der überörtliche Träger oder die nach Landesrecht bestimmte Behörde zuständig, in dessen oder deren Bereich die Einrichtung oder die sonstige Wohnform gelegen ist.

(3) Für die Mitwirkung an der örtlichen Prüfung (§§ 46, 48a) ist der örtliche Träger zuständig, in dessen Bereich die Einrichtung oder die selbständige sonstige Wohnform gelegen ist.

§ 87b Örtliche Zuständigkeit für die Mitwirkung in gerichtlichen Verfahren

(1) 1Für die Zuständigkeit des Jugendamts zur Mitwirkung in gerichtlichen Verfahren (§§ 50 bis 52) gilt § 86 Absatz 1 bis 4 entsprechend. 2Für die Mitwirkung im Verfahren nach dem Jugendgerichtsgesetz gegen einen jungen Menschen, der zu Beginn des Verfahrens das 18. Lebensjahr vollendet hat, gilt § 86a Absatz 1 und 3 entsprechend.

VIII

(2) 1Die nach Absatz 1 begründete Zuständigkeit bleibt bis zum Abschluss des Verfahrens bestehen. 2Hat ein Jugendlicher oder ein junger Volljähriger in einem Verfahren nach dem Jugendgerichtsgesetz die letzten sechs Monate vor Abschluss des Verfahrens in einer Justizvollzugsanstalt verbracht, so dauert die Zuständigkeit auch nach der Entlassung aus der Anstalt so lange fort, bis der Jugendliche oder junge Volljährige einen neuen gewöhnlichen Aufenthalt begründet hat, längstens aber bis zum Ablauf von sechs Monaten nach dem Entlassungszeitpunkt.

(3) Steht die örtliche Zuständigkeit nicht fest oder wird der zuständige örtliche Träger nicht tätig, so gilt § 86d entsprechend.

§ 87c Örtliche Zuständigkeit für die Beistandschaft, die Pflegschaft, die Vormundschaft und die schriftliche Auskunft nach § 58

(1) 1Für die Vormundschaft nach § 1786 des Bürgerlichen Gesetzbuchs ist das Jugendamt zuständig, in dessen Bereich die Mutter ihren gewöhnlichen Aufenthalt hat. 2Wurde die Vaterschaft nach § 1592 Nummer 1 oder 2 des Bürgerlichen Gesetzbuchs durch Anfechtung beseitigt, so ist der gewöhnliche Aufenthalt der Mutter zu dem Zeitpunkt maßgeblich, zu dem die Entscheidung rechtskräftig wird. 3Ist ein gewöhnlicher Aufenthalt der Mutter nicht festzustellen, so richtet sich die örtliche Zuständigkeit nach ihrem tatsächlichen Aufenthalt.

(2) 1Sobald die Mutter ihren gewöhnlichen Aufenthalt im Bereich eines anderen Jugendamts nimmt, hat das die Amtsvormundschaft führende Jugendamt bei dem Jugendamt des anderen Bereichs die Weiterführung der Amtsvormundschaft zu beantragen; der Antrag kann auch von dem anderen Jugendamt, von jedem Elternteil und von jedem, der ein berechtigtes Interesse des Kindes oder des Jugendlichen geltend macht, bei dem die Amtsvormundschaft führenden Jugendamt gestellt werden. 2Die Vormundschaft geht mit der Erklärung des anderen Jugendamts auf dieses über. 3Das abgebende Jugendamt hat den Übergang dem Familiengericht und jedem Elternteil unverzüglich mitzuteilen. 4Gegen die Ablehnung des Antrags kann das Familiengericht angerufen werden.

(2a) Für die Vormundschaft nach § 1787 des Bürgerlichen Gesetzbuchs ist das Jugendamt zuständig, in dessen Bereich der Geburtsort des Kindes liegt.

(3) 1Für die Pflegschaft oder Vormundschaft, die durch Bestellung des Familiengerichts eintritt, ist das Jugendamt zuständig, in dessen Bereich das Kind oder der Jugendliche zum Zeitpunkt der Bestellung seinen gewöhnlichen Aufenthalt hat. 2Hat das Kind oder der Jugendliche keinen gewöhnlichen Aufenthalt, so richtet sich die Zuständigkeit nach seinem tatsächlichen Aufenthalt zum Zeitpunkt der Bestellung. 3Sobald das Kind oder der Jugendliche seinen gewöhnlichen Aufenthalt nimmt oder wechselt, hat das Jugendamt beim Familiengericht einen Antrag auf Entlassung zu stellen.

(4) Für die Vormundschaft, die im Rahmen des Verfahrens zur Annahme als Kind eintritt, ist das Jugendamt zuständig, in dessen Bereich die annehmende Person ihren gewöhnlichen Aufenthalt hat.

(5) 1Für die Beratung und Unterstützung nach § 52a sowie für die Beistandschaft gilt Absatz 1 Satz 1 und 3 entsprechend. 2Sobald der allein sorgeberechtigte Elternteil seinen gewöhnlichen Aufenthalt im Bereich eines anderen Jugendamts nimmt, hat das die Beistandschaft führende Jugendamt bei dem Jugendamt des anderen Bereichs die Weiterführung der Beistandschaft zu beantragen; Absatz 2 Satz 2 und § 86c gelten entsprechend.

(6) 1Für die Erteilung der schriftlichen Auskunft nach § 58 Absatz 2 gilt Absatz 1 entsprechend. 2Die Mitteilungen nach § 1626d Absatz 2 des Bürgerlichen Gesetzbuchs, die Mitteilungen nach § 155a Absatz 3 Satz 3 und Absatz 5 Satz 2 des Gesetzes über das Verfahren in Familiensachen und in den Angelegenheiten der freiwilligen Gerichtsbarkeit sowie die Mitteilungen nach § 50 Absatz 3 sind an das für den Geburtsort des Kindes oder des Jugendlichen zuständige Jugendamt zu richten; § 88 Absatz 1 Satz 2 gilt entsprechend. 3Das nach Satz 2 zuständige Jugendamt teilt dem nach Satz 1 zuständigen Jugendamt auf dessen Ersuchen mit, ob ihm Mitteilungen nach § 1626d Absatz 2 des Bürgerlichen Gesetzbuchs, Mitteilungen nach § 155a Absatz 3 Satz 3 oder Absatz 5 Satz 2 des Gesetzes über das Verfahren in Familiensachen und in den Angelegenheiten der freiwilligen Gerichtsbarkeit oder Mitteilungen nach § 50 Absatz 3 vorliegen. 4Betrifft die gerichtliche Entscheidung nur Teile der elterlichen Sorge, so enthalten die Mitteilungen auch die Angabe, in welchen Bereichen die elterliche Sorge der Mutter entzogen wurde, den Eltern gemeinsam übertragen wurde oder dem Vater allein übertragen wurde.

§ 87d Örtliche Zuständigkeit für weitere Aufgaben im Vormundschaftswesen

(1) Für die Wahrnehmung der Aufgaben nach den §§ 53 und 53a ist der örtliche Träger zuständig, in dessen Bereich der Pfleger oder Vormund seinen gewöhnlichen Aufenthalt hat.

(2) Für die Anerkennung als Vormundschaftsverein (§ 54) ist der überörtliche Träger zuständig, in dessen Bereich der Verein seinen Sitz hat.

§ 87e Örtliche Zuständigkeit für Beurkundung und Beglaubigung

Für Beurkundungen und Beglaubigungen nach § 59 ist die Urkundsperson bei jedem Jugendamt zuständig.

Dritter Unterabschnitt
Örtliche Zuständigkeit bei Aufenthalt im Ausland

§ 88 Örtliche Zuständigkeit bei Aufenthalt im Ausland

(1) 1Für die Gewährung von Leistungen der Jugendhilfe im Ausland ist der überörtliche Träger zuständig, in dessen Bereich der junge Mensch geboren ist. 2Liegt der Geburtsort im Ausland oder ist er nicht zu ermitteln, so ist das Land Berlin zuständig.

(2) Wurden bereits vor der Ausreise Leistungen der Jugendhilfe gewährt, so bleibt der örtliche Träger zuständig, der bisher tätig geworden ist; eine Unterbrechung der Hilfeleistung von bis zu drei Monaten bleibt dabei außer Betracht.

Vierter Unterabschnitt
Örtliche Zuständigkeit für vorläufige Maßnahmen, Leistungen und die Amtsvormundschaft für unbegleitete ausländische Kinder und Jugendliche

§ 88a Örtliche Zuständigkeit für vorläufige Maßnahmen, Leistungen und die Amtsvormundschaft für unbegleitete ausländische Kinder und Jugendliche

(1) Für die vorläufige Inobhutnahme eines unbegleiteten ausländischen Kindes oder Jugendlichen (§ 42a) ist der örtliche Träger zuständig, in dessen Bereich sich das Kind oder der Jugendliche vor Beginn der Maßnahme tatsächlich aufhält, soweit Landesrecht nichts anderes regelt.

(2) 1Die örtliche Zuständigkeit für die Inobhutnahme eines unbegleiteten ausländischen Kindes oder Jugendlichen (§ 42) richtet sich nach der Zuweisungsentscheidung gemäß § 42b Absatz 3 Satz 1 der nach Landesrecht für die Verteilung von unbegleiteten ausländischen Kindern oder Jugendlichen zuständigen Stelle. 2Ist die Verteilung nach § 42b Absatz 4 ausgeschlossen, so bleibt die nach Absatz 1 begründete Zuständigkeit bestehen. 3Ein anderer Träger kann aus Gründen des Kindeswohls oder aus sonstigen humanitären Gründen von vergleichbarem Gewicht die örtliche Zuständigkeit von dem zuständigen Träger übernehmen.

(3) 1Für Leistungen an unbegleitete ausländische Kinder oder Jugendliche ist der örtliche Träger zuständig, in dessen Bereich sich die Person vor Beginn der Leistung tatsächlich aufhält. 2Geht der Leistungsgewährung eine Inobhutnahme voraus, so bleibt die nach Absatz 2 begründete Zuständigkeit bestehen, soweit Landesrecht nichts anderes regelt.

(4) Die örtliche Zuständigkeit für die Vormundschaft oder Pflegschaft, die für unbegleitete ausländische Kinder oder Jugendliche durch Bestellung des Familiengerichts eintritt, richtet sich während

1. der vorläufigen Inobhutnahme (§ 42a) nach Absatz 1,
2. der Inobhutnahme (§ 42) nach Absatz 2 und
3. der Leistungsgewährung nach Absatz 3.

Dritter Abschnitt
Kostenerstattung

§ 89 Kostenerstattung bei fehlendem gewöhnlichen Aufenthalt

Ist für die örtliche Zuständigkeit nach den §§ 86, 86a oder 86b der tatsächliche Aufenthalt maßgeblich, so sind die Kosten, die ein örtlicher Träger aufgewendet hat, von dem überörtlichen Träger zu erstatten, zu dessen Bereich der örtliche Träger gehört.

§ 89a Kostenerstattung bei fortdauernder Vollzeitpflege

(1) 1Kosten, die ein örtlicher Träger aufgrund einer Zuständigkeit nach § 86 Absatz 6 aufgewendet hat, sind von dem örtlichen Träger zu erstatten, der zuvor zuständig war oder gewesen wäre. 2Die Kostenerstattungspflicht bleibt bestehen, wenn die Pflegeperson ihren gewöhnlichen Aufenthalt ändert oder wenn die Leistung über die Volljährigkeit hinaus nach § 41 fortgesetzt wird.

(2) Hat oder hätte der nach Absatz 1 kostenerstattungspflichtig werdende örtliche Träger während der Gewährung einer Leistung selbst einen Kostenerstattungsanspruch gegen einen anderen örtlichen oder den überörtlichen Träger, so bleibt oder wird abweichend von Absatz 1 dieser Träger dem nunmehr nach § 86 Absatz 6 zuständig gewordenen örtlichen Träger kostenerstattungspflichtig.

(3) Ändert sich während der Gewährung der Leistung nach Absatz 1 der für die örtliche Zuständigkeit nach § 86 Absatz 1 bis 5 maßgebliche gewöhnliche Aufenthalt, so wird der örtliche Träger kostenerstattungspflichtig, der ohne Anwendung des § 86 Absatz 6 örtlich zuständig geworden wäre.

VIII

§ 89b Kostenerstattung bei vorläufigen Maßnahmen zum Schutz von Kindern und Jugendlichen

(1) Kosten, die ein örtlicher Träger im Rahmen der Inobhutnahme von Kindern und Jugendlichen (§ 42) aufgewendet hat, sind von dem örtlichen Träger zu erstatten, dessen Zuständigkeit durch den gewöhnlichen Aufenthalt nach § 86 begründet wird.

(2) Ist ein kostenerstattungspflichtiger örtlicher Träger nicht vorhanden, so sind die Kosten von dem überörtlichen Träger zu erstatten, zu dessen Bereich der örtliche Träger gehört.

(3) Eine nach Absatz 1 oder 2 begründete Pflicht zur Kostenerstattung bleibt bestehen, wenn und solange nach der Inobhutnahme Leistungen auf Grund einer Zuständigkeit nach § 86 Absatz 7 Satz 1 Halbsatz 2 gewährt werden.

§ 89c Kostenerstattung bei fortdauernder oder vorläufiger Leistungsverpflichtung

(1) 1Kosten, die ein örtlicher Träger im Rahmen seiner Verpflichtung nach § 86c aufgewendet hat, sind von dem örtlichen Träger zu erstatten, der nach dem Wechsel der örtlichen Zuständigkeit zuständig geworden ist. 2Kosten, die ein örtlicher Träger im Rahmen seiner Verpflichtung nach § 86d aufgewendet hat, sind von dem örtlichen Träger zu erstatten, dessen Zuständigkeit durch den gewöhnlichen Aufenthalt nach §§ 86, 86a und 86b begründet wird.

(2) Hat der örtliche Träger die Kosten deshalb aufgewendet, weil der zuständige örtliche Träger pflichtwidrig gehandelt hat, so hat dieser zusätzlich einen Betrag in Höhe eines Drittels der Kosten, mindestens jedoch 50 Euro, zu erstatten.

(3) Ist ein kostenerstattungspflichtiger örtlicher Träger nicht vorhanden, so sind die Kosten vom überörtlichen Träger zu erstatten, zu dessen Bereich der örtliche Träger gehört, der nach Absatz 1 tätig geworden ist.

§ 89d Kostenerstattung bei Gewährung von Jugendhilfe nach der Einreise

(1) 1Kosten, die ein örtlicher Träger aufwendet, sind vom Land zu erstatten, wenn

1. innerhalb eines Monats nach der Einreise eines jungen Menschen oder eines Leistungsberechtigten nach § 19 Jugendhilfe gewährt wird und
2. sich die örtliche Zuständigkeit nach dem tatsächlichen Aufenthalt dieser Person oder nach der Zuweisungsentscheidung der zuständigen Landesbehörde richtet.

2Als Tag der Einreise gilt der Tag des Grenzübertritts, sofern dieser amtlich festgestellt wurde, oder der Tag, an dem der Aufenthalt im Inland erstmals festgestellt wurde, andernfalls der Tag der ersten Vorsprache bei einem Jugendamt. 3Die Erstattungspflicht nach Satz 1 bleibt unberührt, wenn die Person um Asyl nachsucht oder einen Asylantrag stellt.

(2) Ist die Person im Inland geboren, so ist das Land erstattungspflichtig, in dessen Bereich die Person geboren ist.

(3) (weggefallen)

(4) Die Verpflichtung zur Erstattung der aufgewendeten Kosten entfällt, wenn inzwischen für einen zusammenhängenden Zeitraum von drei Monaten Jugendhilfe nicht zu gewähren war.

(5) Kostenerstattungsansprüche nach den Absätzen 1 bis 3 gehen Ansprüchen nach den §§ 89 bis 89c und § 89e vor.

§ 89e Schutz der Einrichtungsorte

(1) 1Richtet sich die Zuständigkeit nach dem gewöhnlichen Aufenthalt der Eltern, eines Elternteils, des Kindes oder des Jugendlichen und ist dieser in einer Einrichtung, einer anderen Familie oder sonstigen Wohnform begründet worden, die der Erziehung, Pflege, Betreuung, Behandlung oder dem Strafvollzug dient, so ist der örtliche Träger zur Erstattung der Kosten verpflichtet, in dessen Bereich die Person vor der Aufnahme in eine Einrichtung, eine andere Familie oder sonstige Wohnform den gewöhnlichen Aufenthalt hatte. 2Eine nach Satz 1 begründete Erstattungspflicht bleibt bestehen, wenn und solange sich die örtliche Zuständigkeit nach § 86a Absatz 4 und § 86b Absatz 3 richtet.

(2) Ist ein kostenerstattungspflichtiger örtlicher Träger nicht vorhanden, so sind die Kosten von dem überörtlichen Träger zu erstatten, zu dessen Bereich der erstattungsberechtigte örtliche Träger gehört.

§ 89f Umfang der Kostenerstattung

(1) 1Die aufgewendeten Kosten sind zu erstatten, soweit die Erfüllung der Aufgaben den Vorschriften dieses Buches entspricht. 2Dabei gelten die Grundsätze, die im Bereich des tätig gewordenen örtlichen Trägers zur Zeit des Tätigwerdens angewandt werden.

(2) 1Kosten unter 1000 Euro werden nur bei vorläufigen Maßnahmen zum Schutz von Kindern und Jugendlichen (§ 89b), bei fortdauernder oder vorläufiger Leistungsverpflichtung (§ 89c) und bei Gewährung von Jugendhilfe nach der Einreise (§ 89d) erstattet. 2Verzugszinsen können nicht verlangt werden.

VIII

§ 89g Landesrechtsvorbehalt

Durch Landesrecht können die Aufgaben des Landes und des überörtlichen Trägers nach diesem Abschnitt auf andere Körperschaften des öffentlichen Rechts übertragen werden.

§ 89h Übergangsvorschrift

(1) Für die Erstattung von Kosten für Maßnahmen der Jugendhilfe nach der Einreise gemäß § 89d, die vor dem 1. Juli 1998 begonnen haben, gilt die nachfolgende Übergangsvorschrift.

(2) 1Kosten, für deren Erstattung das Bundesverwaltungsamt vor dem 1. Juli 1998 einen erstattungspflichtigen überörtlichen Träger bestimmt hat, sind nach den bis zu diesem Zeitpunkt geltenden Vorschriften zu erstatten. 2Erfolgt die Bestimmung nach dem 30. Juni 1998, so sind § 86 Absatz 7, § 89b Absatz 3, die §§ 89d und 89g in der ab dem 1. Juli 1998 geltenden Fassung anzuwenden.

Achtes Kapitel
Kostenbeteiligung

Erster Abschnitt
Pauschalierte Kostenbeteiligung

§ 90 Pauschalierte Kostenbeteiligung

(1) Für die Inanspruchnahme von Angeboten

1. der Jugendarbeit nach § 11,
2. der allgemeinen Förderung der Erziehung in der Familie nach § 16 Absatz 1, Absatz 2 Nummer 1 und 3 und
3. der Förderung von Kindern in Tageseinrichtungen und Kindertagespflege nach den §§ 22 bis 24

können Kostenbeiträge festgesetzt werden.

(2) 1In den Fällen des Absatzes 1 Nummer 1 und 2 kann der Kostenbeitrag auf Antrag ganz oder teilweise erlassen oder ein Teilnahmebeitrag auf Antrag ganz oder teilweise vom Träger der öffentlichen Jugendhilfe übernommen werden, wenn

1. die Belastung
   a) dem Kind oder dem Jugendlichen und seinen Eltern oder
   b) dem jungen Volljährigen

   nicht zuzumuten ist und
2. die Förderung für die Entwicklung des jungen Menschen erforderlich ist.

2Lebt das Kind oder der Jugendliche nur mit einem Elternteil zusammen, so tritt dieser an die Stelle der Eltern. 3Für die Feststellung der zumutbaren Belastung gelten die §§ 82 bis 85, 87, 88 und 92 Absatz 1 Satz 1 und Absatz 2 des Zwölften Buches entsprechend, soweit nicht Landesrecht eine andere Regelung trifft. 4Bei der Einkommensberechnung bleiben das Baukindergeld des Bundes sowie die Eigenheimzulage nach dem Eigenheimzulagengesetz außer Betracht.

(3) 1Im Fall des Absatzes 1 Nummer 3 sind Kostenbeiträge zu staffeln. 2Als Kriterien für die Staffelung können insbesondere das Einkommen der Eltern, die Anzahl der kindergeldberechtigten Kinder in der Familie und die tägliche Betreuungszeit des Kindes berücksichtigt werden. 3Werden die Kostenbeiträge nach dem Einkommen berechnet, bleibt das Baukindergeld des Bundes außer Betracht. 4Darüber hinaus können weitere Kriterien berücksichtigt werden.

(4) 1Im Fall des Absatzes 1 Nummer 3 wird der Kostenbeitrag auf Antrag erlassen oder auf Antrag ein Teilnahmebeitrag vom Träger der öffentlichen Jugendhilfe übernommen, wenn die Belastung durch Kostenbeiträge den Eltern und dem Kind nicht zuzumuten ist. 2Nicht zuzumuten sind Kostenbeiträge immer dann, wenn Eltern oder Kinder Leistungen zur Sicherung des Lebensunterhalts nach dem Zweiten Buch, Leistungen nach dem dritten und vierten Kapitel des Zwölften Buches oder Leistungen nach den §§ 2 und 3 des Asylbewerberleistungsgesetzes beziehen oder wenn die Eltern des Kindes Kinderzuschlag gemäß § 6a des Bundeskindergeldgesetzes oder Wohngeld nach dem Wohngeldgesetz erhalten. 3Der Träger der öffentlichen Jugendhilfe hat die Eltern über die Möglichkeit einer Antragstellung nach Satz 1 bei unzumutbarer Belastung durch Kostenbeiträge zu beraten. 4Absatz 2 Satz 2 bis 4 gilt entsprechend.

Zweiter Abschnitt
Kostenbeiträge für stationäre und teilstationäre Leistungen sowie vorläufige Maßnahmen

§ 91 Anwendungsbereich

(1) Zu folgenden vollstationären Leistungen und vorläufigen Maßnahmen werden Kostenbeiträge erhoben:

1. der Unterkunft junger Menschen in einer sozialpädagogisch begleiteten Wohnform (§ 13 Absatz 3),
2. der Betreuung von Müttern oder Vätern und Kindern in gemeinsamen Wohnformen (§ 19),
3. der Betreuung und Versorgung von Kindern in Notsituationen (§ 20),

VIII

4. der Unterstützung bei notwendiger Unterbringung junger Menschen zur Erfüllung der Schulpflicht und zum Abschluss der Schulausbildung (§ 21),
5. der Hilfe zur Erziehung
   a) in Vollzeitpflege (§ 33),
   b) in einem Heim oder einer sonstigen betreuten Wohnform (§ 34),
   c) in intensiver sozialpädagogischer Einzelbetreuung (§ 35), sofern sie außerhalb des Elternhauses erfolgt,
   d) auf der Grundlage von § 27 in stationärer Form,
6. der Eingliederungshilfe für seelisch behinderte Kinder und Jugendliche durch geeignete Pflegepersonen sowie in Einrichtungen über Tag und Nacht und in sonstigen Wohnformen (§ 35a Absatz 2 Nummer 3 und 4),
7. der Inobhutnahme von Kindern und Jugendlichen (§ 42),
8. der Hilfe für junge Volljährige, soweit sie den in den Nummern 5 und 6 genannten Leistungen entspricht (§ 41).

(2) Zu folgenden teilstationären Leistungen werden Kostenbeiträge erhoben:
1. der Betreuung und Versorgung von Kindern in Notsituationen nach § 20,
2. Hilfe zur Erziehung in einer Tagesgruppe nach § 32 und anderen teilstationären Leistungen nach § 27,
3. Eingliederungshilfe für seelisch behinderte Kinder und Jugendliche in Tageseinrichtungen und anderen teilstationären Einrichtungen nach § 35a Absatz 2 Nummer 2 und
4. Hilfe für junge Volljährige, soweit sie den in den Nummern 2 und 3 genannten Leistungen entspricht (§ 41).

(3) Die Kosten umfassen auch die Aufwendungen für den notwendigen Unterhalt und die Krankenhilfe.

(4) Verwaltungskosten bleiben außer Betracht.

(5) Die Träger der öffentlichen Jugendhilfe tragen die Kosten der in den Absätzen 1 und 2 genannten Leistungen unabhängig von der Erhebung eines Kostenbeitrags.

§ 92 Ausgestaltung der Heranziehung

(1) Zu den Kosten der in § 91 Absatz 1 genannten Leistungen und vorläufigen Maßnahmen sind Elternteile aus ihrem Einkommen nach Maßgabe der §§ 93 und 94 heranzuziehen; leben sie mit dem jungen Menschen zusammen, so werden sie auch zu den Kosten der in § 91 Absatz 2 genannten Leistungen herangezogen.

(1a) Unabhängig von ihrem Einkommen sind nach Maßgabe von § 93 Absatz 1 Satz 3 und § 94 Absatz 3 heranzuziehen:
1. Kinder und Jugendliche zu den Kosten der in § 91 Absatz 1 Nummer 1 bis 7 genannten Leistungen und vorläufigen Maßnahmen,
2. junge Volljährige zu den Kosten der in § 91 Absatz 1 Nummer 1, 4 und 8 genannten Leistungen,
3. Leistungsberechtigte nach § 19 zu den Kosten der in § 91 Absatz 1 Nummer 2 genannten Leistungen,
4. Elternteile zu den Kosten der in § 91 Absatz 1 genannten Leistungen und vorläufigen Maßnahmen; leben sie mit dem jungen Menschen zusammen, so werden sie auch zu den Kosten der in § 91 Absatz 2 genannten Leistungen herangezogen.

(2) Die Heranziehung erfolgt durch Erhebung eines Kostenbeitrags, der durch Leistungsbescheid festgesetzt wird; Elternteile werden getrennt herangezogen.

(3) $_1$Ein Kostenbeitrag kann bei Eltern ab dem Zeitpunkt erhoben werden, ab welchem dem Pflichtigen die Gewährung der Leistung mitgeteilt und er über die Folgen für seine Unterhaltspflicht gegenüber dem jungen Menschen aufgeklärt wurde. $_2$Ohne vorherige Mitteilung kann ein Kostenbeitrag für den Zeitraum erhoben werden, in welchem der Träger der öffentlichen Jugendhilfe aus rechtlichen oder tatsächlichen Gründen, die in den Verantwortungsbereich des Pflichtigen fallen, an der Geltendmachung gehindert war. $_3$Entfallen diese Gründe, ist der Pflichtige unverzüglich zu unterrichten.

(4) $_1$Ein Kostenbeitrag kann nur erhoben werden, soweit Unterhaltsansprüche vorrangig oder gleichrangig Berechtigter nicht geschmälert werden. $_2$Von der Heranziehung der Eltern ist abzusehen, wenn das Kind, die Jugendliche, die junge Volljährige oder die Leistungsberechtigte nach § 19 schwanger ist oder der junge Mensch oder die nach § 19 leistungsberechtigte Person ein leibliches Kind bis zur Vollendung des sechsten Lebensjahres betreut.

(5) $_1$Von der Heranziehung soll im Einzelfall ganz oder teilweise abgesehen werden, wenn sonst Ziel und Zweck der Leistung gefährdet würden oder sich aus der Heranziehung eine besondere Härte ergäbe. $_2$Von der Heranziehung kann abgesehen werden, wenn anzunehmen ist, dass der damit verbundene Verwaltungsaufwand in keinem angemessenen Verhältnis zu dem Kostenbeitrag stehen wird.

VIII

§ 93 Berechnung des Einkommens

(1) ₁Zum Einkommen gehören alle Einkünfte in Geld oder Geldeswert mit Ausnahme der Grundrente nach oder entsprechend dem Bundesversorgungsgesetz sowie der Renten und Beihilfen, die nach dem Bundesentschädigungsgesetz für einen Schaden an Leben sowie an Körper und Gesundheit gewährt werden bis zur Höhe der vergleichbaren Grundrente nach dem Bundesversorgungsgesetz. ₂Eine Entschädigung, die nach § 253 Absatz 2 des Bürgerlichen Gesetzbuchs wegen eines Schadens, der nicht Vermögensschaden ist, geleistet wird, ist nicht als Einkommen zu berücksichtigen.

₃Geldleistungen, die dem gleichen Zweck wie die jeweilige Leistung der Jugendhilfe dienen, zählen nicht zum Einkommen und sind unabhängig von einem Kostenbeitrag einzusetzen; dies gilt nicht für

1. monatliche Leistungen nach § 56 des Dritten Buches bis zu einer Höhe des in § 61 Absatz 2 Satz 1 und § 62 Absatz 3 Satz 1 des Dritten Buches für sonstige Bedürfnisse genannten Betrages und
2. monatliche Leistungen nach § 122 des Dritten Buches bis zu einer Höhe des in § 123 Satz 1 Nummer 2, § 124 Nummer 2 und § 125 des Dritten Buches genannten Betrages.

₄Kindergeld und Leistungen, die auf Grund öffentlich-rechtlicher Vorschriften zu einem ausdrücklich genannten Zweck erbracht werden, sind nicht als Einkommen zu berücksichtigen.

(2) Von dem Einkommen sind abzusetzen

1. auf das Einkommen gezahlte Steuern und
2. Pflichtbeiträge zur Sozialversicherung einschließlich der Beiträge zur Arbeitsförderung sowie
3. nach Grund und Höhe angemessene Beiträge zu öffentlichen oder privaten Versicherungen oder ähnlichen Einrichtungen zur Absicherung der Risiken Alter, Krankheit, Pflegebedürftigkeit und Arbeitslosigkeit.

(3) ₁Von dem nach den Absätzen 1 und 2 errechneten Betrag sind Belastungen der kostenbeitragspflichtigen Person abzuziehen. ₂Der Abzug erfolgt durch eine Kürzung des nach den Absätzen 1 und 2 errechneten Betrages um pauschal 25 vom Hundert. ₃Sind die Belastungen höher als der pauschale Abzug, so können sie abgezogen werden, soweit sie nach Grund und Höhe angemessen sind und die Grundsätze einer wirtschaftlichen Lebensführung nicht verletzen. ₄In Betracht kommen insbesondere

1. Beiträge zu öffentlichen oder privaten Versicherungen oder ähnlichen Einrichtungen,
2. die mit der Erzielung des Einkommens verbundenen notwendigen Ausgaben,
3. Schuldverpflichtungen.

₅Die kostenbeitragspflichtige Person muss die Belastungen nachweisen.

(4) ₁Maßgeblich ist das durchschnittliche Monatseinkommen, das die kostenbeitragspflichtige Person in dem Kalenderjahr erzielt hat, welches dem jeweiligen Kalenderjahr der Leistung oder Maßnahme vorangeht. ₂Auf Antrag der kostenbeitragspflichtigen Person wird dieses Einkommen nachträglich durch das durchschnittliche Monatseinkommen ersetzt, welches die Person in dem jeweiligen Kalenderjahr der Leistung oder Maßnahme erzielt hat. ₃Der Antrag kann innerhalb eines Jahres nach Ablauf dieses Kalenderjahres gestellt werden. ₄Macht die kostenbeitragspflichtige Person glaubhaft, dass die Heranziehung zu den Kosten aus dem Einkommen nach Satz 1 in einem bestimmten Zeitraum eine besondere Härte für sie ergäbe, wird vorläufig von den glaubhaft gemachten, dem Zeitraum entsprechenden Monatseinkommen ausgegangen; endgültig ist in diesem Fall das nach Ablauf des Kalenderjahres zu ermittelnde durchschnittliche Monatseinkommen dieses Jahres maßgeblich.

§ 94 Umfang der Heranziehung

(1) ₁Die Kostenbeitragspflichtigen sind aus ihrem Einkommen in angemessenem Umfang zu den Kosten heranzuziehen. ₂Die Kostenbeiträge dürfen die tatsächlichen Aufwendungen nicht überschreiten.

(2) Für die Bestimmung des Umfangs sind bei jedem Elternteil die Höhe des nach § 93 ermittelten Einkommens und die Anzahl der Personen, die mindestens im gleichen Range wie der untergebrachte junge Mensch oder Leistungsberechtigte nach § 19 unterhaltsberechtigt sind, angemessen zu berücksichtigen.

(3) ₁Werden Leistungen über Tag und Nacht außerhalb des Elternhauses erbracht und bezieht einer der Elternteile Kindergeld für den jungen Menschen, so hat dieser unabhängig von einer Heranziehung nach Absatz 1 Satz 1 und 2 einen Kostenbeitrag in Höhe des Kindergeldes zu zahlen. ₂Zahlt der Elternteil den Kostenbeitrag nach Satz 1 nicht, so sind die Träger der öffentlichen Jugendhilfe insoweit berechtigt, das auf dieses Kind entfallende Kindergeld durch Geltendmachung eines Erstattungsanspruchs nach § 74 Absatz 2 des Einkommensteuergesetzes in Anspruch zu nehmen. ₃Bezieht der Elternteil Kindergeld nach § 1 Absatz 1 des Bundeskindergeldgesetzes, gilt Satz 2 entsprechend. ₄Bezieht der junge Mensch das Kindergeld selbst, gelten die Sätze 1 und 2 entsprechend. ₅Die

VIII

Heranziehung der Elternteile erfolgt nachrangig zu der Heranziehung der jungen Menschen zu einem Kostenbeitrag in Höhe des Kindergeldes.

(4) Werden Leistungen über Tag und Nacht erbracht und hält sich der junge Mensch nicht nur im Rahmen von Umgangskontakten bei einem Kostenbeitragspflichtigen auf, so ist die tatsächliche Betreuungsleistung über Tag und Nacht auf den Kostenbeitrag anzurechnen.

(5) Für die Festsetzung der Kostenbeiträge von Eltern werden nach Einkommensgruppen gestaffelte Pauschalbeträge durch Rechtsverordnung des zuständigen Bundesministeriums mit Zustimmung des Bundesrates bestimmt.

Dritter Abschnitt
Überleitung von Ansprüchen

§ 95 Überleitung von Ansprüchen

(1) 1Hat eine in § 92 Absatz 1a genannte Person oder ein Ehegatte oder Lebenspartner des jungen Menschen oder Leistungsberechtigten nach § 19 für die Zeit, für die Jugendhilfe gewährt wird, einen Anspruch gegen einen anderen, so kann der Träger der öffentlichen Jugendhilfe durch schriftliche Anzeige an den anderen bewirken, dass dieser Anspruch bis zur Höhe seiner Aufwendungen auf ihn übergeht. 2Dies gilt unter der Maßgabe, dass der andere weder Leistungsträger im Sinne des § 12 des Ersten Buches noch eine in § 92 Absatz 1a genannte Person noch eine andere gegenüber dem jungen Menschen oder Leistungsberechtigten nach § 19 dem Grunde nach zum Unterhalt verpflichtete Person ist.

(2) 1Der Übergang darf nur insoweit bewirkt werden, als bei rechtzeitiger Leistung des anderen entweder Jugendhilfe nicht gewährt worden oder ein Kostenbeitrag zu leisten wäre. 2Der Übergang ist nicht dadurch ausgeschlossen, dass der Anspruch nicht übertragen, verpfändet oder gepfändet werden kann.

(3) Die schriftliche Anzeige bewirkt den Übergang des Anspruchs für die Zeit, für die die Hilfe ohne Unterbrechung gewährt wird; als Unterbrechung gilt ein Zeitraum von mehr als zwei Monaten.

(4) Widerspruch und Anfechtungsklage gegen den Verwaltungsakt, der den Übergang des Anspruchs bewirkt, haben keine aufschiebende Wirkung.

§ 96 (weggefallen)

Vierter Abschnitt
Ergänzende Vorschriften

§ 97 Feststellung der Sozialleistungen

1Der erstattungsberechtigte Träger der öffentlichen Jugendhilfe kann die Feststellung einer Sozialleistung betreiben sowie Rechtsmittel einlegen. 2Der Ablauf der Fristen, die ohne sein Verschulden verstrichen sind, wirkt nicht gegen ihn. 3Dies gilt nicht für die Verfahrensfristen, soweit der Träger der öffentlichen Jugendhilfe das Verfahren selbst betreibt.

§ 97a Pflicht zur Auskunft

(1) 1Soweit dies für die Berechnung oder den Erlass eines Kostenbeitrags oder die Übernahme eines Teilnahmebeitrags nach § 90 oder die Ermittlung eines Kostenbeitrags nach den §§ 92 bis 94 erforderlich ist, sind Eltern, Ehegatten und Lebenspartner junger Menschen sowie Leistungsberechtigter nach § 19 verpflichtet, dem örtlichen Träger über ihre Einkommensverhältnisse Auskunft zu geben. 2Junge Volljährige und volljährige Leistungsberechtigte nach § 19 sind verpflichtet, dem örtlichen Träger über ihre Einkommensverhältnisse Auskunft zu geben. 3Eltern, denen die Sorge für das Vermögen des Kindes oder des Jugendlichen zusteht, sind auch zur Auskunft über dessen Einkommen verpflichtet. 4Ist die Sorge über das Vermögen des Kindes oder des Jugendlichen anderen Personen übertragen, so treten diese an die Stelle der Eltern.

(2) 1Soweit dies für die Berechnung der laufenden Leistung nach § 39 Absatz 6 erforderlich ist, sind Pflegepersonen verpflichtet, dem örtlichen Träger darüber Auskunft zu geben, ob der junge Mensch im Rahmen des Familienleistungsausgleichs nach § 31 des Einkommensteuergesetzes berücksichtigt wird oder berücksichtigt werden könnte und ob er ältestes Kind in der Pflegefamilie ist. 2Pflegepersonen, die mit dem jungen Menschen in gerader Linie verwandt sind, sind verpflichtet, dem örtlichen Träger über ihre Einkommens- und Vermögensverhältnisse Auskunft zu geben.

(3) 1Die Pflicht zur Auskunft nach den Absätzen 1 und 2 umfasst auch die Verpflichtung, Name und Anschrift des Arbeitgebers zu nennen, über die Art des Beschäftigungsverhältnisses Auskunft zu geben sowie auf Verlangen Beweisurkunden vorzulegen oder ihrer Vorlage zuzustimmen. 2Sofern landesrechtliche Regelungen nach § 90 Absatz 1 Satz 2 bestehen, in denen nach Einkommensgruppen gestaffelte Pauschalbeträge vorgeschrieben oder festgesetzt sind, ist hinsichtlich der Höhe des Einkommens die Auskunftspflicht und die Pflicht zur Vorlage von Beweisurkunden für die Be-

rechnung des Kostenbeitrags nach § 90 Absatz 1 Nummer 3 auf die Angabe der Zugehörigkeit zu einer bestimmten Einkommensgruppe beschränkt.

(4) 1Kommt eine der nach den Absätzen 1 und 2 zur Auskunft verpflichteten Personen ihrer Pflicht nicht nach oder bestehen tatsächliche Anhaltspunkte für die Unrichtigkeit ihrer Auskunft, so ist der Arbeitgeber dieser Person verpflichtet, dem örtlichen Träger über die Art des Beschäftigungsverhältnisses und den Arbeitsverdienst dieser Person Auskunft zu geben; Absatz 3 Satz 2 gilt entsprechend. 2Der zur Auskunft verpflichteten Person ist vor einer Nachfrage beim Arbeitgeber eine angemessene Frist zur Erteilung der Auskunft zu setzen. 3Sie ist darauf hinzuweisen, dass nach Fristablauf die erforderlichen Auskünfte beim Arbeitgeber eingeholt werden.

(5) 1Die nach den Absätzen 1 und 2 zur Erteilung einer Auskunft Verpflichteten können die Auskunft verweigern, soweit sie sich selbst oder einen der in § 383 Absatz 1 Nummer 1 bis 3 der Zivilprozessordnung bezeichneten Angehörigen der Gefahr aussetzen würden, wegen einer Straftat oder einer Ordnungswidrigkeit verfolgt zu werden. 2Die Auskunftspflichtigen sind auf ihr Auskunftsverweigerungsrecht hinzuweisen.

§ 97b (weggefallen)

§ 97c Erhebung von Gebühren und Auslagen

Landesrecht kann abweichend von § 64 des Zehnten Buches die Erhebung von Gebühren und Auslagen regeln.

Neuntes Kapitel
Kinder- und Jugendhilfestatistik

§ 98 Zweck und Umfang der Erhebung

(1) Zur Beurteilung der Auswirkungen der Bestimmungen dieses Buches und zu seiner Fortentwicklung sind laufende Erhebungen über

1. Kinder und tätige Personen in Tageseinrichtungen,

1a. Kinder in den Klassenstufen eins bis vier,

2. Kinder und tätige Personen in öffentlich geförderter Kindertagespflege,

3. Personen, die mit öffentlichen Mitteln geförderte Kindertagespflege gemeinsam oder auf Grund einer Erlaubnis nach § 43 Absatz 3 Satz 3 in Pflegestellen durchführen, und die von diesen betreuten Kinder,

4. die Empfänger
   a) der Hilfe zur Erziehung,
   b) der Hilfe für junge Volljährige und
   c) der Eingliederungshilfe für seelisch behinderte Kinder und Jugendliche,

5. Kinder und Jugendliche, zu deren Schutz vorläufige Maßnahmen getroffen worden sind,

6. Kinder und Jugendliche, die als Kind angenommen worden sind,

7. Kinder und Jugendliche, die unter Amtspflegschaft, Amtsvormundschaft oder Beistandschaft des Jugendamts stehen,

8. Kinder und Jugendliche, für die eine Pflegeerlaubnis erteilt worden ist,

9. Maßnahmen des Familiengerichts,

10. Angebote der Jugendarbeit nach § 11 sowie Fortbildungsmaßnahmen für ehrenamtliche Mitarbeiter anerkannter Träger der Jugendhilfe nach § 74 Absatz 6,

11. die Träger der Jugendhilfe, die dort tätigen Personen und deren Einrichtungen mit Ausnahme der Tageseinrichtungen,

12. die Ausgaben und Einnahmen der öffentlichen Jugendhilfe sowie

13. Gefährdungseinschätzungen nach § 8a

als Bundesstatistik durchzuführen.

(2) Zur Verfolgung der gesellschaftlichen Entwicklung im Bereich der elterlichen Sorge sind im Rahmen der Kinder- und Jugendhilfestatistik auch laufende Erhebungen über Sorgeerklärungen durchzuführen.

§ 99 Erhebungsmerkmale

(1) Erhebungsmerkmale bei den Erhebungen über Hilfe zur Erziehung nach den §§ 27 bis 35, Eingliederungshilfe für seelisch behinderte Kinder und Jugendliche nach § 35a und Hilfe für junge Volljährige nach § 41 sind

1. im Hinblick auf die Hilfe
   a) Art des Trägers des Hilfe durchführenden Dienstes oder der Hilfe durchführenden Einrichtung sowie bei Trägern der freien Jugendhilfe deren Verbandszugehörigkeit,
   b) Art der Hilfe,
   c) Ort der Durchführung der Hilfe,
   d) Monat und Jahr des Beginns und Endes sowie Fortdauer der Hilfe,
   e) familienrichterliche Entscheidungen zu Beginn der Hilfe,
   f) Intensität der Hilfe,
   g) Hilfe anregende Institutionen oder Personen,
   h) Gründe für die Hilfegewährung,

VIII

i) Grund für die Beendigung der Hilfe,
j) vorangegangene Gefährdungseinschätzung nach § 8a Absatz 1,
k) Einleitung der Hilfe im Anschluss an eine vorläufige Maßnahme zum Schutz von Kindern und Jugendlichen im Fall des § 42 Absatz 1 Satz 1,
l) gleichzeitige Inanspruchnahme einer weiteren Hilfe zur Erziehung, Hilfe für junge Volljährige oder Eingliederungshilfe bei einer seelischen Behinderung oder einer drohenden seelischen Behinderung sowie

2. im Hinblick auf junge Menschen
   a) Geschlecht,
   b) Geburtsmonat und Geburtsjahr,
   c) Lebenssituation bei Beginn der Hilfe,
   d) ausländische Herkunft mindestens eines Elternteils,
   e) Deutsch als in der Familie vorrangig gesprochene Sprache,
   f) anschließender Aufenthalt,
   g) nachfolgende Hilfe;
3. bei sozialpädagogischer Familienhilfe nach § 31 und anderen familienorientierten Hilfen nach § 27 zusätzlich zu den unter den Nummern 1 und 2 genannten Merkmalen
   a) Geschlecht, Geburtsmonat und Geburtsjahr der in der Familie lebenden jungen Menschen sowie
   b) Zahl der außerhalb der Familie lebenden Kinder und Jugendlichen;
4. für Hilfen außerhalb des Elternhauses nach § 27 Absatz 1, 3 und 4, den §§ 29 und 30, 32 bis 35a und 41 zusätzlich zu den unter den Nummern 1 und 2 genannten Merkmalen der Schulbesuch sowie das Ausbildungsverhältnis.

VIII

(2) Erhebungsmerkmale bei den Erhebungen über vorläufige Maßnahmen zum Schutz von Kindern und Jugendlichen sind Kinder und Jugendliche, zu deren Schutz Maßnahmen nach § 42 oder § 42a getroffen worden sind, gegliedert nach

1. Art der Maßnahme, Art des Trägers der Maßnahme, Form der Unterbringung während der Maßnahme, hinweisgebender Institution oder Person, Zeitpunkt des Beginns und Dauer der Maßnahme, Durchführung aufgrund einer vorangegangenen Gefährdungseinschätzung nach § 8a Absatz 1, Maßnahmeanlass, im Kalenderjahr bereits wiederholt stattfindende Inobhutnahme, Widerspruch der Personensorge- oder Erziehungsberechtigten gegen die Maßnahme, im Fall des Widerspruchs gegen die Maßnahme Herbeiführung einer Entscheidung des Familiengerichts nach § 42 Absatz 3 Satz 2 Nummer 2, Grund für die Beendigung der Maßnahme, anschließendem Aufenthalt, Art der anschließenden Hilfe,
2. bei Kindern und Jugendlichen zusätzlich zu den unter Nummer 1 genannten Merkmalen nach Geschlecht, Altersgruppe zu Beginn der Maßnahme, ausländischer Herkunft mindestens eines Elternteils, Deutsch als in der Familie vorrangig gesprochene Sprache, Art des Aufenthalts vor Beginn der Maßnahme.

(3) Erhebungsmerkmale bei den Erhebungen über die Annahme als Kind sind

1. angenommene Kinder und Jugendliche, gegliedert
   a) nach nationaler Adoption und internationaler Adoption nach § 2a des Adoptionsvermittlungsgesetzes,
   b) nach Geschlecht, Geburtsdatum, Staatsangehörigkeit und Art des Trägers des Adoptionsvermittlungsdienstes, Datum des Adoptionsbeschlusses,
   c) nach Herkunft des angenommenen Kindes, Art der Unterbringung vor der Adoptionspflege, Geschlecht und Familienstand der Eltern oder des sorgeberechtigten Elternteils oder Tod der Eltern zu Beginn der Adoptionspflege sowie Ersetzung der Einwilligung zur Annahme als Kind,
   d) zusätzlich bei nationalen Adoptionen nach Datum des Beginns und Endes der Adoptionspflege und bei Unterbringung vor der Adoptionspflege in Pflegefamilien nach Datum des Beginns und Endes dieser Unterbringung sowie bei Annahme durch die vorherige Pflegefamilie nach Datum des Beginns und Endes dieser Unterbringung,
   e) zusätzlich bei der internationalen Adoption (§ 2a des Adoptionsvermittlungsgesetzes) nach Staatsangehörigkeit vor Ausspruch der Adoption, nach Herkunftsland und gewöhnlichem Aufenthalt vor der Adoption sowie nach Ausspruch der Adoption im Ausland oder Inland,
   f) nach Staatsangehörigkeit, Geschlecht und Familienstand der oder des Annehmenden sowie nach dem Verwandtschaftsverhältnis zu dem Kind,
2. die Zahl der
   a) ausgesprochenen und aufgehobenen Annahmen sowie der abgebrochenen Adoptionspflegen, gegliedert nach Art des Trägers des Adoptionsvermittlungsdienstes,

b) vorgemerkten Adoptionsbewerber, die zur Annahme als Kind vorgemerkten und in Adoptionspflege untergebrachten Kinder und Jugendlichen zusätzlich nach ihrem Geschlecht, gegliedert nach Art des Trägers des Adoptionsvermittlungsdienstes,

3. bei Anerkennungs- und Wirkungsfeststellung einer ausländischen Adoptionsentscheidung nach § 2 des Adoptionswirkungsgesetzes sowie eines Umwandlungsausspruchs nach § 3 des Adoptionswirkungsgesetzes die Zahl der
   a) eingeleiteten Verfahren nach den §§ 2 und 3 des Adoptionswirkungsgesetzes,
   b) beendeten Verfahren nach den §§ 2 und 3 des Adoptionswirkungsgesetzes, die ausländische Adoptionen nach § 2a des Adoptionsvermittlungsgesetzes zum Gegenstand haben, gegliedert nach
      aa) dem Ergebnis des Verfahrens im Hinblick auf eine erfolgte und nicht erfolgte Vermittlung nach § 2a Absatz 2 des Adoptionsvermittlungsgesetzes,
      bb) dem Vorliegen einer Bescheinigung nach Artikel 23 des Haager Übereinkommens vom 29. Mai 1993 über den Schutz von Kindern und die Zusammenarbeit auf dem Gebiet der internationalen Adoption und
      cc) der Verfahrensdauer.

(4) Erhebungsmerkmal bei den Erhebungen über die Amtspflegschaft und die Amtsvormundschaft sowie die Beistandschaft ist die Zahl der Kinder und Jugendlichen unter

1. gesetzlicher Amtsvormundschaft,
2. bestellter Amtsvormundschaft,
3. bestellter Amtspflegschaft sowie
4. Beistandschaft,

gegliedert nach Geschlecht, Art des Tätigwerdens des Jugendamts sowie nach deutscher und ausländischer Staatsangehörigkeit (Deutsche/Ausländer).

(5) Erhebungsmerkmal bei den Erhebungen über

1. die Pflegeerlaubnis nach § 43 ist die Zahl der Tagespflegepersonen,
2. die Pflegeerlaubnis nach § 44 ist die Zahl der Kinder und Jugendlichen, gegliedert nach Geschlecht und Art der Pflege.

(6) Erhebungsmerkmale bei der Erhebung zum Schutzauftrag bei Kindeswohlgefährdung nach § 8a sind Kinder und Jugendliche, bei denen eine Gefährdungseinschätzung nach Absatz 1 vorgenommen worden ist, gegliedert

1. nach der hinweisgebenden Institution oder Person, der Art der Kindeswohlgefährdung, der Person, von der die Gefährdung ausgeht, dem Ergebnis der Gefährdungseinschätzung sowie wiederholter Meldung zu demselben Kind oder Jugendlichen im jeweiligen Kalenderjahr,
2. bei Kindern und Jugendlichen zusätzlich zu den in Nummer 1 genannten Merkmalen nach Geschlecht, Geburtsmonat, Geburtsjahr, ausländischer Herkunft mindestens eines Elternteils, Deutsch als in der Familie vorrangig gesprochene Sprache, Eingliederungshilfe und Aufenthaltsort des Kindes oder Jugendlichen zum Zeitpunkt der Meldung sowie den Altersgruppen der Eltern und der Inanspruchnahme einer Leistung gemäß den §§ 16 bis 19 sowie 27 bis 35a und der Durchführung einer Maßnahme nach § 42.

(6a) Erhebungsmerkmal bei den Erhebungen über Sorgeerklärungen und die gerichtliche Übertragung der gemeinsamen elterlichen Sorge nach § 1626a Absatz 1 Nummer 3 des Bürgerlichen Gesetzbuchs ist die gemeinsame elterliche Sorge nicht miteinander verheirateter Eltern, gegliedert danach, ob Sorgeerklärungen beider Eltern vorliegen oder den Eltern die elterliche Sorge aufgrund einer gerichtlichen Entscheidung ganz oder zum Teil gemeinsam übertragen worden ist.

(6b) $_1$Erhebungsmerkmal bei den Erhebungen über Maßnahmen des Familiengerichts ist die Zahl der Kinder und Jugendlichen, bei denen wegen einer Gefährdung ihres Wohls das familiengerichtliche Verfahren auf Grund einer Anrufung durch das Jugendamt nach § 8a Absatz 2 Satz 1 oder § 42 Absatz 3 Satz 2 Nummer 2 oder auf andere Weise eingeleitet worden ist und

1. den Personensorgeberechtigten auferlegt worden ist, Leistungen nach diesem Buch in Anspruch zu nehmen,
2. andere Gebote oder Verbote gegenüber den Personensorgeberechtigten oder Dritten ausgesprochen worden sind,
3. Erklärungen der Personensorgeberechtigten ersetzt worden sind,
4. die elterliche Sorge ganz oder teilweise entzogen und auf das Jugendamt oder einen Dritten als Vormund oder Pfleger übertragen worden ist,

gegliedert nach Geschlecht, Altersgruppen und zusätzlich bei Nummer 4 nach dem Umfang der übertragenen Angelegenheit. $_2$Zusätzlich sind die Fälle nach Geschlecht und Altersgruppen zu melden, in denen das

VIII

Jugendamt insbesondere nach § 8a Absatz 2 Satz 1 oder § 42 Absatz 3 Satz 2 Nummer 2 das Familiengericht anruft, weil es dessen Tätigwerden für erforderlich hält.

(7) Erhebungsmerkmale bei den Erhebungen über Kinder und tätige Personen in Tageseinrichtungen sind

1. die Einrichtungen, gegliedert nach
   a) der Art und Rechtsform des Trägers sowie bei Trägern der freien Jugendhilfe deren Verbandszugehörigkeit sowie besonderen Merkmalen,
   b) der Zahl der genehmigten Plätze,
   c) der Art und Anzahl der Gruppen,
   d) die Anzahl der Kinder insgesamt,
   e) Anzahl der Schließtage an regulären Öffnungstagen im vorangegangenen Jahr sowie
   f) Öffnungszeiten,
2. für jede dort tätige Person
   a) Geschlecht und Beschäftigungsumfang,
   b) für das pädagogisch und in der Verwaltung tätige Personal zusätzlich Geburtsmonat und Geburtsjahr, die Art des Berufsausbildungsabschlusses, Stellung im Beruf, Art der Beschäftigung und Arbeitsbereiche einschließlich Gruppenzugehörigkeit, Monat und Jahr des Beginns der Tätigkeit in der derzeitigen Einrichtung,
3. für die dort geförderten Kinder
   a) Geschlecht, Geburtsmonat und Geburtsjahr sowie Schulbesuch und Klassenstufe,
   b) ausländische Herkunft mindestens eines Elternteils,
   c) Deutsch als in der Familie vorrangig gesprochene Sprache,
   d) Betreuungszeit und Mittagsverpflegung,
   e) Eingliederungshilfe,
   f) Gruppenzugehörigkeit,
   g) Monat und Jahr der Aufnahme in der Tageseinrichtung.

(7a) Erhebungsmerkmale bei den Erhebungen über Kinder in mit öffentlichen Mitteln geförderter Kindertagespflege sowie die die Kindertagespflege durchführenden Personen sind:

1. für jede tätige Person
   a) Geschlecht, Geburtsmonat und Geburtsjahr,
   b) Art und Umfang der Qualifikation, höchster allgemeinbildender Schulabschluss, höchster beruflicher Ausbildungs- und Hochschulabschluss, Anzahl der betreuten Kinder (Betreuungsverhältnisse am Stichtag) insgesamt und nach dem Ort der Betreuung,
2. für die dort geförderten Kinder
   a) Geschlecht, Geburtsmonat und Geburtsjahr sowie Schulbesuch,
   b) ausländische Herkunft mindestens eines Elternteils,
   c) Deutsch als in der Familie vorrangig gesprochene Sprache,
   d) Betreuungszeit und Mittagsverpflegung,
   e) Art und Umfang der öffentlichen Finanzierung und Förderung,
   f) Eingliederungshilfe,
   g) Verwandtschaftsverhältnis zur Pflegeperson,
   h) gleichzeitig bestehende andere Betreuungsarrangements,
   i) Monat und Jahr der Aufnahme in Kindertagespflege.

(7b) Erhebungsmerkmale bei den Erhebungen über Personen, die mit öffentlichen Mitteln geförderte Kindertagespflege gemeinsam oder auf Grund einer Erlaubnis nach § 43 Absatz 3 Satz 3 durchführen und die von diesen betreuten Kinder sind die Zahl der Kindertagespflegepersonen und die Zahl der von diesen betreuten Kinder jeweils gegliedert nach Pflegestellen.

(7c) Erhebungsmerkmale bei den Erhebungen über Kinder in den Klassenstufen eins bis vier sind

1. Klassenstufe,
2. Anzahl der Wochenstunden, die das Kind in Angeboten nach § 24 Absatz 4 verbringt,
3. Art der Angebote nach § 24 Absatz 4.

(8) Erhebungsmerkmale bei den Erhebungen über die Angebote der Jugendarbeit nach § 11 sowie bei den Erhebungen über Fortbildungsmaßnahmen für ehrenamtliche Mitarbeiter anerkannter Träger der Jugendhilfe nach § 74 Absatz 6 sind offene und Gruppenangebote sowie Veranstaltungen und Projekte der Jugendarbeit, soweit diese mit öffentlichen Mitteln pauschal oder maßnahmenbezogen gefördert werden oder der Träger eine öffentliche Förderung erhält, gegliedert nach

1. Art und Rechtsform des Trägers sowie bei Trägern der freien Jugendhilfe deren Verbandszugehörigkeit,
2. Dauer, Häufigkeit, Durchführungsort und Art des Angebots; zusätzlich bei schulbezogenen Angeboten die Art der kooperierenden Schule,
3. Art der Beschäftigung und Tätigkeit der bei der Durchführung des Angebots tätigen Personen so-

wie, mit Ausnahme der sonstigen pädagogisch tätigen Personen, deren Altersgruppe und Geschlecht,
4. Zahl der Teilnehmenden und der Besucher sowie, mit Ausnahme von Festen, Feiern, Konzerten, Sportveranstaltungen und sonstigen Veranstaltungen, deren Geschlecht und Altersgruppe,
5. Partnerländer und Veranstaltungen im In- oder Ausland bei Veranstaltungen und Projekten der internationalen Jugendarbeit.

(9) Erhebungsmerkmale bei den Erhebungen über die Träger der Jugendhilfe, die dort tätigen Personen und deren Einrichtungen, soweit diese nicht in Absatz 7 erfasst werden, sind

1. die Träger gegliedert nach
   a) Art und Rechtsform des Trägers sowie bei Trägern der freien Jugendhilfe deren Verbandszugehörigkeit,
   b) den Betätigungsfeldern nach Aufgabenbereichen,
   c) deren Personalausstattung sowie
   d) Anzahl der Einrichtungen,
2. die Einrichtungen des Trägers mit Betriebserlaubnis nach § 45 und Betreuungsformen nach diesem Gesetz, soweit diese nicht in Absatz 7 erfasst werden, gegliedert nach
   a) Postleitzahl des Standorts,
   b) für jede vorhandene Gruppe und jede sonstige Betreuungsform nach diesem Gesetz, die von der Betriebserlaubnis umfasst ist, Angaben über die Art der Unterbringung oder Betreuung, deren Rechtsgrundlagen, Anzahl der genehmigten und belegten Plätze, Anzahl der Sollstellen des Personals und Hauptstelle der Einrichtung,
3. für jede im Bereich der Jugendhilfe pädagogisch und in der Verwaltung tätige Person des Trägers
   a) Geschlecht, Geburtsmonat und Geburtsjahr,
   b) Art des höchsten Berufsausbildungsabschlusses, Stellung im Beruf, Art der Beschäftigung, Beschäftigungsumfang und Arbeitsbereiche,
   c) Bundesland des überwiegenden Einsatzortes.

(10) Erhebungsmerkmale bei der Erhebung der Ausgaben und Einnahmen der öffentlichen Jugendhilfe sind

1. die Art des Trägers,
2. die Ausgaben für Einzel- und Gruppenhilfen, gegliedert nach Ausgabe- und Hilfeart sowie die Einnahmen nach Einnahmeart,
3. die Ausgaben und Einnahmen für Einrichtungen nach Arten gegliedert nach der Einrichtungsart,
4. die Ausgaben für das Personal, das bei den örtlichen und den überörtlichen Trägern sowie den kreisangehörigen Gemeinden und Gemeindeverbänden, die nicht örtliche Träger sind, Aufgaben der Jugendhilfe wahrnimmt.

§ 100 Hilfsmerkmale

Hilfsmerkmale sind

1. Name und Anschrift des Auskunftspflichtigen,
2. für die Erhebungen nach § 99 die Kenn-Nummer der hilfeleistenden Stelle oder der auskunftsgebenden Einrichtung; soweit eine Hilfe nach § 28 gebietsübergreifend erbracht wird, die Kenn-Nummer des Wohnsitzes des Hilfeempfängers,
3. für die Erhebungen nach § 99 Absatz 1, 2, 3 und 6 die Kenn-Nummer der betreffenden Person,
4. Name und Kontaktdaten der für eventuelle Rückfragen zur Verfügung stehenden Person.

§ 101 Periodizität und Berichtszeitraum

(1) 1Die Erhebungen nach § 99 Absatz 1 bis 5, 6a bis 7c und 10 sind jährlich durchzuführen, die Erhebungen nach § 99 Absatz 3 Nummer 3 erstmalig für das Jahr 2022; die Erhebungen nach § 99 Absatz 1, soweit sie die Eingliederungshilfe für Kinder und Jugendliche mit seelischer Behinderung betreffen, sind 2007 beginnend jährlich durchzuführen. 2Die Erhebung nach § 99 Absatz 6 erfolgt laufend. 3Die übrigen Erhebungen nach § 99 sind alle zwei Jahre durchzuführen, die Erhebungen nach § 99 Absatz 8 erstmalig für das Jahr 2015 und die Erhebungen nach § 99 Absatz 9 erstmalig für das Jahr 2014.

(2) Die Angaben für die Erhebung nach

1. § 99 Absatz 1 sind zu dem Zeitpunkt, zu dem die Hilfe endet, bei fortdauernder Hilfe zum 31. Dezember,
2. bis 5. (weggefallen)
6. § 99 Absatz 2 sind zum Zeitpunkt des Endes einer vorläufigen Maßnahme,
7. § 99 Absatz 3 Nummer 1 sind zum Zeitpunkt der rechtskräftigen gerichtlichen Entscheidung über die Annahme als Kind,
8. § 99 Absatz 3 Nummer 2 Buchstabe a, Nummer 3 und Absatz 6a, 6b und 10 sind für das abgelaufene Kalenderjahr,
9. § 99 Absatz 3 Nummer 2 Buchstabe b und Absatz 4 und 5 sind zum 31. Dezember,
10. § 99 Absatz 7, 7a bis 7c sind zum 1. März,
11. § 99 Absatz 6 sind zum Zeitpunkt des Abschlusses der Gefährdungseinschätzung,

VIII

12. § 99 Absatz 8 sind für das abgelaufene Kalenderjahr,
13. § 99 Absatz 9 sind zum 15. Dezember.

zu erteilen.

§ 102 Auskunftspflicht

(1) 1Für die Erhebungen besteht Auskunftspflicht. 2Die Angaben zu § 100 Nummer 4 sind freiwillig.

(2) 1Auskunftspflichtig sind

1. die örtlichen Träger der Jugendhilfe für die Erhebungen nach § 99 Absatz 1 bis 10, nach Absatz 8 nur, soweit eigene Angebote gemacht wurden,
2. die überörtlichen Träger der Jugendhilfe für die Erhebungen nach § 99 Absatz 3 und 7 und 8 bis 10, nach Absatz 8 nur, soweit eigene Angebote gemacht wurden,
3. die obersten Landesjugendbehörden für die Erhebungen nach § 99 Absatz 7 und 8 bis 10,
4. die fachlich zuständige oberste Bundesbehörde für die Erhebung nach § 99 Absatz 10,
5. die kreisangehörigen Gemeinden und die Gemeindeverbände, soweit sie Aufgaben der Jugendhilfe wahrnehmen, für die Erhebungen nach § 99 Absatz 7 bis 10,
6. die Träger der freien Jugendhilfe für Erhebungen nach § 99 Absatz 1, soweit sie eine Beratung nach § 28 oder § 41 betreffen, nach § 99 Absatz 8, soweit sie anerkannte Träger der freien Jugendhilfe nach § 75 Absatz 1 oder Absatz 3 sind, und nach § 99 Absatz 3, 7 und 9,
7. Adoptionsvermittlungsstellen nach § 2 Absatz 3 des Adoptionsvermittlungsgesetzes aufgrund ihrer Tätigkeit nach § 1 des Adoptionsvermittlungsgesetzes sowie anerkannte Auslandsvermittlungsstellen nach § 4 Absatz 2 Satz 3 des Adoptionsvermittlungsgesetzes aufgrund ihrer Tätigkeit nach § 2a Absatz 4 Nummer 2 des Adoptionsvermittlungsgesetzes gemäß § 99 Absatz 3 Nummer 1 sowie gemäß § 99 Absatz 3 Nummer 2a für die Zahl der ausgesprochenen Annahmen und gemäß § 99 Absatz 3 Nummer 2b für die Zahl der vorgemerkten Adoptionsbewerber,
8. die Leiter der Einrichtungen, Behörden und Geschäftsstellen in der Jugendhilfe für die Erhebungen nach § 99 Absatz 7.

2Die Auskunftspflichtigen für Erhebungen nach § 99 Absatz 7c werden durch Landesrecht bestimmt.

(3) Zur Durchführung der Erhebungen nach § 99 Absatz 1, 3, 7, 8 und 9 übermitteln die Träger der öffentlichen Jugendhilfe den statistischen Ämtern der Länder auf Anforderung die erforderlichen Anschriften der übrigen Auskunftspflichtigen.

§ 103 Übermittlung

(1) 1An die fachlich zuständigen obersten Bundes- oder Landesbehörden dürfen für die Verwendung gegenüber den gesetzgebenden Körperschaften und für Zwecke der Planung, jedoch nicht für die Regelung von Einzelfällen, vom Statistischen Bundesamt und den statistischen Ämtern der Länder Tabellen mit statistischen Ergebnissen übermittelt werden, auch soweit Tabellenfelder nur einen einzigen Fall ausweisen. 2Tabellen, deren Tabellenfelder nur einen einzigen Fall ausweisen, dürfen nur dann übermittelt werden, wenn sie nicht differenzierter als auf Regierungsbezirksebene, im Fall der Stadtstaaten auf Bezirksebene, aufbereitet sind.

(2) Für ausschließlich statistische Zwecke dürfen den zur Durchführung statistischer Aufgaben zuständigen Stellen der Gemeinden und Gemeindeverbände für ihren Zuständigkeitsbereich Einzelangaben aus der Erhebung nach § 99 mit Ausnahme der Hilfsmerkmale übermittelt werden, soweit die Voraussetzungen nach § 16 Absatz 5 des Bundesstatistikgesetzes gegeben sind.

(3) Die Ergebnisse der Kinder- und Jugendhilfestatistiken gemäß den §§ 98 und 99 dürfen auf der Ebene der einzelnen Gemeinde oder des einzelnen Jugendamtsbezirkes veröffentlicht werden.

(4) Die statistischen Landesämter übermitteln die erhobenen Einzeldaten auf Anforderung an das Statistische Bundesamt.

Zehntes Kapitel
Straf- und Bußgeldvorschriften

§ 104 Bußgeldvorschriften

(1) Ordnungswidrig handelt, wer

1. ohne Erlaubnis nach § 43 Absatz 1 oder § 44 Absatz 1 Satz 1 ein Kind oder einen Jugendlichen betreut oder ihm Unterkunft gewährt,
2. entgegen § 45 Absatz 1 Satz 1, auch in Verbindung mit § 48a Absatz 1, ohne Erlaubnis eine Einrichtung oder eine sonstige Wohnform betreibt oder
3. entgegen § 47 eine Anzeige nicht, nicht richtig, nicht vollständig oder nicht rechtzeitig erstattet oder eine Meldung nicht, nicht richtig, nicht vollständig oder nicht rechtzeitig macht oder vorsätzlich oder fahrlässig seiner Verpflichtung zur Dokumentation oder Aufbewahrung derselben oder zum

Nachweis der ordnungsgemäßen Buchführung auf entsprechendes Verlangen nicht nachkommt oder

4. entgegen § 97a Absatz 4 vorsätzlich oder fahrlässig als Arbeitgeber eine Auskunft nicht, nicht richtig oder nicht vollständig erteilt.

(2) Die Ordnungswidrigkeiten nach Absatz 1 Nummer 1, 3 und 4 können mit einer Geldbuße bis zu fünfhundert Euro, die Ordnungswidrigkeit nach Absatz 1 Nummer 2 kann mit einer Geldbuße bis zu fünfzehntausend Euro geahndet werden.

§ 105 Strafvorschriften

Mit Freiheitsstrafe bis zu einem Jahr oder mit Geldstrafe wird bestraft, wer

1. eine in § 104 Absatz 1 Nummer 1 oder 2 bezeichnete Handlung begeht und dadurch leichtfertig ein Kind oder einen Jugendlichen in seiner körperlichen, geistigen oder sittlichen Entwicklung schwer gefährdet oder
2. eine in § 104 Absatz 1 Nummer 1 oder 2 bezeichnete vorsätzliche Handlung beharrlich wiederholt.

Elftes Kapitel Übergangs- und Schlussvorschriften

§ 106 Einschränkung eines Grundrechts

Durch § 42 Absatz 5 und § 42a Absatz 1 Satz 2 wird das Grundrecht auf Freiheit der Person (Artikel 2 Absatz 2 Satz 3 des Grundgesetzes) eingeschränkt.

§ 107 (weggefallen)

§ 108 Übergangsregelung

(1) 1Das Bundesministerium für Familie, Senioren, Frauen und Jugend begleitet und untersucht

1. bis zum Inkrafttreten von § 10b am 1. Januar 2024 sowie
2. bis zum Inkrafttreten von § 10 Absatz 4 Satz 1 und 2 am 1. Januar 2028

die Umsetzung der für die Ausführung dieser Regelungen jeweils notwendigen Maßnahmen in den Ländern. 2Bei der Untersuchung nach Satz 1 Nummer 1 werden insbesondere auch die Erfahrungen der örtlichen Träger der öffentlichen Jugendhilfe einbezogen, die bereits vor dem 1. Januar 2024 Verfahrenslotsen entsprechend § 10b einsetzen. 3Bei der Untersuchung nach Satz 1 Nummer 2 findet das Bundesgesetz nach § 10 Absatz 4 Satz 3 ab dem Zeitpunkt seiner Verkündung, die als Bedingung für das Inkrafttreten von § 10 Absatz 4 Satz 1 und 2 spätestens bis zum 1. Januar 2027 erfolgen muss, besondere Berücksichtigung.

(2) 1Das Bundesministerium für Familie, Senioren, Frauen und Jugend untersucht in den Jahren 2022 bis 2024 die rechtlichen Wirkungen von § 10 Absatz 4 und legt dem Bundestag und dem Bundesrat bis zum 31. Dezember 2024 einen Bericht über das Ergebnis der Untersuchung vor. 2Dabei sollen insbesondere die gesetzlichen Festlegungen des Achten und Neunten Buches

1. zur Bestimmung des leistungsberechtigten Personenkreises,
2. zur Bestimmung von Art und Umfang der Leistungen,
3. zur Ausgestaltung der Kostenbeteiligung bei diesen Leistungen und
4. zur Ausgestaltung des Verfahrens

untersucht werden mit dem Ziel, den leistungsberechtigten Personenkreis, Art und Umfang der Leistungen sowie den Umfang der Kostenbeteiligung für die hierzu Verpflichteten nach dem am 1. Januar 2023 für die Eingliederungshilfe geltenden Recht beizubehalten, insbesondere einerseits keine Verschlechterungen für leistungsberechtigte oder kostenbeitragspflichtige Personen und andererseits keine Ausweitung des Kreises der Leistungsberechtigten sowie des Leistungsumfangs im Vergleich zur Rechtslage am 1. Januar 2023 herbeizuführen, sowie Hinweise auf die zu bestimmenden Inhalte des Bundesgesetzes nach § 10 Absatz 4 Satz 3 zu geben. 3In die Untersuchung werden auch mögliche finanzielle Auswirkungen gesetzlicher Gestaltungsoptionen einbezogen.

(3) Soweit das Bundesministerium für Familie, Senioren, Frauen und Jugend Dritte in die Durchführung der Untersuchungen nach den Absätzen 1 und 2 einbezieht, beteiligt es hierzu vorab die Länder.

(4) Das Bundesministerium für Familie, Senioren, Frauen und Jugend untersucht unter Beteiligung der Länder die Wirkungen dieses Gesetzes im Übrigen einschließlich seiner finanziellen Auswirkungen auf Länder und Kommunen und berichtet dem Deutschen Bundestag und dem Bundesrat über die Ergebnisse dieser Untersuchung.

Verordnung zur Festsetzung der Kostenbeiträge für Leistungen und vorläufige Maßnahmen in der Kinder- und Jugendhilfe (Kostenbeitragsverordnung – KostenbeitragsV)

Vom 1. Oktober 2005 (BGBl. I S. 2907)

Zuletzt geändert durch
Erste Verordnung zur Änderung der Kostenbeitragsverordnung
vom 5. Dezember 2013 (BGBl. I S. 4040)

Auf Grund des § 94 Abs. 5 Satz 1 des Achten Buches Sozialgesetzbuch – Kinder- und Jugendhilfe – in der Fassung der Bekanntmachung vom 8. Dezember 1998 (BGBl. I S. 3546), der durch Artikel 1 Nr. 49 des Gesetzes vom 8. September 2005 (BGBl. I S. 2729) eingefügt worden ist, verordnet das Bundesministerium für Familie, Senioren, Frauen und Jugend:

§ 1 Festsetzung des Kostenbeitrags

(1) Die Höhe des Kostenbeitrags, den Elternteile, Ehegatten oder Lebenspartner junger Menschen zu entrichten haben, richtet sich nach

a) der Einkommensgruppe in Spalte 1 der Anlage, der das nach § 93 des Achten Buches Sozialgesetzbuch zu ermittelnde Einkommen zuzuordnen ist, und

b) der Beitragsstufe in den Spalten 2 bis 5 der Anlage, die nach Maßgabe dieser Verordnung zu ermitteln ist.

(2) Für jede kostenbeitragspflichtige Person wird der jeweilige Kostenbeitrag getrennt ermittelt und erhoben.

§ 2 Wahl der Beitragsstufe bei vollstationären Leistungen

(1) Die Höhe des Beitrags zu den Kosten einer vollstationären Leistung nach § 91 Abs. 1 des Achten Buches Sozialgesetzbuch ergibt sich aus den Beitragsstufen zur jeweiligen Einkommensgruppe in den Spalten 2 bis 4 der Anlage.

(2) Wird die kostenbeitragspflichtige Person zu den Kosten vollstationärer Leistungen für eine Person nach dem Achten Buch Sozialgesetzbuch herangezogen, so ergibt sich die Höhe des Kostenbeitrags aus Spalte 2. Wird sie für mehrere Personen zu den Kosten herangezogen, so ergibt sich die Höhe des Kostenbeitrags für die zweite Person aus Spalte 3, für die dritte Person aus Spalte 4. Ab der vierten vollstationär untergebrachten Person wird nur noch ein Kostenbeitrag nach Maßgabe von § 7 erhoben.

§ 3 Wahl der Beitragsstufe bei teilstationären Leistungen

Die Höhe des Kostenbeitrags für teilstationäre Leistungen nach § 91 Absatz 2 des Achten Buches Sozialgesetzbuch ergibt sich aus der Beitragsstufe zur jeweiligen Einkommensgruppe in der Spalte fünf der Anlage.

§ 4 Berücksichtigung weiterer Unterhaltspflichten

(1) Ist die kostenbeitragspflichtige Person gegenüber anderen Personen nach § 1609 des Bürgerlichen Gesetzbuchs im mindestens gleichen Rang wie dem untergebrachten jungen Menschen oder Leistungsberechtigten nach § 19 des Achten Buches Sozialgesetzbuch zum Unterhalt verpflichtet und lebt sie mit ihnen in einem gemeinsamen Haushalt oder weist sie nach, dass sie ihren Unterhaltspflichten regelmäßig nachkommt, so ist sie

1. bei einer Zuordnung des maßgeblichen Einkommens zu einer der Einkommensgruppen 2 bis 6 je Unterhaltspflicht einer um zwei Stufen niedrigeren Einkommensgruppe zuzuordnen,
2. bei einer Zuordnung des maßgeblichen Einkommens zu einer der Einkommensgruppen 7 bis 18 je Unterhaltspflicht einer um eine Stufe niedrigeren Einkommensgruppe zuzuordnen

und zu einem entsprechend niedrigeren Kostenbeitrag heranzuziehen.

VIII

(2) Würden die Unterhaltsansprüche vorrangig oder gleichrangig Berechtigter trotz einer niedrigeren Einstufung nach Absatz 1 auf Grund der Höhe des Kostenbeitrags geschmälert, so ist der Kostenbeitrag entsprechend zu reduzieren. Lebt die kostenbeitragspflichtige Person nicht in einem Haushalt mit der Person, gegenüber der sie mindestens im gleichen Rang zum Unterhalt verpflichtet ist, findet eine Reduzierung nur statt, wenn die kostenbeitragspflichtige Person nachweist, dass sie ihren Unterhaltspflichten regelmäßig nachkommt.

§ 5 Behandlung hoher Einkommen

(1) Liegt das nach § 93 des Achten Buches Sozialgesetzbuch maßgebliche Einkommen eines Elternteils, Ehegatten oder Lebenspartners oberhalb der Einkommensgruppe 27 der Anlage, so ist der Kostenbeitrag nach den folgenden Grundsätzen zu errechnen.

(2) Die Höhe des Kostenbeitrags für vollstationäre Leistungen beträgt

1. 25 Prozent des maßgeblichen Einkommens, wenn der Kostenpflichtige zu den Kosten für eine Person herangezogen wird,
2. zusätzlich 15 Prozent des maßgeblichen Einkommens, wenn der Kostenpflichtige zu den Kosten für eine zweite Person herangezogen wird,
3. zusätzlich 10 Prozent des maßgeblichen Einkommens, wenn der Kostenpflichtige für eine dritte Person herangezogen wird.

Ab der vierten vollstationär untergebrachten Person wird nur noch ein Kostenbeitrag nach Maßgabe von § 7 erhoben. Liegt das nach § 93 des Achten Buches Sozialgesetzbuch maßgebende Einkommen eines Elternteils, Ehegatten oder Lebenspartners oberhalb der Einkommensgruppe 27 der Anlage, so kann eine Heranziehung bis zur vollen Höhe der Kosten für stationäre Leistungen erfolgen.

(3) Die Höhe des Kostenbeitrags für teilstationäre Leistungen beträgt 5 Prozent des maßgeblichen Einkommens.

(4) Die Kostenbeiträge dürfen die Höhe der tatsächlichen Aufwendungen nicht überschreiten.

§ 6 Heranziehung der Eltern bei Leistungen für junge Volljährige

Bei Leistungen für junge Volljährige ist ein kostenbeitragspflichtiger Elternteil höchstens zu einem Kostenbeitrag auf Grund der Einkommensgruppe 13 heranzuziehen. Der kostenbeitragspflichtige Elternteil ist bei einer Zuordnung des maßgeblichen Einkommens zu der Einkommensgruppe 2 oder 3 der Einkommensgruppe 1 zuzuordnen. Bei einer Zuordnung des maßgeblichen Einkommens zu der Einkommensgruppe 4 ist der kostenpflichtige Elternteil der Einkommensgruppe 2 zuzuordnen. Die Zuordnung nach den Sätzen 1 und 2 erfolgt nach Berücksichtigung der Zuordnung nach § 4 Absatz 1.

§ 7 Einsatz des Kindergelds

Ein Elternteil hat unabhängig von einer einkommensabhängigen Heranziehung nach den §§ 1 bis 6 einen Kostenbeitrag in Höhe des Kindergeldes zu zahlen, wenn

1. vollstationäre Leistungen erbracht werden,
2. er Kindergeld für den jungen Menschen bezieht und
3. seine Heranziehung nicht nachrangig nach § 94 Absatz 1 Satz 3 und 4 des Achten Buches Sozialgesetzbuch ist.

Anlage

Maßgebliches Einkommen nach § 93 des Achten Buches Sozialgesetzbuch		Beitragsstufe 1 vollstationär erste Person	Beitragsstufe 2 vollstationär zweite Person	Beitragsstufe 3 vollstationär dritte Person	Beitragsstufe 4 teilstationär
Spalte 1		Spalte 2	Spalte 3	Spalte 4	Spalte 5
Einkommensgruppe	Euro	Euro	Euro	Euro	Euro
1	bis 1100,99	0	0	0	0
2	1101,00 bis 1200,99	50	0	0	40
3	1201,00 bis 1300,99	130	0	0	50
4	1301,00 bis 1450,99	210	30	0	60
5	1451,00 bis 1600,99	259	60	30	70
6	1601,00 bis 1800,99	289	85	40	85
7	1801,00 bis 2000,99	342	105	50	95
8	2001,00 bis 2200,99	378	140	60	105
9	2201,00 bis 2400,99	437	175	80	115
10	2401,00 bis 2700,99	510	220	120	130
11	2701,00 bis 3000,99	570	275	165	145
12	3001,00 bis 3300,99	630	335	210	160
13	3301,00 bis 3600,99	725	410	260	175
14	3601,00 bis 3900,99	825	485	320	190
15	3901,00 bis 4200,99	932	560	380	205
16	4201,00 bis 4600,99	1056	635	440	220
17	4601,00 bis 5000,99	1152	715	500	240
18	5001,00 bis 5500,99	1313	790	555	265
19	5501,00 bis 6000,99	1438	865	605	290
20	6001,00 bis 6500,99	1563	940	658	315
21	6501,00 bis 7000,99	1688	1015	710	340
22	7001,00 bis 7500,99	1813	1090	763	365
23	7501,00 bis 8000,99	1938	1165	815	390

Maßgebliches Einkommen nach § 93 des Achten Buches Sozialgesetzbuch		Beitragsstufe 1 vollstationär erste Person	Beitragsstufe 2 vollstationär zweite Person	Beitragsstufe 3 vollstationär dritte Person	Beitragsstufe 4 teilstationär
Spalte 1		Spalte 2	Spalte 3	Spalte 4	Spalte 5
Einkommensgruppe	Euro	Euro	Euro	Euro	Euro
24	8001,00 bis 8500,99	2063	1240	868	415
25	8501,00 bis 9000,99	2188	1315	920	440
26	9001,00 bis 9500,99	2313	1390	973	465
27	9501,00 bis 10 000,99	2438	1465	1025	490

IX SGB IX: Rehabilitation und Teilhabe von Menschen mit Behinderungen

IX	Sozialgesetzbuch Neuntes Buch – Rehabilitation und Teilhabe von Menschen mit Behinderungen – (SGB IX)	1146
IX.48	Verordnung zur Früherkennung und Frühförderung behinderter und von Behinderung bedrohter Kinder (Frühförderungsverordnung – FrühV)	1243
IX.49	Verordnung über Kraftfahrzeughilfe zur beruflichen Rehabilitation (Kraftfahrzeughilfe-Verordnung – KfzHV)	1247
IX.162	Schwerbehinderten-Ausgleichsabgabeverordnung (SchwbAV)	1250
IX.227	Werkstättenverordnung (WVO)	1261

IX

Sozialgesetzbuch Neuntes Buch – Rehabilitation und Teilhabe von Menschen mit Behinderungen – (SGB IX)

2. 2018

Vom 23. Dezember 2016 (BGBl. I S. 3234)

Zuletzt geändert durch
Gesetz zur Einführung von Preisbremsen für leitungsgebundenes Erdgas und Wärme und zur Änderung weiterer Vorschriften
vom 20. Dezember 2022 (BGBl. I S. 2560)

Inhaltsübersicht

Teil 1
Regelungen für behinderte und von Behinderung bedrohte Menschen

Kapitel 1
Allgemeine Vorschriften

§ 1 Selbstbestimmung und Teilhabe am Leben in der Gesellschaft
§ 2 Begriffsbestimmungen
§ 3 Vorrang von Prävention
§ 4 Leistungen zur Teilhabe
§ 5 Leistungsgruppen
§ 6 Rehabilitationsträger
§ 7 Vorbehalt abweichender Regelungen
§ 8 Wunsch- und Wahlrecht der Leistungsberechtigten

Kapitel 2
Einleitung der Rehabilitation von Amts wegen

§ 9 Vorrangige Prüfung von Leistungen zur Teilhabe
§ 10 Sicherung der Erwerbsfähigkeit
§ 11 Förderung von Modellvorhaben zur Stärkung der Rehabilitation, Verordnungsermächtigung

Kapitel 3
Erkennung und Ermittlung des Rehabilitationsbedarfs

§ 12 Maßnahmen zur Unterstützung der frühzeitigen Bedarfserkennung
§ 13 Instrumente zur Ermittlung des Rehabilitationsbedarfs

Kapitel 4
Koordinierung der Leistungen

§ 14 Leistender Rehabilitationsträger
§ 15 Leistungsverantwortung bei Mehrheit von Rehabilitationsträgern
§ 16 Erstattungsansprüche zwischen Rehabilitationsträgern
§ 17 Begutachtung
§ 18 Erstattung selbstbeschaffter Leistungen
§ 19 Teilhabeplan
§ 20 Teilhabeplankonferenz
§ 21 Besondere Anforderungen an das Teilhabeplanverfahren
§ 22 Einbeziehung anderer öffentlicher Stellen
§ 23 Verantwortliche Stelle für den Sozialdatenschutz
§ 24 Vorläufige Leistungen

Kapitel 5
Zusammenarbeit

§ 25 Zusammenarbeit der Rehabilitationsträger
§ 26 Gemeinsame Empfehlungen
§ 27 Verordnungsermächtigung

Kapitel 6
Leistungsformen, Beratung

Abschnitt 1
Leistungsformen

§ 28 Ausführung von Leistungen
§ 29 Persönliches Budget
§ 30 Verordnungsermächtigung
§ 31 Leistungsort

Abschnitt 2
Beratung

§ 32 Ergänzende unabhängige Teilhabeberatung; Verordnungsermächtigung
§ 33 Pflichten der Personensorgeberechtigten
§ 34 Sicherung der Beratung von Menschen mit Behinderungen
§ 35 Landesärzte

Kapitel 7
Struktur, Qualitätssicherung, Gewaltschutz und Verträge

§ 36 Rehabilitationsdienste und -einrichtungen
§ 36a Zuschuss zu Kosten für Erdgas, Wärme und andere Brennstoffe sowie Strom; Verordnungsermächtigung
§ 37 Qualitätssicherung, Zertifizierung
§ 37a Gewaltschutz
§ 38 Verträge mit Leistungserbringern

Kapitel 8
Bundesarbeitsgemeinschaft für Rehabilitation

§ 39 Aufgaben
§ 40 Rechtsaufsicht
§ 41 Teilhabeverfahrensbericht

Kapitel 9
Leistungen zur medizinischen Rehabilitation

§ 42 Leistungen zur medizinischen Rehabilitation
§ 43 Krankenbehandlung und Rehabilitation
§ 44 Stufenweise Wiedereingliederung
§ 45 Förderung der Selbsthilfe
§ 46 Früherkennung und Frühförderung
§ 47 Hilfsmittel
§ 47a Digitale Gesundheitsanwendungen
§ 48 Verordnungsermächtigungen

Kapitel 10
Leistungen zur Teilhabe am Arbeitsleben

§ 49 Leistungen zur Teilhabe am Arbeitsleben, Verordnungsermächtigung
§ 50 Leistungen an Arbeitgeber
§ 51 Einrichtungen der beruflichen Rehabilitation
§ 52 Rechtsstellung der Teilnehmenden
§ 53 Dauer von Leistungen
§ 54 Beteiligung der Bundesagentur für Arbeit
§ 55 Unterstützte Beschäftigung
§ 56 Leistungen in Werkstätten für behinderte Menschen
§ 57 Leistungen im Eingangsverfahren und im Berufsbildungsbereich
§ 58 Leistungen im Arbeitsbereich
§ 59 Arbeitsförderungsgeld
§ 60 Andere Leistungsanbieter
§ 61 Budget für Arbeit
§ 61a Budget für Ausbildung
§ 62 Wahlrecht des Menschen mit Behinderungen
§ 63 Zuständigkeit nach den Leistungsgesetzen

Kapitel 11
Unterhaltssichernde und andere ergänzende Leistungen

§ 64 Ergänzende Leistungen
§ 65 Leistungen zum Lebensunterhalt
§ 66 Höhe und Berechnung des Übergangsgelds
§ 67 Berechnung des Regelentgelts
§ 68 Berechnungsgrundlage in Sonderfällen
§ 69 Kontinuität der Bemessungsgrundlage
§ 70 Anpassung der Entgeltersatzleistungen
§ 71 Weiterzahlung der Leistungen
§ 72 Einkommensanrechnung
§ 73 Reisekosten
§ 74 Haushalts- oder Betriebshilfe und Kinderbetreuungskosten

Kapitel 12
Leistungen zur Teilhabe an Bildung

§ 75 Leistungen zur Teilhabe an Bildung

Kapitel 13
Soziale Teilhabe

§ 76 Leistungen zur Sozialen Teilhabe
§ 77 Leistungen für Wohnraum
§ 78 Assistenzleistungen
§ 79 Heilpädagogische Leistungen
§ 80 Leistungen zur Betreuung in einer Pflegefamilie
§ 81 Leistungen zum Erwerb und Erhalt praktischer Kenntnisse und Fähigkeiten
§ 82 Leistungen zur Förderung der Verständigung
§ 83 Leistungen zur Mobilität
§ 84 Hilfsmittel

Kapitel 14
Beteiligung der Verbände und Träger

§ 85 Klagerecht der Verbände
§ 86 Beirat für die Teilhabe von Menschen mit Behinderungen
§ 87 Verfahren des Beirats
§ 88 Berichte über die Lage von Menschen mit Behinderungen und die Entwicklung ihrer Teilhabe
§ 89 Verordnungsermächtigung

IX

Teil 2
Besondere Leistungen zur selbstbestimmten Lebensführung für Menschen mit Behinderungen (Eingliederungshilferecht)

Kapitel 1
Allgemeine Vorschriften

§ 90 Aufgabe der Eingliederungshilfe
§ 91 Nachrang der Eingliederungshilfe
§ 92 Beitrag
§ 93 Verhältnis zu anderen Rechtsbereichen
§ 94 Aufgaben der Länder
§ 95 Sicherstellungsauftrag
§ 96 Zusammenarbeit
§ 97 Fachkräfte
§ 98 Örtliche Zuständigkeit

Kapitel 2
Grundsätze der Leistungen

§ 99 Leistungsberechtigung, Verordnungsermächtigung
§ 100 Eingliederungshilfe für Ausländer
§ 101 Eingliederungshilfe für Deutsche im Ausland
§ 102 Leistungen der Eingliederungshilfe
§ 103 Regelung für Menschen mit Behinderungen und Pflegebedarf
§ 104 Leistungen nach der Besonderheit des Einzelfalles
§ 105 Leistungsformen
§ 106 Beratung und Unterstützung
§ 107 Übertragung, Verpfändung oder Pfändung, Auswahlermessen
§ 108 Antragserfordernis

Kapitel 3
Medizinische Rehabilitation

§ 109 Leistungen zur medizinischen Rehabilitation
§ 110 Leistungserbringung

Kapitel 4
Teilhabe am Arbeitsleben

§ 111 Leistungen zur Beschäftigung

Kapitel 5
Teilhabe an Bildung

§ 112 Leistungen zur Teilhabe an Bildung

Kapitel 6
Soziale Teilhabe

§ 113 Leistungen zur Sozialen Teilhabe
§ 114 Leistungen zur Mobilität
§ 115 Besuchsbeihilfen
§ 116 Pauschale Geldleistung, gemeinsame Inanspruchnahme

Kapitel 7
Gesamtplanung

§ 117 Gesamtplanverfahren
§ 118 Instrumente der Bedarfsermittlung
§ 119 Gesamtplankonferenz
§ 120 Feststellung der Leistungen
§ 121 Gesamtplan
§ 122 Teilhabezielvereinbarung

Kapitel 8
Vertragsrecht

§ 123 Allgemeine Grundsätze
§ 124 Geeignete Leistungserbringer
§ 125 Inhalt der schriftlichen Vereinbarung
§ 126 Verfahren und Inkrafttreten der Vereinbarung
§ 127 Verbindlichkeit der vereinbarten Vergütung
§ 128 Wirtschaftlichkeits- und Qualitätsprüfung
§ 129 Kürzung der Vergütung
§ 130 Außerordentliche Kündigung der Vereinbarungen
§ 131 Rahmenverträge zur Erbringung von Leistungen
§ 132 Abweichende Zielvereinbarungen
§ 133 Schiedsstelle
§ 134 Sonderregelung zum Inhalt der Vereinbarungen zur Erbringung von Leistungen für minderjährige Leistungsberechtigte und in Sonderfällen

Kapitel 9
Einkommen und Vermögen

§ 135 Begriff des Einkommens
§ 136 Beitrag aus Einkommen zu den Aufwendungen
§ 137 Höhe des Beitrages zu den Aufwendungen
§ 138 Besondere Höhe des Beitrages zu den Aufwendungen
§ 139 Begriff des Vermögens
§ 140 Einsatz des Vermögens
§ 141 Übergang von Ansprüchen

§ 142 Sonderregelungen für minderjährige Leistungsberechtigte und in Sonderfällen

Kapitel 10
Statistik

§ 143 Bundesstatistik
§ 144 Erhebungsmerkmale
§ 145 Hilfsmerkmale
§ 146 Periodizität und Berichtszeitraum
§ 147 Auskunftspflicht
§ 148 Übermittlung, Veröffentlichung

Kapitel 11
Übergangs- und Schlussbestimmungen

§ 149 Übergangsregelung für ambulant Betreute
§ 150 Übergangsregelung zum Einsatz des Einkommens
§ 150a Übergangsregelung für Ausländerinnen und Ausländer mit Aufenthaltstitel nach § 24 des Aufenthaltsgesetzes oder mit entsprechender Fiktionsbescheinigung

Teil 3
Besondere Regelungen zur Teilhabe schwerbehinderter Menschen (Schwerbehindertenrecht) 1. 2017

Kapitel 1
Geschützter Personenkreis

§ 151 Geltungsbereich
§ 152 Feststellung der Behinderung, Ausweise
§ 153 Verordnungsermächtigung

Kapitel 2
Beschäftigungspflicht der Arbeitgeber

§ 154 Pflicht der Arbeitgeber zur Beschäftigung schwerbehinderter Menschen
§ 155 Beschäftigung besonderer Gruppen schwerbehinderter Menschen
§ 156 Begriff des Arbeitsplatzes
§ 157 Berechnung der Mindestzahl von Arbeitsplätzen und der Pflichtarbeitsplatzzahl
§ 158 Anrechnung Beschäftigter auf die Zahl der Pflichtarbeitsplätze für schwerbehinderte Menschen
§ 159 Mehrfachanrechnung
§ 160 Ausgleichsabgabe
§ 161 Ausgleichsfonds
§ 162 Verordnungsermächtigungen

Kapitel 3
Sonstige Pflichten der Arbeitgeber; Rechte der schwerbehinderten Menschen

§ 163 Zusammenwirken der Arbeitgeber mit der Bundesagentur für Arbeit und den Integrationsämtern
§ 164 Pflichten des Arbeitgebers und Rechte schwerbehinderter Menschen
§ 165 Besondere Pflichten der öffentlichen Arbeitgeber
§ 166 Inklusionsvereinbarung
§ 167 Prävention

Kapitel 4
Kündigungsschutz

§ 168 Erfordernis der Zustimmung
§ 169 Kündigungsfrist
§ 170 Antragsverfahren
§ 171 Entscheidung des Integrationsamtes
§ 172 Einschränkungen der Ermessensentscheidung
§ 173 Ausnahmen
§ 174 Außerordentliche Kündigung
§ 175 Erweiterter Beendigungsschutz

Kapitel 5
Betriebs-, Personal-, Richter-, Staatsanwalts- und Präsidialrat, Schwerbehindertenvertretung, Inklusionsbeauftragter des Arbeitgebers

§ 176 Aufgaben des Betriebs-, Personal-, Richter-, Staatsanwalts- und Präsidialrates
§ 177 Wahl und Amtszeit der Schwerbehindertenvertretung
§ 178 Aufgaben der Schwerbehindertenvertretung
§ 179 Persönliche Rechte und Pflichten der Vertrauenspersonen der schwerbehinderten Menschen
§ 180 Konzern-, Gesamt-, Bezirks- und Hauptschwerbehindertenvertretung
§ 181 Inklusionsbeauftragter des Arbeitgebers
§ 182 Zusammenarbeit
§ 183 Verordnungsermächtigung

Kapitel 6
Durchführung der besonderen Regelungen zur Teilhabe schwerbehinderter Menschen

§ 184 Zusammenarbeit der Integrationsämter und der Bundesagentur für Arbeit
§ 185 Aufgaben des Integrationsamtes
§ 185a Einheitliche Ansprechstellen für Arbeitgeber
§ 186 Beratender Ausschuss für behinderte Menschen bei dem Integrationsamt
§ 187 Aufgaben der Bundesagentur für Arbeit
§ 188 Beratender Ausschuss für behinderte Menschen bei der Bundesagentur für Arbeit
§ 189 Gemeinsame Vorschriften
§ 190 Übertragung von Aufgaben
§ 191 Verordnungsermächtigung

Kapitel 7
Integrationsfachdienste

§ 192 Begriff und Personenkreis
§ 193 Aufgaben
§ 194 Beauftragung und Verantwortlichkeit
§ 195 Fachliche Anforderungen
§ 196 Finanzielle Leistungen
§ 197 Ergebnisbeobachtung
§ 198 Verordnungsermächtigung

Kapitel 8
Beendigung der Anwendung der besonderen Regelungen zur Teilhabe schwerbehinderter und gleichgestellter behinderter Menschen

§ 199 Beendigung der Anwendung der besonderen Regelungen zur Teilhabe schwerbehinderter Menschen
§ 200 Entziehung der besonderen Hilfen für schwerbehinderte Menschen

Kapitel 9
Widerspruchsverfahren

§ 201 Widerspruch
§ 202 Widerspruchsausschuss bei dem Integrationsamt
§ 203 Widerspruchsausschüsse der Bundesagentur für Arbeit
§ 204 Verfahrensvorschriften

Kapitel 10
Sonstige Vorschriften

§ 205 Vorrang der schwerbehinderten Menschen
§ 206 Arbeitsentgelt und Dienstbezüge
§ 207 Mehrarbeit
§ 208 Zusatzurlaub
§ 209 Nachteilsausgleich
§ 210 Beschäftigung schwerbehinderter Menschen in Heimarbeit
§ 211 Schwerbehinderte Beamtinnen und Beamte, Richterinnen und Richter, Soldatinnen und Soldaten
§ 212 Unabhängige Tätigkeit
§ 213 Geheimhaltungspflicht
§ 214 Statistik

Kapitel 11
Inklusionsbetriebe

§ 215 Begriff und Personenkreis
§ 216 Aufgaben
§ 217 Finanzielle Leistungen
§ 218 Verordnungsermächtigung

Kapitel 12
Werkstätten für behinderte Menschen

§ 219 Begriff und Aufgaben der Werkstatt für behinderte Menschen
§ 220 Aufnahme in die Werkstätten für behinderte Menschen
§ 221 Rechtsstellung und Arbeitsentgelt behinderter Menschen
§ 222 Mitbestimmung, Mitwirkung, Frauenbeauftragte
§ 223 Anrechnung von Aufträgen auf die Ausgleichsabgabe
§ 224 Vergabe von Aufträgen durch die öffentliche Hand
§ 225 Anerkennungsverfahren
§ 226 Blindenwerkstätten
§ 227 Verordnungsermächtigungen

Kapitel 13
Unentgeltliche Beförderung schwerbehinderter Menschen im öffentlichen Personenverkehr

§ 228 Unentgeltliche Beförderung, Anspruch auf Erstattung der Fahrgeldausfälle
§ 229 Persönliche Voraussetzungen

IX

§ 230 Nah- und Fernverkehr
§ 231 Erstattung der Fahrgeldausfälle im Nahverkehr
§ 232 Erstattung der Fahrgeldausfälle im Fernverkehr
§ 233 Erstattungsverfahren
§ 234 Kostentragung
§ 235 Einnahmen aus Wertmarken
§ 236 Erfassung der Ausweise
§ 237 Verordnungsermächtigungen

Kapitel 14
Straf-, Bußgeld- und Schlussvorschriften
§ 237a Strafvorschriften
§ 237b Strafvorschriften
§ 238 Bußgeldvorschriften
§ 239 Stadtstaatenklausel
§ 240 Sonderregelung für den Bundesnachrichtendienst und den Militärischen Abschirmdienst
§ 241 Übergangsregelung

IX

Teil 1
Regelungen für behinderte und von Behinderung bedrohte Menschen

Kapitel 1
Allgemeine Vorschriften

§ 1 Selbstbestimmung und Teilhabe am Leben in der Gesellschaft

1Menschen mit Behinderungen oder von Behinderung bedrohte Menschen erhalten Leistungen nach diesem Buch und den für die Rehabilitationsträger geltenden Leistungsgesetzen, um ihre Selbstbestimmung und ihre volle, wirksame und gleichberechtigte Teilhabe am Leben in der Gesellschaft zu fördern, Benachteiligungen zu vermeiden oder ihnen entgegenzuwirken. 2Dabei wird den besonderen Bedürfnissen von Frauen und Kindern mit Behinderungen und von Behinderung bedrohter Frauen und Kinder sowie Menschen mit seelischen Behinderungen oder von einer solchen Behinderung bedrohter Menschen Rechnung getragen.

§ 2 Begriffsbestimmungen

(1) 1Menschen mit Behinderungen sind Menschen, die körperliche, seelische, geistige oder Sinnesbeeinträchtigungen haben, die sie in Wechselwirkung mit einstellungs- und umweltbedingten Barrieren an der gleichberechtigten Teilhabe an der Gesellschaft mit hoher Wahrscheinlichkeit länger als sechs Monate hindern können. 2Eine Beeinträchtigung nach Satz 1 liegt vor, wenn der Körper- und Gesundheitszustand von dem für das Lebensalter typischen Zustand abweicht. 3Menschen sind von Behinderung bedroht, wenn eine Beeinträchtigung nach Satz 1 zu erwarten ist.

(2) Menschen sind im Sinne des Teils 3 schwerbehindert, wenn bei ihnen ein Grad der Behinderung von wenigstens 50 vorliegt und sie ihren Wohnsitz, ihren gewöhnlichen Aufenthalt oder ihre Beschäftigung auf einem Arbeitsplatz im Sinne des § 156 rechtmäßig im Geltungsbereich dieses Gesetzbuches haben.

(3) Schwerbehinderten Menschen gleichgestellt werden sollen Menschen mit Behinderungen mit einem Grad der Behinderung von weniger als 50, aber wenigstens 30, bei denen die übrigen Voraussetzungen des Absatzes 2 vorliegen, wenn sie infolge ihrer Behinderung ohne die Gleichstellung einen geeigneten Arbeitsplatz im Sinne des § 156 nicht erlangen oder nicht behalten können (gleichgestellte behinderte Menschen).

§ 3 Vorrang von Prävention

(1) Die Rehabilitationsträger und die Integrationsämter wirken bei der Aufklärung, Beratung, Auskunft und Ausführung von Leistungen im Sinne des Ersten Buches sowie im Rahmen der Zusammenarbeit mit den Arbeitgebern nach § 167 darauf hin, dass der Eintritt einer Behinderung einschließlich einer chronischen Krankheit vermieden wird.

(2) Die Rehabilitationsträger nach § 6 Absatz 1 Nummer 1 bis 4 und 6 und ihre Verbände wirken bei der Entwicklung und Umsetzung der Nationalen Präventionsstrategie nach den Bestimmungen der §§ 20d bis 20g des Fünften Buches mit, insbesondere mit der Zielsetzung der Vermeidung von Beeinträchtigungen bei der Teilhabe am Leben in der Gesellschaft.

(3) Bei der Erbringung von Leistungen für Personen, deren berufliche Eingliederung auf Grund gesundheitlicher Einschränkungen besonders erschwert ist, arbeiten die Krankenkassen mit der Bundesagentur für Arbeit und mit den kommunalen Trägern der Grundsicherung für Arbeitsuchende nach § 20a des Fünften Buches eng zusammen.

§ 4 Leistungen zur Teilhabe

(1) Die Leistungen zur Teilhabe umfassen die notwendigen Sozialleistungen, um unabhängig von der Ursache der Behinderung

1. die Behinderung abzuwenden, zu beseitigen, zu mindern, ihre Verschlimmerung zu verhüten oder ihre Folgen zu mildern,
2. Einschränkungen der Erwerbsfähigkeit oder Pflegebedürftigkeit zu vermeiden, zu überwinden, zu mindern oder eine Verschlimmerung zu verhüten sowie den vorzeitigen Bezug anderer Sozialleistungen zu vermeiden oder laufende Sozialleistungen zu mindern,
3. die Teilhabe am Arbeitsleben entsprechend den Neigungen und Fähigkeiten dauerhaft zu sichern oder
4. die persönliche Entwicklung ganzheitlich zu fördern und die Teilhabe am Leben in der Gesellschaft sowie eine möglichst selbständige und selbstbestimmte Lebensführung zu ermöglichen oder zu erleichtern.

(2) 1Die Leistungen zur Teilhabe werden zur Erreichung der in Absatz 1 genannten Ziele nach Maßgabe dieses Buches und der für die zuständigen Leistungsträger geltenden besonderen Vorschriften neben anderen Sozialleistungen erbracht. 2Die Leistungsträger erbringen die Leistungen im Rahmen der für sie geltenden

Rechtsvorschriften nach Lage des Einzelfalles so vollständig, umfassend und in gleicher Qualität, dass Leistungen eines anderen Trägers möglichst nicht erforderlich werden.

(3) 1Leistungen für Kinder mit Behinderungen oder von Behinderung bedrohte Kinder werden so geplant und gestaltet, dass nach Möglichkeit Kinder nicht von ihrem sozialen Umfeld getrennt und gemeinsam mit Kindern ohne Behinderungen betreut werden können. 2Dabei werden Kinder mit Behinderungen alters- und entwicklungsentsprechend an der Planung und Ausgestaltung der einzelnen Hilfen beteiligt und ihre Sorgeberechtigten intensiv in Planung und Gestaltung der Hilfen einbezogen.

(4) Leistungen für Mütter und Väter mit Behinderungen werden gewährt, um diese bei der Versorgung und Betreuung ihrer Kinder zu unterstützen.

§ 5 Leistungsgruppen

Zur Teilhabe am Leben in der Gesellschaft werden erbracht:

1. Leistungen zur medizinischen Rehabilitation,
2. Leistungen zur Teilhabe am Arbeitsleben,
3. unterhaltssichernde und andere ergänzende Leistungen,
4. Leistungen zur Teilhabe an Bildung und
5. Leistungen zur sozialen Teilhabe.

§ 6 Rehabilitationsträger

(1) Träger der Leistungen zur Teilhabe (Rehabilitationsträger) können sein:

1. die gesetzlichen Krankenkassen für Leistungen nach § 5 Nummer 1 und 3,
2. die Bundesagentur für Arbeit für Leistungen nach § 5 Nummer 2 und 3,
3. die Träger der gesetzlichen Unfallversicherung für Leistungen nach § 5 Nummer 1 bis 3 und 5; für Versicherte nach § 2 Absatz 1 Nummer 8 des Siebten Buches die für diese zuständigen Unfallversicherungsträger für Leistungen nach § 5 Nummer 1 bis 5,
4. die Träger der gesetzlichen Rentenversicherung für Leistungen nach § 5 Nummer 1 bis 3, der Träger der Alterssicherung der Landwirte für Leistungen nach § 5 Nummer 1 und 3,
5. die Träger der Kriegsopferversorgung und die Träger der Kriegsopferfürsorge im Rahmen des Rechts der sozialen Entschädigung bei Gesundheitsschäden für Leistungen nach § 5 Nummer 1 bis 5,
6. die Träger der öffentlichen Jugendhilfe für Leistungen nach § 5 Nummer 1, 2, 4 und 5 sowie
7. die Träger der Eingliederungshilfe für Leistungen nach § 5 Nummer 1, 2, 4 und 5.

(2) Die Rehabilitationsträger nehmen ihre Aufgaben selbständig und eigenverantwortlich wahr.

(3) 1Die Bundesagentur für Arbeit ist auch Rehabilitationsträger für die Leistungen zur Teilhabe am Arbeitsleben für erwerbsfähige Leistungsberechtigte mit Behinderungen im Sinne des Zweiten Buches, sofern nicht ein anderer Rehabilitationsträger zuständig ist. 2Die Zuständigkeit der Jobcenter nach § 6d des Zweiten Buches für die Leistungen zur beruflichen Teilhabe von Menschen mit Behinderungen nach § 16 Absatz 1 des Zweiten Buches bleibt unberührt. 3Die Bundesagentur für Arbeit stellt den Rehabilitationsbedarf fest. 4Sie beteiligt das zuständige Jobcenter nach § 19 Absatz 1 Satz 2 und berät das Jobcenter zu den von ihm zu erbringenden Leistungen zur Teilhabe am Arbeitsleben nach § 16 Absatz 1 Satz 3 des Zweiten Buches. 5Das Jobcenter entscheidet über diese Leistungen innerhalb der in Kapitel 4 genannten Fristen.

§ 7 Vorbehalt abweichender Regelungen

(1) 1Die Vorschriften im Teil 1 gelten für die Leistungen zur Teilhabe, soweit sich aus den für den jeweiligen Rehabilitationsträger geltenden Leistungsgesetzen nichts Abweichendes ergibt. 2Die Zuständigkeit und die Voraussetzungen für die Leistungen zur Teilhabe richten sich nach den für den jeweiligen Rehabilitationsträger geltenden Leistungsgesetzen. 3Das Recht der Eingliederungshilfe im Teil 2 ist ein Leistungsgesetz im Sinne der Sätze 1 und 2.

(2) 1Abweichend von Absatz 1 gehen die Vorschriften der Kapitel 2 bis 4 den für die jeweiligen Rehabilitationsträger geltenden Leistungsgesetzen vor. 2Von den Vorschriften in Kapitel 4 kann durch Landesrecht nicht abgewichen werden.

§ 8 Wunsch- und Wahlrecht der Leistungsberechtigten

(1) 1Bei der Entscheidung über die Leistungen und bei der Ausführung der Leistungen zur Teilhabe wird berechtigten Wünschen der Leistungsberechtigten entsprochen. 2Dabei wird auch auf die persönliche Lebenssituation, das Alter, das Geschlecht, die Familie sowie die religiösen und weltanschaulichen Bedürfnisse der Leistungsberechtigten Rücksicht genommen; im Übrigen gilt § 33 des Ersten Buches. 3Den besonderen Be-

dürfnissen von Müttern und Vätern mit Behinderungen bei der Erfüllung ihres Erziehungsauftrages sowie den besonderen Bedürfnissen von Kindern mit Behinderungen wird Rechnung getragen.

(2) $_1$Sachleistungen zur Teilhabe, die nicht in Rehabilitationseinrichtungen auszuführen sind, können auf Antrag der Leistungsberechtigten als Geldleistungen erbracht werden, wenn die Leistungen hierdurch voraussichtlich bei gleicher Wirksamkeit wirtschaftlich zumindest gleichwertig ausgeführt werden können. $_2$Für die Beurteilung der Wirksamkeit stellen die Leistungsberechtigten dem Rehabilitationsträger geeignete Unterlagen zur Verfügung. $_3$Der Rehabilitationsträger begründet durch Bescheid, wenn er den Wünschen des Leistungsberechtigten nach den Absätzen 1 und 2 nicht entspricht.

(3) Leistungen, Dienste und Einrichtungen lassen den Leistungsberechtigten möglichst viel Raum zu eigenverantwortlicher Gestaltung ihrer Lebensumstände und fördern ihre Selbstbestimmung.

(4) Die Leistungen zur Teilhabe bedürfen der Zustimmung der Leistungsberechtigten.

Kapitel 2
Einleitung der Rehabilitation von Amts wegen

§ 9 Vorrangige Prüfung von Leistungen zur Teilhabe

(1) $_1$Werden bei einem Rehabilitationsträger Sozialleistungen wegen oder unter Berücksichtigung einer Behinderung oder einer drohenden Behinderung beantragt oder erbracht, prüft dieser unabhängig von der Entscheidung über diese Leistungen, ob Leistungen zur Teilhabe voraussichtlich zur Erreichung der Ziele nach den §§ 1 und 4 erfolgreich sein können. $_2$Er prüft auch, ob hierfür weitere Rehabilitationsträger im Rahmen ihrer Zuständigkeit zur Koordinierung der Leistungen zu beteiligen sind. $_3$Werden Leistungen zur Teilhabe nach den Leistungsgesetzen nur auf Antrag erbracht, wirken die Rehabilitationsträger nach § 12 auf eine Antragstellung hin.

(2) $_1$Leistungen zur Teilhabe haben Vorrang vor Rentenleistungen, die bei erfolgreichen Leistungen zur Teilhabe nicht oder voraussichtlich erst zu einem späteren Zeitpunkt zu erbringen wären. $_2$Dies gilt während des Bezuges einer Rente entsprechend.

(3) $_1$Absatz 1 ist auch anzuwenden, um durch Leistungen zur Teilhabe Pflegebedürftigkeit zu vermeiden, zu überwinden, zu mindern oder eine Verschlimmerung zu verhüten. $_2$Die Aufgaben der Pflegekassen als Träger der sozialen Pflegeversicherung bei der Sicherung des Vorrangs von Rehabilitation vor Pflege nach den §§ 18a und 31 des Elften Buches bleiben unberührt.

(4) Absatz 1 gilt auch für die Jobcenter im Rahmen ihrer Zuständigkeit für Leistungen zur beruflichen Teilhabe nach § 6 Absatz 3 mit der Maßgabe, dass sie mögliche Rehabilitationsbedarfe erkennen und auf eine Antragstellung beim voraussichtlich zuständigen Rehabilitationsträger hinwirken sollen.

§ 10 Sicherung der Erwerbsfähigkeit

(1) $_1$Soweit es im Einzelfall geboten ist, prüft der zuständige Rehabilitationsträger gleichzeitig mit der Einleitung einer Leistung zur medizinischen Rehabilitation, während ihrer Ausführung und nach ihrem Abschluss, ob durch geeignete Leistungen zur Teilhabe am Arbeitsleben die Erwerbsfähigkeit von Menschen mit Behinderungen oder von Behinderung bedrohten Menschen erhalten, gebessert oder wiederhergestellt werden kann. $_2$Er beteiligt die Bundesagentur für Arbeit nach § 54.

(2) Wird während einer Leistung zur medizinischen Rehabilitation erkennbar, dass der bisherige Arbeitsplatz gefährdet ist, wird mit den Betroffenen sowie dem zuständigen Rehabilitationsträger unverzüglich geklärt, ob Leistungen zur Teilhabe am Arbeitsleben erforderlich sind.

(3) Bei der Prüfung nach den Absätzen 1 und 2 wird zur Klärung eines Hilfebedarfs nach Teil 3 auch das Integrationsamt beteiligt.

(4) $_1$Die Rehabilitationsträger haben in den Fällen nach den Absätzen 1 und 2 auf eine frühzeitige Antragstellung im Sinne von § 12 nach allen in Betracht kommenden Leistungsgesetzen hinzuwirken und den Antrag ungeachtet ihrer Zuständigkeit für Leistungen zur Teilhabe am Arbeitsleben entgegenzunehmen. $_2$Soweit es erforderlich ist, beteiligen sie unverzüglich die zuständigen Rehabilitationsträger zur Koordinierung der Leistungen nach Kapitel 4.

(5) $_1$Die Rehabilitationsträger wirken auch in den Fällen der Hinzuziehung durch Arbeitgeber infolge einer Arbeitsplatzgefährdung nach § 167 Absatz 2 Satz 4 auf eine frühzeitige Antragstellung auf Leistungen zur Teilhabe nach allen in Betracht kommenden Leistungsgesetzen hin. $_2$Absatz 4 Satz 2 gilt entsprechend.

§ 11 Förderung von Modellvorhaben zur Stärkung der Rehabilitation, Verordnungsermächtigung

(1) Das Bundesministerium für Arbeit und Soziales fördert im Rahmen der für diesen Zweck zur Verfügung stehenden Haushaltsmittel im Aufgabenbereich der Grundsicherung für Arbeitsuchende und der gesetzlichen Rentenversicherung Modellvorhaben, die den Vorrang von Leistungen zur Teilhabe nach § 9 und die Sicherung der Erwerbsfähigkeit nach § 10 unterstützen.

(2) 1Das Nähere regeln Förderrichtlinien des Bundesministeriums für Arbeit und Soziales. 2Die Förderdauer der Modellvorhaben beträgt fünf Jahre. 3Die Förderrichtlinien enthalten ein Datenschutzkonzept.

(3) Das Bundesministerium für Arbeit und Soziales kann durch Rechtsverordnung ohne Zustimmung des Bundesrates regeln, ob und inwieweit die Jobcenter nach § 6d des Zweiten Buches, die Bundesagentur für Arbeit und die Träger der gesetzlichen Rentenversicherung bei der Durchführung eines Modellvorhabens nach Absatz 1 von den für sie geltenden Leistungsgesetzen sachlich und zeitlich begrenzt abweichen können.

(4) 1Die zuwendungsrechtliche und organisatorische Abwicklung der Modellvorhaben nach Absatz 1 erfolgt durch die Deutsche Rentenversicherung Knappschaft-Bahn-See unter der Aufsicht des Bundesministeriums für Arbeit und Soziales. 2Die Aufsicht erstreckt sich auch auf den Umfang und die Zweckmäßigkeit der Modellvorhaben. 3Die Ausgaben, welche der Deutschen Rentenversicherung Knappschaft-Bahn-See aus der Abwicklung der Modellvorhaben entstehen, werden aus den Haushaltsmitteln nach Absatz 1 vom Bund erstattet. 4Das Nähere ist durch Verwaltungsvereinbarung zu regeln.

(5) 1Das Bundesministerium für Arbeit und Soziales untersucht die Wirkungen der Modellvorhaben. 2Das Bundesministerium für Arbeit und Soziales kann Dritte mit diesen Untersuchungen beauftragen.

Kapitel 3
Erkennung und Ermittlung des Rehabilitationsbedarfs

§ 12 Maßnahmen zur Unterstützung der frühzeitigen Bedarfserkennung

(1) 1Die Rehabilitationsträger stellen durch geeignete Maßnahmen sicher, dass ein Rehabilitationsbedarf frühzeitig erkannt und auf eine Antragstellung der Leistungsberechtigten hingewirkt wird. 2Die Rehabilitationsträger unterstützen die frühzeitige Erkennung des Rehabilitationsbedarfs insbesondere durch die Bereitstellung und Vermittlung von geeigneten barrierefreien Informationsangeboten über

1. Inhalte und Ziele von Leistungen zur Teilhabe,
2. die Möglichkeit der Leistungsausführung als Persönliches Budget,
3. das Verfahren zur Inanspruchnahme von Leistungen zur Teilhabe und
4. Angebote der Beratung, einschließlich der ergänzenden unabhängigen Teilhabeberatung nach § 32.

3Die Rehabilitationsträger benennen Ansprechstellen, die Informationsangebote nach Satz 2 an Leistungsberechtigte, an Arbeitgeber und an andere Rehabilitationsträger vermitteln. 4Für die Zusammenarbeit der Ansprechstellen gilt § 15 Absatz 3 des Ersten Buches entsprechend.

(2) Absatz 1 gilt auch für Jobcenter im Rahmen ihrer Zuständigkeit für Leistungen zur beruflichen Teilhabe nach § 6 Absatz 3, für die Integrationsämter in Bezug auf Leistungen und sonstige Hilfen für schwerbehinderte Menschen nach Teil 3 und für die Pflegekassen als Träger der sozialen Pflegeversicherung nach dem Elften Buch.

(3) 1Die Rehabilitationsträger, Integrationsämter und Pflegekassen können die Informationsangebote durch ihre Verbände und Vereinigungen bereitstellen und vermitteln lassen. 2Die Jobcenter können die Informationsangebote durch die Bundesagentur für Arbeit bereitstellen und vermitteln lassen.

§ 13 Instrumente zur Ermittlung des Rehabilitationsbedarfs

(1) 1Zur einheitlichen und überprüfbaren Ermittlung des individuellen Rehabilitationsbedarfs verwenden die Rehabilitationsträger systematische Arbeitsprozesse und standardisierte Arbeitsmittel (Instrumente) nach den für sie geltenden Leistungsgesetzen. 2Die Instrumente sollen den von den Rehabilitationsträgern vereinbarten Grundsätzen für Instrumente zur Bedarfsermittlung nach § 26 Absatz 2 Nummer 7 entsprechen. 3Die Rehabilitationsträger können die Entwicklung von Instrumenten durch ihre Verbände und Vereinigungen wahrnehmen lassen oder Dritte mit der Entwicklung beauftragen.

(2) Die Instrumente nach Absatz 1 Satz 1 gewährleisten eine individuelle und funktionsbezogene Bedarfsermittlung und sichern die Dokumentation und Nachprüfbar-

IX

keit der Bedarfsermittlung, indem sie insbesondere erfassen,

1. ob eine Behinderung vorliegt oder einzutreten droht,
2. welche Auswirkung die Behinderung auf die Teilhabe der Leistungsberechtigten hat,
3. welche Ziele mit Leistungen zur Teilhabe erreicht werden sollen und
4. welche Leistungen im Rahmen einer Prognose zur Erreichung der Ziele voraussichtlich erfolgreich sind.

(3) Das Bundesministerium für Arbeit und Soziales untersucht die Wirkung der Instrumente nach Absatz 1 und veröffentlicht die Untersuchungsergebnisse bis zum 31. Dezember 2019.

(4) Auf Vorschlag der Rehabilitationsträger nach § 6 Absatz 1 Nummer 6 und 7 und mit Zustimmung der zuständigen obersten Landesbehörden kann das Bundesministerium für Arbeit und Soziales die von diesen Rehabilitationsträgern eingesetzten Instrumente im Sinne von Absatz 1 in die Untersuchung nach Absatz 3 einbeziehen.

Kapitel 4
Koordinierung der Leistungen

§ 14 Leistender Rehabilitationsträger

(1) [1]Werden Leistungen zur Teilhabe beantragt, stellt der Rehabilitationsträger innerhalb von zwei Wochen nach Eingang des Antrages bei ihm fest, ob er nach dem für ihn geltenden Leistungsgesetz für die Leistung zuständig ist; bei den Krankenkassen umfasst die Prüfung auch die Leistungspflicht nach § 40 Absatz 4 des Fünften Buches. [2]Stellt er bei der Prüfung fest, dass er für die Leistung insgesamt nicht zuständig ist, leitet er den Antrag unverzüglich dem nach seiner Auffassung zuständigen Rehabilitationsträger zu und unterrichtet hierüber den Antragsteller. [3]Muss für eine solche Feststellung die Ursache der Behinderung geklärt werden und ist diese Klärung in der Frist nach Satz 1 nicht möglich, soll der Antrag unverzüglich dem Rehabilitationsträger zugeleitet werden, der die Leistung ohne Rücksicht auf die Ursache der Behinderung erbringt. [4]Wird der Antrag bei der Bundesagentur für Arbeit gestellt, werden bei der Prüfung nach den Sätzen 1 und 2 keine Feststellungen nach § 11 Absatz 2a Nummer 1 des Sechsten Buches und § 22 Absatz 2 des Dritten Buches getroffen.

(2) [1]Wird der Antrag nicht weitergeleitet, stellt der Rehabilitationsträger den Rehabilitationsbedarf anhand der Instrumente zur Bedarfsermittlung nach § 13 unverzüglich und umfassend fest und erbringt die Leistungen (leistender Rehabilitationsträger). [2]Muss für diese Feststellung kein Gutachten eingeholt werden, entscheidet der leistende Rehabilitationsträger innerhalb von drei Wochen nach Antragseingang. [3]Ist für die Feststellung des Rehabilitationsbedarfs ein Gutachten erforderlich, wird die Entscheidung innerhalb von zwei Wochen nach Vorliegen des Gutachtens getroffen. [4]Wird der Antrag weitergeleitet, gelten die Sätze 1 bis 3 für den Rehabilitationsträger, an den der Antrag weitergeleitet worden ist, entsprechend; die Frist beginnt mit dem Antragseingang bei diesem Rehabilitationsträger. [5]In den Fällen der Anforderung einer gutachterlichen Stellungnahme bei der Bundesagentur für Arbeit nach § 54 gilt Satz 3 entsprechend.

(3) Ist der Rehabilitationsträger, an den der Antrag nach Absatz 1 Satz 2 weitergeleitet worden ist, nach dem für ihn geltenden Leistungsgesetz für die Leistung insgesamt nicht zuständig, kann er den Antrag im Einvernehmen mit dem nach seiner Auffassung zuständigen Rehabilitationsträger an diesen weiterleiten, damit von diesem als leistendem Rehabilitationsträger über den Antrag innerhalb der bereits nach Absatz 2 Satz 4 laufenden Fristen entschieden wird und unterrichtet hierüber den Antragsteller.

(4) [1]Die Absätze 1 bis 3 gelten sinngemäß, wenn der Rehabilitationsträger Leistungen von Amts wegen erbringt. [2]Dabei tritt an die Stelle des Tages der Antragstellung der Tag der Kenntnis des voraussichtlichen Rehabilitationsbedarfs.

(5) Für die Weiterleitung des Antrages ist § 16 Absatz 2 Satz 1 des Ersten Buches nicht anzuwenden, wenn und soweit Leistungen zur Teilhabe bei einem Rehabilitationsträger beantragt werden.

§ 15 Leistungsverantwortung bei Mehrheit von Rehabilitationsträgern

(1) [1]Stellt der leistende Rehabilitationsträger fest, dass der Antrag neben den nach seinem Leistungsgesetz zu erbringenden Leistungen weitere Leistungen zur Teilhabe umfasst, für die er nicht Rehabilitationsträger nach § 6 Absatz 1 sein kann, leitet er den Antrag insoweit unverzüglich dem nach seiner Auffassung zuständigen Rehabilitationsträger zu. [2]Dieser entscheidet über die weiteren Leistungen nach den für ihn geltenden Leistungsgesetzen in eigener Zuständigkeit und unterrichtet hierüber den Antragsteller.

(2) [1]Hält der leistende Rehabilitationsträger für die umfassende Feststellung des Rehabilitationsbedarfs nach

§ 14 Absatz 2 die Feststellungen weiterer Rehabilitationsträger für erforderlich und liegt kein Fall nach Absatz 1 vor, fordert er von diesen Rehabilitationsträgern die für den Teilhabeplan nach § 19 erforderlichen Feststellungen unverzüglich an und berät diese nach § 19 trägerübergreifend. $_{2}$Die Feststellungen binden den leistenden Rehabilitationsträger bei seiner Entscheidung über den Antrag, wenn sie innerhalb von zwei Wochen nach Anforderung oder im Fall der Begutachtung innerhalb von zwei Wochen nach Vorliegen des Gutachtens beim leistenden Rehabilitationsträger eingegangen sind. $_{3}$Anderenfalls stellt der leistende Rehabilitationsträger den Rehabilitationsbedarf nach allen in Betracht kommenden Leistungsgesetzen umfassend fest.

(3) $_{1}$Die Rehabilitationsträger bewilligen und erbringen die Leistungen nach den für sie jeweils geltenden Leistungsgesetzen im eigenen Namen, wenn im Teilhabeplan nach § 19 dokumentiert wurde, dass

1. die erforderlichen Feststellungen nach allen in Betracht kommenden Leistungsgesetzen von den zuständigen Rehabilitationsträgern getroffen wurden,
2. auf Grundlage des Teilhabeplans eine Leistungserbringung durch die nach den jeweiligen Leistungsgesetzen zuständigen Rehabilitationsträger sichergestellt ist und
3. die Leistungsberechtigten einer nach Zuständigkeiten getrennten Leistungsbewilligung und Leistungserbringung nicht aus wichtigem Grund widersprechen.

$_{2}$Anderenfalls entscheidet der leistende Rehabilitationsträger über den Antrag in den Fällen nach Absatz 2 und erbringt die Leistungen im eigenen Namen.

(4) $_{1}$In den Fällen der Beteiligung von Rehabilitationsträgern nach den Absätzen 1 bis 3 ist abweichend von § 14 Absatz 2 innerhalb von sechs Wochen nach Antragseingang zu entscheiden. $_{2}$Wird eine Teilhabeplankonferenz nach § 20 durchgeführt, ist innerhalb von zwei Monaten nach Antragseingang zu entscheiden. $_{3}$Die Antragsteller werden von dem leistenden Rehabilitationsträger über die Beteiligung von Rehabilitationsträgern sowie über die für die Entscheidung über den Antrag maßgeblichen Zuständigkeiten und Fristen unverzüglich unterrichtet.

§ 16 Erstattungsansprüche zwischen Rehabilitationsträgern

(1) Hat ein leistender Rehabilitationsträger nach § 14 Absatz 2 Satz 4 Leistungen erbracht, für die ein anderer Rehabilitationsträger insgesamt zuständig ist, erstattet der zuständige Rehabilitationsträger die Aufwendungen des leistenden Rehabilitationsträgers nach den für den leistenden Rehabilitationsträger geltenden Rechtsvorschriften.

(2) $_{1}$Hat ein leistender Rehabilitationsträger nach § 15 Absatz 3 Satz 2 Leistungen im eigenen Namen erbracht, für die ein beteiligter Rehabilitationsträger zuständig ist, erstattet der beteiligte Rehabilitationsträger die Aufwendungen des leistenden Rehabilitationsträgers nach den Rechtsvorschriften, die den nach § 15 Absatz 2 eingeholten Feststellungen zugrunde liegen. $_{2}$Hat ein beteiligter Rehabilitationsträger die angeforderten Feststellungen nicht oder nicht rechtzeitig nach § 15 Absatz 2 beigebracht, erstattet der beteiligte Rehabilitationsträger die Aufwendungen des leistenden Rehabilitationsträgers nach den Rechtsvorschriften, die der Leistungsbewilligung zugrunde liegen.

(3) $_{1}$Der Erstattungsanspruch nach den Absätzen 1 und 2 umfasst die nach den jeweiligen Leistungsgesetzen entstandenen Leistungsaufwendungen und eine Verwaltungskostenpauschale in Höhe von 5 Prozent der erstattungsfähigen Leistungsaufwendungen. $_{2}$Eine Erstattungspflicht nach Satz 1 besteht nicht, soweit Leistungen zu Unrecht von dem leistenden Rehabilitationsträger erbracht worden sind und er hierbei grob fahrlässig oder vorsätzlich gehandelt hat.

(4) $_{1}$Für unzuständige Rehabilitationsträger ist § 105 des Zehnten Buches nicht anzuwenden, wenn sie eine Leistung erbracht haben,

1. ohne den Antrag an den zuständigen Rehabilitationsträger nach § 14 Absatz 1 Satz 2 weiterzuleiten oder
2. ohne einen weiteren zuständigen Rehabilitationsträger nach § 15 zu beteiligen,

es sei denn, die Rehabilitationsträger vereinbaren Abweichendes. $_{2}$Hat ein Rehabilitationsträger von der Weiterleitung des Antrages abgesehen, weil zum Zeitpunkt der Prüfung nach § 14 Absatz 1 Satz 3 Anhaltspunkte für eine Zuständigkeit auf Grund der Ursache der Behinderung bestanden haben, bleibt § 105 des Zehnten Buches unberührt.

(5) $_{1}$Hat der leistende Rehabilitationsträger in den Fällen des § 18 Aufwendungen für selbstbeschaffte Leistungen nach dem Leistungsgesetz eines nach § 15 beteiligten Rehabilitationsträgers zu erstatten, kann er von dem beteiligten Rehabilitationsträger einen Ausgleich verlangen, soweit dieser durch die Erstattung nach § 18 Absatz 4 Satz 2 von seiner Leistungspflicht befreit wur-

de. 2Hat ein beteiligter Rehabilitationsträger den Eintritt der Erstattungspflicht für selbstbeschaffte Leistungen zu vertreten, umfasst der Ausgleich den gesamten Erstattungsbetrag abzüglich des Betrages, der sich aus der bei anderen Rehabilitationsträgern eingetretenen Leistungsbefreiung ergibt.

(6) Für den Erstattungsanspruch des Trägers der Eingliederungshilfe, der öffentlichen Jugendhilfe und der Kriegsopferfürsorge gilt § 108 Absatz 2 des Zehnten Buches entsprechend.

§ 17 Begutachtung

(1) 1Ist für die Feststellung des Rehabilitationsbedarfs ein Gutachten erforderlich, beauftragt der leistende Rehabilitationsträger unverzüglich einen geeigneten Sachverständigen. 2Er benennt den Leistungsberechtigten in der Regel drei möglichst wohnortnahe Sachverständige, soweit nicht gesetzlich die Begutachtung durch einen sozialmedizinischen Dienst vorgesehen ist. 3Haben sich Leistungsberechtigte für einen benannten Sachverständigen entschieden, wird dem Wunsch Rechnung getragen.

(2) 1Der Sachverständige nimmt eine umfassende sozialmedizinische, bei Bedarf auch psychologische Begutachtung vor und erstellt das Gutachten innerhalb von zwei Wochen nach Auftragserteilung. 2Das Gutachten soll den von den Rehabilitationsträgern vereinbarten einheitlichen Grundsätzen zur Durchführung von Begutachtungen nach § 25 Absatz 1 Nummer 4 entsprechen. 3Die in dem Gutachten getroffenen Feststellungen zum Rehabilitationsbedarf werden den Entscheidungen der Rehabilitationsträger zugrunde gelegt. 4Die gesetzlichen Aufgaben der Gesundheitsämter, des Medizinischen Dienstes der Krankenversicherung nach § 275 des Fünften Buches und die gutachterliche Beteiligung der Bundesagentur für Arbeit nach § 54 bleiben unberührt.

IX

(3) 1Hat der leistende Rehabilitationsträger nach § 15 weitere Rehabilitationsträger beteiligt, setzt er sich bei seiner Entscheidung über die Beauftragung eines geeigneten Sachverständigen mit den beteiligten Rehabilitationsträgern über Anlass, Ziel und Umfang der Begutachtung ins Benehmen. 2Die beteiligten Rehabilitationsträger informieren den leistenden Rehabilitationsträger unverzüglich über die Notwendigkeit der Einholung von Gutachten. 3Die in dem Gutachten getroffenen Feststellungen zum Rehabilitationsbedarf werden in den Teilhabeplan nach § 19 einbezogen. 4Absatz 2 Satz 3 gilt entsprechend.

(4) Die Rehabilitationsträger stellen sicher, dass sie Sachverständige beauftragen können, bei denen keine Zugangs- und Kommunikationsbarrieren bestehen.

§ 18 Erstattung selbstbeschaffter Leistungen

(1) Kann über den Antrag auf Leistungen zur Teilhabe nicht innerhalb einer Frist von zwei Monaten ab Antragseingang bei dem leistenden Rehabilitationsträger entschieden werden, teilt er den Leistungsberechtigten vor Ablauf der Frist die Gründe hierfür schriftlich mit (begründete Mitteilung).

(2) 1In der begründeten Mitteilung ist auf den Tag genau zu bestimmen, bis wann über den Antrag entschieden wird. 2In der begründeten Mitteilung kann der leistende Rehabilitationsträger die Frist von zwei Monaten nach Absatz 1 nur in folgendem Umfang verlängern:

1. um bis zu zwei Wochen zur Beauftragung eines Sachverständigen für die Begutachtung infolge einer nachweislich beschränkten Verfügbarkeit geeigneter Sachverständiger,
2. um bis zu vier Wochen, soweit von dem Sachverständigen die Notwendigkeit für einen solchen Zeitraum der Begutachtung schriftlich bestätigt wurde und
3. für die Dauer einer fehlenden Mitwirkung der Leistungsberechtigten, wenn und soweit den Leistungsberechtigten nach § 66 Absatz 3 des Ersten Buches schriftlich eine angemessene Frist zur Mitwirkung gesetzt wurde.

(3) 1Erfolgt keine begründete Mitteilung, gilt die beantragte Leistung nach Ablauf der Frist als genehmigt. 2Die beantragte Leistung gilt auch dann als genehmigt, wenn der in der Mitteilung bestimmte Zeitpunkt der Entscheidung über den Antrag ohne weitere begründete Mitteilung des Rehabilitationsträgers abgelaufen ist.

(4) 1Beschaffen sich Leistungsberechtigte eine als genehmigt geltende Leistung selbst, ist der leistende Rehabilitationsträger zur Erstattung der Aufwendungen für selbstbeschaffte Leistungen verpflichtet. 2Mit der Erstattung gilt der Anspruch der Leistungsberechtigten auf die Erbringung der selbstbeschafften Leistungen zur Teilhabe als erfüllt. 3Der Erstattungsanspruch umfasst auch die Zahlung von Abschlägen im Umfang fälliger Zahlungsverpflichtungen für selbstbeschaffte Leistungen.

(5) Die Erstattungspflicht besteht nicht,

1. wenn und soweit kein Anspruch auf Bewilligung der selbstbeschafften Leistungen bestanden hätte und

2. die Leistungsberechtigten dies wussten oder infolge grober Außerachtlassung der allgemeinen Sorgfalt nicht wussten.

(6) $_{1}$Konnte der Rehabilitationsträger eine unaufschiebbare Leistung nicht rechtzeitig erbringen oder hat er eine Leistung zu Unrecht abgelehnt und sind dadurch Leistungsberechtigten für die selbstbeschaffte Leistung Kosten entstanden, sind diese vom Rehabilitationsträger in der entstandenen Höhe zu erstatten, soweit die Leistung notwendig war. $_{2}$Der Anspruch auf Erstattung richtet sich gegen den Rehabilitationsträger, der zum Zeitpunkt der Selbstbeschaffung über den Antrag entschieden hat. $_{3}$Lag zum Zeitpunkt der Selbstbeschaffung noch keine Entscheidung vor, richtet sich der Anspruch gegen den leistenden Rehabilitationsträger.

(7) Die Absätze 1 bis 5 gelten nicht für die Träger der Eingliederungshilfe, der öffentlichen Jugendhilfe und der Kriegsopferfürsorge.

§ 19 Teilhabeplan

(1) $_{1}$Soweit Leistungen verschiedener Leistungsgruppen oder mehrerer Rehabilitationsträger erforderlich sind, ist der leistende Rehabilitationsträger dafür verantwortlich, dass er und die nach § 15 beteiligten Rehabilitationsträger im Benehmen miteinander und in Abstimmung mit den Leistungsberechtigten die nach dem individuellen Bedarf voraussichtlich erforderlichen Leistungen hinsichtlich Ziel, Art und Umfang funktionsbezogen feststellen und schriftlich oder elektronisch so zusammenstellen, dass sie nahtlos ineinandergreifen. $_{2}$Soweit zum Zeitpunkt der Antragstellung nach § 14 Leistungen nach dem Zweiten Buch beantragt sind oder erbracht werden, beteiligt der leistende Rehabilitationsträger das zuständige Jobcenter wie in den Fällen nach Satz 1.

(2) $_{1}$Der leistende Rehabilitationsträger erstellt in den Fällen nach Absatz 1 einen Teilhabeplan innerhalb der für die Entscheidung über den Antrag maßgeblichen Frist. $_{2}$Der Teilhabeplan dokumentiert

1. den Tag des Antragseingangs beim leistenden Rehabilitationsträger und das Ergebnis der Zuständigkeitsklärung und Beteiligung nach den §§ 14 und 15,
2. die Feststellungen über den individuellen Rehabilitationsbedarf auf Grundlage der Bedarfsermittlung nach § 13,
3. die zur individuellen Bedarfsermittlung nach § 13 eingesetzten Instrumente,
4. die gutachterliche Stellungnahme der Bundesagentur für Arbeit nach § 54,
5. die Einbeziehung von Diensten und Einrichtungen bei der Leistungserbringung,
6. erreichbare und überprüfbare Teilhabeziele und deren Fortschreibung,
7. die Berücksichtigung des Wunsch- und Wahlrechts nach § 8, insbesondere im Hinblick auf die Ausführung von Leistungen durch ein Persönliches Budget,
8. die Dokumentation der einvernehmlichen, umfassenden und trägerübergreifenden Feststellung des Rehabilitationsbedarfs in den Fällen nach § 15 Absatz 3 Satz 1,
9. die Ergebnisse der Teilhabeplankonferenz nach § 20,
10. die Erkenntnisse aus den Mitteilungen der nach § 22 einbezogenen anderen öffentlichen Stellen,
11. die besonderen Belange pflegender Angehöriger bei der Erbringung von Leistungen der medizinischen Rehabilitation und
12. die Leistungen zur Eingliederung in Arbeit nach dem Zweiten Buch, soweit das Jobcenter nach Absatz 1 Satz 2 zu beteiligen ist.

$_{3}$Wenn Leistungsberechtigte die Erstellung eines Teilhabeplans wünschen und die Voraussetzungen nach Absatz 1 nicht vorliegen, ist Satz 2 entsprechend anzuwenden.

(3) $_{1}$Der Teilhabeplan wird entsprechend dem Verlauf der Rehabilitation angepasst und darauf ausgerichtet, den Leistungsberechtigten unter Berücksichtigung der Besonderheiten des Einzelfalles eine umfassende Teilhabe am Leben in der Gesellschaft zügig, wirksam, wirtschaftlich und auf Dauer zu ermöglichen. $_{2}$Dabei sichert der leistende Rehabilitationsträger durchgehend das Verfahren. $_{3}$Die Leistungsberechtigten können von dem leistenden Rehabilitationsträger Einsicht in den Teilhabeplan oder die Erteilung von Ablichtungen nach § 25 des Zehnten Buches verlangen.

(4) $_{1}$Die Rehabilitationsträger legen den Teilhabeplan bei der Entscheidung über den Antrag zugrunde. $_{2}$Die Begründung der Entscheidung über die beantragten Leistungen nach § 35 des Zehnten Buches soll erkennen lassen, inwieweit die im Teilhabeplan enthaltenen Feststellungen bei der Entscheidung berücksichtigt wurden.

(5) $_{1}$Ein nach § 15 beteiligter Rehabilitationsträger kann das Verfahren nach den Absätzen 1 bis 3 anstelle des leistenden Rehabilitationsträgers durchführen, wenn die Rehabilitationsträger dies in Abstimmung mit den Leistungsberechtigten vereinbaren. $_{2}$Die Vorschriften über

die Leistungsverantwortung der Rehabilitationsträger nach den §§ 14 und 15 bleiben hiervon unberührt.

(6) Setzen unterhaltssichernde Leistungen den Erhalt von anderen Leistungen zur Teilhabe voraus, gelten die Leistungen im Verhältnis zueinander nicht als Leistungen verschiedener Leistungsgruppen im Sinne von Absatz 1.

§ 20 Teilhabeplankonferenz

(1) 1Mit Zustimmung der Leistungsberechtigten kann der für die Durchführung des Teilhabeplanverfahrens nach § 19 verantwortliche Rehabilitationsträger zur gemeinsamen Beratung der Feststellungen zum Rehabilitationsbedarf eine Teilhabeplankonferenz durchführen. 2Die Leistungsberechtigten, die beteiligten Rehabilitationsträger und die Jobcenter können dem nach § 19 verantwortlichen Rehabilitationsträger die Durchführung einer Teilhabeplankonferenz vorschlagen. 3Von dem Vorschlag auf Durchführung einer Teilhabeplankonferenz kann nur abgewichen werden, wenn eine Einwilligung nach § 23 Absatz 2 nicht erteilt wurde oder Einvernehmen der beteiligten Leistungsträger besteht, dass

1. der zur Feststellung des Rehabilitationsbedarfs maßgebliche Sachverhalt schriftlich ermittelt werden kann oder
2. der Aufwand zur Durchführung nicht in einem angemessenen Verhältnis zum Umfang der beantragten Leistung steht.

(2) 1Wird von dem Vorschlag der Leistungsberechtigten auf Durchführung einer Teilhabeplankonferenz abgewichen, sind die Leistungsberechtigten über die dafür maßgeblichen Gründe zu informieren und hierzu anzuhören. 2Von dem Vorschlag der Leistungsberechtigten auf Durchführung einer Teilhabeplankonferenz kann nicht abgewichen werden, wenn Leistungen an Mütter und Väter mit Behinderungen bei der Versorgung und Betreuung ihrer Kinder beantragt wurden.

(3) 1An der Teilhabeplankonferenz nehmen Beteiligte nach § 12 des Zehnten Buches sowie auf Wunsch der Leistungsberechtigten die Bevollmächtigten und Beistände nach § 13 des Zehnten Buches sowie sonstige Vertrauenspersonen teil. 2Auf Wunsch oder mit Zustimmung der Leistungsberechtigten können Rehabilitationsdienste und Rehabilitationseinrichtungen sowie sonstige beteiligte Leistungserbringer an der Teilhabeplankonferenz teilnehmen. 3Vor der Durchführung einer Teilhabeplankonferenz sollen die Leistungsberechtigten auf die Angebote der ergänzenden unabhängigen Teilhabeberatung nach § 32 besonders hingewiesen werden.

(4) Wird eine Teilhabeplankonferenz nach Absatz 1 auf Wunsch und mit Zustimmung der Leistungsberechtigten eingeleitet, richtet sich die Frist zur Entscheidung über den Antrag nach § 15 Absatz 4.

§ 21 Besondere Anforderungen an das Teilhabeplanverfahren

1Ist der Träger der Eingliederungshilfe der für die Durchführung des Teilhabeplanverfahrens verantwortliche Rehabilitationsträger, gelten für ihn die Vorschriften für die Gesamtplanung ergänzend; dabei ist das Gesamtplanverfahren ein Gegenstand des Teilhabeplanverfahrens. 2Ist der Träger der öffentlichen Jugendhilfe der für die Durchführung des Teilhabeplans verantwortliche Rehabilitationsträger, gelten für ihn die Vorschriften für den Hilfeplan nach den §§ 36, 36b und 37c des Achten Buches ergänzend.

§ 22 Einbeziehung anderer öffentlicher Stellen

(1) Der für die Durchführung des Teilhabeplanverfahrens verantwortliche Rehabilitationsträger bezieht unter Berücksichtigung der Interessen der Leistungsberechtigten andere öffentliche Stellen in die Erstellung des Teilhabeplans in geeigneter Art und Weise ein, soweit dies zur Feststellung des Rehabilitationsbedarfs erforderlich ist.

(2) 1Bestehen im Einzelfall Anhaltspunkte für eine Pflegebedürftigkeit nach dem Elften Buch, wird die zuständige Pflegekasse mit Zustimmung des Leistungsberechtigten vom für die Durchführung des Teilhabeplanverfahrens verantwortlichen Rehabilitationsträger informiert und muss am Teilhabeplanverfahren beratend teilnehmen, soweit dies für den Rehabilitationsträger zur Feststellung des Rehabilitationsbedarfs erforderlich und nach den für die zuständige Pflegekasse geltenden Grundsätzen der Datenverwendung zulässig ist. 2Die §§ 18a und 31 des Elften Buches bleiben unberührt.

(3) 1Die Integrationsämter sind bei der Durchführung des Teilhabeplanverfahrens zu beteiligen, soweit sie Leistungen für schwerbehinderte Menschen nach Teil 3 erbringen. 2Das zuständige Integrationsamt kann das Teilhabeplanverfahren nach § 19 Absatz 5 anstelle des leistenden Rehabilitationsträgers durchführen, wenn die Rehabilitationsträger und das Integrationsamt sowie das nach § 19 Absatz 1 Satz 2 zu beteiligende Jobcenter dies in Abstimmung mit den Leistungsberechtigten vereinbaren.

(4) Bestehen im Einzelfall Anhaltspunkte für einen Betreuungsbedarf nach § 1814 Absatz 1 des Bürgerlichen Gesetzbuchs, wird die zuständige Betreuungsbehörde mit Zustimmung des Leistungsberechtigten vom für die

Durchführung des Teilhabeplanverfahrens verantwortlichen Rehabilitationsträger informiert. Der Betreuungsbehörde werden in diesen Fällen die Ergebnisse der bisherigen Ermittlungen und Gutachten mit dem Zweck mitgeteilt, dass diese dem Leistungsberechtigten andere Hilfen, bei denen kein Betreuer bestellt wird, vermitteln kann. Auf Vorschlag der Betreuungsbehörde kann sie mit Zustimmung des Leistungsberechtigten am Teilhabeplanverfahren beratend teilnehmen.

§ 23 Verantwortliche Stelle für den Sozialdatenschutz

(1) Der für die Durchführung des Teilhabeplanverfahrens verantwortliche Rehabilitationsträger ist bei der Erstellung des Teilhabeplans und bei der Durchführung der Teilhabeplankonferenz Verantwortlicher für die Verarbeitung von Sozialdaten nach § 67 Absatz 4 des Zehnten Buches sowie Stelle im Sinne von § 35 Absatz 1 des Ersten Buches.

(2) 1Vor Durchführung einer Teilhabeplankonferenz hat der nach Absatz 1 Verantwortliche die Einwilligung der Leistungsberechtigten im Sinne von § 67b Absatz 2 des Zehnten Buches einzuholen, wenn und soweit anzunehmen ist, dass im Rahmen der Teilhabeplankonferenz Sozialdaten verarbeitet werden, deren Erforderlichkeit für die Erstellung des Teilhabeplans zum Zeitpunkt der Durchführung der Teilhabeplankonferenz nicht abschließend bewertet werden kann. 2Nach Durchführung der Teilhabeplankonferenz ist die Speicherung, Veränderung, Nutzung, Übermittlung oder Einschränkung der Verarbeitung von Sozialdaten im Sinne von Satz 1 nur zulässig, soweit dies für die Erstellung des Teilhabeplans erforderlich ist.

(3) Die datenschutzrechtlichen Vorschriften des Ersten und des Zehnten Buches sowie der jeweiligen Leistungsgesetze der Rehabilitationsträger bleiben bei der Zuständigkeitsklärung und bei der Erstellung des Teilhabeplans unberührt.

§ 24 Vorläufige Leistungen

1Die Bestimmungen dieses Kapitels lassen die Verpflichtung der Rehabilitationsträger zur Erbringung vorläufiger Leistungen nach den für sie jeweils geltenden Leistungsgesetzen unberührt. 2Vorläufig erbrachte Leistungen binden die Rehabilitationsträger nicht bei der Feststellung des Rehabilitationsbedarfs nach diesem Kapitel. 3Werden Leistungen zur Teilhabe beantragt, ist § 43 des Ersten Buches nicht anzuwenden.

Kapitel 5
Zusammenarbeit

§ 25 Zusammenarbeit der Rehabilitationsträger

(1) Im Rahmen der durch Gesetz, Rechtsverordnung oder allgemeine Verwaltungsvorschrift getroffenen Regelungen sind die Rehabilitationsträger verantwortlich, dass

1. die im Einzelfall erforderlichen Leistungen zur Teilhabe nahtlos, zügig sowie nach Gegenstand, Umfang und Ausführung einheitlich erbracht werden,
2. Abgrenzungsfragen einvernehmlich geklärt werden,
3. Beratung entsprechend den in den §§ 1 und 4 genannten Zielen geleistet wird,
4. Begutachtungen möglichst nach einheitlichen Grundsätzen durchgeführt werden,
5. Prävention entsprechend dem in § 3 Absatz 1 genannten Ziel geleistet wird sowie
6. die Rehabilitationsträger im Fall eines Zuständigkeitsübergangs rechtzeitig eingebunden werden.

(2) 1Die Rehabilitationsträger und ihre Verbände sollen zur gemeinsamen Wahrnehmung von Aufgaben zur Teilhabe von Menschen mit Behinderungen insbesondere regionale Arbeitsgemeinschaften bilden. 2§ 88 Absatz 1 Satz 1 und Absatz 2 des Zehnten Buches gilt entsprechend.

§ 26 Gemeinsame Empfehlungen

(1) Die Rehabilitationsträger nach § 6 Absatz 1 Nummer 1 bis 5 vereinbaren zur Sicherung der Zusammenarbeit nach § 25 Absatz 1 gemeinsame Empfehlungen.

(2) Die Rehabilitationsträger nach § 6 Absatz 1 Nummer 1 bis 5 vereinbaren darüber hinaus gemeinsame Empfehlungen,

1. welche Maßnahmen nach § 3 geeignet sind, um den Eintritt einer Behinderung zu vermeiden,
2. in welchen Fällen und in welcher Weise rehabilitationsbedürftigen Menschen notwendige Leistungen zur Teilhabe angeboten werden, insbesondere, um eine durch eine Chronifizierung von Erkrankungen bedingte Behinderung zu verhindern,
3. über die einheitliche Ausgestaltung des Teilhabeplanverfahrens,
4. in welcher Weise die Bundesagentur für Arbeit nach § 54 zu beteiligen ist,
5. wie Leistungen zur Teilhabe nach den §§ 14 und 15 koordiniert werden,

6. in welcher Weise und in welchem Umfang Selbsthilfegruppen, -organisationen und -kontaktstellen, die sich die Prävention, Rehabilitation, Früherkennung und Bewältigung von Krankheiten und Behinderungen zum Ziel gesetzt haben, gefördert werden,
7. für Grundsätze der Instrumente zur Ermittlung des Rehabilitationsbedarfs nach § 13,
8. in welchen Fällen und in welcher Weise der behandelnde Hausarzt oder Facharzt und der Betriebs- oder Werksarzt in die Einleitung und Ausführung von Leistungen zur Teilhabe einzubinden sind,
9. zu einem Informationsaustausch mit Beschäftigten mit Behinderungen, Arbeitgebern und den in § 166 genannten Vertretungen zur möglichst frühzeitigen Erkennung des individuellen Bedarfs voraussichtlich erforderlicher Leistungen zur Teilhabe sowie
10. über ihre Zusammenarbeit mit Sozialdiensten und vergleichbaren Stellen.

(3) Bestehen für einen Rehabilitationsträger Rahmenempfehlungen auf Grund gesetzlicher Vorschriften und soll bei den gemeinsamen Empfehlungen von diesen abgewichen werden oder sollen die gemeinsamen Empfehlungen Gegenstände betreffen, die nach den gesetzlichen Vorschriften Gegenstand solcher Rahmenempfehlungen werden sollen, stellt der Rehabilitationsträger das Einvernehmen mit den jeweiligen Partnern der Rahmenempfehlungen sicher.

(4) 1Die Träger der Renten-, Kranken- und Unfallversicherung können sich bei der Vereinbarung der gemeinsamen Empfehlungen durch ihre Spitzenverbände vertreten lassen. 2Der Spitzenverband Bund der Krankenkassen schließt die gemeinsamen Empfehlungen auch als Spitzenverband Bund der Pflegekassen ab, soweit die Aufgaben der Pflegekassen von den gemeinsamen Empfehlungen berührt sind.

IX

(5) 1An der Vorbereitung der gemeinsamen Empfehlungen werden die Träger der Eingliederungshilfe und der öffentlichen Jugendhilfe über die Bundesvereinigung der Kommunalen Spitzenverbände, die Bundesarbeitsgemeinschaft der überörtlichen Träger der Sozialhilfe, die Bundesarbeitsgemeinschaft der Landesjugendämter sowie die Integrationsämter in Bezug auf Leistungen und sonstige Hilfen für schwerbehinderte Menschen nach Teil 3 über die Bundesarbeitsgemeinschaft der Integrationsämter und Hauptfürsorgestellen beteiligt. 2Die Träger der Eingliederungshilfe und der öffentlichen Jugendhilfe orientieren sich bei der Wahrnehmung ihrer Aufgaben nach diesem Buch an den vereinbarten Empfehlungen oder können diesen beitreten.

(6) 1Die Verbände von Menschen mit Behinderungen einschließlich der Verbände der Freien Wohlfahrtspflege, der Selbsthilfegruppen und der Interessenvertretungen von Frauen mit Behinderungen sowie die für die Wahrnehmung der Interessen der ambulanten und stationären Rehabilitationseinrichtungen auf Bundesebene maßgeblichen Spitzenverbände werden an der Vorbereitung der gemeinsamen Empfehlungen beteiligt. 2Ihren Anliegen wird bei der Ausgestaltung der Empfehlungen nach Möglichkeit Rechnung getragen. 3Die Empfehlungen berücksichtigen auch die besonderen Bedürfnisse von Frauen und Kindern mit Behinderungen oder von Behinderung bedrohter Frauen und Kinder.

(7) 1Die beteiligten Rehabilitationsträger vereinbaren die gemeinsamen Empfehlungen im Rahmen der Bundesarbeitsgemeinschaft für Rehabilitation im Benehmen mit dem Bundesministerium für Arbeit und Soziales und den Ländern auf der Grundlage eines von ihnen innerhalb der Bundesarbeitsgemeinschaft vorbereiteten Vorschlags. 2Der oder die Bundesbeauftragte für den Datenschutz und die Informationsfreiheit wird beteiligt. 3Hat das Bundesministerium für Arbeit und Soziales zu einem Vorschlag aufgefordert, legt die Bundesarbeitsgemeinschaft für Rehabilitation den Vorschlag innerhalb von sechs Monaten vor. 4Dem Vorschlag wird gefolgt, wenn ihm berechtigte Interessen eines Rehabilitationsträgers nicht entgegenstehen. 5Einwände nach Satz 4 sind innerhalb von vier Wochen nach Vorlage des Vorschlags auszuräumen.

(8) 1Die Rehabilitationsträger teilen der Bundesarbeitsgemeinschaft für Rehabilitation alle zwei Jahre ihre Erfahrungen mit den gemeinsamen Empfehlungen mit, die Träger der Renten-, Kranken- und Unfallversicherung über ihre Spitzenverbände. 2Die Bundesarbeitsgemeinschaft für Rehabilitation stellt dem Bundesministerium für Arbeit und Soziales und den Ländern eine Zusammenfassung zur Verfügung.

(9) Die gemeinsamen Empfehlungen können durch die regional zuständigen Rehabilitationsträger konkretisiert werden.

§ 27 Verordnungsermächtigung

1Vereinbaren die Rehabilitationsträger nicht innerhalb von sechs Monaten, nachdem das Bundesministerium für Arbeit und Soziales sie dazu aufgefordert hat, gemeinsame Empfehlungen nach § 26 oder ändern sie unzureichend gewordene Empfehlungen nicht innerhalb dieser Frist, kann das Bundesministerium für Arbeit und Soziales mit dem Ziel der Vereinheitlichung des Verwaltungsvollzugs in dem Anwendungsbereich der §§ 25 und 26 Regelungen durch Rechtsverordnung mit Zustimmung des Bundesrates erlassen. ₂Richten sich die Regelungen nur an Rehabilitationsträger, die nicht der Landesaufsicht unterliegen, wird die Rechtsverordnung ohne Zustimmung des Bundesrates erlassen. ₃Soweit sich die Regelungen an die Rehabilitationsträger nach § 6 Absatz 1 Nummer 1 richten, erlässt das Bundesministerium für Arbeit und Soziales die Rechtsverordnung im Einvernehmen mit dem Bundesministerium für Gesundheit.

Kapitel 6
Leistungsformen, Beratung

Abschnitt 1
Leistungsformen

§ 28 Ausführung von Leistungen

(1) ₁Der zuständige Rehabilitationsträger kann Leistungen zur Teilhabe

1. allein oder gemeinsam mit anderen Leistungsträgern,
2. durch andere Leistungsträger oder
3. unter Inanspruchnahme von geeigneten, insbesondere auch freien und gemeinnützigen oder privaten Rehabilitationsdiensten und -einrichtungen nach § 36

ausführen. ₂Der zuständige Rehabilitationsträger bleibt für die Ausführung der Leistungen verantwortlich. ₃Satz 1 gilt insbesondere dann, wenn der Rehabilitationsträger die Leistung dadurch wirksamer oder wirtschaftlicher erbringen kann.

(2) Die Leistungen werden dem Verlauf der Rehabilitation angepasst und sind darauf ausgerichtet, den Leistungsberechtigten unter Berücksichtigung der Besonderheiten des Einzelfalles zügig, wirksam, wirtschaftlich und auf Dauer eine den Zielen der §§ 1 und 4 Absatz 1 entsprechende umfassende Teilhabe am Leben in der Gesellschaft zu ermöglichen.

§ 29 Persönliches Budget

(1) ₁Auf Antrag der Leistungsberechtigten werden Leistungen zur Teilhabe durch die Leistungsform eines Persönlichen Budgets ausgeführt, um den Leistungsberechtigten in eigener Verantwortung ein möglichst selbstbestimmtes Leben zu ermöglichen. ₂Bei der Ausführung des Persönlichen Budgets sind nach Maßgabe des individuell festgestellten Bedarfs die Rehabilitationsträger, die Pflegekassen und die Integrationsämter beteiligt. ₃Das Persönliche Budget wird von den beteiligten Leistungsträgern trägerübergreifend als Komplexleistung erbracht. ₄Das Persönliche Budget kann auch nicht trägerübergreifend von einem einzelnen Leistungsträger erbracht werden. ₅Budgetfähig sind auch die neben den Leistungen nach Satz 1 erforderlichen Leistungen der Krankenkassen und der Pflegekassen, Leistungen der Träger der Unfallversicherung bei Pflegebedürftigkeit sowie Hilfe zur Pflege der Sozialhilfe, die sich auf alltägliche und regelmäßig wiederkehrende Bedarfe beziehen und als Geldleistungen oder durch Gutscheine erbracht werden können. ₆An die Entscheidung sind die Leistungsberechtigten für die Dauer von sechs Monaten gebunden.

(2) ₁Persönliche Budgets werden in der Regel als Geldleistung ausgeführt, bei laufenden Leistungen monatlich. ₂In begründeten Fällen sind Gutscheine auszugeben. ₃Mit der Auszahlung oder der Ausgabe von Gutscheinen an die Leistungsberechtigten gilt deren Anspruch gegen die beteiligten Leistungsträger insoweit als erfüllt. ₄Das Bedarfsermittlungsverfahren für laufende Leistungen wird in der Regel im Abstand von zwei Jahren wiederholt. ₅In begründeten Fällen kann davon abgewichen werden. ₆Persönliche Budgets werden auf der Grundlage der nach Kapitel 4 getroffenen Feststellungen so bemessen, dass der individuell festgestellte Bedarf gedeckt wird und die erforderliche Beratung und Unterstützung erfolgen kann. ₇Dabei soll die Höhe des Persönlichen Budgets die Kosten aller bisher individuell festgestellten Leistungen nicht überschreiten, die ohne das Persönliche Budget zu erbringen sind. ₈§ 35a des Elften Buches bleibt unberührt.

(3) ₁Werden Leistungen zur Teilhabe in der Leistungsform des Persönlichen Budgets beantragt, ist der nach § 14 leistende Rehabilitationsträger für die Durchführung des Verfahrens zuständig. ₂Satz 1 findet entsprechend Anwendung auf die Pflegekassen und die Integrationsämter. ₃Enthält das Persönliche Budget Leistungen, für die der Leistungsträger nach den Sätzen 1 und 2 nicht Leistungsträger nach § 6 Absatz 1 sein kann, leitet er den Antrag insoweit unverzüglich dem nach seiner Auffassung zuständigen Leistungsträger nach § 15 zu.

(4) ₁Der Leistungsträger nach Absatz 3 und die Leistungsberechtigten schließen zur Umsetzung des Persönlichen Budgets eine Zielvereinbarung ab. ₂Sie enthält mindestens Regelungen über

1. die Ausrichtung der individuellen Förder- und Leistungsziele,
2. die Erforderlichkeit eines Nachweises zur Deckung des festgestellten individuellen Bedarfs,
3. die Qualitätssicherung sowie
4. die Höhe der Teil- und des Gesamtbudgets.

3Satz 1 findet keine Anwendung, wenn allein Pflegekassen Leistungsträger nach Absatz 3 sind und sie das Persönliche Budget nach Absatz 1 Satz 4 erbringen. 4Die Beteiligten, die die Zielvereinbarung abgeschlossen haben, können diese aus wichtigem Grund mit sofortiger Wirkung schriftlich kündigen, wenn ihnen die Fortsetzung der Vereinbarung nicht zumutbar ist. 5Ein wichtiger Grund kann für die Leistungsberechtigten insbesondere in der persönlichen Lebenssituation liegen. 6Für den Leistungsträger kann ein wichtiger Grund dann vorliegen, wenn die Leistungsberechtigten die Vereinbarung, insbesondere hinsichtlich des Nachweises zur Bedarfsdeckung und der Qualitätssicherung nicht einhalten. 7Im Fall der Kündigung der Zielvereinbarung wird der Verwaltungsakt aufgehoben. 8Die Zielvereinbarung wird im Rahmen des Bedarfsermittlungsverfahrens für die Dauer des Bewilligungszeitraumes der Leistungen in Form des Persönlichen Budgets abgeschlossen.

§ 30 Verordnungsermächtigung

Das Bundesministerium für Arbeit und Soziales wird ermächtigt, im Einvernehmen mit dem Bundesministerium für Gesundheit durch Rechtsverordnung mit Zustimmung des Bundesrates Näheres zum Inhalt und zur Ausführung des Persönlichen Budgets, zum Verfahren sowie zur Zuständigkeit bei Beteiligung mehrerer Rehabilitationsträger zu regeln.

§ 31 Leistungsort

1Sach- und Dienstleistungen können auch im Ausland erbracht werden, wenn sie dort bei zumindest gleicher Qualität und Wirksamkeit wirtschaftlicher ausgeführt werden können. 2Leistungen zur Teilhabe am Arbeitsleben können im grenznahen Ausland auch ausgeführt werden, wenn sie für die Aufnahme oder Ausübung einer Beschäftigung oder selbständigen Tätigkeit erforderlich sind.

Abschnitt 2
Beratung

§ 32 Ergänzende unabhängige Teilhabeberatung; Verordnungsermächtigung

(1) 1Zur Stärkung der Selbstbestimmung von Menschen mit Behinderungen und von Behinderung bedrohter Menschen fördert das Bundesministerium für Arbeit und Soziales eine von Leistungsträgern und Leistungserbringern unabhängige ergänzende Beratung als niedrigschwelliges Angebot, das bereits im Vorfeld der Beantragung konkreter Leistungen zur Verfügung steht. 2Dieses Angebot besteht neben dem Anspruch auf Beratung durch die Rehabilitationsträger.

(2) 1Das ergänzende Angebot erstreckt sich auf die Information und Beratung über Rehabilitations- und Teilhabeleistungen nach diesem Buch. 2Die Rehabilitationsträger informieren im Rahmen der vorhandenen Beratungsstrukturen und ihrer Beratungspflicht über dieses ergänzende Angebot.

(3) Bei der Förderung von Beratungsangeboten ist die von Leistungsträgern und Leistungserbringern unabhängige ergänzende Beratung von Betroffenen für Betroffene besonders zu berücksichtigen.

(4) und (5) (weggefallen)

(6) 1Die Bundesmittel für die Zuschüsse werden ab dem Jahr 2023 auf 65 Millionen Euro festgesetzt. 2Aus den Bundesmitteln sind insbesondere auch die Aufwendungen zu finanzieren, die für die Administration, die Vernetzung, die Qualitätssicherung und die Öffentlichkeitsarbeit der Beratungsangebote notwendig sind.

(7) 1Zuständige Behörde für die Umsetzung der ergänzenden unabhängigen Teilhabeberatung ist das Bundesministerium für Arbeit und Soziales. 2Es kann diese Aufgaben Dritten übertragen. 3Die Auswahl aus dem Kreis der Antragsteller erfolgt durch das Bundesministerium für Arbeit und Soziales im Benehmen mit den zuständigen obersten Landesbehörden. 4Das Bundesministerium für Arbeit und Soziales erlässt eine Rechtsverordnung ohne Zustimmung des Bundesrates, um die ergänzende unabhängige Teilhabeberatung nach dem Jahr 2022 auszugestalten und umzusetzen.

§ 33 Pflichten der Personensorgeberechtigten

Eltern, Vormünder, Pfleger und Betreuer, die bei den ihnen anvertrauten Personen Beeinträchtigungen (§ 2 Absatz 1) wahrnehmen oder durch die in § 34 genannten Personen hierauf hingewiesen werden, sollen im Rahmen ihres Erziehungs- oder Betreuungsauftrags diese Personen einer Beratungsstelle nach § 32 oder einer sonstigen Beratungsstelle für Rehabilitation zur Beratung über die geeigneten Leistungen zur Teilhabe vorstellen.

§ 34 Sicherung der Beratung von Menschen mit Behinderungen

(1) 1Die Beratung durch Ärzte, denen eine Person nach § 33 vorgestellt wird, erstreckt sich auf geeignete Leistungen zur Teilhabe. 2Dabei weisen sie auf die Möglichkeit der Beratung durch die Beratungsstellen der Rehabilitationsträger hin und informieren über wohnortnahe Angebote zur Beratung nach § 32. 3Werdende Eltern werden außerdem auf den Beratungsanspruch bei den Schwangerschaftsberatungsstellen hingewiesen.

(2) Nehmen Hebammen, Entbindungspfleger, medizinisches Personal außer Ärzten, Lehrer, Sozialarbeiter, Jugendleiter und Erzieher bei der Ausübung ihres Berufs Behinderungen wahr, weisen sie die Personensorgeberechtigten auf die Behinderung und auf entsprechende Beratungsangebote nach § 32 hin.

(3) Nehmen medizinisches Personal außer Ärzten und Sozialarbeiter bei der Ausübung ihres Berufs Behinderungen bei volljährigen Personen wahr, empfehlen sie diesen Personen oder ihren bestellten Betreuern, eine Beratungsstelle für Rehabilitation oder eine ärztliche Beratung über geeignete Leistungen zur Teilhabe aufzusuchen.

§ 35 Landesärzte

(1) In den Ländern können Landesärzte bestellt werden, die über besondere Erfahrungen in der Hilfe für Menschen mit Behinderungen und von Behinderung bedrohte Menschen verfügen.

(2) Die Landesärzte haben insbesondere folgende Aufgaben:

1. Gutachten für die Landesbehörden, die für das Gesundheitswesen, die Sozialhilfe und Eingliederungshilfe zuständig sind, sowie für die zuständigen Träger der Sozialhilfeund Eingliederungshilfe in besonders schwierig gelagerten Einzelfällen oder in Fällen von grundsätzlicher Bedeutung zu erstatten,
2. die für das Gesundheitswesen zuständigen obersten Landesbehörden beim Erstellen von Konzeptionen, Situations- und Bedarfsanalysen und bei der Landesplanung zur Teilhabe von Menschen mit Behinderungen und von Behinderung bedrohter Menschen zu beraten und zu unterstützen sowie selbst entsprechende Initiativen zu ergreifen und
3. die für das Gesundheitswesen zuständigen Landesbehörden über Art und Ursachen von Behinderungen und notwendige Hilfen sowie über den Erfolg von Leistungen zur Teilhabe von Menschen mit Behinderungen und von Behinderung bedrohter Menschen regelmäßig zu unterrichten.

Kapitel 7
Struktur, Qualitätssicherung, Gewaltschutz und Verträge

§ 36 Rehabilitationsdienste und -einrichtungen

(1) 1Die Rehabilitationsträger wirken gemeinsam unter Beteiligung der Bundesregierung und der Landesregierungen darauf hin, dass die fachlich und regional erforderlichen Rehabilitationsdienste und -einrichtungen in ausreichender Anzahl und Qualität zur Verfügung stehen. 2Dabei achten die Rehabilitationsträger darauf, dass für eine ausreichende Anzahl von Rehabilitationsdiensten und -einrichtungen keine Zugangs- und Kommunikationsbarrieren bestehen. 3Die Verbände von Menschen mit Behinderungen einschließlich der Verbände der Freien Wohlfahrtspflege, der Selbsthilfegruppen und der Interessenvertretungen von Frauen mit Behinderungen sowie die für die Wahrnehmung der Interessen der ambulanten und stationären Rehabilitationseinrichtungen auf Bundesebene maßgeblichen Spitzenverbände werden beteiligt.

(2) 1Nehmen Rehabilitationsträger zur Ausführung von Leistungen Rehabilitationsdienste und -einrichtungen in Anspruch, erfolgt die Auswahl danach, wer die Leistung in der am besten geeigneten Form ausführt. 2Dabei werden Rehabilitationsdienste und -einrichtungen freier oder gemeinnütziger Träger entsprechend ihrer Bedeutung für die Rehabilitation und Teilhabe von Menschen mit Behinderungen berücksichtigt und die Vielfalt der Träger gewahrt sowie deren Selbständigkeit, Selbstverständnis und Unabhängigkeit beachtet. 3§ 51 Absatz 1 Satz 2 Nummer 4 ist anzuwenden.

(3) Rehabilitationsträger können nach den für sie geltenden Rechtsvorschriften Rehabilitationsdienste oder -einrichtungen fördern, wenn dies zweckmäßig ist und die Arbeit dieser Dienste oder Einrichtungen in anderer Weise nicht sichergestellt werden kann.

(4) Rehabilitationsdienste und -einrichtungen mit gleicher Aufgabenstellung sollen Arbeitsgemeinschaften bilden.

§ 36a Zuschuss zu Kosten für Erdgas, Wärme und andere Brennstoffe sowie Strom; Verordnungsermächtigung

(1) 1Zum Ausgleich von Erdgas-, Wärme- und anderen Brennstoffkosten sowie Stromkosten zahlen die Rehabilitationsträger nach § 6 Absatz 1 Nummer 1 bis 4 den anspruchsberechtigten Leistungserbringern auf Antrag einen einmaligen Zuschuss zu den Kosten für Erdgas, Wärme- und andere Brennstoffe sowie Strom. 2Der Zuschuss beträgt 95 Prozent der Differenz zwischen den entstandenen Energiekosten des Jahres 2022 und denen des Jahres 2021. 3Leistungsberechtigte nach Absatz 2 Nummer 3 erhalten auf Antrag einen Zuschuss in Höhe von 95 Prozent eines Fünftels der Differenz zwischen den entstandenen Energiekosten des Jahres 2022 und denen des Jahres 2021. 4Bei den entstandenen Energiekosten im Sinne der Sätze 2 und 3 sind die Entlastungen nach dem Erdgas-Wärme-Soforthilfegesetz zu berücksichtigen.

(2) Anspruchsberechtigte Leistungserbringer sind

1. Medizinische Vorsorge- und Rehabilitationseinrichtungen,
   a) mit denen ein Vertrag nach § 15 Absatz 2 des Sechsten Buches in Verbindung mit § 38 oder nach den §§ 33 und 34 des Siebten Buches besteht oder
   b) mit denen ein Versorgungsvertrag nach § 111 Absatz 2, § 111a Absatz 1 oder § 111c Absatz 1 des Fünften Buches besteht, oder
   c) die von der gesetzlichen Rentenversicherung oder der gesetzlichen Unfallversicherung selbst betrieben werden,
2. Einrichtungen der beruflichen Rehabilitation nach § 51,
3. Werkstätten für behinderte Menschen oder
4. andere Leistungsanbieter nach § 60, soweit sie Leistungen nach § 57 erbringen.

(3) 1Die nach Absatz 1 entstehenden Aufwendungen der Rehabilitationsträger einschließlich der Verwaltungskosten werden aus den Mitteln des Wirtschaftsstabilisierungsfonds getragen. 2Die Bereitstellung der Mittel erfolgt durch das Bundesamt für Soziale Sicherung. 3Die anfallenden Verwaltungskosten des Bundesamts für Soziale Sicherung werden ebenfalls aus den Mitteln des Wirtschaftsstabilisierungsfonds getragen.

(4) 1Das Bundesministerium für Arbeit und Soziales wird ermächtigt, im Einvernehmen mit den Bundesministerien für Gesundheit, für Wirtschaft und Klimaschutz sowie der Finanzen durch Rechtsverordnung mit Zustimmung des Bundesrates nähere Bestimmungen zu den konkreten Voraussetzungen des Zuschusses nach Absatz 1, zum Verfahren nach Absatz 1 sowie zur Bereitstellung der Mittel nach Absatz 3 zu erlassen. 2Hierbei können insbesondere die Berechnung des Zuschusses, der Auszahlungszeitpunkt, das Antrags- und Auszahlungsverfahren sowie das Verfahren zur Umsetzung der Mittelbereitstellung an die Rehabilitationsträger näher geregelt werden.

(5) § 29a des Erdgas-Wärme-Preisbremsengesetzes gilt entsprechend.

(6) 1Es ist eine Erfolgskontrolle zu der Regelung durchzuführen. 2Die Kosten der Erfolgskontrolle werden aus den Mitteln des Wirtschaftsstabilisierungsfonds getragen.

§ 37 Qualitätssicherung, Zertifizierung

(1) 1Die Rehabilitationsträger nach § 6 Absatz 1 Nummer 1 bis 5 vereinbaren gemeinsame Empfehlungen zur Sicherung und Weiterentwicklung der Qualität der Leistungen, insbesondere zur barrierefreien Leistungserbringung, sowie für die Durchführung vergleichender Qualitätsanalysen als Grundlage für ein effektives Qualitätsmanagement der Leistungserbringer. 2§ 26 Absatz 4 ist entsprechend anzuwenden. 3Die Rehabilitationsträger nach § 6 Absatz 1 Nummer 6 und 7 können den Empfehlungen beitreten.

(2) 1Die Erbringer von Leistungen stellen ein Qualitätsmanagement sicher, das durch zielgerichtete und systematische Verfahren und Maßnahmen die Qualität der Versorgung gewährleistet und kontinuierlich verbessert. 2Stationäre Rehabilitationseinrichtungen haben sich an dem Zertifizierungsverfahren nach Absatz 3 zu beteiligen.

(3) 1Die Spitzenverbände der Rehabilitationsträger nach § 6 Absatz 1 Nummer 1 und 3 bis 5 vereinbaren im Rahmen der Bundesarbeitsgemeinschaft für Rehabilitation grundsätzliche Anforderungen an ein einrichtungsinternes Qualitätsmanagement nach Absatz 2 Satz 1 sowie ein einheitliches, unabhängiges Zertifizierungsverfahren, mit dem die erfolgreiche Umsetzung des Qualitätsmanagements in regelmäßigen Abständen nachgewiesen wird. 2Den für die Wahrnehmung der Interessen der stationären Rehabilitationseinrichtungen auf Bundesebene maßgeblichen Spitzenverbänden sowie den Verbänden von Menschen mit Behinderungen einschließlich der Verbände der Freien Wohlfahrtspflege, der Selbsthilfegruppen und der Interessenvertretungen

IX

von Frauen mit Behinderungen ist Gelegenheit zur Stellungnahme zu geben. 3Stationäre Rehabilitationseinrichtungen sind nur dann als geeignet anzusehen, wenn sie zertifiziert sind.

(4) Die Rehabilitationsträger können mit den Einrichtungen, die für sie Leistungen erbringen, über Absatz 1 hinausgehende Anforderungen an die Qualität und das Qualitätsmanagement vereinbaren.

(5) In Rehabilitationseinrichtungen mit Vertretungen der Menschen mit Behinderungen sind die nach Absatz 3 Satz 1 zu erstellenden Nachweise über die Umsetzung des Qualitätsmanagements diesen Vertretungen zur Verfügung zu stellen.

(6) § 26 Absatz 3 ist entsprechend anzuwenden für Vereinbarungen auf Grund gesetzlicher Vorschriften für die Rehabilitationsträger.

§ 37a Gewaltschutz

(1) 1Die Leistungserbringer treffen geeignete Maßnahmen zum Schutz vor Gewalt für Menschen mit Behinderungen und von Behinderung bedrohte Menschen, insbesondere für Frauen und Kinder mit Behinderung und von Behinderung bedrohte Frauen und Kinder. 2Zu den geeigneten Maßnahmen nach Satz 1 gehören insbesondere die Entwicklung und Umsetzung eines auf die Einrichtung oder Dienstleistungen zugeschnittenen Gewaltschutzkonzepts.

(2) Die Rehabilitationsträger und die Integrationsämter wirken bei der Erfüllung ihrer gesetzlichen Aufgaben darauf hin, dass der Schutzauftrag nach Absatz 1 von den Leistungserbringern umgesetzt wird.

§ 38 Verträge mit Leistungserbringern

(1) Verträge mit Leistungserbringern müssen insbesondere folgende Regelungen über die Ausführung von Leistungen durch Rehabilitationsdienste und -einrichtungen, die nicht in der Trägerschaft eines Rehabilitationsträgers stehen, enthalten:

1. Qualitätsanforderungen an die Ausführung der Leistungen, das beteiligte Personal und die begleitenden Fachdienste,
2. die Übernahme von Grundsätzen der Rehabilitationsträger zur Vereinbarung von Vergütungen,
3. Rechte und Pflichten der Teilnehmer, soweit sich diese nicht bereits aus dem Rechtsverhältnis ergeben, das zwischen ihnen und dem Rehabilitationsträger besteht,
4. angemessene Mitwirkungsmöglichkeiten der Teilnehmer an der Ausführung der Leistungen,
5. Regelungen zur Geheimhaltung personenbezogener Daten,
6. Regelungen zur Beschäftigung eines angemessenen Anteils von Frauen mit Behinderungen, insbesondere Frauen mit Schwerbehinderungen sowie
7. das Angebot, Beratung durch den Träger der öffentlichen Jugendhilfe bei gewichtigen Anhaltspunkten für eine Kindeswohlgefährdung in Anspruch zu nehmen.

(2) 1Die Bezahlung tarifvertraglich vereinbarter Vergütungen sowie entsprechender Vergütungen nach kirchlichen Arbeitsrechtsregelungen kann bei Verträgen auf der Grundlage dieses Buches nicht als unwirtschaftlich abgelehnt werden. 2Auf Verlangen des Rehabilitationsträgers ist die Zahlung von Vergütungen nach Satz 1 nachzuweisen.

(3) 1Die Rehabilitationsträger wirken darauf hin, dass die Verträge nach einheitlichen Grundsätzen abgeschlossen werden. 2Dabei sind einheitliche Grundsätze der Wirksamkeit, Zweckmäßigkeit und Wirtschaftlichkeit zu berücksichtigen. 3Die Rehabilitationsträger können über den Inhalt der Verträge gemeinsame Empfehlungen nach § 26 vereinbaren. 4Mit den Arbeitsgemeinschaften der Rehabilitationsdienste und -einrichtungen können sie Rahmenverträge schließen. 5Der oder die Bundesbeauftragte für den Datenschutz und die Informationsfreiheit wird beteiligt.

(4) Absatz 1 Nummer 1 und 3 bis 6 wird für eigene Einrichtungen der Rehabilitationsträger entsprechend angewendet.

Kapitel 8
Bundesarbeitsgemeinschaft für Rehabilitation

§ 39 Aufgaben

(1) 1Die Rehabilitationsträger nach § 6 Absatz 1 Nummer 1 bis 5 gestalten und organisieren die trägerübergreifende Zusammenarbeit zur einheitlichen personenzentrierten Gestaltung der Rehabilitation und der Leistungen zur Teilhabe im Rahmen einer Arbeitsgemeinschaft nach § 94 des Zehnten Buches. 2Sie trägt den Namen „Bundesarbeitsgemeinschaft für Rehabilitation".

(2) Die Aufgaben der Bundesarbeitsgemeinschaft für Rehabilitation sind insbesondere

1. die Beobachtung der Zusammenarbeit der Rehabilitationsträger und die regelmäßige Auswertung und Bewertung der Zusammenarbeit; hierzu bedarf es

a) der Erstellung von gemeinsamen Grundsätzen für die Erhebung von Daten, die der Aufbereitung und Bereitstellung von Statistiken über das Rehabilitationsgeschehen der Träger und ihrer Zusammenarbeit dienen,
b) der Datenaufbereitung und Bereitstellung von Statistiken über das Rehabilitationsgeschehen der Träger und ihrer Zusammenarbeit und
c) der Erhebung und Auswertung nicht personenbezogener Daten über Prozesse und Abläufe des Rehabilitationsgeschehens aus dem Aufgabenfeld der medizinischen und beruflichen Rehabilitation der Sozialversicherung mit Zustimmung des Bundesministeriums für Arbeit und Soziales,

2. die Erarbeitung von gemeinsamen Grundsätzen zur Bedarfserkennung, Bedarfsermittlung und Koordinierung von Rehabilitationsmaßnahmen und zur trägerübergreifenden Zusammenarbeit,
3. die Erarbeitung von gemeinsamen Empfehlungen zur Sicherung der Zusammenarbeit nach § 25,
4. die trägerübergreifende Fort- und Weiterbildung zur Unterstützung und Umsetzung trägerübergreifender Kooperation und Koordination,
5. die Erarbeitung trägerübergreifender Beratungsstandards und Förderung der Weitergabe von eigenen Lebenserfahrungen an andere Menschen mit Behinderungen durch die Beratungsmethode des Peer Counseling,
6. die Erarbeitung von Qualitätskriterien zur Sicherung der Struktur-, Prozess- und Ergebnisqualität im trägerübergreifenden Rehabilitationsgeschehen und Initiierung von deren Weiterentwicklung,
7. die Förderung der Partizipation Betroffener durch stärkere Einbindung von Selbsthilfe- und Selbstvertretungsorganisationen von Menschen mit Behinderungen in die konzeptionelle Arbeit der Bundesarbeitsgemeinschaft für Rehabilitation und deren Organe,
8. die Öffentlichkeitsarbeit zur Inklusion und Rehabilitation sowie
9. die Beobachtung und Bewertung der Forschung zur Rehabilitation sowie Durchführung trägerübergreifender Forschungsvorhaben.

§ 40 Rechtsaufsicht

Die Bundesarbeitsgemeinschaft für Rehabilitation untersteht der Rechtsaufsicht des Bundesministeriums für Arbeit und Soziales.

§ 41 Teilhabeverfahrensbericht

(1) Die Rehabilitationsträger nach § 6 Absatz 1 erfassen

1. die Anzahl der gestellten Anträge auf Leistungen zur Rehabilitation und Teilhabe differenziert nach Leistungsgruppen im Sinne von § 5 Nummer 1, 2, 4 und 5,
2. die Anzahl der Weiterleitungen nach § 14 Absatz 1 Satz 2,
3. in wie vielen Fällen
   a) die Zweiwochenfrist nach § 14 Absatz 1 Satz 1,
   b) die Dreiwochenfrist nach § 14 Absatz 2 Satz 2 sowie
   c) die Zweiwochenfrist nach § 14 Absatz 2 Satz 3

   nicht eingehalten wurde,
4. die durchschnittliche Zeitdauer zwischen Erteilung des Gutachtenauftrages in Fällen des § 14 Absatz 2 Satz 3 und der Vorlage des Gutachtens,
5. die durchschnittliche Zeitdauer zwischen Antragseingang beim leistenden Rehabilitationsträger und der Entscheidung nach den Merkmalen der Erledigung und der Bewilligung,
6. die Anzahl der Ablehnungen von Anträgen sowie der nicht vollständigen Bewilligung der beantragten Leistungen,
7. die durchschnittliche Zeitdauer zwischen dem Datum des Bewilligungsbescheides und dem Beginn der Leistungen mit und ohne Teilhabeplanung nach § 19, wobei in den Fällen, in denen die Leistung von einem Rehabilitationsträger nach § 6 Absatz 1 Nummer 1 erbracht wurde, das Merkmal „mit und ohne Teilhabeplanung nach § 19" nicht zu erfassen ist,
8. die Anzahl der trägerübergreifenden Teilhabeplanungen und Teilhabeplankonferenzen,
9. die Anzahl der nachträglichen Änderungen und Fortschreibungen der Teilhabepläne einschließlich der durchschnittlichen Geltungsdauer des Teilhabeplanes,
10. die Anzahl der Erstattungsverfahren nach § 16 Absatz 2 Satz 2,
11. die Anzahl der beantragten und bewilligten Leistungen in Form des Persönlichen Budgets,
12. die Anzahl der beantragten und bewilligten Leistungen in Form des trägerübergreifenden Persönlichen Budgets,
13. die Anzahl der Mitteilungen nach § 18 Absatz 1,

14. die Anzahl der Anträge auf Erstattung nach § 18 nach den Merkmalen „Bewilligung" oder „Ablehnung",
15. die Anzahl der Rechtsbehelfe sowie der erfolgreichen Rechtsbehelfe aus Sicht der Leistungsberechtigten jeweils nach den Merkmalen „Widerspruch" und „Klage",
16. die Anzahl der Leistungsberechtigten, die sechs Monate nach dem Ende der Maßnahme zur Teilhabe am Arbeitsleben eine sozialversicherungspflichtige Beschäftigung aufgenommen haben, soweit die Maßnahme von einem Rehabilitationsträger nach § 6 Absatz 1 Nummer 2 bis 7 erbracht wurde.

(2) 1Die Rehabilitationsträger nach § 6 Absatz 1 Nummer 1 bis 5 melden jährlich die im Berichtsjahr nach Absatz 1 erfassten Angaben an ihre Spitzenverbände, die Rehabilitationsträger nach § 6 Absatz 1 Nummer 6 und 7 jeweils über ihre obersten Landesjugend- und Sozialbehörden, zur Weiterleitung an die Bundesarbeitsgemeinschaft für Rehabilitation in einem mit ihr technisch abgestimmten Datenformat. 2Die Bundesarbeitsgemeinschaft für Rehabilitation wertet die Angaben unter Beteiligung der Rehabilitationsträger aus und erstellt jährlich eine gemeinsame Übersicht. 3Die Erfassung der Angaben soll mit dem 1. Januar 2018 beginnen und ein Kalenderjahr umfassen. 4Der erste Bericht ist 2019 zu veröffentlichen.

(3) Der Bund erstattet der Bundesarbeitsgemeinschaft für Rehabilitation die notwendigen Aufwendungen für folgende Tätigkeiten:

1. die Bereitstellung von Daten,
2. die Datenaufarbeitung und
3. die Auswertungen über das Rehabilitationsgeschehen.

Kapitel 9
Leistungen zur medizinischen Rehabilitation

§ 42 Leistungen zur medizinischen Rehabilitation

(1) Zur medizinischen Rehabilitation von Menschen mit Behinderungen und von Behinderung bedrohter Menschen werden die erforderlichen Leistungen erbracht, um

1. Behinderungen einschließlich chronischer Krankheiten abzuwenden, zu beseitigen, zu mindern, auszugleichen, eine Verschlimmerung zu verhüten oder
2. Einschränkungen der Erwerbsfähigkeit und Pflegebedürftigkeit zu vermeiden, zu überwinden, zu mindern, eine Verschlimmerung zu verhindern sowie den vorzeitigen Bezug von laufenden Sozialleistungen zu verhüten oder laufende Sozialleistungen zu mindern.

(2) Leistungen zur medizinischen Rehabilitation umfassen insbesondere

1. Behandlung durch Ärzte, Zahnärzte und Angehörige anderer Heilberufe, soweit deren Leistungen unter ärztlicher Aufsicht oder auf ärztliche Anordnung ausgeführt werden, einschließlich der Anleitung, eigene Heilungskräfte zu entwickeln,
2. Früherkennung und Frühförderung für Kinder mit Behinderungen und von Behinderung bedrohte Kinder,
3. Arznei- und Verbandsmittel,
4. Heilmittel einschließlich physikalischer, Sprach- und Beschäftigungstherapie,
5. Psychotherapie als ärztliche und psychotherapeutische Behandlung,
6. Hilfsmittel,

6a. digitale Gesundheitsanwendungen sowie

7. Belastungserprobung und Arbeitstherapie.

(3) 1Bestandteil der Leistungen nach Absatz 1 sind auch medizinische, psychologische und pädagogische Hilfen, soweit diese Leistungen im Einzelfall erforderlich sind, um die in Absatz 1 genannten Ziele zu erreichen. 2Solche Leistungen sind insbesondere

1. Hilfen zur Unterstützung bei der Krankheits- und Behinderungsverarbeitung,
2. Hilfen zur Aktivierung von Selbsthilfepotentialen,
3. die Information und Beratung von Partnern und Angehörigen sowie von Vorgesetzten und Kollegen, wenn die Leistungsberechtigten dem zustimmen,
4. die Vermittlung von Kontakten zu örtlichen Selbsthilfe- und Beratungsmöglichkeiten,
5. Hilfen zur seelischen Stabilisierung und zur Förderung der sozialen Kompetenz, unter anderem durch Training sozialer und kommunikativer Fähigkeiten und im Umgang mit Krisensituationen,
6. das Training lebenspraktischer Fähigkeiten sowie
7. die Anleitung und Motivation zur Inanspruchnahme von Leistungen der medizinischen Rehabilitation.

§ 43 Krankenbehandlung und Rehabilitation

Die in § 42 Absatz 1 genannten Ziele und § 12 Absatz 1 und 3 sowie § 19 gelten auch bei Leistungen der Krankenbehandlung.

IX

§ 44 Stufenweise Wiedereingliederung

Können arbeitsunfähige Leistungsberechtigte nach ärztlicher Feststellung ihre bisherige Tätigkeit teilweise ausüben und können sie durch eine stufenweise Wiederaufnahme ihrer Tätigkeit voraussichtlich besser wieder in das Erwerbsleben eingegliedert werden, sollen die medizinischen und die sie ergänzenden Leistungen mit dieser Zielrichtung erbracht werden.

§ 45 Förderung der Selbsthilfe

1Selbsthilfegruppen, Selbsthilfeorganisationen und Selbsthilfekontaktstellen, die sich die Prävention, Rehabilitation, Früherkennung, Beratung, Behandlung und Bewältigung von Krankheiten und Behinderungen zum Ziel gesetzt haben, sollen nach einheitlichen Grundsätzen gefördert werden. 2Die Daten der Rehabilitationsträger über Art und Höhe der Förderung der Selbsthilfe fließen in den Bericht der Bundesarbeitsgemeinschaft für Rehabilitation nach § 41 ein.

§ 46 Früherkennung und Frühförderung

(1) Die medizinischen Leistungen zur Früherkennung und Frühförderung für Kinder mit Behinderungen und von Behinderung bedrohte Kinder nach § 42 Absatz 2 Nummer 2 umfassen auch

1. die medizinischen Leistungen der fachübergreifend arbeitenden Dienste und Einrichtungen sowie
2. nichtärztliche sozialpädiatrische, psychologische, heilpädagogische, psychosoziale Leistungen und die Beratung der Erziehungsberechtigten, auch in fachübergreifend arbeitenden Diensten und Einrichtungen, wenn sie unter ärztlicher Verantwortung erbracht werden und erforderlich sind, um eine drohende oder bereits eingetretene Behinderung zum frühestmöglichen Zeitpunkt zu erkennen und einen individuellen Behandlungsplan aufzustellen.

(2) 1Leistungen zur Früherkennung und Frühförderung für Kinder mit Behinderungen und von Behinderung bedrohte Kinder umfassen weiterhin nichtärztliche therapeutische, psychologische, heilpädagogische, sonderpädagogische, psychosoziale Leistungen und die Beratung der Erziehungsberechtigten durch interdisziplinäre Frühförderstellen oder nach Landesrecht zugelassene Einrichtungen mit vergleichbarem interdisziplinärem Förder-, Behandlungs- und Beratungsspektrum. 2Die Leistungen sind erforderlich, wenn sie eine drohende oder bereits eingetretene Behinderung zum frühestmöglichen Zeitpunkt erkennen helfen oder die eingetretene Behinderung durch gezielte Förder- und Behandlungsmaßnahmen ausgleichen oder mildern.

(3) 1Leistungen nach Absatz 1 werden in Verbindung mit heilpädagogischen Leistungen nach § 79 als Komplexleistung erbracht. 2Die Komplexleistung umfasst auch Leistungen zur Sicherung der Interdisziplinarität. 3Maßnahmen zur Komplexleistung können gleichzeitig oder nacheinander sowie in unterschiedlicher und gegebenenfalls wechselnder Intensität ab Geburt bis zur Einschulung eines Kindes mit Behinderungen oder drohender Behinderung erfolgen.

(4) In den Landesrahmenvereinbarungen zwischen den beteiligten Rehabilitationsträgern und den Verbänden der Leistungserbringer wird Folgendes geregelt:

1. die Anforderungen an interdisziplinäre Frühförderstellen, nach Landesrecht zugelassene Einrichtungen mit vergleichbarem interdisziplinärem Förder-, Behandlungs- und Beratungsspektrum und sozialpädiatrische Zentren zu Mindeststandards, Berufsgruppen, Personalausstattung, sachlicher und räumlicher Ausstattung,
2. die Dokumentation und Qualitätssicherung,
3. der Ort der Leistungserbringung sowie
4. die Vereinbarung und Abrechnung der Entgelte für die als Komplexleistung nach Absatz 3 erbrachten Leistungen unter Berücksichtigung der Zuwendungen Dritter, insbesondere der Länder, für Leistungen nach der Verordnung zur Früherkennung und Frühförderung.

(5) 1Die Rehabilitationsträger schließen Vereinbarungen über die pauschalierte Aufteilung der nach Absatz 4 Nummer 4 vereinbarten Entgelte für Komplexleistungen auf der Grundlage der Leistungszuständigkeit nach Spezialisierung und Leistungsprofil des Dienstes oder der Einrichtung, insbesondere den vertretenen Fachdisziplinen und dem Diagnosespektrum der leistungsberechtigten Kinder. 2Regionale Gegebenheiten werden berücksichtigt. 3Der Anteil der Entgelte, der auf die für die Leistungen nach § 6 der Verordnung zur Früherkennung und Frühförderung jeweils zuständigen Träger entfällt, darf für Leistungen in interdisziplinären Frühförderstellen oder in nach Landesrecht zugelassenen Einrichtungen mit vergleichbarem interdisziplinärem Förder-, Behandlungs- und Beratungsspektrum 65 Prozent und in sozialpädiatrischen Zentren 20 Prozent nicht überschreiten. 4Landesrecht kann andere als pauschale Abrechnungen vorsehen.

(6) Kommen Landesrahmenvereinbarungen nach Absatz 4 bis zum 31. Juli 2019 nicht zustande, sollen die Landesregierungen Regelungen durch Rechtsverordnung entsprechend Absatz 4 Nummer 1 bis 3 treffen.

§ 47 Hilfsmittel

(1) Hilfsmittel (Körperersatzstücke sowie orthopädische und andere Hilfsmittel) nach § 42 Absatz 2 Nummer 6 umfassen die Hilfen, die von den Leistungsberechtigten getragen oder mitgeführt oder bei einem Wohnungswechsel mitgenommen werden können und unter Berücksichtigung der Umstände des Einzelfalles erforderlich sind, um

1. einer drohenden Behinderung vorzubeugen,
2. den Erfolg einer Heilbehandlung zu sichern oder
3. eine Behinderung bei der Befriedigung von Grundbedürfnissen des täglichen Lebens auszugleichen, soweit die Hilfsmittel nicht allgemeine Gebrauchsgegenstände des täglichen Lebens sind.

(2) 1Der Anspruch auf Hilfsmittel umfasst auch die notwendige Änderung, Instandhaltung, Ersatzbeschaffung sowie die Ausbildung im Gebrauch der Hilfsmittel. 2Der Rehabilitationsträger soll

1. vor einer Ersatzbeschaffung prüfen, ob eine Änderung oder Instandsetzung von bisher benutzten Hilfsmitteln wirtschaftlicher und gleich wirksam ist und
2. die Bewilligung der Hilfsmittel davon abhängig machen, dass die Leistungsberechtigten sich die Hilfsmittel anpassen oder sich in ihrem Gebrauch ausbilden lassen.

(3) Wählen Leistungsberechtigte ein geeignetes Hilfsmittel in einer aufwendigeren Ausführung als notwendig, tragen sie die Mehrkosten selbst.

(4) 1Hilfsmittel können auch leihweise überlassen werden. 2In diesem Fall gelten die Absätze 2 und 3 entsprechend.

§ 47a Digitale Gesundheitsanwendungen

(1) 1Digitale Gesundheitsanwendungen nach § 42 Absatz 2 Nummer 6a umfassen die in das Verzeichnis nach § 139e Absatz 1 des Fünften Buches aufgenommenen digitalen Gesundheitsanwendungen, sofern diese unter Berücksichtigung des Einzelfalles erforderlich sind, um

1. einer drohenden Behinderung vorzubeugen,
2. den Erfolg einer Heilbehandlung zu sichern oder
3. eine Behinderung bei der Befriedigung von Grundbedürfnissen des täglichen Lebens auszugleichen, sofern die digitalen Gesundheitsanwendungen nicht die Funktion von allgemeinen Gebrauchsgegenständen des täglichen Lebens übernehmen.

2Digitale Gesundheitsanwendungen werden nur mit Zustimmung des Leistungsberechtigten erbracht.

(2) Wählen Leistungsberechtigte digitale Gesundheitsanwendungen, deren Funktion oder Anwendungsbereich über die Funktion und den Anwendungsbereich einer vergleichbaren in das Verzeichnis für digitale Gesundheitsanwendungen nach § 139e des Fünften Buches aufgenommenen digitalen Gesundheitsanwendung hinausgehen, so haben sie die Mehrkosten selbst zu tragen.

§ 48 Verordnungsermächtigungen

Das Bundesministerium für Arbeit und Soziales wird ermächtigt, im Einvernehmen mit dem Bundesministerium für Gesundheit durch Rechtsverordnung mit Zustimmung des Bundesrates Näheres zu regeln

1. zur Abgrenzung der in § 46 genannten Leistungen und der weiteren Leistungen dieser Dienste und Einrichtungen und
2. zur Auswahl der im Einzelfall geeigneten Hilfsmittel, insbesondere zum Verfahren, zur Eignungsprüfung, Dokumentation und leihweisen Überlassung der Hilfsmittel sowie zur Zusammenarbeit der anderen Rehabilitationsträger mit den orthopädischen Versorgungsstellen.

Kapitel 10
Leistungen zur Teilhabe am Arbeitsleben

§ 49 Leistungen zur Teilhabe am Arbeitsleben, Verordnungsermächtigung

(1) Zur Teilhabe am Arbeitsleben werden die erforderlichen Leistungen erbracht, um die Erwerbsfähigkeit von Menschen mit Behinderungen oder von Behinderung bedrohter Menschen entsprechend ihrer Leistungsfähigkeit zu erhalten, zu verbessern, herzustellen oder wiederherzustellen und ihre Teilhabe am Arbeitsleben möglichst auf Dauer zu sichern.

(2) Frauen mit Behinderungen werden gleiche Chancen im Erwerbsleben zugesichert, insbesondere durch in der beruflichen Zielsetzung geeignete, wohnortnahe und auch in Teilzeit nutzbare Angebote.

(3) Die Leistungen zur Teilhabe am Arbeitsleben umfassen insbesondere

1. Hilfen zur Erhaltung oder Erlangung eines Arbeitsplatzes einschließlich Leistungen zur Aktivierung und beruflichen Eingliederung,

2. eine Berufsvorbereitung einschließlich einer wegen der Behinderung erforderlichen Grundausbildung,
3. die individuelle betriebliche Qualifizierung im Rahmen Unterstützter Beschäftigung,
4. die berufliche Anpassung und Weiterbildung, auch soweit die Leistungen einen zur Teilnahme erforderlichen schulischen Abschluss einschließen,
5. die berufliche Ausbildung, auch soweit die Leistungen in einem zeitlich nicht überwiegenden Abschnitt schulisch durchgeführt werden,
6. die Förderung der Aufnahme einer selbständigen Tätigkeit durch die Rehabilitationsträger nach § 6 Absatz 1 Nummer 2 bis 5 und
7. sonstige Hilfen zur Förderung der Teilhabe am Arbeitsleben, um Menschen mit Behinderungen eine angemessene und geeignete Beschäftigung oder eine selbständige Tätigkeit zu ermöglichen und zu erhalten.

(4) $_1$Bei der Auswahl der Leistungen werden Eignung, Neigung, bisherige Tätigkeit sowie Lage und Entwicklung auf dem Arbeitsmarkt angemessen berücksichtigt. $_2$Soweit erforderlich, wird dabei die berufliche Eignung abgeklärt oder eine Arbeitserprobung durchgeführt; in diesem Fall werden die Kosten nach Absatz 7, Reisekosten nach § 73 sowie Haushaltshilfe und Kinderbetreuungskosten nach § 74 übernommen.

(5) Die Leistungen werden auch für Zeiten notwendiger Praktika erbracht.

(6) $_1$Die Leistungen umfassen auch medizinische, psychologische und pädagogische Hilfen, soweit diese Leistungen im Einzelfall erforderlich sind, um die in Absatz 1 genannten Ziele zu erreichen oder zu sichern und Krankheitsfolgen zu vermeiden, zu überwinden, zu mindern oder ihre Verschlimmerung zu verhüten. $_2$Leistungen sind insbesondere

1. Hilfen zur Unterstützung bei der Krankheits- und Behinderungsverarbeitung,
2. Hilfen zur Aktivierung von Selbsthilfepotentialen,
3. die Information und Beratung von Partnern und Angehörigen sowie von Vorgesetzten und Kollegen, wenn die Leistungsberechtigten dem zustimmen,
4. die Vermittlung von Kontakten zu örtlichen Selbsthilfe- und Beratungsmöglichkeiten,
5. Hilfen zur seelischen Stabilisierung und zur Förderung der sozialen Kompetenz, unter anderem durch Training sozialer und kommunikativer Fähigkeiten und im Umgang mit Krisensituationen,
6. das Training lebenspraktischer Fähigkeiten,
7. das Training motorischer Fähigkeiten,
8. die Anleitung und Motivation zur Inanspruchnahme von Leistungen zur Teilhabe am Arbeitsleben und
9. die Beteiligung von Integrationsfachdiensten im Rahmen ihrer Aufgabenstellung (§ 193).

(7) Zu den Leistungen gehört auch die Übernahme

1. der erforderlichen Kosten für Unterkunft und Verpflegung, wenn für die Ausführung einer Leistung eine Unterbringung außerhalb des eigenen oder des elterlichen Haushalts wegen Art oder Schwere der Behinderung oder zur Sicherung des Erfolges der Teilhabe am Arbeitsleben notwendig ist sowie
2. der erforderlichen Kosten, die mit der Ausführung einer Leistung in unmittelbarem Zusammenhang stehen, insbesondere für Lehrgangskosten, Prüfungsgebühren, Lernmittel, Leistungen zur Aktivierung und beruflichen Eingliederung.

(8) $_1$Leistungen nach Absatz 3 Nummer 1 und 7 umfassen auch

1. die Kraftfahrzeughilfe nach der Kraftfahrzeughilfe-Verordnung,
2. den Ausgleich für unvermeidbare Verdienstausfälle des Leistungsberechtigten oder einer erforderlichen Begleitperson wegen Fahrten der An- und Abreise zu einer Bildungsmaßnahme und zur Vorstellung bei einem Arbeitgeber, bei einem Träger oder einer Einrichtung für Menschen mit Behinderungen, durch die Rehabilitationsträger nach § 6 Absatz 1 Nummer 2 bis 5,
3. die Kosten einer notwendigen Arbeitsassistenz für schwerbehinderte Menschen als Hilfe zur Erlangung eines Arbeitsplatzes,
4. die Kosten für Hilfsmittel, die wegen Art oder Schwere der Behinderung erforderlich sind
   a) zur Berufsausübung,
   b) zur Teilhabe an einer Leistung zur Teilhabe am Arbeitsleben oder zur Erhöhung der Sicherheit auf dem Weg vom und zum Arbeitsplatz und am Arbeitsplatz selbst, es sei denn, dass eine Verpflichtung des Arbeitgebers besteht oder solche Leistungen als medizinische Leistung erbracht werden können,
5. die Kosten technischer Arbeitshilfen, die wegen Art oder Schwere der Behinderung zur Berufsausübung erforderlich sind und

6. die Kosten der Beschaffung, der Ausstattung und der Erhaltung einer behinderungsgerechten Wohnung in angemessenem Umfang.

2Die Leistung nach Satz 1 Nummer 3 wird für die Dauer von bis zu drei Jahren bewilligt und in Abstimmung mit dem Rehabilitationsträger nach § 6 Absatz 1 Nummer 1 bis 5 durch das Integrationsamt nach § 185 Absatz 5 ausgeführt. 3Der Rehabilitationsträger erstattet dem Integrationsamt seine Aufwendungen. 4Der Anspruch nach § 185 Absatz 5 bleibt unberührt.

(9) Die Bundesregierung kann durch Rechtsverordnung mit Zustimmung des Bundesrates Näheres über Voraussetzungen, Gegenstand und Umfang der Leistungen der Kraftfahrzeughilfe zur Teilhabe am Arbeitsleben regeln.

§ 50 Leistungen an Arbeitgeber

(1) Die Rehabilitationsträger nach § 6 Absatz 1 Nummer 2 bis 5 können Leistungen zur Teilhabe am Arbeitsleben auch an Arbeitgeber erbringen, insbesondere als

1. Ausbildungszuschüsse zur betrieblichen Ausführung von Bildungsleistungen,
2. Eingliederungszuschüsse,
3. Zuschüsse für Arbeitshilfen im Betrieb und
4. teilweise oder volle Kostenerstattung für eine befristete Probebeschäftigung.

(2) Die Leistungen können unter Bedingungen und Auflagen erbracht werden.

(3) 1Ausbildungszuschüsse nach Absatz 1 Nummer 1 können für die gesamte Dauer der Maßnahme geleistet werden. 2Die Ausbildungszuschüsse sollen bei Ausbildungsmaßnahmen die monatlichen Ausbildungsvergütungen nicht übersteigen, die von den Arbeitgebern im letzten Ausbildungsjahr gezahlt wurden.

(4) 1Eingliederungszuschüsse nach Absatz 1 Nummer 2 betragen höchstens 50 Prozent der vom Arbeitgeber regelmäßig gezahlten Entgelte, soweit sie die tariflichen Arbeitsentgelte oder, wenn eine tarifliche Regelung nicht besteht, die für vergleichbare Tätigkeiten ortsüblichen Arbeitsentgelte im Rahmen der Beitragsbemessungsgrenze in der Arbeitsförderung nicht übersteigen. 2Die Eingliederungszuschüsse sollen im Regelfall für höchstens ein Jahr gezahlt werden. 3Soweit es für die Teilhabe am Arbeitsleben erforderlich ist, können die Eingliederungszuschüsse um bis zu 20 Prozentpunkte höher festgelegt und bis zu einer Förderungshöchstdauer von zwei Jahren gezahlt werden. 4Werden die Eingliederungszuschüsse länger als ein Jahr gezahlt, sind sie um mindestens 10 Prozentpunkte zu vermindern, entsprechend der zu erwartenden Zunahme der Leistungsfähigkeit der Leistungsberechtigten und den abnehmenden Eingliederungserfordernissen gegenüber der bisherigen Förderungshöhe. 5Bei der Berechnung der Eingliederungszuschüsse nach Satz 1 wird auch der Anteil des Arbeitgebers am Gesamtsozialversicherungsbeitrag berücksichtigt. 6Eingliederungszuschüsse sind zurückzuzahlen, wenn die Arbeitsverhältnisse während des Förderungszeitraums oder innerhalb eines Zeitraums, der der Förderungsdauer entspricht, längstens jedoch von einem Jahr, nach dem Ende der Leistungen beendet werden. 7Der Eingliederungszuschuss muss nicht zurückgezahlt werden, wenn

1. die Leistungsberechtigten die Arbeitsverhältnisse durch Kündigung beenden oder das Mindestalter für den Bezug der gesetzlichen Altersrente erreicht haben oder
2. die Arbeitgeber berechtigt waren, aus wichtigem Grund ohne Einhaltung einer Kündigungsfrist oder aus Gründen, die in der Person oder dem Verhalten des Arbeitnehmers liegen, oder aus dringenden betrieblichen Erfordernissen, die einer Weiterbeschäftigung in diesem Betrieb entgegenstehen, zu kündigen.

8Die Rückzahlung ist auf die Hälfte des Förderungsbetrages, höchstens aber den im letzten Jahr vor der Beendigung des Beschäftigungsverhältnisses gewährten Förderungsbetrag begrenzt; nicht geförderte Nachbeschäftigungszeiten werden anteilig berücksichtigt.

§ 51 Einrichtungen der beruflichen Rehabilitation

(1) 1Leistungen werden durch Berufsbildungswerke, Berufsförderungswerke und vergleichbare Einrichtungen der beruflichen Rehabilitation ausgeführt, wenn Art oder Schwere der Behinderung der Leistungsberechtigten oder die Sicherung des Erfolges die besonderen Hilfen dieser Einrichtungen erforderlich machen. 2Die Einrichtung muss

1. eine erfolgreiche Ausführung der Leistung erwarten lassen nach Dauer, Inhalt und Gestaltung der Leistungen, nach der Unterrichtsmethode, Ausbildung und Berufserfahrung der Leitung und der Lehrkräfte sowie nach der Ausgestaltung der Fachdienste,
2. angemessene Teilnahmebedingungen bieten und behinderungsgerecht sein, insbesondere auch die Beachtung der Erfordernisse des Arbeitsschutzes und der Unfallverhütung gewährleisten,

IX

3. den Teilnehmenden und den von ihnen zu wählenden Vertretungen angemessene Mitwirkungsmöglichkeiten an der Ausführung der Leistungen bieten sowie
4. die Leistung nach den Grundsätzen der Wirtschaftlichkeit und Sparsamkeit, insbesondere zu angemessenen Vergütungssätzen, ausführen.

3Die zuständigen Rehabilitationsträger vereinbaren hierüber gemeinsame Empfehlungen nach den §§ 26 und 37.

(2) 1Werden Leistungen zur beruflichen Ausbildung in Einrichtungen der beruflichen Rehabilitation ausgeführt, sollen die Einrichtungen bei Eignung der Leistungsberechtigten darauf hinwirken, dass diese Ausbildung teilweise auch in Betrieben und Dienststellen durchgeführt wird. 2Die Einrichtungen der beruflichen Rehabilitation unterstützen die Arbeitgeber bei der betrieblichen Ausbildung und bei der Betreuung der auszubildenden Jugendlichen mit Behinderungen.

§ 52 Rechtsstellung der Teilnehmenden

1Werden Leistungen in Einrichtungen der beruflichen Rehabilitation ausgeführt, werden die Teilnehmenden nicht in den Betrieb der Einrichtungen eingegliedert. 2Sie sind keine Arbeitnehmer im Sinne des Betriebsverfassungsgesetzes und wählen zu ihrer Mitwirkung besondere Vertreter. 3Bei der Ausführung werden die arbeitsrechtlichen Grundsätze über den Persönlichkeitsschutz, die Haftungsbeschränkung sowie die gesetzlichen Vorschriften über den Arbeitsschutz, den Schutz vor Diskriminierungen in Beschäftigung und Beruf, den Erholungsurlaub und die Gleichberechtigung von Männern und Frauen entsprechend angewendet.

§ 53 Dauer von Leistungen

(1) 1Leistungen werden für die Zeit erbracht, die vorgeschrieben oder allgemein üblich ist, um das angestrebte Teilhabeziel zu erreichen. 2Eine Förderung kann darüber hinaus erfolgen, wenn besondere Umstände dies rechtfertigen.

(2) 1Leistungen zur beruflichen Weiterbildung sollen in der Regel bei ganztägigem Unterricht nicht länger als zwei Jahre dauern, es sei denn, dass das Teilhabeziel nur über eine länger andauernde Leistung erreicht werden kann oder die Eingliederungsaussichten nur durch eine länger andauernde Leistung wesentlich verbessert werden. 2Abweichend von Satz 1 erster Teilsatz sollen Leistungen zur beruflichen Weiterbildung, die zu einem Abschluss in einem allgemein anerkannten Ausbildungsberuf führen und für die eine allgemeine Ausbildungsdauer von mehr als zwei Jahren vorgeschrieben ist, nicht länger als zwei Drittel der üblichen Ausbildungszeit dauern.

§ 54 Beteiligung der Bundesagentur für Arbeit

1Die Bundesagentur für Arbeit nimmt auf Anforderung eines anderen Rehabilitationsträgers gutachterlich Stellung zu Notwendigkeit, Art und Umfang von Leistungen unter Berücksichtigung arbeitsmarktlicher Zweckmäßigkeit. 2Dies gilt auch, wenn sich die Leistungsberechtigten in einem Krankenhaus oder einer Einrichtung der medizinischen oder der medizinisch-beruflichen Rehabilitation aufhalten.

§ 55 Unterstützte Beschäftigung

(1) 1Ziel der Unterstützten Beschäftigung ist es, Leistungsberechtigten mit besonderem Unterstützungsbedarf eine angemessene, geeignete und sozialversicherungspflichtige Beschäftigung zu ermöglichen und zu erhalten. 2Unterstützte Beschäftigung umfasst eine individuelle betriebliche Qualifizierung und bei Bedarf Berufsbegleitung.

(2) 1Leistungen zur individuellen betrieblichen Qualifizierung erhalten Menschen mit Behinderungen insbesondere, um sie für geeignete betriebliche Tätigkeiten zu erproben, auf ein sozialversicherungspflichtiges Beschäftigungsverhältnis vorzubereiten und bei der Einarbeitung und Qualifizierung auf einem betrieblichen Arbeitsplatz zu unterstützen. 2Die Leistungen umfassen auch die Vermittlung von berufsübergreifenden Lerninhalten und Schlüsselqualifikationen sowie die Weiterentwicklung der Persönlichkeit der Menschen mit Behinderungen. 3Die Leistungen werden vom zuständigen Rehabilitationsträger nach § 6 Absatz 1 Nummer 2 bis 5 für bis zu zwei Jahre erbracht, soweit sie wegen Art oder Schwere der Behinderung erforderlich sind. 4Sie können bis zu einer Dauer von weiteren zwölf Monaten verlängert werden, wenn auf Grund der Art oder Schwere der Behinderung der gewünschte nachhaltige Qualifizierungserfolg im Einzelfall nicht anders erreicht werden kann und hinreichend gewährleistet ist, dass eine weitere Qualifizierung zur Aufnahme einer sozialversicherungspflichtigen Beschäftigung führt.

(3) 1Leistungen der Berufsbegleitung erhalten Menschen mit Behinderungen insbesondere, um nach Begründung eines sozialversicherungspflichtigen Beschäftigungsverhältnisses die zu dessen Stabilisierung erforderliche Unterstützung und Krisenintervention zu gewährleisten. 2Die Leistungen werden bei Zuständigkeit eines Rehabilitationsträgers nach § 6 Absatz 1 Num-

mer 3 oder 5 von diesem, im Übrigen von dem Integrationsamt im Rahmen seiner Zuständigkeit erbracht, solange und soweit sie wegen Art oder Schwere der Behinderung zur Sicherung des Beschäftigungsverhältnisses erforderlich sind.

(4) Stellt der Rehabilitationsträger während der individuellen betrieblichen Qualifizierung fest, dass voraussichtlich eine anschließende Berufsbegleitung erforderlich ist, für die ein anderer Leistungsträger zuständig ist, beteiligt er diesen frühzeitig.

(5) 1Die Unterstützte Beschäftigung kann von Integrationsfachdiensten oder anderen Trägern durchgeführt werden. 2Mit der Durchführung kann nur beauftragt werden, wer über die erforderliche Leistungsfähigkeit verfügt, um seine Aufgaben entsprechend den individuellen Bedürfnissen der Menschen mit Behinderungen erfüllen zu können. 3Insbesondere müssen die Beauftragten

1. über Fachkräfte verfügen, die eine geeignete Berufsqualifikation, eine psychosoziale oder arbeitspädagogische Zusatzqualifikation und eine ausreichende Berufserfahrung besitzen,
2. in der Lage sein, den Menschen mit Behinderungen geeignete individuelle betriebliche Qualifizierungsplätze zur Verfügung zu stellen und ihre berufliche Eingliederung zu unterstützen,
3. über die erforderliche räumliche und sächliche Ausstattung verfügen sowie
4. ein System des Qualitätsmanagements im Sinne des § 37 Absatz 2 Satz 1 anwenden.

(6) 1Zur Konkretisierung und Weiterentwicklung der in Absatz 5 genannten Qualitätsanforderungen vereinbaren die Rehabilitationsträger nach § 6 Absatz 1 Nummer 2 bis 5 sowie die Bundesarbeitsgemeinschaft der Integrationsämter und Hauptfürsorgestellen im Rahmen der Bundesarbeitsgemeinschaft für Rehabilitation eine gemeinsame Empfehlung. 2Die gemeinsame Empfehlung kann auch Ausführungen zu möglichen Leistungsinhalten und zur Zusammenarbeit enthalten. 3§ 26 Absatz 4, 6 und 7 sowie § 27 gelten entsprechend.

§ 56 Leistungen in Werkstätten für behinderte Menschen

Leistungen in anerkannten Werkstätten für behinderte Menschen (§ 219) werden erbracht, um die Leistungs- oder Erwerbsfähigkeit der Menschen mit Behinderungen zu erhalten, zu entwickeln, zu verbessern oder wiederherzustellen, die Persönlichkeit dieser Menschen weiterzuentwickeln und ihre Beschäftigung zu ermöglichen oder zu sichern.

§ 57 Leistungen im Eingangsverfahren und im Berufsbildungsbereich

(1) Leistungen im Eingangsverfahren und im Berufsbildungsbereich einer anerkannten Werkstatt für behinderte Menschen erhalten Menschen mit Behinderungen

1. im Eingangsverfahren zur Feststellung, ob die Werkstatt die geeignete Einrichtung für die Teilhabe des Menschen mit Behinderungen am Arbeitsleben ist sowie welche Bereiche der Werkstatt und welche Leistungen zur Teilhabe am Arbeitsleben für die Menschen mit Behinderungen in Betracht kommen, und um einen Eingliederungsplan zu erstellen;
2. im Berufsbildungsbereich, wenn die Leistungen erforderlich sind, um die Leistungs- oder Erwerbsfähigkeit des Menschen mit Behinderungen so weit wie möglich zu entwickeln, zu verbessern oder wiederherzustellen und erwartet werden kann, dass der Mensch mit Behinderungen nach Teilnahme an diesen Leistungen in der Lage ist, wenigstens ein Mindestmaß wirtschaftlich verwertbarer Arbeitsleistung im Sinne des § 219 zu erbringen.

(2) 1Die Leistungen im Eingangsverfahren werden für drei Monate erbracht. 2Die Leistungsdauer kann auf bis zu vier Wochen verkürzt werden, wenn während des Eingangsverfahrens im Einzelfall festgestellt wird, dass eine kürzere Leistungsdauer ausreichend ist.

(3) 1Die Leistungen im Berufsbildungsbereich werden für zwei Jahre erbracht. 2Sie werden in der Regel zunächst für ein Jahr bewilligt. 3Sie werden für ein weiteres Jahr bewilligt, wenn auf Grund einer fachlichen Stellungnahme, die rechtzeitig vor Ablauf des Förderzeitraums nach Satz 2 abzugeben ist, angenommen wird, dass die Leistungsfähigkeit des Menschen mit Behinderungen weiterentwickelt oder wiedergewonnen werden kann.

(4) 1Zeiten der individuellen betrieblichen Qualifizierung im Rahmen einer Unterstützten Beschäftigung nach § 55 werden zur Hälfte auf die Dauer des Berufsbildungsbereichs angerechnet. 2Allerdings dürfen die Zeiten individueller betrieblicher Qualifizierung und die Zeiten des Berufsbildungsbereichs insgesamt nicht mehr als 36 Monate betragen.

§ 58 Leistungen im Arbeitsbereich

(1) 1Leistungen im Arbeitsbereich einer anerkannten Werkstatt für behinderte Menschen erhalten Menschen

mit Behinderungen, bei denen wegen Art oder Schwere der Behinderung

1. eine Beschäftigung auf dem allgemeinen Arbeitsmarkt einschließlich einer Beschäftigung in einem Inklusionsbetrieb (§ 215) oder
2. eine Berufsvorbereitung, eine individuelle betriebliche Qualifizierung im Rahmen Unterstützter Beschäftigung, eine berufliche Anpassung und Weiterbildung oder eine berufliche Ausbildung (§ 49 Absatz 3 Nummer 2 bis 6)

nicht, noch nicht oder noch nicht wieder in Betracht kommt und die in der Lage sind, wenigstens ein Mindestmaß wirtschaftlich verwertbarer Arbeitsleistung zu erbringen. 2Leistungen im Arbeitsbereich werden im Anschluss an Leistungen im Berufsbildungsbereich (§ 57) oder an entsprechende Leistungen bei einem anderen Leistungsanbieter (§ 60) erbracht; hiervon kann abgewichen werden, wenn der Mensch mit Behinderungen bereits über die für die in Aussicht genommene Beschäftigung erforderliche Leistungsfähigkeit verfügt, die er durch eine Beschäftigung auf dem allgemeinen Arbeitsmarkt erworben hat. 3Die Leistungen sollen in der Regel längstens bis zum Ablauf des Monats erbracht werden, in dem das für die Regelaltersrente im Sinne des Sechsten Buches erforderliche Lebensalter erreicht wird.

(2) Die Leistungen im Arbeitsbereich sind gerichtet auf

1. die Aufnahme, Ausübung und Sicherung einer der Eignung und Neigung des Menschen mit Behinderungen entsprechenden Beschäftigung,
2. die Teilnahme an arbeitsbegleitenden Maßnahmen zur Erhaltung und Verbesserung der im Berufsbildungsbereich erworbenen Leistungsfähigkeit und zur Weiterentwicklung der Persönlichkeit sowie
3. die Förderung des Übergangs geeigneter Menschen mit Behinderungen auf den allgemeinen Arbeitsmarkt durch geeignete Maßnahmen.

(3) 1Die Werkstätten erhalten für die Leistungen nach Absatz 2 vom zuständigen Rehabilitationsträger angemessene Vergütungen, die den Grundsätzen der Wirtschaftlichkeit, Sparsamkeit und Leistungsfähigkeit entsprechen. 2Die Vergütungen berücksichtigen

1. alle für die Erfüllung der Aufgaben und der fachlichen Anforderungen der Werkstatt notwendigen Kosten sowie
2. die mit der wirtschaftlichen Betätigung der Werkstatt in Zusammenhang stehenden Kosten, soweit diese unter Berücksichtigung der besonderen Verhältnisse in der Werkstatt und der dort beschäftigten Menschen mit Behinderungen nach Art und Umfang über die in einem Wirtschaftsunternehmen üblicherweise entstehenden Kosten hinausgehen.

3Können die Kosten der Werkstatt nach Satz 2 Nummer 2 im Einzelfall nicht ermittelt werden, kann eine Vergütungspauschale für diese werkstattspezifischen Kosten der wirtschaftlichen Betätigung der Werkstatt vereinbart werden.

(4) 1Bei der Ermittlung des Arbeitsergebnisses der Werkstatt nach § 12 Absatz 4 der Werkstättenverordnung werden die Auswirkungen der Vergütungen auf die Höhe des Arbeitsergebnisses dargestellt. 2Dabei wird getrennt ausgewiesen, ob sich durch die Vergütung Verluste oder Gewinne ergeben. 3Das Arbeitsergebnis der Werkstatt darf nicht zur Minderung der Vergütungen nach Absatz 3 verwendet werden.

§ 59 Arbeitsförderungsgeld

(1) 1Die Werkstätten für behinderte Menschen erhalten von dem zuständigen Rehabilitationsträger zur Auszahlung an die im Arbeitsbereich beschäftigten Menschen mit Behinderungen zusätzlich zu den Vergütungen nach § 58 Absatz 3 ein Arbeitsförderungsgeld. 2Das Arbeitsförderungsgeld beträgt monatlich 52 Euro für jeden im Arbeitsbereich beschäftigten Menschen mit Behinderungen, dessen Arbeitsentgelt zusammen mit dem Arbeitsförderungsgeld den Betrag von 351 Euro nicht übersteigt. 3Ist das Arbeitsentgelt höher als 299 Euro, beträgt das Arbeitsförderungsgeld monatlich den Differenzbetrag zwischen dem Arbeitsentgelt und 351 Euro.

(2) Das Arbeitsförderungsgeld bleibt bei Sozialleistungen, deren Zahlung von anderen Einkommen abhängig ist, als Einkommen unberücksichtigt.

§ 60 Andere Leistungsanbieter

(1) Menschen mit Behinderungen, die Anspruch auf Leistungen nach den §§ 57 und 58 haben, können diese auch bei einem anderen Leistungsanbieter in Anspruch nehmen.

(2) Die Vorschriften für Werkstätten für behinderte Menschen gelten mit folgenden Maßgaben für andere Leistungsanbieter:

1. sie bedürfen nicht der förmlichen Anerkennung,
2. sie müssen nicht über eine Mindestplatzzahl und die für die Erbringung der Leistungen in Werkstätten erforderliche räumliche und sächliche Ausstattung verfügen,

3. sie können ihr Angebot auf Leistungen nach § 57 oder § 58 oder Teile solcher Leistungen beschränken,
4. sie sind nicht verpflichtet, Menschen mit Behinderungen Leistungen nach § 57 oder § 58 zu erbringen, wenn und solange die Leistungsvoraussetzungen vorliegen,
5. eine dem Werkstattrat vergleichbare Vertretung wird ab fünf Wahlberechtigten gewählt. Sie besteht bei bis zu 20 Wahlberechtigten aus einem Mitglied,
6. eine Frauenbeauftragte wird ab fünf wahlberechtigten Frauen gewählt, eine Stellvertreterin ab 20 wahlberechtigten Frauen,
7. die Regelungen zur Anrechnung von Aufträgen auf die Ausgleichsabgabe und zur bevorzugten Vergabe von Aufträgen durch die öffentliche Hand sind nicht anzuwenden und
8. erbringen sie Leistungen nach den §§ 57 oder 58 ausschließlich in betrieblicher Form, soll ein besserer als der in § 9 Absatz 3 der Werkstättenverordnung für den Berufsbildungsbereich oder für den Arbeitsbereich in einer Werkstatt für behinderte Menschen festgelegte Personalschlüssel angewendet werden.

(3) Eine Verpflichtung des Leistungsträgers, Leistungen durch andere Leistungsanbieter zu ermöglichen, besteht nicht.

(4) Für das Rechtsverhältnis zwischen dem anderen Leistungsanbieter und dem Menschen mit Behinderungen gilt § 221 entsprechend.

§ 61 Budget für Arbeit

(1) Menschen mit Behinderungen, die Anspruch auf Leistungen nach § 58 haben und denen von einem privaten oder öffentlichen Arbeitgeber ein sozialversicherungspflichtiges Arbeitsverhältnis mit einer tarifvertraglichen oder ortsüblichen Entlohnung angeboten wird, erhalten mit Abschluss dieses Arbeitsvertrages als Leistungen zur Teilhabe am Arbeitsleben ein Budget für Arbeit.

(2) 1Das Budget für Arbeit umfasst einen Lohnkostenzuschuss an den Arbeitgeber zum Ausgleich der Leistungsminderung des Beschäftigten und die Aufwendungen für die wegen der Behinderung erforderliche Anleitung und Begleitung am Arbeitsplatz. 2Der Lohnkostenzuschuss beträgt bis zu 75 Prozent des vom Arbeitgeber regelmäßig gezahlten Arbeitsentgelts, höchstens jedoch 40 Prozent der monatlichen Bezugsgröße nach § 18 Absatz 1 des Vierten Buches. 3Dauer und Umfang der Leistungen bestimmen sich nach den Umständen des Einzelfalles. 4Durch Landesrecht kann von dem Prozentsatz der Bezugsgröße nach Satz 2 zweiter Halbsatz nach oben abgewichen werden.

(3) Ein Lohnkostenzuschuss ist ausgeschlossen, wenn zu vermuten ist, dass der Arbeitgeber die Beendigung eines anderen Beschäftigungsverhältnisses veranlasst hat, um durch die ersatzweise Einstellung eines Menschen mit Behinderungen den Lohnkostenzuschuss zu erhalten.

(4) Die am Arbeitsplatz wegen der Behinderung erforderliche Anleitung und Begleitung kann von mehreren Leistungsberechtigten gemeinsam in Anspruch genommen werden.

(5) Eine Verpflichtung des Leistungsträgers, Leistungen zur Beschäftigung bei privaten oder öffentlichen Arbeitgebern zu ermöglichen, besteht nicht.

§ 61a Budget für Ausbildung

(1) Menschen mit Behinderungen, die Anspruch auf Leistungen nach § 57 oder § 58 haben und denen von einem privaten oder öffentlichen Arbeitgeber ein sozialversicherungspflichtiges Ausbildungsverhältnis in einem anerkannten Ausbildungsberuf oder in einem Ausbildungsgang nach § 66 des Berufsbildungsgesetzes oder § 42r der Handwerksordnung angeboten wird, erhalten mit Abschluss des Vertrages über dieses Ausbildungsverhältnis als Leistungen zur Teilhabe am Arbeitsleben ein Budget für Ausbildung.

(2) 1Das Budget für Ausbildung umfasst
1. die Erstattung der angemessenen Ausbildungsvergütung einschließlich des Anteils des Arbeitgebers am Gesamtsozialversicherungsbeitrag und des Beitrags zur Unfallversicherung nach Maßgabe des Siebten Buches,
2. die Aufwendungen für die wegen der Behinderung erforderliche Anleitung und Begleitung am Ausbildungsplatz und in der Berufsschule sowie
3. die erforderlichen Fahrkosten.

2Ist wegen Art oder Schwere der Behinderung der Besuch einer Berufsschule am Ort des Ausbildungsplatzes nicht möglich, so kann der schulische Teil der Ausbildung in Einrichtungen der beruflichen Rehabilitation erfolgen; die entstehenden Kosten werden ebenfalls vom Budget für Ausbildung gedeckt. 3Vor dem Abschluss einer Vereinbarung mit einer Einrichtung der beruflichen Rehabilitation ist dem zuständigen Leistungsträger das Angebot mit konkreten Angaben zu den entstehenden Kosten zur Bewilligung vorzulegen.

(3) 1Das Budget für Ausbildung wird erbracht, solange es erforderlich ist, längstens bis zum erfolgreichen Abschluss der Ausbildung. 2Zeiten eines Budgets für Ausbildung werden auf die Dauer des Eingangsverfahrens und des Berufsbildungsbereiches in Werkstätten für behinderte Menschen nach § 57 Absatz 2 und 3 angerechnet, sofern der Mensch mit Behinderungen in der Werkstatt für behinderte Menschen oder bei einem anderen Leistungsanbieter seine berufliche Bildung in derselben Fachrichtung fortsetzt.

(4) Die wegen der Behinderung erforderliche Anleitung und Begleitung kann von mehreren Leistungsberechtigten gemeinsam in Anspruch genommen werden.

(5) 1Die Bundesagentur für Arbeit soll den Menschen mit Behinderungen bei der Suche nach einem geeigneten Ausbildungsplatz im Sinne von Absatz 1 unterstützen. 2Dies umfasst im Fall des Absatzes 2 Satz 4 auch die Unterstützung bei der Suche nach einer geeigneten Einrichtung der beruflichen Rehabilitation.

§ 62 Wahlrecht des Menschen mit Behinderungen

(1) Auf Wunsch des Menschen mit Behinderungen werden die Leistungen nach den §§ 57 und 58 von einer nach § 225 anerkannten Werkstatt für behinderte Menschen, von dieser zusammen mit einem oder mehreren anderen Leistungsanbietern oder von einem oder mehreren anderen Leistungsanbietern erbracht.

(2) Werden Teile einer Leistung im Verantwortungsbereich einer Werkstatt für behinderte Menschen oder eines anderen Leistungsanbieters erbracht, so bedarf die Leistungserbringung der Zustimmung des unmittelbar verantwortlichen Leistungsanbieters.

§ 63 Zuständigkeit nach den Leistungsgesetzen

(1) Die Leistungen im Eingangsverfahren und im Berufsbildungsbereich einer anerkannten Werkstatt für behinderte Menschen erbringen

1. die Bundesagentur für Arbeit, soweit nicht einer der in den Nummern 2 bis 4 genannten Träger zuständig ist,
2. die Träger der Unfallversicherung im Rahmen ihrer Zuständigkeit für durch Arbeitsunfälle Verletzte und von Berufskrankheiten Betroffene,
3. die Träger der Rentenversicherung unter den Voraussetzungen der §§ 11 bis 13 des Sechsten Buches und
4. die Träger der Kriegsopferfürsorge unter den Voraussetzungen der §§ 26 und 26a des Bundesversorgungsgesetzes.

(2) Die Leistungen im Arbeitsbereich einer anerkannten Werkstatt für behinderte Menschen erbringen

1. die Träger der Unfallversicherung im Rahmen ihrer Zuständigkeit für durch Arbeitsunfälle Verletzte und von Berufskrankheiten Betroffene,
2. die Träger der Kriegsopferfürsorge unter den Voraussetzungen des § 27d Absatz 1 Nummer 3 des Bundesversorgungsgesetzes,
3. die Träger der öffentlichen Jugendhilfe unter den Voraussetzungen des § 35a des Achten Buches und
4. im Übrigen die Träger der Eingliederungshilfe unter den Voraussetzungen des § 99.

(3) 1Absatz 1 gilt auch für die Leistungen zur beruflichen Bildung bei einem anderen Leistungsanbieter sowie für die Leistung des Budgets für Ausbildung an Menschen mit Behinderungen, die Anspruch auf Leistungen nach § 57 haben. 2Absatz 2 gilt auch für die Leistungen zur Beschäftigung bei einem anderen Leistungsanbieter, für die Leistung des Budgets für Ausbildung an Menschen mit Behinderungen, die Anspruch auf Leistungen nach § 58 haben und die keinen Anspruch auf Leistungen nach § 57 haben, sowie für die Leistung des Budgets für Arbeit.

Kapitel 11
Unterhaltssichernde und andere ergänzende Leistungen

§ 64 Ergänzende Leistungen

(1) Die Leistungen zur medizinischen Rehabilitation und zur Teilhabe am Arbeitsleben der in § 6 Absatz 1 Nummer 1 bis 5 genannten Rehabilitationsträger werden ergänzt durch

1. Krankengeld, Versorgungskrankengeld, Verletztengeld, Übergangsgeld, Ausbildungsgeld oder Unterhaltsbeihilfe,
2. Beiträge und Beitragszuschüsse
   a) zur Krankenversicherung nach Maßgabe des Fünften Buches, des Zweiten Gesetzes über die Krankenversicherung der Landwirte sowie des Künstlersozialversicherungsgesetzes,
   b) zur Unfallversicherung nach Maßgabe des Siebten Buches,
   c) zur Rentenversicherung nach Maßgabe des Sechsten Buches sowie des Künstlersozialversicherungsgesetzes,

d) zur Bundesagentur für Arbeit nach Maßgabe des Dritten Buches,
e) zur Pflegeversicherung nach Maßgabe des Elften Buches,
3. ärztlich verordneten Rehabilitationssport in Gruppen unter ärztlicher Betreuung und Überwachung, einschließlich Übungen für behinderte oder von Behinderung bedrohte Frauen und Mädchen, die der Stärkung des Selbstbewusstseins dienen,
4. ärztlich verordnetes Funktionstraining in Gruppen unter fachkundiger Anleitung und Überwachung,
5. Reisekosten sowie
6. Betriebs- oder Haushaltshilfe und Kinderbetreuungskosten.

(2) 1Ist der Schutz von Menschen mit Behinderungen bei Krankheit oder Pflege während der Teilnahme an Leistungen zur Teilhabe am Arbeitsleben nicht anderweitig sichergestellt, können die Beiträge für eine freiwillige Krankenversicherung ohne Anspruch auf Krankengeld und zur Pflegeversicherung bei einem Träger der gesetzlichen Kranken- oder Pflegeversicherung oder, wenn dort im Einzelfall ein Schutz nicht gewährleistet ist, die Beiträge zu einem privaten Krankenversicherungsunternehmen erbracht werden. 2Arbeitslose Teilnehmer an Leistungen zur medizinischen Rehabilitation können für die Dauer des Bezuges von Verletztengeld, Versorgungskrankengeld oder Übergangsgeld einen Zuschuss zu ihrem Beitrag für eine private Versicherung gegen Krankheit oder für die Pflegeversicherung erhalten. 3Der Zuschuss wird nach § 174 Absatz 2 des Dritten Buches berechnet.

§ 65 Leistungen zum Lebensunterhalt

(1) Im Zusammenhang mit Leistungen zur medizinischen Rehabilitation leisten

1. Krankengeld: die gesetzlichen Krankenkassen nach Maßgabe der §§ 44 und 46 bis 51 des Fünften Buches und des § 8 Absatz 2 in Verbindung mit den §§ 12 und 13 des Zweiten Gesetzes über die Krankenversicherung der Landwirte,
2. Verletztengeld: die Träger der Unfallversicherung nach Maßgabe der §§ 45 bis 48, 52 und 55 des Siebten Buches,
3. Übergangsgeld: die Träger der Rentenversicherung nach Maßgabe dieses Buches und der §§ 20 und 21 des Sechsten Buches,
4. Versorgungskrankengeld: die Träger der Kriegsopferversorgung nach Maßgabe der §§ 16 bis 16h und 18a des Bundesversorgungsgesetzes.

(2) Im Zusammenhang mit Leistungen zur Teilhabe am Arbeitsleben leisten Übergangsgeld

1. die Träger der Unfallversicherung nach Maßgabe dieses Buches und der §§ 49 bis 52 des Siebten Buches,
2. die Träger der Rentenversicherung nach Maßgabe dieses Buches und der §§ 20 und 21 des Sechsten Buches,
3. die Bundesagentur für Arbeit nach Maßgabe dieses Buches und der §§ 119 bis 121 des Dritten Buches,
4. die Träger der Kriegsopferfürsorge nach Maßgabe dieses Buches und des § 26a des Bundesversorgungsgesetzes.

(3) Menschen mit Behinderungen oder von Behinderung bedrohte Menschen haben Anspruch auf Übergangsgeld wie bei Leistungen zur Teilhabe am Arbeitsleben für den Zeitraum, in dem die berufliche Eignung abgeklärt oder eine Arbeitserprobung durchgeführt wird (§ 49 Absatz 4 Satz 2) und sie wegen der Teilnahme an diesen Maßnahmen kein oder ein geringeres Arbeitsentgelt oder Arbeitseinkommen erzielen.

(4) Der Anspruch auf Übergangsgeld ruht, solange die Leistungsempfängerin einen Anspruch auf Mutterschaftsgeld hat; § 52 Nummer 2 des Siebten Buches bleibt unberührt.

(5) Während der Ausführung von Leistungen zur erstmaligen beruflichen Ausbildung von Menschen mit Behinderungen, berufsvorbereitenden Bildungsmaßnahmen und Leistungen zur individuellen betrieblichen Qualifizierung im Rahmen Unterstützter Beschäftigung sowie im Eingangsverfahren und im Berufsbildungsbereich von anerkannten Werkstätten für behinderte Menschen und anderen Leistungsanbietern leisten

1. die Bundesagentur für Arbeit Ausbildungsgeld nach Maßgabe der §§ 122 bis 126 des Dritten Buches und
2. die Träger der Kriegsopferfürsorge Unterhaltsbeihilfe unter den Voraussetzungen der §§ 26 und 26a des Bundesversorgungsgesetzes.

(6) Die Träger der Kriegsopferfürsorge leisten in den Fällen des § 27d Absatz 1 Nummer 3 des Bundesversorgungsgesetzes ergänzende Hilfe zum Lebensunterhalt nach § 27a des Bundesversorgungsgesetzes.

(7) Das Krankengeld, das Versorgungskrankengeld, das Verletztengeld und das Übergangsgeld werden für Ka-

IX

lendertage gezahlt; wird die Leistung für einen ganzen Kalendermonat gezahlt, so wird dieser mit 30 Tagen angesetzt.

§ 66 Höhe und Berechnung des Übergangsgelds

(1) 1Der Berechnung des Übergangsgelds werden 80 Prozent des erzielten regelmäßigen Arbeitsentgelts und Arbeitseinkommens, soweit es der Beitragsberechnung unterliegt (Regelentgelt), zugrunde gelegt, höchstens jedoch das in entsprechender Anwendung des § 67 berechnete Nettoarbeitsentgelt; als Obergrenze gilt die für den Rehabilitationsträger jeweils geltende Beitragsbemessungsgrenze. 2Bei der Berechnung des Regelentgelts und des Nettoarbeitsentgelts werden die für die jeweilige Beitragsbemessung und Beitragstragung geltenden Besonderheiten des Übergangsbereichs nach § 20 Absatz 2 des Vierten Buches nicht berücksichtigt. 3Das Übergangsgeld beträgt

1. 75 Prozent der Berechnungsgrundlage für Leistungsempfänger,
   a) die mindestens ein Kind im Sinne des § 32 Absatz 1, 3 bis 5 des Einkommensteuergesetzes haben,
   b) die ein Stiefkind (§ 56 Absatz 2 Nummer 1 des Ersten Buches) in ihren Haushalt aufgenommen haben oder
   c) deren Ehegatten oder Lebenspartner, mit denen sie in häuslicher Gemeinschaft leben, eine Erwerbstätigkeit nicht ausüben können, weil sie die Leistungsempfänger pflegen oder selbst der Pflege bedürfen und keinen Anspruch auf Leistungen aus der Pflegeversicherung haben,
2. 68 Prozent der Berechnungsgrundlage für die übrigen Leistungsempfänger.

4Leisten Träger der Kriegsopferfürsorge Übergangsgeld, beträgt das Übergangsgeld 80 Prozent der Berechnungsgrundlage, wenn die Leistungsempfänger eine der Voraussetzungen von Satz 3 Nummer 1 erfüllen, und im Übrigen 70 Prozent der Berechnungsgrundlage.

(2) 1Das Nettoarbeitsentgelt nach Absatz 1 Satz 1 berechnet sich, indem der Anteil am Nettoarbeitsentgelt, der sich aus dem kalendertäglichen Hinzurechnungsbetrag nach § 67 Absatz 1 Satz 6 ergibt, mit dem Prozentsatz angesetzt wird, der sich aus dem Verhältnis des kalendertäglichen Regelentgeltbetrages nach § 67 Absatz 1 Satz 1 bis 5 zu dem sich aus diesem Regelentgeltbetrag ergebenden Nettoarbeitsentgelt ergibt. 2Das kalendertägliche Übergangsgeld darf das kalendertägliche Nettoarbeitsentgelt, das sich aus dem Arbeitsentgelt nach § 67 Absatz 1 Satz 1 bis 5 ergibt, nicht übersteigen.

§ 67 Berechnung des Regelentgelts

(1) 1Für die Berechnung des Regelentgelts wird das von den Leistungsempfängern im letzten vor Beginn der Leistung oder einer vorangegangenen Arbeitsunfähigkeit abgerechneten Entgeltabrechnungszeitraum, mindestens das während der letzten abgerechneten vier Wochen (Bemessungszeitraum) erzielte und um einmalig gezahltes Arbeitsentgelt verminderte Arbeitsentgelt durch die Zahl der Stunden geteilt, für die es gezahlt wurde. 2Das Ergebnis wird mit der Zahl der sich aus dem Inhalt des Arbeitsverhältnisses ergebenden regelmäßigen wöchentlichen Arbeitsstunden vervielfacht und durch sieben geteilt. 3Ist das Arbeitsentgelt nach Monaten bemessen oder ist eine Berechnung des Regelentgelts nach den Sätzen 1 und 2 nicht möglich, gilt der 30. Teil des in dem letzten vor Beginn der Leistung abgerechneten Kalendermonat erzielten und um einmalig gezahltes Arbeitsentgelt verminderten Arbeitsentgelts als Regelentgelt. 4Wird mit einer Arbeitsleistung Arbeitsentgelt erzielt, das für Zeiten einer Freistellung vor oder nach dieser Arbeitsleistung fällig wird (Wertguthaben nach § 7b des Vierten Buches), ist für die Berechnung des Regelentgelts das im Bemessungszeitraum der Beitragsberechnung zugrunde liegende und um einmalig gezahltes Arbeitsentgelt verminderte Arbeitsentgelt maßgebend; Wertguthaben, die nicht nach einer Vereinbarung über flexible Arbeitszeitregelungen verwendet werden (§ 23b Absatz 2 des Vierten Buches), bleiben außer Betracht. 5Bei der Anwendung des Satzes 1 gilt als regelmäßige wöchentliche Arbeitszeit die Arbeitszeit, die dem gezahlten Arbeitsentgelt entspricht. 6Für die Berechnung des Regelentgelts wird der 360. Teil des einmalig gezahlten Arbeitsentgelts, das in den letzten zwölf Kalendermonaten vor Beginn der Leistung nach § 23a des Vierten Buches der Beitragsberechnung zugrunde gelegen hat, dem nach den Sätzen 1 bis 5 berechneten Arbeitsentgelt hinzugerechnet.

(2) Bei Teilarbeitslosigkeit ist für die Berechnung das Arbeitsentgelt maßgebend, das in der infolge der Teilarbeitslosigkeit nicht mehr ausgeübten Beschäftigung erzielt wurde.

(3) Für Leistungsempfänger, die Kurzarbeitergeld bezogen haben, wird das regelmäßige Arbeitsentgelt zugrunde gelegt, das zuletzt vor dem Arbeitsausfall erzielt wurde.

(4) Das Regelentgelt wird bis zur Höhe der für den Rehabilitationsträger jeweils geltenden Leistungs- oder Beitragsbemessungsgrenze berücksichtigt, in der Rentenversicherung bis zur Höhe des der Beitragsbemessung zugrunde liegenden Entgelts.

(5) Für Leistungsempfänger, die im Inland nicht einkommensteuerpflichtig sind, werden für die Feststellung des entgangenen Nettoarbeitsentgelts die Steuern berücksichtigt, die bei einer Steuerpflicht im Inland durch Abzug vom Arbeitsentgelt erhoben würden.

§ 68 Berechnungsgrundlage in Sonderfällen

(1) Für die Berechnung des Übergangsgeldes während des Bezuges von Leistungen zur Teilhabe am Arbeitsleben werden 65 Prozent eines fiktiven Arbeitsentgelts zugrunde gelegt, wenn

1. die Berechnung nach den §§ 66 und 67 zu einem geringeren Betrag führt,
2. Arbeitsentgelt oder Arbeitseinkommen nicht erzielt worden ist oder
3. der letzte Tag des Bemessungszeitraums bei Beginn der Leistungen länger als drei Jahre zurückliegt.

(2) 1Für die Festsetzung des fiktiven Arbeitsentgelts ist der Leistungsempfänger der Qualifikationsgruppe zuzuordnen, die seiner beruflichen Qualifikation entspricht. 2Dafür gilt folgende Zuordnung:

1. für eine Hochschul- oder Fachhochschulausbildung (Qualifikationsgruppe 1) ein Arbeitsentgelt in Höhe von einem Dreihundertstel der Bezugsgröße,
2. für einen Fachschulabschluss, den Nachweis über eine abgeschlossene Qualifikation als Meisterin oder Meister oder einen Abschluss in einer vergleichbaren Einrichtung (Qualifikationsgruppe 2) ein Arbeitsentgelt in Höhe von einem Dreihundertsechzigstel der Bezugsgröße,
3. für eine abgeschlossene Ausbildung in einem Ausbildungsberuf (Qualifikationsgruppe 3) ein Arbeitsentgelt in Höhe von einem Vierhundertfünfzigstel der Bezugsgröße und
4. bei einer fehlenden Ausbildung (Qualifikationsgruppe 4) ein Arbeitsentgelt in Höhe von einem Sechshundertstel der Bezugsgröße, mindestens jedoch ein Arbeitsentgelt in Höhe des Betrages, der sich ergibt, wenn der Mindestlohn je Zeitstunde nach § 1 Absatz 2 Satz 1 des Mindestlohngesetzes in Verbindung mit der auf der Grundlage des § 11 Absatz 1 Satz 1 des Mindestlohngesetzes jeweils erlassenen Verordnung mit einem Siebtel der tariflichen regelmäßigen wöchentlichen Arbeitszeit, die für Tarifbeschäftigte im öffentlichen Dienst des Bundes gilt, vervielfacht wird.

3Maßgebend ist die Bezugsgröße, die für den Wohnsitz oder für den gewöhnlichen Aufenthaltsort der Leistungsempfänger im letzten Kalendermonat vor dem Beginn der Leistung gilt.

§ 69 Kontinuität der Bemessungsgrundlage

Haben Leistungsempfänger Krankengeld, Verletztengeld, Versorgungskrankengeld oder Übergangsgeld bezogen und wird im Anschluss daran eine Leistung zur medizinischen Rehabilitation oder zur Teilhabe am Arbeitsleben ausgeführt, so wird bei der Berechnung der diese Leistungen ergänzenden Leistung zum Lebensunterhalt von dem bisher zugrunde gelegten Arbeitsentgelt ausgegangen; es gilt die für den Rehabilitationsträger jeweils geltende Beitragsbemessungsgrenze.

§ 70 Anpassung der Entgeltersatzleistungen

(1) Die Berechnungsgrundlage, die dem Krankengeld, dem Versorgungskrankengeld, dem Verletztengeld und dem Übergangsgeld zugrunde liegt, wird jeweils nach Ablauf eines Jahres ab dem Ende des Bemessungszeitraums an die Entwicklung der Bruttoarbeitsentgelte angepasst und zwar entsprechend der Veränderung der Bruttolöhne und -gehälter je Arbeitnehmer (§ 68 Absatz 2 Satz 1 des Sechsten Buches) vom vorvergangenen zum vergangenen Kalenderjahr.

(2) Der Anpassungsfaktor wird errechnet, indem die Bruttolöhne und -gehälter je Arbeitnehmer für das vergangene Kalenderjahr durch die entsprechenden Bruttolöhne und -gehälter für das vorvergangene Kalenderjahr geteilt werden; § 68 Absatz 7 und § 121 Absatz 1 des Sechsten Buches gelten entsprechend.

(3) Eine Anpassung nach Absatz 1 erfolgt, wenn der nach Absatz 2 berechnete Anpassungsfaktor den Wert 1,0000 überschreitet.

(4) Das Bundesministerium für Arbeit und Soziales gibt jeweils zum 30. Juni eines Kalenderjahres den Anpassungsfaktor, der für die folgenden zwölf Monate maßgebend ist, im Bundesanzeiger bekannt.

§ 71 Weiterzahlung der Leistungen

(1) 1Sind nach Abschluss von Leistungen zur medizinischen Rehabilitation oder von Leistungen zur Teilhabe am Arbeitsleben weitere Leistungen zur Teilhabe am Arbeitsleben erforderlich, während derer dem Grunde nach Anspruch auf Übergangsgeld besteht, und können diese Leistungen aus Gründen, die die Leistungsemp-

fänger nicht zu vertreten haben, nicht unmittelbar anschließend durchgeführt werden, werden das Verletztengeld, das Versorgungskrankengeld oder das Übergangsgeld für diese Zeit weitergezahlt. 2Voraussetzung für die Weiterzahlung ist, dass

1. die Leistungsempfänger arbeitsunfähig sind und keinen Anspruch auf Krankengeld mehr haben oder
2. den Leistungsempfängern eine zumutbare Beschäftigung aus Gründen, die sie nicht zu vertreten haben, nicht vermittelt werden kann.

(2) 1Leistungsempfänger haben die Verzögerung von Weiterzahlungen insbesondere dann zu vertreten, wenn sie zumutbare Angebote von Leistungen zur Teilhabe am Arbeitsleben nur deshalb ablehnen, weil die Leistungen in größerer Entfernung zu ihren Wohnorten angeboten werden. 2Für die Beurteilung der Zumutbarkeit ist § 140 Absatz 4 des Dritten Buches entsprechend anzuwenden.

(3) Können Leistungsempfänger Leistungen zur Teilhabe am Arbeitsleben allein aus gesundheitlichen Gründen nicht mehr, aber voraussichtlich wieder in Anspruch nehmen, werden Übergangsgeld und Unterhaltsbeihilfe bis zum Ende dieser Leistungen, höchstens bis zu sechs Wochen weitergezahlt.

(4) 1Sind die Leistungsempfänger im Anschluss an eine abgeschlossene Leistung zur Teilhabe am Arbeitsleben arbeitslos, werden Übergangsgeld und Unterhaltsbeihilfe während der Arbeitslosigkeit bis zu drei Monate weitergezahlt, wenn sie sich bei der Agentur für Arbeit arbeitslos gemeldet haben und einen Anspruch auf Arbeitslosengeld von mindestens drei Monaten nicht geltend machen können; die Anspruchsdauer von drei Monaten vermindert sich um die Anzahl von Tagen, für die Leistungsempfänger im Anschluss an eine abgeschlossene Leistung zur Teilhabe am Arbeitsleben einen Anspruch auf Arbeitslosengeld geltend machen können. 2In diesem Fall beträgt das Übergangsgeld

1. 67 Prozent bei Leistungsempfängern, bei denen die Voraussetzungen des erhöhten Bemessungssatzes nach § 66 Absatz 1 Satz 3 Nummer 1 vorliegen und
2. 60 Prozent bei den übrigen Leistungsempfängern,

des sich aus § 66 Absatz 1 Satz 1 oder § 68 ergebenden Betrages.

(5) Ist im unmittelbaren Anschluss an Leistungen zur medizinischen Rehabilitation eine stufenweise Wiedereingliederung (§ 44) erforderlich, wird das Übergangsgeld bis zum Ende der Wiedereingliederung weitergezahlt.

§ 72 Einkommensanrechnung

(1) Auf das Übergangsgeld der Rehabilitationsträger nach § 6 Absatz 1 Nummer 2, 4 und 5 wird Folgendes angerechnet:

1. Erwerbseinkommen aus einer Beschäftigung oder einer während des Anspruchs auf Übergangsgeld ausgeübten Tätigkeit, das bei Beschäftigten um die gesetzlichen Abzüge und um einmalig gezahltes Arbeitsentgelt und bei sonstigen Leistungsempfängern um 20 Prozent zu vermindern ist,
2. Leistungen des Arbeitgebers zum Übergangsgeld, soweit sie zusammen mit dem Übergangsgeld das vor Beginn der Leistung erzielte, um die gesetzlichen Abzüge verminderte Arbeitsentgelt übersteigen,
3. Geldleistungen, die eine öffentlich-rechtliche Stelle im Zusammenhang mit einer Leistung zur medizinischen Rehabilitation oder einer Leistung zur Teilhabe am Arbeitsleben erbringt,
4. Renten wegen verminderter Erwerbsfähigkeit oder Verletztenrenten in Höhe des sich aus § 18a Absatz 3 Satz 1 Nummer 4 des Vierten Buches ergebenden Betrages, wenn sich die Minderung der Erwerbsfähigkeit auf die Höhe der Berechnungsgrundlage für das Übergangsgeld nicht ausgewirkt hat,
5. Renten wegen verminderter Erwerbsfähigkeit, die aus demselben Anlass wie die Leistungen zur Teilhabe erbracht werden, wenn durch die Anrechnung eine unbillige Doppelleistung vermieden wird,
6. Renten wegen Alters, die bei der Berechnung des Übergangsgeldes aus einem Teilarbeitsentgelt nicht berücksichtigt wurden,
7. Verletztengeld nach den Vorschriften des Siebten Buches und
8. vergleichbare Leistungen nach den Nummern 1 bis 7, die von einer Stelle außerhalb des Geltungsbereichs dieses Gesetzbuchs erbracht werden.

(2) Bei der Anrechnung von Verletztenrenten mit Kinderzulage und von Renten wegen verminderter Erwerbsfähigkeit mit Kinderzuschuss auf das Übergangsgeld bleibt ein Betrag in Höhe des Kindergeldes nach § 66 des Einkommensteuergesetzes oder § 6 des Bundeskindergeldgesetzes außer Ansatz.

(3) Wird ein Anspruch auf Leistungen, um die das Übergangsgeld nach Absatz 1 Nummer 3 zu kürzen wäre, nicht erfüllt, geht der Anspruch insoweit mit Zahlung des Übergangsgeldes auf den Rehabilitationsträger über; die §§ 104 und 115 des Zehnten Buches bleiben unberührt.

§ 73 Reisekosten

(1) Als Reisekosten werden die erforderlichen Fahr-, Verpflegungs- und Übernachtungskosten übernommen, die im Zusammenhang mit der Ausführung einer Leistung zur medizinischen Rehabilitation oder zur Teilhabe am Arbeitsleben stehen. Zu den Reisekosten gehören auch die Kosten

1. für besondere Beförderungsmittel, deren Inanspruchnahme wegen der Art oder Schwere der Behinderung erforderlich ist,
2. für eine wegen der Behinderung erforderliche Begleitperson einschließlich des für die Zeit der Begleitung entstehenden Verdienstausfalls,
3. für Kinder, deren Mitnahme an den Rehabilitationsort erforderlich ist, weil ihre anderweitige Betreuung nicht sichergestellt ist sowie
4. für den erforderlichen Gepäcktransport.

(2) 1Während der Ausführung von Leistungen zur Teilhabe am Arbeitsleben werden im Regelfall auch Reisekosten für zwei Familienheimfahrten je Monat übernommen. 2Anstelle der Kosten für die Familienheimfahrten können für Fahrten von Angehörigen vom Wohnort zum Aufenthaltsort der Leistungsempfänger und zurück Reisekosten übernommen werden.

(3) Reisekosten nach Absatz 2 werden auch im Zusammenhang mit Leistungen zur medizinischen Rehabilitation übernommen, wenn die Leistungen länger als acht Wochen erbracht werden.

(4) 1Fahrkosten werden in Höhe des Betrages zugrunde gelegt, der bei Benutzung eines regelmäßig verkehrenden öffentlichen Verkehrsmittels der niedrigsten Beförderungsklasse des zweckmäßigsten öffentlichen Verkehrsmittels zu zahlen ist, bei Benutzung sonstiger Verkehrsmittel in Höhe der Wegstreckenentschädigung nach § 5 Absatz 1 des Bundesreisekostengesetzes. 2Bei Fahrpreiserhöhungen, die nicht geringfügig sind, hat auf Antrag des Leistungsempfängers eine Anpassung der Fahrkostenentschädigung zu erfolgen, wenn die Maßnahme noch mindestens zwei weitere Monate andauert. 3Kosten für Pendelfahrten können nur bis zur Höhe des Betrages übernommen werden, der unter Berücksichtigung von Art und Schwere der Behinderung bei einer zumutbaren auswärtigen Unterbringung für Unterbringung und Verpflegung zu leisten wäre.

§ 74 Haushalts- oder Betriebshilfe und Kinderbetreuungskosten

(1) 1Haushaltshilfe wird geleistet, wenn

1. den Leistungsempfängern wegen der Ausführung einer Leistung zur medizinischen Rehabilitation oder einer Leistung zur Teilhabe am Arbeitsleben die Weiterführung des Haushalts nicht möglich ist,
2. eine andere im Haushalt lebende Person den Haushalt nicht weiterführen kann und
3. im Haushalt ein Kind lebt, das bei Beginn der Haushaltshilfe noch nicht zwölf Jahre alt ist oder wenn das Kind eine Behinderung hat und auf Hilfe angewiesen ist.

2§ 38 Absatz 4 des Fünften Buches gilt entsprechend.

(2) Anstelle der Haushaltshilfe werden auf Antrag des Leistungsempfängers die Kosten für die Mitnahme oder für die anderweitige Unterbringung des Kindes bis zur Höhe der Kosten der sonst zu erbringenden Haushaltshilfe übernommen, wenn die Unterbringung und Betreuung des Kindes in dieser Weise sichergestellt ist.

(3) 1Kosten für die Kinderbetreuung des Leistungsempfängers können bis zu einem Betrag von 160 Euro je Kind und Monat übernommen werden, wenn die Kosten durch die Ausführung einer Leistung zur medizinischen Rehabilitation oder zur Teilhabe am Arbeitsleben unvermeidbar sind. 2Es werden neben den Leistungen zur Kinderbetreuung keine Leistungen nach den Absätzen 1 und 2 erbracht. 3Der in Satz 1 genannte Betrag erhöht sich entsprechend der Veränderung der Bezugsgröße nach § 18 Absatz 1 des Vierten Buches; § 160 Absatz 3 Satz 2 bis 5 gilt entsprechend.

(4) Abweichend von den Absätzen 1 bis 3 erbringen die landwirtschaftliche Alterskasse und die landwirtschaftliche Krankenkasse Betriebs- und Haushaltshilfe nach den §§ 10 und 36 des Gesetzes über die Alterssicherung der Landwirte und nach den §§ 9 und 10 des Zweiten Gesetzes über die Krankenversicherung der Landwirte, die landwirtschaftliche Berufsgenossenschaft für die bei ihr versicherten landwirtschaftlichen Unternehmer und im Unternehmen mitarbeitenden Ehegatten nach den §§ 54 und 55 des Siebten Buches.

Kapitel 12
Leistungen zur Teilhabe an Bildung

§ 75 Leistungen zur Teilhabe an Bildung

(1) Zur Teilhabe an Bildung werden unterstützende Leistungen erbracht, die erforderlich sind, damit Menschen mit Behinderungen Bildungsangebote gleichberechtigt wahrnehmen können.

(2) 1Die Leistungen umfassen insbesondere

1. Hilfen zur Schulbildung, insbesondere im Rahmen der Schulpflicht einschließlich der Vorbereitung hierzu,
2. Hilfen zur schulischen Berufsausbildung,
3. Hilfen zur Hochschulbildung und
4. Hilfen zur schulischen und hochschulischen beruflichen Weiterbildung.

2Die Rehabilitationsträger nach § 6 Absatz 1 Nummer 3 erbringen ihre Leistungen unter den Voraussetzungen und im Umfang der Bestimmungen des Siebten Buches als Leistungen zur Teilhabe am Arbeitsleben oder zur Teilhabe am Leben in der Gemeinschaft.

Kapitel 13
Soziale Teilhabe

§ 76 Leistungen zur Sozialen Teilhabe

(1) 1Leistungen zur Sozialen Teilhabe werden erbracht, um eine gleichberechtigte Teilhabe am Leben in der Gemeinschaft zu ermöglichen oder zu erleichtern, soweit sie nicht nach den Kapiteln 9 bis 12 erbracht werden. 2Hierzu gehört, Leistungsberechtigte zu einer möglichst selbstbestimmten und eigenverantwortlichen Lebensführung im eigenen Wohnraum sowie in ihrem Sozialraum zu befähigen oder sie hierbei zu unterstützen. 3Maßgeblich sind die Ermittlungen und Feststellungen nach den Kapiteln 3 und 4.

(2) Leistungen zur Sozialen Teilhabe sind insbesondere

1. Leistungen für Wohnraum,
2. Assistenzleistungen,
3. heilpädagogische Leistungen,
4. Leistungen zur Betreuung in einer Pflegefamilie,
5. Leistungen zum Erwerb und Erhalt praktischer Kenntnisse und Fähigkeiten,
6. Leistungen zur Förderung der Verständigung,
7. Leistungen zur Mobilität und
8. Hilfsmittel.

§ 77 Leistungen für Wohnraum

(1) 1Leistungen für Wohnraum werden erbracht, um Leistungsberechtigten zu Wohnraum zu verhelfen, der zur Führung eines möglichst selbstbestimmten, eigenverantwortlichen Lebens geeignet ist. 2Die Leistungen umfassen Leistungen für die Beschaffung, den Umbau, die Ausstattung und die Erhaltung von Wohnraum, der den besonderen Bedürfnissen von Menschen mit Behinderungen entspricht.

(2) Aufwendungen für Wohnraum oberhalb der Angemessenheitsgrenze nach § 42a des Zwölften Buches sind zu erstatten, soweit wegen des Umfangs von Assistenzleistungen ein gesteigerter Wohnraumbedarf besteht.

§ 78 Assistenzleistungen

(1) 1Zur selbstbestimmten und eigenständigen Bewältigung des Alltages einschließlich der Tagesstrukturierung werden Leistungen für Assistenz erbracht. 2Sie umfassen insbesondere Leistungen für die allgemeinen Erledigungen des Alltags wie die Haushaltsführung, die Gestaltung sozialer Beziehungen, die persönliche Lebensplanung, die Teilhabe am gemeinschaftlichen und kulturellen Leben, die Freizeitgestaltung einschließlich sportlicher Aktivitäten sowie die Sicherstellung der Wirksamkeit der ärztlichen und ärztlich verordneten Leistungen. 3Sie beinhalten die Verständigung mit der Umwelt in diesen Bereichen.

(2) 1Die Leistungsberechtigten entscheiden auf der Grundlage des Teilhabeplans nach § 19 über die konkrete Gestaltung der Leistungen hinsichtlich Ablauf, Ort und Zeitpunkt der Inanspruchnahme. 2Die Leistungen umfassen

1. die vollständige und teilweise Übernahme von Handlungen zur Alltagsbewältigung sowie die Begleitung der Leistungsberechtigten und
2. die Befähigung der Leistungsberechtigten zu einer eigenständigen Alltagsbewältigung.

3Die Leistungen nach Nummer 2 werden von Fachkräften als qualifizierte Assistenz erbracht. 4Sie umfassen insbesondere die Anleitungen und Übungen in den Bereichen nach Absatz 1 Satz 2.

(3) Die Leistungen für Assistenz nach Absatz 1 umfassen auch Leistungen an Mütter und Väter mit Behinderungen bei der Versorgung und Betreuung ihrer Kinder.

(4) Sind mit der Assistenz nach Absatz 1 notwendige Fahrkosten oder weitere Aufwendungen des Assistenzgebers, die nach den Besonderheiten des Einzelfalles notwendig sind, verbunden, werden diese als ergänzende Leistungen erbracht.

(5) 1Leistungsberechtigten Personen, die ein Ehrenamt ausüben, sind angemessene Aufwendungen für eine notwendige Unterstützung zu erstatten, soweit die Unterstützung nicht zumutbar unentgeltlich erbracht werden kann. 2Die notwendige Unterstützung soll hierbei vorrangig im Rahmen familiärer, freundschaftlicher,

nachbarschaftlicher oder ähnlich persönlicher Beziehungen erbracht werden.

(6) Leistungen zur Erreichbarkeit einer Ansprechperson unabhängig von einer konkreten Inanspruchnahme werden erbracht, soweit dies nach den Besonderheiten des Einzelfalles erforderlich ist.

§ 79 Heilpädagogische Leistungen

(1) 1Heilpädagogische Leistungen werden an noch nicht eingeschulte Kinder erbracht, wenn nach fachlicher Erkenntnis zu erwarten ist, dass hierdurch

1. eine drohende Behinderung abgewendet oder der fortschreitende Verlauf einer Behinderung verlangsamt wird oder
2. die Folgen einer Behinderung beseitigt oder gemildert werden können.

2Heilpädagogische Leistungen werden immer an schwerstbehinderte und schwerstmehrfachbehinderte Kinder, die noch nicht eingeschult sind, erbracht.

(2) Heilpädagogische Leistungen umfassen alle Maßnahmen, die zur Entwicklung des Kindes und zur Entfaltung seiner Persönlichkeit beitragen, einschließlich der jeweils erforderlichen nichtärztlichen therapeutischen, psychologischen, sonderpädagogischen, psychosozialen Leistungen und der Beratung der Erziehungsberechtigten, soweit die Leistungen nicht von § 46 Absatz 1 erfasst sind.

(3) 1In Verbindung mit Leistungen zur Früherkennung und Frühförderung nach § 46 Absatz 3 werden heilpädagogische Leistungen als Komplexleistung erbracht. 2Die Vorschriften der Verordnung zur Früherkennung und Frühförderung behinderter und von Behinderung bedrohter Kinder finden Anwendung. 3In Verbindung mit schulvorbereitenden Maßnahmen der Schulträger werden die Leistungen ebenfalls als Komplexleistung erbracht.

§ 80 Leistungen zur Betreuung in einer Pflegefamilie

1Leistungen zur Betreuung in einer Pflegefamilie werden erbracht, um Leistungsberechtigten die Betreuung in einer anderen Familie als der Herkunftsfamilie durch eine geeignete Pflegeperson zu ermöglichen. 2Bei minderjährigen Leistungsberechtigten bedarf die Pflegeperson der Erlaubnis nach § 44 des Achten Buches. 3Bei volljährigen Leistungsberechtigten gilt § 44 des Achten Buches entsprechend. 4Die Regelungen über Verträge mit Leistungserbringern bleiben unberührt.

§ 81 Leistungen zum Erwerb und Erhalt praktischer Kenntnisse und Fähigkeiten

1Leistungen zum Erwerb und Erhalt praktischer Kenntnisse und Fähigkeiten werden erbracht, um Leistungsberechtigten die für sie erreichbare Teilhabe am Leben in der Gemeinschaft zu ermöglichen. 2Die Leistungen sind insbesondere darauf gerichtet, die Leistungsberechtigten in Fördergruppen und Schulungen oder ähnlichen Maßnahmen zur Vornahme lebenspraktischer Handlungen einschließlich hauswirtschaftlicher Tätigkeiten zu befähigen, sie auf die Teilhabe am Arbeitsleben vorzubereiten, ihre Sprache und Kommunikation zu verbessern und sie zu befähigen, sich ohne fremde Hilfe sicher im Verkehr zu bewegen. 3Die Leistungen umfassen auch die blindentechnische Grundausbildung.

§ 82 Leistungen zur Förderung der Verständigung

1Leistungen zur Förderung der Verständigung werden erbracht, um Leistungsberechtigten mit Hör- und Sprachbehinderungen die Verständigung mit der Umwelt aus besonderem Anlass zu ermöglichen oder zu erleichtern. 2Die Leistungen umfassen insbesondere Hilfen durch Gebärdensprachdolmetscher und andere geeignete Kommunikationshilfen. 3§ 17 Absatz 2 des Ersten Buches bleibt unberührt.

§ 83 Leistungen zur Mobilität

(1) Leistungen zur Mobilität umfassen

1. Leistungen zur Beförderung, insbesondere durch einen Beförderungsdienst, und
2. Leistungen für ein Kraftfahrzeug.

(2) 1Leistungen nach Absatz 1 erhalten Leistungsberechtigte nach § 2, denen die Nutzung öffentlicher Verkehrsmittel auf Grund der Art und Schwere ihrer Behinderung nicht zumutbar ist. 2Leistungen nach Absatz 1 Nummer 2 werden nur erbracht, wenn die Leistungsberechtigten das Kraftfahrzeug führen können oder gewährleistet ist, dass ein Dritter das Kraftfahrzeug für sie führt und Leistungen nach Absatz 1 Nummer 1 nicht zumutbar oder wirtschaftlich sind.

(3) 1Die Leistungen nach Absatz 1 Nummer 2 umfassen Leistungen

1. zur Beschaffung eines Kraftfahrzeugs,
2. für die erforderliche Zusatzausstattung,
3. zur Erlangung der Fahrerlaubnis,
4. zur Instandhaltung und
5. für die mit dem Betrieb des Kraftfahrzeugs verbundenen Kosten.

2Die Bemessung der Leistungen orientiert sich an der Kraftfahrzeughilfe-Verordnung.

(4) Sind die Leistungsberechtigten minderjährig, umfassen die Leistungen nach Absatz 1 Nummer 2 den wegen der Behinderung erforderlichen Mehraufwand bei der Beschaffung des Kraftfahrzeugs sowie Leistungen nach Absatz 3 Nummer 2.

§ 84 Hilfsmittel

(1) 1Die Leistungen umfassen Hilfsmittel, die erforderlich sind, um eine durch die Behinderung bestehende Einschränkung einer gleichberechtigten Teilhabe am Leben in der Gemeinschaft auszugleichen. 2Hierzu gehören insbesondere barrierefreie Computer.

(2) Die Leistungen umfassen auch eine notwendige Unterweisung im Gebrauch der Hilfsmittel sowie deren notwendige Instandhaltung oder Änderung.

(3) Soweit es im Einzelfall erforderlich ist, werden Leistungen für eine Doppelausstattung erbracht.

Kapitel 14
Beteiligung der Verbände und Träger

§ 85 Klagerecht der Verbände

1Werden Menschen mit Behinderungen in ihren Rechten nach diesem Buch verletzt, können an ihrer Stelle und mit ihrem Einverständnis Verbände klagen, die nach ihrer Satzung Menschen mit Behinderungen auf Bundes- oder Landesebene vertreten und nicht selbst am Prozess beteiligt sind. 2In diesem Fall müssen alle Verfahrensvoraussetzungen wie bei einem Rechtsschutzersuchen durch den Menschen mit Behinderungen selbst vorliegen.

§ 86 Beirat für die Teilhabe von Menschen mit Behinderungen

(1) 1Beim Bundesministerium für Arbeit und Soziales wird ein Beirat für die Teilhabe von Menschen mit Behinderungen gebildet, der das Bundesministerium für Arbeit und Soziales in Fragen der Teilhabe von Menschen mit Behinderungen berät und bei Aufgaben der Koordinierung unterstützt. 2Zu den Aufgaben des Beirats gehören insbesondere auch

1. die Unterstützung bei der Förderung von Rehabilitationseinrichtungen und die Mitwirkung bei der Vergabe der Mittel des Ausgleichsfonds sowie
2. die Anregung und Koordinierung von Maßnahmen zur Evaluierung der in diesem Buch getroffenen Regelungen im Rahmen der Rehabilitationsforschung und als forschungsbegleitender Ausschuss die Unterstützung des Bundesministeriums bei der Festlegung von Fragestellungen und Kriterien.

3Das Bundesministerium für Arbeit und Soziales trifft Entscheidungen über die Vergabe der Mittel des Ausgleichsfonds nur auf Grund von Vorschlägen des Beirats.

(2) 1Der Beirat besteht aus 49 Mitgliedern. 2Von diesen beruft das Bundesministerium für Arbeit und Soziales

1. zwei Mitglieder auf Vorschlag der Gruppenvertreter der Arbeitnehmer im Verwaltungsrat der Bundesagentur für Arbeit,
2. zwei Mitglieder auf Vorschlag der Gruppenvertreter der Arbeitgeber im Verwaltungsrat der Bundesagentur für Arbeit,
3. sechs Mitglieder auf Vorschlag der Behindertenverbände, die nach der Zusammensetzung ihrer Mitglieder dazu berufen sind, Menschen mit Behinderungen auf Bundesebene zu vertreten,
4. 16 Mitglieder auf Vorschlag der Länder,
5. drei Mitglieder auf Vorschlag der Bundesvereinigung der kommunalen Spitzenverbände,
6. ein Mitglied auf Vorschlag der Bundesarbeitsgemeinschaft der Integrationsämter und Hauptfürsorgestellen,
7. ein Mitglied auf Vorschlag des Vorstands der Bundesagentur für Arbeit,
8. zwei Mitglieder auf Vorschlag des Spitzenverbandes Bund der Krankenkassen,
9. ein Mitglied auf Vorschlag der Spitzenvereinigungen der Träger der gesetzlichen Unfallversicherung,
10. drei Mitglieder auf Vorschlag der Deutschen Rentenversicherung Bund,
11. ein Mitglied auf Vorschlag der Bundesarbeitsgemeinschaft der überörtlichen Träger der Sozialhilfe,
12. ein Mitglied auf Vorschlag der Bundesarbeitsgemeinschaft der Freien Wohlfahrtspflege,
13. ein Mitglied auf Vorschlag der Bundesarbeitsgemeinschaft für Unterstützte Beschäftigung,
14. fünf Mitglieder auf Vorschlag der Arbeitsgemeinschaften der Einrichtungen der medizinischen Rehabilitation, der Berufsförderungswerke, der Berufsbildungswerke, der Werkstätten für behinderte Menschen und der Inklusionsbetriebe,
15. ein Mitglied auf Vorschlag der für die Wahrnehmung der Interessen der ambulanten und stationären Rehabilitationseinrichtungen auf Bundesebene maßgeblichen Spitzenverbände,

16. zwei Mitglieder auf Vorschlag der Kassenärztlichen Bundesvereinigung und der Bundesärztekammer und
17. ein Mitglied auf Vorschlag der Bundesarbeitsgemeinschaft für Rehabilitation.

3Für jedes Mitglied ist ein stellvertretendes Mitglied zu berufen.

§ 87 Verfahren des Beirats

1Der Beirat für die Teilhabe von Menschen mit Behinderungen wählt aus den ihm angehörenden Mitgliedern von Seiten der Arbeitnehmer, Arbeitgeber und Organisationen behinderter Menschen jeweils für die Dauer eines Jahres eine Vorsitzende oder einen Vorsitzenden und eine Stellvertreterin oder einen Stellvertreter. 2Im Übrigen gilt § 189 entsprechend.

§ 88 Berichte über die Lage von Menschen mit Behinderungen und die Entwicklung ihrer Teilhabe

(1) 1Die Bundesregierung berichtet den gesetzgebenden Körperschaften des Bundes einmal in der Legislaturperiode, mindestens jedoch alle vier Jahre, über die Lebenslagen der Menschen mit Behinderungen und der von Behinderung bedrohten Menschen sowie über die Entwicklung ihrer Teilhabe am Arbeitsleben und am Leben in der Gesellschaft. 2Die Berichterstattung zu den Lebenslagen umfasst Querschnittsthemen wie Gender Mainstreaming, Migration, Alter, Barrierefreiheit, Diskriminierung, Assistenzbedarf und Armut. 3Gegenstand des Berichts sind auch Forschungsergebnisse über Wirtschaftlichkeit und Wirksamkeit staatlicher Maßnahmen und der Leistungen der Rehabilitationsträger für die Zielgruppen des Berichts.

(2) Die Verbände der Menschen mit Behinderungen werden an der Weiterentwicklung des Berichtskonzeptes beteiligt.

§ 89 Verordnungsermächtigung

Das Bundesministerium für Arbeit und Soziales kann durch Rechtsverordnung mit Zustimmung des Bundesrates weitere Vorschriften über die Geschäftsführung und das Verfahren des Beirats nach § 87 erlassen.

Teil 2
Besondere Leistungen zur selbstbestimmten Lebensführung für Menschen mit Behinderungen (Eingliederungshilferecht)

Kapitel 1
Allgemeine Vorschriften

§ 90 Aufgabe der Eingliederungshilfe

(1) 1Aufgabe der Eingliederungshilfe ist es, Leistungsberechtigten eine individuelle Lebensführung zu ermöglichen, die der Würde des Menschen entspricht, und die volle, wirksame und gleichberechtigte Teilhabe am Leben in der Gesellschaft zu fördern. 2Die Leistung soll sie befähigen, ihre Lebensplanung und -führung möglichst selbstbestimmt und eigenverantwortlich wahrnehmen zu können.

(2) Besondere Aufgabe der medizinischen Rehabilitation ist es, eine Beeinträchtigung nach § 99 Absatz 1 abzuwenden, zu beseitigen, zu mindern, auszugleichen, eine Verschlimmerung zu verhüten oder die Leistungsberechtigten soweit wie möglich unabhängig von Pflege zu machen.

(3) Besondere Aufgabe der Teilhabe am Arbeitsleben ist es, die Aufnahme, Ausübung und Sicherung einer der Eignung und Neigung der Leistungsberechtigten entsprechenden Beschäftigung sowie die Weiterentwicklung ihrer Leistungsfähigkeit und Persönlichkeit zu fördern.

(4) Besondere Aufgabe der Teilhabe an Bildung ist es, Leistungsberechtigten eine ihren Fähigkeiten und Leistungen entsprechende Schulbildung und schulische und hochschulische Aus- und Weiterbildung für einen Beruf zur Förderung ihrer Teilhabe am Leben in der Gesellschaft zu ermöglichen.

(5) Besondere Aufgabe der Sozialen Teilhabe ist es, die gleichberechtigte Teilhabe am Leben in der Gemeinschaft zu ermöglichen oder zu erleichtern.

§ 91 Nachrang der Eingliederungshilfe

(1) Eingliederungshilfe erhält, wer die erforderliche Leistung nicht von anderen oder von Trägern anderer Sozialleistungen erhält.

(2) 1Verpflichtungen anderer, insbesondere der Träger anderer Sozialleistungen, bleiben unberührt. 2Leistungen anderer dürfen nicht deshalb versagt werden, weil dieser Teil entsprechende Leistungen vorsieht; dies gilt insbesondere bei einer gesetzlichen Verpflichtung der Träger anderer Sozialleistungen oder anderer Stellen, in

ihrem Verantwortungsbereich die Verwirklichung der Rechte für Menschen mit Behinderungen zu gewährleisten oder zu fördern.

(3) Das Verhältnis der Leistungen der Pflegeversicherung und der Leistungen der Eingliederungshilfe bestimmt sich nach § 13 Absatz 3 des Elften Buches.

§ 92 Beitrag

Zu den Leistungen der Eingliederungshilfe ist nach Maßgabe des Kapitels 9 ein Beitrag aufzubringen.

§ 93 Verhältnis zu anderen Rechtsbereichen

(1) Die Vorschriften über die Leistungen zur Sicherung des Lebensunterhalts nach dem Zweiten Buch sowie über die Hilfe zum Lebensunterhalt und die Grundsicherung im Alter und bei Erwerbsminderung nach dem Zwölften Buch bleiben unberührt.

(2) Die Vorschriften über die Hilfe zur Überwindung besonderer sozialer Schwierigkeiten nach dem Achten Kapitel des Zwölften Buches, über die Altenhilfe nach § 71 des Zwölften Buches und über die Blindenhilfe nach § 72 des Zwölften Buches bleiben unberührt.

(3) Die Hilfen zur Gesundheit nach dem Zwölften Buch gehen den Leistungen der Eingliederungshilfe vor, wenn sie zur Beseitigung einer drohenden wesentlichen Behinderung nach § 99 Absatz 1 in Verbindung mit Absatz 2 geeignet sind.

§ 94 Aufgaben der Länder

(1) Die Länder bestimmen die für die Durchführung dieses Teils zuständigen Träger der Eingliederungshilfe.

(2) 1Bei der Bestimmung durch Landesrecht ist sicherzustellen, dass die Träger der Eingliederungshilfe nach ihrer Leistungsfähigkeit zur Erfüllung dieser Aufgaben geeignet sind. 2Sind in einem Land mehrere Träger der Eingliederungshilfe bestimmt worden, unterstützen die obersten Landessozialbehörden die Träger bei der Durchführung der Aufgaben nach diesem Teil. 3Dabei sollen sie insbesondere den Erfahrungsaustausch zwischen den Trägern sowie die Entwicklung und Durchführung von Instrumenten zur zielgerichteten Erbringung und Überprüfung von Leistungen und der Qualitätssicherung einschließlich der Wirksamkeit der Leistungen fördern.

(3) Die Länder haben auf flächendeckende, bedarfsdeckende, am Sozialraum orientierte und inklusiv ausgerichtete Angebote von Leistungsanbietern hinzuwirken und unterstützen die Träger der Eingliederungshilfe bei der Umsetzung ihres Sicherstellungsauftrages.

(4) 1Zur Förderung und Weiterentwicklung der Strukturen der Eingliederungshilfe bildet jedes Land eine Arbeitsgemeinschaft. 2Die Arbeitsgemeinschaften bestehen aus Vertretern des für die Eingliederungshilfe zuständigen Ministeriums, der Träger der Eingliederungshilfe, der Leistungserbringer sowie aus Vertretern der Verbände für Menschen mit Behinderungen. 3Die Landesregierungen werden ermächtigt, durch Rechtsverordnung das Nähere über die Zusammensetzung und das Verfahren zu bestimmen.

(5) 1Die Länder treffen sich regelmäßig unter Beteiligung des Bundes sowie der Träger der Eingliederungshilfe zur Evidenzbeobachtung und zu einem Erfahrungsaustausch. 2Die Verbände der Leistungserbringer sowie die Verbände für Menschen mit Behinderungen können hinzugezogen werden. 3Gegenstand der Evidenzbeobachtung und des Erfahrungsaustausches sind insbesondere

1. die Wirkung und Qualifizierung der Steuerungsinstrumente,
2. die Wirkungen der Regelungen zur Leistungsberechtigung nach § 99 sowie der neuen Leistungen und Leistungsstrukturen,
3. die Umsetzung des Wunsch- und Wahlrechtes nach § 104 Absatz 1 und 2,
4. die Wirkung der Koordinierung der Leistungen und der trägerübergreifenden Verfahren der Bedarfsermittlung und -feststellung und
5. die Auswirkungen des Beitrags.

4Die Erkenntnisse sollen zur Weiterentwicklung der Eingliederungshilfe zusammengeführt werden.

§ 95 Sicherstellungsauftrag

1Die Träger der Eingliederungshilfe haben im Rahmen ihrer Leistungsverpflichtung eine personenzentrierte Leistung für Leistungsberechtigte unabhängig vom Ort der Leistungserbringung sicherzustellen (Sicherstellungsauftrag), soweit dieser Teil nichts Abweichendes bestimmt. 2Sie schließen hierzu Vereinbarungen mit den Leistungsanbietern nach den Vorschriften des Kapitels 8 ab. 3Im Rahmen der Strukturplanung sind die Erkenntnisse aus der Gesamtplanung nach Kapitel 7 zu berücksichtigen.

§ 96 Zusammenarbeit

(1) Die Träger der Eingliederungshilfe arbeiten mit Leistungsanbietern und anderen Stellen, deren Aufgabe die Lebenssituation von Menschen mit Behinderungen betrifft, zusammen.

(2) Die Stellung der Kirchen und Religionsgesellschaften des öffentlichen Rechts sowie der Verbände der Freien

Wohlfahrtspflege als Träger eigener sozialer Aufgaben und ihre Tätigkeit zur Erfüllung dieser Aufgaben werden durch diesen Teil nicht berührt.

(3) Ist die Beratung und Sicherung der gleichmäßigen, gemeinsamen oder ergänzenden Erbringung von Leistungen geboten, sollen zu diesem Zweck Arbeitsgemeinschaften gebildet werden.

(4) Sozialdaten dürfen im Rahmen der Zusammenarbeit nur verarbeitet werden, soweit dies zur Erfüllung von Aufgaben nach diesem Teil erforderlich ist oder durch Rechtsvorschriften des Sozialgesetzbuches angeordnet oder erlaubt ist.

§ 97 Fachkräfte

1Bei der Durchführung der Aufgaben dieses Teils beschäftigen die Träger der Eingliederungshilfe eine dem Bedarf entsprechende Anzahl an Fachkräften aus unterschiedlichen Fachdisziplinen. 2Diese sollen

1. eine ihren Aufgaben entsprechende Ausbildung erhalten haben und insbesondere über umfassende Kenntnisse
   a) des Sozial- und Verwaltungsrechts,
   b) über Personen, die leistungsberechtigt im Sinne des § 99 Absatz 1 bis 3 sind, oder
   c) von Teilhabebedarfen und Teilhabebarrieren

   verfügen,
2. umfassende Kenntnisse über den regionalen Sozialraum und seine Möglichkeiten zur Durchführung von Leistungen der Eingliederungshilfe haben sowie
3. die Fähigkeit zur Kommunikation mit allen Beteiligten haben.

3Soweit Mitarbeiter der Leistungsträger nicht oder nur zum Teil die Voraussetzungen erfüllen, ist ihnen Gelegenheit zur Fortbildung und zum Austausch mit Menschen mit Behinderungen zu geben. 4Die fachliche Fortbildung der Fachkräfte, die insbesondere die Durchführung der Aufgaben nach den §§ 106 und 117 umfasst, ist zu gewährleisten.

§ 98 Örtliche Zuständigkeit

(1) 1Für die Eingliederungshilfe örtlich zuständig ist der Träger der Eingliederungshilfe, in dessen Bereich die leistungsberechtigte Person ihren gewöhnlichen Aufenthalt zum Zeitpunkt der ersten Antragstellung nach § 108 Absatz 1 hat oder in den zwei Monaten vor den Leistungen einer Betreuung über Tag und Nacht zuletzt gehabt hatte. 2Bedarf es nach § 108 Absatz 2 keines Antrags, ist der Beginn des Verfahrens nach Kapitel 7 maßgeblich. 3Diese Zuständigkeit bleibt bis zur Beendigung des Leistungsbezuges bestehen. 4Sie ist neu festzustellen, wenn für einen zusammenhängenden Zeitraum von mindestens sechs Monaten keine Leistungen bezogen wurden. 5Eine Unterbrechung des Leistungsbezuges wegen stationärer Krankenhausbehandlung oder medizinischer Rehabilitation gilt nicht als Beendigung des Leistungsbezuges.

(2) 1Steht innerhalb von vier Wochen nicht fest, ob und wo der gewöhnliche Aufenthalt begründet worden ist, oder ist ein gewöhnlicher Aufenthalt nicht vorhanden oder nicht zu ermitteln, hat der für den tatsächlichen Aufenthalt zuständige Träger der Eingliederungshilfe über die Leistung unverzüglich zu entscheiden und sie vorläufig zu erbringen. 2Steht der gewöhnliche Aufenthalt in den Fällen des Satzes 1 fest, wird der Träger der Eingliederungshilfe nach Absatz 1 örtlich zuständig und hat dem nach Satz 1 leistenden Träger die Kosten zu erstatten. 3Ist ein gewöhnlicher Aufenthalt im Bundesgebiet nicht vorhanden oder nicht zu ermitteln, ist der Träger der Eingliederungshilfe örtlich zuständig, in dessen Bereich sich die leistungsberechtigte Person tatsächlich aufhält.

(3) Werden für ein Kind vom Zeitpunkt der Geburt an Leistungen nach diesem Teil des Buches über Tag und Nacht beantragt, tritt an die Stelle seines gewöhnlichen Aufenthalts der gewöhnliche Aufenthalt der Mutter.

(4) 1Als gewöhnlicher Aufenthalt im Sinne dieser Vorschrift gilt nicht der stationäre Aufenthalt oder der auf richterlich angeordneter Freiheitsentziehung beruhende Aufenthalt in einer Vollzugsanstalt. 2In diesen Fällen ist der Träger der Eingliederungshilfe örtlich zuständig, in dessen Bereich die leistungsberechtigte Person ihren gewöhnlichen Aufenthalt in den letzten zwei Monaten vor der Aufnahme zuletzt hatte.

(5) 1Bei Personen, die am 31. Dezember 2019 Leistungen nach dem Sechsten Kapitel des Zwölften Buches in der am 31. Dezember 2019 geltenden Fassung bezogen haben und auch ab dem 1. Januar 2020 Leistungen nach Teil 2 dieses Buches erhalten, ist der Träger der Eingliederungshilfe örtlich zuständig, dessen örtliche Zuständigkeit sich am 1. Januar 2020 im Einzelfall in entsprechender Anwendung von § 98 Absatz 1 Satz 1 oder Absatz 5 des Zwölften Buches oder in entsprechender Anwendung von § 98 Absatz 2 Satz 1 und 2 in Verbindung mit § 107 des Zwölften Buches ergeben würde. 2Absatz 1 Satz 3 bis 5 gilt entsprechend. 3Im Übrigen bleiben die Absätze 2 bis 4 unberührt.

Kapitel 2
Grundsätze der Leistungen

§ 99 Leistungsberechtigung, Verordnungsermächtigung

(1) Leistungen der Eingliederungshilfe erhalten Menschen mit Behinderungen im Sinne von § 2 Absatz 1 Satz 1 und 2, die wesentlich in der gleichberechtigten Teilhabe an der Gesellschaft eingeschränkt sind (wesentliche Behinderung) oder von einer solchen wesentlichen Behinderung bedroht sind, wenn und solange nach der Besonderheit des Einzelfalles Aussicht besteht, dass die Aufgabe der Eingliederungshilfe nach § 90 erfüllt werden kann.

(2) Von einer wesentlichen Behinderung bedroht sind Menschen, bei denen der Eintritt einer wesentlichen Behinderung nach fachlicher Erkenntnis mit hoher Wahrscheinlichkeit zu erwarten ist.

(3) Menschen mit anderen geistigen, seelischen, körperlichen oder Sinnesbeeinträchtigungen, durch die sie in Wechselwirkung mit einstellungs- und umweltbedingten Barrieren in der gleichberechtigten Teilhabe an der Gesellschaft eingeschränkt sind, können Leistungen der Eingliederungshilfe erhalten.

(4) $_1$Die Bundesregierung kann durch Rechtsverordnung mit Zustimmung des Bundesrates Bestimmungen über die Konkretisierung der Leistungsberechtigung in der Eingliederungshilfe erlassen. $_2$Bis zum Inkrafttreten einer nach Satz 1 erlassenen Rechtsverordnung gelten die §§ 1 bis 3 der Eingliederungshilfe-Verordnung in der am 31. Dezember 2019 geltenden Fassung entsprechend.

---

§§ 1 bis 3 der Eingliederungshilfe-Verordnung (EinglhV) in der **am 31. Dezember 2019** geltenden Fassung:

§ 1 EinglhV Körperlich wesentlich behinderte Menschen

Durch körperliche Gebrechen wesentlich in ihrer Teilhabefähigkeit eingeschränkt im Sinne des § 53 Abs. 1 Satz 1 des Zwölften Buches Sozialgesetzbuch sind

1. Personen, deren Bewegungsfähigkeit durch eine Beeinträchtigung des Stütz- oder Bewegungssystems in erheblichem Umfange eingeschränkt ist,
2. Personen mit erheblichen Spaltbildungen des Gesichts oder des Rumpfes oder mit abstoßend wirkenden Entstellungen vor allem des Gesichts,
3. Personen, deren körperlichen Leistungsvermögen infolge Erkrankung, Schädigung oder Fehlfunktion eines inneren Organs oder der Haut in erheblichem Umfange eingeschränkt ist,
4. Blinden oder solchen Sehbehinderten, bei denen mit Gläserkorrektion ohne besondere optische Hilfsmittel
   a) auf dem besseren Auge oder beidäugig im Nahbereich bei einem Abstand von mindestens 30 cm oder im Fernbereich eine Sehschärfe von nicht mehr als 0,3 besteht oder
   b) durch Buchstabe a nicht erfaßte Störungen der Sehfunktion von entsprechendem Schweregrad vorliegen,
5. Personen, die gehörlos sind oder denen eine sprachliche Verständigung über das Gehör nur mit Hörhilfen möglich ist,
6. Personen, die nicht sprechen können, Seelentauben und Hörstummen, Personen mit erheblichen Stimmstörungen sowie Personen, die stark stammeln, stark stottern oder deren Sprache stark unartikuliert ist.

§ 2 EinglhV Geistig wesentlich behinderte Menschen

Geistig wesentlich behindert im Sinne des § 53 Abs. 1 Satz 1 des Zwölften Buches Sozialgesetzbuch sind Personen, die infolge einer Schwäche ihrer geistigen Kräfte in erheblichem Umfange in ihrer Fähigkeit zur Teilhabe am Leben in der Gesellschaft eingeschränkt sind.

§ 3 EinglhV Seelisch wesentlich behinderte Menschen

Seelische Störungen, die eine wesentliche Einschränkung der Teilhabefähigkeit im Sinne des § 53 Abs. 1 Satz 1 des Zwölften Buches Sozialgesetzbuch zur Folge haben können, sind

1. körperlich nicht begründbare Psychosen,
2. seelische Störungen als Folge von Krankheiten oder Verletzungen des Gehirns, von Anfallsleiden oder von anderen Krankheiten oder körperlichen Beeinträchtigungen,
3. Suchtkrankheiten,
4. Neurosen und Persönlichkeitsstörungen.

§ 100 Eingliederungshilfe für Ausländer

(1) $_1$Ausländer, die sich im Inland tatsächlich aufhalten, können Leistungen nach diesem Teil erhalten, soweit dies im Einzelfall gerechtfertigt ist. $_2$Die Einschränkung auf Ermessensleistungen nach Satz 1 gilt nicht für Ausländer, die im Besitz einer Niederlassungserlaubnis oder eines befristeten Aufenthaltstitels sind und sich voraussichtlich dauerhaft im Bundesgebiet aufhalten. $_3$Andere Rechtsvorschriften, nach denen Leistungen der Eingliederungshilfe zu erbringen sind, bleiben unberührt.

(2) Leistungsberechtigte nach § 1 des Asylbewerberleistungsgesetzes erhalten keine Leistungen der Eingliederungshilfe.

(3) Ausländer, die eingereist sind, um Leistungen nach diesem Teil zu erlangen, haben keinen Anspruch auf Leistungen der Eingliederungshilfe.

§ 101 Eingliederungshilfe für Deutsche im Ausland

(1) $_1$Deutsche, die ihren gewöhnlichen Aufenthalt im Ausland haben, erhalten keine Leistungen der Einglie-

derungshilfe. 2Hiervon kann im Einzelfall nur abgewichen werden, soweit dies wegen einer außergewöhnlichen Notlage unabweisbar ist und zugleich nachgewiesen wird, dass eine Rückkehr in das Inland aus folgenden Gründen nicht möglich ist:

1. Pflege und Erziehung eines Kindes, das aus rechtlichen Gründen im Ausland bleiben muss,
2. längerfristige stationäre Betreuung in einer Einrichtung oder Schwere der Pflegebedürftigkeit oder
3. hoheitliche Gewalt.

(2) Leistungen der Eingliederungshilfe werden nicht erbracht, soweit sie von dem hierzu verpflichteten Aufenthaltsland oder von anderen erbracht werden oder zu erwarten sind.

(3) Art und Maß der Leistungserbringung sowie der Einsatz des Einkommens und Vermögens richten sich nach den besonderen Verhältnissen im Aufenthaltsland.

(4) 1Für die Leistung zuständig ist der Träger der Eingliederungshilfe, in dessen Bereich die antragstellende Person geboren ist. 2Liegt der Geburtsort im Ausland oder ist er nicht zu ermitteln, richtet sich die örtliche Zuständigkeit des Trägers der Eingliederungshilfe nach dem Geburtsort der Mutter der antragstellenden Person. 3Liegt dieser ebenfalls im Ausland oder ist er nicht zu ermitteln, richtet sich die örtliche Zuständigkeit des Trägers der Eingliederungshilfe nach dem Geburtsort des Vaters der antragstellenden Person. 4Liegt auch dieser im Ausland oder ist er nicht zu ermitteln, ist der Träger der Eingliederungshilfe örtlich zuständig, bei dem der Antrag eingeht.

(5) Die Träger der Eingliederungshilfe arbeiten mit den deutschen Dienststellen im Ausland zusammen.

§ 102 Leistungen der Eingliederungshilfe

(1) Die Leistungen der Eingliederungshilfe umfassen

1. Leistungen zur medizinischen Rehabilitation,
2. Leistungen zur Teilhabe am Arbeitsleben,
3. Leistungen zur Teilhabe an Bildung und
4. Leistungen zur Sozialen Teilhabe.

(2) Leistungen nach Absatz 1 Nummer 1 bis 3 gehen den Leistungen nach Absatz 1 Nummer 4 vor.

§ 103 Regelung für Menschen mit Behinderungen und Pflegebedarf

(1) 1Werden Leistungen der Eingliederungshilfe in Einrichtungen oder Räumlichkeiten im Sinne des § 43a des Elften Buches in Verbindung mit § 71 Absatz 4 des Elften Buches erbracht, umfasst die Leistung auch die Pflegeleistungen in diesen Einrichtungen oder Räumlichkeiten. 2Stellt der Leistungserbringer fest, dass der Mensch mit Behinderungen so pflegebedürftig ist, dass die Pflege in diesen Einrichtungen oder Räumlichkeiten nicht sichergestellt werden kann, vereinbaren der Träger der Eingliederungshilfe und die zuständige Pflegekasse mit dem Leistungserbringer, dass die Leistung bei einem anderen Leistungserbringer erbracht wird; dabei ist angemessenen Wünschen des Menschen mit Behinderungen Rechnung zu tragen. 3Die Entscheidung zur Vorbereitung der Vereinbarung nach Satz 2 erfolgt nach den Regelungen zur Gesamtplanung nach Kapitel 7.

(2) 1Werden Leistungen der Eingliederungshilfe außerhalb von Einrichtungen oder Räumlichkeiten im Sinne des § 43a des Elften Buches in Verbindung mit § 71 Absatz 4 des Elften Buches erbracht, umfasst die Leistung auch die Leistungen der häuslichen Pflege nach den §§ 64a bis 64f, 64i und 66 des Zwölften Buches, solange die Teilhabeziele nach Maßgabe des Gesamtplanes (§ 121) erreicht werden können, es sei denn der Leistungsberechtigte hat vor Vollendung des für die Regelaltersrente im Sinne des Sechsten Buches erforderlichen Lebensjahres keine Leistungen der Eingliederungshilfe erhalten. 2Satz 1 gilt entsprechend in Fällen, in denen der Leistungsberechtigte vorübergehend Leistungen nach den §§ 64g und 64h des Zwölften Buches in Anspruch nimmt. 3Die Länder können durch Landesrecht bestimmen, dass der für die Leistungen der häuslichen Pflege zuständige Träger der Sozialhilfe die Kosten der vom Träger der Eingliederungshilfe erbrachten Leistungen der häuslichen Pflege zu erstatten hat.

§ 104 Leistungen nach der Besonderheit des Einzelfalles

(1) 1Die Leistungen der Eingliederungshilfe bestimmen sich nach der Besonderheit des Einzelfalles, insbesondere nach der Art des Bedarfes, den persönlichen Verhältnissen, dem Sozialraum und den eigenen Kräften und Mitteln; dabei ist auch die Wohnform zu würdigen. 2Sie werden so lange geleistet, wie die Teilhabeziele nach Maßgabe des Gesamtplanes (§ 121) erreichbar sind.

(2) 1Wünschen der Leistungsberechtigten, die sich auf die Gestaltung der Leistung richten, ist zu entsprechen, soweit sie angemessen sind. 2Die Wünsche der Leistungsberechtigten gelten nicht als angemessen,

1. wenn und soweit die Höhe der Kosten der gewünschten Leistung die Höhe der Kosten für eine vergleichbare Leistung von Leistungserbringern, mit

denen eine Vereinbarung nach Kapitel 8 besteht, unverhältnismäßig übersteigt und

2. wenn der Bedarf nach der Besonderheit des Einzelfalles durch die vergleichbare Leistung gedeckt werden kann.

(3) 1Bei der Entscheidung nach Absatz 2 ist zunächst die Zumutbarkeit einer von den Wünschen des Leistungsberechtigten abweichenden Leistung zu prüfen. 2Dabei sind die persönlichen, familiären und örtlichen Umstände einschließlich der gewünschten Wohnform angemessen zu berücksichtigen. 3Kommt danach ein Wohnen außerhalb von besonderen Wohnformen in Betracht, ist dieser Wohnform der Vorzug zu geben, wenn dies von der leistungsberechtigten Person gewünscht wird. 4Soweit die leistungsberechtigte Person dies wünscht, sind in diesem Fall die im Zusammenhang mit dem Wohnen stehenden Assistenzleistungen nach § 113 Absatz 2 Nummer 2 im Bereich der Gestaltung sozialer Beziehungen und der persönlichen Lebensplanung nicht gemeinsam zu erbringen nach § 116 Absatz 2 Nummer 1. 5Bei Unzumutbarkeit einer abweichenden Leistungsgestaltung ist ein Kostenvergleich nicht vorzunehmen.

(4) Auf Wunsch der Leistungsberechtigten sollen die Leistungen der Eingliederungshilfe von einem Leistungsanbieter erbracht werden, der die Betreuung durch Geistliche ihres Bekenntnisses ermöglicht.

(5) Leistungen der Eingliederungshilfe für Leistungsberechtigte mit gewöhnlichem Aufenthalt in Deutschland können auch im Ausland erbracht werden, wenn dies im Interesse der Aufgabe der Eingliederungshilfe geboten ist, die Dauer der Leistungen durch den Auslandsaufenthalt nicht wesentlich verlängert wird und keine unvertretbaren Mehraufwendungen entstehen.

§ 105 Leistungsformen

(1) Die Leistungen der Eingliederungshilfe werden als Sach-, Geld- oder Dienstleistung erbracht.

(2) Zur Dienstleistung gehören insbesondere die Beratung und Unterstützung in Angelegenheiten der Leistungen der Eingliederungshilfe sowie in sonstigen sozialen Angelegenheiten.

(3) 1Leistungen zur Sozialen Teilhabe können mit Zustimmung der Leistungsberechtigten auch in Form einer pauschalen Geldleistung erbracht werden, soweit es dieser Teil vorsieht. 2Die Träger der Eingliederungshilfe regeln das Nähere zur Höhe und Ausgestaltung der Pauschalen.

(4) 1Die Leistungen der Eingliederungshilfe werden auf Antrag auch als Teil eines Persönlichen Budgets ausgeführt. 2Die Vorschrift zum Persönlichen Budget nach § 29 ist insoweit anzuwenden.

§ 106 Beratung und Unterstützung

(1) 1Zur Erfüllung der Aufgaben dieses Teils werden die Leistungsberechtigten, auf ihren Wunsch auch im Beisein einer Person ihres Vertrauens, vom Träger der Eingliederungshilfe beraten und, soweit erforderlich, unterstützt. 2Die Beratung erfolgt in einer für den Leistungsberechtigten wahrnehmbaren Form.

(2) Die Beratung umfasst insbesondere

1. die persönliche Situation des Leistungsberechtigten, den Bedarf, die eigenen Kräfte und Mittel sowie die mögliche Stärkung der Selbsthilfe zur Teilhabe am Leben in der Gemeinschaft einschließlich eines gesellschaftlichen Engagements,
2. die Leistungen der Eingliederungshilfe einschließlich des Zugangs zum Leistungssystem,
3. die Leistungen anderer Leistungsträger,
4. die Verwaltungsabläufe,
5. Hinweise auf Leistungsanbieter und andere Hilfemöglichkeiten im Sozialraum und auf Möglichkeiten zur Leistungserbringung,
6. Hinweise auf andere Beratungsangebote im Sozialraum,
7. eine gebotene Budgetberatung.

(3) Die Unterstützung umfasst insbesondere

1. Hilfe bei der Antragstellung,
2. Hilfe bei der Klärung weiterer zuständiger Leistungsträger,
3. das Hinwirken auf zeitnahe Entscheidungen und Leistungen der anderen Leistungsträger,
4. Hilfe bei der Erfüllung von Mitwirkungspflichten,
5. Hilfe bei der Inanspruchnahme von Leistungen,
6. die Vorbereitung von Möglichkeiten der Teilhabe am Leben in der Gemeinschaft einschließlich des gesellschaftlichen Engagements,
7. die Vorbereitung von Kontakten und Begleitung zu Leistungsanbietern und anderen Hilfemöglichkeiten,
8. Hilfe bei der Entscheidung über Leistungserbringer sowie bei der Aushandlung und dem Abschluss von Verträgen mit Leistungserbringern sowie
9. Hilfe bei der Erfüllung von Verpflichtungen aus der Zielvereinbarung und dem Bewilligungsbescheid.

(4) Die Leistungsberechtigten sind hinzuweisen auf die ergänzende unabhängige Teilhabeberatung nach § 32, auf die Beratung und Unterstützung von Verbänden der Freien Wohlfahrtspflege sowie von Angehörigen der rechtsberatenden Berufe und von sonstigen Stellen.

§ 107 Übertragung, Verpfändung oder Pfändung, Auswahlermessen

(1) Der Anspruch auf Leistungen der Eingliederungshilfe kann nicht übertragen, verpfändet oder gepfändet werden.

(2) Über Art und Maß der Leistungserbringung ist nach pflichtgemäßem Ermessen zu entscheiden, soweit das Ermessen nicht ausgeschlossen ist.

§ 108 Antragserfordernis

(1) 1Die Leistungen der Eingliederungshilfe nach diesem Teil werden auf Antrag erbracht. 2Die Leistungen werden frühestens ab dem Ersten des Monats der Antragstellung erbracht, wenn zu diesem Zeitpunkt die Voraussetzungen bereits vorlagen.

(2) Eines Antrages bedarf es nicht für Leistungen, deren Bedarf in dem Verfahren nach Kapitel 7 ermittelt worden ist.

Kapitel 3
Medizinische Rehabilitation

§ 109 Leistungen zur medizinischen Rehabilitation

(1) Leistungen zur medizinischen Rehabilitation sind insbesondere die in § 42 Absatz 2 und 3 und § 64 Absatz 1 Nummer 3 bis 6 genannten Leistungen.

(2) Die Leistungen zur medizinischen Rehabilitation entsprechen den Rehabilitationsleistungen der gesetzlichen Krankenversicherung.

§ 110 Leistungserbringung

(1) Leistungsberechtigte haben entsprechend den Bestimmungen der gesetzlichen Krankenversicherung die freie Wahl unter den Ärzten und Zahnärzten sowie unter den Krankenhäusern und Vorsorge- und Rehabilitationseinrichtungen.

(2) 1Bei der Erbringung von Leistungen zur medizinischen Rehabilitation sind die Regelungen, die für die gesetzlichen Krankenkassen nach dem Vierten Kapitel des Fünften Buches gelten, mit Ausnahme des Dritten Titels des Zweiten Abschnitts anzuwenden. 2Ärzte, Psychotherapeuten im Sinne des § 28 Absatz 3 Satz 1 des Fünften Buches und Zahnärzte haben für ihre Leistungen Anspruch auf die Vergütung, welche die Ortskrankenkasse, in deren Bereich der Arzt, Psychotherapeut oder der Zahnarzt niedergelassen ist, für ihre Mitglieder zahlt.

(3) 1Die Verpflichtungen, die sich für die Leistungserbringer aus den §§ 294, 294a, 295, 300 bis 302 des Fünften Buches ergeben, gelten auch für die Abrechnung von Leistungen zur medizinischen Rehabilitation mit dem Träger der Eingliederungshilfe. 2Die Vereinbarungen nach § 303 Absatz 1 sowie § 304 des Fünften Buches gelten für den Träger der Eingliederungshilfe entsprechend.

Kapitel 4
Teilhabe am Arbeitsleben

§ 111 Leistungen zur Beschäftigung

(1) Leistungen zur Beschäftigung umfassen

1. Leistungen im Arbeitsbereich anerkannter Werkstätten für behinderte Menschen nach den §§ 58 und 62,
2. Leistungen bei anderen Leistungsanbietern nach den §§ 60 und 62,
3. Leistungen bei privaten und öffentlichen Arbeitgebern nach § 61 sowie
4. Leistungen für ein Budget für Ausbildung nach § 61a.

(2) 1Leistungen nach Absatz 1 umfassen auch Gegenstände und Hilfsmittel, die wegen der gesundheitlichen Beeinträchtigung zur Aufnahme oder Fortsetzung der Beschäftigung erforderlich sind. 2Voraussetzung für eine Hilfsmittelversorgung ist, dass der Leistungsberechtigte das Hilfsmittel bedienen kann. 3Die Versorgung mit Hilfsmitteln schließt eine notwendige Unterweisung im Gebrauch und eine notwendige Instandhaltung oder Änderung ein. 4Die Ersatzbeschaffung des Hilfsmittels erfolgt, wenn sie infolge der körperlichen Entwicklung der Leistungsberechtigten notwendig ist oder wenn das Hilfsmittel aus anderen Gründen ungeeignet oder unbrauchbar geworden ist.

(3) Zu den Leistungen nach Absatz 1 Nummer 1 und 2 gehört auch das Arbeitsförderungsgeld nach § 59.

Kapitel 5
Teilhabe an Bildung

§ 112 Leistungen zur Teilhabe an Bildung

(1) 1Leistungen zur Teilhabe an Bildung umfassen

1. Hilfen zu einer Schulbildung, insbesondere im Rahmen der allgemeinen Schulpflicht und zum Besuch

IX

weiterführender Schulen einschließlich der Vorbereitung hierzu; die Bestimmungen über die Ermöglichung der Schulbildung im Rahmen der allgemeinen Schulpflicht bleiben unberührt, und
2. Hilfen zur schulischen oder hochschulischen Ausbildung oder Weiterbildung für einen Beruf.

2Die Hilfen nach Satz 1 Nummer 1 schließen Leistungen zur Unterstützung schulischer Ganztagsangebote in der offenen Form ein, die im Einklang mit dem Bildungs- und Erziehungsauftrag der Schule stehen und unter deren Aufsicht und Verantwortung ausgeführt werden, an den stundenplanmäßigen Unterricht anknüpfen und in der Regel in den Räumlichkeiten der Schule oder in deren Umfeld durchgeführt werden. 3Hilfen nach Satz 1 Nummer 1 umfassen auch heilpädagogische und sonstige Maßnahmen, wenn die Maßnahmen erforderlich und geeignet sind, der leistungsberechtigten Person den Schulbesuch zu ermöglichen oder zu erleichtern. 4Hilfen zu einer schulischen oder hochschulischen Ausbildung nach Satz 1 Nummer 2 können erneut erbracht werden, wenn dies aus behinderungsbedingten Gründen erforderlich ist. 5Hilfen nach Satz 1 umfassen auch Gegenstände und Hilfsmittel, die wegen der gesundheitlichen Beeinträchtigung zur Teilhabe an Bildung erforderlich sind. 6Voraussetzung für eine Hilfsmittelversorgung ist, dass die leistungsberechtigte Person das Hilfsmittel bedienen kann. 7Die Versorgung mit Hilfsmitteln schließt eine notwendige Unterweisung im Gebrauch und eine notwendige Instandhaltung oder Änderung ein. 8Die Ersatzbeschaffung des Hilfsmittels erfolgt, wenn sie infolge der körperlichen Entwicklung der leistungsberechtigten Person notwendig ist oder wenn das Hilfsmittel aus anderen Gründen ungeeignet oder unbrauchbar geworden ist.

(2) 1Hilfen nach Absatz 1 Satz 1 Nummer 2 werden erbracht für eine schulische oder hochschulische berufliche Weiterbildung, die
1. in einem zeitlichen Zusammenhang an eine duale, schulische oder hochschulische Berufsausbildung anschließt,
2. in dieselbe fachliche Richtung weiterführt und
3. es dem Leistungsberechtigten ermöglicht, das von ihm angestrebte Berufsziel zu erreichen.

2Hilfen für ein Masterstudium werden abweichend von Satz 1 Nummer 2 auch erbracht, wenn das Masterstudium auf ein zuvor abgeschlossenes Bachelorstudium aufbaut und dieses interdisziplinär ergänzt, ohne in dieselbe Fachrichtung weiterzuführen. 3Aus behinderungsbedingten oder aus anderen, nicht von der leistungsberechtigten Person beeinflussbaren gewichtigen Gründen kann von Satz 1 Nummer 1 abgewichen werden.

(3) Hilfen nach Absatz 1 Satz 1 Nummer 2 schließen folgende Hilfen ein:
1. Hilfen zur Teilnahme an Fernunterricht,
2. Hilfen zur Ableistung eines Praktikums, das für den Schul- oder Hochschulbesuch oder für die Berufszulassung erforderlich ist, und
3. Hilfen zur Teilnahme an Maßnahmen zur Vorbereitung auf die schulische oder hochschulische Ausbildung oder Weiterbildung für einen Beruf.

(4) 1Die in der Schule oder Hochschule wegen der Behinderung erforderliche Anleitung und Begleitung können an mehrere Leistungsberechtigte gemeinsam erbracht werden, soweit dies nach § 104 für die Leistungsberechtigten zumutbar ist und mit Leistungserbringern entsprechende Vereinbarungen bestehen. 2Die Leistungen nach Satz 1 sind auf Wunsch der Leistungsberechtigten gemeinsam zu erbringen.

Kapitel 6 Soziale Teilhabe

§ 113 Leistungen zur Sozialen Teilhabe

(1) 1Leistungen zur Sozialen Teilhabe werden erbracht, um eine gleichberechtigte Teilhabe am Leben in der Gemeinschaft zu ermöglichen oder zu erleichtern, soweit sie nicht nach den Kapiteln 3 bis 5 erbracht werden. 2Hierzu gehört, Leistungsberechtigte zu einer möglichst selbstbestimmten und eigenverantwortlichen Lebensführung im eigenen Wohnraum sowie in ihrem Sozialraum zu befähigen oder sie hierbei zu unterstützen. 3Maßgeblich sind die Ermittlungen und Feststellungen nach Kapitel 7.

(2) Leistungen zur Sozialen Teilhabe sind insbesondere
1. Leistungen für Wohnraum,
2. Assistenzleistungen,
3. heilpädagogische Leistungen,
4. Leistungen zur Betreuung in einer Pflegefamilie,
5. Leistungen zum Erwerb und Erhalt praktischer Kenntnisse und Fähigkeiten,
6. Leistungen zur Förderung der Verständigung,
7. Leistungen zur Mobilität,
8. Hilfsmittel,
9. Besuchsbeihilfen.

(3) Die Leistungen nach Absatz 2 Nummer 1 bis 8 bestimmen sich nach den §§ 77 bis 84, soweit sich aus diesem Teil nichts Abweichendes ergibt.

(4) Zur Ermöglichung der gemeinschaftlichen Mittagsverpflegung in der Verantwortung einer Werkstatt für behinderte Menschen, einem anderen Leistungsanbieter oder dem Leistungserbringer vergleichbarer anderer tagesstrukturierender Maßnahmen werden die erforderliche sächliche Ausstattung, die personelle Ausstattung und die erforderlichen betriebsnotwendigen Anlagen des Leistungserbringers übernommen.

(5) 1In besonderen Wohnformen des § 42a Absatz 2 Satz 1 Nummer 2 und Satz 3 des Zwölften Buches werden Aufwendungen für Wohnraum oberhalb der Angemessenheitsgrenze nach § 42a Absatz 6 des Zwölften Buches übernommen, sofern dies wegen der besonderen Bedürfnisse des Menschen mit Behinderungen erforderlich ist. 2Kapitel 8 ist anzuwenden.

(6) 1Bei einer stationären Krankenhausbehandlung nach § 39 des Fünften Buches werden auch Leistungen für die Begleitung und Befähigung des Leistungsberechtigten durch vertraute Bezugspersonen zur Sicherstellung der Durchführung der Behandlung erbracht, soweit dies aufgrund des Vertrauensverhältnisses des Leistungsberechtigten zur Bezugsperson und aufgrund der behinderungsbedingten besonderen Bedürfnisse erforderlich ist. 2Vertraute Bezugspersonen im Sinne von Satz 1 sind Personen, die dem Leistungsberechtigten gegenüber im Alltag bereits Leistungen der Eingliederungshilfe insbesondere im Rahmen eines Rechtsverhältnisses mit einem Leistungserbringer im Sinne des Kapitels 8 erbringen. 3Die Leistungen umfassen Leistungen zur Verständigung und zur Unterstützung im Umgang mit Belastungssituationen als nichtmedizinische Nebenleistungen zur stationären Krankenhausbehandlung. 4Bei den Leistungen im Sinne von Satz 1 findet § 91 Absatz 1 und 2 gegenüber Kostenträgern von Leistungen zur Krankenbehandlung mit Ausnahme der Träger der Unfallversicherung keine Anwendung. 5§ 17 Absatz 2 und 2a des Ersten Buches bleibt unberührt.

(7) 1Das Bundesministerium für Gesundheit und das Bundesministerium für Arbeit und Soziales evaluieren im Einvernehmen mit den Ländern die Wirkung einschließlich der finanziellen Auswirkungen der Regelungen in Absatz 6 und in § 44b des Fünften Buches. 2Die Ergebnisse sind bis zum 31. Dezember 2025 zu veröffentlichen. 3Die Einbeziehung Dritter in die Durchführung der Untersuchung erfolgt im Benehmen mit den zuständigen obersten Landesbehörden, soweit Auswirkungen auf das Sozialleistungssystem der Eingliederungshilfe untersucht werden.

§ 114 Leistungen zur Mobilität

Bei den Leistungen zur Mobilität nach § 113 Absatz 2 Nummer 7 gilt § 83 mit der Maßgabe, dass

1. die Leistungsberechtigten zusätzlich zu den in § 83 Absatz 2 genannten Voraussetzungen zur Teilhabe am Leben in der Gemeinschaft ständig auf die Nutzung eines Kraftfahrzeugs angewiesen sind und
2. abweichend von § 83 Absatz 3 Satz 2 die Vorschriften der §§ 6 und 8 der Kraftfahrzeughilfe-Verordnung nicht maßgeblich sind.

§ 115 Besuchsbeihilfen

Werden Leistungen bei einem oder mehreren Anbietern über Tag und Nacht erbracht, können den Leistungsberechtigten oder ihren Angehörigen zum gegenseitigen Besuch Beihilfen geleistet werden, soweit es im Einzelfall erforderlich ist.

§ 116 Pauschale Geldleistung, gemeinsame Inanspruchnahme

(1) 1Die Leistungen

1. zur Assistenz zur Übernahme von Handlungen zur Alltagsbewältigung sowie Begleitung der Leistungsberechtigten (§ 113 Absatz 2 Nummer 2 in Verbindung mit § 78 Absatz 2 Nummer 1 und Absatz 5),
2. zur Förderung der Verständigung (§ 113 Absatz 2 Nummer 6) und
3. zur Beförderung im Rahmen der Leistungen zur Mobilität (§ 113 Absatz 2 Nummer 7 in Verbindung mit § 83 Absatz 1 Nummer 1)

können mit Zustimmung der Leistungsberechtigten als pauschale Geldleistungen nach § 105 Absatz 3 erbracht werden. 2Die zuständigen Träger der Eingliederungshilfe regeln das Nähere zur Höhe und Ausgestaltung der pauschalen Geldleistungen sowie zur Leistungserbringung.

(2) 1Die Leistungen

1. zur Assistenz (§ 113 Absatz 2 Nummer 2),
2. zur Heilpädagogik (§ 113 Absatz 2 Nummer 3),
3. zum Erwerb und Erhalt praktischer Fähigkeiten und Kenntnisse (§ 113 Absatz 2 Nummer 5),
4. zur Förderung der Verständigung (§ 113 Absatz 2 Nummer 6),

5. zur Beförderung im Rahmen der Leistungen zur Mobilität (§ 113 Absatz 2 Nummer 7 in Verbindung mit § 83 Absatz 1 Nummer 1) und
5. zur Erreichbarkeit einer Ansprechperson unabhängig von einer konkreten Inanspruchnahme (§ 113 Absatz 2 Nummer 2 in Verbindung mit § 78 Absatz 6)

können an mehrere Leistungsberechtigte gemeinsam erbracht werden, soweit dies nach § 104 für die Leistungsberechtigten zumutbar ist und mit Leistungserbringern entsprechende Vereinbarungen bestehen. 2Maßgeblich sind die Ermittlungen und Feststellungen im Rahmen der Gesamtplanung nach Kapitel 7.

(3) Die Leistungen nach Absatz 2 sind auf Wunsch der Leistungsberechtigten gemeinsam zu erbringen, soweit die Teilhabeziele erreicht werden können.

Kapitel 7
Gesamtplanung

§ 117 Gesamtplanverfahren

(1) Das Gesamtplanverfahren ist nach folgenden Maßstäben durchzuführen:

1. Beteiligung des Leistungsberechtigten in allen Verfahrensschritten, beginnend mit der Beratung,
2. Dokumentation der Wünsche des Leistungsberechtigten zu Ziel und Art der Leistungen,
3. Beachtung der Kriterien
   a) transparent,
   b) trägerübergreifend,
   c) interdisziplinär,
   d) konsensorientiert,
   e) individuell,
   f) lebensweltbezogen,
   g) sozialraumorientiert und
   h) zielorientiert,
4. Ermittlung des individuellen Bedarfes,
5. Durchführung einer Gesamtplankonferenz,
6. Abstimmung der Leistungen nach Inhalt, Umfang und Dauer in einer Gesamtplankonferenz unter Beteiligung betroffener Leistungsträger.

(2) Am Gesamtplanverfahren wird auf Verlangen des Leistungsberechtigten eine Person seines Vertrauens beteiligt.

(3) 1Bestehen im Einzelfall Anhaltspunkte für eine Pflegebedürftigkeit nach dem Elften Buch, wird die zuständige Pflegekasse mit Zustimmung des Leistungsberechtigten vom Träger der Eingliederungshilfe informiert und muss am Gesamtplanverfahren beratend teilnehmen, soweit dies für den Träger der Eingliederungshilfe zur Feststellung der Leistungen nach den Kapiteln 3 bis 6 erforderlich ist. 2Bestehen im Einzelfall Anhaltspunkte, dass Leistungen der Hilfe zur Pflege nach dem Siebten Kapitel des Zwölften Buches erforderlich sind, so soll der Träger dieser Leistungen mit Zustimmung der Leistungsberechtigten informiert und am Gesamtplanverfahren beteiligt werden, soweit dies zur Feststellung der Leistungen nach den Kapiteln 3 bis 6 erforderlich ist.

(4) Bestehen im Einzelfall Anhaltspunkte für einen Bedarf an notwendigem Lebensunterhalt, ist der Träger dieser Leistungen mit Zustimmung des Leistungsberechtigten zu informieren und am Gesamtplanverfahren zu beteiligen, soweit dies zur Feststellung der Leistungen nach den Kapiteln 3 bis 6 erforderlich ist.

(5) § 22 Absatz 4 ist entsprechend anzuwenden, auch wenn ein Teilhabeplan nicht zu erstellen ist.

(6) 1Bei minderjährigen Leistungsberechtigten wird der nach § 86 des Achten Buches zuständige örtliche Träger der öffentlichen Jugendhilfe vom Träger der Eingliederungshilfe mit Zustimmung des Personensorgeberechtigten informiert und nimmt am Gesamtplanverfahren beratend teil, soweit dies zur Feststellung der Leistungen der Eingliederungshilfe nach den Kapiteln 3 bis 6 erforderlich ist. 2Hiervon kann in begründeten Ausnahmefällen abgesehen werden, insbesondere, wenn durch die Teilnahme des zuständigen örtlichen Trägers der öffentlichen Jugendhilfe das Gesamtplanverfahren verzögert würde.

§ 118 Instrumente der Bedarfsermittlung

(1) 1Der Träger der Eingliederungshilfe hat die Leistungen nach den Kapiteln 3 bis 6 unter Berücksichtigung der Wünsche des Leistungsberechtigten festzustellen. 2Die Ermittlung des individuellen Bedarfes des Leistungsberechtigten muss durch ein Instrument erfolgen, das sich an der Internationalen Klassifikation der Funktionsfähigkeit, Behinderung und Gesundheit orientiert. 3Das Instrument hat die Beschreibung einer nicht nur vorübergehenden Beeinträchtigung der Aktivität und Teilhabe in den folgenden Lebensbereichen vorzusehen:

1. Lernen und Wissensanwendung,
2. Allgemeine Aufgaben und Anforderungen,
3. Kommunikation,
4. Mobilität,
5. Selbstversorgung,

6. häusliches Leben,
7. interpersonelle Interaktionen und Beziehungen,
8. bedeutende Lebensbereiche und
9. Gemeinschafts-, soziales und staatsbürgerliches Leben.

(2) Die Landesregierungen werden ermächtigt, durch Rechtsverordnung das Nähere über das Instrument zur Bedarfsermittlung zu bestimmen.

§ 119 Gesamtplankonferenz

(1) 1Mit Zustimmung des Leistungsberechtigten kann der Träger der Eingliederungshilfe eine Gesamtplankonferenz durchführen, um die Leistungen für den Leistungsberechtigten nach den Kapiteln 3 bis 6 sicherzustellen. 2Die Leistungsberechtigten, die beteiligten Rehabilitationsträger und bei minderjährigen Leistungsberechtigten der nach § 86 des Achten Buches zuständige örtliche Träger der öffentlichen Jugendhilfe können dem nach § 15 verantwortlichen Träger der Eingliederungshilfe die Durchführung einer Gesamtplankonferenz vorschlagen. 3Den Vorschlag auf Durchführung einer Gesamtplankonferenz kann der Träger der Eingliederungshilfe ablehnen, wenn der maßgebliche Sachverhalt schriftlich ermittelt werden kann oder der Aufwand zur Durchführung nicht in einem angemessenen Verhältnis zum Umfang der beantragten Leistung steht.

(2) 1In einer Gesamtplankonferenz beraten der Träger der Eingliederungshilfe, der Leistungsberechtigte und beteiligte Leistungsträger gemeinsam auf der Grundlage des Ergebnisses der Bedarfsermittlung nach § 118 insbesondere über

1. die Stellungnahmen der beteiligten Leistungsträger und die gutachterliche Stellungnahme des Leistungserbringers bei Beendigung der Leistungen zur beruflichen Bildung nach § 57,
2. die Wünsche der Leistungsberechtigten nach § 104 Absatz 2 bis 4,
3. den Beratungs- und Unterstützungsbedarf nach § 106,
4. die Erbringung der Leistungen.

2Soweit die Beratung über die Erbringung der Leistungen nach Nummer 4 den Lebensunterhalt betrifft, umfasst sie den Anteil des Regelsatzes nach § 27a Absatz 3 des Zwölften Buches, der den Leistungsberechtigten als Barmittel verbleibt.

(3) 1Ist der Träger der Eingliederungshilfe Leistungsverantwortlicher nach § 15, soll er die Gesamtplankonferenz mit einer Teilhabeplankonferenz nach § 20 verbinden. 2Ist der Träger der Eingliederungshilfe nicht Leistungsverantwortlicher nach § 15, soll er nach § 19 Absatz 5 den Leistungsberechtigten und den Rehabilitationsträgern anbieten, mit deren Einvernehmen das Verfahren anstelle des leistenden Rehabilitationsträgers durchzuführen.

(4) 1Beantragt eine leistungsberechtigte Mutter oder ein leistungsberechtigter Vater Leistungen zur Deckung von Bedarfen bei der Versorgung und Betreuung eines eigenen Kindes oder mehrerer eigener Kinder, so ist eine Gesamtplankonferenz mit Zustimmung des Leistungsberechtigten durchzuführen. 2Bestehen Anhaltspunkte dafür, dass diese Bedarfe durch Leistungen anderer Leistungsträger, durch das familiäre, freundschaftliche und nachbarschaftliche Umfeld oder ehrenamtlich gedeckt werden können, so informiert der Träger der Eingliederungshilfe mit Zustimmung der Leistungsberechtigten die als zuständig angesehenen Leistungsträger, die ehrenamtlich tätigen Stellen und Personen oder die jeweiligen Personen aus dem persönlichen Umfeld und beteiligt sie an der Gesamtplankonferenz.

§ 120 Feststellung der Leistungen

(1) Nach Abschluss der Gesamtplankonferenz stellen der Träger der Eingliederungshilfe und die beteiligten Leistungsträger ihre Leistungen nach den für sie geltenden Leistungsgesetzen innerhalb der Fristen nach den §§ 14 und 15 fest.

(2) 1Der Träger der Eingliederungshilfe erlässt auf Grundlage des Gesamtplanes nach § 121 den Verwaltungsakt über die festgestellte Leistung nach den Kapiteln 3 bis 6. 2Der Verwaltungsakt enthält mindestens die bewilligten Leistungen und die jeweiligen Leistungsvoraussetzungen. 3Die Feststellungen über die Leistungen sind für den Erlass des Verwaltungsaktes bindend. 4Ist eine Gesamtplankonferenz durchgeführt worden, sind deren Ergebnisse der Erstellung des Gesamtplanes zugrunde zu legen. 5Ist der Träger der Eingliederungshilfe Leistungsverantwortlicher nach § 15, sind die Feststellungen über die Leistungen für die Entscheidung nach § 15 Absatz 3 bindend.

(3) Wenn nach den Vorschriften zur Koordinierung der Leistungen nach Teil 1 Kapitel 4 ein anderer Rehabilitationsträger die Leistungsverantwortung trägt, bilden die im Rahmen der Gesamtplanung festgestellten Leistungen nach den Kapiteln 3 bis 6 die für den Teilhabeplan erforderlichen Feststellungen nach § 15 Absatz 2.

(4) In einem Eilfall erbringt der Träger der Eingliederungshilfe Leistungen der Eingliederungshilfe nach den

Kapiteln 3 bis 6 vor Beginn der Gesamtplankonferenz vorläufig; der Umfang der vorläufigen Gesamtleistung bestimmt sich nach pflichtgemäßem Ermessen.

§ 121 Gesamtplan

(1) Der Träger der Eingliederungshilfe stellt unverzüglich nach der Feststellung der Leistungen einen Gesamtplan insbesondere zur Durchführung der einzelnen Leistungen oder einer Einzelleistung auf.

(2) 1Der Gesamtplan dient der Steuerung, Wirkungskontrolle und Dokumentation des Teilhabeprozesses. 2Er bedarf der Schriftform und soll regelmäßig, spätestens nach zwei Jahren, überprüft und fortgeschrieben werden.

(3) Bei der Aufstellung des Gesamtplanes wirkt der Träger der Eingliederungshilfe zusammen mit

1. dem Leistungsberechtigten,
2. einer Person seines Vertrauens und
3. dem im Einzelfall Beteiligten, insbesondere mit
   a) dem behandelnden Arzt,
   b) dem Gesundheitsamt,
   c) dem Landesarzt,
   d) dem Jugendamt und
   e) den Dienststellen der Bundesagentur für Arbeit.

(4) Der Gesamtplan enthält neben den Inhalten nach § 19 mindestens

1. die im Rahmen der Gesamtplanung eingesetzten Verfahren und Instrumente sowie die Maßstäbe und Kriterien der Wirkungskontrolle einschließlich des Überprüfungszeitpunkts,
2. die Aktivitäten der Leistungsberechtigten,
3. die Feststellungen über die verfügbaren und aktivierbaren Selbsthilferessourcen des Leistungsberechtigten sowie über Art, Inhalt, Umfang und Dauer der zu erbringenden Leistungen,
4. die Berücksichtigung des Wunsch- und Wahlrechts nach § 8 im Hinblick auf eine pauschale Geldleistung,
5. die Erkenntnisse aus vorliegenden sozialmedizinischen Gutachten,
6. das Ergebnis über die Beratung des Anteils des Regelsatzes nach § 27a Absatz 3 des Zwölften Buches, der den Leistungsberechtigten als Barmittel verbleibt und
7. die Einschätzung, ob für den Fall einer stationären Krankenhausbehandlung die Begleitung und Befähigung des Leistungsberechtigten durch vertraute Bezugspersonen zur Sicherstellung der Durchführung der Behandlung erforderlich ist.

(5) Der Träger der Eingliederungshilfe stellt der leistungsberechtigten Person den Gesamtplan zur Verfügung.

§ 122 Teilhabezielvereinbarung

1Der Träger der Eingliederungshilfe kann mit dem Leistungsberechtigten eine Teilhabezielvereinbarung zur Umsetzung der Mindestinhalte des Gesamtplanes oder von Teilen der Mindestinhalte des Gesamtplanes abschließen. 2Die Vereinbarung wird für die Dauer des Bewilligungszeitraumes der Leistungen der Eingliederungshilfe abgeschlossen, soweit sich aus ihr nichts Abweichendes ergibt. 3Bestehen Anhaltspunkte dafür, dass die Vereinbarungsziele nicht oder nicht mehr erreicht werden, hat der Träger der Eingliederungshilfe die Teilhabezielvereinbarung anzupassen. 4Die Kriterien nach § 117 Absatz 1 Nummer 3 gelten entsprechend.

Kapitel 8
Vertragsrecht

§ 123 Allgemeine Grundsätze

(1) 1Der Träger der Eingliederungshilfe darf Leistungen der Eingliederungshilfe mit Ausnahme der Leistungen nach § 113 Absatz 2 Nummer 2 in Verbindung mit § 78 Absatz 5 und § 116 Absatz 1 durch Dritte (Leistungserbringer) nur bewilligen, soweit eine schriftliche Vereinbarung zwischen dem Träger des Leistungserbringers und dem für den Ort der Leistungserbringung zuständigen Träger der Eingliederungshilfe besteht. 2Die Vereinbarung kann auch zwischen dem Träger der Eingliederungshilfe und dem Verband, dem der Leistungserbringer angehört, geschlossen werden, soweit der Verband eine entsprechende Vollmacht nachweist.

(2) 1Die Vereinbarungen sind für alle übrigen Träger der Eingliederungshilfe bindend. 2Die Vereinbarungen müssen den Grundsätzen der Wirtschaftlichkeit, Sparsamkeit und Leistungsfähigkeit entsprechen und dürfen das Maß des Notwendigen nicht überschreiten. 3Sie sind vor Beginn der jeweiligen Wirtschaftsperiode für einen zukünftigen Zeitraum abzuschließen (Vereinbarungszeitraum); nachträgliche Ausgleiche sind nicht zulässig. 4Die Ergebnisse der Vereinbarungen sind den Leistungsberechtigten in einer wahrnehmbaren Form zugänglich zu machen.

(3) Keine Leistungserbringer im Sinne dieses Kapitels sind

IX

1. private und öffentliche Arbeitgeber gemäß § 61 oder § 61a sowie
2. Einrichtungen der beruflichen Rehabilitation, in denen der schulische Teil der Ausbildung nach § 61a Absatz 2 Satz 4 erfolgen kann.

(4) 1Besteht eine schriftliche Vereinbarung, so ist der Leistungserbringer, soweit er kein anderer Leistungsanbieter im Sinne des § 60 ist, im Rahmen des vereinbarten Leistungsangebotes verpflichtet, Leistungsberechtigte aufzunehmen und Leistungen der Eingliederungshilfe unter Beachtung der Inhalte des Gesamtplanes nach § 121 zu erbringen. 2Die Verpflichtung zur Leistungserbringung besteht auch in den Fällen des § 116 Absatz 2.

(5) 1Der Träger der Eingliederungshilfe darf die Leistungen durch Leistungserbringer, mit denen keine schriftliche Vereinbarung besteht, nur erbringen, soweit

1. dies nach der Besonderheit des Einzelfalles geboten ist,
2. der Leistungserbringer ein schriftliches Leistungsangebot vorlegt, das für den Inhalt einer Vereinbarung nach § 125 gilt,
3. der Leistungserbringer sich schriftlich verpflichtet, die Grundsätze der Wirtschaftlichkeit und Qualität der Leistungserbringung zu beachten,
4. der Leistungserbringer sich schriftlich verpflichtet, bei der Erbringung von Leistungen die Inhalte des Gesamtplanes nach § 121 zu beachten,
5. die Vergütung für die Erbringung der Leistungen nicht höher ist als die Vergütung, die der Träger der Eingliederungshilfe mit anderen Leistungserbringern für vergleichbare Leistungen vereinbart hat.

2Die allgemeinen Grundsätze der Absätze 1 bis 3 und 5 sowie die Vorschriften zur Geeignetheit der Leistungserbringer (§ 124), zum Inhalt der Vergütung (§ 125), zur Verbindlichkeit der vereinbarten Vergütung (§ 127), zur Wirtschaftlichkeits- und Qualitätsprüfung (§ 128), zur Kürzung der Vergütung (§ 129) und zur außerordentlichen Kündigung der Vereinbarung (§ 130) gelten entsprechend.

(6) Der Leistungserbringer hat gegen den Träger der Eingliederungshilfe einen Anspruch auf Vergütung der gegenüber dem Leistungsberechtigten erbrachten Leistungen der Eingliederungshilfe.

§ 124 Geeignete Leistungserbringer

(1) 1Sind geeignete Leistungserbringer vorhanden, soll der Träger der Eingliederungshilfe zur Erfüllung seiner Aufgaben eigene Angebote nicht neu schaffen. 2Geeignet ist ein externer Leistungserbringer, der unter Sicherstellung der Grundsätze des § 104 die Leistungen wirtschaftlich und sparsam erbringen kann. 3Die durch den Leistungserbringer geforderte Vergütung ist wirtschaftlich angemessen, wenn sie im Vergleich mit der Vergütung vergleichbarer Leistungserbringer im unteren Drittel liegt (externer Vergleich). 4Liegt die geforderte Vergütung oberhalb des unteren Drittels, kann sie wirtschaftlich angemessen sein, sofern sie nachvollziehbar auf einem höheren Aufwand des Leistungserbringers beruht und wirtschaftlicher Betriebsführung entspricht. 5In den externen Vergleich sind die im Einzugsbereich tätigen Leistungserbringer einzubeziehen. 6Die Bezahlung tariflich vereinbarter Vergütungen sowie entsprechender Vergütungen nach kirchlichen Arbeitsrechtsregelungen kann dabei nicht als unwirtschaftlich abgelehnt werden, soweit die Vergütung aus diesem Grunde oberhalb des unteren Drittels liegt.

(2) 1Geeignete Leistungserbringer haben zur Erbringung der Leistungen der Eingliederungshilfe eine dem Leistungsangebot entsprechende Anzahl an Fach- und anderem Betreuungspersonal zu beschäftigen. 2Sie müssen über die Fähigkeit zur Kommunikation mit den Leistungsberechtigten in einer für die Leistungsberechtigten wahrnehmbaren Form verfügen und nach ihrer Persönlichkeit geeignet sein. 3Geeignete Leistungserbringer dürfen nur solche Personen beschäftigen oder ehrenamtliche Personen, die in Wahrnehmung ihrer Aufgaben Kontakt mit Leistungsberechtigten haben, mit Aufgaben betrauen, die nicht rechtskräftig wegen einer Straftat nach den §§ 171, 174 bis 174c, 176 bis 180a, 181a, 182 bis 184g, 184i bis 184l, 201a Absatz 3, §§ 225, 232 bis 233a, 234, 235 oder 236 des Strafgesetzbuchs verurteilt worden sind. 4Die Leistungserbringer sollen sich von Fach- und anderem Betreuungspersonal, die in Wahrnehmung ihrer Aufgaben Kontakt mit Leistungsberechtigten haben, vor deren Einstellung oder Aufnahme einer dauerhaften ehrenamtlichen Tätigkeit und in regelmäßigen Abständen ein Führungszeugnis nach § 30a Absatz 1 des Bundeszentralregistergesetzes vorlegen lassen. 5Nimmt der Leistungserbringer Einsicht in ein Führungszeugnis nach § 30a Absatz 1 des Bundeszentralregistergesetzes, so speichert er nur den Umstand der Einsichtnahme, das Datum des Führungszeugnisses und die Information, ob die das Führungszeugnis betreffende Person wegen einer in Satz 3 genannten Straftat rechtskräftig verurteilt worden ist. 6Der Leistungserbringer darf diese Daten nur verändern und nutzen, soweit dies zur Prüfung der Eignung einer Per-

IX

son erforderlich ist. $_{7}$Die Daten sind vor dem Zugriff Unbefugter zu schützen. $_{8}$Sie sind unverzüglich zu löschen, wenn im Anschluss an die Einsichtnahme keine Tätigkeit für den Leistungserbringer wahrgenommen wird. $_{9}$Sie sind spätestens drei Monate nach der letztmaligen Ausübung einer Tätigkeit für den Leistungserbringer zu löschen. $_{10}$Das Fachpersonal muss zusätzlich über eine abgeschlossene berufsspezifische Ausbildung und dem Leistungsangebot entsprechende Zusatzqualifikationen verfügen.

(3) Sind mehrere Leistungserbringer im gleichen Maße geeignet, so hat der Träger der Eingliederungshilfe Vereinbarungen vorrangig mit Leistungserbringern abzuschließen, deren Vergütung bei vergleichbarem Inhalt, Umfang und Qualität der Leistung nicht höher ist als die anderer Leistungserbringer.

§ 125 Inhalt der schriftlichen Vereinbarung

(1) In der schriftlichen Vereinbarung zwischen dem Träger der Eingliederungshilfe und dem Leistungserbringer sind zu regeln:

1. Inhalt, Umfang und Qualität einschließlich der Wirksamkeit der Leistungen der Eingliederungshilfe (Leistungsvereinbarung) und
2. die Vergütung der Leistungen der Eingliederungshilfe (Vergütungsvereinbarung).

(2) $_{1}$In die Leistungsvereinbarung sind als wesentliche Leistungsmerkmale mindestens aufzunehmen:

1. der zu betreuende Personenkreis,
2. die erforderliche sächliche Ausstattung,
3. Art, Umfang, Ziel und Qualität der Leistungen der Eingliederungshilfe,
4. die Festlegung der personellen Ausstattung,
5. die Qualifikation des Personals sowie
6. soweit erforderlich, die betriebsnotwendigen Anlagen des Leistungserbringers.

$_{2}$Soweit die Erbringung von Leistungen nach § 116 Absatz 2 zu vereinbaren ist, sind darüber hinaus die für die Leistungserbringung erforderlichen Strukturen zu berücksichtigen.

(3) $_{1}$Mit der Vergütungsvereinbarung werden unter Berücksichtigung der Leistungsmerkmale nach Absatz 2 Leistungspauschalen für die zu erbringenden Leistungen unter Beachtung der Grundsätze nach § 123 Absatz 2 festgelegt. $_{2}$Förderungen aus öffentlichen Mitteln sind anzurechnen. $_{3}$Die Leistungspauschalen sind nach Gruppen von Leistungsberechtigten mit vergleichbarem Bedarf oder Stundensätzen sowie für die gemeinsame Inanspruchnahme durch mehrere Leistungsberechtigte (§ 116 Absatz 2) zu kalkulieren. $_{4}$Abweichend von Satz 1 können andere geeignete Verfahren zur Vergütung und Abrechnung der Fachleistung unter Beteiligung der Interessenvertretungen der Menschen mit Behinderungen vereinbart werden.

(4) $_{1}$Die Vergütungsvereinbarungen mit Werkstätten für behinderte Menschen und anderen Leistungsanbietern berücksichtigen zusätzlich die mit der wirtschaftlichen Betätigung in Zusammenhang stehenden Kosten, soweit diese Kosten unter Berücksichtigung der besonderen Verhältnisse beim Leistungserbringer und der dort beschäftigten Menschen mit Behinderungen nach Art und Umfang über die in einem Wirtschaftsunternehmen üblicherweise entstehenden Kosten hinausgehen. $_{2}$Können die Kosten im Einzelfall nicht ermittelt werden, kann hierfür eine Vergütungspauschale vereinbart werden. $_{3}$Das Arbeitsergebnis des Leistungserbringers darf nicht dazu verwendet werden, die Vergütung des Trägers der Eingliederungshilfe zu mindern.

§ 126 Verfahren und Inkrafttreten der Vereinbarung

(1) $_{1}$Der Leistungserbringer oder der Träger der Eingliederungshilfe hat die jeweils andere Partei schriftlich zu Verhandlungen über den Abschluss einer Vereinbarung gemäß § 125 aufzufordern. $_{2}$Bei einer Aufforderung zum Abschluss einer Folgevereinbarung sind die Verhandlungsgegenstände zu benennen. $_{3}$Die Aufforderung durch den Leistungsträger kann an einen unbestimmten Kreis von Leistungserbringern gerichtet werden. $_{4}$Auf Verlangen einer Partei sind geeignete Nachweise zu den Verhandlungsgegenständen vorzulegen.

(2) $_{1}$Kommt es nicht innerhalb von drei Monaten, nachdem eine Partei zu Verhandlungen aufgefordert wurde, zu einer schriftlichen Vereinbarung, so kann jede Partei hinsichtlich der strittigen Punkte die Schiedsstelle nach § 133 anrufen. $_{2}$Die Schiedsstelle hat unverzüglich über die strittigen Punkte zu entscheiden. $_{3}$Gegen die Entscheidung der Schiedsstelle ist der Rechtsweg zu den Sozialgerichten gegeben, ohne dass es eines Vorverfahrens bedarf. $_{4}$Die Klage ist gegen den Verhandlungspartner und nicht gegen die Schiedsstelle zu richten.

(3) $_{1}$Vereinbarungen und Schiedsstellenentscheidungen treten zu dem darin bestimmten Zeitpunkt in Kraft. $_{2}$Wird ein Zeitpunkt nicht bestimmt, wird die Vereinbarung mit dem Tag ihres Abschlusses wirksam. $_{3}$Festsetzungen der Schiedsstelle werden, soweit keine Festlegung erfolgt ist, rückwirkend mit dem Tag wirksam, an dem der Antrag bei der Schiedsstelle eingegangen ist. $_{4}$Soweit in den Fällen des Satzes 3 während des

Schiedsstellenverfahrens der Antrag geändert wurde, ist auf den Tag abzustellen, an dem der geänderte Antrag bei der Schiedsstelle eingegangen ist. 5Ein jeweils vor diesem Zeitpunkt zurückwirkendes Vereinbaren oder Festsetzen von Vergütungen ist in den Fällen der Sätze 1 bis 4 nicht zulässig.

§ 127 Verbindlichkeit der vereinbarten Vergütung

(1) 1Mit der Zahlung der vereinbarten Vergütung gelten alle während des Vereinbarungszeitraumes entstandenen Ansprüche des Leistungserbringers auf Vergütung der Leistung der Eingliederungshilfe als abgegolten. 2Die im Einzelfall zu zahlende Vergütung bestimmt sich auf der Grundlage der jeweiligen Vereinbarung nach dem Betrag, der dem Leistungsberechtigten vom zuständigen Träger der Eingliederungshilfe bewilligt worden ist. 3Sind Leistungspauschalen nach Gruppen von Leistungsberechtigten kalkuliert (§ 125 Absatz 3 Satz 3), richtet sich die zu zahlende Vergütung nach der Gruppe, die dem Leistungsberechtigten vom zuständigen Träger der Eingliederungshilfe bewilligt wurde.

(2) Einer Erhöhung der Vergütung auf Grund von Investitionsmaßnahmen, die während des laufenden Vereinbarungszeitraumes getätigt werden, muss der Träger der Eingliederungshilfe zustimmen, soweit er der Maßnahme zuvor dem Grunde und der Höhe nach zugestimmt hat.

(3) 1Bei unvorhergesehenen wesentlichen Änderungen der Annahmen, die der Vergütungsvereinbarung oder der Entscheidung der Schiedsstelle über die Vergütung zugrunde lagen, ist die Vergütung auf Verlangen einer Vertragspartei für den laufenden Vereinbarungszeitraum neu zu verhandeln. 2Für eine Neuverhandlung gelten die Vorschriften zum Verfahren und Inkrafttreten (§ 126) entsprechend.

(4) Nach Ablauf des Vereinbarungszeitraumes gilt die vereinbarte oder durch die Schiedsstelle festgesetzte Vergütung bis zum Inkrafttreten einer neuen Vergütungsvereinbarung weiter.

§ 128 Wirtschaftlichkeits- und Qualitätsprüfung

(1) 1Soweit tatsächliche Anhaltspunkte dafür bestehen, dass ein Leistungserbringer seine vertraglichen oder gesetzlichen Pflichten nicht erfüllt, prüft der Träger der Eingliederungshilfe oder ein von diesem beauftragter Dritter die Wirtschaftlichkeit und Qualität einschließlich der Wirksamkeit der vereinbarten Leistungen des Leistungserbringers. 2Die Leistungserbringer sind verpflichtet, dem Träger der Eingliederungshilfe auf Verlangen die für die Prüfung erforderlichen Unterlagen vorzulegen und Auskünfte zu erteilen. 3Zur Vermeidung von Doppelprüfungen arbeiten die Träger der Eingliederungshilfe mit den Trägern der Sozialhilfe, mit den für die Heimaufsicht zuständigen Behörden sowie mit dem Medizinischen Dienst gemäß § 278 des Fünften Buches zusammen. 4Der Träger der Eingliederungshilfe ist berechtigt und auf Anforderung verpflichtet, den für die Heimaufsicht zuständigen Behörden die Daten über den Leistungserbringer sowie die Ergebnisse der Prüfungen mitzuteilen, soweit sie für die Zwecke der Prüfung durch den Empfänger erforderlich sind. 5Personenbezogene Daten sind vor der Datenübermittlung zu anonymisieren. 6Abweichend von Satz 5 dürfen personenbezogene Daten in nicht anonymisierter Form an die für die Heimaufsicht zuständigen Behörden übermittelt werden, soweit sie zu deren Aufgabenerfüllung erforderlich sind. 7Durch Landesrecht kann von der Einschränkung in Satz 1 erster Halbsatz abgewichen werden.

(2) Die Prüfung nach Absatz 1 kann ohne vorherige Ankündigung erfolgen und erstreckt sich auf Inhalt, Umfang, Wirtschaftlichkeit und Qualität einschließlich der Wirksamkeit der erbrachten Leistungen.

(3) 1Der Träger der Eingliederungshilfe hat den Leistungserbringer über das Ergebnis der Prüfung schriftlich zu unterrichten. 2Das Ergebnis der Prüfung ist dem Leistungsberechtigten in einer wahrnehmbaren Form zugänglich zu machen.

§ 129 Kürzung der Vergütung

(1) 1Hält ein Leistungserbringer seine gesetzlichen oder vertraglichen Verpflichtungen ganz oder teilweise nicht ein, ist die vereinbarte Vergütung für die Dauer der Pflichtverletzung entsprechend zu kürzen. 2Über die Höhe des Kürzungsbetrags ist zwischen den Vertragsparteien Einvernehmen herzustellen. 3Kommt eine Einigung nicht zustande, entscheidet auf Antrag einer Vertragspartei die Schiedsstelle. 4Für das Verfahren bei Entscheidungen durch die Schiedsstelle gilt § 126 Absatz 2 und 3 entsprechend.

(2) Der Kürzungsbetrag ist an den Träger der Eingliederungshilfe bis zu der Höhe zurückzuzahlen, in der die Leistung vom Träger der Eingliederungshilfe erbracht worden ist und im Übrigen an die Leistungsberechtigten zurückzuzahlen.

(3) 1Der Kürzungsbetrag kann nicht über die Vergütungen refinanziert werden. 2Darüber hinaus besteht hinsichtlich des Kürzungsbetrags kein Anspruch auf Nachverhandlung gemäß § 127 Absatz 3.

IX

§ 130 Außerordentliche Kündigung der Vereinbarungen

1Der Träger der Eingliederungshilfe kann die Vereinbarungen mit einem Leistungserbringer fristlos kündigen, wenn ihm ein Festhalten an den Vereinbarungen auf Grund einer groben Verletzung einer gesetzlichen oder vertraglichen Verpflichtung durch den Leistungserbringer nicht mehr zumutbar ist. 2Eine grobe Pflichtverletzung liegt insbesondere dann vor, wenn

1. Leistungsberechtigte infolge der Pflichtverletzung zu Schaden kommen,
2. gravierende Mängel bei der Leistungserbringung vorhanden sind,
3. dem Leistungserbringer nach heimrechtlichen Vorschriften die Betriebserlaubnis entzogen ist,
4. dem Leistungserbringer der Betrieb untersagt wird oder
5. der Leistungserbringer gegenüber dem Leistungsträger nicht erbrachte Leistungen abrechnet.

3Die Kündigung bedarf der Schriftform. 4§ 59 des Zehnten Buches gilt entsprechend.

§ 131 Rahmenverträge zur Erbringung von Leistungen

(1) 1Die Träger der Eingliederungshilfe schließen auf Landesebene mit den Vereinigungen der Leistungserbringer gemeinsam und einheitlich Rahmenverträge zu den schriftlichen Vereinbarungen nach § 125 ab. 2Die Rahmenverträge bestimmen

1. die nähere Abgrenzung der den Vergütungspauschalen und -beträgen nach § 125 Absatz 1 zugrunde zu legenden Kostenarten und -bestandteile sowie die Zusammensetzung der Investitionsbeträge nach § 125 Absatz 2,
2. den Inhalt und die Kriterien für die Ermittlung und Zusammensetzung der Leistungspauschalen, die Merkmale für die Bildung von Gruppen mit vergleichbarem Bedarf nach § 125 Absatz 3 Satz 3 sowie die Zahl der zu bildenden Gruppen,
3. die Höhe der Leistungspauschale nach § 125 Absatz 3 Satz 1,
4. die Zuordnung der Kostenarten und -bestandteile nach § 125 Absatz 4 Satz 1,
5. die Festlegung von Personalrichtwerten oder anderen Methoden zur Festlegung der personellen Ausstattung,
6. die Grundsätze und Maßstäbe für die Wirtschaftlichkeit und Qualität einschließlich der Wirksamkeit der Leistungen sowie Inhalt und Verfahren zur Durchführung von Wirtschaftlichkeits- und Qualitätsprüfungen und
7. das Verfahren zum Abschluss von Vereinbarungen.

3Für Leistungserbringer, die einer Kirche oder Religionsgemeinschaft des öffentlichen Rechts oder einem sonstigen freigemeinnützigen Träger zuzuordnen sind, können die Rahmenverträge auch von der Kirche oder Religionsgemeinschaft oder von dem Wohlfahrtsverband abgeschlossen werden, dem der Leistungserbringer angehört. 4In den Rahmenverträgen sollen die Merkmale und Besonderheiten der jeweiligen Leistungen berücksichtigt werden.

(2) Die durch Landesrecht bestimmten maßgeblichen Interessenvertretungen der Menschen mit Behinderungen wirken bei der Erarbeitung und Beschlussfassung der Rahmenverträge mit.

(3) Die Vereinigungen der Träger der Eingliederungshilfe und die Vereinigungen der Leistungserbringer vereinbaren gemeinsam und einheitlich Empfehlungen auf Bundesebene zum Inhalt der Rahmenverträge.

(4) Kommt es nicht innerhalb von sechs Monaten nach schriftlicher Aufforderung durch die Landesregierung zu einem Rahmenvertrag, so kann die Landesregierung die Inhalte durch Rechtsverordnung regeln.

§ 132 Abweichende Zielvereinbarungen

(1) Leistungsträger und Träger der Leistungserbringer können Zielvereinbarungen zur Erprobung neuer und zur Weiterentwicklung der bestehenden Leistungs- und Finanzierungsstrukturen abschließen.

(2) Die individuellen Leistungsansprüche der Leistungsberechtigten bleiben unberührt.

(3) Absatz 1 gilt nicht, soweit auch Leistungen nach dem Siebten Kapitel des Zwölften Buches gewährt werden.

§ 133 Schiedsstelle

(1) Für jedes Land oder für Teile eines Landes wird eine Schiedsstelle gebildet.

(2) Die Schiedsstelle besteht aus Vertretern der Leistungserbringer und Vertretern der Träger der Eingliederungshilfe in gleicher Zahl sowie einem unparteiischen Vorsitzenden.

(3) 1Die Vertreter der Leistungserbringer und deren Stellvertreter werden von den Vereinigungen der Leistungserbringer bestellt. Bei der Bestellung ist die Trägervielfalt zu beachten. 2Die Vertreter der Träger der Eingliederungshilfe und deren Stellvertreter werden von

IX

diesen bestellt. $_{3}$Der Vorsitzende und sein Stellvertreter werden von den beteiligten Organisationen gemeinsam bestellt. $_{4}$Kommt eine Einigung nicht zustande, werden sie durch Los bestimmt. $_{5}$Soweit die beteiligten Organisationen der Leistungserbringer oder die Träger der Eingliederungshilfe keinen Vertreter bestellen oder im Verfahren nach Satz 3 keine Kandidaten für das Amt des Vorsitzenden und des Stellvertreters benennen, bestellt die zuständige Landesbehörde auf Antrag eines der Beteiligten die Vertreter und benennt die Kandidaten für die Position des Vorsitzenden und seines Stellvertreters.

(4) $_{1}$Die Mitglieder der Schiedsstelle führen ihr Amt als Ehrenamt. $_{2}$Sie sind an Weisungen nicht gebunden. $_{3}$Jedes Mitglied hat eine Stimme. $_{4}$Die Entscheidungen werden mit der Mehrheit der Mitglieder getroffen. $_{5}$Ergibt sich keine Mehrheit, entscheidet die Stimme des Vorsitzenden.

(5) Die Landesregierungen werden ermächtigt, durch Rechtsverordnung das Nähere zu bestimmen über

1. die Zahl der Schiedsstellen,
2. die Zahl der Mitglieder und deren Bestellung,
3. die Amtsdauer und Amtsführung,
4. die Erstattung der baren Auslagen und die Entschädigung für den Zeitaufwand der Mitglieder der Schiedsstelle,
5. die Geschäftsführung,
6. das Verfahren,
7. die Erhebung und die Höhe der Gebühren,
8. die Verteilung der Kosten,
9. die Rechtsaufsicht sowie
10. die Beteiligung der Interessenvertretungen der Menschen mit Behinderungen.

§ 134 Sonderregelung zum Inhalt der Vereinbarungen zur Erbringung von Leistungen für minderjährige Leistungsberechtigte und in Sonderfällen

(1) In der schriftlichen Vereinbarung zur Erbringung von Leistungen für minderjährige Leistungsberechtigte zwischen dem Träger der Eingliederungshilfe und dem Leistungserbringer sind zu regeln:

1. Inhalt, Umfang und Qualität einschließlich der Wirksamkeit der Leistungen (Leistungsvereinbarung) sowie
2. die Vergütung der Leistung (Vergütungsvereinbarung).

(2) In die Leistungsvereinbarung sind als wesentliche Leistungsmerkmale insbesondere aufzunehmen:

1. die betriebsnotwendigen Anlagen des Leistungserbringers,
2. der zu betreuende Personenkreis,
3. Art, Ziel und Qualität der Leistung,
4. die Festlegung der personellen Ausstattung,
5. die Qualifikation des Personals sowie
6. die erforderliche sächliche Ausstattung.

(3) $_{1}$Die Vergütungsvereinbarung besteht mindestens aus

1. der Grundpauschale für Unterkunft und Verpflegung,
2. der Maßnahmepauschale sowie
3. einem Betrag für betriebsnotwendige Anlagen einschließlich ihrer Ausstattung (Investitionsbetrag).

$_{2}$Förderungen aus öffentlichen Mitteln sind anzurechnen. $_{3}$Die Maßnahmepauschale ist nach Gruppen für Leistungsberechtigte mit vergleichbarem Bedarf zu kalkulieren.

(4) $_{1}$Die Absätze 1 bis 3 finden auch Anwendung, wenn volljährige Leistungsberechtigte Leistungen zur Schulbildung nach § 112 Absatz 1 Nummer 1 sowie Leistungen zur schulischen Ausbildung für einen Beruf nach § 112 Absatz 1 Nummer 2 erhalten, soweit diese Leistungen in besonderen Ausbildungsstätten über Tag und Nacht für Menschen mit Behinderungen erbracht werden. $_{2}$Entsprechendes gilt bei anderen volljährigen Leistungsberechtigten, wenn

1. das Konzept des Leistungserbringers auf Minderjährige als zu betreuenden Personenkreis ausgerichtet ist,
2. der Leistungsberechtigte von diesem Leistungserbringer bereits Leistungen über Tag und Nacht auf Grundlage von Vereinbarungen nach den Absätzen 1 bis 3, § 78b des Achten Buches, § 75 Absatz 3 des Zwölften Buches in der am 31. Dezember 2019 geltenden Fassung oder nach Maßgabe des § 75 Absatz 4 des Zwölften Buches in der am 31. Dezember 2019 geltenden Fassung erhalten hat und
3. der Leistungsberechtigte nach Erreichen der Volljährigkeit für eine kurze Zeit, in der Regel nicht länger als bis zur Vollendung des 21. Lebensjahres, Leistungen von diesem Leistungserbringer weitererhält, mit denen insbesondere vor dem Erreichen der Volljährigkeit definierte Teilhabeziele erreicht werden sollen.

Kapitel 9
Einkommen und Vermögen

§ 135 Begriff des Einkommens

(1) Maßgeblich für die Ermittlung des Beitrages nach § 136 ist die Summe der Einkünfte des Vorvorjahres nach § 2 Absatz 2 des Einkommensteuergesetzes sowie bei Renteneinkünften die Bruttorente des Vorvorjahres.

(2) Wenn zum Zeitpunkt der Leistungsgewährung eine erhebliche Abweichung zu den Einkünften des Vorvorjahres besteht, sind die voraussichtlichen Jahreseinkünfte des laufenden Jahres im Sinne des Absatzes 1 zu ermitteln und zugrunde zu legen.

§ 136 Beitrag aus Einkommen zu den Aufwendungen

(1) Bei den Leistungen nach diesem Teil ist ein Beitrag zu den Aufwendungen aufzubringen, wenn das Einkommen im Sinne des § 135 der antragstellenden Person sowie bei minderjährigen Personen der im Haushalt lebenden Eltern oder des im Haushalt lebenden Elternteils die Beträge nach Absatz 2 übersteigt.

(2) $_1$Ein Beitrag zu den Aufwendungen ist aufzubringen, wenn das Einkommen im Sinne des § 135 überwiegend

1. aus einer sozialversicherungspflichtigen Beschäftigung oder selbständigen Tätigkeit erzielt wird und 85 Prozent der jährlichen Bezugsgröße nach § 18 Absatz 1 des Vierten Buches übersteigt oder
2. aus einer nicht sozialversicherungspflichtigen Beschäftigung erzielt wird und 75 Prozent der jährlichen Bezugsgröße nach § 18 Absatz 1 des Vierten Buches übersteigt oder
3. aus Renteneinkünften erzielt wird und 60 Prozent der jährlichen Bezugsgröße nach § 18 Absatz 1 des Vierten Buches übersteigt.

$_2$Wird das Einkommen im Sinne des § 135 überwiegend aus anderen Einkunftsarten erzielt, ist Satz 1 Nummer 2 entsprechend anzuwenden.

(3) Die Beträge nach Absatz 2 erhöhen sich für den nicht getrennt lebenden Ehegatten oder Lebenspartner, den Partner einer eheähnlichen oder lebenspartnerschaftsähnlichen Gemeinschaft um 15 Prozent sowie für jedes unterhaltsberechtigte Kind im Haushalt um 10 Prozent der jährlichen Bezugsgröße nach § 18 Absatz 1 des Vierten Buches.

(4) $_1$Übersteigt das Einkommen im Sinne des § 135 einer in Absatz 3 erster Halbsatz genannten Person den Betrag, der sich nach Absatz 2 ergibt, findet Absatz 3 keine Anwendung. $_2$In diesem Fall erhöhen sich für jedes unterhaltsberechtigte Kind im Haushalt die Beträge nach Absatz 2 um 5 Prozent der jährlichen Bezugsgröße nach § 18 Absatz 1 des Vierten Buches.

(5) $_1$Ist der Leistungsberechtigte minderjährig und lebt im Haushalt der Eltern, erhöht sich der Betrag nach Absatz 2 um 75 Prozent der jährlichen Bezugsgröße nach § 18 Absatz 1 des Vierten Buches für jeden Leistungsberechtigten. $_2$Die Absätze 3 und 4 sind nicht anzuwenden.

§ 137 Höhe des Beitrages zu den Aufwendungen

(1) Die antragstellende Person im Sinne des § 136 Absatz 1 hat aus dem Einkommen im Sinne des § 135 einen Beitrag zu den Aufwendungen nach Maßgabe der Absätze 2 und 3 aufzubringen.

(2) $_1$Wenn das Einkommen die Beträge nach § 136 Absatz 2 übersteigt, ist ein monatlicher Beitrag in Höhe von 2 Prozent des den Betrag nach § 136 Absatz 2 bis 5 übersteigenden Betrages als monatlicher Beitrag aufzubringen. $_2$Der nach Satz 1 als monatlicher Beitrag aufzubringende Betrag ist auf volle 10 Euro abzurunden.

(3) Der Beitrag ist von der zu erbringenden Leistung abzuziehen.

(4) $_1$Ist ein Beitrag von anderen Personen aufzubringen als dem Leistungsberechtigten und ist die Durchführung der Maßnahme der Eingliederungshilfeleistung ohne Entrichtung des Beitrages gefährdet, so kann im Einzelfall die erforderliche Leistung ohne Abzug nach Absatz 3 erbracht werden. $_2$Die in Satz 1 genannten Personen haben dem Träger der Eingliederungshilfe die Aufwendungen im Umfang des Beitrages zu ersetzen; mehrere Verpflichtete haften als Gesamtschuldner.

§ 138 Besondere Höhe des Beitrages zu den Aufwendungen

(1) Ein Beitrag ist nicht aufzubringen bei

1. heilpädagogischen Leistungen nach § 113 Absatz 2 Nummer 3,
2. Leistungen zur medizinischen Rehabilitation nach § 109,
3. Leistungen zur Teilhabe am Arbeitsleben nach § 111 Absatz 1,
4. Leistungen zur Teilhabe an Bildung nach § 112 Absatz 1 Nummer 1,
5. Leistungen zur schulischen oder hochschulischen Ausbildung oder Weiterbildung für einen Beruf nach § 112 Absatz 1 Nummer 2, soweit diese Leistungen in besonderen Ausbildungsstätten über Tag und

Nacht für Menschen mit Behinderungen erbracht werden,

6. Leistungen zum Erwerb und Erhalt praktischer Kenntnisse und Fähigkeiten nach § 113 Absatz 2 Nummer 5, soweit diese der Vorbereitung auf die Teilhabe am Arbeitsleben nach § 111 Absatz 1 dienen,
7. Leistungen nach § 113 Absatz 1, die noch nicht eingeschulten leistungsberechtigten Personen die für sie erreichbare Teilnahme am Leben in der Gemeinschaft ermöglichen sollen,
8. gleichzeitiger Gewährung von Leistungen zum Lebensunterhalt nach dem Zweiten oder Zwölften Buch oder nach § 27a des Bundesversorgungsgesetzes.

(2) Wenn ein Beitrag nach § 137 aufzubringen ist, ist für weitere Leistungen im gleichen Zeitraum oder weitere Leistungen an minderjährige Kinder im gleichen Haushalt nach diesem Teil kein weiterer Beitrag aufzubringen.

(3) Bei einmaligen Leistungen zur Beschaffung von Bedarfsgegenständen, deren Gebrauch für mindestens ein Jahr bestimmt ist, ist höchstens das Vierfache des monatlichen Beitrages einmalig aufzubringen.

§ 139 Begriff des Vermögens

1Zum Vermögen im Sinne dieses Teils gehört das gesamte verwertbare Vermögen. 2Die Leistungen nach diesem Teil dürfen nicht abhängig gemacht werden vom Einsatz oder von der Verwertung des Vermögens im Sinne des § 90 Absatz 2 Nummer 1 bis 8 des Zwölften Buches und eines Barvermögens oder sonstiger Geldwerte bis zu einem Betrag von 150 Prozent der jährlichen Bezugsgröße nach § 18 Absatz 1 des Vierten Buches. 3Die Eingliederungshilfe darf ferner nicht vom Einsatz oder von der Verwertung eines Vermögens abhängig gemacht werden, soweit dies für den, der das Vermögen einzusetzen hat, und für seine unterhaltsberechtigten Angehörigen eine Härte bedeuten würde.

§ 140 Einsatz des Vermögens

(1) Die antragstellende Person sowie bei minderjährigen Personen die im Haushalt lebenden Eltern oder ein Elternteil haben vor der Inanspruchnahme von Leistungen nach diesem Teil die erforderlichen Mittel aus ihrem Vermögen aufzubringen.

(2) 1Soweit für den Bedarf der nachfragenden Person Vermögen einzusetzen ist, jedoch der sofortige Verbrauch oder die sofortige Verwertung des Vermögens nicht möglich ist oder für die, die es einzusetzen hat, eine Härte bedeuten würde, soll die beantragte Leistung als Darlehen geleistet werden. 2Die Leistungserbringung kann davon abhängig gemacht werden, dass der Anspruch auf Rückzahlung dinglich oder in anderer Weise gesichert wird.

(3) Die in § 138 Absatz 1 genannten Leistungen sind ohne Berücksichtigung von vorhandenem Vermögen zu erbringen.

§ 141 Übergang von Ansprüchen

(1) 1Hat eine Person im Sinne von § 136 Absatz 1 oder der nicht getrennt lebende Ehegatte oder Lebenspartner für die antragstellende Person einen Anspruch gegen einen anderen, der kein Leistungsträger im Sinne des § 12 des Ersten Buches ist, kann der Träger der Eingliederungshilfe durch schriftliche Anzeige an den anderen bewirken, dass dieser Anspruch bis zur Höhe seiner Aufwendungen auf ihn übergeht. 2Dies gilt nicht für bürgerlich-rechtliche Unterhaltsansprüche.

(2) 1Der Übergang des Anspruches darf nur insoweit bewirkt werden, als bei rechtzeitiger Leistung des anderen entweder die Leistung nicht erbracht worden wäre oder ein Beitrag aufzubringen wäre. 2Der Übergang ist nicht dadurch ausgeschlossen, dass der Anspruch nicht übertragen, verpfändet oder gepfändet werden kann.

(3) 1Die schriftliche Anzeige bewirkt den Übergang des Anspruches für die Zeit, für die der leistungsberechtigten Person die Leistung ohne Unterbrechung erbracht wird. 2Als Unterbrechung gilt ein Zeitraum von mehr als zwei Monaten.

(4) 1Widerspruch und Anfechtungsklage gegen den Verwaltungsakt, der den Übergang des Anspruches bewirkt, haben keine aufschiebende Wirkung. 2Die §§ 115 und 116 des Zehnten Buches gehen der Regelung des Absatzes 1 vor.

§ 142 Sonderregelungen für minderjährige Leistungsberechtigte und in Sonderfällen

(1) Minderjährigen Leistungsberechtigten und ihren Eltern oder einem Elternteil ist bei Leistungen im Sinne des § 138 Absatz 1 Nummer 1, 2, 4, 5 und 7 die Aufbringung der Mittel für die Kosten des Lebensunterhalts nur in Höhe der für den häuslichen Lebensunterhalt ersparten Aufwendungen zuzumuten, soweit Leistungen über Tag und Nacht oder über Tag erbracht werden.

(2) 1Sind Leistungen von einem oder mehreren Anbietern über Tag und Nacht oder über Tag oder für ärztliche oder ärztlich verordnete Maßnahmen erforderlich, sind

die Leistungen, die der Vereinbarung nach § 134 Absatz 3 zugrunde liegen, durch den Träger der Eingliederungshilfe auch dann in vollem Umfang zu erbringen, wenn den minderjährigen Leistungsberechtigten und ihren Eltern oder einem Elternteil die Aufbringung der Mittel nach Absatz 1 zu einem Teil zuzumuten ist. ₂In Höhe dieses Teils haben sie zu den Kosten der erbrachten Leistungen beizutragen; mehrere Verpflichtete haften als Gesamtschuldner.

(3) ₁Die Absätze 1 und 2 gelten entsprechend für volljährige Leistungsberechtigte, wenn diese Leistungen erhalten, denen Vereinbarungen nach § 134 Absatz 4 zugrunde liegen. ₂In diesem Fall ist den volljährigen Leistungsberechtigten die Aufbringung der Mittel für die Kosten des Lebensunterhalts nur in Höhe der für ihren häuslichen Lebensunterhalt ersparten Aufwendungen zuzumuten.

Kapitel 10
Statistik

§ 143 Bundesstatistik

Zur Beurteilung der Auswirkungen dieses Teils und zu seiner Fortentwicklung werden Erhebungen über

1. die Leistungsberechtigten und
2. die Ausgaben und Einnahmen der Träger der Eingliederungshilfe

als Bundesstatistik durchgeführt.

§ 144 Erhebungsmerkmale

(1) Erhebungsmerkmale bei den Erhebungen nach § 143 Nummer 1 sind für jeden Leistungsberechtigten

1. Geschlecht, Geburtsmonat und -jahr, Staatsangehörigkeit, Bundesland, Wohngemeinde und Gemeindeteil, Kennnummer des Trägers, mit anderen Leistungsberechtigten zusammenlebend, erbrachte Leistungsarten im Laufe und am Ende des Berichtsjahres,
2. die Höhe der Bedarfe für jede erbrachte Leistungsart, die Höhe des aufgebrachten Beitrags nach § 92, die Art des angerechneten Einkommens, Beginn und Ende der Leistungserbringung nach Monat und Jahr, die für mehrere Leistungsberechtigte erbrachte Leistung, die Leistung als pauschalierte Geldleistung, die Leistung durch ein Persönliches Budget sowie
3. gleichzeitiger Bezug von Leistungen nach dem Zweiten, Elften oder Zwölften Buch.

(2) Merkmale bei den Erhebungen nach Absatz 1 Nummer 1 und 2 nach der Art der Leistung sind insbesondere:

1. Leistung zur medizinischen Rehabilitation,
2. Leistung zur Beschäftigung im Arbeitsbereich anerkannter Werkstätten für behinderte Menschen,
3. Leistung zur Beschäftigung bei anderen Leistungsanbietern,
4. Leistung zur Beschäftigung bei privaten und öffentlichen Arbeitgebern,
5. Leistung zur Teilhabe an Bildung,
6. Leistung für Wohnraum,
7. Assistenzleistung nach § 113 Absatz 2 Nummer 2 in Verbindung mit § 78 Absatz 2 Nummer 1,
8. Assistenzleistung nach § 113 Absatz 2 Nummer 2 in Verbindung mit § 78 Absatz 2 Nummer 2,
9. heilpädagogische Leistung,
10. Leistung zum Erwerb praktischer Kenntnisse und Fähigkeiten,
11. Leistung zur Förderung der Verständigung,
12. Leistung für ein Kraftfahrzeug,
13. Leistung zur Beförderung insbesondere durch einen Beförderungsdienst,
14. Hilfsmittel im Rahmen der Sozialen Teilhabe und
15. Besuchsbeihilfen.

(3) Erhebungsmerkmale nach § 143 Nummer 2 sind das Bundesland, die Ausgaben gesamt nach der Art der Leistungen die Einnahmen gesamt und nach Einnahmearten sowie die Höhe der aufgebrachten Beiträge gesamt.

§ 145 Hilfsmerkmale

(1) Hilfsmerkmale sind

1. Name und Anschrift des Auskunftspflichtigen,
2. Name, Telefonnummer und E-Mail-Adresse der für eventuelle Rückfragen zur Verfügung stehenden Person,
3. für die Erhebung nach § 143 Nummer 1 die Kennnummer des Leistungsberechtigten.

(2) ₁Die Kennnummern nach Absatz 1 Nummer 3 dienen der Prüfung der Richtigkeit der Statistik und der Fortschreibung der jeweils letzten Bestandserhebung. ₂Sie enthalten keine Angaben über persönliche und sachliche Verhältnisse des Leistungsberechtigten und sind zum frühestmöglichen Zeitpunkt, spätestens nach Abschluss der wiederkehrenden Bestandserhebung, zu löschen.

§ 146 Periodizität und Berichtszeitraum

Die Erhebungen erfolgen jährlich für das abgelaufene Kalenderjahr.

§ 147 Auskunftspflicht

(1) ₁Für die Erhebungen besteht Auskunftspflicht. ₂Die Angaben nach § 145 Absatz 1 Nummer 2 und die Angaben zum Gemeindeteil nach § 144 Absatz 1 Nummer 1 sind freiwillig.

(2) Auskunftspflichtig sind die Träger der Eingliederungshilfe.

§ 148 Übermittlung, Veröffentlichung

(1) Die in sich schlüssigen und nach einheitlichen Standards formatierten Einzeldatensätze sind von den Auskunftspflichtigen elektronisch bis zum Ablauf von 40 Arbeitstagen nach Ende des jeweiligen Berichtszeitraums an das jeweilige statistische Landesamt zu übermitteln.

(2) ₁An die fachlich zuständigen obersten Bundes- oder Landesbehörden dürfen für die Verwendung gegenüber den gesetzgebenden Körperschaften und für Zwecke der Planung, jedoch nicht für die Regelung von Einzelfällen, vom Statistischen Bundesamt und von den statistischen Ämtern der Länder Tabellen mit statistischen Ergebnissen übermittelt werden, auch soweit Tabellenfelder nur einen einzigen Fall ausweisen. ₂Tabellen, die nur einen einzigen Fall ausweisen, dürfen nur dann übermittelt werden, wenn sie nicht differenzierter als auf Regierungsbezirksebene, bei Stadtstaaten auf Bezirksebene, aufbereitet sind.

(3) ₁Die statistischen Ämter der Länder stellen dem Statistischen Bundesamt für Zusatzaufbereitungen des Bundes jährlich unverzüglich nach Aufbereitung der Bestandserhebung und der Erhebung im Laufe des Berichtsjahres die Einzelangaben aus der Erhebung zur Verfügung. ₂Angaben zu den Hilfsmerkmalen nach § 145 dürfen nicht übermittelt werden.

(4) Die Ergebnisse der Bundesstatistik nach diesem Kapitel dürfen auf die einzelnen Gemeinden bezogen veröffentlicht werden.

Kapitel 11
Übergangs- und Schlussbestimmungen

§ 149 Übergangsregelung für ambulant Betreute

Für Personen, die Leistungen der Eingliederungshilfe für behinderte Menschen erhalten, deren Betreuung am 26. Juni 1996 durch von ihnen beschäftigte Personen oder ambulante Dienste sichergestellt wurde, gilt § 3a des Bundessozialhilfegesetzes in der am 26. Juni 1996 geltenden Fassung.

§ 150 Übergangsregelung zum Einsatz des Einkommens

Abweichend von Kapitel 9 sind bei der Festsetzung von Leistungen für Leistungsberechtigte, die am 31. Dezember 2019 Leistungen nach dem Sechsten Kapitel des Zwölften Buches in der Fassung vom 31. Dezember 2019 erhalten haben und von denen ein Einsatz des Einkommens über der Einkommensgrenze gemäß § 87 des Zwölften Buches in der Fassung vom 31. Dezember 2019 gefordert wurde, die am 31. Dezember 2019 geltenden Einkommensgrenzen nach dem Elften Kapitel des Zwölften Buches in der Fassung vom 31. Dezember 2019 zugrunde zu legen, solange der nach Kapitel 9 aufzubringende Beitrag höher ist als der Einkommenseinsatz nach dem am 31. Dezember 2019 geltenden Recht.

§ 150a Übergangsregelung für Ausländerinnen und Ausländer mit Aufenthaltstitel nach § 24 des Aufenthaltsgesetzes oder mit entsprechender Fiktionsbescheinigung

§ 100 Absatz 1 findet keine Anwendung, soweit Leistungsberechtigte nach § 18 des Asylbewerberleistungsgesetzes Leistungen nach dem Asylbewerberleistungsgesetz erhalten.

Teil 3
Besondere Regelungen zur Teilhabe schwerbehinderter Menschen (Schwerbehindertenrecht)

Kapitel 1
Geschützter Personenkreis

§ 151 Geltungsbereich

(1) Die Regelungen dieses Teils gelten für schwerbehinderte und diesen gleichgestellte behinderte Menschen.

(2) ₁Die Gleichstellung behinderter Menschen mit schwerbehinderten Menschen (§ 2 Absatz 3) erfolgt auf Grund einer Feststellung nach § 152 auf Antrag des behinderten Menschen durch die Bundesagentur für Arbeit. ₂Die Gleichstellung wird mit dem Tag des Eingangs des Antrags wirksam. Sie kann befristet werden.

(3) Auf gleichgestellte behinderte Menschen werden die besonderen Regelungen für schwerbehinderte Menschen mit Ausnahme des § 208 und des Kapitels 13 angewendet.

IX

(4) $_{1}$Schwerbehinderten Menschen gleichgestellt sind auch behinderte Jugendliche und junge Erwachsene (§ 2 Absatz 1) während der Zeit ihrer Berufsausbildung in Betrieben und Dienststellen oder einer beruflichen Orientierung, auch wenn der Grad der Behinderung weniger als 30 beträgt oder ein Grad der Behinderung nicht festgestellt ist. $_{2}$Der Nachweis der Behinderung wird durch eine Stellungnahme der Agentur für Arbeit oder durch einen Bescheid über Leistungen zur Teilhabe am Arbeitsleben erbracht. $_{3}$Die Gleichstellung gilt nur für Leistungen des Integrationsamtes im Rahmen der beruflichen Orientierung und der Berufsausbildung im Sinne des § 185 Absatz 3 Nummer 2 Buchstabe c.

§ 152 Feststellung der Behinderung, Ausweise

(1) $_{1}$Auf Antrag des behinderten Menschen stellen die für die Durchführung des Bundesversorgungsgesetzes zuständigen Behörden das Vorliegen einer Behinderung und den Grad der Behinderung zum Zeitpunkt der Antragstellung fest. $_{2}$Auf Antrag kann festgestellt werden, dass ein Grad der Behinderung oder gesundheitliche Merkmale bereits zu einem früheren Zeitpunkt vorgelegen haben, wenn dafür ein besonderes Interesse glaubhaft gemacht wird. $_{3}$Beantragt eine erwerbstätige Person die Feststellung der Eigenschaft als schwerbehinderter Mensch (§ 2 Absatz 2), gelten die in § 14 Absatz 2 Satz 2 und 3 sowie § 17 Absatz 1 Satz 1 und Absatz 2 Satz 1 genannten Fristen sowie § 60 Absatz 1 des Ersten Buches entsprechend. $_{4}$Das Gesetz über das Verwaltungsverfahren der Kriegsopferversorgung ist entsprechend anzuwenden, soweit nicht das Zehnte Buch Anwendung findet. $_{5}$Die Auswirkungen auf die Teilhabe am Leben in der Gesellschaft werden als Grad der Behinderung nach Zehnergraden abgestuft festgestellt. $_{6}$Eine Feststellung ist nur zu treffen, wenn ein Grad der Behinderung von wenigstens 20 vorliegt. $_{7}$Durch Landesrecht kann die Zuständigkeit abweichend von Satz 1 geregelt werden.

(2) $_{1}$Feststellungen nach Absatz 1 sind nicht zu treffen, wenn eine Feststellung über das Vorliegen einer Behinderung und den Grad einer auf ihr beruhenden Erwerbsminderung schon in einem Rentenbescheid, einer entsprechenden Verwaltungs- oder Gerichtsentscheidung oder einer vorläufigen Bescheinigung der für diese Entscheidungen zuständigen Dienststellen getroffen worden ist, es sei denn, dass der behinderte Mensch ein Interesse an anderweitiger Feststellung nach Absatz 1 glaubhaft macht. $_{2}$Eine Feststellung nach Satz 1 gilt zugleich als Feststellung des Grades der Behinderung.

(3) $_{1}$Liegen mehrere Beeinträchtigungen der Teilhabe am Leben in der Gesellschaft vor, so wird der Grad der Behinderung nach den Auswirkungen der Beeinträchtigungen in ihrer Gesamtheit unter Berücksichtigung ihrer wechselseitigen Beziehungen festgestellt. $_{2}$Für diese Entscheidung gilt Absatz 1, es sei denn, dass in einer Entscheidung nach Absatz 2 eine Gesamtbeurteilung bereits getroffen worden ist.

(4) Sind neben dem Vorliegen der Behinderung weitere gesundheitliche Merkmale Voraussetzung für die Inanspruchnahme von Nachteilsausgleichen, so treffen die zuständigen Behörden die erforderlichen Feststellungen im Verfahren nach Absatz 1.

(5) $_{1}$Auf Antrag des behinderten Menschen stellen die zuständigen Behörden auf Grund einer Feststellung der Behinderung einen Ausweis über die Eigenschaft als schwerbehinderter Mensch, den Grad der Behinderung sowie im Falle des Absatzes 4 über weitere gesundheitliche Merkmale aus. $_{2}$Der Ausweis dient dem Nachweis für die Inanspruchnahme von Leistungen und sonstigen Hilfen, die schwerbehinderten Menschen nach diesem Teil oder nach anderen Vorschriften zustehen. $_{3}$Die Gültigkeitsdauer des Ausweises soll befristet werden. $_{4}$Er wird eingezogen, sobald der gesetzliche Schutz schwerbehinderter Menschen erloschen ist. $_{5}$Der Ausweis wird berichtigt, sobald eine Neufeststellung unanfechtbar geworden ist.

§ 153 Verordnungsermächtigung

(1) Die Bundesregierung wird ermächtigt, durch Rechtsverordnung mit Zustimmung des Bundesrates nähere Vorschriften über die Gestaltung der Ausweise, ihre Gültigkeit und das Verwaltungsverfahren zu erlassen.

(2) Das Bundesministerium für Arbeit und Soziales wird ermächtigt, durch Rechtsverordnung mit Zustimmung des Bundesrates die Grundsätze aufzustellen, die für die Bewertung des Grades der Behinderung, die Kriterien für die Bewertung der Hilflosigkeit und die Voraussetzungen für die Vergabe von Merkzeichen maßgebend sind, die nach Bundesrecht im Schwerbehindertenausweis einzutragen sind.

Kapitel 2
Beschäftigungspflicht der Arbeitgeber

§ 154 Pflicht der Arbeitgeber zur Beschäftigung schwerbehinderter Menschen

(1) $_{1}$Private und öffentliche Arbeitgeber (Arbeitgeber) mit jahresdurchschnittlich monatlich mindestens 20 Ar-

beitsplätzen im Sinne des § 156 haben auf wenigstens 5 Prozent der Arbeitsplätze schwerbehinderte Menschen zu beschäftigen. $_2$Dabei sind schwerbehinderte Frauen besonders zu berücksichtigen. $_3$Abweichend von Satz 1 haben Arbeitgeber mit jahresdurchschnittlich monatlich weniger als 40 Arbeitsplätzen jahresdurchschnittlich je Monat einen schwerbehinderten Menschen, Arbeitgeber mit jahresdurchschnittlich monatlich weniger als 60 Arbeitsplätzen jahresdurchschnittlich je Monat zwei schwerbehinderte Menschen zu beschäftigen.

(2) Als öffentliche Arbeitgeber im Sinne dieses Teils gelten

1. jede oberste Bundesbehörde mit ihren nachgeordneten Dienststellen, das Bundespräsidialamt, die Verwaltungen des Deutschen Bundestages und des Bundesrates, das Bundesverfassungsgericht, die obersten Gerichtshöfe des Bundes, der Bundesgerichtshof jedoch zusammengefasst mit dem Generalbundesanwalt, sowie das Bundeseisenbahnvermögen,
2. jede oberste Landesbehörde und die Staats- und Präsidialkanzleien mit ihren nachgeordneten Dienststellen, die Verwaltungen der Landtage, die Rechnungshöfe (Rechnungskammern), die Organe der Verfassungsgerichtsbarkeit der Länder und jede sonstige Landesbehörde, zusammengefasst jedoch diejenigen Behörden, die eine gemeinsame Personalverwaltung haben,
3. jede sonstige Gebietskörperschaft und jeder Verband von Gebietskörperschaften,
4. jede sonstige Körperschaft, Anstalt oder Stiftung des öffentlichen Rechts.

§ 155 Beschäftigung besonderer Gruppen schwerbehinderter Menschen

(1) Im Rahmen der Erfüllung der Beschäftigungspflicht sind in angemessenem Umfang zu beschäftigen:

1. schwerbehinderte Menschen, die nach Art oder Schwere ihrer Behinderung im Arbeitsleben besonders betroffen sind, insbesondere solche,
   a) die zur Ausübung der Beschäftigung wegen ihrer Behinderung nicht nur vorübergehend einer besonderen Hilfskraft bedürfen oder
   b) deren Beschäftigung infolge ihrer Behinderung nicht nur vorübergehend mit außergewöhnlichen Aufwendungen für den Arbeitgeber verbunden ist oder
   c) die infolge ihrer Behinderung nicht nur vorübergehend offensichtlich nur eine wesentlich verminderte Arbeitsleistung erbringen können oder
   d) bei denen ein Grad der Behinderung von wenigstens 50 allein infolge geistiger oder seelischer Behinderung oder eines Anfallsleidens vorliegt oder
   e) die wegen Art oder Schwere der Behinderung keine abgeschlossene Berufsbildung im Sinne des Berufsbildungsgesetzes haben,
2. schwerbehinderte Menschen, die das 50. Lebensjahr vollendet haben.

(2) $_1$Arbeitgeber mit Stellen zur beruflichen Bildung, insbesondere für Auszubildende, haben im Rahmen der Erfüllung der Beschäftigungspflicht einen angemessenen Anteil dieser Stellen mit schwerbehinderten Menschen zu besetzen. $_2$Hierüber ist mit der zuständigen Interessenvertretung im Sinne des § 176 und der Schwerbehindertenvertretung zu beraten.

§ 156 Begriff des Arbeitsplatzes

(1) Arbeitsplätze im Sinne dieses Teils sind alle Stellen, auf denen Arbeitnehmerinnen und Arbeitnehmer, Beamtinnen und Beamte, Richterinnen und Richter sowie Auszubildende und andere zu ihrer beruflichen Bildung Eingestellte beschäftigt werden.

(2) Als Arbeitsplätze gelten nicht die Stellen, auf denen beschäftigt werden:

1. behinderte Menschen, die an Leistungen zur Teilhabe am Arbeitsleben nach § 49 Absatz 3 Nummer 4 in Betrieben oder Dienststellen teilnehmen,
2. Personen, deren Beschäftigung nicht in erster Linie ihrem Erwerb dient, sondern vorwiegend durch Beweggründe karitativer oder religiöser Art bestimmt ist, und Geistliche öffentlich-rechtlicher Religionsgemeinschaften,
3. Personen, deren Beschäftigung nicht in erster Linie ihrem Erwerb dient und die vorwiegend zu ihrer Heilung, Wiedereingewöhnung oder Erziehung erfolgt,
4. Personen, die an Arbeitsbeschaffungsmaßnahmen nach dem Dritten Buch teilnehmen,
5. Personen, die nach ständiger Übung in ihre Stellen gewählt werden,
6. Personen, deren Arbeits-, Dienst- oder sonstiges Beschäftigungsverhältnis wegen Wehr- oder Zivildienst, Elternzeit, unbezahlten Urlaubs, wegen Bezuges einer Rente auf Zeit oder bei Altersteilzeitarbeit in der

Freistellungsphase (Verblockungsmodell) ruht, solange für sie eine Vertretung eingestellt ist.

(3) Als Arbeitsplätze gelten ferner nicht Stellen, die nach der Natur der Arbeit oder nach den zwischen den Parteien getroffenen Vereinbarungen nur auf die Dauer von höchstens acht Wochen besetzt sind, sowie Stellen, auf denen Beschäftigte weniger als 18 Stunden wöchentlich beschäftigt werden.

§ 157 Berechnung der Mindestzahl von Arbeitsplätzen und der Pflichtarbeitsplatzzahl

(1) 1Bei der Berechnung der Mindestzahl von Arbeitsplätzen und der Zahl der Arbeitsplätze, auf denen schwerbehinderte Menschen zu beschäftigen sind (§ 154), zählen Stellen, auf denen Auszubildende beschäftigt werden, nicht mit. 2Das Gleiche gilt für Stellen, auf denen Rechts- oder Studienreferendarinnen und -referendare beschäftigt werden, die einen Rechtsanspruch auf Einstellung haben.

(2) Bei der Berechnung sich ergebende Bruchteile von 0,5 und mehr sind aufzurunden, bei Arbeitgebern mit jahresdurchschnittlich weniger als 60 Arbeitsplätzen abzurunden.

§ 158 Anrechnung Beschäftigter auf die Zahl der Pflichtarbeitsplätze für schwerbehinderte Menschen

(1) Ein schwerbehinderter Mensch, der auf einem Arbeitsplatz im Sinne des § 156 Absatz 1 oder Absatz 2 Nummer 1 oder 4 beschäftigt wird, wird auf einen Pflichtarbeitsplatz für schwerbehinderte Menschen angerechnet.

(2) 1Ein schwerbehinderter Mensch, der in Teilzeitbeschäftigung kürzer als betriebsüblich, aber nicht weniger als 18 Stunden wöchentlich beschäftigt wird, wird auf einen Pflichtarbeitsplatz für schwerbehinderte Menschen angerechnet. 2Bei Herabsetzung der wöchentlichen Arbeitszeit auf weniger als 18 Stunden infolge von Altersteilzeit oder Teilzeitberufsausbildung gilt Satz 1 entsprechend. 3Wird ein schwerbehinderter Mensch weniger als 18 Stunden wöchentlich beschäftigt, lässt die Bundesagentur für Arbeit die Anrechnung auf einen dieser Pflichtarbeitsplätze zu, wenn die Teilzeitbeschäftigung wegen Art oder Schwere der Behinderung notwendig ist.

(3) Ein schwerbehinderter Mensch, der im Rahmen einer Maßnahme zur Förderung des Übergangs aus der Werkstatt für behinderte Menschen auf den allgemeinen Arbeitsmarkt (§ 5 Absatz 4 Satz 1 der Werkstättenverordnung) beschäftigt wird, wird auch für diese Zeit auf die Zahl der Pflichtarbeitsplätze angerechnet.

(4) Ein schwerbehinderter Arbeitgeber wird auf einen Pflichtarbeitsplatz für schwerbehinderte Menschen angerechnet.

(5) Der Inhaber eines Bergmannsversorgungsscheins wird, auch wenn er kein schwerbehinderter oder gleichgestellter behinderter Mensch im Sinne des § 2 Absatz 2 oder 3 ist, auf einen Pflichtarbeitsplatz angerechnet.

§ 159 Mehrfachanrechnung

(1) 1Die Bundesagentur für Arbeit kann die Anrechnung eines schwerbehinderten Menschen, besonders eines schwerbehinderten Menschen im Sinne des § 155 Absatz 1 auf mehr als einen Pflichtarbeitsplatz, höchstens drei Pflichtarbeitsplätze für schwerbehinderte Menschen zulassen, wenn dessen Teilhabe am Arbeitsleben auf besondere Schwierigkeiten stößt. 2Satz 1 gilt auch für schwerbehinderte Menschen im Anschluss an eine Beschäftigung in einer Werkstatt für behinderte Menschen und für teilzeitbeschäftigte schwerbehinderte Menschen im Sinne des § 158 Absatz 2.

(2) 1Ein schwerbehinderter Mensch, der beruflich ausgebildet wird, wird auf zwei Pflichtarbeitsplätze für schwerbehinderte Menschen angerechnet. 2Satz 1 gilt auch während der Zeit einer Ausbildung im Sinne des § 51 Absatz 2, die in einem Betrieb oder einer Dienststelle durchgeführt wird. 3Die Bundesagentur für Arbeit kann die Anrechnung auf drei Pflichtarbeitsplätze für schwerbehinderte Menschen zulassen, wenn die Vermittlung in eine berufliche Ausbildungsstelle wegen Art oder Schwere der Behinderung auf besondere Schwierigkeiten stößt. 4Bei Übernahme in ein Arbeits- oder Beschäftigungsverhältnis durch den ausbildenden oder einen anderen Arbeitgeber im Anschluss an eine abgeschlossene Ausbildung wird der schwerbehinderte Mensch im ersten Jahr der Beschäftigung auf zwei Pflichtarbeitsplätze angerechnet; Absatz 1 bleibt unberührt.

(3) Bescheide über die Anrechnung eines schwerbehinderten Menschen auf mehr als drei Pflichtarbeitsplätze für schwerbehinderte Menschen, die vor dem 1. August 1986 erlassen worden sind, gelten fort.

§ 160 Ausgleichsabgabe

(1) 1Solange Arbeitgeber die vorgeschriebene Zahl schwerbehinderter Menschen nicht beschäftigen, entrichten sie für jeden unbesetzten Pflichtarbeitsplatz für

schwerbehinderte Menschen eine Ausgleichsabgabe. ₂Die Zahlung der Ausgleichsabgabe hebt die Pflicht zur Beschäftigung schwerbehinderter Menschen nicht auf. ₃Die Ausgleichsabgabe wird auf der Grundlage einer jahresdurchschnittlichen Beschäftigungsquote ermittelt.

(2) ₁Die Ausgleichsabgabe beträgt je unbesetztem Pflichtarbeitsplatz

1. 125 Euro bei einer jahresdurchschnittlichen Beschäftigungsquote von 3 Prozent bis weniger als dem geltenden Pflichtsatz,
2. 220 Euro bei einer jahresdurchschnittlichen Beschäftigungsquote von 2 Prozent bis weniger als 3 Prozent,
3. 320 Euro bei einer jahresdurchschnittlichen Beschäftigungsquote von weniger als 2 Prozent.

₂Abweichend von Satz 1 beträgt die Ausgleichsabgabe je unbesetztem Pflichtarbeitsplatz für schwerbehinderte Menschen

1. für Arbeitgeber mit jahresdurchschnittlich weniger als 40 zu berücksichtigenden Arbeitsplätzen bei einer jahresdurchschnittlichen Beschäftigung von weniger als einem schwerbehinderten Menschen 125 Euro und
2. für Arbeitgeber mit jahresdurchschnittlich weniger als 60 zu berücksichtigenden Arbeitsplätzen bei einer jahresdurchschnittlichen Beschäftigung von weniger als zwei schwerbehinderten Menschen 125 Euro und bei einer jahresdurchschnittlichen Beschäftigung von weniger als einem schwerbehinderten Menschen 220 Euro.

(3) ₁Die Ausgleichsabgabe erhöht sich entsprechend der Veränderung der Bezugsgröße nach § 18 Absatz 1 des Vierten Buches. ₂Sie erhöht sich zum 1. Januar eines Kalenderjahres, wenn sich die Bezugsgröße seit der letzten Neubestimmung der Beträge der Ausgleichsabgabe um wenigstens 10 Prozent erhöht hat. ₃Die Erhöhung der Ausgleichsabgabe erfolgt, indem der Faktor für die Veränderung der Bezugsgröße mit dem jeweiligen Betrag der Ausgleichsabgabe vervielfältigt wird. ₄Die sich ergebenden Beträge sind auf den nächsten durch fünf teilbaren Betrag abzurunden. ₅Das Bundesministerium für Arbeit und Soziales gibt den Erhöhungsbetrag und die sich nach Satz 3 ergebenden Beträge der Ausgleichsabgabe im Bundesanzeiger bekannt.

(4) ₁Die Ausgleichsabgabe zahlt der Arbeitgeber jährlich zugleich mit der Erstattung der Anzeige nach § 163 Absatz 2 an das für seinen Sitz zuständige Integrationsamt. ₂Ist ein Arbeitgeber mehr als drei Monate im Rückstand, erlässt das Integrationsamt einen Feststellungsbescheid über die rückständigen Beträge und zieht diese ein. ₃Für rückständige Beträge der Ausgleichsabgabe erhebt das Integrationsamt nach dem 31. März Säumniszuschläge nach Maßgabe des § 24 Absatz 1 des Vierten Buches; für ihre Verwendung gilt Absatz 5 entsprechend. ₄Das Integrationsamt kann in begründeten Ausnahmefällen von der Erhebung von Säumniszuschlägen absehen. ₅Widerspruch und Anfechtungsklage gegen den Feststellungsbescheid haben keine aufschiebende Wirkung. ₆Gegenüber privaten Arbeitgebern wird die Zwangsvollstreckung nach den Vorschriften über das Verwaltungszwangsverfahren durchgeführt. ₇Bei öffentlichen Arbeitgebern wendet sich das Integrationsamt an die Aufsichtsbehörde, gegen deren Entscheidung es die Entscheidung der obersten Bundes- oder Landesbehörde anrufen kann. ₈Die Ausgleichsabgabe wird nach Ablauf des Kalenderjahres, das auf den Eingang der Anzeige bei der Bundesagentur für Arbeit folgt, weder nachgefordert noch erstattet.

(5) ₁Die Ausgleichsabgabe darf nur für besondere Leistungen zur Förderung der Teilhabe schwerbehinderter Menschen am Arbeitsleben einschließlich begleitender Hilfe im Arbeitsleben (§ 185 Absatz 1 Nummer 3) verwendet werden, soweit Mittel für denselben Zweck nicht von anderer Seite zu leisten sind oder geleistet werden. ₂Aus dem Aufkommen an Ausgleichsabgabe dürfen persönliche und sächliche Kosten der Verwaltung und Kosten des Verfahrens nicht bestritten werden. ₃Das Integrationsamt gibt dem Beratenden Ausschuss für behinderte Menschen bei dem Integrationsamt (§ 186) auf dessen Verlangen eine Übersicht über die Verwendung der Ausgleichsabgabe.

(6) ₁Die Integrationsämter leiten den in der Rechtsverordnung nach § 162 bestimmten Prozentsatz des Aufkommens an Ausgleichsabgabe an den Ausgleichsfonds (§ 161) weiter. ₂Zwischen den Integrationsämtern wird ein Ausgleich herbeigeführt. ₃Der auf das einzelne Integrationsamt entfallende Anteil am Aufkommen an Ausgleichsabgabe bemisst sich nach dem Mittelwert aus dem Verhältnis der Wohnbevölkerung im Zuständigkeitsbereich des Integrationsamtes zur Wohnbevölkerung im Geltungsbereich dieses Gesetzbuches und dem Verhältnis der Zahl der im Zuständigkeitsbereich des Integrationsamtes in den Betrieben und Dienststellen beschäftigungspflichtiger Arbeitgeber auf Arbeitsplätzen im Sinne des § 156 beschäftigten und der bei den Agenturen für Arbeit arbeitslos gemeldeten schwerbehinderten und diesen gleichgestellten behinderten

Menschen zur entsprechenden Zahl der schwerbehinderten und diesen gleichgestellten behinderten Menschen im Geltungsbereich dieses Gesetzbuchs.

(7) 1Die bei den Integrationsämtern verbleibenden Mittel der Ausgleichsabgabe werden von diesen gesondert verwaltet. 2Die Rechnungslegung und die formelle Einrichtung der Rechnungen und Belege regeln sich nach den Bestimmungen, die für diese Stellen allgemein maßgebend sind.

(8) Für die Verpflichtung zur Entrichtung einer Ausgleichsabgabe (Absatz 1) gelten hinsichtlich der in § 154 Absatz 2 Nummer 1 genannten Stellen der Bund und hinsichtlich der in § 154 Absatz 2 Nummer 2 genannten Stellen das Land als ein Arbeitgeber.

§ 161 Ausgleichsfonds

1Zur besonderen Förderung der Einstellung und Beschäftigung schwerbehinderter Menschen auf Arbeitsplätzen und zur Förderung von Einrichtungen und Maßnahmen, die den Interessen mehrerer Länder auf dem Gebiet der Förderung der Teilhabe schwerbehinderter Menschen am Arbeitsleben dienen, ist beim Bundesministerium für Arbeit und Soziales als zweckgebundene Vermögensmasse ein Ausgleichsfonds für überregionale Vorhaben zur Teilhabe schwerbehinderter Menschen am Arbeitsleben gebildet. 2Das Bundesministerium für Arbeit und Soziales verwaltet den Ausgleichsfonds.

§ 162 Verordnungsermächtigungen

Die Bundesregierung wird ermächtigt, durch Rechtsverordnung mit Zustimmung des Bundesrates

1. die Pflichtquote nach § 154 Absatz 1 nach dem jeweiligen Bedarf an Arbeitsplätzen für schwerbehinderte Menschen zu ändern, jedoch auf höchstens 10 Prozent zu erhöhen oder bis auf 4 Prozent herabzusetzen; dabei kann die Pflichtquote für öffentliche Arbeitgeber höher festgesetzt werden als für private Arbeitgeber,
2. nähere Vorschriften über die Verwendung der Ausgleichsabgabe nach § 160 Absatz 5 und die Gestaltung des Ausgleichsfonds nach § 161, die Verwendung der Mittel durch ihn für die Förderung der Teilhabe schwerbehinderter Menschen am Arbeitsleben und das Vergabe- und Verwaltungsverfahren des Ausgleichsfonds zu erlassen,
3. in der Rechtsverordnung nach Nummer 2
   a) den Anteil des an den Ausgleichsfonds weiterzuleitenden Aufkommens an Ausgleichsabgabe entsprechend den erforderlichen Aufwendungen zur Erfüllung der Aufgaben des Ausgleichsfonds und der Integrationsämter,
   b) den Ausgleich zwischen den Integrationsämtern auf Vorschlag der Länder oder einer Mehrheit der Länder abweichend von § 160 Absatz 6 Satz 3 sowie
   c) die Zuständigkeit für die Förderung von Einrichtungen nach § 30 der Schwerbehinderten-Ausgleichsabgabeverordnung abweichend von § 41 Absatz 2 Nummer 1 dieser Verordnung und von Inklusionsbetrieben und -abteilungen abweichend von § 41 Absatz 1 Nummer 3 dieser Verordnung

   zu regeln,
4. die Ausgleichsabgabe bei Arbeitgebern, die über weniger als 30 Arbeitsplätze verfügen, für einen bestimmten Zeitraum allgemein oder für einzelne Bundesländer herabzusetzen oder zu erlassen, wenn die Zahl der unbesetzten Pflichtarbeitsplätze für schwerbehinderte Menschen die Zahl der zu beschäftigenden schwerbehinderten Menschen so erheblich übersteigt, dass die Pflichtarbeitsplätze für schwerbehinderte Menschen dieser Arbeitgeber nicht in Anspruch genommen zu werden brauchen.

Kapitel 3
Sonstige Pflichten der Arbeitgeber; Rechte der schwerbehinderten Menschen

§ 163 Zusammenwirken der Arbeitgeber mit der Bundesagentur für Arbeit und den Integrationsämtern

(1) Die Arbeitgeber haben, gesondert für jeden Betrieb und jede Dienststelle, ein Verzeichnis der bei ihnen beschäftigten schwerbehinderten, ihnen gleichgestellten behinderten Menschen und sonstigen anrechnungsfähigen Personen laufend zu führen und dieses den Vertretern oder Vertreterinnen der Bundesagentur für Arbeit und des Integrationsamtes, die für den Sitz des Betriebes oder der Dienststelle zuständig sind, auf Verlangen vorzulegen.

(2) 1Die Arbeitgeber haben der für ihren Sitz zuständigen Agentur für Arbeit einmal jährlich bis spätestens zum 31. März für das vorangegangene Kalenderjahr, aufgegliedert nach Monaten, die Daten anzuzeigen, die zur Berechnung des Umfangs der Beschäftigungspflicht, zur Überwachung ihrer Erfüllung und der Ausgleichsabgabe notwendig sind. 2Der Anzeige sind das nach Absatz 1

IX

geführte Verzeichnis sowie eine Kopie der Anzeige und des Verzeichnisses zur Weiterleitung an das für ihren Sitz zuständige Integrationsamt beizufügen. 3Dem Betriebs-, Personal-, Richter-, Staatsanwalts- und Präsidialrat, der Schwerbehindertenvertretung und dem Inklusionsbeauftragten des Arbeitgebers ist je eine Kopie der Anzeige und des Verzeichnisses zu übermitteln.

(3) Zeigt ein Arbeitgeber die Daten bis zum 30. Juni nicht, nicht richtig oder nicht vollständig an, erlässt die Bundesagentur für Arbeit nach Prüfung in tatsächlicher sowie in rechtlicher Hinsicht einen Feststellungsbescheid über die zur Berechnung der Zahl der Pflichtarbeitsplätze für schwerbehinderte Menschen und der besetzten Arbeitsplätze notwendigen Daten.

(4) Die Arbeitgeber, die Arbeitsplätze für schwerbehinderte Menschen nicht zur Verfügung zu stellen haben, haben die Anzeige nur nach Aufforderung durch die Bundesagentur für Arbeit im Rahmen einer repräsentativen Teilerhebung zu erstatten, die mit dem Ziel der Erfassung der in Absatz 1 genannten Personengruppen, aufgegliedert nach Bundesländern, alle fünf Jahre durchgeführt wird.

(5) Die Arbeitgeber haben der Bundesagentur für Arbeit und dem Integrationsamt auf Verlangen die Auskünfte zu erteilen, die zur Durchführung der besonderen Regelungen zur Teilhabe schwerbehinderter und ihnen gleichgestellter behinderter Menschen am Arbeitsleben notwendig sind.

(6) 1Für das Verzeichnis und die Anzeige des Arbeitgebers sind die mit der Bundesarbeitsgemeinschaft der Integrationsämter und Hauptfürsorgestellen abgestimmten Vordrucke der Bundesagentur für Arbeit zu verwenden. 2Die Bundesagentur für Arbeit soll zur Durchführung des Anzeigeverfahrens in Abstimmung mit der Bundesarbeitsgemeinschaft ein elektronisches Übermittlungsverfahren zulassen.

(7) Die Arbeitgeber haben den Beauftragten der Bundesagentur für Arbeit und des Integrationsamtes auf Verlangen Einblick in ihren Betrieb oder ihre Dienststelle zu geben, soweit es im Interesse der schwerbehinderten Menschen erforderlich ist und Betriebs- oder Dienstgeheimnisse nicht gefährdet werden.

(8) Die Arbeitgeber haben die Vertrauenspersonen der schwerbehinderten Menschen (§ 177 Absatz 1 Satz 1 bis 3 und § 180 Absatz 1 bis 5) unverzüglich nach der Wahl und ihren Inklusionsbeauftragten für die Angelegenheiten der schwerbehinderten Menschen (§ 181 Satz 1) unverzüglich nach der Bestellung der für den Sitz des Betriebes oder der Dienststelle zuständigen Agentur für Arbeit und dem Integrationsamt zu benennen.

§ 164 Pflichten des Arbeitgebers und Rechte schwerbehinderter Menschen

(1) 1Die Arbeitgeber sind verpflichtet zu prüfen, ob freie Arbeitsplätze mit schwerbehinderten Menschen, insbesondere mit bei der Agentur für Arbeit arbeitslos oder arbeitsuchend gemeldeten schwerbehinderten Menschen, besetzt werden können. 2Sie nehmen frühzeitig Verbindung mit der Agentur für Arbeit auf. 3Die Bundesagentur für Arbeit oder ein Integrationsfachdienst schlägt den Arbeitgebern geeignete schwerbehinderte Menschen vor. 4Über die Vermittlungsvorschläge und vorliegende Bewerbungen von schwerbehinderten Menschen haben die Arbeitgeber die Schwerbehindertenvertretung und die in § 176 genannten Vertretungen unmittelbar nach Eingang zu unterrichten. 5Bei Bewerbungen schwerbehinderter Richterinnen und Richter wird der Präsidialrat unterrichtet und gehört, soweit dieser an der Ernennung zu beteiligen ist. 6Bei der Prüfung nach Satz 1 beteiligen die Arbeitgeber die Schwerbehindertenvertretung nach § 178 Absatz 2 und hören die in § 176 genannten Vertretungen an. 7Erfüllt der Arbeitgeber seine Beschäftigungspflicht nicht und ist die Schwerbehindertenvertretung oder eine in § 176 genannte Vertretung mit der beabsichtigten Entscheidung des Arbeitgebers nicht einverstanden, ist diese unter Darlegung der Gründe mit ihnen zu erörtern. 8Dabei wird der betroffene schwerbehinderte Mensch angehört. 9Alle Beteiligten sind vom Arbeitgeber über die getroffene Entscheidung unter Darlegung der Gründe unverzüglich zu unterrichten. 10Bei Bewerbungen schwerbehinderter Menschen ist die Schwerbehindertenvertretung nicht zu beteiligen, wenn der schwerbehinderte Mensch die Beteiligung der Schwerbehindertenvertretung ausdrücklich ablehnt.

(2) 1Arbeitgeber dürfen schwerbehinderte Beschäftigte nicht wegen ihrer Behinderung benachteiligen. 2Im Einzelnen gelten hierzu die Regelungen des Allgemeinen Gleichbehandlungsgesetzes.

(3) 1Die Arbeitgeber stellen durch geeignete Maßnahmen sicher, dass in ihren Betrieben und Dienststellen wenigstens die vorgeschriebene Zahl schwerbehinderter Menschen eine möglichst dauerhafte behinderungsgerechte Beschäftigung finden kann. 2Absatz 4 Satz 2 und 3 gilt entsprechend.

(4) 1Die schwerbehinderten Menschen haben gegenüber ihren Arbeitgebern Anspruch auf

IX

1. Beschäftigung, bei der sie ihre Fähigkeiten und Kenntnisse möglichst voll verwerten und weiterentwickeln können,
2. bevorzugte Berücksichtigung bei innerbetrieblichen Maßnahmen der beruflichen Bildung zur Förderung ihres beruflichen Fortkommens,
3. Erleichterungen im zumutbaren Umfang zur Teilnahme an außerbetrieblichen Maßnahmen der beruflichen Bildung,
4. behinderungsgerechte Einrichtung und Unterhaltung der Arbeitsstätten einschließlich der Betriebsanlagen, Maschinen und Geräte sowie der Gestaltung der Arbeitsplätze, des Arbeitsumfelds, der Arbeitsorganisation und der Arbeitszeit, unter besonderer Berücksichtigung der Unfallgefahr,
5. Ausstattung ihres Arbeitsplatzes mit den erforderlichen technischen Arbeitshilfen

unter Berücksichtigung der Behinderung und ihrer Auswirkungen auf die Beschäftigung. 2Bei der Durchführung der Maßnahmen nach Satz 1 Nummer 1, 4 und 5 unterstützen die Bundesagentur für Arbeit und die Integrationsämter die Arbeitgeber unter Berücksichtigung der für die Beschäftigung wesentlichen Eigenschaften der schwerbehinderten Menschen. 3Ein Anspruch nach Satz 1 besteht nicht, soweit seine Erfüllung für den Arbeitgeber nicht zumutbar oder mit unverhältnismäßigen Aufwendungen verbunden wäre oder soweit die staatlichen oder berufsgenossenschaftlichen Arbeitsschutzvorschriften oder beamtenrechtliche Vorschriften entgegenstehen.

(5) 1Die Arbeitgeber fördern die Einrichtung von Teilzeitarbeitsplätzen. 2Sie werden dabei von den Integrationsämtern unterstützt. 3Schwerbehinderte Menschen haben einen Anspruch auf Teilzeitbeschäftigung, wenn die kürzere Arbeitszeit wegen Art oder Schwere der Behinderung notwendig ist; Absatz 4 Satz 3 gilt entsprechend.

IX

§ 165 Besondere Pflichten der öffentlichen Arbeitgeber

1Die Dienststellen der öffentlichen Arbeitgeber melden den Agenturen für Arbeit frühzeitig nach einer erfolglosen Prüfung zur internen Besetzung des Arbeitsplatzes frei werdende und neu zu besetzende sowie neue Arbeitsplätze (§ 156). 2Mit dieser Meldung gilt die Zustimmung zur Veröffentlichung der Stellenangebote als erteilt. 3Haben schwerbehinderte Menschen sich um einen solchen Arbeitsplatz beworben oder sind sie von der Bundesagentur für Arbeit oder einem von dieser beauftragten Integrationsfachdienst vorgeschlagen worden, werden sie zu einem Vorstellungsgespräch eingeladen. 4Eine Einladung ist entbehrlich, wenn die fachliche Eignung offensichtlich fehlt. 5Einer Inklusionsvereinbarung nach § 166 bedarf es nicht, wenn für die Dienststellen dem § 166 entsprechende Regelungen bereits bestehen und durchgeführt werden.

§ 166 Inklusionsvereinbarung

(1) 1Die Arbeitgeber treffen mit der Schwerbehindertenvertretung und den in § 176 genannten Vertretungen in Zusammenarbeit mit dem Inklusionsbeauftragten des Arbeitgebers (§ 181) eine verbindliche Inklusionsvereinbarung. 2Auf Antrag der Schwerbehindertenvertretung wird unter Beteiligung der in § 176 genannten Vertretungen hierüber verhandelt. 3Ist eine Schwerbehindertenvertretung nicht vorhanden, steht das Antragsrecht den in § 176 genannten Vertretungen zu. 4Der Arbeitgeber oder die Schwerbehindertenvertretung kann das Integrationsamt einladen, sich an den Verhandlungen über die Inklusionsvereinbarung zu beteiligen. 5Das Integrationsamt soll dabei insbesondere darauf hinwirken, dass unterschiedliche Auffassungen überwunden werden. 6Der Agentur für Arbeit und dem Integrationsamt, die für den Sitz des Arbeitgebers zuständig sind, wird die Vereinbarung übermittelt.

(2) 1Die Vereinbarung enthält Regelungen im Zusammenhang mit der Eingliederung schwerbehinderter Menschen, insbesondere zur Personalplanung, Arbeitsplatzgestaltung, Gestaltung des Arbeitsumfelds, Arbeitsorganisation, Arbeitszeit sowie Regelungen über die Durchführung in den Betrieben und Dienststellen. 2Dabei ist die gleichberechtigte Teilhabe schwerbehinderter Menschen am Arbeitsleben bei der Gestaltung von Arbeitsprozessen und Rahmenbedingungen von Anfang an zu berücksichtigen. 3Bei der Personalplanung werden besondere Regelungen zur Beschäftigung eines angemessenen Anteils von schwerbehinderten Frauen vorgesehen.

(3) In der Vereinbarung können insbesondere auch Regelungen getroffen werden

1. zur angemessenen Berücksichtigung schwerbehinderter Menschen bei der Besetzung freier, frei werdender oder neuer Stellen,
2. zu einer anzustrebenden Beschäftigungsquote, einschließlich eines angemessenen Anteils schwerbehinderter Frauen,
3. zu Teilzeitarbeit,
4. zur Ausbildung behinderter Jugendlicher,

5. zur Durchführung der betrieblichen Prävention (betriebliches Eingliederungsmanagement) und zur Gesundheitsförderung,
6. über die Hinzuziehung des Werks- oder Betriebsarztes auch für Beratungen über Leistungen zur Teilhabe sowie über besondere Hilfen im Arbeitsleben.

(4) In den Versammlungen schwerbehinderter Menschen berichtet der Arbeitgeber über alle Angelegenheiten im Zusammenhang mit der Eingliederung schwerbehinderter Menschen.

§ 167 Prävention

(1) Der Arbeitgeber schaltet bei Eintreten von personen-, verhaltens- oder betriebsbedingten Schwierigkeiten im Arbeits- oder sonstigen Beschäftigungsverhältnis, die zur Gefährdung dieses Verhältnisses führen können, möglichst frühzeitig die Schwerbehindertenvertretung und die in § 176 genannten Vertretungen sowie das Integrationsamt ein, um mit ihnen alle Möglichkeiten und alle zur Verfügung stehenden Hilfen zur Beratung und mögliche finanzielle Leistungen zu erörtern, mit denen die Schwierigkeiten beseitigt werden können und das Arbeits- oder sonstige Beschäftigungsverhältnis möglichst dauerhaft fortgesetzt werden kann.

(2) $_1$Sind Beschäftigte innerhalb eines Jahres länger als sechs Wochen ununterbrochen oder wiederholt arbeitsunfähig, klärt der Arbeitgeber mit der zuständigen Interessenvertretung im Sinne des § 176, bei schwerbehinderten Menschen außerdem mit der Schwerbehindertenvertretung, mit Zustimmung und Beteiligung der betroffenen Person die Möglichkeiten, wie die Arbeitsunfähigkeit möglichst überwunden werden und mit welchen Leistungen oder Hilfen erneuter Arbeitsunfähigkeit vorgebeugt und der Arbeitsplatz erhalten werden kann (betriebliches Eingliederungsmanagement). $_2$Beschäftigte können zusätzlich eine Vertrauensperson eigener Wahl hinzuziehen. $_3$Soweit erforderlich, wird der Werks- oder Betriebsarzt hinzugezogen. $_4$Die betroffene Person oder ihr gesetzlicher Vertreter ist zuvor auf die Ziele des betrieblichen Eingliederungsmanagements sowie auf Art und Umfang der hierfür erhobenen und verwendeten Daten hinzuweisen. $_5$Kommen Leistungen zur Teilhabe oder begleitende Hilfen im Arbeitsleben in Betracht, werden vom Arbeitgeber die Rehabilitationsträger oder bei schwerbehinderten Beschäftigten das Integrationsamt hinzugezogen. $_6$Diese wirken darauf hin, dass die erforderlichen Leistungen oder Hilfen unverzüglich beantragt und innerhalb der Frist des § 14 Absatz 2 Satz 2 erbracht werden. $_7$Die zuständige Interessenvertretung im Sinne des § 176, bei schwerbehinderten Menschen außerdem die Schwerbehindertenvertretung, können die Klärung verlangen. $_8$Sie wachen darüber, dass der Arbeitgeber die ihm nach dieser Vorschrift obliegenden Verpflichtungen erfüllt.

(3) Die Rehabilitationsträger und die Integrationsämter können Arbeitgeber, die ein betriebliches Eingliederungsmanagement einführen, durch Prämien oder einen Bonus fördern.

Kapitel 4
Kündigungsschutz

§ 168 Erfordernis der Zustimmung

Die Kündigung des Arbeitsverhältnisses eines schwerbehinderten Menschen durch den Arbeitgeber bedarf der vorherigen Zustimmung des Integrationsamtes.

§ 169 Kündigungsfrist

Die Kündigungsfrist beträgt mindestens vier Wochen.

§ 170 Antragsverfahren

(1) $_1$Die Zustimmung zur Kündigung beantragt der Arbeitgeber bei dem für den Sitz des Betriebes oder der Dienststelle zuständigen Integrationsamt schriftlich oder elektronisch. $_2$Der Begriff des Betriebes und der Begriff der Dienststelle im Sinne dieses Teils bestimmen sich nach dem Betriebsverfassungsgesetz und dem Personalvertretungsrecht.

(2) Das Integrationsamt holt eine Stellungnahme des Betriebsrates oder Personalrates und der Schwerbehindertenvertretung ein und hört den schwerbehinderten Menschen an.

(3) Das Integrationsamt wirkt in jeder Lage des Verfahrens auf eine gütliche Einigung hin.

§ 171 Entscheidung des Integrationsamtes

(1) Das Integrationsamt soll die Entscheidung, falls erforderlich, auf Grund mündlicher Verhandlung, innerhalb eines Monats vom Tag des Eingangs des Antrages an treffen.

(2) $_1$Die Entscheidung wird dem Arbeitgeber und dem schwerbehinderten Menschen zugestellt. $_2$Der Bundesagentur für Arbeit wird eine Abschrift der Entscheidung übersandt.

(3) Erteilt das Integrationsamt die Zustimmung zur Kündigung, kann der Arbeitgeber die Kündigung nur innerhalb eines Monats nach Zustellung erklären.

IX

(4) Widerspruch und Anfechtungsklage gegen die Zustimmung des Integrationsamtes zur Kündigung haben keine aufschiebende Wirkung.

(5) $_1$In den Fällen des § 172 Absatz 1 Satz 1 und Absatz 3 gilt Absatz 1 mit der Maßgabe, dass die Entscheidung innerhalb eines Monats vom Tag des Eingangs des Antrages an zu treffen ist. $_2$Wird innerhalb dieser Frist eine Entscheidung nicht getroffen, gilt die Zustimmung als erteilt. $_3$Die Absätze 3 und 4 gelten entsprechend.

§ 172 Einschränkungen der Ermessensentscheidung

(1) $_1$Das Integrationsamt erteilt die Zustimmung bei Kündigungen in Betrieben und Dienststellen, die nicht nur vorübergehend eingestellt oder aufgelöst werden, wenn zwischen dem Tag der Kündigung und dem Tag, bis zu dem Gehalt oder Lohn gezahlt wird, mindestens drei Monate liegen. $_2$Unter der gleichen Voraussetzung soll es die Zustimmung auch bei Kündigungen in Betrieben und Dienststellen erteilen, die nicht nur vorübergehend wesentlich eingeschränkt werden, wenn die Gesamtzahl der weiterhin beschäftigten schwerbehinderten Menschen zur Erfüllung der Beschäftigungspflicht nach § 154 ausreicht. $_3$Die Sätze 1 und 2 gelten nicht, wenn eine Weiterbeschäftigung auf einem anderen Arbeitsplatz desselben Betriebes oder derselben Dienststelle oder auf einem freien Arbeitsplatz in einem anderen Betrieb oder einer anderen Dienststelle desselben Arbeitgebers mit Einverständnis des schwerbehinderten Menschen möglich und für den Arbeitgeber zumutbar ist.

(2) Das Integrationsamt soll die Zustimmung erteilen, wenn dem schwerbehinderten Menschen ein anderer angemessener und zumutbarer Arbeitsplatz gesichert ist.

(3) Ist das Insolvenzverfahren über das Vermögen des Arbeitgebers eröffnet, soll das Integrationsamt die Zustimmung erteilen, wenn

1. der schwerbehinderte Mensch in einem Interessenausgleich namentlich als einer der zu entlassenden Arbeitnehmer bezeichnet ist (§ 125 der Insolvenzordnung),
2. die Schwerbehindertenvertretung beim Zustandekommen des Interessenausgleichs gemäß § 178 Absatz 2 beteiligt worden ist,
3. der Anteil der nach dem Interessenausgleich zu entlassenden schwerbehinderten Menschen an der Zahl der beschäftigten schwerbehinderten Menschen nicht größer ist als der Anteil der zu entlassenden übrigen Arbeitnehmer an der Zahl der beschäftigten übrigen Arbeitnehmer und
4. die Gesamtzahl der schwerbehinderten Menschen, die nach dem Interessenausgleich bei dem Arbeitgeber verbleiben sollen, zur Erfüllung der Beschäftigungspflicht nach § 154 ausreicht.

§ 173 Ausnahmen

(1) $_1$Die Vorschriften dieses Kapitels gelten nicht für schwerbehinderte Menschen,

1. deren Arbeitsverhältnis zum Zeitpunkt des Zugangs der Kündigungserklärung ohne Unterbrechung noch nicht länger als sechs Monate besteht oder
2. die auf Stellen im Sinne des § 156 Absatz 2 Nummer 2 bis 5 beschäftigt werden oder
3. deren Arbeitsverhältnis durch Kündigung beendet wird, sofern sie
   a) das 58. Lebensjahr vollendet haben und Anspruch auf eine Abfindung, Entschädigung oder ähnliche Leistung auf Grund eines Sozialplanes haben oder
   b) Anspruch auf Knappschaftsausgleichsleistung nach dem Sechsten Buch oder auf Anpassungsgeld für entlassene Arbeitnehmer des Bergbaus haben.

$_2$Satz 1 Nummer 3 (Buchstabe a und b) finden Anwendung, wenn der Arbeitgeber ihnen die Kündigungsabsicht rechtzeitig mitgeteilt hat und sie der beabsichtigten Kündigung bis zu deren Ausspruch nicht widersprechen

(2) Die Vorschriften dieses Kapitels finden ferner bei Entlassungen, die aus Witterungsgründen vorgenommen werden, keine Anwendung, sofern die Wiedereinstellung der schwerbehinderten Menschen bei Wiederaufnahme der Arbeit gewährleistet ist.

(3) Die Vorschriften dieses Kapitels finden ferner keine Anwendung, wenn zum Zeitpunkt der Kündigung die Eigenschaft als schwerbehinderter Mensch nicht nachgewiesen ist oder das Versorgungsamt nach Ablauf der Frist des § 152 Absatz 1 Satz 3 eine Feststellung wegen fehlender Mitwirkung nicht treffen konnte.

(4) Der Arbeitgeber zeigt Einstellungen auf Probe und die Beendigung von Arbeitsverhältnissen schwerbehinderter Menschen in den Fällen des Absatzes 1 Nummer 1 unabhängig von der Anzeigepflicht nach anderen Gesetzen dem Integrationsamt innerhalb von vier Tagen an.

§ 174 Außerordentliche Kündigung

(1) Die Vorschriften dieses Kapitels gelten mit Ausnahme von § 169 auch bei außerordentlicher Kündigung,

soweit sich aus den folgenden Bestimmungen nichts Abweichendes ergibt.

(2) 1Die Zustimmung zur Kündigung kann nur innerhalb von zwei Wochen beantragt werden; maßgebend ist der Eingang des Antrages bei dem Integrationsamt. 2Die Frist beginnt mit dem Zeitpunkt, in dem der Arbeitgeber von den für die Kündigung maßgebenden Tatsachen Kenntnis erlangt.

(3) 1Das Integrationsamt trifft die Entscheidung innerhalb von zwei Wochen vom Tag des Eingangs des Antrages an. 2Wird innerhalb dieser Frist eine Entscheidung nicht getroffen, gilt die Zustimmung als erteilt.

(4) Das Integrationsamt soll die Zustimmung erteilen, wenn die Kündigung aus einem Grund erfolgt, der nicht im Zusammenhang mit der Behinderung steht.

(5) Die Kündigung kann auch nach Ablauf der Frist des § 626 Absatz 2 Satz 1 des Bürgerlichen Gesetzbuchs erfolgen, wenn sie unverzüglich nach Erteilung der Zustimmung erklärt wird.

(6) Schwerbehinderte Menschen, denen lediglich aus Anlass eines Streiks oder einer Aussperrung fristlos gekündigt worden ist, werden nach Beendigung des Streiks oder der Aussperrung wieder eingestellt.

§ 175 Erweiterter Beendigungsschutz

1Die Beendigung des Arbeitsverhältnisses eines schwerbehinderten Menschen bedarf auch dann der vorherigen Zustimmung des Integrationsamtes, wenn sie im Falle des Eintritts einer teilweisen Erwerbsminderung, der Erwerbsminderung auf Zeit, der Berufsunfähigkeit oder der Erwerbsunfähigkeit auf Zeit ohne Kündigung erfolgt. 2Die Vorschriften dieses Kapitels über die Zustimmung zur ordentlichen Kündigung gelten entsprechend.

Kapitel 5
Betriebs-, Personal-, Richter-, Staatsanwalts- und Präsidialrat, Schwerbehindertenvertretung, Inklusionsbeauftragter des Arbeitgebers

§ 176 Aufgaben des Betriebs-, Personal-, Richter-, Staatsanwalts- und Präsidialrates

1Betriebs-, Personal-, Richter-, Staatsanwalts- und Präsidialrat fördern die Eingliederung schwerbehinderter Menschen. 2Sie achten insbesondere darauf, dass die dem Arbeitgeber nach den §§ 154, 155 und 164 bis 167 obliegenden Verpflichtungen erfüllt werden; sie wirken auf die Wahl der Schwerbehindertenvertretung hin.

§ 177 Wahl und Amtszeit der Schwerbehindertenvertretung

(1) 1In Betrieben und Dienststellen, in denen wenigstens fünf schwerbehinderte Menschen nicht nur vorübergehend beschäftigt sind, werden eine Vertrauensperson und wenigstens ein stellvertretendes Mitglied gewählt, das die Vertrauensperson im Falle der Verhinderung vertritt. 2Ferner wählen bei Gerichten, denen mindestens fünf schwerbehinderte Richter oder Richterinnen angehören, diese einen Richter oder eine Richterin zu ihrer Schwerbehindertenvertretung. 3Satz 2 gilt entsprechend für Staatsanwälte oder Staatsanwältinnen, soweit für sie eine besondere Personalvertretung gebildet wird. 4Betriebe oder Dienststellen, die die Voraussetzungen des Satzes 1 nicht erfüllen, können für die Wahl mit räumlich nahe liegenden Betrieben des Arbeitgebers oder gleichstufigen Dienststellen derselben Verwaltung zusammengefasst werden; soweit erforderlich, können Gerichte unterschiedlicher Gerichtszweige und Stufen zusammengefasst werden. 5Über die Zusammenfassung entscheidet der Arbeitgeber im Benehmen mit dem für den Sitz der Betriebe oder Dienststellen einschließlich Gerichten zuständigen Integrationsamt.

(2) Wahlberechtigt sind alle in dem Betrieb oder der Dienststelle beschäftigten schwerbehinderten Menschen.

(3) 1Wählbar sind alle in dem Betrieb oder der Dienststelle nicht nur vorübergehend Beschäftigten, die am Wahltag das 18. Lebensjahr vollendet haben und dem Betrieb oder der Dienststelle seit sechs Monaten angehören; besteht der Betrieb oder die Dienststelle weniger als ein Jahr, so bedarf es für die Wählbarkeit nicht der sechsmonatigen Zugehörigkeit. 2Nicht wählbar ist, wer kraft Gesetzes dem Betriebs-, Personal-, Richter-, Staatsanwalts- oder Präsidialrat nicht angehören kann.

(4) In Dienststellen der Bundeswehr sind auch schwerbehinderte Soldatinnen und Soldaten wahlberechtigt und auch Soldatinnen und Soldaten wählbar.

(5) 1Die regelmäßigen Wahlen finden alle vier Jahre in der Zeit vom 1. Oktober bis 30. November statt. 2Außerhalb dieser Zeit finden Wahlen statt, wenn

1. das Amt der Schwerbehindertenvertretung vorzeitig erlischt und ein stellvertretendes Mitglied nicht nachrückt,
2. die Wahl mit Erfolg angefochten worden ist oder
3. eine Schwerbehindertenvertretung noch nicht gewählt ist.

3Hat außerhalb des für die regelmäßigen Wahlen festgelegten Zeitraumes eine Wahl der Schwerbehindertenvertretung stattgefunden, wird die Schwerbehindertenvertretung in dem auf die Wahl folgenden nächsten Zeitraum der regelmäßigen Wahlen neu gewählt. $_{4}$Hat die Amtszeit der Schwerbehindertenvertretung zum Beginn des für die regelmäßigen Wahlen festgelegten Zeitraums noch nicht ein Jahr betragen, wird die Schwerbehindertenvertretung im übernächsten Zeitraum für regelmäßige Wahlen neu gewählt.

(6) $_{1}$Die Vertrauensperson und das stellvertretende Mitglied werden in geheimer und unmittelbarer Wahl nach den Grundsätzen der Mehrheitswahl gewählt. $_{2}$Im Übrigen sind die Vorschriften über die Wahlanfechtung, den Wahlschutz und die Wahlkosten bei der Wahl des Betriebs-, Personal-, Richter-, Staatsanwalts- oder Präsidialrates sinngemäß anzuwenden. $_{3}$In Betrieben und Dienststellen mit weniger als 50 wahlberechtigten schwerbehinderten Menschen wird die Vertrauensperson und das stellvertretende Mitglied im vereinfachten Wahlverfahren gewählt, sofern der Betrieb oder die Dienststelle nicht aus räumlich weit auseinanderliegenden Teilen besteht. $_{4}$Ist in einem Betrieb oder einer Dienststelle eine Schwerbehindertenvertretung nicht gewählt, so kann das für den Betrieb oder die Dienststelle zuständige Integrationsamt zu einer Versammlung schwerbehinderter Menschen zum Zwecke der Wahl eines Wahlvorstandes einladen.

(7) $_{1}$Die Amtszeit der Schwerbehindertenvertretung beträgt vier Jahre. $_{2}$Sie beginnt mit der Bekanntgabe des Wahlergebnisses oder, wenn die Amtszeit der bisherigen Schwerbehindertenvertretung noch nicht beendet ist, mit deren Ablauf. $_{3}$Das Amt erlischt vorzeitig, wenn die Vertrauensperson es niederlegt, aus dem Arbeits-, Dienst- oder Richterverhältnis ausscheidet oder die Wählbarkeit verliert. $_{4}$Scheidet die Vertrauensperson vorzeitig aus dem Amt aus, rückt das mit der höchsten Stimmenzahl gewählte stellvertretende Mitglied für den Rest der Amtszeit nach; dies gilt für das stellvertretende Mitglied entsprechend. $_{5}$Auf Antrag eines Viertels der wahlberechtigten schwerbehinderten Menschen kann der Widerspruchsausschuss bei dem Integrationsamt (§ 202) das Erlöschen des Amtes einer Vertrauensperson wegen grober Verletzung ihrer Pflichten beschließen.

(8) In Betrieben gilt § 21a des Betriebsverfassungsgesetzes entsprechend.

§ 178 Aufgaben der Schwerbehindertenvertretung

(1) $_{1}$Die Schwerbehindertenvertretung fördert die Eingliederung schwerbehinderter Menschen in den Betrieb oder die Dienststelle, vertritt ihre Interessen in dem Betrieb oder der Dienststelle und steht ihnen beratend und helfend zur Seite. $_{2}$Sie erfüllt ihre Aufgaben insbesondere dadurch, dass sie

1. darüber wacht, dass die zugunsten schwerbehinderter Menschen geltenden Gesetze, Verordnungen, Tarifverträge, Betriebs- oder Dienstvereinbarungen und Verwaltungsanordnungen durchgeführt, insbesondere auch die dem Arbeitgeber nach den §§ 154, 155 und 164 bis 167 obliegenden Verpflichtungen erfüllt werden,
2. Maßnahmen, die den schwerbehinderten Menschen dienen, insbesondere auch präventive Maßnahmen, bei den zuständigen Stellen beantragt,
3. Anregungen und Beschwerden von schwerbehinderten Menschen entgegennimmt und, falls sie berechtigt erscheinen, durch Verhandlung mit dem Arbeitgeber auf eine Erledigung hinwirkt; sie unterrichtet die schwerbehinderten Menschen über den Stand und das Ergebnis der Verhandlungen.

$_{3}$Die Schwerbehindertenvertretung unterstützt Beschäftigte auch bei Anträgen an die nach § 152 Absatz 1 zuständigen Behörden auf Feststellung einer Behinderung, ihres Grades und einer Schwerbehinderung sowie bei Anträgen auf Gleichstellung an die Agentur für Arbeit. $_{4}$In Betrieben und Dienststellen mit in der Regel mehr als 100 beschäftigten schwerbehinderten Menschen kann sie nach Unterrichtung des Arbeitgebers das mit der höchsten Stimmenzahl gewählte stellvertretende Mitglied zu bestimmten Aufgaben heranziehen. $_{5}$Ab jeweils 100 weiteren beschäftigten schwerbehinderten Menschen kann jeweils auch das mit der nächsthöheren Stimmenzahl gewählte Mitglied herangezogen werden. $_{6}$Die Heranziehung zu bestimmten Aufgaben schließt die Abstimmung untereinander ein.

(2) $_{1}$Der Arbeitgeber hat die Schwerbehindertenvertretung in allen Angelegenheiten, die einen einzelnen oder die schwerbehinderten Menschen als Gruppe berühren, unverzüglich und umfassend zu unterrichten und vor einer Entscheidung anzuhören; er hat ihr die getroffene Entscheidung unverzüglich mitzuteilen. $_{2}$Die Durchführung oder Vollziehung einer ohne Beteiligung nach Satz 1 getroffenen Entscheidung ist auszusetzen, die Beteiligung ist innerhalb von sieben Tagen nachzuholen; sodann ist endgültig zu entscheiden. $_{3}$Die Kündigung eines schwerbehinderten Menschen, die der Arbeitgeber ohne eine Beteiligung nach Satz 1 ausspricht, ist unwirksam. $_{4}$Die Schwerbehindertenvertretung hat das Recht auf Beteiligung am Verfahren nach § 164 Absatz 1 und beim Vorliegen von Vermittlungsvorschlägen der

Bundesagentur für Arbeit nach § 164 Absatz 1 oder von Bewerbungen schwerbehinderter Menschen das Recht auf Einsicht in die entscheidungsrelevanten Teile der Bewerbungsunterlagen und Teilnahme an Vorstellungsgesprächen.

(3) 1Der schwerbehinderte Mensch hat das Recht, bei Einsicht in die über ihn geführte Personalakte oder ihn betreffende Daten des Arbeitgebers die Schwerbehindertenvertretung hinzuzuziehen. 2Die Schwerbehindertenvertretung bewahrt über den Inhalt der Daten Stillschweigen, soweit sie der schwerbehinderte Mensch nicht von dieser Verpflichtung entbunden hat.

(4) 1Die Schwerbehindertenvertretung hat das Recht, an allen Sitzungen des Betriebs-, Personal-, Richter-, Staatsanwalts- oder Präsidialrates und deren Ausschüssen sowie des Arbeitsschutzausschusses beratend teilzunehmen; sie kann beantragen, Angelegenheiten, die einzelne oder die schwerbehinderten Menschen als Gruppe besonders betreffen, auf die Tagesordnung der nächsten Sitzung zu setzen. 2Erachtet sie einen Beschluss des Betriebs-, Personal-, Richter-, Staatsanwalts- oder Präsidialrates als eine erhebliche Beeinträchtigung wichtiger Interessen schwerbehinderter Menschen oder ist sie entgegen Absatz 2 Satz 1 nicht beteiligt worden, wird auf ihren Antrag der Beschluss für die Dauer von einer Woche vom Zeitpunkt der Beschlussfassung an ausgesetzt; die Vorschriften des Betriebsverfassungsgesetzes und des Personalvertretungsrechts über die Aussetzung von Beschlüssen gelten entsprechend. 3Durch die Aussetzung wird eine Frist nicht verlängert. 4In den Fällen des § 21e Absatz 1 und 3 des Gerichtsverfassungsgesetzes ist die Schwerbehindertenvertretung, außer in Eilfällen, auf Antrag einer betroffenen schwerbehinderten Richterin oder eines schwerbehinderten Richters vor dem Präsidium des Gerichtes zu hören.

(5) Die Schwerbehindertenvertretung wird zu Besprechungen nach § 74 Absatz 1 des Betriebsverfassungsgesetzes, § 65 des Bundespersonalvertretungsgesetzes sowie den entsprechenden Vorschriften des sonstigen Personalvertretungsrechts zwischen dem Arbeitgeber und den in Absatz 4 genannten Vertretungen hinzugezogen.

(6) 1Die Schwerbehindertenvertretung hat das Recht, mindestens einmal im Kalenderjahr eine Versammlung schwerbehinderter Menschen im Betrieb oder in der Dienststelle durchzuführen. 2Die für Betriebs- und Personalversammlungen geltenden Vorschriften finden entsprechende Anwendung.

(7) Sind in einer Angelegenheit sowohl die Schwerbehindertenvertretung der Richter und Richterinnen als auch die Schwerbehindertenvertretung der übrigen Bediensteten beteiligt, so handeln sie gemeinsam.

(8) Die Schwerbehindertenvertretung kann an Betriebs- und Personalversammlungen in Betrieben und Dienststellen teilnehmen, für die sie als Schwerbehindertenvertretung zuständig ist, und hat dort ein Rederecht, auch wenn die Mitglieder der Schwerbehindertenvertretung nicht Angehörige des Betriebes oder der Dienststelle sind.

§ 179 Persönliche Rechte und Pflichten der Vertrauenspersonen der schwerbehinderten Menschen

(1) Die Vertrauenspersonen führen ihr Amt unentgeltlich als Ehrenamt.

(2) Die Vertrauenspersonen dürfen in der Ausübung ihres Amtes nicht behindert oder wegen ihres Amtes nicht benachteiligt oder begünstigt werden; dies gilt auch für ihre berufliche Entwicklung.

(3) 1Die Vertrauenspersonen besitzen gegenüber dem Arbeitgeber die gleiche persönliche Rechtsstellung, insbesondere den gleichen Kündigungs-, Versetzungs- und Abordnungsschutz, wie ein Mitglied des Betriebs-, Personal-, Staatsanwalts- oder Richterrates. 2Das stellvertretende Mitglied besitzt während der Dauer der Vertretung und der Heranziehung nach § 178 Absatz 1 Satz 4 und 5 die gleiche persönliche Rechtsstellung wie die Vertrauensperson, im Übrigen die gleiche Rechtsstellung wie Ersatzmitglieder der in Satz 1 genannten Vertretungen.

(4) 1Die Vertrauenspersonen werden von ihrer beruflichen Tätigkeit ohne Minderung des Arbeitsentgelts oder der Dienstbezüge befreit, wenn und soweit es zur Durchführung ihrer Aufgaben erforderlich ist. 2Sind in den Betrieben und Dienststellen in der Regel wenigstens 100 schwerbehinderte Menschen beschäftigt, wird die Vertrauensperson auf ihren Wunsch freigestellt; weitergehende Vereinbarungen sind zulässig. 3Satz 1 gilt entsprechend für die Teilnahme der Vertrauensperson und des mit der höchsten Stimmenzahl gewählten stellvertretenden Mitglieds sowie in den Fällen des § 178 Absatz 1 Satz 5 auch des jeweils mit der nächsthöheren Stimmenzahl gewählten weiteren stellvertretenden Mitglieds an Schulungs- und Bildungsveranstaltungen, soweit diese Kenntnisse vermitteln, die für die Arbeit der Schwerbehindertenvertretung erforderlich sind.

(5) 1Freigestellte Vertrauenspersonen dürfen von inner- oder außerbetrieblichen Maßnahmen der Berufsförderung nicht ausgeschlossen werden. 2Innerhalb eines Jahres nach Beendigung ihrer Freistellung ist ihnen im Rahmen der Möglichkeiten des Betriebes oder der Dienststelle Gelegenheit zu geben, eine wegen der Freistellung unterbliebene berufliche Entwicklung in dem Betrieb oder der Dienststelle nachzuholen. 3Für Vertrauenspersonen, die drei volle aufeinander folgende Amtszeiten freigestellt waren, erhöht sich der genannte Zeitraum auf zwei Jahre.

(6) Zum Ausgleich für ihre Tätigkeit, die aus betriebsbedingten oder dienstlichen Gründen außerhalb der Arbeitszeit durchzuführen ist, haben die Vertrauenspersonen Anspruch auf entsprechende Arbeits- oder Dienstbefreiung unter Fortzahlung des Arbeitsentgelts oder der Dienstbezüge.

(7) 1Die Vertrauenspersonen sind verpflichtet,

1. ihnen wegen ihres Amtes anvertraute oder sonst bekannt gewordene fremde Geheimnisse, namentlich zum persönlichen Lebensbereich gehörende Geheimnisse, nicht zu offenbaren und
2. ihnen wegen ihres Amtes bekannt gewordene und vom Arbeitgeber ausdrücklich als geheimhaltungsbedürftig bezeichnete Betriebs- oder Geschäftsgeheimnisse nicht zu offenbaren und nicht zu verwerten.

2Diese Pflichten gelten auch nach dem Ausscheiden aus dem Amt. 3Sie gelten nicht gegenüber der Bundesagentur für Arbeit, den Integrationsämtern und den Rehabilitationsträgern, soweit deren Aufgaben den schwerbehinderten Menschen gegenüber es erfordern, gegenüber den Vertrauenspersonen in den Stufenvertretungen (§ 180) sowie gegenüber den in § 79 Absatz 1 des Betriebsverfassungsgesetzes und den in den entsprechenden Vorschriften des Personalvertretungsrechts genannten Vertretungen, Personen und Stellen.

(8) 1Die durch die Tätigkeit der Schwerbehindertenvertretung entstehenden Kosten trägt der Arbeitgeber; für öffentliche Arbeitgeber gelten die Kostenregelungen für Personalvertretungen entsprechend. 2Das Gleiche gilt für die durch die Teilnahme der stellvertretenden Mitglieder an Schulungs- und Bildungsveranstaltungen nach Absatz 4 Satz 3 entstehenden Kosten. 3Satz 1 umfasst auch eine Bürokraft für die Schwerbehindertenvertretung in erforderlichem Umfang.

(9) Die Räume und der Geschäftsbedarf, die der Arbeitgeber dem Betriebs-, Personal-, Richter-, Staatsanwalts- oder Präsidialrat für dessen Sitzungen, Sprechstunden und laufende Geschäftsführung zur Verfügung stellt, stehen für die gleichen Zwecke auch der Schwerbehindertenvertretung zur Verfügung, soweit ihr hierfür nicht eigene Räume und sächliche Mittel zur Verfügung gestellt werden.

§ 180 Konzern-, Gesamt-, Bezirks- und Hauptschwerbehindertenvertretung

(1) 1Ist für mehrere Betriebe eines Arbeitgebers ein Gesamtbetriebsrat oder für den Geschäftsbereich mehrerer Dienststellen ein Gesamtpersonalrat errichtet, wählen die Schwerbehindertenvertretungen der einzelnen Betriebe oder Dienststellen eine Gesamtschwerbehindertenvertretung. 2Ist eine Schwerbehindertenvertretung nur in einem der Betriebe oder in einer der Dienststellen gewählt, nimmt sie die Rechte und Pflichten der Gesamtschwerbehindertenvertretung wahr.

(2) 1Ist für mehrere Unternehmen ein Konzernbetriebsrat errichtet, wählen die Gesamtschwerbehindertenvertretungen eine Konzernschwerbehindertenvertretung. 2Besteht ein Konzernunternehmen nur aus einem Betrieb, für den eine Schwerbehindertenvertretung gewählt ist, hat sie das Wahlrecht wie eine Gesamtschwerbehindertenvertretung.

(3) 1Für den Geschäftsbereich mehrstufiger Verwaltungen, bei denen ein Bezirks- oder Hauptpersonalrat gebildet ist, gilt Absatz 1 sinngemäß mit der Maßgabe, dass bei den Mittelbehörden von deren Schwerbehindertenvertretung und den Schwerbehindertenvertretungen der nachgeordneten Dienststellen eine Bezirksschwerbehindertenvertretung zu wählen ist. 2Bei den obersten Dienstbehörden ist von deren Schwerbehindertenvertretung und den Bezirksschwerbehindertenvertretungen des Geschäftsbereichs eine Hauptschwerbehindertenvertretung zu wählen; ist die Zahl der Bezirksschwerbehindertenvertretungen niedriger als zehn, sind auch die Schwerbehindertenvertretungen der nachgeordneten Dienststellen wahlberechtigt.

(4) 1Für Gerichte eines Zweiges der Gerichtsbarkeit, für die ein Bezirks- oder Hauptrichterrat gebildet ist, gilt Absatz 3 entsprechend. 2Sind in einem Zweig der Gerichtsbarkeit bei den Gerichten der Länder mehrere Schwerbehindertenvertretungen nach § 177 zu wählen und ist in diesem Zweig kein Hauptrichterrat gebildet, ist in entsprechender Anwendung von Absatz 3 eine Hauptschwerbehindertenvertretung zu wählen. 3Die Hauptschwerbehindertenvertretung nimmt die Aufgabe

der Schwerbehindertenvertretung gegenüber dem Präsidialrat wahr.

(5) Für jede Vertrauensperson, die nach den Absätzen 1 bis 4 neu zu wählen ist, wird wenigstens ein stellvertretendes Mitglied gewählt.

(6) 1Die Gesamtschwerbehindertenvertretung vertritt die Interessen der schwerbehinderten Menschen in Angelegenheiten, die das Gesamtunternehmen oder mehrere Betriebe oder Dienststellen des Arbeitgebers betreffen und von den Schwerbehindertenvertretungen der einzelnen Betriebe oder Dienststellen nicht geregelt werden können, sowie die Interessen der schwerbehinderten Menschen, die in einem Betrieb oder einer Dienststelle tätig sind, für die eine Schwerbehindertenvertretung nicht gewählt ist; dies umfasst auch Verhandlungen und den Abschluss entsprechender Inklusionsvereinbarungen. 2Satz 1 gilt entsprechend für die Konzern-, Bezirks- und Hauptschwerbehindertenvertretung sowie für die Schwerbehindertenvertretung der obersten Dienstbehörde, wenn bei einer mehrstufigen Verwaltung Stufenvertretungen nicht gewählt sind. 3Die nach Satz 2 zuständige Schwerbehindertenvertretung ist auch in persönlichen Angelegenheiten schwerbehinderter Menschen, über die eine übergeordnete Dienststelle entscheidet, zuständig; sie gibt der Schwerbehindertenvertretung der Dienststelle, die den schwerbehinderten Menschen beschäftigt, Gelegenheit zur Äußerung. 4Satz 3 gilt nicht in den Fällen, in denen der Personalrat der Beschäftigungsbehörde zu beteiligen ist.

(7) § 177 Absatz 3 bis 8, § 178 Absatz 1 Satz 4 und 5, Absatz 2, 4, 5 und 7 und § 179 gelten entsprechend, § 177 Absatz 5 mit der Maßgabe, dass die Wahl der Gesamt- und Bezirksschwerbehindertenvertretungen in der Zeit vom 1. Dezember bis 31. Januar, die der Konzern- und Hauptschwerbehindertenvertretungen in der Zeit vom 1. Februar bis 31. März stattfindet, § 177 Absatz 6 mit der Maßgabe, dass bei den Wahlen zu überörtlichen Vertretungen der zweite Halbsatz des Satzes 3 nicht gilt.

(8) § 178 Absatz 6 gilt für die Durchführung von Versammlungen der Vertrauens- und der Bezirksvertrauenspersonen durch die Gesamt-, Bezirks- oder Hauptschwerbehindertenvertretung entsprechend.

§ 181 Inklusionsbeauftragter des Arbeitgebers

1Der Arbeitgeber bestellt einen Inklusionsbeauftragten, der ihn in Angelegenheiten schwerbehinderter Menschen verantwortlich vertritt; falls erforderlich, können mehrere Inklusionsbeauftragte bestellt werden. 2Der Inklusionsbeauftragte soll nach Möglichkeit selbst ein schwerbehinderter Mensch sein. 3Der Inklusionsbeauftragte achtet vor allem darauf, dass dem Arbeitgeber obliegende Verpflichtungen erfüllt werden.

§ 182 Zusammenarbeit

(1) Arbeitgeber, Inklusionsbeauftragter des Arbeitgebers, Schwerbehindertenvertretung und Betriebs-, Personal-, Richter-, Staatsanwalts- oder Präsidialrat arbeiten zur Teilhabe schwerbehinderter Menschen am Arbeitsleben in dem Betrieb oder der Dienststelle eng zusammen.

(2) 1Die in Absatz 1 genannten Personen und Vertretungen, die mit der Durchführung dieses Teils beauftragten Stellen und die Rehabilitationsträger unterstützen sich gegenseitig bei der Erfüllung ihrer Aufgaben. 2Vertrauensperson und Inklusionsbeauftragter des Arbeitgebers sind Verbindungspersonen zur Bundesagentur für Arbeit und zu dem Integrationsamt.

§ 183 Verordnungsermächtigung

Die Bundesregierung wird ermächtigt, durch Rechtsverordnung mit Zustimmung des Bundesrates nähere Vorschriften über die Vorbereitung und Durchführung der Wahl der Schwerbehindertenvertretung und ihrer Stufenvertretungen zu erlassen.

Kapitel 6
Durchführung der besonderen Regelungen zur Teilhabe schwerbehinderter Menschen

§ 184 Zusammenarbeit der Integrationsämter und der Bundesagentur für Arbeit

(1) Soweit die besonderen Regelungen zur Teilhabe schwerbehinderter Menschen am Arbeitsleben nicht durch freie Entschließung der Arbeitgeber erfüllt werden, werden sie

1. in den Ländern von dem Amt für die Sicherung der Integration schwerbehinderter Menschen im Arbeitsleben (Integrationsamt) und
2. von der Bundesagentur für Arbeit

in enger Zusammenarbeit durchgeführt.

(2) Die den Rehabilitationsträgern nach den geltenden Vorschriften obliegenden Aufgaben bleiben unberührt.

§ 185 Aufgaben des Integrationsamtes

(1) 1Das Integrationsamt hat folgende Aufgaben:

1. die Erhebung und Verwendung der Ausgleichsabgabe,

2. den Kündigungsschutz,
3. die begleitende Hilfe im Arbeitsleben,
4. die zeitweilige Entziehung der besonderen Hilfen für schwerbehinderte Menschen (§ 200).

2Die Integrationsämter werden so ausgestattet, dass sie ihre Aufgaben umfassend und qualifiziert erfüllen können. 3Hierfür wird besonders geschultes Personal mit Fachkenntnissen des Schwerbehindertenrechts eingesetzt.

(2) 1Die begleitende Hilfe im Arbeitsleben wird in enger Zusammenarbeit mit der Bundesagentur für Arbeit und den übrigen Rehabilitationsträgern durchgeführt. 2Sie soll dahingehend wirken, dass die schwerbehinderten Menschen in ihrer sozialen Stellung nicht absinken, auf Arbeitsplätzen beschäftigt werden, auf denen sie ihre Fähigkeiten und Kenntnisse voll verwerten und weiterentwickeln können sowie durch Leistungen der Rehabilitationsträger und Maßnahmen der Arbeitgeber befähigt werden, sich am Arbeitsplatz und im Wettbewerb mit nichtbehinderten Menschen zu behaupten. 3Dabei gelten als Arbeitsplätze auch Stellen, auf denen Beschäftigte befristet oder als Teilzeitbeschäftigte in einem Umfang von mindestens 15 Stunden, in Inklusionsbetrieben mindestens zwölf Stunden wöchentlich beschäftigt werden. 4Die begleitende Hilfe im Arbeitsleben umfasst auch die nach den Umständen des Einzelfalles notwendige psychosoziale Betreuung schwerbehinderter Menschen. 5Das Integrationsamt kann bei der Durchführung der begleitenden Hilfen im Arbeitsleben Integrationsfachdienste einschließlich psychosozialer Dienste freier gemeinnütziger Einrichtungen und Organisationen beteiligen. 6Das Integrationsamt soll außerdem darauf Einfluss nehmen, dass Schwierigkeiten im Arbeitsleben verhindert oder beseitigt werden; es führt hierzu auch Schulungs- und Bildungsmaßnahmen für Vertrauenspersonen, Inklusionsbeauftragte der Arbeitgeber, Betriebs-, Personal-, Richter-, Staatsanwalts- und Präsidialräte durch. 7Das Integrationsamt benennt in enger Abstimmung mit den Beteiligten des örtlichen Arbeitsmarktes Ansprechpartner, die in Handwerks- sowie in Industrie- und Handelskammern für die Arbeitgeber zur Verfügung stehen, um sie über Funktion und Aufgaben der Integrationsfachdienste aufzuklären, über Möglichkeiten der begleitenden Hilfe im Arbeitsleben zu informieren und Kontakt zum Integrationsfachdienst herzustellen.

(3) Das Integrationsamt kann im Rahmen seiner Zuständigkeit für die begleitende Hilfe im Arbeitsleben aus den ihm zur Verfügung stehenden Mitteln auch Geldleistungen erbringen, insbesondere

1. an schwerbehinderte Menschen
   a) für technische Arbeitshilfen,
   b) zum Erreichen des Arbeitsplatzes,
   c) zur Gründung und Erhaltung einer selbständigen beruflichen Existenz,
   d) zur Beschaffung, Ausstattung und Erhaltung einer behinderungsgerechten Wohnung,
   e) zur Teilnahme an Maßnahmen zur Erhaltung und Erweiterung beruflicher Kenntnisse und Fertigkeiten und
   f) in besonderen Lebenslagen,
2. an Arbeitgeber
   a) zur behinderungsgerechten Einrichtung von Arbeits- und Ausbildungsplätzen für schwerbehinderte Menschen,
   b) für Zuschüsse zu Gebühren, insbesondere Prüfungsgebühren, bei der Berufsausbildung besonders betroffener schwerbehinderter Jugendlicher und junger Erwachsener,
   c) für Prämien und Zuschüsse zu den Kosten der Berufsausbildung behinderter Jugendlicher und junger Erwachsener, die für die Zeit der Berufsausbildung schwerbehinderten Menschen nach § 151 Absatz 4 gleichgestellt worden sind,
   d) für Prämien zur Einführung eines betrieblichen Eingliederungsmanagements und
   e) für außergewöhnliche Belastungen, die mit der Beschäftigung schwerbehinderter Menschen im Sinne des § 155 Absatz 1 Nummer 1 Buchstabe a bis d, von schwerbehinderten Menschen im Anschluss an eine Beschäftigung in einer anerkannten Werkstatt für behinderte Menschen oder im Sinne des § 158 Absatz 2 verbunden sind, vor allem, wenn ohne diese Leistungen das Beschäftigungsverhältnis gefährdet würde,
3. an Träger von Integrationsfachdiensten einschließlich psychosozialer Dienste freier gemeinnütziger Einrichtungen und Organisationen sowie an Träger von Inklusionsbetrieben,
4. zur Durchführung von Aufklärungs-, Schulungs- und Bildungsmaßnahmen,
5. nachrangig zur beruflichen Orientierung,
6. zur Deckung eines Teils der Aufwendungen für ein Budget für Arbeit oder eines Teils der Aufwendungen für ein Budget für Ausbildung.

(4) Schwerbehinderte Menschen haben im Rahmen der Zuständigkeit des Integrationsamtes aus den ihm aus der Ausgleichsabgabe zur Verfügung stehenden Mitteln Anspruch auf Übernahme der Kosten einer Berufsbegleitung nach § 55 Absatz 3.

(5) 1Schwerbehinderte Menschen haben im Rahmen der Zuständigkeit des Integrationsamtes für die begleitende Hilfe im Arbeitsleben aus den ihm aus der Ausgleichsabgabe zur Verfügung stehenden Mitteln Anspruch auf Übernahme der Kosten einer notwendigen Arbeitsassistenz. 2Der Anspruch richtet sich auf die Übernahme der vollen Kosten, die für eine als notwendig festgestellte Arbeitsassistenz entstehen.

(6) 1Verpflichtungen anderer werden durch die Absätze 3 bis 5 nicht berührt. 2Leistungen der Rehabilitationsträger nach § 6 Absatz 1 Nummer 1 bis 5 dürfen, auch wenn auf sie ein Rechtsanspruch nicht besteht, nicht deshalb versagt werden, weil nach den besonderen Regelungen für schwerbehinderte Menschen entsprechende Leistungen vorgesehen sind; eine Aufstockung durch Leistungen des Integrationsamtes findet nicht statt.

(7) 1Die §§ 14, 15 Absatz 1, die §§ 16 und 17 gelten sinngemäß, wenn bei dem Integrationsamt eine Leistung zur Teilhabe am Arbeitsleben beantragt wird. 2Das Gleiche gilt, wenn ein Antrag bei einem Rehabilitationsträger gestellt und der Antrag von diesem nach § 16 Absatz 2 des Ersten Buches an das Integrationsamt weitergeleitet worden ist. 3Ist die unverzügliche Erbringung einer Leistung zur Teilhabe am Arbeitsleben erforderlich, so kann das Integrationsamt die Leistung vorläufig erbringen. 4Hat das Integrationsamt eine Leistung erbracht, für die ein anderer Träger zuständig ist, so erstattet dieser die auf die Leistung entfallenden Aufwendungen.

(8) 1Auf Antrag führt das Integrationsamt seine Leistungen zur begleitenden Hilfe im Arbeitsleben als Persönliches Budget aus. 2§ 29 gilt entsprechend.

§ 185a Einheitliche Ansprechstellen für Arbeitgeber

(1) Einheitliche Ansprechstellen für Arbeitgeber informieren, beraten und unterstützen Arbeitgeber bei der Ausbildung, Einstellung und Beschäftigung von schwerbehinderten Menschen.

(2) 1Die Einheitlichen Ansprechstellen für Arbeitgeber werden als begleitende Hilfe im Arbeitsleben aus Mitteln der Ausgleichsabgabe finanziert. 2Sie haben die Aufgabe,

1. Arbeitgeber anzusprechen und diese für die Ausbildung, Einstellung und Beschäftigung von schwerbehinderten Menschen zu sensibilisieren,
2. Arbeitgebern als trägerunabhängiger Lotse bei Fragen zur Ausbildung, Einstellung, Berufsbegleitung und Beschäftigungssicherung von schwerbehinderten Menschen zur Verfügung zu stehen und
3. Arbeitgeber bei der Stellung von Anträgen bei den zuständigen Leistungsträgern zu unterstützen.

(3) 1Die Einheitlichen Ansprechstellen für Arbeitgeber sind flächendeckend einzurichten. 2Sie sind trägerunabhängig.

(4) Die Einheitlichen Ansprechstellen für Arbeitgeber sollen

1. für Arbeitgeber schnell zu erreichen sein,
2. über fachlich qualifiziertes Personal verfügen, das mit den Regelungen zur Teilhabe schwerbehinderter Menschen sowie der Beratung von Arbeitgebern und ihren Bedürfnissen vertraut ist, sowie
3. in der Region gut vernetzt sein.

(5) 1Die Integrationsämter beauftragen die Integrationsfachdienste oder andere geeignete Träger, als Einheitliche Ansprechstellen für Arbeitgeber tätig zu werden. 2Die Integrationsämter wirken darauf hin, dass die Einheitlichen Ansprechstellen für Arbeitgeber flächendeckend zur Verfügung stehen und mit Dritten, die aufgrund ihres fachlichen Hintergrunds über eine besondere Betriebsnähe verfügen, zusammenarbeiten.

§ 186 Beratender Ausschuss für behinderte Menschen bei dem Integrationsamt

(1) 1Bei jedem Integrationsamt wird ein Beratender Ausschuss für behinderte Menschen gebildet, der die Teilhabe der behinderten Menschen am Arbeitsleben fördert, das Integrationsamt bei der Durchführung der besonderen Regelungen für schwerbehinderte Menschen zur Teilhabe am Arbeitsleben unterstützt und bei der Vergabe der Mittel der Ausgleichsabgabe mitwirkt. 2Soweit die Mittel der Ausgleichsabgabe zur institutionellen Förderung verwendet werden, macht der Beratende Ausschuss Vorschläge für die Entscheidungen des Integrationsamtes.

(2) Der Ausschuss besteht aus zehn Mitgliedern, und zwar aus

1. zwei Mitgliedern, die die Arbeitnehmerinnen und Arbeitnehmer vertreten,
2. zwei Mitgliedern, die die privaten und öffentlichen Arbeitgeber vertreten,

IX

3. vier Mitgliedern, die die Organisationen behinderter Menschen vertreten,
4. einem Mitglied, das das jeweilige Land vertritt,
5. einem Mitglied, das die Bundesagentur für Arbeit vertritt.

(3) 1Für jedes Mitglied ist eine Stellvertreterin oder ein Stellvertreter zu berufen. 2Mitglieder und Stellvertreterinnen oder Stellvertreter sollen im Bezirk des Integrationsamtes ihren Wohnsitz haben.

(4) 1Das Integrationsamt beruft auf Vorschlag

1. der Gewerkschaften des jeweiligen Landes zwei Mitglieder,
2. der Arbeitgeberverbände des jeweiligen Landes ein Mitglied,
3. der zuständigen obersten Landesbehörde oder der von ihr bestimmten Behörde ein Mitglied,
4. der Organisationen behinderter Menschen des jeweiligen Landes, die nach der Zusammensetzung ihrer Mitglieder dazu berufen sind, die behinderten Menschen in ihrer Gesamtheit zu vertreten, vier Mitglieder.

2Die zuständige oberste Landesbehörde oder die von ihr bestimmte Behörde und die Bundesagentur für Arbeit berufen je ein Mitglied.

§ 187 Aufgaben der Bundesagentur für Arbeit

(1) Die Bundesagentur für Arbeit hat folgende Aufgaben:

1. die Berufsberatung, Ausbildungsvermittlung und Arbeitsvermittlung schwerbehinderter Menschen einschließlich der Vermittlung von in Werkstätten für behinderte Menschen Beschäftigten auf den allgemeinen Arbeitsmarkt,
2. die Beratung der Arbeitgeber bei der Besetzung von Ausbildungs- und Arbeitsplätzen mit schwerbehinderten Menschen,
3. die Förderung der Teilhabe schwerbehinderter Menschen am Arbeitsleben auf dem allgemeinen Arbeitsmarkt, insbesondere von schwerbehinderten Menschen,
   a) die wegen Art oder Schwere ihrer Behinderung oder sonstiger Umstände im Arbeitsleben besonders betroffen sind (§ 155 Absatz 1),
   b) die langzeitarbeitslos im Sinne des § 18 des Dritten Buches sind,
   c) die im Anschluss an eine Beschäftigung in einer anerkannten Werkstatt für behinderte Menschen, bei einem anderen Leistungsanbieter (§ 60) oder einem Inklusionsbetrieb eingestellt werden,
   d) die als Teilzeitbeschäftigte eingestellt werden oder
   e) die zur Aus- oder Weiterbildung eingestellt werden,
4. im Rahmen von Arbeitsbeschaffungsmaßnahmen die besondere Förderung schwerbehinderter Menschen,
5. die Gleichstellung, deren Widerruf und Rücknahme,
6. die Durchführung des Anzeigeverfahrens (§ 163 Absatz 2 und 4),
7. die Überwachung der Erfüllung der Beschäftigungspflicht,
8. die Zulassung der Anrechnung und der Mehrfachanrechnung (§ 158 Absatz 2, § 159 Absatz 1 und 2),
9. die Erfassung der Werkstätten für behinderte Menschen, ihre Anerkennung und die Aufhebung der Anerkennung.

(2) 1Die Bundesagentur für Arbeit übermittelt dem Bundesministerium für Arbeit und Soziales jährlich die Ergebnisse ihrer Förderung der Teilhabe schwerbehinderter Menschen am Arbeitsleben auf dem allgemeinen Arbeitsmarkt nach dessen näherer Bestimmung und fachlicher Weisung. 2Zu den Ergebnissen gehören Angaben über die Zahl der geförderten Arbeitgeber und schwerbehinderten Menschen, die insgesamt aufgewandten Mittel und die durchschnittlichen Förderungsbeträge. 3Die Bundesagentur für Arbeit veröffentlicht diese Ergebnisse.

(3) 1Die Bundesagentur für Arbeit führt befristete überregionale und regionale Arbeitsmarktprogramme zum Abbau der Arbeitslosigkeit schwerbehinderter Menschen, besonderer Gruppen schwerbehinderter Menschen, insbesondere schwerbehinderter Frauen, sowie zur Förderung des Ausbildungsplatzangebots für schwerbehinderte Menschen durch, die ihr durch Verwaltungsvereinbarung gemäß § 368 Absatz 3 Satz 2 und Absatz 4 des Dritten Buches unter Zuweisung der entsprechenden Mittel übertragen werden. 2Über den Abschluss von Verwaltungsvereinbarungen mit den Ländern ist das Bundesministerium für Arbeit und Soziales zu unterrichten.

(4) Die Bundesagentur für Arbeit richtet zur Durchführung der ihr in diesem Teil und der ihr im Dritten Buch zur Teilhabe behinderter und schwerbehinderter Menschen am Arbeitsleben übertragenen Aufgaben in allen Agenturen für Arbeit besondere Stellen ein; bei der personellen Ausstattung dieser Stellen trägt sie dem beson-

IX

deren Aufwand bei der Beratung und Vermittlung des zu betreuenden Personenkreises sowie bei der Durchführung der sonstigen Aufgaben nach Absatz 1 Rechnung.

(5) Im Rahmen der Beratung der Arbeitgeber nach Absatz 1 Nummer 2 hat die Bundesagentur für Arbeit

1. dem Arbeitgeber zur Besetzung von Arbeitsplätzen geeignete arbeitslose oder arbeitssuchende schwerbehinderte Menschen unter Darlegung der Leistungsfähigkeit und der Auswirkungen der jeweiligen Behinderung auf die angebotene Stelle vorzuschlagen,
2. ihre Fördermöglichkeiten aufzuzeigen, soweit möglich und erforderlich, auch die entsprechenden Hilfen der Rehabilitationsträger und der begleitenden Hilfe im Arbeitsleben durch die Integrationsämter.

§ 188 Beratender Ausschuss für behinderte Menschen bei der Bundesagentur für Arbeit

(1) Bei der Zentrale der Bundesagentur für Arbeit wird ein Beratender Ausschuss für behinderte Menschen gebildet, der die Teilhabe der behinderten Menschen am Arbeitsleben durch Vorschläge fördert und die Bundesagentur für Arbeit bei der Durchführung der in diesem Teil und im Dritten Buch zur Teilhabe behinderter und schwerbehinderter Menschen am Arbeitsleben übertragenen Aufgaben unterstützt.

(2) Der Ausschuss besteht aus elf Mitgliedern, und zwar aus

1. zwei Mitgliedern, die die Arbeitnehmerinnen und Arbeitnehmer vertreten,
2. zwei Mitgliedern, die die privaten und öffentlichen Arbeitgeber vertreten,
3. fünf Mitgliedern, die die Organisationen behinderter Menschen vertreten,
4. einem Mitglied, das die Integrationsämter vertritt,
5. einem Mitglied, das das Bundesministerium für Arbeit und Soziales vertritt.

(3) Für jedes Mitglied ist eine Stellvertreterin oder ein Stellvertreter zu berufen.

(4) ₁Der Vorstand der Bundesagentur für Arbeit beruft die Mitglieder, die Arbeitnehmer und Arbeitgeber vertreten, auf Vorschlag ihrer Gruppenvertreter im Verwaltungsrat der Bundesagentur für Arbeit. ₂Er beruft auf Vorschlag der Organisationen behinderter Menschen, die nach der Zusammensetzung ihrer Mitglieder dazu berufen sind, die behinderten Menschen in ihrer Gesamtheit auf Bundesebene zu vertreten, die Mitglieder, die Organisationen der behinderten Menschen vertreten. ₃Auf Vorschlag der Bundesarbeitsgemeinschaft der Integrationsämter und Hauptfürsorgestellen beruft er das Mitglied, das die Integrationsämter vertritt, und auf Vorschlag des Bundesministeriums für Arbeit und Soziales das Mitglied, das dieses vertritt.

§ 189 Gemeinsame Vorschriften

(1) ₁Die Beratenden Ausschüsse für behinderte Menschen (§§ 186, 188) wählen aus den ihnen angehörenden Mitgliedern von Seiten der Arbeitnehmer, Arbeitgeber oder Organisationen behinderter Menschen jeweils für die Dauer eines Jahres eine Vorsitzende oder einen Vorsitzenden und eine Stellvertreterin oder einen Stellvertreter. ₂Die Gewählten dürfen nicht derselben Gruppe angehören. ₃Die Gruppen stellen in regelmäßig jährlich wechselnder Reihenfolge die Vorsitzende oder den Vorsitzenden und die Stellvertreterin oder den Stellvertreter. ₄Die Reihenfolge wird durch die Beendigung der Amtszeit der Mitglieder nicht unterbrochen. ₅Scheidet die Vorsitzende oder der Vorsitzende oder die Stellvertreterin oder der Stellvertreter aus, wird sie oder er neu gewählt.

(2) ₁Die Beratenden Ausschüsse für behinderte Menschen sind beschlussfähig, wenn wenigstens die Hälfte der Mitglieder anwesend ist. ₂Die Beschlüsse und Entscheidungen werden mit einfacher Stimmenmehrheit getroffen.

(3) ₁Die Mitglieder der Beratenden Ausschüsse für behinderte Menschen üben ihre Tätigkeit ehrenamtlich aus. ₂Ihre Amtszeit beträgt vier Jahre.

§ 190 Übertragung von Aufgaben

(1) ₁Die Landesregierung oder die von ihr bestimmte Stelle kann die Verlängerung der Gültigkeitsdauer der Ausweise nach § 152 Absatz 5, für die eine Feststellung nach § 152 Absatz 1 nicht zu treffen ist, auf andere Behörden übertragen. ₂Im Übrigen kann sie andere Behörden zur Aushändigung der Ausweise heranziehen.

(2) Die Landesregierung oder die von ihr bestimmte Stelle kann Aufgaben und Befugnisse des Integrationsamtes nach diesem Teil auf örtliche Fürsorgestellen übertragen oder die Heranziehung örtlicher Fürsorgestellen zur Durchführung der den Integrationsämtern obliegenden Aufgaben bestimmen.

§ 191 Verordnungsermächtigung

Die Bundesregierung wird ermächtigt, durch Rechtsverordnung mit Zustimmung des Bundesrates das Nähere über die Voraussetzungen des Anspruchs nach § 49 Absatz 8 Nummer 3 und § 185 Absatz 5 sowie über die Dauer und Ausführung der Leistungen zu regeln.

Kapitel 7
Integrationsfachdienste

§ 192 Begriff und Personenkreis

(1) Integrationsfachdienste sind Dienste Dritter, die bei der Durchführung der Maßnahmen zur Teilhabe schwerbehinderter Menschen am Arbeitsleben beteiligt werden.

(2) Schwerbehinderte Menschen im Sinne des Absatzes 1 sind insbesondere

1. schwerbehinderte Menschen mit einem besonderen Bedarf an arbeitsbegleitender Betreuung,
2. schwerbehinderte Menschen, die nach zielgerichteter Vorbereitung durch die Werkstatt für behinderte Menschen am Arbeitsleben auf dem allgemeinen Arbeitsmarkt teilhaben sollen und dabei auf aufwendige, personalintensive, individuelle arbeitsbegleitende Hilfen angewiesen sind sowie
3. schwerbehinderte Schulabgänger, die für die Aufnahme einer Beschäftigung auf dem allgemeinen Arbeitsmarkt auf die Unterstützung eines Integrationsfachdienstes angewiesen sind.

(3) Ein besonderer Bedarf an arbeits- und berufsbegleitender Betreuung ist insbesondere gegeben bei schwerbehinderten Menschen mit geistiger oder seelischer Behinderung oder mit einer schweren Körper-, Sinnes- oder Mehrfachbehinderung, die sich im Arbeitsleben besonders nachteilig auswirkt und allein oder zusammen mit weiteren vermittlungshemmenden Umständen (Alter, Langzeitarbeitslosigkeit, unzureichende Qualifikation, Leistungsminderung) die Teilhabe am Arbeitsleben auf dem allgemeinen Arbeitsmarkt erschwert.

(4) 1Der Integrationsfachdienst kann im Rahmen der Aufgabenstellung nach Absatz 1 auch zur beruflichen Eingliederung von behinderten Menschen, die nicht schwerbehindert sind, tätig werden. 2Hierbei wird den besonderen Bedürfnissen seelisch behinderter oder von einer seelischen Behinderung bedrohter Menschen Rechnung getragen.

§ 193 Aufgaben

(1) Die Integrationsfachdienste können zur Teilhabe schwerbehinderter Menschen am Arbeitsleben (Aufnahme, Ausübung und Sicherung einer möglichst dauerhaften Beschäftigung) beteiligt werden, indem sie

1. die schwerbehinderten Menschen beraten, unterstützen und auf geeignete Arbeitsplätze vermitteln,
2. die Arbeitgeber informieren, beraten und ihnen Hilfe leisten.

(2) Zu den Aufgaben des Integrationsfachdienstes gehört es,

1. die Fähigkeiten der zugewiesenen schwerbehinderten Menschen zu bewerten und einzuschätzen und dabei ein individuelles Fähigkeits-, Leistungs- und Interessenprofil zur Vorbereitung auf den allgemeinen Arbeitsmarkt in enger Kooperation mit den schwerbehinderten Menschen, dem Auftraggeber und der abgebenden Einrichtung der schulischen oder beruflichen Bildung oder Rehabilitation zu erarbeiten,
2. die Bundesagentur für Arbeit auf deren Anforderung bei der Berufsorientierung und Berufsberatung in den Schulen einschließlich der auf jeden einzelnen Jugendlichen bezogenen Dokumentation der Ergebnisse zu unterstützen,
3. die betriebliche Ausbildung schwerbehinderter, insbesondere seelisch und lernbehinderter, Jugendlicher zu begleiten,
4. geeignete Arbeitsplätze (§ 156) auf dem allgemeinen Arbeitsmarkt zu erschließen,
5. die schwerbehinderten Menschen auf die vorgesehenen Arbeitsplätze vorzubereiten,
6. die schwerbehinderten Menschen, solange erforderlich, am Arbeitsplatz oder beim Training der berufspraktischen Fähigkeiten am konkreten Arbeitsplatz zu begleiten,
7. mit Zustimmung des schwerbehinderten Menschen die Mitarbeiter im Betrieb oder in der Dienststelle über Art und Auswirkungen der Behinderung und über entsprechende Verhaltensregeln zu informieren und zu beraten,
8. eine Nachbetreuung, Krisenintervention oder psychosoziale Betreuung durchzuführen sowie
9. als Einheitliche Ansprechstellen für Arbeitgeber zur Verfügung zu stehen, über die Leistungen für die Arbeitgeber zu informieren und für die Arbeitgeber diese Leistungen abzuklären,
10. in Zusammenarbeit mit den Rehabilitationsträgern und den Integrationsämtern die für den schwerbehinderten Menschen benötigten Leistungen zu klären und bei der Beantragung zu unterstützen.

§ 194 Beauftragung und Verantwortlichkeit

(1) 1Die Integrationsfachdienste werden im Auftrag der Integrationsämter oder der Rehabilitationsträger tätig. 2Diese bleiben für die Ausführung der Leistung verantwortlich.

IX

(2) Im Auftrag legt der Auftraggeber in Abstimmung mit dem Integrationsfachdienst Art, Umfang und Dauer des im Einzelfall notwendigen Einsatzes des Integrationsfachdienstes sowie das Entgelt fest.

(3) Der Integrationsfachdienst arbeitet insbesondere mit

1. den zuständigen Stellen der Bundesagentur für Arbeit,
2. dem Integrationsamt,
3. dem zuständigen Rehabilitationsträger, insbesondere den Berufshelfern der gesetzlichen Unfallversicherung,
4. dem Arbeitgeber, der Schwerbehindertenvertretung und den anderen betrieblichen Interessenvertretungen,
5. der abgebenden Einrichtung der schulischen oder beruflichen Bildung oder Rehabilitation mit ihren begleitenden Diensten und internen Integrationsfachkräften oder -diensten zur Unterstützung von Teilnehmenden an Leistungen zur Teilhabe am Arbeitsleben,
6. den Handwerks-, den Industrie- und Handelskammern sowie den berufsständigen Organisationen,
7. wenn notwendig, auch mit anderen Stellen und Personen,

eng zusammen.

(4) 1Näheres zur Beauftragung, Zusammenarbeit, fachlichen Leitung, Aufsicht sowie zur Qualitätssicherung und Ergebnisbeobachtung wird zwischen dem Auftraggeber und dem Träger des Integrationsfachdienstes vertraglich geregelt. 2Die Vereinbarungen sollen im Interesse finanzieller Planungssicherheit auf eine Dauer von mindestens drei Jahren abgeschlossen werden.

(5) Die Integrationsämter wirken darauf hin, dass die berufsbegleitenden und psychosozialen Dienste bei den von ihnen beauftragten Integrationsfachdiensten konzentriert werden.

§ 195 Fachliche Anforderungen

(1) Die Integrationsfachdienste müssen

1. nach der personellen, räumlichen und sächlichen Ausstattung in der Lage sein, ihre gesetzlichen Aufgaben wahrzunehmen,
2. über Erfahrungen mit dem zu unterstützenden Personenkreis (§ 192 Absatz 2) verfügen,
3. mit Fachkräften ausgestattet sein, die über eine geeignete Berufsqualifikation, eine psychosoziale oder arbeitspädagogische Zusatzqualifikation und ausreichende Berufserfahrung verfügen, sowie
4. rechtlich oder organisatorisch und wirtschaftlich eigenständig sein.

(2) 1Der Personalbedarf eines Integrationsfachdienstes richtet sich nach den konkreten Bedürfnissen unter Berücksichtigung der Zahl der Betreuungs- und Beratungsfälle, des durchschnittlichen Betreuungs- und Beratungsaufwands, der Größe des regionalen Einzugsbereichs und der Zahl der zu beratenden Arbeitgeber. 2Den besonderen Bedürfnissen besonderer Gruppen schwerbehinderter Menschen, insbesondere schwerbehinderter Frauen, und der Notwendigkeit einer psychosozialen Betreuung soll durch eine Differenzierung innerhalb des Integrationsfachdienstes Rechnung getragen werden.

(3) 1Bei der Stellenbesetzung des Integrationsfachdienstes werden schwerbehinderte Menschen bevorzugt berücksichtigt. 2Dabei wird ein angemessener Anteil der Stellen mit schwerbehinderten Frauen besetzt.

§ 196 Finanzielle Leistungen

(1) 1Die Inanspruchnahme von Integrationsfachdiensten wird vom Auftraggeber vergütet. 2Die Vergütung für die Inanspruchnahme von Integrationsfachdiensten kann bei Beauftragung durch das Integrationsamt aus Mitteln der Ausgleichsabgabe erbracht werden.

(2) Die Bezahlung tarifvertraglich vereinbarter Vergütungen sowie entsprechender Vergütungen nach kirchlichen Arbeitsrechtsregelungen kann bei der Beauftragung von Integrationsfachdiensten nicht als unwirtschaftlich abgelehnt werden.

(3) 1Die Bundesarbeitsgemeinschaft der Integrationsämter und Hauptfürsorgestellen vereinbart mit den Rehabilitationsträgern nach § 6 Absatz 1 Nummer 2 bis 5 unter Beteiligung der maßgeblichen Verbände, darunter der Bundesarbeitsgemeinschaft, in der sich die Integrationsfachdienste zusammengeschlossen haben, eine gemeinsame Empfehlung zur Inanspruchnahme der Integrationsfachdienste durch die Rehabilitationsträger, zur Zusammenarbeit und zur Finanzierung der Kosten, die dem Integrationsfachdienst bei der Wahrnehmung der Aufgaben der Rehabilitationsträger entstehen. 2§ 26 Absatz 7 und 8 gilt entsprechend.

§ 197 Ergebnisbeobachtung

(1) 1Der Integrationsfachdienst dokumentiert Verlauf und Ergebnis der jeweiligen Bemühungen um die Förderung der Teilhabe am Arbeitsleben. 2Er erstellt jährlich eine zusammenfassende Darstellung der Ergebnisse und

IX

legt diese den Auftraggebern nach deren näherer gemeinsamer Maßgabe vor. $_{3}$Diese Zusammenstellung soll insbesondere geschlechtsdifferenzierte Angaben enthalten zu

1. den Zu- und Abgängen an Betreuungsfällen im Kalenderjahr,
2. dem Bestand an Betreuungsfällen,
3. der Zahl der abgeschlossenen Fälle, differenziert nach Aufnahme einer Ausbildung, einer befristeten oder unbefristeten Beschäftigung, einer Beschäftigung in einem Integrationsprojekt oder in einer Werkstatt für behinderte Menschen.

(2) Der Integrationsfachdienst dokumentiert auch die Ergebnisse seiner Bemühungen zur Unterstützung der Bundesagentur für Arbeit und die Begleitung der betrieblichen Ausbildung nach § 193 Absatz 2 Nummer 2 und 3 unter Einbeziehung geschlechtsdifferenzierter Daten und Besonderheiten sowie der Art der Behinderung.

§ 198 Verordnungsermächtigung

(1) Das Bundesministerium für Arbeit und Soziales wird ermächtigt, durch Rechtsverordnung mit Zustimmung des Bundesrates das Nähere über den Begriff und die Aufgaben des Integrationsfachdienstes, die für sie geltenden fachlichen Anforderungen und die finanziellen Leistungen zu regeln.

(2) Vereinbaren die Bundesarbeitsgemeinschaft der Integrationsämter und Hauptfürsorgestellen und die Rehabilitationsträger nicht innerhalb von sechs Monaten, nachdem das Bundesministerium für Arbeit und Soziales sie dazu aufgefordert hat, eine gemeinsame Empfehlung nach § 196 Absatz 3 oder ändern sie die unzureichend gewordene Empfehlung nicht innerhalb dieser Frist, kann das Bundesministerium für Arbeit und Soziales Regelungen durch Rechtsverordnung mit Zustimmung des Bundesrates erlassen.

Kapitel 8
Beendigung der Anwendung der besonderen Regelungen zur Teilhabe schwerbehinderter und gleichgestellter behinderter Menschen

§ 199 Beendigung der Anwendung der besonderen Regelungen zur Teilhabe schwerbehinderter Menschen

(1) Die besonderen Regelungen für schwerbehinderte Menschen werden nicht angewendet nach dem Wegfall der Voraussetzungen nach § 2 Absatz 2; wenn sich der Grad der Behinderung auf weniger als 50 verringert, jedoch erst am Ende des dritten Kalendermonats nach Eintritt der Unanfechtbarkeit des die Verringerung feststellenden Bescheides.

(2) $_{1}$Die besonderen Regelungen für gleichgestellte behinderte Menschen werden nach dem Widerruf oder der Rücknahme der Gleichstellung nicht mehr angewendet. $_{2}$Der Widerruf der Gleichstellung ist zulässig, wenn die Voraussetzungen nach § 2 Absatz 3 in Verbindung mit § 151 Absatz 2 weggefallen sind. $_{3}$Er wird erst am Ende des dritten Kalendermonats nach Eintritt seiner Unanfechtbarkeit wirksam.

(3) Bis zur Beendigung der Anwendung der besonderen Regelungen für schwerbehinderte Menschen und ihnen gleichgestellte behinderte Menschen werden die behinderten Menschen dem Arbeitgeber auf die Zahl der Pflichtarbeitsplätze für schwerbehinderte Menschen angerechnet.

§ 200 Entziehung der besonderen Hilfen für schwerbehinderte Menschen

(1) $_{1}$Einem schwerbehinderten Menschen, der einen zumutbaren Arbeitsplatz ohne berechtigten Grund zurückweist oder aufgibt oder sich ohne berechtigten Grund weigert, an einer Maßnahme zur Teilhabe am Arbeitsleben teilzunehmen, oder sonst durch sein Verhalten seine Teilhabe am Arbeitsleben schuldhaft vereitelt, kann das Integrationsamt im Benehmen mit der Bundesagentur für Arbeit die besonderen Hilfen für schwerbehinderte Menschen zeitweilig entziehen. $_{2}$Dies gilt auch für gleichgestellte behinderte Menschen.

(2) $_{1}$Vor der Entscheidung über die Entziehung wird der schwerbehinderte Mensch gehört. $_{2}$In der Entscheidung wird die Frist bestimmt, für die sie gilt. $_{3}$Die Frist läuft vom Tag der Entscheidung an und beträgt nicht mehr als sechs Monate. $_{4}$Die Entscheidung wird dem schwerbehinderten Menschen bekannt gegeben.

Kapitel 9
Widerspruchsverfahren

§ 201 Widerspruch

(1) $_{1}$Den Widerspruchsbescheid nach § 73 der Verwaltungsgerichtsordnung erlässt bei Verwaltungsakten der Integrationsämter und bei Verwaltungsakten der örtlichen Fürsorgestellen (§ 190 Absatz 2) der Widerspruchsausschuss bei dem Integrationsamt (§ 202). $_{2}$Des Vorverfahrens bedarf es auch, wenn den Verwaltungs-

akt ein Integrationsamt erlassen hat, das bei einer obersten Landesbehörde besteht.

(2) Den Widerspruchsbescheid nach § 85 des Sozialgerichtsgesetzes erlässt bei Verwaltungsakten, welche die Bundesagentur für Arbeit auf Grund dieses Teils erlässt, der Widerspruchsausschuss der Bundesagentur für Arbeit.

§ 202 Widerspruchsausschuss bei dem Integrationsamt

(1) Bei jedem Integrationsamt besteht ein Widerspruchsausschuss aus sieben Mitgliedern, und zwar aus zwei Mitgliedern, die schwerbehinderte Arbeitnehmer oder Arbeitnehmerinnen sind, zwei Mitgliedern, die Arbeitgeber sind, einem Mitglied, das das Integrationsamt vertritt, einem Mitglied, das die Bundesagentur für Arbeit vertritt, einer Vertrauensperson schwerbehinderter Menschen.

(2) Für jedes Mitglied wird ein Stellvertreter oder eine Stellvertreterin berufen.

(3) 1Das Integrationsamt beruft auf Vorschlag der Organisationen behinderter Menschen des jeweiligen Landes die Mitglieder, die Arbeitnehmer sind, auf Vorschlag der jeweils für das Land zuständigen Arbeitgeberverbände die Mitglieder, die Arbeitgeber sind, sowie die Vertrauensperson. 2Die zuständige oberste Landesbehörde oder die von ihr bestimmte Behörde beruft das Mitglied, das das Integrationsamt vertritt. 3Die Bundesagentur für Arbeit beruft das Mitglied, das sie vertritt. 4Entsprechendes gilt für die Berufung des Stellvertreters oder der Stellvertreterin des jeweiligen Mitglieds.

(4) 1In Kündigungsangelegenheiten schwerbehinderter Menschen, die bei einer Dienststelle oder in einem Betrieb beschäftigt sind, der zum Geschäftsbereich des Bundesministeriums der Verteidigung gehört, treten an die Stelle der Mitglieder, die Arbeitgeber sind, Angehörige des öffentlichen Dienstes. 2Dem Integrationsamt werden ein Mitglied und sein Stellvertreter oder seine Stellvertreterin von den von der Bundesregierung bestimmten Bundesbehörden benannt. 3Eines der Mitglieder, die schwerbehinderte Arbeitnehmer oder Arbeitnehmerinnen sind, muss dem öffentlichen Dienst angehören.

(5) 1Die Amtszeit der Mitglieder der Widerspruchsausschüsse beträgt vier Jahre. 2Die Mitglieder der Ausschüsse üben ihre Tätigkeit unentgeltlich aus.

§ 203 Widerspruchsausschüsse der Bundesagentur für Arbeit

(1) Die Bundesagentur für Arbeit richtet Widerspruchsausschüsse ein, die aus sieben Mitgliedern bestehen, und zwar aus zwei Mitgliedern, die schwerbehinderte Arbeitnehmer oder Arbeitnehmerinnen sind, zwei Mitgliedern, die Arbeitgeber sind, einem Mitglied, das das Integrationsamt vertritt, einem Mitglied, das die Bundesagentur für Arbeit vertritt, einer Vertrauensperson schwerbehinderter Menschen.

(2) Für jedes Mitglied wird ein Stellvertreter oder eine Stellvertreterin berufen.

(3) 1Die Bundesagentur für Arbeit beruft

1. die Mitglieder, die Arbeitnehmer oder Arbeitnehmerinnen sind, auf Vorschlag der jeweils zuständigen Organisationen behinderter Menschen, der im Benehmen mit den jeweils zuständigen Gewerkschaften, die für die Vertretung der Arbeitnehmerinteressen wesentliche Bedeutung haben, gemacht wird,
2. die Mitglieder, die Arbeitgeber sind, auf Vorschlag der jeweils zuständigen Arbeitgeberverbände, soweit sie für die Vertretung von Arbeitgeberinteressen wesentliche Bedeutung haben, sowie
3. das Mitglied, das die Bundesagentur für Arbeit vertritt, und
4. die Vertrauensperson.

2Die zuständige oberste Landesbehörde oder die von ihr bestimmte Behörde beruft das Mitglied, das das Integrationsamt vertritt. 3Entsprechendes gilt für die Berufung des Stellvertreters oder der Stellvertreterin des jeweiligen Mitglieds.

(4) § 202 Absatz 5 gilt entsprechend.

§ 204 Verfahrensvorschriften

(1) Für den Widerspruchsausschuss bei dem Integrationsamt (§ 202) und die Widerspruchsausschüsse bei der Bundesagentur für Arbeit (§ 203) gilt § 189 Absatz 1 und 2 entsprechend.

(2) Im Widerspruchsverfahren nach Kapitel 4 werden der Arbeitgeber und der schwerbehinderte Mensch vor der Entscheidung gehört; in den übrigen Fällen verbleibt es bei der Anhörung des Widerspruchsführers.

(3) 1Die Mitglieder der Ausschüsse können wegen Besorgnis der Befangenheit abgelehnt werden. 2Über die Ablehnung entscheidet der Ausschuss, dem das Mitglied angehört.

Kapitel 10
Sonstige Vorschriften

§ 205 Vorrang der schwerbehinderten Menschen

Verpflichtungen zur bevorzugten Einstellung und Beschäftigung bestimmter Personenkreise nach anderen Gesetzen entbinden den Arbeitgeber nicht von der Verpflichtung zur Beschäftigung schwerbehinderter Menschen nach den besonderen Regelungen für schwerbehinderte Menschen.

§ 206 Arbeitsentgelt und Dienstbezüge

(1) 1Bei der Bemessung des Arbeitsentgelts und der Dienstbezüge aus einem bestehenden Beschäftigungsverhältnis werden Renten und vergleichbare Leistungen, die wegen der Behinderung bezogen werden, nicht berücksichtigt. 2Die völlige oder teilweise Anrechnung dieser Leistungen auf das Arbeitsentgelt oder die Dienstbezüge ist unzulässig.

(2) Absatz 1 gilt nicht für Zeiträume, in denen die Beschäftigung tatsächlich nicht ausgeübt wird und die Vorschriften über die Zahlung der Rente oder der vergleichbaren Leistung eine Anrechnung oder ein Ruhen vorsehen, wenn Arbeitsentgelt oder Dienstbezüge gezahlt werden.

§ 207 Mehrarbeit

Schwerbehinderte Menschen werden auf ihr Verlangen von Mehrarbeit freigestellt.

§ 208 Zusatzurlaub

(1) 1Schwerbehinderte Menschen haben Anspruch auf einen bezahlten zusätzlichen Urlaub von fünf Arbeitstagen im Urlaubsjahr; verteilt sich die regelmäßige Arbeitszeit des schwerbehinderten Menschen auf mehr oder weniger als fünf Arbeitstage in der Kalenderwoche, erhöht oder vermindert sich der Zusatzurlaub entsprechend. 2Soweit tarifliche, betriebliche oder sonstige Urlaubsregelungen für schwerbehinderte Menschen einen längeren Zusatzurlaub vorsehen, bleiben sie unberührt.

(2) 1Besteht die Schwerbehinderteneigenschaft nicht während des gesamten Kalenderjahres, so hat der schwerbehinderte Mensch für jeden vollen Monat der im Beschäftigungsverhältnis vorliegenden Schwerbehinderteneigenschaft einen Anspruch auf ein Zwölftel des Zusatzurlaubs nach Absatz 1 Satz 1. 2Bruchteile von Urlaubstagen, die mindestens einen halben Tag ergeben, sind auf volle Urlaubstage aufzurunden. 3Der so ermittelte Zusatzurlaub ist dem Erholungsurlaub hinzuzurechnen und kann bei einem nicht im ganzen Kalenderjahr bestehenden Beschäftigungsverhältnis nicht erneut gemindert werden.

(3) Wird die Eigenschaft als schwerbehinderter Mensch nach § 152 Absatz 1 und 2 rückwirkend festgestellt, finden auch für die Übertragbarkeit des Zusatzurlaubs in das nächste Kalenderjahr die dem Beschäftigungsverhältnis zugrunde liegenden urlaubsrechtlichen Regelungen Anwendung.

§ 209 Nachteilsausgleich

(1) Die Vorschriften über Hilfen für behinderte Menschen zum Ausgleich behinderungsbedingter Nachteile oder Mehraufwendungen (Nachteilsausgleich) werden so gestaltet, dass sie unabhängig von der Ursache der Behinderung der Art oder Schwere der Behinderung Rechnung tragen.

(2) Nachteilsausgleiche, die auf Grund bisher geltender Rechtsvorschriften erfolgen, bleiben unberührt.

§ 210 Beschäftigung schwerbehinderter Menschen in Heimarbeit

(1) Schwerbehinderte Menschen, die in Heimarbeit beschäftigt oder diesen gleichgestellt sind (§ 1 Absatz 1 und 2 des Heimarbeitsgesetzes) und in der Hauptsache für den gleichen Auftraggeber arbeiten, werden auf die Arbeitsplätze für schwerbehinderte Menschen dieses Auftraggebers angerechnet.

(2) 1Für in Heimarbeit beschäftigte und diesen gleichgestellte schwerbehinderte Menschen wird die in § 29 Absatz 2 des Heimarbeitsgesetzes festgelegte Kündigungsfrist von zwei Wochen auf vier Wochen erhöht; die Vorschrift des § 29 Absatz 7 des Heimarbeitsgesetzes ist sinngemäß anzuwenden. 2Der besondere Kündigungsschutz schwerbehinderter Menschen im Sinne des Kapitels 4 gilt auch für die in Satz 1 genannten Personen.

(3) 1Die Bezahlung des zusätzlichen Urlaubs der in Heimarbeit beschäftigten oder diesen gleichgestellten schwerbehinderten Menschen erfolgt nach den für die Bezahlung ihres sonstigen Urlaubs geltenden Berechnungsgrundsätzen. 2Sofern eine besondere Regelung nicht besteht, erhalten die schwerbehinderten Menschen als zusätzliches Urlaubsgeld 2 Prozent des in der Zeit vom 1. Mai des vergangenen bis zum 30. April des laufenden Jahres verdienten Arbeitsentgelts ausschließlich der Unkostenzuschläge.

(4) 1Schwerbehinderte Menschen, die als fremde Hilfskräfte eines Hausgewerbetreibenden oder eines Gleichgestellten beschäftigt werden (§ 2 Absatz 6 des Heimarbeitsgesetzes) können auf Antrag eines Auftraggebers

IX

auch auf dessen Pflichtarbeitsplätze für schwerbehinderte Menschen angerechnet werden, wenn der Arbeitgeber in der Hauptsache für diesen Auftraggeber arbeitet. ₂Wird einem schwerbehinderten Menschen im Sinne des Satzes 1, dessen Anrechnung die Bundesagentur für Arbeit zugelassen hat, durch seinen Arbeitgeber gekündigt, weil der Auftraggeber die Zuteilung von Arbeit eingestellt oder die regelmäßige Arbeitsmenge erheblich herabgesetzt hat, erstattet der Auftraggeber dem Arbeitgeber die Aufwendungen für die Zahlung des regelmäßigen Arbeitsverdienstes an den schwerbehinderten Menschen bis zur rechtmäßigen Beendigung seines Arbeitsverhältnisses.

(5) Werden fremde Hilfskräfte eines Hausgewerbetreibenden oder eines Gleichgestellten (§ 2 Absatz 6 des Heimarbeitsgesetzes) einem Auftraggeber gemäß Absatz 4 auf seine Arbeitsplätze für schwerbehinderte Menschen angerechnet, erstattet der Auftraggeber die dem Arbeitgeber nach Absatz 3 entstehenden Aufwendungen.

(6) Die den Arbeitgeber nach § 163 Absatz 1 und 5 treffenden Verpflichtungen gelten auch für Personen, die Heimarbeit ausgeben.

§ 211 Schwerbehinderte Beamtinnen und Beamte, Richterinnen und Richter, Soldatinnen und Soldaten

(1) Die besonderen Vorschriften und Grundsätze für die Besetzung der Beamtenstellen sind unbeschadet der Geltung dieses Teils auch für schwerbehinderte Beamtinnen und Beamte so zu gestalten, dass die Einstellung und Beschäftigung schwerbehinderter Menschen gefördert und ein angemessener Anteil schwerbehinderter Menschen unter den Beamten und Beamtinnen erreicht wird.

(2) Absatz 1 gilt für Richterinnen und Richter entsprechend.

(3) ₁Für die persönliche Rechtsstellung schwerbehinderter Soldatinnen und Soldaten gelten die §§ 2, 152, 176 bis 182, 199 Absatz 1 sowie die §§ 206, 208, 209 und 228 bis 230. ₂Im Übrigen gelten für Soldatinnen und Soldaten die Vorschriften über die persönliche Rechtsstellung der schwerbehinderten Menschen, soweit sie mit den Besonderheiten des Dienstverhältnisses vereinbar sind.

§ 212 Unabhängige Tätigkeit

Soweit zur Ausübung einer unabhängigen Tätigkeit eine Zulassung erforderlich ist, soll schwerbehinderten Menschen, die eine Zulassung beantragen, bei fachlicher Eignung und Erfüllung der sonstigen gesetzlichen Voraussetzungen die Zulassung bevorzugt erteilt werden.

§ 213 Geheimhaltungspflicht

(1) Die Beschäftigten der Integrationsämter, der Bundesagentur für Arbeit, der Rehabilitationsträger sowie der von diesen Stellen beauftragten Integrationsfachdienste und die Mitglieder der Ausschüsse und des Beirates für die Teilhabe von Menschen mit Behinderungen (§ 86) und ihre Stellvertreterinnen oder Stellvertreter sowie zur Durchführung ihrer Aufgaben hinzugezogene Sachverständige sind verpflichtet,

1. über ihnen wegen ihres Amtes oder Auftrages bekannt gewordene persönliche Verhältnisse und Angelegenheiten von Beschäftigten auf Arbeitsplätzen für schwerbehinderte Menschen, die ihrer Bedeutung oder ihrem Inhalt nach einer vertraulichen Behandlung bedürfen, Stillschweigen zu bewahren und
2. ihnen wegen ihres Amtes oder Auftrages bekannt gewordene und vom Arbeitgeber ausdrücklich als geheimhaltungsbedürftig bezeichnete Betriebs- oder Geschäftsgeheimnisse nicht zu offenbaren und nicht zu verwerten.

(2) ₁Diese Pflichten gelten auch nach dem Ausscheiden aus dem Amt oder nach Beendigung des Auftrages. ₂Sie gelten nicht gegenüber der Bundesagentur für Arbeit, den Integrationsämtern und den Rehabilitationsträgern, soweit deren Aufgaben gegenüber schwerbehinderten Menschen es erfordern, gegenüber der Schwerbehindertenvertretung sowie gegenüber den in § 79 Absatz 1 des Betriebsverfassungsgesetzes und den in den entsprechenden Vorschriften des Personalvertretungsrechts genannten Vertretungen, Personen und Stellen.

§ 214 Statistik

(1) Über schwerbehinderte Menschen wird alle zwei Jahre eine Bundesstatistik durchgeführt. Sie umfasst die folgenden Erhebungsmerkmale:

1. die Zahl der schwerbehinderten Menschen mit gültigem Ausweis,
2. die schwerbehinderten Menschen nach Geburtsjahr, Geschlecht, Staatsangehörigkeit und Wohnort,
3. Art, Ursache und Grad der Behinderung.

(2) Hilfsmerkmale sind:

1. Name, Anschrift, Telefonnummer und Adresse für elektronische Post der nach Absatz 3 Satz 2 auskunftspflichtigen Behörden,

IX

2. Name und Kontaktdaten der für Rückfragen zur Verfügung stehenden Personen,
3. die Signiernummern für das Versorgungsamt und für das Berichtsland.

(3) 1Für die Erhebung besteht Auskunftspflicht. 2Auskunftspflichtig sind die nach § 152 Absatz 1 und 5 zuständigen Behörden. 3Die Angaben zu Absatz 2 Nummer 2 sind freiwillig.

Kapitel 11
Inklusionsbetriebe

§ 215 Begriff und Personenkreis

(1) Inklusionsbetriebe sind rechtlich und wirtschaftlich selbständige Unternehmen oder unternehmensinterne oder von öffentlichen Arbeitgebern im Sinne des § 154 Absatz 2 geführte Betriebe oder Abteilungen zur Beschäftigung schwerbehinderter Menschen auf dem allgemeinen Arbeitsmarkt, deren Teilhabe an einer sonstigen Beschäftigung auf dem allgemeinen Arbeitsmarkt auf Grund von Art oder Schwere der Behinderung oder wegen sonstiger Umstände voraussichtlich trotz Ausschöpfens aller Fördermöglichkeiten und des Einsatzes von Integrationsfachdiensten auf besondere Schwierigkeiten stößt.

(2) Schwerbehinderte Menschen nach Absatz 1 sind insbesondere

1. schwerbehinderte Menschen mit geistiger oder seelischer Behinderung oder mit einer schweren Körper-, Sinnes- oder Mehrfachbehinderung, die sich im Arbeitsleben besonders nachteilig auswirkt und allein oder zusammen mit weiteren vermittlungshemmenden Umständen die Teilhabe am allgemeinen Arbeitsmarkt außerhalb eines Inklusionsbetriebes erschwert oder verhindert,
2. schwerbehinderte Menschen, die nach zielgerichteter Vorbereitung in einer Werkstatt für behinderte Menschen oder in einer psychiatrischen Einrichtung für den Übergang in einen Betrieb oder eine Dienststelle auf dem allgemeinen Arbeitsmarkt in Betracht kommen und auf diesen Übergang vorbereitet werden sollen,
3. schwerbehinderte Menschen nach Beendigung einer schulischen Bildung, die nur dann Aussicht auf eine Beschäftigung auf dem allgemeinen Arbeitsmarkt haben, wenn sie zuvor in einem Inklusionsbetrieb an berufsvorbereitenden Bildungsmaßnahmen teilnehmen und dort beschäftigt und weiterqualifiziert werden, sowie
4. schwerbehinderte Menschen, die langzeitarbeitslos im Sinne des § 18 des Dritten Buches sind.

(3) 1Inklusionsbetriebe beschäftigen mindestens 30 Prozent schwerbehinderte Menschen im Sinne von Absatz 1. 2Der Anteil der schwerbehinderten Menschen soll in der Regel 50 Prozent nicht übersteigen.

(4) Auf die Quoten nach Absatz 3 wird auch die Anzahl der psychisch kranken beschäftigten Menschen angerechnet, die behindert oder von Behinderung bedroht sind und deren Teilhabe an einer sonstigen Beschäftigung auf dem allgemeinen Arbeitsmarkt auf Grund von Art oder Schwere der Behinderung oder wegen sonstiger Umstände auf besondere Schwierigkeiten stößt.

§ 216 Aufgaben

1Die Inklusionsbetriebe bieten den schwerbehinderten Menschen Beschäftigung, Maßnahmen der betrieblichen Gesundheitsförderung und arbeitsbegleitende Betreuung an, soweit erforderlich auch Maßnahmen der beruflichen Weiterbildung oder Gelegenheit zur Teilnahme an entsprechenden außerbetrieblichen Maßnahmen und Unterstützung bei der Vermittlung in eine sonstige Beschäftigung in einem Betrieb oder einer Dienststelle auf dem allgemeinen Arbeitsmarkt sowie geeignete Maßnahmen zur Vorbereitung auf eine Beschäftigung in einem Inklusionsbetrieb. 2Satz 1 gilt entsprechend für psychisch kranke Menschen im Sinne des § 215 Absatz 4.

§ 217 Finanzielle Leistungen

(1) Inklusionsbetriebe können aus Mitteln der Ausgleichsabgabe Leistungen für Aufbau, Erweiterung, Modernisierung und Ausstattung einschließlich einer betriebswirtschaftlichen Beratung und für besonderen Aufwand erhalten.

(2) Die Finanzierung von Leistungen nach § 216 Satz 2 erfolgt durch den zuständigen Rehabilitationsträger.

§ 218 Verordnungsermächtigung

Das Bundesministerium für Arbeit und Soziales wird ermächtigt, durch Rechtsverordnung mit Zustimmung des Bundesrates das Nähere über den Begriff und die Aufgaben der Inklusionsbetriebe, die für sie geltenden fachlichen Anforderungen, die Aufnahmevoraussetzungen und die finanziellen Leistungen zu regeln.

Kapitel 12
Werkstätten für behinderte Menschen

§ 219 Begriff und Aufgaben der Werkstatt für behinderte Menschen

(1) 1Die Werkstatt für behinderte Menschen ist eine Einrichtung zur Teilhabe behinderter Menschen am Arbeitsleben im Sinne des Kapitels 10 des Teils 1 und zur Eingliederung in das Arbeitsleben. 2Sie hat denjenigen behinderten Menschen, die wegen Art oder Schwere der Behinderung nicht, noch nicht oder noch nicht wieder auf dem allgemeinen Arbeitsmarkt beschäftigt werden können,

1. eine angemessene berufliche Bildung und eine Beschäftigung zu einem ihrer Leistung angemessenen Arbeitsentgelt aus dem Arbeitsergebnis anzubieten und
2. zu ermöglichen, ihre Leistungs- oder Erwerbsfähigkeit zu erhalten, zu entwickeln, zu erhöhen oder wiederzugewinnen und dabei ihre Persönlichkeit weiterzuentwickeln.

3Sie fördert den Übergang geeigneter Personen auf den allgemeinen Arbeitsmarkt durch geeignete Maßnahmen. 4Sie verfügt über ein möglichst breites Angebot an Berufsbildungs- und Arbeitsplätzen sowie über qualifiziertes Personal und einen begleitenden Dienst. 5Zum Angebot an Berufsbildungs- und Arbeitsplätzen gehören ausgelagerte Plätze auf dem allgemeinen Arbeitsmarkt. 6Die ausgelagerten Arbeitsplätze werden zum Zwecke des Übergangs und als dauerhaft ausgelagerte Plätze angeboten.

(2) 1Die Werkstatt steht allen behinderten Menschen im Sinne des Absatzes 1 unabhängig von Art oder Schwere der Behinderung offen, sofern erwartet werden kann, dass sie spätestens nach Teilnahme an Maßnahmen im Berufsbildungsbereich wenigstens ein Mindestmaß wirtschaftlich verwertbarer Arbeitsleistung erbringen werden. 2Dies ist nicht der Fall bei behinderten Menschen, bei denen trotz einer der Behinderung angemessenen Betreuung eine erhebliche Selbst- oder Fremdgefährdung zu erwarten ist oder das Ausmaß der erforderlichen Betreuung und Pflege die Teilnahme an Maßnahmen im Berufsbildungsbereich oder sonstige Umstände ein Mindestmaß wirtschaftlich verwertbarer Arbeitsleistung im Arbeitsbereich dauerhaft nicht zulassen.

(3) 1Behinderte Menschen, die die Voraussetzungen für eine Beschäftigung in einer Werkstatt nicht erfüllen, sollen in Einrichtungen oder Gruppen betreut und gefördert werden, die der Werkstatt angegliedert sind. 2Die Betreuung und Förderung kann auch gemeinsam mit den Werkstattbeschäftigten in der Werkstatt erfolgen. 3Die Betreuung und Förderung soll auch Angebote zur Orientierung auf Beschäftigung enthalten.

§ 220 Aufnahme in die Werkstätten für behinderte Menschen

(1) 1Anerkannte Werkstätten nehmen diejenigen behinderten Menschen aus ihrem Einzugsgebiet auf, die die Aufnahmevoraussetzungen gemäß § 219 Absatz 2 erfüllen, wenn Leistungen durch die Rehabilitationsträger gewährleistet sind; die Möglichkeit zur Aufnahme in eine andere anerkannte Werkstatt nach Maßgabe des § 104 oder entsprechender Regelungen bleibt unberührt. 2Die Aufnahme erfolgt unabhängig von

1. der Ursache der Behinderung,
2. der Art der Behinderung, wenn in dem Einzugsgebiet keine besondere Werkstatt für behinderte Menschen für diese Behinderungsart vorhanden ist, und
3. der Schwere der Behinderung, der Minderung der Leistungsfähigkeit und einem besonderen Bedarf an Förderung, begleitender Betreuung oder Pflege.

(2) Behinderte Menschen werden in der Werkstatt beschäftigt, solange die Aufnahmevoraussetzungen nach Absatz 1 vorliegen.

(3) Leistungsberechtigte Menschen mit Behinderungen, die aus einer Werkstatt für behinderte Menschen auf den allgemeinen Arbeitsmarkt übergegangen sind oder bei einem anderen Leistungsanbieter oder mit Hilfe des Budgets für Arbeit oder des Budgets für Ausbildung am Arbeitsleben teilnehmen, haben einen Anspruch auf Aufnahme in eine Werkstatt für behinderte Menschen.

§ 221 Rechtsstellung und Arbeitsentgelt behinderter Menschen

(1) Behinderte Menschen im Arbeitsbereich anerkannter Werkstätten stehen, wenn sie nicht Arbeitnehmer sind, zu den Werkstätten in einem arbeitnehmerähnlichen Rechtsverhältnis, soweit sich aus dem zugrunde liegenden Sozialleistungsverhältnis nichts anderes ergibt.

(2) 1Die Werkstätten zahlen aus ihrem Arbeitsergebnis an die im Arbeitsbereich beschäftigten behinderten Menschen ein Arbeitsentgelt, das sich aus einem Grundbetrag in Höhe des Ausbildungsgeldes, das die Bundesagentur für Arbeit nach den für sie geltenden Vorschriften behinderten Menschen im Berufsbildungsbereich leistet, und einem leistungsangemessenen Steigerungsbetrag zusammensetzt. 2Der Steigerungsbetrag

bemisst sich nach der individuellen Arbeitsleistung der behinderten Menschen, insbesondere unter Berücksichtigung von Arbeitsmenge und Arbeitsgüte.

(3) Der Inhalt des arbeitnehmerähnlichen Rechtsverhältnisses wird unter Berücksichtigung des zwischen den behinderten Menschen und dem Rehabilitationsträger bestehenden Sozialleistungsverhältnisses durch Werkstattverträge zwischen den behinderten Menschen und dem Träger der Werkstatt näher geregelt.

(4) Hinsichtlich der Rechtsstellung der Teilnehmer an Maßnahmen im Eingangsverfahren und im Berufsbildungsbereich gilt § 52 entsprechend.

(5) Ist ein volljähriger behinderter Mensch gemäß Absatz 1 in den Arbeitsbereich einer anerkannten Werkstatt für behinderte Menschen im Sinne des § 219 aufgenommen worden und war er zu diesem Zeitpunkt geschäftsunfähig, so gilt der von ihm geschlossene Werkstattvertrag in Ansehung einer bereits bewirkten Leistung und deren Gegenleistung, soweit diese in einem angemessenen Verhältnis zueinander stehen, als wirksam.

(6) War der volljährige behinderte Mensch bei Abschluss eines Werkstattvertrages geschäftsunfähig, so kann der Träger einer Werkstatt das Werkstattverhältnis nur unter den Voraussetzungen für gelöst erklären, unter denen ein wirksamer Vertrag seitens des Trägers einer Werkstatt gekündigt werden kann.

(7) Die Lösungserklärung durch den Träger einer Werkstatt bedarf der schriftlichen Form und ist zu begründen.

§ 222 Mitbestimmung, Mitwirkung, Frauenbeauftragte

(1) 1Die in § 221 Absatz 1 genannten behinderten Menschen bestimmen und wirken unabhängig von ihrer Geschäftsfähigkeit durch Werkstatträte in den ihre Interessen berührenden Angelegenheiten der Werkstatt mit. 2Die Werkstatträte berücksichtigen die Interessen der im Eingangsverfahren und im Berufsbildungsbereich der Werkstätten tätigen behinderten Menschen in angemessener und geeigneter Weise, solange für diese eine Vertretung nach § 52 nicht besteht.

(2) Ein Werkstattrat wird in Werkstätten gewählt; er setzt sich aus mindestens drei Mitgliedern zusammen.

(3) Wahlberechtigt zum Werkstattrat sind alle in § 221 Absatz 1 genannten behinderten Menschen; von ihnen sind die behinderten Menschen wählbar, die am Wahltag seit mindestens sechs Monaten in der Werkstatt beschäftigt sind.

(4) 1Die Werkstätten für behinderte Menschen unterrichten die Personen, die behinderte Menschen gesetzlich vertreten oder mit ihrer Betreuung beauftragt sind, einmal im Kalenderjahr in einer Eltern- und Betreuerversammlung in angemessener Weise über die Angelegenheiten der Werkstatt, auf die sich die Mitwirkung erstreckt, und hören sie dazu an. 2In den Werkstätten kann im Einvernehmen mit dem Träger der Werkstatt ein Eltern- und Betreuerbeirat errichtet werden, der die Werkstatt und den Werkstattrat bei ihrer Arbeit berät und durch Vorschläge und Stellungnahmen unterstützt.

(5) 1Behinderte Frauen im Sinne des § 221 Absatz 1 wählen in jeder Werkstatt eine Frauenbeauftragte und eine Stellvertreterin. 2In Werkstätten mit mehr als 700 wahlberechtigten Frauen wird eine zweite Stellvertreterin gewählt, in Werkstätten mit mehr als 1000 wahlberechtigten Frauen werden bis zu drei Stellvertreterinnen gewählt.

§ 223 Anrechnung von Aufträgen auf die Ausgleichsabgabe

(1) 1Arbeitgeber, die durch Aufträge an anerkannte Werkstätten für behinderte Menschen zur Beschäftigung behinderter Menschen beitragen, können 50 Prozent des auf die Arbeitsleistung der Werkstatt entfallenden Rechnungsbetrages solcher Aufträge (Gesamtrechnungsbetrag abzüglich Materialkosten) auf die Ausgleichsabgabe anrechnen. 2Dabei wird die Arbeitsleistung des Fachpersonals zur Arbeits- und Berufsförderung berücksichtigt, nicht hingegen die Arbeitsleistung sonstiger nichtbehinderter Arbeitnehmerinnen und Arbeitnehmer. 3Bei Weiterveräußerung von Erzeugnissen anderer anerkannter Werkstätten für behinderte Menschen wird die von diesen erbrachte Arbeitsleistung berücksichtigt. 4Die Werkstätten bestätigen das Vorliegen der Anrechnungsvoraussetzungen in der Rechnung.

(2) Voraussetzung für die Anrechnung ist, dass

1. die Aufträge innerhalb des Jahres, in dem die Verpflichtung zur Zahlung der Ausgleichsabgabe entsteht, von der Werkstatt für behinderte Menschen ausgeführt und vom Auftraggeber bis spätestens 31. März des Folgejahres vergütet werden und
2. es sich nicht um Aufträge handelt, die Träger einer Gesamteinrichtung an Werkstätten für behinderte Menschen vergeben, die rechtlich unselbständige Teile dieser Einrichtung sind.

(3) Bei der Vergabe von Aufträgen an Zusammenschlüsse anerkannter Werkstätten für behinderte Menschen gilt Absatz 2 entsprechend.

§ 224 Vergabe von Aufträgen durch die öffentliche Hand

(1) 1Aufträge der öffentlichen Hand, die von anerkannten Werkstätten für behinderte Menschen ausgeführt werden können, werden bevorzugt diesen Werkstätten angeboten; zudem können Werkstätten für behinderte Menschen nach Maßgabe der allgemeinen Verwaltungsvorschriften nach Satz 2 beim Zuschlag und den Zuschlagskriterien bevorzugt werden. 2Die Bundesregierung erlässt mit Zustimmung des Bundesrates allgemeine Verwaltungsvorschriften zur Vergabe von Aufträgen durch die öffentliche Hand.

(2) Absatz 1 gilt auch für Inklusionsbetriebe.

§ 225 Anerkennungsverfahren

1Werkstätten für behinderte Menschen, die eine Vergünstigung im Sinne dieses Kapitels in Anspruch nehmen wollen, bedürfen der Anerkennung. 2Die Entscheidung über die Anerkennung trifft auf Antrag die Bundesagentur für Arbeit im Einvernehmen mit dem Träger der Eingliederungshilfe. 3Die Bundesagentur für Arbeit führt ein Verzeichnis der anerkannten Werkstätten für behinderte Menschen. 4In dieses Verzeichnis werden auch Zusammenschlüsse anerkannter Werkstätten für behinderte Menschen aufgenommen.

§ 226 Blindenwerkstätten

Die §§ 223 und 224 sind auch zugunsten von auf Grund des Blindenwarenvertriebsgesetzes anerkannten Blindenwerkstätten anzuwenden.

§ 227 Verordnungsermächtigungen

(1) Die Bundesregierung bestimmt durch Rechtsverordnung mit Zustimmung des Bundesrates das Nähere über den Begriff und die Aufgaben der Werkstatt für behinderte Menschen, die Aufnahmevoraussetzungen, die fachlichen Anforderungen, insbesondere hinsichtlich der Wirtschaftsführung, sowie des Begriffs und der Verwendung des Arbeitsergebnisses sowie das Verfahren zur Anerkennung als Werkstatt für behinderte Menschen.

(2) 1Das Bundesministerium für Arbeit und Soziales bestimmt durch Rechtsverordnung mit Zustimmung des Bundesrates im Einzelnen die Errichtung, Zusammensetzung und Aufgaben des Werkstattrats, die Fragen, auf die sich Mitbestimmung und Mitwirkung erstrecken, einschließlich Art und Umfang der Mitbestimmung und Mitwirkung, die Vorbereitung und Durchführung der Wahl, einschließlich der Wahlberechtigung und der Wählbarkeit, die Amtszeit sowie die Geschäftsführung des Werkstattrats einschließlich des Erlasses einer Geschäftsordnung und der persönlichen Rechte und Pflichten der Mitglieder des Werkstattrats und der Kostentragung. 2In der Rechtsverordnung werden auch Art und Umfang der Beteiligung von Frauenbeauftragten, die Vorbereitung und Durchführung der Wahl einschließlich der Wahlberechtigung und der Wählbarkeit, die Amtszeit, die persönlichen Rechte und die Pflichten der Frauenbeauftragten und ihrer Stellvertreterinnen sowie die Kostentragung geregelt. 3Die Rechtsverordnung kann darüber hinaus bestimmen, dass die in ihr getroffenen Regelungen keine Anwendung auf Religionsgemeinschaften und ihre Einrichtungen finden, soweit sie eigene gleichwertige Regelungen getroffen haben.

Kapitel 13
Unentgeltliche Beförderung schwerbehinderter Menschen im öffentlichen Personenverkehr

§ 228 Unentgeltliche Beförderung, Anspruch auf Erstattung der Fahrgeldausfälle

(1) 1Schwerbehinderte Menschen, die infolge ihrer Behinderung in ihrer Bewegungsfähigkeit im Straßenverkehr erheblich beeinträchtigt oder hilflos oder gehörlos sind, werden von Unternehmern, die öffentlichen Personenverkehr betreiben, gegen Vorzeigen eines entsprechend gekennzeichneten Ausweises nach § 152 Absatz 5 im Nahverkehr im Sinne des § 230 Absatz 1 unentgeltlich befördert; die unentgeltliche Beförderung verpflichtet zur Zahlung eines tarifmäßigen Zuschlages bei der Benutzung zuschlagpflichtiger Züge des Nahverkehrs. 2Voraussetzung ist, dass der Ausweis mit einer gültigen Wertmarke versehen ist.

(2) 1Die Wertmarke wird gegen Entrichtung eines Betrages von 80 Euro für ein Jahr oder 40 Euro für ein halbes Jahr ausgegeben. 2Der Betrag erhöht sich in entsprechender Anwendung des § 160 Absatz 3 jeweils zu dem Zeitpunkt, zu dem die nächste Neubestimmung der Beträge der Ausgleichsabgabe erfolgt. 3Liegt dieser Zeitpunkt innerhalb der Gültigkeitsdauer einer bereits ausgegebenen Wertmarke, ist der höhere Betrag erst im Zusammenhang mit der Ausgabe der darauffolgenden Wertmarke zu entrichten. 4Abweichend von § 160 Absatz 3 Satz 4 sind die sich ergebenden Beträge auf den nächsten vollen Eurobetrag aufzurunden. 5Das Bundesministerium für Arbeit und Soziales gibt den Erhöhungsbetrag und die sich nach entsprechender Anwen-

IX

dung des § 160 Absatz 3 Satz 3 ergebenden Beträge im Bundesanzeiger bekannt.

(3) 1Wird die für ein Jahr ausgegebene Wertmarke vor Ablauf eines halben Jahres ihrer Gültigkeitsdauer zurückgegeben, wird auf Antrag die Hälfte der Gebühr erstattet. 2Entsprechendes gilt für den Fall, dass der schwerbehinderte Mensch vor Ablauf eines halben Jahres der Gültigkeitsdauer der für ein Jahr ausgegebenen Wertmarke verstirbt.

(4) Auf Antrag wird eine für ein Jahr gültige Wertmarke, ohne dass der Betrag nach Absatz 2 in seiner jeweiligen Höhe zu entrichten ist, an schwerbehinderte Menschen ausgegeben,

1. die blind im Sinne des § 72 Absatz 5 des Zwölften Buches oder entsprechender Vorschriften oder hilflos im Sinne des § 33b des Einkommensteuergesetzes oder entsprechender Vorschriften sind oder
2. die Leistungen zur Sicherung des Lebensunterhalts nach dem Zweiten Buch oder für den Lebensunterhalt laufende Leistungen nach dem Dritten und Vierten Kapitel des Zwölften Buches, dem Achten Buch oder den §§ 27a und 27d des Bundesversorgungsgesetzes erhalten oder
3. die am 1. Oktober 1979 die Voraussetzungen nach § 2 Absatz 1 Nummer 1 bis 4 und Absatz 3 des Gesetzes über die unentgeltliche Beförderung von Kriegs- und Wehrdienstbeschädigten sowie von anderen Behinderten im Nahverkehr vom 27. August 1965 (BGBl. I S. 978), das zuletzt durch Artikel 41 des Zuständigkeitsanpassungs-Gesetzes vom 18. März 1975 (BGBl. I S. 705) geändert worden ist, erfüllten, solange ein Grad der Schädigungsfolgen von mindestens 70 festgestellt ist oder von mindestens 50 festgestellt ist und sie infolge der Schädigung erheblich gehbehindert sind; das Gleiche gilt für schwerbehinderte Menschen, die diese Voraussetzungen am 1. Oktober 1979 nur deshalb nicht erfüllt haben, weil sie ihren Wohnsitz oder ihren gewöhnlichen Aufenthalt zu diesem Zeitpunkt in dem in Artikel 3 des Einigungsvertrages genannten Gebiet hatten.

(5) 1Die Wertmarke wird nicht ausgegeben, solange eine Kraftfahrzeugsteuerermäßigung nach § 3a Absatz 2 des Kraftfahrzeugsteuergesetzes in Anspruch genommen wird. 2Die Ausgabe der Wertmarken erfolgt auf Antrag durch die nach § 152 Absatz 5 zuständigen Behörden. 3Die Landesregierung oder die von ihr bestimmte Stelle kann die Aufgaben nach den Absätzen 2 bis 4 ganz oder teilweise auf andere Behörden übertragen. 4Für Streitigkeiten in Zusammenhang mit der Ausgabe der Wertmarke gilt § 51 Absatz 1 Nummer 7 des Sozialgerichtsgesetzes entsprechend.

(6) Absatz 1 gilt im Nah- und Fernverkehr im Sinne des § 230, ohne dass die Voraussetzung des Absatzes 1 Satz 2 erfüllt sein muss, für die Beförderung

1. einer Begleitperson eines schwerbehinderten Menschen im Sinne des Absatzes 1, wenn die Berechtigung zur Mitnahme einer Begleitperson nachgewiesen und dies im Ausweis des schwerbehinderten Menschen eingetragen ist, und
2. des Handgepäcks, eines mitgeführten Krankenfahrstuhles, soweit die Beschaffenheit des Verkehrsmittels dies zulässt, sonstiger orthopädischer Hilfsmittel und eines Führhundes; das Gleiche gilt für einen Hund, den ein schwerbehinderter Mensch mitführt, in dessen Ausweis die Berechtigung zur Mitnahme einer Begleitperson nachgewiesen ist, sowie für einen nach § 12e Absatz 4 des Behindertengleichstellungsgesetzes gekennzeichneten Assistenzhund.

(7) 1Die durch die unentgeltliche Beförderung nach den Absätzen 1 bis 6 entstehenden Fahrgeldausfälle werden nach Maßgabe der §§ 231 bis 233 erstattet. 2Die Erstattungen sind aus dem Anwendungsbereich der Verordnung (EG) Nr. 1370/2007 des Europäischen Parlaments und des Rates vom 23. Oktober 2007 über öffentliche Personenverkehrsdienste auf Schiene und Straße und zur Aufhebung der Verordnungen (EWG) Nr. 1191/69 und (EWG) Nr. 1107/70 des Rates (ABl. L 315 vom 3. 12. 2007, S. 1) ausgenommen.

§ 229 Persönliche Voraussetzungen

(1) 1In seiner Bewegungsfähigkeit im Straßenverkehr erheblich beeinträchtigt ist, wer infolge einer Einschränkung des Gehvermögens (auch durch innere Leiden oder infolge von Anfällen oder von Störungen der Orientierungsfähigkeit) nicht ohne erhebliche Schwierigkeiten oder nicht ohne Gefahren für sich oder andere Wegstrecken im Ortsverkehr zurückzulegen vermag, die üblicherweise noch zu Fuß zurückgelegt werden. 2Der Nachweis der erheblichen Beeinträchtigung in der Bewegungsfähigkeit im Straßenverkehr kann bei schwerbehinderten Menschen mit einem Grad der Behinderung von wenigstens 80 nur mit einem Ausweis mit halbseitigem orangefarbenem Flächenaufdruck und eingetragenem Merkzeichen „G" geführt werden, dessen Gültigkeit frühestens mit dem 1. April 1984 beginnt, oder

auf dem ein entsprechender Änderungsvermerk eingetragen ist.

(2) 1Zur Mitnahme einer Begleitperson sind schwerbehinderte Menschen berechtigt, die bei der Benutzung von öffentlichen Verkehrsmitteln infolge ihrer Behinderung regelmäßig auf Hilfe angewiesen sind. 2Die Feststellung bedeutet nicht, dass die schwerbehinderte Person, wenn sie nicht in Begleitung ist, eine Gefahr für sich oder für andere darstellt.

(3) 1Schwerbehinderte Menschen mit außergewöhnlicher Gehbehinderung sind Personen mit einer erheblichen mobilitätsbezogenen Teilhabebeeinträchtigung, die einem Grad der Behinderung von mindestens 80 entspricht. 2Eine erhebliche mobilitätsbezogene Teilhabebeeinträchtigung liegt vor, wenn sich die schwerbehinderten Menschen wegen der Schwere ihrer Beeinträchtigung dauernd nur mit fremder Hilfe oder mit großer Anstrengung außerhalb ihres Kraftfahrzeuges bewegen können. 3Hierzu zählen insbesondere schwerbehinderte Menschen, die auf Grund der Beeinträchtigung der Gehfähigkeit und Fortbewegung – dauerhaft auch für sehr kurze Entfernungen – aus medizinischer Notwendigkeit auf die Verwendung eines Rollstuhls angewiesen sind. 4Verschiedenste Gesundheitsstörungen (insbesondere Störungen bewegungsbezogener, neuromuskulärer oder mentaler Funktionen, Störungen des kardiovaskulären oder Atmungssystems) können die Gehfähigkeit erheblich beeinträchtigen. 5Diese sind als außergewöhnliche Gehbehinderung anzusehen, wenn nach versorgungsärztlicher Feststellung die Auswirkung der Gesundheitsstörungen sowie deren Kombination auf die Gehfähigkeit dauerhaft so schwer ist, dass sie der unter Satz 1 genannten Beeinträchtigung gleich kommt.

§ 230 Nah- und Fernverkehr

(1) Nahverkehr im Sinne dieses Gesetzes ist der öffentliche Personenverkehr mit

1. Straßenbahnen und Obussen im Sinne des Personenbeförderungsgesetzes,
2. Kraftfahrzeugen im Linienverkehr nach den §§ 42 und 43 des Personenbeförderungsgesetzes auf Linien, bei denen die Mehrzahl der Beförderungen eine Strecke von 50 Kilometern nicht übersteigt, es sei denn, dass bei den Verkehrsformen nach § 43 des Personenbeförderungsgesetzes die Genehmigungsbehörde auf die Einhaltung der Vorschriften über die Beförderungsentgelte gemäß § 45 Absatz 3 des Personenbeförderungsgesetzes ganz oder teilweise verzichtet hat,
3. S-Bahnen in der 2. Wagenklasse,
4. Eisenbahnen in der 2. Wagenklasse in Zügen und auf Strecken und Streckenabschnitten, die in ein von mehreren Unternehmern gebildetes, mit den unter Nummer 1, 2 oder 7 genannten Verkehrsmitteln zusammenhängendes Liniennetz mit einheitlichen oder verbundenen Beförderungsentgelten einbezogen sind,
5. Eisenbahnen des Bundes in der 2. Wagenklasse in Zügen, die überwiegend dazu bestimmt sind, die Verkehrsnachfrage im Nahverkehr zu befriedigen (Züge des Nahverkehrs),
6. sonstigen Eisenbahnen des öffentlichen Verkehrs im Sinne von § 2 Absatz 1 und § 3 Absatz 1 des Allgemeinen Eisenbahngesetzes in der 2. Wagenklasse auf Strecken, bei denen die Mehrzahl der Beförderungen eine Strecke von 50 Kilometern nicht überschreitet,
7. Wasserfahrzeugen im Linien-, Fähr- und Übersetzverkehr, wenn dieser der Beförderung von Personen im Orts- und Nachbarschaftsbereich dient und Ausgangs- und Endpunkt innerhalb dieses Bereiches liegen; Nachbarschaftsbereich ist der Raum zwischen benachbarten Gemeinden, die, ohne unmittelbar aneinander grenzen zu müssen, durch einen stetigen, mehr als einmal am Tag durchgeführten Verkehr wirtschaftlich und verkehrsmäßig verbunden sind.

(2) Fernverkehr im Sinne dieses Gesetzes ist der öffentliche Personenverkehr mit

1. Kraftfahrzeugen im Linienverkehr nach § 42a Satz 1 des Personenbeförderungsgesetzes,
2. Eisenbahnen, ausgenommen der Sonderzugverkehr,
3. Wasserfahrzeugen im Fähr- und Übersetzverkehr, sofern keine Häfen außerhalb des Geltungsbereiches dieses Buches angelaufen werden, soweit der Verkehr nicht Nahverkehr im Sinne des Absatzes 1 ist.

(3) Die Unternehmer, die öffentlichen Personenverkehr betreiben, weisen im öffentlichen Personenverkehr nach Absatz 1 Nummer 2, 5, 6 und 7 im Fahrplan besonders darauf hin, inwieweit eine Pflicht zur unentgeltlichen Beförderung nach § 228 Absatz 1 nicht besteht.

§ 231 Erstattung der Fahrgeldausfälle im Nahverkehr

(1) Die Fahrgeldausfälle im Nahverkehr werden nach einem Prozentsatz der von den Unternehmern oder den

Nahverkehrsorganisationen im Sinne des § 233 Absatz 2 nachgewiesenen Fahrgeldeinnahmen im Nahverkehr erstattet.

(2) 1Fahrgeldeinnahmen im Sinne dieses Kapitels sind alle Erträge aus dem Fahrkartenverkauf. 2Sie umfassen auch Erträge aus der Beförderung von Handgepäck, Krankenfahrstühlen, sonstigen orthopädischen Hilfsmitteln, Tieren sowie aus erhöhten Beförderungsentgelten.

(3) Werden in einem von mehreren Unternehmern gebildeten zusammenhängenden Liniennetz mit einheitlichen oder verbundenen Beförderungsentgelten die Erträge aus dem Fahrkartenverkauf zusammengefasst und dem einzelnen Unternehmer anteilmäßig nach einem vereinbarten Verteilungsschlüssel zugewiesen, so ist der zugewiesene Anteil Ertrag im Sinne des Absatzes 2.

(4) 1Der Prozentsatz im Sinne des Absatzes 1 wird für jedes Land von der Landesregierung oder der von ihr bestimmten Behörde für jeweils ein Jahr bekannt gemacht. 2Bei der Berechnung des Prozentsatzes ist von folgenden Zahlen auszugehen:

1. der Zahl der in dem Land in dem betreffenden Kalenderjahr ausgegebenen Wertmarken und der Hälfte der in dem Land am Jahresende in Umlauf befindlichen gültigen Ausweise im Sinne des § 228 Absatz 1 von schwerbehinderten Menschen, die das sechste Lebensjahr vollendet haben und bei denen die Berechtigung zur Mitnahme einer Begleitperson im Ausweis eingetragen ist; Wertmarken mit einer Gültigkeitsdauer von einem halben Jahr und Wertmarken für ein Jahr, die vor Ablauf eines halben Jahres ihrer Gültigkeitsdauer zurückgegeben werden, werden zur Hälfte gezählt,
2. der in den jährlichen Veröffentlichungen des Statistischen Bundesamtes zum Ende des Vorjahres nachgewiesenen Zahl der Wohnbevölkerung in dem Land abzüglich der Zahl der Kinder, die das sechste Lebensjahr noch nicht vollendet haben, und der Zahlen nach Nummer 1.

3Der Prozentsatz ist nach folgender Formel zu berechnen:

$$\frac{\text{nach Nummer 1 errechnete Zahl}}{\text{nach Nummer 2 errechnete Zahl}} \times 100$$

4Bei der Festsetzung des Prozentsatzes sich ergebende Bruchteile von 0,005 und mehr werden auf ganze Hundertstel aufgerundet, im Übrigen abgerundet.

(5) 1Weist ein Unternehmen durch Verkehrszählung nach, dass das Verhältnis zwischen den nach diesem Kapitel unentgeltlich beförderten Fahrgästen und den sonstigen Fahrgästen den nach Absatz 4 festgesetzten Prozentsatz um mindestens ein Drittel übersteigt, wird neben dem sich aus der Berechnung nach Absatz 4 ergebenden Erstattungsbetrag auf Antrag der nachgewiesene, über dem Drittel liegende Anteil erstattet. 2Die Länder können durch Rechtsverordnung bestimmen, dass die Verkehrszählung durch Dritte auf Kosten des Unternehmens zu erfolgen hat.

(6) Absatz 5 gilt nicht in Fällen des § 233 Absatz 2.

§ 232 Erstattung der Fahrgeldausfälle im Fernverkehr

(1) Die Fahrgeldausfälle im Fernverkehr werden nach einem Prozentsatz der von den Unternehmern nachgewiesenen Fahrgeldeinnahmen im Fernverkehr erstattet.

(2) 1Der maßgebende Prozentsatz wird vom Bundesministerium für Arbeit und Soziales im Einvernehmen mit dem Bundesministerium der Finanzen und dem Bundesministerium für Verkehr und digitale Infrastruktur für jeweils zwei Jahre bekannt gemacht. 2Bei der Berechnung des Prozentsatzes ist von folgenden, für das letzte Jahr vor Beginn des Zweijahreszeitraumes vorliegenden Zahlen auszugehen:

1. der Zahl der im Geltungsbereich dieses Gesetzes am Jahresende in Umlauf befindlichen gültigen Ausweise nach § 228 Absatz 1, auf denen die Berechtigung zur Mitnahme einer Begleitperson eingetragen ist, abzüglich 25 Prozent,
2. der in den jährlichen Veröffentlichungen des Statistischen Bundesamtes zum Jahresende nachgewiesenen Zahl der Wohnbevölkerung im Geltungsbereich dieses Gesetzes abzüglich der Zahl der Kinder, die das vierte Lebensjahr noch nicht vollendet haben, und der nach Nummer 1 ermittelten Zahl.

3Der Prozentsatz ist nach folgender Formel zu errechnen:

$$\frac{\text{nach Nummer 1 errechnete Zahl}}{\text{nach Nummer 2 errechnete Zahl}} \times 100$$

4§ 231 Absatz 4 letzter Satz gilt entsprechend.

§ 233 Erstattungsverfahren

(1) 1Die Fahrgeldausfälle werden auf Antrag des Unternehmers erstattet. 2Bei einem von mehreren Unternehmern gebildeten zusammenhängenden Liniennetz mit einheitlichen oder verbundenen Beförderungsentgelten

können die Anträge auch von einer Gemeinschaftseinrichtung dieser Unternehmer für ihre Mitglieder gestellt werden. 3Der Antrag ist innerhalb von drei Jahren nach Ablauf des Abrechnungsjahres zu stellen, und zwar für den Nahverkehr nach § 234 Satz 1 Nummer 1 und für den Fernverkehr an das Bundesverwaltungsamt, für den übrigen Nahverkehr bei den in Absatz 4 bestimmten Behörden.

(2) Haben sich in einem Bundesland mehrere Aufgabenträger des öffentlichen Personennahverkehrs auf lokaler oder regionaler Ebene zu Verkehrsverbünden zusammengeschlossen und erhalten die im Zuständigkeitsbereich dieser Aufgabenträger öffentlichen Personennahverkehr betreibenden Verkehrsunternehmen für ihre Leistungen ein mit diesen Aufgabenträgern vereinbartes Entgelt (Bruttoprinzip), können anstelle der antrags- und erstattungsberechtigten Verkehrsunternehmen auch die Nahverkehrsorganisationen Antrag auf Erstattung der in ihrem jeweiligen Gebiet entstandenen Fahrgeldausfälle stellen, sofern die Verkehrsunternehmen hierzu ihr Einvernehmen erteilt haben.

(3) 1Die Unternehmer oder die Nahverkehrsorganisationen im Sinne des Absatzes 2 erhalten auf Antrag Vorauszahlungen für das laufende Kalenderjahr in Höhe von insgesamt 80 Prozent des zuletzt für ein Jahr festgesetzten Erstattungsbetrages. 2Die Vorauszahlungen werden je zur Hälfte am 15. Juli und am 15. November gezahlt. 3Der Antrag auf Vorauszahlungen gilt zugleich als Antrag im Sinne des Absatzes 1. 4Die Vorauszahlungen sind zurückzuzahlen, wenn Unterlagen, die für die Berechnung der Erstattung erforderlich sind, nicht bis zum 31. Dezember des dritten auf die Vorauszahlung folgenden Kalenderjahres vorgelegt sind. 5In begründeten Ausnahmefällen kann die Rückforderung der Vorauszahlungen ausgesetzt werden.

(4) 1Die Landesregierung oder die von ihr bestimmte Stelle legt die Behörden fest, die über die Anträge auf Erstattung und Vorauszahlung entscheiden und die auf den Bund und das Land entfallenden Beträge auszahlen. 2§ 11 Absatz 2 bis 4 des Personenbeförderungsgesetzes gilt entsprechend.

(5) Erstreckt sich der Nahverkehr auf das Gebiet mehrerer Länder, entscheiden die nach Landesrecht zuständigen Landesbehörden dieser Länder darüber, welcher Teil der Fahrgeldeinnahmen jeweils auf den Bereich ihres Landes entfällt.

(6) Die Unternehmen im Sinne des § 234 Satz 1 Nummer 1 legen ihren Anträgen an das Bundesverwaltungsamt den Anteil der nachgewiesenen Fahrgeldeinnahmen im Nahverkehr zugrunde, der auf den Bereich des jeweiligen Landes entfällt; für den Nahverkehr von Eisenbahnen des Bundes im Sinne des § 230 Absatz 1 Satz 1 Nummer 5 bestimmt sich dieser Teil nach dem Anteil der Zugkilometer, die von einer Eisenbahn des Bundes mit Zügen des Nahverkehrs im jeweiligen Land erbracht werden.

(7) 1Hinsichtlich der Erstattungen gemäß § 231 für den Nahverkehr nach § 234 Satz 1 Nummer 1 und gemäß § 232 sowie der entsprechenden Vorauszahlungen nach Absatz 3 wird dieses Kapitel in bundeseigener Verwaltung ausgeführt. 2Die Verwaltungsaufgaben des Bundes erledigt das Bundesverwaltungsamt nach fachlichen Weisungen des Bundesministeriums für Arbeit und Soziales in eigener Zuständigkeit.

(8) 1Für das Erstattungsverfahren gelten das Verwaltungsverfahrensgesetz und die entsprechenden Gesetze der Länder. 2Bei Streitigkeiten über die Erstattungen und die Vorauszahlungen ist der Verwaltungsrechtsweg gegeben.

§ 234 Kostentragung

1Der Bund trägt die Aufwendungen für die unentgeltliche Beförderung

1. im Nahverkehr, soweit Unternehmen, die sich überwiegend in der Hand des Bundes oder eines mehrheitlich dem Bund gehörenden Unternehmens befinden (auch in Verkehrsverbünden), erstattungsberechtigte Unternehmer sind sowie
2. im Fernverkehr für die Begleitperson und die mitgeführten Gegenstände im Sinne des § 228 Absatz 6.

2Die Länder tragen die Aufwendungen für die unentgeltliche Beförderung im übrigen Nahverkehr.

§ 235 Einnahmen aus Wertmarken

1Von den durch die Ausgabe der Wertmarken erzielten jährlichen Einnahmen erhält der Bund einen Anteil von 27 Prozent. 2Dieser ist unter Berücksichtigung der in der Zeit vom 1. Januar bis 30. Juni eines Kalenderjahres eingegangenen Einnahmen zum 15. Juli und unter Berücksichtigung der vom 1. Juli bis 31. Dezember eines Kalenderjahres eingegangenen Einnahmen zum 15. Januar des darauffolgenden Kalenderjahres an den Bund abzuführen.

§ 236 Erfassung der Ausweise

1Die für die Ausstellung der Ausweise nach § 152 Absatz 5 zuständigen Behörden erfassen

IX

1. die am Jahresende im Umlauf befindlichen gültigen Ausweise, getrennt nach Art und besonderen Eintragungen,
2. die im Kalenderjahr ausgegebenen Wertmarken, unterteilt nach der jeweiligen Gültigkeitsdauer und die daraus erzielten Einnahmen

als Grundlage für die nach § 231 Absatz 4 Satz 2 Nummer 1 und § 232 Absatz 2 Satz 2 Nummer 1 zu ermittelnde Zahl der Ausweise und Wertmarken. [2]Die zuständigen obersten Landesbehörden teilen dem Bundesministerium für Arbeit und Soziales das Ergebnis der Erfassung nach Satz 1 spätestens bis zum 31. März des Jahres mit, in dem die Prozentsätze festzusetzen sind.

§ 237 Verordnungsermächtigungen

(1) Die Bundesregierung wird ermächtigt, in der Rechtsverordnung auf Grund des § 153 Absatz 1 nähere Vorschriften über die Gestaltung der Wertmarken, ihre Verbindung mit dem Ausweis und Vermerke über ihre Gültigkeitsdauer zu erlassen.

(2) Das Bundesministerium für Arbeit und Soziales und das Bundesministerium für Verkehr und digitale Infrastruktur werden ermächtigt, durch Rechtsverordnung festzulegen, welche Zuggattungen von Eisenbahnen des Bundes zu den Zügen des Nahverkehrs im Sinne des § 230 Absatz 1 Nummer 5 und zu den zuschlagpflichtigen Zügen des Nahverkehrs im Sinne des § 228 Absatz 1 Satz 1 zweiter Halbsatz zählen.

Kapitel 14
Straf-, Bußgeld- und Schlussvorschriften

§ 237a Strafvorschriften

(1) Mit Freiheitsstrafe bis zu zwei Jahren oder mit Geldstrafe wird bestraft, wer entgegen § 179 Absatz 7 Satz 1 Nummer 2, auch in Verbindung mit Satz 2 oder § 180 Absatz 7, ein Betriebs- oder Geschäftsgeheimnis verwertet.

(2) Die Tat wird nur auf Antrag verfolgt.

§ 237b Strafvorschriften

(1) Mit Freiheitsstrafe bis zu einem Jahr oder mit Geldstrafe wird bestraft, wer entgegen § 179 Absatz 7 Satz 1, auch in Verbindung mit Satz 2 oder § 180 Absatz 7, ein dort genanntes Geheimnis offenbart.

(2) Handelt der Täter gegen Entgelt oder in der Absicht, sich oder einen anderen zu bereichern oder einen anderen zu schädigen, so ist die Strafe Freiheitsstrafe bis zu zwei Jahren oder Geldstrafe.

(3) Die Tat wird nur auf Antrag verfolgt.

§ 238 Bußgeldvorschriften

(1) Ordnungswidrig handelt, wer vorsätzlich oder fahrlässig

1. entgegen § 154 Absatz 1 Satz 1, auch in Verbindung mit einer Rechtsverordnung nach § 162 Nummer 1, oder entgegen § 154 Absatz 1 Satz 3 einen schwerbehinderten Menschen nicht beschäftigt,
2. entgegen § 163 Absatz 1 ein Verzeichnis nicht, nicht richtig, nicht vollständig oder nicht in der vorgeschriebenen Weise führt oder nicht oder nicht rechtzeitig vorlegt,
3. entgegen § 163 Absatz 2 Satz 1 oder Absatz 4 eine Anzeige nicht, nicht richtig, nicht vollständig, nicht in der vorgeschriebenen Weise oder nicht rechtzeitig erstattet,
4. entgegen § 163 Absatz 5 eine Auskunft nicht, nicht richtig, nicht vollständig oder nicht rechtzeitig erteilt,
5. entgegen § 163 Absatz 7 Einblick in den Betrieb oder die Dienststelle nicht oder nicht rechtzeitig gibt,
6. entgegen § 163 Absatz 8 eine dort bezeichnete Person nicht oder nicht rechtzeitig benennt,
7. entgegen § 164 Absatz 1 Satz 4 oder 9 eine dort bezeichnete Vertretung oder einen Beteiligten nicht, nicht richtig, nicht vollständig oder nicht rechtzeitig unterrichtet oder
8. entgegen § 178 Absatz 2 Satz 1 erster Halbsatz die Schwerbehindertenvertretung nicht, nicht richtig, nicht vollständig oder nicht rechtzeitig unterrichtet oder nicht oder nicht rechtzeitig anhört.

(2) Die Ordnungswidrigkeit kann mit einer Geldbuße bis zu zehntausend Euro geahndet werden.

(3) Verwaltungsbehörde im Sinne des § 36 Absatz 1 Nummer 1 des Gesetzes über Ordnungswidrigkeiten ist die Bundesagentur für Arbeit.

(4) [1]Die Geldbußen fließen in die Kasse der Verwaltungsbehörde, die den Bußgeldbescheid erlassen hat. [2]§ 66 des Zehnten Buches gilt entsprechend.

(5) [1]Die nach Absatz 4 Satz 1 zuständige Kasse trägt abweichend von § 105 Absatz 2 des Gesetzes über Ordnungswidrigkeiten die notwendigen Auslagen. [2]Sie ist auch ersatzpflichtig im Sinne des § 110 Absatz 4 des Gesetzes über Ordnungswidrigkeiten.

§ 239 Stadtstaatenklausel

(1) [1]Der Senat der Freien und Hansestadt Hamburg wird ermächtigt, die Schwerbehindertenvertretung für Angelegenheiten, die mehrere oder alle Dienststellen betreffen, in der Weise zu regeln, dass die Schwerbehinder-

tenvertretungen aller Dienststellen eine Gesamtschwerbehindertenvertretung wählen. [2]Für die Wahl gilt § 177 Absatz 2, 3, 6 und 7 entsprechend.

(2) § 180 Absatz 6 Satz 1 gilt entsprechend.

§ 240 Sonderregelung für den Bundesnachrichtendienst und den Militärischen Abschirmdienst

(1) Für den Bundesnachrichtendienst gilt dieses Gesetz mit folgenden Abweichungen:

1. Der Bundesnachrichtendienst gilt vorbehaltlich der Nummer 3 als einheitliche Dienststelle.
2. Für den Bundesnachrichtendienst gelten die Pflichten zur Vorlage des nach § 163 Absatz 1 zu führenden Verzeichnisses, zur Anzeige nach § 163 Absatz 2 und zur Gewährung von Einblick nach § 163 Absatz 7 nicht. Die Anzeigepflicht nach § 173 Absatz 4 gilt nur für die Beendigung von Probearbeitsverhältnissen.
3. Als Dienststelle im Sinne des Kapitels 5 gelten auch Teile und Stellen des Bundesnachrichtendienstes, die nicht zu seiner Zentrale gehören. § 177 Absatz 1 Satz 4 und 5 sowie § 180 sind nicht anzuwenden. In den Fällen des § 180 Absatz 6 ist die Schwerbehindertenvertretung der Zentrale des Bundesnachrichtendienstes zuständig. Im Falle des § 177 Absatz 6 Satz 4 lädt der Leiter oder die Leiterin der Dienststelle ein. Die Schwerbehindertenvertretung ist in den Fällen nicht zu beteiligen, in denen die Beteiligung der Personalvertretung nach dem Bundespersonalvertretungsgesetz ausgeschlossen ist. Der Leiter oder die Leiterin des Bundesnachrichtendienstes kann anordnen, dass die Schwerbehindertenvertretung nicht zu beteiligen ist, Unterlagen nicht vorgelegt oder Auskünfte nicht erteilt werden dürfen, wenn und soweit dies aus besonderen nachrichtendienstlichen Gründen geboten ist. Die Rechte und Pflichten der Schwerbehindertenvertretung ruhen, wenn die Rechte und Pflichten der Personalvertretung ruhen. § 179 Absatz 7 Satz 3 ist nach Maßgabe der Sicherheitsbestimmungen des Bundesnachrichtendienstes anzuwenden. § 182 Absatz 2 gilt nur für die in § 182 Absatz 1 genannten Personen und Vertretungen der Zentrale des Bundesnachrichtendienstes.
4. Im Widerspruchsausschuss bei dem Integrationsamt (§ 202) und in den Widerspruchsausschüssen bei der Bundesagentur für Arbeit (§ 203) treten in Angelegenheiten schwerbehinderter Menschen, die beim Bundesnachrichtendienst beschäftigt sind, an die Stelle der Mitglieder, die Arbeitnehmer oder Arbeitnehmerinnen und Arbeitgeber sind (§ 202 Absatz 1 und § 203 Absatz 1), Angehörige des Bundesnachrichtendienstes, an die Stelle der Schwerbehindertenvertretung die Schwerbehindertenvertretung der Zentrale des Bundesnachrichtendienstes. Sie werden dem Integrationsamt und der Bundesagentur für Arbeit vom Leiter oder von der Leiterin des Bundesnachrichtendienstes benannt. Die Mitglieder der Ausschüsse müssen nach den dafür geltenden Bestimmungen ermächtigt sein, Kenntnis von Verschlusssachen des in Betracht kommenden Geheimhaltungsgrades zu erhalten.
5. Über Rechtsstreitigkeiten, die auf Grund dieses Buches im Geschäftsbereich des Bundesnachrichtendienstes entstehen, entscheidet im ersten und letzten Rechtszug der oberste Gerichtshof des zuständigen Gerichtszweiges.

(2) Der Militärische Abschirmdienst mit seinem Geschäftsbereich gilt als einheitliche Dienststelle.

§ 241 Übergangsregelung

(1) Abweichend von § 154 Absatz 1 beträgt die Pflichtquote für die in § 154 Absatz 2 Nummer 1 und 4 genannten öffentlichen Arbeitgeber des Bundes weiterhin 6 Prozent, wenn sie am 31. Oktober 1999 auf mindestens 6 Prozent der Arbeitsplätze schwerbehinderte Menschen beschäftigt hatten.

(2) Eine auf Grund des Schwerbehindertengesetzes getroffene bindende Feststellung über das Vorliegen einer Behinderung, eines Grades der Behinderung und das Vorliegen weiterer gesundheitlicher Merkmale gelten als Feststellungen nach diesem Buch.

(3) Die nach § 56 Absatz 2 des Schwerbehindertengesetzes erlassenen allgemeinen Richtlinien sind bis zum Erlass von allgemeinen Verwaltungsvorschriften nach § 224 weiter anzuwenden, auch auf Inklusionsbetriebe.

(4) Auf Erstattungen nach Kapitel 13 dieses Teils ist § 231 für bis zum 31. Dezember 2004 entstandene Fahrgeldausfälle in der bis zu diesem Zeitpunkt geltenden Fassung anzuwenden.

(5) Soweit noch keine Verordnung nach § 153 Absatz 2 erlassen ist, gelten die Maßstäbe des § 30 Absatz 1 des Bundesversorgungsgesetzes und der auf Grund des § 30 Absatz 16 des Bundesversorgungsgesetzes erlassenen Rechtsverordnungen entsprechend.

(6) Bestehende Integrationsvereinbarungen im Sinne des § 83 in der bis zum 30. Dezember 2016 geltenden Fassung gelten als Inklusionsvereinbarungen fort.

(7) [1]Die nach § 22 in der am 31. Dezember 2017 geltenden Fassung bis zu diesem Zeitpunkt errichteten gemeinsamen Servicestellen bestehen längstens bis zum 31. Dezember 2018. [2]Für die Aufgaben der nach Satz 1 im Jahr 2018 bestehenden gemeinsamen Servicestellen gilt § 22 in der am 31. Dezember 2017 geltenden Fassung entsprechend.

(8) Bis zum 31. Dezember 2019 treten an die Stelle der Träger der Eingliederungshilfe als Rehabilitationsträger im Sinne dieses Buches die Träger der Sozialhilfe nach § 3 des Zwölften Buches, soweit sie zur Erbringung von Leistungen der Eingliederungshilfe für Menschen mit Behinderungen nach § 8 Nummer 4 des Zwölften Buches bestimmt sind.

(9) § 221 Absatz 2 Satz 1 ist mit folgender Maßgabe anzuwenden:

1. Ab dem 1. August 2019 beträgt der Grundbetrag mindestens 80 Euro monatlich.
2. Ab dem 1. Januar 2020 beträgt der Grundbetrag mindestens 89 Euro monatlich.
3. Ab dem 1. Januar 2021 beträgt der Grundbetrag mindestens 99 Euro monatlich.
4. Ab dem 1. Januar 2022 bis zum 31. Dezember 2022 beträgt der Grundbetrag mindestens 109 Euro monatlich.

IX

Verordnung zur Früherkennung und Frühförderung behinderter und von Behinderung bedrohter Kinder (Frühförderungsverordnung – FrühV)

Vom 24. Juni 2003 (BGBl. I S. 998)

Zuletzt geändert durch
Bundesteilhabegesetz
vom 23. Dezember 2016 (BGBl. I S. 3234)

Auf Grund des § 32 Nr. 1 des Neunten Buches Sozialgesetzbuch – Rehabilitation und Teilhabe behinderter Menschen – (Artikel 1 des Gesetzes vom 19. Juni 2001, BGBl. I S. 1046, 1047), der zuletzt durch Artikel 1 Nr. 3 des Gesetzes vom 3. April 2003 (BGBl. I S. 462) geändert worden ist, verordnet das Bundesministerium für Gesundheit und Soziale Sicherung:

§ 1 Anwendungsbereich

Die Abgrenzung der durch interdisziplinäre Frühförderstellen und sozialpädiatrische Zentren ausgeführten Leistungen nach § 46 Abs. 1 und 2 des Neunten Buches Sozialgesetzbuch zur Früherkennung und Frühförderung noch nicht eingeschulter behinderter und von Behinderung bedrohter Kinder, die Übernahme und die Teilung der Kosten zwischen den beteiligten Rehabilitationsträgern sowie die Vereinbarung der Entgelte richtet sich nach den folgenden Vorschriften.

§ 2 Früherkennung und Frühförderung

Leistungen nach § 1 umfassen

1. Leistungen zur medizinischen Rehabilitation (§ 5),
2. heilpädagogische Leistungen (§ 6) und
3. weitere Leistungen (§ 6a).

Die erforderlichen Leistungen werden unter Inanspruchnahme von fachlich geeigneten interdisziplinären Frühförderstellen, von nach Landesrecht zugelassenen Einrichtungen mit vergleichbarem interdisziplinärem Förder-, Behandlungs- und Beratungsspektrum und von sozialpädiatrischen Zentren unter Einbeziehung des sozialen Umfelds der Kinder ausgeführt.

§ 3 Interdisziplinäre Frühförderstellen

Interdisziplinäre Frühförderstellen oder nach Landesrecht zugelassene Einrichtungen mit vergleichbarem interdisziplinärem Förder-, Behandlungs- und Beratungsspektrum im Sinne dieser Verordnung sind familien- und wohnortnahe Dienste und Einrichtungen, die der Früherkennung, Behandlung und Förderung von Kindern dienen, um in interdisziplinärer Zusammenarbeit von qualifizierten medizinisch-therapeutischen und pädagogischen Fachkräften eine drohende oder bereits eingetretene Behinderung zum frühestmöglichen Zeitpunkt zu erkennen und die Behinderung durch gezielte Förder- und Behandlungsmaßnahmen auszugleichen oder zu mildern. Leistungen durch interdisziplinäre Frühförderstellen oder nach Landesrecht zugelassene Einrichtungen mit vergleichbarem interdisziplinärem Förder-, Behandlungs- und Beratungsspektrum werden in der Regel in ambulanter, einschließlich mobiler Form erbracht.

§ 4 Sozialpädiatrische Zentren

Sozialpädiatrische Zentren im Sinne dieser Verordnung sind die nach § 119 Abs. 1 des Fünften Buches Sozialgesetzbuch zur ambulanten sozialpädiatrischen Behandlung von Kindern ermächtigten Einrichtungen. Die frühzeitige Erkennung, Diagnostik und Behandlung durch sozialpädiatrische Zentren ist auf Kinder ausgerichtet, die wegen Art, Schwere oder Dauer ihrer Behinderung oder einer drohenden Behinderung nicht von geeigneten Ärzten oder geeigneten interdisziplinären Frühförderstellen oder nach Landesrecht zugelassenen Einrichtungen mit vergleichbarem interdisziplinärem Förder-, Behandlungs- und Beratungsspektrum (§ 3) behandelt werden können. Leistungen durch sozialpädiatrische Zentren werden in der Regel in ambulanter und in begründeten Einzelfällen in mobiler Form oder in Kooperation mit Frühförderstellen erbracht.

IX

§ 5 Leistungen zur medizinischen Rehabilitation

(1) Die im Rahmen von Leistungen zur medizinischen Rehabilitation nach § 46 des Neunten Buches Sozialgesetzbuch zur Früherkennung und Frühförderung zu erbringenden medizinischen Leistungen umfassen insbesondere

1. ärztliche Behandlung einschließlich der zur Früherkennung und Diagnostik erforderlichen ärztlichen Tätigkeiten,
2. nichtärztliche sozialpädiatrische Leistungen, psychologische, heilpädagogische und psychosoziale Leistungen, soweit und solange sie unter ärztlicher Verantwortung erbracht werden und erforderlich sind, um eine drohende oder bereits eingetretene Behinderung zum frühestmöglichen Zeitpunkt zu erkennen und einen individuellen Förder- und Behandlungsplan aufzustellen,
3. medizinisch-therapeutische Leistungen, insbesondere physikalische Therapie, Physiotherapie, Stimm-, Sprech- und Sprachtherapie sowie Ergotherapie, soweit sie auf Grund des Förder- und Behandlungsplans nach § 7 erforderlich sind.

Die Erbringung von medizinisch-therapeutischen Leistungen im Rahmen der Komplexleistung Frühförderung richtet sich grundsätzlich nicht nach den Vorgaben der Heilmittelrichtlinien des Gemeinsamen Bundesausschusses. Medizinisch- therapeutische Leistungen werden im Rahmen der Komplexleistung Frühförderung nach Maßgabe und auf der Grundlage des Förder- und Behandlungsplans erbracht.

IX

(2) Die Leistungen nach Absatz 1 umfassen auch die Beratung der Erziehungsberechtigten, insbesondere

1. das Erstgespräch,
2. anamnestische Gespräche mit Eltern und anderen Bezugspersonen,
3. die Vermittlung der Diagnose,
4. Erörterung und Beratung des Förder- und Behandlungsplans,
5. Austausch über den Entwicklungs- und Förderprozess des Kindes einschließlich Verhaltens- und Beziehungsfragen,
6. Anleitung und Hilfe bei der Gestaltung des Alltags,
7. Anleitung zur Einbeziehung in Förderung und Behandlung,
8. Hilfen zur Unterstützung der Bezugspersonen bei der Krankheits- und Behinderungsverarbeitung,
9. Vermittlung von weiteren Hilfs- und Beratungsangeboten.

(3) Weiter gehende Vereinbarungen auf Landesebene bleiben unberührt.

§ 6 Heilpädagogische Leistungen

Heilpädagogische Leistungen nach § 79 des Neunten Buches Sozialgesetzbuch umfassen alle Maßnahmen, die die Entwicklung des Kindes und die Entfaltung seiner Persönlichkeit mit pädagogischen Mitteln anregen, einschließlich der jeweils erforderlichen sozial- und sonderpädagogischen, psychologischen und psychosozialen Hilfen sowie die Beratung der Erziehungsberechtigten; § 5 Abs. 2 und 3 gilt entsprechend.

§ 6a Weitere Leistungen

Weitere Leistungen der Komplexleistung Frühförderung sind insbesondere

1. die Beratung, Unterstützung und Begleitung der Erziehungsberechtigten als medizinisch-therapeutische Leistung nach § 5 Absatz 2,
2. offene, niedrigschwellige Beratungsangebote für Eltern, die ein Entwicklungsrisiko bei ihrem Kind vermuten. Dieses Beratungsangebot soll vor der Einleitung der Eingangsdiagnostik in Anspruch genommen werden können,
3. Leistungen zur Sicherstellung der Interdisziplinarität; diese sind insbesondere:
   a) Durchführung regelmäßiger interdisziplinärer Team- und Fallbesprechungen, auch der im Wege der Kooperation eingebundenen Mitarbeiter,
   b) die Dokumentation von Daten und Befunden,
   c) die Abstimmung und der Austausch mit anderen, das Kind betreuenden Institutionen,
   d) Fortbildung und Supervision,

4. mobil aufsuchende Hilfen für die Erbringung heilpädagogischer und medizinisch-therapeutischer Leistungen außerhalb von interdisziplinären Frühförderstellen, nach Landesrecht zugelassenen Einrichtungen mit vergleichbarem interdisziplinärem Förder-, Behandlungs- und Beratungsspektrum und sozialpädiatrischen Zentren.

Für die mobile Form der Frühförderung kann es sowohl fachliche als auch organisatorische Gründe geben, etwa unzumutbare Anfahrtswege in ländlichen Gegenden. Eine medizinische Indikation ist somit nicht die notwendige Voraussetzung für die mobile Erbringung der Komplexleistung Frühförderung.

§ 7 Förder- und Behandlungsplan

(1) Die interdisziplinären Frühförderstellen, nach Landesrecht zugelassene Einrichtungen mit vergleichbarem interdisziplinärem Förder-, Behandlungs- und Beratungsspektrum und die sozialpädiatrischen Zentren stellen die nach dem individuellen Bedarf zur Förderung und Behandlung voraussichtlich erforderlichen Leistungen nach §§ 5 und 6 in Zusammenarbeit mit den Erziehungsberechtigten in einem interdisziplinär entwickelten Förder- und Behandlungsplan schriftlich oder elektronisch zusammen und legen diesen den beteiligten Rehabilitationsträgern nach Maßgabe des § 14 des Neunten Buches Sozialgesetzbuch zur Entscheidung vor. Der Förder- und Behandlungsplan wird entsprechend dem Verlauf der Förderung und Behandlung angepasst, spätestens nach Ablauf von zwölf Monaten. Dabei sichern die Rehabilitationsträger durchgehend das Verfahren entsprechend dem jeweiligen Bedarf. Der Förder- und Behandlungsplan wird von dem für die Durchführung der diagnostischen Leistungen nach § 5 Abs. 1 Nr. 1 verantwortlichen Arzt und der verantwortlichen pädagogischen Fachkraft unterzeichnet. Die Erziehungsberechtigten erhalten eine Ausfertigung des Förder- und Behandlungsplans.

(2) Im Förder- und Behandlungsplan sind die benötigten Leistungskomponenten zu benennen, und es ist zu begründen, warum diese in der besonderen Form der Komplexleistung nur interdisziplinär erbracht werden können.

(3) Der Förder- und Behandlungsplan kann auch die Förderung und Behandlung in einer anderen Einrichtung, durch einen Kinderarzt oder die Erbringung von Heilmitteln empfehlen.

§ 8 Erbringung der Komplexleistung

(1) Die zur Förderung und Behandlung nach §§ 5 und 6 erforderlichen Leistungen werden von den beteiligten Rehabilitationsträgern auf der Grundlage des Förder- und Behandlungsplans zuständigkeitsübergreifend als ganzheitliche Komplexleistung erbracht. Ein Antrag auf die erforderlichen Leistungen kann bei allen beteiligten Rehabilitationsträgern gestellt werden. Der Rehabilitationsträger, bei dem der Antrag gestellt wird, unterrichtet unverzüglich die an der Komplexleistung beteiligten Rehabilitationsträger. Die beteiligten Rehabilitationsträger stimmen sich untereinander ab und entscheiden innerhalb von zwei Wochen nach Vorliegen des Förder- und Behandlungsplans über die Leistung.

(2) Sofern die beteiligten Rehabilitationsträger nichts anderes vereinbaren, entscheidet der für die Leistungen nach § 6 jeweils zuständige Rehabilitationsträger über Komplexleistungen interdisziplinärer Frühförderstellen sowie der nach Landesrecht zugelassenen Einrichtungen mit vergleichbarem interdisziplinärem Förder-, Behandlungs- und Beratungsspektrum und der für die Leistungen nach § 5 jeweils zuständige Rehabilitationsträger über Komplexleistungen sozialpädiatrischer Zentren.

(3) Erbringt ein Rehabilitationsträger im Rahmen der Komplexleistung Leistungen, für die ein anderer Rehabilitationsträger zuständig ist, ist der zuständige Rehabilitationsträger erstattungspflichtig. Vereinbarungen über pauschalierte Erstattungen sind zulässig.

(4) Interdisziplinäre Frühförderstellen, nach Landesrecht zugelassene Einrichtungen mit vergleichbarem interdisziplinärem Förder-, Behandlungs- und Beratungsspektrum und sozialpädiatrische Zentren arbeiten zusammen. Darüber hinaus arbeiten sie mit Ärzten, Leistungserbringern von Heilmitteln und an-

IX

deren an der Früherkennung und Frühförderung beteiligten Stellen wie dem Öffentlichen Gesundheitsdienst zusammen. Soweit nach Landesrecht an der Komplexleistung weitere Stellen einzubeziehen sind, sollen diese an Arbeitsgemeinschaften der an der Früherkennung und Frühförderung beteiligten Stellen beteiligt werden.

§ 9 Teilung der Kosten der Komplexleistung

Die Übernahme oder Teilung der Kosten zwischen den beteiligten Rehabilitationsträgern für die nach den §§ 5, 6 und 6a zu erbringenden Leistungen werden nach § 46 Absatz 5 des Neunten Buches Sozialgesetzbuch geregelt.

§ 10 Inkrafttreten

Diese Verordnung tritt am ersten Tage des auf die Verkündung folgenden Kalendermonats in Kraft.

Verordnung über Kraftfahrzeughilfe zur beruflichen Rehabilitation (Kraftfahrzeughilfe-Verordnung – KfzHV)

Vom 28. September 1987 (BGBl. I S. 2251)

Zuletzt geändert durch
Teilhabestärkungsgesetz
vom 2. Juni 2021 (BGBl. I S. 1387)

Auf Grund des § 9 Abs. 2 des Gesetzes über die Angleichung der Leistungen zur Rehabilitation vom 7. August 1974 (BGBl. I S. 1881), der durch Artikel 16 des Gesetzes vom 1. Dezember 1981 (BGBl. I S. 1205) geändert worden ist, auf Grund des § 27f in Verbindung mit § 26 Abs. 6 Satz 1 des Bundesversorgungsgesetzes in der Fassung der Bekanntmachung vom 22. Januar 1982 (BGBl. I S. 21) und auf Grund des § 11 Abs. 3 Satz 3 des Schwerbehindertengesetzes in der Fassung der Bekanntmachung vom 26. August 1986 (BGBl. I S. 1421) verordnet die Bundesregierung mit Zustimmung des Bundesrates:

§ 1 Grundsatz

Kraftfahrzeughilfe zur Teilhabe behinderter Menschen am Arbeitsleben richtet sich bei den Trägern der gesetzlichen Unfallversicherung, der gesetzlichen Rentenversicherung, der Kriegsopferfürsorge und der Bundesagentur für Arbeit sowie den Trägern der begleitenden Hilfe im Arbeits- und Berufsleben nach dieser Verordnung.

§ 2 Leistungen

(1) Die Kraftfahrzeughilfe umfaßt Leistungen

1. zur Beschaffung eines Kraftfahrzeugs,
2. für eine behinderungsbedingte Zusatzausstattung,
3. zur Erlangung einer Fahrerlaubnis.

(2) Die Leistungen werden als Zuschüsse und nach Maßgabe des § 9 als Darlehen erbracht.

§ 3 Persönliche Voraussetzungen

(1) Die Leistungen setzen voraus, daß

1. der behinderte Mensch infolge seiner Behinderung nicht nur vorübergehend auf die Benutzung eines Kraftfahrzeugs angewiesen ist, um seinen Arbeits- oder Ausbildungsort oder den Ort einer sonstigen Leistung der beruflichen Bildung zu erreichen, und
2. der behinderte Mensch ein Kraftfahrzeug führen kann oder gewährleistet ist, daß ein Dritter das Kraftfahrzeug für ihn führt.

(2) Absatz 1 gilt auch für in Heimarbeit Beschäftigte im Sinne des § 12 Abs. 2 des Vierten Buches Sozialgesetzbuch, wenn das Kraftfahrzeug wegen Art oder Schwere der Behinderung notwendig ist, um beim Auftraggeber die Ware abzuholen oder die Arbeitsergebnisse abzuliefern.

(3) Ist der behinderte Mensch zur Berufsausübung im Rahmen eines Arbeitsverhältnisses nicht nur vorübergehend auf ein Kraftfahrzeug angewiesen, wird Kraftfahrzeughilfe geleistet, wenn infolge seiner Behinderung nur auf diese Weise die Teilhabe am Arbeitsleben dauerhaft gesichert werden kann und die Übernahme der Kosten durch den Arbeitgeber nicht üblich oder nicht zumutbar ist.

(4) Sofern nach den für den Träger geltenden besonderen Vorschriften Kraftfahrzeughilfe für behinderte Menschen, die nicht Arbeitnehmer sind, in Betracht kommt, sind die Absätze 1 und 3 entsprechend anzuwenden.

§ 4 Hilfe zur Beschaffung eines Kraftfahrzeugs

(1) Hilfe zur Beschaffung eines Kraftfahrzeugs setzt voraus, daß der behinderte Mensch nicht über ein Kraftfahrzeug verfügt, das die Voraussetzungen nach Absatz 2 erfüllt und dessen weitere Benutzung ihm zumutbar ist.

(2) Das Kraftfahrzeug muß nach Größe und Ausstattung den Anforderungen entsprechen, die sich im Einzelfall aus der Behinderung ergeben und, soweit erforderlich, eine behinde-

rungsbedingte Zusatzausstattung ohne unverhältnismäßigen Mehraufwand ermöglichen.

(3) Die Beschaffung eines Gebrauchtwagens kann gefördert werden, wenn er die Voraussetzungen nach Absatz 2 erfüllt und sein Verkehrswert mindestens 50 vom Hundert des seinerzeitigen Neuwagenpreises beträgt.

§ 5 Bemessungsbetrag

(1) 1Die Beschaffung eines Kraftfahrzeugs wird bis zu einem Betrag in Höhe des Kaufpreises, höchstens jedoch bis zu einem Betrag von 22 000 Euro gefördert. 2Die Kosten einer behinderungsbedingten Zusatzausstattung bleiben bei der Ermittlung unberücksichtigt.

(2) Abweichend von Absatz 1 Satz 1 wird im Einzelfall ein höherer Betrag zugrundegelegt, wenn Art oder Schwere der Behinderung ein Kraftfahrzeug mit höherem Kaufpreis zwingend erfordert.

(3) Zuschüsse öffentlich-rechtlicher Stellen zu dem Kraftfahrzeug, auf die ein vorrangiger Anspruch besteht oder die vorrangig nach pflichtgemäßem Ermessen zu leisten sind, und der Verkehrswert eines Altwagens sind von dem Betrag nach Absatz 1 oder 2 abzusetzen.

§ 6 Art und Höhe der Förderung

(1) 1Hilfe zur Beschaffung eines Kraftfahrzeugs wird in der Regel als Zuschuß geleistet. 2Der Zuschuß richtet sich nach dem Einkommen des behinderten Menschen nach Maßgabe der folgenden Tabelle:

Einkommen bis zu v. H. der monatlichen Bezugsgröße nach § 18 Abs. 1 des Vierten Buches Sozialgesetzbuch	Zuschuß in v. H. des Bemessungsbetrags nach § 5
40	100
45	88
50	76
55	64
60	52
65	40
70	28
75	16

3Die Beträge nach Satz 2 sind jeweils auf volle 5 Euro aufzurunden.

(2) Von dem Einkommen des behinderten Menschen ist für jeden von ihm unterhaltenen Familienangehörigen ein Betrag von 12 vom Hundert der monatlichen Bezugsgröße nach § 18 Abs. 1 des Vierten Buches Sozialgesetzbuch abzusetzen; Absatz 1 Satz 3 gilt entsprechend.

(3) 1Einkommen im Sinne der Absätze 1 und 2 sind das monatliche Netto-Arbeitsentgelt, Netto-Arbeitseinkommen und vergleichbare Lohnersatzleistungen des behinderten Menschen. 2Die Ermittlung des Einkommens richtet sich nach den für den zuständigen Träger maßgeblichen Regelungen.

(4) 1Die Absätze 1 bis 3 gelten auch für die Hilfe zur erneuten Beschaffung eines Kraftfahrzeugs. 2Die Hilfe soll nicht vor Ablauf von fünf Jahren seit der Beschaffung des zuletzt geförderten Fahrzeugs geleistet werden.

§ 7 Behinderungsbedingte Zusatzausstattung

1Für eine Zusatzausstattung, die wegen der Behinderung erforderlich ist, ihren Einbau, ihre technische Überprüfung und die Wiederherstellung ihrer technischen Funktionsfähigkeit werden die Kosten in vollem Umfang übernommen. 2Dies gilt auch für eine Zusatzausstattung, die wegen der Behinderung eines Dritten erforderlich ist, der für den behinderten Menschen das Kraftfahrzeug führt (§ 3 Abs. 1 Nr. 2). 3Zuschüsse öffentlich-rechtlicher Stellen, auf die ein vorrangiger Anspruch besteht oder die vorrangig nach pflichtgemäßem Ermessen zu leisten sind, sind anzurechnen.

§ 8 Fahrerlaubnis

(1) 1Zu den Kosten, die für die Erlangung einer Fahrerlaubnis notwendig sind, wird ein Zuschuß geleistet. 2Er beläuft sich bei behinderten Menschen mit einem Einkommen (§ 6 Abs. 3)

1. bis 40 vom Hundert der monatlichen Bezugsgröße nach § 18 Abs. 1 des Vierten Buches Sozialgesetzbuch (monatliche Bezugsgröße) auf die volle Höhe,
2. bis zu 55 vom Hundert der monatlichen Bezugsgröße auf zwei Drittel,
3. bis zu 75 vom Hundert der monatlichen Bezugsgröße auf ein Drittel

IX

der entstehenden notwendigen Kosten; § 6 Abs. 1 Satz 3 und Abs. 2 gilt entsprechend. 3Zuschüsse öffentlich-rechtlicher Stellen für den Erwerb der Fahrerlaubnis, auf die ein vorrangiger Anspruch besteht oder die vorrangig nach pflichtgemäßem Ermessen zu leisten sind, sind anzurechnen.

(2) Kosten für behinderungsbedingte Untersuchungen, Ergänzungsprüfungen und Eintragungen in vorhandene Führerscheine werden in vollem Umfang übernommen.

§ 9 Leistungen in besonderen Härtefällen

(1) 1Zur Vermeidung besonderer Härten können Leistungen auch abweichend von § 2 Abs. 1, §§ 6 und 8 Abs. 1 erbracht werden, soweit dies

1. notwendig ist, um Leistungen der Kraftfahrzeughilfe von seiten eines anderen Leistungsträgers nicht erforderlich werden zu lassen, oder
2. unter den Voraussetzungen des § 3 zur Aufnahme oder Fortsetzung einer beruflichen Tätigkeit unumgänglich ist.

2Im Rahmen von Satz 1 Nr. 2 kann auch ein Zuschuß für die Beförderung des behinderten Menschen, insbesondere durch Beförderungsdienste, geleistet werden, wenn

1. der behinderte Mensch ein Kraftfahrzeug nicht selbst führen kann und auch nicht gewährleistet ist, daß ein Dritter das Kraftfahrzeug für ihn führt (§ 3 Abs. 1 Nr. 2), oder
2. die Übernahme der Beförderungskosten anstelle von Kraftfahrzeughilfen wirtschaftlicher und für den behinderten Menschen zumutbar ist;

dabei ist zu berücksichtigen, was der behinderte Mensch als Kraftfahrzeughalter bei Anwendung des § 6 für die Anschaffung und die berufliche Nutzung des Kraftfahrzeugs aus eigenen Mitteln aufzubringen hätte.

(2) 1Leistungen nach Absatz 1 Satz 1 können als Darlehen erbracht werden, wenn die dort genannten Ziele auch durch ein Darlehen erreicht werden können; das Darlehen darf zusammen mit einem Zuschuß nach § 6 den nach § 5 maßgebenden Bemessungsbetrag nicht übersteigen. 2Das Darlehen ist unverzinslich und spätestens innerhalb von fünf Jahren zu tilgen; es können bis zu zwei tilgungsfreie Jahre eingeräumt werden. 3Auf die Rückzahlung des Darlehens kann unter den in Absatz 1 Satz 1 genannten Voraussetzungen verzichtet werden.

§ 10 Antragstellung

1Leistungen sollen vor dem Abschluß eines Kaufvertrages über das Kraftfahrzeug und die behinderungsbedingte Zusatzausstattung sowie vor Beginn einer nach § 8 zu fördernden Leistung beantragt werden. 2Leistungen zur technischen Überprüfung und Wiederherstellung der technischen Funktionsfähigkeit einer behinderungsbedingten Zusatzausstattung sind spätestens innerhalb eines Monats nach Rechnungstellung zu beantragen.

§§ 11 und 12 (Änderungen anderer Vorschriften)

(hier nicht aufgenommen)

§ 13 Übergangsvorschriften

(1) Auf Beschädigte im Sinne des Bundesversorgungsgesetzes und der Gesetze, die das Bundesversorgungsgesetz für entsprechend anwendbar erklären, die vor Inkrafttreten dieser Verordnung Hilfe zur Beschaffung eines Kraftfahrzeugs im Rahmen der Teilhabe am Arbeitsleben erhalten haben, sind die bisher geltenden Bestimmungen weiterhin anzuwenden, wenn sie günstiger sind und der Beschädigte es beantragt.

(2) Über Leistungen, die bei Inkrafttreten dieser Verordnung bereits beantragt sind, ist nach den bisher geltenden Bestimmungen zu entscheiden, wenn sie für den behinderten Menschen günstiger sind.

§ 14 Inkrafttreten

Diese Verordnung tritt am 1. Oktober 1987 in Kraft.

Schwerbehinderten-Ausgleichsabgabeverordnung (SchwbAV)

Vom 28. März 1988 (BGBl. I S. 484)

Zuletzt geändert durch
Fünfte Verordnung zur Änderung der Schwerbehinderten-Ausgleichsabgabeverordnung
vom 28. Juni 2021 (BAnz. AT 28.06.2021 Nr. V2)[1])

Auf Grund des § 11 Abs. 3 Satz 3, § 12 Abs. 2 und § 33 Abs. 2 Satz 5 des Schwerbehindertengesetzes in der Fassung der Bekanntmachung vom 26. August 1986 (BGBl. I S. 1421) sowie des Artikels 12 Abs. 2 des Gesetzes zur Erleichterung des Übergangs vom Arbeitsleben in den Ruhestand vom 13. April 1984 (BGBl. I S. 601) verordnet die Bundesregierung mit Zustimmung des Bundesrates:

Erster Abschnitt
(weggefallen)

§§ 1 bis 13 (weggefallen)

Zweiter Abschnitt
Förderung der Teilhabe schwerbehinderter Menschen am Arbeitsleben aus Mitteln der Ausgleichsabgabe durch die Integrationsämter

§ 14 Verwendungszwecke

(1) Die Integrationsämter haben die ihnen zur Verfügung stehenden Mittel der Ausgleichsabgabe einschließlich der Zinsen, der Tilgungsbeträge aus Darlehen, der zurückgezahlten Zuschüsse sowie der unverbrauchten Mittel des Vorjahres zu verwenden für folgende Leistungen:

1. Leistungen zur Förderung des Arbeits- und Ausbildungsplatzangebots für schwerbehinderte Menschen,
2. Leistungen zur begleitenden Hilfe im Arbeitsleben, einschließlich der Durchführung von Aufklärungs-, Schulungs- und Bildungsmaßnahmen sowie der Information, Beratung und Unterstützung von Arbeitgebern (Einheitliche Ansprechstellen für Arbeitgeber),
3. Leistungen für Einrichtungen zur Teilhabe schwerbehinderter Menschen am Arbeitsleben,
4. Leistungen zur Durchführung von Forschungs- und Modellvorhaben auf dem Gebiet der Teilhabe schwerbehinderter Menschen am Arbeitsleben, sofern ihnen ausschließlich oder überwiegend regionale Bedeutung zukommt oder beim Bundesministerium für Arbeit und Soziales beantragte Mittel aus dem Ausgleichsfonds nicht erbracht werden konnten,
5. Maßnahmen der beruflichen Orientierung,
6. Leistungen zur Deckung eines Teils der Aufwendungen für ein Budget für Arbeit oder für ein Budget für Ausbildung und
7. Leistungen an Werkstätten für behinderte Menschen und an andere Leistungsanbieter im Sinne des § 60 des Neunten Buches Sozialgesetzbuch zur Kompensation der aufgrund der COVID-19-Pandemie gesunkenen Arbeitsentgelte der dort beschäftigten Menschen mit Behinderungen, soweit nach § 36 Satz 4 zusätzliche Mittel der Ausgleichsabgabe zur Verfügung stehen.

(2) Die Mittel der Ausgleichsabgabe sind vorrangig für die Förderung nach Absatz 1 Nr. 1 und 2 zu verwenden.

(3) Die Integrationsämter können sich an der Förderung von Vorhaben nach § 41 Abs. 1 Nr. 3 bis 6 durch den Ausgleichsfonds beteiligen.

[1]) Ebenfalls berücksichtigt sind die Änderungen zum 1. Januar 2022 durch das Teilhabestärkungsgesetz vom 2. Juni 2021 (BGBl. I S. 1387).

1. Unterabschnitt
Leistungen zur Förderung des Arbeits- und Ausbildungsplatzangebots für schwerbehinderte Menschen

§ 15 Leistungen an Arbeitgeber zur Schaffung von Arbeits- und Ausbildungsplätzen für schwerbehinderte Menschen

(1) 1Arbeitgeber können Darlehen oder Zuschüsse bis zur vollen Höhe der entstehenden notwendigen Kosten zu den Aufwendungen für folgende Maßnahmen erhalten:

1. die Schaffung neuer geeigneter, erforderlichenfalls behinderungsgerecht ausgestatteter Arbeitsplätze in Betrieben oder Dienststellen für schwerbehinderte Menschen,
   a) die ohne Beschäftigungspflicht oder über die Beschäftigungspflicht hinaus (§ 154 des Neunten Buches Sozialgesetzbuch) eingestellt werden sollen,
   b) die im Rahmen der Erfüllung der besonderen Beschäftigungspflicht gegenüber im Arbeits- und Berufsleben besonders betroffenen schwerbehinderten Menschen (§ 154 Absatz 1 Satz 2 und § 155 des Neunten Buches Sozialgesetzbuch) eingestellt werden sollen,
   c) die nach einer längerfristigen Arbeitslosigkeit von mehr als 12 Monaten eingestellt werden sollen,
   d) die im Anschluß an eine Beschäftigung in einer anerkannten Werkstatt für behinderte Menschen eingestellt werden sollen oder
   e) die zur Durchführung von Maßnahmen der besonderen Fürsorge und Förderung nach § 164 Absatz 3 Satz 1, Absatz 4 Satz 1 Nummer 1, 4 und 5 und Absatz 5 Satz 1 des Neunten Buches Sozialgesetzbuch auf einen neu zu schaffenden Arbeitsplatz umgesetzt werden sollen oder deren Beschäftigungsverhältnis ohne Umsetzung auf einen neu zu schaffenden Arbeitsplatz enden würde,
2. die Schaffung neuer geeigneter, erforderlichenfalls behinderungsgerecht ausgestatteter Ausbildungsplätze und Plätze zur sonstigen beruflichen Bildung für schwerbehinderte Menschen, insbesondere zur Teilnahme an Leistungen zur Teilhabe am Arbeitsleben nach § 49 Absatz 3 Nummer 4 des Neunten Buches Sozialgesetzbuch, in Betrieben oder Dienststellen,

wenn gewährleistet wird, daß die geförderten Plätze für einen nach Lage des Einzelfalles zu bestimmenden langfristigen Zeitraum schwerbehinderten Menschen vorbehalten bleiben.

2Leistungen können auch zu den Aufwendungen erbracht werden, die durch die Ausbildung schwerbehinderter Menschen im Gebrauch der nach Satz 1 geförderten Gegenstände entstehen.

(2) 1Leistungen sollen nur erbracht werden, wenn sich der Arbeitgeber in einem angemessenen Verhältnis an den Gesamtkosten beteiligt. 2Sie können nur erbracht werden, soweit Mittel für denselben Zweck nicht von anderer Seite zu erbringen sind oder erbracht werden. 3Art und Höhe der Leistung bestimmen sich nach den Umständen des Einzelfalles. 4Darlehen sollen mit jährlich 10 vom Hundert getilgt werden; von der Tilgung kann im Jahr der Auszahlung und dem darauf folgenden Kalenderjahr abgesehen werden. 5Auch von der Verzinsung kann abgesehen werden.

(3) Die behinderungsgerechte Ausstattung von Arbeits- und Ausbildungsplätzen und die Einrichtung von Teilzeitarbeitsplätzen können, wenn Leistungen nach Absatz 1 nicht erbracht werden, nach den Vorschriften über die begleitende Hilfe im Arbeitsleben (§ 26) gefördert werden.

§ 16 Arbeitsmarktprogramme für schwerbehinderte Menschen

Die Integrationsämter können der Bundesagentur für Arbeit Mittel der Ausgleichsabgabe zur Durchführung befristeter regionaler Arbeitsmarktprogramme gemäß § 187 Absatz 3 des Neunten Buches Sozialgesetzbuch zuweisen.

2. Unterabschnitt
Leistungen zur begleitenden Hilfe im Arbeitsleben

§ 17 Leistungsarten

(1) 1Leistungen zur begleitenden Hilfe im Arbeitsleben können erbracht werden

1. an schwerbehinderte Menschen
   a) für technische Arbeitshilfen (§ 19),
   b) zum Erreichen des Arbeitsplatzes (§ 20),

IX

c) zur Gründung und Erhaltung einer selbständigen beruflichen Existenz (§ 21),
d) zur Beschaffung, Ausstattung und Erhaltung einer behinderungsgerechten Wohnung (§ 22),
e) (weggefallen)
f) zur Teilnahme an Maßnahmen zur Erhaltung und Erweiterung beruflicher Kenntnisse und Fertigkeiten (§ 24) und
g) in besonderen Lebenslagen (§ 25),

2. an Arbeitgeber
   a) zur behinderungsgerechten Einrichtung von Arbeits- und Ausbildungsplätzen für schwerbehinderte Menschen (§ 26),
   b) für Zuschüsse zu den Gebühren bei der Berufsausbildung besonders betroffener schwerbehinderter Jugendlicher und junger Erwachsener (§ 26a),
   c) für Prämien und Zuschüsse zu den Kosten der Berufsausbildung behinderter Jugendlicher und junger Erwachsener (§ 26b),
   d) für Prämien zur Einführung eines betrieblichen Eingliederungsmanagements (§ 26c) und
   e) bei außergewöhnlichen Belastungen (§ 27),
3. an Träger von Integrationsfachdiensten zu den Kosten ihrer Inanspruchnahme (§ 27a) einschließlich freier gemeinnütziger Einrichtungen und Organisationen zu den Kosten einer psychosozialen Betreuung schwerbehinderter Menschen (§ 28) sowie an Träger von Inklusionsbetrieben (§ 28a),
4. zur Durchführung von Aufklärungs-, Schulungs- und Bildungsmaßnahmen (§ 29).

IX

₂Daneben können solche Leistungen unter besonderen Umständen an Träger sonstiger Maßnahmen erbracht werden, die dazu dienen und geeignet sind, die Teilhabe schwerbehinderter Menschen am Arbeitsleben auf dem allgemeinen Arbeitsmarkt (Aufnahme, Ausübung oder Sicherung einer möglichst dauerhaften Beschäftigung) zu ermöglichen, zu erleichtern oder zu sichern.

(1a) Schwerbehinderte Menschen haben im Rahmen der Zuständigkeit des Integrationsamtes für die begleitende Hilfe im Arbeitsleben aus den ihm aus der Ausgleichsabgabe zur Verfügung stehenden Mitteln Anspruch auf Übernahme der Kosten einer notwendigen Arbeitsassistenz.

(1b) Schwerbehinderte Menschen haben im Rahmen der Zuständigkeit des Integrationsamtes aus den ihm aus der Ausgleichsabgabe zur Verfügung stehenden Mitteln Anspruch auf Übernahme der Kosten einer Berufsbegleitung nach § 55 Absatz 3 des Neunten Buches Sozialgesetzbuch.

(2) ₁Andere als die in Absatz 1 bis 1b genannten Leistungen, die der Teilhabe schwerbehinderter Menschen am Arbeitsleben nicht oder nur unmittelbar dienen, können nicht erbracht werden. ₂Insbesondere können medizinische Maßnahmen sowie Urlaubs- und Freizeitmaßnahmen nicht gefördert werden.

§ 18 Leistungsvoraussetzungen

(1) ₁Leistungen nach § 17 Abs. 1 bis 1b dürfen nur erbracht werden, soweit Leistungen für denselben Zweck nicht von einem Rehabilitationsträger, vom Arbeitgeber oder von anderer Seite zu erbringen sind oder, auch wenn auf sie ein Rechtsanspruch nicht besteht, erbracht werden. ₂Der Nachrang der Träger der Sozialhilfe gemäß § 2 des Zwölften Buches Sozialgesetzbuch und das Verbot der Aufstockung von Leistungen der Rehabilitationsträger durch Leistungen der Integrationsämter (§ 185 Absatz 6 Satz 2 letzter Halbsatz des Neunten Buches Sozialgesetzbuch) und die Möglichkeit der Integrationsämter, Leistungen der begleitenden Hilfe im Arbeitsleben vorläufig zu erbringen (§ 185 Absatz 7 Satz 3 des Neunten Buches Sozialgesetzbuch), bleiben unberührt.

(2) Leistungen an schwerbehinderte Menschen zur begleitenden Hilfe im Arbeitsleben können erbracht werden,

1. wenn die Teilhabe am Arbeitsleben auf dem allgemeinen Arbeitsmarkt unter Berücksichtigung von Art oder Schwere der Behinderung auf besondere Schwierigkeiten stößt und durch die Leistungen ermöglicht, erleichtert oder gesichert werden kann und
2. wenn es dem schwerbehinderten Menschen wegen des behinderungsbedingten Bedarfs nicht zuzumuten ist, die erforderlichen Mittel selbst aufzubringen. In den übrigen Fällen sind seine Einkommensverhältnisse zu berücksichtigen.

(3) 1Die Leistungen können als einmalige oder laufende Leistungen erbracht werden. 2Laufende Leistungen können in der Regel nur befristet erbracht werden. 3Leistungen können wiederholt erbracht werden.

I. Leistungen an schwerbehinderte Menschen

§ 19 Technische Arbeitshilfen

1Für die Beschaffung technischer Arbeitshilfen, ihre Wartung, Instandsetzung und die Ausbildung des schwerbehinderten Menschen im Gebrauch können die Kosten bis zur vollen Höhe übernommen werden. 2Gleiches gilt für die Ersatzbeschaffung und die Beschaffung zur Anpassung an die technische Weiterentwicklung.

§ 20 Hilfen zum Erreichen des Arbeitsplatzes

Schwerbehinderte Menschen können Leistungen zum Erreichen des Arbeitsplatzes nach Maßgabe der Kraftfahrzeughilfe-Verordnung vom 28. September 1987 (BGBl. I S. 2251) erhalten.

§ 21 Hilfen zur Gründung und Erhaltung einer selbständigen beruflichen Existenz

(1) Schwerbehinderte Menschen können Darlehen oder Zinszuschüsse zur Gründung und zur Erhaltung einer selbständigen beruflichen Existenz erhalten, wenn

1. sie die erforderlichen persönlichen und fachlichen Voraussetzungen für die Ausübung der Tätigkeit erfüllen,
2. sie ihren Lebensunterhalt durch die Tätigkeit voraussichtlich auf Dauer im wesentlichen sicherstellen können und
3. die Tätigkeit unter Berücksichtigung von Lage und Entwicklung des Arbeitsmarkts zweckmäßig ist.

(2) 1Darlehen sollen mit jährlich 10 vom Hundert getilgt werden. 2Von der Tilgung kann im Jahr der Auszahlung und dem darauffolgenden Kalenderjahr abgesehen werden. 3Satz 2 gilt, wenn Darlehen verzinslich gegeben werden, für die Verzinsung.

(3) Sonstige Leistungen zur Deckung von Kosten des laufenden Betriebs können nicht erbracht werden.

(4) Die §§ 17 bis 20 und die §§ 22 bis 27 sind zugunsten von schwerbehinderten Menschen, die eine selbständige Tätigkeit ausüben oder aufzunehmen beabsichtigen, entsprechend anzuwenden.

§ 22 Hilfen zur Beschaffung, Ausstattung und Erhaltung einer behinderungsgerechten Wohnung

(1) Schwerbehinderte Menschen können Leistungen erhalten

1. zur Beschaffung von behinderungsgerechtem Wohnraum im Sinne des § 16 des Wohnraumförderungsgesetzes,
2. zur Anpassung von Wohnraum und seiner Ausstattung an die besonderen behinderungsbedingten Bedürfnisse und
3. zum Umzug in eine behinderungsgerechte oder erheblich verkehrsgünstiger zum Arbeitsplatz gelegene Wohnung.

(2) 1Leistungen können als Zuschüsse, Zinszuschüsse oder Darlehen erbracht werden. 2Höhe, Tilgung und Verzinsung bestimmen sich nach den Umständen des Einzelfalls.

(3) Leistungen von anderer Seite sind nur insoweit anzurechnen, als sie schwerbehinderten Menschen für denselben Zweck wegen der Behinderung zu erbringen sind oder erbracht werden.

§ 23 (weggefallen)

§ 24 Hilfen zur Teilnahme an Maßnahmen zur Erhaltung und Erweiterung beruflicher Kenntnisse und Fertigkeiten

1Schwerbehinderte Menschen, die an inner- oder außerbetrieblichen Maßnahmen der beruflichen Bildung zur Erhaltung und Erweiterung ihrer beruflichen Kenntnisse und Fertigkeiten oder zur Anpassung an die technische Entwicklung teilnehmen, vor allem an besonderen Fortbildungs- und Anpassungsmaßnahmen, die nach Art, Umfang und Dauer den Bedürfnissen dieser schwerbehinderten Menschen entsprechen, können Zuschüsse bis zur Höhe der ihnen durch die Teilnahme an diesen Maßnahmen entstehenden Aufwendungen erhalten. 2Hilfen können auch zum beruflichen Aufstieg erbracht werden.

§ 25 Hilfen in besonderen Lebenslagen

Andere Leistungen zur begleitenden Hilfe im Arbeitsleben als die in den §§ 19 bis 24 geregelten

Leistungen können an schwerbehinderte Menschen erbracht werden, wenn und soweit sie unter Berücksichtigung von Art oder Schwere der Behinderung erforderlich sind, um die Teilhabe am Arbeitsleben auf dem allgemeinen Arbeitsmarkt zu ermöglichen, zu erleichtern oder zu sichern.

II. Leistungen an Arbeitgeber

§ 26 Leistungen zur behinderungsgerechten Einrichtung von Arbeits- und Ausbildungsplätzen für schwerbehinderte Menschen

(1) 1Arbeitgeber können Darlehen oder Zuschüsse bis zur vollen Höhe der entstehenden notwendigen Kosten für folgende Maßnahmen erhalten:

1. die behinderungsgerechte Einrichtung und Unterhaltung der Arbeitsstätten einschließlich der Betriebsanlagen, Maschinen und Geräte,
2. die Einrichtung von Teilzeitarbeitsplätzen für schwerbehinderte Menschen, insbesondere wenn eine Teilzeitbeschäftigung mit einer Dauer auch von weniger als 18 Stunden, wenigstens aber 15 Stunden, wöchentlich wegen Art oder Schwere der Behinderung notwendig ist,
3. die Ausstattung von Arbeits- oder Ausbildungsplätzen mit notwendigen technischen Arbeitshilfen, deren Wartung und Instandsetzung sowie die Ausbildung des schwerbehinderten Menschen im Gebrauch der nach den Nummern 1 bis 3 geförderten Gegenstände,
4. sonstige Maßnahmen, durch die eine möglichst dauerhafte behinderungsgerechte Beschäftigung schwerbehinderter Menschen in Betrieben oder Dienststellen ermöglicht, erleichtert oder gesichert werden kann.

2Gleiches gilt für Ersatzbeschaffungen oder Beschaffungen zur Anpassung an die technische Weiterentwicklung.

(2) Art und Höhe der Leistung bestimmen sich nach den Umständen des Einzelfalls, insbesondere unter Berücksichtigung, ob eine Verpflichtung des Arbeitgebers zur Durchführung von Maßnahmen nach Absatz 1 gemäß § 164 Absatz 3 Satz 1, Absatz 4 Satz 1 Nummer 4 und 5 und Absatz 5 Satz 1 des Neunten Buches Sozialgesetzbuch besteht und erfüllt wird sowie ob schwerbehinderte Menschen ohne Beschäftigungspflicht oder über die Beschäftigungspflicht hinaus (§ 154 des Neunten Buches Sozialgesetzbuch) oder im Rahmen der Erfüllung der besonderen Beschäftigungspflicht gegenüber bei der Teilhabe am Arbeitsleben besonders betroffenen schwerbehinderten Menschen (§ 154 Absatz 1 Satz 2 und § 155 des Neunten Buches Sozialgesetzbuch) beschäftigt werden.

(3) § 15 Abs. 2 Satz 1 und 2 gilt entsprechend.

§ 26a Zuschüsse zu den Gebühren bei der Berufsausbildung besonders betroffener schwerbehinderter Jugendlicher und junger Erwachsener

Arbeitgeber, die ohne Beschäftigungspflicht (§ 154 Absatz 1 des Neunten Buches Sozialgesetzbuch) besonders betroffene schwerbehinderte Menschen zur Berufsausbildung einstellen, können Zuschüsse zu den Gebühren, insbesondere Prüfungsgebühren bei der Berufsausbildung, erhalten.

§ 26b Prämien und Zuschüsse zu den Kosten der Berufsausbildung behinderter Jugendlicher und junger Erwachsener

Arbeitgeber können Prämien und Zuschüsse zu den Kosten der Berufsausbildung behinderter Jugendlicher und junger Erwachsener erhalten, die für die Zeit der Berufsausbildung schwerbehinderten Menschen nach § 151 Absatz 4 des Neunten Buches Sozialgesetzbuch gleichgestellt sind.

§ 26c Prämien zur Einführung eines betrieblichen Eingliederungsmanagements

Arbeitgeber können zur Einführung eines betrieblichen Eingliederungsmanagements Prämien erhalten.

§ 27 Leistungen bei außergewöhnlichen Belastungen

(1) 1Arbeitgeber können Zuschüsse zur Abgeltung außergewöhnlicher Belastungen erhalten, die mit der Beschäftigung eines schwerbehinderten Menschen verbunden sind, der nach Art oder Schwere seiner Behinderung im Arbeits- und Berufsleben besonders betroffen ist (§ 155 Absatz 1 Nummer 1 Buchstabe a bis d des Neunten Buches Sozialgesetzbuch) oder im Anschluss an eine Beschäftigung in einer anerkannten Werkstatt für behinderte Menschen oder bei einem anderen Leistungsanbieter im Sinne des § 60 des Neunten Buches So-

IX

zialgesetzbuch oder in Teilzeit (§ 158 Absatz 2 des Neunten Buches Sozialgesetzbuch) beschäftigt wird, vor allem, wenn ohne diese Leistungen das Beschäftigungsverhältnis gefährdet würde. 2Leistungen nach Satz 1 können auch in Probebeschäftigungen und Praktika erbracht werden, die ein in einer Werkstatt für behinderte Menschen beschäftigter schwerbehinderter Mensch im Rahmen von Maßnahmen zur Förderung des Übergangs auf den allgemeinen Arbeitsmarkt (§ 5 Abs. 4 der Werkstättenverordnung) absolviert, wenn die dem Arbeitgeber entstehenden außergewöhnlichen Belastungen nicht durch die in dieser Zeit erbrachten Leistungen der Rehabilitationsträger abgedeckt werden.

(2) Außergewöhnliche Belastungen sind überdurchschnittlich hohe finanzielle Aufwendungen oder sonstige Belastungen, die einem Arbeitgeber bei der Beschäftigung eines schwerbehinderten Menschen auch nach Ausschöpfung aller Möglichkeiten entstehen und für die die Kosten zu tragen für den Arbeitgeber nach Art oder Höhe unzumutbar ist.

(3) Für die Zuschüsse zu notwendigen Kosten nach Absatz 2 gilt § 26 Abs. 2 entsprechend.

(4) Die Dauer des Zuschusses bestimmt sich nach den Umständen des Einzelfalls.

III. Sonstige Leistungen

§ 27a Leistungen an Integrationsfachdienste

(1) Träger von Integrationsfachdiensten im Sinne des Kapitels 7 des Teils 3 des Neunten Buches Sozialgesetzbuch können Leistungen nach § 196 des Neunten Buches Sozialgesetzbuch zu den durch ihre Inanspruchnahme entstehenden notwendigen Kosten erhalten.

(2) 1Die Länder legen dem Bundesministerium für Arbeit und Soziales jährlich zum 30. Juni einen Bericht über die Beauftragung der Integrationsfachdienste oder anderer geeigneter Träger als Einheitliche Ansprechstellen für Arbeitgeber vor. 2Sie berichten auch über deren Aktivitäten in diesem Zusammenhang sowie über die Verwendung der Mittel, die ab dem 30. Juni 2022 nach § 36 nicht mehr an den Ausgleichsfonds abzuführen sind, für diesen Zweck. 3Der Bericht kann auch gesammelt durch die Bundesarbeitsgemeinschaft der Integrationsämter und Hauptfürsorgestellen erfolgen.

§ 28 Leistungen zur Durchführung der psychosozialen Betreuung schwerbehinderter Menschen

(1) Freie gemeinnützige Träger psychosozialer Dienste, die das Integrationsamt an der Durchführung der ihr obliegenden Aufgabe der im Einzelfall erforderlichen psychosozialen Betreuung schwerbehinderter Menschen unter Fortbestand ihrer Verantwortlichkeit beteiligt, können Leistungen zu den daraus entstehenden notwendigen Kosten erhalten.

(2) 1Leistungen nach Absatz 1 setzen voraus, daß

1. der psychosoziale Dienst nach seiner personellen, räumlichen und sächlichen Ausstattung zur Durchführung von Maßnahmen der psychosozialen Betreuung geeignet ist, insbesondere mit Fachkräften ausgestattet ist, die über eine geeignete Berufsqualifikation, eine psychosoziale Zusatzqualifikation und ausreichende Berufserfahrung verfügen, und
2. die Maßnahmen
   a) nach Art, Umfang und Dauer auf die Aufnahme, Ausübung oder Sicherung einer möglichst dauerhaften Beschäftigung schwerbehinderter Menschen auf dem allgemeinen Arbeitsmarkt ausgerichtet und dafür geeignet sind,
   b) nach den Grundsätzen der Wirtschaftlichkeit und Sparsamkeit durchgeführt werden, insbesondere die Kosten angemessen sind, und
   c) aufgrund einer Vereinbarung zwischen dem Integrationsamt und dem Träger des psychosozialen Dienstes durchgeführt werden.

2Leistungen können gleichermaßen für Maßnahmen für schwerbehinderte Menschen erbracht werden, die diesen Dienst unter bestimmten, in der Vereinbarung näher zu regelnden Voraussetzungen im Einvernehmen mit dem Integrationsamt unmittelbar in Anspruch nehmen.

(3) 1Leistungen sollen in der Regel bis zur vollen Höhe der notwendigen Kosten erbracht werden, die aus der Beteiligung an den im Einzelfall erforderlichen Maßnahmen entstehen. 2Das Nähere über die Höhe der zu übernehmenden Kosten, ihre Erfassung, Darstellung und Abrechnung bestimmt sich nach der Vereinbarung zwischen dem Integrationsamt und dem Träger des psychosozialen Dienstes gemäß Absatz 2 Satz 1 Nr. 2 Buchstabe c.

§ 28a Leistungen an Inklusionsbetriebe

Inklusionsbetriebe im Sinne des Kapitels 11 des Teils 3 des Neunten Buches Sozialgesetzbuch können Leistungen für Aufbau, Erweiterung, Modernisierung und Ausstattung einschließlich einer betriebswirtschaftlichen Beratung und besonderen Aufwand erhalten.

§ 29 Leistungen zur Durchführung von Aufklärungs-, Schulungs- und Bildungsmaßnahmen

(1) 1Die Durchführung von Schulungs- und Bildungsmaßnahmen für Vertrauenspersonen schwerbehinderter Menschen, Beauftragte der Arbeitgeber, Betriebs-, Personal-, Richter-, Staatsanwalts- und Präsidialräte sowie die Mitglieder der Stufenvertretungen wird gefördert, wenn es sich um Veranstaltungen der Integrationsämter im Sinne des § 185 Absatz 2 Satz 6 des Neunten Buches Sozialgesetzbuch handelt. 2Die Durchführung von Maßnahmen im Sinne des Satzes 1 durch andere Träger kann gefördert werden, wenn die Maßnahmen erforderlich und die Integrationsämter an ihrer inhaltlichen Gestaltung maßgeblich beteiligt sind.

(2) 1Aufklärungsmaßnahmen sowie Schulungs- und Bildungsmaßnahmen für andere als in Absatz 1 genannte Personen, die die Teilhabe schwerbehinderter Menschen am Arbeitsleben zum Gegenstand haben, können gefördert werden. 2Dies gilt auch für die Qualifizierung des nach § 185 Absatz 1 des Neunten Buches Sozialgesetzbuch einzusetzenden Personals sowie für notwendige Informationsschriften und -veranstaltungen über Rechte, Pflichten, Leistungen und sonstige Eingliederungshilfen sowie Nachteilsausgleiche nach dem Neunten Buch Sozialgesetzbuch und anderen Vorschriften.

IX

3. Unterabschnitt
Leistungen für Einrichtungen zur Teilhabe schwerbehinderter Menschen am Arbeitsleben

§ 30 Förderungsfähige Einrichtungen

(1) 1Leistungen können für die Schaffung, Erweiterung, Ausstattung und Modernisierung folgender Einrichtungen erbracht werden:

1. betriebliche, überbetriebliche und außerbetriebliche Einrichtungen zur Vorbereitung von behinderten Menschen auf eine berufliche Bildung oder die Teilhabe am Arbeitsleben,
2. betriebliche, überbetriebliche und außerbetriebliche Einrichtungen zur beruflichen Bildung behinderter Menschen,
3. Einrichtungen, soweit sie während der Durchführung von Leistungen zur medizinischen Rehabilitation behinderte Menschen auf eine berufliche Bildung oder die Teilhabe am Arbeitsleben vorbereiten,
4. Werkstätten für behinderte Menschen im Sinne des § 219 des Neunten Buches Sozialgesetzbuch,
5. Blindenwerkstätten mit einer Anerkennung auf Grund des Blindenwarenvertriebsgesetzes vom 9. April 1965 (BGBl. I S. 311) in der bis zum 13. September 2007 geltenden Fassung,
6. Wohnstätten für behinderte Menschen, die auf dem allgemeinen Arbeitsmarkt, in Werkstätten für behinderte Menschen oder in Blindenwerkstätten tätig sind.

2Zur länderübergreifenden Bedarfsbeurteilung wird das Bundesministerium für Arbeit und Soziales bei der Planung neuer oder Erweiterung bestehender Einrichtungen nach Satz 1 Nr. 4 bis 6 beteiligt.

(2) 1Öffentliche oder gemeinnützige Träger eines besonderen Beförderungsdienstes für behinderte Menschen können Leistungen zur Beschaffung und behinderungsgerechten Ausstattung von Kraftfahrzeugen erhalten. 2Die Höhe der Leistung bestimmt sich nach dem Umfang, in dem der besondere Beförderungsdienst für Fahrten schwerbehinderter Menschen von und zur Arbeitsstätte benutzt wird.

(3) 1Leistungen zur Deckung von Kosten des laufenden Betriebs dürfen nur ausnahmsweise erbracht werden, wenn hierdurch der Verlust bestehender Beschäftigungsmöglichkeiten für behinderte Menschen abgewendet werden kann. 2Für Einrichtungen nach Absatz 1 Nr. 4 bis 6 sind auch Leistungen zur Deckung eines Miet- oder Pachtzinses zulässig.

§ 31 Förderungsvoraussetzungen

(1) Die Einrichtungen im Sinne des § 30 Abs. 1 können gefördert werden, wenn sie

1. ausschließlich oder überwiegend behinderte Menschen aufnehmen, die Leistungen eines Rehabilitationsträgers in Anspruch nehmen,
2. behinderten Menschen unabhängig von der Ursache der Behinderung und unabhängig von der Mitgliedschaft in der Organisation des Trägers der Einrichtung offenstehen und

3. nach ihrer personellen, räumlichen und sächlichen Ausstattung die Gewähr dafür bieten, daß die Rehabilitationsmaßnahmen nach zeitgemäßen Erkenntnissen durchgeführt werden und einer dauerhaften Teilhabe am Arbeitsleben dienen.

(2) Darüber hinaus setzt die Förderung voraus bei

1. Einrichtungen im Sinne des § 30 Abs. 1 Nr. 1: Die in diesen Einrichtungen durchzuführenden Maßnahmen sollen den individuellen Belangen der behinderten Menschen Rechnung tragen und sowohl eine werkspraktische wie fachtheoretische Unterweisung umfassen. Eine begleitende Betreuung entsprechend den Bedürfnissen der behinderten Menschen muß sichergestellt sein. Maßnahmen zur Vorbereitung auf eine berufliche Bildung sollen sich auf mehrere Berufsfelder erstrecken und Aufschluß über Neigung und Eignung der behinderten Menschen geben.

2. Einrichtungen im Sinne des § 30 Abs. 1 Nr. 2:
   a) Die Eignungsvoraussetzungen nach den §§ 27 bis 30 des Berufsbildungsgesetzes oder nach den §§ 21 bis 22b der Handwerksordnung zur Ausbildung in anerkannten Ausbildungsberufen müssen erfüllt sein. Dies gilt auch für Ausbildungsgänge, die nach § 66 des Berufsbildungsgesetzes oder nach § 42m der Handwerksordnung durchgeführt werden.
   b) Außer- oder überbetriebliche Einrichtungen sollen unter Einbeziehung von Plätzen für berufsvorbereitende Maßnahmen über in der Regel mindestens 200 Plätze für die berufliche Bildung in mehreren Berufsfeldern verfügen. Sie müssen in der Lage sein, behinderte Menschen mit besonderer Art oder Schwere der Behinderung beruflich zu bilden. Sie müssen über die erforderliche Zahl von Ausbildern und die personellen und sächlichen Voraussetzungen für eine begleitende ärztliche, psychologische und soziale Betreuung entsprechend den Bedürfnissen der behinderten Menschen verfügen. Bei Unterbringung im Internat muß die behinderungsgerechte Betreuung sichergestellt sein. Die Einrichtungen sind zur vertrauensvollen Zusammenarbeit insbesondere untereinander und mit den für die Rehabilitation zuständigen Behörden verpflichtet.

3. Einrichtungen im Sinne des § 30 Abs. 1 Nr. 3: Die in diesen Einrichtungen in einem ineinandergreifenden Verfahren durchzuführenden Leistungen zur medizinischen Rehabilitation und zur Teilhabe am Arbeitsleben müssen entsprechend den individuellen Gegebenheiten so ausgerichtet sein, daß nach Abschluß dieser Maßnahmen ein möglichst nahtloser Übergang in eine berufliche Bildungsmaßnahme oder in das Arbeitsleben gewährleistet ist. Für die Durchführung der Maßnahmen müssen besondere Fachdienste zur Verfügung stehen.

4. Werkstätten für behinderte Menschen im Sinne des § 30 Abs. 1 Nr. 4:
   Sie müssen gemäß § 225 des Neunten Buches Sozialgesetzbuch anerkannt sein oder voraussichtlich anerkannt werden.

5. Blindenwerkstätten im Sinne des § 30 Abs. 1 Nr. 5:
   Sie müssen auf Grund des Blindenwarenvertriebsgesetzes anerkannt sein.

6. Wohnstätten im Sinne des § 30 Abs. 1 Nr. 6: Sie müssen hinsichtlich ihrer baulichen Gestaltung, Wohnflächenbemessung und Ausstattung den besonderen Bedürfnissen der behinderten Menschen entsprechen. Die Aufnahme auch von behinderten Menschen, die nicht im Arbeitsleben stehen, schließt eine Förderung entsprechend dem Anteil der im Arbeitsleben stehenden schwerbehinderten Menschen nicht aus. Der Verbleib von schwerbehinderten Menschen, die nicht mehr im Arbeitsleben stehen, insbesondere von schwerbehinderten Menschen nach dem Ausscheiden aus einer Werkstatt für behinderte Menschen, beeinträchtigt nicht die zweckentsprechende Verwendung der eingesetzten Mittel.

§ 32 Förderungsgrundsätze

(1) Leistungen sollen nur erbracht werden, wenn sich der Träger der Einrichtung in einem angemessenen Verhältnis an den Gesamtkosten beteiligt und alle anderen Finanzierungsmöglichkeiten aus Mitteln der öffentlichen Hände und aus privaten Mitteln in zumutbarer Weise in Anspruch genommen worden sind.

(2) [1]Leistungen dürfen nur erbracht werden, soweit Leistungen für denselben Zweck nicht von anderer Seite zu erbringen sind oder erbracht werden.

IX

₂Werden Einrichtungen aus Haushaltsmitteln des Bundes oder anderer öffentlicher Hände gefördert, ist eine Förderung aus Mitteln der Ausgleichsabgabe nur zulässig, wenn der Förderungszweck sonst nicht erreicht werden kann.

(3) Leistungen können nur erbracht werden, wenn ein Bedarf an entsprechenden Einrichtungen festgestellt und die Deckung der Kosten des laufenden Betriebs gesichert ist.

(4) Eine Nachfinanzierung aus Mitteln der Ausgleichsabgabe ist nur zulässig, wenn eine Förderung durch die gleiche Stelle vorangegangen ist.

§ 33 Art und Höhe der Leistungen

(1) ₁Leistungen können als Zuschüsse oder Darlehen erbracht werden. ₂Zuschüsse sind auch Zinszuschüsse zur Verbilligung von Fremdmitteln.

(2) Art und Höhe der Leistung bestimmen sich nach den Umständen des Einzelfalls, insbesondere nach dem Anteil der schwerbehinderten Menschen an der Gesamtzahl des aufzunehmenden Personenkreises, nach der wirtschaftlichen Situation der Einrichtung und ihres Trägers sowie nach Bedeutung und Dringlichkeit der beabsichtigten Rehabilitationsmaßnahmen.

§ 34 Tilgung und Verzinsung von Darlehen

(1) ₁Darlehen nach § 33 sollen jährlich mit 2 vom Hundert getilgt und mit 2 vom Hundert verzinst werden; bei Ausstattungsinvestitionen beträgt die Tilgung 10 vom Hundert. ₂Die durch die fortschreitende Tilgung ersparten Zinsen wachsen den Tilgungsbeträgen zu.

(2) Von der Tilgung und Verzinsung von Darlehen kann bis zum Ablauf von zwei Jahren nach Inbetriebnahme abgesehen werden.

Dritter Abschnitt Ausgleichsfonds

1. Unterabschnitt Gestaltung des Ausgleichsfonds

§ 35 Rechtsform

₁Der Ausgleichsfonds für überregionale Vorhaben zur Teilhabe schwerbehinderter Menschen am Arbeitsleben (Ausgleichsfonds) ist ein nicht rechtsfähiges Sondervermögen des Bundes mit eigener Wirtschafts- und Rechnungsführung. ₂Er ist von den übrigen Vermögen des Bundes, seinen Rechten und Verbindlichkeiten getrennt zu halten. ₃Für Verbindlichkeiten, die das Bundesministerium für Arbeit und Soziales als Verwalter des Ausgleichsfonds eingeht, haftet nur der Ausgleichsfonds; der Ausgleichsfonds haftet nicht für die sonstigen Verbindlichkeiten des Bundes.

§ 36 Weiterleitung der Mittel an den Ausgleichsfonds

₁Die Integrationsämter leiten zum 30. Juni eines jeden Jahres 18 vom Hundert des im Zeitraum vom 1. Juni des vorangegangenen Jahres bis zum 31. Mai des Jahres eingegangenen Aufkommens an Ausgleichsabgabe an den Ausgleichsfonds weiter. ₂Sie teilen dem Bundesministerium für Arbeit und Soziales zum 30. Juni eines jeden Jahres das Aufkommen an Ausgleichsabgabe für das vorangegangene Kalenderjahr auf der Grundlage des bis zum 31. Mai des Jahres tatsächlich an die Integrationsämter gezahlten Aufkommens mit. ₃Sie teilen zum 31. Januar eines jeden Jahres das Aufkommen an Ausgleichsabgabe für das vorvergangene Kalenderjahr dem Bundesministerium für Arbeit und Soziales mit. ₄Abweichend von Satz 1 leiten die Integrationsämter zum 30. Juni 2020 10 Prozent des im Zeitraum vom 1. Juni 2019 bis zum 31. Mai 2020 eingegangenen Aufkommens an Ausgleichsabgabe und zum 30. Juni 2021 10 Prozent des im Zeitraum vom 1. Juni 2020 bis zum 31. Mai 2021 eingegangenen Aufkommens an Ausgleichsabgabe an den Ausgleichsfonds weiter.

§ 37 Anwendung der Vorschriften der Bundeshaushaltsordnung

Für den Ausgleichsfonds gelten die Bundeshaushaltsordnung sowie die zu ihrer Ergänzung und Durchführung erlassenen Vorschriften entsprechend, soweit die Vorschriften dieser Verordnung nichts anderes bestimmen.

§ 38 Aufstellung eines Wirtschaftsplans

(1) Für jedes Kalenderjahr (Wirtschaftsjahr) ist ein Wirtschaftsplan aufzustellen.

(2) ₁Der Wirtschaftsplan enthält alle im Wirtschaftsjahr

1. zu erwartenden Einnahmen,
2. voraussichtlich zu leistenden Ausgaben und

3. voraussichtlich benötigten Verpflichtungsermächtigungen.

2Zinsen, Tilgungsbeträge aus Darlehen, zurückgezahlte Zuschüsse sowie unverbrauchte Mittel des Vorjahres fließen dem Ausgleichsfonds als Einnahmen zu.

(3) Der Wirtschaftsplan ist in Einnahmen und Ausgaben auszugleichen.

(4) Die Ausgaben sind gegenseitig deckungsfähig.

(5) Die Ausgaben sind übertragbar.

§ 39 Feststellung des Wirtschaftsplans

1Das Bundesministerium für Arbeit und Soziales stellt im Benehmen mit dem Bundesministerium der Finanzen und im Einvernehmen mit dem Beirat für die Teilhabe behinderter Menschen (Beirat) den Wirtschaftsplan fest. 2§ 1 der Bundeshaushaltsordnung findet keine Anwendung.

§ 40 Ausführung des Wirtschaftsplans

(1) 1Bei der Vergabe der Mittel des Ausgleichsfonds sind die jeweils gültigen Allgemeinen Nebenbestimmungen für Zuwendungen des Bundes zugrunde zu legen. 2Von ihnen kann im Einvernehmen mit dem Bundesministerium der Finanzen abgewichen werden.

(2) Verpflichtungen, die in Folgejahren zu Ausgaben führen, dürfen nur eingegangen werden, wenn die Finanzierung der Ausgaben durch das Aufkommen an Ausgleichsabgabe gesichert ist.

(3) 1Überschreitungen der Ausgabeansätze sind nur zulässig, wenn

1. hierfür ein unvorhergesehenes und unabweisbares Bedürfnis besteht und
2. entsprechende Einnahmeerhöhungen vorliegen.

2Außerplanmäßige Ausgaben sind nur zulässig, wenn

1. hierfür ein unvorhergesehenes und unabweisbares Bedürfnis besteht und
2. Beträge in gleicher Höhe bei anderen Ausgabeansätzen eingespart werden oder entsprechende Einnahmeerhöhungen vorliegen.

3Die Entscheidung hierüber trifft das Bundesministerium für Arbeit und Soziales im Benehmen mit dem Bundesministerium der Finanzen und im Einvernehmen mit dem Beirat.

(4) Bis zur bestimmungsmäßigen Verwendung sind die Ausgabemittel verzinslich anzulegen.

2. Unterabschnitt
Förderung der Teilhabe schwerbehinderter Menschen am Arbeitsleben aus Mitteln des Ausgleichsfonds

§ 41 Verwendungszwecke

(1) Die Mittel aus dem Ausgleichsfonds sind zu verwenden für

1. Zuweisungen an die Bundesagentur für Arbeit zur besonderen Förderung der Teilhabe schwerbehinderter Menschen am Arbeitsleben, insbesondere durch Eingliederungszuschüsse und Zuschüsse zur Ausbildungsvergütung nach dem Dritten Buch Sozialgesetzbuch, und zwar ab 2009 jährlich in Höhe von 16 vom Hundert des Aufkommens an Ausgleichsabgabe,
2. befristete überregionale Programme zum Abbau der Arbeitslosigkeit schwerbehinderter Menschen, besonderer Gruppen von schwerbehinderten Menschen (§ 155 des Neunten Buches Sozialgesetzbuch) oder schwerbehinderter Frauen sowie zur Förderung des Ausbildungsplatzangebots für schwerbehinderte Menschen,
3. Einrichtungen nach § 30 Abs. 1 Nr. 1 bis 3, soweit sie den Interessen mehrerer Länder dienen; Einrichtungen dienen den Interessen mehrerer Länder auch dann, wenn sie Bestandteil eines abgestimmten Plans sind, der ein länderübergreifendes Netz derartiger Einrichtungen zum Gegenstand hat,
4. überregionale Modellvorhaben zur Weiterentwicklung der Förderung der Teilhabe schwerbehinderter Menschen am Arbeitsleben, insbesondere durch betriebliches Eingliederungsmanagement, und der Förderung der Ausbildung schwerbehinderter Jugendlicher,
5. die Entwicklung technischer Arbeitshilfen und
6. Aufklärungs-, Fortbildungs- und Forschungsmaßnahmen auf dem Gebiet der Teilhabe schwerbehinderter Menschen am Arbeitsleben, sofern diesen Maßnahmen überregionale Bedeutung zukommt.

(2) Die Mittel des Ausgleichsfonds sind vorrangig für die Eingliederung schwerbehinderter Menschen in den allgemeinen Arbeitsmarkt zu verwenden.

IX

(3) Der Ausgleichsfonds kann sich an der Förderung von Forschungs- und Modellvorhaben durch die Integrationsämter nach § 14 Abs. 1 Nr. 4 beteiligen, sofern diese Vorhaben auch für andere Länder oder den Bund von Bedeutung sein können.

(4) Die §§ 31 bis 34 gelten entsprechend.

3. Unterabschnitt Verfahren zur Vergabe der Mittel des Ausgleichsfonds

§ 42 Anmeldeverfahren und Anträge

1Leistungen aus dem Ausgleichsfonds sind vom Träger der Maßnahme beim Bundesministerium für Arbeit und Soziales zu beantragen, in den Fällen des § 41 Abs. 1 Nr. 3 nach vorheriger Abstimmung mit dem Land, in dem der Integrationsbetrieb oder die Integrationsabteilung oder die Einrichtung ihren Sitz hat oder haben soll. 2Das Bundesministerium für Arbeit und Soziales leitet die Anträge mit seiner Stellungnahme dem Beirat zu.

§ 43 Vorschlagsrecht des Beirats

(1) 1Der Beirat nimmt zu den Anträgen Stellung. 2Die Stellungnahme hat einen Vorschlag zu enthalten, ob, in welcher Art und Höhe sowie unter welchen Bedingungen und Auflagen Mittel des Ausgleichsfonds vergeben werden sollen.

(2) Der Beirat kann unabhängig vom Vorliegen oder in Abwandlung eines schriftlichen oder elektronischen Antrags Vorhaben zur Förderung vorschlagen.

§ 44 Entscheidung

(1) Das Bundesministerium für Arbeit und Soziales entscheidet über die Anträge aufgrund der Vorschläge des Beirats durch schriftlichen oder elektronischen Bescheid.

(2) Der Beirat ist über die getroffene Entscheidung zu unterrichten.

§ 45 Vorhaben des Bundesministeriums für Arbeit und Soziales

Für Vorhaben des Bundesministeriums für Arbeit und Soziales, die dem Beirat zur Stellungnahme zuzuleiten sind, gelten die §§ 43 und 44 entsprechend.

Vierter Abschnitt Schlußvorschriften

§ 46 Übergangsregelungen

Abweichend von § 41 können Mittel des Ausgleichsfonds verwendet werden zur Förderung von Inklusionsbetrieben und -abteilungen nach Kapitel 11 des Teils 3 des Neunten Buches Sozialgesetzbuch, die nicht von öffentlichen Arbeitgebern im Sinne des § 154 Absatz 2 des Neunten Buches Sozialgesetzbuch geführt werden, soweit die Förderung bis zum 31. Dezember 2003 bewilligt worden ist, sowie für die Förderung von Einrichtungen nach § 30 Absatz 1 Satz 1 Nummer 4 bis 6, soweit Leistungen als Zinszuschüsse oder Zuschüsse zur Deckung eines Miet- oder Pachtzinses für bis zum 31. Dezember 2004 bewilligte Projekte erbracht werden.

§ 47 Inkrafttreten, Außerkrafttreten

1Diese Verordnung tritt am Tage nach der Verkündung in Kraft. 2Gleichzeitig tritt die Ausgleichsabgabeverordnung Schwerbehindertengesetz vom 8. August 1978 (BGBl. I S. 1228), zuletzt geändert durch § 12 der Kraftfahrzeughilfe-Verordnung vom 28. September 1987 (BGBl. I S. 2251), außer Kraft.

Werkstättenverordnung (WVO)

Vom 13. August 1980 (BGBl. I S. 1365)

Zuletzt geändert durch
Teilhabestärkungsgesetz
vom 2. Juni 2021 (BGBl. I S. 1387)

Auf Grund des § 55 Abs. 3 des Schwerbehindertengesetzes in der Fassung der Bekanntmachung vom 8. Oktober 1979 (BGBl. I S. 1649) verordnet die Bundesregierung mit Zustimmung des Bundesrates:

Erster Abschnitt
Fachliche Anforderungen an die Werkstatt für behinderte Menschen

§ 1 Grundsatz der einheitlichen Werkstatt

(1) Die Werkstatt für behinderte Menschen (Werkstatt) hat zur Erfüllung ihrer gesetzlichen Aufgaben die Voraussetzungen dafür zu schaffen, daß sie die behinderten Menschen im Sinne des § 219 Absatz 2 des Neunten Buches Sozialgesetzbuch aus ihrem Einzugsgebiet aufnehmen kann.

(2) Der unterschiedlichen Art der Behinderung und ihren Auswirkungen soll innerhalb der Werkstatt durch geeignete Maßnahmen, insbesondere durch Bildung besonderer Gruppen im Berufsbildungs- und Arbeitsbereich, Rechnung getragen werden.

§ 2 Fachausschuß

(1) $_1$Bei jeder Werkstatt ist ein Fachausschuß zu bilden. $_2$Ihm gehören in gleicher Zahl an

1. Vertreter der Werkstatt,
2. Vertreter der Bundesagentur für Arbeit,
3. Vertreter des nach Landesrecht bestimmten Trägers der Eingliederungshilfe.

$_2$Kommt die Zuständigkeit eines anderen Rehabilitationsträgers zur Erbringung von Leistungen zur Teilhabe am Arbeitsleben und ergänzende Leistungen in Betracht, soll der Fachausschuß zur Mitwirkung an der Stellungnahme auch Vertreter dieses Trägers hinzuziehen. $_3$Er kann auch andere Personen zur Beratung hinzuziehen und soll, soweit erforderlich, Sachverständige hören.

(1a) $_1$Ein Tätigwerden des Fachausschusses unterbleibt, soweit ein Teilhabeplanverfahren nach den §§ 19 bis 23 des Neunten Buches Sozialgesetzbuch durchgeführt wird. $_2$Dies gilt entsprechend, wenn ein Gesamtplanverfahren durchgeführt wird.

(2) Der Fachausschuss gibt vor der Aufnahme des behinderten Menschen in die Werkstatt gegenüber dem im Falle einer Aufnahme zuständigen Rehabilitationsträger eine Stellungnahme ab, ob der behinderte Mensch für seine Teilhabe am Arbeitsleben und zu seiner Eingliederung in das Arbeitsleben Leistungen einer Werkstatt für behinderte Menschen benötigt oder ob andere Leistungen zur Teilhabe am Arbeitsleben in Betracht kommen, insbesondere Leistungen der Unterstützten Beschäftigung nach § 55 des Neunten Buches Sozialgesetzbuch.

§ 3 Eingangsverfahren

(1) $_1$Die Werkstatt führt im Benehmen mit dem zuständigen Rehabilitationsträger Eingangsverfahren durch. $_2$Aufgabe des Eingangsverfahrens ist es festzustellen, ob die Werkstatt die geeignete Einrichtung zur Teilhabe behinderter Menschen am Arbeitsleben und zur Eingliederung in das Arbeitsleben im Sinne des § 219 des Neunten Buches Sozialgesetzbuch ist, sowie welche Bereiche der Werkstatt und welche Leistungen zur Teilhabe am Arbeitsleben und ergänzende Leistungen oder Leistungen zur Eingliederung in das Arbeitsleben in Betracht kommen und einen Eingliederungsplan zu erstellen.

(2) $_1$Das Eingangsverfahren dauert drei Monate. $_2$Es kann auf eine Dauer von bis zu vier Wochen verkürzt werden, wenn während des Eingangsverfahrens im Einzelfall festgestellt wird, dass eine kürzere Dauer ausreichend ist.

(3) Zum Abschluß des Eingangsverfahrens gibt der Fachausschuß auf Vorschlag des Trägers der Werkstatt und nach Anhörung des behinderten Men-

IX

schen, gegebenenfalls auch seines gesetzlichen Vertreters, unter Würdigung aller Umstände des Einzelfalles, insbesondere der Persönlichkeit des behinderten Menschen und seines Verhaltens während des Eingangsverfahrens, eine Stellungnahme gemäß Absatz 1 gegenüber dem zuständigen Rehabilitationsträger ab.

(4) 1Kommt der Fachausschuß zu dem Ergebnis, daß die Werkstatt für behinderte Menschen nicht geeignet ist, soll er zugleich eine Empfehlung aussprechen, welche andere Einrichtung oder sonstige Maßnahmen für den behinderten Menschen in Betracht kommen. 2Er soll sich auch dazu äußern, nach welcher Zeit eine Wiederholung des Eingangsverfahrens zweckmäßig ist und welche Maßnahmen und welche anderen Leistungen zur Teilhabe in der Zwischenzeit durchgeführt werden sollen.

§ 4 Berufsbildungsbereich

(1) 1Die Werkstatt führt im Benehmen mit dem im Berufsbildungsbereich und dem im Arbeitsbereich zuständigen Rehabilitationsträger Maßnahmen im Berufsbildungsbereich (Einzelmaßnahmen und Lehrgänge) zur Verbesserung der Teilhabe am Arbeitsleben unter Einschluss angemessener Maßnahmen zur Weiterentwicklung der Persönlichkeit des behinderten Menschen durch. 2Sie fördert die behinderten Menschen so, dass sie spätestens nach Teilnahme an Maßnahmen des Berufsbildungsbereichs in der Lage sind, wenigstens ein Mindestmaß wirtschaftlich verwertbarer Arbeitsleistung im Sinne des § 219 Absatz 2 des Neunten Buches Sozialgesetzbuch zu erbringen.

(2) Das Angebot an Leistungen zur Teilhabe am Arbeitsleben soll möglichst breit sein, um Art und Schwere der Behinderung, der unterschiedlichen Leistungsfähigkeit, Entwicklungsmöglichkeit sowie Eignung und Neigung der behinderten Menschen soweit wie möglich Rechnung zu tragen.

(3) Die Lehrgänge sind in einen Grund- und einen Aufbaukurs von in der Regel je zwölfmonatiger Dauer zu gliedern.

(4) 1Im Grundkurs sollen Fertigkeiten und Grundkenntnisse verschiedener Arbeitsabläufe vermittelt werden, darunter manuelle Fertigkeiten im Umgang mit verschiedenen Werkstoffen und Werkzeugen und Grundkenntnisse über Werkstoffe und Werkzeuge. 2Zugleich sollen das Selbstwertgefühl des behinderten Menschen und die Entwicklung des Sozial- und Arbeitsverhaltens gefördert sowie Schwerpunkte der Eignung und Neigung festgestellt werden.

(5) Im Aufbaukurs sollen Fertigkeiten mit höherem Schwierigkeitsgrad, insbesondere im Umgang mit Maschinen, und vertiefte Kenntnisse über Werkstoffe und Werkzeuge vermittelt sowie die Fähigkeit zu größerer Ausdauer und Belastung und zur Umstellung auf unterschiedliche Beschäftigungen im Arbeitsbereich geübt werden.

(6) 1Rechtzeitig vor Beendigung einer Maßnahme im Sinne des Absatzes 1 Satz 1 hat der Fachausschuss gegenüber dem zuständigen Rehabilitationsträger eine Stellungnahme dazu abzugeben, ob

1. die Teilnahme an einer anderen oder weiterführenden beruflichen Bildungsmaßnahme oder
2. eine Wiederholung der Maßnahme im Berufsbildungsbereich oder
3. eine Beschäftigung im Arbeitsbereich der Werkstatt oder auf dem allgemeinen Arbeitsmarkt einschließlich einem Inklusionsbetrieb (§ 215 des Neunten Buches Sozialgesetzbuch)

zweckmäßig erscheint. 2Das Gleiche gilt im Falle des vorzeitigen Abbruchs oder Wechsels der Maßnahme im Berufsbildungsbereich sowie des Ausscheidens aus der Werkstatt. 3Hat der zuständige Rehabilitationsträger die Leistungen für ein Jahr bewilligt (§ 57 Absatz 3 Satz 2 des Neunten Buches Sozialgesetzbuch), gibt der Fachausschuss ihm gegenüber rechtzeitig vor Ablauf dieses Jahres auch eine fachliche Stellungnahme dazu ab, ob die Leistungen für ein weiteres Jahr bewilligt werden sollen (§ 57 Absatz 3 Satz 3 des Neunten Buches Sozialgesetzbuch). 4Im übrigen gilt § 3 Abs. 3 entsprechend.

§ 5 Arbeitsbereich

(1) Die Werkstatt soll über ein möglichst breites Angebot an Arbeitsplätzen verfügen, um Art und Schwere der Behinderung, der unterschiedlichen Leistungsfähigkeit, Entwicklungsmöglichkeit sowie Eignung und Neigung der behinderten Menschen soweit wie möglich Rechnung zu tragen.

(2) 1Die Arbeitsplätze sollen in ihrer Ausstattung soweit wie möglich denjenigen auf dem allgemeinen Arbeitsmarkt entsprechen. 2Bei der Gestaltung der Plätze und der Arbeitsabläufe sind die beson-

deren Bedürfnisse der behinderten Menschen soweit wie möglich zu berücksichtigen, um sie in die Lage zu versetzen, wirtschaftlich verwertbare Arbeitsleistungen zu erbringen. 3Die Erfordernisse zur Vorbereitung für eine Vermittlung auf dem allgemeinen Arbeitsmarkt sind zu beachten.

(3) Zur Erhaltung und Erhöhung der im Berufsbildungsbereich erworbenen Leistungsfähigkeit und zur Weiterentwicklung der Persönlichkeit des behinderten Menschen sind arbeitsbegleitend geeignete Maßnahmen durchzuführen.

(4) 1Der Übergang von behinderten Menschen auf den allgemeinen Arbeitsmarkt ist durch geeignete Maßnahmen zu fördern, insbesondere auch durch die Einrichtung einer Übergangsgruppe mit besonderen Förderangeboten, Entwicklung individueller Förderpläne sowie Ermöglichung von Trainingsmaßnahmen, Betriebspraktika und durch eine zeitweise Beschäftigung auf ausgelagerten Arbeitsplätzen. 2Dabei hat die Werkstatt die notwendige arbeitsbegleitende Betreuung in der Übergangsphase sicherzustellen und darauf hinzuwirken, daß der zuständige Rehabilitationsträger seine Leistungen und nach dem Ausscheiden des behinderten Menschen aus der Werkstatt das Integrationsamt, gegebenenfalls unter Beteiligung eines Integrationsfachdienstes, die begleitende Hilfe im Arbeits- und Berufsleben erbringen. 3Die Werkstatt hat die Bundesagentur für Arbeit bei der Durchführung der vorbereitenden Maßnahmen in die Bemühungen zur Vermittlung auf den allgemeinen Arbeitsmarkt einzubeziehen.

(5) 1Der Fachausschuss wird bei der Planung und Durchführung von Maßnahmen nach den Absätzen 3 und 4 beteiligt. 2Er gibt auf Vorschlag des Trägers der Werkstatt oder des zuständigen Rehabilitationsträgers in regelmäßigen Abständen, wenigstens einmal jährlich, gegenüber dem zuständigen Rehabilitationsträger eine Stellungnahme dazu ab, welche behinderten Menschen für einen Übergang auf den allgemeinen Arbeitsmarkt in Betracht kommen und welche übergangsfördernden Maßnahmen dazu erforderlich sind. 3Im Übrigen gilt § 3 Abs. 3 entsprechend.

§ 6 Beschäftigungszeit

(1) 1Die Werkstatt hat sicherzustellen, daß die behinderten Menschen im Berufsbildungs- und Arbeitsbereich wenigstens 35 und höchstens 40 Stunden wöchentlich beschäftigt werden können. 2Die Stundenzahlen umfassen Erholungspausen und Zeiten der Teilnahme an Maßnahmen im Sinne des § 5 Abs. 3.

(2) Einzelnen behinderten Menschen ist eine kürzere Beschäftigungszeit zu ermöglichen, wenn es wegen Art oder Schwere der Behinderung oder zur Erfüllung des Erziehungsauftrages notwendig erscheint.

§ 7 Größe der Werkstatt

(1) Die Werkstatt soll in der Regel über mindestens 120 Plätze verfügen.

(2) Die Mindestzahl nach Absatz 1 gilt als erfüllt, wenn der Werkstattverbund im Sinne des § 15, dem die Werkstatt angehört, über diese Zahl von Plätzen verfügt.

§ 8 Bauliche Gestaltung, Ausstattung, Standort

(1) 1Die bauliche Gestaltung und die Ausstattung der Werkstatt müssen der Aufgabenstellung der Werkstatt als einer Einrichtung zur Teilhabe behinderter Menschen am Arbeitsleben und zur Eingliederung in das Arbeitsleben und den in § 219 des Neunten Buches Sozialgesetzbuch und im Ersten Abschnitt dieser Verordnung gestellten Anforderungen Rechnung tragen. 2Die Erfordernisse des Arbeitsschutzes und der Unfallverhütung sowie zur Vermeidung baulicher und technischer Hindernisse sind zu beachten.

(2) Bei der Wahl des Standorts ist auf die Einbindung in die regionale Wirtschafts- und Beschäftigungsstruktur Rücksicht zu nehmen.

(3) Das Einzugsgebiet muß so bemessen sein, daß die Werkstatt für die behinderten Menschen mit öffentlichen oder sonstigen Verkehrsmitteln in zumutbarer Zeit erreichbar ist.

(4) Die Werkstatt hat im Benehmen mit den zuständigen Rehabilitationsträgern, soweit erforderlich, einen Fahrdienst zu organisieren.

§ 9 Werkstattleiter, Fachpersonal zur Arbeits- und Berufsförderung

(1) Die Werkstatt muß über die Fachkräfte verfügen, die erforderlich sind, um ihre Aufgaben entsprechend den jeweiligen Bedürfnissen der behinderten Menschen, insbesondere unter Berücksichtigung der Notwendigkeit einer individuellen För-

derung von behinderten Menschen, erfüllen zu können.

(2) $_{1}$Der Werkstattleiter soll in der Regel über einen Fachhochschulabschluß im kaufmännischen oder technischen Bereich oder einen gleichwertigen Bildungsstand, über ausreichende Berufserfahrung und eine sonderpädagogische Zusatzqualifikation verfügen. $_{2}$Entsprechende Berufsqualifikationen aus dem sozialen Bereich reichen aus, wenn die zur Leitung einer Werkstatt erforderlichen Kenntnisse und Fähigkeiten im kaufmännischen und technischen Bereich anderweitig erworben worden sind. $_{3}$Die sonderpädagogische Zusatzqualifikation kann in angemessener Zeit durch Teilnahme an geeigneten Fortbildungsmaßnahmen nachgeholt werden.

(3) $_{1}$Die Zahl der Fachkräfte zur Arbeits- und Berufsförderung im Berufsbildungs- und Arbeitsbereich richtet sich nach der Zahl und der Zusammensetzung der behinderten Menschen sowie der Art der Beschäftigung und der technischen Ausstattung des Arbeitsbereichs. $_{2}$Das Zahlenverhältnis von Fachkräften zu behinderten Menschen soll im Berufsbildungsbereich 1 : 6, im Arbeitsbereich 1 : 12 betragen. $_{3}$Die Fachkräfte sollen in der Regel Facharbeiter, Gesellen oder Meister mit einer mindestens zweijährigen Berufserfahrung in Industrie oder Handwerk sein; sie müssen pädagogisch geeignet sein und über eine sonderpädagogische Zusatzqualifikation verfügen. $_{4}$Entsprechende Berufsqualifikationen aus dem pädagogischen oder sozialen Bereich reichen aus, wenn die für eine Tätigkeit als Fachkraft erforderlichen sonstigen Kenntnisse und Fähigkeiten für den Berufsbildungs- und Berufsbildungsbereich anderweitig erworben worden sind. $_{5}$Absatz 2 Satz 3 gilt entsprechend.

(4) Zur Durchführung des Eingangsverfahrens sollen Fachkräfte des Berufsbildungsbereichs und der begleitenden Dienste eingesetzt werden, sofern der zuständige Rehabilitationsträger keine höheren Anforderungen stellt.

§ 10 Begleitende Dienste

(1) $_{1}$Die Werkstatt muß zur pädagogischen, sozialen und medizinischen Betreuung der behinderten Menschen über begleitende Dienste verfügen, die den Bedürfnissen der behinderten Menschen gerecht werden. $_{2}$Eine erforderliche psychologische Betreuung ist sicherzustellen. $_{3}$§ 9 Abs. 1 gilt entsprechend.

(2) Für je 120 behinderte Menschen sollen in der Regel ein Sozialpädagoge oder ein Sozialarbeiter zur Verfügung stehen, darüber hinaus im Einvernehmen mit den zuständigen Rehabilitationsträgern pflegerische, therapeutische und nach Art und Schwere der Behinderung sonst erforderliche Fachkräfte.

(3) Die besondere ärztliche Betreuung der behinderten Menschen in der Werkstatt und die medizinische Beratung des Fachpersonals der Werkstatt durch einen Arzt, der möglichst auch die an einen Betriebsarzt zu stellenden Anforderungen erfüllen soll, müssen vertraglich sichergestellt sein.

§ 11 Fortbildung

Die Werkstatt hat dem Fachpersonal nach den §§ 9 und 10 Gelegenheit zur Teilnahme an Fortbildungsmaßnahmen zu geben.

§ 12 Wirtschaftsführung

(1) $_{1}$Die Werkstatt muß nach betriebswirtschaftlichen Grundsätzen organisiert sein. $_{2}$Sie hat nach kaufmännischen Grundsätzen Bücher zu führen und eine Betriebsabrechnung in Form einer Kostenstellenrechnung zu erstellen. $_{3}$Sie soll einen Jahresabschluß erstellen. $_{4}$Zusätzlich sind das Arbeitsergebnis, seine Zusammensetzung im Einzelnen gemäß Absatz 4 und seine Verwendung auszuweisen. $_{5}$Die Buchführung, die Betriebsabrechnung und der Jahresabschluß sind in angemessenen Zeitabständen in der Regel von einer Person zu prüfen, die als Prüfer bei durch Bundesgesetz vorgeschriebenen Prüfungen des Jahresabschlusses einschließlich der Ermittlung des Arbeitsergebnisses, seine Zusammensetzung im Einzelnen gemäß Absatz 4 und seiner Verwendung (Abschlußprüfer) juristischer Personen zugelassen ist. $_{6}$Weitergehende handelsrechtliche und abweichende haushaltsrechtliche Vorschriften über Rechnungs-, Buchführungs- und Aufzeichnungspflichten sowie Prüfungspflichten bleiben unberührt. $_{7}$Über den zu verwendenden Kontenrahmen, die Gliederung des Jahresabschlusses, die Kostenstellenrechnung und die Zeitabstände zwischen den Prüfungen der Rechnungslegung ist mit den zuständigen Rehabilitationsträgern Einvernehmen herzustellen.

(2) Die Werkstatt muß über einen Organisations- und Stellenplan mit einer Funktionsbeschreibung des Personals verfügen.

(3) Die Werkstatt muß wirtschaftliche Arbeitsergebnisse anstreben, um an die im Arbeitsbereich beschäftigten behinderten Menschen ein ihrer Leistung angemessenes Arbeitsentgelt im Sinne des § 219 Absatz 1 Satz 2 und § 221 des Neunten Buches Sozialgesetzbuch zahlen zu können.

(4) 1Arbeitsergebnis im Sinne des § 221 des Neunten Buches und der Vorschriften dieser Verordnung ist die Differenz aus den Erträgen und den notwendigen Kosten des laufenden Betriebs im Arbeitsbereich der Werkstatt. 2Die Erträge setzen sich zusammen aus den Umsatzerlösen, Zins- und sonstigen Erträgen aus der wirtschaftlichen Tätigkeit und den von den Rehabilitationsträgern erbrachten Kostensätzen. 3Notwendige Kosten des laufenden Betriebs sind die Kosten nach § 58 Absatz 3 Satz 2 und 3 des Neunten Buches Sozialgesetzbuch im Rahmen der getroffenen Vereinbarungen sowie die mit der wirtschaftlichen Betätigung der Werkstatt in Zusammenhang stehenden notwendigen Kosten, die auch in einem Wirtschaftsunternehmen üblicherweise entstehen und infolgedessen nach § 58 Absatz 3 des Neunten Buches Sozialgesetzbuch von den Rehabilitationsträgern nicht übernommen werden, nicht hingegen die Kosten für die Arbeitsentgelte nach § 221 Absatz 2 des Neunten Buches Sozialgesetzbuch und das Arbeitsförderungsgeld nach § 59 des Neunten Buches Sozialgesetzbuch.

(5) 1Das Arbeitsergebnis darf nur für Zwecke der Werkstatt verwendet werden, und zwar für

1. die Zahlung der Arbeitsentgelte nach § 221 Absatz 2 des Neunten Buches Sozialgesetzbuch, in der Regel im Umfang von mindestens 70 vom Hundert des Arbeitsergebnisses,
2. die Bildung einer zum Ausgleich von Ertragsschwankungen notwendigen Rücklage, höchstens eines Betrages, der zur Zahlung der Arbeitsentgelte nach § 221 des Neunten Buches Sozialgesetzbuch für sechs Monate erforderlich ist,
3. Ersatz- und Modernisierungsinvestitionen in der Werkstatt, soweit diese Kosten nicht aus den Rücklagen auf Grund von Abschreibung des Anlagevermögens für solche Investitionen, aus Leistungen der Rehabilitationsträger oder aus sonstigen Einnahmen zu decken sind oder gedeckt werden. Kosten für die Schaffung und Ausstattung neuer Werk- und Wohnstättenplätze dürfen aus dem Arbeitsergebnis nicht bestritten werden.

Abweichende handelsrechtliche Vorschriften über die Bildung von Rücklagen bleiben unberührt.

(6) 1Die Werkstatt legt die Ermittlung des Arbeitsergebnisses nach Absatz 4 und dessen Verwendung nach Absatz 5 gegenüber den beiden Anerkennungsbehörden nach § 225 Satz 2 des Neunten Buches Sozialgesetzbuch auf deren Verlangen offen. 2Diese sind berechtigt, die Angaben durch Einsicht in die nach Absatz 1 zu führenden Unterlagen zu überprüfen.

§ 13 Abschluß von schriftlichen Verträgen

(1) 1Die Werkstätten haben mit den im Arbeitsbereich beschäftigten behinderten Menschen, soweit auf sie die für einen Arbeitsvertrag geltenden Rechtsvorschriften oder Rechtsgrundsätze nicht anwendbar sind, Werkstattverträge in schriftlicher Form abzuschließen, in denen das arbeitnehmerähnliche Rechtsverhältnis zwischen der Werkstatt und dem Behinderten näher geregelt wird. 2Über die Vereinbarungen sind die zuständigen Rehabilitationsträger zu unterrichten.

(2) In den Verträgen nach Absatz 1 ist auch die Zahlung des Arbeitsentgelts im Sinne des § 219 Absatz 1 Satz 2 und § 221 des Neunten Buches Sozialgesetzbuch an die im Arbeitsbereich beschäftigten behinderten Menschen aus dem Arbeitsergebnis näher zu regeln.

§ 14 Mitbestimmung, Mitwirkung, Frauenbeauftragte

Die Werkstatt hat den Menschen mit Behinderungen im Sinne des § 13 Absatz 1 Satz 1 eine angemessene Mitbestimmung und Mitwirkung durch Werkstatträte sowie den Frauenbeauftragten eine angemessene Interessenvertretung zu ermöglichen.

§ 15 Werkstattverbund

(1) Mehrere Werkstätten desselben Trägers oder verschiedener Träger innerhalb eines Einzugsgebietes im Sinne des § 8 Abs. 3 oder mit räumlich zusammenhängenden Einzugsgebieten können zur

Erfüllung der Aufgaben einer Werkstatt und der an sie gestellten Anforderungen eine Zusammenarbeit vertraglich vereinbaren (Werkstattverbund).

(2) Ein Werkstattverbund ist anzustreben, wenn im Einzugsgebiet einer Werkstatt zusätzlich eine besondere Werkstatt im Sinne des § 220 Absatz 1 Satz 2 Nummer 2 des Neunten Buches Sozialgesetzbuch für behinderte Menschen mit einer bestimmten Art der Behinderung vorhanden ist.

§ 16 Formen der Werkstatt

Die Werkstatt kann eine teilstationäre Einrichtung oder ein organisatorisch selbständiger Teil einer stationären Einrichtung (Anstalt, Heim oder gleichartige Einrichtung) oder eines Unternehmens sein.

Zweiter Abschnitt Verfahren zur Anerkennung als Werkstatt für behinderte Menschen

§ 17 Anerkennungsfähige Einrichtungen

(1) 1Als Werkstätten können nur solche Einrichtungen anerkannt werden, die die im § 219 des Neunten Buches Sozialgesetzbuch und im Ersten Abschnitt dieser Verordnung gestellten Anforderungen erfüllen. 2Von Anforderungen, die nicht zwingend vorgeschrieben sind, sind Ausnahmen zuzulassen, wenn ein besonderer sachlicher Grund im Einzelfall eine Abweichung rechtfertigt.

(2) Als Werkstätten können auch solche Einrichtungen anerkannt werden, die Teil eines Werkstattverbundes sind und die Anforderungen nach Absatz 1 nicht voll erfüllen, wenn der Werkstattverbund die Anforderungen erfüllt.

(3) 1Werkstätten im Aufbau, die die Anforderungen nach Absatz 1 noch nicht voll erfüllen, aber bereit und in der Lage sind, die Anforderungen in einer vertretbaren Anlaufzeit zu erfüllen, können unter Auflagen befristet anerkannt werden. 2Abweichend von § 7 genügt es, wenn im Zeitpunkt der Entscheidung über den Antrag auf Anerkennung wenigstens 60 Plätze vorhanden sind, sofern gewährleistet ist, daß die Werkstatt im Endausbau, spätestens nach 5 Jahren, die Voraussetzungen des § 7 erfüllt.

§ 18 Antrag

(1) 1Die Anerkennung ist vom Träger der Werkstatt schriftlich oder elektronisch zu beantragen. 2Der Antragsteller hat nachzuweisen, daß die Voraussetzungen für die Anerkennung vorliegen.

(2) 1Die Entscheidung über den Antrag ergeht schriftlich oder elektronisch. 2Eine Entscheidung soll innerhalb von 3 Monaten seit Antragstellung getroffen werden.

(3) Die Anerkennung erfolgt mit der Auflage, im Geschäftsverkehr auf die Anerkennung als Werkstatt für behinderte Menschen hinzuweisen.

Dritter Abschnitt Schlußvorschriften

§ 19 Vorläufige Anerkennung

Vorläufige Anerkennungen, die vor Inkrafttreten dieser Verordnung von der Bundesanstalt für Arbeit ausgesprochen worden sind, behalten ihre Wirkung bis zur Unanfechtbarkeit der Entscheidung über den neuen Antrag auf Anerkennung, wenn dieser Antrag innerhalb von 3 Monaten nach Inkrafttreten dieser Verordnung gestellt wird.

§ 20 (weggefallen)

§ 21 Inkrafttreten

Diese Verordnung tritt am Tage nach der Verkündung in Kraft.

X SGB X: Sozialverwaltungsverfahren und Sozialdatenschutz

X Zehntes Buch Sozialgesetzbuch – Sozialverwaltungsverfahren und Sozialdatenschutz – (SGB X) 1268

X

Zehntes Buch Sozialgesetzbuch – Sozialverwaltungsverfahren und Sozialdatenschutz – (SGB X)

in der Fassung der Bekanntmachung vom 18. Januar 2001 (BGBl. I S. 130)

Zuletzt geändert durch
Gesetz zu Sofortmaßnahmen für einen beschleunigten Ausbau der erneuerbaren Energien und weiteren Maßnahmen im Stromsektor
vom 20. Juli 2022 (BGBl. I S. 1237)[1])

Inhaltsübersicht

Erstes Kapitel
Verwaltungsverfahren

Erster Abschnitt
Anwendungsbereich, Zuständigkeit, Amtshilfe

§ 1 Anwendungsbereich
§ 2 Örtliche Zuständigkeit
§ 3 Amtshilfepflicht
§ 4 Voraussetzungen und Grenzen der Amtshilfe
§ 5 Auswahl der Behörde
§ 6 Durchführung der Amtshilfe
§ 7 Kosten der Amtshilfe

Zweiter Abschnitt
Allgemeine Vorschriften über das Verwaltungsverfahren

Erster Titel
Verfahrensgrundsätze

§ 8 Begriff des Verwaltungsverfahrens
§ 9 Nichtförmlichkeit des Verwaltungsverfahrens
§ 10 Beteiligungsfähigkeit
§ 11 Vornahme von Verfahrenshandlungen
§ 12 Beteiligte
§ 13 Bevollmächtigte und Beistände
§ 14 Bestellung eines Empfangsbevollmächtigten
§ 15 Bestellung eines Vertreters von Amts wegen
§ 16 Ausgeschlossene Personen
§ 17 Besorgnis der Befangenheit
§ 18 Beginn des Verfahrens
§ 19 Amtssprache
§ 20 Untersuchungsgrundsatz
§ 21 Beweismittel
§ 22 Vernehmung durch das Sozial- oder Verwaltungsgericht
§ 23 Glaubhaftmachung, Versicherung an Eides statt
§ 24 Anhörung Beteiligter
§ 25 Akteneinsicht durch Beteiligte

Zweiter Titel
Fristen, Termine, Wiedereinsetzung

§ 26 Fristen und Termine
§ 27 Wiedereinsetzung in den vorigen Stand
§ 28 Wiederholte Antragstellung

Dritter Titel
Amtliche Beglaubigung

§ 29 Beglaubigung von Dokumenten
§ 30 Beglaubigung von Unterschriften

Dritter Abschnitt
Verwaltungsakt

Erster Titel
Zustandekommen des Verwaltungsaktes

§ 31 Begriff des Verwaltungsaktes
§ 31a Vollständig automatisierter Erlass eines Verwaltungsaktes
§ 32 Nebenbestimmungen zum Verwaltungsakt
§ 33 Bestimmtheit und Form des Verwaltungsaktes
§ 34 Zusicherung
§ 35 Begründung des Verwaltungsaktes
§ 36 Rechtsbehelfsbelehrung
§ 37 Bekanntgabe des Verwaltungsaktes
§ 38 Offenbare Unrichtigkeit im Verwaltungsakt

X

[1]) Die Änderungen treten am 1. Januar 2023 in Kraft.

Zweiter Titel
Bestandskraft des Verwaltungsaktes

§ 39 Wirksamkeit des Verwaltungsaktes
§ 40 Nichtigkeit des Verwaltungsaktes
§ 41 Heilung von Verfahrens- und Formfehlern
§ 42 Folgen von Verfahrens- und Formfehlern
§ 43 Umdeutung eines fehlerhaften Verwaltungsaktes
§ 44 Rücknahme eines rechtswidrigen nicht begünstigenden Verwaltungsaktes
§ 45 Rücknahme eines rechtswidrigen begünstigenden Verwaltungsaktes
§ 46 Widerruf eines rechtmäßigen nicht begünstigenden Verwaltungsaktes
§ 47 Widerruf eines rechtmäßigen begünstigenden Verwaltungsaktes
§ 48 Aufhebung eines Verwaltungsaktes mit Dauerwirkung bei Änderung der Verhältnisse
§ 49 Rücknahme und Widerruf im Rechtsbehelfsverfahren
§ 50 Erstattung zu Unrecht erbrachter Leistungen
§ 51 Rückgabe von Urkunden und Sachen

Dritter Titel
Verjährungsrechtliche Wirkungen des Verwaltungsaktes

§ 52 Hemmung der Verjährung durch Verwaltungsakt

Vierter Abschnitt
Öffentlich-rechtlicher Vertrag

§ 53 Zulässigkeit des öffentlich-rechtlichen Vertrages
§ 54 Vergleichsvertrag
§ 55 Austauschvertrag
§ 56 Schriftform
§ 57 Zustimmung von Dritten und Behörden
§ 58 Nichtigkeit des öffentlich-rechtlichen Vertrages
§ 59 Anpassung und Kündigung in besonderen Fällen
§ 60 Unterwerfung unter die sofortige Vollstreckung
§ 61 Ergänzende Anwendung von Vorschriften

Fünfter Abschnitt
Rechtsbehelfsverfahren

§ 62 Rechtsbehelfe gegen Verwaltungsakte
§ 63 Erstattung von Kosten im Vorverfahren

Sechster Abschnitt
Kosten, Zustellung und Vollstreckung

§ 64 Kostenfreiheit
§ 65 Zustellung
§ 66 Vollstreckung

Zweites Kapitel
Schutz der Sozialdaten

Erster Abschnitt
Begriffsbestimmungen

§ 67 Begriffsbestimmungen

Zweiter Abschnitt
Verarbeitung von Sozialdaten

§ 67a Erhebung von Sozialdaten 1292
§ 67b Speicherung, Veränderung, Nutzung, Übermittlung, Einschränkung der Verarbeitung und Löschung von Sozialdaten 1292
§ 67c Zweckbindung sowie Speicherung, Veränderung und Nutzung von Sozialdaten zu anderen Zwecken 1293
§ 67d Übermittlungsgrundsätze
§ 67e Erhebung und Übermittlung zur Bekämpfung von Leistungsmissbrauch und illegaler Ausländerbeschäftigung
§ 68 Übermittlung für Aufgaben der Polizeibehörden, der Staatsanwaltschaften, Gerichte und der Behörden der Gefahrenabwehr
§ 69 Übermittlung für die Erfüllung sozialer Aufgaben
§ 70 Übermittlung für die Durchführung des Arbeitsschutzes
§ 71 Übermittlung für die Erfüllung besonderer gesetzlicher Pflichten und Mitteilungsbefugnisse
§ 72 Übermittlung für den Schutz der inneren und äußeren Sicherheit
§ 73 Übermittlung für die Durchführung eines Strafverfahrens
§ 74 Übermittlung bei Verletzung der Unterhaltspflicht und beim Versorgungsausgleich

§ 74a Übermittlung zur Durchsetzung öffentlich-rechtlicher Ansprüche und im Vollstreckungsverfahren
§ 75 Übermittlung von Sozialdaten für die Forschung und Planung
§ 76 Einschränkung der Übermittlungsbefugnis bei besonders schutzwürdigen Sozialdaten
§ 77 Übermittlung ins Ausland und an internationale Organisationen
§ 78 Zweckbindung und Geheimhaltungspflicht eines Dritten, an den Daten übermittelt werden

Dritter Abschnitt
Besondere Datenverarbeitungsarten

§ 79 Einrichtung automatisierter Verfahren auf Abruf
§ 80 Verarbeitung von Sozialdaten im Auftrag

Vierter Abschnitt
Rechte der betroffenen Person, Beauftragte für den Datenschutz und Schlussvorschriften

§ 81 Recht auf Anrufung, Beauftragte für den Datenschutz
§ 81a Gerichtlicher Rechtsschutz
§ 81b Klagen gegen den Verantwortlichen oder Auftragsverarbeiter
§ 81c Antrag auf gerichtliche Entscheidung bei angenommener Europarechtswidrigkeit eines Angemessenheitsbeschlusses der Europäischen Kommission
§ 82 Informationspflichten bei der Erhebung von Sozialdaten bei der betroffenen Person
§ 82a Informationspflichten, wenn Sozialdaten nicht bei der betroffenen Person erhoben wurden
§ 83 Auskunftsrecht der betroffenen Personen
§ 83a Benachrichtigung bei einer Verletzung des Schutzes von Sozialdaten
§ 84 Recht auf Berichtigung, Löschung, Einschränkung der Verarbeitung und Widerspruch
§ 85 Strafvorschriften
§ 85a Bußgeldvorschriften

Drittes Kapitel
Zusammenarbeit der Leistungsträger und ihre Beziehungen zu Dritten

Erster Abschnitt
Zusammenarbeit der Leistungsträger untereinander und mit Dritten

Erster Titel
Allgemeine Vorschriften

§ 86 Zusammenarbeit

Zweiter Titel
Zusammenarbeit der Leistungsträger untereinander

§ 87 Beschleunigung der Zusammenarbeit
§ 88 Auftrag
§ 89 Ausführung des Auftrags
§ 90 Anträge und Widerspruch beim Auftrag
§ 91 Erstattung von Aufwendungen
§ 92 Kündigung des Auftrags
§ 93 Gesetzlicher Auftrag
§ 94 Arbeitsgemeinschaften
§ 95 Zusammenarbeit bei Planung und Forschung
§ 96 Ärztliche Untersuchungen, psychologische Eignungsuntersuchungen

Dritter Titel
Zusammenarbeit der Leistungsträger mit Dritten

§ 97 Durchführung von Aufgaben durch Dritte
§ 98 Auskunftspflicht des Arbeitgebers
§ 99 Auskunftspflicht von Angehörigen, Unterhaltspflichtigen oder sonstigen Personen
§ 100 Auskunftspflicht des Arztes oder Angehörigen eines anderen Heilberufs
§ 101 Auskunftspflicht der Leistungsträger
§ 101a Mitteilungen der Meldebehörden

Zweiter Abschnitt
Erstattungsansprüche der Leistungsträger untereinander

§ 102 Anspruch des vorläufig leistenden Leistungsträgers
§ 103 Anspruch des Leistungsträgers, dessen Leistungsverpflichtung nachträglich entfallen ist

§ 104 Anspruch des nachrangig verpflichteten Leistungsträgers
§ 105 Anspruch des unzuständigen Leistungsträgers
§ 106 Rangfolge bei mehreren Erstattungsberechtigten
§ 107 Erfüllung
§ 108 Erstattung in Geld, Verzinsung
§ 109 Verwaltungskosten und Auslagen
§ 110 Pauschalierung
§ 111 Ausschlussfrist
§ 112 Rückerstattung
§ 113 Verjährung
§ 114 Rechtsweg

Dritter Abschnitt
Erstattungs- und Ersatzansprüche der Leistungsträger gegen Dritte

§ 115 Ansprüche gegen den Arbeitgeber
§ 116 Ansprüche gegen Schadenersatzpflichtige
§ 117 Schadenersatzansprüche mehrerer Leistungsträger
§ 118 Bindung der Gerichte
§ 119 Übergang von Beitragsansprüchen

Viertes Kapitel
Übergangs- und Schlussvorschriften

§ 120 Übergangsregelung

Anlage
(zu § 78a)

Erstes Kapitel
Verwaltungsverfahren

Erster Abschnitt
Anwendungsbereich, Zuständigkeit, Amtshilfe

§ 1 Anwendungsbereich

(1) 1Die Vorschriften dieses Kapitels gelten für die öffentlich-rechtliche Verwaltungstätigkeit der Behörden, die nach diesem Gesetzbuch ausgeübt wird. 2Für die öffentlich-rechtliche Verwaltungstätigkeit der Behörden der Länder, der Gemeinden und Gemeindeverbände, der sonstigen der Aufsicht des Landes unterstehenden juristischen Personen des öffentlichen Rechts zur Ausführung von besonderen Teilen dieses Gesetzbuches, die nach Inkrafttreten der Vorschriften dieses Kapitels Bestandteil des Sozialgesetzbuches werden, gilt dies nur, soweit diese besonderen Teile mit Zustimmung des Bundesrates die Vorschriften dieses Kapitels für anwendbar erklären. 3Die Vorschriften gelten nicht für die Verfolgung und Ahndung von Ordnungswidrigkeiten.

(2) Behörde im Sinne dieses Gesetzbuches ist jede Stelle, die Aufgaben der öffentlichen Verwaltung wahrnimmt.

§ 2 Örtliche Zuständigkeit

(1) 1Sind mehrere Behörden örtlich zuständig, entscheidet die Behörde, die zuerst mit der Sache befasst worden ist, es sei denn, die gemeinsame Aufsichtsbehörde bestimmt, dass eine andere örtlich zuständige Behörde zu entscheiden hat. 2Diese Aufsichtsbehörde entscheidet ferner über die örtliche Zuständigkeit, wenn sich mehrere Behörden für zuständig oder für unzuständig halten oder wenn die Zuständigkeit aus anderen Gründen zweifelhaft ist. 3Fehlt eine gemeinsame Aufsichtsbehörde, treffen die Aufsichtsbehörden die Entscheidung gemeinsam.

(2) Ändern sich im Lauf des Verwaltungsverfahrens die die Zuständigkeit begründenden Umstände, kann die bisher zuständige Behörde das Verwaltungsverfahren fortführen, wenn dies unter Wahrung der Interessen der Beteiligten der einfachen und zweckmäßigen Durchführung des Verfahrens dient und die nunmehr zuständige Behörde zustimmt.

(3) 1Hat die örtliche Zuständigkeit gewechselt, muss die bisher zuständige Behörde die Leistungen noch solange erbringen, bis sie von der nunmehr zuständigen Behörde fortgesetzt werden. 2Diese hat der bisher zuständigen Behörde die nach dem Zuständigkeitswechsel noch erbrachten Leistungen auf Anforderung zu erstatten. 3§ 102 Abs. 2 gilt entsprechend.

(4) 1Bei Gefahr im Verzug ist für unaufschiebbare Maßnahmen jede Behörde örtlich zuständig, in deren Bezirk der Anlass für die Amtshandlung hervortritt. 2Die nach den besonderen Teilen dieses Gesetzbuches örtlich zuständige Behörde ist unverzüglich zu unterrichten.

§ 3 Amtshilfepflicht

(1) Jede Behörde leistet anderen Behörden auf Ersuchen ergänzende Hilfe (Amtshilfe).

(2) Amtshilfe liegt nicht vor, wenn

1. Behörden einander innerhalb eines bestehenden Weisungsverhältnisses Hilfe leisten,
2. die Hilfeleistung in Handlungen besteht, die der ersuchten Behörde als eigene Aufgabe obliegen.

§ 4 Voraussetzungen und Grenzen der Amtshilfe

(1) Eine Behörde kann um Amtshilfe insbesondere dann ersuchen, wenn sie

1. aus rechtlichen Gründen die Amtshandlung nicht selbst vornehmen kann,
2. aus tatsächlichen Gründen, besonders weil die zur Vornahme der Amtshandlung erforderlichen Dienstkräfte oder Einrichtungen fehlen, die Amtshandlung nicht selbst vornehmen kann,
3. zur Durchführung ihrer Aufgaben auf die Kenntnis von Tatsachen angewiesen ist, die ihr unbekannt sind und die sie selbst nicht ermitteln kann,
4. zur Durchführung ihrer Aufgaben Urkunden oder sonstige Beweismittel benötigt, die sich im Besitz der ersuchten Behörde befinden,
5. die Amtshandlung nur mit wesentlich größerem Aufwand vornehmen könnte als die ersuchte Behörde.

(2) 1Die ersuchte Behörde darf Hilfe nicht leisten, wenn

1. sie hierzu aus rechtlichen Gründen nicht in der Lage ist,
2. durch die Hilfeleistung dem Wohl des Bundes oder eines Landes erhebliche Nachteile bereitet würden.

2Die ersuchte Behörde ist insbesondere zur Vorlage von Urkunden oder Akten sowie zur Erteilung von Auskünften nicht verpflichtet, wenn die Vorgänge nach einem Gesetz oder ihrem Wesen nach geheim gehalten werden müssen.

(3) Die ersuchte Behörde braucht Hilfe nicht zu leisten, wenn

1. eine andere Behörde die Hilfe wesentlich einfacher oder mit wesentlich geringerem Aufwand leisten kann,
2. sie die Hilfe nur mit unverhältnismäßig großem Aufwand leisten könnte,
3. sie unter Berücksichtigung der Aufgaben der ersuchenden Behörde durch die Hilfeleistung die Erfüllung ihrer eigenen Aufgaben ernstlich gefährden würde.

(4) Die ersuchte Behörde darf die Hilfe nicht deshalb verweigern, weil sie das Ersuchen aus anderen als den in Absatz 3 genannten Gründen oder weil sie die mit der Amtshilfe zu verwirklichende Maßnahme für unzweckmäßig hält.

(5) 1Hält die ersuchte Behörde sich zur Hilfe nicht für verpflichtet, teilt sie der ersuchenden Behörde ihre Auffassung mit. 2Besteht diese auf der Amtshilfe, entscheidet über die Verpflichtung zur Amtshilfe die gemeinsame Aufsichtsbehörde oder, sofern eine solche nicht besteht, die für die ersuchte Behörde zuständige Aufsichtsbehörde.

§ 5 Auswahl der Behörde

Kommen für die Amtshilfe mehrere Behörden in Betracht, soll nach Möglichkeit eine Behörde der untersten Verwaltungsstufe des Verwaltungszweiges ersucht werden, dem die ersuchende Behörde angehört.

§ 6 Durchführung der Amtshilfe

(1) Die Zulässigkeit der Maßnahme, die durch die Amtshilfe verwirklicht werden soll, richtet sich nach dem für die ersuchende Behörde, die Durchführung der Amtshilfe nach dem für die ersuchte Behörde geltenden Recht.

(2) 1Die ersuchende Behörde trägt gegenüber der ersuchten Behörde die Verantwortung für die Rechtmäßigkeit der zu treffenden Maßnahme. 2Die ersuchte Behörde ist für die Durchführung der Amtshilfe verantwortlich.

§ 7 Kosten der Amtshilfe

(1) 1Die ersuchende Behörde hat der ersuchten Behörde für die Amtshilfe keine Verwaltungsgebühr zu entrichten. 2Auslagen hat sie der ersuchten Behörde auf Anforderung zu erstatten, wenn sie im Einzelfall 35 Euro, bei Amtshilfe zwischen Versicherungsträgern 100 Euro übersteigen. 3Abweichende Vereinbarungen werden dadurch nicht berührt. 4Leisten Behörden desselben Rechtsträgers einander Amtshilfe, werden die Auslagen nicht erstattet.

(2) Nimmt die ersuchte Behörde zur Durchführung der Amtshilfe eine kostenpflichtige Amtshandlung vor, stehen ihr die von einem Dritten hierfür geschuldeten Kosten (Verwaltungsgebühren, Benutzungsgebühren und Auslagen) zu.

Zweiter Abschnitt
Allgemeine Vorschriften über das Verwaltungsverfahren

Erster Titel
Verfahrensgrundsätze

§ 8 Begriff des Verwaltungsverfahrens

Das Verwaltungsverfahren im Sinne dieses Gesetzbuches ist die nach außen wirkende Tätigkeit der Behörden, die auf die Prüfung der Voraussetzungen, die Vorbereitung und den Erlass eines Verwaltungsaktes oder auf den Abschluss eines öffentlich-rechtlichen Vertrages gerichtet ist; es schließt den Erlass des Verwaltungsaktes oder den Abschluss des öffentlich-rechtlichen Vertrages ein.

§ 9 Nichtförmlichkeit des Verwaltungsverfahrens

1Das Verwaltungsverfahren ist an bestimmte Formen nicht gebunden, soweit keine besonderen Rechtsvorschriften für die Form des Verfahrens bestehen. 2Es ist einfach, zweckmäßig und zügig durchzuführen.

§ 10 Beteiligungsfähigkeit

Fähig, am Verfahren beteiligt zu sein, sind

1. natürliche und juristische Personen,
2. Vereinigungen, soweit ihnen ein Recht zustehen kann,
3. Behörden.

§ 11 Vornahme von Verfahrenshandlungen

(1) Fähig zur Vornahme von Verfahrenshandlungen sind

1. natürliche Personen, die nach bürgerlichem Recht geschäftsfähig sind,
2. natürliche Personen, die nach bürgerlichem Recht in der Geschäftsfähigkeit beschränkt sind, soweit sie für den Gegenstand des Verfahrens durch Vorschriften des bürgerlichen Rechts als geschäftsfähig

X

oder durch Vorschriften des öffentlichen Rechts als handlungsfähig anerkannt sind,
3. juristische Personen und Vereinigungen (§ 10 Nr. 2) durch ihre gesetzlichen Vertreter oder durch besonders Beauftragte,
4. Behörden durch ihre Leiter, deren Vertreter oder Beauftragte.

(2) Betrifft ein Einwilligungsvorbehalt nach § 1825 des Bürgerlichen Gesetzbuches den Gegenstand des Verfahrens, so ist ein geschäftsfähiger Betreuter nur insoweit zur Vornahme von Verfahrenshandlungen fähig, als er nach den Vorschriften des bürgerlichen Rechts ohne Einwilligung des Betreuers handeln kann oder durch Vorschriften des öffentlichen Rechts als handlungsfähig anerkannt ist.

(3) Die §§ 53 und 55 der Zivilprozessordnung gelten entsprechend.

§ 12 Beteiligte

(1) Beteiligte sind
1. Antragsteller und Antragsgegner,
2. diejenigen, an die die Behörde den Verwaltungsakt richten will oder gerichtet hat,
3. diejenigen, mit denen die Behörde einen öffentlich-rechtlichen Vertrag schließen will oder geschlossen hat,
4. diejenigen, die nach Absatz 2 von der Behörde zu dem Verfahren hinzugezogen worden sind.

(2) 1Die Behörde kann von Amts wegen oder auf Antrag diejenigen, deren rechtliche Interessen durch den Ausgang des Verfahrens berührt werden können, als Beteiligte hinzuziehen. 2Hat der Ausgang des Verfahrens rechtsgestaltende Wirkung für einen Dritten, ist dieser auf Antrag als Beteiligter zu dem Verfahren hinzuzuziehen; soweit er der Behörde bekannt ist, hat diese ihn von der Einleitung des Verfahrens zu benachrichtigen.

(3) Wer anzuhören ist, ohne dass die Voraussetzungen des Absatzes 1 vorliegen, wird dadurch nicht Beteiligter.

§ 13 Bevollmächtigte und Beistände

(1) 1Ein Beteiligter kann sich durch einen Bevollmächtigten vertreten lassen. 2Die Vollmacht ermächtigt zu allen das Verwaltungsverfahren betreffenden Verfahrenshandlungen, sofern sich aus ihrem Inhalt nicht etwas anderes ergibt. 3Der Bevollmächtigte hat auf Verlangen seine Vollmacht schriftlich nachzuweisen. 4Ein Widerruf der Vollmacht wird der Behörde gegenüber erst wirksam, wenn er ihr zugeht.

(2) Die Vollmacht wird weder durch den Tod des Vollmachtgebers noch durch eine Veränderung in seiner Handlungsfähigkeit oder seiner gesetzlichen Vertretung aufgehoben; der Bevollmächtigte hat jedoch, wenn er für den Rechtsnachfolger im Verwaltungsverfahren auftritt, dessen Vollmacht auf Verlangen schriftlich beizubringen.

(3) 1Ist für das Verfahren ein Bevollmächtigter bestellt, muss sich die Behörde an ihn wenden. 2Sie kann sich an den Beteiligten selbst wenden, soweit er zur Mitwirkung verpflichtet ist. 3Wendet sich die Behörde an den Beteiligten, muss der Bevollmächtigte verständigt werden. 4Vorschriften über die Zustellung an Bevollmächtigte bleiben unberührt.

(4) 1Ein Beteiligter kann zu Verhandlungen und Besprechungen mit einem Beistand erscheinen. 2Das von dem Beistand Vorgetragene gilt als von dem Beteiligten vorgebracht, soweit dieser nicht unverzüglich widerspricht.

(5) Bevollmächtigte und Beistände sind zurückzuweisen, wenn sie entgegen § 3 des Rechtsdienstleistungsgesetzes Rechtsdienstleistungen erbringen.

(6) 1Bevollmächtigte und Beistände können vom Vortrag zurückgewiesen werden, wenn sie hierzu ungeeignet sind; vom mündlichen Vortrag können sie nur zurückgewiesen werden, wenn sie zum sachgemäßen Vortrag nicht fähig sind. 2Nicht zurückgewiesen werden können Personen, die nach § 73 Abs. 2 Satz 1 und 2 Nr. 3 bis 9 des Sozialgerichtsgesetzes zur Vertretung im sozialgerichtlichen Verfahren befugt sind.

(7) 1Die Zurückweisung nach den Absätzen 5 und 6 ist auch dem Beteiligten, dessen Bevollmächtigter oder Beistand zurückgewiesen wird, schriftlich mitzuteilen. 2Verfahrenshandlungen des zurückgewiesenen Bevollmächtigten oder Beistandes, die dieser nach der Zurückweisung vornimmt, sind unwirksam.

§ 14 Bestellung eines Empfangsbevollmächtigten

1Ein Beteiligter ohne Wohnsitz oder gewöhnlichen Aufenthalt, Sitz oder Geschäftsleitung im Inland hat der Behörde auf Verlangen innerhalb einer angemessenen Frist einen Empfangsbevollmächtigten im Inland zu benennen. 2Unterlässt er dies, gilt ein an ihn gerichtetes Schriftstück am siebenten Tage nach der Aufgabe zur Post und ein elektronisch übermitteltes Dokument am dritten Tage nach der Absendung als zugegangen. ₃Dies gilt nicht, wenn feststeht, dass das Dokument den Empfänger nicht oder zu einem späteren Zeitpunkt erreicht hat. ₄Auf die Rechtsfolgen der Unterlassung ist der Beteiligte hinzuweisen.

§ 15 Bestellung eines Vertreters von Amts wegen

(1) Ist ein Vertreter nicht vorhanden, hat das Gericht auf Ersuchen der Behörde einen geeigneten Vertreter zu bestellen

1. für einen Beteiligten, dessen Person unbekannt ist,
2. für einen abwesenden Beteiligten, dessen Aufenthalt unbekannt ist oder der an der Besorgung seiner Angelegenheiten verhindert ist,
3. für einen Beteiligten ohne Aufenthalt im Inland, wenn er der Aufforderung der Behörde, einen Vertreter zu bestellen, innerhalb der ihm gesetzten Frist nicht nachgekommen ist,
4. für einen Beteiligten, der infolge einer psychischen Krankheit oder körperlichen, geistigen oder seelischen Behinderung nicht in der Lage ist, in dem Verwaltungsverfahren selbst tätig zu werden.

(2) ₁Für die Bestellung des Vertreters ist in den Fällen des Absatzes 1 Nr. 4 das Betreuungsgericht zuständig, in dessen Bezirk der Beteiligte seinen gewöhnlichen Aufenthalt hat; im Übrigen ist das Betreuungsgericht zuständig, in dessen Bezirk die ersuchende Behörde ihren Sitz hat. ₂Ist der Beteiligte minderjährig, tritt an die Stelle des Betreuungsgerichts das Familiengericht.

(3) ₁Der Vertreter hat gegen den Rechtsträger der Behörde, die um seine Bestellung ersucht hat, Anspruch auf eine angemessene Vergütung und auf die Erstattung seiner baren Auslagen. ₂Die Behörde kann von dem Vertretenen Ersatz ihrer Aufwendungen verlangen. ₃Sie bestimmt die Vergütung und stellt die Auslagen und Aufwendungen fest.

(4) Im Übrigen gelten für die Bestellung und für das Amt des Vertreters in den Fällen des Absatzes 1 Nr. 4 die Vorschriften über die Betreuung, in den übrigen Fällen die Vorschriften über die sonstige Pflegschaft entsprechend.

§ 16 Ausgeschlossene Personen

(1) ₁In einem Verwaltungsverfahren darf für eine Behörde nicht tätig werden,

1. wer selbst Beteiligter ist,
2. wer Angehöriger eines Beteiligten ist,
3. wer einen Beteiligten kraft Gesetzes oder Vollmacht allgemein oder in diesem Verwaltungsverfahren vertritt oder als Beistand zugezogen ist,
4. wer Angehöriger einer Person ist, die einen Beteiligten in diesem Verfahren vertritt,
5. wer bei einem Beteiligten gegen Entgelt beschäftigt ist oder bei ihm als Mitglied des Vorstandes, des Aufsichtsrates oder eines gleichartigen Organs tätig ist; dies gilt nicht für den, dessen Anstellungskörperschaft Beteiligte ist, und nicht für Beschäftigte bei Betriebskrankenkassen,
6. wer außerhalb seiner amtlichen Eigenschaft in der Angelegenheit ein Gutachten abgegeben hat oder sonst tätig geworden ist.

₂Dem Beteiligten steht gleich, wer durch die Tätigkeit oder durch die Entscheidung einen unmittelbaren Vorteil oder Nachteil erlangen kann. ₃Dies gilt nicht, wenn der Vor- oder Nachteil nur darauf beruht, dass jemand einer Berufs- oder Bevölkerungsgruppe angehört, deren gemeinsame Interessen durch die Angelegenheit berührt werden.

(2) ₁Absatz 1 gilt nicht für Wahlen zu einer ehrenamtlichen Tätigkeit und für die Abberufung von ehrenamtlich Tätigen. ₂Absatz 1 Nr. 3 und 5 gilt auch nicht für das Verwaltungsverfahren auf Grund der Beziehungen zwischen Ärzten, Zahnärzten und Krankenkassen.

(3) Wer nach Absatz 1 ausgeschlossen ist, darf bei Gefahr im Verzug unaufschiebbare Maßnahmen treffen.

(4) ₁Hält sich ein Mitglied eines Ausschusses oder Beirats für ausgeschlossen oder bestehen Zweifel, ob die Voraussetzungen des Absatzes 1 gegeben sind, ist dies dem Ausschuss oder Beirat mitzuteilen. ₂Der Ausschuss oder Beirat entscheidet über den Ausschluss. ₃Der Betroffene darf an dieser Entscheidung nicht mitwirken. ₄Das ausgeschlossene Mitglied darf bei der weiteren Beratung und Beschlussfassung nicht zugegen sein.

(5) ₁Angehörige im Sinne des Absatzes 1 Nr. 2 und 4 sind

1. der Verlobte,
2. der Ehegatte oder Lebenspartner,
3. Verwandte und Verschwägerte gerader Linie,
4. Geschwister,
5. Kinder der Geschwister,
6. Ehegatten oder Lebenspartner der Geschwister und Geschwister der Ehegatten oder Lebenspartner,
7. Geschwister der Eltern,

X

8. Personen, die durch ein auf längere Dauer angelegtes Pflegeverhältnis mit häuslicher Gemeinschaft wie Eltern und Kind miteinander verbunden sind (Pflegeeltern und Pflegekinder).

2Angehörige sind die in Satz 1 aufgeführten Personen auch dann, wenn

1. in den Fällen der Nummern 2, 3 und 6 die die Beziehung begründende Ehe oder Lebenspartnerschaft nicht mehr besteht,
2. in den Fällen der Nummern 3 bis 7 die Verwandtschaft oder Schwägerschaft durch Annahme als Kind erloschen ist,
3. im Falle der Nummer 8 die häusliche Gemeinschaft nicht mehr besteht, sofern die Personen weiterhin wie Eltern und Kind miteinander verbunden sind.

§ 17 Besorgnis der Befangenheit

(1) 1Liegt ein Grund vor, der geeignet ist, Misstrauen gegen eine unparteiische Amtsausübung zu rechtfertigen, oder wird von einem Beteiligten das Vorliegen eines solchen Grundes behauptet, hat, wer in einem Verwaltungsverfahren für eine Behörde tätig werden soll, den Leiter der Behörde oder den von diesem Beauftragten zu unterrichten und sich auf dessen Anordnung der Mitwirkung zu enthalten. 2Betrifft die Besorgnis der Befangenheit den Leiter der Behörde, trifft diese Anordnung die Aufsichtsbehörde, sofern sich der Behördenleiter nicht selbst einer Mitwirkung enthält. 3Bei den Geschäftsführern der Versicherungsträger tritt an die Stelle der Aufsichtsbehörde der Vorstand.

(2) Für Mitglieder eines Ausschusses oder Beirats gilt § 16 Abs. 4 entsprechend.

§ 18 Beginn des Verfahrens

1Die Behörde entscheidet nach pflichtgemäßem Ermessen, ob und wann sie ein Verwaltungsverfahren durchführt. 2Dies gilt nicht, wenn die Behörde auf Grund von Rechtsvorschriften

1. von Amts wegen oder auf Antrag tätig werden muss,
2. nur auf Antrag tätig werden darf und ein Antrag nicht vorliegt.

§ 19 Amtssprache

(1) 1Die Amtssprache ist deutsch. 2Menschen mit Hörbehinderungen und Menschen mit Sprachbehinderungen haben das Recht, in Deutscher Gebärdensprache, mit lautsprachbegleitenden Gebärden oder über andere geeignete Kommunikationshilfen zu kommunizieren; Kosten für Kommunikationshilfen sind von der Behörde oder dem für die Sozialleistung zuständigen Leistungsträger zu tragen. 3§ 5 der Kommunikationshilfenverordnung in der jeweils geltenden Fassung gilt entsprechend.

(1a) § 11 des Behindertengleichstellungsgesetzes gilt in seiner jeweils geltenden Fassung für das Sozialverwaltungsverfahren entsprechend.

(2) 1Werden bei einer Behörde in einer fremden Sprache Anträge gestellt oder Eingaben, Belege, Urkunden oder sonstige Dokumente vorgelegt, soll die Behörde unverzüglich die Vorlage einer Übersetzung innerhalb einer von ihr zu setzenden angemessenen Frist verlangen, sofern sie nicht in der Lage ist, die Anträge oder Schriftstücke zu verstehen. 2In begründeten Fällen kann die Vorlage einer beglaubigten oder von einem öffentlich bestellten oder beeidigten Dolmetscher oder Übersetzer angefertigten Übersetzung verlangt werden. 3Wird die verlangte Übersetzung nicht innerhalb der gesetzten Frist vorgelegt, kann die Behörde eine Übersetzung beschaffen und hierfür Ersatz ihrer Aufwendungen in angemessenem Umfang verlangen. 4Falls die Behörde Dolmetscher oder Übersetzer herangezogen hat, die nicht Kommunikationshilfe im Sinne von Absatz 1 Satz 2 sind, erhalten sie auf Antrag in entsprechender Anwendung des Justizvergütungs- und -entschädigungsgesetzes eine Vergütung; mit Dolmetschern oder Übersetzern kann die Behörde eine Vergütung vereinbaren.

(3) Soll durch eine Anzeige, einen Antrag oder die Abgabe einer Willenserklärung eine Frist in Lauf gesetzt werden, innerhalb deren die Behörde in einer bestimmten Weise tätig werden muss, und gehen diese in einer fremden Sprache ein, beginnt der Lauf der Frist erst mit dem Zeitpunkt, in dem der Behörde eine Übersetzung vorliegt.

(4) 1Soll durch eine Anzeige, einen Antrag oder eine Willenserklärung, die in fremder Sprache eingehen, zugunsten eines Beteiligten eine Frist gegenüber der Behörde gewahrt, ein öffentlich-rechtlicher Anspruch geltend gemacht oder eine Sozialleistung begehrt werden, gelten die Anzeige, der Antrag oder die Willenserklärung als zum Zeitpunkt des Eingangs bei der Behörde abgegeben, wenn die Behörde in der Lage ist, die Anzeige, den Antrag oder die Willenserklärung zu verstehen, oder wenn innerhalb der gesetzten Frist eine Übersetzung vorgelegt wird. 2Anderenfalls ist der Zeitpunkt des Eingangs der Übersetzung maßgebend. 3Auf diese Rechtsfolge ist bei der Fristsetzung hinzuweisen.

§ 20 Untersuchungsgrundsatz

(1) 1Die Behörde ermittelt den Sachverhalt von Amts wegen. 2Sie bestimmt Art und Umfang der Ermittlungen; an das Vorbringen und an die Beweisanträge der Beteiligten ist sie nicht gebunden.

(2) Die Behörde hat alle für den Einzelfall bedeutsamen, auch die für die Beteiligten günstigen Umstände zu berücksichtigen.

(3) Die Behörde darf die Entgegennahme von Erklärungen oder Anträgen, die in ihren Zuständigkeitsbereich fallen, nicht deshalb verweigern, weil sie die Erklärung oder den Antrag in der Sache für unzulässig oder unbegründet hält.

§ 21 Beweismittel

(1) 1Die Behörde bedient sich der Beweismittel, die sie nach pflichtgemäßem Ermessen zur Ermittlung des Sachverhalts für erforderlich hält. 2Sie kann insbesondere

1. Auskünfte jeder Art, auch elektronisch und als elektronisches Dokument, einholen,
2. Beteiligte anhören, Zeugen und Sachverständige vernehmen oder die schriftliche oder elektronische Äußerung von Beteiligten, Sachverständigen und Zeugen einholen,
3. Urkunden und Akten beiziehen,
4. den Augenschein einnehmen.

3Urkunden und Akten können auch in elektronischer Form beigezogen werden, es sei denn, durch Rechtsvorschrift ist etwas anderes bestimmt.

(2) 1Die Beteiligten sollen bei der Ermittlung des Sachverhalts mitwirken. 2Sie sollen insbesondere ihnen bekannte Tatsachen und Beweismittel angeben. 3Eine weitergehende Pflicht, bei der Ermittlung des Sachverhalts mitzuwirken, insbesondere eine Pflicht zum persönlichen Erscheinen oder zur Aussage, besteht nur, soweit sie durch Rechtsvorschrift besonders vorgesehen ist.

(3) 1Für Zeugen und Sachverständige besteht eine Pflicht zur Aussage oder zur Erstattung von Gutachten, wenn sie durch Rechtsvorschrift vorgesehen ist. 2Eine solche Pflicht besteht auch dann, wenn die Aussage oder die Erstattung von Gutachten im Rahmen von § 407 der Zivilprozessordnung zur Entscheidung über die Entstehung, Erbringung, Fortsetzung, das Ruhen, die Entziehung oder den Wegfall einer Sozialleistung sowie deren Höhe unabweisbar ist. 3Die Vorschriften der Zivilprozessordnung über das Recht, ein Zeugnis oder ein Gutachten zu verweigern, über die Ablehnung von Sachverständigen sowie über die Vernehmung von Angehörigen des öffentlichen Dienstes als Zeugen oder Sachverständige gelten entsprechend. 4Falls die Behörde Zeugen, Sachverständige und Dritte herangezogen hat, erhalten sie auf Antrag in entsprechender Anwendung des Justizvergütungs- und -entschädigungsgesetzes eine Entschädigung oder Vergütung; mit Sachverständigen kann die Behörde eine Vergütung vereinbaren.

(4) Die Finanzbehörden haben, soweit es im Verfahren nach diesem Gesetzbuch erforderlich ist, Auskunft über die ihnen bekannten Einkommens- oder Vermögensverhältnisse des Antragstellers, Leistungsempfängers, Erstattungspflichtigen, Unterhaltsverpflichteten, Unterhaltsberechtigten oder der zum Haushalt rechnenden Familienmitglieder zu erteilen.

§ 22 Vernehmung durch das Sozial- oder Verwaltungsgericht

(1) 1Verweigern Zeugen oder Sachverständige in den Fällen des § 21 Abs. 3 ohne Vorliegen eines der in den §§ 376, 383 bis 385 und 408 der Zivilprozessordnung bezeichneten Gründe die Aussage oder die Erstattung des Gutachtens, kann die Behörde je nach dem gegebenen Rechtsweg das für den Wohnsitz oder den Aufenthaltsort des Zeugen oder des Sachverständigen zuständige Sozial- oder Verwaltungsgericht um die Vernehmung ersuchen. 2Befindet sich der Wohnsitz oder der Aufenthaltsort des Zeugen oder des Sachverständigen nicht am Sitz eines Sozial- oder Verwaltungsgerichts oder einer Zweigstelle eines Sozialgerichts oder einer besonders errichteten Kammer eines Verwaltungsgerichts, kann auch das zuständige Amtsgericht um die Vernehmung ersucht werden. 3In dem Ersuchen hat die Behörde den Gegenstand der Vernehmung darzulegen sowie die Namen und Anschriften der Beteiligten anzugeben. 4Das Gericht hat die Beteiligten von den Beweisterminen zu benachrichtigen.

(2) Hält die Behörde mit Rücksicht auf die Bedeutung der Aussage eines Zeugen oder des Gutachtens eines Sachverständigen oder zur Herbeiführung einer wahrheitsgemäßen Aussage die Beeidigung für geboten, kann sie das nach Absatz 1 zuständige Gericht um die eidliche Vernehmung ersuchen.

(3) Das Gericht entscheidet über die Rechtmäßigkeit einer Verweigerung des Zeugnisses, des Gutachtens oder der Eidesleistung.

(4) Ein Ersuchen nach Absatz 1 oder 2 an das Gericht darf nur von dem Behördenleiter, seinem allgemeinen Vertreter oder einem Angehörigen des öffentlichen Dienstes gestellt werden, der die Befähigung zum Richteramt hat.

§ 23 Glaubhaftmachung, Versicherung an Eides statt

(1) 1Sieht eine Rechtsvorschrift vor, dass für die Feststellung der erheblichen Tatsachen deren Glaubhaftmachung genügt, kann auch die Versicherung an Eides statt zugelassen werden. 2Eine Tatsache ist dann als glaubhaft anzusehen, wenn ihr Vorliegen nach dem Ergebnis der Ermittlungen, die sich auf sämtliche erreichbaren Beweismittel erstrecken sollen, überwiegend wahrscheinlich ist.

(2) 1Die Behörde darf bei der Ermittlung des Sachverhalts eine Versicherung an Eides statt nur verlangen und abnehmen, wenn die Abnahme der Versicherung über den betreffenden Gegenstand und in dem betreffenden Verfahren durch Gesetz oder Rechtsverordnung vorgesehen und die Behörde durch Rechtsvorschrift für zuständig erklärt worden ist. 2Eine Versicherung an Eides statt soll nur gefordert werden, wenn andere Mittel zur Erforschung der Wahrheit nicht vorhanden sind, zu keinem Ergebnis geführt haben oder einen unverhältnismäßigen Aufwand erfordern. 3Von eidesunfähigen Personen im Sinne des § 393 der Zivilprozessordnung darf eine eidesstattliche Versicherung nicht verlangt werden.

(3) 1Wird die Versicherung an Eides statt von einer Behörde zur Niederschrift aufgenommen, sind zur Aufnahme nur der Behördenleiter, sein allgemeiner Vertreter sowie Angehörige des öffentlichen Dienstes befugt, welche die Befähigung zum Richteramt haben. 2Andere Angehörige des öffentlichen Dienstes kann der Behördenleiter oder sein allgemeiner Vertreter hierzu allgemein oder im Einzelfall schriftlich ermächtigen.

X

(4) 1Die Versicherung besteht darin, dass der Versichernde die Richtigkeit seiner Erklärung über den betreffenden Gegenstand bestätigt und erklärt: „Ich versichere an Eides statt, dass ich nach bestem Wissen die reine Wahrheit gesagt und nichts verschwiegen habe." 2Bevollmächtigte und Beistände sind berechtigt, an der Aufnahme der Versicherung an Eides statt teilzunehmen.

(5) 1Vor der Aufnahme der Versicherung an Eides statt ist der Versichernde über die Bedeutung der eidesstattlichen Versicherung und die strafrechtlichen Folgen einer unrichtigen oder unvollständigen eidesstattlichen Versicherung zu belehren. 2Die Belehrung ist in der Niederschrift zu vermerken.

(6) 1Die Niederschrift hat ferner die Namen der anwesenden Personen sowie den Ort und den Tag der Niederschrift zu enthalten. 2Die Niederschrift ist demjenigen, der die eidesstattliche Versicherung abgibt, zur Genehmigung vorzulesen oder auf Verlangen zur Durchsicht vorzulegen. 3Die erteilte Genehmigung ist zu vermerken und von dem Versichernden zu unterschreiben. 4Die Niederschrift ist sodann von demjenigen, der die Versicherung an Eides statt aufgenommen hat, sowie von dem Schriftführer zu unterschreiben.

§ 24 Anhörung Beteiligter

(1) Bevor ein Verwaltungsakt erlassen wird, der in Rechte eines Beteiligten eingreift, ist diesem Gelegenheit zu geben, sich zu den für die Entscheidung erheblichen Tatsachen zu äußern.

(2) Von der Anhörung kann abgesehen werden, wenn

1. eine sofortige Entscheidung wegen Gefahr im Verzug oder im öffentlichen Interesse notwendig erscheint,
2. durch die Anhörung die Einhaltung einer für die Entscheidung maßgeblichen Frist in Frage gestellt würde,
3. von den tatsächlichen Angaben eines Beteiligten, die dieser in einem Antrag oder einer Erklärung gemacht hat, nicht zu seinen Ungunsten abgewichen werden soll,
4. Allgemeinverfügungen oder gleichartige Verwaltungsakte in größerer Zahl erlassen werden sollen,
5. einkommensabhängige Leistungen den geänderten Verhältnissen angepasst werden sollen,
6. Maßnahmen in der Verwaltungsvollstreckung getroffen werden sollen oder
7. gegen Ansprüche oder mit Ansprüchen von weniger als 70 Euro aufgerechnet oder verrechnet werden soll; Nummer 5 bleibt unberührt.

§ 25 Akteneinsicht durch Beteiligte

(1) 1Die Behörde hat den Beteiligten Einsicht in die das Verfahren betreffenden Akten zu gestatten, soweit deren Kenntnis zur Geltendmachung oder Verteidigung ihrer rechtlichen Interessen erforderlich ist. 2Satz 1 gilt bis zum Abschluss des Verwaltungsverfahrens nicht für

Entwürfe zu Entscheidungen sowie die Arbeiten zu ihrer unmittelbaren Vorbereitung.

(2) 1Soweit die Akten Angaben über gesundheitliche Verhältnisse eines Beteiligten enthalten, kann die Behörde statt dessen den Inhalt der Akten dem Beteiligten durch einen Arzt vermitteln lassen. 2Sie soll den Inhalt der Akten durch einen Arzt vermitteln lassen, soweit zu befürchten ist, dass die Akteneinsicht dem Beteiligten einen unverhältnismäßigen Nachteil, insbesondere an der Gesundheit, zufügen würde. 3Soweit die Akten Angaben enthalten, die die Entwicklung und Entfaltung der Persönlichkeit des Beteiligten beeinträchtigen können, gelten die Sätze 1 und 2 mit der Maßgabe entsprechend, dass der Inhalt der Akten auch durch einen Bediensteten der Behörde vermittelt werden kann, der durch Vorbildung sowie Lebens- und Berufserfahrung dazu geeignet und befähigt ist. 4Das Recht nach Absatz 1 wird nicht beschränkt.

(3) Die Behörde ist zur Gestattung der Akteneinsicht nicht verpflichtet, soweit die Vorgänge wegen der berechtigten Interessen der Beteiligten oder dritter Personen geheim gehalten werden müssen.

(4) 1Die Akteneinsicht erfolgt bei der Behörde, die die Akten führt. 2Im Einzelfall kann die Einsicht auch bei einer anderen Behörde oder bei einer diplomatischen oder berufskonsularischen Vertretung der Bundesrepublik Deutschland im Ausland erfolgen; weitere Ausnahmen kann die Behörde, die die Akten führt, gestatten.

(5) 1Soweit die Akteneinsicht zu gestatten ist, können die Beteiligten Auszüge oder Abschriften selbst fertigen oder sich Ablichtungen durch die Behörde erteilen lassen. 2Soweit die Akteneinsicht in eine elektronische Akte zu gestatten ist, kann die Behörde Akteneinsicht gewähren, indem sie Unterlagen ganz oder teilweise ausdruckt, elektronische Dokumente auf einem Bildschirm wiedergibt, elektronische Dokumente zur Verfügung stellt oder den elektronischen Zugriff auf den Inhalt der Akte gestattet. 3Die Behörde kann Ersatz ihrer Aufwendungen in angemessenem Umfang verlangen.

Zweiter Titel
Fristen, Termine, Wiedereinsetzung

§ 26 Fristen und Termine

(1) Für die Berechnung von Fristen und für die Bestimmung von Terminen gelten die §§ 187 bis 193 des Bürgerlichen Gesetzbuches entsprechend, soweit nicht durch die Absätze 2 bis 5 etwas anderes bestimmt ist.

(2) Der Lauf einer Frist, die von einer Behörde gesetzt wird, beginnt mit dem Tag, der auf die Bekanntgabe der Frist folgt, außer wenn dem Betroffenen etwas anderes mitgeteilt wird.

(3) 1Fällt das Ende einer Frist auf einen Sonntag, einen gesetzlichen Feiertag oder einen Sonnabend, endet die Frist mit dem Ablauf des nächstfolgenden Werktages. 2Dies gilt nicht, wenn dem Betroffenen unter Hinweis auf diese Vorschrift ein bestimmter Tag als Ende der Frist mitgeteilt worden ist.

(4) Hat eine Behörde Leistungen nur für einen bestimmten Zeitraum zu erbringen, endet dieser Zeitraum auch dann mit dem Ablauf seines letzten Tages, wenn dieser auf einen Sonntag, einen gesetzlichen Feiertag oder einen Sonnabend fällt.

(5) Der von einer Behörde gesetzte Termin ist auch dann einzuhalten, wenn er auf einen Sonntag, gesetzlichen Feiertag oder Sonnabend fällt.

(6) Ist eine Frist nach Stunden bestimmt, werden Sonntage, gesetzliche Feiertage oder Sonnabende mitgerechnet.

(7) 1Fristen, die von einer Behörde gesetzt sind, können verlängert werden. 2Sind solche Fristen bereits abgelaufen, können sie rückwirkend verlängert werden, insbesondere wenn es unbillig wäre, die durch den Fristablauf eingetretenen Rechtsfolgen bestehen zu lassen. 3Die Behörde kann die Verlängerung der Frist nach § 32 mit einer Nebenbestimmung verbinden.

§ 27 Wiedereinsetzung in den vorigen Stand

(1) 1War jemand ohne Verschulden verhindert, eine gesetzliche Frist einzuhalten, ist ihm auf Antrag Wiedereinsetzung in den vorigen Stand zu gewähren. 2Das Verschulden eines Vertreters ist dem Vertretenen zuzurechnen.

(2) 1Der Antrag ist innerhalb von zwei Wochen nach Wegfall des Hindernisses zu stellen. 2Die Tatsachen zur Begründung des Antrages sind bei der Antragstellung oder im Verfahren über den Antrag glaubhaft zu machen. 3Innerhalb der Antragsfrist ist die versäumte Handlung nachzuholen. 4Ist dies geschehen, kann Wiedereinsetzung auch ohne Antrag gewährt werden.

(3) Nach einem Jahr seit dem Ende der versäumten Frist kann die Wiedereinsetzung nicht mehr beantragt oder die versäumte Handlung nicht mehr nachgeholt wer-

den, außer wenn dies vor Ablauf der Jahresfrist infolge höherer Gewalt unmöglich war.

(4) Über den Antrag auf Wiedereinsetzung entscheidet die Behörde, die über die versäumte Handlung zu befinden hat.

(5) Die Wiedereinsetzung ist unzulässig, wenn sich aus einer Rechtsvorschrift ergibt, dass sie ausgeschlossen ist.

§ 28 Wiederholte Antragstellung

1Hat ein Leistungsberechtigter von der Stellung eines Antrages auf eine Sozialleistung abgesehen, weil ein Anspruch auf eine andere Sozialleistung geltend gemacht worden ist, und wird diese Leistung versagt oder ist sie zu erstatten, wirkt der nunmehr nachgeholte Antrag bis zu einem Jahr zurück, wenn er innerhalb von sechs Monaten nach Ablauf des Monats gestellt ist, in dem die Ablehnung oder Erstattung der anderen Leistung bindend geworden ist. 2Satz 1 gilt auch dann, wenn der Antrag auf die zunächst geltend gemachte Sozialleistung zurückgenommen wird.

Absatz 1 gilt auch dann, wenn der rechtzeitige Antrag auf eine andere Leistung aus Unkenntnis über deren Anspruchsvoraussetzung unterlassen wurde und die zweite Leistung gegenüber der ersten Leistung, wenn diese erbracht worden wäre, nachrangig gewesen wäre.

Dritter Titel
Amtliche Beglaubigung

§ 29 Beglaubigung von Dokumenten

(1) 1Jede Behörde ist befugt, Abschriften von Urkunden, die sie selbst ausgestellt hat, zu beglaubigen. 2Darüber hinaus sind die von der Bundesregierung durch Rechtsverordnung bestimmten Behörden des Bundes, der bundesunmittelbaren Körperschaften, Anstalten und Stiftungen des öffentlichen Rechts und die nach Landesrecht zuständigen Behörden befugt, Abschriften zu beglaubigen, wenn die Urschrift von einer Behörde ausgestellt ist oder die Abschrift zur Vorlage bei einer Behörde benötigt wird, sofern nicht durch Rechtsvorschrift die Erteilung beglaubigter Abschriften aus amtlichen Registern und Archiven anderen Behörden ausschließlich vorbehalten ist; die Rechtsverordnung bedarf nicht der Zustimmung des Bundesrates.

(2) Abschriften dürfen nicht beglaubigt werden, wenn Umstände zu der Annahme berechtigen, dass der ursprüngliche Inhalt des Schriftstückes, dessen Abschrift beglaubigt werden soll, geändert worden ist, insbesondere wenn dieses Schriftstück Lücken, Durchstreichungen, Einschaltungen, Änderungen, unleserliche Wörter, Zahlen oder Zeichen, Spuren der Beseitigung von Wörtern, Zahlen und Zeichen enthält oder wenn der Zusammenhang eines aus mehreren Blättern bestehenden Schriftstückes aufgehoben ist.

(3) 1Eine Abschrift wird beglaubigt durch einen Beglaubigungsvermerk, der unter die Abschrift zu setzen ist. 2Der Vermerk muss enthalten

1. die genaue Bezeichnung des Schriftstückes, dessen Abschrift beglaubigt wird,
2. die Feststellung, dass die beglaubigte Abschrift mit dem vorgelegten Schriftstück übereinstimmt,
3. den Hinweis, dass die beglaubigte Abschrift nur zur Vorlage bei der angegebenen Behörde erteilt wird, wenn die Urschrift nicht von einer Behörde ausgestellt worden ist,
4. den Ort und den Tag der Beglaubigung, die Unterschrift des für die Beglaubigung zuständigen Bediensteten und das Dienstsiegel.

(4) Die Absätze 1 bis 3 gelten entsprechend für die Beglaubigung von

1. Ablichtungen, Lichtdrucken und ähnlichen in technischen Verfahren hergestellten Vervielfältigungen,
2. auf fototechnischem Wege von Schriftstücken hergestellten Negativen, die bei einer Behörde aufbewahrt werden,
3. Ausdrucken elektronischer Dokumente,
4. elektronischen Dokumenten,
   a) die zur Abbildung eines Schriftstücks hergestellt wurden,
   b) die ein anderes technisches Format als das mit einer qualifizierten elektronischen Signatur verbundene Ausgangsdokument erhalten haben.

(5) 1Der Beglaubigungsvermerk muss zusätzlich zu den Angaben nach Absatz 3 Satz 2 bei der Beglaubigung

1. des Ausdrucks eines elektronischen Dokuments, das mit einer qualifizierten elektronischen Signatur verbunden ist, die Feststellungen enthalten,
   a) wen die Signaturprüfung als Inhaber der Signatur ausweist,
   b) welchen Zeitpunkt die Signaturprüfung für die Anbringung der Signatur ausweist und
   c) welche Zertifikate mit welchen Daten dieser Signatur zugrunde lagen;

2. eines elektronischen Dokuments den Namen des für die Beglaubigung zuständigen Bediensteten und die Bezeichnung der Behörde, die die Beglaubigung vornimmt, enthalten; die Unterschrift des für die Beglaubigung zuständigen Bediensteten und das Dienstsiegel nach Absatz 3 Satz 2 Nr. 4 werden durch eine dauerhaft überprüfbare qualifizierte elektronische Signatur ersetzt.

2Wird ein elektronisches Dokument, das ein anderes technisches Format als das mit einer qualifizierten elektronischen Signatur verbundene Ausgangsdokument erhalten hat, nach Satz 1 Nr. 2 beglaubigt, muss der Beglaubigungsvermerk zusätzlich die Feststellungen nach Satz 1 Nr. 1 für das Ausgangsdokument enthalten.

(6) Die nach Absatz 4 hergestellten Dokumente stehen, sofern sie beglaubigt sind, beglaubigten Abschriften gleich.

(7) Soweit eine Behörde über die technischen Möglichkeiten verfügt, kann sie von Urkunden, die sie selbst ausgestellt hat, auf Verlangen ein elektronisches Dokument nach Absatz 4 Nummer 4 Buchstabe a oder eine elektronische Abschrift fertigen und beglaubigen.

§ 30 Beglaubigung von Unterschriften

(1) 1Die von der Bundesregierung durch Rechtsverordnung bestimmten Behörden des Bundes, der bundesunmittelbaren Körperschaften, Anstalten und Stiftungen des öffentlichen Rechts und die nach Landesrecht zuständigen Behörden sind befugt, Unterschriften zu beglaubigen, wenn das unterzeichnete Schriftstück zur Vorlage bei einer Behörde oder bei einer sonstigen Stelle, der auf Grund einer Rechtsvorschrift das unterzeichnete Schriftstück vorzulegen ist, benötigt wird. 2Dies gilt nicht für

1. Unterschriften ohne zugehörigen Text,
2. Unterschriften, die der öffentlichen Beglaubigung (§ 129 des Bürgerlichen Gesetzbuches) bedürfen.

(2) Eine Unterschrift soll nur beglaubigt werden, wenn sie in Gegenwart des beglaubigenden Bediensteten vollzogen oder anerkannt wird.

(3) 1Der Beglaubigungsvermerk ist unmittelbar bei der Unterschrift, die beglaubigt werden soll, anzubringen. 2Er muss enthalten

1. die Bestätigung, dass die Unterschrift echt ist,
2. die genaue Bezeichnung desjenigen, dessen Unterschrift beglaubigt wird, sowie die Angabe, ob sich der für die Beglaubigung zuständige Bedienstete Gewissheit über diese Person verschafft hat und ob die Unterschrift in seiner Gegenwart vollzogen oder anerkannt worden ist,
3. den Hinweis, dass die Beglaubigung nur zur Vorlage bei der angegebenen Behörde oder Stelle bestimmt ist,
4. den Ort und den Tag der Beglaubigung, die Unterschrift des für die Beglaubigung zuständigen Bediensteten und das Dienstsiegel.

(4) Die Absätze 1 bis 3 gelten für die Beglaubigung von Handzeichen entsprechend.

(5) Die Rechtsverordnungen nach den Absätzen 1 und 4 bedürfen nicht der Zustimmung des Bundesrates.

Dritter Abschnitt
Verwaltungsakt

Erster Titel
Zustandekommen des Verwaltungsaktes

§ 31 Begriff des Verwaltungsaktes

1Verwaltungsakt ist jede Verfügung, Entscheidung oder andere hoheitliche Maßnahme, die eine Behörde zur Regelung eines Einzelfalles auf dem Gebiet des öffentlichen Rechts trifft und die auf unmittelbare Rechtswirkung nach außen gerichtet ist. 2Allgemeinverfügung ist ein Verwaltungsakt, der sich an einen nach allgemeinen Merkmalen bestimmten oder bestimmbaren Personenkreis richtet oder die öffentlich-rechtliche Eigenschaft einer Sache oder ihre Benutzung durch die Allgemeinheit betrifft.

§ 31a Vollständig automatisierter Erlass eines Verwaltungsaktes

1Ein Verwaltungsakt kann vollständig durch automatische Einrichtungen erlassen werden, sofern kein Anlass besteht, den Einzelfall durch Amtsträger zu bearbeiten. 2Setzt die Behörde automatische Einrichtungen zum Erlass von Verwaltungsakten ein, muss sie für den Einzelfall bedeutsame tatsächliche Angaben des Beteiligten berücksichtigen, die im automatischen Verfahren nicht ermittelt würden.

§ 32 Nebenbestimmungen zum Verwaltungsakt

(1) Ein Verwaltungsakt, auf den ein Anspruch besteht, darf mit einer Nebenbestimmung nur versehen werden, wenn sie durch Rechtsvorschrift zugelassen ist oder wenn sie sicherstellen soll, dass die gesetzlichen Voraussetzungen des Verwaltungsaktes erfüllt werden.

(2) Unbeschadet des Absatzes 1 darf ein Verwaltungsakt nach pflichtgemäßem Ermessen erlassen werden mit

1. einer Bestimmung, nach der eine Vergünstigung oder Belastung zu einem bestimmten Zeitpunkt beginnt, endet oder für einen bestimmten Zeitraum gilt (Befristung),
2. einer Bestimmung, nach der der Eintritt oder der Wegfall einer Vergünstigung oder eine Belastung von dem ungewissen Eintritt eines zukünftigen Ereignisses abhängt (Bedingung),
3. einem Vorbehalt des Widerrufs

oder verbunden werden mit

4. einer Bestimmung, durch die dem Begünstigten ein Tun, Dulden oder Unterlassen vorgeschrieben wird (Auflage),
5. einem Vorbehalt der nachträglichen Aufnahme, Änderung oder Ergänzung einer Auflage.

(3) Eine Nebenbestimmung darf dem Zweck des Verwaltungsaktes nicht zuwiderlaufen.

§ 33 Bestimmtheit und Form des Verwaltungsaktes

(1) Ein Verwaltungsakt muss inhaltlich hinreichend bestimmt sein.

(2) 1Ein Verwaltungsakt kann schriftlich, elektronisch, mündlich oder in anderer Weise erlassen werden. 2Ein mündlicher Verwaltungsakt ist schriftlich oder elektronisch zu bestätigen, wenn hieran ein berechtigtes Interesse besteht und der Betroffene dies unverzüglich verlangt. 3Ein elektronischer Verwaltungsakt ist unter denselben Voraussetzungen schriftlich zu bestätigen; § 36a Abs. 2 des Ersten Buches findet insoweit keine Anwendung.

(3) 1Ein schriftlicher oder elektronischer Verwaltungsakt muss die erlassende Behörde erkennen lassen und die Unterschrift oder die Namenswiedergabe des Behördenleiters, seines Vertreters oder seines Beauftragten enthalten. 2Wird für einen Verwaltungsakt, für den durch Rechtsvorschrift die Schriftform angeordnet ist, die elektronische Form verwendet, muss auch das der Signatur zugrunde liegende qualifizierte Zertifikat oder ein zugehöriges qualifiziertes Attributzertifikat die erlassende Behörde erkennen lassen. 3Im Fall des § 36a Absatz 2 Satz 4 Nummer 3 des Ersten Buches muss die Bestätigung nach § 5 Absatz 5 des De-Mail-Gesetzes die erlassende Behörde als Nutzer des De-Mail-Kontos erkennen lassen.

(4) Für einen Verwaltungsakt kann für die nach § 36a Abs. 2 des Ersten Buches erforderliche Signatur durch Rechtsvorschrift die dauerhafte Überprüfbarkeit vorgeschrieben werden.

(5) 1Bei einem Verwaltungsakt, der mit Hilfe automatischer Einrichtungen erlassen wird, können abweichend von Absatz 3 Satz 1 Unterschrift und Namenswiedergabe fehlen; bei einem elektronischen Verwaltungsakt muss auch das der Signatur zugrunde liegende Zertifikat nur die erlassende Behörde erkennen lassen. 2Zur Inhaltsangabe können Schlüsselzeichen verwendet werden, wenn derjenige, für den der Verwaltungsakt bestimmt ist oder der von ihm betroffen wird, auf Grund der dazu gegebenen Erläuterungen den Inhalt des Verwaltungsaktes eindeutig erkennen kann.

§ 34 Zusicherung

(1) 1Eine von der zuständigen Behörde erteilte Zusage, einen bestimmten Verwaltungsakt später zu erlassen oder zu unterlassen (Zusicherung), bedarf zu ihrer Wirksamkeit der schriftlichen Form. 2Ist vor dem Erlass des zugesicherten Verwaltungsaktes die Anhörung Beteiligter oder die Mitwirkung einer anderen Behörde oder eines Ausschusses auf Grund einer Rechtsvorschrift erforderlich, darf die Zusicherung erst nach Anhörung der Beteiligten oder nach Mitwirkung dieser Behörde oder des Ausschusses gegeben werden.

(2) Auf die Unwirksamkeit der Zusicherung finden, unbeschadet des Absatzes 1 Satz 1, § 40, auf die Heilung von Mängeln bei der Anhörung Beteiligter und der Mitwirkung anderer Behörden oder Ausschüsse § 41 Abs. 1 Nr. 3 bis 6 sowie Abs. 2, auf die Rücknahme §§ 44 und 45, auf den Widerruf, unbeschadet des Absatzes 3, §§ 46 und 47 entsprechende Anwendung.

(3) Ändert sich nach Abgabe der Zusicherung die Sach- oder Rechtslage derart, dass die Behörde bei Kenntnis der nachträglich eingetretenen Änderung die Zusicherung nicht gegeben hätte oder aus rechtlichen Gründen nicht hätte geben dürfen, ist die Behörde an die Zusicherung nicht mehr gebunden.

§ 35 Begründung des Verwaltungsaktes

(1) 1Ein schriftlicher oder elektronischer sowie ein schriftlich oder elektronisch bestätigter Verwaltungsakt ist mit einer Begründung zu versehen. 2In der Begründung sind die wesentlichen tatsächlichen und rechtlichen Gründe mitzuteilen, die die Behörde zu ihrer Entscheidung bewogen haben. 3Die Begründung von Ermessensentscheidungen muss auch die Ge-

sichtspunkte erkennen lassen, von denen die Behörde bei der Ausübung ihres Ermessens ausgegangen ist.

(2) Einer Begründung bedarf es nicht,

1. soweit die Behörde einem Antrag entspricht oder einer Erklärung folgt und der Verwaltungsakt nicht in Rechte eines anderen eingreift,
2. soweit demjenigen, für den der Verwaltungsakt bestimmt ist oder der von ihm betroffen wird, die Auffassung der Behörde über die Sach- und Rechtslage bereits bekannt oder auch ohne Begründung für ihn ohne weiteres erkennbar ist,
3. wenn die Behörde gleichartige Verwaltungsakte in größerer Zahl oder Verwaltungsakte mit Hilfe automatischer Einrichtungen erlässt und die Begründung nach den Umständen des Einzelfalles nicht geboten ist,
4. wenn sich dies aus einer Rechtsvorschrift ergibt,
5. wenn eine Allgemeinverfügung öffentlich bekannt gegeben wird.

(3) In den Fällen des Absatzes 2 Nr. 1 bis 3 ist der Verwaltungsakt schriftlich oder elektronisch zu begründen, wenn der Beteiligte, dem der Verwaltungsakt bekannt gegeben ist, es innerhalb eines Jahres seit Bekanntgabe verlangt.

§ 36 Rechtsbehelfsbelehrung

$_1$Erlässt die Behörde einen schriftlichen Verwaltungsakt oder bestätigt sie schriftlich einen Verwaltungsakt, ist der durch ihn beschwerte Beteiligte über den Rechtsbehelf und die Behörde oder das Gericht, bei denen der Rechtsbehelf anzubringen ist, deren Sitz, die einzuhaltende Frist und die Form schriftlich zu belehren. $_2$Erlässt die Behörde einen elektronischen Verwaltungsakt oder bestätigt sie elektronisch einen Verwaltungsakt, hat die Rechtsbehelfsbelehrung nach Satz 1 elektronisch zu erfolgen.

§ 37 Bekanntgabe des Verwaltungsaktes

(1) $_1$Ein Verwaltungsakt ist demjenigen Beteiligten bekannt zu geben, für den er bestimmt ist oder der von ihm betroffen wird. $_2$Ist ein Bevollmächtigter bestellt, kann die Bekanntgabe ihm gegenüber vorgenommen werden.

(2) $_1$Ein schriftlicher Verwaltungsakt, der im Inland durch die Post übermittelt wird, gilt am dritten Tag nach der Aufgabe zur Post als bekannt gegeben. $_2$Ein Verwaltungsakt, der im Inland oder Ausland elektronisch übermittelt wird, gilt am dritten Tag nach der Absendung als bekannt gegeben. $_3$Dies gilt nicht, wenn der Verwaltungsakt nicht oder zu einem späteren Zeitpunkt zugegangen ist; im Zweifel hat die Behörde den Zugang des Verwaltungsaktes und den Zeitpunkt des Zugangs nachzuweisen.

(2a) $_1$Mit Einwilligung des Beteiligten können elektronische Verwaltungsakte bekannt gegeben werden, indem sie dem Beteiligten zum Abruf über öffentlich zugängliche Netze bereitgestellt werden. $_2$Die Einwilligung kann jederzeit mit Wirkung für die Zukunft widerrufen werden. $_3$Die Behörde hat zu gewährleisten, dass der Abruf nur nach Authentifizierung der berechtigten Person möglich ist und der elektronische Verwaltungsakt von ihr gespeichert werden kann. $_4$Ein zum Abruf bereitgestellter Verwaltungsakt gilt am dritten Tag nach Absendung der elektronischen Benachrichtigung über die Bereitstellung des Verwaltungsaktes an die abrufberechtigte Person als bekannt gegeben. $_5$Im Zweifel hat die Behörde den Zugang der Benachrichtigung nachzuweisen. $_6$Kann die Behörde den von der abrufberechtigten Person bestrittenen Zugang der Benachrichtigung nicht nachweisen, gilt der Verwaltungsakt an dem Tag als bekannt gegeben, an dem die abrufberechtigte Person den Verwaltungsakt abgerufen hat. $_7$Das Gleiche gilt, wenn die abrufberechtigte Person unwiderlegbar vorträgt, die Benachrichtigung nicht innerhalb von drei Tagen nach der Absendung erhalten zu haben. $_8$Die Möglichkeit einer erneuten Bereitstellung zum Abruf oder der Bekanntgabe auf andere Weise bleibt unberührt.

(2b) In Angelegenheiten nach dem Abschnitt 1 des Bundeselterngeld- und Elternzeitgesetzes gilt abweichend von Absatz 2a für die Bekanntgabe von elektronischen Verwaltungsakten § 9 des Onlinezugangsgesetzes.

(3) $_1$Ein Verwaltungsakt darf öffentlich bekannt gegeben werden, wenn dies durch Rechtsvorschrift zugelassen ist. $_2$Eine Allgemeinverfügung darf auch dann öffentlich bekannt gegeben werden, wenn eine Bekanntgabe an die Beteiligten untunlich ist.

(4) $_1$Die öffentliche Bekanntgabe eines schriftlichen oder elektronischen Verwaltungsaktes wird dadurch bewirkt, dass sein verfügender Teil in der jeweils vorgeschriebenen Weise entweder ortsüblich oder in der sonst für amtliche Veröffentlichungen vorgeschriebenen Art bekannt gemacht wird. $_2$In der Bekanntmachung ist anzugeben, wo der Verwaltungsakt und seine Begründung eingesehen werden können. $_3$Der Verwaltungsakt gilt zwei Wochen nach der Bekanntma-

chung als bekannt gegeben. 4In einer Allgemeinverfügung kann ein hiervon abweichender Tag, jedoch frühestens der auf die Bekanntmachung folgende Tag bestimmt werden.

(5) Vorschriften über die Bekanntgabe eines Verwaltungsaktes mittels Zustellung bleiben unberührt.

§ 38 Offenbare Unrichtigkeit im Verwaltungsakt

1Die Behörde kann Schreibfehler, Rechenfehler und ähnliche offenbare Unrichtigkeiten in einem Verwaltungsakt jederzeit berichtigen. 2Bei berechtigtem Interesse des Beteiligten ist zu berichtigen. 3Die Behörde ist berechtigt, die Vorlage des Dokumentes zu verlangen, das berichtigt werden soll.

Zweiter Titel
Bestandskraft des Verwaltungsaktes

§ 39 Wirksamkeit des Verwaltungsaktes

(1) 1Ein Verwaltungsakt wird gegenüber demjenigen, für den er bestimmt ist oder der von ihm betroffen wird, in dem Zeitpunkt wirksam, in dem er ihm bekannt gegeben wird. 2Der Verwaltungsakt wird mit dem Inhalt wirksam, mit dem er bekannt gegeben wird.

(2) Ein Verwaltungsakt bleibt wirksam, solange und soweit er nicht zurückgenommen, widerrufen, anderweitig aufgehoben oder durch Zeitablauf oder auf andere Weise erledigt ist.

(3) Ein nichtiger Verwaltungsakt ist unwirksam.

§ 40 Nichtigkeit des Verwaltungsaktes

(1) Ein Verwaltungsakt ist nichtig, soweit er an einem besonders schwerwiegenden Fehler leidet und dies bei verständiger Würdigung aller in Betracht kommenden Umstände offensichtlich ist.

(2) Ohne Rücksicht auf das Vorliegen der Voraussetzungen des Absatzes 1 ist ein Verwaltungsakt nichtig,

1. der schriftlich oder elektronisch erlassen worden ist, die erlassende Behörde aber nicht erkennen lässt,
2. der nach einer Rechtsvorschrift nur durch die Aushändigung einer Urkunde erlassen werden kann, aber dieser Form nicht genügt,
3. den aus tatsächlichen Gründen niemand ausführen kann,
4. der die Begehung einer rechtswidrigen Tat verlangt, die einen Straf- oder Bußgeldtatbestand verwirklicht,
5. der gegen die guten Sitten verstößt.

(3) Ein Verwaltungsakt ist nicht schon deshalb nichtig, weil

1. Vorschriften über die örtliche Zuständigkeit nicht eingehalten worden sind,
2. eine nach § 16 Abs. 1 Satz 1 Nr. 2 bis 6 ausgeschlossene Person mitgewirkt hat,
3. ein durch Rechtsvorschrift zur Mitwirkung berufener Ausschuss den für den Erlass des Verwaltungsaktes vorgeschriebenen Beschluss nicht gefasst hat oder nicht beschlussfähig war,
4. die nach einer Rechtsvorschrift erforderliche Mitwirkung einer anderen Behörde unterblieben ist.

(4) Betrifft die Nichtigkeit nur einen Teil des Verwaltungsaktes, ist er im Ganzen nichtig, wenn der nichtige Teil so wesentlich ist, dass die Behörde den Verwaltungsakt ohne den nichtigen Teil nicht erlassen hätte.

(5) Die Behörde kann die Nichtigkeit jederzeit von Amts wegen feststellen; auf Antrag ist sie festzustellen, wenn der Antragsteller hieran ein berechtigtes Interesse hat.

§ 41 Heilung von Verfahrens- und Formfehlern

(1) Eine Verletzung von Verfahrens- oder Formvorschriften, die nicht den Verwaltungsakt nach § 40 nichtig macht, ist unbeachtlich, wenn

1. der für den Erlass des Verwaltungsaktes erforderliche Antrag nachträglich gestellt wird,
2. die erforderliche Begründung nachträglich gegeben wird,
3. die erforderliche Anhörung eines Beteiligten nachgeholt wird,
4. der Beschluss eines Ausschusses, dessen Mitwirkung für den Erlass des Verwaltungsaktes erforderlich ist, nachträglich gefasst wird,
5. die erforderliche Mitwirkung einer anderen Behörde nachgeholt wird,
6. die erforderliche Hinzuziehung eines Beteiligten nachgeholt wird.

(2) Handlungen nach Absatz 1 Nr. 2 bis 6 können bis zur letzten Tatsacheninstanz eines sozial- oder verwaltungsgerichtlichen Verfahrens nachgeholt werden.

(3) 1Fehlt einem Verwaltungsakt die erforderliche Begründung oder ist die erforderliche Anhörung eines Beteiligten vor Erlass des Verwaltungsaktes unterblieben und ist dadurch die rechtzeitige Anfechtung des Verwaltungsaktes versäumt worden, gilt die Versäu-

mung der Rechtsbehelfsfrist als nicht verschuldet. ₂Das für die Wiedereinsetzungsfrist maßgebende Ereignis tritt im Zeitpunkt der Nachholung der unterlassenen Verfahrenshandlung ein.

§ 42 Folgen von Verfahrens- und Formfehlern

₁Die Aufhebung eines Verwaltungsaktes, der nicht nach § 40 nichtig ist, kann nicht allein deshalb beansprucht werden, weil er unter Verletzung von Vorschriften über das Verfahren, die Form oder die örtliche Zuständigkeit zustande gekommen ist, wenn offensichtlich ist, dass die Verletzung die Entscheidung in der Sache nicht beeinflusst hat. ₂Satz 1 gilt nicht, wenn die erforderliche Anhörung unterblieben oder nicht wirksam nachgeholt ist.

§ 43 Umdeutung eines fehlerhaften Verwaltungsaktes

(1) Ein fehlerhafter Verwaltungsakt kann in einen anderen Verwaltungsakt umgedeutet werden, wenn er auf das gleiche Ziel gerichtet ist, von der erlassenden Behörde in der geschehenen Verfahrensweise und Form rechtmäßig hätte erlassen werden können und wenn die Voraussetzungen für dessen Erlass erfüllt sind.

(2) ₁Absatz 1 gilt nicht, wenn der Verwaltungsakt, in den der fehlerhafte Verwaltungsakt umzudeuten wäre, der erkennbaren Absicht der erlassenden Behörde widerspräche oder seine Rechtsfolgen für den Betroffenen ungünstiger wären als die des fehlerhaften Verwaltungsaktes. ₂Eine Umdeutung ist ferner unzulässig, wenn der fehlerhafte Verwaltungsakt nicht zurückgenommen werden dürfte.

(3) Eine Entscheidung, die nur als gesetzlich gebundene Entscheidung ergehen kann, kann nicht in eine Ermessensentscheidung umgedeutet werden.

(4) § 24 ist entsprechend anzuwenden.

§ 44 Rücknahme eines rechtswidrigen nicht begünstigenden Verwaltungsaktes

(1) ₁Soweit sich im Einzelfall ergibt, dass bei Erlass eines Verwaltungsaktes das Recht unrichtig angewandt oder von einem Sachverhalt ausgegangen worden ist, der sich als unrichtig erweist, und soweit deshalb Sozialleistungen zu Unrecht nicht erbracht oder Beiträge zu Unrecht erhoben worden sind, ist der Verwaltungsakt, auch nachdem er unanfechtbar geworden ist, mit Wirkung für die Vergangenheit zurückzunehmen. ₂Dies gilt nicht, wenn der Verwaltungsakt auf Angaben beruht, die der Betroffene vorsätzlich in wesentlicher Beziehung unrichtig oder unvollständig gemacht hat.

(2) ₁Im Übrigen ist ein rechtswidriger nicht begünstigender Verwaltungsakt, auch nachdem er unanfechtbar geworden ist, ganz oder teilweise mit Wirkung für die Zukunft zurückzunehmen. ₂Er kann auch für die Vergangenheit zurückgenommen werden.

(3) Über die Rücknahme entscheidet nach Unanfechtbarkeit des Verwaltungsaktes die zuständige Behörde; dies gilt auch dann, wenn der zurückzunehmende Verwaltungsakt von einer anderen Behörde erlassen worden ist.

(4) ₁Ist ein Verwaltungsakt mit Wirkung für die Vergangenheit zurückgenommen worden, werden Sozialleistungen nach den Vorschriften der besonderen Teile dieses Gesetzbuches längstens für einen Zeitraum bis zu vier Jahren vor der Rücknahme erbracht. ₂Dabei wird der Zeitpunkt der Rücknahme von Beginn des Jahres an gerechnet, in dem der Verwaltungsakt zurückgenommen wird. ₃Erfolgt die Rücknahme auf Antrag, tritt bei der Berechnung des Zeitraums, für den rückwirkend Leistungen zu erbringen sind, anstelle der Rücknahme der Antrag.

§ 45 Rücknahme eines rechtswidrigen begünstigenden Verwaltungsaktes

(1) Soweit ein Verwaltungsakt, der ein Recht oder einen rechtlich erheblichen Vorteil begründet oder bestätigt hat (begünstigender Verwaltungsakt), rechtswidrig ist, darf er, auch nachdem er unanfechtbar geworden ist, nur unter den Einschränkungen der Absätze 2 bis 4 ganz oder teilweise mit Wirkung für die Zukunft oder für die Vergangenheit zurückgenommen werden.

(2) ₁Ein rechtswidriger begünstigender Verwaltungsakt darf nicht zurückgenommen werden, soweit der Begünstigte auf den Bestand des Verwaltungsaktes vertraut hat und sein Vertrauen unter Abwägung mit dem öffentlichen Interesse an einer Rücknahme schutzwürdig ist. ₂Das Vertrauen ist in der Regel schutzwürdig, wenn der Begünstigte erbrachte Leistungen verbraucht oder eine Vermögensdisposition getroffen hat, die er nicht mehr oder nur unter unzumutbaren Nachteilen rückgängig machen kann. ₃Auf Vertrauen kann sich der Begünstigte nicht berufen, soweit

1. er den Verwaltungsakt durch arglistige Täuschung, Drohung oder Bestechung erwirkt hat,

X

2. der Verwaltungsakt auf Angaben beruht, die der Begünstigte vorsätzlich oder grob fahrlässig in wesentlicher Beziehung unrichtig oder unvollständig gemacht hat, oder
3. er die Rechtswidrigkeit des Verwaltungsaktes kannte oder infolge grober Fahrlässigkeit nicht kannte; grobe Fahrlässigkeit liegt vor, wenn der Begünstigte die erforderliche Sorgfalt in besonders schwerem Maße verletzt hat.

(3) $_1$Ein rechtswidriger begünstigender Verwaltungsakt mit Dauerwirkung kann nach Absatz 2 nur bis zum Ablauf von zwei Jahren nach seiner Bekanntgabe zurückgenommen werden. $_2$Satz 1 gilt nicht, wenn Wiederaufnahmegründe entsprechend § 580 der Zivilprozessordnung vorliegen. $_3$Bis zum Ablauf von zehn Jahren nach seiner Bekanntgabe kann ein rechtswidriger begünstigender Verwaltungsakt mit Dauerwirkung nach Absatz 2 zurückgenommen werden, wenn

1. die Voraussetzungen des Absatzes 2 Satz 3 Nr. 2 oder 3 gegeben sind
   oder
2. der Verwaltungsakt mit einem zulässigen Vorbehalt des Widerrufs erlassen wurde.

$_4$In den Fällen des Satzes 3 kann ein Verwaltungsakt über eine laufende Geldleistung auch nach Ablauf der Frist von zehn Jahren zurückgenommen werden, wenn diese Geldleistung mindestens bis zum Beginn des Verwaltungsverfahrens über die Rücknahme gezahlt wurde. $_5$War die Frist von zehn Jahren am 15. April 1998 bereits abgelaufen, gilt Satz 4 mit der Maßgabe, dass der Verwaltungsakt nur mit Wirkung für die Zukunft aufgehoben wird.

(4) $_1$Nur in den Fällen von Absatz 2 Satz 3 und Absatz 3 Satz 2 wird der Verwaltungsakt mit Wirkung für die Vergangenheit zurückgenommen. $_2$Die Behörde muss dies innerhalb eines Jahres seit Kenntnis der Tatsachen tun, welche die Rücknahme eines rechtswidrigen begünstigenden Verwaltungsaktes für die Vergangenheit rechtfertigen.

(5) § 44 Abs. 3 gilt entsprechend.

§ 46 Widerruf eines rechtmäßigen nicht begünstigenden Verwaltungsaktes

(1) Ein rechtmäßiger nicht begünstigender Verwaltungsakt kann, auch nachdem er unanfechtbar geworden ist, ganz oder teilweise mit Wirkung für die Zukunft widerrufen werden, außer wenn ein Verwaltungsakt gleichen Inhalts erneut erlassen werden müsste oder aus anderen Gründen ein Widerruf unzulässig ist.

(2) § 44 Abs. 3 gilt entsprechend.

§ 47 Widerruf eines rechtmäßigen begünstigenden Verwaltungsaktes

(1) Ein rechtmäßiger begünstigender Verwaltungsakt darf, auch nachdem er unanfechtbar geworden ist, ganz oder teilweise mit Wirkung für die Zukunft nur widerrufen werden, soweit

1. der Widerruf durch Rechtsvorschrift zugelassen oder im Verwaltungsakt vorbehalten ist,
2. mit dem Verwaltungsakt eine Auflage verbunden ist und der Begünstigte diese nicht oder nicht innerhalb einer ihm gesetzten Frist erfüllt hat.

(2) $_1$Ein rechtmäßiger begünstigender Verwaltungsakt, der eine Geld- oder Sachleistung zur Erfüllung eines bestimmten Zweckes zuerkennt oder hierfür Voraussetzung ist, kann, auch nachdem er unanfechtbar geworden ist, ganz oder teilweise auch mit Wirkung für die Vergangenheit widerrufen werden, wenn

1. die Leistung nicht, nicht alsbald nach der Erbringung oder nicht mehr für den in dem Verwaltungsakt bestimmten Zweck verwendet wird,
2. mit dem Verwaltungsakt eine Auflage verbunden ist und der Begünstigte diese nicht oder nicht innerhalb einer ihm gesetzten Frist erfüllt hat.

$_2$Der Verwaltungsakt darf mit Wirkung für die Vergangenheit nicht widerrufen werden, soweit der Begünstigte auf den Bestand des Verwaltungsaktes vertraut hat und sein Vertrauen unter Abwägung mit dem öffentlichen Interesse an einem Widerruf schutzwürdig ist. $_3$Das Vertrauen ist in der Regel schutzwürdig, wenn der Begünstigte erbrachte Leistungen verbraucht oder eine Vermögensdisposition getroffen hat, die er nicht mehr oder nur unter unzumutbaren Nachteilen rückgängig machen kann. $_4$Auf Vertrauen kann sich der Begünstigte nicht berufen, soweit er die Umstände kannte oder infolge grober Fahrlässigkeit nicht kannte, die zum Widerruf des Verwaltungsaktes geführt haben. $_5$§ 45 Abs. 4 Satz 2 gilt entsprechend.

(3) § 44 Abs. 3 gilt entsprechend.

§ 48 Aufhebung eines Verwaltungsaktes mit Dauerwirkung bei Änderung der Verhältnisse

(1) $_1$Soweit in den tatsächlichen oder rechtlichen Verhältnissen, die beim Erlass eines Verwaltungsaktes mit

Dauerwirkung vorgelegen haben, eine wesentliche Änderung eintritt, ist der Verwaltungsakt mit Wirkung für die Zukunft aufzuheben. 2Der Verwaltungsakt soll mit Wirkung vom Zeitpunkt der Änderung der Verhältnisse aufgehoben werden, soweit

1. die Änderung zugunsten des Betroffenen erfolgt,
2. der Betroffene einer durch Rechtsvorschrift vorgeschriebenen Pflicht zur Mitteilung wesentlicher für ihn nachteiliger Änderungen der Verhältnisse vorsätzlich oder grob fahrlässig nicht nachgekommen ist,
3. nach Antragstellung oder Erlass des Verwaltungsaktes Einkommen oder Vermögen erzielt worden ist, das zum Wegfall oder zur Minderung des Anspruchs geführt haben würde, oder
4. der Betroffene wusste oder nicht wusste, weil er die erforderliche Sorgfalt in besonders schwerem Maße verletzt hat, dass der sich aus dem Verwaltungsakt ergebende Anspruch kraft Gesetzes zum Ruhen gekommen oder ganz oder teilweise weggefallen ist.

3Als Zeitpunkt der Änderung der Verhältnisse gilt in Fällen, in denen Einkommen oder Vermögen auf einen zurückliegenden Zeitraum auf Grund der besonderen Teile dieses Gesetzbuches anzurechnen ist, der Beginn des Anrechnungszeitraumes.

(2) Der Verwaltungsakt ist im Einzelfall mit Wirkung für die Zukunft auch dann aufzuheben, wenn der zuständige oberste Gerichtshof des Bundes in ständiger Rechtsprechung nachträglich das Recht anders auslegt als die Behörde bei Erlass des Verwaltungsaktes und sich dieses zugunsten des Berechtigten auswirkt; § 44 bleibt unberührt.

(3) 1Kann ein rechtswidriger begünstigender Verwaltungsakt nach § 45 nicht zurückgenommen werden und ist eine Änderung nach Absatz 1 oder 2 zugunsten des Betroffenen eingetreten, darf die neu festzustellende Leistung nicht über den Betrag hinausgehen, wie er sich der Höhe nach ohne Berücksichtigung der Bestandskraft ergibt. 2Satz 1 gilt entsprechend, soweit einem rechtmäßigen begünstigenden Verwaltungsakt ein rechtswidriger begünstigender Verwaltungsakt zugrunde liegt, der nach § 45 nicht zurückgenommen werden kann.

(4) 1§ 44 Abs. 3 und 4, § 45 Abs. 3 Satz 3 bis 5 und Abs. 4 Satz 2 gelten entsprechend. 2§ 45 Abs. 4 Satz 2 gilt nicht im Fall des Absatzes 1 Satz 2 Nr. 1.

§ 49 Rücknahme und Widerruf im Rechtsbehelfsverfahren

§ 45 Abs. 1 bis 4, §§ 47 und 48 gelten nicht, wenn ein begünstigender Verwaltungsakt, der von einem Dritten angefochten worden ist, während des Vorverfahrens oder während des sozial- oder verwaltungsgerichtlichen Verfahrens aufgehoben wird, soweit dadurch dem Widerspruch abgeholfen oder der Klage stattgegeben wird.

§ 50 Erstattung zu Unrecht erbrachter Leistungen

(1) 1Soweit ein Verwaltungsakt aufgehoben worden ist, sind bereits erbrachte Leistungen zu erstatten. 2Sach- und Dienstleistungen sind in Geld zu erstatten.

(2) 1Soweit Leistungen ohne Verwaltungsakt zu Unrecht erbracht worden sind, sind sie zu erstatten. 2§§ 45 und 48 gelten entsprechend.

(2a) 1Der zu erstattende Betrag ist vom Eintritt der Unwirksamkeit eines Verwaltungsaktes, auf Grund dessen Leistungen zur Förderung von Einrichtungen oder ähnliche Leistungen erbracht worden sind, mit fünf Prozentpunkten über dem Basiszinssatz jährlich zu verzinsen. 2Von der Geltendmachung des Zinsanspruchs kann insbesondere dann abgesehen werden, wenn der Begünstigte die Umstände, die zur Rücknahme, zum Widerruf oder zur Unwirksamkeit des Verwaltungsaktes geführt haben, nicht zu vertreten hat und den zu erstattenden Betrag innerhalb der von der Behörde festgesetzten Frist leistet. 3Wird eine Leistung nicht alsbald nach der Auszahlung für den bestimmten Zweck verwendet, können für die Zeit bis zur zweckentsprechenden Verwendung Zinsen nach Satz 1 verlangt werden; Entsprechendes gilt, soweit eine Leistung in Anspruch genommen wird, obwohl andere Mittel anteilig oder vorrangig einzusetzen sind; § 47 Abs. 2 Satz 1 Nr. 1 bleibt unberührt.

(3) 1Die zu erstattende Leistung ist durch schriftlichen Verwaltungsakt festzusetzen. 2Die Festsetzung soll, sofern die Leistung auf Grund eines Verwaltungsaktes erbracht worden ist, mit der Aufhebung des Verwaltungsaktes verbunden werden.

(4) 1Der Erstattungsanspruch verjährt in vier Jahren nach Ablauf des Kalenderjahres, in dem der Verwaltungsakt nach Absatz 3 unanfechtbar geworden ist. 2Für die Hemmung, die Ablaufhemmung, den Neubeginn und die Wirkung der Verjährung gelten die Vorschriften des Bürgerlichen Gesetzbuchs sinngemäß. 3§ 52 bleibt unberührt.

X

(5) Die Absätze 1 bis 4 gelten bei Berichtigungen nach § 38 entsprechend.

§ 51 Rückgabe von Urkunden und Sachen

1Ist ein Verwaltungsakt unanfechtbar widerrufen oder zurückgenommen oder ist seine Wirksamkeit aus einem anderen Grund nicht oder nicht mehr gegeben, kann die Behörde die auf Grund dieses Verwaltungsaktes erteilten Urkunden oder Sachen, die zum Nachweis der Rechte aus dem Verwaltungsakt oder zu deren Ausübung bestimmt sind, zurückfordern. 2Der Inhaber und, sofern er nicht Besitzer ist, auch der Besitzer dieser Urkunden oder Sachen sind zu ihrer Herausgabe verpflichtet. 3Der Inhaber oder der Besitzer kann jedoch verlangen, dass ihm die Urkunden oder Sachen wieder ausgehändigt werden, nachdem sie von der Behörde als ungültig gekennzeichnet sind; dies gilt nicht bei Sachen, bei denen eine solche Kennzeichnung nicht oder nicht mit der erforderlichen Offensichtlichkeit oder Dauerhaftigkeit möglich ist.

Dritter Titel
Verjährungsrechtliche Wirkungen des Verwaltungsaktes

§ 52 Hemmung der Verjährung durch Verwaltungsakt

(1) 1Ein Verwaltungsakt, der zur Feststellung oder Durchsetzung des Anspruchs eines öffentlich-rechtlichen Rechtsträgers erlassen wird, hemmt die Verjährung dieses Anspruchs. 2Die Hemmung endet mit Eintritt der Unanfechtbarkeit des Verwaltungsakts oder sechs Monate nach seiner anderweitigen Erledigung.

(2) Ist ein Verwaltungsakt im Sinne des Absatzes 1 unanfechtbar geworden, beträgt die Verjährungsfrist 30 Jahre.

Vierter Abschnitt
Öffentlich-rechtlicher Vertrag

§ 53 Zulässigkeit des öffentlich-rechtlichen Vertrages

(1) 1Ein Rechtsverhältnis auf dem Gebiet des öffentlichen Rechts kann durch Vertrag begründet, geändert oder aufgehoben werden (öffentlich-rechtlicher Vertrag), soweit Rechtsvorschriften nicht entgegenstehen. 2Insbesondere kann die Behörde, anstatt einen Verwaltungsakt zu erlassen, einen öffentlich-rechtlichen Vertrag mit demjenigen schließen, an den sie sonst den Verwaltungsakt richten würde.

(2) Ein öffentlich-rechtlicher Vertrag über Sozialleistungen kann nur geschlossen werden, soweit die Erbringung der Leistungen im Ermessen des Leistungsträgers steht.

§ 54 Vergleichsvertrag

(1) Ein öffentlich-rechtlicher Vertrag im Sinne des § 53 Abs. 1 Satz 2, durch den eine bei verständiger Würdigung des Sachverhalts oder der Rechtslage bestehende Ungewißheit durch gegenseitiges Nachgeben beseitigt wird (Vergleich), kann geschlossen werden, wenn die Behörde den Abschluss des Vergleichs zur Beseitigung der Ungewissheit nach pflichtgemäßem Ermessen für zweckmäßig hält.

(2) § 53 Abs. 2 gilt im Fall des Absatzes 1 nicht.

§ 55 Austauschvertrag

(1) 1Ein öffentlich-rechtlicher Vertrag im Sinne des § 53 Abs. 1 Satz 2, in dem sich der Vertragspartner der Behörde zu einer Gegenleistung verpflichtet, kann geschlossen werden, wenn die Gegenleistung für einen bestimmten Zweck im Vertrag vereinbart wird und der Behörde zur Erfüllung ihrer öffentlichen Aufgaben dient. 2Die Gegenleistung muss den gesamten Umständen nach angemessen sein und im sachlichen Zusammenhang mit der vertraglichen Leistung der Behörde stehen.

(2) Besteht auf die Leistung der Behörde ein Anspruch, kann nur eine solche Gegenleistung vereinbart werden, die bei Erlass eines Verwaltungsaktes Inhalt einer Nebenbestimmung nach § 32 sein könnte.

(3) § 53 Abs. 2 gilt in den Fällen der Absätze 1 und 2 nicht.

§ 56 Schriftform

Ein öffentlich-rechtlicher Vertrag ist schriftlich zu schließen, soweit nicht durch Rechtsvorschrift eine andere Form vorgeschrieben ist.

§ 57 Zustimmung von Dritten und Behörden

(1) Ein öffentlich-rechtlicher Vertrag, der in Rechte eines Dritten eingreift, wird erst wirksam, wenn der Dritte schriftlich zustimmt.

(2) Wird anstatt eines Verwaltungsaktes, bei dessen Erlass nach einer Rechtsvorschrift die Genehmigung, die Zustimmung oder das Einvernehmen einer anderen Behörde erforderlich ist, ein Vertrag geschlossen, so

wird dieser erst wirksam, nachdem die andere Behörde in der vorgeschriebenen Form mitgewirkt hat.

§ 58 Nichtigkeit des öffentlich-rechtlichen Vertrages

(1) Ein öffentlich-rechtlicher Vertrag ist nichtig, wenn sich die Nichtigkeit aus der entsprechenden Anwendung von Vorschriften des Bürgerlichen Gesetzbuches ergibt.

(2) Ein Vertrag im Sinne des § 53 Abs. 1 Satz 2 ist ferner nichtig, wenn

1. ein Verwaltungsakt mit entsprechendem Inhalt nichtig wäre,
2. ein Verwaltungsakt mit entsprechendem Inhalt nicht nur wegen eines Verfahrens- oder Formfehlers im Sinne des § 42 rechtswidrig wäre und dies den Vertragschließenden bekannt war,
3. die Voraussetzungen zum Abschluss eines Vergleichsvertrags nicht vorlagen und ein Verwaltungsakt mit entsprechendem Inhalt nicht nur wegen eines Verfahrens- oder Formfehlers im Sinne des § 42 rechtswidrig wäre,
4. sich die Behörde eine nach § 55 unzulässige Gegenleistung versprechen lässt.

(3) Betrifft die Nichtigkeit nur einen Teil des Vertrages, so ist er im Ganzen nichtig, wenn nicht anzunehmen ist, dass er auch ohne den nichtigen Teil geschlossen worden wäre.

§ 59 Anpassung und Kündigung in besonderen Fällen

(1) 1Haben die Verhältnisse, die für die Festsetzung des Vertragsinhalts maßgebend gewesen sind, sich seit Abschluss des Vertrages so wesentlich geändert, dass einer Vertragspartei das Festhalten an der ursprünglichen vertraglichen Regelung nicht zuzumuten ist, so kann diese Vertragspartei eine Anpassung des Vertragsinhalts an die geänderten Verhältnisse verlangen oder, sofern eine Anpassung nicht möglich oder einer Vertragspartei nicht zuzumuten ist, den Vertrag kündigen. 2Die Behörde kann den Vertrag auch kündigen, um schwere Nachteile für das Gemeinwohl zu verhüten oder zu beseitigen.

(2) 1Die Kündigung bedarf der Schriftform, soweit nicht durch Rechtsvorschrift eine andere Form vorgeschrieben ist. 2Sie soll begründet werden.

§ 60 Unterwerfung unter die sofortige Vollstreckung

(1) 1Jeder Vertragschließende kann sich der sofortigen Vollstreckung aus einem öffentlich-rechtlichen Vertrag im Sinne des § 53 Abs. 1 Satz 2 unterwerfen. 2Die Behörde muss hierbei von dem Behördenleiter, seinem allgemeinen Vertreter oder einem Angehörigen des öffentlichen Dienstes, der die Befähigung zum Richteramt hat, vertreten werden.

(2) 1Auf öffentlich-rechtliche Verträge im Sinne des Absatzes 1 Satz 1 ist § 66 entsprechend anzuwenden. 2Will eine natürliche oder juristische Person des Privatrechts oder eine nichtrechtsfähige Vereinigung die Vollstreckung wegen einer Geldforderung betreiben, so ist § 170 Abs. 1 bis 3 der Verwaltungsgerichtsordnung entsprechend anzuwenden. 3Richtet sich die Vollstreckung wegen der Erzwingung einer Handlung, Duldung oder Unterlassung gegen eine Behörde, ist § 172 der Verwaltungsgerichtsordnung entsprechend anzuwenden.

§ 61 Ergänzende Anwendung von Vorschriften

1Soweit sich aus den §§ 53 bis 60 nichts Abweichendes ergibt, gelten die übrigen Vorschriften dieses Gesetzbuches. 2Ergänzend gelten die Vorschriften des Bürgerlichen Gesetzbuches entsprechend.

Fünfter Abschnitt
Rechtsbehelfsverfahren

§ 62 Rechtsbehelfe gegen Verwaltungsakte

Für förmliche Rechtsbehelfe gegen Verwaltungsakte gelten, wenn der Sozialrechtsweg gegeben ist, das Sozialgerichtsgesetz, wenn der Verwaltungsrechtsweg gegeben ist, die Verwaltungsgerichtsordnung und die zu ihrer Ausführung ergangenen Rechtsvorschriften, soweit nicht durch Gesetz etwas anderes bestimmt ist; im Übrigen gelten die Vorschriften dieses Gesetzbuches.

§ 63 Erstattung von Kosten im Vorverfahren

(1) 1Soweit der Widerspruch erfolgreich ist, hat der Rechtsträger, dessen Behörde den angefochtenen Verwaltungsakt erlassen hat, demjenigen, der Widerspruch erhoben hat, die zur zweckentsprechenden Rechtsverfolgung oder Rechtsverteidigung notwendigen Aufwendungen zu erstatten. 2Dies gilt auch, wenn der Widerspruch nur deshalb keinen Erfolg hat, weil die Verletzung einer Verfahrens- oder Formvorschrift nach

X

§ 41 unbeachtlich ist. 3Aufwendungen, die durch das Verschulden eines Erstattungsberechtigten entstanden sind, hat dieser selbst zu tragen; das Verschulden eines Vertreters ist dem Vertretenen zuzurechnen.

(2) Die Gebühren und Auslagen eines Rechtsanwalts oder eines sonstigen Bevollmächtigten im Vorverfahren sind erstattungsfähig, wenn die Zuziehung eines Bevollmächtigten notwendig war.

(3) 1Die Behörde, die die Kostenentscheidung getroffen hat, setzt auf Antrag den Betrag der zu erstattenden Aufwendungen fest; hat ein Ausschuss oder Beirat die Kostenentscheidung getroffen, obliegt die Kostenfestsetzung der Behörde, bei der der Ausschuss oder Beirat gebildet ist. 2Die Kostenentscheidung bestimmt auch, ob die Zuziehung eines Rechtsanwalts oder eines sonstigen Bevollmächtigten notwendig war.

Sechster Abschnitt
Kosten, Zustellung und Vollstreckung

§ 64 Kostenfreiheit

(1) 1Für das Verfahren bei den Behörden nach diesem Gesetzbuch werden keine Gebühren und Auslagen erhoben. 2Abweichend von Satz 1 erhalten die Träger der gesetzlichen Rentenversicherung für jede auf der Grundlage des § 74a Absatz 2 und 3 erteilte Auskunft eine Gebühr von 10,20 Euro.

(2) 1Geschäfte und Verhandlungen, die aus Anlass der Beantragung, Erbringung oder der Erstattung einer Sozialleistung nötig werden, sind kostenfrei. 2Dies gilt auch für die im Gerichts- und Notarkostengesetz bestimmten Gerichtskosten. 3Von Beurkundungs- und Beglaubigungskosten sind befreit Urkunden, die

1. in der Sozialversicherung bei den Versicherungsträgern und Versicherungsbehörden erforderlich werden, um die Rechtsverhältnisse zwischen den Versicherungsträgern einerseits und den Arbeitgebern, Versicherten oder ihren Hinterbliebenen andererseits abzuwickeln,
2. im Sozialhilferecht, im Recht der Eingliederungshilfe, im Recht der Grundsicherung für Arbeitsuchende, im Kinder- und Jugendhilferecht sowie im Recht der Kriegsopferfürsorge aus Anlass der Beantragung, Erbringung oder Erstattung einer nach dem Zwölften Buch, dem Neunten Buch, dem Zweiten und dem Achten Buch oder dem Bundesversorgungsgesetz vorgesehenen Leistung benötigt werden,
3. im Schwerbehindertengesetz von der zuständigen Stelle im Zusammenhang mit der Verwendung der Ausgleichsabgabe für erforderlich gehalten werden,
4. im Recht der sozialen Entschädigung bei Gesundheitsschäden für erforderlich gehalten werden,
5. im Kindergeldrecht für erforderlich gehalten werden.

(3) 1Absatz 2 Satz 1 gilt auch für gerichtliche Verfahren, auf die das Gesetz über das Verfahren in Familiensachen und in den Angelegenheiten der freiwilligen Gerichtsbarkeit anzuwenden ist. 2Im Verfahren nach der Zivilprozessordnung, dem Gesetz über das Verfahren in Familiensachen und in den Angelegenheiten der freiwilligen Gerichtsbarkeit sowie im Verfahren vor Gerichten der Sozial- und Finanzgerichtsbarkeit sind die Träger der Eingliederungshilfe, der Sozialhilfe, der Grundsicherung für Arbeitsuchende, der Leistungen nach dem Asylbewerberleistungsgesetz, der Jugendhilfe und der Kriegsopferfürsorge von den Gerichtskosten befreit; § 197a des Sozialgerichtsgesetzes bleibt unberührt.

§ 65 Zustellung

(1) 1Soweit Zustellungen durch Behörden des Bundes, der bundesunmittelbaren Körperschaften, Anstalten und Stiftungen des öffentlichen Rechts vorgeschrieben sind, gelten die §§ 2 bis 10 des Verwaltungszustellungsgesetzes. 2§ 5 Abs. 4 des Verwaltungszustellungsgesetzes und § 178 Abs. 1 Nr. 2 der Zivilprozessordnung sind auf die nach § 73 Absatz 2 Satz 2 Nummer 5 bis 9 und Satz 3 des Sozialgerichtsgesetzes als Bevollmächtigte zugelassenen Personen entsprechend anzuwenden. 3Diese Vorschriften gelten auch, soweit Zustellungen durch Verwaltungsbehörden der Kriegsopferversorgung vorgeschrieben sind.

(2) Für die übrigen Behörden gelten die jeweiligen landesrechtlichen Vorschriften über das Zustellungsverfahren.

§ 66 Vollstreckung

(1) 1Für die Vollstreckung zugunsten der Behörden des Bundes, der bundesunmittelbaren Körperschaften, Anstalten und Stiftungen des öffentlichen Rechts gilt das Verwaltungs-Vollstreckungsgesetz. 2In Angelegenheiten des § 51 des Sozialgerichtsgesetzes ist für die Anordnung der Ersatzzwangshaft das Sozialgericht zuständig. 3Die oberste Verwaltungsbehörde kann bestimmen, dass die Aufsichtsbehörde nach Anhörung

X

der in Satz 1 genannten Behörden für die Vollstreckung fachlich geeignete Bedienstete als Vollstreckungsbeamte und sonstige hierfür fachlich geeignete Bedienstete dieser Behörde als Vollziehungsbeamte bestellen darf; die fachliche Eignung ist durch einen qualifizierten beruflichen Abschluss, die Teilnahme an einem Lehrgang einschließlich berufspraktischer Tätigkeit oder entsprechende mehrjährige Berufserfahrung nachzuweisen. 4Die oberste Verwaltungsbehörde kann auch bestimmen, dass die Aufsichtsbehörde nach Anhörung der in Satz 1 genannten Behörden für die Vollstreckung von Ansprüchen auf Gesamtsozialversicherungsbeiträge fachlich geeignete Bedienstete

1. der Verbände der Krankenkassen oder
2. einer bestimmten Krankenkasse

als Vollstreckungsbeamte und sonstige hierfür fachlich geeignete Bedienstete der genannten Verbände und Krankenkassen als Vollziehungsbeamte bestellen darf. 5Der nach Satz 4 beauftragte Verband der Krankenkassen ist berechtigt, Verwaltungsakte zur Erfüllung der mit der Vollstreckung verbundenen Aufgabe zu erlassen.

(2) Absatz 1 Satz 1 bis 3 gilt auch für die Vollstreckung durch Verwaltungsbehörden der Kriegsopferversorgung; das Land bestimmt die Vollstreckungsbehörde.

(3) 1Für die Vollstreckung zugunsten der übrigen Behörden gelten die jeweiligen landesrechtlichen Vorschriften über das Verwaltungsvollstreckungsverfahren. 2Für die landesunmittelbaren Körperschaften, Anstalten und Stiftungen des öffentlichen Rechts gilt Absatz 1 Satz 2 bis 5 entsprechend. 3Abweichend von Satz 1 vollstrecken die nach Landesrecht zuständigen Vollstreckungsbehörden zugunsten der landesunmittelbaren Krankenkassen, die sich über mehr als ein Bundesland erstrecken, nach den Vorschriften des Verwaltungs-Vollstreckungsgesetzes.

(4) 1Aus einem Verwaltungsakt kann auch die Zwangsvollstreckung in entsprechender Anwendung der Zivilprozessordnung stattfinden. 2Der Vollstreckungsschuldner soll vor Beginn der Vollstreckung mit einer Zahlungsfrist von einer Woche gemahnt werden. 3Die vollstreckbare Ausfertigung erteilt der Behördenleiter, sein allgemeiner Vertreter oder ein anderer auf Antrag eines Leistungsträgers von der Aufsichtsbehörde ermächtigter Angehöriger des öffentlichen Dienstes. 4Bei den Versicherungsträgern und der Bundesagentur für Arbeit tritt in Satz 3 an die Stelle der Aufsichtsbehörden der Vorstand.

Zweites Kapitel
Schutz der Sozialdaten

Erster Abschnitt
Begriffsbestimmungen

§ 67 Begriffsbestimmungen

(1) Die nachfolgenden Begriffsbestimmungen gelten ergänzend zu Artikel 4 der Verordnung (EU) 2016/679 des Europäischen Parlaments und des Rates vom 27. April 2016 zum Schutz natürlicher Personen bei der Verarbeitung personenbezogener Daten, zum freien Datenverkehr und zur Aufhebung der Richtlinie 95/46/EG (Datenschutz-Grundverordnung) (ABl. L 119 vom 4. 5. 2016, S. 1; L 314 vom 22. 11. 2016, S. 72; L 127 vom 23. 5. 2018, S. 2) in der jeweils geltenden Fassung.

(2) 1Sozialdaten sind personenbezogene Daten (Artikel 4 Nummer 1 der Verordnung (EU) 2016/679), die von einer in § 35 des Ersten Buches genannten Stelle im Hinblick auf ihre Aufgaben nach diesem Gesetzbuch verarbeitet werden. 2Betriebs- und Geschäftsgeheimnisse sind alle betriebs- oder geschäftsbezogenen Daten, auch von juristischen Personen, die Geheimnischarakter haben.

(3) Aufgaben nach diesem Gesetzbuch sind, soweit dieses Kapitel angewandt wird, auch

1. Aufgaben auf Grund von Verordnungen, deren Ermächtigungsgrundlage sich im Sozialgesetzbuch befindet,
2. Aufgaben auf Grund von über- und zwischenstaatlichem Recht im Bereich der sozialen Sicherheit,
3. Aufgaben auf Grund von Rechtsvorschriften, die das Erste und das Zehnte Buch für entsprechend anwendbar erklären, und
4. Aufgaben auf Grund des Arbeitssicherheitsgesetzes und Aufgaben, soweit sie den in § 35 des Ersten Buches genannten Stellen durch Gesetz zugewiesen sind. § 8 Absatz 1 Satz 3 des Arbeitssicherheitsgesetzes bleibt unberührt.

(4) 1Werden Sozialdaten von einem Leistungsträger im Sinne von § 12 des Ersten Buches verarbeitet, ist der Verantwortliche der Leistungsträger. 2Ist der Leistungsträger eine Gebietskörperschaft, so sind der Verantwortliche die Organisationseinheiten, die eine Aufgabe nach einem der besonderen Teile dieses Gesetzbuches funktional durchführen.

(5) Nicht-öffentliche Stellen sind natürliche und juristische Personen, Gesellschaften und andere Personenvereinigungen des privaten Rechts, soweit sie nicht unter § 81 Absatz 3 fallen.

Zweiter Abschnitt
Verarbeitung von Sozialdaten

§ 67a Erhebung von Sozialdaten

(1) $_{1}$Die Erhebung von Sozialdaten durch die in § 35 des Ersten Buches genannten Stellen ist zulässig, wenn ihre Kenntnis zur Erfüllung einer Aufgabe der erhebenden Stelle nach diesem Gesetzbuch erforderlich ist. $_{2}$Dies gilt auch für die Erhebung der besonderen Kategorien personenbezogener Daten im Sinne des Artikels 9 Absatz 1 der Verordnung (EU) 2016/679. $_{3}$§ 22 Absatz 2 des Bundesdatenschutzgesetzes gilt entsprechend.

(2) $_{1}$Sozialdaten sind bei der betroffenen Person zu erheben. $_{2}$Ohne ihre Mitwirkung dürfen sie nur erhoben werden

1. bei den in § 35 des Ersten Buches oder in § 69 Absatz 2 genannten Stellen, wenn
   a) diese zur Übermittlung der Daten an die erhebende Stelle befugt sind,
   b) die Erhebung bei der betroffenen Person einen unverhältnismäßigen Aufwand erfordern würde und
   c) keine Anhaltspunkte dafür bestehen, dass überwiegende schutzwürdige Interessen der betroffenen Person beeinträchtigt werden,
2. bei anderen Personen oder Stellen, wenn
   a) eine Rechtsvorschrift die Erhebung bei ihnen zulässt oder die Übermittlung an die erhebende Stelle ausdrücklich vorschreibt oder
   b) aa) die Aufgaben nach diesem Gesetzbuch ihrer Art nach eine Erhebung bei anderen Personen oder Stellen erforderlich machen oder
      bb) die Erhebung bei der betroffenen Person einen unverhältnismäßigen Aufwand erfordern würde

   und keine Anhaltspunkte dafür bestehen, dass überwiegende schutzwürdige Interessen der betroffenen Person beeinträchtigt werden.

§ 67b Speicherung, Veränderung, Nutzung, Übermittlung, Einschränkung der Verarbeitung und Löschung von Sozialdaten

(1) $_{1}$Die Speicherung, Veränderung, Nutzung, Übermittlung, Einschränkung der Verarbeitung und Löschung von Sozialdaten durch die in § 35 des Ersten Buches genannten Stellen ist zulässig, soweit die nachfolgenden Vorschriften oder eine andere Rechtsvorschrift in diesem Gesetzbuch es erlauben oder anordnen. $_{2}$Dies gilt auch für die besonderen Kategorien personenbezogener Daten im Sinne des Artikels 9 Absatz 1 der Verordnung (EU) 2016/679. $_{3}$Die Übermittlung von biometrischen, genetischen oder Gesundheitsdaten ist abweichend von Artikel 9 Absatz 2 Buchstabe b, d bis j der Verordnung (EU) 2016/679 nur zulässig, soweit eine gesetzliche Übermittlungsbefugnis nach den §§ 68 bis 77 oder nach einer anderen Rechtsvorschrift in diesem Gesetzbuch vorliegt. $_{4}$§ 22 Absatz 2 des Bundesdatenschutzgesetzes gilt entsprechend.

(2) $_{1}$Zum Nachweis im Sinne des Artikels 7 Absatz 1 der Verordnung (EU) 2016/679, dass die betroffene Person in die Verarbeitung ihrer personenbezogenen Daten eingewilligt hat, soll die Einwilligung schriftlich oder elektronisch erfolgen. $_{2}$Die Einwilligung zur Verarbeitung von genetischen, biometrischen oder Gesundheitsdaten oder Betriebs- oder Geschäftsgeheimnissen hat schriftlich oder elektronisch zu erfolgen, soweit nicht wegen besonderer Umstände eine andere Form angemessen ist. $_{3}$Wird die Einwilligung der betroffenen Person eingeholt, ist diese auf den Zweck der vorgesehenen Verarbeitung, auf die Folgen der Verweigerung der Einwilligung sowie auf die jederzeitige Widerrufsmöglichkeit gemäß Artikel 7 Absatz 3 der Verordnung (EU) 2016/679 hinzuweisen.

(3) $_{1}$Die Einwilligung zur Verarbeitung personenbezogener Daten zu Forschungszwecken kann für ein bestimmtes Vorhaben oder für bestimmte Bereiche der wissenschaftlichen Forschung erteilt werden. $_{2}$Im Bereich der wissenschaftlichen Forschung liegt ein besonderer Umstand im Sinne des Absatzes 2 Satz 2 auch dann vor, wenn durch die Einholung einer schriftlichen oder elektronischen Einwilligung der Forschungszweck erheblich beeinträchtigt würde. $_{3}$In diesem Fall sind die Gründe, aus denen sich die erhebliche Beeinträchtigung des Forschungszweckes ergibt, schriftlich festzuhalten.

§ 67c Zweckbindung sowie Speicherung, Veränderung und Nutzung von Sozialdaten zu anderen Zwecken

(1) $_{1}$Die Speicherung, Veränderung oder Nutzung von Sozialdaten durch die in § 35 des Ersten Buches genannten Stellen ist zulässig, wenn sie zur Erfüllung der in der Zuständigkeit des Verantwortlichen liegenden gesetzlichen Aufgaben nach diesem Gesetzbuch erforderlich ist und für die Zwecke erfolgt, für die die Daten erhoben worden sind. $_{2}$Ist keine Erhebung vorausge-

gangen, dürfen die Daten nur für die Zwecke geändert oder genutzt werden, für die sie gespeichert worden sind.

(2) Die nach Absatz 1 gespeicherten Daten dürfen von demselben Verantwortlichen für andere Zwecke nur gespeichert, verändert oder genutzt werden, wenn

1. die Daten für die Erfüllung von Aufgaben nach anderen Rechtsvorschriften dieses Gesetzbuches als diejenigen, für die sie erhoben wurden, erforderlich sind,
2. es zur Durchführung eines bestimmten Vorhabens der wissenschaftlichen Forschung oder Planung im Sozialleistungsbereich erforderlich ist und die Voraussetzungen des § 75 Absatz 1, 2 oder 4a Satz 1 vorliegen.

(3) 1Eine Speicherung, Veränderung oder Nutzung von Sozialdaten ist zulässig, wenn sie für die Wahrnehmung von Aufsichts-, Kontroll- und Disziplinarbefugnissen, der Rechnungsprüfung oder der Durchführung von Organisationsuntersuchungen für den Verantwortlichen oder für die Wahrung oder Wiederherstellung der Sicherheit und Funktionsfähigkeit eines informationstechnischen Systems durch das Bundesamt für Sicherheit in der Informationstechnik erforderlich ist. 2Das gilt auch für die Veränderung oder Nutzung zu Ausbildungs- und Prüfungszwecken durch den Verantwortlichen, soweit nicht überwiegende schutzwürdige Interessen der betroffenen Person entgegenstehen.

(4) Sozialdaten, die ausschließlich zu Zwecken der Datenschutzkontrolle, der Datensicherung oder zur Sicherstellung eines ordnungsgemäßen Betriebes einer Datenverarbeitungsanlage gespeichert werden, dürfen nur für diese Zwecke verändert, genutzt und in der Verarbeitung eingeschränkt werden.

(5) 1Für Zwecke der wissenschaftlichen Forschung oder Planung im Sozialleistungsbereich erhobene oder gespeicherte Sozialdaten dürfen von den in § 35 des Ersten Buches genannten Stellen nur für ein bestimmtes Vorhaben der wissenschaftlichen Forschung im Sozialleistungsbereich oder der Planung im Sozialleistungsbereich verändert oder genutzt werden. 2Die Sozialdaten sind zu anonymisieren, sobald dies nach dem Forschungs- oder Planungszweck möglich ist. 3Bis dahin sind die Merkmale gesondert zu speichern, mit denen Einzelangaben über persönliche oder sachliche Verhältnisse einer bestimmten oder bestimmbaren Person zugeordnet werden können. 4Sie dürfen mit den Einzelangaben nur zusammengeführt werden, soweit der Forschungs- oder Planungszweck dies erfordert.

§ 67d Übermittlungsgrundsätze

(1) 1Die Verantwortung für die Zulässigkeit der Bekanntgabe von Sozialdaten durch ihre Weitergabe an einen Dritten oder durch die Einsichtnahme oder den Abruf eines Dritten von zur Einsicht oder zum Abruf bereitgehaltenen Daten trägt die übermittelnde Stelle. 2Erfolgt die Übermittlung auf Ersuchen des Dritten, an den die Daten übermittelt werden, trägt dieser die Verantwortung für die Richtigkeit der Angaben in seinem Ersuchen.

(2) Sind mit Sozialdaten, die übermittelt werden dürfen, weitere personenbezogene Daten der betroffenen Person oder eines Dritten so verbunden, dass eine Trennung nicht oder nur mit unvertretbarem Aufwand möglich ist, so ist die Übermittlung auch dieser Daten nur zulässig, wenn schutzwürdige Interessen der betroffenen Person oder eines Dritten an deren Geheimhaltung nicht überwiegen; eine Veränderung oder Nutzung dieser Daten ist unzulässig.

(3) Die Übermittlung von Sozialdaten ist auch über Vermittlungsstellen im Rahmen einer Auftragsverarbeitung zulässig.

§ 67e Erhebung und Übermittlung zur Bekämpfung von Leistungsmissbrauch und illegaler Ausländerbeschäftigung

1Bei der Prüfung nach § 2 des Schwarzarbeitsbekämpfungsgesetzes oder nach § 28p des Vierten Buches darf bei der überprüften Person zusätzlich erfragt werden,

1. ob und welche Art von Sozialleistungen nach diesem Gesetzbuch oder Leistungen nach dem Asylbewerberleistungsgesetz sie bezieht und von welcher Stelle sie diese Leistungen bezieht,
2. bei welcher Krankenkasse sie versichert oder ob sie als Selbständige tätig ist,
3. ob und welche Art von Beiträgen nach diesem Gesetzbuch sie abführt und
4. ob und welche ausländischen Arbeitnehmerinnen und Arbeitnehmer sie mit einer für ihre Tätigkeit erforderlichen Genehmigung und nicht zu ungünstigeren Arbeitsbedingungen als vergleichbare deutsche Arbeitnehmerinnen und Arbeitnehmer beschäftigt.

2Zu Prüfzwecken dürfen die Antworten auf Fragen nach Satz 1 Nummer 1 an den jeweils zuständigen Leistungsträger und nach Satz 1 Nummer 2 bis 4 an die

X

jeweils zuständige Einzugsstelle und die Bundesagentur für Arbeit übermittelt werden. 3Der Empfänger hat die Prüfung unverzüglich durchzuführen.

§ 68 Übermittlung für Aufgaben der Polizeibehörden, der Staatsanwaltschaften, Gerichte und der Behörden der Gefahrenabwehr

(1) 1Zur Erfüllung von Aufgaben der Polizeibehörden, der Staatsanwaltschaften und Gerichte, der Behörden der Gefahrenabwehr und der Justizvollzugsanstalten dürfen im Einzelfall auf Ersuchen Name, Vorname, Geburtsdatum, Geburtsort, derzeitige Anschrift der betroffenen Person, ihr derzeitiger oder zukünftiger Aufenthaltsort sowie Namen, Vornamen oder Firma und Anschriften ihrer derzeitigen Arbeitgeber übermittelt werden, soweit kein Grund zu der Annahme besteht, dass dadurch schutzwürdige Interessen der betroffenen Person beeinträchtigt werden, und wenn das Ersuchen nicht länger als sechs Monate zurückliegt. 2Die ersuchte Stelle ist über § 4 Absatz 3 hinaus zur Übermittlung auch dann nicht verpflichtet, wenn sich die ersuchende Stelle die Angaben auf andere Weise beschaffen kann. 3Satz 2 findet keine Anwendung, wenn das Amtshilfeersuchen zur Durchführung einer Vollstreckung nach § 66 erforderlich ist.

(1a) Zu dem in § 7 Absatz 3 des Internationalen Familienrechtsverfahrensgesetzes bezeichneten Zweck ist es zulässig, der in dieser Vorschrift bezeichneten Zentralen Behörde auf Ersuchen im Einzelfall den derzeitigen Aufenthalt der betroffenen Person zu übermitteln, soweit kein Grund zur Annahme besteht, dass dadurch schutzwürdige Interessen der betroffenen Person beeinträchtigt werden.

(2) Über das Übermittlungsersuchen entscheidet der Leiter oder die Leiterin der ersuchten Stelle, dessen oder deren allgemeiner Stellvertreter oder allgemeine Stellvertreterin oder eine besonders bevollmächtigte bedienstete Person.

(3) 1Eine Übermittlung der in Absatz 1 Satz 1 genannten Sozialdaten, von Angaben zur Staats- und Religionsangehörigkeit, früherer Anschriften der betroffenen Personen, von Namen und Anschriften früherer Arbeitgeber der betroffenen Personen sowie von Angaben über an betroffene Personen erbrachte oder demnächst zu erbringende Geldleistungen ist zulässig, soweit sie zur Durchführung einer nach Bundes- oder Landesrecht zulässigen Rasterfahndung erforderlich ist. 2Die Verantwortung für die Zulässigkeit der Übermittlung trägt abweichend von § 67d Absatz 1 Satz 1 der Dritte, an den die Daten übermittelt werden. 3Die übermittelnde Stelle prüft nur, ob das Übermittlungsersuchen im Rahmen der Aufgaben des Dritten liegt, an den die Daten übermittelt werden, es sei denn, dass besonderer Anlass zur Prüfung der Zulässigkeit der Übermittlung besteht.

§ 69 Übermittlung für die Erfüllung sozialer Aufgaben

(1) Eine Übermittlung von Sozialdaten ist zulässig, soweit sie erforderlich ist

1. für die Erfüllung der Zwecke, für die sie erhoben worden sind, oder für die Erfüllung einer gesetzlichen Aufgabe der übermittelnden Stelle nach diesem Gesetzbuch oder einer solchen Aufgabe des Dritten, an den die Daten übermittelt werden, wenn er eine in § 35 des Ersten Buches genannte Stelle ist,
2. für die Durchführung eines mit der Erfüllung einer Aufgabe nach Nummer 1 zusammenhängenden gerichtlichen Verfahrens einschließlich eines Strafverfahrens oder
3. für die Richtigstellung unwahrer Tatsachenbehauptungen der betroffenen Person im Zusammenhang mit einem Verfahren über die Erbringung von Sozialleistungen; die Übermittlung bedarf der vorherigen Genehmigung durch die zuständige oberste Bundes- oder Landesbehörde.

(2) Für die Erfüllung einer gesetzlichen oder sich aus einem Tarifvertrag ergebenden Aufgabe sind den in § 35 des Ersten Buches genannten Stellen gleichgestellt

1. die Stellen, die Leistungen nach dem Lastenausgleichsgesetz, dem Bundesentschädigungsgesetz, dem Strafrechtlichen Rehabilitierungsgesetz, dem Beruflichen Rehabilitierungsgesetz, dem Gesetz über die Entschädigung für Strafverfolgungsmaßnahmen, dem Unterhaltssicherungsgesetz, dem Beamtenversorgungsgesetz und den Vorschriften, die auf das Beamtenversorgungsgesetz verweisen, dem Soldatenversorgungsgesetz, dem Anspruchs- und Anwartschaftsüberführungsgesetz und den Vorschriften der Länder über die Gewährung von Blinden- und Pflegegeldleistungen zu erbringen haben,
2. die gemeinsamen Einrichtungen der Tarifvertragsparteien im Sinne des § 4 Absatz 2 des Tarifvertragsgesetzes, die Zusatzversorgungseinrichtungen

des öffentlichen Dienstes und die öffentlich-rechtlichen Zusatzversorgungseinrichtungen,

3. die Bezügestellen des öffentlichen Dienstes, soweit sie kindergeldabhängige Leistungen des Besoldungs-, Versorgungs- und Tarifrechts unter Verwendung von personenbezogenen Kindergelddaten festzusetzen haben.

(3) Die Übermittlung von Sozialdaten durch die Bundesagentur für Arbeit an die Krankenkassen ist zulässig, soweit sie erforderlich ist, den Krankenkassen die Feststellung der Arbeitgeber zu ermöglichen, die am Ausgleich der Arbeitgeberaufwendungen nach dem Aufwendungsausgleichsgesetz teilnehmen.

(4) Die Krankenkassen sind befugt, einem Arbeitgeber mitzuteilen, ob die Fortdauer einer Arbeitsunfähigkeit oder eine erneute Arbeitsunfähigkeit eines Arbeitnehmers auf derselben Krankheit beruht; die Übermittlung von Diagnosedaten an den Arbeitgeber ist nicht zulässig.

(5) Die Übermittlung von Sozialdaten ist zulässig für die Erfüllung der gesetzlichen Aufgaben der Rechnungshöfe und der anderen Stellen, auf die § 67c Abs. 3 Satz 1 Anwendung findet.

§ 70 Übermittlung für die Durchführung des Arbeitsschutzes

Eine Übermittlung von Sozialdaten ist zulässig, soweit sie zur Erfüllung der gesetzlichen Aufgaben der für den Arbeitsschutz zuständigen staatlichen Behörden oder der Bergbehörden bei der Durchführung des Arbeitsschutzes erforderlich ist und schutzwürdige Interessen der betroffenen Person nicht beeinträchtigt werden oder das öffentliche Interesse an der Durchführung des Arbeitsschutzes das Geheimhaltungsinteresse der betroffenen Person erheblich überwiegt.

§ 71 Übermittlung für die Erfüllung besonderer gesetzlicher Pflichten und Mitteilungsbefugnisse

(1) [1]Eine Übermittlung von Sozialdaten ist zulässig, soweit sie erforderlich ist für die Erfüllung der gesetzlichen Mitteilungspflichten

1. zur Abwendung geplanter Straftaten nach § 138 des Strafgesetzbuches,
2. zum Schutz der öffentlichen Gesundheit nach § 8 des Infektionsschutzgesetzes,
3. zur Sicherung des Steueraufkommens nach § 22a des Einkommensteuergesetzes und den §§ 93, 97, 105, 111 Absatz 1 und 5, § 116 der Abgabenordnung und § 32b Absatz 3 des Einkommensteuergesetzes, soweit diese Vorschriften unmittelbar anwendbar sind, und zur Mitteilung von Daten der ausländischen Unternehmen, die auf Grund bilateraler Regierungsvereinbarungen über die Beschäftigung von Arbeitnehmern zur Ausführung von Werkverträgen tätig werden, nach § 93a der Abgabenordnung,
4. zur Gewährung und Prüfung des Sonderausgabenabzugs nach § 10 des Einkommensteuergesetzes,
5. zur Überprüfung der Voraussetzungen für die Einziehung der Ausgleichszahlungen und für die Leistung von Wohngeld nach § 33 des Wohngeldgesetzes,
6. zur Bekämpfung von Schwarzarbeit und illegaler Beschäftigung nach dem Schwarzarbeitsbekämpfungsgesetz,
7. zur Mitteilung in das Gewerbezentralregister und das Wettbewerbsregister einzutragender Tatsachen an die Registerbehörde,
8. zur Erfüllung der Aufgaben der statistischen Ämter der Länder und des Statistischen Bundesamtes gemäß § 3 Absatz 1 des Statistikregistergesetzes zum Aufbau und zur Führung des Statistikregisters,
9. zur Aktualisierung des Betriebsregisters nach § 97 Absatz 5 des Agrarstatistikgesetzes,
10. zur Erfüllung der Aufgaben der Deutschen Rentenversicherung Bund als zentraler Stelle nach § 22a und § 91 Absatz 1 Satz 1 des Einkommensteuergesetzes,
11. zur Erfüllung der Aufgaben der Deutschen Rentenversicherung Knappschaft-Bahn-See, soweit sie bei geringfügig Beschäftigten Aufgaben nach dem Einkommensteuergesetz durchführt,
12. zur Erfüllung der Aufgaben des Statistischen Bundesamtes nach § 5a Absatz 1 in Verbindung mit Absatz 3 des Bundesstatistikgesetzes sowie nach § 7 des Registerzensuserprobungsgesetzes zum Zwecke der Entwicklung von Verfahren für die zuverlässige Zuordnung von Personendatensätzen aus ihren Datenbeständen und von Verfahren der Qualitätssicherung eines Registerzensus,
13. nach § 58 des Energiefinanzierungsgesetzes zur Berechnung der Bruttowertschöpfung im Verfahren der Besonderen Ausgleichsregelung,
14. nach § 6 Absatz 3 des Wohnungslosenberichterstattungsgesetzes für die Erhebung über wohnungslose Personen,

X

15. nach § 4 des Sozialdienstleister-Einsatzgesetzes für die Feststellung des nachträglichen Erstattungsanspruchs oder
16. nach § 5 Absatz 1 des Rentenübersichtsgesetzes zur Erfüllung der Aufgaben der Zentralen Stelle für die Digitale Rentenübersicht.

2Erklärungspflichten als Drittschuldner, welche das Vollstreckungsrecht vorsieht, werden durch Bestimmungen dieses Gesetzbuches nicht berührt. 3Eine Übermittlung von Sozialdaten ist zulässig, soweit sie erforderlich ist für die Erfüllung der gesetzlichen Pflichten zur Sicherung und Nutzung von Archivgut des Bundes nach § 1 Nummer 8 und 9, § 3 Absatz 4, nach den §§ 5 bis 7 sowie nach den §§ 10 bis 13 des Bundesarchivgesetzes oder nach entsprechenden gesetzlichen Vorschriften der Länder, die die Schutzfristen dieses Gesetzes nicht unterschreiten. 4Eine Übermittlung von Sozialdaten ist auch zulässig, soweit sie erforderlich ist, Meldebehörden nach § 6 Absatz 2 des Bundesmeldegesetzes über konkrete Anhaltspunkte für die Unrichtigkeit oder Unvollständigkeit von diesen auf Grund Melderechts übermittelter Daten zu unterrichten. 5Zur Überprüfung des Anspruchs auf Kindergeld ist die Übermittlung von Sozialdaten gemäß § 68 Absatz 7 des Einkommensteuergesetzes an die Familienkassen zulässig. 6Eine Übermittlung von Sozialdaten ist auch zulässig, soweit sie zum Schutz des Kindeswohls nach § 4 Absatz 1 und 5 des Gesetzes zur Kooperation und Information im Kinderschutz erforderlich ist.

(2) 1Eine Übermittlung von Sozialdaten eines Ausländers ist auch zulässig, soweit sie erforderlich ist

1. im Einzelfall auf Ersuchen der mit der Ausführung des Aufenthaltsgesetzes betrauten Behörden nach § 87 Absatz 1 des Aufenthaltsgesetzes mit der Maßgabe, dass über die Angaben nach § 68 hinaus nur mitgeteilt werden können
   a) für die Entscheidung über den Aufenthalt des Ausländers oder eines Familienangehörigen des Ausländers Daten über die Gewährung oder Nichtgewährung von Leistungen, Daten über frühere und bestehende Versicherungen und das Nichtbestehen einer Versicherung,
   b) für die Entscheidung über den Aufenthalt oder über die ausländerrechtliche Zulassung oder Beschränkung einer Erwerbstätigkeit des Ausländers Daten über die Zustimmung nach § 4a Absatz 2 Satz 1, § 16a Absatz 1 Satz 1 und § 18 Absatz 2 Nummer 2 des Aufenthaltsgesetzes,
   c) für eine Entscheidung über den Aufenthalt des Ausländers Angaben darüber, ob die in § 54 Absatz 2 Nummer 4 des Aufenthaltsgesetzes bezeichneten Voraussetzungen vorliegen, und
   d) durch die Jugendämter für die Entscheidung über den weiteren Aufenthalt oder die Beendigung des Aufenthalts eines Ausländers, bei dem ein Ausweisungsgrund nach den §§ 53 bis 56 des Aufenthaltsgesetzes vorliegt, Angaben über das zu erwartende soziale Verhalten,
2. für die Erfüllung der in § 87 Absatz 2 des Aufenthaltsgesetzes bezeichneten Mitteilungspflichten,
3. für die Erfüllung der in § 99 Absatz 1 Nummer 14 Buchstabe d, f und j des Aufenthaltsgesetzes bezeichneten Mitteilungspflichten, wenn die Mitteilung die Erteilung, den Widerruf oder Beschränkungen der Zustimmung nach § 4 Absatz 2 Satz 1, § 16a Absatz 1 Satz 1 und § 18 Absatz 2 Nummer 2 des Aufenthaltsgesetzes oder eines Versicherungsschutzes oder die Gewährung von Leistungen zur Sicherung des Lebensunterhalts nach dem Zweiten Buch betrifft,
4. für die Erfüllung der in § 6 Absatz 1 Nummer 8 in Verbindung mit Absatz 2 Nummer 6 des Gesetzes über das Ausländerzentralregister bezeichneten Mitteilungspflichten,
5. für die Erfüllung der in § 32 Absatz 1 Satz 1 und 2 des Staatsangehörigkeitsgesetzes bezeichneten Mitteilungspflichten oder
6. für die Erfüllung der nach § 8 Absatz 1c des Asylgesetzes bezeichneten Mitteilungspflichten der Träger der Grundsicherung für Arbeitsuchende.

2Daten über die Gesundheit eines Ausländers dürfen nur übermittelt werden,

1. wenn der Ausländer die öffentliche Gesundheit gefährdet und besondere Schutzmaßnahmen zum Ausschluss der Gefährdung nicht möglich sind oder von dem Ausländer nicht eingehalten werden oder
2. soweit sie für die Feststellung erforderlich sind, ob die Voraussetzungen des § 54 Absatz 2 Nummer 4 des Aufenthaltsgesetzes vorliegen.

(2a) Eine Übermittlung personenbezogener Daten eines Leistungsberechtigten nach § 1 des Asylbewerberleistungsgesetzes ist zulässig, soweit sie für die Durchführung des Asylbewerberleistungsgesetzes erforderlich ist.

(3) 1Eine Übermittlung von Sozialdaten ist zulässig, soweit es nach pflichtgemäßem Ermessen eines Leis-

X

tungsträgers erforderlich ist, dem Betreuungsgericht die Bestellung eines Betreuers oder eine andere Maßnahme in Betreuungssachen zu ermöglichen. 2§ 9 des Betreuungsorganisationsgesetzes gilt entsprechend. 3Eine Übermittlung von Sozialdaten ist auch zulässig, soweit sie im Einzelfall für die Erfüllung der Aufgaben der Betreuungsbehörden nach § 8 des Betreuungsorganisationsgesetzes erforderlich ist.

(4) 1Eine Übermittlung von Sozialdaten ist außerdem zulässig, soweit sie im Einzelfall für die rechtmäßige Erfüllung der in der Zuständigkeit der Zentralstelle für Finanztransaktionsuntersuchungen liegenden Aufgaben nach § 28 Absatz 1 Satz 2 Nummer 2 des Geldwäschegesetzes erforderlich ist. 2Die Übermittlung ist auf Angaben über Name, Vorname sowie früher geführte Namen, Geburtsdatum, Geburtsort, derzeitige und frühere Anschriften der betroffenen Person sowie Namen und Anschriften seiner derzeitigen und früheren Arbeitgeber beschränkt.

§ 72 Übermittlung für den Schutz der inneren und äußeren Sicherheit

(1) 1Eine Übermittlung von Sozialdaten ist zulässig, soweit sie im Einzelfall für die rechtmäßige Erfüllung der in der Zuständigkeit der Behörden für Verfassungsschutz, des Bundesnachrichtendienstes, des Militärischen Abschirmdienstes und des Bundeskriminalamtes liegenden Aufgaben erforderlich ist. 2Die Übermittlung ist auf Angaben über Name und Vorname sowie früher geführte Namen, Geburtsdatum, Geburtsort, derzeitige und frühere Anschriften der betroffenen Person sowie Namen und Anschriften ihrer derzeitigen und früheren Arbeitgeber beschränkt.

(2) 1Über die Erforderlichkeit des Übermittlungsersuchens entscheidet eine von dem Leiter oder der Leiterin der ersuchenden Stelle bestimmte beauftragte Person, die die Befähigung zum Richteramt haben soll. 2Wenn eine oberste Bundes- oder Landesbehörde für die Aufsicht über die ersuchende Stelle zuständig ist, ist sie über die gestellten Übermittlungsersuchen zu unterrichten. 3Bei der ersuchten Stelle entscheidet über das Übermittlungsersuchen der Behördenleiter oder die Behördenleiterin oder dessen oder deren allgemeiner Stellvertreter oder allgemeine Stellvertreterin.

§ 73 Übermittlung für die Durchführung eines Strafverfahrens

(1) Eine Übermittlung von Sozialdaten ist zulässig, soweit sie zur Durchführung eines Strafverfahrens wegen eines Verbrechens oder wegen einer sonstigen Straftat von erheblicher Bedeutung erforderlich ist.

(2) Eine Übermittlung von Sozialdaten zur Durchführung eines Strafverfahrens wegen einer anderen Straftat ist zulässig, soweit die Übermittlung auf die in § 72 Absatz 1 Satz 2 genannten Angaben und die Angaben über erbrachte oder demnächst zu erbringende Geldleistungen beschränkt ist.

(3) Die Übermittlung nach den Absätzen 1 und 2 ordnet der Richter oder die Richterin an.

§ 74 Übermittlung bei Verletzung der Unterhaltspflicht und beim Versorgungsausgleich

(1) 1Eine Übermittlung von Sozialdaten ist zulässig, soweit sie erforderlich ist

1. für die Durchführung
   a) eines gerichtlichen Verfahrens oder eines Vollstreckungsverfahrens wegen eines gesetzlichen oder vertraglichen Unterhaltsanspruchs oder eines an seine Stelle getretenen Ersatzanspruchs oder
   b) eines Verfahrens über den Versorgungsausgleich nach § 220 des Gesetzes über das Verfahren in Familiensachen und in den Angelegenheiten der freiwilligen Gerichtsbarkeit oder
2. für die Geltendmachung
   a) eines gesetzlichen oder vertraglichen Unterhaltsanspruchs außerhalb eines Verfahrens nach Nummer 1 Buchstabe a, soweit die betroffene Person nach den Vorschriften des bürgerlichen Rechts, insbesondere nach § 1605 oder nach § 1361 Absatz 4 Satz 4, § 1580 Satz 2, § 1615a oder § 1615l Absatz 3 Satz 1 in Verbindung mit § 1605 des Bürgerlichen Gesetzbuchs, zur Auskunft verpflichtet ist, oder
   b) eines Ausgleichsanspruchs im Rahmen des Versorgungsausgleichs außerhalb eines Verfahrens nach Nummer 1 Buchstabe b, soweit die betroffene Person nach § 4 Absatz 1 des Versorgungsausgleichsgesetzes zur Auskunft verpflichtet ist, oder
3. für die Anwendung der Öffnungsklausel des § 22 Nummer 1 Satz 3 Buchstabe a Doppelbuchstabe bb Satz 2 des Einkommensteuergesetzes auf eine im Versorgungsausgleich auf die ausgleichsberechtigte Person übertragene Rentenanwartschaft, soweit die ausgleichspflichtige Person nach § 22 Nummer 1

X

Satz 3 Buchstabe a Doppelbuchstabe bb Satz 2 des Einkommensteuergesetzes in Verbindung mit § 4 Absatz 1 des Versorgungsausgleichsgesetzes zur Auskunft verpflichtet ist.

2In den Fällen des Satzes 1 Nummer 2 und 3 ist eine Übermittlung nur zulässig, wenn die auskunftspflichtige Person ihre Pflicht, nachdem sie unter Hinweis auf die in diesem Buch enthaltene Übermittlungsbefugnis der in § 35 des Ersten Buches genannten Stellen gemahnt wurde, innerhalb angemessener Frist nicht oder nicht vollständig erfüllt hat. 3Diese Stellen dürfen die Anschrift der auskunftspflichtigen Person zum Zwecke der Mahnung übermitteln.

(2) Eine Übermittlung von Sozialdaten durch die Träger der gesetzlichen Rentenversicherung und durch die Träger der Grundsicherung für Arbeitsuchende ist auch zulässig, soweit sie für die Erfüllung der nach § 5 des Auslandsunterhaltsgesetzes der zentralen Behörde (§ 4 des Auslandsunterhaltsgesetzes) obliegenden Aufgaben und zur Erreichung der in den §§ 16 und 17 des Auslandsunterhaltsgesetzes bezeichneten Zwecke erforderlich ist.

§ 74a Übermittlung zur Durchsetzung öffentlich-rechtlicher Ansprüche und im Vollstreckungsverfahren

(1) 1Zur Durchsetzung von öffentlich-rechtlichen Ansprüchen dürfen im Einzelfall auf Ersuchen Name, Vorname, Geburtsdatum, Geburtsort, derzeitige Anschrift der betroffenen Person, ihr derzeitiger oder zukünftiger Aufenthaltsort sowie Namen, Vornamen oder Firma und Anschriften ihrer derzeitigen Arbeitgeber übermittelt werden, soweit kein Grund zu der Annahme besteht, dass dadurch schutzwürdige Interessen der betroffenen Person beeinträchtigt werden, und wenn das Ersuchen nicht länger als sechs Monate zurückliegt. 2Die ersuchte Stelle ist über § 4 Absatz 3 hinaus zur Übermittlung auch dann nicht verpflichtet, wenn sich die ersuchende Stelle die Angaben auf andere Weise beschaffen kann. 3Satz 2 findet keine Anwendung, wenn das Amtshilfeersuchen zur Durchführung einer Vollstreckung nach § 66 erforderlich ist.

(2) 1Zur Durchführung eines Vollstreckungsverfahrens dürfen die Träger der gesetzlichen Rentenversicherung im Einzelfall auf Ersuchen des Gerichtsvollziehers die derzeitige Anschrift der betroffenen Person, ihren derzeitigen oder zukünftigen Aufenthaltsort sowie Namen, Vornamen oder Firma und Anschriften ihrer derzeitigen Arbeitgeber übermitteln, soweit kein Grund zu der Annahme besteht, dass dadurch schutzwürdige Interessen der betroffenen Person beeinträchtigt werden, und das Ersuchen nicht länger als sechs Monate zurückliegt. 2Die Träger der gesetzlichen Rentenversicherung sind über § 4 Absatz 3 hinaus zur Übermittlung auch dann nicht verpflichtet, wenn sich die ersuchende Stelle die Angaben auf andere Weise beschaffen kann. 3Die Übermittlung ist nur zulässig, wenn

1. die Ladung zu dem Termin zur Abgabe der Vermögensauskunft an den Schuldner nicht zustellbar ist und
   a) die Anschrift, unter der die Zustellung ausgeführt werden sollte, mit der Anschrift übereinstimmt, die von einer der in § 755 Absatz 1 und 2 der Zivilprozessordnung genannten Stellen innerhalb von drei Monaten vor oder nach dem Zustellungsversuch mitgeteilt wurde, oder
   b) die Meldebehörde nach dem Zustellungsversuch die Auskunft erteilt, dass ihr keine derzeitige Anschrift des Schuldners bekannt ist, oder
   c) die Meldebehörde innerhalb von drei Monaten vor Erteilung des Vollstreckungsauftrags die Auskunft erteilt hat, dass ihr keine derzeitige Anschrift des Schuldners bekannt ist,
2. der Schuldner seiner Pflicht zur Abgabe der Vermögensauskunft in dem dem Ersuchen zugrundeliegenden Vollstreckungsverfahren nicht nachkommt,
3. bei einer Vollstreckung in die in der Vermögensauskunft aufgeführten Vermögensgegenstände eine vollständige Befriedigung des Gläubigers voraussichtlich nicht zu erwarten ist oder
4. die Anschrift oder der derzeitige oder zukünftige Aufenthaltsort des Schuldners trotz Anfrage bei der Meldebehörde nicht bekannt ist.

4Der Gerichtsvollzieher hat in seinem Ersuchen zu bestätigen, dass diese Voraussetzungen vorliegen. 5Das Ersuchen und die Auskunft sind elektronisch zu übermitteln.

(3) 1Ersucht ein Insolvenzgericht nach § 98 Absatz 1a der Insolvenzordnung die Träger der gesetzlichen Rentenversicherung um Übermittlung des Namens und der Vornamen oder der Firma sowie der Anschrift der derzeitigen Arbeitgeber der betroffenen Person, so dürfen die Träger der gesetzlichen Rentenversicherung diese Daten vorbehaltlich der Sätze 2 bis 4 im Einzelfall übermitteln, wenn versicherungspflichtige Beschäftigungsverhältnisse der betroffenen Person vorliegen. 2Eine Übermittlung nach Satz 1 ist nur dann zulässig, wenn

1. eine Aufforderung zur Auskunftserteilung nach § 97 Absatz 1 der Insolvenzordnung nicht zustellbar ist und
   a) die Anschrift, unter der die Zustellung ausgeführt werden sollte, mit der Anschrift übereinstimmt, die von einer der in § 755 Absatz 1 und 2 der Zivilprozessordnung genannten Stellen innerhalb von drei Monaten vor oder nach dem Zustellungsversuch mitgeteilt wurde, oder
   b) die Meldebehörde nach dem Zustellungsversuch die Auskunft erteilt, dass ihr keine derzeitige Anschrift des Schuldners bekannt ist, oder
   c) die Meldebehörde innerhalb von drei Monaten vor der Aufforderung zur Auskunftserteilung die Auskunft erteilt hat, dass ihr keine derzeitige Anschrift des Schuldners bekannt ist;
2. der Schuldner seiner Auskunftspflicht nach § 97 der Insolvenzordnung nicht nachkommt oder
3. dies aus anderen Gründen zur Erreichung der Zwecke des Insolvenzverfahrens erforderlich erscheint.

$_3$Die Träger der gesetzlichen Rentenversicherung sind zur Übermittlung nicht verpflichtet, wenn sich das Insolvenzgericht die Angaben auf andere Weise beschaffen kann oder wenn Grund zu der Annahme besteht, dass durch die Übermittlung schutzwürdige Interessen der betroffenen Person beeinträchtigt werden; § 4 Absatz 3 bleibt unberührt. $_4$Das Insolvenzgericht hat in seinem Ersuchen zu bestätigen, dass die Voraussetzungen des Satzes 2 vorliegen. $_5$Das Ersuchen und die Auskunft sind elektronisch zu übermitteln.

§ 75 Übermittlung von Sozialdaten für die Forschung und Planung

(1) $_1$Eine Übermittlung von Sozialdaten ist zulässig, soweit sie erforderlich ist für ein bestimmtes Vorhaben

1. der wissenschaftlichen Forschung im Sozialleistungsbereich oder der wissenschaftlichen Arbeitsmarkt- und Berufsforschung oder
2. der Planung im Sozialleistungsbereich durch eine öffentliche Stelle im Rahmen ihrer Aufgaben

und schutzwürdige Interessen der betroffenen Person nicht beeinträchtigt werden oder das öffentliche Interesse an der Forschung oder Planung das Geheimhaltungsinteresse der betroffenen Person erheblich überwiegt. $_2$Eine Übermittlung ohne Einwilligung der betroffenen Person ist nicht zulässig, soweit es zumutbar ist, ihre Einwilligung einzuholen. $_3$Angaben über den Namen und Vornamen, die Anschrift, die Telefonnummer sowie die für die Einleitung eines Vorhabens nach Satz 1 zwingend erforderlichen Strukturmerkmale der betroffenen Person können für Befragungen auch ohne Einwilligungen übermittelt werden. $_4$Der nach Absatz 4 Satz 1 zuständigen Behörde ist ein Datenschutzkonzept vorzulegen.

(2) Ergibt sich aus dem Vorhaben nach Absatz 1 Satz 1 eine Forschungsfrage, die in einem inhaltlichen Zusammenhang mit diesem steht, können hierzu auf Antrag die Frist nach Absatz 4 Satz 5 Nummer 4 zur Verarbeitung der erforderlichen Sozialdaten verlängert oder eine neue Frist festgelegt und weitere erforderliche Sozialdaten übermittelt werden.

(3) $_1$Soweit nach Absatz 1 oder 2 besondere Kategorien von Daten im Sinne von Artikel 9 Absatz 1 der Verordnung (EU) 2016/679 an einen Dritten übermittelt oder nach Absatz 4a von einem Dritten verarbeitet werden, sieht dieser bei der Verarbeitung angemessene und spezifische Maßnahmen zur Wahrung der Interessen der betroffenen Person gemäß § 22 Absatz 2 Satz 2 des Bundesdatenschutzgesetzes vor. $_2$Ergänzend zu den dort genannten Maßnahmen sind die besonderen Kategorien von Daten im Sinne des Artikels 9 Absatz 1 der Verordnung (EU) 2016/679 zu anonymisieren, sobald dies nach dem Forschungszweck möglich ist.

(4) $_1$Die Übermittlung nach Absatz 1 und die weitere Verarbeitung sowie die Übermittlung nach Absatz 2 bedürfen der vorherigen Genehmigung durch die oberste Bundes- oder Landesbehörde, die für den Bereich, aus dem die Daten herrühren, zuständig ist. $_2$Die oberste Bundesbehörde kann das Genehmigungsverfahren bei Anträgen von Versicherungsträgern nach § 1 Absatz 1 Satz 1 des Vierten Buches oder von deren Verbänden auf das Bundesversicherungsamt übertragen. $_3$Eine Übermittlung von Sozialdaten an eine nicht-öffentliche Stelle und eine weitere Verarbeitung durch diese nach Absatz 2 darf nur genehmigt werden, wenn sich die nicht-öffentliche Stelle gegenüber der Genehmigungsbehörde verpflichtet hat, die Daten nur für den vorgesehenen Zweck zu verarbeiten. $_4$Die Genehmigung darf im Hinblick auf die Wahrung des Sozialgeheimnisses nur versagt werden, wenn die Voraussetzungen des Absatzes 1, 2 oder 4a nicht vorliegen. $_5$Sie muss

1. den Dritten, an den die Daten übermittelt werden,
2. die Art der zu übermittelnden Sozialdaten und den Kreis der betroffenen Personen,

X

3. die wissenschaftliche Forschung oder die Planung, zu der die übermittelten Sozialdaten verarbeitet werden dürfen, und
4. den Tag, bis zu dem die übermittelten Sozialdaten verarbeitet werden dürfen,

genau bezeichnen und steht auch ohne besonderen Hinweis unter dem Vorbehalt der nachträglichen Aufnahme, Änderung oder Ergänzung einer Auflage. $_6$Nach Ablauf der Frist nach Satz 5 Nummer 4 können die verarbeiteten Daten bis zu zehn Jahre lang gespeichert werden, um eine Nachprüfung der Forschungsergebnisse auf der Grundlage der ursprünglichen Datenbasis sowie eine Verarbeitung für weitere Forschungsvorhaben nach Absatz 2 zu ermöglichen.

(4a) $_1$Ergänzend zur Übermittlung von Sozialdaten zu einem bestimmten Forschungsvorhaben nach Absatz 1 Satz 1 kann die Verarbeitung dieser Sozialdaten auch für noch nicht bestimmte, aber inhaltlich zusammenhängende Forschungsvorhaben des gleichen Forschungsbereiches beantragt werden. $_2$Die Genehmigung ist unter den Voraussetzungen des Absatzes 4 zu erteilen, wenn sich der Datenempfänger gegenüber der genehmigenden Stelle verpflichtet, auch bei künftigen Forschungsvorhaben im Forschungsbereich die Genehmigungsvoraussetzungen einzuhalten. $_3$Die nach Absatz 4 Satz 1 zuständige Behörde kann vom Antragsteller die Vorlage einer unabhängigen Begutachtung des Datenschutzkonzeptes verlangen. $_4$Der Antragsteller ist verpflichtet, der nach Absatz 4 Satz 1 zuständigen Behörde jedes innerhalb des genehmigten Forschungsbereiches vorgesehene Forschungsvorhaben vor dessen Beginn anzuzeigen und dabei die Erfüllung der Genehmigungsvoraussetzungen darzulegen. $_5$Mit dem Forschungsvorhaben darf acht Wochen nach Eingang der Anzeige bei der Genehmigungsbehörde begonnen werden, sofern nicht die Genehmigungsbehörde vor Ablauf der Frist mitteilt, dass für das angezeigte Vorhaben ein gesondertes Genehmigungsverfahren erforderlich ist.

(5) Wird die Verarbeitung von Sozialdaten nicht-öffentlichen Stellen genehmigt, hat die genehmigende Stelle durch Auflagen sicherzustellen, dass die der Genehmigung durch Absatz 1, 2 und 4a gesetzten Grenzen beachtet werden.

(6) Ist der Dritte, an den Sozialdaten übermittelt werden, eine nicht-öffentliche Stelle, unterliegt dieser der Aufsicht der gemäß § 40 Absatz 1 des Bundesdatenschutzgesetzes zuständigen Behörde.

§ 76 Einschränkung der Übermittlungsbefugnis bei besonders schutzwürdigen Sozialdaten

(1) Die Übermittlung von Sozialdaten, die einer in § 35 des Ersten Buches genannten Stelle von einem Arzt oder einer Ärztin oder einer anderen in § 203 Absatz 1 und 4 des Strafgesetzbuches genannten Person zugänglich gemacht worden sind, ist nur unter den Voraussetzungen zulässig, unter denen diese Person selbst übermittlungsbefugt wäre.

(2) Absatz 1 gilt nicht

1. im Rahmen des § 69 Absatz 1 Nummer 1 und 2 für Sozialdaten, die im Zusammenhang mit einer Begutachtung wegen der Erbringung von Sozialleistungen oder wegen der Ausstellung einer Bescheinigung übermittelt worden sind, es sei denn, dass die betroffene Person der Übermittlung widerspricht; die betroffene Person ist von dem Verantwortlichen zu Beginn des Verwaltungsverfahrens in allgemeiner Form schriftlich oder elektronisch auf das Widerspruchsrecht hinzuweisen,

1a. im Rahmen der Geltendmachung und Durchsetzung sowie Abwehr eines Erstattungs- oder Ersatzanspruchs,

2. im Rahmen des § 69 Absatz 4 und 5 und des § 71 Absatz 1 Satz 3,
3. im Rahmen des § 94 Absatz 2 Satz 2 des Elften Buches.

(3) Ein Widerspruchsrecht besteht nicht in den Fällen des § 275 Absatz 1 bis 3 und 3b, des § 275c Absatz 1 und des § 275d Absatz 1 des Fünften Buches, soweit die Daten durch Personen nach Absatz 1 übermittelt werden.

§ 77 Übermittlung ins Ausland und an internationale Organisationen

(1) $_1$Die Übermittlung von Sozialdaten an Personen oder Stellen in anderen Mitgliedstaaten der Europäischen Union sowie in diesen nach § 35 Absatz 7 des Ersten Buches gleichgestellten Staaten ist zulässig, soweit

1. dies für die Erfüllung einer gesetzlichen Aufgabe der in § 35 des Ersten Buches genannten übermittelnden Stelle nach diesem Gesetzbuch oder zur Erfüllung einer solchen Aufgabe von ausländischen Stellen erforderlich ist, soweit diese Aufgaben wahrnehmen, die denen der in § 35 des Ersten Buches genannten Stellen entsprechen,
2. die Voraussetzungen des § 69 Absatz 1 Nummer 2 oder Nummer 3 oder des § 70 oder einer Übermitt-

lungsvorschrift nach dem Dritten Buch oder dem Arbeitnehmerüberlassungsgesetz vorliegen und die Aufgaben der ausländischen Stelle den in diesen Vorschriften genannten entsprechen,

3. die Voraussetzungen des § 74 vorliegen und die gerichtlich geltend gemachten Ansprüche oder die Rechte des Empfängers den in dieser Vorschrift genannten entsprechen oder
4. die Voraussetzungen des § 73 vorliegen; für die Anordnung einer Übermittlung nach § 73 ist ein inländisches Gericht zuständig.

2Die Übermittlung von Sozialdaten unterbleibt, soweit sie zu den in Artikel 6 des Vertrages über die Europäische Union enthaltenen Grundsätzen in Widerspruch stünde.

(2) Absatz 1 gilt entsprechend für die Übermittlung an Personen oder Stellen in einem Drittstaat sowie an internationale Organisationen, wenn deren angemessenes Datenschutzniveau durch Angemessenheitsbeschluss gemäß Artikel 45 der Verordnung (EU) 2016/679 festgestellt wurde.

(3) 1Liegt kein Angemessenheitsbeschluss vor, ist eine Übermittlung von Sozialdaten an Personen oder Stellen in einem Drittstaat oder an internationale Organisationen abweichend von Artikel 46 Absatz 2 Buchstabe a und Artikel 49 Absatz 1 Unterabsatz 1 Buchstabe g der Verordnung (EU) 2016/679 unzulässig. 2Eine Übermittlung aus wichtigen Gründen des öffentlichen Interesses nach Artikel 49 Absatz 1 Unterabsatz 1 Buchstabe d und Absatz 4 der Verordnung (EU) 2016/679 liegt nur vor, wenn

1. die Übermittlung in Anwendung zwischenstaatlicher Übereinkommen auf dem Gebiet der sozialen Sicherheit erfolgt, oder
2. soweit die Voraussetzungen des § 69 Absatz 1 Nummer 1 und 2 oder des § 70 vorliegen

und soweit die betroffene Person kein schutzwürdiges Interesse an dem Ausschluss der Übermittlung hat.

(4) Die Stelle, an die die Sozialdaten übermittelt werden, ist auf den Zweck hinzuweisen, zu dessen Erfüllung die Sozialdaten übermittelt werden.

§ 78 Zweckbindung und Geheimhaltungspflicht eines Dritten, an den Daten übermittelt werden

(1) 1Personen oder Stellen, die nicht in § 35 des Ersten Buches genannt und denen Sozialdaten übermittelt worden sind, dürfen diese nur zu dem Zweck verarbeiten, zu dem sie ihnen befugt übermittelt worden sind. 2Eine Übermittlung von Sozialdaten nach den §§ 68 bis 77 oder nach einer anderen Rechtsvorschrift in diesem Gesetzbuch an eine nicht-öffentliche Stelle auf deren Ersuchen hin ist nur zulässig, wenn diese sich gegenüber der übermittelnden Stelle verpflichtet hat, die Daten nur für den Zweck zu verarbeiten, zu dem sie ihr übermittelt werden. 3Die Dritten haben die Daten in demselben Umfang geheim zu halten wie die in § 35 des Ersten Buches genannten Stellen. 4Sind Sozialdaten an Gerichte oder Staatsanwaltschaften übermittelt worden, dürfen diese gerichtliche Entscheidungen, die Sozialdaten enthalten, weiter übermitteln, wenn eine in § 35 des Ersten Buches genannte Stelle zur Übermittlung an den weiteren Dritten befugt wäre. 5Abweichend von Satz 4 ist eine Übermittlung nach § 115 des Bundesbeamtengesetzes und nach Vorschriften, die auf diese Vorschrift verweisen, zulässig. 6Sind Sozialdaten an Polizeibehörden, Staatsanwaltschaften, Gerichte oder Behörden der Gefahrenabwehr übermittelt worden, dürfen diese die Daten unabhängig vom Zweck der Übermittlung sowohl für Zwecke der Gefahrenabwehr als auch für Zwecke der Strafverfolgung und der Strafvollstreckung speichern, verändern, nutzen, übermitteln, in der Verarbeitung einschränken oder löschen.

(2) Werden Daten an eine nicht-öffentliche Stelle übermittelt, so sind die dort beschäftigten Personen, welche diese Daten speichern, verändern, nutzen, übermitteln, in der Verarbeitung einschränken oder löschen, von dieser Stelle vor, spätestens bei der Übermittlung auf die Einhaltung der Pflichten nach Absatz 1 hinzuweisen.

(3) 1Ergibt sich im Rahmen eines Vollstreckungsverfahrens nach § 66 die Notwendigkeit, dass eine Strafanzeige zum Schutz des Vollstreckungsbeamten erforderlich ist, so dürfen die zum Zweck der Vollstreckung übermittelten Sozialdaten auch zum Zweck der Strafverfolgung gespeichert, verändert, genutzt, übermittelt, in der Verarbeitung eingeschränkt oder gelöscht werden, soweit dies erforderlich ist. 2Das Gleiche gilt auch für die Klärung von Fragen im Rahmen eines Disziplinarverfahrens.

(4) Sind Sozialdaten an Gerichte oder Staatsanwaltschaften für die Durchführung eines Straf- oder Bußgeldverfahrens übermittelt worden, so dürfen sie nach Maßgabe der §§ 476, 487 Absatz 4 der Strafprozessordnung und der §§ 49b und 49c Absatz 1 des Gesetzes über Ordnungswidrigkeiten für Zwecke der wissenschaftlichen Forschung gespeichert, verändert, ge-

nutzt, übermittelt, in der Verarbeitung eingeschränkt oder gelöscht werden.

(5) Behörden der Zollverwaltung dürfen Sozialdaten, die ihnen zum Zweck der Vollstreckung übermittelt worden sind, auch zum Zweck der Vollstreckung öffentlich-rechtlicher Ansprüche anderer Stellen als der in § 35 des Ersten Buches genannten Stellen verarbeiten.

Dritter Abschnitt
Besondere Datenverarbeitungsarten

§ 79 Einrichtung automatisierter Verfahren auf Abruf

(1) 1Die Einrichtung eines automatisierten Verfahrens, das die Übermittlung von Sozialdaten durch Abruf ermöglicht, ist zwischen den in § 35 des Ersten Buches genannten Stellen sowie mit der Deutschen Rentenversicherung Bund als zentraler Stelle zur Erfüllung ihrer Aufgaben nach § 91 Absatz 1 Satz 1 des Einkommensteuergesetzes und der Deutschen Rentenversicherung Knappschaft-Bahn-See, soweit sie bei geringfügig Beschäftigten Aufgaben nach dem Einkommensteuergesetz durchführt, zulässig, soweit dieses Verfahren unter Berücksichtigung der schutzwürdigen Interessen der betroffenen Personen wegen der Vielzahl der Übermittlungen oder wegen ihrer besonderen Eilbedürftigkeit angemessen ist und wenn die jeweiligen Rechts- oder Fachaufsichtsbehörden die Teilnahme der unter ihrer Aufsicht stehenden Stellen genehmigt haben. 2Das Gleiche gilt gegenüber den in § 69 Absatz 2 und 3 genannten Stellen.

(1a) Die Einrichtung eines automatisierten Verfahrens auf Abruf für ein Dateisystem der Sozialversicherung für Landwirtschaft, Forsten und Gartenbau ist nur gegenüber den Trägern der gesetzlichen Rentenversicherung, der Deutschen Rentenversicherung Bund als zentraler Stelle zur Erfüllung ihrer Aufgaben nach § 91 Absatz 1 Satz 1 des Einkommensteuergesetzes, den Krankenkassen, der Bundesagentur für Arbeit und der Deutschen Post AG, soweit sie mit der Berechnung oder Auszahlung von Sozialleistungen betraut ist, zulässig; dabei dürfen auch Vermittlungsstellen eingeschaltet werden.

(2) 1Die beteiligten Stellen haben zu gewährleisten, dass die Zulässigkeit des Verfahrens auf Abruf kontrolliert werden kann. 2Hierzu haben sie schriftlich oder elektronisch festzulegen:

1. Anlass und Zweck des Verfahrens auf Abruf,
2. Dritte, an die übermittelt wird,
3. Art der zu übermittelnden Daten,
4. nach Artikel 32 der Verordnung (EU) 2016/679 erforderliche technische und organisatorische Maßnahmen.

(3) Über die Einrichtung von Verfahren auf Abruf ist in Fällen, in denen die in § 35 des Ersten Buches genannten Stellen beteiligt sind, die der Kontrolle des oder der Bundesbeauftragten für den Datenschutz und die Informationsfreiheit (Bundesbeauftragte) unterliegen, dieser oder diese, sonst die nach Landesrecht für die Kontrolle des Datenschutzes zuständige Stelle rechtzeitig vorher unter Mitteilung der Festlegungen nach Absatz 2 zu unterrichten.

(4) 1Die Verantwortung für die Zulässigkeit des einzelnen Abrufs trägt der Dritte, an den übermittelt wird. 2Die speichernde Stelle prüft die Zulässigkeit der Abrufe nur, wenn dazu Anlass besteht. 3Sie hat mindestens bei jedem zehnten Abruf den Zeitpunkt, die abgerufenen Daten sowie Angaben zur Feststellung des Verfahrens und des für den Abruf Verantwortlichen zu protokollieren; die protokollierten Daten sind spätestens nach sechs Monaten zu löschen. 4Wird ein Gesamtbestand von Sozialdaten abgerufen oder übermittelt (Stapelverarbeitung), so bezieht sich die Gewährleistung der Feststellung und Überprüfung nur auf die Zulässigkeit des Abrufes oder der Übermittlung des Gesamtbestandes.

(5) Die Absätze 1 bis 4 gelten nicht für den Abruf aus Datenbeständen, die mit Einwilligung der betroffenen Personen angelegt werden und die jedermann, sei es ohne oder nach besonderer Zulassung, zur Benutzung offenstehen.

§ 80 Verarbeitung von Sozialdaten im Auftrag

(1) 1Die Erteilung eines Auftrags im Sinne des Artikels 28 der Verordnung (EU) 2016/679 zur Verarbeitung von Sozialdaten ist nur zulässig, wenn der Verantwortliche seiner Rechts- oder Fachaufsichtsbehörde rechtzeitig vor der Auftragserteilung

1. den Auftragsverarbeiter, die bei diesem vorhandenen technischen und organisatorischen Maßnahmen und ergänzenden Weisungen,
2. die Art der Daten, die im Auftrag verarbeitet werden sollen, und den Kreis der betroffenen Personen,
3. die Aufgabe, zu deren Erfüllung die Verarbeitung der Daten im Auftrag erfolgen soll, sowie
4. den Abschluss von etwaigen Unterauftragsverhältnissen

schriftlich oder elektronisch anzeigt. 2Soll eine öffentliche Stelle mit der Verarbeitung von Sozialdaten beauftragt werden, hat diese rechtzeitig vor der Auftragserteilung die beabsichtigte Beauftragung ihrer Rechts- oder Fachaufsichtsbehörde schriftlich oder elektronisch anzuzeigen.

(2) Der Auftrag zur Verarbeitung von Sozialdaten darf nur erteilt werden, wenn die Verarbeitung im Inland, in einem anderen Mitgliedstaat der Europäischen Union, in einem diesem nach § 35 Absatz 7 des Ersten Buches gleichgestellten Staat, oder, sofern ein Angemessenheitsbeschluss gemäß Artikel 45 der Verordnung (EU) 2016/679 vorliegt, in einem Drittstaat oder in einer internationalen Organisation erfolgt.

(3) 1Die Erteilung eines Auftrags zur Verarbeitung von Sozialdaten durch nicht-öffentliche Stellen ist nur zulässig, wenn

1. beim Verantwortlichen sonst Störungen im Betriebsablauf auftreten können oder
2. die übertragenen Arbeiten beim Auftragsverarbeiter erheblich kostengünstiger besorgt werden können.

2Dies gilt nicht, wenn Dienstleister in der Informationstechnik, deren absolute Mehrheit der Anteile oder deren absolute Mehrheit der Stimmen dem Bund oder den Ländern zusteht, mit vorheriger Genehmigung der obersten Dienstbehörde des Verantwortlichen beauftragt werden.

(4) 1Ist der Auftragsverarbeiter eine in § 35 des Ersten Buches genannte Stelle, gelten neben den §§ 85 und 85a die §§ 9, 13, 14 und 16 des Bundesdatenschutzgesetzes. 2Bei den in § 35 des Ersten Buches genannten Stellen, die nicht solche des Bundes sind, tritt anstelle des oder der Bundesbeauftragten insoweit die nach Landesrecht für die Kontrolle des Datenschutzes zuständige Stelle. 3Ist der Auftragsverarbeiter eine nicht-öffentliche Stelle, unterliegt dieser der Aufsicht der gemäß § 40 des Bundesdatenschutzgesetzes zuständigen Behörde.

(5) 1Absatz 3 gilt nicht bei Verträgen über die Prüfung oder Wartung automatisierter Verfahren oder von Datenverarbeitungsanlagen durch andere Stellen im Auftrag, bei denen ein Zugriff auf Sozialdaten nicht ausgeschlossen werden kann. 2Die Verträge sind bei zu erwartenden oder bereits eingetretenen Störungen im Betriebsablauf unverzüglich der Rechts- oder Fachaufsichtsbehörde mitzuteilen.

Vierter Abschnitt
Rechte der betroffenen Person, Beauftragte für den Datenschutz und Schlussvorschriften

§ 81 Recht auf Anrufung, Beauftragte für den Datenschutz

(1) Ist eine betroffene Person der Ansicht, bei der Verarbeitung ihrer Sozialdaten in ihren Rechten verletzt worden zu sein, kann sie sich

1. an den Bundesbeauftragten oder die Bundesbeauftragte wenden, wenn sie eine Verletzung ihrer Rechte durch eine in § 35 des Ersten Buches genannte Stelle des Bundes bei der Wahrnehmung von Aufgaben nach diesem Gesetzbuch behauptet,
2. an die nach Landesrecht für die Kontrolle des Datenschutzes zuständige Stelle wenden, wenn sie die Verletzung ihrer Rechte durch eine andere in § 35 des Ersten Buches genannte Stelle bei der Wahrnehmung von Aufgaben nach diesem Gesetzbuch behauptet.

(2) 1Bei der Wahrnehmung von Aufgaben nach diesem Gesetzbuch gelten für die in § 35 des Ersten Buches genannten Stellen die §§ 14 bis 16 des Bundesdatenschutzgesetzes. 2Bei öffentlichen Stellen der Länder, die unter § 35 des Ersten Buches fallen, tritt an die Stelle des oder der Bundesbeauftragten die nach Landesrecht für die Kontrolle des Datenschutzes zuständige Stelle.

(3) 1Verbände und Arbeitsgemeinschaften der in § 35 des Ersten Buches genannten Stellen oder ihrer Verbände gelten, soweit sie Aufgaben nach diesem Gesetzbuch wahrnehmen und an ihnen Stellen des Bundes beteiligt sind, unbeschadet ihrer Rechtsform als öffentliche Stellen des Bundes, wenn sie über den Bereich eines Landes hinaus tätig werden, anderenfalls als öffentliche Stellen der Länder. 2Sonstige Einrichtungen der in § 35 des Ersten Buches genannten Stellen oder ihrer Verbände gelten als öffentliche Stellen des Bundes, wenn die absolute Mehrheit der Anteile oder der Stimmen einer oder mehrerer öffentlicher Stellen dem Bund zusteht, anderenfalls als öffentliche Stellen der Länder. 3Die Datenstelle der Rentenversicherung nach § 145 Absatz 1 des Sechsten Buches gilt als öffentliche Stelle des Bundes.

(4) 1Auf die in § 35 des Ersten Buches genannten Stellen, die Vermittlungsstellen nach § 67d Absatz 3 und die Auftragsverarbeiter sind die §§ 5 bis 7 des Bundesdatenschutzgesetzes entsprechend anzuwenden. 2In räumlich getrennten Organisationseinheiten ist sicherzustellen, dass der oder die Beauftragte für

X

den Datenschutz bei der Erfüllung seiner oder ihrer Aufgaben unterstützt wird. 3Die Sätze 1 und 2 gelten nicht für öffentliche Stellen der Länder mit Ausnahme der Sozialversicherungsträger und ihrer Verbände. 4Absatz 2 Satz 2 gilt entsprechend.

§ 81a Gerichtlicher Rechtsschutz

(1) 1Für Streitigkeiten zwischen einer natürlichen oder juristischen Person und dem oder der Bundesbeauftragten oder der nach Landesrecht für die Kontrolle des Datenschutzes zuständigen Stelle gemäß Artikel 78 Absatz 1 und 2 der Verordnung (EU) 2016/679 aufgrund der Verarbeitung von Sozialdaten im Zusammenhang mit einer Angelegenheit nach § 51 Absatz 1 und 2 des Sozialgerichtsgesetzes ist der Rechtsweg zu den Gerichten der Sozialgerichtsbarkeit eröffnet. 2Für die übrigen Streitigkeiten gemäß Artikel 78 Absatz 1 und 2 der Verordnung (EU) 2016/679 aufgrund der Verarbeitung von Sozialdaten gilt § 20 des Bundesdatenschutzgesetzes, soweit die Streitigkeiten nicht durch Bundesgesetz einer anderen Gerichtsbarkeit ausdrücklich zugewiesen sind. 3Satz 1 gilt nicht für Bußgeldverfahren.

(2) Das Sozialgerichtsgesetz ist nach Maßgabe der Absätze 3 bis 7 anzuwenden.

(3) Abweichend von den Vorschriften über die örtliche Zuständigkeit der Sozialgerichte nach § 57 des Sozialgerichtsgesetzes ist für die Verfahren nach Absatz 1 Satz 1 das Sozialgericht örtlich zuständig, in dessen Bezirk der oder die Bundesbeauftragte oder die nach Landesrecht für die Kontrolle des Datenschutzes zuständige Stelle seinen oder ihren Sitz hat, wenn eine Körperschaft oder Anstalt des öffentlichen Rechts oder in Angelegenheiten des sozialen Entschädigungsrechts oder des Schwerbehindertenrechts ein Land klagt.

(4) In den Verfahren nach Absatz 1 Satz 1 sind der oder die Bundesbeauftragte sowie die nach Landesrecht für die Kontrolle des Datenschutzes zuständige Stelle beteiligungsfähig.

(5) 1Beteiligte eines Verfahrens nach Absatz 1 Satz 1 sind

1. die natürliche oder juristische Person als Klägerin oder Antragstellerin und
2. der oder die Bundesbeauftragte oder die nach Landesrecht für die Kontrolle des Datenschutzes zuständige Stelle als Beklagter oder Beklagte oder als Antragsgegner oder Antragsgegnerin.

2§ 69 Nummer 3 des Sozialgerichtsgesetzes bleibt unberührt.

(6) Ein Vorverfahren findet nicht statt.

(7) Der oder die Bundesbeauftragte oder die nach Landesrecht für die Kontrolle des Datenschutzes zuständige Stelle darf gegenüber einer Behörde oder deren Rechtsträger nicht die sofortige Vollziehung (§ 86a Absatz 2 Nummer 5 des Sozialgerichtsgesetzes) anordnen.

§ 81b Klagen gegen den Verantwortlichen oder Auftragsverarbeiter

(1) Für Klagen der betroffenen Person gegen einen Verantwortlichen oder einen Auftragsverarbeiter wegen eines Verstoßes gegen datenschutzrechtliche Bestimmungen im Anwendungsbereich der Verordnung (EU) 2016/679 oder der darin enthaltenen Rechte der betroffenen Person bei der Verarbeitung von Sozialdaten im Zusammenhang mit einer Angelegenheit nach § 51 Absatz 1 und 2 des Sozialgerichtsgesetzes ist der Rechtsweg zu den Gerichten der Sozialgerichtsbarkeit eröffnet.

(2) Ergänzend zu § 57 Absatz 3 des Sozialgerichtsgesetzes ist für Klagen nach Absatz 1 das Sozialgericht örtlich zuständig, in dessen Bezirk sich eine Niederlassung des Verantwortlichen oder Auftragsverarbeiters befindet.

(3) 1Hat der Verantwortliche oder Auftragsverarbeiter einen Vertreter nach Artikel 27 Absatz 1 der Verordnung (EU) 2016/679 benannt, gilt dieser auch als bevollmächtigt, Zustellungen in sozialgerichtlichen Verfahren nach Absatz 1 entgegenzunehmen. 2§ 63 Absatz 3 des Sozialgerichtsgesetzes bleibt unberührt.

§ 81c Antrag auf gerichtliche Entscheidung bei angenommener Europarechtswidrigkeit eines Angemessenheitsbeschlusses der Europäischen Kommission

Hält der oder die Bundesbeauftragte oder eine nach Landesrecht für die Kontrolle des Datenschutzes zuständige Stelle einen Angemessenheitsbeschluss der Europäischen Kommission, auf dessen Gültigkeit es bei der Entscheidung über die Beschwerde einer betroffenen Person hinsichtlich der Verarbeitung von Sozialdaten ankommt, für europarechtswidrig, so gilt § 21 des Bundesdatenschutzgesetzes.

§ 82 Informationspflichten bei der Erhebung von Sozialdaten bei der betroffenen Person

(1) Die Pflicht zur Information der betroffenen Person gemäß Artikel 13 Absatz 1 Buchstabe e der Verordnung (EU) 2016/679 über Kategorien von Empfängern besteht ergänzend zu der in Artikel 13 Absatz 4 der Verordnung (EU) 2016/679 genannten Ausnahme nur, soweit

1. sie nach den Umständen des Einzelfalles nicht mit der Nutzung oder der Übermittlung von Sozialdaten an diese Kategorien von Empfängern rechnen muss,
2. es sich nicht um Speicherung, Veränderung, Nutzung, Übermittlung, Einschränkung der Verarbeitung oder Löschung von Sozialdaten innerhalb einer in § 35 des Ersten Buches genannten Stelle oder einer Organisationseinheit im Sinne von § 67 Absatz 4 Satz 2 handelt oder
3. es sich nicht um eine Kategorie von in § 35 des Ersten Buches genannten Stellen oder von Organisationseinheiten im Sinne von § 67 Absatz 4 Satz 2 handelt, die auf Grund eines Gesetzes zur engen Zusammenarbeit verpflichtet sind.

(2) Die Pflicht zur Information der betroffenen Person gemäß Artikel 13 Absatz 3 der Verordnung (EU) 2016/679 besteht ergänzend zu der in Artikel 13 Absatz 4 der Verordnung (EU) 2016/679 genannten Ausnahme dann nicht, wenn die Erteilung der Information über die beabsichtigte Weiterverarbeitung

1. die ordnungsgemäße Erfüllung der in der Zuständigkeit des Verantwortlichen liegenden Aufgaben im Sinne des Artikels 23 Absatz 1 Buchstabe a bis e der Verordnung (EU) 2016/679 gefährden würde und die Interessen des Verantwortlichen an der Nichterteilung der Information die Interessen der betroffenen Person überwiegen,
2. die öffentliche Sicherheit oder Ordnung gefährden oder sonst dem Wohl des Bundes oder eines Landes Nachteile bereiten würde und die Interessen des Verantwortlichen an der Nichterteilung der Information die Interessen der betroffenen Person überwiegen oder
3. eine vertrauliche Übermittlung von Daten an öffentliche Stellen gefährden würde.

(3) 1Unterbleibt eine Information der betroffenen Person nach Maßgabe des Absatzes 2, ergreift der Verantwortliche geeignete Maßnahmen zum Schutz der berechtigten Interessen der betroffenen Person, einschließlich der Bereitstellung der in Artikel 13 Absatz 1 und 2 der Verordnung (EU) 2016/679 genannten Informationen für die Öffentlichkeit in präziser, transparenter, verständlicher und leicht zugänglicher Form in einer klaren und einfachen Sprache. 2Der Verantwortliche hält schriftlich fest, aus welchen Gründen er von einer Information abgesehen hat. 3Die Sätze 1 und 2 finden in den Fällen des Absatzes 2 Nummer 3 keine Anwendung.

(4) Unterbleibt die Benachrichtigung in den Fällen des Absatzes 2 wegen eines vorübergehenden Hinderungsgrundes, kommt der Verantwortliche der Informationspflicht unter Berücksichtigung der spezifischen Umstände der Verarbeitung innerhalb einer angemessenen Frist nach Fortfall des Hinderungsgrundes, spätestens jedoch innerhalb von zwei Wochen, nach.

(5) Bezieht sich die Informationserteilung auf die Übermittlung von Sozialdaten durch öffentliche Stellen an die Staatsanwaltschaften und Gerichte im Bereich der Strafverfolgung, an Polizeibehörden, Verfassungsschutzbehörden, den Bundesnachrichtendienst und den Militärischen Abschirmdienst, ist sie nur mit Zustimmung dieser Stelle zulässig.

§ 82a Informationspflichten, wenn Sozialdaten nicht bei der betroffenen Person erhoben wurden

(1) Die Pflicht einer in § 35 des Ersten Buches genannten Stelle zur Information der betroffenen Person gemäß Artikel 14 Absatz 1, 2 und 4 der Verordnung (EU) 2016/679 besteht ergänzend zu den in Artikel 14 Absatz 5 der Verordnung (EU) 2016/679 genannten Ausnahmen nicht,

1. soweit die Erteilung der Information
   a) die ordnungsgemäße Erfüllung der in der Zuständigkeit des Verantwortlichen liegenden Aufgaben gefährden würde oder
   b) die öffentliche Sicherheit oder Ordnung gefährden oder sonst dem Wohle des Bundes oder eines Landes Nachteile bereiten würde, oder
2. soweit die Daten oder die Tatsache ihrer Speicherung nach einer Rechtsvorschrift oder ihrem Wesen nach, insbesondere wegen der überwiegenden berechtigten Interessen eines Dritten geheim gehalten werden müssen

und deswegen das Interesse der betroffenen Person an der Informationserteilung zurücktreten muss.

(2) Werden Sozialdaten bei einer nicht-öffentlichen Stelle erhoben, so ist diese auf die Rechtsvorschrift, die zur Auskunft verpflichtet, sonst auf die Freiwilligkeit hinzuweisen.

X

(3) 1Unterbleibt eine Information der betroffenen Person nach Maßgabe des Absatzes 1, ergreift der Verantwortliche geeignete Maßnahmen zum Schutz der berechtigten Interessen der betroffenen Person, einschließlich der Bereitstellung der in Artikel 14 Absatz 1 und 2 der Verordnung (EU) 2016/679 genannten Informationen für die Öffentlichkeit in präziser, transparenter, verständlicher und leicht zugänglicher Form in einer klaren und einfachen Sprache. 2Der Verantwortliche hält schriftlich fest, aus welchen Gründen er von einer Information abgesehen hat.

(4) In Bezug auf die Pflicht zur Information nach Artikel 14 Absatz 1 Buchstabe e der Verordnung (EU) 2016/679 gilt § 82 Absatz 1 entsprechend.

(5) Bezieht sich die Informationserteilung auf die Übermittlung von Sozialdaten durch öffentliche Stellen an Staatsanwaltschaften und Gerichte im Bereich der Strafverfolgung, an Polizeibehörden, Verfassungsschutzbehörden, den Bundesnachrichtendienst und den Militärischen Abschirmdienst, ist sie nur mit Zustimmung dieser Stellen zulässig.

§ 83 Auskunftsrecht der betroffenen Personen

(1) Das Recht auf Auskunft der betroffenen Person gemäß Artikel 15 der Verordnung (EU) 2016/679 besteht nicht, soweit

1. die betroffene Person nach § 82a Absatz 1, 4 und 5 nicht zu informieren ist oder
2. die Sozialdaten
   a) nur deshalb gespeichert sind, weil sie auf Grund gesetzlicher oder satzungsmäßiger Aufbewahrungsvorschriften nicht gelöscht werden dürfen, oder
   b) ausschließlich zu Zwecken der Datensicherung oder der Datenschutzkontrolle dienen

und die Auskunftserteilung einen unverhältnismäßigen Aufwand erfordern würde sowie eine Verarbeitung zu anderen Zwecken durch geeignete technische und organisatorische Maßnahmen ausgeschlossen ist.

X

(2) 1Die betroffene Person soll in dem Antrag auf Auskunft gemäß Artikel 15 der Verordnung (EU) 2016/679 die Art der Sozialdaten, über die Auskunft erteilt werden soll, näher bezeichnen. 2Sind die Sozialdaten nicht automatisiert oder nicht in nicht automatisierten Dateisystemen gespeichert, wird die Auskunft nur erteilt, soweit die betroffene Person Angaben macht, die das Auffinden der Daten ermöglichen, und der für die Erteilung der Auskunft erforderliche Aufwand nicht außer Verhältnis zu dem von der betroffenen Person geltend gemachten Informationsinteresse steht. 3Soweit Artikel 15 und 12 Absatz 3 der Verordnung (EU) 2016/679 keine Regelungen enthalten, bestimmt der Verantwortliche das Verfahren, insbesondere die Form der Auskunftserteilung, nach pflichtgemäßem Ermessen. 4§ 25 Absatz 2 gilt entsprechend.

(3) 1Die Gründe der Auskunftsverweigerung sind zu dokumentieren. 2Die Ablehnung der Auskunftserteilung bedarf keiner Begründung, soweit durch die Mitteilung der tatsächlichen und rechtlichen Gründe, auf die die Entscheidung gestützt wird, der mit der Auskunftsverweigerung verfolgte Zweck gefährdet würde. 3In diesem Fall ist die betroffene Person darauf hinzuweisen, dass sie sich, wenn die in § 35 des Ersten Buches genannten Stellen der Kontrolle des oder der Bundesbeauftragten unterliegen, an diesen oder diese, sonst an die nach Landesrecht für die Kontrolle des Datenschutzes zuständige Stelle wenden kann.

(4) Wird einer betroffenen Person keine Auskunft erteilt, so kann, soweit es sich um in § 35 des Ersten Buches genannte Stellen handelt, die der Kontrolle des oder der Bundesbeauftragten unterliegen, diese, sonst die nach Landesrecht für die Kontrolle des Datenschutzes zuständige Stelle, auf Verlangen der betroffenen Person prüfen, ob die Ablehnung der Auskunftserteilung rechtmäßig war.

(5) Bezieht sich die Informationserteilung auf die Übermittlung von Sozialdaten durch öffentliche Stellen an Staatsanwaltschaften und Gerichte im Bereich der Strafverfolgung, an Polizeibehörden, Verfassungsschutzbehörden, den Bundesnachrichtendienst und den Militärischen Abschirmdienst, ist sie nur mit Zustimmung dieser Stellen zulässig.

§ 83a Benachrichtigung bei einer Verletzung des Schutzes von Sozialdaten

Ergänzend zu den Meldepflichten gemäß den Artikeln 33 und 34 der Verordnung (EU) 2016/679 meldet die in § 35 des Ersten Buches genannte Stelle die Verletzung des Schutzes von Sozialdaten auch der Rechts- oder Fachaufsichtsbehörde.

§ 84 Recht auf Berichtigung, Löschung, Einschränkung der Verarbeitung und Widerspruch

(1) 1 Ist eine Löschung von Sozialdaten im Fall nicht automatisierter Datenverarbeitung wegen der besonderen Art der Speicherung nicht oder nur mit unver-

hältnismäßig hohem Aufwand möglich und ist das Interesse der betroffenen Person an der Löschung als gering anzusehen, besteht das Recht der betroffenen Person auf und die Pflicht des Verantwortlichen zur Löschung von Sozialdaten gemäß Artikel 17 Absatz 1 der Verordnung (EU) 2016/679 ergänzend zu den in Artikel 17 Absatz 3 der Verordnung (EU) 2016/679 genannten Ausnahmen nicht. 2In diesem Fall tritt an die Stelle einer Löschung die Einschränkung der Verarbeitung gemäß Artikel 18 der Verordnung (EU) 2016/679. 3Die Sätze 1 und 2 finden keine Anwendung, wenn die Sozialdaten unrechtmäßig verarbeitet wurden.

(2) 1Wird die Richtigkeit von Sozialdaten von der betroffenen Person bestritten und lässt sich weder die Richtigkeit noch die Unrichtigkeit der Daten feststellen, gilt ergänzend zu Artikel 18 Absatz 1 Buchstabe a der Verordnung (EU) 2016/679, dass dies keine Einschränkung der Verarbeitung bewirkt, soweit es um die Erfüllung sozialer Aufgaben geht; die ungeklärte Sachlage ist in geeigneter Weise festzuhalten. 2Die bestrittenen Daten dürfen nur mit einem Hinweis hierauf verarbeitet werden.

(3) 1Ergänzend zu Artikel 18 Absatz 1 Buchstabe b und c der Verordnung (EU) 2016/679 gilt Absatz 1 Satz 1 und 2 entsprechend im Fall des Artikels 17 Absatz 1 Buchstabe a und d der Verordnung (EU) 2016/679, solange und soweit der Verantwortliche Grund zu der Annahme hat, dass durch eine Löschung schutzwürdige Interessen der betroffenen Person beeinträchtigt würden. 2Der Verantwortliche unterrichtet die betroffene Person über die Einschränkung der Verarbeitung, sofern sich die Unterrichtung nicht als unmöglich erweist oder einen unverhältnismäßigen Aufwand erfordern würde.

(4) Sind Sozialdaten für die Zwecke, für die sie erhoben oder auf sonstige Weise verarbeitet wurden, nicht mehr notwendig, gilt ergänzend zu Artikel 17 Absatz 3 Buchstabe b der Verordnung (EU) 2016/679 Absatz 1 entsprechend, wenn einer Löschung satzungsmäßige oder vertragliche Aufbewahrungsfristen entgegenstehen.

(5) Das Recht auf Widerspruch gemäß Artikel 21 Absatz 1 der Verordnung (EU) 2016/679 gegenüber einer öffentlichen Stelle besteht nicht, soweit an der Verarbeitung ein zwingendes öffentliches Interesse besteht, das die Interessen der betroffenen Person überwiegt, oder eine Rechtsvorschrift zur Verarbeitung von Sozialdaten verpflichtet.

(6) § 71 Absatz 1 Satz 3 bleibt unberührt.

§ 85 Strafvorschriften

(1) Für Sozialdaten gelten die Strafvorschriften des § 42 Absatz 1 und 2 des Bundesdatenschutzgesetzes entsprechend.

(2) Die Tat wird nur auf Antrag verfolgt. Antragsberechtigt sind die betroffene Person, der Verantwortliche, der oder die Bundesbeauftragte oder die nach Landesrecht für die Kontrolle des Datenschutzes zuständige Stelle.

(3) Eine Meldung nach § 83a oder nach Artikel 33 der Verordnung (EU) 2016/679 oder eine Benachrichtigung nach Artikel 34 Absatz 1 der Verordnung (EU) 2016/679 dürfen in einem Strafverfahren gegen die melde- oder benachrichtigungspflichtige Person oder gegen einen ihrer in § 52 Absatz 1 der Strafprozessordnung bezeichneten Angehörigen nur mit Zustimmung der melde- oder benachrichtigungspflichtigen Person verwendet werden.

§ 85a Bußgeldvorschriften

(1) Für Sozialdaten gilt § 41 des Bundesdatenschutzgesetzes entsprechend.

(2) Eine Meldung nach § 83a oder nach Artikel 33 der Verordnung (EU) 2016/679 oder eine Benachrichtigung nach Artikel 34 Absatz 1 der Verordnung (EU) 2016/679 dürfen in einem Verfahren nach dem Gesetz über Ordnungswidrigkeiten gegen die melde- oder benachrichtigungspflichtige Person oder einen ihrer in § 52 Absatz 1 der Strafprozessordnung bezeichneten Angehörigen nur mit Zustimmung der melde- oder benachrichtigungspflichtigen Person verwendet werden.

(3) Gegen Behörden und sonstige öffentliche Stellen werden keine Geldbußen verhängt.

Drittes Kapitel
Zusammenarbeit der Leistungsträger und ihre Beziehungen zu Dritten

Erster Abschnitt
Zusammenarbeit der Leistungsträger untereinander und mit Dritten

Erster Titel
Allgemeine Vorschriften

§ 86 Zusammenarbeit

Die Leistungsträger, ihre Verbände und die in diesem Gesetzbuch genannten öffentlich-rechtlichen Vereinigungen sind verpflichtet, bei der Erfüllung ihrer Aufgaben nach diesem Gesetzbuch eng zusammenzuarbeiten.

Zweiter Titel
Zusammenarbeit der Leistungsträger untereinander

§ 87 Beschleunigung der Zusammenarbeit

(1) 1Ersucht ein Leistungsträger einen anderen Leistungsträger um Verrechnung mit einer Nachzahlung und kann er die Höhe des zu verrechnenden Anspruchs noch nicht bestimmen, ist der ersuchte Leistungsträger dagegen bereits in der Lage, die Nachzahlung zu erbringen, ist die Nachzahlung spätestens innerhalb von zwei Monaten nach Zugang des Verrechnungsersuchens zu leisten. 2Soweit die Nachzahlung nach Auffassung der beteiligten Leistungsträger die Ansprüche der ersuchenden Leistungsträger übersteigt, ist sie unverzüglich auszuzahlen.

(2) 1Ist ein Anspruch auf eine Geldleistung auf einen anderen Leistungsträger übergegangen und ist der Anspruchsübergang sowohl diesem als auch dem verpflichteten Leistungsträger bekannt, hat der verpflichtete Leistungsträger die Geldleistung nach Ablauf von zwei Monaten seit dem Zeitpunkt, in dem die Auszahlung frühestens möglich ist, an den Berechtigten auszuzahlen, soweit ihm bis zu diesem Zeitpunkt nicht bekannt ist, in welcher Höhe der Anspruch dem anderen Leistungsträger zusteht. 2Die Auszahlung hat gegenüber dem anderen Leistungsträger befreiende Wirkung. 3Absatz 1 Satz 2 gilt entsprechend.

§ 88 Auftrag

(1) 1Ein Leistungsträger (Auftraggeber) kann ihm obliegende Aufgaben durch einen anderen Leistungsträger oder seinen Verband (Beauftragter) mit dessen Zustimmung wahrnehmen lassen, wenn dies

1. wegen des sachlichen Zusammenhangs der Aufgaben vom Auftraggeber und Beauftragten,
2. zur Durchführung der Aufgaben und
3. im wohlverstandenen Interesse der Betroffenen

zweckmäßig ist. 2Satz 1 gilt nicht im Recht der Ausbildungsförderung, der Kriegsopferfürsorge, des Kindergelds, der Unterhaltsvorschüsse und Unterhaltsausfallleistungen, im Wohngeldrecht sowie im Recht der Jugendhilfe und der Sozialhilfe.

(2) 1Der Auftrag kann für Einzelfälle sowie für gleichartige Fälle erteilt werden. 2Ein wesentlicher Teil des gesamten Aufgabenbereichs muss beim Auftraggeber verbleiben.

(3) 1Verbände dürfen Verwaltungsakte nur erlassen, soweit sie hierzu durch Gesetz oder auf Grund eines Gesetzes berechtigt sind. 2Darf der Verband Verwaltungsakte erlassen, ist die Berechtigung in der für die amtlichen Veröffentlichungen des Verbands sowie der Mitglieder vorgeschriebenen Weise bekannt zu machen.

(4) Der Auftraggeber hat einen Auftrag für gleichartige Fälle in der für seine amtlichen Veröffentlichungen vorgeschriebenen Weise bekannt zu machen.

§ 89 Ausführung des Auftrags

(1) Verwaltungsakte, die der Beauftragte zur Ausführung des Auftrags erlässt, ergehen im Namen des Auftraggebers.

(2) Durch den Auftrag wird der Auftraggeber nicht von seiner Verantwortung gegenüber dem Betroffenen entbunden.

(3) Der Beauftragte hat dem Auftraggeber die erforderlichen Mitteilungen zu machen, auf Verlangen über die Ausführung des Auftrags Auskunft zu erteilen und nach der Ausführung des Auftrags Rechenschaft abzulegen.

(4) Der Auftraggeber ist berechtigt, die Ausführung des Auftrags jederzeit zu prüfen.

(5) Der Auftraggeber ist berechtigt, den Beauftragten an seine Auffassung zu binden.

§ 90 Anträge und Widerspruch beim Auftrag

1Der Beteiligte kann auch beim Beauftragten Anträge stellen. 2Erhebt der Beteiligte gegen eine Entscheidung des Beauftragten Widerspruch und hilft der Beauftragte diesem nicht ab, erlässt den Widerspruchsbescheid die für den Auftraggeber zuständige Widerspruchsstelle.

§ 91 Erstattung von Aufwendungen

(1) 1Erbringt ein Beauftragter Sozialleistungen für einen Auftraggeber, ist dieser zur Erstattung verpflichtet. 2Sach- und Dienstleistungen sind in Geld zu erstatten. 3Eine Erstattungspflicht besteht nicht, soweit Sozialleistungen zu Unrecht erbracht worden sind und den Beauftragten hierfür ein Verschulden trifft.

X

(2) 1Die bei der Ausführung des Auftrags entstehenden Kosten sind zu erstatten. 2Absatz 1 Satz 3 gilt entsprechend.

(3) Für die zur Ausführung des Auftrags erforderlichen Aufwendungen hat der Auftraggeber dem Beauftragten auf Verlangen einen angemessenen Vorschuss zu zahlen.

(4) Abweichende Vereinbarungen, insbesondere über pauschalierte Erstattungen, sind zulässig.

§ 92 Kündigung des Auftrags

1Der Auftraggeber oder der Beauftragte kann den Auftrag kündigen. 2Die Kündigung darf nur zu einem Zeitpunkt erfolgen, der es ermöglicht, dass der Auftraggeber für die Erledigung der Aufgabe auf andere Weise rechtzeitig Vorsorge treffen und der Beauftragte sich auf den Wegfall des Auftrags in angemessener Zeit einstellen kann. 3Liegt ein wichtiger Grund vor, kann mit sofortiger Wirkung gekündigt werden. 4§ 88 Abs. 4 gilt entsprechend.

§ 93 Gesetzlicher Auftrag

Handelt ein Leistungsträger auf Grund gesetzlichen Auftrags für einen anderen, gelten § 89 Abs. 3 und 5 sowie § 91 Abs. 1 und 3 entsprechend.

§ 94 Arbeitsgemeinschaften

(1) Die Arbeitsgemeinschaft für Krebsbekämpfung der Träger der gesetzlichen Kranken- und Rentenversicherung im Lande Nordrhein-Westfalen, die Rheinische Arbeitsgemeinschaft zur Rehabilitation Suchtkranker, die Westfälische Arbeitsgemeinschaft zur Rehabilitation Suchtkranker, die Arbeitsgemeinschaft zur Rehabilitation Suchtkranker im Lande Hessen sowie die Arbeitsgemeinschaft für Heimdialyse im Lande Hessen sind berechtigt, Verwaltungsakte zu erlassen zur Erfüllung der Aufgaben, die ihnen am 1. Juli 1981 übertragen waren.

(1a) 1Träger der Sozialversicherung, Verbände von Trägern der Sozialversicherung und die Bundesagentur für Arbeit einschließlich der in § 19a Abs. 2 des Ersten Buches genannten anderen Leistungsträger können insbesondere zur gegenseitigen Unterrichtung, Abstimmung, Koordinierung und Förderung der engen Zusammenarbeit im Rahmen der ihnen gesetzlich übertragenen Aufgaben Arbeitsgemeinschaften bilden. 2Eine nach Satz 1 gebildete Arbeitsgemeinschaft kann eine weitere Arbeitsgemeinschaft bilden oder einer weiteren Arbeitsgemeinschaft beitreten, die sich ihrerseits an einer weiteren Arbeitsgemeinschaft beteiligen können. 3Weitere Beteiligungsebenen sind unzulässig. 4Die Aufsichtsbehörde ist vor der Bildung von Arbeitsgemeinschaften und dem Beitritt zu ihnen sowie vor ihrer Auflösung und einem Austritt so rechtzeitig und umfassend zu unterrichten, dass ihr ausreichend Zeit zur Prüfung bleibt. 5Die Aufsichtsbehörde kann auf eine Unterrichtung verzichten.

(2) 1Können nach diesem Gesetzbuch Arbeitsgemeinschaften gebildet werden, unterliegen diese staatlicher Aufsicht, die sich auf die Beachtung von Gesetz und sonstigem Recht erstreckt, das für die Arbeitsgemeinschaften, die Leistungsträger und ihre Verbände maßgebend ist; die §§ 85, 88 bis 90a des Vierten Buches gelten entsprechend. 2Ist der Spitzenverband Bund der Krankenkassen oder die Bundesagentur für Arbeit Mitglied einer Arbeitsgemeinschaft, führt das zuständige Bundesministerium in Abstimmung mit den für die übrigen Mitglieder zuständigen Aufsichtsbehörden die Aufsicht. 3Beabsichtigt eine Aufsichtsbehörde, von den Aufsichtsmitteln nach § 89 des Vierten Buches Gebrauch zu machen, unterrichtet sie die Aufsichtsbehörden, die die Aufsicht über die Mitglieder der betroffenen Arbeitsgemeinschaft führen, und setzt eine angemessene Frist zur Stellungnahme.

(2a) 1Ein räumlicher Zuständigkeitsbereich im Sinne von § 90 des Vierten Buches ist gegeben, wenn eine Arbeitsgemeinschaft unmittelbar sozialrechtliche Leistungen an Versicherte erbringt oder sonstige Aufgaben nach dem Sozialgesetzbuch im Außenverhältnis wahrnimmt. 2Fehlt ein Zuständigkeitsbereich im Sinne von § 90 des Vierten Buches, führen die Aufsicht die für die Sozialversicherung zuständigen obersten Verwaltungsbehörden oder die von der Landesregierung durch Rechtsverordnung bestimmten Behörden des Landes, in dem die Arbeitsgemeinschaften ihren Sitz haben; die Landesregierungen können diese Ermächtigung durch Rechtsverordnung auf die obersten Landesbehörden übertragen. 3Abweichend von Satz 2 führt das Bundesamt für Soziale Sicherung die Aufsicht, wenn die absolute Mehrheit der Anteile oder der Stimmen in der Arbeitsgemeinschaft Trägern zusteht, die unter Bundesaufsicht stehen.

(3) Soweit erforderlich, stellt eine Arbeitsgemeinschaft unter entsprechender Anwendung von § 67 des Vierten Buches einen Haushaltsplan auf.

(4) § 88 Abs. 1 Satz 1 und Abs. 2 gilt entsprechend.

X

§ 95 Zusammenarbeit bei Planung und Forschung

(1) [1]Die in § 86 genannten Stellen sollen

1. Planungen, die auch für die Willensbildung und Durchführung von Aufgaben der anderen von Bedeutung sind, im Benehmen miteinander abstimmen sowie
2. gemeinsame örtliche und überörtliche Pläne in ihrem Aufgabenbereich über soziale Dienste und Einrichtungen, insbesondere deren Bereitstellung und Inanspruchnahme, anstreben.

[2]Die jeweiligen Gebietskörperschaften sowie die gemeinnützigen und freien Einrichtungen und Organisationen sollen insbesondere hinsichtlich der Bedarfsermittlung beteiligt werden.

(2) Die in § 86 genannten Stellen sollen Forschungsvorhaben über den gleichen Gegenstand aufeinander abstimmen.

§ 96 Ärztliche Untersuchungen, psychologische Eignungsuntersuchungen

(1) [1]Veranlasst ein Leistungsträger eine ärztliche Untersuchungsmaßnahme oder eine psychologische Eignungsuntersuchungsmaßnahme, um festzustellen, ob die Voraussetzungen für eine Sozialleistung vorliegen, sollen die Untersuchungen in der Art und Weise vorgenommen und deren Ergebnisse so festgehalten werden, dass sie auch bei der Prüfung der Voraussetzungen anderer Sozialleistungen verwendet werden können. [2]Der Umfang der Untersuchungsmaßnahme richtet sich nach der Aufgabe, die der Leistungsträger, der die Untersuchung veranlasst hat, zu erfüllen hat. [3]Die Untersuchungsbefunde sollen bei der Feststellung, ob die Voraussetzungen einer anderen Sozialleistung vorliegen, verwertet werden.

(2) [1]Durch Vereinbarungen haben die Leistungsträger sicherzustellen, dass Untersuchungen unterbleiben, soweit bereits verwertbare Untersuchungsergebnisse vorliegen. [2]Für den Einzelfall sowie nach Möglichkeit für eine Vielzahl von Fällen haben die Leistungsträger zu vereinbaren, dass bei der Begutachtung der Voraussetzungen von Sozialleistungen die Untersuchungen nach einheitlichen und vergleichbaren Grundlagen, Maßstäben und Verfahren vorgenommen und die Ergebnisse der Untersuchungen festgehalten werden. [3]Sie können darüber hinaus vereinbaren, dass sich der Umfang der Untersuchungsmaßnahme nach den Aufgaben der beteiligten Leistungsträger richtet; soweit die Untersuchungsmaßnahme hierdurch erweitert ist, ist die Zustimmung des Betroffenen erforderlich.

(3) Die Bildung einer Zentraldatei mehrerer Leistungsträger für Daten der ärztlich untersuchten Leistungsempfänger ist nicht zulässig.

Dritter Titel
Zusammenarbeit der Leistungsträger mit Dritten

§ 97 Durchführung von Aufgaben durch Dritte

(1) [1]Kann ein Leistungsträger, ein Verband von Leistungsträgern oder eine Arbeitsgemeinschaft von einem Dritten Aufgaben wahrnehmen lassen, muss sichergestellt sein, dass der Dritte die Gewähr für eine sachgerechte, die Rechte und Interessen des Betroffenen wahrende Erfüllung der Aufgaben bietet. [2]Soweit Aufgaben aus dem Bereich der Sozialversicherung von einem Dritten, an dem ein Leistungsträger, ein Verband oder eine Arbeitsgemeinschaft unmittelbar oder mittelbar beteiligt ist, wahrgenommen werden sollen, hat der Leistungsträger, der Verband oder die Arbeitsgemeinschaft den Dritten zu verpflichten, dem Auftraggeber auf Verlangen alle Unterlagen vorzulegen und über alle Tatsachen Auskunft zu erteilen, die zur Ausübung des Aufsichtsrechts über die Auftraggeber auf Grund pflichtgemäßer Prüfung der Aufsichtsbehörde des Auftraggebers erforderlich sind. [3]Die Aufsichtsbehörde ist durch den Leistungsträger, den Verband oder die Arbeitsgemeinschaft so rechtzeitig und umfassend zu unterrichten, dass ihr vor der Aufgabenübertragung oder einer Änderung ausreichend Zeit zur Prüfung bleibt. [4]Die Aufsichtsbehörde kann auf eine Unterrichtung verzichten. [5]Die Sätze 3 und 4 gelten nicht für die Bundesagentur für Arbeit.

(2) § 89 Abs. 3 bis 5, § 91 Abs. 1 bis 3 sowie § 92 gelten entsprechend.

§ 98 Auskunftspflicht des Arbeitgebers

(1) [1]Soweit es in der Sozialversicherung einschließlich der Arbeitslosenversicherung im Einzelfall für die Erbringung von Sozialleistungen erforderlich ist, hat der Arbeitgeber auf Verlangen dem Leistungsträger oder der zuständigen Einzugsstelle Auskunft über die Art und Dauer der Beschäftigung, den Beschäftigungsort und das Arbeitsentgelt zu erteilen. [2]Wegen der Entrichtung von Beiträgen hat der Arbeitgeber auf Verlangen über alle Tatsachen Auskunft zu erteilen, die für die Erhebung der Beiträge notwendig sind. [3]Der Arbeitgeber hat auf Verlangen die Geschäftsbücher, Lis-

ten oder andere Unterlagen, aus denen die Angaben über die Beschäftigung hervorgehen, während der Betriebszeit nach seiner Wahl den in Satz 1 bezeichneten Stellen entweder in deren oder in seinen eigenen Geschäftsräumen zur Einsicht vorzulegen. 4Das Wahlrecht nach Satz 3 entfällt, wenn besondere Gründe eine Prüfung in den Geschäftsräumen des Arbeitgebers gerechtfertigt erscheinen lassen. 5Satz 4 gilt nicht gegenüber Arbeitgebern des öffentlichen Dienstes. 6Die Sätze 2 bis 5 gelten auch für Stellen im Sinne des § 28p Abs. 6 des Vierten Buches.

(1a) Soweit die Träger der Rentenversicherung nach § 28p des Vierten Buches prüfberechtigt sind, bestehen die Verpflichtungen nach Absatz 1 Satz 3 bis 6 gegenüber den Einzugsstellen wegen der Entrichtung des Gesamtsozialversicherungsbeitrags nicht; die Verpflichtung nach Absatz 1 Satz 2 besteht gegenüber den Einzugsstellen nur im Einzelfall.

(2) 1Wird die Auskunft wegen der Erbringung von Sozialleistungen verlangt, gilt § 65 Abs. 1 des Ersten Buches entsprechend. 2Auskünfte auf Fragen, deren Beantwortung dem Arbeitgeber selbst oder einer ihm nahe stehenden Person (§ 383 Abs. 1 Nr. 1 bis 3 der Zivilprozessordnung) die Gefahr zuziehen würde, wegen einer Straftat oder einer Ordnungswidrigkeit verfolgt zu werden, können verweigert werden; dem Arbeitgeber stehen die in Absatz 1 Satz 6 genannten Stellen gleich.

(3) Hinsichtlich des Absatzes 1 Satz 2 und 3 sowie des Absatzes 2 stehen einem Arbeitgeber die Personen gleich, die wie ein Arbeitgeber Beiträge für eine kraft Gesetzes versicherte Person zu entrichten haben.

(4) Das Bundesministerium für Arbeit und Soziales kann durch Rechtsverordnung mit Zustimmung des Bundesrates das Nähere über die Durchführung der in Absatz 1 genannten Mitwirkung bestimmen.

(5) 1Ordnungswidrig handelt, wer vorsätzlich oder leichtfertig

1. entgegen Absatz 1 Satz 1 oder
2. entgegen Absatz 1 Satz 2 oder Satz 3, jeweils auch in Verbindung mit Absatz 1 Satz 6 oder Absatz 3,

eine Auskunft nicht, nicht richtig, nicht vollständig oder nicht rechtzeitig erteilt oder eine Unterlage nicht, nicht richtig, nicht vollständig oder nicht rechtzeitig vorlegt. 2Die Ordnungswidrigkeit kann mit einer Geldbuße bis zu fünftausend Euro geahndet werden. 3Die Sätze 1 und 2 gelten nicht für die Leistungsträger, wenn sie wie ein Arbeitgeber Beiträge für eine kraft Gesetzes versicherte Person zu entrichten haben.

§ 99 Auskunftspflicht von Angehörigen, Unterhaltspflichtigen oder sonstigen Personen

1Ist nach dem Recht der Sozialversicherung einschließlich der Arbeitslosenversicherung oder dem sozialen Entschädigungsrecht

1. das Einkommen oder das Vermögen von Angehörigen des Leistungsempfängers oder sonstiger Personen bei einer Sozialleistung oder ihrer Erstattung zu berücksichtigen oder
2. die Sozialleistung oder ihre Erstattung von der Höhe eines Unterhaltsanspruchs abhängig, der dem Leistungsempfänger gegen einen Unterhaltspflichtigen zusteht,

gelten für diese Personen § 60 Abs. 1 Nr. 1 und 3 sowie § 65 Abs. 1 des Ersten Buches entsprechend. 2Das Gleiche gilt für den in Satz 1 genannten Anwendungsbereich in den Fällen, in denen Unterhaltspflichtige, Angehörige, der frühere Ehegatte, der frühere Lebenspartner oder Erben zum Ersatz der Aufwendungen des Leistungsträgers herangezogen werden. 3Auskünfte auf Fragen, deren Beantwortung einem nach Satz 1 oder Satz 2 Auskunftspflichtigen oder einer ihm nahe stehenden Person (§ 383 Abs. 1 Nr. 1 bis 3 der Zivilprozessordnung) die Gefahr zuziehen würde, wegen einer Straftat oder einer Ordnungswidrigkeit verfolgt zu werden, können verweigert werden.

§ 100 Auskunftspflicht des Arztes oder Angehörigen eines anderen Heilberufs

(1) 1Der Arzt oder Angehörige eines anderen Heilberufs ist verpflichtet, dem Leistungsträger im Einzelfall auf Verlangen Auskunft zu erteilen, soweit es für die Durchführung von dessen Aufgaben nach diesem Gesetzbuch erforderlich und

1. es gesetzlich zugelassen ist oder
2. der Betroffene im Einzelfall eingewilligt hat.

2Die Einwilligung soll zum Nachweis im Sinne des Artikels 7 Absatz 1 der Verordnung (EU) 2016/679, dass die betroffene Person in die Verarbeitung ihrer personenbezogenen Daten eingewilligt hat, schriftlich oder elektronisch erfolgen. 3Die Sätze 1 und 2 gelten entsprechend für Krankenhäuser sowie für Vorsorge- oder Rehabilitationseinrichtungen.

(2) Auskünfte auf Fragen, deren Beantwortung dem Arzt, dem Angehörigen eines anderen Heilberufs oder

X

ihnen nahe stehenden Personen (§ 383 Abs. 1 Nr. 1 bis 3 der Zivilprozessordnung) die Gefahr zuziehen würde, wegen einer Straftat oder einer Ordnungswidrigkeit verfolgt zu werden, können verweigert werden.

§ 101 Auskunftspflicht der Leistungsträger

[1]Die Leistungsträger haben auf Verlangen eines behandelnden Arztes Untersuchungsbefunde, die für die Behandlung von Bedeutung sein können, mitzuteilen, sofern der Betroffene im Einzelfall in die Mitteilung eingewilligt hat. [2]§ 100 Abs. 1 Satz 2 gilt entsprechend.

§ 101a Mitteilungen der Meldebehörden

(1) Die Datenstelle der Rentenversicherung übermittelt die Mitteilungen aller Sterbefälle und Anschriftenänderungen und jede Änderung des Vor- und des Familiennamens unter den Voraussetzungen von § 196 Absatz 2 des Sechsten Buches und bei einer Eheschließung eines Einwohners das Datum dieser Eheschließung unter den Voraussetzungen von § 196 Absatz 2a des Sechsten Buches unverzüglich an die Deutsche Post AG.

(2) Die Mitteilungen, die von der Datenstelle der Rentenversicherung an die Deutsche Post AG übermittelt werden, dürfen von der Deutschen Post AG

1. nur dazu verwendet werden, um laufende Geldleistungen der Leistungsträger, der in § 69 Abs. 2 genannten Stellen sowie ausländischer Leistungsträger mit laufenden Geldleistungen in die Bundesrepublik Deutschland einzustellen oder deren Einstellung zu veranlassen sowie um Anschriften von Empfängern laufender Geldleistungen der Leistungsträger und der in § 69 Abs. 2 genannten Stellen zu berichtigen oder deren Berichtigung zu veranlassen, und darüber hinaus
2. nur weiter übermittelt werden, um den Trägern der Unfallversicherung, der Sozialversicherung für Landwirtschaft, Forsten und Gartenbau und den in § 69 Abs. 2 genannten Zusatzversorgungseinrichtungen eine Aktualisierung ihrer Versichertenbestände oder Mitgliederbestände zu ermöglichen; dies gilt auch für die Übermittlung der Mitteilungen an berufsständische Versorgungseinrichtungen, soweit diese nach Landesrecht oder Satzungsrecht zur Erhebung dieser Daten befugt sind.

(3) Die Verwendung und Übermittlung der Mitteilungen erfolgt

1. in der allgemeinen Rentenversicherung im Rahmen des gesetzlichen Auftrags der Deutschen Post AG nach § 119 Abs. 1 Satz 1 des Sechsten Buches,
2. im Übrigen im Rahmen eines öffentlich-rechtlichen oder privatrechtlichen Vertrages der Deutschen Post AG mit den Leistungsträgern, den berufsständischen Versorgungseinrichtungen oder den in § 69 Abs. 2 genannten Stellen.

Zweiter Abschnitt
Erstattungsansprüche der Leistungsträger untereinander

§ 102 Anspruch des vorläufig leistenden Leistungsträgers

(1) Hat ein Leistungsträger auf Grund gesetzlicher Vorschriften vorläufig Sozialleistungen erbracht, ist der zur Leistung verpflichtete Leistungsträger erstattungspflichtig.

(2) Der Umfang des Erstattungsanspruchs richtet sich nach den für den vorleistenden Leistungsträger geltenden Rechtsvorschriften.

§ 103 Anspruch des Leistungsträgers, dessen Leistungsverpflichtung nachträglich entfallen ist

(1) Hat ein Leistungsträger Sozialleistungen erbracht und ist der Anspruch auf diese nachträglich ganz oder teilweise entfallen, ist der für die entsprechende Leistung zuständige Leistungsträger erstattungspflichtig, soweit dieser nicht bereits selbst geleistet hat, bevor er von der Leistung des anderen Leistungsträgers Kenntnis erlangt hat.

(2) Der Umfang des Erstattungsanspruchs richtet sich nach den für den zuständigen Leistungsträger geltenden Rechtsvorschriften.

(3) Die Absätze 1 und 2 gelten gegenüber den Trägern der Eingliederungshilfe, der Sozialhilfe, der Kriegsopferfürsorge und der Jugendhilfe nur von dem Zeitpunkt ab, von dem ihnen bekannt war, dass die Voraussetzungen für ihre Leistungspflicht vorlagen.

§ 104 Anspruch des nachrangig verpflichteten Leistungsträgers

(1) [1]Hat ein nachrangig verpflichteter Leistungsträger Sozialleistungen erbracht, ohne dass die Voraussetzungen von § 103 Abs. 1 vorliegen, ist der Leistungsträger erstattungspflichtig, gegen den der Berechtigte vorrangig einen Anspruch hat oder hatte, soweit der

Leistungsträger nicht bereits selbst geleistet hat, bevor er von der Leistung des anderen Leistungsträgers Kenntnis erlangt hat. 2Nachrangig verpflichtet ist ein Leistungsträger, soweit dieser bei rechtzeitiger Erfüllung der Leistungsverpflichtung eines anderen Leistungsträgers selbst nicht zur Leistung verpflichtet gewesen wäre. 3Ein Erstattungsanspruch besteht nicht, soweit der nachrangige Leistungsträger seine Leistungen auch bei Leistung des vorrangig verpflichteten Leistungsträgers hätte erbringen müssen. 4Satz 1 gilt entsprechend, wenn von den Trägern der Eingliederungshilfe, der Sozialhilfe, der Kriegsopferfürsorge und der Jugendhilfe Aufwendungsersatz geltend gemacht oder ein Kostenbeitrag erhoben werden kann; Satz 3 gilt in diesen Fällen nicht.

(2) Absatz 1 gilt auch dann, wenn von einem nachrangig verpflichteten Leistungsträger für einen Angehörigen Sozialleistungen erbracht worden sind und ein anderer mit Rücksicht auf diesen Angehörigen einen Anspruch auf Sozialleistungen, auch auf besonders bezeichnete Leistungsteile, gegenüber einem vorrangig verpflichteten Leistungsträger hat oder hatte.

(3) Der Umfang des Erstattungsanspruchs richtet sich nach den für den vorrangig verpflichteten Leistungsträger geltenden Rechtsvorschriften.

(4) Sind mehrere Leistungsträger vorrangig verpflichtet, kann der Leistungsträger, der die Sozialleistung erbracht hat, Erstattung nur von dem Leistungsträger verlangen, für den er nach § 107 Abs. 2 mit befreiender Wirkung geleistet hat.

§ 105 Anspruch des unzuständigen Leistungsträgers

(1) 1Hat ein unzuständiger Leistungsträger Sozialleistungen erbracht, ohne dass die Voraussetzungen von § 102 Abs. 1 vorliegen, ist der zuständige oder zuständig gewesene Leistungsträger erstattungspflichtig, soweit dieser nicht bereits selbst geleistet hat, bevor er von der Leistung des anderen Leistungsträgers Kenntnis erlangt hat. 2§ 104 Abs. 2 gilt entsprechend.

(2) Der Umfang des Erstattungsanspruchs richtet sich nach den für den zuständigen Leistungsträger geltenden Rechtsvorschriften.

(3) Die Absätze 1 und 2 gelten gegenüber den Trägern der Eingliederungshilfe, der Sozialhilfe, der Kriegsopferfürsorge und der Jugendhilfe nur von dem Zeitpunkt ab, von dem ihnen bekannt war, dass die Voraussetzungen für ihre Leistungspflicht vorlagen.

§ 106 Rangfolge bei mehreren Erstattungsberechtigten

(1) Ist ein Leistungsträger mehreren Leistungsträgern zur Erstattung verpflichtet, sind die Ansprüche in folgender Rangfolge zu befriedigen:

1. (weggefallen)
2. der Anspruch des vorläufig leistenden Leistungsträgers nach § 102,
3. der Anspruch des Leistungsträgers, dessen Leistungsverpflichtung nachträglich entfallen ist, nach § 103,
4. der Anspruch des nachrangig verpflichteten Leistungsträgers nach § 104,
5. der Anspruch des unzuständigen Leistungsträgers nach § 105.

(2) 1Treffen ranggleiche Ansprüche von Leistungsträgern zusammen, sind diese anteilsmäßig zu befriedigen. 2Machen mehrere Leistungsträger Ansprüche nach § 104 geltend, ist zuerst derjenige zu befriedigen, der im Verhältnis der nachrangigen Leistungsträger untereinander einen Erstattungsanspruch nach § 104 hätte.

(3) Der Erstattungspflichtige muss insgesamt nicht mehr erstatten, als er nach den für ihn geltenden Erstattungsvorschriften einzeln zu erbringen hätte.

§ 107 Erfüllung

(1) Soweit ein Erstattungsanspruch besteht, gilt der Anspruch des Berechtigten gegen den zur Leistung verpflichteten Leistungsträger als erfüllt.

(2) 1Hat der Berechtigte Ansprüche gegen mehrere Leistungsträger, gilt der Anspruch als erfüllt, den der Träger, der die Sozialleistung erbracht hat, bestimmt. 2Die Bestimmung ist dem Berechtigten gegenüber unverzüglich vorzunehmen und den übrigen Leistungsträgern mitzuteilen.

§ 108 Erstattung in Geld, Verzinsung

(1) Sach- und Dienstleistungen sind in Geld zu erstatten.

(2) 1Ein Erstattungsanspruch der Träger der Eingliederungshilfe, der Sozialhilfe, der Kriegsopferfürsorge und der Jugendhilfe ist von anderen Leistungsträgern

1. für die Dauer des Erstattungszeitraumes und
2. für den Zeitraum nach Ablauf eines Kalendermonats nach Eingang des vollständigen, den gesamten Erstattungszeitraum umfassenden Erstattungsantrages beim zuständigen Erstattungsverpflichteten bis zum Ablauf des Kalendermonats vor der Zahlung

auf Antrag mit 4 vom Hundert zu verzinsen. 2Die Verzinsung beginnt frühestens nach Ablauf von sechs Ka-

X

lendermonaten nach Eingang des vollständigen Leistungsantrages des Leistungsberechtigten beim zuständigen Leistungsträger, beim Fehlen eines Antrages nach Ablauf eines Kalendermonats nach Bekanntgabe der Entscheidung über die Leistung. 3§ 44 Abs. 3 des Ersten Buches findet Anwendung; § 16 des Ersten Buches gilt nicht.

§ 109 Verwaltungskosten und Auslagen

1Verwaltungskosten sind nicht zu erstatten. 2Auslagen sind auf Anforderung zu erstatten, wenn sie im Einzelfall 200 Euro übersteigen. 3Die Bundesregierung kann durch Rechtsverordnung mit Zustimmung des Bundesrates den in Satz 2 genannten Betrag entsprechend der jährlichen Steigerung der monatlichen Bezugsgröße nach § 18 des Vierten Buches anheben und dabei auf zehn Euro nach unten oder oben runden.

§ 110 Pauschalierung

1Die Leistungsträger haben ihre Erstattungsansprüche pauschal abzugelten, soweit dies zweckmäßig ist. 2Beträgt im Einzelfall ein Erstattungsanspruch voraussichtlich weniger als 50 Euro, erfolgt keine Erstattung. 3Die Leistungsträger können abweichend von Satz 2 höhere Beträge vereinbaren. 4Die Bundesregierung kann durch Rechtsverordnung mit Zustimmung des Bundesrates den in Satz 2 genannten Betrag entsprechend der jährlichen Steigerung der monatlichen Bezugsgröße nach § 18 des Vierten Buches anheben und dabei auf zehn Euro nach unten oder oben runden.

§ 111 Ausschlussfrist

1Der Anspruch auf Erstattung ist ausgeschlossen, wenn der Erstattungsberechtigte ihn nicht spätestens zwölf Monate nach Ablauf des letzten Tages, für den die Leistung erbracht wurde, geltend macht. 2Der Lauf der Frist beginnt frühestens mit dem Zeitpunkt, zu dem der erstattungsberechtigte Leistungsträger von der Entscheidung des erstattungspflichtigen Leistungsträgers über seine Leistungspflicht Kenntnis erlangt hat.

§ 112 Rückerstattung

Soweit eine Erstattung zu Unrecht erfolgt ist, sind die gezahlten Beträge zurückzuerstatten.

§ 113 Verjährung

(1) 1Erstattungsansprüche verjähren in vier Jahren nach Ablauf des Kalenderjahres, in dem der erstattungsberechtigte Leistungsträger von der Entscheidung des erstattungspflichtigen Leistungsträgers über dessen Leistungspflicht Kenntnis erlangt hat. 2Rückerstattungsansprüche verjähren in vier Jahren nach Ablauf des Kalenderjahres, in dem die Erstattung zu Unrecht erfolgt ist.

(2) Für die Hemmung, die Ablaufhemmung, den Neubeginn und die Wirkung der Verjährung gelten die Vorschriften des Bürgerlichen Gesetzbuchs sinngemäß.

§ 114 Rechtsweg

1Für den Erstattungsanspruch ist derselbe Rechtsweg wie für den Anspruch auf die Sozialleistung gegeben. 2Maßgebend ist im Falle des § 102 der Anspruch gegen den vorleistenden Leistungsträger und im Fall der §§ 103 bis 105 der Anspruch gegen den erstattungspflichtigen Leistungsträger.

Dritter Abschnitt
Erstattungs- und Ersatzansprüche der Leistungsträger gegen Dritte

§ 115 Ansprüche gegen den Arbeitgeber

(1) Soweit der Arbeitgeber den Anspruch des Arbeitnehmers auf Arbeitsentgelt nicht erfüllt und deshalb ein Leistungsträger Sozialleistungen erbracht hat, geht der Anspruch des Arbeitnehmers gegen den Arbeitgeber auf den Leistungsträger bis zur Höhe der erbrachten Sozialleistungen über.

(2) Der Übergang wird nicht dadurch ausgeschlossen, dass der Anspruch nicht übertragen, verpfändet oder gepfändet werden kann.

(3) An Stelle der Ansprüche des Arbeitnehmers auf Sachbezüge tritt im Fall des Absatzes 1 der Anspruch auf Geld; die Höhe bestimmt sich nach den nach § 17 Absatz 1 Satz 1 Nummer 4 des Vierten Buches festgelegten Werten der Sachbezüge.

§ 116 Ansprüche gegen Schadenersatzpflichtige

(1) 1Ein auf anderen gesetzlichen Vorschriften beruhender Anspruch auf Ersatz eines Schadens geht auf den Versicherungsträger oder Träger der Eingliederungshilfe oder der Sozialhilfe über, soweit dieser auf Grund des Schadensereignisses Sozialleistungen zu erbringen hat, die der Behebung eines Schadens der gleichen Art dienen und sich auf denselben Zeitraum wie der vom Schädiger zu leistende Schadenersatz beziehen. 2Dazu gehören auch

1. die Beiträge, die von Sozialleistungen zu zahlen sind, und

2. die Beiträge zur Krankenversicherung, die für die Dauer des Anspruchs auf Krankengeld unbeschadet des § 224 Abs. 1 des Fünften Buches zu zahlen wären.

(2) Ist der Anspruch auf Ersatz eines Schadens durch Gesetz der Höhe nach begrenzt, geht er auf den Versicherungsträger oder Träger der Eingliederungshilfe oder der Sozialhilfe über, soweit er nicht zum Ausgleich des Schadens des Geschädigten oder seiner Hinterbliebenen erforderlich ist.

(3) 1Ist der Anspruch auf Ersatz eines Schadens durch ein mitwirkendes Verschulden oder eine mitwirkende Verantwortlichkeit des Geschädigten begrenzt, geht auf den Versicherungsträger oder Träger der Eingliederungshilfe oder der Sozialhilfe von dem nach Absatz 1 bei unbegrenzter Haftung übergehenden Ersatzanspruch der Anteil über, welcher dem Vomhundertsatz entspricht, für den der Schädiger ersatzpflichtig ist. 2Dies gilt auch, wenn der Ersatzanspruch durch Gesetz der Höhe nach begrenzt ist. 3Der Anspruchsübergang ist ausgeschlossen, soweit der Geschädigte oder seine Hinterbliebenen dadurch hilfebedürftig im Sinne der Vorschriften des Zwölften Buches werden.

(4) Stehen der Durchsetzung der Ansprüche auf Ersatz eines Schadens tatsächliche Hindernisse entgegen, hat die Durchsetzung der Ansprüche des Geschädigten und seiner Hinterbliebenen Vorrang vor den übergegangenen Ansprüchen nach Absatz 1.

(5) Hat ein Versicherungsträger oder Träger der Eingliederungshilfe oder der Sozialhilfe auf Grund des Schadensereignisses dem Geschädigten oder seinen Hinterbliebenen keine höheren Sozialleistungen zu erbringen als vor diesem Ereignis, geht in den Fällen des Absatzes 3 Satz 1 und 2 der Schadenersatzanspruch nur insoweit über, als der geschuldete Schadenersatz nicht zur vollen Deckung des eigenen Schadens des Geschädigten oder seiner Hinterbliebenen erforderlich ist.

(6) 1Ein nach Absatz 1 übergegangener Ersatzanspruch kann bei nicht vorsätzlichen Schädigungen durch eine Person, die im Zeitpunkt des Schadensereignisses mit dem Geschädigten oder seinen Hinterbliebenen in häuslicher Gemeinschaft lebt, nicht geltend gemacht werden. 2Ein Ersatzanspruch nach Absatz 1 kann auch dann nicht geltend gemacht werden, wenn der Schädiger mit dem Geschädigten oder einem Hinterbliebenen nach Eintritt des Schadensereignisses die Ehe geschlossen oder eine Lebenspartnerschaft begründet hat und in häuslicher Gemeinschaft lebt. 3Abweichend von den Sätzen 1 und 2 kann ein Ersatzanspruch bis zur Höhe der zur Verfügung stehenden Versicherungssumme geltend gemacht werden, wenn der Schaden bei dem Betrieb eines Fahrzeugs entstanden ist, für das Versicherungsschutz nach § 1 des Gesetzes über die Pflichtversicherung für Kraftfahrzeughalter oder § 1 des Gesetzes über die Haftpflichtversicherung für ausländische Kraftfahrzeuge und Kraftfahrzeuganhänger besteht. 4Der Ersatzanspruch kann in den Fällen des Satzes 3 gegen den Schädiger in voller Höhe geltend gemacht werden, wenn er den Versicherungsfall vorsätzlich verursacht hat.

(7) 1Haben der Geschädigte oder seine Hinterbliebenen von dem zum Schadenersatz Verpflichteten auf einen übergegangenen Anspruch mit befreiender Wirkung gegenüber dem Versicherungsträger oder Träger der Eingliederungshilfe oder der Sozialhilfe Leistungen erhalten, haben sie insoweit dem Versicherungsträger oder Träger der Eingliederungshilfe oder der Sozialhilfe die erbrachten Leistungen zu erstatten. 2Haben die Leistungen gegenüber dem Versicherungsträger oder Träger der Sozialhilfe keine befreiende Wirkung, haften der zum Schadenersatz Verpflichtete und der Geschädigte oder dessen Hinterbliebene dem Versicherungsträger oder Träger der Sozialhilfe als Gesamtschuldner.

(8) Weist der Versicherungsträger oder Träger der Sozialhilfe nicht höhere Leistungen nach, sind vorbehaltlich der Absätze 2 und 3 je Schadensfall für nicht stationäre ärztliche Behandlung und Versorgung mit Arznei- und Verbandmitteln 5 vom Hundert der monatlichen Bezugsgröße nach § 18 des Vierten Buches zu ersetzen.

(9) Die Vereinbarung einer Pauschalierung der Ersatzansprüche ist zulässig.

(10) Die Bundesagentur für Arbeit und die Träger der Grundsicherung für Arbeitsuchende nach dem Zweiten Buch gelten als Versicherungsträger im Sinne dieser Vorschrift.

§ 117 Schadenersatzansprüche mehrerer Leistungsträger

1Haben im Einzelfall mehrere Leistungsträger Sozialleistungen erbracht und ist in den Fällen des § 116 Abs. 2 und 3 der übergegangene Anspruch auf Ersatz des Schadens begrenzt, sind die Leistungsträger Gesamtgläubiger. 2Untereinander sind sie im Verhältnis der von ihnen erbrachten Sozialleistungen zum Ausgleich verpflichtet. 3Soweit jedoch eine Sozialleistung allein von einem Leistungsträger erbracht ist, steht der

X

Ersatzanspruch im Innenverhältnis nur diesem zu. 4Die Leistungsträger können ein anderes Ausgleichsverhältnis vereinbaren.

§ 118 Bindung der Gerichte

Hat ein Gericht über einen nach § 116 übergegangenen Anspruch zu entscheiden, ist es an eine unanfechtbare Entscheidung gebunden, dass und in welchem Umfang der Leistungsträger zur Leistung verpflichtet ist.

§ 119 Übergang von Beitragsansprüchen

(1) 1Soweit der Schadenersatzanspruch eines Versicherten den Anspruch auf Ersatz von Beiträgen zur Rentenversicherung umfasst, geht dieser auf den Versicherungsträger über, wenn der Geschädigte im Zeitpunkt des Schadensereignisses bereits Pflichtbeitragszeiten nachweist oder danach pflichtversichert wird; dies gilt nicht, soweit

1. der Arbeitgeber das Arbeitsentgelt fortzahlt oder sonstige der Beitragspflicht unterliegende Leistungen erbringt oder
2. der Anspruch auf Ersatz von Beiträgen nach § 116 übergegangen ist.

2Für den Anspruch auf Ersatz von Beiträgen zur Rentenversicherung gilt § 116 Abs. 3 Satz 1 und 2 entsprechend, soweit die Beiträge auf den Unterschiedsbetrag zwischen dem bei unbegrenzter Haftung zu ersetzenden Arbeitsentgelt oder Arbeitseinkommen und der bei Bezug von Sozialleistungen beitragspflichtigen Einnahme entfallen.

(2) 1Der Versicherungsträger, auf den ein Teil des Anspruchs auf Ersatz von Beiträgen zur Rentenversicherung nach § 116 übergeht, übermittelt den von ihm festgestellten Sachverhalt dem Träger der Rentenversicherung auf einem einheitlichen Meldevordruck. 2Das Nähere über den Inhalt des Meldevordrucks und das Mitteilungsverfahren bestimmen die Spitzenverbände der Sozialversicherungsträger.

X

(3) 1Die eingegangenen Beiträge oder Beitragsanteile gelten in der Rentenversicherung als Pflichtbeiträge. 2Durch den Übergang des Anspruchs auf Ersatz von Beiträgen darf der Versicherte nicht schlechter gestellt werden, als er ohne den Schadenersatzanspruch gestanden hätte.

(4) 1Die Vereinbarung der Abfindung von Ansprüchen auf Ersatz von Beiträgen zur Rentenversicherung mit einem ihrem Kapitalwert entsprechenden Betrag ist im Einzelfall zulässig. 2Im Fall des Absatzes 1 Satz 1 Nr. 1 gelten für die Mitwirkungspflichten des Geschädigten die §§ 60, 61, 65 Abs. 1 und 3 sowie § 65a des Ersten Buches entsprechend.

Viertes Kapitel
Übergangs- und Schlussvorschriften

§ 120 Übergangsregelung

(1) 1Die §§ 116 bis 119 sind nur auf Schadensereignisse nach dem 30. Juni 1983 anzuwenden; für frühere Schadensereignisse gilt das bis zum 30. Juni 1983 geltende Recht weiter. 2Ist das Schadensereignis nach dem 30. Juni 1983 eingetreten, sind § 116 Abs. 1 Satz 2 und § 119 Abs. 1, 3 und 4 in der ab 1. Januar 2001 geltenden Fassung auf einen Sachverhalt auch dann anzuwenden, wenn der Sachverhalt bereits vor diesem Zeitpunkt bestanden hat und darüber noch nicht abschließend entschieden ist. 3§ 116 Absatz 6 ist nur auf Schadensereignisse nach dem 31. Dezember 2020 anzuwenden; für frühere Schadensereignisse gilt das bis 31. Dezember 2020 geltende Recht weiter.

(2) § 111 Satz 2 und § 113 Abs. 1 Satz 1 sind in der vom 1. Januar 2001 an geltenden Fassung auf die Erstattungsverfahren anzuwenden, die am 1. Juni 2000 noch nicht abschließend entschieden waren.

(3) Eine Rückerstattung ist in den am 1. Januar 2001 bereits abschließend entschiedenen Fällen ausgeschlossen, wenn die Erstattung nach § 111 Satz 2 in der ab 1. Januar 2001 geltenden Fassung zu Recht erfolgt ist.

(4) (weggefallen)

(5) Artikel 229 § 6 Abs. 1 bis 4 des Einführungsgesetzes zum Bürgerlichen Gesetzbuche gilt entsprechend bei der Anwendung des § 50 Abs. 4 Satz 2 und der §§ 52 und 113 Abs. 2 in der seit dem 1. Januar 2002 geltenden Fassung.

(6) § 66 Abs. 1 Satz 3 bis 5, Abs. 2 und 3 Satz 2 in der ab dem 30. März 2005 geltenden Fassung gilt nur für Bestellungen zu Vollstreckungs- und Vollziehungsbeamten ab dem 30. März 2005.

(7) § 94 Absatz 1a Satz 3 findet nur Anwendung auf die Bildung von oder den Beitritt zu Arbeitsgemeinschaften, wenn die Bildung oder der Beitritt nach dem 30. Juni 2020 erfolgt; die am 30. Juni 2020 bereits bestehenden Arbeitsgemeinschaften dürfen weitergeführt werden.

Anlage
(zu § 78a)

1Werden Sozialdaten automatisiert verarbeitet oder genutzt, ist die innerbehördliche oder innerbetriebliche Organisation so zu gestalten, dass sie den besonderen Anforderungen des Datenschutzes gerecht wird. 2Dabei sind insbesondere Maßnahmen zu treffen, die je nach der Art der zu schützenden Sozialdaten oder Kategorien von Sozialdaten geeignet sind,

1. Unbefugten den Zutritt zu Datenverarbeitungsanlagen, mit denen Sozialdaten verarbeitet oder genutzt werden, zu verwehren (Zutrittskontrolle),
2. zu verhindern, dass Datenverarbeitungssysteme von Unbefugten genutzt werden können (Zugangskontrolle),
3. zu gewährleisten, dass die zur Benutzung eines Datenverarbeitungssystems Berechtigten ausschließlich auf die ihrer Zugriffsberechtigung unterliegenden Daten zugreifen können, und dass Sozialdaten bei der Verarbeitung, Nutzung und nach der Speicherung nicht unbefugt gelesen, kopiert, verändert oder entfernt werden können (Zugriffskontrolle),
4. zu gewährleisten, dass Sozialdaten bei der elektronischen Übertragung oder während ihres Transports oder ihrer Speicherung auf Datenträger nicht unbefugt gelesen, kopiert, verändert oder entfernt werden können, und dass überprüft und festgestellt werden kann, an welchen Stellen eine Übermittlung von Sozialdaten durch Einrichtungen zur Datenübertragung vorgesehen ist (Weitergabekontrolle),
5. zu gewährleisten, dass nachträglich überprüft und festgestellt werden kann, ob und von wem Sozialdaten in Datenverarbeitungssysteme eingegeben, verändert oder entfernt worden sind (Eingabekontrolle),
6. zu gewährleisten, dass Sozialdaten, die im Auftrag erhoben, verarbeitet oder genutzt werden, nur entsprechend den Weisungen des Auftraggebers erhoben, verarbeitet oder genutzt werden können (Auftragskontrolle),
7. zu gewährleisten, dass Sozialdaten gegen zufällige Zerstörung oder Verlust geschützt sind (Verfügbarkeitskontrolle),
8. zu gewährleisten, dass zu unterschiedlichen Zwecken erhobene Sozialdaten getrennt verarbeitet werden können.

3Eine Maßnahme nach Satz 2 Nummer 2 bis 4 ist insbesondere die Verwendung von dem Stand der Technik entsprechenden Verschlüsselungsverfahren.

X

XI SGB XI: Soziale Pflegeversicherung

XI Sozialgesetzbuch (SGB) Elftes Buch (XI) – Soziale Pflegeversicherung – (SGB XI) . . . 1320

XI

Sozialgesetzbuch (SGB) Elftes Buch (XI) – Soziale Pflegeversicherung – (SGB XI)

Vom 26. Mai 1994 (BGBl. I S. 1014)

Zuletzt geändert durch
Krankenhauspflegeentlastungsgesetz
vom 20. Dezember 2022 (BGBl. I S. 2793)

Inhaltsübersicht

Erstes Kapitel
Allgemeine Vorschriften

§ 1 Soziale Pflegeversicherung
§ 2 Selbstbestimmung
§ 3 Vorrang der häuslichen Pflege
§ 4 Art und Umfang der Leistungen
§ 5 Prävention in Pflegeeinrichtungen, Vorrang von Prävention und medizinischer Rehabilitation
§ 6 Eigenverantwortung
§ 7 Aufklärung, Auskunft
§ 7a Pflegeberatung
§ 7b Pflicht zum Beratungsangebot und Beratungsgutscheine
§ 7c Pflegestützpunkte, Verordnungsermächtigung
§ 8 Gemeinsame Verantwortung
§ 8a Gemeinsame Empfehlungen zur pflegerischen Versorgung
§ 9 Aufgaben der Länder
§ 10 Berichtspflichten des Bundes und der Länder
§ 11 Rechte und Pflichten der Pflegeeinrichtungen
§ 12 Aufgaben der Pflegekassen
§ 13 Verhältnis der Leistungen der Pflegeversicherung zu anderen Sozialleistungen

Zweites Kapitel
Leistungsberechtigter Personenkreis

§ 14 Begriff der Pflegebedürftigkeit
§ 15 Ermittlung des Grades der Pflegebedürftigkeit, Begutachtungsinstrument
§ 16 Verordnungsermächtigung
§ 17 Richtlinien des Medizinischen Dienstes Bund; Richtlinien der Pflegekassen
§ 18 Verfahren zur Feststellung der Pflegebedürftigkeit
§ 18a Weiterleitung der Rehabilitationsempfehlung, Berichtspflichten
§ 18b Dienstleistungsorientierung im Begutachtungsverfahren
§ 18c Fachliche und wissenschaftliche Begleitung der Umstellung des Verfahrens zur Feststellung der Pflegebedürftigkeit
§ 19 Begriff der Pflegepersonen

Drittes Kapitel
Versicherungspflichtiger Personenkreis

§ 20 Versicherungspflicht in der sozialen Pflegeversicherung für Mitglieder der gesetzlichen Krankenversicherung
§ 21 Versicherungspflicht in der sozialen Pflegeversicherung für sonstige Personen
§ 21a Versicherungspflicht in der sozialen Pflegeversicherung bei Mitgliedern von Solidargemeinschaften
§ 22 Befreiung von der Versicherungspflicht
§ 23 Versicherungspflicht für Versicherte der privaten Krankenversicherungsunternehmen
§ 24 Versicherungspflicht der Abgeordneten
§ 25 Familienversicherung
§ 26 Weiterversicherung
§ 26a Beitrittsrecht
§ 27 Kündigung eines privaten Pflegeversicherungsvertrages

Viertes Kapitel
Leistungen der Pflegeversicherung

Erster Abschnitt
Übersicht über die Leistungen

§ 28 Leistungsarten, Grundsätze
§ 28a Leistungen bei Pflegegrad 1

Zweiter Abschnitt
Gemeinsame Vorschriften

§ 29 Wirtschaftlichkeitsgebot

§ 30 Dynamisierung, Verordnungsermächtigung
§ 31 Vorrang der Rehabilitation vor Pflege
§ 32 Vorläufige Leistungen zur medizinischen Rehabilitation
§ 33 Leistungsvoraussetzungen
§ 33a Leistungsausschluss
§ 34 Ruhen der Leistungsansprüche
§ 35 Erlöschen der Leistungsansprüche
§ 35a Teilnahme an einem Persönlichen Budget nach § 29 des Neunten Buches

Dritter Abschnitt
Leistungen

Erster Titel
Leistungen bei häuslicher Pflege

§ 36 Pflegesachleistung
§ 37 Pflegegeld für selbst beschaffte Pflegehilfen
§ 38 Kombination von Geldleistung und Sachleistung (Kombinationsleistung)
§ 38a Zusätzliche Leistungen für Pflegebedürftige in ambulant betreuten Wohngruppen
§ 39 Häusliche Pflege bei Verhinderung der Pflegeperson
§ 39a Ergänzende Unterstützung bei Nutzung von digitalen Pflegeanwendungen
§ 40 Pflegehilfsmittel und wohnumfeldverbessernde Maßnahmen
§ 40a Digitale Pflegeanwendungen
§ 40b Leistungsanspruch beim Einsatz digitaler Pflegeanwendungen

Zweiter Titel
Teilstationäre Pflege und Kurzzeitpflege

§ 41 Tagespflege und Nachtpflege
§ 42 Kurzzeitpflege

Dritter Titel
Vollstationäre Pflege

§ 43 Inhalt der Leistung

Vierter Titel
Pauschalleistung für die Pflege von Menschen mit Behinderungen

§ 43a Inhalt der Leistung

Fünfter Titel
Zusätzliche Betreuung und Aktivierung in stationären Pflegeeinrichtungen

§ 43b Inhalt der Leistung

Sechster Titel
Pflegebedingter Eigenanteil bei vollstationärer Pflege

§ 43c Begrenzung des Eigenanteils an den pflegebedingten Aufwendungen

Vierter Abschnitt
Leistungen für Pflegepersonen

§ 44 Leistungen zur sozialen Sicherung der Pflegepersonen
§ 44a Zusätzliche Leistungen bei Pflegezeit und kurzzeitiger Arbeitsverhinderung
§ 45 Pflegekurse für Angehörige und ehrenamtliche Pflegepersonen

Fünfter Abschnitt
Angebote zur Unterstützung im Alltag, Entlastungsbetrag, Förderung der Weiterentwicklung der Versorgungsstrukturen und des Ehrenamts sowie der Selbsthilfe

§ 45a Angebote zur Unterstützung im Alltag, Umwandlung des ambulanten Sachleistungsbetrags (Umwandlungsanspruch), Verordnungsermächtigung
§ 45b Entlastungsbetrag
§ 45c Förderung der Weiterentwicklung der Versorgungsstrukturen und des Ehrenamts, Verordnungsermächtigung
§ 45d Förderung der Selbsthilfe, Verordnungsermächtigung

Sechster Abschnitt
Initiativprogramm zur Förderung neuer Wohnformen

§ 45e Anschubfinanzierung zur Gründung von ambulant betreuten Wohngruppen
§ 45f Weiterentwicklung neuer Wohnformen

Fünftes Kapitel
Organisation

Erster Abschnitt
Träger der Pflegeversicherung

§ 46 Pflegekassen
§ 47 Satzung
§ 47a Stellen zur Bekämpfung von Fehlverhalten im Gesundheitswesen

XI

Zweiter Abschnitt
Zuständigkeit, Mitgliedschaft

§ 48 Zuständigkeit für Versicherte einer Krankenkasse und sonstige Versicherte
§ 49 Mitgliedschaft

Dritter Abschnitt
Meldungen

§ 50 Melde- und Auskunftspflichten bei Mitgliedern der sozialen Pflegeversicherung
§ 51 Meldungen bei Mitgliedern der privaten Pflegeversicherung

Vierter Abschnitt
Wahrnehmung der Verbandsaufgaben

§ 52 Aufgaben auf Landesebene
§ 53 Aufgaben auf Bundesebene
§ 53a Beauftragung von anderen unabhängigen Gutachtern durch die Pflegekassen im Verfahren zur Feststellung der Pflegebedürftigkeit
§ 53b Richtlinien zur Qualifikation und zu den Aufgaben zusätzlicher Betreuungskräfte

Fünfter Abschnitt
Medizinische Dienste, Medizinischer Dienst Bund

§ 53c Medizinische Dienste, Medizinischer Dienst Bund, Übergangsregelung
§ 53d Aufgaben des Medizinischen Dienstes Bund

Sechstes Kapitel
Finanzierung

Erster Abschnitt
Beiträge

§ 54 Grundsatz
§ 55 Beitragssatz, Beitragsbemessungsgrenze
§ 56 Beitragsfreiheit
§ 57 Beitragspflichtige Einnahmen
§ 58 Tragung der Beiträge bei versicherungspflichtig Beschäftigten
§ 59 Beitragstragung bei anderen Mitgliedern
§ 60 Beitragszahlung

Zweiter Abschnitt
Beitragszuschüsse

§ 61 Beitragszuschüsse für freiwillige Mitglieder der gesetzlichen Krankenversicherung und Privatversicherte

Dritter Abschnitt
Bundesmittel

§ 61a Beteiligung des Bundes an Aufwendungen

Vierter Abschnitt
Verwendung und Verwaltung der Mittel

§ 62 Mittel der Pflegekasse
§ 63 Betriebsmittel
§ 64 Rücklage

Fünfter Abschnitt
Ausgleichsfonds, Finanzausgleich

§ 65 Ausgleichsfonds
§ 66 Finanzausgleich
§ 67 Monatlicher Ausgleich
§ 68 Jahresausgleich

Siebtes Kapitel
Beziehungen der Pflegekassen zu den Leistungserbringern

Erster Abschnitt
Allgemeine Grundsätze

§ 69 Sicherstellungsauftrag
§ 70 Beitragssatzstabilität

Zweiter Abschnitt
Beziehungen zu den Pflegeeinrichtungen

§ 71 Pflegeeinrichtungen
§ 72 Zulassung zur Pflege durch Versorgungsvertrag
§ 73 Abschluß von Versorgungsverträgen
§ 74 Kündigung von Versorgungsverträgen
§ 75 Rahmenverträge, Bundesempfehlungen und -vereinbarungen über die pflegerische Versorgung
§ 76 Schiedsstelle

Dritter Abschnitt
Beziehungen zu sonstigen Leistungserbringern

§ 77 Häusliche Pflege durch Einzelpersonen
§ 78 Verträge über Pflegehilfsmittel, Pflegehilfsmittelverzeichnis und Empfehlungen zu wohnumfeldverbessernden Maßnahmen
§ 78a Verträge über digitale Pflegeanwendungen und Verzeichnis für digitale Pflegeanwendungen, Verordnungsermächtigung

Vierter Abschnitt
Wirtschaftlichkeitsprüfungen

§ 79 Wirtschaftlichkeits- und Abrechnungsprüfungen
§ 80 (weggefallen)
§ 81 Verfahrensregelungen

Achtes Kapitel
Pflegevergütung

Erster Abschnitt
Allgemeine Vorschriften

§ 82 Finanzierung der Pflegeeinrichtungen
§ 82a Ausbildungsvergütung
§ 82b Ehrenamtliche Unterstützung
§ 82c Wirtschaftlichkeit von Personalaufwendungen
§ 83 Verordnung zur Regelung der Pflegevergütung

Zweiter Abschnitt
Vergütung der stationären Pflegeleistungen

§ 84 Bemessungsgrundsätze
§ 85 Pflegesatzverfahren
§ 86 Pflegesatzkommission
§ 87 Unterkunft und Verpflegung
§ 87a Berechnung und Zahlung des Heimentgelts
§ 88 Zusatzleistungen
§ 88a Wirtschaftlich tragfähige Vergütung für Kurzzeitpflege

Dritter Abschnitt
Vergütung der ambulanten Pflegeleistungen

§ 89 Grundsätze für die Vergütungsregelung
§ 90 Gebührenordnung für ambulante Pflegeleistungen

Vierter Abschnitt
Kostenerstattung, Pflegeheimvergleich

§ 91 Kostenerstattung
§ 92 (weggefallen)
§ 92a Pflegeheimvergleich

Fünfter Abschnitt
Integrierte Versorgung

§ 92b Integrierte Versorgung

Neuntes Kapitel
Datenschutz und Statistik

Erster Abschnitt
Informationsgrundlagen

Erster Titel
Grundsätze der Datenverarbeitung

§ 93 Anzuwendende Vorschriften
§ 94 Personenbezogene Daten bei den Pflegekassen
§ 95 Personenbezogene Daten bei den Verbänden der Pflegekassen
§ 96 Gemeinsame Verarbeitung personenbezogener Daten
§ 97 Personenbezogene Daten beim Medizinischen Dienst
§ 97a Qualitätssicherung durch Sachverständige
§ 97b Personenbezogene Daten bei den nach heimrechtlichen Vorschriften zuständigen Aufsichtsbehörden und den Trägern der Sozialhilfe
§ 97c Qualitätssicherung durch den Prüfdienst des Verbandes der privaten Krankenversicherung e. V.
§ 97d Begutachtung durch unabhängige Gutachter
§ 98 Forschungsvorhaben

Zweiter Titel
Informationsgrundlagen der Pflegekassen

§ 99 Versichertenverzeichnis
§ 100 Nachweispflicht bei Familienversicherung
§ 101 Pflegeversichertennummer
§ 102 Angaben über Leistungsvoraussetzungen
§ 103 Kennzeichen für Leistungsträger und Leistungserbringer

Zweiter Abschnitt
Übermittlung von Leistungsdaten, Nutzung der Telematikinfrastruktur

§ 104 Pflichten der Leistungserbringer
§ 105 Abrechnung pflegerischer Leistungen
§ 106 Abweichende Vereinbarungen
§ 106a Mitteilungspflichten
§ 106b Finanzierung der Einbindung der Pflegeeinrichtungen in die Telematikinfrastruktur
§ 106c Einbindung der Medizinischen Dienste in die Telematikinfrastruktur

Dritter Abschnitt
Datenlöschung, Auskunftspflicht

§107 Löschen von Daten
§108 Auskünfte an Versicherte

Vierter Abschnitt
Statistik

§109 Pflegestatistiken

Zehntes Kapitel
Private Pflegeversicherung

§110 Regelungen für die private Pflegeversicherung
§110a Befristeter Zuschlag zu privaten Pflege-Pflichtversicherungsverträgen zur Finanzierung pandemiebedingter Mehrausgaben
§111 Risikoausgleich

Elftes Kapitel
Qualitätssicherung, Sonstige Regelungen zum Schutz der Pflegebedürftigen

§112 Qualitätsverantwortung
§112a Übergangsregelung zur Qualitätssicherung bei Betreuungsdiensten
§113 Maßstäbe und Grundsätze zur Sicherung und Weiterentwicklung der Pflegequalität
§113a Expertenstandards zur Sicherung und Weiterentwicklung der Qualität in der Pflege
§113b Qualitätsausschuss
§ 113c Personalbemessung in vollstationären Pflegeeinrichtungen
§114 Qualitätsprüfungen
§114a Durchführung der Qualitätsprüfungen
§114b Erhebung und Übermittlung von indikatorenbezogenen Daten zur vergleichenden Messung und Darstellung von Ergebnisqualität in vollstationären Pflegeeinrichtungen
§114c Richtlinien zur Verlängerung des Prüfrhythmus in vollstationären Einrichtungen bei guter Qualität und zur Veranlassung unangemeldeter Prüfungen; Berichtspflicht
§115 Ergebnisse von Qualitätsprüfungen, Qualitätsdarstellung, Vergütungskürzung
§115a Übergangsregelung für Pflege-Transparenzvereinbarungen und Qualitätsprüfungs-Richtlinien
§116 Kostenregelungen
§117 Zusammenarbeit mit den nach heimrechtlichen Vorschriften zuständigen Aufsichtsbehörden
§118 Beteiligung von Interessenvertretungen, Verordnungsermächtigung
§119 Verträge mit Pflegeheimen außerhalb des Anwendungsbereichs des Wohn- und Betreuungsvertragsgesetzes
§120 Pflegevertrag bei häuslicher Pflege

Zwölftes Kapitel
Bußgeldvorschrift

§121 Bußgeldvorschrift
§122 (weggefallen)

Dreizehntes Kapitel
Befristete Modellvorhaben

§123 Durchführung der Modellvorhaben zur kommunalen Beratung Pflegebedürftiger und ihrer Angehörigen, Verordnungsermächtigung
§124 Befristung, Widerruf und Begleitung der Modellvorhaben zur kommunalen Beratung; Beirat
§125 Modellvorhaben zur Einbindung der Pflegeeinrichtungen in die Telematikinfrastruktur
§125a Modellvorhaben zur Erprobung von Telepflege

Vierzehntes Kapitel
Zulagenförderung der privaten Pflegevorsorge

§126 Zulageberechtigte
§127 Pflegevorsorgezulage; Fördervoraussetzungen
§128 Verfahren; Haftung des Versicherungsunternehmens
§129 Wartezeit bei förderfähigen Pflege-Zusatzversicherungen
§130 Verordnungsermächtigung

Fünfzehntes Kapitel
Bildung eines Pflegevorsorgefonds

§131 Pflegevorsorgefonds
§132 Zweck des Vorsorgefonds
§133 Rechtsform und Vertretung in gerichtlichen Verfahren
§134 Verwaltung und Anlage der Mittel
§135 Zuführung der Mittel
§136 Verwendung des Sondervermögens
§137 Vermögenstrennung
§138 Jahresrechnung
§139 Auflösung

XI

Sechzehntes Kapitel
Überleitungs- und Übergangsrecht

Erster Abschnitt
Regelungen zur Rechtsanwendung im Übergangszeitraum, zur Überleitung in die Pflegegrade, zum Besitzstandsschutz für Leistungen der Pflegeversicherung sowie Übergangsregelungen im Begutachtungsverfahren im Rahmen der Einführung des neuen Pflegebedürftigkeitsbegriffs

§ 140 Anzuwendendes Recht und Überleitung in die Pflegegrade
§ 141 Besitzstandsschutz und Übergangsrecht zur sozialen Sicherung von Pflegepersonen
§ 142 Übergangsregelungen im Begutachtungsverfahren
§ 143 Sonderanpassungsrecht für die Allgemeinen Versicherungsbedingungen und die technischen Berechnungsgrundlagen privater Pflegeversicherungsverträge

Zweiter Abschnitt
Sonstige Überleitungs-, Übergangs- und Besitzstandsschutzregelungen

§ 144 Überleitungs- und Übergangsregelungen, Verordnungsermächtigung
§ 145 Besitzstandsschutz für pflegebedürftige Menschen mit Behinderungen in häuslicher Pflege
§ 146 Übergangs- und Überleitungsregelung zur Beratung nach § 37 Absatz 3

Dritter Abschnitt
Maßnahmen zur Aufrechterhaltung der pflegerischen Versorgung während der durch das neuartige Coronavirus SARS-CoV-2 verursachten Pandemie

§ 147 Verfahren zur Feststellung der Pflegebedürftigkeit nach § 18
§ 148 Beratungsbesuche nach § 37
§ 149 Einrichtungen zur Inanspruchnahme von Kurzzeitpflege und anderweitige vollstationäre pflegerische Versorgung
§ 150 Sicherstellung der pflegerischen Versorgung, Kostenerstattung für Pflegeeinrichtungen und Pflegebedürftige
§ 150a Pflegebonus zur Anerkennung der besonderen Leistungen in der Coronavirus-SARS-CoV-2-Pandemie
§ 150b Nichtanrechnung von Arbeitstagen mit Bezug von Pflegeunterstützungsgeld, Betriebshilfe oder Kostenerstattung gemäß § 150 Absatz 5d
§ 150c Sonderleistungen für zugelassene voll- und teilstationäre Pflegeeinrichtungen zur Anerkennung und Umsetzung zusätzlicher Aufgaben nach § 35 Absatz 1 des Infektionsschutzgesetzes
§ 151 Qualitätsprüfungen nach § 114
§ 152 Verordnungsermächtigung
§ 153 Erstattung pandemiebedingter Kosten durch den Bund; Verordnungsermächtigung

Abschnitt 4
Maßnahmen zum Ausgleich außergewöhnlicher Kostenentwicklungen

§ 154 Ergänzungshilfen für stationäre Pflegeeinrichtungen zum Ausgleich steigender Preise für Erdgas, Wärme und Strom

Anlage 1
(zu § 15)

Anlage 2
(zu § 15)

XI

Erstes Kapitel
Allgemeine Vorschriften

§ 1 Soziale Pflegeversicherung

(1) Zur sozialen Absicherung des Risikos der Pflegebedürftigkeit wird als neuer eigenständiger Zweig der Sozialversicherung eine soziale Pflegeversicherung geschaffen.

(2) 1In den Schutz der sozialen Pflegeversicherung sind kraft Gesetzes alle einbezogen, die in der gesetzlichen Krankenversicherung versichert sind. 2Wer gegen Krankheit bei einem privaten Krankenversicherungsunternehmen versichert ist, muß eine private Pflegeversicherung abschließen.

(3) Träger der sozialen Pflegeversicherung sind die Pflegekassen; ihre Aufgaben werden von den Krankenkassen (§ 4 des Fünften Buches) wahrgenommen.

(4) Die Pflegeversicherung hat die Aufgabe, Pflegebedürftigen Hilfe zu leisten, die wegen der Schwere der Pflegebedürftigkeit auf solidarische Unterstützung angewiesen sind.

(5) In der Pflegeversicherung sollen geschlechtsspezifische Unterschiede bezüglich der Pflegebedürftigkeit von Männern und Frauen und ihrer Bedarfe an Leistungen berücksichtigt und den Bedürfnissen nach einer kultursensiblen Pflege nach Möglichkeit Rechnung getragen werden.

(6) 1Die Ausgaben der Pflegeversicherung werden durch Beiträge der Mitglieder und der Arbeitgeber finanziert. 2Die Beiträge richten sich nach den beitragspflichtigen Einnahmen der Mitglieder. 3Für versicherte Familienangehörige und eingetragene Lebenspartner (Lebenspartner) werden Beiträge nicht erhoben.

(7) Ein Lebenspartner einer eingetragenen Lebenspartnerschaft gilt im Sinne dieses Buches als Familienangehöriger des anderen Lebenspartners, sofern nicht ausdrücklich etwas anderes bestimmt ist.

§ 2 Selbstbestimmung

(1) 1Die Leistungen der Pflegeversicherung sollen den Pflegebedürftigen helfen, trotz ihres Hilfebedarfs ein möglichst selbständiges und selbstbestimmtes Leben zu führen, das der Würde des Menschen entspricht. 2Die Hilfen sind darauf auszurichten, die körperlichen, geistigen und seelischen Kräfte der Pflegebedürftigen, auch in Form der aktivierenden Pflege, wiederzugewinnen oder zu erhalten.

(2) 1Die Pflegebedürftigen können zwischen Einrichtungen und Diensten verschiedener Träger wählen. 2Ihren Wünschen zur Gestaltung der Hilfe soll, soweit sie angemessen sind, im Rahmen des Leistungsrechts entsprochen werden. 3Wünsche der Pflegebedürftigen nach gleichgeschlechtlicher Pflege haben nach Möglichkeit Berücksichtigung zu finden.

(3) 1Auf die religiösen Bedürfnisse der Pflegebedürftigen ist Rücksicht zu nehmen. 2Auf ihren Wunsch hin sollen sie stationäre Leistungen in einer Einrichtung erhalten, in der sie durch Geistliche ihres Bekenntnisses betreut werden können.

(4) Die Pflegebedürftigen sind auf die Rechte nach den Absätzen 2 und 3 hinzuweisen.

§ 3 Vorrang der häuslichen Pflege

1Die Pflegeversicherung soll mit ihren Leistungen vorrangig die häusliche Pflege und die Pflegebereitschaft der Angehörigen und Nachbarn unterstützen, damit die Pflegebedürftigen möglichst lange in ihrer häuslichen Umgebung bleiben können. 2Leistungen der teilstationären Pflege und der Kurzzeitpflege gehen den Leistungen der vollstationären Pflege vor.

§ 4 Art und Umfang der Leistungen

(1) 1Die Leistungen der Pflegeversicherung sind Dienst-, Sach- und Geldleistungen für den Bedarf an körperbezogenen Pflegemaßnahmen, pflegerischen Betreuungsmaßnahmen und Hilfen bei der Haushaltsführung sowie Kostenerstattung, soweit es dieses Buch vorsieht. 2Art und Umfang der Leistungen richten sich nach der Schwere der Pflegebedürftigkeit und danach, ob häusliche, teilstationäre oder vollstationäre Pflege in Anspruch genommen wird.

(2) 1Bei häuslicher und teilstationärer Pflege ergänzen die Leistungen der Pflegeversicherung die familiäre, nachbarschaftliche oder sonstige ehrenamtliche Pflege und Betreuung. 2Bei teil- und vollstationärer Pflege werden die Pflegebedürftigen von Aufwendungen entlastet, die für ihre Versorgung nach Art und Schwere der Pflegebedürftigkeit erforderlich sind (pflegebedingte Aufwendungen), die Aufwendungen für Unterkunft und Verpflegung tragen die Pflegebedürftigen selbst.

(3) Pflegekassen, Pflegeeinrichtungen und Pflegebedürftige haben darauf hinzuwirken, daß die Leistungen wirksam und wirtschaftlich erbracht und nur im notwendigen Umfang in Anspruch genommen werden.

§ 5 Prävention in Pflegeeinrichtungen, Vorrang von Prävention und medizinischer Rehabilitation

(1) 1Die Pflegekassen sollen Leistungen zur Prävention in stationären Pflegeeinrichtungen nach § 71 Absatz 2 für

XI

in der sozialen Pflegeversicherung Versicherte erbringen, indem sie unter Beteiligung der versicherten Pflegebedürftigen und der Pflegeeinrichtung Vorschläge zur Verbesserung der gesundheitlichen Situation und zur Stärkung der gesundheitlichen Ressourcen und Fähigkeiten entwickeln sowie deren Umsetzung unterstützen. 2Die Pflichten der Pflegeeinrichtungen nach § 11 Absatz 1 bleiben unberührt. 3Der Spitzenverband Bund der Pflegekassen legt unter Einbeziehung unabhängigen Sachverstandes die Kriterien für die Leistungen nach Satz 1 fest, insbesondere hinsichtlich Inhalt, Methodik, Qualität, wissenschaftlicher Evaluation und der Messung der Erreichung der mit den Leistungen verfolgten Ziele.

(2) 1Die Ausgaben der Pflegekassen für die Wahrnehmung ihrer Aufgaben nach Absatz 1 sollen insgesamt im Jahr 2016 für jeden ihrer Versicherten einen Betrag von 0,30 Euro umfassen. 2Die Ausgaben sind in den Folgejahren entsprechend der prozentualen Veränderung der monatlichen Bezugsgröße nach § 18 Absatz 1 des Vierten Buches anzupassen. 3Sind in einem Jahr die Ausgaben rundungsbedingt nicht anzupassen, ist die unterbliebene Anpassung bei der Berechnung der Anpassung der Ausgaben im Folgejahr zu berücksichtigen.

(3) 1Bei der Wahrnehmung ihrer Aufgaben nach Absatz 1 sollen die Pflegekassen zusammenarbeiten und kassenübergreifende Leistungen zur Prävention erbringen. 2Erreicht eine Pflegekasse den in Absatz 2 festgelegten Betrag in einem Jahr nicht, stellt sie die nicht verausgabten Mittel im Folgejahr dem Spitzenverband Bund der Pflegekassen zur Verfügung, der die Mittel nach einem von ihm festzulegenden Schlüssel auf die Pflegekassen zur Wahrnehmung der Aufgaben nach Absatz 1 verteilt, die Kooperationsvereinbarungen zur Durchführung kassenübergreifender Leistungen geschlossen haben. 3Auf die zum Zwecke der Vorbereitung und Umsetzung der Kooperationsvereinbarungen nach Satz 2 gebildeten Arbeitsgemeinschaften findet § 94 Absatz 1a Satz 2 und 3 des Zehnten Buches keine Anwendung.

(4) Die Pflegekassen wirken unbeschadet ihrer Aufgaben nach Absatz 1 bei den zuständigen Leistungsträgern darauf hin, dass frühzeitig alle geeigneten Leistungen zur Prävention, zur Krankenbehandlung und zur medizinischen Rehabilitation eingeleitet werden, um den Eintritt von Pflegebedürftigkeit zu vermeiden.

(5) Die Pflegekassen beteiligen sich an der nationalen Präventionsstrategie nach den §§ 20d bis 20f des Fünften Buches mit den Aufgaben nach den Absätzen 1 und 2.

(6) Die Leistungsträger haben im Rahmen ihres Leistungsrechts auch nach Eintritt der Pflegebedürftigkeit ihre Leistungen zur medizinischen Rehabilitation und ergänzenden Leistungen in vollem Umfang einzusetzen und darauf hinzuwirken, die Pflegebedürftigkeit zu überwinden, zu mindern sowie eine Verschlimmerung zu verhindern.

(7) 1Im Jahr 2020 müssen die Ausgaben der Pflegekassen für die Wahrnehmung der Aufgaben nach Absatz 1 nicht dem in Absatz 2 festgelegten Betrag entsprechen. 2Im Jahr 2019 nicht verausgabte Mittel sind abweichend von Absatz 3 Satz 2 im Jahr 2020 nicht dem Spitzenverband Bund der Pflegekassen zur Verfügung zu stellen.

§ 6 Eigenverantwortung

(1) Die Versicherten sollen durch gesundheitsbewußte Lebensführung, durch frühzeitige Beteiligung an Vorsorgemaßnahmen und durch aktive Mitwirkung an Krankenbehandlung und Leistungen zur medizinischen Rehabilitation dazu beitragen, Pflegebedürftigkeit zu vermeiden.

(2) Nach Eintritt der Pflegebedürftigkeit haben die Pflegebedürftigen an Leistungen zur medizinischen Rehabilitation und der aktivierenden Pflege mitzuwirken, um die Pflegebedürftigkeit zu überwinden, zu mindern oder eine Verschlimmerung zu verhindern.

§ 7 Aufklärung, Auskunft

(1) Die Pflegekassen haben die Eigenverantwortung der Versicherten durch Aufklärung und Auskunft über eine gesunde, der Pflegebedürftigkeit vorbeugende Lebensführung zu unterstützen und auf die Teilnahme an gesundheitsfördernden Maßnahmen hinzuwirken.

(2) 1Die Pflegekassen haben die Versicherten und ihre Angehörigen und Lebenspartner in den mit der Pflegebedürftigkeit zusammenhängenden Fragen, insbesondere über die Leistungen der Pflegekassen sowie über die Leistungen und Hilfen anderer Träger, in für sie verständlicher Weise zu informieren und darüber aufzuklären, dass ein Anspruch besteht auf die Übermittlung

1. des Gutachtens des Medizinischen Dienstes oder eines anderen von der Pflegekasse beauftragten Gutachters sowie
2. der gesonderten Präventions- und Rehabilitationsempfehlung gemäß § 18a Absatz 1.

2Mit Einwilligung des Versicherten haben der behandelnde Arzt, das Krankenhaus, die Rehabilitations- und Vorsorgeeinrichtungen sowie die Sozialleistungsträger unverzüglich die zuständige Pflegekasse zu benachrichtigen, wenn sich der Eintritt von Pflegebedürftigkeit abzeichnet oder wenn Pflegebedürftigkeit festgestellt wird. 3Die zuständige Pflegekasse informiert die Versicherten unverzüglich nach Eingang eines Antrags auf Leistungen nach diesem Buch insbesondere über ihren Anspruch auf die unentgeltliche Pflegeberatung nach § 7a, den nächstgelegenen Pflegestützpunkt nach § 7c sowie die Leistungs- und Preisvergleichsliste nach Absatz 3. 4Ebenso gibt die zuständige Pflegekasse Auskunft über die in ihren Verträgen zur integrierten Versorgung nach § 92b Absatz 2 getroffenen Festlegungen, insbesondere zu Art, Inhalt und Umfang der zu erbringenden Leistungen und der für die Versicherten entstehenden Kosten, und veröffentlicht diese Angaben auf einer eigenen Internetseite.

(3) 1Zur Unterstützung der pflegebedürftigen Person bei der Ausübung ihres Wahlrechts nach § 2 Absatz 2 sowie zur Förderung des Wettbewerbs und der Überschaubarkeit des vorhandenen Angebots hat die zuständige Pflegekasse der antragstellenden Person auf Anforderung unverzüglich und in geeigneter Form eine Leistungs- und Preisvergleichsliste zu übermitteln; die Leistungs- und Preisvergleichsliste muss für den Einzugsbereich der antragstellenden Person, in dem die pflegerische Versorgung und Betreuung gewährleistet werden soll, die Leistungen und Vergütungen der zugelassenen Pflegeeinrichtungen, die Angebote zur Unterstützung im Alltag nach § 45a sowie Angaben zur Person des zugelassenen oder anerkannten Leistungserbringers enthalten. 2Die Landesverbände der Pflegekassen erstellen eine Leistungs- und Preisvergleichsliste nach Satz 1, aktualisieren diese einmal im Quartal und veröffentlichen sie auf einer eigenen Internetseite. 3Die Liste hat zumindest die jeweils geltenden Festlegungen der Vergütungsvereinbarungen nach dem Achten Kapitel sowie die im Rahmen der Vereinbarungen nach Absatz 4 übermittelten Angaben zu Art, Inhalt und Umfang der Angebote sowie zu den Kosten in einer Form zu enthalten, die einen regionalen Vergleich von Angeboten und Kosten und der regionalen Verfügbarkeit ermöglicht. 4Auf der Internetseite nach Satz 2 sind auch die nach § 115 Absatz 1a veröffentlichten Ergebnisse der Qualitätsprüfungen und die nach § 115 Absatz 1b veröffentlichten Informationen zu berücksichtigen. 5Die Leistungs- und Preisvergleichsliste ist der Pflegekasse sowie dem Verband der privaten Krankenversicherung e. V. für die Wahrnehmung ihrer Aufgaben nach diesem Buch und zur Veröffentlichung nach Absatz 2 Satz 4 und 5 vom Landesverband der Pflegekassen durch elektronische Datenübertragung zur Verfügung zu stellen. 6Die Landesverbände der Pflegekassen erarbeiten Nutzungsbedingungen für eine zweckgerechte, nicht gewerbliche Nutzung der Angaben nach Satz 1 durch Dritte; die Übermittlung der Angaben erfolgt gegen Verwaltungskostenersatz, es sei denn, es handelt sich bei den Dritten um öffentlich-rechtliche Stellen.

(4) 1Im Einvernehmen mit den zuständigen obersten Landesbehörden vereinbaren die Landesverbände der Pflegekassen gemeinsam mit den nach Landesrecht zuständigen Stellen für die Anerkennung der Angebote zur Unterstützung im Alltag nach den Vorschriften dieses Buches das Nähere zur Übermittlung von Angaben im Wege elektronischer Datenübertragung insbesondere zu Art, Inhalt und Umfang der Angebote, Kosten und regionaler Verfügbarkeit dieser Angebote einschließlich der Finanzierung des Verfahrens für die Übermittlung. 2Träger weiterer Angebote, in denen Leistungen zur medizinischen Vorsorge und Rehabilitation, zur Teilhabe am Arbeitsleben oder Leben in der Gemeinschaft, zur schulischen Ausbildung oder Erziehung kranker oder behinderter Kinder, zur Alltagsunterstützung und zum Wohnen im Vordergrund stehen, können an Vereinbarungen nach Satz 1 beteiligt werden, falls sie insbesondere die Angaben nach Satz 1 im Wege der von den Parteien nach Satz 1 vorgesehenen Form der elektronischen Datenübertragung unentgeltlich bereitstellen. 3Dazu gehören auch Angebote der Träger von Leistungen der Eingliederungshilfe, soweit diese in der vorgesehenen Form der elektronischen Datenübermittlung kostenfrei bereitgestellt werden. 4Der Spitzenverband Bund der Pflegekassen gibt Empfehlungen für einen bundesweit einheitlichen technischen Standard zur elektronischen Datenübermittlung ab. 5Die Empfehlungen bedürfen der Zustimmung der Länder.

§ 7a Pflegeberatung

(1) 1Personen, die Leistungen nach diesem Buch erhalten, haben Anspruch auf individuelle Beratung und Hilfestellung durch einen Pflegeberater oder eine Pflegeberaterin bei der Auswahl und Inanspruchnahme von bundes- oder landesrechtlich vorgesehenen Sozialleistungen sowie sonstigen Hilfsangeboten, die auf die Unterstützung von Menschen mit Pflege-, Versorgungs- oder Betreuungsbedarf ausgerichtet sind (Pflegeberatung); Anspruchsberechtigten soll durch die Pflegekassen vor der erstmaligen Beratung unverzüglich ein zuständiger Pflegeberater, eine zuständige Pflegeberaterin oder eine sonstige Beratungsstelle benannt werden. 2Für das Verfahren, die Durchführung und die Inhalte der Pflegeberatung sind

XI

die Richtlinien nach § 17 Absatz 1a maßgeblich. 3Aufgabe der Pflegeberatung ist es insbesondere,

1. den Hilfebedarf unter Berücksichtigung der Ergebnisse der Begutachtung durch den Medizinischen Dienst sowie, wenn die nach Satz 1 anspruchsberechtigte Person zustimmt, die Ergebnisse der Beratung in der eigenen Häuslichkeit nach § 37 Absatz 3 systematisch zu erfassen und zu analysieren,
2. einen individuellen Versorgungsplan mit den im Einzelfall erforderlichen Sozialleistungen und gesundheitsfördernden, präventiven, kurativen, rehabilitativen oder sonstigen medizinischen sowie pflegerischen und sozialen Hilfen zu erstellen,
3. auf die für die Durchführung des Versorgungsplans erforderlichen Maßnahmen einschließlich deren Genehmigung durch den jeweiligen Leistungsträger hinzuwirken, insbesondere hinsichtlich einer Empfehlung zur medizinischen Rehabilitation gemäß § 18 Absatz 1 Satz 3,
4. die Durchführung des Versorgungsplans zu überwachen und erforderlichenfalls einer veränderten Bedarfslage anzupassen,
5. bei besonders komplexen Fallgestaltungen den Hilfeprozess auszuwerten und zu dokumentieren sowie
6. über Leistungen zur Entlastung der Pflegepersonen zu informieren.

4Der Versorgungsplan wird nach Maßgabe der Richtlinien nach § 17 Absatz 1a erstellt und umgesetzt; er beinhaltet insbesondere Empfehlungen zu den im Einzelfall erforderlichen Maßnahmen nach Satz 3 Nummer 3, Hinweise zu dem dazu vorhandenen örtlichen Leistungsangebot sowie zur Überprüfung und Anpassung der empfohlenen Maßnahmen. 5Bei Erstellung und Umsetzung des Versorgungsplans ist Einvernehmen mit dem Hilfesuchenden und allen an der Pflege, Versorgung und Betreuung Beteiligten anzustreben. 6Soweit Leistungen nach sonstigen bundes- oder landesrechtlichen Vorschriften erforderlich sind, sind die zuständigen Leistungsträger frühzeitig mit dem Ziel der Abstimmung einzubeziehen. 7Eine enge Zusammenarbeit mit anderen Koordinierungsstellen, insbesondere den Ansprechstellen der Rehabilitationsträger nach § 12 Absatz 1 Satz 3 des Neunten Buches, ist sicherzustellen. 8Ihnen obliegende Aufgaben der Pflegeberatung können die Pflegekassen ganz oder teilweise auf Dritte übertragen; § 80 des Zehnten Buches bleibt unberührt. 9Ein Anspruch auf Pflegeberatung besteht auch dann, wenn ein Antrag auf Leistungen nach diesem Buch gestellt wurde und erkennbar ein Hilfe- und Beratungsbedarf besteht. 10Es ist sicherzustellen, dass im jeweiligen Pflegestützpunkt nach § 7c Pflegeberatung im Sinne dieser Vorschrift in Anspruch genommen werden kann und die Unabhängigkeit der Beratung gewährleistet ist.

(2) 1Auf Wunsch einer anspruchsberechtigten Person nach Absatz 1 Satz 1 erfolgt die Pflegeberatung auch gegenüber ihren Angehörigen oder weiteren Personen oder unter deren Einbeziehung. 2Sie erfolgt auf Wunsch einer anspruchsberechtigten Person nach Absatz 1 Satz 1 in der häuslichen Umgebung oder in der Einrichtung, in der diese Person lebt. 3Die Pflegeberatung kann auf Wunsch einer anspruchsberechtigten Person nach Absatz 1 Satz 1 durch barrierefreie digitale Angebote der Pflegekassen ergänzt werden und in diesem Rahmen mittels barrierefreier digitaler Anwendungen erfolgen, bei denen im Fall der Verarbeitung personenbezogener Daten die dafür geltenden Vorschriften zum Datenschutz eingehalten und die Anforderungen an die Datensicherheit nach dem Stand der Technik gewährleistet werden. 4Die Anforderungen an den Datenschutz und die Datensicherheit der eingesetzten digitalen Anwendungen gelten als erfüllt, wenn die Anwendungen die nach § 365 Absatz 1 Satz 1 des Fünften Buches vereinbarten Anforderungen erfüllen. 5Die Anforderungen an den Datenschutz und die Datensicherheit nach Satz 3 gelten auch bei den digitalen Anwendungen als erfüllt, die der Spitzenverband Bund der Pflegekassen in seiner Richtlinie nach § 17 Absatz 1a zur Durchführung von Beratungen bestimmt hat. 6Ein Versicherter kann einen Leistungsantrag nach diesem oder dem Fünften Buch auch gegenüber dem Pflegeberater oder der Pflegeberaterin stellen. 7Der Antrag ist unverzüglich der zuständigen Pflege- oder Krankenkasse zu übermitteln, die den Leistungsbescheid unverzüglich dem Antragsteller und zeitgleich dem Pflegeberater oder der Pflegeberaterin zuleitet. 8Erfolgt die individuelle Beratung nach Absatz 1 Satz 1 mittels barrierefreier digitaler Anwendungen, bleibt der Anspruch der Versicherten auf eine Beratung nach Satz 2 unberührt.

(3) 1Die Anzahl von Pflegeberatern und Pflegeberaterinnen ist so zu bemessen, dass die Aufgaben nach Absatz 1 im Interesse der Hilfesuchenden zeitnah und umfassend wahrgenommen werden können. 2Die Pflegekassen setzen für die persönliche Beratung und Betreuung durch Pflegeberater und Pflegeberaterinnen entsprechend qualifiziertes Personal ein, insbesondere Pflegefachkräfte, Sozialversicherungsfachangestellte oder Sozialarbeiter mit der jeweils erforderlichen Zusatzqualifikation.

3Der Spitzenverband Bund der Pflegekassen gibt unter Beteiligung der in § 17 Absatz 1a Satz 2 genannten Parteien bis zum 31. Juli 2018 Empfehlungen zur erforderlichen Anzahl, Qualifikation und Fortbildung von Pflegeberaterinnen und Pflegeberatern ab.

(4) 1Die Pflegekassen im Land haben Pflegeberater und Pflegeberaterinnen zur Sicherstellung einer wirtschaftlichen Aufgabenwahrnehmung in den Pflegestützpunkten nach Anzahl und örtlicher Zuständigkeit aufeinander abgestimmt bereitzustellen und hierüber einheitlich und gemeinsam Vereinbarungen zu treffen. 2Die Pflegekassen können diese Aufgabe auf die Landesverbände der Pflegekassen übertragen. 3Kommt eine Einigung bis zu dem in Satz 1 genannten Zeitpunkt ganz oder teilweise nicht zustande, haben die Landesverbände der Pflegekassen innerhalb eines Monats zu entscheiden; § 81 Abs. 1 Satz 2 gilt entsprechend. 4Die Pflegekassen und die gesetzlichen Krankenkassen können zur Aufgabenwahrnehmung durch Pflegeberater und Pflegeberaterinnen von der Möglichkeit der Beauftragung nach Maßgabe der §§ 88 bis 92 des Zehnten Buches Gebrauch machen; § 94 Absatz 1 Nummer 8 gilt entsprechend. 5Die durch die Tätigkeit von Pflegeberatern und Pflegeberaterinnen entstehenden Aufwendungen werden von den Pflegekassen getragen und zur Hälfte auf die Verwaltungskostenpauschale nach § 46 Abs. 3 Satz 1 angerechnet.

(5) 1Zur Durchführung der Pflegeberatung können die privaten Versicherungsunternehmen, die die private Pflege-Pflichtversicherung durchführen, Pflegeberater und Pflegeberaterinnen der Pflegekassen für die bei ihnen versicherten Personen nutzen. 2Dies setzt eine vertragliche Vereinbarung mit den Pflegekassen über Art, Inhalt und Umfang der Inanspruchnahme sowie über die Vergütung der hierfür je Fall entstehenden Aufwendungen voraus. 3Soweit Vereinbarungen mit den Pflegekassen nicht zustande kommen, können die privaten Versicherungsunternehmen, die die private Pflege-Pflichtversicherung durchführen, untereinander Vereinbarungen über eine abgestimmte Bereitstellung von Pflegeberatern und Pflegeberaterinnen treffen.

(6) Pflegeberater und Pflegeberaterinnen sowie sonstige mit der Wahrnehmung von Aufgaben nach Absatz 1 befasste Stellen, insbesondere

1. nach Landesrecht für die wohnortnahe Betreuung im Rahmen der örtlichen Altenhilfe und für die Gewährung der Hilfe zur Pflege nach dem Zwölften Buch zu bestimmende Stellen,
2. Unternehmen der privaten Kranken- und Pflegeversicherung,
3. Pflegeeinrichtungen und Einzelpersonen nach § 77,
4. Mitglieder von Selbsthilfegruppen, ehrenamtliche und sonstige zum bürgerschaftlichen Engagement bereite Personen und Organisationen sowie
5. Agenturen für Arbeit und Träger der Grundsicherung für Arbeitsuchende,

dürfen Sozialdaten für Zwecke der Pflegeberatung nur verarbeiten, soweit dies zur Erfüllung der Aufgaben nach diesem Buch erforderlich oder durch Rechtsvorschriften des Sozialgesetzbuches oder Regelungen des Versicherungsvertrags- oder des Versicherungsaufsichtsgesetzes angeordnet oder erlaubt ist.

(7) 1Die Landesverbände der Pflegekassen vereinbaren gemeinsam und einheitlich mit dem Verband der privaten Krankenversicherung e. V., den nach Landesrecht bestimmten Stellen für die wohnortnahe Betreuung im Rahmen der Altenhilfe und den zuständigen Trägern der Sozialhilfe sowie mit den kommunalen Spitzenverbänden auf Landesebene Rahmenverträge über die Zusammenarbeit in der Beratung. 2Zu den Verträgen nach Satz 1 sind die Verbände der Träger weiterer nicht gewerblicher Beratungsstellen auf Landesebene anzuhören, die für die Beratung Pflegebedürftiger und ihrer Angehörigen von Bedeutung sind. 3Die Landesverbände der Pflegekassen vereinbaren gemeinsam und einheitlich mit dem Verband der privaten Krankenversicherung e. V. und dem zuständigen Träger der Sozialhilfe auf dessen Verlangen eine ergänzende Vereinbarung zu den Verträgen nach Satz 1 über die Zusammenarbeit in der örtlichen Beratung im Gebiet des Kreises oder der kreisfreien Stadt für den Bereich der örtlichen Zuständigkeit des Trägers der Sozialhilfe. Für Modellvorhaben nach § 123 kann der Antragsteller nach § 123 Absatz 1 die ergänzende Vereinbarung für den Geltungsbereich des Modellvorhabens verlangen.

(8) Die Pflegekassen können sich zur Wahrnehmung ihrer Beratungsaufgaben nach diesem Buch aus ihren Verwaltungsmitteln an der Finanzierung und arbeitsteiligen Organisation von Beratungsaufgaben anderer Träger beteiligen; die Neutralität und Unabhängigkeit der Beratung sind zu gewährleisten.

(9) 1Der Spitzenverband Bund der Pflegekassen legt dem Bundesministerium für Gesundheit alle drei Jahre, erstmals zum 30. Juni 2020, einen unter wissenschaftlicher Begleitung zu erstellenden Bericht vor über

1. die Erfahrungen und Weiterentwicklung der Pflegeberatung und Pflegeberatungsstrukturen nach den

Absätzen 1 bis 4, 7 und 8, § 7b Absatz 1 und 2 und § 7c und

2. die Durchführung, Ergebnisse und Wirkungen der Beratung in der eigenen Häuslichkeit sowie die Fortentwicklung der Beratungsstrukturen nach § 37 Absatz 3 bis 8.

2Er kann hierfür Mittel nach § 8 Absatz 3 einsetzen.

§ 7b Pflicht zum Beratungsangebot und Beratungsgutscheine

(1) 1Die Pflegekasse hat dem Versicherten unmittelbar nach Eingang eines erstmaligen Antrags auf Leistungen nach diesem Buch oder des erklärten Bedarfs einer Begutachtung zur Feststellung der Pflegebedürftigkeit oder weiterer Anträge auf Leistungen nach den §§ 36 bis 38a, 40 Absatz 1 und 4, den §§ 40b, 41 bis 43, 44a, 45, 45e, 87a Absatz 2 Satz 1 und § 115 Absatz 4 entweder

1. unter Angabe einer Kontaktperson einen konkreten Beratungstermin anzubieten, der spätestens innerhalb von zwei Wochen nach Antragseingang durchzuführen ist, oder

2. einen Beratungsgutschein auszustellen, in dem Beratungsstellen benannt sind, bei denen er zu Lasten der Pflegekasse innerhalb von zwei Wochen nach Antragseingang eingelöst werden kann; § 7a Absatz 4 Satz 5 ist entsprechend anzuwenden.

2Dabei ist ausdrücklich auf die Möglichkeiten des individuellen Versorgungsplans nach § 7a hinzuweisen und über dessen Nutzen aufzuklären. 3Die Beratung richtet sich nach § 7a. 4Auf Wunsch des Versicherten hat die Beratung in der häuslichen Umgebung stattzufinden und kann auch nach Ablauf der in Satz 1 genannten Frist durchgeführt werden; über diese Möglichkeiten hat ihn die Pflegekasse aufzuklären. 5Die Sätze 1 bis 4 finden auch Anwendung bei der erstmaligen Beantragung von Leistungen nach den §§ 39, 40 Absatz 2, § 45a Absatz 4 und § 45b.

(2) 1Die Pflegekasse hat sicherzustellen, dass die Beratungsstellen die Anforderungen an die Beratung nach § 7a einhalten. 2Die Pflegekasse schließt hierzu allein oder gemeinsam mit anderen Pflegekassen vertragliche Vereinbarungen mit unabhängigen und neutralen Beratungsstellen, die insbesondere Regelungen treffen für

1. die Anforderungen an die Beratungsleistung und die Beratungspersonen,

2. die Haftung für Schäden, die der Pflegekasse durch fehlerhafte Beratung entstehen, und

3. die Vergütung.

(2a) 1Sofern kommunale Gebietskörperschaften, von diesen geschlossene Zweckgemeinschaften oder nach Landesrecht zu bestimmende Stellen

1. für die wohnortnahe Betreuung im Rahmen der örtlichen Altenhilfe oder

2. für die Gewährung der Hilfe zur Pflege nach dem Zwölften Buch

Pflegeberatung im Sinne von § 7a erbringen, sind sie Beratungsstellen, bei denen Pflegebedürftige nach Absatz 1 Satz 1 Nummer 2 Beratungsgutscheine einlösen können; sie haben die Empfehlungen nach § 7a Absatz 3 Satz 3 zu berücksichtigen und die Pflegeberatungs-Richtlinien nach § 17 Absatz 1a zu beachten. 2Absatz 2 Satz 1 findet keine Anwendung. 3Die Pflegekasse schließt hierzu allein oder gemeinsam mit anderen Pflegekassen mit den in Satz 1 genannten Stellen vertragliche Vereinbarungen über die Vergütung. 4Für die Verarbeitung der Sozialdaten gilt § 7a Absatz 6 entsprechend.

(3) 1Stellen nach Absatz 1 Satz 1 Nummer 2 dürfen personenbezogene Daten nur verarbeiten, soweit dies für Zwecke der Beratung nach § 7a erforderlich ist und der Versicherte oder sein gesetzlicher Vertreter eingewilligt hat. 2Zudem ist der Versicherte oder sein gesetzlicher Vertreter zu Beginn der Beratung darauf hinzuweisen, dass die Einwilligung jederzeit widerrufen werden kann.

(4) Die Absätze 1 bis 3 gelten für private Versicherungsunternehmen, die die private Pflege-Pflichtversicherung durchführen, entsprechend.

§ 7c Pflegestützpunkte, Verordnungsermächtigung

(1) 1Zur wohnortnahen Beratung, Versorgung und Betreuung der Versicherten richten die Pflegekassen und Krankenkassen Pflegestützpunkte ein, sofern die zuständige oberste Landesbehörde dies bestimmt. 2Die Einrichtung muss innerhalb von sechs Monaten nach der Bestimmung durch die oberste Landesbehörde erfolgen. 3Kommen die hierfür erforderlichen Verträge nicht innerhalb von drei Monaten nach der Bestimmung durch die oberste Landesbehörde zustande, haben die Landesverbände der Pflegekassen innerhalb eines weiteren Monats den Inhalt der Verträge festzulegen; hierbei haben sie auch die Interessen der Ersatzkassen und der Landesverbände der Krankenkassen wahrzunehmen. 4Hinsichtlich der Mehrheitsverhältnisse bei der Beschlussfassung ist § 81 Absatz 1 Satz 2 entsprechend anzuwenden. 5Widerspruch und Anfechtungsklage gegen Maßnahmen der Aufsichtsbehörden zur Einrichtung von Pflegestützpunkten haben keine aufschiebende Wirkung.

(1a) 1Die für die Hilfe zur Pflege zuständigen Träger der Sozialhilfe nach dem Zwölften Buch sowie die nach Landesrecht zu bestimmenden Stellen der Altenhilfe können bis zum 31. Dezember 2023 auf Grund landesrechtlicher Vorschriften von den Pflegekassen und Krankenkassen den Abschluss einer Vereinbarung zur Einrichtung von Pflegestützpunkten verlangen. 2Ist in der Vereinbarung zur Einrichtung eines Pflegestützpunktes oder in den Rahmenverträgen nach Absatz 6 nichts anderes vereinbart, werden die Aufwendungen, die für den Betrieb des Pflegestützpunktes erforderlich sind, von den Trägern des Pflegestützpunktes zu gleichen Teilen unter Berücksichtigung der anrechnungsfähigen Aufwendungen für das eingesetzte Personal getragen.

(2) 1Aufgaben der Pflegestützpunkte sind

1. umfassende sowie unabhängige Auskunft und Beratung zu den Rechten und Pflichten nach dem Sozialgesetzbuch und zur Auswahl und Inanspruchnahme der bundes- oder landesrechtlich vorgesehenen Sozialleistungen und sonstigen Hilfsangebote einschließlich der Pflegeberatung nach § 7a in Verbindung mit den Richtlinien nach § 17 Absatz 1a,
2. Koordinierung aller für die wohnortnahe Versorgung und Betreuung in Betracht kommenden gesundheitsfördernden, präventiven, kurativen, rehabilitativen und sonstigen medizinischen sowie pflegerischen und sozialen Hilfs- und Unterstützungsangebote einschließlich der Hilfestellung bei der Inanspruchnahme der Leistungen,
3. Vernetzung aufeinander abgestimmter pflegerischer und sozialer Versorgungs- und Betreuungsangebote.

2Auf vorhandene vernetzte Beratungsstrukturen ist zurückzugreifen. 3Die Pflegekassen haben jederzeit darauf hinzuwirken, dass sich insbesondere die

1. nach Landesrecht zu bestimmenden Stellen für die wohnortnahe Betreuung im Rahmen der örtlichen Altenhilfe und für die Gewährung der Hilfe zur Pflege nach dem Zwölften Buch,
2. im Land zugelassenen und tätigen Pflegeeinrichtungen,
3. im Land tätigen Unternehmen der privaten Kranken- und Pflegeversicherung

an den Pflegestützpunkten beteiligen. 4Die Krankenkassen haben sich an den Pflegestützpunkten zu beteiligen. 5Träger der Pflegestützpunkte sind die beteiligten Kosten- und Leistungsträger. 6Die Träger

1. sollen Pflegefachkräfte in die Tätigkeit der Pflegestützpunkte einbinden,
2. haben nach Möglichkeit Mitglieder von Selbsthilfegruppen sowie ehrenamtliche und sonstige zum bürgerschaftlichen Engagement bereite Personen und Organisationen in die Tätigkeit der Pflegestützpunkte einzubinden,
3. sollen interessierten kirchlichen sowie sonstigen religiösen und gesellschaftlichen Trägern und Organisationen sowie nicht gewerblichen, gemeinwohlorientierten Einrichtungen mit öffentlich zugänglichen Angeboten und insbesondere Selbsthilfe stärkender und generationenübergreifender Ausrichtung in kommunalen Gebietskörperschaften die Beteiligung an den Pflegestützpunkten ermöglichen,
4. können sich zur Erfüllung ihrer Aufgaben dritter Stellen bedienen,
5. sollen im Hinblick auf die Vermittlung und Qualifizierung von für die Pflege und Betreuung geeigneten Kräften eng mit dem Träger der Arbeitsförderung nach dem Dritten Buch und den Trägern der Grundsicherung für Arbeitsuchende nach dem Zweiten Buch zusammenarbeiten.

(3) Die an den Pflegestützpunkten beteiligten Kostenträger und Leistungserbringer können für das Einzugsgebiet der Pflegestützpunkte Verträge zur wohnortnahen integrierten Versorgung schließen; insoweit ist § 92b mit der Maßgabe entsprechend anzuwenden, dass die Pflege- und Krankenkassen gemeinsam und einheitlich handeln.

(4) 1Der Pflegestützpunkt kann bei einer im Land zugelassenen und tätigen Pflegeeinrichtung errichtet werden, wenn dies nicht zu einer unzulässigen Beeinträchtigung des Wettbewerbs zwischen den Pflegeeinrichtungen führt. 2Die für den Betrieb des Pflegestützpunktes erforderlichen Aufwendungen werden von den Trägern der Pflegestützpunkte unter Berücksichtigung der anrechnungsfähigen Aufwendungen für das eingesetzte Personal auf der Grundlage einer vertraglichen Vereinbarung anteilig getragen. 3Die Verteilung der für den Betrieb des Pflegestützpunktes erforderlichen Aufwendungen wird mit der Maßgabe vereinbart, dass der auf eine einzelne Pflegekasse entfallende Anteil nicht höher sein darf als der von der Krankenkasse, bei der sie errichtet ist, zu tragende Anteil. 4Soweit sich private Versicherungsunternehmen, die die private Pflege-Pflichtversicherung durchführen, nicht an der Finanzierung der Pflegestützpunkte beteiligen, haben sie mit den Trägern der Pflegestützpunkte über Art, Inhalt und Umfang der Inanspruchnahme der Pflegestützpunkte durch privat Pflege-Pflichtversicherte sowie über die Vergütung der hierfür je Fall entstehenden Aufwendungen Vereinbarungen zu treffen;

dies gilt für private Versicherungsunternehmen, die die private Krankenversicherung durchführen, entsprechend.

(5) Im Pflegestützpunkt tätige Personen sowie sonstige mit der Wahrnehmung von Aufgaben nach Absatz 1 befasste Stellen, insbesondere

1. nach Landesrecht für die wohnortnahe Betreuung im Rahmen der örtlichen Altenhilfe und für die Gewährung der Hilfe zur Pflege nach dem Zwölften Buch zu bestimmende Stellen,
2. Unternehmen der privaten Kranken- und Pflegeversicherung,
3. Pflegeeinrichtungen und Einzelpersonen nach § 77,
4. Mitglieder von Selbsthilfegruppen, ehrenamtliche und sonstige zum bürgerschaftlichen Engagement bereite Personen und Organisationen sowie
5. Agenturen für Arbeit und Träger der Grundsicherung für Arbeitsuchende,

dürfen Sozialdaten nur verarbeiten, soweit dies zur Erfüllung der Aufgaben nach diesem Buch erforderlich oder durch Rechtsvorschriften des Sozialgesetzbuches oder Regelungen des Versicherungsvertrags- oder des Versicherungsaufsichtsgesetzes angeordnet oder erlaubt ist.

(6) 1Sofern die zuständige oberste Landesbehörde die Einrichtung von Pflegestützpunkten bestimmt hat, vereinbaren die Landesverbände der Pflegekassen mit den Landesverbänden der Krankenkassen sowie den Ersatzkassen und den für die Hilfe zur Pflege zuständigen Trägern der Sozialhilfe nach dem Zwölften Buch und den kommunalen Spitzenverbänden auf Landesebene Rahmenverträge zur Arbeit und zur Finanzierung der Pflegestützpunkte. 2Bestandskräftige Rahmenverträge gelten bis zum Inkrafttreten von Rahmenverträgen nach Satz 1 fort. 3Die von der zuständigen obersten Landesbehörde getroffene Bestimmung zur Einrichtung von Pflegestützpunkten sowie die Empfehlungen nach Absatz 9 sind beim Abschluss der Rahmenverträge zu berücksichtigen. 4In den Rahmenverträgen nach Satz 1 sind die Strukturierung der Zusammenarbeit mit weiteren Beteiligten sowie die Zuständigkeit insbesondere für die Koordinierung der Arbeit, die Qualitätssicherung und die Auskunftspflicht gegenüber den Trägern, den Ländern und dem Bundesversicherungsamt zu bestimmen. 5Ferner sollen Regelungen zur Aufteilung der Kosten unter Berücksichtigung der Vorschriften nach Absatz 4 getroffen werden. 6Die Regelungen zur Kostenaufteilung gelten unmittelbar für die Pflegestützpunkte, soweit in den Verträgen zur Errichtung der Pflegestützpunkte nach Absatz 1 nichts anderes vereinbart ist.

(7) 1Die Landesregierungen werden ermächtigt, Schiedsstellen einzurichten. 2Diese setzen den Inhalt der Rahmenverträge nach Absatz 6 fest, sofern ein Rahmenvertrag nicht innerhalb der in der Rechtsverordnung nach Satz 6 zu bestimmenden Frist zustande kommt. 3Die Schiedsstelle besteht aus Vertretungen der Pflegekassen und der für die Hilfe zur Pflege zuständigen Träger der Sozialhilfe nach dem Zwölften Buch in gleicher Zahl sowie einem unparteiischen Vorsitzenden und zwei weiteren unparteiischen Mitgliedern. 4Für den Vorsitzenden und die unparteiischen Mitglieder können Stellvertretungen bestellt werden. 5§ 76 Absatz 3 und 4 gilt entsprechend. 6Die Landesregierungen werden ermächtigt, durch Rechtsverordnung das Nähere über die Zahl, die Bestellung, die Amtsdauer, die Amtsführung, die Erstattung der baren Auslagen und die Entschädigung für den Zeitaufwand der Mitglieder der Schiedsstelle, die Geschäftsführung, das Verfahren, die Frist, nach deren Ablauf die Schiedsstelle ihre Arbeit aufnimmt, die Erhebung und die Höhe der Gebühren sowie über die Verteilung der Kosten zu regeln.

(8) 1Abweichend von Absatz 7 können die Parteien des Rahmenvertrages nach Absatz 6 Satz 1 einvernehmlich eine unparteiische Schiedsperson und zwei unparteiische Mitglieder bestellen, die den Inhalt des Rahmenvertrages nach Absatz 6 innerhalb von sechs Wochen nach ihrer Bestellung festlegen. 2Die Kosten des Schiedsverfahrens tragen die Vertragspartner zu gleichen Teilen.

(9) Der Spitzenverband Bund der Pflegekassen, der Spitzenverband Bund der Krankenkassen, die Bundesarbeitsgemeinschaft der überörtlichen Träger der Sozialhilfe und die Bundesvereinigung der kommunalen Spitzenverbände können gemeinsam und einheitlich Empfehlungen zur Arbeit und zur Finanzierung von Pflegestützpunkten in der gemeinsamen Trägerschaft der gesetzlichen Kranken- und Pflegekassen sowie der nach Landesrecht zu bestimmenden Stellen der Alten- und Sozialhilfe vereinbaren.

§ 8 Gemeinsame Verantwortung

(1) Die pflegerische Versorgung der Bevölkerung ist eine gesamtgesellschaftliche Aufgabe.

(2) 1Die Länder, die Kommunen, die Pflegeeinrichtungen und die Pflegekassen wirken unter Beteiligung des Medizinischen Dienstes eng zusammen, um eine leistungsfähige, regional gegliederte, ortsnahe und aufeinander abgestimmte ambulante und stationäre pflegerische Versorgung der Bevölkerung zu gewährleisten. 2Sie tragen zum Ausbau und zur Weiterentwicklung der not-

XI

wendigen pflegerischen Versorgungsstrukturen bei; das gilt insbesondere für die Ergänzung des Angebots an häuslicher und stationärer Pflege durch neue Formen der teilstationären Pflege und Kurzzeitpflege sowie für die Vorhaltung eines Angebots von die Pflege ergänzenden Leistungen zur medizinischen Rehabilitation. $_{3}$Sie unterstützen und fördern darüber hinaus die Bereitschaft zu einer humanen Pflege und Betreuung durch hauptberufliche und ehrenamtliche Pflegekräfte sowie durch Angehörige, Nachbarn und Selbsthilfegruppen und wirken so auf eine neue Kultur des Helfens und der mitmenschlichen Zuwendung hin.

(3) $_{1}$Der Spitzenverband Bund der Pflegekassen kann aus Mitteln des Ausgleichsfonds der Pflegeversicherung mit 5 Millionen Euro im Kalenderjahr Maßnahmen wie Modellvorhaben, Studien, wissenschaftliche Expertisen und Fachtagungen zur Weiterentwicklung der Pflegeversicherung, insbesondere zur Entwicklung neuer qualitätsgesicherter Versorgungsformen für Pflegebedürftige, durchführen und mit Leistungserbringern vereinbaren. $_{2}$Dabei sind vorrangig modellhaft in einer Region Möglichkeiten eines personenbezogenen Budgets sowie neue Wohnkonzepte für Pflegebedürftige zu erproben. $_{3}$Bei der Vereinbarung und Durchführung von Modellvorhaben kann im Einzelfall von den Regelungen des Siebten Kapitels sowie von § 36 und zur Entwicklung besonders pauschalierter Pflegesätze von § 84 Abs. 2 Satz 2 abgewichen werden. $_{4}$Mehrbelastungen der Pflegeversicherung, die dadurch entstehen, dass Pflegebedürftige, die Pflegegeld beziehen, durch Einbeziehung in ein Modellvorhaben höhere Leistungen als das Pflegegeld erhalten, sind in das nach Satz 1 vorgesehene Fördervolumen einzubeziehen. $_{5}$Soweit die in Satz 1 genannten Mittel im jeweiligen Haushaltsjahr nicht verbraucht wurden, können sie in das Folgejahr übertragen werden. $_{6}$Die Modellvorhaben sind auf längstens fünf Jahre zu befristen. $_{7}$Der Spitzenverband Bund der Pflegekassen bestimmt Ziele, Dauer, Inhalte und Durchführung der Maßnahmen; dabei sind auch regionale Modellvorhaben einzelner Länder zu berücksichtigen. $_{8}$Die Maßnahmen sind mit dem Bundesministerium für Gesundheit abzustimmen. $_{9}$Soweit finanzielle Interessen einzelner Länder berührt werden, sind diese zu beteiligen. $_{10}$Näheres über das Verfahren zur Auszahlung der aus dem Ausgleichsfonds zu finanzierenden Fördermittel regeln der Spitzenverband Bund der Pflegekassen und das Bundesamt für Soziale Sicherung durch Vereinbarung. $_{11}$Für die Modellvorhaben ist eine wissenschaftliche Begleitung und Auswertung vorzusehen. $_{12}$§ 45c Absatz 5 Satz 6 gilt entsprechend.

(3a) $_{1}$Der Spitzenverband Bund der Pflegekassen kann aus Mitteln des Ausgleichsfonds der Pflegeversicherung mit 3 Millionen Euro im Kalenderjahr Modellvorhaben, Studien und wissenschaftliche Expertisen zur Entwicklung oder Erprobung innovativer Versorgungsansätze unter besonderer Berücksichtigung einer kompetenzorientierten Aufgabenverteilung des Personals in Pflegeeinrichtungen durchführen und mit Leistungserbringern vereinbaren. $_{2}$Bei Modellvorhaben, die den Einsatz von zusätzlichem Personal in der Versorgung durch die Pflegeeinrichtung erfordern, können die dadurch entstehenden Personalkosten in das nach Satz 1 vorgesehene Fördervolumen einbezogen werden. $_{3}$Bei der Vereinbarung und Durchführung von Modellvorhaben kann im Einzelfall von den Regelungen des Siebten Kapitels abgewichen werden. $_{4}$Pflegebedürftige dürfen durch die Durchführung der Modellvorhaben nicht belastet werden. $_{5}$Soweit die in Satz 1 genannten Mittel im jeweiligen Haushaltsjahr nicht verbraucht werden, können sie in das folgende Haushaltsjahr oder unter entsprechender Erhöhung des zur Verfügung stehenden Betrages auf die Mittel nach Absatz 3b Satz 5 für den Bereitstellungszeitraum nach Absatz 3b Satz 5 übertragen werden. $_{6}$Die Modellvorhaben sind auf längstens fünf Jahre zu befristen. $_{7}$Der Spitzenverband Bund der Pflegekassen bestimmt im Einvernehmen mit dem Bundesministerium für Gesundheit Ziele, Dauer, Inhalte und Durchführung der Modellvorhaben. $_{8}$Das Nähere über das Verfahren zur Auszahlung der aus dem Ausgleichsfonds zu finanzierenden Fördermittel regeln der Spitzenverband Bund der Pflegekassen und das Bundesamt für Soziale Sicherung durch Vereinbarung. $_{9}$Der Spitzenverband Bund der Pflegekassen hat eine wissenschaftliche Begleitung und Auswertung der Modellvorhaben im Hinblick auf die Erreichung der Ziele der Modellvorhaben nach allgemein wissenschaftlichen Standards zu veranlassen. $_{10}$Über die Auswertung der Modellvorhaben ist von unabhängigen Sachverständigen ein Bericht zu erstellen. $_{11}$Der Bericht ist zu veröffentlichen. $_{12}$§ 45c Absatz 5 Satz 6 gilt entsprechend.

(3b) $_{1}$Der Spitzenverband Bund der Pflegekassen stellt durch die Finanzierung von Studien, Modellprojekten und wissenschaftlichen Expertisen die wissenschaftlich gestützte Begleitung der Einführung und Weiterentwicklung des wissenschaftlich fundierten Verfahrens zur einheitlichen Bemessung des Personalbedarfs in Pflegeeinrichtungen nach qualitativen und quantitativen Maßstäben, das nach § 113c Satz 1 in der am 1. Januar 2016

XI

geltenden Fassung für vollstationäre Pflegeeinrichtungen entwickelt und erprobt wurde, und die wissenschaftlich gestützte Weiterentwicklung der ambulanten Versorgung sicher. 2Das Bundesministerium für Gesundheit setzt dazu ein Begleitgremium ein. 3Aufgabe des Begleitgremiums ist es, den Spitzenverband Bund der Pflegekassen, das Bundesministerium für Gesundheit und das Bundesministerium für Familie, Senioren, Frauen und Jugend bei der Umsetzung des Verfahrens zur einheitlichen Bemessung des Personalbedarfs für vollstationäre Pflegeeinrichtungen sowie bei der Weiterentwicklung der ambulanten Versorgung fachlich zu beraten und zu unterstützen. 4Der Spitzenverband Bund der Pflegekassen bestimmt im Einvernehmen mit dem Bundesministerium für Gesundheit und dem Bundesministerium für Familie, Senioren, Frauen und Jugend sowie nach Anhörung des Begleitgremiums Ziele, Dauer, Inhalte und Durchführung der Maßnahmen nach Satz 1. 5Dem Spitzenverband Bund der Pflegekassen werden zur Finanzierung der Maßnahmen nach Satz 1 in den Jahren 2021 bis 2025 bis zu 12 Millionen Euro aus dem Ausgleichsfonds zur Verfügung gestellt. 6Das Nähere über das Verfahren zur Auszahlung der Mittel regeln der Spitzenverband Bund der Pflegekassen und das Bundesamt für Soziale Sicherung durch Vereinbarung. 7Der Einsatz von zusätzlichem Personal in vollstationären Pflegeeinrichtungen und die dadurch entstehenden Personalkosten bei der Teilnahme an Modellprojekten nach Satz 1 sollen in das Fördervolumen nach Satz 5 einbezogen werden. 8Pflegebedürftige dürfen durch die Durchführung von Maßnahmen nach Satz 1 nicht belastet werden.

(4) 1Aus den Mitteln des Ausgleichsfonds der Pflegeversicherung ist ebenfalls die Finanzierung der qualifizierten Geschäftsstelle nach § 113b Absatz 6 und der wissenschaftlichen Aufträge nach § 113b Absatz 4 und 4a sicherzustellen. 2Absatz 5 Satz 2 und 3 gilt entsprechend. 3Sofern der Verband der privaten Krankenversicherung e. V. als Mitglied im Qualitätsausschuss nach § 113b vertreten ist, beteiligen sich die privaten Versicherungsunternehmen, die die private Pflege-Pflichtversicherung durchführen, mit einem Anteil von 10 Prozent an den Aufwendungen nach Satz 1. 4Der Finanzierungsanteil nach Satz 3, der auf die privaten Versicherungsunternehmen entfällt, kann von dem Verband der privaten Krankenversicherung e. V. unmittelbar an das Bundesamt für Soziale Sicherung zugunsten des Ausgleichsfonds der Pflegeversicherung nach § 65 geleistet werden.

(5) 1Aus den Mitteln des Ausgleichsfonds der Pflegeversicherung ist die Finanzierung der gemäß § 113 Absatz 1b Satz 1 beauftragten, fachlich unabhängigen Institution sicherzustellen. 2Die Vertragsparteien nach § 113 und das Bundesversicherungsamt vereinbaren das Nähere über das Verfahren zur Auszahlung der aus dem Ausgleichsfonds zu finanzierenden Mittel. 3Die jeweilige Auszahlung bedarf der Genehmigung durch das Bundesministerium für Gesundheit.

(5a) 1Aus den Mitteln des Ausgleichsfonds der Pflegeversicherung ist die Finanzierung der Geschäftsstelle nach § 82c Absatz 6 sicherzustellen. 2Das Nähere über das Verfahren zur Auszahlung der aus dem Ausgleichsfonds zu finanzierenden Mittel regeln der Spitzenverband Bund der Pflegekassen und das Bundesamt für Soziale Sicherung durch Vereinbarung.

(6) 1Abweichend von § 84 Absatz 4 Satz 1 erhalten vollstationäre Pflegeeinrichtungen auf Antrag einen Vergütungszuschlag zur Unterstützung der Leistungserbringung insbesondere im Bereich der medizinischen Behandlungspflege. 2Voraussetzung für die Gewährung des Vergütungszuschlags ist, dass die Pflegeeinrichtung über neu eingestelltes oder über Stellenaufstockung erweitertes Pflegepersonal verfügt, das über das Personal hinausgeht, das die Pflegeeinrichtung nach der Pflegesatzvereinbarung gemäß § 84 Absatz 5 Satz 2 Nummer 2 vorzuhalten hat. 3Das zusätzliche Pflegepersonal muss zur Erbringung aller vollstationären Pflegeleistungen vorgesehen sein und es muss sich bei dem Personal um Pflegefachkräfte handeln. 4Die vollstationäre Pflegeeinrichtung kann auch für die Beschäftigung zusätzlicher Fachkräfte aus dem Gesundheits- und Sozialbereich sowie von zusätzlichen Pflegehilfskräften, die sich in der Ausbildung zur Pflegefachkraft befinden, einen Vergütungszuschlag erhalten. 5Das Bundesversicherungsamt verwaltet die zur Finanzierung des Vergütungszuschlags von den Krankenkassen nach § 37 Absatz 2a des Fünften Buches und von den privaten Versicherungsunternehmen nach Absatz 9 Satz 2 zu leistenden Beträge im Ausgleichsfonds der Pflegeversicherung. 6Der Anspruch auf einen Vergütungszuschlag ist unter entsprechender Anwendung des § 84 Absatz 2 Satz 5 und 6 begrenzt auf die tatsächlichen Aufwendungen für zusätzlich

1. eine halbe Stelle bei Pflegeeinrichtungen mit bis zu 40 Plätzen,
2. eine Stelle bei Pflegeeinrichtungen mit 41 bis zu 80 Plätzen,
3. anderthalb Stellen bei Pflegeeinrichtungen mit 81 bis zu 120 Plätzen und
4. zwei Stellen bei Pflegeeinrichtungen mit mehr als 120 Plätzen.

[7]Der Vergütungszuschlag ist von den Pflegekassen monatlich zu zahlen und wird zum 15. eines jeden Monats fällig, sofern von der vollstationären Pflegeeinrichtung halbjährlich das Vorliegen der Anspruchsvoraussetzungen nach Satz 2 bestätigt wird. [8]Der Spitzenverband Bund der Pflegekassen legt im Benehmen mit den Bundesvereinigungen der Träger stationärer Pflegeeinrichtungen das Nähere für die Antragstellung sowie das Zahlungsverfahren für seine Mitglieder fest. [9]Die Festlegungen bedürfen der Zustimmung des Bundesministeriums für Gesundheit im Benehmen mit dem Bundesministerium für Familie, Senioren, Frauen und Jugend im Rahmen seiner Zuständigkeit. [10]Bis zum Vorliegen der Bestimmung nach Satz 8 stellen die Landesverbände der Pflegekassen die sachgerechte Verfahrensbearbeitung sicher; es genügt die Antragstellung an eine als Partei der Pflegesatzvereinbarung beteiligte Pflegekasse. [11]Die über den Vergütungszuschlag finanzierten zusätzlichen Stellen und die der Berechnung des Vergütungszuschlags zugrunde gelegte Bezahlung der auf diesen Stellen Beschäftigten sind von den Pflegeeinrichtungen unter entsprechender Anwendung des § 84 Absatz 6 Satz 3 und 4 und Absatz 7 nachzuweisen. [12]Die Auszahlung des gesamten Zuschlags hat einheitlich über eine Pflegekasse an die vollstationäre Pflegeeinrichtung vor Ort zu erfolgen. [13]Änderungen der den Anträgen zugrunde liegenden Sachverhalte sind von den vollstationären Pflegeeinrichtungen unverzüglich anzuzeigen. [14]Der Spitzenverband Bund der Pflegekassen berichtet dem Bundesministerium für Gesundheit erstmals bis zum 31. Dezember 2019 und danach jährlich über die Zahl der durch diesen Zuschlag finanzierten Pflegekräfte, den Stellenzuwachs und die Ausgabenentwicklung.

(7) [1]Aus den Mitteln des Ausgleichsfonds der Pflegeversicherung werden in den Jahren 2019 bis 2024 jährlich bis zu 100 Millionen Euro bereitgestellt, um Maßnahmen der Pflegeeinrichtungen zu fördern, die das Ziel haben, die Vereinbarkeit von Pflege, Familie und Beruf für ihre in der Pflege tätigen Mitarbeiterinnen und Mitarbeiter zu verbessern. [2]Förderfähig sind

1. individuelle und gemeinschaftliche Betreuungsangebote, die auf die besonderen Arbeitszeiten von Pflegekräften ausgerichtet sind,
2. die Entwicklung von Konzepten für mitarbeiterorientierte und lebensphasengerechte Arbeitszeitmodelle und Maßnahmen zu ihrer betrieblichen Umsetzung,
3. die Entwicklung von Konzepten zur Rückgewinnung von Pflege- und Betreuungspersonal und Maßnahmen zu ihrer betrieblichen Umsetzung und
4. Schulungen und Weiterbildungen zur Verbesserung der Vereinbarkeit von Pflege, Familie und Beruf sowie zu den Zielen, zu denen nach den Nummern 2 und 3 Konzepte zu entwickeln sind.

[3]Gefördert werden bis zu 50 Prozent der durch die Pflegeeinrichtung für eine Maßnahme verausgabten Mittel. [4]Pro Pflegeeinrichtung ist höchstens ein jährlicher Förderzuschuss von 7500 Euro möglich. [5]Die Landesverbände der Pflegekassen stellen die sachgerechte Verteilung der Mittel sicher. [6]Der in Satz 1 genannte Betrag soll unter Berücksichtigung der Zahl der Pflegeeinrichtungen auf die Länder aufgeteilt werden. [7]Antrag und Nachweis sollen einfach ausgestaltet sein. [8]Pflegeeinrichtungen können in einem Antrag die Förderung von zeitlich und sachlich unterschiedlichen Maßnahmen beantragen. [9]Soweit eine Pflegeeinrichtung den Förderhöchstbetrag nach Satz 4 innerhalb eines Kalenderjahres nicht in Anspruch genommen hat und die für das Land, in dem die Pflegeeinrichtung ihren Sitz hat, in diesem Kalenderjahr bereitgestellte Gesamtfördersumme noch nicht ausgeschöpft ist, erhöht sich der mögliche Förderhöchstbetrag für diese Pflegeeinrichtung im nachfolgenden Kalenderjahr um den aus dem Vorjahr durch die Pflegeeinrichtung nicht in Anspruch genommenen Betrag. [10]Der Spitzenverband Bund der Pflegekassen erlässt im Einvernehmen mit dem Verband der privaten Krankenversicherung e. V. nach Anhörung der Verbände der Leistungserbringer auf Bundesebene, erstmals bis zum 31. März 2019, Richtlinien über das Nähere der Voraussetzungen, Ziele, Inhalte und Durchführung der Förderung sowie zu dem Verfahren zur Vergabe der Fördermittel durch eine Pflegekasse. [11]Die Richtlinien bedürfen der Genehmigung des Bundesministeriums für Gesundheit. [12]Die Genehmigung gilt als erteilt, wenn die Richtlinien nicht innerhalb eines Monats, nachdem sie dem Bundesministerium für Gesundheit vorgelegt worden sind, beanstandet werden. [13]Das Bundesministerium für Gesundheit kann im Rahmen der Richtlinienprüfung vom Spitzenverband Bund der Pflegekassen zusätzliche Informationen und ergänzende Stellungnahmen anfordern; bis zu deren Eingang ist der Lauf der Frist nach Satz 12 unterbrochen. [14]Beanstandungen des Bundesministeriums für Gesundheit sind innerhalb der von ihm gesetzten Frist zu beheben. [15]Die Genehmigung kann vom Bundesministerium für Gesundheit mit Auflagen verbunden werden.

(8) [1]Aus den Mitteln des Ausgleichsfonds der Pflegeversicherung wird in den Jahren 2019 bis 2023 ein einmaliger Zuschuss für jede ambulante und stationäre Pflegeeinrichtung bereitgestellt, um digitale Anwendungen, die insbesondere das interne Qualitätsmanagement, die

Erhebung von Qualitätsindikatoren, die Zusammenarbeit zwischen Ärzten und stationären Pflegeeinrichtungen sowie die Aus-, Fort- und Weiterbildung in der Altenpflege betreffen, zur Entlastung der Pflegekräfte zu fördern. 2Förderungsfähig sind Anschaffungen von digitaler oder technischer Ausrüstung sowie damit verbundene Schulungen. 3Gefördert werden bis zu 40 Prozent der durch die Pflegeeinrichtung verausgabten Mittel. 4Pro Pflegeeinrichtung ist höchstens ein einmaliger Zuschuss in Höhe von 12 000 Euro möglich. 5Der Spitzenverband Bund der Pflegekassen beschließt im Einvernehmen mit dem Verband der privaten Krankenversicherung e. V. nach Anhörung der Verbände der Leistungserbringer auf Bundesebene bis zum 31. März 2019 Richtlinien über das Nähere der Voraussetzungen und zu dem Verfahren der Gewährung des Zuschusses, der durch eine Pflegekasse ausgezahlt wird. 6Die Richtlinien bedürfen der Genehmigung des Bundesministeriums für Gesundheit. 7Die Genehmigung gilt als erteilt, wenn die Richtlinien nicht innerhalb eines Monats, nachdem sie dem Bundesministerium für Gesundheit vorgelegt worden sind, beanstandet werden. 8Das Bundesministerium für Gesundheit kann im Rahmen der Richtlinienprüfung vom Spitzenverband Bund der Pflegekassen zusätzliche Informationen und ergänzende Stellungnahmen anfordern; bis zu deren Eingang ist der Lauf der Frist nach Satz 7 unterbrochen. 9Beanstandungen des Bundesministeriums für Gesundheit sind innerhalb der von ihm gesetzten Frist zu beheben. 10Die Genehmigung kann vom Bundesministerium für Gesundheit mit Auflagen verbunden werden.

(9) 1Die privaten Versicherungsunternehmen, die die private Pflege-Pflichtversicherung durchführen, beteiligen sich mit einem Anteil von 7 Prozent an den Kosten, die sich gemäß den Absätzen 5, 7 und 8 jeweils ergeben. 2Die privaten Versicherungsunternehmen, die die private Pflege-Pflichtversicherung durchführen, beteiligen sich an der Finanzierung der Vergütungszuschläge nach Absatz 6 mit jährlich 44 Millionen Euro. 3Der jeweilige Finanzierungsanteil, der auf die privaten Versicherungsunternehmen entfällt, kann von dem Verband der privaten Krankenversicherung e. V. unmittelbar an das Bundesversicherungsamt zugunsten des Ausgleichsfonds der Pflegeversicherung nach § 65 geleistet werden. 4Einmalig können die privaten Versicherungsunternehmen, die die private Pflege-Pflichtversicherung durchführen, für bestehende Vertragsverhältnisse die Prämie für die private Pflege-Pflichtversicherung anpassen, um die Verpflichtungen zu berücksichtigen, die sich aus den Sätzen 1 und 2 ergeben. 5§ 155 Absatz 1 des Versicherungsaufsichtsgesetzes ist anzuwenden. 6Dem Versicherungsnehmer ist die Neufestsetzung der Prämie unter Hinweis auf die hierfür maßgeblichen Gründe in Textform mitzuteilen. 7§ 203 Absatz 5 des Versicherungsvertragsgesetzes und § 205 Absatz 4 des Versicherungsvertragsgesetzes gelten entsprechend.

(10) Der Spitzenverband Bund der Pflegekassen, der Verband der privaten Krankenversicherung e. V. und das Bundesversicherungsamt regeln das Nähere über das Verfahren zur Bereitstellung der notwendigen Finanzmittel zur Finanzierung der Maßnahmen nach den Absätzen 6 bis 8 aus dem Ausgleichsfonds der Pflegeversicherung sowie zur Feststellung und Erhebung der Beträge der privaten Versicherungsunternehmen, die die private Pflege-Pflichtversicherung durchführen, nach Absatz 9 Satz 1 und 2 durch Vereinbarung.

§ 8a Gemeinsame Empfehlungen zur pflegerischen Versorgung

(1) 1Für jedes Land oder für Teile des Landes wird zur Beratung über Fragen der Pflegeversicherung ein Landespflegeausschuss gebildet. 2Der Ausschuss kann zur Umsetzung der Pflegeversicherung einvernehmlich Empfehlungen abgeben. 3Die Landesregierungen werden ermächtigt, durch Rechtsverordnung das Nähere zu den Landespflegeausschüssen zu bestimmen; insbesondere können sie die den Landespflegeausschüssen angehörenden Organisationen unter Berücksichtigung der Interessen aller an der Pflege im Land Beteiligten berufen.

(2) 1Sofern nach Maßgabe landesrechtlicher Vorschriften ein Ausschuss zur Beratung über sektorenübergreifende Zusammenarbeit in der Versorgung von Pflegebedürftigen (sektorenübergreifender Landespflegeausschuss) eingerichtet worden ist, entsenden die Landesverbände der Pflegekassen und der Krankenkassen sowie die Ersatzkassen, die Kassenärztlichen Vereinigungen und die Landeskrankenhausgesellschaften Vertreter in diesen Ausschuss und wirken an der Abgabe gemeinsamer Empfehlungen mit. 2Soweit erforderlich, ist eine Abstimmung mit dem Landesgremium nach § 90a des Fünften Buches herbeizuführen.

(3) Sofern nach Maßgabe landesrechtlicher Vorschriften regionale Ausschüsse insbesondere zur Beratung über Fragen der Pflegeversicherung in Landkreisen und kreisfreien Städten eingerichtet worden sind, entsenden die Landesverbände der Pflegekassen Vertreter in diese Ausschüsse und wirken an der einvernehmlichen Abgabe gemeinsamer Empfehlungen mit.

(4) 1Die in den Ausschüssen nach den Absätzen 1 und 3 vertretenen Pflegekassen, Landesverbände der Pflegekassen sowie die sonstigen in Absatz 2 genannten Mitglieder wirken in dem jeweiligen Ausschuss an einer nach Maßgabe landesrechtlicher Vorschriften vorgesehenen Erstellung und Fortschreibung von Empfehlungen zur Sicherstellung der pflegerischen Infrastruktur (Pflegestrukturplanungsempfehlung) mit. 2Sie stellen die hierfür erforderlichen Angaben bereit, soweit diese ihnen im Rahmen ihrer gesetzlichen Aufgaben verfügbar sind und es sich nicht um personenbezogene Daten handelt. 3Die Mitglieder nach Satz 1 berichten den jeweiligen Ausschüssen nach den Absätzen 1 bis 3 insbesondere darüber, inwieweit diese Empfehlungen von den Landesverbänden der Pflegekassen und der Krankenkassen sowie den Ersatzkassen, den Kassenärztlichen Vereinigungen und den Landeskrankenhausgesellschaften bei der Erfüllung der ihnen nach diesem und dem Fünften Buch übertragenen Aufgaben berücksichtigt wurden.

(5) Empfehlungen der Ausschüsse nach den Absätzen 1 bis 3 zur Weiterentwicklung der Versorgung sollen von den Vertragsparteien nach dem Siebten Kapitel beim Abschluss der Versorgungs- und Rahmenverträge und von den Vertragsparteien nach dem Achten Kapitel beim Abschluss der Vergütungsverträge einbezogen werden.

§ 9 Aufgaben der Länder

1Die Länder sind verantwortlich für die Vorhaltung einer leistungsfähigen, zahlenmäßig ausreichenden und wirtschaftlichen pflegerischen Versorgungsstruktur. 2Das Nähere zur Planung und zur Förderung der Pflegeeinrichtungen wird durch Landesrecht bestimmt; durch Landesrecht kann auch bestimmt werden, ob und in welchem Umfang eine im Landesrecht vorgesehene und an der wirtschaftlichen Leistungsfähigkeit der Pflegebedürftigen orientierte finanzielle Unterstützung

1. der Pflegebedürftigen bei der Tragung der ihnen von den Pflegeeinrichtungen berechneten betriebsnotwendigen Investitionsaufwendungen oder
2. der Pflegeeinrichtungen bei der Tragung ihrer betriebsnotwendigen Investitionsaufwendungen

als Förderung der Pflegeeinrichtungen gilt.

3Zur finanziellen Förderung der Investitionskosten der Pflegeeinrichtungen sollen Einsparungen eingesetzt werden, die den Trägern der Sozialhilfe durch die Einführung der Pflegeversicherung entstehen.

§ 10 Berichtspflichten des Bundes und der Länder

(1) 1Die Bundesregierung berichtet den gesetzgebenden Körperschaften des Bundes ab 2016 im Abstand von vier Jahren über die Entwicklung der Pflegeversicherung und den Stand der pflegerischen Versorgung in der Bundesrepublik Deutschland. 2Für den Berichtszeitraum bis einschließlich 2019 ist der Bericht erst im Jahr 2021 vorzulegen.

(2) 1Die Länder berichten dem Bundesministerium für Gesundheit jährlich bis zum 30. Juni über Art und Umfang der finanziellen Förderung der Pflegeeinrichtungen im vorausgegangenen Kalenderjahr sowie über die mit dieser Förderung verbundenen durchschnittlichen Investitionskosten für die Pflegebedürftigen. 2Die Berichterstattung zum Jahr 2019 erfolgt bis zum 31. Dezember 2020.

§ 11 Rechte und Pflichten der Pflegeeinrichtungen

(1) 1Die Pflegeeinrichtungen pflegen, versorgen und betreuen die Pflegebedürftigen, die ihre Leistungen in Anspruch nehmen, entsprechend dem allgemein anerkannten Stand medizinisch-pflegerischer Erkenntnisse. 2Inhalt und Organisation der Leistungen haben eine humane und aktivierende Pflege unter Achtung der Menschenwürde zu gewährleisten.

(2) 1Bei der Durchführung dieses Buches sind die Vielfalt der Träger von Pflegeeinrichtungen zu wahren sowie deren Selbständigkeit, Selbstverständnis und Unabhängigkeit zu achten. 2Dem Auftrag kirchlicher und sonstiger Träger der freien Wohlfahrtspflege, kranke, gebrechliche und pflegebedürftige Menschen zu pflegen, zu betreuen, zu trösten und sie im Sterben zu begleiten, ist Rechnung zu tragen. 3Freigemeinnützige und private Träger haben Vorrang gegenüber öffentlichen Trägern.

(3) Die Bestimmungen des Wohn- und Betreuungsvertragsgesetzes bleiben unberührt.

§ 12 Aufgaben der Pflegekassen

(1) 1Die Pflegekassen sind für die Sicherstellung der pflegerischen Versorgung ihrer Versicherten verantwortlich. 2Sie arbeiten dabei mit allen an der pflegerischen, gesundheitlichen und sozialen Versorgung Beteiligten eng zusammen und wirken, insbesondere durch Pflegestützpunkte nach § 7c, auf eine Vernetzung der regionalen und kommunalen Versorgungsstrukturen hin, um eine Verbesserung der wohnortnahen Versorgung pflege- und betreuungsbedürftiger Menschen zu ermöglichen. 3Die Pflegekassen sollen zur Durchführung der ihnen gesetzlich übertragenen Aufgaben örtliche und regionale Arbeitsgemeinschaften bilden. 4§ 94 Abs. 2 bis 4 des Zehnten Buches gilt entsprechend.

(2) 1Die Pflegekassen wirken mit den Trägern der ambulanten und der stationären gesundheitlichen und sozia-

len Versorgung partnerschaftlich zusammen, um die für den Pflegebedürftigen zur Verfügung stehenden Hilfen zu koordinieren. 2Sie stellen insbesondere über die Pflegeberatung nach § 7a sicher, dass im Einzelfall häusliche Pflegehilfe, Behandlungspflege, ärztliche Behandlung, spezialisierte Palliativversorgung, Leistungen zur Prävention, zur medizinischen Rehabilitation und zur Teilhabe nahtlos und störungsfrei ineinandergreifen. 3Die Pflegekassen nutzen darüber hinaus das Instrument der integrierten Versorgung nach § 92b und wirken zur Sicherstellung der haus-, fach- und zahnärztlichen Versorgung der Pflegebedürftigen darauf hin, dass die stationären Pflegeeinrichtungen Kooperationen mit niedergelassenen Ärzten eingehen oder § 119b des Fünften Buches anwenden.

§ 13 Verhältnis der Leistungen der Pflegeversicherung zu anderen Sozialleistungen

(1) Den Leistungen der Pflegeversicherung gehen die Entschädigungsleistungen wegen Pflegebedürftigkeit

1. nach dem Bundesversorgungsgesetz und nach den Gesetzen, die eine entsprechende Anwendung des Bundesversorgungsgesetzes vorsehen,
2. aus der gesetzlichen Unfallversicherung und
3. aus öffentlichen Kassen auf Grund gesetzlich geregelter Unfallversorgung oder Unfallfürsorge

vor.

(2) 1Die Leistungen nach dem Fünften Buch einschließlich der Leistungen der häuslichen Krankenpflege nach § 37 des Fünften Buches bleiben unberührt. 2Dies gilt auch für krankheitsspezifische Pflegemaßnahmen, soweit diese im Rahmen der häuslichen Krankenpflege nach § 37 des Fünften Buches zu leisten sind.

(3) 1Die Leistungen der Pflegeversicherung gehen den Fürsorgeleistungen zur Pflege

1. nach dem Zwölften Buch,
2. nach dem Lastenausgleichsgesetz, dem Reparationsschädengesetz und dem Flüchtlingshilfegesetz,
3. nach dem Bundesversorgungsgesetz (Kriegsopferfürsorge) und nach den Gesetzen, die eine entsprechende Anwendung des Bundesversorgungsgesetzes vorsehen,

vor, soweit dieses Buch nichts anderes bestimmt. 2Leistungen zur Pflege nach diesen Gesetzen sind zu gewähren, wenn und soweit Leistungen der Pflegeversicherung nicht erbracht werden oder diese Gesetze dem Grunde oder der Höhe nach weitergehende Leistungen als die Pflegeversicherung vorsehen. 3Die Leistungen der Eingliederungshilfe für Menschen mit Behinderungen nach dem Neunten Buch, dem Bundesversorgungsgesetz und dem Achten Buch bleiben unberührt, sie sind im Verhältnis zur Pflegeversicherung nicht nachrangig; die notwendige Hilfe in den Einrichtungen und Räumlichkeiten nach § 71 Abs. 4 ist einschließlich der Pflegeleistungen zu gewähren.

(4) 1Treffen Leistungen der Pflegeversicherung und Leistungen der Eingliederungshilfe zusammen, vereinbaren mit Zustimmung des Leistungsberechtigten die zuständige Pflegekasse und der für die Eingliederungshilfe zuständige Träger,

1. dass im Verhältnis zum Pflegebedürftigen der für die Eingliederungshilfe zuständige Träger die Leistungen der Pflegeversicherung auf der Grundlage des von der Pflegekasse erlassenen Leistungsbescheids zu übernehmen hat,
2. dass die zuständige Pflegekasse dem für die Eingliederungshilfe zuständigen Träger die Kosten der von ihr zu tragenden Leistungen zu erstatten hat sowie
3. die Modalitäten der Übernahme und der Durchführung der Leistungen sowie der Erstattung.

2Die bestehenden Wunsch- und Wahlrechte der Leistungsberechtigten bleiben unberührt und sind zu beachten. 3Die Ausführung der Leistungen erfolgt nach den für den zuständigen Leistungsträger geltenden Rechtsvorschriften. 4Soweit auch Leistungen der Hilfe zur Pflege nach dem Zwölften Buch zu erbringen sind, ist der für die Hilfe zur Pflege zuständige Träger zu beteiligen. 5Der Spitzenverband Bund der Pflegekassen beschließt gemeinsam mit der Bundesarbeitsgemeinschaft der überörtlichen Träger der Sozialhilfe bis zum 1. Januar 2018 in einer Empfehlung Näheres zu den Modalitäten der Übernahme und der Durchführung der Leistungen sowie der Erstattung und zu der Beteiligung des für die Hilfe zur Pflege zuständigen Trägers. 6Die Länder, die kommunalen Spitzenverbände auf Bundesebene, die Bundesarbeitsgemeinschaft der Freien Wohlfahrtspflege, die Vereinigungen der Träger der Pflegeeinrichtungen auf Bundesebene, die Vereinigungen der Leistungserbringer der Eingliederungshilfe auf Bundesebene sowie die auf Bundesebene maßgeblichen Organisationen für die Wahrnehmung der Interessen und der Selbsthilfe pflegebedürftiger und behinderter Menschen sind vor dem Beschluss anzuhören. 7Die Empfehlung bedarf der Zustimmung des Bundesministeriums für Gesundheit und des Bundesministeriums für Arbeit und Soziales.

(4a) Bestehen im Einzelfall Anhaltspunkte für ein Zusammentreffen von Leistungen der Pflegeversicherung

XI

und Leistungen der Eingliederungshilfe, bezieht der für die Durchführung eines Teilhabeplanverfahrens oder Gesamtplanverfahrens verantwortliche Träger mit Zustimmung des Leistungsberechtigten die zuständige Pflegekasse in das Verfahren beratend mit ein, um die Vereinbarung nach Absatz 4 gemeinsam vorzubereiten.

(4b) Die Regelungen nach Absatz 3 Satz 3, Absatz 4 und 4a werden bis zum 1. Juli 2019 evaluiert.

(5) 1Die Leistungen der Pflegeversicherung bleiben als Einkommen bei Sozialleistungen und bei Leistungen nach dem Asylbewerberleistungsgesetz, deren Gewährung von anderen Einkommen abhängig ist, unberücksichtigt; dies gilt nicht für das Pflegeunterstützungsgeld gemäß § 44a Absatz 3. 2Satz 1 gilt entsprechend bei Vertragsleistungen aus privaten Pflegeversicherungen, die der Art und dem Umfang nach den Leistungen der sozialen Pflegeversicherung gleichwertig sind. 3Rechtsvorschriften, die weitergehende oder ergänzende Leistungen aus einer privaten Pflegeversicherung von der Einkommensermittlung ausschließen, bleiben unberührt.

(6) 1Wird Pflegegeld nach § 37 oder eine vergleichbare Geldleistung an eine Pflegeperson (§ 19) weitergeleitet, bleibt dies bei der Ermittlung von Unterhaltsansprüchen und Unterhaltsverpflichtungen der Pflegeperson unberücksichtigt. 2Dies gilt nicht

1. in den Fällen des § 1361 Abs. 3, der §§ 1579, 1603 Abs. 2 und des § 1611 Abs. 1 des Bürgerlichen Gesetzbuchs,
2. für Unterhaltsansprüche der Pflegeperson, wenn von dieser erwartet werden kann, ihren Unterhaltsbedarf ganz oder teilweise durch eigene Einkünfte zu decken und der Pflegebedürftige mit dem Unterhaltspflichtigen nicht in gerader Linie verwandt ist.

Zweites Kapitel Leistungsberechtigter Personenkreis

§ 14 Begriff der Pflegebedürftigkeit

(1) 1Pflegebedürftig im Sinne dieses Buches sind Personen, die gesundheitlich bedingte Beeinträchtigungen der Selbständigkeit oder der Fähigkeiten aufweisen und deshalb der Hilfe durch andere bedürfen. 2Es muss sich um Personen handeln, die körperliche, kognitive oder psychische Beeinträchtigungen oder gesundheitlich bedingte Belastungen oder Anforderungen nicht selbständig kompensieren oder bewältigen können. 3Die Pflegebedürftigkeit muss auf Dauer, voraussichtlich für mindestens sechs Monate, und mit mindestens der in § 15 festgelegten Schwere bestehen.

(2) Maßgeblich für das Vorliegen von gesundheitlich bedingten Beeinträchtigungen der Selbständigkeit oder der Fähigkeiten sind die in den folgenden sechs Bereichen genannten pflegefachlich begründeten Kriterien:

1. Mobilität: Positionswechsel im Bett, Halten einer stabilen Sitzposition, Umsetzen, Fortbewegen innerhalb des Wohnbereichs, Treppensteigen;
2. kognitive und kommunikative Fähigkeiten: Erkennen von Personen aus dem näheren Umfeld, örtliche Orientierung, zeitliche Orientierung, Erinnern an wesentliche Ereignisse oder Beobachtungen, Steuern von mehrschrittigen Alltagshandlungen, Treffen von Entscheidungen im Alltagsleben, Verstehen von Sachverhalten und Informationen, Erkennen von Risiken und Gefahren, Mitteilen von elementaren Bedürfnissen, Verstehen von Aufforderungen, Beteiligen an einem Gespräch;
3. Verhaltensweisen und psychische Problemlagen: motorisch geprägte Verhaltensauffälligkeiten, nächtliche Unruhe, selbstschädigendes und autoaggressives Verhalten, Beschädigen von Gegenständen, physisch aggressives Verhalten gegenüber anderen Personen, verbale Aggression, andere pflegerelevante vokale Auffälligkeiten, Abwehr pflegerischer und anderer unterstützender Maßnahmen, Wahnvorstellungen, Ängste, Antriebslosigkeit bei depressiver Stimmungslage, sozial inadäquate Verhaltensweisen, sonstige pflegerelevante inadäquate Handlungen;
4. Selbstversorgung: Waschen des vorderen Oberkörpers, Körperpflege im Bereich des Kopfes, Waschen des Intimbereichs, Duschen und Baden einschließlich Waschen der Haare, An- und Auskleiden des Oberkörpers, An- und Auskleiden des Unterkörpers, mundgerechtes Zubereiten der Nahrung und Eingießen von Getränken, Essen, Trinken, Benutzen einer Toilette oder eines Toilettenstuhls, Bewältigen der Folgen einer Harninkontinenz und Umgang mit Dauerkatheter und Urostoma, Bewältigen der Folgen einer Stuhlinkontinenz und Umgang mit Stoma, Ernährung parenteral oder über Sonde, Bestehen gravierender Probleme bei der Nahrungsaufnahme bei Kindern bis zu 18 Monaten, die einen außergewöhnlich pflegeintensiven Hilfebedarf auslösen;
5. Bewältigung von und selbständiger Umgang mit krankheits- oder therapiebedingten Anforderungen und Belastungen:

   a) in Bezug auf Medikation, Injektionen, Versorgung intravenöser Zugänge, Absaugen und Sauerstoffgabe, Einreibungen sowie Kälte- und Wärmeanwendungen, Messung und Deutung von Körperzuständen, körpernahe Hilfsmittel,
   b) in Bezug auf Verbandswechsel und Wundversorgung, Versorgung mit Stoma, regelmäßige Einmalkatheterisierung und Nutzung von Abführmethoden, Therapiemaßnahmen in häuslicher Umgebung,
   c) in Bezug auf zeit- und technikintensive Maßnahmen in häuslicher Umgebung, Arztbesuche, Besuche anderer medizinischer oder therapeutischer Einrichtungen, zeitlich ausgedehnte Besuche medizinischer oder therapeutischer Einrichtungen, Besuch von Einrichtungen zur Frühförderung bei Kindern sowie
   d) in Bezug auf das Einhalten einer Diät oder anderer krankheits- oder therapiebedingter Verhaltensvorschriften;
6. Gestaltung des Alltagslebens und sozialer Kontakte: Gestaltung des Tagesablaufs und Anpassung an Veränderungen, Ruhen und Schlafen, Sichbeschäftigen, Vornehmen von in die Zukunft gerichteten Planungen, Interaktion mit Personen im direkten Kontakt, Kontaktpflege zu Personen außerhalb des direkten Umfelds.

(3) Beeinträchtigungen der Selbständigkeit oder der Fähigkeiten, die dazu führen, dass die Haushaltsführung nicht mehr ohne Hilfe bewältigt werden kann, werden bei den Kriterien der in Absatz 2 genannten Bereiche berücksichtigt.

§ 15 Ermittlung des Grades der Pflegebedürftigkeit, Begutachtungsinstrument

(1) [1]Pflegebedürftige erhalten nach der Schwere der Beeinträchtigungen der Selbständigkeit oder der Fähigkeiten einen Grad der Pflegebedürftigkeit (Pflegegrad). [2]Der Pflegegrad wird mit Hilfe eines pflegefachlich begründeten Begutachtungsinstruments ermittelt.

(2) [1]Das Begutachtungsinstrument ist in sechs Module gegliedert, die den sechs Bereichen in § 14 Absatz 2 entsprechen. [2]In jedem Modul sind für die in den Bereichen genannten Kriterien die in Anlage 1 dargestellten Kategorien vorgesehen. [3]Die Kategorien stellen die in ihnen zum Ausdruck kommenden verschiedenen Schweregrade der Beeinträchtigungen der Selbständigkeit oder der Fähigkeiten dar. [4]Den Kategorien werden in Bezug auf die einzelnen Kriterien pflegefachlich fundierte Einzelpunkte zugeordnet, die aus Anlage 1 ersichtlich sind. [5]In jedem Modul werden die jeweils erreichbaren Summen aus Einzelpunkten nach den in Anlage 2 festgelegten Punktbereichen gegliedert. [6]Die Summen der Punkte werden nach den in ihnen zum Ausdruck kommenden Schweregraden der Beeinträchtigungen der Selbständigkeit oder der Fähigkeiten wie folgt bezeichnet:

1. Punktbereich 0: keine Beeinträchtigungen der Selbständigkeit oder der Fähigkeiten,
2. Punktbereich 1: geringe Beeinträchtigungen der Selbständigkeit oder der Fähigkeiten,
3. Punktbereich 2: erhebliche Beeinträchtigungen der Selbständigkeit oder der Fähigkeiten,
4. Punktbereich 3: schwere Beeinträchtigungen der Selbständigkeit oder der Fähigkeiten und
5. Punktbereich 4: schwerste Beeinträchtigungen der Selbständigkeit oder der Fähigkeiten.

[7]Jedem Punktbereich in einem Modul werden unter Berücksichtigung der in ihm zum Ausdruck kommenden Schwere der Beeinträchtigungen der Selbständigkeit oder der Fähigkeiten sowie der folgenden Gewichtung der Module die in Anlage 2 festgelegten, gewichteten Punkte zugeordnet. [8]Die Module des Begutachtungsinstruments werden wie folgt gewichtet:

1. Mobilität mit 10 Prozent,
2. kognitive und kommunikative Fähigkeiten sowie Verhaltensweisen und psychische Problemlagen zusammen mit 15 Prozent,
3. Selbstversorgung mit 40 Prozent,
4. Bewältigung von und selbständiger Umgang mit krankheits- oder therapiebedingten Anforderungen und Belastungen mit 20 Prozent,
5. Gestaltung des Alltagslebens und sozialer Kontakte mit 15 Prozent.

(3) [1]Zur Ermittlung des Pflegegrades sind die bei der Begutachtung festgestellten Einzelpunkte in jedem Modul zu addieren und dem in Anlage 2 festgelegten Punktbereich sowie den sich daraus ergebenden gewichteten Punkten zuzuordnen. [2]Den Modulen 2 und 3 ist ein gemeinsamer gewichteter Punkt zuzuordnen, der aus den höchsten gewichteten Punkten entweder des Moduls 2 oder des Moduls 3 besteht. [3]Aus den gewichteten Punkten aller Module sind durch Addition die Gesamtpunkte zu bilden. [4]Auf der Basis der erreichten Gesamtpunkte sind pflegebedürftige Personen in einen der nachfolgenden Pflegegrade einzuordnen:

1. ab 12,5 bis unter 27 Gesamtpunkten in den Pflegegrad 1: geringe Beeinträchtigungen der Selbständigkeit oder der Fähigkeiten,
2. ab 27 bis unter 47,5 Gesamtpunkten in den Pflegegrad 2: erhebliche Beeinträchtigungen der Selbständigkeit oder der Fähigkeiten,
3. ab 47,5 bis unter 70 Gesamtpunkten in den Pflegegrad 3: schwere Beeinträchtigungen der Selbständigkeit oder der Fähigkeiten,
4. ab 70 bis unter 90 Gesamtpunkten in den Pflegegrad 4: schwerste Beeinträchtigungen der Selbständigkeit oder der Fähigkeiten,
5. ab 90 bis 100 Gesamtpunkten in den Pflegegrad 5: schwerste Beeinträchtigungen der Selbständigkeit oder der Fähigkeiten mit besonderen Anforderungen an die pflegerische Versorgung.

(4) $_{1}$Pflegebedürftige mit besonderen Bedarfskonstellationen, die einen spezifischen, außergewöhnlich hohen Hilfebedarf mit besonderen Anforderungen an die pflegerische Versorgung aufweisen, können aus pflegefachlichen Gründen dem Pflegegrad 5 zugeordnet werden, auch wenn ihre Gesamtpunkte unter 90 liegen. $_{2}$Der Medizinische Dienst Bund konkretisiert in den Richtlinien nach § 17 Absatz 1 die pflegefachlich begründeten Voraussetzungen für solche besonderen Bedarfskonstellationen.

(5) $_{1}$Bei der Begutachtung sind auch solche Kriterien zu berücksichtigen, die zu einem Hilfebedarf führen, für den Leistungen des Fünften Buches vorgesehen sind. $_{2}$Dies gilt auch für krankheitsspezifische Pflegemaßnahmen. $_{3}$Krankheitsspezifische Pflegemaßnahmen sind Maßnahmen der Behandlungspflege, bei denen der behandlungspflegerische Hilfebedarf aus medizinisch-pflegerischen Gründen regelmäßig und auf Dauer untrennbarer Bestandteil einer pflegerischen Maßnahme in den in § 14 Absatz 2 genannten sechs Bereichen ist oder mit einer solchen notwendig in einem unmittelbaren zeitlichen und sachlichen Zusammenhang steht.

(6) $_{1}$Bei pflegebedürftigen Kindern wird der Pflegegrad durch einen Vergleich der Beeinträchtigungen ihrer Selbständigkeit und ihrer Fähigkeiten mit altersentsprechend entwickelten Kindern ermittelt. $_{2}$Im Übrigen gelten die Absätze 1 bis 5 entsprechend.

(7) Pflegebedürftige Kinder im Alter bis zu 18 Monaten werden abweichend von den Absätzen 3, 4 und 6 Satz 2 wie folgt eingestuft:

1. ab 12,5 bis unter 27 Gesamtpunkten in den Pflegegrad 2,
2. ab 27 bis unter 47,5 Gesamtpunkten in den Pflegegrad 3,
3. ab 47,5 bis unter 70 Gesamtpunkten in den Pflegegrad 4,
4. ab 70 bis 100 Gesamtpunkten in den Pflegegrad 5.

§ 16 Verordnungsermächtigung

$_{1}$Das Bundesministerium für Gesundheit wird ermächtigt, im Einvernehmen mit dem Bundesministerium für Familien, Senioren, Frauen und Jugend und dem Bundesministerium für Arbeit und Soziales durch Rechtsverordnung mit Zustimmung des Bundesrates Vorschriften zur pflegefachlichen Konkretisierung der Inhalte des Begutachtungsinstruments nach § 15 sowie zum Verfahren der Feststellung der Pflegebedürftigkeit nach § 18 zu erlassen. $_{2}$Es kann sich dabei von unabhängigen Sachverständigen beraten lassen.

§ 17 Richtlinien des Medizinischen Dienstes Bund; Richtlinien der Pflegekassen

(1) $_{1}$Der Medizinische Dienst Bund erlässt mit dem Ziel, eine einheitliche Rechtsanwendung zu fördern, im Benehmen mit dem Spitzenverband Bund der Pflegekassen Richtlinien zur pflegefachlichen Konkretisierung der Inhalte des Begutachtungsinstruments nach § 15 sowie zum Verfahren der Feststellung der Pflegebedürftigkeit nach § 18 (Begutachtungs-Richtlinien). $_{2}$Er hat dabei die Vereinigungen der Träger der Pflegeeinrichtungen auf Bundesebene, den Verband der privaten Krankenversicherung e. V., die Bundesarbeitsgemeinschaft der überörtlichen Träger der Sozialhilfe, die kommunalen Spitzenverbände auf Bundesebene und die Verbände der Pflegeberufe auf Bundesebene zu beteiligen. $_{3}$Ihnen ist unter Übermittlung der hierfür erforderlichen Informationen innerhalb einer angemessenen Frist vor der Entscheidung Gelegenheit zur Stellungnahme zu geben. $_{4}$Die Stellungnahmen sind in die Entscheidung einzubeziehen. $_{5}$Die maßgeblichen Organisationen für die Wahrnehmung der Interessen und der Selbsthilfe der pflegebedürftigen und behinderten Menschen wirken nach Maßgabe der nach § 118 Absatz 2 erlassenen Verordnung beratend mit. $_{6}$§ 118 Absatz 1 Satz 2 und 3 gilt entsprechend.

(1a) $_{1}$Der Spitzenverband Bund der Pflegekassen erlässt unter Beteiligung des Medizinischen Dienstes Bund Richtlinien zur einheitlichen Durchführung der Pflegeberatung nach § 7a (Pflegeberatungs-Richtlinien). $_{2}$An den Pflegeberatungs-Richtlinien sind die Länder, der Verband der Privaten Krankenversicherung e. V., die Bundesarbeitsgemeinschaft der überörtlichen Träger der Sozialhilfe, die kommunalen Spitzenverbände auf Bundesebene, die

Bundesarbeitsgemeinschaft der freien Wohlfahrtspflege sowie die Verbände der Träger der Pflegeeinrichtungen auf Bundesebene zu beteiligen. 3Den Verbänden der Pflegeberufe auf Bundesebene, unabhängigen Sachverständigen sowie den maßgeblichen Organisationen für die Wahrnehmung der Interessen und der Selbsthilfe der pflegebedürftigen und behinderten Menschen sowie ihren Angehörigen ist Gelegenheit zur Stellungnahme zu geben. 4Darüber hinaus ergänzt der Spitzenverband Bund der Pflegekassen unter Beteiligung des Medizinischen Dienstes Bund, der Kassenärztlichen Bundesvereinigung, der kommunalen Spitzenverbände auf Bundesebene und der Länder bis zum 31. Juli 2020 die Pflegeberatungs-Richtlinien um Regelungen für eine einheitliche Struktur eines elektronischen Versorgungsplans nach § 7a Absatz 1 Satz 2 Nummer 2 und für dessen elektronischen Austausch sowohl mit der Pflegekasse als auch mit den beteiligten Ärzten und Ärztinnen und Pflegeeinrichtungen sowie mit den Beratungsstellen der Kommunen sowie bis zum 31. Dezember 2021 um Regelungen zur Nutzung von digitalen Anwendungen nach § 7a Absatz 2 einschließlich der Festlegungen über technische Verfahren und der Bestimmung von digitalen Anwendungen zur Durchführung der Beratungen. 5Die Pflegeberatungs-Richtlinien sind für die Pflegeberater und Pflegeberaterinnen der Pflegekassen, der Beratungsstellen nach § 7b Absatz 1 Satz 1 Nummer 2 sowie der Pflegestützpunkte nach § 7c unmittelbar verbindlich. 6Die Festlegungen über technische Verfahren nach Satz 4 sind im Einvernehmen mit der oder dem Bundesbeauftragten für den Datenschutz und die Informationsfreiheit und dem Bundesamt für Sicherheit in der Informationstechnik zu treffen.

(1b) 1Der Medizinische Dienst Bund erlässt im Benehmen mit dem Spitzenverband Bund der Pflegekassen Richtlinien zur Feststellung des Zeitanteils, für den die Pflegeversicherung bei ambulant versorgten Pflegebedürftigen, die einen besonders hohen Bedarf an behandlungspflegerischen Leistungen haben und die Leistungen der häuslichen Pflegehilfe nach § 36 und der häuslichen Krankenpflege nach § 37 Absatz 2 des Fünften Buches oder die Leistungen der häuslichen Pflegehilfe nach § 36 und der außerklinischen Intensivpflege nach § 37c des Fünften Buches beziehen, die hälftigen Kosten zu tragen hat. 2Von den Leistungen der häuslichen Pflegehilfe nach § 36 sind dabei nur Maßnahmen der körperbezogenen Pflege zu berücksichtigen. 3Im Übrigen gilt § 17 Absatz 1 Satz 2 bis 6 entsprechend.

(2) 1Die Richtlinien nach den Absätzen 1, 1a und 1b werden erst wirksam, wenn das Bundesministerium für Gesundheit sie genehmigt. 2Die Genehmigung gilt als erteilt, wenn die Richtlinien nicht innerhalb eines Monats, nachdem sie dem Bundesministerium für Gesundheit vorgelegt worden sind, beanstandet werden. 3Beanstandungen des Bundesministeriums für Gesundheit sind innerhalb der von ihm gesetzten Frist zu beheben.

In § 17 Absatz 1a Satz 4 heißt es „...Struktur eines elektronischen Versorgungsplanes nach § 7a Absatz 1 **Satz 2** Nummer 2 und...“; richtig müsste es heißen „...Struktur eines elektronischen Versorgungsplanes nach § 7a Absatz 1 **Satz 3** Nummer 2 und...“ (redaktionelles Versehen des Gesetzgebers).

§ 18 Verfahren zur Feststellung der Pflegebedürftigkeit

(1) 1Die Pflegekassen beauftragen den Medizinischen Dienst oder andere unabhängige Gutachter mit der Prüfung, ob die Voraussetzungen der Pflegebedürftigkeit erfüllt sind und welcher Pflegegrad vorliegt. 2Im Rahmen dieser Prüfungen haben der Medizinische Dienst oder die von der Pflegekasse beauftragten Gutachter durch eine Untersuchung des Antragstellers die Beeinträchtigungen der Selbständigkeit oder der Fähigkeiten bei den in § 14 Absatz 2 genannten Kriterien nach Maßgabe des § 15 sowie die voraussichtliche Dauer der Pflegebedürftigkeit zu ermitteln. 3Darüber hinaus sind auch Feststellungen darüber zu treffen, ob und in welchem Umfang Maßnahmen zur Beseitigung, Minderung oder Verhütung einer Verschlimmerung der Pflegebedürftigkeit einschließlich der Leistungen zur medizinischen Rehabilitation geeignet, notwendig und zumutbar sind; insoweit haben Versicherte einen Anspruch gegen den zuständigen Träger auf Leistungen zur medizinischen Rehabilitation. 4Jede Feststellung hat zudem eine Aussage darüber zu treffen, ob Beratungsbedarf insbesondere in der häuslichen Umgebung oder in der Einrichtung, in der der Anspruchsberechtigte lebt, hinsichtlich Leistungen zur verhaltensbezogenen Prävention nach § 20 Absatz 5 des Fünften Buches besteht.

(1a) 1Die Pflegekassen können den Medizinischen Dienst oder andere unabhängige Gutachter mit der Prüfung beauftragen, für welchen Zeitanteil die Pflegeversicherung bei ambulant versorgten Pflegebedürftigen, die einen besonders hohen Bedarf an behandlungspflegerischen Leistungen haben und die Leistungen der häuslichen Pflegehilfe nach § 36 und der häuslichen Krankenpflege nach § 37 Absatz 2 des Fünften Buches beziehen, die hälftigen Kosten zu tragen hat. 2Von den Leistungen der häuslichen Pflegehilfe nach § 36 sind nur Maßnahmen der körperbezogenen Pflege zu berücksichtigen. 3Bei der Prüfung des Zeitanteils sind die Richtlinien nach § 17 Absatz 1b zu beachten.

XI

(2) $_{1}$Der Medizinische Dienst oder die von der Pflegekasse beauftragten Gutachter haben den Versicherten in seinem Wohnbereich zu untersuchen. $_{2}$Erteilt der Versicherte dazu nicht sein Einverständnis, kann die Pflegekasse die beantragten Leistungen verweigern. $_{3}$Die §§ 65, 66 des Ersten Buches bleiben unberührt. $_{4}$Die Untersuchung im Wohnbereich des Pflegebedürftigen kann ausnahmsweise unterbleiben, wenn auf Grund einer eindeutigen Aktenlage das Ergebnis der medizinischen Untersuchung bereits feststeht. $_{5}$Die Untersuchung ist in angemessenen Zeitabständen zu wiederholen.

(2a) $_{1}$Bei pflegebedürftigen Versicherten werden vom 1. Juli 2016 bis zum 31. Dezember 2016 keine Wiederholungsbegutachtungen nach Absatz 2 Satz 5 durchgeführt, auch dann nicht, wenn die Wiederholungsbegutachtung vor diesem Zeitpunkt vom Medizinischen Dienst oder anderen unabhängigen Gutachtern empfohlen wurde. $_{2}$Abweichend von Satz 1 können Wiederholungsbegutachtungen durchgeführt werden, wenn eine Verringerung des Hilfebedarfs, insbesondere aufgrund von durchgeführten Operationen oder Rehabilitationsmaßnahmen, zu erwarten ist.

(2b) Abweichend von Absatz 3a Satz 1 Nummer 2 ist die Pflegekasse vom 1. November 2016 bis zum 31. Dezember 2016 nur bei Vorliegen eines besonders dringlichen Entscheidungsbedarfs gemäß Absatz 2b dazu verpflichtet, dem Antragsteller mindestens drei unabhängige Gutachter zur Auswahl zu benennen, wenn innerhalb von 20 Arbeitstagen nach Antragstellung keine Begutachtung erfolgt ist.

(3) $_{1}$Die Pflegekasse leitet die Anträge zur Feststellung von Pflegebedürftigkeit unverzüglich an den Medizinischen Dienst oder die von der Pflegekasse beauftragten Gutachter weiter. $_{2}$Dem Antragsteller ist spätestens 25 Arbeitstage nach Eingang des Antrags bei der zuständigen Pflegekasse die Entscheidung der Pflegekasse schriftlich mitzuteilen. $_{3}$Befindet sich der Antragsteller im Krankenhaus oder in einer stationären Rehabilitationseinrichtung und

1. liegen Hinweise vor, dass zur Sicherstellung der ambulanten oder stationären Weiterversorgung und Betreuung eine Begutachtung in der Einrichtung erforderlich ist, oder
2. wurde die Inanspruchnahme von Pflegezeit nach dem Pflegezeitgesetz gegenüber dem Arbeitgeber der pflegenden Person angekündigt oder
3. wurde mit dem Arbeitgeber der pflegenden Person eine Familienpflegezeit nach § 2 Absatz 1 des Familienpflegezeitgesetzes vereinbart,

ist die Begutachtung dort unverzüglich, spätestens innerhalb einer Woche nach Eingang des Antrags bei der zuständigen Pflegekasse durchzuführen; die Frist kann durch regionale Vereinbarungen verkürzt werden. $_{4}$Die verkürzte Begutachtungsfrist gilt auch dann, wenn der Antragsteller sich in einem Hospiz befindet oder ambulant palliativ versorgt wird. $_{5}$Befindet sich der Antragsteller in häuslicher Umgebung, ohne palliativ versorgt zu werden, und wurde die Inanspruchnahme von Pflegezeit nach dem Pflegezeitgesetz gegenüber dem Arbeitgeber der pflegenden Person angekündigt oder mit dem Arbeitgeber der pflegenden Person eine Familienpflegezeit nach § 2 Absatz 1 des Familienpflegezeitgesetzes vereinbart, ist eine Begutachtung durch den Medizinischen Dienst oder die von der Pflegekasse beauftragten Gutachter spätestens innerhalb von zwei Wochen nach Eingang des Antrags bei der zuständigen Pflegekasse durchzuführen und der Antragsteller seitens des Medizinischen Dienstes oder der von der Pflegekasse beauftragten Gutachter unverzüglich schriftlich darüber zu informieren, welche Empfehlung der Medizinische Dienst oder die von der Pflegekasse beauftragten Gutachter an die Pflegekasse weiterleiten. $_{6}$In den Fällen der Sätze 3 bis 5 muss die Empfehlung nur die Feststellung beinhalten, ob Pflegebedürftigkeit im Sinne der §§ 14 und 15 vorliegt. $_{7}$Die Entscheidung der Pflegekasse ist dem Antragsteller unverzüglich nach Eingang der Empfehlung des Medizinischen Dienstes oder der beauftragten Gutachter bei der Pflegekasse schriftlich mitzuteilen. $_{8}$Der Antragsteller ist bei der Begutachtung auf die maßgebliche Bedeutung des Gutachtens insbesondere für eine umfassende Beratung, das Erstellen eines individuellen Versorgungsplans nach § 7a, das Versorgungsmanagement nach § 11 Absatz 4 des Fünften Buches und für die Pflegeplanung hinzuweisen. $_{9}$Das Gutachten wird dem Antragsteller durch die Pflegekasse übersandt, sofern er der Übersendung nicht widerspricht. $_{10}$Das Ergebnis des Gutachtens ist transparent darzustellen und dem Antragsteller verständlich zu erläutern. $_{11}$Der Medizinische Dienst Bund konkretisiert im Benehmen mit dem Spitzenverband Bund der Pflegekassen in den Richtlinien nach § 17 Absatz 1 die Anforderungen an eine transparente Darstellungsweise und verständliche Erläuterung des Gutachtens. $_{12}$Der Antragsteller kann die Übermittlung des Gutachtens auch zu einem späteren Zeitpunkt verlangen. $_{13}$Die Pflegekasse hat den Antragsteller auf die Möglichkeit hinzuweisen, sich bei Beschwerden über die Tätigkeit des Medizinischen Dienstes vertraulich an die Ombudsperson nach § 278 Absatz 3 des Fünften Buches zu wenden.

(3a) $_{1}$Die Pflegekasse ist verpflichtet, dem Antragsteller mindestens drei unabhängige Gutachter zur Auswahl zu benennen,

1. soweit nach Absatz 1 unabhängige Gutachter mit der Prüfung beauftragt werden sollen oder
2. wenn innerhalb von 20 Arbeitstagen ab Antragstellung keine Begutachtung erfolgt ist.

$_{2}$Auf die Qualifikation und Unabhängigkeit des Gutachters ist der Versicherte hinzuweisen. $_{3}$Hat sich der Antragsteller für einen benannten Gutachter entschieden, wird dem Wunsch Rechnung getragen. $_{4}$Der Antragsteller hat der Pflegekasse seine Entscheidung innerhalb einer Woche ab Kenntnis der Namen der Gutachter mitzuteilen, ansonsten kann die Pflegekasse einen Gutachter aus der übersandten Liste beauftragen. $_{5}$Die Gutachter sind bei der Wahrnehmung ihrer Aufgaben nur ihrem Gewissen unterworfen. $_{6}$Satz 1 Nummer 2 gilt nicht, wenn die Pflegekasse die Verzögerung nicht zu vertreten hat.

(3b) $_{1}$Erteilt die Pflegekasse den schriftlichen Bescheid über den Antrag nicht innerhalb von 25 Arbeitstagen nach Eingang des Antrags oder wird eine der in Absatz 3 genannten verkürzten Begutachtungsfristen nicht eingehalten, hat die Pflegekasse nach Fristablauf für jede begonnene Woche der Fristüberschreitung unverzüglich 70 Euro an den Antragsteller zu zahlen. $_{2}$Dies gilt nicht, wenn die Pflegekasse die Verzögerung nicht zu vertreten hat oder wenn sich der Antragsteller in vollstationärer Pflege befindet und bereits bei ihm mindestens erhebliche Beeinträchtigungen der Selbständigkeit oder der Fähigkeiten (mindestens Pflegegrad 2) festgestellt ist. $_{3}$Entsprechendes gilt für die privaten Versicherungsunternehmen, die die private Pflege-Pflichtversicherung durchführen. $_{4}$Die Träger der Pflegeversicherung und die privaten Versicherungsunternehmen veröffentlichen jährlich jeweils bis zum 31. März des dem Berichtsjahr folgenden Jahres eine Statistik über die Einhaltung der Fristen nach Absatz 3.

(4) $_{1}$Der Medizinische Dienst oder die von der Pflegekasse beauftragten Gutachter sollen, soweit der Versicherte einwilligt, die behandelnden Ärzte des Versicherten, insbesondere die Hausärzte, in die Begutachtung einbeziehen und ärztliche Auskünfte und Unterlagen über die für die Begutachtung der Pflegebedürftigkeit wichtigen Vorerkrankungen sowie Art, Umfang und Dauer der Hilfebedürftigkeit einholen. $_{2}$Mit Einverständnis des Versicherten sollen auch pflegende Angehörige oder sonstige Personen oder Dienste, die an der Pflege des Versicherten beteiligt sind, befragt werden.

(5) $_{1}$Die Pflege- und Krankenkassen sowie die Leistungserbringer sind verpflichtet, dem Medizinischen Dienst oder den von der Pflegekasse beauftragten Gutachtern die für die Begutachtung erforderlichen Unterlagen vorzulegen und Auskünfte zu erteilen. $_{2}$§ 276 Abs. 1 Satz 2 und 3 des Fünften Buches gilt entsprechend.

(5a) $_{1}$Bei der Begutachtung sind darüber hinaus die Beeinträchtigungen der Selbständigkeit oder der Fähigkeiten in den Bereichen außerhäusliche Aktivitäten und Haushaltsführung festzustellen. $_{2}$Mit diesen Informationen sollen eine umfassende Beratung und das Erstellen eines individuellen Versorgungsplans nach § 7a, das Versorgungsmanagement nach § 11 Absatz 4 des Fünften Buches und eine individuelle Pflegeplanung sowie eine sachgerechte Erbringung von Hilfen bei der Haushaltsführung ermöglicht werden. $_{3}$Hierbei ist im Einzelnen auf die nachfolgenden Kriterien abzustellen:

1. außerhäusliche Aktivitäten: Verlassen des Bereichs der Wohnung oder der Einrichtung, Fortbewegen außerhalb der Wohnung oder der Einrichtung, Nutzung öffentlicher Verkehrsmittel im Nahverkehr, Mitfahren in einem Kraftfahrzeug, Teilnahme an kulturellen, religiösen oder sportlichen Veranstaltungen, Besuch von Schule, Kindergarten, Arbeitsplatz, einer Werkstatt für behinderte Menschen oder Besuch einer Einrichtung der Tages- oder Nachtpflege oder eines Tagesbetreuungsangebotes, Teilnahme an sonstigen Aktivitäten mit anderen Menschen;
2. Haushaltsführung: Einkaufen für den täglichen Bedarf, Zubereitung einfacher Mahlzeiten, einfache Aufräum- und Reinigungsarbeiten, aufwändige Aufräum- und Reinigungsarbeiten einschließlich Wäschepflege, Nutzung von Dienstleistungen, Umgang mit finanziellen Angelegenheiten, Umgang mit Behördenangelegenheiten.

$_{4}$Der Medizinische Dienst Bund wird ermächtigt, in den Richtlinien nach § 17 Absatz 1 die in Satz 3 genannten Kriterien im Benehmen mit dem Spitzenverband Bund der Pflegekassen pflegefachlich unter Berücksichtigung der Ziele nach Satz 2 zu konkretisieren.

(6) $_{1}$Der Medizinische Dienst oder ein von der Pflegekasse beauftragter Gutachter hat der Pflegekasse das Ergebnis seiner Prüfung zur Feststellung der Pflegebedürftigkeit durch Übersendung des vollständigen Gutachtens unverzüglich mitzuteilen. $_{2}$In seiner oder ihrer Stellungnahme haben der Medizinische Dienst oder die von der Pflegekasse beauftragten Gutachter auch das Ergebnis der Prüfung, ob und gegebenenfalls welche Maßnahmen der Prävention und der medizinischen Rehabilitation ge-

eignet, notwendig und zumutbar sind, mitzuteilen und Art und Umfang von Pflegeleistungen sowie einen individuellen Pflegeplan zu empfehlen. 3Die Feststellungen zur Prävention und zur medizinischen Rehabilitation sind durch den Medizinischen Dienst oder die von der Pflegekasse beauftragten Gutachter auf der Grundlage eines bundeseinheitlichen, strukturierten Verfahrens zu treffen und in einer gesonderten Präventions- und Rehabilitationsempfehlung zu dokumentieren. 4Beantragt der Pflegebedürftige Pflegegeld, hat sich die Stellungnahme auch darauf zu erstrecken, ob die häusliche Pflege in geeigneter Weise sichergestellt ist.

(6a) 1Der Medizinische Dienst oder die von der Pflegekasse beauftragten Gutachter haben gegenüber der Pflegekasse in ihrem Gutachten zur Feststellung der Pflegebedürftigkeit konkrete Empfehlungen zur Hilfsmittel- und Pflegehilfsmittelversorgung abzugeben. 2Die Empfehlungen gelten hinsichtlich Hilfsmitteln und Pflegehilfsmitteln, die den Zielen von § 40 dienen, jeweils als Antrag auf Leistungsgewährung, sofern der Versicherte zustimmt. 3Die Zustimmung erfolgt gegenüber dem Gutachter im Rahmen der Begutachtung und wird im Begutachtungsformular schriftlich oder elektronisch dokumentiert. 4Bezüglich der empfohlenen Pflegehilfsmittel wird die Notwendigkeit der Versorgung nach § 40 Absatz 1 Satz 2 vermutet. 5Bezüglich der empfohlenen Hilfsmittel, die den Zielen nach § 40 dienen, wird die Erforderlichkeit nach § 33 Absatz 1 des Fünften Buches vermutet; insofern bedarf es keiner ärztlichen Verordnung gemäß § 33 Absatz 5a des Fünften Buches. 6Welche Hilfsmittel und Pflegehilfsmittel im Sinne von Satz 2 den Zielen von § 40 dienen, wird in den Begutachtungs-Richtlinien nach § 17 konkretisiert. 7Dabei ist auch die Richtlinie des Gemeinsamen Bundesausschusses nach § 92 Absatz 1 des Fünften Buches über die Verordnung von Hilfsmitteln zu berücksichtigen. 8Die Pflegekasse übermittelt dem Antragsteller unverzüglich die Entscheidung über die empfohlenen Hilfsmittel und Pflegehilfsmittel.

(7) 1Die Aufgaben des Medizinischen Dienstes werden durch Pflegefachkräfte oder Ärztinnen und Ärzte in enger Zusammenarbeit mit anderen geeigneten Fachkräften wahrgenommen. 2Die Prüfung der Pflegebedürftigkeit von Kindern ist in der Regel durch besonders geschulte Gutachter mit einer Qualifikation als Gesundheits- und Kinderkrankenpflegerin oder Gesundheits- und Kinderkrankenpfleger oder als Kinderärztin oder Kinderarzt vorzunehmen. 3Der Medizinische Dienst ist befugt, den Pflegefachkräften oder sonstigen geeigneten Fachkräften, die nicht dem Medizinischen Dienst angehören, die für deren jeweilige Beteiligung erforderlichen personenbezogenen Daten zu übermitteln. 4Für andere unabhängige Gutachter gelten die Sätze 1 bis 3 entsprechend.

§ 18a Weiterleitung der Rehabilitationsempfehlung, Berichtspflichten

(1) 1Spätestens mit der Mitteilung der Entscheidung über die Pflegebedürftigkeit leitet die Pflegekasse dem Antragsteller die gesonderte Präventions- und Rehabilitationsempfehlung des Medizinischen Dienstes oder der von der Pflegekasse beauftragten Gutachter zu und nimmt umfassend und begründet dazu Stellung, inwieweit auf der Grundlage der Empfehlung die Durchführung einer Maßnahme zur Prävention oder zur medizinischen Rehabilitation angezeigt ist. 2Die Pflegekasse hat den Antragsteller zusätzlich darüber zu informieren, dass mit der Zuleitung einer Mitteilung über den Rehabilitationsbedarf an den zuständigen Rehabilitationsträger ein Antragsverfahren auf Leistungen zur medizinischen Rehabilitation entsprechend den Vorschriften des Neunten Buches ausgelöst wird, sofern der Antragsteller in dieses Verfahren einwilligt. 3Mit Einwilligung des Antragstellers leitet die Pflegekasse die Präventions- und Rehabilitationsempfehlung und die Informationen nach Satz 2 auch seinen Angehörigen, Personen seines Vertrauens, Pflege- und Betreuungseinrichtungen, die den Antragsteller versorgen, oder der behandelnden Ärztin oder dem behandelnden Arzt schriftlich oder elektronisch zu. 4Sobald der Pflegekasse die Information über die Leistungsentscheidung des zuständigen Rehabilitationsträgers nach § 31 Absatz 3 Satz 4 vorliegt, leitet sie diese Information unverzüglich dem Medizinischen Dienst sowie mit Einwilligung des Antragstellers auch an die behandelnde Ärztin oder den behandelnden Arzt sowie an Angehörige des Antragstellers, Personen seines Vertrauens oder an Pflege- und Betreuungseinrichtungen, die den Antragsteller versorgen, schriftlich oder elektronisch weiter. 5Über die Möglichkeiten nach den Sätzen 3 und 4 und das Erfordernis der Einwilligung ist der Antragsteller durch den Medizinischen Dienst oder die von der Pflegekasse beauftragten Gutachterinnen und Gutachter im Rahmen der Begutachtung zu informieren. 6Die Einwilligung ist schriftlich oder elektronisch zu dokumentieren.

(2) 1Die Pflegekassen berichten für die Geschäftsjahre ab 2013 jährlich über die Anwendung eines bundeseinheitlichen, strukturierten Verfahrens zur Erkennung rehabilitativer Bedarfe in der Pflegebegutachtung und die Erfahrungen mit der Umsetzung der Empfehlungen der Medizinischen Dienste oder der beauftragten Gutachter

zur medizinischen Rehabilitation. ₂Hierzu wird insbesondere Folgendes gemeldet:

1. die Anzahl der Empfehlungen der Medizinischen Dienste und der beauftragten Gutachter für Leistungen der medizinischen Rehabilitation im Rahmen der Begutachtung zur Feststellung der Pflegebedürftigkeit,
2. die Anzahl der Anträge an den zuständigen Rehabilitationsträger gemäß § 31 Absatz 3 in Verbindung mit § 14 des Neunten Buches,
3. die Anzahl der genehmigten und die Anzahl der abgelehnten Leistungsentscheidungen der zuständigen Rehabilitationsträger einschließlich der Gründe für Ablehnungen sowie die Anzahl der Widersprüche,
4. die Anzahl der durchgeführten medizinischen Rehabilitationsmaßnahmen,
5. die Gründe, warum Versicherte nicht in die Weiterleitung einer Mitteilung über den Rehabilitationsbedarf an den Rehabilitationsträger nach § 31 Absatz 3 Satz 1 einwilligen, soweit diese der Pflegekasse bekannt sind, und inwiefern die zuständige Pflegekasse hier tätig geworden ist und
6. die Maßnahmen, die die Pflegekassen im jeweiligen Einzelfall regelmäßig durchführen, um ihren Aufgaben nach Absatz 1 und § 31 Absatz 3 nachzukommen.

₃Die Meldung durch die Pflegekassen erfolgt bis zum 31. März des dem Berichtsjahr folgenden Jahres an den Spitzenverband Bund der Pflegekassen. ₄Näheres über das Meldeverfahren und die Inhalte entwickelt der Spitzenverband Bund der Pflegekassen im Einvernehmen mit dem Bundesministerium für Gesundheit. ₅Die für die Aufsicht über die Pflegekasse zuständige Stelle erhält von der jeweiligen Pflegekasse ebenfalls den Bericht.

(3) ₁Der Spitzenverband Bund der Pflegekassen bereitet die Daten auf und leitet die aufbereiteten und auf Plausibilität geprüften Daten bis zum 30. Juni des dem Berichtsjahr folgenden Jahres dem Bundesministerium für Gesundheit zu. ₂Der Verband hat die aufbereiteten Daten der landesunmittelbaren Versicherungsträger auch den für die Sozialversicherung zuständigen obersten Verwaltungsbehörden der Länder oder den von diesen bestimmten Stellen auf Verlangen zuzuleiten. ₃Der Spitzenverband Bund der Pflegekassen veröffentlicht auf Basis der gemeldeten Daten sowie sonstiger Erkenntnisse jährlich einen Bericht bis zum 1. September des dem Berichtsjahr folgenden Jahres.

§ 18b Dienstleistungsorientierung im Begutachtungsverfahren

(1) ₁Der Medizinische Dienst Bund erlässt mit dem Ziel, die Dienstleistungsorientierung für die Versicherten im Begutachtungsverfahren zu stärken, unter fachlicher Beteiligung der Medizinischen Dienste verbindliche Richtlinien. ₂Die für die Wahrnehmung der Interessen und der Selbsthilfe der pflegebedürftigen und behinderten Menschen auf Bundesebene maßgeblichen Organisationen sind zu beteiligen.

(2) Die Richtlinien regeln insbesondere

1. allgemeine Verhaltensgrundsätze für alle unter der Verantwortung der Medizinischen Dienste am Begutachtungsverfahren Beteiligten,
2. die Pflicht der Medizinischen Dienste zur individuellen und umfassenden Information des Versicherten über das Begutachtungsverfahren, insbesondere über den Ablauf, die Rechtsgrundlagen und Beschwerdemöglichkeiten,
3. die regelhafte Durchführung von Versichertenbefragungen und
4. ein einheitliches Verfahren zum Umgang mit Beschwerden, die das Verhalten der Mitarbeiter der Medizinischen Dienste oder das Verfahren bei der Begutachtung betreffen.

(3) ₁Die Richtlinien werden erst wirksam, wenn das Bundesministerium für Gesundheit sie genehmigt. ₂Die Genehmigung gilt als erteilt, wenn die Richtlinien nicht innerhalb eines Monats, nachdem sie dem Bundesministerium für Gesundheit vorgelegt worden sind, beanstandet werden. ₃Beanstandungen des Bundesministeriums für Gesundheit sind innerhalb der von ihm gesetzten Frist zu beheben.

§ 18c Fachliche und wissenschaftliche Begleitung der Umstellung des Verfahrens zur Feststellung der Pflegebedürftigkeit

(1) ₁Das Bundesministerium für Gesundheit richtet im Benehmen mit dem Bundesministerium für Arbeit und Soziales und dem Bundesministerium für Familie, Senioren, Frauen und Jugend ein Begleitgremium ein, das die Vorbereitung der Umstellung des Verfahrens zur Feststellung der Pflegebedürftigkeit nach den §§ 14, 15 und 18 Absatz 5a in der ab dem 1. Januar 2017 geltenden Fassung mit pflegefachlicher und wissenschaftlicher Kompetenz unterstützt. ₂Aufgabe des Begleitgremiums ist, das Bundesministerium für Gesundheit bei der Klärung fachlicher Fragen zu beraten und den Spitzenverband Bund der Pflegekassen, den Medizinischen Dienst

Bund sowie die Vereinigungen der Träger der Pflegeeinrichtungen auf Bundesebene bei der Vorbereitung der Umstellung zu unterstützen. [3]Dem Begleitgremium wird ab dem 1. Januar 2017 zusätzlich die Aufgabe übertragen, das Bundesministerium für Gesundheit bei der Klärung fachlicher Fragen zu beraten, die nach der Umstellung im Zuge der Umsetzung auftreten.

(2) [1]Das Bundesministerium für Gesundheit beauftragt eine begleitende wissenschaftliche Evaluation insbesondere zu Maßnahmen und Ergebnissen der Vorbereitung und der Umsetzung der Umstellung des Verfahrens zur Feststellung der Pflegebedürftigkeit nach den §§ 14, 15 und 18 Absatz 5a in der ab dem 1. Januar 2017 geltenden Fassung. [2]Die Auftragserteilung erfolgt im Benehmen mit dem Bundesministerium für Arbeit und Soziales, soweit Auswirkungen auf andere Sozialleistungssysteme aus dem Zuständigkeitsbereich des Bundesministeriums für Arbeit und Soziales untersucht werden. [3]Im Rahmen der Evaluation sind insbesondere Erfahrungen und Auswirkungen hinsichtlich der folgenden Aspekte zu untersuchen:

1. Leistungsentscheidungsverfahren und Leistungsentscheidungen bei Pflegekassen und Medizinischen Diensten, beispielsweise Bearbeitungsfristen und Übermittlung von Ergebnissen;
2. Umsetzung der Übergangsregelungen im Begutachtungsverfahren;
3. Leistungsentscheidungsverfahren und Leistungsentscheidungen anderer Sozialleistungsträger, soweit diese pflegebedürftige Personen betreffen;
4. Umgang mit dem neuen Begutachtungsinstrument bei pflegebedürftigen Antragstellern, beispielsweise Antragsverhalten und Informationsstand;
5. Entwicklung der ambulanten Pflegevergütungen und der stationären Pflegesätze einschließlich der einrichtungseinheitlichen Eigenanteile;
6. Entwicklungen in den vertraglichen Grundlagen, in der Pflegeplanung, den pflegefachlichen Konzeptionen und in der konkreten Versorgungssituation in der ambulanten und in der stationären Pflege unter Berücksichtigung unterschiedlicher Gruppen von Pflegebedürftigen und Versorgungskonstellationen einschließlich derjenigen von pflegebedürftigen Personen, die im Rahmen der Eingliederungshilfe für behinderte Menschen versorgt werden.

[4]Ein Bericht über die Ergebnisse der Evaluation ist bis zum 1. Januar 2020 zu veröffentlichen. [5]Dem Bundesministerium für Gesundheit sind auf Verlangen Zwischenberichte vorzulegen.

§ 19 Begriff der Pflegepersonen

[1]Pflegepersonen im Sinne dieses Buches sind Personen, die nicht erwerbsmäßig einen Pflegebedürftigen im Sinne des § 14 in seiner häuslichen Umgebung pflegen. [2]Leistungen zur sozialen Sicherung nach § 44 erhält eine Pflegeperson nur dann, wenn sie eine oder mehrere pflegebedürftige Personen wenigstens zehn Stunden wöchentlich, verteilt auf regelmäßig mindestens zwei Tage in der Woche, pflegt.

Drittes Kapitel
Versicherungspflichtiger Personenkreis

§ 20 Versicherungspflicht in der sozialen Pflegeversicherung für Mitglieder der gesetzlichen Krankenversicherung

(1) [1]Versicherungspflichtig in der sozialen Pflegeversicherung sind die versicherungspflichtigen Mitglieder der gesetzlichen Krankenversicherung. [2]Dies sind:

1. Arbeiter, Angestellte und zu ihrer Berufsausbildung Beschäftigte, die gegen Arbeitsentgelt beschäftigt sind; für die Zeit des Bezugs von Kurzarbeitergeld nach dem Dritten Buch bleibt die Versicherungspflicht unberührt,
2. Personen in der Zeit, für die sie Arbeitslosengeld nach dem Dritten Buch beziehen oder nur deshalb nicht beziehen, weil der Anspruch wegen einer Sperrzeit (§ 159 des Dritten Buches) oder wegen einer Urlaubsabgeltung (§ 157 Absatz 2 des Dritten Buches) ruht; dies gilt auch, wenn die Entscheidung, die zum Bezug der Leistung geführt hat, rückwirkend aufgehoben oder die Leistung zurückgefordert oder zurückgezahlt worden ist,

2a. Personen in der Zeit, für die sie Bürgergeld nach § 19 Absatz 1 Satz 1 des Zweiten Buches beziehen, auch wenn die Entscheidung, die zum Bezug der Leistung geführt hat, rückwirkend aufgehoben oder die Leistung zurückgefordert oder zurückgezahlt worden ist, es sei denn, dass diese Leistung nur darlehensweise gewährt wird oder nur Leistungen nach § 24 Abs. 3 Satz 1 des Zweiten Buches bezogen werden,

3. Landwirte, ihre mitarbeitenden Familienangehörigen und Altenteiler, die nach § 2 des Zweiten Gesetzes über die Krankenversicherung der Landwirte versicherungspflichtig sind,

4. selbständige Künstler und Publizisten nach näherer Bestimmung des Künstlersozialversicherungsgesetzes,
5. Personen, die in Einrichtungen der Jugendhilfe, in Berufsbildungswerken oder in ähnlichen Einrichtungen für behinderte Menschen für eine Erwerbstätigkeit befähigt werden sollen,
6. Teilnehmer an Leistungen zur Teilhabe am Arbeitsleben sowie an Berufsfindung oder Arbeitserprobung, es sei denn, die Leistungen werden nach den Vorschriften des Bundesversorgungsgesetzes erbracht,
7. behinderte Menschen, die in anerkannten Werkstätten für behinderte Menschen oder in Blindenwerkstätten im Sinne des § 226 des Neunten Buches oder für diese Einrichtungen in Heimarbeit oder bei einem anderen Leistungsanbieter nach § 60 des Neunten Buches tätig sind,
8. behinderte Menschen, die in Anstalten, Heimen oder gleichartigen Einrichtungen in gewisser Regelmäßigkeit eine Leistung erbringen, die einem Fünftel der Leistung eines voll erwerbsfähigen Beschäftigten in gleichartiger Beschäftigung entspricht; hierzu zählen auch Dienstleistungen für den Träger der Einrichtung,
9. Studenten, die an staatlichen oder staatlich anerkannten Hochschulen eingeschrieben sind, soweit sie nach § 5 Abs. 1 Nr. 9 des Fünften Buches der Krankenversicherungspflicht unterliegen,
10. Personen, die zu ihrer Berufsausbildung ohne Arbeitsentgelt beschäftigt sind oder die eine Fachschule oder Berufsfachschule besuchen oder eine in Studien- oder Prüfungsordnungen vorgeschriebene berufspraktische Tätigkeit ohne Arbeitsentgelt verrichten (Praktikanten), längstens bis zur Vollendung des 30. Lebensjahres; Auszubildende des Zweiten Bildungsweges, die sich in einem nach dem Bundesausbildungsförderungsgesetz förderungsfähigen Teil eines Ausbildungsabschnittes befinden, sind Praktikanten gleichgestellt,
11. Personen, die die Voraussetzungen für den Anspruch auf eine Rente aus der gesetzlichen Rentenversicherung erfüllen und diese Rente beantragt haben, soweit sie nach § 5 Abs. 1 Nr. 11, 11a, 11b oder 12 des Fünften Buches der Krankenversicherungspflicht unterliegen,
12. Personen, die, weil sie bisher keinen Anspruch auf Absicherung im Krankheitsfall hatten, nach § 5 Abs. 1 Nr. 13 des Fünften Buches oder nach § 2 Abs. 1 Nr. 7 des Zweiten Gesetzes über die Krankenversicherung der Landwirte der Krankenversicherungspflicht unterliegen.

(2) 1Als gegen Arbeitsentgelt beschäftigte Arbeiter und Angestellte im Sinne des Absatzes 1 Nr. 1 gelten Bezieher von Vorruhestandsgeld, wenn sie unmittelbar vor Bezug des Vorruhestandsgeldes versicherungspflichtig waren und das Vorruhestandsgeld mindestens in Höhe von 65 vom Hundert des Bruttoarbeitsentgelts im Sinne des § 3 Abs. 2 des Vorruhestandsgesetzes gezahlt wird. 2Satz 1 gilt nicht für Personen, die im Ausland ihren Wohnsitz oder gewöhnlichen Aufenthalt in einem Staat haben, mit dem für Arbeitnehmer mit Wohnsitz oder gewöhnlichem Aufenthalt in diesem Staat keine über- oder zwischenstaatlichen Regelungen über Sachleistungen bei Krankheit bestehen.

(2a) Als zu ihrer Berufsausbildung Beschäftigte im Sinne des Absatzes 1 Satz 2 Nr. 1 gelten Personen, die als nicht satzungsmäßige Mitglieder geistlicher Genossenschaften oder ähnlicher religiöser Gemeinschaften für den Dienst in einer solchen Genossenschaft oder ähnlichen religiösen Gemeinschaft außerschulisch ausgebildet werden.

(3) Freiwillige Mitglieder der gesetzlichen Krankenversicherung sind versicherungspflichtig in der sozialen Pflegeversicherung.

(4) 1Nehmen Personen, die mindestens zehn Jahre nicht in der sozialen Pflegeversicherung oder der gesetzlichen Krankenversicherung versicherungspflichtig waren, eine dem äußeren Anschein nach versicherungspflichtige Beschäftigung oder selbständige Tätigkeit von untergeordneter wirtschaftlicher Bedeutung auf, besteht die widerlegbare Vermutung, daß eine die Versicherungspflicht begründende Beschäftigung nach Absatz 1 Nr. 1 oder eine versicherungspflichtige selbständige Tätigkeit nach Absatz 1 Nr. 3 oder 4 tatsächlich nicht ausgeübt wird. 2Dies gilt insbesondere für eine Beschäftigung bei Familienangehörigen oder Lebenspartnern.

§ 21 Versicherungspflicht in der sozialen Pflegeversicherung für sonstige Personen

Versicherungspflicht in der sozialen Pflegeversicherung besteht auch für Personen mit Wohnsitz oder gewöhnlichem Aufenthalt im Inland, die

1. nach dem Bundesversorgungsgesetz oder nach Gesetzen, die eine entsprechende Anwendung des Bundesversorgungsgesetzes vorsehen, einen An-

spruch auf Heilbehandlung oder Krankenbehandlung haben,
2. Kriegsschadenrente oder vergleichbare Leistungen nach dem Lastenausgleichsgesetz oder dem Reparationsschädengesetz oder laufende Beihilfe nach dem Flüchtlingshilfegesetz beziehen,
3. ergänzende Hilfe zum Lebensunterhalt im Rahmen der Kriegsopferfürsorge nach dem Bundesversorgungsgesetz oder nach Gesetzen beziehen, die eine entsprechende Anwendung des Bundesversorgungsgesetzes vorsehen,
4. laufende Leistungen zum Unterhalt und Leistungen der Krankenhilfe nach dem Achten Buch beziehen,
5. krankenversorgungsberechtigt nach dem Bundesentschädigungsgesetz sind,
6. in das Dienstverhältnis eines Soldaten auf Zeit berufen worden sind,

wenn sie gegen das Risiko Krankheit weder in der gesetzlichen Krankenversicherung noch bei einem privaten Krankenversicherungsunternehmen versichert sind.

§ 21a Versicherungspflicht in der sozialen Pflegeversicherung bei Mitgliedern von Solidargemeinschaften

(1) 1Versicherungspflicht in der sozialen Pflegeversicherung besteht für Mitglieder von Solidargemeinschaften, deren Mitgliedschaft gemäß § 176 Absatz 1 des Fünften Buches als anderweitige Absicherung im Krankheitsfall im Sinne des § 5 Absatz 1 Nummer 13 des Fünften Buches gilt, sofern sie ihren Wohnsitz oder gewöhnlichen Aufenthalt im Inland haben und sie ohne die Mitgliedschaft in der Solidargemeinschaft nach § 5 Absatz 1 Nummer 13 des Fünften Buches versicherungspflichtig wären. 2Sofern ein Mitglied bereits gegen das Risiko der Pflegebedürftigkeit in der privaten Pflege-Pflichtversicherung versichert ist, gilt die Versicherungspflicht nach Satz 1 als erfüllt.

(2) 1Die in § 176 Absatz 1 des Fünften Buches genannten Solidargemeinschaften haben bei ihren Mitgliedern unverzüglich abzufragen, ob sie in der sozialen Pflegeversicherung oder privaten Pflege-Pflichtversicherung versichert sind. 2Die Mitglieder einer Solidargemeinschaft sind verpflichtet, der Solidargemeinschaft innerhalb von drei Monaten nach der Abfrage das Vorliegen eines Pflegeversicherungsschutzes nachzuweisen oder mitzuteilen, dass kein Versicherungsschutz besteht. 3Wird kein Pflegeversicherungsschutz innerhalb der Frist nach Satz 2 nachgewiesen, hat die Solidargemeinschaft das Mitglied unverzüglich aufzufordern, sich gegen das Risiko der Pflegebedürftigkeit zu versichern und einen Nachweis darüber innerhalb von sechs Wochen vorzulegen.

§ 22 Befreiung von der Versicherungspflicht

(1) 1Personen, die nach § 20 Abs. 3 in der sozialen Pflegeversicherung versicherungspflichtig sind, können auf Antrag von der Versicherungspflicht befreit werden, wenn sie nachweisen, daß sie bei einem privaten Versicherungsunternehmen gegen Pflegebedürftigkeit versichert sind und für sich und ihre Angehörigen oder Lebenspartner, die bei Versicherungspflicht nach § 25 versichert wären, Leistungen beanspruchen können, die nach Art und Umfang den Leistungen des Vierten Kapitels gleichwertig sind. 2Die befreiten Personen sind verpflichtet, den Versicherungsvertrag aufrechtzuerhalten, solange sie krankenversichert sind. 3Personen, die bei Pflegebedürftigkeit Beihilfeleistungen erhalten, sind zum Abschluß einer entsprechenden anteiligen Versicherung im Sinne des Satzes 1 verpflichtet.

(2) 1Der Antrag kann nur innerhalb von drei Monaten nach Beginn der Versicherungspflicht bei der Pflegekasse gestellt werden. 2Die Befreiung wirkt vom Beginn der Versicherungspflicht an, wenn seit diesem Zeitpunkt noch keine Leistungen in Anspruch genommen wurden, sonst vom Beginn des Kalendermonats an, der auf die Antragstellung folgt. 3Die Befreiung kann nicht widerrufen werden.

§ 23 Versicherungspflicht für Versicherte der privaten Krankenversicherungsunternehmen

(1) 1Personen, die gegen das Risiko Krankheit bei einem privaten Krankenversicherungsunternehmen mit Anspruch auf allgemeine Krankenhausleistungen oder im Rahmen von Versicherungsverträgen, die der Versicherungspflicht nach § 193 Abs. 3 des Versicherungsvertragsgesetzes genügen, versichert sind, sind vorbehaltlich des Absatzes 2 verpflichtet, bei diesem Unternehmen zur Absicherung des Risikos der Pflegebedürftigkeit einen Versicherungsvertrag abzuschließen und aufrechtzuerhalten. 2Der Vertrag muß ab dem Zeitpunkt des Eintritts der Versicherungspflicht für sie selbst und ihre Angehörigen oder Lebenspartner, für die in der sozialen Pflegeversicherung nach § 25 eine Familienversicherung bestünde, Vertragsleistungen vorsehen, die nach Art und Umfang den Leistungen des Vierten Kapitels gleichwertig sind. 3Dabei tritt an die Stelle der Sachleistungen eine der Höhe nach gleiche Kostenerstattung.

(2) 1Der Vertrag nach Absatz 1 kann auch bei einem anderen privaten Versicherungsunternehmen abgeschlossen werden. 2Das Wahlrecht ist innerhalb von

sechs Monaten auszuüben. 3Die Frist beginnt mit dem Eintritt der individuellen Versicherungspflicht. 4Das Recht zur Kündigung des Vertrages wird durch den Ablauf der Frist nicht berührt; bei fortbestehender Versicherungspflicht nach Absatz 1 wird eine Kündigung des Vertrages jedoch erst wirksam, wenn der Versicherungsnehmer nachweist, dass die versicherte Person bei einem neuen Versicherer ohne Unterbrechung versichert ist.

(3) 1Personen, die nach beamtenrechtlichen Vorschriften oder Grundsätzen bei Pflegebedürftigkeit Anspruch auf Beihilfe haben, sind zum Abschluß einer entsprechenden anteiligen beihilfekonformen Versicherung im Sinne des Absatzes 1 verpflichtet, sofern sie nicht nach § 20 Abs. 3 versicherungspflichtig sind. 2Die beihilfekonforme Versicherung ist so auszugestalten, daß ihre Vertragsleistungen zusammen mit den Beihilfeleistungen, die sich bei Anwendung der in § 46 Absatz 2 und 3 der Bundesbeihilfeverordnung festgelegten Bemessungssätze ergeben, den in Absatz 1 Satz 2 vorgeschriebenen Versicherungsschutz gewährleisten.

(4) Die Absätze 1 bis 3 gelten entsprechend für

1. Heilfürsorgeberechtigte, die nicht in der sozialen Pflegeversicherung versicherungspflichtig sind,
2. Mitglieder der Postbeamtenkrankenkasse und
3. Mitglieder der Krankenversorgung der Bundesbahnbeamten.

(4a) 1Die Absätze 1 und 3 gelten entsprechend für Mitglieder von Solidargemeinschaften, deren Mitgliedschaft gemäß § 176 Absatz 1 des Fünften Buches als ein mit dem Anspruch auf freie Heilfürsorge oder einer Beihilfeberechtigung vergleichbarer Anspruch im Sinne des § 193 Absatz 3 Satz 2 Nummer 2 des Versicherungsvertragsgesetzes gilt und die ohne die Mitgliedschaft in der Solidargemeinschaft nach § 193 Absatz 3 des Versicherungsvertragsgesetzes verpflichtet wären, eine Krankheitskostenversicherung abzuschließen. 2Eine Kündigung des Versicherungsvertrages wird bei fortbestehender Versicherungspflicht erst wirksam, wenn der Versicherungsnehmer nachweist, dass die versicherte Person bei einem neuen Versicherer ohne Unterbrechung versichert ist. 3Sofern ein Mitglied bereits gegen das Risiko der Pflegebedürftigkeit in der sozialen Pflegeversicherung versichert ist, gilt die Versicherungspflicht nach Satz 1 als erfüllt. 4§ 21a Absatz 2 bleibt unberührt.

(5) Die Absätze 1, 3 und 4 gelten nicht für Personen, die sich auf nicht absehbare Dauer in stationärer Pflege befinden und bereits Pflegeleistungen nach § 35 Abs. 6 des Bundesversorgungsgesetzes, nach § 44 des Siebten Buches, nach § 34 des Beamtenversorgungsgesetzes oder nach den Gesetzen erhalten, die eine entsprechende Anwendung des Bundesversorgungsgesetzes vorsehen, sofern sie keine Familienangehörigen oder Lebenspartner haben, für die in der sozialen Pflegeversicherung nach § 25 eine Familienversicherung bestünde.

(6) Das private Krankenversicherungsunternehmen oder ein anderes die Pflegeversicherung betreibendes Versicherungsunternehmen sind verpflichtet,

1. für die Feststellung der Pflegebedürftigkeit sowie für die Zuordnung zu einem Pflegegrad dieselben Maßstäbe wie in der sozialen Pflegeversicherung anzulegen und
2. die in der sozialen Pflegeversicherung zurückgelegte Versicherungszeit des Mitglieds und seiner nach § 25 familienversicherten Angehörigen oder Lebenspartner auf die Wartezeit anzurechnen.

§ 24 Versicherungspflicht der Abgeordneten

1Mitglieder des Bundestages, des Europäischen Parlaments und der Parlamente der Länder (Abgeordnete) sind unbeschadet einer bereits nach § 20 Abs. 3 oder § 23 Abs. 1 bestehenden Versicherungspflicht verpflichtet, gegenüber dem jeweiligen Parlamentspräsidenten nachzuweisen, daß sie sich gegen das Risiko der Pflegebedürftigkeit versichert haben. 2Das gleiche gilt für die Bezieher von Versorgungsleistungen nach den jeweiligen Abgeordnetengesetzen des Bundes und der Länder.

§ 25 Familienversicherung

(1) 1Versichert sind der Ehegatte, der Lebenspartner und die Kinder von Mitgliedern sowie die Kinder von familienversicherten Kindern, wenn diese Familienangehörigen

1. ihren Wohnsitz oder gewöhnlichen Aufenthalt im Inland haben,
2. nicht nach § 20 Abs. 1 Nr. 1 bis 8 oder 11 oder nach § 20 Abs. 3 versicherungspflichtig sind,
3. nicht nach § 22 von der Versicherungspflicht befreit oder nach § 23 in der privaten Pflegeversicherung pflichtversichert sind,
4. nicht hauptberuflich selbständig erwerbstätig sind und
5. kein Gesamteinkommen haben, das regelmäßig im Monat ein Siebtel der monatlichen Bezugsgröße nach § 18 des Vierten Buches, überschreitet; bei Abfindungen, Entschädigungen oder ähnlichen Leistungen (Entlassungsentschädigungen), die wegen der Beendigung eines Arbeitsverhältnisses in Form nicht mo-

natlich wiederkehrender Leistungen gezahlt werden, wird das zuletzt erzielte monatliche Arbeitsentgelt für die der Auszahlung der Entlassungsentschädigung folgenden Monate bis zu dem Monat berücksichtigt, in dem im Fall der Fortzahlung des Arbeitsentgelts die Höhe der gezahlten Entlassungsentschädigung erreicht worden wäre; bei Renten wird der Zahlbetrag ohne den auf Entgeltpunkte für Kindererziehungszeiten entfallenden Teil berücksichtigt; für Familienangehörige, die eine geringfügige Beschäftigung nach § 8 Absatz 1 Nummer 1 oder § 8a des Vierten Buches in Verbindung mit § 8 Absatz 1 Nummer 1 des Vierten Buches ausüben, ist ein regelmäßiges monatliches Gesamteinkommen bis zur Geringfügigkeitsgrenze zulässig.

2§ 7 Abs. 1 Satz 3 und 4 und Abs. 2 des Zweiten Gesetzes über die Krankenversicherung der Landwirte sowie § 10 Absatz 1 Satz 2 und 3 des Fünften Buches gelten entsprechend.

(2) 1Kinder sind versichert:

1. bis zur Vollendung des 18. Lebensjahres,
2. bis zur Vollendung des 23. Lebensjahres, wenn sie nicht erwerbstätig sind,
3. bis zur Vollendung des 25. Lebensjahres, wenn sie sich in Schul- oder Berufsausbildung befinden oder ein freiwilliges soziales Jahr oder ein freiwilliges ökologisches Jahr im Sinne des Jugendfreiwilligendienstegesetzes leisten; wird die Schul- oder Berufsausbildung durch Erfüllung einer gesetzlichen Dienstpflicht des Kindes unterbrochen oder verzögert, besteht die Versicherung auch für einen der Dauer dieses Dienstes entsprechenden Zeitraum über das 25. Lebensjahr hinaus; dies gilt auch bei einer Unterbrechung durch den freiwilligen Wehrdienst nach § 58b des Soldatengesetzes, einen Freiwilligendienst nach dem Bundesfreiwilligendienstgesetz, dem Jugendfreiwilligendienstegesetz oder einen vergleichbaren anerkannten Freiwilligendienst oder durch eine Tätigkeit als Entwicklungshelfer im Sinne des § 1 Absatz 1 des Entwicklungshelfer-Gesetzes für die Dauer von höchstens zwölf Monaten; wird als Berufsausbildung ein Studium an einer staatlichen oder staatlich anerkannten Hochschule abgeschlossen, besteht die Versicherung bis zum Ablauf des Semesters fort, längstens bis zur Vollendung des 25. Lebensjahres; § 186 Absatz 7 Satz 2 und 3 des Fünften Buches gilt entsprechend,
4. ohne Altersgrenze, wenn sie wegen körperlicher, geistiger oder seelischer Behinderung (§ 2 Abs. 1 des Neunten Buches) außerstande sind, sich selbst zu unterhalten; Voraussetzung ist, daß die Behinderung zu einem Zeitpunkt vorlag, in dem das Kind innerhalb der Altersgrenzen nach den Nummern 1, 2 oder 3 familienversichert war oder die Familienversicherung nur wegen einer Vorrangversicherung nach Absatz 1 Satz 1 Nummer 2 ausgeschlossen war.

2§ 10 Abs. 4 und 5 des Fünften Buches Sozialgesetzbuch gilt entsprechend.

(3) Kinder sind nicht versichert, wenn der mit den Kindern verwandte Ehegatte oder Lebenspartner des Mitglieds nach § 22 von der Versicherungspflicht befreit oder nach § 23 in der privaten Pflegeversicherung pflichtversichert ist und sein Gesamteinkommen regelmäßig im Monat ein Zwölftel der Jahresarbeitsentgeltgrenze nach dem Fünften Buch übersteigt und regelmäßig höher als das Gesamteinkommen des Mitglieds ist; bei Renten wird der Zahlbetrag berücksichtigt.

(4) 1Die Versicherung nach Absatz 2 Nr. 1, 2 und 3 bleibt bei Personen, die auf Grund gesetzlicher Pflicht Wehrdienst oder Zivildienst oder die Dienstleistungen oder Übungen nach dem Vierten Abschnitt des Soldatengesetzes leisten, für die Dauer des Dienstes bestehen. 2Dies gilt auch für Personen in einem Wehrdienstverhältnis besonderer Art nach § 6 des Einsatz-Weiterverwendungsgesetzes.

§ 26 Weiterversicherung

(1) 1Personen, die aus der Versicherungspflicht nach § 20, § 21 oder § 21a Absatz 1 ausgeschieden sind und in den letzten fünf Jahren vor dem Ausscheiden mindestens 24 Monate oder unmittelbar vor dem Ausscheiden mindestens zwölf Monate versichert waren, können sich auf Antrag in der sozialen Pflegeversicherung weiterversichern, sofern für sie keine Versicherungspflicht nach § 23 Abs. 1 eintritt. 2Dies gilt auch für Personen, deren Familienversicherung nach § 25 erlischt oder nur deswegen nicht besteht, weil die Voraussetzungen des § 25 Abs. 3 vorliegen. 3Der Antrag ist in den Fällen des Satzes 1 innerhalb von drei Monaten nach Beendigung der Mitgliedschaft, in den Fällen des Satzes 2 nach Beendigung der Familienversicherung oder nach Geburt des Kindes bei der zuständigen Pflegekasse zu stellen.

(2) 1Personen, die wegen der Verlegung ihres Wohnsitzes oder gewöhnlichen Aufenthaltes ins Ausland aus der Versicherungspflicht ausscheiden, können sich auf Antrag weiterversichern. 2Der Antrag ist bis spätestens einen Monat nach Ausscheiden aus der Versicherungspflicht bei der Pflegekasse zu stellen, bei der die Versi-

cherung zuletzt bestand. $_{3}$Die Weiterversicherung erstreckt sich auch auf die nach § 25 versicherten Familienangehörigen oder Lebenspartner, die gemeinsam mit dem Mitglied ihren Wohnsitz oder gewöhnlichen Aufenthalt in das Ausland verlegen. $_{4}$Für Familienangehörige oder Lebenspartner, die im Inland verbleiben, endet die Familienversicherung nach § 25 mit dem Tag, an dem das Mitglied seinen Wohnsitz oder gewöhnlichen Aufenthalt ins Ausland verlegt.

§ 26a Beitrittsrecht

(1) $_{1}$Personen mit Wohnsitz im Inland, die nicht pflegeversichert sind, weil sie zum Zeitpunkt der Einführung der Pflegeversicherung am 1. Januar 1995 trotz Wohnsitz im Inland keinen Tatbestand der Versicherungspflicht oder der Mitversicherung in der sozialen oder privaten Pflegeversicherung erfüllten, sind berechtigt, die freiwillige Mitgliedschaft bei einer der nach § 48 Abs. 2 wählbaren sozialen Pflegekassen zu beantragen oder einen Pflegeversicherungsvertrag mit einem privaten Versicherungsunternehmen abzuschließen. $_{2}$Ausgenommen sind Personen, die laufende Hilfe zum Lebensunterhalt nach dem Zwölften Buch beziehen sowie Personen, die nicht selbst in der Lage sind, einen Beitrag zu zahlen. $_{3}$Der Beitritt ist gegenüber der gewählten Pflegekasse oder dem gewählten privaten Versicherungsunternehmen bis zum 30. Juni 2002 schriftlich zu erklären; er bewirkt einen Versicherungsbeginn rückwirkend zum 1. April 2001. $_{4}$Die Vorversicherungszeiten nach § 33 Abs. 2 gelten als erfüllt. $_{5}$Auf den privaten Versicherungsvertrag findet § 110 Abs. 1 Anwendung.

(2) $_{1}$Personen mit Wohnsitz im Inland, die erst ab einem Zeitpunkt nach dem 1. Januar 1995 bis zum Inkrafttreten dieses Gesetzes nicht pflegeversichert sind und keinen Tatbestand der Versicherungspflicht nach diesem Buch erfüllen, sind berechtigt, die freiwillige Mitgliedschaft bei einer der nach § 48 Abs. 2 wählbaren sozialen Pflegekassen zu beantragen oder einen Pflegeversicherungsvertrag mit einem privaten Versicherungsunternehmen abzuschließen. $_{2}$Vom Beitrittsrecht ausgenommen sind die in Absatz 1 Satz 2 genannten Personen sowie Personen, die nur deswegen nicht pflegeversichert sind, weil sie nach dem 1. Januar 1995 ohne zwingenden Grund eine private Kranken- und Pflegeversicherung aufgegeben oder von einer möglichen Weiterversicherung in der gesetzlichen Krankenversicherung oder in der sozialen Pflegeversicherung keinen Gebrauch gemacht haben. $_{3}$Der Beitritt ist gegenüber der gewählten Pflegekasse oder dem gewählten privaten Versicherungsunternehmen bis zum 30. Juni 2002 schriftlich zu erklären. $_{4}$Er bewirkt einen Versicherungsbeginn zum 1. Januar 2002. $_{5}$Auf den privaten Versicherungsvertrag findet § 110 Abs. 3 Anwendung.

(3) $_{1}$Ab dem 1. Juli 2002 besteht ein Beitrittsrecht zur sozialen oder privaten Pflegeversicherung nur für nicht pflegeversicherte Personen, die als Zuwanderer oder Auslandsrückkehrer bei Wohnsitznahme im Inland keinen Tatbestand der Versicherungspflicht nach diesem Buch erfüllen und das 65. Lebensjahr noch nicht vollendet haben, sowie für nicht versicherungspflichtige Personen mit Wohnsitz im Inland, bei denen die Ausschlussgründe nach Absatz 1 Satz 2 entfallen sind. $_{2}$Der Beitritt ist gegenüber der nach § 48 Abs. 2 gewählten Pflegekasse oder dem gewählten privaten Versicherungsunternehmen schriftlich innerhalb von drei Monaten nach Wohnsitznahme im Inland oder nach Wegfall der Ausschlussgründe nach Absatz 1 Satz 2 mit Wirkung vom 1. des Monats zu erklären, der auf die Beitrittserklärung folgt. $_{3}$Auf den privaten Versicherungsvertrag findet § 110 Abs. 3 Anwendung. $_{4}$Das Beitrittsrecht nach Satz 1 ist nicht gegeben in Fällen, in denen ohne zwingenden Grund von den in den Absätzen 1 und 2 geregelten Beitrittsrechten kein Gebrauch gemacht worden ist oder in denen die in Absatz 2 Satz 2 aufgeführten Ausschlussgründe vorliegen.

§ 27 Kündigung eines privaten Pflegeversicherungsvertrages

$_{1}$Personen, die nach § 20, § 21 oder § 21a Absatz 1 versicherungspflichtig werden und bei einem privaten Krankenversicherungsunternehmen gegen Pflegebedürftigkeit versichert sind, können ihren Versicherungsvertrag mit Wirkung vom Eintritt der Versicherungspflicht an kündigen. $_{2}$Das Kündigungsrecht gilt auch für Familienangehörige oder Lebenspartner, wenn für sie eine Familienversicherung nach § 25 eintritt. $_{3}$§ 5 Absatz 9 des Fünften Buches gilt entsprechend.

Viertes Kapitel
Leistungen der Pflegeversicherung

Erster Abschnitt
Übersicht über die Leistungen

§ 28 Leistungsarten, Grundsätze

(1) Die Pflegeversicherung gewährt folgende Leistungen:

1. Pflegesachleistung (§ 36),
2. Pflegegeld für selbst beschaffte Pflegehilfen (§ 37),

3. Kombination von Geldleistung und Sachleistung (§ 38),
4. häusliche Pflege bei Verhinderung der Pflegeperson (§ 39),
5. Pflegehilfsmittel und wohnumfeldverbessernde Maßnahmen (§ 40),
6. Tagespflege und Nachtpflege (§ 41),
7. Kurzzeitpflege (§ 42),
8. vollstationäre Pflege (§ 43),
9. Pauschalleistung für die Pflege von Menschen mit Behinderungen (§ 43a),
9a. Zusätzliche Betreuung und Aktivierung in stationären Pflegeeinrichtungen (§ 43b),
10. Leistungen zur sozialen Sicherung der Pflegepersonen (§ 44),
11. zusätzliche Leistungen bei Pflegezeit und kurzzeitiger Arbeitsverhinderung (§ 44a),
12. Pflegekurse für Angehörige und ehrenamtliche Pflegepersonen (§ 45),
12a. Umwandlung des ambulanten Sachleistungsbetrags (§ 45a),
13. Entlastungsbetrag (§ 45b),
14. Leistungen des Persönlichen Budgets nach § 29 des Neunten Buches,
15. zusätzliche Leistungen für Pflegebedürftige in ambulant betreuten Wohngruppen (§ 38a),
16. Ergänzende Unterstützung bei Nutzung von digitalen Pflegeanwendungen (§ 39a) und digitale Pflegeanwendungen (§ 40a),
17. Leistungsanspruch beim Einsatz digitaler Pflegeanwendungen (§ 40b).

(1a) Versicherte haben gegenüber ihrer Pflegekasse oder ihrem Versicherungsunternehmen Anspruch auf Pflegeberatung (§ 7a).

(1b) Bis zum Erreichen des in § 45e Absatz 2 Satz 2 genannten Zeitpunkts haben Pflegebedürftige unter den Voraussetzungen des § 45e Absatz 1 Anspruch auf Anschubfinanzierung bei Gründung von ambulant betreuten Wohngruppen.

(2) Personen, die nach beamtenrechtlichen Vorschriften oder Grundsätzen bei Krankheit und Pflege Anspruch auf Beihilfe oder Heilfürsorge haben, erhalten die jeweils zustehenden Leistungen zur Hälfte; dies gilt auch für den Wert von Sachleistungen.

(3) Die Pflegekassen und die Leistungserbringer haben sicherzustellen, daß die Leistungen nach Absatz 1 nach allgemein anerkanntem Stand medizinisch-pflegerischer Erkenntnisse erbracht werden.

(4) Pflege schließt Sterbebegleitung mit ein; Leistungen anderer Sozialleistungsträger bleiben unberührt.

§ 28a Leistungen bei Pflegegrad 1

(1) Abweichend von § 28 Absatz 1 und 1a gewährt die Pflegeversicherung bei Pflegegrad 1 folgende Leistungen:

1. Pflegeberatung gemäß den §§ 7a und 7b,
2. Beratung in der eigenen Häuslichkeit gemäß § 37 Absatz 3,
3. zusätzliche Leistungen für Pflegebedürftige in ambulant betreuten Wohngruppen gemäß § 38a, ohne dass § 38a Absatz 1 Satz 1 Nummer 2 erfüllt sein muss,
4. Versorgung mit Pflegehilfsmitteln gemäß § 40 Absatz 1 bis 3 und 5,
5. finanzielle Zuschüsse für Maßnahmen zur Verbesserung des individuellen oder gemeinsamen Wohnumfelds gemäß § 40 Absatz 4,
6. zusätzliche Betreuung und Aktivierung in stationären Pflegeeinrichtungen gemäß § 43b,
7. zusätzliche Leistungen bei Pflegezeit und kurzzeitiger Arbeitsverhinderung gemäß § 44a,
8. Pflegekurse für Angehörige und ehrenamtliche Pflegepersonen gemäß § 45.
9. ergänzende Unterstützung bei Nutzung von digitalen Pflegeanwendungen gemäß § 39a und digitale Pflegeanwendungen gemäß § 40a,
10. Leistungsanspruch beim Einsatz digitaler Pflegeanwendungen gemäß § 40b.

(2) 1Zudem gewährt die Pflegeversicherung den Entlastungsbetrag gemäß § 45b Absatz 1 Satz 1 in Höhe von 125 Euro monatlich. 2Dieser kann gemäß § 45b im Wege der Erstattung von Kosten eingesetzt werden, die dem Versicherten im Zusammenhang mit der Inanspruchnahme von Leistungen der Tages- und Nachtpflege sowie der Kurzzeitpflege, von Leistungen der ambulanten Pflegedienste im Sinne des § 36 sowie von Leistungen der nach Landesrecht anerkannten Angebote zur Unterstützung im Alltag im Sinne des § 45a Absatz 1 und 2 entstehen.

(3) Wählen Pflegebedürftige des Pflegegrades 1 vollstationäre Pflege, gewährt die Pflegeversicherung gemäß § 43 Absatz 3 einen Zuschuss in Höhe von 125 Euro monatlich.

Zweiter Abschnitt
Gemeinsame Vorschriften

§ 29 Wirtschaftlichkeitsgebot

(1) 1Die Leistungen müssen wirksam und wirtschaftlich sein; sie dürfen das Maß des Notwendigen nicht übersteigen. 2Leistungen, die diese Voraussetzungen nicht erfüllen, können Pflegebedürftige nicht beanspruchen, dürfen die Pflegekassen nicht bewilligen und dürfen die Leistungserbringer nicht zu Lasten der sozialen Pflegeversicherung bewirken.

(2) Leistungen dürfen nur bei Leistungserbringern in Anspruch genommen werden, mit denen die Pflegekassen oder die für sie tätigen Verbände Verträge abgeschlossen haben.

§ 30 Dynamisierung, Verordnungsermächtigung

(1) 1Die Bundesregierung prüft alle drei Jahre, erneut im Jahre 2020, Notwendigkeit und Höhe einer Anpassung der Leistungen der Pflegeversicherung. 2Als ein Orientierungswert für die Anpassungsnotwendigkeit dient die kumulierte Preisentwicklung in den letzten drei abgeschlossenen Kalenderjahren; dabei ist sicherzustellen, dass der Anstieg der Leistungsbeträge nicht höher ausfällt als die Bruttolohnentwicklung im gleichen Zeitraum. 3Bei der Prüfung können die gesamtwirtschaftlichen Rahmenbedingungen mit berücksichtigt werden. 4Die Bundesregierung legt den gesetzgebenden Körperschaften des Bundes einen Bericht über das Ergebnis der Prüfung und die tragenden Gründe vor.

(2) 1Die Bundesregierung wird ermächtigt, nach Vorlage des Berichts unter Berücksichtigung etwaiger Stellungnahmen der gesetzgebenden Körperschaften des Bundes die Höhe der Leistungen der Pflegeversicherung durch Rechtsverordnung mit Zustimmung des Bundesrates zum 1. Januar des Folgejahres anzupassen. 2Die Rechtsverordnung soll frühestens zwei Monate nach Vorlage des Berichts erlassen werden, um den gesetzgebenden Körperschaften des Bundes Gelegenheit zur Stellungnahme zu geben.

§ 31 Vorrang der Rehabilitation vor Pflege

(1) 1Die Pflegekassen prüfen im Einzelfall, welche Leistungen zur medizinischen Rehabilitation und ergänzenden Leistungen geeignet und zumutbar sind, Pflegebedürftigkeit zu überwinden, zu mindern oder ihre Verschlimmerung zu verhüten. 2Werden Leistungen nach diesem Buch gewährt, ist bei Nachuntersuchungen die Frage geeigneter und zumutbarer Leistungen zur medizinischen Rehabilitation mit zu prüfen.

(2) Die Pflegekassen haben bei der Einleitung und Ausführung der Leistungen zur Pflege sowie bei Beratung, Auskunft und Aufklärung mit den Trägern der Rehabilitation eng zusammenzuarbeiten, um Pflegebedürftigkeit zu vermeiden, zu überwinden, zu mindern oder ihre Verschlimmerung zu verhüten.

(3) 1Wenn eine Pflegekasse durch die gutachterlichen Feststellungen des Medizinischen Dienstes (§ 18 Abs. 6) oder auf sonstige Weise feststellt, dass im Einzelfall Leistungen zur medizinischen Rehabilitation angezeigt sind, informiert sie schriftlich oder elektronisch unverzüglich den Versicherten sowie mit dessen Einwilligung schriftlich oder elektronisch die behandelnde Ärztin oder den behandelnden Arzt sowie Angehörige, Personen des Vertrauens der Versicherten oder Pflege- und Betreuungseinrichtungen, die den Versicherten versorgen, und leitet mit Einwilligung des Versicherten eine entsprechende Mitteilung dem zuständigen Rehabilitationsträger zu. 2Die Pflegekasse weist den Versicherten gleichzeitig auf seine Eigenverantwortung und Mitwirkungspflicht hin. 3Soweit der Versicherte eingewilligt hat, gilt die Mitteilung an den Rehabilitationsträger als Antragstellung für das Verfahren nach § 14 des Neunten Buches. 4Die Pflegekasse ist über die Leistungsentscheidung des zuständigen Rehabilitationsträgers unverzüglich zu informieren. 5Sie prüft in einem angemessenen zeitlichen Abstand, ob entsprechende Maßnahmen durchgeführt worden sind; soweit erforderlich, hat sie vorläufige Leistungen zur medizinischen Rehabilitation nach § 32 Abs. 1 zu erbringen.

§ 32 Vorläufige Leistungen zur medizinischen Rehabilitation

(1) Die Pflegekasse erbringt vorläufige Leistungen zur medizinischen Rehabilitation, wenn eine sofortige Leistungserbringung erforderlich ist, um eine unmittelbar drohende Pflegebedürftigkeit zu vermeiden, eine bestehende Pflegebedürftigkeit zu überwinden, zu mindern oder eine Verschlimmerung der Pflegebedürftigkeit zu verhüten, und sonst die sofortige Einleitung der Leistungen gefährdet wäre.

(2) Die Pflegekasse hat zuvor den zuständigen Träger zu unterrichten und auf die Eilbedürftigkeit der Leistungsgewährung hinzuweisen; wird dieser nicht rechtzeitig, spätestens jedoch vier Wochen nach Antragstellung, tätig, erbringt die Pflegekasse die Leistungen vorläufig.

§ 33 Leistungsvoraussetzungen

(1) 1Versicherte erhalten die Leistungen der Pflegeversicherung auf Antrag. 2Die Leistungen werden ab Antrag-

stellung gewährt, frühestens jedoch von dem Zeitpunkt an, in dem die Anspruchsvoraussetzungen vorliegen. $_{3}$Wird der Antrag nicht in dem Kalendermonat, in dem die Pflegebedürftigkeit eingetreten ist, sondern später gestellt, werden die Leistungen vom Beginn des Monats der Antragstellung an gewährt. $_{4}$Die Zuordnung zu einem Pflegegrad und die Bewilligung von Leistungen können befristet werden und enden mit Ablauf der Frist. $_{5}$Die Befristung erfolgt, wenn und soweit eine Verringerung der Beeinträchtigungen der Selbständigkeit oder der Fähigkeiten nach der Einschätzung des Medizinischen Dienstes zu erwarten ist. $_{6}$Die Befristung kann wiederholt werden und schließt Änderungen bei der Zuordnung zu einem Pflegegrad und bei bewilligten Leistungen im Befristungszeitraum nicht aus, soweit dies durch Rechtsvorschriften des Sozialgesetzbuches angeordnet oder erlaubt ist. $_{7}$Der Befristungszeitraum darf insgesamt die Dauer von drei Jahren nicht überschreiten. $_{8}$Um eine nahtlose Leistungsgewährung sicherzustellen, hat die Pflegekasse vor Ablauf einer Befristung rechtzeitig zu prüfen und dem Pflegebedürftigen sowie der ihn betreuenden Pflegeeinrichtung mitzuteilen, ob Pflegeleistungen weiterhin bewilligt werden und welchem Pflegegrad der Pflegebedürftige zuzuordnen ist.

(2) $_{1}$Anspruch auf Leistungen besteht, wenn der Versicherte in den letzten zehn Jahren vor der Antragstellung mindestens zwei Jahre als Mitglied versichert oder nach § 25 familienversichert war. $_{2}$Zeiten der Weiterversicherung nach § 26 Abs. 2 werden bei der Ermittlung der nach Satz 1 erforderlichen Vorversicherungszeit mitberücksichtigt. $_{3}$Für versicherte Kinder gilt die Vorversicherungszeit nach Satz 1 als erfüllt, wenn ein Elternteil sie erfüllt.

(3) Personen, die wegen des Eintritts von Versicherungspflicht in der sozialen Pflegeversicherung oder von Familienversicherung nach § 25 aus der privaten Pflegeversicherung ausscheiden, ist die dort ununterbrochen zurückgelegte Versicherungszeit auf die Vorversicherungszeit nach Absatz 2 anzurechnen.

§ 33a Leistungsausschluss

$_{1}$Auf Leistungen besteht kein Anspruch, wenn sich Personen in den Geltungsbereich dieses Gesetzbuchs begeben, um in einer Versicherung nach § 20 Abs. 1 Satz 2 Nr. 12 oder auf Grund dieser Versicherung in einer Versicherung nach § 25 missbräuchlich Leistungen in Anspruch zu nehmen. $_{2}$Das Nähere zur Durchführung regelt die Pflegekasse in ihrer Satzung.

§ 34 Ruhen der Leistungsansprüche

(1) Der Anspruch auf Leistungen ruht:

1. solange sich der Versicherte im Ausland aufhält. Bei vorübergehendem Auslandsaufenthalt von bis zu sechs Wochen im Kalenderjahr ist das Pflegegeld nach § 37 oder anteiliges Pflegegeld nach § 38 weiter zu gewähren. Für die Pflegesachleistung gilt dies nur, soweit die Pflegekraft, die ansonsten die Pflegesachleistung erbringt, den Pflegebedürftigen während des Auslandsaufenthaltes begleitet,
2. soweit Versicherte Entschädigungsleistungen wegen Pflegebedürftigkeit unmittelbar nach § 35 des Bundesversorgungsgesetzes oder nach den Gesetzen, die eine entsprechende Anwendung des Bundesversorgungsgesetzes vorsehen, aus der gesetzlichen Unfallversicherung oder aus öffentlichen Kassen auf Grund gesetzlich geregelter Unfallversorgung oder Unfallfürsorge erhalten. Dies gilt auch, wenn vergleichbare Leistungen aus dem Ausland oder von einer zwischenstaatlichen oder überstaatlichen Einrichtung bezogen werden.

(1a) Der Anspruch auf Pflegegeld nach § 37 oder anteiliges Pflegegeld nach § 38 ruht nicht bei pflegebedürftigen Versicherten, die sich in einem Mitgliedstaat der Europäischen Union, einem Vertragsstaat des Abkommens über den Europäischen Wirtschaftsraum oder der Schweiz aufhalten.

(2) $_{1}$Der Anspruch auf Leistungen bei häuslicher Pflege ruht darüber hinaus, soweit im Rahmen des Anspruchs auf häusliche Krankenpflege (§ 37 des Fünften Buches) auch Anspruch auf Leistungen besteht, deren Inhalt den Leistungen nach § 36 entspricht, sowie für die Dauer des stationären Aufenthalts in einer Einrichtung im Sinne des § 71 Abs. 4, soweit § 39 nichts Abweichendes bestimmt. $_{2}$Pflegegeld nach § 37 oder anteiliges Pflegegeld nach § 38 ist in den ersten vier Wochen einer vollstationären Krankenhausbehandlung, einer häuslichen Krankenpflege mit Anspruch auf Leistungen, deren Inhalt den Leistungen nach § 36 entspricht, oder einer Aufnahme in Vorsorge- oder Rehabilitationseinrichtungen nach § 107 Absatz 2 des Fünften Buches weiter zu zahlen; bei Pflegebedürftigen, die ihre Pflege durch von ihnen beschäftigte besondere Pflegekräfte sicherstellen und bei denen § 63b Absatz 6 Satz 1 des Zwölften Buches Anwendung findet, wird das Pflegegeld nach § 37 oder anteiliges Pflegegeld nach § 38 auch über die ersten vier Wochen hinaus weiter gezahlt.

(3) Die Leistungen zur sozialen Sicherung nach den §§ 44 und 44a ruhen nicht für die Dauer der häuslichen Kran-

kenpflege, bei vorübergehendem Auslandsaufenthalt des Versicherten oder Erholungsurlaub der Pflegeperson von bis zu sechs Wochen im Kalenderjahr sowie in den ersten vier Wochen einer vollstationären Krankenhausbehandlung oder einer stationären Leistung zur medizinischen Rehabilitation.

§ 35 Erlöschen der Leistungsansprüche

$_1$Der Anspruch auf Leistungen erlischt mit dem Ende der Mitgliedschaft, soweit in diesem Buch nichts Abweichendes bestimmt ist. $_2$§ 19 Absatz 1a des Fünften Buches gilt entsprechend. $_3$Endet die Mitgliedschaft durch Tod, erlöschen Ansprüche auf Kostenerstattung nach diesem Buch abweichend von § 59 des Ersten Buches nicht, wenn sie innerhalb von zwölf Monaten nach dem Tod des Berechtigten geltend gemacht werden.

§ 35a Teilnahme an einem Persönlichen Budget nach § 29 des Neunten Buches

$_1$Pflegebedürftigen werden auf Antrag die Leistungen nach den §§ 36, 37 Abs. 1, §§ 38, 40 Abs. 2 und § 41 durch ein Persönliches Budget nach § 29 des Neunten Buches erbracht; bei der Kombinationsleistung nach § 38 ist nur das anteilige und im Voraus bestimmte Pflegegeld als Geldleistung budgetfähig, die Sachleistungen nach den §§ 36, 38 und 41 dürfen nur in Form von Gutscheinen zur Verfügung gestellt werden, die zur Inanspruchnahme von zugelassenen Pflegeeinrichtungen nach diesem Buch berechtigen. $_2$Der Leistungsträger, der das Persönliche Budget nach § 29 Absatz 3 des Neunten Buches durchführt, hat sicherzustellen, dass eine den Vorschriften dieses Buches entsprechende Leistungsbewilligung und Verwendung der Leistungen durch den Pflegebedürftigen gewährleistet ist. $_3$Andere als die in Satz 1 genannten Leistungsansprüche bleiben ebenso wie die sonstigen Vorschriften dieses Buches unberührt.

Dritter Abschnitt
Leistungen

Erster Titel
Leistungen bei häuslicher Pflege

§ 36 Pflegesachleistung

(1) $_1$Pflegebedürftige der Pflegegrade 2 bis 5 haben bei häuslicher Pflege Anspruch auf körperbezogene Pflegemaßnahmen und pflegerische Betreuungsmaßnahmen sowie auf Hilfen bei der Haushaltsführung als Sachleistung (häusliche Pflegehilfe). $_2$Der Anspruch umfasst pflegerische Maßnahmen in den in § 14 Absatz 2 genannten Bereichen Mobilität, kognitive und kommunikative Fähigkeiten, Verhaltensweisen und psychische Problemlagen, Selbstversorgung, Bewältigung von und selbständiger Umgang mit krankheits- oder therapiebedingten Anforderungen und Belastungen sowie Gestaltung des Alltagslebens und sozialer Kontakte.

(2) $_1$Häusliche Pflegehilfe wird erbracht, um Beeinträchtigungen der Selbständigkeit oder der Fähigkeiten des Pflegebedürftigen so weit wie möglich durch pflegerische Maßnahmen zu beseitigen oder zu mindern und eine Verschlimmerung der Pflegebedürftigkeit zu verhindern. $_2$Bestandteil der häuslichen Pflegehilfe ist auch die pflegefachliche Anleitung von Pflegebedürftigen und Pflegepersonen. $_3$Pflegerische Betreuungsmaßnahmen umfassen Unterstützungsleistungen zur Bewältigung und Gestaltung des alltäglichen Lebens im häuslichen Umfeld, insbesondere

1. bei der Bewältigung psychosozialer Problemlagen oder von Gefährdungen,
2. bei der Orientierung, bei der Tagesstrukturierung, bei der Kommunikation, bei der Aufrechterhaltung sozialer Kontakte und bei bedürfnisgerechten Beschäftigungen im Alltag sowie
3. durch Maßnahmen zur kognitiven Aktivierung.

(3) Der Anspruch auf häusliche Pflegehilfe umfasst je Kalendermonat

1. für Pflegebedürftige des Pflegegrades 2 Leistungen bis zu einem Gesamtwert von 724 Euro,
2. für Pflegebedürftige des Pflegegrades 3 Leistungen bis zu einem Gesamtwert von 1363 Euro,
3. für Pflegebedürftige des Pflegegrades 4 Leistungen bis zu einem Gesamtwert von 1693 Euro,
4. für Pflegebedürftige des Pflegegrades 5 Leistungen bis zu einem Gesamtwert von 2095 Euro.

(4) $_1$Häusliche Pflegehilfe ist auch zulässig, wenn Pflegebedürftige nicht in ihrem eigenen Haushalt gepflegt werden; sie ist nicht zulässig, wenn Pflegebedürftige in einer stationären Pflegeeinrichtung oder in einer Einrichtung oder in Räumlichkeiten im Sinne des § 71 Absatz 4 gepflegt werden. $_2$Häusliche Pflegehilfe wird durch geeignete Pflegekräfte erbracht, die entweder von der Pflegekasse oder bei ambulanten Pflegeeinrichtungen, mit denen die Pflegekasse einen Versorgungsvertrag abgeschlossen hat, angestellt sind. $_3$Auch durch Einzelpersonen, mit denen die Pflegekasse einen Vertrag nach § 77 Absatz 1 abgeschlossen hat, kann häusliche Pflegehilfe als Sachleistung erbracht werden. $_4$Mehrere Pfle-

gebedürftige können häusliche Pflegehilfe gemeinsam in Anspruch nehmen.

§ 37 Pflegegeld für selbst beschaffte Pflegehilfen

(1) 1Pflegebedürftige der Pflegegrade 2 bis 5 können anstelle der häuslichen Pflegehilfe ein Pflegegeld beantragen. 2Der Anspruch setzt voraus, dass der Pflegebedürftige mit dem Pflegegeld dessen Umfang entsprechend die erforderlichen körperbezogenen Pflegemaßnahmen und pflegerischen Betreuungsmaßnahmen sowie Hilfen bei der Haushaltsführung in geeigneter Weise selbst sicherstellt. 3Das Pflegegeld beträgt je Kalendermonat

1. 316 Euro für Pflegebedürftige des Pflegegrades 2,
2. 545 Euro für Pflegebedürftige des Pflegegrades 3,
3. 728 Euro für Pflegebedürftige des Pflegegrades 4,
4. 901 Euro für Pflegebedürftige des Pflegegrades 5.

(2) 1Besteht der Anspruch nach Absatz 1 nicht für den vollen Kalendermonat, ist der Geldbetrag entsprechend zu kürzen; dabei ist der Kalendermonat mit 30 Tagen anzusetzen. 2Die Hälfte des bisher bezogenen Pflegegeldes wird während einer Kurzzeitpflege nach § 42 für bis zu acht Wochen und während einer Verhinderungspflege nach § 39 für bis zu sechs Wochen je Kalenderjahr fortgewährt. 3Das Pflegegeld wird bis zum Ende des Kalendermonats geleistet, in dem der Pflegebedürftige gestorben ist. 4§ 118 Abs. 3 und 4 des Sechsten Buches gilt entsprechend, wenn für die Zeit nach dem Monat, in dem der Pflegebedürftige verstorben ist, Pflegegeld überwiesen wurde.

(3) 1Pflegebedürftige, die Pflegegeld nach Absatz 1 beziehen, haben in folgenden Intervallen eine Beratung in der eigenen Häuslichkeit abzurufen:

1. bei den Pflegegraden 2 und 3 halbjährlich einmal,
2. bei den Pflegegraden 4 und 5 vierteljährlich einmal.

2Pflegebedürftige des Pflegegrades 1 haben Anspruch, halbjährlich einmal eine Beratung in der eigenen Häuslichkeit abzurufen. 3Beziehen Pflegebedürftige von einem ambulanten Pflegedienst Pflegesachleistungen, können sie ebenfalls halbjährlich einmal eine Beratung in der eigenen Häuslichkeit in Anspruch nehmen. 4Auf Wunsch der pflegebedürftigen Person erfolgt im Zeitraum vom 1. Juli 2022 bis einschließlich 30. Juni 2024 jede zweite Beratung abweichend von den Sätzen 1 bis 3 per Videokonferenz. 5Bei der Durchführung der Videokonferenz sind die nach § 365 Absatz 1 Satz 1 des Fünften Buches vereinbarten Anforderungen an die technischen Verfahren zu Videosprechstunden einzuhalten. 6Die erstmalige Beratung nach den Sätzen 1 bis 3 hat in der eigenen Häuslichkeit zu erfolgen.

(3a) 1Die Beratung nach Absatz 3 dient der Sicherung der Qualität der häuslichen Pflege und der regelmäßigen Hilfestellung und praktischen pflegefachlichen Unterstützung der häuslich Pflegenden. 2Die Pflegebedürftigen und die häuslich Pflegenden sind bei der Beratung auch auf die Auskunfts-, Beratungs- und Unterstützungsangebote des für sie zuständigen Pflegestützpunktes sowie auf die Pflegeberatung nach § 7a hinzuweisen.

(3b) Die Beratung nach Absatz 3 kann durchgeführt werden durch

1. einen zugelassenen Pflegedienst,
2. eine von den Landesverbänden der Pflegekassen nach Absatz 7 anerkannte Beratungsstelle mit nachgewiesener pflegefachlicher Kompetenz oder
3. eine von der Pflegekasse beauftragte, jedoch von ihr nicht beschäftigte Pflegefachkraft, sofern die Durchführung der Beratung durch einen zugelassenen Pflegedienst vor Ort oder eine von den Landesverbänden der Pflegekassen nach Absatz 7 anerkannte Beratungsstelle mit nachgewiesener pflegefachlicher Kompetenz nicht gewährleistet werden kann.

(3c) 1Die Vergütung für die Beratung nach Absatz 3 ist von der zuständigen Pflegekasse, bei privat Pflegeversicherten von dem zuständigen privaten Versicherungsunternehmen zu tragen, im Fall der Beihilfeberechtigung anteilig von dem zuständigen Beihilfeträger. 2Die Höhe der Vergütung für die Beratung durch einen zugelassenen Pflegedienst oder durch eine von der Pflegekasse beauftragte Pflegefachkraft vereinbaren die Pflegekassen oder deren Arbeitsgemeinschaften in entsprechender Anwendung des § 89 Absatz 1 und 3 mit dem Träger des zugelassenen Pflegedienstes oder mit der von der Pflegekasse beauftragten Pflegefachkraft unter Berücksichtigung der Empfehlungen nach Absatz 5. 3Die Vergütung kann nach Pflegegraden gestaffelt werden. 4Über die Höhe der Vergütung anerkannter Beratungsstellen und von Beratungspersonen der kommunalen Gebietskörperschaften entscheiden die Landesverbände der Pflegekassen unter Zugrundelegung der im jeweiligen Land nach den Sätzen 2 und 4 vereinbarten Vergütungssätze jeweils für die Dauer eines Jahres. 5Die Landesverbände haben die jeweilige Festlegung der Vergütungshöhe in geeigneter Weise zu veröffentlichen.

(4) 1Die Pflegedienste und die anerkannten Beratungsstellen sowie die beauftragten Pflegefachkräfte haben die Durchführung der Beratungseinsätze gegenüber der

Pflegekasse oder dem privaten Versicherungsunternehmen zu bestätigen sowie die bei dem Beratungsbesuch gewonnenen Erkenntnisse über die Möglichkeiten der Verbesserung der häuslichen Pflegesituation dem Pflegebedürftigen und mit dessen Einwilligung der Pflegekasse oder dem privaten Versicherungsunternehmen mitzuteilen, im Fall der Beihilfeberechtigung auch der zuständigen Beihilfefestsetzungsstelle. 2Der Spitzenverband Bund der Pflegekassen und die privaten Versicherungsunternehmen stellen ihnen für diese Mitteilung ein einheitliches Formular zur Verfügung. 3Erteilt die pflegebedürftige Person die Einwilligung nicht, ist jedoch nach Überzeugung der Beratungsperson eine weitergehende Beratung angezeigt, übermittelt die jeweilige Beratungsstelle diese Einschätzung über die Erforderlichkeit einer weitergehenden Beratung der zuständigen Pflegekasse oder dem zuständigen privaten Versicherungsunternehmen. 4Diese haben eine weitergehende Beratung nach § 7a anzubieten. 5Der beauftragte Pflegedienst und die anerkannte Beratungsstelle haben dafür Sorge zu tragen, dass für einen Beratungsbesuch im häuslichen Bereich Pflegekräfte eingesetzt werden, die spezifisches Wissen zu dem Krankheits- und Behinderungsbild sowie des sich daraus ergebenden Hilfebedarfs des Pflegebedürftigen mitbringen und über besondere Beratungskompetenz verfügen. 6Zudem soll bei der Planung für die Beratungsbesuche weitestgehend sichergestellt werden, dass der Beratungsbesuch bei einem Pflegebedürftigen möglichst auf Dauer von derselben Pflegekraft durchgeführt wird.

(5) 1Die Vertragsparteien nach § 113 beschließen gemäß § 113b bis zum 1. Januar 2018 unter Beachtung der in Absatz 4 festgelegten Anforderungen Empfehlungen zur Qualitätssicherung der Beratungsbesuche nach Absatz 3. 2Die Empfehlungen enthalten Ausführungen wenigstens

1. zu Beratungsstandards,
2. zur erforderlichen Qualifikation der Beratungspersonen sowie
3. zu erforderlichenfalls einzuleitenden Maßnahmen im Einzelfall.

3Fordert das Bundesministerium für Gesundheit oder eine Vertragspartei nach § 113 im Einvernehmen mit dem Bundesministerium für Gesundheit die Vertragsparteien schriftlich zum Beschluss neuer Empfehlungen nach Satz 1 auf, sind diese innerhalb von sechs Monaten nach Eingang der Aufforderung neu zu beschließen. 4Die Empfehlungen gelten für die anerkannten Beratungsstellen entsprechend.

(5a) 1Der Spitzenverband Bund der Pflegekassen beschließt mit dem Verband der privaten Krankenversicherung e. V. bis zum 1. Januar 2020 Richtlinien zur Aufbereitung, Bewertung und standardisierten Dokumentation der Erkenntnisse aus dem jeweiligen Beratungsbesuch durch die Pflegekasse oder das private Versicherungsunternehmen. 2Die Richtlinien werden erst wirksam, wenn das Bundesministerium für Gesundheit sie genehmigt. 3Die Genehmigung gilt als erteilt, wenn die Richtlinien nicht innerhalb von zwei Monaten, nachdem sie dem Bundesministerium für Gesundheit vorgelegt worden sind, beanstandet werden. 4Beanstandungen des Bundesministeriums für Gesundheit sind innerhalb der von ihm gesetzten Frist zu beheben.

(6) Rufen Pflegebedürftige die Beratung nach Absatz 3 Satz 1 nicht ab, hat die Pflegekasse oder das private Versicherungsunternehmen das Pflegegeld angemessen zu kürzen und im Wiederholungsfall zu entziehen.

(7) 1Die Landesverbände der Pflegekassen haben neutrale und unabhängige Beratungsstellen zur Durchführung der Beratung nach den Absätzen 3 bis 4 anzuerkennen. 2Dem Antrag auf Anerkennung ist ein Nachweis über die erforderliche pflegefachliche Kompetenz der Beratungsstelle und ein Konzept zur Qualitätssicherung des Beratungsangebotes beizufügen. 3Die Landesverbände der Pflegekassen regeln das Nähere zur Anerkennung der Beratungsstellen.

(8) 1Die Beratungsbesuche nach Absatz 3 können auch von Pflegeberaterinnen und Pflegeberatern im Sinne des § 7a oder von Beratungspersonen der kommunalen Gebietskörperschaften, die die erforderliche pflegefachliche Kompetenz aufweisen, durchgeführt werden. 2Absatz 4 findet entsprechende Anwendung. 3Die Inhalte der Empfehlungen zur Qualitätssicherung der Beratungsbesuche nach Absatz 5 sind zu beachten.

(9) Beratungsbesuche nach Absatz 3 dürfen von Betreuungsdiensten im Sinne des § 71 Absatz 1a nicht durchgeführt werden.

§ 38 Kombination von Geldleistung und Sachleistung (Kombinationsleistung)

1Nimmt der Pflegebedürftige die ihm nach § 36 Absatz 3 zustehende Sachleistung nur teilweise in Anspruch, erhält er daneben ein anteiliges Pflegegeld im Sinne des § 37. 2Das Pflegegeld wird um den Vomhundertsatz vermindert, in dem der Pflegebedürftige Sachleistungen in Anspruch genommen hat. 3An die Entscheidung, in welchem Verhältnis er Geld- und Sachleistung in Anspruch nehmen will, ist der Pflegebedürftige für die Dauer von

§ 36 + § 37

XI

sechs Monaten gebunden. 4Anteiliges Pflegegeld wird während einer Kurzzeitpflege nach § 42 für bis zu acht Wochen und während einer Verhinderungspflege nach § 39 für bis zu sechs Wochen je Kalenderjahr in Höhe der Hälfte der vor Beginn der Kurzzeit- oder Verhinderungspflege geleisteten Höhe fortgewährt. 5Pflegebedürftige in vollstationären Einrichtungen der Hilfe für behinderte Menschen (§ 43a) haben Anspruch auf ungekürztes Pflegegeld anteilig für die Tage, an denen sie sich in häuslicher Pflege befinden.

§ 38a Zusätzliche Leistungen für Pflegebedürftige in ambulant betreuten Wohngruppen

(1) 1Pflegebedürftige haben Anspruch auf einen pauschalen Zuschlag in Höhe von 214 Euro monatlich, wenn

1. sie mit mindestens zwei und höchstens elf weiteren Personen in einer ambulant betreuten Wohngruppe in einer gemeinsamen Wohnung zum Zweck der gemeinschaftlich organisierten pflegerischen Versorgung leben und davon mindestens zwei weitere Personen pflegebedürftig im Sinne der §§ 14, 15 sind,
2. sie Leistungen nach den §§ 36, 37, 38, 45a oder § 45b beziehen,
3. eine Person durch die Mitglieder der Wohngruppe gemeinschaftlich beauftragt ist, unabhängig von der individuellen pflegerischen Versorgung allgemeine organisatorische, verwaltende, betreuende oder das Gemeinschaftsleben fördernde Tätigkeiten zu verrichten oder die Wohngruppenmitglieder bei der Haushaltsführung zu unterstützen, und
4. keine Versorgungsform einschließlich teilstationärer Pflege vorliegt, in der ein Anbieter der Wohngruppe oder ein Dritter den Pflegebedürftigen Leistungen anbietet oder gewährleistet, die dem im jeweiligen Rahmenvertrag nach § 75 Absatz 1 für vollstationäre Pflege vereinbarten Leistungsumfang weitgehend entsprechen; der Anbieter einer ambulant betreuten Wohngruppe hat die Pflegebedürftigen vor deren Einzug in die Wohngruppe in geeigneter Weise darauf hinzuweisen, dass dieser Leistungsumfang von ihm oder einem Dritten nicht erbracht wird, sondern die Versorgung in der Wohngruppe auch durch die aktive Einbindung ihrer eigenen Ressourcen und ihres sozialen Umfelds sichergestellt werden kann.

2Leistungen der Tages- und Nachtpflege gemäß § 41 können neben den Leistungen nach dieser Vorschrift nur in Anspruch genommen werden, wenn gegenüber der zuständigen Pflegekasse durch eine Prüfung des Medizinischen Dienstes nachgewiesen ist, dass die Pflege in der ambulant betreuten Wohngruppe ohne teilstationäre Pflege nicht in ausreichendem Umfang sichergestellt ist; dies gilt entsprechend für die Versicherten der privaten Pflege-Pflichtversicherung.

(2) Die Pflegekassen sind berechtigt, zur Feststellung der Anspruchsvoraussetzungen bei dem Antragsteller folgende Daten zu verarbeiten und folgende Unterlagen anzufordern:

1. eine formlose Bestätigung des Antragstellers, dass die Voraussetzungen nach Absatz 1 Nummer 1 erfüllt sind,
2. die Adresse und das Gründungsdatum der Wohngruppe,
3. den Mietvertrag einschließlich eines Grundrisses der Wohnung und den Pflegevertrag nach § 120,
4. Vorname, Name, Anschrift und Telefonnummer sowie Unterschrift der Person nach Absatz 1 Nummer 3 und
5. die vereinbarten Aufgaben der Person nach Absatz 1 Nummer 3.

§ 39 Häusliche Pflege bei Verhinderung der Pflegeperson

(1) 1Ist eine Pflegeperson wegen Erholungsurlaubs, Krankheit oder aus anderen Gründen an der Pflege gehindert, übernimmt die Pflegekasse die nachgewiesenen Kosten einer notwendigen Ersatzpflege für längstens sechs Wochen je Kalenderjahr; § 34 Absatz 2 Satz 1 gilt nicht. 2Voraussetzung ist, dass die Pflegeperson den Pflegebedürftigen vor der erstmaligen Verhinderung mindestens sechs Monate in seiner häuslichen Umgebung gepflegt hat und der Pflegebedürftige zum Zeitpunkt der Verhinderung mindestens in Pflegegrad 2 eingestuft ist. 3Die Aufwendungen der Pflegekasse können sich im Kalenderjahr auf bis zu 1612 Euro belaufen, wenn die Ersatzpflege durch andere Pflegepersonen sichergestellt wird als solche, die mit dem Pflegebedürftigen bis zum zweiten Grade verwandt oder verschwägert sind oder die mit ihm in häuslicher Gemeinschaft leben.

(2) 1Der Leistungsbetrag nach Absatz 1 Satz 3 kann um bis zu 806 Euro aus noch nicht in Anspruch genommenen Mitteln der Kurzzeitpflege nach § 42 Absatz 2 Satz 2 auf insgesamt bis zu 2418 Euro im Kalenderjahr erhöht werden. 2Der für die Verhinderungspflege in Anspruch genommene Erhöhungsbetrag wird auf den Leistungsbetrag für eine Kurzzeitpflege nach § 42 Absatz 2 Satz 2 angerechnet.

(3) 1Bei einer Ersatzpflege durch Pflegepersonen, die mit dem Pflegebedürftigen bis zum zweiten Grade verwandt

XI

oder verschwägert sind oder mit ihm in häuslicher Gemeinschaft leben, dürfen die Aufwendungen der Pflegekasse regelmäßig den Betrag des Pflegegeldes nach § 37 Absatz 1 Satz 3 für bis zu sechs Wochen nicht überschreiten. $_2$Wird die Ersatzpflege von den in Satz 1 genannten Personen erwerbsmäßig ausgeübt, können sich die Aufwendungen der Pflegekasse abweichend von Satz 1 auf den Leistungsbetrag nach Absatz 1 Satz 3 belaufen; Absatz 2 findet Anwendung. $_3$Bei Bezug der Leistung in Höhe des Pflegegeldes für eine Ersatzpflege durch Pflegepersonen, die mit dem Pflegebedürftigen bis zum zweiten Grade verwandt oder verschwägert sind oder mit ihm in häuslicher Gemeinschaft leben, können von der Pflegekasse auf Nachweis notwendige Aufwendungen, die der Pflegeperson im Zusammenhang mit der Ersatzpflege entstanden sind, übernommen werden. $_4$Die Aufwendungen der Pflegekasse nach den Sätzen 1 und 3 dürfen zusammen den Leistungsbetrag nach Absatz 1 Satz 3 nicht übersteigen; Absatz 2 findet Anwendung.

§ 39a Ergänzende Unterstützung bei Nutzung von digitalen Pflegeanwendungen

Pflegebedürftige haben bei der Nutzung digitaler Pflegeanwendungen im Sinne des § 40a Anspruch auf ergänzende Unterstützungsleistungen, deren Erforderlichkeit das Bundesinstitut für Arzneimittel und Medizinprodukte nach § 78a Absatz 5 Satz 6 festgestellt hat, durch nach diesem Buch zugelassene ambulante Pflegeeinrichtungen.

§ 40 Pflegehilfsmittel und wohnumfeldverbessernde Maßnahmen

(1) $_1$Pflegebedürftige haben Anspruch auf Versorgung mit Pflegehilfsmitteln, die zur Erleichterung der Pflege oder zur Linderung der Beschwerden des Pflegebedürftigen beitragen oder ihm eine selbständigere Lebensführung ermöglichen, soweit die Hilfsmittel nicht wegen Krankheit oder Behinderung von der Krankenversicherung oder anderen zuständigen Leistungsträgern zu leisten sind. $_2$Die Pflegekasse kann in geeigneten Fällen die Notwendigkeit der Versorgung mit den beantragten Pflegehilfsmitteln unter Beteiligung einer Pflegekraft oder des Medizinischen Dienstes überprüfen lassen. $_3$Entscheiden sich Versicherte für eine Ausstattung des Pflegehilfsmittels, die über das Maß des Notwendigen hinausgeht, haben sie die Mehrkosten und die dadurch bedingten Folgekosten selbst zu tragen. $_4$§ 33 Abs. 6 und 7 des Fünften Buches gilt entsprechend.

(2) $_1$Die Aufwendungen der Pflegekassen für zum Verbrauch bestimmte Pflegehilfsmittel dürfen monatlich den Betrag von 40 Euro nicht übersteigen; bis zum 31. Dezember 2021 gilt ein monatlicher Betrag in Höhe von 60 Euro. $_2$Die Leistung kann auch in Form einer Kostenerstattung erbracht werden.

(3) $_1$Die Pflegekassen sollen technische Pflegehilfsmittel in allen geeigneten Fällen vorrangig leihweise überlassen. $_2$Sie können die Bewilligung davon abhängig machen, daß die Pflegebedürftigen sich das Pflegehilfsmittel anpassen oder sich selbst oder die Pflegeperson in seinem Gebrauch ausbilden lassen. $_3$Der Anspruch umfaßt auch die notwendige Änderung, Instandsetzung und Ersatzbeschaffung von Pflegehilfsmitteln sowie die Ausbildung in ihrem Gebrauch. $_4$Versicherte, die das 18. Lebensjahr vollendet haben, haben zu den Kosten der Pflegehilfsmittel mit Ausnahme der Pflegehilfsmittel nach Absatz 2 eine Zuzahlung von zehn vom Hundert, höchstens jedoch 25 Euro je Pflegehilfsmittel an die abgebende Stelle zu leisten. $_5$Zur Vermeidung von Härten kann die Pflegekasse den Versicherten in entsprechender Anwendung des § 62 Abs. 1 Satz 1, 2 und 6 sowie Abs. 2 und 3 des Fünften Buches ganz oder teilweise von der Zuzahlung befreien. $_6$Versicherte, die die für sie geltende Belastungsgrenze nach § 62 des Fünften Buches erreicht haben oder unter Berücksichtigung der Zuzahlung nach Satz 4 erreichen, sind hinsichtlich des die Belastungsgrenze überschreitenden Betrags von der Zuzahlung nach diesem Buch befreit. $_7$Lehnen Versicherte die teilweise Überlassung eines Pflegehilfsmittels ohne zwingenden Grund ab, haben sie die Kosten des Pflegehilfsmittels in vollem Umfang selbst zu tragen.

(4) $_1$Die Pflegekassen können subsidiär finanzielle Zuschüsse für Maßnahmen zur Verbesserung des individuellen Wohnumfeldes des Pflegebedürftigen gewähren, beispielsweise für technische Hilfen im Haushalt, wenn dadurch im Einzelfall die häusliche Pflege ermöglicht oder erheblich erleichtert oder eine möglichst selbständige Lebensführung des Pflegebedürftigen wiederhergestellt wird. $_2$Die Zuschüsse dürfen einen Betrag in Höhe von 4000 Euro je Maßnahme nicht übersteigen. $_3$Leben mehrere Pflegebedürftige in einer gemeinsamen Wohnung, dürfen die Zuschüsse für Maßnahmen zur Verbesserung des gemeinsamen Wohnumfeldes einen Betrag in Höhe von 4000 Euro je Pflegebedürftigem nicht übersteigen. $_4$Der Gesamtbetrag je Maßnahme nach Satz 3 ist auf 16 000 Euro begrenzt und wird bei mehr als vier Anspruchsberechtigten anteilig auf die Versicherungsträger der Anspruchsberechtigten aufgeteilt. $_5$§ 40 Absatz 1 Satz 2 gilt entsprechend.

(5) ₁Für Hilfsmittel und Pflegehilfsmittel, die sowohl den in § 23 und § 33 des Fünften Buches als auch den in Absatz 1 genannten Zwecken dienen können, prüft der Leistungsträger, bei dem die Leistung beantragt wird, ob ein Anspruch gegenüber der Krankenkasse oder der Pflegekasse besteht und entscheidet über die Bewilligung der Hilfsmittel und Pflegehilfsmittel. ₂Zur Gewährleistung einer Absatz 1 Satz 1 entsprechenden Abgrenzung der Leistungsverpflichtungen der gesetzlichen Krankenversicherung und der sozialen Pflegeversicherung werden die Ausgaben für Hilfsmittel und Pflegehilfsmittel zwischen der jeweiligen Krankenkasse und der bei ihr errichteten Pflegekasse in einem bestimmten Verhältnis pauschal aufgeteilt. ₃Der Spitzenverband Bund der Krankenkassen bestimmt in Richtlinien, die erstmals bis zum 30. April 2012 zu beschließen sind, die Hilfsmittel und Pflegehilfsmittel nach Satz 1, das Verhältnis, in dem die Ausgaben aufzuteilen sind, sowie die Einzelheiten zur Umsetzung der Pauschalierung. ₄Er berücksichtigt dabei die bisherigen Ausgaben der Kranken- und Pflegekassen und stellt sicher, dass bei der Aufteilung die Zielsetzung der Vorschriften des Fünften Buches und dieses Buches zur Hilfsmittelversorgung sowie die Belange der Versicherten gewahrt bleiben. ₅Die Richtlinien bedürfen der Genehmigung des Bundesministeriums für Gesundheit und treten am ersten Tag des auf die Genehmigung folgenden Monats in Kraft; die Genehmigung kann mit Auflagen verbunden werden. ₆Die Richtlinien sind für die Kranken- und Pflegekassen verbindlich. ₇Für die nach Satz 3 bestimmten Hilfsmittel und Pflegehilfsmittel richtet sich die Zuzahlung nach den §§ 33, 61 und 62 des Fünften Buches; für die Prüfung des Leistungsanspruchs gilt § 275 Absatz 3 des Fünften Buches. ₈Die Regelungen dieses Absatzes gelten nicht für Ansprüche auf Hilfsmittel oder Pflegehilfsmittel von Pflegebedürftigen, die sich in vollstationärer Pflege befinden, sowie von Pflegebedürftigen nach § 28 Absatz 2.

(6) ₁Pflegefachkräfte können im Rahmen ihrer Leistungserbringung nach § 36, nach den §§ 37 und 37c des Fünften Buches sowie der Beratungseinsätze nach § 37 Absatz 3 konkrete Empfehlungen zur Hilfsmittel- und Pflegehilfsmittelversorgung abgeben. ₂Wird ein Pflegehilfsmittel nach Absatz 1 Satz 1 oder Absatz 5 oder ein Hilfsmittel nach Absatz 5, das den Zielen von Absatz 1 Satz 1 dient, von einer Pflegefachkraft bei der Antragstellung empfohlen, werden unter den in den Richtlinien nach Satz 6 festgelegten Voraussetzungen die Notwendigkeit der Versorgung nach Absatz 1 Satz 2 und die Erforderlichkeit der Versorgung nach § 33 Absatz 1 des Fünften Buches vermutet. ₃Die Empfehlung der Pflegefachkraft darf bei der Antragstellung nicht älter als zwei Wochen sein. ₄Einer ärztlichen Verordnung gemäß § 33 Absatz 5a des Fünften Buches bedarf es bei Vorliegen einer Empfehlung nach Satz 1 nicht. ₅Die Empfehlung der Pflegefachkraft für ein Pflegehilfsmittel oder ein Hilfsmittel, das den Zielen des Absatzes 1 Satz 1 dient, ist der Kranken- oder Pflegekasse zusammen mit dem Antrag des Versicherten in Textform zu übermitteln. ₆Der Spitzenverband Bund der Krankenkassen, zugleich nach § 53 Satz 1 die Aufgaben des Spitzenverbandes Bund der Pflegekassen wahrnehmend, legt bis zum 31. Dezember 2021 in Richtlinien fest, in welchen Fällen und für welche Hilfsmittel und Pflegehilfsmittel nach Satz 2 die Erforderlichkeit oder Notwendigkeit der Versorgung vermutet wird; dabei ist auch festzulegen, über welche Eignung die empfehlende Pflegefachkraft verfügen soll. ₇In den Richtlinien wird auch das Nähere zum Verfahren der Empfehlung durch die versorgende Pflegefachkraft bei Antragstellung festgelegt. ₈Die Bundespflegekammer und die Verbände der Pflegeberufe auf Bundesebene sind an den Richtlinien zu beteiligen. ₉Der Spitzenverband Bund der Krankenkassen, zugleich nach § 53 Satz 1 die Aufgaben des Spitzenverbandes Bund der Pflegekassen wahrnehmend, wird beauftragt, die in den Richtlinien festgelegten Verfahren in fachlicher und wirtschaftlicher Hinsicht unter Beteiligung des Medizinischen Dienstes Bund, der Bundespflegekammer und der Verbände der Pflegeberufe auf Bundesebene zu evaluieren. ₁₀Ein Bericht über die Ergebnisse der Evaluation ist dem Bundesministerium für Gesundheit bis zum 1. Januar 2025 vorzulegen.

(7) ₁Die Pflegekasse hat über einen Antrag auf Pflegehilfsmittel oder Zuschüsse zu wohnumfeldverbessernden Maßnahmen zügig, spätestens bis zum Ablauf von drei Wochen nach Antragseingang oder in Fällen, in denen eine Pflegefachkraft oder der Medizinische Dienst nach Absatz 1 Satz 2 beteiligt wird, innerhalb von fünf Wochen nach Antragseingang zu entscheiden. ₂Über einen Antrag auf ein Pflegehilfsmittel, das von einer Pflegefachkraft bei der Antragstellung nach Absatz 6 Satz 2 empfohlen wurde, hat die Pflegekasse zügig, spätestens bis zum Ablauf von drei Wochen nach Antragseingang, zu entscheiden. ₃Kann die Pflegekasse die Fristen nach Satz 1 oder Satz 2 nicht einhalten, teilt sie dies den Antragstellern unter Darlegung der Gründe rechtzeitig schriftlich mit. ₄Erfolgt keine Mitteilung eines hinreichenden Grundes, gilt die Leistung nach Ablauf der Frist als genehmigt.

XI

§ 40a Digitale Pflegeanwendungen

(1) Pflegebedürftige haben Anspruch auf Versorgung mit Anwendungen, die wesentlich auf digitalen Technologien beruhen und von den Pflegebedürftigen oder in der Interaktion von Pflegebedürftigen mit Angehörigen, sonstigen ehrenamtlich Pflegenden oder zugelassenen ambulanten Pflegeeinrichtungen genutzt werden, um Beeinträchtigungen der Selbständigkeit oder der Fähigkeiten des Pflegebedürftigen zu mindern oder einer Verschlimmerung der Pflegebedürftigkeit entgegenzuwirken, soweit die Anwendung nicht wegen Krankheit oder Behinderung von der Krankenversicherung oder anderen zuständigen Leistungsträgern zu leisten ist (digitale Pflegeanwendungen).

(1a) $_1$Digitale Pflegeanwendungen im Sinne des Absatzes 1 sind auch solche Anwendungen, die pflegende Angehörige oder sonstige ehrenamtlich Pflegende in den in § 14 Absatz 2 genannten Bereichen oder bei der Haushaltsführung unterstützen und die häusliche Versorgungssituation des Pflegebedürftigen stabilisieren. $_2$Keine digitalen Pflegeanwendungen im Sinne des Absatzes 1 sind insbesondere Anwendungen, deren Zweck dem allgemeinen Lebensbedarf oder der allgemeinen Lebensführung dient, sowie Anwendungen zur Arbeitsorganisation von ambulanten Pflegeeinrichtungen, zur Wissensvermittlung, Information oder Kommunikation, zur Beantragung oder Verwaltung von Leistungen oder andere digitale Anwendungen, die ausschließlich auf Auskunft oder Beratung zur Auswahl und Inanspruchnahme von Sozialleistungen oder sonstigen Hilfsangeboten ausgerichtet sind.

(1b) Sofern digitale Pflegeanwendungen nach den geltenden medizinprodukterechtlichen Vorschriften Medizinprodukte sind, umfasst der Anspruch nur digitale Pflegeanwendungen, die nach § 33a Absatz 2 des Fünften Buches Medizinprodukte mit niedriger Risikoklasse sind.

(2) $_1$Der Anspruch umfasst nur digitale Pflegeanwendungen, die vom Bundesinstitut für Arzneimittel und Medizinprodukte in das Verzeichnis für digitale Pflegeanwendungen nach § 78a Absatz 3 aufgenommen sind. $_2$Die Pflegekasse entscheidet auf Antrag des Pflegebedürftigen über die Notwendigkeit der Versorgung des Pflegebedürftigen mit einer digitalen Pflegeanwendung. $_3$Die erstmalige Bewilligung ist zu befristen. $_4$Die Befristung darf höchstens sechs Monate betragen. $_5$Innerhalb der Frist hat die Pflegekasse eine Prüfung vorzunehmen und eine unbefristete Bewilligung zu erteilen, wenn die Prüfung ergibt, dass die digitale Pflegeanwendung genutzt und die Zwecksetzung der Versorgung mit der digitalen Pflegeanwendung gemäß Absatz 1 bezogen auf die konkrete Versorgungssituation erreicht wird. $_6$Die Pflegekasse darf dazu die pflegebedürftige Person befragen. $_7$Ein erneuter Antrag ist nicht erforderlich. $_8$Entscheiden sich Pflegebedürftige für eine digitale Pflegeanwendung, deren Funktionen oder Anwendungsbereiche über die in das Verzeichnis für digitale Pflegeanwendungen nach § 78a Absatz 3 aufgenommenen digitalen Pflegeanwendungen hinausgehen oder deren Kosten die Vergütungsbeträge nach § 78a Absatz 1 Satz 1 übersteigen, haben sie die Mehrkosten selbst zu tragen. $_9$Über die von ihnen zu tragenden Mehrkosten sind die Pflegebedürftigen von den Pflegekassen vorab in schriftlicher Form oder elektronisch zu informieren.

(3) Ansprüche nach anderen Vorschriften dieses Buches bleiben unberührt.

(4) Die Hersteller stellen den Anspruchsberechtigten digitale Pflegeanwendungen barrierefrei im Wege elektronischer Übertragung über öffentlich zugängliche Netze, auf maschinell lesbaren Datenträgern oder über digitale Vertriebsplattformen zur Verfügung.

§ 40b Leistungsanspruch beim Einsatz digitaler Pflegeanwendungen

Bewilligt die Pflegekasse die Versorgung mit einer digitalen Pflegeanwendung, hat die pflegebedürftige Person Anspruch auf die Erstattung von Aufwendungen für digitale Pflegeanwendungen nach § 40a sowie auf Leistungen für die Inanspruchnahme von ergänzenden Unterstützungsleistungen ambulanter Pflegeeinrichtungen nach § 39a bis zur Höhe von insgesamt 50 Euro im Monat.

Zweiter Titel
Teilstationäre Pflege und Kurzzeitpflege

§ 41 Tagespflege und Nachtpflege

(1) $_1$Pflegebedürftige der Pflegegrade 2 bis 5 haben Anspruch auf teilstationäre Pflege in Einrichtungen der Tages- oder Nachtpflege, wenn häusliche Pflege nicht in ausreichendem Umfang sichergestellt werden kann oder wenn dies zur Ergänzung oder Stärkung der häuslichen Pflege erforderlich ist. $_2$Die teilstationäre Pflege umfaßt auch die notwendige Beförderung des Pflegebedürftigen von der Wohnung zur Einrichtung der Tagespflege oder der Nachtpflege und zurück.

(2) $_1$Die Pflegekasse übernimmt im Rahmen der Leistungsbeträge nach Satz 2 die pflegebedingten Aufwen-

dungen der teilstationären Pflege einschließlich der Aufwendungen für Betreuung und die Aufwendungen für die in der Einrichtung notwendigen Leistungen der medizinischen Behandlungspflege. 2Der Anspruch auf teilstationäre Pflege umfasst je Kalendermonat

1. für Pflegebedürftige des Pflegegrades 2 einen Gesamtwert bis zu 689 Euro,
2. für Pflegebedürftige des Pflegegrades 3 einen Gesamtwert bis zu 1298 Euro,
3. für Pflegebedürftige des Pflegegrades 4 einen Gesamtwert bis zu 1612 Euro,
4. für Pflegebedürftige des Pflegegrades 5 einen Gesamtwert bis zu 1995 Euro.

(3) Pflegebedürftige der Pflegegrade 2 bis 5 können teilstationäre Tages- und Nachtpflege zusätzlich zu ambulanten Pflegesachleistungen, Pflegegeld oder der Kombinationsleistung nach § 38 in Anspruch nehmen, ohne dass eine Anrechnung auf diese Ansprüche erfolgt.

§ 42 Kurzzeitpflege

(1) 1Kann die häusliche Pflege zeitweise nicht, noch nicht oder nicht im erforderlichen Umfang erbracht werden und reicht auch teilstationäre Pflege nicht aus, besteht für Pflegebedürftige der Pflegegrade 2 bis 5 Anspruch auf Pflege in einer vollstationären Einrichtung. 2Dies gilt:

1. für eine Übergangszeit im Anschluß an eine stationäre Behandlung des Pflegebedürftigen oder
2. in sonstigen Krisensituationen, in denen vorübergehend häusliche oder teilstationäre Pflege nicht möglich oder nicht ausreichend ist.

(2) 1Der Anspruch auf Kurzzeitpflege ist auf acht Wochen pro Kalenderjahr beschränkt. 2Die Pflegekasse übernimmt die pflegebedingten Aufwendungen einschließlich der Aufwendungen für Betreuung sowie die Aufwendungen für Leistungen der medizinischen Behandlungspflege bis zu dem Gesamtbetrag von 1774 Euro im Kalenderjahr. 3Der Leistungsbetrag nach Satz 2 kann um bis zu 1612 Euro aus noch nicht in Anspruch genommenen Mitteln der Verhinderungspflege nach § 39 Absatz 1 Satz 3 auf insgesamt bis zu 3386 Euro im Kalenderjahr erhöht werden. 4Der für die Kurzzeitpflege in Anspruch genommene Erhöhungsbetrag wird auf den Leistungsbetrag für eine Verhinderungspflege nach § 39 Absatz 1 Satz 3 angerechnet.

(3) 1Abweichend von den Absätzen 1 und 2 besteht der Anspruch auf Kurzzeitpflege in begründeten Einzelfällen bei zu Hause gepflegten Pflegebedürftigen auch in geeigneten Einrichtungen der Hilfe für behinderte Menschen und anderen geeigneten Einrichtungen, wenn die Pflege in einer von den Pflegekassen zur Kurzzeitpflege zugelassenen Pflegeeinrichtung nicht möglich ist oder nicht zumutbar erscheint. 2§ 34 Abs. 2 Satz 1 findet keine Anwendung. 3Sind in dem Entgelt für die Einrichtung Kosten für Unterkunft und Verpflegung sowie Aufwendungen für Investitionen enthalten, ohne gesondert ausgewiesen zu sein, so sind 60 vom Hundert des Entgelts zuschussfähig. 4In begründeten Einzelfällen kann die Pflegekasse in Ansehung der Kosten für Unterkunft und Verpflegung sowie der Aufwendungen für Investitionen davon abweichende pauschale Abschläge vornehmen.

(4) Abweichend von den Absätzen 1 und 2 besteht der Anspruch auf Kurzzeitpflege auch in Einrichtungen, die stationäre Leistungen zur medizinischen Vorsorge oder Rehabilitation erbringen, wenn während einer Maßnahme der medizinischen Vorsorge oder Rehabilitation für eine Pflegeperson eine gleichzeitige Unterbringung und Pflege des Pflegebedürftigen erforderlich ist.

Dritter Titel
Vollstationäre Pflege

§ 43 Inhalt der Leistung

(1) Pflegebedürftige der Pflegegrade 2 bis 5 haben Anspruch auf Pflege in vollstationären Einrichtungen.

(2) 1Für Pflegebedürftige in vollstationären Einrichtungen übernimmt die Pflegekasse im Rahmen der pauschalen Leistungsbeträge nach Satz 2 die pflegebedingten Aufwendungen einschließlich der Aufwendungen für Betreuung und die Aufwendungen für Leistungen der medizinischen Behandlungspflege. 2Der Anspruch beträgt je Kalendermonat

1. 770 Euro für Pflegebedürftige des Pflegegrades 2,
2. 1262 Euro für Pflegebedürftige des Pflegegrades 3,
3. 1775 Euro für Pflegebedürftige des Pflegegrades 4,
4. 2005 Euro für Pflegebedürftige des Pflegegrades 5.

3Abweichend von Satz 1 übernimmt die Pflegekasse auch Aufwendungen für Unterkunft und Verpflegung, soweit der nach Satz 2 gewährte Leistungsbetrag die in Satz 1 genannten Aufwendungen übersteigt.

(3) Wählen Pflegebedürftige des Pflegegrades 1 vollstationäre Pflege, erhalten sie für die in Absatz 2 Satz 1 genannten Aufwendungen einen Zuschuss in Höhe von 125 Euro monatlich.

(4) Bei vorübergehender Abwesenheit von Pflegebedürftigen aus dem Pflegeheim werden die Leistungen für vollstationäre Pflege erbracht, solange die Voraussetzungen des § 87a Abs. 1 Satz 5 und 6 vorliegen.

Vierter Titel
Pauschalleistung für die Pflege von Menschen mit Behinderungen

§ 43a Inhalt der Leistung

1Für Pflegebedürftige der Pflegegrade 2 bis 5 in einer vollstationären Einrichtung im Sinne des § 71 Absatz 4 Nummer 1, in der die Teilhabe am Arbeitsleben, an Bildung oder die soziale Teilhabe, die schulische Ausbildung oder die Erziehung von Menschen mit Behinderungen im Vordergrund des Einrichtungszwecks stehen, übernimmt die Pflegekasse zur Abgeltung der in § 43 Absatz 2 genannten Aufwendungen 15 Prozent der nach Teil 2 Kapitel 8 des Neunten Buches vereinbarten Vergütung. 2Die Aufwendungen der Pflegekasse dürfen im Einzelfall je Kalendermonat 266 Euro nicht überschreiten. 3Die Sätze 1 und 2 gelten auch für Pflegebedürftige der Pflegegrade 2 bis 5 in Räumlichkeiten im Sinne des § 71 Absatz 4 Nummer 3, die Leistungen der Eingliederungshilfe für Menschen mit Behinderungen nach Teil 2 des Neunten Buches erhalten. 4Wird für die Tage, an denen die Pflegebedürftigen im Sinne der Sätze 1 und 3 zu Hause gepflegt und betreut werden, anteiliges Pflegegeld beansprucht, gelten die Tage der An- und Abreise als volle Tage der häuslichen Pflege.

Fünfter Titel
Zusätzliche Betreuung und Aktivierung in stationären Pflegeeinrichtungen

§ 43b Inhalt der Leistung

Pflegebedürftige in stationären Pflegeeinrichtungen haben nach Maßgabe von § 84 Absatz 8 und § 85 Absatz 8 Anspruch auf zusätzliche Betreuung und Aktivierung, die über die nach Art und Schwere der Pflegebedürftigkeit notwendige Versorgung hinausgeht.

Sechster Titel
Pflegebedingter Eigenanteil bei vollstationärer Pflege

§ 43c Begrenzung des Eigenanteils an den pflegebedingten Aufwendungen

1Pflegebedürftige der Pflegegrade 2 bis 5, die bis einschließlich zwölf Monate Leistungen nach § 43 beziehen, erhalten einen Leistungszuschlag in Höhe von 5 Prozent ihres zu zahlenden Eigenanteils an den pflegebedingten Aufwendungen. 2Pflegebedürftige der Pflegegrade 2 bis 5, die seit mehr als zwölf Monaten Leistungen nach § 43 beziehen, erhalten einen Leistungszuschlag in Höhe von 25 Prozent ihres zu zahlenden Eigenanteils an den pflegebedingten Aufwendungen. 3Pflegebedürftige der Pflegegrade 2 bis 5, die seit mehr als 24 Monaten Leistungen nach § 43 beziehen, erhalten einen Leistungszuschlag in Höhe von 45 Prozent ihres zu zahlenden Eigenanteils an den pflegebedingten Aufwendungen. 4Pflegebedürftige der Pflegegrade 2 bis 5, die seit mehr als 36 Monaten Leistungen nach § 43 beziehen, erhalten einen Leistungszuschlag in Höhe von 70 Prozent ihres zu zahlenden Eigenanteils an den pflegebedingten Aufwendungen. 5Bei der Bemessung der Monate, in denen Pflegebedürftige Leistungen nach § 43 beziehen, werden Monate, in denen nur für einen Teilzeitraum Leistungen nach § 43 bezogen worden sind, berücksichtigt. 6Die Pflegeeinrichtung, die den Pflegebedürftigen versorgt, stellt der Pflegekasse des Pflegebedürftigen neben dem Leistungsbetrag den Leistungszuschlag in Rechnung und dem Pflegebedürftigen den verbleibenden Eigenanteil. 7Die Pflegekasse übermittelt für jeden Pflegebedürftigen beim Einzug in die Pflegeeinrichtung sowie zum 1. Januar 2022 für alle vollstationär versorgten Pflegebedürftigen die bisherige Dauer des Bezugs von Leistungen nach § 43.

Vierter Abschnitt
Leistungen für Pflegepersonen

§ 44 Leistungen zur sozialen Sicherung der Pflegepersonen

(1) 1Zur Verbesserung der sozialen Sicherung der Pflegepersonen im Sinne des § 19, die einen Pflegebedürftigen mit mindestens Pflegegrad 2 pflegen, entrichten die Pflegekassen und die privaten Versicherungsunternehmen, bei denen eine private Pflege-Pflichtversicherung durchgeführt wird, sowie die sonstigen in § 170 Absatz 1 Nummer 6 des Sechsten Buches genannten Stellen Beiträge nach Maßgabe des § 166 Absatz 2 des Sechsten Buches an den zuständigen Träger der gesetzlichen Rentenversicherung, wenn die Pflegeperson regelmäßig nicht mehr als 30 Stunden wöchentlich erwerbstätig ist. 2Der Medizinische Dienst oder ein anderer von der Pflegekasse beauftragter unabhängiger Gutachter ermittelt im Einzelfall, ob die Pflegeperson eine oder mehrere pflegebedürftige Personen wenigstens zehn Stunden wöchentlich, verteilt auf regelmäßig mindestens zwei Tage in der Woche, pflegt. 3Wird die Pflege eines Pflegebedürftigen von mehreren Pflegepersonen erbracht (Mehrfachpflege), wird zudem der Umfang der jeweiligen Pflegetätigkeit je Pflegeperson im Verhältnis zum

Umfang der von den Pflegepersonen zu leistenden Pflegetätigkeit insgesamt (Gesamtpflegeaufwand) ermittelt. 4Dabei werden die Angaben der beteiligten Pflegepersonen zugrunde gelegt. 5Werden keine oder keine übereinstimmenden Angaben gemacht, erfolgt eine Aufteilung zu gleichen Teilen. 6Die Feststellungen zu den Pflegezeiten und zum Pflegeaufwand der Pflegeperson sowie bei Mehrfachpflege zum Einzel- und Gesamtpflegeaufwand trifft die für die Pflegeleistungen nach diesem Buch zuständige Stelle. 7Diese Feststellungen sind der Pflegeperson auf Wunsch zu übermitteln.

(2) 1Für Pflegepersonen, die wegen einer Pflichtmitgliedschaft in einer berufsständischen Versorgungseinrichtung auch in ihrer Pflegetätigkeit von der Versicherungspflicht in der gesetzlichen Rentenversicherung befreit sind oder befreit wären, wenn sie in der gesetzlichen Rentenversicherung versicherungspflichtig wären und einen Befreiungsantrag gestellt hätten, werden die nach Absatz 1 zu entrichtenden Beiträge auf Antrag an die berufsständische Versorgungseinrichtung gezahlt. 2§ 47a Absatz 2 des Fünften Buches gilt für die Pflegekassen, die Beiträge an berufsständische Versorgungseinrichtungen entrichten, entsprechend.

(2a) Während der pflegerischen Tätigkeit sind Pflegepersonen im Sinne des § 19, die einen Pflegebedürftigen mit mindestens Pflegegrad 2 pflegen, nach Maßgabe des § 2 Absatz 1 Nummer 17 des Siebten Buches in den Versicherungsschutz der gesetzlichen Unfallversicherung einbezogen.

(2b) 1Während der pflegerischen Tätigkeit sind Pflegepersonen im Sinne des § 19, die einen Pflegebedürftigen mit mindestens Pflegegrad 2 pflegen, nach Maßgabe des § 26 Absatz 2b des Dritten Buches nach dem Recht der Arbeitsförderung versichert. 2Die Pflegekassen und die privaten Versicherungsunternehmen, bei denen eine private Pflege-Pflichtversicherung durchgeführt wird, sowie die sonstigen in § 347 Nummer 10 Buchstabe c des Dritten Buches genannten Stellen entrichten für die Pflegepersonen Beiträge an die Bundesagentur für Arbeit. 3Näheres zu den Beiträgen und zum Verfahren regeln die §§ 345, 347 und 349 des Dritten Buches.

(3) 1Die Pflegekasse und das private Versicherungsunternehmen haben die in der Rentenversicherung zu versichernde Pflegeperson den zuständigen Rentenversicherungsträgern zu melden. 2Die Meldung für die Pflegeperson enthält:

1. ihre Versicherungsnummer, soweit bekannt,
2. ihren Familien- und Vornamen,
3. ihr Geburtsdatum,
4. ihre Staatsangehörigkeit,
5. ihre Anschrift,
6. Beginn und Ende der Pflegetätigkeit,
7. den Pflegegrad des Pflegebedürftigen und
8. die nach § 166 Absatz 2 des Sechsten Buches maßgeblichen beitragspflichtigen Einnahmen.

3Der Spitzenverband Bund der Pflegekassen sowie der Verband der privaten Krankenversicherung e. V. können mit der Deutschen Rentenversicherung Bund Näheres über das Meldeverfahren vereinbaren.

(4) Der Inhalt der Meldung nach Absatz 3 Satz 2 Nr. 1 bis 6 und 8 ist der Pflegeperson, der Inhalt der Meldung nach Absatz 3 Satz 2 Nr. 7 dem Pflegebedürftigen schriftlich mitzuteilen.

(5) 1Die Pflegekasse und das private Versicherungsunternehmen haben in den Fällen, in denen eine nicht erwerbsmäßig tätige Pflegeperson einen Pflegebedürftigen mit mindestens Pflegegrad 2 pflegt, der Anspruch auf Beihilfeleistungen oder Leistungen der Heilfürsorge hat, und für die die Beiträge an die gesetzliche Rentenversicherung nach § 170 Absatz 1 Nummer 6 Buchstabe c des Sechsten Buches oder an die Bundesagentur für Arbeit nach § 347 Nummer 10 Buchstabe c des Dritten Buches anteilig getragen werden, im Antragsverfahren auf Leistungen der Pflegeversicherung von dem Pflegebedürftigen die zuständige Festsetzungsstelle für die Beihilfe oder den Dienstherrn unter Hinweis auf die beabsichtigte Weiterleitung der in Satz 2 genannten Angaben an diese Stelle zu erfragen. 2Der angegebenen Festsetzungsstelle für die Beihilfe oder dem Dienstherrn sind bei Feststellung der Beitragspflicht sowie bei Änderungen in den Verhältnissen des Pflegebedürftigen oder der Pflegeperson, insbesondere bei einer Änderung des Pflegegrades, einer Unterbrechung der Pflegetätigkeit oder einem Wechsel der Pflegeperson, die in Absatz 3 Satz 2 genannten Angaben mitzuteilen. 3Absatz 4 findet auf Satz 2 entsprechende Anwendung. 4Für die Mitteilungen nach Satz 2 haben die Pflegekassen und privaten Versicherungsunternehmen spätestens zum 1. Januar 2020 ein elektronisches Verfahren vorzusehen, bei dem die Mitteilungen an die Beihilfefestsetzungsstellen oder die Dienstherren automatisch erfolgen. 5Die Pflegekassen und privaten Versicherungsunternehmen haben technisch sicherzustellen, dass die Meldungen nach Absatz 3 an die Träger der gesetzlichen Rentenversicherung erst erfolgen, wenn die erforderliche Mitteilung an die Beihilfefestsetzungsstelle oder den Dienstherrn erfolgt

ist. 6Für Beiträge, die von den Beihilfestellen und Dienstherren nicht bis zum Ablauf des Fälligkeitstages gezahlt worden sind, weil die Pflegekassen und privaten Versicherungsunternehmen die Mitteilungen nach Satz 2 nicht, nicht unverzüglich, nicht vollständig oder fehlerhaft durchgeführt haben, ist von den Pflegekassen und privaten Versicherungsunternehmen ein Säumniszuschlag entsprechend § 24 Absatz 1 Satz 1 des Vierten Buches zu zahlen; dies gilt nicht, wenn im Einzelfall kein Verschulden der Pflegekassen und privaten Versicherungsunternehmen vorliegt.

(6) 1Für Pflegepersonen, bei denen die Mindeststundenzahl von zehn Stunden wöchentlicher Pflege, verteilt auf regelmäßig mindestens zwei Tage in der Woche, nur durch die Pflege mehrerer Pflegebedürftiger erreicht wird, haben der Spitzenverband Bund der Pflegekassen, der Verband der privaten Krankenversicherung e. V., die Deutsche Rentenversicherung Bund und die Bundesagentur für Arbeit das Verfahren und die Mitteilungspflichten zwischen den an einer Addition von Pflegezeiten und Pflegeaufwänden beteiligten Pflegekassen und Versicherungsunternehmen durch Vereinbarung zu regeln. 2Die Pflegekassen und Versicherungsunternehmen dürfen die in Absatz 3 Satz 2 Nummer 1 bis 3 und 6 und, soweit dies für eine sichere Identifikation der Pflegeperson erforderlich ist, die in den Nummern 4 und 5 genannten Daten sowie die Angabe des zeitlichen Umfangs der Pflegetätigkeit der Pflegeperson an andere Pflegekassen und Versicherungsunternehmen, die an einer Addition von Pflegezeiten und Pflegeaufwänden beteiligt sind, zur Überprüfung der Voraussetzungen der Rentenversicherungspflicht oder der Versicherungspflicht nach dem Dritten Buch der Pflegeperson übermitteln und ihnen übermittelte Daten verarbeiten.

§ 44a Zusätzliche Leistungen bei Pflegezeit und kurzzeitiger Arbeitsverhinderung

(1) 1Beschäftigte, die nach § 3 des Pflegezeitgesetzes von der Arbeitsleistung vollständig freigestellt wurden oder deren Beschäftigung durch Reduzierung der Arbeitszeit zu einer geringfügigen Beschäftigung im Sinne des § 8 Abs. 1 Nr. 1 des Vierten Buches wird, erhalten auf Antrag Zuschüsse zur Kranken- und Pflegeversicherung. 2Zuschüsse werden gewährt für eine freiwillige Versicherung in der gesetzlichen Krankenversicherung, eine Pflichtversicherung nach § 5 Abs. 1 Nr. 13 des Fünften Buches oder nach § 2 Abs. 1 Nr. 7 des Zweiten Gesetzes über die Krankenversicherung der Landwirte, eine Versicherung bei einem privaten Krankenversicherungsunternehmen, eine Versicherung bei der Postbeamtenkrankenkasse oder der Krankenversorgung der Bundesbahnbeamten, soweit im Einzelfall keine beitragsfreie Familienversicherung möglich ist, sowie für eine damit in Zusammenhang stehende Pflege-Pflichtversicherung. 3Die Zuschüsse belaufen sich auf die Höhe der Mindestbeiträge, die von freiwillig in der gesetzlichen Krankenversicherung versicherten Personen zur gesetzlichen Krankenversicherung (§ 240 Abs. 4 Satz 1 des Fünften Buches) und zur sozialen Pflegeversicherung (§ 57 Abs. 4) zu entrichten sind und dürfen die tatsächliche Höhe der Beiträge nicht übersteigen. 4Für die Berechnung der Mindestbeiträge zur gesetzlichen Krankenversicherung werden bei Mitgliedern der gesetzlichen Krankenversicherung der allgemeine Beitragssatz nach § 241 des Fünften Buches sowie der kassenindividuelle Zusatzbeitragssatz nach § 242 Absatz 1 des Fünften Buches zugrunde gelegt. 5Bei Mitgliedern der landwirtschaftlichen Krankenversicherung sowie bei Personen, die nicht in der gesetzlichen Krankenversicherung versichert sind, werden der allgemeine Beitragssatz nach § 241 des Fünften Buches sowie der durchschnittliche Zusatzbeitragssatz nach § 242a des Fünften Buches zugrunde gelegt. 6Beschäftigte haben Änderungen in den Verhältnissen, die sich auf die Zuschussgewährung auswirken können, unverzüglich der Pflegekasse oder dem privaten Versicherungsunternehmen, bei dem der Pflegebedürftige versichert ist, mitzuteilen.

(2) (weggefallen)

(3) 1Für kurzzeitige Arbeitsverhinderung nach § 2 des Pflegezeitgesetzes hat eine Beschäftigte oder ein Beschäftigter im Sinne des § 7 Absatz 1 des Pflegezeitgesetzes, die oder der für diesen Zeitraum keine Entgeltfortzahlung vom Arbeitgeber und kein Kranken- oder Verletztengeld bei Erkrankung oder Unfall eines Kindes nach § 45 des Fünften Buches oder nach § 45 Absatz 4 des Siebten Buches beanspruchen kann, Anspruch auf einen Ausgleich für entgangenes Arbeitsentgelt (Pflegeunterstützungsgeld) für bis zu insgesamt zehn Arbeitstage. 2Wenn mehrere Beschäftigte den Anspruch nach § 2 Absatz 1 des Pflegezeitgesetzes für einen pflegebedürftigen nahen Angehörigen geltend machen, ist deren Anspruch auf Pflegeunterstützungsgeld auf insgesamt bis zu zehn Arbeitstage begrenzt. 3Das Pflegeunterstützungsgeld wird auf Antrag, der unverzüglich zu stellen ist, unter Vorlage der ärztlichen Bescheinigung nach § 2 Absatz 2 Satz 2 des Pflegezeitgesetzes von der Pflegekasse oder dem Versicherungsunternehmen des pflegebedürftigen nahen Angehörigen gewährt. 4Für die Höhe

des Pflegeunterstützungsgeldes gilt § 45 Absatz 2 Satz 3 bis 5 des Fünften Buches entsprechend.

(4) 1Beschäftigte, die Pflegeunterstützungsgeld nach Absatz 3 beziehen, erhalten für die Dauer des Leistungsbezuges von den in Absatz 3 bezeichneten Organisationen auf Antrag Zuschüsse zur Krankenversicherung. 2Zuschüsse werden gewährt für eine Versicherung bei einem privaten Krankenversicherungsunternehmen, eine Versicherung bei der Postbeamtenkrankenkasse oder der Krankenversorgung der Bundesbahnbeamten. 3Die Zuschüsse belaufen sich auf den Betrag, der bei Versicherungspflicht in der gesetzlichen Krankenversicherung als Leistungsträgeranteil nach § 249c des Fünften Buches aufzubringen wäre, und dürfen die tatsächliche Höhe der Beiträge nicht übersteigen. 4Für die Berechnung nach Satz 3 werden der allgemeine Beitragssatz nach § 241 des Fünften Buches sowie der durchschnittliche Zusatzbeitragssatz nach § 242a Absatz 2 des Fünften Buches zugrunde gelegt. 5Für Beschäftigte, die Pflegeunterstützungsgeld nach Absatz 3 beziehen und wegen einer Pflichtmitgliedschaft in einer berufsständischen Versorgungseinrichtung von der Versicherungspflicht in der gesetzlichen Rentenversicherung befreit sind, zahlen die in § 170 Absatz 1 Nummer 2 Buchstabe e des Sechsten Buches genannten Stellen auf Antrag Beiträge an die zuständige berufsständische Versorgungseinrichtung in der Höhe, wie sie bei Eintritt von Versicherungspflicht nach § 3 Satz 1 Nummer 3 des Sechsten Buches an die gesetzliche Rentenversicherung zu entrichten wären. 6Die von den in § 170 Absatz 1 Nummer 2 Buchstabe e des Sechsten Buches genannten Stellen zu zahlenden Beiträge sind auf die Höhe der Beiträge begrenzt, die von diesen Stellen ohne die Befreiung von der Versicherungspflicht in der gesetzlichen Rentenversicherung für die Dauer des Leistungsbezugs zu tragen wären; die Beiträge dürfen die Hälfte der in der Zeit des Leistungsbezugs vom Beschäftigten an die berufsständische Versorgungseinrichtung zu zahlenden Beiträge nicht übersteigen. 7§ 47a Absatz 2 des Fünften Buches gilt für die Pflegekassen, die Beiträge an berufsständische Versorgungseinrichtungen entrichten, entsprechend.

(5) 1Die Pflegekasse oder das private Pflegeversicherungsunternehmen des pflegebedürftigen nahen Angehörigen stellt dem Leistungsbezieher nach Absatz 3 mit der Leistungsbewilligung eine Bescheinigung über den Zeitraum des Bezugs und die Höhe des gewährten Pflegeunterstützungsgeldes aus. 2Der Leistungsbezieher hat diese Bescheinigung unverzüglich seinem Arbeitgeber vorzulegen. 3In den Fällen des § 170 Absatz 1 Nummer 2 Buchstabe e Doppelbuchstabe cc des Sechsten Buches bescheinigt die Pflegekasse oder das private Versicherungsunternehmen die gesamte Höhe der Leistung.

(6) 1Landwirtschaftlichen Unternehmern im Sinne des § 2 Absatz 1 Nummer 1 und 2 des Zweiten Gesetzes über die Krankenversicherung der Landwirte, die an der Führung des Unternehmens gehindert sind, weil sie für einen pflegebedürftigen nahen Angehörigen in einer akut aufgetretenen Pflegesituation eine bedarfsgerechte Pflege organisieren oder eine pflegerische Versorgung in dieser Zeit sicherstellen müssen, wird anstelle des Pflegeunterstützungsgeldes für bis zu zehn Arbeitstage Betriebshilfe entsprechend § 9 des Zweiten Gesetzes über die Krankenversicherung der Landwirte gewährt. 2Diese Kosten der Leistungen für die Betriebshilfe werden der landwirtschaftlichen Pflegekasse von der Pflegeversicherung des pflegebedürftigen nahen Angehörigen erstattet; innerhalb der sozialen Pflegeversicherung wird von einer Erstattung abgesehen. 3Privat pflegeversicherte landwirtschaftliche Unternehmer, die an der Führung des Unternehmens gehindert sind, weil dies erforderlich ist, um für einen pflegebedürftigen nahen Angehörigen in einer akut aufgetretenen Pflegesituation eine bedarfsgerechte Pflege zu organisieren oder eine pflegerische Versorgung in dieser Zeit sicherzustellen, erhalten von der Pflegekasse des Pflegebedürftigen oder in Höhe des tariflichen Erstattungssatzes von dem privaten Versicherungsunternehmen des Pflegebedürftigen eine Kostenerstattung für bis zu zehn Arbeitstage Betriebshilfe; dabei werden nicht die tatsächlichen Kosten, sondern ein pauschaler Betrag in Höhe von 200 Euro je Tag Betriebshilfe zugrunde gelegt.

(7) 1Die Pflegekasse und das private Versicherungsunternehmen haben in den Fällen, in denen ein Leistungsbezieher nach Absatz 3 einen pflegebedürftigen nahen Angehörigen pflegt, der Anspruch auf Beihilfeleistungen oder Leistungen der Heilfürsorge hat, und für den Beiträge anteilig getragen werden, im Antragsverfahren auf Pflegeunterstützungsgeld von dem Pflegebedürftigen die zuständige Festsetzungsstelle für die Beihilfe oder den Dienstherrn unter Hinweis auf die beabsichtigte Information dieser Stelle über den beitragspflichtigen Bezug von Pflegeunterstützungsgeld zu erfragen. 2Der angegebenen Festsetzungsstelle für die Beihilfe oder dem angegebenen Dienstherrn sind bei Feststellung der Beitragspflicht folgende Angaben zum Leistungsbezieher mitzuteilen:

1. die Versicherungsnummer, soweit bekannt,
2. der Familien- und der Vorname,

3. das Geburtsdatum,
4. die Staatsangehörigkeit,
5. die Anschrift,
6. der Beginn des Bezugs von Pflegeunterstützungsgeld,
7. die Höhe des dem Pflegeunterstützungsgeld zugrunde liegenden ausgefallenen Arbeitsentgelts und
8. Name und Anschrift der Krankenkasse oder des privaten Krankenversicherungsunternehmens.

§ 45 Pflegekurse für Angehörige und ehrenamtliche Pflegepersonen

(1) 1Die Pflegekassen haben für Angehörige und sonstige an einer ehrenamtlichen Pflegetätigkeit interessierte Personen unentgeltlich Schulungskurse durchzuführen, um soziales Engagement im Bereich der Pflege zu fördern und zu stärken, Pflege und Betreuung zu erleichtern und zu verbessern sowie pflegebedingte körperliche und seelische Belastungen zu mindern und ihrer Entstehung vorzubeugen. 2Die Kurse sollen Fertigkeiten für eine eigenständige Durchführung der Pflege vermitteln. 3Auf Wunsch der Pflegeperson und der pflegebedürftigen Person findet die Schulung auch in der häuslichen Umgebung des Pflegebedürftigen statt. 4§ 114a Absatz 3a gilt entsprechend. 5Die Pflegekassen sollen auch digitale Pflegekurse anbieten; die Pflicht der Pflegekassen zur Durchführung von Schulungskursen nach Satz 1 vor Ort bleibt unberührt.

(2) Die Pflegekasse kann die Kurse entweder selbst oder gemeinsam mit anderen Pflegekassen durchführen oder geeignete andere Einrichtungen mit der Durchführung beauftragen.

(3) Über die einheitliche Durchführung sowie über die inhaltliche Ausgestaltung der Kurse können die Landesverbände der Pflegekassen Rahmenvereinbarungen mit den Trägern der Einrichtungen schließen, die die Pflegekurse durchführen.

Fünfter Abschnitt
Angebote zur Unterstützung im Alltag, Entlastungsbetrag, Förderung der Weiterentwicklung der Versorgungsstrukturen und des Ehrenamts sowie der Selbsthilfe

§ 45a Angebote zur Unterstützung im Alltag, Umwandlung des ambulanten Sachleistungsbetrags (Umwandlungsanspruch), Verordnungsermächtigung

(1) 1Angebote zur Unterstützung im Alltag tragen dazu bei, Pflegepersonen zu entlasten, und helfen Pflegebedürftigen, möglichst lange in ihrer häuslichen Umgebung zu bleiben, soziale Kontakte aufrechtzuerhalten und ihren Alltag weiterhin möglichst selbständig bewältigen zu können. 2Angebote zur Unterstützung im Alltag sind

1. Angebote, in denen insbesondere ehrenamtliche Helferinnen und Helfer unter pflegefachlicher Anleitung die Betreuung von Pflegebedürftigen mit allgemeinem oder mit besonderem Betreuungsbedarf in Gruppen oder im häuslichen Bereich übernehmen (Betreuungsangebote),
2. Angebote, die der gezielten Entlastung und beratenden Unterstützung von pflegenden Angehörigen und vergleichbar nahestehenden Pflegepersonen in ihrer Eigenschaft als Pflegende dienen (Angebote zur Entlastung von Pflegenden),
3. Angebote, die dazu dienen, die Pflegebedürftigen bei der Bewältigung von allgemeinen oder pflegebedingten Anforderungen des Alltags oder im Haushalt, insbesondere bei der Haushaltsführung, oder bei der eigenverantwortlichen Organisation individuell benötigter Hilfeleistungen zu unterstützen (Angebote zur Entlastung im Alltag).

3Die Angebote benötigen eine Anerkennung durch die zuständige Behörde nach Maßgabe des gemäß Absatz 3 erlassenen Landesrechts. 4Durch ein Angebot zur Unterstützung im Alltag können auch mehrere der in Satz 2 Nummer 1 bis 3 genannten Bereiche abgedeckt werden. 5In Betracht kommen als Angebote zur Unterstützung im Alltag insbesondere Betreuungsgruppen für an Demenz erkrankte Menschen, Helferinnen- und Helferkreise zur stundenweisen Entlastung pflegender Angehöriger oder vergleichbar nahestehender Pflegepersonen im häuslichen Bereich, die Tagesbetreuung in Kleingruppen oder Einzelbetreuung durch anerkannte Helferinnen oder Helfer, Agenturen zur Vermittlung von Betreuungs- und Entlastungsleistungen für Pflegebedürftige und pflegende Angehörige sowie vergleichbar nahestehende Pflegepersonen, Familienentlastende Dienste, Alltagsbegleiter, Pflegebegleiter und Serviceangebote für haushaltsnahe Dienstleistungen.

(2) 1Angebote zur Unterstützung im Alltag beinhalten die Übernahme von Betreuung und allgemeiner Beaufsichtigung, eine die vorhandenen Ressourcen und Fähigkeiten stärkende oder stabilisierende Alltagsbegleitung, Unterstützungsleistungen für Angehörige und vergleichbar Nahestehende in ihrer Eigenschaft als Pflegende zur besseren Bewältigung des Pflegealltags, die Erbringung von Dienstleistungen, organisatorische Hilfestellungen oder andere geeignete Maßnahmen. 2Die Angebote verfügen über ein Konzept, das Angaben zur Qualitätssicherung

XI

des Angebots sowie eine Übersicht über die Leistungen, die angeboten werden sollen, und die Höhe der den Pflegebedürftigen hierfür in Rechnung gestellten Kosten enthält. 3Das Konzept umfasst ferner Angaben zur zielgruppen- und tätigkeitsgerechten Qualifikation der Helfenden und zu dem Vorhandensein von Grund- und Notfallwissen im Umgang mit Pflegebedürftigen sowie dazu, wie eine angemessene Schulung und Fortbildung der Helfenden sowie eine kontinuierliche fachliche Begleitung und Unterstützung insbesondere von ehrenamtlich Helfenden in ihrer Arbeit gesichert werden. 4Bei wesentlichen Änderungen hinsichtlich der angebotenen Leistungen ist das Konzept entsprechend fortzuschreiben; bei Änderung der hierfür in Rechnung gestellten Kosten sind die entsprechenden Angaben zu aktualisieren.

(3) 1Die Landesregierungen werden ermächtigt, durch Rechtsverordnung das Nähere über die Anerkennung der Angebote zur Unterstützung im Alltag im Sinne der Absätze 1 und 2 einschließlich der Vorgaben zur regelmäßigen Qualitätssicherung der Angebote und zur regelmäßigen Übermittlung einer Übersicht über die aktuell angebotenen Leistungen und die Höhe der hierfür erhobenen Kosten zu bestimmen. 2Beim Erlass der Rechtsverordnung sollen sie die gemäß § 45c Absatz 7 beschlossenen Empfehlungen berücksichtigen.

(4) 1Pflegebedürftige in häuslicher Pflege mit mindestens Pflegegrad 2 können eine Kostenerstattung zum Ersatz von Aufwendungen für Leistungen der nach Landesrecht anerkannten Angebote zur Unterstützung im Alltag unter Anrechnung auf ihren Anspruch auf ambulante Pflegesachleistungen nach § 36 erhalten, soweit für den entsprechenden Leistungsbetrag nach § 36 in dem jeweiligen Kalendermonat keine ambulanten Pflegesachleistungen bezogen wurden. 2Der hierfür verwendete Betrag darf je Kalendermonat 40 Prozent des nach § 36 für den jeweiligen Pflegegrad vorgesehenen Höchstleistungsbetrags nicht überschreiten. 3Zur Inanspruchnahme der Umwandlung des ambulanten Sachleistungsbetrags nach Satz 1 bedarf es keiner vorherigen Antragstellung. 4Die Anspruchsberechtigten erhalten die Kostenerstattung nach Satz 1 bei Beantragung der dafür erforderlichen finanziellen Mittel von der zuständigen Pflegekasse oder dem zuständigen privaten Versicherungsunternehmen sowie im Fall der Beihilfeberechtigung anteilig von der Beihilfefestsetzungsstelle gegen Vorlage entsprechender Belege über Eigenbelastungen, die ihnen im Zusammenhang mit der Inanspruchnahme der Leistungen der Angebote zur Unterstützung im Alltag entstanden sind. 5Die Vergütungen für ambulante Pflegesachleistungen nach § 36 sind vorrangig abzurechnen. 6Im Rahmen der Kombinationsleistung nach § 38 gilt die Erstattung der Aufwendungen nach Satz 1 als Inanspruchnahme der dem Anspruchsberechtigten nach § 36 Absatz 3 zustehenden Sachleistung. 7Ist vor der Auszahlung der Kostenerstattung nach Satz 1 für den jeweiligen Kalendermonat bereits mehr Pflegegeld oder anteiliges Pflegegeld an den Pflegebedürftigen ausgezahlt worden, als er nach Berücksichtigung des Betrags der zu erstattenden Aufwendungen beanspruchen kann, wird der Kostenerstattungsbetrag insoweit mit dem bereits ausgezahlten Pflegegeldbetrag verrechnet. 8Beziehen Anspruchsberechtigte die Leistung nach Satz 1, findet § 37 Absatz 3 bis 5 und 7 bis 9 Anwendung; § 37 Absatz 6 findet mit der Maßgabe entsprechende Anwendung, dass eine Kürzung oder Entziehung in Bezug auf die Kostenerstattung nach Satz 1 erfolgt. 9Die Inanspruchnahme der Umwandlung des ambulanten Sachleistungsbetrags nach Satz 1 und die Inanspruchnahme des Entlastungsbetrags nach § 45b erfolgen unabhängig voneinander.

§ 45b Entlastungsbetrag

(1) 1Pflegebedürftige in häuslicher Pflege haben Anspruch auf einen Entlastungsbetrag in Höhe von bis zu 125 Euro monatlich. 2Der Betrag ist zweckgebunden einzusetzen für qualitätsgesicherte Leistungen zur Entlastung pflegender Angehöriger und vergleichbar Nahestehender in ihrer Eigenschaft als Pflegende sowie zur Förderung der Selbständigkeit und Selbstbestimmtheit der Pflegebedürftigen bei der Gestaltung ihres Alltags. 3Er dient der Erstattung von Aufwendungen, die den Versicherten entstehen im Zusammenhang mit der Inanspruchnahme von

1. Leistungen der Tages- oder Nachtpflege,
2. Leistungen der Kurzzeitpflege,
3. Leistungen der ambulanten Pflegedienste im Sinne des § 36, in den Pflegegraden 2 bis 5 jedoch nicht von Leistungen im Bereich der Selbstversorgung,
4. Leistungen der nach Landesrecht anerkannten Angebote zur Unterstützung im Alltag im Sinne des § 45a.

4Die Erstattung der Aufwendungen erfolgt auch, wenn für die Finanzierung der in Satz 3 genannten Leistungen Mittel der Verhinderungspflege gemäß § 39 eingesetzt werden. 5Die Leistung nach Satz 1 kann innerhalb des jeweiligen Kalenderjahres in Anspruch genommen werden; wird die Leistung in einem Kalenderjahr nicht ausgeschöpft, kann der nicht verbrauchte Betrag in das folgende Kalenderhalbjahr übertragen werden.

(2) 1Der Anspruch auf den Entlastungsbetrag entsteht, sobald die in Absatz 1 Satz 1 genannten Anspruchsvoraussetzungen vorliegen, ohne dass es einer vorherigen Antragstellung bedarf. 2Die Kostenerstattung in Höhe des Entlastungsbetrags nach Absatz 1 erhalten die Pflegebedürftigen von der zuständigen Pflegekasse oder dem zuständigen privaten Versicherungsunternehmen sowie im Fall der Beihilfeberechtigung anteilig von der Beihilfefestsetzungsstelle bei Beantragung der dafür erforderlichen finanziellen Mittel gegen Vorlage entsprechender Belege über entstandene Eigenbelastungen im Zusammenhang mit der Inanspruchnahme der in Absatz 1 Satz 3 genannten Leistungen. 3Für Zwecke der statistischen Erfassung bei den Pflegekassen und den privaten Versicherungsunternehmen muss auf den Belegen eindeutig und deutlich erkennbar angegeben sein, im Zusammenhang mit welcher der in Absatz 1 Satz 3 Nummer 1 bis 4 genannten Leistungen die Aufwendungen jeweils entstanden sind.

(3) 1Der Entlastungsbetrag nach Absatz 1 Satz 1 findet bei den Fürsorgeleistungen zur Pflege nach § 13 Absatz 3 Satz 1 keine Berücksichtigung. 2§ 63b Absatz 1 des Zwölften Buches findet auf den Entlastungsbetrag keine Anwendung. 3Abweichend von den Sätzen 1 und 2 darf der Entlastungsbetrag hinsichtlich der Leistungen nach § 64i oder § 66 des Zwölften Buches bei der Hilfe zur Pflege Berücksichtigung finden, soweit nach diesen Vorschriften Leistungen zu gewähren sind, deren Inhalte den Leistungen nach Absatz 1 Satz 3 entsprechen.

(4) 1Die für die Erbringung von Leistungen nach Absatz 1 Satz 3 Nummer 1 bis 4 verlangte Vergütung darf die Preise für vergleichbare Sachleistungen von zugelassenen Pflegeeinrichtungen nicht übersteigen. 2Näheres zur Ausgestaltung einer entsprechenden Begrenzung der Vergütung, die für die Erbringung von Leistungen nach Absatz 1 Satz 3 Nummer 4 durch nach Landesrecht anerkannte Angebote zur Unterstützung im Alltag verlangt werden darf, können die Landesregierungen in der Rechtsverordnung nach § 45a Absatz 3 bestimmen.

§ 45c Förderung der Weiterentwicklung der Versorgungsstrukturen und des Ehrenamts, Verordnungsermächtigung

(1) 1Zur Weiterentwicklung der Versorgungsstrukturen und Versorgungskonzepte und zur Förderung ehrenamtlicher Strukturen fördert der Spitzenverband Bund der Pflegekassen im Wege der Anteilsfinanzierung aus Mitteln des Ausgleichsfonds mit 25 Millionen Euro je Kalenderjahr

1. den Auf- und Ausbau von Angeboten zur Unterstützung im Alltag im Sinne des § 45a,
2. den Auf- und Ausbau und die Unterstützung von Gruppen ehrenamtlich tätiger sowie sonstiger zum bürgerschaftlichen Engagement bereiter Personen und entsprechender ehrenamtlicher Strukturen sowie
3. Modellvorhaben zur Erprobung neuer Versorgungskonzepte und Versorgungsstrukturen insbesondere für an Demenz erkrankte Pflegebedürftige sowie andere Gruppen von Pflegebedürftigen, deren Versorgung in besonderem Maße der strukturellen Weiterentwicklung bedarf.

2Die privaten Versicherungsunternehmen, die die private Pflege-Pflichtversicherung durchführen, beteiligen sich an dieser Förderung mit insgesamt 10 Prozent des in Satz 1 genannten Fördervolumens. 3Darüber hinaus fördert der Spitzenverband Bund der Pflegekassen aus Mitteln des Ausgleichsfonds mit 20 Millionen Euro je Kalenderjahr die strukturierte Zusammenarbeit in regionalen Netzwerken nach Absatz 9; Satz 2 gilt entsprechend. 4Fördermittel nach Satz 3, die in dem jeweiligen Kalenderjahr nicht in Anspruch genommen worden sind, erhöhen im Folgejahr das Fördervolumen nach Satz 1; dadurch erhöht sich auch das in Absatz 2 Satz 2 genannte Gesamtfördervolumen entsprechend. 5Im Rahmen der Förderung nach Satz 1 können jeweils auch digitale Anwendungen berücksichtigt werden, sofern diese den geltenden Anforderungen an den Datenschutz entsprechen und die Datensicherheit nach dem Stand der Technik gewährleisten.

(2) 1Der Zuschuss aus Mitteln der sozialen und privaten Pflegeversicherung ergänzt eine Förderung der in Absatz 1 Satz 1 genannten Zwecke durch das jeweilige Land oder die jeweilige kommunale Gebietskörperschaft. 2Der Zuschuss wird jeweils in gleicher Höhe gewährt wie der Zuschuss, der vom Land oder von der kommunalen Gebietskörperschaft für die einzelne Fördermaßnahme geleistet wird, sodass insgesamt ein Fördervolumen von 50 Millionen Euro im Kalenderjahr erreicht wird. 3Im Einvernehmen mit allen Fördergebern können Zuschüsse der kommunalen Gebietskörperschaften auch als Personal- oder Sachmittel eingebracht werden, sofern diese Mittel nachweislich ausschließlich und unmittelbar dazu dienen, den jeweiligen Förderzweck zu erreichen. 4Soweit Mittel der Arbeitsförderung bei einem Projekt eingesetzt werden, sind diese einem vom Land oder von der Kommune geleisteten Zuschuss gleichgestellt.

(3) 1Die Förderung des Auf- und Ausbaus von Angeboten zur Unterstützung im Alltag im Sinne des § 45a nach

Absatz 1 Satz 1 Nummer 1 erfolgt als Projektförderung und dient insbesondere dazu, Aufwandsentschädigungen für die ehrenamtlich tätigen Helfenden zu finanzieren sowie notwendige Personal- und Sachkosten, die mit der Koordination und Organisation der Hilfen und der fachlichen Anleitung und Schulung der Helfenden durch Fachkräfte verbunden sind. 2Dem Antrag auf Förderung ist ein Konzept zur Qualitätssicherung des Angebots beizufügen. 3Aus dem Konzept muss sich ergeben, dass eine angemessene Schulung und Fortbildung der Helfenden sowie eine kontinuierliche fachliche Begleitung und Unterstützung der ehrenamtlich Helfenden in ihrer Arbeit gesichert sind.

(4) Die Förderung des Auf- und Ausbaus und der Unterstützung von Gruppen ehrenamtlich tätiger sowie sonstiger zum bürgerschaftlichen Engagement bereiter Personen und entsprechender ehrenamtlicher Strukturen nach Absatz 1 Satz 1 Nummer 2 erfolgt zur Förderung von Initiativen, die sich die Unterstützung, allgemeine Betreuung und Entlastung von Pflegebedürftigen und deren Angehörigen sowie vergleichbar nahestehenden Pflegepersonen zum Ziel gesetzt haben.

(5) 1Im Rahmen der Modellförderung nach Absatz 1 Satz 1 Nummer 3 sollen insbesondere modellhaft Möglichkeiten einer wirksamen Vernetzung der erforderlichen Hilfen für an Demenz erkrankte Pflegebedürftige und andere Gruppen von Pflegebedürftigen, deren Versorgung in besonderem Maße der strukturellen Weiterentwicklung bedarf, in einzelnen Regionen erprobt werden. 2Dabei können auch stationäre Versorgungsangebote berücksichtigt werden. 3Die Modellvorhaben sind auf längstens fünf Jahre zu befristen. 4Bei der Vereinbarung und Durchführung von Modellvorhaben kann im Einzelfall von den Regelungen des Siebten Kapitels abgewichen werden. 5Für die Modellvorhaben sind eine wissenschaftliche Begleitung und Auswertung vorzusehen. 6Soweit im Rahmen der Modellvorhaben personenbezogene Daten benötigt werden, können diese nur mit Einwilligung des Pflegebedürftigen erhoben, verarbeitet und genutzt werden.

(6) 1Um eine gerechte Verteilung der Fördermittel der Pflegeversicherung auf die Länder zu gewährleisten, werden die nach Absatz 1 Satz 1 und 2 zur Verfügung stehenden Fördermittel der sozialen und privaten Pflegeversicherung nach dem Königsteiner Schlüssel aufgeteilt. 2Mittel, die in einem Land im jeweiligen Haushaltsjahr nicht in Anspruch genommen werden, können in das Folgejahr übertragen werden. 3Nach Satz 2 übertragene Mittel, die am Ende des Folgejahres nicht in Anspruch genommen worden sind, können für Projekte, für die bis zum Stichtag nach Satz 5 mindestens Art, Region und geplante Förderhöhe konkret benannt werden, im darauf folgenden Jahr von Ländern beantragt werden, die im Jahr vor der Übertragung der Mittel nach Satz 2 mindestens 80 Prozent der auf sie nach dem Königsteiner Schlüssel entfallenden Mittel ausgeschöpft haben. 4Die Verausgabung der nach Satz 3 beantragten Fördermittel durch die Länder oder kommunalen Gebietskörperschaften darf sich für die entsprechend benannten Projekte über einen Zeitraum von maximal drei Jahren erstrecken. 5Der Ausgleichsfonds sammelt die nach Satz 3 eingereichten Anträge bis zum 30. April des auf das Folgejahr folgenden Jahres und stellt anschließend fest, in welchem Umfang die Mittel jeweils auf die beantragenden Länder entfallen. 6Die Auszahlung der Mittel für ein Projekt erfolgt, sobald für das Projekt eine konkrete Förderzusage durch das Land oder die kommunale Gebietskörperschaft vorliegt. 7Ist die Summe der bis zum 30. April beantragten Mittel insgesamt größer als der dafür vorhandene Mittelbestand, so werden die vorhandenen Mittel nach dem Königsteiner Schlüssel auf die beantragenden Länder verteilt. 8Nach dem 30. April eingehende Anträge werden in der Reihenfolge des Antragseingangs bearbeitet, bis die Fördermittel verbraucht sind. 9Fördermittel, die bis zum Ende des auf das Folgejahr folgenden Jahres nicht beantragt sind, verfallen.

(7) 1Der Spitzenverband Bund der Pflegekassen beschließt mit dem Verband der privaten Krankenversicherung e. V. nach Anhörung der Verbände der Behinderten und Pflegebedürftigen auf Bundesebene Empfehlungen über die Voraussetzungen, Ziele, Dauer, Inhalte und Durchführung der Förderung sowie zu dem Verfahren zur Vergabe der Fördermittel für die in Absatz 1 Satz 1 genannten Zwecke. 2In den Empfehlungen ist unter anderem auch festzulegen, welchen Anforderungen die Einbringung von Zuschüssen der kommunalen Gebietskörperschaften als Personal- oder Sachmittel genügen muss und dass jeweils im Einzelfall zu prüfen ist, ob im Rahmen der in Absatz 1 Satz 1 genannten Zwecke Mittel und Möglichkeiten der Arbeitsförderung genutzt werden können. 3Die Empfehlungen bedürfen der Zustimmung des Bundesministeriums für Gesundheit und der Länder. 4Soweit Belange des Ehrenamts betroffen sind, erteilt das Bundesministerium für Gesundheit seine Zustimmung im Benehmen mit dem Bundesministerium für Familie, Senioren, Frauen und Jugend. 5Die Landesregierungen werden ermächtigt, durch Rechtsverordnung das Nähere über die Umsetzung der Empfehlungen zu bestimmen.

(8) 1Der Finanzierungsanteil, der auf die privaten Versicherungsunternehmen entfällt, kann von dem Verband der privaten Krankenversicherung e. V. unmittelbar an das Bundesamt für Soziale Sicherung zugunsten des Ausgleichsfonds der Pflegeversicherung (§ 65) überwiesen werden. 2Näheres über das Verfahren der Auszahlung der Fördermittel, die aus dem Ausgleichsfonds zu finanzieren sind, sowie über die Zahlung und Abrechnung des Finanzierungsanteils der privaten Versicherungsunternehmen regeln das Bundesamt für Soziale Sicherung, der Spitzenverband Bund der Pflegekassen und der Verband der privaten Krankenversicherung e. V. durch Vereinbarung.

(9) 1Zur Verbesserung der Versorgung und Unterstützung von Pflegebedürftigen und deren Angehörigen sowie vergleichbar nahestehenden Pflegepersonen können die in Absatz 1 Satz 3 genannten Mittel für die Beteiligung von Pflegekassen an regionalen Netzwerken verwendet werden, die der strukturierten Zusammenarbeit von Akteuren dienen, die an der Versorgung Pflegebedürftiger beteiligt sind und die sich im Rahmen einer freiwilligen Vereinbarung vernetzen. 2Die Förderung der strukturierten regionalen Zusammenarbeit erfolgt, indem sich die Pflegekassen einzeln oder gemeinsam im Wege einer Anteilsfinanzierung an den netzwerkbedingten Kosten beteiligen. 3Je Kreis oder kreisfreier Stadt können zwei regionale Netzwerke, je Kreis oder kreisfreier Stadt ab 500 000 Einwohnern bis zu vier regionale Netzwerke gefördert werden. 4Abweichend von Satz 1 können pro Bezirk in den Stadtstaaten, die nur aus einer kreisfreien Stadt bestehen, zwei regionale Netzwerke gefördert werden. 5Der Förderbetrag pro Netzwerk darf dabei 25 000 Euro je Kalenderjahr nicht überschreiten. 6Die Landesverbände der Pflegekassen erstellen eine Übersicht über die in ihrem Zuständigkeitsbereich geförderten regionalen Netzwerke, aktualisieren diese mindestens einmal jährlich und veröffentlichen sie auf einer eigenen Internetseite. 7Den Kreisen und kreisfreien Städten, Selbsthilfegruppen, -organisationen und -kontaktstellen im Sinne des § 45d sowie organisierten Gruppen ehrenamtlich tätiger sowie sonstiger zum bürgerschaftlichen Engagement bereiter Personen im Sinne des Absatzes 4 ist in ihrem jeweiligen Einzugsgebiet die Teilnahme an der geförderten strukturierten regionalen Zusammenarbeit zu ermöglichen. 8Für private Versicherungsunternehmen, die die private Pflege-Pflichtversicherung durchführen, gelten die Sätze 1 bis 5 entsprechend. 9Absatz 7 Satz 1 bis 4 und Absatz 8 finden entsprechende Anwendung. 10Die Absätze 2 und 6 finden keine Anwendung. 11Die Empfehlungen nach Absatz 7, soweit sie die Förderung der regionalen Netzwerke betreffen, sind bis zum 31. Dezember 2021 zu aktualisieren.

§ 45d Förderung der Selbsthilfe, Verordnungsermächtigung

1Je Kalenderjahr werden 0,15 Euro je Versicherten verwendet zur Förderung und zum Auf- und Ausbau von Selbsthilfegruppen, -organisationen und -kontaktstellen, die sich die Unterstützung von Pflegebedürftigen sowie von deren Angehörigen und vergleichbar Nahestehenden zum Ziel gesetzt haben; um eine gerechte Verteilung dieser Fördermittel auf die Länder zu gewährleisten, werden die Fördermittel der Pflegeversicherung nach dem Königsteiner Schlüssel aufgeteilt. 2Der Zuschuss aus den Mitteln der sozialen und privaten Pflegeversicherung nach Satz 1 ergänzt eine Förderung durch das jeweilige Land oder die jeweilige kommunale Gebietskörperschaft und wird jeweils in Höhe von 75 Prozent des Zuschusses gewährt, der für die einzelne Fördermaßnahme insgesamt geleistet wird. 3Davon abweichend können von den nach Satz 1 auf die Länder aufgeteilten Mitteln Fördermittel in Höhe von insgesamt je Kalenderjahr bis zu 0,01 Euro je Versicherten als Gründungszuschüsse für neue Selbsthilfegruppen, -organisationen und -kontaktstellen verwendet werden, ohne dass es für die Förderung einer Mitfinanzierung durch das Land oder durch eine kommunale Gebietskörperschaft bedarf. 4Die Gründungszuschüsse sind von den Selbsthilfegruppen, -organisationen und -kontaktstellen unmittelbar beim Spitzenverband Bund der Pflegekassen zu beantragen; das Nähere zur Durchführung der Förderung und zum Verfahren wird in den Empfehlungen nach § 45c Absatz 7 festgelegt. 5Im Übrigen werden für die Förderung der Selbsthilfe die Vorgaben des § 45c und das dortige Verfahren, einschließlich § 45c Absatz 2 Satz 3 und 4 und Absatz 6 Satz 2, entsprechend angewendet. 6§ 45c Absatz 6 Satz 3 bis 9 findet mit der Maßgabe entsprechende Anwendung, dass von den in das Folgejahr übertragenen Mitteln nach Satz 1, die am Ende des Folgejahres nicht in Anspruch genommen worden sind, Fördermittel in Höhe von 0,01 Euro je Versicherten in dem auf das Folgejahr folgenden Jahr von einer Übertragung auf die Länder ausgenommen sind. 7Die nach Satz 6 von der Übertragung ausgenommenen Mittel werden zur Förderung von bundesweiten Tätigkeiten von Selbsthilfegruppen, -organisationen und -kontaktstellen verwendet. 8Die Förderung der bundesweiten Selbsthilfetätigkeiten erfolgt durch den Spitzenverband Bund der Pflegekassen, ohne dass es einer Mitfinanzierung durch das Land oder durch

XI

eine kommunale Gebietskörperschaft bedarf. 9Die Förderung der bundesweiten Selbsthilfetätigkeiten ist von den Selbsthilfegruppen, -organisationen und -kontaktstellen unmittelbar beim Spitzenverband Bund der Pflegekassen zu beantragen. 10Die Bewilligung der Fördermittel aus den gemäß den Sätzen 6 und 7 zur Verfügung stehenden Mitteln durch den Spitzenverband Bund der Pflegekassen darf jeweils für einen Zeitraum von maximal fünf Jahren erfolgen. 11Nach erneuter Antragstellung kann eine Förderung erneut bewilligt werden. 12Die Einzelheiten zu den Voraussetzungen, Zielen, Inhalten und der Durchführung der Förderung sowie zu dem Verfahren zur Vergabe der Fördermittel nach Satz 7 werden in den Empfehlungen nach § 45c Absatz 7 festgelegt. 13Selbsthilfegruppen im Sinne dieser Vorschrift sind freiwillige, neutrale, unabhängige und nicht gewinnorientierte Zusammenschlüsse von Personen, die entweder aufgrund eigener Betroffenheit oder als Angehörige oder vergleichbar Nahestehende das Ziel verfolgen, durch persönliche, wechselseitige Unterstützung, auch unter Zuhilfenahme von Angeboten ehrenamtlicher und sonstiger zum bürgerschaftlichen Engagement bereiter Personen, die Lebenssituation von Pflegebedürftigen sowie von deren Angehörigen und vergleichbar Nahestehenden zu verbessern. 14Selbsthilfeorganisationen sind die Zusammenschlüsse von Selbsthilfegruppen in Verbänden. 15Selbsthilfekontaktstellen sind örtlich oder regional arbeitende professionelle Beratungseinrichtungen mit hauptamtlichem Personal, die das Ziel verfolgen, die Lebenssituation von Pflegebedürftigen sowie von deren Angehörigen und vergleichbar Nahestehenden zu verbessern. 16Eine Förderung der Selbsthilfe nach dieser Vorschrift ist ausgeschlossen, soweit für dieselbe Zweckbestimmung eine Förderung nach § 20h des Fünften Buches erfolgt. 17§ 45c Absatz 7 Satz 5 gilt entsprechend. 18Im Rahmen der Förderung der Selbsthilfe können auch digitale Anwendungen berücksichtigt werden, sofern diese den geltenden Anforderungen an den Datenschutz entsprechen und die Datensicherheit nach dem Stand der Technik gewährleisten.

Sechster Abschnitt
Initiativprogramm zur Förderung neuer Wohnformen

§ 45e Anschubfinanzierung zur Gründung von ambulant betreuten Wohngruppen

(1) 1Zur Förderung der Gründung von ambulant betreuten Wohngruppen wird Pflegebedürftigen, die Anspruch auf Leistungen nach § 38a haben und die an der gemeinsamen Gründung beteiligt sind, für die altersgerechte oder barrierearme Umgestaltung der gemeinsamen Wohnung zusätzlich zu dem Betrag nach § 40 Absatz 4 einmalig ein Betrag von bis zu 2500 Euro gewährt. 2Der Gesamtbetrag ist je Wohngruppe auf 10 000 Euro begrenzt und wird bei mehr als vier Anspruchsberechtigten anteilig auf die Versicherungsträger der Anspruchsberechtigten aufgeteilt. 3Der Antrag ist innerhalb eines Jahres nach Vorliegen der Anspruchsvoraussetzungen zu stellen. 4Dabei kann die Umgestaltungsmaßnahme auch vor der Gründung und dem Einzug erfolgen. 5Die Sätze 1 bis 4 gelten für die Versicherten der privaten Pflege-Pflichtversicherung entsprechend.

(2) 1Die Pflegekassen zahlen den Förderbetrag aus, wenn die Gründung einer ambulant betreuten Wohngruppe nachgewiesen wird. 2Der Anspruch endet mit Ablauf des Monats, in dem das Bundesamt für Soziale Sicherung den Pflegekassen und dem Verband der privaten Krankenversicherung e. V. mitteilt, dass mit der Förderung eine Gesamthöhe von 30 Millionen Euro erreicht worden ist. 3Einzelheiten zu den Voraussetzungen und dem Verfahren der Förderung regelt der Spitzenverband Bund der Pflegekassen im Einvernehmen mit dem Verband der privaten Krankenversicherung e. V.

§ 45f Weiterentwicklung neuer Wohnformen

(1) 1Zur wissenschaftlich gestützten Weiterentwicklung und Förderung neuer Wohnformen werden zusätzlich 10 Millionen Euro zur Verfügung gestellt. 2Dabei sind insbesondere solche Konzepte einzubeziehen, die es alternativ zu stationären Einrichtungen ermöglichen, außerhalb der vollstationären Betreuung bewohnerorientiert individuelle Versorgung anzubieten.

(2) 1Einrichtungen, die aus diesem Grund bereits eine Modellförderung, insbesondere nach § 8 Absatz 3, erfahren haben, sind von der Förderung nach Absatz 1 Satz 1 ausgenommen. 2Für die Förderung gilt § 8 Absatz 3 entsprechend.

Fünftes Kapitel
Organisation

Erster Abschnitt
Träger der Pflegeversicherung

§ 46 Pflegekassen

(1) 1Träger der Pflegeversicherung sind die Pflegekassen. 2Bei jeder Krankenkasse (§ 4 Abs. 2 des Fünften Buches)

9 I-PV

wird eine Pflegekasse errichtet. 3Die Deutsche Rentenversicherung Knappschaft-Bahn-See als Träger der Krankenversicherung führt die Pflegeversicherung für die Versicherten durch.

(2) 1Die Pflegekassen sind rechtsfähige Körperschaften des öffentlichen Rechts mit Selbstverwaltung. 2Organe der Pflegekassen sind die Organe der Krankenkassen, bei denen sie errichtet sind. 3Arbeitgeber (Dienstherr) der für die Pflegekasse tätigen Beschäftigten ist die Krankenkasse, bei der die Pflegekasse errichtet ist. 4Krankenkassen und Pflegekassen können für Mitglieder, die ihre Kranken- und Pflegeversicherungsbeiträge selbst zu zahlen haben, die Höhe der Beiträge zur Kranken- und Pflegeversicherung in einem gemeinsamen Beitragsbescheid festsetzen. 5Das Mitglied ist darauf hinzuweisen, dass der Bescheid über den Beitrag zur Pflegeversicherung im Namen der Pflegekasse ergeht. 6In den Fällen des Satzes 4 kann auch ein gemeinsamer Widerspruchsbescheid erlassen werden; Satz 5 gilt entsprechend. 7Die Erstattung zu Unrecht gezahlter Pflegeversicherungsbeiträge erfolgt durch die Krankenkasse, bei der die Pflegekasse errichtet ist. 8Bei der Ausführung dieses Buches ist das Erste Kapitel des Zehnten Buches anzuwenden.

(3) 1Die Verwaltungskosten einschließlich der Personalkosten, die den Krankenkassen auf Grund dieses Buches entstehen, werden von den Pflegekassen in Höhe von 3,2 Prozent des Mittelwertes von Leistungsaufwendungen und Beitragseinnahmen erstattet; dabei ist der Erstattungsbetrag für die einzelne Krankenkasse um die Hälfte der Aufwendungen der jeweiligen Pflegekasse für Pflegeberatung nach § 7a Abs. 4 Satz 5 und um die Aufwendungen für Zahlungen nach § 18 Absatz 3b zu vermindern. 2Bei der Berechnung der Erstattung sind die Beitragseinnahmen um die Beitragseinnahmen zu vermindern, die dazu bestimmt sind, nach § 135 dem Vorsorgefonds der sozialen Pflegeversicherung zugeführt zu werden. 3Der Gesamtbetrag der nach Satz 1 zu erstattenden Verwaltungskosten aller Krankenkassen ist nach dem tatsächlich entstehenden Aufwand (Beitragseinzug/Leistungsgewährung) auf die Krankenkassen zu verteilen. 4Der Spitzenverband Bund der Pflegekassen bestimmt das Nähere über die Verteilung. 5Außerdem übernehmen die Pflegekassen 50 vom Hundert der umlagefinanzierten Kosten des Medizinischen Dienstes. 6Personelle Verwaltungskosten, die einer Betriebskrankenkasse von der Pflegekasse erstattet werden, sind an den Arbeitgeber weiterzuleiten, wenn er die Personalkosten der Betriebskrankenkasse nach § 149 Absatz 2 des Fünften Buches trägt. 7Der Verwaltungsaufwand in der sozialen Pflegeversicherung ist nach Ablauf von einem Jahr nach Inkrafttreten dieses Gesetzes zu überprüfen.

(4) Das Bundesministerium für Gesundheit wird ermächtigt, durch Rechtsverordnung mit Zustimmung des Bundesrates Näheres über die Erstattung der Verwaltungskosten zu regeln sowie die Höhe der Verwaltungskostenerstattung neu festzusetzen, wenn die Überprüfung des Verwaltungsaufwandes nach Absatz 3 Satz 6 dies rechtfertigt.

(5) Bei Vereinigung, Auflösung und Schließung einer Krankenkasse gelten die §§ 143 bis 170 des Fünften Buches für die bei ihr errichtete Pflegekasse entsprechend.

(6) 1Die Aufsicht über die Pflegekassen führen die für die Aufsicht über die Krankenkassen zuständigen Stellen. 2Das Bundesamt für Soziale Sicherung und die für die Sozialversicherung zuständigen obersten Verwaltungsbehörden der Länder haben mindestens alle fünf Jahre die Geschäfts-, Rechnungs- und Betriebsführung der ihrer Aufsicht unterstehenden Pflegekassen und deren Arbeitsgemeinschaften zu prüfen. 3Das Bundesministerium für Gesundheit kann die Prüfung der bundesunmittelbaren Pflegekassen und deren Arbeitsgemeinschaften, die für die Sozialversicherung zuständigen obersten Verwaltungsbehörden der Länder können die Prüfung der landesunmittelbaren Pflegekassen und deren Arbeitsgemeinschaften auf eine öffentlich-rechtliche Prüfungseinrichtung übertragen, die bei der Durchführung der Prüfung unabhängig ist. 4Die Prüfung hat sich auf den gesamten Geschäftsbetrieb zu erstrecken; sie umfaßt die Prüfung seiner Gesetzmäßigkeit und Wirtschaftlichkeit. 5Die Pflegekassen und deren Arbeitsgemeinschaften haben auf Verlangen alle Unterlagen vorzulegen und alle Auskünfte zu erteilen, die zur Durchführung der Prüfung erforderlich sind. 6Die mit der Prüfung nach diesem Absatz befassten Stellen können nach Anhörung des Spitzenverbandes Bund der Krankenkassen als Spitzenverband Bund der Pflegekassen bestimmen, dass die Pflegekassen die zu prüfenden Daten elektronisch und in einer bestimmen Form zur Verfügung stellen.7§ 274 Abs. 2 und 3 des Fünften Buches gilt entsprechend.

§ 47 Satzung

(1) Die Satzung muß Bestimmungen enthalten über:

1. Name und Sitz der Pflegekasse,
2. Bezirk der Pflegekasse und Kreis der Mitglieder,
3. Rechte und Pflichten der Organe,
4. Art der Beschlußfassung der Vertreterversammlung,

XI

5. Bemessung der Entschädigungen für Organmitglieder, soweit sie Aufgaben der Pflegeversicherung wahrnehmen,
6. jährliche Prüfung der Betriebs- und Rechnungsführung und Abnahme der Jahresrechnung,
7. Zusammensetzung und Sitz der Widerspruchsstelle und
8. Art der Bekanntmachungen.

(2) Die Satzung kann eine Bestimmung enthalten, nach der die Pflegekasse den Abschluss privater Pflege-Zusatzversicherungen zwischen ihren Versicherten und privaten Krankenversicherungsunternehmen vermitteln kann.

(3) Die Satzung und ihre Änderungen bedürfen der Genehmigung der Behörde, die für die Genehmigung der Satzung der Krankenkasse, bei der die Pflegekasse errichtet ist, zuständig ist.

§47a Stellen zur Bekämpfung von Fehlverhalten im Gesundheitswesen

(1) 1§ 197a des Fünften Buches gilt entsprechend; § 197a Absatz 3 des Fünften Buches gilt mit der Maßgabe, auch mit den nach Landesrecht bestimmten Trägern der Sozialhilfe, die für die Hilfe zur Pflege im Sinne des Siebten Kapitels des Zwölften Buches zuständig sind, zusammenzuarbeiten. 2Die organisatorischen Einheiten nach § 197a Abs. 1 des Fünften Buches sind die Stellen zur Bekämpfung von Fehlverhalten im Gesundheitswesen bei den Pflegekassen, ihren Landesverbänden und dem Spitzenverband Bund der Pflegekassen.

(2) 1Die Einrichtungen nach Absatz 1 Satz 2 dürfen personenbezogene Daten, die von ihnen zur Erfüllung ihrer Aufgaben nach Absatz 1 erhoben oder an sie übermittelt wurden, untereinander übermitteln, soweit dies für die Feststellung und Bekämpfung von Fehlverhalten im Gesundheitswesen beim Empfänger erforderlich ist. 2An die nach Landesrecht bestimmten Träger der Sozialhilfe, die für die Hilfe zur Pflege im Sinne des Siebten Kapitels des Zwölften Buches zuständig sind, dürfen die Einrichtungen nach Absatz 1 Satz 2 personenbezogene Daten nur übermitteln, soweit dies für die Feststellung und Bekämpfung von Fehlverhalten im Zusammenhang mit den Regelungen des Siebten Kapitels des Zwölften Buches erforderlich ist und im Einzelfall konkrete Anhaltspunkte dafür vorliegen. 3Der Empfänger darf diese Daten nur zu dem Zweck verarbeiten, zu dem sie ihm übermittelt worden sind. 4Ebenso dürfen die nach Landesrecht bestimmten Träger der Sozialhilfe, die für die Hilfe zur Pflege im Sinne des Siebten Kapitels des Zwölften Buches zuständig sind, personenbezogene Daten, die von ihnen zur Erfüllung ihrer Aufgaben erhoben oder an sie übermittelt wurden, an die in Absatz 1 Satz 2 genannten Einrichtungen übermitteln, soweit dies für die Feststellung und Bekämpfung von Fehlverhalten im Gesundheitswesen beim Empfänger erforderlich ist. 5Die in Absatz 1 Satz 2 genannten Einrichtungen dürfen diese nur zu dem Zweck verarbeiten, zu dem sie ihnen übermittelt worden sind. 6Die Einrichtungen nach Absatz 1 Satz 2 sowie die nach Landesrecht bestimmten Träger der Sozialhilfe, die für die Hilfe zur Pflege im Sinne des Siebten Kapitels des Zwölften Buches zuständig sind, haben sicherzustellen, dass die personenbezogenen Daten nur Befugten zugänglich sind oder nur an diese weitergegeben werden.

(3) 1Die Einrichtungen nach Absatz 1 Satz 2 dürfen personenbezogene Daten an die folgenden Stellen übermitteln, soweit dies für die Verhinderung oder Aufdeckung von Fehlverhalten im Zuständigkeitsbereich der jeweiligen Stelle erforderlich ist:

1. die Stellen, die für die Entscheidung über die Teilnahme von Leistungserbringern an der Versorgung in der sozialen Pflegeversicherung sowie in der Hilfe zur Pflege zuständig sind,
2. die Stellen, die für die Leistungsgewährung in der sozialen Pflegeversicherung sowie in der Hilfe zur Pflege zuständig sind,
3. die Stellen, die für die Abrechnung von Leistungen in der sozialen Pflegeversicherung sowie in der Hilfe zur Pflege zuständig sind,
4. die Stellen, die nach Landesrecht für eine Förderung nach § 9 zuständig sind,
5. den Medizinischen Dienst der Krankenversicherung, den Prüfdienst des Verbandes der privaten Krankenversicherung e. V. sowie die für Prüfaufträge nach § 114 bestellten Sachverständigen und
6. die Behörden und berufsständischen Kammern, die für Entscheidungen über die Erteilung, die Rücknahme, den Widerruf oder die Anordnung des Ruhens einer Erlaubnis zum Führen der Berufsbezeichnung in den Pflegeberufen oder für berufsrechtliche Verfahren zuständig sind.

2Die nach Satz 1 übermittelten Daten dürfen von dem jeweiligen Empfänger nur zu dem Zweck verarbeitet werden, zu dem sie ihm übermittelt worden sind. 3Die Stellen nach Satz 1 Nummer 4 dürfen personenbezogene Daten, die von ihnen zur Erfüllung ihrer Aufgaben nach diesem Buch erhoben oder an sie übermittelt wurden, an

XI

die Einrichtungen nach Absatz 1 Satz 2 übermitteln, soweit dies für die Feststellung und Bekämpfung von Fehlverhalten im Gesundheitswesen durch die Einrichtungen nach Absatz 1 Satz 2 erforderlich ist. 4Die nach Satz 3 übermittelten Daten dürfen von den Einrichtungen nach Absatz 1 Satz 2 nur zu dem Zweck verarbeitet werden, zu dem sie ihnen übermittelt worden sind.

Zweiter Abschnitt
Zuständigkeit, Mitgliedschaft

§ 48 Zuständigkeit für Versicherte einer Krankenkasse und sonstige Versicherte

(1) 1Für die Durchführung der Pflegeversicherung ist jeweils die Pflegekasse zuständig, die bei der Krankenkasse errichtet ist, bei der eine Pflichtmitgliedschaft oder freiwillige Mitgliedschaft besteht. 2Für Familienversicherte nach § 25 ist die Pflegekasse des Mitglieds zuständig.

(2) 1Für Personen, die nach § 21 Nr. 1 bis 5 versichert sind, ist die Pflegekasse zuständig, die bei der Krankenkasse errichtet ist, die mit der Leistungserbringung im Krankheitsfalle beauftragt ist. 2Ist keine Krankenkasse mit der Leistungserbringung im Krankheitsfall beauftragt, kann der Versicherte die Pflegekasse nach Maßgabe des Absatzes 3 wählen.

(3) 1Personen, die nach § 21 Nr. 6 versichert sind, können die Mitgliedschaft wählen bei der Pflegekasse, die bei

1. der Krankenkasse errichtet ist, der sie angehören würden, wenn sie in der gesetzlichen Krankenversicherung versicherungspflichtig wären,
2. der Allgemeinen Ortskrankenkasse ihres Wohnsitzes oder gewöhnlichen Aufenthaltes errichtet ist,
3. einer Ersatzkasse errichtet ist, wenn sie zu dem Mitgliederkreis gehören, den die gewählte Ersatzkasse aufnehmen darf.

2Ab 1. Januar 1996 können sie die Mitgliedschaft bei der Pflegekasse wählen, die bei der Krankenkasse errichtet ist, die sie nach § 173 Abs. 2 des Fünften Buches wählen könnten, wenn sie in der gesetzlichen Krankenversicherung versicherungspflichtig wären; dies gilt auch für Mitglieder von Solidargemeinschaften, die nach § 21a Absatz 1 versicherungspflichtig sind.

§ 49 Mitgliedschaft

(1) 1Die Mitgliedschaft bei einer Pflegekasse beginnt mit dem Tag, an dem die Voraussetzungen des § 20, des § 21 oder des § 21a vorliegen. 2Sie endet mit dem Tod des Mitglieds oder mit Ablauf des Tages, an dem die Voraussetzungen des § 20, des § 21 oder des § 21a entfallen, sofern nicht das Recht zur Weiterversicherung nach § 26 ausgeübt wird. 3Für die nach § 20 Abs. 1 Satz 2 Nr. 12 Versicherten gelten § 186 Abs. 11 und § 190 Abs. 13 des Fünften Buches entsprechend.

(2) Für das Fortbestehen der Mitgliedschaft gelten die §§ 189, 192 des Fünften Buches sowie § 25 des Zweiten Gesetzes über die Krankenversicherung der Landwirte entsprechend.

(3) Die Mitgliedschaft freiwillig Versicherter nach den §§ 26 und 26a endet:

1. mit dem Tod des Mitglieds oder
2. mit Ablauf des übernächsten Kalendermonats, gerechnet von dem Monat, in dem das Mitglied den Austritt erklärt, wenn die Satzung nicht einen früheren Zeitpunkt bestimmt.

Dritter Abschnitt
Meldungen

§ 50 Melde- und Auskunftspflichten bei Mitgliedern der sozialen Pflegeversicherung

(1) 1Alle nach § 20 versicherungspflichtigen Mitglieder haben sich selbst unverzüglich bei der für sie zuständigen Pflegekasse anzumelden. 2Dies gilt nicht, wenn ein Dritter bereits eine Meldung nach den §§ 28a bis 28c des Vierten Buches, §§ 199 bis 205 des Fünften Buches oder §§ 27 bis 29 des Zweiten Gesetzes über die Krankenversicherung der Landwirte zur gesetzlichen Krankenversicherung abgegeben hat; die Meldung zur gesetzlichen Krankenversicherung schließt die Meldung zur sozialen Pflegeversicherung ein. 3Bei freiwillig versicherten Mitgliedern der gesetzlichen Krankenversicherung gilt die Beitrittserklärung zur gesetzlichen Krankenversicherung als Meldung zur sozialen Pflegeversicherung.

(2) Für die nach § 21 versicherungspflichtigen Mitglieder haben eine Meldung an die zuständige Pflegekasse zu erstatten:

1. das Versorgungsamt für Leistungsempfänger nach dem Bundesversorgungsgesetz oder nach den Gesetzen, die eine entsprechende Anwendung des Bundesversorgungsgesetzes vorsehen,
2. das Ausgleichsamt für Leistungsempfänger von Kriegsschadenrente oder vergleichbaren Leistungen nach dem Lastenausgleichsgesetz oder dem Reparationsschädengesetz oder von laufender Beihilfe nach dem Flüchtlingshilfegesetz,

XI

3. der Träger der Kriegsopferfürsorge für Empfänger von laufenden Leistungen der ergänzenden Hilfe zum Lebensunterhalt nach dem Bundesversorgungsgesetz oder nach den Gesetzen, die eine entsprechende Anwendung des Bundesversorgungsgesetzes vorsehen,
4. der Leistungsträger der Jugendhilfe für Empfänger von laufenden Leistungen zum Unterhalt nach dem Achten Buch,
5. der Leistungsträger für Krankenversorgungsberechtigte nach dem Bundesentschädigungsgesetz,
6. der Dienstherr für Soldaten auf Zeit.

(3) 1Personen, die versichert sind oder als Versicherte in Betracht kommen, haben der Pflegekasse, soweit sie nicht nach § 28o des Vierten Buches auskunftspflichtig sind,

1. auf Verlangen über alle für die Feststellung der Versicherungs- und Beitragspflicht und für die Durchführung der der Pflegekasse übertragenen Aufgaben erforderlichen Tatsachen unverzüglich Auskunft zu erteilen,
2. Änderungen in den Verhältnissen, die für die Feststellung der Versicherungs- und Beitragspflicht erheblich sind und nicht durch Dritte gemeldet werden, unverzüglich mitzuteilen.

2Sie haben auf Verlangen die Unterlagen, aus denen die Tatsachen oder die Änderung der Verhältnisse hervorgehen, der Pflegekasse in deren Geschäftsräumen unverzüglich vorzulegen.

(4) Entstehen der Pflegekasse durch eine Verletzung der Pflichten nach Absatz 3 zusätzliche Aufwendungen, kann sie von dem Verpflichteten die Erstattung verlangen.

(5) Die Krankenkassen übermitteln den Pflegekassen die zur Erfüllung ihrer Aufgaben erforderlichen personenbezogenen Daten.

(6) Für die Meldungen der Pflegekassen an die Rentenversicherungsträger gilt § 201 des Fünften Buches entsprechend.

§ 51 Meldungen bei Mitgliedern der privaten Pflegeversicherung

(1) 1Das private Versicherungsunternehmen hat Personen, die bei ihm gegen Krankheit versichert sind und trotz Aufforderung innerhalb von sechs Monaten nach Inkrafttreten des Pflege-Versicherungsgesetzes, bei Neuabschlüssen von Krankenversicherungsverträgen innerhalb von drei Monaten nach Abschluß des Vertrages, keinen privaten Pflegeversicherungsvertrag abgeschlossen haben, unverzüglich elektronisch dem Bundesamt für Soziale Sicherung zu melden. 2Das Versicherungsunternehmen hat auch Versicherungsnehmer zu melden, sobald diese mit der Entrichtung von sechs insgesamt vollen Monatsprämien in Verzug geraten sind. 3Das Bundesamt für Soziale Sicherung und der Verband der privaten Krankenversicherung e. V. haben bis zum 31. Dezember 2017 Näheres über das elektronische Meldeverfahren zu vereinbaren.

(2) 1Der Dienstherr hat für Heilfürsorgeberechtigte, die weder privat krankenversichert noch Mitglied in der gesetzlichen Krankenversicherung sind, eine Meldung an das Bundesamt für Soziale Sicherung zu erstatten. 2Die Postbeamtenkrankenkasse und die Krankenversorgung der Bundesbahnbeamten melden die im Zeitpunkt des Inkrafttretens des Gesetzes bei diesen Einrichtungen versicherten Mitglieder und mitversicherten Familienangehörigen an das Bundesamt für Soziale Sicherung.

(3) Die Meldepflichten bestehen auch für die Fälle, in denen eine bestehende private Pflegeversicherung gekündigt und der Abschluß eines neuen Vertrages bei einem anderen Versicherungsunternehmen nicht nachgewiesen wird.

Vierter Abschnitt
Wahrnehmung der Verbandsaufgaben

§ 52 Aufgaben auf Landesebene

(1) 1Die Landesverbände der Ortskrankenkassen, der Betriebskrankenkassen und der Innungskrankenkassen, die Deutsche Rentenversicherung Knappschaft-Bahn-See, die nach § 36 des Zweiten Gesetzes über die Krankenversicherung der Landwirte als Landesverband tätige landwirtschaftliche Krankenkasse sowie die Ersatzkassen nehmen die Aufgaben der Landesverbände der Pflegekassen wahr. 2§ 211a und § 212 Abs. 5 Satz 4 bis 10 des Fünften Buches gelten entsprechend.

(2) 1Für die Aufgaben der Landesverbände nach Absatz 1 gilt § 211 des Fünften Buches entsprechend. 2Die Landesverbände haben insbesondere den Spitzenverband Bund der Pflegekassen bei der Erfüllung seiner Aufgaben zu unterstützen.

(3) Für die Aufsicht über die Landesverbände im Bereich der Aufgaben nach Absatz 1 gilt § 208 des Fünften Buches entsprechend.

(4) Soweit in diesem Buch die Landesverbände der Pflegekassen Aufgaben wahrnehmen, handeln die in Absatz 1 aufgeführten Stellen.

§ 53 Aufgaben auf Bundesebene

1Der Spitzenverband Bund der Krankenkassen nimmt die Aufgaben des Spitzenverbandes Bund der Pflegekassen wahr. 2Die §§ 217b, 217d und 217f des Fünften Buches gelten entsprechend.

§ 53a Beauftragung von anderen unabhängigen Gutachtern durch die Pflegekassen im Verfahren zur Feststellung der Pflegebedürftigkeit

(1) 1Der Spitzenverband Bund der Pflegekassen erlässt bis zum 31. März 2013 mit dem Ziel einer einheitlichen Rechtsanwendung Richtlinien zur Zusammenarbeit der Pflegekassen mit anderen unabhängigen Gutachtern im Verfahren zur Feststellung der Pflegebedürftigkeit. 2Die Richtlinien sind für die Pflegekassen verbindlich.

(2) Die Richtlinien regeln insbesondere Folgendes:

1. die Anforderungen an die Qualifikation und die Unabhängigkeit der Gutachter,
2. das Verfahren, mit dem sichergestellt wird, dass die von den Pflegekassen beauftragten unabhängigen Gutachter bei der Feststellung der Pflegebedürftigkeit und bei der Zuordnung zu einem Pflegegrad dieselben Maßstäbe wie der Medizinische Dienst anlegen,
3. die Sicherstellung der Dienstleistungsorientierung im Begutachtungsverfahren und
4. die Einbeziehung der Gutachten der von den Pflegekassen beauftragten Gutachter in das Qualitätssicherungsverfahren der Medizinischen Dienste.

(3) Die Richtlinien bedürfen der Zustimmung des Bundesministeriums für Gesundheit.

§ 53b Richtlinien zur Qualifikation und zu den Aufgaben zusätzlicher Betreuungskräfte

1Der Spitzenverband Bund der Pflegekassen hat für die zusätzlich einzusetzenden Betreuungskräfte für die Leistungen nach § 43b Richtlinien zur Qualifikation und zu den Aufgaben in stationären Pflegeeinrichtungen zu beschließen. 2Er hat hierzu die Bundesvereinigungen der Träger stationärer Pflegeeinrichtungen und die Verbände der Pflegeberufe auf Bundesebene anzuhören und den allgemein anerkannten Stand medizinisch-pflegerischer Erkenntnisse zu beachten. 3Die Richtlinien werden für alle Pflegekassen und deren Verbände sowie für die stationären Pflegeeinrichtungen erst nach Genehmigung durch das Bundesministerium für Gesundheit wirksam. 4§ 17 Absatz 2 Satz 2 und 3 gilt entsprechend.

Fünfter Abschnitt
Medizinische Dienste, Medizinischer Dienst Bund

§ 53c Medizinische Dienste, Medizinischer Dienst Bund, Übergangsregelung

(1) 1Die Medizinischen Dienste gemäß § 278 des Fünften Buches haben die ihnen nach diesem Buch zugewiesenen Aufgaben zu erfüllen. 2Die Medizinischen Dienste haben den Medizinischen Dienst Bund bei der Wahrnehmung seiner ihm nach diesem Buch zugewiesenen Aufgaben zu unterstützen.

(2) Der Medizinische Dienst Bund gemäß § 281 des Fünften Buches nimmt die ihm nach § 53d zugewiesenen Aufgaben wahr.

(3) 1Die Medizinischen Dienste und der Medizinische Dienst Bund erfüllen die ihnen jeweils obliegenden Aufgaben ab dem gemäß § 412 Absatz 1 Satz 4 des Fünften Buches öffentlich bekannt zu machenden Datum des Ablaufs des Monats, in dem die Genehmigung der Satzung erteilt wurde. 2Bis zu diesem jeweiligen Zeitpunkt gilt für die Medizinischen Dienste der Krankenversicherung und den Medizinischen Dienst des Spitzenverbandes Bund der Krankenkassen das Elfte Buch in der bis zum 31. Dezember 2019 geltenden Fassung fort und sie erfüllen die ihnen danach zugewiesenen Aufgaben. 3Für den Spitzenverband Bund der Pflegekassen gilt bis zu dem in Satz 1 genannten Zeitpunkt der Umstellung das Elfte Buch in der bis zum 31. Dezember 2019 geltenden Fassung fort; er nimmt insbesondere auch die ihm nach § 17 Absatz 1, 1b, den §§ 18b, 53a, 53b, 53c, 112a, 114a Absatz 7 und § 114c Absatz 1 zugewiesenen Aufgaben bis zu diesem Zeitpunkt wahr. 4Die danach durch den Spitzenverband Bund der Pflegekassen erlassenen Richtlinien gelten bis zu ihrer Änderung oder Aufhebung durch den Medizinischen Dienst Bund gemäß § 53d Absatz 2 und 3 fort.

§ 53d Aufgaben des Medizinischen Dienstes Bund

(1) 1Der Medizinische Dienst Bund koordiniert und fördert die Durchführung der Aufgaben und die Zusammenarbeit der Medizinischen Dienste in pflegefachlichen und organisatorischen Fragen. 2Er berät den Spitzenverband Bund der Pflegekassen in allen pflegerischen Fragen.

(2) 1Der Medizinische Dienst Bund erlässt unter Beachtung des geltenden Leistungs- und Leistungserbringungsrechts und unter fachlicher Beteiligung der Medizinischen Dienste Richtlinien

1. zur Dienstleistungsorientierung nach § 18b,
2. zur Personalbedarfsermittlung mit für alle Medizinischen Dienste einheitlichen aufgabenbezogenen

Richtwerten für die Aufgaben, die ihnen nach diesem Buch übertragen sind,

3. zur Beauftragung externer Gutachterinnen und Gutachter für die Aufgaben, die ihnen nach diesem Buch übertragen sind,
4. zur einheitlichen statistischen Erfassung der Leistungen und Ergebnisse der Tätigkeit der Medizinischen Dienste sowie des hierfür eingesetzten Personals für den Bereich der sozialen Pflegeversicherung,
5. über die regelmäßige Berichterstattung der Medizinischen Dienste und des Medizinischen Dienstes Bund über ihre Tätigkeit und Personalausstattung für den Bereich der sozialen Pflegeversicherung,
6. über Grundsätze zur Fort- und Weiterbildung für den Bereich der sozialen Pflegeversicherung.

₂Die Richtlinien nach Satz 1 Nummer 2 sind bis spätestens 30. Juni 2022 zu erlassen. ₃In den Richtlinien ist eine bundeseinheitliche Methodik und Vorgehensweise nach angemessenen und anerkannten Methoden der Personalbedarfsermittlung vorzugeben und eine Unterteilung entsprechend der Aufgabenbereiche Begutachtungen, Qualitätsprüfungen und Qualitätssicherung vorzunehmen. ₄Die für den Erlass der Richtlinien nach Satz 1 Nummer 2 erforderlichen Daten sind in allen Medizinischen Diensten unter Koordinierung des Medizinischen Dienstes Bund nach einer bundeseinheitlichen Methodik und Vorgehensweise spätestens ab dem 1. Januar 2022 zu erheben und in nicht personenbezogener Form an den Medizinischen Dienst Bund zu übermitteln. ₅Der Medizinische Dienst Bund wertet die übermittelten Daten unter fachlicher Beteiligung der Medizinischen Dienste aus. ₆Die Richtlinien nach Satz 1 sind für die Medizinischen Dienste verbindlich und bedürfen der Genehmigung des Bundesministeriums für Gesundheit. Beanstandungen des Bundesministeriums für Gesundheit sind innerhalb der von ihm gesetzten Frist zu beheben.

(3) ₁Der Medizinische Dienst Bund erlässt unter Beachtung des geltenden Leistungs- und Leistungserbringungsrechts im Benehmen mit dem Spitzenverband Bund der Pflegekassen und unter fachlicher Beteiligung der Medizinischen Dienste Richtlinien

1. zur Durchführung und Sicherstellung einer einheitlichen Begutachtung nach § 17 Absatz 1 sowie zur Qualitätssicherung der Begutachtung,
2. zur Feststellung des Zeitanteils, für den die Pflegeversicherung bei ambulant versorgten Pflegebedürftigen, die einen besonders hohen Bedarf an behandlungspflegerischen Leistungen haben und die Leistungen der häuslichen Pflegehilfe nach § 36 und der häuslichen Krankenpflege nach § 37 Absatz 2 des Fünften Buches beziehen, die hälftigen Kosten zu tragen hat, nach § 17 Absatz 1b,
3. zu den Anforderungen an das Qualitätsmanagement und die Qualitätssicherung für ambulante Betreuungsdienste nach § 112a,
4. zur Durchführung der Prüfung der in Pflegeeinrichtungen erbrachten Leistungen und deren Qualität nach § 114a Absatz 7 sowie zur Qualitätssicherung der Qualitätsprüfung,
5. zur Verlängerung des Prüfrhythmus in vollstationären Einrichtungen im Fall guter Qualität und zur Veranlassung unangemeldeter Prüfungen nach § 114c Absatz 1,
6. zur Zusammenarbeit der Pflegekassen mit den Medizinischen Diensten und
7. zu den von den Medizinischen Diensten zu übermittelnden Berichten und Statistiken.

₂Die Richtlinien werden erst wirksam, wenn das Bundesministerium für Gesundheit sie genehmigt. Beanstandungen des Bundesministeriums für Gesundheit sind innerhalb der von ihm gesetzten Frist zu beheben. ₃Die Richtlinien nach Satz 1 Nummer 1 bis 6 sind für die Medizinischen Dienste und die Pflegekassen verbindlich. Die Richtlinie nach Satz 1 Nummer 7 ist für die Medizinischen Dienste verbindlich.

Sechstes Kapitel
Finanzierung

Erster Abschnitt
Beiträge

§ 54 Grundsatz

(1) Die Mittel für die Pflegeversicherung werden durch Beiträge sowie sonstige Einnahmen gedeckt.

(2) ₁Die Beiträge werden nach einem Vomhundertsatz (Beitragssatz) von den beitragspflichtigen Einnahmen der Mitglieder bis zur Beitragsbemessungsgrenze (§ 55) erhoben. ₂Die Beiträge sind für jeden Kalendertag der Mitgliedschaft zu zahlen, soweit dieses Buch nichts Abweichendes bestimmt. ₃Für die Berechnung der Beiträge ist die Woche zu sieben, der Monat zu 30 und das Jahr zu 360 Tagen anzusetzen.

(3) Die Vorschriften des Zwölften Kapitels des Fünften Buches gelten entsprechend.

§ 55 Beitragssatz, Beitragsbemessungsgrenze

(1) 1Der Beitragssatz beträgt bundeseinheitlich 3,05 Prozent der beitragspflichtigen Einnahmen der Mitglieder; er wird durch Gesetz festgesetzt. 2Für Personen, bei denen § 28 Abs. 2 Anwendung findet, beträgt der Beitragssatz die Hälfte des Beitragssatzes nach Satz 1.

(2) Beitragspflichtige Einnahmen sind bis zu einem Betrag von 1/360 der in § 6 Abs. 7 des Fünften Buches festgelegten Jahresarbeitsentgeltgrenze für den Kalendertag zu berücksichtigen (Beitragsbemessungsgrenze).

(3) 1Der Beitragssatz nach Absatz 1 Satz 1 und 2 erhöht sich für Mitglieder nach Ablauf des Monats, in dem sie das 23. Lebensjahr vollendet haben, um einen Beitragszuschlag in Höhe von 0,35 Beitragssatzpunkten (Beitragszuschlag für Kinderlose). 2Satz 1 gilt nicht für Eltern im Sinne des § 56 Abs. 1 Satz 1 Nr. 3 und Abs. 3 Nr. 2 und 3 des Ersten Buches. 3Die Elterneigenschaft ist in geeigneter Form gegenüber der beitragsabführenden Stelle, von Selbstzahlern gegenüber der Pflegekasse, nachzuweisen, sofern diesen die Elterneigenschaft nicht bereits aus anderen Gründen bekannt ist. 4Der Spitzenverband Bund der Pflegekassen gibt Empfehlungen darüber, welche Nachweise geeignet sind. 5Erfolgt die Vorlage des Nachweises innerhalb von drei Monaten nach der Geburt des Kindes, gilt der Nachweis mit Beginn des Monats der Geburt als erbracht, ansonsten wirkt der Nachweis ab Beginn des Monats, der dem Monat folgt, in dem der Nachweis erbracht wird. 6Nachweise für vor dem 1. Januar 2005 geborene Kinder, die bis zum 30. Juni 2005 erbracht werden, wirken vom 1. Januar 2005 an. 7Satz 1 gilt nicht für Mitglieder, die vor dem 1. Januar 1940 geboren wurden, für Wehr- und Zivildienstleistende sowie für Bezieher von Bürgergeld nach § 19 Absatz 1 Satz 1 des Zweiten Buches.

(3a) Zu den Eltern im Sinne des Absatzes 3 Satz 2 gehören nicht

1. Adoptiveltern, wenn das Kind zum Zeitpunkt des Wirksamwerdens der Adoption bereits die in § 25 Abs. 2 vorgesehenen Altersgrenzen erreicht hat,
2. Stiefeltern, wenn das Kind zum Zeitpunkt der Eheschließung oder der Begründung der eingetragenen Lebenspartnerschaft gemäß § 1 des Lebenspartnerschaftsgesetzes mit dem Elternteil des Kindes bereits die in § 25 Abs. 2 vorgesehenen Altersgrenzen erreicht hat oder wenn das Kind vor Erreichen dieser Altersgrenzen nicht in den gemeinsamen Haushalt mit dem Mitglied aufgenommen worden ist.

(4) 1Der Beitragszuschlag für die Monate Januar bis März 2005 auf Renten der gesetzlichen Rentenversicherung wird für Rentenbezieher, die nach dem 31. Dezember 1939 geboren wurden, in der Weise abgegolten, dass der Beitragszuschlag im Monat April 2005 1 vom Hundert der im April 2005 beitragspflichtigen Rente beträgt. 2Für die Rentenbezieher, die in den Monaten Januar bis April 2005 zeitweise nicht beitrags- oder zuschlagspflichtig sind, wird der Beitragszuschlag des Monats April 2005 entsprechend der Dauer dieser Zeit reduziert.

(5) 1Sind landwirtschaftliche Unternehmer, die nicht zugleich Bürgergeld beziehen, sowie mitarbeitende Familienangehörige Mitglied der landwirtschaftlichen Krankenkasse, wird der Beitrag abweichend von den Absätzen 1 bis 3 in Form eines Zuschlags auf den Krankenversicherungsbeitrag, den sie nach den Vorschriften des Zweiten Gesetzes über die Krankenversicherung der Landwirte aus dem Arbeitseinkommen aus Land- und Forstwirtschaft zu zahlen haben, erhoben. 2Die Höhe des Zuschlags ergibt sich aus dem Verhältnis des Beitragssatzes nach Absatz 1 Satz 1 zu dem um den durchschnittlichen Zusatzbeitragssatz erhöhten allgemeinen Beitragssatz nach § 241 des Fünften Buches. 3Sind die Voraussetzungen für einen Beitragszuschlag für Kinderlose nach Absatz 3 erfüllt, erhöht sich der Zuschlag nach Satz 2 um das Verhältnis des Beitragszuschlags für Kinderlose nach Absatz 3 Satz 1 zu dem Beitragssatz nach Absatz 1 Satz 1.

Entscheidung des Bundesverfassungsgerichts
vom 7. April 2022 (BGBl. I S. 1023)

Aus dem Beschluss des Bundesverfassungsgerichts vom 7. April 2022 – 1 BvL 3/18, 1 BvR 717/16, 1 BvR 2257/16, 1 BvR 2824/17 – wird folgende Entscheidungsformel veröffentlicht:

1. § 55 Absatz 1 Satz 1 des Elften Buches Sozialgesetzbuch in der Fassung vom 26. Mai 1994 (Bundesgesetzblatt I Seite 1014), zuletzt geändert durch Artikel 1 des Fünften Gesetzes zur Änderung des Elften Buches Sozialgesetzbuch – Beitragssatzanpassung – vom 17. Dezember 2018 (Bundesgesetzblatt I Seite 2587), § 55 Absatz 3 Sätze 1 und 2 des Elften Buches Sozialgesetzbuch in der Fassung vom 15. Dezember 2004 (Bundesgesetzblatt I Seite 3448), zuletzt geändert durch Artikel 2 Nummer 14 des Gesetzes zur Weiterentwicklung der Gesundheitsversorgung (Gesundheitsversorgungsweiterentwicklungsgesetz) vom 11. Juli 2021 (Bundesgesetzblatt I Seite 2754), und § 57 Absatz 1 Satz 1 des Elften Buches Sozialgesetzbuch in der Fassung vom 23. Dezember 2002 (Bundesgesetzblatt I Seite 4607), zuletzt geändert durch Artikel 2 Nummer 15 des Gesundheitsversorgungsweiterentwicklungsgesetzes, sind insoweit mit Artikel 3 Absatz 1 des Grundgesetzes unvereinbar,

als beitragspflichtige Eltern unabhängig von der Zahl der von ihnen betreuten und erzogenen Kinder mit gleichen Beiträgen belastet werden.

2. Die vorgenannten Vorschriften können bis zu einer Neuregelung weiter angewendet werden. Der Gesetzgeber ist verpflichtet, eine Neuregelung spätestens bis zum 31. Juli 2023 zu treffen.

Die vorstehende Entscheidungsformel hat gemäß § 31 Absatz 2 des Bundesverfassungsgerichtsgesetzes Gesetzeskraft.

§ 56 Beitragsfreiheit

(1) Familienangehörige sind für die Dauer der Familienversicherung nach § 25 beitragsfrei.

(2) 1Beitragsfreiheit besteht vom Zeitpunkt der Rentenantragstellung bis zum Beginn der Rente einschließlich einer Rente nach dem Gesetz über die Alterssicherung der Landwirte für:

1. den hinterbliebenen Ehegatten oder hinterbliebenen Lebenspartner eines Rentners, der bereits Rente bezogen hat, wenn Hinterbliebenenrente beantragt wird,
2. die Waise eines Rentners, der bereits Rente bezogen hat, vor Vollendung des 18. Lebensjahres; dies gilt auch für Waisen, deren verstorbener Elternteil eine Rente nach dem Gesetz über die Alterssicherung der Landwirte bezogen hat,
3. den hinterbliebenen Ehegatten oder hinterbliebenen Lebenspartner eines Beziehers einer Rente nach dem Gesetz über die Alterssicherung der Landwirte, wenn die Ehe vor Vollendung des 65. Lebensjahres des Verstorbenen geschlossen oder die eingetragene Lebenspartnerschaft vor Vollendung des 65. Lebensjahres des Verstorbenen gemäß § 1 des Lebenspartnerschaftsgesetzes begründet wurde,
4. den hinterbliebenen Ehegatten oder hinterbliebenen Lebenspartner eines Beziehers von Landabgaberente.

2Satz 1 gilt nicht, wenn der Rentenantragsteller eine eigene Rente, Arbeitsentgelt, Arbeitseinkommen oder Versorgungsbezüge erhält.

(3) 1Beitragsfrei sind Mitglieder für die Dauer des Bezuges von Mutterschafts- oder Elterngeld. 2Die Beitragsfreiheit erstreckt sich nur auf die in Satz 1 genannten Leistungen.

(4) Beitragsfrei sind auf Antrag Mitglieder, die sich auf nicht absehbare Dauer in stationärer Pflege befinden und bereits Leistungen nach § 35 Abs. 6 des Bundesversorgungsgesetzes, nach § 44 des Siebten Buches, nach § 34 des Beamtenversorgungsgesetzes oder nach den Gesetzen erhalten, die eine entsprechende Anwendung des Bundesversorgungsgesetzes vorsehen, wenn sie keine Familienangehörigen haben, für die eine Versicherung nach § 25 besteht.

(5) 1Beitragsfrei sind Mitglieder für die Dauer des Bezuges von Pflegeunterstützungsgeld. 2Die Beitragsfreiheit erstreckt sich nur auf die in Satz 1 genannten Leistungen.

§ 57 Beitragspflichtige Einnahmen

(1) 1Bei Mitgliedern der Pflegekasse, die in der gesetzlichen Krankenversicherung pflichtversichert sind, gelten für die Beitragsbemessung § 226 Absatz 1, 2 Satz 1 und 3, Absatz 3 bis 5 sowie die §§ 227 bis 232a, 233 bis 238 und § 244 des Fünften Buches sowie die §§ 23a und 23b Abs. 2 bis 4 des Vierten Buches. 2Bei Personen, die Bürgergeld nach § 19 Absatz 1 Satz 1 des Zweiten Buches beziehen, ist abweichend von § 232a Abs. 1 Satz 1 Nr. 2 des Fünften Buches das 0,2266fache der monatlichen Bezugsgröße zugrunde zu legen und sind abweichend von § 54 Absatz 2 Satz 2 die Beiträge für jeden Kalendermonat, in dem mindestens für einen Tag eine Mitgliedschaft besteht, zu zahlen; § 232a Absatz 1a des Fünften Buches gilt entsprechend.

(2) 1Bei Beziehern von Krankengeld gilt als beitragspflichtige Einnahme 80 vom Hundert des Arbeitsentgelts, das der Bemessung des Krankengeldes zugrundeliegt. 2Dies gilt auch für den Krankengeldbezug eines rentenversicherungspflichtigen mitarbeitenden Familienangehörigen eines landwirtschaftlichen Unternehmers. 3Beim Krankengeldbezug eines nicht rentenversicherungspflichtigen mitarbeitenden Familienangehörigen ist der Zahlbetrag der Leistung der Beitragsbemessung zugrunde zu legen. 4Bei Personen, die Krankengeld nach § 44a des Fünften Buches beziehen, wird das der Leistung zugrunde liegende Arbeitsentgelt oder Arbeitseinkommen zugrunde gelegt; wird dieses Krankengeld nach § 47b des Fünften Buches gezahlt, gelten die Sätze 1 bis 3. 5Bei Personen, die Leistungen für den Ausfall von Arbeitseinkünften von einem privaten Krankenversicherungsunternehmen, von einem Beihilfeträger des Bundes, von einem sonstigen öffentlich-rechtlichen Träger von Kosten in Krankheitsfällen auf Bundesebene, von dem Träger der Heilfürsorge im Bereich des Bundes, von dem Träger der truppenärztlichen Versorgung oder von einem öffentlich-rechtlichen Träger von Kosten in Krankheitsfällen auf Landesebene, soweit Landesrecht dies vorsieht, im Zusammenhang mit einer nach den §§ 8 und 8a des Transplantationsgesetzes erfolgenden Spende von Organen oder Geweben oder im Zusammenhang mit einer im Sinne von § 9 des Transfusionsgesetzes erfolgenden

Spende von Blut zur Separation von Blutstammzellen oder anderen Blutbestandteilen erhalten, wird das diesen Leistungen zugrunde liegende Arbeitsentgelt oder Arbeitseinkommen zugrunde gelegt. 6Bei Personen, die Krankengeld nach § 45 Absatz 1 des Fünften Buches beziehen, gelten als beitragspflichtige Einnahmen 80 Prozent des während der Freistellung ausgefallenen, laufenden Arbeitsentgelts oder des der Leistung zugrunde liegenden Arbeitseinkommens.

(3) Für die Beitragsbemessung der in § 20 Absatz 1 Satz 2 Nummer 3 genannten Altenteiler gilt § 45 des Zweiten Gesetzes über die Krankenversicherung der Landwirte.

(4) 1Bei freiwilligen Mitgliedern der gesetzlichen Krankenversicherung und bei Mitgliedern der sozialen Pflegeversicherung, die nicht in der gesetzlichen Krankenversicherung versichert sind, ist für die Beitragsbemessung § 240 des Fünften Buches entsprechend anzuwenden. 2Für die Beitragsbemessung der in der gesetzlichen Krankenversicherung versicherten Rentenantragsteller und freiwillig versicherten Rentner finden darüber hinaus die §§ 238a und 239 des Fünften Buches entsprechende Anwendung. 3Abweichend von Satz 1 ist bei Mitgliedern nach § 20 Abs. 1 Nr. 10, die in der gesetzlichen Krankenversicherung freiwillig versichert sind, § 236 des Fünften Buches entsprechend anzuwenden; als beitragspflichtige Einnahmen der satzungsmäßigen Mitglieder geistlicher Genossenschaften, Diakonissen und ähnlicher Personen, die freiwillig in der gesetzlichen Krankenversicherung versichert sind, sind der Wert für gewährte Sachbezüge oder das ihnen zur Beschaffung der unmittelbaren Lebensbedürfnisse an Wohnung, Verpflegung, Kleidung und dergleichen gezahlte Entgelt zugrunde zu legen. 4Bei freiwilligen Mitgliedern der gesetzlichen Krankenversicherung, die von einem Rehabilitationsträger Verletztengeld, Versorgungskrankengeld oder Übergangsgeld erhalten, gilt für die Beitragsbemessung § 235 Abs. 2 des Fünften Buches entsprechend; für die in der landwirtschaftlichen Krankenversicherung freiwillig Versicherten gilt § 46 des Zweiten Gesetzes über die Krankenversicherung der Landwirte.

(5) Der Beitragsberechnung von Personen, die nach § 26 Abs. 2 weiterversichert sind, werden für den Kalendertag der 180. Teil der monatlichen Bezugsgröße nach § 18 des Vierten Buches zugrunde gelegt.

Entscheidung des Bundesverfassungsgerichts
vom 7. April 2022 (BGBl. I S. 1023)

Aus dem Beschluss des Bundesverfassungsgerichts vom 7. April 2022 – 1 BvL 3/18, 1 BvR 717/16, 1 BvR 2257/16, 1 BvR 2824/17 – wird folgende Entscheidungsformel veröffentlicht:

1. § 55 Absatz 1 Satz 1 des Elften Buches Sozialgesetzbuch in der Fassung vom 26. Mai 1994 (Bundesgesetzblatt I Seite 1014), zuletzt geändert durch Artikel 1 des Fünften Gesetzes zur Änderung des Elften Buches Sozialgesetzbuch – Beitragssatzanpassung – vom 17. Dezember 2018 (Bundesgesetzblatt I Seite 2587), § 55 Absatz 3 Sätze 1 und 2 des Elften Buches Sozialgesetzbuch in der Fassung vom 15. Dezember 2004 (Bundesgesetzblatt I Seite 3448), zuletzt geändert durch Artikel 2 Nummer 14 des Gesetzes zur Weiterentwicklung der Gesundheitsversorgung (Gesundheitsversorgungsweiterentwicklungsgesetz) vom 11. Juli 2021 (Bundesgesetzblatt I Seite 2754), und § 57 Absatz 1 Satz 1 des Elften Buches Sozialgesetzbuch in der Fassung vom 23. Dezember 2002 (Bundesgesetzblatt I Seite 4607), zuletzt geändert durch Artikel 2 Nummer 15 des Gesundheitsversorgungsweiterentwicklungsgesetzes, sind insoweit mit Artikel 3 Absatz 1 des Grundgesetzes unvereinbar, als beitragspflichtige Eltern unabhängig von der Zahl der von ihnen betreuten und erzogenen Kinder mit gleichen Beiträgen belastet werden.
2. Die vorgenannten Vorschriften können bis zu einer Neuregelung weiter angewendet werden. Der Gesetzgeber ist verpflichtet, eine Neuregelung spätestens bis zum 31. Juli 2023 zu treffen.

Die vorstehende Entscheidungsformel hat gemäß § 31 Absatz 2 des Bundesverfassungsgerichtsgesetzes Gesetzeskraft.

§ 58 Tragung der Beiträge bei versicherungspflichtig Beschäftigten

(1) 1Die nach § 20 Abs. 1 Satz 2 Nr. 1 und 12 versicherungspflichtig Beschäftigten, die in der gesetzlichen Krankenversicherung pflichtversichert sind, und ihre Arbeitgeber tragen die nach dem Arbeitsentgelt zu bemessenden Beiträge jeweils zur Hälfte. 2Soweit für Beschäftigte Beiträge für Kurzarbeitergeld zu zahlen sind, trägt der Arbeitgeber den Beitrag allein. 3Den Beitragszuschlag für Kinderlose nach § 55 Abs. 3 tragen die Beschäftigten.

(2) Zum Ausgleich der mit den Arbeitgeberbeiträgen verbundenen Belastungen der Wirtschaft werden die Länder einen gesetzlichen landesweiten Feiertag, der stets auf einen Werktag fällt, aufheben.

(3) 1Die in Absatz 1 genannten Beschäftigten tragen die Beiträge in Höhe von 1 vom Hundert allein, wenn der Beschäftigungsort in einem Land liegt, in dem die am 31. Dezember 1993 bestehende Anzahl der gesetzlichen landesweiten Feiertage nicht um einen Feiertag, der stets auf einen Werktag fiel, vermindert worden ist. 2In Fällen des § 55 Abs. 1 Satz 2 werden die Beiträge in Höhe von 0,5 vom Hundert allein getragen. 3Im Übrigen findet Ab-

XI

satz 1 Anwendung, soweit es sich nicht um eine versicherungspflichtige Beschäftigung mit einem monatlichen Arbeitsentgelt innerhalb des Übergangsbereichs nach § 20 Absatz 2 des Vierten Buches handelt, für die Absatz 5 Satz 2 Anwendung findet. 4Die Beiträge der Beschäftigten erhöhen sich nicht, wenn Länder im Jahr 2017 den Reformationstag einmalig zu einem gesetzlichen Feiertag erheben.

(4) 1Die Aufhebung eines Feiertages wirkt für das gesamte Kalenderjahr. 2Handelt es sich um einen Feiertag, der im laufenden Kalenderjahr vor dem Zeitpunkt des Inkrafttretens der Regelung über die Streichung liegt, wirkt die Aufhebung erst im folgenden Kalenderjahr.

(5) § 249 Absatz 3 und 4 des Fünften Buches gilt mit der Maßgabe, dass statt des allgemeinen und ermäßigten Beitragssatzes der Krankenkasse und des kassenindividuellen Zusatzbeitragssatzes der Beitragssatz der Pflegeversicherung und bei den in Absatz 3 Satz 1 genannten Beschäftigten für die Berechnung des Beitragsanteils des Arbeitgebers ein Beitragssatz in Höhe des um einen Prozentpunkt verminderten Beitragssatzes der Pflegeversicherung Anwendung findet.

§ 59 Beitragstragung bei anderen Mitgliedern

(1) 1Für die nach § 20 Abs. 1 Satz 2 Nr. 2 bis 12 versicherten Mitglieder der sozialen Pflegeversicherung, die in der gesetzlichen Krankenversicherung pflichtversichert sind, gelten für die Tragung der Beiträge § 250 Absatz 1 und 3, die §§ 251 und 413 des Fünften Buches sowie § 48 des Zweiten Gesetzes über die Krankenversicherung der Landwirte entsprechend; die Beiträge aus der Rente der gesetzlichen Rentenversicherung sind von dem Mitglied allein zu tragen. 2Bei Beziehern einer Rente nach dem Gesetz über die Alterssicherung der Landwirte, die nach § 20 Abs. 1 Satz 2 Nr. 3 versichert sind, und bei Beziehern von Produktionsaufgabenrente oder Ausgleichsgeld, die nach § 14 Abs. 4 des Gesetzes zur Förderung der Einstellung der landwirtschaftlichen Erwerbstätigkeit versichert sind, werden die Beiträge aus diesen Leistungen von den Beziehern der Leistung allein getragen.

(2) 1Die Beiträge für Bezieher von Krankengeld werden von den Leistungsbeziehern und den Krankenkassen je zur Hälfte getragen, soweit sie auf das Krankengeld entfallen und dieses nicht in Höhe der Leistungen der Bundesagentur für Arbeit zu zahlen ist, im übrigen von den Krankenkassen; die Beiträge werden auch dann von den Krankenkassen getragen, wenn das dem Krankengeld zugrunde liegende monatliche Arbeitsentgelt die Geringfügigkeitsgrenze nicht übersteigt. 2Die Beiträge für Bezieher von Krankengeld nach § 44a des Fünften Buches oder für den Ausfall von Arbeitseinkünften im Zusammenhang mit einer nach den §§ 8 und 8a des Transplantationsgesetzes erfolgenden Spende von Organen oder Geweben oder im Zusammenhang mit einer im Sinne von § 9 des Transfusionsgesetzes erfolgenden Spende von Blut zur Separation von Blutstammzellen oder anderen Blutbestandteilen sind von der Stelle zu tragen, die die Leistung erbringt; wird die Leistung von mehreren Stellen erbracht, sind die Beiträge entsprechend anteilig zu tragen.

(3) 1Die Beiträge für die nach § 21 Nr. 1 bis 5 versicherten Leistungsempfänger werden vom jeweiligen Leistungsträger getragen. 2Beiträge auf Grund des Leistungsbezugs im Rahmen der Kriegsopferfürsorge gelten als Aufwendungen für die Kriegsopferfürsorge.

(4) 1Mitglieder der sozialen Pflegeversicherung, die in der gesetzlichen Krankenversicherung freiwillig versichert sind, sowie Mitglieder, deren Mitgliedschaft nach § 49 Abs. 2 Satz 1 erhalten bleibt oder nach den §§ 26 und 26a freiwillig versichert sind, und die nach § 21 Nr. 6 versicherten Soldaten auf Zeit sowie die nach § 21a Absatz 1 Satz 1 versicherten Mitglieder von Solidargemeinschaften tragen den Beitrag allein.
2Abweichend von Satz 1 werden

1. die auf Grund des Bezuges von Verletztengeld, Versorgungskrankengeld oder Übergangsgeld zu zahlenden Beiträge von dem zuständigen Rehabilitationsträger,
2. die Beiträge für satzungsmäßige Mitglieder geistlicher Genossenschaften, Diakonissen und ähnliche Personen einschließlich der Beiträge bei einer Weiterversicherung nach § 26 von der Gemeinschaft

allein getragen.

(5) Den Beitragszuschlag für Kinderlose nach § 55 Abs. 3 trägt das Mitglied.

§ 60 Beitragszahlung

(1) 1Soweit gesetzlich nichts Abweichendes bestimmt ist, sind die Beiträge von demjenigen zu zahlen, der sie zu tragen hat. 2§ 252 Abs. 1 Satz 2, die §§ 253 bis 256a des Fünften Buches und § 49 Satz 2, die §§ 50 und 50a des Zweiten Gesetzes über die Krankenversicherung der Landwirte gelten entsprechend. 3Die aus einer Rente nach dem Gesetz über die Alterssicherung der Landwirte und einer laufenden Geldleistung nach dem Gesetz zur Förderung der Einstellung der landwirtschaftlichen Erwerbstätigkeit zu entrichtenden Beiträge werden von der Alterskasse gezahlt; § 28g Satz 1 des Vierten Buches gilt entsprechend.

XI

(2) $_{1}$Für Bezieher von Krankengeld zahlen die Krankenkassen die Beiträge; für den Beitragsabzug gilt § 28g Satz 1 des Vierten Buches entsprechend. $_{2}$Die zur Tragung der Beiträge für die in § 21 Nr. 1 bis 5 genannten Mitglieder Verpflichteten können einen Dritten mit der Zahlung der Beiträge beauftragen und mit den Pflegekassen Näheres über die Zahlung und Abrechnung der Beiträge vereinbaren.

(3) $_{1}$Die Beiträge sind an die Krankenkassen zu zahlen; in den in § 252 Abs. 2 Satz 1 des Fünften Buches geregelten Fällen sind sie an den Gesundheitsfonds zu zahlen, der sie unverzüglich an den Ausgleichsfonds weiterzuleiten hat. $_{2}$Die nach Satz 1 eingegangenen Beiträge zur Pflegeversicherung sind von der Krankenkasse unverzüglich an die Pflegekasse weiterzuleiten. $_{3}$In den Fällen des § 252 Absatz 2 Satz 1 des Fünften Buches ist das Bundesamt für Soziale Sicherung als Verwalter des Gesundheitsfonds, im Übrigen sind die Pflegekassen zur Prüfung der ordnungsgemäßen Beitragszahlung berechtigt; § 251 Absatz 5 Satz 3 bis 7 des Fünften Buches gilt entsprechend. $_{4}$§ 24 Abs. 1 des Vierten Buches gilt. $_{5}$§ 252 Abs. 3 des Fünften Buches gilt mit der Maßgabe, dass die Beiträge zur Pflegeversicherung den Beiträgen zur Krankenversicherung gleichstehen.

(4) $_{1}$Die Deutsche Rentenversicherung Bund leitet alle Pflegeversicherungsbeiträge aus Rentenleistungen der allgemeinen Rentenversicherung am fünften Arbeitstag des Monats, der dem Monat folgt, in dem die Rente fällig war, an den Ausgleichsfonds der Pflegeversicherung (§ 65) weiter. $_{2}$Werden Rentenleistungen am letzten Bankarbeitstag des Monats ausgezahlt, der dem Monat vorausgeht, in dem sie fällig werden (§ 272a des Sechsten Buches), leitet die Deutsche Rentenversicherung Bund die darauf entfallenden Pflegeversicherungsbeiträge am fünften Arbeitstag des laufenden Monats an den Ausgleichsfonds der Pflegeversicherung weiter.

(5) $_{1}$Der Beitragszuschlag nach § 55 Abs. 3 ist von demjenigen zu zahlen, der die Beiträge zu zahlen hat. $_{2}$Wird der Pflegeversicherungsbeitrag von einem Dritten gezahlt, hat dieser einen Anspruch gegen das Mitglied auf den von dem Mitglied zu tragenden Beitragszuschlag. $_{3}$Dieser Anspruch kann von dem Dritten durch Abzug von der an das Mitglied zu erbringenden Geldleistung geltend gemacht werden.

(6) Wenn kein Abzug nach Absatz 5 möglich ist, weil der Dritte keine laufende Geldleistung an das Mitglied erbringen muss, hat das Mitglied den sich aus dem Beitragszuschlag ergebenden Betrag an die Pflegekasse zu zahlen.

(7) $_{1}$Die Beitragszuschläge für die Bezieher von Arbeitslosengeld, Unterhaltsgeld, Kurzarbeitergeld, Ausbildungsgeld, Übergangsgeld und, soweit die Bundesagentur beitragszahlungspflichtig ist, für Bezieher von Berufsausbildungsbeihilfe nach dem Dritten Buch werden von der Bundesagentur für Arbeit pauschal in Höhe von 20 Millionen Euro pro Jahr an den Ausgleichsfonds der Pflegeversicherung (§ 66) überwiesen. $_{2}$Die Bundesagentur für Arbeit kann mit Zustimmung des Bundesministeriums für Arbeit und Soziales hinsichtlich der übernommenen Beträge Rückgriff bei den genannten Leistungsbeziehern nach dem Dritten Buch nehmen. $_{3}$Die Bundesagentur für Arbeit kann mit dem Bundesamt für Soziale Sicherung Näheres zur Zahlung der Pauschale vereinbaren.

Zweiter Abschnitt Beitragszuschüsse

§ 61 Beitragszuschüsse für freiwillige Mitglieder der gesetzlichen Krankenversicherung und Privatversicherte

(1) $_{1}$Beschäftigte, die in der gesetzlichen Krankenversicherung freiwillig versichert sind, erhalten unter den Voraussetzungen des § 58 von ihrem Arbeitgeber einen Beitragszuschuß, der in der Höhe begrenzt ist, auf den Betrag, der als Arbeitgeberanteil nach § 58 zu zahlen wäre. $_{2}$Bestehen innerhalb desselben Zeitraums mehrere Beschäftigungsverhältnisse, sind die beteiligten Arbeitgeber anteilmäßig nach dem Verhältnis der Höhe der jeweiligen Arbeitsentgelte zur Zahlung des Beitragszuschusses verpflichtet. $_{3}$Für Beschäftigte, die Kurzarbeitergeld nach dem Dritten Buch beziehen, ist zusätzlich zu dem Zuschuß nach Satz 1 die Hälfte des Betrages zu zahlen, den der Arbeitgeber bei Versicherungspflicht des Beschäftigten nach § 58 Abs. 1 Satz 2 als Beitrag zu tragen hätte. $_{4}$Freiwillig in der gesetzlichen Krankenversicherung Versicherte, die eine Beschäftigung nach dem Jugendfreiwilligendienstegesetz oder nach dem Bundesfreiwilligendienstgesetz ausüben, erhalten von ihrem Arbeitgeber als Beitragszuschuss den Betrag, den Arbeitgeber bei Versicherungspflicht der Freiwilligendienstleistenden nach § 20 Absatz 3 Satz 1 Nummer 2 des Vierten Buches für die Pflegeversicherung zu tragen hätten.

(2) $_{1}$Beschäftigte, die in Erfüllung ihrer Versicherungspflicht nach den §§ 22 und 23 bei einem privaten Krankenversicherungsunternehmen versichert sind und für sich und ihre Angehörigen oder Lebenspartner, die bei Versicherungspflicht des Beschäftigten in der sozialen

Pflegeversicherung nach § 25 versichert wären, Vertragsleistungen beanspruchen können, die nach Art und Umfang den Leistungen dieses Buches gleichwertig sind, erhalten unter den Voraussetzungen des § 58 von ihrem Arbeitgeber einen Beitragszuschuß. 2Der Zuschuß ist in der Höhe begrenzt auf den Betrag, der als Arbeitgeberanteil bei Versicherungspflicht in der sozialen Pflegeversicherung als Beitragsanteil zu zahlen wäre, höchstens jedoch auf die Hälfte des Betrages, den der Beschäftigte für seine private Pflegeversicherung zu zahlen hat. 3Für Beschäftigte, die Kurzarbeitergeld nach dem Dritten Buch beziehen, gilt Absatz 1 Satz 3 mit der Maßgabe, daß sie höchstens den Betrag erhalten, den sie tatsächlich zu zahlen haben. 4Bestehen innerhalb desselben Zeitraumes mehrere Beschäftigungsverhältnisse, sind die beteiligten Arbeitgeber anteilig nach dem Verhältnis der Höhe der jeweiligen Arbeitsentgelte zur Zahlung des Beitragszuschusses verpflichtet.

(3) 1Für Bezieher von Vorruhestandsgeld, die als Beschäftigte bis unmittelbar vor Beginn der Vorruhestandsleistungen Anspruch auf den vollen oder anteiligen Beitragszuschuß nach Absatz 1 oder 2 hatten, sowie für Bezieher von Leistungen nach § 9 Abs. 1 Nr. 1 und 2 des Anspruchs- und Anwartschaftsüberführungsgesetzes und Bezieher einer Übergangsversorgung nach § 7 des Tarifvertrages über einen sozialverträglichen Personalabbau im Bereich des Bundesministeriums der Verteidigung vom 30. November 1991 bleibt der Anspruch für die Dauer der Vorruhestandsleistungen gegen den zur Zahlung des Vorruhestandsgeldes Verpflichteten erhalten. 2Der Zuschuss beträgt die Hälfte des Beitrages, den Bezieher von Vorruhestandsgeld als versicherungspflichtig Beschäftigte ohne den Beitragszuschlag nach § 55 Abs. 3 zu zahlen hätten, höchstens jedoch die Hälfte des Betrages, den sie ohne den Beitragszuschlag nach § 55 Abs. 3 zu zahlen haben. 3Absatz 1 Satz 2 gilt entsprechend.

(4) 1Die in § 20 Abs. 1 Satz 2 Nr. 6, 7 oder 8 genannten Personen, für die nach § 23 Versicherungspflicht in der privaten Pflegeversicherung besteht, erhalten vom zuständigen Leistungsträger einen Zuschuß zu ihrem privaten Pflegeversicherungsbeitrag. 2Als Zuschuß ist der Betrag zu zahlen, der von dem Leistungsträger als Beitrag bei Versicherungspflicht in der sozialen Pflegeversicherung zu zahlen wäre, höchstens jedoch der Betrag, der an das private Versicherungsunternehmen zu zahlen ist.

(5) Der Zuschuß nach den Absätzen 2, 3 und 4 wird für eine private Pflegeversicherung nur gezahlt, wenn das Versicherungsunternehmen:

1. die Pflegeversicherung nach Art der Lebensversicherung betreibt,
2. sich verpflichtet, den überwiegenden Teil der Überschüsse, die sich aus dem selbst abgeschlossenen Versicherungsgeschäft ergeben, zugunsten der Versicherten zu verwenden,
3. die Pflegeversicherung nur zusammen mit der Krankenversicherung, nicht zusammen mit anderen Versicherungssparten betreibt oder, wenn das Versicherungsunternehmen seinen Sitz in einem anderen Mitgliedstaat der Europäischen Union hat, den Teil der Prämien, für den Berechtigte den Zuschuss erhalten, nur für die Kranken- und Pflegeversicherung verwendet.

(6) 1Das Krankenversicherungsunternehmen hat dem Versicherungsnehmer eine Bescheinigung darüber auszuhändigen, daß ihm die Aufsichtsbehörde bestätigt hat, daß es die Versicherung, die Grundlage des Versicherungsvertrages ist, nach den in Absatz 5 genannten Voraussetzungen betreibt. 2Der Versicherungsnehmer hat diese Bescheinigung dem zur Zahlung des Beitragszuschusses Verpflichteten jeweils nach Ablauf von drei Jahren vorzulegen.

(7) Personen, die nach beamtenrechtlichen Vorschriften oder Grundsätzen bei Krankheit und Pflege Anspruch auf Beihilfe oder Heilfürsorge haben und bei einem privaten Versicherungsunternehmen pflegeversichert sind, sowie Personen, für die der halbe Beitragssatz nach § 55 Abs. 1 Satz 2 gilt, haben gegenüber dem Arbeitgeber oder Dienstherrn, der die Beihilfe und Heilfürsorge zu Aufwendungen aus Anlaß der Pflege gewährt, keinen Anspruch auf einen Beitragszuschuß.

Dritter Abschnitt
Bundesmittel

§ 61a Beteiligung des Bundes an Aufwendungen

Der Bund leistet zur pauschalen Beteiligung an den Aufwendungen der sozialen Pflegeversicherung ab dem Jahr 2022 jährlich 1 Milliarde Euro in monatlich zum jeweils ersten Bankarbeitstag zu überweisenden Teilbeträgen an den Ausgleichsfonds nach § 65.

Vierter Abschnitt
Verwendung und Verwaltung der Mittel

§ 62 Mittel der Pflegekasse

Die Mittel der Pflegekasse umfassen die Betriebsmittel und die Rücklage.

§ 63 Betriebsmittel

(1) Die Betriebsmittel dürfen nur verwendet werden:

1. für die gesetzlich oder durch die Satzung vorgesehenen Aufgaben sowie für die Verwaltungskosten,
2. zur Auffüllung der Rücklage und zur Finanzierung des Ausgleichsfonds.

(2) 1Die Betriebsmittel dürfen im Durchschnitt des Haushaltsjahres monatlich das Einfache des nach dem Haushaltsplan der Pflegekasse auf einen Monat entfallenden Betrages der in Absatz 1 Nr. 1 genannten Aufwendungen nicht übersteigen. 2Bei der Feststellung der vorhandenen Betriebsmittel sind die Forderungen und Verpflichtungen der Pflegekasse zu berücksichtigen, soweit sie nicht der Rücklage zuzuordnen sind. 3Durchlaufende Gelder bleiben außer Betracht.

(3) Die Betriebsmittel sind im erforderlichen Umfang bereitzuhalten und im übrigen so anzulegen, daß sie für den in Absatz 1 bestimmten Zweck verfügbar sind.

§ 64 Rücklage

(1) Die Pflegekasse hat zur Sicherstellung ihrer Leistungsfähigkeit eine Rücklage zu bilden.

(2) Die Rücklage beträgt 50 vom Hundert des nach dem Haushaltsplan durchschnittlich auf den Monat entfallenden Betrages der Ausgaben (Rücklagesoll).

(3) Die Pflegekasse hat Mittel aus der Rücklage den Betriebsmitteln zuzuführen, wenn Einnahme- und Ausgabeschwankungen innerhalb eines Haushaltsjahres nicht durch die Betriebsmittel ausgeglichen werden können.

(4) 1Übersteigt die Rücklage das Rücklagesoll, so ist der übersteigende Betrag den Betriebsmitteln bis zu der in § 63 Abs. 2 genannten Höhe zuzuführen. 2Darüber hinaus verbleibende Überschüsse sind bis zum 15. des Monats an den Ausgleichsfonds nach § 65 zu überweisen.

(5) 1Die Rücklage ist getrennt von den sonstigen Mitteln so anzulegen, daß sie für den nach Absatz 1 bestimmten Zweck verfügbar ist. 2Sie wird von der Pflegekasse verwaltet.

Fünfter Abschnitt
Ausgleichsfonds, Finanzausgleich

§ 65 Ausgleichsfonds

(1) Das Bundesamt für Soziale Sicherung verwaltet als Sondervermögen (Ausgleichsfonds) die eingehenden Beträge aus:

1. den Beiträgen aus den Rentenzahlungen,
2. den von den Pflegekassen überwiesenen Überschüssen aus Betriebsmitteln und Rücklage (§ 64 Abs. 4),
3. den vom Gesundheitsfonds überwiesenen Beiträgen der Versicherten.

(2) Die im Laufe eines Jahres entstehenden Kapitalerträge werden dem Sondervermögen gutgeschrieben.

(3) Die Mittel des Ausgleichsfonds sind so anzulegen, daß sie für den in den §§ 67, 68 genannten Zweck verfügbar sind.

(4) 1Die dem Bundesamt für Soziale Sicherung bei der Verwaltung des Ausgleichsfonds entstehenden Kosten werden durch die Mittel des Ausgleichsfonds gedeckt. 2Das Bundesministerium für Gesundheit wird ermächtigt, im Einvernehmen mit dem Bundesministerium der Finanzen und dem Bundesministerium für Arbeit und Soziales durch Rechtsverordnung ohne Zustimmung des Bundesrates Vorschriften zu erlassen, die Näheres zu der Erstattung der Verwaltungskosten regeln.

(5) 1Für das Haushalts- und Rechnungswesen des Ausgleichsfonds gelten die §§ 76 und 77 Absatz 1 Satz 1 und Absatz 1a Satz 1 bis 3 entsprechend; für die Anlage der Mittel gelten die §§ 80, 83 Absatz 1 und 2 bis 4, die §§ 84 und 86 des Vierten Buches entsprechend. 2Die Mittel des Ausgleichsfonds können abweichend von § 83 Absatz 1 Nummer 2 Buchstabe b und c sowie Nummer 4 Buchstabe c des Vierten Buches angelegt werden bei Kreditinstituten, die die geltenden Vorschriften über das Eigenkapital und die Liquidität einhalten. 3Die Einhaltung der Vorschriften über das Eigenkapital und die Liquidität ist regelmäßig, mindestens jährlich, zu überprüfen.

§ 66 Finanzausgleich

(1) 1Die Leistungsaufwendungen sowie die Verwaltungskosten der Pflegekassen werden von allen Pflegekassen nach dem Verhältnis ihrer Beitragseinnahmen gemeinsam getragen. 2Zu diesem Zweck findet zwischen allen Pflegekassen ein Finanzausgleich statt. 3Das Bundesamt für Soziale Sicherung führt den Finanzausgleich zwischen den Pflegekassen durch. 4Es hat Näheres zur Durchführung des Finanzausgleichs mit dem Spitzenverband Bund der Pflegekassen zu vereinbaren. 5Die Vereinbarung ist für die Pflegekasse verbindlich.

(2) Das Bundesamt für Soziale Sicherung kann zur Durchführung des Zahlungsverkehrs nähere Regelungen mit der Deutsche Rentenversicherung Bund treffen.

§ 67 Monatlicher Ausgleich

(1) Jede Pflegekasse ermittelt bis zum 10. des Monats

1. die bis zum Ende des Vormonats gebuchten Ausgaben,

2. die bis zum Ende des Vormonats gebuchten Einnahmen (Beitragsist),
3. das Betriebsmittel- und Rücklagesoll,
4. den am Ersten des laufenden Monats vorhandenen Betriebsmittelbestand (Betriebsmittelist) und die Höhe der Rücklage.

(2) 1Sind die Ausgaben zuzüglich des Betriebsmittel- und Rücklagesolls höher als die Einnahmen zuzüglich des vorhandenen Betriebsmittelbestands und der Rücklage am Ersten des laufenden Monats, erhält die Pflegekasse bis zum Monatsende den Unterschiedsbetrag aus dem Ausgleichsfonds. 2Sind die Einnahmen zuzüglich des am Ersten des laufenden Monats vorhandenen Betriebsmittelbestands und der Rücklage höher als die Ausgaben zuzüglich des Betriebsmittel- und Rücklagesolls, überweist die Pflegekasse den Unterschiedsbetrag an den Ausgleichsfonds.

(3) Die Pflegekasse hat dem Bundesamt für Soziale Sicherung die notwendigen Berechnungsgrundlagen mitzuteilen.

§ 68 Jahresausgleich

(1) 1Nach Ablauf des Kalenderjahres wird zwischen den Pflegekassen ein Jahresausgleich durchgeführt. 2Nach Vorliegen der Geschäfts- und Rechnungsergebnisse aller Pflegekassen und der Jahresrechnung der Deutschen Rentenversicherung Knappschaft-Bahn-See als Träger der knappschaftlichen Pflegeversicherung für das abgelaufene Kalenderjahr werden die Ergebnisse nach § 67 bereinigt.

(2) Werden nach Abschluß des Jahresausgleichs sachliche oder rechnerische Fehler in den Berechnungsgrundlagen festgestellt, hat das Bundesamt für Soziale Sicherung diese bei der Ermittlung des nächsten Jahresausgleichs nach den zu diesem Zeitpunkt geltenden Vorschriften zu berücksichtigen.

(3) Das Bundesministerium für Gesundheit kann durch Rechtsverordnung mit Zustimmung des Bundesrates das Nähere über:

1. die inhaltliche und zeitliche Abgrenzung und Ermittlung der Beträge nach den §§ 66 bis 68,
2. die Fälligkeit der Beträge und Verzinsung bei Verzug,
3. das Verfahren bei der Durchführung des Finanzausgleichs sowie die hierfür von den Pflegekassen mitzuteilenden Angaben

regeln.

Siebtes Kapitel
Beziehungen der Pflegekassen zu den Leistungserbringern

Erster Abschnitt
Allgemeine Grundsätze

§ 69 Sicherstellungsauftrag

1Die Pflegekassen haben im Rahmen ihrer Leistungsverpflichtung eine bedarfsgerechte und gleichmäßige, dem allgemein anerkannten Stand medizinisch-pflegerischer Erkenntnisse entsprechende pflegerische Versorgung der Versicherten zu gewährleisten (Sicherstellungsauftrag). 2Sie schließen hierzu Versorgungsverträge sowie Vergütungsvereinbarungen mit den Trägern von Pflegeeinrichtungen (§ 71) und sonstigen Leistungserbringern. 3Dabei sind die Vielfalt, die Unabhängigkeit und Selbständigkeit sowie das Selbstverständnis der Träger von Pflegeeinrichtungen in Zielsetzung und Durchführung ihrer Aufgaben zu achten.

§ 70 Beitragssatzstabilität

(1) Die Pflegekassen stellen in den Verträgen mit den Leistungserbringern über Art, Umfang und Vergütung der Leistungen sicher, daß ihre Leistungsausgaben die Beitragseinnahmen nicht überschreiten (Grundsatz der Beitragssatzstabilität).

(2) Vereinbarungen über die Höhe der Vergütungen, die dem Grundsatz der Beitragssatzstabilität widersprechen, sind unwirksam.

Zweiter Abschnitt
Beziehungen zu den Pflegeeinrichtungen

§ 71 Pflegeeinrichtungen

(1) Ambulante Pflegeeinrichtungen (Pflegedienste) im Sinne dieses Buches sind selbständig wirtschaftende Einrichtungen, die unter ständiger Verantwortung einer ausgebildeten Pflegefachkraft Pflegebedürftige in ihrer Wohnung mit Leistungen der häuslichen Pflegehilfe im Sinne des § 36 versorgen.

(1a) Auf ambulante Betreuungseinrichtungen, die für Pflegebedürftige dauerhaft pflegerische Betreuungsmaßnahmen und Hilfen bei der Haushaltsführung erbringen (Betreuungsdienste), sind die Vorschriften dieses Buches, die für Pflegedienste gelten, entsprechend anzuwenden, soweit keine davon abweichende Regelung bestimmt ist.

(2) Stationäre Pflegeeinrichtungen (Pflegeheime) im Sinne dieses Buches sind selbständig wirtschaftende Einrichtungen, in denen Pflegebedürftige:

1. unter ständiger Verantwortung einer ausgebildeten Pflegefachkraft gepflegt werden,
2. ganztägig (vollstationär) oder tagsüber oder nachts (teilstationär) untergebracht und verpflegt werden können.

(3) 1Für die Anerkennung als verantwortliche Pflegefachkraft im Sinne der Absätze 1 und 2 ist neben dem Abschluss einer Ausbildung als

1. Pflegefachfrau oder Pflegefachmann,
2. Gesundheits- und Krankenpflegerin oder Gesundheits- und Krankenpfleger,
3. Gesundheits- und Kinderkrankenpflegerin oder Gesundheits- und Kinderkrankenpfleger oder
4. Altenpflegerin oder Altenpfleger

eine praktische Berufserfahrung in dem erlernten Ausbildungsberuf von zwei Jahren innerhalb der letzten acht Jahre erforderlich. 2Bei ambulanten Pflegeeinrichtungen, die überwiegend behinderte Menschen pflegen und betreuen, gelten auch nach Landesrecht ausgebildete Heilerziehungspflegerinnen und Heilerziehungspfleger sowie Heilerzieherinnen und Heilerzieher mit einer praktischen Berufserfahrung von zwei Jahren innerhalb der letzten acht Jahre als ausgebildete Pflegefachkraft. 3Bei Betreuungsdiensten kann anstelle der verantwortlichen Pflegefachkraft eine entsprechend qualifizierte, fachlich geeignete und zuverlässige Fachkraft mit praktischer Berufserfahrung im erlernten Beruf von zwei Jahren innerhalb der letzten acht Jahre (verantwortliche Fachkraft) eingesetzt werden. 4Die Rahmenfrist nach den Sätzen 1, 2 oder 3 beginnt acht Jahre vor dem Tag, zu dem die verantwortliche Pflegefachkraft im Sinne des Absatzes 1 oder 2 bestellt werden soll. 5Für die Anerkennung als verantwortliche Pflegefachkraft ist ferner Voraussetzung, dass eine Weiterbildungsmaßnahme für leitende Funktionen mit einer Mindeststundenzahl, die 460 Stunden nicht unterschreiten soll, erfolgreich durchgeführt wurde. 6Anerkennungen als verantwortliche Fachkraft, die im Rahmen der Durchführung des Modellvorhabens zur Erprobung von Leistungen der häuslichen Betreuung durch Betreuungsdienste erfolgt sind, gelten fort. 7Für die Anerkennung einer verantwortlichen Fachkraft ist ferner ab dem 1. Januar 2023 ebenfalls Voraussetzung, dass eine Weiterbildungsmaßnahme im Sinne von Satz 5 durchgeführt wurde.

(4) Keine Pflegeeinrichtungen im Sinne des Absatzes 2 sind

1. stationäre Einrichtungen, in denen die Leistungen zur medizinischen Vorsorge, zur medizinischen Rehabilitation, zur Teilhabe am Arbeitsleben, zur Teilhabe an Bildung oder zur sozialen Teilhabe, die schulische Ausbildung oder die Erziehung kranker Menschen oder von Menschen mit Behinderungen im Vordergrund des Zweckes der Einrichtung stehen,
2. Krankenhäuser sowie
3. Räumlichkeiten,
   a) in denen der Zweck des Wohnens von Menschen mit Behinderungen und der Erbringung von Leistungen der Eingliederungshilfe für diese im Vordergrund steht,
   b) auf deren Überlassung das Wohn- und Betreuungsvertragsgesetz Anwendung findet und
   c) in denen der Umfang der Gesamtversorgung der dort wohnenden Menschen mit Behinderungen durch Leistungserbringer regelmäßig einen Umfang erreicht, der weitgehend der Versorgung in einer vollstationären Einrichtung entspricht; bei einer Versorgung der Menschen mit Behinderungen sowohl in Räumlichkeiten im Sinne der Buchstaben a und b als auch in Einrichtungen im Sinne der Nummer 1 ist eine Gesamtbetrachtung anzustellen, ob der Umfang der Versorgung durch Leistungserbringer weitgehend der Versorgung in einer vollstationären Einrichtung entspricht.

(5) 1Mit dem Ziel, eine einheitliche Rechtsanwendung zu fördern, erlässt der Spitzenverband Bund der Pflegekassen spätestens bis zum 1. Juli 2019 Richtlinien zur näheren Abgrenzung, wann die in Absatz 4 Nummer 3 Buchstabe c in der ab dem 1. Januar 2020 geltenden Fassung genannten Merkmale vorliegen und welche Kriterien bei der Prüfung dieser Merkmale mindestens heranzuziehen sind. 2Die Richtlinien nach Satz 1 sind im Benehmen mit dem Verband der privaten Krankenversicherung e. V., der Bundesarbeitsgemeinschaft der überörtlichen Träger der Sozialhilfe und den kommunalen Spitzenverbänden auf Bundesebene zu beschließen; die Länder, die Bundesarbeitsgemeinschaft der Freien Wohlfahrtspflege sowie die Vereinigungen der Träger der Pflegeeinrichtungen auf Bundesebene sind zu beteiligen. 3Für die Richtlinien nach Satz 1 gilt § 17 Absatz 2 entsprechend mit der Maßgabe, dass das Bundesministerium für Gesundheit die Genehmigung im Einvernehmen mit dem Bundesministerium für Arbeit und Soziales er-

XI

teilt und die Genehmigung als erteilt gilt, wenn die Richtlinien nicht innerhalb von zwei Monaten, nachdem sie dem Bundesministerium für Gesundheit vorgelegt worden sind, beanstandet werden.

§ 72 Zulassung zur Pflege durch Versorgungsvertrag

(1) 1Die Pflegekassen dürfen ambulante und stationäre Pflege nur durch Pflegeeinrichtungen gewähren, mit denen ein Versorgungsvertrag besteht (zugelassene Pflegeeinrichtungen). 2In dem Versorgungsvertrag sind Art, Inhalt und Umfang der allgemeinen Pflegeleistungen (§ 84 Abs. 4) festzulegen, die von der Pflegeeinrichtung während der Dauer des Vertrages für die Versicherten zu erbringen sind (Versorgungsauftrag).

(2) 1Der Versorgungsvertrag wird zwischen dem Träger der Pflegeeinrichtung oder einer vertretungsberechtigten Vereinigung gleicher Träger und den Landesverbänden der Pflegekassen im Einvernehmen mit den überörtlichen Trägern der Sozialhilfe im Land abgeschlossen, soweit nicht nach Landesrecht der örtliche Träger für die Pflegeeinrichtung zuständig ist; für mehrere oder alle selbständig wirtschaftenden Einrichtungen (§ 71 Abs. 1 und 2) einschließlich für einzelne, eingestreute Pflegeplätze eines Pflegeeinrichtungsträgers, die vor Ort organisatorisch miteinander verbunden sind, kann, insbesondere zur Sicherstellung einer quartiersnahen Unterstützung zwischen den verschiedenen Versorgungsbereichen, ein einheitlicher Versorgungsvertrag (Gesamtversorgungsvertrag) geschlossen werden. 2Er ist für die Pflegeeinrichtung und für alle Pflegekassen im Inland unmittelbar verbindlich. 3Bei Betreuungsdiensten nach § 71 Absatz 1a sind bereits vorliegende Vereinbarungen aus der Durchführung des Modellvorhabens zur Erprobung von Leistungen der häuslichen Betreuung durch Betreuungsdienste zu beachten.

(3) 1Versorgungsverträge dürfen nur mit Pflegeeinrichtungen abgeschlossen werden, die

1. den Anforderungen des § 71 genügen,
2. die Gewähr für eine leistungsfähige und wirtschaftliche pflegerische Versorgung bieten und die Vorgaben des Absatzes 3a oder Absatzes 3b erfüllen,
3. sich verpflichten, nach Maßgabe der Vereinbarungen nach § 113 einrichtungsintern ein Qualitätsmanagement einzuführen und weiterzuentwickeln,
4. sich verpflichten, alle Expertenstandards nach § 113a anzuwenden,
5. sich verpflichten, die ordnungsgemäße Durchführung von Qualitätsprüfungen zu ermöglichen,
6. sich verpflichten, an dem Verfahren zur Übermittlung von Daten nach § 35 Absatz 6 des Infektionsschutzgesetzes teilzunehmen, sofern es sich bei ihnen um stationäre Pflegeeinrichtungen im Sinne des § 71 Absatz 2 handelt;

ein Anspruch auf Abschluß eines Versorgungsvertrages besteht, soweit und solange die Pflegeeinrichtung diese Voraussetzungen erfüllt. 2Bei notwendiger Auswahl zwischen mehreren geeigneten Pflegeeinrichtungen sollen die Versorgungsverträge vorrangig mit freigemeinnützigen und privaten Trägern abgeschlossen werden. 3Bei ambulanten Pflegediensten ist in den Versorgungsverträgen der Einzugsbereich festzulegen, in dem die Leistungen ressourcenschonend und effizient zu erbringen sind.

(3a) Ab dem 1. September 2022 dürfen Versorgungsverträge nur mit Pflegeeinrichtungen abgeschlossen werden, die ihren Arbeitnehmerinnen und Arbeitnehmern, die Leistungen der Pflege oder Betreuung von Pflegebedürftigen erbringen, Gehälter zahlen, die in Tarifverträgen oder kirchlichen Arbeitsrechtsregelungen vereinbart ist, an die die jeweiligen Pflegeeinrichtungen gebunden sind.

(3b) 1Mit Pflegeeinrichtungen, die nicht an Tarifverträge oder kirchliche Arbeitsrechtsregelungen für ihre Arbeitnehmerinnen und Arbeitnehmer, die Leistungen der Pflege oder Betreuung von Pflegebedürftigen erbringen, gebunden sind, dürfen Versorgungsverträge ab dem 1. September 2022 nur abgeschlossen werden, wenn diese Pflegeeinrichtungen ihren Arbeitnehmerinnen und Arbeitnehmern, die Leistungen der Pflege oder Betreuung für Pflegebedürftige erbringen, eine Entlohnung zahlen, die

1. die Höhe der Entlohnung eines Tarifvertrags nicht unterschreitet, dessen räumlicher, zeitlicher, fachlicher und persönlicher Geltungsbereich eröffnet ist,
2. die Höhe der Entlohnung eines Tarifvertrags nicht unterschreitet, dessen fachlicher Geltungsbereich mindestens eine andere Pflegeeinrichtung in der Region erfasst, in der die Pflegeeinrichtung betrieben wird, und dessen zeitlicher und persönlicher Geltungsbereich eröffnet ist,
3. die Höhe der Entlohnung von Nummer 1 oder Nummer 2 entsprechenden kirchlichen Arbeitsrechtsregelungen nicht unterschreitet oder
4. hinsichtlich der Entlohnungsbestandteile nach Satz 2 Nummer 1 bis 5, die den Arbeitnehmerinnen und Arbeitnehmern der in § 82c Absatz 2 Satz 4 genannten

Qualifikationsgruppen jeweils im Durchschnitt gezahlt werden, die Höhe der jeweiligen regional üblichen Entlohnungsniveaus nach § 82c Absatz 2 Satz 2 Nummer 2 und hinsichtlich der pflegetypischen Zuschläge nach Satz 2 Nummer 6, die den in Satz 1 genannten Arbeitnehmerinnen und Arbeitnehmern im Durchschnitt gezahlt werden, die Höhe der regional üblichen Niveaus der pflegetypischen Zuschläge nach § 82c Absatz 2 Satz 2 Nummer 3, jeweils in der nach § 82c Absatz 5 veröffentlichten Höhe, nicht unterschreitet.

₂Zur Entlohnung im Sinne dieses Gesetzes zählen

1. der Grundlohn,
2. regelmäßige Jahressonderzahlungen,
3. vermögenswirksame Leistungen des Arbeitgebers,
4. pflegetypische Zulagen,
5. der Lohn für Bereitschaftsdienst und Rufbereitschaft sowie
6. pflegetypische Zuschläge.

₃Pflegetypische Zuschläge im Sinne von Satz 2 Nummer 6 sind Nachtzuschläge, Sonntagszuschläge und Feiertagszuschläge. ₄Diese sind von den Pflegeeinrichtungen im Fall von Satz 1 Nummer 4 unter den folgenden Voraussetzungen zu zahlen:

1. Nachtzuschläge für eine Tätigkeit in der Nacht, mindestens im Zeitraum zwischen 23 und 6 Uhr,
2. Sonntagszuschläge für eine Tätigkeit an Sonntagen im Zeitraum zwischen 0 und 24 Uhr,
3. Feiertagszuschläge für eine Tätigkeit an gesetzlichen Feiertagen im Zeitraum zwischen 0 und 24 Uhr.

₅Die in Satz 1 genannten Pflegeeinrichtungen haben die Entlohnung im Sinne von Satz 1, soweit mit ihr die Voraussetzungen nach dieser Vorschrift erfüllt werden, in Geld zu zahlen. ₆Tritt im Fall von Satz 1 Nummer 1 bis 3 eine Änderung im Hinblick auf die in dem jeweiligen Tarifvertrag oder in den jeweiligen kirchlichen Arbeitsrechtsregelungen vereinbarte Entlohnung ein, haben die in Satz 1 genannten Pflegeeinrichtungen die erforderlichen Anpassungen der von ihnen gezahlten Entlohnung spätestens innerhalb von zwei Monaten vorzunehmen, nachdem die jeweilige Änderung nach § 82c Absatz 5 veröffentlicht wurde. ₇Erhöhen sich im Fall von Satz 1 Nummer 4 die nach § 82c Absatz 5 veröffentlichten regional üblichen Entlohnungsniveaus nach § 82c Absatz 2 Satz 2 Nummer 2 oder die nach § 82c Absatz 5 veröffentlichten regional üblichen Niveaus der pflegetypischen Zuschläge nach § 82c Absatz 2 Satz 2 Nummer 3, haben die Pflegeeinrichtungen ihren Arbeitnehmerinnen und Arbeitnehmern, die Leistungen der Pflege oder Betreuung für Pflegebedürftige erbringen, die höhere Entlohnung im Zeitraum ab dem 1. Dezember 2022 spätestens ab dem 1. Februar 2023, nach dem 1. Februar 2023 jeweils spätestens ab dem 1. Januar des Jahres, das auf die Veröffentlichung der Werte nach § 82c Absatz 5 folgt, zu zahlen. ₈Zur Erfüllung der Vorgaben von Satz 1 Nummer 4 sind im Zeitraum vom 1. September 2022 bis zum 31. Januar 2023 die aufgrund der Mitteilung nach Absatz 3e in der am 20. Juli 2021 geltenden Fassung und auf der Grundlage von § 82c Absatz 5 in der am 20. Juli 2021 geltenden Fassung veröffentlichten regional üblichen Entgeltniveaus in drei Qualifikationsgruppen und pflegetypischen Zuschläge nach den Sätzen 3 und Satz 4 maßgebend.

(3c) ₁Der Spitzenverband Bund der Pflegekassen legt in Richtlinien, erstmals bis zum Ablauf des 30. September 2021, das Nähere insbesondere zu den Verfahrens- und Prüfgrundsätzen für die Einhaltung der Vorgaben der Absätze 3a und 3b sowie zu den nach Absatz 3e Satz 1 Nummer 2 erforderlichen Angaben fest. ₂In den Richtlinien ist auch festzulegen, welche Folgen eintreten, wenn eine Pflegeeinrichtung ihre Mitteilungspflicht nach Absatz 3d Satz 2 oder Absatz 3e nicht, nicht richtig, nicht vollständig oder nicht rechtzeitig erfüllt. ₃Die in den Richtlinien vorgesehenen Folgen müssen verhältnismäßig sein und im Einzelfall durch den jeweiligen Landesverband der Pflegekassen gegenüber der Pflegeeinrichtung verhältnismäßig angewendet werden. ₄Bei der Festlegung hat der Spitzenverband Bund der Pflegekassen die Bundesarbeitsgemeinschaft der überörtlichen Träger der Sozialhilfe und der Eingliederungshilfe zu beteiligen. ₅Die Richtlinien werden erst wirksam, wenn das Bundesministerium für Gesundheit sie im Einvernehmen mit dem Bundesministerium für Arbeit und Soziales genehmigt. ₆Beanstandungen des Bundesministeriums für Gesundheit sind innerhalb der von ihm gesetzten Frist zu beheben. ₇Die Richtlinien sind für die Pflegekassen und ihre Verbände sowie für die Pflegeeinrichtungen verbindlich.

(3d) ₁Pflegeeinrichtungen haben den Landesverbänden der Pflegekassen zur Feststellung des Vorliegens der Voraussetzungen des Absatzes 3a oder des Absatzes 3b mitzuteilen,

1. an welchen Tarifvertrag oder an welche kirchlichen Arbeitsrechtsregelungen sie gebunden sind,
2. welcher Tarifvertrag oder welche kirchlichen Arbeitsrechtsregelungen in den Fällen des Absatzes 3b Satz 1 Nummer 1 bis 3 für sie maßgebend ist oder sind oder

3. ob im Fall des Absatzes 3b Satz 1 Nummer 4 die veröffentlichte Höhe der regional üblichen Entlohnungsniveaus nach § 82c Absatz 2 Satz 2 Nummer 2 und die veröffentlichte Höhe der regional üblichen Niveaus der pflegetypischen Zuschläge nach § 82c Absatz 2 Satz 2 Nummer 3 für sie maßgebend sind.

$_{2}$Im Jahr 2022 sind alle Pflegeeinrichtungen verpflichtet, den Landesverbänden der Pflegekassen die in Satz 1 in der am 20. Juli 2021 geltenden Fassung genannten Angaben spätestens bis zum Ablauf des 28. Februar 2022 mitzuteilen. $_{3}$Die Mitteilung nach Satz 2 gilt, sofern die Pflegeeinrichtung dem nicht widerspricht, als Antrag auf entsprechende Anpassung des Versorgungsvertrags mit Wirkung zum 1. September 2022.

(3e) $_{1}$Pflegeeinrichtungen, die im Sinne von Absatz 3a an Tarifverträge oder an kirchliche Arbeitsrechtsregelungen gebunden sind, haben dem jeweiligen Landesverband der Pflegekassen bis zum Ablauf des 31. August jeden Jahres Folgendes mitzuteilen:

1. an welchen Tarifvertrag oder an welche kirchlichen Arbeitsrechtsregelungen sie gebunden sind,
2. Angaben über die sich aus diesen Tarifverträgen oder kirchlichen Arbeitsrechtsregelungen ergebende am 1. August des Jahres gezahlte Entlohnung der Arbeitnehmerinnen und Arbeitnehmer, die Leistungen der Pflege oder Betreuung von Pflegebedürftigen erbringen, soweit diese Angaben zur Feststellung des Vorliegens der Voraussetzungen nach den Absätzen 3a und 3b oder zur Ermittlung des oder der regional üblichen Entlohnungsniveaus sowie der regional üblichen Niveaus der pflegetypischen Zuschläge nach § 82c Absatz 2 Satz 2 erforderlich sind.

$_{2}$Der Mitteilung ist die jeweils am 1. August des Jahres geltende durchgeschriebene Fassung des mitgeteilten Tarifvertrags oder der mitgeteilten kirchlichen Arbeitsrechtsregelungen beizufügen. $_{3}$Tritt nach der Mitteilung nach Satz 1 eine Änderung im Hinblick auf die Wirksamkeit oder den Inhalt des mitgeteilten Tarifvertrags oder der mitgeteilten kirchlichen Arbeitsrechtsregelungen ein, haben die in Satz 1 genannten Pflegeeinrichtungen dem jeweiligen Landesverband der Pflegekassen diese Änderung unverzüglich mitzuteilen und dem jeweiligen Landesverband der Pflegekassen unverzüglich die aktuelle, durchgeschriebene Fassung des geänderten Tarifvertrags oder der geänderten kirchlichen Arbeitsrechtsregelungen zu übermitteln.

(3f) Das Bundesministerium für Gesundheit evaluiert unter Beteiligung des Bundesministeriums für Arbeit und Soziales bis zum 31. Dezember 2025 die Wirkungen der Regelungen der Absätze 3a und 3b und des § 82c.

(3g) Versorgungsverträge, die mit Pflegeeinrichtungen vor dem 1. September 2022 abgeschlossen wurden, sind spätestens bis zum Ablauf des 31. August 2022 mit Wirkung ab dem 1. September 2022 an die Vorgaben des Absatzes 3a oder des Absatzes 3b anzupassen.

(4) $_{1}$Mit Abschluß des Versorgungsvertrages wird die Pflegeeinrichtung für die Dauer des Vertrages zur pflegerischen Versorgung der Versicherten zugelassen. $_{2}$Die zugelassene Pflegeeinrichtung ist im Rahmen ihres Versorgungsauftrages zur pflegerischen Versorgung der Versicherten verpflichtet; dazu gehört bei ambulanten Pflegediensten auch die Durchführung von Beratungseinsätzen nach § 37 Absatz 3 auf Anforderung des Pflegebedürftigen. $_{3}$Die Pflegekassen sind verpflichtet, die Leistungen der Pflegeeinrichtung nach Maßgabe des Achten Kapitels zu vergüten.

§ 73 Abschluß von Versorgungsverträgen

(1) Der Versorgungsvertrag ist schriftlich abzuschließen.

(2) $_{1}$Gegen die Ablehnung eines Versorgungsvertrages durch die Landesverbände der Pflegekassen ist der Rechtsweg zu den Sozialgerichten gegeben. $_{2}$Ein Vorverfahren findet nicht statt; die Klage hat keine aufschiebende Wirkung.

(3) $_{1}$Mit Pflegeeinrichtungen, die vor dem 1. Januar 1995 ambulante Pflege, teilstationäre Pflege oder Kurzzeitpflege auf Grund von Vereinbarungen mit Sozialleistungsträgern erbracht haben, gilt ein Versorgungsvertrag als abgeschlossen. $_{2}$Satz 1 gilt nicht, wenn die Pflegeeinrichtung die Anforderungen nach § 72 Abs. 3 Satz 1 nicht erfüllt und die zuständigen Landesverbände der Pflegekassen dies im Einvernehmen mit dem zuständigen Träger der Sozialhilfe (§ 72 Abs. 2 Satz 1) bis zum 30. Juni 1995 gegenüber dem Träger der Einrichtung schriftlich geltend machen. $_{3}$Satz 1 gilt auch dann nicht, wenn die Pflegeeinrichtung die Anforderungen nach § 72 Abs. 3 Satz 1 offensichtlich nicht erfüllt. $_{4}$Die Pflegeeinrichtung hat bis spätestens zum 31. März 1995 die Voraussetzungen für den Bestandschutz nach den Sätzen 1 und 2 durch Vorlage von Vereinbarungen mit Sozialleistungsträgern sowie geeigneter Unterlagen zur Prüfung und Beurteilung der Leistungsfähigkeit und Wirtschaftlichkeit gegenüber einem Landesverband der Pflegekassen nachzuweisen. $_{5}$Der Versorgungsvertrag bleibt wirksam, bis er durch einen neuen Versorgungsvertrag abgelöst oder gemäß § 74 gekündigt wird.

(4) Für vollstationäre Pflegeeinrichtungen gilt Absatz 3 entsprechend mit der Maßgabe, daß der für die Vorlage der Unterlagen nach Satz 3 maßgebliche Zeitpunkt der 30. September 1995 und der Stichtag nach Satz 2 der 30. Juni 1996 ist.

§ 74 Kündigung von Versorgungsverträgen

(1) 1Der Versorgungsvertrag kann von jeder Vertragspartei mit einer Frist von einem Jahr ganz oder teilweise gekündigt werden, von den Landesverbänden der Pflegekassen jedoch nur, wenn die zugelassene Pflegeeinrichtung nicht nur vorübergehend eine der Voraussetzungen des § 72 Absatz 3 Satz 1, Absatz 3a oder Absatz 3b nicht oder nicht mehr erfüllt; dies gilt auch, wenn die Pflegeeinrichtung ihre Pflicht wiederholt gröblich verletzt, Pflegebedürftigen ein möglichst selbständiges und selbstbestimmtes Leben zu bieten, die Hilfen darauf auszurichten, die körperlichen, geistigen und seelischen Kräfte der Pflegebedürftigen wiederzugewinnen oder zu erhalten und angemessenen Wünschen der Pflegebedürftigen zur Gestaltung der Hilfe zu entsprechen. 2Vor Kündigung durch die Landesverbände der Pflegekassen ist das Einvernehmen mit dem zuständigen Träger der Sozialhilfe (§ 72 Abs. 2 Satz 1) herzustellen. 3Die Landesverbände der Pflegekassen können im Einvernehmen mit den zuständigen Trägern der Sozialhilfe zur Vermeidung der Kündigung des Versorgungsvertrages mit dem Träger der Pflegeeinrichtung insbesondere vereinbaren, dass

1. die verantwortliche Pflegefachkraft sowie weitere Leitungskräfte zeitnah erfolgreich geeignete Fort- und Weiterbildungsmaßnahmen absolvieren,
2. die Pflege, Versorgung und Betreuung weiterer Pflegebedürftiger bis zur Beseitigung der Kündigungsgründe ganz oder teilweise vorläufig ausgeschlossen ist.

(2) 1Der Versorgungsvertrag kann von den Landesverbänden der Pflegekassen auch ohne Einhaltung einer Kündigungsfrist gekündigt werden, wenn die Einrichtung ihre gesetzlichen oder vertraglichen Verpflichtungen gegenüber den Pflegebedürftigen oder deren Kostenträgern derart gröblich verletzt, daß ein Festhalten an dem Vertrag nicht zumutbar ist. 2Das gilt insbesondere dann, wenn Pflegebedürftige infolge der Pflichtverletzung zu Schaden kommen oder die Einrichtung nicht erbrachte Leistungen gegenüber den Kostenträgern abrechnet. 3Das gleiche gilt, wenn dem Träger eines Pflegeheimes nach den heimrechtlichen Vorschriften die Betriebserlaubnis entzogen oder der Betrieb des Heimes untersagt wird. 4Absatz 1 Satz 2 gilt entsprechend.

(3) 1Die Kündigung bedarf der Schriftform. 2Für Klagen gegen die Kündigung gilt § 73 Abs. 2 entsprechend.

§ 75 Rahmenverträge, Bundesempfehlungen und -vereinbarungen über die pflegerische Versorgung

(1) 1Die Landesverbände der Pflegekassen schließen unter Beteiligung des Medizinischen Dienstes sowie des Verbandes der privaten Krankenversicherung e. V. im Land mit den Vereinigungen der Träger der ambulanten oder stationären Pflegeeinrichtungen im Land gemeinsam und einheitlich Rahmenverträge mit dem Ziel, eine wirksame und wirtschaftliche pflegerische Versorgung der Versicherten sicherzustellen. 2Für Pflegeeinrichtungen, die einer Kirche oder Religionsgemeinschaft des öffentlichen Rechts oder einem sonstigen freigemeinnützigen Träger zuzuordnen sind, können die Rahmenverträge auch von der Kirche oder Religionsgemeinschaft oder von dem Wohlfahrtsverband abgeschlossen werden, dem die Pflegeeinrichtung angehört. 3Bei Rahmenverträgen über ambulante Pflege sind die Arbeitsgemeinschaften der örtlichen Träger der Sozialhilfe oder anderer nach Landesrecht für die Sozialhilfe zuständigen Träger, bei Rahmenverträgen über stationäre Pflege die überörtlichen Träger der Sozialhilfe und die Arbeitsgemeinschaften der örtlichen Träger der Sozialhilfe als Vertragspartei am Vertragsschluß zu beteiligen. 4Die Rahmenverträge sind für die Pflegekassen und die zugelassenen Pflegeeinrichtungen im Inland unmittelbar verbindlich.

(2) 1Die Verträge regeln insbesondere:

1. den Inhalt der Pflegeleistungen einschließlich der Sterbebegleitung sowie bei stationärer Pflege die Abgrenzung zwischen den allgemeinen Pflegeleistungen, den Leistungen bei Unterkunft und Verpflegung und den Zusatzleistungen,

1a. bei häuslicher Pflege den Inhalt der ergänzenden Unterstützung bei Nutzung von digitalen Pflegeanwendungen,

2. die allgemeinen Bedingungen der Pflege einschließlich der Vertragsvoraussetzungen und der Vertragserfüllung für eine leistungsfähige und wirtschaftliche pflegerische Versorgung, der Kostenübernahme, der Abrechnung der Entgelte und der hierzu erforderlichen Bescheinigungen und Berichte,

3. Maßstäbe und Grundsätze für eine wirtschaftliche und leistungsbezogene, am Versorgungsauftrag ori-

entierte personelle und sächliche Ausstattung der Pflegeeinrichtungen,

4. die Überprüfung der Notwendigkeit und Dauer der Pflege,
5. Abschläge von der Pflegevergütung bei vorübergehender Abwesenheit (Krankenhausaufenthalt, Beurlaubung) des Pflegebedürftigen aus dem Pflegeheim,
6. den Zugang des Medizinischen Dienstes und sonstiger von den Pflegekassen beauftragter Prüfer zu den Pflegeeinrichtungen,
7. die Verfahrens- und Prüfungsgrundsätze für Wirtschaftlichkeits- und Abrechnungsprüfungen,
8. die Grundsätze zur Festlegung der örtlichen oder regionalen Einzugsbereiche der Pflegeeinrichtungen, um Pflegeleistungen ohne lange Wege möglichst orts- und bürgernah anzubieten,
9. die Möglichkeiten, unter denen sich Mitglieder von Selbsthilfegruppen, ehrenamtliche Pflegepersonen und sonstige zum bürgerschaftlichen Engagement bereite Personen und Organisationen in der häuslichen Pflege sowie in ambulanten und stationären Pflegeeinrichtungen an der Betreuung Pflegebedürftiger beteiligen können,
10. die Anforderungen an die nach § 85 Absatz 3 geeigneten Nachweise bei den Vergütungsverhandlungen.

$_2$Durch die Regelung der sächlichen Ausstattung in Satz 1 Nr. 3 werden Ansprüche der Pflegeheimbewohner nach § 33 des Fünften Buches auf Versorgung mit Hilfsmitteln weder aufgehoben noch eingeschränkt.

(3) $_1$Als Teil der Verträge nach Absatz 2 Nr. 3 sind entweder

1. landesweite Verfahren zur Ermittlung des Personalbedarfs oder zur Bemessung der Pflegezeiten oder
2. landesweite Personalrichtwerte

zu vereinbaren. $_2$Dabei ist jeweils der besondere Pflege- und Betreuungsbedarf Pflegebedürftiger mit geistigen Behinderungen, psychischen Erkrankungen, demenzbedingten Fähigkeitsstörungen und anderen Leiden des Nervensystems zu beachten. $_3$Bei der Vereinbarung der Verfahren nach Satz 1 Nr. 1 sind auch in Deutschland erprobte und bewährte internationale Erfahrungen zu berücksichtigen. $_4$Die Personalrichtwerte nach Satz 1 Nr. 2 können als Bandbreiten vereinbart werden und umfassen bei teil- oder vollstationärer Pflege wenigstens

1. das Verhältnis zwischen der Zahl der Heimbewohner und der Zahl der Pflege- und Betreuungskräfte (in Vollzeitkräfte umgerechnet), unterteilt nach Pflegegrad (Personalanhaltszahlen), sowie
2. im Bereich der Pflege, der Betreuung und der medizinischen Behandlungspflege zusätzlich den Anteil der ausgebildeten Fachkräfte am Pflege- und Betreuungspersonal.

$_5$Die Maßstäbe und Grundsätze nach Absatz 2 Nummer 3 sind auch daraufhin auszurichten, dass das Personal bei demselben Einrichtungsträger in verschiedenen Versorgungsbereichen flexibel eingesetzt werden kann.

(4) $_1$Kommt ein Vertrag nach Absatz 1 innerhalb von sechs Monaten ganz oder teilweise nicht zustande, nachdem eine Vertragspartei schriftlich zu Vertragsverhandlungen aufgefordert hat, wird sein Inhalt auf Antrag einer Vertragspartei durch die Schiedsstelle nach § 76 festgesetzt. $_2$Satz 1 gilt auch für Verträge, mit denen bestehende Rahmenverträge geändert oder durch neue Verträge abgelöst werden sollen.

(5) $_1$Die Verträge nach Absatz 1 können von jeder Vertragspartei mit einer Frist von einem Jahr ganz oder teilweise gekündigt werden. $_2$Satz 1 gilt entsprechend für die von der Schiedsstelle nach Absatz 4 getroffenen Regelungen. $_3$Diese können auch ohne Kündigung jederzeit durch einen Vertrag nach Absatz 1 ersetzt werden.

(6) $_1$Der Spitzenverband Bund der Pflegekassen und die Vereinigungen der Träger der Pflegeeinrichtungen auf Bundesebene sollen unter Beteiligung des Medizinischen Dienstes Bund, des Verbandes der privaten Krankenversicherung e. V. sowie unabhängiger Sachverständiger gemeinsam mit der Bundesvereinigung der kommunalen Spitzenverbände und der Bundesarbeitsgemeinschaft der überörtlichen Träger der Sozialhilfe Empfehlungen zum Inhalt der Verträge nach Absatz 1 abgeben. $_2$Sie arbeiten dabei mit den Verbänden der Pflegeberufe sowie den Verbänden der Behinderten und der Pflegebedürftigen eng zusammen.

(7) $_1$Der Spitzenverband Bund der Pflegekassen, die Bundesarbeitsgemeinschaft der überörtlichen Träger der Sozialhilfe, die Bundesvereinigung der kommunalen Spitzenverbände und die Vereinigungen der Träger der Pflegeeinrichtungen auf Bundesebene vereinbaren gemeinsam und einheitlich Grundsätze ordnungsgemäßer Pflegebuchführung für die ambulanten und stationären Pflegeeinrichtungen. $_2$Die Vereinbarung nach Satz 1 tritt unmittelbar nach Aufhebung der gemäß § 83 Abs. 1 Satz 1 Nr. 3 erlassenen Rechtsverordnung in Kraft und ist

den im Land tätigen zugelassenen Pflegeeinrichtungen von den Landesverbänden der Pflegekassen unverzüglich bekannt zu geben. 3Sie ist für alle Pflegekassen und deren Verbände sowie für die zugelassenen Pflegeeinrichtungen unmittelbar verbindlich.

§ 76 Schiedsstelle

(1) 1Die Landesverbände der Pflegekassen und die Vereinigungen der Träger der Pflegeeinrichtungen im Land bilden gemeinsam für jedes Land eine Schiedsstelle. 2Diese entscheidet in den ihr nach diesem Buch zugewiesenen Angelegenheiten.

(2) 1Die Schiedsstelle besteht aus Vertretern der Pflegekassen und Pflegeeinrichtungen in gleicher Zahl sowie einem unparteiischen Vorsitzenden und zwei weiteren unparteiischen Mitgliedern; für den Vorsitzenden und die unparteiischen Mitglieder können Stellvertreter bestellt werden. 2Der Schiedsstelle gehört auch ein Vertreter des Verbandes der privaten Krankenversicherung e. V. sowie der überörtlichen oder, sofern Landesrecht dies bestimmt, ein örtlicher Träger der Sozialhilfe im Land an, die auf die Zahl der Vertreter der Pflegekassen angerechnet werden. 3Die Vertreter der Pflegekassen und deren Stellvertreter werden von den Landesverbänden der Pflegekassen, die Vertreter der Pflegeeinrichtungen und deren Stellvertreter von den Vereinigungen der Träger der Pflegedienste und Pflegeheime im Land bestellt; bei der Bestellung der Vertreter der Pflegeeinrichtungen ist die Trägervielfalt zu beachten. 4Der Vorsitzende und die weiteren unparteiischen Mitglieder werden von den beteiligten Organisationen gemeinsam bestellt. 5Kommt eine Einigung nicht zustande, werden sie durch Los bestimmt. 6Soweit beteiligte Organisationen keinen Vertreter bestellen oder im Verfahren nach Satz 4 keine Kandidaten für das Amt des Vorsitzenden oder der weiteren unparteiischen Mitglieder benennen, bestellt die zuständige Landesbehörde auf Antrag einer der beteiligten Organisationen die Vertreter und benennt die Kandidaten.

(3) 1Die Mitglieder der Schiedsstelle führen ihr Amt als Ehrenamt. 2Sie sind an Weisungen nicht gebunden. 3Jedes Mitglied hat eine Stimme. 4Die Entscheidungen werden mit der Mehrheit der Mitglieder getroffen. 5Ergibt sich keine Mehrheit, gibt die Stimme des Vorsitzenden den Ausschlag.

(4) Die Rechtsaufsicht über die Schiedsstelle führt die zuständige Landesbehörde.

(5) Die Landesregierungen werden ermächtigt, durch Rechtsverordnung das Nähere über die Zahl, die Bestellung, die Amtsdauer und die Amtsführung, die Erstattung der baren Auslagen und die Entschädigung für Zeitaufwand der Mitglieder der Schiedsstelle, die Geschäftsführung, das Verfahren, die Erhebung und die Höhe der Gebühren sowie über die Verteilung der Kosten zu bestimmen.

(6) 1Abweichend von § 85 Abs. 5 können die Parteien der Pflegesatzvereinbarung (§ 85 Abs. 2) gemeinsam eine unabhängige Schiedsperson bestellen. 2Diese setzt spätestens bis zum Ablauf von 28 Kalendertagen nach ihrer Bestellung die Pflegesätze und den Zeitpunkt ihres Inkrafttretens fest. 3Gegen die Festsetzungsentscheidung kann ein Antrag auf gerichtliche Aufhebung nur gestellt werden, wenn die Festsetzung der öffentlichen Ordnung widerspricht. 4Die Kosten des Schiedsverfahrens tragen die Vertragspartner zu gleichen Teilen. 5§ 85 Abs. 6 gilt entsprechend.

Dritter Abschnitt
Beziehungen zu sonstigen Leistungserbringern

§ 77 Häusliche Pflege durch Einzelpersonen

(1) 1Zur Sicherstellung der körperbezogenen Pflege, der pflegerischen Betreuung sowie der Haushaltsführung im Sinne des § 36 soll die Pflegekasse Verträge mit einzelnen geeigneten Pflegekräften schließen, um dem Pflegebedürftigen zu helfen, ein möglichst selbständiges und selbstbestimmtes Leben zu führen oder dem besonderen Wunsch des Pflegebedürftigen zur Gestaltung der Hilfe zu entsprechen; Verträge mit Verwandten oder Verschwägerten des Pflegebedürftigen bis zum dritten Grad sowie mit Personen, die mit dem Pflegebedürftigen in häuslicher Gemeinschaft leben, sind unzulässig. 2In dem Vertrag sind Inhalt, Umfang, Qualität, Qualitätssicherung, Vergütung sowie Prüfung der Qualität und Wirtschaftlichkeit der vereinbarten Leistungen zu regeln; § 112 ist entsprechend anzuwenden. 3Die Vergütungen sind für Leistungen der häuslichen Pflegehilfe nach § 36 Absatz 1 zu vereinbaren. 4In dem Vertrag ist weiter zu regeln, dass die Pflegekräfte mit dem Pflegebedürftigen, dem sie Leistungen der häuslichen Pflegehilfe erbringen, kein Beschäftigungsverhältnis eingehen dürfen. 5Soweit davon abweichend Verträge geschlossen sind, sind sie zu kündigen. 6Die Sätze 4 und 5 gelten nicht, wenn

1. das Beschäftigungsverhältnis vor dem 1. Mai 1996 bestanden hat und
2. die vor dem 1. Mai 1996 erbrachten Pflegeleistungen von der zuständigen Pflegekasse aufgrund eines von ihr mit der Pflegekraft abgeschlossenen Vertrages vergütet worden sind.

7In den Pflegeverträgen zwischen den Pflegebedürftigen und den Pflegekräften sind mindestens Art, Inhalt und Umfang der Leistungen einschließlich der dafür mit den Kostenträgern vereinbarten Vergütungen zu beschreiben. 8§ 120 Absatz 1 Satz 2 gilt entsprechend.

(2) Die Pflegekassen können bei Bedarf einzelne Pflegekräfte zur Sicherstellung der körperbezogenen Pflege, der pflegerischen Betreuung sowie der Haushaltsführung im Sinne des § 36 anstellen, für die hinsichtlich der Wirtschaftlichkeit und Qualität ihrer Leistungen die gleichen Anforderungen wie für die zugelassenen Pflegedienste nach diesem Buch gelten.

§ 78 Verträge über Pflegehilfsmittel, Pflegehilfsmittelverzeichnis und Empfehlungen zu wohnumfeldverbessernden Maßnahmen

(1) 1Der Spitzenverband Bund der Pflegekassen schließt mit den Leistungserbringern oder deren Verbänden Verträge über die Versorgung der Versicherten mit Pflegehilfsmitteln, soweit diese nicht nach den Vorschriften des Fünften Buches über die Hilfsmittel zu vergüten sind. 2Abweichend von Satz 1 können die Pflegekassen Verträge über die Versorgung der Versicherten mit Pflegehilfsmitteln schließen, um dem Wirtschaftlichkeitsgebot verstärkt Rechnung zu tragen. 3Die §§ 36, 126 und 127 des Fünften Buches gelten entsprechend.

(2) 1Der Spitzenverband Bund der Pflegekassen erstellt als Anlage zu dem Hilfsmittelverzeichnis nach § 139 des Fünften Buches ein systematisch strukturiertes Pflegehilfsmittelverzeichnis. 2Darin sind die von der Leistungspflicht der Pflegeversicherung umfassten Pflegehilfsmittel aufzuführen, soweit diese nicht bereits im Hilfsmittelverzeichnis enthalten sind. 3Pflegehilfsmittel, die für eine leihweise Überlassung an die Versicherten geeignet sind, sind gesondert auszuweisen. 4Das Pflegehilfsmittelverzeichnis ist spätestens alle drei Jahre unter besonderer Berücksichtigung digitaler Technologien vom Spitzenverband Bund der Pflegekassen fortzuschreiben. 5Unbeschadet der regelhaften Fortschreibung nach Satz 4 entscheidet der Spitzenverband Bund der Pflegekassen über Anträge zur Aufnahme von neuartigen Pflegehilfsmitteln in das Pflegehilfsmittelverzeichnis innerhalb von drei Monaten nach Vorlage der vollständigen Unterlagen. 6Der Spitzenverband Bund der Pflegekassen informiert und berät Hersteller auf deren Anfrage über die Voraussetzungen und das Verfahren zur Aufnahme von neuartigen Pflegehilfsmitteln in das Pflegehilfsmittelverzeichnis; im Übrigen gilt § 139 Absatz 8 des Fünften Buches entsprechend. 7Die Beratung erstreckt sich insbesondere auch auf die grundlegenden Anforderungen an den Nachweis des pflegerischen Nutzens des Pflegehilfsmittels. 8Im Übrigen gilt § 139 des Fünften Buches entsprechend mit der Maßgabe, dass die Verbände der Pflegeberufe und der behinderten Menschen vor Erstellung und Fortschreibung des Pflegehilfsmittelverzeichnisses ebenfalls anzuhören sind.

(2a) 1Der Spitzenverband Bund der Pflegekassen beschließt spätestens alle drei Jahre, erstmals bis zum 30. September 2021, Empfehlungen zu wohnumfeldverbessernden Maßnahmen gemäß § 40 Absatz 4 unter besonderer Berücksichtigung digitaler Technologien, einschließlich des Verfahrens zur Aufnahme von Produkten oder Maßnahmen in die Empfehlungen. 2Absatz 2 Satz 5 bis 7 gilt entsprechend.

(3) 1Die Landesverbände der Pflegekassen vereinbaren untereinander oder mit geeigneten Pflegeeinrichtungen das Nähere zur Ausleihe der hierfür nach Absatz 2 Satz 4 geeigneten Pflegehilfsmittel einschließlich ihrer Beschaffung, Lagerung, Wartung und Kontrolle. 2Die Pflegebedürftigen und die zugelassenen Pflegeeinrichtungen sind von den Pflegekassen oder deren Verbänden in geeigneter Form über die Möglichkeit der Ausleihe zu unterrichten.

(4) Das Bundesministerium für Gesundheit wird ermächtigt, das Pflegehilfsmittelverzeichnis nach Absatz 2 durch Rechtsverordnung im Einvernehmen mit dem Bundesministerium für Arbeit und Soziales und dem Bundesministerium für Familie, Senioren, Frauen und Jugend und mit Zustimmung des Bundesrates zu bestimmen; § 40 Abs. 5 bleibt unberührt.

§ 78a Verträge über digitale Pflegeanwendungen und Verzeichnis für digitale Pflegeanwendungen, Verordnungsermächtigung

(1) 1Der Spitzenverband Bund der Pflegekassen vereinbart im Einvernehmen mit der Bundesarbeitsgemeinschaft der überörtlichen Träger der Sozialhilfe und der Eingliederungshilfe mit dem Hersteller einer digitalen Pflegeanwendung innerhalb von drei Monaten nach Aufnahme der digitalen Pflegeanwendung in das Verzeichnis nach Absatz 3 einen Vergütungsbetrag sowie technische und vertragliche Rahmenbedingungen für die Zurverfügungstellung der digitalen Pflegeanwendungen nach § 40a Absatz 4. 2Die Vereinbarungen gelten ab dem Zeitpunkt der Aufnahme in das Verzeichnis für digitale Pflegeanwendungen. 3Kommt innerhalb der Frist nach Satz 1 keine Einigung zustande, entscheidet die Schiedsstelle nach § 134 Absatz 3 des Fünften Buches mit der Maßgabe, dass an die Stelle der zwei Vertreter der

Krankenkassen zwei Vertreter der Pflegekassen und an die Stelle der zwei Vertreter der Hersteller digitaler Gesundheitsanwendungen zwei Vertreter der Hersteller von digitalen Pflegeanwendungen treten. $_{4}$An den Sitzungen der Schiedsstelle können anstelle der Vertreter der Patientenorganisationen nach § 140f des Fünften Buches Vertreter der maßgeblichen Organisationen für die Wahrnehmung der Interessen und der Selbsthilfe pflegebedürftiger und behinderter Menschen nach § 118 beratend teilnehmen. $_{5}$Der Hersteller übermittelt dem Spitzenverband Bund der Pflegekassen zur Vorbereitung der Verhandlungen unverzüglich

1. den Nachweis nach Absatz 4 Satz 3 Nummer 3 und
2. die Angaben zur Höhe des tatsächlichen Preises bei Abgabe an Selbstzahler und in anderen europäischen Ländern.

$_{6}$Die Hersteller digitaler Pflegeanwendungen stellen dem Spitzenverband Bund der Pflegekassen nach Aufnahme in das Verzeichnis nach Absatz 3 einen kostenfreien und auf drei Monate beschränkten Zugang zu den digitalen Pflegeanwendungen zur Verfügung.

(2) $_{1}$Der Spitzenverband Bund der Pflegekassen trifft im Einvernehmen mit der Bundesarbeitsgemeinschaft der überörtlichen Träger der Sozialhilfe und der Eingliederungshilfe mit den für die Wahrnehmung der wirtschaftlichen Interessen gebildeten maßgeblichen Spitzenorganisationen der Hersteller von digitalen Pflegeanwendungen auf Bundesebene eine Rahmenvereinbarung über die Maßstäbe für die Vereinbarungen der Vergütungsbeträge sowie zu den Grundsätzen der technischen und vertraglichen Rahmenbedingungen für die Zurverfügungstellung der digitalen Pflegeanwendungen. $_{2}$Kommt innerhalb von drei Monaten nach Inkrafttreten der Rechtsverordnung nach Absatz 6 eine Rahmenvereinbarung nicht zustande, setzen die unparteiischen Mitglieder der Schiedsstelle nach Absatz 1 Satz 3 innerhalb von drei Monaten die Rahmenvereinbarung im Benehmen mit dem Spitzenverband Bund der Pflegekassen sowie den in Satz 1 genannten Verbänden auf Antrag einer Vertragspartei und im Einvernehmen mit der Bundesarbeitsgemeinschaft der überörtlichen Träger der Sozialhilfe und der Eingliederungshilfe fest.

(3) $_{1}$Das Bundesinstitut für Arzneimittel und Medizinprodukte führt ein barrierefreies Verzeichnis für digitale Pflegeanwendungen. $_{2}$§ 139e Absatz 1 Satz 2 und 3 des Fünften Buches gilt entsprechend.

(4) $_{1}$Die Aufnahme in das Verzeichnis nach Absatz 3 erfolgt auf elektronischen Antrag des Herstellers einer digitalen Pflegeanwendung beim Bundesinstitut für Arzneimittel und Medizinprodukte. $_{2}$Der Hersteller hat die vom Bundesinstitut für Arzneimittel und Medizinprodukte auf seiner Internetseite bereitgestellten elektronischen Antragsformulare zu verwenden. $_{3}$Der Hersteller hat dem Antrag Nachweise darüber beizufügen, dass die digitale Pflegeanwendung

1. die in der Rechtsverordnung nach Absatz 6 Nummer 2 geregelten Anforderungen an die Sicherheit, Funktionstauglichkeit und Qualität erfüllt,
2. die Anforderungen an den Datenschutz erfüllt und die Datensicherheit nach dem Stand der Technik gewährleistet und
3. im Sinne der Rechtsverordnung nach Absatz 6 Nummer 2 einen pflegerischen Nutzen aufweist.

$_{4}$Die Qualität einer digitalen Pflegeanwendung im Sinne des Satzes 3 Nummer 1 bemisst sich insbesondere nach folgenden Kriterien:

1. Barrierefreiheit,
2. altersgerechte Nutzbarkeit,
3. Robustheit,
4. Verbraucherschutz,
5. Qualität der pflegebezogenen Inhalte und
6. Unterstützung der Pflegebedürftigen, Angehörigen und zugelassenen ambulanten Pflegeeinrichtungen bei der Nutzung der digitalen Pflegeanwendung.

$_{5}$Auch wenn die digitale Pflegeanwendung mehrfach zur Nutzung abgerufen wird oder eine andere Funktion beinhaltet, die nicht in das Verzeichnis nach Absatz 3 aufgenommen wurde, steht dem Hersteller für die digitale Pflegeanwendung kein höherer als der nach Absatz 1 vereinbarte Vergütungsbetrag zu. $_{6}$Eine Differenzierung der Vergütungsbeträge nach Absatz 1 nach Kostenträgern ist nicht zulässig.

(5) $_{1}$Das Bundesinstitut für Arzneimittel und Medizinprodukte entscheidet über den Antrag des Herstellers innerhalb von drei Monaten nach Eingang der vollständigen Antragsunterlagen durch Bescheid; in begründeten Einzelfällen kann die Frist um bis zu weitere drei Monate verlängert werden. $_{2}$Legt der Hersteller unvollständige Antragsunterlagen vor, fordert ihn das Bundesinstitut für Arzneimittel und Medizinprodukte auf, den Antrag innerhalb von einer Frist von drei Monaten zu ergänzen. $_{3}$Liegen nach Ablauf der Frist keine vollständigen Antragsunterlagen vor, ist der Antrag abzulehnen. $_{4}$Das Bundesinstitut für Arzneimittel und Medizinprodukte berät die Hersteller digitaler Pflegeanwendungen zu den

Antrags- und Anzeigeverfahren sowie zu den Voraussetzungen, die erfüllt sein müssen, damit die Versorgung mit der jeweiligen digitalen Pflegeanwendung nach den §§ 40a und 40b zu Lasten der Pflegeversicherung erbracht werden kann. 5Im Übrigen gilt § 139e Absatz 6 bis 8 des Fünften Buches entsprechend. 6In seiner Entscheidung stellt das Bundesinstitut für Arzneimittel und Medizinprodukte fest, welche ergänzenden Unterstützungsleistungen für die Nutzung der digitalen Pflegeanwendung erforderlich sind, und informiert die Vertragsparteien nach § 75 Absatz 1, die an Rahmenverträgen über ambulante Pflege beteiligt sind, zeitgleich mit der Aufnahme der digitalen Pflegeanwendung in das Verzeichnis nach Absatz 3 hierüber. 7Das Bundesinstitut für Arzneimittel und Medizinprodukte informiert unverzüglich den Spitzenverband Bund der Pflegekassen über die Aufnahme einer digitalen Pflegeanwendung in das Verzeichnis nach Absatz 3. 8Der Spitzenverband Bund der Pflegekassen informiert unverzüglich das Bundesinstitut für Arzneimittel und Medizinprodukte über den nach Absatz 1 vereinbarten Vergütungsbetrag.

(6) Das Bundesministerium für Gesundheit wird ermächtigt, durch Rechtsverordnung im Benehmen mit dem Bundesministerium für Arbeit und Soziales ohne Zustimmung des Bundesrates das Nähere zu regeln zu

1. den Inhalten des Verzeichnisses, dessen Veröffentlichung, der Interoperabilität des elektronischen Verzeichnisses mit elektronischen Transparenzportalen Dritter und der Nutzung der Inhalte des Verzeichnisses durch Dritte,
2. den Anforderungen an die Sicherheit, Funktionstauglichkeit und Qualität einschließlich der Anforderungen an die Interoperabilität, der Anforderungen an Datenschutz und Datensicherheit und dem pflegerischen Nutzen,
3. den anzeigepflichtigen Veränderungen der digitalen Pflegeanwendung einschließlich deren Dokumentation,
4. den Einzelheiten des Antrags- und Anzeigeverfahrens sowie des Formularwesens beim Bundesinstitut für Arzneimittel und Medizinprodukte,
5. dem Schiedsverfahren nach Absatz 1 Satz 3, insbesondere der Bestellung der Mitglieder der Schiedsstelle nach Absatz 1 Satz 3, der Erstattung der baren Auslagen und der Entschädigung für den Zeitaufwand der Mitglieder der Schiedsstelle nach Absatz 1 Satz 3, dem Verfahren, dem Teilnahmerecht des Bundesministeriums für Gesundheit, sowie der Vertreter der Organisationen, die für die Wahrnehmung der Interessen der Pflegebedürftigen maßgeblich sind, an den Sitzungen der Schiedsstelle nach Absatz 1 Satz 3 sowie der Verteilung der Kosten,
6. den Gebühren und Gebührensätzen für die von den Herstellern zu tragenden Kosten und Auslagen.

(7) 1Das Bundesamt für Sicherheit in der Informationstechnik legt im Einvernehmen mit dem Bundesinstitut für Arzneimittel und Medizinprodukte und im Benehmen mit der oder dem Bundesbeauftragten für den Datenschutz und die Informationsfreiheit erstmals bis zum 31. Dezember 2021 und dann in der Regel jährlich die von digitalen Pflegeanwendungen nach Absatz 4 Satz 3 Nummer 2 zu gewährleistenden Anforderungen an die Datensicherheit fest. 2§ 139e Absatz 10 Satz 2 und 3 des Fünften Buches gilt entsprechend.

(8) 1Das Bundesinstitut für Arzneimittel und Medizinprodukte legt im Einvernehmen mit der oder dem Bundesbeauftragten für den Datenschutz und die Informationsfreiheit und im Benehmen mit dem Bundesamt für Sicherheit in der Informationstechnik erstmals bis zum 31. März 2022 und dann in der Regel jährlich die Prüfkriterien für die von Herstellern einer digitalen Pflegeanwendung nach Absatz 4 Satz 3 Nummer 2 nachzuweisende Erfüllung der Anforderungen an den Datenschutz fest. 2§ 139e Absatz 11 Satz 2 des Fünften Buches gilt entsprechend.

(9) 1Der Spitzenverband Bund der Pflegekassen legt über das Bundesministerium für Gesundheit und das Bundesministerium für Arbeit und Soziales dem Deutschen Bundestag jährlich, erstmals zum 1. Februar 2024, einen barrierefreien Bericht vor. 2Der Bericht enthält Informationen über die Inanspruchnahme der Leistungen nach den §§ 39a und 40a, insbesondere dazu, wie viele Pflegebedürftige der jeweiligen Pflegegrade Leistungen in Anspruch genommen haben und welche Mittel die Pflegekassen dafür verausgabt haben. 3Das Bundesministerium für Gesundheit kann weitere Inhalte des Berichts in der Verordnung nach Absatz 6 festlegen.

Vierter Abschnitt
Wirtschaftlichkeitsprüfungen

§ 79 Wirtschaftlichkeits- und Abrechnungsprüfungen

(1) 1Die Landesverbände der Pflegekassen können die Wirtschaftlichkeit und Wirksamkeit der ambulanten, teilstationären und vollstationären Pflegeleistungen durch von ihnen bestellte Sachverständige prüfen lassen;

vor Bestellung der Sachverständigen ist der Träger der Pflegeeinrichtung zu hören. 2Eine Prüfung ist nur zulässig, wenn tatsächliche Anhaltspunkte dafür bestehen, dass die Pflegeeinrichtung die Anforderungen des § 72 Abs. 3 Satz 1 ganz oder teilweise nicht oder nicht mehr erfüllt. 3Die Anhaltspunkte sind der Pflegeeinrichtung rechtzeitig vor der Anhörung mitzuteilen. 4Personenbezogene Daten sind zu anonymisieren.

(2) Die Träger der Pflegeeinrichtungen sind verpflichtet, dem Sachverständigen auf Verlangen die für die Wahrnehmung seiner Aufgaben notwendigen Unterlagen vorzulegen und Auskünfte zu erteilen.

(3) Das Prüfungsergebnis ist, unabhängig von den sich daraus ergebenden Folgerungen für eine Kündigung des Versorgungsvertrags nach § 74, in der nächstmöglichen Vergütungsvereinbarung, mit Wirkung für die Zukunft zu berücksichtigen.

(4) 1Die Landesverbände der Pflegekassen können eine Abrechnungsprüfung selbst oder durch von ihnen bestellte Sachverständige durchführen lassen, wenn tatsächliche Anhaltspunkte dafür bestehen, dass die Pflegeeinrichtung fehlerhaft abrechnet. 2Die Abrechnungsprüfung bezieht sich

1. auf die Abrechnung von Leistungen, die zu Lasten der Pflegeversicherung erbracht oder erstattet werden, sowie
2. auf die Abrechnung der Leistungen für Unterkunft und Verpflegung (§ 87).

3Für die Abrechnungsprüfung sind Absatz 1 Satz 3 und 4 sowie die Absätze 2 und 3 entsprechend anzuwenden.

§ 80 (weggefallen)

§ 81 Verfahrensregelungen

(1) 1Die Landesverbände der Pflegekassen (§ 52) erfüllen die ihnen nach dem Siebten und Achten Kapitel zugewiesenen Aufgaben gemeinsam. 2Kommt eine Einigung ganz oder teilweise nicht zustande, erfolgt die Beschlussfassung durch die Mehrheit der in § 52 Abs. 1 Satz 1 genannten Stellen mit der Maßgabe, dass die Beschlüsse durch drei Vertreter der Ortskrankenkassen und durch zwei Vertreter der Ersatzkassen sowie durch je einen Vertreter der weiteren Stellen gefasst werden.

(2) 1Bei Entscheidungen, die von den Landesverbänden der Pflegekassen mit den Arbeitsgemeinschaften der örtlichen Träger der Sozialhilfe oder den überörtlichen Trägern der Sozialhilfe gemeinsam zu treffen sind, werden die Arbeitsgemeinschaften oder die überörtlichen Träger mit zwei Vertretern an der Beschlussfassung nach Absatz 1 Satz 2 beteiligt. 2Kommt bei zwei Beschlussfassungen nacheinander eine Einigung mit den Vertretern der Träger der Sozialhilfe nicht zustande, kann jeder Beteiligte nach Satz 1 die Entscheidung des Vorsitzenden und der weiteren unparteiischen Mitglieder der Schiedsstelle nach § 76 verlangen. 3Sie entscheiden für alle Beteiligten verbindlich über die streitbefangenen Punkte unter Ausschluss des Rechtswegs. 4Die Kosten des Verfahrens nach Satz 2 und das Honorar des Vorsitzenden sind von allen Beteiligten anteilig zu tragen.

(3) 1Bei Entscheidungen nach dem Siebten Kapitel, die der Spitzenverband Bund der Pflegekassen mit den Vertretern der Träger der Sozialhilfe gemeinsam zu treffen hat, stehen dem Spitzenverband Bund der Pflegekassen in entsprechender Anwendung von Absatz 2 Satz 1 in Verbindung mit Absatz 1 Satz 2 neun und den Vertretern der Träger der Sozialhilfe zwei Stimmen zu. 2Absatz 2 Satz 2 bis 4 gilt mit der Maßgabe entsprechend, dass bei Nichteinigung ein Schiedsstellenvorsitzender zur Entscheidung von den Beteiligten einvernehmlich auszuwählen ist.

Achtes Kapitel
Pflegevergütung

Erster Abschnitt
Allgemeine Vorschriften

§ 82 Finanzierung der Pflegeeinrichtungen

(1) 1Zugelassene Pflegeheime und Pflegedienste erhalten nach Maßgabe dieses Kapitels

1. eine leistungsgerechte Vergütung für die allgemeinen Pflegeleistungen (Pflegevergütung) sowie
2. bei stationärer Pflege ein angemessenes Entgelt für Unterkunft und Verpflegung.

2Die Pflegevergütung ist von den Pflegebedürftigen oder deren Kostenträgern zu tragen. 3Sie umfasst auch die Betreuung und, soweit bei stationärer Pflege kein Anspruch auf außerklinische Intensivpflege nach § 37c des Fünften Buches besteht, die medizinische Behandlungspflege. 4Für Unterkunft und Verpflegung bei stationärer Pflege hat der Pflegebedürftige selbst aufzukommen.

(2) In der Pflegevergütung und in den Entgelten für Unterkunft und Verpflegung dürfen keine Aufwendungen berücksichtigt werden für

1. Maßnahmen einschließlich Kapitalkosten, die dazu bestimmt sind, die für den Betrieb der Pflegeeinrichtung notwendigen Gebäude und sonstigen abschrei-

bungsfähigen Anlagegüter herzustellen, anzuschaffen, wiederzubeschaffen, zu ergänzen, instandzuhalten oder instandzusetzen; ausgenommen sind die zum Verbrauch bestimmten Güter (Verbrauchsgüter), die der Pflegevergütung nach Absatz 1 Satz 1 Nr. 1 zuzuordnen sind,

2. den Erwerb und die Erschließung von Grundstücken,
3. Miete, Pacht, Erbbauzins, Nutzung oder Mitbenutzung von Grundstücken, Gebäuden oder sonstigen Anlagegütern,
4. den Anlauf oder die innerbetriebliche Umstellung von Pflegeeinrichtungen,
5. die Schließung von Pflegeeinrichtungen oder ihre Umstellung auf andere Aufgaben.

(3) 1Soweit betriebsnotwendige Investitionsaufwendungen nach Absatz 2 Nr. 1 oder Aufwendungen für Miete, Pacht, Erbbauzins, Nutzung oder Mitbenutzung von Gebäuden oder sonstige abschreibungsfähige Anlagegüter nach Absatz 2 Nr. 3 durch öffentliche Förderung gemäß § 9 nicht vollständig gedeckt sind, kann die Pflegeeinrichtung diesen Teil der Aufwendungen den Pflegebedürftigen gesondert berechnen. 2Gleiches gilt, soweit die Aufwendungen nach Satz 1 vom Land durch Darlehen oder sonstige rückzahlbare Zuschüsse gefördert werden. 3Die gesonderte Berechnung bedarf der Zustimmung der zuständigen Landesbehörde; das Nähere hierzu, insbesondere auch zu Art, Höhe und Laufzeit sowie die Verteilung der gesondert berechenbaren Aufwendungen auf die Pflegebedürftigen einschließlich der Berücksichtigung pauschalierter Instandhaltungs- und Instandsetzungsaufwendungen sowie der zugrunde zu legenden Belegungsquote, wird durch Landesrecht bestimmt. 4Die Pauschalen müssen in einem angemessenen Verhältnis zur tatsächlichen Höhe der Instandhaltungs- und Instandsetzungsaufwendungen stehen.

(4) 1Pflegeeinrichtungen, die nicht nach Landesrecht gefördert werden, können ihre betriebsnotwendigen Investitionsaufwendungen den Pflegebedürftigen ohne Zustimmung der zuständigen Landesbehörde gesondert berechnen. 2Die gesonderte Berechnung ist der zuständigen Landesbehörde mitzuteilen.

(5) 1Öffentliche Zuschüsse oder andere Unterstützungsmaßnahmen zu den laufenden Aufwendungen einer Pflegeeinrichtung (Betriebskostenzuschüsse), die aus öffentlichen Mitteln finanziert werden, sind von der Pflegevergütung und den Entgelten für Unterkunft und Verpflegung abzuziehen, um Doppelfinanzierungen auszuschließen. 2Bei deren prospektiven Bemessung und Vereinbarung sind Betriebskostenzuschüsse im Sinne des Satzes 1 zu berücksichtigen. 3Entsprechendes gilt für bereits vereinbarte Pflegevergütungen und Entgelte für Unterkunft und Verpflegung für die Dauer der Bezuschussung; die Vertragsparteien haben dazu eine Ergänzungsvereinbarung abzuschließen. 4§ 115 Absatz 3 Satz 3 bis 6 findet entsprechend Anwendung. 5Die Pflegeeinrichtungen haben eine Pflegekasse als Partei der Pflegevergütungsvereinbarung unaufgefordert über Betriebskostenzuschüsse in Kenntnis zu setzen.

§ 82a Ausbildungsvergütung

(1) Die Ausbildungsvergütung im Sinne dieser Vorschrift umfasst die Vergütung, die aufgrund von Rechtsvorschriften, Tarifverträgen, entsprechenden allgemeinen Vergütungsregelungen oder aufgrund vertraglicher Vereinbarungen an Personen, die nach Bundesrecht in der Altenpflege oder nach Landesrecht in der Altenpflegehilfe ausgebildet werden, während der Dauer ihrer praktischen oder theoretischen Ausbildung zu zahlen ist, sowie nach § 17 Abs. 1a des Altenpflegegesetzes zu erstattenden Weiterbildungskosten.

(2) 1Soweit eine nach diesem Gesetz zugelassene Pflegeeinrichtung nach Bundesrecht zur Ausbildung in der Altenpflege oder nach Landesrecht zur Ausbildung in der Altenpflegehilfe berechtigt oder verpflichtet ist, ist die Ausbildungsvergütung der Personen, die aufgrund eines entsprechenden Ausbildungsvertrages mit der Einrichtung oder ihrem Träger zum Zwecke der Ausbildung in der Einrichtung tätig sind, während der Dauer des Ausbildungsverhältnisses in der Vergütung der allgemeinen Pflegeleistungen (§ 84 Abs. 1, § 89) berücksichtigungsfähig. 2Betreut die Einrichtung auch Personen, die nicht pflegebedürftig im Sinne dieses Buches sind, so ist in der Pflegevergütung nach Satz 1 nur der Anteil an der Gesamtsumme der Ausbildungsvergütungen berücksichtigungsfähig, der bei einer gleichmäßigen Verteilung der Gesamtsumme auf alle betreuten Personen auf die Pflegebedürftigen im Sinne dieses Buches entfällt. 3Soweit die Ausbildungsvergütung im Pflegesatz eines zugelassenen Pflegeheimes zu berücksichtigen ist, ist der Anteil, der auf die Pflegebedürftigen im Sinne dieses Buches entfällt, gleichmäßig auf alle pflegebedürftigen Heimbewohner zu verteilen. 4Satz 1 gilt nicht, soweit

1. die Ausbildungsvergütung oder eine entsprechende Vergütung nach anderen Vorschriften aufgebracht wird oder
2. die Ausbildungsvergütung durch ein landesrechtliches Umlageverfahren nach Absatz 3 finanziert wird.

$_{5}$Die Ausbildungsvergütung ist in der Vergütungsvereinbarung über die allgemeinen Pflegeleistungen gesondert auszuweisen; die §§ 84 bis 86 und 89 gelten entsprechend.

(3) Wird die Ausbildungsvergütung ganz oder teilweise durch ein landesrechtliches Umlageverfahren finanziert, so ist die Umlage in der Vergütung der allgemeinen Pflegeleistungen nur insoweit berücksichtigungsfähig, als sie auf der Grundlage nachfolgender Berechnungsgrundsätze ermittelt wird:

1. Die Kosten der Ausbildungsvergütung werden nach einheitlichen Grundsätzen gleichmäßig auf alle zugelassenen ambulanten, teilstationären und stationären Pflegeeinrichtungen und die Altenheime im Land verteilt. Bei der Bemessung und Verteilung der Umlage ist sicherzustellen, daß der Verteilungsmaßstab nicht einseitig zu Lasten der zugelassenen Pflegeeinrichtungen gewichtet ist. Im übrigen gilt Absatz 2 Satz 2 und 3 entsprechend.
2. Die Gesamthöhe der Umlage darf den voraussichtlichen Mittelbedarf zur Finanzierung eines angemessenen Angebots an Ausbildungsplätzen nicht überschreiten.
3. Aufwendungen für die Vorhaltung, Instandsetzung oder Instandhaltung von Ausbildungsstätten (§§ 9, 82 Abs. 2 bis 4), für deren laufende Betriebskosten (Personal- und Sachkosten) sowie für die Verwaltungskosten der nach Landesrecht für das Umlageverfahren zuständigen Stelle bleiben unberücksichtigt.

(4) $_{1}$Die Höhe der Umlage nach Absatz 3 sowie ihre Berechnungsfaktoren sind von der dafür nach Landesrecht zuständigen Stelle den Landesverbänden der Pflegekassen rechtzeitig vor Beginn der Pflegesatzverhandlungen mitzuteilen. $_{2}$Es genügt die Mitteilung an einen Landesverband; dieser leitet die Mitteilung unverzüglich an die übrigen Landesverbände und an die zuständigen Träger der Sozialhilfe weiter. $_{3}$Bei Meinungsverschiedenheiten zwischen den nach Satz 1 Beteiligten über die ordnungsgemäße Bemessung und die Höhe des von den zugelassenen Pflegeeinrichtungen zu zahlenden Anteils an der Umlage entscheidet die Schiedsstelle nach § 76 unter Ausschluß des Rechtsweges. $_{4}$Die Entscheidung ist für alle Beteiligten nach Satz 1 sowie für die Parteien der Vergütungsvereinbarungen nach dem Achten Kapitel verbindlich; § 85 Abs. 5 Satz 1 und 2, erster Halbsatz, sowie Abs. 6 gilt entsprechend.

§ 82b Ehrenamtliche Unterstützung

(1) $_{1}$Soweit und solange einer nach diesem Gesetz zugelassenen Pflegeeinrichtung, insbesondere

1. für die vorbereitende und begleitende Schulung,
2. für die Planung und Organisation des Einsatzes oder
3. für den Ersatz des angemessenen Aufwands

der Mitglieder von Selbsthilfegruppen sowie der ehrenamtlichen und sonstigen zum bürgerschaftlichen Engagement bereiten Personen und Organisationen, für von der Pflegeversicherung versorgte Leistungsempfänger nicht anderweitig gedeckte Aufwendungen entstehen, sind diese bei stationären Pflegeeinrichtungen in den Pflegesätzen (§ 84 Abs. 1) und bei ambulanten Pflegeeinrichtungen in den Vergütungen (§ 89) berücksichtigungsfähig. $_{2}$Die Aufwendungen können in der Vergütungsvereinbarung über die allgemeinen Pflegeleistungen gesondert ausgewiesen werden.

(2) $_{1}$Stationäre Pflegeeinrichtungen können für ehrenamtliche Unterstützung als ergänzendes Engagement bei allgemeinen Pflegeleistungen Aufwandsentschädigungen zahlen. $_{2}$Absatz 1 gilt entsprechend.

§ 82c Wirtschaftlichkeit von Personalaufwendungen

(1) Ab dem 1. September 2022 kann bei tarifgebundenen oder an kirchliche Arbeitsrechtsregelungen gebundenen Pflegeeinrichtungen eine Bezahlung von Gehältern der Beschäftigten bis zur Höhe der aus dieser Bindung resultierenden Vorgaben nicht als unwirtschaftlich abgelehnt werden.

(2) $_{1}$Bei Pflegeeinrichtungen, die nicht unter Absatz 1 fallen, kann ab dem 1. September 2022 die Zahlung von Entlohnungsbestandteilen nach § 72 Absatz 3b Satz 2 Nummer 1 bis 5 für Arbeitnehmerinnen und Arbeitnehmer, die Leistungen der Pflege oder Betreuung von Pflegebedürftigen erbringen, nicht als unwirtschaftlich abgelehnt werden, soweit diese insgesamt das regional übliche Entlohnungsniveau in der Region, in der die jeweilige Einrichtung betrieben wird, um nicht mehr als 10 Prozent übersteigt. $_{2}$Die Landesverbände der Pflegekassen ermitteln auf Grundlage der nach § 72 Absatz 3e Satz 1 mitgeteilten Angaben

1. das regional übliche Entlohnungsniveau,
2. die regional üblichen Entlohnungsniveaus für die drei in Satz 4 genannten Qualifikationsgruppen sowie
3. die regional üblichen Niveaus der pflegetypischen Zuschläge.

3Das regional übliche Entlohnungsniveau im Sinne von Satz 2 Nummer 1 ist der Durchschnitt der Entlohnungsbestandteile nach § 72 Absatz 3b Satz 2 Nummer 1 bis 5, die die Arbeitnehmerinnen und Arbeitnehmer, die Leistungen der Pflege oder Betreuung von Pflegebedürftigen erbringen, in der jeweiligen Region nach den jeweils angewendeten Tarifverträgen und kirchlichen Arbeitsrechtsregelungen erhalten. 4Die regional üblichen Entlohnungsniveaus im Sinne von Satz 2 Nummer 2 sind der jeweilige Durchschnitt der Entlohnungsbestandteile nach § 72 Absatz 3b Satz 2 Nummer 1 bis 5, die die in Satz 3 genannten Arbeitnehmerinnen und Arbeitnehmer, getrennt nach den folgenden drei Qualifikationsgruppen nach den in der jeweiligen Region angewendeten Tarifverträgen und kirchlichen Arbeitsrechtsregelungen erhalten:

1. Pflege- und Betreuungskräfte ohne mindestens einjährige Berufsausbildung,
2. Pflege- und Betreuungskräfte mit mindestens einjähriger Berufsausbildung,
3. Fachkräfte in den Bereichen Pflege und Betreuung mit mindestens dreijähriger Berufsausbildung.

5Die regional üblichen Niveaus der pflegetypischen Zuschläge im Sinne von Satz 2 Nummer 3 sind jeweils der Durchschnitt der drei in § 72 Absatz 3b Satz 4 genannten pflegetypischen Zuschläge, die die Arbeitnehmerinnen und Arbeitnehmer, die Leistungen der Pflege oder Betreuung erbringen, in der jeweiligen Region nach den jeweils angewendeten Tarifverträgen und kirchlichen Arbeitsrechtsregelungen erhalten.

(3) 1Für eine über die Höhe der Bezahlung von Gehältern nach Absatz 1 hinausgehende Bezahlung der Beschäftigten durch die in Absatz 1 genannten Pflegeeinrichtungen bedarf es eines sachlichen Grundes. 2Soweit im Fall von Absatz 2 Satz 1 das regional übliche Entlohnungsniveau um mehr als 10 Prozent überstiegen wird, bedarf es eines sachlichen Grundes.

(4) 1Der Spitzenverband Bund der Pflegekassen legt bis zum Ablauf des 30. September 2021 in Richtlinien das Nähere zum Verfahren nach den Absätzen 1 bis 3 und 5 fest. 2Er hat dabei die Bundesarbeitsgemeinschaft der überörtlichen Träger der Sozialhilfe und der Eingliederungshilfe zu beteiligen. 3Die Richtlinien werden erst wirksam, wenn das Bundesministerium für Gesundheit sie im Einvernehmen mit dem Bundesministerium für Arbeit und Soziales genehmigt. 4§ 72 Absatz 3c Satz 6 und 7 gilt entsprechend.

(5) 1Zur Information der Pflegeeinrichtungen veröffentlicht jeder Landesverband der Pflegekassen unter Beteiligung des Verbandes der Privaten Krankenversicherung e. V. im Land und der Träger der Sozialhilfe auf Landesebene jährlich unverzüglich, jedoch spätestens bis zum 31. Oktober des Jahres, für das jeweilige Land

1. eine Liste der Tarifverträge und kirchlichen Arbeitsrechtsregelungen, die eine Entlohnung vorsehen, die nach Absatz 2 Satz 1 nicht als unwirtschaftlich abgelehnt werden kann,
2. alle weiteren Informationen, die erforderlich sind, um überprüfen zu können,
   a) ob eine Pflegeeinrichtung die Voraussetzungen nach § 72 Absatz 3a oder Absatz 3b erfüllt und
   b) ob bei einer Pflegeeinrichtung die Entlohnung nach Absatz 2 Satz 1 nicht als unwirtschaftlich abgelehnt werden kann.

2Die Liste und die Informationen sind einmal monatlich zu aktualisieren. 3Zu jedem in der Liste genannten Tarifvertrag und zu jeder der in der Liste genannten kirchlichen Arbeitsrechtsregelungen sind, soweit diese Angaben dem jeweiligen Landesverband der Pflegekassen vorliegen, mindestens folgende Angaben zu veröffentlichen:

1. Laufzeit des Tarifvertrags oder der kirchlichen Arbeitsrechtsregelungen oder Datum, zu dem frühestens eine Kündigung erfolgen kann,
2. Angabe, ob eine Kündigung oder anderweitige Beendigung des Tarifvertrags oder der kirchlichen Arbeitsrechtsregelungen erfolgt ist,
3. Angabe, zu welchem Zeitpunkt die Kündigung oder anderweitige Beendigung wirksam wird,
4. Angabe, ob eine Änderung der Entlohnung nach § 72 Absatz 3b Satz 2 für Arbeitnehmerinnen und Arbeitnehmer, die Leistungen der Pflege oder Betreuung von Pflegebedürftigen erbringen, erfolgt ist und wenn ja, zu welchem Datum diese wirksam wird.

4Zu den erforderlichen Informationen nach Satz 1 Nummer 2 gehören insbesondere auch

1. das regional übliche Entlohnungsniveau im Sinne von Absatz 2 Satz 2 Nummer 1,
2. die regional üblichen Entlohnungsniveaus im Sinne von Absatz 2 Satz 2 Nummer 2 sowie
3. die regional üblichen Niveaus der pflegetypischen Zuschläge im Sinne von Absatz 2 Satz 2 Nummer 3.

5Die Landesverbände der Pflegekassen stellen sicher, dass die nach § 72 Absatz 3e Satz 2 und 3 übermittelten

Fassungen der Tarifverträge und der kirchlichen Arbeitsrechtsregelungen den Pflegeeinrichtungen auf Wunsch zur Verfügung gestellt werden, soweit nicht zwingende betriebliche Gründe dagegensprechen.

(6) 1Der Spitzenverband Bund der Pflegekassen richtet bis zum 31. Dezember 2022 eine Geschäftsstelle ein. 2Jeder Landesverband der Pflegekassen kann die Geschäftsstelle beauftragen, ihn bei der Erfüllung der folgenden Aufgaben zu unterstützen oder die folgenden Aufgaben in seinem Auftrag für ihn durchzuführen:

1. Entgegennahme, Erfassung und Prüfung der nach § 72 Absatz 3e mitgeteilten Angaben oder Änderungen sowie der übermittelten Tarifverträge und kirchlichen Arbeitsrechtsregelungen,
2. Zurverfügungstellung der übermittelten Tarifverträge und kirchlichen Arbeitsrechtsregelungen nach Absatz 5 Satz 5,
3. Ermittlung
   a) des regional üblichen Entlohnungsniveaus im Sinne von Absatz 2 Satz 2 Nummer 1,
   b) der regional üblichen Entlohnungsniveaus im Sinne von Absatz 2 Satz 2 Nummer 2 sowie
   c) der regional üblichen Niveaus der pflegetypischen Zuschläge im Sinne von Absatz 2 Satz 2 Nummer 3,
4. Zusammenstellung der nach Absatz 5 zu veröffentlichenden Listen und Informationen sowie Veröffentlichung dieser Listen und Informationen.

3Darüber hinaus soll die Geschäftsstelle die Landesverbände der Pflegekassen zu den in Satz 2 genannten Aufgaben fachlich beraten. 4Soweit ein Landesverband der Pflegekassen die Geschäftsstelle mit der Unterstützung bei den oder der Durchführung von den in Satz 2 genannten Aufgaben beauftragt, stellt er der Geschäftsstelle die hierfür erforderlichen Informationen und Unterlagen zur Verfügung, soweit die Erhebung dieser Informationen und Unterlagen nicht bereits Teil der Beauftragung der Geschäftsstelle ist.

§ 83 Verordnung zur Regelung der Pflegevergütung

(1) Die Bundesregierung wird ermächtigt, durch Rechtsverordnung mit Zustimmung des Bundesrates Vorschriften zu erlassen über

1. die Pflegevergütung der Pflegeeinrichtungen einschließlich der Verfahrensregelungen zu ihrer Vereinbarung nach diesem Kapitel,
2. den Inhalt der Pflegeleistungen sowie bei stationärer Pflege die Abgrenzung zwischen den allgemeinen Pflegeleistungen (§ 84 Abs. 4), den Leistungen bei Unterkunft und Verpflegung (§ 87) und den Zusatzleistungen (§ 88),
3. die Rechnungs- und Buchführungsvorschriften der Pflegeeinrichtungen einschließlich einer Kosten- und Leistungsrechnung; bei zugelassenen Pflegeeinrichtungen, die neben den Leistungen nach diesem Buch auch andere Sozialleistungen im Sinne des Ersten Buches (gemischte Einrichtung) erbringen, kann der Anwendungsbereich der Verordnung auf den Gesamtbetrieb erstreckt werden,
4. Maßstäbe und Grundsätze für eine wirtschaftliche und leistungsbezogene, am Versorgungsauftrag (§ 72 Abs. 1) orientierte personelle Ausstattung der Pflegeeinrichtungen,
5. die nähere Abgrenzung der Leistungsaufwendungen nach Nummer 2 von den Investitionsaufwendungen und sonstigen Aufwendungen nach § 82 Abs. 2,

§ 90 bleibt unberührt.

(2) Nach Erlass der Rechtsverordnung sind Rahmenverträge und Schiedsstellenregelungen nach § 75 zu den von der Verordnung erfassten Regelungsbereichen nicht mehr zulässig.

Zweiter Abschnitt
Vergütung der stationären Pflegeleistungen

§ 84 Bemessungsgrundsätze

(1) 1Pflegesätze sind die Entgelte der Heimbewohner oder ihrer Kostenträger für die teil- oder vollstationären Pflegeleistungen des Pflegeheims sowie für die Betreuung und, soweit kein Anspruch auf außerklinische Intensivpflege nach § 37c des Fünften Buches besteht, für die medizinische Behandlungspflege. 2In den Pflegesätzen dürfen keine Aufwendungen berücksichtigt werden, die nicht der Finanzierungszuständigkeit der sozialen Pflegeversicherung unterliegen.

(2) 1Die Pflegesätze müssen leistungsgerecht sein. 2Sie sind nach dem Versorgungsaufwand, den der Pflegebedürftige nach Art und Schwere seiner Pflegebedürftigkeit benötigt, entsprechend den fünf Pflegegraden einzuteilen. 3Davon ausgehend sind bei vollstationärer Pflege nach § 43 für die Pflegegrade 2 bis 5 einrichtungseinheitliche Eigenanteile zu ermitteln; dies gilt auch bei Änderungen der Leistungsbeträge. 4Die Pflegesätze müssen einem Pflegeheim bei wirtschaftlicher Betriebsführung

ermöglichen, seine Aufwendungen zu finanzieren und seinen Versorgungsauftrag zu erfüllen unter Berücksichtigung einer angemessenen Vergütung ihres Unternehmerrisikos. 5Überschüsse verbleiben dem Pflegeheim; Verluste sind von ihm zu tragen. 6Der Grundsatz der Beitragssatzstabilität ist zu beachten. 7Bei der Bemessung der Pflegesätze einer Pflegeeinrichtung können die Pflegesätze derjenigen Pflegeeinrichtungen, die nach Art und Größe sowie hinsichtlich der in Absatz 5 genannten Leistungs- und Qualitätsmerkmale im Wesentlichen gleichartig sind, angemessen berücksichtigt werden.

(3) Die Pflegesätze sind für alle Heimbewohner des Pflegeheimes nach einheitlichen Grundsätzen zu bemessen; eine Differenzierung nach Kostenträgern ist unzulässig.

(4) 1Mit den Pflegesätzen sind alle für die Versorgung der Pflegebedürftigen nach Art und Schwere ihrer Pflegebedürftigkeit erforderlichen Pflegeleistungen der Pflegeeinrichtung (allgemeine Pflegeleistungen) abgegolten. 2Für die allgemeinen Pflegeleistungen dürfen, soweit nichts anderes bestimmt ist, ausschließlich die nach § 85 oder § 86 vereinbarten oder nach § 85 Abs. 5 festgesetzten Pflegesätze berechnet werden, ohne Rücksicht darauf, wer zu ihrer Zahlung verpflichtet ist.

(5) 1In der Pflegesatzvereinbarung sind die wesentlichen Leistungs- und Qualitätsmerkmale der Einrichtung festzulegen. 2Hierzu gehören insbesondere

1. die Zuordnung des voraussichtlich zu versorgenden Personenkreises sowie Art, Inhalt und Umfang der Leistungen, die von der Einrichtung während des nächsten Pflegesatzzeitraums erwartet werden,
2. die von der Einrichtung für den voraussichtlich zu versorgenden Personenkreis individuell vorzuhaltende personelle Ausstattung, gegliedert nach Berufsgruppen, sowie
3. Art und Umfang der Ausstattung der Einrichtung mit Verbrauchsgütern (§ 82 Abs. 2 Nr. 1).

(6) 1Der Träger der Einrichtung ist verpflichtet, mit der vereinbarten personellen Ausstattung die Versorgung der Pflegebedürftigen jederzeit sicherzustellen. 2Er hat bei Personalengpässen oder -ausfällen durch geeignete Maßnahmen sicherzustellen, dass die Versorgung der Pflegebedürftigen nicht beeinträchtigt wird. 3Auf Verlangen einer Vertragspartei hat der Träger der Einrichtung in einem Personalabgleich nachzuweisen, dass die vereinbarte Personalausstattung tatsächlich bereitgestellt und bestimmungsgemäß eingesetzt wird. 4Das Nähere zur Durchführung des Personalabgleichs wird in den Verträgen nach § 75 Abs. 1 und 2 geregelt.

(7) 1Der Träger der Einrichtung ist ab dem 1. September 2022 verpflichtet, die bei der Vereinbarung der Pflegesätze zugrunde gelegte Bezahlung der Gehälter nach § 82c Absatz 1 oder der Entlohnung nach § 82c Absatz 2 jederzeit einzuhalten und auf Verlangen einer Vertragspartei nachzuweisen. 2Personenbezogene Daten sind zu anonymisieren. 3Der Spitzenverband Bund der Pflegekassen legt in Richtlinien bis zum 1. Juli 2022 das Nähere zur Durchführung des Nachweises nach Satz 1 fest. 4Dabei ist die Bundesarbeitsgemeinschaft der überörtlichen Träger der Sozialhilfe und der Eingliederungshilfe zu beteiligen; den Bundesvereinigungen der Träger von Pflegeeinrichtungen ist Gelegenheit zur Stellungnahme zu geben. 5§ 72 Absatz 3c Satz 5 und 6 gilt entsprechend.

(8) 1Vergütungszuschläge sind abweichend von Absatz 2 Satz 2 und Absatz 4 Satz 1 sowie unter entsprechender Anwendung des Absatzes 2 Satz 1 und 5, des Absatzes 7 und des § 87a zusätzliche Entgelte zur Pflegevergütung für die Leistungen nach § 43b. 2Der Vergütungszuschlag ist von der Pflegekasse zu tragen und von dem privaten Versicherungsunternehmen im Rahmen des vereinbarten Versicherungsschutzes zu erstatten; § 28 Absatz 2 ist entsprechend anzuwenden. 3Mit den Vergütungszuschlägen sind alle zusätzlichen Leistungen der Betreuung und Aktivierung in stationären Pflegeeinrichtungen abgegolten. 4Pflegebedürftige dürfen mit den Vergütungszuschlägen weder ganz noch teilweise belastet werden.

(9) 1Vergütungszuschläge sind abweichend von Absatz 2 Satz 2 und Absatz 4 Satz 1 sowie unter entsprechender Anwendung des Absatzes 2 Satz 1 und 5, des Absatzes 7 und des § 87a zusätzliche Entgelte zur Pflegevergütung für die Unterstützung der Leistungserbringung durch zusätzliches Pflegehilfskraftpersonal in vollstationären Pflegeeinrichtungen. 2Der Vergütungszuschlag ist von der Pflegekasse zu tragen und von dem privaten Versicherungsunternehmen im Rahmen des vereinbarten Versicherungsschutzes zu erstatten; § 28 Absatz 2 ist entsprechend anzuwenden. 3Pflegebedürftige dürfen mit den Vergütungszuschlägen weder ganz noch teilweise belastet werden.

§ 85 Pflegesatzverfahren

(1) Art, Höhe und Laufzeit der Pflegesätze werden zwischen dem Träger des Pflegeheimes und den Leistungsträgern nach Absatz 2 vereinbart.

(2) 1Parteien der Pflegesatzvereinbarung (Vertragsparteien) sind der Träger des einzelnen zugelassenen Pflegeheimes sowie

1. die Pflegekassen oder sonstige Sozialversicherungsträger,
2. die für die Bewohner des Pflegeheimes zuständigen Träger der Sozialhilfe sowie
3. die Arbeitsgemeinschaften der unter Nummer 1 und 2 genannten Träger,

soweit auf den jeweiligen Kostenträger oder die Arbeitsgemeinschaft im Jahr vor Beginn der Pflegesatzverhandlungen jeweils mehr als fünf vom Hundert der Berechnungstage des Pflegeheimes entfallen. 2Die Pflegesatzvereinbarung ist für jedes zugelassene Pflegeheim gesondert abzuschließen; § 86 Abs. 2 bleibt unberührt. 3Die Vereinigungen der Pflegeheime im Land, die Landesverbände der Pflegekassen sowie der Verband der privaten Krankenversicherung e. V. im Land können sich am Pflegesatzverfahren beteiligen.

(3) 1Die Pflegesatzvereinbarung ist im voraus, vor Beginn der jeweiligen Wirtschaftsperiode des Pflegeheimes, für einen zukünftigen Zeitraum (Pflegesatzzeitraum) zu treffen. 2Das Pflegeheim hat Art, Inhalt, Umfang und Kosten der Leistungen, für die es eine Vergütung beansprucht, durch Pflegedokumentationen und andere geeignete Nachweise rechtzeitig vor Beginn der Pflegesatzverhandlungen darzulegen; es hat außerdem die schriftliche Stellungnahme der nach heimrechtlichen Vorschriften vorgesehenen Interessenvertretung der Bewohnerinnen und Bewohner beizufügen. 3Soweit dies zur Beurteilung seiner Wirtschaftlichkeit und Leistungsfähigkeit im Einzelfall erforderlich ist, hat das Pflegeheim auf Verlangen einer Vertragspartei zusätzliche Unterlagen vorzulegen und Auskünfte zu erteilen. 4Hierzu gehören auch pflegesatzerhebliche Angaben zum Jahresabschluß entsprechend den Grundsätzen ordnungsgemäßer Pflegebuchführung, zur personellen und sachlichen Ausstattung des Pflegeheims einschließlich der Kosten sowie zur tatsächlichen Stellenbesetzung und Eingruppierung. 5Dabei sind insbesondere die in der Pflegesatzverhandlung geltend gemachten, voraussichtlichen Personalkosten einschließlich entsprechender Erhöhungen im Vergleich zum bisherigen Pflegesatzzeitraum vorzuweisen. 6Personenbezogene Daten sind zu anonymisieren.

(4) 1Die Pflegesatzvereinbarung kommt durch Einigung zwischen dem Träger des Pflegeheimes und der Mehrheit der Kostenträger nach Absatz 2 Satz 1 zustande, die an der Pflegesatzverhandlung teilgenommen haben. 2Sie ist schriftlich abzuschließen. 3Soweit Vertragsparteien sich bei den Pflegesatzverhandlungen durch Dritte vertreten lassen, haben diese vor Verhandlungsbeginn den übrigen Vertragsparteien eine schriftliche Verhandlungs- und Abschlußvollmacht vorzulegen.

(5) 1Kommt eine Pflegesatzvereinbarung innerhalb von sechs Wochen nicht zustande, nachdem eine Vertragspartei schriftlich zu Pflegesatzverhandlungen aufgefordert hat, setzt die Schiedsstelle nach § 76 auf Antrag einer Vertragspartei die Pflegesätze unverzüglich, in der Regel binnen drei Monaten, fest. 2Satz 1 gilt auch, soweit der nach Absatz 2 Satz 1 Nr. 2 zuständige Träger der Sozialhilfe der Pflegesatzvereinbarung innerhalb von zwei Wochen nach Vertragsschluß widerspricht; der Träger der Sozialhilfe kann im voraus verlangen, daß an Stelle der gesamten Schiedsstelle nur der Vorsitzende und die beiden weiteren unparteiischen Mitglieder oder nur der Vorsitzende allein entscheiden. 3Gegen die Festsetzung ist der Rechtsweg zu den Sozialgerichten gegeben. 4Ein Vorverfahren findet nicht statt; die Klage hat keine aufschiebende Wirkung.

(6) 1Pflegesatzvereinbarungen sowie Schiedsstellenentscheidungen nach Absatz 5 Satz 1 oder 2 treten zu dem darin unter angemessener Berücksichtigung der Interessen der Pflegeheimbewohner bestimmten Zeitpunkt in Kraft; sie sind für das Pflegeheim sowie für die in dem Heim versorgten Pflegebedürftigen und deren Kostenträger unmittelbar verbindlich. 2Ein rückwirkendes Inkrafttreten von Pflegesätzen ist nicht zulässig. 3Nach Ablauf des Pflegesatzzeitraums gelten die vereinbarten oder festgesetzten Pflegesätze bis zum Inkrafttreten neuer Pflegesätze weiter.

(7) 1Bei unvorhersehbaren wesentlichen Veränderungen der Annahmen, die der Vereinbarung oder Festsetzung der Pflegesätze zugrunde lagen, sind die Pflegesätze auf Verlangen einer Vertragspartei für den laufenden Pflegesatzzeitraum neu zu verhandeln. 2Unvorhersehbare wesentliche Veränderungen der Annahmen im Sinne des Satzes 1 liegen insbesondere bei einer erheblichen Abweichung der tatsächlichen Bewohnerstruktur sowie bei einer erheblichen Änderung der Energieaufwendungen vor. 3Die Absätze 3 bis 6 gelten entsprechend. 4Abweichend von Satz 3 in Verbindung mit Absatz 5 Satz 1 kann eine Festsetzung der Pflegesätze durch die Schiedsstelle bereits nach einem Monat beantragt werden, die binnen eines Monats erfolgen soll.

(8) 1Die Vereinbarung des Vergütungszuschlags nach § 84 Absatz 8 erfolgt auf der Grundlage, dass

1. die stationäre Pflegeeinrichtung für die zusätzliche Betreuung und Aktivierung der Pflegebedürftigen über zusätzliches Betreuungspersonal, in vollstationären Pflegeeinrichtungen in sozialversicherungs-

XI

pflichtiger Beschäftigung verfügt und die Aufwendungen für dieses Personal weder bei der Bemessung der Pflegesätze noch bei den Zusatzleistungen nach § 88 berücksichtigt werden,

2. in der Regel für jeden Pflegebedürftigen 5 Prozent der Personalaufwendungen für eine zusätzliche Vollzeitkraft finanziert wird und

3. die Vertragsparteien Einvernehmen erzielt haben, dass der vereinbarte Vergütungszuschlag nicht berechnet werden darf, soweit die zusätzliche Betreuung und Aktivierung für Pflegebedürftige nicht erbracht wird.

2Pflegebedürftige und ihre Angehörigen sind von der stationären Pflegeeinrichtung im Rahmen der Verhandlung und des Abschlusses des stationären Pflegevertrages nachprüfbar und deutlich darauf hinzuweisen, dass ein zusätzliches Betreuungsangebot besteht. 3Im Übrigen gelten die Absätze 1 bis 7 entsprechend.

(9) 1Die Vereinbarung des Vergütungszuschlags nach § 84 Absatz 9 Satz 1 durch die Vertragsparteien nach Absatz 2 erfolgt auf der Grundlage, dass

1. die vollstationäre Pflegeeinrichtung über zusätzliches Pflegehilfskraftpersonal verfügt,
   a) das über eine abgeschlossene, landesrechtlich geregelte Assistenz- oder Helferausbildung in der Pflege mit einer Ausbildungsdauer von mindestens einem Jahr verfügt, oder
   b) das berufsbegleitend eine Ausbildung im Sinne von Buchstabe a begonnen hat oder
   c) für das die vollstationäre Pflegeeinrichtung sicherstellt, dass es spätestens bis zum Ablauf von zwei Jahren nach Vereinbarung des Vergütungszuschlages nach § 84 Absatz 9 Satz 1 oder nach der Mitteilung nach Absatz 11 Satz 1 eine berufsbegleitende, landesrechtlich geregelte Assistenz- oder Helferausbildung in der Pflege beginnen wird, die die von der Arbeits- und Sozialministerkonferenz 2012 und von der Gesundheitsministerkonferenz 2013 als Mindestanforderungen beschlossenen „Eckpunkte für die in Länderzuständigkeit liegenden Ausbildungen zu Assistenz- und Helferberufen in der Pflege" (BAnz AT 17. 02. 2016 B3) erfüllt, es sei denn, dass der Beginn oder die Durchführung dieser Ausbildung aus Gründen, die die Einrichtung nicht zu vertreten hat, unmöglich ist,

2. zusätzliche Stellenanteile im Umfang von bis zu 0,016 Vollzeitäquivalenten je Pflegebedürftigen des Pflegegrades 1 oder 2, 0,025 Vollzeitäquivalenten je Pflegebedürftigen des Pflegegrades 3, 0,032 Vollzeitäquivalenten je Pflegebedürftigen des Pflegegrades 4 und 0,036 Vollzeitäquivalenten je Pflegebedürftigen des Pflegegrades 5, mindestens aber 0,5 Vollzeitäquivalenten, für den Pflegesatzzeitraum finanziert werden,

3. notwendige Ausbildungsaufwendungen für das zusätzliche Pflegehilfskraftpersonal, das eine Ausbildung im Sinne von Nummer 1 Buchstabe b oder c durchläuft, finanziert werden, soweit diese Aufwendungen nicht von einer anderen Stelle finanziert werden,

4. die Aufwendungen für das zusätzliche Pflegehilfskraftpersonal weder bei der Bemessung der Pflegesätze noch bei den Zusatzleistungen nach § 88 berücksichtigt werden und

5. die Vertragsparteien Einvernehmen erzielt haben, dass der vereinbarte Vergütungszuschlag nicht berechnet werden darf, soweit die vollstationäre Pflegeeinrichtung nicht über zusätzliches Pflegehilfskraftpersonal verfügt, das über das nach der Pflegesatzvereinbarung gemäß § 84 Absatz 5 Satz 2 Nummer 2 vorzuhaltende Personal hinausgeht.

2Bei Pflegehilfskräften, die sich im Sinne von Satz 1 Nummer 1 Buchstabe b oder c in einer Ausbildung befinden, kann die Differenz zwischen dem Gehalt einer Pflegehilfskraft und der Ausbildungsvergütung nur berücksichtigt werden, wenn die Pflegehilfskraft beruflich insgesamt ein Jahr tätig war. 3Im Übrigen gelten die Absätze 1 bis 7 entsprechend.

(10) 1Der Spitzenverband Bund der Pflegekassen berichtet dem Bundesministerium für Gesundheit erstmals zum 30. Juni 2021 und anschließend vierteljährlich über die Zahl des durch den Vergütungszuschlag nach § 84 Absatz 9 Satz 1 finanzierten Pflegehilfskraftpersonals, die Personalstruktur, den Stellenzuwachs und die Ausgabenentwicklung. 2Der Spitzenverband Bund der Pflegekassen legt im Benehmen mit dem Verband der Privaten Krankenversicherung e. V., der Bundesarbeitsgemeinschaft der überörtlichen Träger der Sozialhilfe und den Bundesvereinigungen der Träger stationärer Pflegeeinrichtungen das Nähere für das Vereinbarungsverfahren nach Absatz 9 in Verbindung mit § 84 Absatz 9, für die notwendigen Ausbildungsaufwendungen nach Absatz 9 Satz 1 Nummer 3 sowie für seinen Bericht nach Satz 1 fest. 3Die Festlegungen nach Satz 2 bedürfen der Zustimmung des Bundesministeriums für Gesundheit im

Benehmen mit dem Bundesministerium für Arbeit und Soziales.

(11) 1Der Träger der vollstationären Pflegeeinrichtung kann bis zum Abschluss einer Vereinbarung nach § 84 Absatz 9 Satz 1 einen Vergütungszuschlag für zusätzliches Pflegehilfskraftpersonal nach § 84 Absatz 9 Satz 2 berechnen, wenn er vor Beginn der Leistungserbringung durch das zusätzliche Pflegehilfskraftpersonal den nach Absatz 2 als Parteien der Pflegesatzvereinbarung beteiligten Kostenträgern den von ihm entsprechend Absatz 9 ermittelten Vergütungszuschlag zusammen mit folgenden Angaben mitteilt:

1. die Anzahl der zum Zeitpunkt der Mitteilung versorgten Pflegebedürftigen nach Pflegegraden,
2. die zusätzlichen Stellenanteile, die entsprechend Absatz 9 Satz 1 Nummer 2 auf der Grundlage der versorgten Pflegebedürftigen nach Pflegegraden nach Nummer 1 berechnet werden,
3. die Qualifikation, die Entlohnung und die weiteren Personalaufwendungen für das zusätzliche Pflegehilfskraftpersonal,
4. die mit einer berufsbegleitenden Ausbildung nach Absatz 9 Satz 1 Nummer 1 Buchstabe b und c verbundenen notwendigen, nicht anderweitig finanzierten Aufwendungen und
5. die Erklärung, dass das zusätzliche Pflegehilfskraftpersonal über das Personal hinausgeht, das die vollstationäre Pflegeeinrichtung nach der Pflegesatzvereinbarung gemäß § 84 Absatz 5 Satz 2 Nummer 2 vorzuhalten hat.

2Für die Mitteilung nach Satz 1 ist ein einheitliches Formular zu verwenden, das der Spitzenverband Bund der Pflegekassen im Benehmen mit dem Bundesministerium für Gesundheit, dem Verband der Privaten Krankenversicherung e. V. und der Bundesarbeitsgemeinschaft der überörtlichen Träger der Sozialhilfe bereitstellt. 3Die nach Absatz 2 als Parteien der Pflegesatzvereinbarung beteiligten Kostenträger können die nach Satz 1 mitgeteilten Angaben beanstanden. 4Über diese Beanstandungen befinden die Vertragsparteien nach Absatz 2 unverzüglich mit Mehrheit. 5Die mit dem Vergütungszuschlag nach § 84 Absatz 9 Satz 1 finanzierten zusätzlichen Stellen und die der Berechnung des Vergütungszuschlags zugrunde gelegte Bezahlung der auf diesen Stellen Beschäftigten sind von dem Träger der vollstationären Pflegeeinrichtung unter entsprechender Anwendung des § 84 Absatz 6 Satz 3 und 4 und Absatz 7 nachzuweisen.

§ 86 Pflegesatzkommission

(1) 1Die Landesverbände der Pflegekassen, der Verband der privaten Krankenversicherung e. V., die überörtlichen oder ein nach Landesrecht bestimmter Träger der Sozialhilfe und die Vereinigungen der Pflegeheimträger im Land bilden regional oder landesweit tätige Pflegesatzkommissionen, die anstelle der Vertragsparteien nach § 85 Abs. 2 die Pflegesätze mit Zustimmung der betroffenen Pflegeheimträger vereinbaren können. 2§ 85 Abs. 3 bis 7 gilt entsprechend.

(2) 1Für Pflegeheime, die in derselben kreisfreien Gemeinde oder in demselben Landkreis liegen, kann die Pflegesatzkommission mit Zustimmung der betroffenen Pflegeheimträger für die gleichen Leistungen einheitliche Pflegesätze vereinbaren. 2Die beteiligten Pflegeheime sind befugt, ihre Leistungen unterhalb der nach Satz 1 vereinbarten Pflegesätze anzubieten.

(3) 1Die Pflegesatzkommission oder die Vertragsparteien nach § 85 Abs. 2 können auch Rahmenvereinbarungen abschließen, die insbesondere ihre Rechte und Pflichten, die Vorbereitung, den Beginn und das Verfahren der Pflegesatzverhandlungen sowie Art, Umfang und Zeitpunkt der vom Pflegeheim vorzulegenden Leistungsnachweise und sonstigen Verhandlungsunterlagen näher bestimmen. 2Satz 1 gilt nicht, soweit für das Pflegeheim verbindliche Regelungen nach § 75 getroffen worden sind.

§ 87 Unterkunft und Verpflegung

1Die als Pflegesatzparteien betroffenen Leistungsträger (§ 85 Abs. 2) vereinbaren mit dem Träger des Pflegeheimes die von den Pflegebedürftigen zu tragenden Entgelte für die Unterkunft und für die Verpflegung jeweils getrennt. 2Die Entgelte müssen in einem angemessenen Verhältnis zu den Leistungen stehen. 3§ 84 Abs. 3 und 4 und die §§ 85 und 86 gelten entsprechend; § 88 bleibt unberührt.

§ 87a Berechnung und Zahlung des Heimentgelts

(1) 1Die Pflegesätze, die Entgelte für Unterkunft und Verpflegung sowie die gesondert berechenbaren Investitionskosten (Gesamtheimentgelt) werden für den Tag der Aufnahme des Pflegebedürftigen in das Pflegeheim sowie für jeden weiteren Tag des Heimaufenthalts berechnet (Berechnungstag). 2Die Zahlungspflicht der Heimbewohner oder ihrer Kostenträger endet mit dem Tag, an dem der Heimbewohner aus dem Heim entlassen wird oder verstirbt. 3Zieht ein Pflegebedürftiger in ein anderes Heim um, darf nur das aufnehmende Pflegeheim ein Gesamtheimentgelt für den Verlegungstag berech-

XI

nen. 4Von den Sätzen 1 bis 3 abweichende Vereinbarungen zwischen dem Pflegeheim und dem Heimbewohner oder dessen Kostenträger sind nichtig. 5Der Pflegeplatz ist im Fall vorübergehender Abwesenheit vom Pflegeheim für einen Abwesenheitszeitraum von bis zu 42 Tagen im Kalenderjahr für den Pflegebedürftigen freizuhalten. 6Abweichend hiervon verlängert sich der Abwesenheitszeitraum bei Krankenhausaufenthalten und bei Aufenthalten in Rehabilitationseinrichtungen für die Dauer dieser Aufenthalte. 7In den Rahmenverträgen nach § 75 sind für die nach den Sätzen 5 und 6 bestimmten Abwesenheitszeiträume, soweit drei Kalendertage überschritten werden, Abschläge von mindestens 25 vom Hundert der Pflegevergütung, der Entgelte für Unterkunft und Verpflegung und der Zuschläge nach § 92b vorzusehen.

(2) 1Bestehen Anhaltspunkte dafür, dass der pflegebedürftige Heimbewohner auf Grund der Entwicklung seines Zustands einem höheren Pflegegrad zuzuordnen ist, so ist er auf schriftliche Aufforderung des Heimträgers verpflichtet, bei seiner Pflegekasse die Zuordnung zu einem höheren Pflegegrad zu beantragen. 2Die Aufforderung ist zu begründen und auch der Pflegekasse sowie bei Sozialhilfeempfängern dem zuständigen Träger der Sozialhilfe zuzuleiten. 3Weigert sich der Heimbewohner, den Antrag zu stellen, kann der Heimträger ihm oder seinem Kostenträger ab dem ersten Tag des zweiten Monats nach der Aufforderung vorläufig den Pflegesatz nach dem nächsthöheren Pflegegrad berechnen. 4Werden die Voraussetzungen für einen höheren Pflegegrad vom Medizinischen Dienst nicht bestätigt und lehnt die Pflegekasse eine Höherstufung deswegen ab, hat das Pflegeheim dem Pflegebedürftigen den überzahlten Betrag unverzüglich zurückzuzahlen; der Rückzahlungsbetrag ist rückwirkend ab dem in Satz 3 genannten Zeitpunkt mit wenigstens 5 vom Hundert zu verzinsen.

(3) 1Die dem pflegebedürftigen Heimbewohner nach den §§ 41 bis 43 zustehenden Leistungsbeträge einschließlich des Leistungszuschlags nach § 43c sind von seiner Pflegekasse mit befreiender Wirkung unmittelbar an das Pflegeheim zu zahlen. 2Maßgebend für die Höhe des zu zahlenden Leistungsbetrags ist der Leistungsbescheid der Pflegekasse, unabhängig davon, ob der Bescheid bestandskräftig ist oder nicht. 3Die von den Pflegekassen zu zahlenden Leistungsbeträge werden bei vollstationärer Pflege (§ 43) zum 15. eines jeden Monats fällig.

(4) 1Pflegeeinrichtungen, die Leistungen im Sinne des § 43 erbringen, erhalten von der Pflegekasse zusätzlich den Betrag von 2952 Euro, wenn der Pflegebedürftige nach der Durchführung aktivierender oder rehabilitativer Maßnahmen in einen niedrigeren Pflegegrad zurückgestuft wurde oder festgestellt wurde, dass er nicht mehr pflegebedürftig im Sinne der §§ 14 und 15 ist. 2Der Betrag wird entsprechend § 30 angepasst. 3Der von der Pflegekasse gezahlte Betrag ist von der Pflegeeinrichtung zurückzuzahlen, wenn der Pflegebedürftige innerhalb von sechs Monaten in einen höheren Pflegegrad oder wieder als pflegebedürftig im Sinne der §§ 14 und 15 eingestuft wird.

§ 88 Zusatzleistungen

(1) 1Neben den Pflegesätzen nach § 85 und den Entgelten nach § 87 darf das Pflegeheim mit den Pflegebedürftigen über die im Versorgungsvertrag vereinbarten notwendigen Leistungen hinaus (§ 72 Abs. 1 Satz 2) gesondert ausgewiesene Zuschläge für

1. besondere Komfortleistungen bei Unterkunft und Verpflegung sowie
2. zusätzliche pflegerisch-betreuende Leistungen

vereinbaren (Zusatzleistungen). 2Der Inhalt der notwendigen Leistungen und deren Abgrenzung von den Zusatzleistungen werden in den Rahmenverträgen nach § 75 festgelegt.

(2) Die Gewährung und Berechnung von Zusatzleistungen ist nur zulässig, wenn:

1. dadurch die notwendigen stationären oder teilstationären Leistungen des Pflegeheimes (§ 84 Abs. 4 und § 87) nicht beeinträchtigt werden,
2. die angebotenen Zusatzleistungen nach Art, Umfang, Dauer und Zeitabfolge sowie die Höhe der Zuschläge und die Zahlungsbedingungen vorher schriftlich zwischen dem Pflegeheim und dem Pflegebedürftigen vereinbart worden sind,
3. das Leistungsangebot und die Leistungsbedingungen den Landesverbänden der Pflegekassen und den überörtlichen Trägern der Sozialhilfe im Land vor Leistungsbeginn schriftlich mitgeteilt worden sind.

§ 88a Wirtschaftlich tragfähige Vergütung für Kurzzeitpflege

(1) 1Zur Sicherstellung einer wirtschaftlich tragfähigen Vergütung in der Kurzzeitpflege sind Empfehlungen nach dem Verfahren gemäß § 75 Absatz 6 zur Kurzzeitpflege bis zum 20. April 2022 abzugeben. 2Die Empfehlungen berücksichtigen insbesondere die verschiedenen Arten und Formen sowie die inhaltlichen und strukturellen Besonderheiten der Kurzzeitpflege. 3Auf Grundlage dieser Empfehlungen haben die Vertragspartner nach § 75 Ab-

XI

satz 1 in den Ländern ihre Rahmenverträge für die Kurzzeitpflege zu überprüfen und bei Bedarf an die Empfehlungen anzupassen. 4Bis zur Entscheidung über eine Anpassung der Rahmenverträge nach Satz 3 sind die Empfehlungen nach Satz 1 für die Pflegekassen und die zugelassenen Pflegeeinrichtungen unmittelbar verbindlich.

(2) 1Kommen die Empfehlungen nach Absatz 1 innerhalb der in Absatz 1 Satz 1 genannten Frist ganz oder teilweise nicht zustande, bestellen die in § 75 Absatz 6 genannten Parteien gemeinsam eine unabhängige Schiedsperson. 2Kommt eine Einigung auf eine Schiedsperson bis zum Ablauf von 28 Kalendertagen ab der Feststellung der Nichteinigung auf die Empfehlungen nicht zustande, erfolgt eine Bestellung der Schiedsperson durch das Bundesministerium für Gesundheit im Einvernehmen mit dem Bundesministerium für Arbeit und Soziales. 3Die Schiedsperson setzt den betreffenden Empfehlungsinhalt einschließlich der Kostentragung des Verfahrens innerhalb von zwei Monaten nach Bestellung fest.

Dritter Abschnitt
Vergütung der ambulanten Pflegeleistungen

§ 89 Grundsätze für die Vergütungsregelung

(1) 1Die Vergütung der ambulanten Leistungen der häuslichen Pflegehilfe und der ergänzenden Unterstützungsleistungen bei der Nutzung von digitalen Pflegeanwendungen wird, soweit nicht die Gebührenordnung nach § 90 Anwendung findet, zwischen dem Träger des Pflegedienstes und den Leistungsträgern nach Absatz 2 für alle Pflegebedürftigen nach einheitlichen Grundsätzen vereinbart. 2Sie muß leistungsgerecht sein. 3Die Vergütung muss einem Pflegedienst bei wirtschaftlicher Betriebsführung ermöglichen, seine Aufwendungen zu finanzieren und seinen Versorgungsauftrag zu erfüllen unter Berücksichtigung einer angemessenen Vergütung ihres Unternehmerrisikos. 4Eine Differenzierung in der Vergütung nach Kostenträgern ist unzulässig.

(2) 1Vertragsparteien der Vergütungsvereinbarung sind die Träger des Pflegedienstes sowie

1. die Pflegekassen oder sonstige Sozialversicherungsträger,
2. die Träger der Sozialhilfe, die für die durch den Pflegedienst versorgten Pflegebedürftigen zuständig sind, sowie
3. die Arbeitsgemeinschaften der unter Nummer 1 und 2 genannten Träger,

soweit auf den jeweiligen Kostenträger oder die Arbeitsgemeinschaft im Jahr vor Beginn der Vergütungsverhandlungen jeweils mehr als 5 vom Hundert der vom Pflegedienst betreuten Pflegebedürftigen entfallen. 2Die Vergütungsvereinbarung ist für jeden Pflegedienst gesondert abzuschließen und gilt für den nach § 72 Abs. 3 Satz 3 vereinbarten Einzugsbereich, soweit nicht ausdrücklich etwas Abweichendes vereinbart wird.

(3) 1Die Vergütungen können, je nach Art und Umfang der Pflegeleistung, nach dem dafür erforderlichen Zeitaufwand oder unabhängig vom Zeitaufwand nach dem Leistungsinhalt des jeweiligen Pflegeeinsatzes, nach Komplexleistungen oder in Ausnahmefällen auch nach Einzelleistungen bemessen werden; sonstige Leistungen wie hauswirtschaftliche Versorgung, Behördengänge oder Fahrkosten können auch mit Pauschalen vergütet werden. 2Die Vergütungen haben zu berücksichtigen, dass Leistungen von mehreren Pflegebedürftigen gemeinsam abgerufen und in Anspruch genommen werden können; die sich aus einer gemeinsamen Leistungsinanspruchnahme ergebenden Zeit- und Kostenersparnisse kommen den Pflegebedürftigen zugute. 3Bei der Vereinbarung der Vergütung sind die Grundsätze für die Vergütung von längeren Wegezeiten, insbesondere in ländlichen Räumen, die in den Rahmenempfehlungen nach § 132a Absatz 1 Satz 4 Nummer 5 des Fünften Buches vorzusehen sind, zu berücksichtigen; die in den Rahmenempfehlungen geregelten Verfahren zum Vorweis der voraussichtlichen Personalkosten im Sinne von § 85 Absatz 3 Satz 5 können berücksichtigt werden. 4§ 84 Absatz 4 Satz 2 und Absatz 7, § 85 Absatz 3 bis 7 und § 86 gelten entsprechend.

§ 90 Gebührenordnung für ambulante Pflegeleistungen

(1) 1Das Bundesministerium für Gesundheit wird ermächtigt, im Einvernehmen mit dem Bundesministerium für Familie, Senioren, Frauen und Jugend und dem Bundesministerium für Arbeit und Soziales durch Rechtsverordnung mit Zustimmung des Bundesrates eine Gebührenordnung für die Vergütung der ambulanten Leistungen der häuslichen Pflegehilfe zu erlassen, soweit die Versorgung von der Leistungspflicht der Pflegeversicherung umfaßt ist. 2Die Vergütung muß leistungsgerecht sein, den Bemessungsgrundsätzen nach § 89 entsprechen und hinsichtlich ihrer Höhe regionale Unterschiede berücksichtigen. 3§ 82 Abs. 2 gilt entsprechend. 4In der Verordnung ist auch das Nähere zur Abrechnung der Vergütung zwischen den Pflegekassen und den Pflegediensten zu regeln.

XI

(2) 1Die Gebührenordnung gilt nicht für die Vergütung von ambulanten Leistungen der häuslichen Pflegehilfe durch Familienangehörige und sonstige Personen, die mit dem Pflegebedürftigen in häuslicher Gemeinschaft leben. 2Soweit die Gebührenordnung Anwendung findet, sind die davon betroffenen Pflegeeinrichtungen und Pflegepersonen nicht berechtigt, über die Berechnung der Gebühren hinaus weitergehende Ansprüche an die Pflegebedürftigen oder deren Kostenträger zu stellen.

Vierter Abschnitt
Kostenerstattung, Pflegeheimvergleich

§ 91 Kostenerstattung

(1) Zugelassene Pflegeeinrichtungen, die auf eine vertragliche Regelung der Pflegevergütung nach den §§ 85 und 89 verzichten oder mit denen eine solche Regelung nicht zustande kommt, können den Preis für ihre ambulanten oder stationären Leistungen unmittelbar mit den Pflegebedürftigen vereinbaren.

(2) 1Den Pflegebedürftigen werden die ihnen von den Einrichtungen nach Absatz 1 berechneten Kosten für die pflegebedingten Aufwendungen erstattet. 2Die Erstattung darf jedoch 80 vom Hundert des Betrages nicht überschreiten, den die Pflegekasse für den einzelnen Pflegebedürftigen nach Art und Schwere seiner Pflegebedürftigkeit nach dem Dritten Abschnitt des Vierten Kapitels zu leisten hat. 3Eine weitergehende Kostenerstattung durch einen Träger der Sozialhilfe ist unzulässig.

(3) Die Absätze 1 und 2 gelten entsprechend für Pflegebedürftige, die nach Maßgabe dieses Buches bei einem privaten Versicherungsunternehmen versichert sind.

(4) Die Pflegebedürftigen und ihre Angehörigen sind von der Pflegekasse und der Pflegeeinrichtung rechtzeitig auf die Rechtsfolgen der Absätze 2 und 3 hinzuweisen.

§ 92 (weggefallen)

§ 92a Pflegeheimvergleich

(1) 1Die Bundesregierung wird ermächtigt, durch Rechtsverordnung mit Zustimmung des Bundesrates einen Pflegeheimvergleich anzuordnen, insbesondere mit dem Ziel,

1. die Landesverbände der Pflegekassen bei der Durchführung von Wirtschaftlichkeits- und Qualitätsprüfungen (§ 79, Elftes Kapitel),
2. die Vertragsparteien nach § 85 Abs. 2 bei der Bemessung der Vergütungen und Entgelte sowie
3. die Pflegekassen bei der Erstellung der Leistungs- und Preisvergleichslisten (§ 7 Abs. 3)

zu unterstützen. 2Die Pflegeheime sind länderbezogen, Einrichtung für Einrichtung, insbesondere hinsichtlich ihrer Leistungs- und Belegungsstrukturen, ihrer Pflegesätze und Entgelte sowie ihrer gesondert berechenbaren Investitionskosten miteinander zu vergleichen.

(2) In der Verordnung nach Absatz 1 sind insbesondere zu regeln:

1. die Organisation und Durchführung des Pflegeheimvergleichs durch eine oder mehrere von dem Spitzenverband Bund der Pflegekassen oder den Landesverbänden der Pflegekassen gemeinsam beauftragte Stellen,
2. die Finanzierung des Pflegeheimvergleichs aus Verwaltungsmitteln der Pflegekassen,
3. die Erhebung der vergleichsnotwendigen Daten einschließlich ihrer Verarbeitung.

(3) 1Zur Ermittlung der Vergleichsdaten ist vorrangig auf die verfügbaren Daten aus den Versorgungsverträgen, sowie den Pflegesatz- und Entgeltvereinbarungen über

1. die Versorgungsstrukturen einschließlich der personellen und sächlichen Ausstattung,
2. die Leistungen, Pflegesätze und sonstigen Entgelte der Pflegeheime

und auf die Daten aus den Vereinbarungen über Zusatzleistungen zurückzugreifen. 2Soweit dies für die Zwecke des Pflegeheimvergleichs erforderlich ist, haben die Pflegeheime der mit der Durchführung des Pflegeheimvergleichs beauftragten Stelle auf Verlangen zusätzliche Unterlagen vorzulegen und Auskünfte zu erteilen, insbesondere auch über die von ihnen gesondert berechneten Investitionskosten (§ 82 Abs. 3 und 4).

(4) 1Durch die Verordnung nach Absatz 1 ist sicherzustellen, dass die Vergleichsdaten

1. den zuständigen Landesbehörden,
2. den Vereinigungen der Pflegeheimträger im Land,
3. den Landesverbänden der Pflegekassen,
4. dem Medizinischen Dienst,
5. dem Verband der privaten Krankenversicherung e. V. im Land sowie
6. den nach Landesrecht zuständigen Trägern der Sozialhilfe

zugänglich gemacht werden. 2Die Beteiligten nach Satz 1 sind befugt, die Vergleichsdaten ihren Verbänden oder Vereinigungen auf Bundesebene zu übermitteln; die Landesverbände der Pflegekassen sind verpflichtet, die

XI

für Prüfzwecke erforderlichen Vergleichsdaten den von ihnen zur Durchführung von Wirtschaftlichkeits- und Qualitätsprüfungen bestellten Sachverständigen zugänglich zu machen.

(5) 1Vor Erlass der Rechtsverordnung nach Absatz 1 sind der Spitzenverband Bund der Pflegekassen, der Verband der privaten Krankenversicherung e. V., die Bundesarbeitsgemeinschaft der überörtlichen Träger der Sozialhilfe, die Bundesvereinigung der kommunalen Spitzenverbände und die Vereinigungen der Träger der Pflegeheime auf Bundesebene anzuhören. 2Im Rahmen der Anhörung können diese auch Vorschläge für eine Rechtsverordnung nach Absatz 1 oder für einzelne Regelungen einer solchen Rechtsverordnung vorlegen.

(6) Der Spitzenverband Bund der Pflegekassen oder die Landesverbände der Pflegekassen sind berechtigt, jährlich Verzeichnisse der Pflegeheime mit den im Pflegeheimvergleich ermittelten Leistungs-, Belegungs- und Vergütungsdaten zu veröffentlichen.

(7) Personenbezogene Daten sind vor der Datenübermittlung oder der Erteilung von Auskünften zu anonymisieren.

(8) Die Bundesregierung wird ermächtigt, durch Rechtsverordnung mit Zustimmung des Bundesrates einen länderbezogenen Vergleich über die zugelassenen Pflegedienste (Pflegedienstvergleich) in entsprechender Anwendung der vorstehenden Absätze anzuordnen.

Fünfter Abschnitt
Integrierte Versorgung

§ 92b Integrierte Versorgung

(1) Die Pflegekassen können mit zugelassenen Pflegeeinrichtungen und den weiteren Vertragspartnern nach § 140a Absatz 3 Satz 1 des Fünften Buches Verträge zur integrierten Versorgung schließen oder derartigen Verträgen mit Zustimmung der Vertragspartner beitreten.

(2) 1In den Verträgen nach Absatz 1 ist das Nähere über Art, Inhalt und Umfang der zu erbringenden Leistungen der integrierten Versorgung sowie deren Vergütung zu regeln. 2Diese Verträge können von den Vorschriften der §§ 75, 85 und 89 abweichende Regelungen treffen, wenn sie dem Sinn und der Eigenart der integrierten Versorgung entsprechen, die Qualität, die Wirksamkeit und die Wirtschaftlichkeit der Versorgung durch die Pflegeeinrichtungen verbessern oder aus sonstigen Gründen zur Durchführung der integrierten Versorgung erforderlich sind. 3In den Pflegevergütungen dürfen keine Aufwendungen berücksichtigt werden, die nicht der Finanzierungszuständigkeit der sozialen Pflegeversicherung unterliegen. 4Soweit Pflegeeinrichtungen durch die integrierte Versorgung Mehraufwendungen für Pflegeleistungen entstehen, vereinbaren die Beteiligten leistungsgerechte Zuschläge zu den Pflegevergütungen (§§ 85 und 89). 5§ 140a Absatz 2 Satz 1 bis 3 des Fünften Buches gilt für Leistungsansprüche der Pflegeversicherten gegenüber ihrer Pflegekasse entsprechend.

(3) § 140a Absatz 4 des Fünften Buches gilt für die Teilnahme der Pflegeversicherten an den integrierten Versorgungsformen entsprechend.

Neuntes Kapitel
Datenschutz und Statistik

Erster Abschnitt
Informationsgrundlagen

Erster Titel
Grundsätze der Datenverarbeitung

§ 93 Anzuwendende Vorschriften

Für den Schutz personenbezogener Daten bei der Verarbeitung in der Pflegeversicherung gelten § 35 des Ersten Buches, die §§ 67 bis 84 und § 85a des Zehnten Buches sowie die Vorschriften dieses Buches.

§ 94 Personenbezogene Daten bei den Pflegekassen

(1) Die Pflegekassen dürfen personenbezogene Daten für Zwecke der Pflegeversicherung nur verarbeiten, soweit dies für:

1. die Feststellung des Versicherungsverhältnisses (§§ 20 bis 26) und der Mitgliedschaft (§ 49),
2. die Feststellung der Beitragspflicht und der Beiträge, deren Tragung und Zahlung (§§ 54 bis 61),
3. die Prüfung der Leistungspflicht und die Gewährung von Leistungen an Versicherte (§§ 4, 28 und 28a) sowie die Durchführung von Erstattungs- und Ersatzansprüchen,
4. die Beteiligung des Medizinischen Dienstes (§§ 18 und 40),
5. die Abrechnung mit den Leistungserbringern und die Kostenerstattung (§§ 84 bis 91 und 105),
6. die Überwachung der Wirtschaftlichkeit, der Abrechnung und der Qualität der Leistungserbringung (§§ 79, 112, 113, 114, 114a, 115 und 117),

6a. den Abschluss und die Durchführung von Pflegesatzvereinbarungen (§§ 85, 86), Vergütungsvereinbarungen (§ 89), sowie Verträgen zur integrierten Versorgung (§ 92b),
7. die Aufklärung und Auskunft (§ 7),
8. die Koordinierung pflegerischer Hilfen (§ 12), die Pflegeberatung (§ 7a), das Ausstellen von Beratungsgutscheinen (§ 7b) sowie die Wahrnehmung der Aufgaben in den Pflegestützpunkten (§ 7c),
9. die Abrechnung mit anderen Leistungsträgern,
10. statistische Zwecke (§ 109),
11. die Unterstützung der Versicherten bei der Verfolgung von Schadensersatzansprüchen (§ 115 Abs. 3 Satz 7)

erforderlich ist.

(2) 1Die nach Absatz 1 erhobenen und gespeicherten personenbezogenen Daten dürfen für andere Zwecke nur verarbeitet werden, soweit dies durch Rechtsvorschriften des Sozialgesetzbuches angeordnet oder erlaubt ist. 2Auf Ersuchen des Betreuungsgerichts hat die Pflegekasse diesem zu dem in § 282 Abs. 1 des Gesetzes über das Verfahren in Familiensachen und in den Angelegenheiten der freiwilligen Gerichtsbarkeit genannten Zweck das nach § 18 zur Feststellung der Pflegebedürftigkeit erstellte Gutachten einschließlich der Befunde des Medizinischen Dienstes zu übermitteln.

(3) Versicherungs- und Leistungsdaten der für Aufgaben der Pflegekasse eingesetzten Beschäftigten einschließlich der Daten ihrer mitversicherten Angehörigen dürfen Personen, die kasseninterne Personalentscheidungen treffen oder daran mitwirken können, weder zugänglich sein noch diesen Personen von Zugriffsberechtigten offenbart werden.

§ 95 Personenbezogene Daten bei den Verbänden der Pflegekassen

(1) Die Verbände der Pflegekassen dürfen personenbezogene Daten für Zwecke der Pflegeversicherung nur verarbeiten, soweit diese für:

1. die Überwachung der Wirtschaftlichkeit, der Abrechnung und der Qualitätssicherung der Leistungserbringung (§§ 79, 112, 113, 114, 114a, 115 und 117),
1a. die Information über die Erbringer von Leistungen der Prävention, Teilhabe sowie von Leistungen und Hilfen zur Pflege (§ 7),
2. den Abschluss und die Durchführung von Versorgungsverträgen (§§ 72 bis 74), Pflegesatzvereinbarungen (§§ 85, 86), Vergütungsvereinbarungen (§ 89) sowie Verträgen zur integrierten Versorgung (§ 92b),
3. die Wahrnehmung der ihnen nach §§ 52 und 53 zugewiesenen Aufgaben,
4. die Unterstützung der Versicherten bei der Verfolgung von Schadensersatzansprüchen (§ 115 Abs. 3 Satz 7)

erforderlich sind.

(2) § 94 Abs. 2 und 3 gilt entsprechend.

§ 96 Gemeinsame Verarbeitung personenbezogener Daten

(1) 1Die Pflegekassen und die Krankenkassen dürfen erhobene personenbezogene Daten, die zur Erfüllung gesetzlicher Aufgaben jeder Stelle erforderlich sind, gemeinsam verarbeiten. 2Insoweit findet § 76 des Zehnten Buches im Verhältnis zwischen der Pflegekasse und der Krankenkasse, bei der sie errichtet ist (§ 46), keine Anwendung.

(2) § 286 des Fünften Buches gilt für die Pflegekassen entsprechend.

(3) Die Absätze 1 und 2 gelten entsprechend für die Verbände der Pflege- und Krankenkassen.

§ 97 Personenbezogene Daten beim Medizinischen Dienst

(1) 1Der Medizinische Dienst darf personenbezogene Daten für Zwecke der Pflegeversicherung nur verarbeiten, soweit dies für die Prüfungen, Beratungen und gutachtlichen Stellungnahmen nach den §§ 18, 38a, 40, 112, 113, 114, 114a, 115 und 117 erforderlich ist. 2Nach Satz 1 erhobene Daten dürfen für andere Zwecke nur verarbeitet werden, soweit dies durch Rechtsvorschriften des Sozialgesetzbuches angeordnet oder erlaubt ist.

(2) Der Medizinische Dienst darf personenbezogene Daten, die er für die Aufgabenerfüllung nach dem Fünften oder Elften Buch verarbeitet, auch für die Aufgaben des jeweils anderen Buches verarbeiten, wenn ohne die vorhandenen Daten diese Aufgaben nicht ordnungsgemäß erfüllt werden können.

(3) 1Die personenbezogenen Daten sind nach fünf Jahren zu löschen. 2§ 96 Abs. 2, § 98 und § 107 Abs. 1 Satz 2 und 3 und Abs. 2 gelten für den Medizinischen Dienst entsprechend. 3Der Medizinische Dienst hat Sozialdaten zur Identifikation des Versicherten getrennt von den medizinischen Sozialdaten des Versicherten zu speichern. 4Durch technische und organisatorische Maßnahmen ist sicherzustellen, dass die Sozialdaten nur den

Personen zugänglich sind, die sie zur Erfüllung ihrer Aufgaben benötigen. 5Der Schlüssel für die Zusammenführung der Daten ist vom Beauftragten für den Datenschutz des Medizinischen Dienstes aufzubewahren und darf anderen Personen nicht zugänglich gemacht werden. 6Jede Zusammenführung ist zu protokollieren.

(4) Für das Akteneinsichtsrecht des Versicherten gilt § 25 des Zehnten Buches entsprechend.

§ 97a Qualitätssicherung durch Sachverständige

(1) 1Von den Landesverbänden der Pflegekassen bestellte sonstige Sachverständige (§ 114 Abs. 1 Satz 1) sind berechtigt, für Zwecke der Qualitätssicherung und -prüfung Daten nach den §§ 112, 113, 114, 114a, 115 und 117 zu verarbeiten; sie dürfen die Daten an die Pflegekassen und deren Verbände sowie an die in den §§ 112, 114, 114a, 115 und 117 genannten Stellen übermitteln, soweit dies zur Erfüllung der gesetzlichen Aufgaben auf dem Gebiet der Qualitätssicherung und Qualitätsprüfung dieser Stellen erforderlich ist. 2Die Daten sind vertraulich zu behandeln.

(2) § 107 gilt entsprechend.

§ 97b Personenbezogene Daten bei den nach heimrechtlichen Vorschriften zuständigen Aufsichtsbehörden und den Trägern der Sozialhilfe

Die nach heimrechtlichen Vorschriften zuständigen Aufsichtsbehörden und die zuständigen Träger der Sozialhilfe sind berechtigt, die für Zwecke der Pflegeversicherung nach den §§ 112, 113, 114, 114a, 115 und 117 erhobenen personenbezogenen Daten zu verarbeiten, soweit dies zur Erfüllung ihrer gesetzlichen Aufgaben erforderlich ist; § 107 findet entsprechende Anwendung.

§ 97c Qualitätssicherung durch den Prüfdienst des Verbandes der privaten Krankenversicherung e. V.

1Bei Wahrnehmung der Aufgaben auf dem Gebiet der Qualitätssicherung und Qualitätsprüfung im Sinne dieses Buches durch den Prüfdienst des Verbandes der privaten Krankenversicherung e. V. gilt der Prüfdienst als Stelle im Sinne des § 35 Absatz 1 Satz 1 des Ersten Buches. 2Die §§ 97 und 97a gelten entsprechend.

§ 97d Begutachtung durch unabhängige Gutachter

(1) 1Von den Pflegekassen gemäß § 18 Absatz 1 Satz 1 beauftragte unabhängige Gutachter sind berechtigt, personenbezogene Daten des Antragstellers zu verarbeiten, soweit dies für die Zwecke der Begutachtung gemäß § 18 erforderlich ist. 2Die Daten sind vertraulich zu behandeln. 3Durch technische und organisatorische Maßnahmen ist sicherzustellen, dass die Daten nur den Personen zugänglich sind, die sie zur Erfüllung des dem Gutachter von den Pflegekassen nach § 18 Absatz 1 Satz 1 erteilten Auftrags benötigen.

(2) 1Die unabhängigen Gutachter dürfen das Ergebnis der Prüfung zur Feststellung der Pflegebedürftigkeit sowie die Präventions- und Rehabilitationsempfehlung gemäß § 18 an die sie beauftragende Pflegekasse übermitteln, soweit dies zur Erfüllung der gesetzlichen Aufgaben der Pflegekasse erforderlich ist; § 35 des Ersten Buches gilt entsprechend. 2Dabei ist sicherzustellen, dass das Ergebnis der Prüfung zur Feststellung der Pflegebedürftigkeit sowie die Präventions- und Rehabilitationsempfehlung nur den Personen zugänglich gemacht werden, die sie zur Erfüllung ihrer Aufgaben benötigen.

(3) 1Die personenbezogenen Daten sind nach fünf Jahren zu löschen. 2§ 107 Absatz 1 Satz 2 gilt entsprechend.

§ 98 Forschungsvorhaben

(1) Die Pflegekassen dürfen mit der Erlaubnis der Aufsichtsbehörde die Datenbestände leistungserbringer- und fallbeziehbar für zeitlich befristete und im Umfang begrenzte Forschungsvorhaben selbst auswerten und zur Durchführung eines Forschungsvorhabens über die sich aus § 107 ergebenden Fristen hinaus aufbewahren.

(2) Personenbezogene Daten sind zu anonymisieren.

Zweiter Titel Informationsgrundlagen der Pflegekassen

§ 99 Versichertenverzeichnis

1Die Pflegekasse hat ein Versichertenverzeichnis zu führen. 2Sie hat in das Versichertenverzeichnis alle Angaben einzutragen, die zur Feststellung der Versicherungspflicht oder -berechtigung und des Anspruchs auf Familienversicherung, zur Bemessung und Einziehung der Beiträge sowie zur Feststellung des Leistungsanspruchs erforderlich sind.

§ 100 Nachweispflicht bei Familienversicherung

Die Pflegekasse kann die für den Nachweis einer Familienversicherung (§ 25) erforderlichen Daten vom Angehörigen oder mit dessen Zustimmung vom Mitglied erheben.

§ 101 Pflegeversichertennummer

1Die Pflegekasse verwendet für jeden Versicherten eine Versichertennummer, die mit der Krankenversicherten-

XI

nummer ganz oder teilweise übereinstimmen darf. ₂Bei der Vergabe der Nummer für Versicherte nach § 25 ist sicherzustellen, daß der Bezug zu dem Angehörigen, der Mitglied ist, hergestellt werden kann.

§ 102 Angaben über Leistungsvoraussetzungen

₁Die Pflegekasse hat Angaben über Leistungen, die zur Prüfung der Voraussetzungen späterer Leistungsgewährung erforderlich sind, zu speichern. ₂Hierzu gehören insbesondere Angaben zur Feststellung der Voraussetzungen von Leistungsansprüchen und zur Leistung von Zuschüssen.

§ 103 Kennzeichen für Leistungsträger und Leistungserbringer

(1) Die Pflegekassen, die anderen Träger der Sozialversicherung und die Vertragspartner der Pflegekassen einschließlich deren Mitglieder verwenden im Schriftverkehr und für Abrechnungszwecke untereinander bundeseinheitliche Kennzeichen.

(2) § 293 Abs. 2 und 3 des Fünften Buches gilt entsprechend.

Zweiter Abschnitt
Übermittlung von Leistungsdaten, Nutzung der Telematikinfrastruktur

§ 104 Pflichten der Leistungserbringer

(1) Die Leistungserbringer sind berechtigt und verpflichtet:

1. im Falle der Überprüfung der Notwendigkeit von Pflegehilfsmitteln (§ 40 Abs. 1),
2. im Falle eines Prüfverfahrens, soweit die Wirtschaftlichkeit oder die Qualität der Leistungen im Einzelfall zu beurteilen sind (§§ 79, 112, 113, 114, 114a, 115 und 117),

2a. im Falle des Abschlusses und der Durchführung von Versorgungsverträgen (§§ 72 bis 74), Pflegesatzvereinbarungen (§§ 85, 86), Vergütungsvereinbarungen (§ 89), sowie Verträgen zur integrierten Versorgung (§ 92b),

3. im Falle der Abrechnung pflegerischer Leistungen (§ 105)

die für die Erfüllung der Aufgaben der Pflegekassen und ihrer Verbände erforderlichen Angaben zu speichern und den Pflegekassen sowie den Verbänden oder den mit der Datenverarbeitung beauftragten Stellen zu übermitteln.

(2) Soweit dies für die in Absatz 1 Nr. 2 und 2a genannten Zwecke erforderlich ist, sind die Leistungserbringer berechtigt, die personenbezogenen Daten auch an die Medizinischen Dienste und die in den §§ 112, 113, 114, 114a, 115 und 117 genannten Stellen zu übermitteln.

(3) Trägervereinigungen dürfen die ihnen nach Absatz 2 oder § 115 Absatz 1 Satz 2 übermittelten personenbezogenen Daten verarbeiten, soweit dies für ihre Beteiligung an Qualitätsprüfungen oder Maßnahmen der Qualitätssicherung nach diesem Buch erforderlich ist.

§ 105 Abrechnung pflegerischer Leistungen

(1) ₁Die an der Pflegeversorgung teilnehmenden Leistungserbringer sind verpflichtet,

1. in den Abrechnungsunterlagen die von ihnen erbrachten Leistungen nach Art, Menge und Preis einschließlich des Tages und der Zeit der Leistungserbringung aufzuzeichnen,
2. in den Abrechnungsunterlagen ihr Kennzeichen (§ 103), spätestens ab dem 1. Januar 2023 die Beschäftigtennummer nach § 293 Absatz 8 Satz 2 des Fünften Buches der Person, die die Leistung erbracht hat, sowie die Versichertennummer des Pflegebedürftigen anzugeben,
3. bei der Abrechnung über die Abgabe von Hilfsmitteln die Bezeichnungen des Hilfsmittelverzeichnisses nach § 78 zu verwenden.

₂Vom 1. Januar 1996 an sind maschinenlesbare Abrechnungsunterlagen zu verwenden.

(2) ₁Das Nähere über Form und Inhalt der Abrechnungsunterlagen sowie Einzelheiten des Datenträgeraustausches werden vom Spitzenverband Bund der Pflegekassen im Einvernehmen mit den Verbänden der Leistungserbringer festgelegt. ₂Der Spitzenverband Bund der Pflegekassen und die Verbände der Leistungserbringer legen bis zum 1. Januar 2018 die Einzelheiten für eine elektronische Datenübertragung aller Angaben und Nachweise fest, die für die Abrechnung pflegerischer Leistungen in der Form elektronischer Dokumente erforderlich sind. ₃Kommt eine Festlegung nach Satz 1 oder Satz 2 ganz oder teilweise nicht zustande, wird ihr Inhalt für Abrechnungen von Leistungen der häuslichen Pflegehilfe im Sinne des § 36 sowie von häuslicher Krankenpflege nach § 37 des Fünften Buches durch die Schiedsstelle nach § 132a Absatz 3 Satz 1 des Fünften Buches auf Antrag des Spitzenverbandes Bund der Pflegekassen oder der Verbände der Leistungserbringer bestimmt. ₄Die Schiedsstelle kann auch vom Bundesministerium für Gesundheit angerufen werden. ₅Sie bestimmt den Inhalt der Festlegung innerhalb von drei Monaten ab der Anrufung. ₆Die Regelungen der Rahmenempfehlung nach § 132a Absatz 1

Satz 4 Nummer 6 des Fünften Buches sind bei der Bestimmung durch die Schiedsstelle zu berücksichtigen. 7Für die elektronische Datenübertragung elektronischer Dokumente ist neben der qualifizierten elektronischen Signatur auch ein anderes sicheres Verfahren vorzusehen, das den Absender der Daten authentifiziert und die Integrität des elektronisch übermittelten Datensatzes gewährleistet. 8Zur Authentifizierung des Absenders der Daten können auch der elektronische Heilberufs- oder Berufsausweis nach § 339 Absatz 3 Satz 1 des Fünften Buches, die elektronische Gesundheitskarte nach § 291 des Fünften Buches sowie der elektronische Identitätsnachweis des Personalausweises genutzt werden; die zur Authentifizierung des Absenders der Daten erforderlichen Daten dürfen zusammen mit den übrigen übermittelten Daten gespeichert und verwendet werden.9§ 302 Absatz 2 Satz 2 und 3 des Fünften Buches gilt entsprechend.

(3) 1Im Rahmen der Abrechnung pflegerischer Leistungen nach § 105 sind vorbehaltlich des Satzes 2 von den Pflegekassen und den Leistungserbringern ab dem 1. März 2021 ausschließlich elektronische Verfahren zur Übermittlung von Abrechnungsunterlagen einschließlich des Leistungsnachweises zu nutzen, wenn der Leistungserbringer

1. an die Telematikinfrastruktur angebunden ist,
2. ein von der Gesellschaft für Telematik nach § 311 Absatz 6 des Fünften Buches festgelegtes Verfahren zur Übermittlung der Daten nutzt und
3. der Pflegekasse die für die elektronische Übermittlung von Abrechnungsunterlagen erforderlichen Angaben übermittelt hat.

2Die Verpflichtung nach Satz 1 besteht nach Ablauf von drei Monaten, nachdem der Leistungserbringer die für die elektronische Übermittlung von Abrechnungsunterlagen erforderlichen Angaben an die Pflegekasse übermittelt hat.

§ 106 Abweichende Vereinbarungen

Die Landesverbände der Pflegekassen (§ 52) können mit den Leistungserbringern oder ihren Verbänden vereinbaren, daß

1. der Umfang der zu übermittelnden Abrechnungsbelege eingeschränkt,
2. bei der Abrechnung von Leistungen von einzelnen Angaben ganz oder teilweise abgesehen

wird, wenn dadurch eine ordnungsgemäße Abrechnung und die Erfüllung der gesetzlichen Aufgaben der Pflegekassen nicht gefährdet werden.

§ 106a Mitteilungspflichten

1Zugelassene Pflegedienste, anerkannte Beratungsstellen, beauftragte Pflegefachkräfte sowie Beratungspersonen der kommunalen Gebietskörperschaften, die Beratungseinsätze nach § 37 Absatz 3 durchführen, sind mit Einwilligung des Versicherten berechtigt und verpflichtet, die für die Erfüllung der Aufgaben der Pflegekassen, der privaten Versicherungsunternehmen sowie der Beihilfefestsetzungsstellen erforderlichen Angaben zur Qualität der Pflegesituation und zur Notwendigkeit einer Verbesserung der zuständigen Pflegekasse, dem zuständigen privaten Versicherungsunternehmen und der zuständigen Beihilfefestsetzungsstelle zu übermitteln. 2Das Formular nach § 37 Abs. 4 Satz 2 wird unter Beteiligung des Bundesbeauftragten für den Datenschutz und die Informationsfreiheit und des Bundesministeriums für Gesundheit erstellt. 3Erteilt die pflegebedürftige Person die Einwilligung nicht, ist jedoch nach Überzeugung der Beratungsperson eine weitergehende Beratung angezeigt, übermittelt die jeweilige Beratungsstelle diese Einschätzung über die Erforderlichkeit einer weitergehenden Beratung der zuständigen Pflegekasse oder dem zuständigen privaten Versicherungsunternehmen.

§ 106b Finanzierung der Einbindung der Pflegeeinrichtungen in die Telematikinfrastruktur

(1) Zum Ausgleich

1. der erforderlichen Ausstattungskosten aufgrund von Anforderungen an die Ausstattung nach dem Fünften Buch, die in der Festlegungs-, Erprobungs- und Einführungsphase der Telematikinfrastruktur entstehen, und
2. der erforderlichen Betriebskosten, die im laufenden Betrieb der Telematikinfrastruktur entstehen,

erhalten nach § 72 zugelassene ambulante und stationäre Pflegeeinrichtungen in entsprechender Anwendung der Finanzierungsregelungen für die an der vertragsärztlichen Versorgung teilnehmenden Leistungserbringer die sich aus § 378 Absatz 2 des Fünften Buches ergebenden Erstattungen nach Maßgabe des Absatzes 2 in Form einer monatlichen Pauschale (TI-Pauschale) aus dem Ausgleichsfonds der Pflegeversicherung.

(2) 1Näheres zum Ausgleich nach Absatz 1, dem Zahlungs- und Abrechnungsverfahren sowie der Beteiligung der privaten Versicherungsunternehmen, die die private Pflege-Pflichtversicherung durchführen, an den Kosten, legen der Spitzenverband Bund der Pflegekassen, der Verband der Privaten Krankenversicherung e. V. und die

Vereinigungen der Träger der Pflegeeinrichtungen auf Bundesebene in einer Finanzierungsvereinbarung im Benehmen mit dem Bundesministerium für Gesundheit fest. ₂Grundlage dieser Finanzierungsvereinbarung sind die nach § 378 Absatz 2 des Fünften Buches vereinbarten Bundesmantelverträge. ₃Ein abweichender Erstattungsbedarf der Pflegeeinrichtungen gegenüber den an der vertragsärztlichen Versorgung teilnehmenden Leistungserbringern aufgrund ihrer Besonderheiten, insbesondere bezogen auf Größe und Beschäftigtenanzahl, ist dabei zu berücksichtigen. ₄Zudem sind Übergangsregelungen festzulegen, um die Erstattungsmodalitäten beim Übergang von den bisher geltenden auf die neuen Erstattungsregelungen zu bestimmen. ₅Die Finanzierungsvereinbarung muss spätestens zwei Monate nach Anpassung der Bundesmantelverträge vorliegen.

(3) ₁Die durch die Erstattung nach Absatz 1 entstehenden Kosten, soweit die ambulanten Pflegeeinrichtungen betroffen sind, tragen die gesetzlichen Krankenkassen und die soziale Pflegeversicherung in dem Verhältnis, das der Relation zwischen den Ausgaben der Krankenkassen für die häusliche Krankenpflege und den Ausgaben der sozialen Pflegeversicherung für Pflegesachleistungen im vorangegangenen Kalenderjahr entspricht. ₂Bei den in § 39a Absatz 1 des Fünften Buches genannten stationären Hospizen, mit denen ein Versorgungsvertrag als stationäre Pflegeeinrichtung nach § 72 besteht, tragen die gesetzlichen Krankenkassen 80 Prozent der nach Absatz 1 entstehenden Erstattungen. ₃Zur Finanzierung der den Krankenkassen nach den Sätzen 1 und 2 entstehenden Kosten erhebt der Spitzenverband Bund der Krankenkassen von den Krankenkassen eine Umlage gemäß dem Anteil der Versicherten der Krankenkassen an der Gesamtzahl der Versicherten aller Krankenkassen. ₄Die privaten Versicherungsunternehmen, die die private Pflege-Pflichtversicherung durchführen, beteiligen sich mit einem Anteil von 7 Prozent an den Kosten, die sich gemäß Absatz 1 ergeben. ₅Der jeweilige Finanzierungsanteil, der auf die privaten Versicherungsunternehmen entfällt, kann von dem Verband der Privaten Krankenversicherung e. V. unmittelbar an das Bundesamt für Soziale Sicherung zugunsten des Ausgleichsfonds der Pflegeversicherung nach § 65 geleistet werden. ₆Das Nähere zum Umlageverfahren und zur Zahlung an den Ausgleichsfonds der Pflegeversicherung bestimmen der Spitzenverband Bund der Krankenkassen, der Verband der Privaten Krankenversicherung e. V. und das Bundesamt für Soziale Sicherung.

(4) Die nach den Absätzen 1 und 2 festgelegte Höhe der TI-Pauschale gilt ab dem 30. Juni 2023.

(5) ₁Die Vereinbarungspartner nach Absatz 2 verhandeln die Höhe der TI-Pauschale im Abstand von jeweils zwei Jahren, orientieren sich dabei an den Anpassungen der Bundesmantelverträge nach § 378 Absatz 2 des Fünften Buches und schließen erforderlichenfalls eine neue Vereinbarung nach Absatz 2. ₂Bis zum Abschluss einer neuen Vereinbarung gilt die jeweils bestehende Vereinbarung nach Absatz 2 fort.

§ 106c Einbindung der Medizinischen Dienste in die Telematikinfrastruktur

Bei der Erfüllung der ihnen nach diesem Buch zugewiesenen Aufgaben haben die Medizinischen Dienste gemäß § 278 des Fünften Buches und die Pflegekassen oder die Landesverbände der Pflegekassen für die gegenseitige Übermittlung von Daten die von der Gesellschaft für Telematik nach § 311 Absatz 6 des Fünften Buches festgelegten Verfahren zu verwenden, sofern der jeweilige Medizinische Dienst und die Pflegekasse oder der jeweilige Landesverband der Pflegekasse an die Telematikinfrastruktur angebunden sind.

Dritter Abschnitt
Datenlöschung, Auskunftspflicht

§ 107 Löschen von Daten

(1) ₁Für das Löschen der für Aufgaben der Pflegekassen und ihrer Verbände gespeicherten personenbezogenen Daten gilt, daß

1. die Daten nach § 102 spätestens nach Ablauf von zehn Jahren,
2. sonstige Daten aus der Abrechnung pflegerischer Leistungen (§ 105), aus Wirtschaftlichkeitsprüfungen (§ 79), aus Prüfungen zur Qualitätssicherung (§§ 112, 113, 114, 114a, 115 und 117) und aus dem Abschluss oder der Durchführung von Verträgen (§§ 72 bis 74, 85, 86 oder 89) spätestens nach zwei Jahren

zu löschen sind. ₂Die Fristen beginnen mit dem Ende des Geschäftsjahres, in dem die Leistungen gewährt oder abgerechnet wurden. ₃Die Pflegekassen können für Zwecke der Pflegeversicherung Leistungsdaten länger aufbewahren, wenn sichergestellt ist, daß ein Bezug zu natürlichen Personen nicht mehr herstellbar ist.

(2) Im Falle des Wechsels der Pflegekasse ist die bisher zuständige Pflegekasse verpflichtet, auf Verlangen die für die Fortführung der Versicherung erforderlichen Angaben nach den §§ 99 und 102 der neuen Pflegekasse mitzuteilen.

§ 108 Auskünfte an Versicherte

(1) 1Die Pflegekassen unterrichten die Versicherten auf deren Antrag über die in einem Zeitraum von mindestens 18 Monaten vor Antragstellung in Anspruch genommenen Leistungen und deren Kosten. 2Eine Mitteilung an die Leistungserbringer über die Unterrichtung des Versicherten ist nicht zulässig. 3Die Pflegekassen können in ihren Satzungen das Nähere über das Verfahren der Unterrichtung regeln.

(2) 1Die Berechtigung der Versicherten, auf die in der elektronischen Patientenakte gespeicherten Angaben über ihre pflegerische Versorgung zuzugreifen, folgt aus § 336 Absatz 2 des Fünften Buches. 2§ 336 Absatz 2 Nummer 1 des Fünften Buches ist entsprechend auf die Pflegekassen anzuwenden.

Vierter Abschnitt
Statistik

§ 109 Pflegestatistiken

(1) 1Die Bundesregierung wird ermächtigt, für Zwecke dieses Buches durch Rechtsverordnung mit Zustimmung des Bundesrates jährliche Erhebungen über ambulante und stationäre Pflegeeinrichtungen sowie über die häusliche Pflege als Bundesstatistik anzuordnen. 2Die Bundesstatistik kann folgende Sachverhalte umfassen:

1. Art der Pflegeeinrichtung und der Trägerschaft,
2. Art des Leistungsträgers und des privaten Versicherungsunternehmens,
3. in der ambulanten und stationären Pflege tätige Personen nach Geschlecht, Geburtsjahr, Beschäftigungsverhältnis, Tätigkeitsbereich, Dienststellung, Berufsabschluß auf Grund einer Ausbildung, Weiterbildung oder Umschulung, zusätzlich bei Auszubildenden und Umschülern Art der Ausbildung und Ausbildungsjahr, Beginn und Ende der Pflegetätigkeit,
4. sachliche Ausstattung und organisatorische Einheiten der Pflegeeinrichtung, Ausbildungsstätten an Pflegeeinrichtungen,
5. Pflegebedürftige nach Geschlecht, Geburtsjahr, Wohnort, Postleitzahl des Wohnorts vor dem Einzug in eine vollstationäre Pflegeeinrichtung, Art, Ursache, Grad und Dauer der Pflegebedürftigkeit, Art des Versicherungsverhältnisses,
6. in Anspruch genommene Pflegeleistungen nach Art, Dauer und Häufigkeit sowie nach Art des Kostenträgers,
7. Kosten der Pflegeeinrichtungen nach Kostenarten sowie Erlöse nach Art, Höhe und Kostenträgern.

3Auskunftspflichtig sind die Träger der Pflegeeinrichtungen, die Träger der Pflegeversicherung sowie die privaten Versicherungsunternehmen gegenüber den statistischen Ämtern der Länder; die Rechtsverordnung kann Ausnahmen von der Auskunftspflicht vorsehen.

(2) 1Die Bundesregierung wird ermächtigt, für Zwecke dieses Buches durch Rechtsverordnung mit Zustimmung des Bundesrates jährliche Erhebungen über die Situation Pflegebedürftiger und ehrenamtlich Pflegender als Bundesstatistik anzuordnen. 2Die Bundesstatistik kann folgende Sachverhalte umfassen:

1. Ursachen von Pflegebedürftigkeit,
2. Pflege- und Betreuungsbedarf der Pflegebedürftigen,
3. Pflege- und Betreuungsleistungen durch Pflegefachkräfte, Angehörige und ehrenamtliche Helfer sowie Angebote zur Unterstützung im Alltag,
4. Leistungen zur Prävention und Teilhabe,
5. Maßnahmen zur Erhaltung und Verbesserung der Pflegequalität,
6. Bedarf an Pflegehilfsmitteln und technischen Hilfen,
7. Maßnahmen zur Verbesserung des Wohnumfeldes.

3Auskunftspflichtig ist der Medizinische Dienst gegenüber den statistischen Ämtern der Länder; Absatz 1 Satz 3 zweiter Halbsatz gilt entsprechend.

(3) 1Die nach Absatz 1 Satz 3 und Absatz 2 Satz 3 Auskunftspflichtigen teilen die von der jeweiligen Statistik umfaßten Sachverhalte gleichzeitig den für die Planung und Investitionsfinanzierung der Pflegeeinrichtungen zuständigen Landesbehörden mit. 2Die Befugnis der Länder, zusätzliche, von den Absätzen 1 und 2 nicht erfaßte Erhebungen über Sachverhalte des Pflegewesens als Landesstatistik anzuordnen, bleibt unberührt. 3Die Verordnung nach Absatz 1 Satz 1 hat sicherzustellen, dass die Pflegeeinrichtungen diesen Auskunftsverpflichtungen gemeinsam mit der Auskunftsverpflichtung nach Absatz 1 durch eine einheitliche Auskunftserteilung nachkommen können.

(4) Daten der Pflegebedürftigen, der in der Pflege tätigen Personen, der Angehörigen und ehrenamtlichen Helfer dürfen für Zwecke der Bundesstatistik nur in anonymisierter Form an die statistischen Ämter der Länder übermittelt werden.

(5) Die Statistiken nach den Absätzen 1 und 2 sind für die Bereiche der ambulanten Pflege und der Kurzzeitpflege erstmals im Jahr 1996 für das Jahr 1995 vorzulegen, für den Bereich der stationären Pflege im Jahr 1998 für das Jahr 1997.

Zehntes Kapitel
Private Pflegeversicherung

§ 110 Regelungen für die private Pflegeversicherung

(1) Um sicherzustellen, daß die Belange der Personen, die nach § 23 zum Abschluß eines Pflegeversicherungsvertrages bei einem privaten Krankenversicherungsunternehmen verpflichtet sind, ausreichend gewahrt werden und daß die Verträge auf Dauer erfüllbar bleiben, ohne die Interessen der Versicherten anderer Tarife zu vernachlässigen, werden die im Geltungsbereich dieses Gesetzes zum Betrieb der Pflegeversicherung befugten privaten Krankenversicherungsunternehmen verpflichtet,

1. mit allen in § 22 und § 23 Abs. 1, 3 und 4 genannten versicherungspflichtigen Personen auf Antrag einen Versicherungsvertrag abzuschließen, der einen Versicherungsschutz in dem in § 23 Abs. 1 und 3 festgelegten Umfang vorsieht (Kontrahierungszwang); dies gilt auch für das nach § 23 Abs. 2 gewählte Versicherungsunternehmen,
2. in den Verträgen, die Versicherungspflichtige in dem nach § 23 Abs. 1 und 3 vorgeschriebenen Umfang abschließen,
   a) keinen Ausschluß von Vorerkrankungen der Versicherten,
   b) keinen Ausschluß bereits pflegebedürftiger Personen,
   c) keine längeren Wartezeiten als in der sozialen Pflegeversicherung (§ 33 Abs. 2),
   d) keine Staffelung der Prämien nach Geschlecht und Gesundheitszustand der Versicherten,
   e) keine Prämienhöhe, die den Höchstbeitrag der sozialen Pflegeversicherung übersteigt, bei Personen, die nach § 23 Abs. 3 einen Teilkostentarif abgeschlossen haben, keine Prämienhöhe, die 50 vom Hundert des Höchstbeitrages der sozialen Pflegeversicherung übersteigt,
   f) die beitragsfreie Mitversicherung der Kinder des Versicherungsnehmers unter denselben Voraussetzungen, wie in § 25 festgelegt,
   g) für Ehegatten oder Lebenspartner ab dem Zeitpunkt des Nachweises der zur Inanspruchnahme der Beitragsermäßigung berechtigenden Umstände keine Prämie in Höhe von mehr als 150 vom Hundert des Höchstbeitrages der sozialen Pflegeversicherung, wenn ein Ehegatte oder ein Lebenspartner kein Gesamteinkommen hat, das die in § 25 Abs. 1 Satz 1 Nr. 5 genannten Einkommensgrenzen überschreitet,

   vorzusehen.

(2) [1]Die in Absatz 1 genannten Bedingungen gelten für Versicherungsverträge, die mit Personen abgeschlossen werden, die zum Zeitpunkt des Inkrafttretens dieses Gesetzes Mitglied bei einem privaten Krankenversicherungsunternehmen mit Anspruch auf allgemeine Krankenhausleistungen sind oder sich nach Artikel 41 des Pflege-Versicherungsgesetzes innerhalb von sechs Monaten nach Inkrafttreten dieses Gesetzes von der Versicherungspflicht in der sozialen Pflegeversicherung befreien lassen. [2]Die in Absatz 1 Nr. 1 und 2 Buchstabe a bis f genannten Bedingungen gelten auch für Verträge mit Personen, die im Basistarif nach § 152 des Versicherungsaufsichtsgesetzes versichert sind. [3]Für Personen, die im Basistarif nach § 152 des Versicherungsaufsichtsgesetzes versichert sind und deren Beitrag zur Krankenversicherung sich nach § 152 Absatz 4 des Versicherungsaufsichtsgesetzes vermindert, darf der Beitrag 50 vom Hundert des sich nach Absatz 1 Nr. 2 Buchstabe e ergebenden Beitrags nicht übersteigen; die Beitragsbegrenzung für Ehegatten oder Lebenspartner nach Absatz 1 Nr. 2 Buchstabe g gilt für diese Versicherten nicht. [4]Würde allein durch die Zahlung des Beitrags zur Pflegeversicherung nach Satz 2 Hilfebedürftigkeit im Sinne des Zweiten oder Zwölften Buches entstehen, gilt Satz 3 entsprechend; die Hilfebedürftigkeit ist vom zuständigen Träger nach dem Zweiten oder Zwölften Buch auf Antrag des Versicherten zu prüfen und zu bescheinigen.

(3) Für Versicherungsverträge, die mit Personen abgeschlossen werden, die erst nach Inkrafttreten dieses Gesetzes Mitglied eines privaten Krankenversicherungsunternehmens mit Anspruch auf allgemeine Krankenhausleistungen werden oder die der Versicherungspflicht nach § 193 Abs. 3 des Versicherungsvertragsgesetzes genügen, gelten, sofern sie in Erfüllung der Vorsorgepflicht nach § 22 Abs. 1 und § 23 Absatz1, 3, 4 und 4a geschlossen werden und Vertragsleistungen in dem in § 23 Abs. 1 und 3 festgelegten Umfang vorsehen, folgende Bedingungen:

1. Kontrahierungszwang,
2. kein Ausschluß von Vorerkrankungen der Versicherten,
3. keine Staffelung der Prämien nach Geschlecht,
4. keine längeren Wartezeiten als in der sozialen Pflegeversicherung,

5. für Versicherungsnehmer, die über eine Vorversicherungszeit von mindestens fünf Jahren in ihrer privaten Pflegeversicherung oder privaten Krankenversicherung verfügen, keine Prämienhöhe, die den Höchstbeitrag der sozialen Pflegeversicherung übersteigt; Absatz 1 Nr. 2 Buchstabe e gilt,
6. beitragsfreie Mitversicherung der Kinder des Versicherungsnehmers unter denselben Voraussetzungen, wie in § 25 festgelegt.

(4) Rücktritts- und Kündigungsrechte der Versicherungsunternehmen sind ausgeschlossen, solange der Kontrahierungszwang besteht.

(5) 1Die Versicherungsunternehmen haben den Versicherten Akteneinsicht zu gewähren. 2Sie haben die Berechtigten über das Recht auf Akteneinsicht zu informieren, wenn sie das Ergebnis einer Prüfung auf Pflegebedürftigkeit mitteilen. 3§ 25 des Zehnten Buches gilt entsprechend.

§ 110a Befristeter Zuschlag zu privaten Pflege-Pflichtversicherungsverträgen zur Finanzierung pandemiebedingter Mehrausgaben

(1) Für den Zeitraum vom 1. Juli 2021 bis zum 31. Dezember 2022 können private Versicherungsunternehmen, die die private Pflege-Pflichtversicherung durchführen, für bestehende Vertragsverhältnisse über die Prämie hinaus einen monatlichen Zuschlag erheben.

(2) 1Bei der Ermittlung der Höhe des Zuschlags nach Absatz 1 dürfen ausschließlich Mehrausgaben des privaten Versicherungsunternehmens berücksichtigt werden, die

1. aus der Erfüllung der Verpflichtung nach § 150 Absatz 4 Satz 5 entstehen oder entstanden sind und
2. nicht durch Minderausgaben im Bereich der privaten Pflege-Pflichtversicherung in dem Zeitraum, für den der Erstattungsbetrag nach § 150 Absatz 2 an die zugelassenen Pflegeeinrichtungen gezahlt wurde, kompensiert werden können.

2Für die Ermittlung der Minderausgaben nach Satz 1 Nummer 2 ist ein Vergleich mit den Ausgaben im Bereich der privaten Pflege-Pflichtversicherung im entsprechenden Zeitraum des Jahres 2019 zugrunde zu legen. Alterungsrückstellungen sind für den Zuschlag nicht zu bilden.

(3) Die Mehrausgaben im Sinne des Absatzes 2 sind auf die Tarifstufen gemäß der Zahl der Leistungsempfänger der jeweiligen Tarifstufe zu verteilen und mit dem Zuschlag nach Absatz 1 gleichmäßig durch alle Versicherten der jeweiligen Tarifstufe der privaten Pflege-Pflichtversicherung zu finanzieren.

(4) 1Die Erhebung des Zuschlags nach den Absätzen 1 bis 3 bedarf der Zustimmung eines unabhängigen Treuhänders. 2§ 155 Absatz 1 des Versicherungsaufsichtsgesetzes ist entsprechend anzuwenden.

(5) 1Dem Versicherungsnehmer ist die Höhe des Zuschlags nach Absatz 1 unter Hinweis auf die hierfür maßgeblichen Gründe und auf dessen Befristung in Textform mitzuteilen. 2Der Zuschlag wird zu Beginn des zweiten Monats wirksam, der auf die Mitteilung nach Satz 1 folgt. 3§ 205 Absatz 4 des Versicherungsvertragsgesetzes gilt entsprechend.

(6) Der Zuschlag nach Absatz 1 wird nicht für Personen erhoben, die

1. Anspruch auf Arbeitslosengeld haben,
2. Anspruch auf Leistungen der Grundsicherung für Arbeitsuchende nach dem Zweiten Buch haben oder
3. allein durch die Zahlung des Zuschlags hilfebedürftig im Sinne des Zweiten Buches würden.

§ 111 Risikoausgleich

(1) 1Die Versicherungsunternehmen, die eine private Pflegeversicherung im Sinne dieses Buches betreiben, müssen sich zur dauerhaften Gewährleistung der Regelungen für die private Pflegeversicherung nach § 110 sowie zur Aufbringung der Fördermittel nach § 45c und der Mittel nach § 8 Absatz 9 Satz 1 und 2 am Ausgleich der Versicherungsrisiken beteiligen und dazu ein Ausgleichssystem schaffen und erhalten, dem sie angehören. 2Das Ausgleichssystem muß einen dauerhaften, wirksamen Ausgleich der unterschiedlichen Belastungen gewährleisten; es darf den Marktzugang neuer Anbieter der privaten Pflegeversicherung nicht erschweren und muß diesen eine Beteiligung an dem Ausgleichssystem zu gleichen Bedingungen ermöglichen. 3In diesem System werden die Beiträge ohne die Kosten auf der Basis gemeinsamer Kalkulationsgrundlagen einheitlich für alle Unternehmen, die eine private Pflegeversicherung betreiben, ermittelt.

(2) Die Errichtung, die Ausgestaltung, die Änderung und die Durchführung des Ausgleichs unterliegen der Aufsicht der Bundesanstalt für Finanzdienstleistungsaufsicht.

Elftes Kapitel
Qualitätssicherung, Sonstige Regelungen zum Schutz der Pflegebedürftigen

§ 112 Qualitätsverantwortung

(1) 1Die Träger der Pflegeeinrichtungen bleiben, unbeschadet des Sicherstellungsauftrags der Pflegekassen (§ 69), für die Qualität der Leistungen ihrer Einrichtungen einschließlich der Sicherung und Weiterentwicklung der Pflegequalität verantwortlich. 2Maßstäbe für die Beurteilung der Leistungsfähigkeit einer Pflegeeinrichtung und die Qualität ihrer Leistungen sind die für sie verbindlichen Anforderungen in den Vereinbarungen nach § 113 sowie die vereinbarten Leistungs- und Qualitätsmerkmale (§ 84 Abs. 5).

(2) 1Die zugelassenen Pflegeeinrichtungen sind verpflichtet, Maßnahmen der Qualitätssicherung sowie ein Qualitätsmanagement nach Maßgabe der Vereinbarungen nach § 113 durchzuführen, Expertenstandards nach § 113a anzuwenden sowie bei Qualitätsprüfungen nach § 114 mitzuwirken. 2Bei stationärer Pflege erstreckt sich die Qualitätssicherung neben den allgemeinen Pflegeleistungen auch auf die medizinische Behandlungspflege, die Betreuung, die Leistungen bei Unterkunft und Verpflegung (§ 87) sowie auf die Zusatzleistungen (§ 88).

(3) Der Medizinische Dienst und der Prüfdienst des Verbandes der privaten Krankenversicherung e. V. beraten die Pflegeeinrichtungen in Fragen der Qualitätssicherung mit dem Ziel, Qualitätsmängeln rechtzeitig vorzubeugen und die Eigenverantwortung der Pflegeeinrichtungen und ihrer Träger für die Sicherung und Weiterentwicklung der Pflegequalität zu stärken.

§ 112a Übergangsregelung zur Qualitätssicherung bei Betreuungsdiensten

(1) Bis zur Einführung des neuen Qualitätssystems nach § 113b Absatz 4 Satz 2 Nummer 3 gelten für die Betreuungsdienste die Vorschriften des Elften Kapitels für ambulante Pflegedienste nach Maßgabe der folgenden Absätze.

(2) 1Der Medizinische Dienst Bund beschließt im Benehmen mit dem Spitzenverband Bund der Pflegekassen und unter Beteiligung des Prüfdienstes des Verbandes der privaten Krankenversicherung e. V. Richtlinien zu den Anforderungen an das Qualitätsmanagement und die Qualitätssicherung für ambulante Betreuungsdienste. 2Dabei sind die in dem Modellvorhaben zugrunde gelegten Vorgaben zu beachten. 3Mitarbeiterinnen und Mitarbeiter mit Betreuungsaufgaben können die nach den Richtlinien erforderlichen Qualifikationen auch berufsbegleitend erwerben. 4Die auf Bundesebene maßgeblichen Organisationen für die Wahrnehmung der Interessen und der Selbsthilfe der pflegebedürftigen und behinderten Menschen wirken nach Maßgabe von § 118 bei der Erarbeitung oder bei einer Änderung des Beschlusses mit.

(3) 1Der Medizinische Dienst Bund hat die Vereinigungen der Träger der Pflegeeinrichtungen auf Bundesebene, die Verbände der Pflegeberufe auf Bundesebene, den Verband der privaten Krankenversicherung e. V. sowie die Bundesarbeitsgemeinschaft der überörtlichen Träger der Sozialhilfe und die kommunalen Spitzenverbände auf Bundesebene bei der Erarbeitung oder bei einer Änderung des Beschlusses zu beteiligen. 2Ihnen ist innerhalb einer angemessenen Frist vor der Beschlussfassung und unter Übermittlung der hierfür erforderlichen Informationen Gelegenheit zur Stellungnahme zu geben. 3Die Stellungnahmen sind in die Entscheidung über den Inhalt der Richtlinien einzubeziehen.

(4) 1Die Richtlinien sind durch das Bundesministerium für Gesundheit zu genehmigen. 2Beanstandungen des Bundesministeriums für Gesundheit sind innerhalb der von ihm gesetzten Frist zu beheben.

(5) Eine Qualitätsberichterstattung zu Betreuungsdiensten findet in der Übergangszeit bis zur Einführung des neuen Qualitätssystems nach § 113b Absatz 4 Satz 2 Nummer 3 nicht statt.

(6) Die Qualitätsprüfungs-Richtlinien des Medizinischen Dienstes Bund sind unverzüglich im Anschluss an den Richtlinienbeschluss nach Absatz 2 Satz 1 entsprechend anzupassen.

§ 113 Maßstäbe und Grundsätze zur Sicherung und Weiterentwicklung der Pflegequalität

(1) 1Der Spitzenverband Bund der Pflegekassen, die Bundesarbeitsgemeinschaft der überörtlichen Träger der Sozialhilfe, die kommunalen Spitzenverbände auf Bundesebene und die Vereinigungen der Träger der Pflegeeinrichtungen auf Bundesebene vereinbaren unter Beteiligung des Medizinischen Dienstes Bund, des Verbandes der privaten Krankenversicherung e. V., der Verbände der Pflegeberufe auf Bundesebene, der maßgeblichen Organisationen für die Wahrnehmung der Interessen und der Selbsthilfe der pflegebedürftigen und behinderten Menschen nach Maßgabe von § 118 sowie unabhängiger Sachverständiger Maßstäbe und Grundsätze für die Qualität, Qualitätssicherung und Qualitätsdarstellung in der ambulanten, teilstationären, vollstationären und

XI

Kurzzeitpflege sowie für die Entwicklung eines einrichtungsinternen Qualitätsmanagements, das auf eine stetige Sicherung und Weiterentwicklung der Pflegequalität ausgerichtet ist und flexible Maßnahmen zur Qualitätssicherung in Krisensituationen umfasst. $_{2}$In den Vereinbarungen sind insbesondere auch Anforderungen an eine praxistaugliche, den Pflegeprozess unterstützende und die Pflegequalität fördernde Pflegedokumentation zu regeln. $_{3}$Die Anforderungen dürfen über ein für die Pflegeeinrichtungen vertretbares und wirtschaftliches Maß nicht hinausgehen und sollen den Aufwand für Pflegedokumentation in ein angemessenes Verhältnis zu den Aufgaben der pflegerischen Versorgung setzen. $_{4}$In den Vereinbarungen ist zu regeln, welche Fort- und Weiterbildungen ganz oder teilweise in digitaler Form durchgeführt werden können; geeignete Schulungen und Qualifikationsmaßnahmen sind durch die Pflegekassen anzuerkennen. $_{5}$Darüber hinaus ist in den Vereinbarungen zu regeln, dass die Mitarbeiterinnen und Mitarbeiter von ambulanten Pflegediensten, die Betreuungsmaßnahmen erbringen, entsprechend den Richtlinien nach § 112a zu den Anforderungen an das Qualitätsmanagement und die Qualitätssicherung für ambulante Betreuungsdienste qualifiziert sein müssen. $_{6}$Sie sind in regelmäßigen Abständen an den medizinisch-pflegefachlichen Fortschritt anzupassen. $_{7}$Soweit sich in den Pflegeeinrichtungen zeitliche Einsparungen ergeben, die Ergebnis der Weiterentwicklung der Pflegedokumentation auf Grundlage des pflegefachlichen Fortschritts durch neue, den Anforderungen nach Satz 3 entsprechende Pflegedokumentationsmodelle sind, führen diese nicht zu einer Absenkung der Pflegevergütung, sondern wirken der Arbeitsverdichtung entgegen. $_{8}$Die Vereinbarungen sind im Bundesanzeiger zu veröffentlichen und gelten vom ersten Tag des auf die Veröffentlichung folgenden Monats. $_{9}$Sie sind für alle Pflegekassen und deren Verbände sowie für die zugelassenen Pflegeeinrichtungen unmittelbar verbindlich.

(1a) $_{1}$In den Maßstäben und Grundsätzen für die stationäre Pflege nach Absatz 1 ist insbesondere das indikatorengestützte Verfahren zur vergleichenden Messung und Darstellung von Ergebnisqualität im stationären Bereich, das auf der Grundlage einer strukturierten Datenerhebung im Rahmen des internen Qualitätsmanagements eine Qualitätsberichterstattung und die externe Qualitätsprüfung ermöglicht, zu beschreiben. $_{2}$Insbesondere sind die Indikatoren, das Datenerhebungsinstrument sowie die bundesweiten Verfahren für die Übermittlung, Auswertung und Bewertung der Daten sowie die von Externen durchzuführende Prüfung der Daten festzulegen. $_{3}$Die datenschutzrechtlichen Bestimmungen sind zu beachten, insbesondere sind personenbezogene Daten von Versicherten vor der Übermittlung an die fachlich unabhängige Institution nach Absatz 1b zu pseudonymisieren. $_{4}$Eine Wiederherstellung des Personenbezugs durch die fachlich unabhängige Institution nach Absatz 1b ist ausgeschlossen. $_{5}$Ein Datenschutzkonzept ist mit den zuständigen Datenschutzaufsichtsbehörden abzustimmen. $_{6}$Zur Sicherstellung der Wissenschaftlichkeit beschließen die Vertragsparteien nach Absatz 1 Satz 1 unverzüglich die Vergabe der Aufträge nach § 113b Absatz 4 Satz 2 Nummer 1 und 2.

(1b) $_{1}$Die Vertragsparteien nach Absatz 1 Satz 1 beauftragen im Rahmen eines Vergabeverfahrens eine fachlich unabhängige Institution, die entsprechend den Festlegungen nach Absatz 1a erhobenen Daten zusammenzuführen sowie leistungserbringerbeziehbar und fallbeziehbar nach Maßgabe von Absatz 1a auszuwerten. $_{2}$Zum Zweck der Prüfung der von den Pflegeeinrichtungen erbrachten Leistungen und deren Qualität nach den §§ 114 und 114a sowie zum Zweck der Qualitätsdarstellung nach § 115 Absatz 1a übermittelt die beauftragte Institution die Ergebnisse der nach Absatz 1a ausgewerteten Daten an die Landesverbände der Pflegekassen und die von ihnen beauftragten Prüfinstitutionen und Sachverständigen; diese dürfen die übermittelten Daten zu den genannten Zwecken verarbeiten. $_{3}$Die Vertragsparteien nach Absatz 1 Satz 1 vereinbaren diesbezüglich entsprechende Verfahren zur Übermittlung der Daten. $_{4}$Die datenschutzrechtlichen Bestimmungen sind jeweils zu beachten. $_{5}$Die Vertragsparteien nach Absatz 1 Satz 1 sind verpflichtet, dem Bundesministerium für Gesundheit auf Verlangen unverzüglich Auskunft über den Stand der Bearbeitung ihrer Aufgaben zu geben. $_{6}$Die Vertragsparteien nach Absatz 1 Satz 1 legen dem Bundesministerium für Gesundheit spätestens bis zum 31. Januar 2018 einen konkreten Zeitplan für die Bearbeitung ihrer Aufgaben vor, aus dem einzelne Umsetzungsschritte erkennbar sind. $_{7}$§ 113b Absatz 8 Satz 3 bis 5 gilt entsprechend.

(2) $_{1}$Die Vereinbarungen nach Absatz 1 können von jeder Partei mit einer Frist von einem Jahr ganz oder teilweise gekündigt werden. $_{2}$Nach Ablauf des Vereinbarungszeitraums oder der Kündigungsfrist gilt die Vereinbarung bis zum Abschluss einer neuen Vereinbarung weiter. $_{3}$Die am 1. Januar 2016 bestehenden Maßstäbe und Grundsätze zur Sicherung und Weiterentwicklung der Pflege gelten bis zum Abschluss der Vereinbarungen nach Absatz 1 fort.

XI

§ 113a Expertenstandards zur Sicherung und Weiterentwicklung der Qualität in der Pflege

(1) 1Die Vertragsparteien nach § 113 stellen die Entwicklung und Aktualisierung wissenschaftlich fundierter und fachlich abgestimmter Expertenstandards zur Sicherung und Weiterentwicklung der Qualität in der Pflege sicher. 2Expertenstandards tragen für ihren Themenbereich zur Konkretisierung des allgemein anerkannten Standes der medizinisch-pflegerischen Erkenntnisse bei. 3Dabei ist das Ziel, auch nach Eintritt der Pflegebedürftigkeit Leistungen zur Prävention und zur medizinischen Rehabilitation einzusetzen, zu berücksichtigen. 4Der Medizinische Dienst Bund, der Verband der privaten Krankenversicherung e. V., die Verbände der Pflegeberufe auf Bundesebene sowie unabhängige Sachverständige sind zu beteiligen. 5Sie und die nach § 118 zu beteiligenden Organisationen für die Wahrnehmung der Interessen und der Selbsthilfe der pflegebedürftigen und behinderten Menschen können vorschlagen, zu welchen Themen Expertenstandards entwickelt werden sollen. 6Der Auftrag zur Entwicklung oder Aktualisierung und die Einführung von Expertenstandards erfolgen jeweils durch einen Beschluss der Vertragsparteien.

(2) 1Die Vertragsparteien stellen die methodische und pflegefachliche Qualität des Verfahrens der Entwicklung und Aktualisierung von Expertenstandards und die Transparenz des Verfahrens sicher. 2Die Anforderungen an die Entwicklung von Expertenstandards sind in einer Verfahrensordnung zu regeln. 3In der Verfahrensordnung ist das Vorgehen auf anerkannter methodischer Grundlage, insbesondere die wissenschaftliche Fundierung und Unabhängigkeit, die Schrittfolge der Entwicklung, der fachlichen Abstimmung, der Praxiserprobung und der modellhaften Umsetzung eines Expertenstandards sowie die Transparenz des Verfahrens festzulegen. 4Die Verfahrensordnung ist durch das Bundesministerium für Gesundheit im Benehmen mit dem Bundesministerium für Familie, Senioren, Frauen und Jugend zu genehmigen.

(3) 1Die Expertenstandards sind im Bundesanzeiger zu veröffentlichen. 2Sie sind für alle Pflegekassen und deren Verbände sowie für die zugelassenen Pflegeeinrichtungen unmittelbar verbindlich. 3Die Vertragsparteien unterstützen die Einführung der Expertenstandards in die Praxis.

(4) 1Die Kosten für die Entwicklung und Aktualisierung von Expertenstandards, mit Ausnahme der Kosten für die qualifizierte Geschäftsstelle nach § 113b Absatz 6, sind Verwaltungskosten, die vom Spitzenverband Bund der Pflegekassen getragen werden. 2Die privaten Versicherungsunternehmen, die die private Pflege-Pflichtversicherung durchführen, beteiligen sich mit einem Anteil von 10 vom Hundert an den Aufwendungen nach Satz 1. 3Der Finanzierungsanteil, der auf die privaten Versicherungsunternehmen entfällt, kann von dem Verband der privaten Krankenversicherung e. V. unmittelbar an den Spitzenverband Bund der Pflegekassen geleistet werden.

§ 113b Qualitätsausschuss

(1) 1Die von den Vertragsparteien nach § 113 im Jahr 2008 eingerichtete Schiedsstelle Qualitätssicherung entscheidet als Qualitätsausschuss nach Maßgabe der Absätze 2 bis 8. 2Die Vertragsparteien nach § 113 treffen die Vereinbarungen und erlassen die Beschlüsse nach § 37 Absatz 5, den §§ 113, 113a, 115 Absatz 1a, 1c und 3b sowie § 115a Absatz 1 und 2 durch diesen Qualitätsausschuss. 3Die Vertragsparteien nach § 113 treffen auch die zur Wahrnehmung ihrer Aufgaben und Pflichten nach den Absätzen 4 und 8 sowie nach § 8 Absatz 5 Satz 2 notwendigen Entscheidungen durch den Qualitätsausschuss.

(2) 1Der Qualitätsausschuss besteht aus Vertretern des Spitzenverbandes Bund der Pflegekassen (Leistungsträger) und aus Vertretern der Vereinigungen der Träger der Pflegeeinrichtungen auf Bundesebene (Leistungserbringer) in gleicher Zahl; Leistungsträger und Leistungserbringer können jeweils höchstens elf Mitglieder entsenden. 2Dem Qualitätsausschuss gehören auch ein Vertreter der Bundesarbeitsgemeinschaft der überörtlichen Träger der Sozialhilfe und ein Vertreter der kommunalen Spitzenverbände auf Bundesebene an; sie werden auf die Zahl der Leistungsträger angerechnet. 3Dem Qualitätsausschuss kann auch ein Vertreter des Verbandes der privaten Krankenversicherung e. V. angehören; die Entscheidung hierüber obliegt dem Verband der privaten Krankenversicherung e. V. 4Sofern der Verband der privaten Krankenversicherung e. V. ein Mitglied entsendet, wird dieses Mitglied auf die Zahl der Leistungsträger angerechnet. 5Dem Qualitätsausschuss soll auch ein Vertreter der Verbände der Pflegeberufe angehören; die Entscheidung hierüber obliegt den Verbänden der Pflegeberufe. 6Sofern die Verbände der Pflegeberufe ein Mitglied entsenden, wird dieses Mitglied auf die Zahl der Leistungserbringer angerechnet. 7Eine Organisation kann nicht gleichzeitig der Leistungsträgerseite und der Leistungserbringerseite zugerechnet werden. 8Jedes Mitglied erhält eine Stimme; die Stimmen sind gleich zu gewichten. 9Der Medizinische Dienst Bund wirkt in den Sitzungen und an den Beschlussfassungen im Qualitätsaus-

XI

schuss, auch in seiner erweiterten Form nach Absatz 3, beratend mit. 10Die auf Bundesebene maßgeblichen Organisationen für die Wahrnehmung der Interessen und der Selbsthilfe pflegebedürftiger und behinderter Menschen wirken in den Sitzungen und an den Beschlussfassungen im Qualitätsausschuss, auch in seiner erweiterten Form nach Absatz 3, nach Maßgabe von § 118 mit.

(3) 1Kommt im Qualitätsausschuss eine Vereinbarung, ein Beschluss oder eine Entscheidung nach Absatz 1 Satz 2 und 3 ganz oder teilweise nicht durch einvernehmliche Einigung zustande, so wird der Qualitätsausschuss auf Verlangen von mindestens einer Vertragspartei nach § 113, eines Mitglieds des Qualitätsausschusses oder des Bundesministeriums für Gesundheit um einen unparteiischen Vorsitzenden und zwei weitere unparteiische Mitglieder erweitert (erweiterter Qualitätsausschuss). 2Sofern die Organisationen, die Mitglieder in den Qualitätsausschuss entsenden, nicht bis zum 31. März 2016 die Mitglieder nach Maßgabe von Absatz 2 Satz 1 benannt haben, wird der Qualitätsausschuss durch die drei unparteiischen Mitglieder gebildet. 3Der unparteiische Vorsitzende und die weiteren unparteiischen Mitglieder sowie deren Stellvertreter führen ihr Amt als Ehrenamt. 4Der unparteiische Vorsitzende wird vom Bundesministerium für Gesundheit benannt; der Stellvertreter des unparteiischen Vorsitzenden und die weiteren unparteiischen Mitglieder sowie deren Stellvertreter werden von den Vertragsparteien nach § 113 gemeinsam benannt. 5Mitglieder des Qualitätsausschusses können nicht als Stellvertreter des unparteiischen Vorsitzenden oder der weiteren unparteiischen Mitglieder benannt werden. 6Kommt eine Einigung über die Benennung der unparteiischen Mitglieder nicht innerhalb einer vom Bundesministerium für Gesundheit gesetzten Frist zustande, erfolgt die Benennung durch das Bundesministerium für Gesundheit. 7Der erweiterte Qualitätsausschuss setzt mit der Mehrheit seiner Mitglieder den Inhalt der Vereinbarungen oder der Beschlüsse der Vertragsparteien nach § 113 fest. 8Die Festsetzungen des erweiterten Qualitätsausschusses haben die Rechtswirkung einer vertraglichen Vereinbarung, Beschlussfassung oder Entscheidung im Sinne der Absätze 4 und 8, des § 8 Absatz 5 Satz 2, des § 37 Absatz 5, der §§ 113, 113a und 115 Absatz 1a, 1c und 3b.

(4) 1Die Vertragsparteien nach § 113 beauftragen zur Sicherstellung der Wissenschaftlichkeit bei der Wahrnehmung ihrer Aufgaben mit Unterstützung der qualifizierten Geschäftsstelle nach Absatz 6 fachlich unabhängige wissenschaftliche Einrichtungen oder Sachverständige. 2Diese wissenschaftlichen Einrichtungen oder Sachverständigen werden beauftragt, insbesondere

1. bis zum 31. März 2017 die Instrumente für die Prüfung der Qualität der Leistungen, die von den stationären Pflegeeinrichtungen erbracht werden, und für die Qualitätsberichterstattung in der stationären Pflege zu entwickeln, wobei
   a) insbesondere die 2011 vorgelegten Ergebnisse des vom Bundesministerium für Gesundheit und vom Bundesministerium für Familie, Senioren, Frauen und Jugend geförderten Projektes „Entwicklung und Erprobung von Instrumenten zur Beurteilung der Ergebnisqualität in der stationären Altenhilfe" und die Ergebnisse der dazu durchgeführten Umsetzungsprojekte einzubeziehen sind und
   b) Aspekte der Prozess- und Strukturqualität zu berücksichtigen sind;
2. bis zum 31. März 2017 auf der Grundlage der Ergebnisse nach Nummer 1 unter Beachtung des Prinzips der Datensparsamkeit ein bundesweites Datenerhebungsinstrument, bundesweite Verfahren für die Übermittlung und Auswertung der Daten einschließlich einer Bewertungssystematik sowie für die von Externen durchzuführende Prüfung der Daten zu entwickeln;
3. bis zum 30. Juni 2017 die Instrumente für die Prüfung der Qualität der von den ambulanten Pflegeeinrichtungen erbrachten Leistungen und für die Qualitätsberichterstattung in der ambulanten Pflege zu entwickeln, eine anschließende Pilotierung durchzuführen und einen Abschlussbericht bis zum 31. März 2018 vorzulegen;
4. ergänzende Instrumente für die Ermittlung und Bewertung von Lebensqualität zu entwickeln;
5. die Umsetzung der nach den Nummern 1 bis 3 entwickelten Verfahren zur Qualitätsmessung und Qualitätsdarstellung wissenschaftlich zu evaluieren und den Vertragsparteien nach § 113 Vorschläge zur Anpassung der Verfahren an den neuesten Stand der wissenschaftlichen Erkenntnisse zu unterbreiten sowie
6. bis zum 31. März 2018 ein Konzept für eine Qualitätssicherung in neuen Wohnformen zu entwickeln und zu erproben, insbesondere Instrumente zur internen und externen Qualitätssicherung sowie für eine angemessene Qualitätsberichterstattung zu entwickeln und ihre Eignung zu erproben.

$_{3}$Das Bundesministerium für Gesundheit sowie das Bundesministerium für Familie, Senioren, Frauen und Jugend in Abstimmung mit dem Bundesministerium für Gesundheit können den Vertragsparteien nach § 113 weitere Themen zur wissenschaftlichen Bearbeitung vorschlagen.

(4a) $_{1}$Die Vertragsparteien nach § 113 stellen sicher, dass die nach Absatz 4 Satz 2 Nummer 1 bis 3 entwickelten Qualitätssysteme dem medizinisch-pflegefachlichen und technischen Fortschritt entsprechend weiterentwickelt werden. $_{2}$Sie haben darauf hinzuwirken, dass die Evaluationsergebnisse nach Absatz 4 Satz 2 Nummer 5 umgesetzt und die Berichte des Spitzenverbandes Bund der Pflegekassen nach § 114c Absatz 3 bei der Weiterentwicklung der Qualitätssysteme nach Satz 1 berücksichtigt werden. $_{3}$Zur Sicherstellung der Wissenschaftlichkeit bei der Weiterentwicklung der Qualitätssysteme beauftragen die Vertragsparteien fachlich unabhängige wissenschaftliche Einrichtungen oder Sachverständige. $_{4}$Für die Erteilung und Bearbeitung der Aufträge gilt Absatz 5 Satz 2 bis 5 entsprechend. $_{5}$Die Vertragsparteien nach § 113 legen dem Bundesministerium für Gesundheit auf Verlangen einen konkreten Zeitplan für die Bearbeitung ihrer Aufgaben und Vorhaben vor, aus dem die einzelnen Umsetzungsschritte erkennbar sind. $_{6}$Es besteht ein Genehmigungsvorbehalt, eine Informationspflicht und die Möglichkeit der Ersatzvornahme entsprechend Absatz 8 Satz 3 bis 5.

(5) $_{1}$Die Finanzierung der Aufträge nach Absatz 4 und der Aufträge und Vorhaben nach Absatz 4a erfolgt aus Mitteln des Ausgleichsfonds der Pflegeversicherung nach § 8 Absatz 4. $_{2}$Bei der Bearbeitung der Aufträge nach Absatz 4 Satz 2 ist zu gewährleisten, dass die Arbeitsergebnisse umsetzbar sind. $_{3}$Der jeweilige Auftragnehmer hat darzulegen, zu welchen finanziellen Auswirkungen die Umsetzung der Arbeitsergebnisse führen wird. $_{4}$Den Arbeitsergebnissen ist diesbezüglich eine Praktikabilitäts- und Kostenanalyse beizufügen. $_{5}$Die Ergebnisse der Arbeiten nach Absatz 4 Satz 2 sind dem Bundesministerium für Gesundheit zur Kenntnisnahme vor der Veröffentlichung vorzulegen.

(6) $_{1}$Die Vertragsparteien nach § 113 richten gemeinsam bis zum 31. März 2016 eine unabhängige qualifizierte Geschäftsstelle des Qualitätsausschusses ein. $_{2}$Die Geschäftsstelle nimmt auch die Aufgaben einer wissenschaftlichen Beratungs- und Koordinierungsstelle wahr. $_{3}$Sie soll insbesondere den Qualitätsausschuss und seine Mitglieder fachwissenschaftlich beraten, die Auftragsverfahren nach Absatz 4 koordinieren und die wissenschaftlichen Arbeitsergebnisse für die Entscheidungen im Qualitätsausschuss aufbereiten. $_{4}$Näheres zur Zusammensetzung und Arbeitsweise der qualifizierten Geschäftsstelle regeln die Vertragsparteien nach § 113 in der Geschäftsordnung nach Absatz 7.

(7) $_{1}$Die Vertragsparteien nach § 113 vereinbaren in einer Geschäftsordnung mit dem Verband der privaten Krankenversicherung e. V., mit den Verbänden der Pflegeberufe auf Bundesebene und mit den auf Bundesebene maßgeblichen Organisationen für die Wahrnehmung der Interessen und der Selbsthilfe pflegebedürftiger und behinderter Menschen das Nähere zur Arbeitsweise des Qualitätsausschusses, insbesondere

1. zur Benennung der Mitglieder und der unparteiischen Mitglieder,
2. zur Amtsdauer, Amtsführung und Entschädigung für den Zeitaufwand der unparteiischen Mitglieder,
3. zum Vorsitz,
4. zu den Beschlussverfahren,
5. zur Errichtung einer qualifizierten Geschäftsstelle auch mit der Aufgabe als wissenschaftliche Beratungs- und Koordinierungsstelle nach Absatz 6,
6. zur Sicherstellung der jeweiligen Auftragserteilung nach Absatz 4,
7. zur Einbeziehung weiterer Sachverständiger oder Gutachter,
8. zur Bildung von Arbeitsgruppen,
9. zur Gewährleistung der Beteiligungs- und Mitberatungsrechte nach diesem Gesetz einschließlich der Erstattung von Reisekosten, eines Verdienstausfalls sowie die Zahlung eines Pauschbetrages nach § 118 Absatz 1 Satz 6 sowie
10. zur Verteilung der Kosten für die Entschädigung der unparteiischen Mitglieder und der einbezogenen weiteren Sachverständigen und Gutachter sowie für die Erstattung von Reisekosten nach § 118 Absatz 1 Satz 6; die Kosten können auch den Kosten der qualifizierten Geschäftsstelle nach Absatz 6 zugerechnet werden.

$_{2}$Die Geschäftsordnung und die Änderung der Geschäftsordnung sind durch das Bundesministerium für Gesundheit im Benehmen mit dem Bundesministerium für Familie, Senioren, Frauen und Jugend zu genehmigen. $_{3}$Kommt die Geschäftsordnung nicht bis zum 29. Februar 2016 zustande, wird ihr Inhalt durch das Bundesministerium für Gesundheit im Benehmen mit dem Bundesministerium für Familie, Senioren, Frauen und Jugend bestimmt.

(8) 1Die Vertragsparteien nach § 113 sind verpflichtet, dem Bundesministerium für Gesundheit auf Verlangen unverzüglich Auskunft über den Stand der Bearbeitung der mit gesetzlichen Fristen versehenen Aufgaben nach Absatz 1 Satz 2 und über den Stand der Auftragserteilung und Bearbeitung der nach Absatz 4 zu erteilenden Aufträge sowie über erforderliche besondere Maßnahmen zur Einhaltung der gesetzlichen Fristen zu geben. 2Die Vertragsparteien legen dem Bundesministerium für Gesundheit bis zum 15. Januar 2017 einen konkreten Zeitplan für die Bearbeitung der mit gesetzlichen Fristen versehenen Aufgaben nach Absatz 1 Satz 2 und der Aufträge nach Absatz 4 vor, aus dem einzelne Umsetzungsschritte erkennbar sind. 3Der Zeitplan ist durch das Bundesministerium für Gesundheit im Benehmen mit dem Bundesministerium für Familie, Senioren, Frauen und Jugend zu genehmigen. 4Die Vertragsparteien nach § 113 sind verpflichtet, das Bundesministerium für Gesundheit unverzüglich zu informieren, wenn absehbar ist, dass ein Zeitziel des Zeitplans nicht eingehalten werden kann. 5In diesem Fall kann das Bundesministerium für Gesundheit im Benehmen mit dem Bundesministerium für Familie, Senioren, Frauen und Jugend einzelne Umsetzungsschritte im Wege der Ersatzvornahme selbst vornehmen.

(9) 1Die durch den Qualitätsausschuss getroffenen Entscheidungen sind dem Bundesministerium für Gesundheit vorzulegen, ausgenommen sind die zur Wahrnehmung der Aufgabe nach § 8 Absatz 5 Satz 2 getroffenen Entscheidungen. 2Es kann die Entscheidungen innerhalb von zwei Monaten beanstanden. 3Das Bundesministerium für Gesundheit kann im Rahmen der Prüfung vom Qualitätsausschuss zusätzliche Informationen und ergänzende Stellungnahmen anfordern; bis zu deren Eingang ist der Lauf der Frist nach Satz 2 unterbrochen. 4Beanstandungen des Bundesministeriums für Gesundheit sind innerhalb der von ihm gesetzten Frist zu beheben. 5Die Nichtbeanstandung von Entscheidungen kann vom Bundesministerium für Gesundheit mit Auflagen verbunden werden. 6Kommen Entscheidungen des Qualitätsausschusses ganz oder teilweise nicht fristgerecht zustande oder werden die Beanstandungen des Bundesministeriums für Gesundheit nicht innerhalb der von ihm gesetzten Frist behoben, kann das Bundesministerium für Gesundheit den Inhalt der Vereinbarungen und der Beschlüsse nach Absatz 1 Satz 2 festsetzen. 7Bei den Verfahren nach den Sätzen 1 bis 6 setzt sich das Bundesministerium für Gesundheit mit dem Bundesministerium für Familie, Senioren, Frauen und Jugend ins Benehmen. 8Bezüglich der Vereinbarungen nach § 115 Absatz 3b setzt sich das Bundesministerium für Gesundheit bei den Verfahren nach den Sätzen 1 bis 6 darüber hinaus mit dem Bundesministerium für Arbeit und Soziales ins Benehmen.

(10) 1Gegen eine Entscheidung des Qualitätsausschusses nach Absatz 1 und gegen Anordnungen und Maßnahmen des Bundesministeriums für Gesundheit nach Absatz 9 Satz 2, 3, 5 und 6 ist der Rechtsweg zu den Sozialgerichten gegeben. 2Ein Vorverfahren findet nicht statt; die Klage hat keine aufschiebende Wirkung.

§ 113c Personalbemessung in vollstationären Pflegeeinrichtungen

(1) Ab dem 1. Juli 2023 kann in den Pflegesatzvereinbarungen nach § 84 Absatz 5 Satz 2 Nummer 2 für vollstationäre Pflegeeinrichtungen höchstens die sich aus nachfolgenden Personalanhaltswerten ergebende personelle Ausstattung mit Pflege- und Betreuungspersonal vereinbart werden:

1. für Hilfskraftpersonal ohne Ausbildung nach Nummer 2
   a) 0,0872 Vollzeitäquivalente je Pflegebedürftigen des Pflegegrades 1,
   b) 0,1202 Vollzeitäquivalente je Pflegebedürftigen des Pflegegrades 2,
   c) 0,1449 Vollzeitäquivalente je Pflegebedürftigen des Pflegegrades 3,
   d) 0,1627 Vollzeitäquivalente je Pflegebedürftigen des Pflegegrades 4,
   e) 0,1758 Vollzeitäquivalente je Pflegebedürftigen des Pflegegrades 5,
2. für Hilfskraftpersonal mit landesrechtlich geregelter Helfer- oder Assistenzausbildung in der Pflege mit einer Ausbildungsdauer von mindestens einem Jahr
   a) 0,0564 Vollzeitäquivalente je Pflegebedürftigen des Pflegegrades 1,
   b) 0,0675 Vollzeitäquivalente je Pflegebedürftigen des Pflegegrades 2,
   c) 0,1074 Vollzeitäquivalente je Pflegebedürftigen des Pflegegrades 3,
   d) 0,1413 Vollzeitäquivalente je Pflegebedürftigen des Pflegegrades 4,
   e) 0,1102 Vollzeitäquivalente je Pflegebedürftigen des Pflegegrades 5,

3. für Fachkraftpersonal
   a) 0,0770 Vollzeitäquivalente je Pflegebedürftigen des Pflegegrades 1,
   b) 0,1037 Vollzeitäquivalente je Pflegebedürftigen des Pflegegrades 2,
   c) 0,1551 Vollzeitäquivalente je Pflegebedürftigen des Pflegegrades 3,
   d) 0,2463 Vollzeitäquivalente je Pflegebedürftigen des Pflegegrades 4,
   e) 0,3842 Vollzeitäquivalente je Pflegebedürftigen des Pflegegrades 5.

(2) Abweichend von Absatz 1 kann ab dem 1. Juli 2023 eine höhere personelle Ausstattung mit Pflege- und Betreuungspersonal vereinbart werden, wenn

1. in der bestehenden Pflegesatzvereinbarung gemäß § 84 Absatz 5 Satz 2 Nummer 2 bereits eine personelle Ausstattung vereinbart ist, die über die personelle Ausstattung nach Absatz 1 hinausgeht und diese personelle Ausstattung von der Pflegeeinrichtung vorgehalten wird, oder
2. in dem am 30. Juni 2023 geltenden Rahmenvertrag nach § 75 Absatz 1 eine höhere personelle Ausstattung für Fachkraftpersonal geregelt ist, als nach Absatz 1 Nummer 3 vereinbart werden kann, oder
3. die Pflegeeinrichtung sachliche Gründe für die Überschreitung der personellen Ausstattung nach Absatz 1 darlegen kann.

(3) 1Sofern ab dem 1. Juli 2023 eine personelle Ausstattung mit Pflege- und Betreuungspersonal vereinbart wird, die über die mindestens zu vereinbarende personelle Ausstattung im Sinne von Absatz 5 Nummer 1 hinausgeht,

1. soll die Pflegeeinrichtung Maßnahmen der Personal- und Organisationsentwicklung durchführen, die nach § 8 Absatz 3b entwickelt und erprobt wurden, und
2. kann die Pflegeeinrichtung für die Stellenanteile der personellen Ausstattung, die über die mindestens zu vereinbarende personelle Ausstattung hinausgeht, auch Pflegehilfskraftpersonal vorhalten, das folgende Ausbildungen berufsbegleitend absolviert:
   a) für Stellenanteile nach Absatz 1 Nummer 2 Ausbildungen nach § 12 Absatz 2 des Pflegeberufegesetzes und
   b) für Stellenanteile nach Absatz 1 Nummer 3 eine Ausbildung nach § 5 des Pflegeberufegesetzes.

2Finanziert werden kann auch die Differenz zwischen dem Gehalt der Pflegehilfskraft und der Ausbildungsvergütung, sofern die Pflegehilfskraft mindestens ein Jahr beruflich tätig war. 3Finanziert werden können zudem Ausbildungsaufwendungen, soweit diese Aufwendungen nicht von anderer Stelle finanziert werden.

(4) 1Der Spitzenverband Bund der Pflegekassen und die Vereinigungen der Träger der Pflegeeinrichtungen auf Bundesebene geben bis zum 30. Juni 2022 unter Beteiligung des Medizinischen Dienstes Bund, des Verbandes der privaten Krankenversicherung e. V. sowie unabhängiger Sachverständiger gemeinsam mit der Bundesvereinigung der kommunalen Spitzenverbände und der Bundesarbeitsgemeinschaft der überörtlichen Träger der Sozialhilfe und der Eingliederungshilfe gemeinsame Empfehlungen zu den Inhalten der Verträge nach Absatz 5 ab. 2Sie arbeiten dabei mit den Verbänden der Pflegeberufe auf Bundesebene sowie den auf Bundesebene maßgeblichen Organisationen für die Wahrnehmung der Interessen und der Selbsthilfe pflegebedürftiger und behinderter Menschen eng zusammen. 3Kommen die Empfehlungen nach Satz 1 nicht innerhalb der dort genannten Frist zustande, wird ein Schiedsgremium aus drei unparteiischen und unabhängigen Schiedspersonen gebildet. 4Der unparteiische Vorsitzende des Schiedsgremiums und die zwei weiteren unparteiischen Mitglieder führen ihr Amt als Ehrenamt. 5Sie werden vom Spitzenverband Bund der Pflegekassen und den Vereinigungen der Träger der Pflegeeinrichtungen auf Bundesebene benannt. 6Kommt eine Einigung über ihre Benennung nicht innerhalb einer vom Bundesministerium für Gesundheit gesetzten Frist zustande, erfolgt die Benennung durch das Bundesministerium für Gesundheit im Einvernehmen mit dem Bundesministerium für Arbeit und Soziales. 7Das Schiedsgremium setzt mit der Mehrheit seiner Mitglieder spätestens bis zum Ablauf von zwei Monaten nach seiner Bestellung die Empfehlungen fest. 8Die Kosten des Schiedsverfahrens tragen der Spitzenverband Bund der Pflegekassen und die Vereinigungen der Träger der Pflegeeinrichtungen auf Bundesebene zu gleichen Teilen.

(5) 1Abweichend von § 75 Absatz 3 Satz 1 sind in den Rahmenverträgen nach § 75 Absatz 1 ab dem 1. Juli 2023 für die vollstationäre Pflege unter Berücksichtigung der Personalanhaltswerte nach Absatz 1 insbesondere zu regeln:

1. die mindestens zu vereinbarende personelle Ausstattung, die sich aus den Personalanhaltszahlen für das Pflege- und Betreuungspersonal einschließlich des Anteils der ausgebildeten Fachkräfte aus den Vorgaben der zum 30. Juni 2023 geltenden Rahmenverträ-

ge nach § 75 Absatz 1 in Verbindung mit landesrechtlichen Vorgaben ergibt; dabei sind auch die Pflegesituation in der Nacht sowie Besonderheiten in Bezug auf Einrichtungsgrößen und Einrichtungskonzeptionen einzubeziehen,

2. besondere Personalbedarfe beispielsweise für die Pflegedienstleitung, für die Qualitätsbeauftragte oder für die Praxisanleitung,
3. die erforderlichen Qualifikationen für das Pflege- und Betreuungspersonal, das von der Pflegeeinrichtung für die personelle Ausstattung nach Absatz 1 oder Absatz 2 vorzuhalten ist; bei der personellen Ausstattung mit Fachkräften sollen neben Pflegefachkräften auch andere Fachkräfte aus dem Gesundheits- und Sozialbereich vorgehalten werden können.

$_2$Geregelt werden kann auch, dass die Personalanhaltswerte nach Absatz 1 Nummer 1 weiter nach Qualifikationen unterteilt werden. $_3$§ 75 Absatz 1 Satz 4 gilt entsprechend. $_4$Ab dem 1. Juli 2023 gelten die Empfehlungen nach Absatz 4 als unmittelbar verbindlich, soweit die Rahmenverträge nach § 75 Absatz 1 keine Vorgaben nach Satz 1 Nummer 1 bis 3 regeln.

(6) $_1$Ab dem 1. Juli 2023 können Anträge auf Vergütungszuschläge zur Finanzierung von zusätzlichen Fachkräften nach § 8 Absatz 6 und von zusätzlichen Pflegehilfskräften nach § 84 Absatz 9 in Verbindung mit § 85 Absatz 9 bis 11 jeweils nicht mehr gestellt werden. $_2$Vergütungszuschläge nach Satz 1, die bis zum Beginn des ersten nach dem 1. Juli 2023 stattfindenden Pflegesatzverfahrens vereinbart oder beschieden worden sind, werden in diesem Pflegesatzverfahren in die Pflegesätze nach § 84 Absatz 1 und die Leistungs- und Qualitätsmerkmale nach § 84 Absatz 5 übertragen. $_3$Die Übertragung hat spätestens bis zum 31. Dezember 2025 zu erfolgen.

(7) $_1$Das Bundesministerium für Gesundheit prüft im Einvernehmen mit dem Bundesministerium für Familie, Senioren, Frauen und Jugend und dem Bundesministerium für Arbeit und Soziales unmittelbar nach Vorlage der erforderlichen Daten und Ergebnisse durch den Spitzenverband Bund der Pflegekassen nach Satz 3, ob eine Anpassung der Personalanhaltswerte nach Absatz 1 und der Personalanhaltszahlen nach Absatz 5 Nummer 1 möglich und notwendig ist. $_2$Die Prüfung erfolgt insbesondere im Hinblick auf

1. die Erkenntnisse aus der wissenschaftlich gestützten Begleitung der Einführung und Weiterentwicklung des wissenschaftlich fundierten Verfahrens zur einheitlichen Bemessung des Personalbedarfs in Pflegeeinrichtungen nach qualitativen und quantitativen Maßstäben für vollstationäre Pflegeeinrichtungen nach § 8 Absatz 3b,
2. die in den Ländern durchschnittlich nach den Absätzen 1 und 2 vereinbarte personelle Ausstattung mit Pflege- und Betreuungspersonal, die über die mindestens zu vereinbarende personelle Ausstattung hinausgeht, und
3. die Arbeitsmarkt- und Ausbildungssituation im Pflegebereich.

$_3$Der Spitzenverband Bund der Pflegekassen stellt dem Bundesministerium für Gesundheit spätestens bis zum 1. April 2025 die erforderlichen Daten und Ergebnisse für die Prüfung nach Satz 1 und 2 zur Verfügung. $_4$Die Bundesregierung legt dem Deutschen Bundestag und dem Bundesrat innerhalb von sechs Monaten nach der Vorlage der Daten und Ergebnisse durch den Spitzenverband Bund der Pflegekassen einen Bericht über das Ergebnis der Prüfung und die tragenden Gründe sowie einen Vorschlag für die weitere Umsetzung des wissenschaftlich fundierten Verfahrens zur einheitlichen Bemessung des Personalbedarfs nach qualitativen und quantitativen Maßstäben für vollstationäre Pflegeeinrichtungen vor.

§ 114 Qualitätsprüfungen

(1) $_1$Zur Durchführung einer Qualitätsprüfung erteilen die Landesverbände der Pflegekassen dem Medizinischen Dienst, dem Prüfdienst des Verbandes der privaten Krankenversicherung e. V. im Umfang von 10 Prozent der in einem Jahr anfallenden Prüfaufträge oder den von ihnen bestellten Sachverständigen einen Prüfauftrag. $_2$Der Prüfauftrag enthält Angaben zur Prüfart, zum Prüfgegenstand und zum Prüfumfang. $_3$Die Prüfung erfolgt als Regelprüfung, Anlassprüfung oder Wiederholungsprüfung. $_4$Die Pflegeeinrichtungen haben die ordnungsgemäße Durchführung der Prüfungen zu ermöglichen. $_5$Vollstationäre Pflegeeinrichtungen sind ab dem 1. Januar 2014 verpflichtet, die Landesverbände der Pflegekassen unmittelbar nach einer Regelprüfung darüber zu informieren, wie die ärztliche, fachärztliche und zahnärztliche Versorgung sowie die Arzneimittelversorgung in den Einrichtungen geregelt sind. $_6$Sie sollen insbesondere auf Folgendes hinweisen:

1. auf den Abschluss und den Inhalt von Kooperationsverträgen oder die Einbindung der Einrichtung in Ärztenetze,
2. auf den Abschluss von Vereinbarungen mit Apotheken sowie

3. ab dem 1. Juli 2016 auf die Zusammenarbeit mit einem Hospiz- und Palliativnetz.

7Wesentliche Änderungen hinsichtlich der ärztlichen, fachärztlichen und zahnärztlichen Versorgung, der Arzneimittelversorgung sowie der Zusammenarbeit mit einem Hospiz- und Palliativnetz sind den Landesverbänden der Pflegekassen innerhalb von vier Wochen zu melden.

(2) 1Die Landesverbände der Pflegekassen veranlassen in zugelassenen Pflegeeinrichtungen bis zum 31. Dezember 2010 mindestens einmal und ab dem Jahre 2011 regelmäßig im Abstand von höchstens einem Jahr eine Prüfung durch den Medizinischen Dienst, den Prüfdienst des Verbandes der privaten Krankenversicherung e. V. oder durch von ihnen bestellte Sachverständige (Regelprüfung). 2Die Richtlinien nach § 114c zur Verlängerung des Prüfrhythmus bei guter Qualität sind zu beachten. 3Die Landesverbände der Pflegekassen erteilen die Prüfaufträge für zugelassene vollstationäre Pflegeeinrichtungen auf der Grundlage der von der Datenauswertungsstelle nach § 113 Absatz 1b Satz 3 übermittelten Ergebnisse. 4Zu prüfen ist, ob die Qualitätsanforderungen nach diesem Buch und nach den auf dieser Grundlage abgeschlossenen vertraglichen Vereinbarungen erfüllt sind. 5Die Regelprüfung erfasst insbesondere wesentliche Aspekte des Pflegezustandes und die Wirksamkeit der Pflege- und Betreuungsmaßnahmen (Ergebnisqualität). 6Sie kann auch auf den Ablauf, die Durchführung und die Evaluation der Leistungserbringung (Prozessqualität) sowie die unmittelbaren Rahmenbedingungen der Leistungserbringung (Strukturqualität) erstreckt werden. 7Die Regelprüfung bezieht sich auf die Qualität der allgemeinen Pflegeleistungen, der medizinischen Behandlungspflege, der Betreuung einschließlich der zusätzlichen Betreuung und Aktivierung im Sinne des § 43b, der Leistungen bei Unterkunft und Verpflegung (§ 87) und der Zusatzleistungen (§ 88). 8Auch die nach § 37 des Fünften Buches erbrachten Leistungen der häuslichen Krankenpflege sind in die Regelprüfung einzubeziehen, unabhängig davon, ob von der Pflegeversicherung Leistungen nach § 36 erbracht werden. 9In die Regelprüfung einzubeziehen sind auch Leistungen der außerklinischen Intensivpflege nach § 37c des Fünften Buches, die auf der Grundlage eines Versorgungsvertrages mit den Krankenkassen gemäß § 132l Absatz 5 Nummer 4 des Fünften Buches erbracht werden, unabhängig davon, ob von der Pflegeversicherung Leistungen nach § 36 erbracht werden. 10In den Fällen nach Satz 10 ist in die Regelprüfung mindestens eine Person, die Leistungen der außerklinischen Intensivpflege an einem der in § 37c Absatz 2 Satz 1 Nummer 4 des Fünften Buches genannten Orte erhält, einzubeziehen. 11Die Regelprüfung umfasst auch die Abrechnung der genannten Leistungen. 12Zu prüfen ist auch, ob die Versorgung der Pflegebedürftigen den Empfehlungen der Kommission für Infektionsprävention in medizinischen Einrichtungen und in Einrichtungen und Unternehmen der Pflege und Eingliederungshilfe nach § 23 Absatz 1 des Infektionsschutzgesetzes entspricht und, sofern stationäre Pflegeeinrichtungen im Sinne des § 71 Absatz 2 geprüft werden, ob die Verpflichtung zur Übermittlung von Daten nach § 35 Absatz 6 des Infektionsschutzgesetzes erfüllt wurde.

(2a) 1Der Spitzenverband Bund der Pflegekassen beschließt im Benehmen mit dem Medizinischen Dienst des Spitzenverbandes Bund der Krankenkassen und dem Prüfdienst des Verbandes der Privaten Krankenversicherung e. V. sowie im Einvernehmen mit dem Bundesministerium für Gesundheit unverzüglich das Nähere zur Durchführbarkeit von Prüfungen, insbesondere, unter welchen Voraussetzungen Prüfaufträge angesichts der aktuellen Infektionslage angemessen sind und welche spezifischen Vorgaben, insbesondere zur Hygiene, zu beachten sind. 2Dabei sind insbesondere die aktuellen wissenschaftlichen Erkenntnisse zu berücksichtigen. 3Der Beschluss nach Satz 1 ist entsprechend der Entwicklung der SARS-CoV-2-Pandemie zu aktualisieren. 4Er ist für die Landesverbände der Pflegekassen, die Medizinischen Dienste und den Prüfdienst des Verbandes der Privaten Krankenversicherung e. V. verbindlich.

(3) 1Die Landesverbände der Pflegekassen haben im Rahmen der Zusammenarbeit mit den nach heimrechtlichen Vorschriften zuständigen Aufsichtsbehörden (§ 117) vor einer Regelprüfung insbesondere zu erfragen, ob Qualitätsanforderungen nach diesem Buch und den auf seiner Grundlage abgeschlossenen vertraglichen Vereinbarungen in einer Prüfung der nach heimrechtlichen Vorschriften zuständigen Aufsichtsbehörde oder in einem nach Landesrecht durchgeführten Prüfverfahren berücksichtigt worden sind. 2Hierzu können auch Vereinbarungen auf Landesebene zwischen den Landesverbänden der Pflegekassen und den nach heimrechtlichen Vorschriften zuständigen Aufsichtsbehörden sowie den für weitere Prüfverfahren zuständigen Aufsichtsbehörden getroffen werden. 3Um Doppelprüfungen zu vermeiden, haben die Landesverbände der Pflegekassen den Prüfumfang der Regelprüfung in angemessener Weise zu verringern, wenn

1. die Prüfungen nicht länger als neun Monate zurückliegen,

2. die Prüfergebnisse nach pflegefachlichen Kriterien den Ergebnissen einer Regelprüfung gleichwertig sind und
3. die Veröffentlichung der von den Pflegeeinrichtungen erbrachten Leistungen und deren Qualität gemäß § 115 Absatz 1a gewährleistet ist.

4Die Pflegeeinrichtung kann verlangen, dass von einer Verringerung der Prüfpflicht abgesehen wird.

(4) 1Bei Anlassprüfungen geht der Prüfauftrag in der Regel über den jeweiligen Prüfanlass hinaus; er umfasst eine vollständige Prüfung mit dem Schwerpunkt der Ergebnisqualität. 2Gibt es im Rahmen einer Anlass-, Regel- oder Wiederholungsprüfung sachlich begründete Hinweise auf eine nicht fachgerechte Pflege bei Pflegebedürftigen, auf die sich die Prüfung nicht erstreckt, sind die betroffenen Pflegebedürftigen unter Beachtung der datenschutzrechtlichen Bestimmungen in die Prüfung einzubeziehen. 3Die Prüfung ist insgesamt als Anlassprüfung durchzuführen. 4Im Zusammenhang mit einer zuvor durchgeführten Regel- oder Anlassprüfung kann von den Landesverbänden der Pflegekassen eine Wiederholungsprüfung veranlasst werden, um zu überprüfen, ob die festgestellten Qualitätsmängel durch die nach § 115 Abs. 2 angeordneten Maßnahmen beseitigt worden sind.

§ 114a Durchführung der Qualitätsprüfungen

(1) 1Der Medizinische Dienst, der Prüfdienst des Verbandes der privaten Krankenversicherung e. V. und die von den Landesverbänden der Pflegekassen bestellten Sachverständigen sind im Rahmen ihres Prüfauftrags nach § 114 jeweils berechtigt und verpflichtet, an Ort und Stelle zu überprüfen, ob die zugelassenen Pflegeeinrichtungen die Leistungs- und Qualitätsanforderungen nach diesem Buch erfüllen. 2Die Prüfungen sind grundsätzlich am Tag zuvor anzukündigen; Anlassprüfungen sollen unangemeldet erfolgen. 3Die Prüfungen in zugelassenen vollstationären Pflegeeinrichtungen sollen unangekündigt erfolgen, wenn die Einrichtung ihrer Verpflichtung nach § 114b Absatz 1 gar nicht nachkommt, die Datenübermittlung unvollständig war oder von der Datenauswertungsstelle nach § 113 Absatz 1b mangelnde Plausibilität der übermittelten Daten festgestellt wurde. 4Der Medizinische Dienst, der Prüfdienst des Verbandes der privaten Krankenversicherung e. V. und die von den Landesverbänden der Pflegekassen bestellten Sachverständigen beraten im Rahmen der Qualitätsprüfungen die Pflegeeinrichtungen in Fragen der Qualitätssicherung. 5§ 112 Abs. 3 gilt entsprechend.

(2) 1Sowohl bei teil- als auch bei vollstationärer Pflege sind der Medizinische Dienst, der Prüfdienst des Verbandes der privaten Krankenversicherung e. V. und die von den Landesverbänden der Pflegekassen bestellten Sachverständigen jeweils berechtigt, zum Zwecke der Qualitätssicherung die für das Pflegeheim benutzten Grundstücke und Räume jederzeit zu betreten, dort Prüfungen und Besichtigungen vorzunehmen, sich mit den Pflegebedürftigen, ihren Angehörigen, vertretungsberechtigten Personen und Betreuern in Verbindung zu setzen sowie die Beschäftigten und die Interessenvertretung der Bewohnerinnen und Bewohner zu befragen. 2Prüfungen und Besichtigungen zur Nachtzeit sind nur zulässig, wenn und soweit das Ziel der Qualitätssicherung zu anderen Tageszeiten nicht erreicht werden kann. 3Soweit Räume einem Wohnrecht der Heimbewohner unterliegen, dürfen sie ohne deren Einwilligung nur betreten werden, soweit dies zur Verhütung dringender Gefahren für die öffentliche Sicherheit und Ordnung erforderlich ist; das Grundrecht der Unverletzlichkeit der Wohnung (Artikel 13 Abs. 1 des Grundgesetzes) wird insoweit eingeschränkt. 4Bei der ambulanten Pflege sind der Medizinische Dienst, der Prüfdienst des Verbandes der privaten Krankenversicherung e. V. und die von den Landesverbänden der Pflegekassen bestellten Sachverständigen berechtigt, die Qualität der Leistungen des Pflegedienstes mit Einwilligung der von dem Pflegedienst versorgten Person auch in deren Wohnung zu überprüfen. 5Der Medizinische Dienst und der Prüfdienst des Verbandes der privaten Krankenversicherung e. V. sollen die nach heimrechtlichen Vorschriften zuständige Aufsichtsbehörde an Prüfungen beteiligen, soweit dadurch die Prüfung nicht verzögert wird.

(3) 1Die Prüfungen beinhalten auch Inaugenscheinnahmen des gesundheitlichen und pflegerischen Zustands von durch die Pflegeeinrichtung versorgten Personen. 2Zum gesundheitlichen und pflegerischen Zustand der durch Inaugenscheinnahme in die Prüfung einbezogenen Personen können sowohl diese Personen selbst als auch Beschäftigte der Pflegeeinrichtungen, Betreuer und Angehörige sowie Mitglieder der heimrechtlichen Interessenvertretungen der Bewohnerinnen und Bewohner befragt werden. 3Bei der Beurteilung der Pflegequalität sind die Pflegedokumentation, die Inaugenscheinnahme von Personen nach Satz 1 und Befragungen der Beschäftigten der Pflegeeinrichtungen sowie der durch Inaugenscheinnahme in die Prüfung einbezogenen Personen, ihrer Angehörigen und der vertretungsberechtigten Personen angemessen zu berücksichtigen. 4Die Teilnahme an In-

augenscheinnahmen und Befragungen ist freiwillig. 5Durch die Ablehnung dürfen keine Nachteile entstehen. 6Einsichtnahmen in Pflegedokumentationen, Inaugenscheinnahmen von Personen nach Satz 1 und Befragungen von Personen nach Satz 2 sowie die damit jeweils zusammenhängende Verarbeitung personenbezogener Daten von durch Inaugenscheinnahme in die Prüfung einbezogenen Personen zum Zwecke der Erstellung eines Prüfberichts bedürfen der Einwilligung der betroffenen Personen.

(3a) 1Die Pflegeeinrichtungen haben im Rahmen ihrer Mitwirkungspflicht nach § 114 Absatz 1 Satz 4 insbesondere die Namen und Kontaktdaten der von ihnen versorgten Personen an die jeweiligen Prüfer weiterzuleiten. 2Die Prüfer sind jeweils verpflichtet, die durch Inaugenscheinnahme nach Absatz 3 Satz 1 in die Qualitätsprüfung einzubeziehenden Personen vor der Durchführung der Qualitätsprüfung in verständlicher Weise über die für die Einwilligung in die Prüfhandlungen nach Absatz 3 Satz 6 wesentlichen Umstände aufzuklären. 3Ergänzend kann auch auf Unterlagen Bezug genommen werden, die die durch Inaugenscheinnahme in die Prüfung einzubeziehende Person in Textform erhält. 4Die Aufklärung muss so rechtzeitig erfolgen, dass die durch Inaugenscheinnahme in die Prüfung einzubeziehende Person ihre Entscheidung über die Einwilligung wohlüberlegt treffen kann. 5Die Einwilligung nach Absatz 2 oder Absatz 3 kann erst nach Bekanntgabe der Einbeziehung der in Augenschein zu nehmenden Person in die Qualitätsprüfung erklärt werden und muss in einer Urkunde oder auf andere zur dauerhaften Wiedergabe in Schriftzeichen geeignete Weise gegenüber den Prüfern abgegeben werden, die Person des Erklärenden benennen und den Abschluss der Erklärung durch Nachbildung der Namensunterschrift oder anders erkennbar machen (Textform). 6Ist die durch Inaugenscheinnahme in die Prüfung einzubeziehende Person einwilligungsunfähig, ist die Einwilligung eines hierzu Berechtigten einzuholen, wobei dieser nach Maßgabe der Sätze 2 bis 4 aufzuklären ist. 7Ist ein Berechtigter nicht am Ort einer unangemeldeten Prüfung anwesend und ist eine rechtzeitige Einholung der Einwilligung in Textform nicht möglich, so genügt nach einer den Maßgaben der Sätze 2 bis 4 entsprechenden Aufklärung durch die Prüfer ausnahmsweise eine mündliche Einwilligung, wenn andernfalls die Durchführung der Prüfung erschwert würde. 8Die mündliche Einwilligung oder Nichteinwilligung des Berechtigten sowie die Gründe für ein ausnahmsweises Abweichen von der erforderlichen Textform sind schriftlich oder elektronisch zu dokumentieren.

(4) 1Auf Verlangen sind Vertreter der betroffenen Pflegekassen oder ihrer Verbände, des zuständigen Sozialhilfeträgers sowie des Verbandes der privaten Krankenversicherung e. V. an den Prüfungen nach den Absätzen 1 bis 3 zu beteiligen. 2Der Träger der Pflegeeinrichtung kann verlangen, dass eine Vereinigung, deren Mitglied er ist (Trägervereinigung), an der Prüfung nach den Absätzen 1 bis 3 beteiligt wird. 3Ausgenommen ist eine Beteiligung nach Satz 1 oder nach Satz 2, soweit dadurch die Durchführung einer Prüfung voraussichtlich verzögert wird. 4Unabhängig von ihren eigenen Prüfungsbefugnissen nach den Absätzen 1 bis 3 sind der Medizinische Dienst, der Prüfdienst des Verbandes der privaten Krankenversicherung e. V. und die von den Landesverbänden der Pflegekassen bestellten Sachverständigen jeweils befugt, sich an Überprüfungen von zugelassenen Pflegeeinrichtungen zu beteiligen, soweit sie von der nach heimrechtlichen Vorschriften zuständigen Aufsichtsbehörde nach Maßgabe heimrechtlicher Vorschriften durchgeführt werden. 5Sie haben in diesem Fall ihre Mitwirkung an der Überprüfung der Pflegeeinrichtung auf den Bereich der Qualitätssicherung nach diesem Buch zu beschränken.

(5) 1Unterschreitet der Prüfdienst des Verbandes der privaten Krankenversicherung e. V. die in § 114 Absatz 1 Satz 1 genannte, auf das Bundesgebiet bezogene Prüfquote, beteiligen sich die privaten Versicherungsunternehmen, die die private Pflege-Pflichtversicherung durchführen, anteilig bis zu einem Betrag von 10 Prozent an den Kosten der Qualitätsprüfungen der ambulanten und stationären Pflegeeinrichtungen. 2Das Bundesamt für Soziale Sicherung stellt jeweils am Ende eines Jahres die Einhaltung der Prüfquote oder die Höhe der Unter- oder Überschreitung sowie die Höhe der durchschnittlichen Kosten von Prüfungen im Wege einer Schätzung nach Anhörung des Verbandes der privaten Krankenversicherung e. V. und des Spitzenverbandes Bund der Pflegekassen fest und teilt diesen jährlich die Anzahl der durchgeführten Prüfungen und bei Unterschreitung der Prüfquote den Finanzierungsanteil der privaten Versicherungsunternehmen mit; der Finanzierungsanteil ergibt sich aus der Multiplikation der Durchschnittskosten mit der Differenz zwischen der Anzahl der vom Prüfdienst des Verbandes der privaten Krankenversicherung e. V. durchgeführten Prüfungen und der in § 114 Absatz 1 Satz 1 genannten Prüfquote. 3Der Finanzierungsanteil, der auf die privaten Versicherungsunternehmen entfällt,

XI

ist vom Verband der privaten Krankenversicherung e. V. jährlich unmittelbar an das Bundesamt für Soziale Sicherung zugunsten des Ausgleichsfonds der Pflegeversicherung (§ 65) zu überweisen. 4Der Verband der privaten Krankenversicherung e. V. muss der Zahlungsaufforderung durch das Bundesamt für Soziale Sicherung keine Folge leisten, wenn er innerhalb von vier Wochen nach der Zahlungsaufforderung nachweist, dass die Unterschreitung der Prüfquote nicht von ihm oder seinem Prüfdienst zu vertreten ist.

(5a) Der Spitzenverband Bund der Pflegekassen vereinbart bis zum 31. Oktober 2011 mit dem Verband der privaten Krankenversicherung e. V. das Nähere über die Zusammenarbeit bei der Durchführung von Qualitätsprüfungen durch den Prüfdienst des Verbandes der privaten Krankenversicherung e. V., insbesondere über Maßgaben zur Prüfquote, Auswahlverfahren der zu prüfenden Pflegeeinrichtungen und Maßnahmen der Qualitätssicherung, sowie zur einheitlichen Veröffentlichung von Ergebnissen der Qualitätsprüfungen durch den Verband der privaten Krankenversicherung e. V.

(6) 1Die Medizinischen Dienste und der Prüfdienst des Verbandes der privaten Krankenversicherung e. V. berichten dem Medizinischen Dienst Bund zum 30. Juni 2020, danach in Abständen von zwei Jahren, über ihre Erfahrungen mit der Anwendung der Beratungs- und Prüfvorschriften nach diesem Buch, über die Ergebnisse ihrer Qualitätsprüfungen sowie über ihre Erkenntnisse zum Stand und zur Entwicklung der Pflegequalität und der Qualitätssicherung. 2Sie stellen unter Beteiligung des Medizinischen Dienstes Bund die Vergleichbarkeit der gewonnenen Daten sicher. 3Der Medizinische Dienst Bund führt die Berichte der Medizinischen Dienste, des Prüfdienstes des Verbandes der privaten Krankenversicherung e. V. und seine eigenen Erkenntnisse und Erfahrungen zur Entwicklung der Pflegequalität und der Qualitätssicherung zu einem Bericht zusammen und legt diesen innerhalb eines halben Jahres dem Spitzenverband Bund der Pflegekassen, dem Bundesministerium für Gesundheit, dem Bundesministerium für Familie, Senioren, Frauen und Jugend sowie dem Bundesministerium für Arbeit und Soziales und den zuständigen Länderministerien vor.

(7) 1Der Medizinische Dienst Bund beschließt im Benehmen mit dem Spitzenverband Bund der Pflegekassen und des Prüfdienstes des Verbandes der privaten Krankenversicherung e. V. zur verfahrensrechtlichen Konkretisierung Richtlinien über die Durchführung der Prüfung der in Pflegeeinrichtungen erbrachten Leistungen und deren Qualität nach § 114 sowohl für den ambulanten als auch für den stationären Bereich. 2In den Richtlinien sind die Maßstäbe und Grundsätze zur Sicherung und Weiterentwicklung der Pflegequalität nach § 113 zu berücksichtigen. 3Die Richtlinien für den stationären Bereich sind bis zum 31. Oktober 2017, die Richtlinien für den ambulanten Bereich bis zum 31. Oktober 2018 zu beschließen. 4Sie treten jeweils gleichzeitig mit der entsprechenden Qualitätsdarstellungsvereinbarung nach § 115 Absatz 1a in Kraft. 5Die maßgeblichen Organisationen für die Wahrnehmung der Interessen und der Selbsthilfe der pflegebedürftigen und behinderten Menschen wirken nach Maßgabe von § 118 mit. 6Der Medizinische Dienst Bund hat die Vereinigungen der Träger der Pflegeeinrichtungen auf Bundesebene, die Verbände der Pflegeberufe auf Bundesebene, den Verband der privaten Krankenversicherung e. V. sowie die Bundesarbeitsgemeinschaft der überörtlichen Träger der Sozialhilfe und die kommunalen Spitzenverbände auf Bundesebene zu beteiligen. 7Ihnen ist unter Übermittlung der hierfür erforderlichen Informationen innerhalb einer angemessenen Frist vor der Entscheidung Gelegenheit zur Stellungnahme zu geben; die Stellungnahmen sind in die Entscheidung einzubeziehen. 8Die Richtlinien sind in regelmäßigen Abständen an den medizinisch-pflegefachlichen Fortschritt anzupassen. 9Sie sind durch das Bundesministerium für Gesundheit im Benehmen mit dem Bundesministerium für Familie, Senioren, Frauen und Jugend zu genehmigen. 10Beanstandungen des Bundesministeriums für Gesundheit sind innerhalb der von ihm gesetzten Frist zu beheben. 11Die Richtlinien über die Durchführung der Qualitätsprüfung sind für die Medizinischen Dienste und den Prüfdienst des Verbandes der privaten Krankenversicherung e. V. verbindlich.

§ 114b Erhebung und Übermittlung von indikatorenbezogenen Daten zur vergleichenden Messung und Darstellung von Ergebnisqualität in vollstationären Pflegeeinrichtungen

(1) 1Die zugelassenen vollstationären Pflegeeinrichtungen sind verpflichtet, ab dem 1. Oktober 2019 bis zum 31. Dezember 2021 einmal und ab dem 1. Januar 2022 halbjährlich zu einem bestimmten Stichtag indikatorenbezogene Daten zur vergleichenden Messung und Darstellung von Ergebnisqualität im vollstationären Bereich zu erheben und an die Datenauswertungsstelle nach § 113 Absatz 1b zu übermitteln. 2Die indikatorenbezogenen Daten sind auf der Grundlage einer strukturierten Datenerhebung im Rahmen des internen Qualitätsma-

nagements zu erfassen. ₃Wenn die Datenauswertungsstelle nach § 113 Absatz 1b bis zum 15. September 2019 nicht eingerichtet ist, haben die Landesverbände der Pflegekassen die Erfüllung der Aufgaben nach § 113 Absatz 1b sicherzustellen.

(2) Die von den Einrichtungen gemäß Absatz 1 Satz 1 übermittelten indikatorenbezogenen Daten werden entsprechend den Qualitätsdarstellungsvereinbarungen nach § 115 Absatz 1a mit Ausnahme der zwischen dem 1. Oktober 2019 und dem 31. Dezember 2021 erhobenen und übermittelten Daten veröffentlicht.

(3) ₁Aus den Mitteln des Ausgleichsfonds der Pflegeversicherung wird im Jahr 2019 ein einmaliger Förderbetrag in Höhe von 1000 Euro für jede zugelassene vollstationäre Pflegeeinrichtung bereitgestellt, um die für die Erhebung von indikatorenbezogenen Daten zur vergleichenden Messung und Darstellung von Ergebnisqualität notwendigen Schulungen in den Einrichtungen zu unterstützen. ₂Die Modalitäten der Auszahlung der Fördermittel durch eine Pflegekasse werden von den Landesverbänden der Pflegekassen festgelegt. ₃Die privaten Versicherungsunternehmen, die die private Pflege-Pflichtversicherung durchführen, beteiligen sich mit einem Anteil von 7 Prozent an den Kosten. ₄Der jeweilige Finanzierungsanteil, der auf die privaten Versicherungsunternehmen entfällt, kann von dem Verband der privaten Krankenversicherung e. V. unmittelbar an das Bundesversicherungsamt zugunsten des Ausgleichsfonds der Pflegeversicherung nach § 65 geleistet werden. ₅Der Spitzenverband Bund der Pflegekassen, der Verband der privaten Krankenversicherung e. V. und das Bundesversicherungsamt regeln das Nähere über das Verfahren zur Bereitstellung der notwendigen Finanzmittel aus dem Ausgleichsfonds der Pflegeversicherung sowie zur Feststellung und Erhebung der Beträge der privaten Versicherungsunternehmen, die die private Pflege-Pflichtversicherung durchführen, durch Vereinbarung.

§ 114c Richtlinien zur Verlängerung des Prüfrhythmus in vollstationären Einrichtungen bei guter Qualität und zur Veranlassung unangemeldeter Prüfungen; Berichtspflicht

(1) ₁Abweichend von § 114 Absatz 2 kann eine Prüfung in einer zugelassenen vollstationären Pflegeeinrichtung ab dem 1. Januar 2023 regelmäßig im Abstand von höchstens zwei Jahren stattfinden, wenn durch die jeweilige Einrichtung ein hohes Qualitätsniveau erreicht worden ist. ₂Der Medizinische Dienst Bund legt im Benehmen mit dem Spitzenverband Bund der Pflegekassen und unter Beteiligung des Prüfdienstes des Verbandes der privaten Krankenversicherung e. V. in Richtlinien Kriterien zur Feststellung eines hohen Qualitätsniveaus sowie Kriterien für die Veranlassung unangemeldeter Prüfungen nach § 114a Absatz 1 Satz 3 fest. ₃Bei der Erstellung der Richtlinien sind die Empfehlungen heranzuziehen, die in dem Abschlussbericht des wissenschaftlichen Verfahrens zur Entwicklung der Instrumente und Verfahren für Qualitätsprüfungen nach den §§ 114 bis 114b und die Qualitätsdarstellung nach § 115 Absatz 1a in der stationären Pflege „Darstellung der Konzeption für das neue Prüfverfahren und die Qualitätsdarstellung" in der vom Qualitätsausschuss Pflege am 17. September 2018 abgenommenen Fassung zum indikatorengestützten Verfahren dargelegt wurden. ₄Die Feststellung, ob ein hohes Qualitätsniveau durch eine Einrichtung erreicht worden ist, soll von den Landesverbänden der Pflegekassen auf der Grundlage der durch die Datenauswertungsstelle nach § 113 Absatz 1b Satz 3 übermittelten Daten und der Ergebnisse der nach § 114 durchgeführten Qualitätsprüfungen erfolgen. ₅Die auf Bundesebene maßgeblichen Organisationen für die Wahrnehmung der Interessen und der Selbsthilfe pflegebedürftiger und behinderter Menschen wirken nach Maßgabe von § 118 an der Erstellung und Änderung der Richtlinien mit. ₆Der Medizinische Dienst Bund hat die Vereinigungen der Träger der Pflegeeinrichtungen auf Bundesebene, die Verbände der Pflegeberufe auf Bundesebene, den Verband der privaten Krankenversicherung e. V., die Bundesarbeitsgemeinschaft der überörtlichen Träger der Sozialhilfe und die kommunalen Spitzenverbände auf Bundesebene zu beteiligen. ₇Ihnen ist unter Übermittlung der hierfür erforderlichen Informationen innerhalb einer angemessenen Frist vor der Entscheidung Gelegenheit zur Stellungnahme zu geben; die Stellungnahmen sind in die Entscheidung einzubeziehen. ₈Die Kriterien nach Satz 2 sind auf der Basis der empirischen Erkenntnisse der Datenauswertungsstelle nach § 113 Absatz 1b zur Messung und Bewertung der Qualität der Pflege in den Einrichtungen sowie des allgemein anerkannten Standes der medizinisch-pflegerischen Erkenntnisse regelmäßig, erstmals nach zwei Jahren, zu überprüfen.

(2) ₁Die Richtlinien werden erst wirksam, wenn das Bundesministerium für Gesundheit sie genehmigt. ₂Die Genehmigung gilt als erteilt, wenn die Richtlinien nicht innerhalb eines Monats, nachdem sie dem Bundesministerium für Gesundheit vorgelegt worden sind, beanstan-

det werden. $_{3}$Beanstandungen des Bundesministeriums für Gesundheit sind innerhalb der von ihm gesetzten Frist zu beheben.

(3) $_{1}$Der Spitzenverband Bund der Pflegekassen berichtet dem Bundesministerium für Gesundheit zum 30. Juni 2022, zum 31. März 2023 und danach jährlich über die Erfahrungen der Pflegekassen mit

1. der Erhebung und Übermittlung von indikatorenbezogenen Daten zur vergleichenden Messung und Darstellung von Ergebnisqualität in vollstationären Pflegeeinrichtungen nach § 114b Absatz 1 und
2. Qualitätsprüfungen, die ab dem 1. November 2019 nach § 114 in vollstationären Pflegeeinrichtungen durchgeführt werden.

$_{2}$Für die Berichterstattung zum 31. März 2023 beauftragt der Spitzenverband Bund der Pflegekassen eine unabhängige wissenschaftliche Einrichtung oder einen unabhängigen Sachverständigen mit der Evaluation der in den Qualitätsdarstellungsvereinbarungen festgelegten Bewertungssystematik für die Ergebnisse der Qualitätsprüfungen.

§ 115 Ergebnisse von Qualitätsprüfungen, Qualitätsdarstellung, Vergütungskürzung

(1) $_{1}$Die Medizinischen Dienste, der Prüfdienst des Verbandes der privaten Krankenversicherung e. V. sowie die von den Landesverbänden der Pflegekassen für Qualitätsprüfungen bestellten Sachverständigen haben das Ergebnis einer jeden Qualitätsprüfung sowie die dabei gewonnenen Daten und Informationen den Landesverbänden der Pflegekassen und den zuständigen Trägern der Sozialhilfe sowie den nach heimrechtlichen Vorschriften zuständigen Aufsichtsbehörden im Rahmen ihrer Zuständigkeit und bei häuslicher Pflege den zuständigen Pflegekassen zum Zwecke der Erfüllung ihrer gesetzlichen Aufgaben sowie der betroffenen Pflegeeinrichtung mitzuteilen. $_{2}$Die Landesverbände der Pflegekassen sind befugt und auf Anforderung verpflichtet, die ihnen nach Satz 1 bekannt gewordenen Daten und Informationen mit Zustimmung des Trägers der Pflegeeinrichtung auch seiner Trägervereinigung zu übermitteln, soweit deren Kenntnis für die Anhörung oder eine Stellungnahme der Pflegeeinrichtung zu einem Bescheid nach Absatz 2 erforderlich ist. $_{3}$Gegenüber Dritten sind die Prüfer und die Empfänger der Daten zur Verschwiegenheit verpflichtet; dies gilt nicht für die zur Veröffentlichung der Ergebnisse von Qualitätsprüfungen nach Absatz 1a erforderlichen Daten und Informationen.

(1a) $_{1}$Die Landesverbände der Pflegekassen stellen sicher, dass die von Pflegeeinrichtungen erbrachten Leistungen und deren Qualität für die Pflegebedürftigen und ihre Angehörigen verständlich, übersichtlich und vergleichbar sowohl im Internet als auch in anderer geeigneter Form kostenfrei veröffentlicht werden. $_{2}$Die Vertragsparteien nach § 113 vereinbaren insbesondere auf der Grundlage der Maßstäbe und Grundsätze nach § 113 und der Richtlinien zur Durchführung der Prüfung der in Pflegeeinrichtungen erbrachten Leistungen und deren Qualität nach § 114a Absatz 7, welche Ergebnisse bei der Darstellung der Qualität für den ambulanten und den stationären Bereich zugrunde zu legen sind und inwieweit die Ergebnisse durch weitere Informationen ergänzt werden. $_{3}$In den Vereinbarungen sind die Ergebnisse der nach § 113b Absatz 4 Satz 2 Nummer 1 bis 4 vergebenen Aufträge zu berücksichtigen. $_{4}$Die Vereinbarungen umfassen auch die Form der Darstellung einschließlich einer Bewertungssystematik (Qualitätsdarstellungsvereinbarungen). $_{5}$Bei Anlassprüfungen nach § 114 Absatz 5 bilden die Prüfergebnisse aller in die Prüfung einbezogenen Pflegebedürftigen die Grundlage für die Bewertung und Darstellung der Qualität. $_{6}$Personenbezogene Daten sind zu anonymisieren. $_{7}$Ergebnisse von Wiederholungsprüfungen sind zeitnah zu berücksichtigen. $_{8}$Bei der Darstellung der Qualität ist die Art der Prüfung als Anlass-, Regel- oder Wiederholungsprüfung kenntlich zu machen. $_{9}$Das Datum der letzten Prüfung durch den Medizinischen Dienst oder durch den Prüfdienst des Verbandes der privaten Krankenversicherung e. V., eine Einordnung des Prüfergebnisses nach einer Bewertungssystematik sowie eine Zusammenfassung der Prüfergebnisse sind an gut sichtbarer Stelle in jeder Pflegeeinrichtung auszuhängen. $_{10}$Die Qualitätsdarstellungsvereinbarungen für den stationären Bereich sind bis zum 31. Dezember 2017 und für den ambulanten Bereich bis zum 31. Dezember 2018 jeweils unter Beteiligung des Medizinischen Dienstes Bund, des Verbandes der privaten Krankenversicherung e. V. und der Verbände der Pflegeberufe auf Bundesebene zu schließen. $_{11}$Die auf Bundesebene maßgeblichen Organisationen für die Wahrnehmung der Interessen und der Selbsthilfe der pflegebedürftigen und behinderten Menschen wirken nach Maßgabe von § 118 mit. $_{12}$Die Qualitätsdarstellungsvereinbarungen sind an den medizinisch- pflegefachlichen Fortschritt anzupassen. $_{13}$Bestehende Vereinbarungen gelten bis zum Abschluss einer neuen Vereinbarung fort; dies gilt entsprechend auch für die bestehenden Vereinbarungen über die Kriterien der Veröffentlichung einschließlich der Bewertungssystematik (Pflege-Transparenzvereinbarungen).

(1b) 1Die Landesverbände der Pflegekassen stellen sicher, dass ab dem 1. Januar 2014 die Informationen gemäß § 114 Absatz 1 über die Regelungen zur ärztlichen, fachärztlichen und zahnärztlichen Versorgung sowie zur Arzneimittelversorgung und ab dem 1. Juli 2016 die Informationen gemäß § 114 Absatz 1 zur Zusammenarbeit mit einem Hospiz- und Palliativnetz in vollstationären Einrichtungen für die Pflegebedürftigen und ihre Angehörigen verständlich, übersichtlich und vergleichbar sowohl im Internet als auch in anderer geeigneter Form kostenfrei zur Verfügung gestellt werden. 2Die Pflegeeinrichtungen sind verpflichtet, die Informationen nach Satz 1 an gut sichtbarer Stelle in der Pflegeeinrichtung auszuhängen. 3Die Landesverbände der Pflegekassen übermitteln die Informationen nach Satz 1 an den Verband der privaten Krankenversicherung e. V. zum Zweck der einheitlichen Veröffentlichung.

(1c) 1Die Landesverbände der Pflegekassen haben Dritten für eine zweckgerechte, nicht gewerbliche Nutzung die Daten, die nach den Qualitätsdarstellungsvereinbarungen nach Absatz 1a der Darstellung der Qualität zu Grunde liegen, sowie rückwirkend zum 1. Januar 2017 ab dem 1. April 2017 die Daten, die nach den nach § 115a übergeleiteten Pflege-Transparenzvereinbarungen der Darstellung der Qualität bis zum Inkrafttreten der Qualitätsdarstellungsvereinbarungen zu Grunde liegen, auf Antrag in maschinen- und menschenlesbarer sowie plattformunabhängiger Form zur Verarbeitung und Veröffentlichung zur Verfügung zu stellen. 2Das Nähere zu der Übermittlung der Daten an Dritte, insbesondere zum Datenformat, zum Datennutzungsvertrag, zu den Nutzungsrechten und den Pflichten des Nutzers bei der Verwendung der Daten, bestimmen die Vertragsparteien nach § 113 bis zum 31. März 2017 in Nutzungsbedingungen, die dem Datennutzungsvertrag unabdingbar zu Grunde zu legen sind. 3Mit den Nutzungsbedingungen ist eine nicht missbräuchliche, nicht wettbewerbsverzerrende und manipulationsfreie Verwendung der Daten sicherzustellen. 4Der Dritte hat zu gewährleisten, dass die Herkunft der Daten für die Endverbraucherin oder den Endverbraucher transparent bleibt. 5Dies gilt insbesondere, wenn eine Verwendung der Daten in Zusammenhang mit anderen Daten erfolgt. 6Für die Informationen nach Absatz 1b gelten die Sätze 1 bis 4 entsprechend. 7Die Übermittlung der Daten erfolgt gegen Ersatz der entstehenden Verwaltungskosten, es sei denn, es handelt sich bei den Dritten um öffentlich-rechtliche Stellen. 8Die entsprechenden Aufwendungen sind von den Landesverbänden der Pflegekassen nachzuweisen.

(2) 1Soweit bei einer Prüfung nach diesem Buch Qualitätsmängel festgestellt werden, entscheiden die Landesverbände der Pflegekassen nach Anhörung des Trägers der Pflegeeinrichtung und der beteiligten Trägervereinigung unter Beteiligung des zuständigen Trägers der Sozialhilfe, welche Maßnahmen zu treffen sind, erteilen dem Träger der Einrichtung hierüber einen Bescheid und setzen ihm darin zugleich eine angemessene Frist zur Beseitigung der festgestellten Mängel. 2Werden nach Satz 1 festgestellte Mängel nicht fristgerecht beseitigt, können die Landesverbände der Pflegekassen gemeinsam den Versorgungsvertrag gemäß § 74 Abs. 1, in schwerwiegenden Fällen nach § 74 Abs. 2, kündigen. 3§ 73 Abs. 2 gilt entsprechend.

(3) 1Hält die Pflegeeinrichtung ihre gesetzlichen oder vertraglichen Verpflichtungen, insbesondere ihre Verpflichtungen zu einer qualitätsgerechten Leistungserbringung aus dem Versorgungsvertrag (§ 72) ganz oder teilweise nicht ein, sind die nach dem Achten Kapitel vereinbarten Pflegevergütungen für die Dauer der Pflichtverletzung entsprechend zu kürzen. 2Über die Höhe des Kürzungsbetrags ist zwischen den Vertragsparteien nach § 85 Abs. 2 Einvernehmen anzustreben. 3Kommt eine Einigung nicht zustande, entscheidet auf Antrag einer Vertragspartei die Schiedsstelle nach § 76 in der Besetzung des Vorsitzenden und der beiden weiteren unparteiischen Mitglieder. 4Gegen die Entscheidung nach Satz 3 ist der Rechtsweg zu den Sozialgerichten gegeben; ein Vorverfahren findet nicht statt, die Klage hat aufschiebende Wirkung. 5Der vereinbarte oder festgesetzte Kürzungsbetrag ist von der Pflegeeinrichtung bis zur Höhe ihres Eigenanteils an die betroffenen Pflegebedürftigen und im Weiteren an die Pflegekassen zurückzuzahlen; soweit die Pflegevergütung als nachrangige Sachleistung von einem anderen Leistungsträger übernommen wurde, ist der Kürzungsbetrag an diesen zurückzuzahlen. 6Der Kürzungsbetrag kann nicht über die Vergütungen oder Entgelte nach dem Achten Kapitel refinanziert werden. 7Schadensersatzansprüche der betroffenen Pflegebedürftigen nach anderen Vorschriften bleiben unberührt; § 66 des Fünften Buches gilt entsprechend.

(3a) 1Eine Verletzung der Verpflichtungen zu einer qualitätsgerechten Leistungserbringung im Sinne des Absatzes 3 Satz 1 wird unwiderlegbar vermutet

1. bei einem planmäßigen und zielgerichteten Verstoß des Trägers der Einrichtung gegen seine Verpflichtung zur Einhaltung der nach § 84 Absatz 5 Satz 2 Nummer 2 vereinbarten Personalausstattung oder

2. bei nicht nur vorübergehenden Unterschreitungen der nach § 84 Absatz 5 Satz 2 Nummer 2 vereinbarten Personalausstattung.

₂Entsprechendes gilt bei Nichtbezahlung der nach § 82c zugrunde gelegten Gehälter und Entlohnung. ₃Abweichend von Absatz 3 Satz 2 und 3 ist das Einvernehmen über den Kürzungsbetrag unverzüglich herbeizuführen und die Schiedsstelle hat in der Regel binnen drei Monaten zu entscheiden. ₄Bei Verstößen im Sinne von Satz 1 Nummer 1 können die Landesverbände der Pflegekassen gemeinsam den Versorgungsvertrag gemäß § 74 Absatz 1, in schwerwiegenden Fällen nach § 74 Absatz 2, kündigen; § 73 Absatz 2 gilt entsprechend.

(3b) ₁Die Vertragsparteien nach § 113 vereinbaren durch den Qualitätsausschuss gemäß § 113b bis zum 1. Januar 2018 das Verfahren zur Kürzung der Pflegevergütung nach den Absätzen 3 und 3a. ₂Die Vereinbarungen sind im Bundesanzeiger zu veröffentlichen und gelten vom ersten Tag des auf die Veröffentlichung folgenden Monats. ₃Sie sind für alle Pflegekassen und deren Verbände sowie für die zugelassenen Pflegeeinrichtungen unmittelbar verbindlich.

(4) ₁Bei Feststellung schwerwiegender, kurzfristig nicht behebbarer Mängel in der stationären Pflege sind die Pflegekassen verpflichtet, den betroffenen Heimbewohnern auf deren Antrag eine andere geeignete Pflegeeinrichtung zu vermitteln, welche die Pflege, Versorgung und Betreuung nahtlos übernimmt. ₂Bei Sozialhilfeempfängern ist der zuständige Träger der Sozialhilfe zu beteiligen.

(5) ₁Stellen der Medizinische Dienst oder der Prüfdienst des Verbandes der privaten Krankenversicherung e. V. schwerwiegende Mängel in der ambulanten Pflege fest, kann die zuständige Pflegekasse dem Pflegedienst auf Empfehlung des Medizinischen Dienstes oder des Prüfdienstes des Verbandes der privaten Krankenversicherung e. V. die weitere Versorgung des Pflegebedürftigen vorläufig untersagen; § 73 Absatz 2 gilt entsprechend. ₂Die Pflegekasse hat dem Pflegebedürftigen in diesem Fall einen anderen geeigneten Pflegedienst zu vermitteln, der die Pflege nahtlos übernimmt; dabei ist so weit wie möglich das Wahlrecht des Pflegebedürftigen nach § 2 Abs. 2 zu beachten. ₃Absatz 4 Satz 2 gilt entsprechend.

(6) ₁In den Fällen der Absätze 4 und 5 haftet der Träger der Pflegeeinrichtung gegenüber den betroffenen Pflegebedürftigen und deren Kostenträgern für die Kosten der Vermittlung einer anderen ambulanten oder stationären Pflegeeinrichtung, soweit er die Mängel in entsprechender Anwendung des § 276 des Bürgerlichen Gesetzbuches zu vertreten hat. ₂Absatz 3 Satz 7 bleibt unberührt.

§ 115a Übergangsregelung für Pflege-Transparenzvereinbarungen und Qualitätsprüfungs-Richtlinien

(1) ₁Die Vertragsparteien nach § 113 passen unter Beteiligung des Medizinischen Dienstes Bund, des Verbandes der privaten Krankenversicherung e. V. und der Verbände der Pflegeberufe auf Bundesebene die Pflege-Transparenzvereinbarungen an dieses Gesetz in der am 1. Januar 2017 geltenden Fassung an (übergeleitete Pflege-Transparenzvereinbarungen). ₂Die auf Bundesebene maßgeblichen Organisationen für die Wahrnehmung der Interessen und der Selbsthilfe der pflegebedürftigen und behinderten Menschen wirken nach Maßgabe von § 118 mit. Kommt bis zum 30. April 2016 keine einvernehmliche Einigung zustande, entscheidet der erweiterte Qualitätsausschuss nach § 113b Absatz 3 bis zum 30. Juni 2016. ₃Die übergeleiteten Pflege-Transparenzvereinbarungen gelten ab 1. Januar 2017 bis zum Inkrafttreten der in § 115 Absatz 1a vorgesehenen Qualitätsdarstellungsvereinbarungen.

(2) Schiedsstellenverfahren zu den Pflege-Transparenzvereinbarungen, die am 1. Januar 2016 anhängig sind, werden nach Maßgabe des § 113b Absatz 2, 3 und 8 durch den Qualitätsausschuss entschieden; die Verfahren sind bis zum 30. Juni 2016 abzuschließen.

(3) Die Richtlinien über die Prüfung der in Pflegeeinrichtungen erbrachten Leistungen und deren Qualität nach § 114 (Qualitätsprüfungs-Richtlinien) in der am 31. Dezember 2015 geltenden Fassung gelten nach Maßgabe der Absätze 4 und 5 bis zum Inkrafttreten der Richtlinien über die Durchführung der Prüfung der in Pflegeeinrichtungen erbrachten Leistungen und deren Qualität nach § 114a Absatz 7 fort und sind für den Medizinischen Dienst und den Prüfdienst des Verbandes der privaten Krankenversicherung e. V. verbindlich.

(4) ₁Der Spitzenverband Bund der Pflegekassen passt unter Beteiligung des Medizinischen Dienstes Bund und des Prüfdienstes des Verbandes der privaten Krankenversicherung e. V. die Qualitätsprüfungs- Richtlinien unverzüglich an dieses Gesetz in der am 1. Januar 2016 geltenden Fassung an. ₂Die auf Bundesebene maßgeblichen Organisationen für die Wahrnehmung der Interessen und der Selbsthilfe der pflegebedürftigen und behinderten Menschen wirken nach Maßgabe von § 118 mit. ₃Der Spitzenverband Bund der Pflegekassen hat die Vereinigungen der Träger der Pflegeeinrichtungen auf

XI

Bundesebene, die Verbände der Pflegeberufe auf Bundesebene, den Verband der privaten Krankenversicherung e. V. sowie die Bundesarbeitsgemeinschaft der überörtlichen Träger der Sozialhilfe und die kommunalen Spitzenverbände auf Bundesebene zu beteiligen. ₄Ihnen ist unter Übermittlung der hierfür erforderlichen Informationen innerhalb einer angemessenen Frist vor der Entscheidung Gelegenheit zur Stellungnahme zu geben; die Stellungnahmen sind in die Entscheidung einzubeziehen. ₅Die angepassten Qualitätsprüfungs-Richtlinien bedürfen der Genehmigung des Bundesministeriums für Gesundheit.

(5) ₁Der Spitzenverband Bund der Pflegekassen passt unter Beteiligung des Medizinischen Dienstes Bund und des Prüfdienstes des Verbandes der privaten Krankenversicherung e. V. die nach Absatz 4 angepassten Qualitätsprüfungs-Richtlinien bis zum 30. September 2016 an die nach Absatz 1 übergeleiteten und gegebenenfalls nach Absatz 2 geänderten Pflege-Transparenzvereinbarungen an. ₂Die auf Bundesebene maßgeblichen Organisationen für die Wahrnehmung der Interessen und der Selbsthilfe der pflegebedürftigen und behinderten Menschen wirken nach Maßgabe von § 118 mit. ₃Der Spitzenverband Bund der Pflegekassen hat die Vereinigungen der Träger der Pflegeeinrichtungen auf Bundesebene, die Verbände der Pflegeberufe auf Bundesebene, den Verband der privaten Krankenversicherung e. V. sowie die Bundesarbeitsgemeinschaft der überörtlichen Träger der Sozialhilfe und die kommunalen Spitzenverbände auf Bundesebene zu beteiligen. ₄Ihnen ist unter Übermittlung der hierfür erforderlichen Informationen innerhalb einer angemessenen Frist vor der Entscheidung Gelegenheit zur Stellungnahme zu geben; die Stellungnahmen sind in die Entscheidung einzubeziehen. ₅Die angepassten Qualitätsprüfungs-Richtlinien bedürfen der Genehmigung des Bundesministeriums für Gesundheit und treten zum 1. Januar 2017 in Kraft.

§ 116 Kostenregelungen

(1) Die Prüfkosten bei Wirksamkeits- und Wirtschaftlichkeitsprüfungen nach § 79 sind als Aufwand in der nächstmöglichen Vergütungsvereinbarung nach dem Achten Kapitel zu berücksichtigen; sie können auch auf mehrere Vergütungszeiträume verteilt werden.

(2) ₁Die Kosten der Schiedsstellenentscheidung nach § 115 Abs. 3 Satz 3 trägt der Träger der Pflegeeinrichtung, soweit die Schiedsstelle eine Vergütungskürzung anordnet; andernfalls sind sie von den als Kostenträgern betroffenen Vertragsparteien gemeinsam zu tragen. ₂Setzt die Schiedsstelle einen niedrigeren Kürzungsbetrag fest als von den Kostenträgern gefordert, haben die Beteiligten die Verfahrenskosten anteilig zu zahlen.

(3) ₁Die Bundesregierung wird ermächtigt, durch Rechtsverordnung mit Zustimmung des Bundesrates die Entgelte für die Durchführung von Wirtschaftlichkeitsprüfungen zu regeln. ₂In der Rechtsverordnung können auch Mindest- und Höchstsätze festgelegt werden; dabei ist den berechtigten Interessen der Wirtschaftlichkeitsprüfer (§ 79) sowie der zur Zahlung der Entgelte verpflichteten Pflegeeinrichtungen Rechnung zu tragen.

§ 117 Zusammenarbeit mit den nach heimrechtlichen Vorschriften zuständigen Aufsichtsbehörden

(1) ₁Die Landesverbände der Pflegekassen sowie der Medizinische Dienst und der Prüfdienst des Verbandes der privaten Krankenversicherung e. V. arbeiten mit den nach heimrechtlichen Vorschriften zuständigen Aufsichtsbehörden bei der Zulassung und der Überprüfung der Pflegeeinrichtungen eng zusammen, um ihre wechselseitigen Aufgaben nach diesem Buch und nach den heimrechtlichen Vorschriften insbesondere durch

1. regelmäßige gegenseitige Information und Beratung,
2. Terminabsprachen für eine gemeinsame oder arbeitsteilige Überprüfung von Pflegeeinrichtungen und
3. Verständigung über die im Einzelfall notwendigen Maßnahmen

wirksam aufeinander abzustimmen. ₂Dabei ist sicherzustellen, dass Doppelprüfungen nach Möglichkeit vermieden werden. ₃Zur Erfüllung dieser Aufgaben sind die Landesverbände der Pflegekassen sowie der Medizinische Dienst und der Prüfdienst des Verbandes der privaten Krankenversicherung e. V. verpflichtet, in den Arbeitsgemeinschaften nach den heimrechtlichen Vorschriften mitzuwirken und sich an entsprechenden Vereinbarungen zu beteiligen.

(2) ₁Die Landesverbände der Pflegekassen sowie der Medizinische Dienst und der Prüfdienst des Verbandes der privaten Krankenversicherung e. V. können mit den nach heimrechtlichen Vorschriften zuständigen Aufsichtsbehörden oder den obersten Landesbehörden ein Modellvorhaben vereinbaren, das darauf zielt, eine abgestimmte Vorgehensweise bei der Prüfung der Qualität von Pflegeeinrichtungen nach diesem Buch und nach heimrechtlichen Vorschriften zu erarbeiten. ₂Von den Richtlinien nach § 114a Absatz 7 und den nach § 115 Absatz 1a bundesweit getroffenen Vereinbarungen kann dabei für die Zwecke und die Dauer des Modellvorhabens

abgewichen werden. 3Die Verantwortung der Pflegekassen und ihrer Verbände für die inhaltliche Bestimmung, Sicherung und Prüfung der Pflege-, Versorgungs- und Betreuungsqualität nach diesem Buch kann durch eine Zusammenarbeit mit den nach heimrechtlichen Vorschriften zuständigen Aufsichtsbehörden oder den obersten Landesbehörden weder eingeschränkt noch erweitert werden.

(3) 1Zur Verwirklichung der engen Zusammenarbeit sind die Landesverbände der Pflegekassen sowie der Medizinische Dienst und der Prüfdienst des Verbandes der privaten Krankenversicherung e. V. berechtigt und auf Anforderung verpflichtet, der nach heimrechtlichen Vorschriften zuständigen Aufsichtsbehörde die ihnen nach diesem Buch zugänglichen Daten über die Pflegeeinrichtungen, insbesondere über die Zahl und Art der Pflegeplätze und der betreuten Personen (Belegung), über die personelle und sächliche Ausstattung sowie über die Leistungen und Vergütungen der Pflegeeinrichtungen, mitzuteilen. 2Personenbezogene Daten sind vor der Datenübermittlung zu anonymisieren.

(4) 1Erkenntnisse aus der Prüfung von Pflegeeinrichtungen sind vom Medizinischen Dienst, dem Prüfdienst des Verbandes der privaten Krankenversicherung e. V. oder von den sonstigen Sachverständigen oder Stellen, die Qualitätsprüfungen nach diesem Buch durchführen, unverzüglich der nach heimrechtlichen Vorschriften zuständigen Aufsichtsbehörde mitzuteilen, soweit sie zur Vorbereitung und Durchführung von aufsichtsrechtlichen Maßnahmen nach den heimrechtlichen Vorschriften erforderlich sind. 2§ 115 Abs. 1 Satz 1 bleibt hiervon unberührt.

(5) 1Die Pflegekassen und ihre Verbände sowie der Medizinische Dienst und der Prüfdienst des Verbandes der privaten Krankenversicherung e. V. tragen die ihnen durch die Zusammenarbeit mit den nach heimrechtlichen Vorschriften zuständigen Aufsichtsbehörden entstehenden Kosten. 2Eine Beteiligung an den Kosten nach heimrechtlichen Vorschriften zuständigen Aufsichtsbehörden oder anderer von der nach heimrechtlichen Vorschriften zuständigen Aufsichtsbehörde beteiligter Stellen oder Gremien ist unzulässig.

(6) 1Durch Anordnungen der nach heimrechtlichen Vorschriften zuständigen Aufsichtsbehörde bedingte Mehr- oder Minderkosten sind, soweit sie dem Grunde nach vergütungsfähig im Sinne des § 82 Abs. 1 sind, in der nächstmöglichen Pflegesatzvereinbarung zu berücksichtigen. 2Der Widerspruch oder die Klage einer Vertragspartei oder eines Beteiligten nach § 85 Abs. 2 gegen die Anordnung hat keine aufschiebende Wirkung.

§ 118 Beteiligung von Interessenvertretungen, Verordnungsermächtigung

(1) 1Bei Erarbeitung oder Änderung

1. der in § 17 Absatz 1, §§ 18b, 112a Absatz 2, § 114a Absatz 7, § 114c Absatz 1 und § 115a Absatz 3 bis 5 vorgesehenen Richtlinien sowie
2. der Vereinbarungen und Beschlüsse nach § 37 Absatz 5 in der ab dem 1. Januar 2017 geltenden Fassung, den §§ 113, 113a, 115 Absatz 1a sowie § 115a Absatz 1 Satz 3 und Absatz 2 durch den Qualitätsausschuss nach § 113b sowie der Vereinbarungen und Beschlüsse nach § 113c und der Vereinbarungen nach § 115a Absatz 1 Satz 1

wirken die auf Bundesebene maßgeblichen Organisationen für die Wahrnehmung der Interessen und der Selbsthilfe pflegebedürftiger und behinderter Menschen nach Maßgabe der Verordnung nach Absatz 2 beratend mit. 2Das Mitberatungsrecht beinhaltet auch das Recht zur Anwesenheit bei Beschlussfassungen. 3Bei den durch den Qualitätsausschuss nach § 113b zu treffenden Entscheidungen erhalten diese Organisationen das Recht, Anträge zu stellen. 4Der Qualitätsausschuss nach § 113b hat über solche Anträge in der nächsten Sitzung zu beraten. 5Wenn über einen Antrag nicht entschieden werden kann, soll in der Sitzung das Verfahren hinsichtlich der weiteren Beratung und Entscheidung festgelegt werden. 6Ehrenamtlich Tätige, die von den auf Bundesebene maßgeblichen Organisationen nach Maßgabe einer auf Grund des Absatzes 2 erlassenen Verordnung in die Gremien des Qualitätsausschusses nach § 113b entsandt werden, damit sie dort die in den Sätzen 1 und 3 genannten Rechte dieser Organisationen wahrnehmen, haben Anspruch auf Erstattung der Reisekosten, die ihnen durch die Entsendung entstanden sind, sowie auf den Ersatz des Verdienstausfalls in entsprechender Anwendung des § 41 Absatz 2 des Vierten Buches und einen Pauschbetrag für Zeitaufwand in Höhe eines Fünfzigstels der monatlichen Bezugsgröße (§ 18 des Vierten Buches) für jeden Kalendertag einer Sitzung. 7Das Nähere regeln die Vereinbarungspartner in der Geschäftsordnung nach § 113b Absatz 7.

(2) Das Bundesministerium für Gesundheit wird ermächtigt, durch Rechtsverordnung mit Zustimmung des Bundesrates Einzelheiten festzulegen für

1. die Voraussetzungen der Anerkennung der für die Wahrnehmung der Interessen und der Selbsthilfe der pflegebedürftigen und behinderten Menschen maßgeblichen Organisationen auf Bundesebene, insbe-

sondere zu den Erfordernissen an die Organisationsform und die Offenlegung der Finanzierung, sowie

2. das Verfahren der Beteiligung.

§ 119 Verträge mit Pflegeheimen außerhalb des Anwendungsbereichs des Wohn- und Betreuungsvertragsgesetzes

Für den Vertrag zwischen dem Träger einer zugelassenen stationären Pflegeeinrichtung, auf die das Wohn- und Betreuungsvertragsgesetz keine Anwendung findet, und dem pflegebedürftigen Bewohner gelten die Vorschriften über die Verträge nach dem Wohn- und Betreuungsvertragsgesetz entsprechend.

§ 120 Pflegevertrag bei häuslicher Pflege

(1) 1Bei häuslicher Pflege übernimmt der zugelassene Pflegedienst spätestens mit Beginn des ersten Pflegeeinsatzes auch gegenüber dem Pflegebedürftigen die Verpflichtung, diesen nach Art und Schwere seiner Pflegebedürftigkeit, entsprechend den von ihm in Anspruch genommenen Leistungen der häuslichen Pflegehilfe im Sinne des § 36 zu versorgen (Pflegevertrag). 2Bei jeder wesentlichen Veränderung des Zustandes des Pflegebedürftigen hat der Pflegedienst dies der zuständigen Pflegekasse unverzüglich mitzuteilen.

(2) 1Der Pflegedienst hat nach Aufforderung der zuständigen Pflegekasse unverzüglich eine Ausfertigung des Pflegevertrages auszuhändigen. 2Der Pflegevertrag kann von dem Pflegebedürftigen jederzeit ohne Einhaltung einer Frist gekündigt werden.

(3) 1In dem Pflegevertrag sind mindestens Art, Inhalt und Umfang der Leistungen einschließlich der dafür mit den Kostenträgern nach § 89 vereinbarten Vergütungen für jede Leistung oder jeden Leistungskomplex einschließlich ergänzender Unterstützungsleistungen bei der Nutzung von digitalen Pflegeanwendungen gesondert zu beschreiben. 2Der Pflegedienst hat den Pflegebedürftigen vor Vertragsschluss und bei jeder wesentlichen Veränderung in der Regel schriftlich über die voraussichtlichen Kosten zu unterrichten. 3Bei der Vereinbarung des Pflegevertrages ist zu berücksichtigen, dass der Pflegebedürftige Leistungen von mehreren Leistungserbringern in Anspruch nimmt. 4Ebenso zu berücksichtigen ist die Bereitstellung der Informationen für eine Nutzung des Umwandlungsanspruchs nach § 45a Absatz 4.

(4) 1Der Anspruch des Pflegedienstes auf Vergütung seiner Leistungen der häuslichen Pflegehilfe im Sinne des § 36 und seiner ergänzenden Unterstützungsleistungen im Sinne des § 39a ist unmittelbar gegen die zuständige Pflegekasse zu richten. 2Soweit die von dem Pflegebedürftigen abgerufenen Leistungen nach Satz 1 den von der Pflegekasse mit Bescheid festgelegten und von ihr zu zahlenden leistungsrechtlichen Höchstbetrag überschreiten, darf der Pflegedienst dem Pflegebedürftigen für die zusätzlich abgerufenen Leistungen keine höhere als die nach § 89 vereinbarte Vergütung berechnen.

Zwölftes Kapitel Bußgeldvorschrift

§ 121 Bußgeldvorschrift

(1) Ordnungswidrig handelt, wer vorsätzlich oder leichtfertig

1. der Verpflichtung zum Abschluß oder zur Aufrechterhaltung des privaten Pflegeversicherungsvertrages nach § 23 Abs. 1 Satz 1 und 2 oder § 23 Abs. 4 oder der Verpflichtung zur Aufrechterhaltung des privaten Pflegeversicherungsvertrages nach § 22 Abs. 1 Satz 2 nicht nachkommt,
2. entgegen § 50 Abs. 1 Satz 1, § 51 Abs. 1 Satz 1 und 2, § 51 Abs. 3 oder entgegen Artikel 42 Abs. 4 Satz 1 oder 2 des Pflege-Versicherungsgesetzes eine Meldung nicht, nicht richtig, nicht vollständig oder nicht rechtzeitig erstattet,
3. entgegen § 50 Abs. 3 Satz 1 Nr. 1 eine Auskunft nicht, nicht richtig, nicht vollständig oder nicht rechtzeitig erteilt oder entgegen § 50 Abs. 3 Satz 1 Nr. 2 eine Änderung nicht, nicht richtig, nicht vollständig oder nicht rechtzeitig mitteilt,
4. entgegen § 50 Abs. 3 Satz 2 die erforderlichen Unterlagen nicht, nicht vollständig oder nicht rechtzeitig vorlegt,
5. entgegen Artikel 42 Abs. 1 Satz 3 des Pflege-Versicherungsgesetzes den Leistungsumfang seines privaten Versicherungsvertrages nicht oder nicht rechtzeitig anpaßt,
6. mit der Entrichtung von sechs Monatsprämien zur privaten Pflegeversicherung in Verzug gerät,
7. entgegen § 128 Absatz 1 Satz 4 die dort genannten Daten nicht, nicht richtig, nicht vollständig oder nicht rechtzeitig übermittelt.

(2) Die Ordnungswidrigkeit kann mit einer Geldbuße bis zu 2500 Euro geahndet werden.

(3) Für die von privaten Versicherungsunternehmen begangenen Ordnungswidrigkeiten nach Absatz 1 Nummer 2 und 7 ist das Bundesamt für Soziale Sicherung die

Verwaltungsbehörde im Sinne des § 36 Abs. 1 Nr. 1 des Gesetzes über Ordnungswidrigkeiten.

(4) ₁Die für die Verfolgung und Ahndung der Ordnungswidrigkeiten nach Absatz 1 Nummer 1 und 6 zuständige Verwaltungsbehörde im Sinne des § 36 Absatz 1 Nummer 2 Buchstabe a oder Absatz 2 des Gesetzes über Ordnungswidrigkeiten kann die zur Ermittlung des Sachverhalts erforderlichen Auskünfte, auch elektronisch und als elektronisches Dokument, bei den nach § 51 Absatz 1 Satz 1 und 2 und Absatz 2 Meldepflichtigen einholen. ₂Diese sollen bei der Ermittlung des Sachverhalts mitwirken. ₃Sie sollen insbesondere ihnen bekannte Tatsachen und Beweismittel angeben. ₄Eine weitergehende Pflicht, bei der Ermittlung des Sachverhalts mitzuwirken, insbesondere eine Pflicht zum persönlichen Erscheinen oder zur Aussage, besteht nur, soweit sie durch Rechtsvorschrift besonders vorgesehen ist.

§ 122 (weggefallen)

Dreizehntes Kapitel
Befristete Modellvorhaben

§ 123 Durchführung der Modellvorhaben zur kommunalen Beratung Pflegebedürftiger und ihrer Angehörigen, Verordnungsermächtigung

(1) ₁Die für die Hilfe zur Pflege zuständigen Träger der Sozialhilfe nach dem Zwölften Buch können Modellvorhaben zur Beratung von Pflegebedürftigen und deren Angehörigen für ihren Zuständigkeitsbereich bei der zuständigen obersten Landesbehörde beantragen, sofern dies nach Maßgabe landesrechtlicher Vorschriften vorgesehen ist. ₂Ist als überörtlicher Träger für die Hilfe zur Pflege durch landesrechtliche Vorschriften das Land bestimmt, können die örtlichen Träger der Sozialhilfe, die im Auftrag des Landes die Hilfe zur Pflege durchführen, Modellvorhaben nach Satz 1 beantragen. ₃Sofern sich die Zuständigkeit des jeweiligen Trägers der Sozialhilfe nach dem Zwölften Buch auf mehrere Kreise erstreckt, soll sich das Modellvorhaben auf einen Kreis oder eine kreisfreie Stadt beschränken. ₄Für Stadtstaaten, die nur aus einer kreisfreien Stadt bestehen, ist das Modellvorhaben auf jeweils einen Stadtbezirk zu beschränken. ₅Die Modellvorhaben umfassen insbesondere die Übernahme folgender Aufgaben durch eigene Beratungsstellen:

1. die Pflegeberatung nach den §§ 7a bis 7c,
2. die Beratung in der eigenen Häuslichkeit nach § 37 Absatz 3 und
3. Pflegekurse nach § 45.

₆Die §§ 7a bis 7c, § 17 Absatz 1a, § 37 Absatz 3, 3a, 3b und 4 sowie § 45 gelten entsprechend. ₇In den Modellvorhaben ist eine Zusammenarbeit bei der Beratung nach Satz 5 Nummer 1 und 2 insbesondere mit der Beratung zu Leistungen der Altenhilfe, der Hilfe zur Pflege nach dem Zwölften Buch und der Eingliederungshilfe nach dem Neunten Buch sowie mit der Beratung zu Leistungen des öffentlichen Gesundheitsdienstes, zur rechtlichen Betreuung, zu behindertengerechten Wohnangeboten, zum öffentlichen Nahverkehr und zur Förderung des bürgerschaftlichen Engagements sicherzustellen. ₈Abweichend von Satz 5 Nummer 1 und Absatz 6 Satz 1 kann die Pflegeberatung nach den §§ 7a bis 7c durch die Pflegekassen erfolgen, soweit die Zusammenarbeit in der Beratung für den örtlichen Geltungsbereich des Modellvorhabens in einer ergänzenden Vereinbarung nach § 7a Absatz 7 Satz 4 in Verbindung mit einer Vereinbarung nach Absatz 5 gewährleistet ist. ₉Die Landesregierungen werden ermächtigt, Schiedsstellen entsprechend § 7c Absatz 7 Satz 1 bis 5 einzurichten und eine Rechtsverordnung entsprechend § 7c Absatz 7 Satz 6 zu erlassen. ₁₀Absatz 5 Satz 5 bis 7 gilt entsprechend.

(2) ₁Dem Antrag nach Absatz 1 ist ein Konzept beizufügen, wie die Aufgaben durch die Beratungsstellen wahrgenommen werden und mit welchen eigenen sächlichen, personellen und finanziellen Mitteln die Beratungsstellen ausgestattet werden. ₂Eine Zusammenarbeit mit den privaten Versicherungsunternehmen, die die private Pflege-Pflichtversicherung durchführen, ist anzustreben und im Konzept nachzuweisen. ₃Das Nähere, insbesondere zu den Anforderungen an die Beratungsstellen und an die Anträge nach Absatz 1 sowie zum Widerruf einer Genehmigung nach § 124 Absatz 2 Satz 1, ist bis zum 31. Dezember 2018 durch landesrechtliche Vorschriften zu regeln.

(3) ₁Die zuständige oberste Landesbehörde kann höchstens so viele Modellvorhaben genehmigen, wie ihr nach dem Königsteiner Schlüssel, der für das Jahr 2017 im Bundesanzeiger veröffentlicht ist, bei einer Gesamtzahl von insgesamt 60 Modellvorhaben zustehen. ₂Der Antrag kann genehmigt werden, wenn die Anforderungen nach den Absätzen 1 und 2 in Verbindung mit den landesrechtlichen Vorgaben im Sinne des Absatzes 2 Satz 3 erfüllt sind. ₃Den kommunalen Spitzenverbänden auf Landesebene und den Landesverbänden der Pflegekassen ist zu jedem Antrag vor der Genehmigung Gelegenheit zur Stellungnahme zu geben. ₄Die Länder insgesamt sollen bei der Genehmigung sicherstellen, dass die Hälfte

XI

aller bewilligten Modellvorhaben durch Antragsteller nach Absatz 1 durchgeführt wird, die keine mehrjährigen Erfahrungen in strukturierter Zusammenarbeit in der Beratung aufweisen. 5Länder, die innerhalb der in Absatz 2 Satz 3 genannten Frist keine landesrechtlichen Regelungen getroffen haben oder die die ihnen zustehenden Modellvorhaben nicht nutzen wollen, treten die ihnen zustehenden Modellvorhaben an andere Länder ab. 6Die Verteilung der nicht in Anspruch genommenen Modellvorhaben auf die anderen Länder wird von den Ländern im Einvernehmen mit dem Bundesministerium für Gesundheit bestimmt.

(4) 1Der Spitzenverband Bund der Pflegekassen beschließt nach Anhörung der kommunalen Spitzenverbände sowie der auf Bundesebene maßgeblichen Organisationen für die Wahrnehmung der Interessen und der Selbsthilfe der pflegebedürftigen und behinderten Menschen und ihrer Angehörigen sowie des Verbands der privaten Krankenversicherung e. V. Empfehlungen über die konkreten Voraussetzungen, Ziele, Inhalte und Durchführung der Modellvorhaben. 2Die Empfehlungen sind bis zum 30. Juni 2017 vorzulegen und bedürfen der Zustimmung des Bundesministeriums für Gesundheit und der Länder. 3Das Bundesministerium für Gesundheit trifft seine Entscheidung im Benehmen mit dem Bundesministerium für Familie, Senioren, Frauen und Jugend. 4Zur Begleitung der Modellvorhaben eines Landes kann die oberste Landesbehörde einen Beirat einrichten, der insbesondere aus den kommunalen Spitzenverbänden auf Landesebene und den Landesverbänden der Pflegekassen besteht. 5Aufgaben des Beirates sind insbesondere, die oberste Landesbehörde bei der Klärung fachlicher und verfahrensbezogener Fragen zu beraten, sowie der Austausch der Mitglieder untereinander über die Unterstützung der Modellvorhaben in eigener Zuständigkeit.

(5) 1Ist ein Antrag nach Absatz 3 Satz 2 genehmigt, trifft der Antragsteller mit den Landesverbänden der Pflegekassen gemeinsam und einheitlich eine Vereinbarung

1. zur Zusammenarbeit,
2. zur Einbeziehung bestehender Beratungs- und Kursangebote,
3. zu Nachweis- und Berichtspflichten gegenüber den Landesverbänden der Pflegekassen,
4. zum Übergang der Beratungsaufgaben auf die Beratungsstellen nach Absatz 1 Satz 5,
5. zur Haftung für Schäden, die den Pflegekassen durch fehlerhafte Beratung entstehen, und
6. zur Beteiligung der Pflegekassen mit sächlichen, personellen und finanziellen Mitteln.

2Der Beitrag der Pflegekassen nach Satz 1 Nummer 6 darf den Aufwand nicht übersteigen, der entstehen würde, wenn sie die Aufgaben anstelle der Antragsteller nach Absatz 1 im selben Umfang selbst erbringen würden. 3Grundlage hierfür sind die bisherigen Ausgaben der Pflegekassen für die Aufgabenerfüllung nach Absatz 1 Satz 5. 4Die Landesregierungen werden ermächtigt, Schiedsstellen entsprechend § 7c Absatz 7 Satz 1 bis 5 einzurichten und eine Rechtsverordnung entsprechend § 7c Absatz 7 Satz 6 zu erlassen. 5Abweichend von Satz 4 können die Parteien der Vereinbarung nach Satz 1 einvernehmlich eine unparteiische Schiedsperson und zwei unparteiische Mitglieder bestellen, die den Inhalt der Vereinbarung nach Satz 1 innerhalb von sechs Wochen nach ihrer Bestellung festlegen. 6Die Kosten des Schiedsverfahrens tragen die Parteien der Vereinbarung zu gleichen Teilen. 7Kommt eine Einigung der Landesverbände der Pflegekassen untereinander nicht zustande, erfolgt die Beschlussfassung durch die Mehrheit der in § 52 Absatz 1 Satz 1 genannten Stellen.

(6) 1Mit dem Inkrafttreten der Vereinbarung nach Absatz 5 Satz 1 geht die Verantwortung für die Pflegeberatung nach den §§ 7a bis 7c und für die Beratung in der eigenen Häuslichkeit nach § 37 Absatz 3 von anspruchsberechtigten Pflegebedürftigen mit Wohnort im Bereich der örtlichen Zuständigkeit der Beratungsstelle und von deren Angehörigen sowie für die Pflegekurse nach § 45 auf den Antragsteller nach Absatz 1 über. 2Die Antragsteller können sich zur Erfüllung ihrer Aufgaben Dritter bedienen. 3Die Erfüllung der Aufgaben durch Dritte ist im Konzept nach Absatz 2 darzulegen. 4Sofern sie sich für die Beratung in der eigenen Häuslichkeit nach § 37 Absatz 3 Dritter bedienen, ist die Leistungserbringung allen in § 37 Absatz 3b und 8 genannten Einrichtungen zu ermöglichen.

(7) 1Während der Durchführung des Modellvorhabens weist der Antragsteller gegenüber der obersten Landesbehörde und den am Vertrag beteiligten Landesverbänden der Pflegekassen die Höhe der eingebrachten sächlichen und personellen Mittel je Haushaltsjahr nach. 2Diese Mittel dürfen die durchschnittlich aufgewendeten Verwaltungsausgaben für die Hilfe zur Pflege und die Eingliederungshilfe bezogen auf den einzelnen Empfänger und für die Altenhilfe bezogen auf alte Menschen im Haushaltsjahr vor Beginn des Modellvorhabens nicht unterschreiten; Ausnahmen hiervon sind bei den sächlichen Mitteln möglich, soweit sich die Abweichung

nachweislich aus Einsparungen aufgrund der Zusammenlegung von Beratungsaufgaben ergibt. 3Die Mittel sind auf der Grundlage der Haushaltsaufstellung im Konzept nach Absatz 2 Satz 1 nachzuweisen.

§ 124 Befristung, Widerruf und Begleitung der Modellvorhaben zur kommunalen Beratung; Beirat

(1) 1Anträge zur Durchführung von Modellvorhaben können bis zum 31. Dezember 2020 gestellt werden. 2Modellvorhaben nach diesem Kapitel sind auf fünf Jahre zu befristen.

(2) 1Die Genehmigung zur Durchführung eines Modellvorhabens ist zu widerrufen, wenn die in § 123 Absatz 1 Satz 5 genannten Aufgaben nicht in vollem Umfang erfüllt werden. 2Die Genehmigung ist auch dann zu widerrufen, wenn die nach § 123 Absatz 5 Satz 1 vereinbarten oder die in § 123 Absatz 5 Satz 2 oder Absatz 7 festgelegten Anforderungen überwiegend nicht erfüllt werden. 3Eine Klage gegen den Widerruf hat keine aufschiebende Wirkung. 4Die zuständige oberste Landesbehörde überprüft die Erfüllung der Aufgaben nach § 123 Absatz 1 anhand der wissenschaftlichen Begleitung und Auswertung nach Absatz 3 zum Abschluss des jeweiligen Haushaltsjahres. 5Sie überprüft die Erfüllung der Anforderungen nach § 123 Absatz 7 anhand der jeweiligen Haushaltspläne.

(3) 1Der Spitzenverband Bund der Pflegekassen und die für die Modellvorhaben nach § 123 Absatz 1 Satz 1 zuständigen obersten Landesbehörden veranlassen gemeinsam im Einvernehmen mit dem Bundesministerium für Gesundheit und im Benehmen mit den kommunalen Spitzenverbänden eine wissenschaftliche Begleitung und Auswertung aller Modellvorhaben durch unabhängige Sachverständige. 2Die Auswertung erfolgt nach allgemein anerkannten wissenschaftlichen Standards hinsichtlich der Wirksamkeit, Qualität und Kosten der Beratung im Vergleich zur Beratung vor Beginn des jeweiligen Modellvorhabens und außerhalb der Modellvorhaben. 3Die Auswertung schließt einen Vergleich mit den Beratungsangeboten der sozialen Pflegeversicherung und der privaten Pflege-Pflichtversicherung jeweils außerhalb der Modellvorhaben ein. 4Die unabhängigen Sachverständigen haben einen Zwischenbericht und einen Abschlussbericht über die Ergebnisse der Auswertungen zu erstellen. 5Der Zwischenbericht ist spätestens am 31. Dezember 2024 und der Abschlussbericht spätestens am 31. Juli 2027 zu veröffentlichen. 6Die Kosten der wissenschaftlichen Begleitung und der Auswertung der Modellvorhaben tragen je zur Hälfte die für diese Modellvorhaben zuständigen obersten Landesbehörden gemeinsam und der Spitzenverband Bund der Pflegekassen, dessen Beitrag aus Mitteln des Ausgleichsfonds nach § 65 zu finanzieren ist.

(4) 1Die nach Landesrecht zuständigen Stellen begleiten die Modellvorhaben über die gesamte Laufzeit und sorgen für einen bundesweiten Austausch der Modellvorhaben untereinander unter Beteiligung der für die Begleitung und Auswertung nach Absatz 3 zuständigen unabhängigen Sachverständigen sowie des Spitzenverbandes Bund der Pflegekassen und der kommunalen Spitzenverbände. 2Bei der Organisation und Durchführung des Austausches können sich die nach Landesrecht zuständigen Stellen von den unabhängigen Sachverständigen unterstützen lassen, die die wissenschaftliche Begleitung und Auswertung nach Absatz 3 durchführen.

(5) 1Der Spitzenverband Bund der Pflegekassen richtet einen Beirat zur Begleitung der Modellvorhaben im Einvernehmen mit dem Bundesministerium für Gesundheit ein. 2Der Beirat tagt mindestens zweimal jährlich und berät den Sachstand der Modellvorhaben. 3Ihm gehören Vertreterinnen und Vertreter der kommunalen Spitzenverbände, der Länder, der Pflegekassen, der Wissenschaft, des Bundesministeriums für Gesundheit und des Bundesministeriums für Familie, Senioren, Frauen und Jugend an.

§ 125 Modellvorhaben zur Einbindung der Pflegeeinrichtungen in die Telematikinfrastruktur

1Für eine wissenschaftlich gestützte Erprobung der Einbindung der Pflegeeinrichtungen in die Telematikinfrastruktur werden aus Mitteln des Ausgleichsfonds der Pflegeversicherung zusätzlich 10 Millionen Euro im Zeitraum von 2020 bis 2024 zur Verfügung gestellt. 2Für die Förderung gilt § 8 Absatz 3 entsprechend mit der Maßgabe, dass die Maßnahmen in Abstimmung mit der Gesellschaft für Telematik und der Kassenärztlichen Bundesvereinigung zu planen und durchzuführen sind.

§ 125a Modellvorhaben zur Erprobung von Telepflege

1Für eine wissenschaftlich gestützte Erprobung von Telepflege zur Verbesserung der pflegerischen Versorgung von Pflegebedürftigen werden aus Mitteln des Ausgleichsfonds der Pflegeversicherung zehn Millionen Euro im Zeitraum von 2022 bis 2024 zur Verfügung gestellt. 2Für die Förderung gilt § 8 Absatz 3 entsprechend mit der Maßgabe, dass die Planung des Modellvorhabens im

Benehmen mit den Verbänden der Träger der Pflegeeinrichtungen auf Bundesebene, geeigneten Verbänden der Digitalwirtschaft sowie der Gesellschaft für Telematik erfolgt.

Vierzehntes Kapitel
Zulagenförderung der privaten Pflegevorsorge

§ 126 Zulageberechtigte

1Personen, die nach dem Dritten Kapitel in der sozialen oder privaten Pflegeversicherung versichert sind (zulageberechtigte Personen), haben bei Vorliegen einer auf ihren Namen lautenden privaten Pflege-Zusatzversicherung unter den in § 127 Absatz 2 genannten Voraussetzungen Anspruch auf eine Pflegevorsorgezulage. 2Davon ausgenommen sind Personen, die das 18. Lebensjahr noch nicht vollendet haben, sowie Personen, die vor Abschluss der privaten Pflege-Zusatzversicherung bereits als Pflegebedürftige Leistungen nach dem Vierten Kapitel oder gleichwertige Vertragsleistungen der privaten Pflege-Pflichtversicherung beziehen oder bezogen haben.

§ 127 Pflegevorsorgezulage; Fördervoraussetzungen

(1) 1Leistet die zulageberechtigte Person mindestens einen Beitrag von monatlich 10 Euro im jeweiligen Beitragsjahr zugunsten einer auf ihren Namen lautenden, gemäß Absatz 2 förderfähigen privaten Pflege-Zusatzversicherung, hat sie Anspruch auf eine Zulage in Höhe von monatlich 5 Euro. 2Die Zulage wird bei dem Mindestbeitrag nach Satz 1 nicht berücksichtigt. 3Die Zulage wird je zulageberechtigter Person für jeden Monat nur für einen Versicherungsvertrag gewährt. 4Der Mindestbeitrag und die Zulage sind für den förderfähigen Tarif zu verwenden.

(2) 1Eine nach diesem Kapitel förderfähige private Pflege-Zusatzversicherung liegt vor, wenn das Versicherungsunternehmen hierfür

1. die Kalkulation nach Art der Lebensversicherung gemäß § 146 Absatz 1 Nummer 1 und 2 des Versicherungsaufsichtsgesetzes vorsieht,
2. allen in § 126 genannten Personen einen Anspruch auf Versicherung gewährt,
3. auf das ordentliche Kündigungsrecht sowie auf eine Risikoprüfung und die Vereinbarung von Risikozuschlägen und Leistungsausschlüssen verzichtet,
4. bei Vorliegen von Pflegebedürftigkeit im Sinne des § 14 einen vertraglichen Anspruch auf Auszahlung von Geldleistungen für jeden der in § 15 Absatz 3 und 7 aufgeführten Pflegegrade, dabei in Höhe von mindestens 600 Euro für Pflegegrad 5, vorsieht; die tariflich vorgesehenen Geldleistungen dürfen dabei die zum Zeitpunkt des Vertragsabschlusses jeweils geltende Höhe der Leistungen dieses Buches nicht überschreiten, eine Dynamisierung bis zur Höhe der allgemeinen Inflationsrate ist jedoch zulässig; weitere Leistungen darf der förderfähige Tarif nicht vorsehen,
5. bei der Feststellung des Versicherungsfalles sowie der Festsetzung des Pflegegrades dem Ergebnis des Verfahrens zur Feststellung der Pflegebedürftigkeit gemäß § 18 folgt; bei Versicherten der privaten Pflege-Pflichtversicherung sind die entsprechenden Feststellungen des privaten Versicherungsunternehmens zugrunde zu legen,
6. die Wartezeit auf höchstens fünf Jahre beschränkt,
7. einem Versicherungsnehmer, der hilfebedürftig im Sinne des Zweiten oder Zwölften Buches ist oder allein durch Zahlung des Beitrags hilfebedürftig würde, einen Anspruch gewährt, den Vertrag ohne Aufrechterhaltung des Versicherungsschutzes für eine Dauer von mindestens drei Jahren ruhen zu lassen oder den Vertrag binnen einer Frist von drei Monaten nach Eintritt der Hilfebedürftigkeit rückwirkend zum Zeitpunkt des Eintritts zu kündigen; für den Fall der Ruhendstellung beginnt diese Frist mit dem Ende der Ruhendstellung, wenn Hilfebedürftigkeit weiterhin vorliegt,
8. die Höhe der in Ansatz gebrachten Verwaltungs- und Abschlusskosten begrenzt; das Nähere dazu wird in der Rechtsverordnung nach § 130 geregelt.

2Der Verband der privaten Krankenversicherung e. V. wird damit beliehen, hierfür brancheneinheitliche Vertragsmuster festzulegen, die von den Versicherungsunternehmen als Teil der Allgemeinen Versicherungsbedingungen förderfähiger Pflege-Zusatzversicherungen zu verwenden sind. 3Die Beleihung nach Satz 2 umfasst die Befugnis, für Versicherungsunternehmen, die förderfähige private Pflege-Zusatzversicherungen anbieten, einen Ausgleich für Überschäden einzurichten; § 111 Absatz 1 Satz 1 und 2 und Absatz 2 gilt entsprechend. 4Die Fachaufsicht über den Verband der privaten Krankenversicherung e. V. zu den in den Sätzen 2 und 3 genannten Aufgaben übt das Bundesministerium für Gesundheit aus.

(3) Der Anspruch auf die Zulage entsteht mit Ablauf des Kalenderjahres, für das die Beiträge zu einer privaten

Pflege-Zusatzversicherung gemäß § 127 Absatz 1 geleistet worden sind (Beitragsjahr).

§ 128 Verfahren; Haftung des Versicherungsunternehmens

(1) 1Die Zulage gemäß § 127 Absatz 1 wird auf Antrag gewährt. 2Die zulageberechtigte Person bevollmächtigt das Versicherungsunternehmen mit dem Abschluss des Vertrags über eine förderfähige private Pflege-Zusatzversicherung, die Zulage für jedes Beitragsjahr zu beantragen. 3Sofern eine Zulagenummer oder eine Versicherungsnummer nach § 147 des Sechsten Buches für die zulageberechtigte Person noch nicht vergeben ist, bevollmächtigt sie zugleich ihr Versicherungsunternehmen, eine Zulagenummer bei der zentralen Stelle zu beantragen. 4Das Versicherungsunternehmen ist verpflichtet, der zentralen Stelle nach amtlich vorgeschriebenem Datensatz durch amtlich bestimmte Datenfernübertragung zur Feststellung der Anspruchsberechtigung auf Auszahlung der Zulage zugleich mit dem Antrag in dem Zeitraum vom 1. Januar bis zum 31. März des Kalenderjahres, das auf das Beitragsjahr folgt, Folgendes zu übermitteln:

1. die Antragsdaten,
2. die Höhe der für die zulagefähige private Pflege-Zusatzversicherung geleisteten Beiträge,
3. die Vertragsdaten,
4. die Versicherungsnummer nach § 147 des Sechsten Buches, die Zulagenummer der zulageberechtigten Person oder einen Antrag auf Vergabe einer Zulagenummer,
5. weitere zur Auszahlung der Zulage erforderliche Angaben,
6. die Bestätigung, dass der Antragsteller eine zulageberechtigte Person im Sinne des § 126 ist, sowie
7. die Bestätigung, dass der jeweilige Versicherungsvertrag die Voraussetzungen des § 127 Absatz 2 erfüllt.

5Die zulageberechtigte Person ist verpflichtet, dem Versicherungsunternehmen unverzüglich eine Änderung der Verhältnisse mitzuteilen, die zu einem Wegfall des Zulageanspruchs führt. 6Hat für das Beitragsjahr, für das das Versicherungsunternehmen bereits eine Zulage beantragt hat, kein Zulageanspruch bestanden, hat das Versicherungsunternehmen diesen Antragsdatensatz zu stornieren.

(2) 1Die Auszahlung der Zulage erfolgt durch eine zentrale Stelle bei der Deutschen Rentenversicherung Bund; das Nähere, insbesondere die Höhe der Verwaltungskostenerstattung, wird durch Verwaltungsvereinbarung zwischen dem Bundesministerium für Gesundheit und der Deutschen Rentenversicherung Bund geregelt. 2Die Zulage wird bei Vorliegen der Voraussetzungen an das Versicherungsunternehmen gezahlt, bei dem der Vertrag über die private Pflege-Zusatzversicherung besteht, für den die Zulage beantragt wurde. 3Wird für eine zulageberechtigte Person die Zulage für mehr als einen privaten Pflege-Zusatzversicherungsvertrag beantragt, so wird die Zulage für den jeweiligen Monat nur für den Vertrag gewährt, für den der Antrag zuerst bei der zentralen Stelle eingegangen ist. 4Soweit der zuständige Träger der Rentenversicherung keine Versicherungsnummer vergeben hat, vergibt die zentrale Stelle zur Erfüllung der ihr zugewiesenen Aufgaben eine Zulagenummer. 5Im Fall eines Antrags nach Absatz 1 Satz 3 teilt die zentrale Stelle dem Versicherungsunternehmen die Zulagenummer mit; von dort wird sie an den Antragsteller weitergeleitet. 6Die zentrale Stelle stellt aufgrund der ihr vorliegenden Informationen fest, ob ein Anspruch auf Zulage besteht, und veranlasst die Auszahlung an das Versicherungsunternehmen zugunsten der zulageberechtigten Person. 7Ein gesonderter Zulagebescheid ergeht vorbehaltlich des Satzes 9 nicht. 8Das Versicherungsunternehmen hat die erhaltenen Zulagen unverzüglich dem begünstigten Vertrag gutzuschreiben. 9Eine Festsetzung der Zulage erfolgt nur auf besonderen Antrag der zulageberechtigten Person. 10Der Antrag ist schriftlich innerhalb eines Jahres nach Übersendung der Information nach Absatz 3 durch das Versicherungsunternehmen vom Antragsteller an das Versicherungsunternehmen zu richten. 11Das Versicherungsunternehmen leitet den Antrag der zentralen Stelle zur Festsetzung zu. 12Es hat dem Antrag eine Stellungnahme und die zur Festsetzung erforderlichen Unterlagen beizufügen. 13Die zentrale Stelle teilt die Festsetzung auch dem Versicherungsunternehmen mit. 14Erkennt die zentrale Stelle nachträglich, dass der Zulageanspruch nicht bestanden hat oder weggefallen ist, so hat sie zu Unrecht gutgeschriebene oder ausgezahlte Zulagen zurückzufordern und dies dem Versicherungsunternehmen durch Datensatz mitzuteilen.

(3) 1Kommt die zentrale Stelle zu dem Ergebnis, dass kein Anspruch auf Zulage besteht oder bestanden hat, teilt sie dies dem Versicherungsunternehmen mit. 2Dieses hat die versicherte Person innerhalb eines Monats nach Eingang des entsprechenden Datensatzes darüber zu informieren.

(4) Das Versicherungsunternehmen haftet im Fall der Auszahlung einer Zulage gegenüber dem Zulageempfänger dafür, dass die in § 127 Absatz 2 genannten Voraussetzungen erfüllt sind.

(5) $_{1}$Die von der zentralen Stelle veranlassten Auszahlungen von Pflegevorsorgezulagen sowie die entstehenden Verwaltungskosten werden vom Bundesministerium für Gesundheit getragen. $_{2}$Zu den Verwaltungskosten gehören auch die entsprechenden Kosten für den Aufbau der technischen und organisatorischen Infrastruktur. $_{3}$Soweit das Bundesamt für Soziale Sicherung die Aufsicht über die zentrale Stelle ausübt, untersteht es abweichend von § 94 Absatz 2 Satz 2 des Vierten Buches dem Bundesministerium für Gesundheit.

§ 129 Wartezeit bei förderfähigen Pflege-Zusatzversicherungen

Soweit im Vertrag über eine gemäß § 127 Absatz 2 förderfähige private Pflege-Zusatzversicherung eine Wartezeit vereinbart wird, darf diese abweichend von § 197 Absatz 1 des Versicherungsvertragsgesetzes fünf Jahre nicht überschreiten.

§ 130 Verordnungsermächtigung

Das Bundesministerium für Gesundheit wird ermächtigt, im Einvernehmen mit dem Bundesministerium der Finanzen und dem Bundesministerium für Arbeit und Soziales durch Rechtsverordnung ohne Zustimmung des Bundesrates Vorschriften zu erlassen, die Näheres regeln über

1. die zentrale Stelle gemäß § 128 Absatz 2 und ihre Aufgaben,
2. das Verfahren für die Ermittlung, Festsetzung, Auszahlung, Rückzahlung und Rückforderung der Zulage,
3. den Datenaustausch zwischen Versicherungsunternehmen und zentraler Stelle nach § 128 Absatz 1 und 2,
4. die Begrenzung der Höhe der bei förderfähigen Pflege-Zusatzversicherungen in Ansatz gebrachten Verwaltungs- und Abschlusskosten.

Fünfzehntes Kapitel
Bildung eines Pflegevorsorgefonds

§ 131 Pflegevorsorgefonds

In der sozialen Pflegeversicherung wird ein Sondervermögen unter dem Namen „Vorsorgefonds der sozialen Pflegeversicherung" errichtet.

§ 132 Zweck des Vorsorgefonds

$_{1}$Das Sondervermögen dient der langfristigen Stabilisierung der Beitragsentwicklung in der sozialen Pflegeversicherung. $_{2}$Es darf nach Maßgabe des § 136 nur zur Finanzierung der Leistungsaufwendungen der sozialen Pflegeversicherung verwendet werden.

§ 133 Rechtsform und Vertretung in gerichtlichen Verfahren

$_{1}$Das Sondervermögen ist nicht rechtsfähig. $_{2}$Es kann unter seinem Namen im rechtsgeschäftlichen Verkehr handeln, klagen und verklagt werden. $_{3}$Die Vertretung des Sondervermögens in gerichtlichen Verfahren erfolgt ab dem 1. Januar 2020 durch das Bundesversicherungsamt. $_{4}$Die Entscheidung über die Einleitung eines gerichtlichen Verfahrens trifft das Bundesversicherungsamt im Einvernehmen mit dem in dem in § 134 Absatz 2 Satz 3 genannten Anlageausschuss vertretenen Bundesministerium für Gesundheit. $_{5}$Dem Bundesversicherungsamt bezüglich der Vertretung des Sondervermögens in gerichtlichen Verfahren entstehende Kosten werden aus Mitteln des Pflegevorsorgefonds getragen. $_{6}$Der allgemeine Gerichtsstand des Sondervermögens ist Bonn. $_{7}$Die Vertretung des Sondervermögens in gerichtlichen Verfahren einschließlich der Entscheidung über die Einleitung gerichtlicher Verfahren erfolgt bis zum Ablauf des 31. Dezember 2019 durch das Bundesministerium für Gesundheit. $_{8}$Für bis zum Ablauf des 31. Dezember 2019 anhängig gewordene gerichtliche Verfahren verbleibt die Vertretung bis zum Abschluss der Verfahren beim Bundesministerium für Gesundheit.

§ 134 Verwaltung und Anlage der Mittel

(1) $_{1}$Die Verwaltung und die Anlage der Mittel des Sondervermögens werden der Deutschen Bundesbank übertragen. $_{2}$Für die Verwaltung des Sondervermögens und seiner Mittel werden der Bundesbank entsprechend § 20 Satz 2 des Gesetzes über die Deutsche Bundesbank keine Kosten erstattet.

(2) $_{1}$Die dem Sondervermögen zufließenden Mittel einschließlich der Erträge sind unter sinngemäßer Anwendung der Anlagerichtlinien für die Sondervermögen „Versorgungsrücklage des Bundes", „Versorgungsfonds des Bundes", „Versorgungsfonds der Bundesagentur für Arbeit" und „Vorsorgefonds der sozialen Pflegeversicherung" (Anlagerichtlinien Sondervermögen) zu marktüblichen Bedingungen anzulegen. $_{2}$Dabei ist der in Aktien oder Aktienfonds angelegte Anteil des Sondervermögens ab dem Jahr 2035 über einen Zeitraum von höchstens zehn Jahren abzubauen. $_{3}$Das Bundesministerium für Gesundheit ist im Anlageausschuss nach § 5 der Anlagerichtlinien für die Sondervermögen „Versorgungsrücklage des Bundes", „Versorgungsfonds des Bundes", „Versorgungsfonds der Bundesagentur für Arbeit" und „Vorsorgefonds der sozialen Pflegeversicherung" (Anlagerichtlinien Sondervermögen) vertreten.

§ 135 Zuführung der Mittel

(1) 1Das Bundesamt für Soziale Sicherung führt dem Sondervermögen monatlich zum 20. des Monats zu Lasten des Ausgleichsfonds einen Betrag zu, der einem Zwölftel von 0,1 Prozent der beitragspflichtigen Einnahmen der sozialen Pflegeversicherung des Vorjahres entspricht. 2Für die Berechnung des Abführungsbetrags wird der Beitragssatz gemäß § 55 Absatz 1 zugrunde gelegt.

(2) Die Zuführung nach Absatz 1 erfolgt erstmals zum 20. Februar 2015 und endet mit der Zahlung für Dezember 2033.

(3) Für das Jahr 2023 erfolgt die Zuführung nach Absatz 1 im Dezember 2023 in einer Rate in Höhe von 0,1 Prozent der beitragspflichtigen Einnahmen der sozialen Pflegeversicherung des Vorjahres.

§ 136 Verwendung des Sondervermögens

1Ab dem Jahr 2035 kann das Sondervermögen zur Sicherung der Beitragssatzstabilität der sozialen Pflegeversicherung verwendet werden, wenn ohne eine Zuführung von Mitteln an den Ausgleichsfonds eine Beitragssatzanhebung erforderlich würde, die nicht auf über eine allgemeine Dynamisierung der Leistungen hinausgehenden Leistungsverbesserungen beruht. 2Die Obergrenze der jährlich auf Anforderung des Bundesamtes für Soziale Sicherung an den Ausgleichsfonds abführbaren Mittel ist der 20. Teil des Realwertes des zum 31. Dezember 2034 vorhandenen Mittelbestandes des Sondervermögens. 3Erfolgt in einem Jahr kein Abruf, so können die für dieses Jahr vorgesehenen Mittel in den Folgejahren mit abgerufen werden, wenn ohne eine entsprechende Zuführung von Mitteln an den Ausgleichsfonds eine Beitragssatzanhebung erforderlich würde, die nicht auf über eine allgemeine Dynamisierung der Leistungen hinausgehenden Leistungsverbesserungen beruht.

§ 137 Vermögenstrennung

Das Vermögen ist von dem übrigen Vermögen der sozialen Pflegeversicherung sowie von seinen Rechten und Verbindlichkeiten getrennt zu halten.

§ 138 Jahresrechnung

1Die Deutsche Bundesbank legt dem Bundesministerium für Gesundheit jährlich einen Bericht über die Verwaltung der Mittel des Sondervermögens vor. 2Darin sind der Bestand des Sondervermögens einschließlich der Forderungen und Verbindlichkeiten sowie die Einnahmen und Ausgaben auszuweisen.

§ 139 Auflösung

Das Sondervermögen gilt nach Auszahlung seines Vermögens als aufgelöst.

Sechzehntes Kapitel
Überleitungs- und Übergangsrecht

Erster Abschnitt
Regelungen zur Rechtsanwendung im Übergangszeitraum, zur Überleitung in die Pflegegrade, zum Besitzstandsschutz für Leistungen der Pflegeversicherung sowie Übergangsregelungen im Begutachtungsverfahren im Rahmen der Einführung des neuen Pflegebedürftigkeitsbegriffs

§ 140 Anzuwendendes Recht und Überleitung in die Pflegegrade

(1) 1Die Feststellung des Vorliegens von Pflegebedürftigkeit oder einer erheblich eingeschränkten Alltagskompetenz nach § 45a in der am 31. Dezember 2016 geltenden Fassung erfolgt jeweils auf der Grundlage des zum Zeitpunkt der Antragstellung geltenden Rechts. 2Der Erwerb einer Anspruchsberechtigung auf Leistungen der Pflegeversicherung richtet sich ebenfalls nach dem zum Zeitpunkt der Antragstellung geltenden Recht.

(2) 1Versicherte der sozialen Pflegeversicherung und der privaten Pflege-Pflichtversicherung,

1. bei denen das Vorliegen einer Pflegestufe im Sinne der §§ 14 und 15 in der am 31. Dezember 2016 geltenden Fassung oder einer erheblich eingeschränkten Alltagskompetenz nach § 45a in der am 31. Dezember 2016 geltenden Fassung festgestellt worden ist und
2. bei denen spätestens am 31. Dezember 2016 alle Voraussetzungen für einen Anspruch auf eine regelmäßig wiederkehrende Leistung der Pflegeversicherung vorliegen,

werden mit Wirkung ab dem 1. Januar 2017 ohne erneute Antragstellung und ohne erneute Begutachtung nach Maßgabe von Satz 3 einem Pflegegrad zugeordnet. 2Die Zuordnung ist dem Versicherten schriftlich mitzuteilen. 3Für die Zuordnung gelten die folgenden Kriterien:

1. Versicherte, bei denen eine Pflegestufe nach den §§ 14 und 15 in der am 31. Dezember 2016 geltenden Fassung, aber nicht zusätzlich eine erheblich eingeschränkte Alltagskompetenz nach § 45a in der am 31. Dezember 2016 geltenden Fassung festgestellt wurde, werden übergeleitet

a) von Pflegestufe I in den Pflegegrad 2,
b) von Pflegestufe II in den Pflegegrad 3,
c) von Pflegestufe III in den Pflegegrad 4 oder
d) von Pflegestufe III in den Pflegegrad 5, soweit die Voraussetzungen für Leistungen nach § 36 Absatz 4 oder § 43 Absatz 3 in der am 31. Dezember 2016 geltenden Fassung festgestellt wurden;

2. Versicherte, bei denen eine erheblich eingeschränkte Alltagskompetenz nach § 45a in der am 31. Dezember 2016 geltenden Fassung festgestellt wurde, werden übergeleitet
   a) bei nicht gleichzeitigem Vorliegen einer Pflegestufe nach den §§ 14 und 15 in der am 31. Dezember 2016 geltenden Fassung in den Pflegegrad 2,
   b) bei gleichzeitigem Vorliegen der Pflegestufe I nach den §§ 14 und 15 in der am 31. Dezember 2016 geltenden Fassung in den Pflegegrad 3,
   c) bei gleichzeitigem Vorliegen der Pflegestufe II nach den §§ 14 und 15 in der am 31. Dezember 2016 geltenden Fassung in den Pflegegrad 4,
   d) bei gleichzeitigem Vorliegen der Pflegestufe III nach den §§ 14 und 15 in der am 31. Dezember 2016 geltenden Fassung, auch soweit zusätzlich die Voraussetzungen für Leistungen nach § 36 Absatz 4 oder § 43 Absatz 3 in der am 31. Dezember 2016 geltenden Fassung festgestellt wurden, in den Pflegegrad 5.

(3) $_1$Die Zuordnung zu dem Pflegegrad, in den der Versicherte gemäß Absatz 2 übergeleitet worden ist, bleibt auch bei einer Begutachtung nach dem ab dem 1. Januar 2017 geltenden Recht erhalten, es sei denn, die Begutachtung führt zu einer Anhebung des Pflegegrades oder zu der Feststellung, dass keine Pflegebedürftigkeit im Sinne der §§ 14 und 15 in der ab dem 1. Januar 2017 geltenden Fassung mehr vorliegt. $_2$Satz 1 gilt auch bei einem Erlöschen der Mitgliedschaft im Sinne von § 35 ab dem 1. Januar 2017, wenn die neue Mitgliedschaft unmittelbar im Anschluss begründet wird. $_3$Die Pflegekasse, bei der die Mitgliedschaft beendet wird, ist verpflichtet, der Pflegekasse, bei der die neue Mitgliedschaft begründet wird, die bisherige Einstufung des Versicherten rechtzeitig schriftlich mitzuteilen. $_4$Entsprechendes gilt bei einem Wechsel zwischen privaten Krankenversicherungsunternehmen und einem Wechsel von sozialer zu privater sowie von privater zu sozialer Pflegeversicherung.

(4) $_1$Stellt ein Versicherter, bei dem das Vorliegen einer Pflegebedürftigkeit oder einer erheblich eingeschränkten Alltagskompetenz nach § 45a in der am 31. Dezember 2016 geltenden Fassung festgestellt wurde, ab dem 1. Januar 2017 einen erneuten Antrag auf Feststellung von Pflegebedürftigkeit und lagen die tatsächlichen Voraussetzungen für einen höheren als durch die Überleitung erreichten Pflegegrad bereits vor dem 1. Januar 2017 vor, richten sich die ab dem Zeitpunkt der Änderung der tatsächlichen Verhältnisse zu erbringenden Leistungen im Zeitraum vom 1. November 2016 bis 31. Dezember 2016 nach dem ab 1. Januar 2017 geltenden Recht. $_2$Entsprechendes gilt für Versicherte bei einem privaten Pflegeversicherungsunternehmen.

§ 141 Besitzstandsschutz und Übergangsrecht zur sozialen Sicherung von Pflegepersonen

(1) $_1$Versicherte der sozialen Pflegeversicherung und der privaten Pflege-Pflichtversicherung sowie Pflegepersonen, die am 31. Dezember 2016 Anspruch auf Leistungen der Pflegeversicherung haben, erhalten Besitzstandsschutz auf die ihnen unmittelbar vor dem 1. Januar 2017 zustehenden, regelmäßig wiederkehrenden Leistungen nach den §§ 36, 37, 38, 38a, 40 Absatz 2, den §§ 41, 44a, 45b, 123 und 124 in der am 31. Dezember 2016 geltenden Fassung. $_2$Hinsichtlich eines Anspruchs auf den erhöhten Betrag nach § 45b in der am 31. Dezember 2016 geltenden Fassung richtet sich die Gewährung von Besitzstandsschutz abweichend von Satz 1 nach Absatz 2. $_3$Für Versicherte, die am 31. Dezember 2016 Leistungen nach § 43 bezogen haben, richtet sich der Besitzstandsschutz nach Absatz 3. $_4$Kurzfristige Unterbrechungen im Leistungsbezug lassen den Besitzstandsschutz jeweils unberührt.

(2) $_1$Versicherte,

1. die am 31. Dezember 2016 einen Anspruch auf den erhöhten Betrag nach § 45b Absatz 1 in der am 31. Dezember 2016 geltenden Fassung haben und
2. deren Höchstleistungsansprüche, die ihnen nach den §§ 36, 37 und 41 unter Berücksichtigung des § 140 Absatz 2 und 3 ab dem 1. Januar 2017 zustehen, nicht um jeweils mindestens 83 Euro monatlich höher sind als die entsprechenden Höchstleistungsansprüche, die ihnen nach den §§ 36, 37 und 41 unter Berücksichtigung des § 123 in der am 31. Dezember 2016 geltenden Fassung am 31. Dezember 2016 zustanden,

haben ab dem 1. Januar 2017 Anspruch auf einen Zuschlag auf den Entlastungsbetrag nach § 45b in der ab dem 1. Januar 2017 jeweils geltenden Fassung. $_2$Die Höhe des monatlichen Zuschlags ergibt sich aus der Differenz zwischen 208 Euro und dem Leistungsbetrag, der in § 45b Absatz 1 Satz 1 in der ab dem 1. Januar 2017 jeweils geltenden Fassung festgelegt ist. 3Das Bestehen eines Anspruchs auf diesen Zuschlag ist den Versicherten schriftlich mitzuteilen und zu erläutern. 4Für den Zuschlag auf den Entlastungsbetrag gilt § 45b Absatz 3 entsprechend. 5Bei Versicherten, die keinen Anspruch auf einen Zuschlag haben und deren Ansprüche nach § 45b zum 1. Januar 2017 von 208 Euro auf 125 Euro monatlich abgesenkt werden, sind zur Sicherstellung des Besitzstandsschutzes monatlich Leistungen der Pflegeversicherung in Höhe von bis zu 83 Euro nicht auf Fürsorgeleistungen zur Pflege anzurechnen.

(3) (weggefallen)

(4) 1Für Personen, die am 31. Dezember 2016 wegen nicht erwerbsmäßiger Pflege rentenversicherungspflichtig waren und Anspruch auf die Zahlung von Beiträgen zur gesetzlichen Rentenversicherung nach § 44 in der am 31. Dezember 2016 geltenden Fassung hatten, besteht die Versicherungspflicht für die Dauer dieser Pflegetätigkeit fort. 2Die beitragspflichtigen Einnahmen ab dem 1. Januar 2017 bestimmen sich in den Fällen des Satzes 1 nach Maßgabe des § 166 Absatz 2 und 3 des Sechsten Buches in der am 31. Dezember 2016 geltenden Fassung, wenn sie höher sind als die beitragspflichtigen Einnahmen, die sich aus dem ab dem 1. Januar 2017 geltenden Recht ergeben.

(4a) 1In den Fällen des § 140 Absatz 4 richten sich die Versicherungspflicht als Pflegeperson in der Rentenversicherung und die Bestimmung der beitragspflichtigen Einnahmen für Zeiten vor dem 1. Januar 2017 nach den §§ 3 und 166 des Sechsten Buches in der bis zum 31. Dezember 2016 geltenden Fassung. 2Die dabei anzusetzende Pflegestufe erhöht sich entsprechend dem Anstieg des Pflegegrades gegenüber dem durch die Überleitung erreichten Pflegegrad.

(5) 1Absatz 4 ist ab dem Zeitpunkt nicht mehr anwendbar, zu dem nach dem ab dem 1. Januar 2017 geltenden Recht festgestellt wird, dass

1. bei der versorgten Person keine Pflegebedürftigkeit im Sinne der §§ 14 und 15 in der ab dem 1. Januar 2017 geltenden Fassung vorliegt oder
2. die pflegende Person keine Pflegeperson im Sinne des § 19 in der ab dem 1. Januar 2017 geltenden Fassung ist.

2Absatz 4 ist auch nicht mehr anwendbar, wenn sich nach dem 31. Dezember 2016 eine Änderung in den Pflegeverhältnissen ergibt, die zu einer Änderung der beitragspflichtigen Einnahmen nach § 166 Absatz 2 des Sechsten Buches in der ab dem 1. Januar 2017 geltenden Fassung führt oder ein Ausschlussgrund nach § 3 Satz 2 oder 3 des Sechsten Buches eintritt.

(6) Für Pflegepersonen im Sinne des § 44 Absatz 2 gelten die Absätze 4, 4a und 5 entsprechend.

(7) 1Für Personen, die am 31. Dezember 2016 wegen nicht erwerbsmäßiger Pflege in der gesetzlichen Unfallversicherung versicherungspflichtig waren, besteht die Versicherungspflicht für die Dauer dieser Pflegetätigkeit fort. 2Satz 1 gilt, soweit und solange sich aus dem ab dem 1. Januar 2017 geltenden Recht keine günstigeren Ansprüche ergeben. 3Satz 1 ist ab dem Zeitpunkt nicht mehr anwendbar, zu dem nach dem ab dem 1. Januar 2017 geltenden Recht festgestellt wird, dass bei der versorgten Person keine Pflegebedürftigkeit im Sinne der §§ 14 und 15 in der ab dem 1. Januar 2017 geltenden Fassung vorliegt.

(8) 1Pflegebedürftige, die am 31. Dezember 2016 von zugelassenen Pflegeeinrichtungen ohne Vergütungsvereinbarung versorgt werden, haben ab dem 1. Januar 2017 Anspruch auf Erstattung der Kosten für die pflegebedingten Aufwendungen gemäß § 91 Absatz 2 in Höhe des ihnen für den Monat Dezember 2016 zustehenden Leistungsbetrages, wenn dieser höher ist als der ihnen für Januar 2017 zustehende Leistungsbetrag. 2Dies gilt entsprechend für Versicherte der privaten Pflege-Pflichtversicherung.

§ 142 Übergangsregelungen im Begutachtungsverfahren

1Bei Versicherten, die nach § 140 von einer Pflegestufe in einen Pflegegrad übergeleitet wurden, werden bis zum 1. Januar 2019 keine Wiederholungsbegutachtungen nach § 18 Absatz 2 Satz 5 durchgeführt; auch dann nicht, wenn die Wiederholungsbegutachtung vor diesem Zeitpunkt vom Medizinischen Dienst oder anderen unabhängigen Gutachtern empfohlen wurde. 2Abweichend von Satz 1 können Wiederholungsbegutachtungen durchgeführt werden, wenn eine Verbesserung der gesundheitlich bedingten Beeinträchtigungen der Selbständigkeit oder der Fähigkeiten, insbesondere aufgrund von durchgeführten Operationen oder Rehabilitationsmaßnahmen, zu erwarten ist.

XI

§ 143 Sonderanpassungsrecht für die Allgemeinen Versicherungsbedingungen und die technischen Berechnungsgrundlagen privater Pflegeversicherungsverträge

(1) Bei einer Pflegeversicherung, bei der die Prämie nach Art der Lebensversicherung berechnet wird und bei der das ordentliche Kündigungsrecht des Versicherers gesetzlich oder vertraglich ausgeschlossen ist, kann der Versicherer seine Allgemeinen Versicherungsbedingungen auch für bestehende Versicherungsverhältnisse entsprechend den Vorgaben nach § 140 ändern, soweit der Versicherungsfall durch den Pflegebedürftigkeitsbegriff nach den §§ 14 und 15 bestimmt wird.

(2) $_{1}$Der Versicherer ist zudem berechtigt, auch für bestehende Versicherungsverhältnisse die technischen Berechnungsgrundlagen insoweit zu ändern, als die Leistungen an die Pflegegrade nach § 140 Absatz 2 und die Prämien daran angepasst werden. $_{2}$§ 155 Absatz 1 und 2 des Versicherungsaufsichtsgesetzes findet Anwendung.

(3) $_{1}$Dem Versicherungsnehmer sind die geänderten Versicherungsbedingungen nach Absatz 1 und die Neufestsetzung der Prämie nach Absatz 2 unter Kenntlichmachung der Unterschiede sowie unter Hinweis auf die hierfür maßgeblichen Gründe in Textform mitzuteilen. $_{2}$Anpassungen nach den Absätzen 1 und 2 werden zu Beginn des zweiten Monats wirksam, der auf die Benachrichtigung des Versicherungsnehmers folgt.

(4) Gesetzlich oder vertraglich vorgesehene Sonderkündigungsrechte des Versicherungsnehmers bleiben hiervon unberührt.

Zweiter Abschnitt
Sonstige Überleitungs-, Übergangs- und Besitzstandsschutzregelungen

§ 144 Überleitungs- und Übergangsregelungen, Verordnungsermächtigung

(1) Für Personen, die am 31. Dezember 2014 einen Anspruch auf einen Wohngruppenzuschlag nach § 38a in der am 31. Dezember 2014 geltenden Fassung haben, wird diese Leistung weiter erbracht, wenn sich an den tatsächlichen Verhältnissen nichts geändert hat.

(2) $_{1}$Am 31. Dezember 2016 nach Landesrecht anerkannte niedrigschwellige Betreuungsangebote und niedrigschwellige Entlastungsangebote im Sinne der §§ 45b und 45c in der zu diesem Zeitpunkt geltenden Fassung gelten auch ohne neues Anerkennungsverfahren als nach Landesrecht anerkannte Angebote zur Unterstützung im Alltag im Sinne des § 45a in der ab dem 1. Januar 2017 geltenden Fassung. $_{2}$Die Landesregierungen werden ermächtigt, durch Rechtsverordnung hiervon abweichende Regelungen zu treffen.

(3) $_{1}$Soweit Versicherte im Zeitraum vom 1. Januar 2015 bis zum 31. Dezember 2016 die Anspruchsvoraussetzungen nach § 45b Absatz 1 oder Absatz 1a in der bis zum 31. Dezember 2016 geltenden Fassung erfüllt haben und ab dem 1. Januar 2017 die Anspruchsvoraussetzungen nach § 45b Absatz 1 Satz 1 in der ab dem 1. Januar 2017 geltenden Fassung erfüllen, können sie Leistungsbeträge nach § 45b, die sie in der Zeit vom 1. Januar 2015 bis zum 31. Dezember 2016 nicht zum Bezug von Leistungen nach § 45b Absatz 1 Satz 6 in der bis zum 31. Dezember 2016 geltenden Fassung genutzt haben, bis zum 31. Dezember 2018 zum Bezug von Leistungen nach § 45b Absatz 1 Satz 3 in der ab dem 1. Januar 2017 geltenden Fassung einsetzen. $_{2}$Die in Satz 1 genannten Mittel können ebenfalls zur nachträglichen Kostenerstattung für Leistungen nach § 45b Absatz 1 Satz 6 in der bis zum 31. Dezember 2016 geltenden Fassung genutzt werden, die von den Anspruchsberechtigten in der Zeit vom 1. Januar 2015 bis zum 31. Dezember 2016 bezogen worden sind. $_{3}$Die Kostenerstattung nach Satz 2 ist bis zum Ablauf des 31. Dezember 2018 zu beantragen. $_{4}$Dem Antrag sind entsprechende Belege über entstandene Eigenbelastungen im Zusammenhang mit der Inanspruchnahme der bezogenen Leistungen beizufügen.

(4) Die im Jahr 2015 gemäß § 45c zur Verfügung gestellten Fördermittel, die nach § 45c Absatz 5 Satz 2 in der bis zum 31. Dezember 2016 geltenden Fassung auf das Folgejahr 2016 übertragen und bis zum Ende des Jahres 2016 in den Ländern nicht in Anspruch genommen worden sind, können im Jahr 2017 gemäß § 45c Absatz 6 Satz 3 bis 9 in der ab dem 1. Januar 2017 geltenden Fassung von den Ländern beantragt werden, die im Jahr 2015 mindestens 80 Prozent der auf sie gemäß § 45c Absatz 5 Satz 1 in der bis zum 31. Dezember 2016 geltenden Fassung nach dem Königsteiner Schlüssel entfallenden Mittel ausgeschöpft haben.

(5) $_{1}$In Fällen, in denen am 31. Dezember 2016 der Bezug von Leistungen der Pflegeversicherung mit Leistungen der Eingliederungshilfe für Menschen mit Behinderungen nach dem Zwölften Buch, dem Bundesversorgungsgesetz oder dem Achten Buch bereits zusammentrifft, muss eine Vereinbarung nach § 13 Absatz 4 in der ab dem 1. Januar 2017 geltenden Fassung nur dann abgeschlossen werden, wenn einer der beteiligten Träger oder der

Leistungsbezieher dies verlangt. 2Trifft der Bezug von Leistungen der Pflegeversicherung außerdem mit Leistungen der Hilfe zur Pflege nach dem Zwölften Buch oder dem Bundesversorgungsgesetz zusammen, gilt Satz 1 entsprechend.

§ 145 Besitzstandsschutz für pflegebedürftige Menschen mit Behinderungen in häuslicher Pflege

1Für pflegebedürftige Menschen mit Behinderungen, die am 1. Januar 2017 Anspruch auf Leistungen der Pflegeversicherung bei häuslicher Pflege haben und in einer Wohnform leben, auf die § 43a in der am 1. Januar 2017 geltenden Fassung keine Anwendung findet, findet § 43a auch in der ab dem 1. Januar 2020 geltenden Fassung keine Anwendung. 2Wechseln diese pflegebedürftigen Menschen mit Behinderungen nach dem 1. Januar 2017 die Wohnform, findet Satz 1 keine Anwendung, solange sie in einer Wohnform leben, auf die § 43a in der am 1. Januar 2017 geltenden Fassung Anwendung gefunden hätte, wenn sie am 1. Januar 2017 in einer solchen Wohnform gelebt hätten.

§ 146 Übergangs- und Überleitungsregelung zur Beratung nach § 37 Absatz 3

(1) Für die jeweilige beratende Stelle gelten die Vergütungssätze nach § 37 Absatz 3 Satz 5 und 6 in der am 31. Dezember 2018 geltenden Fassung so lange, bis die Vergütung für Beratungseinsätze erstmals für die jeweilige beratende Stelle vereinbart oder durch die Landesverbände der Pflegekassen festgelegt wird.

(2) Zugelassene stationäre Pflegeeinrichtungen im Sinne des § 71 Absatz 2, die Beratungseinsätze nach § 37 Absatz 3 in der bis zum 31. Dezember 2018 geltenden Fassung durchgeführt haben, gelten ab dem 1. Januar 2019 als nach § 37 Absatz 7 anerkannte Beratungsstellen.

Dritter Abschnitt
Maßnahmen zur Aufrechterhaltung der pflegerischen Versorgung während der durch das neuartige Coronavirus SARS-CoV-2 verursachten Pandemie

§ 147 Verfahren zur Feststellung der Pflegebedürftigkeit nach § 18

(1) 1Abweichend von § 18 Absatz 2 Satz 1 kann die Begutachtung bis einschließlich 31. März 2022 ohne Untersuchung des Versicherten in seinem Wohnbereich erfolgen, wenn dies zur Verhinderung des Risikos einer Ansteckung des Versicherten oder des Gutachters mit dem Coronavirus SARS-CoV-2 zwingend erforderlich ist; der Wunsch des Versicherten, persönlich in seinem Wohnbereich untersucht zu werden, ist zu berücksichtigen. 2Grundlage für die Begutachtung bilden bis zu diesem Zeitpunkt insbesondere die zum Versicherten zur Verfügung stehenden Unterlagen sowie die Angaben und Auskünfte, die beim Versicherten, seinen Angehörigen und sonstigen zur Auskunft fähigen Personen einzuholen sind. 3Der Medizinische Dienst des Spitzenverbandes Bund der Krankenkassen entwickelt im Benehmen mit dem Spitzenverband Bund der Pflegekassen bis zum 31. Oktober 2020 bundesweit einheitliche Maßgaben dafür, unter welchen Schutz- und Hygieneanforderungen eine Begutachtung durch eine Untersuchung des Versicherten in seinem Wohnbereich stattfindet und in welchen Fällen, insbesondere bei welchen Personengruppen, eine Begutachtung ohne Untersuchung des Versicherten in seinem Wohnbereich zwingend erforderlich ist.

(2) Abweichend von § 18 Absatz 2 Satz 5 werden bis einschließlich 31. März 2021 keine Wiederholungsbegutachtungen durchgeführt, auch dann nicht, wenn die Wiederholungsbegutachtung vor diesem Zeitpunkt vom Medizinischen Dienst oder anderen unabhängigen Gutachterinnen und Gutachtern empfohlen wurde.

(3) 1Abweichend von § 18 Absatz 3 Satz 2 ist die Frist, in welcher dem Antragsteller die Entscheidung der Pflegekasse schriftlich mitzuteilen ist, bis einschließlich 30. September 2020 unbeachtlich. 2Abweichend von Satz 1 ist einem Antragsteller, bei dem ein besonders dringlicher Entscheidungsbedarf vorliegt, spätestens 25 Arbeitstage nach Eingang des Antrags bei der zuständigen Pflegekasse die Entscheidung der Pflegekasse schriftlich mitzuteilen. 3Der Spitzenverband Bund der Pflegekassen entwickelt unverzüglich, spätestens bis einschließlich 9. April 2020, bundesweit einheitliche Kriterien für das Vorliegen, die Gewichtung und die Feststellung eines besonders dringlichen Entscheidungsbedarfs. 4Die Pflegekassen und die privaten Versicherungsunternehmen berichten in der nach § 18 Absatz 3b Satz 4 zu veröffentlichenden Statistik über die Anwendung der Kriterien zum Vorliegen und zur Feststellung eines besonders dringlichen Entscheidungsbedarfs.

(4) Abweichend von § 18 Absatz 3a Satz 1 Nummer 2 ist die Pflegekasse bis einschließlich 30. September 2020 nur bei Vorliegen eines besonders dringlichen Entscheidungsbedarfs gemäß Absatz 3 dazu verpflichtet, dem Antragsteller mindestens drei unabhängige Gutachter zur Auswahl zu benennen, wenn innerhalb von 20 Ar-

XI

beitstagen nach Antragstellung keine Begutachtung erfolgt ist.

(5) § 18 Absatz 3b Satz 1 bis 3 findet bis einschließlich 30. September 2020 keine Anwendung.

(6) Absatz 1 gilt für Anträge auf Pflegeleistungen, die zwischen dem 1. Oktober 2020 und dem 31. März 2022 gestellt werden.

Der in § 147 Absatz 1 Satz 1 und Absatz 6 genannte Zeitraum wird bis einschließlich 30. Juni 2022 verlängert.

§ 148 Beratungsbesuche nach § 37

1Abweichend von § 37 Absatz 3 Satz 1 erfolgt die von den Pflegebedürftigen abzurufende Beratung bis einschließlich 31. März 2022 telefonisch, digital oder per Videokonferenz, wenn die oder der Pflegebedürftige dies wünscht. 2Die Pflegekasse oder das private Versicherungsunternehmen darf das Pflegegeld abweichend von § 37 Absatz 6 nicht kürzen oder entziehen, wenn die oder der Pflegebedürftige in dem Zeitraum vom 1. März 2022 bis einschließlich zum 30. Juni 2022 keine Beratung nach § 37 Absatz 3 Satz 1 abruft. 3Die Pflegekassen und die privaten Versicherungsunternehmen haben diese Ausnahmeregelung den Pflegegeldempfängern kurzfristig in geeigneter Form zur Kenntnis zu bringen.

Der in § 148 genannte Zeitraum wird bis einschließlich 30. Juni 2022 verlängert.

§ 149 Einrichtungen zur Inanspruchnahme von Kurzzeitpflege und anderweitige vollstationäre pflegerische Versorgung

(1) 1Bis einschließlich 30. September 2020 besteht der Anspruch auf Kurzzeitpflege in Einrichtungen, die stationäre Leistungen zur medizinischen Vorsorge oder Rehabilitation erbringen, abweichend von § 42 Absatz 4 auch ohne dass gleichzeitig eine Maßnahme der medizinischen Vorsorge oder Rehabilitation für eine Pflegeperson erbracht wird. 2Die Vergütung richtet sich nach dem durchschnittlichen Vergütungssatz gemäß § 111 Absatz 5 des Fünften Buches der Vorsorge- oder Rehabilitationseinrichtung.

(2) Abweichend von § 42 Absatz 2 Satz 2 übernehmen die Pflegekassen bei Kurzzeitpflege in dem Zeitraum vom 28. März 2020 bis einschließlich 30. September 2020 in Einrichtungen, die stationäre Leistungen zur medizinischen Vorsorge oder Rehabilitation erbringen, Aufwendungen bis zu einem Gesamtbetrag von 2418 Euro.

(3) 1Ist eine pflegerische Versorgung von bereits vollstationär versorgten Pflegebedürftigen in einer vollstationären Pflegeeinrichtung auf Grund der SARS-CoV-2-Pandemie quarantänebedingt nicht zu gewährleisten, kann diese für die Dauer von maximal 14 Kalendertagen in dem Zeitraum vom 23. Mai 2020 bis einschließlich 30. September 2020 auch in einer Einrichtung erbracht werden, die Leistungen zur medizinischen Vorsorge oder Rehabilitation erbringt (anderweitige vollstationäre pflegerische Versorgung). 2Im begründeten Einzelfall kann in Abstimmung mit der Pflegekasse des Pflegebedürftigen auch eine pflegerische Versorgung von mehr als 14 Tagen in einer Einrichtung erbracht werden, die Leistungen zur medizinischen Vorsorge oder Rehabilitation erbringt. 3Der Pflegeplatz des Pflegebedürftigen ist von der bisherigen vollstationären Pflegeeinrichtung während seiner Abwesenheit freizuhalten. 4Die Berechnung des Heimentgeltes und seine Zahlung an die bisherige vollstationäre Pflegeeinrichtung sowie der nach § 43 von der Pflegekasse an die bisherige vollstationäre Pflegeeinrichtung zu gewährende Leistungsbetrag bleiben unverändert. 5Die Vergütung der anderweitigen vollstationären pflegerischen Versorgung richtet sich nach dem durchschnittlichen Vergütungssatz nach § 111 Absatz 5 des Fünften Buches für die Vorsorge- oder Rehabilitationseinrichtung. 6Sie wird der Einrichtung von den Pflegekassen entsprechend dem Verfahren nach § 150 Absatz 2 Satz 2 bis 4 erstattet. 7Der Spitzenverband Bund der Pflegekassen kann im Benehmen mit den Verbänden der Träger von vollstationären Pflegeeinrichtungen sowie im Benehmen mit den Verbänden der stationären medizinischen Rehabilitations- und Vorsorgeeinrichtungen Empfehlungen zur formellen Abwicklung des Abrechnungsverfahrens abgeben.

§ 150 Sicherstellung der pflegerischen Versorgung, Kostenerstattung für Pflegeeinrichtungen und Pflegebedürftige

(1) 1Im Fall einer wesentlichen Beeinträchtigung der Leistungserbringung infolge des neuartigen Coronavirus SARS-CoV-2 ist der Träger einer nach § 72 zugelassenen Pflegeeinrichtung verpflichtet, diese umgehend den Pflegekassen gegenüber anzuzeigen. 2Es genügt die Anzeige an eine als Partei des Versorgungsvertrages beteiligte Pflegekasse. 3In Abstimmung mit den weiteren hierbei zuständigen Stellen, insbesondere den nach Landesrecht bestimmten heimrechtlichen Aufsichtsbehörden, haben die Pflegekassen zusammen mit der Pflegeeinrichtung zur Sicherstellung der pflegerischen Versorgung die erforderlichen Maßnahmen und Anpassungen vorzunehmen, wobei auch von der vereinbarten Personalausstattung einschließlich deren gesetzlichen Bestim-

XI

mungen nach diesem Buch abgewichen werden kann. 4Dabei sind zum flexiblen Einsatz des Personals in anderen Versorgungsbereichen alle bestehenden Instrumente und Mittel einschließlich des Vertragsrechts zu nutzen, bei denen zulassungsrechtliche Voraussetzungen zweckgerichtet und unbürokratisch angewandt werden können. 5Dies gilt auch für den Einsatz von Beschäftigten für die Leistungen der zusätzlichen Betreuung nach § 43b in anderen Bereichen.

(2) 1Der Anspruch der zugelassenen Pflegeeinrichtungen auf Erstattung von Beschaffungskosten für die selbst beschafften PoC-Antigen-Tests und Antigen-Tests zur Eigenanwendung und insoweit von Durchführungsaufwendungen kann im Rahmen der für diese Einrichtungen nach der Coronavirus-Testverordnung in ihrer jeweils geltenden Fassung festgelegten Kontingente bei einer Pflegekasse, die Partei des Versorgungsvertrages ist, regelmäßig zum Monatsende geltend gemacht werden. 2Die Auszahlung des gesamten Erstattungsbetrages hat innerhalb von 14 Kalendertagen über eine Pflegekasse zu erfolgen. 3Die Auszahlung kann vorläufig erfolgen.

(3) 1Der Spitzenverband Bund der Pflegekassen legt im Benehmen mit den Bundesvereinigungen der Träger stationärer und ambulanter Pflegeeinrichtungen unverzüglich das Nähere für das Erstattungsverfahren und die erforderlichen Nachweise für seine Mitglieder fest. 2Dabei sind gemessen an der besonderen Herausforderung von allen Beteiligten pragmatische Lösungen in der Umsetzung vorzusehen. 3Die Festlegungen bedürfen der Zustimmung des Bundesministeriums für Gesundheit. 4Der Spitzenverband Bund der Pflegekassen berichtet dem Bundesministerium für Gesundheit regelmäßig über die Ausgabenentwicklung.

(4) 1Bei ambulanten Pflegeeinrichtungen tragen die gesetzlichen Krankenkassen und die soziale Pflegeversicherung die nach Absatz 2 entstehenden Erstattungen entsprechend dem Verhältnis, das dem Verhältnis zwischen den Ausgaben der Krankenkassen für die häusliche Krankenpflege und den Ausgaben der sozialen Pflegeversicherung für Pflegesachleistungen im vorangegangenen Kalenderjahr entspricht. 2Bei den in § 39a Absatz 1 des Fünften Buches genannten stationären Hospizen, mit denen ein Versorgungsvertrag als stationäre Pflegeeinrichtung nach § 72 besteht, tragen die gesetzlichen Krankenkassen 80 Prozent der nach Absatz 2 entstehenden Erstattungen. 3Zur Finanzierung der den Krankenkassen nach den Sätzen 1 und 2 entstehenden Kosten erhebt der Spitzenverband Bund der Krankenkassen von den Krankenkassen eine Umlage gemäß dem Anteil der Versicherten der Krankenkassen an der Gesamtzahl der Versicherten aller Krankenkassen. 4Das Nähere zum Umlageverfahren und zur Zahlung an die Pflegeversicherung bestimmt der Spitzenverband Bund der Krankenkassen. 5Die privaten Versicherungsunternehmen, die die private Pflege-Pflichtversicherung durchführen, beteiligen sich mit einem Anteil von 7 Prozent an den Kosten, die sich gemäß Absatz 2 ergeben. 6Das Bundesamt für Soziale Sicherung stellt die Höhe des Finanzierungsanteils der privaten Versicherungsunternehmen auf Basis der vierteljährlichen Finanzstatistiken der gesetzlichen Kranken- und Pflegekassen fest. 7Die entsprechende Zahlung wird binnen vier Wochen fällig. 8Der jeweilige Finanzierungsanteil, der auf die privaten Versicherungsunternehmen entfällt, kann von dem Verband der privaten Krankenversicherung e. V. unmittelbar an das Bundesamt für Soziale Sicherung zugunsten des Ausgleichsfonds der Pflegeversicherung nach § 65 geleistet werden.

(5) 1Die Pflegekassen können nach ihrem Ermessen zur Vermeidung von durch das neuartige Coronavirus SARS-CoV-2 im Einzelfall im häuslichen Bereich verursachten pflegerischen Versorgungsengpässen, Kostenerstattung in Höhe der ambulanten Sachleistungsbeträge (§ 36) nach vorheriger Antragstellung gewähren, wenn die Maßnahmen nach Absatz 1 Satz 3 nicht ausreichend sind; dabei haben sie vorrangig Leistungserbringer zu berücksichtigen, die von Pflegefachkräften geleitet werden. 2Entsprechende Kostenerstattungszusagen sind jeweils auf bis zu drei Monate zu begrenzen. 3Der Spitzenverband Bund der Pflegekassen legt Einzelheiten dazu in Empfehlungen fest. 4Die Pflegekassen können bei Bedarf bereits vor dem Vorliegen der Empfehlungen Kostenerstattungen zusagen. 5Die Pflegekassen können aus wichtigen Gründen die Kostenerstattungszusage jederzeit widerrufen.

(5a) 1Den nach Maßgabe des gemäß § 45a Absatz 3 erlassenen Landesrechts anerkannten Angeboten zur Unterstützung im Alltag entstandene und nachgewiesene Beschaffungskosten und Durchführungsaufwendungen im Sinne des Absatzes 2 Satz 1 werden aus Mitteln der Pflegeversicherung erstattet. 2Die Auszahlung kann vorläufig erfolgen. 3Der Spitzenverband Bund der Pflegekassen legt in Abstimmung mit dem Bundesministerium für Gesundheit unverzüglich das Nähere für das Erstattungsverfahren fest. 4Absatz 4 Satz 5 bis 8 gilt entsprechend.

(5b) 1Abweichend von § 45b Absatz 1 Satz 3 können Pflegebedürftige des Pflegegrades 1 den Entlastungsbetrag auch für die Inanspruchnahme anderer Hilfen im Wege der Kostenerstattung einsetzen, wenn dies zur Überwindung von infolge des neuartigen Coronavirus SARS-CoV-2 verursachten Versorgungsengpässen erforderlich ist. $_{2}$§ 45b Absatz 2 Satz 3 und Absatz 4 findet keine Anwendung. $_{3}$Der Spitzenverband Bund der Pflegekassen legt Einzelheiten zum Einsatz des Entlastungsbetrags für andere Hilfen nach Satz 1 in Empfehlungen fest.

(5c) Abweichend von § 45b Absatz 1 Satz 5 zweiter Halbsatz kann der im Jahr 2019 sowie der im Jahr 2020 nicht verbrauchte Betrag für die Leistung nach § 45b Absatz 1 Satz 1 in den Zeitraum bis zum 30. September 2021 übertragen werden.

(5d) $_{1}$Abweichend von § 44a Absatz 3 Satz 1 haben Beschäftigte im Sinne des § 7 Absatz 1 des Pflegezeitgesetzes Anspruch auf Pflegeunterstützungsgeld für bis zu insgesamt 20 Arbeitstage, um die Pflege eines pflegebedürftigen nahen Angehörigen im Sinne des § 7 Absatz 3 des Pflegezeitgesetzes sicherzustellen oder zu organisieren, unabhängig davon, ob eine kurzzeitige Arbeitsverhinderung im Sinne des § 2 des Pflegezeitgesetzes vorliegt, wenn

1. die Beschäftigten glaubhaft darlegen, dass sie die Pflege oder die Organisation der Pflege auf Grund der SARS-CoV-2-Pandemie übernehmen,
2. die Beschäftigten keinen Anspruch auf Entgeltfortzahlung vom Arbeitgeber, Kranken- oder Verletztengeld bei Erkrankung oder Unfall eines Kindes nach § 45 des Fünften Buches oder nach § 45 Absatz 4 des Siebten Buches haben und
3. die häusliche Pflege nicht anders sichergestellt werden kann.

$_{2}$Abweichend von § 44a Absatz 6 Satz 1 haben landwirtschaftliche Unternehmer nach § 2 Absatz 1 Nummer 1 und 2 des Zweiten Gesetzes über die Krankenversicherung der Landwirte Anspruch auf Betriebshilfe für bis zu insgesamt 20 Arbeitstage, um die Pflege eines pflegebedürftigen nahen Angehörigen im Sinne des § 7 Absatz 3 des Pflegezeitgesetzes sicherzustellen oder zu organisieren, unabhängig davon, ob eine akut aufgetretene Pflegesituation vorliegt, sofern die Voraussetzungen nach Satz 1 Nummer 1 und 3 erfüllt sind. $_{3}$Abweichend von § 44a Absatz 6 Satz 3 haben privat pflegeversicherte landwirtschaftliche Unternehmer Anspruch auf Kostenerstattung für bis zu insgesamt 20 Arbeitstage Betriebshilfe, um die Pflege eines pflegebedürftigen nahen Angehörigen im Sinne des § 7 Absatz 3 des Pflegezeitgesetzes sicherzustellen oder zu organisieren, unabhängig davon, ob eine akut aufgetretene Pflegesituation vorliegt, sofern die Voraussetzungen nach Satz 1 Nummer 1 und 3 erfüllt sind.

(6) $_{1}$Die Absätze 1, 5 und 5b gelten bis einschließlich 30. April 2023. $_{2}$Absatz 5d gilt in dem Zeitraum vom 23. Mai 2020 bis einschließlich 30. April 2023.

§ 150a Pflegebonus zur Anerkennung der besonderen Leistungen in der Coronavirus-SARS-CoV-2-Pandemie

(1) $_{1}$Die zugelassenen Pflegeeinrichtungen sind verpflichtet, jeder und jedem ihrer Beschäftigten im Jahr 2022 eine einmalige Sonderleistung nach Maßgabe der Absätze 2 bis 6 und 8 (Corona-Pflegebonus) zu zahlen. $_{2}$Gleiches gilt für Arbeitgeber, deren Arbeitnehmerinnen oder Arbeitnehmer in Einrichtungen nach Satz 1 im Rahmen einer Arbeitnehmerüberlassung oder eines Werk- oder Dienstleistungsvertrags eingesetzt werden.

(2) $_{1}$Anspruch auf einen Corona-Pflegebonus haben Vollzeitbeschäftigte, die im Zeitraum vom 1. November 2020 bis einschließlich zum 30. Juni 2022 (Bemessungszeitraum) mindestens drei Monate in einer zugelassenen oder für eine zugelassene Pflegeeinrichtung tätig waren und die am 30. Juni 2022 in einer zugelassenen oder für eine zugelassene Pflegeeinrichtung beschäftigt und tätig sind. $_{2}$Einen Anspruch auf einen Corona-Pflegebonus haben auch Vollzeitbeschäftigte, die im Bemessungszeitraum mindestens drei Monate in einer zugelassenen oder für eine zugelassene Pflegeeinrichtung tätig waren und

1. am 30. Juni 2022 nur deshalb nicht mehr beschäftigt und tätig sind, weil für sie zu diesem Zeitpunkt ein Anspruch auf Rente aus der gesetzlichen Rentenversicherung bestand oder
2. am 30. Juni 2022 nur deshalb nicht beschäftigt und tätig sind, weil sie Krankengeld, Krankentagegeld, Verletztengeld, Versorgungskrankengeld, Übergangsgeld, Pflegeunterstützungsgeld oder Mutterschaftsgeld beziehen oder nach den gesetzlichen Vorschriften Erziehungsgeld oder Elterngeld beziehen oder Elternzeit oder eine Freistellung nach § 3 des Pflegezeitgesetzes in Anspruch nehmen oder Wehrdienst oder Zivildienst leisten.

$_{3}$Einen Anspruch auf einen Corona-Pflegebonus haben auch Freiwillige im Sinne von § 2 des Bundesfreiwilligendienstgesetzes und Freiwillige im Sinne von § 2 des Jugendfreiwilligendienstegesetzes im freiwilligen sozialen Jahr, die im Bemessungszeitraum mindestens drei

Monate in einer zugelassenen oder für eine zugelassene Pflegeeinrichtung ihren Dienst geleistet haben. 4Die Höhe des Corona-Pflegebonus beträgt

1. 550 Euro für Beschäftigte, die Leistungen nach diesem Buch oder im ambulanten Bereich nach dem Fünften Buch durch die direkte Pflege und Betreuung von Pflegebedürftigen erbringen,
2. 370 Euro für andere Beschäftigte, die in einem Umfang von mindestens 25 Prozent ihrer Arbeitszeit gemeinsam mit Pflegebedürftigen tagesstrukturierend, aktivierend, betreuend oder pflegend tätig sind,
3. 60 Euro für Freiwillige im Sinne von § 2 des Bundesfreiwilligendienstgesetzes und Freiwillige im Sinne von § 2 des Jugendfreiwilligendienstegesetzes im freiwilligen sozialen Jahr und
4. 190 Euro für alle Beschäftigten, die nicht unter die Nummern 1 bis 3 fallen.

(3) 1Den folgenden Auszubildenden, die mit einer zugelassenen Pflegeeinrichtung einen Ausbildungsvertrag geschlossen haben oder im Bemessungszeitraum mindestens drei Monate in einer zugelassenen Pflegeeinrichtung zur Durchführung der praktischen Ausbildung tätig waren, ist ein Corona-Pflegebonus in Höhe von 330 Euro zu zahlen:

1. Auszubildenden zur Altenpflegerin oder zum Altenpfleger nach § 58 Absatz 2 des Pflegeberufegesetzes,
2. Auszubildenden zur Altenpflegerin oder zum Altenpfleger nach § 66 Absatz 2 des Pflegeberufegesetzes,
3. Auszubildenden zur Gesundheits- und Krankenpflegerin oder zum Gesundheits- und Krankenpfleger nach § 66 Absatz 1 Satz 1 Nummer 1 des Pflegeberufegesetzes,
4. Auszubildenden zur Gesundheits- und Kinderkrankenpflegerin oder zum Gesundheits- und Kinderkrankenpfleger nach § 58 Absatz 1 des Pflegeberufegesetzes,
5. Auszubildenden zur Gesundheits- und Kinderkrankenpflegerin oder zum Gesundheits- und Kinderkrankenpfleger nach § 66 Absatz 1 Satz 1 Nummer 2 des Pflegeberufegesetzes oder
6. Auszubildenden zur Pflegefachfrau oder zum Pflegefachmann nach dem Pflegeberufegesetz.

2Satz 1 gilt entsprechend für Auszubildende in landesrechtlich geregelten Assistenz- oder Helferausbildungen in der Pflege von mindestens einjähriger Dauer.

(4) 1An Beschäftigte, die im Bemessungszeitraum mindestens drei Monate in einer zugelassenen Pflegeeinrichtung tätig waren und in dieser Zeit ganz oder teilweise in Teilzeit gearbeitet haben, ist der Corona-Pflegebonus anteilig im Verhältnis zu den in Absatz 2 Satz 1 genannten Höhen zu zahlen. 2Der jeweilige Anteil entspricht dem Anteil der von ihnen wöchentlich durchschnittlich in dem Bemessungszeitraum tatsächlich geleisteten Stunden im Verhältnis zur regelmäßigen Wochenarbeitszeit der bei derselben Pflegeeinrichtung Vollzeitbeschäftigten, mindestens jedoch dem Anteil der mit ihnen vertraglich vereinbarten durchschnittlichen Wochenarbeitszeit im Verhältnis zur regelmäßigen Wochenarbeitszeit der bei der Pflegeeinrichtung Vollzeitbeschäftigten. 3Abweichend von Satz 1 ist der Corona-Pflegebonus nach Absatz 2 ungekürzt an Teilzeitbeschäftigte zu zahlen, wenn sie im Bemessungszeitraum mindestens drei Monate in einer zugelassenen Pflegeeinrichtung tätig waren und ihre wöchentliche tatsächliche oder vertragliche Arbeitszeit in diesem Zeitraum 35 Stunden oder mehr betrug.

(5) Die folgenden Unterbrechungen der Tätigkeit im Bemessungszeitraum sind für die Berechnung des dreimonatigen Zeitraums, in dem die Beschäftigten im Bemessungszeitraum mindestens in einer zugelassenen Pflegeeinrichtung tätig sein müssen, unbeachtlich:

1. Unterbrechungen von bis zu 14 Kalendertagen,
2. Unterbrechungen auf Grund einer COVID-19-Erkrankung,
3. Unterbrechungen auf Grund von Quarantänemaßnahmen,
4. Unterbrechungen auf Grund eines Arbeitsunfalls oder
5. Unterbrechungen wegen Erholungsurlaubs.

(6) 1Soweit Beschäftigte einer Pflegeeinrichtung im Bemessungszeitraum ganz oder teilweise in Kurzarbeit gearbeitet haben, sind für die Bemessung der diesen Beschäftigten jeweils zustehenden Corona-Pflegeboni die von ihnen wöchentlich durchschnittlich im Bemessungszeitraum tatsächlich geleisteten Stunden maßgeblich. 2Absatz 4 gilt im Übrigen entsprechend.

(7) 1Die zugelassenen Pflegeeinrichtungen und die Arbeitgeber im Sinne von Absatz 1 Satz 2 erhalten im Wege der Vorauszahlung von der sozialen Pflegeversicherung den Betrag erstattet, den sie für die Auszahlung der in den Absätzen 2 bis 4 und 6 genannten Corona-Pflegeboni benötigen. 2Die in den Absätzen 2 bis 4 und 6 genannten Corona-Pflegeboni können nicht nach § 150 Absatz 2 erstattet werden. 3Auch wenn ein nach Absatz 9 erhöhter Corona-Pflegebonus als Sonderleistung gezahlt wird oder wenn von den zugelassenen Pflegeeinrichtun-

gen an ihre Beschäftigten vergleichbare Sonderleistungen gezahlt werden, können die gezahlten Beträge nicht nach § 150 Absatz 2 erstattet werden. 4Sonderleistungen nach Satz 3 sind bei der Bemessung der Pflegevergütung der zugelassenen Pflegeeinrichtungen berücksichtigungsfähig. 5Die Pflegeeinrichtungen und die Arbeitgeber im Sinne von Absatz 1 Satz 2 melden den Pflegekassen den Betrag, den sie für die Auszahlung der in den Absätzen 2 bis 4 und 6 genannten Corona-Pflegeboni benötigen, bis spätestens 31. Juli 2022. 6Die Pflegekassen stellen sicher, dass alle Pflegeeinrichtungen und alle Arbeitgeber im Sinne von Absatz 1 Satz 2 diesen Betrag von der sozialen Pflegeversicherung bis spätestens 30. September 2022 für die Beschäftigten und Arbeitnehmer im Sinne von Absatz 1 Satz 2 erhalten. 7Für Auszubildende nach Absatz 3 muss die Meldung nach Satz 5 spätestens am 30. September 2022 und die Auszahlung nach Satz 6 bis spätestens zum 31. Oktober 2022 erfolgen. 8Der Bund zahlt zur Refinanzierung der durch die Pflegekassen an die zugelassenen Pflegeeinrichtungen und die Arbeitgeber im Sinne von Absatz 1 Satz 2 gezahlten Vorauszahlungen bis zum 1. September 2022 einen Betrag in Höhe von 500 Millionen Euro an den Ausgleichsfonds. 9Die Pflegeeinrichtungen und die Arbeitgeber im Sinne von Absatz 1 Satz 2 haben den Pflegekassen bis spätestens 15. Februar 2023 die tatsächliche Auszahlungssumme der Corona-Pflegeboni sowie die Zahl der Empfängerinnen und Empfänger anzuzeigen. 10Der Spitzenverband Bund der Pflegekassen legt im Benehmen mit den Bundesvereinigungen der Träger stationärer und ambulanter Pflegeeinrichtungen und geeigneten Verbänden der Arbeitgeber im Sinne von Absatz 1 Satz 2 auf Bundesebene unverzüglich das Nähere für das Verfahren einschließlich angemessener Möglichkeiten zur Prüfung, Rückforderung und Aufrechnung durch die Pflegekassen sowie der Information der Beschäftigten und Arbeitnehmer im Sinne von Absatz 1 Satz 2 über ihren Anspruch fest. 11Die Verfahrensregelungen bedürfen der Zustimmung des Bundesministeriums für Gesundheit.

(8) 1Die Auszahlung des jeweiligen Corona-Pflegebonus an die jeweiligen Beschäftigten erfolgt durch die zugelassene Pflegeeinrichtung oder den Arbeitgeber im Sinne von Absatz 1 Satz 2, bei der oder dem die Beschäftigten am 30. Juni 2022 beschäftigt sind; die Auszahlung hat unverzüglich nach Erhalt der Vorauszahlung nach Absatz 7, spätestens mit der nächstmöglichen regelmäßigen Entgeltauszahlung, jedenfalls aber bis zum 31. Dezember 2022 zu erfolgen. 2Sie ist den Beschäftigten in der gesamten ihnen nach den Absätzen 2 bis 4 und 6 zustehenden Höhe in Geld über das Arbeitsentgelt und sonstige Bezüge hinaus auszuzahlen. 3Eine Aufrechnung mit Ansprüchen der Pflegeeinrichtung oder der Arbeitgeber nach Absatz 1 Satz 2 gegen den Beschäftigten oder Arbeitnehmer nach Absatz 1 Satz 2 ist ausgeschlossen. 4Der Corona-Pflegebonus ist unpfändbar. 5Die Sätze 1 bis 4 gelten entsprechend für die Ausbildungsvergütung sowie für das Taschengeld für Freiwillige im Sinne des § 2 des Bundesfreiwilligendienstgesetzes und für Freiwillige im Sinne des § 2 des Jugendfreiwilligendienstegesetzes im freiwilligen sozialen Jahr.

(9) 1Der Corona-Pflegebonus kann durch die Länder und die zugelassenen Pflegeeinrichtungen über die in den Absätzen 2 bis 6 genannten Höchstbeträge hinaus für alle Beschäftigten in Pflegeeinrichtungen erhöht werden. 2Gleiches gilt für die Arbeitgeber und Arbeitnehmer im Sinne von Absatz 1 Satz 2. 3Die Länder regeln ihr Verfahren. 4Sie können sich dabei an den Verfahrensregelungen dieser Vorschrift, insbesondere an den genannten Fristen, orientieren. 5Sofern ein Land den Corona-Pflegebonus nach Satz 1 erhöht, kann es das Verfahren einschließlich der Auszahlung als Sonderleistung über die im jeweiligen Land zuständigen Pflegekassen durchführen, wenn es ihnen die Verwaltungskosten hierfür erstattet. 6In diesem Fall sind die im Land zuständigen Pflegekassen dazu verpflichtet, das Verfahren einschließlich der Auszahlung dieser Sonderleistung an die zugelassenen Pflegeeinrichtungen zusammen mit dem Corona-Pflegebonus für das Land durchzuführen und hierfür ein geeignetes Verfahren vorzusehen.

§ 150b Nichtanrechnung von Arbeitstagen mit Bezug von Pflegeunterstützungsgeld, Betriebshilfe oder Kostenerstattung gemäß § 150 Absatz 5d

Die Arbeitstage, für die Pflegeunterstützungsgeld im Geltungszeitraum von § 150 Absatz 5d Satz 1, Betriebshilfe im Geltungszeitraum von § 150 Absatz 5d Satz 2 oder Kostenerstattung im Geltungszeitraum von § 150 Absatz 5d Satz 3 in Anspruch genommen worden ist, werden auf die Arbeitstage, für die Pflegeunterstützungsgeld gemäß § 44a Absatz 3, Betriebshilfe gemäß § 44a Absatz 6 Satz 1 oder Kostenerstattung gemäß § 44a Absatz 6 Satz 3 in Anspruch genommen werden kann, nicht angerechnet.

XI

§ 150c Sonderleistungen für zugelassene voll- und teilstationäre Pflegeeinrichtungen zur Anerkennung und Umsetzung zusätzlicher Aufgaben nach § 35 Absatz 1 des Infektionsschutzgesetzes

(1) 1Die zugelassenen voll- und teilstationären Pflegeeinrichtungen sind verpflichtet, im Zeitraum vom 1. Oktober 2022 bis zum 30. April 2023 monatliche Sonderleistungen nach Maßgabe der Absätze 2 bis 5 zu zahlen. 2Sie haben die nach § 35 Absatz 1 Satz 6 des Infektionsschutzgesetzes in der Einrichtung benannten Personen gegenüber den Pflegekassen zu melden.

(2) 1Anspruch auf eine Sonderleistung nach Absatz 1 haben die in den zugelassenen voll- und teilstationären Pflegeeinrichtungen beschäftigten Personen mit Ausnahme der Leitung der Einrichtung, die nach § 35 Absatz 1 Satz 6 des Infektionsschutzgesetzes benannt und gegenüber den Pflegekassen gemeldet sind. 2Die Höhe der Sonderleistung beträgt je Pflegeeinrichtung und Monat insgesamt

1. bei Pflegeeinrichtungen mit bis zu 40 Plätzen 500 Euro,
2. bei Pflegeeinrichtungen mit 41 bis zu 80 Plätzen 750 Euro,
3. bei Pflegeeinrichtungen mit mehr als 80 Plätzen 1000 Euro.

(3) Sofern mehrere Personen anspruchsberechtigt sind, ist die Sonderleistung von der jeweiligen Pflegeeinrichtung entsprechend aufzuteilen.

(4) 1Die Sonderleistung nach Absatz 1 ist von den Pflegekassen monatlich im Zeitraum vom 1. Oktober 2022 bis zum 30. April 2023 an die zugelassenen voll- und teilstationären Pflegeeinrichtungen zu zahlen; sie wird zum 15. eines jeden Monats und erstmalig am 15. November 2022 fällig. 2Die Auszahlung an die betreffende Einrichtung erfolgt einheitlich über eine Pflegekasse vor Ort. 3Die Meldung nach Absatz 1 Satz 2 hat bis zum 31. Oktober 2022 zu erfolgen. 4Sofern sie nicht rechtzeitig erfolgt, wird die Zahlung der Sonderleistung erst zum 15. des Folgemonats des Tages der Meldung nach Absatz 1 Satz 2 rückwirkend bis zu diesem Tag aufgenommen. 5Die Pflegeeinrichtungen haben den Pflegekassen nach dem 30. April 2023 bis spätestens zum 30. Juni 2023 die tatsächliche Auszahlungssumme der Sonderleistungen sowie die Anzahl der Empfängerinnen und Empfänger anzuzeigen. 6Die Landesverbände der Pflegekassen stellen insgesamt die sachgerechte Verfahrensbearbeitung einschließlich angemessener Möglichkeiten zur Prüfung, Rückforderung und Aufrechnung durch die Pflegekassen sicher.

(5) 1Die Auszahlung der Sonderleistung nach Absatz 1 erfolgt spätestens mit der nächstmöglichen regelmäßigen Entgeltauszahlung. 2Die Sonderleistung ist den Beschäftigten in der ihnen nach Absatz 2 Satz 2 zustehenden Höhe in Geld über das Arbeitsentgelt und sonstige Bezüge hinaus auszuzahlen. 3Eine Aufrechnung mit Ansprüchen der Pflegeeinrichtung gegen den Beschäftigten ist ausgeschlossen. 4Die Sonderleistung ist unpfändbar.

(6) 1Aus finanziellen Mitteln des Ausgleichsfonds wird im Zeitraum vom 1. Oktober 2022 bis zum 30. April 2023 ein monatlicher Förderbetrag in Höhe von 250 Euro für jede zugelassene voll- oder teilstationäre Pflegeeinrichtung bereitgestellt, um die Umsetzung der Aufgaben im Sinne des § 35 Absatz 1 Satz 6 und 7 des Infektionsschutzgesetzes sachgerecht zu unterstützen. 2Sofern die Pflegeeinrichtungen keine Meldungen nach Absatz 1 Satz 2 durchgeführt haben, erhalten sie auch keine finanziellen Mittel nach diesem Absatz. 3Absatz 4 findet entsprechend Anwendung.

§ 151 Qualitätsprüfungen nach § 114

Abweichend von § 114 Absatz 2 Satz 1 und 2 finden bis einschließlich 30. September 2020 keine Regelprüfungen statt.

§ 152 Verordnungsermächtigung

Das Bundesministerium für Gesundheit kann nach einer erneuten Risikobeurteilung bei Fortbestehen oder erneutem Risiko für ein Infektionsgeschehen im Zusammenhang mit dem neuartigen Coronavirus SARS-CoV-2 den Befristungszeitraum der §§ 147 bis 151 jeweils durch Rechtsverordnung mit Zustimmung des Bundesrates um jeweils bis zu einem halben Jahr verlängern.

§ 153 Erstattung pandemiebedingter Kosten durch den Bund; Verordnungsermächtigung

1Wenn der Mittelbestand der sozialen Pflegeversicherung aufgrund pandemiebedingter Mehrausgaben absehbar das gesetzliche Betriebsmittel- und Rücklagesoll der Pflegekassen zu unterschreiten droht, gewährt der Bundeshaushalt der sozialen Pflegeversicherung in den Jahren 2021 bis einschließlich 2023 einen Zuschuss in erforderlicher Höhe (Bundeszuschuss). 2Das Bundesministerium für Gesundheit wird ermächtigt, das Nähere durch Rechtsverordnung im Einvernehmen mit dem Bundesministerium der Finanzen ohne Zustimmung des Bundesrates zu bestimmen.

Abschnitt 4
Maßnahmen zum Ausgleich außergewöhnlicher Kostenentwicklungen

§ 154 Ergänzungshilfen für stationäre Pflegeeinrichtungen zum Ausgleich steigender Preise für Erdgas, Wärme und Strom

(1) $_1$Zugelassene voll- und teilstationäre Pflegeeinrichtungen erhalten von den Pflegekassen für den Zeitraum Oktober 2022 bis einschließlich April 2024 für leitungsgebundenes Erdgas, leitungsgebundene Fernwärme und leitungsgebundenen Strom eine Erstattung der Differenz zwischen der abschlägigen Vorauszahlung für den Verbrauch des Monats März 2022 und der jeweiligen laufenden monatlichen abschlägigen Vorauszahlung für die genannten Verbrauchsgüter für den Betrieb der Pflegeeinrichtung (Ergänzungshilfe). $_2$Dabei sind für den jeweiligen Zeitraum an die Einrichtungen gewährte öffentliche Zuschüsse oder andere Unterstützungsmaßnahmen mit gleicher Zielsetzung vom Erstattungsbetrag nach Satz 1 abzuziehen. $_3$Der Nachweis der nach Satz 1 gemachten Angaben hat durch entsprechende Dokumente des Versorgers zu erfolgen. $_4$Sofern gewährte öffentliche Zuschüsse oder andere Unterstützungsmaßnahmen bei der Bestimmung der Erstattungsdifferenz nach Satz 1 zunächst nicht bekannt waren, sind diese unverzüglich gegenüber der Pflegekasse anzuzeigen und im Verfahren nach Absatz 2 mindernd zu berücksichtigen. $_5$Bei voll- und teilstationären Pflegeeinrichtungen, die nach dem 31. März 2022 den Betrieb aufgenommen haben, wird die abschlägige Vorauszahlung angesetzt, die sich aufgrund des Neukundenpreises zum 15. Februar 2022 ergibt.

(2) $_1$Die zugelassenen voll- und teilstationären Pflegeeinrichtungen haben die nach Absatz 1 notwendigen Angaben an die Pflegekassen jeweils bis zum 15. des Folgemonats zu übermitteln. $_2$Die erstmalige Einreichung der Angaben durch die Pflegeeinrichtungen hat spätestens 15 Tage nach Vorliegen der Richtlinien des Spitzenverbandes Bund der Pflegekassen nach Absatz 3 zu erfolgen. $_3$Die letztmalige Einreichung von Angaben muss bis zum 30. August 2024 erfolgen. $_4$Der sich ergebende Erstattungsbetrag ist jeweils spätestens vier Wochen nach Eingang der Angaben auszahlen. $_5$Solange sich die Höhe der monatlichen abschlägigen Vorauszahlung oder die Höhe von gewährten öffentlichen Zuschüssen oder anderen Unterstützungsmaßnahmen nicht ändert, wird der Erstattungsbetrag auch für die Folgemonate gewährt. $_6$Bei Änderungen ist den Pflegekassen die neue abschlägige Vorauszahlung oder die geänderte Höhe gewährter öffentlicher Zuschüsse oder anderer Unterstützungsmaßnahmen mitzuteilen. $_7$Nachzahlungen, die sich aus den jeweiligen Jahresabrechnungen der Versorger für den in Absatz 1 Satz 1 genannten Zeitraum ergeben, können die Pflegeeinrichtungen zusätzlich geltend machen. $_8$Rückzahlungen, die sich aus den jeweiligen Jahresabrechnungen der Versorger für den in Absatz 1 Satz 1 genannten Zeitraum ergeben, sind an die Pflegekassen weiterzuleiten. $_9$Die Jahresabrechnungen der Versorger für den in Absatz 1 Satz 1 genannten Zeitraum haben die Pflegeeinrichtungen den Pflegekassen unverzüglich nach Erhalt vorzulegen. $_{10}$Bei Nichtvorliegen der für den finalen Zeitraum notwendigen Jahresabrechnung bis zum 30. August 2024 ist auf die Anwendung der Sätze 7 und 8 zu verzichten.

(3) $_1$Der Spitzenverband Bund der Pflegekassen legt in Abstimmung mit dem Bundesministerium für Gesundheit unverzüglich in Richtlinien das Nähere zum Zahlungsverfahren sowie zur Meldung nach Absatz 4 Satz 4 fest. $_2$Hierbei ist auch jeweils eine für die Auszahlung zuständige Pflegekasse zu bestimmen. $_3$Das Bundesamt für Soziale Sicherung ist an den Richtlinien nach Satz 1 zu beteiligen; den Bundesvereinigungen der Träger von stationären Pflegeeinrichtungen ist Gelegenheit zur Stellungnahme zu geben.

(4) $_1$Die ausgezahlten Beträge werden den Pflegekassen im Verfahren des monatlichen Ausgleichs nach § 67 vom Bundesamt für Soziale Sicherung erstattet. $_2$Der Bund zahlt zur Refinanzierung der durch die Pflegekassen an die zugelassenen voll- und teilstationären Pflegeeinrichtungen geleisteten Ergänzungshilfen in den Jahren 2023 und 2024 insgesamt bis zu 2 Milliarden Euro an den Ausgleichsfonds. $_3$Der Bund zahlt die Mittel in Höhe von 1,5 Milliarden Euro für das Jahr 2023 bis zum 6. Januar 2023 und Mittel in Höhe von 500 Millionen Euro für das Jahr 2024 bis zum 5. Januar 2024 an den Ausgleichsfonds. $_4$Die Pflegekassen melden monatlich bis zum 10. die Summe der im Vormonat an die zugelassenen Pflegeeinrichtungen geleisteten Ergänzungshilfen zum Ausgleich steigender Energiekosten sowie die Summe der im Vormonat an die zugelassenen Pflegeeinrichtungen geleisteten Ergänzungshilfen zum Ausgleich steigender Stromkosten an den Spitzenverband Bund der Pflegekassen. $_5$Dieser leitet die Angaben gesammelt innerhalb von zehn Tagen an das Bundesamt für Soziale Sicherung weiter. $_6$2023 nicht verausgabte Mittel des Bundes sind in das Jahr 2024 übertragbar. $_7$2024 nicht verausgabte Mittel fließen bis zum Jahresende 2024 an den Bundeshaushalt zurück.

(5) 1Für den Zeitraum der Inanspruchnahme der Ergänzungshilfen nach Absatz 1 besteht kein Anspruch auf prospektive Berücksichtigung gestiegener Aufwendungen für leitungsgebundenes Erdgas, leitungsgebundene Fernwärme und leitungsgebundenen Strom bei der Bemessung und Vereinbarung der Pflegevergütung nach § 85 sowie der Entgelte für Unterkunft und Verpflegung nach § 87. 2§ 82 Absatz 5 findet mit der Maßgabe Anwendung, dass die Pflegekassen als Partei der Pflegesatzvereinbarung verpflichtet sind, mit den weiteren Parteien die Voraussetzungen für den Abschluss einer entsprechenden Ergänzungsvereinbarung zu prüfen; besteht ein Bedarf für eine Ergänzungsvereinbarung, so ist diese innerhalb von acht Wochen nach Erhalt der Angaben nach Absatz 2 Satz 1 abzuschließen. 3Dabei sind Doppelfinanzierungen für zurückliegende Zeiträume in der prospektiv ausgerichteten Ergänzungsvereinbarung mit zu berücksichtigen. 4Die Pflegesatzkommissionen nach § 86 sowie vergleichbare landesspezifische Vertragsgremien der Selbstverwaltung können sich auf Verfahren für die Umsetzung verständigen. 5Die Pflegeeinrichtungen haben den Pflegekassen die Umsetzung der Ergänzungsvereinbarung nachzuweisen.

(6) 1Zugelassene voll- und teilstationäre Pflegeeinrichtungen, die einen Erstattungsbetrag nach Absatz 1 erhalten, werden verpflichtet, bis zum 31. Dezember 2023 eine Energieberatung durch einen Gebäudeenergieberater durchführen zu lassen. 2Die Pflegeeinrichtungen sind verpflichtet, den Pflegekassen einen Nachweis über die erfolgte Beratung und die konkreten Maßnahmen zur Umsetzung der Empfehlungen zu übermitteln. 3Wird der Nachweis bis zum 15. Januar 2024 nicht an die Pflegekassen übermittelt, wird der ausgezahlte Erstattungsbetrag für die Monate Januar 2024 bis einschließlich April 2024 um jeweils 20 Prozent gekürzt.

(7) Der Spitzenverband Bund der Pflegekassen evaluiert die Auswirkungen der Regelungen dieses Abschnitts insbesondere auf die Entwicklung der Heimentgelte und legt hierzu bis zum 29. November 2024 einen entsprechenden Bericht vor.

Anlage 1
(zu § 15)

Einzelpunkte der Module 1 bis 6; Bildung der Summe der Einzelpunkte in jedem Modul

Modul 1: Einzelpunkte im Bereich der Mobilität

Das Modul umfasst fünf Kriterien, deren Ausprägungen in den folgenden Kategorien mit den nachstehenden Einzelpunkten gewertet werden:

Ziffer	Kriterien	selbständig	überwiegend selbständig	überwiegend unselbständig	unselbständig
1.1	Positionswechsel im Bett	0	1	2	3
1.2	Halten einer stabilen Sitzposition	0	1	2	3
1.3	Umsetzen	0	1	2	3
1.4	Fortbewegen innerhalb des Wohnbereichs	0	1	2	3
1.5	Treppensteigen	0	1	2	3

Modul 2: Einzelpunkte im Bereich der kognitiven und kommunikativen Fähigkeiten

Das Modul umfasst elf Kriterien, deren Ausprägungen in den folgenden Kategorien mit den nachstehenden Einzelpunkten gewertet werden:

Ziffer	Kriterien	Fähigkeit vorhanden/ unbeeinträchtigt	Fähigkeit größtenteils vorhanden	Fähigkeit in geringem Maße vorhanden	Fähigkeit nicht vorhanden
2.1	Erkennen von Personen aus dem näheren Umfeld	0	1	2	3
2.2	Örtliche Orientierung	0	1	2	3
2.3	Zeitliche Orientierung	0	1	2	3
2.4	Erinnern an wesentliche Ereignisse oder Beobachtungen	0	1	2	3
2.5	Steuern von mehrschrittigen Alltagshandlungen	0	1	2	3
2.6	Treffen von Entscheidungen im Alltag	0	1	2	3
2.7	Verstehen von Sachverhalten und Informationen	0	1	2	3
2.8	Erkennen von Risiken und Gefahren	0	1	2	3
2.9	Mitteilen von elementaren Bedürfnissen	0	1	2	3
2.10	Verstehen von Aufforderungen	0	1	2	3

Ziffer	Kriterien	Fähigkeit vorhanden/ unbeeinträchtigt	Fähigkeit größtenteils vorhanden	Fähigkeit in geringem Maße vorhanden	Fähigkeit nicht vorhanden
2.11	Beteiligen an einem Gespräch	0	1	2	3

Modul 3: Einzelpunkte im Bereich der Verhaltensweisen und psychische Problemlagen

Das Modul umfasst dreizehn Kriterien, deren Häufigkeit des Auftretens in den folgenden Kategorien mit den nachstehenden Einzelpunkten gewertet wird:

Ziffer	Kriterien	nie oder selten	selten (ein- bis dreimal innerhalb von zwei Wochen)	häufig (zweimal bis mehrmals wöchentlich, aber nicht täglich)	täglich
3.1	Motorisch geprägte Verhaltensauffälligkeiten	0	1	3	5
3.2	Nächtliche Unruhe	0	1	3	5
3.3	Selbstschädigendes und autoaggressives Verhalten	0	1	3	5
3.4	Beschädigen von Gegenständen	0	1	3	5
3.5	Physisch aggressives Verhalten gegenüber anderen Personen	0	1	3	5
3.6	Verbale Aggression	0	1	3	5
3.7	Andere pflegerelevante vokale Auffälligkeiten	0	1	3	5
3.8	Abwehr pflegerischer und anderer unterstützender Maßnahmen	0	1	3	5
3.9	Wahnvorstellungen	0	1	3	5
3.10	Ängste	0	1	3	5
3.11	Antriebslosigkeit bei depressiver Stimmungslage	0	1	3	5
3.12	Sozial inadäquate Verhaltensweisen	0	1	3	5
3.13	Sonstige pflegerelevante inadäquate Handlungen	0	1	3	5

XI

Modul 4: Einzelpunkte im Bereich der Selbstversorgung

Das Modul umfasst dreizehn Kriterien:

Einzelpunkte für die Kriterien der Ziffern 4.1 bis 4.12

Die Ausprägungen der Kriterien 4.1 bis 4.12 werden in den folgenden Kategorien mit den nachstehenden Punkten gewertet:

Ziffer	Kriterien	selbständig	überwiegend selbständig	überwiegend unselbständig	unselbständig
4.1	Waschen des vorderen Oberkörpers	0	1	2	3
4.2	Körperpflege im Bereich des Kopfes (Kämmen, Zahnpflege/Prothesenreinigung, Rasieren)	0	1	2	3
4.3	Waschen des Intimbereichs	0	1	2	3
4.4	Duschen und Baden einschließlich Waschen der Haare	0	1	2	3
4.5	An- und Auskleiden des Oberkörpers	0	1	2	3
4.6	An- und Auskleiden des Unterkörpers	0	1	2	3
4.7	Mundgerechtes Zubereiten der Nahrung und Eingießen von Getränken	0	1	2	3
4.8	Essen	0	3	6	9
4.9	Trinken	0	2	4	6
4.10	Benutzen einer Toilette oder eines Toilettenstuhls	0	2	4	6
4.11	Bewältigen der Folgen einer Harninkontinenz und Umgang mit Dauerkatheter und Urostoma	0	1	2	3
4.12	Bewältigen der Folgen einer Stuhlinkontinenz und Umgang mit Stoma	0	1	2	3

Die Ausprägungen des Kriteriums der Ziffer 4.8 sowie die Ausprägung der Kriterien der Ziffern 4.9 und 4.10 werden wegen ihrer besonderen Bedeutung für die pflegerische Versorgung stärker gewichtet.

Die Einzelpunkte für die Kriterien der Ziffern 4.11 und 4.12 gehen in die Berechnung nur ein, wenn bei der Begutachtung beim Versicherten darüber hinaus die Feststellung „überwiegend inkontinent" oder „vollständig inkontinent" getroffen wird oder eine künstliche Ableitung von Stuhl oder Harn erfolgt.

Einzelpunkte für das Kriterium der Ziffer 4.13

Die Ausprägungen des Kriteriums der Ziffer 4.13 werden in den folgenden Kategorien mit den nachstehenden Einzelpunkten gewertet:

Ziffer	Kriterium	entfällt	teilweise	vollständig
4.13	Ernährung parental oder über Sonde	0	6	3

Das Kriterium ist mit „entfällt" (0 Punkte) zu bewerten, wenn eine regelmäßige und tägliche parenterale Ernährung oder Sondenernährung auf Dauer, voraussichtlich für mindestens sechs Monate, nicht erforderlich ist. Kann die parenterale Ernährung oder Sondenernährung ohne Hilfe durch andere selbständig durchgeführt werden, werden ebenfalls keine Punkte vergeben.

Das Kriterium ist mit „teilweise" (6 Punkte) zu bewerten, wenn eine parenterale Ernährung oder Sondenernährung zur Vermeidung von Mangelernährung mit Hilfe täglich und zusätzlich zur oralen Aufnahme von Nahrung oder Flüssigkeit erfolgt.

Das Kriterium ist mit „vollständig" (3 Punkte) zu bewerten, wenn die Aufnahme von Nahrung oder Flüssigkeit ausschließlich oder nahezu ausschließlich parenteral oder über eine Sonde erfolgt.

Bei einer vollständigen parenteralen Ernährung oder Sondenernährung werden weniger Punkte vergeben als bei einer teilweisen parenteralen Ernährung oder Sondenernährung, da der oft hohe Aufwand zur Unterstützung bei der oralen Nahrungsaufnahme im Fall ausschließlich parenteraler oder Sondenernährung weitgehend entfällt.

Einzelpunkte für das Kriterium der Ziffer 4.K

Bei Kindern im Alter bis 18 Monate werden die Kriterien der Ziffern 4.1 bis 4.13 durch das Kriterium 4.K ersetzt und wie folgt gewertet:

Ziffer	Kriterium	Einzelpunkte
4.K	Bestehen gravierender Probleme bei der Nahrungsaufnahme bei Kindern bis zu 18 Monaten, die einen außergewöhnlich pflegeintensiven Hilfebedarf auslösen	20

Modul 5: Einzelpunkte im Bereich der Bewältigung von und des selbständigen Umgangs mit krankheits- oder therapiebedingten Anforderungen und Belastungen

Das Modul umfasst sechzehn Kriterien.

Einzelpunkte für die Kriterien der Ziffern 5.1 bis 5.7

Die durchschnittliche Häufigkeit der Maßnahmen pro Tag bei den Kriterien der Ziffern 5.1 bis 5.7 wird in den folgenden Kategorien mit den nachstehenden Einzelpunkten gewertet:

Ziffer	Kriterien in Bezug auf	entfällt oder selbständig	Anzahl der Maßnahmen pro Tag	Anzahl der Maßnahmen pro Woche	Anzahl der Maßnahmen pro Monat
5.1	Medikation	0			
5.2	Injektionen (subcutan oder intramuskulär)	0			
5.3	Versorgung intravenöser Zugänge (Port)	0			
5.4	Absaugen und Sauerstoffgabe	0			
5.5	Einreibungen oder Kälte- und Wärmeanwendungen	0			
5.6	Messung und Deutung von Körperzuständen	0			
5.7	Körpernahe Hilfsmittel	0			
Summe der Maßnahmen aus 5.1 bis 5.7		0			
Umrechnung in Maßnahmen pro Tag		0			

XI

Einzelpunkte für die Kriterien der Ziffern 5.1 bis 5.7

Maßnahme pro Tag	keine oder seltener als einmal täglich	mindestens einmal bis maximal dreimal täglich	mehr als dreimal bis maximal achtmal täglich	mehr als achtmal täglich
Einzelpunkte	0	1	2	3

Für jedes der Kriterien 5.1 bis 5.7 wird zunächst die Anzahl der durchschnittlich durchgeführten Maßnahmen, die täglich und auf Dauer, voraussichtlich für mindestens sechs Monate, vorkommen, in der Spalte pro Tag, die Maßnahmen, die wöchentlich und auf Dauer, voraussichtlich für mindestens sechs Monate, vorkommen, in der Spalte pro Woche und die Maßnahmen, die monatlich und auf Dauer, voraussichtlich für mindestens sechs Monate, vorkommen, in der Spalte pro Monat erfasst. Berücksichtigt werden nur Maßnahmen, die vom Versicherten nicht selbständig durchgeführt werden können.

Die Zahl der durchschnittlich durchgeführten täglichen, wöchentlichen und monatlichen Maßnahmen wird für die Kriterien 5.1 bis 5.7 summiert (erfolgt zum Beispiel täglich dreimal eine Medikamentengabe – Kriterium 5.1 – und einmal Blutzuckermessen – Kriterium 5.6 –, entspricht dies vier Maßnahmen pro Tag). Diese Häufigkeit wird umgerechnet in einen Durchschnittswert pro Tag. Für die Umrechnung der Maßnahmen pro Monat in Maßnahmen pro Tag wird die Summe der Maßnahmen pro Monat durch 30 geteilt. Für die Umrechnung der Maßnahmen pro Woche in Maßnahmen pro Tag wird die Summe der Maßnahmen pro Woche durch 7 geteilt.

Einzelpunkte für die Kriterien der Ziffern 5.8 bis 5.11

Die durchschnittliche Häufigkeit der Maßnahmen pro Tag bei den Kriterien der Ziffern 5.8 bis 5.11 wird in den folgenden Kategorien mit den nachstehenden Einzelpunkten gewertet:

Ziffer	Kriterien in Bezug auf	entfällt oder selbständig	Anzahl der Maßnahmen pro Tag	Anzahl der Maßnahmen pro Woche	Anzahl der Maßnahmen pro Monat
5.8	Verbandswechsel und Wundversorgung	0			
5.9	Versorgung mit Stoma	0			
5.10	Regelmäßige Einmalkatheterisierung und Nutzung von Abführmethoden	0			
5.11	Therapiemaßnahmen in häuslicher Umgebung	0			
Summe der Maßnahmen aus 5.8 bis 5.11		0			
Umrechnung in Maßnahmen pro Tag		0			

Einzelpunkte für die Kriterien der Ziffern 5.8 bis 5.11

Maßnahme pro Tag	keine oder seltener als einmal wöchentlich	ein- bis mehrmals wöchentlich	ein- bis unter dreimal täglich	mindestens dreimal täglich
Einzelpunkte	0	1	2	3

XI

Für jedes der Kriterien 5.8 bis 5.11 wird zunächst die Anzahl der durchschnittlich durchgeführten Maßnahmen, die täglich und auf Dauer, voraussichtlich für mindestens sechs Monate, vorkommen, in der Spalte pro Tag, die Maßnahmen, die wöchentlich und auf Dauer, voraussichtlich für mindestens sechs Monate, vorkommen, in der Spalte pro Woche und die Maßnahmen, die monatlich und auf Dauer, voraussichtlich für mindestens sechs Monate, vorkommen, in der Spalte pro Monat erfasst. Berücksichtigt werden nur Maßnahmen, die vom Versicherten nicht selbständig durchgeführt werden können.

Die Zahl der durchschnittlich durchgeführten täglichen, wöchentlichen und monatlichen Maßnahmen wird für die Kriterien 5.8 bis 5.11 summiert. Diese Häufigkeit wird umgerechnet in einen Durchschnittswert pro Tag. Für die Umrechnung der Maßnahmen pro Monat in Maßnahmen pro Tag wird die Summe der Maßnahmen pro Monat durch 30 geteilt. Für die Umrechnung der Maßnahmen pro Woche in Maßnahmen pro Tag wird die Summe der Maßnahmen pro Woche durch 7 geteilt.

Einzelpunkte für die Kriterien der Ziffern 5.12 bis 5.K

Die durchschnittliche wöchentliche oder monatliche Häufigkeit von zeit- und technikintensiven Maßnahmen in häuslicher Umgebung, die auf Dauer, voraussichtlich für mindestens sechs Monate, vorkommen, wird in den folgenden Kategorien mit den nachstehenden Einzelpunkten gewertet:

Ziffer	Kriterium in Bezug auf	entfällt oder selbständig	täglich	wöchentliche Häufigkeit multipliziert mit	monatliche Häufigkeit multipliziert mit
5.12	Zeit- und technikintensive Maßnahmen in häuslicher Umgebung	0	60	8,6	2

Für das Kriterium der Ziffer 5.12 wird zunächst die Anzahl der regelmäßig und mit durchschnittlicher Häufigkeit durchgeführten Maßnahmen, die wöchentlich vorkommen, und die Anzahl der regelmäßig und mit durchschnittlicher Häufigkeit durchgeführten Maßnahmen, die monatlich vorkommen, erfasst. Kommen Maßnahmen regelmäßig täglich vor, werden 60 Punkte vergeben.

Jede regelmäßige wöchentliche Maßnahme wird mit 8,6 Punkten gewertet. Jede regelmäßige monatliche Maßnahme wird mit zwei Punkten gewertet.

Die durchschnittliche wöchentliche oder monatliche Häufigkeit der Kriterien der Ziffern 5.13 bis 5.K wird wie folgt erhoben und mit den nachstehenden Punkten gewertet:

Ziffer	Kriterien	entfällt oder selbständig	wöchentliche Häufigkeit multipliziert mit	monatliche Häufigkeit multipliziert mit
5.13	Arztbesuche	0	4,3	1
5.14	Besuch anderer medizinischer oder therapeutischer Einrichtungen (bis zu drei Stunden)	0	4,3	1
5.15	Zeitlich ausgedehnte Besuche anderer medizinischer oder therapeutischer Einrichtungen (länger als drei Stunden)	0	8,6	2
5.K	Besuche von Einrichtungen zur Frühförderung bei Kindern	0	4,3	1

Für jedes der Kriterien der Ziffern 5.13 bis 5.K wird zunächst die Anzahl der regelmäßig und mit durchschnittlicher Häufigkeit durchgeführten Besuche, die wöchentlich und auf Dauer, voraussichtlich für mindestens sechs Monate, vorkommen, und die Anzahl der regelmäßig und mit durchschnittlicher Häufigkeit durchgeführten Besuche, die monatlich und auf Dauer, voraussichtlich für mindestens sechs Monate, vorkommen, erfasst. Jeder regelmäßige monatliche Besuch wird mit einem Punkt gewertet. Jeder regelmäßige wöchentliche Besuch wird mit 4,3 Punkten gewertet. Handelt es sich um zeitlich ausgedehnte Arztbesuche oder Besuche von anderen medizinischen oder therapeutischen Einrichtungen, werden sie doppelt gewertet.

Die Punkte der Kriterien 5.12 bis 5.15 – bei Kindern bis 5.K – werden addiert. Die Kriterien der Ziffern 5.12 bis 5.15 – bei Kindern bis 5.K – werden anhand der Summe der so erreichten Punkte mit den nachstehenden Einzelpunkten gewertet:

Summe	Einzelpunkte
0 bis unter 4,3	0
4,3 bis unter 8,6	1
8,6 bis unter 12,9	2
12,9 bis unter 60	3
60 und mehr	6

Einzelpunkte für das Kriterium der Ziffer 5.16

Die Ausprägungen des Kriteriums der Ziffer 5.16 werden in den folgenden Kategorien mit den nachstehenden Einzelpunkten gewertet:

Ziffer	Kriterien	entfällt oder selbständig	überwiegend selbständig	überwiegend unselbständig	unselbständig
5.16	Einhaltung einer Diät und anderer krankheits- oder therapiebedingter Verhaltensvorschriften	0	1	2	3

Modul 6: Einzelpunkte im Bereich der Gestaltung des Alltagslebens und sozialer Kontakte

Das Modul umfasst sechs Kriterien, deren Ausprägungen in den folgenden Kategorien mit den nachstehenden Punkten gewertet werden:

Ziffer	Kriterien	selbständig	überwiegend selbständig	überwiegend unselbständig	unselbständig
6.1	Gestaltung des Tagesablaufs und Anpassung an Veränderungen	0	1	2	3
6.2	Ruhen und Schlafen	0	1	2	3
6.3	Sichbeschäftigen	0	1	2	3
6.4	Vornehmen von in die Zukunft gerichteten Planungen	0	1	2	3
6.5	Interaktion mit Personen im direkten Kontakt	0	1	2	3
6.6	Kontaktpflege zu Personen außerhalb des direkten Umfelds	0	1	2	3

XI

Anlage 2
(zu § 15)

Bewertungssystematik (Summe der Punkte und gewichtete Punkte)

Schweregrad der Beeinträchtigungen der Selbständigkeit oder der Fähigkeiten im Modul

	Module	Gewichtung	0 Keine	1 Geringe	2 Erhebliche	3 Schwere	4 Schwerste	
1	Mobilität	10 %	0 – 1	2 – 3	4 – 5	6 – 9	10 – 15	Summe der Einzelpunkte im Modul 1
			0	**2,5**	**5**	**7,5**	**10**	**Gewichtete Punkte im Modul 1**
2	Kognitive und kommunikative Fähigkeiten	15 %	0 – 1	2 – 5	6 – 10	11 – 16	17 – 33	Summe der Einzelpunkte im Modul 2
3	Verhaltensweisen und psychische Problemlagen		0	1 – 2	3 – 4	5 – 6	7 – 65	Summe der Einzelpunkte im Modul 3
	Höchster Wert aus Modul 2 oder Modul 3		**0**	**3,75**	**7,5**	**11,25**	**15**	**Gewichtete Punkte für die Module 2 und 3**
4	Selbstversorgung	40 %	0 – 2	3 – 7	8 – 18	19 – 36	37 – 54	Summe der Einzelpunkte im Modul 4
			0	**10**	**20**	**30**	**40**	**Gewichtete Punkte im Modul 4**
5	Bewältigung von und selbständiger Umgang mit krankheits- oder therapiebedingten Anforderungen und Belastungen	20 %	0	1	2 –3	4 – 5	6 – 15	Summe der Einzelpunkte im Modul 5
			0	**5**	**10**	**15**	**20**	**Gewichtete Punkte im Modul 5**
6	Gestaltung des Alltagslebens und sozialer Kontakte	15 %	0	1 – 3	4 – 6	7 – 11	12 – 18	Summe der Einzelpunkte im Modul 6
			0	**3,75**	**7,5**	**11,25**	**15**	**Gewichtete Punkte im Modul 6**
7	Außerhäusliche Aktivitäten		Die Berechnung einer Modulbewertung ist entbehrlich, da die Darstellung der qualitativen Ausprägungen bei den einzelnen Kriterien ausreichend ist, um Anhaltspunkte für eine Versorgungs- und Pflegeplanung ableiten zu können.					
8	Haushaltsführung							

XII SGB XII: Sozialhilfe

XII Sozialgesetzbuch (SGB) Zwölftes Buch (XII) – Sozialhilfe – (SGB XII) 1468

XII.69 Verordnung zur Durchführung der Hilfe zur Überwindung besonderer sozialer Schwierigkeiten 1540

XII.82 Verordnung zur Durchführung des § 82 des Zwölften Buches Sozialgesetzbuch 1543

XII.90 Verordnung zur Durchführung des § 90 Abs. 2 Nr. 9 des Zwölften Buches Sozialgesetzbuch 1547

Sozialgesetzbuch (SGB) Zwölftes Buch (XII) – Sozialhilfe – (SGB XII)

Vom 27. Dezember 2003 (BGBl. I S. 3022, 2004 S. 3305)

Zuletzt geändert durch
Zwölftes Gesetz zur Änderung des Zweiten Buches Sozialgesetzbuch und anderer Gesetze – Einführung eines Bürgergeldes (Bürgergeld-Gesetz)
vom 16. Dezember 2022 (BGBl. I S. 2328)

Inhaltsübersicht

Erstes Kapitel
Allgemeine Vorschriften

§ 1 Aufgabe der Sozialhilfe
§ 2 Nachrang der Sozialhilfe
§ 3 Träger der Sozialhilfe
§ 4 Zusammenarbeit
§ 5 Verhältnis zur freien Wohlfahrtspflege
§ 6 Fachkräfte
§ 7 Aufgabe der Länder

Zweites Kapitel
Leistungen der Sozialhilfe

Erster Abschnitt
Grundsätze der Leistungen

§ 8 Leistungen
§ 9 Sozialhilfe nach der Besonderheit des Einzelfalles
§ 10 Leistungsformen
§ 11 Beratung und Unterstützung
§ 12 Vorbereitung für die Aufnahme einer Tätigkeit und Vereinbarung
§ 13 Leistungen für Einrichtungen, Vorrang anderer Leistungen
§ 14 (weggefallen)
§ 15 Vorbeugende und nachgehende Leistungen
§ 16 Familiengerechte Leistungen

Zweiter Abschnitt
Anspruch auf Leistungen

§ 17 Anspruch
§ 18 Einsetzen der Sozialhilfe
§ 19 Leistungsberechtigte
§ 20 Eheähnliche Gemeinschaft
§ 21 Sonderregelung für Leistungsberechtigte nach dem Zweiten Buch
§ 22 Sonderregelungen für Auszubildende
§ 23 Sozialhilfe für Ausländerinnen und Ausländer
§ 24 Sozialhilfe für Deutsche im Ausland
§ 25 Erstattung von Aufwendungen anderer
§ 26 Einschränkung, Aufrechnung

Drittes Kapitel
Hilfe zum Lebensunterhalt

Erster Abschnitt
Leistungsberechtigte, notwendiger Lebensunterhalt, Regelbedarfe und Regelsätze

§ 27 Leistungsberechtigte
§ 27a Notwendiger Lebensunterhalt, Regelbedarfe und Regelsätze
§ 27b Notwendiger Lebensunterhalt in Einrichtungen
§ 27c Sonderregelung für den Lebensunterhalt
§ 28 Ermittlung der Regelbedarfe
§ 28a Fortschreibung der Regelbedarfsstufen
§ 29 Festsetzung und Fortschreibung der Regelsätze

Zweiter Abschnitt
Zusätzliche Bedarfe

§ 30 Mehrbedarf
§ 31 Einmalige Bedarfe
§ 32 Bedarfe für eine Kranken- und Pflegeversicherung
§ 32a Zeitliche Zuordnung und Zahlung von Beiträgen für eine Kranken- und Pflegeversicherung
§ 33 Bedarfe für die Vorsorge

Dritter Abschnitt
Bildung und Teilhabe

§ 34 Bedarfe für Bildung und Teilhabe
§ 34a Erbringung der Leistungen für Bildung und Teilhabe

§ 34b Berechtigte Selbsthilfe
§ 34c Zuständigkeit

Vierter Abschnitt
Bedarfe für Unterkunft und Heizung

§ 35 Bedarfe für Unterkunft und Heizung
§ 35a Aufwendungen für Instandhaltung und Reparatur, Aufwendungen bei Wohnungswechsel, Direktzahlung
§ 35b Satzung
§ 36 Sonstige Hilfen zur Sicherung der Unterkunft

Fünfter Abschnitt
Gewährung von Darlehen

§ 37 Ergänzende Darlehen
§ 37a Darlehen bei am Monatsende fälligen Einkünften
§ 38 Darlehen bei vorübergehender Notlage

Sechster Abschnitt
Einschränkung von Leistungsberechtigung und -umfang

§ 39 Vermutung der Bedarfsdeckung

Siebter Abschnitt
Verordnungsermächtigung

§ 40 Verordnungsermächtigung

Viertes Kapitel
Grundsicherung im Alter und bei Erwerbsminderung

Erster Abschnitt
Grundsätze

§ 41 Leistungsberechtigte
§ 41a Vorübergehender Auslandsaufenthalt
§ 42 Bedarfe
§ 42a Bedarfe für Unterkunft und Heizung
§ 42b Mehrbedarfe
§ 43 Einsatz von Einkommen und Vermögen

Zweiter Abschnitt
Verfahrensbestimmungen

§ 43a Gesamtbedarf, Zahlungsanspruch und Direktzahlung
§ 44 Antragserfordernis, Erbringung von Geldleistungen, Bewilligungszeitraum
§ 44a Vorläufige Entscheidung
§ 44b Aufrechnung, Verrechnung
§ 44c Erstattungsansprüche zwischen Trägern
§ 45 Feststellung der dauerhaften vollen Erwerbsminderung
§ 45a Ermittlung der durchschnittlichen Warmmiete
§ 46 Zusammenarbeit mit den Trägern der Rentenversicherung

Dritter Abschnitt
Erstattung und Zuständigkeit

§ 46a Erstattung durch den Bund
§ 46b Zuständigkeit

Fünftes Kapitel
Hilfen zur Gesundheit

§ 47 Vorbeugende Gesundheitshilfe
§ 48 Hilfe bei Krankheit
§ 49 Hilfe zur Familienplanung
§ 50 Hilfe bei Schwangerschaft und Mutterschaft
§ 51 Hilfe bei Sterilisation
§ 52 Leistungserbringung, Vergütung

Sechstes Kapitel
(weggefallen)

§§ 53 bis 60a (weggefallen)

Siebtes Kapitel
Hilfe zur Pflege

§ 61 Leistungsberechtigte
§ 61a Begriff der Pflegebedürftigkeit
§ 61b Pflegegrade
§ 61c Pflegegrade bei Kindern
§ 62 Ermittlung des Grades der Pflegebedürftigkeit
§ 62a Bindungswirkung
§ 63 Leistungen für Pflegebedürftige
§ 63a Notwendiger pflegerischer Bedarf
§ 63b Leistungskonkurrenz
§ 64 Vorrang
§ 64a Pflegegeld
§ 64b Häusliche Pflegehilfe
§ 64c Verhinderungspflege
§ 64d Pflegehilfsmittel
§ 64e Maßnahmen zur Verbesserung des Wohnumfeldes
§ 64f Andere Leistungen
§ 64g Teilstationäre Pflege
§ 64h Kurzzeitpflege
§ 64i Entlastungsbetrag bei den Pflegegraden 2, 3, 4 oder 5
§ 64j Digitale Pflegeanwendungen

XII

§ 64k Ergänzende Unterstützung bei Nutzung von digitalen Pflegeanwendungen
§ 65 Stationäre Pflege
§ 66 Entlastungsbetrag bei Pflegegrad 1
§ 66a Sonderregelungen zum Einsatz von Vermögen

Achtes Kapitel
Hilfe zur Überwindung besonderer sozialer Schwierigkeiten

§ 67 Leistungsberechtigte
§ 68 Umfang der Leistungen
§ 69 Verordnungsermächtigung

Neuntes Kapitel
Hilfe in anderen Lebenslagen

§ 70 Hilfe zur Weiterführung des Haushalts
§ 71 Altenhilfe
§ 72 Blindenhilfe
§ 73 Hilfe in sonstigen Lebenslagen
§ 74 Bestattungskosten

Zehntes Kapitel
Vertragsrecht

§ 75 Allgemeine Grundsätze
§ 76 Inhalt der Vereinbarungen
§ 76a Zugelassene Pflegeeinrichtungen
§ 77 Verfahren und Inkrafttreten der Vereinbarung
§ 77a Verbindlichkeit der vereinbarten Vergütung
§ 78 Wirtschaftlichkeits- und Qualitätsprüfung
§ 79 Kürzung der Vergütung
§ 79a Außerordentliche Kündigung der Vereinbarungen
§ 80 Rahmenverträge
§ 81 Schiedsstelle

Elftes Kapitel
Einsatz des Einkommens und des Vermögens

Erster Abschnitt
Einkommen

§ 82 Begriff des Einkommens
§ 82a Freibetrag für Personen mit Grundrentenzeiten oder entsprechenden Zeiten aus anderweitigen Alterssicherungssystemen
§ 83 Nach Zweck und Inhalt bestimmte Leistungen
§ 84 Zuwendungen

Zweiter Abschnitt
Einkommensgrenzen für die Leistungen nach dem Fünften bis Neunten Kapitel

§ 85 Einkommensgrenze
§ 86 Abweichender Grundbetrag
§ 87 Einsatz des Einkommens über der Einkommensgrenze
§ 88 Einsatz des Einkommens unter der Einkommensgrenze
§ 89 Einsatz des Einkommens bei mehrfachem Bedarf

Dritter Abschnitt
Vermögen

§ 90 Einzusetzendes Vermögen
§ 91 Darlehen

Vierter Abschnitt
Einschränkung der Anrechnung

§ 92 Beschränkung des Einkommenseinsatzes auf die häusliche Ersparnis

Fünfter Abschnitt
Verpflichtungen anderer

§ 93 Übergang von Ansprüchen
§ 94 Übergang von Ansprüchen gegen einen nach bürgerlichem Recht Unterhaltspflichtigen
§ 95 Feststellung der Sozialleistungen

Sechster Abschnitt
Verordnungsermächtigungen

§ 96 Verordnungsermächtigungen

Zwölftes Kapitel
Zuständigkeit der Träger der Sozialhilfe

Erster Abschnitt
Sachliche und örtliche Zuständigkeit

§ 97 Sachliche Zuständigkeit
§ 98 Örtliche Zuständigkeit
§ 99 Vorbehalt abweichender Durchführung

Zweiter Abschnitt
Sonderbestimmungen

§ 100 (weggefallen)
§ 101 Behördenbestimmung und Stadtstaaten-Klausel

Dreizehntes Kapitel
Kosten

Erster Abschnitt
Kostenersatz

§ 102 Kostenersatz durch Erben

§ 102a Rücküberweisung und Erstattung im Todesfall

§ 103 Kostenersatz bei schuldhaftem Verhalten

§ 104 Kostenersatz für zu Unrecht erbrachte Leistungen

§ 105 Kostenersatz bei Doppelleistungen

Zweiter Abschnitt
Kostenerstattung zwischen den Trägern der Sozialhilfe

§ 106 Kostenerstattung bei Aufenthalt in einer Einrichtung

§ 107 Kostenerstattung bei Unterbringung in einer anderen Familie

§ 108 Kostenerstattung bei Einreise aus dem Ausland

§ 109 Ausschluss des gewöhnlichen Aufenthalts

§ 110 Umfang der Kostenerstattung

§ 111 Verjährung

§ 112 Kostenerstattung auf Landesebene

Dritter Abschnitt
Sonstige Regelungen

§ 113 Vorrang der Erstattungsansprüche

§ 114 Ersatzansprüche der Träger der Sozialhilfe nach sonstigen Vorschriften

§ 115 Übergangsregelung für die Kostenerstattung bei Einreise aus dem Ausland

Vierzehntes Kapitel
Verfahrensbestimmungen

§ 116 Beteiligung sozial erfahrener Dritter

§ 116a Rücknahme von Verwaltungsakten

§ 117 Pflicht zur Auskunft

§ 118 Überprüfung, Verwaltungshilfe

§ 119 Wissenschaftliche Forschung im Auftrag des Bundes

§ 120 Verordnungsermächtigung

Fünfzehntes Kapitel
Statistik

Erster Abschnitt
Bundesstatistik für das Dritte und Fünfte bis Neunte Kapitel

§ 121 Bundesstatistik für das Dritte und Fünfte bis Neunte Kapitel

§ 122 Erhebungsmerkmale

§ 123 Hilfsmerkmale

§ 124 Periodizität, Berichtszeitraum und Berichtszeitpunkte

§ 125 Auskunftspflicht

§ 126 Übermittlung, Veröffentlichung

§ 127 Übermittlung an Kommunen

§ 128 Zusatzerhebungen

Zweiter Abschnitt
Bundesstatistik für das Vierte Kapitel

§ 128a Bundesstatistik für das Vierte Kapitel

§ 128b Persönliche Merkmale

§ 128c Art und Höhe der Bedarfe

§ 128d Art und Höhe der angerechneten Einkommen und abgesetzten Beträge

§ 128e Hilfsmerkmale

§ 128f Periodizität, Berichtszeitraum und Berichtszeitpunkte

§ 128g Auskunftspflicht

§ 128h Datenübermittlung, Veröffentlichung

Dritter Abschnitt
Verordnungsermächtigung

§ 129 Verordnungsermächtigung

Sechzehntes Kapitel
Übergangs- und Schlussbestimmungen

§ 130 Übergangsregelung für ambulant Betreute

§ 131 Übergangsregelung aus Anlass des Wohngeld-Plus-Gesetzes

§ 132 Übergangsregelung zur Sozialhilfegewährung für Deutsche im Ausland

§ 133 Übergangsregelung für besondere Hilfen an Deutsche nach Artikel 116 Abs. 1 des Grundgesetzes

§ 133a Übergangsregelung für Hilfeempfänger in Einrichtungen

§ 133b Übergangsregelung zu Bedarfen für Unterkunft und Heizung

§ 134 Fortschreibung der Regelbedarfsstufen zum 1. Januar 2023

§ 135 Übergangsregelung aus Anlass des Zweiten Rechtsbereinigungsgesetzes

§ 136 Erstattung des Barbetrags durch den Bund in den Jahren 2017 bis 2019

§ 136a Erstattung des Barbetrags durch den Bund ab dem Jahr 2020

§ 137 Überleitung in Pflegegrade zum 1. Januar 2017

§ 138 Übergangsregelung für Pflegebedürftige aus Anlass des Dritten Pflegestärkungsgesetzes

§ 139 Übergangsregelung für Bedarfe für Unterkunft und Heizung ab dem Jahr 2020

§ 140 Übergangsregelung für die Bedarfe für Unterkunft während der Karenzzeit

§ 141 Übergangsregelung aus Anlass der COVID-19-Pandemie; Verordnungsermächtigung

§ 142 Übergangsregelung für die gemeinschaftliche Mittagsverpflegung für Menschen mit Behinderungen aus Anlass der COVID-19-Pandemie; Verordnungsermächtigung

§ 143 Übergangsregelung zum Freibetrag für Grundrentenzeiten und vergleichbare Zeiten

§ 144 Einmalzahlung für den Monat Juli 2022

§ 145 Sofortzuschlag

§ 146 Sozialhilfe für Ausländerinnen und Ausländer mit einem Aufenthaltstitel nach § 24 des Aufenthaltsgesetzes oder einer entsprechenden Fiktionsbescheinigung

Anlage
(zu § 28)

Anlage
(zu § 34)

Erstes Kapitel
Allgemeine Vorschriften

§ 1 Aufgabe der Sozialhilfe

1Aufgabe der Sozialhilfe ist es, den Leistungsberechtigten die Führung eines Lebens zu ermöglichen, das der Würde des Menschen entspricht. 2Die Leistung soll sie so weit wie möglich befähigen, unabhängig von ihr zu leben; darauf haben auch die Leistungsberechtigten nach ihren Kräften hinzuarbeiten. 3Zur Erreichung dieser Ziele haben die Leistungsberechtigten und die Träger der Sozialhilfe im Rahmen ihrer Rechte und Pflichten zusammenzuwirken.

§ 2 Nachrang der Sozialhilfe

(1) Sozialhilfe erhält nicht, wer sich vor allem durch Einsatz seiner Arbeitskraft, seines Einkommens und seines Vermögens selbst helfen kann oder wer die erforderliche Leistung von anderen, insbesondere von Angehörigen oder von Trägern anderer Sozialleistungen, erhält.

(2) 1Verpflichtungen anderer, insbesondere Unterhaltspflichtiger oder der Träger anderer Sozialleistungen, bleiben unberührt. 2Auf Rechtsvorschriften beruhende Leistungen anderer dürfen nicht deshalb versagt werden, weil nach dem Recht der Sozialhilfe entsprechende Leistungen vorgesehen sind.

§ 3 Träger der Sozialhilfe

(1) Die Sozialhilfe wird von örtlichen und überörtlichen Trägern geleistet.

(2) 1Örtliche Träger der Sozialhilfe sind die kreisfreien Städte und die Kreise, soweit nicht nach Landesrecht etwas anderes bestimmt wird. 2Bei der Bestimmung durch Landesrecht ist zu gewährleisten, dass die zukünftigen örtlichen Träger mit der Übertragung dieser Aufgaben einverstanden sind, nach ihrer Leistungsfähigkeit zur Erfüllung der Aufgaben nach diesem Buch geeignet sind und dass die Erfüllung dieser Aufgaben in dem gesamten Kreisgebiet sichergestellt ist.

(3) Die Länder bestimmen die überörtlichen Träger der Sozialhilfe.

§ 4 Zusammenarbeit

(1) 1Die Träger der Sozialhilfe arbeiten mit anderen Stellen, deren gesetzliche Aufgaben dem gleichen Ziel dienen oder die an Leistungen beteiligt sind oder beteiligt werden sollen, zusammen, insbesondere mit den Trägern von Leistungen nach dem Zweiten, dem Achten, dem Neunten und dem Elften Buch, sowie mit anderen Trägern von Sozialleistungen und mit Verbänden. 2Darüber hinaus sollen die Träger der Sozialhilfe gemeinsam mit den Beteiligten der Pflegestützpunkte nach § 7c des Elften Buches alle für die wohnortnahe Versorgung und Betreuung in Betracht kommenden Hilfe- und Unterstützungsangebote koordinieren. 3Die Rahmenverträge nach § 7a Absatz 7 des Elften Buches sind zu berücksichtigen und die Empfehlungen nach § 8a des Elften Buches sollen berücksichtigt werden.

(2) Ist die Beratung und Sicherung der gleichmäßigen, gemeinsamen oder ergänzenden Erbringung von Leistungen geboten, sollen zu diesem Zweck Arbeitsgemeinschaften gebildet werden.

(3) Soweit eine Verarbeitung personenbezogener Daten erfolgt, ist das Nähere in einer Vereinbarung zu regeln.

§ 5 Verhältnis zur freien Wohlfahrtspflege

(1) Die Stellung der Kirchen und Religionsgesellschaften des öffentlichen Rechts sowie der Verbände der freien Wohlfahrtspflege als Träger eigener sozialer Aufgaben und ihre Tätigkeit zur Erfüllung dieser Aufgaben werden durch dieses Buch nicht berührt.

(2) 1Die Träger der Sozialhilfe sollen bei der Durchführung dieses Buches mit den Kirchen und Religionsgesellschaften des öffentlichen Rechts sowie den Verbänden der freien Wohlfahrtspflege zusammenarbeiten. 2Sie achten dabei deren Selbständigkeit in Zielsetzung und Durchführung ihrer Aufgaben.

(3) 1Die Zusammenarbeit soll darauf gerichtet sein, dass sich die Sozialhilfe und die Tätigkeit der freien Wohlfahrtspflege zum Wohle der Leistungsberechtigten wirksam ergänzen. 2Die Träger der Sozialhilfe sollen die Verbände der freien Wohlfahrtspflege in ihrer Tätigkeit auf dem Gebiet der Sozialhilfe angemessen unterstützen.

(4) 1Wird die Leistung im Einzelfall durch die freie Wohlfahrtspflege erbracht, sollen die Träger der Sozialhilfe von der Durchführung eigener Maßnahmen absehen. 2Dies gilt nicht für die Erbringung von Geldleistungen.

(5) 1Die Träger der Sozialhilfe können allgemein an der Durchführung ihrer Aufgaben nach diesem Buch die Verbände der freien Wohlfahrtspflege beteiligen oder ihnen die Durchführung solcher Aufgaben übertragen, wenn die Verbände mit der Beteiligung oder Übertragung einverstanden sind. 2Die Träger der Sozialhilfe bleiben den Leistungsberechtigten gegenüber verantwortlich.

(6) § 4 Abs. 3 findet entsprechende Anwendung.

§ 6 Fachkräfte

(1) Bei der Durchführung der Aufgaben dieses Buches werden Personen beschäftigt, die sich hierfür nach ihrer Persönlichkeit eignen und in der Regel entweder eine ihren Aufgaben entsprechende Ausbildung erhalten haben oder über vergleichbare Erfahrungen verfügen.

(2) 1Die Träger der Sozialhilfe gewährleisten für die Erfüllung ihrer Aufgaben eine angemessene fachliche Fortbildung ihrer Fachkräfte. 2Diese umfasst auch die Durchführung von Dienstleistungen, insbesondere von Beratung und Unterstützung.

§ 7 Aufgabe der Länder

1Die obersten Landesbehörden unterstützten die Träger der Sozialhilfe bei der Durchführung ihrer Aufgaben nach diesem Buch. 2Dabei sollen sie insbesondere den Erfahrungsaustausch zwischen den Trägern der Sozialhilfe sowie die Entwicklung und Durchführung von Instrumenten der Dienstleistungen, der zielgerichteten Erbringung und Überprüfung von Leistungen und der Qualitätssicherung fördern.

Zweites Kapitel
Leistungen der Sozialhilfe

Erster Abschnitt
Grundsätze der Leistungen

§ 8 Leistungen

Die Sozialhilfe umfasst:

1. Hilfe zum Lebensunterhalt (§§ 27 bis 40),
2. Grundsicherung im Alter und bei Erwerbsminderung (§§ 41 bis 46b),
3. Hilfen zur Gesundheit (§§ 47 bis 52),
4. Hilfe zur Pflege (§§ 61 bis 66a),
5. Hilfe zur Überwindung besonderer sozialer Schwierigkeiten (§§ 67 bis 69),
6. Hilfe in anderen Lebenslagen (§§ 70 bis 74)

sowie die jeweils gebotene Beratung und Unterstützung.

§ 9 Sozialhilfe nach der Besonderheit des Einzelfalles

(1) Die Leistungen richten sich nach der Besonderheit des Einzelfalles, insbesondere nach der Art des Bedarfs, den örtlichen Verhältnissen, den eigenen Kräften und Mitteln der Person oder des Haushalts bei der Hilfe zum Lebensunterhalt.

(2) 1Wünschen der Leistungsberechtigten, die sich auf die Gestaltung der Leistung richten, soll entsprochen werden, soweit sie angemessen sind. 2Wünschen der Leistungsberechtigten, den Bedarf stationär oder teilstationär zu decken, soll nur entsprochen werden, wenn dies nach der Besonderheit des Einzelfalles erforderlich ist, weil anders der Bedarf nicht oder nicht ausreichend gedeckt werden kann und wenn mit der Einrichtung Vereinbarungen nach den Vorschriften des Zehnten Kapitels dieses Buches bestehen. 3Der Träger der Sozialhilfe soll in der Regel Wünschen nicht entsprechen, deren Erfüllung mit unverhältnismäßigen Mehrkosten verbunden wäre.

(3) Auf Wunsch der Leistungsberechtigten sollen sie in einer Einrichtung untergebracht werden, in der sie durch Geistliche ihres Bekenntnisses betreut werden können.

§ 10 Leistungsformen

(1) Die Leistungen werden erbracht in Form von

1. Dienstleistungen,
2. Geldleistungen und
3. Sachleistungen.

(2) Zur Dienstleistung gehören insbesondere die Beratung in Fragen der Sozialhilfe und die Beratung und Unterstützung in sonstigen sozialen Angelegenheiten.

(3) Geldleistungen haben Vorrang vor Gutscheinen oder Sachleistungen, soweit dieses Buch nicht etwas anderes bestimmt oder mit Gutscheinen oder Sachleistungen das Ziel der Sozialhilfe erheblich besser oder wirtschaftlicher erreicht werden kann oder die Leistungsberechtigten es wünschen.

§ 11 Beratung und Unterstützung

(1) Zur Erfüllung der Aufgaben dieses Buches werden die Leistungsberechtigten beraten und, soweit erforderlich, unterstützt.

(2) 1Die Beratung betrifft die persönliche Situation, den Bedarf sowie die eigenen Kräfte und Mittel sowie die mögliche Stärkung der Selbsthilfe zur aktiven Teilnahme am Leben in der Gemeinschaft und zur Überwindung der Notlage. 2Die aktive Teilnahme am Leben in der Gemeinschaft umfasst auch ein gesellschaftliches Engagement. 3Zur Überwindung der Notlage gehört auch, die Leistungsberechtigten für den Erhalt von Sozialleistungen zu befähigen. 4Die Beratung umfasst auch eine gebotene Budgetberatung nach § 29 des

XII

IPV

Neunten Buches. 5Leistungsberechtigte nach dem Dritten und Vierten Kapitel erhalten die gebotene Beratung für den Umgang mit dem durch den Regelsatz zur Verfügung gestellten monatlichen Pauschalbetrag (§ 27a Absatz 3 Satz 2).

(3) 1Die Unterstützung umfasst Hinweise und, soweit erforderlich, die Vorbereitung von Kontakten mit und die Begleitung zu sozialen Diensten sowie zu Möglichkeiten der aktiven Teilnahme am Leben in der Gemeinschaft unter Einschluss des gesellschaftlichen Engagements. 2Soweit Leistungsberechtigte den Wunsch äußern, einer Tätigkeit nachgehen zu wollen, umfasst die Unterstützung nach Maßgabe des § 12 Absatz 1 auch die Vorbereitung sowie zusätzlich die Begleitung der Leistungsberechtigten. 3Äußern Leistungsberechtigte nach Satz 2 den Wunsch, durch die Aufnahme einer zumutbaren Tätigkeit Einkommen zu erzielen, können sie hierbei durch Angebote von geeigneten Maßnahmen für eine erforderliche Vorbereitung unterstützt werden.

(4) 1Auf die Möglichkeit der Beratung und Unterstützung durch Verbände der freien Wohlfahrtspflege, durch Angehörige der rechtsberatenden Berufe und durch sonstige Stellen ist hinzuweisen. 2Ist die Beratung durch eine Schuldnerberatungsstelle oder andere Fachberatungsstellen geboten, ist auf ihre Inanspruchnahme hinzuwirken. 3Angemessene Kosten einer Beratung nach Satz 2 sollen übernommen werden, wenn eine Lebenslage, die Leistungen der Hilfe zum Lebensunterhalt erforderlich macht oder erwarten lässt, sonst nicht überwunden werden kann; in anderen Fällen können Kosten übernommen werden. 4Die Kostenübernahme kann auch in Form einer pauschalierten Abgeltung der Leistung der Schuldnerberatungsstelle oder anderer Fachberatungsstellen erfolgen.

§ 12 Vorbereitung für die Aufnahme einer Tätigkeit und Vereinbarung

(1) 1Die erforderlichen Vorbereitungen für die Aufnahme einer Tätigkeit nach § 11 Absatz 3 Satz 2 und 3 können insbesondere Maßnahmen umfassen, die geeignet und angemessen sind, Einschränkungen der Leistungsberechtigten aufgrund einer vollen Erwerbsminderung, einer Krankheit, einer Behinderung oder einer Pflegebedürftigkeit soweit auszugleichen oder zu vermindern, dass sie der Ausübung einer Tätigkeit nicht entgegenstehen. 2Satz 1 gilt entsprechend bei Einschränkungen, die sich für die Leistungsberechtigten aus der Pflege eines Angehörigen ergeben. 3Maßnahmen nach Satz 1 können auch die Vermittlung der Betreuung eines Kindes in einer Tageseinrichtung oder in Tagespflege im Sinne der Vorschriften des Achten Buches umfassen.

(2) 1Stimmt die leistungsberechtigte Person zu, kann der zuständige Träger der Sozialhilfe mit der leistungsberechtigten Person eine unverbindliche schriftliche Vereinbarung über die angestrebte Tätigkeit, die zur Erreichung hierfür als erforderlich angesehene Unterstützung nach § 11 Absatz 3 sowie die unterstützenden Maßnahmen nach Absatz 1 treffen. 2Wird eine Vereinbarung nach Satz 1 getroffen, so soll diese in geeignetem zeitlichem Abstand gemeinsam überprüft und gegebenenfalls angepasst werden; dies umfasst auch die Überprüfung der Erreichbarkeit des angestrebten Ziels.

§ 13 Leistungen für Einrichtungen, Vorrang anderer Leistungen

(1) 1Die Leistungen nach dem Fünften bis Neunten Kapitel können entsprechend den Erfordernissen des Einzelfalles für die Deckung des Bedarfs außerhalb von Einrichtungen (ambulante Leistungen), für teilstationäre oder stationäre Einrichtungen (teilstationäre oder stationäre Leistungen) erbracht werden. 2Vorrang haben ambulante Leistungen vor teilstationären und stationären Leistungen sowie teilstationäre vor stationären Leistungen. 3Der Vorrang der ambulanten Leistung gilt nicht, wenn eine Leistung für eine geeignete stationäre Einrichtung zumutbar und eine ambulante Leistung mit unverhältnismäßigen Mehrkosten verbunden ist. 4Bei der Entscheidung ist zunächst die Zumutbarkeit zu prüfen. 5Dabei sind die persönlichen, familiären und örtlichen Umstände angemessen zu berücksichtigen. 6Bei Unzumutbarkeit ist ein Kostenvergleich nicht vorzunehmen.

(2) Einrichtungen im Sinne des Absatzes 1 sind alle Einrichtungen, die der Pflege, der Behandlung oder sonstigen nach diesem Buch zu deckenden Bedarfe oder der Erziehung dienen.

§ 14 (weggefallen)

§ 15 Vorbeugende und nachgehende Leistungen

(1) 1Die Sozialhilfe soll vorbeugend geleistet werden, wenn dadurch eine drohende Notlage ganz oder teilweise abgewendet werden kann. 2§ 47 ist vorrangig anzuwenden.

(2) Die Sozialhilfe soll auch nach Beseitigung einer Notlage geleistet werden, wenn dies geboten ist, um die Wirksamkeit der zuvor erbrachten Leistung zu sichern.

§ 16 Familiengerechte Leistungen

1Bei Leistungen der Sozialhilfe sollen die besonderen Verhältnisse in der Familie der Leistungsberechtigten berücksichtigt werden. 2Die Sozialhilfe soll die Kräfte der Familie zur Selbsthilfe anregen und den Zusammenhalt der Familie festigen.

Zweiter Abschnitt
Anspruch auf Leistungen

§ 17 Anspruch

(1) 1Auf Sozialhilfe besteht ein Anspruch, soweit bestimmt wird, dass die Leistung zu erbringen ist. 2Der Anspruch kann nicht übertragen, verpfändet oder gepfändet werden.

(2) 1Über Art und Maß der Leistungserbringung ist nach pflichtgemäßem Ermessen zu entscheiden, soweit das Ermessen nicht ausgeschlossen wird. 2Werden Leistungen auf Grund von Ermessensentscheidungen erbracht, sind die Entscheidungen im Hinblick auf die sie tragenden Gründe und Ziele zu überprüfen und im Einzelfall gegebenenfalls abzuändern.

§ 18 Einsetzen der Sozialhilfe

(1) Die Sozialhilfe, mit Ausnahme der Leistungen der Grundsicherung im Alter und bei Erwerbsminderung, setzt ein, sobald dem Träger der Sozialhilfe oder den von ihm beauftragten Stellen bekannt wird, dass die Voraussetzungen für die Leistung vorliegen.

(2) 1Wird einem nicht zuständigen Träger der Sozialhilfe oder einer nicht zuständigen Gemeinde im Einzelfall bekannt, dass Sozialhilfe beansprucht wird, so sind die darüber bekannten Umstände dem zuständigen Träger der Sozialhilfe oder der von ihm beauftragten Stelle unverzüglich mitzuteilen und vorhandene Unterlagen zu übersenden. 2Ergeben sich daraus die Voraussetzungen für die Leistung, setzt die Sozialhilfe zu dem nach Satz 1 maßgebenden Zeitpunkt ein.

§ 19 Leistungsberechtigte

(1) Hilfe zum Lebensunterhalt nach dem Dritten Kapitel ist Personen zu leisten, die ihren notwendigen Lebensunterhalt nicht oder nicht ausreichend aus eigenen Kräften und Mitteln, insbesondere aus ihrem Einkommen und Vermögen, bestreiten können.

(2) 1Grundsicherung im Alter und bei Erwerbsminderung nach dem Vierten Kapitel dieses Buches ist Personen zu leisten, die die Altersgrenze nach § 41 Absatz 2 erreicht haben oder das 18. Lebensjahr vollendet haben und dauerhaft voll erwerbsgemindert sind, sofern sie ihren notwendigen Lebensunterhalt nicht oder nicht ausreichend aus eigenen Kräften und Mitteln, insbesondere aus ihrem Einkommen und Vermögen, bestreiten können. 2Die Leistungen der Grundsicherung im Alter und bei Erwerbsminderung gehen der Hilfe zum Lebensunterhalt nach dem Dritten Kapitel vor.

(3) Hilfen zur Gesundheit, Hilfe zur Pflege, Hilfe zur Überwindung besonderer sozialer Schwierigkeiten und Hilfen in anderen Lebenslagen werden nach dem Fünften bis Neunten Kapitel dieses Buches geleistet, soweit den Leistungsberechtigten, ihren nicht getrennt lebenden Ehegatten oder Lebenspartnern und, wenn sie minderjährig und unverheiratet sind, auch ihren Eltern oder einem Elternteil die Aufbringung der Mittel aus dem Einkommen und Vermögen nach den Vorschriften des Elften Kapitels dieses Buches nicht zuzumuten ist.

(4) Lebt eine Person bei ihren Eltern oder einem Elternteil und ist sie schwanger oder betreut ihr leibliches Kind bis zur Vollendung des sechsten Lebensjahres, werden Einkommen und Vermögen der Eltern oder des Elternteils nicht berücksichtigt.

(5) 1Ist den in den Absätzen 1 bis 3 genannten Personen die Aufbringung der Mittel aus dem Einkommen und Vermögen im Sinne der Absätze 1 und 2 möglich oder im Sinne des Absatzes 3 zuzumuten und sind Leistungen erbracht worden, haben sie dem Träger der Sozialhilfe die Aufwendungen in diesem Umfang zu ersetzen. 2Mehrere Verpflichtete haften als Gesamtschuldner.

(6) Der Anspruch der Berechtigten auf Leistungen für Einrichtungen oder auf Pflegegeld steht, soweit die Leistung den Berechtigten erbracht worden wäre, nach ihrem Tode demjenigen zu, der die Leistung erbracht oder die Pflege geleistet hat.

§ 20 Eheähnliche Gemeinschaft

1Personen, die in eheähnlicher oder lebenspartnerschaftsähnlicher Gemeinschaft leben, dürfen hinsichtlich der Voraussetzungen sowie des Umfangs der Sozialhilfe nicht besser gestellt werden als Ehegatten. 2§ 39 gilt entsprechend.

§ 21 Sonderregelung für Leistungsberechtigte nach dem Zweiten Buch

1Personen, die nach dem Zweiten Buch als Erwerbsfähige oder als Angehörige dem Grunde nach leistungsberechtigt sind, erhalten keine Leistungen für den Lebensunterhalt. 2Abweichend von Satz 1 können Personen, die nicht hilfebedürftig nach § 9 des Zweiten Buches sind, Leistungen nach § 36 erhalten. 3Bestehen über die Zuständigkeit zwischen den beteiligten Leistungsträgern unterschiedliche Auffassungen, so ist der zuständige Träger der Sozialhilfe für die Leistungsberechtigung nach dem Dritten oder Vierten Kapitel an die Feststellung einer vollen Erwerbsminderung im Sinne des § 43 Absatz 2 Satz 2 des Sechsten Buches und nach Abschluss des Widerspruchsverfahrens an die Entscheidung der Agentur für Arbeit zur Erwerbsfähigkeit nach § 44a Absatz 1 des Zweiten Buches gebunden.

§ 22 Sonderregelungen für Auszubildende

(1) 1Auszubildende, deren Ausbildung im Rahmen des Bundesausbildungsförderungsgesetzes oder der §§ 51, 57 und 58 des Dritten Buches dem Grunde nach förderungsfähig ist, haben keinen Anspruch auf Leistungen nach dem Dritten und Vierten Kapitel. 2In besonderen Härtefällen können Leistungen nach dem Dritten oder Vierten Kapitel als Beihilfe oder Darlehen gewährt werden.

(2) Absatz 1 findet keine Anwendung auf Auszubildende,

1. die auf Grund von § 2 Abs. 1a des Bundesausbildungsförderungsgesetzes keinen Anspruch auf Ausbildungsförderung oder auf Grund von § 60 Absatz 1 und 2 des Dritten Buches keinen Anspruch auf Berufsausbildungsbeihilfe haben,
2. deren Bedarf sich nach § 12 Abs. 1 Nr. 1 des Bundesausbildungsförderungsgesetzes oder nach § 62 Absatz 1 des Dritten Buches bemisst oder
3. die eine Abendhauptschule, eine Abendrealschule oder ein Abendgymnasium besuchen, sofern sie aufgrund von § 10 Abs. 3 des Bundesausbildungsförderungsgesetzes keinen Anspruch auf Ausbildungsförderung haben.

§ 23 Sozialhilfe für Ausländerinnen und Ausländer

(1) 1Ausländern, die sich im Inland tatsächlich aufhalten, ist Hilfe zum Lebensunterhalt, Hilfe bei Krankheit, Hilfe bei Schwangerschaft und Mutterschaft sowie Hilfe zur Pflege nach diesem Buch zu leisten. 2Die Vorschriften des Vierten Kapitels bleiben unberührt. 3Im Übrigen kann Sozialhilfe geleistet werden, soweit dies im Einzelfall gerechtfertigt ist. 4Die Einschränkungen nach Satz 1 gelten nicht für Ausländer, die im Besitz einer Niederlassungserlaubnis oder eines befristeten Aufenthaltstitels sind und sich voraussichtlich dauerhaft im Bundesgebiet aufhalten. 5Rechtsvorschriften, nach denen außer den in Satz 1 genannten Leistungen auch sonstige Sozialhilfe zu leisten ist oder geleistet werden soll, bleiben unberührt.

(2) Leistungsberechtigte nach § 1 des Asylbewerberleistungsgesetzes erhalten keine Leistungen der Sozialhilfe.

(3) 1Ausländer und ihre Familienangehörigen erhalten keine Leistungen nach Absatz 1 oder nach dem Vierten Kapitel, wenn

1. sie weder in der Bundesrepublik Deutschland Arbeitnehmer oder Selbständige noch auf Grund des § 2 Absatz 3 des Freizügigkeitsgesetzes/EU freizügigkeitsberechtigt sind, für die ersten drei Monate ihres Aufenthalts,
2. sie kein Aufenthaltsrecht haben oder sich ihr Aufenthaltsrecht allein aus dem Zweck der Arbeitsuche ergibt oder
3. sie eingereist sind, um Sozialhilfe zu erlangen.

2Satz 1 Nummer 1 und 3 gilt nicht für Ausländerinnen und Ausländer, die sich mit einem Aufenthaltstitel nach Kapitel 2 Abschnitt 5 des Aufenthaltsgesetzes in der Bundesrepublik Deutschland aufhalten. 3Hilfebedürftigen Ausländern, die Satz 1 unterfallen, werden bis zur Ausreise, längstens jedoch für einen Zeitraum von einem Monat, einmalig innerhalb von zwei Jahren nur eingeschränkte Hilfen gewährt, um den Zeitraum bis zur Ausreise zu überbrücken (Überbrückungsleistungen); die Zweijahresfrist beginnt mit dem Erhalt der Überbrückungsleistungen nach Satz 3. 4Hierüber und über die Möglichkeit der Leistungen nach Absatz 3a sind die Leistungsberechtigten zu unterrichten. 5Die Überbrückungsleistungen umfassen:

1. Leistungen zur Deckung der Bedarfe für Ernährung sowie Körper- und Gesundheitspflege,
2. Leistungen zur Deckung der Bedarfe für Unterkunft und Heizung in angemessener Höhe nach § 35 und § 35a, einschließlich der Bedarfe nach § 30 Absatz 7,
3. die zur Behandlung akuter Erkrankungen und Schmerzzustände erforderliche ärztliche und zahn-

ärztliche Behandlung einschließlich der Versorgung mit Arznei- und Verbandmitteln sowie sonstiger zur Genesung, zur Besserung oder zur Linderung von Krankheiten oder Krankheitsfolgen erforderlichen Leistungen und

4. Leistungen nach § 50 Nummer 1 bis 3.

$_6$Soweit dies im Einzelfall besondere Umstände erfordern, werden Leistungsberechtigten nach Satz 3 zur Überwindung einer besonderen Härte andere Leistungen im Sinne von Absatz 1 gewährt; ebenso sind Leistungen über einen Zeitraum von einem Monat hinaus zu erbringen, soweit dies im Einzelfall auf Grund besonderer Umstände zur Überwindung einer besonderen Härte und zur Deckung einer zeitlich befristeten Bedarfslage geboten ist. $_7$Abweichend von Satz 1 Nummer 2 erhalten Ausländer und ihre Familienangehörigen Leistungen nach Absatz 1 Satz 1 und 2, wenn sie sich seit mindestens fünf Jahren ohne wesentliche Unterbrechung im Bundesgebiet aufhalten; dies gilt nicht, wenn der Verlust des Rechts nach § 2 Absatz 1 des Freizügigkeitsgesetzes/EU festgestellt wurde. $_8$Die Frist nach Satz 7 beginnt mit der Anmeldung bei der zuständigen Meldebehörde. $_9$Zeiten des nicht rechtmäßigen Aufenthalts, in denen eine Ausreisepflicht besteht, werden auf Zeiten des tatsächlichen Aufenthalts nicht angerechnet. $_{10}$Ausländerrechtliche Bestimmungen bleiben unberührt.

(3a) $_1$Neben den Überbrückungsleistungen werden auf Antrag auch die angemessenen Kosten der Rückreise übernommen. $_2$Satz 1 gilt entsprechend, soweit die Personen allein durch die angemessenen Kosten der Rückreise die in Absatz 3 Satz 5 Nummer 1 und 2 genannten Bedarfe nicht aus eigenen Mitteln oder mit Hilfe Dritter decken können. $_3$Die Leistung ist als Darlehen zu erbringen.

(4) Ausländer, denen Sozialhilfe geleistet wird, sind auf für sie zutreffende Rückführungs- und Weiterwanderungsprogramme hinzuweisen; in geeigneten Fällen ist auf eine Inanspruchnahme solcher Programme hinzuwirken.

(5) $_1$Hält sich ein Ausländer entgegen einer räumlichen Beschränkung im Bundesgebiet auf oder wählt er seinen Wohnsitz entgegen einer Wohnsitzauflage oder einer Wohnsitzregelung nach § 12a des Aufenthaltsgesetzes im Bundesgebiet, darf der für den Aufenthaltsort örtlich zuständige Träger nur die nach den Umständen des Einzelfalls gebotene Leistung erbringen. $_2$Unabweisbar geboten ist regelmäßig nur eine Reisebeihilfe zur Deckung des Bedarfs für die Reise zu dem Wohnort, an dem ein Ausländer seinen Wohnsitz zu nehmen hat. $_3$In den Fällen des § 12a Absatz 1 und 4 des Aufenthaltsgesetzes ist regelmäßig eine Reisebeihilfe zu dem Ort im Bundesgebiet zu gewähren, an dem der Ausländer die Wohnsitznahme begehrt und an dem seine Wohnsitznahme zulässig ist. $_4$Der örtlich zuständige Träger am Aufenthaltsort informiert den bislang örtlich zuständigen Träger darüber, ob Leistungen nach Satz 1 bewilligt worden sind. $_5$Die Sätze 1 und 2 gelten auch für Ausländer, die eine räumlich nicht beschränkte Aufenthaltserlaubnis nach den §§ 23a, 24 Absatz 1 oder § 25 Absatz 4 oder 5 des Aufenthaltsgesetzes besitzen, wenn sie sich außerhalb des Landes aufhalten, in dem der Aufenthaltstitel erstmals erteilt worden ist. $_6$Satz 5 findet keine Anwendung, wenn der Wechsel in ein anderes Land zur Wahrnehmung der Rechte zum Schutz der Ehe und Familie nach Artikel 6 des Grundgesetzes oder aus vergleichbar wichtigen Gründen gerechtfertigt ist.

§ 24 Sozialhilfe für Deutsche im Ausland

(1) $_1$Deutsche, die ihren gewöhnlichen Aufenthalt im Ausland haben, erhalten keine Leistungen. $_2$Hiervon kann im Einzelfall nur abgewichen werden, soweit dies wegen einer außergewöhnlichen Notlage unabweisbar ist und zugleich nachgewiesen wird, dass eine Rückkehr in das Inland aus folgenden Gründen nicht möglich ist:

1. Pflege und Erziehung eines Kindes, das aus rechtlichen Gründen im Ausland bleiben muss,
2. längerfristige stationäre Betreuung in einer Einrichtung oder Schwere der Pflegebedürftigkeit oder
3. hoheitliche Gewalt.

(2) Leistungen werden nicht erbracht, soweit sie von dem hierzu verpflichteten Aufenthaltsland oder von anderen erbracht werden oder zu erwarten sind.

(3) Art und Maß der Leistungserbringung sowie der Einsatz des Einkommens und des Vermögens richten sich nach den besonderen Verhältnissen im Aufenthaltsland.

(4) $_1$Die Leistungen sind abweichend von § 18 zu beantragen. $_2$Für die Leistungen zuständig ist der überörtliche Träger der Sozialhilfe, in dessen Bereich die antragstellende Person geboren ist. $_3$Liegt der Geburtsort im Ausland oder ist er nicht zu ermitteln, wird der örtlich zuständige Träger von einer Schiedsstelle bestimmt. $_4$§ 108 Abs. 1 Satz 2 gilt entsprechend.

(5) $_1$Leben Ehegatten oder Lebenspartner, Verwandte und Verschwägerte bei Einsetzen der Sozialhilfe zu-

XII

sammen, richtet sich die örtliche Zuständigkeit nach der ältesten Person von ihnen, die im Inland geboren ist. 2Ist keine dieser Personen im Inland geboren, ist ein gemeinsamer örtlich zuständiger Träger nach Absatz 4 zu bestimmen. 3Die Zuständigkeit bleibt bestehen, solange eine der Personen nach Satz 1 der Sozialhilfe bedarf.

(6) Die Träger der Sozialhilfe arbeiten mit den deutschen Dienststellen im Ausland zusammen.

§ 25 Erstattung von Aufwendungen anderer

1Hat jemand in einem Eilfall einem anderen Leistungen erbracht, die bei rechtzeitigem Einsetzen von Sozialhilfe nicht zu erbringen gewesen wären, sind ihm die Aufwendungen in gebotenem Umfang zu erstatten, wenn er sie nicht auf Grund rechtlicher oder sittlicher Pflicht selbst zu tragen hat. 2Dies gilt nur, wenn die Erstattung innerhalb angemessener Frist beim zuständigen Träger der Sozialhilfe beantragt wird.

§ 26 Einschränkung, Aufrechnung

(1) 1Die Geldleistung für den Lebensunterhalt soll eingeschränkt werden

1. bei Leistungsberechtigten, die nach Vollendung des 18. Lebensjahres ihr Einkommen oder Vermögen vermindert haben in der Absicht, die Voraussetzungen für die Gewährung oder Erhöhung der Leistung herbeizuführen,
2. bei Leistungsberechtigten, die trotz Belehrung ihr unwirtschaftliches Verhalten fortsetzen.

2In den Fällen des Satzes 1 kann die monatliche Geldleistung um einen Betrag vermindert werden, der bis zu 30 Prozent der Regelbedarfsstufe 1 nach der Anlage zu § 28 entspricht.

(2) 1Die Geldleistung nach diesem Buch kann mit Ansprüchen des Trägers der Sozialhilfe gegen eine leistungsberechtigte Person aufgerechnet werden, wenn

1. es sich um Ansprüche auf Erstattung zu Unrecht erbrachter Leistungen der Sozialhilfe handelt, die die leistungsberechtigte Person oder ihr Vertreter durch vorsätzlich oder grob fahrlässig unrichtige oder unvollständige Angaben oder durch pflichtwidriges Unterlassen veranlasst hat, oder
2. es sich um Ansprüche auf Kostenersatz nach den §§ 103 und 104 handelt.

2In den Fällen des Satzes 1 kann die Aufrechnung mit einem monatlichen Betrag vorgenommen werden, der bis zu 30 Prozent der Regelbedarfsstufe 1 nach der Anlage zu § 28 entspricht. 3Die Aufrechnungsmöglichkeit wegen eines Anspruchs ist auf drei Jahre beschränkt; ein neuer Anspruch des Trägers der Sozialhilfe auf Erstattung oder auf Kostenersatz kann erneut aufgerechnet werden.

(3) Eine Aufrechnung nach Absatz 2 kann auch erfolgen, wenn Leistungen für einen Bedarf übernommen werden, der durch vorangegangene Leistungen der Sozialhilfe an die leistungsberechtigte Person bereits gedeckt worden war.

(4) Eine Aufrechnung erfolgt nicht, soweit dadurch der Gesundheit dienende Leistungen gefährdet werden.

Drittes Kapitel
Hilfe zum Lebensunterhalt

Erster Abschnitt
Leistungsberechtigte, notwendiger Lebensunterhalt, Regelbedarfe und Regelsätze

§ 27 Leistungsberechtigte

(1) Hilfe zum Lebensunterhalt ist Personen zu leisten, die ihren notwendigen Lebensunterhalt nicht oder nicht ausreichend aus eigenen Kräften und Mitteln bestreiten können.

(2) 1Eigene Mittel sind insbesondere das eigene Einkommen und Vermögen. 2Bei nicht getrennt lebenden Ehegatten oder Lebenspartnern sind das Einkommen und Vermögen beider Ehegatten oder Lebenspartner gemeinsam zu berücksichtigen. 3Gehören minderjährige unverheiratete Kinder dem Haushalt ihrer Eltern oder eines Elternteils an und können sie den notwendigen Lebensunterhalt aus ihrem Einkommen und Vermögen nicht bestreiten, sind vorbehaltlich des § 39 Satz 3 Nummer 1 auch das Einkommen und das Vermögen der Eltern oder des Elternteils gemeinsam zu berücksichtigen.

(3) 1Personen, die ihren Lebensunterhalt aus eigenen Mitteln und Kräften bestreiten können, jedoch einzelne im Haushalt erforderliche Tätigkeiten nicht verrichten können, erhalten auf Antrag einen angemessenen Zuschuss, wenn ihnen die Aufbringung der für die geleistete Hilfe und Unterstützung notwendigen Kosten nicht in voller Höhe zumutbar ist. 2Als angemessen gelten Aufwendungen, die üblicherweise als Anerkennung für unentgeltlich geleistete Hilfen und Unterstützungen oder zur Abgeltung des entsprechenden Aufwandes geleistet werden. 3Den Zuschuss erhält nicht,

wer einen entsprechenden Anspruch auf Assistenzleistungen nach § 78 des Neunten Buches hat.

§ 27a Notwendiger Lebensunterhalt, Regelbedarfe und Regelsätze

(1) 1Der für die Gewährleistung des Existenzminimums notwendige Lebensunterhalt umfasst insbesondere Ernährung, Kleidung, Körperpflege, Hausrat, Haushaltsenergie ohne die auf Heizung und Erzeugung von Warmwasser entfallenden Anteile, persönliche Bedürfnisse des täglichen Lebens sowie Unterkunft und Heizung. 2Zu den persönlichen Bedürfnissen des täglichen Lebens gehört in vertretbarem Umfang eine Teilhabe am sozialen und kulturellen Leben in der Gemeinschaft; dies gilt in besonderem Maß für Kinder und Jugendliche. 3Für Schülerinnen und Schüler umfasst der notwendige Lebensunterhalt auch die erforderlichen Hilfen für den Schulbesuch.

(2) 1Der gesamte notwendige Lebensunterhalt nach Absatz 1 mit Ausnahme der Bedarfe nach dem Zweiten bis Vierten Abschnitt ergibt den monatlichen Regelbedarf. 2Dieser ist in Regelbedarfsstufen unterteilt; für Abgrenzung und Höhe der Regelbedarfsstufen sind zu berücksichtigen:

1. bei Kindern und Jugendlichen altersbedingte Unterschiede,
2. bei Erwachsenen die Art der Unterkunft, in der sie leben, und zusätzlich bei in Wohnungen oder sonstigen Unterkünften nach § 42a Absatz 2 Satz 1 Nummer 1 und 3 lebenden Erwachsenen, ob sie in einer Paarbeziehung oder ohne Paarbeziehung zusammenleben.

(3) 1Für Leistungsberechtigte nach diesem Kapitel sind zur Deckung der Regelbedarfe, die sich nach den Regelbedarfsstufen der Anlage zu § 28 ergeben, monatliche Regelsätze als Bedarf anzuerkennen; dies gilt nicht für Leistungsberechtigte, deren notwendiger Lebensunterhalt sich nach § 27b bestimmt. 2Der Regelsatz stellt einen monatlichen Pauschalbetrag zur Bestreitung des Regelbedarfs dar, über dessen Verwendung die Leistungsberechtigten eigenverantwortlich entscheiden; dabei haben sie das Eintreten unregelmäßig anfallender Bedarfe zu berücksichtigen. 3Besteht die Leistungsberechtigung für weniger als einen Monat, ist der Regelsatz anteilig als Bedarf anzuerkennen. 4Zur Deckung der Regelbedarfe von Personen, die in einer sonstigen Unterkunft oder vorübergehend nicht in einer Unterkunft untergebracht sind, sind als Bedarfe monatliche Regelsätze anzuerkennen, die sich in entsprechender Anwendung der Regelbedarfsstufen nach der Anlage zu § 28 ergeben.

(4) 1Im Einzelfall wird der Regelsatz abweichend von der maßgebenden Regelbedarfsstufe festgesetzt (abweichende Regelsatzfestsetzung), wenn ein durch die Regelbedarfe abgedeckter Bedarf nicht nur einmalig, sondern für eine Dauer von voraussichtlich mehr als einem Monat

1. nachweisbar vollständig oder teilweise anderweitig gedeckt ist oder
2. unausweichlich in mehr als geringem Umfang oberhalb durchschnittlicher Bedarfe liegt, wie sie sich nach den bei der Ermittlung der Regelbedarfe zugrundeliegenden durchschnittlichen Verbrauchsausgaben ergeben, und die dadurch bedingten Mehraufwendungen begründbar nicht anderweitig ausgeglichen werden können.

2Bei einer abweichenden Regelsatzfestsetzung nach Satz 1 Nummer 1 sind für die monatlich ersparten Verbrauchsausgaben die sich nach § 5 Absatz 1 oder nach § 6 Absatz 1 des Regelbedarfs-Ermittlungsgesetzes für die jeweilige Abteilung ergebenden Beträge zugrunde zu legen. 3Beschränkt sich die anderweitige Bedarfsdeckung auf einzelne in die regelbedarfsrelevanten Verbrauchsausgaben je Abteilung eingegangenen Verbrauchspositionen, sind die regelbedarfsrelevanten Beträge zugrunde zu legen, auf denen die in § 5 Absatz 1 und § 6 Absatz 1 des Regelbedarfs-Ermittlungsgesetzes genannten Beträge für die einzelnen Abteilungen beruhen. 4Für Leistungsberechtigte, die nicht in einer Wohnung leben und deren Regelbedarf sich aus der Regelbedarfsstufe 2 der Anlage zu § 28 ergibt, ist Satz 1 Nummer 1 nicht anwendbar für Bedarfe, die durch einen Vertrag über die Überlassung von Wohnraum nach § 42a Absatz 5 Satz 4 Nummer 3 gedeckt werden. 5Für Leistungsberechtigte, die in einer Unterkunft nach § 42a Absatz 2 Satz 1 Nummer 2 und Satz 3 leben und denen Aufwendungen für Unterkunft und Heizung nach § 42a Absatz 5 und 6 anzuerkennen sind, ist Satz 1 Nummer 1 nicht anwendbar für Bedarfe, die durch einen Vertrag über die Überlassung von Wohnraum nach § 42a Absatz 5 Satz 6 Nummer 1, 3 und 4 gedeckt werden. 6Für Leistungsberechtigte, denen ein Mehrbedarf nach § 42b Absatz 2 anzuerkennen ist, ist Satz 1 für die dadurch abgedeckten Aufwendungen nicht anwendbar.

(5) Sind minderjährige Leistungsberechtigte in einer anderen Familie, insbesondere in einer Pflegefamilie, oder bei anderen Personen als bei ihren Eltern oder

einem Elternteil untergebracht, so wird in der Regel der individuelle Bedarf abweichend von den Regelsätzen in Höhe der tatsächlichen Kosten der Unterbringung festgesetzt, sofern die Kosten einen angemessenen Umfang nicht übersteigen.

Zu beachten ist zusätzlich auch § 145 SGB XII, der ab Juli 2022 einen Sofortzuschlag in Höhe von monatlich 20 Euro für Kinder und Jugendliche (Regelbedarfsstufen 4, 5, 6) einführt.

§ 27b Notwendiger Lebensunterhalt in Einrichtungen

(1) 1Der notwendige Lebensunterhalt umfasst

1. in Einrichtungen den darin erbrachten Lebensunterhalt,
2. in stationären Einrichtungen zusätzlich den weiteren notwendigen Lebensunterhalt.

2Der notwendige Lebensunterhalt in stationären Einrichtungen entspricht dem Umfang

1. der Regelbedarfsstufe 3 nach der Anlage zu § 28 bei Leistungsberechtigten, die das 18. Lebensjahr vollendet haben, und den Regelbedarfsstufen 4 bis 6 nach der Anlage zu § 28 bei Leistungsberechtigten, die das 18. Lebensjahr noch nicht vollendet haben,
2. der zusätzlichen Bedarfe nach dem Zweiten Abschnitt des Dritten Kapitels,
3. der Bedarfe für Unterkunft und Heizung nach § 42 Nummer 4 Buchstabe b.

(2) Der weitere notwendige Lebensunterhalt nach Absatz 1 Nummer 2 umfasst insbesondere einen Barbetrag nach Absatz 3 sowie Bekleidung und Schuhe (Bekleidungspauschale) nach Absatz 4; § 31 Absatz 2 Satz 2 ist nicht anzuwenden.

(3) 1Der Barbetrag nach Absatz 2 steht für die Abdeckung von Bedarfen des notwendigen Lebensunterhalts nach § 27a Absatz 1 zur Verfügung, soweit diese nicht nach Absatz 1 von der stationären Einrichtung gedeckt werden. 2Die Höhe des Barbetrages beträgt für Leistungsberechtigte nach diesem Kapitel,

1. die das 18. Lebensjahr vollendet haben, mindestens 27 Prozent der Regelbedarfsstufe 1 nach der Anlage zu § 28,
2. haben diese das 18. Lebensjahr noch nicht vollendet, setzen die zuständigen Landesbehörden oder die von ihnen bestimmten Stellen für die in ihrem Bereich bestehenden Einrichtungen die Höhe des Barbetrages fest.

3Der Barbetrag ist in der sich nach Satz 2 ergebenden Höhe an die Leistungsberechtigten zu zahlen; er ist zu vermindern, wenn und soweit dessen bestimmungsgemäße Verwendung durch oder für die Leistungsberechtigten nicht möglich ist.

(4) 1Die Höhe der Bekleidungspauschale nach Absatz 2 setzen die zuständigen Landesbehörden oder die von ihnen bestimmten Stellen für die in ihrem Bereich bestehenden Einrichtungen fest. 2Sie ist als Geld- oder Sachleistung zu gewähren; im Falle einer Geldleistung hat die Zahlung monatlich, quartalsweise oder halbjährlich zu erfolgen.

§ 27c Sonderregelung für den Lebensunterhalt

(1) Für Leistungsberechtigte, die nicht in einer Wohnung nach § 42a Absatz 2 Satz 1 Nummer 1 und Satz 2 leben, bestimmen sich der notwendige Lebensunterhalt nach Absatz 2 und der weitere notwendige Lebensunterhalt nach Absatz 3, wenn sie

1. minderjährig sind und ihnen Leistungen nach Teil 2 des Neunten Buches über Tag und Nacht erbracht werden oder
2. volljährig sind und ihnen Leistungen über Tag und Nacht erbracht werden, denen Vereinbarungen nach § 134 Absatz 4 des Neunten Buches zugrunde liegen.

(2) Der notwendige Lebensunterhalt nach Absatz 1 umfasst die Bedarfe nach § 27b Absatz 1 Satz 2, darüber hinaus sind Bedarfe für Bildung und Teilhabe nach dem Dritten Abschnitt mit umfasst, soweit nicht entsprechende Leistungen nach § 75 des Neunten Buches erbracht werden.

(3) Für den weiteren notwendigen Lebensunterhalt gilt § 27b Absatz 2 bis 4.

(4) Der sich nach Absatz 2 ergebende monatliche Betrag für den notwendigen Lebensunterhalt ist bei Leistungsberechtigten nach Absatz 1 Nummer 1 abzüglich der aufzubringenden Mittel nach § 142 Absatz 1 und 2 des Neunten Buches sowie bei Leistungsberechtigten nach Absatz 1 Nummer 2 abzüglich der aufzubringenden Mittel nach § 142 Absatz 3 des Neunten Buches quartalsweise dem für die Leistungen nach Teil 2 des Neunten Buches zuständigen Träger der Eingliederungshilfe zu erstatten.

§ 28 Ermittlung der Regelbedarfe

(1) Liegen die Ergebnisse einer bundesweiten neuen Einkommens- und Verbrauchsstichprobe vor, wird die

XII

Höhe der Regelbedarfe in einem Bundesgesetz neu ermittelt.

(2) 1Bei der Ermittlung der bundesdurchschnittlichen Regelbedarfsstufen nach § 27a Absatz 2 sind Stand und Entwicklung von Nettoeinkommen, Verbraucherverhalten und Lebenshaltungskosten zu berücksichtigen. 2Grundlage hierfür sind die durch die Einkommens- und Verbrauchsstichprobe nachgewiesenen tatsächlichen Verbrauchsausgaben unterer Einkommensgruppen.

(3) 1Für die Ermittlung der Regelbedarfsstufen beauftragt das Bundesministerium für Arbeit und Soziales das Statistische Bundesamt mit Sonderauswertungen, die auf der Grundlage einer neuen Einkommens- und Verbrauchsstichprobe vorzunehmen sind. 2Sonderauswertungen zu den Verbrauchsausgaben von Haushalten unterer Einkommensgruppen sind zumindest für Haushalte (Referenzhaushalte) vorzunehmen, in denen nur eine erwachsene Person lebt (Einpersonenhaushalte), sowie für Haushalte, in denen Paare mit einem Kind leben (Familienhaushalte). 3Dabei ist festzulegen, welche Haushalte, die Leistungen nach diesem Buch und dem Zweiten Buch beziehen, nicht als Referenzhaushalte zu berücksichtigen sind. 4Für die Bestimmung des Anteils der Referenzhaushalte an den jeweiligen Haushalten der Sonderauswertungen ist ein für statistische Zwecke hinreichend großer Stichprobenumfang zu gewährleisten.

(4) 1Die in Sonderauswertungen nach Absatz 3 ausgewiesenen Verbrauchsausgaben der Referenzhaushalte sind für die Ermittlung der Regelbedarfsstufen als regelbedarfsrelevant zu berücksichtigen, soweit sie zur Sicherung des Existenzminimums notwendig sind und eine einfache Lebensweise ermöglichen, wie sie einkommensschwache Haushalte aufweisen, die ihren Lebensunterhalt nicht ausschließlich aus Leistungen nach diesem oder dem Zweiten Buch bestreiten. 2Nicht als regelbedarfsrelevant zu berücksichtigen sind Verbrauchsausgaben der Referenzhaushalte, wenn sie bei Leistungsberechtigten nach diesem Buch oder dem Zweiten Buch

1. durch bundes- oder landesgesetzliche Leistungsansprüche, die der Finanzierung einzelner Verbrauchspositionen der Sonderauswertungen dienen, abgedeckt sind und diese Leistungsansprüche kein anrechenbares Einkommen nach § 82 oder § 11 des Zweiten Buches darstellen oder
2. nicht anfallen, weil bundesweit in einheitlicher Höhe Vergünstigungen gelten.

(5) 1Die Summen der sich nach Absatz 4 ergebenden regelbedarfsrelevanten Verbrauchsausgaben der Referenzhaushalte sind Grundlage für die Prüfung der Regelbedarfsstufen, insbesondere für die Altersabgrenzungen bei Kindern und Jugendlichen. 2Die nach Satz 1 für die Ermittlung der Regelbedarfsstufen zugrunde zu legenden Summen der regelbedarfsrelevanten Verbrauchsausgaben aus den Sonderauswertungen sind jeweils mit der sich nach § 28a Absatz 2 ergebenden Veränderungsrate entsprechend fortzuschreiben. 3Die sich durch die Fortschreibung nach Satz 2 ergebenden Summenbeträge sind jeweils bis unter 0,50 Euro abzurunden sowie von 0,50 Euro an aufzurunden und ergeben die Regelbedarfsstufen (Anlage).

§ 28a Fortschreibung der Regelbedarfsstufen

(1) Für Jahre bis zur nächsten Neuermittlung nach § 28 werden die Regelbedarfsstufen jeweils zum 1. Januar nach den Absätzen 2 bis 5 fortgeschrieben.

(2) 1Zum 1. Januar 2023 werden die Eurobeträge der zum 1. Januar 2022 fortgeschriebenen Regelbedarfsstufen zuerst mit der sich nach Absatz 3 ergebenden Veränderungsrate fortgeschrieben (Basisfortschreibung) und das Ergebnis mit der sich nach Absatz 4 ergebenden Veränderungsrate fortgeschrieben (ergänzende Fortschreibung). 2Für nachfolgende Fortschreibungen ab dem Jahr 2024 sind jeweils die nicht gerundeten Eurobeträge, die sich aus der Basisfortschreibung des Vorjahres nach Absatz 3 ergeben haben, erneut nach Absatz 3 fortzuschreiben und die sich daraus ergebenden Eurobeträge mit der Veränderungsrate der ergänzenden Fortschreibung nach Absatz 4 fortzuschreiben.

(3) 1Die Veränderungsrate für die Basisfortschreibung ergibt sich aus der bundesdurchschnittlichen Entwicklung der Preise für regelbedarfsrelevante Güter und Dienstleistungen sowie der bundesdurchschnittlichen Entwicklung der Nettolöhne und -gehälter je beschäftigten Arbeitnehmer nach der Volkswirtschaftlichen Gesamtrechnung (Mischindex). 2Für die Ermittlung der jährlichen Veränderungsrate des Mischindexes wird die sich aus der Entwicklung der Preise aller regelbedarfsrelevanten Güter und Dienstleistungen ergebende Veränderungsrate mit einem Anteil von 70 Prozent und die sich aus der Entwicklung der Nettolöhne und -gehälter je beschäftigten Arbeitnehmer ergebende Veränderungsrate mit einem Anteil von 30 Prozent berücksichtigt. 3Maßgeblich ist jeweils die Veränderungsrate, die sich aus der Veränderung in dem Zwölf-

XII

monatszeitraum, der mit dem 1. Juli des Vorvorjahres beginnt und mit dem 30. Juni des Vorjahres endet, gegenüber dem davorliegenden Zwölfmonatszeitraum ergibt.

(4) 1Maßgeblich für die Veränderungsrate der ergänzenden Fortschreibung der sich nach Absatz 3 ergebenden nicht gerundeten Eurobeträge der Regelbedarfsstufen ist jeweils die bundesdurchschnittliche Entwicklung der Preise für regelbedarfsrelevante Güter und Dienstleistungen in dem Dreimonatszeitraum vom 1. April bis zum 30. Juni des Vorjahres gegenüber dem gleich abgegrenzten Dreimonatszeitraum des Vorvorjahres. 2§ 28 Absatz 5 Satz 3 gilt entsprechend.

(5) Ergeben sich aus der Fortschreibung nach den Absätzen 2 bis 4 für die Regelbedarfsstufen Eurobeträge, die niedriger als die im Vorjahr geltenden Eurobeträge sind, gelten die für das Vorjahr bestimmten Eurobeträge solange weiter, bis sich aus einer nachfolgenden Fortschreibung höhere Eurobeträge ergeben.

(6) Das Bundesministerium für Arbeit und Soziales beauftragt das Statistische Bundesamt mit der Ermittlung der jährlichen Veränderungsrate

1. für den Zeitraum nach Absatz 3 für
   a) die Preise aller regelbedarfsrelevanten Güter und Dienstleistungen und
   b) die durchschnittliche Nettolohn- und -gehaltssumme je durchschnittlich beschäftigten Arbeitnehmer,
2. für den Zeitraum nach Absatz 4 für die Preise aller regelbedarfsrelevanten Güter und Dienstleistungen.

§ 29 Festsetzung und Fortschreibung der Regelsätze

(1) 1Werden die Regelbedarfsstufen nach § 28 neu ermittelt, gelten diese als neu festgesetzte Regelsätze (Neufestsetzung), solange die Länder keine abweichende Neufestsetzung vornehmen. 2Satz 1 gilt entsprechend, wenn die Regelbedarfe nach § 28a fortgeschrieben werden.

(2) 1Nehmen die Länder eine abweichende Neufestsetzung vor, haben sie die Höhe der monatlichen Regelsätze entsprechend der Abstufung der Regelbedarfe nach der Anlage zu § 28 durch Rechtsverordnung neu festzusetzen. 2Sie können die Ermächtigung für die Neufestsetzung nach Satz 1 auf die zuständigen Landesministerien übertragen. 3Für die abweichende Neufestsetzung sind anstelle der bundesdurchschnittlichen Regelbedarfsstufen, die sich nach § 28 aus der bundesweiten Auswertung der Einkommens- und Verbrauchsstichprobe ergeben, entsprechend aus regionalen Auswertungen der Einkommens- und Verbrauchsstichprobe ermittelte Regelbedarfsstufen zugrunde zu legen. 4Die Länder können bei der Neufestsetzung der Regelsätze auch auf ihr Land bezogene besondere Umstände, die die Deckung des Regelbedarfs betreffen, berücksichtigen. Regelsätze, die nach Absatz 1 oder nach den Sätzen 1 bis 4 festgesetzt worden sind, können von den Ländern als Mindestregelsätze festgesetzt werden. 5§ 28 Absatz 4 Satz 4 und 5 gilt für die Festsetzung der Regelsätze nach den Sätzen 1 bis 4 entsprechend.

(3) 1Die Länder können die Träger der Sozialhilfe ermächtigen, auf der Grundlage von nach Absatz 2 Satz 5 bestimmten Mindestregelsätzen regionale Regelsätze festzusetzen; bei der Festsetzung können die Träger der Sozialhilfe regionale Besonderheiten sowie statistisch nachweisbare Abweichungen in den Verbrauchsausgaben berücksichtigen. 2§ 28 Absatz 4 Satz 4 und 5 gilt für die Festsetzung der Regelsätze nach Satz 1 entsprechend.

(4) Werden die Regelsätze nach den Absätzen 2 und 3 abweichend von den Regelbedarfsstufen nach § 28 festgesetzt, sind diese in den Jahren, in denen keine Neuermittlung der Regelbedarfe nach § 28 erfolgt, jeweils zum 1. Januar durch Rechtsverordnung der Länder mit der Veränderungsrate der Regelbedarfe fortzuschreiben, die sich nach der Rechtsverordnung nach § 40 ergibt.

(5) Die nach den Absätzen 2 und 3 festgesetzten und nach Absatz 4 fortgeschriebenen Regelsätze gelten als Regelbedarfsstufen nach der Anlage zu § 28.

Zweiter Abschnitt
Zusätzliche Bedarfe

§ 30 Mehrbedarf

(1) Für Personen, die

1. die Altersgrenze nach § 41 Abs. 2 erreicht haben oder
2. die Altersgrenze nach § 41 Abs. 2 noch nicht erreicht haben und voll erwerbsgemindert nach dem Sechsten Buch sind

und durch einen Bescheid der nach § 152 Absatz 4 des Neunten Buches zuständigen Behörde oder einen Ausweis nach § 152 Absatz 5 des Neunten Buches die

XII

Feststellung des Merkzeichens G nachweisen, wird ein Mehrbedarf von 17 vom Hundert der maßgebenden Regelbedarfsstufe anerkannt, soweit nicht im Einzelfall ein abweichender Bedarf besteht.

(2) Für werdende Mütter nach der zwölften Schwangerschaftswoche bis zum Ende des Monats, in welchen die Entbindung fällt, wird ein Mehrbedarf von 17 vom Hundert der maßgebenden Regelbedarfsstufe anerkannt, soweit nicht im Einzelfall ein abweichender Bedarf besteht.

(3) Für Personen, die mit einem oder mehreren minderjährigen Kindern zusammenleben und allein für deren Pflege und Erziehung sorgen, ist, soweit kein abweichender Bedarf besteht, ein Mehrbedarf anzuerkennen

1. in Höhe von 36 vom Hundert der Regelbedarfsstufe 1 nach der Anlage zu § 28 für ein Kind unter sieben Jahren oder für zwei oder drei Kinder unter sechzehn Jahren, oder
2. in Höhe von 12 vom Hundert der Regelbedarfsstufe 1 nach der Anlage zu § 28 für jedes Kind, wenn die Voraussetzungen nach Nummer 1 nicht vorliegen, höchstens jedoch in Höhe von 60 vom Hundert der Regelbedarfsstufe 1 nach der Anlage zu § 28.

(4) § 42b Absatz 3 ist entsprechend anzuwenden auf Leistungsberechtigte, die das 15. Lebensjahr vollendet haben.

(5) $_1$Für Leistungsberechtigte wird ein Mehrbedarf anerkannt, wenn deren Ernährungsbedarf aus medizinischen Gründen von allgemeinen Ernährungsempfehlungen abweicht und die Aufwendungen für die Ernährung deshalb unausweichlich und in mehr als geringem Umfang oberhalb eines durchschnittlichen Bedarfs für Ernährung liegen (ernährungsbedingter Mehrbedarf). $_2$Dies gilt entsprechend für aus medizinischen Gründen erforderliche Aufwendungen für Produkte zur erhöhten Versorgung des Stoffwechsels mit bestimmten Nähr- oder Wirkstoffen, soweit hierfür keine vorrangigen Ansprüche bestehen. $_3$Die medizinischen Gründe nach den Sätzen 1 und 2 sind auf der Grundlage aktueller medizinischer und ernährungswissenschaftlicher Erkenntnisse zu bestimmen. $_4$Dabei sind auch die durchschnittlichen Mehraufwendungen zu ermitteln, die für die Höhe des anzuerkennenden ernährungsbedingten Mehrbedarfs zugrunde zu legen sind, soweit im Einzelfall kein abweichender Bedarf besteht.

(6) Die Summe des nach den Absätzen 1 bis 5 insgesamt anzuerkennenden Mehrbedarfs darf die Höhe der maßgebenden Regelbedarfsstufe nicht übersteigen.

(7) $_1$Für Leistungsberechtigte wird ein Mehrbedarf anerkannt, soweit Warmwasser durch in der Wohnung, in der besonderen Wohnform oder der sonstigen Unterkunft nach § 42a Absatz 2 installierte Vorrichtungen erzeugt wird (dezentrale Warmwassererzeugung) und denen deshalb kein Bedarf für Warmwasser nach § 35 Absatz 5 anerkannt wird. $_2$Der Mehrbedarf beträgt für jede leistungsberechtigte Person entsprechend der für sie geltenden Regelbedarfsstufe nach der Anlage zu § 28 jeweils

1. 2,3 Prozent der Regelbedarfsstufen 1 und 2,
2. 1,4 Prozent der Regelbedarfsstufe 4,
3. 1,2 Prozent der Regelbedarfsstufe 5 oder
4. 0,8 Prozent der Regelbedarfsstufe 6.

$_3$Höhere Aufwendungen sind abweichend von Satz 2 nur zu berücksichtigen, soweit sie durch eine separate Messeinrichtung nachgewiesen werden.

(8) § 42b Absatz 2 ist entsprechend anzuwenden.

(9) Soweit eine Schülerin oder ein Schüler aufgrund der jeweiligen schulrechtlichen Bestimmungen oder schulischen Vorgaben Aufwendungen zur Anschaffung oder Ausleihe von Schulbüchern oder gleichstehenden Arbeitsheften hat, sind sie als Mehrbedarf anzuerkennen.

(10) Für Leistungsberechtigte wird ein Mehrbedarf anerkannt, soweit im Einzelfall ein einmaliger, unabweisbarer, besonderer Bedarf besteht, der auf keine andere Weise gedeckt werden kann und ein Darlehen nach § 37 Absatz 1 ausnahmsweise nicht zumutbar oder wegen der Art des Bedarfs nicht möglich ist.

§ 31 Einmalige Bedarfe

(1) Leistungen zur Deckung von Bedarfen für

1. Erstausstattungen für die Wohnung einschließlich Haushaltsgeräten,
2. Erstausstattungen für Bekleidung und Erstausstattungen bei Schwangerschaft und Geburt sowie
3. Anschaffung und Reparaturen von orthopädischen Schuhen, Reparaturen von therapeutischen Geräten und Ausrüstungen sowie die Miete von therapeutischen Geräten

werden gesondert erbracht.

(2) $_1$Einer Person, die Sozialhilfe beansprucht (nachfragende Person), werden, auch wenn keine Regelsätze

XII

zu gewähren sind, für einmalige Bedarfe nach Absatz 1 Leistungen erbracht, wenn sie diese nicht aus eigenen Kräften und Mitteln vollständig decken kann. 2In diesem Falle kann das Einkommen berücksichtigt werden, das sie innerhalb eines Zeitraums von bis zu sechs Monaten nach Ablauf des Monats erwerben, in dem über die Leistung entschieden worden ist.

(3) 1Die Leistungen nach Absatz 1 Nr. 1 und 2 können als Pauschalbeträge erbracht werden. 2Bei der Bemessung der Pauschalbeträge sind geeignete Angaben über die erforderlichen Aufwendungen und nachvollziehbare Erfahrungswerte zu berücksichtigen.

§ 32 Bedarfe für eine Kranken- und Pflegeversicherung

(1) Angemessene Beiträge für eine Kranken- und Pflegeversicherung sind als Bedarf anzuerkennen, soweit Leistungsberechtigte diese nicht aus eigenem Einkommen tragen können. Leistungsberechtigte können die Beiträge so weit aus eigenem Einkommen tragen, wie diese im Wege der Einkommensbereinigung nach § 82 Absatz 2 Satz 1 Nummer 2 und 3 abzusetzen sind. Der Bedarf nach Satz 1 erhöht sich entsprechend, wenn bei der Einkommensbereinigung für das Einkommen geltende Absetzbeträge nach § 82 Absatz 2 Satz 2 und Absatz 3 bis 6 zu berücksichtigen sind.

(2) Bei Personen, die in der gesetzlichen Krankenversicherung

1. nach § 5 Absatz 1 Nummer 13 des Fünften Buches oder nach § 2 Absatz 1 Nummer 7 des Zweiten Gesetzes über die Krankenversicherung der Landwirte pflichtversichert sind,
2. nach § 9 Absatz 1 Nummer 1 des Fünften Buches oder nach § 6 Absatz 1 Nummer 1 des Zweiten Gesetzes über die Krankenversicherung der Landwirte weiterversichert sind,
3. als Rentenantragsteller nach § 189 des Fünften Buches als Mitglied einer Krankenkasse gelten,
4. nach § 9 Absatz 1 Nummer 2 bis 8 des Fünften Buches oder nach § 6 Absatz 1 Nummer 2 des Zweiten Gesetzes über die Krankenversicherung der Landwirte freiwillig versichert sind oder
5. nach § 188 Absatz 4 des Fünften Buches oder nach § 22 Absatz 3 des Zweiten Gesetzes über die Krankenversicherung der Landwirte weiterversichert sind,

gilt der monatliche Beitrag als angemessen.

(3) Bei Personen, denen Beiträge nach Absatz 2 als Bedarf anerkannt werden, gilt auch der Zusatzbeitragssatz nach § 242 Absatz 1 des Fünften Buches als angemessen.

(4) 1Bei Personen, die gegen das Risiko Krankheit bei einem privaten Krankenversicherungsunternehmen versichert sind, sind angemessene Beiträge nach den Sätzen 2 und 3 anzuerkennen. Angemessen sind Beiträge

1. bis zu der Höhe des sich nach § 152 Absatz 4 des Versicherungsaufsichtsgesetzes ergebenden halbierten monatlichen Beitrags für den Basistarif, sofern die Versicherungsverträge der Versicherungspflicht nach § 193 Absatz 3 des Versicherungsvertragsgesetzes genügen, oder
2. für eine Absicherung im brancheneinheitlichen Standardtarif nach § 257 Absatz 2a des Fünften Buches in der bis zum 31. Dezember 2008 geltenden Fassung.

2Ein höherer Beitrag kann als angemessen anerkannt werden, wenn die Leistungsberechtigung nach diesem Kapitel voraussichtlich nur für einen Zeitraum von bis zu drei Monaten besteht. 3Im begründeten Ausnahmefall kann auf Antrag ein höherer Beitrag auch im Fall einer Leistungsberechtigung für einen Zeitraum von bis zu sechs Monaten als angemessen anerkannt werden, wenn vor Ablauf der drei Monate oder bereits bei Antragstellung davon auszugehen ist, dass die Leistungsberechtigung nach diesem Kapitel für einen begrenzten, aber mehr als drei Monate andauernden Zeitraum bestehen wird.

(5) Bei Personen, die in der sozialen Pflegeversicherung nach

1. den §§ 20 und 21 des Elften Buches pflichtversichert sind oder
2. § 26 des Elften Buches weiterversichert sind oder
3. § 26a des Elften Buches der sozialen Pflegeversicherung beigetreten sind,

gilt der monatliche Beitrag als angemessen.

(6) 1Bei Personen, die gegen das Risiko Pflegebedürftigkeit bei einem privaten Krankenversicherungsunternehmen in Erfüllung ihrer Versicherungspflicht nach § 23 des Elften Buches versichert sind oder nach § 26a des Elften Buches der privaten Pflegeversicherung beigetreten sind, gilt bei Versicherung im brancheneinheitlichen Standardtarif nach § 257 Absatz 2a des Fünften Buches in der bis zum 31. Dezember 2008 geltenden Fassung der geschuldete Beitrag als ange-

messen, im Übrigen höchstens jedoch bis zu einer Höhe des nach § 110 Absatz 2 Satz 3 des Elften Buches halbierten Höchstbeitrags in der sozialen Pflegeversicherung. 2Für die Höhe des im Einzelfall angemessenen monatlichen Beitrags gilt Absatz 4 Satz 3 und 4 entsprechend.

§ 32a Zeitliche Zuordnung und Zahlung von Beiträgen für eine Kranken- und Pflegeversicherung

(1) Die Bedarfe nach § 32 sind unabhängig von der Fälligkeit des Beitrags jeweils in dem Monat als Bedarf anzuerkennen, für den die Versicherung besteht.

(2) 1Die Beiträge für eine Kranken- und Pflegeversicherung, die nach § 82 Absatz 2 Nummer 2 und 3 vom Einkommen abgesetzt und nach § 32 als Bedarf anerkannt werden, sind als Direktzahlung zu leisten, wenn der Zahlungsanspruch nach § 43a Absatz 2 größer oder gleich der Summe dieser Beiträge ist. 2Die Zahlung nach Satz 1 erfolgt an diejenige Krankenkasse oder dasjenige Versicherungsunternehmen, bei der beziehungsweise dem die leistungsberechtigte Person versichert ist. 3Die Leistungsberechtigten sowie die zuständigen Krankenkassen oder die zuständigen Versicherungsunternehmen sind über Beginn, Höhe des Beitrags und den Zeitraum sowie über die Beendigung einer Direktzahlung nach den Sätzen 1 und 2 schriftlich zu unterrichten. 4Die Leistungsberechtigten sind zusätzlich über die jeweilige Krankenkasse oder das Versicherungsunternehmen zu informieren, die zuständigen Krankenkassen und Versicherungsunternehmen zusätzlich über Namen und Anschrift der Leistungsberechtigten.

(3) Die Zahlung nach Absatz 2 hat in Fällen des § 32 Absatz 2, 3 und 5 bis zum Ende, in Fällen des § 32 Absatz 4 und 6 zum Ersten des sich nach Absatz 1 ergebenden Monats zu erfolgen.

§ 33 Bedarfe für die Vorsorge

(1) 1Um die Voraussetzungen eines Anspruchs auf eine angemessene Alterssicherung zu erfüllen, können die erforderlichen Aufwendungen als Bedarf berücksichtigt werden, soweit sie nicht nach § 82 Absatz 2 Satz 1 Nummer 2 und 3 vom Einkommen abgesetzt werden. 2Aufwendungen nach Satz 1 sind insbesondere

1. Beiträge zur gesetzlichen Rentenversicherung,
2. Beiträge zur landwirtschaftlichen Alterskasse,
3. Beiträge zu berufsständischen Versorgungseinrichtungen, die den gesetzlichen Rentenversicherungen vergleichbare Leistungen erbringen,
4. Beiträge für eine eigene kapitalgedeckte Altersvorsorge in Form einer lebenslangen Leibrente, wenn der Vertrag nur die Zahlung einer monatlichen auf das Leben des Steuerpflichtigen bezogenen lebenslangen Leibrente nicht vor Vollendung des 60. Lebensjahres vorsieht, sowie
5. geförderte Altersvorsorgebeiträge nach § 82 des Einkommensteuergesetzes, soweit sie den Mindesteigenbeitrag nach § 86 des Einkommensteuergesetzes nicht überschreiten.

(2) Weisen Leistungsberechtigte Aufwendungen zur Erlangung eines Anspruchs auf ein angemessenes Sterbegeld vor Beginn der Leistungsberechtigung nach, so werden diese in angemessener Höhe als Bedarf anerkannt, soweit sie nicht nach § 82 Absatz 2 Nummer 3 vom Einkommen abgesetzt werden.

Dritter Abschnitt
Bildung und Teilhabe

§ 34 Bedarfe für Bildung und Teilhabe

(1) 1Bedarfe für Bildung nach den Absätzen 2 bis 6 von Schülerinnen und Schülern, die eine allgemein- oder berufsbildende Schule besuchen, sowie Bedarfe von Kindern und Jugendlichen für Teilhabe am sozialen und kulturellen Leben in der Gemeinschaft nach Absatz 7 werden neben den maßgebenden Regelbedarfsstufen gesondert berücksichtigt. 2Leistungen hierfür werden nach den Maßgaben des § 34a gesondert erbracht.

(2) 1Bedarfe werden bei Schülerinnen und Schülern in Höhe der tatsächlichen Aufwendungen anerkannt für

1. Schulausflüge und
2. mehrtägige Klassenfahrten im Rahmen der schulrechtlichen Bestimmungen.

2Für Kinder, die eine Tageseinrichtung besuchen oder für die Kindertagespflege geleistet wird, gilt Satz 1 entsprechend.

(3) 1Bedarfe für die Ausstattung mit persönlichem Schulbedarf werden bei Schülerinnen und Schülern für den Monat, in dem der erste Schultag eines Schuljahres liegt, in Höhe von 100 Euro und für den Monat, in dem das zweite Schulhalbjahr eines Schuljahres beginnt, in Höhe von 50 Euro anerkannt. 2Abweichend von Satz 1 ist Schülerinnen und Schülern für die Ausstattung mit persönlichem Schulbedarf ein Bedarf anzuerkennen

1. in Höhe von 100 Euro für das erste Schulhalbjahr, wenn die erstmalige Aufnahme innerhalb des Schuljahres nach dem Monat erfolgt, in dem das erste Schulhalbjahr beginnt, aber vor Beginn des Monats, in dem das zweite Schulhalbjahr beginnt,
2. in Höhe des Betrags für das erste und das zweite Schulhalbjahr, wenn die erstmalige Aufnahme innerhalb des Schuljahres in oder nach dem Monat erfolgt, in dem das zweite Schulhalbjahr beginnt,
3. in Höhe von 50 Euro, wenn der Schulbesuch nach dem Monat, in dem das Schuljahr begonnen hat, unterbrochen wird und die Wiederaufnahme nach dem Monat erfolgt, in dem das zweite Schulhalbjahr beginnt.

(3a) $_1$Der nach Absatz 3 anzuerkennende Teilbetrag für ein erstes Schulhalbjahr eines Schuljahres wird kalenderjährlich mit dem in der maßgeblichen Regelbedarfsstufen-Fortschreibungsverordnung nach den §§ 28a und 40 Nummer 1 bestimmten Prozentsatz fortgeschrieben; der fortgeschriebene Wert ist bis unter 0,50 Euro auf den nächsten vollen Euro abzurunden und ab 0,50 Euro auf den nächsten vollen Euro aufzurunden (Anlage). $_2$Der Teilbetrag für das zweite Schulhalbjahr eines Schuljahres nach Absatz 3 beträgt 50 Prozent des sich nach Satz 1 für das jeweilige Kalenderjahr ergebenden Teilbetrags (Anlage). $_3$Liegen die Ergebnisse einer bundesweiten neuen Einkommens- und Verbrauchsstichprobe vor, ist der Teilbetrag nach Satz 1 durch Bundesgesetz um den Betrag zu erhöhen, der sich aus der prozentualen Erhöhung der Regelbedarfsstufe 1 nach § 28 für das jeweilige Kalenderjahr durch Bundesgesetz ergibt, das Ergebnis ist entsprechend Satz 1 zweiter Teilsatz zu runden und die Anlage zu ergänzen. $_4$Aus dem sich nach Satz 3 ergebenden Teilbetrag für das erste Schulhalbjahr ist der Teilbetrag für das zweite Schulhalbjahr des jeweiligen Kalenderjahres entsprechend Satz 2 durch Bundesgesetz zu bestimmen und die Anlage um den sich ergebenden Betrag zu ergänzen.

(4) $_1$Bei Schülerinnen und Schülern, die für den Besuch der nächstgelegenen Schule des gewählten Bildungsgangs auf Schülerbeförderung angewiesen sind, werden die dafür erforderlichen tatsächlichen Aufwendungen berücksichtigt, soweit sie nicht von Dritten übernommen werden. $_2$Als nächstgelegene Schule des gewählten Bildungsgangs gilt auch eine Schule, die aufgrund ihres Profils gewählt wurde, soweit aus diesem Profil eine besondere inhaltliche oder organisatorische Ausgestaltung des Unterrichts folgt; dies sind insbesondere Schulen mit naturwissenschaftlichem, musischem, sportlichem oder sprachlichem Profil sowie bilinguale Schulen, und Schulen mit ganztägiger Ausrichtung.

(5) $_1$Für Schülerinnen und Schüler wird eine schulische Angebote ergänzende angemessene Lernförderung berücksichtigt, soweit diese geeignet und zusätzlich erforderlich ist, um die nach den schulrechtlichen Bestimmungen festgelegten wesentlichen Lernziele zu erreichen. $_2$Auf eine bestehende Versetzungsgefährdung kommt es dabei nicht an.

(6) $_1$Bei Teilnahme an einer gemeinschaftlichen Mittagsverpflegung werden die entstehenden Aufwendungen berücksichtigt für

1. Schülerinnen und Schüler und
2. Kinder, die eine Tageseinrichtung besuchen oder für die Kindertagespflege geleistet wird.

$_2$Für Schülerinnen und Schüler gilt dies unter der Voraussetzung, dass die Mittagsverpflegung in schulischer Verantwortung angeboten wird oder durch einen Kooperationsvertrag zwischen Schule und Tageseinrichtung vereinbart ist.

(7) $_1$Für die Teilhabe am sozialen und kulturellen Leben in der Gemeinschaft werden pauschal 15 Euro monatlich berücksichtigt, sofern bei Leistungsberechtigten, die das 18. Lebensjahr noch nicht vollendet haben, tatsächliche Aufwendungen entstehen im Zusammenhang mit der Teilnahme an

1. Aktivitäten in den Bereichen Sport, Spiel, Kultur und Geselligkeit,
2. Unterricht in künstlerischen Fächern (zum Beispiel Musikunterricht) und vergleichbare angeleitete Aktivitäten der kulturellen Bildung und
3. Freizeiten.

$_2$Neben der Berücksichtigung von Bedarfen nach Satz 1 können auch weitere tatsächliche Aufwendungen berücksichtigt werden, wenn sie im Zusammenhang mit der Teilnahme an Aktivitäten nach Satz 1 Nummer 1 bis 3 entstehen und es den Leistungsberechtigten im Einzelfall nicht zugemutet werden kann, diese aus den Leistungen nach Satz 1 und aus dem Regelbedarf zu bestreiten.

---

vgl. § 145 Abs. 1 Nr. 1 SGB XII: Minderjährige haben seit Juli 2022 zusätzlich einen Anspruch auf Sofortzuschlag in Höhe von monatlich 20 Euro, wenn sie Anspruch auf Leistungen nach § 34 haben.

XII

§ 34a Erbringung der Leistungen für Bildung und Teilhabe

(1) 1Leistungen zur Deckung der Bedarfe nach § 34 Absatz 2 und 4 bis 7 werden auf Antrag erbracht; gesonderte Anträge sind nur für Leistungen nach § 34 Absatz 5 erforderlich. 2Einer nachfragenden Person werden, auch wenn keine Regelsätze zu gewähren sind, für Bedarfe nach § 34 Leistungen erbracht, wenn sie diese nicht aus eigenen Kräften und Mitteln vollständig decken kann. 3Die Leistungen zur Deckung der Bedarfe nach § 34 Absatz 7 bleiben bei der Erbringung von Leistungen nach Teil 2 des Neunten Buches unberücksichtigt.

(2) 1Leistungen zur Deckung der Bedarfe nach § 34 Absatz 2 und 5 bis 7 werden erbracht durch

1. Sach- und Dienstleistungen, insbesondere in Form von personalisierten Gutscheinen,
2. Direktzahlungen an Anbieter von Leistungen zur Deckung dieser Bedarfe (Anbieter) oder
3. Geldleistungen.

2Die nach § 34c Absatz 1 zuständigen Träger der Sozialhilfe bestimmen, in welcher Form sie die Leistungen erbringen. 3Die Leistungen zur Deckung der Bedarfe nach § 34 Absatz 3 und 4 werden jeweils durch Geldleistungen erbracht. 4Die nach § 34c Absatz 1 zuständigen Träger der Sozialhilfe können mit Anbietern pauschal abrechnen.

(3) 1Werden die Bedarfe durch Gutscheine gedeckt, gelten die Leistungen mit Ausgabe des jeweiligen Gutscheins als erbracht. 2Die nach § 34c Absatz 1 zuständigen Träger der Sozialhilfe gewährleisten, dass Gutscheine bei geeigneten vorhandenen Anbietern oder zur Wahrnehmung ihrer eigenen Angebote eingelöst werden können. 3Gutscheine können für den gesamten Bewilligungszeitraum im Voraus ausgegeben werden. 4Die Gültigkeit von Gutscheinen ist angemessen zu befristen. 5Im Fall des Verlustes soll ein Gutschein erneut in dem Umfang ausgestellt werden, in dem er noch nicht in Anspruch genommen wurde.

(4) 1Werden die Bedarfe durch Direktzahlungen an Anbieter gedeckt, gelten die Leistungen mit der Zahlung als erbracht. 2Eine Direktzahlung ist für den gesamten Bewilligungszeitraum im Voraus möglich.

(5) Werden die Leistungen für Bedarfe nach § 34 Absatz 2 und 5 bis 7 durch Geldleistungen erbracht, erfolgt dies

1. monatlich in Höhe der im Bewilligungszeitraum bestehenden Bedarfe oder
2. nachträglich durch Erstattung verauslagter Beträge.

(6) 1Im Einzelfall kann der nach § 34c Absatz 1 zuständige Träger der Sozialhilfe einen Nachweis über eine zweckentsprechende Verwendung der Leistung verlangen. 2Soweit der Nachweis nicht geführt wird, soll die Bewilligungsentscheidung widerrufen werden.

(7) 1Abweichend von den Absätzen 2 bis 5 können Leistungen nach § 34 Absatz 2 Satz 1 Nummer 1 gesammelt für Schülerinnen und Schüler an eine Schule ausgezahlt werden, wenn die Schule

1. dies bei dem nach § 34c Absatz 1 zuständigen Träger der Sozialhilfe beantragt,
2. die Leistungen für die leistungsberechtigten Schülerinnen und Schüler verauslagt und
3. sich die Leistungsberechtigung von den Leistungsberechtigten nachweisen lässt.

2Der nach § 34c Absatz 1 zuständige Träger der Sozialhilfe kann mit der Schule vereinbaren, dass monatliche oder schulhalbjährliche Abschlagszahlungen geleistet werden.

§ 34b Berechtigte Selbsthilfe

1Geht die leistungsberechtigte Person durch Zahlung an Anbieter in Vorleistung, ist der nach § 34c Absatz 1 zuständige Träger der Sozialhilfe zur Übernahme der berücksichtigungsfähigen Aufwendungen verpflichtet, soweit

1. unbeschadet des Satzes 2 die Voraussetzungen einer Leistungsgewährung zur Deckung der Bedarfe im Zeitpunkt der Selbsthilfe nach § 34 Absatz 2 und 5 bis 7 vorlagen und
2. zum Zeitpunkt der Selbsthilfe der Zweck der Leistung durch Erbringung als Sach- oder Dienstleistung ohne eigenes Verschulden nicht oder nicht rechtzeitig zu erreichen war.

2War es dem Leistungsberechtigten nicht möglich, rechtzeitig einen Antrag zu stellen, gilt dieser als zum Zeitpunkt der Selbstvornahme gestellt.

§ 34c Zuständigkeit

(1) Die für die Ausführung des Gesetzes nach diesem Abschnitt zuständigen Träger werden nach Landesrecht bestimmt.

(2) Die §§ 3, 6 und 7 sind nicht anzuwenden.

Vierter Abschnitt
Bedarfe für Unterkunft und Heizung

§ 35 Bedarfe für Unterkunft und Heizung

(1) [1]Bedarfe für Unterkunft und Heizung werden in Höhe der tatsächlichen Aufwendungen anerkannt, soweit diese angemessen sind. [2]Für die Anerkennung der Bedarfe für Unterkunft gilt eine Karenzzeit von einem Jahr ab Beginn des Monats, für den erstmals Leistungen nach diesem Buch bezogen werden. [3]Innerhalb dieser Karenzzeit werden abweichend von Satz 1 Bedarfe für Unterkunft in Höhe der tatsächlichen Aufwendungen anerkannt; § 35a Absatz 2 Satz 2 bleibt unberührt. [4]Wird der Leistungsbezug in der Karenzzeit für mindestens einen Monat unterbrochen, verlängert sich die Karenzzeit um volle Monate ohne Leistungsbezug. [5]Eine neue Karenzzeit beginnt nur, wenn zuvor mindestens drei Jahre keine Leistungen nach diesem Kapitel, dem Vierten Kapitel oder dem Zweiten Buch bezogen worden sind. [6]Bei Leistungsberechtigten, die in den letzten zwei Jahren vor dem Bezug von Leistungen nach dem Dritten oder Vierten Kapitel Leistungen nach dem Zweiten Buch bezogen haben, wird die nach § 22 Absatz 1 Satz 2 bis 4 des Zweiten Buches bereits in Anspruch genommene Karenzzeit für die weitere Dauer der Karenzzeit nach den Sätzen 2 bis 5 berücksichtigt.

(2) [1]Der Träger der Sozialhilfe prüft zu Beginn der Karenzzeit nach Absatz 1 Satz 2 bis 6 die Angemessenheit der Aufwendungen für Unterkunft und Heizung. [2]Übersteigen die Aufwendungen für Unterkunft und Heizung den der Besonderheit des Einzelfalles angemessenen Umfang, teilt der Träger der Sozialhilfe dies den Leistungsberechtigten mit dem ersten Bewilligungsbescheid mit und unterrichtet sie über die Dauer der Karenzzeit nach Absatz 1 Satz 2 bis 6 sowie über das Verfahren nach Ablauf der Karenzzeit nach Absatz 3 Satz 2.

(3) [1]Übersteigen die Aufwendungen für Unterkunft und Heizung den der Besonderheit des Einzelfalles angemessenen Umfang, sind sie in tatsächlicher Höhe als Bedarf der Personen, deren Einkommen und Vermögen nach § 27 Absatz 2 zu berücksichtigen sind, anzuerkennen. [2]Satz 1 gilt nach Ablauf der Karenzzeit nach Absatz 1 Satz 2 bis 6 so lange, bis es diesen Personen möglich oder zuzumuten ist, durch einen Wohnungswechsel, durch Vermieten oder auf andere Weise die Aufwendungen zu senken, in der Regel jedoch längstens für sechs Monate. [3]Eine Absenkung der nach Absatz 1 Satz 1 unangemessenen Aufwendungen muss nicht gefordert werden, wenn diese unter Berücksichtigung der bei einem Wohnungswechsel zu erbringenden Leistungen unwirtschaftlich wäre. [4]Stirbt ein Mitglied der Haushaltsgemeinschaft und waren die Aufwendungen für Unterkunft und Heizung davor angemessen, ist die Senkung der Aufwendungen für die weiterhin bewohnte Unterkunft für die Dauer von mindestens zwölf Monaten nach dem Sterbemonat nicht zumutbar.

(4) [1]Der Träger der Sozialhilfe kann für seinen örtlichen Zuständigkeitsbereich für die Höhe der Bedarfe für Unterkunft eine monatliche Pauschale festsetzen, wenn auf dem örtlichen Wohnungsmarkt hinreichend angemessener freier Wohnraum verfügbar und in Einzelfällen die Pauschalierung nicht unzumutbar ist. [2]Bei der Bemessung der Pauschale sind die tatsächlichen Gegebenheiten des örtlichen Wohnungsmarkts, der örtliche Mietspiegel sowie die familiären Verhältnisse der Leistungsberechtigten, insbesondere Anzahl, Alter und Gesundheitszustand der in der Unterkunft lebenden Personen, zu berücksichtigen. [3]Absatz 3 Satz 1 gilt entsprechend.

(5) [1]Bedarfe für Heizung umfassen auch Aufwendungen für zentrale Warmwasserversorgung. [2]Die Bedarfe können durch eine monatliche Pauschale festgesetzt werden. [3]Bei der Bemessung der Pauschale sind die persönlichen und familiären Verhältnisse, insbesondere Anzahl, Alter und Gesundheitszustand der in der Unterkunft lebenden Personen, die Größe und Beschaffenheit der Wohnung, die vorhandenen Heizmöglichkeiten und die örtlichen Gegebenheiten zu berücksichtigen.

(6) [1]Leben Leistungsberechtigte in einer Unterkunft nach § 42a Absatz 2 Satz 1 Nummer 2 und Satz 3, so sind Aufwendungen für Unterkunft und Heizung nach § 42a Absatz 5 und 6 anzuerkennen. [2]Leben Leistungsberechtigte in einer sonstigen Unterkunft nach § 42a Absatz 2 Satz 1 Nummer 3, so sind Aufwendungen für Unterkunft und Heizung nach § 42a Absatz 7 anzuerkennen. [3]Für die Bedarfe nach den Sätzen 1 und 2 gilt Absatz 1 Satz 2 bis 6 nicht.

(7) [1]Zur Beurteilung der Angemessenheit der Aufwendungen für Unterkunft und Heizung nach Absatz 1 Satz 1 ist die Bildung einer Gesamtangemessenheitsgrenze zulässig. [2]Dabei kann für die Aufwendungen für Heizung der Wert berücksichtigt werden, der bei einer gesonderten Beurteilung der Angemessenheit der Aufwendungen für Unterkunft und der Aufwendungen

für Heizung ohne Prüfung der Angemessenheit im Einzelfall höchstens anzuerkennen wäre. 3Absatz 3 und § 35a Absatz 2 Satz 2 gelten entsprechend.

(8) § 22 Absatz 11 und 12 des Zweiten Buches gelten entsprechend.

§ 35a Aufwendungen für Instandhaltung und Reparatur, Aufwendungen bei Wohnungswechsel, Direktzahlung

(1) 1Als Bedarf für Unterkunft werden auch die unabweisbaren Aufwendungen für Instandhaltung und Reparatur bei selbst bewohntem Wohneigentum im Sinne des § 90 Absatz 2 Nummer 8 anerkannt, soweit diese unter Berücksichtigung der im laufenden sowie in den darauffolgenden elf Kalendermonaten anfallenden Aufwendungen insgesamt angemessen sind. 2Übersteigen die unabweisbaren Aufwendungen für Instandhaltung und Reparatur den Bedarf für die Unterkunft nach Satz 1, kann zur Deckung dieses Teils der Aufwendungen ein Darlehen erbracht werden, das dinglich gesichert werden soll. 3Für die Bedarfe nach Satz 1 gilt § 35 Absatz 1 Satz 2 bis 6 nicht.

(2) 1Vor Abschluss eines Vertrages über eine neue Unterkunft haben Leistungsberechtigte den dort zuständigen Träger der Sozialhilfe über die nach § 35 Absatz 3 Satz 1 und 2 maßgeblichen Umstände in Kenntnis zu setzen. 2Sind die Aufwendungen für Unterkunft und Heizung für die neue Unterkunft unangemessen hoch, sind diese nur in Höhe angemessener Aufwendungen als Bedarf anzuerkennen, es sei denn, der zuständige Träger der Sozialhilfe hat den darüberhinausgehenden Aufwendungen vorher zugestimmt. 3Eine Zustimmung soll erteilt werden, wenn der Umzug durch den Träger der Sozialhilfe veranlasst wird oder aus anderen Gründen notwendig ist und wenn ohne die Zustimmung eine Unterkunft in einem angemessenen Zeitraum nicht gefunden werden kann. 4Innerhalb der Karenzzeit nach § 35 Absatz 1 Satz 2 werden nach einem Umzug höhere als angemessene Aufwendungen nur dann als Bedarf anerkannt, wenn der Träger der Sozialhilfe die Anerkennung vorab zugesichert hat. 5Wohnungsbeschaffungskosten, Mietkautionen, Genossenschaftsanteile und Umzugskosten können bei vorheriger Zustimmung übernommen werden; Mietkautionen und Genossenschaftsanteile sollen als Darlehen erbracht werden. 6Rückzahlungsansprüche aus Darlehen nach Satz 5 werden, solange Darlehensnehmer Leistungen zur Sicherung des Lebensunterhalts beziehen, ab dem Monat, der auf die Auszahlung folgt, durch monatliche Aufrechnung in Höhe von 5 Prozent der maßgebenden Regelbedarfsstufe getilgt.

(3) 1Bedarfe für Unterkunft und Heizung sind auf Antrag der leistungsberechtigten Person durch Direktzahlung an den Vermieter oder andere Empfangsberechtigte zu decken; § 43a Absatz 3 gilt entsprechend. 2Direktzahlungen an den Vermieter oder andere Empfangsberechtigte sollen erfolgen, wenn die zweckentsprechende Verwendung durch die leistungsberechtigte Person nicht sichergestellt ist. 3Das ist insbesondere der Fall, wenn

1. Mietrückstände bestehen, die zu einer außerordentlichen Kündigung des Mietverhältnisses berechtigen,
2. Energiekostenrückstände bestehen, die zu einer Unterbrechung der Energieversorgung berechtigen,
3. konkrete Anhaltspunkte für ein krankheits- oder suchtbedingtes Unvermögen der leistungsberechtigten Person bestehen, die Mittel zweckentsprechend zu verwenden oder
4. konkrete Anhaltspunkte dafür bestehen, dass die im Schuldnerverzeichnis eingetragene leistungsberechtigte Person die Mittel nicht zweckentsprechend verwendet.

§ 35b Satzung

1Hat ein Kreis oder eine kreisfreie Stadt eine Satzung nach den §§ 22a bis 22c des Zweiten Buches erlassen, so gilt sie für die Höhe der anzuerkennenden Bedarfe für die Unterkunft nach § 35 Absatz 1 Satz 1, Absatz 3 und § 35a Absatz 2 des zuständigen Trägers der Sozialhilfe entsprechend, sofern darin nach § 22b Absatz 3 des Zweiten Buches Sonderregelungen für Personen mit einem besonderen Bedarf für Unterkunft und Heizung getroffen werden und dabei zusätzlich auch die Bedarfe älterer Menschen berücksichtigt werden. 2Dies gilt auch für die Höhe der anzuerkennenden Bedarfe für Heizung nach § 35 Absatz 5, soweit die Satzung Bestimmungen nach § 22b Absatz 1 Satz 2 und 3 des Zweiten Buches enthält. 3In Fällen der Sätze 1 und 2 ist § 35 Absatz 4 und 5 Satz 2 und 3 nicht anzuwenden.

§ 36 Sonstige Hilfen zur Sicherung der Unterkunft

(1) 1Schulden können nur übernommen werden, wenn dies zur Sicherung der Unterkunft oder zur Behebung einer vergleichbaren Notlage gerechtfertigt ist. 2Sie sollen übernommen werden, wenn dies gerechtfertigt und notwendig ist und sonst Wohnungslosigkeit ein-

zutreten droht. 3Geldleistungen können als Beihilfe oder als Darlehen erbracht werden.

(2) 1Geht bei einem Gericht eine Klage auf Räumung von Wohnraum im Falle der Kündigung des Mietverhältnisses nach § 543 Absatz 1, 2 Satz 1 Nummer 3 in Verbindung mit § 569 Absatz 3 des Bürgerlichen Gesetzbuchs ein, teilt das Gericht dem zuständigen örtlichen Träger der Sozialhilfe oder der Stelle, die von ihm zur Wahrnehmung der in Absatz 1 bestimmten Aufgaben beauftragt wurde, unverzüglich Folgendes mit:

1. den Tag des Eingangs der Klage,
2. die Namen und die Anschriften der Parteien,
3. die Höhe der monatlich zu entrichtenden Miete,
4. die Höhe des geltend gemachten Mietrückstandes und der geltend gemachten Entschädigung sowie
5. den Termin zur mündlichen Verhandlung, sofern dieser bereits bestimmt ist.

2Außerdem kann der Tag der Rechtshängigkeit mitgeteilt werden. 3Die Übermittlung unterbleibt, wenn die Nichtzahlung der Miete nach dem Inhalt der Klageschrift offensichtlich nicht auf Zahlungsunfähigkeit des Mieters beruht. 4Die übermittelten Daten dürfen auch für entsprechende Zwecke der Kriegsopferfürsorge nach dem Bundesversorgungsgesetz gespeichert, verändert, genutzt, übermittelt und in der Verarbeitung eingeschränkt werden.

Fünfter Abschnitt
Gewährung von Darlehen

§ 37 Ergänzende Darlehen

(1) Kann im Einzelfall ein von den Regelbedarfen umfasster und nach den Umständen unabweisbar gebotener Bedarf auf keine andere Weise gedeckt werden, sollen auf Antrag hierfür notwendige Leistungen als Darlehen erbracht werden.

(2) 1Der Träger der Sozialhilfe übernimmt für Leistungsberechtigte, die einen Barbetrag nach § 27b Absatz 3 Satz 2 Nummer 1 erhalten, die jeweils von ihnen bis zur Belastungsgrenze (§ 62 des Fünften Buches) zu leistenden Zuzahlungen in Form eines ergänzenden Darlehens, sofern der Leistungsberechtigte nicht widerspricht. 2Die Auszahlung der für das gesamte Kalenderjahr zu leistenden Zuzahlungen erfolgt unmittelbar an die zuständige Krankenkasse zum 1. Januar oder bei Aufnahme in eine stationäre Einrichtung. 3Der Träger der Sozialhilfe teilt der zuständigen Krankenkasse spätestens bis zum 1. November des Vorjahres die Leistungsberechtigten nach § 27b Absatz 3 Satz 2 Nummer 1 mit, soweit diese der Darlehensgewährung nach Satz 1 für das laufende oder ein vorangegangenes Kalenderjahr nicht widersprochen haben.

(3) In den Fällen des Absatzes 2 Satz 3 erteilt die Krankenkasse über den Träger der Sozialhilfe die in § 62 Absatz 1 Satz 1 des Fünften Buches genannte Bescheinigung jeweils bis zum 1. Januar oder bei Aufnahme in eine stationäre Einrichtung und teilt dem Träger der Sozialhilfe die Höhe der der leistungsberechtigten Person zu leistenden Zuzahlungen mit; Veränderungen im Laufe eines Kalenderjahres sind unverzüglich mitzuteilen.

(4) 1Für die Rückzahlung von Darlehen nach Absatz 1 können von den monatlichen Regelsätzen Teilbeträge bis zur Höhe von jeweils 5 vom Hundert der Regelbedarfsstufe 1 nach der Anlage zu § 28 einbehalten werden. 2Die Rückzahlung von Darlehen nach Absatz 2 erfolgt in gleichen Teilbeträgen über das ganze Kalenderjahr.

§ 37a Darlehen bei am Monatsende fälligen Einkünften

(1) 1Kann eine leistungsberechtigte Person in dem Monat, in dem ihr erstmals eine Rente zufließt, bis zum voraussichtlichen Zufluss der Rente ihren notwendigen Lebensunterhalt nicht vollständig aus eigenen Mitteln bestreiten, ist ihr insoweit auf Antrag ein Darlehen zu gewähren. 2Satz 1 gilt entsprechend für Einkünfte und Sozialleistungen, die am Monatsende fällig werden.

(2) 1Das Darlehen ist in monatlichen Raten in Höhe von 5 Prozent der Regelbedarfsstufe 1 nach der Anlage zu § 28 zu tilgen; insgesamt ist jedoch höchstens ein Betrag in Höhe von 50 Prozent der Regelbedarfsstufe 1 nach der Anlage zu § 28 zurückzuzahlen. 2Beträgt der monatliche Leistungsanspruch der leistungsberechtigten Person weniger als 5 Prozent der Regelbedarfsstufe 1 nach der Anlage zu § 28 wird die monatliche Rate nach Satz 1 in Höhe des Leistungsanspruchs festgesetzt.

(3) 1Die Rückzahlung nach Absatz 2 beginnt mit Ablauf des Kalendermonats, der auf die Auszahlung des Darlehens folgt. 2Die Rückzahlung des Darlehens erfolgt während des Leistungsbezugs durch Aufrechnung nach § 44b.

§ 38 Darlehen bei vorübergehender Notlage

1Sind Leistungen nach § 27a Absatz 3 und 4, der Barbetrag nach § 27b Absatz 2 sowie nach den §§ 30, 32,

33 und 35 voraussichtlich nur für kurze Dauer zu erbringen, können Geldleistungen als Darlehen gewährt werden. ₂Darlehen an Mitglieder von Haushaltsgemeinschaften im Sinne des § 27 Absatz 2 Satz 2 und 3 können an einzelne Mitglieder oder an mehrere gemeinsam vergeben werden.

Sechster Abschnitt
Einschränkung von Leistungsberechtigung und -umfang

§ 39 Vermutung der Bedarfsdeckung

₁Lebt eine nachfragende Person gemeinsam mit anderen Personen in einer Wohnung oder in einer entsprechenden anderen Unterkunft, so wird vermutet, dass sie gemeinsam wirtschaften (Haushaltsgemeinschaft) und dass die nachfragende Person von den anderen Personen Leistungen zum Lebensunterhalt erhält, soweit dies nach deren Einkommen und Vermögen erwartet werden kann. ₂Soweit nicht gemeinsam gewirtschaftet wird oder die nachfragende Person von den Mitgliedern der Haushaltsgemeinschaft keine ausreichenden Leistungen zum Lebensunterhalt erhält, ist ihr Hilfe zum Lebensunterhalt zu gewähren. ₃Satz 1 gilt nicht

1. für Schwangere oder Personen, die ihr leibliches Kind bis zur Vollendung seines sechsten Lebensjahres betreuen und mit ihren Eltern oder einem Elternteil zusammenleben, oder
2. für Personen, die in der Eingliederungshilfe leistungsberechtigt im Sinne des § 99 Absatz 1 bis 3 des Neunten Buches sind oder im Sinne des § 61a pflegebedürftig sind und von in Satz 1 genannten Personen betreut werden; dies gilt auch, wenn die genannten Voraussetzungen einzutreten drohen und das gemeinsame Wohnen im Wesentlichen zum Zweck der Sicherstellung der Hilfe und Versorgung erfolgt.

Siebter Abschnitt
Verordnungsermächtigung

§ 40 Verordnungsermächtigung

₁Das Bundesministerium für Arbeit und Soziales hat im Einvernehmen mit dem Bundesministerium der Finanzen durch Rechtsverordnung mit Zustimmung des Bundesrates

1. den für die Fortschreibung der Regelbedarfsstufen nach § 28a und für die Fortschreibung des Teilbetrags nach § 34 Absatz 3a Satz 1 maßgeblichen Prozentsatz zu bestimmen und
2. die Anlagen zu den §§ 28 und 34 um die sich durch die Fortschreibung nach Nummer 1 zum 1. Januar eines Jahres ergebenden Regelbedarfsstufen sowie um die sich aus der Fortschreibung nach § 34 Absatz 3a Satz 1 und 2 ergebenden Teilbeträge zu ergänzen.

₂Der Vomhundertsatz nach Satz 1 Nummer 1 ist auf zwei Dezimalstellen zu berechnen; die zweite Dezimalstelle ist um eins zu erhöhen, wenn sich in der dritten Dezimalstelle eine der Ziffern von 5 bis 9 ergibt. ₃Die Bestimmungen nach Satz 1 erfolgen bis spätestens zum Ablauf des 31. Oktober des jeweiligen Jahres.

Viertes Kapitel
Grundsicherung im Alter und bei Erwerbsminderung

Erster Abschnitt
Grundsätze

§ 41 Leistungsberechtigte

(1) Leistungsberechtigt nach diesem Kapitel sind Personen mit gewöhnlichem Aufenthalt im Inland, die ihren notwendigen Lebensunterhalt nicht oder nicht ausreichend aus Einkommen und Vermögen nach § 43 bestreiten können, wenn sie die Voraussetzungen nach Absatz 2, 3 oder 3a erfüllen.

(2) ₁Leistungsberechtigt sind Personen nach Absatz 1 wegen Alters, wenn sie die Altersgrenze erreicht haben. ₂Personen, die vor dem 1. Januar 1947 geboren sind, erreichen die Altersgrenze mit Vollendung des 65. Lebensjahres. ₃Für Personen, die nach dem 31. Dezember 1946 geboren sind, wird die Altersgrenze wie folgt angehoben:

für den Geburtsjahrgang	erfolgt eine Anhebung um Monate	auf Vollendung eines Lebensalters von
1947	1	65 Jahren und 1 Monat
1948	2	65 Jahren und 2 Monaten
1949	3	65 Jahren und 3 Monaten
1950	4	65 Jahren und 4 Monaten

für den Geburtsjahrgang	erfolgt eine Anhebung um Monate	auf Vollendung eines Lebensalters von
1951	5	65 Jahren und 5 Monaten
1952	6	65 Jahren und 6 Monaten
1953	7	65 Jahren und 7 Monaten
1954	8	65 Jahren und 8 Monaten
1955	9	65 Jahren und 9 Monaten
1956	10	65 Jahren und 10 Monaten
1957	11	65 Jahren und 11 Monaten
1958	12	66 Jahren
1959	14	66 Jahren und 2 Monaten
1960	16	66 Jahren und 4 Monaten
1961	18	66 Jahren und 6 Monaten
1962	20	66 Jahren und 8 Monaten
1963	22	66 Jahren und 10 Monaten
ab 1964	24	67 Jahren.

(3) Leistungsberechtigt sind Personen nach Absatz 1 wegen einer dauerhaften vollen Erwerbsminderung, wenn sie das 18. Lebensjahr vollendet haben, unabhängig von der jeweiligen Arbeitsmarktlage voll erwerbsgemindert im Sinne des § 43 Absatz 2 des Sechsten Buches sind und bei denen unwahrscheinlich ist, dass die volle Erwerbsminderung behoben werden kann.

(3a) Leistungsberechtigt sind Personen nach Absatz 1, die das 18. Lebensjahr vollendet haben, für den Zeitraum, in dem sie

1. in einer Werkstatt für behinderte Menschen (§ 57 des Neunten Buches) oder bei einem anderen Leistungsanbieter (§ 60 des Neunten Buches) das Eingangsverfahren und den Berufsbildungsbereich durchlaufen oder
2. in einem Ausbildungsverhältnis stehen, für das sie ein Budget für Ausbildung (§ 61a des Neunten Buches) erhalten.

(4) Keinen Anspruch auf Leistungen nach diesem Kapitel hat, wer in den letzten zehn Jahren die Hilfebedürftigkeit vorsätzlich oder grob fahrlässig herbeigeführt hat.

§ 41a Vorübergehender Auslandsaufenthalt

Leistungsberechtigte, die sich länger als vier Wochen ununterbrochen im Ausland aufhalten, erhalten nach Ablauf der vierten Woche bis zu ihrer nachgewiesenen Rückkehr ins Inland keine Leistungen.

§ 42 Bedarfe

Die Bedarfe nach diesem Kapitel umfassen:

1. die Regelsätze nach den Regelbedarfsstufen der Anlage zu § 28; § 27a Absatz 3 und Absatz 4 ist anzuwenden; § 29 Absatz 1 Satz 1 letzter Halbsatz und Absatz 2 bis 5 ist nicht anzuwenden,
2. die zusätzlichen Bedarfe nach dem Zweiten Abschnitt des Dritten Kapitels sowie Bedarfe nach § 42b,
3. die Bedarfe für Bildung und Teilhabe nach dem Dritten Abschnitt des Dritten Kapitels, ausgenommen die Bedarfe nach § 34 Absatz 7,
4. Bedarfe für Unterkunft und Heizung
   a) bei Leistungsberechtigten außerhalb von Einrichtungen nach § 42a,
   b) bei Leistungsberechtigten, deren notwendiger Lebensunterhalt sich nach § 27b Absatz 1 Satz 2 oder nach § 27c Absatz 1 Nummer 2 ergibt, in Höhe der nach § 45a ermittelten durchschnittlichen Warmmiete von Einpersonenhaushalten,
5. ergänzende Darlehen nach § 37 Absatz 1 und Darlehen bei am Monatsende fälligen Einkommen nach § 37a.

§ 42a Bedarfe für Unterkunft und Heizung

(1) ₁Für Leistungsberechtigte sind angemessene Bedarfe für Unterkunft und Heizung nach dem Vierten Abschnitt des Dritten Kapitels sowie nach § 42 Nummer 4 Buchstabe b anzuerkennen, soweit in den folgenden Absätzen nichts Abweichendes geregelt ist. ₂§ 35 Absatz 1 Satz 2 bis 6 gilt nicht in den Fällen der Absätze 3 und 5 bis 7.

(2) ₁Für die Anerkennung von Bedarfen für Unterkunft und Heizung bei

1. Leistungsberechtigten, die in einer Wohnung nach Satz 2 leben, gelten die Absätze 3 und 4,
2. Leistungsberechtigten, die nicht in einer Wohnung nach Nummer 1 leben, weil ihnen zur Erbringung von Leistungen nach Teil 2 des Neunten Buches allein oder zu zweit ein persönlicher Wohnraum und zusätzliche Räumlichkeiten zur gemeinschaftlichen Nutzung nach Satz 3 zu Wohnzwecken überlassen werden, gelten die Absätze 5 und 6,
3. Leistungsberechtigten, die weder in einer Wohnung nach Nummer 1 noch in einem persönlichen Wohnraum und zusätzlichen Räumlichkeiten nach Nummer 2 untergebracht sind und für die § 42 Nummer 4 Buchstabe b nicht anzuwenden ist, gilt Absatz 7.

$_2$Wohnung ist die Zusammenfassung mehrerer Räume, die von anderen Wohnungen oder Wohnräumen baulich getrennt sind und die in ihrer Gesamtheit alle für die Führung eines Haushalts notwendigen Einrichtungen, Ausstattungen und Räumlichkeiten umfassen. $_3$Persönlicher Wohnraum ist ein Wohnraum, der Leistungsberechtigten allein oder zu zweit zur alleinigen Nutzung überlassen wird, und zusätzliche Räumlichkeiten sind Räume, die Leistungsberechtigten zusammen mit weiteren Personen zur gemeinschaftlichen Nutzung überlassen werden.

(3) $_1$Lebt eine leistungsberechtigte Person

1. zusammen mit mindestens einem Elternteil, mit mindestens einem volljährigen Geschwisterkind oder einem volljährigen Kind in einer Wohnung im Sinne von Absatz 2 Satz 2 und sind diese Mieter oder Eigentümer der gesamten Wohnung (Mehrpersonenhaushalt) und
2. ist sie nicht vertraglich zur Tragung von Unterkunftskosten verpflichtet,

sind ihr Bedarfe für Unterkunft und Heizung nach den Sätzen 2 bis 5 anzuerkennen. $_2$Als Bedarf sind leistungsberechtigten Personen nach Satz 1 diejenigen Aufwendungen für Unterkunft als Bedarf anzuerkennen, die sich aus der Differenz der angemessenen Aufwendungen für den Mehrpersonenhaushalt entsprechend der Anzahl der dort wohnenden Personen ergeben und für einen Haushalt mit einer um eins verringerten Personenzahl. $_3$Für die als Bedarf zu berücksichtigenden angemessenen Aufwendungen für Heizung ist der Anteil an den tatsächlichen Gesamtaufwendungen für die Heizung der Wohnung zu berücksichtigen, der sich für die Aufwendungen für die Unterkunft nach Satz 2 ergibt. $_4$Abweichend von § 35 kommt es auf die nachweisbare Tragung von tatsächlichen Aufwendungen für Unterkunft und Heizung nicht an. $_5$Die Sätze 2 und 3 gelten nicht, wenn die mit der leistungsberechtigten Person zusammenlebenden Personen darlegen, dass sie ihren Lebensunterhalt einschließlich der ungedeckten angemessenen Aufwendungen für Unterkunft und Heizung aus eigenen Mitteln nicht decken können; in diesen Fällen findet Absatz 4 Satz 1 Anwendung.

(4) $_1$Lebt eine leistungsberechtigte Person zusammen mit anderen Personen in einer Wohnung im Sinne von Absatz 2 Satz 2 (Wohngemeinschaft) oder lebt die leistungsberechtigte Person zusammen mit in Absatz 3 Satz 1 Nummer 1 genannten Personen und ist sie vertraglich zur Tragung von Unterkunftskosten verpflichtet, sind die von ihr zu tragenden Aufwendungen für Unterkunft und Heizung bis zu dem Betrag als Bedarf anzuerkennen, der ihrem nach der Zahl der Bewohner zu bemessenden Anteil an den Aufwendungen für Unterkunft und Heizung entspricht, die für einen entsprechenden Mehrpersonenhaushalt als angemessen gelten. $_2$Satz 1 gilt nicht, wenn die leistungsberechtigte Person auf Grund einer mietvertraglichen Vereinbarung nur für konkret bestimmte Anteile des Mietzinses zur Zahlung verpflichtet ist; in diesem Fall sind die tatsächlichen Aufwendungen für Unterkunft und Heizung bis zu dem Betrag als Bedarf anzuerkennen, der für einen Einpersonenhaushalt angemessen ist, soweit der von der leistungsberechtigten Person zu zahlende Mietzins zur gesamten Wohnungsmiete in einem angemessenen Verhältnis steht. $_3$Übersteigen die tatsächlichen Aufwendungen der leistungsberechtigten Person die nach den Sätzen 1 und 2 angemessenen Aufwendungen für Unterkunft und Heizung, gilt § 35 Absatz 2 entsprechend.

(5) $_1$Für leistungsberechtigte Personen, die in Räumlichkeiten nach Absatz 2 Satz 1 Nummer 2 leben, werden die tatsächlichen Aufwendungen für die Unterkunft, soweit sie angemessen sind, als Bedarf berücksichtigt für

1. den persönlichen Wohnraum in voller Höhe, wenn er allein bewohnt wird, und jeweils hälftig, wenn er von zwei Personen bewohnt wird,
2. einen Zuschlag für den persönlichen Wohnraum, der vollständig oder teilweise möbliert zur Nutzung überlassen wird, in der sich daraus ergebenden Höhe,

3. die Räumlichkeiten, die vorrangig zur gemeinschaftlichen Nutzung der leistungsberechtigten Person und anderer Bewohner bestimmt sind (Gemeinschaftsräume), mit einem Anteil, der sich aus der Anzahl der vorgesehenen Nutzer bei gleicher Aufteilung ergibt.

2Für die tatsächlichen Aufwendungen für die Heizung werden die auf den persönlichen Wohnraum und die auf die Gemeinschaftsräume entfallenden Anteile als Bedarf anerkannt, soweit sie angemessen sind. 3Tatsächliche Aufwendungen für Unterkunft und Heizung nach den Sätzen 1 und 2 gelten als angemessen, wenn sie die Höhe der durchschnittlichen angemessenen tatsächlichen Aufwendungen für die Warmmiete von Einpersonenhaushalten nach § 45a nicht überschreiten. 4Überschreiten die tatsächlichen Aufwendungen die Angemessenheitsgrenze nach Satz 3, sind um bis zu 25 Prozent höhere als die angemessenen Aufwendungen anzuerkennen, wenn die leistungsberechtigte Person die höheren Aufwendungen durch einen Vertrag mit gesondert ausgewiesenen zusätzlichen Kosten nachweist für

1. Zuschläge nach Satz 1 Nummer 2,
2. Wohn- und Wohnnebenkosten, sofern diese Kosten im Verhältnis zu vergleichbaren Wohnformen angemessen sind,
3. Haushaltsstrom, Instandhaltung des persönlichen Wohnraums und der Räumlichkeiten zur gemeinschaftlichen Nutzung sowie die Ausstattung mit Haushaltsgroßgeräten oder
4. Gebühren für Telekommunikation sowie Gebühren für den Zugang zu Rundfunk, Fernsehen und Internet.

5Die zusätzlichen Aufwendungen nach Satz 4 Nummer 2 bis 4 sind nach der Anzahl der in einer baulichen Einheit lebenden Personen zu gleichen Teilen aufzuteilen.

(6) 1Übersteigen die Aufwendungen für die Unterkunft nach Absatz 4 den der Besonderheit des Einzelfalles angemessenen Umfang und hat der für die Ausführung des Gesetzes nach diesem Kapitel zuständige Träger Anhaltspunkte dafür, dass ein anderer Leistungsträger diese Aufwendungen ganz oder teilweise zu übernehmen verpflichtet ist, wirkt er auf eine sachdienliche Antragstellung bei diesem Leistungsträger hin. 2Übersteigen die tatsächlichen Aufwendungen die Angemessenheitsgrenze nach Absatz 5 Satz 3 um mehr als 25 Prozent, umfassen die Leistungen nach Teil 2 des Neunten Buches auch diese Aufwendungen.

(7) 1Lebt eine leistungsberechtigte Person in einer sonstigen Unterkunft nach Absatz 2 Satz 1 Nummer 3 allein, so sind höchstens die durchschnittlichen angemessenen tatsächlichen Aufwendungen für die Warmmiete eines Einpersonenhaushaltes im örtlichen Zuständigkeitsbereich des für die Ausführung des Gesetzes nach diesem Kapitel zuständigen Trägers als Bedarf anzuerkennen. 2Lebt die leistungsberechtigte Person zusammen mit anderen Bewohnern in einer sonstigen Unterkunft, so sind höchstens die angemessenen tatsächlichen Aufwendungen als Bedarf anzuerkennen, die die leistungsberechtigte Person nach der Zahl der Bewohner anteilig an einem entsprechenden Mehrpersonenhaushalt zu tragen hätte. 3Höhere als die sich nach Satz 1 oder 2 ergebenden Aufwendungen können im Einzelfall als Bedarf anerkannt werden, wenn

1. eine leistungsberechtigte Person voraussichtlich innerhalb von sechs Monaten ab der erstmaligen Anerkennung von Bedarfen nach Satz 1 oder Satz 2 in einer angemessenen Wohnung untergebracht werden kann oder, sofern dies als nicht möglich erscheint, voraussichtlich auch keine hinsichtlich Ausstattung und Größe sowie Höhe der Aufwendungen angemessene Unterbringung in einer sonstigen Unterkunft verfügbar ist oder
2. die Aufwendungen zusätzliche haushaltsbezogene Aufwendungen beinhalten, die ansonsten über die Regelbedarfe abzudecken wären.

§ 42b Mehrbedarfe

(1) Für Bedarfe, die nicht durch den Regelsatz abgedeckt sind, werden ergänzend zu den Mehrbedarfen nach § 30 die Mehrbedarfe nach den Absätzen 2 bis 4 anerkannt.

(2) 1Für die Mehraufwendungen bei gemeinschaftlicher Mittagsverpflegung wird ein Mehrbedarf anerkannt

1. in einer Werkstatt für behinderte Menschen nach § 56 des Neunten Buches,
2. bei einem anderen Leistungsanbieter nach § 60 des Neunten Buches oder
3. im Rahmen vergleichbarer anderer tagesstrukturierender Angebote.

2Dies gilt unter der Voraussetzung, dass die Mittagsverpflegung in Verantwortung eines Leistungsanbieters nach Satz 1 Nummer 1 bis 3 angeboten wird oder

XII

durch einen Kooperationsvertrag zwischen diesem und dem für die gemeinschaftliche Mittagsverpflegung an einem anderen Ort Verantwortlichen vereinbart ist. 3Die Mehraufwendungen je Arbeitstag sind ein Dreißigstel des Betrags, der sich nach § 2 Absatz 1 Satz 2 der Sozialversicherungsentgeltverordnung in der jeweiligen Fassung ergibt.

(3) 1Für Leistungsberechtigte mit Behinderungen, denen Hilfen zur Schulbildung oder Hilfen zur schulischen oder hochschulischen Ausbildung nach § 112 Absatz 1 Satz 1 Nummer 1 und 2 des Neunten Buches geleistet werden, wird ein Mehrbedarf von 35 Prozent der maßgebenden Regelbedarfsstufe anerkannt. 2In besonderen Einzelfällen ist der Mehrbedarf nach Satz 1 über die Beendigung der dort genannten Leistungen hinaus während einer angemessenen Einarbeitungszeit von bis zu drei Monaten anzuerkennen. In den Fällen des Satzes 1 oder des Satzes 2 ist § 30 Absatz 1 Nummer 2 nicht anzuwenden.

(4) Die Summe des nach Absatz 3 und § 30 Absatz 1 bis 5 insgesamt anzuerkennenden Mehrbedarfs darf die Höhe der maßgebenden Regelbedarfsstufe nicht übersteigen.

§ 43 Einsatz von Einkommen und Vermögen

(1) 1Für den Einsatz des Einkommens sind die §§ 82 bis 84 und für den Einsatz des Vermögens die §§ 90 und 91 anzuwenden, soweit in den folgenden Absätzen nichts Abweichendes geregelt ist. 2Einkommen und Vermögen des nicht getrennt lebenden Ehegatten oder Lebenspartners sowie des Partners einer eheähnlichen oder lebenspartnerschaftsähnlichen Gemeinschaft, die dessen notwendigen Lebensunterhalt nach § 27a übersteigen, sind zu berücksichtigen.

(2) Zusätzlich zu den nach § 82 Absatz 2 vom Einkommen abzusetzenden Beträgen sind Einnahmen aus Kapitalvermögen abzusetzen, soweit sie einen Betrag von 26 Euro im Kalenderjahr nicht übersteigen.

(3) 1Die Verletztenrente nach dem Siebten Buch ist teilweise nicht als Einkommen zu berücksichtigen, wenn sie auf Grund eines in Ausübung der Wehrpflicht bei der Nationalen Volksarmee der ehemaligen Deutschen Demokratischen Republik erlittenen Gesundheitsschadens erbracht wird. 2Dabei bestimmt sich die Höhe des nicht zu berücksichtigenden Betrages nach der Höhe der Grundrente nach § 31 des Bundesversorgungsgesetzes, die für den Grad der Schädigungsfolgen zu zahlen ist, der der jeweiligen Minderung der Erwerbsfähigkeit entspricht. 3Bei einer Minderung der Erwerbsfähigkeit um 20 Prozent beträgt der nicht zu berücksichtigende Betrag zwei Drittel, bei einer Minderung der Erwerbsfähigkeit um 10 Prozent ein Drittel der Mindestgrundrente nach dem Bundesversorgungsgesetz.

(4) Erhalten Leistungsberechtigte nach dem Dritten Kapitel in einem Land nach § 29 Absatz 1 letzter Halbsatz und Absatz 2 bis 5 festgesetzte und fortgeschriebene Regelsätze und sieht das Landesrecht in diesem Land für Leistungsberechtigte nach diesem Kapitel eine aufstockende Leistung vor, dann ist diese Leistung nicht als Einkommen nach § 82 Absatz 1 zu berücksichtigen.

(5) § 39 Satz 1 ist nicht anzuwenden.

Zweiter Abschnitt
Verfahrensbestimmungen

§ 43a Gesamtbedarf, Zahlungsanspruch und Direktzahlung

(1) Der monatliche Gesamtbedarf ergibt sich aus der Summe der nach § 42 Nummer 1 bis 4 anzuerkennenden monatlichen Bedarfe.

(2) Die Höhe der monatlichen Geldleistung im Einzelfall (monatlicher Zahlungsanspruch) ergibt sich aus dem Gesamtbedarf nach Absatz 1 zuzüglich Nachzahlungen und abzüglich des nach § 43 Absatz 1 bis 4 einzusetzenden Einkommens und Vermögens sowie abzüglich von Aufrechnungen und Verrechnungen nach § 44b.

(3) 1Sehen Vorschriften des Dritten Kapitels vor, dass Bedarfe, die in den Gesamtbedarf eingehen, durch Zahlungen des zuständigen Trägers an Empfangsberechtigte gedeckt werden können oder zu decken sind (Direktzahlung), erfolgt die Zahlung durch den für die Ausführung des Gesetzes nach diesem Kapitel zuständigen Träger, und zwar bis zur Höhe des jeweils anerkannten Bedarfs, höchstens aber bis zu der sich nach Absatz 2 ergebenden Höhe des monatlichen Zahlungsanspruchs; die §§ 34a und 34b bleiben unberührt. 2Satz 1 gilt entsprechend, wenn Leistungsberechtigte eine Direktzahlung wünschen. 3Erfolgt eine Direktzahlung, hat der für die Ausführung des Gesetzes nach diesem Kapitel zuständige Träger die leistungsberechtigte Person darüber schriftlich zu informieren.

(4) Der für die Ausführung des Gesetzes nach diesem Kapitel zuständige Träger kann bei Zahlungsrückständen aus Stromlieferverträgen für Haushaltsstrom, die zu einer Unterbrechung der Energielieferung berechti-

gen, für die laufenden Zahlungsverpflichtungen einer leistungsberechtigten Person eine Direktzahlung entsprechend Absatz 3 Satz 1 vornehmen.

§ 44 Antragserfordernis, Erbringung von Geldleistungen, Bewilligungszeitraum

(1) $_1$Leistungen nach diesem Kapitel werden auf Antrag erbracht. $_2$Gesondert zu beantragen sind Leistungen zur Deckung von Bedarfen nach § 42 Nummer 2 in Verbindung mit den §§ 31 und 33 sowie zur Deckung der Bedarfe nach § 42 Nummer 3 in Verbindung mit § 34 Absatz 5 und nach § 42 Nummer 5.

(2) $_1$Ein Antrag nach Absatz 1 wirkt auf den Ersten des Kalendermonats zurück, in dem er gestellt wird, wenn die Voraussetzungen des § 41 innerhalb dieses Kalendermonats erfüllt werden. $_2$Leistungen zur Deckung von Bedarfen nach § 42 werden vorbehaltlich Absatz 4 Satz 2 nicht für Zeiten vor dem sich nach Satz 1 ergebenden Kalendermonat erbracht.

(3) $_1$Leistungen zur Deckung von Bedarfen nach § 42 werden in der Regel für einen Bewilligungszeitraum von zwölf Kalendermonaten bewilligt. $_2$Sofern über den Leistungsanspruch nach § 44a vorläufig entschieden wird, soll der Bewilligungszeitraum nach Satz 1 auf höchstens sechs Monate verkürzt werden. $_3$Bei einer Bewilligung nach dem Bezug von Bürgergeld nach dem Zweiten Buch, der mit Erreichen der Altersgrenze nach § 7a des Zweiten Buches endet, beginnt der Bewilligungszeitraum erst mit dem Ersten des Monats, der auf den sich nach § 7a des Zweiten Buches ergebenden Monat folgt.

(4) $_1$Leistungen zur Deckung von wiederkehrenden Bedarfen nach § 42 Nummer 1, 2 und 4 werden monatlich im Voraus erbracht. $_2$Für Leistungen zur Deckung der Bedarfe nach § 42 Nummer 3 sind die §§ 34a und 34b anzuwenden.

§ 44a Vorläufige Entscheidung

(1) Über die Erbringung von Geldleistungen ist vorläufig zu entscheiden, wenn die Voraussetzungen des § 41 Absatz 2 und 3 feststehen und

1. zur Feststellung der weiteren Voraussetzungen des Anspruchs auf Geldleistungen voraussichtlich längere Zeit erforderlich ist und die weiteren Voraussetzungen für den Anspruch mit hinreichender Wahrscheinlichkeit vorliegen oder
2. ein Anspruch auf Geldleistungen dem Grunde nach besteht und zur Feststellung seiner Höhe voraussichtlich längere Zeit erforderlich ist.

(2) $_1$Der Grund der Vorläufigkeit der Entscheidung ist im Verwaltungsakt des ausführenden Trägers anzugeben. $_2$Eine vorläufige Entscheidung ergeht nicht, wenn die leistungsberechtigte Person die Umstände, die einer sofortigen abschließenden Entscheidung entgegenstehen, zu vertreten hat.

(3) Soweit die Voraussetzungen des § 45 Absatz 1 des Zehnten Buches vorliegen, ist die vorläufige Entscheidung mit Wirkung für die Zukunft zurückzunehmen; § 45 Absatz 2 des Zehnten Buches findet keine Anwendung.

(4) Steht während des Bewilligungszeitraums fest, dass für Monate, für die noch keine vorläufig bewilligten Leistungen erbracht wurden, kein Anspruch bestehen wird und steht die Höhe des Anspruchs für die Monate endgültig fest, für die bereits vorläufig Geldleistungen erbracht worden sind, kann der ausführende Träger für den gesamten Bewilligungszeitraum eine abschließende Entscheidung bereits vor dessen Ablauf treffen.

(5) $_1$Nach Ablauf des Bewilligungszeitraums hat der für die Ausführung des Gesetzes nach diesem Kapitel zuständige Träger abschließend über den monatlichen Leistungsanspruch zu entscheiden, sofern die vorläufig bewilligte Geldleistung nicht der abschließend festzustellenden entspricht. $_2$Anderenfalls trifft der ausführende Träger nur auf Antrag der leistungsberechtigten Person eine abschließende Entscheidung für den gesamten Bewilligungszeitraum. $_3$Die leistungsberechtigte Person ist nach Ablauf des Bewilligungszeitraums verpflichtet, die von dem der für die Ausführung des Gesetzes nach diesem Kapitel zuständige Träger zum Erlass einer abschließenden Entscheidung geforderten leistungserheblichen Tatsachen nachzuweisen; die §§ 60, 61, 65 und 65a des Ersten Buches gelten entsprechend. $_4$Kommt die leistungsberechtigte Person ihrer Nachweispflicht trotz angemessener Fristsetzung und schriftlicher Belehrung über die Rechtsfolgen bis zur abschließenden Entscheidung nicht, nicht vollständig oder nicht fristgemäß nach, setzt der für die Ausführung des Gesetzes nach diesem Kapitel zuständige Träger die zu gewährenden Geldleistungen für diese Kalendermonate nur in der Höhe endgültig fest, soweit der Leistungsanspruch nachgewiesen ist. $_5$Für die übrigen Kalendermonate wird festgestellt, dass ein Leistungsanspruch nicht bestand.

(6) $_1$Ergeht innerhalb eines Jahres nach Ablauf des Bewilligungszeitraums keine abschließende Entscheidung nach Absatz 4, gelten die vorläufig bewilligten

Geldleistungen als abschließend festgesetzt. 2Satz 1 gilt nicht, wenn

1. die leistungsberechtigte Person innerhalb der Frist nach Satz 1 eine abschließende Entscheidung beantragt oder
2. der Leistungsanspruch aus einem anderen als dem nach Absatz 2 anzugebenden Grund nicht oder nur in geringerer Höhe als die vorläufigen Leistungen besteht und der für die Ausführung des Gesetzes nach diesem Kapitel zuständige Träger über diesen innerhalb eines Jahres seit Kenntnis von diesen Tatsachen, spätestens aber nach Ablauf von zehn Jahren nach der Bekanntgabe der vorläufigen Entscheidung abschließend entschieden hat.

3Satz 2 Nummer 2 findet keine Anwendung, wenn der für die Ausführung des Gesetzes nach diesem Kapitel zuständige Träger die Unkenntnis von den entscheidungserheblichen Tatsachen zu vertreten hat.

(7) 1Die auf Grund der vorläufigen Entscheidung erbrachten Geldleistungen sind auf die abschließend festgestellten Geldleistungen anzurechnen. 2Soweit im Bewilligungszeitraum in einzelnen Kalendermonaten vorläufig zu hohe Geldleistungen erbracht wurden, sind die sich daraus ergebenden Überzahlungen auf die abschließend bewilligten Geldleistungen anzurechnen, die für andere Kalendermonate dieses Bewilligungszeitraums nachzuzahlen wären. 3Überzahlungen, die nach der Anrechnung fortbestehen, sind zu erstatten.

§ 44b Aufrechnung, Verrechnung

(1) Die für die Ausführung des Gesetzes nach diesem Kapitel zuständigen Träger können mit einem bestandskräftigen Erstattungsanspruch nach § 44a Absatz 7 gegen den monatlichen Leistungsanspruch aufrechnen.

(2) Die Höhe der Aufrechnung nach Absatz 1 beträgt monatlich 5 Prozent der maßgebenden Regelbedarfsstufe nach der Anlage zu § 28.

(3) 1Die Aufrechnung ist gegenüber der leistungsberechtigten Person schriftlich durch Verwaltungsakt zu erklären. 2Die Aufrechnung endet spätestens drei Jahre nach Ablauf des Monats, in dem die Bestandskraft der in Absatz 1 genannten Ansprüche eingetreten ist. 3Zeiten, in denen die Aufrechnung nicht vollziehbar ist, verlängern den Aufrechnungszeitraum entsprechend.

(4) 1Ein für die Ausführung des Gesetzes nach diesem Kapitel zuständiger Träger kann nach Ermächtigung eines anderen Trägers im Sinne dieses Buches dessen bestandskräftige Ansprüche mit dem monatlichen Zahlungsanspruch nach § 43a nach Maßgabe der Absätze 2 und 3 verrechnen. 2Zwischen den für die Ausführung des Gesetzes nach diesem Kapitel zuständigen Trägern findet keine Erstattung verrechneter Forderungen statt, soweit die miteinander verrechneten Ansprüche auf der Bewilligung von Leistungen nach diesem Kapitel beruhen.

§ 44c Erstattungsansprüche zwischen Trägern

Im Verhältnis der für die Ausführung des Gesetzes nach diesem Kapitel zuständigen Träger untereinander sind die Vorschriften über die Erstattung nach

1. dem Zweiten Abschnitt des Dreizehnten Kapitels sowie
2. dem Zweiten Abschnitt des Dritten Kapitels des Zehnten Buches

für Geldleistungen nach diesem Kapitel nicht anzuwenden.

§ 45 Feststellung der dauerhaften vollen Erwerbsminderung

1Der jeweils für die Ausführung des Gesetzes nach diesem Kapitel zuständige Träger ersucht den nach § 109a Absatz 2 des Sechsten Buches zuständigen Träger der Rentenversicherung, die medizinischen Voraussetzungen des § 41 Absatz 3 zu prüfen, wenn es auf Grund der Angaben und Nachweise des Leistungsberechtigten als wahrscheinlich erscheint, dass diese erfüllt sind und das zu berücksichtigende Einkommen und Vermögen nicht ausreicht, um den Lebensunterhalt vollständig zu decken. 2Die Entscheidung des Trägers der Rentenversicherung ist bindend für den ersuchenden Träger, der für die Ausführung des Gesetzes nach diesem Kapitel zuständig ist; dies gilt auch für eine Entscheidung des Trägers der Rentenversicherung nach § 109a Absatz 3 des Sechsten Buches. 3Ein Ersuchen nach Satz 1 erfolgt nicht, wenn

1. ein Träger der Rentenversicherung bereits die Voraussetzungen des § 41 Absatz 3 im Rahmen eines Antrags auf eine Rente wegen Erwerbsminderung festgestellt hat,
2. ein Träger der Rentenversicherung bereits nach § 109a Absatz 2 und 3 des Sechsten Buches eine gutachterliche Stellungnahme abgegeben hat,
3. Personen in einer Werkstatt für behinderte Menschen das Eingangsverfahren oder den Berufsbildungsbereich durchlaufen oder im Arbeitsbereich beschäftigt sind oder

4. der Fachausschuss einer Werkstatt für behinderte Menschen über die Aufnahme in eine Werkstatt oder Einrichtung eine Stellungnahme nach den §§ 2 und 3 der Werkstättenverordnung abgegeben und dabei festgestellt hat, dass ein Mindestmaß an wirtschaftlich verwertbarer Arbeitsleistung nicht vorliegt.

4In Fällen des Satzes 3 Nummer 4 wird die Stellungnahme des Fachausschusses bei Durchführung eines Teilhabeplanverfahrens nach den §§ 19 bis 23 des Neunten Buches durch eine entsprechende Feststellung im Teilhabeplanverfahren ersetzt; dies gilt entsprechend, wenn ein Gesamtplanverfahren nach den §§ 117 bis 121 des Neunten Buches durchgeführt wird.

§ 45a Ermittlung der durchschnittlichen Warmmiete

(1) 1Die Höhe der durchschnittlichen Warmmiete von Einpersonenhaushalten ergibt sich aus den tatsächlichen Aufwendungen, die für allein in Wohnungen (§ 42a Absatz 2 Satz 1 Nummer 1 und Satz 2) lebende Leistungsberechtigte im Durchschnitt als angemessene Bedarfe für Unterkunft und Heizung anerkannt worden sind. 2Hierfür sind die Bedarfe derjenigen Leistungsberechtigten in Einpersonenhaushalten heranzuziehen, die im Zuständigkeitsbereich desjenigen für dieses Kapitel zuständigen Trägers der Sozialhilfe leben, in dem die nach § 42 Nummer 4 Buchstabe b oder nach § 42a Absatz 5 Satz 1 maßgebliche Unterkunft liegt. 3Zuständiger Träger der Sozialhilfe im Sinne des Satzes 2 ist derjenige Träger, der für in Wohnungen lebende Leistungsberechtigte zuständig ist, die zur gleichen Zeit keine Leistungen nach dem Siebten bis Neunten Kapitel oder nach Teil 2 des Neunten Buches erhalten. 4Hat ein nach Satz 3 zuständiger Träger innerhalb seines örtlichen Zuständigkeitsbereiches mehrere regionale Angemessenheitsgrenzen festgelegt, so sind die sich daraus ergebenden örtlichen Abgrenzungen für die Durchschnittsbildung zu Grunde zu legen.

(2) 1Die durchschnittliche Warmmiete ist jährlich bis spätestens zum 1. August eines Kalenderjahres neu zu ermitteln. 2Zur Neuermittlung ist der Durchschnitt aus den anerkannten angemessenen Bedarfen für Unterkunft und Heizung in einem vom zuständigen Träger festzulegenden Zwölfmonatszeitraum zu bilden, sofern dieser nicht von einem Land einheitlich für alle zuständigen Träger festgelegt worden ist. 3Bei der Ermittlung bleiben die anerkannten Bedarfe derjenigen Leistungsberechtigten außer Betracht, für die

1. keine Aufwendungen für Unterkunft und Heizung,
2. Aufwendungen für selbstgenutztes Wohneigentum,
3. Aufwendungen nach § 35 Absatz 2 Satz 1

anerkannt worden sind. 4Die neu ermittelte durchschnittliche Warmmiete ist ab dem 1. Januar des jeweils folgenden Kalenderjahres für die nach § 42 Nummer 4 Buchstabe b und § 42a Absatz 5 Satz 3 anzuerkennenden Bedarfe für Unterkunft und Heizung anzuwenden.

§ 46 Zusammenarbeit mit den Trägern der Rentenversicherung

1Der zuständige Träger der Rentenversicherung informiert und berät leistungsberechtigte Personen nach § 41, die rentenberechtigt sind, über die Leistungsvoraussetzungen und über das Verfahren nach diesem Kapitel. 2Personen, die nicht rentenberechtigt sind, werden auf Anfrage beraten und informiert. 3Liegt die Rente unter dem 27-fachen Betrag des geltenden aktuellen Rentenwertes in der gesetzlichen Rentenversicherung (§§ 68, 68a des Sechsten Buches), ist der Information zusätzlich ein Antragsformular beizufügen. 4Der Träger der Rentenversicherung übersendet einen eingegangenen Antrag mit einer Mitteilung über die Höhe der monatlichen Rente und über das Vorliegen der Voraussetzungen der Leistungsberechtigung an den jeweils für die Ausführung des Gesetzes nach diesem Kapitel zuständigen Träger. 5Eine Verpflichtung des Trägers der Rentenversicherung nach Satz 1 besteht nicht, wenn eine Inanspruchnahme von Leistungen nach diesem Kapitel wegen der Höhe der gezahlten Rente sowie der im Rentenverfahren zu ermittelnden weiteren Einkommen nicht in Betracht kommt.

Dritter Abschnitt
Erstattung und Zuständigkeit

§ 46a Erstattung durch den Bund

(1) Der Bund erstattet den Ländern

1. im Jahr 2013 einen Anteil von 75 Prozent und
2. ab dem Jahr 2014 jeweils einen Anteil von 100 Prozent

der im jeweiligen Kalenderjahr den für die Ausführung des Gesetzes nach diesem Kapitel zuständigen Trägern entstandenen Nettoausgaben für Geldleistungen nach diesem Kapitel.

XII

(2) 1Die Höhe der Nettoausgaben für Geldleistungen nach Absatz 1 ergibt sich aus den Bruttoausgaben der für die Ausführung des Gesetzes nach diesem Kapitel zuständigen Träger, abzüglich der auf diese Geldleistungen entfallenden Einnahmen. 2Einnahmen nach Satz 1 sind insbesondere Einnahmen aus Aufwendungen, Kostenersatz und Ersatzansprüchen nach dem Dreizehnten Kapitel, soweit diese auf Geldleistungen nach diesem Kapitel entfallen, aus dem Übergang von Ansprüchen nach § 93 sowie aus Erstattungen anderer Sozialleistungsträger nach dem Zehnten Buch.

(3) 1Der Abruf der Erstattungen durch die Länder erfolgt quartalsweise. 2Die Abrufe sind

1. vom 15. März bis 14. Mai,
2. vom 15. Juni bis 14. August,
3. vom 15. September bis 14. November und
4. vom 1. Januar bis 28. Februar des Folgejahres

zulässig (Abrufzeiträume). 3Werden Leistungen für Leistungszeiträume im folgenden Haushaltsjahr zur fristgerechten Auszahlung an den Leistungsberechtigten bereits im laufenden Haushaltsjahr erbracht, sind die entsprechenden Nettoausgaben im Abrufzeitraum 15. März bis 14. Mai des Folgejahres abzurufen. 4Der Abruf für Nettoausgaben aus Vorjahren, für die bereits ein Jahresnachweis vorliegt, ist in den darauf folgenden Jahren nach Maßgabe des Absatzes 1 jeweils nur vom 15. Juni bis 14. August zulässig.

(4) 1Die Länder gewährleisten die Prüfung, dass die Ausgaben für Geldleistungen der für die Ausführung des Gesetzes nach diesem Kapitel zuständigen Träger begründet und belegt sind und den Grundsätzen für Wirtschaftlichkeit und Sparsamkeit entsprechen. 2Sie haben dies dem Bundesministerium für Arbeit und Soziales für das jeweils abgeschlossene Quartal in tabellarischer Form zu belegen (Quartalsnachweis). 3In den Quartalsnachweisen sind

1. die Bruttoausgaben für Geldleistungen nach § 46a Absatz 2 sowie die darauf entfallenden Einnahmen,
2. die Bruttoausgaben und Einnahmen nach Nummer 1, differenziert nach Leistungen für Leistungsberechtigte außerhalb und in Einrichtungen,
3. erstmals ab dem Jahr 2016 die Bruttoausgaben und Einnahmen nach Nummer 1, differenziert nach Leistungen für Leistungsberechtigte nach § 41 Absatz 2 und 3

zu belegen. 4Die Quartalsnachweise für die Abrufzeiträume nach Absatz 3 Satz 2 Nummer 1 bis 3 sind dem Bundesministerium für Arbeit und Soziales durch die Länder jeweils zwischen dem 15. und dem 20. der Monate Mai, August und November für das jeweils abgeschlossene Quartal vorzulegen, für den Abrufzeitraum nach Absatz 3 Satz 2 Nummer 4 zwischen dem 1. und 5. März des Folgejahres. 5Die Länder können die Quartalsnachweise auch vor den sich nach Satz 4 ergebenden Terminen vorlegen; ein weiterer Abruf in dem für das jeweilige Quartal nach Absatz 3 Satz 1 geltenden Abrufzeitraum ist nach Vorlage des Quartalsnachweises nicht zulässig.

(5) 1Die Länder haben dem Bundesministerium für Arbeit und Soziales die Angaben nach

1. Absatz 4 Satz 3 Nummer 1 und 2 entsprechend ab dem Kalenderjahr 2015 und
2. Absatz 4 Satz 3 Nummer 3 entsprechend ab dem Kalenderjahr 2016

bis 31. März des jeweils folgenden Jahres in tabellarischer Form zu belegen (Jahresnachweis). 2Die Angaben nach Satz 1 sind zusätzlich für die für die Ausführung nach diesem Kapitel zuständigen Träger zu differenzieren.

§ 46b Zuständigkeit

(1) Die für die Ausführung des Gesetzes nach diesem Kapitel zuständigen Träger werden nach Landesrecht bestimmt, sofern sich nach Absatz 3 nichts Abweichendes ergibt.

(2) Die §§ 3, 6 und 7 sind nicht anzuwenden.

(3) 1Das Zwölfte Kapitel ist nicht anzuwenden, sofern sich aus den Sätzen 2 bis 5 nichts Abweichendes ergibt. 2Im Fall der Auszahlung der Leistungen nach § 34 Absatz 2 Satz 1 Nummer 1 und nach § 34a Absatz 7 ist § 98 Absatz 1a entsprechend anzuwenden. 3Bei Leistungsberechtigten nach diesem Kapitel gilt der Aufenthalt in einer stationären Einrichtung und in Einrichtungen zum Vollzug richterlich angeordneter Freiheitsentziehung nicht als gewöhnlicher Aufenthalt; § 98 Absatz 2 Satz 1 bis 3 ist entsprechend anzuwenden. 4Für die Leistungen nach diesem Kapitel an Personen, die Leistungen nach dem Siebten und Achten Kapitel in Formen ambulanter betreuter Wohnmöglichkeiten erhalten, ist § 98 Absatz 5 entsprechend anzuwenden. 5Soweit Leistungen der Eingliederungshilfe nach Teil 2 des Neunten Buches und Leistungen nach diesem Kapitel gleichzeitig zu erbringen sind, ist § 98 Absatz 6 entsprechend anzuwenden.

Fünftes Kapitel Hilfen zur Gesundheit

§ 47 Vorbeugende Gesundheitshilfe

1Zur Verhütung und Früherkennung von Krankheiten werden die medizinischen Vorsorgeleistungen und Untersuchungen erbracht. 2Andere Leistungen werden nur erbracht, wenn ohne diese nach ärztlichem Urteil eine Erkrankung oder ein sonstiger Gesundheitsschaden einzutreten droht.

§ 48 Hilfe bei Krankheit

1Um eine Krankheit zu erkennen, zu heilen, ihre Verschlimmerung zu verhüten oder Krankheitsbeschwerden zu lindern, werden Leistungen zur Krankenbehandlung entsprechend dem Dritten Kapitel Fünften Abschnitt Ersten Titel des Fünften Buches erbracht. 2Die Regelungen zur Krankenbehandlung nach § 264 des Fünften Buches gehen den Leistungen der Hilfe bei Krankheit nach Satz 1 vor.

§ 49 Hilfe zur Familienplanung

1Zur Familienplanung werden die ärztliche Beratung, die erforderliche Untersuchung und die Verordnung der empfängnisregelnden Mittel geleistet. 2Die Kosten für empfängnisverhütende Mittel werden übernommen, wenn diese ärztlich verordnet worden sind.

§ 50 Hilfe bei Schwangerschaft und Mutterschaft

Bei Schwangerschaft und Mutterschaft werden

1. ärztliche Behandlung und Betreuung sowie Hebammenhilfe,
2. Versorgung mit Arznei-, Verband- und Heilmitteln,
3. Pflege in einer stationären Einrichtung und
4. häusliche Pflege nach den §§ 64c und 64f sowie die angemessenen Aufwendungen der Pflegeperson

geleistet.

§ 51 Hilfe bei Sterilisation

Bei einer durch Krankheit erforderlichen Sterilisation werden die ärztliche Untersuchung, Beratung und Begutachtung, die ärztliche Behandlung, die Versorgung mit Arznei-, Verband- und Heilmitteln sowie die Krankenhauspflege geleistet.

§ 52 Leistungserbringung, Vergütung

(1) 1Die Hilfen nach den §§ 47 bis 51 entsprechen den Leistungen der gesetzlichen Krankenversicherung. 2Soweit Krankenkassen in ihrer Satzung Umfang und Inhalt der Leistungen bestimmen können, entscheidet der Träger der Sozialhilfe über Umfang und Inhalt der Hilfen nach pflichtgemäßem Ermessen.

(2) 1Leistungsberechtigte haben die freie Wahl unter den Ärzten und Zahnärzten sowie den Krankenhäusern entsprechend den Bestimmungen der gesetzlichen Krankenversicherung. 2Hilfen werden nur in dem durch Anwendung des § 65a des Fünften Buches erzielbaren geringsten Umfang geleistet.

(3) 1Bei Erbringung von Leistungen nach den §§ 47 bis 51 sind die für die gesetzlichen Krankenkassen nach dem Vierten Kapitel des Fünften Buches geltenden Regelungen mit Ausnahme des Dritten Titels des Zweiten Abschnitts anzuwenden. 2Ärzte, Psychotherapeuten im Sinne des § 28 Abs. 3 Satz 1 des Fünften Buches und Zahnärzte haben für ihre Leistungen Anspruch auf die Vergütung, welche die Ortskrankenkasse, in deren Bereich der Arzt, Psychotherapeut oder der Zahnarzt niedergelassen ist, für ihre Mitglieder zahlt. 3Die sich aus den §§ 294, 295, 300 bis 302 des Fünften Buches für die Leistungserbringer ergebenden Verpflichtungen gelten auch für die Abrechnung von Leistungen nach diesem Kapitel mit dem Träger der Sozialhilfe. 4Die Vereinbarungen nach § 303 Abs. 1 sowie § 304 des Fünften Buches gelten für den Träger der Sozialhilfe entsprechend.

(4) Leistungsberechtigten, die nicht in der gesetzlichen Krankenversicherung versichert sind, wird unter den Voraussetzungen von § 39a Satz 1 des Fünften Buches zu stationärer und teilstationärer Versorgung in Hospizen der von den gesetzlichen Krankenkassen entsprechend § 39a Satz 3 des Fünften Buches zu zahlende Zuschuss geleistet.

Sechstes Kapitel (weggefallen)

§§ 53 bis 60a (weggefallen)

Siebtes Kapitel Hilfe zur Pflege

§ 61 Leistungsberechtigte

1Personen, die pflegebedürftig im Sinne des § 61a sind, haben Anspruch auf Hilfe zur Pflege, soweit ihnen und ihren nicht getrennt lebenden Ehegatten oder Lebenspartnern nicht zuzumuten ist, dass sie die für die Hilfe zur Pflege benötigten Mittel aus dem Einkommen und

XII

Vermögen nach den Vorschriften des Elften Kapitels aufbringen. 2Sind die Personen minderjährig und unverheiratet, so sind auch das Einkommen und das Vermögen ihrer Eltern oder eines Elternteils zu berücksichtigen.

§61a Begriff der Pflegebedürftigkeit

(1) 1Pflegebedürftig sind Personen, die gesundheitlich bedingte Beeinträchtigungen der Selbständigkeit oder der Fähigkeiten aufweisen und deshalb der Hilfe durch andere bedürfen. 2Pflegebedürftige Personen im Sinne des Satzes 1 können körperliche, kognitive oder psychische Beeinträchtigungen oder gesundheitlich bedingte Belastungen oder Anforderungen nicht selbständig kompensieren oder bewältigen.

(2) Maßgeblich für die Beurteilung der Beeinträchtigungen der Selbständigkeit oder Fähigkeiten sind die folgenden Bereiche mit folgenden Kriterien:

1. Mobilität mit den Kriterien
   a) Positionswechsel im Bett,
   b) Halten einer stabilen Sitzposition,
   c) Umsetzen,
   d) Fortbewegen innerhalb des Wohnbereichs,
   e) Treppensteigen;
2. kognitive und kommunikative Fähigkeiten mit den Kriterien
   a) Erkennen von Personen aus dem näheren Umfeld,
   b) örtliche Orientierung,
   c) zeitliche Orientierung,
   d) Erinnern an wesentliche Ereignisse oder Beobachtungen,
   e) Steuern von mehrschrittigen Alltagshandlungen,
   f) Treffen von Entscheidungen im Alltagsleben,
   g) Verstehen von Sachverhalten und Informationen,
   h) Erkennen von Risiken und Gefahren,
   i) Mitteilen von elementaren Bedürfnissen,
   j) Verstehen von Aufforderungen,
   k) Beteiligen an einem Gespräch;
3. Verhaltensweisen und psychische Problemlagen mit den Kriterien
   a) motorisch geprägte Verhaltensauffälligkeiten,
   b) nächtliche Unruhe,
   c) selbstschädigendes und autoaggressives Verhalten,
   d) Beschädigen von Gegenständen,
   e) physisch aggressives Verhalten gegenüber anderen Personen,
   f) verbale Aggression,
   g) andere pflegerelevante vokale Auffälligkeiten,
   h) Abwehr pflegerischer und anderer unterstützender Maßnahmen,
   i) Wahnvorstellungen,
   j) Ängste,
   k) Antriebslosigkeit bei depressiver Stimmungslage,
   l) sozial inadäquate Verhaltensweisen,
   m) sonstige pflegerelevante inadäquate Handlungen;
4. Selbstversorgung mit den Kriterien
   a) Waschen des vorderen Oberkörpers,
   b) Körperpflege im Bereich des Kopfes,
   c) Waschen des Intimbereichs,
   d) Duschen und Baden einschließlich Waschen der Haare,
   e) An- und Auskleiden des Oberkörpers,
   f) An- und Auskleiden des Unterkörpers,
   g) mundgerechtes Zubereiten der Nahrung und Eingießen von Getränken,
   h) Essen,
   i) Trinken,
   j) Benutzen einer Toilette oder eines Toilettenstuhls,
   k) Bewältigen der Folgen einer Harninkontinenz und Umgang mit Dauerkatheter und Urostoma,
   l) Bewältigen der Folgen einer Stuhlinkontinenz und Umgang mit Stoma,
   m) Ernährung parenteral oder über Sonde,
   n) Bestehen gravierender Probleme bei der Nahrungsaufnahme bei Kindern bis zu 18 Monaten, die einen außergewöhnlich pflegeintensiven Hilfebedarf auslösen;
5. Bewältigung von und selbständiger Umgang mit krankheits- oder therapiebedingten Anforderungen und Belastungen in Bezug auf
   a) Medikation,
   b) Injektionen,
   c) Versorgung intravenöser Zugänge,

d) Absaugen und Sauerstoffgabe,
e) Einreibungen sowie Kälte- und Wärmeanwendungen,
f) Messung und Deutung von Körperzuständen,
g) körpernahe Hilfsmittel,
h) Verbandswechsel und Wundversorgung,
i) Versorgung mit Stoma,
j) regelmäßige Einmalkatheterisierung und Nutzung von Abführmethoden,
k) Therapiemaßnahmen in häuslicher Umgebung,
l) zeit- und technikintensive Maßnahmen in häuslicher Umgebung,
m) Arztbesuche,
n) Besuch anderer medizinischer oder therapeutischer Einrichtungen,
o) zeitlich ausgedehnte Besuche medizinischer oder therapeutischer Einrichtungen,
p) Besuche von Einrichtungen zur Frühförderung bei Kindern,
q) Einhalten einer Diät oder anderer krankheits- oder therapiebedingter Verhaltensvorschriften;

6. Gestaltung des Alltagslebens und sozialer Kontakte mit den Kriterien
   a) Gestaltung des Tagesablaufs und Anpassung an Veränderungen,
   b) Ruhen und Schlafen,
   c) Sichbeschäftigen,
   d) Vornehmen von in die Zukunft gerichteten Planungen,
   e) Interaktion mit Personen im direkten Kontakt,
   f) Kontaktpflege zu Personen außerhalb des direkten Umfelds.

§ 61b Pflegegrade

(1) Für die Gewährung von Leistungen der Hilfe zur Pflege sind pflegebedürftige Personen entsprechend den im Begutachtungsverfahren nach § 62 ermittelten Gesamtpunkten in einen der Schwere der Beeinträchtigungen der Selbständigkeit oder der Fähigkeiten entsprechenden Pflegegrad einzuordnen:

1. Pflegegrad 1: geringe Beeinträchtigungen der Selbständigkeit oder der Fähigkeiten (ab 12,5 bis unter 27 Gesamtpunkte),
2. Pflegegrad 2: erhebliche Beeinträchtigungen der Selbständigkeit oder der Fähigkeiten (ab 27 bis unter 47,5 Gesamtpunkte),
3. Pflegegrad 3: schwere Beeinträchtigungen der Selbständigkeit oder der Fähigkeiten (ab 47,5 bis unter 70 Gesamtpunkte),
4. Pflegegrad 4: schwerste Beeinträchtigungen der Selbständigkeit oder der Fähigkeiten (ab 70 bis unter 90 Gesamtpunkte),
5. Pflegegrad 5: schwerste Beeinträchtigungen der Selbständigkeit oder Fähigkeiten mit besonderen Anforderungen an die pflegerische Versorgung (ab 90 bis 100 Gesamtpunkte).

(2) Pflegebedürftige mit besonderen Bedarfskonstellationen, die einen spezifischen, außergewöhnlich hohen Hilfebedarf mit besonderen Anforderungen an die pflegerische Versorgung aufweisen, können aus pflegefachlichen Gründen dem Pflegegrad 5 zugeordnet werden, auch wenn ihre Gesamtpunkte unter 90 liegen.

§ 61c Pflegegrade bei Kindern

(1) Bei pflegebedürftigen Kindern, die 18 Monate oder älter sind, ist für die Einordnung in einen Pflegegrad nach § 61b der gesundheitlich bedingte Grad der Beeinträchtigungen ihrer Selbständigkeit und ihrer Fähigkeiten im Verhältnis zu altersentsprechend entwickelten Kindern maßgebend.

(2) Pflegebedürftige Kinder im Alter bis zu 18 Monaten sind in einen der nachfolgenden Pflegegrade einzuordnen:

1. Pflegegrad 2: ab 12,5 bis unter 27 Gesamtpunkte,
2. Pflegegrad 3: ab 27 bis unter 47,5 Gesamtpunkte,
3. Pflegegrad 4: ab 47,5 bis unter 70 Gesamtpunkte,
4. Pflegegrad 5: ab 70 bis 100 Gesamtpunkte.

§ 62 Ermittlung des Grades der Pflegebedürftigkeit

[1]Die Ermittlung des Pflegegrades erfolgt durch ein Begutachtungsinstrument nach Maßgabe des § 15 des Elften Buches. [2]Die auf Grund des § 16 des Elften Buches erlassene Verordnung sowie die auf Grund des § 17 des Elften Buches erlassenen Richtlinien der Pflegekassen finden entsprechende Anwendung.

§ 62a Bindungswirkung

[1]Die Entscheidung der Pflegekasse über den Pflegegrad ist für den Träger der Sozialhilfe bindend, soweit sie auf Tatsachen beruht, die bei beiden Entscheidungen zu berücksichtigen sind. [2]Bei seiner Entscheidung kann sich der Träger der Sozialhilfe der Hilfe sachverständiger Dritter bedienen. [3]Auf Anforderung unterstützt der

Medizinische Dienst gemäß § 278 des Fünften Buches den Träger der Sozialhilfe bei seiner Entscheidung und erhält hierfür Kostenersatz, der zu vereinbaren ist.

§ 63 Leistungen für Pflegebedürftige

(1) 1Die Hilfe zur Pflege umfasst für Pflegebedürftige der Pflegegrade 2, 3, 4 oder 5

1. häusliche Pflege in Form von
   a) Pflegegeld (§ 64a),
   b) häuslicher Pflegehilfe (§ 64b),
   c) Verhinderungspflege (§ 64c),
   d) Pflegehilfsmitteln (§ 64d),
   e) Maßnahmen zur Verbesserung des Wohnumfeldes (§ 64e),
   f) anderen Leistungen (§ 64f),
   g) digitalen Pflegeanwendungen (§ 64j),
   h) ergänzender Unterstützung bei Nutzung von digitalen Pflegeanwendungen (§ 64k),
2. teilstationäre Pflege (§ 64g),
3. Kurzzeitpflege (§ 64h),
4. einen Entlastungsbetrag (§ 64i) und
5. stationäre Pflege (§ 65).

2Die Hilfe zur Pflege schließt Sterbebegleitung mit ein.

(2) Die Hilfe zur Pflege umfasst für Pflegebedürftige des Pflegegrades 1

1. Pflegehilfsmittel (§ 64d),
2. Maßnahmen zur Verbesserung des Wohnumfeldes (§ 64e),
3. digitale Pflegeanwendungen (§ 64j),
4. ergänzende Unterstützung bei Nutzung von digitalen Pflegeanwendungen (§ 64k) und
5. einen Entlastungsbetrag (§ 66).

(3) 1Die Leistungen der Hilfe zur Pflege werden auf Antrag auch als Teil eines Persönlichen Budgets ausgeführt. 2§ 29 des Neunten Buches ist insoweit anzuwenden.

§ 63a Notwendiger pflegerischer Bedarf

Die Träger der Sozialhilfe haben den notwendigen pflegerischen Bedarf zu ermitteln und festzustellen.

§ 63b Leistungskonkurrenz

(1) Leistungen der Hilfe zur Pflege werden nicht erbracht, soweit Pflegebedürftige gleichartige Leistungen nach anderen Rechtsvorschriften erhalten.

(2) 1Abweichend von Absatz 1 sind Leistungen nach § 72 oder gleichartige Leistungen nach anderen Rechtsvorschriften mit 70 Prozent auf das Pflegegeld nach § 64a anzurechnen. 2Leistungen nach § 45b des Elften Buches gehen den Leistungen nach den §§ 64i und 66 vor; auf die übrigen Leistungen der Hilfe zur Pflege werden sie nicht angerechnet.

(3) 1Pflegebedürftige haben während ihres Aufenthalts in einer teilstationären oder vollstationären Einrichtung dort keinen Anspruch auf häusliche Pflege. 2Abweichend von Satz 1 kann das Pflegegeld nach § 64a während einer teilstationären Pflege nach § 64g oder einer vergleichbaren nicht nach Teil 2 des Neunten Buches durchgeführten Maßnahme angemessen gekürzt werden.

(4) 1Absatz 3 Satz 1 gilt nicht für vorübergehende Aufenthalte in einem Krankenhaus nach § 108 des Fünften Buches oder in einer Vorsorge- oder Rehabilitationseinrichtung nach § 107 Absatz 2 des Fünften Buches, soweit Pflegebedürftige ihre Pflege durch von ihnen selbst beschäftigte besondere Pflegekräfte (Arbeitgebermodell) sicherstellen. 2Die vorrangigen Leistungen des Pflegegeldes für selbst beschaffte Pflegehilfen nach den §§ 37 und 38 des Elften Buches sind anzurechnen. 3§ 39 des Fünften Buches bleibt unberührt.

(5) Das Pflegegeld kann um bis zu zwei Drittel gekürzt werden, soweit die Heranziehung einer besonderen Pflegekraft erforderlich ist, Pflegebedürftige Leistungen der Verhinderungspflege nach § 64c oder gleichartige Leistungen nach anderen Rechtsvorschriften erhalten.

(6) 1Pflegebedürftige, die ihre Pflege im Rahmen des Arbeitgebermodells sicherstellen, können nicht auf die Inanspruchnahme von Sachleistungen nach dem Elften Buch verwiesen werden. 2In diesen Fällen ist das geleistete Pflegegeld nach § 37 des Elften Buches auf die Leistungen der Hilfe zur Pflege anzurechnen.

(7) Leistungen der stationären Pflege nach § 65 werden auch bei einer vorübergehenden Abwesenheit von Pflegebedürftigen aus der stationären Einrichtung erbracht, solange die Voraussetzungen des § 87a Absatz 1 Satz 5 und 6 des Elften Buches vorliegen.

§ 64 Vorrang

Soweit häusliche Pflege ausreicht, soll der Träger der Sozialhilfe darauf hinwirken, dass die häusliche Pflege durch Personen, die dem Pflegebedürftigen nahestehen, oder als Nachbarschaftshilfe übernommen wird.

XII

§ 64a Pflegegeld

(1) 1Pflegebedürftige der Pflegegrade 2, 3, 4 oder 5 haben bei häuslicher Pflege Anspruch auf Pflegegeld in Höhe des Pflegegeldes nach § 37 Absatz 1 des Elften Buches. 2Der Anspruch auf Pflegegeld setzt voraus, dass die Pflegebedürftigen und die Sorgeberechtigten bei pflegebedürftigen Kindern die erforderliche Pflege mit dem Pflegegeld in geeigneter Weise selbst sicherstellen.

(2) 1Besteht der Anspruch nach Absatz 1 nicht für den vollen Kalendermonat, ist das Pflegegeld entsprechend zu kürzen. 2Bei der Kürzung ist der Kalendermonat mit 30 Tagen anzusetzen. 3Das Pflegegeld wird bis zum Ende des Kalendermonats geleistet, in dem die pflegebedürftige Person gestorben ist.

(3) Stellt die Pflegekasse ihre Leistungen nach § 37 Absatz 6 des Elften Buches ganz oder teilweise ein, entfällt insoweit die Leistungspflicht nach Absatz 1.

§ 64b Häusliche Pflegehilfe

(1) 1Pflegebedürftige der Pflegegrade 2, 3, 4 oder 5 haben Anspruch auf körperbezogene Pflegemaßnahmen und pflegerische Betreuungsmaßnahmen sowie auf Hilfen bei der Haushaltsführung als Pflegesachleistung (häusliche Pflegehilfe), soweit die häusliche Pflege nach § 64 nicht sichergestellt werden kann. 2Der Anspruch auf häusliche Pflegehilfe umfasst auch die pflegefachliche Anleitung von Pflegebedürftigen und Pflegepersonen. 3Mehrere Pflegebedürftige der Pflegegrade 2, 3, 4 oder 5 können die häusliche Pflege gemeinsam in Anspruch nehmen. 4Häusliche Pflegehilfe kann auch Betreuungs- und Entlastungsleistungen durch Unterstützungsangebote im Sinne des § 45a des Elften Buches umfassen; § 64i bleibt unberührt.

(2) Pflegerische Betreuungsmaßnahmen umfassen Unterstützungsleistungen zur Bewältigung und Gestaltung des alltäglichen Lebens im häuslichen Umfeld, insbesondere

1. bei der Bewältigung psychosozialer Problemlagen oder von Gefährdungen,
2. bei der Orientierung, bei der Tagesstrukturierung, bei der Kommunikation, bei der Aufrechterhaltung sozialer Kontakte und bei bedürfnisgerechten Beschäftigungen im Alltag sowie
3. durch Maßnahmen zur kognitiven Aktivierung.

§ 64c Verhinderungspflege

Ist eine Pflegeperson im Sinne von § 64 wegen Erholungsurlaubs, Krankheit oder aus sonstigen Gründen an der häuslichen Pflege gehindert, sind die angemessenen Kosten einer notwendigen Ersatzpflege zu übernehmen.

§ 64d Pflegehilfsmittel

(1) 1Pflegebedürftige haben Anspruch auf Versorgung mit Pflegehilfsmitteln, die

1. zur Erleichterung der Pflege der Pflegebedürftigen beitragen,
2. zur Linderung der Beschwerden der Pflegebedürftigen beitragen oder
3. den Pflegebedürftigen eine selbständigere Lebensführung ermöglichen.

2Der Anspruch umfasst die notwendige Änderung, Instandsetzung und Ersatzbeschaffung von Pflegehilfsmitteln sowie die Ausbildung in ihrem Gebrauch.

(2) Technische Pflegehilfsmittel sollen den Pflegebedürftigen in geeigneten Fällen leihweise zur Verfügung gestellt werden.

§ 64e Maßnahmen zur Verbesserung des Wohnumfeldes

Maßnahmen zur Verbesserung des Wohnumfeldes der Pflegebedürftigen können gewährt werden,

1. soweit sie angemessen sind und
2. durch sie
   a) die häusliche Pflege ermöglicht oder erheblich erleichtert werden kann oder
   b) eine möglichst selbständige Lebensführung der Pflegebedürftigen wiederhergestellt werden kann.

§ 64f Andere Leistungen

(1) Zusätzlich zum Pflegegeld nach § 64a Absatz 1 sind die Aufwendungen für die Beiträge einer Pflegeperson oder einer besonderen Pflegekraft für eine angemessene Alterssicherung zu erstatten, soweit diese nicht anderweitig sichergestellt ist.

(2) Ist neben der häuslichen Pflege nach § 64 eine Beratung der Pflegeperson geboten, sind die angemessenen Kosten zu übernehmen.

(3) Soweit die Sicherstellung der häuslichen Pflege für Pflegebedürftige der Pflegegrade 2, 3, 4 oder 5 im Rahmen des Arbeitgebermodells erfolgt, sollen die angemessenen Kosten übernommen werden.

§ 64g Teilstationäre Pflege

1Pflegebedürftige der Pflegegrade 2, 3, 4 oder 5 haben Anspruch auf teilstationäre Pflege in Einrichtungen der

Tages- oder Nachtpflege, soweit die häusliche Pflege nicht in ausreichendem Umfang sichergestellt werden kann oder die teilstationäre Pflege zur Ergänzung oder Stärkung der häuslichen Pflege erforderlich ist. 2Der Anspruch umfasst auch die notwendige Beförderung des Pflegebedürftigen von der Wohnung zur Einrichtung der Tages- oder Nachtpflege und zurück.

§ 64h Kurzzeitpflege

(1) Pflegebedürftige der Pflegegrade 2, 3, 4 oder 5 haben Anspruch auf Kurzeitpflege in einer stationären Pflegeeinrichtung, soweit die häusliche Pflege zeitweise nicht, noch nicht oder nicht im erforderlichen Umfang erbracht werden kann und die teilstationäre Pflege nach § 64g nicht ausreicht.

(2) Wenn die Pflege in einer zur Kurzzeitpflege zugelassenen Pflegeeinrichtung nach den §§ 71 und 72 des Elften Buches nicht möglich ist oder nicht zumutbar erscheint, kann die Kurzzeitpflege auch erbracht werden

1. durch geeignete Erbringer von Leistungen nach Teil 2 des Neunten Buches oder
2. in geeigneten Einrichtungen, die nicht als Einrichtung zur Kurzzeitpflege zugelassen sind.

(3) Soweit während einer Maßnahme der medizinischen Vorsorge oder Rehabilitation für eine Pflegeperson eine gleichzeitige Unterbringung und Pflege der Pflegebedürftigen erforderlich ist, kann Kurzzeitpflege auch in Vorsorge- oder Rehabilitationseinrichtungen nach § 107 Absatz 2 des Fünften Buches erbracht werden.

§ 64i Entlastungsbetrag bei den Pflegegraden 2, 3, 4 oder 5

1Pflegebedürftige der Pflegegrade 2, 3, 4 oder 5 haben Anspruch auf einen Entlastungsbetrag in Höhe von bis zu 125 Euro monatlich. 2Der Entlastungsbetrag ist zweckgebunden einzusetzen zur

1. Entlastung pflegender Angehöriger oder nahestehender Pflegepersonen,
2. Förderung der Selbständigkeit und Selbstbestimmung der Pflegebedürftigen bei der Gestaltung ihres Alltags oder
3. Inanspruchnahme von Unterstützungsangeboten im Sinne des § 45a des Elften Buches.

§ 64j Digitale Pflegeanwendungen

(1) Pflegebedürftige haben Anspruch auf eine notwendige Versorgung mit Anwendungen, die wesentlich auf digitalen Technologien beruhen, die von den Pflegebedürftigen oder in der Interaktion von Pflegebedürftigen, Angehörigen und zugelassenen ambulanten Pflegeeinrichtungen genutzt werden, um insbesondere Beeinträchtigungen der Selbständigkeit oder der Fähigkeiten des Pflegebedürftigen zu mindern und einer Verschlimmerung der Pflegebedürftigkeit entgegenzuwirken (digitale Pflegeanwendungen).

(2) Der Anspruch umfasst nur solche digitalen Pflegeanwendungen, die vom Bundesinstitut für Arzneimittel und Medizinprodukte in das Verzeichnis für digitale Pflegeanwendungen nach § 78a Absatz 3 des Elften Buches aufgenommen wurden.

§ 64k Ergänzende Unterstützung bei Nutzung von digitalen Pflegeanwendungen

Pflegebedürftige haben bei der Nutzung digitaler Pflegeanwendungen im Sinne des § 64j Anspruch auf erforderliche ergänzende Unterstützungsleistungen, die das Bundesinstitut für Arzneimittel und Medizinprodukte nach § 78a Absatz 5 Satz 6 des Elften Buches festgelegt hat, durch nach dem Recht des Elften Buches zugelassene ambulante Pflegeeinrichtungen.

§ 65 Stationäre Pflege

1Pflegebedürftige der Pflegegrade 2, 3, 4 oder 5 haben Anspruch auf Pflege in stationären Einrichtungen, wenn häusliche oder teilstationäre Pflege nicht möglich ist oder wegen der Besonderheit des Einzelfalls nicht in Betracht kommt. 2Der Anspruch auf stationäre Pflege umfasst auch Betreuungsmaßnahmen; § 64b Absatz 2 findet entsprechende Anwendung.

§ 66 Entlastungsbetrag bei Pflegegrad 1

1Pflegebedürftige des Pflegegrades 1 haben Anspruch auf einen Entlastungsbetrag in Höhe von bis zu 125 Euro monatlich. 2Der Entlastungsbetrag ist zweckgebunden einzusetzen zur

1. Entlastung pflegender Angehöriger oder nahestehender Pflegepersonen,
2. Förderung der Selbständigkeit und Selbstbestimmung der Pflegebedürftigen bei der Gestaltung ihres Alltags,
3. Inanspruchnahme von
   a) Leistungen der häuslichen Pflegehilfe im Sinne des § 64b,
   b) Maßnahmen zur Verbesserung des Wohnumfeldes nach § 64e,
   c) anderen Leistungen nach § 64f,

d) Leistungen zur teilstationären Pflege im Sinne des § 64g,

4. Inanspruchnahme von Unterstützungsangeboten im Sinne des § 45a des Elften Buches.

§ 66a Sonderregelungen zum Einsatz von Vermögen

Für Personen, die Leistungen nach diesem Kapitel erhalten, gilt ein zusätzlicher Betrag von bis zu 25 000 Euro für die Lebensführung und die Alterssicherung im Sinne von § 90 Absatz 3 Satz 2 als angemessen, sofern dieser Betrag ganz oder überwiegend als Einkommen aus selbständiger und nichtselbständiger Tätigkeit der Leistungsberechtigten während des Leistungsbezugs erworben wird; § 90 Absatz 3 Satz 1 bleibt unberührt.

Achtes Kapitel Hilfe zur Überwindung besonderer sozialer Schwierigkeiten

§ 67 Leistungsberechtigte

1Personen, bei denen besondere Lebensverhältnisse mit sozialen Schwierigkeiten verbunden sind, sind Leistungen zur Überwindung dieser Schwierigkeiten zu erbringen, wenn sie aus eigener Kraft hierzu nicht fähig sind. 2Soweit der Bedarf durch Leistungen nach anderen Vorschriften dieses Buches oder des Achten und Neunten Buches gedeckt wird, gehen diese der Leistung nach Satz 1 vor.

§ 68 Umfang der Leistungen

(1) 1Die Leistungen umfassen alle Maßnahmen, die notwendig sind, um die Schwierigkeiten abzuwenden, zu beseitigen, zu mildern oder ihre Verschlimmerung zu verhüten, insbesondere Beratung und persönliche Betreuung für die Leistungsberechtigten und ihre Angehörigen, Hilfen zur Ausbildung, Erlangung und Sicherung eines Arbeitsplatzes sowie Maßnahmen bei der Erhaltung und Beschaffung einer Wohnung. 2Zur Durchführung der erforderlichen Maßnahmen ist in geeigneten Fällen ein Gesamtplan zu erstellen.

(2) 1Die Leistung wird ohne Rücksicht auf Einkommen und Vermögen erbracht, soweit im Einzelfall Dienstleistungen erforderlich sind. 2Einkommen und Vermögen der in § 19 Abs. 3 genannten Personen ist nicht zu berücksichtigen und von der Inanspruchnahme nach bürgerlichem Recht Unterhaltspflichtiger abzusehen, soweit dies den Erfolg der Hilfe gefährden würde.

(3) Die Träger der Sozialhilfe sollen mit den Vereinigungen, die sich die gleichen Aufgaben zum Ziel gesetzt haben, und mit den sonst beteiligten Stellen zusammenarbeiten und darauf hinwirken, dass sich die Sozialhilfe und die Tätigkeit dieser Vereinigungen und Stellen wirksam ergänzen.

§ 69 Verordnungsermächtigung

Das Bundesministerium für Arbeit und Soziales kann durch Rechtsverordnung mit Zustimmung des Bundesrates Bestimmungen über die Abgrenzung des Personenkreises nach § 67 sowie über Art und Umfang der Maßnahmen nach § 68 Abs. 1 erlassen.

Neuntes Kapitel Hilfe in anderen Lebenslagen

§ 70 Hilfe zur Weiterführung des Haushalts

(1) 1Personen mit eigenem Haushalt sollen Leistungen zur Weiterführung des Haushalts erhalten, wenn weder sie selbst noch, falls sie mit anderen Haushaltsangehörigen zusammenleben, die anderen Haushaltsangehörigen den Haushalt führen können und die Weiterführung des Haushalts geboten ist. 2Die Leistungen sollen in der Regel nur vorübergehend erbracht werden. 3Satz 2 gilt nicht, wenn durch die Leistungen die Unterbringung in einer stationären Einrichtung vermieden oder aufgeschoben werden kann.

(2) Die Leistungen umfassen die persönliche Betreuung von Haushaltsangehörigen sowie die sonstige zur Weiterführung des Haushalts erforderliche Tätigkeit.

(3) 1Personen im Sinne des Absatzes 1 sind die angemessenen Aufwendungen für eine haushaltsführende Person zu erstatten. 2Es können auch angemessene Beihilfen geleistet sowie Beiträge der haushaltsführenden Person für eine angemessene Alterssicherung übernommen werden, wenn diese nicht anderweitig sichergestellt ist. 3Ist neben oder anstelle der Weiterführung des Haushalts die Heranziehung einer besonderen Person zur Haushaltsführung erforderlich oder eine Beratung oder zeitweilige Entlastung der haushaltsführenden Person geboten, sind die angemessenen Kosten zu übernehmen.

(4) Die Leistungen können auch durch Übernahme der angemessenen Kosten für eine vorübergehende anderweitige Unterbringung von Haushaltsangehörigen erbracht werden, wenn diese Unterbringung in besonderen Fällen neben oder statt der Weiterführung des Haushalts geboten ist.

§ 71 Altenhilfe

(1) 1Alten Menschen soll außer den Leistungen nach den übrigen Bestimmungen dieses Buches sowie den Leistungen der Eingliederungshilfe nach Teil 2 des Neunten Buches Altenhilfe gewährt werden. 2Die Altenhilfe soll dazu beitragen, Schwierigkeiten, die durch das Alter entstehen, zu verhüten, zu überwinden oder zu mildern und alten Menschen die Möglichkeit zu erhalten, selbstbestimmt am Leben in der Gemeinschaft teilzunehmen und ihre Fähigkeit zur Selbsthilfe zu stärken.

(2) Als Leistungen der Altenhilfe kommen insbesondere in Betracht:

1. Leistungen zu einer Betätigung und zum gesellschaftlichen Engagement, wenn sie vom alten Menschen gewünscht wird,
2. Leistungen bei der Beschaffung und zur Erhaltung einer Wohnung, die den Bedürfnissen des alten Menschen entspricht,
3. Beratung und Unterstützung im Vor- und Umfeld von Pflege, insbesondere in allen Fragen des Angebots an Wohnformen bei Unterstützungs-, Betreuungs- oder Pflegebedarf sowie an Diensten, die Betreuung oder Pflege leisten,
4. Beratung und Unterstützung in allen Fragen der Inanspruchnahme altersgerechter Dienste,
5. Leistungen zum Besuch von Veranstaltungen oder Einrichtungen, die der Geselligkeit, der Unterhaltung, der Bildung oder den kulturellen Bedürfnissen alter Menschen dienen,
6. Leistungen, die alten Menschen die Verbindung mit nahe stehenden Personen ermöglichen.

(3) Leistungen nach Absatz 1 sollen auch erbracht werden, wenn sie der Vorbereitung auf das Alter dienen.

(4) Altenhilfe soll ohne Rücksicht auf vorhandenes Einkommen oder Vermögen geleistet werden, soweit im Einzelfall Beratung und Unterstützung erforderlich sind.

(5) 1Die Leistungen der Altenhilfe sind mit den übrigen Leistungen dieses Buches, den Leistungen der Eingliederungshilfe nach dem Neunten Buch, den Leistungen der örtlichen Altenhilfe und der kommunalen Infrastruktur zur Vermeidung sowie Verringerung der Pflegebedürftigkeit und der Inanspruchnahme der Leistungen der Eingliederungshilfe zu verzahnen. 2Die Ergebnisse der Teilhabeplanung und Gesamtplanung nach dem Neunten Buch sind zu berücksichtigen.

§ 72 Blindenhilfe

(1) 1Blinden Menschen wird zum Ausgleich der durch die Blindheit bedingten Mehraufwendungen Blindenhilfe gewährt, soweit sie keine gleichartigen Leistungen nach anderen Rechtsvorschriften erhalten. 2Auf die Blindenhilfe sind Leistungen bei häuslicher Pflege nach dem Elften Buch, auch soweit es sich um Sachleistungen handelt, bei Pflegebedürftigen des Pflegegrades 2 mit 50 Prozent des Pflegegeldes des Pflegegrades 2 und bei Pflegebedürftigen der Pflegegrade 3, 4 oder 5 mit 40 Prozent des Pflegegeldes des Pflegegrades 3, höchstens jedoch mit 50 Prozent des Betrages nach Absatz 2, anzurechnen. 3Satz 2 gilt sinngemäß für Leistungen nach dem Elften Buch aus einer privaten Pflegeversicherung und nach beamtenrechtlichen Vorschriften. 4§ 39a ist entsprechend anzuwenden.

(2) 1Die Blindenhilfe beträgt bis 30. Juni 2004 für blinde Menschen nach Vollendung des 18. Lebensjahres 585 Euro monatlich, für blinde Menschen, die das 18. Lebensjahr noch nicht vollendet haben, beträgt sie 293 Euro monatlich. 2Sie verändert sich jeweils zu dem Zeitpunkt und in dem Umfang, wie sich der aktuelle Rentenwert in der gesetzlichen Rentenversicherung verändert.

(3) 1Lebt der blinde Mensch in einer stationären Einrichtung und werden die Kosten des Aufenthalts ganz oder teilweise aus Mitteln öffentlich-rechtlicher Leistungsträger getragen, so verringert sich die Blindenhilfe nach Absatz 2 um die aus diesen Mitteln getragenen Kosten, höchstens jedoch um 50 vom Hundert der Beträge nach Absatz 2. 2Satz 1 gilt vom ersten Tage des zweiten Monats an, der auf den Eintritt in die Einrichtung folgt, für jeden vollen Kalendermonat des Aufenthalts in der Einrichtung. 3Für jeden vollen Tag vorübergehender Abwesenheit von der Einrichtung wird die Blindenhilfe in Höhe von je einem Dreißigstel des Betrages nach Absatz 2 gewährt, wenn die vorübergehende Abwesenheit länger als sechs volle zusammenhängende Tage dauert; der Betrag nach Satz 1 wird im gleichen Verhältnis gekürzt.

(4) 1Neben der Blindenhilfe wird Hilfe zur Pflege wegen Blindheit nach dem Siebten Kapitel außerhalb von stationären Einrichtungen sowie ein Barbetrag (§ 27b Absatz 2) nicht gewährt. 2Neben Absatz 1 ist § 30 Abs. 1 Nr. 2 nur anzuwenden, wenn der blinde Mensch nicht allein wegen Blindheit voll erwerbsgemindert ist. 3Die Sätze 1 und 2 gelten entsprechend für blinde Menschen, die nicht Blindenhilfe, sondern gleichartige Leistungen nach anderen Rechtsvorschriften erhalten.

(5) Blinden Menschen stehen Personen gleich, deren beidäugige Gesamtsehschärfe nicht mehr als ein Fünfzigstel beträgt oder bei denen dem Schweregrad dieser Sehschärfe gleichzuachtende, nicht nur vorübergehende Störungen des Sehvermögens vorliegen.

(6) Die Blindenhilfe wird neben Leistungen nach Teil 2 des Neunten Buches erbracht.

§ 73 Hilfe in sonstigen Lebenslagen

1Leistungen können auch in sonstigen Lebenslagen erbracht werden, wenn sie den Einsatz öffentlicher Mittel rechtfertigen. 2Geldleistungen können als Beihilfe oder als Darlehen erbracht werden.

§ 74 Bestattungskosten

Die erforderlichen Kosten einer Bestattung werden übernommen, soweit den hierzu Verpflichteten nicht zugemutet werden kann, die Kosten zu tragen.

Zehntes Kapitel Vertragsrecht

§ 75 Allgemeine Grundsätze

(1) 1Der Träger der Sozialhilfe darf Leistungen nach dem Siebten bis Neunten Kapitel mit Ausnahme der Leistungen der häuslichen Pflege, soweit diese gemäß § 64 durch Personen, die dem Pflegebedürftigen nahe stehen, oder als Nachbarschaftshilfe übernommen werden, durch Dritte (Leistungserbringer) nur bewilligen, soweit eine schriftliche Vereinbarung zwischen dem Träger des Leistungserbringers und dem für den Ort der Leistungserbringung zuständigen Träger der Sozialhilfe besteht. 2Die Vereinbarung kann auch zwischen dem Träger der Sozialhilfe und dem Verband, dem der Leistungserbringer angehört, geschlossen werden, soweit der Verband eine entsprechende Vollmacht nachweist. 3Die Vereinbarungen sind für alle übrigen Träger der Sozialhilfe bindend. 4Die Vereinbarungen müssen den Grundsätzen der Wirtschaftlichkeit, Sparsamkeit und Leistungsfähigkeit entsprechen und dürfen das Maß des Notwendigen nicht überschreiten. 5Sie sind vor Beginn der jeweiligen Wirtschaftsperiode für einen zukünftigen Zeitraum abzuschließen (Vereinbarungszeitraum); nachträgliche Ausgleiche sind nicht zulässig. 6Die Ergebnisse sind den Leistungsberechtigten in einer wahrnehmbaren Form zugänglich zu machen.

(2) 1Sind geeignete Leistungserbringer vorhanden, soll der Träger der Sozialhilfe zur Erfüllung seiner Aufgaben eigene Angebote nicht neu schaffen. 2Geeignet ist ein Leistungserbringer, der unter Sicherstellung der Grundsätze des § 9 Absatz 1 die Leistungen wirtschaftlich und sparsam erbringen kann. 3Geeignete Träger von Einrichtungen dürfen nur solche Personen beschäftigen oder ehrenamtliche Personen, die in Wahrnehmung ihrer Aufgaben Kontakt mit Leistungsberechtigten haben, mit Aufgaben betrauen, die nicht rechtskräftig wegen einer Straftat nach den §§ 171, 174 bis 174c, 176 bis 180a, 181a, 182 bis 184g, 184i bis 184l, 201a Absatz 3, §§ 225, 232 bis 233a, 234, 235 oder 236 des Strafgesetzbuchs verurteilt worden sind. 4Die Leistungserbringer sollen sich von Fach- und anderem Betreuungspersonal, die in Wahrnehmung ihrer Aufgaben Kontakt mit Leistungsberechtigten haben, vor deren Einstellung oder Aufnahme einer dauerhaften ehrenamtlichen Tätigkeit und in regelmäßigen Abständen ein Führungszeugnis nach § 30a Absatz 1 des Bundeszentralregistergesetzes vorlegen lassen. 5Nimmt der Leistungserbringer Einsicht in ein Führungszeugnis nach § 30a Absatz 1 des Bundeszentralregistergesetzes, so speichert er nur den Umstand der Einsichtnahme, das Datum des Führungszeugnisses und die Information, ob die das Führungszeugnis betreffende Person wegen einer in Satz 3 genannten Straftat rechtskräftig verurteilt worden ist. 6Der Träger der Einrichtung darf diese Daten nur verändern und nutzen, soweit dies zur Prüfung der Eignung einer Person erforderlich ist. 7Die Daten sind vor dem Zugriff Unbefugter zu schützen. 8Sie sind unverzüglich zu löschen, wenn im Anschluss an die Einsichtnahme keine Tätigkeit für den Leistungserbringer wahrgenommen wird. 9Sie sind spätestens drei Monate nach der letztmaligen Ausübung einer Tätigkeit für den Leistungserbringer zu löschen. 10Die durch den Leistungserbringer geforderte Vergütung ist wirtschaftlich angemessen, wenn sie im Vergleich mit der Vergütung vergleichbarer Leistungserbringer im unteren Drittel liegt (externer Vergleich). 11Liegt die geforderte Vergütung oberhalb des unteren Drittels, kann sie wirtschaftlich angemessen sein, sofern sie nachvollziehbar auf einem höheren Aufwand des Leistungserbringers beruht und wirtschaftlicher Betriebsführung entspricht. 12In den externen Vergleich sind die im Einzugsbereich tätigen Leistungserbringer einzubeziehen. 13Tariflich vereinbarte Vergütungen sowie entsprechende Vergütungen nach kirchlichen Arbeitsrechtsregelungen sind grundsätzlich als wirtschaftlich anzusehen, auch soweit die Vergütung aus diesem Grunde oberhalb des unteren Drittels liegt.

XII

(3) Sind mehrere Leistungserbringer im gleichen Maße geeignet, hat der Träger der Sozialhilfe Vereinbarungen vorrangig mit Leistungserbringern abzuschließen, deren Vergütung bei vergleichbarem Inhalt, Umfang und vergleichbarer Qualität der Leistung nicht höher ist als die anderer Leistungserbringer.

(4) Besteht eine schriftliche Vereinbarung, ist der Leistungserbringer im Rahmen des vereinbarten Leistungsangebotes verpflichtet, Leistungsberechtigte aufzunehmen und zu betreuen.

(5) Der Träger der Sozialhilfe darf die Leistungen durch Leistungserbringer, mit denen keine schriftliche Vereinbarung getroffen wurde, nur erbringen, soweit

1. dies nach der Besonderheit des Einzelfalles geboten ist,
2. der Leistungserbringer ein schriftliches Leistungsangebot vorlegt, das für den Inhalt einer Vereinbarung nach § 76 gilt,
3. der Leistungserbringer sich schriftlich verpflichtet, die Grundsätze der Wirtschaftlichkeit und Qualität der Leistungserbringung zu beachten,
4. die Vergütung für die Erbringung der Leistungen nicht höher ist als die Vergütung, die der Träger der Sozialhilfe mit anderen Leistungserbringern für vergleichbare Leistungen vereinbart hat.

Die allgemeinen Grundsätze der Absätze 1 bis 4 und 6 sowie die Vorschriften zum Inhalt der Vereinbarung (§ 76), zur Verbindlichkeit der vereinbarten Vergütung (§ 77a), zur Wirtschaftlichkeits- und Qualitätsprüfung (§ 78), zur Kürzung der Vergütung (§ 79) und zur außerordentlichen Kündigung der Vereinbarung (§ 79a) gelten entsprechend.

(6) Der Leistungserbringer hat gegen den Träger der Sozialhilfe einen Anspruch auf Vergütung der gegenüber dem Leistungsberechtigten erbrachten Leistungen.

§ 76 Inhalt der Vereinbarungen

(1) In der schriftlichen Vereinbarung mit Erbringern von Leistungen nach dem Siebten bis Neunten Kapitel sind zu regeln:

1. Inhalt, Umfang und Qualität einschließlich der Wirksamkeit der Leistungen (Leistungsvereinbarung) sowie
2. die Vergütung der Leistung (Vergütungsvereinbarung).

(2) In die Leistungsvereinbarung sind als wesentliche Leistungsmerkmale insbesondere aufzunehmen:

1. die betriebsnotwendigen Anlagen des Leistungserbringers,
2. der zu betreuende Personenkreis,
3. Art, Ziel und Qualität der Leistung,
4. die Festlegung der personellen Ausstattung,
5. die Qualifikation des Personals sowie
6. die erforderliche sächliche Ausstattung.

(3) ₁Die Vergütungsvereinbarung besteht mindestens aus

1. der Grundpauschale für Unterkunft und Verpflegung,
2. der Maßnahmepauschale sowie
3. einem Betrag für betriebsnotwendige Anlagen einschließlich ihrer Ausstattung (Investitionsbetrag).

₂Förderungen aus öffentlichen Mitteln sind anzurechnen. ₃Die Maßnahmepauschale ist nach Gruppen für Leistungsberechtigte mit vergleichbarem Bedarf sowie bei Leistungen der häuslichen Pflegehilfe für die gemeinsame Inanspruchnahme durch mehrere Leistungsberechtigte zu kalkulieren. ₄Abweichend von Satz 1 können andere geeignete Verfahren zur Vergütung und Abrechnung der Leistung unter Beteiligung der Interessenvertretungen der Menschen mit Behinderungen vereinbart werden.

§ 76a Zugelassene Pflegeeinrichtungen

(1) Bei zugelassenen Pflegeeinrichtungen im Sinne des § 72 des Elften Buches richten sich Art, Inhalt, Umfang und Vergütung

1. der ambulanten und teilstationären Pflegeleistungen,
2. der Leistungen der Kurzzeitpflege,
3. der vollstationären Pflegeleistungen,
4. der Leistungen bei Unterkunft und Verpflegung und
5. der Zusatzleistungen in Pflegeheimen

nach dem Achten Kapitel des Elften Buches, soweit die Vereinbarungen nach dem Achten Kapitel des Elften Buches im Einvernehmen mit dem Träger der Sozialhilfe getroffen worden sind und nicht nach dem Siebten Kapitel weitergehende Leistungen zu erbringen sind.

(2) Bestehen tatsächliche Anhaltspunkte, dass eine zugelassene Pflegeeinrichtung ihre vertraglichen oder gesetzlichen Pflichten nicht erfüllt, findet § 78 entsprechende Anwendung, soweit nicht eine Wirtschaftlichkeits- und Abrechnungsprüfung nach § 79 des Elften Buches erfolgt oder soweit nicht ein Auftrag für eine Anlassprüfung nach § 114 des Elften Buches durch die Landesverbände der Pflegekassen erteilt worden ist.

(3) Der Träger der Sozialhilfe ist zur Übernahme gesondert berechneter Investitionskosten nach dem Elften Buch nur verpflichtet, soweit die zuständige Landesbehörde ihre Zustimmung nach § 82 Absatz 3 Satz 3 des Elften Buches erteilt oder der Träger der Sozialhilfe mit dem Träger der Einrichtung eine entsprechende Vereinbarung nach dem Zehnten Kapitel über die gesondert berechneten Investitionskosten nach § 82 Absatz 4 des Elften Buches getroffen hat.

§ 77 Verfahren und Inkrafttreten der Vereinbarung

(1) 1Der Leistungserbringer oder der Träger der Sozialhilfe hat die jeweils andere Partei schriftlich zu Verhandlungen über den Abschluss einer Vereinbarung gemäß § 76 aufzufordern. 2Bei einer Aufforderung zum Abschluss einer Folgevereinbarung sind die Verhandlungsgegenstände zu benennen. 3Die Aufforderung durch den Leistungsträger kann an einen unbestimmten Kreis von Leistungserbringern gerichtet werden. 4Auf Verlangen einer Partei sind geeignete Nachweise zu den Verhandlungsgegenständen vorzulegen.

(2) 1Kommt es nicht innerhalb von drei Monaten, nachdem eine Partei zu Verhandlungen aufgefordert wurde, zu einer schriftlichen Vereinbarung, so kann jede Partei hinsichtlich der strittigen Punkte die gemeinsame Schiedsstelle anrufen. 2Die Schiedsstelle hat unverzüglich über die strittigen Punkte zu entscheiden. 3Gegen die Entscheidung der Schiedsstelle ist der Rechtsweg zu den Sozialgerichten gegeben, ohne dass es eines Vorverfahrens bedarf. 4Die Klage ist nicht gegen die Schiedsstelle, sondern gegen den Verhandlungspartner zu richten.

(3) 1Vereinbarungen und Schiedsstellenentscheidungen treten zu dem darin bestimmten Zeitpunkt in Kraft. 2Wird in einer Vereinbarung ein Zeitpunkt nicht bestimmt, wird die Vereinbarung mit dem Tag ihres Abschlusses wirksam. 3Festsetzungen der Schiedsstelle werden, soweit keine Festlegung erfolgt ist, rückwirkend mit dem Tag wirksam, an dem der Antrag bei der Schiedsstelle eingegangen ist. 4Soweit in den Fällen des Satzes 3 während des Schiedsstellenverfahrens der Antrag geändert wurde, ist auf den Tag abzustellen, an dem der geänderte Antrag bei der Schiedsstelle eingegangen ist. 5Ein jeweils vor diesem Zeitpunkt zurückwirkendes Vereinbaren oder Festsetzen von Vergütungen ist in den Fällen der Sätze 1 bis 4 nicht zulässig.

§ 77a Verbindlichkeit der vereinbarten Vergütung

(1) 1Mit der Zahlung der vereinbarten Vergütung gelten alle während des Vereinbarungszeitraums entstandenen Ansprüche des Leistungserbringers auf Vergütung der Leistung als abgegolten. 2Die im Einzelfall zu zahlende Vergütung bestimmt sich auf der Grundlage der jeweiligen Vereinbarung nach dem Betrag, der dem Leistungsberechtigten vom zuständigen Träger der Sozialhilfe bewilligt worden ist. 3Sind Leistungspauschalen nach Gruppen von Leistungsberechtigten kalkuliert (§ 76 Absatz 3 Satz 2), richtet sich die zu zahlende Vergütung nach der Gruppe, die dem Leistungsberechtigten vom zuständigen Träger der Sozialhilfe bewilligt wurde.

(2) Einer Erhöhung der Vergütung auf Grund von Investitionsmaßnahmen, die während des laufenden Vereinbarungszeitraums getätigt werden, muss der Träger der Sozialhilfe zustimmen, soweit er der Maßnahme zuvor dem Grunde und der Höhe nach zugestimmt hat.

(3) 1Bei unvorhergesehenen wesentlichen Änderungen der Annahmen, die der Vergütungsvereinbarung oder der Entscheidung der Schiedsstelle über die Vergütung zugrunde lagen, sind die Vergütungen auf Verlangen einer Vertragspartei für den laufenden Vereinbarungszeitraum neu zu verhandeln. 2Für eine Neuverhandlung gelten die Vorschriften zum Verfahren und Inkrafttreten (§ 77) entsprechend.

(4) Nach Ablauf des Vereinbarungszeitraums gelten die vereinbarten oder durch die Schiedsstelle festgesetzten Vergütungen bis zum Inkrafttreten einer neuen Vergütungsvereinbarung weiter.

§ 78 Wirtschaftlichkeits- und Qualitätsprüfung

(1) 1Soweit tatsächliche Anhaltspunkte dafür bestehen, dass ein Leistungserbringer seine vertraglichen oder gesetzlichen Pflichten nicht erfüllt, prüft der Träger der Sozialhilfe oder ein von diesem beauftragter Dritter die Wirtschaftlichkeit und Qualität einschließlich der Wirksamkeit der vereinbarten Leistungen des Leistungserbringers. 2Die Leistungserbringer sind verpflichtet, dem Träger der Sozialhilfe auf Verlangen die für die Prüfung erforderlichen Unterlagen vorzulegen und Auskünfte zu erteilen. 3Zur Vermeidung von Doppelprüfungen arbeiten die Träger der Sozialhilfe mit den Leistungsträgern nach Teil 2 des Neunten Buches, mit den für die Heimaufsicht zuständigen Behörden sowie mit dem Medizinischen Dienst gemäß § 278 des Fünften Buches

zusammen. 4Der Träger der Sozialhilfe ist berechtigt und auf Anforderung verpflichtet, den für die Heimaufsicht zuständigen Behörden die Daten über den Leistungserbringer sowie die Ergebnisse der Prüfungen mitzuteilen, soweit sie für die Zwecke der Prüfung durch den Empfänger erforderlich sind. 5Personenbezogene Daten sind vor der Datenübermittlung zu anonymisieren. 6Abweichend von Satz 5 dürfen personenbezogene Daten in nicht anonymisierter Form an die für die Heimaufsicht zuständigen Behörden übermittelt werden, soweit sie zu deren Aufgabenerfüllung erforderlich sind. 7Durch Landesrecht kann von der Einschränkung in Satz 1 erster Halbsatz abgewichen werden.

(2) Die Prüfung erfolgt ohne vorherige Ankündigung und erstreckt sich auf Inhalt, Umfang, Wirtschaftlichkeit und Qualität einschließlich der Wirksamkeit der erbrachten Leistungen.

(3) 1Der Träger der Sozialhilfe hat den Leistungserbringer über das Ergebnis der Prüfung schriftlich zu unterrichten. 2Das Ergebnis der Prüfung ist dem Leistungsberechtigten in einer wahrnehmbaren Form zugänglich zu machen.

§ 79 Kürzung der Vergütung

(1) 1Hält ein Leistungserbringer seine gesetzlichen oder vertraglichen (vereinbarten) Verpflichtungen ganz oder teilweise nicht ein, ist die vereinbarte Vergütung für die Dauer der Pflichtverletzung entsprechend zu kürzen. 2Über die Höhe des Kürzungsbetrags ist zwischen den Vertragsparteien Einvernehmen herzustellen. 3Kommt eine Einigung nicht zustande, entscheidet auf Antrag einer Vertragspartei die Schiedsstelle. 4Für das Verfahren bei Entscheidungen durch die Schiedsstelle gilt § 77 Absatz 2 und 3 entsprechend.

(2) Der Kürzungsbetrag ist an den Träger der Sozialhilfe bis zu der Höhe zurückzuzahlen, in der die Leistung vom Träger der Sozialhilfe erbracht worden ist, und im Übrigen an den Leistungsberechtigten zurückzuzahlen.

(3) 1Der Kürzungsbetrag kann nicht über die Vergütungen refinanziert werden. 2Darüber hinaus besteht hinsichtlich des Kürzungsbetrags kein Anspruch auf Nachverhandlung gemäß § 77a Absatz 2.

§ 79a Außerordentliche Kündigung der Vereinbarungen

1Der Träger der Sozialhilfe kann die Vereinbarungen mit einem Leistungserbringer fristlos kündigen, wenn ihm ein Festhalten an den Vereinbarungen auf Grund einer groben Verletzung einer gesetzlichen oder vertraglichen Verpflichtung durch die Vertragspartei nicht mehr zumutbar ist. 2Eine grobe Pflichtverletzung liegt insbesondere dann vor, wenn in der Prüfung nach § 78 oder auf andere Weise festgestellt wird, dass

1. Leistungsberechtigte infolge der Pflichtverletzung zu Schaden kommen,
2. gravierende Mängel bei der Leistungserbringung vorhanden sind,
3. dem Leistungserbringer nach heimrechtlichen Vorschriften die Betriebserlaubnis entzogen ist,
4. dem Leistungserbringer der Betrieb untersagt wird oder
5. der Leistungserbringer nicht erbrachte Leistungen gegenüber dem Leistungsträger abrechnet.

3Die Kündigung bedarf der Schriftform. 4§ 59 des Zehnten Buches bleibt unberührt.

§ 80 Rahmenverträge

(1) 1Die überörtlichen Träger der Sozialhilfe und die örtlichen Träger der Sozialhilfe im Zuständigkeitsbereich des überörtlichen Trägers schließen mit den Vereinigungen der Leistungserbringer gemeinsam und einheitlich Rahmenverträge zu den Vereinbarungen nach § 76 ab. 2Die Rahmenverträge bestimmen

1. die nähere Abgrenzung der den Vergütungspauschalen und -beträgen nach § 76 zugrunde zu legenden Kostenarten und -bestandteile sowie die Zusammensetzung der Investitionsbeträge nach § 76,
2. den Inhalt und die Kriterien für die Ermittlung und Zusammensetzung der Maßnahmepauschalen, die Merkmale für die Bildung von Gruppen mit vergleichbarem Bedarf nach § 76 Absatz 3 Satz 3 sowie die Zahl der zu bildenden Gruppen,
3. die Festlegung von Personalrichtwerten oder anderen Methoden zur Festlegung der personellen Ausstattung,
4. die Grundsätze und Maßstäbe für die Wirtschaftlichkeit und Qualitätssicherung einschließlich der Wirksamkeit der Leistungen sowie Inhalt und Verfahren zur Durchführung von Wirtschaftlichkeits- und Qualitätsprüfungen und
5. das Verfahren zum Abschluss von Vereinbarungen.

3Für Leistungserbringer, die einer Kirche oder Religionsgemeinschaft des öffentlichen Rechts oder einem sonstigen freigemeinnützigen Träger zuzuordnen sind, können die Rahmenverträge auch von der Kirche oder

Religionsgemeinschaft oder von dem Wohlfahrtsverband abgeschlossen werden, dem der Leistungserbringer angehört. 4In den Rahmenverträgen sollen die Merkmale und Besonderheit der jeweiligen Leistungen berücksichtigt werden.

(2) Die durch Landesrecht bestimmten maßgeblichen Interessenvertretungen der Menschen mit Behinderungen wirken bei der Erarbeitung und Beschlussfassung der Rahmenverträge mit.

(3) Die Bundesarbeitsgemeinschaft der überörtlichen Träger der Sozialhilfe, die Bundesvereinigung der kommunalen Spitzenverbände und die Bundesvereinigungen der Leistungserbringer vereinbaren gemeinsam und einheitlich Empfehlungen zum Inhalt der Rahmenverträge nach Absatz 1.

(4) Kommt es nicht innerhalb von sechs Monaten nach schriftlicher Aufforderung durch die Landesregierung zu einem Rahmenvertrag, kann die Landesregierung durch Rechtsverordnung die Inhalte regeln.

§ 81 Schiedsstelle

(1) Für jedes Land oder für Teile eines Landes wird eine Schiedsstelle gebildet.

(2) Die Schiedsstelle besteht aus Vertretern der Leistungserbringer und Vertretern der örtlichen und überörtlichen Träger der Sozialhilfe in gleicher Zahl sowie einem unparteiischen Vorsitzenden.

(3) 1Die Vertreter der Leistungserbringer und deren Stellvertreter werden von den Vereinigungen der Leistungserbringer bestellt. 2Bei der Bestellung ist die Trägervielfalt zu beachten. 3Die Vertreter der Träger der Sozialhilfe und deren Stellvertreter werden von diesen bestellt. 4Der Vorsitzende und sein Stellvertreter werden von den beteiligten Organisationen gemeinsam bestellt. 5Kommt eine Einigung nicht zustande, werden sie durch Los bestimmt. 6Soweit beteiligte Organisationen keinen Vertreter bestellen oder im Verfahren nach Satz 3 keine Kandidaten für das Amt des Vorsitzenden und des Stellvertreters benennen, bestellt die zuständige Landesbehörde auf Antrag einer der beteiligten Organisationen die Vertreter und benennt die Kandidaten.

(4) 1Die Mitglieder der Schiedsstelle führen ihr Amt als Ehrenamt. 2Sie sind an Weisungen nicht gebunden. 3Jedes Mitglied hat eine Stimme. 4Die Entscheidungen werden mit der Mehrheit der Mitglieder getroffen. 5Ergibt sich keine Mehrheit, entscheidet die Stimme des Vorsitzenden.

(5) Die Landesregierungen werden ermächtigt, durch Rechtsverordnung das Nähere über

1. die Zahl der Schiedsstellen,
2. die Zahl der Mitglieder und deren Bestellung,
3. die Amtsdauer und Amtsführung,
4. die Erstattung der baren Auslagen und die Entschädigung für den Zeitaufwand der Mitglieder der Schiedsstelle,
5. die Geschäftsführung,
6. das Verfahren,
7. die Erhebung und die Höhe der Gebühren,
8. die Verteilung der Kosten sowie
9. die Rechtsaufsicht zu bestimmen.

Elftes Kapitel
Einsatz des Einkommens und des Vermögens

Erster Abschnitt
Einkommen

§ 82 Begriff des Einkommens

(1) 1Zum Einkommen gehören alle Einkünfte in Geld oder Geldeswert. 2Nicht zum Einkommen gehören

1. Leistungen nach diesem Buch,
2. die Grundrente nach dem Bundesversorgungsgesetz und nach den Gesetzen, die eine entsprechende Anwendung des Bundesversorgungsgesetzes vorsehen,
3. Renten oder Beihilfen nach dem Bundesentschädigungsgesetz für Schaden an Leben sowie an Körper oder Gesundheit bis zur Höhe der vergleichbaren Grundrente nach dem Bundesversorgungsgesetz,
4. Aufwandsentschädigungen nach § 1835a des Bürgerlichen Gesetzbuchs kalenderjährlich bis zu dem in § 3 Nummer 26 Satz 1 des Einkommensteuergesetzes genannten Betrag,
5. Mutterschaftsgeld nach § 19 des Mutterschutzgesetzes,
6. Einnahmen von Schülerinnen und Schülern allgemein- oder berufsbildender Schulen, die das 25. Lebensjahr noch nicht vollendet haben, aus Erwerbstätigkeiten, die in den Schulferien ausgeübt werden; dies gilt nicht für Schülerinnen und Schüler, die einen Anspruch auf Ausbildungsvergütung haben,

7. ein Betrag von insgesamt 520 Euro monatlich bei Leistungsberechtigten, die das 25. Lebensjahr noch nicht vollendet haben, und die
   a) eine nach dem Bundesausbildungsförderungsgesetz dem Grunde nach förderungsfähige Ausbildung durchführen,
   b) eine nach § 57 Absatz 1 des Dritten Buches dem Grunde nach förderungsfähige Ausbildung, eine nach § 51 des Dritten Buches dem Grunde nach förderungsfähige berufsvorbereitenden Bildungsmaßnahme oder eine nach § 54a des Dritten Buches geförderte Einstiegsqualifizierung durchführen oder
   c) als Schülerinnen und Schüler allgemein- oder berufsbildender Schulen während der Schulzeit erwerbstätig sind,
8. Aufwandsentschädigungen oder Einnahmen aus nebenberuflichen Tätigkeiten , die nach § 3 Nummer 12, Nummer 26 oder Nummer 26a des Einkommensteuergesetzes steuerfrei sind, soweit diese einen Betrag in Höhe von 3 000 Euro kalenderjährlich nicht überschreiten und
9. Erbschaften.

$_{3}$Einkünfte aus Rückerstattungen, die auf Vorauszahlungen beruhen, die Leistungsberechtigte aus dem Regelsatz erbracht haben, sind kein Einkommen. $_{4}$Bei Minderjährigen ist das Kindergeld dem jeweiligen Kind als Einkommen zuzurechnen, soweit es bei diesem zur Deckung des notwendigen Lebensunterhaltes, mit Ausnahme der Bedarfe nach § 34, benötigt wird.

(2) $_{1}$Von dem Einkommen sind abzusetzen

1. auf das Einkommen entrichtete Steuern,
2. Pflichtbeiträge zur Sozialversicherung einschließlich der Beiträge zur Arbeitsförderung,
3. Beiträge zu öffentlichen oder privaten Versicherungen oder ähnlichen Einrichtungen, soweit diese Beiträge gesetzlich vorgeschrieben oder nach Grund und Höhe angemessen sind, sowie geförderte Altersvorsorgebeiträge nach § 82 des Einkommensteuergesetzes, soweit sie den Mindesteigenbetrag nach § 86 des Einkommensteuergesetzes nicht überschreiten, und
4. die mit der Erzielung des Einkommens verbundenen notwendigen Ausgaben.

$_{2}$Erhält eine leistungsberechtigte Person aus einer Tätigkeit Bezüge oder Einnahmen, die als Taschengeld nach § 2 Nummer 4 des Bundesfreiwilligendienstgesetzes oder nach § 2 Absatz 1 Nummer 4 des Jugendfreiwilligendienstgesetzes gezahlt werden, ist abweichend von Satz 1 Nummer 2 bis 4 und den Absätzen 3 und 6 ein Betrag von bis zu 250 Euro monatlich nicht als Einkommen zu berücksichtigen. $_{3}$Soweit ein Betrag nach Satz 2 in Anspruch genommen wird, gelten die Beträge nach Absatz 3 Satz 1 zweiter Halbsatz und nach Absatz 6 Satz 1 zweiter Halbsatz insoweit als ausgeschöpft.

(3) $_{1}$Bei der Hilfe zum Lebensunterhalt und Grundsicherung im Alter und bei Erwerbsminderung ist ferner ein Betrag in Höhe von 30 vom Hundert des Einkommens aus selbständiger und nichtselbständiger Tätigkeit der Leistungsberechtigten abzusetzen, höchstens jedoch 50 vom Hundert der Regelbedarfsstufe 1 nach der Anlage zu § 28. $_{2}$Abweichend von Satz 1 ist bei einer Beschäftigung in einer Werkstatt für behinderte Menschen oder bei einem anderen Leistungsanbieter nach § 60 des Neunten Buches von dem Entgelt ein Achtel der Regelbedarfsstufe 1 nach der Anlage zu § 28 zuzüglich 50 vom Hundert des diesen Betrag übersteigenden Entgelts abzusetzen. $_{3}$Im Übrigen kann in begründeten Fällen ein anderer als in Satz 1 festgelegter Betrag vom Einkommen abgesetzt werden.

(4) Bei der Hilfe zum Lebensunterhalt und Grundsicherung im Alter und bei Erwerbsminderung ist ferner ein Betrag von 100 Euro monatlich aus einer zusätzlichen Altersvorsorge der Leistungsberechtigten zuzüglich 30 vom Hundert des diesen Betrag übersteigenden Einkommens aus einer zusätzlichen Altersvorsorge der Leistungsberechtigten abzusetzen, höchstens jedoch 50 vom Hundert der Regelbedarfsstufe 1 nach der Anlage zu § 28.

(5) $_{1}$Einkommen aus einer zusätzlichen Altersvorsorge im Sinne des Absatzes 4 ist jedes monatlich bis zum Lebensende ausgezahlte Einkommen, auf das der Leistungsberechtigte vor Erreichen der Regelaltersgrenze auf freiwilliger Grundlage Ansprüche erworben hat und das dazu bestimmt und geeignet ist, die Einkommenssituation des Leistungsberechtigten gegenüber möglichen Ansprüchen aus Zeiten einer Versicherungspflicht in der gesetzlichen Rentenversicherung nach den §§ 1 bis 4 des Sechsten Buches, nach § 1 des Gesetzes über die Alterssicherung der Landwirte, aus beamtenrechtlichen Versorgungsansprüchen und aus Ansprüchen aus Zeiten einer Versicherungspflicht in einer Versicherungs- und Versorgungseinrichtung, die für Angehörige bestimmter Berufe errichtet ist, zu verbessern. $_{2}$Als Einkommen aus einer zusätzlichen Altersvorsorge gelten auch laufende Zahlungen aus

1. einer betrieblichen Altersversorgung im Sinne des Betriebsrentengesetzes,
2. einem nach § 5 des Altersvorsorgeverträge-Zertifizierungsgesetzes zertifizierten Altersvorsorgevertrag und
3. einem nach § 5a des Altersvorsorgeverträge-Zertifizierungsgesetzes zertifizierten Basisrentenvertrag.

3Werden bis zu zwölf Monatsleistungen aus einer zusätzlichen Altersvorsorge, insbesondere gemäß einer Vereinbarung nach § 10 Absatz 1 Nummer 2 Satz 3 erster Halbsatz des Einkommensteuergesetzes, zusammengefasst, so ist das Einkommen gleichmäßig auf den Zeitraum aufzuteilen, für den die Auszahlung erfolgte.

(6) Für Personen, die Leistungen der Hilfe zur Pflege, der Blindenhilfe oder Leistungen der Eingliederungshilfe nach dem Neunten Buch erhalten, ist ein Betrag in Höhe von 40 Prozent des Einkommens aus selbständiger und nichtselbständiger Tätigkeit der Leistungsberechtigten abzusetzen, höchstens jedoch 65 Prozent der Regelbedarfsstufe 1 nach der Anlage zu § 28.

(7) 1Einmalige Einnahmen, bei denen für den Monat des Zuflusses bereits Leistungen ohne Berücksichtigung der Einnahme erbracht worden sind, werden im Folgemonat berücksichtigt. 2Entfiele der Leistungsanspruch durch die Berücksichtigung in einem Monat, ist die einmalige Einnahme auf einen Zeitraum von sechs Monaten gleichmäßig zu verteilen und mit einem entsprechenden Teilbetrag zu berücksichtigen. 3In begründeten Einzelfällen ist der Anrechnungszeitraum nach Satz 2 angemessen zu verkürzen. 4Die Sätze 1 und 2 sind auch anzuwenden, soweit während des Leistungsbezugs eine Auszahlung zur Abfindung einer Kleinbetragsrente im Sinne des § 93 Absatz 3 Satz 2 des Einkommensteuergesetzes oder nach § 3 Absatz 2 des Betriebsrentengesetzes erfolgt und durch den ausgezahlten Betrag das Vermögen überschritten wird, welches nach § 90 Absatz 2 Nummer 9 und Absatz 3 nicht einzusetzen ist.

§ 82a Freibetrag für Personen mit Grundrentenzeiten oder entsprechenden Zeiten aus anderweitigen Alterssicherungssystemen

(1) Bei der Hilfe zum Lebensunterhalt und Grundsicherung im Alter und bei Erwerbsminderung ist für Personen, die mindestens 33 Jahre an Grundrentenzeiten nach § 76g Absatz 2 des Sechsten Buches erreicht haben, ein Betrag in Höhe von 100 Euro monatlich aus der gesetzlichen Rente zuzüglich 30 Prozent des diesen Betrag übersteigenden Einkommens aus der gesetzlichen Rente vom Einkommen nach § 82 Absatz 1 abzusetzen, höchstens jedoch ein Betrag in Höhe von 50 Prozent der Regelbedarfsstufe 1 nach der Anlage zu § 28.

(2) Absatz 1 gilt entsprechend für Personen, die mindestens 33 Jahre an Grundrentenzeiten vergleichbaren Zeiten in

1. einer Versicherungspflicht nach § 1 des Gesetzes über die Alterssicherung der Landwirte haben,
2. einer sonstigen Beschäftigung, in der Versicherungsfreiheit nach § 5 Absatz 1 Satz 1 Nummer 2 und 3 und Satz 2 des Sechsten Buches oder Befreiung von der Versicherungspflicht nach § 6 Absatz 1 Satz 1 Nummer 2 des Sechsten Buches bestand, haben oder
3. einer Versicherungspflicht in einer Versicherungs- oder Versorgungseinrichtung, die für Angehörige bestimmter Berufe errichtet ist, haben.

Absatz 1 gilt auch, wenn die 33 Jahre durch die Zusammenrechnung der Zeiten nach Satz 1 Nummer 1 bis 3 und der Grundrentenzeiten nach § 76g Absatz 2 des Sechsten Buches erfüllt werden. Je Kalendermonat wird eine Grundrentenzeit oder eine nach Satz 1 vergleichbare Zeit angerechnet.

§ 83 Nach Zweck und Inhalt bestimmte Leistungen

(1) Leistungen, die auf Grund öffentlich-rechtlicher Vorschriften zu einem ausdrücklich genannten Zweck erbracht werden, sind nur so weit als Einkommen zu berücksichtigen, als die Sozialhilfe im Einzelfall demselben Zweck dient.

(2) Eine Entschädigung, die wegen eines Schadens, der nicht Vermögensschaden ist, nach § 253 Abs. 2 des Bürgerlichen Gesetzbuches geleistet wird, ist nicht als Einkommen zu berücksichtigen.

§ 84 Zuwendungen

(1) 1Zuwendungen der freien Wohlfahrtspflege bleiben als Einkommen außer Betracht. 2Dies gilt nicht, soweit die Zuwendung die Lage der Leistungsberechtigten so günstig beeinflusst, dass daneben Sozialhilfe ungerechtfertigt wäre.

(2) Zuwendungen, die ein anderer erbringt, ohne hierzu eine rechtliche oder sittliche Pflicht zu haben, sollen als Einkommen außer Betracht bleiben, soweit ihre Berücksichtigung für die Leistungsberechtigten eine besondere Härte bedeuten würde.

Zweiter Abschnitt
Einkommensgrenzen für die Leistungen nach dem Fünften bis Neunten Kapitel

§ 85 Einkommensgrenze

(1) Bei der Hilfe nach dem Fünften bis Neunten Kapitel ist der nachfragenden Person und ihrem nicht getrennt lebenden Ehegatten oder Lebenspartner die Aufbringung der Mittel nicht zuzumuten, wenn während der Dauer des Bedarfs ihr monatliches Einkommen zusammen eine Einkommensgrenze nicht übersteigt, die sich ergibt aus

1. einem Grundbetrag in Höhe des Zweifachen der Regelbedarfsstufe 1 nach der Anlage zu § 28,
2. den Aufwendungen für die Unterkunft, soweit diese den der Besonderheit des Einzelfalles angemessenen Umfang nicht übersteigen und
3. einem Familienzuschlag in Höhe des auf volle Euro aufgerundeten Betrages von 70 vom Hundert der Regelbedarfsstufe 1 nach der Anlage zu § 28 für den nicht getrennt lebenden Ehegatten oder Lebenspartner und für jede Person, die von der nachfragenden Person, ihrem nicht getrennt lebenden Ehegatten oder Lebenspartner überwiegend unterhalten worden ist oder für die sie nach der Entscheidung über die Erbringung der Sozialhilfe unterhaltspflichtig werden.

(2) 1Ist die nachfragende Person minderjährig und unverheiratet, so ist ihr und ihren Eltern die Aufbringung der Mittel nicht zuzumuten, wenn während der Dauer des Bedarfs das monatliche Einkommen der nachfragenden Person und ihrer Eltern zusammen eine Einkommensgrenze nicht übersteigt, die sich ergibt aus

1. einem Grundbetrag in Höhe des Zweifachen der Regelbedarfsstufe 1 nach der Anlage zu § 28,
2. den Aufwendungen für die Unterkunft, soweit diese den der Besonderheit des Einzelfalles angemessenen Umfang nicht übersteigen und
3. einem Familienzuschlag in Höhe des auf volle Euro aufgerundeten Betrages von 70 vom Hundert der Regelbedarfsstufe 1 nach der Anlage zu § 28 für einen Elternteil, wenn die Eltern zusammenleben, sowie für die nachfragende Person und für jede Person, die von den Eltern oder der nachfragenden Person überwiegend unterhalten worden ist oder für die sie nach der Entscheidung über die Erbringung der Sozialhilfe unterhaltspflichtig werden.

2Leben die Eltern nicht zusammen, richtet sich die Einkommensgrenze nach dem Elternteil, bei dem die nachfragende Person lebt. 3Lebt sie bei keinem Elternteil, bestimmt sich die Einkommensgrenze nach Absatz 1.

(3) 1Die Regelbedarfsstufe 1 nach der Anlage zu § 28 bestimmt sich nach dem Ort, an dem der Leistungsberechtigte die Leistung erhält. 2Bei der Leistung in einer Einrichtung sowie bei Unterbringung in einer anderen Familie oder bei den in § 107 genannten anderen Personen bestimmt er sich nach dem gewöhnlichen Aufenthalt des Leistungsberechtigten oder, wenn im Falle des Absatzes 2 auch das Einkommen seiner Eltern oder eines Elternteils maßgebend ist, nach deren gewöhnlichen Aufenthalt. 3Ist ein gewöhnlicher Aufenthalt im Inland nicht vorhanden oder nicht zu ermitteln, ist Satz 1 anzuwenden.

§ 86 Abweichender Grundbetrag

Die Länder und, soweit landesrechtliche Vorschriften nicht entgegenstehen, auch die Träger der Sozialhilfe können für bestimmte Arten der Hilfe nach dem Fünften bis Neunten Kapitel der Einkommensgrenze einen höheren Grundbetrag zu Grunde legen.

§ 87 Einsatz des Einkommens über der Einkommensgrenze

(1) 1Soweit das zu berücksichtigende Einkommen die Einkommensgrenze übersteigt, ist die Aufbringung der Mittel in angemessenem Umfang zuzumuten. 2Bei der Prüfung, welcher Umfang angemessen ist, sind insbesondere die Art des Bedarfs, die Art oder Schwere der Behinderung oder der Pflegebedürftigkeit, die Dauer und Höhe der erforderlichen Aufwendungen sowie besondere Belastungen der nachfragenden Person und ihrer unterhaltsberechtigten Angehörigen zu berücksichtigen. 3Bei Pflegebedürftigen der Pflegegrade 4 und 5 und blinden Menschen nach § 72 ist ein Einsatz des Einkommens über der Einkommensgrenze in Höhe von mindestens 60 vom Hundert nicht zuzumuten.

(2) Verliert die nachfragende Person durch den Eintritt eines Bedarfsfalles ihr Einkommen ganz oder teilweise und ist ihr Bedarf nur von kurzer Dauer, so kann die Aufbringung der Mittel auch aus dem Einkommen verlangt werden, das sie innerhalb eines angemessenen Zeitraumes nach dem Wegfall des Bedarfs erwirbt und das die Einkommensgrenze übersteigt, jedoch nur insoweit, als ihr ohne den Verlust des Einkommens die Aufbringung der Mittel zuzumuten gewesen wäre.

(3) Bei einmaligen Leistungen zur Beschaffung von Bedarfsgegenständen, deren Gebrauch für mindestens ein Jahr bestimmt ist, kann die Aufbringung der Mittel nach Maßgabe des Absatzes 1 auch aus dem Einkommen verlangt werden, das die in § 19 Abs. 3 genannten Personen innerhalb eines Zeitraumes von bis zu drei Monaten nach Ablauf des Monats, in dem über die Leistung entschieden worden ist, erwerben.

§ 88 Einsatz des Einkommens unter der Einkommensgrenze

(1) $_{1}$Die Aufbringung der Mittel kann, auch soweit das Einkommen unter der Einkommensgrenze liegt, verlangt werden,

1. soweit von einem anderen Leistungen für einen besonderen Zweck erbracht werden, für den sonst Sozialhilfe zu leisten wäre,
2. wenn zur Deckung des Bedarfs nur geringfügige Mittel erforderlich sind.

$_{2}$Darüber hinaus soll in angemessenem Umfang die Aufbringung der Mittel verlangt werden, wenn eine Person für voraussichtlich längere Zeit Leistungen in einer stationären Einrichtung bedarf.

(2) $_{1}$Bei einer stationären Leistung in einer stationären Einrichtung wird von dem Einkommen, das der Leistungsberechtigte aus einer entgeltlichen Beschäftigung erzielt, die Aufbringung der Mittel in Höhe von einem Achtel der Regelbedarfsstufe 1 nach der Anlage zu § 28 zuzüglich 50 vom Hundert des diesen Betrag übersteigenden Einkommens aus der Beschäftigung nicht verlangt. $_{2}$§ 82 Absatz 3 und 6 ist nicht anzuwenden.

§ 89 Einsatz des Einkommens bei mehrfachem Bedarf

(1) Wird im Einzelfall der Einsatz eines Teils des Einkommens zur Deckung eines bestimmten Bedarfs zugemutet oder verlangt, darf dieser Teil des Einkommens bei der Prüfung, inwieweit der Einsatz des Einkommens für einen anderen gleichzeitig bestehenden Bedarf zuzumuten ist oder verlangt werden kann, nicht berücksichtigt werden.

(2) $_{1}$Sind im Fall des Absatzes 1 für die Bedarfsfälle verschiedene Träger der Sozialhilfe zuständig, hat die Entscheidung über die Leistung für den zuerst eingetretenen Bedarf den Vorrang. $_{2}$Treten die Bedarfsfälle gleichzeitig ein, ist das über der Einkommensgrenze liegende Einkommen zu gleichen Teilen bei den Bedarfsfällen zu berücksichtigen. $_{3}$Bestehen neben den Bedarfen für Leistungen nach diesem Buch gleichzeitig Bedarfe für Leistungen nach Teil 2 des Neunten Buches, so ist das über der Einkommensgrenze liegende Einkommen nur zur Hälfte zu berücksichtigen.

Dritter Abschnitt
Vermögen

§ 90 Einzusetzendes Vermögen

(1) Einzusetzen ist das gesamte verwertbare Vermögen.

(2) Die Sozialhilfe darf nicht abhängig gemacht werden vom Einsatz oder von der Verwertung

1. eines Vermögens, das aus öffentlichen Mitteln zum Aufbau oder zur Sicherung einer Lebensgrundlage oder zur Gründung eines Hausstandes erbracht wird,
2. eines nach § 10a oder Abschnitt XI des Einkommensteuergesetzes geförderten Altersvorsorgevermögens im Sinne des § 92 des Einkommensteuergesetzes; dies gilt auch für das in der Auszahlungsphase insgesamt zur Verfügung stehende Kapital, soweit die Auszahlung als monatliche oder als sonstige regelmäßige Leistung im Sinne von § 82 Absatz 5 Satz 3 erfolgt; für diese Auszahlungen ist § 82 Absatz 4 und 5 anzuwenden,
3. eines sonstigen Vermögens, solange es nachweislich zur baldigen Beschaffung oder Erhaltung eines Hausgrundstücks im Sinne der Nummer 8 bestimmt ist, soweit dieses Wohnzwecken von Menschen mit einer wesentlichen Behinderung oder einer drohenden wesentlichen Behinderung (§ 99 Absatz 1 und 2 des Neunten Buches) oder von blinden Menschen (§ 72) oder pflegebedürftigen Menschen (§ 61) dient oder dienen soll und dieser Zweck durch den Einsatz oder die Verwertung des Vermögens gefährdet würde,
4. eines angemessenen Hausrats; dabei sind die bisherigen Lebensverhältnisse der nachfragenden Person zu berücksichtigen,
5. von Gegenständen, die zur Aufnahme oder Fortsetzung der Berufsausbildung oder der Erwerbstätigkeit unentbehrlich sind,
6. von Familien- und Erbstücken, deren Veräußerung für die nachfragende Person oder ihre Familie eine besondere Härte bedeuten würde,
7. von Gegenständen, die zur Befriedigung geistiger, insbesondere wissenschaftlicher oder künstleri-

XII

scher Bedürfnisse dienen und deren Besitz nicht Luxus ist,

8. eines angemessenen Hausgrundstücks, das von der nachfragenden Person oder einer anderen in den § 19 Abs. 1 bis 3 genannten Person allein oder zusammen mit Angehörigen ganz oder teilweise bewohnt wird und nach ihrem Tod von ihren Angehörigen bewohnt werden soll. Die Angemessenheit bestimmt sich nach der Zahl der Bewohner, dem Wohnbedarf (zum Beispiel behinderter, blinder oder pflegebedürftiger Menschen), der Grundstücksgröße, der Hausgröße, dem Zuschnitt und der Ausstattung des Wohngebäudes sowie dem Wert des Grundstücks einschließlich des Wohngebäudes,
9. kleinerer Barbeträge oder sonstiger Geldwerte; dabei ist eine besondere Notlage der nachfragenden Person zu berücksichtigen,
10. eines angemessenen Kraftfahrzeuges.

(3) 1Die Sozialhilfe darf ferner nicht vom Einsatz oder von der Verwertung eines Vermögens abhängig gemacht werden, soweit dies für den, der das Vermögen einzusetzen hat, und für seine unterhaltsberechtigten Angehörigen eine Härte bedeuten würde. 2Dies ist bei der Leistung nach dem Fünften bis Neunten Kapitel insbesondere der Fall, soweit eine angemessene Lebensführung oder die Aufrechterhaltung einer angemessenen Alterssicherung wesentlich erschwert würde.

§ 91 Darlehen

1Soweit nach § 90 für den Bedarf der nachfragenden Person Vermögen einzusetzen ist, jedoch der sofortige Verbrauch oder die sofortige Verwertung des Vermögens nicht möglich ist oder für die, die es einzusetzen hat, eine Härte bedeuten würde, soll die Sozialhilfe als Darlehen geleistet werden. 2Die Leistungserbringung kann davon abhängig gemacht werden, dass der Anspruch auf Rückzahlung dinglich oder in anderer Weise gesichert wird.

Vierter Abschnitt
Einschränkung der Anrechnung

§ 92 Beschränkung des Einkommenseinsatzes auf die häusliche Ersparnis

(1) 1Erhält eine Person, die nicht in einer Wohnung nach § 42a Absatz 2 Satz 2 lebt, Leistungen nach dem Dritten, Vierten, Fünften, Siebten, Achten oder Neunten Kapitel oder Leistungen für ärztliche oder ärztlich verordnete Maßnahmen, so kann die Aufbringung der Mittel für die Leistungen nach dem Dritten und Vierten Kapitel von ihr und den übrigen in § 19 Absatz 3 genannten Personen verlangt werden, soweit Aufwendungen für den häuslichen Lebensunterhalt erspart werden. 2Für Leistungsberechtigte nach § 27c Absatz 1 und die übrigen in § 19 Absatz 3 genannten Personen sind Leistungen nach § 27c ohne die Berücksichtigung von vorhandenem Vermögen zu erbringen; Absatz 2 findet keine Anwendung. 3Die Aufbringung der Mittel nach Satz 1 ist aus dem Einkommen nicht zumutbar, wenn Personen, bei denen nach § 138 Absatz 1 Nummer 3 und 6 des Neunten Buches ein Beitrag zu Leistungen der Eingliederungshilfe nicht verlangt wird, einer selbständigen und nicht selbständigen Tätigkeit nachgehen und das Einkommen aus dieser Tätigkeit einen Betrag in Höhe des Zweifachen der Regelbedarfsstufe 1 nach der Anlage zu § 28 nicht übersteigt; Satz 2 gilt entsprechend.

(2) 1Darüber hinaus soll in angemessenem Umfang die Aufbringung der Mittel aus dem gemeinsamen Einkommen der leistungsberechtigten Person und ihres nicht getrennt lebenden Ehegatten oder Lebenspartners verlangt werden, wenn die leistungsberechtigte Person auf voraussichtlich längere Zeit Leistungen in einer stationären Einrichtung bedarf. 2Bei der Prüfung, welcher Umfang angemessen ist, ist auch der bisherigen Lebenssituation des im Haushalt verbliebenen, nicht getrennt lebenden Ehegatten oder Lebenspartners sowie der im Haushalt lebenden minderjährigen unverheirateten Kinder Rechnung zu tragen.

(3) 1Hat ein anderer als ein nach bürgerlichem Recht Unterhaltspflichtiger nach sonstigen Vorschriften Leistungen für denselben Zweck zu erbringen, wird seine Verpflichtung durch Absatz 2 nicht berührt. 2Soweit er solche Leistungen erbringt, kann abweichend von Absatz 2 von den in § 19 Absatz 3 genannten Personen die Aufbringung der Mittel verlangt werden.

Fünfter Abschnitt
Verpflichtungen anderer

§ 93 Übergang von Ansprüchen

(1) 1Hat eine leistungsberechtigte Person oder haben bei Gewährung von Hilfen nach dem Fünften bis Neunten Kapitel auch ihre Eltern, ihr nicht getrennt lebender Ehegatte oder ihr Lebenspartner für die Zeit, für die Leistungen erbracht werden, einen Anspruch

gegen einen anderen, der kein Leistungsträger im Sinne des § 12 des Ersten Buches ist, kann der Träger der Sozialhilfe durch schriftliche Anzeige an den anderen bewirken, dass dieser Anspruch bis zur Höhe seiner Aufwendungen auf ihn übergeht. 2Er kann den Übergang dieses Anspruchs auch wegen seiner Aufwendungen für diejenigen Leistungen des Dritten und Vierten Kapitels bewirken, die er gleichzeitig mit den Leistungen für die in Satz 1 genannte leistungsberechtigte Person, deren nicht getrennt lebenden Ehegatten oder Lebenspartner und deren minderjährigen unverheirateten Kindern erbringt. 3Der Übergang des Anspruchs darf nur insoweit bewirkt werden, als bei rechtzeitiger Leistung des anderen entweder die Leistung nicht erbracht worden wäre oder in den Fällen des § 19 Abs. 5 Aufwendungsersatz oder ein Kostenbeitrag zu leisten wäre. 4Der Übergang ist nicht dadurch ausgeschlossen, dass der Anspruch nicht übertragen, verpfändet oder gepfändet werden kann.

(2) 1Die schriftliche Anzeige bewirkt den Übergang des Anspruchs für die Zeit, für die der leistungsberechtigten Person die Leistung ohne Unterbrechung erbracht wird. 2Als Unterbrechung gilt ein Zeitraum von mehr als zwei Monaten.

(3) Widerspruch und Anfechtungsklage gegen den Verwaltungsakt, der den Übergang des Anspruchs bewirkt, haben keine aufschiebende Wirkung.

(4) Die §§ 115 und 116 des Zehnten Buches gehen der Regelung des Absatzes 1 vor.

§ 94 Übergang von Ansprüchen gegen einen nach bürgerlichem Recht Unterhaltspflichtigen

(1) 1Hat die leistungsberechtigte Person für die Zeit, für die Leistungen erbracht werden, nach bürgerlichem Recht einen Unterhaltsanspruch, geht dieser bis zur Höhe der geleisteten Aufwendungen zusammen mit dem unterhaltsrechtlichen Auskunftsanspruch auf den Träger der Sozialhilfe über. 2Der Übergang des Anspruchs ist ausgeschlossen, soweit der Unterhaltsanspruch durch laufende Zahlung erfüllt wird. 3Der Übergang des Anspruchs ist auch ausgeschlossen, wenn die unterhaltspflichtige Person zum Personenkreis des § 19 gehört oder die unterhaltspflichtige Person mit der leistungsberechtigten Person vom zweiten Grad an verwandt ist. 4Gleiches gilt für Unterhaltsansprüche gegen Verwandte ersten Grades einer Person, die schwanger ist oder ihr leibliches Kind bis zur Vollendung seines sechsten Lebensjahres betreut. 5§ 93 Abs. 4 gilt entsprechend.

(1a) 1Unterhaltsansprüche der Leistungsberechtigten gegenüber ihren Kindern und Eltern sind nicht zu berücksichtigen, es sei denn, deren jährliches Gesamteinkommen im Sinne des § 16 des Vierten Buches beträgt jeweils mehr als 100 000 Euro (Jahreseinkommensgrenze). 2Der Übergang von Ansprüchen der Leistungsberechtigten ist ausgeschlossen, sofern Unterhaltsansprüche nach Satz 1 nicht zu berücksichtigen sind. 3Es wird vermutet, dass das Einkommen der unterhaltsverpflichteten Personen nach Satz 1 die Jahreseinkommensgrenze nicht überschreitet. 4Zur Widerlegung der Vermutung nach Satz 3 kann der jeweils für die Ausführung des Gesetzes zuständige Träger von den Leistungsberechtigten Angaben verlangen, die Rückschlüsse auf die Einkommensverhältnisse der Unterhaltspflichtigen nach Satz 1 zulassen. 5Liegen im Einzelfall hinreichende Anhaltspunkte für ein Überschreiten der Jahreseinkommensgrenze vor, so ist § 117 anzuwenden. 6Die Sätze 1 bis 5 gelten nicht bei Leistungen nach dem Dritten Kapitel an minderjährige Kinder.

(2) 1Der Anspruch einer volljährigen unterhaltsberechtigten Person, die in der Eingliederungshilfe leistungsberechtigt im Sinne des § 99 Absatz 1 bis 3 des Neunten Buches oder pflegebedürftig im Sinne von § 61a ist, gegenüber ihren Eltern wegen Leistungen nach dem Siebten Kapitel geht nur in Höhe von bis zu 26 Euro, wegen Leistungen nach dem Dritten und Vierten Kapitel nur in Höhe von bis zu 20 Euro monatlich über. 2Es wird vermutet, dass der Anspruch in Höhe der genannten Beträge übergeht und mehrere Unterhaltspflichtige zu gleichen Teilen haften; die Vermutung kann widerlegt werden. 3Die in Satz 1 genannten Beträge verändern sich zum gleichen Zeitpunkt und um denselben Vomhundertsatz, um den sich das Kindergeld verändert.

(3) 1Ansprüche nach Absatz 1 und 2 gehen nicht über, soweit

1. die unterhaltspflichtige Person Leistungsberechtigte nach dem Dritten und Vierten Kapitel ist oder bei Erfüllung des Anspruchs würde oder
2. der Übergang des Anspruchs eine unbillige Härte bedeuten würde.

2Der Träger der Sozialhilfe hat die Einschränkung des Übergangs nach Satz 1 zu berücksichtigen, wenn er von ihren Voraussetzungen durch vorgelegte Nachweise oder auf andere Weise Kenntnis hat.

XII

(4) 1Für die Vergangenheit kann der Träger der Sozialhilfe den übergegangenen Unterhalt außer unter den Voraussetzungen des bürgerlichen Rechts nur von der Zeit an fordern, zu welcher er dem Unterhaltspflichtigen die Erbringung der Leistung schriftlich mitgeteilt hat. 2Wenn die Leistung voraussichtlich auf längere Zeit erbracht werden muss, kann der Träger der Sozialhilfe bis zur Höhe der bisherigen monatlichen Aufwendungen auch auf künftige Leistungen klagen.

(5) 1Der Träger der Sozialhilfe kann den auf ihn übergegangenen Unterhaltsanspruch im Einvernehmen mit der leistungsberechtigten Person auf diesen zur gerichtlichen Geltendmachung rückübertragen und sich den geltend gemachten Unterhaltsanspruch abtreten lassen. 2Kosten, mit denen die leistungsberechtigte Person dadurch selbst belastet wird, sind zu übernehmen. 3Über die Ansprüche nach den Absätzen 1, 2 bis 4 ist im Zivilrechtsweg zu entscheiden.

§ 95 Feststellung der Sozialleistungen

1Der erstattungsberechtigte Träger der Sozialhilfe kann die Feststellung einer Sozialleistung betreiben sowie Rechtsmittel einlegen. 2Der Ablauf der Fristen, die ohne sein Verschulden verstrichen sind, wirkt nicht gegen ihn. 3Satz 2 gilt nicht für die Verfahrensfristen, soweit der Träger der Sozialhilfe das Verfahren selbst betreibt.

Sechster Abschnitt
Verordnungsermächtigungen

§ 96 Verordnungsermächtigungen

(1) Die Bundesregierung kann durch Rechtsverordnung mit Zustimmung des Bundesrates Näheres über die Berechnung des Einkommens nach § 82, insbesondere der Einkünfte aus Land- und Forstwirtschaft, aus Gewerbebetrieb und aus selbständiger Arbeit bestimmen.

(2) Das Bundesministerium für Arbeit und Soziales kann durch Rechtsverordnung mit Zustimmung des Bundesrates die Höhe der Barbeträge oder sonstigen Geldwerte im Sinne des § 90 Abs. 2 Nr. 9 bestimmen.

Zwölftes Kapitel
Zuständigkeit der Träger der Sozialhilfe

Erster Abschnitt
Sachliche und örtliche Zuständigkeit

§ 97 Sachliche Zuständigkeit

(1) Für die Sozialhilfe sachlich zuständig ist der örtliche Träger der Sozialhilfe, soweit nicht der überörtliche Träger sachlich zuständig ist.

(2) 1Die sachliche Zuständigkeit des überörtlichen Trägers der Sozialhilfe wird nach Landesrecht bestimmt. 2Dabei soll berücksichtigt werden, dass so weit wie möglich für Leistungen im Sinne von § 8 Nr. 1 bis 6 jeweils eine einheitliche sachliche Zuständigkeit gegeben ist.

(3) Soweit Landesrecht keine Bestimmung nach Absatz 2 Satz 1 enthält, ist der überörtliche Träger der Sozialhilfe für

1. (weggefallen)
2. Leistungen der Hilfe zur Pflege nach den §§ 61 bis 66,
3. Leistungen der Hilfe zur Überwindung besonderer sozialer Schwierigkeiten nach den §§ 67 bis 69,
4. Leistungen der Blindenhilfe nach § 72

sachlich zuständig.

(4) Die sachliche Zuständigkeit für eine stationäre Leistung umfasst auch die sachliche Zuständigkeit für Leistungen, die gleichzeitig nach anderen Kapiteln zu erbringen sind, sowie für eine Leistung nach § 74.

§ 98 Örtliche Zuständigkeit

(1) 1Für die Sozialhilfe örtlich zuständig ist der Träger der Sozialhilfe, in dessen Bereich sich die Leistungsberechtigten tatsächlich aufhalten. 2Diese Zuständigkeit bleibt bis zur Beendigung der Leistung auch dann bestehen, wenn die Leistung außerhalb seines Bereichs erbracht wird.

(1a) 1Abweichend von Absatz 1 ist im Falle der Auszahlung der Leistungen nach § 34 Absatz 2 Satz 1 Nummer 1 und bei Anwendung von § 34a Absatz 7 der nach § 34c zuständige Träger der Sozialhilfe zuständig, in dessen örtlichem Zuständigkeitsbereich die Schule liegt. 2Die Zuständigkeit nach Satz 1 umfasst auch Leistungen an Schülerinnen und Schüler, für die im Übrigen ein anderer Träger der Sozialhilfe nach Absatz 1 örtlich zuständig ist oder wäre.

(2) 1Für die stationäre Leistung ist der Träger der Sozialhilfe örtlich zuständig, in dessen Bereich die Leistungsberechtigten ihren gewöhnlichen Aufenthalt im Zeitpunkt der Aufnahme in die Einrichtung haben oder in den zwei Monaten vor der Aufnahme zuletzt gehabt hatten. 2Waren bei Einsetzen der Sozialhilfe die Leistungsberechtigten aus einer Einrichtung im Sinne des Satzes 1 in eine andere Einrichtung oder von dort in weitere Einrichtungen übergetreten oder tritt nach dem Einsetzen der Leistung ein solcher Fall ein, ist der gewöhnliche Aufenthalt, der für die erste Einrichtung

maßgebend war, entscheidend. 3Steht innerhalb von vier Wochen nicht fest, ob und wo der gewöhnliche Aufenthalt nach Satz 1 oder 2 begründet worden ist oder ist ein gewöhnlicher Aufenthaltsort nicht vorhanden oder nicht zu ermitteln oder liegt ein Eilfall vor, hat der nach Absatz 1 zuständige Träger der Sozialhilfe über die Leistung unverzüglich zu entscheiden und sie vorläufig zu erbringen. 4Wird ein Kind in einer Einrichtung im Sinne des Satzes 1 geboren, tritt an die Stelle seines gewöhnlichen Aufenthalts der gewöhnliche Aufenthalt der Mutter.

(3) In den Fällen des § 74 ist der Träger der Sozialhilfe örtlich zuständig, der bis zum Tod der leistungsberechtigten Person Sozialhilfe leistete, in den anderen Fällen der Träger der Sozialhilfe, in dessen Bereich der Sterbeort liegt.

(4) Für Hilfen an Personen, die sich in Einrichtungen zum Vollzug richterlich angeordneter Freiheitsentziehung aufhalten oder aufgehalten haben, gelten die Absätze 1 und 2 sowie die §§ 106 und 109 entsprechend.

(5) 1Für die Leistungen nach diesem Buch an Personen, die Leistungen nach dem Siebten und Achten Kapitel in Formen ambulanter betreuter Wohnmöglichkeiten erhalten, ist der Träger der Sozialhilfe örtlich zuständig, der vor Eintritt in diese Wohnform zuletzt zuständig war oder gewesen wäre. 2Vor Inkrafttreten dieses Buches begründete Zuständigkeiten bleiben hiervon unberührt.

(6) Soweit Leistungen der Eingliederungshilfe nach Teil 2 des Neunten Buches zu erbringen sind, richtet sich die örtliche Zuständigkeit für gleichzeitig zu erbringende Leistungen nach diesem Buch nach § 98 des Neunten Buches, soweit das Landesrecht keine abweichende Regelung trifft.

§ 99 Vorbehalt abweichender Durchführung

(1) Die Länder können bestimmen, dass und inwieweit die Kreise ihnen zugehörige Gemeinden oder Gemeindeverbände zur Durchführung von Aufgaben nach diesem Buch heranziehen und ihnen dabei Weisungen erteilen können; in diesen Fällen erlassen die Kreise den Widerspruchsbescheid nach dem Sozialgerichtsgesetz.

(2) Die Länder können bestimmen, dass und inwieweit die überörtlichen Träger der Sozialhilfe örtliche Träger der Sozialhilfe sowie diesen zugehörige Gemeinden und Gemeindeverbände zur Durchführung von Aufgaben nach diesem Buch heranziehen und ihnen dabei Weisungen erteilen können; in diesen Fällen erlassen die überörtlichen Träger den Widerspruchsbescheid nach dem Sozialgerichtsgesetz, soweit nicht nach Landesrecht etwas anderes bestimmt wird.

Zweiter Abschnitt
Sonderbestimmungen

§ 100 (weggefallen)

§ 101 Behördenbestimmung und Stadtstaaten-Klausel

(1) Welche Stellen zuständige Behörden sind, bestimmt die Landesregierung, soweit eine landesrechtliche Regelung nicht besteht.

(2) Die Senate der Länder Berlin, Bremen und Hamburg werden ermächtigt, die Vorschriften dieses Buches über die Zuständigkeit von Behörden dem besonderen Verwaltungsaufbau ihrer Länder anzupassen.

Dreizehntes Kapitel
Kosten

Erster Abschnitt
Kostenersatz

§ 102 Kostenersatz durch Erben

(1) 1Der Erbe der leistungsberechtigten Person oder ihres Ehegatten oder ihres Lebenspartners, falls diese vor der leistungsberechtigten Person sterben, ist vorbehaltlich des Absatzes 5 zum Ersatz der Kosten der Sozialhilfe verpflichtet. 2Die Ersatzpflicht besteht nur für die Kosten der Sozialhilfe, die innerhalb eines Zeitraumes von zehn Jahren vor dem Erbfall aufgewendet worden sind und die das Dreifache des Grundbetrages nach § 85 Abs. 1 übersteigen. 3Die Ersatzpflicht des Erben des Ehegatten oder Lebenspartners besteht nicht für die Kosten der Sozialhilfe, die während des Getrenntlebens der Ehegatten oder Lebenspartner geleistet worden sind. 4Ist die leistungsberechtigte Person der Erbe ihres Ehegatten oder Lebenspartners, ist sie zum Ersatz der Kosten nach Satz 1 nicht verpflichtet.

(2) 1Die Ersatzpflicht des Erben gehört zu den Nachlassverbindlichkeiten. 2Der Erbe haftet mit dem Wert des im Zeitpunkt des Erbfalles vorhandenen Nachlasses.

(3) Der Anspruch auf Kostenersatz ist nicht geltend zu machen,

XII

1. soweit der Wert des Nachlasses unter dem Dreifachen des Grundbetrages nach § 85 Abs. 1 liegt,
2. soweit der Wert des Nachlasses unter dem Betrag von 15 340 Euro liegt, wenn der Erbe der Ehegatte oder Lebenspartner der leistungsberechtigten Person oder mit dieser verwandt ist und nicht nur vorübergehend bis zum Tod der leistungsberechtigten Person mit dieser in häuslicher Gemeinschaft gelebt und sie gepflegt hat,
3. soweit die Inanspruchnahme des Erben nach der Besonderheit des Einzelfalles eine besondere Härte bedeuten würde.

(4) 1Der Anspruch auf Kostenersatz erlischt in drei Jahren nach dem Tod der leistungsberechtigten Person, ihres Ehegatten oder ihres Lebenspartners. 2§ 103 Abs. 3 Satz 2 und 3 gilt entsprechend.

(5) Der Ersatz der Kosten durch die Erben gilt nicht für Leistungen nach dem Vierten Kapitel und für die vor dem 1. Januar 1987 entstandenen Kosten der Tuberkulosehilfe.

§ 102a Rücküberweisung und Erstattung im Todesfall

Für Geldleistungen nach diesem Buch, die für Zeiträume nach dem Todesmonat der leistungsberechtigten Person überwiesen wurden, ist § 118 Absatz 3 bis 4a des Sechsten Buches entsprechend anzuwenden.

§ 103 Kostenersatz bei schuldhaftem Verhalten

(1) 1Zum Ersatz der Kosten der Sozialhilfe ist verpflichtet, wer nach Vollendung des 18. Lebensjahres für sich oder andere durch vorsätzliches oder grob fahrlässiges Verhalten die Voraussetzungen für die Leistungen der Sozialhilfe herbeigeführt hat. 2Zum Kostenersatz ist auch verpflichtet, wer als leistungsberechtigte Person oder als deren Vertreter die Rechtswidrigkeit des der Leistung zu Grunde liegenden Verwaltungsaktes kannte oder infolge grober Fahrlässigkeit nicht kannte. 3Von der Heranziehung zum Kostenersatz kann abgesehen werden, soweit sie eine Härte bedeuten würde.

(2) 1Eine nach Absatz 1 eingetretene Verpflichtung zum Ersatz der Kosten geht auf den Erben über. 2§ 102 Abs. 2 Satz 2 findet Anwendung.

(3) 1Der Anspruch auf Kostenersatz erlischt in drei Jahren vom Ablauf des Jahres an, in dem die Leistung erbracht worden ist. 2Für die Hemmung, die Ablaufhemmung, den Neubeginn und die Wirkung der Verjährung gelten die Vorschriften des Bürgerlichen Gesetzbuchs sinngemäß. 3Der Erhebung der Klage steht der Erlass eines Leistungsbescheides gleich.

(4) 1Die §§ 44 bis 50 des Zehnten Buches bleiben unberührt. 2Zum Kostenersatz nach Absatz 1 und zur Erstattung derselben Kosten nach § 50 des Zehnten Buches Verpflichtete haften als Gesamtschuldner.

§ 104 Kostenersatz für zu Unrecht erbrachte Leistungen

1Zum Ersatz der Kosten für zu Unrecht erbrachte Leistungen der Sozialhilfe ist in entsprechender Anwendung des § 103 verpflichtet, wer die Leistungen durch vorsätzliches oder grob fahrlässiges Verhalten herbeigeführt hat. 2Zum Kostenersatz nach Satz 1 und zur Erstattung derselben Kosten nach § 50 des Zehnten Buches Verpflichtete haften als Gesamtschuldner.

§ 105 Kostenersatz bei Doppelleistungen

Hat ein vorrangig verpflichteter Leistungsträger in Unkenntnis der Leistung des Trägers der Sozialhilfe an die leistungsberechtigte Person geleistet, ist diese zur Herausgabe des Erlangten an den Träger der Sozialhilfe verpflichtet.

Zweiter Abschnitt Kostenerstattung zwischen den Trägern der Sozialhilfe

§ 106 Kostenerstattung bei Aufenthalt in einer Einrichtung

(1) 1Der nach § 98 Abs. 2 Satz 1 zuständige Träger der Sozialhilfe hat dem nach § 98 Abs. 2 Satz 3 vorläufig leistenden Träger die aufgewendeten Kosten zu erstatten. 2Ist in den Fällen des § 98 Abs. 2 Satz 3 oder 4 ein gewöhnlicher Aufenthalt nicht vorhanden oder nicht zu ermitteln und war für die Leistungserbringung ein örtlicher Träger der Sozialhilfe sachlich zuständig, sind diesem die aufgewendeten Kosten von dem überörtlichen Träger der Sozialhilfe zu erstatten, zu dessen Bereich der örtliche Träger gehört.

(2) Als Aufenthalt in einer stationären Einrichtung gilt auch, wenn jemand außerhalb der Einrichtung untergebracht wird, aber in ihrer Betreuung bleibt, oder aus der Einrichtung beurlaubt wird.

(3) 1Verlässt in den Fällen des § 98 Abs. 2 die leistungsberechtigte Person die Einrichtung und erhält sie im Bereich des örtlichen Trägers, in dem die Einrichtung liegt, innerhalb von einem Monat danach Leistungen der Sozialhilfe, sind dem örtlichen Träger der Sozialhilfe

die aufgewendeten Kosten von dem Träger der Sozialhilfe zu erstatten, in dessen Bereich die leistungsberechtigte Person ihren gewöhnlichen Aufenthalt im Sinne des § 98 Abs. 2 Satz 1 hatte. 2Absatz 1 Satz 2 gilt entsprechend. 3Die Erstattungspflicht wird nicht durch einen Aufenthalt außerhalb dieses Bereichs oder in einer Einrichtung im Sinne des § 98 Abs. 2 Satz 1 unterbrochen, wenn dieser zwei Monate nicht übersteigt; sie endet, wenn für einen zusammenhängenden Zeitraum von zwei Monaten Leistungen nicht zu erbringen waren, spätestens nach Ablauf von zwei Jahren seit dem Verlassen der Einrichtung.

§ 107 Kostenerstattung bei Unterbringung in einer anderen Familie

§ 98 Abs. 2 und § 106 gelten entsprechend, wenn ein Kind oder ein Jugendlicher in einer anderen Familie oder bei anderen Personen als bei seinen Eltern oder bei einem Elternteil untergebracht ist.

§ 108 Kostenerstattung bei Einreise aus dem Ausland

(1) 1Reist eine Person, die weder im Ausland noch im Inland einen gewöhnlichen Aufenthalt hat, aus dem Ausland ein und setzen innerhalb eines Monats nach ihrer Einreise Leistungen der Sozialhilfe ein, sind die aufgewendeten Kosten von dem von einer Schiedsstelle bestimmten überörtlichen Träger der Sozialhilfe zu erstatten. 2Bei ihrer Entscheidung hat die Schiedsstelle die Einwohnerzahl und die Belastungen, die sich im vorangegangenen Haushaltsjahr für die Träger der Sozialhilfe nach dieser Vorschrift sowie nach den §§ 24 und 115 ergeben haben, zu berücksichtigen. 3Satz 1 gilt nicht für Personen, die im Inland geboren sind oder bei Einsetzen der Leistung mit ihnen als Ehegatte, Lebenspartner, Verwandte oder Verschwägerte zusammenleben. 4Leben Ehegatten, Lebenspartner, Verwandte oder Verschwägerte bei Einsetzen der Leistung zusammen, ist ein gemeinsamer erstattungspflichtiger Träger der Sozialhilfe zu bestimmen.

(2) 1Schiedsstelle im Sinne des Absatzes 1 ist das Bundesverwaltungsamt. 2Die Länder können durch Verwaltungsvereinbarung eine andere Schiedsstelle bestimmen.

(3) Ist ein Träger der Sozialhilfe nach Absatz 1 zur Erstattung der für eine leistungsberechtigte Person aufgewendeten Kosten verpflichtet, hat er auch die für den Ehegatten, den Lebenspartner oder die minderjährigen Kinder der leistungsberechtigten Personen aufgewendeten Kosten zu erstatten, wenn diese Personen später einreisen und Sozialhilfe innerhalb eines Monats einsetzt.

(4) Die Verpflichtung zur Erstattung der für Leistungsberechtigten aufgewendeten Kosten entfällt, wenn für einen zusammenhängenden Zeitraum von drei Monaten Sozialhilfe nicht zu leisten war.

(5) Die Absätze 1 bis 4 sind nicht anzuwenden für Personen, deren Unterbringung nach der Einreise in das Inland bundesrechtlich oder durch Vereinbarung zwischen Bund und Ländern geregelt ist.

§ 109 Ausschluss des gewöhnlichen Aufenthalts

Als gewöhnlicher Aufenthalt im Sinne des Zwölften Kapitels und des Dreizehnten Kapitels, Zweiter Abschnitt, gelten nicht der Aufenthalt in einer Einrichtung im Sinne von § 98 Abs. 2 und der auf richterlich angeordneter Freiheitsentziehung beruhende Aufenthalt in einer Vollzugsanstalt.

§ 110 Umfang der Kostenerstattung

(1) 1Die aufgewendeten Kosten sind zu erstatten, soweit die Leistung diesem Buch entspricht. 2Dabei gelten die am Aufenthaltsort der Leistungsberechtigten zur Zeit der Leistungserbringung bestehenden Grundsätze für die Leistung von Sozialhilfe.

(2) 1Kosten unter 2560 Euro, bezogen auf einen Zeitraum der Leistungserbringung von bis zu zwölf Monaten, sind außer in den Fällen einer vorläufigen Leistungserbringung nach § 98 Abs. 2 Satz 3 nicht zu erstatten. 2Die Begrenzung auf 2560 Euro gilt, wenn die Kosten für die Mitglieder eines Haushalts im Sinne von § 27 Absatz 2 Satz 2 und 3 zu erstatten sind, abweichend von Satz 1 für die Mitglieder des Haushalts zusammen.

§ 111 Verjährung

(1) Der Anspruch auf Erstattung der aufgewendeten Kosten verjährt in vier Jahren, beginnend nach Ablauf des Kalenderjahres, in dem er entstanden ist.

(2) Für die Hemmung, die Ablaufhemmung, den Neubeginn und die Wirkung der Verjährung gelten die Vorschriften des Bürgerlichen Gesetzbuchs sinngemäß.

§ 112 Kostenerstattung auf Landesebene

Die Länder können Abweichendes über die Kostenerstattung zwischen den Trägern der Sozialhilfe ihres Bereichs regeln.

Dritter Abschnitt
Sonstige Regelungen

§ 113 Vorrang der Erstattungsansprüche

Erstattungsansprüche der Träger der Sozialhilfe gegen andere Leistungsträger nach § 104 des Zehnten Buches gehen einer Übertragung, Pfändung oder Verpfändung des Anspruchs vor, auch wenn sie vor Entstehen des Erstattungsanspruchs erfolgt sind.

§ 114 Ersatzansprüche der Träger der Sozialhilfe nach sonstigen Vorschriften

Bestimmt sich das Recht des Trägers der Sozialhilfe, Ersatz seiner Aufwendungen von einem anderen zu verlangen, gegen den die Leistungsberechtigten einen Anspruch haben, nach sonstigen gesetzlichen Vorschriften, die dem § 93 vorgehen, gelten als Aufwendungen

1. die Kosten der Leistung für diejenige Person, die den Anspruch gegen den anderen hat, und
2. die Kosten für Leistungen nach dem Dritten und Vierten Kapitel, die gleichzeitig mit der Leistung nach Nummer 1 für den nicht getrennt lebenden Ehegatten oder Lebenspartner und die minderjährigen unverheirateten Kinder geleistet wurden.

§ 115 Übergangsregelung für die Kostenerstattung bei Einreise aus dem Ausland

Die Pflicht eines Trägers der Sozialhilfe zur Kostenerstattung, die nach der vor dem 1. Januar 1994 geltenden Fassung des § 108 des Bundessozialhilfegesetzes entstanden oder von der Schiedsstelle bestimmt worden ist, bleibt bestehen.

Vierzehntes Kapitel
Verfahrensbestimmungen

§ 116 Beteiligung sozial erfahrener Dritter

(1) Soweit Landesrecht nichts Abweichendes bestimmt, sind vor dem Erlass allgemeiner Verwaltungsvorschriften sozial erfahrene Dritte zu hören, insbesondere aus Vereinigungen, die Bedürftige betreuen, oder aus Vereinigungen von Sozialleistungsempfängern.

(2) Soweit Landesrecht nichts Abweichendes bestimmt, sind vor dem Erlass des Verwaltungsaktes über einen Widerspruch gegen die Ablehnung der Sozialhilfe oder gegen die Festsetzung ihrer Art und Höhe Dritte, wie sie in Absatz 1 bezeichnet sind, beratend zu beteiligen.

§ 116a Rücknahme von Verwaltungsakten

§ 44 des Zehnten Buches gilt mit der Maßgabe, dass

1. rechtswidrige nicht begünstigende Verwaltungsakte nach den Absätzen 1 und 2 nicht später als vier Jahre nach Ablauf des Jahres, in dem der Verwaltungsakt bekanntgegeben wurde, zurückzunehmen sind; ausreichend ist, wenn die Rücknahme innerhalb dieses Zeitraumes beantragt wird,
2. anstelle des Zeitraums von vier Jahren nach Absatz 4 Satz 1 ein Zeitraum von einem Jahr tritt.

§ 117 Pflicht zur Auskunft

(1) $_1$Die Unterhaltspflichtigen, ihre nicht getrennt lebenden Ehegatten oder Lebenspartner und die Kostenersatzpflichtigen haben dem Träger der Sozialhilfe über ihre Einkommens- und Vermögensverhältnisse Auskunft zu geben, soweit die Durchführung dieses Buches es erfordert. $_2$Dabei haben sie die Verpflichtung, auf Verlangen des Trägers der Sozialhilfe Beweisurkunden vorzulegen oder ihrer Vorlage zuzustimmen. $_3$Auskunftspflichtig nach Satz 1 und 2 sind auch Personen, von denen nach § 39 trotz Aufforderung unwiderlegt vermutet wird, dass sie Leistungen zum Lebensunterhalt an andere Mitglieder der Haushaltsgemeinschaft erbringen. $_4$Die Auskunftspflicht der Finanzbehörden nach § 21 Abs. 4 des Zehnten Buches erstreckt sich auch auf diese Personen.

(2) Wer jemandem, der Leistung nach diesem Buch beantragt hat oder bezieht, Leistungen erbringt oder erbracht hat, die geeignet sind oder waren, diese Leistungen auszuschließen oder zu mindern, hat dem Träger der Sozialhilfe auf Verlangen hierüber Auskunft zu geben, soweit es zur Durchführung der Aufgaben nach diesem Buch im Einzelfall erforderlich ist.

(3) $_1$Wer jemandem, der Leistungen nach diesem Buch beantragt hat oder bezieht, zu Leistungen verpflichtet ist oder war, die geeignet sind oder waren, Leistungen auszuschließen oder zu mindern, oder für ihn Guthaben führt oder Vermögensgegenstände verwahrt, hat dem Träger der Sozialhilfe auf Verlangen hierüber sowie über damit im Zusammenhang stehendes Einkommen oder Vermögen Auskunft zu erteilen, soweit es zur Durchführung der Leistungen nach diesem Buch im Einzelfall erforderlich ist. $_2$§ 21 Abs. 3 Satz 4 des Zehnten Buches gilt entsprechend.

(4) Der Arbeitgeber ist verpflichtet, dem Träger der Sozialhilfe über die Art und Dauer der Beschäftigung, die Arbeitsstätte und das Arbeitsentgelt der bei ihm beschäftigten Leistungsberechtigten, Unterhaltspflichtigen und deren nicht getrennt lebenden Ehegatten oder Lebenspartner sowie Kostenersatzpflichtigen Auskunft zu geben, soweit die Durchführung dieses Buches es erfordert.

(5) Die nach den Absätzen 1 bis 4 zur Erteilung einer Auskunft Verpflichteten können Angaben verweigern, die ihnen oder ihnen nahe stehenden Personen (§ 383 Abs. 1 Nr. 1 bis 3 der Zivilprozessordnung) die Gefahr zuziehen würden, wegen einer Straftat oder einer Ordnungswidrigkeit verfolgt zu werden.

(6) 1Ordnungswidrig handelt, wer vorsätzlich oder fahrlässig die Auskünfte nach den Absätzen 2, 3 Satz 1 und Absatz 4 nicht, nicht richtig, nicht vollständig oder nicht rechtzeitig erteilt. 2Die Ordnungswidrigkeit kann mit einer Geldbuße geahndet werden.

§ 118 Überprüfung, Verwaltungshilfe

(1) 1Die Träger der Sozialhilfe können Personen, die Leistungen nach diesem Buch beziehen, auch regelmäßig im Wege des automatisierten Datenabgleichs daraufhin überprüfen,

1. ob und in welcher Höhe und für welche Zeiträume von ihnen Leistungen der Bundesagentur für Arbeit (Auskunftsstelle) oder der Träger der gesetzlichen Unfall- oder Rentenversicherung (Auskunftsstellen) bezogen werden oder wurden,
2. ob und in welchem Umfang Zeiten des Leistungsbezuges nach diesem Buch mit Zeiten einer Versicherungspflicht oder Zeiten einer geringfügigen Beschäftigung zusammentreffen,
3. ob und welche Daten nach § 45d Abs. 1 und § 45e des Einkommensteuergesetzes dem Bundeszentralamt für Steuern (Auskunftsstelle) übermittelt worden sind,
4. ob und in welcher Höhe ein Kapital nach § 90 Abs. 2 Nr. 2 nicht mehr dem Zweck einer geförderten zusätzlichen Altersvorsorge im Sinne des § 10a oder des Abschnitts XI des Einkommensteuergesetzes dient und
5. ob und in welcher Höhe und für welche Zeiträume von ihnen Leistungen der Eingliederungshilfe nach Teil 2 des Neunten Buches bezogen werden oder wurden.

2Sie dürfen für die Überprüfung nach Satz 1 Name, Vorname (Rufname), Geburtsdatum, Geburtsort, Nationalität, Geschlecht, Anschrift und Versicherungsnummer der Personen, die Leistungen nach diesem Buch beziehen, den Auskunftsstellen übermitteln. 3Die Auskunftsstellen führen den Abgleich mit den nach Satz 2 übermittelten Daten durch und übermitteln die Daten über Feststellungen im Sinne des Satzes 1 an die Träger der Sozialhilfe. 4Die ihnen überlassenen Daten und Datenträger sind nach Durchführung des Abgleichs unverzüglich zurückzugeben, zu löschen oder zu vernichten. 5Die Träger der Sozialhilfe dürfen die ihnen übermittelten Daten nur zur Überprüfung nach Satz 1 nutzen. 6Die übermittelten Daten der Personen, bei denen die Überprüfung zu keinen abweichenden Feststellungen führt, sind unverzüglich zu löschen.

(1a) Liegt ein Vermögen vor, das nach § 90 Absatz 2 Nummer 2 nicht einzusetzen ist, so melden die Träger der Sozialhilfe auf elektronischem Weg der Datenstelle der Rentenversicherung als Vermittlungsstelle, um eine Mitteilung zu einer schädlichen Verwendung nach § 94 Absatz 3 des Einkommensteuergesetzes zu erhalten, den erstmaligen Bezug nach dem Dritten und Vierten Kapitel sowie die Beendigung des jeweiligen Leistungsbezugs.

(2) 1Die Träger der Sozialhilfe sind befugt, Personen, die Leistungen nach diesem Buch beziehen, auch regelmäßig im Wege des automatisierten Datenabgleichs daraufhin zu überprüfen, ob und in welcher Höhe und für welche Zeiträume von ihnen Leistungen nach diesem Buch durch andere Träger der Sozialhilfe bezogen werden oder wurden. 2Hierzu dürfen die erforderlichen Daten nach Absatz 1 Satz 2 anderen Trägern der Sozialhilfe oder einer zentralen Vermittlungsstelle im Sinne des § 120 Nr. 1 übermittelt werden. 3Diese führen den Abgleich der ihnen übermittelten Daten durch und leiten Feststellungen im Sinne des Satzes 1 an die übermittelnden Träger der Sozialhilfe zurück. 4Sind die ihnen übermittelten Daten oder Datenträger für die Überprüfung nach Satz 1 nicht mehr erforderlich, sind diese unverzüglich zurückzugeben, zu löschen oder zu vernichten. 5Überprüfungsverfahren nach diesem Absatz können zusammengefasst und mit Überprüfungsverfahren nach Absatz 1 verbunden werden.

(3) 1Die Datenstelle der Rentenversicherung darf als Vermittlungsstelle für das Bundesgebiet die nach den Absätzen 1, 1a und 2 übermittelten Daten speichern und nutzen, soweit dies für die Datenabgleiche nach den Absätzen 1, 1a und 2 erforderlich ist. 2Sie darf die

XII

Daten der Stammsatzdatei (§ 150 des Sechsten Buches) und des bei ihr für die Prüfung bei den Arbeitgebern geführten Dateisystems (§ 28p Absatz 8 Satz 2 des Vierten Buches) nutzen, soweit die Daten für die Datenabgleiche erforderlich sind. 3Die nach Satz 1 bei der Datenstelle der Rentenversicherung gespeicherten Daten sind unverzüglich nach Abschluss der Datenabgleiche zu löschen.

(4) 1Die Träger der Sozialhilfe sind befugt, zur Vermeidung rechtswidriger Inanspruchnahme von Sozialhilfe Daten von Personen, die Leistungen nach diesem Buch beziehen, bei anderen Stellen ihrer Verwaltung, bei ihren wirtschaftlichen Unternehmen und bei den Kreisen, Kreisverwaltungsbehörden und Gemeinden zu überprüfen, soweit diese für die Erfüllung dieser Aufgaben erforderlich sind. 2Sie dürfen für die Überprüfung die in Absatz 1 Satz 2 genannten Daten übermitteln. 3Die Überprüfung kann auch regelmäßig im Wege des automatisierten Datenabgleichs mit den Stellen durchgeführt werden, bei denen die in Satz 4 jeweils genannten Daten zuständigkeitshalber vorliegen. 4Nach Satz 1 ist die Überprüfung folgender Daten zulässig:

1. Geburtsdatum und -ort,
2. Personen- und Familienstand,
3. Wohnsitz,
4. Dauer und Kosten von Miet- oder Überlassungsverhältnissen von Wohnraum,
5. Dauer und Kosten von bezogenen Leistungen über Elektrizität, Gas, Wasser, Fernwärme oder Abfallentsorgung und
6. Eigenschaft als Kraftfahrzeughalter.

5Die in Satz 1 genannten Stellen sind verpflichtet, die in Satz 4 genannten Daten zu übermitteln. 6Sie haben die ihnen im Rahmen der Überprüfung übermittelten Daten nach Vorlage der Mitteilung unverzüglich zu löschen. 7Eine Übermittlung durch diese Stellen unterbleibt, soweit ihr besondere gesetzliche Verwendungsregelungen entgegenstehen.

§ 119 Wissenschaftliche Forschung im Auftrag des Bundes

1Der Träger der Sozialhilfe darf einer wissenschaftlichen Einrichtung, die im Auftrag des Bundesministeriums für Arbeit und Soziales ein Forschungsvorhaben durchführt, das dem Zweck dient, die Erreichung der Ziele von Gesetzen über soziale Leistungen zu überprüfen oder zu verbessern, Sozialdaten übermitteln, soweit

1. dies zur Durchführung des Forschungsvorhabens erforderlich ist, insbesondere das Verfahren mit anonymisierten oder pseudoanonymisierten Daten nicht durchgeführt werden kann, und
2. das öffentliche Interesse an dem Forschungsvorhaben das schutzwürdige Interesse der Betroffenen an einem Ausschluss der Übermittlung erheblich überwiegt.

2Vor der Übermittlung sind die Betroffenen über die beabsichtigte Übermittlung, den Zweck des Forschungsvorhabens sowie ihr Widerspruchsrecht nach Satz 3 schriftlich zu unterrichten. 3Sie können der Übermittlung innerhalb eines Monats nach der Unterrichtung widersprechen. 4Im Übrigen bleibt das Zweite Kapitel des Zehnten Buches unberührt.

§ 120 Verordnungsermächtigung

Das Bundesministerium für Arbeit und Soziales wird ermächtigt, durch Rechtsverordnung mit Zustimmung des Bundesrates

1. das Nähere über das Verfahren des automatisierten Datenabgleichs nach § 118 Abs. 1 und die Kosten des Verfahrens zu regeln; dabei ist vorzusehen, dass die Zuleitung an die Auskunftsstellen durch eine zentrale Vermittlungsstelle (Kopfstelle) zu erfolgen hat, deren Zuständigkeitsbereich zumindest das Gebiet eines Bundeslandes umfasst, und
2. das Nähere über die Verfahren und die Kosten nach § 118 Absatz 1a und 2 zu regeln.

Fünfzehntes Kapitel
Statistik

Erster Abschnitt
Bundesstatistik für das Dritte und Fünfte bis Neunte Kapitel

§ 121 Bundesstatistik für das Dritte und Fünfte bis Neunte Kapitel

Zur Beurteilung der Auswirkungen des Dritten und Fünften bis Neunten Kapitels und zu deren Fortentwicklung werden Erhebungen über

1. die Leistungsberechtigten, denen
   a) Hilfe zum Lebensunterhalt nach dem Dritten Kapitel (§§ 27 bis 40),
   b) Hilfen zur Gesundheit nach dem Fünften Kapitel (§§ 47 bis 52),
   c) (weggefallen)

d) Hilfe zur Pflege nach dem Siebten Kapitel (§§ 61 bis 66),
e) Hilfe zur Überwindung besonderer sozialer Schwierigkeiten nach dem Achten Kapitel (§§ 67 bis 69) und
f) Hilfe in anderen Lebenslagen nach dem Neunten Kapitel (§§ 70 bis 74),

geleistet wird,

2. die Einnahmen und Ausgaben der Träger der Sozialhilfe nach dem Dritten und Fünften bis Neunten Kapitel

als Bundesstatistik durchgeführt.

§ 122 Erhebungsmerkmale

(1) Erhebungsmerkmale bei der Erhebung nach § 121 Nummer 1 Buchstabe a sind:

1. für Leistungsberechtigte, denen Leistungen nach dem Dritten Kapitel für mindestens einen Monat erbracht werden:
   a) Geschlecht, Geburtsmonat und -jahr, Staatsangehörigkeit, Migrationshintergrund, bei Ausländern auch aufenthaltsrechtlicher Status, Regelbedarfsstufe, Art der geleisteten Mehrbedarfe,
   b) für Leistungsberechtigte, die das 15. Lebensjahr vollendet, die Altersgrenze nach § 41 Abs. 2 aber noch nicht erreicht haben, zusätzlich zu den unter Buchstabe a genannten Merkmalen: Beschäftigung, Einschränkung der Leistung,
   c) für Leistungsberechtigte in Personengemeinschaften, für die eine gemeinsame Bedarfsberechnung erfolgt, und für einzelne Leistungsberechtigte: Wohngemeinde und Gemeindeteil, Art des Trägers, Leistungen in und außerhalb von Einrichtungen, Beginn der Leistung nach Monat und Jahr, Beginn der ununterbrochenen Leistungserbringung für mindestens ein Mitglied der Personengemeinschaft nach Monat und Jahr, die in den § 27a Absatz 3, §§ 27b, 30 bis 33, §§ 35 bis 38 und 133a genannten Bedarfe je Monat, Nettobedarf je Monat, Art und jeweilige Höhe der angerechneten oder in Anspruch genommenen Einkommen und übergegangenen Ansprüche, Zahl aller Haushaltsmitglieder, Zahl aller Leistungsberechtigten im Haushalt,
   d) bei Änderung der Zusammensetzung der Personengemeinschaft und bei Beendigung der Leistungserbringung zusätzlich zu den unter den Buchstaben a bis c genannten Merkmalen: Monat und Jahr der Änderung der Zusammensetzung oder der Beendigung der Leistung, bei Ende der Leistung auch Grund der Einstellung der Leistungen,
   e) für Leistungsberechtigte mit Bedarfen für Bildung und Teilhabe nach § 34 Absatz 2 bis 7:
      aa) Geschlecht, Geburtsmonat und -jahr, Wohngemeinde und Gemeindeteil, Staatsangehörigkeit, bei Ausländern auch aufenthaltsrechtlicher Status,
      bb) die in § 34 Absatz 2 bis 7 genannten Bedarfe je Monat getrennt nach Schulausflügen, mehrtägigen Klassenfahrten, Ausstattung mit persönlichem Schulbedarf, Schülerbeförderung, Lernförderung, Teilnahme an einer gemeinsamen Mittagsverpflegung sowie Teilhabe am sozialen und kulturellen Leben in der Gemeinschaft und
2. für Leistungsberechtigte, die nicht zu dem Personenkreis der Nummer 1 zählen: Geschlecht, Altersgruppe, Staatsangehörigkeit, Vorhandensein eigenen Wohnraums, Art des Trägers.

(2) (weggefallen)

(3) Erhebungsmerkmale bei den Erhebungen nach § 121 Nummer 1 Buchstabe b bis f sind für jeden Leistungsberechtigten:

1. Geschlecht, Geburtsmonat und -jahr, Wohngemeinde und Gemeindeteil, Staatsangehörigkeit, bei Ausländern auch aufenthaltsrechtlicher Status, Art des Trägers, erbrachte Leistung im Laufe und am Ende des Berichtsjahres sowie in und außerhalb von Einrichtungen nach Art der Leistung nach § 8, am Jahresende erbrachte Leistungen nach dem Dritten und Vierten Kapitel jeweils getrennt nach in und außerhalb von Einrichtungen,
2. bei Leistungsberechtigten nach dem Siebten Kapitel auch die einzelne Art der Leistungen und die Ausgaben je Fall, Beginn und Ende der Leistungserbringung nach Monat und Jahr sowie Art der Unterbringung, Leistung durch ein Persönliches Budget,
3. (weggefallen)
4. bei Leistungsberechtigten nach dem Siebten Kapitel zusätzlich
   a) das Bestehen einer Pflegeversicherung,
   b) die Erbringung oder Gründe der Nichterbringung von Pflegeleistungen von Sozialversicherungsträgern und einer privaten Pflegeversicherung,

c) die Höhe des anzurechnenden Einkommens, Bezug von Leistungen der Eingliederungshilfe nach Teil 2 des Neunten Buches.

(4) Erhebungsmerkmale bei der Erhebung nach § 121 Nummer 2 sind: Art des Trägers, Ausgaben für Leistungen in und außerhalb von Einrichtungen nach § 8, Einnahmen in und außerhalb von Einrichtungen nach Einnahmearten und Leistungen nach § 8.

§ 123 Hilfsmerkmale

(1) Hilfsmerkmale für Erhebungen nach § 121 sind

1. Name und Anschrift des Auskunftspflichtigen,
2. für die Erhebung nach § 122 Absatz 1 Nummer 1 und Absatz 3 die Kennnummern der Leistungsberechtigten,
3. Name und Telefonnummer der für eventuelle Rückfragen zur Verfügung stehenden Person.

(2) 1Die Kennnummern nach Absatz 1 Nummer 2 dienen der Prüfung der Richtigkeit der Statistik und der Fortschreibung der jeweils letzten Bestandserhebung. 2Sie enthalten keine Angaben über persönliche und sachliche Verhältnisse der Leistungsberechtigten und sind zum frühestmöglichen Zeitpunkt spätestens nach Abschluss der wiederkehrenden Bestandserhebung zu löschen.

§ 124 Periodizität, Berichtszeitraum und Berichtszeitpunkte

(1) 1Die Erhebungen nach § 122 Absatz 1 Nummer 1 Buchstabe a bis c werden als Bestandserhebungen jährlich zum 31. Dezember durchgeführt. 2Die Angaben sind darüber hinaus bei Beginn und Ende der Leistungserbringung sowie bei Änderung der Zusammensetzung der Personengemeinschaft nach § 122 Absatz 1 Nummer 1 Buchstabe c zu erteilen. 3Die Angaben zu § 122 Absatz 1 Nummer 1 Buchstabe d sind ebenfalls zum Zeitpunkt der Beendigung der Leistungserbringung und der Änderung der Zusammensetzung der Personengemeinschaft zu erteilen.

(2) 1Die Erhebung nach § 122 Absatz 1 Nummer 1 Buchstabe e wird für jedes abgelaufene Quartal eines Kalenderjahres durchgeführt. 2Dabei sind die Merkmale für jeden Monat eines Quartals zu erheben.

(3) Die Erhebung nach § 122 Absatz 1 Nummer 2 wird als Bestandserhebung vierteljährlich zum Quartalsende durchgeführt.

(4) Die Erhebungen nach § 122 Absatz 3 und 4 erfolgen jährlich für das abgelaufene Kalenderjahr.

§ 125 Auskunftspflicht

(1) 1Für die Erhebungen nach § 121 besteht Auskunftspflicht. 2Die Angaben nach § 123 Absatz 1 Nummer 3 sowie die Angaben zum Gemeindeteil nach § 122 Absatz 1 Nummer 1 Buchstabe c und e sowie Absatz 3 Nummer 1 sind freiwillig.

(2) Auskunftspflichtig sind die zuständigen örtlichen und überörtlichen Träger der Sozialhilfe sowie die kreisangehörigen Gemeinden und Gemeindeverbände, soweit sie Aufgaben dieses Buches wahrnehmen.

§ 126 Übermittlung, Veröffentlichung

(1) 1An die fachlich zuständigen obersten Bundes- oder Landesbehörden dürfen für die Verwendung gegenüber den gesetzgebenden Körperschaften und für Zwecke der Planung, jedoch nicht für die Regelung von Einzelfällen, vom Statistischen Bundesamt und den statistischen Ämtern der Länder Tabellen mit statistischen Ergebnissen nach § 121 übermittelt werden, auch soweit Tabellenfelder nur einen einzigen Fall ausweisen. 2Tabellen, deren Tabellenfelder nur einen einzigen Fall ausweisen, dürfen nur dann übermittelt werden, wenn sie nicht differenzierter als auf Regierungsbezirksebene, bei Stadtstaaten auf Bezirksebene, aufbereitet sind.

(2) Die statistischen Ämter der Länder stellen dem Statistischen Bundesamt zu den Erhebungen nach § 121 für Zusatzaufbereitungen des Bundes jährlich unverzüglich nach Aufbereitung der Bestandserhebung und der Erhebung im Laufe des Berichtsjahres Einzelangaben aus einer Zufallsstichprobe mit einem Auswahlsatz von 25 vom Hundert der Leistungsberechtigten zur Verfügung.

(3) Die Ergebnisse der Sozialhilfestatistik dürfen auf die einzelne Gemeinde bezogen veröffentlicht werden.

§ 127 Übermittlung an Kommunen

(1) Für ausschließlich statistische Zwecke dürfen den zur Durchführung statistischer Aufgaben zuständigen Stellen der Gemeinden und Gemeindeverbände für ihren Zuständigkeitsbereich Einzelangaben aus der Erhebung nach § 122 mit Ausnahme der Hilfsmerkmale übermittelt werden, soweit die Voraussetzungen nach § 16 Abs. 5 des Bundesstatistikgesetzes gegeben sind.

(2) Die Daten können auch für interkommunale Vergleichszwecke übermittelt werden, wenn die betreffenden Träger der Sozialhilfe zustimmen und sichergestellt ist, dass die Datenerhebung der Berichtsstellen nach standardisierten Erfassungs- und Melderegelun-

gen sowie vereinheitlichter Auswertungsroutine erfolgt.

§ 128 Zusatzerhebungen

Über Leistungen und Maßnahmen nach dem Dritten und Fünften bis Neunten Kapitel, die nicht durch die Erhebungen nach § 121 Nummer 1 erfasst sind, können bei Bedarf Zusatzerhebungen als Bundesstatistiken durchgeführt werden.

Zweiter Abschnitt
Bundesstatistik für das Vierte Kapitel

§ 128a Bundesstatistik für das Vierte Kapitel

(1) 1Zur Beurteilung der Auswirkungen des Vierten Kapitels sowie zu seiner Fortentwicklung sind Erhebungen über die Leistungsberechtigten als Bundesstatistik durchzuführen. 2Die Erhebungen erfolgen zentral durch das Statistische Bundesamt.

(2) Die Statistik nach Absatz 1 umfasst folgende Merkmalkategorien:

1. Persönliche Merkmale,
2. Art und Höhe der Bedarfe,
3. Art und Höhe der angerechneten Einkommen und der nach § 82 Absatz 2 Satz 2, Absatz 3, 4 und 6 sowie nach § 82a abgesetzten Beträge.

§ 128b Persönliche Merkmale

Erhebungsmerkmale nach § 128a Absatz 2 Nummer 1 sind

1. Geschlecht, Geburtsjahr, Staatsangehörigkeit und Bundesland,
2. Geburtsmonat, Wohngemeinde und Gemeindeteil, bei Ausländern auch aufenthaltsrechtlicher Status,
3. Leistungsbezug in und außerhalb von Einrichtungen, bei Leistungsberechtigten außerhalb von Einrichtungen zusätzlich die Anzahl der im Haushalt lebenden Personen, bei Leistungsberechtigten in Einrichtungen die Art der Unterbringung,
4. Träger der Leistung,
5. Beginn der Leistungsgewährung nach Monat und Jahr sowie Ursache der Leistungsgewährung, Ende des Leistungsbezugs nach Monat und Jahr sowie Grund für die Einstellung der Leistung,
6. Dauer des Leistungsbezugs in Monaten,
7. gleichzeitiger Bezug von Leistungen nach dem Dritten und Fünften bis Neunten Kapitel,
8. Bezug einer Grundrente.

§ 128c Art und Höhe der Bedarfe

Erhebungsmerkmale nach § 128a Absatz 2 Nummer 2 sind

1. Regelbedarfsstufe, gezahlter Regelsatz in den Regelbedarfsstufen und abweichende Regelsatzfestsetzung,
2. Mehrbedarfe nach Art und Höhe,
3. einmalige Bedarfe nach Art und Höhe,
4. Beiträge zur Kranken- und Pflegeversicherung, getrennt nach
   a) Beiträgen für eine Pflichtversicherung in der gesetzlichen Krankenversicherung,
   b) Beiträgen für eine freiwillige Versicherung in der gesetzlichen Krankenversicherung,
   c) Beiträgen, die auf Grund des Zusatzbeitragssatzes nach dem Fünften Buch gezahlt werden,
   d) Beiträgen für eine private Krankenversicherung,
   e) Beiträgen für eine soziale Pflegeversicherung,
   f) Beiträgen für eine private Pflegeversicherung,
5. Beiträge für die Vorsorge, getrennt nach
   a) Beiträgen für die Altersvorsorge,
   b) Aufwendungen für Sterbegeldversicherungen,
6. Bedarfe für Bildung und Teilhabe, getrennt nach
   a) Schulausflügen,
   b) mehrtägigen Klassenfahrten,
   c) Ausstattung mit persönlichem Schulbedarf,
   d) Schulbeförderung,
   e) Lernförderung,
   f) Teilnahme an einer gemeinschaftlichen Mittagsverpflegung,
7. Aufwendungen für Unterkunft und Heizung sowie sonstige Hilfen zur Sicherung der Unterkunft, getrennt nach Leistungsberechtigten,
   a) die in einer Wohnung
      aa) allein leben,
      bb) mit einem Ehegatten oder in eheähnlicher Gemeinschaft zusammenleben,
      cc) mit Verwandten ersten und zweiten Grades zusammenleben,
      dd) in einer Wohngemeinschaft leben,
   b) die in einer stationären Einrichtung oder in einem persönlichen Wohnraum und zusätzlichen Räumlichkeiten
      aa) allein leben,

XII

bb) mit einer oder mehreren Personen zusammenleben,

8. Brutto- und Nettobedarf,
9. Darlehen getrennt nach
   a) Darlehen nach § 37 Absatz 1 und
   b) Darlehen bei am Monatsende fälligen Einkünften nach § 37a.

§ 128d Art und Höhe der angerechneten Einkommen und abgesetzten Beträge

(1) Erhebungsmerkmale nach § 128a Absatz 2 Nummer 3 sind die jeweilige Höhe der angerechneten Einkommensart, getrennt nach

1. Altersrente aus der gesetzlichen Rentenversicherung,
2. Hinterbliebenenrente aus der gesetzlichen Rentenversicherung,
3. Renten wegen Erwerbsminderung,
4. Versorgungsbezüge,
5. Renten aus betrieblicher Altersvorsorge,
6. Renten aus privater Vorsorge,
7. Vermögenseinkünfte,
8. Einkünfte nach dem Bundesversorgungsgesetz,
9. Erwerbseinkommen,
10. übersteigendes Einkommen eines im gemeinsamen Haushalt lebenden Partners,
11. öffentlich-rechtliche Leistungen für Kinder,
12. sonstige Einkünfte.

(2) Weitere Erhebungsmerkmale nach § 128a Absatz 2 Nummer 3 sind die Art und Höhe der nach § 82 Absatz 2 Satz 2, Absatz 3, 4 und 6 sowie nach § 82a abgesetzten Beträge.

§ 128e Hilfsmerkmale

(1) Hilfsmerkmale für die Bundesstatistik nach § 128a sind

1. Name und Anschrift der nach § 128g Auskunftspflichtigen,
2. die Kennnummern des Leistungsberechtigten,
3. Name und Telefonnummer sowie Adresse für elektronische Post der für eventuelle Rückfragen zur Verfügung stehenden Person.

(2) 1Die Kennnummern nach Absatz 1 Nummer 2 dienen der Prüfung der Richtigkeit der Statistik und der Fortschreibung der jeweils letzten Bestandserhebung. 2Sie enthalten keine Angaben über persönliche und sachliche Verhältnisse des Leistungsberechtigten und sind zum frühestmöglichen Zeitpunkt, spätestens nach Abschluss der wiederkehrenden Bestandserhebung, zu löschen.

§ 128f Periodizität, Berichtszeitraum und Berichtszeitpunkte

(1) Die Bundesstatistik nach § 128a wird quartalsweise durchgeführt.

(2) Die Merkmale nach den §§ 128b bis 128d, ausgenommen das Merkmal nach § 128b Nummer 5, sind als Bestandserhebung zum Quartalsende zu erheben, wobei sich die Angaben zu den Bedarfen nach § 128c Nummer 1 bis 8 sowie den angerechneten Einkommen und abgesetzten Beträgen nach § 128d jeweils auf den gesamten letzten Monat des Berichtsquartals beziehen.

(3) 1Die Merkmale nach § 128b Nummer 5 sind für den gesamten Quartalszeitraum zu erheben, wobei gleichzeitig die Merkmale nach § 128b Nummer 1 und 2 zu erheben sind. 2Bei den beendeten Leistungen ist zudem die bisherige Dauer der Leistungsgewährung nach § 128b Nummer 6 zu erheben.

(4) Die Merkmale nach § 128c Nummer 6 sind für jeden Monat eines Quartals zu erheben, wobei gleichzeitig die Merkmale nach § 128b Nummer 1 und 2 zu erheben sind.

§ 128g Auskunftspflicht

(1) 1Für die Bundesstatistik nach § 128a besteht Auskunftspflicht. 2Die Auskunftserteilung für die Angaben nach § 128e Nummer 3 und zum Gemeindeteil nach § 128b Nummer 2 sind freiwillig.

(2) Auskunftspflichtig sind die für die Ausführung des Gesetzes nach dem Vierten Kapitel zuständigen Träger.

§ 128h Datenübermittlung, Veröffentlichung

(1) 1Die in sich schlüssigen und nach einheitlichen Standards formatierten Einzeldatensätze sind von den Auskunftspflichtigen elektronisch bis zum Ablauf von 30 Arbeitstagen nach Ende des jeweiligen Berichtsquartals nach § 128f an das Statistische Bundesamt zu übermitteln. 2Soweit die Übermittlung zwischen informationstechnischen Netzen von Bund und Ländern stattfindet, ist dafür nach § 3 des Gesetzes über die Verbindung der informationstechnischen Netze des Bundes und der Länder – Gesetz zur Ausführung von Artikel 91c Absatz 4 des Grundgesetzes – vom 10. August 2009 (BGBl. I S. 2702, 2706) das Verbindungsnetz zu nutzen. 3Die zu übermittelnden Daten sind nach dem

XII

Stand der Technik fortgeschritten zu signieren und zu verschlüsseln.

(2) Das Statistische Bundesamt übermittelt dem Bundesministerium für Arbeit und Soziales für Zwecke der Planung, jedoch nicht für die Regelung von Einzelfällen, Tabellen mit den Ergebnissen der Bundesstatistik nach § 128a, auch soweit Tabellenfelder nur einen einzigen Fall ausweisen.

(3) $_{1}$Zur Weiterentwicklung des Systems der Grundsicherung im Alter und bei Erwerbsminderung übermittelt das Statistische Bundesamt auf Anforderung des Bundesministeriums für Arbeit und Soziales Einzelangaben aus einer Stichprobe, die vom Statistischen Bundesamt gezogen wird und nicht mehr als 10 Prozent der Grundgesamtheit der Leistungsberechtigten umfasst. $_{2}$Die zu übermittelnden Einzelangaben dienen der Entwicklung und dem Betrieb von Mikrosimulationsmodellen durch das Bundesministerium für Arbeit und Soziales und dürfen nur im hierfür erforderlichen Umfang und mittels eines sicheren Datentransfers ausschließlich an das Bundesministerium für Arbeit und Soziales übermittelt werden. $_{3}$Angaben zu den Erhebungsmerkmalen nach § 128b Nummer 2 und 4 und den Hilfsmerkmalen nach § 128e dürfen nicht übermittelt werden; Angaben zu monatlichen Durchschnittsbeträgen in den Einzelangaben werden vom Statistischen Bundesamt auf volle Euro gerundet.

(4) $_{1}$Bei der Verarbeitung der Daten nach Absatz 3 ist das Statistikgeheimnis nach § 16 des Bundesstatistikgesetzes zu wahren. $_{2}$Dafür ist die Trennung von statistischen und nichtstatistischen Aufgaben durch Organisation und Verfahren zu gewährleisten. $_{3}$Die nach Absatz 3 übermittelten Daten dürfen nur für die Zwecke gespeichert, verändert, genutzt, übermittelt oder in der Verarbeitung eingeschränkt werden, für die sie übermittelt wurden. $_{4}$Eine Weitergabe von Einzelangaben aus einer Stichprobe nach Absatz 3 Satz 1 durch das Bundesministerium für Arbeit und Soziales an Dritte ist nicht zulässig. $_{5}$Die übermittelten Einzeldaten sind nach dem Erreichen des Zweckes zu löschen, zu dem sie übermittelt wurden.

(5) $_{1}$Das Statistische Bundesamt übermittelt den statistischen Ämtern der Länder Tabellen mit den Ergebnissen der Bundesstatistik für die jeweiligen Länder und für die für die Ausführung des Gesetzes nach dem Vierten Kapitel zuständigen Träger. $_{2}$Das Bundesministerium für Arbeit und Soziales erhält diese Tabellen ebenfalls. $_{3}$Die statistischen Ämter der Länder erhalten zudem für ihr Land die jeweiligen Einzeldatensätze für Sonderaufbereitungen auf regionaler Ebene.

(6) Die Ergebnisse der Bundesstatistik nach diesem Abschnitt dürfen auf die einzelnen Gemeinden bezogen veröffentlicht werden.

Dritter Abschnitt
Verordnungsermächtigung

§ 129 Verordnungsermächtigung

Das Bundesministerium für Arbeit und Soziales kann für Zusatzerhebungen nach § 128 im Einvernehmen mit dem Bundesministerium des Innern, für Bau und Heimat durch Rechtsverordnung mit Zustimmung des Bundesrates das Nähere regeln über

a) den Kreis der Auskunftspflichtigen nach § 125 Abs. 2,

b) die Gruppen von Leistungsberechtigten, denen Hilfen nach dem Dritten und Fünften bis Neunten Kapitel geleistet werden,

c) die Leistungsberechtigten, denen bestimmte einzelne Leistungen der Hilfen nach dem Dritten und Fünften bis Neunten Kapitel geleistet werden,

d) den Zeitpunkt der Erhebungen,

e) die erforderlichen Erhebungs- und Hilfsmerkmale im Sinne der §§ 122 und 123 und

f) die Art der Erhebung (Vollerhebung oder Zufallsstichprobe).

Sechzehntes Kapitel
Übergangs- und Schlussbestimmungen

§ 130 Übergangsregelung für ambulant Betreute

Für Personen, die Leistungen der Eingliederungshilfe für behinderte Menschen oder der Hilfe zur Pflege empfangen, deren Betreuung am 26. Juni 1996 durch von ihnen beschäftigte Personen oder ambulante Dienste sichergestellt wurde, gilt § 3a des Bundessozialhilfegesetzes in der am 26. Juli 1996 geltenden Fassung.

§ 131 Übergangsregelung aus Anlass des Wohngeld-Plus-Gesetzes

(1) Abweichend von § 2 sind Leistungsberechtigte für am 31. Dezember 2022 laufende Bewilligungszeiträume oder Bewilligungszeiträume, die in der Zeit vom 1. Januar 2023 bis 30. Juni 2023 beginnen, nicht ver-

pflichtet, Wohngeld nach dem Wohngeldgesetz in Anspruch zu nehmen.

(2) § 95 Satz 1 findet in den Fällen nach Absatz 1 keine Anwendung.

§ 132 Übergangsregelung zur Sozialhilfegewährung für Deutsche im Ausland

(1) Deutsche, die am 31. Dezember 2003 Leistungen nach § 147b des Bundessozialhilfegesetzes in der zu diesem Zeitpunkt geltenden Fassung bezogen haben, erhalten diese Leistungen bei fortdauernder Bedürftigkeit weiter.

(2) 1Deutsche,

1. die in den dem 1. Januar 2004 vorangegangenen 24 Kalendermonaten ohne Unterbrechung Leistungen nach § 119 des Bundessozialhilfegesetzes in der am 31. Dezember 2003 geltenden Fassung bezogen haben und
2. in dem Aufenthaltsstaat über eine dauerhafte Aufenthaltsgenehmigung verfügen,

erhalten diese Leistungen bei fortdauernder Bedürftigkeit weiter. 2Für Deutsche, die am 31. Dezember 2003 Leistungen nach § 119 des Bundessozialhilfegesetzes in der am 31. Dezember 2003 geltenden Fassung bezogen haben und weder die Voraussetzungen nach Satz 1 noch die Voraussetzungen des § 24 Abs. 1 erfüllen, enden die Leistungen bei fortdauernder Bedürftigkeit mit Ablauf des 31. März 2004.

(3) Deutsche, die die Voraussetzungen des § 1 Abs. 1 des Bundesentschädigungsgesetzes erfüllen und

1. zwischen dem 30. Januar 1933 und dem 8. Mai 1945 das Gebiet des Deutschen Reiches oder der Freien Stadt Danzig verlassen haben, um sich einer von ihnen nicht zu vertretenden und durch die politischen Verhältnisse bedingten besonderen Zwangslage zu entziehen oder aus den gleichen Gründen nicht in das Gebiet des Deutschen Reiches oder der Freien Stadt Danzig zurückkehren konnten oder
2. nach dem 8. Mai 1945 und vor dem 1. Januar 1950 das Gebiet des Deutschen Reiches nach dem Stande vom 31. Dezember 1937 oder das Gebiet der Freien Stadt Danzig verlassen haben,

können, sofern sie in dem Aufenthaltsstaat über ein dauerhaftes Aufenthaltsrecht verfügen, in außergewöhnlichen Notlagen Leistungen erhalten, auch wenn sie nicht die Voraussetzungen nach den Absätzen 1 und 2 oder nach § 24 Abs. 1 erfüllen; § 24 Abs. 2 gilt.

§ 133 Übergangsregelung für besondere Hilfen an Deutsche nach Artikel 116 Abs. 1 des Grundgesetzes

(1) 1Deutsche, die außerhalb des Geltungsbereiches dieses Gesetzes, aber innerhalb des in Artikel 116 Abs. 1 des Grundgesetzes genannten Gebiets geboren sind und dort ihren gewöhnlichen Aufenthalt haben, können in außergewöhnlichen Notlagen besondere Hilfen erhalten, auch wenn sie nicht die Voraussetzungen des § 24 Abs. 1 erfüllen. 2§ 24 Abs. 2 gilt. 3Die Höhe dieser Leistungen bemisst sich nach den im Aufenthaltsstaat in vergleichbaren Lebensumständen üblichen Leistungen. 4Die besonderen Hilfen werden unter Übernahme der Kosten durch den Bund durch Träger der freien Wohlfahrtspflege mit Sitz im Inland geleistet.

(2) Die Bundesregierung wird ermächtigt, durch Rechtsverordnung mit Zustimmung des Bundesrates die persönlichen Bezugsvoraussetzungen, die Bemessung der Leistungen sowie die Trägerschaft und das Verfahren zu bestimmen.

§ 133a Übergangsregelung für Hilfeempfänger in Einrichtungen

Für Personen, die am 31. Dezember 2004 einen Anspruch auf einen zusätzlichen Barbetrag nach § 21 Abs. 3 Satz 4 des Bundessozialhilfegesetzes haben, wird diese Leistung in der für den vollen Kalendermonat Dezember 2004 festgestellten Höhe weiter erbracht.

§ 133b Übergangsregelung zu Bedarfen für Unterkunft und Heizung

1§ 42a Absatz 3 und 4 findet keine Anwendung auf Leistungsberechtigte, bei denen vor dem 1. Juli 2017 Bedarfe für Unterkunft und Heizung nach § 35 anerkannt worden sind, die

1. dem Kopfteil an den Aufwendungen für Unterkunft und Heizung entsprechen, die für einen entsprechenden Mehrpersonenhaushalt als angemessen gelten, oder
2. nach ihrer Höhe der durchschnittlichen Warmmiete eines Einpersonenhaushaltes im örtlichen Zuständigkeitsbereich des für die Ausführung des Gesetzes nach diesem Kapitel zuständigen Trägers nicht übersteigen.

2Satz 1 findet Anwendung, solange die leistungsberechtigte Person mit mehreren Personen in derselben Wohnung lebt.

§ 134 Fortschreibung der Regelbedarfsstufen zum 1. Januar 2023

(1) $_{1}$Die Veränderungsrate für die Fortschreibung der Regelbedarfsstufen nach § 28a Absatz 3 zum 1. Januar 2023 beträgt 4,54 Prozent. $_{2}$Die Veränderungsrate für die Fortschreibung der Regelbedarfsstufen nach § 28a Absatz 4 zum 1. Januar 2023 beträgt 6,9 Prozent. $_{3}$Die Anlage zu § 28 ist zum 1. Januar 2023 zu ergänzen.

(2) $_{1}$Die Veränderungsrate für die Fortschreibung der Bedarfe nach § 34 Absatz 3 für das Jahr 2023 beträgt 11,75 Prozent. $_{2}$Die Anlage zu § 34 ist zum 1. Januar 2023 zu ergänzen.

§ 135 Übergangsregelung aus Anlass des Zweiten Rechtsbereinigungsgesetzes

(1) $_{1}$Erhielten am 31. Dezember 1986 Tuberkulosekranke, von Tuberkulose Bedrohte oder von Tuberkulose Genesene laufende Leistungen nach Vorschriften, die durch das Zweite Rechtsbereinigungsgesetz außer Kraft treten, sind diese Leistungen nach den bisher maßgebenden Vorschriften weiterzugewähren, längstens jedoch bis zum 31. Dezember 1987. $_{2}$Sachlich zuständig bleibt der überörtliche Träger der Sozialhilfe, soweit nicht nach Landesrecht der örtliche Träger zuständig ist.

(2) Die Länder können für die Verwaltung der im Rahmen der bisherigen Tuberkulosehilfe gewährten Darlehen andere Behörden bestimmen.

§ 136 Erstattung des Barbetrags durch den Bund in den Jahren 2017 bis 2019

(1) Für Leistungsberechtigte nach dem Vierten Kapitel, die zugleich Leistungen der Eingliederungshilfe nach dem Sechsten Kapitel in einer stationären Einrichtung erhalten, erstattet der Bund den Ländern in den Jahren 2017 bis 2019 für jeden Leistungsberechtigten je Kalendermonat einen Betrag, dessen Höhe sich nach einem Anteil von 14 Prozent der Regelbedarfsstufe 1 nach der Anlage zu § 28 bemisst.

(2) $_{1}$Die Länder teilen dem Bundesministerium für Arbeit und Soziales die Zahl der Leistungsberechtigten je Kalendermonat nach Absatz 1 für jeden für die Ausführung des Gesetzes nach diesem Kapitel zuständigen Träger mit, sofern diese in einem Kalendermonat für mindestens 15 Kalendertage einen Barbetrag erhalten haben. $_{2}$Die Meldungen nach Satz 1 erfolgen

1. bis zum Ablauf der 35. Kalenderwoche des Jahres 2017 für den Meldezeitraum Januar bis Juni 2017,
2. bis zum Ablauf der 42. Kalenderwoche des Jahres 2018 für den Meldezeitraum Juli 2017 bis Juni 2018,
3. bis zum Ablauf der 42. Kalenderwoche des Jahres 2019 für den Meldezeitraum Juli 2018 bis Juni 2019 und
4. bis zum Ablauf der 16. Kalenderwoche des Jahres 2020 für den Meldezeitraum Juli 2019 bis Dezember 2019.

(3) $_{1}$Der Erstattungsbetrag für jeden Kalendermonat im Meldezeitraum nach Absatz 2 errechnet sich aus

1. der Anzahl der jeweils gemeldeten Leistungsberechtigten,
2. multipliziert mit dem Anteil von 14 Prozent des für jeden Kalendermonat jeweils geltenden Betrags der Regelbedarfsstufe 1 nach der Anlage zu § 28.

$_{2}$Der Erstattungsbetrag für den jeweiligen Meldezeitraum ergibt sich aus der Summe der Erstattungsbeträge je Kalendermonat nach Satz 1.

(4) Zu zahlen ist der Erstattungsbetrag

1. zum 15. Oktober 2017 für den Meldezeitraum Januar bis Juni 2017,
2. zum 15. November 2018 für den Meldezeitraum Juli 2017 bis Juni 2018,
3. zum 15. November 2019 für den Meldezeitraum Juli 2018 bis Juni 2019,
4. zum 15. Mai 2020 für den Meldezeitraum Juli 2019 bis Dezember 2019.

§ 136a Erstattung des Barbetrags durch den Bund ab dem Jahr 2020

(1) $_{1}$Für Leistungsberechtigte nach dem Vierten Kapitel, die zugleich Leistungen in einer stationären Einrichtung erhalten, erstattet der Bund den Ländern ab dem Jahr 2020 je Kalendermonat einen Betrag, dessen Höhe sich nach den in Satz 2 genannten Anteilen der Regelbedarfsstufe 1 nach der Anlage zu § 28 bemisst. $_{2}$Die Anteile an der Regelbedarfsstufe 1 belaufen sich

1. für das Jahr 2020 auf 5,2Prozent,
2. für das Jahr 2021 auf 5,0 Prozent,
3. für das Jahr 2022 auf 4,9 Prozent,
4. für das Jahr 2023 auf 4,7 Prozent,
5. für das Jahr 2024 auf 4,6 Prozent und
6 für das Jahr 2025 auf 4,4 Prozent.

(2) Die Länder teilen dem Bundesministerium für Arbeit und Soziales für jedes Kalenderjahr (Meldezeitraum) von 2020 bis 2025 jeweils bis zum 30. Juni des Folge-

jahres für jeden Träger, der für die Ausführung des Gesetzes nach diesem Kapitel zuständig ist, die Zahl der Leistungsberechtigten mit, die in einem Kalendermonat des Meldezeitraums für mindestens 15 Kalendertage einen Barbetrag erhalten haben.

(3) 1Der Erstattungsbetrag für jeden Kalendermonat im Meldezeitraum errechnet sich aus der Anzahl der jeweils gemeldeten Leistungsberechtigten multipliziert mit dem Betrag, der sich aus dem sich für das jeweilige Jahr ergebenden Anteil nach Absatz 1 Satz 2 an dem jeweils geltenden Betrag der Regelbedarfsstufe 1 nach der Anlage zu § 28 ergibt. 2Der Erstattungsbetrag für den jeweiligen Meldezeitraum ergibt sich aus der Summe der Erstattungsbeträge je Kalendermonat nach Satz 1.

(4) Der Erstattungsbetrag nach Absatz 3 Satz 2 ist zum 31. August des Kalenderjahres zu zahlen, das auf den jeweiligen Meldezeitraum folgt.

§ 137 Überleitung in Pflegegrade zum 1. Januar 2017

1Pflegebedürftige, deren Pflegebedürftigkeit nach den Vorschriften des Siebten Kapitels in der am 31. Dezember 2016 geltenden Fassung festgestellt worden ist und bei denen spätestens am 31. Dezember 2016 die Voraussetzungen auf Leistungen nach den Vorschriften des Siebten Kapitels vorliegen, werden ab dem 1. Januar 2017 ohne erneute Antragstellung und ohne erneute Begutachtung wie folgt in die Pflegegrade übergeleitet:

1. Pflegebedürftige mit Pflegestufe I in den Pflegegrad 2,
2. Pflegebedürftige mit Pflegestufe II in den Pflegegrad 3,
3. Pflegebedürftige mit Pflegestufe III in den Pflegegrad 4.

2Die Überleitung in die Pflegegrade nach § 140 des Elften Buches ist für den Träger der Sozialhilfe bindend.

§ 138 Übergangsregelung für Pflegebedürftige aus Anlass des Dritten Pflegestärkungsgesetzes

1Einer Person, die am 31. Dezember 2016 einen Anspruch auf Leistungen nach dem Siebten Kapitel in der am 31. Dezember 2016 geltenden Fassung hat, sind die ihr am 31. Dezember 2016 zustehenden Leistungen über den 31. Dezember 2016 hinaus bis zum Abschluss des von Amts wegen zu betreibenden Verfahrens zur Ermittlung und Feststellung des Pflegegrades und des notwendigen pflegerischen Bedarfs nach § 63a in der ab dem 1. Januar 2017 geltenden Fassung weiter zu gewähren. 2Soweit eine Person zugleich Leistungen nach dem Elften Buch in der ab dem 1. Januar 2017 geltenden Fassung erhält, sind diese anzurechnen. 3Dies gilt nicht für die Zuschläge nach § 141 Absatz 2 des Elften Buches sowie für den Entlastungsbetrag nach § 45b des Elften Buches. 4Ergibt das Verfahren, dass für die Zeit ab dem 1. Januar 2017 die Leistungen für den notwendigen pflegerischen Bedarf, die nach dem Siebten Kapitel in der ab dem 1. Januar 2017 geltenden Fassung zu gewähren sind, geringer sind als die nach Satz 1 gewährten Leistungen, so sind die nach Satz 1 gewährten höheren Leistungen nicht vom Leistungsbezieher zu erstatten; § 45 des Zehnten Buches bleibt unberührt. 5Ergibt das Verfahren, dass für die Zeit ab dem 1. Januar 2017 die Leistungen für den notwendigen pflegerischen Bedarf, die nach dem Siebten Kapitel in der ab dem 1. Januar 2017 geltenden Fassung zu gewähren sind, höher sind als die nach Satz 1 gewährten Leistungen, so sind die Leistungen rückwirkend nach den Vorschriften des Siebten Kapitels in der ab dem 1. Januar 2017 geltenden Fassung zu gewähren.

§ 139 Übergangsregelung für Bedarfe für Unterkunft und Heizung ab dem Jahr 2020

(1) Für Leistungsberechtigte,

1. die am 31. Dezember 2019 nach dem Dritten oder Vierten Kapitel und zugleich nach dem Sechsten Kapitel leistungsberechtigt sind und
2. die am 31. Dezember 2019 in einer Unterkunft leben, für die Bedarfe für Unterkunft und Heizung nach § 35 anerkannt werden,

sind, wenn

3. sie am 1. Januar 2020 leistungsberechtigt nach dem Dritten oder Vierten Kapitel sind und zugleich Leistungen nach Teil 2 des Neunten Buches beziehen und
4. die Unterkunft nach Nummer 2 am 1. Januar 2020 als persönlicher Wohnraum und zusätzliche Räumlichkeiten nach § 42a Absatz 2 Satz 1 Nummer 2 gilt,

für diese Unterkunft die Bedarfe für Unterkunft und Heizung nach § 42a Absatz 2 Satz 1 Nummer 1 und Satz 2 zu berücksichtigen.

(2) Leistungsberechtigten,

1. die am 31. Dezember 2019 nach dem Dritten oder Vierten Kapitel und zugleich nach dem Sechsten Kapitel leistungsberechtigt sind und

2. denen am 31. Dezember 2019 Bedarfe für Unterkunft und Heizung nach § 27b Absatz 1 Satz 2 in Verbindung mit § 42 Nummer 4 Buchstabe b anzuerkennen sind,

sind, wenn sie am 1. Januar 2020 leistungsberechtigt nach dem Dritten oder Vierten Kapitel sind und zugleich Leistungen nach Teil 2 des Neunten Buches beziehen, für diese Unterkunft ab dem 1. Januar 2020 Bedarfe für Unterkunft und Heizung nach § 42a Absatz 2 Satz 1 Nummer 2 und Satz 3 anzuerkennen, solange sich keine Veränderung in der Unterbringung ergibt, durch die diese die Voraussetzungen einer Wohnung nach § 42a Absatz 2 Satz 1 Nummer 1 und Satz 2 erfüllt.

§ 140 Übergangsregelung für die Bedarfe für Unterkunft während der Karenzzeit

(1) Zeiten eines Leistungsbezugs bis zum 31. Dezember 2022 bleiben bei der Karenzzeit nach § 35 Absatz 1 Satz 2 unberücksichtigt.

(2) § 35 Absatz 1 Satz 2 bis 6 gilt nicht in den Fällen, in denen in einem der vorangegangenen Bewilligungszeiträume für die aktuell bewohnte Unterkunft die angemessenen und nicht die tatsächlichen Aufwendungen als Bedarf anerkannt wurden.

§ 141 Übergangsregelung aus Anlass der COVID-19-Pandemie; Verordnungsermächtigung

(1) Leistungen nach dem Dritten und Vierten Kapitel werden für Bewilligungszeiträume, die in der Zeit vom 1. März 2020 bis zum 31. März 2022 beginnen, nach Maßgabe der Absätze 2 bis 4 erbracht.

(2) 1Abweichend von § 2 Absatz 1, § 19 Absatz 1, 2 und 5, § 27 Absatz 1 und 2, § 39, § 41 Absatz 1, § 43 Absatz 1, § 43a Absatz 2 und § 90 wird Vermögen für die Dauer von sechs Monaten nicht berücksichtigt. 2Satz 1 gilt nicht, wenn das Vermögen erheblich ist; es wird vermutet, dass kein erhebliches Vermögen vorhanden ist, wenn die leistungsnachsuchenden Personen dies im Antrag erklären.

(3) 1Abweichend von § 35 und § 42a Absatz 1 gelten die tatsächlichen Aufwendungen für Unterkunft und Heizung für die Dauer von sechs Monaten als angemessen. 2Nach Ablauf des Zeitraums nach Satz 1 ist § 35 Absatz 2 Satz 2 mit der Maßgabe anzuwenden, dass der Zeitraum nach Satz 1 nicht auf die in § 35 Absatz 2 Satz 2 genannte Frist anzurechnen ist. 3Satz 1 gilt nicht in den Fällen, in denen im vorangegangenen Bewilligungszeitraum die angemessenen und nicht die tatsächlichen Aufwendungen als Bedarf anerkannt wurden.

(4) Sofern Geldleistungen der Grundsicherung im Alter und bei Erwerbsminderung nach § 44a Absatz 1 vorläufig oder Geldleistungen der Hilfe zum Lebensunterhalt vorschussweise nach § 42 des Ersten Buches zu bewilligen sind, ist über den monatlichen Leistungsanspruch für Bewilligungszeiträume, die bis zum 31. März 2021 begonnen haben, nur auf Antrag der leistungsberechtigten Person abschließend zu entscheiden; § 44a Absatz 5 Satz 1 findet keine Anwendung.

(5) 1Abweichend von § 34a Absatz 1 Satz 1 gilt der Antrag auf Leistungen nach § 34 Absatz 5 in der Zeit vom 1. Juli 2021 bis zum Ablauf des 31. Dezember 2023 als von dem Antrag auf Leistungen zur Sicherung des Lebensunterhalts mit umfasst. 2Dies gilt für ab dem 1. Juli 2021 entstehende Lernförderungsbedarfe auch dann, wenn die jeweiligen Bewilligungszeiträume nur teilweise in den in Satz 1 genannten Zeitraum fallen, weil sie entweder bereits vor dem 1. Juli 2021 begonnen haben oder erst nach dem 31. Dezember 2023 enden.

(6) Die Bundesregierung wird ermächtigt, den in Absatz 1 genannten Zeitraum durch Rechtsverordnung ohne Zustimmung des Bundesrates längstens bis zum 31. Dezember 2022 zu verlängern.

Der in § 141 Absatz 1 genannte Zeitraum wurde bis zum 31. Dezember 2022 verlängert (Verordnung vom 10. März 2022, BGBl. I S. 426).

§ 142 Übergangsregelung für die gemeinschaftliche Mittagsverpflegung für Menschen mit Behinderungen aus Anlass der COVID-19-Pandemie; Verordnungsermächtigung

(1) 1Wurde im Oktober 2021 ein Mehrbedarf nach § 42b Absatz 2 anerkannt, wird dieser bis zum Ablauf des 31. März 2022 in unveränderter Höhe auch dann anerkannt, wenn abweichend von § 42b Absatz 2 Satz 1 und 2 die Voraussetzungen der Gemeinschaftlichkeit der Mittagsverpflegung und der Esseneinnahme in der Verantwortung des Leistungsanbieters nicht vorliegen. 2Für die Berechnung der Höhe des Mehrbedarfs sind die Anzahl der für Oktober 2021 berücksichtigten Arbeitstage und die sich nach § 42b Absatz 2 Satz 3 ergebenden Mehraufwendungen je Arbeitstag zugrunde zu legen.

(2) Die Bundesregierung wird ermächtigt, den in Absatz 1 Satz 1 genannten Zeitraum durch Rechtsverordnung ohne Zustimmung des Bundesrates längstens bis zum 31. Dezember 2022 zu verlängern.

Der in § 142 Absatz 1 Satz 1 genannte Zeitraum wurde bis zum 31. Dezember 2022 verlängert (Verordnung vom 10. März 2022, BGBl. I S. 426).

§ 143 Übergangsregelung zum Freibetrag für Grundrentenzeiten und vergleichbare Zeiten

Der Träger der Sozialhilfe hat über Leistungen der Hilfe zum Lebensunterhalt und der Grundsicherung im Alter und bei Erwerbsminderung ohne Berücksichtigung eines eventuellen Freibetrages nach § 82a zu entscheiden, so lange ihm nicht durch eine Mitteilung des Rentenversicherungsträgers oder berufsständischer Versicherungs- oder Versorgungseinrichtungen nachgewiesen ist, dass die Voraussetzungen für die Einräumung des Freibetrages vorliegen.

§ 144 Einmalzahlung für den Monat Juli 2022

1Leistungsberechtigte, denen für den Monat Juli 2022 Leistungen nach dem Dritten oder Vierten Kapitel gezahlt werden und deren Regelsatz sich nach der Regelbedarfsstufe 1, 2 oder 3 der Anlage zu § 28 ergibt, erhalten für diesen Monat zum Ausgleich der mit der COVID-19-Pandemie in Zusammenhang stehenden Mehraufwendungen eine Einmalzahlung in Höhe von 200 Euro. 2Leistungsberechtigten, für die die Regelbedarfsstufe 3 gilt, ist die Leistung nach Satz 1 zusammen mit dem Barbetrag nach § 27b Absatz 3 oder § 27c Absatz 3 auszuzahlen; die Einmalzahlungen für Leistungsberechtigte nach dem Vierten Kapitel sind Bruttoausgaben nach § 46a Absatz 2 Satz 1.

§ 145 Sofortzuschlag

(1) 1Minderjährige, die einen Anspruch auf Leistungen nach dem Dritten Kapitel haben, dem ein Regelsatz nach der Regelbedarfsstufe 4, 5 oder 6 zugrunde liegt, haben Anspruch auf einen monatlichen Sofortzuschlag in Höhe von 20 Euro. 2Anspruch auf den Sofortzuschlag besteht für Minderjährige auch dann, wenn sie

1. einen Anspruch auf Leistungen nach § 34 haben oder
2. einen Anspruch nach Satz 1 oder Nummer 1 nur deshalb nicht haben, weil Kindergeld nach § 82 Absatz 1 Satz 4 berücksichtigt wird.

3Der Sofortzuschlag wird erstmalig für den Monat Juli 2022 erbracht.

(2) 1Wird die Entscheidung über die Bewilligung der Leistungen nach Absatz 1 Satz 1 und 2 Nummer 1 rückwirkend geändert oder fällt diese rückwirkend weg, erfolgt keine rückwirkende Aufhebung der Bewilligung und keine Aufhebung des Sofortzuschlages. 2Dies gilt auch, wenn sich nachträglich ergibt, dass innerhalb des Bewilligungszeitraums, für den der Sofortzuschlag bereits festgesetzt ist, kein Anspruch auf Leistungen nach Absatz 1 Satz 1 und 2 Nummer 1 besteht.

(3) § 17 Absatz 1 Satz 2 gilt auch für den Anspruch auf den Sofortzuschlag.

(4) 1Die für die Ausführung der Absätze 1 bis 3 zuständigen Träger werden nach Landesrecht bestimmt. 2Die §§ 3, 6 und 7 sind nicht anzuwenden.

§ 146 Sozialhilfe für Ausländerinnen und Ausländer mit einem Aufenthaltstitel nach § 24 des Aufenthaltsgesetzes oder einer entsprechenden Fiktionsbescheinigung

(1) 1Für Ausländerinnen und Ausländer, die gemäß § 49 des Aufenthaltsgesetzes erkennungsdienstlich behandelt worden sind und denen eine Aufenthaltserlaubnis nach § 24 Absatz 1 des Aufenthaltsgesetzes erteilt wurde oder denen eine entsprechende Fiktionsbescheinigung nach § 81 Absatz 5 in Verbindung mit Absatz 3 des Aufenthaltsgesetzes für einen solchen Aufenthaltstitel ausgestellt wurde, gilt der Tatbestand von § 23 Absatz 1 Satz 4 als erfüllt. 2§ 23 Absatz 3 findet in diesen Fällen keine Anwendung. 3Der Leistungsbeginn richtet sich für Leistungen nach dem Vierten Kapitel nach § 44 und im Übrigen nach § 18, frühestens jedoch ab dem Folgemonat, in dem die Aufenthaltserlaubnis erteilt oder die Fiktionsbescheinigung ausgestellt wurde.

(2) Absatz 1 gilt auch für Personen, die gemäß § 49 des Aufenthaltsgesetzes erkennungsdienstlich behandelt worden sind, eine Aufenthaltserlaubnis nach § 24 Absatz 1 des Aufenthaltsgesetzes beantragt haben und denen eine entsprechende Fiktionsbescheinigung nach § 81 Absatz 5 in Verbindung mit Absatz 4 des Aufenthaltsgesetzes ausgestellt worden ist.

(3) 1Die Absätze 1 und 2 sind bei Personen, denen nach dem 24. Februar 2022 und vor dem 1. Juni 2022 eine Aufenthaltserlaubnis nach § 24 Absatz 1 des Aufenthaltsgesetzes erteilt oder eine entsprechende Fiktionsbescheinigung nach § 81 Absatz 5 in Verbindung mit Absatz 3 oder Absatz 4 des Aufenthaltsgesetzes aus-

gestellt wurde, mit der Maßgabe anzuwenden, dass anstelle der erkennungsdienstlichen Behandlung die Speicherung der Daten nach § 3 Absatz 1 des AZR-Gesetzes erfolgt ist. ₂Eine nicht durchgeführte erkennungsdienstliche Behandlung nach § 49 des Aufenthaltsgesetzes oder nach § 16 des Asylgesetzes ist in diesen Fällen durch die zuständige Behörde bis zum Ablauf des 31. Oktober 2022 nachzuholen.

(4) Das Erfordernis des Nachholens einer erkennungsdienstlichen Behandlung nach Absatz 3 gilt nicht, soweit eine erkennungsdienstliche Behandlung nach § 49 des Aufenthaltsgesetzes nicht vorgesehen ist.

(5) ₁In der Zeit vom 1. Juni 2022 bis einschließlich 31. August 2022 gilt der Antrag auf Leistungen nach diesem Buch für Leistungsberechtigte nach § 18 des Asylbewerberleistungsgesetzes als gestellt. ₂Die Leistungen nach diesem Buch sind gegenüber den Leistungen nach § 18 des Asylbewerberleistungsgesetzes vorrangig. ₃Wenn die Träger der Leistungen nach dem Dritten oder Vierten Kapitel Leistungsberechtigten nach § 18 des Asylbewerberleistungsgesetzes laufende Leistungen zur Sicherung des Lebensunterhalts bewilligt haben, haben sie den Zeitpunkt der Aufnahme der laufenden Leistungsgewährung den für die Durchführung des Asylbewerberleistungsgesetzes zuständigen Behörden unverzüglich anzuzeigen. ₄Der für die Durchführung des Asylbewerberleistungsgesetzes zuständigen Behörde stehen Erstattungsansprüche nach Maßgabe des § 104 des Zehnten Buches zu.

Anlage
(zu § 28)

Regelbedarfsstufen nach § 28

gültig ab 1. Januar 2023

Regelbedarfsstufe 1	502 Euro
Regelbedarfsstufe 2	451 Euro
Regelbedarfsstufe 3	402 Euro
Regelbedarfsstufe 4	420 Euro
Regelbedarfsstufe 5	348 Euro
Regelbedarfsstufe 6	318 Euro

Redaktionelle Anmerkung: Minderjährige, die einen Anspruch auf Leistungen nach dem Dritten Kapitel SGB XII haben, dem ein Regelsatz nach der Regelbedarfsstufe 4, 5 oder 6 zugrunde liegt, haben Anspruch auf einen monatlichen Sofortzuschlag in Höhe von 20 Euro; gleiches gilt für Minderjährige, wenn sie einen Anspruch auf Leistungen nach § 34 SGB XII haben diesen Anspruch nur deshalb nicht haben, weil Kindergeld nach § 82 Abs. 1 Satz 4 SGB XII berücksichtigt wird (vgl. § 145 SGB XII).

gültig ab 1. Januar 2022

Regelbedarfsstufe 1	449 Euro
Regelbedarfsstufe 2	404 Euro
Regelbedarfsstufe 3	360 Euro
Regelbedarfsstufe 4	376 Euro
Regelbedarfsstufe 5	311 Euro
Regelbedarfsstufe 6	285 Euro

gültig ab 1. Januar 2021

Regelbedarfsstufe 1	446 Euro
Regelbedarfsstufe 2	401 Euro
Regelbedarfsstufe 3	357 Euro
Regelbedarfsstufe 4	373 Euro
Regelbedarfsstufe 5	309 Euro
Regelbedarfsstufe 6	283 Euro

gültig ab 1. Januar 2020

Regelbedarfsstufe 1	432 Euro
Regelbedarfsstufe 2	389 Euro
Regelbedarfsstufe 3	345 Euro
Regelbedarfsstufe 4	328 Euro
Regelbedarfsstufe 5	308 Euro
Regelbedarfsstufe 6	250 Euro

gültig ab 1. Januar 2019

Regelbedarfsstufe 1	424 Euro
Regelbedarfsstufe 2	382 Euro
Regelbedarfsstufe 3	339 Euro
Regelbedarfsstufe 4	322 Euro
Regelbedarfsstufe 5	302 Euro
Regelbedarfsstufe 6	245 Euro

gültig ab 1. Januar 2018

Regelbedarfsstufe 1	416 Euro
Regelbedarfsstufe 2	374 Euro
Regelbedarfsstufe 3	332 Euro
Regelbedarfsstufe 4	316 Euro
Regelbedarfsstufe 5	296 Euro
Regelbedarfsstufe 6	240 Euro

gültig ab 1. Januar 2017

Regelbedarfsstufe 1	409 Euro
Regelbedarfsstufe 2	368 Euro
Regelbedarfsstufe 3	327 Euro
Regelbedarfsstufe 4	311 Euro
Regelbedarfsstufe 5	291 Euro
Regelbedarfsstufe 6	237 Euro

gültig ab 1. Januar 2016

Regelbedarfsstufe 1	404 Euro
Regelbedarfsstufe 2	364 Euro
Regelbedarfsstufe 3	324 Euro
Regelbedarfsstufe 4	306 Euro
Regelbedarfsstufe 5	270 Euro
Regelbedarfsstufe 6	237 Euro

gültig ab 1. Januar 2015

Regelbedarfsstufe 1	399 Euro
Regelbedarfsstufe 2	360 Euro
Regelbedarfsstufe 3	320 Euro
Regelbedarfsstufe 4	302 Euro
Regelbedarfsstufe 5	267 Euro
Regelbedarfsstufe 6	234 Euro

gültig ab 1. Januar 2014

Regelbedarfsstufe 1	391 Euro
Regelbedarfsstufe 2	353 Euro
Regelbedarfsstufe 3	313 Euro
Regelbedarfsstufe 4	296 Euro
Regelbedarfsstufe 5	261 Euro
Regelbedarfsstufe 6	229 Euro

gültig ab 1. Januar 2013

Regelbedarfsstufe 1	382 Euro
Regelbedarfsstufe 2	345 Euro
Regelbedarfsstufe 3	306 Euro
Regelbedarfsstufe 4	289 Euro
Regelbedarfsstufe 5	255 Euro
Regelbedarfsstufe 6	224 Euro

gültig ab 1. Januar 2012

Regelbedarfsstufe 1	374 Euro
Regelbedarfsstufe 2	337 Euro
Regelbedarfsstufe 3	299 Euro
Regelbedarfsstufe 4	287 Euro
Regelbedarfsstufe 5	251 Euro
Regelbedarfsstufe 6	219 Euro

gültig ab 1. Januar 2011

Regelbedarfsstufe 1	364 Euro
Regelbedarfsstufe 2	328 Euro
Regelbedarfsstufe 3	291 Euro
Regelbedarfsstufe 4	287 Euro
Regelbedarfsstufe 5	251 Euro
Regelbedarfsstufe 6	215 Euro

Regelbedarfsstufe 1:

Für jede erwachsene Person, die in einer Wohnung nach § 42a Absatz 2 Satz 2 lebt und für die nicht Regelbedarfsstufe 2 gilt.

Regelbedarfsstufe 2:

Für jede erwachsene Person, wenn sie

1. in einer Wohnung nach § 42a Absatz 2 Satz 2 mit einem Ehegatten oder Lebenspartner oder in eheähnlicher oder lebenspartnerschaftsähnlicher Gemeinschaft mit einem Partner zusammenlebt oder
2. nicht in einer Wohnung lebt, weil ihr allein oder mit einer weiteren Person ein persönlicher Wohnraum und mit weiteren Personen zusätzliche Räumlichkeiten nach § 42a Absatz 2 Satz 3 zur gemeinschaftlichen Nutzung überlassen sind.

Regelbedarfsstufe 3:

Für eine erwachsene Person, deren notwendiger Lebensunterhalt sich nach § 27b bestimmt.

Regelbedarfsstufe 4:

Für eine Jugendliche oder einen Jugendlichen vom Beginn des 15. bis zur Vollendung des 18. Lebensjahres.

Regelbedarfsstufe 5:

Für ein Kind vom Beginn des siebten bis zur Vollendung des 14. Lebensjahres.

Regelbedarfsstufe 6:

Für ein Kind bis zur Vollendung des sechsten Lebensjahres.

Anlage
(zu § 34)

Ausstattung mit persönlichem Schulbedarf in Euro

gültig im Kalenderjahr	Teilbetrag für das im jeweiligen Kalenderjahr beginnende erste Schulhalbjahr	Teilbetrag für das im jeweiligen Kalenderjahr beginnende zweite Schulhalbjahr
2019	100 Euro	–
2020	100 Euro	50 Euro
2021	103 Euro	51,50 Euro
2022	104 Euro	52 Euro
2023	116 Euro	58 Euro

Verordnung zur Durchführung der Hilfe zur Überwindung besonderer sozialer Schwierigkeiten

in der Fassung der Bekanntmachung vom 24. Januar 2001 (BGBl. I S. 179)

Zuletzt geändert durch
Gesetz zur Einordnung des Sozialhilferechts in das Sozialgesetzbuch
vom 27. Dezember 2003 (BGBl. I S. 3022)

Auf Grund des § 72 Abs. 5 des Bundessozialhilfegesetzes in der Fassung der Bekanntmachung vom 23. März 1994 (BGBl. I S. 646, 2975), der zuletzt geändert wurde durch Artikel 1 Nr. 4 des Gesetzes vom 25. Juni 1999 (BGBl. I S. 1442), in Verbindung mit Artikel 6 Abs. 1 des Gesetzes vom 16. Februar 1993 (BGBl. I S. 239), verordnet das Bundesministerium für Arbeit und Sozialordnung:

§ 1 Persönliche Voraussetzungen

(1) Personen leben in besonderen sozialen Schwierigkeiten, wenn besondere Lebensverhältnisse derart mit sozialen Schwierigkeiten verbunden sind, dass die Überwindung der besonderen Lebensverhältnisse auch die Überwindung der sozialen Schwierigkeiten erfordert. Nachgehende Hilfe ist Personen zu gewähren, soweit bei ihnen nur durch Hilfe nach dieser Verordnung der drohende Wiedereintritt besonderer sozialer Schwierigkeiten abgewendet werden kann.

(2) Besondere Lebensverhältnisse bestehen bei fehlender oder nicht ausreichender Wohnung, bei ungesicherter wirtschaftlicher Lebensgrundlage, bei gewaltgeprägten Lebensumständen, bei Entlassung aus einer geschlossenen Einrichtung oder bei vergleichbaren nachteiligen Umständen. Besondere Lebensverhältnisse können ihre Ursachen in äußeren Umständen oder in der Person der Hilfesuchenden haben.

(3) Soziale Schwierigkeiten liegen vor, wenn ein Leben in der Gemeinschaft durch ausgrenzendes Verhalten des Hilfesuchenden oder eines Dritten wesentlich eingeschränkt ist, insbesondere im Zusammenhang mit der Erhaltung oder Beschaffung einer Wohnung, mit der Erlangung oder Sicherung eines Arbeitsplatzes, mit familiären oder anderen sozialen Beziehungen oder mit Straffälligkeit.

§ 2 Art und Umfang der Maßnahmen

(1) Art und Umfang der Maßnahmen richten sich nach dem Ziel, die Hilfesuchenden zur Selbsthilfe zu befähigen, die Teilnahme am Leben in der Gemeinschaft zu ermöglichen und die Führung eines menschenwürdigen Lebens zu sichern. Durch Unterstützung der Hilfesuchenden zur selbständigen Bewältigung ihrer besonderen sozialen Schwierigkeiten sollen sie in die Lage versetzt werden, ihr Leben entsprechend ihren Bedürfnissen, Wünschen und Fähigkeiten zu organisieren und selbstverantwortlich zu gestalten. Dabei ist auch zu berücksichtigen, dass Hilfesuchende verpflichtet sind, nach eigenen Kräften an der Überwindung der besonderen sozialen Schwierigkeiten mitzuwirken. Auf Leistungen anderer Stellen oder nach anderen Vorschriften des Zwölften Buches Sozialgesetzbuch, die im Sinne dieser Verordnung geeignet sind, ist hinzuwirken; die Regelungen über Erstattungsansprüche der Leistungsträger untereinander gemäß §§ 102 bis 114 des Zehnten Buches Sozialgesetzbuch finden insoweit auch zwischen Trägern der Sozialhilfe Anwendung.

(2) Maßnahmen sind die Dienst-, Geld- und Sachleistungen, die notwendig sind, um die besonderen sozialen Schwierigkeiten nachhaltig abzuwenden, zu beseitigen, zu mildern oder ihre Verschlimmerung zu verhüten. Vorrangig sind als Hilfe zur Selbsthilfe Dienstleistungen der Beratung und persönlichen Unterstützung für die Hilfesuchenden und für ihre Angehörigen, bei der Erhaltung und Beschaffung einer Wohnung, bei der Vermitt-

lung in Ausbildung, bei der Erlangung und Sicherung eines Arbeitsplatzes sowie bei Aufbau und Aufrechterhaltung sozialer Beziehungen und der Gestaltung des Alltags. Bei der Hilfe sind geschlechts- und altersbedingte Besonderheiten sowie besondere Fähigkeiten und Neigungen zu berücksichtigen.

(3) Bei der Ermittlung und Feststellung des Hilfebedarfs sowie bei der Erstellung und Fortschreibung eines Gesamtplanes sollen die Hilfesuchenden unter Berücksichtigung der vorhandenen Kräfte und Fähigkeiten beteiligt werden. Wird ein Gesamtplan erstellt, sind der ermittelte Bedarf und die dem Bedarf entsprechenden Maßnahmen der Hilfe zu benennen und anzugeben, in welchem Verhältnis zueinander sie verwirklicht werden sollen. Dabei ist der verbundene Einsatz der unterschiedlichen Hilfen nach dem Zwölften Buch Sozialgesetzbuch und nach anderen Leistungsgesetzen anzustreben. Soweit es erforderlich ist, wirkt der Träger der Sozialhilfe mit anderen am Einzelfall Beteiligten zusammen; bei Personen vor Vollendung des 21. Lebensjahres ist ein Zusammenwirken mit dem Träger der öffentlichen Jugendhilfe erforderlich.

(4) Gesamtplan und Maßnahmen sind zu überprüfen, sobald Umstände die Annahme rechtfertigen, dass die Hilfe nicht oder nicht mehr zielgerecht ausgestaltet ist oder Hilfesuchende nicht nach ihren Kräften mitwirken.

(5) In stationären Einrichtungen soll die Hilfe nur befristet und nur dann gewährt werden, wenn eine verfügbare ambulante oder teilstationäre Hilfe nicht geeignet und die stationäre Hilfe Teil eines Gesamtplanes ist, an dessen Erstellung der für die stationäre Hilfe zuständige Träger der Sozialhilfe beteiligt war. Ist die Erstellung eines Gesamtplanes vor Beginn der Hilfe nicht möglich, hat sie unverzüglich danach zu erfolgen. Die Hilfe ist spätestens nach jeweils sechs Monaten zu überprüfen. Frauenhäuser sind keine Einrichtungen im Sinne von Satz 1; ambulante Maßnahmen nach den §§ 3 bis 6 werden durch den Aufenthalt in einem Frauenhaus nicht ausgeschlossen.

§ 3 Beratung und persönliche Unterstützung

(1) Zur Beratung und persönlichen Unterstützung gehört es vor allem, den Hilfebedarf zu ermitteln, die Ursachen der besonderen Lebensumstände sowie der sozialen Schwierigkeiten festzustellen, sie bewusst zu machen, über die zur Überwindung der besonderen Lebensverhältnisse und sozialen Schwierigkeiten in Betracht kommenden Maßnahmen und geeigneten Hilfeangebote und -organisationen zu unterrichten, diese soweit erforderlich zu vermitteln und ihre Inanspruchnahme und Wirksamkeit zu fördern.

(2) Beratung und persönliche Unterstützung müssen darauf ausgerichtet sein, die Bereitschaft und Fähigkeit zu erhalten und zu entwickeln, bei der Überwindung der besonderen sozialen Schwierigkeiten nach Kräften mitzuwirken und so weit wie möglich unabhängig von Sozialhilfe zu leben. Sie sollen auch erforderliche Hilfestellungen bei der Inanspruchnahme in Betracht kommender Sozialleistungen, bei der Inanspruchnahme von Schuldnerberatung oder bei der Erledigung von Angelegenheiten mit Behörden und Gerichten umfassen.

(3) Soweit es im Einzelfall erforderlich ist, erstreckt sich die persönliche Unterstützung auch darauf, in der Umgebung des Hilfesuchenden

1. Verständnis für die Art der besonderen Lebensverhältnisse und die damit verbundenen sozialen Schwierigkeiten zu wecken und Vorurteilen entgegenzuwirken,
2. Einflüssen zu begegnen, welche die Bemühungen und Fähigkeiten zur Überwindung besonderer sozialer Schwierigkeiten beeinträchtigen.

(4) Beratung und persönliche Unterstützung kann auch in Gruppen gewährt werden, wenn diese Art der Hilfegewährung geeignet ist, den Erfolg der Maßnahmen herbeizuführen.

§ 4 Erhaltung und Beschaffung einer Wohnung

(1) Maßnahmen zur Erhaltung und Beschaffung einer Wohnung sind vor allem die erfor-

XII

derliche Beratung und persönliche Unterstützung.

(2) Soweit es Maßnahmen nach Absatz 1 erfordern, umfasst die Hilfe auch sonstige Leistungen zur Erhaltung und Beschaffung einer Wohnung nach dem Dritten Kapitel des Zwölften Buches Sozialgesetzbuch, insbesondere nach § 34.

(3) Maßnahmen der Gefahrenabwehr lassen den Anspruch auf Hilfe zur Überwindung besonderer sozialer Schwierigkeiten bei der Erhaltung und Beschaffung einer Wohnung unberührt.

§ 5 Ausbildung, Erlangung und Sicherung eines Arbeitsplatzes

(1) Die Hilfe zur Ausbildung sowie zur Erlangung und Sicherung eines Arbeitsplatzes umfasst, wenn andere arbeits- und beschäftigungswirksame Maßnahmen im Einzelfall nicht in Betracht kommen, vor allem Maßnahmen, die darauf gerichtet sind, die Fähigkeiten und Fertigkeiten sowie die Bereitschaft zu erhalten und zu entwickeln, einer regelmäßigen Erwerbstätigkeit nachzugehen und den Lebensunterhalt für sich und Angehörige aus Erwerbseinkommen zu bestreiten.

(2) Zu den Maßnahmen können vor allem solche gehören, die

1. dem drohenden Verlust eines Ausbildungs- oder Arbeitsplatzes entgegenwirken,
2. es ermöglichen, den Ausbildungsabschluss allgemeinbildender Schulen nachzuholen und die für die Ausübung einer Erwerbstätigkeit auf dem allgemeinen Arbeitsmarkt notwendigen Fähigkeiten und Fertigkeiten zu erwerben,
3. eine Ausbildung für einen angemessenen Beruf ermöglichen,
4. der Erlangung und Sicherung eines geeigneten Arbeitsplatzes oder einer sonstigen angemessenen Tätigkeit dienen,
5. den Abschluss sozialversicherungspflichtiger Beschäftigungsverhältnisse ermöglichen oder den Aufbau einer Lebensgrundlage durch selbständige Tätigkeit zu fördern.

§ 6 Hilfe zum Aufbau und zur Aufrechterhaltung sozialer Beziehungen und zur Gestaltung des Alltags

Zu den Maßnahmen im Sinne des § 68 Abs. 1 des Zwölften Buches Sozialgesetzbuch gehört auch Hilfe zum Aufbau und zur Aufrechterhaltung sozialer Beziehungen und zur Gestaltung des Alltags. Sie umfasst vor allem Maßnahmen der persönlichen Hilfe, die

1. die Begegnung und dem Umgang mit anderen Personen,
2. eine aktive Gestaltung, Strukturierung und Bewältigung des Alltags,
3. eine wirtschaftliche und gesundheitsbewusste Lebensweise,
4. den Besuch von Einrichtungen oder Veranstaltungen, die der Geselligkeit, der Unterhaltung oder kulturellen Zwecken dienen,
5. eine gesellige, sportliche oder kulturelle Betätigung

fördern oder ermöglichen.

§ 7 Inkrafttreten, Außerkrafttreten

Diese Verordnung tritt am ersten Tag des auf die Verkündung folgenden sechsten Kalendermonats in Kraft. Gleichzeitig tritt die Verordnung zur Durchführung des § 72 des Bundessozialhilfegesetzes vom 9. Juni 1976 (BGBl. I S. 1469), geändert durch Artikel 4 Abs. 5 des Gesetzes vom 16. Februar 1993 (BGBl. I S. 239), außer Kraft.

Verordnung zur Durchführung des § 82 des Zwölften Buches Sozialgesetzbuch

Vom 28. November 1962 (BGBl. I S. 692)

Zuletzt geändert durch
Gesetz zur Änderung des Zwölften Buches Sozialgesetzbuch und weiterer Vorschriften
vom 21. Dezember 2015 (BGBl. I S. 2557)

Auf Grund des § 76 Abs. 3 des Bundessozialhilfegesetzes vom 30. Juni 1961 (Bundesgesetzbl. I S. 815) verordnet die Bundesregierung mit Zustimmung des Bundesrates:

§ 1 Einkommen

Bei der Berechnung der Einkünfte in Geld oder Geldeswert, die nach § 82 Abs. 1 des Zwölften Buches Sozialgesetzbuch zum Einkommen gehören, sind alle Einnahmen ohne Rücksicht auf ihre Herkunft und Rechtsnatur sowie ohne Rücksicht darauf, ob sie zu den Einkunftsarten im Sinne des Einkommensteuergesetzes gehören und ob sie der Steuerpflicht unterliegen, zugrunde zu legen.

§ 2 Bewertung von Sachbezügen

(1) Für die Bewertung von Einnahmen, die nicht in Geld bestehen (Kost, Wohnung und sonstige Sachbezüge), sind die auf Grund des § 17 Abs. 2 des Vierten Buches Sozialgesetzbuch für die Sozialversicherung zuletzt festgesetzten Werte der Sachbezüge maßgebend; soweit der Wert der Sachbezüge nicht festgesetzt ist, sind der Bewertung die üblichen Mittelpreise des Verbrauchsortes zu Grunde zu legen. Die Verpflichtung, den notwendigen Lebensunterhalt im Einzelfall nach dem Dritten Kapitel des Zwölften Buches Sozialgesetzbuch sicherzustellen, bleibt unberührt.

(2) Absatz 1 gilt auch dann, wenn in einem Tarifvertrag, einer Tarifordnung, einer Betriebs- oder Dienstordnung, einer Betriebsvereinbarung, einem Arbeitsvertrag oder einem sonstigen Vertrag andere Werte festgesetzt worden sind.

§ 3 Einkünfte aus nichtselbständiger Arbeit

(1) Welche Einkünfte zu den Einkünften aus nichtselbständiger Arbeit gehören, bestimmt sich nach § 19 Abs. 1 Ziff. 1 des Einkommensteuergesetzes.

(2) Als nichtselbständige Arbeit gilt auch die Arbeit, die in einer Familiengemeinschaft von einem Familienangehörigen des Betriebsinhabers gegen eine Vergütung geleistet wird. Wird die Arbeit nicht nur vorübergehend geleistet, so ist in Zweifelsfällen anzunehmen, daß der Familienangehörige eine Vergütung erhält, wie sie einem Gleichaltrigen für eine gleichartige Arbeit gleichen Umfangs in einem fremden Betrieb ortsüblich gewährt wird.

(3) Bei der Berechnung der Einkünfte ist von den monatlichen Bruttoeinnahmen auszugehen. Sonderzuwendungen, Gratifikationen und gleichartige Bezüge und Vorteile, die in größeren als monatlichen Zeitabständen gewährt werden, sind wie einmalige Einnahmen zu behandeln.

(4) Zu den mit der Erzielung der Einkünfte aus nichtselbständiger Arbeit verbundenen Ausgaben im Sinne des § 82 Abs. 2 Nr. 4 des Zwölften Buches Sozialgesetzbuch gehören vor allem

1. notwendige Aufwendungen für Arbeitsmittel,
2. notwendige Aufwendungen für Fahrten zwischen Wohnung und Arbeitsstätte,
3. notwendige Beiträge für Berufsverbände,
4. notwendige Mehraufwendungen infolge Führung eines doppelten Haushalts nach näherer Bestimmung des Absatzes 7.

Ausgaben im Sinne des Satzes 1 sind nur insoweit zu berücksichtigen, als sie von dem Bezieher des Einkommens selbst getragen werden.

(5) Als Aufwendungen für Arbeitsmittel (Absatz 4 Nr. 1) kann ein monatlicher Pauschbe-

XII

trag von 5,20 Euro berücksichtigt werden, wenn nicht im Einzelfall höhere Aufwendungen nachgewiesen werden.

(6) Wird für die Fahrt zwischen Wohnung und Arbeitsstätte (Absatz 4 Nr. 2) ein eigenes Kraftfahrzeug benutzt, gilt folgendes:

1. Wäre bei Nichtvorhandensein eines Kraftfahrzeuges die Benutzung eines öffentlichen Verkehrsmittels notwendig, so ist ein Betrag in Höhe der Kosten der tariflich günstigsten Zeitkarte abzusetzen.
2. Ist ein öffentliches Verkehrsmittel nicht vorhanden oder dessen Benutzung im Einzelfall nicht zumutbar und deshalb die Benutzung eines Kraftfahrzeuges notwendig, so sind folgende monatliche Pauschbeträge abzusetzen:
   a) bei Benutzung eines Kraftwagens 5,20 Euro,
   b) bei Benutzung eines Kleinstkraftwagens (drei- oder vierrädriges Kraftfahrzeug, dessen Motor einen Hubraum von nicht mehr als 500 ccm hat) 3,70 Euro,
   c) bei Benutzung eines Motorrades oder eines Motorrollers 2,30 Euro,
   d) bei Benutzung eines Fahrrades mit Motor 1,30 Euro

   für jeden vollen Kilometer, den die Wohnung von der Arbeitsstätte entfernt liegt, jedoch für nicht mehr als 40 Kilometer. Bei einer Beschäftigungsdauer von weniger als einem Monat sind die Beträge anteilmäßig zu kürzen.

(7) Ist der Bezieher des Einkommens außerhalb des Ortes beschäftigt, an dem er einen eigenen Hausstand unterhält, und kann ihm weder der Umzug noch die tägliche Rückkehr an den Ort des eigenen Hausstandes zugemutet werden, so sind die durch Führung des doppelten Haushalts ihm nachweislich entstehenden Mehraufwendungen, höchstens ein Betrag von 130 Euro monatlich, sowie die unter Ausnutzung bestehender Tarifvergünstigungen entstehenden Aufwendungen für Fahrtkosten der zweiten Wagenklasse für eine Familienheimfahrt im Kalendermonat abzusetzen. Ein eigener Hausstand ist dann anzunehmen, wenn der Bezieher des Einkommens eine Wohnung mit eigener oder selbstbeschaffter Möbelausstattung besitzt. Eine doppelte Haushaltsführung kann auch dann anerkannt werden, wenn der Bezieher des Einkommens nachweislich ganz oder überwiegend die Kosten für einen Haushalt trägt, den er gemeinsam mit nächsten Angehörigen führt.

§ 4 Einkünfte aus Land- und Forstwirtschaft, Gewerbebetrieb und selbständiger Arbeit

(1) Welche Einkünfte zu den Einkünften aus Land- und Forstwirtschaft, Gewerbebetrieb und selbständiger Arbeit gehören, bestimmt sich nach § 13 Abs. 1 und 2, § 15 Abs. 1 und § 18 Abs. 1 des Einkommensteuergesetzes; der Nutzungswert der Wohnung im eigenen Haus bleibt unberücksichtigt.

(2) Die Einkünfte sind für das Jahr zu berechnen, in dem der Bedarfszeitraum liegt (Berechnungsjahr).

(3) Als Einkünfte ist bei den einzelnen Einkunftsarten ein Betrag anzusetzen, der auf der Grundlage früherer Betriebsergebnisse aus der Gegenüberstellung der im Rahmen des Betriebes im Berechnungsjahr bereits erzielten Einnahmen und geleisteten notwendigen Ausgaben sowie der im Rahmen des Betriebes im Berechnungsjahr noch zu erwartenden Einnahmen und notwendigen Ausgaben zu errechnen ist. Bei der Ermittlung früherer Betriebsergebnisse (Satz 1) kann ein durch das Finanzamt festgestellter Gewinn berücksichtigt werden.

(4) Soweit im Einzelfall geboten, kann abweichend von der Regelung des Absatzes 3 als Einkünfte ein Betrag angesetzt werden, der nach Ablauf des Berechnungsjahres aus der Gegenüberstellung der im Rahmen des Betriebes im Berechnungsjahr erzielten Einnahmen und geleisteten notwendigen Ausgaben zu errechnen ist. Als Einkünfte im Sinne des Satzes 1 kann auch der vom Finanzamt für das Berechnungsjahr festgestellte Gewinn angesetzt werden.

(5) Wird der vom Finanzamt festgestellte Gewinn nach Absatz 3 Satz 2 berücksichtigt oder

nach Absatz 4 Satz 2 als Einkünfte angesetzt, so sind Absetzungen, die bei Gebäuden und sonstigen Wirtschaftsgütern durch das Finanzamt nach

1. den §§ 7, 7b und 7e des Einkommensteuergesetzes,
2. den Vorschriften des Berlinförderungsgesetzes,
3. den §§ 76, 77 und 78 Abs. 1 der Einkommensteuer-Durchführungsverordnung,
4. der Verordnung über Steuervergünstigungen zur Förderung des Baues von Landarbeiterwohnungen in der Fassung der Bekanntmachung vom 6. August 1974 (Bundesgesetzbl. I S. 1869)

vorgenommen worden sind, dem durch das Finanzamt festgestellten Gewinn wieder hinzuzurechnen. Soweit jedoch in diesen Fällen notwendige Ausgaben für die Anschaffung oder Herstellung der in Satz 1 genannten Wirtschaftsgüter im Feststellungszeitraum geleistet worden sind, sind sie vom Gewinn abzusetzen.

§ 5 Sondervorschrift für die Einkünfte aus Land- und Forstwirtschaft

(1) Die Träger der Sozialhilfe können mit Zustimmung der zuständigen Landesbehörde die Einkünfte aus Land- und Forstwirtschaft abweichend von § 4 nach § 7 der Dritten Verordnung über Ausgleichsleistungen nach dem Lastenausgleichsgesetz (3. Leistungs-DV-LA) berechnen; der Nutzungswert der Wohnung im eigenen Haus bleibt jedoch unberücksichtigt.

(2) Von der Berechnung der Einkünfte nach Absatz 1 ist abzusehen,

1. wenn sie im Einzelfall offenbar nicht den besonderen persönlichen oder wirtschaftlichen Verhältnissen entspricht oder
2. wenn der Bezieher der Einkünfte zur Einkommensteuer veranlagt wird, es sei denn, daß der Gewinn auf Grund von Durchschnittssätzen ermittelt wird.

§ 6 Einkünfte aus Kapitalvermögen

(1) Welche Einkünfte zu den Einkünften aus Kapitalvermögen gehören, bestimmt sich nach § 20 Abs. 1 bis 3 des Einkommensteuergesetzes.

(2) Als Einkünfte aus Kapitalvermögen sind die Jahresroheinnahmen anzusetzen, vermindert um die Kapitalertragsteuer sowie um die mit der Erzielung der Einkünfte verbundenen notwendigen Ausgaben (§ 82 Abs. 2 Nr. 4 des Zwölften Buches Sozialgesetzbuch).

(3) Die Einkünfte sind auf der Grundlage der vor dem Berechnungsjahr erzielten Einkünfte unter Berücksichtigung der im Berechnungsjahr bereits eingetretenen und noch zu erwartenden Veränderungen zu errechnen. Soweit im Einzelfall geboten, können hiervon abweichend die Einkünfte für das Berechnungsjahr auch nachträglich errechnet werden.

§ 7 Einkünfte aus Vermietung und Verpachtung

(1) Welche Einkünfte zu den Einkünften aus Vermietung und Verpachtung gehören, bestimmt sich nach § 21 Abs. 1 und 3 des Einkommensteuergesetzes.

(2) Als Einkünfte aus Vermietung und Verpachtung ist der Überschuß der Einnahmen über die mit ihrer Erzielung verbundenen notwendigen Ausgaben (§ 82 Abs. 2 Nr. 4 des Zwölften Buches Sozialgesetzbuch) anzusetzen; zu den Ausgaben gehören

1. Schuldzinsen und dauernde Lasten,
2. Steuern vom Grundbesitz, sonstige öffentliche Abgaben und Versicherungsbeiträge,
3. Leistungen auf die Hypothekengewinnabgabe und die Kreditgewinnabgabe, soweit es sich um Zinsen nach § 211 Abs. 1 Nr. 2 des Lastenausgleichsgesetzes handelt,
4. der Erhaltungsaufwand,
5. sonstige Aufwendungen zur Bewirtschaftung des Haus- und Grundbesitzes, ohne besonderen Nachweis Aufwendungen in Höhe von 1 vom Hundert der Jahresroheinnahmen.

Zum Erhaltungsaufwand im Sinne des Satzes 1 Nr. 4 gehören die Ausgaben für Instandsetzung und Instandhaltung, nicht jedoch die Ausgaben für Verbesserungen; ohne Nachweis können bei Wohnungsgrundstü-

XII

cken, die vor dem 1. Januar 1925 bezugsfähig geworden sind, 15 vom Hundert, bei Wohnungsgrundstücken, die nach dem 31. Dezember 1924 bezugsfähig geworden sind, 10 vom Hundert der Jahresroheinnahmen als Erhaltungsaufwand berücksichtigt werden.

(3) Die in Absatz 2 genannten Ausgaben sind von den Einnahmen insoweit nicht abzusetzen, als sie auf den vom Vermieter oder Verpächter selbst genutzten Teil des vermieteten oder verpachteten Gegenstandes entfallen.

(4) Als Einkünfte aus der Vermietung von möblierten Wohnungen und von Zimmern sind anzusetzen

bei möblierten Wohnungen 80 vom Hundert,

bei möblierten Zimmern 70 vom Hundert,

bei Leerzimmern 90 vom Hundert

der Roheinnahmen. Dies gilt nicht, wenn geringe Einkünfte nachgewiesen werden.

(5) Die Einkünfte sind als Jahreseinkünfte, bei der Vermietung von möblierten Wohnungen und von Zimmern jedoch als Monatseinkünfte zu berechnen. Sind sie als Jahreseinkünfte zu berechnen, gilt § 6 Abs. 3 entsprechend.

§ 8 Andere Einkünfte

(1) Andere als die in den §§ 3, 4, 6 und 7 genannten Einkünfte sind, wenn sie nicht monatlich oder wenn sie monatlich in unterschiedlicher Höhe erzielt werden, als Jahreseinkünfte zu berechnen. Zu den anderen Einkünften im Sinne des Satzes 1 gehören auch die in § 19 Abs. 1 Ziff. 2 des Einkommensteuergesetzes genannten Bezüge sowie Renten und sonstige wiederkehrende Bezüge. § 3 Abs. 3 gilt entsprechend.

(2) Sind die Einkünfte als Jahreseinkünfte zu berechnen, gilt § 6 Abs. 3 entsprechend.

§ 9 Einkommensberechnung in besonderen Fällen

Ist der Bedarf an Sozialhilfe einmalig oder nur von kurzer Dauer und duldet die Entscheidung über die Hilfe keinen Aufschub, so kann der Träger der Sozialhilfe nach Anhörung des Beziehers des Einkommens die Einkünfte schätzen.

§ 10 Verlustausgleich

Ein Verlustausgleich zwischen einzelnen Einkunftsarten ist nicht vorzunehmen. In Härtefällen kann jedoch die gesamtwirtschaftliche Lage des Beziehers des Einkommens berücksichtigt werden.

§ 11 Maßgebender Zeitraum

(1) Soweit die Einkünfte als Jahreseinkünfte berechnet werden, gilt der zwölfte Teil dieser Einkünfte zusammen mit den monatlich berechneten Einkünften als monatliches Einkommen im Sinne des Zwölften Buches Sozialgesetzbuch. § 8 Abs. 1 Satz 3 geht der Regelung des Satzes 1 vor.

(2) Ist der Betrieb oder die sonstige Grundlage der als Jahreseinkünfte zu berechnenden Einkünfte nur während eines Teils vorhanden oder zur Einkommenserzielung genutzt, so sind die Einkünfte aus der betreffenden Einkunftsart nur für diesen Zeitraum zu berechnen; für ihn gilt als monatliches Einkommen im Sinne des Zwölften Buches Sozialgesetzbuch derjenige Teil der Einkünfte, der der Anzahl der in den genannten Zeitraum fallenden Monate entspricht. Satz 1 gilt nicht für Einkünfte aus Saisonbetrieben und andere ihrer Natur nach auf einen Teil des Jahres beschränkte Einkünfte, wenn die Einkünfte den Hauptbestandteil des Einkommens bilden.

§ 12 Ausgaben nach § 82 Abs. 2 Nr. 1 bis 3 des Zwölften Buches Sozialgesetzbuch

Die in § 82 Abs. 2 Nr. 1 bis 3 des Zwölften Buches Sozialgesetzbuch bezeichneten Ausgaben sind von der Summe der Einkünfte abzusetzen, soweit sie nicht bereits nach den Bestimmungen dieser Verordnung bei den einzelnen Einkunftsarten abzuziehen sind.

§ 13 (weggefallen)

§ 14 Inkrafttreten

Diese Verordnung tritt am 1. Januar 1963 in Kraft.

Verordnung zur Durchführung des § 90 Abs. 2 Nr. 9 des Zwölften Buches Sozialgesetzbuch

Vom 11. Februar 1988 (BGBl. I S. 150)

Zuletzt geändert durch
Zwölftes Gesetz zur Änderung des Zweiten Buches Sozialgesetzbuch
und anderer Gesetze –
Einführung eines Bürgergeldes (Bürgergeld-Gesetz)
vom 16. Dezember 2022 (BGBl. I S. 2328)

Auf Grund des § 88 Abs. 4 des Bundessozialhilfegesetzes in der Fassung der Bekanntmachung vom 20. Januar 1987 (BGBl. I S. 401) wird mit Zustimmung des Bundesrates verordnet:

§ 1 (Freigrenzen)

Kleinere Barbeträge oder sonstige Geldwerte im Sinne des § 90 Absatz 2 Nummer 9 des Zwölften Buches Sozialgesetzbuch sind:

1. für jede in § 19 Absatz 3, § 27 Absatz 1 und 2, § 41 und § 43 Absatz 1 Satz 2 des Zwölften Buches Sozialgesetzbuch genannte volljährige Person sowie für jede alleinstehende minderjährige Person, 10 000 Euro,

2. für jede Person, die von einer Person nach Nummer 1 überwiegend unterhalten wird, 500 Euro.

Eine minderjährige Person ist alleinstehend im Sinne des Satzes 1 Nummer 1, wenn sie unverheiratet und ihr Anspruch auf Leistungen nach dem Zwölften Buch Sozialgesetzbuch nicht vom Vermögen ihrer Eltern oder eines Elternteils abhängig ist.

§ 2 (Erhöhung im Einzelfall)

(1) Der nach § 1 maßgebende Betrag ist angemessen zu erhöhen, wenn im Einzelfall eine besondere Notlage der nachfragenden Person besteht. Bei der Prüfung, ob eine besondere Notlage besteht, sowie bei der Entscheidung über den Umfang der Erhöhung sind vor allem Art und Dauer des Bedarfs sowie besondere Belastungen zu berücksichtigen.

(2) Der nach § 1 maßgebende Betrag kann angemessen herabgesetzt werden, wenn die Voraussetzungen der §§ 103 oder 94 des Gesetzes vorliegen.

§ 3 (Überleitungsvorschrift)

Diese Verordnung gilt nach § 14 des Dritten Überleitungsgesetzes in Verbindung mit § 136 des Zwölften Buches Sozialgesetzbuch auch im Land Berlin.

§ 4 (Inkrafttreten)

Diese Verordnung tritt am 1. April 1988 in Kraft. Gleichzeitig tritt die Verordnung zur Durchführung des § 88 Abs. 2 Nr. 8 des Bundessozialhilfegesetzes vom 9. November 1970 (BGBl. I S. 1529), zuletzt geändert durch die Verordnung vom 6. Dezember 1979 (BGBl. I S. 2004) außer Kraft.

XIV SGB XIV: Soziale Entschädigung

XIV Sozialgesetzbuch Vierzehntes Buch – Soziale Entschädigung – (SGB XIV) 1550

Sozialgesetzbuch Vierzehntes Buch – Soziale Entschädigung – (SGB XIV)

Vom 12. Dezember 2019 (BGBl. I S. 2652)[1])

Inhaltsübersicht

**Kapitel 1
Allgemeine Vorschriften**

§ 2 Berechtigte der Sozialen Entschädigung

**Kapitel 4
Schnelle Hilfen**

**Abschnitt 3
Traumaambulanz**

§ 31 Leistungen in einer Traumaambulanz
§ 32 Psychotherapeutische Frühintervention
§ 33 Psychotherapeutische Intervention in anderen Fällen
§ 34 Leistungsvoraussetzungen und Leistungsumfang
§ 35 Weiterer Bedarf nach Betreuung in der Traumaambulanz
§ 36 Fahrkosten
§ 37 Vereinbarungen mit Traumaambulanzen
§ 38 Verordnungsermächtigung

**Abschnitt 4
Kooperationsvereinbarungen**

§ 40 Verordnungsermächtigung

**Kapitel 16
Einsatz von Einkommen und Vermögen**

§ 109 Verordnungsermächtigung

**Kapitel 18
Organisation, Durchführung und Verfahren**

**Abschnitt 1
Organisation und Durchführung**

§ 111 Träger der Sozialen Entschädigung
§ 112 Sachliche Zuständigkeit
§ 113 Örtliche Zuständigkeit

**Abschnitt 2
Verfahren zur Prüfung des Leistungsanspruchs**

§ 115 Erleichtertes Verfahren bei Leistungen der Schnellen Hilfen
§ 116 Weiteres Verfahren

**Kapitel 22
Übergangsvorschriften**

§ 138 Besonderer zeitlicher Geltungsbereich für Opfer von Gewalttaten

---

[1]) SGB XIV verkündet als Artikel 1 des Gesetzes zur Regelung des Sozialen Entschädigungsrechts. Abgedruckt sind die am Tag nach Verkündung bzw. am 1. Januar 2021 in Kraft getretenen Passagen. Vollständig tritt das SGB XIV am 1. Januar 2024 in Kraft; es löst dann die bisherigen Vorschriften zur Versorgung bzw. Opferentschädigung ab, insbesondere das Bundesversorgungsgesetz und das Opferentschädigungsgesetz.

Kapitel 1
Allgemeine Vorschriften

§ 2 Berechtigte der Sozialen Entschädigung

(1) Berechtigte sind Geschädigte sowie deren Angehörige, Hinterbliebene und Nahestehende.

(2) Geschädigte sind Personen, die durch ein schädigendes Ereignis nach diesem Buch unmittelbar eine gesundheitliche Schädigung erlitten haben.

(3) 1Angehörige sind Ehegatten sowie Kinder und Eltern von Geschädigten. 2Als Kinder gelten auch in den Haushalt Geschädigter aufgenommene Stiefkinder sowie Pflegekinder im Sinne des § 2 Absatz 1 Satz 1 Nummer 2 des Bundeskindergeldgesetzes.

(4) 1Hinterbliebene sind

1. Witwen, Witwer und Waisen,
2. Eltern sowie
3. Betreuungsunterhaltsberechtigte

einer an den Folgen einer Schädigung verstorbenen Person. 2Als Waisen gelten auch in den Haushalt der an den Folgen einer Schädigung verstorbenen Person aufgenommene Stiefkinder sowie Pflegekinder im Sinne des § 2 Absatz 1 Satz 1 Nummer 2 des Bundeskindergeldgesetzes.

(5) Nahestehende sind Geschwister sowie Personen, die mit Geschädigten eine Lebensgemeinschaft führen, die der Ehe ähnlich ist.

Kapitel 4
Schnelle Hilfen

Abschnitt 3
Traumaambulanz

§ 31 Leistungen in einer Traumaambulanz

(1) In einer Traumaambulanz wird psychotherapeutische Intervention erbracht, um den Eintritt einer psychischen Gesundheitsstörung oder deren Chronifizierung zu verhindern.

(2) Psychotherapeutische Intervention wird nur in Traumaambulanzen erbracht, mit denen die Träger der Sozialen Entschädigung eine Vereinbarung nach § 37 geschlossen haben.

§ 32 Psychotherapeutische Frühintervention

(1) Geschädigte sollen psychotherapeutische Frühintervention in einer Traumaambulanz erhalten, wenn die erste Sitzung innerhalb von zwölf Monaten nach dem schädigenden Ereignis oder nach Kenntnisnahme hiervon erfolgt.

(2) Angehörige, Hinterbliebene und Nahestehende sollen psychotherapeutische Frühintervention in einer Traumaambulanz erhalten, wenn die erste Sitzung innerhalb von zwölf Monaten erfolgt, nachdem sie von dem schädigenden Ereignis Kenntnis erlangt haben.

§ 33 Psychotherapeutische Intervention in anderen Fällen

Geschädigte sowie Angehörige, Hinterbliebene und Nahestehende sollen psychotherapeutische Intervention in einer Traumaambulanz erhalten, wenn ein mehr als zwölf Monate zurückliegendes schädigendes Ereignis zu einer akuten psychischen Belastung geführt hat und die erste Sitzung innerhalb von zwölf Monaten nach Auftreten der akuten Belastung erfolgt.

§ 34 Leistungsvoraussetzungen und Leistungsumfang

(1) 1Geschädigte sowie Angehörige, Hinterbliebene und Nahestehende haben Anspruch auf insgesamt bis zu 15 Sitzungen in der Traumaambulanz nach Maßgabe der folgenden Absätze, sofern die Voraussetzungen nach § 32 oder § 33 vorliegen. 2Bei Kindern und Jugendlichen beträgt der Höchstanspruch 18 Sitzungen.

(2) 1Die ersten fünf beziehungsweise bei Kindern und Jugendlichen die ersten acht Sitzungen dienen insbesondere der Abklärung der psychotherapeutischen Behandlungsbedürftigkeit, der Durchführung der Diagnostik und der erforderlichen Akutmaßnahmen. 2Sie

können in Anspruch genommen werden, auch wenn noch keine Entscheidung im Erleichterten Verfahren nach § 115 ergangen ist.

(3) 1Geschädigte sowie Angehörige, Hinterbliebene und Nahestehende haben Anspruch auf bis zu zehn weitere Sitzungen, wenn diese erforderlich sind und ein Anspruch auf Leistungen der Traumaambulanz festgestellt wurde. 2Der Anspruch auf bis zu zehn weitere Sitzungen besteht auch dann, wenn die zuständige Behörde zwei Wochen nach Vorliegen des Antrags keine Entscheidung getroffen hat und die Traumaambulanz die dringende Behandlungsbedürftigkeit sowie die geplante Durchführung der weiteren Sitzungen vorab angezeigt hat.

§ 35 Weiterer Bedarf nach Betreuung in der Traumaambulanz

(1) Besteht bei Personen, die die Betreuung in der Traumaambulanz in Anspruch nehmen, auch nach dieser Betreuung weiterer psychotherapeutischer Behandlungsbedarf, so verweist der Träger der Sozialen Entschädigung sie auf weitere psychotherapeutische Angebote.

(2) 1Die Traumaambulanz ist verpflichtet, der zuständigen Behörde den weiteren Bedarf so frühzeitig wie möglich mitzuteilen. 2Die nach Landesrecht zuständigen Behörden legen in den nach § 39 zu schließenden Vereinbarungen die Konsequenzen eines Verstoßes gegen die Informationspflicht aus Satz 1 fest.

§ 36 Fahrkosten

(1) 1Übernommen werden die erforderlichen Fahrkosten zur nächstgelegenen Traumaambulanz. 2Gleiches gilt für die erforderlichen Fahrkosten einer notwendigen Begleitperson sowie für Kinder, deren Mitnahme erforderlich ist, weil ihre Betreuung nicht sichergestellt ist. 3Übernommen werden auch die notwendigen Betreuungskosten für zu pflegende oder zu betreuende Familienangehörige sowohl für die Berechtigten als auch für die notwendigen Begleitpersonen für Kinder und Jugendliche.

(2) 1Die Fahrkosten werden in Höhe des Betrages zu Grunde gelegt, der bei der Beförderung in der niedrigsten Klasse des zweckmäßigsten öffentlichen Verkehrsmittels zu zahlen ist. 2Bei der Beförderung in einem anderen Verkehrsmittel wird ein Betrag in Höhe der Wegstreckenentschädigung nach § 5 Absatz 1 Satz 2 des Bundesreisekostengesetzes zu Grunde gelegt.

§ 37 Vereinbarungen mit Traumaambulanzen

(1) 1Die nach Landesrecht zuständigen Behörden schließen Vereinbarungen mit Traumaambulanzen, die die Voraussetzungen nach diesem Abschnitt erfüllen. 2Am 1. Januar 2021 bestehende Vereinbarungen bleiben hiervon für die Dauer ihrer Laufzeit unberührt.

(2) 1Die Vereinbarung muss die wesentlichen Anforderungen an die Traumaambulanz sowie die wesentlichen Leistungsmerkmale festlegen. 2In der Vereinbarung muss sich die Traumaambulanz verpflichten, nach § 32 und § 33 berechtigte Personen im Rahmen des vereinbarten Leistungsangebotes psychotherapeutisch zu betreuen. 3Darüber hinaus enthält die Vereinbarung als Mindestinhalt Regelungen über

1. den psychotherapeutisch zu betreuenden Personenkreis,
2. Art und Ziel der Leistung,
3. die Anforderungen an die personelle Ausstattung und an die Qualifikation des Personals,
4. die im Zusammenhang mit der Leistungserbringung bestehenden Pflichten der Traumaambulanz,
5. den Datenschutz sowie
6. die Vergütung der von der Traumaambulanz erbrachten Leistungen.

§ 38 Verordnungsermächtigung

1Das Nähere zu den Vereinbarungen nach § 37 regelt eine vom Bundesministerium für Arbeit und Soziales mit Zustimmung des Bundesrates zu erlassende Rechtsverordnung, die zum 1. Januar 2024 in Kraft tritt.

₂Mindestinhalt der Verordnung sind Bestimmungen
1. zur Qualifikation des Personals der Traumaambulanz, das die Sitzungen durchführt,
2. zur Dauer der einzelnen Sitzung,
3. zur Erreichbarkeit der Traumaambulanz und zum Zeitraum, in welchem die Betroffenen einen Termin dort erhalten müssen, unter Berücksichtigung der örtlichen Gegebenheiten,
4. zu den Dokumentationspflichten,
5. zum Abrechnungsverfahren einschließlich der sich daraus ergebenden Datenübermittlungswege,
6. zur Schweigepflichtentbindung und
7. zur Vertraulichkeit.

Abschnitt 4 Kooperationsvereinbarungen

§ 40 Verordnungsermächtigung

1Das Bundesministerium für Arbeit und Soziales wird ermächtigt, durch Rechtsverordnung, die der Zustimmung des Bundesrates bedarf, die qualitativen Anforderungen an Kooperationsvereinbarungen zu regeln. 2Mindestinhalte der Verordnung sind:
1. die Anforderungen an die Qualifikation der Organisationen, mit denen Kooperationsvereinbarungen geschlossen werden können, sowie
2. die Anforderungen an die Qualifikation der Mitarbeiterinnen und Mitarbeiter der Organisation nach Nummer 1.

Kapitel 16 Einsatz von Einkommen und Vermögen

§ 109 Verordnungsermächtigung

Das Bundesministerium für Arbeit und Soziales wird ermächtigt, im Einvernehmen mit dem Bundesministerium der Finanzen, durch Rechtsverordnung, die der Zustimmung des Bundesrates bedarf, zu bestimmen, welche weiteren
1. Einkünfte nicht als Einkommen zu berücksichtigen sind und wie das Einkommen im Einzelnen zu berechnen ist,
2. Beträge von dem Einkommen abzusetzen sind sowie
3. Vermögensgegenstände als Schonbeträge zu berücksichtigen und in welcher Höhe kleinere Barbeträge oder sonstige Geldwerte nicht als Vermögen einzusetzen oder zu verwerten sind.

Kapitel 18 Organisation, Durchführung und Verfahren

Abschnitt 1 Organisation und Durchführung

§ 111 Träger der Sozialen Entschädigung

Träger der Sozialen Entschädigung sind die Länder.

§ 112 Sachliche Zuständigkeit

1Sachlich zuständig sind die nach Landesrecht bestimmten Behörden. 2Die Zuständigkeit kann auf gemeinsame Behörden oder auf andere Träger übertragen werden.

§ 113 Örtliche Zuständigkeit

(1) - (5) Inkrafttreten am 01.01.2024

(6) Das Bundesministerium für Arbeit und Soziales wird ermächtigt, durch Rechtsverordnung, die der Zustimmung des Bundesrates bedarf, die örtliche Zuständigkeit der Behörden für Personen, die ihren Wohnsitz oder gewöhnlichen Aufenthalt im Ausland haben, zu bestimmen.

Abschnitt 2 Verfahren zur Prüfung des Leistungsanspruchs

§ 115 Erleichtertes Verfahren bei Leistungen der Schnellen Hilfen

(1) Leistungen der Schnellen Hilfen werden in der Regel im Erleichterten Verfahren erbracht.

(2) 1Im Erleichterten Verfahren genügt es, wenn eine summarische Prüfung ergibt, dass die antragstellende Person nach dem Recht der Sozialen Entschädigung anspruchsberechtigt sein kann. 2Dabei ist der im Antrag dargelegte Sachverhalt als wahr zu unterstellen, wenn nicht dessen Unrichtigkeit offensichtlich ist.

(3) Im Erleichterten Verfahren wird weder eine Feststellung über die Richtigkeit oder Unrichtigkeit des von der antragstellenden Person vorgetragenen Sachverhaltes noch über das Bestehen oder Nichtbestehen weiterer, über die Schnellen Hilfen hinausgehende Ansprüche getroffen.

§ 116 Weiteres Verfahren

(1) Nach der Entscheidung im Erleichterten Verfahren wird geprüft, ob Ansprüche auf Leistungen der Sozialen Entschädigung bestehen, es sei denn, die antragstellende Person hat den Antrag ausdrücklich auf Schnelle Hilfen beschränkt.

(2) 1Ergibt die weitere Prüfung, dass keine Leistungsansprüche der Sozialen Entschädigung bestehen, wird der Antrag abgelehnt. 2Zugleich wird der Verwaltungsakt, der zuvor im Erleichterten Verfahren ergangen ist, mit Wirkung für die Zukunft widerrufen.

(3) Ergibt die weitere Prüfung, dass Leistungsansprüche der Sozialen Entschädigung bestehen, erging im Erleichterten Verfahren aber ein nicht begünstigender Verwaltungsakt, wird der im Erleichterten Verfahren ergangene Verwaltungsakt widerrufen und über den Antrag neu entschieden.

Kapitel 22 Übergangsvorschriften

§ 138 Besonderer zeitlicher Geltungsbereich für Opfer von Gewalttaten

(1) - (6) Inkrafttreten am 01.01.2024

(7) Für Taten im Zeitraum vom 1. Januar 2021 bis zum 31. Dezember 2023 sollen für Geschädigte, Angehörige, Hinterbliebene und Nahestehende im Sinne des § 2 die Leistungen nach den §§ 31 bis 36 erbracht werden, wenn die Voraussetzungen nach dem Opferentschädigungsgesetz in der zum Tatzeitpunkt geltenden Fassung erfüllt sind.

XV SGG: Sozialgerichtsgesetz

XV Sozialgerichtsgesetz (SGG) 1556

Sozialgerichtsgesetz (SGG)

in der Fassung der Bekanntmachung vom 23. September 1975 (BGBl. I S. 2536)

Zuletzt geändert durch
8. SGB IV-Änderungsgesetz
vom 20. Dezember 2022 (BGBl. I S. 2759)

Inhaltsübersicht

Erster Teil
Gerichtsverfassung

Erster Abschnitt
Gerichtsbarkeit und Richteramt

§ 1 (Besondere Verwaltungsgerichte)
§ 2 (Die Gerichte)
§ 3 (Besetzung der Gerichte)
§ 4 (Geschäftsstelle)
§ 5 (Rechts- und Amtshilfe)
§ 6 (Geschäftsverteilung)

Zweiter Abschnitt
Sozialgerichte

§ 7 (Organisation der Sozialgerichte)
§ 8 (Funktionelle Zuständigkeit der Sozialgerichte)
§ 9 (Besetzung der Sozialgerichte und Dienstaufsicht)
§ 10 (Gliederung der SG)
§ 11 (Ernennung der Berufsrichter)
§ 12 (Besetzung der Kammern)
§ 13 (Berufung der ehrenamtlichen Richter)
§ 14 (Aufstellung von Vorschlagslisten für ehrenamtliche Richter)
§ 15 (weggefallen)
§ 16 (Eignung zum ehrenamtlichen Richter)
§ 17 (Gesetzliche Ausschließungsgründe)
§ 18 (Weigerungsrecht)
§ 19 (Rechte des ehrenamtlichen Richters)
§ 20 (Schutz des ehrenamtlichen Richters)
§ 21 (Ordnungsgeld gegen ehrenamtliche Richter)
§ 22 (Amtsentbindung eines ehrenamtlichen Richters)
§ 23 (Bildung und Funktion des Ausschusses der ehrenamtlichen Richter)
§§ 24 bis 26 (weggefallen)
§ 27 (Vertretung eines Vorsitzenden)

Dritter Abschnitt
Landessozialgerichte

§ 28 (Organisation der Landessozialgerichte)
§ 29 (Funktionelle Zuständigkeit der Landessozialgerichte)
§ 30 (Besetzung der Landessozialgerichte und Dienstaufsicht)
§ 31 (Gliederung der Landessozialgerichte)
§ 32 (Ernennung der Berufsrichter)
§ 33 (Besetzung der Senate)
§ 34 (weggefallen)
§ 35 (Eignung zum ehrenamtlichen Richter)
§§ 36 und 37 (weggefallen)

Vierter Abschnitt
Bundessozialgericht

§ 38 (Sitz und Besetzung des Bundessozialgerichts; Dienstaufsicht)
§ 39 (Funktionelle Zuständigkeit des Bundessozialgerichts)
§ 40 (Gliederung des Bundessozialgerichts)
§ 41 (Großer Senat beim Bundessozialgericht)
§§ 42 bis 44 (weggefallen)
§ 45 (Berufung der ehrenamtlichen Richter)
§ 46 (Aufstellung von Vorschlagslisten für die ehrenamtlichen Richter)
§ 47 (Eignung zum ehrenamtlichen Richter)
§§ 48 und 49 (weggefallen)
§ 50 (Geschäftsgang des Bundessozialgerichts)

Fünfter Abschnitt
Rechtsweg und Zuständigkeit

§ 51 (Zulässigkeit des Rechtswegs)
§ 52 (weggefallen)
§ 53 (weggefallen)
§ 54 (Anfechtungs- und Verpflichtungsklage)
§ 55 (Feststellungsklage)

§ 55a (Gültigkeit von Vorschriften über Unterkunft und Heizung)
§ 56 (Zulässigkeit der Klagehäufung)
§ 56a (Rechtsbehelfe gegen behördliche Verfahrenshandlungen)
§ 57 (Örtliche Zuständigkeit)
§ 57a (Örtliche Zuständigkeit im Kassenarztrecht)
§ 57b (Örtliche Zuständigkeit bei Wahlstreitigkeiten)
§ 58 (Bestimmung der Zuständigkeit durch das höhere Gericht)
§ 59 (Unzulässigkeit von Zuständigkeitsvereinbarungen)

Zweiter Teil
Verfahren

Erster Abschnitt
Gemeinsame Verfahrensvorschriften

Erster Unterabschnitt
Allgemeine Vorschriften

§ 60 (Ausschließung und Ablehnung von Gerichtspersonen)
§ 61 (Grundsätzliche Verfahrensvorschriften)
§ 62 (Gewährung des rechtlichen Gehörs)
§ 63 (Zustellungen)
§ 64 (Fristenlauf)
§ 65 (Richterliche Fristen)
§ 65a (Übermittlung elektronischer Dokumente)
§ 65b (Elektronische Prozessakten)
§ 65c Formulare; Verordnungsermächtigung
§ 65d Nutzungspflicht für Rechtsanwälte, Behörden und vertretungsberechtigte Personen
§ 66 (Rechtsbehelfsbelehrung und Fristen)
§ 67 (Unverschuldete Fristversäumnis)
§ 68 (weggefallen)
§ 69 (Verfahrensbeteiligte)
§ 70 (Beteiligungsfähigkeit)
§ 71 (Prozeßfähigkeit)
§ 72 (Bestellung eines besonderen Vertreters)
§ 73 (Prozessvertreter)
§ 73a (Prozesskostenhilfe)
§ 74 (Streitgenossenschaft und Hauptintervention)
§ 75 (Beiladung Dritter)

Zweiter Unterabschnitt
Beweissicherungsverfahren

§ 76 (Verfahren zur Sicherung von Beweisen)

Dritter Unterabschnitt
Vorverfahren und einstweiliger Rechtsschutz

§ 77 (Bindungswirkung der Verwaltungsakte)
§ 78 (Notwendigkeit des Vorverfahrens)
§§ 79 bis 82 (weggefallen)
§ 83 (Einleitung des Vorverfahrens)
§ 84 (Widerspruchsfrist)
§ 84a (Vorverfahren)
§ 85 (Abhilfe bzw. Widerspruchsbescheid)
§ 86 (Änderung des Verwaltungsakts; Suspensiveffekt des Widerspruchs)
§ 86a (Aufschiebende Wirkung)
§ 86b (Gericht der Hauptsache)

Vierter Unterabschnitt
Verfahren im ersten Rechtszug

§ 87 (Klagefrist)
§ 88 (Untätigkeitsklage)
§ 89 (Ausnahmen von der Klagefrist)
§ 90 (Klageerhebung)
§ 91 (Wahrung der Klagefrist bei fehlerhafter Einreichung)
§ 92 (Inhalt der Klageschrift)
§ 93 (Anlagen zur Klageschrift)
§ 94 (Rechtshängigkeit)
§ 95 (Streitgegenstand)
§ 96 (Streitgegenstand bei Änderung des Verwaltungsakts)
§ 97 (weggefallen)
§ 98 (Verweisung des Rechtsstreits)
§ 99 (Zulässigkeit der Klageänderung)
§ 100 (Zulässigkeit der Widerklage)
§ 101 (Vergleich und Anerkenntnis)
§ 102 (Zulässigkeit der Klagerücknahme)
§ 103 (Untersuchungsgrundsatz)
§ 104 (Klagezustellung und Äußerungsfrist)
§ 105 (Gerichtsbescheid)
§ 106 (Vorbereitung der Verhandlung)
§ 106a (Fristsetzung)
§ 107 (Bekanntgabe des Beweisergebnisses)
§ 108 (Vorbereitende Schriftsätze)
§ 109 (Gutachtliche Hörung von Ärzten)

§ 110 (Bestimmung und Mitteilung von Ort und Zeit der mündlichen Verhandlung)
§ 110a (Videoübertragung)
§ 111 (Anordnung des persönlichen Erscheinens der Beteiligten)
§ 112 (Gang der mündlichen Verhandlung)
§ 113 (Klageverbindung und -trennung)
§ 114 (Aussetzung des Verfahrens)
§ 114a (Musterverfahren)
§ 115 (Verfahren bei Entfernung eines Beteiligten)
§ 116 (Beweistermine)
§ 117 (Verfahren bei Beweiserhebung)
§ 118 (Beweisaufnahme)
§ 119 (Vorlage von Behördenakten und Auskunftspflicht)
§ 120 (Akteneinsicht und Abschriften)
§ 121 (Schluß und Wiedereröffnung der mündlichen Verhandlung)
§ 122 (Protokoll)

Fünfter Unterabschnitt
Urteile und Beschlüsse

§ 123 (Urteilstenor)
§ 124 (Entscheidungsgrundlage)
§ 125 (Urteil)
§ 126 (Entscheidung bei Ausbleiben von Beteiligten)
§ 127 (Verbot von Überraschungsentscheidungen)
§ 128 (Freie Beweiswürdigung)
§ 129 (Erkennende Richter bei mündlicher Verhandlung)
§ 130 (Grundurteil)
§ 131 (Urteilsinhalt)
§ 132 (Urteilsverkündung; Zeit)
§ 133 (Ersatz der Verkündung eines schriftlichen Verfahrens)
§ 134 (Unterschrift des Vorsitzenden)
§ 135 (Urteilszustellung)
§ 136 (Form und Inhalt des Urteils)
§ 137 (Ausfertigungen des Urteils)
§ 138 (Berichtigung des Urteils)
§ 139 (Tatbestandsberichtigung)
§ 140 (Urteilsergänzung)
§ 141 (Rechtskraftumfang)
§ 142 (Vorschriften für Beschlüsse)

Zweiter Abschnitt
Rechtsmittel

Erster Unterabschnitt
Berufung

§ 143 (Statthaftigkeit der Berufung)
§ 144 (Zulassung der Berufung)
§ 145 (Nichtzulassungsbeschwerde)
§§ 146 bis 150 (weggefallen)
§ 151 (Einlegung der Berufung und Frist)
§ 152 (Aktenanforderung)
§ 153 (Berufungsverfahren)
§ 154 (Aufschiebende Wirkung der Berufung und Beschwerde)
§ 155 (Vorbereitung der Verhandlung, Berichterstatter, Vorsitzender)
§ 156 (Zurücknahme der Berufung)
§ 157 (Neues Vorbringen)
§ 157a (Zurückweisung und Ausschluss von Erklärungen und Beweismitteln)
§ 158 (Verwerfung der Berufung)
§ 159 (Zurückverweisung)

Zweiter Unterabschnitt
Revision

§ 160 (Zulassungsprinzip)
§ 160a (Anfechtung der Nichtzulassung der Revision)
§ 161 (Sprungrevision)
§ 162 (Revisionsgründe)
§ 163 (Keine neue Tatsachenfeststellung)
§ 164 (Einlegung der Revision und Frist)
§ 165 (Verfahren)
§ 166 (weggefallen)
§ 167 (weggefallen)
§ 168 (Unzulässigkeit von Klageänderungen und Beiladungen)
§ 169 (Prüfung der Zulässigkeit)
§ 170 (Inhalt der Revisionsentscheidungen)
§ 170a (Mitwirkung der ehrenamtlichen Richter)
§ 171 (Ablehnung; Streitgegenstand)

Dritter Unterabschnitt
Beschwerde, Erinnerung, Anhörungsrüge

§ 172 (Statthaftigkeit)
§ 173 (Form und Frist)
§ 174 (weggefallen)
§ 175 (Aufschiebende Wirkung)

§ 176 (Beschlußentscheidung)
§ 177 (Beschwerde zum Bundessozialgericht)
§ 178 (Anrufung des Gerichts)
§ 178a (Rüge eines beschwerten Beteiligten)

Dritter Abschnitt
Wiederaufnahme des Verfahrens und besondere Verfahrensvorschriften

§ 179 (Zulässigkeit)
§ 180 (Weitere Zulässigkeitsgründe – Form)
§ 181 (Verfahren bei Bedenken gegen die Passivlegitimation)
§ 182 (Bindung der Entscheidung über Passivlegitimation)
§ 182a (Mahnverfahren)

Vierter Abschnitt
Kosten und Vollstreckung

Erster Unterabschnitt
Kosten

§ 183 (Gerichtskostenfreiheit)
§ 184 (Gebühren)
§ 185 (Fälligkeit der Gebühr)
§ 186 (Ermäßigung und Entfallen der Gebühr)
§ 187 (Gebührenteilung bei mehreren Beteiligten)
§ 188 (Wiederaufnahmeverfahren als neue Streitsache)
§ 189 (Gebührenverzeichnis)
§ 190 (Niederschlagung einer Gebühr bei fehlerhafter Sachbehandlung)
§ 191 (Entschädigung bei persönlichem Erscheinen)
§ 192 (Kostenauferlegung)
§ 193 (Erstattung der notwendigen Kosten)
§ 194 (Mehrere Kostenpflichtige)
§ 195 (Kostenaufhebung bei Vergleich)
§ 196 (weggefallen)
§ 197 (Kostenfestsetzungsverfahren)
§ 197a (Kosten)
§ 197b (Kosten beim Bundessozialgericht)

Zweiter Unterabschnitt
Vollstreckung

§ 198 (Anwendung der ZPO)
§ 199 (Titel)
§ 200 (Geltung des Verwaltungsvollstreckungsgesetzes)
§ 201 (Zwangsgeld bei Verpflichtungsurteilen)

Dritter Teil
Übergangs- und Schlußvorschriften

§ 202 (Subsidiäre Anwendung des GVG und der ZPO)
§ 203 (Verweisungen)
§ 203a (Sitzungen des Bundessozialgerichts in Berlin)
§ 204 (Überleitung)
§ 205 (Rechtshilfe nach SGB X)
§ 206 (Übergangsvorschriften)
§ 207 (Überleitung von Verfahren über Entscheidungen von Vergabekammern)
§ 208 (Amtszeit ehrenamtlicher Richter)
§ 209 (Verfahren vor 18. April 2018)
§ 210 (Überleitung von Verfahren über Entscheidungen der Schiedsstellen)
§§ 211 bis 217 (weggefallen)
§ 218 (gegenstandslos)
§ 219 (Abweichungen für bestimmte Länder)

XV

Erster Teil
Gerichtsverfassung

Erster Abschnitt
Gerichtsbarkeit und Richteramt

§ 1 (Besondere Verwaltungsgerichte)

Die Sozialgerichtsbarkeit wird durch unabhängige, von den Verwaltungsbehörden getrennte, besondere Verwaltungsgerichte ausgeübt.

§ 2 (Die Gerichte)

Als Gerichte der Sozialgerichtsbarkeit werden in den Ländern Sozialgerichte und Landessozialgerichte, im Bund das Bundessozialgericht errichtet.

§ 3 (Besetzung der Gerichte)

Die Gerichte der Sozialgerichtsbarkeit werden mit Berufsrichtern und ehrenamtlichen Richtern besetzt.

§ 4 (Geschäftsstelle)

Bei jedem Gericht wird eine Geschäftsstelle eingerichtet, die mit der erforderlichen Zahl von Urkundsbeamten besetzt wird. Das Nähere bestimmen für das Bundessozialgericht das Bundesministerium für Arbeit und Soziales, für die Sozialgerichte und Landessozialgerichte die nach Landesrecht zuständigen Stellen.

§ 5 (Rechts- und Amtshilfe)

(1) Alle Gerichte, Verwaltungsbehörden und Organe der Versicherungsträger leisten den Gerichten der Sozialgerichtsbarkeit Rechts- und Amtshilfe.

(2) Das Ersuchen an ein Sozialgericht um Rechtshilfe ist an das Sozialgericht zu richten, in dessen Bezirk die Amtshandlung vorgenommen werden soll. Das Ersuchen ist durch den Vorsitzenden einer Kammer durchzuführen. Ist die Amtshandlung außerhalb des Sitzes des ersuchten Sozialgerichts vorzunehmen, so kann dieses Gericht das Amtsgericht um die Vornahme der Rechtshilfe ersuchen.

(3) Die §§ 158 bis 160, 164 bis 166, 168 des Gerichtsverfassungsgesetzes gelten entsprechend.

§ 6 (Geschäftsverteilung)

Für die Gerichte der Sozialgerichtsbarkeit gelten die Vorschriften des Zweiten Titels des Gerichtsverfassungsgesetzes nach Maßgabe der folgenden Vorschriften entsprechend:

1. Das Präsidium teilt die ehrenamtlichen Richter im voraus für jedes Geschäftsjahr, mindestens für ein Vierteljahr, einem oder mehreren Spruchkörpern zu, stellt die Reihenfolge fest, in der sie zu den Verhandlungen heranzuziehen sind, und regelt die Vertretung für den Fall der Verhinderung. Von der Reihenfolge darf nur aus besonderen Gründen abgewichen werden; die Gründe sind aktenkundig zu machen.
2. Den Vorsitz in den Kammern der Sozialgerichte führen die Berufsrichter.

Zweiter Abschnitt
Sozialgerichte

§ 7 (Organisation der Sozialgerichte)

(1) Die Sozialgerichte werden als Landesgerichte errichtet. Die Errichtung und Aufhebung eines Gerichts und die Verlegung eines Gerichtssitzes werden durch Gesetz angeordnet. Änderungen in der Abgrenzung der Gerichtsbezirke können auch durch Rechtsverordnung bestimmt werden. Die Landesregierung oder die von ihr beauftragte Stelle kann anordnen, daß außerhalb des Sitzes eines Sozialgerichts Zweigstellen errichtet werden.

(2) Mehrere Länder können gemeinsame Sozialgerichte errichten oder die Ausdehnung von Gerichtsbezirken über die Landesgrenzen hinaus vereinbaren.

(3) Wird ein Sozialgericht aufgehoben oder wird die Abgrenzung der Gerichtsbezirke geändert, so kann durch Landesgesetz bestimmt werden, daß die bei dem aufgehobenen Gericht oder bei dem von der Änderung in der Abgrenzung der Gerichtsbezirke betroffenen Gericht rechtshängigen Streitsachen auf ein anderes Sozialgericht übergehen.

§ 8 (Funktionelle Zuständigkeit der Sozialgerichte)

Die Sozialgerichte entscheiden, soweit durch Gesetz nichts anderes bestimmt ist, im ersten Rechtszug über alle Streitigkeiten, für die der Rechtsweg vor den Gerichten der Sozialgerichtsbarkeit offensteht.

§ 9 (Besetzung der Sozialgerichte und Dienstaufsicht)

(1) Das Sozialgericht besteht aus der erforderlichen Zahl von Berufsrichtern als Vorsitzenden und aus den ehrenamtlichen Richtern.

(2) Die für die allgemeine Dienstaufsicht und die sonstigen Geschäfte der Gerichtsverwaltung zuständige Stelle wird durch Landesrecht bestimmt.

§ 10 (Gliederung der SG)

(1) Bei den Sozialgerichten werden Kammern für Angelegenheiten der Sozialversicherung, der Arbeitsförderung einschließlich der übrigen Aufgaben der Bundesagentur für Arbeit, für Angelegenheiten der Grundsicherung für Arbeitsuchende, für Angelegenheiten der Sozialhilfe einschließlich der Angelegenheiten nach Teil 2 des Neunten Buches Sozialgesetzbuch und des Asylbewerberleistungsgesetzes sowie für Angelegenheiten des sozialen Entschädigungsrechts (Recht der sozialen Entschädigung bei Gesundheitsschäden) und des Schwerbehindertenrechts gebildet. Für Angelegenheiten der Knappschaftsversicherung einschließlich der Unfallversicherung für den Bergbau können eigene Kammern gebildet werden.

(2) Für Streitigkeiten aufgrund der Beziehungen zwischen Krankenkassen und Vertragsärzten, Psychotherapeuten, Vertragszahnärzten (Vertragsarztrecht) einschließlich ihrer Vereinigungen und Verbände sind eigene Kammern zu bilden. Zu diesen Streitigkeiten gehören auch

1. Klagen gegen Entscheidungen und Richtlinien des Gemeinsamen Bundesausschusses, soweit diese Entscheidungen und die streitgegenständlichen Regelungen der Richtlinien die vertragsärztliche Versorgung betreffen,

2. Klagen in Aufsichtsangelegenheiten gegenüber dem Gemeinsamen Bundesausschuss, denen die in Nummer 1 genannten Entscheidungen und Regelungen der Richtlinien des Gemeinsamen Bundesausschusses zugrunde liegen, und

3. Klagen aufgrund von Verträgen nach § 73b des Fünften Buches Sozialgesetzbuch und § 73c des Fünften Buches Sozialgesetzbuch in der am 22. Juli 2015 geltenden Fassung sowie Klagen im Zusammenhang mit der Teilnahme an der vertragsärztlichen Versorgung aufgrund von Ermächtigungen nach den §§ 116, 116a und 117 bis 119c des Fünften Buches Sozialgesetzbuch, Klagen wegen der Vergütung nach § 120 des Fünften Buches Sozialgesetzbuch sowie Klagen aufgrund von Verträgen nach § 140a des Fünften Buches Sozialgesetzbuch, soweit es um die Bereinigung der Gesamtvergütung nach § 140d des Fünften Buches Sozialgesetzbuch geht.

(3) Der Bezirk einer Kammer kann auf Bezirke anderer Sozialgerichte erstreckt werden. Die beteiligten Länder können die Ausdehnung des Bezirks einer Kammer auf das Gebiet oder Gebietsteile mehrerer Länder vereinbaren.

§ 11 (Ernennung der Berufsrichter)

(1) Die Berufsrichter werden nach Maßgabe des Landesrechts nach Beratung mit einem für den Bezirk des Landessozialgerichts zu bildenden Ausschuss auf Lebenszeit ernannt.

(2) Der Ausschuss ist von der nach Landesrecht zuständigen Stelle zu errichten. Ihm sollen in angemessenem Verhältnis Vertreter der Versicherten, der Arbeitgeber, der Versorgungsberechtigten und der mit dem sozialen Entschädigungsrecht oder der Teilhabe behinderter Menschen vertrauten Personen sowie der Sozialgerichtsbarkeit angehören.

(3) Bei den Sozialgerichten können Richter auf Probe und Richter kraft Auftrags verwendet werden.

(4) Bei dem Sozialgericht und bei dem Landessozialgericht können auf Lebenszeit ernannte Richter anderer Gerichte und Rechtslehrer an einer staatlichen oder staatlich anerkannten Hochschule für eine bestimmte Zeit von mindestens zwei Jahren, längstens jedoch für die Dauer ihres Hauptamts, zu Richtern im Nebenamt ernannt werden.

§ 12 (Besetzung der Kammern)

(1) Jede Kammer des Sozialgerichts wird in der Besetzung mit einem Vorsitzenden und zwei ehrenamtlichen Richtern als Beisitzern tätig. Bei Beschlüssen außerhalb der mündlichen Verhandlung und bei Gerichtsbescheiden wirken die ehrenamtlichen Richter nicht mit.

(2) In den Kammern für Angelegenheiten der Sozialversicherung, der Grundsicherung für Arbeitsuchende einschließlich der Streitigkeiten auf Grund des § 6a des Bundeskindergeldgesetzes und der Arbeitsförderung gehört je ein ehrenamtlicher Richter dem Kreis der Versicherten und der Arbeitgeber an. Sind für Angelegenheiten einzelner Zweige der Sozialversicherung eigene Kammern gebildet, so sollen die ehrenamtlichen Richter dieser Kammern an dem jeweiligen Versicherungszweig beteiligt sein.

(3) In den Kammern für Angelegenheiten des Vertragsarztrechts wirken je ein ehrenamtlicher Richter

aus den Kreisen der Krankenkassen und der Vertragsärzte, Vertragszahnärzte und Psychotherapeuten mit. In Angelegenheiten der Vertragsärzte, Vertragszahnärzte und Psychotherapeuten wirken als ehrenamtliche Richter nur Vertragsärzte, Vertragszahnärzte und Psychotherapeuten mit. Als Vertragsärzte, Vertragszahnärzte und zur vertragsärztlichen Versorgung zugelassene Psychotherapeuten gelten auch bei diesen oder in medizinischen Versorgungszentren angestellte Ärzte, Zahnärzte und Psychotherapeuten, die Mitglied der Kassenärztlichen oder Kassenzahnärztlichen Vereinigung sind.

(4) In den Kammern für Angelegenheiten des sozialen Entschädigungsrechts und des Schwerbehindertenrechts wirken je ein ehrenamtlicher Richter aus dem Kreis der mit dem sozialen Entschädigungsrecht oder dem Recht der Teilhabe behinderter Menschen vertrauten Personen und dem Kreis der Versorgungsberechtigten, der behinderten Menschen im Sinne des Neunten Buches Sozialgesetzbuch und der Versicherten mit; dabei sollen Hinterbliebene von Versorgungsberechtigten in angemessener Zahl beteiligt werden.

(5) In den Kammern für Angelegenheiten der Sozialhilfe einschließlich der Angelegenheiten nach Teil 2 des Neunten Buches Sozialgesetzbuch und des Asylbewerberleistungsgesetzes wirken ehrenamtliche Richter aus den Vorschlagslisten der Kreise und der kreisfreien Städte mit.

§ 13 (Berufung der ehrenamtlichen Richter)

(1) Die ehrenamtlichen Richter werden von der nach Landesrecht zuständigen Stelle aufgrund von Vorschlagslisten (§ 14) für fünf Jahre berufen; sie sind in angemessenem Verhältnis unter billiger Berücksichtigung der Minderheiten aus den Vorschlagslisten zu entnehmen. Die zuständige Stelle kann eine Ergänzung der Vorschlagslisten verlangen.

(2) Die Landesregierungen werden ermächtigt, durch Rechtsverordnung eine einheitliche Amtsperiode festzulegen; sie können diese Ermächtigung durch Rechtsverordnung auf die jeweils zuständige oberste Landesbehörde übertragen. Wird eine einheitliche Amtsperiode festgelegt, endet die Amtszeit der ehrenamtlichen Richter ohne Rücksicht auf den Zeitpunkt ihrer Berufung mit dem Ende der laufenden Amtsperiode.

(3) Die ehrenamtlichen Richter bleiben nach Ablauf ihrer Amtszeit im Amt, bis ihre Nachfolger berufen sind. Erneute Berufung ist zulässig. Bei vorübergehendem Bedarf kann die nach Landesrecht zuständige Stelle weitere ehrenamtliche Richter nur für ein Jahr berufen.

(4) Die Zahl der ehrenamtlichen Richter, die für die Kammern für Angelegenheiten der Sozialversicherung, der Arbeitsförderung, der Grundsicherung für Arbeitsuchende, der Sozialhilfe einschließlich der Angelegenheiten nach Teil 2 des Neunten Buches Sozialgesetzbuch und des Asylbewerberleistungsgesetzes, des sozialen Entschädigungsrechts und des Schwerbehindertenrechts zu berufen sind, bestimmt sich nach Landesrecht; die Zahl der ehrenamtlichen Richter für die Kammern für Angelegenheiten der Knappschaftsversicherung und für Angelegenheiten des Vertragsarztrechts ist je besonders festzusetzen.

(5) Bei der Berufung der ehrenamtlichen Richter für die Kammern für Angelegenheiten der Sozialversicherung ist auf ein angemessenes Verhältnis zu der Zahl der im Gerichtsbezirk ansässigen Versicherten der einzelnen Versicherungszweige Rücksicht zu nehmen.

(6) Die ehrenamtlichen Richter für die Kammern für Angelegenheiten des sozialen Entschädigungsrechts und des Schwerbehindertenrechts sind in angemessenem Verhältnis zu der Zahl der von den Vorschlagsberechtigten vertretenen Versorgungsberechtigten, behinderten Menschen im Sinne des Neunten Buches Sozialgesetzbuch und Versicherten zu berufen.

§ 14 (Aufstellung von Vorschlagslisten für ehrenamtliche Richter)

(1) Die Vorschlagslisten für die ehrenamtlichen Richter, die in den Kammern für Angelegenheiten der Sozialversicherung, der Grundsicherung für Arbeitsuchende einschließlich der Streitigkeiten auf Grund des § 6a des Bundeskindergeldgesetzes und der Arbeitsförderung mitwirken, werden aus dem Kreis der Versicherten und aus dem Kreis der Arbeitgeber aufgestellt. Gewerkschaften, selbständige Vereinigungen von Arbeitnehmern mit sozial- oder berufspolitischer Zwecksetzung und die in Absatz 3 Satz 2 genannten Vereinigungen stellen die Vorschlagslisten für ehrenamtliche Richter aus dem Kreis der Versicherten auf. Vereinigungen von Arbeitgebern und die in § 16 Absatz 4 Nummer 3 bezeichneten obersten Bundes- oder Landesbehörden

stellen die Vorschlagslisten aus dem Kreis der Arbeitgeber auf.

(2) Die Vorschlagslisten für die ehrenamtlichen Richter, die in den Kammern für Angelegenheiten des Vertragsarztrechts mitwirken, werden nach Bezirken von den Kassenärztlichen und Kassenzahnärztlichen Vereinigungen und von den Zusammenschlüssen der Krankenkassen aufgestellt.

(3) Für die Kammern für Angelegenheiten des sozialen Entschädigungsrechts und des Schwerbehindertenrechts werden die Vorschlagslisten für die mit dem sozialen Entschädigungsrecht oder dem Recht der Teilhabe behinderter Menschen vertrauten Personen von den Landesversorgungsämtern oder nach Maßgabe des Landesrechts von den Stellen aufgestellt, denen deren Aufgaben übertragen worden sind oder die für die Durchführung des Bundesversorgungsgesetzes oder des Rechts der Teilhabe behinderter Menschen zuständig sind. Die Vorschlagslisten für die Versorgungsberechtigten, die behinderten Menschen und die Versicherten werden aufgestellt von den im Gerichtsbezirk vertretenen Vereinigungen, deren satzungsgemäße Aufgaben die gemeinschaftliche Interessenvertretung, die Beratung und Vertretung der Leistungsempfänger nach dem sozialen Entschädigungsrecht oder der behinderten Menschen wesentlich umfassen und die unter Berücksichtigung von Art und Umfang ihrer bisherigen Tätigkeit sowie ihres Mitgliederkreises die Gewähr für eine sachkundige Erfüllung dieser Aufgaben bieten. Vorschlagsberechtigt nach Satz 2 sind auch die Gewerkschaften und selbständige Vereinigungen von Arbeitnehmern mit sozial- oder berufspolitischer Zwecksetzung.

(4) Die Vorschlagslisten für die ehrenamtlichen Richter, die in den Kammern für Angelegenheiten der Sozialhilfe einschließlich der Angelegenheiten nach Teil 2 des Neunten Buches Sozialgesetzbuch und des Asylbewerberleistungsgesetzes mitwirken, werden von den Kreisen und den kreisfreien Städten aufgestellt.

§ 15 (weggefallen)

§ 16 (Eignung zum ehrenamtlichen Richter)

(1) Das Amt des ehrenamtlichen Richters am Sozialgericht kann nur ausüben, wer Deutscher ist und das fünfundzwanzigste Lebensjahr vollendet hat.

(2) (weggefallen)

(3) Ehrenamtlicher Richter aus Kreisen der Versicherten kann auch sein, wer arbeitslos ist oder Rente aus eigener Versicherung bezieht. Ehrenamtlicher Richter aus Kreisen der Arbeitgeber kann auch sein, wer vorübergehend oder zu gewissen Zeiten des Jahres keine Arbeitnehmer beschäftigt.

(4) Ehrenamtliche Richter aus Kreisen der Arbeitgeber können sein

1. Personen, die regelmäßig mindestens einen versicherungspflichtigen Arbeitnehmer beschäftigen; ist ein Arbeitgeber zugleich Versicherter oder bezieht er eine Rente aus eigener Versicherung, so begründet die Beschäftigung einer Hausgehilfin oder Hausangestellten nicht die Arbeitgebereigenschaft im Sinne dieser Vorschrift;
2. bei Betrieben einer juristischen Person oder einer Personengesamtheit Personen, die kraft Gesetzes, Satzung oder Gesellschaftsvertrags allein oder als Mitglieder des Vertretungsorgans zur Vertretung der juristischen Person oder der Personengesamtheit berufen sind;
3. Beamte und Angestellte des Bundes, der Länder, der Gemeinden und Gemeindeverbände sowie bei anderen Körperschaften, Anstalten und Stiftungen des öffentlichen Rechts nach näherer Anordnung der zuständigen obersten Bundes- oder Landesbehörde;
4. Personen, denen Prokura oder Generalvollmacht erteilt ist, oder Angestellte, die regelmäßig für den Arbeitgeber in Personalangelegenheiten tätig werden, sowie leitende Angestellte;
5. Mitglieder und Angestellte von Vereinigungen von Arbeitgebern sowie Vorstandsmitglieder und Angestellte von Zusammenschlüssen solcher Vereinigungen, wenn diese Personen kraft Satzung oder Vollmacht zur Vertretung befugt sind.

Ehrenamtlicher Richter aus den Kreisen der Arbeitgeber kann auch sein, wer in einem Zeitraum bis zu einem Jahr vor seiner Berufung die Voraussetzungen des Satzes 1 erfüllt hat und zum Zeitpunkt der Berufung weder eine Rente aus eigener Versicherung bezieht noch Versicherter ist, es sei denn, er steht oder stand in einem Beschäftigungsverhältnis nach Satz 1 Nummer 3, 4 oder 5.

(5) Bei Sozialgerichten, in deren Bezirk wesentliche Teile der Bevölkerung in der Seeschifffahrt beschäftigt sind, können ehrenamtliche Richter aus dem Kreis der Versicherten auch befahrene Schiffahrts-

kundige sein, die nicht Reeder, Reedereileiter (Korrespondentreeder, §§ 492 bis 499 des Handelsgesetzbuchs) oder Bevollmächtigte sind.

(6) Die ehrenamtlichen Richter sollen im Bezirk des Sozialgerichts wohnen oder ihren Betriebssitz haben oder beschäftigt sein.

§ 17 (Gesetzliche Ausschließungsgründe)

(1) Vom Amt des ehrenamtlichen Richters am Sozialgericht ist ausgeschlossen,

1. wer infolge Richterspruchs die Fähigkeit zur Bekleidung öffentlicher Ämter nicht besitzt oder wegen einer vorsätzlichen Tat zu einer Freiheitsstrafe von mehr als sechs Monaten verurteilt worden ist,
2. wer wegen einer Tat angeklagt ist, die den Verlust der Fähigkeit zur Bekleidung öffentlicher Ämter zur Folge haben kann,
3. wer das Wahlrecht zum Deutschen Bundestag nicht besitzt.

Personen, die in Vermögensverfall geraten sind, sollen nicht zu ehrenamtlichen Richtern berufen werden.

(2) Mitglieder der Vorstände von Trägern und Verbänden der Sozialversicherung, der Kassenärztlichen (Kassenzahnärztlichen) Vereinigungen und der Bundesagentur für Arbeit können nicht ehrenamtliche Richter sein. Davon unberührt bleibt die Regelung in Absatz 4.

(3) Die Bediensteten der Träger und Verbände der Sozialversicherung, der Kassenärztlichen (Kassenzahnärztlichen) Vereinigungen, der Dienststellen der Bundesagentur für Arbeit und der Kreise und kreisfreien Städte können nicht ehrenamtliche Richter in der Kammer sein, die über Streitigkeiten aus ihrem Arbeitsgebiet entscheidet.

(4) Mitglieder der Vorstände sowie leitende Beschäftigte bei den Kranken- und Pflegekassen und ihren Verbänden sowie Geschäftsführer und deren Stellvertreter bei den Kassenärztlichen (Kassenzahnärztlichen) Vereinigungen sind als ehrenamtliche Richter in den Kammern für Angelegenheiten des Vertragsarztrechts nicht ausgeschlossen.

(5) Das Amt des ehrenamtlichen Richters am Sozialgericht, der zum ehrenamtlichen Richter in einem höheren Rechtszug der Sozialgerichtsbarkeit berufen wird, endet mit der Berufung in das andere Amt.

§ 18 (Weigerungsrecht)

(1) Die Übernahme des Amtes als ehrenamtlicher Richter kann nur ablehnen,

1. wer die Regelaltersgrenze nach dem Sechsten Buch Sozialgesetzbuch erreicht hat,
2. wer in den zehn der Berufung vorhergehenden Jahren als ehrenamtlicher Richter bei einem Gericht der Sozialgerichtsbarkeit tätig gewesen ist,
3. wer durch ehrenamtliche Tätigkeit für die Allgemeinheit so in Anspruch genommen ist, daß ihm die Übernahme des Amtes nicht zugemutet werden kann,
4. wer aus gesundheitlichen Gründen verhindert ist, das Amt ordnungsmäßig auszuüben,
5. wer glaubhaft macht, daß wichtige Gründe ihm die Ausübung des Amtes in besonderem Maße erschweren.

(2) Ablehnungsgründe sind nur zu berücksichtigen, wenn sie innerhalb von zwei Wochen, nachdem der ehrenamtliche Richter von seiner Berufung in Kenntnis gesetzt worden ist, von ihm geltend gemacht werden.

(3) Der ehrenamtliche Richter kann auf Antrag aus dem Amt entlassen werden, wenn einer der in Absatz 1 Nr. 3 bis 5 bezeichneten Gründe nachträglich eintritt. Eines Antrages bedarf es nicht, wenn der ehrenamtliche Richter seinen Wohnsitz aus dem Bezirk des Sozialgerichts verlegt und seine Heranziehung zu den Sitzungen dadurch wesentlich erschwert wird.

(4) Über die Berechtigung zur Ablehnung des Amtes oder über die Entlassung aus dem Amt entscheidet die vom Präsidium für jedes Geschäftsjahr im voraus bestimmte Kammer endgültig.

§ 19 (Rechte des ehrenamtlichen Richters)

(1) Der ehrenamtliche Richter übt sein Amt mit gleichen Rechten wie der Berufsrichter aus.

(2) Die ehrenamtlichen Richter erhalten eine Entschädigung nach dem Justizvergütungs- und -entschädigungsgesetz.

§ 20 (Schutz des ehrenamtlichen Richters)

(1) Der ehrenamtliche Richter darf in der Übernahme oder Ausübung des Amtes nicht beschränkt oder wegen der Übernahme oder Ausübung des Amtes nicht benachteiligt werden.

(2) Wer einen anderen in der Übernahme oder Ausübung seines Amtes als ehrenamtlicher Richter beschränkt oder wegen der Übernahme oder Ausübung des Amtes benachteiligt, wird mit Freiheitsstrafe bis zu einem Jahr oder mit Geldstrafe bestraft.

§ 21 (Ordnungsgeld gegen ehrenamtliche Richter)

Der Vorsitzende kann gegen einen ehrenamtlichen Richter, der sich der Erfüllung seiner Pflichten entzieht, insbesondere ohne genügende Entschuldigung nicht oder nicht rechtzeitig zu den Sitzungen erscheint, durch Beschluß ein Ordnungsgeld festsetzen und ihm die durch sein Verhalten verursachten Kosten auferlegen. Bei nachträglicher genügender Entschuldigung ist der Beschluß aufzuheben oder zu ändern. Gegen den Beschluß ist Beschwerde zulässig. Über die Beschwerde entscheidet die durch das Präsidium für jedes Geschäftsjahr im voraus bestimmte Kammer des Sozialgerichts endgültig. Vor der Entscheidung ist der ehrenamtliche Richter zu hören.

§ 22 (Amtsentbindung eines ehrenamtlichen Richters)

(1) Der ehrenamtliche Richter ist von seinem Amt zu entbinden, wenn das Berufungsverfahren fehlerhaft war, wenn das Fehlen einer Voraussetzung für seine Berufung oder der Eintritt eines Ausschließungsgrundes bekannt wird oder wenn er die zur Ausübung seines Amtes erforderlichen geistigen oder körperlichen Fähigkeiten nicht mehr besitzt. Er ist seines Amtes zu entheben, wenn er seine Amtspflichten grob verletzt. Wenn eine Voraussetzung für seine Berufung im Laufe seiner Amtszeit wegfällt, ist er nicht von seinem Amt zu entbinden, es sei denn, eine paritätische Besetzung nach § 12 Absatz 2 bis 4 kann anderenfalls nicht gewährleistet werden; Satz 1 und 2 sowie § 18 Absatz 3 Satz 2 bleiben unberührt. Soweit die Voraussetzungen für eine Amtsentbindung vorliegen, liegt in ihrer Nichtdurchführung kein die Zurückverweisung oder Revision begründender Verfahrensmangel.

(2) Die Entscheidung trifft die vom Präsidium für jedes Geschäftsjahr im Voraus bestimmte Kammer. Vor der Entscheidung ist der ehrenamtliche Richter zu hören. Die Entscheidung ist unanfechtbar.

(3) Die nach Absatz 2 Satz 1 zuständige Kammer kann anordnen, dass der ehrenamtliche Richter bis zur Entscheidung über die Amtsentbindung oder Amtsenthebung nicht heranzuziehen ist. Die Anordnung ist unanfechtbar.

§ 23 (Bildung und Funktion des Ausschusses der ehrenamtlichen Richter)

(1) Bei jedem Sozialgericht wird ein Ausschuss der ehrenamtlichen Richter gebildet. Die Kreise der ehrenamtlichen Richter, die in den bei dem Sozialgericht gebildeten Fachkammern vertreten sind, wählen jeweils aus ihrer Mitte ein Mitglied in den Ausschuss. Das Wahlverfahren legt der bestehende Ausschuss fest. Der Ausschuss tagt unter der Leitung des aufsichtführenden oder, wenn ein solcher nicht vorhanden oder verhindert ist, des dienstältesten Vorsitzenden des Sozialgerichts.

(2) Der Ausschuss ist vor der Bildung von Kammern, vor der Geschäftsverteilung, vor der Verteilung der ehrenamtlichen Richter auf die Kammern und vor Aufstellung der Listen über die Heranziehung der ehrenamtlichen Richter zu den Sitzungen mündlich, schriftlich oder elektronisch zu hören. Er kann dem Vorsitzenden des Sozialgerichts und den die Verwaltung und Dienstaufsicht führenden Stellen Wünsche der ehrenamtlichen Richter übermitteln.

§§ 24 bis 26 (weggefallen)

§ 27 (Vertretung eines Vorsitzenden)

(1) und (2) (weggefallen)

(3) Wenn die Vertretung eines Vorsitzenden nicht durch einen Berufsrichter desselben Gerichts möglich ist, wird sie auf Antrag des Präsidiums durch die Landesregierung oder die von ihr beauftragte Stelle geregelt.

Dritter Abschnitt
Landessozialgerichte

§ 28 (Organisation der Landessozialgerichte)

(1) Die Landessozialgerichte werden als Landesgerichte errichtet. Die Errichtung und Aufhebung eines Gerichts und die Verlegung eines Gerichtssitzes werden durch Gesetz angeordnet. Änderungen in der Abgrenzung der Gerichtsbezirke können auch durch Rechtsverordnung bestimmt werden. Die Landesregierung oder die von ihr beauftragte Stelle kann anordnen, daß außerhalb des Sitzes des Landessozialgerichts Zweigstellen errichtet werden.

(2) Mehrere Länder können ein gemeinsames Landessozialgericht errichten.

§ 29 (Funktionelle Zuständigkeit der Landessozialgerichte)

(1) Die Landessozialgerichte entscheiden im zweiten Rechtszug über die Berufung gegen die Urteile und die Beschwerden gegen andere Entscheidungen der Sozialgerichte.

(2) Die Landessozialgerichte entscheiden im ersten Rechtszug über

1. Klagen gegen Entscheidungen der Landesschiedsämter sowie der sektorenübergreifenden Schiedsgremien auf Landesebene und gegen Beanstandungen von Entscheidungen der Landesschiedsämter und der sektorenübergreifenden Schiedsgremien auf Landesebene nach dem Fünften Buch Sozialgesetzbuch, gegen Entscheidungen der Schiedsstellen nach § 75 Absatz 3c, § 111b Absatz 6, § 120 Absatz 4, § 132a Absatz 3 und § 132l Absatz 4 des Fünften Buches Sozialgesetzbuch, der Schiedsstellen nach § 133 des Neunten Buches Sozialgesetzbuch, der Schiedsstelle nach § 76 des Elften Buches Sozialgesetzbuch und des Schiedsgremiums nach § 113c Absatz 4 des Elften Buches Sozialgesetzbuch und der Schiedsstellen nach § 81 des Zwölften Buches Sozialgesetzbuch,
2. Aufsichtsangelegenheiten gegenüber Trägern der Sozialversicherung und ihren Verbänden, gegenüber den Kassenärztlichen und Kassenzahnärztlichen Vereinigungen, gegenüber der Kassenärztlichen und Kassenzahnärztlichen Bundesvereinigung und den Medizinischen Diensten sowie dem Medizinischen Dienst Bund, bei denen die Aufsicht von einer Landes- oder Bundesbehörde ausgeübt wird,
3. Klagen in Angelegenheiten der Erstattung von Aufwendungen nach § 6b des Zweiten Buches Sozialgesetzbuch,
4. Anträge nach § 55a,
5. Streitigkeiten nach § 4a Absatz 7 des Fünften Buches Sozialgesetzbuch.

(3) Das Landessozialgericht Nordrhein-Westfalen entscheidet im ersten Rechtszug über

1. Streitigkeiten zwischen gesetzlichen Krankenkassen untereinander betreffend den Risikostrukturausgleich sowie zwischen gesetzlichen Krankenkassen oder ihren Verbänden und dem Bundesamt für Soziale Sicherung betreffend den Risikostrukturausgleich, die Anerkennung von strukturierten Behandlungsprogrammen und die Verwaltung des Gesundheitsfonds,
2. Streitigkeiten betreffend den Finanzausgleich der gesetzlichen Pflegeversicherung,
3. Streitigkeiten betreffend den Ausgleich unter den gewerblichen Berufsgenossenschaften nach dem Siebten Buch Sozialgesetzbuch,
4. Streitigkeiten über Entscheidungen des Bundeskartellamts, die die freiwillige Vereinigung von Krankenkassen nach § 172a des Fünften Buches Sozialgesetzbuch betreffen.

(4) Das Landessozialgericht Berlin-Brandenburg entscheidet im ersten Rechtszug über

1. Klagen gegen die Entscheidung der Bundesschiedsämter nach § 89 Absatz 2 des Fünften Buches Sozialgesetzbuch, des weiteren Schiedsamtes auf Bundesebene nach § 89 Absatz 12 des Fünften Buches Sozialgesetzbuch, des sektorenübergreifenden Schiedsgremiums auf Bundesebene nach § 89a des Fünften Buches Sozialgesetzbuch sowie der erweiterten Bewertungsausschüsse nach § 87 Abs. 4 des Fünften Buches Sozialgesetzbuch, soweit die Klagen von den Einrichtungen erhoben werden, die diese Gremien bilden,
2. Klagen gegen Entscheidungen des Bundesministeriums für Gesundheit nach § 87 Abs. 6 des Fünften Buches Sozialgesetzbuch gegenüber den Bewertungsausschüssen und den erweiterten Bewertungsausschüssen sowie gegen Beanstandungen des Bundesministeriums für Gesundheit gegenüber den Bundesschiedsämtern und dem sektorenübergreifenden Schiedsgremium auf Bundesebene,
3. Klagen gegen Entscheidungen und Richtlinien des Gemeinsamen Bundesausschusses (§§ 91, 92 des Fünften Buches Sozialgesetzbuch), Klagen in Aufsichtsangelegenheiten gegenüber dem Gemeinsamen Bundesausschuss, Klagen gegen die Festsetzung von Festbeträgen durch die Spitzenverbände der Krankenkassen oder den Spitzenverband Bund der Krankenkassen, Klagen gegen Entscheidungen der Schiedsstellen nach den §§ 125, 129, 130b, 131, 134, 134a des Fünften Buches Sozialgesetzbuch und der Schlichtungsstelle nach § 319 des Fünften Buches Sozialgesetzbuch sowie Klagen gegen Entscheidungen des Schlichtungsausschusses Bund nach § 19 des Krankenhausfinanzie-

rungsgesetzes in der Fassung der Bekanntmachung vom 10. April 1991 (BGBl. I S. 886), das zuletzt durch Artikel 3 des Gesetzes vom 14. Dezember 2019 (BGBl. I S. 2789) geändert worden ist,

4. Klagen gegen Entscheidungen des Qualitätsausschusses nach § 113b Absatz 1 des Elften Buches Sozialgesetzbuch sowie des erweiterten Qualitätsausschusses nach § 113b Absatz 3 des Elften Buches Sozialgesetzbuch und gegen Entscheidungen des Bundesministeriums für Gesundheit nach § 113b Absatz 9 des Elften Buches Sozialgesetzbuch gegenüber dem Qualitätsausschuss und dem erweiterten Qualitätsausschuss sowie über Klagen, welche die Mitwirkung an den Richtlinien des Medizinischen Dienstes Bund betreffen (§ 17 Absatz 1, §§ 18b, 112a Absatz 2, § 114a Absatz 7 und § 114c Absatz 1 des Elften Buches Sozialgesetzbuch).

§ 30 (Besetzung der Landessozialgerichte und Dienstaufsicht)

(1) Das Landessozialgericht besteht aus dem Präsidenten, den Vorsitzenden Richtern, weiteren Berufsrichtern und den ehrenamtlichen Richtern.

(2) Die für die allgemeine Dienstaufsicht und die sonstigen Geschäfte der Gerichtsverwaltung zuständige Stelle wird durch Landesrecht bestimmt.

§ 31 (Gliederung der Landessozialgerichte)

(1) Bei den Landessozialgerichten werden Senate für Angelegenheiten der Sozialversicherung, der Arbeitsförderung einschließlich der übrigen Aufgaben der Bundesagentur für Arbeit, für Angelegenheiten der Grundsicherung für Arbeitsuchende, für Angelegenheiten der Sozialhilfe einschließlich der Angelegenheiten nach Teil 2 des Neunten Buches Sozialgesetzbuch und des Asylbewerberleistungsgesetzes sowie für Angelegenheiten des sozialen Entschädigungsrechts und des Schwerbehindertenrechts gebildet. Für Angelegenheiten der Knappschaftsversicherung einschließlich der Unfallversicherung für den Bergbau sowie für Verfahren wegen eines überlangen Gerichtsverfahrens (§ 202 Satz 2) kann jeweils ein eigener Senat gebildet werden.

(2) Für die Angelegenheiten des Vertragsarztrechts und für Antragsverfahren nach § 55a ist jeweils ein eigener Senat zu bilden.

(3) Die beteiligten Länder können die Ausdehnung des Bezirks eines Senats auf das Gebiet oder auf Gebietsteile mehrerer Länder vereinbaren.

§ 32 (Ernennung der Berufsrichter)

(1) Die Berufsrichter werden von der nach Landesrecht zuständigen Stelle auf Lebenszeit ernannt.

(2) (weggefallen)

§ 33 (Besetzung der Senate)

(1) Jeder Senat wird in der Besetzung mit einem Vorsitzenden, zwei weiteren Berufsrichtern und zwei ehrenamtlichen Richtern tätig. § 12 Abs. 1 Satz 2, Abs. 2 bis 5 gilt entsprechend.

(2) In Senaten, die in Verfahren wegen eines überlangen Gerichtsverfahrens (§ 202 Satz 2) entscheiden, wirken die für Angelegenheiten der Sozialversicherung berufenen ehrenamtlichen Richter mit.

§ 34 (weggefallen)

§ 35 (Eignung zum ehrenamtlichen Richter)

(1) Die ehrenamtlichen Richter beim Landessozialgericht müssen das dreißigste Lebensjahr vollendet haben; sie sollen mindestens fünf Jahre ehrenamtliche Richter bei einem Sozialgericht gewesen sein. Im übrigen gelten die §§ 13 bis 23.

(2) In den Fällen des § 18 Abs. 4, der §§ 21 und 22 Abs. 2 entscheidet der vom Präsidium für jedes Geschäftsjahr im voraus bestimmte Senat.

§§ 36 und 37 (weggefallen)

Vierter Abschnitt
Bundessozialgericht

§ 38 (Sitz und Besetzung des Bundessozialgerichts; Dienstaufsicht)

(1) Das Bundessozialgericht hat seinen Sitz in Kassel.

(2) Das Bundessozialgericht besteht aus dem Präsidenten, den Vorsitzenden Richtern, weiteren Berufsrichtern und den ehrenamtlichen Richtern. Die Berufsrichter müssen das fünfunddreißigste Lebensjahr vollendet haben. Für die Berufung der Berufsrichter gelten die Vorschriften des Richterwahlgesetzes. Zuständiger Minister im Sinne des § 1 Abs. 1 des Richterwahlgesetzes ist der Bundesminister für Arbeit und Soziales.

(3) Das Bundesministerium für Arbeit und Soziales führt die allgemeine Dienstaufsicht und die sonstigen Geschäfte der Gerichtsverwaltung. Es kann die allgemeine Dienstaufsicht und die sonstigen Ge-

schäfte der Gerichtsverwaltung auf den Präsidenten des Bundessozialgerichts übertragen.

§ 39 (Funktionelle Zuständigkeit des Bundessozialgerichts)

(1) Das Bundessozialgericht entscheidet über das Rechtsmittel der Revision.

(2) Das Bundessozialgericht entscheidet im ersten und letzten Rechtszug über Streitigkeiten nicht verfassungsrechtlicher Art zwischen dem Bund und den Ländern sowie zwischen verschiedenen Ländern in Angelegenheiten des § 51. Hält das Bundessozialgericht in diesen Fällen eine Streitigkeit für verfassungsrechtlich, so legt es die Sache dem Bundesverfassungsgericht zur Entscheidung vor. Das Bundesverfassungsgericht entscheidet mit bindender Wirkung.

§ 40 (Gliederung des Bundessozialgerichts)

Für die Bildung und Besetzung der Senate gelten § 31 Abs. 1 und § 33 entsprechend. Für Angelegenheiten des Vertragsarztrechts ist mindestens ein Senat zu bilden. In den Senaten für Angelegenheiten des § 51 Abs. 1 Nr. 6a wirken ehrenamtliche Richter aus der Vorschlagsliste der Bundesvereinigung der kommunalen Spitzenverbände mit.

§ 41 (Großer Senat beim Bundessozialgericht)

(1) Bei dem Bundessozialgericht wird ein Großer Senat gebildet.

(2) Der Große Senat entscheidet, wenn ein Senat in einer Rechtsfrage von der Entscheidung eines anderen Senats oder des Großen Senats abweichen will.

(3) Eine Vorlage an den Großen Senat ist nur zulässig, wenn der Senat, von dessen Entscheidung abgewichen werden soll, auf Anfrage des erkennenden Senats erklärt hat, daß er an seiner Rechtsauffassung festhält. Kann der Senat, von dessen Entscheidung abgewichen werden soll, wegen einer Änderung des Geschäftsverteilungsplanes mit der Rechtsfrage nicht mehr befaßt werden, tritt der Senat an seine Stelle, der nach dem Geschäftsverteilungsplan für den Fall, in dem abweichend entschieden wurde, nunmehr zuständig wäre. Über die Anfrage und die Antwort entscheidet der jeweilige Senat durch Beschluß in der für Urteile erforderlichen Besetzung.

(4) Der erkennende Senat kann eine Frage von grundsätzlicher Bedeutung dem Großen Senat zur Entscheidung vorlegen, wenn das nach seiner Auffassung zur Fortbildung des Rechts oder zur Sicherung einer einheitlichen Rechtsprechung erforderlich ist.

(5) Der Große Senat besteht aus dem Präsidenten, je einem Berufsrichter der Senate, in denen der Präsident nicht den Vorsitz führt, je zwei ehrenamtlichen Richtern aus dem Kreis der Versicherten und dem Kreis der Arbeitgeber sowie je einem ehrenamtlichen Richter aus dem Kreis der mit dem sozialen Entschädigungsrecht oder der Teilhabe behinderter Menschen vertrauten Personen und dem Kreis der Versorgungsberechtigten und der behinderten Menschen im Sinne des Neunten Buches Sozialgesetzbuch. Legt der Senat für Angelegenheiten des Vertragsarztrechts vor oder soll von dessen Entscheidung abgewichen werden, gehören dem Großen Senat außerdem je ein ehrenamtlicher Richter aus dem Kreis der Krankenkassen und dem Kreis der Vertragsärzte, Vertragszahnärzte und Psychotherapeuten an. Legt der Senat für Angelegenheiten des § 51 Abs. 1 Nr. 6a vor oder soll von dessen Entscheidung abgesehen werden, gehören dem Großen Senat außerdem zwei ehrenamtliche Richter aus dem Kreis der von der Bundesvereinigung der kommunalen Spitzenverbände Vorgeschlagenen an. Sind Senate personengleich besetzt, wird aus ihnen nur ein Berufsrichter bestellt; er hat nur eine Stimme. Bei einer Verhinderung des Präsidenten tritt ein Berufsrichter des Senats, dem er angehört, an seine Stelle.

(6) Die Mitglieder und die Vertreter werden durch das Präsidium für ein Geschäftsjahr bestellt. Den Vorsitz im Großen Senat führt der Präsident, bei Verhinderung das dienstälteste Mitglied. Bei Stimmengleichheit gibt die Stimme des Vorsitzenden den Ausschlag.

(7) Der Große Senat entscheidet nur über die Rechtsfrage. Er kann ohne mündliche Verhandlung entscheiden. Seine Entscheidung ist in der vorliegenden Sache für den erkennenden Senat bindend.

§§ 42 bis 44 (weggefallen)

§ 45 (Berufung der ehrenamtlichen Richter)

(1) Das Bundesministerium für Arbeit und Soziales bestimmt nach Anhörung des Präsidenten des Bundessozialgerichts die Zahl der für die einzelnen Zweige der Sozialgerichtsbarkeit zu berufenden ehrenamtlichen Richter.

(2) Die ehrenamtlichen Richter werden vom Bundesministerium für Arbeit und Soziales auf Grund

von Vorschlagslisten (§ 46) für die Dauer von fünf Jahren berufen; sie sind in angemessenem Verhältnis unter billiger Berücksichtigung der Minderheiten aus den Vorschlagslisten zu entnehmen. Das Bundesministerium für Arbeit und Soziales kann eine Ergänzung der Vorschlagslisten verlangen. § 13 Abs. 2 gilt entsprechend mit der Maßgabe, dass das Bundesministerium für Arbeit und Soziales durch Rechtsverordnung eine einheitliche Amtsperiode festlegen kann.

(3) Die ehrenamtlichen Richter bleiben nach Ablauf ihrer Amtszeit im Amt, bis ihre Nachfolger berufen sind. Erneute Berufung ist zulässig.

§ 46 (Aufstellung von Vorschlagslisten für die ehrenamtlichen Richter)

(1) Die Vorschlagslisten für die ehrenamtlichen Richter in den Senaten für Angelegenheiten der Sozialversicherung und der Arbeitsförderung sowie der Grundsicherung für Arbeitsuchende werden von den in § 14 Abs. 1 aufgeführten Organisationen und Behörden aufgestellt.

(2) Die Vorschlagslisten für die ehrenamtlichen Richter in den Senaten für Angelegenheiten des Vertragsarztrechts werden von den Kassenärztlichen (Kassenzahnärztlichen) Vereinigungen und gemeinsam von den Zusammenschlüssen der Krankenkassen, die sich über das Bundesgebiet erstrecken, aufgestellt.

(3) Die ehrenamtlichen Richter für die Senate für Angelegenheiten des sozialen Entschädigungsrechts und des Schwerbehindertenrechts werden auf Vorschlag der obersten Verwaltungsbehörden der Länder sowie der in § 14 Abs. 3 Satz 2 und 3 genannten Vereinigungen, die sich über das Bundesgebiet erstrecken, berufen.

(4) Die ehrenamtlichen Richter für die Senate für Angelegenheiten der Sozialhilfe einschließlich der Angelegenheiten nach Teil 2 des Neunten Buches Sozialgesetzbuch und des Asylbewerberleistungsgesetzes werden auf Vorschlag der Bundesvereinigung der kommunalen Spitzenverbände berufen.

§ 47 (Eignung zum ehrenamtlichen Richter)

Die ehrenamtlichen Richter am Bundessozialgericht müssen das fünfunddreißigste Lebensjahr vollendet haben; sie sollen mindestens fünf Jahre ehrenamtliche Richter an einem Sozialgericht oder Landessozialgericht gewesen sein. Im übrigen gelten die §§ 16 bis 23 entsprechend mit der Maßgabe, daß in den Fällen des § 18 Abs. 4, der §§ 21 und 22 Abs. 2 der vom Präsidium für jedes Geschäftsjahr im voraus bestimmte Senat des Bundessozialgerichts entscheidet.

§§ 48 und 49 (weggefallen)

§ 50 (Geschäftsgang des Bundessozialgerichts)

Der Geschäftsgang wird durch eine Geschäftsordnung geregelt, die das Präsidium unter Zuziehung der beiden der Geburt nach ältesten ehrenamtlichen Richter beschließt.

Fünfter Abschnitt
Rechtsweg und Zuständigkeit

§ 51 (Zulässigkeit des Rechtswegs)

(1) Die Gerichte der Sozialgerichtsbarkeit entscheiden über öffentlich-rechtliche Streitigkeiten

1. in Angelegenheiten der gesetzlichen Rentenversicherung einschließlich der Alterssicherung der Landwirte,
2. in Angelegenheiten der gesetzlichen Krankenversicherung, der sozialen Pflegeversicherung und der privaten Pflegeversicherung (Elftes Buch Sozialgesetzbuch), auch soweit durch diese Angelegenheiten Dritte betroffen werden; dies gilt nicht für Streitigkeiten in Angelegenheiten nach § 110 des Fünften Buches Sozialgesetzbuch aufgrund einer Kündigung von Versorgungsverträgen, die für Hochschulkliniken oder Plankrankenhäuser (§ 108 Nr. 1 und 2 des Fünften Buches Sozialgesetzbuch) gelten,
3. in Angelegenheiten der gesetzlichen Unfallversicherung mit Ausnahme der Streitigkeiten aufgrund der Überwachung der Maßnahmen zur Prävention durch die Träger der gesetzlichen Unfallversicherung,
4. in Angelegenheiten der Arbeitsförderung einschließlich der übrigen Aufgaben der Bundesagentur für Arbeit,

4a. in Angelegenheiten der Grundsicherung für Arbeitsuchende,

5. in sonstigen Angelegenheiten der Sozialversicherung,
6. in Angelegenheiten des sozialen Entschädigungsrechts mit Ausnahme der Streitigkeiten aufgrund der §§ 25 bis 27j des Bundesversorgungsgesetzes (Kriegsopferfürsorge), auch soweit andere Gesetze die entsprechende Anwendung dieser Vorschriften vorsehen,

6a. in Angelegenheiten der Sozialhilfe einschließlich der Angelegenheiten nach Teil 2 des Neunten Buches Sozialgesetzbuch und des Asylbewerberleistungsgesetzes,
7. bei der Feststellung von Behinderungen und ihrem Grad sowie weiterer gesundheitlicher Merkmale, ferner der Ausstellung, Verlängerung, Berichtigung und Einziehung von Ausweisen nach § 152 des Neunten Buches Sozialgesetzbuch,
8. die aufgrund des Aufwendungsausgleichsgesetzes entstehen,
9. (weggefallen)
10. für die durch Gesetz der Rechtsweg vor diesen Gerichten eröffnet wird.

(2) Die Gerichte der Sozialgerichtsbarkeit entscheiden auch über privatrechtliche Streitigkeiten in Angelegenheiten der Zulassung von Trägern und Maßnahmen durch fachkundige Stellen nach dem Fünften Kapitel des Dritten Buches Sozialgesetzbuch und in Angelegenheiten der gesetzlichen Krankenversicherung, auch soweit durch diese Angelegenheiten Dritte betroffen werden. Satz 1 gilt für die soziale Pflegeversicherung und die private Pflegeversicherung (Elftes Buch Sozialgesetzbuch) entsprechend.

(3) Von der Zuständigkeit der Gerichte der Sozialgerichtsbarkeit nach den Absätzen 1 und 2 ausgenommen sind Streitigkeiten in Verfahren nach dem Gesetz gegen Wettbewerbsbeschränkungen, die Rechtsbeziehungen nach § 69 des Fünften Buches Sozialgesetzbuch betreffen.

§ 52 (weggefallen)

§ 53 (weggefallen)

§ 54 (Anfechtungs- und Verpflichtungsklage)

(1) Durch Klage kann die Aufhebung eines Verwaltungsakts oder seine Abänderung sowie die Verurteilung zum Erlaß eines abgelehnten oder unterlassenen Verwaltungsakts begehrt werden. Soweit gesetzlich nichts anderes bestimmt ist, ist die Klage zulässig, wenn der Kläger behauptet, durch den Verwaltungsakt oder durch die Ablehnung oder Unterlassung eines Verwaltungsakts beschwert zu sein.

(2) Der Kläger ist beschwert, wenn der Verwaltungsakt oder die Ablehnung oder Unterlassung eines Verwaltungsakts rechtswidrig ist. Soweit die Behörde, Körperschaft oder Anstalt des öffentlichen Rechts ermächtigt ist, nach ihrem Ermessen zu handeln, ist Rechtswidrigkeit auch gegeben, wenn die gesetzlichen Grenzen dieses Ermessens überschritten sind oder von dem Ermessen in einer dem Zweck der Ermächtigung nicht entsprechenden Weise Gebrauch gemacht ist.

(3) Eine Körperschaft oder eine Anstalt des öffentlichen Rechts kann mit der Klage die Aufhebung einer Anordnung der Aufsichtsbehörde begehren, wenn sie behauptet, daß die Anordnung das Aufsichtsrecht überschreite.

(4) Betrifft der angefochtene Verwaltungsakt eine Leistung, auf die ein Rechtsanspruch besteht, so kann mit der Klage neben der Aufhebung des Verwaltungsakts gleichzeitig die Leistung verlangt werden.

(5) Mit der Klage kann die Verurteilung zu einer Leistung, auf die ein Rechtsanspruch besteht, auch dann begehrt werden, wenn ein Verwaltungsakt nicht zu ergehen hatte.

§ 55 (Feststellungsklage)

(1) Mit der Klage kann begehrt werden
1. die Feststellung des Bestehens oder Nichtbestehens eines Rechtsverhältnisses,
2. die Feststellung, welcher Versicherungsträger der Sozialversicherung zuständig ist,
3. die Feststellung, ob eine Gesundheitsstörung oder der Tod die Folge eines Arbeitsunfalls, einer Berufskrankheit oder einer Schädigung im Sinne des Bundesversorgungsgesetzes ist,
4. die Feststellung der Nichtigkeit eines Verwaltungsakts,

wenn der Kläger ein berechtigtes Interesse an der baldigen Feststellung hat.

(2) Unter Absatz 1 Nr. 1 fällt auch die Feststellung, in welchem Umfange Beiträge zu berechnen oder anzurechnen sind.

(3) Mit Klagen, die sich gegen Verwaltungsakte der Deutschen Rentenversicherung Bund nach § 7a des Vierten Buches Sozialgesetzbuch richten, kann die Feststellung begehrt werden, ob eine Erwerbstätigkeit als Beschäftigung oder selbständige Tätigkeit ausgeübt wird.

§ 55a (Gültigkeit von Vorschriften über Unterkunft und Heizung)

(1) Auf Antrag ist über die Gültigkeit von Satzungen oder anderen im Rang unter einem Landesgesetz stehenden Rechtsvorschriften, die nach § 22a Absatz 1 des Zweiten Buches Sozialgesetzbuch und

dem dazu ergangenen Landesgesetz erlassen worden sind, zu entscheiden.

(2) Den Antrag kann jede natürliche Person stellen, die geltend macht, durch die Anwendung der Rechtsvorschrift in ihren Rechten verletzt zu sein oder in absehbarer Zeit verletzt zu werden. Er ist gegen die Körperschaft zu richten, welche die Rechtsvorschrift erlassen hat. Das Landessozialgericht kann der obersten Landesbehörde oder der von ihr bestimmten Stelle Gelegenheit zur Äußerung binnen einer bestimmten Frist geben. § 75 Absatz 1 und 3 sowie Absatz 4 Satz 1 sind entsprechend anzuwenden.

(3) Das Landessozialgericht prüft die Vereinbarkeit der Rechtsvorschrift mit Landesrecht nicht, soweit gesetzlich vorgesehen ist, dass die Rechtsvorschrift ausschließlich durch das Verfassungsgericht eines Landes nachprüfbar ist.

(4) Ist ein Verfahren zur Überprüfung der Gültigkeit der Rechtsvorschrift bei einem Verfassungsgericht anhängig, so kann das Landessozialgericht anordnen, dass die Verhandlung bis zur Erledigung des Verfahrens vor dem Verfassungsgericht auszusetzen ist.

(5) Das Landessozialgericht entscheidet durch Urteil oder, wenn es eine mündliche Verhandlung nicht für erforderlich hält, durch Beschluss. Kommt das Landessozialgericht zu der Überzeugung, dass die Rechtsvorschrift ungültig ist, so erklärt es sie für unwirksam; in diesem Fall ist die Entscheidung allgemein verbindlich und die Entscheidungsformel vom Antragsgegner oder der Antragsgegnerin ebenso zu veröffentlichen wie die Rechtsvorschrift bekannt zu machen wäre. Für die Wirkung der Entscheidung gilt § 183 der Verwaltungsgerichtsordnung entsprechend.

(6) Das Landessozialgericht kann auf Antrag eine einstweilige Anordnung erlassen, wenn dies zur Abwehr schwerer Nachteile oder aus anderen wichtigen Gründen dringend geboten ist.

§ 56 (Zulässigkeit der Klagehäufung)

Mehrere Klagebegehren können vom Kläger in einer Klage zusammen verfolgt werden, wenn sie sich gegen denselben Beklagten richten, im Zusammenhang stehen und dasselbe Gericht zuständig ist.

§ 56a (Rechtsbehelfe gegen behördliche Verfahrenshandlungen)

Rechtsbehelfe gegen behördliche Verfahrenshandlungen können nur gleichzeitig mit den gegen die Sachentscheidung zulässigen Rechtsbehelfen geltend gemacht werden. Dies gilt nicht, wenn behördliche Verfahrenshandlungen vollstreckt werden können oder gegen einen Nichtbeteiligten ergehen.

§ 57 (Örtliche Zuständigkeit)

(1) Örtlich zuständig ist das Sozialgericht, in dessen Bezirk der Kläger zur Zeit der Klageerhebung seinen Sitz oder Wohnsitz oder in Ermangelung dessen seinen Aufenthaltsort hat; steht er in einem Beschäftigungsverhältnis, so kann er auch vor dem für den Beschäftigungsort zuständigen Sozialgericht klagen. Klagt eine Körperschaft oder Anstalt des öffentlichen Rechts, in Angelegenheiten nach dem Elften Buch Sozialgesetzbuch ein Unternehmen der privaten Pflegeversicherung oder in Angelegenheiten des sozialen Entschädigungsrechts oder des Schwerbehindertenrechts ein Land, so ist der Sitz oder Wohnsitz oder Aufenthaltsort des Beklagten maßgebend, wenn dieser eine natürliche Person oder eine juristische Person des Privatrechts ist.

(2) Ist die erstmalige Bewilligung einer Hinterbliebenenrente streitig, so ist der Wohnsitz oder in Ermangelung dessen der Aufenthaltsort der Witwe oder des Witwers maßgebend. Ist eine Witwe oder ein Witwer nicht vorhanden, so ist das Sozialgericht örtlich zuständig, in dessen Bezirk die jüngste Waise im Inland ihren Wohnsitz oder in Ermangelung dessen ihren Aufenthaltsort hat; sind nur Eltern oder Großeltern vorhanden, so ist das Sozialgericht örtlich zuständig, in dessen Bezirk die Eltern oder Großeltern ihren Wohnsitz oder in Ermangelung dessen ihren Aufenthaltsort haben. Bei verschiedenem Wohnsitz oder Aufenthaltsort der Eltern- oder Großelternteile gilt der im Inland gelegene Wohnsitz oder Aufenthaltsort des anspruchsberechtigten Ehemannes oder geschiedenen Mannes.

(3) Hat der Kläger seinen Sitz oder Wohnsitz oder Aufenthaltsort im Ausland, so ist örtlich zuständig das Sozialgericht, in dessen Bezirk der Beklagte seinen Sitz oder Wohnsitz oder in Ermangelung dessen seinen Aufenthaltsort hat.

(4) In Angelegenheiten des § 51 Abs. 1 Nr. 2, die auf Bundesebene festgesetzte Festbeträge betreffen, ist das Sozialgericht örtlich zuständig, in dessen Bezirk die Bundesregierung ihren Sitz hat, in Angelegenheiten, die auf Landesebene festgesetzte Festbeträge betreffen, das Sozialgericht, in dessen Bezirk die Landesregierung ihren Sitz hat.

(5) In Angelegenheiten nach § 130a Absatz 4 und 9 des Fünften Buches Sozialgesetzbuch ist das Sozial-

gericht örtlich zuständig, in dessen Bezirk die zur Entscheidung berufene Behörde ihren Sitz hat.

(6) Für Antragsverfahren nach § 55a ist das Landessozialgericht örtlich zuständig, in dessen Bezirk die Körperschaft, die die Rechtsvorschrift erlassen hat, ihren Sitz hat.

(7) In Angelegenheiten nach § 7a des Vierten Buches Sozialgesetzbuch ist das Sozialgericht örtlich zuständig, in dessen Bezirk der Auftraggeber seinen Sitz oder in Ermangelung dessen seinen Wohnsitz hat. Hat dieser seinen Sitz oder in Ermangelung dessen seinen Wohnsitz im Ausland, ist das Sozialgericht örtlich zuständig, in dessen Bezirk der Auftragnehmer seinen Wohnsitz oder in Ermangelung dessen seinen Aufenthaltsort hat.

§ 57a (Örtliche Zuständigkeit im Kassenarztrecht)

(1) In Vertragsarztangelegenheiten der gesetzlichen Krankenversicherung ist, wenn es sich um Fragen der Zulassung oder Ermächtigung nach Vertragsarztrecht handelt, das Sozialgericht zuständig, in dessen Bezirk der Vertragsarzt, der Vertragszahnarzt oder der Psychotherapeut seinen Sitz hat.

(2) In anderen Vertragsarztangelegenheiten der gesetzlichen Krankenversicherung ist das Sozialgericht zuständig, in dessen Bezirk die Kassenärztliche Vereinigung oder die Kassenzahnärztliche Vereinigung ihren Sitz hat.

(3) Sind Entscheidungen oder Verträge auf Landesebene Streitgegenstand des Verfahrens, ist – soweit das Landesrecht nichts Abweichendes bestimmt – das Sozialgericht zuständig, in dessen Bezirk die Landesregierung ihren Sitz hat.

(4) Sind Entscheidungen oder Verträge auf Bundesebene Streitgegenstand des Verfahrens, ist das Sozialgericht zuständig, in dessen Bezirk die Kassenärztliche Bundesvereinigung oder die Kassenzahnärztliche Bundesvereinigung ihren Sitz hat.

§ 57b (Örtliche Zuständigkeit bei Wahlstreitigkeiten)

In Angelegenheiten, die die Wahlen zu den Selbstverwaltungsorganen der Sozialversicherungsträger und ihrer Verbände oder die Ergänzung der Selbstverwaltungsorgane betreffen, ist das Sozialgericht zuständig, in dessen Bezirk der Versicherungsträger oder der Verband den Sitz hat.

§ 58 (Bestimmung der Zuständigkeit durch das höhere Gericht)

(1) Das zuständige Gericht innerhalb der Sozialgerichtsbarkeit wird durch das gemeinsam nächsthöhere Gericht bestimmt,

1. wenn das an sich zuständige Gericht in einem einzelnen Falle an der Ausübung der Gerichtsbarkeit rechtlich oder tatsächlich verhindert ist,
2. wenn mit Rücksicht auf die Grenzen verschiedener Gerichtsbezirke ungewiß ist, welches Gericht für den Rechtsstreit zuständig ist,
3. wenn in einem Rechtsstreit verschiedene Gerichte sich rechtskräftig für zuständig erklärt haben,
4. wenn verschiedene Gerichte, von denen eines für den Rechtsstreit zuständig ist, sich rechtskräftig für unzuständig erklärt haben,
5. wenn eine örtliche Zuständigkeit weder nach den §§ 57 bis 57b noch nach einer anderen gesetzlichen Zuständigkeitsbestimmung gegeben ist.

(2) Zur Feststellung der Zuständigkeit kann jedes mit dem Rechtsstreit befaßte Gericht und jeder am Rechtsstreit Beteiligte das im Rechtszug höhere Gericht anrufen, das ohne mündliche Verhandlung entscheiden kann.

§ 59 (Unzulässigkeit von Zuständigkeitsvereinbarungen)

Vereinbarungen der Beteiligten über die Zuständigkeit haben keine rechtliche Wirkung. Eine Zuständigkeit wird auch nicht dadurch begründet, daß die Unzuständigkeit des Gerichts nicht geltend gemacht wird.

Zweiter Teil
Verfahren

Erster Abschnitt
Gemeinsame Verfahrensvorschriften

Erster Unterabschnitt
Allgemeine Vorschriften

§ 60 (Ausschließung und Ablehnung von Gerichtspersonen)

(1) Für die Ausschließung und Ablehnung der Gerichtspersonen gelten die §§ 41 bis 46 Absatz 1 und die §§ 47 bis 49 der Zivilprozeßordnung entsprechend.

(2) Von der Ausübung des Amtes als Richter ist auch ausgeschlossen, wer bei dem vorausgegangenen Verwaltungsverfahren mitgewirkt hat.

(3) Die Besorgnis der Befangenheit nach § 42 der Zivilprozeßordnung gilt stets als begründet, wenn der Richter dem Vorstand einer Körperschaft oder Anstalt des öffentlichen Rechts angehört, deren Interessen durch das Verfahren unmittelbar berührt werden.

§ 61 (Grundsätzliche Verfahrensvorschriften)

(1) Für die Öffentlichkeit, Sitzungspolizei und Gerichtssprache gelten die §§ 169, 171b bis 191a des Gerichtsverfassungsgesetzes entsprechend.

(2) Für die Beratung und Abstimmung gelten die §§ 192 bis 197 des Gerichtsverfassungsgesetzes entsprechend.

§ 62 (Gewährung des rechtlichen Gehörs)

Vor jeder Entscheidung ist den Beteiligten rechtliches Gehör zu gewähren; die Anhörung kann schriftlich oder elektronisch geschehen.

§ 63 (Zustellungen)

(1) Anordnungen und Entscheidungen, durch die eine Frist in Lauf gesetzt wird, sind den Beteiligten zuzustellen, bei Verkündung jedoch nur, wenn es ausdrücklich vorgeschrieben ist. Terminbestimmungen und Ladungen sind bekannt zu geben.

(2) Zugestellt wird von Amts wegen nach den Vorschriften der Zivilprozessordnung. Die §§ 173, 175 und 178 Abs. 1 Nr. 2 der Zivilprozessordnung sind entsprechend anzuwenden auf die nach § 73 Abs. 2 Satz 2 Nr. 3 bis 9 zur Prozessvertretung zugelassenen Personen.

(3) Wer nicht im Inland wohnt, hat auf Verlangen einen Zustellungsbevollmächtigten zu bestellen.

§ 64 (Fristenlauf)

(1) Der Lauf einer Frist beginnt, soweit nichts anderes bestimmt ist, mit dem Tage nach der Zustellung oder, wenn diese nicht vorgeschrieben ist, mit dem Tage nach der Eröffnung oder Verkündung.

(2) Eine nach Tagen bestimmte Frist endet mit dem Ablauf ihres letzten Tages, eine nach Wochen oder Monaten bestimmte Frist mit dem Ablauf desjenigen Tages der letzten Woche oder des letzten Monats, welcher nach Benennung oder Zahl dem Tage entspricht, in den das Ereignis oder der Zeitpunkt fällt. Fehlt dem letzten Monat der entsprechende Tag, so endet die Frist mit dem Monat.

(3) Fällt das Ende einer Frist auf einen Sonntag, einen gesetzlichen Feiertag oder einen Sonnabend, so endet die Frist mit Ablauf des nächsten Werktages.

§ 65 (Richterliche Fristen)

Auf Antrag kann der Vorsitzende richterliche Fristen abkürzen oder verlängern. Im Falle der Verlängerung wird die Frist von dem Ablauf der vorigen Frist an berechnet.

§ 65a (Übermittlung elektronischer Dokumente)

(1) Vorbereitende Schriftsätze und deren Anlagen, schriftlich einzureichende Anträge und Erklärungen der Beteiligten sowie schriftlich einzureichende Auskünfte, Aussagen, Gutachten, Übersetzungen und Erklärungen Dritter können nach Maßgabe der Absätze 2 bis 6 als elektronische Dokumente bei Gericht eingereicht werden.

(2) Das elektronische Dokument muss für die Bearbeitung durch das Gericht geeignet sein. Die Bundesregierung bestimmt durch Rechtsverordnung mit Zustimmung des Bundesrates technische Rahmenbedingungen für die Übermittlung und die Eignung zur Bearbeitung durch das Gericht.

(3) Das elektronische Dokument muss mit einer qualifizierten elektronischen Signatur der verantwortenden Person versehen sein oder von der verantwortenden Person signiert und auf einem sicheren Übermittlungsweg eingereicht werden. Satz 1 gilt nicht für Anlagen, die vorbereitenden Schriftsätzen beigefügt sind.

(4) Sichere Übermittlungswege sind

1. der Postfach- und Versanddienst eines De-Mail-Kontos, wenn der Absender bei Versand der Nachricht sicher im Sinne des § 4 Absatz 1 Satz 2 des De-Mail-Gesetzes angemeldet ist und er sich die sichere Anmeldung gemäß § 5 Absatz 5 des De-Mail-Gesetzes bestätigen lässt,
2. der Übermittlungsweg zwischen den besonderen elektronischen Anwaltspostfächern nach den §§ 31a und 31b der Bundesrechtsanwaltsordnung oder einem entsprechenden, auf gesetzlicher Grundlage errichteten elektronischen Postfach und der elektronischen Poststelle des Gerichts,

3. der Übermittlungsweg zwischen einem nach Durchführung eines Identifizierungsverfahrens eingerichteten Postfach einer Behörde oder einer juristischen Person des öffentlichen Rechts und der elektronischen Poststelle des Gerichts,
4. der Übermittlungsweg zwischen einem nach Durchführung eines Identifizierungsverfahrens eingerichteten elektronischen Postfach einer natürlichen oder juristischen Person oder einer sonstigen Vereinigung und der elektronischen Poststelle des Gerichts,
5. der Übermittlungsweg zwischen einem nach Durchführung eines Identifizierungsverfahrens genutzten Postfach- und Versanddienst eines Nutzerkontos im Sinne des § 2 Absatz 5 des Onlinezugangsgesetzes und der elektronischen Poststelle des Gerichts,
6. sonstige bundeseinheitliche Übermittlungswege, die durch Rechtsverordnung der Bundesregierung mit Zustimmung des Bundesrates festgelegt werden, bei denen die Authentizität und Integrität der Daten sowie die Barrierefreiheit gewährleistet sind.

Das Nähere zu den Übermittlungswegen gemäß Satz 1 Nummer 3 bis 5 regelt die Rechtsverordnung nach Absatz 2 Satz 2.

(5) Ein elektronisches Dokument ist eingegangen, sobald es auf der für den Empfang bestimmten Einrichtung des Gerichts gespeichert ist. Dem Absender ist eine automatisierte Bestätigung über den Zeitpunkt des Eingangs zu erteilen. Die Vorschriften dieses Gesetzes über die Beifügung von Abschriften für die übrigen Beteiligten finden keine Anwendung.

(6) Ist ein elektronisches Dokument für das Gericht zur Bearbeitung nicht geeignet, ist dies dem Absender unter Hinweis auf die Unwirksamkeit des Eingangs unverzüglich mitzuteilen. Das Dokument gilt als zum Zeitpunkt der früheren Einreichung eingegangen, sofern der Absender es unverzüglich in einer für das Gericht zur Bearbeitung geeigneten Form nachreicht und glaubhaft macht, dass es mit dem zuerst eingereichten Dokument inhaltlich übereinstimmt.

(7) Soweit eine handschriftliche Unterzeichnung durch den Richter oder den Urkundsbeamten der Geschäftsstelle vorgeschrieben ist, genügt dieser Form die Aufzeichnung als elektronisches Dokument, wenn die verantwortenden Personen am Ende des Dokuments ihren Namen hinzufügen und das Dokument mit einer qualifizierten elektronischen Signatur nach § 2 Nr. 3 des Signaturgesetzes versehen. Der in Satz 1 genannten Form genügt auch ein elektronisches Dokument, in welches das handschriftlich unterzeichnete Schriftstück gemäß § 65b Absatz 6 Satz 4 übertragen worden ist.

§ 65b (Elektronische Prozessakten)

(1) Die Prozessakten können elektronisch geführt werden. Die Bundesregierung und die Landesregierungen bestimmen jeweils für ihren Bereich durch Rechtsverordnung den Zeitpunkt, von dem an die Prozessakten elektronisch geführt werden. In der Rechtsverordnung sind die organisatorisch-technischen Rahmenbedingungen für die Bildung, Führung und Verwahrung der elektronischen Akten festzulegen. Die Landesregierungen können die Ermächtigung auf die für die Sozialgerichtsbarkeit zuständigen obersten Landesbehörden übertragen. Die Zulassung der elektronischen Akte kann auf einzelne Gerichte oder Verfahren beschränkt werden;wird von dieser Möglichkeit Gebrauch gemacht, kann in der Rechtsverordnung bestimmt werden, dass durch Verwaltungsvorschrift, die öffentlich bekanntzumachen ist, geregelt wird, in welchen Verfahren die Prozessakten elektronisch zu führen sind. Die Rechtsverordnung der Bundesregierung bedarf nicht der Zustimmung des Bundesrates.

(1a) Die Prozessakten werden ab dem 1. Januar 2026 elektronisch geführt. Die Bundesregierung und die Landesregierungen bestimmen jeweils für ihren Bereich durch Rechtsverordnung die organisatorischen und dem Stand der Technik entsprechenden technischen Rahmenbedingungen für die Bildung, Führung und Verwahrung der elektronischen Akten einschließlich der einzuhaltenden Anforderungen der Barrierefreiheit. Die Bundesregierung und die Landesregierungen können jeweils für ihren Bereich durch Rechtsverordnung bestimmen, dass Akten, die in Papierform angelegt wurden, in Papierform weitergeführt werden. Die Landesregierungen können die Ermächtigungen nach den Sätzen 2 und 3 auf die für die Sozialgerichtsbarkeit zuständigen obersten Landesbehörden übertragen. Die Rechtsverordnungen der Bundesregierung bedürfen nicht der Zustimmung des Bundesrates.

(2) Werden die Akten in Papierform geführt, ist von einem elektronischen Dokument ein Ausdruck für

die Akten zu fertigen. Kann dies bei Anlagen zu vorbereitenden Schriftsätzen nicht oder nur mit unverhältnismäßigem Aufwand erfolgen, so kann ein Ausdruck unterbleiben. Die Daten sind in diesem Fall dauerhaft zu speichern; der Speicherort ist aktenkundig zu machen.

(3) Wird das elektronische Dokument auf einem sicheren Übermittlungsweg eingereicht, so ist dies aktenkundig zu machen.

(4) Ist das elektronische Dokument mit einer qualifizierten elektronischen Signatur versehen und nicht auf einem sicheren Übermittlungsweg eingereicht, muss der Ausdruck einen Vermerk darüber enthalten,

1. welches Ergebnis die Integritätsprüfung des Dokumentes ausweist,
2. wen die Signaturprüfung als Inhaber der Signatur ausweist,
3. welchen Zeitpunkt die Signaturprüfung für die Anbringung der Signatur ausweist.

(5) Ein eingereichtes elektronisches Dokument kann im Falle von Absatz 2 nach Ablauf von sechs Monaten gelöscht werden.

(6) Werden die Prozessakten elektronisch geführt, sind in Papierform vorliegende Schriftstücke und sonstige Unterlagen nach dem Stand der Technik zur Ersetzung der Urschrift in ein elektronisches Dokument zu übertragen. Es ist sicherzustellen, dass das elektronische Dokument mit den vorliegenden Schriftstücken und sonstigen Unterlagen bildlich und inhaltlich übereinstimmt. Das elektronische Dokument ist mit einem Übertragungsnachweis zu versehen, der das bei der Übertragung angewandte Verfahren und die bildliche und inhaltliche Übereinstimmung dokumentiert. Wird ein von den verantwortenden Personen handschriftlich unterzeichnetes gerichtliches Schriftstück übertragen, ist der Übertragungsnachweis mit einer qualifizierten elektronischen Signatur des Urkundsbeamten der Geschäftsstelle zu versehen. Die in Papierform vorliegenden Schriftstücke und sonstigen Unterlagen können sechs Monate nach der Übertragung vernichtet werden, sofern sie nicht rückgabepflichtig sind.

§ 65c Formulare; Verordnungsermächtigung

Das Bundesministerium für Arbeit und Soziales kann durch Rechtsverordnung mit Zustimmung des Bundesrates elektronische Formulare einführen. Die Rechtsverordnung kann bestimmen, dass die in den Formularen enthaltenen Angaben ganz oder teilweise in strukturierter maschinenlesbarer Form zu übermitteln sind. Die Formulare sind auf einer in der Rechtsverordnung zu bestimmenden Kommunikationsplattform im Internet zur Nutzung bereitzustellen. Die Rechtsverordnung kann bestimmen, dass eine Identifikation des Formularverwenders abweichend von § 65a Absatz 3 auch durch Nutzung des elektronischen Identitätsnachweises nach § 18 des Personalausweisgesetzes, § 12 des eID-Karte-Gesetzes oder § 78 Absatz 5 des Aufenthaltsgesetzes erfolgen kann.

§ 65d Nutzungspflicht für Rechtsanwälte, Behörden und vertretungsberechtigte Personen

Vorbereitende Schriftsätze und deren Anlagen sowie schriftlich einzureichende Anträge und Erklärungen, die durch einen Rechtsanwalt, durch eine Behörde oder durch eine juristische Person des öffentlichen Rechts einschließlich der von ihr zur Erfüllung ihrer öffentlichen Aufgaben gebildeten Zusammenschlüsse eingereicht werden, sind als elektronisches Dokument zu übermitteln. Gleiches gilt für die nach diesem Gesetz vertretungsberechtigten Personen, für die ein sicherer Übermittlungsweg nach § 65a Absatz 4 Satz 1 Nummer 2 zur Verfügung steht. Ist eine Übermittlung aus technischen Gründen vorübergehend nicht möglich, bleibt die Übermittlung nach den allgemeinen Vorschriften zulässig. Die vorübergehende Unmöglichkeit ist bei der Ersatzeinreichung oder unverzüglich danach glaubhaft zu machen; auf Anforderung ist ein elektronisches Dokument nachzureichen.

§ 66 (Rechtsbehelfsbelehrung und Fristen)

(1) Die Frist für ein Rechtsmittel oder einen anderen Rechtsbehelf beginnt nur dann zu laufen, wenn der Beteiligte über den Rechtsbehelf, die Verwaltungsstelle oder das Gericht, bei denen der Rechtsbehelf anzubringen ist, den Sitz und die einzuhaltende Frist schriftlich oder elektronisch belehrt worden ist.

(2) Ist die Belehrung unterblieben oder unrichtig erteilt, so ist die Einlegung des Rechtsbehelfs nur innerhalb eines Jahres seit Zustellung, Eröffnung oder Verkündung zulässig, außer wenn die Einlegung vor Ablauf der Jahresfrist infolge höherer Gewalt unmöglich war oder eine schriftliche oder elektronische

Belehrung dahin erfolgt ist, daß ein Rechtsbehelf nicht gegeben sei. § 67 Abs. 2 gilt für den Fall höherer Gewalt entsprechend.

§ 67 (Unverschuldete Fristversäumnis)

(1) Wenn jemand ohne Verschulden verhindert war, eine gesetzliche Verfahrensfrist einzuhalten, so ist ihm auf Antrag Wiedereinsetzung in den vorigen Stand zu gewähren.

(2) Der Antrag ist binnen eines Monats nach Wegfall des Hindernisses zu stellen. Die Tatsachen zur Begründung des Antrages sollen glaubhaft gemacht werden. Innerhalb der Antragsfrist ist die versäumte Rechtshandlung nachzuholen. Ist dies geschehen, so kann die Wiedereinsetzung auch ohne Antrag gewährt werden.

(3) Nach einem Jahr seit dem Ende der versäumten Frist ist der Antrag unzulässig, außer wenn der Antrag vor Ablauf der Jahresfrist infolge höherer Gewalt unmöglich war.

(4) Über den Wiedereinsetzungsantrag entscheidet das Gericht, das über die versäumte Rechtshandlung zu befinden hat. Der Beschluß, der die Wiedereinsetzung bewilligt, ist unanfechtbar.

§ 68 (weggefallen)

§ 69 (Verfahrensbeteiligte)

Beteiligte am Verfahren sind

1. der Kläger,
2. der Beklagte,
3. der Beigeladene.

§ 70 (Beteiligungsfähigkeit)

Fähig, am Verfahren beteiligt zu sein, sind

1. natürliche und juristische Personen,
2. nichtrechtsfähige Personenvereinigungen,
3. Behörden, sofern das Landesrecht dies bestimmt,
4. gemeinsame Entscheidungsgremien von Leistungserbringern und Krankenkassen oder Pflegekassen.

§ 71 (Prozeßfähigkeit)

(1) Ein Beteiligter ist prozeßfähig, soweit er sich durch Verträge verpflichten kann.

(2) Minderjährige sind in eigener Sache prozeßfähig, soweit sie durch Vorschriften des bürgerlichen oder öffentlichen Rechts für den Gegenstand des Verfahrens als geschäftsfähig anerkannt sind. Zur Zurücknahme eines Rechtsbehelfs bedürfen sie der Zustimmung des gesetzlichen Vertreters.

(3) Für rechtsfähige und nichtrechtsfähige Personenvereinigungen sowie für Behörden handeln ihre gesetzlichen Vertreter und Vorstände.

(4) Für Entscheidungsgremien im Sinne von § 70 Nr. 4 handelt der Vorsitzende.

(5) In Angelegenheiten des sozialen Entschädigungsrechts und des Schwerbehindertenrechts wird das Land durch das Landesversorgungsamt oder nach Maßgabe des Landesrechts durch die Stelle vertreten, der dessen Aufgaben übertragen worden sind oder die für die Durchführung des Bundesversorgungsgesetzes oder des Rechts der Teilhabe behinderter Menschen zuständig ist.

(6) Die §§ 53 bis 56 der Zivilprozeßordnung gelten entsprechend.

§ 72 (Bestellung eines besonderen Vertreters)

(1) Für einen nicht prozeßfähigen Beteiligten ohne gesetzlichen Vertreter kann der Vorsitzende bis zum Eintritt eines Vormundes, Betreuers oder Pflegers für das Verfahren einen besonderen Vertreter bestellen, dem alle Rechte, außer dem Empfang von Zahlungen, zustehen.

(2) Die Bestellung eines besonderen Vertreters ist mit Zustimmung des Beteiligten oder seines gesetzlichen Vertreters auch zulässig, wenn der Aufenthaltsort eines Beteiligten oder seines gesetzlichen Vertreters vom Sitz des Gerichts weit entfernt ist.

§ 73 (Prozessvertreter)

(1) Die Beteiligten können vor dem Sozialgericht und dem Landessozialgericht den Rechtsstreit selbst führen.

(2) Die Beteiligten können sich durch einen Rechtsanwalt oder einen Rechtslehrer an einer staatlichen oder staatlich anerkannten Hochschule eines Mitgliedstaates der Europäischen Union, eines anderen Vertragsstaates des Abkommens über den Europäischen Wirtschaftsraum oder der Schweiz, der die Befähigung zum Richteramt besitzt, als Bevollmächtigten vertreten lassen. Darüber hinaus sind als Bevollmächtigte vor dem Sozialgericht und dem Landessozialgericht vertretungsbefugt nur

1. Beschäftigte des Beteiligten oder eines mit ihm verbundenen Unternehmens (§ 15 des Aktiengesetzes); Behörden und juristische Personen des

öffentlichen Rechts einschließlich der von ihnen zur Erfüllung ihrer öffentlichen Aufgaben gebildeten Zusammenschlüsse können sich auch durch Beschäftigte anderer Behörden oder juristischer Personen des öffentlichen Rechts einschließlich der von ihnen zur Erfüllung ihrer öffentlichen Aufgaben gebildeten Zusammenschlüsse vertreten lassen,

2. volljährige Familienangehörige (§ 15 der Abgabenordnung, § 11 des Lebenspartnerschaftsgesetzes), Personen mit Befähigung zum Richteramt und Streitgenossen, wenn die Vertretung nicht im Zusammenhang mit einer entgeltlichen Tätigkeit steht,
3. Rentenberater im Umfang ihrer Befugnisse nach § 10 Absatz 1 Satz 1 Nummer 2, auch in Verbindung mit Satz 2, des Rechtsdienstleistungsgesetzes,
4. Steuerberater, Steuerbevollmächtigte, Wirtschaftsprüfer und vereidigte Buchprüfer, Personen und Vereinigungen im Sinn des § 3a des Steuerberatungsgesetzes, zu beschränkter geschäftsmäßiger Hilfeleistung in Steuersachen nach den §§ 3d und 3e des Steuerberatungsgesetzes berechtigte Personen im Rahmen dieser Befugnisse sowie Gesellschaften im Sinn des § 3 Nr. 2 und 3 des Steuerberatungsgesetzes, die durch Personen im Sinn des § 3 Nr. 1 des Steuerberatungsgesetzes handeln, in Angelegenheiten nach den §§ 28h und 28p des Vierten Buches Sozialgesetzbuch,
5. selbständige Vereinigungen von Arbeitnehmern mit sozial- oder berufspolitischer Zwecksetzung für ihre Mitglieder,
6. berufsständische Vereinigungen der Landwirtschaft für ihre Mitglieder,
7. Gewerkschaften und Vereinigungen von Arbeitgebern sowie Zusammenschlüsse solcher Verbände für ihre Mitglieder oder für andere Verbände oder Zusammenschlüsse mit vergleichbarer Ausrichtung und deren Mitglieder,
8. Vereinigungen, deren satzungsgemäße Aufgaben die gemeinschaftliche Interessenvertretung, die Beratung und Vertretung der Leistungsempfänger nach dem sozialen Entschädigungsrecht oder der behinderten Menschen wesentlich umfassen und die unter Berücksichtigung von Art und Umfang ihrer Tätigkeit sowie ihres Mitgliederkreises die Gewähr für eine sachkundige Prozessvertretung bieten, für ihre Mitglieder,
9. juristische Personen, deren Anteile sämtlich im wirtschaftlichen Eigentum einer der in den Nummern 5 bis 8 bezeichneten Organisationen stehen, wenn die juristische Person ausschließlich die Rechtsberatung und Prozessvertretung dieser Organisation und ihrer Mitglieder oder anderer Verbände oder Zusammenschlüsse mit vergleichbarer Ausrichtung und deren Mitglieder entsprechend deren Satzung durchführt, und wenn die Organisation für die Tätigkeit der Bevollmächtigten haftet.

Bevollmächtigte, die keine natürlichen Personen sind, handeln durch ihre Organe und mit der Prozessvertretung beauftragten Vertreter. § 157 der Zivilprozessordnung gilt entsprechend.

(3) Das Gericht weist Bevollmächtigte, die nicht nach Maßgabe des Absatzes 2 vertretungsbefugt sind, durch unanfechtbaren Beschluss zurück. Prozesshandlungen eines nicht vertretungsbefugten Bevollmächtigten und Zustellungen oder Mitteilungen an diesen Bevollmächtigten sind bis zu seiner Zurückweisung wirksam. Das Gericht kann den in Absatz 2 Satz 2 Nr. 1 und 2 bezeichneten Bevollmächtigten durch unanfechtbaren Beschluss die weitere Vertretung untersagen, wenn sie nicht in der Lage sind, das Sach- und Streitverhältnis sachgerecht darzustellen. Satz 3 gilt nicht für Beschäftigte eines Sozialleistungsträgers oder eines Spitzenverbandes der Sozialversicherung.

(4) Vor dem Bundessozialgericht müssen sich die Beteiligten, außer im Prozesskostenhilfeverfahren, durch Prozessbevollmächtigte vertreten lassen. Als Bevollmächtigte sind außer den in Absatz 2 Satz 1 bezeichneten Personen nur die in Absatz 2 Satz 2 Nr. 5 bis 9 bezeichneten Organisationen zugelassen. Diese müssen durch Personen mit Befähigung zum Richteramt handeln. Behörden und juristische Personen des öffentlichen Rechts einschließlich der von ihnen zur Erfüllung ihrer öffentlichen Aufgaben gebildeten Zusammenschlüsse sowie private Pflegeversicherungsunternehmen können sich durch eigene Beschäftigte mit Befähigung zum Richteramt oder durch Beschäftigte mit Befähigung zum Richteramt anderer Behörden oder juristischer Personen des öffentlichen Rechts einschließlich der von ihnen zur Erfüllung ihrer öffentlichen Aufgaben gebildeten Zusammenschlüsse vertreten lassen. Ein Beteiligter,

der nach Maßgabe des Satzes 2 zur Vertretung berechtigt ist, kann sich selbst vertreten; Satz 3 bleibt unberührt.

(5) Richter dürfen nicht als Bevollmächtigte vor dem Gericht auftreten, dem sie angehören. Ehrenamtliche Richter dürfen, außer in den Fällen des Absatzes 2 Satz 2 Nr. 1, nicht vor einem Spruchkörper auftreten, dem sie angehören. Absatz 3 Satz 1 und 2 gilt entsprechend.

(6) Die Vollmacht ist schriftlich zu den Gerichtsakten einzureichen. Sie kann nachgereicht werden; hierfür kann das Gericht eine Frist bestimmen. Bei Ehegatten oder Lebenspartnern und Verwandten in gerader Linie kann unterstellt werden, dass sie bevollmächtigt sind. Der Mangel der Vollmacht kann in jeder Lage des Verfahrens geltend gemacht werden. Das Gericht hat den Mangel der Vollmacht von Amts wegen zu berücksichtigen, wenn nicht als Bevollmächtigter ein Rechtsanwalt auftritt. Ist ein Bevollmächtigter bestellt, sind die Zustellungen oder Mitteilungen des Gerichts an ihn zu richten. Im Übrigen gelten die §§ 81, 83 bis 86 der Zivilprozessordnung entsprechend.

(7) In der Verhandlung können die Beteiligten mit Beiständen erscheinen. Beistand kann sein, wer in Verfahren, in denen die Beteiligten den Rechtsstreit selbst führen können, als Bevollmächtigter zur Vertretung in der Verhandlung befugt ist. Das Gericht kann andere Personen als Beistand zulassen, wenn dies sachdienlich ist und hierfür nach den Umständen des Einzelfalls ein Bedürfnis besteht. Absatz 3 Satz 1 und 3 und Absatz 5 gelten entsprechend. Das von dem Beistand Vorgetragene gilt als von dem Beteiligten vorgebracht, soweit es nicht von diesem sofort widerrufen oder berichtigt wird.

§ 73a (Prozesskostenhilfe)

(1) Die Vorschriften der Zivilprozeßordnung über die Prozeßkostenhilfe mit Ausnahme des § 127 Absatz 2 Satz 2 der Zivilprozeßordnung gelten entsprechend. Macht der Beteiligte, dem Prozeßkostenhilfe bewilligt ist, von seinem Recht, einen Rechtsanwalt zu wählen, nicht Gebrauch, wird auf Antrag des Beteiligten der beizuordnende Rechtsanwalt vom Gericht ausgewählt. Einem Beteiligten, dem Prozesskostenhilfe bewilligt worden ist, kann auch ein Steuerberater, Steuerbevollmächtigter, Wirtschaftsprüfer, vereidigter Buchprüfer oder Rentenberater beigeordnet werden. Die Vergütung richtet sich nach den für den beigeordneten Rechtsanwalt geltenden Vorschriften des Rechtsanwaltsvergütungsgesetzes.

(2) Prozeßkostenhilfe wird nicht bewilligt, wenn der Beteiligte durch einen Bevollmächtigten im Sinne des § 73 Abs. 2 Satz 2 Nr. 5 bis 9 vertreten ist.

(3) § 109 Abs. 1 Satz 2 bleibt unberührt.

(4) Die Prüfung der persönlichen und wirtschaftlichen Verhältnisse nach den §§ 114 bis 116 der Zivilprozessordnung einschließlich der in § 118 Absatz 2 der Zivilprozessordnung bezeichneten Maßnahmen, der Beurkundung von Vergleichen nach § 118 Absatz 1 Satz 3 der Zivilprozessordnung und der Entscheidungen nach § 118 Absatz 2 Satz 4 der Zivilprozessordnung obliegt dem Urkundsbeamten der Geschäftsstelle des jeweiligen Rechtszugs, wenn der Vorsitzende ihm das Verfahren insoweit überträgt. Liegen die Voraussetzungen für die Bewilligung der Prozesskostenhilfe hiernach nicht vor, erlässt der Urkundsbeamte die den Antrag ablehnende Entscheidung; anderenfalls vermerkt der Urkundsbeamte in den Prozessakten, dass dem Antragsteller nach seinen persönlichen und wirtschaftlichen Verhältnissen Prozesskostenhilfe gewährt werden kann und in welcher Höhe gegebenenfalls Monatsraten oder Beträge aus dem Vermögen zu zahlen sind.

(5) Dem Urkundsbeamten obliegen im Verfahren über die Prozesskostenhilfe ferner die Bestimmung des Zeitpunkts für die Einstellung und eine Wiederaufnahme der Zahlungen nach § 120 Absatz 3 der Zivilprozessordnung sowie die Änderung und die Aufhebung der Bewilligung der Prozesskostenhilfe nach den §§ 120a und 124 Absatz 1 Nummer 2 bis 5 der Zivilprozessordnung.

(6) Der Vorsitzende kann Aufgaben nach den Absätzen 4 und 5 zu jedem Zeitpunkt an sich ziehen. § 5 Absatz 1 Nummer 1, die §§ 6, 7, 8 Absatz 1 bis 4 und § 9 des Rechtspflegergesetzes gelten entsprechend mit der Maßgabe, dass an die Stelle des Rechtspflegers der Urkundsbeamte der Geschäftsstelle tritt.

(7) § 155 Absatz 4 gilt entsprechend.

(8) Gegen Entscheidungen des Urkundsbeamten nach den Absätzen 4 und 5 kann binnen eines Monats nach Bekanntgabe das Gericht angerufen werden, das endgültig entscheidet.

(9) Durch Landesgesetz kann bestimmt werden, dass die Absätze 4 bis 8 für die Gerichte des jeweiligen Landes nicht anzuwenden sind.

§ 74 (Streitgenossenschaft und Hauptintervention)

Die §§ 59 bis 65 der Zivilprozeßordnung über die Streitgenossenschaft und die Hauptintervention gelten entsprechend.

§ 75 (Beiladung Dritter)

(1) Das Gericht kann von Amts wegen oder auf Antrag andere, deren berechtigte Interessen durch die Entscheidung berührt werden, beiladen. In Angelegenheiten des sozialen Entschädigungsrechts ist die Bundesrepublik Deutschland auf Antrag beizuladen.

(2) Sind an dem streitigen Rechtsverhältnis Dritte derart beteiligt, daß die Entscheidung auch ihnen gegenüber nur einheitlich ergehen kann, oder ergibt sich im Verfahren, daß bei der Ablehnung des Anspruchs ein anderer Versicherungsträger, ein Träger der Grundsicherung für Arbeitsuchende, ein Träger der Sozialhilfe einschließlich der Leistungen nach Teil 2 des Neunten Buches Sozialgesetzbuch, ein Träger der Leistungen nach dem Asylbewerberleistungsgesetz oder in Angelegenheiten des sozialen Entschädigungsrechts ein Land als leistungspflichtig in Betracht kommt, so sind sie beizuladen.

(2a) Kommt nach Absatz 2 erste Alternative die Beiladung von mehr als 20 Personen in Betracht, kann das Gericht durch Beschluss anordnen, dass nur solche Personen beigeladen werden, die dies innerhalb einer bestimmten Frist beantragen. Der Beschluss ist unanfechtbar. Er ist im Bundesanzeiger bekannt zu machen. Er muss außerdem in im gesamten Bundesgebiet verbreiteten Tageszeitungen veröffentlicht werden. Die Bekanntmachung kann zusätzlich in einem von dem Gericht für Bekanntmachungen bestimmten Informations- und Kommunikationssystem erfolgen. Die Frist muss mindestens drei Monate seit der Bekanntgabe betragen. Es ist jeweils anzugeben, an welchem Tag die Antragsfrist abläuft. Für die Wiedereinsetzung in den vorigen Stand wegen Fristversäumnis gilt § 67 entsprechend. Das Gericht soll Personen, die von der Entscheidung erkennbar in besonderem Maße betroffen werden, auch ohne Antrag beiladen.

(2b) In Verfahren gegen Entscheidungen nach § 7a Absatz 1 Satz 3, § 28h Absatz 2 und § 28p Absatz 1 Satz 5 des Vierten Buches Sozialgesetzbuch sind andere Versicherungsträger abweichend von Absatz 2 nur auf deren Antrag beizuladen. Das Gericht benachrichtigt die anderen Versicherungsträger über die Erhebung einer entsprechenden Klage und über die Möglichkeit der Beiladung auf Antrag. Das Gericht setzt den anderen Versicherungsträgern für die Antragstellung eine angemessene Frist. Für die Wiedereinsetzung in den vorigen Stand wegen Fristversäumnis gilt § 67 entsprechend. Das Gericht kann Versicherungsträger auch von Amts wegen beiladen.

(3) Der Beiladungsbeschluß ist allen Beteiligten zuzustellen. Dabei sollen der Stand der Sache und der Grund der Beiladung angegeben werden. Der Beschluß, den Dritten beizuladen, ist unanfechtbar.

(4) Der Beigeladene kann innerhalb der Anträge der anderen Beteiligten selbständig Angriffs- und Verteidigungsmittel geltend machen und alle Verfahrenshandlungen wirksam vornehmen. Abweichende Sachanträge kann er nur dann stellen, wenn eine Beiladung nach Absatz 2 vorliegt.

(5) Ein Versicherungsträger, ein Träger der Grundsicherung für Arbeitsuchende, ein Träger der Sozialhilfe einschließlich der Leistungen nach Teil 2 des Neunten Buches Sozialgesetzbuch, ein Träger der Leistungen nach dem Asylbewerberleistungsgesetz oder in Angelegenheiten des sozialen Entschädigungsrechts ein Land kann nach Beiladung verurteilt werden.

Zweiter Unterabschnitt
Beweissicherungsverfahren

§ 76 (Verfahren zur Sicherung von Beweisen)

(1) Auf Gesuch eines Beteiligten kann die Einnahme des Augenscheins und die Vernehmung von Zeugen und Sachverständigen zur Sicherung des Beweises angeordnet werden, wenn zu besorgen ist, daß das Beweismittel verlorengehe oder seine Benutzung erschwert werde, oder wenn der gegenwärtige Zustand einer Person oder einer Sache festgestellt werden soll und der Antragsteller ein berechtigtes Interesse an dieser Feststellung hat.

(2) Das Gesuch ist bei dem für die Hauptsache zuständigen Sozialgericht anzubringen. In Fällen dringender Gefahr kann das Gesuch bei einem anderen Sozialgericht oder einem Amtsgericht angebracht werden, in dessen Bezirk sich die zu vernehmenden Personen aufhalten oder sich der in Augenschein zu nehmende Gegenstand befindet.

(3) Für das Verfahren gelten die §§ 487, 490 bis 494 der Zivilprozeßordnung entsprechend.

XV

Dritter Unterabschnitt
Vorverfahren und einstweiliger Rechtsschutz

§ 77 (Bindungswirkung der Verwaltungsakte)

Wird der gegen einen Verwaltungsakt gegebene Rechtsbehelf nicht oder erfolglos eingelegt, so ist der Verwaltungsakt für die Beteiligten in der Sache bindend, soweit durch Gesetz nichts anderes bestimmt ist.

§ 78 (Notwendigkeit des Vorverfahrens)

(1) Vor Erhebung der Anfechtungsklage sind Rechtmäßigkeit und Zweckmäßigkeit des Verwaltungsaktes in einem Vorverfahren nachzuprüfen. Eines Vorverfahrens bedarf es nicht, wenn

1. ein Gesetz dies für besondere Fälle bestimmt oder
2. der Verwaltungsakt von einer obersten Bundesbehörde, einer obersten Landesbehörde oder von dem Vorstand der Bundesagentur für Arbeit erlassen worden ist, außer wenn ein Gesetz die Nachprüfung vorschreibt, oder
3. ein Land, ein Versicherungsträger oder einer seiner Verbände klagen will.

(2) (weggefallen)

(3) Für die Verpflichtungsklage gilt Absatz 1 entsprechend, wenn der Antrag auf Vornahme des Verwaltungsaktes abgelehnt worden ist.

§§ 79 bis 82 (weggefallen)

§ 83 (Einleitung des Vorverfahrens)

Das Vorverfahren beginnt mit der Erhebung des Widerspruchs.

§ 84 (Widerspruchsfrist)

(1) Der Widerspruch ist binnen eines Monats, nachdem der Verwaltungsakt dem Beschwerten bekanntgegeben worden ist, schriftlich, in elektronischer Form nach § 36a Absatz 2 des Ersten Buches Sozialgesetzbuch oder zur Niederschrift bei der Stelle einzureichen, die den Verwaltungsakt erlassen hat. Die Frist beträgt bei Bekanntgabe im Ausland drei Monate.

(2) Die Frist zur Erhebung des Widerspruchs gilt auch dann als gewahrt, wenn die Widerspruchsschrift bei einer anderen inländischen Behörde oder bei einem Versicherungsträger oder bei einer deutschen Konsularbehörde oder, soweit es sich um die Versicherung von Seeleuten handelt, auch bei einem deutschen Seemannsamt eingegangen ist. Die Widerspruchsschrift ist unverzüglich der zuständigen Behörde oder dem zuständigen Versicherungsträger zuzuleiten, der sie der für die Entscheidung zuständigen Stelle vorzulegen hat. Im übrigen gelten die §§ 66 und 67 entsprechend.

§ 84a (Vorverfahren)

Für das Vorverfahren gilt § 25 Abs. 4 des Zehnten Buches Sozialgesetzbuch nicht.

§ 85 (Abhilfe bzw. Widerspruchsbescheid)

(1) Wird der Widerspruch für begründet erachtet, so ist ihm abzuhelfen.

(2) Wird dem Widerspruch nicht abgeholfen, so erläßt den Widerspruchsbescheid

1. die nächsthöhere Behörde oder, wenn diese eine oberste Bundes- oder eine oberste Landesbehörde ist, die Behörde, die den Verwaltungsakt erlassen hat,
2. in Angelegenheiten der Sozialversicherung die von der Vertreterversammlung bestimmte Stelle,
3. in Angelegenheiten der Bundesagentur für Arbeit mit Ausnahme der Angelegenheiten nach dem Zweiten Buch Sozialgesetzbuch die von dem Vorstand bestimmte Stelle,
4. in Angelegenheiten der kommunalen Selbstverwaltung die Selbstverwaltungsbehörde, soweit nicht durch Gesetz anderes bestimmt wird.

Abweichend von Satz 1 Nr. 1 ist in Angelegenheiten nach dem Zweiten Buch Sozialgesetzbuch und, soweit Landesrecht nichts Abweichendes vorsieht, in Angelegenheiten nach dem Vierten Kapitel des Zwölften Buches Sozialgesetzbuch der zuständige Träger, der den dem Widerspruch zugrunde liegenden Verwaltungsakt erlassen hat, auch für die Entscheidung über den Widerspruch zuständig; § 44b Absatz 1 Satz 3 des Zweiten Buches Sozialgesetzbuch bleibt unberührt. Vorschriften, nach denen im Vorverfahren Ausschüsse oder Beiräte an die Stelle einer Behörde treten, bleiben unberührt. Die Ausschüsse oder Beiräte können abweichend von Satz 1 Nr. 1 auch bei der Behörde gebildet werden, die den Verwaltungsakt erlassen hat.

(3) Der Widerspruchsbescheid ist schriftlich zu erlassen, zu begründen und den Beteiligten bekanntzugeben. Nimmt die Behörde eine Zustellung vor, gelten die §§ 2 bis 10 des Verwaltungszustellungs-

gesetzes. § 5 Abs. 4 des Verwaltungszustellungsgesetzes und § 178 Abs. 1 Nr. 2 der Zivilprozessordnung sind auf die nach § 73 Abs. 2 Satz 2 Nr. 3 bis 9 als Bevollmächtigte zugelassenen Personen entsprechend anzuwenden. Die Beteiligten sind hierbei über die Zulässigkeit der Klage, die einzuhaltende Frist und den Sitz des zuständigen Gerichts zu belehren.

(4) Über ruhend gestellte Widersprüche kann durch eine öffentlich bekannt gegebene Allgemeinverfügung entschieden werden, wenn die den angefochtenen Verwaltungsakten zugrunde liegende Gesetzeslage durch eine Entscheidung des Bundesverfassungsgerichts bestätigt wurde, Widerspruchsbescheide gegenüber einer Vielzahl von Widerspruchsführern zur gleichen Zeit ergehen müssen und durch sie die Rechtsstellung der Betroffenen ausschließlich nach einem für alle identischen Maßstab verändert wird. Die öffentliche Bekanntgabe erfolgt durch Veröffentlichung der Entscheidung über den Internetauftritt der Behörde, im Bundesanzeiger und in mindestens drei überregional erscheinenden Tageszeitungen. Auf die öffentliche Bekanntgabe, den Ort ihrer Bekanntgabe sowie die Klagefrist des § 87 Abs. 1 Satz 3 ist bereits in der Ruhensmitteilung hinzuweisen.

§ 86 (Änderung des Verwaltungsakts; Suspensiveffekt des Widerspruchs)

Wird während des Vorverfahrens der Verwaltungsakt abgeändert, so wird auch der neue Verwaltungsakt Gegenstand des Vorverfahrens; er ist der Stelle, die über den Widerspruch entscheidet, unverzüglich mitzuteilen.

§ 86a (Aufschiebende Wirkung)

(1) Widerspruch und Anfechtungsklage haben aufschiebende Wirkung. Das gilt auch bei rechtsgestaltenden und feststellenden Verwaltungsakten sowie bei Verwaltungsakten mit Drittwirkung.

(2) Die aufschiebende Wirkung entfällt

1. bei der Entscheidung über Versicherungs-, Beitrags- und Umlagepflichten sowie der Anforderung von Beiträgen, Umlagen und sonstigen öffentlichen Abgaben einschließlich der darauf entfallenden Nebenkosten,
2. in Angelegenheiten des sozialen Entschädigungsrechts und der Bundesagentur für Arbeit bei Verwaltungsakten, die eine laufende Leistung entziehen oder herabsetzen,
3. für die Anfechtungsklage in Angelegenheiten der Sozialversicherung bei Verwaltungsakten, die eine laufende Leistung herabsetzen oder entziehen,
4. in anderen durch Bundesgesetz vorgeschriebenen Fällen,
5. in Fällen, in denen die sofortige Vollziehung im öffentlichen Interesse oder im überwiegenden Interesse eines Beteiligten ist und die Stelle, die den Verwaltungsakt erlassen oder über den Widerspruch zu entscheiden hat, die sofortige Vollziehung mit schriftlicher Begründung des besonderen Interesses an der sofortigen Vollziehung anordnet.

(3) In den Fällen des Absatzes 2 kann die Stelle, die den Verwaltungsakt erlassen oder die über den Widerspruch zu entscheiden hat, die sofortige Vollziehung ganz oder teilweise aussetzen. In den Fällen des Absatzes 2 Nr. 1 soll die Aussetzung der Vollziehung erfolgen, wenn ernstliche Zweifel an der Rechtmäßigkeit des angegriffenen Verwaltungsaktes bestehen oder wenn die Vollziehung für den Abgaben- oder Kostenpflichtigen eine unbillige, nicht durch überwiegende öffentliche Interessen gebotene Härte zur Folge hätte. In den Fällen des Absatzes 2 Nr. 2 ist in Angelegenheiten des sozialen Entschädigungsrechts die nächsthöhere Behörde zuständig, es sei denn, diese ist eine oberste Bundes- oder eine oberste Landesbehörde. Die Entscheidung kann mit Auflagen versehen oder befristet werden. Die Stelle kann die Entscheidung jederzeit ändern oder aufheben.

(4) Die aufschiebende Wirkung entfällt, wenn eine Erlaubnis nach Artikel 1 § 1 des Arbeitnehmerüberlassungsgesetzes in der Fassung der Bekanntmachung vom 3. Februar 1995 (BGBl. I S. 158), das zuletzt durch Artikel 2 des Gesetzes vom 23. Juli 2001 (BGBl. I S. 1852) geändert worden ist, aufgehoben oder nicht verlängert wird. Absatz 3 gilt entsprechend.

§ 86b (Gericht der Hauptsache)

(1) Das Gericht der Hauptsache kann auf Antrag

1. in den Fällen, in denen Widerspruch oder Anfechtungsklage aufschiebende Wirkung haben, die sofortige Vollziehung ganz oder teilweise anordnen,

2. in den Fällen, in denen Widerspruch oder Anfechtungsklage keine aufschiebende Wirkung haben, die aufschiebende Wirkung ganz oder teilweise anordnen,
3. in den Fällen des § 86a Abs. 3 die sofortige Vollziehung ganz oder teilweise wiederherstellen.

Ist der Verwaltungsakt im Zeitpunkt der Entscheidung schon vollzogen oder befolgt worden, kann das Gericht die Aufhebung der Vollziehung anordnen. Die Wiederherstellung der aufschiebenden Wirkung oder die Anordnung der sofortigen Vollziehung kann mit Auflagen versehen oder befristet werden. Das Gericht der Hauptsache kann auf Antrag die Maßnahmen jederzeit ändern oder aufheben.

(2) Soweit ein Fall des Absatzes 1 nicht vorliegt, kann das Gericht der Hauptsache auf Antrag eine einstweilige Anordnung in Bezug auf den Streitgegenstand treffen, wenn die Gefahr besteht, dass durch eine Veränderung des bestehenden Zustands die Verwirklichung eines Rechts des Antragstellers vereitelt oder wesentlich erschwert werden könnte. Einstweilige Anordnungen sind auch zur Regelung eines vorläufigen Zustands in Bezug auf ein streitiges Rechtsverhältnis zulässig, wenn eine solche Regelung zur Abwendung wesentlicher Nachteile nötig erscheint. Das Gericht der Hauptsache ist das Gericht des ersten Rechtszugs und, wenn die Hauptsache im Berufungsverfahren anhängig ist, das Berufungsgericht. Die §§ 920, 921, 923, 926, 928, 929 Absatz 1 und 3, die §§ 930 bis 932, 938, 939 und 945 der Zivilprozessordnung gelten entsprechend.

(3) Die Anträge nach den Absätzen 1 und 2 sind schon vor Klageerhebung zulässig.

(4) Das Gericht entscheidet durch Beschluss.

Vierter Unterabschnitt
Verfahren im ersten Rechtszug

§ 87 (Klagefrist)

(1) Die Klage ist binnen eines Monats nach Bekanntgabe des Verwaltungsaktes zu erheben. Die Frist beträgt bei Bekanntgabe im Ausland drei Monate. Bei einer öffentlichen Bekanntgabe nach § 85 Abs. 4 beträgt die Frist ein Jahr. Die Frist beginnt mit dem Tag zu laufen, an dem seit dem Tag der letzten Veröffentlichung zwei Wochen verstrichen sind.

(2) Hat ein Vorverfahren stattgefunden, so beginnt die Frist mit der Bekanntgabe des Widerspruchsbescheids.

§ 88 (Untätigkeitsklage)

(1) Ist ein Antrag auf Vornahme eines Verwaltungsakts ohne zureichenden Grund in angemessener Frist sachlich nicht beschieden worden, so ist die Klage nicht vor Ablauf von sechs Monaten seit dem Antrag auf Vornahme des Verwaltungsakts zulässig. Liegt ein zureichender Grund dafür vor, daß der beantragte Verwaltungsakt noch nicht erlassen ist, so setzt das Gericht das Verfahren bis zum Ablauf einer von ihm bestimmten Frist aus, die verlängert werden kann. Wird innerhalb dieser Frist dem Antrag stattgegeben, so ist die Hauptsache für erledigt zu erklären.

(2) Das gleiche gilt, wenn über einen Widerspruch nicht entschieden worden ist, mit der Maßgabe, daß als angemessene Frist eine solche von drei Monaten gilt.

§ 89 (Ausnahmen von der Klagefrist)

Die Klage ist an keine Frist gebunden, wenn die Feststellung der Nichtigkeit eines Verwaltungsakts oder die Feststellung des zuständigen Versicherungsträgers oder die Vornahme eines unterlassenen Verwaltungsakts begehrt wird.

§ 90 (Klageerhebung)

Die Klage ist bei dem zuständigen Gericht der Sozialgerichtsbarkeit schriftlich oder zu Protokoll des Urkundsbeamten der Geschäftsstelle zu erheben.

§ 91 (Wahrung der Klagefrist bei fehlerhafter Einreichung)

(1) Die Frist für die Erhebung der Klage gilt auch dann als gewahrt, wenn die Klageschrift innerhalb der Frist statt bei dem zuständigen Gericht der Sozialgerichtsbarkeit bei einer anderen inländischen Behörde oder bei einem Versicherungsträger oder bei einer deutschen Konsularbehörde oder, soweit es sich um die Versicherung von Seeleuten handelt, auch bei einem deutschen Seemannsamt im Ausland eingegangen ist.

(2) Die Klageschrift ist unverzüglich an das zuständige Gericht der Sozialgerichtsbarkeit abzugeben.

§ 92 (Inhalt der Klageschrift)

(1) Die Klage muss den Kläger, den Beklagten und den Gegenstand des Klagebegehrens bezeichnen.

Zur Bezeichnung des Beklagten genügt die Angabe der Behörde. Die Klage soll einen bestimmten Antrag enthalten und von dem Kläger oder einer zu seiner Vertretung befugten Person mit Orts- und Zeitangabe unterzeichnet sein. Die zur Begründung dienenden Tatsachen und Beweismittel sollen angegeben, die angefochtene Verfügung und der Widerspruchsbescheid sollen in Abschrift beigefügt werden.

(2) Entspricht die Klage diesen Anforderungen nicht, hat der Vorsitzende den Kläger zu der erforderlichen Ergänzung innerhalb einer bestimmten Frist aufzufordern. Er kann dem Kläger für die Ergänzung eine Frist mit ausschließender Wirkung setzen, wenn es an einem der in Absatz 1 Satz 1 genannten Erfordernisse fehlt. Für die Wiedereinsetzung in den vorigen Stand gilt § 67 entsprechend.

§ 93 (Anlagen zur Klageschrift)

Der Klageschrift, den sonstigen Schriftsätzen und nach Möglichkeit den Unterlagen sind vorbehaltlich des § 65a Absatz 5 Satz 3 Abschriften für die Beteiligten beizufügen. Sind die erforderlichen Abschriften nicht eingereicht, so fordert das Gericht sie nachträglich an oder fertigt sie selbst an. Die Kosten für die Anfertigung können von dem Kläger eingezogen werden.

§ 94 (Rechtshängigkeit)

Durch die Erhebung der Klage wird die Streitsache rechtshängig. In Verfahren nach dem Siebzehnten Titel des Gerichtsverfassungsgesetzes wegen eines überlangen Gerichtsverfahrens wird die Streitsache erst mit Zustellung der Klage rechtshängig.

§ 95 (Streitgegenstand)

Hat ein Vorverfahren stattgefunden, so ist Gegenstand der Klage der ursprüngliche Verwaltungsakt in der Gestalt, die er durch den Widerspruchsbescheid gefunden hat.

§ 96 (Streitgegenstand bei Änderung des Verwaltungsakts)

(1) Nach Klageerhebung wird ein neuer Verwaltungsakt nur dann Gegenstand des Klageverfahrens, wenn er nach Erlass des Widerspruchsbescheides ergangen ist und den angefochtenen Verwaltungsakt abändert oder ersetzt.

(2) Eine Abschrift des neuen Verwaltungsakts ist dem Gericht mitzuteilen, bei dem das Verfahren anhängig ist.

§ 97 (weggefallen)

§ 98 (Verweisung des Rechtsstreits)

Für die sachliche und örtliche Zuständigkeit gelten die §§ 17, 17a und 17b Abs. 1, Abs. 2 Satz 1 des Gerichtsverfassungsgesetzes entsprechend. Beschlüsse entsprechend § 17a Abs. 2 und 3 des Gerichtsverfassungsgesetzes sind unanfechtbar.

§ 99 (Zulässigkeit der Klageänderung)

(1) Eine Änderung der Klage ist nur zulässig, wenn die übrigen Beteiligten einwilligen oder das Gericht die Änderung für sachdienlich hält.

(2) Die Einwilligung der Beteiligten in die Änderung der Klage ist anzunehmen, wenn sie sich, ohne der Änderung zu widersprechen, in einem Schriftsatz oder in einer mündlichen Verhandlung auf die abgeänderte Klage eingelassen haben.

(3) Als eine Änderung der Klage ist es nicht anzusehen, wenn ohne Änderung des Klagegrundes

1. die tatsächlichen oder rechtlichen Ausführungen ergänzt oder berichtigt werden,
2. der Klageantrag in der Hauptsache oder in bezug auf Nebenforderungen erweitert oder beschränkt wird,
3. statt der ursprünglich geforderten Leistung wegen einer später eingetretenen Veränderung eine andere Leistung verlangt wird.

(4) Die Entscheidung, daß eine Änderung der Klage nicht vorliege oder zuzulassen sei, ist unanfechtbar.

§ 100 (Zulässigkeit der Widerklage)

Bei dem Gericht der Klage kann eine Widerklage erhoben werden, wenn der Gegenanspruch mit dem in der Klage geltend gemachten Anspruch oder mit den gegen ihn vorgebrachten Verteidigungsmitteln zusammenhängt.

§ 101 (Vergleich und Anerkenntnis)

(1) Um den geltend gemachten Anspruch vollständig oder zum Teil zu erledigen, können die Beteiligten zu Protokoll des Gerichts oder des Vorsitzenden oder des beauftragten oder ersuchten Richters einen Vergleich schließen, soweit sie über den Gegenstand der Klage verfügen können. Ein gerichtlicher Ver-

XV

gleich kann auch dadurch geschlossen werden, dass die Beteiligten einen in der Form eines Beschlusses ergangenen Vorschlag des Gerichts, des Vorsitzenden oder des Berichterstatters schriftlich oder durch Erklärung zu Protokoll in der mündlichen Verhandlung gegenüber dem Gericht annehmen.

(2) Das angenommene Anerkenntnis des geltend gemachten Anspruchs erledigt insoweit den Rechtsstreit in der Hauptsache.

§ 102 (Zulässigkeit der Klagerücknahme)

(1) Der Kläger kann die Klage bis zur Rechtskraft des Urteils zurücknehmen. Die Klagerücknahme erledigt den Rechtsstreit in der Hauptsache.

(2) Die Klage gilt als zurückgenommen, wenn der Kläger das Verfahren trotz Aufforderung des Gerichts länger als drei Monate nicht betreibt. Absatz 1 gilt entsprechend. Der Kläger ist in der Aufforderung auf die sich aus Satz 1 und gegebenenfalls aus § 197a Abs. 1 Satz 1 in Verbindung mit § 155 Abs. 2 der Verwaltungsgerichtsordnung ergebenden Rechtsfolgen hinzuweisen.

(3) Ist die Klage zurückgenommen oder gilt sie als zurückgenommen, so stellt das Gericht das Verfahren auf Antrag durch Beschluss ein und entscheidet über Kosten, soweit diese entstanden sind. Der Beschluss ist unanfechtbar.

§ 103 (Untersuchungsgrundsatz)

Das Gericht erforscht den Sachverhalt von Amts wegen; die Beteiligten sind dabei heranzuziehen. Es ist an das Vorbringen und die Beweisanträge der Beteiligten nicht gebunden.

§ 104 (Klagezustellung und Äußerungsfrist)

Der Vorsitzende übermittelt eine Abschrift der Klage an die übrigen Beteiligten; in Verfahren nach dem Siebzehnten Titel des Gerichtsverfassungsgesetzes wegen eines überlangen Gerichtsverfahrens ist die Klage zuzustellen. Zugleich mit der Zustellung oder Mitteilung ergeht die Aufforderung, sich schriftlich zu äußern; § 90 gilt entsprechend. Für die Äußerung kann eine Frist gesetzt werden, die nicht kürzer als ein Monat sein soll. Die Aufforderung muß den Hinweis enthalten, daß auch verhandelt und entschieden werden kann, wenn die Äußerung nicht innerhalb der Frist eingeht. Soweit das Gericht die Übersendung von Verwaltungsakten anfordert, soll diese binnen eines Monats nach Eingang der Aufforderung bei dem zuständigen Verwaltungsträger erfolgen. Die Übersendung einer beglaubigten Abschrift oder einer beglaubigten elektronischen Abschrift, die mit einer qualifizierten elektronischen Signatur des zuständigen Verwaltungsträgers versehen ist, steht der Übersendung der Originalverwaltungsakten gleich, sofern nicht das Gericht die Übersendung der Originalverwaltungsakten wünscht.

§ 105 (Gerichtsbescheid)

(1) Das Gericht kann ohne mündliche Verhandlung durch Gerichtsbescheid entscheiden, wenn die Sache keine besonderen Schwierigkeiten tatsächlicher oder rechtlicher Art aufweist und der Sachverhalt geklärt ist. Die Beteiligten sind vorher zu hören. Die Vorschriften über Urteile gelten entsprechend.

(2) Die Beteiligten können innerhalb eines Monats nach Zustellung des Gerichtsbescheids das Rechtsmittel einlegen, das zulässig wäre, wenn das Gericht durch Urteil entschieden hätte. Ist die Berufung nicht gegeben, kann mündliche Verhandlung beantragt werden. Wird sowohl ein Rechtsmittel eingelegt als auch mündliche Verhandlung beantragt, findet mündliche Verhandlung statt.

(3) Der Gerichtsbescheid wirkt als Urteil; wird rechtzeitig mündliche Verhandlung beantragt, gilt er als nicht ergangen.

(4) Wird mündliche Verhandlung beantragt, kann das Gericht in dem Urteil von einer weiteren Darstellung des Tatbestandes und der Entscheidungsgründe absehen, soweit es der Begründung des Gerichtsbescheids folgt und dies in seiner Entscheidung feststellt.

§ 106 (Vorbereitung der Verhandlung)

(1) Der Vorsitzende hat darauf hinzuwirken, daß Formfehler beseitigt, unklare Anträge erläutert, sachdienliche Anträge gestellt, ungenügende Angaben tatsächlicher Art ergänzt sowie alle für die Feststellung und Beurteilung des Sachverhalts wesentlichen Erklärungen abgegeben werden.

(2) Der Vorsitzende hat bereits vor der mündlichen Verhandlung alle Maßnahmen zu treffen, die notwendig sind, um den Rechtsstreit möglichst in einer mündlichen Verhandlung zu erledigen.

(3) Zu diesem Zweck kann er insbesondere

1. um Mitteilung von Urkunden sowie um Übermittlung elektronischer Dokumente ersuchen,

2. Krankenpapiere, Aufzeichnungen, Krankengeschichten, Sektions- und Untersuchungsbefunde sowie Röntgenbilder beiziehen,
3. Auskünfte jeder Art einholen,
4. Zeugen und Sachverständige in geeigneten Fällen vernehmen oder, auch eidlich, durch den ersuchten Richter vernehmen lassen,
5. die Einnahme des Augenscheins sowie die Begutachtung durch Sachverständige anordnen und ausführen,
6. andere beiladen,
7. einen Termin anberaumen, das persönliche Erscheinen der Beteiligten hierzu anordnen und den Sachverhalt mit diesen erörtern.

(4) Für die Beweisaufnahme gelten die §§ 116, 118 und 119 entsprechend.

§ 106a (Fristsetzung)

(1) Der Vorsitzende kann dem Kläger eine Frist setzen zur Angabe der Tatsachen, durch deren Berücksichtigung oder Nichtberücksichtigung im Verwaltungsverfahren er sich beschwert fühlt.

(2) Der Vorsitzende kann einem Beteiligten unter Fristsetzung aufgeben, zu bestimmten Vorgängen

1. Tatsachen anzugeben oder Beweismittel zu bezeichnen,
2. Urkunden oder andere bewegliche Sachen vorzulegen sowie elektronische Dokumente zu übermitteln, soweit der Beteiligte dazu verpflichtet ist.

(3) Das Gericht kann Erklärungen und Beweismittel, die erst nach Ablauf einer nach den Absätzen 1 und 2 gesetzten Frist vorgebracht werden, zurückweisen und ohne weitere Ermittlungen entscheiden, wenn

1. ihre Zulassung nach der freien Überzeugung des Gerichts die Erledigung des Rechtsstreits verzögern würde und
2. der Beteiligte die Verspätung nicht genügend entschuldigt und
3. der Beteiligte über die Folgen einer Fristversäumung belehrt worden ist.

Der Entschuldigungsgrund ist auf Verlangen des Gerichts glaubhaft zu machen. Satz 1 gilt nicht, wenn es mit geringem Aufwand möglich ist, den Sachverhalt auch ohne Mitwirkung des Beteiligten zu ermitteln.

§ 107 (Bekanntgabe des Beweisergebnisses)

Den Beteiligten ist nach Anordnung des Vorsitzenden entweder eine Abschrift des Protokolls der Beweisaufnahme oder deren Inhalt mitzuteilen.

§ 108 (Vorbereitende Schriftsätze)

Die Beteiligten können zur Vorbereitung der mündlichen Verhandlung Schriftsätze einreichen. Die Schriftsätze sind den übrigen Beteiligten von Amts wegen mitzuteilen.

§ 109 (Gutachtliche Hörung von Ärzten)

(1) Auf Antrag des Versicherten, des behinderten Menschen, des Versorgungsberechtigten oder Hinterbliebenen muß ein bestimmter Arzt gutachtlich gehört werden. Die Anhörung kann davon abhängig gemacht werden, daß der Antragsteller die Kosten vorschießt und vorbehaltlich einer anderen Entscheidung des Gerichts endgültig trägt.

(2) Das Gericht kann einen Antrag ablehnen, wenn durch die Zulassung die Erledigung des Rechtsstreits verzögert werden würde und der Antrag nach der freien Überzeugung des Gerichts in der Absicht, das Verfahren zu verschleppen, oder aus grober Nachlässigkeit nicht früher vorgebracht worden ist.

§ 110 (Bestimmung und Mitteilung von Ort und Zeit der mündlichen Verhandlung)

(1) Der Vorsitzende bestimmt Ort und Zeit der mündlichen Verhandlung und teilt sie den Beteiligten in der Regel zwei Wochen vorher mit. Die Beteiligten sind darauf hinzuweisen, daß im Falle ihres Ausbleibens nach Lage der Akten entschieden werden kann.

(2) Das Gericht kann Sitzungen auch außerhalb des Gerichtssitzes abhalten, wenn dies zur sachdienlichen Erledigung notwendig ist.

(3) § 227 Abs. 3 Satz 1 der Zivilprozeßordnung ist nicht anzuwenden.

§ 110a (Videoübertragung)

(1) Das Gericht kann den Beteiligten, ihren Bevollmächtigten und Beiständen auf Antrag oder von Amts wegen gestatten, sich während einer mündlichen Verhandlung an einem anderen Ort aufzuhalten und dort Verfahrenshandlungen vorzunehmen. Die Verhandlung wird zeitgleich in Bild und Ton an diesen Ort und in das Sitzungszimmer übertragen.

(2) Das Gericht kann auf Antrag gestatten, dass sich ein Zeuge oder ein Sachverständiger während einer Vernehmung an einem anderen Ort aufhält. Die Vernehmung wird zeitgleich in Bild und Ton an diesen Ort und in das Sitzungszimmer übertragen. Ist Beteiligten, Bevollmächtigten und Beiständen nach Absatz 1 Satz 1 gestattet worden, sich an einem anderen Ort aufzuhalten, so wird die Vernehmung auch an diesen Ort übertragen.

(3) Die Übertragung wird nicht aufgezeichnet. Entscheidungen nach Absatz 1 Satz 1 und Absatz 2 Satz 1 sind unanfechtbar.

(4) Die Absätze 1 und 3 gelten entsprechend für Erörterungstermine (§ 106 Absatz 3 Nummer 7).

§ 111 (Anordnung des persönlichen Erscheinens der Beteiligten)

(1) Der Vorsitzende kann das persönliche Erscheinen eines Beteiligten zur mündlichen Verhandlung anordnen sowie Zeugen und Sachverständige laden. Auf die Folgen des Ausbleibens ist dabei hinzuweisen.

(2) Die Ladung von Zeugen und Sachverständigen ist den Beteiligten bei der Mitteilung des Termins zur mündlichen Verhandlung bekanntzugeben.

(3) Das Gericht kann einem Beteiligten, der keine natürliche Person ist, aufgeben, zur mündlichen Verhandlung oder zu einem Termin nach § 106 Absatz 3 Nummer 7 einen Beamten oder Angestellten zu entsenden, der mit einem schriftlichen Nachweis über die Vertretungsbefugnis versehen und über die Sach- und Rechtslage ausreichend unterrichtet ist.

§ 112 (Gang der mündlichen Verhandlung)

(1) Der Vorsitzende eröffnet und leitet die mündliche Verhandlung. Sie beginnt nach Aufruf der Sache mit der Darstellung des Sachverhalts.

(2) Sodann erhalten die Beteiligten das Wort. Der Vorsitzende hat das Sach- und Streitverhältnis mit den Beteiligten zu erörtern und dahin zu wirken, daß sie sich über erhebliche Tatsachen vollständig erklären sowie angemessene und sachdienliche Anträge stellen.

(3) Die Anträge können ergänzt, berichtigt oder im Rahmen des § 99 geändert werden.

(4) Der Vorsitzende hat jedem Beisitzer auf Verlangen zu gestatten, sachdienliche Fragen zu stellen. Wird eine Frage von einem Beteiligten beanstandet, so entscheidet das Gericht endgültig.

§ 113 (Klageverbindung und -trennung)

(1) Das Gericht kann durch Beschluß mehrere bei ihm anhängige Rechtsstreitigkeiten derselben Beteiligten oder verschiedener Beteiligter zur gemeinsamen Verhandlung und Entscheidung verbinden, wenn die Ansprüche, die den Gegenstand dieser Rechtsstreitigkeiten bilden, in Zusammenhang stehen oder von vornherein in einer Klage hätten geltend gemacht werden können.

(2) Die Verbindung kann, wenn es zweckmäßig ist, auf Antrag oder von Amts wegen wieder aufgehoben werden.

§ 114 (Aussetzung des Verfahrens)

(1) Hängt die Entscheidung eines Rechtsstreits von einem familien- oder erbrechtlichen Verhältnis ab, so kann das Gericht das Verfahren solange aussetzen, bis dieses Verhältnis im Zivilprozeß festgestellt worden ist.

(2) Hängt die Entscheidung des Rechtsstreits ganz oder zum Teil vom Bestehen oder Nichtbestehen eines Rechtsverhältnisses ab, das den Gegenstand eines anderen anhängigen Rechtsstreits bildet oder von einer Verwaltungsstelle festzustellen ist, so kann das Gericht anordnen, daß die Verhandlung bis zur Erledigung des anderen Rechtsstreits oder bis zur Entscheidung der Verwaltungsstelle auszusetzen sei. Auf Antrag kann das Gericht die Verhandlung zur Heilung von Verfahrens- und Formfehlern aussetzen, soweit dies im Sinne der Verfahrenskonzentration sachdienlich ist.

(2a) Hängt die Entscheidung des Rechtsstreits ab von der Gültigkeit einer Satzung oder einer anderen im Rang unter einem Landesgesetz stehenden Vorschrift, die nach § 22a Absatz 1 des Zweiten Buches Sozialgesetzbuch und dem dazu ergangenen Landesgesetz erlassen worden ist, so kann das Gericht anordnen, dass die Verhandlung bis zur Erledigung des Antragsverfahrens nach § 55a auszusetzen ist.

(3) Das Gericht kann, wenn sich im Laufe eines Rechtsstreits der Verdacht einer Straftat ergibt, deren Ermittlung auf die Entscheidung von Einfluß ist, die Aussetzung der Verhandlung bis zur Erledigung des Strafverfahrens anordnen.

§ 114a (Musterverfahren)

(1) Ist die Rechtmäßigkeit einer behördlichen Maßnahme Gegenstand von mehr als 20 Verfahren an einem Gericht, kann das Gericht eines oder mehrere geeignete Verfahren vorab durchführen (Musterver-

fahren) und die übrigen Verfahren aussetzen. Die Beteiligten sind vorher zu hören. Der Beschluss ist unanfechtbar.

(2) Ist über die durchgeführten Musterverfahren rechtskräftig entschieden worden, kann das Gericht nach Anhörung der Beteiligten über die ausgesetzten Verfahren durch Beschluss entscheiden, wenn es einstimmig der Auffassung ist, dass die Sachen gegenüber dem rechtskräftig entschiedenen Musterverfahren keine wesentlichen Besonderheiten tatsächlicher oder rechtlicher Art aufweisen und der Sachverhalt geklärt ist. Das Gericht kann in einem Musterverfahren erhobene Beweise einführen; es kann nach seinem Ermessen die wiederholte Vernehmung eines Zeugen oder eine neue Begutachtung durch denselben oder andere Sachverständige anordnen. Beweisanträge zu Tatsachen, über die bereits im Musterverfahren Beweis erhoben wurde, kann das Gericht ablehnen, wenn ihre Zulassung nach seiner freien Überzeugung nicht zum Nachweis neuer entscheidungserheblicher Tatsachen beitragen und die Erledigung des Rechtsstreits verzögern würde. Die Ablehnung kann in der Entscheidung nach Satz 1 erfolgen. Den Beteiligten steht gegen den Beschluss nach Satz 1 das Rechtsmittel zu, das zulässig wäre, wenn das Gericht durch Urteil entschieden hätte. Die Beteiligten sind über das Rechtsmittel zu belehren.

§ 115 (Verfahren bei Entfernung eines Beteiligten)

Ist ein bei der Verhandlung Beteiligter zur Aufrechterhaltung der Ordnung von dem Ort der Verhandlung entfernt worden, so kann gegen ihn in gleicher Weise verfahren werden, als wenn er sich freiwillig entfernt hätte. Das gleiche gilt im Falle des § 73 Abs. 3 Satz 1 und 3, sofern die Zurückweisung bereits in einer früheren Verhandlung geschehen war.

§ 116 (Beweistermine)

Die Beteiligten werden von allen Beweisaufnahmeterminen benachrichtigt und können der Beweisaufnahme beiwohnen. Sie können an Zeugen und Sachverständige sachdienliche Fragen richten lassen. Wird eine Frage beanstandet, so entscheidet das Gericht.

§ 117 (Verfahren bei Beweiserhebung)

Das Gericht erhebt Beweis in der mündlichen Verhandlung, soweit die Beweiserhebung nicht einen besonderen Termin erfordert.

§ 118 (Beweisaufnahme)

(1) Soweit dieses Gesetz nichts anderes bestimmt, sind auf die Beweisaufnahme die §§ 358 bis 363, 365 bis 378, 380 bis 386, 387 Abs. 1 und 2, §§ 388 bis 390, 392 bis 406 Absatz 1 bis 4, die §§ 407 bis 444, 478 bis 484 der Zivilprozeßordnung entsprechend anzuwenden. Die Entscheidung über die Rechtmäßigkeit der Weigerung nach § 387 der Zivilprozeßordnung ergeht durch Beschluß.

(2) Zeugen und Sachverständige werden nur beeidigt, wenn das Gericht dies im Hinblick auf die Bedeutung des Zeugnisses oder Gutachtens für die Entscheidung des Rechtsstreits für notwendig erachtet.

(3) Der Vorsitzende kann das Auftreten eines Prozeßbevollmächtigten untersagen, solange die Partei trotz Anordnung ihres persönlichen Erscheinens unbegründet ausgeblieben ist und hierdurch der Zweck der Anordnung vereitelt wird.

§ 119 (Vorlage von Behördenakten und Auskunftspflicht)

(1) Eine Behörde ist zur Vorlage von Urkunden oder Akten, zur Übermittlung elektronischer Dokumente und zu Auskünften nicht verpflichtet, wenn die zuständige oberste Aufsichtsbehörde erklärt, dass das Bekanntwerden des Inhalts dieser Urkunden, Akten, elektronischer Dokumente oder Auskünfte dem Wohl des Bundes oder eines deutschen Landes nachteilig sein würde oder dass die Vorgänge nach einem Gesetz oder ihrem Wesen nach geheim gehalten werden müssen.

(2) Handelt es sich um Urkunden, elektronische Dokumente oder Akten und um Auskünfte einer obersten Bundesbehörde, so darf die Vorlage der Urkunden oder Akten, die Übermittlung elektronischer Dokumente und die Erteilung der Auskunft nur unterbleiben, wenn die Erklärung nach Absatz 1 von der Bundesregierung abgegeben wird. Die Landesregierung hat die Erklärung abzugeben, wenn diese Voraussetzungen bei einer obersten Landesbehörde vorliegen.

§ 120 (Akteneinsicht und Abschriften)

(1) Die Beteiligten haben das Recht der Einsicht in die Akten, soweit die übermittelnde Behörde dieses nicht ausschließt. Beteiligte können sich auf ihre Kosten durch die Geschäftsstelle Ausfertigungen, Auszüge, Ausdrucke und Abschriften erteilen lassen.

Für die Versendung von Akten, die Übermittlung elektronischer Dokumente und die Gewährung des elektronischen Zugriffs auf Akten werden Kosten nicht erhoben, sofern nicht nach § 197a das Gerichtskostengesetz gilt.

(2) Werden die Prozessakten elektronisch geführt, wird Akteneinsicht durch Bereitstellung des Inhalts der Akten zum Abruf oder durch Übermittlung des Inhalts der Akten auf einem sicheren Übermittlungsweg gewährt. Auf besonderen Antrag wird Akteneinsicht durch Einsichtnahme in die Akten in Diensträumen gewährt. Ein Aktenausdruck oder ein Datenträger mit dem Inhalt der Akten wird auf besonders zu begründenden Antrag nur übermittelt, wenn der Antragsteller hieran ein berechtigtes Interesse darlegt. Stehen der Akteneinsicht in der nach Satz 1 vorgesehenen Form wichtige Gründe entgegen, kann die Akteneinsicht in der nach den Sätzen 2 und 3 vorgesehenen Form auch ohne Antrag gewährt werden. Über einen Antrag nach Satz 3 entscheidet der Vorsitzende; die Entscheidung ist unanfechtbar. § 155 Absatz 4 gilt entsprechend.

(3) Werden die Prozessakten in Papierform geführt, wird Akteneinsicht durch Einsichtnahme in die Akten in Diensträumen gewährt. Die Akteneinsicht kann, soweit nicht wichtige Gründe entgegenstehen, auch durch Bereitstellung des Inhalts der Akten zum Abruf oder durch Übermittlung des Inhalts der Akten auf einem sicheren Übermittlungsweg gewährt werden. Nach dem Ermessen des Vorsitzenden kann einem Bevollmächtigten, der zu den in § 73 Absatz 2 Satz 1 und 2 Nummer 3 bis 9 bezeichneten natürlichen Personen gehört, die Mitnahme der Akten in die Wohnung oder Geschäftsräume gestattet werden. § 155 Absatz 4 gilt entsprechend.

(4) Der Vorsitzende kann aus besonderen Gründen die Einsicht in die Akten oder in Aktenteile sowie die Fertigung oder Erteilung von Auszügen und Abschriften versagen oder beschränken. Gegen die Versagung oder die Beschränkung der Akteneinsicht kann das Gericht angerufen werden; es entscheidet endgültig.

(5) Die Entwürfe zu Urteilen, Beschlüssen und Verfügungen, die zu ihrer Vorbereitung angefertigten Arbeiten sowie die Dokumente, welche Abstimmungen betreffen, werden weder vorgelegt noch abschriftlich mitgeteilt.

§ 121 (Schluß und Wiedereröffnung der mündlichen Verhandlung)

Nach genügender Erörterung der Streitsache erklärt der Vorsitzende die mündliche Verhandlung für geschlossen. Das Gericht kann die Wiedereröffnung beschließen.

§ 122 (Protokoll)

Für das Protokoll gelten die §§ 159 bis 165 der Zivilprozeßordnung entsprechend.

Fünfter Unterabschnitt
Urteile und Beschlüsse

§ 123 (Urteilstenor)

Das Gericht entscheidet über die vom Kläger erhobenen Ansprüche, ohne an die Fassung der Anträge gebunden zu sein.

§ 124 (Entscheidungsgrundlage)

(1) Das Gericht entscheidet, soweit nichts anderes bestimmt ist, auf Grund mündlicher Verhandlung.

(2) Mit Einverständnis der Beteiligten kann das Gericht ohne mündliche Verhandlung durch Urteil entscheiden.

(3) Entscheidungen des Gerichts, die nicht Urteile sind, können ohne mündliche Verhandlung ergehen, soweit nichts anderes bestimmt ist.

§ 125 (Urteil)

Über die Klage wird, soweit nichts anderes bestimmt ist, durch Urteil entschieden.

§ 126 (Entscheidung bei Ausbleiben von Beteiligten)

Das Gericht kann, sofern in der Ladung auf diese Möglichkeit hingewiesen worden ist, nach Lage der Akten entscheiden, wenn in einem Termin keiner der Beteiligten erscheint oder beim Ausbleiben von Beteiligten die erschienenen Beteiligten es beantragen.

§ 127 (Verbot von Überraschungsentscheidungen)

Ist ein Beteiligter nicht benachrichtigt worden, daß in der mündlichen Verhandlung eine Beweiserhebung stattfindet, und ist er in der mündlichen Verhandlung nicht zugegen oder vertreten, so kann in diesem Termin ein ihm ungünstiges Urteil nicht erlassen werden.

§ 128 (Freie Beweiswürdigung)

(1) Das Gericht entscheidet nach seiner freien, aus dem Gesamtergebnis des Verfahrens gewonnenen Überzeugung. In dem Urteil sind die Gründe anzugeben, die für die richterliche Überzeugung leitend gewesen sind.

(2) Das Urteil darf nur auf Tatsachen und Beweisergebnisse gestützt werden, zu denen sich die Beteiligten äußern können.

§ 129 (Erkennende Richter bei mündlicher Verhandlung)

Das Urteil kann nur von den Richtern gefällt werden, die an der dem Urteil zugrunde liegenden Verhandlung teilgenommen haben.

§ 130 (Grundurteil)

(1) Wird gemäß § 54 Abs. 4 oder 5 eine Leistung in Geld begehrt, auf die ein Rechtsanspruch besteht, so kann auch zur Leistung nur dem Grunde nach verurteilt werden. Hierbei kann im Urteil eine einmalige oder laufende vorläufige Leistung angeordnet werden. Die Anordnung der vorläufigen Leistung ist nicht anfechtbar.

(2) Das Gericht kann durch Zwischenurteil über eine entscheidungserhebliche Sach- oder Rechtsfrage vorab entscheiden, wenn dies sachdienlich ist.

§ 131 (Urteilsinhalt)

(1) Wird ein Verwaltungsakt oder ein Widerspruchsbescheid, der bereits vollzogen ist, aufgehoben, so kann das Gericht aussprechen, daß und in welcher Weise die Vollziehung des Verwaltungsaktes rückgängig zu machen ist. Dies ist nur zulässig, wenn die Verwaltungsstelle rechtlich dazu in der Lage und diese Frage ohne weiteres in jeder Beziehung spruchreif ist. Hat sich der Verwaltungsakt vorher durch Zurücknahme oder anders erledigt, so spricht das Gericht auf Antrag durch Urteil aus, daß der Verwaltungsakt rechtswidrig ist, wenn der Kläger ein berechtigtes Interesse an dieser Feststellung hat.

(2) Hält das Gericht die Verurteilung zum Erlaß eines abgelehnten Verwaltungsakts für begründet und diese Frage in jeder Beziehung für spruchreif, so ist im Urteil die Verpflichtung auszusprechen, den beantragten Verwaltungsakt zu erlassen. Im Übrigen gilt Absatz 3 entsprechend.

(3) Hält das Gericht die Unterlassung eines Verwaltungsakts für rechtswidrig, so ist im Urteil die Verpflichtung auszusprechen, den Kläger unter Beachtung der Rechtsauffassung des Gerichts zu bescheiden.

(4) Hält das Gericht eine Wahl im Sinne des § 57b oder eine Wahl zu den Selbstverwaltungsorganen der Kassenärztlichen Vereinigungen oder der Kassenärztlichen Bundesvereinigungen ganz oder teilweise oder eine Ergänzung der Selbstverwaltungsorgane für ungültig, so spricht es dies im Urteil aus und bestimmt die Folgerungen, die sich aus der Ungültigkeit ergeben.

(5) Hält das Gericht eine weitere Sachaufklärung für erforderlich, kann es, ohne in der Sache selbst zu entscheiden, den Verwaltungsakt und den Widerspruchsbescheid aufheben, soweit nach Art oder Umfang die noch erforderlichen Ermittlungen erheblich sind und die Aufhebung auch unter Berücksichtigung der Belange der Beteiligten sachdienlich ist. Satz 1 gilt auch bei Klagen auf Verurteilung zum Erlass eines Verwaltungsakts und bei Klagen nach § 54 Abs. 4; Absatz 3 ist entsprechend anzuwenden. Auf Antrag kann das Gericht bis zum Erlass des neuen Verwaltungsakts eine einstweilige Regelung treffen, insbesondere bestimmen, dass Sicherheiten geleistet werden oder ganz oder zum Teil bestehen bleiben und Leistungen zunächst nicht zurückgewährt werden müssen. Der Beschluss kann jederzeit geändert oder aufgehoben werden. Eine Entscheidung nach Satz 1 kann nur binnen sechs Monaten seit Eingang der Akten der Behörde bei Gericht ergehen.

§ 132 (Urteilsverkündung; Zeit)

(1) Das Urteil ergeht im Namen des Volkes. Es wird grundsätzlich in dem Termin verkündet, in dem die mündliche Verhandlung geschlossen wird. Ausnahmsweise kann das Urteil in einem sofort anzuberaumenden Termin, der nicht über zwei Wochen hinaus angesetzt werden soll, verkündet werden. Eine Ladung der Beteiligten ist nicht erforderlich.

(2) Das Urteil wird durch Verlesen der Urteilsformel verkündet. Bei der Verkündung soll der wesentliche Inhalt der Entscheidungsgründe mitgeteilt werden, wenn Beteiligte anwesend sind.

§ 133 (Ersatz der Verkündung eines schriftlichen Verfahrens)

Bei Urteilen, die nicht auf Grund mündlicher Verhandlung ergehen, wird die Verkündung durch Zustellung ersetzt. Dies gilt für die Verkündung von Beschlüssen entsprechend.

§ 134 (Unterschrift des Vorsitzenden)

(1) Das Urteil ist vom Vorsitzenden zu unterschreiben.

(2) Das Urteil soll vor Ablauf eines Monats, vom Tag der Verkündung an gerechnet, vollständig abgefasst der Geschäftsstelle übermittelt werden. Im Falle des § 170a verlängert sich die Frist um die zur Anhörung der ehrenamtlichen Richter benötigte Zeit.

(3) Der Urkundsbeamte der Geschäftsstelle hat auf dem Urteil den Tag der Verkündung oder Zustellung zu vermerken und diesen Vermerk zu unterschreiben. Werden die Akten elektronisch geführt, hat der Urkundsbeamte der Geschäftsstelle den Vermerk in einem gesonderten Dokument festzuhalten. Das Dokument ist mit dem Urteil untrennbar zu verbinden.

§ 135 (Urteilszustellung)

Das Urteil ist den Beteiligten unverzüglich zuzustellen.

§ 136 (Form und Inhalt des Urteils)

(1) Das Urteil enthält

1. die Bezeichnung der Beteiligten, ihrer gesetzlichen Vertreter und der Bevollmächtigten nach Namen, Wohnort und ihrer Stellung im Verfahren,
2. die Bezeichnung des Gerichts und die Namen der Mitglieder, die bei der Entscheidung mitgewirkt haben,
3. den Ort und Tag der mündlichen Verhandlung,
4. die Urteilsformel,
5. die gedrängte Darstellung des Tatbestandes,
6. die Entscheidungsgründe,
7. die Rechtsmittelbelehrung.

(2) Die Darstellung des Tatbestandes kann durch eine Bezugnahme auf den Inhalt der vorbereitenden Schriftsätze und auf die zu Protokoll erfolgten Feststellungen ersetzt werden, soweit sich aus ihnen der Sach- und Streitstand richtig und vollständig ergibt. In jedem Falle sind jedoch die erhobenen Ansprüche genügend zu kennzeichnen und die dazu vorgebrachten Angriffs- und Verteidigungsmittel ihrem Wesen nach hervorzuheben.

(3) Das Gericht kann von einer weiteren Darstellung der Entscheidungsgründe absehen, soweit es der Begründung des Verwaltungsaktes oder des Widerspruchsbescheides folgt und dies in seiner Entscheidung feststellt.

(4) Wird das Urteil in dem Termin, in dem die mündliche Verhandlung geschlossen worden ist, verkündet, so bedarf es des Tatbestandes und der Entscheidungsgründe nicht, wenn Kläger, Beklagter und sonstige rechtsmittelberechtigte Beteiligte auf Rechtsmittel gegen das Urteil verzichten.

§ 137 (Ausfertigungen des Urteils)

Die Ausfertigungen des Urteils sind von dem Urkundsbeamten der Geschäftsstelle zu unterschreiben und mit dem Gerichtssiegel zu versehen. Ausfertigungen, Auszüge und Abschriften eines als elektronisches Dokument (§ 65a Absatz 7) vorliegenden Urteils können von einem Urteilsausdruck erteilt werden. Auszüge und Abschriften eines in Papierform vorliegenden Urteils können durch Telekopie oder als elektronisches Dokument erteilt werden. Die Telekopie hat eine Wiedergabe des Gerichtssiegels, die Telekopie zur Erteilung eines Auszugs zusätzlich die Unterschrift des Urkundsbeamten der Geschäftsstelle zu enthalten. Bei der Erteilung von beglaubigten Auszügen und Abschriften ist das elektronische Dokument mit einer qualifizierten elektronischen Signatur des Urkundsbeamten der Geschäftsstelle zu versehen.

§ 138 (Berichtigung des Urteils)

Schreibfehler, Rechenfehler und ähnliche offenbare Unrichtigkeiten im Urteil sind jederzeit von Amts wegen zu berichtigen. Der Vorsitzende entscheidet hierüber durch Beschluß. Der Berichtigungsbeschluß wird auf dem Urteil und den Ausfertigungen vermerkt. Werden die Akten elektronisch geführt, hat der Urkundsbeamte der Geschäftsstelle den Vermerk in einem gesonderten Dokument festzuhalten. Das Dokument ist mit dem Urteil untrennbar zu verbinden.

§ 139 (Tatbestandsberichtigung)

(1) Enthält der Tatbestand des Urteils andere Unrichtigkeiten oder Unklarheiten, so kann die Berichtigung binnen zwei Wochen nach Zustellung des Urteils beantragt werden.

(2) Das Gericht entscheidet ohne Beweisaufnahme durch Beschluß. Der Beschluß ist unanfechtbar. Bei

der Entscheidung wirken nur die Richter mit, die beim Urteil mitgewirkt haben. Ist ein Richter verhindert, so entscheidet bei Stimmengleichheit die Stimme des Vorsitzenden. Der Berichtigungsbeschluß wird auf dem Urteil und den Ausfertigungen vermerkt.

(3) Ist das Urteil elektronisch abgefasst, ist auch der Beschluss elektronisch abzufassen und mit dem Urteil untrennbar zu verbinden.

§ 140 (Urteilsergänzung)

(1) Hat das Urteil einen von einem Beteiligten erhobenen Anspruch oder den Kostenpunkt ganz oder teilweise übergangen, so wird es auf Antrag nachträglich ergänzt. Die Entscheidung muß binnen eines Monats nach Zustellung des Urteils beantragt werden.

(2) Über den Antrag wird in einem besonderen Verfahren entschieden. Die Entscheidung ergeht, wenn es sich nur um den Kostenpunkt handelt, durch Beschluß, der lediglich mit der Entscheidung in der Hauptsache angefochten werden kann, im übrigen durch Urteil, das mit dem bei dem übergangenen Anspruch zulässigen Rechtsmittel angefochten werden kann.

(3) Die mündliche Verhandlung hat nur den nicht erledigten Teil des Rechtsstreits zum Gegenstand.

(4) Die ergänzende Entscheidung wird auf der Urschrift des Urteils und den Ausfertigungen vermerkt. Liegt das Urteil als elektronisches Dokument mit einer qualifizierten elektronischen Signatur (§ 65a Absatz 3) vor, bedarf auch die ergänzende Entscheidung dieser Form und ist mit dem Urteil untrennbar zu verbinden.

§ 141 (Rechtskraftumfang)

(1) Rechtskräftige Urteile binden, soweit über den Streitgegenstand entschieden worden ist,

1. die Beteiligten und ihre Rechtsnachfolger,
2. im Falle des § 75 Absatz 2a die Personen und im Falle des § 75 Absatz 2b die Versicherungsträger, die einen Antrag auf Beiladung nicht oder nicht fristgemäß gestellt haben.

(2) Hat der Beklagte die Aufrechnung einer Gegenforderung geltend gemacht, so ist die Entscheidung, daß die Gegenforderung nicht besteht, bis zur Höhe des Betrags der Rechtskraft fähig, für den die Aufrechnung geltend gemacht worden ist.

§ 142 (Vorschriften für Beschlüsse)

(1) Für Beschlüsse gelten § 128 Abs. 1 Satz 1, die §§ 134 und 138, nach mündlicher Verhandlung auch die §§ 129, 132, 135 und 136 entsprechend.

(2) Beschlüsse sind zu begründen, wenn sie durch Rechtsmittel angefochten werden können oder über einen Rechtsbehelf entscheiden. Beschlüsse über die Wiederherstellung der aufschiebenden Wirkung und über einstweilige Anordnungen (§ 86b) sowie Beschlüsse nach Erledigung des Rechtsstreits in der Hauptsache sind stets zu begründen. Beschlüsse, die über ein Rechtsmittel entscheiden, bedürfen keiner weiteren Begründung, soweit das Gericht das Rechtsmittel aus den Gründen der angefochtenen Entscheidung als unbegründet zurückweist.

(3) Ausfertigungen der Beschlüsse sind von dem Urkundsbeamten der Geschäftsstelle zu unterschreiben.

Zweiter Abschnitt
Rechtsmittel

Erster Unterabschnitt
Berufung

§ 143 (Statthaftigkeit der Berufung)

Gegen die Urteile der Sozialgerichte findet die Berufung an das Landessozialgericht statt, soweit sich aus den Vorschriften dieses Unterabschnittes nichts anderes ergibt.

§ 144 (Zulassung der Berufung)

(1) Die Berufung bedarf der Zulassung in dem Urteil des Sozialgerichts oder auf Beschwerde durch Beschluß des Landessozialgerichts, wenn der Wert des Beschwerdegegenstandes

1. bei einer Klage, die eine Geld-, Dienst- oder Sachleistung oder einen hierauf gerichteten Verwaltungsakt betrifft, 750 Euro oder
2. bei einer Erstattungsstreitigkeit zwischen juristischen Personen des öffentlichen Rechts oder Behörden 10 000 Euro

nicht übersteigt. Das gilt nicht, wenn die Berufung wiederkehrende oder laufende Leistungen für mehr als ein Jahr betrifft.

(2) Die Berufung ist zuzulassen, wenn

1. die Rechtssache grundsätzliche Bedeutung hat,
2. das Urteil von einer Entscheidung des Landessozialgerichts, des Bundessozialgerichts, des Ge-

meinsamen Senats der obersten Gerichtshöfe des Bundes oder des Bundesverfassungsgerichts abweicht und auf dieser Abweichung beruht oder

3. ein der Beurteilung des Berufungsgerichts unterliegender Verfahrensmangel geltend gemacht wird und vorliegt, auf dem die Entscheidung beruhen kann.

(3) Das Landessozialgericht ist an die Zulassung gebunden.

(4) Die Berufung ist ausgeschlossen, wenn es sich um die Kosten des Verfahrens handelt.

§ 145 (Nichtzulassungsbeschwerde)

(1) Die Nichtzulassung der Berufung durch das Sozialgericht kann durch Beschwerde angefochten werden. Die Beschwerde ist bei dem Landessozialgericht innerhalb eines Monats nach Zustellung des vollständigen Urteils schriftlich oder zu Protokoll des Urkundsbeamten einzulegen.

(2) Die Beschwerde soll das angefochtene Urteil bezeichnen und die zur Begründung dienenden Tatsachen und Beweismittel angeben.

(3) Die Einlegung der Beschwerde hemmt die Rechtskraft des Urteils.

(4) Das Landessozialgericht entscheidet durch Beschluss. Die Zulassung der Berufung bedarf keiner Begründung. Der Ablehnung der Beschwerde soll eine kurze Begründung beigefügt werden. Mit der Ablehnung der Beschwerde wird das Urteil rechtskräftig.

(5) Läßt das Landessozialgericht die Berufung zu, wird das Beschwerdeverfahren als Berufungsverfahren fortgesetzt; der Einlegung einer Berufung durch den Beschwerdeführer bedarf es nicht. Darauf ist in dem Beschluß hinzuweisen.

§§ 146 bis 150 (weggefallen)

§ 151 (Einlegung der Berufung und Frist)

(1) Die Berufung ist bei dem Landessozialgericht innerhalb eines Monats nach Zustellung des Urteils schriftlich oder zu Protokoll des Urkundsbeamten der Geschäftsstelle einzulegen.

(2) Die Berufungsfrist ist auch gewahrt, wenn die Berufung innerhalb der Frist bei dem Sozialgericht schriftlich oder zu Protokoll des Urkundsbeamten der Geschäftsstelle eingelegt wird. In diesem Falle legt das Sozialgericht die Berufungsschrift oder das Protokoll mit seinen Akten unverzüglich dem Landessozialgericht vor.

(3) Die Berufungsschrift soll das angefochtene Urteil bezeichnen, einen bestimmten Antrag enthalten und die zur Begründung dienenden Tatsachen und Beweismittel angeben.

§ 152 (Aktenanforderung)

(1) Die Geschäftsstelle des Landessozialgerichts hat unverzüglich, nachdem die Berufungsschrift eingereicht ist, von der Geschäftsstelle des Sozialgerichts die Prozeßakten anzufordern.

(2) Nach Erledigung der Berufung sind die Akten der Geschäftsstelle des Sozialgerichts nebst einer beglaubigten Abschrift oder einer beglaubigten elektronischen Abschrift, die mit einer qualifizierten elektronischen Signatur des Urkundsbeamten der Geschäftsstelle versehen ist, des in der Berufungsinstanz erlassenen Urteils zurückzusenden.

§ 153 (Berufungsverfahren)

(1) Für das Verfahren vor den Landessozialgerichten gelten die Vorschriften über das Verfahren im ersten Rechtszug mit Ausnahme der §§ 91, 105 entsprechend, soweit sich aus diesem Unterabschnitt nichts anderes ergibt.

(2) Das Landessozialgericht kann in dem Urteil über die Berufung von einer weiteren Darstellung der Entscheidungsgründe absehen, soweit es die Berufung aus den Gründen der angefochtenen Entscheidung als unbegründet zurückweist.

(3) Das Urteil ist von den Mitgliedern des Senats zu unterschreiben. Ist ein Mitglied verhindert, so vermerkt der Vorsitzende, bei dessen Verhinderung der dienstälteste beisitzende Berufsrichter, dies unter dem Urteil mit Angabe des Hinderungsgrundes.

(4) Das Landessozialgericht kann, außer in den Fällen des § 105 Abs. 2 Satz 1, die Berufung durch Beschluß zurückweisen, wenn es sie einstimmig für unbegründet und eine mündliche Verhandlung nicht für erforderlich hält. Die Beteiligten sind vorher zu hören. § 158 Satz 3 und 4 gilt entsprechend.

(5) Der Senat kann in den Fällen des § 105 Abs. 2 Satz 1 durch Beschluss die Berufung dem Berichterstatter übertragen, der zusammen mit den ehrenamtlichen Richtern entscheidet.

§ 154 (Aufschiebende Wirkung der Berufung und Beschwerde)

(1) Die Berufung und die Beschwerde nach § 144 Abs. 1 haben aufschiebende Wirkung, soweit die Klage nach § 86a Aufschub bewirkt.

(2) Die Berufung und die Beschwerde nach § 144 Abs. 1 eines Versicherungsträgers oder in der Kriegsopferversorgung eines Landes bewirken Aufschub, soweit es sich um Beträge handelt, die für die Zeit vor Erlaß des angefochtenen Urteils nachgezahlt werden sollen.

§ 155 (Vorbereitung der Verhandlung, Berichterstatter, Vorsitzender)

(1) Der Vorsitzende kann seine Aufgaben nach den §§ 104, 106 bis 108 und 120 einem Berufsrichter des Senats übertragen.

(2) Der Vorsitzende entscheidet, wenn die Entscheidung im vorbereitenden Verfahren ergeht,

1. über die Aussetzung und das Ruhen des Verfahrens;
2. bei Zurücknahme der Klage oder der Berufung, Verzicht auf den geltend gemachten Anspruch oder Anerkenntnis des Anspruchs, auch über einen Antrag auf Prozesskostenhilfe;
3. bei Erledigung des Rechtsstreits in der Hauptsache, auch über einen Antrag auf Prozesskostenhilfe;
4. über den Streitwert;
5. über Kosten.

In dringenden Fällen entscheidet der Vorsitzende auch über den Antrag nach § 86b Abs. 1 oder 2.

(3) Im Einverständnis der Beteiligten kann der Vorsitzende auch sonst anstelle des Senats entscheiden.

(4) Ist ein Berichterstatter bestellt, so entscheidet dieser anstelle des Vorsitzenden.

§ 156 (Zurücknahme der Berufung)

(1) Die Berufung kann bis zur Rechtskraft des Urteils oder des nach § 153 Abs. 4 oder § 158 Satz 2 ergangenen Beschlusses zurückgenommen werden. Die Zurücknahme nach Schluss der mündlichen Verhandlung setzt die Einwilligung des Berufungsbeklagten voraus.

(2) Die Berufung gilt als zurückgenommen, wenn der Berufungskläger das Verfahren trotz Aufforderung des Gerichts länger als drei Monate nicht betreibt. Der Berufungskläger ist in der Aufforderung auf die Rechtsfolgen hinzuweisen, die sich aus Satz 1 und gegebenenfalls aus § 197a Absatz 1 Satz 1 in Verbindung mit § 155 Absatz 2 der Verwaltungsgerichtsordnung ergeben. Das Gericht stellt durch Beschluss fest, dass die Berufung als zurückgenommen gilt.

(3) Die Zurücknahme bewirkt den Verlust des Rechtsmittels. Über die Kosten entscheidet das Gericht auf Antrag durch Beschluß.

§ 157 (Neues Vorbringen)

Das Landessozialgericht prüft den Streitfall im gleichen Umfang wie das Sozialgericht. Es hat auch neu vorgebrachte Tatsachen und Beweismittel zu berücksichtigen.

§ 157a (Zurückweisung und Ausschluss von Erklärungen und Beweismitteln)

(1) Neue Erklärungen und Beweismittel, die im ersten Rechtszug entgegen einer hierfür gesetzten Frist (§ 106a Abs. 1 und 2) nicht vorgebracht worden sind, kann das Gericht unter den Voraussetzungen des § 106a Abs. 3 zurückweisen.

(2) Erklärungen und Beweismittel, die das Sozialgericht zu Recht zurückgewiesen hat, bleiben auch im Berufungsverfahren ausgeschlossen.

§ 158 (Verwerfung der Berufung)

Ist die Berufung nicht statthaft oder nicht in der gesetzlichen Frist oder nicht schriftlich oder nicht in elektronischer Form oder nicht zu Protokoll des Urkundsbeamten der Geschäftsstelle eingelegt, so ist sie als unzulässig zu verwerfen. Die Entscheidung kann durch Beschluß ergehen. Gegen den Beschluß steht den Beteiligten das Rechtsmittel zu, das zulässig wäre, wenn das Gericht durch Urteil entschieden hätte. Die Beteiligten sind über dieses Rechtsmittel zu belehren.

§ 159 (Zurückverweisung)

(1) Das Landessozialgericht kann durch Urteil die angefochtene Entscheidung aufheben und die Sache an das Sozialgericht zurückverweisen, wenn

1. dieses die Klage abgewiesen hat, ohne in der Sache selbst zu entscheiden,
2. das Verfahren an einem wesentlichen Mangel leidet und auf Grund dieses Mangels eine umfangreiche und aufwändige Beweisaufnahme notwendig ist.

(2) Das Sozialgericht hat die rechtliche Beurteilung, die der Aufhebung zugrunde gelegt ist, seiner Entscheidung zugrunde zu legen.

Zweiter Unterabschnitt
Revision

§ 160 (Zulassungsprinzip)

(1) Gegen das Urteil eines Landessozialgerichts und gegen den Beschluss nach § 55a Absatz 5 Satz 1 steht den Beteiligten die Revision an das Bundessozialgericht nur zu, wenn sie in der Entscheidung des Landessozialgerichts oder in dem Beschluß des Bundessozialgerichts nach § 160a Abs. 4 Satz 1 zugelassen worden ist.

(2) Sie ist nur zuzulassen, wenn

1. die Rechtssache grundsätzliche Bedeutung hat oder
2. das Urteil von einer Entscheidung des Bundessozialgerichts, des Gemeinsamen Senats der obersten Gerichtshöfe des Bundes oder des Bundesverfassungsgerichts abweicht und auf dieser Abweichung beruht oder
3. ein Verfahrensmangel geltend gemacht wird, auf dem die angefochtene Entscheidung beruhen kann; der geltend gemachte Verfahrensmangel kann nicht auf eine Verletzung der §§ 109 und 128 Abs. 1 Satz 1 und auf eine Verletzung des § 103 nur gestützt werden, wenn er sich auf einen Beweisantrag bezieht, dem das Landessozialgericht ohne hinreichende Begründung nicht gefolgt ist.

(3) Das Bundessozialgericht ist an die Zulassung gebunden.

§ 160a (Anfechtung der Nichtzulassung der Revision)

(1) Die Nichtzulassung der Revision kann selbständig durch Beschwerde angefochten werden. Die Beschwerde ist bei dem Bundessozialgericht innerhalb eines Monats nach Zustellung des Urteils einzulegen. Der Beschwerdeschrift soll eine Ausfertigung oder beglaubigte Abschrift des Urteils, gegen das die Revision eingelegt werden soll, beigefügt werden. Satz 3 gilt nicht, soweit nach § 65a elektronische Dokumente übermittelt werden.

(2) Die Beschwerde ist innerhalb von zwei Monaten nach Zustellung des Urteils zu begründen. Die Begründungsfrist kann auf einen vor ihrem Ablauf gestellten Antrag von dem Vorsitzenden einmal bis zu einem Monat verlängert werden. In der Begründung muß die grundsätzliche Bedeutung der Rechtssache dargelegt oder die Entscheidung, von der das Urteil des Landessozialgerichts abweicht, oder der Verfahrensmangel bezeichnet werden.

(3) Die Einlegung der Beschwerde hemmt die Rechtskraft des Urteils.

(4) Das Bundessozialgericht entscheidet unter Zuziehung der ehrenamtlichen Richter durch Beschluß; § 169 gilt entsprechend. Dem Beschluß soll eine kurze Begründung beigefügt werden; von einer Begründung kann abgesehen werden, wenn sie nicht geeignet ist, zur Klärung der Voraussetzungen der Revisionszulassung beizutragen. Mit der Ablehnung der Beschwerde durch das Bundessozialgericht wird das Urteil rechtskräftig. Wird der Beschwerde stattgegeben, so beginnt mit der Zustellung dieser Entscheidung der Lauf der Revisionsfrist.

(5) Liegen die Voraussetzungen des § 160 Abs. 2 Nr. 3 vor, kann das Bundessozialgericht in dem Beschluss das angefochtene Urteil aufheben und die Sache zur erneuten Verhandlung und Entscheidung zurückverweisen.

§ 161 (Sprungrevision)

(1) Gegen das Urteil eines Sozialgerichts steht den Beteiligten die Revision unter Übergehung der Berufungsinstanz zu, wenn der Gegner schriftlich zustimmt und wenn sie von dem Sozialgericht im Urteil oder auf Antrag durch Beschluß zugelassen wird. Der Antrag ist innerhalb eines Monats nach Zustellung des Urteils schriftlich zu stellen. Die Zustimmung des Gegners ist dem Antrag oder, wenn die Revision im Urteil zugelassen ist, der Revisionsschrift beizufügen.

(2) Die Revision ist nur zuzulassen, wenn die Voraussetzungen des § 160 Abs. 2 Nr. 1 oder 2 vorliegen. Das Bundessozialgericht ist an die Zulassung gebunden. Die Ablehnung der Zulassung ist unanfechtbar.

(3) Lehnt das Sozialgericht den Antrag auf Zulassung der Revision durch Beschluß ab, so beginnt mit der Zustellung dieser Entscheidung der Lauf der Berufungsfrist oder der Frist für die Beschwerde gegen die Nichtzulassung der Berufung von neuem, sofern der Antrag in der gesetzlichen Form und Frist gestellt und die Zustimmungserklärung des Gegners beigefügt war. Läßt das Sozialgericht die Revision durch Beschluß zu, so beginnt mit der Zustellung dieser Entscheidung der Lauf der Revisionsfrist.

(4) Die Revision kann nicht auf Mängel des Verfahrens gestützt werden.

(5) Die Einlegung der Revision und die Zustimmung des Gegners gelten als Verzicht auf die Berufung, wenn das Sozialgericht die Revision zugelassen hat.

§ 162 (Revisionsgründe)

Die Revision kann nur darauf gestützt werden, daß das angefochtene Urteil auf der Verletzung einer Vorschrift des Bundesrechts oder einer sonstigen im Bezirk des Berufungsgerichts geltenden Vorschrift beruht, deren Geltungsbereich sich über den Bezirk des Berufungsgerichts hinaus erstreckt.

§ 163 (Keine neue Tatsachenfeststellung)

Das Bundessozialgericht ist an die in dem angefochtenen Urteil getroffenen tatsächlichen Feststellungen gebunden, außer wenn in bezug auf diese Feststellungen zulässige und begründete Revisionsgründe vorgebracht sind.

§ 164 (Einlegung der Revision und Frist)

(1) Die Revision ist bei dem Bundessozialgericht innerhalb eines Monats nach Zustellung des Urteils oder des Beschlusses über die Zulassung der Revision (§ 160a Absatz 4 Satz 1 oder § 161 Abs. 3 Satz 2) schriftlich einzulegen. Die Revision muß das angefochtene Urteil angeben; eine Ausfertigung oder beglaubigte Abschrift des angefochtenen Urteils soll beigefügt werden, sofern dies nicht schon nach § 160a Abs. 1 Satz 3 geschehen ist. Satz 2 zweiter Halbsatz gilt nicht, soweit nach § 65a elektronische Dokumente übermittelt werden.

(2) Die Revision ist innerhalb von zwei Monaten nach Zustellung des Urteils oder des Beschlusses über die Zulassung der Revision zu begründen. Die Begründungsfrist kann auf einen vor ihrem Ablauf gestellten Antrag von dem Vorsitzenden verlängert werden. Die Begründung muß einen bestimmten Antrag enthalten, die verletzte Rechtsnorm und, soweit Verfahrensmängel gerügt werden, die Tatsachen bezeichnen, die den Mangel ergeben.

§ 165 (Verfahren)

Für die Revision gelten die Vorschriften über die Berufung entsprechend, soweit sich aus diesem Unterabschnitt nichts anderes ergibt. § 153 Abs. 2 und 4 sowie § 155 Abs. 2 bis 4 finden keine Anwendung.

§ 166 (weggefallen)

§ 167 (weggefallen)

§ 168 (Unzulässigkeit von Klageänderungen und Beiladungen)

Klageänderungen und Beiladungen sind im Revisionsverfahren unzulässig. Dies gilt nicht für die Beiladung der Bundesrepublik Deutschland in Angelegenheiten des sozialen Entschädigungsrechts nach § 75 Abs. 1 Satz 2 und, sofern der Beizuladende zustimmt, für Beiladungen nach § 75 Abs. 2.

§ 169 (Prüfung der Zulässigkeit)

Das Bundessozialgericht hat zu prüfen, ob die Revision statthaft und ob sie in der gesetzlichen Form und Frist eingelegt und begründet worden ist. Mangelt es an einem dieser Erfordernisse, so ist die Revision als unzulässig zu verwerfen. Die Verwerfung ohne mündliche Verhandlung erfolgt durch Beschluß ohne Zuziehung der ehrenamtlichen Richter.

§ 170 (Inhalt der Revisionsentscheidungen)

(1) Ist die Revision unbegründet, so weist das Bundessozialgericht die Revision zurück. Ergeben die Entscheidungsgründe zwar eine Gesetzesverletzung, stellt sich die Entscheidung selbst aber aus anderen Gründen als richtig dar, so ist die Revision ebenfalls zurückzuweisen.

(2) Ist die Revision begründet, so hat das Bundessozialgericht in der Sache selbst zu entscheiden. Sofern dies untunlich ist, kann es das angefochtene Urteil mit den ihm zugrunde liegenden Feststellungen aufheben und die Sache zur erneuten Verhandlung und Entscheidung an das Gericht zurückverweisen, welches das angefochtene Urteil erlassen hat.

(3) Die Entscheidung über die Revision braucht nicht begründet zu werden, soweit das Bundessozialgericht Rügen von Verfahrensmängeln nicht für durchgreifend erachtet. Dies gilt nicht für Rügen nach § 202 in Verbindung mit § 547 der Zivilprozeßordnung und, wenn mit der Revision ausschließlich Verfahrensmängel geltend gemacht werden, für Rügen, auf denen die Zulassung der Revision beruht.

(4) Verweist das Bundessozialgericht die Sache bei der Sprungrevision nach § 161 zur anderweitigen Verhandlung und Entscheidung zurück, so kann es nach seinem Ermessen auch an das Landessozialgericht zurückverweisen, das für die Berufung zuständig gewesen wäre. Für das Verfahren vor dem Landessozialgericht gelten dann die gleichen Grundsätze, wie wenn der Rechtsstreit auf eine ordnungsge-

mäß eingelegte Berufung beim Landessozialgericht anhängig geworden wäre.

(5) Das Gericht, an das die Sache zur erneuten Verhandlung und Entscheidung zurückverwiesen ist, hat seiner Entscheidung die rechtliche Beurteilung des Revisionsgerichts zugrunde zu legen.

§ 170a (Mitwirkung der ehrenamtlichen Richter)

Eine Abschrift des Urteils ist den ehrenamtlichen Richtern, die bei der Entscheidung mitgewirkt haben, vor Übermittlung an die Geschäftsstelle zu übermitteln. Die ehrenamtlichen Richter können sich dazu innerhalb von zwei Wochen gegenüber dem Vorsitzenden des erkennenden Senats äußern.

§ 171 (Ablehnung; Streitgegenstand)

Wird während des Revisionsverfahrens der angefochtene Verwaltungsakt durch einen neuen abgeändert oder ersetzt, so gilt der neue Verwaltungsakt als mit der Klage beim Sozialgericht angefochten, es sei denn, daß der Kläger durch den neuen Verwaltungsakt klaglos gestellt oder dem Klagebegehren durch die Entscheidung des Revisionsgerichts zum ersten Verwaltungsakt in vollem Umfange genügt wird.

Dritter Unterabschnitt
Beschwerde, Erinnerung, Anhörungsrüge

§ 172 (Statthaftigkeit)

(1) Gegen die Entscheidungen der Sozialgerichte mit Ausnahme der Urteile und gegen Entscheidungen der Vorsitzenden dieser Gerichte findet die Beschwerde an das Landessozialgericht statt, soweit nicht in diesem Gesetz anderes bestimmt ist.

(2) Prozeßleitende Verfügungen, Aufklärungsanordnungen, Vertagungsbeschlüsse, Fristbestimmungen, Beweisbeschlüsse, Beschlüsse über Ablehnung von Beweisanträgen, über Verbindung und Trennung von Verfahren und Ansprüchen und über die Ablehnung von Gerichtspersonen und Sachverständigen können nicht mit der Beschwerde angefochten werden.

(3) Die Beschwerde ist ausgeschlossen

1. in Verfahren des einstweiligen Rechtsschutzes, wenn in der Hauptsache die Berufung der Zulassung bedürfte,
2. gegen die Ablehnung von Prozesskostenhilfe, wenn
   a) das Gericht die persönlichen oder wirtschaftlichen Voraussetzungen für die Prozesskostenhilfe verneint,
   b) in der Hauptsache die Berufung der Zulassung bedürfte oder
   c) das Gericht in der Sache durch Beschluss entscheidet, gegen den die Beschwerde ausgeschlossen ist,
3. gegen Kostengrundentscheidungen nach § 193,
4. gegen Entscheidungen nach § 192 Abs. 4, wenn in der Hauptsache kein Rechtsmittel gegeben ist und der Wert des Beschwerdegegenstandes 200 Euro nicht übersteigt.

§ 173 (Form und Frist)

Die Beschwerde ist binnen eines Monats nach Bekanntgabe der Entscheidung beim Sozialgericht schriftlich oder zu Protokoll des Urkundsbeamten der Geschäftsstelle einzulegen; § 181 des Gerichtsverfassungsgesetzes bleibt unberührt. Die Beschwerdefrist ist auch gewahrt, wenn die Beschwerde innerhalb der Frist bei dem Landessozialgericht schriftlich oder zu Protokoll des Urkundsbeamten der Geschäftsstelle eingelegt wird. Die Belehrung über das Beschwerderecht ist auch mündlich möglich; sie ist dann aktenkundig zu machen.

§ 174 (weggefallen)

§ 175 (Aufschiebende Wirkung)

Die Beschwerde hat aufschiebende Wirkung, wenn sie die Festsetzung eines Ordnungs- oder Zwangsmittels zum Gegenstand hat. Soweit dieses Gesetz auf Vorschriften der Zivilprozeßordnung und des Gerichtsverfassungsgesetzes verweist, regelt sich die aufschiebende Wirkung nach diesen Gesetzen. Das Gericht oder der Vorsitzende, dessen Entscheidung angefochten wird, kann bestimmen, daß der Vollzug der angefochtenen Entscheidung einstweilen auszusetzen ist.

§ 176 (Beschlußentscheidung)

Über die Beschwerde entscheidet das Landessozialgericht durch Beschluß.

§ 177 (Beschwerde zum Bundessozialgericht)

Entscheidungen des Landessozialgerichts, seines Vorsitzenden oder des Berichterstatters können vorbehaltlich des § 160a Abs. 1 dieses Gesetzes und des § 17a Abs. 4 Satz 4 des Gerichtsverfassungsgesetzes nicht mit der Beschwerde an das Bundessozialgericht angefochten werden.

§ 178 (Anrufung des Gerichts)

Gegen die Entscheidungen des ersuchten oder beauftragten Richters oder des Urkundsbeamten kann binnen eines Monats nach Bekanntgabe das Gericht angerufen werden, das endgültig entscheidet. Die §§ 173 bis 175 gelten entsprechend.

§ 178a (Rüge eines beschwerten Beteiligten)

(1) Auf die Rüge eines durch eine gerichtliche Entscheidung beschwerten Beteiligten ist das Verfahren fortzuführen, wenn

1. ein Rechtsmittel oder ein anderer Rechtsbehelf gegen die Entscheidung nicht gegeben ist und
2. das Gericht den Anspruch dieses Beteiligten auf rechtliches Gehör in entscheidungserheblicher Weise verletzt hat.

Gegen eine der Endentscheidung vorausgehende Entscheidung findet die Rüge nicht statt.

(2) Die Rüge ist innerhalb von zwei Wochen nach Kenntnis von der Verletzung des rechtlichen Gehörs zu erheben; der Zeitpunkt der Kenntniserlangung ist glaubhaft zu machen. Nach Ablauf eines Jahres seit Bekanntgabe der angegriffenen Entscheidung kann die Rüge nicht mehr erhoben werden. Formlos mitgeteilte Entscheidungen gelten mit dem dritten Tage nach Aufgabe zur Post als bekannt gegeben. Die Rüge ist schriftlich oder zu Protokoll des Urkundsbeamten der Geschäftsstelle bei dem Gericht zu erheben, dessen Entscheidung angegriffen wird. Die Rüge muss die angegriffene Entscheidung bezeichnen und das Vorliegen der in Absatz 1 Satz 1 Nr. 2 genannten Voraussetzungen darlegen.

(3) Den übrigen Beteiligten ist, soweit erforderlich, Gelegenheit zur Stellungnahme zu geben.

(4) Ist die Rüge nicht statthaft oder nicht in der gesetzlichen Form oder Frist erhoben, so ist sie als unzulässig zu verwerfen. Ist die Rüge unbegründet, weist das Gericht sie zurück. Die Entscheidung ergeht durch unanfechtbaren Beschluss. Der Beschluss soll kurz begründet werden.

(5) Ist die Rüge begründet, so hilft ihr das Gericht ab, indem es das Verfahren fortführt, soweit dies aufgrund der Rüge geboten ist. Das Verfahren wird in die Lage zurückversetzt, in der es sich vor dem Schluss der mündlichen Verhandlung befand. In schriftlichen Verfahren tritt an die Stelle des Schlusses der mündlichen Verhandlung der Zeitpunkt, bis zu dem Schriftsätze eingereicht werden können. Für den Ausspruch des Gerichts ist § 343 der Zivilprozessordnung entsprechend anzuwenden.

(6) § 175 Satz 3 ist entsprechend anzuwenden.

XV

Dritter Abschnitt
Wiederaufnahme des Verfahrens und besondere Verfahrensvorschriften

§ 179 (Zulässigkeit)

(1) Ein rechtskräftig beendetes Verfahren kann entsprechend den Vorschriften des Vierten Buches der Zivilprozeßordnung wieder aufgenommen werden.

(2) Die Wiederaufnahme des Verfahrens ist ferner zulässig, wenn ein Beteiligter strafgerichtlich verurteilt worden ist, weil er Tatsachen, die für die Entscheidung der Streitsache von wesentlicher Bedeutung waren, wissentlich falsch behauptet oder vorsätzlich verschwiegen hat.

(3) Auf Antrag kann das Gericht anordnen, daß die gewährten Leistungen zurückzuerstatten sind.

§ 180 (Weitere Zulässigkeitsgründe – Form)

(1) Eine Wiederaufnahme des Verfahrens ist auch zulässig, wenn

1. mehrere Versicherungsträger denselben Anspruch endgültig anerkannt haben oder wegen desselben Anspruchs rechtskräftig zur Leistung verurteilt worden sind,
2. ein oder mehrere Versicherungsträger denselben Anspruch endgültig abgelehnt haben oder wegen desselben Anspruchs rechtskräftig von der Leistungspflicht befreit worden sind, weil ein anderer Versicherungsträger leistungspflichtig sei, der seine Leistung bereits endgültig abgelehnt hat oder von ihr rechtskräftig befreit worden ist.

(2) Das gleiche gilt im Verhältnis zwischen Versicherungsträgern und einem Land, wenn streitig ist, ob eine Leistung aus der Sozialversicherung oder nach dem sozialen Entschädigungsrecht zu gewähren ist.

(3) Der Antrag auf Wiederaufnahme des Verfahrens ist bei einem der gemäß § 179 Abs. 1 für die Wiederaufnahme zuständigen Gerichte der Sozialgerichtsbarkeit zu stellen. Dieses verständigt die an

dem Wiederaufnahmeverfahren Beteiligten und die Gerichte, die über den Anspruch entschieden haben. Es gibt die Sache zur Entscheidung an das gemeinsam nächsthöhere Gericht ab.

(4) Das zur Entscheidung berufene Gericht bestimmt unter Aufhebung der entgegenstehenden Bescheide oder richterlichen Entscheidungen den Leistungspflichtigen.

(5) Für die Durchführung des Verfahrens nach Absatz 4 gelten im übrigen die Vorschriften über die Wiederaufnahme des Verfahrens entsprechend.

§ 181 (Verfahren bei Bedenken gegen die Passivlegitimation)

Will das Gericht die Klage gegen einen Versicherungsträger ablehnen, weil es einen anderen Versicherungsträger für leistungspflichtig hält, obwohl dieser bereits den Anspruch endgültig abgelehnt hat oder in einem früheren Verfahren rechtskräftig befreit worden ist, so verständigt es den anderen Versicherungsträger und das Gericht, das über den Anspruch rechtskräftig entschieden hat, und gibt die Sache zur Entscheidung an das gemeinsam nächsthöhere Gericht ab. Im übrigen gilt § 180 Abs. 2 und Abs. 4 und 5.

§ 182 (Bindung der Entscheidung über Passivlegitimation)

(1) Hat das Bundessozialgericht oder ein Landessozialgericht die Leistungspflicht eines Versicherungsträgers rechtskräftig verneint, weil ein anderer Versicherungsträger verpflichtet sei, so kann der Anspruch gegen den anderen Versicherungsträger nicht abgelehnt werden, weil der im früheren Verfahren befreite Versicherungsträger leistungspflichtig sei.

(2) Das gleiche gilt im Verhältnis zwischen einem Versicherungsträger und einem Land, wenn die Leistungspflicht nach dem sozialen Entschädigungsrecht streitig ist.

§ 182a (Mahnverfahren)

(1) Beitragsansprüche von Unternehmen der privaten Pflegeversicherung nach dem Elften Buch Sozialgesetzbuch können nach den Vorschriften der Zivilprozeßordnung im Mahnverfahren vor dem Amtsgericht geltend gemacht werden. In dem Antrag auf Erlaß des Mahnbescheids können mit dem Beitragsanspruch Ansprüche anderer Art nicht verbunden werden. Der Widerspruch gegen den Mahnbescheid kann zurückgenommen werden, solange die Abgabe an das Sozialgericht nicht verfügt ist.

(2) Mit Eingang der Akten beim Sozialgericht ist nach den Vorschriften dieses Gesetzes zu verfahren. Für die Entscheidung des Sozialgerichts über den Einspruch gegen den Vollstreckungsbescheid gelten § 700 Abs. 1 und § 343 der Zivilprozeßordnung entsprechend.

Vierter Abschnitt
Kosten und Vollstreckung

Erster Unterabschnitt
Kosten

§ 183 (Gerichtskostenfreiheit)

Das Verfahren vor den Gerichten der Sozialgerichtsbarkeit ist für Versicherte, Leistungsempfänger einschließlich Hinterbliebenenleistungsempfänger, behinderte Menschen oder deren Sonderrechtsnachfolger nach § 56 des Ersten Buches Sozialgesetzbuch kostenfrei, soweit sie in dieser jeweiligen Eigenschaft als Kläger oder Beklagte beteiligt sind. Nimmt ein sonstiger Rechtsnachfolger das Verfahren auf, bleibt das Verfahren in dem Rechtszug kostenfrei. Den in Satz 1 und 2 genannten Personen steht gleich, wer im Falle des Obsiegens zu diesen Personen gehören würde. Leistungsempfängern nach Satz 1 stehen Antragsteller nach § 55a Absatz 2 Satz 1 zweite Alternative gleich. § 93 Satz 3, § 109 Abs. 1 Satz 2, § 120 Absatz 1 Satz 2 und § 192 bleiben unberührt. Die Kostenfreiheit nach dieser Vorschrift gilt nicht in einem Verfahren wegen eines überlangen Gerichtsverfahrens (§ 202 Satz 2).

§ 184 (Gebühren)

(1) Kläger und Beklagte, die nicht zu den in § 183 genannten Personen gehören, haben für jede Streitsache eine Gebühr zu entrichten. Die Gebühr entsteht, sobald die Streitsache rechtshängig geworden ist; sie ist für jeden Rechtszug zu zahlen. Soweit wegen derselben Streitsache ein Mahnverfahren (§ 182a) vorausgegangen ist, wird die Gebühr für das Verfahren über den Antrag auf Erlass eines Mahnbescheids nach dem Gerichtskostengesetz angerechnet.

(2) Die Höhe der Gebühr wird für das Verfahren

vor den Sozialgerichten auf 150 Euro,
vor den Landessozialgerichten auf 225 Euro,
vor dem Bundessozialgericht auf 300 Euro
festgesetzt.

(3) § 2 des Gerichtskostengesetzes gilt entsprechend.

§ 185 (Fälligkeit der Gebühr)

Die Gebühr wird fällig, sobald die Streitsache durch Zurücknahme des Rechtsbehelfs, durch Vergleich, Anerkenntnis, Beschluß oder durch Urteil erledigt ist.

§ 186 (Ermäßigung und Entfallen der Gebühr)

Wird eine Sache nicht durch Urteil erledigt, so ermäßigt sich die Gebühr auf die Hälfte. Die Gebühr entfällt, wenn die Erledigung auf einer Rechtsänderung beruht.

§ 187 (Gebührenteilung bei mehreren Beteiligten)

Sind an einer Streitsache mehrere nach § 184 Abs. 1 Gebührenpflichtige beteiligt, so haben sie die Gebühr zu gleichen Teilen zu entrichten.

§ 188 (Wiederaufnahmeverfahren als neue Streitsache)

Wird ein durch rechtskräftiges Urteil abgeschlossenes Verfahren wieder aufgenommen, so ist das neue Verfahren eine besondere Streitsache.

§ 189 (Gebührenverzeichnis)

(1) Die Gebühren für die Streitsachen werden in einem Verzeichnis zusammengestellt. Die Mitteilung eines Auszuges aus diesem Verzeichnis an die nach § 184 Abs. 1 Gebührenpflichtigen gilt als Feststellung der Gebührenschuld und als Aufforderung, den Gebührenbetrag binnen eines Monats an die in der Mitteilung angegebene Stelle zu zahlen.

(2) Die Feststellung erfolgt durch den Urkundsbeamten der Geschäftsstelle. Gegen diese Feststellung kann binnen eines Monats nach Mitteilung das Gericht angerufen werden, das endgültig entscheidet.

§ 190 (Niederschlagung einer Gebühr bei fehlerhafter Sachbehandlung)

Die Präsidenten und die aufsichtführenden Richter der Gerichte der Sozialgerichtsbarkeit sind befugt, eine Gebühr, die durch unrichtige Behandlung der Sache ohne Schuld der gebührenpflichtigen Beteiligten entstanden ist, niederzuschlagen. Sie können von der Einziehung absehen, wenn sie mit Kosten oder Verwaltungsaufwand verknüpft ist, die in keinem Verhältnis zu der Einnahme stehen.

§ 191 (Entschädigung bei persönlichem Erscheinen)

Ist das persönliche Erscheinen eines Beteiligten angeordnet worden, so werden ihm auf Antrag bare Auslagen und Zeitverlust wie einem Zeugen vergütet; sie können vergütet werden, wenn er ohne Anordnung erscheint und das Gericht das Erscheinen für geboten hält.

§ 192 (Kostenauferlegung)

(1) Das Gericht kann im Urteil oder, wenn das Verfahren anders beendet wird, durch Beschluss einem Beteiligten ganz oder teilweise die Kosten auferlegen, die dadurch verursacht werden, dass

1. durch Verschulden des Beteiligten die Vertagung einer mündlichen Verhandlung oder die Anberaumung eines neuen Termins zur mündlichen Verhandlung nötig geworden ist oder
2. der Beteiligte den Rechtsstreit fortführt, obwohl ihm vom Vorsitzenden die Missbräuchlichkeit der Rechtsverfolgung oder -verteidigung dargelegt worden und er auf die Möglichkeit der Kostenauferlegung bei Fortführung des Rechtsstreites hingewiesen worden ist.

Dem Beteiligten steht gleich sein Vertreter oder Bevollmächtigter. Als verursachter Kostenbetrag gilt dabei mindestens der Betrag nach § 184 Abs. 2 für die jeweilige Instanz.

(2) (weggefallen)

(3) Die Entscheidung nach Absatz 1 wird in ihrem Bestand nicht durch die Rücknahme der Klage berührt. Sie kann nur durch eine zu begründende Kostenentscheidung im Rechtsmittelverfahren aufgehoben werden.

(4) Das Gericht kann der Behörde ganz oder teilweise die Kosten auferlegen, die dadurch verursacht werden, dass die Behörde erkennbare und notwendige Ermittlungen im Verwaltungsverfahren unterlassen hat, die im gerichtlichen Verfahren nachgeholt wurden. Die Entscheidung ergeht durch gesonderten Beschluss.

§ 193 (Erstattung der notwendigen Kosten)

(1) Das Gericht hat im Urteil zu entscheiden, ob und in welchem Umfang die Beteiligten einander Kosten

zu erstatten haben. Ist ein Mahnverfahren vorausgegangen (§ 182a), entscheidet das Gericht auch, welcher Beteiligte die Gerichtskosten zu tragen hat. Das Gericht entscheidet auf Antrag durch Beschluß, wenn das Verfahren anders beendet wird.

(2) Kosten sind die zur zweckentsprechenden Rechtsverfolgung oder Rechtsverteidigung notwendigen Aufwendungen der Beteiligten.

(3) Die gesetzliche Vergütung eines Rechtsanwalts oder Rechtsbeistands ist stets erstattungsfähig.

(4) Nicht erstattungsfähig sind die Aufwendungen der in § 184 Abs. 1 genannten Gebührenpflichtigen.

§ 194 (Mehrere Kostenpflichtige)

Sind mehrere Beteiligte kostenpflichtig, so gilt § 100 der Zivilprozeßordnung entsprechend. Die Kosten können ihnen als Gesamtschuldnern auferlegt werden, wenn das Streitverhältnis ihnen gegenüber nur einheitlich entschieden werden kann.

§ 195 (Kostenaufhebung bei Vergleich)

Wird der Rechtsstreit durch gerichtlichen Vergleich erledigt und haben die Beteiligten keine Bestimmung über die Kosten getroffen, so trägt jeder Beteiligte seine Kosten.

§ 196 (weggefallen)

§ 197 (Kostenfestsetzungsverfahren)

(1) Auf Antrag der Beteiligten oder ihrer Bevollmächtigten setzt der Urkundsbeamte des Gerichts des ersten Rechtszugs den Betrag der zu erstattenden Kosten fest. § 104 Abs. 1 Satz 2 und Abs. 2 der Zivilprozeßordnung findet entsprechende Anwendung.

(2) Gegen die Entscheidung des Urkundsbeamten der Geschäftsstelle kann binnen eines Monats nach Bekanntgabe das Gericht angerufen werden, das endgültig entscheidet.

§ 197a (Kosten)

(1) Gehört in einem Rechtszug weder der Kläger noch der Beklagte zu den in § 183 genannten Personen oder handelt es sich um ein Verfahren wegen eines überlangen Gerichtsverfahrens (§ 202 Satz 2), werden Kosten nach den Vorschriften des Gerichtskostengesetzes erhoben; die §§ 184 bis 195 finden keine Anwendung; die §§ 154 bis 162 der Verwaltungsgerichtsordnung sind entsprechend anzuwenden. Wird die Klage zurückgenommen, findet § 161 Abs. 2 der Verwaltungsgerichtsordnung keine Anwendung.

(2) Dem Beigeladenen werden die Kosten außer in den Fällen des § 154 Abs. 3 der Verwaltungsgerichtsordnung auch auferlegt, soweit er verurteilt wird (§ 75 Abs. 5). Ist eine der in § 183 genannten Personen beigeladen, können dieser Kosten nur unter den Voraussetzungen von § 192 auferlegt werden. Aufwendungen des Beigeladenen werden unter den Voraussetzungen des § 191 vergütet; sie gehören nicht zu den Gerichtskosten.

(3) Die Absätze 1 und 2 gelten auch für Träger der Sozialhilfe einschließlich der Leistungen nach Teil 2 des Neunten Buches Sozialgesetzbuch, soweit sie an Erstattungsstreitigkeiten mit anderen Trägern beteiligt sind.

§ 197b (Kosten beim Bundessozialgericht)

Für Ansprüche, die beim Bundessozialgericht entstehen, gelten das Justizverwaltungskostengesetz und das Justizbeitreibungsgesetz entsprechend, soweit sie nicht unmittelbar Anwendung finden. Vollstreckungsbehörde ist die Justizbeitreibungsstelle des Bundessozialgerichts.

Zweiter Unterabschnitt
Vollstreckung

§ 198 (Anwendung der ZPO)

(1) Für die Vollstreckung gilt das Achte Buch der Zivilprozeßordnung entsprechend, soweit sich aus diesem Gesetz nichts anderes ergibt.

(2) Die Vorschriften über die vorläufige Vollstreckbarkeit sind nicht anzuwenden.

(3) An die Stelle der sofortigen Beschwerde tritt die Beschwerde (§§ 172 bis 177).

§ 199 (Titel)

(1) Vollstreckt wird

1. aus gerichtlichen Entscheidungen, soweit nach den Vorschriften dieses Gesetzes kein Aufschub eintritt,
2. aus einstweiligen Anordnungen,
3. aus Anerkenntnissen und gerichtlichen Vergleichen,
4. aus Kostenfestsetzungsbeschlüssen,
5. aus Vollstreckungsbescheiden.

(2) Hat ein Rechtsmittel keine aufschiebende Wirkung, so kann der Vorsitzende des Gerichts, das über das Rechtsmittel zu entscheiden hat, die Vollstreckung durch einstweilige Anordnung aussetzen. Er kann die Aussetzung und Vollstreckung von einer Sicherheitsleistung abhängig machen; die §§ 108, 109, 113 der Zivilprozeßordnung gelten entsprechend. Die Anordnung ist unanfechtbar; sie kann jederzeit aufgehoben werden.

(3) Absatz 2 Satz 1 gilt entsprechend, wenn ein Urteil nach § 131 Abs. 4 bestimmt hat, daß eine Wahl oder eine Ergänzung der Selbstverwaltungsorgane zu wiederholen ist. Die einstweilige Anordnung ergeht dahin, daß die Wiederholungswahl oder die Ergänzung der Selbstverwaltungsorgane für die Dauer des Rechtsmittelverfahrens unterbleibt.

(4) Für die Vollstreckung können den Beteiligten auf ihren Antrag Ausfertigungen des Urteils ohne Tatbestand und ohne Entscheidungsgründe erteilt werden, deren Zustellung in den Wirkungen der Zustellung eines vollständigen Urteils gleichsteht.

§ 200 (Geltung des Verwaltungsvollstreckungsgesetzes)

(1) Soll zugunsten einer Bundesbehörde oder einer bundesunmittelbaren Körperschaft des öffentlichen Rechts oder einer bundesunmittelbaren Anstalt des öffentlichen Rechts vollstreckt werden, so richtet sich die Vollstreckung nach dem Verwaltungsvollstreckungsgesetz.

(2) Bei der Vollstreckung zugunsten einer Behörde, die nicht Bundesbehörde ist, sowie zugunsten einer nicht bundesunmittelbaren Körperschaft oder Anstalt des öffentlichen Rechts gelten die Vorschriften des Verwaltungsvollstreckungsgesetzes entsprechend. In diesem Falle bestimmt das Land die Vollstreckungsbehörde.

§ 201 (Zwangsgeld bei Verpflichtungsurteilen)

(1) Kommt die Behörde in den Fällen des § 131 der im Urteil auferlegten Verpflichtung nicht nach, so kann das Gericht des ersten Rechtszugs auf Antrag unter Fristsetzung ein Zwangsgeld bis zu tausend Euro durch Beschluß androhen und nach vergeblichem Fristablauf festsetzen. Das Zwangsgeld kann wiederholt festgesetzt werden.

(2) Für die Vollstreckung gilt § 200.

Dritter Teil
Übergangs- und Schlußvorschriften

§ 202 (Subsidiäre Anwendung des GVG und der ZPO)

Soweit dieses Gesetz keine Bestimmungen über das Verfahren enthält, sind das Gerichtsverfassungsgesetz und die Zivilprozeßordnung einschließlich § 278 Absatz 5 und § 278a entsprechend anzuwenden, wenn die grundsätzlichen Unterschiede der beiden Verfahrensarten dies nicht ausschließen; Buch 6 der Zivilprozessordnung ist nicht anzuwenden. Die Vorschriften des Siebzehnten Titels des Gerichtsverfassungsgesetzes sind mit der Maßgabe entsprechend anzuwenden, dass an die Stelle des Oberlandesgerichts das Landessozialgericht, an die Stelle des Bundesgerichtshofs das Bundessozialgericht und an die Stelle der Zivilprozessordnung das Sozialgerichtsgesetz tritt. In Streitigkeiten über Entscheidungen des Bundeskartellamts, die die freiwillige Vereinigung von Krankenkassen nach § 172a des Fünften Buches Sozialgesetzbuch betreffen, sind die §§ 63 bis 80 des Gesetzes gegen Wettbewerbsbeschränkungen mit der Maßgabe entsprechend anzuwenden, dass an die Stelle des Oberlandesgerichts das Landessozialgericht, an die Stelle des Bundesgerichtshofs das Bundessozialgericht und an die Stelle der Zivilprozessordnung das Sozialgerichtsgesetz tritt.

§ 203 (Verweisungen)

Soweit in anderen Gesetzen auf Vorschriften oder Bezeichnungen verwiesen wird, die durch dieses Gesetz aufgehoben werden, treten an deren Stelle die entsprechenden Vorschriften oder die Bezeichnungen dieses Gesetzes.

§ 203a (Sitzungen des Bundessozialgerichts in Berlin)

Die Senate des Bundessozialgerichts können Sitzungen auch in Berlin abhalten.

§ 204 (Überleitung)

Vor die Gerichte der Sozialgerichtsbarkeit gehören auch Streitigkeiten, für welche durch Rechtsverordnung die Zuständigkeit der früheren Versicherungsbehörden oder Versorgungsgerichte begründet worden war.

§ 205 (Rechtshilfe nach SGB X)

Erfolgt die Vernehmung oder die Vereidigung von Zeugen und Sachverständigen nach dem Zehnten Buch Sozialgesetzbuch durch das Sozialgericht, findet sie vor dem dafür im Geschäftsverteilungsplan bestimmten Richter statt. Über die Rechtmäßigkeit einer Verweigerung des Zeugnisses, des Gutachtens oder der Eidesleistung nach dem Zehnten Buch Sozialgesetzbuch entscheidet das Sozialgericht durch Beschluß.

§ 206 (Übergangsvorschriften)

(1) Auf Verfahren in Angelegenheiten der Sozialhilfe und des Asylbewerberleistungsgesetzes, die nicht auf die Gerichte der Sozialgerichtsbarkeit übergehen, ist § 188 der Verwaltungsgerichtsordnung in der bis zum 31. Dezember 2004 geltenden Fassung anzuwenden.

(2) Auf Verfahren, die am 1. Januar 2009 bei den besonderen Spruchkörpern der Gerichte der Verwaltungsgerichtsbarkeit anhängig sind, sind die §§ 1, 50a bis 50c und 60 in der bis zum 31. Dezember 2008 geltenden Fassung anzuwenden. Für einen Rechtsbehelf gegen Entscheidungen eines besonderen Spruchkörpers des Verwaltungsgerichts, die nach dem 31. Dezember 2008 ergehen, ist das Landessozialgericht zuständig.

§ 207 (Überleitung von Verfahren über Entscheidungen von Vergabekammern)

Verfahren in Streitigkeiten über Entscheidungen von Vergabekammern, die Rechtsbeziehungen nach § 69 des Fünften Buches Sozialgesetzbuch betreffen und die am 28. Dezember 2010 bei den Landessozialgerichten anhängig sind, gehen in dem Stadium, in dem sie sich befinden, auf das für den Sitz der Vergabekammer zuständige Oberlandesgericht über. Verfahren in Streitigkeiten über Entscheidungen von Vergabekammern, die Rechtsbeziehungen nach § 69 des Fünften Buches Sozialgesetzbuch betreffen und die am 28. Dezember 2010 beim Bundessozialgericht anhängig sind, gehen auf den Bundesgerichtshof über. Die Sätze 1 und 2 gelten nicht für Verfahren, die sich in der Hauptsache erledigt haben.

§ 208 (Amtszeit ehrenamtlicher Richter)

(1) Ehrenamtliche Richter, die vor dem 1. Januar 2012 nach § 23 Absatz 1 Satz 2 als Mitglieder des Ausschusses der ehrenamtlichen Richter gewählt worden sind, bleiben bis zum Ende der für sie geltenden Wahlperiode im Amt. Dies gilt auch für ehrenamtliche Richter, die aus den Vorschlagslisten für den Kreis der Arbeitnehmer vor dem 25. Oktober 2013 in das Amt berufen worden sind.

(2) Ehrenamtliche Richter, die aus den Vorschlagslisten für den Kreis der Arbeitnehmer vor dem 25. Oktober 2013 in das Amt berufen worden sind, bleiben bis zum Ende der Zeit, für die sie berufen worden sind, im Amt und gehören so lange den für Angelegenheiten der Grundsicherung für Arbeitsuchende einschließlich der Streitigkeiten auf Grund des § 6a des Bundeskindergeldgesetzes und der Arbeitsförderung zuständigen Kammern an.

§ 209 (Verfahren vor 18. April 2018)

§ 43 des Einführungsgesetzes zum Gerichtsverfassungsgesetz gilt entsprechend.

§ 210 (Überleitung von Verfahren über Entscheidungen der Schiedsstellen)

(1) Verfahren in Streitigkeiten über Entscheidungen der Schiedsstellen nach § 133 des Neunten Buches Sozialgesetzbuch, die am 23. Juni 2020 bei den Sozialgerichten anhängig sind, gehen in dem Stadium, in dem sie sich befinden, auf die Landessozialgerichte über. Dies gilt nicht für Verfahren, die sich in der Hauptsache erledigt haben.

(2) Verfahren gegen Entscheidungen der Schiedsstellen nach § 75 Absatz 3c, § 111b Absatz 6, § 132a Absatz 3, § 132l Absatz 4 des Fünften Buches Sozialgesetzbuch und des Schiedsgremiums nach § 113c Absatz 4 des Elften Buches Sozialgesetzbuch, die am 1. Januar 2023 anhängig sind, gehen in dem Stadium, in dem sie sich befinden, auf die Landessozialgerichte über. Satz 1 gilt nicht für Verfahren, die sich in der Hauptsache erledigt haben.

(3) Verfahren gegen Entscheidungen der Schiedsstellen nach den §§ 125, 131 und 134a des Fünften Buches Sozialgesetzbuch, der Schlichtungsstelle nach § 319 des Fünften Buches Sozialgesetzbuch, des Qualitätsausschusses nach § 113b Absatz 1 des Elften Buches Sozialgesetzbuch und des erweiterten Qualitätsausschusses nach § 113b Absatz 3 des Elften Buches Sozialgesetzbuch sowie Klagen, welche die Mitwirkung an den Richtlinien des Medizinischen Dienstes Bund betreffen (§ 17 Absatz 1, §§ 18b, 112a Absatz 2, § 114a Absatz 7 und § 114c Absatz 1 des Elften Buches Sozialgesetzbuch), die

am 1. Januar 2023 anhängig sind, gehen in dem Stadium, in dem sie sich befinden, auf das Landessozialgericht Berlin-Brandenburg über. Satz 1 gilt nicht für Verfahren, die sich in der Hauptsache erledigt haben.

§§ 211 bis 217 (weggefallen)

§ 218 (gegenstandslos)

§ 219 (Abweichungen für bestimmte Länder)

Die Länder können Abweichungen von den Vorschriften des § 85 Abs. 2 Nr. 1 zulassen.

Stichwortverzeichnis

Sie finden das jeweilige Stichwort über die fettgedruckte Angabe der Leitziffer, gefolgt durch die Vorschriftenabkürzung. Im angegebenen Paragraphen finden Sie das gesuchte Stichwort.
Um mehr Übersichtlichkeit zu erreichen, sind die Bezeichnungen der Gesetze zum Teil verkürzt wiedergegeben. Wo die männliche Form verwendet wurde, ist implizit auch die weibliche gemeint.

Abfindung
- bei Minderung der Erwerbsfähigkeit **VII/SGB VII** § 76, § 78
- bei Wiederheirat **VII/SGB VII** § 80
- Entlassungsentschädigung **III/SGB III** § 158
- mit einer Gesamtvergütung **VII/SGB VII** § 75

Abhilfe oder Vorlage XV/SGG § 174

Abrechnungsprüfung
- Pflegeeinrichtungen, ambulant und stationär **XI/SGB XI** § 79 **V/SGB V** § 302
- Vertragsärztliche Versorgung **V/SGB V** § 106

Abschläge beim Versorgungsausgleich VI/SGB VI § 86

Absenkung, SGB II-Leistungen II/SGB II § 31 ff.

Aktenanforderung XV/SGG § 152

Aktivierungsmaßnahmen, Arbeitsförderung III/SGB III § 45

Aktivierungs- und Vermittlungsgutschein III/SGB III § 45

Allgemeiner Beitragssatz V/SGB V § 241

Altenhilfe XII/SGB XII § 71

Altersabhängige Rechte und Pflichten I/SGB I § 33a

Altersfeststellung, ausländische Jugendliche VIII/SGB VIII § 42f

Altersrente VI/SGB VI § 35 ff.
- für Frauen **VI/SGB VI** § 237a
- für langjährig Versicherte **VI/SGB VI** § 36, § 236
- für langjährig unter Tage beschäftigte Bergleute **VI/SGB VI** § 40, § 238
- für schwerbehinderte Menschen **VI/SGB VI** § 37, § 236a
- und Kündigungsschutz **VI/SGB VI** § 41
- wegen Arbeitslosigkeit **VI/SGB VI** § 237
- nach Altersteilzeitarbeit **VI/SGB VI** § 237
- vorgezogene **II/SGB II** § 12a, § 65

Ambulanter Sachleistungsbetrag, Umwandlungsanspruch XI/SGB XI § 45a

Amtsentbindung, ehrenamtlicher Richter XV/SGG § 22

Andere
- Einkünfte **XII.82/DVO zu § 82 SGB XII** § 8

Anerkennungsfähige Einrichtungen IX.227/WVO § 17

Anerkennungsverfahren, WfbM IX/SGB IX § 225

Anfechtung der Nichtzulassung der Revision XV/SGG § 160a

Anfechtungs- und Verpflichtungsklage XV/SGG § 54

Angabe von Tatsachen I/SGB I § 60

Anhörungs- und Informationsrechte der Verbände V/SGB V § 172

Anlegung der Rücklage IV/SGB IV § 83

Anpassung
- der Renten **VI/SGB VI** § 254c
- von Geldleistungen **VII/SGB VII** § 95

Anrechenbare Zeiten VI/SGB VI § 244

Anrechnung
- anderer Leistungen **VII/SGB VII** § 98
- von Aufträgen auf die Ausgleichsabgabe **IX/SGB IX** § 223

Anspruchsübergang XII/SGB XII § 93 ff.

Antragstellung I/SGB I § 16

Anträge und Widerspruch beim Auftrag X/SGB X § 90

Anzeige- und Bescheinigungspflicht bei Arbeitsunfähigkeit II/SGB II § 56

Arbeitgeberanteil bei Versicherungsfreiheit VI/SGB VI § 172

Arbeitseinkommen, Begriff IV/SGB IV § 15

Arbeitsentgelt
- Begriff **IV/SGB IV** § 14
- einmal gezahltes **IV/SGB IV** § 23a
- nicht zuzurechnende Zuwendungen **VIII.3** § 1

Arbeitsförderung
- Leistungen **III/SGB III** § 3
- Vermittlungsgrundsätze **III/SGB III** § 36

Arbeitsgemeinschaft II/SGB II § 44b **V/SGB V** § 219, § 278 **X/SGB X** § 94

Arbeitslosengeld I
- Anspruch **III/SGB III** § 136

Findex

– Anwartschaft **III/SGB III** § 142
– Dauer der Leistung **III/SGB III** § 147
– Erlöschen **III/SGB III** § 161
– Höhe **III/SGB III** § 149
– Ruhen der Leistung **III/SGB III** § 156 ff.
– Sperrzeit **III/SGB III** § 159
Arbeitslosenversicherung
– Beiträge **III/SGB III** § 341 ff.
– Versicherungspflicht **III/SGB III** § 24 ff.
Arbeitslosigkeit
– Begriff **III/SGB III** § 16
– Meldung **III/SGB III** § 141
Arbeitslosmeldung III/SGB III § 141
Arbeitsuchend, Meldung bei der Arbeitsagentur III/SGB III § 38
Arbeitsunfähigkeitsbescheinigung V/SGB V § 46
Arbeitsunfall
– Begriff **VII/SGB VII** § 8
– Prävention **VII/SGB VII** § 14
Arzneimittel V/SGB V § 31
Assistenzleistungen IX/SGB IX § 78
Aufbewahrungspflicht IV/SGB IV § 110a ff.
Aufgaben
– der Bundesagentur für Arbeit **III/SGB III** § 367 **IX/SGB IX** § 187
– der Bundesverbände **V/SGB V** § 217
– der Versicherungsämter **IV/SGB IV** § 93
– des Integrationsamtes **IX/SGB IX** § 185
– des Sozialgesetzbuchs **I/SGB I** § 1
– des Spitzenverbandes Bund der Krankenkassen **V/SGB V** § 217f
– des Verwaltungsrats **V/SGB V** § 280
Aufklärung I/SGB I § 13
Auflösung V/SGB V § 152, § 162
Aufnahme in die Werkstätten für behinderte Menschen IX/SGB IX § 220
Aufnahmequote, ausländische Kinder und Jugendliche VIII/SGB VIII § 42c
Aufrechnung I/SGB I § 51 **II/SGB II** § 43
Aufschiebende Wirkung XV/SGG § 154, § 175
Aufsichtsbehörde II/SGB II § 47 **III/SGB III** § 393 **IV/SGB IV** § 90 **V/SGB V** § 208, § 214, § 217d
Aufstellung
– des Haushaltsplans **IV/SGB IV** § 67
– eines Wirtschaftsplans **IX.162/SchwbAV** § 38
– von Vorschlagslisten für die ehrenamtlichen Richter **XV/SGG** § 14, § 46
Auftrag X/SGB X § 88, § 93
Aufwendungsersatz I/SGB I § 65a
Ausführung
– der Sozialleistungen **I/SGB I** § 17
– des Auftrags **X/SGB X** § 89
– des Wirtschaftsplans **IX.162/SchwbAV** § 40
Ausgestaltung
– der Heranziehung **VIII/SGB VIII** § 92
– von Rechten und Pflichten **I/SGB I** § 33
Ausgleich unter den gewerblichen Berufsgenossenschaften VII/SGB VII § 220
Ausgleichsabgabe, Schwerbehinderte IX/SGB IX § 160 **IX.162/SchwbAV** § 1 ff.
Ausgleichsfonds XI/SGB XI § 65
Ausgleichspflicht VII/SGB VII § 176
Auskunft I/SGB I § 15
Auskunfts- und Beratungsstellen VI/SGB VI § 131
Auskunftspflicht VIII/SGB VIII § 102 **XII/SGB XII** § 125
– bei Leistungen zur Eingliederung in Arbeit **II/SGB II** § 61
– der Leistungsträger **X/SGB X** § 101
– der Unternehmer und Beitragsüberwachung **VII/SGB VII** § 166
– des Arbeitgebers **X/SGB X** § 98
– des Arztes oder Angehörigen eines anderen Heilberufs **X/SGB X** § 100
– und Mitwirkungspflicht Dritter **II/SGB II** § 60
– von Angehörigen, Unterhaltspflichtigen oder sonstigen Personen **X/SGB X** § 99
– von Arbeitgebern **II/SGB II** § 57
Ausländerbeschäftigung III/SGB III § 284 ff.
Ausländische Kinder und Jugendliche VIII/SGB VIII § 42a ff.
Ausnahmeregelungen für die Änderung von Renten VII/SGB VII § 74
Ausscheiden
– einer Handwerksinnung **V/SGB V** § 161
– von Betrieben **V/SGB V** § 151
Ausschließungsgründe, ehrenamtliche Richter XV/SGG § 17
Ausschluss der Rechtsnachfolge
– **I/SGB I** § 59

Ausschlussfrist, Erstattungsansprüche X/SGB X §111
Außerklinische Intensivpflege V/SGB V §37c, §132l
Ausstellung des Sozialversicherungsausweises IV/SGB IV §96
Ausübung, Krankenkassenwahlrecht V/SGB V §175
Auszahlung
- bei Unterbringung **I/SGB I** §49
- bei Verletzung der Unterhaltspflicht **I/SGB I** §48
- von Geldleistungen **I/SGB I** §47 **II/SGB II** §42

Automatisierter Datenabgleich II/SGB II §52 **III/SGB III** §397 **XII/SGB XII** §118
Bauliche Gestaltung, Werkstätte für Behinderte IX.227/WVO §8
Beanstandung von Rechtsverstößen IV/SGB IV §38
Beauftragte für Chancengleichheit am Arbeitsmarkt III/SGB III §385
Beauftragter des Arbeitgebers IX/SGB IX §181
Bedarfsermittlung der Reha-Träger IX/SGB IX §13
Bedarfsgemeinschaft II/SGB II §7, §9
Bedeutung, Haushaltsplan IV/SGB IV §68
Beginn
- Hinterbliebenenversorgung
- Krankenversicherungspflicht **V/SGB V** §186 ff.
- Rente **VI/SGB VI** §99
- Unfallversicherungsrenten **VII/SGB VII** §72

Begleitende Dienste IX.227/WVO §10
Begrenzung von Rechten und Pflichten I/SGB I §34
Begutachtungsinstrument, Pflege XI/SGB XI §15
Behandlung hoher Einkommen VIII.94/KostenbeitragsV §5
Behandlungsprogramme, strukturierte V/SGB V §137f
Behinderte
- Begriff **IX/SGB IX** §2
- Instrumente zur Bedarfsermittlung **IX/SGB IX** §13
- Medizinische Rehabilitation **IX/SGB IX** §42 ff.
- Soziale Teilhabe **IX/SGB IX** §1, §76
- Teilhabe am Arbeitsleben **III/SGB III** §112 ff. **IX/SGB IX** §49 ff. **XII/SGB XII** §140
- Teilhabe an Bildung **IX/SGB IX** §75
- unterhaltssichernde, ergänzende Leistungen **IX/SGB IX** §64 ff.

Beitragsbemessungsgrenzen VI/SGB VI §159, §260
- im Beitrittsgebiet **VI/SGB VI** §275a
- freiwillig Versicherte **VI/SGB VI** §279b

Beitragsfreiheit
- bei Krankengeld, Mutterschaftsgeld, Erziehungsgeld oder Elterngeld **V/SGB V** §224
- bestimmter Rentenantragsteller **V/SGB V** §225
- in der Pflegeversicherung **XI/SGB XI** §56

Beitragsgeminderte Zeiten VI/SGB VI §246
Beitragshöhe VII/SGB VII §152 ff.
Beitragspflicht, beitragspflichtige Einnahmen, Beitragsbemessungsgrenze V/SGB V §223
Beitragspflichtige Einnahmen
- Beschäftigter **VI/SGB VI** §162
- bei Hebammen und Handwerkern **VI/SGB VI** §279
- der Bezieher von Arbeitslosengeld, Unterhaltsgeld oder Kurzarbeitergeld **V/SGB V** §232a
- der Künstler und Publizisten **V/SGB V** §234
- der Seeleute **V/SGB V** §233
- der Studenten und Praktikanten **V/SGB V** §236
- freiwilliger Mitglieder **V/SGB V** §240
- in der Pflegeversicherung **XI/SGB XI** §57
- mitarbeitender Ehegatten im Beitrittsgebiet **VI/SGB VI** §279a
- selbständig Tätiger **VI/SGB VI** §165
- sonstiger Versicherter **VI/SGB VI** §166, §276
- und Beitragstragung bei Beziehern von Unterhaltsgeld **VI/SGB VI** §279f
- unständig Beschäftigter **V/SGB V** §232
- versicherungspflichtig Beschäftigter **V/SGB V** §226
- versicherungspflichtiger Rentner **V/SGB V** §237
- versicherungspflichtiger Rückkehrer in die gesetzliche Krankenversicherung und bisher nicht Versicherter **V/SGB V** §227
- von Rehabilitanden, Jugendlichen und Behinderten in Einrichtungen **V/SGB V** §235

Beitragsrecht bei Nachversicherung VI/SGB VI §277
Beitragssatz
- Krankenkasse **V/SGB V** §241 ff.
- Pflegeversicherung **XI/SGB XI** §55
- Rente **V/SGB V** §158, §247

Beitragssatzstabilität, Pflege XI/SGB XI §70

Findex

Beitragstragung
- bei Beschäftigten **VI/SGB VI** § 168
- bei anderen Mitgliedern **XI/SGB XI** § 59
- bei selbständig Tätigen **VI/SGB VI** § 169
- bei sonstigen Versicherten **VI/SGB VI** § 170
- im Beitrittsgebiet **VI/SGB VI** § 279c

Beitragsvorschüsse und Sicherheitsleistungen VII/SGB VII § 164

Beitragszahlung
- Krankenkassen **V/SGB V** § 220 ff.
- Pflegeversicherung **XI/SGB XI** § 54 ff.
- Rentenversicherung **VI/SGB VI** § 157 ff.
- an einen anderen Unfallversicherungsträger **VII/SGB VII** § 170
- aus Versorgungsbezügen **V/SGB V** § 256
- aus dem Arbeitsentgelt **V/SGB V** § 253
- aus dem Arbeitsentgelt und Arbeitseinkommen **VI/SGB VI** § 174
- aus der Rente **V/SGB V** § 255
- bei Künstlern und Publizisten **VI/SGB VI** § 175
- der Studenten **V/SGB V** § 254
- für Kindererziehungszeiten **VI/SGB VI** § 177
- im Beitrittsgebiet **VI/SGB VI** § 279d
- und Abrechnung bei Bezug von Sozialleistungen **VI/SGB VI** § 176
- und Abrechnung bei Pflegepersonen **VI/SGB VI** § 176a
- von Pflegepersonen **VI/SGB VI** § 279e

Beitragszeiten VI/SGB VI § 247
- im Beitrittsgebiet und im Saarland **VI/SGB VI** § 248
- ohne Entgeltpunkte **VI/SGB VI** § 261
- wegen Kindererziehung **VI/SGB VI** § 249
- wegen Kindererziehung im Beitrittsgebiet **VI/SGB VI** § 249a

Beitragszuschüsse
- für Beschäftigte **V/SGB V** § 257
- für Küstenfischer **VII/SGB VII** § 163
- für andere Personen **V/SGB V** § 258
- für freiwillige Mitglieder der gesetzlichen Krankenversicherung und Privatversicherte **XI/SGB XI** § 61

Belastungsgrenze V/SGB V § 62

Benachteiligungsverbot I/SGB I § 33c **IV/SGB IV** § 1 ff.

Beratender Ausschuss
- für behinderte Menschen bei dem Integrationsamt **IX/SGB IX** § 186
- für behinderte Menschen bei der Bundesagentur für Arbeit **IX/SGB IX** § 188

Beratung I/SGB I § 14 **IV/SGB IV** § 63
- Arbeitslose **III/SGB III** § 16
- Pflege **XI/SGB XI** § 7, § 37, § 146

Berechnung
- der Leistungen **II/SGB II** § 41
- des Einkommens **VIII/SGB VIII** § 93
- des Einkommens aus nichtselbständiger Arbeit **II.13/Bürgergeld-V** § 2
- des Einkommens aus selbständiger Arbeit, Gewerbebetrieb und Land- und Forstwirtschaft **II.13/Bürgergeld-V** § 2a
- des Einkommens in sonstigen Fällen **II.13/Bürgergeld-V** § 2b
- und Tragung der Beiträge **VI/SGB VI** § 181
- und Zahlung des Heimentgelts **XI/SGB XI** § 87a
- von Durchschnittswerten und Rententeilen **VI/SGB VI** § 124
- von Geldbeträgen **VI/SGB VI** § 123
- von Zeiten **VI/SGB VI** § 122

Berechnungsgrundsätze, Rente VI/SGB VI § 121 ff.

Berechtigte Selbsthilfe II/SGB II § 30 **XII/SGB XII** § 34b

Berücksichtigungszeiten wegen Pflege VI/SGB VI § 249b

Berufsausbildungsbeihilfe III/SGB III § 56 ff.

Berufsbildungsbereich IX.227/WVO § 4

Berufsfördernde Maßnahmen I/SGB I § 64

Berufliche Eingliederung III/SGB III § 44 ff.

Berufliche Weiterbildung III/SGB III § 81 ff.
- Trägerzulassung **III/SGB III** § 176 ff.

Berufsberatung III/SGB III § 30

Berufskrankheit
- anerkannte **VII.9/BKV** § 1 ff., Anlage 1
- Begriff **VII/SGB VII** § 9 **VII.9/BKV** § 1
- Feststellung **VII.9/BKV** § 4
- Maßnahmen **VII.9/BKV** § 2
- Prävention **VII/SGB VII** § 14

Berufskrankheiten-Verordnung VII.9/BKV § 1 ff.

Berufsorientierung III/SGB III § 48 ff.

Berufsrückkehrende III/SGB III § 20

Berufsvorbereitung III/SGB III § 51 ff.

Berufungsverfahren XV/SGG § 143 ff.

Beschleunigung der Zusammenarbeit X/SGB X § 87

Beschlußentscheidung XV/SGG § 176
Beschränkung der Haftung
– anderer Personen **VII/SGB VII** § 106
– anderer im Betrieb tätiger Personen **VII/SGB VII** § 105
– der Unternehmer **VII/SGB VII** § 104
Beschwerde zum Bundessozialgericht XV/SGG § 177
Besetzung
– der Kammern **XV/SGG** § 12
– der Landessozialgerichte und Dienstaufsicht **XV/SGG** § 30
– der Senate **XV/SGG** § 33
– der Sozialgerichte und Dienstaufsicht **XV/SGG** § 9
– der Spruchkörper **XV/SGG** § 50b
Besitzstandsschutz, Pflege XI/SGB XI § 140 ff.
Besondere Versorgung V/SGB V § 140a **XI/SGB XI** § 92b
Bestattungskosten XII/SGB XII § 74
Besuchsbeihilfen IX/SGB IX § 115
Betriebliche Einstiegsqualifizierung III/SGB III § 54a
Betriebliches Eingliederungsmanagement IX/SGB IX § 166
Betriebs- und Haushaltshilfe VII/SGB VII § 54
Betriebskrankenkassen V/SGB V § 147 ff.
– öffentlicher Verwaltungen **V/SGB V** § 156
Betriebsmittel IV/SGB IV § 81 **V/SGB V** § 260 **VII/SGB VII** § 171 **XI/SGB XI** § 63
Beweiswirkung IV/SGB IV § 110d
Bewertung von Sachbezügen XII.82/DVO zu § 82 SGB XII § 2
Beziehungen der Krankenkassen zu den Leistungserbringern V/SGB V § 311
Bezugsgröße, Sozialversicherung IV/SGB IV § 18
Bildübertragung XV/SGG § 110a
Bildung,Teilhabe an IX/SGB IX § 112
Bildungs- und Arbeitsförderung I/SGB I § 3
Bildungspaket II/SGB II § 28 ff. **XII/SGB XII** § 34 ff.
Bindung
– der Entscheidung über Passivlegitimation **XV/SGG** § 182
– der Gerichte **VII/SGB VII** § 108, § 112
Blindenhilfe XII/SGB XII § 72
Blindenwerkstätten IX/SGB IX § 226
Bundesagentur für Arbeit III/SGB III § 367
Budget für Arbeit IX/SGB IX § 61
Budget für Ausbildung IX/SGB IX § 61a
Bundesozialgericht XV/SGG § 38 ff.
Bundesstatistik XII/SGB XII § 121
Bundesunmittelbare Versicherungsträger VI/SGB VI § 143
Bundesversicherungsamt IV/SGB IV § 94
Bürgergeld
– Bedürftigkeit **II/SGB II** § 9
– Berechtigte **II/SGB II** § 7
– Einkommen **II/SGB II** § 11 **II.13/Bürgergeld-V** § 1 ff.
– Erwerbsfähigkeit **II/SGB II** § 8
– Leistung zur Sicherung des Lebensunterhalts **II/SGB II** § 19 ff.
– Leistungsminderungen **II/SGB II** § 31 ff.
– Mehrbedarfe **II/SGB II** § 21
– Unterkunft und Heizung **II/SGB II** § 22 ff.
– Vermögen **II/SGB II** § 12 **II.13/Bürgergeld-V** § 7
Bürgergeld-Verordnung II.13/Bürgergeld-V § 1 ff.
Darlehen II/SGB II § 42a **XII/SGB XII** § 37 ff.
Datenschutz
– Arbeitsförderung **II/SGB II** § 50 ff. **III/SGB III** § 394 ff.
– Sozialdaten **X/SGB X** § 67 ff.
Deutsche
– Rentenversicherung Knappschaft-Bahn-See **V/SGB V** § 167
– Verbindungsstelle Krankenversicherung-Ausland **V/SGB V** § 219a
Dienstaufsicht XV/SGG § 38
Dienstrecht, Unfallversicherungsträger VII/SGB VII § 144 ff.
Dienstrechtliche Vorschriften
– für die Eisenbahn-Unfallkasse **VII/SGB VII** § 148
– für die Unfallkasse Post und Telekom **VII/SGB VII** § 149
– für die Unfallkasse des Bundes **VII/SGB VII** § 149a
Ehrenamtliche Betätigung Arbeitsloser III.151 § 1 ff.
Ehrenämter IV/SGB IV § 40
Eigene und übertragene Aufgaben IV/SGB IV § 30
Eignung zum ehrenamtlichen Richter XV/SGG § 16, § 35, § 47
Eingangsverfahren IX.227/WVO § 3

Findex

Eingliederungsbilanz II/SGB II § 54
Eingliederungshilfe für behinderte Menschen II.1/SGB VIII § 35a **IX/SGB IX** § 90 ff.
Eingliederungsvereinbarung II/SGB II § 15 (bis 30.06.23)
Eingliederungszuschuss III/SGB III § 88 ff.
– ältere Arbeitnehmer **III/SGB III** § 131
– Behinderte **III/SGB III** § 90
Einkommensbegriff II/SGB II § 11 **II.13/Bürgergeld-V** § 2 ff. **IV/SGB IV** § 18a ff. **XII/SGB XII** § 82 **XII.82/DVO zu § 82 SGB XII** § 1
Einkommensbescheinigung II/SGB II § 58
Einkünfte
– aus Kapitalvermögen **XII.82/DVO zu § 82 SGB XII** § 6
– aus Land- und Forstwirtschaft, Gewerbebetrieb und selbständiger Arbeit **XII.82/DVO zu § 82 SGB XII** § 4
– aus Vermietung und Verpachtung **XII.82/DVO zu § 82 SGB XII** § 7
– aus nichtselbständiger Arbeit **XII.82/DVO zu § 82 SGB XII** § 3
Einlegung
– Berufung **XV/SGG** § 151
– Revision **XV/SGG** § 164
Einmalig gezahltes Arbeitsentgelt IV/SGB IV § 118
Einmalige Bedarfe II/SGB II § 24 **XII/SGB XII** § 31
Einrichtungen und Dienste für Leistungen zur Eingliederung II/SGB II § 17
Einsatz des Kindergelds VIII.94/KostenbeitragsV § 7
Einstiegsgeld II/SGB II § 16b **II.16b/ESGV** § 1 ff.
Einstiegsqualifizierung, Zuschüsse an Arbeitgeber III/SGB III § 54a
Elektronische Gesundheitskarte V/SGB V § 15, § 291 ff.
Elektronische Kommunikation I/SGB I § 36a
Elterngeld I/SGB I § 25
– Digitale Beantragung **IV/SGB IV** § 108a, § 124
Entbindung, Leistungen V7SGB V § 24f
Entgeltersatzleistungen III/SGB III § 3
Entgeltpunkte
– für Beitragszeiten **VI/SGB VI** § 83, § 256
– für Beitragszeiten im Beitrittsgebiet **VI/SGB VI** § 256a
– für Beitragszeiten mit Sachbezug **VI/SGB VI** § 259
– für Berliner Beitragszeiten **VI/SGB VI** § 257
– für beitragsfreie und beitragsgeminderte Zeiten (Gesamtleistungsbewertung) **VI/SGB VI** § 84
– für glaubhaft gemachte Beitragszeiten **VI/SGB VI** § 256b
– für nachgewiesene Beitragszeiten ohne Beitragsbemessungsgrundlage **VI/SGB VI** § 256c
– für saarländische Beitragszeiten **VI/SGB VI** § 258
– für ständige Arbeiten unter Tage (Leistungszuschlag) **VI/SGB VI** § 85
Entgeltumwandlung IV/SGB IV § 115
Entlassungsmanagement V/SGB V § 39
Entlastungsbetrag XI/SGB XI § 45b **XII/SGB XII** § 64i, § 66
Entschädigung, Soziale XIV/SGB XIV § 1 ff.
Entstehen der Ansprüche I/SGB I § 40
Erbenhaftung II/SGB II § 35
Erfüllung X/SGB X § 107
Ergänzende Leistungen VI/SGB VI § 28
Erhebung
– der Einnahmen **IV/SGB IV** § 76
– von Gebühren und Auslagen **VIII/SGB VIII** § 97c
Erhöhung
– des Grenzbetrags **VI/SGB VI** § 266
– im Einzelfall **XII.90/DVO zu § 90 Abs. 2 Nr. 9 SGB XII** § 2
– und Minderung der Beiträge bei Versorgungsausgleich **VI/SGB VI** § 183
Erledigungsausschüsse IV/SGB IV § 66
Ermessensleistungen I/SGB I § 39
Erreichbarkeit Arbeitsloser III.150/EAO § 1 ff.
Ersatzansprüche II/SGB II § 34 ff.
Ersatzkassen V/SGB V § 168 ff.
Ersatzzeiten VI/SGB VI § 250
– bei Handwerkern **VI/SGB VI** § 251
Ersatzpflege XI/SGB XI § 39 **XII/SGB XII** § 64c
Erstattung
– der Fahrgeldausfälle im Fernverkehr **IX/SGB IX** § 232
– der Fahrgeldausfälle im Nahverkehr **IX/SGB IX** § 231
– der notwendigen Kosten **XV/SGG** § 193
– in Geld, Verzinsung **X/SGB X** § 108
– von Aufwendungen **VI/SGB VI** § 179 **X/SGB X** § 91
– von Beiträgen **V/SGB V** § 231
Erstattungsanspruch bei zu Unrecht erbrachten Leistungen X/SGB X § 50

Findex

Erstattungsverfahren, Fahrgeldausfälle IX/SGB IX §233
Erwerbsfähigkeit II/SGB II §8
Erwerbsfähigkeit, verminderte VI/SGB VI §43 ff.
Erziehungsrente VI/SGB VI §47
Existenzsichernde Leistungen II/SGB II §20, §77 **XII/SGB XII** §28
Fahrgeldausfälle, Erstattung IX/SGB IX §233
Familienversicherung V/SGB V §10 **XI/SGB XI** §25
Festbeträge, Arzneimittel V/SGB V §35
Festsetzung
– des Kostenbeitrags **VIII.94/KostenbeitragsV** §1
Feststellung
– der Sozialleistungen **VIII/SGB VIII** §97 **XII/SGB XII** §95
– der allgemeinen Vorschlagsberechtigung **IV/SGB IV** §48c
– der dauerhaften vollen Erwerbsminderung **XII/SGB XII** §45
– des Wirtschaftsplans **IX.162/SchwbAV** §39
– von Erwerbsfähigkeit und Hilfebedürftigkeit **II/SGB II** §44a
Feststellungsklage XV/SGG §55
Feststellungsverfahren IV/SGB IV §48b
Finanzausgleich, Krankenkassen V/SGB V §265 ff.
Finanzielle Hilfen in besonderen Notlagen V/SGB V §265a
Folgen fehlender Mitwirkung I/SGB I §66
Förder- und Behandlungsplan IX.48/FrühV §7
Forderungsübergang an Sozialleistungsträger X/SGB X §115
Form, Beschwerde XV/SGG §173
Formen der Werkstatt IX.227/WVO §16
Fortbestehen der Mitgliedschaft Versicherungspflichtiger V/SGB V §192 ff.
Freibetrag II/SGB II §30 **XII/SGB XII** §82a
Frauenbeauftragte in WfbM IX.227/WVO §14
Freigrenzen XII.90/DVO zu §90 Abs. 2 Nr. 9 SGB XII §1
Freiwillige Versicherung III/SGB III §28a **V/SGB V** §9 **VI/SGB VI** §7 **VII/SGB VII** §6
Früherkennung V/SGB V §25
– und Frühförderung **IX.48/FrühV** §2
Frühförderung IX.48/FrühV §1 ff.
Funktionelle Zuständigkeit
– der Landessozialgerichte **XV/SGG** §29
– der Sozialgerichte **XV/SGG** §8
– des Bundessozialgerichts **XV/SGG** §39
Fälligkeit I/SGB I §41
– der Beiträge und Aufschub **VI/SGB VI** §184
– der Gebühr **XV/SGG** §185
– und Auszahlung **VI/SGB VI** §118
Gebühren XV/SGG §184
Gebührenordnung für ambulante Pflegeleistungen XI/SGB XI §90
Gebührenteilung bei mehreren Beteiligten XV/SGG §187
Gebührenverzeichnis XV/SGG §189
Geistig wesentlich behinderte Menschen IX/SGB IX §99
Geltungsbereich I/SGB I §30
Gemeindeunfallversicherungsverbände VII/SGB VII §185
Gemeinsame Einigungsstelle II/SGB II §45
Gemeinsame Einrichtungen II/SGB II §44
Gemeinsame Vorschriften für die Sozialversicherung IV/SGB IV §1 ff.
Genehmigungsbedürftige Vermögensanlagen IV/SGB IV §85
Gerichtskostenfreiheit XV/SGG §183
Geringfügige Beschäftigung
– Begriff **IV/SGB IV** §8
– Gleitzone, Übergangsbereich **IV/SGB IV** §20
Gesamteinkommen, Begriff IV/SGB IV §16
Gesamtleistungsbewertung für beitragsfreie und beitragsgeminderte Zeiten VI/SGB VI §263
Gesamtplanverfahren IX/SGB IX, § 117 ff.
Gesamtsozialversicherungsbeitrag IV/SGB IV §28d
Gesamtrücklage V/SGB V §262
Geschäftsführung
– der Agenturen für Arbeit **III/SGB III** §383
– der Regionaldirektionen **III/SGB III** §384
Geschäftsgang des Bundessozialgerichts XV/SGG §50
Geschäftsübersichten und Statistiken der Sozialversicherung IV/SGB IV §79
Gesundheitsförderung V/SGB V §20 ff.
– im Pflegeheim **XI/SGB XI** §5

Findex

Gesundheitsuntersuchung, Kinder und Jugendliche V/SGB V § 26
Glaubhaftmachung der Beitragszahlung VI/SGB VI § 203
Gleitzone, Übergangsbereich IV/SGB IV § 20
Grenzen der Mitwirkung I/SGB I § 65
Größe der Werkstatt IX.227/WVO § 7
Grundrentenzuschlag VI/SGB VI § 76g, § 97a, § 151b, § 151c, § 307g
– Freibetrag **XII/SGB XII** § 82a
Grundsatz
– des Forderns **II/SGB II** § 2
– des Förderns **II/SGB II** § 14
Grundsicherung für Arbeitsuchende
– Berechtigte **II/SGB II** § 7
– Einkommen **II/SGB II** § 11 ff. **II.13/Bürgergeld-V** § 1 ff.
– Erwerbsfähigkeit **II/SGB II** § 8
– Hilfebedürftigkeit **II/SGB II** § 9
– Leistung zur Sicherung des Lebensunterhalts **II/SGB II** § 19 ff.
– Leistungsfähigkeit der Träger **II/SGB II** § 48a
– Leistungsminderungen **II/SGB II** § 31
– Mehrbedarfe **II/SGB II** § 21
– Träger **II/SGB II** § 6 ff., § 44 ff.
– Unterkunft und Heizung **II/SGB II** § 22 ff.
– Vermögen **II/SGB II** § 12 **II.13/Bürgergeld-V** § 7
– Vorrangige Leistungen **II/SGB II** § 12a
– Warmwasser **II/SGB II** § 21, § 22
Grundsicherung im Alter und bei Erwerbsminderung VI/SGB VI § 109a **XII/SGB XII** § 41 ff.
Gründungszuschuss III/SGB III § 93
Gruppenzugehörigkeit IV/SGB IV § 47
Haftpflicht- und Auslandsversicherung VII/SGB VII § 140
Haftung IV/SGB IV § 42
Haftungsbeschränkung VII/SGB VII § 104 ff.
Handlungsfähigkeit I/SGB I § 36
Haushaltshilfe V/SGB V § 38, § 132
Haushaltsplan IV/SGB IV § 70
– der Bundesagentur für Arbeit **IV/SGB IV** § 71a
– der Deutschen Rentenversicherung Knappschaft-Bahn-See **IV/SGB IV** § 71
Häusliche Pflegehilfe XII/SGB XII § 64b
Hebammenhilfe V7SGB V § 24d
Heilbehandlung I/SGB I § 63 **VII/SGB VII** § 27 ff.
Heilmittel V/SGB V § 32 **VII/SGB VII** § 30
Heilpädagogische Leistungen IX/SGB IX § 79 **IX.48/FrühV** § 6
Heimverträge mit Pflegeheimen außerhalb des Anwendungsbereichs des Heimgesetzes XI/SGB XI § 119
Heizungskosten II/SGB II § 22 **XII/SGB XII** § 35
Heranziehung der Eltern bei Leistungen für junge Volljährige VIII.94/KostenbeitragsV § 6
Hilfe
– für junge Volljährige **VIII/SGB VIII** § 41
– zur Erziehung **VIII/SGB VIII** § 27
Hilfeplan VIII/SGB VIII § 36
Hilfen (Sozialhilfe)
– in anderen Lebenslagen **XII/SGB XII** § 70 ff.
– zum Lebensunterhalt **XII/SGB XII** § 27 ff.
– zur Pflege **XII/SGB XII** § 61 ff.
– zur Überwindung besonderer sozialer Schwierigkeiten **XII/SGB XII** § 67 ff. **XII.69/DVO Hilfe zur Überwindung sozialer Schwierigkeiten** § 1 ff.
Hilfebedürftigkeit II/SGB II § 9
Hilfen zur Gesundheit XII/SGB XII § 47 ff.
Hilfsmittel V/SGB V § 33 **VII/SGB VII** § 31 **IX/SGB IX** § 84 **XI/SGB XI** § 40
Hospizleistungen V/SGB V § 39a, § 39b
Inklusionsvereinbarung IX/SGB IX § 166
Inobhutnahme von Kindern und Jugendlichen VIII/SGB VIII § 8a, § 42 ff.
Innenrevision II/SGB II § 49 **III/SGB III** § 386
Innungskrankenkassen V/SGB V § 157 ff.
Insolvenzgeld III/SGB III § 165 ff.
Integrationsamt
– Aufgaben **IX/SGB IX** § 185
– Widerspruch **IX/SGB IX** § 201
– Zustimmung zur Kündigung **IX/SGB IX** § 168
– Zusammenarbeit mit Bundesagentur für Arbeit **IX/SGB IX** § 184
Integrationsfachdienste IX/SGB IX § 192 ff.
Integrationsprojekte IX/SGB IX § 215 ff.
Integrierte Versorgung V/SGB V § 140a **XI/SGB XI** § 92b
Intensivpflege, außerklinische V/SGB V § 37c, § 132l
Interdisziplinäre Frühförderstellen IX.48/FrühV § 3
Irrtümliche Pflichtbeitragszahlung VI/SGB VI § 202

Jobcenter II./SGB II § 6d
Jugendarbeit VIII/SGB VIII § 11
Jugendhilfe
– Andere Aufgaben **VIII/SGB VIII** § 42 ff.
– Ausschuss **VIII/SGB VIII** § 71
– Leistungen **VIII/SGB VIII** § 11 ff.
– Planung **VIII/SGB VIII** § 80
Jugendsozialarbeit VIII/SGB VIII § 13
Jugendwohnheime III/SGB III § 80a
Kinder- und Jugendhilfe I/SGB I § 8 **VIII/SGB VIII** § 1 ff.
– Kostenbeteiligung **VIII/SGB VIII** § 90
Kindergeld I/SGB I § 25
Kinderzuschuss VI/SGB VI § 270
Kindeswohlgefährdung, Schutzauftrag des Jugendamts VIII/SGB VIII § 8a
Kommunale Träger II/SGB II § 6 ff.
– Eignungsfeststellung **II.6a.2** § 1 ff.
– Personalübergang **II/SGB II** § 6c
– Zulassung **II.6a/KomtrZV** § 1 ff.
Komplexleistungen, Frühförderung IX.48/FrühV § 6a
Kontenpfändung I/SGB I § 55
Konzernschwerbehindertenvertretung IX/SGB IX § 180
Kooperationsplan II.1/SGB II § 15 (ab 01.07.23)
Körperlich wesentlich behinderte Menschen IX/SGB IX § 99
Kosten, Sozialgerichtsverfahren XV/SGG § 183 ff.
Kostenbeiträge, Kinder- und Jugendhilfe VIII/SGB VIII § 91 ff. **VIII.94/KostenbeitragsV** § 1 ff.
Kostenerstattung bei Aufenthalt im Frauenhaus II/SGB II § 36a
Kostenfestsetzungsverfahren XV/SGG § 197
Krankengeld
– Arbeitsunfähigkeit des Arbeitnehmers **V/SGB V** § 44
– Erkrankung des Kindes **V/SGB V** § 45
– Ruhenstatbestände **V/SGB V** § 49
Krankentransporte V/SGB V § 60
Krankenversicherung
– Familienversicherung **V/SGB V** § 10
– Meldepflichten des Arbeitgebers **V/SGB V** § 198 ff.
– Versicherungspflicht **V/SGB V** § 5 ff., § 183 ff.
Kundennummer II/SGB II § 51a
Kündigung des Auftrags X/SGB X § 92
Kündigungsschutz bei Schwerbehinderung IX/SGB IX § 168 ff.
Kurzarbeitergeld III/SGB III § 95 ff.
Kurzzeitpflege V/SGB V § 39c **XI/SGB XI** § 42 **XII/SGB XII** § 64h
Landespflegeausschüsse XI/SGB XI § 8a
Landessozialgerichte XV/SGG § 28 ff.
Landwirtschaftliche Krankenkassen V/SGB V § 166
Langzeitarbeitslose
– Begriff **III/SGB III** § 18
– Leistungen zur Sicherung des Lebensunterhalts **II/SGB II** § 19 ff.
Lebenspartnerschaften I/SGB I § 33b
Leistung
– an Arbeitslose **III/SGB III** § 3 ff.
– an Hinterbliebene **VII/SGB VII** § 218a
– bei Schwangerschaftsabbrüchen **I/SGB I** § 21b
– bei gleitendem Übergang älterer Arbeitnehmer in den Ruhestand **I/SGB I** § 19b
– bei häuslicher Pflege **XI/SGB XI** § 36 ff.
– bei medizinischer Rehabilitation **II/SGB II** § 25
– bei Schwangerschaft und Mutterschaft **V/SGB V** § 24c
– der Arbeitsförderung **I/SGB I** § 19
– der Ausbildungsförderung **I/SGB I** § 18
– der Grundsicherung für Arbeitsuchende **I/SGB I** § 19a
– der Kinder- und Jugendhilfe **I/SGB I** § 27
– der Pflegeversicherung **XI/SGB XI** § 28 ff.
– der Sozialhilfe **I/SGB I** § 28 **XII/SGB XII** § 8 ff.
– der gesetzlichen Krankenversicherung **I/SGB I** § 21
– der gesetzlichen Rentenversicherung **I/SGB I** § 23
– der gesetzlichen Unfallversicherung **I/SGB I** § 22
– der sozialen Pflegeversicherung **I/SGB I** § 21a
– für Mehrbedarfe beim Lebensunterhalt **II/SGB II** § 21
– für Pflegebedürftige mit allgemeinem Betreuungsbedarf **XI/SGB XI** § 45a ff.
– für Unterkunft und Heizung **II/SGB II** § 22
– ins Ausland **VII/SGB VII** § 97
– zur Beschäftigungsförderung **II/SGB II** § 16a
– zur Eingliederung **II/SGB II** § 16
– zur Eingliederung in Arbeit **II/SGB II** § 14 ff.
– zur Rehabilitation und Teilhabe behinderter Menschen **I/SGB I** § 29

Findex

– zur Sicherung des Lebensunterhalt **II/SGB II** § 19 ff.
– zur medizinischen Rehabilitation **IX.48/FrühV** § 5
Leistungs- und Qualitätsnachweise XI/SGB XI § 113
Leistungsmissbrauch, Bekämpfung II/SGB II § 64
Leistungsträger I/SGB I § 12
Länder und Gemeinden als Unfallversicherungsträger VII/SGB VII § 218
Mahnverfahren XV/SGG § 182a
Medikationsplan V/SGB V § 31a
Medizinische Rehabilitation IX/SGB IX § 42, § 109
Medizinischer Dienst V/SGB V § 275 ff.
Mehrbedarfe II/SGB II § 21 **XII/SGB XII** § 30
Meldepflichten, Sozialversicherung IV/SGB IV § 28 ff.
Minderung
– des Familienaufwands **I/SGB I** § 6
– der Erwerbsfähigkeit **VII/SGB VII** § 76, § 78
– von Bürgergeld **II/SGB II** § 31
Mindestanforderungs-Verordnung II.18 § 1 ff.
Mitbestimmung in WfbM IX.227/WVO § 14
Mitglieder der Selbstverwaltungsorgane IV/SGB IV § 43
Mittel
– der Krankenkasse **V/SGB V** § 259
– der Pflegekasse **XI/SGB XI** § 62
Mitwirkungspflichten I/SGB I § 60 ff.
Mobilitätsleistungen IX/SGB IX § 83, § 114
Modellvorhaben, Pflege XI/SGB XI § 123, § 124
Mutterschaft, Leistungen V7SGB V § 24c
Nachholung der Mitwirkung I/SGB I § 67
Nachrang, Sozialhilfe XII/SGB XII § 2
Nachversicherung VI/SGB VI § 135, § 181 ff., § 281
Nachzahlung
– bei Strafverfolgungsmaßnahmen **VI/SGB VI** § 205
– für Ausbildungszeiten **VI/SGB VI** § 207
– für Geistliche und Ordensleute **VI/SGB VI** § 206
– Rente **VI/SGB VI** § 204 ff.
Nah- und Fernverkehr IX/SGB IX § 230
Neue Tatsachenfeststellung XV/SGG § 163
Neue Untersuchungs- und Behandlungsmethoden V/SGB V § 137c
Nicht zu berücksichtigende Einnahmen
– Einkommen **II.13/Bürgergeld-V** § 1
– Vermögen **II.13/Bürgergeld-V** § 4
Niederschlagung einer Gebühr bei fehlerhafter Sachbehandlung XV/SGG § 190
Notlage, Darlehen II/SGB II § 42a **XII/SGB XII** § 37 ff.
Notwendiger Lebensunterhalt XII/SGB XII § 27 ff.
Öffentlich-rechtlicher Vertrag X/SGB X § 53 ff.
Örtliche
– Prüfung **XI/SGB XI** § 114
– Zusammenarbeit **II/SGB II** § 18
– Zuständigkeit **II/SGB II** § 36 **VII/SGB VII** § 130 **XII/SGB XII** § 98 **XV/SGG** § 57
– Zuständigkeit bei Wahlstreitigkeiten **XV/SGG** § 57b
– Zuständigkeit der Regionalträger **VI/SGB VI** § 128
– Zuständigkeit im Kassenarztrecht **XV/SGG** § 57a
Ortskrankenkassen V/SGB V § 143 ff.
Palliativversorgung V/SGB V § 37b, § 39b, § 132d
Patientenberatung V/SGB V § 65b
Patientenbeteiligung V/SGB V § 140f ff. **V.150g/PatBeteiligungsV** § 1 ff.
Pauschale Anrechnungszeit VI/SGB VI § 253
Pauschalierung X/SGB X § 110
Pauschbeträge für vom Einkommen abzusetzende Beträge II.13/Bürgergeld-V § 3
Periodizität und Berichtszeitraum VIII/SGB VIII § 101 **XII/SGB XII** § 124
Personalbemessung, Pflegeeinrichtung XI/SGB XI § 113c
Persönliche Entgeltpunkte VI/SGB VI § 81
Persönliches Budget IX/SGB IX § 29
Pflegebedürftigkeit
– Begriff **XI/SGB XI** § 14 **XII/SGB XII** § 61a
– Pflegegrade **XI/SGB XI** § 15
– Unfallversicherung **VII/SGB VII** § 44
– Verfahren zur Feststellung **XI/SGB XI** § 18
Pflegeberatung XI/SGB XI § 7a
Pflegegeld XI/SGB XI § 37 **XII/SGB XII** § 64a
Pflegegrade XI/SGB XI § 15 **XII/SGB XII** § 61b, § 61c
– Überleitung **XI/SGB XI** § 140 ff. **XII/SGB XII** § 137
Pflegehilfsmittel XI/SGB XI § 40 **XII/SGB XII** § 64d
Pflegekassen XI/SGB XI § 46
Pflegepersonaluntergrenzen V/SGB V § 137i, § 137j
Pflegesachleistungen XI/SGB XI § 36
– Umwandlungsanspruch **XI/SGB XI** § 45a
Pflegestützpunkte XI/SGB XI § 7c
Pflegeunterstützungsgeld XI/SGB XI § 44a

Findex

Pflegevorsorgefonds XI/SGB XI § 131
Pflege-WG XI/SGB XI § 38a, § 45e
Pflichtverletzung, SGB II-Leistungen II/SGB II § 31 ff.
Pflegeversicherung
- Meldepflichten **XI/SGB XI** § 50 ff.
- Versicherungspflicht **XI/SGB XI** § 20 ff.
Pflegezeit XI/SGB XI § 44a
Pflegesatzkommission XI/SGB XI § 86
Pflegesatzverfahren XI/SGB XI § 85
Pflegevertrag bei häuslicher Pflege XI/SGB XI § 120
Pflegevorsorgezulage XI/SGB XI § 126 ff.
Pfändung I/SGB I § 54
Postulationsfähigkeit XV/SGG § 166
Potenzialanalyse II.1/SGB II § 15 (ab 01.07.23)
Prävention, Gesundheitsförderung V/SGB V § 20 ff.
Private Pflegeversicherung XI/SGB XI § 110 ff.
Private Pflegevorsorge XI/SGB XI § 126 ff.
Prozesskostenhilfe XV/SGG § 73a
Psychotherapeutische Intervention XIV/SGB XIV § 32, § 33, § 34
Qualitätssicherung V/SGB V § 135 ff. **XI/SGB XI** § 112 ff.
Rangfolge
- bei mehreren Erstattungsberechtigten **X/SGB X** § 106
- der Einnahmearten **V/SGB V** § 230 ff.
Rechnungsabschluss IV/SGB IV § 77
Rechte des ehrenamtlichen Richters XV/SGG § 19
Rechtsanspruch I/SGB I § 38
Rechtsbehelfe im Wahlverfahren IV/SGB IV § 57
Rechtshilfe nach SGB X XV/SGG § 205
Rechtsnachfolge, Vermögensübergang, Arbeitsverhältnisse V/SGB V § 213
Rechtsweg, Sozialgerichtsbarkeit XV/SGG § 51 ff. **X/SGB X** § 114
Regelaltersrente VI/SGB VI § 35, § 235
Regelbedarfe II/SGB II § 20, § 77 **XII/SGB XII** § 28, Anlage
Regionale Kassenverbände V/SGB V § 218
Rente
- als beitragspflichtige Einnahmen **V/SGB V** § 228
- bei verminderter Erwerbsfähigkeit **VI/SGB VI** § 112
- für Bergleute **VI/SGB VI** § 45, § 242
- und Leistungen aus der Unfallversicherung **VI/SGB VI** § 267
- wegen Alters **VI/SGB VI** § 35 ff.
- wegen Erwerbsminderung **VI/SGB VI** § 43, § 241
- wegen Todes an vor dem 1. Juli 1977 geschiedene Ehegatten im Beitrittsgebiet **VI/SGB VI** § 243a
- wegen teilweiser Erwerbsminderung bei Berufsunfähigkeit **VI/SGB VI** § 240
Renten, Unfallversicherung VII/SGB VII § 56 ff.
Rentenanpassung VI/SGB VI § 64 ff.
Rentenarten VI/SGB VI § 33
Rentenartfaktor VI/SGB VI § 82, § 255
Rentenauskunft VI/SGB VI § 109
Rentenbeginn VI/SGB VI § 99
Rentenhöhe VI/SGB VI § 63
Rentenleistungen an Berechtigte im Ausland VI/SGB VI § 110 ff.
Rentenrechtliche Zeiten VI/SGB VI § 54 ff.
Rentensplitting VI/SGB VI § 120a ff.
Rentenwert VI/SGB VI § 68
Revisionsgründe XV/SGG § 162
Revisionsverfahren XV/SGG § 160 ff.
Risikoausgleich XI/SGB XI § 111
Risikostrukturausgleich V/SGB V § 266
Rückerstattung X/SGB X § 112
Rücklage IV/SGB IV § 82 **V/SGB V** § 261 **VII/SGB VII** § 172, § 184 **XI/SGB XI** § 64
Rüge eines beschwerten Beteiligten XV/SGG § 178a
Sachbezugswerte IV.17.1/SvEV § 1 ff.
Sachverständigenrat V/SGB V § 142
Sanktionen II/SGB II § 31 ff.
Schadenersatz II/SGB II § 62
Schadenersatzanspruch X/SGB X § 117
Schlichtungsverfahren, Kooperationsplan II.1/SGB II § 15a (ab 01.07.23)
Schulbedarf II/SGB II § 28 **XII/SGB XII** § 34, Anlage
Schutz des ehrenamtlichen Richters XV/SGG § 20
Schwangerschaft, Leistungen V7SGB V § 24c
Schwerbehinderte, Kündigungsschutz IX/SGB IX § 168 ff.
Schwerbehindertenrecht IX/SGB IX § 151 ff.

Findex

Schwerbehindertenvertretung IX/SGB IX § 176 ff.
See-Krankenkasse V/SGB V § 165
Seelisch wesentlich behinderte Menschen IX/SGB IX § 99
Seemannskasse VII/SGB VII § 143
Selbstverwaltungsorgane
– Sozialversicherungsträger **IV/SGB IV** § 43 ff.
– Bundesagentur für Arbeit **III/SGB III** § 367
– Bundesverbände **V/SGB V** § 215
Sicherstellungsauftrag IX/SGB IX § 95 **XI/SGB XI** § 69
Sitz des Bundessozialgerichts XV/SGG § 38
Sofortangebot II/SGB II § 15a
Sofortzuschlag II/SGB II § 72 **XII/SGB XII** § 145
Sofortige Vollziehbarkeit II/SGB II § 39
Sonderrechtsnachfolge I/SGB I § 56
Sozialdatenschutz X/SGB X § 67 ff.
Soziale Entschädigung bei Gesundheitsschäden I/SGB I § 5 **XIV/SGB XIV** § 1 ff.
– Träger **XIV/SGB XIV** § 111
Soziale Rechte I/SGB I § 2
Soziale Teilhabe IX/SGB IX § 76 ff., § 113 ff.
Sozialausgleich V/SGB V § 321b
Sozialgeheimnis I/SGB I § 35
Sozialgerichte XV/SGG § 7 ff.
Sozialgerichtsgesetz XV/SGG § 1 ff.
Sozialgesetzbuch
– Erstes Buch (Allgemeiner Teil) **I/SGB I** § 1 ff.
– Zweites Buch (Bürgergeld, Grundsicherung für Arbeitsuchende) **II/SGB II** § 1 ff.
– Drittes Buch (Arbeitsförderung) **III/SGB III** § 1 ff.
– Viertes Buch (Gemeinsame Vorschriften für die Sozialversicherung) **IV/SGB IV** § 1 ff.
– Fünftes Buch (Gesetzliche Krankenversicherung) **V/SGB V** § 1 ff.
– Sechstes Buch (Gesetzliche Rentenversicherung) **VI/SGB VI** § 1 ff.
– Siebtes Buch (Gesetzliche Unfallversicherung) **VII/SGB VII** § 1 ff.
– Achtes Buch (Kinder- und Jugendhilfe) **VIII/SGB VIII** § 1 ff.
– Neuntes Buch (Rehabilitation und Teilhabe von Menschen mit Behinderungen) **IX/SGB IX** § 1 ff.
– Zehntes Buch (Sozialverwaltungsverfahren und Sozialdatenschutz) **X/SGB X** § 1 ff.
– Elftes Buch (Soziale Pflegeversicherung) **XI/SGB XI** § 1 ff.
– Zwölftes Buch (Sozialhilfe) **XII/SGB XII** § 1 ff.
Sozialhilfe I/SGB I § 9 **XII/SGB XII** § 1 ff.
– Bildung und Teilhabe **XII/SGB XII** § 34
– Darlehen **XII/SGB XII** § 37
– Einkommenseinsatz **XII/SGB XII** § 82 ff.
– Einmalige Bedarfe **XII/SGB XII** § 31
– Hilfe zum Lebensunterhalt **XII/SGB XII** § 27 ff.
– Hilfe zur Pflege **XII/SGB XII** § 61 ff.
– Hilfen zur Gesundheit **XII/SGB XII** § 47 ff.
– Leistungen **XII/SGB XII** § 8
– Mehrbedarf **XII/SGB XII** § 30
– Regelbedarf **XII/SGB XII** § 28
– Überwindung besonderer sozialer Schwierigkeiten **XII/SGB XII** § 67 ff.
– Unterkunft und Heizung **XII/SGB XII** § 35
– Vermögenseinsatz **XII/SGB XII** § 90 ff.
Sozialpädagogische Einzelbetreuung VIII/SGB VIII § 35
Sozialpädiatrische Zentren IX.48/FrühV § 4
Sozialversicherung
– Arbeitslosenversicherung (SGB III) **III/SGB III** § 24 ff.
– Aufbringung der Mittel **IV/SGB IV** § 20
– Auskunfts-Vorlagepflicht des Beschäftigten **IV/SGB IV** § 28o
– Auskunftspflicht des Arbeitgebers **X/SGB X** § 98
– Bezugsgröße **IV/SGB IV** § 18
– Datenübermittlung **VIII.5** § 1 ff.
– Elektronischer Entgeltnachweis (ELENA) **IV/SGB IV** § 95 ff.
– Fälligkeit der Beiträge **IV/SGB IV** § 23
– Gemeinsame Vorschriften (SGB IV) **IV/SGB IV** § 1 ff.
– Gleitzone **IV/SGB IV** § 20
– Krankenversicherung (SGB V) **V/SGB V** § 1 ff.
– Meldepflichten des Arbeitgebers **IV/SGB IV** § 28 ff., § 97
– Pflegeversicherung (SGB XI) **XI/SGB XI** § 14 ff.
– Prüfung beim Arbeitgeber **IV/SGB IV** § 28b
– Rentenversicherung (SGB VI) **VI/SGB VI** § 1 ff.
– Sachlicher Geltungsbereich **IV/SGB IV** § 1
– Säumniszuschlag **IV/SGB IV** § 24
– Unfallversicherung (SGB VII) **VII/SGB VII** § 1 ff.
– Verjährung **IV/SGB IV** § 25
– Versicherter Personenkreis **IV/SGB IV** § 2
Sozialversicherungsausweis IV/SGB IV § 95 ff.
Sozialversicherungsentgelt IV.17.1/SvEV § 1 ff.

Findex

Sozialversicherungsträger, Rechtsstellung IV/SGB IV §29 ff.
Sozialversicherungswahlen IV/SGB IV §45
Sozialverwaltungsverfahren X/SGB X §1 ff.
Sperrzeit, Arbeitslosengeld III/SGB III §159
Sprungrevision XV/SGG §161
Statistik XII/SGB XII §121 ff.
– und Übermittlung statistischer Daten **II/SGB II** §53
Statthaftigkeit XV/SGG §172
Sterbefallmitteilungen X/SGB X §101a
Streitgegenstand XV/SGG §171
Stufenweise Wiedereingliederung V/SGB V §74
Tages- und Nachtpflege XI/SGB XI §41
Teilarbeitslosengeld III/SGB III §162
Teilhabe am Arbeitsleben IX/SGB IX §49 ff., §111
Teilhabe am Arbeitsmarkt II/SGB II §16i, §81
Teilhabe an Bildung IX/SGB IX §112
Teilhabe von Menschen mit Behinderungen I/SGB I §10 **IX/SGB IX** §1 ff.
Teilhabeplanverfahren IX/SGB IX §19 ff.
Teilstationäre Pflege XI/SGB XI §41 **XII/SGB XII** §64g
Terminservicestellen V/SGB V §75
Tragung der Beiträge
– bei Versicherungspflichtigen mit Rentenbezug **V/SGB V** §249a
– bei versicherungspflichtig Beschäftigten **XI/SGB XI** §58
– bei versicherungspflichtiger Beschäftigung **V/SGB V** §249
– durch Dritte **V/SGB V** §251
– durch das Mitglied **V/SGB V** §250
Therapieeinrichtungen, Förderung V/SGB V §65d
Transferleistungen III/SGB III §110 ff.
Traumaambulanz XIV/SGB XIV §31 ff.
Übergang
– bei verminderter Leistungsfähigkeit **II/SGB II** §65c
– von Ansprüchen **II/SGB II** §33 **XII/SGB XII** §93
– von Ansprüchen gegen einen nach bürgerlichem Recht Unterhaltspflichtigen **XII/SGB XII** §94
– von Beitragsansprüchen **X/SGB X** §119
Übergangsbereich geringfügige Beschäftigung IV/SGB IV §20
Übergangsgeld III/SGB III §119 ff. **VI/SGB VI** §20 ff., §234 ff.
Überleitung XV/SGG §204
– bei Unterbringung **I/SGB I** §50
Überleitung auf Pflegegrade XI/SGB XI §140 **XII/SGB XII** §137
Überleitungspflege V/SGB V §37
Übermittlung von Daten II/SGB II §65d
Übernahme der Krankenbehandlung V/SGB V §264
Überprüfung von Daten II/SGB II §52a
Umlageverfahren VII/SGB VII §183
Umwandlungsanspruch, ambulanter Sachleistungsbetrag XI/SGB XI §45a
Unbegleitete minderjährige ausländische Kinder und Jugendliche VIII/SGB VIII §42a ff.
Unbilligkeitsverordnung II.12a/UnbilligkeitsV §1 ff.
Unentgeltliche Beförderung schwerbehinderter Menschen IX/SGB IX §228 ff.
Unfallversicherung
– Abfindung, Entschädigung **VII/SGB VII** §75 ff.
– Arbeitgeberhaftung **VII/SGB VII** §104 ff.
– Aufgaben **VII/SGB VII** §1
– Beitragspflichtige **VII/SGB VII** §150 ff.
– Berechnungsgrundlage, Beitrag **VII/SGB VII** §81 ff.
– Hinterbliebenenleistungen **VII/SGB VII** §63 ff.
– Leistungen **VII/SGB VII** §26 ff.
– Rentenleistungen **VII/SGB VII** §56 ff.
– Umlageverfahren **VII/SGB VII** §165 ff.
– Verletztengeld **VII/SGB VII** §45 ff.
– Versicherungspflicht **VII/SGB VII** §2 ff.
Unfallversicherungsträger VII/SGB VII §114 ff., §125 ff., §223, §224
Unterhaltssichernde Leistungen IX/SGB IX §64 ff.
Unterkunft und Verpflegung, vollstationäre Einrichtung XI/SGB XI §87
Unterkunftskosten II/SGB II §22 **XII/SGB XII** §29
Unterstützung im Alltag XI/SGB XI §45a
Verbot nachteiliger Vereinbarungen I/SGB I §32
Verbände, Krankenkassen V/SGB V §207 ff.
Vererbung I/SGB I §58
Verfügbarkeit, Arbeitslosigkeit III/SGB III §138
Vergütung, Pflegeleistungen XI/SGB XI §84 ff.
Verhinderungspflege XI/SGB XI §39 **XII/SGB XII** §64c

Findex

Verjährung I/SGB I § 45 **VII/SGB VII** § 113 **X/SGB X** § 113

Verletztengeld VII/SGB VII § 45 ff.

Verminderte Erwerbsfähigkeit VI/SGB VI § 43 ff.

Verlust der Mitgliedschaft IV/SGB IV § 59

Vermittlungsgutschein III/SGB III § 45

Vermögensanrechnung II/SGB II § 12 **II.13/Bürgergeld-V** § 4, § 5 **XII/SGB XII** § 90

Verrechnung I/SGB I § 52

Versichertenälteste und Vertrauenspersonen IV/SGB IV § 39

Versicherungsfreiheit III/SGB III § 27 **V/SGB V** § 6, § 7 **VI/SGB VI** § 5 **VII/SGB VII** § 4

Versicherungspflicht III/SGB III § 24 ff. **V/SGB V** § 5 ff. **VI/SGB VI** § 1 ff. **VII/SGB VII** § 2 ff. **XI/SGB XI** § 20 ff.

Versicherungsschutz VII/SGB VII § 213

Versicherungsträger VI/SGB VI § 132

Versicherungsämter IV/SGB IV § 92

Versorgungsbezüge
- als beitragspflichtige Einnahmen **V/SGB V** § 229

Versorgungsleistungen bei Gesundheitsschäden I/SGB I § 24

Versorgungsplanung, letzte Lebensphase V/SGB V § 132g

Vertrag
- mit Leistungserbringern in Staaten, in denen die Verordnung (EWG) Nr. 1408/71 anzuwenden ist **V/SGB V** § 140e
- zu integrierten Versorgungsformen **V/SGB V** § 140b

Vertreterversammlung, Verwaltungsrat IV/SGB IV § 33

Vertretung
- der Bedarfsgemeinschaft **II/SGB II** § 38
- eines Vorsitzenden **XV/SGG** § 27

Verwaltung der Mittel IV/SGB IV § 80

Verwaltungsakt X/SGB X § 31 ff.

Verwaltungsausgaben der knappschaftlichen Krankenversicherung der Rentner IV/SGB IV § 117

Verwaltungsausschüsse III/SGB III § 374

Verwaltungskosten und Auslagen X/SGB X § 109

Verwaltungsrat III/SGB III § 373 **V/SGB V** § 197
- der Landesverbände **V/SGB V** § 209
- der Verbindungsstelle **V/SGB V** § 219b
- und Geschäftsführer **V/SGB V** § 279

Verwaltungsvereinbarungen, Verordnungsermächtigung IV/SGB IV § 110c

Verwaltungsvermögen V/SGB V § 263

Verweisungen XV/SGG § 203

Verwendungszwecke IX.162/SchwbAV § 14, § 41

Verwerfung der Berufung XV/SGG § 158

Verzicht I/SGB I § 46
- und Haftung des Sonderrechtsnachfolgers **I/SGB I** § 57

Verzinsung I/SGB I § 44

Veränderung von Ansprüchen II/SGB II § 44

Videotechnik XV/SGG § 110a

Vollrente und Teilrente VI/SGB VI § 42

Vollstationäre Pflege XI/SGB XI § 43 **XII/SGB XII** § 65

Vollstreckung XV/SGG § 198 ff.

Voraussetzung
- für einen Rentenanspruch und Hinzuverdienstgrenze **VI/SGB VI** § 34

Vorbehalt
- abweichender Durchführung **XII/SGB XII** § 99
- abweichender Regelungen **I/SGB I** § 37
- des Gesetzes **I/SGB I** § 31

Vorbereitung der Verhandlung, Berichterstatter, Vorsitzender XV/SGG § 155

Vorhaben des Bundesministeriums für Arbeit und Soziales IX.162/SchwbAV § 45

Vorläufige
- Anerkennung **IX.227/WVO** § 19
- Haushaltsführung **IV/SGB IV** § 72
- Leistungen **I/SGB I** § 43
- Zuständigkeit **VII/SGB VII** § 139

Vorrang der Krankenfürsorge der Reeder VII/SGB VII § 53

Vorschlagslisten IV/SGB IV § 48

Vorschlagsrecht
- der Arbeitnehmervereinigungen **IV/SGB IV** § 48a
- des Beirats **IX.162/SchwbAV** § 43

Vorschüsse I/SGB I § 42

Vorsitzender der Selbstverwaltungsorgane IV/SGB IV § 62

Findex

Vorstand IV/SGB IV § 35
- bei Orts-, Betriebs- und Innungskrankenkassen sowie Ersatzkassen **IV/SGB IV** § 35a
- bei den Landesverbänden **V/SGB V** § 209a
- der Bundesagentur **III/SGB III** § 381

Vorzeitige Wartezeiterfüllung VI/SGB VI § 245

Wahl
- der Beitragsstufe bei teilstationären Leistungen **VIII.94/KostenbeitragsV** § 3
- der Beitragsstufe bei vollstationären Leistungen **VIII.94/KostenbeitragsV** § 2
- der Versichertenältesten und der Vertrauenspersonen **IV/SGB IV** § 61
- der Vertreterversammlung **IV/SGB IV** § 46
- des Verwaltungsrates und des Vorsitzenden der Mitgliederversammlung **V/SGB V** § 217c
- des Vorstandes **IV/SGB IV** § 52

Wahlordnung IV/SGB IV § 56

Wahlorgane IV/SGB IV § 53

Wahlrecht IV/SGB IV § 50

Wahlrechte V/SGB V § 173 ff., § 174

Waisenrente VI/SGB VI § 48

Wartezeit, Rente VI/SGB VI § 50, § 243b

Weiterbildungsträger III/SGB III § 176 ff.

Werkstattleiter IX.227/WVO § 9

Werkstattverbund IX.227/WVO § 15

Werkstätten für behinderte Menschen IX/SGB IX § 219 ff.

WerkstättenVO IX.227/WVO § 1 ff.

Wintergeld III/SGB III § 102

Wirtschaftlichkeitsprüfung
- Pflegeeinrichtungen, ambulant und stationär **XI/SGB XI** § 79
- Vertragsärztliche Versorgung **V/SGB V** § 106

Witwen- und Witwerrente VI/SGB VI § 46, § 242a

Wohnumfeldverbesserende Maßnahmen XI/SGB XI § 40

Wohngeld I/SGB I § 26

Wohngruppen XI/SGB XI § 38a, § 45e, § 122

Wohnraum, Leistungen der Reha-Träger IX/SGB IX § 77

Wohnumfeldverbesserende Maßnahmen XI/SGB XI § 40 **XII/SGB XII** § 64e

Zahnersatz V/SGB V § 55 ff.

Zugangsfaktor VI/SGB VI § 86a, § 264c

Zulassungsprinzip XV/SGG § 160

Zulässigkeit des Rechtswegs XV/SGG § 51

Zumutbarkeit II/SGB II § 10

Zurechnungszeit VI/SGB VI § 253a

Zurücknahme der Berufung XV/SGG § 156

Zurückverweisung XV/SGG § 159

Zusammenarbeit
- der Integrationsämter und der Bundesagentur für Arbeit **IX/SGB IX** § 184
- der Leistungsträger **X/SGB X** § 86 ff.
- der Medizinischen Dienste **XI/SGB XI** § 53a

Zuschuss
- für eine angemessene Wohnung **I/SGB I** § 7
- zu Versicherungsbeiträgen **II/SGB II** § 26
- zur Krankenversicherung **VI/SGB VI** § 269a

Zusätzlicher Beitragssatz V/SGB V § 241a

Zuzahlung V/SGB V § 61 **VI/SGB VI** § 32

Zweitmeinung, medizinische V/SGB V § 27b

Findex

I SGB I: Allgemeiner Teil

I Sozialgesetzbuch (SGB) Erstes Buch (I) – Allgemeiner Teil – (SGB I) 14

II SGB II: Grundsicherung für Arbeitsuchende

II Sozialgesetzbuch (SGB) Zweites Buch (II) – Bürgergeld, Grundsicherung für Arbeitsuchende – (SGB II) 34

II.6a Verordnung zur Zulassung von kommunalen Trägern als Träger der Grundsicherung für Arbeitsuchende (Kommunalträger-Zulassungsverordnung – KomtrZV) 96

II.6a.2 Verordnung über das Verfahren zur Feststellung der Eignung als zugelassener kommunaler Träger der Grundsicherung für Arbeitsuchende (Kommunalträger-Eignungsfeststellungsverordnung – KtEfV) 99

II.13 Verordnung zur Berechnung von Einkommen sowie zur Nichtberücksichtigung von Einkommen und Vermögen beim Bürgergeld (Bürgergeld-Verordnung – Bürgergeld-V) 101

II.16b Verordnung zur Bemessung von Einstiegsgeld (Einstiegsgeld-Verordnung – ESGV) 106

II.18 Verordnung über die Mindestanforderungen an die Vereinbarungen über Leistungen der Eingliederung nach dem Zweiten Buch Sozialgesetzbuch (Mindestanforderungs-Verordnung) 108

II.52 Verordnung über den automatisierten Datenabgleich bei Leistungen der Grundsicherung für Arbeitsuchende (Grundsicherungs-Datenabgleichsverordnung – GrSiDAV) 110

III SGB III: Arbeitsförderung

III Sozialgesetzbuch (SGB) Drittes Buch (III) – Arbeitsförderung – (SGB III) 114

III.150 Anordnung des Verwaltungsrats der Bundesanstalt für Arbeit zur Pflicht des Arbeitslosen, Vorschlägen des Arbeitsamtes zur beruflichen Eingliederung zeit- und ortsnah Folge leisten zu können (Erreichbarkeits-Anordnung – EAO) 234

III.151 Verordnung über die ehrenamtliche Betätigung von Arbeitslosen 236

III.176 Verordnung über die Voraussetzungen und das Verfahren zur Akkreditierung von fachkundigen Stellen und zur Zulassung von Trägern und Maßnahmen der Arbeitsförderung nach dem Dritten Buch Sozialgesetzbuch (Akkreditierungs- und Zulassungsverordnung Arbeitsförderung – AZAV) 237

IV SGB IV: Gemeinsame Vorschriften für die Sozialversicherung

IV Viertes Buch Sozialgesetzbuch – Gemeinsame Vorschriften für die Sozialversicherung – (SGB IV) 244

IV.17.1 Verordnung über die sozialversicherungsrechtliche Beurteilung von Zuwendungen des Arbeitgebers als Arbeitsentgelt (Sozialversicherungsentgeltverordnung – SvEV) 328

V SGB V: Gesetzliche Krankenversicherung

V Sozialgesetzbuch (SGB) Fünftes Buch (V) – Gesetzliche Krankenversicherung – (SGB V) 332

V.150g Verordnung zur Beteiligung von Patientinnen und Patienten in der Gesetzlichen Krankenversicherung (Patientenbeteiligungsverordnung – PatBeteiligungsV) 796

VI SGB VI: Gesetzliche Rentenversicherung

VI Sozialgesetzbuch (SGB) Sechstes Buch (VI) – Gesetzliche Rentenversicherung – (SGB VI) 800

VII SGB VII: Gesetzliche Unfallversicherung

VII Sozialgesetzbuch (SGB) Siebtes Buch (VII) – Gesetzliche Unfallversicherung – (SGB VII) 984

VII.9 Berufskrankheiten-Verordnung (BKV) 1068

VIII SGB VIII: Kinder- und Jugendhilfe

VIII Sozialgesetzbuch (SGB) Achtes Buch (VIII) – Kinder- und Jugendhilfe – (SGB VIII) 1080

VIII.94 Verordnung zur Festsetzung der Kostenbeiträge für Leistungen und vorläufige Maßnahmen in der Kinder- und Jugendhilfe (Kostenbeitragsverordnung – KostenbeitragsV) 1140

IX SGB IX: Rehabilitation und Teilhabe von Menschen mit Behinderungen

IX Sozialgesetzbuch Neuntes Buch – Rehabilitation und Teilhabe von Menschen mit Behinderungen – (SGB IX) 1146

IX.48 Verordnung zur Früherkennung und Frühförderung behinderter und von Behinderung bedrohter Kinder (Frühförderungsverordnung – FrühV) 1243

IX.49 Verordnung über Kraftfahrzeughilfe zur beruflichen Rehabilitation (Kraftfahrzeughilfe-Verordnung – KfzHV) 1247

IX.162 Schwerbehinderten-Ausgleichsabgabeverordnung (SchwbAV) 1250

IX.227 Werkstättenverordnung (WVO) 1261

X SGB X: Sozialverwaltungsverfahren und Sozialdatenschutz

X Zehntes Buch Sozialgesetzbuch – Sozialverwaltungsverfahren und Sozialdatenschutz – (SGB X) 1268

XI SGB XI: Soziale Pflegeversicherung

XI Sozialgesetzbuch (SGB) Elftes Buch (XI) – Soziale Pflegeversicherung – (SGB XI) 1320

XII SGB XII: Sozialhilfe

XII Sozialgesetzbuch (SGB) Zwölftes Buch (XII) – Sozialhilfe – (SGB XII) 1468

XII.69 Verordnung zur Durchführung der Hilfe zur Überwindung besonderer sozialer Schwierigkeiten 1540

XII.82 Verordnung zur Durchführung des § 82 des Zwölften Buches Sozialgesetzbuch 1543

XII.90 Verordnung zur Durchführung des § 90 Abs. 2 Nr. 9 des Zwölften Buches Sozialgesetzbuch 1547

XIV SGB XIV: Soziale Entschädigung

XIV Sozialgesetzbuch Vierzehntes Buch – Soziale Entschädigung – (SGB XIV) .. 1550

XV SGG: Sozialgerichtsgesetz

XV Sozialgerichtsgesetz (SGG) 1556